# 総合佛教大辞典

法藏館

# 刊行のことば

三千年に亘るアジア文化の根底であり、かつ精神のよりどころであった仏教は、現代の混迷する文化の中にあっても人類の生きる力として大きな役割を果たしつつ、さらに二十一世紀の宗教として大きな期待をもって迎えられつつある。しかし何分にも古い伝統に立つだけに、術語は依然として難解であり、歴史上の発展・地域上の拡大のため、余りに複雑多岐であるのが現実である。そこで真に仏教が世界宗教たるためには、共通理解を築くのが何よりもまず必要であり、平明なことばによる正確な認識が不可欠となる。本辞典は世界宗教としての仏教を親しく世に弘めるためのいわば基壇づくりを意図するものである。

そのために、一つには、仏教を原形において体系的に把握することが求められる。仏教学の深い蓄積がここに結実し、普遍性としての仏教がここに新しい力として見直される。一つには、歴史的・地域的な変遷と実態を捉えるために、仏教史学を中心に分野・時代・地域の各々の専門家はもちろん関連諸学の学際的な共同も求められねばならぬ。尨大な学的成果を全面的に吸収することによって、時代と地域に生きる仏教の特殊性が把握されるであろう。さらにまた、仏教を文化史、精神史、生活史などの中で見つめ、いかに深く現代人の血肉と化し、魂のよりどころとなっているかを究めることによって、仏教が世界的に全人類の生活指針として今力強く期待されていることを忘れてはならぬ。そのためには、正確かつ平明な共通言語を通して、仏教における普遍性と特殊性との総合を図ろうとするものである。仏教が現代に応え、かつ明日の世界宗教として生きる道は、原点ともいうべき普遍性を常に確かめつつ、変動する世界状況に対応してきた特殊性を追求することもこれまた看過できない所であろう。

顧みるに、山口益先生の指導のもと、大谷大学の多屋頼俊・横超慧日・舟橋一哉の三先生共編になる『佛教学辞典』を刊行したのは昭和三十年であった。小社は当初より仏教史上の固有名詞を中心とする『佛教史辞典』を姉妹篇として計画、仏教学・仏教史のいわば両輪ともいうべき二辞典によって仏教の全容を把握しようとする構想であった。爾来、長年に亘り学問研究の進展を追いつつ蓄積と推敲を重ねる過程において、仏教を総合的に理解するための基本辞典としての小社の意図を全面的により適切に表現するには、両者の緊密な「総合」を措いて他にないと考えるにいたった。刊行以来、教養・思想の辞典として定評を得てきた『佛教学辞典』を今日的視点に立って増補修正し、多年の念願を全うするべく、本来の構想に基づきここに『佛教史辞典』としての内容を一書の中に包含せしめることとした。これにより読者諸賢の要望に応えられるものとなり得るならば、これ独り小社のみの喜びではないのである。

ここに『総合佛教大辞典』の刊行を迎えるに当り、編集委員会および執筆の諸先生による積年の御助力・御協力に対し改めて感謝の意を表するとともに、仏教の益々の隆昌あらんことを念願しつつ、本辞典がそのために寄与するものとなることを切に願うものである。

一九八七年八月

法藏館

# 凡例

## 見出し項目

一、見出し項目は、かな見出しを太字のかなで表記し、次に漢字または欧文などを示した。

二、かな見出しは、日本語(日本の漢字音読みによる漢字も含む)はひらがな、外国語・外来語はカタカナを用いた。また日本語と外国語の合成語は、日本語の部分をひらがな、外国語の部分をカタカナとした。

三、日本語のかな表記は、現代かなづかいとした。

四、同一項目で種々の呼称があるものは、慣用に従い、別称は解説文中に示した。

五、日本・中国・朝鮮の僧名は、原則として法諱を用い、号などは解説文中に記した。ただし、一般に字・号で知られている場合はそれによったものもある。なお明治時代以降の人名は原則として姓を冠した。

六、欧米の人名は、ファミリーネーム(姓)をカタカナで表記し、次にローマ字でフルネームを示した。

七、中国・朝鮮の人名、地名、寺名などは、日本語読みとした。

八、インド・チベットなどの固有名詞は、漢訳名もしくは音写がある場合には、おおむねもっとも慣用的な漢訳名もしくは音写を掲げ、解説文中に原名および漢訳別称を記した。

九、古代のインド・西域・東南アジアなどの国名は、おおむね「国」を補って表記した。

一〇、書名は慣用に従って示し、具名、略名・別名などの主要なものは解説文中にあげた。

## 配列ならびに表音

一、見出し項目は、かな見出しの五十音順に配列した。

二、かなによる表記が同じであって、漢字を異にする場合には、漢字の字数の少ないもの、あるいは字画の少ないものを先にした。

三、長音符(ー)は、配列にあたっては無視した。

四、梵語・パーリ語・チベット語などの名辞は、原語の原音をカタカナおよびローマ字で表記した。カタカナおよびローマ字の表記にあたっては、今日もっとも一般的とされる表記法に従った。

## 解説文

一、同一語で意味を異にする場合には、同一項目とし、①②……で区別した。ただし、普通名詞と固有名詞は原則として別項目とした。

二、区切って解説するのを適当とする場合には(イ)(ロ)……を、さらに細分する場合には(a)(b)……を用いた。また列挙の場合には(1)(2)……を用いた。

三、難読の漢字、誤読のおそれのある漢字には、その下に割注で慣用音の振りがなを施した。

四、直送項目は⇩印で送り先を示し、参照送りも文中、文末で適宜⇩印で示した。

五、数字は、原則として漢数字を用い、万以上は「万」の単位語を付し、千、百、十は「一〇〇〇」「一〇〇」「一〇」と記した。固有名詞や概数、特殊な場合は「千」「百」「十」を用いた。ただし、西暦などは単位語を略した。

六、年号は、日本と中国の場合はそれぞれ日本年号、中国暦を用い、その下にアラビア数字で西暦を付記した（ただし、一項目内に同一元号が出る場合、西暦は初出個所のみに限った）。それ以外は西暦のみを用いた。

七、三、四桁の西暦年号で同一世紀の年代が続く場合には、始めの一、二桁の数字を省略した。

八、度量衡の単位はメートル法で示したが、尺貫法が慣用されているものはそれによった。

九、書籍・史料集・絵巻物などの書名に関する項目には、それが所収されている叢書名および巻数を解説文の末尾に記した。なお、頻出する叢書名は次の略号を用いた。

| | |
|---|---|
| ㊅ | 大正新脩大蔵経 |
| 縮 | 大日本校訂縮刻大蔵経 |
| 卍 | 大日本校訂訓点大蔵経 |
| ㊬ | 大日本続蔵経 |
| 国一 | 国訳一切経 |
| 日蔵 | 日本大蔵経 |
| 仏全 | 大日本仏教全書 |
| 国東叢 | 国文東方仏教叢書 |
| 天全 | 天台宗全書 |
| 真言全 | 真言宗全書 |
| 浄全 | 浄土宗全書 |
| 続浄全 | 続浄土宗全書 |
| 真全 | 真宗全書 |
| 真系 | 真宗大系 |
| 続真系 | 続真宗大系 |
| 曹全 | 曹洞宗全書 |
| 日全 | 日蓮宗全書 |
| 群書 | 群書類従 |
| 続群 | 続群書類従 |
| 続々群 | 続々群書類従 |

一〇、書名に関する項目で、原本・自筆本・真蹟本・写本が存在する場合には、末尾に〔原本〕〔自筆本〕〔真蹟本〕〔写本〕としてその所蔵先を示し、刊本は〔刊本〕としてその刊行年次を記した。ただし、写本・刊本は主要なものにとどめた。また複製本があるものは〔複製〕としてこれを紹介した。

一一、参考文献・史料は、解説文末尾に〔参考〕とし主要なものを掲げた。

一二、地名は、その時代の名称で示し、その下に必要に応じて二〇〇六年現在の行政地名を（ ）内に付記した場合がある。

一三、日本の寺院、僧侶の所属宗派名は、原則として現在の宗派名を記した。

一四、日本の寺社等で、その寺社が国宝や国指定重要文化財を所蔵する場合、末尾に〔国宝〕〔重文〕として示した。なお、きわめて多いときには主要なものにとどめた。

一五、公案については、末尾にその出典を〔原文〕として書名および巻数を示した。

一六、原語のローマ字表記は、梵語には㊵、パーリ語には㊴の略号を付した。

一七、歴史的人物としてのゴータマ・ブッダ（釈尊）を指す語としては、誤解をまねくおそれのないかぎり、原則として「仏陀」を用いた。

## 主要叢書目録と総索引

一、巻末に、仏教主要叢書目録および総索引（冠字画引・和文索引・欧文索引）を収録した。

二、仏教主要叢書目録は、明治以降刊行された仏教叢書のうち、宗派にかたよらない通仏教的なものと、日本の各宗派の代表的なものを収めた。

三、索引は、本辞典のすべての立項項目と、解説文中の主要な術語（仏教語）・人物・書籍・寺社・事項ほかを最大限に採録した。和文索引と欧文索引とに大別した。

四、なお、これらは法藏館辞典編集部で作製した。

**編集委員会**

◇編集委員　・横超慧日　多屋頼俊　藤島達朗　舟橋一哉
・井ノ口泰淳　鎌田茂雄　櫻部建　薗田香融

◇編集協力者　柏原祐泉　木村宣彰　田村隆照　名畑崇
古田和弘　柳田聖山　頼富本宏

◇編集主任　堤玄立

◇編集担当　上別府茂　吉岡司郎

**執筆者**

◇太田耑夫　加藤實　雲井昭善　櫻部建　佐々木教悟
仲尾俊博　日野泰道　安井廣濟

◇稲葉正就　上場謙澄　横超慧日　織田顕信　柏原祐泉
堅田修　北西弘　櫻部建　佐々木教悟　鈴木昭英
薗田香融　高橋正隆　多屋頼俊　堤玄立　名畑崇
舟橋一哉　細川行信　牧野素山　間野潜龍　柳田聖山
山本唯一　横田慧

◇石橋義秀　大桑斉　木村宣彰　入部正純　古田和弘

◇一色順心　稲岡智賢　井ノ口泰淳　今堀太逸　上場顕雄
氏家覚勝　後小路薫　奥村隆彦　織田顕祐　上別府茂
菊池武　児玉允　嶋口儀秋　章輝玉　柚田善雄
平雅行　武内孝善　田良島哲　永松敦　仁木宏
根井浄　野口圭也　本郷真紹　森川英純　吉岡司郎
頼富本宏

（五十音順・敬称略）

装丁　上田晃郷

# 総合佛教大辞典

# あ

**あい　愛**　①梵トリシュナー tṛṣṇā の訳。ものを貪り執著すること。あたかも渇いた者が水を求めてやまないように、欲望の満足を強く求める心。渇愛《かつあい》とも訳される。これに欲愛（性欲、情欲）・有愛《うあい》（生存欲）・非有愛《ひうあい》（無有愛ともいう。生存を否定しようとする欲望と解されるが、原義は繁栄を願う欲望の意とも考えられる）の三愛、または欲愛・色愛《しきあい》（物質に対する欲望）・無色愛（物質を超えた欲望）の三愛があり、また六境（色・声・香・味・触・法）に対する愛をそれぞれ色愛・声愛《じょうあい》などと呼び、これらを合わせて六愛、六愛身ともいう。十二縁起の第八支の愛はこのような愛である。②梵プレーマン preman の訳。大毘婆沙論巻二九によると、汚れた愛と汚れのない愛との二種があり、前者は貪、後者は信であるという。また大智度論巻七二には、欲愛・法愛の二愛を説いている。欲愛とは妻子などを愛念する貪欲であり、法愛とは一切衆生を慈愛する慈悲心である。

**あいぎょう　愛行〔見行〕**　①人の根性、即ち性格を大別して⑴柔順で他人の教語に随う者、即ち愛行と、⑵他人の言に随わず専ら自己の意見によって行動する者、即ち見行との二に分ける。②煩悩《ぼんのう》の分類。有身見などの五見、六二種の見、九五種の見、或いは広く見惑《けんわく》を見行というのに対して、修惑《しゅわく》、或いはそのうち特に貪欲を愛行という。前者は知的な煩悩であり、後者は情意的な煩悩である。

**あいく-おう　阿育王**　（　―232B.C.?）梵アショーカ Aśoka 巴アソーカ Asoka の音写。阿輸迦王、阿叔伽王などとも音写し、無憂王と訳す。インドのマウルヤ Maurya（孔雀）王朝二代目の英主で、パータリプトラ Pāṭaliputra に都を定めてほとんど全インドを統一し、その勢力はシリア、エジプトにまでおよんだ。紀元前二六八年即位（治世年時には異説がある）。王はウパグプタ Upagupta（優波毱多《うはきくた》）を師として仏教の信者となって（258B.C. ただし南伝は王の師を目犍連子帝須《もっけんれんしていしゅ》〔モッガリプッタ・ティッサ Moggaliputta Tissa〕とする）以来法による勝利こそ最上の勝利であるとして、仏教の精神にもとづく政治を行った。磨崖《まがい》・石柱の詔勅発布、寺塔の建立、法大官の設置、伝道師の派遣など仏教に関する事跡は多い。また南伝では、王の治世に仏典の編纂（第三結集）が行われたと伝える。南伝には、この王を達磨阿育王（仏滅二〇〇年代）とし、別に迦羅阿育王（仏滅一〇〇年代）の出たことを伝えている（マハーヴァンサ第四章）。〈⇩阿育王経《あいくおうきょう》〉〔参考〕阿育王伝、阿育王経、Divyāvadāna XXVI, XXVIII, XXIX

阿育王石柱の柱頭（サールナート）

**あいくおう-きょう　阿育王経**　一〇巻。梁の僧伽婆羅《そうぎゃばら》の訳（天監一一〔512〕）。異訳に西晋の安法欽の訳の阿育王伝七巻がある。阿育王の事跡および摩訶迦葉《まかかしょう》（マハーカーシャパ Mahākāśyapa）から優波毱多《うはきくた》（ウパグプタ Upagupta）までの諸師についての説話を含む。両訳には多少の差異がある。その内容の半分ほどはディヴヤ・アヴァダーナ Divyāvadāna の中に含まれ、またアヴァダーナ・シャタカ Avadāna-śataka, アショーカ・アヴァダーナ Aśokāvadāna, および他の漢訳仏典（例えば雑阿含経）にも部分的に含まれている。それらについてプシルスキー J. Przyluski の研究（La légende de l'empereur Aśoka, 1923）がある。㊅五〇、国二史伝部六

**あいくおう-じ　阿育王寺**　中国浙江省寧波府鄞県阿育王山。西晋の寧康年間373―

75并州の劉薩訶（または劉薩阿、出家して慧達という）が、滅罪のためにこの地に赴き、阿育王がたてた八万四千塔の一と称する古塔を発見し、傍に寺を建てて舎利を安置したのに始まると伝える。東晋安帝の義熙元年405勅によって寺塔を建て、劉宋文帝の元嘉二年425に道祐が補修し、梁の武帝も普通三年522修復して阿育王寺の額を贈った。唐代に鑑真がこの寺で宝塔を拝したことが唐大和尚東征伝に見える。もと律院であったが、宋の大中祥符元年1008広利禅寺と名づけて十方禅刹とし、のち大覚懐璉《えれん》、大慧宗杲《そうこう》らが歴住して臨済の道場として栄えた。明の洪武一五年1382寺名を育王禅寺とし、天下禅宗五山の第五に列せられた。舎利殿の前塀壁に蘇軾《そしょく》撰並びに書の宸奎閣碑があり、また元の至正二四年1364に建てられた八角七層の塼塔がある。

**あいくおう-とう　阿育王塔**　阿育王（アショーカ Aśoka）の建立したという八万四千の塔。造塔の記事は雑阿含経巻二三をはじめ阿育王伝巻一、阿育王経巻一、ディヴヤ・アヴァダーナ Divyāvadāna、大唐西域記巻八などにある。高僧法顕伝によれば、王は根本八塔より仏舎利を回収しようとしたが、藍摩《らま》国の塔のみは、竜族の妨害によって果たさなかった。したがって七塔より収骨し、さらに細分して各地に数多くの塔を建立したという。八万四千の数は八万四千の法門という観念より生じたもので、実際に八万四千の塔が建立されたかどうかは疑わしい。セイロンの史書のマハーヴァンサ第五章には、王は八万四千の都市に、精舎の建立を企てたとある。

**あいくおう-の-ほうちょく　阿育王法勅**　阿育王（アショーカ Aśoka）が、殺生を禁じ、仁慈を旨とすべきことを国民に勅し、磨崖や石柱に刻したもの。一八〇一年イギリスの東インド協会のホール大尉によって紹介され、一八三七年プリンセプ J. Prinsep が判読に成功した。現在発見されている刻文は大磨崖九、小磨崖一四のほかに石柱、石窟、石板など四十数点におよび、ひろくインド各地に分布している。碑文の研究は古代インドの歴史解明の一次資料として学界に注目されている。

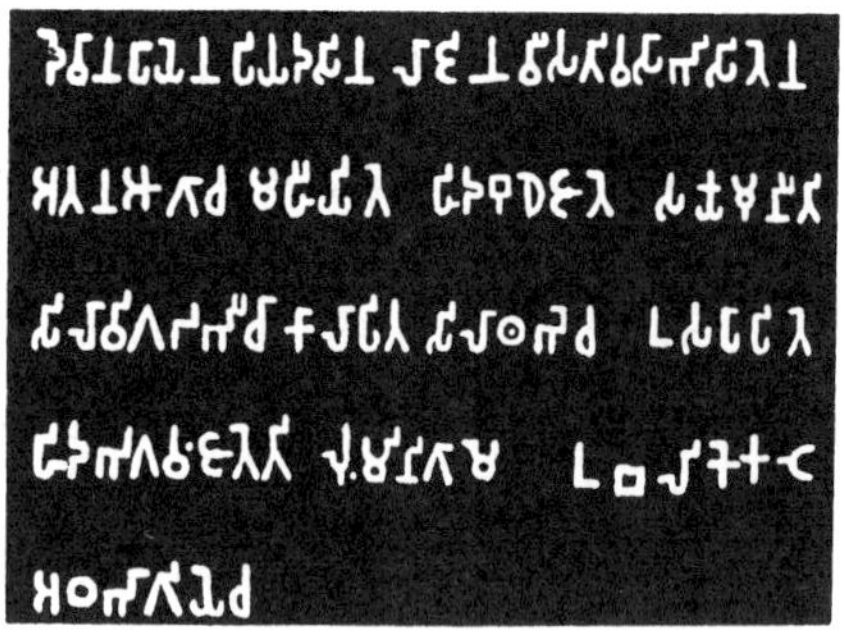
阿育王石柱の刻文拓本（ルンビニー）

**あいけん　愛見**　①愛と見と。愛とは個個の事物にとらわれて、それに執著し、さとりに至ることを妨げる情意的な煩悩《ぼんのう》、見とは誤った理論にとらわれて間違った見解をもち、さとりに至ることを妨げる理知的な煩悩をいう。②離るべき愛見をいまだ離れずに、他をいとおしみ救おうとする心を、愛見の大悲という。即ち、救おうとする対象を実体があるものとして、それにとらわれ、対象そのものが空《くう》であることをさとらずに起こすいつくしみの心である。これは小乗の菩薩が起こすもので、不浄な、真実でない大悲であるという。

**あいぜん-みょうおう　愛染明王**　原語は不明。あるいは梵マハーラーガ Mahārāga か。衆生を憐れむことによって金剛薩埵《こんごうさった》などの本仏が変じて、大愛欲と大貪染

愛染明王（別尊雑記）

《だいとんぜん》の三昧《さんまい》に入っているところの尊。像は赤色の忿怒暴悪相で三目六臂を持ち、赤蓮華の上に坐す。絶対の大愛大貪染によって世間の痴愛《ちあい》染著《せんじゃく》を浄化し、男女間の葛藤を解くことを目的とする。これを本尊として敬愛などのために愛染明王法を修する。愛染曼荼羅はこれを本尊とする。わが国では平安中期から鎌倉時代にかけて信仰された。〔参考〕瑜祇経上、金剛王菩薩秘密念誦儀軌

**あいった　阿逸多**　㊵アジタ Ajita の音写。阿氏多、阿嗜多などとも音写する。無能勝と訳す。比丘の名。転輪王になろうという志願をおこして仏陀に叱責されたという。のちの大乗経典では、この阿逸多と弥勒菩薩（マイトレーヤ Maitreya）とを同一の人格とみなしている。

**アイテル　Eitel,** Ernst Johann（1823—1908）ドイツ人でルーテル教会の宣教師。一八六二年以来中国で布教に従事した。中国語にたくみで中国に関する論文・著作が多い。晩年はオーストラリアで布教し、同国で没した。主な著書として Buddhism : its historical, theoretical and popular aspects (1884), Handbook for the student of Chinese Buddhism (1870) などがある。

**あいのうしょう　壒嚢鈔**　⇩塵添壒嚢鈔《じんてんあいのうしょう》

**あいろん　愛論〔見論〕**　あらゆる事物について情意的にこだわり執著する言説を愛論といい、知的にこだわって固定した見解をもつ言説を見論という。いずれも真理に反し、道を修めるためには無益の言説であるから、その意味で、これらを合わせて二種の戯論《けろん》と名づけられる（中論巻三観法品、吉蔵の中論疏巻一など）。なお吉蔵の説によると、能力素質のすぐれた者や出家の人は見論をおこし、能力素質の劣った者や在家の人は愛論をおこすという。

**アヴァローキタヴラタ　Avalokitavrata**　（七—八世紀）観誓と訳す。中観派の論師。清弁《しょうべん》（バーヴァヴィヴェーカ Bhāvaviveka またはバヴィヤ Bhavya）の般若灯論（プラジュニャー・プラディーパ Prajñā-pradīpa）に対する複註プラジュニャープラディーパ・ティーカー Prajñā-pradīpa-ṭīkā（般若灯広釈）の著者。この註釈はチベット語訳で現存し、中論に対する最も詳細な複註として重んじられ、九世紀はじめのチベット仏教に中観思想の標準的な解釈を示した。

**あうん　阿吽**　㊵ア・フーン a hūṃ（ ）①密教の術語。阿字は口を開いて発する音で字音の初め、吽字は口を閉じた音で字音の終りであるところから、前者は万法発生の理体を表わし、後者は万法帰着の智徳を表わして、この二字に妙理がこもっていると説く（空海の阿字義、吽字義、声字実相義）。②阿吽の二字を出息と入息との意に解し、衆生に本来具わっている自らのさとりと他をさとらせるはたらきしにあてる説もある。③寺院の門の両側にある二王の像や向拝の前にすえられている狛犬《こまいぬ》の像が、一方は口を開き一方は口を閉じているのは、この二字を表わしたものである。

**アウング　Aung,** S.Z.　生没年不詳。ビルマ人。南伝アビダンマの研究者。リス・デヴィズ夫人と協力し、アビダンマッタ・サンガハ Abhidhammattha-saṅgaha（摂阿毘達磨義論）の英訳（Anuruddha's compendium of philosophy, 1910）、カターヴァットゥ Kathāvatthu の英訳（Points of controversy, 1915）を刊行した。

**あおふどう　青不動**　京都の青蓮院に蔵する不動明王の画像。絹本著色。国宝。身色が群青色で塗られているのでその称があり、藤原時代の密教絵画の代表作の一。その構成は諸儀軌に合致している。なお構成はやや異なるが、愛知県海部郡甚目寺町の甚目寺にも青不動（重文）がある。

**あか　閼伽**　㊵アルギャ argha の音写。阿伽、遏伽とも書き、功徳水と訳す。価値あるものの意。神仏にささげる種々な供物のこと。転じてもっぱら仏前に供える浄らかな水をいい、また浄水を盛る器をも意味する。①閼伽の浄水を汲む井戸を閼伽井《あかい》。②閼伽の浄水を容れる桶を閼伽桶《あかおけ》。③閼伽の浄水を盛る器を閼伽器《あかき》、閼伽の具《あかのぐ》。④閼伽器・閼伽桶を置くための棚を閼伽棚《あかだな》。⑤閼伽桶の浄水を閼伽器に移すための金

属製の坏を閼伽坏《あかづき》。⑥閼伽の浄水に浮かべて仏前に供える樒《しきみ》を閼伽の花《あかのはな》という。

**あかぎ-にっしょう　赤木日正**　（文政一二1829—明治四一1908）日蓮宗の僧。備前（現岡山県）の人。字は智誠。号は宣妙院。日蓮宗の不受不施派の再興を志し、明治九年許されて妙覚寺（現岡山市御津金川）を建てて総本山とし、竜華教院を設けて子弟の養成に尽力した〈⇩妙覚寺《みょうかくじ》④〉。

**あかしき　阿伽色**　阿伽は㊵アガ agha の音写。これに相反する二義がある。①極礙と訳す。積集した有形の物質で、粗雑な色《しき》（物質）をいう。②無礙と訳す。何ものにも妨げられない、無形の微細な色をいう。倶舎論巻一に、「阿伽は謂く積集の色、極めて能く礙を為す、故に阿伽と名づく。…有るは説く。阿伽は即ち空界の色、此の中礙無し、故に阿伽と名づく」とある。空界の色は、明・暗を体として、その他の有形の物質、即ち阿伽と相隣りしており（第一義）、また空界の色は無礙で、即ち阿伽で、有形の物質と隣接している（第二義）から、空界の色をアガ・サーマンタカ aghasāmantaka といい、隣阿伽色と訳す。

**あかだ-やく　阿伽陀薬**　阿伽陀は㊵アガダ agada の音写。阿掲陀《あかだ》、阿竭陀《あかだ》とも書く。無病、無価《げむ》と訳し、霊薬の名称で、不死薬、丸薬を意味する。

**あかぬま-ちぜん　赤沼智善**　（明治一七1884—昭和一二1937）仏教学者。真宗大谷派の僧。新潟県の人。号は樹心。大正三年1914真宗大学研究科を卒業後、セイロン・イギリスに留学した。同八年帰国して真宗大谷大学教授となり、原始仏教の研究につとめた。昭和一六年大谷派講師の学階を追贈された。著書、阿含の仏教、漢巴四部四阿含互照録、印度仏教固有名詞辞典、釈尊など。また山辺習学と共著の教行信証講義、新訳仏教聖典があり、没後、遺稿を整理した仏教教理之研究、原始仏教之研究、仏教経典史論が出版された。

**あか-ふどう　赤不動**　高野山の明王院に蔵する不動明王の画像。絹本著色。重要文化財。平安後期または鎌倉前期の作。身色や天衣が紅色で塗られているのでその称がある。智証大師円珍が比叡山横川の葛河滝で感得したものを描かせたと伝える。元寇に際して降伏祈願の本尊とされ、また後醍醐天皇の念持仏であったという。〔参考〕発心集、宇治拾遺物語

**あかまつ-こうえい　赤松光映**　（文政二1819—明治二八1895）天台宗の僧。豊後の人。字は曇覚。棘樹、一如庵、如々院と号する。明治八年天台座主となり、天台宗管長に就任して宗規を定め、宗門の復興につとめた。滋賀院を再興し、四天王寺・毘沙門堂に住した。著書、台門指月鈔など。〔参考〕四明余霞九三、天台座主記

**あかまつ-れんじょう　赤松連城**　（天保一二1841—大正八1919）浄土真宗本願寺派の僧。加賀金沢の人。号は榕隠。周防徳応寺の法嗣となる。明治元年1868防長二国門末総代として、島地黙雷らとともに本山に建議書を出し、宗門の革新を図った。同五年ドイツ・イギリスに留学し、同一二年大教校の初代校長となる。宗政に力をつくして執行長・財団理事長などを歴任し、また学事に貢献して大学林の総理をつとめ、勧学に進んだ。著書、英文真宗本義など。〔参考〕本願寺史三、竜谷大学三百年史

**あかん　阿観**　（保延二1136—承元元1207）真言宗の僧。南河内天野山金剛寺の中興開基。和泉国大鳥郡の住人大和貞平の子。幼少より仏法に親しみ、高野山で落髪、仏法を学ぶ。永万元年1165高野明神の託宣により、天野山に登る。承安二年1172丹生・高野両明神を勧請。治承二年1178金堂を建立。養和元年1181伝法会を行う。弟子に八条院・宜秋門院に奉仕した浄覚・覚阿の比丘尼がいて金剛寺隆盛の一因となった。絵も巧みで好んで観音像を描いたという。

**あきしの-でら　秋篠寺**　奈良市秋篠町。阿陁縛山と号し、単立。光仁天皇の勅願により宝亀六年775に起工、同一一年食封一〇〇戸が施入され、善珠が開基に迎えられたという。承和五年838常暁が唐より帰朝すると、本寺ではじめて太元帥法《たいげんのほう》を行った。その後保延元年1135兵火にかかり、平安末期以後寺領に関して西大寺とたびたび争っ

た。中世以後は衰微した。はじめ法相宗、中世には醍醐三宝院に属し、修験道場であった。近世、浄土宗西山派に転じた。〔国宝〕本堂　〔重文〕木造伝伎芸天立像、同梵天立像、同伝救脱菩薩立像ほか　〔参考〕続日本紀三六、興福寺官務牒疏、大和志料

**あぎだった　阿耆達多**　(梵)アグニダッタ Agnidatta (巴)アッギダッタ Aggidatta の音写。火授と訳す。①比丘の名。仏陀や目連の神通によって教化されて仏道に入った。もと波斯匿《はしのく》王（プラセーナジット Prasenajit）の師であったともいう。〔参考〕Paramatthadīpanī; Theragāthā 31偈註; Dhammapadatthakathā III. ②憍薩羅（コーサラー Kosalā）国のバラモン。ヴェーランジャー Verañjā に仏陀を請じておきながらそれを忘れたために、仏陀は飢餓にあって三カ月間馬麦を食したという。〔参考〕中本起経巻下、大智度論九、十誦律一四、Majjhima-nikāya I.

**あぎに-こく　阿耆尼国**　梵名のアグニ Agni よりも、アールシ Ārśi の音写、または音略といわれる。西域北道のタクラマカン砂漠の北辺、現在の中国新疆省喀喇沙爾（カラシャール Karashar）地方に位置する。別名に烏夷《うい》、烏耆《うぎ》、焉耆《えんぎ》がある。七世紀には説一切有部の伽藍が十余カ所あったと伝える。〔参考〕西域記一

**あきの-こうどう　秋野孝道**　（安政五 1858―昭和九 1934）曹洞宗の僧。駿河の人。西有穆山に師事し、明治四二年1909曹洞宗大学長となり、昭和四年総持寺の貫主となる。著書、禅宗綱要、従容録講話など。

**あきば-でら　秋葉寺**　静岡県浜松市春野町領家秋葉山。「しゅうようじ」ともいう。曹洞宗。もと大登山霊雲院と号した。養老二年718行基の草創といい、大同四年809三尺坊大権現（天狗という）が出現し鎮守として祀られたと伝える。永禄年間1558―70に可睡斎《かすいさい》にいた森林光幡が入寺して曹洞宗になった。その後、僧侶・修験・禰宜《ぎね》の三者が出仕するところとなり、三尺坊大権現は特に火除けの神として全国に勧請され、東海から関東には多くの秋葉講が結成された。安永七年1778後桃園天皇の勅願所となり、明治六年1873神仏分離にともなって廃寺となった。本尊の三尺坊大権現は可睡斎に移され、寺跡は秋葉神社になった。同一三年秋葉山の八合目に寺を復興して現在に至っている。なお、火祭りは旧暦一一月一六、一七日（現一二月一六、一七日）に行われ、多くの参詣者がある。〔参考〕秋葉寺由緒、東海道名所図会四、神仏分離史料上

**あぎょ　下語**　禅宗の用語。①公案古則などの法語に対して自分の見解を表わすために下す語。②師家《けし》が弟子のために下す教訓の語。

**あく　悪**　不善の意味。道理に背き、自他を損害し、現在および将来に苦を招く因となる性質。善・悪・無記（非善非悪）の三性《さんしょう》に分ける場合の一。このときは、詳しくは悪性《あくしょう》ともいうが、また好んで悪事を行おうとする性質をも悪性という。①殺生・偸盗《ちゅうとう》・邪婬・妄語（両舌・悪口《あっく》・綺語《きご》を含む）・飲酒を五悪という（無量寿経巻下）。②悪時・悪世界・悪衆生・悪見・悪煩悩《あくぼんのう》・悪邪無信盛時《あくじゃむしんじょうじ》を六悪といい、十悪・五逆・四重罪・破戒・破見・謗法《ほうぼう》・一闡提《いっせんだい》を七悪という（愚禿鈔巻下）。

**あぐ-い　安居院**　比叡山東塔竹林院の里坊で、現京都市上京区寺之内通大宮上ル前之町付近にあった。鎌倉初期、天台宗探題澄憲・聖覚父子が住して唱導に一流を開いて以来、その子孫はここを拠点に活動し神道集などを著わした。延暦寺門跡の院家としても興隆したが、応仁の乱で焼失し廃絶した。〔参考〕華頂要略、安居院唱導集、山城名勝志二

**あくけいせいたら-こく　悪醯掣呾羅国**　(梵)アヒッチャットラ Ahicchatra の音写。中インドの東部にあった古国。都城はバレーリ県ラームナガルである。七世紀には正量部の伽藍が十余カ所あったと伝える。〔参考〕西域記四

**あくさ　悪作**　(梵)カウクリトヤ kaukṛtya の訳。悔《け》ともいう。心所《しんじょ》（心のはたらき）の名。自分がかつて為した行為（所作）が悪かったと追想して後悔すること。倶舎宗《くしゃしゅう》では八不定地法《ふじょうじほう》の一とし、不善をなしたことを、または善をなさなかったことを追悔することをいい、無記の所作

については いわない。唯識宗では四不定《しふじょう》の一とし、「おさ」と読んで、所作を悪《にく》んで追悔することと解し、善・悪・無記の三性《さんしょう》の所作に通じていう。日本では、南都・北嶺は「おさ」、三井寺・高野山は「あくさ」と読むのを例とする。なお、煩悩《ぼんのう》の分類としては、十纏の一に数え、或いは掉挙《じょうこ》と合わせて掉悔蓋《じょうけがい》と称し、三蓋または六蓋の一とする。

**あくしゃ-じゅ　悪叉聚**　悪叉は㊵アクシャ akṣa の音写。嗚嚕捺囉叉《うろならしゃ》(㊵ルドラークシャ rudrākṣa)ともいう。植物の名。その果実は、多数が一カ所に集まって生ずるので悪叉聚といわれ、諸経論には一つの集まりの中に多数の種類があることの譬喩として用いられる。また果核を縦貫珠、金剛子などと称し、つないで数珠を作る。

**アクシャパーダ　Akṣapāda**　(一―二世紀頃)インド六派哲学の一つであるニヤーヤ Nyāya学派(正理学派)の祖。足目、足目仙人と訳す。別名をガウタマ Gautama と称する。ニヤーヤ学派の根本教典であるニヤーヤ・スートラ Nyāya-sūtra の作者とされるが、実際には同スートラの成立は二五〇―三五〇年の成立と推定されている。くわしい事跡は明らかでない。

**あくせかい　悪世界**　悪世ともいう。時代が移るに従って人の寿命が次第に短くなり、心を苦しめるわずらわしさや誤った考え方がさかんになって、濁った悪い世の中になるという。また末法《まっぽう》の世のことをもいう。⇩五濁《ごじょく》　⇩末法

**あくせつら　悪刹羅**　㊵アクシャラ akṣara の音写。阿察羅《あさつら》、阿刹羅《あせつら》、阿乞史羅《あこっしら》とも書き、字、文句、字門と訳す。本来は音節のことであるが、転じて語音、綴り、文字、語などを意味する。

**あくちしき　悪知識**　⇩善知識《ぜんちしき》

**あくにんしょうき　悪人正機**　真宗の説で、悪人こそ阿弥陀仏の救済の対象であるということ。⇩機《き》

**あけいら-せん　阿詣羅仙**　阿詣羅は㊵アンギラス Aṅgiras の音写。具力と訳す。インドの伝説ではリグ・ヴェーダの多くの讃歌の作者とされ、七大聖仙の一人。本来は火の供養を行う聖職の名で、同時に呪文・呪詞をも意味した。木星に擬せられる仙人の名とも、火天の名ともいう。のちには霊感にもとづく立法者、天文学の古典の作者ともされるようになった。汗液から生まれたとも梵天の口あるいは意から生まれたともいい、密教では火天の眷属とする。〔参考〕中阿含経三八・四〇、大日経疏一六

**あけがらす-はや　暁烏敏**　(明治一〇 1877―昭和二九 1954)仏教思想家。真宗大谷派の僧。石川県の人。明治三三年真宗大学を卒業後、東本願寺の留学生として外国語学校ロシア語別科に学んだ。清沢満之に師事して浩々洞の同人となり、雑誌「精神界」の編集・庶務にたずさわった。大正四年 1915 同誌の編集を退き、自坊明達寺に帰って布教に従事、同一〇年自坊に香草社を設けた。昭和二五年真宗大谷派の宗務総長となる。暁烏敏全集二七巻(別巻)がある。

**あごん　阿含**　㊵アーガマ āgama の音写。阿鋡《あごん》、阿伽摩《あがま》、阿笈摩《あぐま》、阿含暮《あごんぼ》とも書き、教、伝来、法帰と訳す。師から弟子へと伝承されてきた教説、または聖典の意味。①広義においては仏説としての聖教を総称していう。②狭義においては原始経典の阿含経を意味する〈⇩阿含経《あごんぎょう》〉。③仏陀説法の時期を五時に分けて考える場合、仏が成道して三七日を過ぎて以後の一二年間は、鹿野苑《ろくやおん》などで小乗の教えのみを説いたとして、その期間を阿含時、または鹿苑時という。⇩五時八教《ごじはっきょう》

**あごん-ぎょう　阿含経**　阿含は㊵アーガマ āgama の音写。伝承された教法の意。仏陀の教法を弟子らが伝承したものを後に編集したもので、仏教史上最初に成立した経典(正確にいえば経典群、即ち多数の単経を集めて編集した叢書)で、仏陀の直接の教説を含むものとして重要である。仏陀の教説は、はじめ口伝によって断片的に伝承されていたが、教団が発展するにつれて次第に整備統一されるようになった。この過程でいろいろ修正や増広が加えられている。当初は九分教あるいは十二分教などとしてまとめられていたが、後世では普通、⑴長阿含(比較的長い経を集録)、⑵中阿含(中く

らいの長さの経を集録)、(3)相応阿含(ごく短い多数の経を教説の種類に従って編集)、(4)増一阿含(短い多数の経を教説の内容から数にしたがって分類編集)の四に類別され、そのそれぞれが数十ないし数百の単経を含んでいる。その他に(5)雑部として前の四のどれにも収められないものをまとめている場合もある。現在完全な形で存しているのは、南方上座部(テーラヴァーダ Theravāda)が伝持したパーリ語の阿含経だけで、ディーガ・ニカーヤ Dīgha-nikāya (長部、(1)に当たる)、マッジマ・ニカーヤ Majjhima-nikāya(中部、(2)に当たる)、サンユッタ・ニカーヤ Samyutta-nikāya (相応部、(3)に当たる)、アングッタラ・ニカーヤ Aṅguttara-nikāya (増支部、(4)に当たる) クッダカ・ニカーヤ Khuddaka-nikāya (小部、(5)に当たる)の五部から成っている〈⇩スッタ・ピタカ〉。これら五部のパーリ語原典は、パーリ聖典協会 Pali Text Society によって組織的に刊行された。また各国探検隊が中央アジアより持ち帰った梵文阿含経の断片(そのほとんどは説一切有部系)が、現在続々と刊行されつつある。漢訳で現存するまとまったものとしては、長阿含経(二二巻。後秦の仏陀耶舎と竺仏念の訳。(1)に当たる。法蔵部が伝えたものらしい)、中阿含経(六〇巻。東晋の瞿曇僧伽提婆《くどんそうぎゃだいば》の訳。(2)に当たる。説一切有部が伝えたもの)、雑阿含《ぞうあごん》経(五〇巻。五世紀なかばごろ劉宋の求那跋陀羅《ぐなばつだら》の訳。(3)に当たる。説一切有部が伝えたもの)、増一阿含経(五一巻。瞿曇僧伽提婆の訳とされている。(4)に当たる。大衆部が伝えたものと言われるが、明らかでない)がある。漢訳にはその他に、部分訳の雑阿含経、多くの単経、(5)に含まれるべき種々の経典(例えば法句経、ジャータカなど)がある。梵文・チベット訳にも多くの単経が現存するが、(1)(2)(3)(4)などに相当するまとまったものはない。阿含経の註解として漢訳で現存するものに四阿鋡暮抄解(二巻。前秦の鳩摩羅仏提《くまらぶつだい》らの訳)、三法度論(三巻。東晋の僧伽提婆《そうぎゃだいば》の訳。)、分別功徳論(五巻。訳者不詳)(いずれも(大)二五)などがある。パーリ語の阿含経は南伝大蔵経第六-四四に和訳されている。漢訳の長・中・雑・増一の四阿含経、およびその中に含まれる単経に相当する異訳は(大)一・二に、また(5)に含まれるべき種々の経は(大)三・四に収められる。[国一]阿含部一-一〇

**あごん-しゅう　阿含宗**　本部、東京都千代田区平河町。正称は阿含宗観音慈恵会。昭和三〇年1955桐山靖雄が、横浜市鶴見区生麦に観音慈恵会を設立したのに始まる。その後、アーガマ(阿含経)の教法に依拠して同五三年阿含宗と称し、翌年東京に本部道場が建てられた。本尊は釈迦牟尼仏・准胝観音・大日如来の三仏とし、三身即一を説く。京都市山科区北花山大峯に本山がある。

**あさがんのん-ゆうやくし　朝観音夕薬師**　観音の縁日には朝、薬師の縁日には夕方に参詣する風習をいう。観音の縁日は一八日で残月があるから朝参りに便で、薬師の縁日は八日でまだ宵月があって夕参りに便であることから起こったもの。

**あさくさ-べついん　浅草別院**　⇩東京本願寺《とうきょうほんがんじ》

**あさざ-ゆうざ　朝座夕座**　①朝の講座、夕の講座という意。法華八講の時の朝夕二回の講義をいう。②午前の勤式《ごんしき》、午後の勤式をいうこともある。

**あさ-たいし　阿佐太子**　生没年不詳。推古天皇五年597に日本へ来た百済の王子。聖徳太子の肖像画に阿佐太子の御影(一に唐本御影《からほんのみえい》といって、法隆寺に伝えられた。現宮内庁蔵)と呼ばれるものがある。それは阿佐太子と会見した時の聖徳太子の姿をうつしたからとも、或いは阿佐太子が描いたからともいわれるが、聖徳太子の時代よりもやや後の七世紀後半白鳳期のものである。なお浄土真宗の光明本尊に、聖徳太子の眷属として、日羅などと共に阿佐太子を描いたものがある。〔参考〕日本書紀二二、聖徳太子伝暦、古今目録抄、聖徳太子伝私記

**あさだいもく-ゆうねんぶつ　朝題目夕念仏**　天台宗で古来、朝は法華経に基づく法華懺法《せんぼう》を行じ、夕は阿弥陀仏に関する例時作法を修するのをいう。

**あさば-さんごく-めいしょう-りゃっき**

**阿娑縛三国明匠略記**　一巻。三国明匠略記ともいう。建治元年1275の成立。前半は承澄の阿娑縛抄明匠等略伝を、円光が抄出して二、三の伝を補ったもの。後半は密教事相関係の雑録。〈⇩阿娑縛抄明匠等略伝《あさばしょうめいしょうとうりやくでん》〉仏全四一、続群八下

**あさば-しょう　阿娑縛抄**　二二七巻（または二二八巻）。天台宗の承澄の著（建長三年1251から文永三年1266の間に成立とも、文永一二年の成立とも、仁治三年1242から弘安四年1281の間に成立ともいう）。台密の作法や図像に関する事項を、経典・儀軌・口伝などにより抄録して集大成した。題名は大日経疏一四により、阿（𑖀）は仏部、娑（𑖭）は蓮華部、縛（𑖪）は金剛部を象徴する文字（種子）で、入修証の門は広いが、仏・蓮・金の三部に収まるから、この三字を書名にした。㊅図像部八・九、仏全三五―四一

**あさばしょう-めいしょうとう-りゃくでん　阿娑縛抄明匠等略伝**　三巻。承澄の著。釈尊およびインド・中国・日本の高僧の事跡を略述する。上巻には建治元年1275、中・下巻には文永一一年1274の奥書がある。なお阿娑縛抄には、円光がこの書を抄出して二、三の伝を補った阿娑縛三国明匠略記をも収めている。仏全四一

**あさひ-やま　朝日山**　⇩大日寺《だいにちじ》②

**あさん　阿三**　（　―享保九1724）浄土宗西山派の僧。号は台空。助三の弟子。元禄一〇年1697中座講の輪番になったとき、助三と洞空との宗義の論争の余波をうけ、大衆から排斥されたので、京都の光明・禅林の両寺に訴え、更に幕府に公訴して勝った。その結果、隠居中の助三が禅林寺四八世を継ぎ、阿三は会下の第一座となった。京都の休務寺、播磨の法界寺を歴住し、禅林寺五二世を継いだ。なお序分義私記・定善義私記・選択集私記を校正刊行した。〔参考〕光明寺沿革誌、禅林寺誌

**アサンガ　Asaṅga**　⇩無著《むじゃく》①

**あしかが-がっこう　足利学校**　下野国足利（現栃木県足利市）にあった学問道場。成立については小野篁《おののたかむら》、足利義兼創建説などがあるが、詳らかでない。永享一一年1439関東管領上杉憲実が再興し、鎌倉円覚寺の快元を校主として学領を付した。以後、関東北部の文化の中心となり、北条氏・武田氏などの保護をうけた。豊臣秀吉は学領を没収し、秀次は学校を京都の伏見に移そうとして書籍・聖像図を移させたが、文禄四年1595徳川家康は再び足利に還させた。第九世校主の元佶（閑室）は家康の命で分校として伏見に円光寺学校を創建し、多くの木活字本を刊行した。寛文年間1661―73聖堂を再建、明治五年1872聖廟を県に交付し閉鎖したが、同九年再下付をうけ、同一五年これを修理し文庫（図書館）を建て、書籍の縦覧を許した。現在は足利学校遺跡図書館と称し、足利市が保管経営している。蔵書中の憲実が寄進した宋版五経注疏本などは珍重されている。⇩円光寺学校《えんこうじがっこう》

**あしかが-ぎざん　足利義山**　（文政七1824―明治四三1910）浄土真宗本願寺派の僧。鳧水《ふすい》と号する。諡は願海院。備後光円寺に生まれ、のち勝願寺に入った。勧学慧海・泰巌に学び、西山教校・大教校教授となり、明治一五年異義「無念秘事」を糺問した。勧学職にのぼり、真宗学庠・進徳教校・大学林の教授、大学林綜理を歴任した。著書、教行信証摘解。〔参考〕本願寺史三、竜谷大学三百年史

**あしかが-ずいぎ　足利瑞義**　（明治四1871―昭和一九1944）浄土真宗本願寺派の僧。諡は集法院。広島県の人。足利義山の長男。明治四五年から大正四年1915まで仏教大学（現竜谷大学）学長。昭和一二年に勧学となり、同一四年から一九年まで竜谷大学学長を務めた。

**あじ-がちりん-かん　阿字月輪観**　覚鑁《かくばん》（1095―1143）の編。成立年不詳。阿字観を修する行者のために、唐の一行の大日経義釈の要文を略抄した書。興教大師全集下

**あじ-かん　阿字観**　密教で宇宙人生を阿字（𑖀）におさめて、一切法がそれ自体において根本的であり生滅しないものであるという本不生《ほんぷしょう》の理を観ずること。密教では菩提心《ぼだいしん》を観想するのに、略して阿字と蓮華〈⇩心《しん》②〉と月輪《がちりん》〈⇩心月輪《しんがちりん》〉との三種の観じ方がある。この三種はいずれも一心に他ならず、同時に具わっている

ものであるが、初学者の修観の便宜上から区別して別々に観じさせるのであって、このうち、阿字を観ずるのを阿字観といい、これに声と字と実相との三観の別がある。なお、阿字を図画するときに、通常は月輪と蓮華を書いて、月輪中に阿字を置く。

**あじかん-ようじん-くけつ　阿字観用心口決**　阿字檜尾口決、阿字観檜尾伝などともいう。一巻。実慧の著。成立年不詳。空海の口伝にもとづき、弟子実慧が阿字観の用心とその修観法を述べた書。阿字観に広略二観がある。菩提心を象徴する文字(種子)である阿字と、これを形象的にあらわしたもの(三昧耶形)である蓮華と月輪とを観じて、自心の仏性を開顕することを示している。(大)七七、弘法大師諸弟子全集上〔註釈〕恵照・阿字檜尾記授要鈔二巻、同・阿字檜尾禅策一巻

**あじ-ぎ　阿字義**　①阿字義釈ともいう。空海(774—835)の著と伝える。成立年不詳。理具・加持・顕得の三成仏と、五字義・三部義・三密義の六門に分けて、阿字(大日如来を象徴する文字)の字相・字義を説く。弘法大師全集一一　②三巻。実範の著(平安末期)。阿字の意義を経・疏を引用し、問答を設けて、詳細に解説している。(大)七七

**あじぎ-でん　阿字義伝**　一巻。絵は寂蓮、詞は鳥羽上皇の作というが、明確でない。成立年不詳。阿字義を釈し、その観相を描いた書。始めに嵯峨天皇の御影を写し、つぎに詞書があり、終りに弘法大師像を描き、両像の胸前には阿字(𑖀)を書く。〔原本〕大阪藤田家旧蔵〔模本〕東京国立博物館蔵〔参考〕考古画譜一

**あじくた　阿地瞿多**　(梵)アティクータ Atikūṭa の音写。無極高と訳す。唐代初期の訳経家。インド中部の人。永徽三年652長安に来て慈恩寺に住した。慧日寺浮図院に陀羅尼普集会壇を建て、翌四年、金剛大道場経を抄訳して陀羅尼集経一二巻を出した。〔参考〕開元釈教録八、宋高僧伝二

**あじ-ごてん　阿字五転**　密教の説。悉曇《しったん》の阿字(𑖀)に音韻上の転化が五種ある(字母に点を加えてこれを示す)のを、真言行者の修行階程に配したもの。即ち、⑴発心《ほっしん》(阿《あ》𑖀 a 自己が本来的に仏性を具えていることを信じて疑わず、これを開顕しようと思いたつ)・⑵修行(阿長《あー》𑖁〔𑖁〕ā 三密六度の行を修する)・⑶証菩提《しょうぼだい》(闇《あん》𑖀𑖽 aṃ 自証の果徳を獲得する)・⑷入涅槃《にゅうねはん》(悪《あく》𑖀𑖾 aḥ 不生不滅の理体にさとり入る)・⑸方便為究竟《ほうべんいくきょう》(噁《あんく》𑖁𑖽𑖾 āṃḥ 五点の阿字という。前四字の点を一つの阿字に累加して作った字で、大日如来を種子《しゅじ》とする(或いは噁《あーく》𑖁𑖾 āḥ)。自証化他の万徳を具え、相手に応じて自在に教化のはたらきを示す)の五転で、大日経の大意はこれにおさまるという(三句の説と五転とは開合の差にすぎず、発心を因、修行を根、方便を究竟とすることには異説はないが、菩提と涅槃とを根と究竟とのいずれに配するかには異説がある)(大日経疏巻一・巻一一・巻一四など)。なお五転を五仏に配するとき、始覚上転の立場に立てば大日如来は究竟の果となり、本覚下転の立場に立てば大日如来は衆生本有の因となるから、前者を東因発心の義(善無畏の所伝)、後者を中因発心の義(不空の所伝)と称する。

| 東因発心 | | 中因発心 |
|---|---|---|
| 阿閦(東)—— | 𑖀 (発心)—— | (中)大日 |
| 宝生(南)—— | 𑖁 (修行)—— | (東)阿閦 |
| 弥陀(西)—— | 𑖀𑖽 (菩提)—— | (南)宝生 |
| 不空成就(北)—— | 𑖀𑖾 (涅槃)—— | (西)弥陀 |
| 大日(中)—— | 𑖁𑖽𑖾 (方便)—— | (北)不空成就 |

**あしだ　阿私陀**　(梵)アシタ Asita の音写。阿斯陀・阿私多・阿夷頭などと音写し、不白・無比・端正と訳す。インド中部のカピラヴァストゥ Kapilavastu(迦毘羅衛《かびらえ》)の仙人。悉達太子(仏陀)降誕の時占相を行って、出家したなら仏陀、俗のままであれば転輪聖王となるであろうと予言した。

**あじたばってい-が　阿恃多伐底河**　(梵)アジタヴァティー Ajitavatī の音写。阿夷羅婆提《あいらばだい》(アイラヴァティー Airavatī)、阿耆羅婆提《あぎらばだい》(アジラヴァティー Ajiravatī)、阿市羅跋底《あしらばってい》(アチラヴァティー Aciravatī)などとも記し、略して跋提河ともいう。インド中部の河。西域記に唐に無勝といい、阿利羅跋提河というは訛なりとある。また別名を尸刺拏伐底《しらなばってい》(ヒラニ

ヤヴァティー Hiraṇyavatī) と称するともいわれるが、別の河とする説もある。この河の西岸にある拘尸那掲羅《くしながら》(クシナガラ Kuśinagara) 娑羅樹林で仏陀は入滅したと伝える。

**あしづ-じつぜん　芦津実全**　(嘉永三1850—大正一〇1921) 明治・大正の学僧。号石蓮。紀州和歌山の人。一四歳で同地明王院(天台宗)に入って得度し、和歌浦玉泉院の実裕に天台を、倉田績に漢学を学ぶ。明治八年1875麻生天真寺で荻野独園に謁し、独園が相国寺に移ると毎年その会下に参じた。同一四年縮刷蔵経の校正に従事し、この間諸宗の名匠と交わり、翌年、山岡鉄舟・鳥尾得庵らと明道協会を創め、排仏後の仏教の覚醒を訴えた。同一九年叡山喜見院住持となり、「四明余霞」を創刊。同二三年上京して島地黙雷・釈宗演らと「仏教各宗綱要」の編纂に当たる。同二六年夏、土宜法竜・釈宗演・八淵蟠竜とともに渡米し、シカゴ市開催の世界宗教会議に日本仏教を代表して出席。同三一年臨済宗に転じて東京金地院に住し、同院を再興。三六年永源寺派管長となる。この間、卍字蔵経・続蔵経の編集に尽瘁した。著書、日本宗教未来記、皇朝天台史略、禅学向上録、碧巌録講話など。

**あしつ-たっさん　阿質達霰**　唐代の訳経家。(梵)アジタセーナ Ajitasena の音写。無能勝将または無能勝と訳す。インド北部の人。開元713—41の頃、安西(亀茲国)で、大威力烏枢瑟摩明王経三巻、穢跡金剛説神通大満陀羅尼法術霊要門一巻、穢跡金剛禁百変法経一巻を訳したというが、これは偽経のようである。〔参考〕貞元録一四

**あしっぱ　阿湿波**　(梵)アシュヴィン Aśvin の音写。つねにアシュヴィナウ Aśvinau と両数形で記される双子の神。アシュヴィン双神ともいう。古代インドの神格で、すでにリグ・ヴェーダにも登場する。日天と天女の化した牝馬との間に生まれたともいわれる。馬あるいは鳥の牽く金色の車に乗り、黎明の神の前を行くと言われる。曙光の美しさを擬人化した神で海生、海火などの異名もある。この双神を天と地、昼と夜、太陽と月などになぞらえる説もある。何らかの自然現象を神格化したものと思われるが、早くからその関係は不明となっている。インド・ヨーロッパ系神話の中でも最も古い神格の一つで、ヨーロッパ語族の神話中にさまざまな形で姿を現わしている。〔参考〕仏所行讃二

**あしっぱ-こく　阿湿波国**　⇩十六大国《じゅうろくだいこく》

**あじ-ひしゃく　阿字秘釈**　①一巻。円珍の著と伝える。大中一二年(天安二)858の後記がある。阿字が法華経の体であることを、総標・別釈・結合の三段に分けて説く。始めに法華経は全巻を通じて阿字本不生《あじほんぶしょう》の理をあらわすものであると説き(総標)、ついで阿字と法華との関係を阿字の四義から論じ(別釈)、最後に阿字の義門を明らかにして結論とする(結合)。仏全二八(智証大師全集四)　②一巻。覚鑁《かくばん》(1095—1143)の著。成立年不詳。阿字本不生の義を遮情・表徳の二方面から秘釈し、特に表徳の面で本不生の十義を挙げ、種々の経軌論釈を引証してその秘義を解釈している。(大)七九　③三巻。頼瑜《らいゆ》の著(弘安四1281)。阿字観に関して誦持門と観字門と解字門の三つに分けて説く。〔刊本〕承応二1653刊

**あじ-ほんぷしょう　阿字本不生**　密教の術語。密教においては阿字(𑖀)はあらゆる言語文字の基礎であるとし、これに種々の意義があることを説く。①初の義、本の義。(梵)アーディ ādi からくる。②不生の義。(梵)アヌトパーダ anutpāda からくる。なおまた、阿字は「無」、或いは「不」の義をもつ否定語であるから、無常、無住、不来、不流、不破壊など各種の義があるとする。かくして阿字は根本にして不生なる実在を意味するものとし、これを阿字本不生と称する。

**あじゃせ-おう　阿闍世王**　(梵)アジャータシャトル Ajātaśatru (巴)アジャータサットゥ Ajātasattu の音写。阿闍多設咄露などとも音写し、未生怨《みしょうおん》などと訳す。仏陀在世当時のインド中部の摩掲陀《まがだ》(マガダ Magadha)国の王。シャイシュナーガ Śaiśunāga 王朝の第六世。頻婆娑羅《びんばしゃら》(ビンビサーラ Bimbisāra) 王と韋提希《いだいけ》

（ヴェーデーヒー Vedehī）夫人との間の子。太子のとき、仏陀に反逆した提婆達多《だいばだった》（デーヴァダッタ Devadatta）にそそのかされ、父王を幽閉し獄死させて自ら王位についた。三二年（一説に二七年）の在位の間に隣接の諸国を併合し、摩掲陀国の最盛期を現出させた。のちに前非を悔い、異母兄の耆婆《ぎば》（ジーヴァカ Jīvaka）のすすめにより仏教に帰依し、教団の熱心な外護者となった。仏滅直後、摩訶迦葉らによる遺教の編纂会議（第一結集《けつじゅう》）は王の厚い庇護のもとで行われたという。ジャイナ教の伝承によれば、王はジャイナ教をも保護したと伝える。王の即位は仏入滅の八年前、没年は仏滅の二四年後であったという。〔参考〕長阿含経一七（沙門果経）、善見律毘婆沙二、涅槃経梵行品、観無量寿経

**あじゃせおう‐きょう　阿闍世王経**　二巻。後漢の支婁迦讖《しるかせん》の訳。異訳に西晋の竺法護の訳の文殊支利普超三昧経三巻、北宋の法天の訳の未曾有正法経六巻、訳者不詳の放鉢経一巻がある。チベット訳もある。摩掲陀《まがだ》（マガダ Magadha）国の阿闍世王（アジャータシャトル Ajātaśatru）が父を殺した罪を悔い、仏や文殊菩薩の教えを受けて救われる物語の中に、文殊の智慧と神通の偉大さを現わす物語をまじえている。(大)一五、[国一]経集部二

**あじゃせおう‐じゅけつ‐きょう　阿闍世王授決経**　一巻。西晋の法炬の訳。異訳に東晋の曇無蘭の訳の採花違王上仏授決号妙花経一巻がある。阿闍世王（アジャータシャトル Ajātaśatru）が仏にささげた多くの灯火よりも、貧しい女のささげた一灯の方が長い間燃えた話、王の宮殿にもってゆくべき花を園丁が仏に供養した話、阿闍世王がすでに涅槃した仏より、未来に如来になるであろうとの予言を受ける話などを説く。(大)一四

**アジャータサットゥ　Ajātasattu**　⇩阿闍世王《あじゃせおう》

**アジャータシャトル　Ajātaśatru**　⇩阿闍世王《あじゃせおう》

**あしゃま　阿娑摩**　(梵)アサマ asama の音写。阿娑麼、阿娑磨とも書き、無等と訳す。仏は他に等しいものがないからである。仏のこと。仏は菩薩《ぼさつ》などと比べては無等であるが、仏と仏とは全く同等であるから、さらに等の一字を加えて仏のことを阿娑摩娑摩《あしゃましゃま》（(梵)アサマサマ asama-sama）即ち無等等ということもある。

**あじゃり　阿闍梨**　(梵)アーチャーリヤ ācārya の音写。阿舎梨、阿祇利《あぎり》、阿祇梨、阿遮利耶、阿遮利夜、阿遮梨耶とも音写し、略して闍梨《じゃり》という。軌範師《きはんし》、正行《しょうぎょう》と訳す。弟子を教授し、弟子の行為を正して、その軌範となるべき師のこと。①もと婆羅門《ばらもん》で弟子に儀則を教える者のことをいい、のち仏教教団でもこれを用いた。阿闍梨の種類として四分律行事鈔巻上三には⑴出家阿闍梨（出家得度の際に十戒を授ける師で十戒阿闍梨ともいう）、⑵受戒阿闍梨（具足戒を受ける際に羯磨《こんま》をなす師で羯磨阿闍梨ともいう）、⑶教授阿闍梨（具足戒を受ける際に威儀を教授する師で威儀阿闍梨ともいう）、⑷受経阿闍梨（経典の読方や意義を教える師）、⑸依止《えじ》阿闍梨（比丘が師事し、起居を共にして指導を受ける師）の五種阿闍梨（四分律羯磨疏巻上では剃髪阿闍梨を加えて六種）を挙げる。慧苑音義巻上には羯磨・威儀・依止・受経・十戒の五種をあげ、別に西域には君持阿闍梨があるとするが、君持を(梵)クンディカー kuṇḍikā（水瓶）の音写と見なせば密教の灌頂《かんじょう》阿闍梨を指すらしい。具足戒を受けるには三師と七証師との十師を要するが、三師とは戒和尚《かいわじょう》と羯磨阿闍梨と教授阿闍梨とであり、小乗の受戒作法では現に式場に参列している人でなければならぬとするのに対して、大乗円頓戒《えんどんかい》では観普賢経に従って釈迦と文殊と弥勒とをこれに充てる〈⇩受戒《じゅかい》〉。大智度論巻一三には在家の者が沙弥《しゃみ》・沙弥尼になる際には和上〈⇩和尚《おしょう》〉と阿闍梨とを求めねばならぬとし、この両者を出家の父母に喩える。また禅宗では沙弥の得度式には戒師と作梵闍梨《さぼんじゃり》（梵唄《ぼんばい》を誦する阿闍梨の意）と引請闍梨《いんじょうじゃり》（得度をする者の坐作進退の指図をして引導し、戒師に請して受戒させる阿闍梨の意）とが参列する。密教では曼荼羅《まんだら》およ

び諸尊の印明に通じ伝法灌頂《でんぽうかんじょう》を受けたものを阿闍梨と名づけ、また、仏・菩薩《ぼさつ》をすべて阿闍梨ということもある。なお大日経巻一具縁品には真言乗の阿闍梨が具えなければならぬ一三徳を説いている。②阿闍梨につつしみ仕えて供養《くよう》すれば福徳利益を得ることが、あたかも田の穀物を生ずるのと同様であるから、阿闍梨を讃えて阿闍梨田《あじゃりでん》と名づけ、八福田の一に数える。③日本では平安時代から僧の職官の一とされ、承和三年836比叡・比良・伊吹・愛宕・神峰・金峯・葛木の七山に七高山阿闍梨を置いて五穀の豊饒を祈らせた。密教では伝法灌頂を執行する師を伝法阿闍梨と称し、東密では承和一〇年真紹が初めて補任された。台密では仁寿四年854安慧・慧亮が初めて三部大法阿闍梨に補任され、貞観一八年876には承雲が三部大法阿闍梨に、常済が両部大法阿闍梨に補された。なお、阿闍梨は官符によって補任されるが、出身の門地によって大阿闍梨・小阿闍梨などの別を立て、貴族などにその人一身をかぎって伝法灌頂職を授けるのを一身阿闍梨などという。また真言宗では伝法灌頂を受けた者を阿闍梨と称し、授法の師を大阿闍梨と称することがある。その他、悉曇《しったん》阿闍梨・声明《しょうみょう》阿闍梨などもある。また宮中の真言院において後七日御修法《ごしちにちのみしほ》を勤める阿闍梨を後七日の阿闍梨といい、この御修法の大阿闍梨は東寺の一の長者が勤める(東寺の一の長者を一の阿闍梨という)。また勅願による結縁灌頂《けちえんかんじょう》の小阿闍梨の宣旨を受けて勤め已《おわ》った者を已灌頂《いかんじょう》、明年度に勤めることを定められた者を擬灌頂《ぎかんじょう》という。〈⇩僧職《そうしょく》〉〔参考〕釈家官班記、初例抄上、東宝記

**あじゃり-かんじょう-ぎき　阿闍梨灌頂儀軌**　一巻。詳しくは阿闍梨大曼荼攞灌頂儀軌という。古来、恵果《けいか》の撰とするが不詳。成立年不詳。阿闍梨位灌頂(水を弟子の頂にそそぐ作法によって仏の位を継承させることを示す儀式)の規則を記す。真言宗での灌頂の儀式は、おおむねこの儀軌によって行われる。(大)一八

**あしゃりに-がらん　阿奢理弐伽藍**　七世紀頃、西域北道の屈支《くっし》国(現在のクチャ Kucha 地方)の西北にあった伽藍で、当時の大徳木叉毱多《もくしゃきくた》が住した。アーシュチャリニ Āścariṇi の音写というが、確かでない。玄奘は奇特と訳している。〔参考〕西域記一

**アジャンター　Ajantā**　インド西部、マハーラーシュトラ州アウランガーバード市の北東約一〇〇キロの地点にある仏教石窟群。一八一九年イギリス軍人により偶然に発見された。ワゴーラー川の浸食により大きく湾曲する岩山の崖の中腹に二九の石窟が並ぶ。窟内のほとんどに壁画が描かれ、現在もその多くが保存される。最古のものは紀元前にさかのぼるが、多くはグプタ時代のものである。二九窟のうち、第一〇・一七・一九(五世紀後半)、第一・二(七世紀前半)の各窟は比較的よく保存されている。題材は仏伝や本生譚が主であるが、盛期のものには、高雅な表現のうちに、写実と理想化の適度の均衡が保たれた傑作があり、インド絵画史上重要な位置を占める。窟院内の彫像にも見るべきものがある。

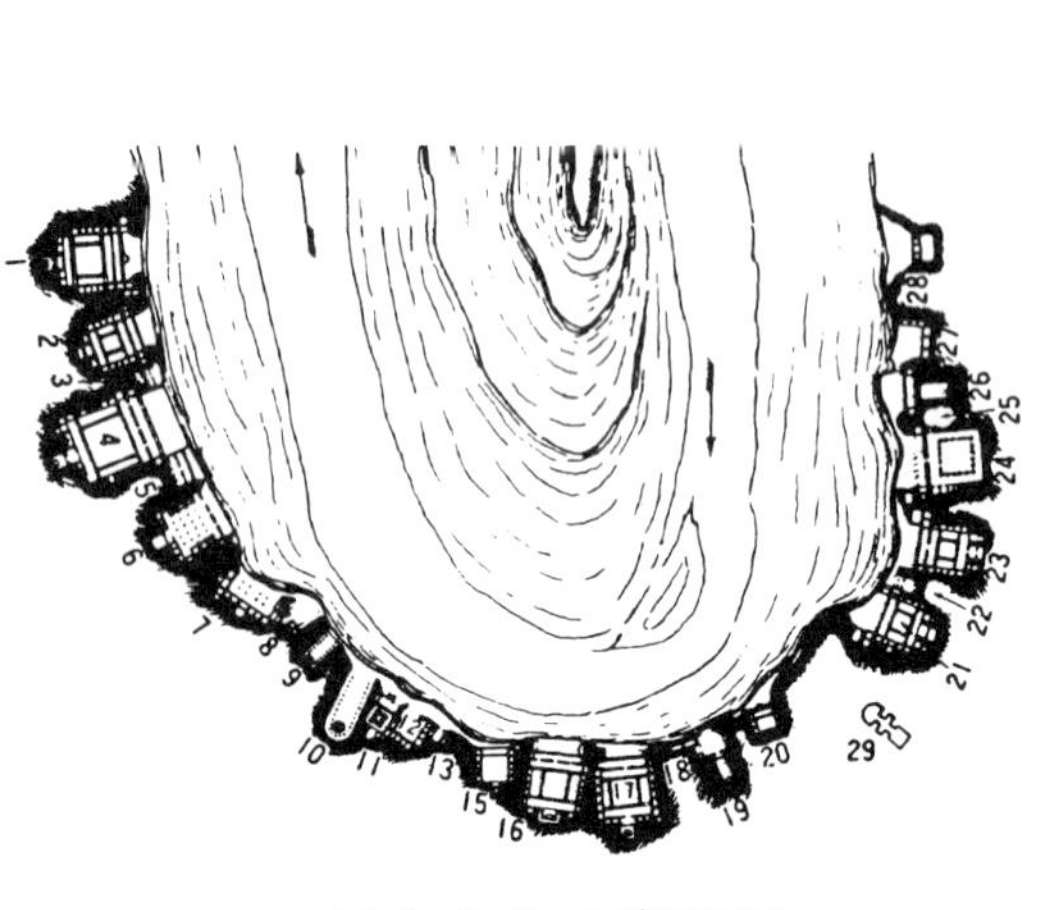

アジャンター石窟平面図

**アシュヴァゴーシャ　Aśvaghoṣa**　⇩馬鳴《めみょう》

**あしゅか-じゅ　阿輸迦樹**　阿輸迦は(梵)アショーカ aśoka の音写。無憂と訳し、無憂樹《むうじゅ》ともいう。植物の名。マメ科に属し、華麗な紅い花をつける。仏陀の母摩耶《まや》夫人はルンビニーの花園に咲いていたこの樹

の花を採ろうとした時、仏陀を出産したと伝えられる。

**あしゅく-じ　阿閦寺**　奈良市の法華寺の東南にあった寺。石上宅嗣（729—81）が自宅を改造して建立した寺で、寺内の東南には芸亭《うんてい》を建て書籍をおいて開放した。日本最初の公開図書館という〈⇩芸亭《うんてい》〉。後世、光明皇后（701—60）の浴室垢穢伝説により、同皇后の建立とも伝えられる。

**あしゅくにょらい-ねんじゅ-くようほう　阿閦如来念誦供養法**　一巻。唐の不空の訳。阿閦供養法、阿閦念誦法、阿閦軌とも略称する。阿閦如来の念誦供養の行法を示したもの。修法の形式が具備しており、儀軌として模範的なものである。㊅一九

**あしゅく-ぶつ　阿閦仏**　阿閦は㊵アクショーブヤ Akṣobhya の音写。阿閦鞞、阿閦婆などとも音写し、無動、無怒、無瞋恚と訳す。東方の現在仏。むかし東方の阿比羅提《あびらだい》（アビラティ Abhirati）国に現れた大目如来の所で無瞋恚・無婬欲の願を発し、修行してついに東方世界で成仏したといわれる仏。その国土アビラティは善快・妙喜と訳し、阿閦仏は現にその国土において説法しているという。西方の阿弥陀仏に対し、東方の仏として大乗諸経典にその名の出ることが多い。密教では金剛界五仏の一で、東方に住して大円鏡智を表わすという。密号は不動金剛、種子は吽 hūṃ、三摩耶形は五鈷杵、形像は黄金色で、左手は衣を握って臍前に安じ、右手は垂れて地に触れている。㊜阿閦仏国経、阿閦如来念誦供養法

阿閦如来（別尊雑記）

**あしゅく-ぶっこく-きょう　阿閦仏国経**　二巻。後漢の支婁迦讖《しるかせん》の訳（建和元 147）、東晋の支道根の第二訳（散逸）、唐の菩提流志《ぼだいるし》の第三訳の三訳がある。第一訳が広く用いられている。阿閦菩薩がむかし東方の大目如来の会座で大誓願をたて、無瞋恚などの行を修め、ついに成道して現に東方妙喜世界に住しており、その国に生まれようとする者は、六度の行および誓願を発すべきであると勧めている。この経は現存の浄土経典中で最古のものである。㊅一一、国一宝積部七　㊜出三蔵記集二、開元釈教録一・三・九

**あしゅら　阿修羅**　㊵アスラ asura の音写。阿須羅、阿素羅《あそら》、阿素洛《あそら》、阿須倫《あしゅりん》、阿須輪《あしゅりん》とも書き、略して修羅ともいう。非天、不端正と訳す。不酒、不飲酒と訳することもあるが、おそらくはアスラの語を㊵スラー surā（一種の酒）に由来するとみた誤りであろう。六道の一で戦闘をこととする鬼類。インドの神話では本来ヴァルナ Varuṇa やルドラ Rudra などの超常的な神力・呪力をもった神格の呼び名であったが、のちには神々の敵、魔の呼称となった。リグ・ヴェーダの新層やアタルヴァ・ヴェーダでは魔神の呼び名としてのみ使われるようになるが、ペルシアのゾロアスター教の善神アフラ Ahura と源を同じくする。諸経中には阿修羅に関する説話が多く、よく諸天、とくに帝釈天《たいしゃくてん》と戦うことを記す。そこから修羅場、修羅の巷、修羅の戦などの熟語ができた。五道を立てる時はこれを除き他の道に属させる。八部衆の一でもある。また阿修羅の琴を阿修羅琴《あしゅらきん》という。阿修羅の福徳によって、聴こうと思えば、誰も琴を弾かないのに自然に音を出すという。㊜大毘婆沙論一七二、長阿含経二〇・二一

阿修羅（御室版胎蔵曼荼羅）

**あじゅんな　阿順那**　㊵アルジュナ arjuna の音写。頞順那《あんじゅんな》とも書く。樹の名。インドに産する喬木で、樹皮は滑かで光沢があり、葉は太くて対生し、果は長方形。ただし食用にはならない。竜樹はこの木の下で生まれたといわれる。

**アショーカ-おう**　**Aśoka王**　⇩阿育王《あいくおう》

**あしら-かしょう**　**阿支羅迦葉**　㊵アチエーラ・カーシャパ Acela Kāśyapa ㊴アチエーラ・カッサパ Acela Kassapa の音写。無衣の迦葉という意。二〇年間出家遊行して得たものはただ無衣と禿頭だけであったという。のち仏道に入って十二因縁の法を聞き、阿羅漢果を得た。もと尼犍子《にけんじ》の徒(ジャイナ教徒)であったので出家後も倮形《らぎょう》梵志《ぼんし》迦葉ともいう。〔参考〕阿支羅迦葉自化作苦経、Saṃyutta-nikāya 41, Dīgha-nikāya 8, 長阿含経一五（倮形梵志経）

**あしん**　**下嚫**　禅宗の用語。施されたものを仏祖の前にそなえること。嚫は嚫とも書き達嚫《だっしん》(㊵ダクシナー dakṣiṇā)の略で、施物の意。下は安下の意味でおくこと。

**アスヴァバーヴァ**　**Asvabhāva**　⇩無性《むしょう》

**あすか-だいぶつ**　**飛鳥大仏**　奈良県高市郡明日香村飛鳥にある安居院《あんごいん》の本尊で、金銅の釈迦如来坐像をいう。重要文化財。たびたびの火災にあって後補を多く受けているが、なお飛鳥時代の面影を残している。この地は蘇我馬子が建立したわが国最初の伽藍、法興寺(飛鳥寺・元興寺ともいう)の故址に当たることから、日本書紀の推古天皇一四年606の条にみえる銅・繡丈六像二軀の一とする説が有力である。〔参考〕日本書紀二二、元興寺縁起

**あすか-でら**　**飛鳥寺**　⇩法興寺《ほうこうじ》

**あせつじ**　**阿説示**　㊵アシュヴァジット Aśvajit ㊴アッサジ Assaji の音写。阿湿婆恃、阿輸などとも音写する。馬勝《めしょう》、馬師などと訳す。仏陀の最初の弟子である五比丘の一人。舎利弗《しゃりほつ》に仏陀の教えの一節を説き、舎利弗が仏弟子となる機縁をつくった。〔参考〕西域記七、仏本行集経

**あせつら**　**阿折羅**　㊵㊴アーチャーラ Ācāra の音写。所行と訳す。インド西部出身の阿羅漢の名。いつ頃の人か不明であるが、アジャンター窟寺開鑿に関係があった。案達羅《あんだつら》(アーンドラ Āndhra)の瓶耆羅《べんぎら》(ヴェーンギラ Veṅgira)城の近くに伽藍を建立したという。〔参考〕西域記一〇・一一

**アソーカ-おう**　**Asoka王**　⇩阿育王《あいくおう》

**あだい-ぶっだ**　**阿提仏陀**　㊵アーディ・ブッダ ādi-buddha の音写（チベット名 chos-ki daṅ-poḥi saṅs-rgyas)。本初仏、第一覚者と訳す。チベット仏教において根本最初の仏と信じられる仏。チベット仏教の古派では、この仏を毘盧遮那《びるしゃな》仏から生まれた普賢《ふげん》(至善法身、即ち法身普賢)であるとして崇拝し、新派では金剛持と金剛薩埵《さった》の二菩薩の一体不二の身たる大自在者であって、あらゆるものはその仏の力によって顕現されているとしている。またこの仏は五体・五智・五見を具備し、色究竟天《しきくきょうてん》の浄土に住しているという。

**あだいもくた**　**阿提目多**　㊵アディムクタ Adhimukta ㊴アディムッタ Adhimutta の音写。解脱と訳す。仏弟子。バラモンの教義に満足せずして仏道に入り、沙弥のときすでにさとりを得たという。〔参考〕Paramatthadīpanī Theragāthā 705—25 偈註、雑阿含経二七

**あだいもくたか**　**阿提目多迦**　㊵アティムクタカ atimuktaka の音写。植物の名。これには三種の植物が当てられるが、一般にはツルクサの類でその種子から香油を採るとされている。

**あたごの-ほんじ**　**愛宕の本地**　一冊。作者不詳。百済からわたってきた文武の英才日羅将軍が多くの神変をあらわしてのち入定、愛宕山大権現としてあらわれることを六段に組んだ古浄瑠璃。仏教の諸神を日本化しようとする作意がみられる。〔複製〕金平本全集

**あたご-やま**　**愛宕山**　京都市右京区の西北隅にある標高九二四《メートル》の山。愛当、阿太胡、愛宕護、愛太子、阿多古とも書く。本朝七高山の一。愛宕山大権現(現愛宕神社)の鎮座地で、祭神は火難守護神として信仰をあつめた。古くから修験者の行場で、天狗が任むといわれた。伝えによれば泰澄

が役小角《えんのおづぬ》と共に山を開き、のち天応元年781慶俊が鷹峰の東に鎮座していた軻遇突智命《かぐつちのみこと》を当山に移し、勝軍地蔵（本地仏）を安置して中興したといい、また和気清麻呂が五台山にならって朝日峰に白雲寺、大鷲峰に月輪寺、高雄山に神願寺、竜上山に日輪寺、賀魔蔵山に伝法寺を建てたともいうが、事実は詳らかでない。後世、白雲寺には天台宗四坊、真言宗二坊があって、大覚寺門主が管し、本堂には勝軍地蔵などの五尊、奥院には太郎坊などの三座を祀って愛宕山大権現と号していたが、明治維新の際、白雲寺は廃寺となり、権現号も廃された。現在、全国の愛宕神社八百余社の総本社。近世以降庶民の信仰をあつめ、月詣りが盛んであった。なお愛宕権現は各地に勧請されており、東京芝の愛宕神社は慶長八年1603徳川家康の命により京都の同社を勧請して建てられたと伝える。〔参考〕山城名勝志九、元亨釈書一一

**あだし-の**　**化野**　京都市右京区嵯峨にある地名。阿太志野、徒野とも書く。東の鳥辺野《とりべの》、北の蓮台野《れんだいの》と共に古来有名な葬場であった。源氏物語、徒然草、存覚法語などにその名が見える。化野念仏寺がある〈⇩念仏寺《ねんぶつじ》②〉。〔参考〕山城名所巡行志四

**あだしの-ねんぶつ-じ**　**化野念仏寺**　⇩念仏寺《ねんぶつじ》②

**あだな-しき**　**阿陀那識**　阿陀那は(梵)アーダーナ ādāna の音写。執持、執我と訳す。①法相宗などの新訳家では、第八阿頼耶識《あらやしき》は種子《しゅうじ》並びに有情《うじょう》の身体を執持するから阿陀那識とも名づけられるという。②地論宗・摂論宗・天台宗などの旧訳家《くやけ》では、阿頼耶識を自我であると執持する第七末那識《まなしき》の別名とする。しかし種子並びに有情の身体を執持することと、阿頼耶識を自我であると執持することとは内容的に異なったことでなく、両者を区別しないのが本来の意味であるようである。

**あたばく**　**阿吒婆狗**　⇩太元帥明王《たいげんみょうおう》

**あたばくきじん-だいしょう-じょうぶつ-だらに-じんしゅ-きょう**　**阿吒婆狗鬼神大将上仏陀羅尼神呪経**　一巻。略して阿吒婆狗陀羅尼経。訳者不詳。六世紀前半の訳。苦しんでいる比丘に対して鬼神の阿吒婆狗（アタヴァク Āṭavaku）が神呪を説いたことと、その神呪の功徳を述べる。八世紀初め、善無畏《ぜんむい》の訳した阿吒薄倶元帥大将上仏陀羅尼経修行儀軌三巻にも同種の神呪が説かれるが、この経の方が原初的である。(大)二一

**あたり-こく**　**阿吒釐国**　(梵)アタリ Aṭali の音写。西域記巻一一にインド南部の境としてあげられるが、その位置は未だに明確でない。マールワー Mālwā 地方の西部ではないかともいわれる。コショウの産地。

**あっかん**　**合干**　干は関わるという意。禅宗で葬式の事に関与する役人をいう。

**アッカン**　**Hackin, Joseph**　（1885―1941）フランスの東洋学者。ギメー博物館長。アフガニスタンの考古学的調査に数度従い、その成果を Les antiquités bouddhiques de Bāmiyān（バーミヤーンの仏教古美術 1928）、Nouvelles recherches archéologiques à Bāmiyān（バーミヤーンにおける新たな考古学的調査）、L'oeuvre de la Délégation Archéologique Française en Afghanistam（フランス・アフガニスタン考古学委員会の業績 1922―32）などに発表した。

**あつぞうし**　**厚草紙**　東密小野流の事相の口伝を記した秘書。曼荼羅の中の諸尊を供養する作法などを記す。成賢が事相の口説を記したものを薄双紙と呼ぶのに対して、厚草子、厚双子、厚造紙などと称した。①二巻。仁海（951―1046）撰。小野の敦造紙という。経軌を引用して事相を解説している。調巻に不同がある。②一帖または二帖。三宝院定海の口説を元海（1093―1156）が晩年秘かに記して秘蔵したもの。もとは標題はなかったが、のちの諸師が三宝院の厚双紙・無名鈔・醍口鈔・第吼鈔などと称して相伝した。伝写本が多種にわたり記載に差異がある。(大)七八〔註釈〕厚草紙口伝鈔一巻（作者不詳）、曇寂・厚双紙私記一巻、元瑜・厚双紙伝授要意一巻、動潮・厚双紙伝授手鑑二巻など　③二巻。元海の口説を松橋流の開祖、一海

(1116—79)が筆記したもの。松橋の厚草紙という。曼荼羅の中の一尊を別に請じて供養する修法(別尊法)七六法を記す。④二帖。師説集、三昧厚草紙などと称する。台密の三昧流の良祐が安慶（　—1046—　）・長宴(1016—81)の二師の口説を記したものがある。

**あづち-しゅうろん　安土宗論**　天正七年1579五月に近江国安土の浄土宗浄厳院(現滋賀県蒲生郡安土町)で行われた法華宗と浄土宗との宗義問答。浄土宗の霊誉玉念が安土で法談中、法華宗の建部紹智・大脇伝助が質問をしたのに起因し、織田信長の奉行が法華宗僧侶を呼び出し対論が行われた。法華宗側から頂妙寺日珖・常光院日諦・久遠院日淵ら、浄土宗側から正福寺玉念・西光寺貞安が出て、南禅寺長老鉄叟景秀・因果居士・法隆寺仙覚坊らが判者となった。最初から法華宗の服属を図る信長の意図により進められたため、法華宗の負けとされ、伝助・紹智・妙国寺普伝は斬首され、日珖らは屈辱的な詫証文を書かされ罰金をとられた。浄土宗側には信長から感状と賞金が与えられた。〔参考〕日淵・安土宗論実録、信長公記、因果居士・安土問答(安土問答記の前半は日珖仮託の偽書、後半も後世の編集である。仏全九七)

**あつみ-かいえん　渥美契縁**　(天保一一1840—明治三九1906)　真宗大谷派の宗政家。号は厳華。伊勢法因寺に生まれ、のち加賀本覚寺を継いで渥美氏となる。明治四年以後、議事・執事・寺務総長などを歴任、とくに東本願寺大師堂・阿弥陀堂の再建に功があった。〔参考〕厳華自伝

**あつも　押喪**　禅宗で、葬送のときに行列のしんがりにいて、騒ぎを鎮圧する役をいい、都寺《つうす》があたる。

**アッラカッパ　Allakappa**　マガダ Magadha 国に隣接していた国の名。仏陀の遺骨を分配された八国の一。漢訳では遮羅頗《しゃらは》と称する。〔参考〕Dīgha-nikāya 16, Mahāparinibbāna-sutta, 長阿含経四(遊行経)

**アティーシャ　Atīśa**　(982—1054頃)　チベット名 Jo-bo-rje, または Jo-bo. 阿提沙、阿通沙と音写する。シュリー・ディーパンカラジュニャーナ Śrī Dīpaṃkarajñāna あるいはディーパンカラ・シュリージュニャーナ Dīpaṃkaraśrījñāna (Dpal-mar-me-mdsad-ye-śes) ともいう。後期チベット仏教において中心的役割を果たしたインドの僧で、インド仏教最末期の中観派の学匠。チベットの伝承によれば、インドのベンガールの王族出身といわれ、二九歳で出家し、スヴァルナドゥヴィーパ Suvarṇadvīpa (スマトラ島か) などを遍歴して後、インドに帰りヴィクラマシラー寺の座主となった。五九歳のときチベット王に招かれてトリン Tho-liṅ 寺に住し、ラッサに赴いて後、七四歳でニェタン Sñe-thaṅ で没した。それまでのチベット仏教における左道密教的な色彩を排し、純正なインド仏

アティーシャ（三百尊像集）

教の教義をとり入れ、チベット仏教の復興に力を尽くした。その法統は弟子のドムトゥン Ḥbrom-ston に継承されてカーダム派 Bkaḥ-gdams-pa となった。ほぼアティーシャの時代以降をチベット仏教の後期伝播時代という。その思想的立場については、中観派の帰謬論証派(プラーサンギカ)とする見方がチベットでは有力である。またタントリストとしても知られ、とくにグフヤサマージャ・タントラ Guhyasamāja-tantra を重視したという。著書に菩提道灯論 Byaṅ-chub lam-gyi sgron-ma など二十数部が、いずれもチベット訳のみで現存している。明灯史(Kun-dgaḥ rgyal-mtshan, "Bkaḥ-gdams-kyi rnam-par-thar-pa, Bkaḥ-gdams-chos-ḥbyuṅ gsal-baḥi sgron-me")の第三篇の各論の始めに、一〇

八項に分けて論じたアティーシャの伝記が収められている。

**あていり-せん　阿底哩仙**　(梵)アトリ Atri の音写。リグ・ヴェーダなどに見えるインド古代の聖仙。密教では火天の眷属とする。〔参考〕秘蔵記、諸説不同記

**あてんばきら-こく　阿点婆翅羅国**　アウドゥンバティラ Audumbaṭira の音写であろうか。現在のパキスタンのインダス河口地方。首都は堨齲湿婆羅（カジシュヴァラ Khajiśvara 現在のカラチ）。七世紀頃には仏教の伽藍八十余カ所があり、僧徒の多くは正量部の法を学習していた。〔参考〕西域記一一

**あどう　阿道**　生没年不詳。朝鮮に初めて仏教を弘伝した人。インドの人とも高句麗の人ともいう。東晋の寧康二年374高句麗に入り、翌年小獣林王によって建てられた伊弗蘭寺に住した。〔参考〕三国史記一八

**アドヴァヤヴァジュラ　Advayavajra**　（一一世紀）インドの密教者。別名をアヴァドゥーティパ Avadhūtipa あるいはマイトリーパ Maitrīpa という。般若・母タントラ系の密教者といわれる。アティーシャ Atīśa の師の一人としても知られ、アティーシャに宝性論を講じたという。また当時失われていた宝性論・法法性分別論の原典を再発見したともいわれ、宝性論の伝承上重要である。タットヴァラトナーヴァリー Tattvaratnāvalī（真実宝環論）、タットヴァダシャカ Tattva-daśaka など二十数篇の著作があり、そのうち二一篇の梵文原典がアドヴァヤヴァジュラ・サングラハ Advayavajra-saṃgraha として刊行されている。

**あなりつ　阿那律**　(梵)アニルッダ Aniruddha (巴)アヌルッダ Anuruddha の音写。阿尭楼陀、阿奴律陀、阿泥律陀、阿泥盧豆などとも音写し、無滅、離障、如意などと訳す。仏十大弟子の一人。迦毘羅衛《かびらえ》城（カピラヴァットゥ Kapilavatthu）の釈迦族の出身で、甘露飯王あるいは斛飯王の子とされ、仏陀の従弟にあたる。仏陀が成道後はじめて故国に帰り教化したときに、阿難らとともに出家した。仏陀の説法の座で居眠りをして叱責されたため、不眠の誓いを立ててこれを実行し、ついに失明したと伝える。修道精進において教団の模範とされ、天眼第一と称された。〔参考〕起世経一〇、有部破僧事一一、五分律一五、増一阿含経三八

**あなん　阿難**　(梵)(巴)アーナンダ Ānanda 阿難陀と音写し、阿難はその略。歓喜、慶喜、無染と訳す。仏十大弟子の一人。迦毘羅衛《かびらえ》（カピラヴァットゥ Kapilavatthu）城主甘露飯王の子とされるが、白飯王《びゃくぼんのう》あるいは斛飯王《こくぼんのう》の子とする経典もある。いずれにしても仏陀の従弟にあたる。出家後、仏陀の侍者として側近につかえ、教説をよく記憶していたので多聞第一といわれた。仏陀の養母摩訶波闍波提《まかはじゃはだい》（マハーパジャーパティー Mahāpajāpatī）が出家を希望した時、仏陀がこれを拒否したが、阿難のとりなしで許され、比丘尼がはじめてできた。仏陀の入滅に際して歎き悲しんだので阿那律（アヌルッダ）に戒められ、仏滅後に摩訶迦葉（マハーカッサパ）から、女性を教団に入れたなど、五つの非違をとがめられて懺悔し、ついに大悟して、第一結集《けつじゅう》には経を誦した。法華文句や華厳探玄記などには阿難に阿難陀・阿難陀跋陀羅（阿難跋陀）・阿難陀娑伽羅（阿難娑伽）の三阿難があり、それぞれ小乗蔵・雑蔵・仏蔵や下乗・中乗・上乗を持したというが、これは教法の内容から分けて阿難の徳を讃えたもので、三人の阿難があったわけではない。〔参考〕雑阿含経三五・四四、長阿含経二、中阿含経二八・三三、増一阿含経一・四、四分律五四、五分律二九・三〇、有部毘奈耶雑事三八―四〇

**アーナンダ　Ānanda**　⇩阿難《あなん》

**アーナンダガルバ　Ānandagarbha**　（八世紀頃）インドの密教者。瑜伽部密教の三大学匠の一人とされる。初会金剛頂経（タットヴァ・サングラハ Tattvasaṃgraha 真実摂経）に対する註釈タットヴァ・アーローカカリー Tattvālokakarī などの著作があり、チベット訳で現存する。

**あなんだふら-こく　阿難陀補羅国**　(梵)アーナンダプラ Ānandapura の音写。インド西部のアーメダーバードの南にあった国名。現在のバローダ地方にあたるという。

七世紀頃には、仏教の伽藍十余カ所があり、僧徒の多くは正量部の法を学習していた。〔参考〕西域記一一

**あにしんな　阿儞真那**　（ —開元九721）唐代の訳経家。(梵)マニチンタ Manicinta の音写。宝思惟と訳す。インド北部の迦湿弥羅国の人。律にくわしく、また呪術に秀でていた。長寿二年693洛陽にきて、天宮寺に住した。不空羂索陀羅尼経など七部九巻を訳し、また武周刊定衆経目録の編集に参加したという。神竜二年706以後は訳経を行わず、もっぱら礼誦につとめ福業を修したと伝えられる。竜門山に天竺寺を建て、同寺で没した。〔参考〕開元録九

**あにゃきょうじんにょ　阿若憍陳如**　(梵)アージュニャータ・カウンディニャ Ājñāta Kauṇḍinya (巴)アンニャー・コンダンニャ Aññā Koṇḍañña の音写。阿若拘隣、阿若憍隣なども音写し、了教、憍陳如、了本際などと訳す。仏陀の最初の弟子である五比丘の一人で、五人の中で最初に仏陀の教えを理解したという。〔参考〕仏本行集経三四、増一阿含経三

**アニルッダ　Aniruddha**　⇩阿那律《あなりつ》

**アヌラーダプラ　Anurādhapura**　阿㝹羅陀補羅と音写する。セイロン島北部の古都。紀元前四三七年にパンドゥカーバヤ Paṇḍukābhaya 王によって都とされたといわれる。八世紀の頃まで首都であった。阿育王の娘サンガミッター Saṅghamittā がインドのブッダガヤー（ボードガヤー Bodhgayā）から将来したという菩提樹をはじめ、仏教に関する遺跡が多くあり、あらたに建立された寺院や塔もある。付近にセイロン島開教で名高いアショーカ王の王子マヒンダ Mahinda がセイロン王デーヴァーナンピヤ・ティッサ Devānampiya Tissa（天愛帝須）とはじめて会ったところといわれるミッサカ Missaka 山（現ミヒンタレー Mihintale）という山がある。〔参考〕Mahāvaṃsa X

アヌラーダプラの
ルヴァンヴェーリセーヤ塔

**アヌルッダ　Anuruddha**　①⇩阿那律《あなりつ》　②（一一—一二世紀頃）南方上座部の学僧。パーリ仏教の教理綱要書アビダンマッタ・サンガハ Abhidhammattha-saṅgaha（摂阿毘達磨義論）を著わした。インドのカーンチープラのカーヴィーラの出身で、セイロン（現スリランカ）に渡り出家し、もっぱらその地で活動したと伝える。

**あねざき-まさはる　姉崎正治**　（明治六1873—昭和二四1949）宗教学者。嘲風と号した。京都に生まれ、東京帝国大学卒業後、ドイツのキール大学でドイッセンに師事した。明治三七年東京帝国大学教授、翌年同大学に新設された宗教学講座の主任に就任。大正二—八年1913—19の間、アメリカのハーヴァード大学・カリフォルニア大学、パリのコレージュ＝ド＝フランスに出講。フランス学士院会員、貴族院議員となり、フランスのレジョン・ドヌール勲章受章。宗教学を中心とし、また大乗非仏説論を説き、キリシタン研究に先鞭をつけた。また高山樗牛と親交があり、宗教の自律性を主張した。著書、現身仏と法身仏、根本仏教、比較宗教学、切支丹宗門の迫害と潜伏、法華経の行者日蓮など多い。

**あのうかつもく　阿納噶木**　（1244—　）元代の仏工。阿尼哥、阿尼訶ともいう。ネパール国の人で、国では八魯布(巴勒布)と呼ばれたという。画像・鋳金像をよくした。元の世祖が中統元年1260帝師八思巴《ぱすぱ》（パクパ Hphags-pa）に命じて吐蕃《とばん》（チベット）に黄金塔を建てたとき、これに従事し、業を終えてから八思巴に伴われて中国に来た。至元一〇年1273に人匠総管銀章虎符、同じく一五年に光禄大夫大司徒を授けられ、死後、太師開府儀同三司涼国公上柱

国を贈られ、敏慧と諡された。両京の寺観の諸像は多くその手に成ったといわれ、従来の造像形式を漢式（漢像）というのに対して、彼が伝えたネパール・チベット様式のものを梵式（梵像）という。弟子に劉正奉（名は元、薊の宝坻の人）があった。〔参考〕元史九〇〔工芸伝〕、同二〇三〔方伎伝〕

**あのう-でら　穴太寺**　京都府亀岡市曽我部町穴太。菩提山と号し、天台宗。もと穴穂寺と書き菩提寺とも称した。西国三十三カ所霊場第二一番札所。慶雲二年705の創建と伝える。応和二年962この地の曾我部宮成によって観音像が祀られ有名になった。〔重文〕木造聖観音立像　〔参考〕扶桑略記二六、穴太寺観音縁起、阿娑縛抄二〇〇

**あのくそとば　阿耨窣覩婆**　㊵アヌシュトゥブ anuṣṭubh の音写。讃歌という意味であるが、古代インドの音律で、八音節（シラブル）四句の形式をとる偈頌のこと。首盧迦（㊵シュローカ śloka）と同義。⇩偈《げ》

**あのくだつ-ち　阿耨達池**　㊵アナヴァタプタ Anavatapta ㊹アノータッタ Anotatta の音写。阿那婆答多、阿那達多とも音写し、無熱、無熱悩、無暖（池）などと訳す。贍部洲《せんぶしゅう》の中地、香酔山（ガンダマーダナ Gandhamādana）の南、大雪山（ヒマーラヤ Himālaya）の北にあるという想像上の池の名。金、銀、瑠璃《るり》、頗梨《はり》の四宝を岸とし、阿耨達竜王が住むという。この池より東南西北に殑伽《がんが》（ガンガー Gaṅgā）、信度《しんど》（シンドゥ Sindhu）、縛芻《ばくしゅ》（ヴァクシュ Vakṣu）、徙多《した》（シーター Sītā）の四大河を出すという。古代に行われた一種の世界観でヒマラヤ山中にあるガンジス河の水源をさしたとする説もあるが、現代の地理学上の知識とは整合しない。⇩贍部洲《せんぶしゅう》　〔参考〕西域記一、倶舎論一一

**あのくたら-さんみゃく-さんぶっだ　阿耨多羅三藐三仏陀**　㊵アヌッタラ・サムヤクサンブッダ　anuttara-samyaksambuddha の音写。阿耨多羅三藐三菩提を完成した者の意で、無上正等覚者と訳す。仏に対する尊称。また、阿耨多羅を省略して単に三藐三仏陀ともいい、これを三耶三仏、三耶三仏陀とも音写する。

**あのくたら-さんみゃく-さんぼだい　阿耨多羅三藐三菩提**　㊵アヌッタラ・サムヤクサンボーディ　anuttara samyaksambodhi の音写。阿耨三菩提、阿耨菩提《あのくぼだい》と音略し、無上正等正覚《むじょうしょうとうしょうがく》、無上正真道《むじょうしょうしんどう》、無上正遍知と訳す。或いは後半のみをとって三藐三菩提とし、訳して正等覚《しょうとうがく》という。仏が覚者である根拠としての智慧の悟りのことで、この上なく優れ正しく平等円満である点からこのように称する。またこの覚を得ようとする菩薩《ぼさつ》の志を阿耨多羅三藐三菩提心、訳して無上正真道意《むじょうしょうしんどうい》という。

**アノーラータ　Anawrahta**　（1044―77在位）ビルマのパガン王朝の祖。アラカン地方を除く全ビルマを統一した最初の王。熱心な仏教信者で、アリー僧と呼ばれる左道密教系僧侶が横行していた堕落した仏教教団を粛清し、あらたに南方上座部の仏教をとり入れた。また仏塔や僧院の建立にも力をつくし、以後の諸王も仏教保護に努力したため、ビルマは上座部系仏教の中心地の一つとなった。

**あはだな　阿波陀那**　㊹アヴァダーナ avadāna の音写。譬喩、出曜と訳し、譬喩経ともいう。十二部経（即ち原始仏教経典の基本的な型）の一。経典の中で教理の本義を了解しやすくするために、譬喩や寓話によって説明した部分。

**あはつ　下鉢**　鉢を下ろすという意で、禅宗で僧堂にいる衆僧がまさに食事をとろうとするとき、雲版《うんぱん》が鳴るのを聞いて、各自の掛搭単《かとうたん》の上に、包んで鉤にかけてある鉢即ち食器を一斉に下ろすことをいう。

**あはまら　阿波摩羅**　㊵アパスマーラ apasmāra の音写。阿跛娑摩羅とも音写する。失念させる者の意。羊頭鬼と訳す。鬼の一種。人の心を狂乱、失心させるという。〔参考〕大方広十輪経一、孔雀経音義上、註大仏頂真言、慧琳音義一九

**あはまりか　阿波末利迦**　㊵アパーマールガ apāmārga の音写。牛膝と訳す。密教経典に説かれる薬草。イノコズチのこと。

**あばや　阿婆耶**　㊵㊹アバヤ Abhaya

の音写。無畏と訳す。摩掲陀《まがだ》（マガダ Magadha）国の頻婆娑羅《びんばしゃら》（ビンビサーラ Bimbisāra）王の子で無畏太子などと称する。尼犍子外道（ジャイナ教徒）に唆かされて仏陀に難問を呈したが逆に教化されて出家したという。〔参考〕Paramatthadīpanī (Theragāthā 26), Dhammapadatthakathā, 長阿含経一七、雑阿含経二六・二七、十住毘婆沙論一

**あばやぎり　阿跋耶祇釐**　㊵㊴アバヤギリ Abhayagiri の音写。無畏山と訳す。セイロンの旧都アヌラーダプラ Anurādhapura の北にあった精舎の名。詳しくはアバヤギリ・ヴィハーラ Abhayagiri-vihāra（無畏山寺）という。紀元前一世紀にヴァッタガーマニー・アバヤ Vaṭṭagāmaṇī Abhaya 王（43-17B.C.頃在位）が建ててマハーヴィハーラ Mahāvihāra（大寺）に付属し、王の名にちなんでアバヤギリと名づけられた。のち大寺派と無畏山寺派とに分離して争い、三蔵の註釈などにおいても伝承を異にするにいたった。〔参考〕Dīpavaṃsa, Mahāvaṃsa, 西域記一一、法顕伝

**あはらせいら-そうがらん　阿伐羅勢羅僧伽藍**　㊵アヴァラシャイラ・サンガーラーマ Avaraśaila-saṃghārāma の音写。西山衆園と訳す。六世紀頃、南インドのクリシュナー河南岸の駄那羯磔迦《だなかったくか》（ダーニヤカタカ Dhānyakaṭaka）国にあった僧院。大衆部の僧が安居《あんご》したところ。西山住部という部派の名はこれにちなむ。〔参考〕西域記一〇、慈恩伝四

**あはらら-りゅうせん　阿波羅羅竜泉**　阿波羅羅は㊵アパラーラ Apalāla の音写。無苗と訳す。阿波羅羅という竜王の住む池。西域記巻三には、インド北部の烏仗那《うじょうな》（ウッディヤーナ Uḍḍiyāna）国に、菩薩本行経中には摩掲陀《まがだ》（マガダ Magadha）国に、仏所行讃巻四には犍陀羅《けんだら》（ガンダーラ Gandhāra）国に、大智度論巻九には北天竺月氏国にあるとする。西域記の説によるのを妥当とし、現在のスワート Swat 河の水源にあてる説が有力である。

**あはらんたか-こく　阿波蘭多迦国**　㊵アパラーンタカ Aparāntaka の音写。インドのグジャラート地方にあった国。阿育（アショーカ Aśoka）王の治世（250B.C.頃）にギリシア人の長老ダンマラッキタ Dhammarakkhita（曇無徳）が仏教伝道のために派遣された国。〔参考〕Mahāvaṃsa XII, 善見律毘婆沙二

**あはんだい-こく　阿槃提国**　㊵アヴァンティ Avanti の音写。阿般提、阿般地、頞飯底とも音写する。インド西部のヴィンディヤ Vindhya 山脈の北、現在のマールヴァー Malwā 地方にあったインド古代の国。仏陀時代における十六大国の一。首府は優禅尼《うぜんに》（ウッジャイニー Ujjainī）。ガンジス河流域を最後に征覇したマガダ Magadha 国の最も強力な敵であった。紀元前六世紀に王位についたプラディヨータ Prac-yota王以降繁栄する。この王はマガダ王ビンビサーラ Bimbisāra およびその子アジャータシャトル Ajātaśatru とほぼ同時代であったことが知られている。

**あびさんぶつだ　阿毘三仏陀**　㊵アビサンブッダ abhisaṃbuddha の音写。阿惟三仏《あゆいさんぶつ》とも写す。仏のさとりを得た者のことで、現等覚と訳す。

**あびしゃ-の-ほう　阿尾奢の法**　阿尾奢は㊵アーヴェーシャ āveśa の音写。阿比舎とも書く。遍入と訳す。密教の秘法の一種。天神などを請じて童子あるいは童女の身体にのりうつらせ、未来の善悪や吉凶などを語らせる法。わが国で古くから行われた託人《よりまし》の法や巫女《みこ》の類をいう。唐の金剛智三蔵や日本の相応和尚がこれを修したといわれる。〔参考〕速疾立験魔醯首羅天説阿尾奢法、不動使者陀羅尼秘密法、瑜祇経下

**あひだかつらな-そうがらん　阿避陀羯刺拏僧伽藍**　㊵アヴィッダカルナ・サンガーラーマ Aviddhakarṇa-saṃghārāma の音写。不穿耳衆園と訳す。インド中部のヴァーラーナシー Vārāṇasī の東方戦主（ユダパティ Yudhapati）国にあった寺。耳を穿たざるものの寺という意で、戦主国王がインドと違って耳を穿たない覩貨羅《とから》（トゥカーラ Tukhāra）国の僧侶の止宿のために建てたものであるという。〔参考〕西域記七

**あびだつま　阿毘達磨**　㊵アビダルマ abhidharma の音写。阿毘曇、毘曇とも書

く。対法、無比法、向法、勝法、或いは単に論と訳す。経(梵スートラ sūtra)・律(梵ヴィナヤ vinaya)とともに三蔵(仏教聖典の総称)の一で、その時は阿毘達磨蔵、阿毘曇蔵、対法蔵、論蔵と呼ばれる。アビダルマの語は本来「ダルマ即ち教法(後に経と呼ばれるもの)に関する研究」を意味し、アビヴィナヤ即ち「律に関する研究」と相伴って用いられたが、これが経・律二蔵に対する独立の論蔵として、三蔵の一を形成するようになったのは、西紀前後のことらしい。はじめは法数要目をまとめた論母(梵マートリカー mātṛkā)から次第に発展して、部派仏教時代になると、有力な部派はみな各自の阿毘達磨をもち、その煩瑣哲学的な教学を展開した。その語義も次第に積極的に理想化して解釈され、倶舎論巻一では、勝義の阿毘達磨は四諦の理を対観し、涅槃《ねはん》のさとりに対向する無漏の慧であると解釈されている。現存の阿毘達磨で主要なものは、分別上座部(パーリ語)と説一切有部(主として漢訳)のそれであるが、特に後者は大乗仏教を生む素材となった点で大きな意義をもっている。

**あびだつま-くしゃ-ろん　阿毘達磨倶舎論**　⇩倶舎論《くしゃろん》

**あびだつま-けんじゅう-ろん　阿毘達磨顕宗論**　⇩顕宗論《けんじゅうろん》

**アビダルマ・ディーパ　Abhidharma-dīpa**　著者不詳。説一切有部の正統説にもとづくアビダルマ論書で、世親(ヴァスバンドゥ Vasubandhu)の倶舎論に対する批判を主眼としている。この点で衆賢(サンガバドラ Saṃghabhadra)の順正理論・顕宗論と趣旨を同じくする。五—六世紀頃の成立とみられている。チベットで発見された梵本がジャイニP. Jainiによって出版されている(1959)。漢訳・チベット訳ともに伝わらない。

**アビダンマッタ・サンガハ　Abhidhammattha-saṅgaha**　摂阿毘達磨義論と通称する。セイロンの学僧アヌルッダ Anuruddha の著。パーリ仏教教理の綱要書。ブッダゴーサ Buddhaghosa(仏音《ぶっとん》)以後の諸註釈論書の教理的部分を簡潔かつ組織的にまとめており、アビダルマ学習のための論書として最も多く使用される。論蔵の註釈、ブッダゴーサのヴィスッディ・マッガ Visuddhi-magga(清浄道論)、ブッダダッタ Buddhadatta の作と伝えられるアビダンマ・アヴァターラ Abhidhammāvatāra(入阿毘達磨義論)などを組織的に整理した内容をもつ。製作年代は確定困難であるが、一二世紀には本書に対する多くの註釈書が現れている。南伝六五

**アビダンマ・ピタカ　Abhidhamma-piṭaka**　南方上座部の伝えるパーリ語典籍の論蔵部。成立は他の経・律二蔵より遅く、元来教法に関する解釈・会通・分別などの部門を経蔵から独立させたもの。現存のパーリ論蔵は七種の著作から成る。即ち(1)ダンマ・サンガニ Dhamma-saṅgaṇi(法集論)、(2)ヴィバンガ Vibhaṅga(分別論)、(3)ダートゥ・カター Dhātu-kathā(界論)、(4)ヤマカ Yamaka(双論)、(5)パッターナ Paṭṭhāna(発趣論)、(6)プッガラ・パンニャッティ Puggala-paññatti(人施設論)、(7)カター・ヴァットゥ Kathā-vatthu(論事)の七論である。内容の主題は多様であるが、万有の分類・意識の分析と修道によるその除去などが中心課題となっている。七論の成立年代は確定していない。南伝四五—五八

**あびどんしん-ろん　阿毘曇心論**　四巻。法勝(トカラの人という。三世紀頃か)の造。東晋の僧伽提婆《そうぎゃだいば》・慧遠の共訳。心論と略称する。発智論の組織に準じて人毘婆沙論の教理の綱要をまとめた書。説一切有部のガンダーラ系のもので、有部の学説を整然と組織化した最初の論書である。界・行・業・使・賢聖・智・定・契経・雑・論の一〇品から成るが、あまりに簡潔すぎて要領を得ない所があるので、阿毘曇心論経や雑阿毘曇心論などの釈論が造られた。倶舎論や顕宗論の成立の基礎となるものである。(大)二八、[国]一毘曇部二一

**あびどんしんろん-ぎょう　阿毘曇心論経**　六巻。優波扇多(ウパシャーンタ Upaśānta 三世紀頃)の造。北斉の那連提耶舎《なれんだいやしゃ》・法智の共訳。法勝の阿毘曇心論の

註釈書。㊅二八、国一毗曇部二一

**あびどん‐もん　阿毘曇門**　⇩蜫勒門《こんろくもん》

**あびらうんけん　阿卑羅吽欠**　㊵ア・ヴィ・ラ・フーン・カン a vi ra hūṃ khaṃ の音写。五字明《ごじみょう》と称し、胎蔵界大日如来の真言である。この五字は順次に地水火風空を示し、一切の法がこのことばの中に含まれているから、この真言を称えるならば一切法がすべて成就するという。なおこの真言は詳しくは前に唵《おん》(㊵オーンoṃ)、後に莎婆訶《さばか》(㊵スヴァーハーsvāhā)を付ける。

**あぶた‐とう　遏部多塔**　遏部多は㊵アドブタ Adbhuta の音写。奇特と訳す。玄奘が訪れた時、北インド烏仗那《うじょうな》(ウッディヤーナ Uḍḍiyāna) 国にあった石塔の名。むかし仏陀が説法した跡にその塔が地中より涌出したと伝える。〔参考〕西域記三

**あぶつ‐に　阿仏尼**　(　―弘安六1283) 歌人。十六夜日記《いざよいのにっき》(阿仏記ともいう)の作者。京都の人。幼くして平度繁《のりしげ》の養女となり、安嘉門院に仕えて、四条、または右衛門佐といった。歌人藤原為家の側室となり、夫の没後出家して阿仏尼と称した(世に北林禅尼という)。継子の為氏と実子の為相《ためすけ》とが播磨国細川荘の相続について争ったので、建治三年1277自ら鎌倉に下向して幕府に訴えた(この時の紀行文が十六夜日記である)。しかし判決を見ずに死んだ。時に七五歳であったと伝える。著書に十六夜日記の他、転寝記《うたたねのき》などがあり、続古今集・玉葉集・風雅集などにその歌五十余首が選入されている。また消息体の歌論書、夜の鶴(群書一六)がある。阿仏尼は歌人であるとともに歌学者であった。〔参考〕簗瀬一雄・校註阿仏尼全集

**あぶら‐やま　油山**　福岡市南方にある山。油山の称は聖武天皇(724―49在位)の時、聖賀が七カ寺を建ててこれらの寺に用いる麻油をこの山で造らせたからとも、聖賀がこの山に住んで筑前五所勅願寺の灯油を製したからともいう。もと東西にわかれ、東油山に天福寺、西油山に泉福寺、上方に竜樹権現社があったがともに廃絶。法然の高弟聖光房弁長は建久二年1191当山の学頭職に補任されたと伝える。〔参考〕太宰管内志上

**あぼう　下棒**　棒を下すという意で、禅宗で問答の際に師家《けし》が学人を打つことをいう。

**あほんだ‐こく　阿奮茶国**　㊵アヴァンダ Avaṇḍa の音写。西インドのハイデラーバード Haiderabād に近いブラーフマナバード Brāhmaṇabād か、カイルプール Khairpur 地方に相当する国。〔参考〕西域記一一

**あま　尼**　女の出家者、比丘尼をいう。㊵ビクシュニー bhikṣuṇī を音写した比丘尼の語尾、尼 nī の訓読で、語源は朝鮮語のアミ(牝)、或いは㊹アンマー(ammā 母)の転訛したものかといわれる。尼法師《あまほっし》、尼比丘《あまびく》ともいう。①通常は出家の作法に随って髪を剃り出家者の戒をまもる女性を指す。②日本では有髪のままのものもあり、これをさげ尼という。③転じて家庭にあって仏法を信じ老後などに剃髪したものをもいい、これを尼入道《あまにゅうどう》、尼女房《あまにょうぼう》という。④なお、これら家庭の女子仏教信者が教えを聞くために集まる結社を尼講、或いは女人講《にょにんこう》という。

**あま　阿摩**　⇩多多《たた》

**あまだ‐ぐあん　天田愚庵**　(安政元1854―明治三七1904) 臨済宗の僧。俗名は久五郎。陸奥(磐城)平藩士甘田平太夫の子。戊辰戦争で離散した父母を尋ね全国を行脚した。山岡鉄舟に学び、のち清水次郎長の養子となった。明治二〇年京都天竜寺の滴水に参じ、剃髪して鉄眼と称した。歌をよくし、愚庵遺稿、愚庵全集がある。〔参考〕大坪草二郎・愚庵和尚伝

**アマラーヴァティー　Amarāvatī**　インド南部のグントゥール Guntur 県、クリシュナー河の河口から一〇〇〇《キロ》上流の地。アマラーヴァティーは不死の都の意。二世紀中ごろ大塔が建立され、サーンチー、ブッダガヤーとともにインド古代三大仏塔の一に数えられた。現在は完全に破壊されているが、大塔の址に大理石の欄楯《らんじゅん》や塔面に貼られていた石板が数多く発見されている。塔は基部の直径が五〇《メートル》弱、四方正面の突出部があり、それぞれ五本の柱で支えられ、塔をとりまいて高さ四《メートル》以上もあ

る柱をもった欄楯があった模様である。この欄楯や石板には優れた浮彫が施され、アーンドラ派開花期の代表的傑作とされている。浮彫の題材は仏伝や蓮華文様が主で、仏像も現われているが、単独の彫像は時代的にすこし下る(三—四世紀)ものとみられ、ガンダーラ芸術の影響がうかがわれる。インド南部の仏教芸術は、アマラーヴァティーを中心にアーンドラ地方に行われ、その最盛期は二—三世紀である。このアマラーヴァティーを弗婆勢羅僧伽藍《ふつばせいらそうがらん》(プールヴァシャイラ・サンガーラーマ Pūrvaśa-ilasaṃghārāma) あるいは阿伐羅勢羅僧伽藍《あばつらせいらそうがらん》(アヴァラシャイラ・サンガーラーマ Avaraśaila-saṃghārāma) に比定する説もある。アマラーヴァティーの近くで一九二六年に発見されたナーガールジュナコンダ遺跡は、アマラーヴァティー芸術の一つの展開として注目されている。アマラーヴァティーより約一世紀後の建設であるが、この地で発見された碑文に若干の仏教部派の名が見られ、仏教史上重要である。ダットN. Duttはこの遺跡を中観派の祖の竜樹(ナーガールジュナ Nāgārjuna) とは別人のタントラ派の竜樹と関係づけているが、中観派の竜樹と考えられる点もあり、確かではない。

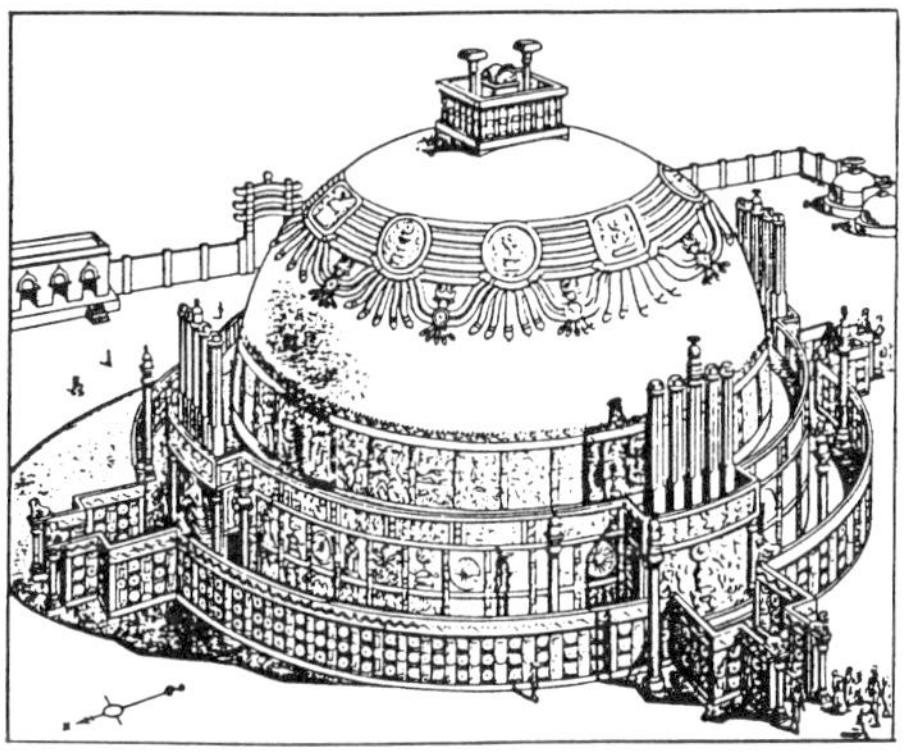

アマラーヴァティー大塔復原図

**あまらか-とう**　**阿摩落迦塔**　⇩鶏園僧伽藍《けいおんそうがらん》

**あまら-しき**　**阿摩羅識**　阿摩羅は梵アマラ amala の音写。阿末羅識、菴摩羅識《あんまらしき》とも書き、無垢識、清浄識と訳す。阿頼耶識《あらやしき》が迷いをすてて悟りの姿に転換した清浄な位に名づける。即ち、われわれの心は本然の姿においては迷妄を離れて清浄なものであるとして、それを阿摩羅識と呼ぶのである。真諦《しんだい》の系統の旧訳家《くやけ》では、この阿摩羅識を阿頼耶識の外に立てて第九識とし、総じて九識説を立てるが、玄奘の系統の新訳家では、これを阿頼耶識の有する清浄な面に外ならないとして、八識をたてるだけである。

**あまろく-じゅ**　**阿摩勒樹**　阿摩勒は梵アーマラカ āmalaka の音写。阿末羅《あまら》、阿摩羅《あまら》、菴摩羅《あんまら》、菴摩洛迦《あんまらか》とも音写し、余甘子と訳す。植物の名。マメ科に属し、枝葉はネムノキに似ている。インド・マレー半島などの熱帯地の植物。一〇センチ前後の酸味のある豆に似た実を結ぶ。この実を阿摩勒果と称し、食用・薬用に供する。また菴没羅樹《あんもらじゅ》(梵アームラ āmra)と混同されることがある。

**あみだ-きょう**　**阿弥陀経**　①一巻。後秦の鳩摩羅什《くまらじゅう》の訳 (弘始四402)。浄土三部経の一つで、小経、四紙経ともいう。仏陀が誰からも問われないのに自ら進んで舎利弗によびかけ、極楽浄土と阿弥陀仏の所在を説き、その名を解釈し、浄土のありさまや阿弥陀仏の徳をたたえて、浄土に生まれるには一心に念仏せよとすすめ、六方の諸仏がこの仏陀の説を証誠して念仏の衆生を護念することを述べ、五濁の世の難信の法であると説く。三度漢訳されたが、現存の羅什訳がその初訳で最も広く流布している。第二訳は劉宋の求那跋陀羅《ぐなばつだら》の訳(元嘉年間424—54)で小無量寿経と称するが現存せず、第三訳は唐の玄奘の訳(永徽元650)で称讃浄土仏摂受経、略して称讃浄土経といい現存する。なお、襄陽の竜興寺には隋の陳仁稜が刻んだ石刻阿弥陀経(襄陽石経)があって、これには羅什訳の「一心不乱」の下に二一字が加えられている。原典はスカーヴァティー・ヴィユーハ Sukhāvatī-vyūha という。悉曇文字による梵本が九世紀前半頃に日本に伝来し、江戸時代には数種の梵漢対照本が刊行された。これらの悉曇本をもとにマックス・ミュラー Max Müller と南条文雄とが共同で校訂出版した(1883)。チベット訳もあり、寺本婉雅(1909)をはじめ数種の和訳がある。㊅一二　〔註釈〕智顗義記一巻、窺基・疏一巻、同・通賛疏三巻、元暁・疏一巻、智円・義疏一巻、元照・義疏一巻、袾宏・疏鈔四巻、彭際清・約論一巻、源信・略記一巻、恵然・略讃二巻　②大阿弥陀経　⇩無量寿経《むりょうじゅきょう》

**あみだきょう-ぎしょ　阿弥陀経義疏**　一巻。北宋の元照の著。成立年不詳。阿弥陀経疏義疏ともいう。経の綱要を教・理・行・果の四法で明らかにし、ついで入文解釈する中、執持名号をもってこの経の宗致とするところに本書の特色がみられる。本書を読むに際しては、元照が述べ戒度が記し、本書と註釈を会本の形でまとめた阿弥陀経義疏聞持記三巻㊩一・三三・二が便利である。㊅三七

**あみだきょう-しょ　阿弥陀経疏**　①一巻。唐の窺基の著。成立年不詳。羅什訳の阿弥陀経を註釈したもので七門に分けて解釈する。⑴叙仏身、⑵叙其土、⑶叙不退転、⑷叙偏讃之心、⑸叙体性、⑹叙部類宗趣、⑺判釈文義。とくに⑸のなかで、浄土の体を唯識智であるとするなどは本書の特色を示すが、窺基の著作とすることには疑問点が残された書である。㊅三七、浄全五　②一巻。新羅の元暁の著。三五〇〇字程の小部のものであるが、⑴経の大意、⑵経の宗教、⑶経文の解釈の三部から成る。特色は、華厳の唯心思想に立脚して釈迦・阿弥陀二尊の出世の本懐を明らかにするとともに、願生浄土の意義を論じているところにある。また菩提心を重視する立場に立つから、善根福徳因縁を往生の正因とし、執持名号を助因と解釈する。㊅三七、浄全五

**あみだ-くおんじょうおう-だらにきょう　阿弥陀鼓音声王陀羅尼経**　一巻。訳者不詳。略して鼓音声経という。西方阿弥陀仏の国を清泰といい、阿弥陀仏の父は月上転輪聖王、母は殊勝妙顔、子は月明ということを明らかにし、次に鼓音声王大陀羅尼を説き、もしこの陀羅尼を読誦し、一〇日一〇夜六時に専念したならば、必ず阿弥陀仏国に生ずることができると説く。この経は阿弥陀仏に父母などがあると説いていることで有名であり、安楽集、往生要集にしばしば引用されている。㊅一二　〔参考〕歴代三宝紀一三、開元釈教録六

**あみだ-じ　阿弥陀寺**　①山口県防府市牟礼。華宮山と号し、華厳宗（真言宗御室派を兼宗）。東大寺大勧進職として周防国司となった重源が文治三年1187に建立。以後、住職は東大寺大勧進が任じられ在庁官人が檀越となる例であった。文明一六年1484に焼失するが以後再建。寛文年間1661—73に中興され、このとき真言宗に転じたが、昭和二八年1953もとの華厳宗となった。但しこのような歴史的関係で、真言宗も現在兼宗している。〔国宝〕鉄宝塔〔重文〕木造重源坐像、同金剛力士像、鉄印（東大寺槌印）、紙本墨書阿弥陀寺田畠注文并免除状　〔参考〕阿弥陀寺文書　②京都市上京区寺町通今出川上ル鶴山町。蓮台山と号し、浄土宗。清玉が近江国坂本に開いたが天文二四年1555に京都の芝薬師町に移建。天正一〇年1582本能寺の変では清玉が織田信長父子の遺骨を当寺に埋葬。天正末年、豊臣秀吉の命で現地に移る。〔参考〕京都坊目誌二、阿弥陀寺文書　③茨城県那珂市額田。小壺山と号し、真宗大谷派。親鸞の二十四輩第一四番。建久三年1192の創建と伝え、開基は定信房。初め同郡大山にあったが、明徳年間1390—94額田城内の現地に移った。〔参考〕大谷遺跡録三　④茨城県坂東市長須。屈施竜山称名院と号し、真宗大谷派。親鸞の門弟安養房の遺跡。大化五年649三論宗長洲《ながす》寺として創建され、弘仁三年812天台宗に転じ、貞応二年1223安養のとき現寺号として真宗に改宗したと伝える。〔参考〕大谷遺跡録二

**あみだ-じょうど-へん　阿弥陀浄土変**　阿弥陀仏の極楽浄土の相を図にあらわしたもの。西方浄土変ともいう。俗に浄土曼荼羅と呼ぶことがある。中国においては善導(613—81)以来盛んに行われた。善導の観念法門に「若し人ありて観経等に依りて浄土荘厳の変を画造し、日夜に宝地を観想すれば、現生に念念に八十億劫生死の罪を除滅す」とある。三善清行撰の延暦寺座主円

珍伝によると、清和天皇貞観九年867唐の僧から円珍に則天武后が製した四〇〇幅の内の繡帳の極楽浄土変一舗を贈って来たとある。唐代の阿弥陀浄土変については、いま中国本土でこれを見ることはほとんど困難であるが、敦煌千仏洞の壁画に、唐代の阿弥陀浄土変数種がある。わが国では法隆寺金堂西壁に阿弥陀浄土が描かれたのをはじめ、白鳳・天平時代、ことに天平時代以来盛んにつくられた。わが国の浄土変相は古来、浄土三曼荼羅として当麻曼荼羅・智光曼荼羅・清海曼荼羅を挙げるが、そのうち当麻・智光の両曼荼羅は天平時代に作られ(智光曼荼羅の原本は宝徳三年1451焼失)、清海曼荼羅は清海が長徳年間995―99に作り、原本は焼失したと伝えられる。奈良極楽寺旧蔵(現奈良国立博物館蔵)の清海曼荼羅は、鎌倉時代以前の製作と思われる。⇩曼荼羅《まんだら》　⇩当麻曼荼羅《たいままんだら》　⇩浄土変相《じょうどへんそう》

**あみだ-せんぼう　阿弥陀懺法**　阿弥陀仏を本尊として三世十方の仏を請じ、その前で一切の罪業を懺悔し、浄土に生まれることを願う行法。日本で円仁の西方懺法と称せられたものに始まり、比叡山や宮中で早くより勤修され、江戸時代には知恩院や本願寺などでも行われた。〔参考〕述懐抄

**あみだ-の-じゅ　阿弥陀呪**　阿弥陀如来の真言をいう。⑴一字呪には𑖀《ア》(阿)と𑖮𑖿𑖨𑖱𑖾《キリク》(紇利倶)の二つがある。⑵小呪は心呪ともいい、唵《オン》、阿蜜嘌多《アミリタ》、帝際《テイゼイ》、賀囉《カラ》、吽《ウン》をいう。⑶大呪は無量寿如来根本陀羅尼、抜一切業障根本得生浄土神呪といい、その呪の中に阿弥嘌多(amṛta)すなわち甘露の語が一〇度でてくるので十甘露明ともいう。〔参考〕智広等・密呪円因往生集、覚鑁・五輪九字明秘密釈、覚禅鈔、阿娑縛抄五三

**あみだ-の-むねわり　阿弥陀胸割**　一冊。作者不詳。慶長年間1596―1615頃の成立か。天寿姫とその弟の身代わりとなって、阿弥陀仏が胸腹を裂いたことを六段に組んで語る古浄瑠璃。慶長一九年上演の記録があるが、当時の正本は伝わらない。近代日本文学大系二〔刊本〕享保六1721刊

**あみだ-ひけつ　阿弥陀秘決**　二巻。慧林の著(寛延四1751刊)。とくに真言秘密の教義に基づき、七門を開いて阿弥陀仏の徳を讃歎したもの。真全七

**あみだ-ぶつ　阿弥陀仏**　仏名。いのちと光の限りない仏。梵名にはアミターバ Amitābha(阿弥陀婆、無量光)とアミターユス Amitāyus(阿弥陀庾斯、無量寿)の二種がある。漢訳仏典ではアミタ amita を阿弥陀と音写し、二つの名を区別していないが、チベット仏教では二仏をわけて、無量光仏は智慧を、無量寿仏は延寿福楽を与えるという。無量寿経には、無量寿仏を無量光仏・無辺光仏・無礙光仏・無対光仏・燄王光仏・清浄光仏・歓喜光仏・智慧光仏・不断光仏・難思光仏・無称光仏・超日月光仏となづけ(十二光仏)、そのほか無量清浄仏、不可思議光仏、尽十方無碍光如来などの異名もあり、弥陀仏と略称することがある。密教で阿弥陀を甘露王如来とも称するが、これは㊵アムリタ amṛta(阿蜜嘌多と音写する。甘露、不死、不死の霊薬)にもとづくもので、無量の寿を保つ仏智を象徴する。阿弥陀仏に関しては浄土三部経をはじめ、法華・華厳・涅槃その他多くの大乗経典に説かれている。無量寿経には、阿弥陀の成道の因果について、法蔵菩薩(ダルマーカラ Dharmākara)が世自在王仏のもとで諸仏の浄土を見て後、五劫のあいだ思惟して四十八願を発し、兆載永劫の修行をかさね、今から十劫の昔に本願を成就して阿弥陀仏と号し、現在西方の極楽世界(㊵スカーヴァティー Sukhāvatī の訳。安養、安楽ともいう)で説法していると説く。その他、法華経、悲華経、観仏三昧海経、阿弥陀鼓音声王陀羅尼経などにはそれぞれ異なった阿弥陀の本生を説いている。阿弥陀信仰には種々の様

阿弥陀如来(御室版胎蔵曼荼羅)

態があるが、阿弥陀一仏に帰依してその浄土に生まれたいと願う法門を浄土門と称し、この世界でさとりをひらくことを目的とする聖道門が自力難行道であるのに対して、阿弥陀の本願力に救われて浄土に往生する浄土門は他力易行道であるという。浄土門は、インドでは竜樹や天親(世親)によって説かれたと伝えられ、中国では曇鸞・道綽・善導らによって広められた。とくに善導は観無量寿経の深い意味をさぐり、称名念仏により凡夫が弥陀の浄土に往生できると主張した。日本には奈良時代に浄土教が伝えられ、平安時代には阿弥陀仏を本尊とする常行三昧(天台の四種三昧の一)や、懺悔滅罪のための阿弥陀懺法《せんぼう》、阿弥陀悔過《けか》なども修されたが、源信が寛和元年985往生要集を著わしてから浄土信仰が盛んになった。源空は善導の説にもとづき専修念仏をすすめて浄土宗を立て、その門下の親鸞は他力廻向を強調し、阿弥陀の身土について真仮をあきらかにして、真仏土は不可思議光如来、無量光明土であり、観経の所説は化身土であるとした。無量寿経や観無量寿経に観音・勢至の二菩薩を阿弥陀仏の脇士としていることから、中央に阿弥陀、左に観音、右に勢至を配する阿弥陀三尊が造立されるようになり、同一光背に三尊を配したものを一光三尊仏といい、善光寺如来像はその典型である。また、阿弥陀三尊に地蔵・竜樹の二菩薩を加えたものを阿弥陀五仏といい、これを絵画化したものが阿弥陀五尊曼荼羅である。阿弥陀仏の浄土の相を絵画化した阿弥陀浄土変(俗に浄土曼荼羅という)は西域・中国でも行われたが、日本では当麻曼荼羅・智光曼荼羅・清海曼荼羅が代表的なものである。また、阿弥陀仏が聖衆をしたがえて臨終に来迎し行者を浄土に引接する相を絵画化したものは聖衆来迎図と呼ばれ、平等院扉絵の九品来迎図、法華寺の三尊来迎図、高野山の聖衆来迎図(二十五菩薩来迎図ともいう)、知恩院の阿弥陀二十五菩薩来迎図など種々な形式のものがある。なお、観無量寿経には上品上生から下品下生にいたる九種の往生を説くことから九品阿弥陀仏が造立、絵画化され、浄瑠璃寺の九体仏はその例である。密教では、大日如来の総徳を分けてあらわす四方の四仏の一として西方に配され、大日如来の五智では妙観察智の徳を司る。種子は金剛界では hriḥ (紇利倶《きりく》)、胎蔵界では aṃ であり、真言には一字呪、小呪、大呪がある。阿弥陀仏を本尊とする別尊法を阿弥陀法といい、敬愛、鉤召或いは滅罪のために修する。また、無量寿如来供養作法次第には頭に五智の宝冠をつけ、阿弥陀の定印を結び、身相が紅頗梨色《くはりしき》である尊容を説くが、当麻寺の彫刻や知恩院、高野山桜池院、同正智院、丹後成相寺の画像は紅頗梨色の阿弥陀として知られている。

**あみだ-ぶつ-こんぽんひみつ-じんしゅ-きょう　阿弥陀仏根本秘密神呪経**　一巻。北魏の菩提流支の訳というが疑わしい。阿弥陀経の異本で、内容は羅什訳と同じであるが、抜一切業障根本得生浄土神呪の文と阿弥陀仏の名号の功徳を強調した文が増加している。㊫一・三・五

**あみだ-ぶつ-せつりん　阿弥陀仏説林**　七巻。継成の編(明和七1770)。華厳経ほか二百余部の経典論書から阿弥陀仏とその浄土に関する文を集め、略註を加える。真全七〔刊本〕安永元1772刊

**あみだ-ほう　阿弥陀法**　阿弥陀仏を本尊として、滅罪生善、往生浄土および死者の冥福を祈るなどのために修する密教の修法。この法を修する時には阿弥陀曼荼羅を用いる。

**あみだ-まんだら　阿弥陀曼荼羅**　阿弥陀仏を中央主尊として建立する曼荼羅。これには以下の種類が知られる。(1)理趣釈曼茶羅は般若波羅蜜多理趣釈の説によって建立するもの。中央に観自在菩薩を描き、前に金剛法、右に金剛利、左に金剛因、後に金剛語、四の内外隅において各四の内外供善を安ずる。また東門に天女形を描いて貪欲を、南門に蛇形を描いて瞋を、西門に猪首を描いて癡を、北門に蓮華を描いて涅槃を表わす。主尊観自在菩薩は阿弥陀仏の別号。観自在菩薩が、貪瞋癡雑染の世界に住しつつ、さらに一塵の染を受けず三毒煩悩の実在を達観して、彼岸の浄妙国土を現世

の此岸に建設しようとするのがこの曼荼羅である。⑵五尊曼荼羅は、儀軌が明らかでないが、弥陀・観音・勢至・地蔵・竜樹の五尊を描く素朴なもの。⑶八大菩薩曼荼羅は、八大曼荼羅経によって建立する。中央に阿弥陀、その周囲に普賢・文殊・観音・弥勒・金剛手・地蔵・虚空蔵・除蓋障の八大菩薩を描く。⑷九品曼荼羅は、中台に八葉の開敷蓮花、花台に上品上生の阿弥陀、八葉に八品の阿弥陀、内院四隅に法利因語の四菩薩、第二院には十二光仏と四摂の菩薩および外の四供養の菩薩、第三院には二十四菩薩があり、これに内院の法菩薩を加えて二十五菩薩となり、合して尊数は五十七尊となる。この曼荼羅は密教によって浄土教が摂取され顕密融合したものといわれる。⑸九字曼荼羅は、八曼荼羅と無量寿儀軌の説を総合したもの。この特徴は、因位の観自在菩薩を主尊とし、八葉に入定の八仏を安置することである。八大菩薩曼荼羅が法身果上の曼荼羅とすれば、この曼荼羅は衆生本有の曼荼羅である。⇩浄土変相《じょうどへんそう》

**あみりた　阿蜜哩多**　(梵)アムリタ amṛta の音写。阿弭哩多とも書く。直訳すると不死。一般には甘露と訳す。諸天が用いる不死の効ある仙酒・神薬の類。仏法の妙味・妙法を表わす際の譬喩として用いられる。仏の教法を甘露法ということがある。

**あやぼくきゃ-こく　阿耶穆佉国**　(梵)アーヤムカ Āyamukha の音写。インド中部の阿踰陀《あゆだ》（アヨードヤー Ayodhyā）国の東、ガンジス河の北岸の地にあたる国。西域記によれば、この地に正量部が栄えたという。〔参考〕西域記五

**あゆいおっちしゃ-きょう　阿惟越致遮経**　三巻。西晋の竺法護の訳（太康五 284）。異訳に訳者不明の不退転法輪経、劉宋の智厳の訳（元嘉四 427）の広博厳浄不退転輪経があり、チベット訳もある。声聞の四向四果の道も辟支仏の教えも菩薩の道もみな仏の善権方便（かりの手段）であって、これら三乗は一仏乗に帰することを説く。(大)九〔参考〕国一法華部、出三蔵記集二

**あゆだ-こく　阿踰陀国**　(梵)アヨードヤー Ayodhyā (巴)アヨッジャー Ayojjhā の音写。阿踰闍などとも音写し、不可戦(国)と訳す。現在のインド中部のアウド (Oudh) 地方にあたるといい、またガンジス河の南のファテープル Fatehpur 地方を指すともいう。コーサラ Kosala 国歴代の王城として記されるが、都城跡は不明。サーケータ Sāketa と同一とする説も有力である。仏陀時代から仏教に因縁の深い土地で、勝鬘経の舞台ともなり、また無著・世親の活動の地ともいわれる。叙事詩ラーマーヤナにも見え、四世紀、グプタ王朝の超日王、新日王の居城でもあった。玄奘はここで仏教寺院二〇カ寺を見たと記している。〔参考〕Saṃyuttanikāya III, IV, Jātaka IV, Rāmāyaṇa I 西域記五、慈恩伝三

**あらい-せきぜん　新井石禅**　（元治元 1864―昭和二 1927）曹洞宗の僧。陸奥梁川（現福島県）の人。同地の興国寺で得度し、東京駒込吉祥寺の学林に学ぶ。平野奕堂に参禅し、また畔上楳仙に随侍して各地を巡錫した。明治二二年 1889 曹洞宗大学林学監となり、教授を兼ねた。大正五年 1916 最乗寺に住持し、同九年総持寺貫主となる。ハワイ・北米に布教する。同一〇年大陽真鑑禅師の号を賜る。著書、曹洞宗綱要、伝光録白字弁など。新井石禅全集一二巻、新井石禅仏教講演全集がある。

**あらい-だいし　新井大師**　⇩総持寺《そうじじ》⑤

**あらい-にっさつ　新居日薩**　（天保元 1830―明治二一 1888）日蓮宗の僧。上野桐生（現群馬県）の人。字は文嘉。容月と号し、文明院と称する。優陀那院日輝に師事して宗学を修め、藤森弘庵から経書・詩文を学んだ。明治五年教部省に出仕し、同七年身延山久遠寺に住持した。一致派の管長に選ばれ、宗名を日蓮宗と称する官許を得、一宗の振興を図った。同九年福田行誡・滝谷琢宗らと福田会を起こし、孤児の救済につとめた。同一九年池上本門寺に住持した。著書、日蓮宗教義大意、宗門大意、容月遺稿など。〔参考〕身延山史、三国高僧略伝下

**あらか-け　阿羅歌花**　阿羅歌は(梵)アルカ arka の音写。阿迦、遏迦とも音写する。白花と訳す。インドに生ずる草花の名。

**あらかん　阿羅漢**　①㊵アルハン arhan の音写。これは男性・主格・単数の形で、原形はアルハト arhat である。阿羅訶《あらか》、阿羅呵《あらか》、阿盧漢《あるかん》、遏囉曷帝とも書き、略して羅漢《らかん》、囉呵《らか》ともいう。応供《おうぐ》、殺賊《せつぞく》、不生《ふしょう》、無生《むしょう》、応真《おうしん》、真人などと訳す。普通狭義に解して、小乗仏教における最高のさとりを得た者を指すとするが、広義においては大乗・小乗を通じて最高のさとりを得た者を指す言葉である。応供とは供養を受けるに応ずる者、相応《ふさ》わしい者、供養を受ける価値がある者という意味であるが、「応供」の「供」は補足した言葉で、「応」がまさしくこの語の訳である。応供の中で最も勝れた者を大応供といい、普通、仏の異名とする。殺賊とは、煩悩《ぼんのう》の賊を殺害した者という意味。不生または無生とは、永久に、涅槃《ねはん》のさとりに入って再びまよいの世界に生を受けないという意味であるが、これらの二訳は原語に即したものではない。これら応供、殺賊、不生の三義を阿羅漢の三義という。②如来十号の一。この場合は仏の異名。③四沙門果《ししゃもんか》即ち声聞四果《しょうもんしか》の中では最後の位。これにさらに向と果とを分ける。それに向かって修行している間が阿羅漢向で、まさしくそこに到達した時が阿羅漢果である。この阿羅漢果の聖者を已達の大徳《いだつのだいとく》という。これは修行者の最高の境地で、ここに到ればすべてを学びつくしてこれ以上学ばなければならない法が一つも存在しないから無学または無学果といわれ、無学正見から無学正定までの八聖道と無学解脱・無学正智との合計一〇種の無漏法を完成するという。これを十無学支と称する。④倶舎論巻二五によると阿羅漢を六種に分類して、六種阿羅漢を立てる。即ち⑴退去(退相)阿羅漢(すでに得た阿羅漢のさとりから退失しやすい者)、⑵思法(死相)阿羅漢(退失を懼れて自害しようと思う者)、⑶護法(守相)阿羅漢(退失しないように防護する者)、⑷安住法(住相)阿羅漢(防護しなくても大概は退失しないが、また増進もしがたい者)、⑸堪達法《かんだつほう》(可進相)阿羅漢(増進してすみやかに次の不動法に達する者)、⑹不動法(不壊相《ふえそう》)阿羅漢(全く退失しない者)。これらの中で前の五は性格の遅鈍な者(鈍根)で時解脱《じげだつ》とも時愛心解脱《じあいしんげだつ》ともいわれ、後の一は性格の鋭利なる者(利根)で不時解脱《ふじげだつ》とも不時心解脱《ふじしんげだつ》とも不動心解脱《ふどうしんげだつ》ともいわれる。またあわせて二種羅漢という。時解脱とは、勝れた縁のある時を待って定《じょう》に入り煩悩を解脱《げだつ》する者、不時解脱とは、時を待たないで入定し解脱する者、時愛心解脱とは、すでに得た阿羅漢のさとりを常に愛護して煩悩を解脱する者、不動心解脱とは、煩悩のために阿羅漢のさとりから退失することなく解脱する者、という意味である。また不動法阿羅漢の中で、本来利根(鋭利な性格の者)なる者を不退(法)(不退相)阿羅漢といい、修行の力によって不動法阿羅漢に進んだ者を前の五に合わせて七種阿羅漢という。不動法阿羅漢は不動阿羅漢ともいう。これらにさらに縁覚と仏とを加えて九種阿羅漢または九無学と称する。⑤成実論巻一、中阿含経巻三〇には、縁覚、仏のかわりに慧解脱《えげだつ》、倶解脱《くげだつ》の加わった別な形の九種阿羅漢(九無学)を説いている。その中で慧解脱とは智慧の力によって煩悩を解脱した阿羅漢のこと、倶解脱とは慧解脱の者が更に滅尽定《めつじんじょう》を得た場合をいう。これを倶解脱と称するのは、滅尽定を得たことが心解脱を意味しており、従って心と慧との両方の(即ち倶なる)解脱を得た者という意味である。慧解脱と倶解脱とを二種羅漢といい、これに無疑解脱を加えて三種羅漢という。無疑解脱《むぎげだつ》とは、倶解脱の中で一切の文義に通達して四無礙解《しむげげ》を得たもののこと。⑥天台宗では、阿羅漢が不浄観を修する場合のその対境の上から、壊法・不壊法の二種羅漢を分ける。

**あらぎょう　荒行**　あらあらしくきびしい修行。願望を達成するために、けわしい山にこもったり滝に打たれたり焔の中に入ったりする。荒行を修める人を荒聖《あらひじり》、荒法師《あらほっし》といい、荒行を修するための堂舎を荒行堂という。

**アラバスター　Arabaster, H.**　生没年

不詳。イギリス人。タイ仏教の研究家。The wheel of law（法輪 1871）を著わした。

**あらび　阿羅毘**　㊁アーラヴィー Āḷavī ㊵アータヴィー Āṭavī の音写。林、曠野などと訳す。舎衛城の南方、ベナレスの上流にあったというガンジス河畔の町の名。この町で仏陀は夜叉を教化し、ハッタカ Hatthaka 長者(手長者)に法を説いた。また比丘たちがこの町にあったアッガーラヴァ Aggāḷava 制多で、建築のために地を掘ったり木を伐ったりしたことから、波逸提《はいっだい》の中の掘地戒、伐樹戒が制定されたという。詩人ヴァンギーサ Vaṅgīsa の師ニグローダ・カッパ Nigrodha Kappa はこの制多で没し涅槃を得た。〔参考〕Sutta-nipāta, Saṃyutta-nikāya I, IV, Vinaya-piṭaka Pācittiya

**あらや-しき　阿頼耶識**　阿頼耶は㊵アーラヤ ālaya の音写、阿梨耶識《ありやしき》とも書き、略して頼耶《らや》、頼耶識《らやしき》ともいう。八識(眼・耳・鼻・舌・身・意・末那《まな》・阿頼耶の各識)の一。九識(八識に阿摩羅識《あまらしき》を加える)の一。無没識、蔵識と訳し、第八識、本識、宅識など種々の名称がある。無没識とは諸法を執持して失わない心という意味であり、蔵識とは諸法展開のよりどころとなる基本的な根本の心という意味である。また八識の最後に置くから第八識、諸法の根本であるから本識ともいわれ、従って諸識のなかに特に識主とも称せられる。①成唯識論巻二によれば、蔵識の「蔵」に能蔵・所蔵・執蔵の三義が立てられる。これを頼耶の三蔵とも蔵の三義ともいう。能蔵とはこの識が諸法を展開生起する種子《しゅうじ》(能力、原因)を摂持し蔵する意味であり、所蔵とはこの識が諸法を生起する種子を諸法から熏じつけられ蔵せしめられる意味であり、執蔵とはこの識が末那《まな》即ち「思量の意」をもって自らを愛著する意味である。増一阿含経によって、阿頼耶に愛・楽・欣・憙の四義があると説かれる(これを四阿頼耶という)のも、ここにいう執蔵と同じ意味を示していると見られる。②能蔵と所蔵との関係は、阿頼耶識がその種子のはたらきによって諸法即ちわれわれの現実の世界を作りつつ(この場合、阿頼耶識の相分〔対境〕としての客観的境界は、種子と、眼・耳・鼻・舌・身の五根によって表わされた肉体と、山河大地などの器界とであって、これを種根器《しゅうこんき》という)、作ることによって逆に諸法から、さらに新しく諸法を創造しようとする種子を自己のうちに転変《てんぺん》、変異、成熟させられ、収蔵させられてゆく、という相依相待・展転・縁起の関係であり、執蔵は、このような阿頼耶識転変が、諸法において自己の姿を見ようとする阿頼耶識自らの愛著作用を原動力とすることを語るものである。故に執蔵はまさしく阿頼耶識の自相である。また阿頼耶識は過去における善・不善の業の結果(異熟、果報)として引かれたものであって、この点は阿頼耶識の果相であり、従って阿頼耶識は異熟識(果報識)と称せられる。また阿頼耶識が、諸法を生起する種子を蔵するという点は、その因相であって、この意味において阿頼耶識は一切種識(種子識《しゅうじしき》)と称せられる。これら自相・果相・因相を頼耶の三相という。唯識教学は以上のような構造の下に一切を阿頼耶識の変現として、唯心論を樹立する。これは一切が阿頼耶識より縁起すると説くものであるから、頼耶縁起《らやえんぎ》と称する。③阿頼耶識の自相は凡夫から菩薩の第七地まで、二乗ならば有学の聖者までの位の者がもつとされ、この位を我愛執蔵現行位という。菩薩の八地以後または二乗の無学には我執がないから阿頼耶識はその自相を捨てるのであるが、なお異熟識である果相が残るとされ、この位を善悪業果位という。仏果に至れば異熟識の果相も捨てられるが、有情利益を行うから、諸法の種子および五根を執持して失わず相続するとされ、従って種子識である因相のみが残る。この位を相続執持位という。以上を頼耶の三位と称する。故に阿頼耶識は、凡夫から仏になる転迷開悟の道となるものとして、如実にその相が知られるべきものの、そのよりどころであるから、阿頼耶識を所知依という。④なお阿頼耶識が転迷開悟する筋道を論究して、阿頼耶識は煩悩に汚された妄識であるか、自性として清浄な真識であるかが、中国仏教教学で問題視され、唯識宗は妄識の立場をとり、華厳宗は大乗起信論によって真妄和合識の立場をとり、地論宗は真識の立場をとる。

**アーラーラ・カーラーマ　Āḷāra Kālāma**　⇩阿羅邏伽藍《あららからん》

**あらら-からん　阿羅邏伽藍**　㊁アーラーラ・カーラーマ Āḷāra Kālāma ㊵アーラーダ・カーラーマ Ārāḍa Kālāma の音写。阿羅邏迦羅摩・迦蘭なども音写する。仏陀が王宮を出てのち最初に訪ねた仙人の名。無所有処《むしょうしょ》定を究極の境地であると説いたが、仏陀はこれにあきたらなかった。阿羅邏と迦藍とを二人の名とする経典もあるが、カーラーマはアーラーラの姓である。〔参考〕Majjhima-nikāya XXVI, 中阿含経五六、仏所行讃三、方広大荘厳経七

**あらんにゃ　阿蘭若**　㊵アラニヤ araṇya の音写。阿練若《あれんにゃ》、阿蘭拏《あらんな》とも写し、略して蘭若《らんにゃ》、練若《れんにゃ》とも書く。山林或いは荒野と訳し、比丘《びく》が居住して修行するのに適当な人里離れた静かな場所を意味する。漢訳では遠離処《おんりしょ》、寂静処《じゃくじょうしょ》、空閑処《くうげんしょ》、意楽処《いぎょうしょ》、無諍処《むじょうしょ》という。そこに住むこと、或いは住む者を阿蘭若迦《あらんにゃか》、㊵アーラニヤカ āraṇyaka というが、この語は阿蘭若と同義にも用いられている。阿蘭若に三種あり、三処阿蘭若と称する。(1)達磨阿蘭若《だるまあらんにゃ》(㊵ダルマ・アラニヤ dharmāraṇya)。さとりを求めるための道場、(2)摩登伽阿蘭若《まとうがあらんにゃ》(㊵マータンガ・アラニヤ mātaṅgāraṇya)。塚間《ちょうげん》の処、即ち土を小高く築きあげた塚、(3)檀陀伽阿蘭若《だんだかあらんにゃ》(㊵ダンダカ・アラニヤ daṇḍa-kāraṇya)。沙磧の処、即ち人気のない沙原(慧苑音義巻上)。

**あらんば　阿藍婆**　㊵ラティランバ ra-tilambha の音略。詳しくは阿羅底藍婆《あらていらんば》、略して藍婆と書く。得喜と訳す。薬草の名。香山および雪山に産すると伝える。薬草汁薬として身体の患部に塗布するといわれる(新訳の華厳経巻七八、華厳経探玄記巻二〇・巻二三)。

**あり-じゅし　阿梨樹枝**　阿梨は㊵アルジャカ arjaka の音写。蘭(香)と訳す。樹の名。今はその樹の枝のこと。

**ありに-こく　阿利尼国**　現在のアフガニスタン北部の Hazarat-Imām 付近にあたる地といわれる。原音はアルニ Alni であろうか。覩貨羅(トゥカーラ Tukhāra)の故地とされる。〔参考〕西域記一二

**ありや　阿黎耶**　①㊵アーリヤ ārya の音写。阿哩夜とも書く。聖なる、尊敬すべき、自己の種族に関する、という形容詞。名詞としては聖者、出苦者、賢首、大徳などと漢訳される。道理に通暁した者に対する尊称。②㊵アーラヤ ālaya の音写。⇩阿頼耶識《あらやしき》

**ありやしな　阿梨耶斯那**　(七世紀)㊵アーリヤセーナ Āryasena の音写。阿利斯那とも音写し、聖軍と訳す。玄奘が梵衍那国(バーミヤーン Bāmiyān)の羅爛城で会った僧。大衆部に属し、法相によく通じていたという。〔参考〕慈恩伝二

**アーリヤシューラ　Āryaśūra**　⇩聖勇《しょうゆう》

**アーリヤデーヴァ　Āryadeva**　⇩提婆《だいば》

**ありやばつま　阿梨耶伐摩**　㊵アーリヤヴァルマン Āryāvarman の音写。聖冑、聖鎧と訳す。説一切有部の僧。カピシャ Kapiśa(迦畢試《かひつし》)国において活動した。毘婆沙論の章疏を作ったという。〔参考〕慈恩伝二

**ありやばつま　阿離耶跋摩**　生没年不詳。新羅の人。唐の貞観年間627—49に長安の広脇山を出て、法を求めてインド中部に赴き、那爛陀寺で律論を学び、同寺で没した。〔参考〕大唐西域求法高僧伝上

**アルヴィス　Alwis, J.**　生没年不詳。一九世紀の仏教研究者。国籍不詳。著書、Buddhism(仏教 1862)、Attanagala-vaṃśa(アッタナガラ寺史 1866)、Buddhist nirvāṇa(仏教涅槃論 1870)など。

**あるな　阿盧那**　㊵アルナ aruṇa の音写、阿留那、阿楼那とも書く。形容詞で赤いの意。名詞としては太陽の乗る車の御者として人格化された曙のこと。将暁《しょうぎょう》、明相《みょうそう》と漢訳される。日の出の時の赤い色に喩えて紅色の蓮華のことを阿盧那花《あるなけ》といい、また紅赤色の香のことを阿楼那香《あるなこう》と称する(慧苑音義巻上・巻下)。

**あるべきようわ**　**阿留辺幾夜宇和**　一巻。高弁の言行録。門弟喜海の編(嘉禎四1236)。栂尾明恵上人遺訓、明恵御詞抄ともいう。仏道修行者の生活のあり方についての教訓。禅門法語集、日本古典文学大系八三

**アルレー**　**Harlez, Charles Joseph de**　生没年不詳。フランス人。中国学者。老荘思想に関する論文が多い。金剛般若経をフランス語訳し、Vocabulaire bouddhique sanscrit-chinois (梵漢対照仏教語彙 1887)を出した。

**あろくろくち**　**阿轆轆地**　転轆轆地ともいう。物事が停滞しないで進行すること。無礙自在なること。また口達者にしゃべること。

**あろのう-せん**　**阿路猱山**　㈵アルノー Aruṇo またはアルナ Aruṇa の音写。阿楼那・阿盧那とも音写する。迦畢試《かひっし》(カピシャ Kapiśa)国の境にある高山。現在のカフイリスターン Kafilistan に当たる。カイラーサ Kailāsa 山の西にあり、常に千古の雪を頂き、登攀不能な神聖な山とされる。〔参考〕西域記一・一二、翻訳名義集三

**あん**　**庵**　集落を離れた所にかりそめにたてた隠遁者の住む屋舎。庵の部屋の事を庵室といい、庵と同義に用いる。庵寺《あんでら》は後には多く尼寺をいう。庵主《あんじゅ》も同じく、多く尼主を指す。

**あんかい**　**安海**　生没年不詳。平安末期の天台宗の僧。比叡山で興良や源信に学んだ。源信が宋の智礼に二七条の質問を寄せたとき、その答を予想し適中したという。〔参考〕元亨釈書五、本朝高僧伝一〇

**あんぎゃ**　**行脚**　①師匠のもとを離れて修業のために善友名師を求めて諸国をめぐり歩くことをいい、これを行うものを行脚僧という。雲水と同じ。禅宗では行脚僧には一定の旅装の規定がある。②転じて死去を意味することがある。

**アングッタラ・ニカーヤ**　**Aṅguttara-nikāya**　⇩スッタ・ピタカ

**アングリマーラ**　**Aṅgulimāla**　⇩央掘摩羅《おうくつまら》

**あんげん**　**安玄**　生没年不詳。後漢代の訳経家(優婆塞)。安息国の人。霊帝(163—89)の時、洛陽に来て騎都尉になった(世に都尉玄と呼ぶ)。光和四年181厳仏調とともに法鏡経一巻を訳し、また阿含口解十二因縁経一巻を訳した。〔参考〕出三蔵記集二・一三、高僧伝一

**あんご**　**安居**　㈵ヴァルシャ varṣa ヴァールシカ vārṣika の訳で、雨期の意。夏行《げぎょう》、夏経《げきょう》、夏断《げだち》、夏籠《げごもり》、夏坐《げざ》、座夏《ざげ》、白夏《びゃくげ》ともいう。インドの降雨期三カ月間における仏教僧団の特殊な年中行事のこと。夏季降雨期中に一夏九旬《いちげくじゅん》、即ち四月一六日から七月一五日に至る九〇日間を限って、その間、一には遊行に不便であることと、一には虫類を踏み殺すことを恐れて、一定の場所に住してもっぱら研究修養に努めることをいう。なお地方により雨期にずれがあるため、前・中・後二種の安居期間が認められている。その間、比丘は僧苑・小屋・巌窟内などにあって一人でも二人以上でもこれを行い、食事は在家の信者が運び比丘から説法を聞くのを習いとした。安居の初日のことを夏安居の制度を結ぶとの意味で結夏《けつげ》或いは結制《けっせい》と称し、安居を完了することを過夏《かげ》、七月一六日以後安居の制を解くことを解夏《げげ》といい、結夏と解夏との間を半夏《はんげ》という。また安居中に禁を犯して外出することを破夏《はげ》という。安居終了後、安居中自ら非を犯したことの有無を互いに問う作法、即ち自恣《じし》が厳粛に行われ、この自恣の行われる日を自恣日《じしにち》と称する。この安居の行事は仏陀成道の翌年から入滅まで続けられた。中国にもその制は伝えられたが、気候風土や人情のちがいもあって年中行事として特に重視されることはなかった。日本では、天武天皇一二年683に始まり、桓武天皇は延暦二五年806に一五大寺および諸国国分寺に勅して安居を行わせた。現在でも形はくずれているが実施され、禅宗では夏・冬に安居を行って修行の資とし、真宗などでは一定期間をさだめて講義や会読を行うのを安居と称する。また夏以外の時期に安居のような形式で行う行事を秋安居・冬安居《ふゆあんご》などということもある。〔参考〕四分律三七・五八、五分律一九、有部律安居事、本行集経三九、西域記一・二一・

八、延喜式、三宝絵詞

**あんこく　安国**　（弘安二1279―建武四1337）時宗の僧。相模渋谷の人。三祖中聖の弟子となり、師阿といった。清浄光寺第二代を継ぎ、時宗第五祖となる。清浄光寺はこの時、京都七条道場金光寺と共に本山となった。〔参考〕時宗綱要

**あんこく-じ　安国寺**　①中国の長安にあった寺。唐の玄宗が開元元年713寝殿の材をもって創建し、弥勒菩薩を安置した。代宗の大暦一三年778円照らが、当寺で四分律の新旧両疏を定めて一本とした。また円照は玄宗の時、儒道二教と対論した利渉の伝記である大唐安国寺利渉法師伝一〇巻を撰している。〔参考〕宋高僧伝一五　②暦応元年1338夢窓疎石の勧めにより足利尊氏・直義は、元弘1331―34以来の戦死者の遺霊を弔うため全国六六カ国二島（壱岐・対馬）に各々一寺・一塔を建てることを企て、康永四年1345院宣により寺を安国寺、塔を利生塔と号した。安国寺は守護の菩提所である五山派禅院のみに限られていたが、利生塔は天台・真言・禅律寺院に設けられ仏舎利二粒を納めている。寺塔には料所が寄進され警固人を配するなど幕府・守護体制の強化という政治的意図もこめられていた。のち、五山・十刹・諸山の幕府の官寺機構の中に再編されていった。設置が確認できるのは安国寺は大和・尾張・伊豆・下野・土佐の五カ国を除く六一カ国二島、利生塔は京都八坂の法観寺五重塔など二八カ国。但し利生塔の遺構は全く現存しない。また現存の安国寺のなかで、代表的建築物として飛騨安国寺経蔵（現岐阜県高山市国府町、国宝）、備後安国寺釈迦堂（現広島県福山市、重文）などが知られる。

**あんこく-しょう　安国鈔**　著者・成立年とも不詳。現存しないが、唐代長安の安国寺の利渉の著ともいう。永明延寿の万善同帰集に本書を引用して、浄土の二十四楽を挙げている。

**アンコール・ワット　Angkor Wat**　カンボジアの旧都アンコール・トム（現在のトンレ・サップ湖の北方七・五キロの地）の南約一・五キロの地にある大寺院。クメール Khmer 族の文化的遺産で、建築史上東洋にその比を見ないといわれる宏壮なもの。当時中国から真臘国と呼ばれていた王国のスールヤヴァルマン Sūryavarman 二世王によって一二世紀の前半に着工された。この寺院の性質については方位の問題とからんで種々に議論されているが、ヴィシュヌ神として神格化されたスールヤヴァルマン二世をまつる神殿として建てられ、王の没後はその廟となったと考えられる。その後仏教が流入し、上座部系の僧伽に属した時代もある。砂岩と紅土とを用いて造られており、廻廊にはラーマーヤナやマハーバーラタなどのインド叙事詩やヴィシュヌ神話などから取材した浮彫が施されている。徳川家光の使者島野兼了はここに参拝して、インドの祇園精舎と思い誤り、見取図を作って日本に持ち帰っている。〔参考〕明史・真臘伝二二

アンコール・ワット中央神殿

**あんしった-せん　頞悉多山**　頞悉多は(梵)アスタ asta の音写。日没の意。西方にあって太陽がそこに没すると信じられていた山の名。インドの大叙事詩マハーバーラタやラーマーヤナなどによればインドでは古くから太陽はこの山の中に没すると考えられていた。〔参考〕異部宗輪論述記

**あんしょう-じ　安祥寺**　京都市山科区御陵平林町。吉祥山と号し、高野山真言宗。同宗門跡寺院の一。俗に高野堂という。嘉祥元年848文徳天皇の生母五条后藤原順子の発願によって恵運《えうん》が開創し、唐から持ち帰った青竜寺の五大虚空蔵尊を安置した。

なお開創年代は、前記のほか仁寿元年851、同二年、同年中などの諸説がある。斉衡二年855定額寺《じょうがくじ》となり、貞観元年859年分度者《ねんぶんどしゃ》三人を置き、堂塔も整い、東西僧坊七百余宇をつらねたという。その後一時衰微したが、一二世紀に宗意が再興し、東密小野流の一派安祥寺流を興した。〔重文〕木造五智如来坐像　〔参考〕三代実録、類聚三代格、安祥寺伽藍縁起資財帳、山城名勝志一七、雍州府志五

**あんしょうの-ぜんじ　暗証の禅師**　または盲禅者、暗禅の比丘ともいう。禅定を修することのみに執着して教法の研究を怠り、智解に暗くして自ら思いあがっている者を嘲る語。智顗《ぎち》の摩訶止観などに見える。

**あんじん　安心**　①修道の体験や教法の領解によって、心を不動の境地に安住させること。またそれによって至り得た境地をいう。智顗《ぎち》の摩訶止観巻五上には「善巧安心とは善く止観を以て法性に安ずるなり」とある。②浄土教では、安心は往生に不可欠の要素とし、安心がさだまることを安心決定《あんじんけつじょう》という。〈⇩安心起行作業⇩教相門《きょうそうもん》〉　③蓮如は御文第二帖に安心を「やすきこゝろ」と読み、他力の信心の得やすいことをあらわす意とも解する。

**あんじん-きぎょう-さごう　安心起行作業**　浄土教で、往生をねがう人の心のもちよう、実践の仕方を総括的に示す語。善導の往生礼讃に見える。略して心行業ともいう。一般に、安心とは三心(三信)・一心などの信心、起行とは五念門・五正行《ごしょうぎょう》などの実践、特に往生を決定的にするはたらきとしての称名念仏、作業とは称名などの行を修するすがたとしての四修《ししゅ》のことをするが、各派でその解釈は一様でない。

**あんじん-けつじょう-しょう　安心決定鈔**　二巻。著者・成立年ともに不詳であるが、浄土宗西山派の人の著か。内容は他力の安心をあきらかにしたもので、機法一体、名体不二、仏体即行、生仏不二など特色のある説が見られる。蓮如がこれを珍重したことから、真宗において用いられた。㊅八三、真宗聖教全書三〔写本〕西本願寺蔵(蓮如写)ほか　〔註釈〕恵空・安心決定鈔追議一巻、鳳嶺・安心決定鈔記三巻

**あんじん-しょう　安心抄**　一巻。証空(1177―1247)の著。成立年不詳。浄土宗西山派の安心を述べた書。はじめに浄土宗で説く正助二業・三心四修・五念を略説し、次いで念仏往生について行者の心得を述べる。西山上人短篇鈔物集、浄土宗西山流秘要蔵三〔刊本〕文政五1822刊

**あんじん-りつめい　安心立命**　安身立命とも記し、心(身)を天命にまかせて安んずること。立命は孟子尽心に「殀寿《ようじゅ》弐《たが》はず、身を修めて以て之を俟《ま》つは命を立つる所以なり」とあるのがその典拠。故にもとは道を行った上でわが身を天命に任せ、他によって心の動かされないのをいい、本来は安身立命と書くが、後世禅宗で多く安心立命と転用している。

**あん-せいこう　安世高**　生没年不詳。後漢代の訳経家。安息国王の太子。安清(名は清、字は世高)、安侯と呼ばれる。王位を嗣がず、出家して阿毘曇・禅経に通じていた。後漢の建和年間147―49の初め、洛陽にきて、安般守意経など三四部四〇巻を訳し、建寧168―71の末、江州廬山に往き予章・広州を廻って、会稽で市の闘乱にあって死んだという。ただし、晋の太康280―89の末に桑垣に来て予章に移ったという説もある。なお、安息国は二二六年に滅亡した。〔参考〕出三蔵記集一三、高僧伝一

**あんぜんな　安膳那**　㊵アンジャナ añjana の音写。安繕那、安半那とも写す。眼薬の名。眼の縁を青黒く塗るためにも用いる。

**あんそく-こく　安息国**　中国がパルティア Parthia を呼んだ名称。現在のイランおよびその北方地方にあった王国。紀元前三世紀の中頃、遊牧民パルニ Parni 族の酋長アルサケス Arsaces が、ペルシア帝国のアケメネス Achaemenes 王朝より独立し(247B.C.頃)、その弟のティリダテス Tiridates 一世(248―11B.C.頃)がアルサケス Arsaces 王朝のパルティア Parthia 王国を建設した。東はインダス河、西はメソポタミア、北はカスピ海、南はペルシア湾に

およぶ広大な帝国となったが、二世紀ごろになるとローマ帝国の勢力におさえられ、二二六年にササン朝ペルシアの初祖アルダシール Ardashir のために亡ぼされた。西域記巻一一は、首都を蘇剌薩儻那（スラスターナ Surasthāna）とする。〔参考〕前漢書西域伝

**あんたく-じんしゅ-きょう　安宅神呪経**　一巻。訳者不詳。後漢時代の訳とされているが、おそらく後世のもので、翻訳された経ではなく偽経らしい。仏が家宅の守護神に警告し微妙の法を説いて居住者の怖畏を去らしめるという。㊅二一

**あんだつら-こく　案達羅国**　㊵アーンドラ Āndhra の音写。インドのデカン高原にあった強国。クリシュナー Kṛṣṇā 河とゴーダーヴァリー Godāvarī 河の間の地方。首都はヴェーンギープラ Veṅgīpura（今の Peddavegī 附近）。紀元前三世紀のシムカ Simuka 王以来三世紀初頭まで約四五〇年間続いた国。ドラヴィダ人の一種であるアーンドラ族の建国と考えられていたが、近年ではサータヴァーハナ Sātavāhana 王朝と呼んで、アーリア民族系のマーハーラーシュトリー Māhārāṣṭrī 族の国とする説も強い。当初は一小国にすぎなかったが、最盛期にはデカン高原全域からマールワー、サウラーシュトラ、ラージプターナまで支配をおよぼした。アショーカ王の治世時に摩訶提婆《まかだいば》（マハーデーヴァ Mahādeva）が伝道のために派遣された摩醯娑末陀羅《まけいしやまっだら》（マヒシャマンダラ Mahiṣamaṇḍala）国はこの地方であるといわれている。紀元前一世紀には仏教美術の頂点をなすサーンチーの塔門が完成し、一―二世紀にはアマラーヴァティーなどの仏塔の拡張や建設があった。また竜樹（ナーガールジュナ Nāgārjuna）の活躍したのもこの地である。〔参考〕西域記一〇

**あんだらしゃばら　安陀羅舎婆羅**　㊵アンドラシャヴァラ Andhraśavara の音写。インド・ベンガル湾の南東海上にあるニコバル Nicobar 群島。西域記巻一一には那羅稽羅洲（ナーリケーラ・ドヴィーパ Nārikela-dvīpa）とあるのがそれであろう。大智度論巻二五には裸国《らこく》、西域求法高僧伝巻下には裸人国と記されている。

**あんたらば-こく　安呾羅婆国**　㊵アンタラヴァ Antarava の音写。アフガニスタン北東部のヒンドゥークシュ山脈中にあった国。現在のアンダラーブ Andarāb 地方。西域記巻一二は安呾邏縛国、慈恩伝巻五は安呾羅縛婆国と記す。七世紀には覩貨羅《とから》（トゥカーラ Tukhāra）の故地として知られ、大衆部の一つの根拠地であった。

**あんちょう　安澄**　（天平宝字七763―弘仁五814）三論宗の僧。丹波国船井郡の人。俗姓は身人《むとべ》氏。奈良大安寺の善議について三論を学び、兼ねて密教を学んだ。のち大安寺に住する。西大寺の泰演との空有の論争が、とくに名高い。著書、中論疏記八巻。〔参考〕元亨釈書二、三国仏法伝通縁起、本朝高僧伝五

**あんちり　暗地裏**　ひそかに。地は助字で然の字と同義。暗々裏というのに同じ。

**あんちん-ほう　安鎮法**　朝廷で国家の鎮護を祈り（安鎮国家法、国鎮）、あるいは民間で家屋を新築する際に安穏を祈る（鎮宅法、家鎮）ための修法。不動鎮宅・葉衣鎮宅・八字文殊鎮宅の三種の法があるが、普通には不動明王を本尊とする不動鎮宅法を修する。なお台密には御所造営のときに行う秘法があり、大安鎮法という。安鎮法に用いる曼荼羅には、前記三種の法に応じてその曼荼羅にも不動・葉衣観音・八字文殊の三種がある。不動鎮宅曼荼羅は、二臂黄色の不動明王を中心に、青色四臂の不動明王と八方の天神をえがいている。遺品は少なく、山口県下関市の国分寺蔵の一幅（重文）が有名。⇩四箇秘法《しかひほう》②

**アンデルセン　Andersen, Dines**　（1861―1940）デンマーク人のパーリ語学者。ファウスベル V. Fausbøll の後継者としてコペンハーゲン大学教授となった。スミス H. Smith と共にスッタニパータ Suttanipāta を校訂出版し（1913）、また有名な Pāli reader with notes and glossary（パーリ語読本 1901）を著わした。

**あんてん　行纏**　脚絆《きゃはん》（脛巾《はばき》）のこと。また行縢《こうとう》ともいう。

**あんとう　案頭**　禅宗の寺院で衆僧が各自に経論を読書する机の周辺のこと。

**あんね　安慧**　①（510―70と推定）(梵)スティラマティ Sthiramati の訳。悉耻羅末底《しっちらまってい》と音写する。唯識派の論師。南インドの伐臘毗《ばつろうび》国の人。徳慧《とくえ》の弟子で、唯識十大論師の一に数える。無相唯識派に属し、自証分一分説を立てたという。見・相・自証分の三分説を立てた有相唯識派の護法や中観派の清弁《しょうべん》と同時代である。現存する著作に唯識三十頌釈論（梵・蔵）、大乗荘厳経論釈疏（蔵）、中辺分別論釈疏（梵・蔵）、大乗阿毘達磨雑集論（漢）、大乗広五蘊論（蔵・漢）、大乗中観釈論（漢）、大宝積経論（蔵）、倶舎論実義疏（蔵、なお漢訳断片がある）などがある。②（延暦一三794―貞観一〇868）「あんえ」とも読む。天台宗の僧。河内の人。姓は大狛《おおこま》氏。下野国小野寺の広智について出家し、ついで最澄・円仁に師事した。承和一一年844出羽国講師となり、また十禅師に選ばれ、貞観六年円仁についで天台座主となった。著書、顕法華義鈔一〇巻、即身成仏義一巻など。〔参考〕三代実録一五、天台座主記、元亨釈書二、本朝高僧伝六

**あんねん　安然**　（承和八841―寛平元889或いは昌泰元898?）天台宗の学僧。台密の大成者。五大院先徳、阿覚大師、秘密大師などともいう。最澄の血縁にあたる。円仁・遍昭に学び、元慶八年884に三部都法伝法大阿闍梨になった。晩年の事跡および没年については諸説がある。顕教・密教・悉曇《しったん》に関する著書百余部があり、五時五教・四十一門などの説によって台密の教判を大成した。著書、悉曇蔵八巻、真言教時義四巻、八家秘録二巻、胎蔵界対受記七巻、金剛界対受記八巻、蘇悉地対受記二巻など。〔参考〕元亨釈書四

**あんばらばり　菴婆羅婆利**　(梵)アームラパーリー Āmrapālī (巴)アンバパーリー Ambapālī の音写。菴没羅女、庵摩羅女、菴羅婆利、菴婆女、菴樹女などとも音写し、㮈女《なにょ》と訳す。毗舎離（ヴェーサーリー Vesālī）の人で菴婆羅樹（マンゴー樹）の枝から生まれたという伝説、あるいはマンゴー樹の林に捨てられ林の番人に拾われて育てられたという伝説などがあり、名医耆婆《ぎば》（ジーヴァカ Jīvaka）の母とする所伝もある。聡明艶麗で婬女の評判が高かったが、仏陀に帰依し、所有していたマンゴー樹園を寄進した。〔参考〕㮈女祇域因縁経、奈女耆婆経、出曜経三、四分律三九・四〇

**あんぷく-じ　安福寺**　①大阪府柏原市玉手町。玉手山と号し、浄土宗。行基の古跡と伝え、のち親鸞門人の多田光雲が寺を興し、ついで国守安福八郎左衛門宗正が再興したという。文明八年1476寺基を美濃に移し、旧址に一宇を遺したが、元亀1570―73の頃に廃絶。寛文一〇年1670浄土宗の珂憶が復興して現在に至る。〔重文〕山水蒔絵硯箱、菩提樹時絵香筥、牡丹蒔絵硯箱　〔参考〕河内名所図会三、大谷遺跡録四　②岐阜県養老郡養老町。真宗大谷派。河内の安福寺を移したもの。大谷遺跡録の著者先啓了雅はその一四世。〔参考〕大谷遺跡録四

**あん-ほうきん　安法欽**　生没年不詳。西晋代の訳経家。安息国の人。太康年間280―90洛陽に来て、道神足無極変化経四巻、阿育王伝七巻など五部一六巻を訳したという。〔参考〕歴代三宝紀六

**あん-ほうけん　安法賢**　生没年不詳。三国魏代の訳経家。西域（おそらくは安息国）の人。羅摩伽経三巻、大般涅槃経一巻を訳したという。〔参考〕歴代三宝紀五

**あんみょう　安名**　新たに戒法を受けて出家得度する者に法名をつけること。得度式の時に単に口授することもあり、また書いて授けることもある。

**あんもら-おん　菴没羅園**　(巴)アンバパーリー・ヴァナ Ambapālī-vana (梵)アームラパーリー・ヴァナ Āmrapālī-vana の音訳。菴婆羅婆利《あんばらばり》（アンバパーリー Ambapālī）が仏陀に献納した菴没羅果樹（マンゴー樹）の園林。吠舎離《べいしゃり》（ヴェーサーリー Vesālī）国にあった。〔参考〕長阿含経二、仏所行讃四、四分律四〇、大智度論七、西域記七

**あんもら-じゅ　菴没羅樹**　菴没羅は(梵)アームラ āmra の音写。菴摩羅《あんまら》、菴羅《あんら》とも音写する。植物の名。通常、檬果樹（マンゴー mango）と称せられ、ウルシ科に属する常緑の植物で、インド各地に産する。

その実は美味である。また阿摩勒樹《あまろくじゅ》(梵アーマラカ āmalaka)と混同されることがある。

**あんよう-いん　安養院**　神奈川県鎌倉市大町。浄土宗。「あんにょういん」とも読む。嘉禄元年1225北条政子が源頼朝の追善のため願行を開山として建てたと伝える。のち政子の遺骨を埋葬し、その院号をもって寺号とした。正慶二年1333に笠目ケ谷より善導寺跡である現地に移り、名越流の本山となる。境内の観音堂は、江戸時代に本尊千手観音とともに比企谷田代から移建され田代観音といい、坂東三十三カ所霊場第三番札所として栄える。〔重文〕石造宝篋印塔　〔参考〕日吉神社並叡山行幸記、新編相模国風土記稿三七

**あんよう-じ　安養寺**　「あんにょうじ」とも読む。①京都市東山区八坂鳥居前東入円山町。円山と号し、時宗。最澄の開創と伝える。建久年間1190—99慈円が中興してから青蓮院に属した。永徳年間1381—84国阿随心が住し、霊山正法寺に属して時宗となった。〔重文〕慈鎮和尚宝塔　〔参考〕法然上人行状絵図六、雍州府志六　②京都市中京区新京極通蛸薬師下ル東側町。八葉山と号し、浄土宗西山禅林寺派。俗に倒蓮華寺《さかれんげじ》ともいう。もと大和国当麻郷にあり、華台院と号し源信を開基とする。現寺号は源信の妹(あるいは姉とも)安養尼にちなむという。天永年間1110—13隆暹《りゅうせん》が京都に移し、その後、証入の弟子証仏が中興して西山派東山流の念仏義を弘めた。〔参考〕雍州府志四　③京都市上京区小川通一条下ル小川町。浄土真宗本願寺派。文永一〇年1273親鸞の弟子専阿弥陀仏の開基と伝え、西武者小路常盤井辻子にあったが、のち現地に移る。

**あんよう-しょう　安養抄**　①八巻。良慶の編(平安末期)。安養浄土に関する経典章疏から問題点を拾い、その要文を抄出したもの。問答体で書かれ、引用は浄土三部経・往生論・論註から往生要集・往生拾因にわたる。(大)八四　②一〇巻。源隆国の編(平安末期か)。経・論・釈二百余巻の中から安楽浄土に関する要文を抄出したもので、大文七門(厭穢・欣浄・修因・感果・依報・正法・断簡)、細門七〇科から成る。③三巻。釈論安養鈔ともいう。印融(1435—1519)の著。釈摩訶衍論の第一〇巻に説かれた浄土思想について、一六の問答をたてて論じる。〔刊本〕明暦二1656刊

**あんよう-に　安養尼**　「あんにょうに」とも読む。生没年不詳。天台宗の尼僧。大和国葛木郡の人。願証尼(また願西尼)ともいう。源信の姉または妹という。仏道に帰して嫁せず、早く出家して専ら念仏したが、その才学道心は源信を越えると称された。安養尼というのは、その住した大和国吉野郡安養山にちなむという。〔参考〕本朝法華験記、続本朝往生伝、左経記、今昔物語集三〇、元亨釈書一八

**あんらく　安楽**　⇩遵西《じゅんさい》

**あんらく-ぎょう　安楽行**　悪世に法華経を弘めようとする菩薩《ぼさつ》が、自身のためにも他人に教えるためにも、心がけるべき身心の上の行法をいう。法華経安楽行品に見える。これには、(1)身(2)口《く》(3)意の三業についての過《あやまち》をはなれることと(4)衆生を導くための誓いをたてることとの四種があるから、合わせて四安楽行ともいう。この四種それぞれの命名は学者によって異なるが、慧思の法華経安楽行義には、法華経を学ぶには有相行(形にあらわれる行)と無相行(形にあらわれずただ心の上での行)があって、有相行は法華経を読誦する散心《さんじん》の行で、法華経普賢勧発品に説かれている行法、無相行は心のはたらきを止め定《じょう》の中に修する行で安楽行がそれであると説く。

**あんらくぎょう-いん　安楽行院**　京都市伏見区深草坊町に存した天台寺院であったが、明治二七年1894廃寺となる。現在、跡地は深草十二帝陵のなかで、かつて当院の一堂であった法華堂がある。なお、持明院殿の持仏堂であった安楽光院(跡地は現上京区新町通上立売上ル安楽小路)を深草に移したと伝えるが、確証はない。安楽行院の創建などは不詳であるが、明応九年1500にその名が見えるのが早く(明応凶事記)、深草法華堂の通称でよく知られていた。嘉元二年1304には後深草院がこの法華堂に葬送され、以後多くの天皇の分骨が納められた。元亀

三年1572頃以降衰退したらしく、寛文年間1661―73空心が再建したという。〔参考〕明応図事記、後奈良院御拾骨記、山州名跡志一二

**あんらくーじ　安楽寺**　①京都市左京区鹿ケ谷御所ノ段町。浄土宗西山禅林寺派に属したが、現在は単立寺院。山号は住蓮山。法然の弟子住蓮・安楽の遺跡。この二僧は、この地に庵室をいとなみ、別時念仏を修して盛んに都の士女を集めたために、建永二年1207の念仏停止令の時、ともに死罪に処せられ、その庵室も荒廃した。近世に至り念仏弘興の旧跡として寺が営まれた。〔参考〕法然上人行状絵図三三、山州名跡志四　②岐阜県各務原市小佐野町。浄土真宗本願寺派。河野九門徒《こうのくもんと》の一。〔参考〕大谷遺跡録四　③長野県上田市別所温泉。曹洞宗。崇福山護国院という。行基の開創と伝え、長楽・安楽・常楽の別所三楽寺の一。正応元年1288前後、北条貞時が、宋より帰朝した樵谷惟僊を中興開山に迎えてから禅院となった。のち兵火にあったのを、慶長年間1596―1615高山順京が再興。寺内の八角三重塔はその奇構をもって知られる。〔国宝〕八角三重塔　〔重文〕木造惟仙和尚坐像、同恵仁和尚坐像　〔参考〕扶桑五山記三

**あんらくじゅーいん　安楽寿院**　京都市伏見区竹田内畑町。真言宗智山派。成菩提院とも称する。はじめ鳥羽法皇の離宮であったが、保延三年1137藤原家成に勅して精舎を建立させたのに始まる。これが金堂で、同五年三重の塔(本御塔)を建て、久安四年1148法皇宸筆の法華経を石函に入れ寺鎮として塔の柱下に納めた。法皇が没したのち遺勅によってこの塔下に葬り、美福門院がその東南に新しく五重塔(新御塔)を建てさせた。なお長寛元年1163近衛天皇の遺骨を洛北知足院よりここに移した。〔重文〕石造五輪塔、絹本著色孔雀明王像、同普賢菩薩像、同阿弥陀二十五菩薩来迎図、木造阿弥陀如来坐像　〔参考〕安楽寿院記、元亨釈書一六

**あんらくーしゅう　安楽集**　二巻。唐の道綽(562―645)の著。成立年不詳。仏教を聖道門と浄土門とに分け、末法の時代の劣った機根のものは、ひとえに西方阿弥陀仏に帰依して安楽世界に往生すべきことを説く。主として観無量寿経に基づき、人々に阿弥陀仏を信じてその浄土に生まれることを願うよう勧めた書。一篇を一二大門に分け、三八の問題を設けて論じ、当時の他宗の説、特に念仏を別時意とする摂論宗の説や、往生浄土は有相の見であるとする三論宗の説などを論じて浄土教の立場を明らかにし、凡夫が報土に生まれうることや、称名念仏によって往生できることを力説している。わが国では浄土教で重んじ、真宗では七祖聖教の一とする。㊅四七、国一諸宗部五、浄全一、真宗聖教全書一〔註釈〕良忠・安楽集私記二巻、慧然・同講録六巻、宣明・同講義六巻、僧叡・同義疏二巻、僧鎔・同里鼓五巻など

**あんらくーりつ　安楽律**　宗派名。天台律宗とも称する。日本天台宗のうちで、法華開会《ほっけかいえ》の趣旨により、起居容儀は小乗の四分律に準じ、そのままが大乗菩薩の行儀であると主張する一派。本覚法門の影響で戒律を軽視する傾向があったのを批判して、小乗戒併修を主張。江戸時代中期に妙立・霊空らが主張したのに始まり、比叡山の安楽律院を本処とする。天台宗と四分律を合わせ学ぶから兼学派とも称し、最澄の純大乗戒のみを奉じる真流らの山家派との間に宝暦二年1752以後しばしば論争が交わされた。これを安楽騒動という。〔参考〕戒密綱要、霊空大和上行業記

**あんらくりつーいん　安楽律院**　滋賀県大津市坂本本町。比叡山横川の飯室谷にある。天台律の本寺。寛和元年985叡桓の開創。中古、叡山の念仏道場五房の一であった。元禄七年1694霊空が住し、いわゆる安楽律を唱えて以来、律院となった。霊空は師の妙立を奉じて同院の中興第一世とした。〔重文〕絹本著色弥陀三尊二十五菩薩来迎図、同千手観音像　〔参考〕元亨釈書四、円光大師行状画図翼賛一四

**あんり　行履**　躬行実践の意で、日常の起居動作をはじめ一切の行為進退をいう。

**あんりゅう　安立〔非安立〕**　言語に表象されて他のものとの区別が立てられること(施設)を安立といい、相対的なすべての差別を超えはなれ、言語を絶していることを非安立という(成唯識論述記巻九末)。また、

あるものを基礎として、その上になりたつこと(安置建立、成立)、まだ説かれてないことを説き、すでに説かれたことをさらに広説すること(開演)、言語を絶した理と言語にあらわされた教えとがかないあって、しかも言語にあらわされること(可建)などをも安立という。①真如《しんにょ》を、その本質の絶対超絶性の面から非安立諦(非安立真如)、それが相対的なものの中に現象して言語に表象された面から安立諦(安立真如)、の二とする。②成唯識論巻八には、七真如の一として安立真如を挙げ、苦諦〈⇩四諦《したい》〉の実性(本質)のこととする。

**あんりん　安廩**　(北魏の正始四507—陳の至徳元583)中国南北朝代の僧。梁代に北方の東魏へ行き、北朝の仏教学を南朝へ伝えた人。姓は秦氏。江陰利成県(江蘇省)の人。一二年間東魏にあって、嵩山少林寺慧光らにつき、十地経論・四分律・禅を学んだ。楊都へ帰ってからは、天安寺や耆闍寺で諸経を講じ、陳の文帝・宣帝の命により昭徳殿・華林園で説法したこともある。慧光の四宗説を承けて、六宗の教判によって仏教教説を体系づけた。〔参考〕続高僧伝七

## い

**い　意**　㊵マナス manas の訳で、末那《まな》と音写し、思量の義。思いめぐらす心のはたらきである。心の認識機能の依りどころとして挙げる場合は意根《いこん》といい、六根の一である。また意処《いしょ》とも意界ともいう。六識説では、心と意と識とは、もの自体としては同じで、ただ、名が異なるだけ(同体異名)であるとするが、八識説では、心を阿頼耶識《あらやしき》、意を末那識《まなしき》、識を意識及び眼などの五識に配当する。また「意の種類に属するもの」という意味で、意生《いしょう》という語が使われる。

**い-あんじん　異安心**　異とは正統の教権と異なること。信仰が異なるのを異安心、理解の仕方が異なるのを異解《いげ》、異計などという。邪義、異義、別解などとも通ずる。真宗では特に信を強調するので異安心についてきびしく、その主なものに一益法門《いちやくぼうもん》、知識帰命《ちしききみょう》、十劫秘事《じっこうひじ》などがある。

**いい　咦**　本来の音は「い」であるが慣例として「いい」と発音する。禅宗で笑うことをいう。また師家《けし》が学人に対する時や、導師が法を説く場合にいいあらわし難い極意を示すのにこの語を用いる。嘲笑の意味に用いることもある。

**いいだか-じ　飯高寺**　千葉県八日市場市飯高。日蓮宗。妙雲山と号し、飯高檀林《いいだかだんりん》、根本檀林ともいう。天正年間1573—92日統が下総の飯塚に飯塚檀林を設け、これを同僚の日生が継いだが、その地方に不受不施派が盛んになったので、日生は同地を去り、飯高城主平山刑部の外護を得て、現地に法輪寺を建て学場を開いた。天正一九年徳川家康から寺禄をうけ、飯高寺と改称して、檀林の公認を得、以後明治初年まで栄えた。〔参考〕本化別頭仏祖統紀一五・一九、下総国旧事考一三

**いえばら-でら　家原寺**　⇩えばらでら

**い-おう　医王**　仏・菩薩《ぼさつ》は有情の心の病をよく対治する名医であるとして、これを譬喩的に尊称して医王という。また特に諸仏のうち、除病の本願をもつ薬師如来を医王と称する場合もある。

**いおう-じ　医王寺**　①石川県江沼郡山中町薬師。国分山と号し、高野山真言宗。行基がこの地の温泉を発見し、衆生の病苦を救うために一宇を創建、自刻の薬師如来像を安置したのにはじまると伝える。その後、荒廃したが建久年間1190—99長谷部信連が堂宇を興した。〔重文〕陶製金剛童子立像〔参考〕江沼郡史　②佐賀県唐津市相知《おうち》町黒

岩。芙蓉山と号し、曹洞宗。永徳三年1383の創建。開基は当郡波多の土豪波多安房守源武で、開山は無著妙融。のち一時衰微したが、慶長年間1596—1615寺沢志摩守広高が再興した。

**いおう-に-むにん　易往而無人**　無量寿経巻下にある語で、阿弥陀仏の浄土へは往きやすいが、往く人は稀であるとの意。一般の解釈では、因となる行を修めれば往けるから易往であるが、修行をするものが稀であるから無人であるとするが、真宗では、往生はひとえに他力によるから易往であるけれども、自力の執着を捨てて、ひとすじに他力を信じるものが稀であるから無人であるという。また、易往、無人は共に阿弥陀仏の願力の不思議の徳をたたえたものであると解することもある。

**いおう-の-だいどう　易往の大道**　他力念仏の教えは、往きやすい大道であることをいう。自力で修行をするのを難行の険路《なんぎょうのけんろ》というのに対する（浄土文類聚鈔）。

**いおぬし　いほぬし**　一巻。増基の著。増基法師集ともいう。庵主（作者の自称）の熊野への旅行の記と遠江への旅の記とを合わせた平安時代の紀行日記。両者ともに多くの和歌を含む。群書一八

**いかるが-でら　斑鳩寺**　⇩斑鳩寺《はんきゅうじ》　⇩法隆寺《ほうりゅうじ》

**いぎ　威儀**　①規律にかなった起居動作。威厳のあるすがた、態度。身には総じて行住坐臥の四威儀がある。②比丘《びく》、沙弥《しゃみ》などの出家および在家の者の戒律に対する別名。比丘、比丘尼にはたもつべき数多くの作法があるところから、「三千の威儀、八万の細行」などといわれる。③袈裟《けさ》につけた平絎《ひらぐけ》の紐、着用する際に肩に掛けるもの。

**いぎ-しゅう　異義集**　一六巻。了祥（1788—1842）の編。成立年不詳。真宗教団に流布していた書物のうち、正統の教義にそむくと思われるものを集録したもの。編者は真宗仮名聖教に未収の書を一〇〇部余り集めて、本文を掲げ批評を加えている。なおこれを抜粋した五巻本、一巻本もある。真全五八、真系三六

**いぎなん　維祇難**　（梵）ヴィグナ Vighna の音写。障礙と訳す。インド出身の訳経家。事火外道を信奉していたが、仏教に帰依し四阿含にくわしかった。呉の黄武三年224竺律炎とともに中国の武昌に来て、法句経・阿差末菩薩経を訳出した。〔参考〕高僧伝一、歴代三宝紀五

**いきょう　違境〔順境〕**　自己の心に反して不快の感覚を与え苦痛を起こさせるような対象を違境といい、これと反対に自己の心に随順して快い感覚を与える対象を順境という。

**いぎょう　易行**　⇩難行《なんぎょう》

**いぎょう　意楽**　（梵）アーシャヤ āśaya の訳。阿世耶《あせや》と音写する。休息処、住処、思意、意向などの意味があるが、意楽、意欲、志願と漢訳される場合は、何事かをなそうとするおもいの意。

**いぎょう-ほん　易行品**　⇩十住毘婆沙論《じゅうじゅうびばしゃろん》

**いくう　以空**　（寛永一三1636—享保四1719）真言宗の僧。京都山崎観音寺の開基。世に応頂山大木食闍梨と称する。江戸の人。俗姓は土岐《とき》氏。幼少時に儒教を学び、一六歳で摂津大仙寺の湛目に参禅。万治二年1659高野山に登って出家剃髪。のち摂津勝尾寺に住し、三一歳以後は五穀を断つ。寛文二年1662後水尾法皇の詔により光明真言を講じる。延宝八年1680将軍徳川家綱の病を加持して効験を得る。尾張徳川家の帰信を受け、山城の山崎に朱印地を賜り、千手観音を祀った観音寺を開く。大僧正に補任。書画に巧みなほか、悉曇学にも精通していた。著書、寃誓伝、玉鏡、悉曇初心大用鈔、悉曇十八章初心建立鈔など。

**いくが-ちょうじゃ　郁伽長者**　（梵）ウグラ Ugra （巴）ウッガ Ugga の音写。威徳と訳す。毘舎離《びしゃり》城の長者。毘舎離の大林で淫楽にふけっている時、仏陀にまみえて帰依し、在俗の信者として梵行を修した。〔参考〕郁伽長者経（中阿含経九）、大宝積経八二、郁伽長者会

**イクシュヴァーク-おう　Iksvāku王**　⇩甘蔗王《かんしょおう》

**いけはら-がじゅ　池原雅寿**　（嘉永三1850—大正一三1924）真宗大谷派の僧。号

は香揚院。越中魚津の長円寺に生まれ、高倉学寮で義天に学ぶ。真宗大学寮教授・真宗大谷大学教授をへて、明治四〇年1907大谷派講師に進んだ。著書、往生論註講録など。〔参考〕大谷派学事史(続真系二〇)

**いげん　惟儼**　(天宝一〇751―太和八834)唐代中期の禅僧。絳県《こうけん》(山西省新絳県)の人。姓は韓《かん》(寒とも書く)氏。薬山と称し、弘道大師と諡する。馬祖道一に参じ、石頭希遷の法を嗣ぎ、澧州《れいしゅう》(湖南省澧県)の薬山に住した。儒者李翺《りこう》と交わる。年寿に異説があり、唐伸の碑銘(全唐文五三六)は疑わしい。〔参考〕祖堂集四、宋高僧伝一七、景徳伝灯録一四

**いこ　意許**　因明《いんみょう》(論理学)における術語。ある主張を意中に許しておき、言語にあらわさないこと。言陳《ごんじん》に対する言葉。

**いご　伊吾**　伊吾盧ともいう。天山山脈の最東部南麓、現在の中国新疆省東部にあるオアシス。中国より西域に通じる交通の要衝。唐代には伊州、元代以後は哈密《はみ》といわれる。チベット訳は yus-gur-gyi yul (yus-gur=yu-gur, yu-ge-ra)。〔参考〕後漢書西域伝、慈恩伝一

**いこま-さん　生駒山**　⇩宝山寺《ほうざんじ》

**い-さん　潙山**　①中国湖南省長沙府寧郷県にある山。潙仰宗《いぎょうしゅう》の祖霊祐がこの地に住んでいたので霊祐を潙山と通称する。②⇩霊祐《れいゆう》

**いさん-ごっしき　潙山業識**　禅宗の公案の一。潙山霊祐と仰山慧寂《ぎょうざんえじゃく》とが、「衆生は業識茫茫たるのみで、本より拠りどころがない」ということについて交わした問答で、業識がもともと無所得であることを直接体験すべきだという意。〔原文〕従容録三七則、仰山語録、景徳伝灯録一一

**いさん-こべい　潙山挙米**　禅宗の公案の一。石霜慶諸《せきそうけいしょ》と潙山霊祐とが、米をふるいにかける時に落とした一粒の米を縁として交わした問答で、一と多、もしくは個と全とが相即不離であることを教えたもの。〔原文〕潙山語録、景徳伝灯録一五、宗門葛藤集下

**いさん-てきさ　潙山摘茶**　禅宗の公案の一。潙山霊祐と仰山慧寂《ぎょうざんえじゃく》とが、茶を摘みながら相手の姿が見えないのを縁として交わした問答で、眼に見えるものと見えないものとの根源的な関係を教えたもの。〔原文〕潙山語録、景徳伝灯録九、請益録二七則

**いじ　意地**　意識または意根のこと。これらは個体の中心であり、すべてのものを生起させるから、意地という。

**いしい-きょうどう　石井教道**　(明治一九1886―昭和三七1962)仏教学者。号は暢蓮社宣誉演阿。鴨水とも称した。現愛知県一宮市大田島大毛に生まれる。明治二八年京都永養寺俊竜の弟子となり、宗教大学研究科卒業。大正五年1916比叡山大学に奉職、同九年仏教専門学校教授。この間、密教、唯識学を学び島地大等から天台学を修めた。大正一五年1926大正大学教授に就任、昭和二六年文学博士。特に法然教学の思想史的研究を志し、昭和新修法然上人全集を刊行したことは有名。選択集研究の権威といわれる。著書、浄土の教義と其教団、法然上人の日本的宗教、選択集の研究註疏・総論編、華厳教学成立史など。

**いしか　伊師迦**　㊵イシーカー iṣīkā の音写。虎医、葦、繭と訳す。アシ科に属する草の名。外面は柔かく見えるが、内部は堅くて容易に枯れないので、永久に衰変しないことを表わす譬喩に用いる。

**いしか-せん　伊師迦山**　㊵イシーカー Isīkā の音写。繭、葦と訳す。インド中部の摩掲陀《まがだ》(マガダ Magadha)国王舎城(ラージャグリハ Rājagṛha)付近にある山。〔参考〕玄応音義

**いしかわ-しゅんたい　石川舜台**　(天保一三1842―昭和六1931)宗政家。真宗大谷派の僧。加賀金沢の人。同永順寺に生まれ、後現富山県小矢部市石動町の道林寺、同寺金沢支坊に住した。文久二年1862高倉学寮に学び、明治二年1869自坊に慎憲塾を開く。同五年大谷派本願寺法嗣大谷光瑩らと欧州の宗教事情を視察。翌年帰朝し大谷派宗政を担当、学制や教団機構を改め、中国・朝鮮などへ真宗教義を宣布。一時失脚し、同三〇年首席参務として再度宗政を担当、教団財政の運営、真宗大学の東京移転、中国・朝鮮・台湾の開教整備をはかり、ま

た政府の宗教法案を否決させ、巣鴨監獄教誨師事件を契機に、キリスト教に対抗して仏教の宣布に努めた。著書、真宗安心之根本義、仏教社会観序説など。

**いしかわ-そどう　石川素童**　（天保一二1841―大正九1920）曹洞宗の僧。号は牧牛。尾張春日井郡の人。名古屋泰増寺海雲について出家。大寧寺（現山口県）の分応・全久寺（現長野県）の棟門に参じ、泰増寺などに住した。曹洞宗大学林学監となる。明治三八年1905総持寺貫首に就任し、総持寺を石川県から神奈川県鶴見へ移した。宗政・教学の振興をはかり、台湾・朝鮮に布教した。著書、現代と修養。

**いしかわの-しょうじゃ　石川精舎**　敏達天皇一三年584蘇我馬子が石川の宅に造った仏殿をいい、わが国における仏寺建立の最初とされる。その跡地は、現奈良県橿原市の本明寺とする説や大阪府富田林市の竜泉寺とする説などがあり、定かでない。〔参考〕日本書紀二〇

**い-しき　意識**　梵マノー・ヴィジュニャーナ mano-vijñāna の訳。六識（眼識・耳識・鼻識・舌識・身識・意識）の一。第六識ともいう。意根をよりどころとして法境を認識、推理、追想するこころであるが、実は過去、未来、現在の三世の一切法に対してはたらくから、広縁《こうえん》の識という。唯識派ではこの識について四種に分類する（四種意識）。即ち(1)明了《みょうりょう》の意識。前五識を伴って起こり対象物を明らかに判断させるもの。(2)定中《じょうちゅう》の意識。すべての差別動乱より離れた定心《じょうしん》と相応するもの。(3)独散《どくさん》の意識。定中の意識ではなく（即ち散で）、しかも前五識を伴わないで起こる（即ち独なる）もの。(4)夢中の意識。これも独散ではあるが、目覚めている時と区別して別に立てる。以上四種のうち、はじめの(1)は前五識を伴って起こるという意味で五倶《ごぐ》の意識と呼ばれ、後の(2)(3)(4)は前五識を伴わないで起こるという意味で独頭《どくず》の意識と呼ばれる。従って後の三はそれぞれ定中独頭の意識・散位独頭の意識・夢中独頭の意識とも呼ばれる。なおこの意識は現象界の種々の事物を認識する作用があるから、分別事識とも名づけられる。また前六識を分別事識ということもある。

**いして-じ　石手寺**　愛媛県松山市石手。熊野山虚空蔵院と号し、真言宗豊山派。四国八十八ヵ所第五一番札所。神亀五年728伊予国司越智玉純の創建と伝え、もと安養寺と称し、法相宗に属した。寛平三年891現寺号に改め真言宗に転じたと伝える。永久二年1114鳥羽天皇の勅願所となった。〔国宝〕二王門〔重文〕本堂、塔婆（三重塔）、鐘楼、石造五輪塔、訶梨帝母天堂、護摩堂、銅鐘〔参考〕日本名勝地誌八

**いじてん　以字点**　経の題籖《だいせん》や護符《ごふ》の上隅につける∴形をいう。悉曇《しったん》の伊の変形という説、以字という説、水字あるいは四天王を表わすという説などあるが、起原は明らかでない。

**いしどう-じ　石塔寺**　滋賀県蒲生郡蒲生町石塔。阿育王山正寿院と号し、天台宗。初め願成就寺と称し、聖徳太子の建立と伝える。寂昭が入宋して阿育王造立八万四千の仏舎利塔の一が当地にあることを報じたので、寛弘三年1006一条天皇がその塔を探らせたところ、土中より三重石塔が出たので傍に新たに寺を建立して石塔寺と号したという。この三重石塔は奈良前期の作で、現存石塔としてはわが国最古の遺品である。高さ七・五メートル、花崗岩製。韓国忠清南道扶余郡岩面長蝦里のものと様式がよく以ており、おそらく天智天皇八年669に蒲生郡に移住させられた百済人たちの造立であろうとされている。寺はのち衰退したが、寛永年間1624―44行賢が再興した。〔重文〕塔婆（三重石塔）、宝塔、五輪塔〔参考〕近江国輿地志略六三、近江蒲生郡志七

**いじとん　異次頓**　生没年不詳。新羅法興王（514―40在位）時の殉教者。姓は朴氏。一名、居次頓・厭触ともいう。祖父は阿珍宗。習宝葛文王の息子。阿道が新羅に初めて仏教を伝えようとした時、諸々の臣下が反対したが、そのなかで異次頓がただひとり仏教の奉行を主張し、結局彼の殉教によって新羅に仏教が公認された。〔参考〕三国史記四、三国遺事三

**いじ-の-さんてん　伊字の三点**　悉曇

の伊字𑖂は三点より成り、三点が縦列でも横列でもないのをいう。摩醯首羅《まけいしゅら》(梵)マヘーシュヴァラ Maheśvara)即ち大自在天は面上に三目があるが、この天主の三目も鼎立してその形状が伊字の三点のようである。故に南本涅槃経巻二哀歎品では、これらを、涅槃の内容たる法身・般若・解脱の三徳が相即不離の関係にあるの譬えとしている。なお、灌頂の涅槃経疏巻六には伊に新旧両字があるとし、別教教理の隔歴不融は旧伊のごとく、円教融即の理は新伊のごとくであると説明し、また法華玄義巻五下などにはこれを三徳・三菩提・三仏性・三観などの諸種の三法に配当し円伊または真伊といっている。

**いしやくしーじ　石薬師寺**　三重県鈴鹿市石薬師町。高富山と号し、真言宗東寺派。旧称は西福寺。弘仁年間810―24空海が自然石に薬師如来像を刻出して開眼供養し、嵯峨天皇の勅願所となったと伝える。本尊石造薬師如来は薄肉彫で、平安後期の作。境内には蒲冠者源範頼を祀るという塚(御曹子社)、鞭桜(石薬師の蒲桜)がある。

**いしゃなーてん　伊舎那天**　伊舎那は(梵)イーシャーナ Īśāna の音写。支配者、主という意。リグ・ヴェーダではルドラ Rudra 神の別名として用いられるが、のちにシヴァ Śiva 神の異名の一つとなる。仏教では十二天の第五で魔衆の主として魔軍を統率する。大自在天の異名とされ、またその化身であるともされる。〔参考〕十二天供儀軌

伊舎那天（御室版胎蔵曼荼羅）

**いしやまーしちしゅう　石山七集**　両部曼荼羅七集ともいう。五巻。淳祐《じゅんゆう》(890―953)の著。成立年不詳。胎蔵界七集三巻と金剛界七集二巻からなる。金胎両部曼荼羅の諸尊について、それぞれ梵号・密号・種子・三昧耶形・印相・真言・形像の七種を記録している。淳祐が近江石山寺に住したので石山七集と呼び、類書としては最古のもの。㊅図像部一、仏全四四

**いしやまーでら　石山寺**　滋賀県大津市石山寺。東寺真言宗。石光山と号する。西国三十三カ所第一三番札所。天平勝宝749―57のはじめ、良弁《ろうべん》が東大寺大仏鋳造の黄金を得ようとして、金峯山金剛蔵王の夢告により、この地に如意輪観音を祀ったところ、間もなく陸奥国から黄金が献じられたので、その報賽に庵を改めて寺とし、勅願所とされたと伝えるが、正倉院文書によれば、天平宝字五年761以前にすでに堂舎があり、この年から翌年にかけて修築整備されたことが知られるので、東大寺建立の初期から関係があったようである。延長六年928宇多法皇が行幸して以来、歴代の行幸啓があり、朝野の尊崇をあつめた。承暦二年1078焼失したが、建久年間1190―99源頼朝が再興し、その後さらに寺域を拡げた。室町末

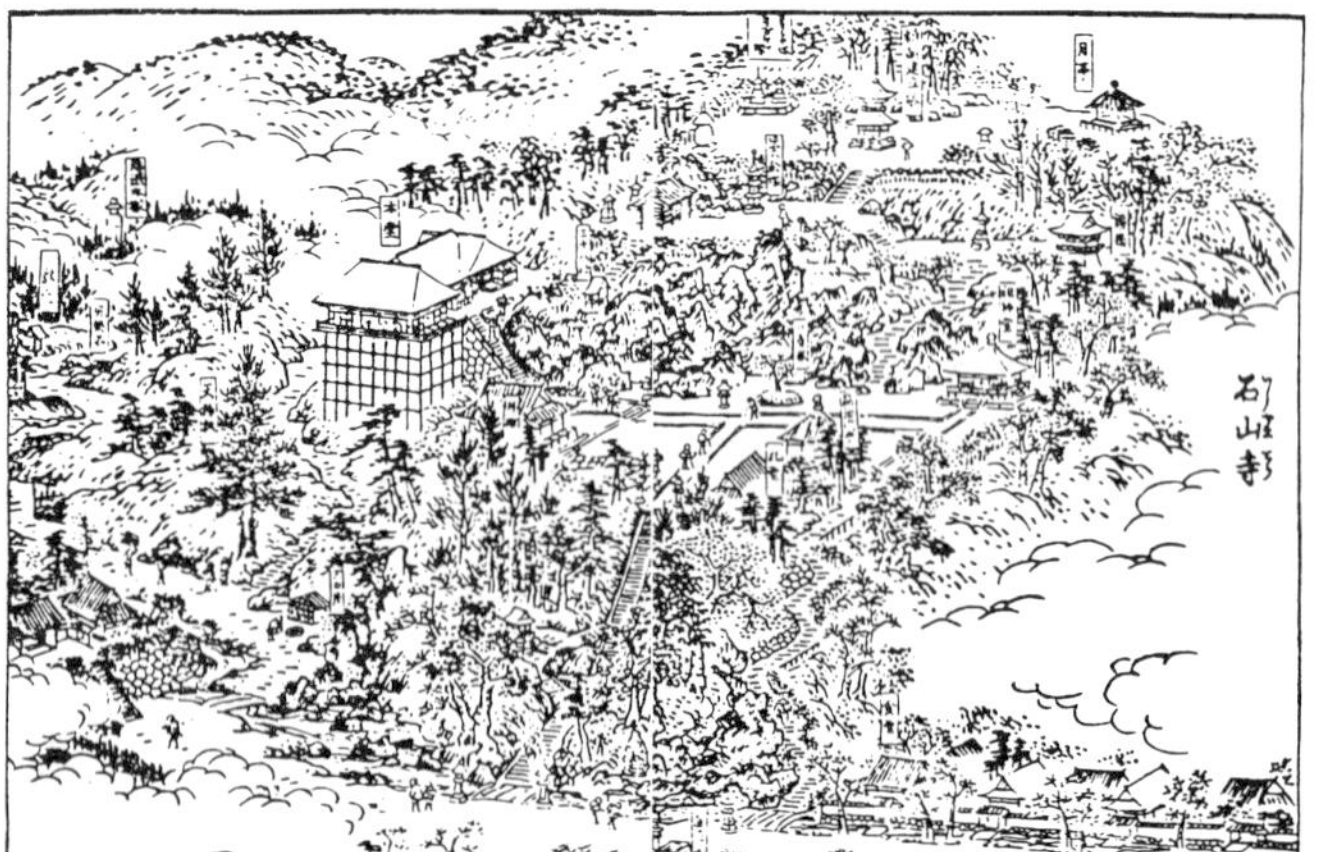

石山寺（近江名所図会）

期には寺領の大半を失ったが、天正年間1573—92淀君が寺領を寄進し堂塔を修築した。石山寺の秋月は、近江八景の一に数えられる。〔国宝〕本堂、多宝塔、延暦交替式ほか〔重文〕東大門、鐘楼、絹本著色仏涅槃図、紙本著色石山寺縁起、木造如意輪観音半跏像ほか〔参考〕東大寺要録、石山寺縁起

**いしやまでら-えんぎ　石山寺縁起**　七巻。絵巻。滋賀県大津市石山寺蔵。重要文化財。良弁《ろうべん》が如意輪観音を本尊として石山寺を創建する由来から、文保二年1318後醍醐天皇が当寺に荘園を寄進するにいたるところまで、当寺の由来と本尊の霊験を描いたもの。観音三十三応化身に擬えて三三段からなる。全巻一筆でなく、一—三巻は鎌倉時代の作で、絵を高階隆兼《たかしなたかかね》が、詞を石山寺杲守僧正が書いたとみられ、最もすぐれた大和絵の典型を示す。四—五巻は室町時代の作で、うち四巻は絵を土佐光信、詞を三条西実隆が、五巻は絵を粟田口隆光、詞を冷泉為重が書いたという。六—七巻は江戸時代の作で、寺にあった飛鳥井雅章の詞をもとに、文化二年1805松平定信の命をうけて谷文晁が描いた。続群二八上、仏全一一七〔複製〕日本絵巻物集成一九・二一、新修日本絵巻物全集二二、日本絵巻大成一八

**いしやま-ほんがんじ　石山本願寺**　跡地は今の大阪城本丸から法円坂付近という。大坂本願寺とも呼ばれた。明応五年1496蓮如が摂津大坂（俗に石山という）に隠居所として一宇を建てたのに始まる。天文元年1532六角定頼や日蓮宗徒らによって京都山科の本願寺が破却されたため、証如が祖像を奉じて寺基を移してから急に栄え、方八町の寺内町を形成した。顕如のとき織田信長の攻撃を受け、いわゆる石山合戦が起こったが、天正八年1580勅命によって和睦し、本願寺は紀州の鷺森に移った〈⇩本願寺《ほんがんじ》〉。〔参考〕蓮如・御文、反故裏、石山本願寺日記、本願寺史

**いしやま-ほんがんじ-にっき　石山本願寺日記**　二巻。上松寅三の編纂校訂（昭和五1930刊）。真宗本願寺が大坂石山、紀伊鷺森、和泉貝塚などにあったときの日記・記録・書簡の控えなどを集めたもの。うち上巻は天文日記を収録し、本願寺系図・下間家系図の抄本を付す。下巻は本願寺一〇世証如が公家などに遣わした書簡案を綴った証如上人書札案、蓮如の子実従の日記である私心記、顕如の右筆宇野主水の鷺森日記・貝塚御座所日記・貝塚御座所文案を収める。下巻は石山退出後の本願寺を知る貴重な史料。なお本書は昭和四三年索引を付して復刻された。⇩天文日記《てんもんにっき》　⇩私心記《ししんき》

**いしゅ　意趣**　意の趣向、即ち言おうとする意向のこと。仏の説法には平等・別時・別義・補特伽羅《ふとがら》の四種の意趣があり、これを四意趣または四意という。(1)平等意趣は平等意ともいわれ、差別の見解を除くために平等の立場に立って説法することで、例えば、釈迦仏は昔日の毘婆尸仏《びばしぶつ》ではないが、諸仏の証った真理は平等であるから、「われは毘婆尸仏なり」と説くようなことをいう。(2)別時意趣は別時意ともいわれ、懈怠のさわりを除くために、即時に利益がえられないで後になって別時に利益がえられる場合に、即時に利益がえられるかのように説くことで、例えば阿弥陀仏の名を称すれば極楽に往生すると説くようなことをいう。これに二種がある。一行《いちぎょう》別時意と唯願《ゆいがん》別時意とである。前者は、万行《まんぎょう》を具えなくては成仏《じょうぶつ》できないのに、例えば念仏の一行だけで成仏できると説くようなもので、成仏別時意ともいう。後者は、願と行《ぎょう》とを具えなくては往生できないのに、発願《ほつがん》だけで往生ができると説くようなもので、詳しくは唯願無行《ゆいがんむぎょう》の別時意、また往生別時意ともいう。ともに方便誘引の説法であって、万行を具えての成仏、願行具足しての往生は、実は遠い未来に期せられるわけである。(3)別義意趣は別義意ともいわれ、教えを軽んずるところのさわりを除くために、説法の言葉とは別の意義を意趣すること。例えば、過去世において無数の諸仏に事《つか》えたことから、いま大乗の教えを了解することができたと説くようなことをいい、「了解」という語によって実は「証悟」を意趣しているのである。(4)補特伽羅意趣は衆生意楽《しゅじょういぎょう》意趣とも衆生楽欲

意《しゅじょうぎょうよくい》ともいわれる。補特伽羅《ふとがら》(梵)プドガラ pudgala)は人、衆生の意であり、低級な満足を打ち破るために、衆生の性格や志向にそうように説法すること。例えば慳貪な者のためには布施を賞め、布施の行為に執われている者のためには布施をそしるようなことをいう(梁訳摂大乗論巻中など)。また別の意趣、即ち特別に存在する真意という意味で別意という語もある。

**イーシュヴァラクリシュナ　Īśvarakṛṣṇa**　(四世紀頃)自在黒とも呼ぶ。インド六派哲学の一つサーンキヤ Sāṃkhya(数論《すろん》)学派の論師。現存する同派最古の論書サーンキヤ・カーリカー Sāṃkhya-kārikā の著者。

**いしゅう-けつぎ-へん　異執決疑篇**　三巻(うち下巻は欠)。恵空の著(元禄八 1695)。浄土真宗に対する他宗派からの謗難と宗内における謬解を破るために、それら異執の主張をかかげ、その非理の点をついて疑難を評決する。真全五六

**いじゅく　異熟**　①(梵)ヴィパーカ vipāka の訳で、果報とも訳し、毘播迦《びはか》と音写する。善または悪の業因によって、これと性質を異にする無記(非善非悪)の結果をうみ出すこと。またその結果のこと。そのような無記を異熟無記という。②異熟の果を招くべき善、不善の有漏法《うろほう》を異熟因と呼び、能作《のうさ》・倶有《くう》・同類・相応・遍行《へんぎょう》の諸因とともに六因の一に数える。その異熟因より生じた結果を異熟果または報果と呼び、増上《ぞうじょう》・士用《じゆう》・等流《とうる》・離繋《りけ》の諸果とともに五果の一に数える。また異熟果を異熟生《いじゅくしょう》ともいう。このような異熟果を生ずる力のあるものを有異熟《ういじゅく》といい、そうでないものを無異熟《むいじゅく》という。③唯識宗では、真の異熟果と、真の異熟果より生じたものとを区別して、前者を真異熟または単に異熟といい、後者を異熟生という。阿頼耶識《あらやしき》は真異熟であり、眼識《げんしき》などの前六識は異熟生である。④地獄と餓鬼と畜生と北倶盧洲《ほっくるしゅう》と無想天とに生まれた者は、仏法を修行することができないので、これらの世界を異熟障《いじゅくしょう》という。過去世の業因によって今生における異熟としてこれらの世界に生まれたのであるから、こう名づける。

**いじゅん　意恂**　(正祖一〇 1785—李太王三 1865) 李氏朝鮮の僧。俗姓は張氏。字は中孚、号は草衣、一枝庵。南平雲興寺の碧峰(敏性)について得度。玩虎(倫佑)に具足戒を受け、金潭から禅旨を学んだ。著書、禅門四弁漫語一巻、二禅来儀一巻、震黙祖師遺蹟考一巻など。〔参考〕草衣大宗師塔碑銘、東師列伝四

**いしょう　已生**　已《です》に生じたこと、また已に生じたもの。①事物の法体が未来生相位(未来位の最後の一刹那)から現在に至ったその刹那、およびそれ以後の過去の諸刹那をいう。②中有《ちゅうう》を求生《ぐしょう》といい、これに対し已に生じおわった位である本有(托胎から死までの中間)を已生という。

**いしょう-しん　意生身**　意成身《いじょうしん》ともいう。父母より受けた肉身でなく、意によって化作《けさ》、化生《けしょう》された身のこと。中有の身などがこれである。またそのような意味から色界、無色界の天のことを意成天《いじょうてん》という。

**いしょうばら　伊葉波羅**　生没年不詳。劉宋代の訳経家。(梵)イーシュヴァラ Īśvara の音写。自在と訳す。西域の人。三蔵に通じ、四阿含をよくした。元嘉三年 426 彭城(江蘇省)へ来て、北徐州刺史太原王仲徳のために雑阿毘曇心論を訳したが、択品で中断したので、のちに求那跋摩が完訳した。〔参考〕出三蔵記集二、高僧伝三

**いじん　威神**　凡夫の智慧では測ることのできない不思議な徳。その徳のはたらきを威神力といい、仏の威徳のはたらきについていう。

**いしん-でんしん　以心伝心**　禅宗において文字によらず、経論によらず、直接に師弟面受して、心から心に法を伝えることをいう。

**いずみ-ほうけい　泉芳璟**　(明治一七 1884—昭和二二 1947) 梵語・仏教学者。真宗大谷派の僧。三重県安倍円称寺に生まれ、明治四〇年真宗大学卒業。南条文雄に学び、梵語・梵文学を研究した。大正七年 1918 から二年間インド・欧州へ留学。真宗大学教

授、大谷大学教授、同大学図書館長などを歴任。著書、入門サンスクリット文法、梵文無量寿経の研究、梵文金光明経の校訂など。

**いせい　惟政**　（中宗三九1544—光海君三1610）李氏朝鮮中期の禅僧。「ゆいしょう」とも読む。姓は任氏。字は離幻。号は泗溟《しめい》、松雲。慈通弘済尊者と諡する。黄海道豊川郡の人。妙香山で西山大師の法を嗣ぎ、五台山霊鑑精舎を創立し、松雲派を開いた。壬辰倭乱(宣祖二六1592)に休静(西山)とともに抗戦し、講和使節として来日した。著書、泗溟集七巻。〔参考〕泗溟大師石蔵碑銘（朝鮮金石総覧下）

**いせい-の-ごし　異世五師**　仏陀の滅後から阿育（アショーカ Aśoka）王の頃までに順次に教法を伝承した五人の長老。同世の五師を横の五師と呼ぶのに対して、竪《たて》の五師ともいう。達磨多羅禅経には大迦葉《だいかしょう》（マハーカッサパ Mahākassapa）・阿難《あなん》（アーナンダ Ānanda）・末田底迦《まってんていか》（マッジャンティカ Majjhantika）・商那和修《しょうなわしゅ》（サーナヴァーシ Sāṇavāsi）・優波毱多《うはきくた》（ウパグプタ Upagupta）とし、付法蔵因縁伝では末田底迦のかわりに提多迦《だいたか》（ディーティカ Dhītika）を、薩婆多部記では大迦葉のかわりに、迦旃延《かせんねん》（カッチャーヤナ Kaccāyana）を数えている。〔参考〕阿育王経七

**いせつに　伊刹尼**　㊵イークシャニカー ikṣaṇikā の音写。見命、論命、観察と訳す。運命を観察すること、占相、呪術のこと。

**いそく　惟則**　（—至正一四1354）元代の禅僧。姓は譚《たん》氏。字は天如。仏心普済大慧大弁禅師と号する。永新(江西省永新県)の人。楊岐一二世の中本明本の法を嗣ぎ、蘇州(江蘇省呉県)の師子林に住した。広く天台・浄土の教えに通じた。著書、語録九巻、浄土或問一巻、楞厳経円通疏一〇巻など。〔参考〕師子菩提正宗寺記、倪雲林・獅了林図巻、浄土聖賢録四、続釈氏稽古略一

**いだいけ　韋提希**　㊵ヴァイデーヒー Vaidehī ㊴ヴェーデーヒー Vedehī の音写。毗提希、吠提呬などとも音写し、韋提と略し、勝身、勝妙身などと訳す。摩掲陀《まがだ》（マガダ Magadha）国の頻婆娑羅《びんばしゃら》（ビンビサーラ Bimbisāra）王の妃で、阿闍世《あじゃせ》（アジャータシャトル Ajātaśatru）の母。阿闍世が父王を殺して王位を簒奪したとき、韋提希も阿闍世に殺されるところであったが、大臣の諫言により難をまぬがれた。この事件に苦悶する韋提希の懇請により、仏陀が阿弥陀仏の浄土へ往生する方法を一六種の観法として説いたものが観無量寿経である。なお、韋提希すなわちヴァイデーヒーというのは毘提訶《びだいか》（ヴィデーハ Videha）国出身の婦人という意味の通称で、その実名については抜陀斯利《ばつだしり》（バドラシュリー Bhadraśrī）、婆沙毘《ばしゃび》（ヴァーサヴィー Vāsavī）など諸説がある。〔参考〕観無量寿経、慧印三昧経、出曜経二〇、法華玄賛二

**いだい-ごんじつ　韋提権実**　観無量寿経に、「仏、韋提希に告げたまはく、汝は是れ凡夫なり、心想羸劣《るいれつ》にして未だ天眼を得ざれば遠く観ずること能はず」とあることにもとづいて、浄土往生の法を聞いた韋提希夫人が、本当の凡夫であるか(実)、或いは聖者が仮に凡夫としてあらわれたのであるか(権)、についての論である。善導は観経疏玄義分において、諸師が韋提希を権化《ごんげ》の聖者であるとするのに対して、実業《じっごう》の凡夫であるとの説を主張した。親鸞は善導の意をうけて、韋提希その人は実業の凡夫であるが、かえってそれ故にわれら凡夫の救われる道が開かれたのであるから、その意味では権化の人であるという。

**いたい-もん　異体門**　⇩同体門《どうたいもん》

**いたおい　板笈**　修験者の用具。長方形の薄板に脚をつけ、笈裏、肩箱《かたばこ》をつけて、連索で背に負うようにしたもの。笈裏の中には不動尊などを収め、肩箱には書類を入れる。

**いたか　板書**　為多加、移他家などとも書く。故人の供養のために板の卒塔婆《そとば》に文字を書いたり、または読経して金銭を求めて歩いた半僧半俗の代願人のこと。室町時代頃から多く現われ、とくに関東・東北のイタカは年頭にえびす・大黒天・毘沙門天などの画像を家々に配り祝言を述べ歩い

いたか（七十一番歌合）

た。〔参考〕七十一番歌合中

**いだ-てん　韋駄天**　㊵スカンダ Skanda の音写する。塞建陀、私建陀、建陀などとも音写する。韋は建の誤写であるという。攻撃するものの意。もとバラモン教の神でカールッティケーヤ Kārttikeya ともいい、シヴァ Śiva 神の子と伝えられ、軍神として信奉されたが、仏教にとり入れられて仏教の守護神として崇められた。また韋天将軍とも称し、南方増長天の八大将軍の一といわれる。仏舎利が魔に奪われた時、速かに追跡して、これを奪い返したという俗説がある。このことから、わが国では、足の速いことの喩えに用いられるようになった。中国では伽藍の守護神あるいは厨房の主として、その像を祀るようになった。形像は身に甲冑をつけ、合掌した腕に宝剣を捧げたものが多い。〔参考〕金光明最勝王経八、慧琳音義二五、大明三蔵法数四六、慈恩伝一〇

**いたび　板碑**　板石塔婆ともいい、特に関東では秩父産の板状の緑泥片岩を用いたので、青石塔婆ともいう。板石の頭部を山形に切り、直下に二条線を刻み、その下に仏や菩薩の種子、下部に造立の願文・偈・年紀などを彫る。形の起源については、長足五輪塔、笠塔婆、修験道の碑伝《ひで》、古代の人形、宝珠からの便化説があって定説はない。造立の目的は、死者追善供養や生前に死後の冥福・滅罪を果たす逆修《ぎゃくしゅ》が多い。鎌倉・室町時代に関東を中心に隆盛をみせ、鎌倉後期前後のものは全体に鋭利感があり、種子も鋭い薬研《やげん》彫りがみられる。現発見のものでは埼玉県大里郡江南町須賀広の嘉禄三年1227銘の弥陀三尊像が最古。中世の社会、精神生活を知る恰好の資料である。

板　碑

**いちえん　一円**　（嘉禄二1226—正和元1312）臨済宗の僧。沙石集の著者。鎌倉の人。俗姓は梶原氏。字は道暁、無住と号し、大円国師と諡された。一八歳で出家、二八歳で遁世して諸国に遊んで顕密禅の諸教を学んだ。京都東福寺の円爾弁円《えんにべんねん》に参禅し、弘長二年1262尾張の長母寺に来住。以後、晩年に至るまで著作活動を続け、ここで没した。なお入寂地については桑名の蓮華寺とする説もある。著書、沙石集一〇巻、雑談集一〇巻、聖財集三巻など。また妻鏡一巻は、平易な和文で、庶民教化に大きなはたらきをした。〔参考〕雑談集三、延宝伝灯録一〇、諦忍・無住国師道跡考

**いちえん　壱演**　（延暦二二803—貞観九867）真言宗の僧。京都の人。俗名は大中臣正棟。薬師寺の戒明に師事し、承和二年835具足戒を受けた。また真如法親王について密教を修めた。権勢を避けて居所を定めなかったが、朝廷は河内国に相応寺を建て、そこに住まわせた。貞観六年太政大臣藤原良房の病を祈った功により、翌年律師を経ずに権僧正に任じられ、超昇寺座主に補せられた。〔参考〕拾遺往生伝上、元亨釈書一四、本朝高僧伝六四、僧綱補任抄出

**いちおう　一往〔再往〕**　意義を論ずるのに浅く文字の表面の上で解釈するのを一往といい、深く文底の幽意を明らかにするのを再往という。

**いちが　一雅**　（暦応四1341—応永二1395）臨済宗の僧。字は大全。加賀国安国寺の星山道公によって出家受戒し、京都東福寺・筑前承天寺で修行した。入元の志があったが果たさず、京都に帰って慧峰寺の大道和尚に参禅し、師と共に南禅寺に移っ

た。のち東福寺の第一座にえらばれたが、永徳二年1382足利義満の命を受けて淡路の安国寺に住し、翌年同国の円鏡寺の開山となった。〔参考〕延宝伝灯録一三、本朝高僧伝三六

**いちがつ-じ　一月寺**　千葉県松戸市小金にあった寺院。普化宗金先派の本寺。建長六年1254、渡来した宋僧金先(靳全)が開いたと伝える。江戸時代には普化宗の総触頭となり、諸藩の浪人がこの寺にかくれ、虚無僧として托鉢する者が多かった。明治四年1871普化宗の廃止と共に廃絶した。〔参考〕下総国旧事考

**いちがん-こんりゅう　一願建立〔五願建立〕**　真宗の宗学上の用語。善導・源空らの祖師が阿弥陀仏の四十八願の中、特に主要な第十八願の一願によって念仏往生の宗旨を立てたのを一願建立といい、これに対して親鸞が大無量寿経(真実の教)の宗教である第十八願の内容を第十七願(行)・第十八願(信)・第十一願(証)・第十二願および第十三願(真仏および真土)の五願に分けてあらわしたのを五願建立(五願開示)という。なお、この五願によって教・行・信・証・真仏・真土の六法を立てて六法五願(五願六法)と称する。この場合、教には願を配しないが、もし配すれば、第十七願には能詮の教と所詮の行とが誓われていると見る。⇩教行証《きょうぎょうしょう》

**いちぎむりょうみょう　一義無量名**　⇩本願《ほんがん》

一名無量義《いちみょうむりょうぎ》

**いちぎょう　一行**〔咸亨四673—開元一五727〕唐代の密教の祖師。真言宗伝持八祖の一。諡号は大慧禅師。河北省鉅鹿の人。はじめ嵩山の普寂について北宗禅を修め、また玉泉寺の慧真に師事して律を学んだ。開元四年716に長安にきた善無畏から胎蔵の法を受け、同八年に洛陽にきた金剛智から金剛頂経の秘法を受けた。同一二年善無畏が大日経を漢訳するに際しては訳場に列して善無畏の口述を筆記した。また暦法と数学に精通し、玄宗の詔を奉じて大衍暦五二巻を著わし、黄道儀を作製した。著書、大日経疏二〇巻、大毘盧遮那仏眼修行儀軌一巻、宿曜儀軌一巻、北斗七星護摩法一巻など。〔参考〕宋高僧伝五、真言付法伝

**いちげつ-さんしゅう　一月三舟**　停まる舟と南に行く舟と北に行く舟と、この三者が別であるために、一つの月を見ながら舟人はそれぞれ異なった見方をすることを、衆生が一仏身に対してそれぞれ異なった見解を懐くのに喩えたもの(華厳経疏巻一七)。

**いちご　一期**　人間の一生涯をいう。一世、一代、一形《いちぎょう》ともいう(一形とは人の身体の存続する間という意)。

**いちごう-そう　一合相**　数多くの縁によって種々の法が結合して一相を形成すること。世界の一々の法はみな一合相である。

**いちご-たいよう-ひみつ-しゅう　一期大要秘密集**　一巻。覚鑁《かくばん》(1095—1143)の著。成立年不詳。菩提を求め浄土往生を望むものが平生心がけるべきことについて、九門に分けて大要を説く。興教大師全集下

**いちごん-しめ　一言駟馬**　禅宗の公案の一。慈明楚円に対して、ある僧が悟りの句を求めた時、「一言すでに出づれば駟馬も追い難し」と答えて、真の悟境はそれを問う以前にあることを示したもの。駟は四頭立ての馬車であり、この句そのものは、論語に基づく中国の諺。〔原文〕葛藤集下　石霜楚円禅師住南岳山福厳禅院録

**いちごん-ほうだん　一言芳談**　二巻。編者を頓阿とする説もあるが不詳。鎌倉中期頃の成立。法然を始め三〇余名の浄土信仰者の法語類を集めたもので、一五三カ条からなる。この一部は徒然草にも引用され、また後世の浄土門修行者に及ぼした影響は大きい。一般には湛澄編の標註本が広く流布しているが、これは原本の組織を内容によって一〇の標題に分類し変更したものである。続群二八下、日本古典文学大系八三ほか〔刊本〕慶安元1648刊〔註釈〕相観・一言芳談句解一巻、湛澄・標註一言芳談抄二巻

**いちじ-いっせき-とう　一字一石塔**　小石に経文の一字を書写して地中に埋め、その上に石塔を建てたもの。塔形は一定せず種々のものがあり、経文はほとんど法華経である。その風習は経文の永久性と、釈迦滅後五六億七千万年後に衆生を済度する弥勒菩薩の出現を期待する埋経の思想とが結

び付いたものといわれる。起源は明らかでないが、東北から九州地方に至るまで各地にみられる。最古とされるものに、大分県豊後大野市朝地町普光寺に八面石幢の暦応二年1339銘のものがある。その他、室町時代の石経塚と呼ばれる道標が滋賀県大津市西隆寺に存在する。

**いちじきどく-ぶっちょう-きょう　一字奇特仏頂経**　三巻。唐の不空の訳。一字奇特仏頂明王の明呪に広大な威徳のあることを述べ、妨げをなす者を排除し、意願を満足する行法を説く。㊅一九、国一密教部五

**いちじ-きんりん　一字金輪**　㊵エーカークシャラ・ウシュニーシャ・チャクラ ekākṣaroṣṇīṣa-cakra の訳。翳迦訖沙羅烏瑟尼沙斫訖羅と音写し、一字頂輪と訳す。一字仏頂輪、金輪仏頂ともいう。五仏頂の一。勃嚕唵（ボローンbhrūṃ）の一字を真言とした金輪を持つ仏頂尊。諸仏頂の中で最もすぐれていることを、転輪聖王の中の金輪王にたとえて金輪という。釈迦金輪（一字頂輪王経の説）と大日金輪（金剛頂経一字頂輪王瑜伽一切時処念誦成仏儀軌の説）とがある。この尊を本尊として一切の成就と除災を祈る法を一字金輪法という。⇩五仏頂《ごぶっちょう》

**いちじ-しんじゅ-きょう　一字心呪経**　詳しくは大陀羅尼末法中一字心呪経。唐の宝思惟の訳。一字転輪王呪すなわちボローン bhrūṃ の功徳、その念誦法を明かすもの。㊅一九、国一密教部五

**いちじぜん　一字禅**　禅宗でただ一字をもって極意を顕わすことをいう。雲門文偃の得意とする所で、多くは問いに対する答えに用いる。一字の関《いちじのかん》ともいう。

**いちじつ　一実**　一実真如、一実諦ともいう〈⇩一諦《いったい》〉。①一は絶待、実は真実の意であるから、一実とは真如実相の理体をさす。②また、この一実を体として衆生をさとりに導く一乗の教法をいう。③浄土教では阿弥陀仏の本願を一実としている。

**いちじつ-しんとう　一実神道**　⇩山王一実神道《さんのういちじつしんとう》

**いちじつ-しんとう-ひけつ　一実神道秘決**　一巻。公海（1607—95）の著。山王一実神道の秘密伝授が最澄から歴代諸帝を経て後水尾天皇にいたり、これを天海が相承した次第を明らかにしたもの。釈迦を垂迹、山王を本地とする神本仏迹の立場に立ち、日本天台の特異な神道観を述べている。なお公海は天海の弟子である。慈源大師全集上

**いちじ-ふせつ　一字不説**　仏がさとった証の境地は言語文字で顕わすことができないことをいう。

**いちじぶっちょうりんおう-きょう　一字仏頂輪王経**　五巻。五仏頂経ともいう。唐の菩提流志《ぼだいるし》の訳（景竜二708）。一字仏頂輪王呪を中心にして、その修法や功徳を説く雑部密教の経典として古来重視されている。㊅一九

**いちしゅろか-ろん　壱輸盧迦論**　一巻。竜樹（150—250頃）の造と伝える。北魏の瞿曇般若流支《くどんはんにゃるし》の訳（興和二1540）。「体自体無常、如是体無体、自体性無体、故説空無常」という一偈に釈論を付した小篇で、常見・断見を破って一切法が空であることを説く。㊅三〇

**いちじゅん　一遵**　（応永六1399—永正一五1518）曹洞宗の僧。遠江の人。字は大路。一〇歳で同国大洞院の如仲天誾《じょちゅうてんぎん》の門に入り、如仲の没後、大年祥椿の法を嗣いだ。可睡斎《かすいさい》の五世。〔参考〕洞上聯灯録八

**いちじょう　一乗**〔三乗〕　乗とはのりものの意。さとりに趣かせる教えをいう。一乗（㊵エーカ・ヤーナ eka-yāna の訳）とは、仏教の真の教えは唯一で、その教えによってすべてのものがひとしく仏になると説く教えであり、三乗（㊵トリーニ・ヤーナーニ trīṇi yānāni の訳）とは、衆生の性質や能力に応じて、声聞《しょうもん》・縁覚《えんがく》・菩薩《ぼさつ》に固有な三種のさとりの道があるのをいう。また、三乗には一乗に対していう以外に、また三種の教え、三種のさとりの実践をいう場合があり、法蔵の華厳五教章巻一には、小乗・大乗・一乗、或いは大乗・中乗・小乗の三とし、大宝積経巻九四には、菩薩は天乗（初禅から四禅までの心をしずめる実践）・梵乗（慈悲喜捨）・聖乗（八聖道）の三を自ら修め、他に教えると説く。①一乗の語は、法華経方便品には「唯有一乗法無二亦無三」

と述べて、二乗とか三乗とかいうのは一乗に導くためのてだてに過ぎないとし、華厳経明難品や勝鬘経一乗章にも仏は一乗を説き、一乗によって仏となることを説く。一乗は仏乗、一仏乗、一乗教、一乗究竟教、一乗法、一道などともいい、一乗の教えを説く経を一乗の妙典、一乗の教えを信ずるものを一乗の機、その深く広いことを海に喩えて一乗海などと称し、一乗は大乗の最高の教えであるから一乗極唱という。三乗の語は増一阿含経巻四五などの諸経論に見え、声聞乗を小乗、下乗。縁覚乗を辟支仏乗《びゃくしぶつじょう》、独覚乗、中乗。菩薩乗を大乗、仏乗、如来乗、上乗ともいい、三乗の教を三乗教という。声聞・縁覚を二乗といい、大乗を全く信じえない二乗を愚法の二乗、心をひるがえして大乗に入る二乗を不愚法の二乗という。②阿含経には三乗の道を得ようとおもえば衆の中に求めよといい、有部などでは三乗の区別は忍位において定まり、声聞・縁覚・菩薩はそれぞれ四諦・十二因縁・六度を修めて解脱するが、得られる涅槃に相違はないと説く。大乗の中で、法相宗によれば、衆生にははじめから五性の区別があり、定性《じょうしょう》声聞、定性縁覚、定性菩薩のものは三乗教によってそれぞれの果をさとり、ただ不定性のものは一乗の教えを受けて仏果を得ることができるとする。故に一乗教は不定性のものを誘うための仏のてだてに過ぎないとし、三乗真実・一乗方便の立場を取る。これに対して天台宗や華厳宗では真の仏教は一乗のみであるとして一乗真実・三乗方便の立場を取る。また三論宗で三乗の中の菩薩乗を真実、二乗を方便とするが、天台宗や華厳宗では三乗のほかに仏乗があるとする。この法相宗や三論宗を三車家、華厳宗や天台宗を四車家というが、三車・四車の別は三乗と一乗との関係を法華経譬喩品の火宅内羊鹿牛の三車と門外大白牛車との関係解釈に関連させてつけた名である。③華厳宗では、その究極的な教えである一乗円教を相対的差別の面と絶対的平等の面とから同教と別教(共教と不共教、方便乗と正乗)との二種一乗とし、同別の二を分けながら、同別無礙であるという。また同教一乗の体に一乗・三乗などの諸乗教があることを分諸乗、それらの諸乗教がすべて一乗であることを融本末とする。三乗を解するのに、すべてのものがみな仏になることを許さぬ教えを三乗とする通門の説と、事事無礙円融を説かぬすべての教えを三乗とする別門の説とがあるとし、また一乗・三乗を五種、三種などにわける(法蔵の華厳五教章巻一など)。五種一乗とは別教一乗(超越絶対的な一乗。華厳経)・同教一乗(三乗に共通する内在的な一乗。法華経)・絶想一乗(はからいを超え直接に真理を体現する一乗。維摩経など)・仏性平等一乗(平等一乗ともいう。衆生はすべて仏性があり成仏すると説く一乗。勝鬘経・涅槃経など)・密意一乗(密義意一乗ともいう。解深密経など)の五で、五教にあてると同別二教は円教、絶想は頓教、平等は終教、密意は始教となる。三種一乗とは、存三(密意一乗のこと)・遮三(法華経などのように三乗を廃遮する)・表体(華厳経のように大菩薩に一乗を直顕する)をいう。④天台宗では、法華経に基づき法華一乗を真実とするが、これを教行人理の四(即ち教えも修行も修行者もさとる理もこの四がみな一である)として解する。智顗《ちぎ》の法華玄義巻九下には、三乗と　乗との関係を一〇の面(迹門《しゃくもん》の十重〈⇨開廃会《かいはいえ》〉)から論じ、仮のものである三乗などの権《ごん》(方便)を否定して真実に帰する(泯権帰実)を説き、しかも実相の理に立って三乗のままが一乗に融合されるという。即ち、法華　乗の教えが説かれることにおいて声聞・縁覚の二乗が仏になる(二乗作仏)ことができるとする。⑤真宗では誓願一仏乗といって、阿弥陀仏の本願に帰することによってすべてのものが浄土に往生して仏になれるとし、自利のみを求める二乗種もそのままでは生まれられぬ(二乗種不生)が、自力の心をひるがえせば等しく往生して仏になるという。

**いちじょう-いん　一乗院**　奈良興福寺内にあった門跡寺院。天元年間978—83小一条左大臣藤原師尹の子定昭《じょうしょう》(定照)の開創。一〇世信円のとき大乗院を兼帯し、その後、大乗院と交代に興福寺別当に補された。明治維新のとき廃絶。

**いちじょう-かいしん-ろん　一乗開心論**　華厳宗一乗開心論ともいう。六巻。普機の著(天長七830)。淳和天皇の勅命により華厳宗の要旨を述べた綱要書。天長勅撰の六本宗書の一に数えられる。京都高山寺に、鎌倉時代初期の写本(重文)がある。仏全一三、日蔵三八

**いちじょう-じ　一乗寺**　①兵庫県加西市坂本町。天台宗。法華山と号する。西国三十三カ所第二六番札所。白雉二年651法道の開基と伝える。古来観音霊場として知られた。大永三年1523山名氏の乱入により講堂などを焼いたが、永禄五年1562赤松義祐の援助で再興した。三重塔(国宝)は承安元年1171の建立で、平安末期の代表的遺構。〔国宝〕三重塔、絹本著色聖徳太子及天台高僧像〔重文〕妙見堂、弁天堂、護法堂、五輪塔、木造法道仙人立像ほか〔参考〕天台霞標、峰相記、法華山諸堂記　②京都市左京区一乗寺にあった天台宗園城寺(三井寺)の別院。康平六年1063一条天皇中宮藤原彰子(上東門院)の建立と伝えるが、既に天元四年981寺門派の穆算《ぼくさん》が山門派との対立で当寺に移るなど、一〇世紀末の存在が確認される。承暦四年1080隆明、増誉らの助力で上東門院の御願寺となる。保安二年1121焼失しその後再建されるが、南北朝期にまた回禄し、以後荒廃したという。

**いちじょう-しかん-いん　一乗止観院**　⇩延暦寺《えんりゃくじ》

**いちじょう-ぶっしょう-えにちしょう　一乗仏性慧日抄**　一乗仏性究竟抄ともいう。一巻。元興寺円宗(　―865)の著。成立年不詳。三論宗の立場から一乗仏性説を明らかにする。五姓各別の三乗教(法相宗)も悉有仏性の一乗教(三論宗)も、機根の相違によって分かれるにすぎず、究極的には異なるものではないとの立場に立っており、玄叡の三論大義鈔と共に三論宗の仏性義を知る上で注目される。㊅七〇〔写本〕東大寺蔵(徳治二1307写)

**いちじょう-ぶっしょう-くきょうろん　一乗仏性究竟論**　六巻(第三巻のみ現存)。唐代初期の法宝の述。成立年不詳。現存の第三巻は一乗顕密章、仏性同異章からなり、法華・涅槃などの諸経論を引いて一乗が究極的な教えであることを論じ、大乗の経論の仏性に関する諸説を調和してその義を明らかにしている。㊢一・九五・四

**いちじょう-ほっかいず-えんつうき　一乗法界図円通記**　七巻。高麗の均如(923―73)の著。成立年不詳。新羅の義湘(625―702)の一乗法界図章を定造者、釈題目、随文釈の三門に分けて註釈したもの。現在、筆写本が韓国のソウル大学・国立図書館・東国大学などに所蔵される。韓国仏教全書一

**いちじょう-ようけつ　一乗要決**　三巻。源信(942―1017)の著。成立年不詳。天台宗の法華一乗の立場から、一切衆生にあまねく仏性がある理由を明らかにし、三乗家とくに法相宗の五姓各別の説を破って、一乗真実・三乗方便の説を主張している。本文は八門に分かれ、⑴法華経によって一乗を立て、⑵余経から二乗作仏の文を引き、⑶無余界の廻心を弁じ(二乗の廻心は界内界外に通ずるとする)、⑷一切衆生有性成仏を明らかにした文を挙げ、⑸定性二乗永滅の説を破り、⑹無性有情実在の説をしりぞけ、⑺種々の仏性説の優劣を論じ、⑻諸教の権と実を明らかにする。㊅七四、仏全三二、恵心僧都全集二、国一諸宗部一八〔写本〕五島美術館蔵(寛仁元1017写、長享元1487尊遍追記、巻中一巻、重文)

**いちぞく-はさんかん　一鏃破三関**　禅宗の公案の一。欽山三関ともいう。洞山良价《とうざんりょうかい》に学んだ欽山文邃《きんざんぶんすい》と良禅客《りょうぜんかく》が、「一本の矢で三重の関所を射貫く」という問題について交わした話で、段階的な努力によらず、一挙に最後の悟りに達する境地を教えたもの。〔原文〕碧巌録五六則、景徳伝灯録一七、五灯会元一三、禅門拈頌集二一

**いちだい-けつぎ-しゅう　一代決疑集**　一巻。良源の著(寛和元985か)。日本天台が円仁・円珍・安然らによって密教化されたことをなげき、最澄の本旨を復興しようとして、天台の教義についての疑問七七題を明らかにしたもので、安然から恵心・檀那二流の興起にいたるまでを記している。〔刊本〕承応二1653刊

**いちだいじ-いんねん　一大事因縁**　仏がこの世に出現した唯一の大目的。法華経方便品に「諸仏世尊は唯だ一大事因縁を以ての故に世に出現す」とあるのがこの語の出典で、法華経方便品はこれについて、衆生を仏の知見に開示悟入させるのが、釈迦のみでなく、諸仏の出現する一大事因縁であると説いている。

**いちだい-しょきょう　一代諸教**　一代教ともいう。仏陀が菩提樹の下で成道してから、入滅するまでの一代の間に説いた教法のこと。

**いちにょ　一如**　①生没年不詳。明代の僧。号は一庵。上天竺寺に住し、永楽年間1403―24に僧録司となった。禅宗の語録を編集し、また法華文句記によって作った法華科註は日本では法華新註として行われている。勅によって大明三蔵法数を編纂した。〔参考〕釈氏稽古略続集三　②（慶安二1649―元禄一三1700）真宗大谷派本願寺一六世。無礙光院と称する。諱は光海。愚山と号し、童名を利与丸という。同派一四世琢如《たくにょ》の第六子。越前福井本瑞寺・河内八尾大信寺の住職となり、延宝七年1679東本願寺を継ぐ。翌年大僧正となる。元禄三年名古屋に掛所（のちの名古屋別院）を設置し、同一二年大谷本廟の再建工事をはじめた。

**いちねい　一寧**　（南宋の淳祐七1247―日本の文保元1317）臨済宗の僧。台州（浙江省）の人。姓は胡氏。字は一山《いっさん》。勅諡は一山国師。元朝より妙慈弘済大師の号を授与される。四明山に登って天台・律を学び、ついで天童寺の簡翁敬、育王山の蔵叟珍《ぞうそうちん》らの諸老に参禅し、四明の祖印寺および舟山列島の普陀山に住持して名があった。元寇の後、元の成宗の命をうけて、正安元年1299日本に来たが、捕えられて伊豆の修禅寺に禁固された。翌年、許されて鎌倉の建長寺に住し、朝幕両方の帰依を受けた。乾元元年1302円覚寺にうつり、正和二年1313勅により南禅寺の主となった。その法流を一山派といい五山文学僧を多く出した。著書、一山国師語録二巻。〔参考〕一山国師行状記、元亨釈書八、本朝高僧伝二三

**いちねん　一念**　極めて短い時間をあらわす単位、或いは瞬間のひとおもい、或いは一たび念ずること、また事が成就するそのときという意味。①時間の単位としては、一刹那《せつな》または六〇刹那、九〇刹那をいい、或いは一弾指《いったんじ》の六〇分の一また は四〇〇分の一を一念という。極めて短い時間のことであるから、現在の瞬間、同時（無前無後）という意にも用いられる。またその瞬間の心をも指す。一念頃、一発意頃《いっぽつちきょう》というに同じ。②一たび念ずること。㊵エーカ・チッタ eka-citta の訳。念は思念の意であるが、中国では心念（心に思うこと）、観念（法性の理や仏の相好、或いは時節の因縁や衆生の素質能力などについて観ずること）、称念（仏名をとなえること）、などの種々の意とされ、浄土教では善導の註釈をうけて念を称念の意とし、念声是一といって一念を一声にあて、一念の称名などという。真宗ではそれを行の一念といい、信の一念に対比する。信の一念とは、信心をはじめて得たその瞬間（時間的）をいい、また阿弥陀仏を一心にたのんでふたごころのないこと（心のすがた）を指していい、その信を一念の信、聞信の一念、一念喜愛心などという。そのとき浄土へ生まれる因がさだまるから一念業成《いちねんごうじょう》とし、これを事究竟《じくきょう》の一念と解することもある。また信の一念によって往生が定まり、自己のつくる罪も地獄におちる因とならなくなることを一念滅罪といい、疑心が去ってよろこびが多いことを一念無疑、一念慶喜、一念歓喜などといい、信心或いは称名の利益の広大なことを一念大利という。③法華経分別功徳品に「能く一念の信解を生せば、得る所の功徳限量あること無からん」とあるが、一念信解とは一たび説法を聞いて疑いなく、心がひらけてあきらかとなることで、この位を天台宗では観行即、或いは相似即とし、日蓮宗ではこれを名字即とする。④天台宗では、心にあらゆるものごとが悉く欠けるところなくそなわっているとして、その心を一念という〈⇩一念三千《いちねんさんぜん》〉。⑤一念相応とは、大般若経巻三九三では刹那の一念と相応する慧によって即時にさとりを得ることをいい、大乗起信論などでは

本覚と始覚とが相応した理智冥合の無念の念をいい、真宗では行者の信心と仏の願力の一念が相応することをいう。

**いちねん　一念**　（安永九1780―安政五1858）時宗第五七祖。出羽の人。嘉永元年1848遊行上人となり、諸国を巡化して、同七年京都の七条道場金光寺に隠棲した。

**いちねん　一然**　（熙宗二1206―忠烈王一五1289）高麗の僧。曹渓宗の迦智山系。俗姓は金氏。諱は見明。自号は睦庵。字は晦然、一然。賜号は円経冲照国尊。諡号は普覚国尊。一四歳で出家して二二歳のとき選仏場で上上科に合格し、後に牧牛(知訥)の法を継ぐ。晩年には麟角寺に住して九山門都会を開く。著書、三国遺事、重編曹洞五位、新羅国東吐含山華厳宗仏国寺事蹟など多数。〔参考〕朝鮮金石総覧上、朝鮮仏教通史下

**いちねん-さんぜん　一念三千**　摩訶止観巻五上などに説かれる天台宗の重要な教義。凡夫が日常に起こす迷いの一おもいのうちに宇宙のあらゆる事象がまどかに具わっているという意。相対即絶対、絶対即相対であるから、ものみなありのままのすがたで真如にかない、諸法実相は現象即実在であることをあらわす。一念とは介爾《けに》の一念、陰妄《おんもう》の一念、介爾陰妄の一念、現前陰妄の一念などといわれるように、凡夫が現実に起こす日常のかすかな弱い(介爾)五蘊に属する迷いの一おもいの心であり、それは真如があらわれたさとりの真心を指すのではないとし、三千とは宇宙のすべて、即ち現象即実在としての現象を数によってあらわしたもので、華厳経に説く仏から地獄までの十界のおのおのが十界を具えるから百界となり、その百界はそれぞれ法華経に説く十如是を具えているから千如となり、この千如を大智度論の三世間(衆生・国土・五陰)に配して三千とする。この教義は智顗《ちぎ》がさとった独特の教えであるとされ、一念三千を説く理由については、すべての現象はそれぞれに三千をまどかに具え、旧訳の華厳経巻一〇夜摩天宮品に説かれるように、心・仏・衆生の三法は互いに別のものではないが、衆生がさとりに至るために諸法実相を観じようとするときには、初心者には仏法は程度が高く衆生法は範囲が広すぎるので観法に適しないし、またすべてのものは心から現象したものに他ならないから、諸法の根源である心法において諸法実相を観ずるのが容易であること(近要)と、心には形相がないからへだてがなく、しかもすべての法を具えているから事理が互いに即していること(冥妙)との二つの理由による、とする。ただし、中国の趙宋時代に一念の当体が妄心か真心かについて山家《さんげ》・山外《さんがい》の論争があり、山家派では妄即真の妄心説をとって、第二の理由(冥妙)を誤解すると一念は真心であるという説になりやすいからとして、第一の理由(近要)のみを用いた。三千について、凡夫の迷いの一念に三千の法を具えると説くのを理具の三千といい、またこれは縁によって具体的に現象するものであるから、その縁による事象そのものが三千の法を具えると説くのを事造の三千(変造の三千、事用の三千)というが、この理具と事造との三千は、意味の相異はあっても共に同じく一つの絶対的世界のことがらであるから、それぞれ別に体があって六千となるのではなくて、互いに一体化する三千であるとして、これを両重三千、事理三千という。また、趙宋天台の山家派では、心法に三千を具えると共にすべての物的な諸現象(色法)にも三千を具えるとして、色具三千の説をも立てるのに対して、山外派は心法のみに三千を具えるとして、心具三千のみを説いた。一念三千の理解について、中国では山家・山外の論争があったが、日本ではまた種々な伝承が行われ、中世天台ではさまざまな口伝《くでん》がなされた。なお日蓮宗では、天台宗の一念三千の説は単に理具のみを語るものであり、たとえ事具を説いても単に九界に具わる仏界のみにすぎず、いまだ仏界に具わる九界の三千の意義をあらわしていないとして事成常住の説を立て、一念三千とは陰妄などの一念に三千を観ずるというのではなくて、これらの一念が所在する自己の身をもってただちに三千とする。

**いちねんさんぜん-ふくちゅう　一念三千覆註**　一巻。著者は円仁と伝えるが、内

容からみて疑わしい。成立年不詳。天台の根本教義である一念三千について、日本天台の立場から、教行証の三重をたてて説く。仏全二四〔刊本〕延宝五1677刊

**いちねんさんぜん-ろん　一念三千論**　六巻。日輝の著（天保一〇1839）。天台・日蓮両宗の一念三千の義を解説し、その異同を明らかにする。数量・本末・造成・広略・理事・本迹・台当・心念・空有・権実の一〇章からなる。充治園全集三

**いちねん-たねん　一念多念**　浄土教で往生の因となる念仏について論ずるのに用いる語。源空は善導の註釈をうけて、第十八願に誓われた念仏は「上一形《いちぎょう》を取り、下一念を取る」（選択集）ものであるとした。①念を声の意と解して、称名の数について いう場合、一声の称名で往生の因が定まるとし、多念の称名を要しないとする説（一念義）と、臨終まで数かぎりなく称名しなければ往生できないとする説（多念義）とがあるが、一念でも往生ができると信じて多念の称名をつづけるのが源空の正意である。②真宗では一念を信心、多念を称名のこととする解釈もある。即ち、往生の因は信の一念に定まり、多念の称名は救われた仏恩に報いるものであるとする。また信心について一多をいうこともある。

**いちねん-たねん-ふんべつ-じ　一念多念分別事**　一巻。隆寛の著。成立年不詳。法然門下における一念往生・多念往生の諍論を批判し、一念にも多念にも偏してはならない理由を経釈の証文を引いて教諭する。親鸞はこれに引用された経釈の要文を抄録註釈し、一念多念文意を製した。㊅八三、親鸞聖人全集一二、定本親鸞聖人全集六、真宗聖教全書二、続浄全四、真宗史料集成一〔写本〕大谷大学蔵（建長七1255、親鸞写）〔註釈〕素深・人穀二巻（寛保二1742）、宝雲・聞持記一巻

**いちねん-たねん-もんい　一念多念文意**　一念多念証文ともいう。一巻。親鸞の著（康元二1257）。隆寛の一念多念分別事に引証する経釈の要文、およびその他の要文について註釈を加え、その意味を明らかにして、一念にも多念にも偏してはならないといましめる。㊅八三、親鸞聖人全集五、定本親鸞聖人全集三、真宗聖教全書二、真宗史料集成一〔真蹟本〕東本願寺蔵（重文）〔古写本〕専修寺蔵（徳治二1307顕智書写）〔複製〕親鸞聖人真蹟集成四

**いちねん-ふしょう　一念不生**　一念の妄心の生じない境界《きょうがい》。念慮を超越した境界は仏である（華厳五教章巻二）。

**いちぶつ-じょうど　一仏浄土**　一仏の住する清浄なる国土の意。故に特定の仏の浄土を指さず、いずれの仏の浄土にも通ずる語であるが、後世は主として阿弥陀仏の浄土を指していう。

**いちぶつ-せかい　一仏世界**　一仏国土のこと。一仏刹《いちぶつせつ》ともいう。一仏が衆生を教化する範囲の世界をいう。但しその範囲は後世の説に至るほど次第に拡大され四洲・三千大千世界・無辺の世界などとされた。

**いちまい-きしょう-もん　一枚起請文**　一巻。建暦二年1212源空（法然）が臨終の床で門人の勢観房源智の請にこたえ、浄土宗の安心の根本義を和文で一紙にまとめて示したもの。愚鈍の身であることを自覚して一向に念仏せよとすすめている。浄土宗では朝夕読誦する。註疏が多くつくられた。浄全九、昭和新修法然上人全集、真宗聖教全書四、日本古典文学大系八三ほか

**いちみ　一味**　絶対の立場からは、すべてのものが同一であり平等無差別であること。多くは仏の教法についていう。①遺漏なく一瓶の水を他瓶に移すことを一味瀉瓶《いちみしゃびょう》といい、師匠から弟子に教法が変りなく伝わることの喩えとする。②真宗では、他力廻向《たりきえこう》の信仰が智愚善悪の別なく万人同一であることを一味の安心《いちみのあんじん》という。

**いちみうん　一味蘊**　⇩根辺蘊《こんぺんうん》

**いちみょう-むりょうぎ　一名無量義**〔一義無量名〕　一つの名称にも無数の意味があり（一名無量義）、一つのものにも無数の名称がつけられる（一義無量名）ということ。北本涅槃経巻三三迦葉品に、「一名の法に於て無量の義を説き、一義中に於て無量の名を説く」とあって、仏陀の説法は名字を自在に用いて説いているから、皮相に解釈しては真意を得がたいことを意味する。

**いちもつ-ふしょうらい　一物不将来**　禅宗の公案の一。厳陽一物ともいう。趙州

従諗《じょうしゅう》と弟子の厳陽善信《げんようぜんしん》が、「一物を持たぬ境地」について交わした問答で、厳陽が「一物不将来のとき如何」と問うのに対し、「放下著」(捨ててしまえ)と答え、「すでに一物不将来、何をか捨てん」という問に「担取法」(担いでゆけ)と答えて、無一物の意識そのものをも捨て切った、真に自由自在な消息を示そうとするもの。〔原文〕従容録五七則、趙州録中、五灯会元四

**いち-らくさく　一絡索**　縄などのからまる意で、言句の葛藤することをいう。また文章の一段落をいうこともある。

**いちりん　一麟**　(元徳元1329—応永一四1407) 臨済宗の僧。京都の人。九条家に生まれた。字は天祥、一庵と号する。一七歳で出家し、京都の南禅寺・建仁寺・天竜寺に歴参し、薩摩の大願寺、筑前の聖福寺、京都の万寿寺・建仁寺・天竜寺・南禅寺に住持した。文筆に秀でたという。著書、仏祖歴年図二巻、蔵篋一〇巻、語録二巻、竜涎集《りょうぜんしゅう》一巻など。〔参考〕一麟禅師行状、延宝伝灯録八、本朝高僧伝三七

**いちれん-じ　一蓮寺**　山梨県甲府市太田町。単立。もと時宗三檀林の一。稲久山と号し一条道場という。正和元年1312武田時信の建立でその弟法阿《ほうあ》の開山。もと一条小山にあったが、文禄年間1592—96甲府築城の際、現地に移された。〔参考〕甲斐名勝志

**いちれん-たくしょう　一蓮托生**　二人以上の者が浄土に往生して同一の蓮華の上に身を托すること。

**いっかい　一海**　(永久四1116—治承三1179) 真言宗の僧。松橋流の祖。土佐守源朝俊の子。字は尊勝。少輔阿闍梨という。はじめ華厳を学び、久安三年1147醍醐三宝院で定海から灌頂を受けた。定海の没後、元海に学んで松橋流の奥旨を伝え、師のあとを継いで無量寿院二世となり、松橋流を開いた。〔参考〕伝灯広録中、野沢血脈集二

**いっかく-せん　一角仙**　(梵)リシャシュリンガ Ṛṣyaśṛṅga またはエーカシュリンガ Ekaśṛṅga (巴)イシシンガ Isisiṅga またはエーカシンガ Ekasiṅga の訳。独角とも訳す。カシャパ Kaśyapa 仙が川の水中に精液を漏らし、その水を飲んだ牝鹿が身ごもって生んだインド神話の仙人。この仙人の物語は仏教説話を含むインドの各種の説話文学に取り入れられて広く展開した。仏陀の本生譚(ジャータカ Jātaka)の一つでは仏陀の前生とされ、この仙人の苦行のために帝釈天(インドラ Indra)の宮殿が震動したため帝釈天が怒って雨を一滴も降らさなかったところ、国王が王女ナリニカー Nalinikā を遣わして仙人を誘惑させ、仙人が苦行を中断したためようやく雨が降ったという話がある。その他多くのパーリ、サンスクリットの仏教文学に取り入れられ、わが国にも伝えられて今昔物語集巻五にも採られ、また謡曲「一角仙人」の題材ともなっている。〔参考〕Jātaka526, Mahāvastu III, 根本説一切有部毘奈耶雑事、本行集経一六、大智度論一七、仏所行讃一、西域記二

**いっきゅう　一休**　⇨宗純《そうじゅん》

**いっきょう　一慶**　(至徳三1386—寛正四1463) 臨済宗の僧。関白一条経嗣の子で関白兼良の兄。京都の人。字は雲章。宝清老人と号し、弘宗禅師と勅諡された。幼くして山崎成恩寺に入り、応永九年1402京都聖寿寺の岐陽方秀に宋学を学び、ついで奈良に遊んで華厳・法相を修めた。永享三年1431京都普門寺で開堂し、宝徳元年1449詔によって南禅寺の主となった。著書、清規要綱、五灯一覧図があり、儒学では理気性情図、一性五性例儒図など。〔参考〕雲章和尚行状、延宝伝灯録一一、本朝高僧伝四二

**いっきょう-ごに　一経其耳**　一たび仏菩薩《ぼさつ》の名号を聞いたものという意。薬師経には、薬師如来の一二願の第七願に、「我が名号一たびその耳を経なば、衆病悉く除き、身心安楽ならん」とあるのに依る。

**いっきょう-しだ　一篋四蛇**　一個の箱の中に四匹の蛇を入れるという意味で、人間の身体が地・水・火・風の四大から成っているのに譬える。

**いつくしま-きょうかん　厳島経巻**　平安後期の装飾経。三三巻。広島県厳島神社蔵。国宝。平家納経ともいう。内訳は、法華経二八巻、無量義経一巻、観普賢経一巻、般若心経一巻、阿弥陀経一巻、それに平清盛自筆の願文一巻。願文によると、平家一

門の繁栄を祈願するため一族が一品一巻を分担して善美を尽くしてこの経をつくり、長寛二年1164厳島神社に奉納したという。毎巻意匠文様を異にし、料紙は金銀の切箔や砂子で装飾され優美典雅を極める。表紙、見返しには、各経の内容に従ってこれを図絵したものが多く、彩色も濃く華麗に装飾される。

**いっけ　一化**　①仏一代の教化。②一時の教化。③教化の利益の同一なこと。

**いっけいそん-だらに-きょう　一髻尊陀羅尼経**　一巻。唐の不空の訳。一〇種の利益や四種の果報などの縁由、陀羅尼、護摩などを説く。空海が高野山を開く時、これに説く結界の法によったという。㊅二〇

**いっこう　一向**　ひたすらなることをいい、一向専念、一向専修《いっこうせんじゅ》などと熟語として用い、ひとすじに仏を念じ修行することをあらわす。

**いっこう　一向**　（暦仁二1239—弘安一〇1287）時宗一向派の祖。諱は俊聖。筑後国竹野荘の人。父は草野永平の弟冠四郎永泰。母は同兼房の女。幼名を松童丸という。建長五年1253播磨書写山で得度受戒して俊聖と号し、のち南都に遊学した。正元元年1259良忠の門に入って浄土宗を受け、やがて一向と改名した。文永一〇年1273諸国遊行の旅に出て、九州・四国・山陽・山陰・近畿・北陸などをめぐり踊念仏を行った。弘安七年近江国番場の廃寺をおこし蓮華寺と号した。その門徒は番場時衆または一向衆と呼ばれたが、時宗の祖一遍とは系統を異にし、昭和一七年1942時宗を脱して浄土宗に帰属した。〔参考〕一向上人伝

**いっこう-いっき　一向一揆**　戦国時代、一向宗徒がおこした一揆。本願寺の門徒が徒党を組んで武力蜂起し、北陸・東海・畿内などで戦ったのをいい、本願寺八世蓮如の頃から約一世紀にわたって続いた。一揆の性格は一様ではなく、領主化を目ざす国人土豪にひきいられたものもあれば、在所衆を基盤とする大衆一揆もあり、統一政権に対する抵抗としておこったものもあれば、逆に統一政権に催促されて発生したものもあり、本願寺、地侍、国人、農民のそれぞれの要求がちがっていて、いわゆる享禄の錯乱のように一揆内部における紛争もあった。文明五年1473加賀の守護富樫家の内紛に対して本願寺門徒は富樫政親を助けたが、のち政親が一揆の弾圧に転じたので長享二年1488にこれを滅ぼし、加賀は無主の国となった。この間、一揆は越前・越中・能登にも及んでいる。享禄・天文1528—55の頃には摂津・河内・和泉・山城などで一向一揆がおこり、三河では永禄六年1563徳川家康と戦って敗れている。その後、一揆は元亀元年1570から一一年間にわたる石山合戦として拡大するが、ついに織田信長の武力に屈し和睦した。

**いっこ-はんこ　一箇半箇**　極めて少数であること。もと高僧伝巻五に見える道安の故事に基づく。秦の苻堅が襄陽を攻取して道安を得たとき、喜んで左右に向かい、「吾れ十万の師をもって襄陽を取りただ一人半を得たり、安公一人、習鑿歯は半人なり」といったという。

**いっさ　一茶**　（宝暦一三1763—文政一〇1827）俳人。信濃の人。姓は小林氏。父は真宗の信者。三歳で母を失い継母にしいたげられて江戸に出て、俳諧を修め漂泊生活の後、帰郷し、五二歳で初めて妻を迎えた。四男一女あったがみんな早世、妻も一茶に先んじて病没。反逆的な野人的性格をもち、句もその性格を反映して野性を基調として方言も捨てず、主観的な感情を飾らずに表現している。なお真宗の信仰を述べた句が少なくない。著書、おらが春、七番日記、みとり日記、方言雑集など多い。

**いっさい-かいじょう　一切皆成**　一切皆成仏の略。あらゆる衆生が皆ことごとく仏に成るという意。仏教の中でも、三乗家は五姓各別説に立って、無性有情と定性声聞と定性独覚とは成仏することがないと説くのに対し、一乗家は悉有仏性説に立っておよそいかなる衆生も仏性をもたない者はなく、声聞や独覚の、たとえ無余涅槃に入った者でも遂には必ず廻心するから、いかなる衆生も成仏しないものはないと説くのをいう。故に一性皆成ともいう。五姓各別に対する語。⇩仏性《ぶっしょう》

**いっさいきょう-え　一切経会**　一切経を供養する法会。延久元年1069に宇治平等院で行われたのを初めとして、平安後期より仁和寺・延暦寺・祇園社・賀茂社等の諸寺社で行われた。〔参考〕初例抄下、濫觴抄下

**いっさいきょう-おんぎ　一切経音義**　①二五巻（二六巻）。唐代初期の玄応の著。成立年不詳。玄応音義ともいう。華厳経から順正理論までの四百数十部の経律論について、難解の字句や梵語からの音写語を註釈したもの。引用された書物の中には、仏典以外に儒教の古佚書で本書中の引用によってのみ知られるものが少なくない。仏教徒だけでなく一般の字典としても利用される。玄応は玄奘の訳場に列した人で、貞観627—49の末年に勅によって撰述に従事したが、完成をみずに没したらしい。現存最古の音義書で、書誌学的にも重要な資料である。清の荘炘校刊本がある。別に孫星衍に一切経音義校正がある。縮為六—七　②一〇〇巻。唐の慧琳（737—820）の著。慧琳音義、大蔵音義ともいう。大般若経から護命放生法までの千二百二十数部の経律論などについて、難解の字句や梵語の音写語を註釈したもの。ただし、三百三十数部に対しては玄応音義を転載し、新訳の華厳経に対しては慧苑の音義を転載し、大般涅槃経の音義は雲公の音義を刪補し、妙法蓮華経の音義は窺基の音義を増補した。百四十数部は書名のみを出して音義はなく、残りの七百三十数部に対して新たに音義を加えた。建中780—83末年から元和二年807にかけて執筆されたもので、仏教経典の音義中で最も大部な著作である。玉篇・説文など七家の字書を参照している他、多くの古逸書を引用しており、商務印書館から一九三六年に慧琳一切経音義引用書索引五冊が出版されている。古書の文字、音読、意義を解釈する上に貴重な資料である。㊅五四　③続一切経音義一〇巻。遼の希麟の著。成立年不詳。前の慧琳音義の増補として作られたもので、大乗理趣六波羅蜜多経から続開元釈教録に至る二六六巻の字句を解釈している。㊅五四

**いっさいきょう-だに　一切経谷**　京都市東山区粟田口付近の地名。行基が一切経を納めた地といわれる。平家物語には一切経谷の別所に明雲座主がしばらく住したことを記し、西方指南鈔巻中本にはこの地の住僧大進の弟子が法然の臨終の瑞相を夢に見たことを伝える。

**いっさいしゅじょう-しつうぶっしょう　一切衆生悉有仏性**　一切の生きとし生けるものは悉く生まれながらにして仏性ありという意、略して悉有仏性ともいう（北本涅槃経巻二二・巻二七）。⇩仏性《ぶっしょう》

**いっさいしゅち　一切種智**　⇩一切智《いっさいち》

**いっさい-ち　一切智〔道種智〕〔一切種智〕**　一切智は㊵サルヴァ・ジュニャターsarvajñatā の訳で、薩婆若（多）《さばにゃた》と音写し、その智慧の深広なことを海に喩えて薩婆若海ともいう。すべての存在に関して概括的に知る智慧が一切智であり、菩薩が衆生を教化するために道の種別を知り尽くす智慧が道種智（道相智）であり、すべての存在に関して平等の相に即して差別の相をさらに精細に知る智慧が一切種智（一切相智）であって、それぞれ声聞《しょうもん》および縁覚《えんがく》・菩薩《ぼさつ》・仏の智慧とする（大品般若経巻一・巻二一、智度論巻二七・巻八四）。天台宗では、空・仮・中の三観によって三智を得ると説く。その場合、別教の次第の三観では順次に一切智・道種智・一切種智を得るが、円教の不次第の三観では一心に同時に三智を得るとして、これを一心三智という。

**いっさい-ちち　一切智智**　仏智は一切智（すべてを知り尽くす智）の中で最もすぐれた智であるから、このようにいわれる。一切智は声聞《しょうもん》・縁覚《えんがく》の智と仏の智とに共通するから、特に声聞・縁覚の一切智より仏の一切智を区別していう言葉。

**いっし　一糸**　⇩文守《ぶんしゅ》

**いっし-いんじょう　一師印証**　法統を受けつぎ印証を受ける師はただ一師に限り、再び他の師から印証を受け嗣ぐことがないのをいう。特に曹洞宗ではこれを古例とする。

**いっしきいっこう-むひちゅうどう　一色一香無非中道**　中道実相の理は一色一香

のごとき些細な物質の中にも普遍しており、およそありとあらゆるものは悉く中道実相のあらわれでないものはないという意。天台宗が三観をもって一切の諸法を観照した悟りの境地を表現したものである〔摩訶止観巻一上〕。

**いっしとう-ぜん　一指頭禅**　禅宗の公案の一。天竜一指頭禅、倶胝竪指《ぐていじゅし》、倶胝一指ともいう。金華山の倶胝和尚が、何を問われても、ただ一指を竪《た》てた故事で、宇宙大の真理が最も手近なところにあることを示したもの。倶胝は、馬祖道一の三世に当たる天竜和尚が、一指を竪てるのを見て大悟し、常に「自分は天竜一指頭の禅を得て、一生使いはたすことがなかった」と言ったといわれる。〔原文〕碧巌録一九則、景徳伝灯録一一、無門関三則

**いっしゅう-がまえ　一宗構**　江戸時代に僧侶を罰するに際し、所属の宗門から追放するのを一宗構といい、その宗の中での所属の一派だけから追放するのを一派構といった。

**いっしょう-かすい　一生果遂〔三生果遂〕**　阿弥陀仏の四十八願〈⇩本願《ほんがん》〉の中の第二十願に、仏名を聞いて浄土に生まれたいとおもいをかけるものには、必ずそのねがいを果たし遂げさせようとある。①三生果遂の説。この意味について二説がある。三たび生まれかわることによって果たし遂げられるの意とする。即ち、第一生(過去または現在の生)に仏名を聞いておもいをかけ、第二生(現在または未来の生)にひたすらにまことをこめて念仏し、第三生(未来または来来世の生)に往生をはたしとげる〔浄土宗の説〕、また第一生に自力念仏をして、第二生に化土に生まれ、第三生に報土に生まれる〔真宗の一説〕とする。②一生果遂の説。この一生に果たし遂げられるの意とする〔真宗の説〕。即ち、諸行をすてて念仏に帰したもののうち、自分の称える念仏の力で往生しようとする第二十願の立場のものも、遂に心をひるがえして他力念仏の信仰に入ることによってこの一生で報土に往生ができるとする。

**いっしょう-ふしょ　一生補処**　一生所繋ともいう。一生だけまよいの世界に繋縛《けばく》されている者、或いは、最後の有《う》即ち生存を有する者の意。即ちまよいの境界に縛られているのはこれが最後で、この一生を過ぎれば次は仏の位処を補うべき者。略して補処ともいう。菩薩《ぼさつ》の最高位である等覚を指す。また特に弥勒《みろく》を一生補処の菩薩、補処の弥勒と呼ぶ。弥勒上生経などの記述によれば、弥勒はいま兜率天《とそつてん》にあり、その一生が尽きれば人間界に下生して釈迦の仏処を補うべき菩薩だからである。

**いっしょう-ふぼん　一生不犯**　一生涯の間戒律を犯さないこと、特に男女の交わりをしないことをいう。

**いっしん　一心**　①宇宙の根本原理にして万有の実体たる絶対無二の心性《しんしょう》。真如、如来蔵《にょらいぞう》心をいう。旧訳《くやく》の華厳経巻二五の十地品に「三界は虚妄にして但だ是れ一心の作なり」と説くのはこの意味による。また宗密の華厳経行願品鈔巻一には、華厳宗の五教に一心の説を配して、小乗では心のほかに外界の境の存在を認めるから名はあっても実がなく(仮説《けせつ》の一心)、大乗権教《ごんきょう》では異熟阿頼耶識《いじゅくあらやしき》(事の一心)、大乗実教では如来蔵識(理事無礙の一心)、大乗頓教では染浄を共に超えた絶対的な一心、別教一乗では万有をおさめつくした万有総該の一心をいうとし、別教の一心は一真法界、一心法界といわれるように宇宙そのものに他ならず、即ち事事物物がそのままに互いにさまたげあわず絶対的であることを、万有を造る真如心におさめて一心とする。天台宗では、一心三観、一念三千の説があり、凡夫が日常に起こす迷いの一心に宇宙のすべてがまどかに具わっているとする。なお一心というときは主として観ずる者の心、一念というときは観ずる対象について名づける。②唯一の根本識の意。即ちあらゆるものを変現させる心としての阿頼耶識。成唯識論巻二にはこの意味によって一心という。③ひたすらに一つの対象に心を集注しておもいを乱さぬ心。雑念を混じえず、一心に正しく仏を念ずるのを一心正念、仏を念じて専らなのを一心専念といい、浄土教では一心に阿弥陀仏を

念ずることを重視する。良忠の選択伝弘決疑鈔巻二には、一心に理・事、定・散、安心・起行の別があるとし、理の一心は平等なる心性、事の一心は定心と散心中の一心で、これは共に起行に属する。そして安心《あんじん》の一心とは、無量寿経に説かれる至心・信楽・欲生我国の三信、観無量寿経に説かれる至誠心・深心・廻向発願心の三心、阿弥陀経に説かれる一心不乱の一心を指し、これらはみな、本願を疑わずひたすら阿弥陀仏の救済を信ずる心とする。親鸞は教行信証化身土巻には一心に深浅があるとして、おのれを無にして本願にまかせる信心を利他の一心、ひたすらに自己の行為を浄土に生まれるためにさしむけるのを自利の一心とし、同書の信巻には無量寿経に説かれる三信と世親の浄土論に「世尊我れ一心に尽十方無碍光如来に帰命す」といわれる一心との関係を論じて三信即一と解釈している。

**いっしん-いん　一心院**　京都市東山区新橋通大和大路東入三丁目林下町。群仙山と号し、浄土宗捨世派の本寺。天文一七年1548吟応（三蓮社縁誉）が知恩院の法然廟堂の南隣に草庵を結び、六時念仏を修したのに始まる。〔重文〕絹本著色阿弥陀如来像（参考）称念上人行状記

**いっしん-きみょう　一心帰命**　一心に専ら仏の教命にしたがうこと。⇩帰命《きみょう》

**いっしん-さんなく　一心三惑**　同体三惑ともいう。三惑は三障ともいい、天台宗では煩悩《ぼんのう》に見思《けんじ》・塵沙《じんじゃ》・無明《むみょう》の三種をわけるが、これら三種はその本体が各別なものではなく、一惑のはたらきの粗細の程度の差に過ぎないから、すべて法性《ほっしょう》に他ならずして互いに融合し、一心のうちに摂まるとする。故にこの三惑は一心に三観を観ずることによって断ち切られる。見思の惑とは三世の道理に迷う見惑と、現在の事象に迷う思惑であり、この二者は三界の生死を招くものであるから界内の惑といい、声聞・縁覚・菩薩の三者が通じて断ずる惑であるから通惑という。この惑は空観によって断たれる。塵沙の惑とは塵沙のように無数に多い無知のことで、菩薩は十界の衆生の無量の惑やそれを対治する無量の教法を知らねばならないが、空観によって見思の惑を破したものは空理に執われて、進んでこれら無辺の差別相を知ろうとしないから、この塵沙の惑をまた著空の惑ともいい、これは衆生を救済すべき菩薩においてのみ障となるもので、とくに菩薩のみが断ずるものであるからこれをまた別惑ともいう。この惑は界内界外に共通し、仮観によって断ぜられる。無明の惑は、あらゆるものが一法界であることを知らない微細な煩悩であるから界外の惑といい、菩薩によってのみ断たれるから別惑であり、これは中観によって断たれる。以上のように三惑を三観によって次第に別々に断つというのは別教の説で、天台宗即ち円教では三惑は同体のものであるから、一心の三観によって一を断ちきるとき他も同時に断たれるというのである。

**いっしん-じ　一心寺**　大阪市天王寺区逢阪上之町。浄土宗。坂松山高岳院と号する。法然上人二十五霊場の一。もと四天王寺の別所。文治元年1185慈鎮（慈円）が四天王寺別当のとき、法然のために庵室を設けたのに始まると伝える。慶長年間1596—

一心寺（摂津名所図会）

1615本誉存牟が中興して一心寺と改めた。大坂冬の陣のとき徳川家康がここに営所をかまえ、乱後再修した。〔参考〕円光大師行状画図翼賛三〇、摂津名所図会二、一心寺文書

**いっすい-しけん　一水四見**　一境四心、一処四見ともいう。同一の対象も、これを見る者が異なれば異なったものとして見えること、ちょうど同一の水を餓鬼は膿血と見、魚は住家と見、天の有情は種々の宝で荘厳した地と見、人は水と見るようなものであるという喩。

**いっせんだい　一闡提**　㊵イッチャンティカ icchantika またはエッチャンティカ ecchantika の音写。一闡底迦《いっせんていか》とも書き、または略して闡提《せんだい》ともいう。阿顛底迦《あてんていか》(ātyantika) および阿闡提《あせんだい》、阿闡底迦《あせんていか》(acchantika) などはみな同類の語の訛音と思われる。もとの意味は、「欲求しつつある人」であるが、断善根《だんぜんごん》、信不具足、極欲《ごくよく》などと訳して成仏《じょうぶつ》する因をもたないものをいう。入楞伽経巻二では、これを二種に分けて二種闡提という。即ち本来解脱《げだつ》の因を欠く断善根のもの即ち断善闡提と、菩薩《ぼさつ》が一切衆生《しゅじょう》を救おうとして故意に涅槃《ねはん》のさとりに入らないものの即ち大悲闡提との二種である。大悲闡提は菩薩闡提ともいわれる。また大荘厳論経巻一では、暫時の間は成仏できないが、いつかは仏の力によって成仏を得る有性《うしょう》闡提と、いつになっても決して成仏することのできない無性《むしょう》闡提とに分ける。ここに性とは成仏の因を意味する。また成唯識論掌中枢要巻上本で断善闡提と大悲闡提と無性闡提との三種闡提を立てているが、この場合の断善闡提は有性闡提に属する。またー闡提の人を発心《ほっしん》させることの困難なことを、生まれつきの盲目を治すことができないのに喩えて生盲闡提という。

**いったい　一諦**　真実なる唯一絶対の理。実諦ともいう。二諦、四諦などに対する。大智度論巻八六に「声聞の人は四諦を以て得度し、菩薩は一諦を以て道に入る」といい、勝鬘経一諦章には四諦の中の滅諦を一諦と名づけている。

**いっちゅう　一中**　①禅宗で斎食《さいじき》の席を設けて一座の人に普《あまね》く茶果などの食事を供することで、一普ともいう。②天台宗で、一中一切中という時には、一中は一中道の意味。

**いっちん　一鎮**　(建治三1277―文和四1355) 時宗の第六祖。越後の人。十阿と号する。他阿真教の弟子で、中聖にも師事した。嘉暦二年1327から一二年間遊行し、暦応元年1338藤沢の清浄光寺に帰った。足利尊氏の帰依を受けた。〔参考〕金光寺文書、遊行藤沢両御歴代系譜

**いっつい-べんじょう　一槌便成**　槌は椎とも書く。椎は大衆に宣告する時にならす道具。宗師が一槌を下す時に、ただちに大悟徹底する。即ち一言の下に悟ること。

**いってんご　一転語**　進退きわまったとき、身を転廻する機転の一語。また一語で他の迷いを転じて悟りを開かせる語句をいう。

**いっとう-えん　一灯園**　本部、京都市山科区四ノ宮柳山町。明治三八年1905西田天香が開創した生活共同団体、またはその道場。大正二年1913京都鹿ヶ谷に一灯園として誕生し、昭和四年1929財団法人懺悔奉仕光泉林と公称した。同一一年現地に移転。無所有、無償奉仕の実践運動を通して個人の人格形成と世界平和の実現を目標とし、早くから文化人・宗教家が集まった。「すわらじ劇園」を組織し、倉田百三の「出家とその弟子」の初演は有名。

**いっとんぎょう　一音教**　一音説法ともいう。仏の説法はただ一種の音声で一切の法を説くという意味。維摩経仏国品に「仏一音を以て法を演説したまうに、衆生類に随って各解を得」とあるのに基づく。一音による説法であるが、衆生の力に応じて理解する内容に差異を生ずる点から、また一音異解ともいわれる。インドでは大衆部などがこの説を採ったが、中国では教判の一種として、仏教を多種に分類する見解に反対してこの説が唱えられた。澄観の華厳経疏巻一によれば、これに二説あったという。即ち一は北魏の菩提流支の説で、これは、仏の一音の中に大乗と小乗とがあわせて説かれているとする。二は後秦の鳩摩羅什の

説で、これは、仏においては一音の説であるが、衆生の所得の上で差異を生ずるとみるのである。

**いつねん　逸然**　(明の万暦二九1601—日本の寛文八1668)　黄檗宗の僧。明の人。浪雲庵と号した。正保元年1644乱を避けて日本に渡り、長崎の崇福寺に住した。南画風の人物画や仏画をよくし、その画風は漢画派と呼ばれた。なお、隠元隆琦を日本に迎えるのに功があった。〔参考〕国師広録、皇国名画拾彙

**いっぴゃくごじゅうさんぶつ-じゅ　一百五十讃仏頌**　一巻。摩咥里制吒《まちりせいた》(マートリチェータ Mātṛceṭa)の作。唐の義浄の訳(久視元700)。チベット訳もある。一五〇偈で仏徳・仏法を讃歎したもの。梵本シャタパンチャーシャトカ・ストートラ Śatapañcāśatka-stotra は一三章一五三詩節よりなり、一九三六年チベットでその完本が発見され、ベイリー D. R. S. Bailey によって漢訳・チベット訳および陳那《じんな》(ディグナーガ Dignāga) による註釈のチベット訳とあわせて刊行された(1951)。㊅三二

**いっぺん　一遍**　(延応元1239—正応二1289)時宗の開祖。伊予の人。法名は智真。一遍は号。俗に捨聖《すてひじり》、遊行上人《ゆぎょうしょうにん》と呼ぶ。諡号は円照大師、証誠大師。河野通広の第二子。一〇歳で母に死別、出家後随縁と号した。建長三年1251太宰府に赴き聖達(証空の弟子)・華台に師事し智真と名を改め、浄土教を学んだ。弘長三年1263父の死で帰国し還俗するが、再び出家して聖達を訪ねた。文永八年1271の春、信濃善光寺に参籠して二河白道図を写し、同年秋、伊予の窪寺(現愛媛県松山市)の庵室で念仏三昧して十一不二頌を作った。同一一年岩屋寺(同県美川村)での参籠ののち伊予を離れ、四天王寺・高野山などに詣で、同年夏、紀州熊野に赴き、本宮の証誠殿に百日参籠した。その間、熊野権現から信不信、浄不浄の別なく、「南無阿弥陀仏　決定往生六十万人」と記した算《ふだ》を人々に配る(賦算《ふさん》)ようにとの神勅を受け、六十万人頌を作った。このとき智真の名を一遍と改めた。その後、同行とも別れてひとり遊行に出かけ、四国・九州・山陽・京都などを経て、弘安二年1279信州伴野(現長野県佐久市)で踊念仏を始めた。賦算の遊行はその後も奥州・関東・東海・山陰へと続くが、正応二年兵庫の観音堂(のちの真光寺)で、所持した一切の聖教を焼き捨てて没した。著書、語録二巻、播州法語集(持阿記)。〔参考〕一遍聖絵、一遍上人絵詞伝、一遍上人年譜略、一遍上人行状、人物叢書一八三

一遍花押

**いっぺんしょうにん-えでん　一遍上人絵伝**　時宗の開祖一遍智真の一代の行状を描いた絵巻物。遺品は多いが、①一遍聖絵、②一遍上人絵詞伝の二系統に大別される。①一二巻(うち第七巻のみ後補)。清浄光寺・歓喜光寺蔵(第七巻のみ東京国立博物館蔵)。国宝。弟子聖戒が正安元年1299に編集したもの。京都歓喜光寺(六条道場)に伝えられ、六条道場本といわれる。聖戒が詞書を作り、絵は法眼円伊《ほうげんえんい》。正安元年は一遍の没後一〇年であり、しかも一遍の最初の弟子(実弟)聖戒の手になるものであるから、その史料的価値は高く、絵も宋画の手法を摂取した新しい写実的な手法によりほぼ全国の風物を如実に描き出し、秀抜な画趣にみちている。この系統の模本には奈良県の北村家(一二巻のうち四巻)、東京前田育徳会(一二巻のうち七巻)の蔵品があり、いずれも室町期の作である(重文)。②一〇巻。宗俊によって嘉元元年1303頃に完成したもの。原本は伝存しない。この系統の模本には明治四四年1911に焼失した藤沢清浄光寺本、長野県金台寺本(鎌倉末期、重文)、神戸真光寺本(元亨三1323、重文)などがある。なおこの宗俊本は前半には一遍、後半には二祖他阿真教の行状をのせ両者の継承を強調する。そのため南北朝以降、多数転写された。〔複製〕日本絵巻物集成二二、新修日本絵巻物全集一一・二三、日本絵巻大成別巻

**いっぽう　一法**　(寛文五1665—享保一〇1725)　時宗の第四九祖。相模藤沢の人。俗姓は青木氏(一説に摂津別所の人。俗姓は樋口氏)。樹端の弟子となり、山形光明寺に住したが、正徳二年1712から一〇年間遊行

上人として諸国を巡った。弟子に賞山がある。著書、器朴論要解二巻。

**いっぽう-いっしゅう　一放一収**　ある時は放ちある時は捉える意。師が弟子を教導する手段が自由自在で巧みなことをいう。

**いっぽっく　一法句**　法を説いた一つの句。特に世親の浄土論に「一法句とは謂く清浄句なり、清浄句とは謂く真実智慧無為法身なり」とあるので、浄土教では一法句といえばこの句を指す。これについて曇鸞の浄土論註には、浄土の国土・仏・菩薩のすぐれたありさまを説いた浄土論の二九句を「広」とし、入一法句を「略」とし、広略相入する(浄土のくわしいありさまと清浄即ち真実智慧無為法身とは別な意味を持ちながら離すことのできないものである)と説いている。

**イティヴッタカ　Itivuttaka**　パーリ語経蔵の小部（クッダカ・ニカーヤ）の第四経。四篇一一二経よりなる。イティヴッタカは「かく言われたもの」を意味し、如是語などと訳す。各経は散文と散文の内容を重説する韻文（重頌）とからなり、いずれも「世尊はここにかく言われる」という定型句を含む。内容は一法から四法までの法数に関係する経を収録したもので、第一篇は一法、第二篇は二法、第三篇は三法、第四篇は四法をそれぞれ説く経をおさめる。漢訳には唐の玄奘の訳（永徽元650）の本事経七巻（大一七）があり、パーリ文の第三篇に相当するが、パーリ文とは伝承の系統を異にしている。パーリ語原本はヴィンディッシュ E. Windisch によって刊行された(1889)。ムーア J. H. Moore による英訳(1908)、リイデンステュッカー K.Seidenstücker によるドイツ語訳（1922）などがある。南伝二三

**いとう-しょうしん　伊藤証信**　（明治九1876—昭和三八1963）仏教思想家。無我苑の創立者。三重県久米村(現桑名市)に生まれる。幼名は清九郎。一四歳の時に得度し証信と改名。明治三三年真宗大学卒業。同三五年石川県勝光寺の婿養子となる。同三七年八月二七日、天地万物の内容はすべて「愛」であると自覚し、無我愛主義を主張、真宗大谷派を離脱した。その思想は徳富蘆花・幸徳秋水・河上肇などに歓迎され、翌年雑誌「無我之愛」を創刊、明治末期の思想界に影響を与えた。その道場、無我苑は一時閉苑したが大正一〇年1921再開。以後無我愛同朋全国大会の開催、第二次世界大戦後は、世界連邦アジア会議に出席して活躍した。著書、無我愛の哲学、真正仏教学、日本哲学入門など。

**いとくほうりん-しゅう　遺徳法輪集**　六巻。宗誓の著(宝永七1710)。元禄六年1693二月上旬から翌年一〇月中旬まで、著者が北陸・関東を巡歴した際の見聞記。親鸞の遺跡の由緒と宝物(一—四巻)、直弟二十四輩の人名と寺院について(五・六巻)の記録。真全六五、真宗史料集成八

**いな　緋那**　「いのう」とも読む。(梵)カルマダーナ karmadāna の訳で、羯磨陀那《かつまだな》と音写する。維は綱維の義、那は羯磨陀那の略で、授事と訳す。詳しくは都維那《ついな》という。この場合、都は統都の義。寺務の大綱を総括し、僧衆の雑事を管掌してこれに諸事を授け任命する役。また勤行《ごんぎょう》法要のとき先導をする役。⇩三綱《さんごう》

**いなだ-の-ぜんぼう　稲田禅房**　⇩西念寺《さいねんじ》①

**いなば-どう　因幡堂**　⇩平等寺《びょうどうじ》

**いなばどう-えんぎ　因幡堂縁起**　一巻。絵巻。作者不詳。鎌倉末期の成立。東京国立博物館蔵。重要文化財。因幡国司橘行平が帰京の途中賀留津の海中から三国伝来の薬師像を引上げて仮堂に安置したが、行平の帰京後六年の長保五年1003に薬師像もあとを追って行平の邸に飛来したので、これを本尊として因幡堂(現京都市下京区の平等寺)を創建したという由来を描く。天明年間1781—89の火災によって巻の天地と巻首を失っている。大和絵の伝統をついだ穏雅で古風な趣きがある。〔複製〕続日本絵巻物集成一

**いのうえ-えんりょう　井上円了**　（安政五1858—大正八1919）仏教哲学者。真宗大谷派の僧。号は甫水。越後の慈光寺に生まれ、長岡洋学校、本願寺の教師教校などを経て、明治一八年1885東京帝国大学哲学科卒業。同二〇年哲学館(東洋大学の前身)を

創設、翌年哲学書院を開設。同二一年と三五年に渡欧。同二九年文学博士。哲学会・国家学会の創立や雑誌「日本人」創刊などに関係し、哲学的立場でキリスト教を批判し、国粋主義に基づく仏教擁護を強調、東洋文明の保存を説いた。また妖怪研究により民間の迷信打破につとめた。中国巡遊中、大連で病没。著書、真理金針、仏教活論、仏教哲学系統論、妖怪学講義録など一二二部。

**いのうえ-てつじろう　井上哲次郎**　（安政二1855—昭和一九1944）哲学者。筑前（現福岡県）の人。号は巽《そん》軒《けん》。明治一三年1880東京帝国大学卒業。同一七—二三年ドイツ留学。東京帝国大学教授、哲学会会長、文学博士。ドイツ観念論哲学を紹介し、日本近世儒学を哲学的に解明し、日本の観念論哲学を確立した。また国家主義的立場から国民道徳を強調し、明治二六年の著「教育と宗教との衝突」は仏教界・キリスト教界に波紋をなげた。著書、他に、国民道徳概論、日本陽明学派の哲学、日本古学派の哲学、日本朱子学派の哲学など。

**いのり-ぶぎょう　祈奉行**　鎌倉・室町時代に祈禱のことをつかさどるために置かれた職。ひでりや疫病などの変事があったとき臨時に設けられ、評定衆・引付衆などから選ばれて陰陽師《おんみょうじ》や僧侶に祈禱を命じた。

**いはい　位牌**　霊牌ともいう。安置して祭祀するために、死者の法名を書きつけた木札。儒教の風習から転じたもの。もと、官位を記したから位牌という。生存中から作って安置供養する位牌を寿牌、天皇の寿牌を天牌という。すべての死者を供養するために作ったものを三界万霊牌、日々位牌にする供養を日牌、毎月する供養を月牌という。

**いば-しんえん　意馬心猿**　われわれの心が常に煩悩《ぼんのう》によって乱され動かされているありさまを馬や猿に喩える語。

**いびゃく　惟白**　生没年不詳。北宋代末期の禅僧。姓は冉《ぜん》氏。静江（広西省桂林県）の人。雲門六世の円通法秀の法を嗣ぎ、汴京《べんきょう》（河南省開封県）の法雲寺に住した。建中靖国元年1101続灯録三〇巻を上進し、仏国禅師の号を受けた。著書、他に大蔵経綱目指要録一三巻、牧牛図（失）。〔参考〕普灯録五、五灯会元一六、仏祖歴代通載一九

**いぶき-でら　伊吹寺**　滋賀県米原市朝日、伊吹山の南麓にある。伊富貴山観音寺と号し、天台宗。仁寿年間851—54僧三修が山腹に開創し、元慶二年878定額寺となり、後醍醐天皇の時に、近江国長岡荘鳥羽上郷を賜り、貞和三年1347現地に移された。のち佐々木氏の庇護をうけ七堂伽藍が整えられたが、織田信長の浅井攻めの時焼失した。現存の本堂・薬師堂などはその後の再興。〔重文〕木造伝教大師坐像

**いぶしゅうりん-ろん　異部宗輪論**　一巻。世友（ヴァスミトラ Vasumitra）の著、唐の玄奘の訳（竜朔二662）。仏滅一〇〇年後から分派をくりかえした部派各部の分裂の経緯および各部派の教義を略説する小乗系の論書。本書の異訳には陳の真諦の訳の部執異論（別称、部異宗論）、鳩摩羅什の訳といわれる十八部論（別称、分別部論）があり、三本ともその記事はほぼ同一である。原題をサマヤベードーパラチャナチャクラ Samayabhedoparacanacakra といい、梵本は発見されていないが、チベット訳がある。(大)四九〔註釈〕窺基・述記一巻〔参考〕国訳大蔵経論部一三

**いふつらん-じ　伊弗蘭寺**　高句麗（今の中国東北・朝鮮半島北部）に最初に建立された寺。小獣林王二年372前秦から仏像経典が伝えられたので、同五年二月首都に当寺を建て僧阿道を、また肖門寺に順道を住まわせたという。〔参考〕三国遺事三、三国史記一八

**いまきた-こうせん　今北洪川**　（文化一三1816—明治二五1892）臨済宗の僧。名は宗温、洪川は号。大坂の人。大坂の藤沢東畡に漢学を習い、天保一一年1840出家し、相国寺の大拙承演に師事した。岩国永興寺に住し、のち鎌倉円覚寺管長・臨済宗総黌黌長をつとめた。門弟に洪岳宗演（釈宗演）・函応宗海らがいる。著書、禅海一瀾。

**いま-どうしん　今道心**　青道心《あおどうしん》、襖道心《あおどうしん》ともいう。道心を起こし出家してから日が浅いもの。

**いまむら‐えみょう　今村恵猛**　（慶応二1866—昭和七1932）浄土真宗本願寺派の僧。福井県の人。西本願寺普通教校・慶応義塾を卒業し、明治三二年1899開教師としてハワイへ渡航。ホノルル市本願寺ハワイ開教総監（別院開設後、輪番と改称）となり、ハワイ移住民の伝道教化につくした。

**いもつしん　為物身**　⇩実相身《じっそうしん》

**いよ‐どうご‐の‐おんせん‐ひ　伊予道後温泉碑**　伊予湯岡碑《いよのゆのおかのひ》ともいう。現存しない。聖徳太子が法興六年（推古天皇四年596）伊予に遊行、湯泉の妙験を歎美して作った碑文。文は序と銘からなり、対句、成語を用いた漢文で、今日知られているわが国最古の石文で、碑文は釈日本紀一四と万葉集註釈三に引用する伊予風土記によって知られる。

**いらん　伊蘭**　(梵)エーランダ eraṇḍa の音写。極臭木と訳す。トウゴマに属する植物。強い悪臭を発するので、栴檀《せんだん》の香気と対照される。種子からトウゴマを作る。

**いらんなはつばった‐こく　伊爛拏鉢伐多国**　インド中部の南境にあり、北はガンジス河に臨む国。(梵)イーリナパルヴァタ Īriṇa-parvata（塩を含んだ荒地の山の意）の音写と考えられ、現在のモンギール Monghyr 付近に相当するといわれる。玄奘訪印のころには正量部・説一切有部などの伽藍があった。都城の近くに同名の山がある。〔参考〕西域記一〇、慈恩伝三

**いりよくしゃ　已離欲者**　⇩未離欲者《みりよくしゃ》

**いるい‐ちゅう‐ぎょう　異類中行**　悟った後の修行として菩薩《ぼさつ》が自ら進んで迷っている六道の衆生《しゅじょう》の中へ入って行き、済度するのをいう。迷っている者は悟ったものと同類でないから異類であり、その中へ入って行くのであるから異類中行という。

**いろは‐うた　いろは歌**　古くから空海の作といわれてきたが、不詳。いろは歌は、承暦三年1079抄了の金光明最勝王経音義にみえるのが現存最古である。これ以前の作であろう。涅槃経聖行品の四句の偈を意訳したものという。「色は匂へど散りぬるを（諸行無常）我が世誰ぞ常ならむ（是生滅法）有為の奥山今日越えて（生滅滅已）浅き夢見じ酔ひもせず（寂滅為楽）」の意。弘法大師全集九〔註釈〕覚鑁・以呂波略釈一巻、同・以呂波釈可有事等一巻

**いわしみず‐はちまんぐう‐じ　石清水八幡宮寺**　京都府八幡市に鎮座する石清水八幡宮の神宮寺であった護国寺のこと。石清水八幡宮は貞観元年859、大安寺僧行教が豊前の宇佐八幡宮に参籠して託宣をうけ、翌年都に近い男山に勧請したものであるが、男山にはそれ以前から石清水寺があり、同五年行教は奏請して護国寺と改め、神宮寺とした。通常の神宮寺と異なり、八幡宮と護国寺は一体のもので、「宮寺《みやでら》」とよばれた。行教の一族である紀氏が祠官の上首を世襲したが、検校・別当などと称し、法印の位をもつ法体であった。神前読経し、神前の荘厳もすべて仏式を用い、神供にも精進を守って魚味を供しなかった。石清水八幡宮は、王城の鎮護として伊勢神宮に次ぐ第二の宗廟とされ、朝廷の手厚い崇敬をうけた。天元二年979の円融天皇の行幸以来、明治一〇年1877まで天皇・上皇の親幸が二百四十余度を数え、全国の八幡宮の本社と

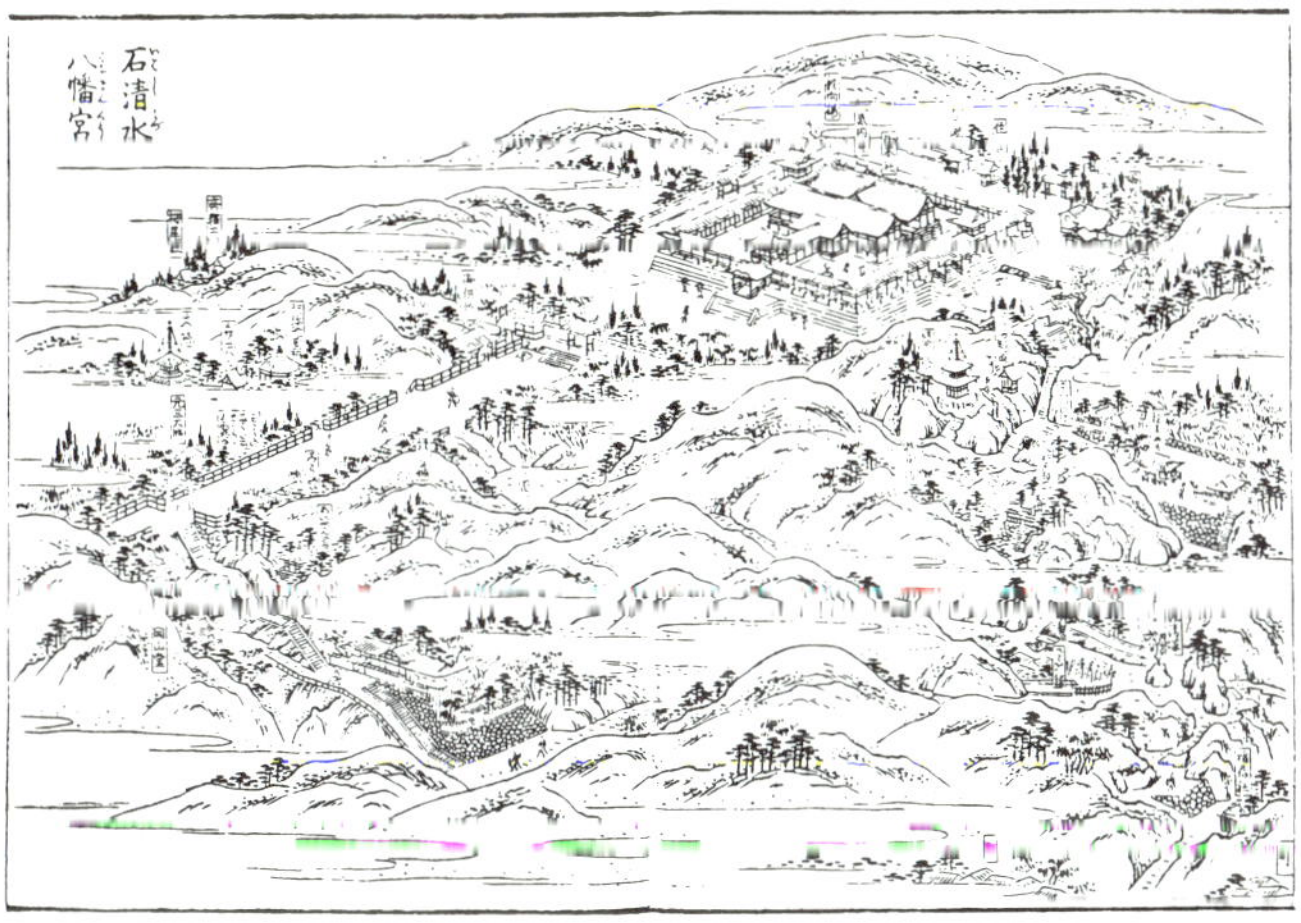

石清水八幡宮（都名所図会）

された。各地に「別宮」と称する末社を設けそれがそのまま社領となった。天慶五年942平将門の乱平定の奉賽に始まる三月の臨時祭や、天延二年974に始まる放生会は朝廷の大会とされ、永保二年1082には二十二社に列した。祠官の紀氏は南北朝時代に田中・善法寺二家に分かれ、のちさらに菊大路家が分かれたが、明治初年の神仏分離の際、還俗し、また神前の仏式の荘厳を撤去し、純然たる神社となった。〔重文〕本殿及び外殿、幣殿及び舞殿、五輪塔、石清水八幡宮文書ほか〔参考〕石清水八幡宮編・石清水八幡宮史九冊、石清水文書六冊（「大日本古文書」家わけ四）

**いわふね‐でら　岩船寺**　⇩がんせんじ

**いわま‐でら　岩間寺**　滋賀県大津市石山内畑町。真言宗醍醐派。岩間山正法寺と号する。西国三十三カ所第一二番札所。醍醐寺の別院。養老六年722泰澄《たいちょう》の開基と伝え、天正五年1577醍醐寺理性院の堯助が再興したが、現在は観音堂・五社権現を残す。〔参考〕岩間寺縁起、元亨釈書一七、山城名勝志一七

**いわや‐でら　岩谷寺**　茨城県笠間市来栖。真言宗智山派。医王山護命院と号する。大同四年809秀悦の開基と伝える。承久三年1221忠円が再興。のち智山派の檀林となった。文政一一年1828、明治一六年1883の火災で衰微した。〔重文〕木造薬師如来坐像、同立像

**いん　因**　①狭義では、結果（果）を引き起こすための直接の内的原因を因（内因）といい、これを外から助ける間接の原因を縁（外縁《げえん》）というが、広義では両方を合わせて因とも縁ともいう。因は種々に分類される。(イ)能生因《のうしょういん》と方便因《ほうべんいん》、正因《しょういん》と了因《りょういん》、正因と縁因、などの二因の分類は、狭義における因と縁とを並称するものであり、そのほかにも習因（慣習、同類因）と報因（善悪の業、異熟因）、引因または牽引因《けんいんいん》（遠い未来世に苦の果報を引く業の種子《しゅうじ》）と生因または生起因《しょうきいん》（近い未来世の苦の果報を引く業の種子）、通因（多くの結果に対して共通して因となるもの）と別因（一の結果のみに対して特別に因となるもの）などの二因の分類がある。(ロ)五因とは生《しょう》・依《え》・立《りゅう》・持《じ》・養《よう》の五つの因で、能造の四大種（地・水・火・風）を因とし、所造色《しょぞうしき》を果とする時、四大種は所造色に対してこれら五因の義があるとする。生因とは四大から所造が生ずること、依因とは四大が所造のよりどころとなること、立因とは四大が所造を保持すること、持因とは四大が所造を持続させること、養因とは四大が所造を育てることをいう。また一切の因を分けて、生因・和合因・住因・増長因・遠因の五因とすることもある。(ハ)有部宗（倶舎宗《くしゃしゅう》）で説く六因は、(1)能作因《のうさいん》。果たる法以外の一切の有為法《うぃほう》は、その法を生ずるために或いは積極的に力を与え（有力能作因）、或いは消極的にその法を生ずるのにさまたげをしないから（無力能作因）、すべてその法に対する因（能作因）と考えられる。これは広義における因である。(2)倶有因《くういん》。二個以上の法が同時に依存しあって存在する時、それらの諸法は相互に倶有因であるという。これに同一果（同じく果を一にする）と互為果（互いに果となる）との二つの解釈がある。(3)同類因。同類の法が連続して生ずる時、先の法を後の法の同類因という。(4)相応因。倶有因の中で、特に心と心所（心のはたらき）との間の関係を相互に相応因であるという。(5)遍行因《へんぎょういん》。同類因の中で、特に力の強い煩悩《ぼんのう》即ち遍行惑について いう場合を別立したもの。(6)異熟因《いじゅくいん》。不善業と有漏《うろ》の善業とが因となって無記《むき》の果を引く時、これを異熟因という。また別に、当有因・相続因・相因・能作因・顕了因・待因の六因も説かれる。(ニ)唯識宗で説く十因とは、(1)随説因。言葉はものを表現するから、言葉はものの因である。(2)観待因。能く受け込むもの、例えば手を待って執るという動作があるとき、手は執られるものの因である。(3)牽引因。種子《しゅうじ》が遠い未来の自らの果を引くこと。(4)摂受因。種子以外の諸の縁。(5)生起因。種子が近い未来に自らの果を生ずること。(6)引発因。種子或いは現行《げんぎょう》が同類のすぐれた果を引くこと。(7)定別因。一切の有為法《うぃほう》が自らの果を引いて雑乱しないこと。(8)同事因。因が果と和合すること。(9)相違因。ものが生ず

るのに障碍となること。⑽不相違因。同じく障碍とならないこと。㈥十習因とは、習慣的に行うことによって未来に地獄に生まれる因となる一〇の悪業。②因明(論理学)の用語で宗(命題)及び喩(例証)とともに、三支(三つの要素)を形づくる。宗の次にあって、その理由を説明するもの。

**いん　印**　㊵ムドラー mudrāの訳。母陀羅《もだら》と音写する。しるしのこと。①木や石などで作った印章。②教義の規範となり、はたじるしとなるものを法印という。一法印、三法印などがある。大乗義章巻二には印を㊵ウッダーナ uddāna(憂檀那)の訳で決定してかわらぬ意とする。③四種曼荼羅を四智印(四印)という。大智印(諸尊の形像など)・三摩耶智印(諸尊の持ち物や手指であらわす形など)・法智印(諸尊の徳をあらわす文字など)・羯磨智印《こんまちいん》(諸尊のはたらきなど)である。④印契《いんげい》のこと。印相《いんぞう》、密印、契印などともいう。手の指で種々の形をなし、仏・菩薩諸尊の内証を標示するもの。修行者が本尊と渉入し融合するためにその本尊の印相を結ぶこともある。印相はもと、説法印が説法の手振りを示すように、両手で示す威儀の身振りであったので定まった軌則がなかったが、密教の発達にともなって、相が定まり、意味を説くにいたった。儀軌成立の時代によって、またインド・中国など地方の別によって印相に差違がある。特に日本の密教諸派では伝承や儀軌に各流儀があって、所用の印相も多種多様であるが、六種拳・十二合掌および観法に用いる十八契印が基本形である。諸尊の普通の印相としては、釈迦の五印といわれる説法印(転法輪印)・施無畏印・定印(禅定印)・降魔印(触地印)・与願印(施願印)、阿弥陀の九品印・安慰印(来迎印)、金剛界大日の智拳印、胎蔵界大日の法界定印などがある。密教では印相を結ぶ両手を二羽・日月掌などとよび、十指を十度・十輪・十蓮・十法界・十真如・十峰などと称し、その組合わせに諸種の意味を説き、左・右を止・観、定・慧、権・実、慈・悲など、小指から親指を順次に色・受・想・行・識、地・水・火・風・空などとする。修行者が、印相を結ぶには一定の作法があり、また東密などでは袈裟・法衣などで覆い顕露に結ぶことを禁じ、尊重の意を示す。なお、両手で結ぶ印相を手印とよび、観音の蓮華や文殊の利剣のような諸尊の持物を印契と称して区別することがある。⑤禅宗では文字や言語をこえたさとりを心印といい、このさとりを師から弟子につたえるのを印信《いんしん》を授けるという。またそれを証明認可するのを印可という。⑥密教では秘法を伝授した印《しるし》として弟子に書き与える印可状を印信《いんじん》という。

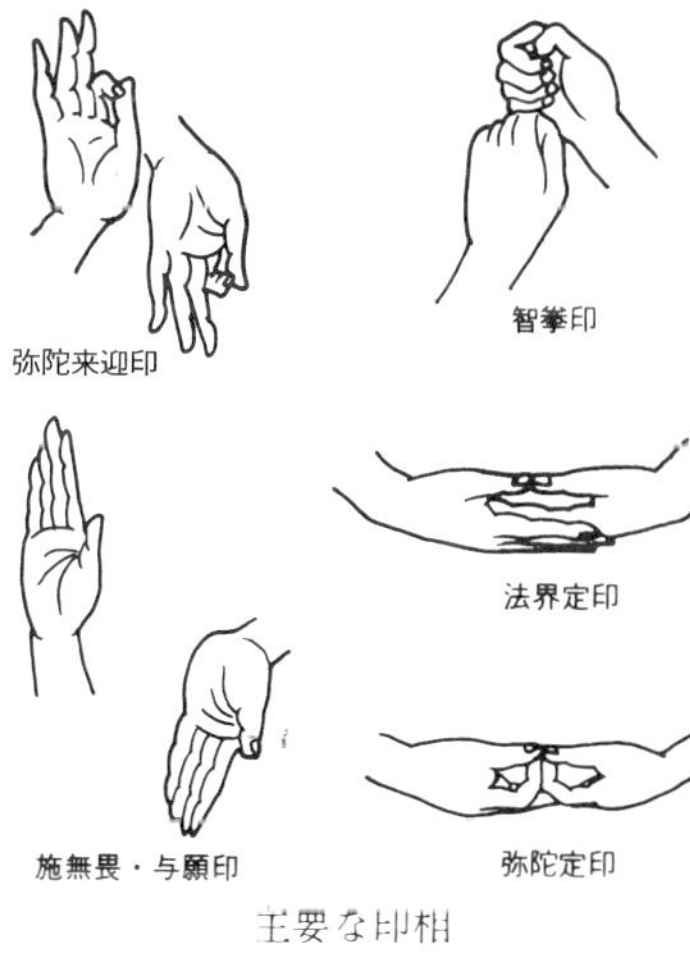

主要な印相

**いんえい　胤栄**　(永正一八1521―慶長一二1607)鎗術宝蔵院流の祖。姓は中御門氏。覚禅坊と号する。大和宝蔵院に住し、剣術を上泉伊勢守に、鎗術を大膳大夫盛忠に学んで、鎌鎗の術を発明し、宝蔵院流をたてた。弟子に禅栄房胤舜がいる。〔参考〕台徳院殿御実紀六

**いんが　因果**　①原因と結果のこと。結果を生じさせるものが因で、その因によって生じたものが果である。時間的な因果関係では、因は時間的に前にあり果は後にあるから、これを因果異時という。しかし束ねた蘆(束蘆)が相互によりかかりあって立つような場合も広い意味では因果関係で、このような空間的因果関係では因果同時である。唯識派では、種子《しゅうじ》から種子を生ずる関係は因果異時で、種子から現行《げんぎょう》を生じ、現行によって種子を熏ずる関係は、因果同時であるとする。八因・五果の中では、異熟因と異熟果との関係、および同類

因・遍行因と等流果との間の関係はいずれも因果異時で、倶有因・相応因と士用果との間の関係は因果同時であり、能作因と増上果との間の関係はその両方に通じる〈⇩因《いん》果《か》〉。また同類因と等流果との間の関係は、前時の自己が因となって後時の自己を生ずる関係であるから、これを自類因果という。②われわれの行為(業《ごう》)について異時の因果を立てるとき、善の業因には必ず善の果報があり、悪の業因には必ず悪の果報がある。これを善因善果・悪因悪果というが、厳密には善因楽果・悪因苦果というべきである。善なる業を因として善なる業を生じて、善業が相続して行く場合もあるが、これがまさに善因善果である。善悪の業因があれば、必ずそれに相応した楽苦の果が報《むく》い、因果の理が厳然として乱れることのないのを因果応報といい、因果の理を無視して認めず邪見に陥ることを因果を撥無《はっむ》するという。③因果の関係を実践修道の上にあてはめると、修行の因によってさとりの果を得ることになるから、これを修因得果、修因感果という。「感」とは果を招くことである。酬因感果という。④すべての外道の説を四種に分類して外道四執または四執という。即ち、邪因邪果は万物生起の原因を大自在天の能力に帰するもの。無因有果《むいんうか》は、現在の現象的世界を果として認め、その果に対する因はついに求めがたいと否定するもの、有因無果《ういんむか》は、現在の現象的世界を因として認め、その因に対する果はついに求めがたいと否定するもの。無因無果《むいんむか》は、その両方を否定して因果を撥無するもの。また別に二類に分ける。因中有果《いんちゅううか》論は、バラモン教および数論《すろん》の唱えた説で、果として現われる現象的世界は必ず因の中に内具している、従って因と果とは性質が等しいと見るもの。これに対して因中無果論は、バラモン教に対立するいわゆる一般思想界、および勝論《かつろん》の唱えた説で、独立した多くの根本要素(即ち因)が結合して現象的世界(即ち果)ができていると見るから、因と果とは性質が不等であり、因の中に果はないとする。或いはむしろ果中有因論といってもよい。⑤善悪の業因によって楽苦の果報を招くことを表わす異熟因・異熟果と、その中で特に福徳(世間的な善業)によって人天の楽果を招く福因・福果と、智慧を修習してさとりの果を招く智因・智果との三種の因果関係を、三因三果という。

**いんが-ものがたり　因果物語**　三巻。鈴木正三(1579—1655)の著。草稿は明暦元年1655に成立か。因果歴然の理を示すため諸国遍歴の際の見聞を約八〇条に物語っている仮名草子。ほとんどが怪談的物語で史実としては信頼できないが、内容が面白いので世に迎えられた。西鶴の新因果物語(本朝二十不孝)や、鷺水の近代因果物語などに影響を与えた。古典文庫、鈴木鉄心編・鈴木正三道人全集〔刊本〕寛文元1661刊(片仮名本)

**いんきん　引磬**　「いんけい」とも読む。大衆の注意を引くために鳴らす仏事用の楽器の名。椀状の小さな鐘で、底の方に穴をあけて紐を通し、これに木の柄をつけてある。手に持って鳴らすので手磬《しゅきん》ともいう。

**いんげ　院家**　寺院の格式の一種。宇多上皇が出家して仁和寺に入ったとき、これに従った皇族を院家衆と称したのに始まるという。のち親王や貴族が出家して、その法系を継ぐ寺室を院家と称するようになったが、鎌倉時代以後、門跡《もんぜき》に付随する由緒ある寺院を指すようになった。例えば、本願寺は青蓮院門跡の院家として遇されたが、永禄二年1559門跡となり、翌年、本宗寺・顕証寺などが院家の勅許を得ている。近世になって真宗では寺格の一とされた。〈⇩門跡《もんぜき》〉〔参考〕仁和寺諸院家記

**いんげん　印元**　(永仁三1295—応安七1374)臨済宗の僧。薩摩の人。印原とも書く。古先と号し、正宗広智禅師と勅諡された。文保二年1318元に渡り、天目山の中峰明本に参禅した。嘉暦元年1326清拙正澄が来朝するのに従って帰国し、暦応二年1339甲斐恵林寺の主となる。その後、京都の万寿寺、鎌倉の浄智寺・円覚寺などの名刹に歴住し、建長寺三八世を継いだ。〔参考〕古先和尚行状、延宝伝灯録五、本朝高僧伝三一

**いんげん　院源**　(天暦五951または天暦八954—長元元1028)天台宗の僧。陸奥守

平基平の子。叡山に登って良源・覚慶に師事し、寛仁四年1020天台座主となる。治安二年1022法成寺金堂の落慶供養の導師を勤めた。唱導をよくしたといい、翌年僧正に任じ法務を兼ねた。万寿二年1025勅により仁王経を講じ、輦車で宮中に入ることを許された。西塔西方院に隠居して没した。〔参考〕天台座主記、元亨釈書四、本朝高僧伝一〇

**いんげん　隠元**　（明の万暦二〇1592—日本の延宝元1673）日本黄檗宗の祖。諱は隆琦。明の福州府福清県の人。二一歳で発心して普陀山に入り、二九歳のとき黄檗山の鑑源について剃髪した。諸寺に遊び、金粟山の密雲円悟に参じてのち、黄檗山の費隠通容から印可をうけ、崇禎一〇年1637から七年間、さらに清の順治三年1646から九年間黄檗山の主となった。同一一年（日本の承応三年）長崎の興福寺にいた逸然性融の請により渡来し、翌年崇福寺に移った。妙心寺の竜渓らの奔走により摂津普門寺に迎えられ、万治元年1658江戸に赴いて将軍徳川家綱に謁し、天沢寺（麟祥院）に滞在した。寛文元年1661宇治に黄檗山万福寺を創建し、同三年祝国開堂の典をあげた。後水尾上皇の帰依があつく、大光普照国師の号を授けられた。著書、普照国師語録三巻、普照国師法語二巻、弘戒法儀一巻、松堂集二巻、太和集二巻など。〔参考〕本朝高僧伝四五、普照国師年譜、黄檗山寺誌

**いんごう　院豪**　（承元四1210—弘安四1281）臨済宗の僧。字は一翁。円明仏演禅師と勅諡された。寛元1243—47の初め、宋に入って径山《きんざん》の無準《ぶじゅん》に参禅し、帰朝して上野世良田の長楽寺に住し、栄朝に師事した。普寧《ふねい》・祖元が来朝した際、謁して禅要を問うた。〔参考〕延宝伝灯録一九、本朝高僧伝二一

**いんさい　印西**　生没年不詳。源空（法然）の弟子。阿性房（また阿証房）と号する。京都長楽寺に住した。源空に随侍し、慈悲第一といわれた。叡空から円頓戒を受けており、文治元年1185建礼門院の戒師をつとめたという。〔参考〕法然上人行状絵図四、平家物語（灌頂巻）、三長記

**いんじゃく　允若**　（至元一七1280—至正一九1359）元代の天台宗の僧。字は秀衡。浮休、若耶と号し、慈光円照の号を賜った。紹興相里路（浙江省紹興府山陰県）の人。大恢山の堪堂性澄に天台の教観を習う。杭州の興化寺に住し、時の人から銭塘四依の一に数えられた。越州の雲門寺に退居した時には雲門三高の一といわれた。もっぱら法華三昧を修していたが、天下の大乱にあい賊に殺害された。著書、内外集。〔参考〕宋学士全集補遺七、明高僧伝一

**いんじゅ　印呪**　①印相《いんぞう》と陀羅尼《だらに》。手に印を結び口に陀羅尼を唱えるのを印契誦呪、略して印呪といい、また印明という。〈⇩印《いん》④〉　②陀羅尼の異名。⇩陀羅尼《だらに》

**いんしょう　印性**　（長承元1132—承元元1207）真言宗の僧。藤原長輔の子。大夫僧正、芝僧正と号する。東寺の任覚から両部秘法を受け、建久三年1192東寺長者、建永元年1206東寺法務となる。承安二年1172仁和寺に真乗院を開いた。〔参考〕東寺長者補任、本朝高僧伝五三

**いんじょう　引接**　おさめとってひきみちびくこと。引摂とも書き、接引ともいう。①仏の力が衆生を包容して浄土に往生させること。②仏が来迎して衆生を浄土に導くこと。迎接ともいう。その想《おも》いを引接の想《いんじょうのそう》といい、往生要集中本には念仏を修する時の想に、帰命・引摂（引接）・往生の三想を説く。③おしえ導いて正法に帰入させることをいう。

**いんじょうじ　引接寺**　①京都市上京区千本通廬山寺上ル閻魔前町。光明山歓喜院と号し、俗に千本閻魔堂と呼ぶ。高野山真言宗。寛仁1017—21の初め、定覚、源信の

閻魔堂狂言（都林泉名勝図会）

弟子という)の開創と伝え、文永一〇年1273京都大報恩寺の澄空如輪が再興。本尊は閻魔大王(定朝作)。定覚は音乱名号大念仏会(一種の念仏踊)をはじめたといわれ、室町時代には毎年、境内の普賢象桜の開花の日に大念仏会が行われる例となり、今に閻魔堂狂言として伝わる。〔重文〕塔婆 〔参考〕雍州府志四、山城名勝志二 ②福井県武生市京町。天台宗真盛派。本山西教寺三末頭の一。長享二年1488派祖真盛《しんぜい》がこの地で往生要集を講じたのにもとづき、明応二年1493後土御門天皇から引接寺の勅額を賜った。その後、朝倉氏の庇護を受けて栄えた。〔参考〕円戒国師絵詞伝六 ③山口県下関市中之町。浄土宗。文禄三年1594忠誉徳一の開創。初め亀山社地にあったが、慶長二年1597来誉の時、小早川秀秋の寺地寄進によって現地に移った。のち毛利藩の菩提寺として栄えた。

**いんぜい-あみだきょう　引声阿弥陀経**　阿弥陀経は「あびだけい」とよむ。一種の曲調をつけて漢音で阿弥陀経を読誦する法で、円仁が五台山の北台普通院から伝えたもの。叡山などで引声念仏と共に例時作法にとり入れられた。〔参考〕真如堂縁起、古事談三

**いんぜい-ねんぶつ　引声念仏**　一種の曲調をつけて阿弥陀仏の名号を唱詠する法。法道和尚が極楽の水鳥樹林の念仏の声を感得して始めたといわれ、円仁が五台山で学んで日本に伝えた。法道は恐らくは法照と同一人で、その五会念仏《ごえねんぶつ》の法によるものと考えられる。仁寿元年851叡山常行三昧堂で初めて修された。大原の勝林院や京都の真如堂などに伝わり、久安五年1149難波の四天王寺に引声念仏堂が建てられた。浄土宗の十夜法要は引声念仏に始まるという。〔参考〕慈覚大師伝、真如堂縁起、魚山目録

**いんぞ　引座**　説法の高座に導師を導くこと。即ち開演にさきだって大衆に紹介すること。

**いんぞう　印相**　⇩印《いん》④

**いんそん　院尊**　生没年不詳。平安末期から鎌倉初期の天台宗の僧。院尊流(台密十三流の一)の祖。名は公因、聖行房と号した。皇慶から台密谷流を伝えて別に一派を立てた。〔参考〕台密血脈譜

**インダス-がわ　インダス河**　⇩信度河《しんどが》

**インダス-ぶんめい　インダス文明**　インダスIndus河流域のパンジャーブ地方(現在のパキスタン)を中心に繁栄したインドの古代文明で、古代の四大文明の一つに数えられる。その概要は一九二〇年以来行われたハラッパーおよびモヘンジョ・ダロの二大遺跡の発掘調査によって明らかになった。今日では東西約一六〇〇《キロ》、南北約一四〇〇《キロ》の広大な地域内に約三〇〇の遺跡が知られる。モヘンジョ・ダロ、ハラッパーの両遺跡は高度に整備された都市文明の遺構を示し、城塞と住宅街とからなる。城塞は宗教・政治の中心地をなしていたと思われ、人工築壇で、モヘンジョ・ダロでは大沐浴場と穀物倉庫とを備えている。住宅街はほぼ直交する街路によって整然と区画され、住宅は浴室・井戸を備えており、入口は小路に開いている。また下水溝も完備されている。樹神崇拝・動物神崇拝・女神崇拝などが行われていたことが発掘された遺物から推定され、とくにヒンドゥー教のシヴァ Śiva神の原型とも思われる坐像が注目される。また出土した印章などからインダス文字と呼ばれる約四〇〇の半象形文字が知られるが、現在のところいまだに解読されていない。メソポタミアで発見されたインダス文明の遺物から、この文明がすでに紀元前二三〇〇年頃には存在していたことが知られる。紀元前二三〇〇—二〇〇〇年頃がこの文明の最盛期と思われ、紀元前一八〇〇年頃まで存続し、その後河川の氾濫などの諸原因により次第に衰退したものと見られる。インダス文明を築いた民族は、紀元前一五〇〇年前後にパンジャーブ地方に侵入したインド・アーリヤ人によって武力により征服同化された。先住民族の一部は駆逐されてインド南部に移り、現在のドラヴィダ人、ムンダ人の祖先となったと推定される。このインド・アーリヤ人と先住民族との抗争は、リグ・ヴェーダ Ṛg-veda の讃歌からうかがい知る事ができる。ただしインド・アーリヤ人が直接インダス文明を破壊したとする説には、反対

意見もある。

**いんだら　因陀羅**　①⇩帝釈天《たいしゃくてん》　②生没年不詳。元代の禅僧。名を壬梵因という。開封の大光禅寺に住み、余技に道釈画をよくした。気魄ある筆致と簡明直截な表現をもって知られ、日本に伝わる代表的作品は「禅機図巻」断簡（静嘉堂文庫、根津美術館蔵ほか）など。

**いんだらかしつた　因陀羅呵悉多**　(梵)インドラハスタ indrahasta の音写。一種の薬用植物の名。おそらくはニンジンかともいう。

**いんだら-くつ　因陀羅窟**　⇩因陀羅勢羅窶訶《いんだらせいらぐか》

**いんだらせいらぐか　因陀羅勢羅窶訶**　(梵)インドラシャイラグハー Indraśaila-guhā の音写。中インド・マガダ国ナーランダーの東にある山窟。因陀世羅求訶、因沙旧、因陀羅窟、帝釈窟などともいう。この山に東西両峰があって、西峰の南巌の間に大きな石室があり、仏陀が止住していたとき、帝釈《たいしゃく》天がこの石に書いた四二の疑問に答えたと伝える。現在窟門は幅約三メートル、高さ約五メートルほどあるという（文献によって窟の所在を異にすることがある。今は西域記にもとづく）。〔参考〕Digha-nikāya21, 長阿含経一〇、中阿含経三三、雑宝蔵経六、帝釈所問経、出曜経二一、西域記九、慈恩伝三、法顕伝

**いんだら-もう　因陀羅網**　因陀羅は(梵)インドラ Indra の音写で、帝釈天のこと。従って帝釈天の網を意味し、略して帝網《たいもう》ともいう。帝釈天の宮殿を荘厳する網はその一々の目にみな宝珠が付けられ、その一々の宝珠の上には他の一切の宝珠の影を映じ、またその一々の影の中に他の一切の宝珠の影が映し出されるというように、無限に交錯し反映しあっている。華厳宗《けごんしゅう》において、事事無礙円融《じじむげえんにゅう》重重無尽《じゅうじゅうむじん》の義のたとえとしてしばしば引かれる。⇩四法界《しほっかい》

**いんたん　允堪**　（景徳二1005－嘉祐六1061）「いんかん」とも読む。北宋代の南山律宗の復興者。諡号は真悟智円律師。銭塘（浙江省杭州府銭塘県治）の人。道宣の四分律行事鈔の註疏、行事抄会正記をはじめ、道宣の十鈔に註釈をつくって、十本の記主と呼ばれた。杭州の大昭慶寺、蘇州の開元寺などに住して律を弘めたが、やや後輩の霊芝山の元照《がんじょう》と見解を異にし、南山律の中に允堪の会正派と元照の資持派との流派が分かれることになった。〔参考〕仏祖統紀四五、釈氏稽古略四、律宗綱要下、律宗瓊鑑章六

**いんちゅう-せつか　因中説果（果中説因）**　原因の上に仮に結果の名を与えて説くのを因中説果、結果の上に仮に原因の名を与えて説くのを果中説因という。例えば糸と衣服という因果関係において、因である糸の上に果である衣服の名を与えて、糸を指して「衣服である」という場合が因中説果であり、果である衣服の上に因である糸の名を与えて、衣服を指して「糸である」という場合が果中説因である（北本涅槃経巻三七）。

**いんど　印度**　(梵)シンドゥ Sindhu 身毒・信度・捐度・呬度・賢豆・天竺・大篤（ゾロアスター教の聖典アヴェスター Avestā の中では Hindu あるいは Hendu とある）などの異称がある。印度の名の原義については、月輪、月種族、インダス河の古名の三種の解釈があるが、前の二説は(梵)インドゥ indu（月）から起こったとするもので、後世の付会である。第三の説はもとはインダス Indus 河をサンスクリットでシンドゥ Sindhu と呼んだところから、それがインダス河流域の名称となり、それをペルシア人はヒンドゥ Hindu、これをさらにギリシア人はインディア India と転訛し、ヘレニズムの潮流にのって世界的に広まったとする。これを中国人はそれぞれシンドゥに身毒、ヒンドゥに賢豆、インディアに印度をあてたと考えるべきであろう。仏典には多く天竺、五天竺（東・西・南・北・中）の語が用いられるが、これは後漢から唐・宋にかけて多く行われた名であり、印度という標記は唐代におよんで初めて現われたといわれる。なお、漢書や史記には身毒の名を用いている。

**いんとう　淫湯**　禅宗で焦した米を湯にひたして茶に用いるもの。「淫」の字義については、焦げた米が湯にひたり滞留する

義であるといい、或いは「飲」に作るべしという。或いは飲用者の淫心が薄らぐから淫湯と名づけるともいわれている。

**いんどう　引導**　①衆生を仏道に引き入れ導くこと。②葬儀に際し、棺の前で導師が亡者をさとりの彼岸に導き済度するためにいいわたす一種の教語。

**いんどう-じ　引導寺**　京都市東山区八坂塔の近くにあった念仏道場。八坂の引導寺という。源空(法然)の弟子見仏房《けんぶつぼう》(大和前司親盛入道)が住した。建久三年1192後白河院の菩提を弔うため当寺で見仏房などが、六時礼讃を修した。八坂塔の北にある青竜寺は当寺を再興したものという説があるが、確定はできない。〔参考〕法然上人行状絵図一〇、京都坊目誌下、山城名勝志一四

**いんど-ぞうし　印度蔵志**　一一巻。平田篤胤《ひらたあつたね》(1776-1843)の著(天保一一1840覚厳の序)。インドの風俗・世界観・婆羅門の教義・仏陀一代の教説・小乗分派の歴史およびその変遷などを批判的に論じた書で、大乗非仏説にまでふれている。永平寺の載庵禹隣はこれに序をおくっているが、篤胤の排仏論の基礎はここから生まれた。また本書を抄略した印度蔵志略前集二巻がある。〔刊本〕平田篤胤全集一五

**インドラ　Indra**　⇩帝釈天《たいしゃくてん》

**インドラブーティ　Indrabhūti**　(九世紀)タントラ仏教の金剛乗の祖。ウッディヤーナ Uḍḍiyāna (インドのオリッサ Orissa 地方にあたる)の国王といわれる。パドマサンバヴァ Padmasambhava (蓮華生《れんげしょう》)の父とされていたが、近年その関係は否定されている。密教の大衆化のために活躍し、その著作といわれるものは約二三部あって、チベット大蔵経におさめられている。現存する梵本に、クルクラー・サーダナ Kurukulā-sādhana とジュニャーナ・シッディ Jñāna-siddhi がある。

**いん-に　因位〔果位〕**　菩薩が仏になるための因としての行を修めている間の地位を因位といい、因位の修行を達成して得た仏の位を果位という。因位はまた因地《いんじ》ともいい、この位にある者を因人《いんにん》と称する。果位または果地、果上、果頭《かず》などという。この位にある者を果人《かにん》といい、天台宗では特に果頭仏ともいう。果位の境界を果界といい、仏果の功徳は海のように広大であるから果界を果海とも称する。さとりをひらいて仏果を証し、果界に入るのを果界証入、また果界にはすべての現象的存在のことごとくが顕現するのを果界円現、一切の理が円満するのを果界円理という。なお果位における徳を果徳という。

**いんにん-じゅうほう　因人重法**　説者が勝れているときは、その説者によって説かれた法も勝れていて尊重するに足る、とせられること(曇鸞の往生論註巻上)。

**いんね-もんじょう　印壊文成**　蠟印を泥に印すると、蠟印は壊れて跡に印文が残ること。有情《うじょう》がまよいの世界に輪廻《りんね》するとき、現在の蘊が滅して中有の蘊が生ずるのは、現在の蘊が中有の蘊になるのでもなく、中有の蘊がそれ自らで生ずるのでも、他から生ずるのでもなくて、即ち現在の蘊が滅する因縁によって中有の蘊が生ずることは、あたかも印が壊れたという因縁によって印文ができるようなものである、という譬喩(北本涅槃経巻二九)。なお安楽集巻上には念仏往生の喩とする。

**いんねん　因縁**　①因と縁。結果を生じさせる内的な直接の原因が因で、外からこれを助ける間接の原因が縁である。これを内因・外縁《げえん》といい、親因・疎縁ともいう。また因を広義に解して、因と縁とを合わせて因ともいい、同様に縁ともいう。一切の存在はすべて因縁によって生じ因縁によって滅する。因縁によって生ずることを因縁生、縁生、縁成、縁起などという。このように因縁によって生滅しているその道理を因縁生滅の理といい、そのように因縁によって生滅する一切の法はそのまま空なる存在であるという道理が因縁即空の理である〈⇩因《いん》〉。②因なる縁、因即縁の意。縁という言葉で因を呼んだもの。因は直接的原因であるから親因縁ともいう。四縁の一〈⇩縁《えん》①〉。因縁に属し因縁の状態にあるものを因縁性という。

**いんねん-へん　因縁変〔分別変〕**　唯識宗の用語。識にうつされた客観(識の相分、

識が変じて認識の対象となって現われたもの)についての分類。阿頼耶識《あらやしき》の種子《しゅうじ》から因縁によって生じ、存在(本質《ほんぜつ》)をありのままにうつしている相分(眼耳鼻舌身の前五識および第八阿頼耶識の相分)を因縁変、識のはからいによって本質をゆがめて映したり、ないものをあるかのように妄想している相分(第六・第七識の相分)を分別変といい、三類境でいうと、前者は性境《しょうきょう》(帯質境《たいぜっきょう》の一部を含めることもある)、後者は独影境《どくようきょう》と帯質境とである。

**いんのうへん　因能変〔果能変〕**　唯識宗の用語。能変とは変化させるもの、即ち物心の諸現象をあらわし出させるものを意味し、これに因能変・果能変の二種の意味がある。因能変(因変)とは、因であるものが即ち能変であるということで、この場合、変は転変(生変)の意味である。即ち根本的な精神的主体である阿頼耶識《あらやしき》の中には、すべての事物の原因となる種子《しゅうじ》(習気《じっけ》)があるが、それがあらわれはたらいて現象(現行法《げんぎょうほう》)となるのをいう。これに対して果能変(果変)とは、果であるものが即ち能変であるということで、この場合、変は変現(縁変)の意味である。即ち種子から生じた果である諸八識自体が対象をとらえることによって見るもの(識の見分《けんぶん》)と見られるもの(識の相分《そうぶん》)となってあらわれることをいう。なお、種子が種子を生ずることと、あらわれはたらく現象(現行法)が阿頼耶識に種子をうえつけることをも因能変ということがある(成唯識論巻二)。

**いん-の-ろくぎ　因の六義**　華厳宗の教義。法相宗の種子《しゅうじ》の六義に基づいて立てられた説。詳しくは縁起因門六義法といい、略して因門六義ともいう。縁起して万有を生ずる因に六の意義があること。(1)空有力不待縁《くううりきふたいえん》、(2)空有力待縁、(3)空無力待縁、(4)有有力不待縁、(5)有有力待縁、(6)有無力待縁の六。これらを種子の六義に当てはめると順次に、(1)刹那滅、(2)果倶有、(3)待衆縁、(4)性決定、(5)引自果、(6)恒随転となる。縁起して万有を生ずる因(直接的原因)である如来蔵には、(1)因(直接的原因)として全分の力を有しているから縁(間接的原因)の力に依存しない面(因有力不待縁)と、(2)逆に因としては無力であるから縁の力に依存する面(因無力待縁)と、(3)因と縁との両方の力に依存する面(因有力待縁)とがある。更にその因そのものについて見ると、実在性をもっていない空の面と、万有を生ずる有《ぅ》の面とがあるから、総じて六義を有することになる。

**いんぶん　因分〔果分〕**　分は分斉(けじめ)の意味で、因の範囲を因分、果の範囲を果分という。世親の十地経論巻二には、因分は果分の一部分をあらわすものとする。仏のさとりの全内容である真如の世界(性海《しょうかい》)のありさまは、仏果をさとった身分でなければ知ることができず、衆生には説きあらわすことのできないものであるが(性海果分、果分不可説)、仏になる因の身分にある衆生のために、機縁に応じて説きおこされた教えは、衆生が知ることのできるものである(縁起因分、因分可説)とする(華厳経探玄記巻一〇、華厳五教章巻一)。

**いんみょう　因明**　(梵)ヘートゥ・ヴィドヤー hetu-vidyā の訳。五明《ごみょう》の一。因とは理由、明とは学問の意。理由を示して論証を行う論理学のこと。①インドの論理学の祖は、正理学派(ニヤーヤ学派)の祖である足目《そくもく》((梵)アクシャパーダ Akṣapāda の訳)であって、一般にインドでは論理学のことをニヤーヤ(Nyāya 正理)と称するが、仏教では特に因明という。因明には古因明(陳那《じんな》＝(梵)ディグナーガ Dignāga より前)と新因明(陳那およびそれ以後)とがある。古因明に属する弥勒《みろく》((梵)マイトレーヤ Maitreya)は瑜伽論巻一五で因明を七種の項目にまとめて説いている。これを七因明という。すなわち論議についての七つの要件で、(1)論体性《ろんたいしょう》(論議の体質である言語)、(2)論処所《ろんじょしょ》(論議をするのに適する場所)、(3)論所依《ろんしょえ》(立論の根拠)、(4)論荘厳《ろんしょうごん》(論議が整然として善美なこと)、(5)論堕負《ろんだふ》(論議の敗北)、(6)論出離《ろんしゅつり》(前もってよく観察し、論議をするかしないか決定すること)、(7)論多所作法《ろんたしょさほう》(論議をよくする資格)をいう。②以上の七因明の中では第三の論所依がその中心で、これから論証しようとする結論である所成立《しょじょうりゅう》(略して所立《しょりゅう》ともいう)に二種、即ち自性《じしょう》と差別《しゃべつ》とを分け、論証の側に属する能成立《のうじょうりゅう》(略して能立《のうりゅう》ともいう)に八種、即ち立宗《りっしゅう》・弁因・引喩・同類・異類・現量・比量・正教《しょうぎょう》を分ける。この能成立の八種を八能立《はちのうりゅう》という。無著《むじゃく》の雑集論巻一六ではこの八を立宗・立論・立喩・合《ごう》・結・現量・比量・聖教量《しょうぎょうりょう》と名づける。この中のはじめの五、即ち宗・因・喩・合・結の五項を古来、古因明に用いる論式の特徴とし、これを五分作法《ごぶんさほう》(五支作法)という。作法とは、論証方法を論式に言いあらわしたもの、またそのようにあらわすことの意であり、後者の意味における作法は厳密には立量《りゅうりょう》という。五分作法の説き方には少し差異があるが、世親の如実論の説き方では、宗「声は無常なるべし。」・因「所作性《しょさしょう》(条件に依存すること)なるが故に。」・喩「譬えば瓶等の如し。」・合「瓶等の如く、声も亦かくの如し。」・結「故に声は無常なり。」という。この五分作法は既知の事項によって未知の事項を演繹的に論証するものである。この中で宗(梵)プラティジュニャー pratijñā またはパクシャ pakṣa)とは主張、提案の意味で、立論者が新しく提唱し論証しようとする命題であり、所立ともいう。これに対して因(梵)ヘートゥ hetu)は立論者が自己の宗を相手に承認させるための論証の根拠であり、喩(梵)ウダーハラナ udāharaṇa またはドリシュターンタ dṛṣṭānta)はその例証、例喩、実例である。因・喩はともに既知の事実に属し、能立ともいう。合(梵)ウパナヤ upanaya)は喩にもとづいて宗と因とを結びつけるもの、結(梵)ニガマナ nigamana)は宗を再出して宗が結論として確定されることを示すものである。けれども以上の五分作法は因の原理を明確にしない不整備な論式であって、陳那は後説する「因の三相」によって、これを宗「声は無常なり。」・因「所作性なるが故に。」・喩「諸の所作性のものは無常なり。瓶等の如し(同喩)。諸の常住なるものは所作性のものにあらず。虚空等の如し(異喩)。」という三支作法に改良し、新因明を確立した。公式的に示せば、宗「すべてのSはPなり」因「Mなるが故に」同喩「すべてのMはPなり、例えばeの如し」異喩「すべての非Pは非Mなり、例えばe′の如し」となる。③陳那の門弟である商羯羅主《しょうからしゅ》(梵)シャンカラスヴァーミン Śaṃkarasvāmin)によれば、因明には相手に自己の論議を悟らせることを目的とする悟他の方法と、自ら論理を探求する自悟の方法とがあり、悟他の側に(真)能立《しんのうりゅう》・(真)能破《しんのうは》・似能立《じのうりゅう》・似能破《じのうは》の四門、自悟の側に(真)現量・(真)比量・似現量《じげんりょう》・似比量《じひりょう》の四門があって、これを因明八門といい、この八門に悟他と自悟との二つの利益(役立ち)があることを八門両益《はちもんりょうやく》という。まず悟他の能立とは、直接自己の意見を相手に承認させる目的をもった立論をいい、その立論が宗・因・喩の三支作法にかない、誤謬のない真正なものであれば真能立といい、誤謬を含んだ似て非なるものであれば似能立という。悟他の能破とは、相手の立論を反駁攻撃する目的をもった立論をいい、それの真正なものを真能破、不正なもの(即ち相手の正しい立論を誤ったものとして攻撃する立論)を似能破という。次に自悟の四門は、自悟の知識であり、上の悟他の四門の言論をひき起こす根拠となるものである。即ち真現量とは真正な直覚的知識、真比量とは真正な推理的知識、似現量と似比量とはそれぞれの誤謬の知識をいう。④新因明によると、真能立でありうるためには三支は以下のような論理的内容をもたねばならない。(イ)宗は主辞(S)と賓辞(P)との二部からなる。例えば「声は無常なり」の宗において、「声」は主辞で、「無常」は賓辞である。主辞は前陳、前説、所依、自性《じしょう》、有法《うほう》、所別とも称され、これに対して賓辞は後陳《ごじん》、後説《ごせつ》、能依、差別《しゃべつ》、法、能別とも称される。言語によって主張を開陳表明した立言自体を言陳《ごんじん》というから、この言陳を前陳と後陳とに分けたのである。主辞と賓辞とは宗依といわれ、それぞれのその概念が、立者《りっしゃ》である立論者のみならず、敵者《じゃくしゃ》である相手(反駁者)にも承認されていること(立敵共許《りゅうじゃくぐうご》)を必要とする。しかし主辞と賓辞との結合した宗の命題、即ち宗体は、立論者が新しく立てる主張であるから、立者には承認されているが敵者にはいまだ承認されていないこと(立敵不共許《りゅうじゃくふぐうご》)を必要とする。(ロ)因は宗を敵者に承認させる根拠理由であるから、立敵共許でなければならない。この因は宗の主辞と直接関係をもつ。例えば「声は無常なり」の例でいえば、「所作性」なる因は「声」の上に認められるわけである。このように宗の主辞の上にそなわっている因の有する意味、道理を因体という。かくて因は宗の主辞と賓辞との結合を果たす媒概念(M)となるものであるから、因は次の三原理をもたねばならない。(1)遍是宗法性《へんぜしゅうほっしょう》。因(M)が宗の主辞(S)の法(賓辞)となって遍く宗の主辞を包摂すること、即ち「すべてのSはMなり」が成立すること。(2)同品定有性《どうほんじょううしょう》。因(M)が宗の賓辞(P)と同じ品類のもの(宗同品とも同品ともいう。Pの外延全体を指す)にすべて包摂されること、即ち「すべてのMはPなり」が成立すること。(3)異品遍無性《いほんへんむしょう》。因(M)が宗の賓辞(P)と矛盾した異なる品類のもの(宗異品とも異品ともいう)には少しも包摂されないで全く無関係なこと、即ち「すべての非Pは非Mなり」が成立すること。以上の三原理を「声は無常なり」を例にとっていえば、「所作性」という因が、(1)声をその中に包むことが遍是宗法性であり、(2)無常なるものに包まれることが同品定有性であり、(3)無常でないもの(例えば虚空など)とは全く無関係であることが異品遍無性である。これらの三を因の三相といい、因の媒概念である意義を明確に規定したもので、三支作法の骨子をなす。(ハ)喩は因と同様に立敵共許であることを必要とし、同喩と異喩とに分かれる。同喩とはこれから論証しようとする主張の賓辞(宗の法)およびその主張の根拠(因)と同類である例喩の意味であって、因の同品定有性を示した「すべてのMはPなり」の命題、例えば「声は無常なり」の例では「所作性のものはすべて無常なり」の命題と、その命題に対する実例、例えば「瓶など」とをいう。異喩とは、これから論証しようとする主張の賓辞(即ち宗の法)とも無関係であり、またその主張の根拠(因)とも無関係である例喩の意味であって、側面から主張を論証するのに役立つもの、この方は因の異品遍無性を示した「すべての非Pは非Mなり」の命題、例えば「声は無常なり」の例では「常なるものは凡て所作性のものに非ず」の命題と、その命題に対する実例、例えば「虚空など」とをいう。つまり「所作性」という因が「無常」にのみ関係して、「常」には全く無関係であることを、それぞれ同喩と異喩とをもって示したのである。そして同喩と異喩とにおいて命題の部分を喩体、実例を喩依という。同喩についてその喩体を示し因明の論式を立てることを合作法《がっさほう》という。「積極的に宗と因とを結合させる作法」の義である。この場合は「所作性のものは凡て無常なり」というように先因後宗の順序をとる。異喩についてその喩体を示し因明の論式を立てることを離作法という。「宗の賓辞および因と不同類なる実例を消極的に宗および因から隔離する作法」の義である。この場合は「常なるものは凡て所作性のものに非ず」というように先宗後因の順序をとる。⑤似能立《じのうりゅう》には欠過と支過との二類がある。欠過とは三支(宗・因・喩)のいずれかを欠く過誤、過失である。支過とは三支のもつ論理的過誤、過失で、宗に九種(宗九過または似宗《じしゅう》九過という)、因に一四種(因十四過または似因《じいん》十四過という)、喩に一〇種(喩十過または似喩《じゆ》十過という)の三十三過(因明三十三過ともいう)がある。(イ)似宗九過とは次の九種をいう。(1)現量相違過。現実の直覚的知識(現量)に相違する事実を宗として立てる過失。例えば「蛇には足あるべし」という宗を立てるような場合。(2)比量相違過。推量比知しえた推理的知識(比量)に相違する事実を宗として立てる過失。例えば「人間は死せざるべし」という宗を立てるような場合。(3)自教相違過。自己の奉ずる宗義に相違する事実を宗として立てる過失。例えば「声は無常なり」という宗義を奉ずる勝論《かつろん》学派が「声は常なり」と主張するような場合。(4)世間相違過。世間の認める一般的知識に相違する事実を宗として立てる過失。例えば「科学は空想なり」という宗を立てるような場合。(5)自語相違過。「自己の言語に矛盾を含む過失」という意味で、宗の主辞と賓辞とが互いに矛盾している過失。例えば「わが母は子を産めぬ女なり」と主張する様な場合。(6)能別不極成過《のうべつふごくじょうか》。宗の賓辞、即ち能別の意義が相手に承認されていない、即ち立敵不共許である過失。例えば仏教徒が他教徒に対して「人は仏の子なり」と主張するような場合。(7)所別不極成過《しょべつふごくじょうか》。宗の主辞、即ち所別の意義が相手に承認されていない、即ち立敵不共許である過失。例えば有我論者である数論師《すろんじ》が無我論者である仏教徒に対して「我は思なり」と主張するような場合。(8)倶不極成過《くふごくじょうか》。宗の主辞と賓辞と両方の意義がともに相手に承認されていない過失。例えば有我論者である勝論師が仏教徒に対して「我は和合因縁なり」と主張するような場合。(9)相符極成過《そうふごくじょうか》。宗の主辞も賓辞も倶にその意義が相手に承認されており、しかも主辞と賓辞との結合、即ち相符が相手にすでに承認されているために、宗として改めて主張する必要がなく、従って立論自体が無意味である過失。例えば「声は聞かる」と主張するような場合(以上のうち、(6)(7)(8)は立敵共許でなくてはならないという宗依の性質に反する過失であり、(9)は立敵不共許でなくてはならないという宗体の性質に反する過失である)。(ロ)似因十四過とは、不成《ふじょう》(梵)アシッダ asiddha)因の四種(四不成過)と、不定《ふりょう》(梵)アナイカーンティカ anaikāntika またはアニシュチタ aniścita)因の六種(六不定過)と、相違(梵)ヴィルッダ viruddha)因の四種(四相違過)とをいう。(a)四不成過《しふじょうか》は、因が宗の主辞を包んでいないために因の第一相である遍是宗法性を欠いているような不成立の過失因を因として立てる場合で、その過失は次の四種である。(1)両倶不成過《りょうくふじょうか》。立論者と対敵者(即ち立者と敵者)のいずれの立場から見ても、因(M)が宗の主辞(S)と全く無関係である過失。即ち「すべてのSはMなり」という遍是宗法性の条件を因が具備していない過失。例えば「声は無常なり」との宗に対して、「肉眼の対象となるが故に」という因を立てるような場合をいう。(2)随一不成過《ずいいちふじょうか》。立論者と対敵者の中のいずれか一方が、その因に遍是宗法性の条件を具備していると認めても、他の一方の者(随二)はこれを認めないために、立敵共許でなくてはならないという因の性格に反する過失。例えば声が所作性であることを承認しない声顕論者《こえけんろんじゃ》に対し、声が無常であることを論証するために「所作性なるが故に」という因を立てるような場合をいう。(3)猶予不成過。遍是宗法性の条件が疑わしく蓋然的であるにもかかわらず、これを因として立てる過失。例えば遠方に煙であるか霧であるか疑わしいものを見て「彼方に火あり、煙あるが故に」というような場合をいう。(4)所依不成過。所依即ち宗の主辞の存在が立者と敵者(自他)の双方に承認されている(立敵共許)というわけではないために、因の遍是宗法性が不成立となる過失。例えば実体としての虚空を認めている勝論師がこれを認めない者に対して「虚空は実体として存在す」の論証として「徳(属性)の所依なるが故に」という因を立てるような場合をいう。(b)六不定過《ろくふりょうか》とは、因の第二相である同品定有性《どうほんじょううしょう》と第三相である異品遍無性《いほんへんむしょう》とのいずれかを因が欠いているために、宗(論証されるべき主張)を確定的に断定できない過失で、これには次の六種がある。(1)共不定過《ぐうふりょうか》。因が宗同品(宗の賓辞と同類のもの)のみならず宗異品(宗の賓辞と異なった類のもの)にも共通して存在しているために、このような因によっては宗を確定できない過失。即ち因が異品遍無性の条件を欠いている場合の一。例えば「声は常なり」という宗に対し、「所量性なる故に」という因を立てた場合、所量性は声以外の常なるもの(宗同品)にもあり、無常なるもの(宗異品)にもあるために、所量性という因によっては、声の常・無常を確定できないような場合をいう。(2)不共不定過《ふぐうふりょうか》。因が宗同品(宗の賓辞と同類のもの)にも宗異品(宗の賓辞と異なった類のもの)にも共通しないためにこのような因によっては宗を確定できない過失。即ち因が同品定有性を欠いている場合の一。例えば「声は常なり」という宗に対し「聴覚の対象なるが故に」という因を立てた場合、「聴覚の対象」が「声」そのものであって、「聴覚の対象」という因は、声以外の常なるもの(宗異品)にも全く無関係であるから、「声の常」に対する新しい媒概念として提出されたものとはならず、従ってこのような因によっては声の常、無常を確定できないような場合をいう。(3)同品一分転異品遍転不定過《どうほんいちぶんてんいほんへんてんふりょうか》。同分異全不定過ともいう。因が宗同品(宗の賓辞と同類のもの)の一部分にのみ通じ、更に無関係でなくてはならない宗異品(宗の賓辞と異なった類のもの)の全体にも通ずるために、このような因によっては宗を確定できない過失。即ち因が異品遍無性を欠いている場合の一。例えば「某甲《むこう》は女なり」という宗に対して「子を産まざるが故に」という因を立てた場合、「子を産まざるが故に」という因は女(宗同品)の一部にのみ関係して、女の全体に関係しておらず、さらに全く無関係でなくてはならない男(宗異品)の全体に関係しているために、このような因によっては某甲が果たして女であるか男であるかはこれを確定できないような場合をいう。(4)異品一分転同品遍転不定過《いほんいちぶんてんどうほんへんてんふりょうか》。異分同全不定過ともいう。因が宗同品(宗の賓辞と同類のもの)の全体に通じてはいるが、宗異品(宗の賓辞と異なった類のもの)の一部にも通じているために、このような因によっては宗を確定できない過失。即ち因が異品遍無性を欠いている場合の一。例えば「某甲は男なり」という宗に対して「子を産まざるが故に」という因を立てた場合、「子を産まざるが故に」という因は男(宗同品)の全体に関係してはいるが、女(宗異品)の一部にも関係しているために、このような因によっては、某甲が果たして男であるか女であるかを確定できないような場合をいう。(5)倶品一分転不定過《くほんいちぶんてんふりょうか》。倶分不定過ともいう。因が宗同品(宗の賓辞と同類のもの)の一部にのみ通じ、しかも全く無関係でなくてはならない宗異品(宗の賓辞と異なった類のもの)の一部にも通じているために、このような因によっては宗を確定できない過失。即ち因が異品遍無性を欠いている場合の一。例えば「声は常なり」という宗に対して「無質礙性《むぜつげしょう》(可形性のものでなく障《さわ》りなきもの)なるが故に」という因を立てた場合、無質礙性は常なるもの(宗同品)の一部若干(例えば虚空など)に関係しつつ、しかも全く無関係でなくてはならない無常なるもの(宗異品)の一部若干(例えば楽受など)にも関係しているために、このような因によっては声の常、無常を確定できないような場合をいう。(6)相違決定不定過《そういけつじょうふりょうか》。立論者と対敵者(即ち立者と敵者)の両方がそれぞれの見地から、それぞれの因を立て、しかもその因が因の三相を完備し、この因によって相互に矛盾した主張(宗)を成立させている場合、それぞれ自己の主張を成立させるためには充分な因であっても、相手の主張を破るには不充分であるから、いずれとも主張を決定することができないのをいう。「相違決定」とは、相互に矛盾した主張を正当に決定している、という意味である。(c)四相違過とは、因が宗(論証しようとする主張)の賓辞或いは主辞と矛盾して宗を成り立たしめない場合、このような不成立の因を因として立てる過誤、過失をいい、これには次の四種がある。(1)法自相相違因過。因が宗の賓辞(即ち法)の表面に開陳された言論自体(これを言陳《ごんじん》とも自相ともいう)と矛盾する過失。例えば「彼は不死なり」という宗に対して「生物なるが故に」という因を立てる場合、「生物」なる因が「不死」なる賓辞と矛盾するような場合をいう。(2)法差別相違因過。因が宗の賓辞(即ち法)の裏面に隠されている意味(これを意許《こい》とも差別ともいう)と矛盾する過失。例えば万物を造る第一原因の存在を証明するために、「万物は他に造られたるものなるべし(宗)」「自身に自身を造る能わざるが故に(因)」と立論する場合、立論者は「他」という言葉の裏面に第一原因の意味を示そうとするわけであるが、万物が自身に自身を造る能力をもたないものであるかぎり、「他」もまた万物の一であるから自身に自身を(即ち万物を)造る能力をもたないものとなって、能造の第一原因とはなり得ない矛盾をきたすような場合をいう。⑶有法《うほう》自相相違因過。因が宗の主辞(即ち有法)の表面に開陳された言論自体(即ち言陳《ごんじん》、自相)と矛盾する過失。例えば勝論《かつろん》学派が「有性《うしょう》は実・徳・業にあらざるものなり(宗)」「実・徳・業を持つが故に(因)」と立論する場合、勝論は「有性が実・徳・業を持つが故に」という因によって、有性を「持つもの」とし、実・徳・業を「持たれるもの」として区別しようとするのであるが、有性を実・徳・業から区別して離すことによって、実は実・徳・業を持たないような有性を考えるという矛盾を犯し、かえって勝論学派の立てる、実などと離れない有性の存在を否定するごときをいう。⑷有法差別《うほうしゃべつ》相違因過。因が宗の主辞(即ち有法)の裏面に隠されている意味(即ち意許、差別)と矛盾する過失で、有法自相相違因過で述べた事例でいうと、「実・徳・業を持つが故に」という因が、勝論学派の意中に蔵する主張、即ち実・徳・業と離れない有性の意義と矛盾するごときをいう。(d)なお陳那によると、因が正因であるか或いは似因であるかの判定は、宗の同品(即ち論証されるべき主張の賓辞と同類のもの)と異品(同じく異なった類のもの)とに対して、因が関係即ち妥当性をもつかもたないかによって定まり、それには次の九つの場合がある。これを九句因という。⑴同品有異品有《どうほんういほんう》(この場合は共不定因となる)、⑵同品有異品非有(真正の因)、⑶同品有異品有非有(異品一分転同品遍転不定因)、⑷同品非有異品有(法自相相違因)、⑸同品非有異品非有(不共不定因)、⑹同品非有異品有非有(法自相相違因)、⑺同品有非有異品有(同品一分転異品遍転不定因)、⑻同品有非有異品非有(真正の因)、⑼同品有非有異品有非有(倶品一分転不定因)、(ハ)似喩十過とは(似)同喩五過と(似)異喩五過とをいう。(a)(似)同喩五過は次の五で、いずれも積極的に宗と因とを結合させるために例証として引かれた事例(即ち同喩)に関する過失である。⑴能立(法)不成過《のうりゅうほうふじょうか》。論証のために引かれた実例(即ち喩依)が因(即ち能立法)と同類のもの(これを因同品という)でないために、能立法を成立させない過失。例えば「声は常なり、無質礙性《むぜつげしょう》の故に、すべて無質礙性のものは常なり、極微《ごくみ》の如し」と立論する場合、極微は常ではあるが無質礙性のもの(即ち因同品)ではないから、極微を喩依としては無質礙性が不成立となるような場合をいう。⑵所立(法)不成過《しょりゅうほうふじょうか》。論証のために引かれた実例(即ち喩依)が宗の賓辞(即ち所立法)と同類のもの(これを宗同品という)でないために、所立法を成立させない過失。例えば「声は常なり、無質礙性の故に、すべて無質礙性のものは常なり、覚の如し」と立論する場合、覚は無質礙性であるが常(即ち宗同品)ではないから、覚を喩依としては常が不成立となるような場合をいう。⑶倶不成過《くふじょうか》。上の⑴⑵の過失をあわせもつ場合で、喩依が因同品でもなく宗同品でもないために、能立の因と所立の宗賓辞とをともに成立させない過失。⑷無合過。例証として引かれた命題(即ち喩体)が完全でないために、合作法《がっさほう》を欠く過失。⑸倒合過。合作法の順序である先因後宗(「声は無常なり」の例でいえば「すべての所作性のものは無常なり」)を顚倒して、先宗後因(「すべて無常なるものは所作性のものなり」)とする過失。(b)(似)異喩五過は次の五で、いずれも消極的に宗および因から、宗の賓辞及び因と不同類なる実例を隔離するための例証として引かれた事例(即ち異喩)に関する過失である。⑴能立不遣過。論証のために引用された実例(即ち喩依)が因(即ち能立)と不同類のもの(因異品という)でないために、所立の宗のみを打ち消し(即ち遮遣し)、能立の因を打ち消さない過失。例えば「声は常なり、無質礙性《むぜつげしょう》の故に、すべて無常なるものは質礙性のものなり、業《ごう》の如し」と立論する場合、業は無常ではあるから所立の「常」の義を打ち消すが、無質礙性と不同類であるところの質礙性のもの(即ち因異品)ではないから、業を喩依としては「無質礙性」の打ち消しが不可能となるような場合をいう。

⑵所立不遣過《しょりゅうふけんか》。論証のために引用された実例(即ち喩依)が宗の賓辞(即ち所立)と不同類のもの(これを宗異品という)でないために、能立の因のみを打ち消し(即ち遮遣し)、所立の宗賓辞を打ち消さない過失。例えば「声は常なり、無質礙性の故に、すべて無質礙性のものは常なり、虚空の如し、すべて無常なるものは質礙性のものなり、極微の如し」と立論する場合、極微は質礙性のものであるから能立の因である無質礙性を打ち消すが、常なるものと不同類である無常なるもの(即ち宗異品)ではないから、極微を喩依としては「常」の打ち消しが不可能となるような場合をいう。⑶倶不遣過《くふけんか》。上の⑴⑵の過失をあわせもつ場合で、喩依が因異品でもなく宗異品でもないために、能立の因と所立の宗賓辞とを倶に打ち消さない過失。⑷不離過。主張を側面から例証するために引かれた命題(即ち喩体)が完全でないために、離作法を欠く過失。⑸倒離過。離作法の順序である先宗後因(「声は無常なり」の例でいえば、「すべて常なるものは所作性のものに非ず」)を顚倒して、先因後宗(「すべての所作性のものに非ざるは常なり」)とする過失。⑥真能破には立量破《りゅうりょうは》と顕過破《けんかは》との二類がある。立量破とは、宗・因・喩という論式の作法を組織するものをいい、顕過破とは論式の作法を組織せず、ただ敵者の論法の過誤を指摘し顕示するだけのものをいう。⑦似能破《じのうは》とは、似て非なる誤謬の能破をいう。従ってこれにも立量破と顕過破との場合があるが、立量破の誤謬については、前の似能立の場合と同様である。顕過破の場合の誤謬には次のような十四過類(因明十四過類、十四過)がある。これは古因明において既に説かれたものである。⑴同法相似過類。立論者が正当に異喩としたものをしいて同法、即ち同喩として非難攻撃するもの。⑵異法相似過類。立論者が正当に同喩としたものをしいて異法、即ち異喩として非難攻撃するもの。⑶分別相似過類。立論者が立てる正当な同喩について種々の差別を設け、同喩ではないとして非難攻撃するもの。⑷無異相似過類。例えば「声は無常なり、所作性《しょさしょう》なるが故に、瓶の如し」という正当な立論に対し、声(宗の主辞)と瓶(同喩)とが別異なくして無常ならば、声と瓶とは一切の性質を同じくし、一切は同一となるであろうといって非難攻撃するもの。⑸可得相似過類。立論者の過誤のない真正な因に対してしいて過誤をつけて非難攻撃するもの。⑹猶予相似過類。立論者の立てる過誤のない宗または因に対して異説を出して疑いを生じさせ、因を不成立であるとして非難攻撃するもの。⑺義准相似過類。正しい論式では宗の賓辞の範囲は因の範囲より寛広であるか、あるいは等しいかでなくてはならない、という規則を知らないで、むやみに推論して正しい立論を反面から非難攻撃するもの。⑻至不至相似過類。因が宗に至ってはじめて宗が成立するのであるならば宗と因とは差別なく、また至らなければ両者は無関係であるとして、正当に立てられた宗・因を非難攻撃するもの。⑼無因相似過類。立論者が正当に立てる宗と因とについて、いずれが先、いずれが後であるかを論じ、強引に因を不成立にして非難攻撃するもの。⑽無説相似過類。因を説く前には宗は不成立であったと非難攻撃するもので、本来成立している宗が因によって明らかになることを知らない過失。⑾無生相似過類、「声は無常なり、勤勇無間所発生《ごんゆうむけんしょほっしょう》の故に」という立論に対し、「声」(即ち宗の主辞)の発生以前には「勤勇無間所発性」(即ち因)はなく、従って「無常なり」との主張もあり得ないから、「声は常住なるべし」と非難攻撃するもの。⑿所作相似過類。「声は無常なり、所作性《しょさしょう》の故に、瓶の如し」という正当な立論に対して、しいて声と所作性との関係は瓶と所作性との関係と全同ではないとし、これによって因を不成立とさせる過失。⒀生過《しょうか》相似過類。論証のために引用された実例(即ち喩依)について、さらに論証を要するとして非難攻撃するもの。⒁常住相似過類。「声は無常なり」という正当な立論に対して、「声は常に無常性という常住の自性をもっているから常住のものである」として、非難攻撃するもの。

**いんみょう-さんじゅうさんか-はんさ**

ほう　**因明三十三過本作法**　一巻。著者・成立年不詳。一説に興福寺喜多院の林懐の著という。仏教論理学の論証のうち、生じやすい過失三三カ条（商羯羅主の因明入正理論に定義された因明三十三過）について略説したもの。なお、慧晃の纂解は因明の綱要をも平易にまとめて述べているので流布し、その末疏も多い。〔刊本〕寛文元1661刊、嘉永七1854刊〔註釈〕慧晃・纂解三巻、頼長・鈔三巻、悦仙・輯釈四巻など

**いんみょう-しょう　因明抄**　①五巻。覚憲の著（各巻に久安元1145―久寿二1155の奥書）。因明の難関とされる窺基の因明入正理論疏の四相違段について論題別に解説したもの。その説は著者の師である興福寺の蔵俊の口授によるという。仏全八四　②五巻。英弘の著（建久一〇1199）。窺基の因明入正理論疏の四相違段を註釈したもの。〔写本〕東大寺図書館蔵、興福寺蔵

**いんみょう-しょうりもん-ろんぽん　因明正理門論本**　一巻。陳那（ディグナーガ Dignāga 五世紀）の著。原名はニヤーヤムカ Nyāya-mukha と推定されるが、梵本は存在せず、漢訳のみが現存する。唐の玄奘の訳（貞観二三649）。異訳に唐の義浄の訳（景雲二711）の因明正理門論一巻がある。ガウタマ Gautama（別名アクシャパーダ Akṣapāda〔足目〕）にはじまるとされるニヤーヤ Nyāya 学派の論理学（古因明）を承けつつ、それを改革し大成させて新因明の学説を起こし、インドの仏教論理学に転機を画した最初の述作である。大三二、国一論集部一

**いんみょう-にっしょうり-ろん　因明入正理論**　一巻。商羯羅主《しょうからしゅ》（シャンカラスヴァーミン Śaṃkarasvāmin）の作。原名はニヤーヤ・プラヴェーシャ Nyāya-praveśa. 唐の玄奘の訳（貞観二一647）。陳那（ディグナーガ Dignāga）の因明正理門論本が難解であるため、その学説を簡明に説いたもの。著者は陳那の弟子とされていたが、ヴァイシェーシカ Vaiśeṣika 学派の学者とする説が有力である。最近の研究では梵語原典の誤写か漢訳の際の誤訳かによる内容上の誤りが部分的に指摘されている。玄奘門下の窺基が本書の註釈を著わし、中国・日本の因明研究に大きな影響を与えた。大三二、国一論集部一〔註釈〕窺基・疏三巻、無相・科註一巻、宝雲・要録三巻、智旭・直解一巻など

**いんみょう-にっしょうりろん-しょ　因明入正理論疏**　三巻。唐の窺基（632―82）の著。成立年不詳。因明大疏ともいう。因明入正理論を註釈するとともに、玄奘の講義に基づいて因明の綱要を解説したもの。古来、中国・日本を通じて、仏教論理学の指南書として重視され、その末註も多い。大四四、国一論疏部二三〔註釈〕慧沼・纂要一巻、同・義断一巻、善珠・明灯抄一二巻、蔵俊・大疏抄四一巻、源信・四相違略註釈三巻、明詮・大疏導三巻など

**いんも　恁麼**　中国宋代の俗語。あるものを指し示したり、肯定したり、または疑問の意をあらわす詞として用いられる語。どんな、こんな、そんなの意。禅録に用いられ、道元の正法眼蔵恁麼の巻には、この語によってさとりの端的さをあらわしている。類語に、与麼《よも》、什麼《しゅうも》、漝麼《しゅうも》、甚麼《じんも》、怎麼《しんも》、入麼《にゅうも》などがあり、祖庭事苑巻一には、与麼、恁麼は指し示す詞、恁麼、什麼、甚麼はつまびらかにする詞、甚麼は疑問をあらわす詞であるとする。

**いんゆう　印融**　（永享七1435―永正一六1519）真言宗の僧。武蔵国久保の人。高野山に登って密教を学び、無量光院に住した。晩年、武蔵烏山の三会寺に住し著述に専念した。著書、釈論指南鈔二〇巻、大日経指南鈔九巻、杣保隠遁鈔二〇巻など多い。〔参考〕本朝高僧伝一八、大日本史料九ノ九

**いんりょうけん-にちろく　蔭涼軒日録**　⇩おんりょうけん-にちろく

**いんろ-ぼさつ　引路菩薩**　臨終に人を引導してそのゆく道を示す菩薩。宋代、浄土教の流行に伴い一種の民間信仰となった。敦煌千仏洞の絵画の中にこの菩薩がみえる。

**いんろんしょうろん　因論生論**　一つの論議に関連して、さらに別のわき道にそれた余論的な論議（これを傍論という）が生ずることをいう。

# う

**う　有**　梵バヴァ bhava の訳。有情《うじょう》としての存在、まよいの生存の義。これを種々に分類する。三有は三界のことで、欲有・色有《しきう》・無色有《むしきう》。七有は地獄有(ねがわしくない有の意味で不可有ともいう)・餓鬼有・傍生《ぼうしょう》有(畜生有)・天有・人有・業有(業は生存を引く因であるから業のことを業有という)・中有(死んでから次の生を受けるまでの間)。二十五有は四悪趣(地獄・餓鬼・畜生・阿修羅《あしゅら》)・四洲(東勝身洲《とうしょうしんしゅう》・南贍浮洲《なんせんぶしゅう》・西牛貨洲《さいごけしゅう》・北倶盧洲《ほっくるしゅう》)・六欲天(四王天・忉利天《とうりてん》・夜摩天《やまてん》・兜率天《とそつてん》・化楽天《けらくてん》・他化自在天《たけじざいてん》)・色界(初禅天・大梵天・第二禅天・第三禅天・第四禅天・無想天・五浄居天《ごじょうごてん》)・四無色界(空無辺処天・識無辺処天・無所有処天《むしょうしょてん》・非想非々想処天)。二十九有は、二十五有のうち五浄居天を無煩《むぼん》・無熱・善見・善現・色究竟《しきくきょう》の五天に細分したものである。或いはまた、初果の聖者は人天の間を七度往来して生を受け、それ以上にわたることがないといわれるが、この場合、その各生を中有と生有とに分けて合計二十八有と数えるから、二十九有とはものの絶無であることを表わす。以上のようにまよいの生存の状態は種々に(ことに二十五有に)分類されるから諸有といい、その有は広く際限がないから海に喩えて諸有海という。また大智度論巻一二には、ものの存在の仕方を三種有に分ける。大小長短などのような相対的存在である相待有と、多数集合して仮の存在である仮名有《けみょうう》と、因縁から生じたものではあるが「もの」として存在している法有とである。⇩四有《しう》

**ヴァシーリエフ　Vasiliev, Vasilii Pavlovich**　(1818―1900)ロシアの東洋学者。ロシア正教会の宣教師として一八四〇年より一〇年間北京に滞在、宣教のかたわら中国研究につとめた。帰国後カザン大学、ペテルスブルク大学の教授を歴任。中国研究のみならずチベット語、モンゴル語、梵語などにも通じ、仏教研究でも知られる。著書にBuddizm, ego dogmaty, istoriya i literatura(仏教、その教義・歴史・文献1857)、Religii Vostoka, konfutsiaistvo, buddizm i daosizm(東方の宗教、儒教・仏教・道教1873)があり、とくに前者はその後のヨーロッパにおける仏教研究の手引書となった。その他、満露辞典(1866)や満州旅行記(1855)も刊行している。

**ヴァスバンドゥ　Vasubandhu**　⇩世親《せしん》

**ヴァッタガーマニー・アバヤ　Vaṭṭagāmaṇi Abhaya**　(紀元前一世紀) セイロンの王。アバヤギリ・ヴィハーラ Abhayagiri-vihāra (無畏山寺) を建立し、マハーティッサ Mahātissa 長老に寄進した。これを契機としてセイロンの仏教教団は従来のマハーヴィハーラ Mahāvihāra (大寺) を拠点とする大寺派と無畏山寺派とに分裂することとなった。(参考)Mahāvaṃsa, Dīpavaṃsa

**ヴァーマデーヴァ　Vāmadeva**　婆摩提婆と音写する。阿含部の諸経中に挙げられる一〇人の古仙人の一人。インドではリグ・ヴェーダ Ṛg-veda 第四巻の大部分の讃歌の作者として伝えられ、大叙事詩マハーバーラタ Mahābhārata やラーマーヤナ Rāmāyaṇa にも登場する。

**ヴァルダマーナ　Vardhamāna**　⇩尼乾陀若提子《にけんだにやくだいし》

**ヴァレーザー　Walleser, Max**　(1874―1954) ドイツの仏教学者。梵語・パーリ語・チベット語にすぐれ、中国語にも通じた。青目註・羅什訳の中論のドイツ語訳(Die mittlere Lehre des Nāgārjuna, nach der chinesischen Version übertragen, 1911―12)、中論無畏註(Akutobhayā)のチベット訳の原本写真版とドイツ語訳(Die mittlere Lehre des Nāgārjuna, nach der tibetischen Version übertragen, 1923)を刊行したほか、Die philosophische Grundlage des ältesten Buddhismus (最初期

仏教の哲学的基礎 1904)、Sprache und Heimat des Pāli-Kanons(パーリ聖典の言語と故郷 1924)、Die Sekten des alten Buddhismus(初期仏教の諸部派 1927)などの著書がある。

**うい　有為**　㊵サンスクリタ saṃskṛta の訳。為作《いさ》、造作《ぞうさ》を有するものの意で、有為法ともいう。総じて因縁の和合によって造作された現象的存在をいい、永久不変の絶対的存在である無為に対する。①一般的にいえば五蘊が有為法であるが、倶舎宗《くしゃしゅう》では一切法を七十五法〈⇩五位《ごい》〉に分類する中で七十二法を、唯識宗では百法〈⇩五位《ごい》〉の中で九十四法を、有為法とする。けれども大別すれば色法(物質)と心法(心)と非色非心法との三種となるから、これらを三有為という。②有為は無常であって常に転じ移り変るから、無常であることを、有為転変《ういてんぺん》ともいう。有為法が無常であることの論理的根拠は、生・住・異・滅の四相であって、これを四有為相という(その中で住と異とを合わせて住異とし、三有為相を立てることもある)。③倶舎論《くしゃろん》巻一には有為法について次の四つの異名を挙げている。(イ)世路《せろ》とは、有為法が過去・未来・現在の三世のために所依となることを表わし、或いは世は破壊、無常の義で、無常の所依となることを表わす。(ロ)言依《ごんえ》とは、言語・音声の所依という意味で、有為法は能く詮表する名によって詮表される義であるから名づけられる。(ハ)有離《うり》とは、離は涅槃《ねはん》のさとりで、有為法は最後には捨離されて涅槃に至るべきものであるからこう名づける。(ニ)有事《うじ》とは、事は因の義、有為法は因より生じたものであるからこう名づける。④また有為法は因果的関係によって成り立っていて必ず果を有しているから、有果《うか》ともいう。

**ヴィクラマシラー寺　Vikramaśīlā寺**　現在のインド・ビハール州の東端のガンジス河畔にあった仏教寺院。パーラ王朝のダルマパーラ Dharmapāla王（八―九世紀）の創建。百余の学舎を擁し、ナーランダー Nālandā寺とならぶ仏教研究の中心地で、とくにタントラ仏教がさかえた。アティーシャ Atīśaがこの寺の座主からチベットに入ったのをはじめ、チベットとの間にさかんに僧の往来があったようである。一二〇三年にイスラム教徒の侵入によって完全に破壊された。

**ヴィクレマシンハ　Wickremasingha**　生没年不詳。セイロンの考古学者。古都アヌラーダプラ Anurādhapura を踏査して、セイロンにかつて密教が栄えた事実を確かめた。著書としてArchaeological survey of Ceylon（セイロンの考古学的調査）、Epigraphia zeylonica（セイロン碑銘誌 1907)がある。

**ういさい　回祭**　先に庫司《くす》に供養の祭食を作らせ、後にその費用を納所《なっしょ》に還すこと。回財《ういさい》ともいう。

**ヴィスッディ・マッガ　Visuddhi-magga**　清浄道論ともいう。ブッダゴーサ Buddhaghosa（仏音《ぶっとん》）の著（五世紀中葉）。ヴィムッティ・マッガ Vimuttimagga(解脱道論)を底本として、南伝パーリ論蔵七論を手際よくまとめた南方上座部教学の綱要書。全篇は戒・定・慧の三学で組織され二三品より成り、三学の実践によって清浄の道たる涅槃におもむくべきことを説くのを目的とする。教学にまじえてセイロン伝承の史料・因縁譚をも挿入して百科全書的外観をも呈し、現在においても南方パーリ仏教における最高権威の論書とされる。パーリ語原典はパーリ聖典協会（1920―21）およびハーヴァード大学（1950）より刊行されている。註釈にダンマパーラ Dhammapālaのパラマッタ・マンジューサー Paramattha-mañjūsā がある。〔参考〕南伝六二・六三・六四

**ヴィナヤ・ピタカ　Vinaya-piṭaka**　南方上座部の伝えたパーリ語の律蔵。漢訳で伝わる律蔵よりも比較的古形を保っていると推定される。全体は(1)経分別(スッタ・ヴィバンガ sutta-vibhaṅga)、(2)犍度部《けんどぶ》(カンダカ khandhaka)、(3)附随(パリヴァーラ parivāra)の三部分よりなる。(1)は経の註釈という意味であるが、この場合の経(スッタ sutta)は、戒律の一々の条文を指す。この経を集めたものを戒経（パーティモッ

カ pātimokkha 波羅提木叉《はらだいもくしゃ》と音写する）といい、比丘戒経（二二七条）、比丘尼戒経（三一一条）とに分かれる。経分別もこれに従って大分別（マハーヴィバンガ mahā-vibhaṅga）と比丘尼分別（ビックニーヴィバンガ bhikkhunī-vibhaṅga）とに分かれ、それぞれ比丘・比丘尼の守るべき個人規律および違反に対する罰則を掲げるとともに、字句解釈や適用例、およびそれぞれの規則が制定された由来を語る因縁譚をまじえる。これに対して⑵犍度部は僧伽（サンガ saṅgha）すなわち教団の運営についての規定を収録したもので、大品（マハーヴァッガ mahāvagga）と小品（チュッラヴァッガ cullavagga）とに分かれ、あわせて二二犍度を含む。⑶附随は⑴⑵に対する補足的な説明をまとめたもので、一九章より成り、⑴⑵よりも後世に成立したものである。ヴィナヤ・ピタカは現在でもスリランカ、タイ、ビルマなどの南方上座部系の仏教国で行われており、古くから数多くの註釈が作られているが、ブッダゴーサ Buddhaghosa（仏音《ぶっとん》）のサマンタ・パーサーディカー Samantapāsādikā（善見律毘婆沙）がもっとも有名である。南伝一―五

**ヴィニータデーヴァ　Vinītadeva**　（700頃）調伏天《じょうぶくてん》ともいう。インド瑜伽唯識派の思想家で仏教論理学の学者。その伝記はほとんど明らかでないが、ナーランダー寺に住したといわれる。著作には、唯識学関係のものとして世親（ヴァスバンドゥ Vasubandu）の唯識二十論・唯識三十頌に対する註釈および陳那（ディグナーガ Dignāga）の観所縁論（アーランバナパリークシャー Ālambana-parīkṣā）に対する註釈、論理学関係のものとしてニヤーヤ・ビンドゥ Nyāya-bindu（正理一滴）をはじめとするダルマキールティ Dharmakīrti の著作に対する註釈五篇があるほか、律に関する著作数篇があり、いずれもチベット訳で現存する。

**ういはくじゅ　宇井伯寿**　（明治一五 1882―昭和三八 1963）インド哲学・仏教学者。曹洞宗の僧。号は活翁。愛知県の人。曹洞宗の東漸寺活山卍寿について得度する。東京帝国大学でインド哲学を専攻し、大正二年 1913 曹洞宗海外留学生としてドイツ・イギリスに留学。曹洞宗大学（現駒沢大学）・東北帝国大学・東京帝国大学の教授を歴任し、学士院会員となる。厳密な原典批判に立ってインド・中国・日本にわたる仏教思想の流れを体系づけ、昭和六年帝国学士院賞、同二八年文化勲章を受けた。著書、印度哲学研究、禅宗史研究、仏教汎論、印度哲学史など。

**ヴィバンガ　Vibhaṅga**　分別論と通称する。パーリ語論蔵の七論の一つ。南伝経蔵の諸経の中に散見する仏教の術語を分類整理し組織的に解説したもの。パーリ七論の中でも法集論（ダンマサンガニ Dhammasaṅgaṇi）に次いで成立が早く、ともにアビダルマ教学の基礎的論書に数えられる。原文はリス・デヴィズ T. W. Rhys Davids が一九〇四年に公刊した。本論書の註釈にブッダゴーサ Buddhaghosa（仏音《ぶっとん》）のサンモーハ・ヴィノーダニー Sammoha-vinodanī（除癡迷論）がある。南伝四六・四七 〔参考〕善見律毘婆沙一

**ヴィヤーサ　Vyāsa**　①インドの大叙事詩マハーバーラタ Mahābhārata の作者とされる伝説上の仙人。ヴェーダ・ヴィヤーサ Veda-vyāsa とも呼ばれ、ヴェーダの編者ともされる。またヒンドゥー教の聖典である一八篇のプラーナ Purāṇa も伝説ではヴィヤーサの作に帰せられる。マハーバーラタにおいては、この叙事詩の主人公たちと同時代の仙人として、その詳しい伝説が語られている。②（五世紀頃か）インド六派哲学の一つヨーガ Yoga 学派の学者。同派の根本教典ヨーガ・スートラ Yogasūtra に対する現存最古の註釈ヨーガスートラ・バーシヤ Yogasūtra-bhāṣya を著わした。

**ウィルキンス　Wilkins**　Sir Charles（1749―1835）イギリスの東洋学者。東インド会社の書記をつとめ、ベンガル・アジア協会の設立に貢献した。梵語の碑文を研究、ヨーロッパ人で梵語を解読した最初の人といわれる。ヒトーパデーシャ Hitopadeśa の英訳（1786）、バガヴァッド・ギーター Bhagavad-gītā の英訳（1785）を発表したほ

か、Sanskrit-English Dictionary（梵英辞典1779）、梵語文法（1808）を著わした。前二者は梵語原典のヨーロッパ言語への翻訳のはじまりである。

**ウィルソン　Wilson, Horace Hayman**　（1786—1860）イギリスのインド学者。一八〇三年医師としてインドにわたり、梵語を習得した。のちベンガル・アジア協会の書記として活躍し、帰国後はオクスフォード大学教授などをつとめた。著書にDictionary in Sanskrit and English（梵英辞典1819）、Hindu theatre（インドの演劇1826—27）、リグ・ヴェーダの英訳（1850—88）などがある。

**ういれい　回礼**　「かいれい」とも読む。還礼《かんれい》、復礼《ふくれい》ともいう。先方の礼に対して当方から答えること、即ち返礼のこと。

**ヴィンディッシュ　Windisch, Ernst**　（1844—1918）ドイツのインド学・言語学者。ライプチヒ大学教授。著書にMāra und Buddha（魔と仏陀1895）、Geschichte der Sanskrit-Philologie und indischen Altertumskunde（梵語文学史1917—20）、Buddhas Geburt und die Lehre von der Seelenwanderung（仏陀の出生と輪廻説1908）、Die Composition des Mahāvastu（マハーヴァストゥの構成1909）などがある。

**ヴィンテルニッツ　Winternitz, Moriz**　（1863—1937）オーストリアのインド学者。オクスフォード大学のマックス・ミュラーMax Müller のもとで梵語を学んだ。著書として不朽の名著であるGeschichte der indischen Literatur（インド文学史1908—22）三巻のほか、イギリス王室アジア協会所蔵梵本目録（1902）や東方聖書The Sacred Books of the East の索引（1910）、Der Buddhismus（仏教1911）、Die Frau in den indischen Religionen（インドの宗教における女性1920）などがある。

**うえすぎ-ぶんしゅう　上杉文秀**　（慶応三1867—昭和一一1936）真宗大谷派の学僧。愛知県上佐々木村（現岡崎市）の人。二〇歳で得度し楠潜竜に学ぶ。二二歳で石川県小松市聖徳寺へ養嗣子として入る。明治二九年真宗大学研究科卒業。真宗京都中学・真宗大学などの教授を歴任、昭和六年1931大谷大学学長。この間、叡山で台密三昧流四度加行の相伝、伝法灌頂をうけ、また中国仏教視察を行い、終始、中国・日本天台史研究につとめた。大谷派講師。文学博士。著書、日本天台史、往生礼讃講要など。

**ウェステルゴォル　Westergaard, Niels Ludwig**　（1815—78）デンマークの東洋学者。コペンハーゲン大学教授。東洋古書籍を蒐集し、インド古代史に関する著書も多い。またゼンド・アヴェスタおよび古典ペルシア語の研究にも従事した。代表的著作として仏滅年代を論じた　Buddhas Dødsaarog nougle adre Tidspunkter in Indiens aeldre Histoire（1860）がある。

**ヴェーダ　Veda**　吠陀、韋陀、囲陀、毘陀などと音写する。古代インド・アーリヤ人の民族宗教バラモン教の聖典。現存するインド最古の文献群である。ヴェーダという語は「知る」を意味する梵語動詞vidから派生した名詞で一般に知識を意味するが、とくに宗教的知識・神聖な知識を意味するようになり、さらにそのような知識を収録した文献を指すようになった。ヴェーダはバラモン教の祭式と密接に関連しつつ成立したもので、(1)リグ・ヴェーダṚg-veda, (2)サーマ・ヴェーダSāma-veda, (3)ヤジュル・ヴェーダYajur-veda, (4)アタルヴァ・ヴェーダAtharva-vedaの四種がある。(1)は神々に対する讃歌、(2)は一定の旋律に合わせて歌う歌詞、(3)は祭式において唱えられる祭詞をそれぞれ収録したもので、以上の(1)—(3)を総称して三ヴェーダあるいは三明という。これに対し(4)は災いを除き福を招くための呪文を収録したもので、通俗の民間信仰と深い関連を持つものとみられ、当初はヴェーダとしての正統性を認められていなかったが、のちに第四のヴェーダの位置を獲得した。これら四種のヴェーダはそれぞれ(イ)祭式で用いられる讃歌・歌詞・祭詞・呪文を収めるサンヒターSaṃhitā（本集）、(ロ)祭式の規定を述べつつその神学的意義を説明するブラーフマナ　Brāhmaṇa（梵書）、㈧秘密の神秘的教義を説くアーラニヤカ Āraṇyaka（森林書）、㈡種々の哲学的思索を展開するウパニシャッド Upaniṣad の四部門を含むが〈⇩ウパニシャッド〉、通常ヴェーダといえば狭義の意味でサンヒターを指すことが多い。四種のヴェーダのそれぞれが以上の四部門をそなえ、さらにヴェーダを伝承する学派の分派により各学派がそれぞれ独自の文献を続々と生み出すため、現存するものだけでもおびただしい数の文献群が全体としてヴェーダ聖典を構成している。これらのヴェーダは、古代インドにおいては、リシ ṛṣi（聖仙）が霊感によって神の啓示を感得したものと信じられ、シュルティ Śruti（天啓文学）とよばれた。これに対し、ヴェーダ聖典を理解するための補助的文献であるヴェーダーンガ Vedāṅga と称する一連の文献が後世発達したが、これらやマハーバーラタ、ラーマーヤナの二大叙事詩などをスムリティ Smṛti（聖伝文学）とよんで区別する。ヴェーダの成立はリグ・ヴェーダ（・サンヒター）がもっとも古く紀元前一二〇〇年前後と見られ、アタルヴァ・ヴェーダがこれに次ぐ。ウパニシャッドにいたると紀元前五〇〇年前後の成立と推定されている。ヴェーダ文献は、古典梵語（サンスクリット）よりもさらに古い語形を示すヴェーダ語 Vedic とよばれる言語で書かれており、当初は口伝によって伝承された。古代インドの宗教・文化・社会事情一般を知るうえで不可欠の貴重な文献であるとともに、今日にいたるまでインドの精神生活に大きな影響を与えている。

**うえだ-しょうへん　上田照遍**　（文政一一1828—昭和六1931）真言宗の僧。号は竜眼、無庵。阿波の人。高野山大学林教授、仁和・大覚両寺学林講師、東大寺戒壇院長老職、祖風宣揚会会長などを務めた。著書は照遍和尚全集に収める。〔参考〕照遍和尚年譜

**うえの-そうけん　上野相憲**　（天保三1832—明治三一1898）大和長谷寺の五六世。字は玄識。号は竹堂。江戸小石川に生まれ、染井西福院の憲尊について剃髪した。真言宗大会議の議長を務め、明治二七年豊山の能化職となる。著書、義林章目講記一〇巻、浄菩提心私語要録三巻など。〔参考〕新義真言宗史

**ヴェーバー　Weber, Albrecht Friedrich**　（1829—1901）ドイツのインド学・言語学者。ベルリン大学教授。サンスクリット研究の言語学的・文献学的方法論を確立した。白ヤジュル・ヴェーダの校訂・翻訳・出版（The White Yajur-veda, 1849—59）を行い、また多くの研究を Indische Studien（1849—78）誌上に発表した。その他 Über die literatur des Sāma-veda（サーマ・ヴェーダ文献について1849）、The History of Indian literature（インド文学史1878）、Über die Metrik der Inder（インドの韻律について1863）などの著作がある。その門下にヤコービ H. Jacobi、ロイマン E. Leumann がある。

**ヴェンツェル　Wenzel H.**　（1866—1895）ドイツのチベット学者。竜樹菩薩勧誡王頌のチベット文よりのドイツ訳（Suhrllekha, Brief des Nāgārjuna an König Udayāna）がある。

**うがい-てつじょう　鵜飼徹定**　（文化一一1814—明治二四1891）浄土宗の学僧。松翁、杞憂道人と号する。筑後久留米藩士鵜飼家に生まれ、六歳で剃髪、のち江戸増上寺で学ぶ。文久元年1861武蔵浄国寺に住し、明治二年東京諸宗会盟の盟主。同七年知恩院七五代を継ぎ、浄土宗規、総本山事務を定め、同一八年浄土宗管長。また諸国を巡化して数カ寺を起こし、とくに護法運動とキリスト教破斥につとめた。また古写経に深い見識があり、古経題跋（正続）の著がある。その他の著書、闢邪管見録、古経堂詩文鈔、仏法不可斥論など。なお明治五年の復姓にあたって鵜飼を養鸕と改めた。〔参考〕松翁自伝（浄全一八）、松翁年譜（同）

**うがく　有学〔無学〕**　①有学とは、すでに仏教の真理である四諦《したい》の理を知見し自覚してはいるが、いまだ煩悩《ぼんのう》を断ち尽くしておらず、漏尽《ろじん》即ち煩悩を断尽してのさとりを得るために、常に楽しんで戒・定《じょう》・慧の三学を学修するものをいう。即ち四向四果の中、最後の阿羅漢果《あらかんか》を除いた

他の四向三果の七で、これに対して阿羅漢果を無学という〈⇩阿羅漢《あらかん》〉。②有学に一八の類別があって、十八有学、有学十八、十八学人という。通常次のように数える。随信行・随法行・信解・見至・身証・家家・一間・預流向・預流果・一来向・一来果・不還向・不還果・中般・生般・有行般・無行般・上流般。中阿含経巻三〇では、訳語は異なるがこれと同じ。順正理論巻六五では、身証を除いて阿羅漢向を加え、配列の順序も四向三果を初めに出す。成実論巻一の説は、これらのいずれとも少し異なる。⇩四向四果《しこうしか》

**うき-みどう　浮御堂**　⇩満月寺《まんげつじ》

**うきよ　浮世**　人の世のこと。移り変ってさだめがない人生を浮生《ふしょう》ということから出た語。発音が同じところから憂世(つらい世の中)の字もあてる。

**うくゆう　有功用〔無功用〕**　功用とは身口意の動作をいう。身口意の動作を用いず、自然のままの状態を無功用(梵)アナーボーガ anābhoga の訳)というのに対し、身口意の動作を用いる状態を有功用(梵)サーボーガ sābhoga の訳)という。一般に菩薩は七地以前にあってはいまだ自然に無相観を修めることができず、なお努力を必要とするから、七地以前を有功用地といい、八地以後を無功用地という。なお天台宗では別教の初地以前、円教の初住以前を有功用としている。(十地経巻六、梁訳摂大乗論巻下、成唯識論巻九、華厳経探玄記巻九・巻一三)

**うけい　有慶**　(寛和二986—延久三1071)三論宗の僧。参議藤原有国の子。東大寺に入って澄心および実兄の済慶から三論を学んだ。長元八年1035興福寺維摩会《ゆいまえ》の講師となり、その後一四年間、精義の役をつとめた。また、東大寺法華会の探題や諸寺の御八講の問者をもつとめている。永承六年1051東大寺別当となり、康平六年1063元興寺別当になった。治暦三年1067再び東大寺別当になり、四年後高弟の慶信に職を譲って東南院に退いた。〔参考〕本朝高僧伝一一

**うこん-じん　有根身**　つぶさには有色根身という。色《しき》は物質で、即ち形あるもの、根は眼・耳・鼻・舌・身の五根で、われわれの身体に属する五官、またはその機能のこと。有根身とはわれわれの肉体をいう。

**うさつ-こく　烏鎩国**　(梵)ウシャ Usha の音写か。パミールの東方にあった国。現在のチヒル・グンバーズ Chihil Gumbāz とも、または北東のイギズヤール Ighizyār 付近ともいわれる。七世紀には伽藍十余カ所、僧徒一千人がいて、説一切有部が行われていたという。〔参考〕西域記一二、慈恩伝五

**うしき　有識**　已講《いこう》(三会の講師を勤めた僧)・内供《ないぐ》(宮中の内道場に仕える僧)・阿闍梨《あじゃり》の三識の総称。有職の三綱とも称する。物知りの意の有識《うしき》から転じた語という。

**うじ-しゅうい-ものがたり　宇治拾遺物語**　一五巻。説話文学集。編者不詳(建保年間1213—19)。諸種の説話一九六話をあつめ、仏教的な内容のものが多い。今昔物語集の影響をうけ、後の東斎随筆、三国伝記などにも多くの影響を与えた。新訂増補国史大系一八、日本文学大系一〇、古典全集、岩波文庫、日本古典文学大系二七

**うしせつり　禹翅刹利**　(梵)ヴリシャバ・クシャトリヤー Vṛṣabha-kṣatriyā (巴)ヴァーサバ・カッティヤー Vāsabha-khattiyā の音写。行雨夫人と訳す。釈迦族の摩訶那摩(マハーナーマ Mahānāma)とその召使の女との間に生まれた娘。摩伽陀《まがだ》(マガダ Magadha)国の波斯匿《はしのく》(パセーナディ Pasenadi)王が釈迦族の女を妻に求めた時、正妃の子と偽って王に嫁し、毘瑠璃《びるり》(ヴィドゥーダバ Viḍūḍabha)王子を生んだ。このことが後に毘瑠璃王の釈迦族討伐の軍を起こす原因となった。〔参考〕Dhammapada Atthakathā I, 増一阿含経二六

**うじでら　氏寺**　氏族一門の祈願寺、菩提寺。飛鳥・奈良時代には蘇我氏の飛鳥寺、蘇我倉山田氏の山田寺、紀氏の紀寺、藤原氏の山階寺(興福寺)などがあり、平安時代には和気氏の神護寺、藤原氏の法性寺・法成寺・平等院、日野氏の法界寺、菅原氏の道明寺や、国王の氏寺とよばれた白河上皇の法勝寺以下の院政期の六勝寺などが著名で、多くの貴族・豪族が自家のために寺を建てた。氏人はこれを管理・経営・維持し、その

別当は氏出身の僧侶が任命されるのが普通であった。また興福寺などのように氏寺には寺に不利なことを行った氏人を放氏する権利をもつものもあった。平安時代中期から鎌倉時代にかけて、興福寺・法成寺など藤原氏の氏寺の僧徒は藤原氏一族の大慶事にその私邸に赴いて饗応・禄物にあずかった。これを氏寺参賀という。中世以後大部分の武士が自族のために寺を建立したが、それは主として菩提寺としての性格をもつものであった。

**うしのときまいり　丑時参**　怨みのある人に禍があるようにと祈るために行う俗習の一種。丑の刻(午前二時)に、嫉妬し怨みをいだいた女が異様なよそおいをして、相手の姿をわら人形に作り、神社仏閣の古木に釘付けし、その人を苦しめ殺そうと祈るのをいう。中世の頃から女性の間に行われた。〔参考〕太平記、兎園小説下

**うじばしのひ　宇治橋碑**　わが国現存最古の石文。重要文化財。大化二年646沙門道登が初めて宇治川に橋を架けたのを記念して、架橋の事情を記して橋畔にたてたもの。もと九六字(四言二四句)を名筆で三行に陰刻してあったがいつの頃にか失われ、文章だけが帝王編年記・扶桑略記などによってのみ知られていた。寛政三年1791碑の上部三分の一ほど(二七字)が発見された。同五年下部を補刻し継ぎ足して、現在の京都府宇治市常光寺(橋寺放生院《はしでらほうじょういん》)に立てたので宇治橋断碑ともいう。〔参考〕古京遺文

**うしまつり　牛祭**　京都太秦《うずまさ》の広隆寺大酒神社で行われる神事。もと摩多羅神風流、摩吒羅神祭礼といわれ、九月一二日に行われたが、現在は一〇月一〇日に行う。摩多羅神(同寺の護伽藍神・念仏を守護する)を祭るもので、五大尊をあらわす異形の面をつけた僧の一人が牛にのり、四人がこれを囲んで本堂を巡り、祖師堂前の壇上で奇抜な祭文を読む。江戸末期に一時廃止されたが、明治二〇年1887富岡鉄斎が復興した。

牛祭（都名所図会）

**うしゃ　禹舎**　㊵ヴァルシャカーラ Varsakāra ㊁ヴァッサカーラ Vassakāra の音写。雨舎、婆利迦とも音写し、雨行、行雨と訳す。摩掲陀《まがだ》(マガダ Magadha)国王阿闍世《あじゃせ》(アジャータシャトル Ajātaśatru) の大臣で、華氏《けし》城(パータリプトラ Pāṭaliputra)を築いた。バラモンの出身であったが、仏陀と会って信者となった。〔参考〕長阿含経二、大般涅槃経三二

**うじゃえんなこく　鄔闍衍那国**　㊵ウッジャヤニー Ujjayanī またはウッジャイニー Ujjainī ㊁ウッジェーニー Ujjenī の音写。優禅耶尼、温逝尼などとも音写する。仏陀時代のインド十六大国の一つアヴァンティ Avanti (阿槃提《あはんだい》) の首都で、現在のマディヤプラデーシュ州のウッジャイン Ujjain にあたる。古来よりヒンドゥー教の聖地として知られ、七大聖地の一つである。歴史のある都で、天文学その他インド科学の淵叢の地として名高い。阿育(アショーカ Aśoka) 王が太子時代に太守としてここにいたという伝説もある。西暦初頭より四世紀頃まで西クシャトラパ Kṣatrapa (サカ族の王朝) がここに君臨した。グプタ王朝のヴィクラマーディトヤ王 (Vikramāditya 超日王。チャンドラグプタ Candragupta 二世のこと。375—414在位) の宮廷があり、詩聖カーリダーサ Kālidāsa をはじめとするいわゆる九宝の集まったところ

である。また仏弟子の迦旃延《かせんねん》（カッチャーヤナ Kaccāyana）、蓮華色比丘尼（ウッパラヴァンナー Uppalavaṇṇā）や訳経家の真諦三蔵（パラマールタ Paramārtha）もこの地の出身といわれている。〔参考〕西域記一一

**うしゅう-しちじゅうごほう-き　有宗七十五法記**　三巻。宗禎禎山の著（享保一三〔1728〕）。初学者のために説一切有部宗の教義学説を概説した書。倶舎論の中から要点を体系的に抽出している。列・釈・賢聖の三段に分けて説かれ、列は五位七十五法を克明に羅列し、釈は三章に分け、第一章に七五法の一々を解釈し、第二章に五蘊・十二処・十八界の三科を略示し、第三章では義門分別をしており、賢聖を明らかにする段は倶舎論の賢聖品に該当し、三賢位・四善根位および聖位を順次に明らかにする。㊅七一、仏教大系六〔刊本〕享保一七刊

**うしゅうじゅ　有執受〔無執受〕**　有執受は㊵ウパーッタ upātta の訳で、感覚を生じさせるものをいい、それ以外のものを無執受（非執受）という。①倶舎宗では、現在の瞬間の、生命をもつものに属する、眼などの五根、およびそれと離れない色・香・味・触の四境は、心・心所《しんじょ》（心のはたらき）に執持されてそのよりどころとなり、苦・楽などの心を起こさせるから有執受とし、これに対して現在の五根四境以外のものを無執受とする（倶舎論巻二）。②唯識宗では、執受には、覚受（感覚）を生じさせるという意の他に、安危を共にするという意味があるとし、その点から有根身だけでなく種子《しゅうじ》も、阿頼耶識《あらやしき》におさめたもたれて、阿頼耶識が善趣におもむけば同じく善趣におもむくというように、阿頼耶識と運命を共にするから有執受であるという（成唯識論巻二）。

**うしゅ-しき　有取識**　煩悩《ぼんのう》を有する識をいう。取とは煩悩を指す。

**うしゅもつ　有主物〔無主物〕**　所有者の定まっているものを有主物といい、定まっていないものを無主物という。無主物は偸盗《ちゅうとう》の対象にならないが、有主であると考えたり、疑ったりして用いたときには罪になる。有主物には、三宝物（仏法僧に属する物）と別類物（その他の持ち主に属する物で、賊の施物や官の物や狂人の物や人間以外の所有に属する物なども含まれる）とがある（四分律巻一、梵網経巻下など）。

**うじょう　有情〔非情〕**　有情は㊵サットヴァ sattva の訳。薩多婆《さったば》、薩埵《さった》と音写し、衆生《しゅじょう》とも訳す。生存する者の意。有情とは、こころ（情識）をもつ生きものをいい、これに対して草木・山河・大地などを非情（非有情、無情）という。しかし成唯識論述記巻一本では、衆生とは有情・非情をあわせた語であるとする。⇩衆生

**うじょう-しゅ　有情数〔非有情数〕**　人や獣のような有情の分類に属するものを有情数といい、その他の山河や草木のようなものを非有情数という。化人《けにん》のような無執受（感覚をもたぬ）のものも有情数に含める。

**うじょうな-こく　烏仗那国**　㊵ウドヤーナ Udyāna またはウッディヤーナ Uḍ-ḍiyāna ㊁ウッヤーナ Uyyāna の音写。烏長那、烏萇などとも音写する。ガンダーラの北部にあり、現在のスワート Swāt, パンジュコーラ Pañjkora 両河の流域地方に相当する。仏陀滅度の時、この国の上軍王は遅れてかけつけたが、かろうじて舎利の分配にあずかったという伝説がある。法顕の入竺当時（東晋の隆安三〔399〕—義熙九〔413〕）この地に小乗学が、また玄奘が旅行した頃（唐の貞観年間〔627—49〕）には大乗仏教が栄えていたといい、仏陀の本生や行化にまつわる伝説的な古跡が多く伝えられている。のちにタントラ仏教の根拠地となり、その四聖地の一に数えられたが、チベットでの伝説ではこの地がタントラ仏教の理想国土と考えられ、諸種の神話的な伝承が行われている。一一世紀にイスラム教徒が侵略するまで仏教文化の中心地として繁栄した。〔参考〕法顕伝、西域記三

**うしょとく　有所得〔無所得〕**　絶対平等の真理をさとらないから、ものにとらわれてはからい、取捨選択するのを有所得といい、有無をはなれた空の真理を体得して、すべてのものにとらわれのないのを無所得

という。

**うしら　優尸羅**　㊵ウシーラ uśīra の音写で、憂尸羅、嘔尸羅とも書き、茅根香、香菜と訳す。根に芳香を有し、冷感を催させる薬草の一種。

**うしん　有心〔無心〕**　有心とは心がはたらきつつあること。無心とは心がはたらいていないこと。有心の状態を有心位、無心の状態を無心位という。無心位に五種を数え、五位無心という。即ち、⑴無想天（無想天において五〇〇大劫の間、無心の果報をうける）。⑵無想定（外道や凡夫が無想天に生ずるために修める無心の三昧）。⑶滅尽定（阿羅漢が涅槃に入るのになぞらえて修める無心の三昧で、欲界では七日間を越えることはない）。⑷極（重）睡眠（即ち熟睡）。⑸極（重）悶絶（即ち気絶）。

**うすさま-みょうおう　烏枢沙摩明王**　㊵ウッチュシュマ Ucchuṣma の音写。烏芻沙摩とも書く。不浄潔と訳し、穢跡金剛《えしゃくこんごう》とも称する。五大明王の一である金剛夜叉と同じともいうが、本地については釈迦、普賢《ふげん》、不動など多くの説がある。形像は六臂・四臂・二臂などがあり、火焔忿怒《かえんふんぬ》の形相をしている。不浄を転じて清浄にする徳があるというので、不浄な場所によく祭られる。安産を願い、また産時の不浄、毒蛇などを払うためにこれを本尊とする修法が行われる。〔参考〕覚禅鈔、陀羅尼集経九

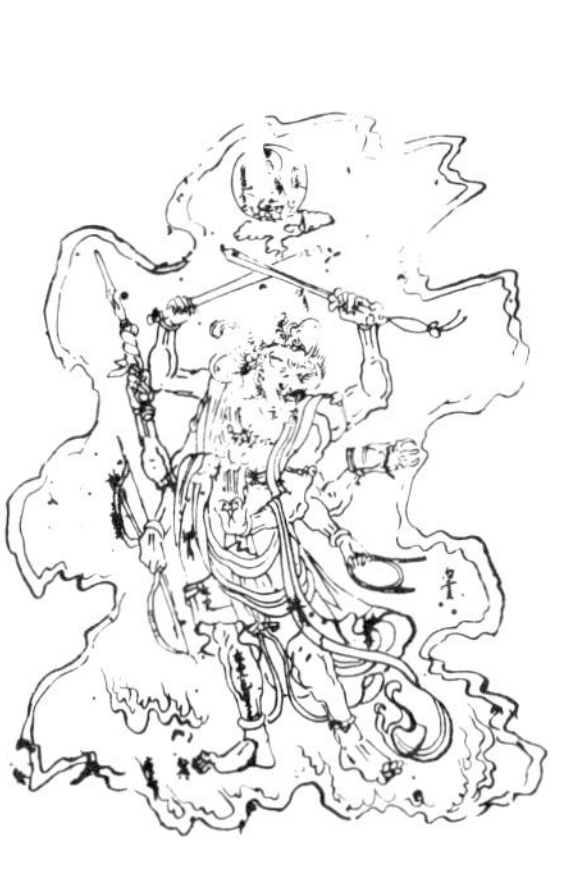

烏枢沙摩明王（別尊雑記）

**うすぞうし　薄双紙**　一六巻。成賢《せいげん》（1162—1231）の撰。薄造紙、薄草子、薄草紙などとも書く。曼荼羅中の諸尊一一尊を供養する東密の作法を集大成したもの。厚く綴った諸尊法の次第を各尊ごとに抜出して伝授したため薄双紙といい、また仁海らの厚草紙と区別するためともいう。㊅七八　〔写本〕醍醐三宝院蔵本（鎌倉時代）ほか　〔註釈〕賢爾・薄双紙口決一巻、憲深・薄双紙口決諸尊法抄一巻、頼瑜・薄草子口決二〇巻、曇寂・薄草紙私記二三巻など

**うすひき-うた　臼挽歌**　臼をひくときにうたう歌。粉引歌《こなひきうた》ともいう。江戸時代のもので各地にのこっているが、盤珪の臼挽歌は、人の現実の心のありさまが極めて迷妄であることを巧みによんでいる。例えば「鬼の心であつめた金を餓鬼に取られて目がまうた」など。粉引歌としては白隠の「おたふく女郎粉引歌」「主心お婆々粉引歌」が有名で、いずれも仏教の教えを平易な言葉で説いたものである。〔参考〕盤珪禅師語録、白隠和尚全集

**うずまさ-でら　太秦寺**　⇩広隆寺《こうりゅうじ》

**うそう　有相〔無相〕**　形やすがたがあるもの（形の無いものを無相という）。有相は有形で他と区別することのできるものであるから、一般には、生滅変化するもの、即ち有為法を指し、無相は有相に対する語であるが、多くの場合、有無の相を超えた空そのもののすがたを表わす。大智度論巻六一には、仮名相《けみょうそう》・法相　無相相の三種の相があるが、この三相のいずれにも執われないのが無相であるとする。①相対的差別的な有ゥの原理に立つものを有相、絶対的平等的な空の原理に立つものを無相とし、有相教・無相教、有相行・無相行、有相観・無相観、有相善・無相善などという。また阿弥陀仏の西方浄土のように、方処と厳浄なる形相によって示されるのを有相の浄土といい、空の理に立って宇宙のすべてがそのまま浄土であるとするのを無相の浄土という。②真言宗では、有相・無相について浅略と深秘との二つの解釈法があるとして、浅略の意味では、凡夫の認識によって存在するとあきらかに認められるすがたが有相、その諸存在が本質的には空で色も形もないとするのが無相であり、深秘の意味では、すべてのものが本来のありのままのすがたであるのが有相、一相の中にすべての相を具えて一相にとどまらず、すべての相をそなえながらまどかにして自由な空のすがたが無相であるとする。③禅宗では、教門を有相、

禅門を無相とする。

**うそう-しゅうじゃく　有相執著**　差別される種々の事象に対して執着すること。

**うだ-こく　烏荼国**　ウダ Uḍa, ウドラ Uḍra の音写。現在のインド東部のオリッサ Orissa 州の北半地方。オリッサという名は烏荼が転訛したものであろうといわれる。往古の首府カタック Cuttack の南に、ウダヤギリ Udayagiri, カンダギリ Khandagiri の山があり、伽藍などがあった。七世紀には大乗仏教が行われていた。〔参考〕西域記一〇

**うた-だいもく　歌題目**　日蓮宗で、法要の説法の時に、太鼓や鉦鼓にあわせて題目を歌うように唱えるのをいう。日像(1271—1342)がはじめたといわれ、各地にひろまって、和讃をまじえたり、踊るものもある。佐渡の長題目や下総法華経寺の中山踊はその例である。〔参考〕本化別頭仏祖統紀一八

**うだな　優陀那**　①(梵)ウダーナ udāna の音写。十二部経(即ち原始仏教経典の基本的な型)の一。鄔陀南、烏陀南、優檀那とも書く。無問自説と訳す。仏陀が弟子の問いを待たないで、自ら感興のままにうたい出したもの〈⇩ウダーナ〉。②(梵)ウッダーナ uddāna の音写。所説の内容を簡単な偈頌にまとめたもの。摂頌と訳す。

**ウダーナ　Udāna**　パーリ語経蔵の小部(クッダカ・ニカーヤ Khuddaka-nikāya)の第三経。ウダーナは、感興にもよおされてのおのずから口をついて出る言葉を意味し、自説、無問自説などと訳す。各一〇経よりなる八章に分かれ、全体で八〇経を含む。仏陀によって発せられた韻文によるウダーナと、それぞれのウダーナの発せられた因縁を説く散文の解説とを収録する。全八〇経のうちの若干については、パーリ語経部・律部の中に内容の類似したものが存在する。また韻文のウダーナの大半に相当するものが、説一切有部の伝えたウダーナ・ヴァルガ Udāna-varga に見出されており、ウダーナが上座部以外の部派にも伝えられていたことを示している。パーリ語原文はシュタインタール P. Steinthal によって刊行された(1885)。ストロング D. M. Strong による英訳(1902)、ザイデンステュッカー K. Seidenstücker によるドイツ語訳(1920)などがある。南伝二三

**ウダーナヴァルガ　Udānavarga**　⇩法句経《ほっきょう》

**うた-ねんぶつ　歌念仏**　曲調をつけて歌うように唱える念仏をいう。もとは引声《いんぜい》念仏や踊躍念仏から始まり、のちに和讃を交えて歌うようになったが、元禄1688—1704の頃には卑俗化して一種の門付芸となり、俗謡や浄瑠璃などをもとり入れ、また仏教説話や市井の話題をも題材として用いて謡った。享保1716—36頃までは盛んに行われたらしいが、その後は次第に衰えた。浮世念仏、日暮《ひぐらし》ともいう。〔参考〕人倫訓蒙図彙七、嬉遊笑覧六、高野辰之・日本歌謡史

歌念仏（人倫訓蒙図彙）

**うた-びくに　歌比丘尼**　⇩熊野比丘尼《くまのびくに》

**うだ-ほうおう　宇多法皇**　(貞観九867—承平元931)第五九代の天皇。光孝天皇の第七皇子。仁和三年887即位。寛平九年897譲位。譲位後、仁和寺内に亭子を建てて住んだので亭子院《ていじのいん》といった。昌泰二年899仁和寺で益信僧正を師として受戒し、法諱を空理と称し、のち金剛覚と号した。世に寛平法皇といい(法皇の称の初め)、仁和寺御室《おむろ》の始源となる。〔参考〕大鏡、栄花物語、大日本史

**うだやばっだ　優陀耶跋陀**　(梵)ウダヤバドラ Udayabhadra あるいはウダイバドラ Udayibhadra (巴)ウダヤバッダカ

Udayabhaddaka 或いはウダーイバッダ Udāyibaddhaの音写。帛賢と訳す。阿闍世王（アジャータシャトル Ajātaśatru）の子。仏滅後二五年、父を殺して王位に上り、一六年にわたって在位し、その子アヌルッダ Anuruddha に殺されたと伝える。〔参考〕Mahāvaṃsa II, IV, 十誦律三六、阿育王伝一

**うだら-らまし　優陀羅羅摩子**　㊵ウドラカ・ラーマプトラ Udraka Rāmaputra ㊴ウッダカ・ラーマプッタ Uddaka Rāmaputta の音写。鬱頭藍弗《うつずらんふつ》、鬱頭藍子とも書く。仏陀が城を出て師事した二番目の仙人。七〇〇人の弟子をもち、非想非非想処定に達する道を教えていたが、仏陀はこれに満足しなかった。〔参考〕仏本行集経二二

**うちぎき-しゅう　打聞集**　一巻（零本、下帖と記す）。仏教説話集。著者不詳（平安末期頃）。現存本の表紙にある桑門栄源の名は所持者か。目次には達磨和尚事など二七条をあげるが、本文では目次と前後した所もある。改造文庫、総索引付打聞集（説話集研究会）〔複製〕古典保存会複製書二期

**うちやま-ぐどう　内山愚童**　（明治七 1874—同四四 1911）明治後期の仏教運動家。曹洞宗の僧。無政府主義者として知られる。現新潟県小千谷市小千谷町に誕生。幼名は慶吉。明治三〇年神奈川県宝増寺に入って得度し愚童と改名。同三七年同県林昌寺の住職となり、その前後に幸徳秋水と交遊し無政府主義を唱えた。同四二年出版法違反および爆発物取締規則違反で検挙され入獄された。翌年大逆事件に連座し、同四四年死刑となった。著書、入獄記念・無政府共産革命、平凡の自覚（遺稿）。

**うちわ-だいこ　団扇太鼓**　団扇の形をした太鼓。法華経方便品に「若し人をして楽をなさしめ、鼓を撃ち乃至小音を以てせんに皆已に仏道を成ず」とあるのによって日蓮宗徒はこれを打って題目を唱える。

**うっこん　鬱金**　㊵クンクマ kuṅkuma の音写。紅花、鬱金香とも訳し、薬用に供する球根植物で、サフランのこと。その花から作った香も鬱金香という。古来インドのカシュミール地方で栽培されたという。

**ウッダカ・ラーマプッタ　Uddaka Rāmaputta**　⇩優陀羅羅摩子《うだらまし》

**うったら　嗢呾羅**　㊵㊴ウッタラ Uttara の音写。上と訳す。阿羅漢《あらかん》の名。南インド珠利耶国《しゅりやこく》（チョールヤ Colya）の都城（現在のカーンチプラ Kāñcipura の北北西にあるカルヌール Karnūl とする説もある）の西郊にあった伽藍に住したが、提婆《だいば》（アーリヤデーヴァ Āryadeva）と問答して屈服したという。〔参考〕西域記一〇

**うったら　鬱多羅**　㊵㊴ウッタラ Uttara の音写。優多羅なども音写する。①上舎城のバラモン。禹舎《うしゃ》（ヴァッサカーラ Vassakāra）大臣が彼を女婿にしようとしたが、世を厭い舎利弗に帰依して仏門に入った。〔参考〕Theragātha 121-2偈註　②阿育（アショーカ Aśoka）王のとき、須那迦（ソーナカ Soṇaka）とともに金地国（スヴァンナブーミ Suvaṇṇabhūmi 現在のビルマ地方）に派遣された伝道師。〔参考〕Mahāvaṃsa XII, 7, 善見律毘婆沙二

**ウッダーラカ・アールニ　Uddālaka Āruṇi**　ウパニシャッド時代の代表的哲学者。クル・パンチャーラのガウタマ族の婆羅門。宇宙の万物は唯一の実在である有（サット sat）の自己展開により生じたもので、その有こそが人間の本来の自己すなわちアートマン ātman に他ならないと説いた。万有と自我との同一性を端的に示す「汝はそれなり（tat tvam asi）」という句で知られる。その学説はチャーンドーギヤ・ウパニシャッド Chāndogya-upaniṣad にみえる。

**ウッドヨータカラ　Uddyotakara**　（六世紀後半）ニヤーヤ Nyāya（正理）学派の学者。ニヤーヤ・ヴァールッティカ Nyāya-vārttika（正理評釈）を著わしてヴァーツヤーヤナ Vātsyāyana のニヤーヤ・スートラ・バーシャ Nyāya-sūtra-bhāṣya（正理経疏）を解説した。ニヤーヤ学派の正統説を擁護し、陳那《じんな》（ディグナーガ Dignāga）の新因明に反駁したことで知られる。

**うつのみや-もくりん　宇都宮黙霖**　（文政七 1824—明治三〇 1897）勤王家。鶴梁、雄綱ともいう。安芸の人。拙巌に学び西本願寺派に籍を置いたが還俗し、長州藩を中心とする勤王の士と共に討幕を図り、投獄

された。湊川神社・男山八幡宮の神官を歴任し、隠退後大蔵経の和訳に従事した。

**ウッパム　Upham, Edward**　(1776—1834)　セイロンに在職したイギリス官吏。パーリ語およびセイロン語にたくみで、マハーヴァンサ Mahāvaṃsa などのセイロン史伝を集めて英訳 (The sacred and historical works of Ceylon, 1833) した。

**うてん　于闐**　コータンあるいはホータン Khotan の音写。中国新疆省和闐地方にあったオアシス国家。インドではクスタナ Kustana (地の乳の意) と呼ぶが、玄奘はこれを瞿薩旦那《くさったな》と伝えている。今のヨートカン Yotkan が首都であった。この地は天山南路北道の要地を占め、中国とインド、イランとの間の貿易の中継地として漢代から栄えた。人種はイラン系アーリヤ人であり、迦膩色迦 (カニシカ Kaniṣka) 王《かにしかおう》はこの地の出身ともいわれている。仏教は西暦紀元前一世紀頃に迦湿弥羅《かしみら》(カーシュミーラ Kāśmīra) 国より毗盧折那 (ヴァイローチャナ Vairocana) 阿羅漢が来てから弘通し、法顕《ほっけん》や玄奘《げんじょう》の訪れた頃には、数多くの大伽藍があり、数万の僧徒がいて、大乗仏教の中心地となっていた。一一世紀初頭にイスラム化し、そのため仏教文物は全く潰滅した。スタインA. Stein は、数回にわたってこの地の考古学的発掘を行い、多数の貴重な資料を学界に提供した。〔参考〕法顕伝、西域記一二、慈恩伝五、于闐国史 (Lihi yul bstan-pa)

**うてん-おう　優塡王**　㊵ウダヤナ Udayana ㊁ウデーナ Udena の音写。鄔陀衍那、優陀延那、優陀延とも音写し、出愛、日子と訳す。憍賞弥《きょうしょうみ》国 (コーサンビーKosambi) の王。仏陀に帰依してその外護者となった。優塡王経に、側妃の奸言により正后を射殺しようとしたが、かえって后にみちびかれて帰仏した因縁を伝えている。増一阿含経巻二八などには王が仏像を造立したことを伝える。〔参考〕優塡王経、優塡王政論、大方便仏報恩経三、観仏三昧海経六、大乗造像功徳経、造立形像福報経、作仏形像経、西域記一二

**うてんおう-きょう　優塡王経**　一巻。西晋の法炬の訳。異訳に北宋の法天の訳の大乗日子王所問経と唐の菩提流志の訳の大宝積経第二九会があり、チベット訳もある。優塡王のために、男子が女子に対して起こす四種の心情を説く経で、仏教の女性観の一面が示されている。㊅一二

**うどんげ　優曇華**　優曇は㊵ウドゥンバラ udumbara の音写。優曇鉢羅華、優曇鉢華《うどんばつげ》、鄔曇妙華、優曇花とも書き、霊瑞華《れいずいけ》、瑞応華、空起花などと訳す。クワ科中のイチジクの一種である植物の花。インドのヒマラヤ付近、デカン地方、およびセイロン島に産し、樹長三《メートル》余り、葉一五《センチ》程度、花は壺状の花托に隠れていて見えない。果実は拇指頭大のものが数個鈴なりになるが、味はよくないといわれる。経典の中にその花は三千年に一度開き、仏または転輪聖王《てんりんじょうおう》が世に出現するとき開くと説かれ、きわめて稀なこと、すぐれたことの起こる喩えに用いられる(無量寿経巻上、新訳の華厳経巻八〇)。

**うな　烏那**　感歎の情を表わす間投詞。

**うにょう-ぶっとう-くどく-きょう　右繞仏塔功徳経**　一巻。唐の実叉難陀《じっしゃなんだ》(652—710) の訳。仏塔を右まわりにめぐる行道を修めることによって得る果報を、出家者と在家者とに分けて詳しく説いている。チベット訳もある。㊅一六、国一経集部一四

**うねん　有念〔無念〕**　具体的なすがたかたちのあるものを対象として観を修し心に認めるのを有念、対象の相を超えた真如の本性を観じ心をも離れるのを無念という。これを聖道門の有念無念というのに対して、おもいの乱れたままの心で修する散善を有念、心をひとつにしずめて修する定善《じょうぜん》を無念とするのを浄土門の有念無念という。親鸞は、阿弥陀仏の本願はすべてのはからいを超えた絶対なものであるから有念にも無念にもあらずとした。

**うの-えんくう　宇野円空**　(明治一八 1885—昭和二四 1949)　宗教学者。浄土真宗本願寺派の僧。京都の人。明治四三年東京帝国大学卒業後、ドイツ・フランスに留学し、仏教大学(現竜谷大学)・東京帝国大学教授を歴任した。原始宗教に関するすぐれた研究がある。著書、宗教学、宗教民俗学、

マライシアに於ける稲米儀礼など。

**うばい　優婆夷**　⇩優婆塞《うばそく》

**うはか　優波迦**　(巴)ウパカ Upaka (梵)ウパカ Upaka ウパガナ Upagaṇa の音写。優婆耆婆・憂呼とも音写し、親近と訳す。仏陀が成道直後、仏陀伽耶（ブッダガヤー Buddhagayā）からベナレスの鹿野苑《ろくやおん》に向かう際に、途中で遇った邪命外道。仏陀が「われは師無くて独り悟り、今、法輪を転ずるため、鹿野苑に向かう」と言ったのを聞き「そのようなこともあろうか」と呟き、首を振りながら去ったという。のちに、仏に帰依し出家したともいう。[参考]Dhammapada Atthakathā IV

**うはきくた　優波毱多**　(梵)ウパグプタ Upagupta の音写。優波笈多、優波崛多などとも音写し、近護と訳す。阿育（アショーカ Aśoka）王の師。異世の五師の第五にかぞえられる。摩頭羅《まとうら》（マドゥラー Madhurā）の聖者として名高い。〈⇩目犍連子帝須《もくけんれんしていしゅ》〉[参考]阿育王経二・六・八

**うはしなばだんだいし　優波斯那婆檀提子**　(巴)ウパセーナ・ヴァンガンタプッタ Upasena Vaṅgantaputta (梵)ウパセーナ・ヴァンガンタプトラ Upasena Vaṅgantaputra の音写。優波先迦蘭陀などとも音写し、近軍と訳す。舎利弗《しゃりほつ》（サーリプッタ Sāriputta）の弟。出家し具足戒をうけてわずか二年で、他人に対して授戒を行い、仏陀にいましめられたという。[参考]Mahāvagga I

**うばせんた　優婆扇多**　（三世紀頃）(梵)ウパシャーンタ Upaśānta の音写。説一切有部の論師。法勝の阿毘曇心論の釈論である阿毘曇心論経六巻を著わした。生没年次など事跡は明らかでない。[参考]雑阿毘曇心論一、出三蔵記集一二

**うばせんな　優婆先那**　(梵)(巴)ウパヤーナ Upasena の音写。婆先と略し、近軍などと訳す。仏弟子。洞穴の中で毒蛇にかまれたが、肉体は我でも我がものでもないとして、平然として死についたと伝える。[参考]雑阿含経九

**うばそく　優婆塞〔優婆夷〕**　優婆塞は(梵)ウパーサカ upāsaka の音写。烏波索迦、優波娑迦、伊蒲塞などとも書く。近事《ごんじ》、近事男、近善男《ごんぜんなん》、信士《しんじ》、信男《しんなん》、清信士《しょうしんじ》と訳す。優婆夷は(梵)ウパーシカー upāsikā の音写。優婆斯、鄔婆斯迦などとも書く。近事女《ごんじにょ》、近善女《ごんぜんにょ》、近宿女、信女《しんにょ》、清信女《しょうしんにょ》と訳す。それぞれ在家の男女で仏道に入り、三宝に帰依し五戒を受け、三宝に親しくつかえるものをいう。四衆、七衆の一。

**うばそくかいきょう　優婆塞戒経**　七巻。あるいは五巻、六巻、一〇巻とも。善生経ともいう。劉宋の曇無讖《どんむしん》の訳（元嘉三（426）頃）。チベット訳もある。善生長者のために在家信者のたもつべき三帰依・五戒・六重法・二一八戒などを説く。長阿含や中阿含にある善生経（六方礼経）を拡大し、大乗的に改作したものと見られる。(大)二四、[国]律部一二

**うはだいしゃ　優波提舎**　(梵)ウパデーシャ upadeśa の音写。優婆提舎、優婆題舎、優波替舎、烏波第鑠、鄔波第鑠とも書き、論議経、法義、説義、法説、広普、註釈章句経と訳す。十二部経・原始仏教経典の基本的な型の一。仏の経説について、仏またはその高弟が論議分別してその意味を明らかにしたもの。ただし、後世には広義に解して摩怛理迦（マートリカー mātṛkā 論母）や阿毘達磨（アビダルマ abhidharma 論）をも優波提舎の異名であるとした。また世親の浄土論を無量寿経優波提舎と称するように、経典についてその本文の意味を論義した註釈書をもいう。

**ウパナヤナ**　(梵)ウパナヤナ upanayana 将導と訳す。バラモン教徒の間で行われる弟子入り（入門）の式で、少年の時に行われる。なお供物という訳語もある。

**うはなんだ　鄔波難陀**　(梵)(巴)ウパナンダ Upananda の音写。優波難陀、優槃難陀、跋難陀、和難などとも音写し、延喜、大喜、賢歓喜などと訳す。①釈迦族出身の比丘。不謹慎な二人の沙弥を養ったり、布施の多い所を選んで安居したり、巧みな話術によって供養を受けて貯えたり、数々の不始末な行状を仏陀にいましめられ、それらがいくつかの禁戒制定の機縁となった。

〔参考〕Mahāvagga I, III, 五分律五、四分律一五・三四、根本説一切有部毘奈耶三〇・三三　②八大竜王の一。仏陀を害しようとして大目犍連にとりおさえられ、仏に帰依したという。大乗経典では護法の竜神として仏陀の説法の会座《ざえ》に列する。密教の曼荼羅には胎蔵界外金剛部に描かれる。〔参考〕増一阿含経二八、法華経一、大日経疏五

**ウパニシャッド**　**Upaniṣad**　古代インドの哲学書。バラモン教の聖典ヴェーダ Veda 文献の一部門を構成する〈⇩ヴェーダ〉。ウパニシャッドの語義は、「近くに坐る」(upa-ni-ṣad)という梵語動詞から転じて、師弟が対坐して師資相承される秘義を意味し、さらにそのような秘義を記した文献をさすにいたったとされる。このためウパニシャッドを奥義書とも訳す。現存するウパニシャッドは二〇〇篇以上あるが、時代も古く内容も重要な十数篇を古ウパニシャッドと呼び、それ以降に作成されたものを新ウパニシャッドとして区別する。古ウパニシャッドは、紀元前五〇〇年を中心とする数百年の間に成立したものと推定されており、ブリハド・アーラニヤカ・ウパニシャッド Bṛhad-āraṇyaka-upaniṣad およびチャーンドーギヤ・ウパニシャッド Chāndogya-upaniṣad がその代表とされる。ウパニシャッドは主として対話形式でその哲学思想を展開しているが、体系的論理的に叙述するのではなく、神秘的直感的な霊感として述べる場合が多く、神話的あるいは祭儀的な要素も多い。内容的には種々雑多な思想を含み、相互に矛盾する説も少なくないが、とくにウパニシャッドの中心思想として後世にもっとも大きな影響を与えたのは、宇宙の本体であるブラフマン brahman(梵)と人間存在の本質であるアートマン ātman(我)とが究極的には同一であることを説く一元論、いわゆる梵我一如の思想である。また、ウパニシャッドにおいてはじめて明示された業と輪廻の思想は、仏教を含むその後のインド諸思想全般に継承され、絶大な影響を与えた。古ウパニシャッド期の代表的思想家としては、ウッダーラカ・アールニ Uddālaka Āruṇi およびヤージュニャヴァルキヤ Yājñavalkya が挙げられる。

**うはまや**　**優波摩耶**　(梵)(巴)ウパヴァーナ Upavāṇa の音写。優波摩、優頭槃、梵摩那とも音写し、白浄と訳す。舎衛城(サーヴァッティー Sāvatthī)の人。バラモンの出身であったが仏に帰依して出家し、仏陀に侍した。病床の仏陀によく仕えたと伝えられる。〔参考〕雑阿含経四四

**うはり**　**優波離**　(梵)(巴)ウパーリ Upāli の音写。鄔波離、優婆離、憂波利などとも音写し、近取、近執と訳す。①仏十大弟子の一人。迦毘羅《かびら》城(カピラヴァットゥ Kapilavatthu)の人で釈迦族の王家に仕える理髪師であったといわれる。仏陀が成道後はじめて郷里の迦毘羅城に還ったとき、仏陀に帰依して出家した。とくに律に精通していたので持律第一といわれ、第一結集《けつじゅう》のとき、僧伽より推されて律の誦出を行った。〔参考〕Samantapāsādikā, 四分律四、五分律五、仏本行集経五三、慈恩伝三　②摩掲陀《まがだ》(マガダ Magadha)国那蘭陀(ナーランダー Nālandā)の人。尼乾陀《にけんだ》教徒(ジャイナ教徒)であったが仏陀の教えを聞いて優婆塞《うばそく》となった。〔参考〕中阿含経一三三

**うぶんしき**　**有分識**　有とはまよいの生存、分とはその因で、即ち三界における生存の因となる識のこと。この識は常に相続して断たれることがなく、三界に周遍しているという。上座部および分別論者《ふんべつろんじゃ》の説であるが、唯識宗では、これを阿頼耶識《あらやしき》の異名とする。

**うほうだらにーきょう**　**雨宝陀羅尼経**　一巻。唐の不空の訳(大暦九〈774〉)。異訳に唐の玄奘の訳の持世陀羅尼経一巻、北宋の法天の訳の大乗聖吉祥持世陀羅尼経一巻があり、チベット訳もある。梵本は増田慈良によって校刊された。仏が妙月長者のために病患や貧窮を離れる法として金剛海如来から受けた雨宝陀羅尼を説き、その陀羅尼を持することによって災患が消滅したことなどを説く。宋の施護訳の聖持世陀羅尼経はこの経の供養・儀式を説いたもの。(大)二〇

**うほうーどうじ**　**雨宝童子**　金剛赤精善神雨宝童子の略。両部神道では天照大神が

日向に降りた時の像であると伝え、また大日如来の化身であるともいう。像は天女形で、右手に金剛宝棒を支え、左掌に宝珠を持ち、頭上に五輪の塔をいただいている。〔参考〕興福寺東金堂記

**うま-かじ　馬加持**　病気の馬の平癒のために修験道で修する加持法で、馬頭観音《ばとうかんのん》の呪を誦する。なお、新築の馬屋や病馬のいた馬屋を加持するのを馬屋加持といい、地天真言などを誦する。〔参考〕修験深秘行法符呪集六

**ウマースヴァーティ　Umāsvāti**　（五―六世紀）ウマースヴァーミン　Umāsvāmin ともいう。ジャイナ教の学者。白衣派に属した。著書にタットヴァールターディガマ・スートラ Tattvārthādhigamasūtra（真実義証得経）がある。

**うまやさか-でら　厩坂寺**　⇩興福寺《こうふくじ》

**うめはら-しんりゅう　梅原真隆**　（明治一八1885―昭和四一1966）浄土真宗本願寺派の僧。政治家。富山県に生まれる。明治四五年仏教大学（現竜谷大学）卒業。大正三年1914同大学考究院を卒業し、その後同大学教授、学監を兼任した。昭和四年顕真学苑を創設し、仏教文化研究に従事した。以後、勧学寮頭、伝道院顧問などを歴任し、この間、友松円諦と指方立相論、極楽浄土不認論をめぐって論争した。参議院議員当選一回。著書、御伝鈔の研究など。梅原真隆選集三二巻がある。

**うらべ-かんじゅん　占部観順**　（文政七1824―明治四三1910）号は快楽院。摂津の人。三河唯法寺の僧。もと真宗大谷派の嗣講、真宗大学（現大谷大学）教授であったが、明治三二年異義について取り調べをうけて解職、同年興正寺派に転じ勧学となり、一乗寺を創建した。著書、三部経科本、教行信証六要鈔翼讃など多い。

**うらぼん　盂蘭盆**　㊵ウッランバナ ullambana の音写。㊵アヴァランバナ avalambana の転訛ともいう。烏藍婆拏《うらんばな》とも書き、倒懸（逆づりになったような甚しい苦しみ）と訳すが、救済の意とする説もある。死者の苦を救うために、七月一三日から三日間（旧暦、新暦、月遅れ八月の地域とがある）、仏・僧に食物をささげて供養する行事で、とくに祖先の霊を供養する法会をいう。盂蘭盆会、盂蘭盆供、盂蘭盆斎、盂盆斎、盆会、盆、歓喜会、魂祭《たままつ》りともいう。盂蘭盆経によると、仏弟子の目連が亡母の餓鬼道に堕ちた苦しみを救うために、雨期の学習期間（安居《あんご》）を終えた日（自恣日《じしにち》といい、七月一五日に当たる）に仏・僧に食物をささげたのに始まるという。恐らくはインドの古い農耕儀礼であるピンダ Piṇḍa の祭が仏教の自恣供養日と結びついた習俗であろうといわれている。ただし、盂蘭盆をイラン語で霊魂を意味するウルヴァン urvan の音写とし、イラン民族の死者の霊魂をまつる行事が収穫祭と結合し、ソグド人によって西域経由で中国に伝わったものとする説もある。中国では梁の大同四年538に武帝が同泰寺ではじめたといわれ、唐代にはひろく官民の間に行われるようになった。日本では推古天皇一四年606に斎を設けたのに始まり、わが国古来の祖霊崇拝と結びついて民間の習俗となった。その際、初日に亡者の霊を迎えるのを精霊迎え、魂迎えといい、最後の日に送るのを精霊送り、魂送りという。またこの時

盆の送り火（花洛細見図）

に果物・飲食物などを供える棚を精霊棚《しょうりょうだな》と呼び、この祭壇の前で読経するのを棚経《たなぎょう》と称する。盆路《ぼんみち》をつくり盆花《ぼんばな》を摘む風習や、盆踊り、送り火などの行事が行われるが、民間行事には、祖霊を慰める意味と、無縁仏《むえんぼとけ》や餓鬼などを送りだす意味とがまじっているようである。タマママツリは七月ばかりでなく、ミタマ（祖霊）・イキミタマ（生きている親）に奉仕する行事として、歳末や正月などにも行われた。なお盆の称呼は盂蘭盆の略ではなく、供物をのせる器物の名からきたともいわれる。〔参考〕盂蘭盆経、玄応音義一三、塵添壒嚢鈔七

**うらぼん-きょう　盂蘭盆経**　一巻。西晋の竺法護の訳。異訳に訳者不詳の報恩盆奉経（または報仏功徳経）がある。目連が、餓鬼となった亡母を救う手段を仏陀に問うたのに対して、自恣の日（七月一五日）に仏僧に供養することが亡父母を苦患から救うことになることを説く。梵文原典はなく、中国で作られた偽経か、すくなくとも中国で語句の付加を見たものと考えられている。中国・日本でこの経に基づいて盂蘭盆会の行事が盛んに行われ、ことに日本ではそれが重要な民間行事となった。㊅一六、[国]一経集部一四〔註釈〕慧浄・讃述一巻、宗密・疏一巻、元照・新記二巻

**うりょう-の-しょそう　有量の諸相**　有限な、はかることのできるもろもろのすがた。広くは迷いの世界のすべてをいい、狭くは衆生を指す。

**うりん-いん　雲林院**　京都市北区紫野大徳寺の付近にあった寺。現に雲林院《うじい》という地名が残り、観音堂がある。はじめ淳和天皇の離宮で、紫野院・雲林院・雲林亭と称したのを、仁明天皇とその皇子常康親王が相伝え、貞観一一年869遍昭にうけつがれて元慶八年884元慶寺《がんぎょうじ》の別院とされた。大徳寺が創建されると元弘四年1334その子院として同寺に施入され、その後応仁の乱で灰燼に帰した。寛永三年1626復興されたが、再び荒廃した。平安朝の文芸には少なからぬ関係がある。〔参考〕三代実録四六、扶桑略記二二・二五・二六、阿娑縛抄二〇〇、雍州府志四

**ウルーカ　Ulūka**　⇩カナーダ

**うるこ　優楼佉**　⇩カナーダ

**うるびんら-かしょう　優楼頻螺迦葉**　⇩三迦葉《さんかしょう》

**うるびんら-じゅらく　優楼頻羅聚落**　優楼頻羅は㊥ウルヴェーラー Uruvelā ㊵ウルヴィルヴァー Uruvilvā の音写。鬱鞞羅、烏留頻螺などとも音写し、木瓜林と訳す。またウルヴェーラーのセーナーニ Senānī 村であるところから軍住、軍営などの訳もある。仏陀は成道前にこの地の林（苦行林）で六年間苦行を修めたが、苦行が真実の道でないことを知り、村の少女須闍多（スジャーター Sujātā 善生）のささげた牛乳を飲み、川で身をきよめて、近くの菩提樹の下に静坐し瞑想してさとりを得た。また仏陀が三迦葉を教化した地でもある。〔参考〕Majjhima-nikāya I, 雑阿含経四四、中阿含経八・三三・五六、四分律三一、五分律一五

**うろ　有漏〔無漏〕**　漏は㊵アースラヴァ āsrava の訳。漏泄の意味で、煩悩《ぼんのう》のこと。煩悩があることを有漏といい、ないことを無漏《むろ》という。有漏はまた有染《うぜん》、有染汚《うぜんま》、有諍《うじょう》ともいわれる。染も染汚も諍も煩悩のことである。また誤った見解を生ずるよりどころであるから見処ともいう。有部《うぶ》では、煩悩を随増する（即ち煩悩と随順し、煩悩を増長する）ものを有漏法とし、そうでないものを無漏法とする。即ち、四諦《したい》の中で迷いの果と因とである苦集二諦の諸法は有漏法であり、悟りの果と因である滅道二諦の諸法は無漏法である。有漏の肉体を有漏身、有漏の境界（迷いの世界）を有漏路《うろじ》といい、無漏清浄の仏身を無漏身、無漏清浄の境界（悟りの世界）を無漏路という。多くの世俗の法を対象として起こる智慧を有漏智《うろち》といい、四諦の理を証見する見道以後の聖者の智慧を無漏智という。また、見道に至るまでの凡夫が起こす善を有漏善といい、見道に入ってからの聖者が起こす煩悩のけがれのない善を無漏善という。有漏智によって行う世俗の行為を有漏行、有漏智によって修める六行観《ろくぎょうかん》を有漏道といい、無漏智によって修める四諦の観行などを無漏行、無漏道という。有漏道によって煩悩を断つのを有漏断、無漏道に

よって煩悩を断つのを無漏断という。有漏行は人間・天上などの五趣の有漏果を招くから有漏因といわれ、無漏行は涅槃の悟りである無漏果を得るから無漏因といわれる。凡夫が六行観を修めて住する四禅・四無色定・四無量心定などの禅定《ぜんじょう》を有漏定《うろじょう》、有漏禅といい、聖者が無漏智を発得《ほっとく》する禅定を無漏定《むろじょう》、無漏禅という。無漏定は無漏の九地（未至定・中間定・四根本定・下三無色定）において起こされる。法相宗では仏果の浄識を無漏識といい、仏果に至る以前の識を有漏識という。ただし、第六識・第七識は初地入見道において一分転識得智して無漏識となるとし、前五識と第八識とは仏果に至ってはじめて無漏識となるとする。無漏の悟りの本来寂然たる面を無漏無為といい、それが作用し起動する面を無漏有為という。

**うん　蘊**　㊵スカンダ skandha の訳。塞建陀と音写し、旧訳《くやく》では陰《おん》と訳す。積み集められたものの意で、多くのものを類別によって一聚に集めたもの。有為法を意味する。弁中辺論巻中には、非一（時間的にも空間的にも質や量などが種々である）・総略（すべてが一つに集められている）・分段（性質別に分類されている）の意があるとし、倶舎論巻一には、和合聚（種々のものが一つにあつまっている）・肩（果をになっている）・分段の意があるとする。摩訶止観巻五上には、陰《おん》に、真理を蔽いかくす意と、種々のものが集まっている意とがあるとし、義林章巻五本には、陰と訳するのは不可であるといっている。①五蘊を意味する。〈⇩五蘊《ごうん》〉　②化地部では一念蘊（瞬間瞬間に生滅するもの）・一期生蘊《いちごしょううん》（一生の間続くもの）・窮生死蘊《ぐうしょうじうん》（まよいの生存の窮極まで続くもの）の三蘊の説を立てる（無性《むしょう》の摂大乗論釈巻二）。

**うんうーしょう　雲雨鈔**　⇩うんぬしょう

**うんおうーざん　雲横山**　⇩うんのうざん

**うんが　雲臥**　（寛永一九1642―宝永七1710）浄土宗の僧。江戸の人。姓は長田氏。真蓮社証誉独清と号し、自ら不可停と称した。元禄一三年1700増上寺三四世となり、徳川綱吉（江戸幕府五代将軍）の帰依をうけた。〔参考〕続日本高僧伝九

**うんがんーじ　雲巌寺**　①中国江蘇省蘇州府城の西北、虎丘山にある。東晋の咸和二年327司徒王珣及び弟珉の別宅を精舎とした。竺法汰の高弟道壱の開基。同門の竺道生はこの寺で闡提成仏の義を唱えた。北宋代には楊岐派の紹隆が禅をひろめ、大いに栄えた。初め虎阜寺と称し、唐代に武丘寺、報恩寺と呼ばれ、北宋の至道年間995―97に現寺号に改めた。後周の顕徳五年958造の尊勝陀羅尼を刻した石幢や、北宋代と推定される大磚塔が現存する。〈⇩虎丘山《こきゅうざん》〉　②栃木県那須郡黒羽町雲岩寺。東山と号する。臨済宗妙心寺派。弘安六年1283高峰顕日が北条時宗の助力を得て寺を興し、師の無学祖元を勧請開山とした。次いで太平妙準（仏応禅師）が入って二世となったので、以上の祖元・顕日・妙準を雲巌の三仏開山という。〔重文〕絹本著色仏国国師像、同仏応禅師像〔参考〕仏国国師行録、日本名勝地誌四　③熊本市松尾町平山。宝華山と号し、曹洞宗。正称は雲巌禅寺。観応二年1351に元より東陵永璵《えいよ》が来朝して開創した。加藤・細川両氏の庇護の下に栄えた。〔重文〕木造東陵永璵禅師倚像〔参考〕飽託郡誌

**うんぎょう　雲堯**　（天正二1574―慶安元1648）曹洞宗の僧。越前守護朝倉義景の子。字は泰山。総持寺の主となる。元和元年1615徳川家康が永平寺を曹洞宗の本寺と定めようとした時、これに反対して永平・総持の両寺を本山と定めた。〔参考〕日本洞上聯灯録一〇

**うんけい　運慶**　（―貞応二1223）鎌倉初期の七条仏所の仏師。康慶の子。雲慶とも書く。自ら備中と号し、世に備中法印という。鎌倉時代を代表する名工で、七条仏所第六代を継ぎ、父康慶によって試行された鎌倉の新様式を完成した。その作風は写実的で剛健である。文献によれば京都の東寺・神護寺・法勝寺などや奈良の東大寺・興福寺などの造像に従事し、多くの作品があった。現存するものは、円成寺の大日如来坐像（安元二1176）、願成就院の阿弥陀坐

像・不動三尊・毘沙門天像（文治二1186）、浄楽寺の阿弥陀三尊・不動明王・毘沙門天像（文治五1189）、東大寺南大門の仁王像、興福寺北円堂の諸像など。

**うんけい**　**雲渓**　⇩桃水《とうすい》

**うんこう-せっくつ**　**雲岡石窟**　中国山西省大同の西郊約一五キロ、武周山に面した断崖に掘られた大小四二の石窟。大同石窟ともいう。北魏の和平元年460に曇曜が文成帝（452—65在位）に請うて、現在の第一六洞—第二〇洞の五窟を開いたのに始まる。この五窟は、太祖道武帝（386—409在位）・太宗明元帝（409—23在位）・世祖太武帝（423—52在位）・恭宗晃穆帝・高宗文成帝（452—65在位）の五帝の冥福を祈り、かつ太武帝の排仏に対して懺悔滅罪しようとして造られた。さらに文成・献文（465—71在位）・孝文（471—99在位）の三帝によって多くの石窟がいとなまれ、また貴族や庶民によっても小規模な石窟・仏龕が造られたが、太和一八年494孝文帝が洛陽に都をうつすと同時に、現第三洞の工事が中止され、その後は小さい石窟や仏龕が造られたにとどまる。初期の五窟とその後の諸窟とでは構造・様式に差異が認められる。窟内の仏像も、初期のものはガンダーラ様式やグプタ様式の影響が濃いが、盛期になると中国風となり、いわゆる北魏仏あるいは六朝仏と呼ばれる様式の典型を示している。建築様式・装飾意匠などにも注目すべきものが多い。当石窟は、清の光緒二八年1902伊東忠太によって偶然に発見され、紹介されてから全世界の注目の的となった。

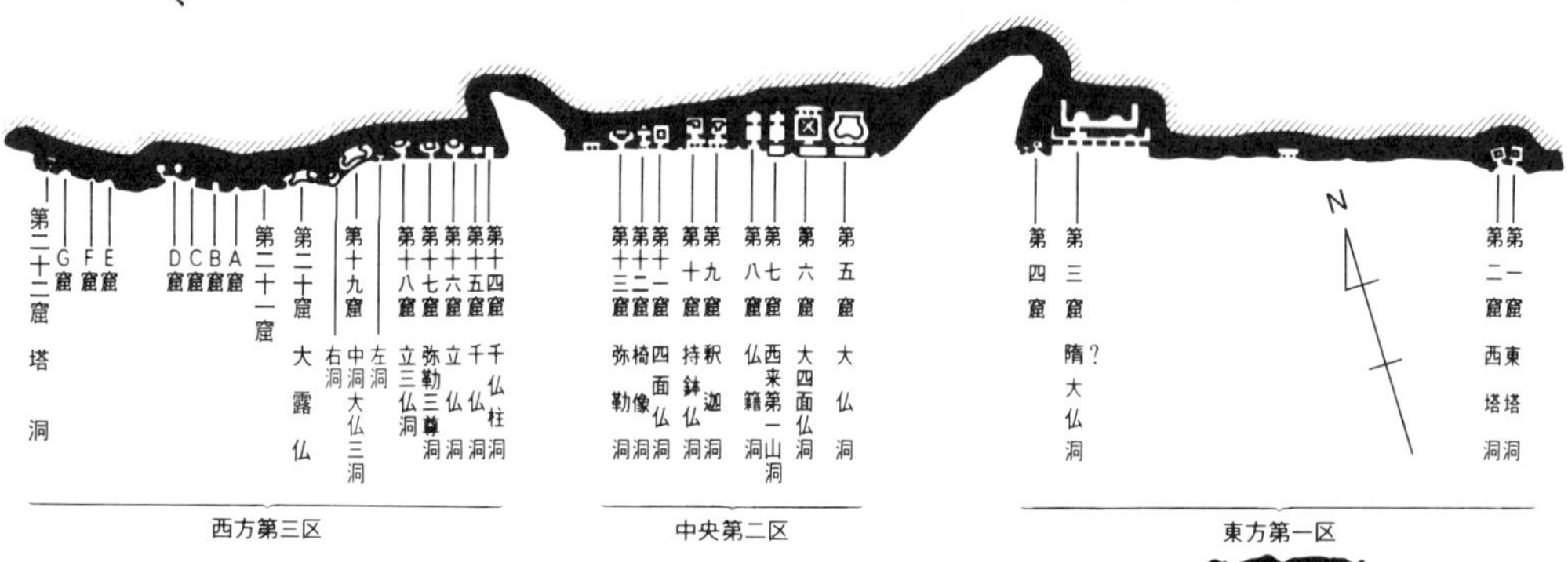


雲岡石窟配置図（中国文化史蹟）

第十九窟平面図

**うんこう-らしつり**　**吽哈囉悉利**　（1103—金の大定五1165）北インド末光闥国の人。鶏足山に住し、呪術に通じていた。従弟らと共に中国に来て、文殊の霊場清涼山、観音の霊場霊岩に遊び、済南に文殊真容寺などを建てた。〔参考〕仏祖歴代通載二〇

**うんご-ざん**　**雲居山**　中国江西省永修県南西約二〇キロにある山。唐代に洞山良价の弟子道膺《どうよう》（835—902）がこの山に住して曹洞禅をひろめたことで有名。山中に真如禅院がある。〔参考〕宋高僧伝一二

**うんご-じ**　**雲居寺**　①⇩房山《ぼうざん》　②京都市東山区下河原町のほぼ現在の高台寺付近にあった寺。「くもいでら」とも読む。承和四年837参議菅野真道が桓武天皇の菩提のために創建。八坂寺に隣接していたので、八坂東院とも称した。天治元年1124叡山の瞻西が寺西に勝応院を建てて八丈の大阿弥陀仏像を安置し、俗に奈良の大仏・東福寺の四半仏に対して、雲居寺の半仏と呼ばれたという。不断念仏衆なども置かれて一時は栄え、千載和歌集などにこの寺が詠まれている。文永年間1264—75善逝が中興。永享八年1436炎上。足利義教が再建したが、応仁・文明1467—87の頃、兵火に焼かれて廃絶した。〔参考〕以呂波字類抄五、百練抄六、山城名勝志一四

**うんじ-ぎ　吽字義**　一巻。空海の著。梵字の吽(hūṃ)の深い意義を明らかにし、すべての法門がこの字から流れ出たと説く。離釈段と合釈段とからなる。古来、本書を密家の十巻章の一とし、即身成仏義、声字実相義とともに三部書と称する。㊅七七、弘法大師全集三　〔註釈〕道範・吽字義勘文註、道宝・吽字義秘決、頼瑜・吽字義探宗記、宥快・吽字義命息鈔、同・吽字義鈔、成雄・吽字義問題、浄厳・吽字義講要、尊祐・吽字義略解など

**うんじゅ-じ　雲樹寺**　島根県安来市清井町。瑞塔山と号し、臨済宗妙心寺派。元亨1321—24頃の開創と伝え、開山は孤峰覚明(三光国師)、開基は牧新左衛門入道善興である。建武新政のとき、後醍醐天皇から天長雲樹興聖禅寺の勅額を賜った。〔重文〕四脚門(大門)、絹本著色三光国師像、銅鐘、紙本墨書光厳院宸翰御消息、同後村上天皇宸翰御消息、同孤峰覚明墨蹟　〔参考〕雲樹寺縁起、孤峰和尚行実

**うんしょう　雲照**　(文政一〇1827—明治四二1909)　真言宗の僧。出雲東園村の人。姓は渡辺氏。一〇歳で得度、のち高野山で学び諸国高僧の門に遊学。明治元年諸宗同徳会盟の結成につとめ、しばしば政府に建言して神仏分離に反対し、後七日御修法の復興をはかった。とくに、十善会・夫人正法会を組織し東京に目白僧園を建て、雑誌「十善宝窟」「法の母」を発刊し、全国を行脚して、終生、十善戒による自戒生活と神儒仏三教一致の道徳主義を説いた。著書、仏教大原理、大日本国教論、日本国民教育の本義など多い。

**うんしょう　運敞**　(慶長一九1614—元禄六1693)　真言宗智山派の僧。大坂の人。姓は藤原氏。字は元春、泊如と号した。一六歳で安楽寿院の頼運について出家し、智積院の日誉・元寿、醍醐寺の寛済に学んだ。慶安二年1549尾張長久寺に住し、承応二年1653智積院第一座となり、のち奈良・叡山に遊んだ。寛文元年1661幕命により智積院第七世を継ぎ、大いに学風を振興した。同六年宮中で三密具欠の教義を講じ、天和二年1682瑞応山に隠退した。著書、大疏第三重啓蒙五九巻、釈論第三重啓蒙四一巻、谷響集一〇巻など多い。〔参考〕泊如僧正伝、続日本高僧伝四

**うんじん　運心**　心を運んで観念すること。菩薩戒をうける時、戒師の前で次第に種々の法を観念し、罪過を懺悔《さんげ》するのをいう。これに生死《しょうじ》の流れに随って観ずる順流《じゅんる》の十心と、生死を滅する法を観ずる逆流《ぎゃくる》の十心とがあって、総括して以上の二十心を経歴することによって一切の三宝に罪過を披瀝し懺悔することができるとされる(湛然の授菩薩戒儀)。

**うんすい　雲水**　雲水僧、雲衲《うんのう》ともいう。所々に師を訪ねて参禅し、道を問うてまわる僧のこと。一カ所にとどまらないで悠々としてなりゆきにまかせて旅をするさまを、行く雲、流れる水に喩えて雲水という、衲《ころも》を雲に、袂《たもと》を霞に喩えて雲衲霞袂《うんのうかべい》という。また諸方から集まった見知らぬ雲水たちが互いに兄弟のように親しむのを雲兄水弟《うんぴんすいてい》という。

**うんせい-ざん　雲棲山**　中国浙江省杭県五雲山の西にある山。呉越王銭氏がここに雲棲寺を建て、真済・天池の二院とともに三刹をなしたが、のちに廃絶した。明代に蓮池大師袾宏(1535—1615)が廃寺を復興して以来、雲棲派念仏の根本道場として栄えた。〔参考〕雲棲山房雑録

**うんせつ　雲説**　(宝永二1705—安永二1773)　浄土宗の学僧。長門の人。字は貞阿。常蓮社連誉と称する。一八歳で江戸に遊学し、白随から五重相伝を受け、ついで上総の海泉に密教を、鎌倉光明寺の義誉に宗要を学び、江戸増上寺の学誉から宗脈を伝えられた。享保二〇年1735長門妙慶寺に住し、自行化他につとめ、しばしば奇瑞をあらわしたという。〔参考〕続日本高僧伝一〇

**うんちょう　雲潮**　(天文八1539—文禄二1593)　浄土宗の僧。甲斐の人。武田氏の家臣飯田某の三男。字は虎角《こかく》。隠蓮社安誉と称する。一三歳で道誉貞把について出家し、二五歳でその宗脈をうけた。岩槻浄安寺・生実《おゆみ》大厳寺などに住して、学徒を養成し、また武蔵の三仏寺など多くの寺院を開創した。門下には雄誉霊巌らがいる。著書、浄土四義私一巻、浄土六祖勘文二巻。〔参考〕浄土本朝高僧伝五、浄土伝灯総系譜

**うん-てい　芸亭**　日本最古の公開図書館。奈良末期、石上宅嗣《いそのかみのやかつぐ》（729—81）がその旧宅を捨てて阿閦寺《あしゅくじ》とし、一隅に仏典・儒書の書庫を設けて芸亭と名づけ、好学の徒に自由に閲覧させた。これは儒仏一体の思想から、仏教の妙諦を体得することを目的としたもので、賀陽豊年《かやのとよとし》（751—815）を迎えて数年にわたり研究させているなどは実際活動の一例である。天長824—34の頃に廃絶。ちなみに、石上宅嗣は大納言まで進んだ人で、経史に通じ、詩文をよくして、淡海三船《おおみのみふね》と共に「文人の首」とたたえられた。詩は経国集《けいこくしゅう》および凌雲集に見える。〔参考〕続日本紀三六、石上宅嗣卿顕彰会編・石上宅嗣卿

**うんでん-しんとう　雲伝神道**　葛城《かつらぎ》神道ともいう。日本の神道は密教に説く曼荼羅《まんだら》観に一致するとし、もっぱら密教の教義によって解釈された神道の一派。河内葛城山高貴寺の慈雲尊者飲光《おんこう》（1718—1804）が主張した。〔参考〕慈雲尊者全集一〇

**うんどう　雲幢**　（宝暦九1759—文政七1824）浄土真宗本願寺派の学僧。伊予の人。幼時、広島に出て慧雲の門に入る。教順寺に居し、のち広島竹町に幻華庵を結んで住した。文化一〇年1813以後、学林で講義し、また法主に侍講した。諡号は深信院。多くの講録がある。〔参考〕学苑談最初編

**うんぬ-しょう　雲雨鈔**　一巻。凝然《ぎょうねん》の著（建治二1276）。各種の律のうち、特に四分律だけが日本に伝えられた由来を記し、三聚浄戒について述べている。仏全一〇五

**うんのう-ざん　雲横山**　中国浙江省義烏県にある山。松山ともいう。梁の普通三年522善慧大士傅翕《ふきゅう》が、山頂の双檮樹の下に庵を創建し、双林寺と名づけた。北宋代に宝林寺と改称した。〔参考〕景徳伝灯録二七、仏祖統紀三七

**うんぱん　雲版**　雲板とも書く。禅宗寺院で食事の時間（粥飯時）などを知らせるために打つ器具。唐金《からかね》製の平たい雲形をした板。斎（昼食）と粥（朝食）との二時に準備のできたことを知らせるための雲版を三六声連打することを長版といい、この時衆僧は起って鉢盂《はつう》（食器）を所定の所より下すので長版のことを下鉢版《あはっはん》ともいう。

**うんぺん-じ　雲辺寺**　徳島県三好郡池田町白地。巨鼇山千手院と号し、真言宗御室派。四国八十八カ所第六六番札所。弘仁年間810—24空海の草創と伝え、嵯峨天皇の勅願所といわれる。所蔵の釈迦・弥陀二尊をえがく特異な聖衆来迎図は著名。〔重文〕木造千手観音坐像、同毘沙門天立像、絹本著色聖衆来迎図

**うんもく　雲黙**　生没年不詳。高麗の僧。天台宗の万徳山白蓮社系。字は無寄、諱は雲黙。号は浮庵。著書、釈家如来行蹟頌二巻、天台末学雲黙和尚警策一巻。〔参考〕東師列伝巻一、浮庵大師伝

**うんもん-こうにち　雲門好日**　禅宗の公案の一。雲門十五日ともいう。雲門文偃《ぶんえん》が門人に、「十五日以前は問わぬ、十五日以後、一句に言い来たれ」と問い、答える者がなかったので、自ら「日日是れ好日」と答えた故事によるもので、毎日毎日を前後の関係や好悪の分別によらず、充実して生きよ、と教えたもの。〔原文〕碧巌録六則、雲門広録中、五灯会元一五

**うんもん-こびょう　雲門餬餅**　禅宗の公案の一。雲門文偃《ぶんえん》に一僧が、「如何なるか是れ超仏越祖の談」と問うたのに対し、「餬餅」と答えたによるもので、日常茶飯事の中に、仏や祖師を超越する高遠な境地があるという意。餬餅は胡餅とも書き、西域伝来の胡麻餅をいう。〔原文〕碧巌録七七則、雲門広録上、五灯会元一五

**うんもん-ざん　雲門山**　①中国広東省曲江県にある山。唐末・五代の頃、文偃が廃址を復興して光泰禅院を建てたので、彼を慕う禅徒が多数あつまり、宗風は栄え、その一門は山名によって雲門宗とよばれた。なお、光泰禅院は、北宋の乾徳年間963—68大覚禅寺と改称。〔参考〕景徳伝灯録一九　②中国山東省益都県南約六キロにある山。西方の谷を距てた駄山《ださん》と共に、隋・唐時代の石刻仏像を遺す。南面の断崖には洞門があって山頂に通じ、大小数十の仏龕があるが、仏像を有するものは東方上部の三と、西方下部の二。その作風は雄健で装飾性が強い。

**うんもん-しけつ　雲門屎橛**　禅宗の公

案の一。雲門文偃《ぶんえん》に一僧が「仏とは何か」と問うたのに対し、「乾屎橛《かんしけつ》」と答えたのによるもので、仏は清浄なものとする分別を捨てさせようとする意。乾屎橛とは、一説にくそかきべらとも、糞そのものともいう。〔原文〕無門関二一則、雲門広録上、五灯会元一五

**うんもん-しゅみ　雲門須弥**　禅宗の公案の一。雲門文偃《ぶんえん》に一僧が、「一念を起こさなければよろしいか」と問うたのに対して、「須弥山」と答えたのによるもので、無念無想の境にとどまることこそ、最も超え難いという意。〔原文〕従容録一九則、雲門広録上、五灯会元一五

**うんもん-の-ろじ　雲門露字**　禅宗の公案の一。雲門文偃《ぶんえん》に一僧が、「父母を殺した罪は仏前に懺悔すればよいが、仏を殺した罪は誰に懺悔すればよいか」と問うたのに対して、文偃が「露」と答えたのによるもので、罪は他に向かって懺悔するまでもなく、それ自身明白で逃れようがないということ。「露」とは露《らあ》わの意。「字」とはそのこと。文字の意ではない。雲門は一字で答えたものが多い。〔原文〕人天眼目二、雲門広録上、五灯会元一五、葛藤集上

**うんもん-はっとう　雲門鉢桶**　禅宗の公案の一。塵塵三昧ともいう。雲門文偃《ぶんえん》に一僧が、塵塵三昧（華厳経第一五巻に説く三昧）の境地について問うたのに対して、「鉢裏の飯、桶裏の水」と答えたのによるもので、事事無礙の世界を日常茶飯の鉢や桶によせて示したもの。〔原文〕碧巌録五〇則、雲門広録上、五灯会元一五

**うんもん-ろくふしゅう　雲門六不収**　禅宗の公案の一。雲門文偃《ぶんえん》に、一僧が法身について問い、文偃が「六不収」と答えたのによるもので、法身は六根六境六識などの相対の世界にないことを言ったもの。〔原文〕碧巌録四七則、雲門広録上、五灯会元一五

**うんもん-ろちゅう　雲門露柱**　禅宗の公案の一。法身仏と露柱(いつも目につく身近にあるもの)との相即についての、雲門文偃《ぶんえん》の説法にもとづく。時空を超えた親密な境地を示したもの。〔原文〕碧巌録八三則、雲門広録中、従容録三一則

**うんりょう　運良**　(文永四1267—暦応四1341) 出羽の人。字は恭翁。仏慧禅師、仏林慧日禅師と勅諡された。出羽の玉泉寺で出家して臨済宗に属し、のち瑩山《けいざん》紹瑾《じょうきん》から曹洞禅を伝えられ、ついで心地覚心に参禅して悟るところがあり、また凝然の華厳経の講義に列して互いに得るところを教えあった。のち万寿寺の南浦紹明に随侍し、師に従って鎌倉へ赴いた。加賀大乗寺などに住持し、加賀に伝灯寺・興禅寺を、越中に興化寺・兜率寺を建てた。著書、語録、正法眼蔵語、見性鈔など。〔参考〕延宝伝灯録一五、仏林慧日禅師塔銘

# え

**え　依**　よりどころ、依止。依憑。①依っている者を能依、依りどころになっている者を所依という。②よりどころとされるものについて、直接的で有力なもの(親所依)を所依、間接的で力の弱いもの(疎所依)を依という。所依には因縁依・増上縁依・等無間縁依の三所依があって、心・心所(心のはたらき)が起こるためにはこの三所依を必要とする。そして心・心所のみが、この三種の所依を具えている。また、すべての生滅するものは因と縁とによって起こるから、因縁などを依というのに対して、特に心・心所が起こるについて必ずよりどころとしなければならぬ眼根などを所依ということがある。また、二つ以上のものに共通なよりどころを共依《ぐうえ》、そうでないものを不共依《ふぐうえ》という。③因明《いんみょう》(論理学)で、論証されるべき命題の主辞(宗の前陳)は、論証の根拠(因)が依属するものであるから、宗の前陳を所依という。

**え　慧**　㊵プラジュニャー prajñā の訳。①心所《しんじょ》(心のはたらき)の一。事物や道理

を識知・弁別・判断する精神作用。慧は善・不善・無記の三性《さんしょう》に通じ、悪慧(不善と有覆無記、即ち染汚《ぜんま》の慧)のうち、特にはたらきのはげしいものを悪見と称し、五見とする。また善慧は正見、正慧とも称する。倶舎宗《くしゃしゅう》では、慧はいかなる心にも必ずついて起こる作用であるとして大地法の一に数えるが、唯識宗では、すべての時にすべての対象(境)に対して起こることはないとして、別境の一に数える。倶舎論巻二六には、慧を漏《ろ》即ち諸々の煩悩《ぼんのう》と密接不離な関係にあって相互に影響しあう有漏慧《うろえ》と、そうでない無漏慧(聖慧《しょうえ》)との二に分け、また慧には、事物や道理を推測する作用(見《けん》)と、事物や道理を「このようであろう」と確認する作用(忍《にん》)と、はっきり見さだめて「こうである」と断定する作用(智《ち》)との三が摂まり、有漏慧はすべて智の性質に属し、かつ五見と世俗的な正見とは見の性質にも属すると説き、無漏慧の多くは智と見との二性質に属するが、八忍〈⇩四諦《したい》〉は忍と見、尽智と無生智《むしょうち》とは智のみに属すると説く。慧を成就する場合に、聴聞によって得られるのを聞慧《もんえ》、思惟考察によって得られるのを思慧《しえ》、実践修行によって得られるのを修慧《しゅえ》と名づけ、合わせて聞思修慧、または三慧と称し、これに先天的に得ている生得慧《しょうとくえ》を加えて四慧ともいう。瓔珞本業経巻上には、菩薩《ぼさつ》の階位によって六慧(六慧法)を分ける。即ち、聞・思・修の三慧と、および諸法の空《くう》無自性《むじしょう》を証《さと》る無相慧、中道の慧観をもって中道の理を照らす照寂慧、寂照不二定慧平等な寂照慧の六で、これを十住・十行《じゅうぎょう》・十廻向《じゅうえこう》・十地・等覚・妙覚〈⇩菩薩の階位《ぼさつのかいい》〉の六位にあてる。また、天台宗では有漏慧であってしかも迷いの生存を引く原因とはならぬ無染《むぜん》の慧を劣慧という。②慧は戒・定《じょう》とともに重要な仏教的実践であるとされ、三学の一に数えて慧学という。また五根・五力の一には慧根・慧力を挙げる。このような場合の慧は狭義の慧で、禅定《ぜんじょう》や三昧《さんまい》によって静められた心によって真実の道理をありのままに見ぬくはたらきをいい、梵語を音写して般若《はんにゃ》ともいう。⇩般若

**えあん　慧安**　①(開皇二1582—景竜三709)唐代初期の禅僧。姓は衛氏。道安また大安、老安などともいう。枝江(湖北省枝江県)の人。衣食住にわたって常に貪著をはなれた生活をし、蘄州《きしゅう》(湖北省蘄春県)黄梅山の弘忍《こうにん》の法を嗣ぎ、終南山の石壁や嵩山《すうざん》会善寺に住し、北宗の神秀《じんしゅう》とともに則天武后の帰依を受けた。生没年、姓氏に異説がある。〔参考〕道安禅師碑銘(全唐文三九六)、楞伽師資記、祖堂集三、宋高僧伝一八、伝灯録四　②(嘉禄元1225—建治三1277)臨済宗の僧。播磨の人。東巌《とうがん》と号し、宏覚禅師と諡された。はじめ書写山で天台を学び、正嘉元年1257宋に渡ろうとして太宰府に至ったが、そこで敬念禅師に会って禅に帰した。さらに弘長二年1262建長寺の兀庵《ごったん》普寧に参じ、これを終世の師と仰いだ。京都今出川に正伝寺を開いたが、延暦寺衆徒の破却にあい、鎌倉の聖海寺で没した。文永の役に際し、敵国降伏の願文(重要文化財、正伝寺蔵)を石清水八幡宮にささげた。〔参考〕東巌安禅師行実、延宝伝灯録一四、本朝高僧伝二一

**えい　慧威**　生没年不詳。唐代の天台宗第七祖。中国婺州《むしゅう》東陽(浙江省金華府東陽県)の人。姓は劉氏。天宮寺にいたので天宮尊者といい、師の智威(　—680)と区別して小威という。智威の門に入り、天台三観の法門を開悟し、のち東陽の天宮寺に隠棲したが、求道の士の来訪が絶えなかった。智威と共に朝散大夫四大師に補せられ、呉越王は全真尊者と諡した。弟子に左渓の玄朗(673—754)がいる。〔参考〕宋高僧伝六、天台九祖伝、仏祖統紀七・三九

**えいえい　栄睿**　(　—唐の天宝八749)栄叡とも書き、「ようえい」とも読む。奈良時代の法相宗の僧。美濃の人。興福寺で唯識および戒律を学んだ。天平五年733普照と共に遣唐使の丹治比広成《たじひのひろなり》に従って入唐し、各地で特に律部を学び、定賓律師から具足戒を受けた。鑑真を日本に迎えようとして努力したが、途中で病にかかり、唐の天宝八年端州竜興寺で没した。〔参考〕唐大和上東征伝

**えいえん　永縁**　(永承三1048—天治二

1125)「ようえん」とも読む。法相宗の僧。京都の人。式部少輔藤原永相《ながすけ》の子。幼時、興福寺一乗院に入り、頼信に法相宗義を学んだ。維摩会・最勝会の講師をつとめ、また七大寺を管轄した。保安二年1121大僧都に任じられ、ついで権僧正に進んだ。晩年は花林院に隠居したので花林院の僧正といい、また和歌にたくみで、「聞くたびに珍しければ時鳥いつも初音の心地こそすれ」(金葉集)と詠んだことから、初音僧正ともいう。その和歌は金葉集(一一首)を初めとして、詞花、千載、新古今など一一の勅撰歌集に入っている。〔参考〕本朝高僧伝一一、撰集抄

**えいかい　栄海**　(弘安元1278—貞和三1347)「ようかい」とも読む。真言宗の僧。京都の人。藤原俊業の子。醍醐寺の聖済から灌頂を受け密教を学んだ。勧修寺慈尊院・随心院・神護寺に歴住し、貞和元年1345六八歳で東寺長者となった。弟子に杲宝《ごうほう》がいる。著書、儼避羅鈔一九巻、類聚八祖伝一〇巻、真言伝七巻、両界記四帖など多数。〔参考〕本朝高僧伝一七

**えいがく　英岳**　(寛永一六1639—正徳二1712)真言宗豊山派の僧。伊賀の人。姓は宇都宮氏。字は宜春。一四歳で大和長谷寺の良誉により出家受戒して四度瑜伽・灌頂を受け、亮汰から密教の経疏を学んだ。ついで南都で唯識・華厳を、園城寺で天台・倶舎を、さらに醍醐の有雅から両部大法および諸尊契印経軌などを学んだ後、長谷寺で講義した。尾張の長久寺・武蔵の弥勒寺に住し、元禄八年1695幕命で豊山第一四世を継ぎ、僧正に補せられた。のち江戸の進休庵に隠居し、宝永四年1707大僧正になった。著書、理趣経純秘鈔講義六巻など。〔参考〕続日本高僧伝二

**えいがく-ようき　叡岳要記**　二巻。著者不詳。平安末期の成立か。比叡山の開創以来の事歴を記したもの。巻末に永和五年1379円光寺乗空の本によって教雲が校合したという記録がある。群書二四

**えいかん　永観**　⇩ようかん

**えいかん-どう　永観堂**　⇩禅林寺《ぜんりんじ》①

**えいく　栄久**　(　—永正一二1515)浄土宗の僧。城誉と号する。三条西実隆の子。伝誉慶秀について剃髪し、音誉聖観の法を嗣ぎ、明応三年1494宇治平等院を中興した。〔参考〕浄土伝灯総系譜

**えいくう　叡空**　(　—治承三1179?)天台宗の僧。慈眼房と号した。藤原伊通の子という。良忍に師事して円頓戒を受け密教を学んだ。比叡山の西塔黒谷に住して往生要集を講じた。源空(法然)の師である。〔参考〕法然上人行状絵図三

**えいけい-じ　永慶寺**　①大分県大分郡庄内町五ケ瀬。曹洞宗。大竜山と号する。宝治元年1247孤雲懐奘《こうんえじょう》の開創と伝える。天正年間1573—92兵火にかかって退廃したが、正保二年1645存悦が再建し、大清撫国が中興した。②奈良県大和郡山市永慶寺町。黄檗宗。竜華山と号する。もと甲斐国西山梨郡岩窪にあり、寛永七年1630(一説に宝永年間1704—11)柳沢吉保が再建した。開山は悦峰道章。吉保の子吉里は享保九年1724大和郡山へ国替えのとき寺基を現地に移した。

**えいげん-じ　永源寺**　滋賀県東近江市永源寺高野町。臨済宗永源寺派本山。瑞石山と号し、一に山上寺、飯高山ともいう。近江の守護佐々木氏頼が建立し、康安元年1361寂室元光(円応禅師)を開山に迎えた。のち度々の兵火にかかったが、寛永二〇年1643一糸文守が中興。明治九年1876一時東福寺派に属したが、同一三年独立して現派本山となる。紅葉の名所として知られる。〔重文〕塑造寂室和尚坐像、紙本墨書寂室和尚遺誡、同寂室元光消息、同墨蹟、同永源寺開山祭文ほか〔参考〕寂室和尚行状、近江輿地志略七三

**えいこう-じ　永光寺**　⇩ようこうじ

**えいごん　永厳**　⇩ようげん

**えいさい　栄西**　(永治元1141—建保三1215)「ようさい」とも読む。日本臨済宗の祖。備中吉備津の人。俗姓は賀陽氏。字は明庵、葉上房と号し、千光の勅号により千光国師という。一一歳で安養寺静心に師事し、一四歳の時、剃髪して比叡山で具足戒を受けた。その後、千命・有弁・基好などに師事して天台・密教を学んだ。仁安三年1168宋に渡り、天台山・廬山・阿育王山などを歴遊し、同年天台の章疏三十余部をもたらし

栄西花押

て帰朝し、密教を研究して台密葉上流を開いた。文治三年1187再び入宋して、天台山万年寺の虚庵懐敞《こあんえしょう》から臨済禅を伝えられた。建久二年1191帰朝し、同六年博多に聖福寺を建てた(日本禅宗寺院の初め)。延暦寺衆徒の圧迫をうけたので、鎌倉に下って将軍源頼家の保護をうけ、正治二年1200北条政子の本願によって寿福寺を開いた。建仁二年1202頼家の厚意によって京都に建仁寺を開いたが、朝廷の命によって台密禅三宗兼学の寺院とされた。その後、東大寺・法勝寺修築の幹事となり、大師号を望んだがいれられず、僧正に任じられた。鎌倉寿福寺で没した。著書、興禅護国論三巻、出家大綱一巻、一代経論総釈一巻、喫茶養生記一巻など。〔参考〕元亨釈書二、大日本史料四ノ七・一三、人物叢書一二六

**えいざん-じ　栄山寺**　奈良県五條市小島町。真言宗豊山派。梅室院と称する。山号は学晶山。藤原武智麻呂の創建と伝え、同氏の氏寺《うじでら》として栄えた。のち寺領のことでしばしば吉野金峯山寺や高野山と争った。現存の堂宇のなかで、八角円堂は天平宝字757—65末年の建立とされる。なお、山城国深草の道澄寺から移された梵鐘(銘は延喜一七年917、小野道風の書と伝える)が有名。〔国宝〕八角円堂、梵鐘〔重文〕石塔婆(石造七重塔)、木造薬師如来坐像(本尊)、同十二神将立像、石灯籠ほか〔参考〕栄山寺文書、大和名所図会五

**えいざんだいし-でん　叡山大師伝**　一巻。一乗忠(　—824)の著。一乗忠は仁忠説と真忠説とがある。伝教大師伝、著者の名をとって仁忠伝とも呼ぶ。弘仁一四年823六月以後、同年一一月以前の成立とされる。比叡山を開いた最澄の伝記。誕生から没後の弟子の動静までを記録する。その史料価値は高い。日蔵四〇、続群八下、伝教大師全集別巻、改定史籍集覧一二〔写本〕石山寺蔵(重文)〔刊本〕宝永元1704刊、明和四1767刊

**えいしっち-りん　洩瑟知林**　⇨杖林《じょうりん》

**えいしょう　英性**　(慶長一六1611—延宝五1677)華厳宗の僧。山城の人。清涼院実英について華厳・三論を学び、両宗の学頭になった。しばしば法華会・維摩会の竪者に選ばれ、また宮中や仙洞御所にも出講したことがある。明暦三年1657以後、東大寺二月堂の大導師職を二一回勤めた。〔参考〕続日本高僧伝二

**えいしょう　栄性**　(明和五1768—天保八1837)真言宗豊山派の僧。信濃の人。初め栄慶と称した。字は諦純。長谷寺で性相、特に倶舎論・十住心論を研究した。文化一一年1814根来寺《ねごろじ》に住し、翌年権僧正に任じられ、文政一〇年1827同寺を再建した。天保四年1833幕命により江戸護持院に入り、護国寺を兼帯した。著書、即身義決断一巻など。〔参考〕新義真言宗史料

**えいしょう　栄祥**　(寛政七1795—安政三1856)真言宗豊山派の僧。近江彦根の人。長谷寺に学び、伊賀常福寺に住す。著書、髻珠鈔三巻、諸流印信集二巻など多数。〔参考〕新義真言宗史料

**えいしょう-きそく　永正軌則**　一巻。真慧上人御定ともいう。真慧の制定(永正元年1504)。真宗高田派の僧侶に対する掟。本寺の善知識を崇敬すべきことを強調している。〔註釈〕慧海・永正軌則聞信解三巻

**えいしょう-じ　永勝寺**　神奈川県横浜市戸塚区下倉田町。真宗大谷派。臥竜山祥瑞院と号する。真宗の関東七カ寺の一。嘉禄二年1226の創建と伝え、開基は誓海。もと長延寺といったが、のち武田永勝の中興により現称に改めた。常葉《ときわ》の御影を管したが、大谷派本願寺一三世宣如のとき東本願寺に献じた。〔参考〕大谷遺跡録四

**えいしん-やく　翳身薬**　隠形薬《おんぎょうやく》、翳形薬《えいぎょうやく》ともいう。この薬を自己の眼に塗ると自己の身体を隠して他人の眼に触れないようにすることができるという(新訳の華厳経巻六〇、竜樹菩薩伝)。

**えい-せんじ　永宣旨**　綸旨・院宣などによって永代にわたって効力をもつ内容を宣したもの。特に僧位僧官の任命に関するものが多い。これを得た寺院は、逐一上奏しなくても法橋・僧都など特定の僧位僧官を任命することができた。平安時代からみえはじめ室町・江戸時代に盛んに行われたが、明治二年1869九月に廃止された。

**えいぞう　影像**　①「ようぞう」⇩本質《ほんぜつ》　②「えいぞう」。祖師や先徳などの肖像を彫塑或いは描いたものをいい、影、真影、写影などともいう。インドでは仏・菩薩などの像を作ることは行われたが、僧の影像を作ることは稀であったようである。中国・日本では、真言八祖像や真宗七祖像などのように、祖師などの像を作って尊崇することが行われ、影像を祀る堂を影堂、御影堂《みえいどう》といい、影像を供養するのを影供《えいぐ》・という。生前に作る影像を特に寿像《じゅぞう》という。禅宗では頂相《ちんぞう》といって半身の図像を作ることがある。

**えいそ-の-せんみょう　永祚宣命**　比叡山の慈覚・智証両門流の争いに対し、永祚元年989にこれを誡めた一条天皇の宣命。同年九月慈覚系尋禅の辞職にともない、智証系の余慶が二〇世天台座主に任じられたが、慈覚門徒はこれを不満として講堂を閉じて拒み、座主宣命使少納言源能遠の登山を防ぎ、一〇月四日重ねて少納言源時方が登山して読もうとしたが、宣命を奪い取った。朝廷は二九日に改めて検非違使警護のもとに右丞相藤原有国を遣わし、慈覚入唐将来の経蔵を納めた前唐院で宣命を読ませ衆徒の暴挙を誡めた。山門の衆徒はこの宣命を異例として永祚宣命とよんだが、文中に獅子身中の虫の語があった。この頃から山門寺門の争いは激化の一途をたどった。〔参考〕天台座主記

**えいそん　栄尊**　(建久六1195―文永九1272)　臨済宗の僧。神子と号する。平康頼の子。筑後三瀦荘《みぬまのしょう》に生まれ、七歳で永勝寺の厳琳に従い一三歳で剃髪した。二九歳で上野長楽寺に入って栄朝に師事し、円爾弁円《えんにべんねん》と相知り、嘉禎元年1235弁円と共に入宋した。無準師範に参禅し三年後帰国、仁治元年1240肥前水上山の万寿寺の開山となる。〔参考〕神子禅師行実、本朝高僧伝二一

**えいそん　叡尊**　(建仁元1201―正応三1290)　睿尊とも書く。西大寺の律僧。字は思円。諡号は興正菩薩。大和の人。興福寺の学侶慶玄の子。一一歳で醍醐寺の叡賢に従い、一七歳で出家し密教を学んだ。元仁元年1224二四歳で高野山に登って貞経阿闍梨に師事し、安貞元年1227具支灌頂を受けた。のち、三学の根本は戒律にあることを思い西大寺に移り、戒如らに師事して南山律を学んだ。嘉禎二年1236興福寺常喜院の円晴・有厳・覚盛と共に東大寺羂索院で自誓受戒した。寛元三年1245泉州の家原寺で白四羯磨別受法によって重ねて具足戒を受けた。自誓受戒以来、ひろく畿内の諸寺をめぐって梵網経や戒疏を講じ、道俗に戒法を授け、また廃寺を興した。弘長二年1262には北条時頼の請によって半年間、関東に赴き、宮中では後深草上皇・亀山上皇らに講経、授戒した。文永三年1266般若寺を再興し非人を文殊にみたてて供養した。弘安四年1281蒙古襲来にあたって石清水八幡宮で仁王会を開き愛染法を修した。一生の間に、布薩《ふさつ》を行うこと一万余座、受戒の弟子九万六千余人、密灌を受けた者七十余人、漁猟を禁じ放生池を設けること千三百五十余所、飢餓を救うこと数万人に及ぶという。高弟に極楽寺良観(忍性)、般若寺慈道(信空)らがいる。著書、梵網経古迹記輔行文集一〇巻、菩薩戒本釈文鈔一巻、感身学正記三巻など。〔参考〕西大寺叡尊伝記集成、興正菩薩御教誡聴聞集、人物叢書三〇

**えいたく-じ　永沢寺**　⇩ようたくじ

**えいちゅう　永忠**　(天平一五743―弘仁七816)　近江梵釈寺の学僧。姓は秋篠氏。京都の人。宝亀年間770―80の初め入唐し西明寺などの諸寺を巡歴、延暦年間782―806の末に帰朝した。近江に梵釈寺が創建されると桓武天皇の勅により同寺に住した。大同元年806(延暦二三年とも)律師に任じられ、弘仁元年810(延暦一六年とも)少僧都に、のち大僧正となった。著書に五仏頂法訣一巻があったと伝える。〔参考〕元亨釈書一六、七大寺年表、日本後紀、本朝高僧伝六七

**えいちょう　英朝**　(正長元1428—永正1504) 臨済宗の僧。字は東陽。大道真源禅師と勅諡。美濃加茂郡の人。姓は土岐氏。五歳の時、天竜寺玉岫《ぎょくしゅう》の侍童となり、のち竜安寺の雪江から印可を受けた。文明一三年1481詔を奉じて大徳寺に住持し、一年の後、妙心寺に移り、三年を経て尾張瑞泉寺の主となった。美濃に帰って少林寺を開き、ついで大仙・定慧の両寺を開いた。著書、宗門正灯録一二巻、無孔笛六巻、禅林句集二巻。〔参考〕延宝伝灯録二八、本朝高僧伝四三

**えいちょう　栄朝**　(永万元1165—宝治元1247) 字は釈円。はじめ顕密二教を兼ね修めたが、のち栄西に師事して台密葉上流の伝法灌頂をうけ禅宗黄竜派の印可をうけた。新田義季の帰依を得て承久三年1221上野世良田の長楽寺を開創。門下に円爾《えんに》弁円《べんねん》・蔵叟朗誉らがいる。〔参考〕元亨釈書六、本朝高僧伝一九、大日本史料五ノ二二

**えいとく-じ　永徳寺**　岩手県胆沢郡金ケ崎町永栄。曹洞宗。報恩山と号する。建武三年1336道叟道愛の開創。かつては奥羽地方の本寺として栄えた。

**えいねい-じ　永寧寺**　中国河南省洛陽にあった寺。北魏の献文帝が皇興元年467恒安(山西省大同の地)に七層の塔を建てて永寧寺と号したが、孝文帝(471—99在位)が洛陽に都を移して後、孝明帝の熙平元年516(一説に延昌四515または正光三522)、帝の生母霊太后胡氏が、宮前閶闔門の南東一里に新たに大寺を建てて、永寧寺と名づけた。九層の塔があり、台基は九間四方、高さ九〇丈余といわれ、北に正殿、南に三門楼があったという。外国から献じられた経論・仏像は皆この寺に納めたと伝える。永熙三年534(一説に同二年)、九層塔の第八層から火を発し、炎上した。現在塔基のみ残っている。なお、続高僧伝巻一では、菩提流支が洛陽に来たとき永寧寺に住したというが、誤伝のようである。〔参考〕洛陽伽藍記一、魏書一三・一一四

**えいふく-じ　永福寺**　①中国浙江省杭州府にあった寺。東晋の咸和年間326—34慧理の創建という。銭塘湖の孤山の上にあったので、孤山寺ともいう。唐の長慶四年824白居易が刺史となってこの寺に石壁法華経を刻したと伝える。〔参考〕釈氏稽古略三　②神奈川県鎌倉市二階堂にあった寺。三堂山と号し、二階堂と称した。源頼朝が奥州中尊寺の大長寿院の二階堂に擬して建てたもので、宋版一切経を納めていた。文治五年1189起工、建久三年1192落慶供養。応永一二年1405炎上し、のち廃絶した。〔参考〕吾妻鏡九、新編相模風土記稿九一、鎌倉攬勝考、鎌倉市史

**えいふく-じ　叡福寺**　⇩磯長《しなが》

**えいへい-こうろく　永平広録**　一〇巻。詮慧・懐奘・義演らの編(建長五1253)。道元の法語や詩偈を編纂したもので、第一巻は興聖寺語録、第二巻は大仏寺語録、第三—七巻は永平寺語録、第八巻は小参法語、第九巻は頌古、第一〇巻は真讃を収める。道元の没後まもなく編纂され、史料的価値は高い。曹全二(宗源下)、道元禅師全集下、日蔵四五、承陽大師聖教全集三　〔刊本〕寛文一二1672刊〔別行本〕永平語録雋原、永平家訓　〔註釈〕面山瑞方・註一〇巻、同・事考二巻、本光瞎道・点茶湯一〇巻

**えいへい-じ　永平寺**　福井県吉田郡永平寺町志比。曹洞宗の大本山。吉祥山と号する。寛元元年1243道元は波多野義重に迎えられて志比荘の禅師峰《ぜんじぶ》から吉峰《よしみね》(現地の西方、今の吉峰寺付近)に移り、翌年、傘松峯《さんしょうほう》に大仏寺を創建し、同四年永平寺と改称した(中国に初めて仏教が伝えられた後漢の明帝の年号にちなむという)。道元の没後、懐奘・義介が継いだが、世俗化を推進しようとする義介とそれに抵抗する義演らとの抗争(三代相論)がおこり、弘安一〇年1287義介派は永平寺から加賀大乗寺に移った。その後、義介派が発展したのに対し義演が住した永平寺は衰微していった。室町中期、義介派が永平寺に入寺するに及んで再び教団の中心となり、永正四年1507後柏原天皇から本朝曹洞第一道場という勅額を得、天文八年1539紫衣出世道場の勅許を得た。元和元年1615江戸幕府は永平寺法度を定め、以後、越前松平家などの外護によって栄えた。出世道場のことで総持寺としばしば争ったが、五〇世玄透は、小

清規《しょうしんぎ》を著わし、諸事を旧に復した。明治一二年1879祖廟が焼けたが再建。六三世滝谷琢宗は大いに寺観を整えた。〔国宝〕普勧坐禅儀(道元筆)〔重文〕銅鐘、紙本墨書後円融院宸翰、同高祖嗣書、金銀絵料紙墨書明全戒牒、紙本墨書孤雲懐奘筆正法眼蔵仏性第三〔参考〕永平寺文書、越前名勝志

**えいへい-しんぎ　永平清規**　二巻。詳しくは日域曹洞初祖道元禅師清規といい、永平大清規ともいう。道元の著。道元がその教団の規矩と理想を示した書。典座教訓(嘉禎三1237)・弁道法・赴粥飯法(以上、上巻)、吉祥山永平寺衆寮箴規(宝治三1249)・対大己五夏闍梨法(寛元二1244)・日本国越前永平寺知事清規(寛元四)(以上、下巻)からなっている。元来はそれぞれ別々のものであるが、寛文七年1667永平寺の光紹智堂がこれを二巻に編した。㊅八二、道元禅師全集、曹全一(宗源上)、承陽大師聖教全集三〔刊本〕寛文七刊〔註釈〕面山瑞方・典座教訓聞解、同・衆寮箴規聞解、徳厳養存・衆寮箴規然犀、本光瞎道・衆寮箴規求寂参

**えいほ-じ　永保寺**　岐阜県多治見市虎渓山町。臨済宗南禅寺派。この地が中国廬山の虎渓に似ているとされることから虎渓山と号する。正和二年1313の頃、夢窓疎石が隠棲したところで、その法弟元翁本元(仏徳禅師)が住してから大道場となり、後醍醐天皇の勅により堂宇を創建した。〔国宝〕開山堂、観音堂〔重文〕絹本著色千手観音像〔参考〕夢窓国師年譜、延宝伝灯録一九、新編美濃志

**えいめい-じ　永明寺**　中国河南省洛陽の閶闔門外にあった寺。北魏の永平二年509宣武帝(499—515在位)が外国沙門のために建てたものという。西域各地および南方歌営国などの沙門三千余人が住したという。〔参考〕洛陽伽藍記四

**えいよ　永璵**　(—貞治四1365)曹洞宗宏智派《わんしは》の僧。中国四明の人。無学祖元の甥の子。東陵と号する。諡は妙応光国慧海慈済禅師。雲外雲岫の法を嗣いで天寧寺に住し、観応二年1351足利直義の招きで来朝した。夢窓疎石に厚遇されて西芳寺に仕し、ついで天竜寺第三世に補せられた。南禅寺・鎌倉円覚寺・建長寺に歴住した。著書、璵東陵日本録など。〔参考〕日本名僧伝、延宝伝灯録四、本朝高僧伝三〇

**えいよ　栄誉**　(慶長七1602—延宝六1678)新義真言宗の僧。字は文秀。土佐の人。春日局の推挙により将軍の護持僧となった。寛永一三年1636江戸白壁町に根生院を開いて仕し、のち渋谷村に別院を設けた。〔参考〕新義真言宗史料

**えいん　慧印**　(—明和元1764)曹洞宗の僧。字は指月。幼くして加賀大乗寺の智灯につかえ、のち成田竜淵寺春翁《しゅんおう》の法を嗣ぐ。江戸吉祥寺の梅檀林で大いに文字禅を説き、また武蔵押切の西光寺・下総小曽根の西光院、武蔵川崎の養光寺を開いた。自ら三光老人と称した。面山、大梓と共に曹洞宗中興の高僧といわれる。著書、参同契不能語、宝鏡三昧不能語など多い。〔参考〕孤峰智璨・日本禅宗史要、近世禅林言行録

**えいん-さんまい-きょう　慧印三昧経**　一巻。原題をタターガタ・ジュニャーナムドラー・サマーディ・スートラ Tathāgata-jñānamudrāsamādhi-sūtra という。漢訳には呉の支謙の第一訳のほか、第二訳に訳者不詳の如来智印経一巻、第三訳に北宋の智吉祥の訳の大乗智印経五巻がある。内容は、如来が慧印三昧と名づける定に入ると、諸比丘・菩薩などは如来を見ることができなくなった。そこで文殊がその理由を問うと、この三昧を行じて無上慧を得れば、あらゆる分別がなくなって諸仏を見ることができると説かれ、また弥勒《みろく》の問に答え、さらに抜陀斯利《ばっだしり》(バドラシュリー Bhadrašrī 韋提希《いだいけ》夫人)らのために、この三昧を保てば、安楽国に生まれると説いている。㊅一五〔参考〕出三蔵記集一

**えいん-じ　慧因寺**　中国浙江省杭州府銭塘県。後唐の天成二年927呉越王銭鏐《せんりゅう》の建立。宋代に晋水浄源が住してから華厳宗の道場となった。高麗の義天が当寺に金書の華厳経などを贈ったので、俗に高麗寺《こうらいじ》と呼ばれた。元代の末に兵火にかかったが、明末に万松慧休およびその門下によって復興された。〔参考〕李者羽・王岑山慧因高麗華厳教寺二二巻(武林掌故叢編二)

**えうん　恵運**　(延暦一七798—貞観一

一869）真言宗の僧。世に安祥寺僧都《あんしょうじのそうず》と称する。入唐八家の一。京都の人。俗姓は安曇氏。東大寺で出家して法相を学び、のち東寺の実慧から灌頂をうけた。承和九年842（一説、同五年）唐に渡り、長安青竜寺の義真から真言諸部の密印を受け、同一四年真言の経軌二百余巻をたずさえて帰朝した。嘉祥元年848仁明天皇女御藤原順子の発願により京都山科に安祥寺を建てた。貞観六年少僧都に任じられ、同一一年東大寺別当に補せられた。著書、菩提心戒儀一巻など。〔参考〕入唐五家伝、元亨釈書一六

**えうん　慧雲**　①（安貞元1227—正安三1301）臨済宗の僧。字は山叟《さんそう》。仏智禅師と勅諡。武蔵飯沢《いいさわ》の人。俗姓は丹治氏。一九歳のとき円爾弁円《えんにべんねん》に師事した。正嘉二年1258宋に渡り、一〇年後帰国して、再び旧師につかえ、次いで太宰府の崇福寺に移った。のち奥州へも巡化し、永仁二年1294東福寺第五世を継いだ。〔参考〕仏智禅師伝、延宝僧宝伝一〇、本朝高僧伝二二　②（　—元禄一二1699）浄土宗西山派の僧。号は大空。倍山《ばいさん》の法弟。貞享三年1686西山光明寺の三五世を継いだが、助三の円頓戒補助儀の事件に関して江戸幕府から追放され、光明寺の世代から削られた。〔参考〕光明寺沿革誌　③（享保一五1730—天明二1782）浄土真宗本願寺派の学僧。安芸広島報専坊の住持。初名を宝雲といい、字を子潤、号を甘露、洞水、東岳という。一七歳で比叡山に登って天台を学び、ついで南都・高野山に遊び、また宗学を僧樸からうけた。厳しく宗義をもって門徒に神祠を撤廃させたので、世に神棚下しの報専坊といわれた。門下に大瀛・僧叡などの俊秀が多く、宗学に関する著作も多い。〔参考〕本願寺通紀　④⇩前田慧雲《まえだえうん》

**えうん　懐惲**　（貞観一四640—大足元701）唐代の浄土教の僧。善導の弟子。隆闡大法師と諡された。長安の西明寺で得度し、ついで実際寺の善導の門に入り、永昌元年689に同寺の主となる。善導の墓を神禾原（長安の南）につくって伽藍（後に香積寺と称した）を建てたといい、また、同門の懐感《えかん》の没後、その著である釈浄土群疑論を完成させたと伝えられる。〔参考〕群疑論序、隆闡大法師碑銘（金石萃編八六）

**ええい　慧永**　（東晋の咸和七332—義熙一〇414）釈道安の門人。廬山の慧遠の道友。姓は潘氏。河内（河南省）の人。廬山の西林寺に住し、浄土を願生し、蓮社十八賢の一に数えられる。唐の玄宗は彼のために塔を建て、覚寂大師と諡した。〔参考〕高僧伝六、仏祖統紀二三、東林十八高賢伝

**ええい　慧影**　⇩えよう

**ええい　慧叡**　生没年不詳。劉宋代の僧。鳩摩羅什の門人。冀州（河北省）の人。諸国を歴遊し、南天竺へ行き諸種の言語に通じたという。帰って廬山へ行き、また長安で鳩摩羅什の門に入った。羅什門下の僧叡と同一人でないかという疑問もある。〔参考〕高僧伝七、仏祖統紀二七、東林十八高賢伝

**えおう　慧応**　（応永三一1424—永正元1504）曹洞宗の僧。字は曇英《どんえい》。京都の人。鎌倉円覚寺、京都相国寺などに学び、一洲正伊の遺命により双林寺に住し、最乗寺、玉泉寺に移る。永平寺を復興させた功により、紫衣を受け宝光智証禅師の号を賜る。武蔵普門寺を中興し、また林泉寺、長年寺を開いた。〔参考〕延宝伝灯録九、日本洞上聯灯録七、本朝高僧伝四三

**えおん　恵隠**　生没年不詳。推古天皇一六年608小野妹子に随って隋に留学し、舒明天皇一一年639帰朝した。翌年五月大斎会《だいさいえ》が修せられた時、勅により禁裏で無量寿経を講じ、白雉三年652にも四月一五日より二〇日まで六日間にわたって内裏で同経を講じた。いわゆる宮講の始源とする。〔参考〕日本書紀二三、元亨釈書一六

**えおん　慧苑**　生没年不詳。唐代の華厳学者。京兆（陝西省西安府長安県）の人。長安の静法寺に住したので静法寺慧苑と称す。賢首大師法蔵の門人となり、続華厳経略疏刊定記《かんじょうき》一五巻、新訳華厳経音義二巻を著わした。宝性論によって四種教を立て法蔵の説に背いたので、華厳家からは正統とされていない。〔参考〕宋高僧伝六

**えおん　慧恩**　（　—明和元1764）法隆寺の僧。字は泰沢。幼くして瑜伽・密教・戒律を学び、さらに天台・華厳・禅の宗義をも参究した。法隆寺北室院に住して禅律双修

を唱え、寛延三年1750には尾張円成寺で四分律行事鈔を講じた。晩年、関通和尚に会って浄土教に帰したという。〔参考〕続日本高僧伝九

**えおん　慧遠**　①(東晋の咸和九334—義熙一二416)　廬山の白蓮社の祖。姓は賈氏。雁門楼煩(山西省)の人。二一歳のとき釈道安の門に入り、前秦の建元一五年379符丕《ひ》が襄陽を攻めて道安をつれ帰った時、慧遠は弟子数十人と共に荊州上明寺に移ったが、のち廬山へ行き道友の慧永の力によって東林精舎を建てて住した。彼の徳を慕って集まる人々と共に白蓮社を創め念仏を修した。その後二〇年廬山に住し、八三歳で没した。遺文に沙門不敬王者論、長安の鳩摩羅什に質疑した文書の大乗大義章などがある。〔参考〕出三蔵記集一二・一五、高僧伝六

廬山慧遠（仏祖道影）

②(北魏の正光四523—隋の開皇一二592)浄影寺の学僧。姓は李氏。敦煌の人。一三歳のとき出家して僧思禅師の教えをうけ、更に湛律師、大隠律師、光統《こうず》律師の弟子法上に学んだ。北周の武帝の排仏に抗し、汲郡の西山に隠棲したが、隋の文帝が天下を統一して仏教を興隆するに及んで浄影寺を賜り、講説を事とした。著書、大乗義章二八巻、涅槃経義記二〇巻、維摩経義記四巻、起信論義疏二巻など多数。〔参考〕続高僧伝八

**えおん　懐音**　(　—正徳四1714)　浄土宗鎮西派の僧。真誉玄阿《あげん》と号する。大和の人。江戸増上寺に学び、のち岩槻浄国寺の聞証に師事した。大和今井の西光寺に住して浄土考原録を著わし、忍澂に見いだされて法然院を継いだ。〔参考〕続日本高僧伝四

**えか　慧可**　(北魏の太和一一437—隋の開皇一二593)　中国禅宗の第二祖。僧可、可大師ともいう。大祖禅師と諡する。姓は姫《き》氏。武牢(河南省洛陽県東北)、一説に虎牢(同省汜水県西)の人。本名は神光。儒老および大小乗の教えに通じ、四〇歳で菩提達磨を嵩山少林寺にたずね夜を徹して積雪の中に立ち、みずから切り落とした左腕を差し出して法を求め(立雪断臂《りっせつだんぴ》)、遂に心印を受けて四巻楞伽を授けられた。東魏の鄴城《ぎょうじょう》(河北省臨漳県西)に行脚し三論宗の慧布《ふえ》に教えた。北周の破仏で舒州(安徽省懐寧県)皖公山《かんこうざん》に隠れ、そこで三祖僧璨《そうさん》に法を伝えた。〔参考〕続高僧伝一六、伝法正宗記六、楞伽師資記、歴代法宝記、宝林伝八、祖堂集二、景徳伝灯録三

慧可（仏祖道影）

**えかい　慧海**　①(東魏の興和二541—隋の大業五609)　隋代の僧。清河武城(山東省武城県)の人。姓は張氏。鄴都(河北省臨漳県)広国寺の罔《いけ》法師に涅槃・楞伽《りょうが》を、青州(山東省)大業寺の道猷法師に摩訶衍《まかえん》・毘曇を学んだ。北周の大象二年580に儀濤浦に安楽寺を建てた。常に浄土を願生したという。〔参考〕続高僧伝一二　②生没年不詳。唐代の禅僧。建州(福建省甌県《おけん》)の人。姓は朱氏。大珠和尚といわれる。越州大雲寺の道智に学び、馬祖道一に参禅した。語録一巻がある。〔参考〕景徳伝灯録八　③(元禄一四1701—明和二1765、一説に宝永四1707—明和八)　真宗高田派の学僧。駿河国静岡の浄円寺八世。字は法饒《ほうじょう》。著書は下野流本尊義、下野流規範その他多く、また鳳潭の念仏往生明導剳を破して連環弁道略を作った。④(天明三1783—天保七1836)浄土真宗本願寺派の学僧。江戸の西教寺八世。字は潮音《ちょうおん》。富永仲基の出定後語《しゅつじょうごご》に対して摑裂邪網編《かくれつじゃもうへん》二巻を著わし、服部天游の赤裸々に対して金剛索《こんうさく》一巻を作って、大乗が仏説であることを弁じた。

**えかい　慧開**　（淳熙一〇1183―景定元1260）南宋代末期の禅僧。姓は梁氏。無門と号する。梁諸《りょうしょ》（浙江省杭県）の人。楊岐七世の月林師観《がつりんしかん》の法を嗣ぎ、理宗皇帝の帰依で、浙江、江西などの七大寺に住した。無門関一巻を上進し、仏眼禅師の号を受けた。他に語録二巻がある。〔参考〕増続伝灯録三、五灯厳統二二

**えかい　懐海**　（天宝八749―元和九814）唐代中期の禅僧。姓は王氏。百丈といい、大智禅師と謚する。長楽（福建省長楽県）の人。馬祖道一の法を嗣ぎ、洪州《こうしゅう》（江西省南昌県）の百丈山（一名、大雄山）に住した。初めて禅院生活を規制した禅門規式（現存する百丈清規《ひゃくじょうしんぎ》の原型）と、語録二巻がある。なお生没年に異説がある。〔参考〕懐海禅師塔銘（全唐文四四六）、祖堂集一四、宋高僧伝一〇、景徳伝灯録六

**えがい　慧愷**　（梁の天監一七518―陳の光大二568）陳代の僧。智愷ともいう。姓は曹氏。陳の天嘉四年563広州の制旨寺で真諦三蔵の摂大乗論および釈論の訳業を助けて筆受の任に当たり、ついで倶舎論《くしゃろん》の翻訳を助け、光大二年には広州南海郡で律二十二明了論を筆受した。摂大乗論疏八巻、倶舎論疏五三巻を著わしたというが現存しない。なお、大乗起信論序、一心二門大意を智愷の作とするが疑わしい。〔参考〕続高僧伝一

**えかく　慧覚**　①（承聖三554―大業二606）梁末・隋初の僧。姓は孫氏。秣陵《まつりょう》（江蘇省丹陽県）の人。三論の興皇寺法朗、栖霞寺慧布に学び、とくに大智度論に通じていた。隋の煬帝《ようだい》に召されて、江都の慧日道場に住した。〔参考〕続高僧伝一二　②（中大通三531―武徳三620）隋代の僧。姓は范氏。斉《せい》（山東省益郡県）の人。華厳・十地・維摩に通じ、隋の文帝に召されて并州《へいしゅう》（山西省太原県）武徳寺に住した。〔参考〕続高僧伝一二　③生没年・氏姓不詳。北宋代初期の禅僧。西洛（河南省西北）の人。臨済六世の善昭の法を嗣ぎ、滁州《じょしゅう》（安徽省滁県）の瑯琊《ろうや》に住し、偈頌にすぐれていた。広照禅師と謚する。語録一巻がある。〔参考〕広灯録一八、五灯厳統一二

**えかく　慧鶴**　⇩白隠《はくいん》

**えがく　恵岳**　（享保四1719―寛政元1789）新義真言宗の僧。常陸楽法寺の第二〇世。字は俊道。江戸の人。江戸本所弥勒寺の恵教に師事し、のち常陸の長福寺・楽法寺などに歴住した。和歌や書をよくし、万葉集選要鈔九巻をはじめ、万葉に関する著作数部がある。〔参考〕恵岳伝、近世名家著述目録

**えがく　慧蕚**　生没年不詳。平安初期の入唐僧。承和年間834―48の初め、嵯峨天皇の皇后嘉智子（檀林皇后）の命を奉じて唐に入り、杭州塩官の霊池寺の斉安国師に会ってその弟子義空《ぎくう》を日本に伴い、禅法を伝えた。のち斉衡年間854―57再び入唐し、五台山で観音の霊像を得、帰途、寧波府定海県の東に普陀山を開創してその地に留まった。舟山列島の普済寺はその後身であるという。〔参考〕元亨釈書六・一六、本朝高僧伝六七

**えかん　懐感**　生没年不詳。唐代の浄土教の僧。善導の弟子。長安の千福寺に住し、法相・戒律に精通していた。善導に謁して、浄土教に対する疑義をただし、ひたすら念仏を修した。罪障の深いことを感じて絶食して終ろうとしたが、善導に制され三年の後、遂に念仏三昧を証した。著書、釈浄土群疑論七巻（未完のまま没したので懐惲《えうん》が補ったという）。〔参考〕宋高僧伝八、浄土聖賢録二

**えかん　慧簡**　生没年不詳。劉宋代の訳経家。大明元年457秣陵の鹿野寺で灌頂経一巻を抄訳し、その他計二五部二五巻（或いは一〇部一〇巻）の経典を訳したという。〔参考〕出三蔵記集五、歴代三宝紀一〇、開元録五

**えかん　慧観**　劉宋代の学者。姓は崔氏。清河の人。はじめは廬山で慧遠《えおん》に学んだが、鳩摩羅什《くまらじゅう》が長安に来たので往って教えを受けた。のちに仏陀跋陀羅（覚賢）と共に廬山へもどり、次いで宋の都建康へ行って道場寺に住した。慧厳、謝霊運と共に曇無讖《どんむしん》訳の四〇巻本涅槃経を再治して三六巻本（前者を北本といい、後者を南本という）とした。彼は仏教の教義を頓教と漸教に分け、漸教に五段階あると主張し、いわゆる二教五時説を創唱したといわれる。その遺文としては出三蔵記集の中に、法華

宗要序・修行地不浄観経序・勝鬘経序が伝わっている。宋の元嘉年間424—53に七一歳で没したという。〔参考〕高僧伝七

**えかん　慧灌**　生没年不詳。七世紀の朝鮮、高句麗の僧。隋に入り嘉祥寺の吉蔵に従って三論宗を受け、推古天皇三三年625高句麗王の命を奉じて来朝した。僧正に任じられ、元興寺《がんごうじ》に住して三論を弘め、のち井上寺《いのかみでら》を創建した。門下に福亮・智蔵らがあり、わが国三論宗の第一伝とする。〔参考〕元亨釈書一・二〇・二八、本朝高僧伝一

**えき　慧基**　（東晋の義熙八412—斉建武三496）中国、南北朝代の法華経学者。姓は呂氏。呉国銭塘の人。楊都祇洹寺《ぎおんじ》の慧義に師事して諸経論を学び、会稽の法華寺に住した。劉宋の元徽元年473会邑の亀山に宝林精舎を建てて住した。僧主に任じられ、東土僧正の始めと称される。著書、法華義疏三巻の他に遺教経註などもあったというが、今はいずれも伝わっていない。〔参考〕高僧伝八

**えきょう　会慶**　生没年不詳。鎌倉時代の新義真言宗の僧。字は覚顕。高野山に学び、蓮華院俊晴の後をうけて大伝法院学頭となり、華遊院《けゆういん》を開いた。〔参考〕本朝高僧伝一五

**えぎょう　慧暁**　①（貞応二1223—永仁五1297）臨済宗の僧。字は白雲。仏照禅師と勅諡。讃岐の人。比叡山ならびに泉涌寺に学び、ついで円爾弁円《えんにべんねん》から禅を受けた。文永三年1266宋に渡り、瑞巌寺の希叟宗曇《きそうしゅうどん》に参じた。帰国後、一時隠遁したが、東福寺第四世に迎えられた。〔参考〕仏照禅師塔銘、元亨釈書八、本朝高僧伝二二　②（延宝五1677—　）真宗大谷派の僧。越中の人。のち京都の西蓮寺の住持になった。恵空に師事して、学寮で七十五法、略論浄土義を講じた。著書、恵空老師行状記。

**えきょう-ぶんしゅう　依教分宗**　自己の信奉する教えに依って理を判別することを依教分宗という。例えば華厳宗で、華厳経に依って十宗を分けるなど。これに対して理に依って教えを分けることを依宗教別という。例えば華厳経の五教判などがそれである。

**えきょく　慧旭**　生没年不詳。江戸中期の真宗大谷派の学僧。三河の人。字は良縁。鷲丘と号する。宗祖伝の研究に専念し、諸国を巡って集めた史料を安永二年1773火災で失ったが、後に記憶をたどって宗祖世録五巻を編集した。〔参考〕宗祖世録序文

**えぎょく　懐玉**　（　—天宝元742）唐代の浄土教の僧。丹邱《たんきゅう》（河北省）の人。姓は高氏。戒律を厳持し、浄土往生を願って、阿弥陀経を三〇万遍読誦し、また日課として念仏を五万遍となえたという。〔参考〕宋高僧伝二四、浄土聖賢録二

**えくう　恵空**　①（寛永二〇1643—元禄四年1691）天台宗の僧。京都東山の正立寺に住し、のち紀州の浄福寺の住持。国文に造詣が深く、徒然草参考（八巻、延宝八1680刊）は江戸初期に出た徒然草の註釈として優れたものであり、仏教関係の解説が詳しい。また法音抄は謡曲二一曲（三井寺、卒都婆小町、自然居士など）の註釈で、謡曲拾葉抄に先行するものとして注目される。なお、実語教諺解、童子教諺解、元亨釈書和解（一三巻、天和三1683刊）などの著もある。②（正保元1644—享保六1721）真宗大谷派の初代の講師。姓は川那部氏。字は得岸。近江野洲郡金森の善竜寺（善立寺）に生まれ、初め叡山で天台を学び、のち円智に宗学を学んだ。京都西福寺に住持し、正徳五年1715高倉学寮の初代の講師職に任じられた。光遠院と諡号する。著書、無量寿経講義三巻、観無量寿経聴記六巻、叢林集九巻、讃仏慈悲集二巻など多い。

**えけい　恵慶**　生没年不詳。平安時代の歌人。「えぎょう」とも読む。播磨講師と称する。和歌をよくし、中古三十六歌仙の一人に数えられた。その作は拾遺、後拾遺、新古今など一二の勅撰和歌集に見える。〔参考〕中古歌仙三十六人伝

**えけい　慧景**　（　—文政一〇1827）真宗大谷派の嗣講。近江野洲郡浄満寺の僧。文政八年夏安居に倶舎論を講じた。

**えけい　恵瓊**　（　—慶長五1600）臨済宗の僧。通称は安国寺恵瓊。字は瑤甫《ようほ》。安芸沼田郡の人。一一歳で京都東福寺に投じ、ついで南禅寺に移り、毛利輝元の殊遇

を得て安芸の安国寺に入った。使僧として活躍し豊臣秀吉と毛利氏との間を斡旋して和議を結ばせて以来、秀吉の信任を受け、還俗して武門に帰した。慶長五年関ケ原の戦で石田三成に味方し、戦後捕えられて刑に処せられた。〔参考〕野史、人物叢書二二一

**えーけいず　絵系図**　初期の真宗教団において、各団体の系譜を名字とともに画像によってあらわしたもの。なおその名字のみのものに名帳があり、肖像のみを描いたものに光明本尊があるが、絵系図はその二つを兼ねたようなもの。主として仏光寺系の寺院に伝えられ、原型は巻子装。現存のものでは、鎌倉最末期製作の京都仏光寺本、同長性院本が初期の絵系図に属する。

**えげだつ　慧解脱**　⇩心解脱《しんげだつ》

**えげつ　慧月**　㈵マティチャンドラ Maticandra の訳。末底戦達羅と音写する。六世紀ごろの人。インド六派哲学の一つヴァイシェーシカ Vaiśeṣika（勝論《かつろん》）学派の学者。勝宗十句義論《しょうしゅうじっくぎろん》の著者。伝記は明らかではない。〔参考〕成唯識論述記一末

**えけん　慧堅**　（慶安二1649―宝永元1704）天台宗の僧。律苑僧宝伝の著者。筑後久留米の人。字は戒山《かいざん》。筑後千栄寺の童子行者をつとめたが、鉄眼の起信論の講義に感じて千光寺で出家し、宗悦に禅を学ぶ。山城東陽山の慈忍猛和尚に会って律を学び、寛文一〇年1670師と共に河内青竜山に移り、具足戒を受けた。京都深草の真宗院で般舟三昧につとめ、のち請われて近江安養寺の中興第一世となり、また河内青竜山の住持となった。著書、律苑僧宝伝一五巻、梵網戒迪蒙など。〔参考〕続日本高僧伝九

**えけん　慧剣**　（宝暦一一1761―天保元1830）真宗大谷派の僧。近江蛇溝本啓寺の住持。関扇坊《かんせんぼう》といい、如説院と号した。高倉学寮に学び、文政四年1821嗣講となり、浄土和讃、正像末和讃、三経往生文類などを講じた。著書、浄土論講義三巻、正像末和讃講義七巻など。

**えげん　慧玄**　（建治三1277―延文五1360）臨済宗の僧。信濃の人。関山と号する。歴朝から本有円成、仏心覚照、大定聖応、光徳勝妙、自性天真、放無量光などの諡号をたまわり、さらに明治天皇から無相大師と加諡された。鎌倉建長寺の東伝啓和尚について出家し、京都大徳寺の宗峰妙超（大灯国師）に参じてその法を嗣いだ。元徳二年1330美濃伊深山《いぶかさん》にかくれたが、花園上皇が花園の離宮を改めて正法山妙心禅寺（妙心寺）としたとき、むかえられて開山となる。法を授翁宗弼《じゅおうそうひつ》に付して没した。大応（南浦紹明）・大灯・関山とつづく法系を応灯関といい、日本臨済禅の中心法統である。〔参考〕大日本史料六ノ二三、延宝伝灯録二一、本朝高僧伝二九

**えこう　廻向**　㈵パリナーマナー pariṇāmanā の訳。回向とも書く。廻はめぐらすこと、向はさしむけることで、自分が行った善をめぐらしひるがえして、衆生や自分のさとりのためにさしむけることをいい、或いは死者のためにする追善《ついぜん》をもいう。また真宗では、これらの挟善趣求《きょうぜんしゅぐ》の自力廻向に対して、他力廻向を説く。①般若《はんにゃ》空の立場からは、廻向者も廻向法も廻向処もないところに真の廻向があるとして、羅什訳の小品般若経巻三廻向品には「法の能く法に廻向するあるなし、是を正しく阿耨多羅三藐三菩提に廻向すと名づく。…諸仏取相廻向を許さず。…廻向取相分別の故に名づけて雑毒とす」という（後述の実際廻向にあたる）。②浄影寺慧遠の大乗義章巻九には、廻向を三種に分けて（三種廻向）、⑴自分の修めた善因を仏果菩提の獲得にさしむける（菩提廻向）、⑵自分の修めた善の功徳を他の衆生を利益《りやく》するためにさしむける（衆生廻向）、⑶自分の修めた善根（事）を平等の理にさしむけて、その一々の善を真如法性の顕現と観じて、平等法身の理をさとる（実際廻向）の三とする。澄観は華厳経疏巻二六に、この三種廻向を分けて十種廻向とする。即ち、衆生廻向とは、⑴自を他に、⑵少を多に、⑶自の因行を他の因行に、それぞれめぐらしてさしむけることであり、菩提廻向とは、⑷因を果に、⑸劣を勝に、⑹比（類推された知識）を証（体験されたさとり）にさしむけることであり、実際廻向とは、⑺事を理に、⑻差別の行《ぎょう》を円融の行にさしむけることであるとし、また⑼世《せ》（世俗の

こと)をめぐらして出世(仏道を求めること)にさしむけ、⑽順理の事行をめぐらして理所成の事にさしむけることは、菩提および実際廻向であるという。③曇鸞は浄土論註巻下に、二種の廻向があるといって、⑴自分の功徳を衆生に廻施《えせ》(めぐらしほどこす)して共に浄土に生まれようと願うのを往相《おうそう》、⑵浄土に生まれおわって再び生死界に廻入《えにゅう》(めぐり入る)してすべての衆生を教化し共に浄土に向かわせるのを還相《げんそう》とした。道綽は安楽集巻下に廻向を解釈して、⑴その修めた諸業(種々の行為)を阿弥陀仏に廻向して極楽に生まれ、六通を得てこの世に還って衆生を救うこと、⑵因を果に、⑶下を上に、⑷遅を速に、それぞれめぐらしてさしむけること、⑸衆生に廻施して善に向かわせること、⑹廻入して分別の心を去ることの六種廻向とした。親鸞は仏の救済力の絶対性を強調して願力廻向の説を立て、衆生が浄土に往生すること(往相)も、往生して仏になり再びこの世に還って利他のはたらきをすること(還相)も、ことごとくが阿弥陀仏の本願力のはたらきであって、全て仏の方からさしむけられたものであるとする。これをそれぞれ往相廻向・還相廻向(二種廻向)という。また他力の念仏は自己の修めた功徳を廻向して往生をねがう行ではないから、これを不廻向の行という(教行信証)。なお廻向を廻思向道(他へ向いていた心を浄土の一道に向けかえる)と解することもある。④菩薩の階位の一に十廻向位がある〈⇩菩薩の階位《ぼさつのかいい》〉。

**えこう　恵晃**　(明暦元1655—元文二1737)　泉涌寺の僧。京都の人。字は照川。翳華と号する。法金剛院玉周について修学し、諸宗の学に通じた。泉涌寺第九四世、唐招提寺第六七世。著書、枳橘易土集《ききつやくどしゅう》二六巻など。

**えこう　慧広**　(文永一〇1273—建武二1335)　臨済宗の僧。天岸と号し、仏乗禅師と勅諡。武蔵の人。一三歳で鎌倉建長寺の無学祖元について得度し、高峰顕日に参じた。元の天目中峰の禅風を慕い元応三年1321物外可什らと共に元に渡ったが、中峰没後であったので古林清茂・清拙正澄らに参じて正中元年1324帰国した。元徳二年1330鎌倉浄妙寺に入り、建武元年1334上杉重兼に請じられ鎌倉報国寺の開山となった。著書、東帰集。〔参考〕仏乗禅師行実、本朝高僧伝二五

**えこう　慧光**　①(宋の泰始四468—梁の大同三537)　南北朝代の律宗・地論宗の学者。国統になったので、光統《こうず》律師ともいう。姓は楊氏。定州長盧の人。仏陀扇多《ぶっだせんた》に師事して戒律を学び大いにその弘伝に努めたので、四分律宗の祖とされる。また勒那摩提《ろくなまだい》と菩提流支とが十地論に関して紛争を生じて各一本を訳出したが、のちに慧光が両本を校合して一本とし地論宗の基を開いたといわれる。地論宗の中では、阿黎耶識を真識と見るか妄識と見るかで説がわかれ、妄識と見る道寵《どうちょう》一派を北道派というのに対し、真識と見る慧光の一派を南道派という。著書に華厳経疏、涅槃経疏、維摩経疏などがあったというが、今は華厳経疏の零本があるにすぎない。また浄土願生者として著名である。鄴都の大覚寺で没した。〔参考〕続高僧伝二一　②(寛文六1666—享保一九1734)　真言律宗の江戸霊雲寺第二世。字は戒琛《かいじん》。浄厳《じょうごん》に師事し灌頂を受けた。晩年、奈良の戒壇院に住した。著書、密軌問弁啓迪五巻、密軌問弁一巻など。〔参考〕慧光大和尚行業記

**えこう　慧亨**　生没年不詳。北宋代の浄土教の僧。字は清照。元照に律を学び、のち杭州武林(浙江省杭県)の延寿寺に住して、盛んに自ら念仏を修し、他にすすめたという。〔参考〕仏祖統紀二八、浄土聖賢録四

**えこう　慧洪**　(熙寧四1071—建炎二1128)　北宋代末期の禅僧。姓は彭氏。字は覚範、洪覚範ともいう。高安(江西省高安県)の人。黄竜一世の克文の法を嗣ぎ、撫州(江西省臨川県)の石門山その他に住した。博学で詩文にすぐれていた。時、罪に坐して名を徳洪と改め、晩年に寂音尊者と称し、宝覚円明禅師と号した。著書、禅林僧宝伝三〇巻、石門文字禅三〇巻、林間録二巻、天厨禁臠《てんちゅうきんれん》一巻など。〔参考〕僧宝正続伝二、普灯録七、五灯会元一七、仏祖歴代通載二九

**えこう　慧皎**　(斉の建武四497—梁の

承聖三554）会稽上虞（浙江省紹興府）の人。会稽の嘉祥寺《かじょうじ》に住し、涅槃義疏や梵網経疏を著わしたというが今は伝わっていない。宝唱の名僧伝に対して、その失を正す意味で、出三蔵記集などを参照しながら梁の天監一八年519高僧伝（梁高僧伝）一四巻を編纂した。これは今日に至るまで仏教史上の貴重な文献とされている。〔参考〕続高僧伝六、釈氏六帖一〇

**えこう-いん　回向院**　東京都墨田区両国。浄土宗。国豊山無縁寺と号する。明暦三年1657江戸大火の死者を葬り漏沢園（無縁塚）と称したが、増上寺貴屋は幕府の援助を得て寺を建て、諸宗山無縁寺と号した。万治年間1658—61牢死・刑死者のために境内に三仏堂を建て、寛文七年1667小塚原刑場に常行庵を建てて当寺の別院とした。天明元年1781以来、死者供養のため境内で勧進相撲が興行され、後に一定の興行地となって明治四二年1909に両国国技館が建設された。また境内には山東京伝や鼠小僧次郎吉の墓もある。〔参考〕厳有院殿御実紀一三、江戸名所記四、江戸名所図会七

**えこう-へんしょう　回光返照**　おのれをかえりみて自己の中にある霊性を見いだすこと。多く禅宗で用いる語。

**えこう-もん　廻向文**　日常の勤行《ごんぎょう》や追善法事、その他の法会の終りにとなえる偈文をいう。廻向偈ともいう。例えば法華経譬喩品に基づく「願以此功徳　普及於一切　我等与衆生　皆共成仏道」の偈や、善導の観経疏に基づく「願以此功徳　平等施一切　同発菩提心　往生安楽国」の偈などがそれである。

**えこく　衣裓**　華を盛る器具、華籠《けこ》。また衣の襟（これに華を盛ることがある）。

**えごん　慧勤**　（忠粛王七1320—辛禑二1375）朝鮮、高麗末期の禅僧。曹渓宗に属する。姓は牙氏。本名は元慧。号は懶翁。禅宗王師普済尊者と諡号する。慶尚北道寧海府の人。インド僧指空の法を嗣ぎ至正八年1348入元して楊岐一二世の平山処林に参じ、順帝に帰依された。東帰して楊州檜厳寺その他に住した。語録一巻、詩集一巻。〔参考〕檜厳寺禅覚王師碑（朝鮮金石総覧上）

**えごん　慧懃**　（嘉祐四1059—政和七1117）北宋代末期の禅僧。姓は汪《おう》氏。字は仏鑑。舒州懐寧（安徽省懐寧県）の人。楊岐三世の五祖法演の法を嗣ぎ、舒州・汴京《べんきょう》・建康その他に住した。仏果克勤《こくごん》・仏眼清遠とともに、五祖下の三仏と呼ばれる。〔参考〕僧宝正続伝二、普灯録一一、五灯会元一九

**えごん　慧厳**　（東晋の興寧元363—宋の元嘉二〇443）鳩摩羅什の門人。姓は范氏。予州（安徽省）の人。京師の東安寺に住し、宋の高祖・文帝に敬重された。慧観・謝霊運などと共に泥洹経を参照して涅槃経を修治するのに功があった。無生滅論および老子略注を著わしたというが、今は伝わっていない。〔参考〕高僧伝七

**えざ　会座**　説法の場所を会座といい、その席上を会上、会座に集まって聞法する人を会下《げえ》という。また説法の場所と会合とを分けた場合は、それぞれ処と会と呼んで区別する。例えば、華厳経は晋訳（六十華厳）では菩提道場から重閣講堂までの七カ処で八度会合（普光法堂で前後二回）しての説法とされているから、これを七処八会《しちしょはって》と呼び、唐訳（八十華厳）では同じく七カ処で九度会合（普光明殿で前後三回）しての説法となっているから、これを七処九会と呼ぶ。また法華経は霊山《りょうぜん》（霊鷲山）と虚空との二処で三度会合（霊山で前後二回）しての説法となっているからこれを法華の二処三会という。

**えさい　慧才**　（咸平元998—元豊六1083）北宋代の僧。姓は王氏。字は曇遠。賜号は広慈。永嘉楽清（浙江省甌海道）の人。大中祥符元年1008白鶴山の怡芳《いほう》について得度し、四明山に遊んで遵式に学んだ。治平1064—67初年に杭守沈遘に迎えられて法慧宝閣に住し、のちに雷峰塔下に隠居した。常に大悲呪と阿弥陀の名号とをとなえたという。〔参考〕釈門正統六、仏祖統紀一二

**えさい　慧最**　生没年不詳。隋代の僧。瀛州《えいしゅう》の人。北周の廃仏の頃、江南に逃れていたが、隋の代となってから光明寺に住した。隋の文帝の命をうけて仏舎利を諸州の寺へ送り、しばしば奇瑞を観じた。〔参考〕続高僧伝一二、釈氏六帖一〇

**えさい　慧済**　（　—文明七1475）曹洞宗の僧。川僧と号し、法覚仏慧禅師と勅諡。三河の人。華蔵寺で出家し、のち洞寿寺貞巌の法を伝えてその席を継いだ。ついで遠江の一雲斎に遷り、能登総持寺・越前竜源寺に歴住し、晩年一雲斎に帰り、尾張乾坤院の開山となった。〔参考〕本朝高僧伝四二

**えざしつ　衣座室**　法華経法師品に説き、仏滅後にこの経を説きひろめるものの心得を示す。弘経《ぐきょう》の三軌ともいい、法華経をひろめようとするものは、如来の室である大慈悲の心に入り、如来の衣である柔和《にゅうわ》忍辱《にんにく》を身につけ、如来の座であるすべてのものが空《くう》であるという真理の上に腰をすえて法を説け、という。

**えさん-きいち　会三帰一**　会三入一ともいう。三は三乗、一は一乗の意。それぞれ別個のものと考えられていた三乗の教えを合わせて無差別なるものとし、三乗はすべて一乗のためであるから、唯一の真実教にしたがえと説くこと。即ち、法華経以前の説法では三乗の教えを説いたが、それは真実に導くためのてだて(方便)であって、法華経の説法においてそれらの教えに従うものをすべて唯一の真実に帰入させることをいう。天台宗や華厳宗のように三乗の他に一仏乗があるとする四車家では、法華の説法を三を会して一に帰するものとするが、三論宗や法相宗のように三乗中の菩薩乗を仏乗と同一なりとする三車家では法華経の説は会二帰一であると説く。

**えし　慧思**　(北魏の延昌四515—陳の太建九577）天台智顗《ちぎ》の師。南岳大師、思禅師ともいう。姓は李氏。南予州武津（河南省汝寧府上蔡県東）の人。出家し具足戒を受けて後、もっぱら坐禅・誦経につとめていたが、妙勝定経を読んでからますます禅を歎じ、のち慧文の下で法華三昧を体得した。その名声をねたむ徒輩は迫害を加えたが、処々で法華・般若を講説し、光州大蘇山にいた時に智顗が弟子となった。陳の光大二年568に南岳衡山《こうざん》に入り、さらに講経して道士の讒訴をうけた。住すること一〇年六三歳で没した。著書、法華経安楽行義一巻、諸法無諍三昧法門二巻、随自意三昧一巻、受菩薩戒儀一巻、南岳思大禅師立誓願文一巻など。日本の聖徳太子は慧思の後身であるという伝説が奈良時代にあったが、実際は太子は慧思の没年より四年前に生まれている。〔参考〕続高僧伝一七、仏祖統紀六

**えじ　依地**　われわれの心が智慧や禅定《ぜんじょう》などを起こすとき、その内容に準じて依りどころとする心地(欲界から有頂《うちょう》まで)をいい、優劣の差別によって各種の階程に分ける。

**えじ　慧次**　(宋の元嘉一三436—斉の永明八490)中国、南北朝代の僧。南地三家の一。姓は尹氏。冀州(山西省永済)の人。法遷に師事して彭城(江蘇省銅山県地方)に住していたが、のち特に成実および三論の学を以て名があり、建業(南京)の謝寺に住した。梁の三大法師といわれる智蔵・僧旻《そうびん》・法雲は慧次の門から出た。〔参考〕梁高僧伝八

**えじ　慧持**　(東晋の咸康三337—義熙八412)廬山の慧遠の弟。姓は賈氏。雁門楼煩（山西省）の人。兄と共に釈道安に師事し、のち廬山に住して法華・毘曇を講じた。隆安三年399蜀の成都へ行き、竜淵寺に住して仏法を弘めた。律を重んじ、徳行は兄慧遠と並び称された。〔参考〕梁高僧伝六

**えじ　慧慈**　（　—真平王四五623）朝鮮、高句麗の僧。推古天皇三年595五月来朝し、翌年、法興寺に住し、厩戸皇子(聖徳太子)の師となった。同二三年太子著の三経義疏をたずさえて本国に帰ったと伝える。〔参考〕日本書紀、元亨釈書一六

**えじ-し　依止師**　常に師と仰ぎ教えを受ける師匠ではなくて、ただしばらく参禅のために師と仰ぐ人をいう。

**えしじゅう　依止住**　→境界住《きょうがいじゅう》

**えしゃく　会釈**　相互に矛盾したように見えるいくつかの教説について、それらを互いに照らし合わせてその説相の相違する原因をつきとめ、それらが表わそうとしている真実の意味を通釈し、実際はそれらが矛盾撞着するものではないことを明らかにすること。会通ともいう。

**えじゃく　慧寂**　(元和二807—中和三883）唐代末期の禅僧。五家の一、潙仰宗《いぎょうしゅう》の祖。姓は葉氏。韶州懐化《かいか》(広東省

番禺県）の人。潙山霊祐《いさんれいゆう》の法を嗣ぎ、袁州（江西省宜春県）仰山《ぎょうざん》に住した。予言に長じ、仰山小釈迦といわれる。知宗、または智通（一説に通智）禅師と諡する。語録一巻がある。〔参考〕仰山通智大師塔銘（全唐文八一三）、祖堂集一八、宋高僧伝一二、景徳伝灯録一一

**えしゃくこんごう-きんひゃっぺんほう-きょう　穢跡金剛禁百変法経**　一巻。唐の阿質達霰《あしつたつさん》の訳という。穢跡金剛（ウッチュシュマ Ucchuṣma 烏枢沙摩《うすさま》明王）が仏陀のすすめにより種々の呪法を説く。宝玉を掘り当てる法、空中を飛行する法、延命長寿の法などの世間的な欲望を満たす呪法が多い。空海・円仁・円珍などが将来した経として尊崇されもしたが、中国の道教信仰との密接な関連が認められるために古くから偽疑経典とみなされてきた。(大)二一

**えじゅう　恵什**　生没年不詳。平安後期の真言宗の僧。勝定房と号す。わが国最古の図像資料集である十巻抄（図像抄）の鳴滝常楽寺旧蔵本（嘉禄二1226写）に、「平等房（永厳）十巻抄と云々、真実には恵什闍梨これを集す」とあることから判断して恵什が同書の原撰者と考えられる。その他詳しい伝歴は不明であるが、永厳（1075―1151）と同時代の一二世紀中頃に活躍した学僧であろう。〔参考〕貞元釈教録一四・一七、谷響集一

**えしょう　慧生**　生没年不詳。北魏代の崇立寺の僧。神亀元年518（一説に熙平元516また正光二521）に北魏の孝明帝の勅を奉じて敦煌の宋雲らと共に西域に赴き、大乗の経典一七〇部を得て正光二年（一説に同三または四年）帰国した。西域記一巻を著わしたというが伝わっていない。〔参考〕洛陽伽藍記五

**えしょう　慧沼**　（唐の貞観二三649―開元二714）法相宗の第三祖。淄州《ししゅう》大師と称する。姓は劉氏。彭城（江蘇省）の人。玄奘・窺基《きき》に師事して唯識学を究め、成唯識論了義燈七巻を著わして西明寺円測《えんじき》の唯識学説を破斥した。菩提流志《ぼだいるし》が大宝積経を翻訳する時に証義として参加した。著書、金光明最勝王経疏一〇巻、能顕中辺慧日論四巻など多い。〔参考〕宋高僧伝四

**えしょう　慧敞**　（　―寛政五1793）真宗大谷派の僧。京都西光寺に生まれ、のち西福寺の住持となる。香雲庵といい、寂定院と号した。慧然に師事し、寛政三年大谷派五世の講師となり、夏安居に大無量寿経・文類聚鈔・選択集などを講じた。著述は多く稿本のままで残っている。

**えしょう　懐敞**　生没年不詳。南宋代中期の禅僧。虚庵《こあん》と号する。黄竜七世の雪庵《せつあん》従瑾《じゅうきん》の法を嗣ぎ、天台山万年寺（浙江省天台県）、明州天童山（同省鄞県）などに住した。紹熙二年1191日本の明庵栄西に付法した。〔参考〕興禅護国論

**えじょう　慧成**　生没年不詳。隋代の僧。灃陽（湖南省武陵道）の人。姓は段氏。十住寺で学び、のち慧思禅師について方等・観音・法華・般舟三昧を修した。荆州枝江（湖北省枝江県）に寺を建てて住み、阿弥陀経を読誦し西方浄土を観じて、三六年間坐りつづけたという。〔参考〕仏祖統紀九、続高僧伝一六

**えじょう　慧浄**　（北周の宣政元578―唐の貞観一九645）唐代初期の僧。姓は房氏。常山真定（河北省正定符）の人。一四歳で出家し、大智度論や諸経を学び、ついで志念に従って雑心論と大毘婆沙論を受けた。隋の開皇年間581―600に長安で講義をして名を挙げ、また道教に対して論戦した。唐の貞観二年大荘厳論が訳される時に筆受の任に選ばれ、また疏三〇巻を著わしたので、波頗《はは》三蔵らは東方の菩薩と歎じたという。その後、しばしば寺院や宮廷で講義をし、また詔により道士葵晃《さいこう》と対論したこともある。貞観一九年に玄奘が帰朝したとき、勅によって訳場に迎えられたが病のため辞して赴かず、その年に没した。著書に、雑心論疏三〇巻、倶舎論疏三十余巻、大荘厳論疏三〇巻、その他多くの大乗経典の註釈があったといわれ、金剛般若経注疏三巻、阿弥陀経義述一巻、般若心経疏一巻が現存している。〔参考〕続高僧伝三、釈氏六帖九、仏祖統紀三九

**えじょう　懐奘**　（建久九1198―弘安三1280）曹洞宗の僧。越前永平寺の第二世。

京都の人。字は孤雲。幼いとき叡山横川の円能の侍童となる。二一歳で具足戒を受け顕密諸宗を学んだが遁世して大日能忠の上足、多武峯の覚晏《かくあん》に参禅し印可を得た。たまたま宋から帰朝した道元を京都建仁寺に訪ね、自己の所証を呈したが許されなかったので、文暦元年1234重ねて道元を京都深草に訪ねて入門し、翌年菩薩戒を受けた。永平寺の建立に力をつくし、建長五年1253道元の後を継いで永平寺の主となった。文永四年1267東堂に退いたが、宗内紛争のため同九年再び住持となった。著書、正法眼蔵随聞記六巻、懐奘録など。〔参考〕三祖行業記、建撕記、延宝伝灯録七、日本洞上聯灯録一

**えじょう　慧静**　①（　—劉宋の元嘉年間424—53）東晋・劉宋代の僧。東阿（山東省陽穀県東北）の人。法華・大品・維摩などを講じ、涅槃略記、大品旨帰、達命論、諸法師誄を著わしたという。六十余歳で没した。〔参考〕高僧伝七　②生没年不詳。劉宋代の僧。呉興余杭の人。初め廬山に学び、次いで建康の冶城寺《やじょうじ》にあって涅槃経をよくした。のち大明年間457—64剡《えん》の法華台に移り、また仰山《ぎょうざん》に住んだ。顔延之・何尚之らの名士に重んじられた。〔参考〕高僧伝七

**えじょう　懐譲**　（儀鳳二677—天宝三744）唐代中期の禅僧。南岳派の祖。姓は杜氏。南岳、または観音和尚と呼ばれる。金州安康（陝西省安康県西北）の人。荊州（湖北省江陵県）玉泉寺の恒景《こうけい》に学び、曹渓慧能の法を嗣いで、南岳山観音台に住した。門下に馬祖道一が出た。大慧禅師と諡する。語録一巻がある。〔参考〕衡州般若寺観音大師碑銘（全唐文六一九）、祖堂集三、宋高僧伝九、伝灯録五

**えしょう-いん　恵聖院**　京都市上京区百々町にあった浄土宗の尼僧寺。応安年間1368—75塔ノ壇（現上京区上塔之段町）の地に、崇賢門院藤原仲子（後光厳院皇后）が創建、将軍足利義持夫人が開基したという。崇賢門院が広橋家の、義持夫人が日野家の出身であったことから、代々の住持は両家の息女が交互に務めた。大正年間1573—92当地に移転。明治初年、瑞華院《ずいけいいん》（裏松重光の女の開基という）を合併。昭和三六年1961光照院（現上京区安楽小路町）に併合されて廃された。〔参考〕山州名跡志二一、山城名勝志二

**えじょう-ろん　廻諍論**　一巻。竜樹（ナーガールジュナ Nāgārjuna）の造。毘目智仙《びもくちせん》・瞿曇流支《くどんるし》の共訳（東魏の興和三541）。七二句の偈と、それに対する自註とから成り、一切法空の説に対する反対論者の論難を挙げ、次にそれら一々の論難を論破して、一切法が空・無自性であり、因縁所生であることをあかす。竜樹の五部論の一として重んじられた。チベット訳もある。梵語原本のヴィグラハ・ヴィアーヴァルタニー Vigraha-vyāvartanī は一九三六年にラーフラ・サーンクリトヤーヤナ R. Sāṅkṛtyāyana によって発見され、翌年公表された。のちにジョンストン E. H. Johnston とクンスト A. Kunst によって校訂本が刊行された（1951）。山口益による梵本およびチベット訳からの和訳がある。(大)三二、[国一]論集部二

**えしん　依身**　心および心の作用の依りどころ、即ちわれわれ生あるものの肉体を指す。

**えしん　廻心**　回心とも書く。心をひるがえすこと。邪悪な心を悔いあらためて仏の教えに従い（廻心懺悔）、または自己のさとりだけを心がける小乗の心をひるがえして大乗に向かい（廻心向大）、或いは自力《じりき》の心を改めて他力《たりき》の信心を得る（捨自帰他の廻心）などをいう。最初から直ちに究極的な教えに従うものを直入《じきにゅう》の機（直進《じきしん》の機）というのに対し、途中で廻心して後に従うものを廻心の機という。①廻心向大の説は法華経などの大乗経典にあり、法相宗では五姓各別《ごしょうかくべつ》の立場をとり、声聞《しょうもん》・縁覚《えんがく》の二乗の果をさとるに定まっている決定性《りつじょうしょう》の二乗は廻心向大することがないが、不定性《ふじょうしょう》の二乗は、身心共になくなる無余涅槃《むよねはん》に入る前に廻心して大乗の菩薩《ぼさつ》となるとし、華厳宗や天台宗などでは一切皆成の立場をとり、すべての二乗はことごとく廻心して仏になるとする。②二乗が廻心する時期について、北本涅槃経巻一一・巻二二などには、預流・一来・不還・阿羅漢の四果の声聞および縁覚はそれぞれ八万・六万・四万・二万劫お

よび十千(一万)劫の長期間を経て大乗の菩薩になるとする。この五果の廻心を解釈するのに、法相宗では不定性の二乗が無余涅槃に入る前に阿頼耶識《あらやしき》がもっている菩薩種性の種子《しゅうじ》の力で廻心し、そののち、根の利鈍に応じてそれぞれの時期を経て十信の初心に至るとし、華厳宗や天台宗などでは無余涅槃に入らぬ前に大乗の教えを聞いて廻心したものについては別に経過すべき期間のさだめはないが、一たび無余涅槃に入ったものはそれぞれ菩提心をおこすのに遅速があるとする。これについて華厳宗では、根の利鈍および無余涅槃にとどまることを厭う厭心の種子の強弱によって経過期間を異にして、各十信の初心に至るといい、かつ法蔵の起信論義記ではこの涅槃経の五果の廻心の説に楞伽経の説と法華経の化城喩品の説とを加えて根の利鈍による廻心の七位を立て、また、天台宗では根の利鈍によって経過期間を異にして各々十住の初心に至るといい、かつこれは教道の説であって、証道からいえば八万劫などの長期間を経ないとする。その他、慧遠や吉蔵にも異説がある。③華厳宗では五教の中の始教について廻心・直進の二教をわけ、また広く始・終・頓の三教にわたって廻心・直進の語を用いる。

**えしん　慧信**　生没年不詳。興福寺の僧。関白藤原忠通(1097—1164)の子。興福寺玄覚について剃髪し、東大寺で受戒、法相学を修めた。大僧正に任じられて一乗院に住し、保延五年1139再び興福寺の管理を執った。また法勝寺を領し金峯山の検校となる。〔参考〕興福寺別当次第二、本朝高僧伝五二

**えしん　穢身**　われわれの肉身を指す。われわれのこの肉身は多くの汚濁を蔵して迷いの根本となるからである。

**えじん　恵尋**　(　—弘安元1278)　字は求道。はじめ比叡山黒谷に住したが、のち湛空より円頓戒を伝受し源智に浄土宗を学んだ。文永・弘安1264—88のころ、法勝寺の円観らによる円頓戒の復興に指導的な役割を果たした。著書、円頓戒聞書など。〔参考〕浄土本朝高僧伝四、新撰往生伝三、素絹記

**えしん-いん　恵心院**　比叡山の横川《よかわ》にある。慧心院とも書く。天台宗。山門三学頭の一。永観元年983右大臣藤原兼家の創建。のち冷泉院の御願所となった。かつて源信がここに住したので、彼を恵心僧都、恵心院の先徳という。元亀二年1571織田信長の兵火によって炎上したが、のち再建された。昭和四一年1966また焼亡したが、重建された。〔参考〕山門堂舎記、雍州府志四

**えしん-に　恵信尼**　(寿永元1182—文永五1268?)　親鸞の妻。三善為教の娘と伝える。親鸞との間に三男三女をもうけた。親鸞の没後、末娘の覚信尼にたびたび書簡を送ったが、その真蹟が恵信尼自筆書状類(重要文化財)として西本願寺に現存する。

**えすう　慧崇**　(弘長三1263—貞和二1346)　臨済宗の僧。字は白雲。仏頂禅師と勅諡。下野の人。無学祖元の法を嗣いだ。初め鎌倉円覚寺に住し、のち同建長寺に移る。晩年、覩史庵《としあん》に退いた。〔参考〕本朝高僧伝二七、延宝伝灯録一九、鎌倉五山記

**えせん-だんし　依詮談旨〔廃詮談旨〕**　説きあらわしがたいことを、ことばに依って強いてあらわすのを依詮談旨といい、ことばに依っては説きあらわすことができないとして否定的に示すのを廃詮談旨という。真如(さとりの本体)はさとりの智慧によってのみ知られ、相対的な言語ではあらわし得ない(廃詮談旨)が、これを強いて言語で示す(依詮談旨)ようなものである〔百法問答抄巻四〕。

**えぜん-に　恵善尼**　生没年不詳。日本最初の尼僧。錦織壺の女で、俗名は石女《いしめ》。敏達天皇一三年584善信・禅蔵の二女と共に高麗僧恵便《えべん》に従って出家した。百済に留学し、帰国後は大和桜井寺に住した。〔参考〕日本書紀、元亨釈書一八

**えそう　慧聡**　生没年不詳。朝鮮、百済の僧。崇峻天皇元年588に来朝し、高句麗僧慧慈と共に法興寺に住した。戒学に通じたという。〔参考〕日本書紀、元亨釈書一六

**えぞう　慧蔵**　①(梁の普通三522—隋の大業元605)　隋代の僧。趙国平棘(河北省趙州)の人。一一歳で出家し初めは涅槃経・戒律を学んだ。四〇歳になって華厳を宗とし北斉の武帝の請によって大極殿で華厳経

を講説し、それ以後もっぱらこの経を弘めた。北周の廃仏の時しばらく還俗していたが、隋になって再び出家し六大徳の一に加えられた。長安の空観寺に住した。〔参考〕続高僧伝九　②生没年不詳。隋代の僧。冀州の人。初め涅槃を学び、のちにはその経の講解に専念した。京師の光明寺に住し、仁寿年間601—04勅によって舎利塔を歓州に送った。〔参考〕続高僧伝二六

**えそうふぼく　依草附木**　依草附葉ともいう。精霊が自立独存せず、草や木に宿ること。転じて禅宗では、言語や文字に捉われて、自在な絶対の悟境に到らないのを評する語（無門関、臨済録）。

**えたい　衣体**　①法衣の材体の意。衣財《えざい》ともいう。三衣《さんね》などを作る材料のこと。律に定める所は一様でないが、おおむね綿、麻、樹皮、野蚕から作った絹、羊毛、鳥毛などを用いることを許している。四分律巻六・巻三九には、糞掃衣《ふんぞうえ》の他に、絁衣（拘舎衣。憍奢耶《きょうしゃや》衣のこと）・劫貝《こうばい》衣・欽婆羅《きんばら》衣（欽跋羅衣）・芻摩衣・讖摩衣（叉摩衣）・扇那衣（舎㲲衣）・麻衣・翅夷羅衣・鳩夷羅衣（拘摂羅衣）・讖羅半尼《しんらはんに》衣（嚫羅鉢尼衣⇩差羅波尼《しゃらばに》）の十種衣を許し、十誦律巻五六には、白麻衣・赤麻衣・芻麻衣・憍施耶衣・翅夷羅衣・欽跋羅衣・劫貝衣・鉢兜路衣・頭頭羅衣・倶遮羅衣の一〇種とする。その他、摩訶僧祇律巻二八では七種、善見律毘婆沙巻一四では六種を挙げる。なお仏像幖幟義図説には、麁布衣より金蘭衣までの種々の衣体を挙げる。②僧侶の用いる法衣制規の総称。これに袈裟《けさ》と法衣（ころも）とがあり、袈裟は三衣の変遷したもので、五条・七条・九条・二五条などの別があり、法衣にも袍服・素絹・直綴などの種類がある。これらは各宗派により、また同宗内においても寺格・身分の高下により、裁方・染色などに相異があって、その着用の範囲が細かく規定されている。この制度は江戸時代に一般の服制が制定されると共に行われて発達したものである。⇩法衣《えほう》

**えたん　慧端**　（元和八1622—享保六1721）臨済宗の僧。道鏡と号し、正受老人と称する。信濃飯山の人。一九歳の時、江戸麻布東北庵の至道無難《しどうぶなん》に師事し、のち奥州に虎哉・一源らの諸師を訪ねた。江戸に帰り師席を譲られたが、固辞して故郷に隠れ正受庵を結んだ。白隠禅師をみちびいて大悟させた人で、没後、京都妙心寺第一座の法位を追贈された。〔参考〕正受老人崇行録、続日本高僧伝八、近世禅林僧宝伝

**えたん　慧諶**　（明宗八1178—高宗二一1234）朝鮮、高麗の僧。曹溪山修禅社の第二世。俗名は崔寔。諱は慧諶。字は永乙。自号は無衣子。諡号は真覚国師。二五歳で知訥について落髪し、三三歳の時に知訥の後を継ぐ。著書、禅門拈頌集三〇巻、曹溪真覚国師語録一巻、狗子無仏性話揀病論篇など。〔参考〕東国李相国集巻下、朝鮮金石総覧上、東文巽巻一一八

**えち　慧智**　生没年不詳。唐代の訳経家。インド中部のバラモンを父とし、中国に生まれた。梵漢の両語に通じ、地婆訶羅・提雲若那・宝思惟らの訳場に列し、長寿二年693に讃観世音菩薩頌一巻を訳した。〔参考〕宋高僧伝二

**えちゅう　慧忠**　①（弘道元683—大暦四769）唐代中期の禅僧。姓は王氏。潤州上元（江蘇省江寧県）の人。牛頭山第五世の智威の法を嗣ぎ、牛頭山（同省同県南）幽栖寺、金陵（同省首都）延祚寺などに住し、事跡に不思議なことが多かった。牛頭第六祖とする。〔参考〕宋高僧伝一九、宗鏡録九八、景徳伝灯録四、神僧伝八　②（　—大暦一〇775）唐代中期の禅僧。姓は冉《ぜん》氏。越州諸暨《しょき》（浙江省諸暨県）の人。曹渓慧能の法を嗣ぎ、南陽白崖山（河南省鄧県東南）の香厳寺《きょうげんじ》に住し、玄宗・粛宗・代宗の勅で入内し、竜興寺・光宅寺で説法をした。南陽忠国師、または白崖大師と呼び、大証禅師と諡する。著書、般若心経註一巻。〔参考〕祖堂集三、宋高僧伝九、景徳伝灯録五

**えちょう　慧超**　生没年不詳。八世紀初期の朝鮮新羅の僧。唐に赴いて、開元八年720洛陽に来た金剛智に師事した。のち、南海を航してインドに渡って各地をめぐり、葱嶺《そうれい》以北の諸国を経て開元一五年に帰唐した。同二一年再び金剛智の室に入って法を受け、大暦八年773不空に重ねて受法し

た。旅行記に往五天竺国伝三巻がある。〔参考〕慧超往五天竺国伝箋釈一巻（仏全一一三）

**えつぞう-ちしん　閲蔵知津**　四八巻。明の智旭の著（永暦八1654）。大蔵経を閲読するための案内書で、経律論の三蔵をはじめ、中国で撰述された疏鈔、目録、音義、序讃詩歌などにいたる一千七七三部の仏典を解説する。経・律・論・雑の四部に分け、その各々をさらに大乗小乗などに分けて、巻数、訳者名、著者名、内容の要旨、品名などを記録する。中国では康熙二年1663・同四八年・光緒一八年1892(一〇巻本)の三本が刊行され、日本では天明三年1783刊の二〇巻本がある。なお、本書を簡約したものに小閲蔵知津四巻がある。昭和法宝目録三

**えてつ　慧哲**　（梁の大同五539—隋の開皇一七597）隋代の僧。襄陽(湖北省)の人。象王哲と呼ばれる。出家してのち、揚都(南京)へ行き興皇寺法朗について学んだ。襄陽の竜泉寺にいて三論・涅槃経を講義して、その門から多くの人材を出した。〔参考〕続高僧伝九

**えてつ　慧徹**　（観応元1350—永享二1430）曹洞宗の僧。美濃補陀寺の開山。字は無極《むごく》。一四歳の時、日向皇徳寺の無著《むじゃく》妙融について出家。三六歳で越前の天明に謁し、のち武蔵小山田に庵居したが、相模最乗寺の了庵に参じて印可を受けた。総持寺に出世し、竜泉寺に移り、更に補陀寺を開いた。〔参考〕日本洞上聯灯録四

**えでん　慧伝**　（永禄三1560—寛永一二1635）浄土宗の僧。三河の人。字は禿翁《とくおう》。楽蓮社信誉と号する。増上寺の観智国師に師事し、のち各地を巡歴した。紀伊光恩寺の開山となった他、多くの寺院を建てた。〔参考〕浄土本朝高僧伝六、紀小倉光恩寺開祖信誉上人伝

**えど　穢土**　⇩浄土《じょうど》

**え-とき　絵解き**　壁画・掛幅画・絵巻などの作品に解説を加える行為、またはそれに従事する人。説絵、絵説、画説とも表記された。中国の仏教説話画「変」と、それに付属した解説の文章「変文」に由来するといわれる。文献上では吏部王記(「醍醐雑事記」所引、承平元年931九月三〇日条）の貞観寺・藤原良房供養堂の柱に描かれた釈迦八相成道画を寺座主が絵解きしたというのが初見。当初、絵解きの人物は説絵僧、絵解法師であったが、職人としての絵解きも三十二番歌合にみえ、文芸化、芸能化した。また熊野比丘尼が観心十界図、那智参詣曼荼羅、熊野本地絵巻を携行して絵解きしたことは有名。びん簓《ざさら》を伴奏として使用し、熊野信仰の高揚と伝播に大きな役割を果たした。一般に絵解きの対象には、地獄・極楽の六道絵、一遍上人絵伝・法然上人絵伝などの祖師・高僧伝、立山・当麻寺などの曼荼羅、小栗判官・苅萱などの物語伝説類などがあった。現在行われているものに富山井波瑞泉寺の聖徳太子絵伝、京都矢田寺の矢田地蔵縁起、京都西福寺の檀林皇后九相図六道絵の掛幅による絵解きなどがある。なお和歌山道成寺の道成寺縁起絵巻は、絵巻を使用した絵解きとして名高い。〔参考〕台記、御湯殿上日記、御法興院記など

絵解き（籠耳）

**エドキンス　Edkins, Joseph**　（1823—1905）イギリスの中国学者。宣教師として一八四八年上海に渡り、各地を転住して上海で没した。中国名を艾約瑟廸謹といい、中国文で釈教正謬を著わし、キリスト教の立場から仏教を批判した。著書にThe religious condition of the Chinese（中国人の宗教事情1859）、Religion in China（中国の宗教1877）、Chinese buddhism（中国仏教1880）、Notices of the Chinese buddhism（中国仏教論考1885）などがある。

**えとく　慧篤**　（応永一九1412—明応元1492）浄土宗西山派の僧。初め慧仁と称した。字は善空。出家して臨空中統に従って宗学を修め、西山三鈷寺・嵯峨二尊院に歴住

し、般舟院を創建して開山となった。〔参考〕浄土伝灯総系譜下

**えどころ　絵所**　朝廷や諸寺に所属する絵画のことを司る役所。朝廷では、令制の中務省配下の画工司《えだくみのつかさ》が大同三年808に廃されてから置かれ、五位蔵人《くろうど》を別当とし、その下に預《あづかり》、墨書《すみがき》が任じられた。この預を絵所の長上ともよび、平安時代末に土佐隆能が補せられてから子孫が相継ぎ、一時、室町時代にこの職について争論があったが、土佐家の世襲は明治維新までつづいた。絵所の画工は建物の装飾、障子、屏風の絵画、衣服の模様などを描いた。中世以降にはまた諸寺にも絵所が設けられた。奈良興福寺の大乗院の絵所を吐田座《はんだざ》、一乗院の絵所を吐田助座《はんだすけざ》とよび、共に巨勢《こせ》家の画工が所属した。一乗院には他に芝座・松南院(小南院・小波ともいう)座があった。これらの絵所は座を形成し、坊地を与えられ、各院家の需要を描いた。両院の絵所はまた、春日神社・大安寺・長谷寺・橘寺などの需要にも応じた。東大寺では、奈良時代に画工司の中に東大寺司人がいたが、建久六年1195の再建頃から絵所が置かれ、室町時代末まであったと考えられている。本願寺では顕如のとき天正一八年1590絵所を置いて諸尊像を描かせ、のち准如の頃、表具所を設けたが、近代以後、東・西本願寺では両者を合わせ絵表所《えひょうどころ》として本山内に設け、本山用および末寺下付の諸尊の図画表装を行っている。

**エドムンズ**　①**Edmunds,** Albert　生没年不詳。アメリカのパーリ語学者。パーリ語増支部（アングッタラ・ニカーヤ）の一部、およびパーリ語法句経(ダンマパダ)の英訳（Hymns of the faith, 1902）がある。②**Edmunds,** A. T. 生没年不詳。ドイツのパーリ仏教研究者。A buddhist bibliography(仏教書籍解題1902)をパーリ聖典協会の雑誌 Journal of the Pali Text Society に発表し、その後補正を加えてライプチッヒから出版した（1924）。

**えなん　慧南**　（咸平五1002—熙寧二1069）北宋中期の禅僧。五家七宗の一。黄竜派の祖。姓は章氏。普覚禅師と諡する。信州玉山(江西省玉山県)の人。臨済七世の楚円の法を嗣ぎ、隆興府(同省南昌県)の黄竜山その他に住した。語録一巻、同補続一巻がある。〔参考〕僧宝伝二二、普灯録三、五灯会元一七

**えにち　慧日**　①(永隆元680—天宝七748）唐代の僧。浄土教慈愍《じみん》流の祖。姓は辛氏。賜号は慈愍三蔵。青州東莱（山東省萊州府)の人。長安二年702に南海地方を経て三年後インドに至った。仏跡を巡り、梵本を求め、高僧を歴訪して、浄土教に帰し、健駄羅国《けんだらこく》で観音の霊告をうけて浄土信仰を深めたという。西域を経て開元七年719長安に帰り、玄宗に梵文経典などを献じて、慈愍三蔵の号を賜った。その浄土教は禅・念仏・戒を合わせ修して往生することを説いたようである。著書に、浄土慈悲集三巻(往生浄土集ともいい、巻上のみ現存)などがある。〔参考〕宋高僧伝二九　②(南宋の咸淳八1272—日本の暦応三1340）曹洞宗宏智派《わんしは》の僧。号は東明。中国明州定海県（浙江省）の人。天寧寺の直翁徳挙の法を嗣ぎ、明州白雲寺に住した。至大二年1309招かれて日本へ渡り、禅興・建長・万寿・東勝・寿福の諸寺に歴住した。朝廷および幕府の尊信をうけ、京都・鎌倉の間を往来して大いに教化した。著書、宗門無尽灯論など。〔参考〕延宝伝灯録四、本朝高僧伝二六

**えにち-じ　慧日寺**　①福島県耶麻郡磐梯町磐梯。真言宗豊山派。磐梯山と号し、俗に会津大寺という。大同二年807徳一の開創と伝える。会津四郡の大部分を領して栄えたが、平安時代末期から衰えはじめ、天正年間1573—92兵火で焼け、寛永二年1625再び焼失し、その後再興されたが寺運は振わなかった。〔参考〕新編会津風土記五三　②福岡県大牟田市岩本。黄檗宗。大慈山と号する。往昔は浄土宗の栄勝寺と称する古址であったが、宝永三年1706柳川城主立花氏の老臣小野・日野両氏が堂宇を建立して現宗に改宗、元秀霊峰を開山とした。以後、立花氏の祈願所となった。

**えねん　慧然**　（元禄六1693—明和元1764）真宗大谷派の僧。和泉堺の専称寺の

住持。諱は義融、海東また華蔵庵とし、香厳院と諡する。恵空《えくう》に宗学を学び、享保一三年1728大谷派三世講師となり、在職二五年、東本願寺高倉学寮の完成につとめた。著書、大経義記、往生要集講録など。

**えのう　慧能**　（唐の貞観一二1638―先天二713）中国禅宗の六祖。南宗禅の開創者。姓は盧氏。盧能《ろのう》、盧行者《ろあんじや》、曹渓大師、六祖大師などと呼び、大鑑禅師と諡する。新州（広東省新興県）に生まれ、蘄州《きしゆう》黄梅山《おうばいざん》で五祖弘忍《こうにん》に参じ、行者《あんじや》（得度しないまま禅寺に住するもの）の身で印可され、南海の法性寺で、印宗より具足戒を受け、韶州《しようしゆう》（広東省曲江県）曹渓山宝林寺で禅を広めた。その禅法は頓悟見性を説き、同じく五祖を継いだ北宗の神秀《じんしゆう》の漸修的な教えに対して、南頓北漸、または南能北秀といわれる。弟子法海が記録した説法集に六祖壇経一巻があり、別に宝林寺の開創を述べた曹渓大乗別伝一巻もあるが、共に資料としては後代の付加がある。

慧能（仏祖道影）

〔参考〕光孝寺廃髪塔記（全唐文九一二）、六祖能禅師碑銘（同三二七）、壇経略序（同九一五）、歴代法宝記、神会録、円覚経大疏鈔三下、祖堂集二、宋高僧伝八、伝灯録五

**えはつ　衣鉢**　①「いはつ」とも読む。三衣〈⇩法衣《えほう》〉と鉢（飯器）のこと。僧侶の重要な持物で、出家受戒の時には三衣一鉢がととのっていることを条件の一とする。②禅宗では、法を伝えたしるしに師の袈裟と鉄鉢とを弟子に授けたことから、法を伝えることを「衣鉢を伝える」という。③また禅宗では住持の所有する衣財をいい、これをいれてある倉を衣鉢閣《いほかく》、会計簿を衣鉢簿《えふぼ》という。

**えはつ―みょうぎ―しょう　衣鉢名義章**　一巻。北宋の允堪《いんたん》（1005―61）の撰。成立年不詳。仏制の根本標識として僧侶が日常着用する衣と鉢との本義を述べたもの。袈裟・縵衣・安陀会・欝多羅僧《うったらそう》・僧伽梨《そうぎやり》・従衣・尼師壇《にしだん》・褊衫《へんざん》・覆肩・涅槃僧・鉢多羅《はったら》の一一項目について梵語の原意を示し、経律及び釈疏の要文を引いて解説を加える。㊇二・一〇・三

**えばら―でら　家原寺**　大阪府堺市家原寺町。「いえばらでら」とも読む。一乗山清涼院と号し、高野山真言宗。行基四十九院の第一で、彼の生家を仏閣にしたと伝える。寛元三年1245叡尊が堂宇を再興したが戦国期に兵火にあい、明和八年1771復興された。〔重文〕絹本著色行基菩薩行状絵伝　〔参考〕行基年譜、和泉名所図会

**えひょう―てんだい―しゅう　依憑天台集**　一巻。詳しくは大唐新羅諸宗義匠依憑天台義集という。最澄の著（弘仁四813、同七序）。中国・朝鮮の律、三論、法相、華厳、真言などの諸宗の学匠が多く天台の宗義を拠りどころとしている事実を列して、天台が余宗に勝る理由を述べた書。伝教大師全集三、日蔵四〇

**えふ　慧布**　（梁の天監一七518?―陳の禎明元587）三論の学者。姓は郝《かく》氏。広陵（揚州江都県）の人。出家の後、建初寺の瓊《いけ》法師に成実論を学び、さらに摂山止観寺の僧詮に師事して三論を学んだ。論旨を知るに長じ、世に得意布、思玄布などと称され、法朗・慧弁・法勇と並んで詮公の四友と称される。北方の鄴へ行って慧可禅師に参じ、北斉から多くの疏を二度までも持ち帰り、すべてこれを法朗に与えた。自らは摂山に栖霞寺を建ててもっぱら禅をつとめた。〔参考〕続高僧伝七

**えべん　恵便**　生没年不詳。「えびん」とも読む。朝鮮、高句麗からの帰化僧。還俗して播磨にいたが、敏達天皇一三年584蘇我馬子が百済から渡来した仏像を祀るために修行者をもとめた際、見いだされて導師となり、司馬達等の娘らを度して尼とした。〔参考〕日本書紀二〇、元亨釈書一六

**えほう　依報〔正報《しょうほう》〕**　まさしく過去の業《ごう》の報《むくい》として得た有情《うじよう》の身を正報

といい、その身が依りどころとする環境すなわち国土(器世間)を依報という。この二は共に自己の過去の業に依って招いたものであるから、同じく「報」という。

**えほん　会本**　本文とは別に単独で流布している(別行《べつぎょう》)註釈を、それぞれの本文の部分に配当して合わせ、一本として閲読に便利にしたもの。

**えま　絵馬**　神社・仏閣に奉献する扁額で、大絵馬と小絵馬の二種ある。生馬の代りに象形化した馬形を神に献ずる風習は奈良時代からあり、平安時代には更に板立馬に代り、やがて板に馬を描く絵馬に代ったと考えられている。室町時代末から江戸時代にかけて絵馬の奉納が盛行し、画題も馬以外に武者絵・歌仙絵などが用いられ、筆者も著名な画家のものがあり、また好んで方形・厩形などの大絵馬に仕立てられ、それを展示する絵馬堂が建てられた。これら大絵馬は画家がその作品を展示する意味をも有し、絵画史上有力な資料となるものが多い。小絵馬は大絵馬が奉賽を意味するのと異なり、庶民が厩形・駒形などの板に病気の箇所を描いて治病祈願のために奉納したり、牛馬を描いてその安全を祈ったり、現在は入学祈願文を書いて納めるなど、諸種の呪術的な祈願の意味で奉納されるものが多く、その画題も従って多種多様である。この習俗はエマの語が普及する以前の古いものといわれる。また小絵馬には、神社から各々独特の絵を描いて護符の意味で下付するものも行われている。

**えまきもの　絵巻物**　絵詞・絵伝・縁起などとも呼ばれ、内容を示す本文の詞書《ことばがき》とそれを説明する絵画を右から左へ交互に配列することを原則とする巻物。最古のものでは、奈良時代の過去現在因果経絵があり、その後、平安時代後期から制作され、鎌倉時代に最も盛行した。主要な作品は華厳五十五所絵巻・法華経絵巻など(経典類)、信貴山縁起・北野天神縁起など(社寺縁起類)、法然上人行状絵図・親鸞聖人伝絵・一遍上人絵詞伝など(伝記類)、源氏物語絵巻など(物語類)、伴大納言絵詞など(説話類)、百鬼夜行絵巻・福富草紙など(お伽類)、蒙古襲来絵詞・平治物語絵巻など(戦記類)、三十六歌仙絵巻など(和歌類)、随身庭騎絵巻・病草紙など(記録類)、鳥獣戯画など(雑類)に分けられる。絵巻の絵画は隋・唐の中国絵画の流れを汲む大和絵の様式によるものが多い。また詞書は著名な貴紳・僧侶の筆になるものがある。室町時代以後も制作されたが、その主流はお伽草子類に移り、漸次衰退した。

**えみょう　慧命**　①「色身(肉体)は食を以て命となし法身は慧を以て命となす」といって、智慧を生命に喩えたもの。②㊵アーユシュマット āyuṣmat の訳。寿命を具した者の義。具寿とも訳す。長老の比丘《びく》の尊称。

**えみょう　慧命**　(北魏の普泰元531—北周の大和三568)　北魏・北周代の僧。姓は郭氏。太原河陽の人。主に方等懺・普賢懺などを行じ、法華・華厳・維摩などを講じた。南岳慧思禅師を友とし、道士孟寿が尊敬して洫陽仙城山に建てた善光寺に住した。法音法師と共に西方往生を願った。〔参考〕続高僧伝一七

**えみょう　慧明**　(建武四1337—応永一八1411)　曹洞宗の僧。字は了庵。相模糟谷の人。建長寺不聞禅師に業を受け、のち丹波永沢寺の通幻、能登総持寺の峨山らに参じ、総寧寺(近江)・総持寺・永沢寺などに歴住した。応永元年郷里に帰り、最乗寺の開山となる。〔参考〕延宝伝灯録八、本朝高僧伝三八

**えみょう　慧猛**　(慶長一九1614—延宝三1675)　真言律宗の僧。字は慈忍。河内の人。二六歳で真空に従って出家。のち東山雲竜院如周や槇尾平等心下院の息慈らから真言及び戒律を学び、明暦三年1657西大寺で高喜観から伝法灌頂を受け、叡尊所伝の秘璽および松橋流の密印を伝えられた。寛文一〇年1670河内の野中寺を再興した。著書に三聚戒釈要、六物図略釈、教誡律儀鈔など。〔参考〕律苑僧宝伝一五、本朝高僧伝六三

**えもく　慧牧**　(享保二1717—寛政元1789)　駿河松蔭寺《しょういんじ》の第二代。のち元盧《げんろ》と名のる。字は遂翁。二十余歳で白隠の門に入り、二〇年間師事した。東嶺円慈・峨山慈棹と共に世に知られた。〔参考〕近世禅林

僧宝伝

**えもん　慧文**　生没年不詳。北斉代の人。天台宗の初祖。姓は高氏。慧聞ともいう。大智度論により一心三智の妙旨を悟り、中観論により三諦の深趣を得るなど、竜樹の教学をうけて天台宗義の基礎を建立し、もっぱら河淮地方に布教し、南岳慧思の師として知られる。〔参考〕続高僧伝一七慧思伝

**えよう　慧影**　（—隋の開皇581—600末）中国、南北朝時代の学者。姓は江氏。巴西（四川省保寧府）の人。北周の道安より大智度論を学び、蜀の潼州遷善寺に住した。著書、大智度論疏の零本が現存する（続一・七四・三、一・八七・三）。〔参考〕続高僧伝二三（道安伝）

**えり　会理**　（仁寿二852—承平五935）真言宗の僧。東寺で出家し、金剛界法を宗叡に、胎蔵界法を聖宝・禅念に受けた。延喜一五年915東寺の別当に任じ、延長六年928権律師となり東寺二長者に補せられた。同八年、醍醐天皇の病気平癒に当たっては、阿闍梨として七日間広隆寺で、孔雀明王の法を修した。彫刻・絵画にすぐれ、その作と伝えるものを多くのこしている。〔参考〕東寺長者補任、東宝記、古画備考

**エリオット**　①**Elliot,** Sir Henry Miers（1808—1853）イギリスのインド考古学者。著書にThe history of India as told by its own historians（インド史1867—77）八巻、Memoirs on the history, folklore and distribution of the races north-western provinces of India（インド北西地方の民族1869）二巻などがある。インド古銭に関する研究も多い。②**Eliot,** Sir Charles Norton Edgecumbe（1874—1931）イギリスの外交官で東洋学者。著書にHinduism and buddhism（ヒンドゥー教と仏教1921）三巻、Japanese buddhism（日本の仏教1935）などがある。

**えりゅう　慧立**　（隋の大業一一615—　）唐代の僧。天水（甘粛省天水県）の人。また豳国《ひんこく》（陝西省邠州）の人ともいう。姓は趙氏。本名は子立。貞観三年629一五歳で出家し、豳州昭仁寺にいた。永徽元年650大慈恩寺翻経大徳として玄奘の訳場に参加し、顕慶三年658西明寺都維那に任じられ、のち大原寺主をつとめた。また高宗に愛され、しばしば宮中で道士と対論した。尚医奉御の呂才が釈因明図注三巻を造って異説を主張したのを止めさせたこともある。玄奘の伝記である大慈恩寺三蔵法師伝五巻を著わして地下に埋めておいたのを臨終に際し掘り出させたといい、その書は分散してしまったが、垂拱四年688広福寺の彦悰が捜し集め、補筆修正して一〇巻にしたものが現存している。〔参考〕大慈恩寺三蔵法師伝序、宋高僧伝一七、開元録九

**えりょう　慧亮**　（延暦二一802—貞観二860）天台宗の僧。信濃水内郡の人。幼くして比叡山に登り、天長六年829座主義真から菩薩大戒を受け、円澄・円仁から顕密の法を学んだ。仁寿四年854円仁の奏によって安慧と共に三部大法の阿闍梨となった。のち西塔院検校に補せられ、洛東妙法院で没した。〔参考〕元亨釈書一二、本朝高僧伝六

**えりん　慧琳**　①（737—唐の元和一五820）姓は裴《はい》氏。疎勒国《そろくこく》（カシュガル地方）の人。不空三蔵に師事し、インドの声明を学び、中国の訓詁に通じた。著書、一切経音義一〇〇巻（慧琳音義という）、新集浴像儀軌一巻、建立曼荼羅及揀択地法一巻。〔参考〕一切経音義序、宋高僧伝五　②（正徳五1715—寛政元1789）真宗大谷派の僧。字は抱玉。別号を亀陵といい、仏乗房と称し、理綱院と諡する。伊勢の人。慧然に宗学を学び、師を援助して高倉学寮の拡張を図った。明和二年1765大谷派四世の講師に任じられた。著書、大無量寿経貫綜記八巻、浄土論註伊蒿鉢一〇巻、往生要集録九巻など。

**えりん　慧輪**　（宝治二1248—元亨元1321）臨済宗の僧。字は雲屋。仏地禅師と勅諡。京都の人。無学祖元に師事して法嗣となり円覚寺を継ぎ、晩年長寿院を創建した。〔参考〕延宝伝灯録一九、本朝高僧伝二四

**えりん　慧麟**　⇩僧温《そうおん》

**えりん-じ　恵林寺**　山梨県塩山市小屋敷。臨済宗妙心寺派。山号は乾徳山。元徳二年1330二階堂道蘊（貞藤）の開創。開山は夢窓疎石。のち武田信玄は快川紹喜《かいせんじょうき》らを招き菩提寺として保護した。天正一〇年

1587織田勢に焼かれた時、快川は「心頭を滅却すれば火もまた涼し」といって端然として焼死した。徳川家康が再興し快川の高弟、末瑞曷を迎えた。恵林寺領検地日記(永禄六1563）は武田氏の検地の実態を知る上で貴重な史料。〔重文〕四脚門など〔参考〕恵林寺略由緒、甲斐国誌七五

**エレファンタ**　**Elephanta**　インドのボンベイ湾にある小島。ポルトガル人による命名でインド名はガーラープリー Ghārāpurī という。二つの丘からなり、数個のヒンドゥー教の岩窟寺院があるが、とくに西丘の大石窟が有名である。七―八世紀に造られたものでリンガ liṅga を祀っている。岩の壁面には各種のシヴァ Śiva 神をはじめさまざまな神像が彫刻されていて、ヒンドゥー教美術としては最も優れたものとして、美術史上重要視されている。特にマヘーシャムールティ Maheśamūrti としての三面のシヴァ神像は比類まれな傑作である。

**えろう**　**慧朗**（　―大暦一三778）唐代の密教僧。不空三蔵の高足で、長安の崇福寺に住す。不空に師事した年次は不明であるが、大暦九年六月大興善寺に持誦僧二一口を置くことを請願した文ではその筆頭となる。不空の没後、大興善寺翻経院の検校となり、師の一周忌・三回忌を務めた。同年一一月代宗皇帝より紫衣を賜り、それを謝する表を奉っている。慧朗が不空の後継者であったことは、厳郢撰の不空三蔵碑文などから明らかであるが、同一三年には没していたらしく、以後若年の恵果が事実上の法灯者となった。〔参考〕代宗朝贈司空大弁正広智三蔵和上表制集一・二・三、宋高僧伝一

**エローラ**　**Ellora**　エルーラ Elūra とも書く。インドのマーハーラーシュトラ州アウランガーバード市の北西約二〇キロにある小丘。その岩腹には延長約二キロにおよぶ洞窟が造られている。主要なものは、仏教窟一二、ヒンドゥー教窟一七、ジャイナ教窟五、計三四窟で、インドの三大宗教の石窟が並存していることが注目される。古いものは六世紀頃に造られたとされるが、多くは七―九世紀頃のものである。その巨大さ、変化に富む点など傑出した作品群の一つとして数えられているが、第一六窟にあたるヒンドゥー教のカイラーサ Kailāsa 寺院（八世紀中頃）はとくに有名である。

エローラ第12石窟支柱

同第14石窟支柱

**えん**　**縁**　①梵プラトヤヤ pratyaya の訳。狭義では、結果(果)を引き起こすための直接的内的原因を因(内因)というのに対して、これを外から助ける間接的原因を縁（外縁《げえん》）というが、広義では両方合わせて因とも縁ともいう。広義の縁は四縁に分類される。⑴因縁。因なる縁、因即縁の意。果を生む直接的内的な原因。狭義における因のこと。六因のうち能作因《のうさいん》を除いた他の五因をいう。⑵等無間縁《とうむけんねん》。前の刹那《せつな》の心・心所《しんじょ》が後の刹那の心・心所の生ずるための原因（場所をあけて導き入れる。即ち開避と引導）となるのをいう。⑶所縁縁（縁縁）。所縁すなわち外境が心の生ずるための縁となるのをいう。唯識宗ではこれを疎所縁縁（所縁の相分を引き起こす本質《ほんぜつ》が、同時に見分の所縁となるのをいう）と親所縁縁（所縁を縁ずる見分と離れない相分をいう）とに分ける。⑷増上縁。一切の法が果である一法に対してすべて縁となるのをいう。これは六因中の能作因に同じ。また浄土教では阿弥陀仏の本願は凡夫《ぼんぶ》が浄土に往生するための増上縁となるという。この場合の増上縁は果に対してはたらく強い力の意〈⇩五種増上縁《ごしゅぞうじょうえん》〉。②心と心所（個別的な心のはたらき）とが対境に向かってはたらき、そのすがた（相）を取ることを「縁ずる」（縁慮、攀縁《はんえん》の義）という。心識はよく縁ずるものであるから能縁といわれ、対境は心識によって縁ぜられるものであるから所縁という。

**えんえ**　**円慧**　⇩えんね

**えんえ―ごんじょう**　**厭穢欣浄**　このけ

がれた迷いの世を厭い(厭離穢土)、清らかな悟りのあの世をねがう(欣求浄土)こと。欣浄厭穢、厭欣、欣厭ともいう。

**えんおう-しょう　演奥鈔**　⇩えんのうしょう

**えんが　円雅**　(天正一七1589—慶安元1648)　浄土真宗本願寺派の学僧。河内の人。字は准玄《じゅんげん》。寛永一六年1639西本願寺が学林を創設したときに任じられた初代の能化職。但し孫の寂玄(常顕)が故あって大谷派に転じたので、西本願寺能化の歴代に数えない。著書、三経大綱。〔参考〕本願寺通紀三

**えんかい-けいもう　円戒啓蒙**　一巻。大玄(1680—1756)著。成立年不詳。浄土宗の立場から円頓戒の重要性を説き、これをうけるにあたって知らねばならない要項五一条を述べる。仏全七二、続浄全九

**えんかい-じゅうよう　円戒十要**　一二巻。亮碩《りょうせき》の著(寛政二1790序跋)。天台宗に伝える大乗円頓戒に関する自撰の書一〇篇を集めた書。北嶺三式汲海鈔二巻、一乗比丘戒論二巻、梵網宗五支十戒釈、十善沙弥戒論、大乗九衆戒義、梵網宗戒体義、梵網宗待絶二妙論、回小向大正義決、久修業章、別教戒義各一巻からなる。天全一八〔写本〕滋賀県蓮華院蔵、同法明院蔵、大谷大学蔵

**えんかい-ふだん　円戒膚談**　七巻。敬光の著(天明七1787)。法華一乗の立場から梵網経による一向大乗の円戒をすすめ、戒律についての諸説を批評する。天台宗叢書二

**えんかい-もんどう　円戒問答**　一巻。大玄の著(寛延二1749)。浄土宗における円頓戒の復興を志し、一八の問答を設けて円頓戒を説く。〔写本〕大正大学蔵

**えんがく　縁覚**　①(梵)プラティエーカ・ブッダ pratyeka-buddha (各自に覚った者の意)の訳。独覚とも訳し、また鉢剌医迦仏陀、辟支仏《びゃくしぶつ》などと音写、音略する。仏の教えによらないで自ら道を悟り、寂静な孤独を好むために、説法教化をしないとされる一種の聖者。声聞《しょうもん》と共に二乗の一。また声聞・菩薩《ぼさつ》と共に三乗の一。②これに部行《ぶぎょう》独覚と麟角喩《りんかくゆ》独覚(麟喩独覚)との二種の独覚がある。前者は、先に声聞であった時に不還果《ふげんか》までを得た人が、第四の阿羅漢果《あらかんか》を証する時、仏の教導を離れて独り自ら覚るのをいい、後者は、独居して一〇〇大劫〈⇩修行《しゅぎょう》〉の間さとりのための善根功徳を積んで、独り覚る者をいう。ここに部行というのは、声聞であった時に多くの部党を組織して団体生活をしていたから名づけ、麟角喩というのは、麟の一角に喩えてはじめから伴侶のない独住者であることを示す。③縁覚の人はただ自利の行のみあって利他の心がないから、大悲心によって衆生を救うことがなく、従って仏果に至り得ない。これを独覚の捨悲障という。④縁覚としての階位を辟支仏地、略して支仏地と呼び、通教《つうぎょう》の十地(三乗を通じて一〇に分けた仏者の階位) の第八に位し、また支仏地自体も十地に分類される。⑤なおこれを縁覚と訳すについて、大乗義章巻一七本には、十二因縁を覚るがために、また風が樹を動かす(飛花落葉)などの外縁によって覚るがために、といっているが、恐らく「縁覚」という訳は誤りであると思われる。あるいは、(梵)プラトヤヤ・ブッダ pratyaya-buddha という語形でもあらわされ、それが「縁覚」と訳されたのかもしれない。

**えんがく-きょう　円覚経**　一巻。大方広円覚修多羅了義経、円覚修多羅了義経ともいう。原典は伝わっていない。唐の仏陀多羅の訳という。訳者については、早く唐代より問題があり、今では、中国撰述とみなされている。文殊・普賢などの十二菩薩のために如来の円覚の理をとき、あわせて観行の実践を強調している。昔から華厳部に収められ、唐の宗密は頓教と判釈し、禅宗では楞伽経・維摩経と共に重視して禅の三経と名づけている。ただ道元は諸経より劣っているとした。(大)一七、[国一]経集部五〔註釈〕宗密・大疏一二巻、同・略疏四巻、同・道場修証義一八巻、同・礼懺略本四巻、宋孝宗帝・御註二巻、元粋・集注二巻、徳清・直解二巻、通理・折義疏四巻、鳳潭・集註日本決三巻、普寂・義疏二巻〔参考〕禅林宝訓四、道元・宝慶記

**えんがくきょう-どうじょう-しゅしょうぎ　円覚経道場修証義**　一八巻。唐の宗密の著。成立年不詳。円覚経により一三〇日、

一〇〇日または八〇日の間、一心に精進し観門を修するための礼懺法・礼懺文・坐禅法などを詳説する。㊫二乙・一・四—五

**えんがくきょうどうじょうりゃくほん-しゅしょうぎ　円覚経道場略本修証儀**　一巻。宋の浄源の著。成立年不詳。宗密の円覚経道場修証儀を抄録して一〇部門に分けたもので、三期限内の修証に限らず一席の懺儀を修するためにも役立てようとする。なお、浄源は他に華厳普賢行願修証儀一巻、首楞厳壇場修証儀一巻（いずれも㊫一・九五・五）を著わしている。㊫二乙・二・一

**えんがく-じ　円覚寺**　①韓国ソウルのパゴダ公園の地にあった寺。もと興福寺と号し、李朝以前の草創。今は十層塔婆だけを残す。壬辰倭乱（文禄・慶長の役）の際、加藤清正がこれを日本に持ち帰ろうとしたと伝えるが、純白大理石造で、元の至正八年1348（高麗の忠穆王四年）の造立といい、京畿道開豊郡の敬天寺の石塔と同じ様式。②神奈川県鎌倉市山ノ内。臨済宗円覚寺派本山。瑞鹿山と号する。弘安五年1282北条時宗の草創。開山は無学祖元。翌年、幕府の祈願所となり、延慶元年1308定額寺に列し、至徳三年1386鎌倉五山の第二位とされた。応安七年1374以来、数度の火災にあったが、北条貞時の建てた舎利殿だけが残り、唐様建築の代表作として知られる。大正一二年1923震災にあったが復興された。〔国宝〕舎利殿、梵鐘〔重文〕絹本著色仏涅槃図、同五百羅漢像、同仏光国師像、同虚空蔵菩薩像、同被帽地蔵菩薩像、木造仏光国師坐像、青磁袴腰香炉、紙本淡彩鍾馗図、同円覚寺境内絵図、紙本墨書北条時宗書状、同円覚寺禁制ほか　〔参考〕鎌倉五山記、新編鎌倉志二・三・五、円覚寺史

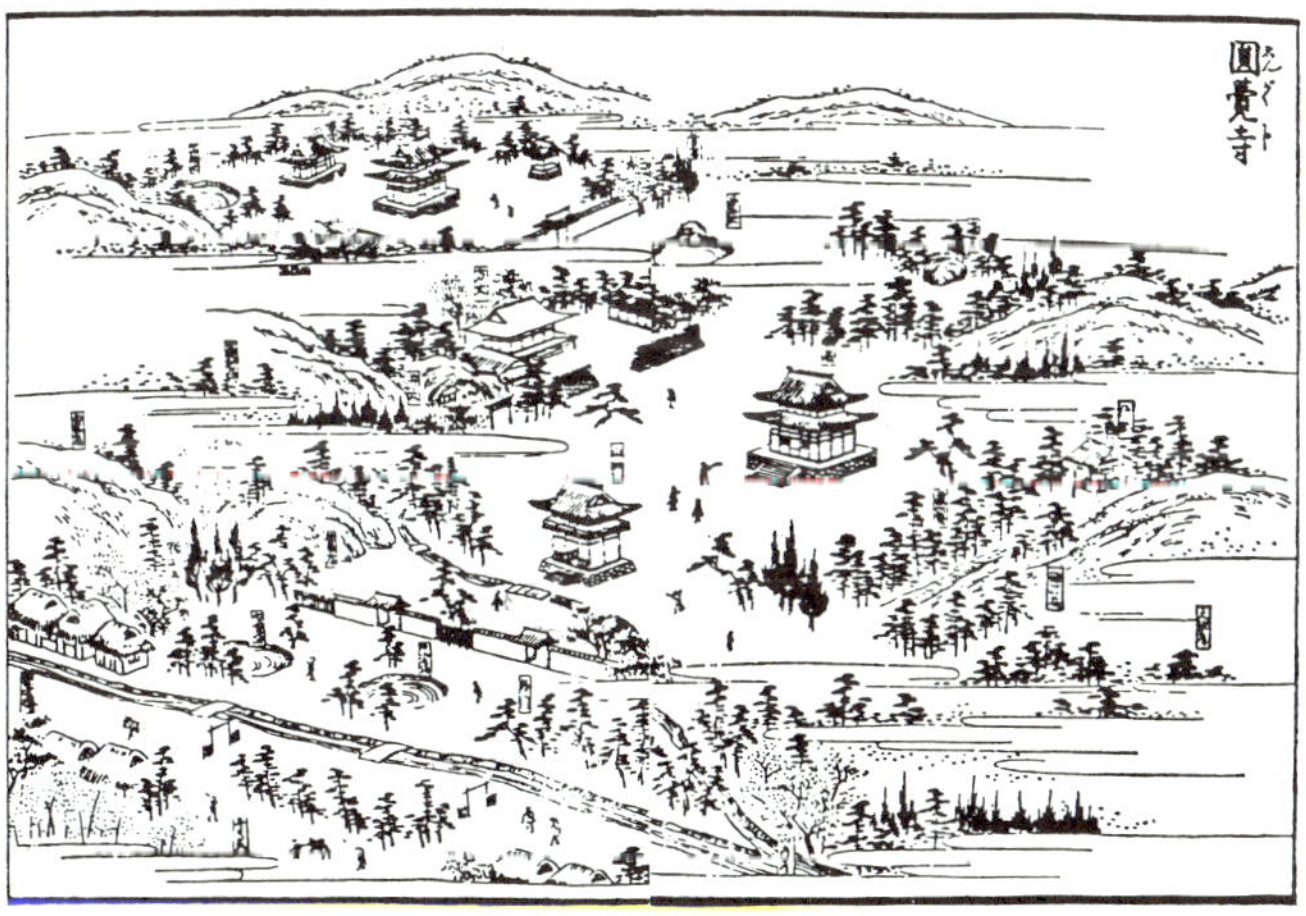

円覚寺（東海道名所図会）

**えんかん　円観**　（弘安四1281—延文元1356）京都法勝寺の天台僧。字は慧鎮、慈威和尚ともいう。近江の人。円頓戒中興の祖。伝信興円和尚に師事し、正中二年1325近江坂本の西教寺を再興して円頓戒を伝え、また浄土教にも意を傾けた。後伏見・花園・後醍醐・光厳・光明の諸天皇に円頓戒を授け、五朝国師の号を賜る。また諸国に戒律道場を開き、その主なものに相模の宝戒寺、加賀の薬師寺、伊予の等妙寺、筑紫の鎮弘寺などがある。元徳三年1331宮中において北条氏呪詛の法を修し、発覚して奥州に流されたが、のち帰京して法勝寺に住したという。著書、円密宗二教名目一巻。〔参考〕大日本史一六八、天台霞標、太平記

**えんかん-さいせん　塩官犀扇**　禅宗の公案の一。馬祖道一《ばそどういつ》に学んだ塩官斉安《さいあん》とその侍者が、犀牛の骨で作った扇子にちなんで交した問答で、扇子は悟りそのものを指し、自己に即して、生きた犀牛そのものを悟れと教えたもの。〔原文〕碧巌録九一則、従容録二五則、景徳伝灯録七

**えんき　円禧**　（文化一四1817—文久元1861）真宗高田派専修寺二〇世。有栖川宮韶仁《つなひと》親王の猶子で清浄楽院宮と号し、天保九年1838住持となった。

**えんぎ　円暉**　生没年不詳。唐代の学僧。幼時より性相学を修め、特に倶舎論に精通した。著書、倶舎論頌疏三〇巻。〔参考〕宋高僧伝五

**えんぎ　縁起**　①㊵プラティートヤ・サムトパーダ pratītya-samutpāda の訳。すべての存在（有為法《ういほう》）は、種々さまざまな条件（因縁）によって、仮にそのようなもの

として成り立っている、即ち起こっていること。従って条件次第でいろいろに変化し(無常)、独立的存在性をもたず(空、無我)、互いに依存する。このように因縁によって成り立っている存在を縁生《えんしょう》のもの、縁生法、または縁已生《えんいしょう》のもの、縁已生法という。縁起の思想は仏教のもつ根本的な世界観というべきもので、阿含経典の十二縁起説(十二因縁)をはじめとして、唯識宗の頼耶《やら》縁起説、楞伽経などの如来蔵縁起説、華厳宗《けごんしゅう》の法界縁起説、真言宗《しんごんしゅう》の六大縁起説などが説かれ、仏教の歴史を一貫している思想である。大衆部《だいしゅぶ》や化地部では、この縁起の道理(縁起法)を九無為の一に数える。②(梵)ニダーナ nidāna の訳。尼陀那と音写し、因縁とも訳す。この語は①と同義に用いられる場合と、十二部経(原始仏教経典の基本的な型)の一を指す場合とがある。後者は経・律などが説かれたその由来、縁由、理由を明かす説話の意。③転じて日本では、社寺または仏像などの由来や神仏または高僧の霊験行状を記述したものを縁起という。④また俗に吉凶のきざしを縁起といい、延喜、縁喜とも書く。⑤華厳宗では、宇宙の諸現象が現われ起こることを、仏になる因の立場からは、縁起(因縁によって生起する)と説き、仏果の立場からは性起(さとりそのものの本性〔法性《ほっしょう》〕から現起する)と説く〈⇩性起《しょうき》〔縁起〕〉。また衆生の機縁に応じて教えを説き起こすことを縁起といい、性海果分に対して縁起因分と称する。⇩因分《いんぶん》〔果分〕

**えんぎ-しょうどう-きょう　縁起聖道経**　一巻。唐の玄奘の訳(貞観二三(649))。十二縁起と八聖道とを説く。異訳に呉の支謙の訳の貝多樹下思惟十二因縁経一巻、宋の法賢の訳の旧城喩経一巻がある。梵本は中央アジアより回収されている。チベット訳は律部のヴィナヤヴァストゥの中に含まれている。

**えんぎ-そうゆ　縁起相由**〔**法性融通**《ほっしょうゆうづう》〕　華厳宗の教義。縁によって起こった諸現象が互いに入り込みあって一体化しているのを縁起相由、さとりの本体である法性の理が諸現象の中にくまなく融けこんで一体化しているのを法性融通という。縁起相由は事事無礙《じじむげ》、法性融通は理事無礙をあらわし、共に華厳教義の根本であるが、特に縁起相由を主眼とする。華厳経探玄記巻一には、縁起相由を解釈して⑴諸縁各異(万有はそれぞれ異なる因縁によって成立し諸縁が混乱していない)、⑵互遍相資《ごへんそうし》(差別的な現象の縁は互いに遍くゆきわたり、互いに資けあって縁起をなしている)、⑶倶存無礙《くぞんむげ》(差別的で混乱していないという意味と無差別的で互いにゆきわたっているという意味とが礙げあわない)、⑷異体相入(因縁によって生じた諸現象において相入(因縁によって生じた諸現象においてその作用が互いに入りこみあっている)、⑸異体相即(同じくその体が互いに一体化している)、⑹体用相融(しかも異体の相即と相入とが融けあって礙げあわない)、⑺同体相入(一現象のうちに本来すべての現象が具わっていて、具え手である一法と具わっている一切法との作用が互いに入りこみあっている)、⑻同体相即(同じくその体が互いに一体化している)、⑼倶融無礙《くゆうむげ》(しかも同体の相即と相入とが融けあって礙げあわない)、⑽同異円備(このように一切法は異体上から論じても同体上から論じても相即相入して万有はことごとく円融不可思議の妙法であり事事無礙である)と説く。

**えんぎょう　円行**　(延暦一八(799)―仁寿二(852))真言宗の僧。入唐八家の一。一一歳で大和元興寺に入り、のち空海に師事した。承和五年838唐に渡り、青竜寺義真に学んで、翌年、顕密の経論章疏六九部、仏舎利三千余粒、曼荼羅一二種などをもたらして帰朝。勅により山城国霊巌寺に住した。のち播磨の太山寺を開いたとも伝え、また天王寺の初代別当に補せられた。著書、金剛界記、五大虚空蔵法、霊巌口伝など。〔参考〕入唐五家伝、元亨釈書一六、本朝高僧伝六

**えんぎょう　円教**　まどかで完全な教えの意。旧訳の華厳経巻五五には、善伏童子に円満因縁修多羅を説くとある。中国では諸経典の内容を体系化して批判分類する(教相判釈)のに、究極的な教えをしばしば円教と名づけている。①北魏の慧光は漸・頓・円の三教をわけて華厳経を円教とした。

②隋の智顗《ちぎ》の五時八教の教判では、その中の化法四教を三蔵教・通教・別教・円教とし、円は不偏の意なりとした。そして円教は華厳・方等・般若の説法においてもあらわされているが、それは未開顕の円であり純粋の円教のみではないから、もっぱら円教のみを説いた法華の開顕の円教を今円《こんえん》というのに対してそれを昔円《しゃくえん》という。③唐の法蔵は小乗教・始教・終教・頓教・円教の五教判を説き、華厳経を第五の円教とした。円教は即ち一乗であるから円教一乗も別教一乗も共に円教と名づけられるわけである。しかし別教一乗は諸経を超えた無尽の仏法であるから特に別教一乗のみを円教とするのである。④唐の元政は真言密教を一大円教としたといい、日本の台密ではこの説を用いた。

**えんきょうーじ　円教寺**　①兵庫県姫路市書写山。書写山と号し、天台宗。西国三十三カ所第二七番札所。平安時代中期、性空の開創。初め性空は日向霧島山、筑前背振山で法華経を誦持し、のち当山に移った。寛和元年985藤原季孝が法華堂を建立、翌二年には花山法皇が来山して性空に結縁した。永延元年987御願寺となり僧八口が置かれ、以後、天皇や公家・僧が参詣して栄えた。仁安三年1168平清盛が一切経七千余巻を施入、元弘三年1333後醍醐天皇が隠岐より行幸した。江戸時代には寺領八三三石を有し、講堂・食堂・常行堂・金剛堂などの寺観を整えた。なお当山での性空と和泉式部の歌問答は謡曲・お伽草了などで有名。〔重文〕大講堂、鐘楼、金剛堂、常行堂、護法堂、寿量院、食堂、木造釈迦如来及両脇侍像、同四天王立像〔参考〕円教寺文書、播州書写山縁起、兵庫県史一

円教寺（播磨名所巡覧図会）

②京都市右京区龍安寺一帯にあった寺。四円寺《しえんじ》の一。一条天皇の御願寺。長徳四年998落慶供養。導師は仁和寺の寛朝。長和元年1012には東郎・西郎・北郎・南大門を有し、藤原道長も参詣した。寛仁二年1018の火災で塔・幢・僧房を焼失したが、長元七年1034御堂供養が催され、丈六金色の大日如来、釈迦、薬師如来及び彩色の六天像が安置された。鎌倉時代には仁和寺の一院であったが、その後、廃絶した。〈⇩四円寺《しえんじ》〉〔参考〕百練抄、日本紀略、御堂関白記、扶桑略記、仁和寺史料寺誌編一

**えんきりーでら　縁切寺**　江戸時代の庶民の間では、原則として離婚の権利は夫にのみあり、妻には認められなかったが、残された方法として特定の尼寺に駆けこみ、足かけ三年尼となって奉仕すれば離婚の効果を生ずることがあった。このような特権を有する尼寺を縁切寺・駆込寺・駆入寺などとよび、相州鎌倉松ケ岡（現神奈川県鎌倉市山ノ内）の東慶寺と上州新田郡世良田村（現群馬県太田市徳川町）の満徳寺が有名である。江戸中期以前では、一般に尼寺は縁切寺としての機能を有したらしいが、中期以降、徳川氏と特別の縁故を有する二カ寺だけに限られるようになった。明治初年にはこの慣行も禁止された。

**えんぎーろん　縁起論〔実相論〕**　仏教教理の体系を二つに分けたもので、中国の慧遠《えおん》などの説によって後人の唱えたもの。近時の仏教学ではあまり用いられない。倶舎宗・法相宗・華厳宗など縁起を主として説く教説を縁起論といい、三論宗・天台宗など実相を主として説く教説を実相論という。

縁起論には、業感縁起・頼耶縁起・真如縁起・法界縁起・六大縁起などの説がある。⇩縁起《えんぎ》 ⇩実相《じっそう》

**えんぐ 厭求**　（寛永一一1634－正徳五1715）浄土宗の僧。真蓮社広誉と号する。京都の人。一七歳で、江戸霊巌寺珂山の門に学び、のち美濃大運寺に寓した。万治二年1659摂津有馬の極楽寺に住し、ついで京都西山の導故院を再興した。生涯を通じて、諸国をめぐって多くの廃寺を興し、また多数の仏像・仏画を作り、阿弥陀経一千巻・六字名号一〇万を書写したという。著書、徒然要草七巻。〔参考〕厭求上人行状記、続日本高僧伝三

**えんくう 円空**　①⇩立信《りゅうしん》　②（寛永九1632－元禄八1695）修験者。美濃竹鼻の人。日本全国を行脚、寛文五年1665蝦夷に渡って尊信を受け、飛驒の千光寺に寓して元禄二年美濃弥勒寺を再興した。常に窟中に住したので窟上人ともいわれた。彫刻に秀で諸国を遍歴して布教と造像に生涯をつくした。作った仏像は一二万体といい、その作風は野生的な独特の鉈彫で、現在愛知県名古屋市の荒子観音寺のものをはじめ四千五百余体の仏像が発見され、円空仏として知られている。〔参考〕続日本高僧伝一一、近世畸人伝、広本円空上人歌書（一宮史談会叢書四）

**えんげい 円冏**　（寛永一一1634－宝永三1706）浄土宗、京都知恩寺の僧。信蓮社玄誉と号した。京都の人。江戸の霊巌寺珂山に師事し、寛文七年1667禅定中に阿弥陀仏を感得した。昼夜を通して日課念仏六万遍に及んだという。〔参考〕浄土本朝高僧伝八、続日本高僧伝一一

**えんけい-じ 延慶寺**　中国浙江省寧波府の四明山にある。後周の広順二年952に創建され、初め保恩院と号した。北宋の大中祥符二年1009知礼が再興して延慶寺と称し、天台の講院となった。明代には講宗五山の第二に列せられた。〔参考〕仏祖統紀八

**えんげつ 円月**　（正安二1300－永和元1375）臨済宗の僧。字は中巌。仏種慈済禅師と勅諡。相模鎌倉の人。出家して醍醐三宝院で学んだが、のち禅宗に帰し、嶮崖巧安・東明慧日らに参じ、また永平寺の義雲についた。文保二年1318元に渡ろうとして果たさず、正中元年1324志を達して天寧・保寧・雲巌などの諸寺を巡り、百丈山の東陽徳輝の法を継いで正慶元年1332帰国。翌年、南禅寺の明極楚俊《みんきそしゅん》に参じた。貞治元年1339上総吉祥寺の開山となったが、康安二年1362勅により京都建仁寺に住し、のち京都等持寺、鎌倉建長寺、近江竜興寺にも住した。後世、その法流を中巌派と称し、日本禅宗二十四流の一とする。著書、東海一漚集、同別集、同余滴（五山文学全集二）。〔参考〕延宝伝灯録六、本朝高僧伝三三

**えんけん 円見**　（永仁三1295－応安三1370）曹洞宗宏智《わんし》派の僧。月蓬と号する。相模の人。性相寺の道律師について出家、のち東福寺の無為昭元および円覚寺の東明慧日の下に参じた。京都建仁寺に住し、晩年は同東山の雲竜庵に隠居した。〔参考〕延宝伝灯録一七、本朝高僧伝三二、日本洞上聯灯録一

**えんご 円悟**　（嘉靖四五1566－崇禎一五1642）明代末期の禅僧。姓は蒋氏。字は覚初。密雲と号する。常州宜興（江蘇省宜興県）の人。楊岐二二世の幻有正伝《げんうしようでん》の法を嗣ぎ、福州の黄檗山《おうばくさん》（福建省福清県）、四明の天童山（浙江省鄞県《きんけん》）などの六カ所に住した。天童密雲禅師語録二〇巻がある。〔参考〕天童密雲禅師塔銘、五灯厳統二四

**えんこう 円光**　（新羅の法興王一九532－真平王五二630）朝鮮、新羅の僧。姓は朴氏。二五歳のとき中国の金陵（南京）へ行って僧旻《そうびん》の弟子に学び、隋の開皇九年589長安へ行き摂論宗を究めて新羅へ帰った。〔参考〕続高僧伝一三

**えんこう 延杲**　（保安四1123－建永元1206）東寺一長者。宰相僧正または六条僧正ともいう。藤原能忠の子。東寺の大僧正禎喜について出家。正治元年1199高雄神護寺別当となり、建仁元年1201護持僧となった。翌年秋、東大寺別当になり堂舎を修復した。晩年は六条の別院に隠退した。〔参考〕東寺長者補任、東大寺別当次第、本朝高僧伝五三

**えんこう-じ 延興寺**　中国陝西省西安府。建徳三年574周武の法難の後、曇延が再興し、長安広恩坊にあった延衆寺を開皇四年584延興寺と改めた。〔参考〕続高僧伝八

**えんこうじ-がっこう　円光寺学校**　下野国足利学校の九世閑室元佶が創建した寺院で、また学校にあてられ、洛陽学校とも称した。徳川家康が三要を重用し、慶長六年1601京都伏見指月に当寺を足利学校の分校として建て、数十万の木活字と朝鮮書籍二〇〇冊を寄せ、元佶に管理させると共に、孔子家語・三略・六韜など多くの書籍を印行した。これが慶長古活字本の伏見版である。その後、京都相国寺内に移し、寛文七年1667徳川氏から一乗寺村(現京都市左京区)に寺地を得て移転した。当地に円光寺が現存し、木活字を保存する。⇩足利学校《あしかががっこう》

**えんこう-だいし　円光大師**　⇩源空《げんくう》

**えん-こうどう　袁宏道**　(隆慶二1568—万暦三八1610)　明代の居士。西方合論の作者。湖北公安(湖北省荊州府)の人。字は中郎。石頭居士と号する。兄を宗道、弟を中道といい、いずれも秀才で、前後して進士の試験に及第した。宏道は呉江の知県となり、後に礼部主事に進んだが、病で官を辞した。李卓吾に禅を学んだが、空談であって実際ではないとして浄土教に帰し、その後、兄弟たちも浄土教徒になった。再び官に就き、稽勲司郎中になったが、再び病で辞し、荊州の寺院で没した。著書、西方合論一〇巻、珊瑚一巻、金屑編一巻（壇経節録)、解脱集五巻など。〔参考〕明史二八六、居士伝四六、浄土聖賢録七

**えんざ　円座**　円形の扁平な敷物で、もと蒲《まが》で作ったので蒲団《ふとん》ともいう。厚いものを厚円座、菅で作ったものを菅円座といい、後には中央に穴をあけたものや綾錦で包んだものも作られた。仏堂の土間、板間に敷いて座席に用いる。日本では禁中でも用いられ、官位によって坐縁の色に差別があった。後世、褥《しとね》を蒲団というのは意味が転訛したのである。

**えんざ　宴座**　静かな場所で、安らかに正しく坐ること。坐禅すること。また、坐禅の代名詞にも用いる。燕坐とも書く。

**えんさい　円載**　（　—元慶元877)　天台宗の僧。大和の人。最澄に師事し、承和六年839天台の教義に関する疑問五〇科を持って唐に入り、これを天台山広脩・維蠲《けいい》の二師に質した。在唐四十余年、乾符四年877仏儒の典籍数千巻を携えて帰国の途中遭難した。〔参考〕続日本後紀一三・一四・一七・一八、宋高僧伝三〇、行歴抄、本朝高僧伝七

**えんざん-さんだいぞう-そうもくろく　縁山三大蔵総目録**　三巻。随天の著（延享元年1744自序)。三縁山増上寺報恩蔵所蔵の宋(南宋理宗朝開刻本)・元(至元開刻本)・高麗(高宗朝開刻本)の三種の大蔵経を対校し、その異同を記した目録。訳経図紀・開元録・貞元録・大蔵綱目・至元録・法宝標目・閲蔵知津などの文を抄出している。昭和法宝総目録二〔刊本〕文政二1819刊

**えんし　円旨**　(永仁二1294—貞治三1364)　曹洞宗宏智《わんし》派の僧。字は別源、縦性とも称した。越前の人。俗姓は平氏。仏種寺の竹庵圭の侍童となり、ついで円覚寺の東明慧日に参じた。元応二年1320元に入り、元徳二年1330帰国。円覚寺の後版ついで建長寺の前版に転じ、康永年間1342—45の初め、越前弘祥寺の開山となる。貞治三年建仁寺に住持した。〔参考〕別源和尚塔銘、延宝僧宝伝二七、本朝高僧伝三〇

**えんじ　円慈**　(享保六1721—寛政四1792)　臨済宗の僧。字は東嶺。仏護神照禅師と勅諡。近江の人。七歳で出家し、一七歳で諸方に遊んで日向の古月禅材・翠巌や丹波の大道を訪ね、故郷に帰って庵居した。寛保元年1741さとる所があり、同三年駿河の白隠に参じて、病中によく大悟した。伊豆に竜沢寺を開いて白隠を開山に迎え、自らは第二世となる。尾張瑞泉寺に移り、晩年は郷里の齢仙寺で過した。著書、達摩多羅禅経説通考疏六巻、宗門無尽灯論六巻、快馬鞭など。〔参考〕続日本高僧伝八、近世禅林僧宝伝上

**えんじき　円測**　(新羅の真平王三五613—武周の万歳通天元696)　中国、唐代の法相宗の学僧。玄奘の門人。新羅の人。長安へ行って元法寺で毘曇・成実などを究め、玄奘がインドより帰朝するや（貞観一九645)教えを受けてとくに唯識学の巨匠となった。のちに、長安西明寺の大徳となったのでその一門は西明寺系統と称された。その著、唯識論疏は同じ玄奘の門下でありな

がら、大慈恩寺を本拠とする窺基と説を異にし、それに対抗する有力な一派の主張を代表するものであるが現存しない。地婆訶羅《じばから》が長安へ来たとき、その訳場の首位となり、その後、新華厳の訳場にも参じ、仏授記寺で八四歳で没した。著書は多かったが、その中で解深密経疏一〇巻のうち九巻のみが現存し、散逸部分は昭和二四年1949稲葉正就がそのチベット訳から漢文に還元した。〔参考〕宋高僧伝四

**えんしゅ　縁修〔真修〕**　天台宗の用語。観法の修行において、なそうという意志をおこしてなす修行を縁修といい、もはやことさらに修行しようという意志をおこすこともなく、おのずから理にかなってする修行を真修という。前者は初地〈⇩十地《じゅうじ》〉に達しない菩薩《ぼさつ》、後者は初地以上の菩薩の修行をいう。

**えんじゅ　延寿**　（唐の天祐元904—北宋の開宝八975）五代・北宋初の禅僧。姓は王氏。字は沖玄。智覚禅師と諡す。余杭（浙江省余杭県）の人。法眼二世の徳韶《とくしょう》の法を嗣ぎ、呉越王銭俶《せんしゅく》の帰依で、四明雪竇山《せっちょうざん》（浙江省奉化県西北）、杭州慧日山永明寺（同省杭県）などに住した。広く諸宗に通じ、特に浄業を説いた。著書、宗鏡録《すぎょうろく》一〇〇巻、万善同帰集三巻など。〔参考〕智覚禅師自行録、宋高僧伝二八、景徳伝灯録二六、神僧伝九、仏祖統紀二六

**えんしゅう-じ　円宗寺**　京都市右京区仁和寺の南側にあった寺。四円寺《しえんじ》の一。延久二年1070落慶供養。金堂に二丈金色の毘盧舎那仏、講堂に一丈八尺金色の釈迦如来、法華堂に三尺の金銅塔などが安置された。当初、円明寺と号したが、山崎（現京都府乙訓郡大山崎町）にあった円明寺との混称をさけ、延久三年に改号した。同年常行堂、灌頂堂を供養、天仁三年1110五大堂を供養した。その後も堂塔を修正して仁和寺の一院として栄えたが、鎌倉時代末期に廃絶した。なお当寺の最勝会・法華会は、法勝寺（跡地は現左京区）の大乗会と共に天台宗の三会として有名であった。〈⇩四円寺《しえんじ》〉〔参考〕扶桑略記、百練抄、朝野群載、仁和寺史料寺誌編一

**えんしゅう-ほうずい　円宗鳳髄**　一巻（二巻、三巻本もある）。鳳潭《ほうたん》の著（正徳三1713）。華厳・天台の両円教宗の真髄を明らかにしたもの。かつて著者に対し真言律宗の慧光が円融不二の理事は密教の事密に遠く及ばないと論破したが、それに対し著者は本書で、両円宗の意は決して真言密教の思想に劣るものでないことを主張した。〔刊本〕正徳三刊

**えんしゅう-もんるい　円宗文類**　二二巻（うち第一四、二二巻のみ現存）。朝鮮、高麗の義天（1055—1101）の編。成立年不詳。円宗（華厳宗）に関する先賢の著作や要文を集めたもの。現存の第一四巻はおもに修行の階位、行位の差別に関する智儼の著作二一文を収める。第二二巻は道俗を問わず先徳の華厳宗に関する讃頌雑文を編集して四八題を収める。なお大日本続蔵経所収の二巻のほかに第一巻が発見されたが、これには華厳宗に関する二六の表や序を収める。(続)二・八・五

**えんじゅみょう-きょう　延寿命経**　一巻。大周刊定衆経目録（武周の天冊万歳元695撰）にはじめて載せられた偽経。寿命を延ばすためにこの経を伝えよと説くが、教義上の内容にとぼしい。敦煌出土本（S.428）。(大)八五

**えんじゅん　円遵**　（延享三1746—文政二1819）真宗高田派専修寺一八世。無上上院と号し、有栖川宮職仁親王の第五子。宝暦三年1753に入室し、同八年得度、住職となった。学事を奨励し、教学の発展に功があった。

**えんしょう　円照**　①唐代の僧。貞元新定釈教目録の編者。姓は張氏。京兆藍田（陝西省藍田県）の人。一〇歳で西明寺の景雲に師事し、維摩・法華・因明・唯識などの経論及び儒典を学び、とくに律蔵に精通していた。開元年間713—41勅をうけて訳経に預り、大暦一三年778勅僉定四分律疏の編集に加わった。著書、貞元新定釈教目録三〇巻、続開元釈教録三巻など。〔参考〕宋高僧伝一五　②（保延五1139—治承元1177）平安時代末の遁世僧。遊蓮房と号す。藤原通憲（信西）の子で澄憲・明遍の兄弟。是憲と名のっ

ていたが二一歳で遁世した。はじめ法華経を護持していたが、やがて胸に極楽曼荼羅をかけ念仏に専心していった。京都西山の広谷に住し、法然の比叡山下山に影響を与えた。法然を臨終の善知識として三九歳で没した。〔参考〕明義進行集二、法然上人行状絵図九 ③(承久二1220—建治三1277)律僧。東大寺戒壇院中興の祖。東大寺の厳寛得業の三男で聖守《しょうしゅ》の弟。初名は土佐房良寛。遁世して実相房悲願(後に円照)と改め、諸寺を歴訪。良遍に法相、覚盛・叡尊に律、円爾に禅、宗性に華厳を学ぶなど諸宗に達し、教禅律の一致を唱えた。建長三年1251東大寺戒壇院に移り、律を講じ菩薩戒を授けた。正嘉元年1257東大寺大勧進に補任され、二月堂・法華堂を修理。洛東金山院で没した。弟子に凝然・禅爾らがある。著書、無二発心成仏論。〔参考〕円照上人行状、招提千歳伝記中二、本朝高僧伝六〇 ④(応長元1311—永徳元1381)曹洞宗の僧。無外と号する。薩摩の人。肥後の蘇迷岳に一宇を建てて住したが、感ずることがあって能登総持寺の峨山紹碩に参じて多年侍し、法を嗣いだ。島津大道に迎えられて皇徳寺の開山となった。〔参考〕日本洞上聯灯録二

**えんしょう　延昌**　(元慶四880—康保元964)天台宗の僧。加賀の人。勅諡を慈念という。比叡山に登り玄昭に師事した。長意から菩薩戒をうけ、仁観・慧亮について灌頂法を伝え諸密部を究めた。承平五年935法性寺阿闍梨となり、天慶二年939同寺の座主に任じた。翌年、内供奉十禅師となり、天慶九年946(一説に天暦元947)延暦寺第一五世座主にすすんだ。〔参考〕元亨釈書九、本朝法華験記上、本朝高僧伝四七、扶桑略記

**えんしょう　延沼**　(唐の乾寧三896—北宋の開宝六973)五代・宋初の禅僧。姓は劉氏。余杭(浙江省余杭県)の人。臨済三世の南院慧顒《えぎょう》の法を嗣ぎ、汝州(河南省臨汝県)風穴山《ふけつざん》に住した。風穴と呼び、臨済禅の再興者とされる。語録(風穴衆吼集)一巻がある。〔参考〕汝州風穴延沼禅師塔銘、景徳伝灯録一三、広灯録一五、僧宝伝三、祖庭事苑六

**えんしょうじ　円勝寺**　京都市左京区岡崎にあった寺。天台宗。六勝寺の一。大治三年1128鳥羽天皇の中宮待賢門院璋子の御願によって草創されたが、承久元年1219焼失した。〔参考〕百練抄六、玉葉八、元亨釈書二六、雍州府志四

**えんしょうじ　円照寺**　奈良市山町。臨済宗妙心寺派。比丘尼御所の一で、山村御所という。寛永一八年1641後水尾天皇の皇女深如海法尼(梅宮)が京都修学院に開創。明暦二年1656大和八島に移り、寛文九年1669現地に移った。〔重文〕大和国帯解山村廃寺出土品

**えんしょうじ　延勝寺**　京都市左京区岡崎にあった寺。天台宗。六勝寺の一。久安五年1149近衛天皇の御願により草創、長寛元年1163近衛殿の寝殿を移して阿弥陀堂とした。承久元年1219焼失した。〔参考〕百練抄七・一二、元亨釈書二六、雍州府志四

**えんじょうじ　円成寺**　①京都市左京区鹿ヶ谷宮ノ前町、現大豊《おおとよ》神社の地にあった真言宗の寺院。円城寺とも記す。尚侍藤原淑子の発願により、仁和五年889二月二五日、亡夫右大臣藤原氏宗の山荘地に創建され、益信(延喜六906没、号円城寺僧正、東寺一長者など歴任)を別当とした。宇多天皇の尊崇を得、同年七月定額寺に列し、翌年一月には年分度者二人を賜った。また同九年播磨国封戸五〇烟が淑子により施入された。延喜二年宇多上皇の皇子斉世親王(真寂)が入寺し、同六年益信の門徒や氏宗の子孫が相承する寺と定められた。当時の寺領荘園は三二カ所に及ぶ。以後、法親王や藤原一族の子孫が法嗣を代々継ぎ、中世にも仁和寺の院家として栄えた。しかし応仁元年1467兵火で焼失し、乱後に大和国添上郡忍辱山《にんにくせん》(現奈良市)に移されて廃された。なお大豊神社はもと円成寺の鎮守社。〔参考〕類聚三代格二・三、菅家文草一二、東寺百合文書ウ、碧山日録、京都坊目誌一 ②奈良市忍辱山《にんにくせん》町。忍辱山と号し、真言宗御室派。東密忍辱山流の本処。天平勝宝八歳756唐僧虚滝の開創と伝えるが、万寿三年1026命禅の創建か。仁平三年1153寛遍が当地に来山して忍辱山流を開き、のち実範が住したことがある。文正元年1466焼失したが、応仁の乱後、山城国鹿ケ谷の円成寺を移し、永

正八年1511に再興された。〔国宝〕春日堂、白山堂〔重文〕楼門、宇賀神本殿、本堂、五輪塔、木造四天王立像、同阿弥陀如来坐像、同大日如来坐像 ③愛知県津島市中一色町。慈興山と号し、浄土宗。もと栖台山西方寺と号したが、元文二年1737円成寺律院と改め、持戒念仏をすすめて、関通流の根本道場となった。〔参考〕尾張名所図会前編七

**えんじょう-じ　円乗寺**　京都市右京区龍安寺一帯にあった寺。四円寺《しえんじ》の一。後朱雀天皇の御願寺であったが、天喜三年1055後冷泉天皇のときに落慶供養。円教寺新堂と呼ばれ、円教寺と隣接していたらしい。本堂には金色丈六の釈迦如来、および普賢・文殊・延命・如意輪菩薩像が安置され、大門、廻廊、経蔵、鐘楼があった。承徳元年1097大風で崩壊、長治二年1105にも焼失し、以後再建されなかった。鎌倉時代には焼堂と呼ばれ仁和寺の一院であったが、のち廃絶した。〈⇩四円寺《しえんじ》〉〔参考〕扶桑略記、百練抄、仁和寺史料寺誌編一

**えんしょう-ろん　縁生論**　一巻。隋の達磨笈多《だるまぎゅうた》の訳（大業年間605—17）。作者は鬱楞迦《うつりようが》とされる。異訳に唐の不空訳の大乗縁生論がある。偈頌とその解説文の形式で十二縁起の各支分を因果関係・時間関係など機械的に分類説明する。敦煌出土チベット語文献のなかに漢訳からの重訳が含まれている。(大)三二、[国一]論集部六

**えんじん　円心**　生没年不詳。平安時代中期の仏画師。延深という名称であったが、後に円心・円尋などと書くようになる。元慶八年884に建立された霊山寺の扉絵両部曼荼羅を描いたと伝える。醍醐寺には、円心様と記す不動明王白描画像が数点遺存するほか、別尊雑記には「円心筆私加之」と注記した著色画の下絵と見られる降三世・軍荼利・大威徳の三明王の図柄がある。

**えんずい　円瑞**　（文政一一1828—明治二六1893）西山浄土宗光明寺第三〇世。諱は輪空。明治九年鎮西派からの別派独立を計って功があった。同二〇年光明寺を継いだ。華厳の教理に造詣が深かった。〔参考〕光明寺沿革誌

**えんせい　円晴**　（治承四1180—仁治二1241）律僧。字は尊性、照真と号する。大和の人。戒如に師事して戒律を学んだ。嘉禎元年1235東大寺で刪補鈔《さくほしょう》を講じ、翌年東大寺羂索院で自誓受戒した。のち南都不空院に住し、晩年、洛北の雲林院内に庵居した。覚盛・叡尊・有厳らと共に南都の四律匠と称される。〔参考〕自誓受戒記、律苑僧宝伝一一、本朝高僧伝五九

**えんせい　円勢**　（　—長承三1134）平安時代後期の仏師。三条仏所第二世。長勢《ちょうせい》の子、或いは弟子ともいう。造仏界における活躍はめざましく、法勝寺、鳥羽御堂、尊勝寺など当時の著名な造仏にはほとんど関係し勢力を張った。いわゆる円派の始祖である。〔参考〕僧綱補任、中右記、外記日記

**えんそう　円相**　一円相ともいう。禅宗で、衆生にもともとそなわっているさとりのすがたを象徴するために描く円形の図で、南陽慧忠が手によって円相を作ったのに始まると伝える。円相の中に文字や記号などを書いて心のはたらきやさとりの階程などを示すことが行われ、五冠了悟は〇⃝)⃝ム⃝仏⃝㊏で、自己の内心にわずかに光明を見出した段階から仏になって自由に他を導くためにはたらき出るところまでをあらわした。

**えんぞう-じ　円蔵寺**　福島県河沼郡柳津町柳津。臨済宗妙心寺派。霊巌山と号し、俗に柳津虚空蔵という。大同二年807徳一の開創と伝え、初め菊光堂と称した。至徳元年1384大圭義璨が中興して臨済宗に改めた。武将の尊崇があつく、元亀年間1570—73織田信長が堂宇を再興した。その美観により俗に光り堂という。以後、江戸幕府や領主の保護を受けて栄えた。本尊の福満虚空蔵菩薩は空海の作と伝える。〔参考〕円蔵寺縁起、会津風土記、会津温故拾要鈔

**えんそくこうち　延促劫智**　劫の長さを自在に延促（伸縮）しうる仏の智力。

**えんだだじ　円陀陀地**　物の円いこと、円満であることを形容する語で、もと中国宋代の俗語。略して円陀陀ともいう。

**えんたらぎ-しゅう　円多羅義集**　二巻または三巻。詳しくは授決円多羅義集唐決といい、円多羅義集唐決とも称する。著者不詳。鎌倉時代初期の成立とされる。天台

円教の要義の口伝を集記した書（多羅 tārā は眼精・眼目の意）。さきに円珍が授決集二巻を遺し、五四カ条にわたる宗旨の秘奥を授決したが、本書はその五四カ条の意趣について更にその後の口決を集録する。円珍の授決集が密教教義を重く説かなかったのに対し、本書は円密一致論を各条ごとに展開している。日蔵四一、仏全二八

**えんちょう　円澄**　①（宝亀三772—承和四837）天台宗の僧。延暦寺第二世座主。寂光大師と諡する。武蔵の人。俗姓は壬生氏。はじめ鑑真《がんじん》の弟子道忠について出家し、法鏡行者と称したが、のち最澄に師事した。延暦二三年804唐僧泰信について具足戒をうけ、大同元年806最澄から円頓戒を授けられた。天長一〇年833詔をうけて紫宸殿で宗義を講じ、同年（一説に承和元）天台座主に補せられた。〔参考〕天台座主記、元亨釈書二、本朝高僧伝五　②（貞享二1685—享保一一1726）真宗大谷派の僧。美濃称名寺の住職。字は宝洲。一七歳で京都に上り、宗義を学んだ。享保九年講師に任じられた。著書、無量寿経玄談一巻、観無量寿経随文纂解三巻、阿弥陀経刪補解二巻など多い。

**えんちん　円珍**　（弘仁五814—寛平三891）天台宗延暦寺第五世座主。同宗寺門派の祖。智証大師と勅諡。讃岐の人。俗姓は和気氏。空海の甥とも、姪の子ともいう。一四歳で比叡山に登り義真に師事し、天長一〇年833菩薩戒を受けた。嘉祥三年850内供奉禅師となる。仁寿三年853入唐して、天台山で天台宗の章疏を究め、諸州をめぐって長安に至り、青竜寺の法全から密教を学び、竜興寺で両部の灌頂を受けた。天安二年858帰朝し、比叡山山王院に住した。貞観五年863園城寺で宗叡らに伝法阿闍梨位灌頂を授け、同八年園城寺の別当は円珍の門流が嗣ぐべきことの宣旨を賜った。同一〇年天台座主となる。しばしば宮中に赴き、講経修法して尊敬をあつめ、寛平二年少僧都に任じられた。なお唐から将来した多くの経籍は三井の後唐院《ごとういん》に収められた。〔参考〕三善清行・智証大師伝、日本紀略前篇、元亨釈書三

円珍（高僧像）

**えんちん　延敒**　（貞観四862—延長七929）真言宗の僧。姓は長統氏。京都の人。聖宝に師事して三論及び密教を学び、のち宇多法皇から密灌を受けた。延喜一〇年910勅を奉じて維摩会の講師となった。延長二年東大寺に住し、翌年東寺の長者となり、ついで醍醐寺の座主に任じられた。〔参考〕日本紀略後篇、東寺長者補任、元亨釈書四、本朝高僧伝八

**えんちん　延鎮**　生没年不詳。京都清水寺の開祖。宝亀九年778京都乙羽山に登り庵住したが、延暦一七年798坂上田村麻呂が当山に邸を移し、同二四年清水寺と号し延鎮を開山としたという。〔参考〕扶桑略記、今昔物語集、清水寺縁起、元亨釈書九、本朝高僧伝四六

**えんづう　円通**　あまねくゆきわたってさまたげのないこと。智慧によってさとられた真如の理は、その本質がまどかであまねくすべての存在にゆきわたっており、その作用は自在でさまたげるものがなくすべての存在にはたらいているから、その理を円通という。また、智慧によってあまねく真如の理をさとる実践をも円通という。首楞厳経巻五には、二五の聖者がそれぞれ六塵、六根、六識、七大をてがかりとして円通の行を修めており、その修行には優劣がないと説く。この二五種の円通の行を二十五円通という。

**えんづう　円通**　（宝暦四1754—天保五1834）浄土宗の僧。字は珂月。号を無外子、また普門という。はじめ日蓮宗に属したが、天台宗に転じ、さらに浄土宗に移った。京都積善院の豪潮に随侍し、インドの梵暦を研究して、西洋の暦法も梵暦にもとづくことを主張した。晩年、江戸増上寺の恵照院に住した。著書、仏国暦象編五巻、実験須

弥界説三巻など。〔参考〕続日本高僧伝九

**えんつう-じ　円通寺**　①中国江西省南康府の北、廬山の西麓。五代の十国の一である南唐の李煜《りいく》(961—75在位)が建立、縁徳が主となった。北宋の仁宗（1022—63在位)の時、雲門宗四世の居訥《きょとつ》祖師が住し、欧陽修らと青松社を結んで禅法を弘めた。のちに楊岐派の白雲守端が来住したという。境内の六角石造の古墳が名高い。〔参考〕廬山記　②栃木県芳賀郡益子町大沢。大沢山虎渓院と号する。浄土宗。もと同宗名越流の本山。応永九年1402良栄の創建。天正二年1574良迦のとき勅願所となり、正親町天皇から勅額を賜る。〔重文〕表門　〔参考〕円通寺縁起、鎮流祖伝四　③京都市左京区岩倉幡枝町。臨済宗妙心寺派。大悲山と号する。延宝六年1678園基任の娘、文英尼を開基、禿翁和尚を開山として開創された。同八年霊元天皇よりの宸翰によって祈願所となり、以後皇室の尊信が厚かった。江戸初期の名園があり国の史蹟に指定されている。〔重文〕紙本墨書霊元天皇宸翰御消息　〔参考〕普照国師年譜、円通寺文書　④青森県むつ市新町。曹洞宗。吉祥山と号する。貞観元年859円仁の開創という。享禄三年1530宏智聚覚が中興した。寺地は恐山《おそれざん》の中腹にあり、毎年七月一八日から一週間を地蔵尊の縁日とし、この日に詣れば、死者の苦難を救うと信じられている。⑤兵庫県丹波市氷上町御油。曹洞宗。永谷山と号する。法俊を開山とし、後円融天皇の勅願所となった。寛永年間1624—43朱印をうけて五山格、莫中一派の本寺に列する。近世、丹・幡・但三国の触頭であった。〔参考〕丹波誌　⑥和歌山県伊都郡高野町高野山。高野山真言宗。天長年間824—34智泉の開山と伝える。文治年間1185—90重源《ちょうげん》が再興し、道友と共に浄業を修して真別所といった。慶長年間1596—1615玄俊が来住し律義を唱えてから律院となった。〔重文〕紙本著色十巻抄、木造釈迦如来坐像　〔参考〕紀伊続風土記四ノ一七　⑦岡山県倉敷市玉島柏島。曹洞宗。補陀落山と号し星浦観音といったが、元禄年間1688—1704徳翁良高によって中興され、現称となった。良寛が二十数年本寺で修行した。〔参考〕玉島変遷史

**えんどん　円頓**　円満頓速の意。即ち、すべてのものごとをまどかに欠ける所なく具え、たちどころにさとりに至らせるのをいう。円頓一乗、円頓戒などと熟語にする。諸宗でその究極とする教えや行を円頓と名づけ、例えば天台宗では円頓止観といい、真宗では本願円頓一乗という。

**えんどん-いっしんかい-わげ　円頓一心戒和解**　円頓三聚一心戒ともいう。一巻。栄西(1141—1215)の著。成立年不詳。大乗円頓戒の概要を解説したもので、人天戒・小乗戒・菩薩戒・仏戒の四段に分けてある。〔刊本〕宝暦一一年1761刊

**えんどんかい-みゃくふ-くけつ　円頓戒脈譜口訣**　二巻。良助(1268—1318?)の述。成立年不詳。日本天台の円頓戒における戒体・戒相・戒法・戒行及び相承などに対する最澄・安然ら相伝の口訣を記述した書。〔刊本〕文明一八1486刊「一心金剛戒体秘決」付録

**えんどんしゅう-げん　円頓宗眼**　一巻。南宋の法登の著(紹熙五1194)。天台の宗義の眼目である円頓大乗の義を略述した書。湛然・知礼・尚賢・処元などと次第する趙宋天台山家派の教旨を忠実に伝承し、また禅宗・華厳宗の所説との融合をも図っている。(続)二・六・三

**えんどん-じょうぶつ-ろん　円頓成仏論**　一巻。高麗の知訥(1158—1210)の著。成立年不詳。知訥の華厳学関係の著述で、禅門の即心即仏の頓悟義と華厳学(とくに唐代の李通玄)の十信初位円頓悟入の門が、一趣旨であることを論じて禅と教が根源において相違しないことを提唱している。韓国仏教全書一

**えんに　円耳**　(永禄二1559—元和五1619)臨済宗の僧。字は虚応。無染と号した。京都の人。はじめ京都の日蓮宗妙満寺の日重について法華玄義などを学び、ついで洛北に大応寺を建てて天台を講じたが、たまたま建仁寺の経蔵で大乗起信論を閲覧して開悟し禅宗に帰した。慶長八年1603大応寺の西に円通山興聖寺を創建し、教禅一味の法を説いた。同一〇年朝鮮より来朝した松雲大師に仏法綱要十則を呈してその心

印を得たという。元和元年関東に下って長楽寺の天海より法語・宗派図を授けられ、また葉上流の秘密義軌を受けた。やがて興聖寺にもどり、同二年後陽成天皇に召されて法を説いた。〔参考〕続日本高僧伝三

**えんにち　縁日**　有縁日または因縁日の略。仏や神のこの世に縁のある日をいう。観音の一八日、地蔵の二四日、不動の二八日、弘法大師の二一日など。その日は衆生が仏や神に縁を結ぶ日で、その日に仏寺や神社に参詣すれば平常より功徳《どく》が多いという。なおその一種に四万六千日というのがあり、その日に参詣すれば平常に四万六千日参詣したのと同じ功徳があるとする。

**えんにょ　円如**　（延徳三1491—大永元1521）本願寺第九世実如の第三子。諱は光融。祖父蓮如の信書を整理して八〇通を選び、五帖一部の御文《おふみ》を編集したと伝えられる。

**えんにん　円仁**　（延暦一三794—貞観六864）天台宗延暦寺第三世座主。同宗山門派の祖。慈覚大師と勅諡。下野の人。俗姓は壬生氏。一五歳で比叡山に登って最澄に師事した。承和二年835入唐の詔を受け、同五年入唐。宗叡から梵学を、全雅から密教を学び、翌年帰途に着いたが、暴風のため登州に漂着。青州・天台山などに遊び、ついで長安に赴いて元政・義真・法全《はっせん》から密教を、宗頴《しゅうえい》から止観を学んだ。承和一四年847経疏五五九巻を持って帰国。嘉祥二年849勅を奉じて灌頂法を行った。仁寿元年851（一説に同二年）五台山念仏三昧の法を諸徒に授け、常行三昧を修した。同四年天台座主となる。皇室の帰依が篤く、文徳天皇及び皇太子に両部灌頂を、清和天皇や淳和太后に菩薩戒を授けている。著書、金剛頂経疏七巻、蘇悉地羯囉経疏七巻、顕揚大戒論八巻、止観私記一〇巻、入唐求法巡礼行記四巻など多い。〔参考〕慈覚大師伝、元亨釈書三

円仁（高僧像）

**えんにん　円忍**　（慶長一四1609—延宝五1677）律僧。字は真政。加賀の人。同国伏見寺の快玄について出家し、高野山に登って密教を学んだ。正保二年1645具足戒を受け、大和の円通寺・北室律院、摂津の勝尾寺に住し、ついで山城嵯峨の法輪寺で有以から道教流の密軌を伝えた。寛文一二年1672和泉の神鳳寺に入り、ついで法起寺を再興した。〔参考〕本朝高僧伝六二

**えんにん-じ　延仁寺**　京都市東山区今熊野総山町。洛東山と号し、真宗大谷派。親鸞の火葬地と伝え、慶応元年1865尾張西照寺恵隆が堂を建て、明治一六年1883再建。親鸞を鳥辺野の南のほとり、延仁寺で火葬にしたことは、親鸞伝絵に見えるが、この延仁寺については異説があり、清水寺西南の延年寺山（今の西大谷付近）ともいい、或いは延仁寺や延年寺とは延寿堂即ち葬場にある堂を指す普通名詞であるともいう。

**えんね　円慧**　（文永八1269—康永二1343）臨済宗の僧。可庵と号する。円光禅師と勅諡。尾張の人。初め天台を学び、のち父の命によって禅宗に転じた。永仁四年1296元に渡り、延慶元年1308帰国して、上総実相寺に住した。〔参考〕延宝伝灯録一

**えんね-ごんじょう　厭穢欣浄**　⇩えんえごんじょう

**えん-ねん　延年**　寺院で行われた各種芸能の総称。または延年舞の略称。平安時代中期ごろから始まり、鎌倉・室町時代末期に隆盛をみた。奈良東大寺・興福寺、そのほか延暦寺など大寺院の法会後の遊宴・余興として、僧侶（呪師）、稚児によって演じられた。のちには遊僧《ゆそう》、猿楽衆などの芸能専門家が出現した。この芸態は伝統的な雅楽、散楽などの要素を適宜採用したと思われ、猿楽、白拍子、舞楽、風流《ふりゅう》、今様、開口《かいこう》、答弁（当弁）《とうべん》、連事《つらね》などの

鞍馬の竹伐り会（都名所図会）

芸種が記録にみえる。特に元文四年1739の興福寺には、寄楽《よせがく》、振舞、舞催《ぶもよおし》、僉議《せんぎ》、披露、中綱、開口、床払《とこはらい》、問駈、掛駈、糸綸《いとより》、相乱拍子《あいらんびょうし》、火掛などがあった。江戸時代以降は各地に転訛して伝えられ、例えば岩手県平泉町毛越《もおつ》寺・中尊寺などに残存する。また各地の寺社にはその詞章が残っている場合もある。なお修験道の入峰修行後の酒宴の芸能も延年と呼ぶ。岐阜県郡上市白鳥町長滝の白山神社六日祭は、白山修験の延年の残存で、延年は下野日光山、九州英彦山でも行われた。このような山伏の延年は、験力や芸を競う験競《げんくらべ》を伴うことが多く、出羽三山の柱松《はしらまつ》行事・兎飛び、奈良吉野山の蛙飛《かえるとび》行事、京都鞍馬寺の竹伐り会は、その験競の名残りといわれる。総じて延年は日本仏教史のほか、芸能史からも重要である。〔参考〕興福寺延年舞式、永享一二年管絃講幷延年日記、日本歌謡集成巻五、続日本歌謡集成巻一・二、修正延年祭礼鑑、当山(吉野)年中行事条々など

**えんねんてんじゅ　延年転寿**　自己の定《じょう》の力、功徳《くどく》の力、または仏より加えられた力に依って、前より定まっている寿命を転じて長くすること。略して延寿という。また続命、延命、延年などという。中国では道教に影響されて、この思想を説く偽経や菩薩名がさかんに信じられた。密教では重要な修法の一となっている。

**えんのう-しょう　演奥鈔**　五六巻。大日経疏演奥鈔、大疏演奥鈔ともいう。杲宝《ごうほう》(1306—62)述。大日経疏第三巻後半以下(奥の疏)の註釈（東密では、大日経疏の第三巻前半までを口の疏、以下を奥の疏という)。杲宝が頼宝から伝えられた口訣を筆記し、加筆増広したが、中途で没したので賢宝が業をついだ。のち護持院隆光の請により浄厳、つづいて弟子慧光が校訂し宝永五年1708に完成させた。㊅五九〔刊本〕正徳二1712刊

**えん-の-おづぬ　役小角**　(舒明天皇六年634の誕生と伝えるが、不詳)。修験道の祖。世に役行者《えんのぎょうじゃ》、役優婆塞《えんのうばそく》ともいう(役は役とも書く)。神変大菩薩と勅諡。三二歳のとき葛城山に籠り、孔雀明王を祀って神呪秘密を修し、のち吉野熊野山系の大峯山その他を開いた。文武天皇三年699弟子の韓国連広足《からくにのむらじひろたり》の讒言により伊豆に流され、大宝元年701赦されたと伝える。〔参考〕続日本紀、扶桑略記、日本霊異記、三宝絵詞、今昔物語集、本朝神仙伝、元亨釈書、役行者御伝記図会、役行者御伝記本記

**えんぷく-じ　円福寺**　愛知県岡崎市岩津町。深草山真宗院と号し、浄土宗西山深草派の四カ本山の一。建長三年1251円空立信が山城国深草郷に真宗院を建てたが、永仁元年1293焼失したので、二世顕意は寺基を大和国十市郡に移し、伏見天皇から真宗寺の勅額を賜った。その後、再び焼けたので、三世堯空は寺基を京都猪熊綾小路に移し、正和五年1316勅により円福寺と改称。文明六年1474炎上し室町姉小路北に移転。天正一五年1587豊臣秀吉によって京極四条坊門に移された。元治元年1864兵火に罹り、明治一六年1883同宗妙心寺と寺地を交換して現地に移った。〔参考〕扶桑京華志二、深草史

**えんぷく-じ　演福寺**　北朝鮮黄海南道開城市にあった寺。もと広通普済寺といい、その名は高麗文宗(1047—82在位)の頃すでに見られる。その銅鐘は開城南大門楼上に遺され、高麗忠穆王二年1346の鋳造。なお李朝太祖三年1394の演福寺塔重刱碑が現存する。

**えんぶ-じゅ　閻浮樹**　閻浮は㊵ジャンブ jambu の音写。譫浮樹《せんぷじゅ》とも贍部樹《せんぶじゅ》とも書く。喬木の名。インドにあって、四、五月頃花を開き、濃い紫色の果実を結ぶ。

**えんぶだい　閻浮提**　⇩贍部洲《せんぶしゅう》

**えんぶだん-ごん**　**閻浮檀金**　閻浮檀は㈵ジャーンブー・ナダ jāmbū-nada の音写。閻浮樹の間を流れる河の意。その河から産する砂金、或いは閻浮樹の下にあるという金塊。

**えんぽう-でんとうろく**　**延宝伝灯録**　四一巻。卍元師蛮《まんげんしばん》の著（延宝六1678序、宝永三1706刊）。中国の景徳伝灯録にならって、日本の禅僧・居士約一〇五〇人について、その伝記・法系・法語・詩偈などを記録した書。仏全一〇八―一〇九

**えんま-おう**　**閻魔王**　㈵ヤマ・ラージャ Yama-rāja の音写と訳。閻魔羅社と音写し、閻羅王とも書く。冥界の王と考えられている鬼神でヴェーダ時代のヤマ Yama 神に由来する。ヤマには双の義があるが、日神の子で妹ヤミー Yami との双生児であるからこの名があるという。ヴェーダ聖典などによれば、この神は死を欲して冥界への道を発見し、最初の死者として冥界に至り、死者たちの王となった。その住処は当初天上の死者の楽園とされていたが後に地下と変り、閻魔王も死者を生前の行為によって賞罰すると考えられるに至り、更に死の神として人の生命を奪うと考えられるにいたった。仏教でもこれらの思想を受けついで、欲界六天中の第三天を夜摩天《やまてん》、焔摩天などと称し、或いは八天の一として焔摩天を数え、更には閻魔を冥界あるいは地獄界の王とする。その冥界の住処を閻魔界と称して三悪道の外に立てることもある。八天の一である焔摩天を本尊として修する法を焔摩天法というが、冥福のためにこれを行うときは特に冥道供と称する。〈⇩十王《じゅうおう》〉〔参考〕大毘婆沙論七一、長阿含経一九、灌頂経一二、大日経疏五

焔魔天
（御室版金剛界曼荼羅）

**えんま-もうで**　**閻魔詣**　閻魔参りともいう。一月一六日、七月一六日を閻魔の斎日と称し、下男下女に休暇を与えて閻魔堂に詣らせ、行楽させるのを例とする。この日は地獄の釜開き、亡者の骨休みなどともいい、寺院では、閻魔堂を開帳し、地獄変相や十王図などを掲げる。〔参考〕空華談叢二

珍皇寺六道詣（花洛細見図）

**えんまん**　**円満**　欠減するところなく周遍充足するの意。十八円満とは一八種の事《じ》円満するとの意で、また一八円浄とも十八具足ともいう。諸仏（報身仏）が受用する国土には、一八種の功徳事《くどくじ》が円満しているということ。即ち⑴顕色円満、⑵形色円満、⑶分量円満、⑷方所円満、⑸因円満、⑹果円満、⑺主円満、⑻輔翼円満、⑼眷属円満、⑽住持円満、⑾事業円満、⑿摂益円満、⒀無畏円満、⒁住処円満、⒂路円満、⒃乗円満、⒄門円満、⒅依持円満である（仏地経論巻一）。

**えんまん-いん**　**円満院**　滋賀県大津市園城寺町。天台系単立。もと三井三門跡の一。一に平等院、桜井宮ともいう。長久元年1040園城寺の明尊が、その住房を天皇の御願堂として円満院と号したのに始まる。同三年延暦寺衆徒に焼かれたが、その寺基は三井寺の平等院（村上天皇の皇子悟円法親王の創建）に継がれ、門跡寺院となった。正保四年1647に再建され、以後園城寺本坊として長吏の住居となっていた。〔重文〕宸殿、絹本著色孔雀牡丹画（応挙筆）、紙本著色七難七福図（同筆）、同園城寺境内古図、紙本墨書後深草天皇宸翰御消息断簡、同後光厳院宸翰御消息ほか〔参考〕春記、扶桑略記二八、百練抄、近江名所図会二、山城名勝志一三

**えんみつしゅう-にきょう-みょうもく**

**円密宗二教名目**　一巻。円観慧鎮の著（元亨三1323）。大日経と金剛頂経との解説にもとづき、顕教と密教との要語を抜抄し註解して初学の便に供し、併せて祖師伝とを記した書。奥書によると、円観が鎌倉二階堂において、台密を弘通するために抄記したという。㊅七四

**えんみょう　円明**　（―仁寿元851）京都神護寺の僧。空海に密教を学び、東寺の凡僧別当となる。承和五年838東大寺第二一代の別当となった。〔参考〕弘法大師弟子伝、本朝高僧伝七二

**えんむなーが　塩牟那河**　㊵ヤムナー Yamunā（Yamnā とも書く）の音写。インド五大河の一。閻牟那、閻摩那、遙扶那、耶蒲那、陥(焔)牟などとも音写する。ヒマラヤ山脈に発して、南東に流れ、アラーハーバードにおいてガンジス河に合流する。〔参考〕西域記四・五

**えんめいーいん　延命院**　東京都荒川区西日暮里。日蓮宗。宝珠山と号する。慶安元年1648（一説に承応元1652）日長の開基。身延七面山で感得した七面天女を祀る。江戸城大奥の尊崇があつく、また徳川光圀も帰依して祈願所とした。ここで蓮華往生の邪義が行われたと伝えられる。享和三年1803日道が女犯のため処刑されるという延命院事件がおこった。〔参考〕江戸名所記一、江戸名所図会五

**えんめいじぞうぼさつーきょう　延命地蔵菩薩経**　一巻。唐の不空の訳と伝えるが、日本で造られた偽経らしい。延命地蔵菩薩の利益を説く。刊本としては高麗で版行されたものがあり、日本ではしばしば刊行されている。講義・釈書の類は多い。〔参考〕亮汰・延命地蔵経、国一大集部五

**えんゆう　円猷**　（元禄七1694―宝暦三1753）真宗高田派専修寺一七世。歓喜心院宮と号する。伏見宮貞致《さだむね》親王の第五子。宝永七年1710住職になり、寛延元年1748如来堂を再建した。〔参考〕専修寺史要

**えんゆう　円融**　〔隔歴《きゃくりゃく》〕　欠けることなく満ち足っており、完全に一体となって互いにとけあいさまたげのないことを円融といい、互いにへだてがあって別々であることを隔歴という。無差別・絶対と差別・相対という意味に近い。天台宗や華厳宗などで多く用いる語。

**えんゆうーじ　円融寺**　京都市右京区龍安寺一帯にあった寺。四円寺《しえんじ》の一。円融天皇の御願寺。もとは仁和寺の寛朝の禅室であったらしいが、永観元年983新造されて落慶供養。導師は寛朝。寛和元年985円融法皇が遷住、正暦元年990五重塔が建立され、内部に大日如来を描き、弥陀・釈迦・薬師・弥勒の四方仏を安置した。同二年円融法皇没後、七七(四十九)日忌を当寺で勤修。鎌倉時代には仁和寺の一院であったが、のち廃絶した。〈⇩四円寺《しえんじ》〉〔参考〕日本紀略、扶桑略記、本朝文粋、続古事談、仁和寺史料寺誌編一

**えんゆうーぶつい―しゅう　円融仏意集**　一巻。覚超（960―1034）著。成立年不詳。覚超は台密十三流の中の川流の祖で密教事相の巨匠であるが、本書では天台円融の教義を説いている。円融とは覚りであるが、その源は吾人現前刹那の一念心が即ち空即仮即中であると説き、その三諦三観が竜樹から出るとして、中観論二諦品の因縁所生法、我説即是空、亦名為仮名、亦是中道義を利用し、空仮中の三諦を明らかにしている。仏全二四、天台小部集釈九

**えんゆうーもん　円融門**　〔行布門《ぎょうふもん》〕　華厳宗の教義。菩薩が仏果に至るまでに経る階位についての意味に二面があるとする。この二門を合わせて円融行布という。行布門は、くわしくは次第行布門といい、竪《たて》に（即ち段階的に）十信・十住・十行・十廻向・十地・等覚・妙覚という五十二位を立て、順次に浅から深へと進んで遂に仏果に至るとする説のこと。円融門は、くわしくは円融相摂門《えんゆうそうしょうもん》といい、横に（即ち同時的に）一位の中にすべての階位（一切位）をおさめ、低い階位にあってもすでに究極のさとりを完成しているとする説のこと。行布門は教えを説きあらわすためのてだて（施設）を立場とするから差別の面をあらわすが、円融門は理性《りしょう》（万有がことごとく所有するさとりの本体）の徳のはたらきを立場とするから平等の面をあらわす。しかして三乗の諸教はいずれも行布の一面にとどまるが、

華厳の円教においては、差別的な相がそのまま理性の徳用《とくゆう》に他ならぬから、行布と円融とは矛盾しないとし、円融門によって信満成仏(十信の満位において仏果を完成する)を強調する。なお、天台宗では華厳経の説を行布に配し、法華経のみが円融であるとする。

**えんりゃく-じ　延暦寺**　滋賀県大津市坂本本町。天台宗総本山。比叡山にある百三十余の堂塔の総称。山号は比叡山。三井の園城寺《おんじょうじ》を寺門というのに対して山門といい、南都諸寺に対して北嶺という。延暦四年785最澄がはじめてこの山に草庵を結び、同七年一宇を建て自作の薬師仏像を安置して、比叡山寺と号し、のち一乗止観院と称した(即ち根本中堂である)。皇城の鬼門をまもる鎮護国家の道場として、桓武天皇以来、歴代皇室の尊崇があつく、弘仁一三年822最澄が没した直後に大乗戒壇の創設を許され、翌年延暦寺の勅号を賜った。天長元年824義真が初代座主に任じられ、大講堂や大乗戒壇院を建て、ついで円澄・円仁・安慧・円珍が座主になり、円澄は西塔に釈迦堂を創め、円仁は横川に首楞厳院《しゅりょうごんいん》を建て、円珍は天台別院園城寺を造るなど一山の規模を拡げ、また相応は無動寺を開いた。康保三年966円仁系の良源が一八世座主になると山門・寺門の対立が芽生える。その契機は天元四年981円珍系の余慶が法性寺座主に任じたことで、円仁門徒が余慶一派を排斥し始め、ついに余慶は下山して園城寺に退いた。その後、永祚元年989余慶が二〇世座主に任じたため永祚宣命《えいそのせんみょう》の騒乱が起こり、正暦四年993円珍門徒は山を下り、ここに山門・寺門の対立が始まる。この頃すでに僧兵(山法師)がはびこり、三井の寺法師《てらほうし》と争ったのみならず、南都の衆徒(奈良法師)ともしばしば戦い、また日吉の神輿を奉じて朝廷に嗷訴するなど横暴を極めた。広大な荘園を領し、古代・中世を通じて勢威を誇ったが、内部的には平安時代末期頃から東塔・西塔の反目や学生・堂衆の抗争が強まった。南北朝時代に諸堂が荒廃したのを、永禄六年1563綸旨により修復したが、元亀二年1571織田信長のため全山を焼かれ、のち豊臣秀吉・徳川家康によって漸次再興、寛永一九年1642にはほぼ旧状に復した。もともと最澄が学生式を定め、止観業(天台宗)・遮那業(密教)を修学させて以来、いわゆる天台宗は円密禅戒の四種兼学であったが、平安時代にはとくに密教(台密)が栄え、また、天台宗の常行三昧から発展した念仏行が行われて浄土教の母胎となった。良忍・源空(法然)・親鸞・栄西・道元・日蓮など、鎌倉時代の新仏教の祖師の多くはこの寺に学んでいる。なお、一山は東塔・西塔・横川《よかわ》の三塔に大別され、延暦寺住職を天台座主《ざす》と称し、西塔に院主、無動寺に検校、横川に長吏を置き、三塔それぞれに山門執行代があって寺務を管轄した。当寺に属する門跡には、妙法院・青蓮院・三千院(以上を天台三門跡という)・曼殊院・毘沙門堂・輪王寺(江戸・日光)・滋賀院などがある。〈比叡山《ひえいざん》〉〔国宝〕根本中堂、金銅経箱(横川如法堂埋納)、宝相華蒔絵経箱、伝教大師将来目録、羯磨金剛目録(伝教大師筆)、天台法華宗年分縁起(同筆)、六祖恵能伝、嵯峨天皇宸翰光定戒牒、伝教大師入唐牒ほか〔重文〕根本中堂廻廊、転法輪堂(釈

延暦寺(都名所図会)

迦堂)、大乗戒壇院堂、瑠璃堂、相輪樘、常行堂、法華堂、絹本著色天台大師像、同文殊菩薩像、木造千手観音立像、同光定大師立像、紙本墨書道邃和尚伝道文、同華厳要義問答(行福筆)、同山門再興文書、伝述一心戒文ほか〔参考〕叡山大師伝、慈覚大師伝、智証大師伝、天台座主記、新撰座主伝、九院仏閣抄、山門堂舎記、叡岳要記

**えんりゃくじ-きんぜい-しき　延暦寺禁制式**　一巻。最澄の遺誡文にもとづき、天長元年824五月一三日に義真・円澄・仁忠らが制定し、同年七月五日俗別当藤原三守・大伴国道の検見を得て公布した寺法。二二条からなるので二十二条式ともいう。当時の比叡山僧侶の実情を知る上に貴重な史料とされる。山家要略、日蔵四〇

**えんろう　延朗**　(大治五1130―承元二1208)天台宗の僧。但馬の人。源義信の子。三井寺の永証に学び、郷里に帰って比曾寺に住した。安元二年1176山城国松尾の最福寺(跡地は現京都市西京区)を創建した。旧谷の堂の敷地内に延朗の木像を安置した延朗堂がある。〔参考〕元亨釈書一二、本朝高僧伝五三

# お

**おう　誑**　㊵マーヤー māyā の訳。心所《しんじょ》(心のはたらき)の名。種々の手段によって他人を惑わす精神作用。いつわり(詐)あざむく(詭)こと。倶舎宗《くしゃしゅう》で小煩悩地法の一、唯識宗で随煩悩の一に数える。諂《てん》と似ており、両者の間に混同も見られる。

**おう　横〔竪《じゅ》〕**　次第順序を経るのを竪といい、次第順序を経ないでとびこえるのを横という。仏道を修めて出離解脱を求めるのについて、自己の力によって進むのは順序を追って位を上るから竪出《じゅしゅつ》といい、仏の力によって、即ち他力によって浄土へ生まれるのは順序をとびこえるから横出という。親鸞が、竪超・竪出・横超・横出の二双四重説《にそうしじゅうせつ》を唱えたのはこの意による。また、時間的なことを竪とし、空間的なことを横とする場合もある。⇩二双四重

**おうおん-しょうじゃ　王園精舎**　王園は㊵㊁ラージャカーラーマ Rājakārāma の訳。波斯匿《はしのく》(パセーナディ Pasenadi)王によって祇園精舎の近くの王園内に建てられた寺の名。蓮華色《れんげじき》比丘尼(ウッパラヴァンナー Uppalavaṇṇā)がここに住した。〔参考〕Dhammapada Atthakathā II, Majjhima-nikāya III.

**おうが-こく　鴦伽国**　⇩十六大国《じゅうろくだいこく》

**おうがん-しゃくじく　黄巻赤軸**　仏教の経巻。黄紙朱軸ともいい、古く経を黄色の紙に書き赤色の軸を心として巻いたのによる。一説には、後漢の明帝の世に、仏教の経典と道教の経典とを焼いて功徳をくらべたとき、仏典は紙の色が変わり軸が焼けたから、それをかたどったというが、それは付会の説である。

**おうくつまら　央掘摩羅**　㊵アングリマーラ Aṅgulimāla ㊁アングリマールヤ Aṅgulimālya の音写。鴦窶利摩羅、鴦掘摩、鴦崛髻、阿群、央掘などとも音写し、指鬘、指髻と訳す。仏弟子。舎衛城(サーヴァッティー Sāvatthī)の人。もとの名をアヒンサカ Ahiṃsaka(無害)という。外道の説を信奉して、師の教えにより千人の殺人を念願し、指を切り取っては首飾りとした。千人目に母を殺そうとしたとき、仏陀は彼を救おうとした。そこで彼は逆に仏陀を殺そうとしたが果たさず、罪を悔いて仏陀に帰依した。大悪人が翻然と仏教に帰依した典型として、多くの仏典にしばしば引用される。〔参考〕賢愚経一一、増一阿含経三一、雑阿含経三八、鴦掘摩経、鴦崛髻経、央掘魔羅経、僧伽羅刹所集経下、出曜経一七

**おうくつまら-きょう　央掘魔羅経**　四

巻。劉宋の求那跋陀羅《ぐなばつだら》の訳。かつて凶賊であった央掘摩羅（アングリマーラ Aṅgulimāla）が仏に教化された説話を説く。同じ説話を説いた経典に雑阿含経巻三八、別訳雑阿含経巻一、西晋の法炬の訳の鴦崛髻経、西晋の竺法護の訳の鴦掘摩経、増一阿含経巻三、およびパーリ文マッジマ・ニカーヤ第八六経などがあり、チベット訳もある。求那跋陀羅訳は大乗的に発達した形を示し、如来蔵の思想がうかがわれる。竺法護訳・チベット訳もこれに近い。㊅二〔参考〕国一阿含部三

**おうげ　応化**　仏・菩薩《ぼさつ》が衆生利益《しゅじょうりやく》のために衆生の機類（教えを受ける者の資質の類別）に応じて姿をかえ、現われること。応現ともいう。

**おう-こ　王古**　生没年不詳。北宋代の居士。東都の人。姓は王氏。諱は古。字は敏仲。礼部侍郎の職にあったから、王侍郎、敏仲侍郎ともいう。禅および浄土教に通じ、黄竜・翠岩・晦堂・楊岐らの禅僧と親交があった。禅浄一致の思想に立ち、自らそれを実践した。著書、新修浄土往生伝三巻、直指浄土決疑集三巻。〔参考〕浄土聖賢録七、楽邦文類二

**おうご　応其**　（天文六1537―慶長一三1608）真言宗の僧。初名は日斎。字は順良。興山上人、木食《もくじき》上人ともいう。近江の人。もと佐々木氏に仕えたが、三七歳のとき出家して高野山に籠り十穀を断つ木食行をした。天正一三年1585豊臣秀吉が高野山を攻めようとしたとき、秀吉を説いて一山を救い、その信任を得て高野山に興山寺・青巌寺を創建した。このほか京都大仏殿・方広寺など九十余の寺塔を造立した。関ケ原の戦に西軍が敗れると、近江飯道寺に隠遁し、そこで没した。連歌のための辞書、無言抄《むごんしょう》を著わした。〔参考〕大日本史料一二ノ五、高野春秋編年輯録一二・一三

**おう-ごてんじくこく-でん　往五天竺国伝**　三巻。慧超往五天竺国伝ともいう。新羅の慧超の著。成立年不詳。慧超が中国から海路インドに達し、仏跡を遍歴して葱嶺《そうれい》以北の諸国を通り、開元一五年727帰唐するまでの旅行記。長く原本が失われ、慧琳の一切経音義巻一〇〇に音釈のみ伝わっていたが、ペリオ P.Pelliot が敦煌より残巻の本書を発見した（1910）。玄奘以後のインド・西域の諸事情を伝える。敦煌石室遺書〔註釈〕藤田豊八・慧超往五天竺国伝箋釈一巻、仏全一一三

**おう-ごん-げ　往観偈**　無量寿経巻下にある五言二〇行の偈。十方の諸菩薩が無量寿仏のもとに往詣して仏徳を讃歎することを説く。最初に「東方諸仏国、其数如恒沙」とあるから東方偈ともいい、また三十行の偈ともいう。

**おうしゃ-じょう　王舎城**　㊵ラージャグリハ Rājagṛha ㊁ラージャガハ Rājagaha の訳。曷羅闍姞利呬、羅閲祇と音写する。古代インドの摩掲陀《まがだ》（マガダ Magadha）国の首都。現在のビハール州パトナの南方ラージギル Rājgṛ にあたる。クシャグラプラ Kuśagrapura（矩奢掲羅補羅《くしゃがらふら》）と音写し、上茅宮城と訳す。ギリヴラジャ Girivraja ともいう）という山に囲まれた旧城があったが焼失したので、ビンビサーラ Bimbisāra（頻婆娑羅《びんばしゃら》）王のとき、一説にはその子アジャータシャトル Ajātaśatru（阿闍世《あじゃせ》）王のときに、山の北の平地に建設したという。このため王舎新城ともよぶ。多数の経典の説処として知られる耆闍崛山《ぎしゃくっせん》（グリドラクータ Gṛdhrakūṭa 霊鷲山《りょうじゅせん》）や竹林精舎（ヴェーヌヴァナ Veṇuvana）、また近年発掘されたジーヴァ園精舎 Jīvakambavana など、初期の仏教遺跡が多い。第一結集が行われた七葉窟（サプタパルニー・グハー Saptaparṇī Guhā）があることでも名高い。〔参考〕大智度論三、善見律毘婆沙八、西域記九、慈恩伝九

**おうしゅばつま　鴦輸伐摩**　㊵アンシュヴァルマン Aṃśuvarman の音写。光冑と訳す。七世紀初めのネパール国王。文法学に精通し声明論を著わしたと伝えられる。娘のブリクティ Bhṛkuti をチベットのソンツェン・ガンポ Sroṅ-btsan sgam po 王に嫁がせたという。〔参考〕西域記七、プトン仏教史、パクサムジョンサン

**おうしょう　応照**　生没年不詳。古代の僧。熊野那智山の僧で法華を読誦し、山林

樹下を棲《すみか》として焼身した。わが国最初の焼身と伝え、現在、妙法山阿弥陀寺にその火定跡がある。焼身は一種の異相往生で、法華経の薬王菩薩本事品にみえる喜見菩薩(薬王菩薩の前生)の焼身にならったものが多い。わが国では平安中期以降、京都の鳥辺野・船岡あたりの葬場で多く行われた。〔参考〕法華験記上

**おうじょう　往生**　命終って他の世界にゆき生まれること。極楽往生、十方往生、兜率往生などがある。往生をねがうのを願生(願往生)という。①極楽往生は無量寿経などの説に基づき阿弥陀仏の浄土に生まれることをいう。浄土教はこれを目的とする教えであり、他の大乗仏教でもさとりを開くための手段として説く。曇鸞は浄土論註巻下に、浄土に生まれることは、生じたり滅んだりする迷いの世界を超え離れることであるから、無生之生《むしょうのしょう》であるとし、真宗などではこれに基づいて往生即成仏の説をたてる。往生の方法には、念仏往生(仏の名を信じて称えることによって往生する)、諸行往生(念仏以外の善い行為をして往生する)、助念仏往生(念仏のたすけとして諸行を修めて往生する)などがあり、また聞名往生(仏の名を聞いて信じて往生する)ということもある。中国の善導や日本の源空は念仏往生を説き、源空の門下では、長西や弁長などの二類各生説(念仏でも諸行でも報土に往生できる)、証空や親鸞などの一類往生説(念仏によってのみ報土に往生できる)がある。浄土宗西山派では、即便往生(信仰を得たときさとりの身となる)・当得往生(命が終ってから浄土に生まれる)の二往生説があり、真宗では、即往生(仏から与えられた信心によって報土に生まれる〔化生〕)・便往生(自己の力をたのみとして化土に生まれる〔胎生〕)の二往生説、或いは即往生を難思議往生(第十八願他力念仏往生)・便往生を難思往生(第二十願自力念仏往生)・双樹林下往生(第十九願諸行往生)とする三往生説がある。また真宗では、信心を得たときに往生ができることが定まる(往生一定)のを前念命終後念即生といい、即得往生という。またこれを不体失往生(穢れた身がそのままで平生のときに往生が定まる)といい、体失往生(肉体の死によって往生する)に対比させる。なお源空の西方指南抄巻下には、正念往生(正しく浄土を念じつつ往生する)・狂乱往生(苦にせまられて狂いつつ念仏して往生する)・無記往生(平生の信心でおのずから往生する)・意念往生(心に仏を念ずるだけで往生する)の四種往生説がある。また一度死んで生まれかわってから往生するのを順次往生という(極楽を願生したものの伝記を往生伝という)。②十方往生は十方随願往生経などの説に基づき、阿弥陀仏以外の諸仏の浄土に生まれること。③兜率往生は弥勒上生経などの説に基づき、弥勒菩薩が現在する兜率天に生まれ、弥勒と共に五七億六千万年(五六億七千万年)の後にこの世界に生まれてさとりを開こうと願うもので、多く法相宗系統で行われた。

**おうじょう-いん　往生院**　①⇩三鈷寺《さんごじ》　②熊本市池田。無量寿山泰安寺と号し、浄土宗。行基の草創と伝える。もと同市大江町辺にあった。安貞二年1228聖光房弁長が別時念仏を修し、末代念仏授手印を著わしたという。加藤清正が古町に移し、のち洪水のため現地に移った。〔参考〕聖光上人伝、肥後国志　③京都市右京区嵯峨鳥居本小坂町にあった浄土宗の寺院。承久年間1219—22法然の弟子念仏房の開創と伝える。平清盛の愛妾祇王、その妹の祇女、その母および仏御前がこの寺に住したといい、また斎藤(滝口入道)時頼も愛人の横笛のことからここに隠遁したという。なお、勾当内侍が新田義貞の菩提を弔うために住したとも伝える。いま旧址に往生院祇王寺がある。〔参考〕平家物語、太平記、雍州府志五　④大阪府東大阪市六万寺町。浄土宗。岩滝山六万寺と号し、俗に楠公の寺という。行基の開創、聖武天皇の勅願所と伝える。南北朝のとき楠木正行が当寺に拠ったため寺領を没収され、一六世紀末ごろ浄泉が再興した。〔参考〕太平記二六、河内名所図絵五

**おうじょう-こうしき　往生講式**　一巻。順次往生講式、阿弥陀講式ともいう。永観の著(承暦三1079)という。浄土願生者が毎月一五日に集まって行う講の法式を定めた

書。主要部分は、発菩提心・懺悔業障・随喜善根・念仏往生・讃歎極楽・因円果満・廻向功徳の七門からなり、それぞれ願文と歌頌が示されている。なお、真源に永久二年1114著の順次往生講式がある。㊅八四、浄全一五〔註釈〕伝阿・首書一巻、必夢・三国因縁往生講式啓蒙五巻、得運・纂記二巻など

**おうじょう-ごくらく-いん　往生極楽院**　京都市左京区大原の三千院の本堂。重要文化財。寛和元年985花山天皇の勅願により源信の創建と伝えるが、久安四年1148高松実衡の妻真如房の建立にかかるという。応仁の乱後、三千院が現地に移ったので合併された。堂の外観は後世の改修によって変っているが、内部は藤原後期の代表的阿弥陀堂建築の様式をとどめる。内陣は船底天井、本尊は阿弥陀三尊(重文)で、阿弥陀如来は来迎印を結び、また脇侍の観音・勢至菩薩が跪坐しているのは、彫刻として珍しい例。天井などに来迎の聖衆や両界曼荼羅などが描かれている。〈⇩三千院《さんぜんいん》〉〔参考〕雍州府志四、山城名勝志一一・一二

**おうじょう-さいほう-じょうど-ずいおうでん　往生西方浄土瑞応伝**　一巻。唐の文諗と少康(　—805)の共著。成立年不詳。浄土瑞応伝、瑞応伝ともいう。日本には五代の道説が刪削増減したものが伝写されたので、現行の本を瑞応刪伝《さんでん》と呼ぶ。東晋の慧遠から唐代の中期に至るまでの西方願生者五三名の伝記を四八項にまとめる。中国浄土教研究史料として重視されている。㊅五一、国一史伝部一三、続浄全一六

**おうじょう-しゅう　往生集**　三巻。明の袾宏の編。万暦一二年1584の自序があるからその頃の作である。東晋の慧遠から明代に至るまでの僧俗の西方願生者の伝記を集めたもの。㊅五一、続浄全一

**おうじょう-じゅういん　往生拾因**　一巻。永観の著(康和五1103)。著者の晩年の願生思想を述べたもの。念仏の一行には一〇種の因由があるので、一心に弥陀を称念すればその因由により必ず浄土に往生できるとして、十因を詳述する。著者は東大寺の学系に属したにもかかわらず、観想の念仏を廃し、道綽・懐感の遺風を慕って称名念仏を勧めていることが注目される。㊅八四、浄全一五〔註釈〕了恵・私記三巻、了意・直談鈔一五、定慧・糅要鈔三巻、貞準・新鈔四巻

**おうじょう-じょうど-けつぎ-ぎょうがん-にもん　往生浄土決疑行願二門**　一巻。北宋の遵式(964—1032)の著。成立年不詳。天台宗の立場で浄土の行業を修した著者が、決疑と行願の二門から説いたもの。浄土教は大乗了義教であり、弥陀の本願によれば凡夫の十念往生は疑いないとして、行願として礼懺・十念・繋縁・衆福を説く。㊅四七

**おうじょう-じょうど-さんがん-ぎ　往生浄土懺願儀**　一巻。北宋の遵式の著(大中祥符八1015)。無量寿経・称讃浄土経などにより、行法として厳浄道場・方便法・正修意・焼香散華・礼請法・讃歎法・礼仏法・懺願法・旋遶誦法・坐禅法の一〇法を示す。第三の正修意が行法の中心であり、世親の浄土論によって一心に五念門を修することを説く。㊅四七

**おうじょう-たいよう-しょう　往生大要鈔**　一巻。源空(1133—1212)の著。成立年不詳。和語で平易に聖浄二門の大意を述べ、浄土宗の安心を説く。現存の書は深心釈まで終る。下巻に当たる部分が失われたらしい。浄全九、黒谷上人語灯録、昭和新修法然上人全集〔刊本〕元禄四年1691刊

**おうじょう-とそつ-みっき　往生兜率密記**　二巻。尊海の著(寛文一一1671)。真言密教の立場から兜率天往生を勧導し、その秘説を記したもの。未来に成仏する弥勒菩薩と大日如来とを同体視し、その住処である兜率天宮の所在や荘厳、弥陀浄土への往生との難易の比較、往生人の機根、往生の修因などについて略述する。真言宗安心全書下〔刊本〕寛文一一刊

**おうじょう-ようしゅう　往生要集**　三巻(本末にわけて六巻ともする)。源信の著(永観二984起稿、寛和元985完成)。極楽往生に関する重要な文を多数の経・論・釈疏から集め、念仏往生の手がかりを示したもの。厭離穢土・欣求浄土・極楽証拠・正修念仏・助念方法・別時念仏・念仏利益・念仏証拠・往生諸業・問答料簡の一〇門に分ける。中古天台の浄土教学に大きな影響を与え、また法然

による浄土宗の開創の根拠となるなど、日本の浄土教発達史において最も重要な著作の一に数えられる。とくに法然は、この書が文面上は天台宗の観念の念仏を主としているようであるけれども、実は道綽・善導の系統の称名念仏をすすめたものであると主張した。著作後まもなく宋の天台山国清寺に贈られ、中国の教界においても尊重されたという。なお源信の晩年の浄土思想を述べたものに観心略要集がある。㊅八四、仏全三一、浄全一五、真宗聖教全書一、恵心僧都全集一、花山信勝・原本校註和漢対照往生要集、国一諸宗部二四、日本思想大系六、岩波文庫など〔註釈〕源空・大綱一巻、同・略料簡一巻、同・料簡一巻、同・詮要一巻、良忠・鈔八巻、同・記八巻、恵然・略讃四巻、深励・略鈔並註一巻など〔古写本〕石川県聖徳寺蔵(長徳年間995—99写・零残本)〔刊本〕承元四1210刊、建長五1253刊、寛永八1631刊など

**おうじょう-らいさんげ　往生礼讃偈**　一巻。唐の善導(613—81)の著。成立年不詳。五部九巻の一。詳しくは勧一切衆生願生西方極楽世界阿弥陀仏国六時礼讃偈といい、願往生六時礼讃偈、往生礼讃、六時礼讃、礼讃などともいう。浄土願生者が日常の六時(日没・初夜・中夜・後夜・晨朝・日中)に修すべき勤行作法を述べたもの。前序には製作の意図を示して安心・起行・作業の三門を明かし、後序には現在と未来との利益を述べて行者を勧発している。法然がこの書によって六時の行法を修して以来、日本の浄土各流で行われてきた。註釈書も多い。㊅四七、浄全四、真宗聖教全書一

**おうじょう-ろん　往生論**　⇩浄土論《じょうどろん》①

**おうじょう-ろん-ちゅう　往生論註**　⇩浄土論註《じょうどろんちゅう》

**おうしん　応真**　(延徳二1490—天文六1537)真宗高田派専修寺一二世。同寺一〇世真慧の実子とも、富樫政親の子を真慧が養ったものともいう。真智(真慧の養子、常盤井宮)と住持職を争い、一時は京都一条柳原に隠居したが、永正九年1512専修寺住職の綸旨を賜った。その後も両派の争いはつづいたが、大永二年1522一旦和議がととのい、享禄二年1529にも重ねて綸旨を賜った。

**おうちょう-じきどう-こんごうべい　横超直道金剛錍**　金剛錍ともいう。三巻。大瀛《だいえい》の著(寛政九1797奥書、但し浄土真宗金剛錍と題す)。功存の願生帰命弁に対して批判したもの。浄土真宗本願寺派の第七世能化智洞らが主張した三業帰命説を非難して、信心正因の意義をあきらかにする。本願寺派の宗義安心に関する論争である三業惑乱の際、古義派(反学林派)を勝利にみちびくのに大いに貢献した。〔自筆本〕竜谷大学蔵〔刊本〕享和元1801刊、明治一二1879刊

**おう-にっきゅう　王日休**　(　—乾道九1173)南宋代の居士。竜舒(安徽省廬山府)の人。姓は王氏。字は虚中。日休と号し、竜舒居士ともいう。国学進士となって六経訓伝を著わしたが、後に儒教を棄てて浄土教に帰した。粗末な着物を着て菜食し、日課に仏を千回拝したという。紹興三〇年1160大阿弥陀経を校訂した。著書、竜舒浄土文一〇巻(現行本は後人が二巻を加えて一二巻)。〔参考〕浄土聖賢録六

**おうのう　応能**　(洪武一〇1377—建文四1402?)明の建文帝のこと。一に応文ともいう。諱は允炆。明の太祖の孫。洪武三一年即位し、翌年に建文と改元。建文四年に燕王(成祖)に攻められ、太祖が遺した篋から度牒・僧衣などを得て、その時に篋の中から出た度牒によって名を応文と改め、僧となって難をまぬがれた。四方に遊んで、広西横州南門の寿仏寺や南寧の一蕭寺に住し、正統五年1440に老仏の号を賜り、宮中に迎えられた。弘治年間1488—1505に恭仁康定景皇帝と諡された。なお帝の没年については異説がある。〔参考〕明高僧伝三、明史四

**おうばく-さん　黄檗山**　①中国福建省福清県。山中に黄檗の木を多く産したのでこの名がある。唐の貞元五年789正幹禅師がこの山を開き、のち八年を経て建福禅寺をはじめた。ついで断際希運が住してから臨済一派の道場として栄えて宋代におよんだ。明の洪武二三年1390大休禅師が再建したが、嘉靖三四年1555和寇の乱により炎上した。隆慶年間1567—72の初め、中天正円が復興を図り、万暦年間1573—1620の末、万福禅寺の名を賜り、崇禎九年1636隠元が住する

に及んで祖風を再興した。②⇩万福寺《まんぷくじ》①

**おうばくさん-だんさいぜんじ-でんしん-ほうよう　黄檗山断際禅師伝心法要**　一巻。唐の裴休《はいきゅう》の編。略して黄檗伝心法要、伝心法要ともいう。唐の黄檗希運が洪州鐘陵の竜興寺で説法した要旨を裴休が筆録し、大中一一年857に序を付して一書に編した。裴休が希運の語を記録したものには、別に宛陵録(宛陵の開元寺におけるもの)があり、両書を含めて伝心法要と呼ぶ。菩提達磨が伝えた教外別伝の法は、自心を悟ることにあり、心外無法、法外無心であると主張している。古くは景徳伝灯録巻九にその一部分が収められ、また四家録、古尊宿語録、禅門撮要などにもあって、わが国でも弘安六年1283に大休正念が跋を付して刊行して以来、数次にわたって重刊されている。(大)四八、[国]一諸宗部八

**おうばく-しゅう　黄檗宗**　⇩禅宗《ぜんしゅう》

**おうばく-しゅうかん-ろく　黄檗宗鑑録**　二巻。高泉性潡《しょうとん》編(元禄五1692序)。黄檗宗僧侶の法脈相伝の次第と年月日を記録したもので、過去七仏・西天二十八祖にはじまり、中国・日本へ伝わった嗣法の相承を収録する。本山万福寺では、高泉以後、年々相伝の僧名をここに付録し、ただ嗣法透関者に限り一部を給与するという。〔刊本〕享保一一1726刊、寛政二1790刊

**おうばく-しんぎ　黄檗清規**　一巻。黄檗宗の開祖隠元隆琦の制定した規則儀式の次第をいう。高泉性潡が編集し、木庵性瑫が校閲(寛文一二1672)。中峰明本の幻住清規を範とし、主として明代の禅院の風習にもとづき、教禅一致の立場に立ってつくられたもので、すべて明《みん》音の読み方をしている。本文は、祝釐・報本・尊祖・住持・梵行・諷誦・節序・礼法・普請・遷化の一〇章に分かれ、更に仏事梵唄讃・開山預嘱語・塔院規約・古徳語輯要・法具図などに関する付説がある。(大)八二

**おうばく-ちゃくさい　黄檗択菜**　禅宗の公案の一。黄檗希運《きうん》が南泉普願の下で修行していたとき、野菜の採り入れに際して交わした問答で、日常生活に即した鋭い批判精神を示したもの。択菜は菜の良否をえりわけること。〔原文〕祖堂集一六、景徳伝灯録九、四家録本宛陵録

**おうばく-どうしゅ　黄檗噇酒**　禅宗の公案の一。黄檗希運の説法の一つで、酒のかすを喰って本物の酒と思って、酔っぱらっている人に譬えて、文字によって禅を求める修行者を戒めたもの。噇酒は噇酒糟の略。〔原文〕碧巌録一一則、従容録五三則、景徳伝灯録九

**おうばく-らいぶつ　黄檗礼仏**　禅宗の公案の一。黄檗希運が常に仏を礼拝するのを見て、当時、沙弥であった唐の宣宗が、「仏について求めず、僧について求めぬ」(維摩経不思議品の句)はずの禅僧の行いとして、疑問をもったのにちなんで、礼と非礼の二見を打破すべしと教えた故事。〔原文〕碧巌録一一則の評、宗門統要続集七、五灯会元四

**おうびょう-よやく　応病与薬**　病気の性質に応じて種々の適切な薬を与えること。仏が衆生の根機(教えを受けるものとしての先天的性格)に相応した種々の法を説くことの喩え。

**おうべいか　奥箄迦**　「おうびきゃ」とも読む。(梵)アウパイカ aupayika の音写。「しかり」「よし」「是の如くなるべし」などという意味の語で、持戒作法、白事《びゃくじ》(動議提出)などをなし終った時、師である阿闍梨《あじゃり》の認許する挨拶の言葉である。これに対して弟子は師に向かって善哉(梵)サードゥ sādhu)という。

**おうほう　応報**　善・悪の行為(業因)に応じて報《むくい》あらわれる苦・楽の結果(果報)。

**おうぼう　王法**　⇩仏法《ぶっぽう》

**おうぼう-しょうり-ろん　王法正理論**　一巻。弥勒の説と伝える。唐の玄奘の訳(貞観二〇646)。王者がふむべき正しい道を、王の過失・王の功徳・王の衰え・王威を揚げる方法・王の愛すべきものの五つとして示す。瑜伽師地論巻六一の別出である。(大)三二

**おうらい-はっせんべん　往来八千返**　往来娑婆八千返の略。仏陀は菩提樹下において初めて成仏したのではなく、久遠実成《くおんじつじょう》の古仏であって、衆生を救うために、この世界に往来すること、すでに八千回に

も及ぶとの意〔梵網経巻下〕。

**おう-らかん　王羅漢**　生没年不詳。北宋代の僧。明州乾符寺に住して、開宝元年968坐亡して後にも奇跡を示したという。賛寧が碑を立てて顕彰し、呉王は密修神化尊者の名を贈った。

**おうり-だいじょう-でんづう-ようろく　応理大乗伝通要録**　二巻。伝通要録と略称する。良遍の著(寛元四1246)。法相宗(応理円宗)の教学史。日蔵三三、仏全八〇〔刊本〕享保二1717刊、文化三1806刊

**おうりゅう　奥竜**　(享保五1720—文化一〇1813)曹洞宗の僧。字は玄楼《げんろう》。蓮蔵海と号する。長寿寺の齢峰に師事し、北国・近畿を巡って宗匠を歴訪した。宝暦三年1753空印の請により駿河静居寺《じょうごじ》の首となり、ついで西福寺・保安寺・華厳寺・竜満寺・興聖寺に転じた。機鋒がするどく、世に狼玄楼といわれた。著書、蓮蔵海五分録一〇巻、鉄笛倒吹二巻、十六鐘鳴二巻など。〔参考〕玄楼和尚伝、近世禅林言行録

**おうりょう-さんかん　黄竜三関**　禅宗の公案の一。黄竜慧南《えなん》が弟子に与えた三つの質問で、「各自の生まれ故郷はどこか」「自分の手は仏の手と較べて如何」「自分の脚は驢馬のに比して如何」というもの。本来の自己にめざめ、現実の対立の中にどう生きるかを問う意。「関」は根源的に検問のこと。原文には弟子の一人隆慶閑《りゅうけいかん》の頌がついている。〔原文〕人天眼目二、無門関、禅林僧宝伝二二

**おうわ-の-しゅうろん　応和宗論**　応和三年963八月、宮中において天台宗と法相宗の学僧の間に行われた宗論。村上天皇は法華経宸写を記念し、清涼殿に南都北嶺の名僧各一〇人を集め法華講を開いて、二一日から二五日まで五日間、朝夕一〇座の講論を行わせた。第五、六座におよび南都の法蔵と叡山の良源との論戦で良源がすぐれたため、急に奈良から仲算が呼ばれて第五日に良源と相対したが、両者互いに自宗の極意を述べて優劣がなく、共に博学才弁を発揮したという。〔参考〕応和宗論記(仏全一二四)、塵添壒嚢鈔一六(仏全一五〇)、大日本史料一ノ一一

**おえしき　御会式**　会式の語は一般に法会の式事の意に用いられるが、日蓮宗ではとくに宗祖の忌日の法会を御会式といい、一〇月一二、一三日に修される。御影供《おえいく》、御命講《おめいこう》(御影講)などとも称するが、これは大御影供《おおみえいく》が訛ったものか(真言宗で弘法大師忌を御影供《みえいく》と呼ぶのと区別するためともいう)。東京池上の本門寺や堀ノ内の妙法寺の万灯は有名である。

**おおうち-せいらん　大内青巒**　(弘化二1845—大正七1918)名は退。字は巻之。藹々、露堂とも号した。仙台の人。曹洞宗の僧となり、のち原坦山に師事した。禅浄一致を説き、還俗して居士となる。明治初年以来、島地黙雷・小野梓・菊池大麓・前田慧雲らと交わり、共存同衆・尚学会・和敬会・尊皇奉仏大同団・上宮教会などを組織し、曙新聞・明教新誌・江湖新聞などを発刊し、仏教革新につとめ在俗仏教を主張した。大正三年東洋大学学長。著書、碧巌集講話、尊皇奉仏論など多い。

**おおくら-でら　大蔵寺**　奈良県宇陀郡大宇陀町栗野。雲管山医王院と号し、真言宗豊山派。弘仁元年810空海が嵯峨天皇の勅を奉じて創建し、薬師像を刻して安置したという。南北朝の戦乱の際、当寺の塔婆の九輪を失ったので、応永八年1401栄秀が勧進して復興した。〔重文〕本堂、大師堂、木造薬師如来立像、同天部形立像

**おおしま-てっすい　大島徹水**　(明治四1871—昭和二〇1945)浄土宗の僧。愛知県の人。明治三七年京都浄土宗専門学院を卒業。浄土宗第五教校教授兼幹事、京都高等家政女学院主幹、同校長を歴任し、昭和九年増上寺法主に就任した。

**おおず-てつねん　大洲鉄然**　(天保五1834—明治三五1902)浄土真宗本願寺派の僧。字は後楽。石堂、九香と号す。周防国大島郡久賀村覚法寺に生まれる。一四歳の時に得度。文久三年1863京都に遊学、本願寺学僧の南渓に師事。当時は尊王攘夷論が激しく、よって元治元年1864伊藤博文らと謀って真武隊を編成。次いで防長二国を巡って大義名分を説いた。慶応元年1865兄香然の死亡により覚法寺を継ぐ。同二年郡内

の僧・農民を集めて護国団を組織し、幕府の長州再征軍と交戦。明治元年島地黙雷・赤松連城らと共に本山改革を議して教団再編に尽力。同四年教部省設置を政府に建議、その後教部省の宗教行政に反対して政教分離運動を展開した。同九年鹿児島開教に赴き、西南戦争に遭遇して西郷軍に捕えられた。同二一年本願寺執行長に就任、その後も要職を歴任し、寺法制定などの宗制改革、学制改革に努めた。著書、九香遺稿など。〔参考〕明如上人伝（同編纂委員会編）、大洲鉄然伝など

**おおたに　大谷**　京都市東山区。東山の西麓、鳥辺野《とりべの》の北、今の円山公園を中心とする一帯の総称。大谷の名称は古くは栄花物語などに見える。源空（法然）は大谷の一部である吉水《よしみず》の庵室で浄土宗を弘め、流罪が赦された建暦元年1211に大谷に禅房を営み、この地で没した。また親鸞の遺骨が大谷の地に納められた。①吉水の庵室は、中の坊または二の谷（今の知恩院御影堂の地）・西本坊（同じく山門の西南）・東新房（同じく鐘楼付近）から成っていたようである。②大谷の禅房は今の知恩院勢至堂の地といわれ、源空の最初の墳墓はその東にあったが、嘉禄三年1227に延暦寺衆徒によって破却された。③親鸞の墳墓は、最初は大谷の地内、鳥辺野の北にあったが、のち文永九年1272吉水の北の地に改葬した。この廟所を本願寺三世覚如が寺院化して本願寺と号し、寛正六年1465同八世蓮如の時代に延暦寺衆徒に破却されるまで続いた。〈⇩本願寺《ほんがんじ》⇩大谷本廟《おおたにほんびょう》〉〔参考〕法然上人行状絵図、親鸞伝絵、山城名勝志一四

**おおたに-いせき-ろく　大谷遺跡録**　四巻。先啓の著（明和八1771刊）。親鸞とその門弟の遺跡を記述。外題には単に御遺跡記とある。大谷本廟に始まり二十四輩《にじゅうよはい》・関東六老僧・関東七箇寺・遺西海五弟・遺東奥五哲・河野九門徒・瀬踏（辺）七箇寺その他各寺の縁起・沿革・宝物などを考証し、親鸞の遺跡と称するものはほとんど網羅する。付録に、諸寺異説弾妄・高祖御真影記の二篇を収める。真全六五、真宗史料集成八〔刊本〕安永八1779刊

**おおたに-いほう-さんい　大谷遺法纂彙**　一巻。先啓の編（宝暦七1757刊）。親鸞の遺文といわれる一〇部を収める。⑴往還廻向文類一巻、⑵御誓言書一通、⑶御消息二通、⑷獲得信心集一巻、⑸帖外五十七首、⑹迎接曼陀羅由来一通、⑺廿一通聞書、⑶卅三通相承口伝、⑼浄土二教門図、⑽廿一箇条掟。ただし、これらの多くは親鸞に仮託した偽書である。

**おおたに-こうえい　大谷光瑩**　（嘉永五1852―大正一二1923）真宗大谷派本願寺二二世。現如と称し、愚邸と号する。追号は荘厳光院。二一世光勝（厳如）の五男。万延元年1860得度。幕末には父と共に、朝廷・幕府の動向に対処してよく教団の帰趨をはかった。明治二年1870から翌年末まで門徒を率いて北海道に渡り、函館から札幌までの道路を造り、開拓を進めた。同五年白川舜台らをつれて欧米を視察した。同二二年継職、同二八年四月東本願寺の阿弥陀堂・大師堂の再建を完成させ、教学振興や教団の近代的発展につとめた。

**おおたに-こうえん　大谷光演**　（明治八1875―昭和一八1943）真宗大谷派本願寺二三世。彰如と称し、愚峰と号する。俳号は句仏。二二世光瑩（現如）の二男。一〇歳で得度。明治三三年仏骨奉迎正使としてシャム（現在のタイ）に赴いた。同四一年継職。同四四年宗祖六五〇回忌を勤修した。大正六年1917朝鮮・満州（現中国東北部）を巡錫し、同一四年鉱山事業などに失敗し、退職した。多芸で杉山三郊らに書を、竹内栖鳳らに画を学び、とくに俳句をよくし、正岡子規・高浜虚子・河東碧梧桐に私淑し、雑誌「懸葵」を主宰した。句集、夢の跡、我は我、句仏上人俳句抄。

**おおたに-こうしょう　大谷光勝**　（文化一四1817―明治二七1894）真宗大谷派本願寺二一世。厳如と称し、愚皐と号する。追号は真無量院。二〇世光朗（達如）の一男。一二歳で得度し近江長浜の大通寺住職。弘化三年1846継職。幕末に東本願寺阿弥陀堂・御影堂（大師堂）などが焼失したので復興につとめた。明治維新の動乱に際して一派の進路を正しくした。明治二年北海道開拓に

努力を払い、同一〇年西南戦争に門末訓諭のため九州を巡化し、難民を救済した。同二二年隠居。

**おおたに-こうずい　大谷光瑞**　(明治九1876—昭和二三1948)浄土真宗本願寺派本願寺二二世。法名は鏡如。二一世光尊(明如)の長男。学習院卒業後ヨーロッパに留学。明治三六年継職。大谷探検隊を組織して隊員をインド・中央アジア・チベットなどに派遣し、とくに西域文化研究に貴重な資料を採集した〈⇩大谷探検隊《おおたにたんけんたい》〉。大正三年1914負債、疑獄事件により引退。以後、中国・南方・トルコで事業を経営し、光寿会会長として雑誌「大乗」を刊行した。内閣参議、同顧問に任じられた。著作は大谷光瑞全集(全一三巻)に収まる。

**おおたに-こうそん　大谷光尊**　(嘉永三1850—明治三六1903)浄土真宗本願寺派本願寺二一世。法名は明如。二〇世光沢(広如)の五男。明治元年法嗣になり、排仏毀釈に際し広如を補佐し、宗門改革に当たった。同四年継職、島地黙雷・赤松連城をヨーロッパへ派遣した。政府の宗教政策に対抗し、同八年神道優先の大教院より西本願寺を分離させ、宗内では宗制寺法の制定、学制改革、北海道・鹿児島・沖縄開教を行い、財政を改革し、護持会・慈善会財団を設立した。その子に大谷光瑞・木辺孝慈・九条武子らがいる。著書、明如上人日記抄、明如上人遺文抄。〔参考〕本願寺史三

**おおたに-たんけんたい　大谷探検隊**　大谷光瑞が組織した西域地方の探検隊。大谷光瑞はロンドン留学中に、中央アジアの仏教遺跡踏査を計画し、明治三五年1902より同三八年にかけて、自ら四人の侍者と共に中央アジアへ入った。彼と侍者二人は中途よりインドを経て帰国したが、他の二人即ち渡辺哲信・堀賢雄の両名はヤルカンド—コータン—アクスークチャ—トルファン—ハミなどを調査した。これが第一次探検隊で、第二次として、明治四一年より翌年の間、橘瑞超、野村栄三郎を派遣した。橘は主として南道を、野村は北道を調査、スリナガル—インドを経て帰国した。第三次には明治四三年より大正三年1914にかけて橘瑞超・吉川小一郎の両名が派遣された。橘はロンドンよりシベリア経由でウルムチ—トルファンを経て、ロプ砂漠を横断し、ホータンより敦煌に至った。一方、吉川は中国中央部より敦煌に入って、橘と合流し、敦煌莫高窟を日本人として初めて調査し、また敦煌写経四百数十巻を入手した。橘はシベリア経由で帰国したが、吉川はさらに北道より南道コータンを調査し、中国経由で帰国した。ヨーロッパ諸国の中央アジア調査が国家的事業として行われたのに対し、大谷探検隊は全く大谷光瑞の独力によって実施されたので、その経済的負担は遂に大谷光瑞を失脚させ、せっかく将来された貴重な西域仏教文化の遺品も各所に散逸するに至った。

**おおたに-ほんびょう　大谷本廟**　①京都市東山区東山五条。浄土真宗本願寺派。親鸞の廟所(墓所)。俗に西大谷という。寛正六年1465大谷の本願寺が比叡山の山門徒に破却されたので、蓮如は祖像を奉じて難を避け、大谷の旧地は井上願知が護った。元亀二年1571織田信長の難により祖廟を粟田口に移したが、天正一七年1589旧地に再興。慶長八年1603知恩院の拡張により准如《じゅんにょ》が現地に移転、のち諸堂宇が整えられた。慶応三年1867焼亡、数年にして再建された。②京都市東山区八坂鳥居前東入円山町。真宗大谷派。親鸞の廟所(墓所)。俗に東大谷という。慶長七年1602本願寺分立の際、教如は祖廟を寺内に設けたが、寛文一〇年1670現地に移転。現地は青蓮院その他の旧領を徳川家綱が寄進した所で、元禄一六年1703仏閣が完成した。〈⇩大谷《おおたに》　⇩本願寺《ほんがんじ》〉〔参考〕本願寺史、大谷本廟史

**おおつえ　大津絵**　滋賀県大津市追分のあたりで江戸時代に描かれた絵画。江戸時代初期、交通の要衝である追分で旅人に売るため略筆早書きの仏画を描いたのが源流と考えられ、寛文年間1661—73頃から世俗画が現われ画題も五〇種に近くなり、更に享和年間1801—04頃には戯画的となり画題も風刺画・世相画など一〇〇種以上で、余白に道訓歌を書き添えるものが多くなった。その後は衰退し、画題も一〇種に限られ、

呪禁護符の意味で売られるようになった。大津絵作者の起源を吃の又平・岩佐又兵衛などとするのは近松門左衛門の傾城反魂香に又平という大津絵絵師が登場して以後のことで、根拠はない。

**おおはら　大原**　京都市左京区の地名で、比叡山の北西麓にあたる。古くは比叡山の別所で、「おはら」(小原)と称し、さかんな時は堂坊四九院があったと伝え、現在延暦寺三門跡の一である三千院は中世に移転してきたものである。良忍の開創にかかり声明《しょうみょう》の本所である魚山来迎院、大原迎講式の本所である西林院、源空(法然)が大原問答を行ったと伝える勝林院、建礼門院が隠棲した寂光院などがある。〈⇩三千院《さんぜんいん》　⇩来迎院《らいこういん》　⇩勝林院《しょうりんいん》　⇩寂光院《じゃっこういん》〉〔参考〕山城名勝志一二

**おおはら-だんぎ　大原談義**　浄土宗の源空(法然)が洛北大原で天台宗の顕真(のち六一世座主)と浄土教義について談論したことで、大原問答ともいう。文治二年1186(または同五年)、大原に籠居して浄土教をもとめた顕真の請により、源空は勝林院丈六堂(または竜禅寺)で浄土教の極意を説いた。このとき俊乗房重源は弟子三十余人と共に源空に従ったといい、その他、明遍・貞慶・証真など三百余人が集まり、みな信服したと伝える。諸種の法然伝に記されているが、年次・場所・参集者などは必ずしも一致しない。なお源空と来集者との談論往復を安居院聖覚が筆録したという大原談義聞書鈔一巻(大原問答、大原十二問答集ともいう)が流布するが、後人の偽託と考えられる。

**おおみどう-じ　大御堂寺**　愛知県知多郡美浜町野間。鶴林山と号し、真言宗豊山派。俗に野間の大坊という。役行者の開創で、聖武天皇のころ行基が開山となったと伝える。白河天皇の勅願により承暦年間1077―81大御堂寺と命名し、一山一四坊があったという。源義朝が謀殺された旧址に近く、文治二年1186平康頼がその菩提を弔って小堂を建て、のち源頼朝が大伽藍を興した。慶長五年1600兵火で焼かれたが、長円が再興した。〔重文〕梵鐘　〔参考〕大御堂寺大坊縁起、吾妻鏡、日本名勝地誌三

**おおみね-さん　大峯山**　奈良県吉野郡。広義には東を吉野川上流及び北山川、西を十津川によって区切られ、北は吉野金峯山から南は十津川村の玉置山にいたる大峯山脈をさし、狭義には同山脈中の標高一七一九《メートル》余の山上ケ岳をさしていう。歴史的には金峯山から山上ケ岳までを金峯山と称したのに対して山上ケ岳の南、天川村の小篠《おざさ》から玉置山の南、紀州熊野まで連なる諸山を含めて称する場合が多い。修験道の霊地で、山内には行場・拝所・秘所などがあり、修験者の根本道場。役小角《えんのおづぬ》の開創と伝え、醍醐天皇の頃、醍醐寺《だいごじ》の理源大師聖宝(832―909)が再興したという。大峯山を抖擻《とそう》し修行するのを大峯奥駈けといい、南の熊野から入山して北の吉野で終わる修行を順峰《じゅんぶ》、吉野から入って熊野で終わるのを逆峰《ぎゃくぶ》と称した。その間に主たる行場七五カ所があり、これを大峯七十五靡《なびき》という。逆峯の行程は、柳の宿・丈六山・吉野山・水分神社・金精大明神・愛染の宿・二蔵宿・浄心門・山上ケ岳・小篠の宿・阿弥陀ケ森・脇の宿・普賢ケ岳・笙の窟・弥勒ケ岳・稚児泊・七曜ヶ岳・行者還り・一の多和・石休宿・講婆世宿・弥山・朝鮮岳・古今宿・八経岳・明星ケ岳・菊の宿・禅師の宿・五鈷の峯・船の多和・七面山・揚子の宿・孔雀ケ岳・空鉢ケ岳・釈迦ケ岳・都津門・深仙宿・聖天の森・五角仙・大日岳・千手岳・二つ石・蘇莫岳・小池宿・千草岳・前鬼山・三重滝・奥守岳・子守岳・般若岳・涅槃岳・乾光門・持経宿・平地宿・怒田宿・行仙岳・笠捨山・槍ケ宿・四阿宿・菊ケ池・拝返し・香精山・古屋宿・如意殊岳・玉置山・水呑宿・岸の宿(以上奈良県)、五大尊岳・金剛多和・大黒岳・吹越山・新宮新誠殿・那智山・本宮証誠殿(以上和歌山県)。大峯山を根本道場とする修験道は大峯山修験道と称され、修験道のメッカとして全国各地の修験道の霊場に大きな影響を与え、地方霊場の行場などに大峯山内と同様の名称が多く散見される。なお、山上ケ岳を中心とする地には碑伝《ひで》と称される三三度など多数回に及ぶ奥駈け修行を成就した修験者の記念碑が林立する。昭和五九年1984山上の大峯山寺本

堂(重文)内遺構から金製菩薩坐像(三・一二センチ)、同阿弥陀如来坐像(二・八五センチ)が出土し一躍有名になった。また民俗としては、かつて修験者によって結ばれた大峯講あるいは山上講などがのこり、村落共同体の行事として代参登拝を行ったり、青年の通過儀礼として山上ケ岳に登拝する習俗がある。[参考]日本名勝地誌、木葉衣、踏雲録事

**おおむら-せいがい　大村西崖**　(明治元1868—昭和二1927) 東洋美術史家。静岡県の人。東京美術学校卒業。京都市立美術工芸学校教論をへて、東京美術学校教授になり、さらに慶応義塾の美学講座を担当した。明治三九年田島志一と審美書院を設立し、東洋美術大観、真美大観を出版。大正七年1918密教発達志五巻を著わし、帝国学士院賞を受けた。余技に文人画を描き、玄画社を創設。著書、支那美術史彫塑篇、東洋美術史。

**おおや-とくじょう　大屋徳城**　(明治一五1882—昭和二五1950) 仏教史学者。現福岡県柳川市久間田養福寺に生まれる。明治三九年早稲田大学哲学科卒。その後、望月仏教大辞典編輯所を経て、同四四年真宗大谷大学図書館長に就任。大正二年1913から同一三年に浄土宗西山派専学寮、東大寺勧学院、比叡山専修院などに出講。その間の大正一一年から一二年に仏教史跡調査のため朝鮮・中国に赴く。昭和六年真宗大谷大学専門部教授。同二四年文学博士。古代寺院の考古学的遺物も蒐集し、確実な史料に基づく学風で、奈良仏教研究に大きな業績を残した。なお実弟の大屋霊城は奈良万葉植物園の設計者として知られる。著書、寧楽古経選、日本仏教史研究、金沢遺文、東大寺史、寧楽仏教史論など。

**おおやま-でら　大山寺**　⇨たいさんじ

**おか-でら　岡寺**　奈良県高市郡明日香村岡。真言宗豊山派。正称は東光山真珠院竜蓋寺《りゅうがいじ》。天智天皇二年663岡本宮を精舎とし、義淵に与えて竜蓋寺としたと伝える。西国三十三カ所第七番札所。[国宝]木心乾漆義淵僧正坐像[重文]仁王門、銅造如意輪観音半跏像、塑造如意輪観音坐像、木造仏涅槃像ほか　[参考]元亨釈書二

**おかの-せいけん　岡野聖憲**　(明治一四1881—昭和二三1948) 宗教家。解脱会開創者。現埼玉県北本市北本宿村に生まれる。生家は豪農。東京で海運業を経営、以後、通商貿易の振興に尽力。四五歳の時、神経痛を患いその後宗教界に身を投じ真言宗醍醐派の修験を修めた。昭和四年、突如神意を感得し、この年を解脱会の創設年とする。解脱精神を唱導する団体を結成して活動を展開し、同二四年解脱報恩感謝会が設立された。著書、解脱金剛とその教義など。

**おかもと-かのこ　岡本かのこ**　(明治二二1889—昭和一四1939) 歌人、小説家、仏教研究家。東京府赤坂区青山南町(現東京都港区北青山)の大貫家に生まれる。本名カノ。幼年のころから谷崎潤一郎と親交があった兄の雪之助(晶川《しょうせん》と号す)の影響で文学に親しんだ。明治三九年与謝野晶子に師事して歌を詠み始め、同四三年漫画家岡本一平と結婚。その後夫婦間の危機におち入り、その克服のため仏教に関心を持つようになった。その研究は親鸞から入り、煩悩即菩提の思想に救われたという。昭和四年から同七年の欧州旅行ののち小説家に転身した。著書、かろきねたみ(歌集)、愛のなやみ、母子叙情、老妓抄、生々流転、岡本かの子全集一五巻ほか。

**おがわ-たいどう　小川泰道**　(文化一一1814—明治一一1878)日蓮宗の僧。号は孝栄。相模藤沢の人。日蓮の遺文の集大成を企て、三十余年を費し高祖遺文録三〇巻を完成した。ほかに日蓮大士真実伝五巻を書いた。

**おぎの-どくおん　荻野独園**　(文政二1819—明治二八1895)臨済宗の僧。諱は承珠《しょうじゅ》。退耕と号する。備前の人。一三歳で剃髪し、豊後に赴いて帆足万里に漢学を学び、二三歳で京都相国寺に入り、大拙承演に参じて印可を受け、明治三年相国寺に住持した。臨済・曹洞・黄檗三宗の管長を兼ね、大教院の教頭となり、排仏毀釈に対して護法に努力した。のち臨済宗管長、相国寺派管長をつとめ、晩年銀閣寺に退隠した。著書、近世禅林僧宝伝三巻、退耕語録。[参考]近世禅林言行録

**おぎわら-うんらい　荻原雲来**　(明治二1869—昭和一二1937)梵語学者。浄土宗の僧。和歌山県の人。独有と号した。宗学本校を卒業し、明治三二年浄土宗海外留学生としてドイツへ留学する。宗教大学教授・芝中学校長・淑徳女学校校長・東京帝国大学講師・豊山大学教授・大正大学教授を歴任した。梵語仏典の校訂出版、サンスクリット・パーリ・チベット語仏典の和訳など、仏教学の基礎的研究に多くの業績をのこした。文学博士。浅草誓願寺住職。著書、梵漢対訳仏教辞典、荻原雲来文集。

**おくし-もん　抑止門〔摂取門〕**　抑止はおさえとどめる、摂取《せっしゅ》はおさめとるの意。無量寿経の法蔵菩薩四十八願の中の第十八願文には、五逆と謗法《ほうぼう》のものは、本願による救済から除かれると説き、観無量寿経には、五逆のものも念仏によって往生するとあるために、善導は観経疏散善義の中で、抑止門・摂取門(抑摂二門)の両面から解釈した。即ち、衆生の悪を犯すのをあらかじめ抑え止めるため、しばらく救いとるという慈悲をかくして戒められたのが抑止門であり、本願の真意からはすべての罪人もことごとく救いとって往生させるのであるとするのが摂取門である。

**おくねん　憶念**　心にきざみこんで忘れず(念)に、つねにおもい出す(憶)こと。多くは仏または仏の本願を思って忘れないのをいい、真宗では信心の別名ともする。

**おくむら-いほこ　奥村五百子**　(弘化二1845—明治四〇1907)真宗大谷派の人。肥前国唐津高徳寺奥村了寛の長女。水戸藩士鯉淵彦五郎と結婚したが離婚。維新期には父や兄円心と尊皇運動につとめ、また西郷隆盛の征韓論に共鳴した。日清戦争後、再三朝鮮に赴き光州に実業学校を設立し、明治三三年北清事変で中国に慰問使として渡り、その経験から翌年愛国婦人会を創設した。

**おくやまくめ-でら　奥山久米寺**　奈良県高市郡明日香村奥山。もと真言宗で、現浄土宗。飛鳥時代に建立された寺院であったが、現在は塔跡と目される礎石と、その心礎の上に鎌倉時代の頃に建てられた十三重石塔が遺っている。伽藍配置は四天王寺式伽藍と推定されている。

**おくやま-はんそう-ぼう　奥山半僧坊**　⇩方広寺《ほうこうじ》②

**おぐるす-こうちょう　小栗栖香頂**　(天保二1831—明治三八1905)真宗大谷派の僧。八洲と号する。院号は三大院。豊後妙正寺の住職。広瀬淡窓に漢学を学び、また東本願寺学寮で竜温・法宣に師事した。幕末維新の頃、キリスト教を排斥して護法論を説き、東本願寺の北海道開拓を建白し募財につとめた。また中国に二度渡り、大谷派上海別院の設置に尽力した。大谷派から講師の学階を追贈された。著書、八洲日録六〇巻、喇嘛教沿革、日本刀五巻など。

**おこり-の-ごしょ　興御書**　印可御書《いんかのごしょ》ともいう。源空が真影にそえて親鸞に与えた消息と伝えるが、偽作である。真宗法要拾遺一、法然上人全集

**おし　御師**　「おんし」ともいう。寺社に祈願するときその仲介をする祈禱師。もと祈禱の代理者として貴族が帰依した僧侶などを指す。源氏物語にも見え、平安時代中期以前からあった。同末期には熊野三山、伊勢神宮、石清水八幡宮、日吉神社など有力な神社の神職のあいだに参拝者のために祈禱などの世話をするものが生じ、これを御師と呼んだ。御師は次第に信徒と師檀関係をもち、檀家に代って祈禱を行うことを約して、巻数《かんず》・撫物《なでもの》・大麻・守札・香水《こうずい》など祈禱のしるしを配って米銭の寄進をうけ、また宿坊を経営する者もあった。後には特定の契約関係をもつ信徒を檀那場、霞《かすみ》などと称して御師の株となり、御師職《おししき》として互いに売買譲渡された。

**おしょう　和尚**　㊵ウパードヤーヤ upāchyāya の訛った音写。鄔波駄耶、和上、和闍、和社、殟社とも音写し、親教師、近誦《ごんじゅ》、力生、依学と訳す。受戒の人のために師となる者(戒和尚)のこと。日本では官から授けた僧位に、大和尚位、和尚位などの称があり、後に転じて広く高僧に対する尊称となり、現今では禅宗、浄土宗などで住職以上に対する称呼とする。読み方も一定せず、華厳宗や天台宗などでは和尚《かしょう》、

法相宗・真言宗・律宗などでは和上《わじょう》、禅宗・浄土宗などでは和尚《おしょう》と呼ぶ。

**おそれ-ざん　恐山**　青森県むつ市にある霊山で、下北半島の北部中央にあたる。円仁が地獄に似たこの地を選んで地蔵尊を安置したといわれ、山中に賽の河原、三途の川、その他種々な地獄の名称がつけられた所がある。中腹にある円通寺(曹洞宗)は、この地方の民間の信仰をあつめている〈⇩円通寺《えんつうじ》④〉。〔参考〕日本名勝地誌五

**おたぎ-ねんぶつ-じ　愛宕念仏寺**　⇩念仏寺《ねんぶつじ》①

**おだ-とくのう　織田得能**　(万延元1860―明治四四1911)仏教学者。真宗大谷派の僧。旧姓は生田氏。号は雲渓。越前翫香寺に生まれ、東京宗恩寺を継いだ。福井県立師範学校卒業後、同校と福井中学校に奉職、のち本願寺学寮や大阪高貴寺で学び、島地黙雷とも親交があった。明治二一年シャム(現在のタイ)に入り、翌年貝葉経典六十余帙をもたらして帰国、同三三年中国・インドを歴遊。広く仏教学を研究し、また日本文学にも造詣が深く、上田万年・芳賀矢一らと交わっていた。十数年を費し、独力で仏教大辞典を編集した。大正一二年1923嗣講の学階を追贈された。著書、仏教大辞典、法華経講義、大乗起信論義記講義など。

**おち-さん　越知山**　福井県丹生郡越前町朝日にある霊山。標高六一二・八メートル。文武天皇(697―707在位)の頃、泰澄が開いたといわれ、山頂に越知山三所権現を祀る。第一殿本社は越知姫・日天子といい、饒速日命《はぎはやひのみこと》(本地は十一面観音)、第二殿奥院は越南知・月天子といい、大己貴神《おおなむちのかみ》(本地は阿弥陀如来)、第三殿別山は大行事・明星太子といい、気比神(本地は聖観音)を祀り、別当寺は大谷寺と称し天台宗に属したが、現在は越智神社となり、大谷寺はその遙拝所となった。〔参考〕元亨釈書一五

**おつしん-じ　乙津寺**　岐阜市鏡島。臨済宗妙心寺派。瑞甲山と号し、梅寺ともいう。天平一〇年738行基が乙津島に一宇を建て、弘仁四年813空海が再興したと伝える。寛平五年893宇多天皇より霊梅場の勅額を賜った。多数の古文書を蔵し、なかでも文明―文禄年間1469―1596の禅宗関係史料は貴重。〔重文〕木造千手観音立像、同毘沙門天立像、同韋駄天立像　〔参考〕木曾路名所図会二、美濃明細記、日本名勝地誌四

**おつぼう-じ　乙宝寺**　新潟県北蒲原郡中条町乙。如意山と号し、真言宗智山派。乙寺ともいう。天平八年736聖武天皇の勅願によって行基及び菩提僊那《ぼだいせんな》の草創と伝える。のち宥俊が中興した。今昔物語集には、この寺で猿の願いによって寺僧が写経した説話が見える。〔重文〕三重塔　〔参考〕乙宝寺縁起、元亨釈書一七、日本名勝地誌七

**おとくに-でら　乙訓寺**　京都府長岡京市今里。真言宗豊山派。大慈山と号する。推古天皇の勅建と伝え、延暦三年784長岡京造営の際、桓武天皇が修営したという。弘仁二年811空海が別当になり、のち宇多天皇が行宮としたので法皇寺ともいう。室町時代初期に一時禅宗に属したが、元禄八年1695隆光が再興、真言宗に復した。〔重文〕木造毘沙門天立像　〔参考〕塵添壒嚢鈔、雍州府志五

**おどり-ねんぶつ　踊念仏**　弥陀の名号や和讃をとなえながら、鉦・太鼓・瓢などを打ち鳴らして踊るのをいう。無量寿経の踊躍歓喜の語に基づくといわれるが、悪霊を踏み鎮め追いはらう民間宗教儀礼と関係が深い。空也(903―72)が始めたといわれ、時宗の開祖一遍(1239―89)は空也の遺風を慕って大いにすすめた。現に時宗では儀式としてこれを伝えており、また時宗の影響が真宗にもおよんだらしく、真宗では邪義の一に数えた。近世には芸能化したものもあり、出雲のお国により始められた歌舞伎は念仏踊から発達したという。鉢叩《はちたたき》(空也念仏、空也踊)は、江戸時代には賤民の業とされた。現在、各地に大念仏或いは念仏踊の習俗が遺され、京都の六斎念仏や東北地方の念仏けんばい、じゃんがら念仏などは郷土芸能として有名。関東地方には泡斎《ほうさい》念仏や葛西《かさい》念仏などがあった。また踊念仏に類するものに題目踊がある。なお、三国遺事や宋高僧伝の記事によると、元暁や大安が踊念仏に類したことを行っている。〈⇩歌念仏《うたねんぶつ》　⇩歌題目《うただいもく》〉〔参考〕一遍上人

絵縁起二、野守鏡上、雍州府志一〇、山城名勝志四、嬉遊笑覧五・六・一一

空也堂踊念仏（拾遺都名所図会）

**おの-げんみょう　小野玄妙**　（明治一六1883—昭和一四1939）仏教美術史家。浄土宗の僧。神奈川県横浜で生まれ、鎌倉光明寺で僧となった。望月信亨のもとで仏教大辞典を編集し、また高楠順次郎を助けて大正新脩大蔵経を編纂した。高野山大学教授になり、仏教史・仏像・仏教文学に関する多くの研究論文を著わし、特に図像学の面から仏教美術研究に貢献した。著書、仏教の美術及び歴史、仏教年代考など。

**おの-りゅう　小野流**　東密事相根本両流の一つ。広沢流が儀軌を本とするのに対し、小野流は口伝を本とする。聖宝を始祖とし、その流れをくむ仁海が小野（現京都市山科区）に曼荼羅寺を開いて法流を宣揚した。のち同門に義範・範俊・明算の三傑が出、義範の法系より三宝院流・理性院流・金剛王院流の醍醐三流が、また範俊の法系より安祥寺流・勧修寺流・随心院流の小野三流が生じ、合わせて小野六流或いは小野根本六流と称する。後世、この六流から更に多数の分派が生じた。

**おの-ろくじょう　小野六帖**　七巻。小野小六帖《ころくじょう》、小野小双紙《こぞうし》とも、小帖双紙ともいう。仁海（955—1046）の著。成立年不詳。東密小野流の灌頂《かんじょう》の作法などを記した書。大師伝法灌頂私記、大灌頂作法次第、伝法灌頂千心私記、雑私記大師記、胎疏並儀軌等序要文、宿曜私記、伝法灌頂七帖からなるが、第三の伝法灌頂千心私記は秘帖（印信の帖或いは大事の帖と呼ぶ）とされているので、六帖という。(大)七八〔計釈〕成尊・小野六帖口決五帖、栄海・小野聞書一帖、宥快・小野六帖口伝一帖、弘運・小野六帖俗書勘文一帖など

**おび-かじ　帯加持**　妊婦がつける岩田帯を加持して安産を祈る法。妊娠後五カ月目に修す。平安時代から広く行われた。〔参考〕中宮御産部類記、修験深秘行法符呪集九

**お-ひゃくど　御百度**　祈願のために神社仏閣に一〇〇回参詣すること。また、一〇〇回参詣する代りに一時に一〇〇回拝礼することをもいう。この場合には、社殿・本堂の周囲を一〇〇回巡り、一回巡るごとに竹籤などを一本ずつ一〇〇度、箱に投じて計算する。別に百度石を立ててそこへ往復させることにした所もある。

**おふみ　御文**　真宗本願寺八世蓮如がおりにふれて門下に与えた書簡体の法語の総称。また、このうち八〇通を選んで五帖に編集した書。真宗の安心を平易明瞭に説いて信徒を教えている。蓮如の真筆約六〇通が、禿氏祐祥編の蓮如上人御文に複製され、これに漏れた真筆も数十通ある。⑴五帖御文　大谷派では御文《おふみ》、本願寺派では貞享元年1684以後、御文章《ごぶんしょう》と呼ぶ。実如が集録整理、円如のときに編集されたとも伝える。第一帖から第四帖までには文明三年1471から明応七年1498にわたる五八通を年代順に収め、第五帖には年代不明の二二通を集める。五帖御文が成立する以前の集録と見られる古写本には、越後高田本誓寺本（十帖御文と称するが七帖一一〇通が現存し、各帖に実如の証判がある）、和泉堺真宗寺本（一帖六六通が現存し、第一帖に実如の証判がある）、摂津名塩教行寺本（四帖二四一通）などがある。開版は証如にはじま

り、以後、東西本願寺の歴代が改版した。稲葉昌丸編の定本五帖御文には諸本の校異が示されている。(2)御俗姓《ごぞくしょう》・夏御文《げのおふみ》　御俗姓御文一通、夏御文四通があり、五帖御文とは別に儀式に用いられる。(3)帖外御文　五帖御文選定のときにはぶかれたものや、その後に発見されたもの八二通をあつめた帖外御文が江戸時代に刊行され、享和三年1803慶海が帖外御文真本及拾遺を編んで一八六通を収めた。明治時代以後には住田智見編の蓮如上人全書、禿氏祐祥編の蓮如上人御文全集、稲葉昌丸編の蓮如上人遺文などがあり、真宗史料集成二は帖内・帖外合わせて三一三通、真偽未定分一六通を収める。〔註釈〕慧琳・御文記事珠二二巻、道隠・御文明灯鈔一五巻〔複製〕蓮如上人御文

**おみぬぐい　御身拭**　仏像の身を拭う意であるが、一般には京都市嵯峨の清凉寺で三月一九日に本尊の釈迦如来像の身を拭う法会をいう。後に諸寺でも本尊や祖像を拭い、或いは衣をかえる行事が行われるようになり、知恩院では一二月二五日に祖像を清掃するのを御身拭と称し、浄土真宗本願寺派では毎月一回祖像を拭うのを御身《ごしん》といい、一月八日には法主みずから行う大御身《おおごしん》がある。〔参考〕二水記、清凉寺縁起

**おむろ　御室**　⇩仁和寺《にんなじ》

**おらてがま　遠羅天釜**　三巻・続集一巻。白隠慧鶴《はくいんえかく》の書簡集。慧梁《えりょう》編。上巻は鍋島摂州侯の近侍に答えた書(延享五1748)、中巻は遠方の病僧に贈る書(延享四)、下巻は法華宗の老尼に贈る書(同)。その続集は念仏と公案との優劣と、客の難に答えた書を改版のとき収めたもの。書名は白隠が愛用した茶釜の銘によるという。白隠和尚全集五〔刊本〕寛延四1751刊

**オルデンブルク　Oldenburg, Sergei Fyodorovich**　(1863—1934)ロシアの東洋学者。科学アカデミー書記、レニングラード東洋美術館館長などを歴任。ビブリオテカ・ブッディカ Bibliotheca Buddhica の刊行にもたずさわった。また二回にわたり中国新疆省クチャ方面の歴史・考古学的な探検調査に従い(1909—10、1914—15)、第一回調査の報告書として Russkaja Turkestanskaja Ėkspedioija を出した。また、ペトロフスキー Petrowsky(カシュガルに駐在したロシア総領事)の集めた古写経のうち、梵文写本の研究を発表し、西夏語《せいかご》に関する研究もある。

**オルデンベルク　Oldenberg, Hermann**　(1854—1920)ドイツのインド学者。キール大学教授、ゲッチンゲン大学教授を歴任。Buddha: sein Leben, seine Lehre, seine Gemeinde(仏陀、その生涯と教義と教団1881)を著わしてヨーロッパの仏教研究史上に一時期を画した。また Die Religion des Veda(ヴェーダの宗教1894)、Die Literatur des alten Indien(古代インドの文学1903)を著わし、マックス・ミュラー Max Müller 編の東方聖書 Sacred Books of the East で多くのインド古典を翻訳した。とくにリグ・ヴェーダの研究においては当時の第一人者で、Hymnen des Rigveda(リグ・ヴェーダ讃歌1888)の序論において韻律・原典批判を論じ、大作 Rigveda, textkritische und exegetische Noten(リグ・ヴェーダ註解1909—12)を著わした。またパーリ語仏典の研究でもリス・デヴィズ T. W. Rhys Davids とならぶ権威者で、ヴィナヤ・ピタカ、テーラ・ガーター、ディーパ・ヴァンサの校訂出版を行った。その他 Die Lehre der Upanishaden und die Anfänge des Buddhismus(ウパニシャッドの教義と仏教の起源1915)、Zur Geschichte der altindische Prosa(古代インド散文史について1917)、Die Weltauschung der Brahmana Texte(ブラーフマナ文献の世界観1910)、Das Mahābhārata, sein Entstehung, sein Inhalt, seine Form(マハーバーラタ研究1922)など著書が多い。

**オールドフィールド　Oldfield, H. A.**　生没年不詳。イギリスの東洋学者。ネパールの歴史やネパール仏教の概観をまとめた Sketches from Nepal, historical and descriptive(ネパール略史1880)を著わした。

**おん　恩**　めぐみ。①すべてのものが因縁によってなりたっているから、互いにめぐみあっており、その恩を感謝しなければならないとする。恩に世間一般のものと、

さとりにみちびくものとがある。心地観経巻二には、父母・衆生・国王・三宝(仏法僧)の四恩を説き、父母に孝養することは仏を供養する功徳に等しいとする。また正法念処経巻六一には、母・父・如来・説法法師の四恩を説き、父母を正しい教えに導き入れること、如来の教えを信じること、教えを伝えるものを供養することが報恩の道であるとする。〈⇩四恩《しおん》〉　②恩愛《おんない》というときは、衆生は父母や妻子などと互いに恩を感じあい愛に溺れて、そのためにこの世に束縛されて迷いを離れにくいのであるが、この衆生を束縛する感情をいう。⇩恩愛

**おーん　唵**　(梵)オーン oṃ ॐ の音写。神聖な意を含む祈禱語として、インドの哲学・宗教書の初めに書かれている密語。ウパニシャッドなどではこの聖音について各種の論議がなされている。この字の音は、もと a-u-m の三字の合成したものであるから、三字にヴィシュヌ Viṣṇu, シヴァ Śiva, ブラフマン Brahman の三神を配する説があったが、仏教でも大乗経典の初めにこの字を置く形式を採用し、守護国界主陀羅尼経巻九では三字は仏の法身・報身・化身の三身を表わすものとして、唵字を観ずることを勧め、その功徳によって阿耨多羅三藐三菩提《あのくたらさんみゃくさんぼだい》を成ずることができると説く。空海の秘蔵記には唵字に帰命、供養、三身、驚覚、摂伏の五つの意味があると説明している。唵麼抳鉢訥銘吽《おんまにばどめいうん》のように真言や陀羅尼の冠頭に付けることが多い。唵麼抳鉢訥銘吽とは、(梵)オーン・マニ・パドメー・フーン oṃ maṇi padme hūṃ の音写。「おお、蓮華上の摩尼珠よ」との意。チベットの仏教徒が蓮華手菩薩に未来の極楽往生を祈るときに唱える呪で、六字大明呪《ろくじだいみょうじゅ》といわれる。チベット仏教では、この明呪は、すべての福徳智慧及び諸行の根本であるとして、口に唱えて功徳があるばかりでなく、これを書いて身につけ、手に持ち、家に蔵しても生死《しょうじ》の世界から解脱《げだつ》する因となるとする。なおこれを布片などに記して経筒の中に入れたものを摩抳輪《まにりん》或いは摩抳法輪《まにほうりん》と称し、これを人力、或いは水車、風車などで回転することを転法輪という。また金石・木片などに刻んで路傍に建て、或いは布片に書いて屋上に翻すなどの風習もある。チベットの観音経(マニカブム)にはこの呪の由来を説いている。

**おんあい　恩愛**　⇩おんない

**おんかく　恩覚**　平安時代末期(応保年間1161―63の頃)の興福寺の学僧。字は法明。隆覚に師事して、のち京都法勝寺などで内外の典籍を研究し、興福寺に還り伝灯大法師位に任じられた。著者、応和宗論記、南北戒律勝劣など。〔参考〕本朝高僧伝一三

**おんぎーくでん　御義口伝**　二巻。口興記とも、註経口伝とも称する。日興が、身延における日蓮の法華経講義の要点を筆録したものと伝え、弘安元年(建治四年)1278正月一日の奥書がある。法華経の題目および三部一〇巻の各品の要文について本化別頭の立場において観心釈を施し、法華経の根本信を決定させようとする。本覚思想の傾向が著しく、後世の偽作といわれる。(大)八四　〔刊本〕承応三1654刊、享保六1721刊

**おんぎょうーほう　隠形法**　自己の形を隠して他人に見えないようにする修行。真言宗では摩利支天法《まりしてんほう》をもってする。

**おんこう　飲光**　⇩慈雲《じうん》

**おんごくーしかーかいだん　遠国四箇戒壇**　⇩戒壇《かいだん》②

**おんしつーせんよくーしゅそうーぎょう　温室洗浴衆僧経**　一巻。温室経と略称する。後漢の安世高の訳。温室(風呂)で洗浴することの功徳を説く。(大)一六、[国一]経集部一四　〔註釈〕慧遠・義記一巻、慧浄・疏一巻

**おんじにゅうーきょう　陰持入経**　二巻。後漢の安世高の訳。陰(五陰)・持(十八界)・入(十二処)を説明し、四諦・三十七道品・十二縁起などをも説く。呉の陳慧の陰持入経註((大)三三)は中国の仏典註釈書としてもっとも古い。(大)一五

**おんしゅく　温宿**　中国新疆省の姑墨《こぼく》と亀茲《じき》との間にあった国。于祝、温粛とも記される(唐書地理志)。一般に烏什《うじゅ》城(現在の Uch-Turfan)の名で知られ、吐魯番《とろばん》とも呼ばれている。〔参考〕前漢書西域伝六六下、高僧伝二

**おんじょうーじ　園城寺**　滋賀県大津市

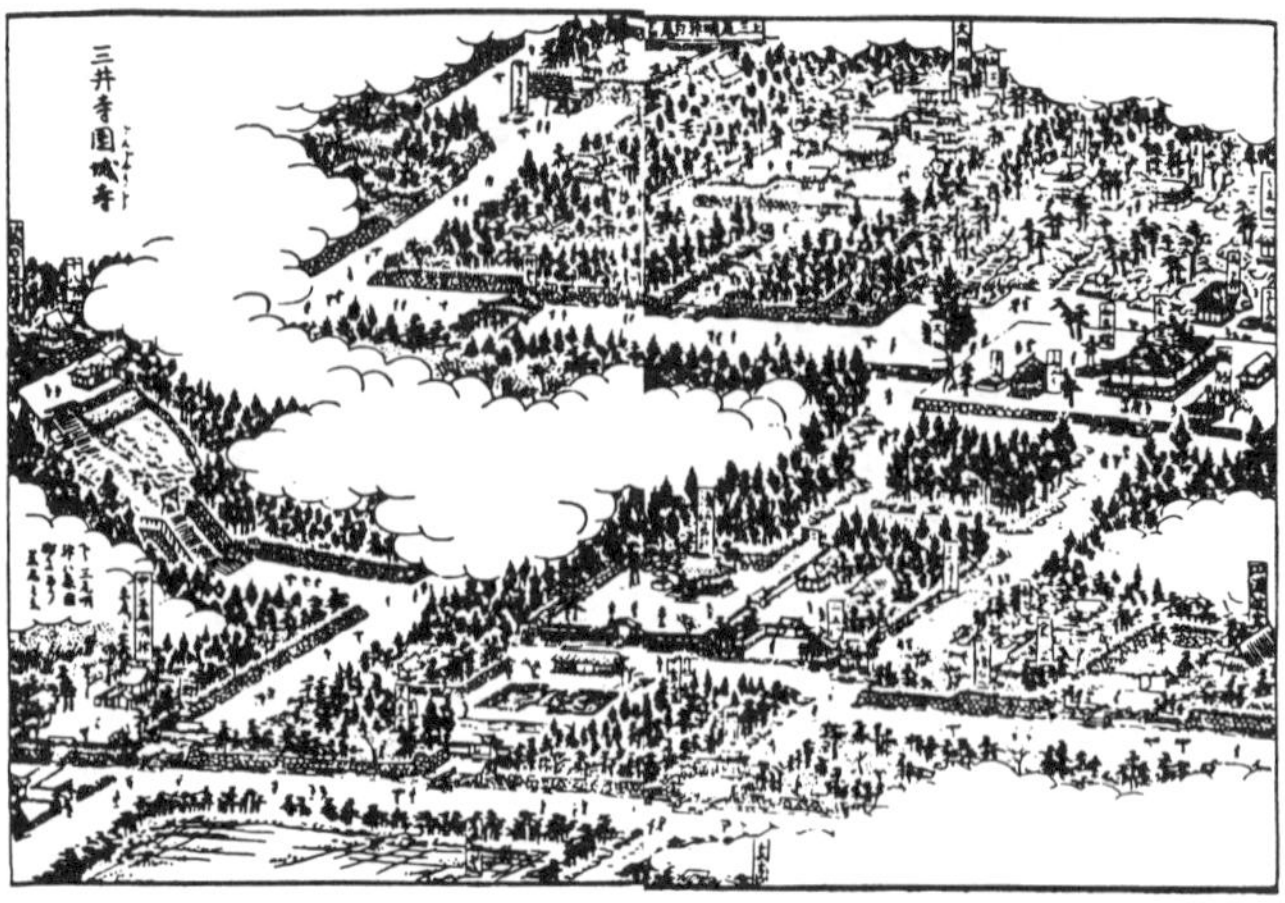

三井寺園城寺（近江名所図会）

園城寺町。天台寺門宗総本山。長等山と号し、三井寺《みいでら》という。延暦寺を山門というのに対して寺門と称する。天智・弘文両帝の造寺の遺志をついで、大友与多麿が天武天皇一五年686に建立したと伝えるが、これは山門に対する付会説で、実際は当地の大友村主氏の氏寺として奈良時代末期に創建されたとされる。のち円珍が中興し貞観元年859落慶。清和天皇から仁寿殿を賜り、唐坊(後唐院)と名づけ、また円珍が初代別当(のち長吏《ちょうり》と改称)に補せられた。同八年延暦寺別院となり、同一〇年唐の青竜道場に準じて仏法灌頂道場とした。延暦寺で円仁・円珍の両門徒が不和になり、円仁系の良源が天台座主になったので円珍系の余慶は当寺に退いたが、のち余慶が天台座主になって永祚《えいその》宣命《せんみょう》の騒乱が起こり、正暦四年993円珍門徒は下山して当寺に拠り、山門・寺門の分裂を見た。その後、両門の争いは激しく、永保元年1081をはじめとして幾度か山徒に焼かれ、また治承四年1180には以仁王を助けたので平氏に焼かれた。文禄四年1595豊臣秀次の事から秀吉に破却されたが、慶長三年1598寺領を還され、以後、江戸幕府の外護によって復旧し、四九院・五別所(近松寺・尾蔵寺・微妙寺・水観寺・常在寺)・二五坊を数えたという。現在、金堂・唐院(大師廟)・三重塔・二王門など、堂塔数十宇があり、また宝物には優れたものが多く、特に黄不動尊が名高い。旧門跡に聖護院・実相院・円満院があり、照高院は廃された。〔国宝〕金堂、新羅善神堂、光浄院客殿、勧学院客殿、紙本墨画五部心観、絹本著色不動明王像(黄不動尊)、木造智証大師坐像、同新羅明神坐像ほか 〔重文〕大門(二王門)、閼伽井屋、経堂、三重塔、食堂(釈迦堂)、毘沙門堂、絹本著色黄金剛童子像、同尊星王像、同天台大師像、同尊勝曼荼羅図、同不動明王像、同釈迦十六善神像ほか

**おんしん-びょうどう　怨親平等**　慈悲の心をもって、怨敵も親友も共に平等に同視すること。

**おんせん-じ　温泉寺**　①兵庫県豊岡市城崎町湯島。高野山真言宗。末代山と号する。天平年間729—49道智の開創と伝える。中興は清禅(　—1384)。本堂は大悲殿或いは円通閣といい、観心寺流の遺構である。〔重文〕本堂(大悲殿)、絹本著色十六善神像ほか 〔参考〕日本名勝地誌七　②長野県諏訪市湯の脇。臨江山と号し、臨済宗妙心寺派。寛永一七年1640高島藩二代藩主諏訪忠恒の開創。開山は仏慧放光。以後藩主諏訪家の菩提寺として栄えた。③兵庫県神戸市北区有馬町。有馬山と号し、黄檗宗。神亀元年724行基開創という薬師堂に始まると伝える。承徳元年1097洪水で崩壊し荒廃。建久二年1191大和吉野の仁西が中興し、一二坊を建立、これまでの法相宗から天台宗に改める。享禄元年1528、天正四年1576両度の火災後、同一三年羽柴(豊臣)秀吉夫人が再建。同一七年秀吉の湯治以降二〇坊となる。元禄一二年1699真言宗に改宗し、のち黄檗宗に転じた。なお当地の有馬温泉は奈良時代以前から知られ、各坊は温泉の管理をしていたが、奥院の霊泉山清涼院を除き旅館に変わった。昭和四九年1974清涼院を現山号・寺号に改称した。〔重文〕木造波夷羅大将立像、黒漆厨子 〔参考〕有馬縁起、摂津名所図会、有馬山温泉記

**おんちょう　音澂**　(宝暦一〇1760—天保四1833)浄土宗の学僧。梵蓮社忍誉浄阿と

号する。三河の人。幼くして同国遍照院の穏冏《おんげい》について得度し、江戸増上寺に学んだ。寛政元年1789知恩院の役僧となり、ついで洛西の西光庵、京極の勝円寺に移り、獅子谷金毛院で典寿と共に大蔵対校録を校正した。同四年一条の浄福寺の主となって以来、倶舎・維摩・義林章・唯識述記・五教章などを講じ、また五重および授戒を修して道俗を教化した。同一〇年浄業蓮社小清規を刪修し、文政元年1818典寿の業を継いで伝通記を上梓した。晩年、浄福寺内に松声院を建てて隠居した。〔参考〕略伝集

**おんでん-みょうどう　遠沾妙道**　仏滅後遠くへだたった末の世の衆生が法華経のすぐれた教えに沾《うるお》されてめぐみをうけること。法華文句巻一上に「後五百歳遠沾妙道」とあり、日蓮はこれを法華経が末法に適し、末法の時にひろまる意に解した。

**おんどく-さん　恩徳讃**　仏恩師恩の重いことを和讃にしたもの。親鸞作の正像末和讃に「如来大悲の恩徳は身を粉にしても報ずべし、師主知識の恩徳も、骨を砕きても謝すべし」とあるのがそれで、真宗の寺院では報恩講作法中にこれを誦唱し、また別に楽譜も付して日常盛んに歌われている。

**おんない　恩愛**　親子夫妻などの、互いに執着する情愛のこと。この世においては、人々は父母などと互いに恩を感じあい愛に溺れ、常に恩愛のきずなに縛られて自由を得られないから、この世界のことを恩愛の獄《おんないのひとや》ともいう。またこの恩愛を捨ててさとりの道に入ることが真に恩愛に報いることであるとする（「棄恩入無為、真実報恩者」〔清信士度人経〕）。

**おんみょう-じ　遠妙寺**　山梨県笛吹市石和町市部。日蓮宗。鵜飼山と号する。日蓮が、漁夫を解脱させたゆかりによって建てられたと伝え、謡曲鵜飼や浄瑠璃日蓮記の中に脚色されている。明徳元年1390日梵が石和川堤上から現地に移して石和山鵜飼寺と号し、慶長元年1596日遠が現寺号に改めた。〔参考〕本化高祖仏祖統紀七、日本名勝地誌三

**おんり　遠離**　仏道のさまたげになるものを遠ざけ離れること。また無為法はその本性が空《くう》で、有為《うい》の事相を脱離しているから、無為の別称とすることもある。修行に際して初めに身心の悪を遠離して清浄にすることを二種遠離（身遠離・心遠離）という。また世親の浄土論には菩提《ぼだい》への障を離れる三種の法門があるという。即ち智慧門によって、自己の安楽を求めず自身に貪著する我心を遠離すること（遠離我心不貪著自身）、慈悲門によって、一切衆生の苦を抜き衆生を安らかにしようとしない心を遠離すること（遠離無安衆生心）、方便門によって、一切衆生を憐愍し自身を供養し恭敬する心を遠離すること（遠離供養恭敬自身心）を三遠離心または三種離菩提障という。

**おんりょうけん-にちろく　蔭涼軒日録**　六五巻。正しくは「いんりょうけんにちろく」と読む。真蘂《しんずい》（永享七1435—嘉吉元1441、長禄二1458—文正元1466の間）・集証（文明一六1484—明応二1493の間）が筆録。相国寺の塔頭の蔭涼軒にあった僧録司が室町幕府の命をうけて記した日誌。足利義教から義植（永享七—明応二）までの五代の将軍の治政下における宗教・政治・経済などの状況を記録する。〔原本〕東京大学に蔵したが大正一二1923震災で焼失〔刊本〕仏全一三三—一三七、史籍刊行会・蔭涼軒日録

# か

**か　果**　因即ち原因によって生じた結果をいう。有部宗や唯識宗では五果に分類する。⑴等流果《とうるか》とは善因から生じた善果、悪因から生じた悪果のように、因と同じ性質（等しき流類）の果で六因の中では同類因と遍行因から生じた果。また習果ともいう。⑵異熟果《いじゅくか》とは善・不善の業因（異熟因）から生じた無記（非善非不善）の果。因と性質が異なって成熟した果の意。また報果ともいう。天台宗では習果と報果を合わせて二果ともいう。⑶士用果《じゅうか》とは倶有因・相応

因の果であり、因の強い勢力を男子（士夫《じぶ》）の動作（用《ゆう》）に喩えて士用といい、士用ある因によって生じた果の意。同時の因果である。⑷増上果とはそれみずからを除いた他のすべての有為法《ういほう》を能作因といい、この能作因に対する果である。果に対して力を与えて強くする因の力によって生じた果という意。以上四つの果は有為法であるから有為果《ういか》という。これに対して⑸離繋果《りけか》は無為果である。離繋とは、煩悩《ぼんのう》の束縛を離れたことで、離繋果とは択滅《ちゃくめつ》すなわち涅槃《ねはん》のさとりを指す。択滅は無為法《むいほう》であって因をもたないから、不生不滅である。従って離繋果は道の因によって生じた果ではないが、道は択滅をうるための得《とく》（離繋得）を生じる因となり、同時に択滅は道によって証されるから、択滅を離繋果という。これをまた果果ともいう。修行の果である菩提によって涅槃を証るからである。またこれら五果に次の四つの果を加えて九果という。⑹安立果《あんりゅうか》とは他に依止して建立された果。⑺加行果《けぎょうか》とは行の実践によって得られた果。⑻和合果とは諸因の和合によって生じた果。⑼修習果《しゅじゅうか》とは聖道の修習によって生じた果。なお、仏の十力・四無所畏《しむしょい》・十八不共法《じゅうはちふぐうほう》・自在神力などは修行の結果としての仏力であるから果力と呼ばれる。大乗における仏果、小乗における阿羅漢果《あらかんか》は究極の果であるから極果《ごくか》という。

**が　我**　㊵アートマン ātman の訳。本来は呼吸の意。転じて、生命、自己、身体、他者に対する自我、自我の本質、物一般の本質自性、すべてのものの根源に内在して個体を支配し統一する独立の永遠的な主体を意味する。アートマンはインドの思想界では重要な課題の一つである。仏教では、永遠に存続し（常）、自主独立して存在し（一）、中心的な所有主として（主）、すべてを支配する（宰）ような我の存在を否定して無我説をたてた〈⇩無我《むが》〉。①リグ・ヴェーダ Ṛg-veda（1200 B.C.前後）以来、アートマンの語は用いられた。ブラーフマナ Brāhmaṇa（800 B.C.前後）には人間の生命活動の主体として息（㊵プラーナ prāṇa, 気息）を考えたが、次第にプラーナは個々の生命現象を意味するようになり、アートマンこそは一層本質的なものとして考えられ、シャタパタ・ブラーフマナでは、言語・視力・聴力などの生命現象はアートマンを基礎として現われ、アートマンによって統一されているとし、またアートマンはプラジャーパティ Prajāpati（造物主）と全く同一であるともしている。②ウパニシャッドの時代（500 B.C.前後から）には、アートマンが宇宙を創造したと説き（アイタレーヤ・ウパニシャッド）、或いはブリハド・アーラニヤカ・ウパニシャッド、ブラフマン brahman（梵、宇宙原理）とアートマンとが一体になることを求めたり、ブラフマンとアートマンとが同一である（梵我一如）としたり、さらには、アートマンのみが真の実在で他はすべて幻（㊵マーヤー māyā）であるともする。③阿含《あごん》の仏教では、人間の個体の全体が我である⑴五蘊《ごうん》が我である）としたり、或いは個体の内にあってその中心生命となるものを我である⑵我は五蘊を有す）としたり、或いは宇宙原理を我である⑶我中に五蘊がある）としたり、或いは存在要素がそれぞれに固有な性質（自性）をもっている⑷五蘊中に我がある）とするような有我説を否定する（後世これを二十句の有身見という。上の⑴⑵⑶⑷が五蘊のそれぞれについていわれるからである。またこれは我見〔⑴に当たる〕と我所見〔⑵⑶⑷に当たる〕とに分けられる。我所とは、我の所有、我の所属、我と離れない事物の意）。④部派仏教では、生まれかわり死にかわる輪廻《りんね》の主体と無我説との関係などと連関して、種々な解釈をした。説一切有部《うぶ》では、個体の中心生命としての我（霊魂的自我）（人我）は否定したが、存在の構成要素の実体としての自性《じしょう》（法我）は常に実在するとした。このような人我見と法我見とを二種我見という。犢子部《とくしぶ》や正量部《しょうりょうぶ》では、非即非離蘊の我と称する我があるとして、それは五蘊によって仮に構成された生命をもつ個体そのもの（即蘊）でもなく、また五蘊の他に別に我と称するものがある(離蘊)のでもなく、五蘊とつかずはなれずにあるものであるとする。また経量部《きょうりょうぶ》には勝義補特伽羅《しょうぎふとがら》の説がある。成唯識論巻一には仏教以外および部派の我に対する説を、即蘊我(世間一般の説)・離蘊我(数論・勝論・経量部など)・非即非離蘊我(犢子部・正量部など)の三種の我に分類して、批判している。⑤大乗では、個体としての我(人我)を否定するのみでなく、部派で存在を認めていた法我(存在を構成している要素の実体)をも否定して、人法二無我を説き、すべてのものが無自性空であるとする。また、部派仏教では、すべてのものが無常であり苦であり無我であり不浄であるとさとって、煩悩《ぼんのう》を滅しつくした境地を究極的な涅槃《ねはん》であるとするのに対して、大乗ではすべてのものはもともと空であるから、それをさとった涅槃の境地は絶対的な自由の境地であって、常・楽・我・浄の徳をもつとする。その我は、凡夫の考える小我と区別されて、大我、真我などといわれる。⑥我は四種の我にも分類される。⑴凡夫のまよいから生じた我。⑵仏教以外の学派(外道《げどう》)が説く神我((梵)プルシャ puruṣa 丈夫、人、原人とも訳す)。⑶実体がないものに仮に名づけた仮我《けが》、例えば五蘊で構成された肉身を仮に我と呼ぶような場合。⑷如来の法身《ほっしん》を意味する真我。その特性を八大自在我として説明することもある。⑦仏教以外のインドの諸学派(外道)における我の説を一六種に分類して十六知見、或いは十六神我という。知見とは知者、見者の意で、我に、知る能力、見る能力があるととらわれているものの意。一六とは、我・衆生・寿者・命者・生者・養育・衆数・人(者)・作者・使作者・起者・使起者・受者・使受者・知者・見者をいう(智度論巻三五)。

**かい 戒** (梵)シーラ śīla の訳。尸羅《しら》と音写する。しばしば行うこと、行為、習慣、性格、道徳、敬虔などの意。善悪の双方についていい、よい習慣づけを善戒(善律儀《ぜんりつぎ》)、悪い習慣づけを悪戒(悪律儀)ということがあるが、普通には浄戒(戒には清浄の意味がある)、善戒の意味にかぎって用い、身体で行うのと言語上との(身・語の)非を防ぎ悪を止めることをいう。菩提資糧論巻一には、尸羅の十義として、習近《しゅうごん》・本性《ほんしょう》・清涼《しょうりょう》・安穏・安静《あんじょう》・寂滅《じゃくめつ》・端厳《たんごん》・浄潔・頭首・讃歎を挙げるが、清涼以下は浄戒についての釈義で、そのはたらきなどからの転釈である。戒は仏教的実践道の基礎であり、定《じょう》・慧と共に三学の一に数えて戒学といい、五分法身《ごぶんほっしん》の一に数えて戒身、戒品《かいほん》、戒蘊《かいうん》といい(身、品、蘊は複数を示す)、また大乗では六波羅蜜《ろっぱらみつ》、十波羅蜜の一に戒波羅蜜(持戒波羅蜜)を挙げる。

①戒はもと仏陀が仏教徒以外の宗教家(外道《げどう》)の行っていた非行を仏教徒に対して誡めたもので、在家と出家とに共通し、随犯随制《ずいぼんずいせい》ではなく、これを犯した場合の処罰の規定を伴わず、従って自発的な努力に待つことを特徴とする。これらの点において元来戒は律と区別されるべきものであったが、後には両者は混同しても用いられる。しかし一般には、戒は三蔵の一である律蔵中に説かれているとされるから、この点からいえば戒は律中に説かれている内容の一部であり、律はその戒などを説く文言、典籍である。小乗では、戒には在家・出家、男・女の別に応じて五戒・八戒・十戒・具足戒《ぐそくかい》(五八十具と略称する)の種類があるとし、大乗ではこれらをすべて声聞戒《しょうもんかい》(小乗戒)と称し、別に大乗菩薩《ぼさつ》のための菩薩戒(大乗戒)があるとする。これら両者を合わせて二戒という。また仏がその戒を制定しなくても本来的な性質として罪悪であるもの(性罪《しょうざい》)を制止した戒を性戒《しょうかい》といい、それ自らは本来罪悪ではないが、世間の非難を避けるため、或いは他の性罪を誘発させないために仏が特に制定した戒を遮戒《しゃかい》といい、合わせて二戒とする。遮戒によって遮制される罪悪を遮罪という。例えば殺生戒や偸盗戒《ちゅうとうかい》は性戒で、飲酒戒《おんじゅかい》は多くは遮戒とされる。二戒には次の異名がある。

二戒

| | | | | | |
|---|---|---|---|---|---|
| 性戒 | 旧戒《くかい》 | 主戒 | 性重戒《しょうじゅうかい》 | 性重戒 | 性戒 |
| 遮戒 | 新戒 | 客戒 | 息世譏嫌戒《そくせきけんかい》 | 離悪戒 | 離戒 |

性重戒は性戒の中で特に罪の重いもので、殺生・偸盗・邪婬・妄語のいわゆる四重禁戒《しじゅうきんかい》をいい、息世譏嫌戒は譏嫌戒ともいい、世の非難を避けるために仏が制定した軽い罪の戒で、四重禁戒以外の戒をいう。②四分律行事鈔巻中一には、戒を戒法・戒体・戒行《かいぎょう》・戒相にわけて説く。これを戒の四別という。戒法とは仏の制定した戒の法則、戒体とは防非止悪のはたらきをする体である無表《むひょう》、戒行とは戒をたもち実践すること、戒相とは戒の相状を意味する。③戒体は受戒の儀式作法(羯磨《こんま・かつま》など)によってひきおこされて身に得《とく》する律儀《りつぎ》の無表である。律儀は㊵サンヴァラ saṃvara の訳語。三婆囉と音写し、等護、擁護、防護、護、禁戒とも訳す。悪戒を遮し、身口意《しんくい》の悪を防ぎ、六根を護るはたらきのあるものをいい、律法儀式により防非止悪のはたらきが生じるから意訳して律儀という。それ故に倶舎論巻一四には律儀に身口意の悪を防ぐ身律儀・語律儀・意律儀(以上の三を遍律儀という)と、六根を護る根律儀とがあるという。その中で前の二は無表《むひょう》を体とし、後の二はいずれも正念正知を自性《じしょう》とするとする。ただし無表は律儀のみに限らない。一般に身語の上に表われた勢力の強い善悪の行為(強い身表業《しんひょうごう》や、語表業)や、定《じょう》によりひきおこされ、悪または善をさせぬように防止するはたらきをもって、一種の後天的性格を形成するものが無表である、と有部《うぶ》では考えている。そしてこれを色法《しきほう》(物質)とし、無表色ともいう。またこの無表に、誓いを立てて必ずなそうとする善悪の要期心《ようごしん》による律儀無表(善心の場合)と不律儀無表(悪心の場合)、および要期心なく縁に応じ時に随う善悪の出来心による処中の無表(非律儀非不律儀無表)との三種をわけるが、そのうちの律儀無表がいまいうところの戒体としての無表である。なお、成実論《じょうじつろん》では無表を非色非心の法とし、南山律宗もいちおうは成実論の説をとり、また大乗唯識宗では思《し》の心所《しんじょ》(心のはたらき)の種子《しゅうじ》が阿頼耶識《あらやしき》に熏習《くんじゅう》されたものとし、天台宗では仮色とするなど、戒体(無表)については種々の説がある。また小乗では戒体は死後までは存続しないとするのに対して、大乗では一度得れば永久に失うことのないものであるとする。有部《うぶ》では律儀無表(戒体)について次の種別を立てる。⑴別解脱律儀《べつげだつりつぎ》。また別解脱戒、別解律儀、波羅提木叉律儀《はらだいもくしゃりつぎ》、律儀戒ともいう。欲廛戒《よくてんかい》(欲纏戒とも書く。欲界に繫属する戒の意)で、まさしく受戒のときの作法によって得《とく》せられるもの。次の八種に分ける。㈠苾芻《びっしゅ》律儀、㈡苾芻尼《びっしゅに》律儀、㈢正学《しょうがく》律儀、㈣勤策《ごんさく》律儀、㈤勤策女《ごんさくにょ》律儀、㈥近事《ごんじ》律儀、㈦近事女《ごんじにょ》律儀、㈧近住《ごんじゅう》律儀。㈠㈡は具足戒、㈢は六法戒、㈣㈤は十戒、㈥㈦は五戒、㈧は八斎戒の体をいう。⑵静慮律儀《じょうりょりつぎ》。また静慮生律儀《じょうりょしょうりつぎ》、定共戒《じょうぐかい》ともいう。色廛戒《しきてんかい》(色纏戒とも書く。色界に繫属する戒の意)で静慮《じょうりょ》(禅)に入っている間だけ得せられるもの。その間は自然に過失を離れ罪悪を造らず法爾《ほうに》として律儀にかない欲界不善の過非を防止するからである。⑶無漏律儀《むろりつぎ》。また道生律儀《どうしょうりつぎ》、道共戒《どうぐかい》ともいう。前の⑴⑵が有漏戒であるのに対してこれは煩悩《ぼんのう》との関係を断ち切った無漏戒であり、見道以上の聖者が得するところである。即ち無漏定《むろじょう》に入って無漏心が起こっている間だけ得せられるもの。その間は自然に過悪を離れて律儀にかない過非を防止するからである。⑵⑶はいわゆる随心転の戒で、それぞれの定に入っている間だけ心と共に起こっており、定から出れば無表も同時に滅するから、「有漏定・無漏道と共に生じ共に滅する戒」という意味で定共戒・道共戒ともいう。これに対して⑴は心の状態のいかんにかかわらず、捨戒などの縁によらない限り続いて起こるから、不随心転の戒という。以上の三種律儀(三種戒)に、⑷断律儀(断戒ともいい、即ち⑵⑶のうち未至定《みしじょう》の九無間道《むけんどう》と倶に生じる律儀は永く欲廛の悪戒、および悪戒を起こさせる煩悩を断つから断律儀という)を加えて四種律儀(四戒)ともいう。瑜伽論巻五三には、能起・摂受・防護・還引《げんいん》・下品《げぼん》・中品《ちゅうぼん》・上品《じょうぼん》・清浄《しょうじょう》の八種の律儀を挙げる。この中、前の七は別解脱律儀を、戒を受けようと決意する(能起)段階から、受け終って持授説行する状態の差異までの七段に分けたもの、後の一は静慮律儀・無漏律儀である。なお、十善を行うのを十善戒、十善法戒、十善性戒《ぜんしょうかい》、十根本戒とも名づけ、そのうち意に関する三を除いた前の七を七善律儀という。十悪についても同様に前七を七不善律儀という。また不律儀(悪律儀、悪戒)を屠殺・狩猟・獄吏など、主として職業によって分類して、北本涅槃経巻二九には十六悪律儀、大方便仏報恩経巻六には十二悪律儀を説く。④別解脱律儀の内容は次の通りである。(イ)五戒。優婆塞《うばそく》(在家の男の信者)・優婆夷《うばい》(在家の女の信者)の守るべき戒で、それぞれ優婆塞戒(近事律儀)・優婆夷戒(近事女律儀)といわれるが、同じ五戒であって区別はない。即ち(1)生きものを殺さない(不殺生戒、殺生戒《せっしょうかい》)、(2)盗みをしない(不偸盗戒、偸盗戒《ちゅうとうかい》)、(3)正常な夫婦関係以外の婬事をしない(不邪婬戒、邪婬戒)、(4)うそをいわない(不妄語戒、妄語戒)、(5)酒を飲まない(不飲酒戒、飲酒戒《おんじゅかい》)の五をいう。インドの他の宗教にもこの五戒に類する戒があり、バラモン教のマヌ法典では、不殺生・不妄語・不偸盗・不梵行(不婬)・不貪瞋の五を、ジャイナ教では不殺生・不妄語・不偸盗・不邪婬・離欲の五を説く。(ロ)八斎戒。優婆塞・優婆夷が一日一夜の期限を限ってたもつ出家の戒で、これをたもつ者を鄔波婆沙《うはばしゃ》(梵ウパヴァーサ upavāsa)といい、、近住《ごんじゅう》、善宿と訳す。八斎戒は八支斎、八関斎戒、八戒斎、仏法斎、八分戒、八戒、斎戒、一日戒、近住戒、近住律儀(近住とは阿羅漢《あらかん》に近づいて住するの意)ともいい、六斎日にこれをたもつ。即ち五戒のうちの不邪婬戒を不婬戒(離非梵行戒ともいう。その日一昼夜、夫婦間の性交をも断つ)とし、さらに(6)高座に坐り好床に臥さない(離眠坐高広厳麗牀座《りみんざこうこうごんれいしょうざ》)、(7)身に香油を塗らず装身具をつけず(離塗飾香鬘《りずじきこうまん》)、演劇などの催物を見ない(離舞歌観聴《りぶかかんちょう》)、(8)正午を過ぎてから食事をとらない(離非時食戒《りひじきかい》)を加えて八とする。六斎日に沐浴断食する習慣はインドの他の宗教に古くから行われ、これが仏教に準用されたものらしく、また八の中では非時食戒がその中心であるとされている。(ハ)十戒。沙弥《しゃみ》(二〇歳未満の出家の男)・沙弥尼(同じく出家の女)のたもつ戒でそれぞれ沙弥戒(勤策律儀)・沙弥尼戒(勤策女律儀)といわれるが、同じ十戒であって区別はない。(1)不殺生戒(2)不偸盗戒(3)不婬泆戒《ふいんいつかい》(非梵行戒)(4)不妄語戒(5)不飲酒戒(6)不塗飾香鬘戒(7)不歌舞観聴戒(8)不坐高広大牀戒(9)不非時食戒《ふひじじきかい》(10)不蓄金銀宝戒《ふちくこんごんほうかい》の十。この十戒は八斎戒の内容のうち(7)を二にわけ、これに(10)金銀財宝を貯えないことを加えたもの。(ニ)六法戒。六法ともいう。沙弥尼が具足戒をうけるまでの直前の二年間、即ち式叉摩那《しきしゃまな》(学法女、学戒女、正学女)が学ぶ六法をいう。四分律巻一七などでは、(1)愛欲の心で男子の身に触れない(染心相触《ぜんしんそうそく》)、(2)四銭(四マーシャ māṣa)以下をも盗まない(盗人四銭《とうにんしせん》)、(3)畜生の命をとらない(断畜生命《だんちくしょうみょう》)、(4)うそをいわない(小妄語)、(5)正午を過ぎて食事をとらない(非時食)、(6)飲酒しない、の六とする。ただし十誦律では婬欲・偸奪《ちゅうだつ》・殺生・妄語・男子の裸身を摩触《まそく》する・男子の手や衣を捉え共に語る、の六を禁じることとし、有部律では独りで道を歩かないなどの六法と、金銀を手に捉らないなどの六随法とし、摩訶僧祇律では六法を挙げず十八事を説く。(ホ)具足戒《ぐそくかい》。具戒、進具戒、近円戒《ごんえんかい》、大戒ともいう。比丘・比丘尼がたもつべき戒で、それぞれ比丘戒(苾芻律儀)・比丘尼戒(苾芻尼律儀)といわれ、出家の教団において定められた戒条のすべてを守るもの。その条数は男女で異なるから、同じ具足戒でも比丘と比丘尼とでは内容は異なる。具足戒を受けおわったのを鄔波三鉢那《うはさんはつな》(梵ウパサンパンナ upasampanna)と称し、具足戒を受けることをウパサンパダー upasampadā と称する。この語はもと「仏陀のもとに近づいてきて、仏教教団(僧伽《そうぎゃ》)に入った」および「入ること」を意味し、これをともに具足、進具、近円と訳し、普通は涅槃《ねはん》に近づく意に解されている。しかし後にはこの語は「比丘戒・比丘尼戒を受けた」と「受けること」を意味するようになって「具足」の意味も変化し、五戒や十戒のような不完全な戒でなく「完全円満な戒」「教団において定められたすべての戒条を含む戒」を意味する語となった。具足戒の条数は四分律では、比丘二百五十戒、比丘尼三百四十八戒(七滅諍を除いて三百四十一戒といい、また概数を挙げて五百戒とも称する)を数え、これらを五篇《ごひん》七聚《しちじゅ》に分ける〈⇩律《りつ》〉。⑤仏法僧の三宝に帰依《きえ》する三帰依(三帰、三自帰)は仏教教団に入る第一の条件であるから、これを三帰戒といって大乗・小乗ともに重視する。しかし大乗戒の特色は、維摩経に「罪の不可得を知るのを持戒とする」と説くように空《くう》の立場から戒を理解するところにあり、また消極的に悪を防ぐ止持戒《しじかい》と共に積極的に善をなす作持戒《さじかい》を説く。過去の七仏が一偈をもって通戒(即ち略戒)とした、いわゆる七仏通戒の偈でいえば「諸悪莫作《しょあくまくさ》」は止持戒で「衆善奉行《しゅぜんぶぎょう》」は作持戒であり、広律でいえば五篇七聚は止持戒に属し、犍度分《けんどぶん》は作持戒に属する。また瑜伽論巻四〇などに見える三聚浄戒《さんじゅじょうかい》(三聚戒、三聚清浄戒《さんじゅしょうじょうかい》)は、大乗菩薩戒として代表的なものである。即ち(1)仏のさだめたおきてを守って悪を防ぐ摂律儀戒《しょうりつぎかい》(律儀戒)、(2)進んで善を行う摂善法戒《しょうぜんぽうかい》、(3)衆生を教化しその利益のために力をつくす摂衆生戒《しょうしゅじょうかい》(饒益有情戒《にょうやくうじょうかい》)の三をいう。ただし摂律儀戒が五八十具の小乗声聞戒と同じものであるか否かについては異論がある。また同論巻四二には、菩薩のたもつべき戒として、回向戒《えこうかい》・広博戒・無罪歓喜処戒・恒常戒《ごうじょうかい》・堅固戒・尸羅荘厳具相応戒《しらしょうごんぐそうおうかい》の六種戒を説く。一般に大乗では菩薩の戒を持戒波羅蜜《じかいはらみつ》(戒波羅蜜)として声聞戒よりも勝れたものとするが、大智度論巻四六では、戒波羅蜜はすべての戒法を摂すると説き、十善を総相戒、他の無量の戒を別相戒とする。⑥大乗の律典である梵網経巻下には十重禁《じゅうじゅうきん》・四十八軽戒《きょうかい》の五十八戒を説く。これを梵網大戒とも仏戒ともいう。十重禁は十重禁戒、十重戒、十無尽戒、十重、十重波羅提木叉《はらだいもくしゃ》、十波羅夷《はらい》、十不可悔戒《ふかけかい》ともいい、大乗戒における最重罪で、大乗の菩薩がこれを犯すときは破門罪、追放罪(波羅夷)を構成するもの。即ち(1)殺戒、(2)盗戒、(3)婬戒、(4)妄語戒、(5)酤酒戒《こしゅかい》(酒を売る)、(6)説四衆過戒《せつししゅかかい》(在家・出家の菩薩および比丘・比丘尼の罪過を説く)、(7)自讃毀他戒《じさんきたかい》(自らをほめ讃え他をそしる)、(8)慳惜加毀戒《けんじゃくかきかい》(財や法を施すのを惜しむ)、(9)瞋心不受悔戒《しんしんふじゅけかい》(怒って相手が謝まってもゆるさない)、(10)謗三宝戒《ほうさんぼうかい》(仏法僧の三宝をそしる)の一〇で、これらを自ら行い、或いは他に行わせることを誡めたもの。これに対して四十八軽戒は軽垢罪《きょうくざい》(清浄行を汚す軽い罪で、波羅夷罪に対する)を犯すことを誡めたもので、(1)不敬師友戒《ふきょうしかい》、(2)飲酒戒、(3)食肉戒《じきにくかい》などの四八をいう。ただし菩薩の波羅夷罪については異説があり、優婆塞戒経巻三には六波羅夷(1)―(6)・二十八軽戒、優婆塞五戒威儀経には四波羅夷(7)―(10)・三十八軽戒、菩薩地持経巻五には四波羅夷(7)―(10)・四十二軽戒、善戒経には八波羅夷(1)―(4)、(7)―(10)・五十軽戒、瓔珞本業経には十波羅夷(1)―(10)・八万威儀戒などを説く。⑦天台宗では、法華玄義巻四下に、五八十具の小乗戒や、瑜伽論・善戒経などの大乗戒を三乗に共通する権戒(麁戒)とし、梵網経の大戒を界外《かいげ》の菩薩のみに対する実戒(妙戒)とし、この妙戒は、なお相対的であるが、法華円教《えんぎょう》において開会《かいえ》されるとき、すべての戒律はそのままに絶待妙戒であるとする。また摩訶止観巻四上には、具体的な形式による事戒(随相戒)と、戒相を見ないで、空・仮・中の三観に安住する理戒(離相戒)とをわけ、前者は天・人・阿修羅《あしゅら》の三趣の果報を得るとし、後者を三乗および四教の菩薩に配する。中国天台ではこれらの説を、すべての戒がそのままに絶対円頓の妙戒であると解釈するにとどまったが、日本では最澄がこれを発展させて円頓戒《えんどんかい》の説を大成した。円頓戒は梵網菩薩戒、天台円教菩薩戒、菩薩金剛宝戒、一乗戒、一乗円戒、一心戒、一心金剛戒、大乗円頓戒、円頓菩薩戒、円頓大戒、円頓無作《むさ》戒、略して円戒、大戒ともいい、法華開顕の立場に立って梵網経に説かれた十重禁・四十八軽戒を授けたり受けたりすることをいう。この戒は盧舎那仏《るしゃなぶつ》が説いた戒であり、利他を根本とし、戒体は一得永不失《いっとくようふしつ》(永遠に失われない)であり、戒境は無辺法界で三千世界に限らず、戒相は三聚浄戒で持戒と犯戒とに一定の法則がなく、また通別二授(二受)をゆるして、通授(例えば十戒ならその一々の戒を別々に授けないで、十戒全体を総括的に授けること。受ける側からは通受、総受という)は出家・在家の別なく総括的に三聚浄戒の作法によって授け、別授(一々別々に戒を授けること。受ける側からは別受という)は一白三羯磨《いちびゃくさんこんま》、或いは三帰の法により、別々の作法で別々に授けるとする。なお法華玄義巻三などには、北本涅槃経巻一一の五支戒、即ち⑴根本業清浄戒《こんぽんごうしょうじょうかい》、⑵前後眷属余清浄戒、⑶非諸悪覚覚清浄戒、⑷護持正念念清浄戒、⑸回向阿耨多羅三藐三菩提戒《えこうあのくたらさんみゃくさんぼだいかい》のうち、⑴を四重禁或いは十善戒《じゅうぜんかい》、⑵を偸蘭遮《ちゅうらんしゃ》などの四篇、⑶を定共戒、⑷を道共戒、⑸を大乗戒に配して、自行《じぎょう》の戒とし、同経巻一一の十戒、即ち⑴禁戒《きんかい》、⑵清浄戒、⑶善戒、⑷不欠戒、⑸不折戒《ふしゃくかい》、⑹大乗戒、⑺不退戒、⑻随順戒、⑼畢竟戒《ひっきょうかい》、⑽具足成就戒を四教に配して、菩薩護他の十戒(一〇種の護持、防護の十願)と名づける。また大智度論などに基づき⑴不欠戒、⑵不破戒、⑶不穿戒《ふせんかい》、⑷不雑戒《ふぞうかい》、⑸随道戒、⑹無著戒《むじゃくかい》、⑺智所讃戒、⑻自在戒、⑼随定戒《ずいじょうかい》、⑽具足戒、の十戒を立て大論の十戒(菩薩所念の十戒)という。⑧真言宗では三昧耶戒《さんまやかい》(三摩耶戒、三戒)を説く。「平等の戒」の意。即ち仏と衆生との三密が絶対的に平等であるとする三平等の理に立ち、本来的に衆生がもっているいわゆる本有《ほんぬ》の清らかな菩提心《ぼだいしん》を戒体とし、法界無量の万徳をその行相《ぎょうそう》とする真言秘密の戒をいう。また大日経の説により、⑴正法を捨てない(不応捨正法戒)、⑵菩提心を捨てない(不応捨離菩提心戒)、⑶すべての正法を惜しむことなく人に施す(於一切法不応慳悋戒)、⑷すべての衆生のためにならないような行為をしない(勿於一切衆生作不饒益行戒)の四を四重禁(四重戒)とし、また⑴不退菩提心、⑵不捨三宝、⑶不謗三宝、⑷不生疑惑、⑸不令退菩提心、⑹不令発二乗心、⑺不輙説深妙大乗、⑻不発邪見、⑼不説我具無上道戒、⑽捨一切無利益事の　〇を十重戒とする。これらはいずれも波羅夷罪である。日蓮宗では三大秘法の一に本門の戒壇を説く。浄土宗では、その菩薩戒を浄土布薩《ふさつ》頓教《とんぎょう》一乗円実大戒(浄土布薩一乗戒、浄土布薩戒)といい、阿弥陀仏《あみだぶつ》を戒体、名号を戒相、往生を戒用とする。⑨戒を受けるのを受戒(納戒)、授けるのを授戒、戒をたもち守るのを持戒という。また授戒の儀式作法を戒儀、授戒の際の戒和上《かいわじょう》(戒和尚)あるいは広く三師七証、または伝戒師(大乗円頓戒などでは釈迦牟尼仏を戒師とするから受戒のための現実の師匠を伝戒師という)を戒師という。戒を受けるには、通受と別受(前述)、自誓受と従他受、一分受(例えば五戒の中の一戒または多戒を分けて受けること)と全分受(通受に同じ)などの区別がある。自誓受は自誓受戒、自誓得戒ともいわれ、後述の自誓得のこと。即ち三師七証などの形式をふまないでただ自誓によるのみで受戒するもの。従他受は三師七証などの形式をふみ他教によって受戒するもの。また身語の上にあらわれた儀式作法(戒儀)の行為(表業《ひょうごう》)によって初めに受戒したときに、これを作戒《さかい》または教戒という。その作戒、教戒には永続性はないが、これによって受戒者の身に戒体を発《お》こして、得《とく》するから、その後に至っても戒のはたらきを持ちつづけることができる。これを無作戒《むさかい》または無教戒という。「作」「教」は「表」の異訳で、身語の表業を意味し、「無作」「無教」は「無表」の異訳で、無表業《むひょうごう》のことである。このようにして戒体を得《とく》するのを得戒または発戒《ほっかい》といい、捨てるのを捨戒または失戒という。ただしこの場合得させる戒体は別解脱律儀の無表だけでなく、広義においてはすべての無表を含むとされる。倶舎論巻一四・一五に無表の得捨について明らかにするうち、別解脱律儀は他の教え(例えば三師七証)などの縁によって得し、次の五縁によって捨てると説く。⑴捨てようと願い欲して(意楽《いぎょう》して)戒を犯す、⑵死による、⑶男女両性(二形《にぎょう》)を有する者となる、⑷善根を断つ、⑸一昼夜の期限が過ぎる。以上の中、⑸は八戒にのみ適用される。また具足戒を得るための縁には、⑴仏や独覚の場合は覚に至ると同時におのずから得る自然得《じねんとく》、⑵五比丘の場合は見道《けんどう》に入ることによって得る見諦得(見道得)、⑶耶舎《やしゃ》の場合は仏から「よくこそ来た」といわれて得る善来得、⑷大迦葉《だいかしょう》の場合は仏を信受して大師とすることによって得る自誓得、⑸蘇陀夷《そだい》の場合はたくみに仏の問いに答えて得る論議得、⑹摩訶波闍波提《まかはじゃはだい》の場合は比丘尼《びくに》の八敬法《はっきょうほう》を受けることによって得る受重得(敬重得《きょうじゅうとく》)、⑺法授尼の場合は仏が使者をつかわして得させる遺信得(遺使得)、⑻辺国で僧衆が定数に足らず、五人の師を立てて得る辺五得(五人得)、⑼中国(辺国でない中央の国)で三師七証を立て規定通りの羯磨作法による羯磨得《こんまとく》(十衆得《じっしゅとく》)、⑽一六人の賢聖《げんじょう》の場合は仏法僧の三宝に帰依することによって得る三帰得、以上の十種得戒の縁があるとされる。また五戒と十重禁戒とを受けたもつことの多少についてこれを五種に分けて五分戒(または四種、三種に分ける)という。即ち優婆塞戒経巻三には、三帰を受け五戒の中の一戒を受持するのを一分戒、同じく二戒を受持するのを少分戒、同じく二戒を受持しおわって一戒を破るのを無分戒、三、四戒を受持するのを多分戒、五戒を受持するのを満分戒とする。沙弥戒を受けて間もない雛僧を、わが国では「新受戒の僧」の意味で新戒と呼ぶ。また戒をたもつについて倶舎論巻一八には、天などの善処に生まれようなどと望んでたもつ悕望戒《けもうかい》、自他の責《せめ》や罰などを恐れてたもつ恐怖戒《きょうふかい》(怖畏戒)、七覚支(七菩提分法)にしたがい心を荘厳するためにする順覚支戒、煩悩の垢を離れた無漏の清浄戒《しょうじょうかい》の四戒(四種持戒)をわける。一般には戒をたもてば天・人などの善趣に生まれるとされるが、しかし持戒は波羅蜜の一として涅槃に至るための資糧である。また戒の徳を光や香にたとえて戒光、戒香という(持戒者の徳名が遠くにまで響くのを香が遠方にまで薫るのにたとえて戒香といったものである)。説戒とは受戒の人に戒律を説き教えること、或いは半月ごとに行われる布薩《ふさつ》の行事として、上座の比丘が戒の条文を誦《じゅ》し、僧衆に違犯があったときは衆の面前で懺悔《さんげ》させることをいう。後者から転じて布薩を説戒ともいう。⑩一度受戒した者が、戒によって制止されている罪過を犯して戒を破り、戒を犯すのを、破戒、犯戒《ぼんかい》といい、持戒に対する。ただし四分律巻四六では、波羅夷・僧残・偸蘭遮の重罪(戒分)を犯すのを破戒と名づけ、波逸提《はいつだい》・波羅提提舎尼《はらだいだいしゃに》・突吉羅《ときら》・悪説の軽罪(威儀分)を犯すのを破威儀と名づける。受戒後にしばしば犯せば次第に戒体の勢力は弱まるが、まだ捨戒に至らない間はこれを戒羸《かいるい》という(羸とは力の弱いことである)。また逆に戒体を発得《ほっとく》して戒を受持すれば戒体の勢力は強まる。これを戒肥《かいひ》という。一般には破戒の者は死んで三悪道(または地獄・畜生)に生まれると説かれるが、四分律巻五九には破戒の五過を説いて、⑴自ら害し、⑵智者に叱られ、⑶悪名が世にひろがり、⑷死に臨んで悔恨を生じ、⑸死後悪趣に堕する、とする。五見《ごけん》の一である戒禁取見《かいごんじゅけん》は、戒などに対する誤った見解を正しいと考えてこれに執著することで、例えば牛狗外道《ごくげどう》が天に生まれるために牛のまねをして草を食べ(これを牛戒《ごかい》という)、犬のまねをして糞を喰い(狗戒《くかい》という)、或いは鶏や犬のまねをする(鶏狗戒《けいくかい》という)のは、この戒禁取見によるものである。また戒を破るには至らないが煩悩を起こして戒を汚すこと、またはその汚れた戒を浄戒に対して汚戒《おかい》という。⇩律《りつ》 ⇩受戒《じゅかい》

**かい　界**　㊵ダートゥ dhātu の訳。駄都と音写する。層、根基、要素、基礎などの意で、また種族の義があるとされる。①諸分類の範疇となるものの呼称。例えば眼・耳・鼻・舌・身・意・色・声・香・味・触・法・眼識・耳識・鼻識・舌識・身識・意識の十八界や地・水・火・風・空・識の六界などである。また欲界・色界《しきかい》・無色界《むしきかい》の三界などの場合は

「境界」という意味に近い。唯識宗で一切法の種子《しゅうじ》を界と称するのは、要素、因の意味である。②梵語動詞の語根のことで、字界ともいう。

**かい 開** ⇩判《はん》

**かい 果位** ⇩因位《いんに》

**がい 害〔不害〕** (梵)ヴィヒンサー vihiṃsā の訳。心所《しんじょ》(心のはたらき)の一。他に危害を加えようとする心のはたらき。小煩悩地法の一。これに相対する心所は不害(梵)アヒンサー ahiṃsā)で他を損わない、害することのない心の状態を意味し、大善地法の一とされる。

**がい 蓋** ①(梵)アーヴァラナ āvaraṇa の訳。善心を障え覆いかくす煩悩《ぼんのう》。〈⇩五蓋《ごがい》〉 ②(梵)チャットラ chattra の訳。日射しや雨を防ぐための傘。樹皮・葉・竹・絹などで造る。幡《ばん》と共に幡蓋《ばんがい》という。天蓋も蓋の一種で、仏像などの上に垂れ下っている蓋をいう。もと屋外で仏の説法が行われた時に用いた蓋から発達したもの。また虚無僧《こむそう》の用いる深網笠をも天蓋という。なお絹製の蓋は繒蓋《そうがい》という。

**かいあん-こくご 槐安国語** 五巻、または七巻。白隠慧鶴《はくいんえかく》の著(寛延二1749)。門人の一諾の編。宗峰妙超(大灯国師)の語録に註解を施したもの。大灯語録のほとんど全文を掲げ、随所に漢文体で割註の形式により著者の著語、提唱、垂示などを加えている。白隠禅の面目を最もよく発揮した代表的著書とされてきた。槐安国とは故事にもとづく夢の国、この書名は夢の国での話という意味をもつ。(大)八一、白隠和尚全集三、白隠広録下〔刊本〕寛延三刊、明治一八1885刊

**かいあん-じ 海晏寺** 東京都品川区南品川。曹洞宗。補陀山と号する。建長三年1251北条時頼の草創と伝え、開山は蘭渓道隆。慶長元年1596に天叟慶存が中興し、臨済宗から現宗派に改宗した。本尊鮫頭観音は古来霊仏として知られる。〔参考〕江戸往古図説一、新編武蔵国風土記稿五五

**かいいん-さんまい-ろん 海印三昧論** 一巻。新羅の明晶の著。成立年不詳。海印三昧の重要な義理を二八句の陀羅尼偈で説明したもの。主として十地品によって論を進めている。(大)四五

**かいいん-じ 海印寺** ①韓国慶尚南道陝川郡伽倻山。新羅の哀荘王三年802順応の創建で、唐から大蔵経を求めて安置した。一説に義湘の華厳宗伝来に当たり、この寺を十刹の一としたという。高麗高宗二四年1237大蔵経の梓刻に着手し、同三八年完成した高麗版大蔵経が宝蔵される。のち数回の火災にあい、現在の伽藍は純祖一七年1816の被災後三年で再興したもので、堂宇は百余に及び、朝鮮三大名刹の一といわれる。〔参考〕海印寺重修記、三国史記一〇、東国通鑑一〇 ②京都府長岡京市奥海印寺にあった寺院。現在は旧子院の一、木上山寂照院《じゃくしょういん》が法灯を伝える。寺伝によれば、弘仁一〇年819東大寺の僧道雄が華厳道場として一〇院を開創し、年分度者一人を置き、海印三昧寺と総称した。嘉祥四年851定額寺に列し(類聚三代格二)、貞観一五年873には衆僧百余人があり、三会の聴衆、維摩・最勝会の立義に預ることが認められ(同上)、寛平二年890には夏講・供講をおく(同上)など発展したが、平安末期に衰退した。文永二年1265ごろ東大寺の宗性が同寺尊勝院末として再興したが、応仁の兵火で寂照院を残して焼失。同院は江戸時代初期に真言宗に属したが、現在は単立。〔参考〕山城志、雍州府志五、宗性院宣請文草案(華厳宗枝葉抄草)

**かいうん 海雲** 生没年不詳。唐代後期の密教僧。長慶元年821長安青竜寺の東塔院で恵果の弟子義操に入室。同年一二月師に従って、西方陀羅尼蔵中金剛族阿蜜哩多軍荼利法の翻訳を筆受。太和八年834九月、長安晋昌坊浄住寺で略叙金剛界大教王師資相承付法次第記一巻を、また同一〇月には略叙伝大毘盧遮那成仏神変加持経大教相承付法次第記一巻を著わす。両者を併せて俗に両部大法相承師資付法記と称している。唐代末期の密教の事情を記す貴重な史料である。〔参考〕阿娑縛抄一九四

**かいえ 開会** 天台宗の用語。開は開除、会は会入の意で方便を除いて真実に入れること。①仏教には声聞・縁覚・菩薩のそれぞれに個別の教え(三乗)があるというのは方便(てだて)の教えであるから、それが

方便であることを開示して方便を除き、すべての教えは唯一の真実の教え（一乗）と別のものではなくて、ひとしく融けあい一乗にあつまり入ると説くことを、一般に開会という。〈⇩開顕《かいけん》　⇩開廃会《かいはいえ》　⇩会三帰一《えさんきいち》〉　②開会には法開会と人開会とがあり、理論的にすべての教えは究極において一致すると示すのを法開会、実際的にみな一様に仏になれると説くのを人開会という。五時の説法のうち第四の般若時では声聞・縁覚・菩薩の区別はなくすべての人は法開会のみを示し、第五の法華涅槃時に至って人・法の二開会を明らかにするといわれる。また人開会には、例えば小善を開して大善に会するような同種類のものについていう種類開会と、悪を開して善に会するような異種類のものについていう敵対開会《じやくたいかいえ》との二がある。

**かいえい**　**懐英**　（寛永一九1642—享保一二1727）真言宗の僧。春潮房と号した。筑後の人。久留米祇園寺の快応について得度し、寛文三年1663高野山に登る。南都に遊学し、高野山に帰って法泉院に住し、学侶・行人の紛争に際しては学侶方のために江戸幕府に弁じた。元禄三年1690修禅院に移り、享保二年高野山検校となった。著書、高野春秋編年輯録二一巻、高野続往生伝、野山感通伝、元禄聖断記、難蘆勢萩伝、信長高野攻記など。〔参考〕紀伊続風土記四ノ三二

**かいおう**　**海応**　（明和八1771—天保四1833）新義真言宗の僧。字は智本。佐渡の人。天明七年1787京都智積院の英範に師事し、ついで南都に遊学した。享和三年1803より学徒に倶舎・因明などを講じ、文政一二年1829智積院第三一世能化となる。著書、婆沙諸蘊条目三巻、倶舎私記二巻、倶舎得魚編三巻、唯識私記五巻、論義私記一〇巻、起信論私記六巻、宗輪論述記講録二巻、中性院口訣二巻など。

**ガイガー**　**Geiger, Ludwig Wilhelm**　（1856—1943）ドイツの東洋学者。エルランゲン大学教授、のちにミュンヘン大学教授。はじめイラン語研究に従い、Grundriss der iranischen Philologie（イラン言語学大系1895 ff.）を編纂し、Handbuch der Awestasprache（アヴェスタ語綱要1879）、Ostiranische Kultur im Altertum（古代東方イラン文化1882）を著わした。のち、パーリ語研究に転じ、Grundriss der indoarischen Philologie und Altertumskunde（インドアーリヤ言語学・古代研究大系）の中に、Literatur und Sprache der Singhalesen（セイロンの文献および言語1900）、Pāli Literatur und Sprache（パーリ文献および言語1916）を書き、また精細な言語学的研究をすすめて Pāli Dhamma（パーリ語の「法」1921）を出し、マハーヴァンサ Mahāvaṃsa の英訳をボード M. Bode と協力して刊行し（1912）、また相応部（サンユッタ・ニカーヤ Saṃyutta-nikāya）の校訂出版（1925—27）とドイツ語訳（1929—30）を行った。

**かいかく**　**開覚**　開発覚知という意味。自己の本来有する仏性をひらきおこし、まことの道理の本源をさとって仏となること。

**かいがく-ようご**　**戒学要語**　一巻。慈雲飲光の著（江戸時代中期）。慈雲が主唱した正法律の概要を、戒法・戒体・戒行・戒相について述べたもの。菩提心を戒体とし、十善戒を受得することによって大小一切の諸戒を統摂できると説いている。慈雲尊者全集六〔刊本〕文政四1821刊

**かいきょう**　**開経**〔**結経**〕　①本経を説くに先立って序説としてあらかじめ説かれた経を開経といい、本経を説いた後に結論としてその要旨を総括した経を結経という。開経と結経を合わせて開結ということもある。たとえば法華経並びに開結といえば、本経である法華経と開経である無量義経と結経である観普賢経とを指す。②経文をひもとき開くことを開経といい、経を読誦する前に唱える偈を開経偈という。開経偈としては、普通に「無上甚深微妙法、百千万劫難遭遇、我今見聞得受持、願解如来真実義」の文を唱える。

**かいけ**　**界繫**　界は欲・色・無色の三界、繫はつながる、かかわりをもつ意。ある法が三界のうち、いずれの煩悩《ぼんのう》にしばられて、そこに関わっているかを考察することを界繫分別《ふんべつ》という。

**かいげ　界外**　⇩界内《かいない》

**がいけ　改悔**　あやまちを悔い改めること。真宗では報恩講その他集会の席上で信仰告白を行うことをいう。東・西本願寺では蓮如以来の風習を伝えて、報恩講のとき、信徒が改悔文(西本願寺では領解文という)を唱えて信仰告白に代え、終って法主、または代理が教訓する儀式を改悔批判《がいけひはん》という。⇩示談《じだん》

**かいけい　快慶**　生没年不詳。鎌倉時代の七条仏所の仏師。運慶の父康慶の弟子と推定される。初め丹波講師、越後法橋といったが、東大寺重源《ちょうげん》に帰依して建久三年1192頃から安阿弥陀仏と号した。作風は運慶の動的剛健に対し、静的穏健で優雅を特色として、その様式を安阿弥様《あんあみよう》という。代表作は、ボストン美術館蔵の弥勒菩薩立像(文治五1189)、東大寺の僧形八幡神坐像(建仁元1201)、同俊乗堂の阿弥陀如来立像(建仁二—承元二1208)、京都大報恩寺の十大弟子像(建保四1216—承久元1219)など三〇軀近くが現存する。

**がいけ-もん　改悔文**　一巻。領解文《りょうげもん》ともいう。蓮如の著と伝える(室町中期)。真宗における信仰告白文。報恩講の際に祖師の影前で領解を告白することが行われたが、これが典型化したもの。蓮如上人全書

**かいけん　開顕**　天台宗の用語。開は開除の意で、執われのこころを開き除くこと。顕は顕示の意で、真実の意義を顕わし示すこと。法華経以前の諸経には未だ真実の教えはあらわされておらず(未開顕)、法華経において初めて、仮《かり》のものに執われるこころを開き除いて真実があらわされたとする。この法華開顕の思想は、中国では古くからあったけれども、隋の智顗《ちぎ》に至ってはじめて方便(権《ごん》)と真実(実)とが別ものではなくて、融けあい一体になっているのと解釈された。法華玄義には法華経に本迹二門の開顕があると説く。即ち、迹門の開顕とは法華経の前半に説く開権顕実(教理に関していう)、開三顕一(実践者についていう)で、法華以前の仮の教え(権教)を真実に導く方便(てだて)であると知らないで声聞・縁覚・菩薩にはそれぞれ別の教えがあると考えていた執われのこころを開き除いて、方便であるゆえんを明らかにし、唯一の真実である一乗の実教を顕わし示して方便即真実であるから、すべての教えがひとしく一乗におさまると説くもの。本門の開顕とは、法華経の後半に説く開迹顕本《かいしゃくけんぽん》、開近顕遠《かいごんけんおん》で、釈迦牟尼仏の仏身について、根元のさとりから形を現わした垂迹《すいじゃく》の仏、即ちゾッダガヤの菩提樹の下で初めてさとりを開いた伽耶近成《がやごんじょう》の仏であると考える執われの心を開き除いて、釈迦牟尼仏は永遠のいにしえからさとりそのものである久遠実成《くおんじつじょう》の仏であることを顕わし示すのをいう。なお、開権顕実を、権は仮であるから粗末で価値が低く実はすぐれて価値が高いという意で開麁顕妙という場合があり、また開権顕実の語を広く用いて本門の開迹顕本の意ともすることがある。⇩開会《かいえ》　⇩開廃会《かいはいえ》

**かいげん　戒賢**　(529—645)　㊵シーラバドラ Śīlabhadra の訳。尸羅跋陀羅《しらばつだら》と音写する。インド中期唯識派の学僧。東インド三摩怛吒《さまたんた》国(サマタタ Samataṭa)の王族の出身。那爛陀《ならんだ》(ナーランダー Nālandā)寺で護法(ダルマパーラ Dharmapāla)に学び、瑜伽唯識論を究めるとともに、アビダルマや因明《いんみょう》(論理学)や声明《しょうみょう》(文法学)に通じた。のち那爛陀寺の学頭となり、六三六年、同寺に留学した玄奘に瑜伽唯識学を伝えた。仏地経を註釈した聖仏地経解説がチベット訳にある。〔参考〕西域記八、慈恩伝三

**かいげん　開眼**　新たに作った仏像などにまなこを入れて像を完成し(事の開眼)、供養をして宗教的生命を迎え入れる(理の開眼)こと。開明、開光明、開眼供養ともいう。

**かいげん-じ　開元寺**　①唐の玄宗が開元二六年738勅して天下の諸郡に竜興・開元の二寺を置かせ、翌年、国忌(先帝の命日)には竜興寺で行道散斎させ、千秋節(今帝の誕生日)には開元寺で祝寿するように命じたという。また天宝三年744両京および天下の諸州に勅して、金銅天尊および仏像各一体を造り開元寺に安置させたと伝える。開

元寺には、新たに造建されたものもあろうが、旧来の寺を改称するにとどめたものもあったらしい。元・明代に、各地の開元寺で重修されたものが多いが、現存するものはわずかである。〔参考〕仏祖統紀四〇、旧唐書九、大明一統志　②中国福建省泉州府温陵。唐の垂拱二年686郡守黄守恭の創建。匡護を第一世とする。長寿元692興教寺と号し、神竜元年705竜興寺と改め、開元二六年738玄宗が勅して各州に開元寺を置くに際して、開元寺と称した。元の世祖(1260—94在位)の時、大開元万寿禅寺の額を賜る。のち荒廃したが明代初期に正映が住して中興。万暦二二年1594黄文炳らの努力により再興した。〔参考〕温陵開元寺志

**かいげん-しゃっきょう-ろく　開元釈教録**　二〇巻。略して開元録ともいう。唐の智昇の著。後漢から唐の玄宗の開元一八年730までに翻訳された大小乗の三蔵・賢聖集伝・失訳欠本などを録出したもの。前一〇巻は総括群経録で、聖典二二七八部七〇四六巻を時代順に分類して、書名・巻数・翻訳年代・異訳などを示し、また訳者一七六人の伝記をかかげる。後一〇巻は別分乗蔵録で、うち八巻には有訳有本・有訳無本・支派別行・删略繁重・補闕拾遺・疑惑再詳・偽妄乱真を録し、最後の二巻は大蔵経に編入されて現に経蔵に収められている入蔵目録である。開元録は従来の経録の不備を補った点ですぐれており、仏教典籍の基準目録として後世まで範とされた。なお別に開元釈教録略出四巻(大五五)があり、同じく智昇の撰で、開元録中の入蔵録を別にとり出し、一〇七六部五〇四八巻を千字文の順序によって配列している。大蔵経を整理するため千字文をもって序列を付することは本書に始まり、長く後世まで踏襲された。(大)五五

**かいこう-じ　戒光寺**　京都市東山区泉涌寺山内町。真言宗泉涌寺派。宋より帰朝した曇照が安貞二年1228勅命により八条北堀川西に創建し、泉涌寺の俊芿《しゅんじょう》と共に北京律を唱えた。のち一条小川、三条北、京極東などを経て正保二年1645に泉涌寺に移され塔頭となった。泉山丈六釈迦堂ともいう。〔重文〕木造釈迦如来立像ほか

**かいさん　戒算**　(応和三963—天喜元1053)京都の真正極楽寺(真如堂)の開山。比叡山に住して天台を学び、のち浄土を願生し不断念仏を修した。正暦三年992真如堂を建て、長保元年999自ら丈六の涅槃像を刻んだ。〔参考〕本朝高僧伝四九、真如堂縁起

**かいさん　開山**　もとは山を開いて寺を建てた人をさしたが、転じて一寺または一宗派を創始した人の敬称とする。また開基ともいう(ただし寺を建てるときの大檀越や、末寺を建てた人を開基といって、開山と区別することもある)。開山入寂の忌日法会を開山忌といい、その寺の開山の像または位牌を安置する堂を開山堂という。

**かいさん-き　開山忌**　寺の開山の忌日に修する法会。中国に始まり禅宗と共に日本に伝えられ、各宗寺院で行われる。一派の本寺の開山忌を曹洞宗では高祖忌・永平忌、真言宗では御影供、浄土宗では御忌《ぎょき》、真宗では御正忌(報恩講)、日蓮宗では御会式《おえしき》という。

**かいし　契此**　(　—貞明二916)唐末・五代の僧。明州奉化《ほうか》(浙江省奉化県)の人。長江子、布袋《ほてい》和尚と呼ばれる。俗に七福神の一に数え画題に用いられる。神異の言行が多く、常に杖と布袋を荷なって乞食し、弥勒の化身と信じられた。〔参考〕定応大師布袋和尚伝、宋高僧伝二一、景徳伝灯録二七、神僧伝九

**かい-じ-ごにゅう　開示悟入**　法華経方便品に、諸仏世尊は衆生に仏知見を開示悟入させるために世に出現したと説かれている。天台宗では、仏の知見(さとり)に達する程度の浅深などを表示するものと解し、法華一乗を解する四一(教行人理)のうち、理一(さとるべき法の真理が一であること)を顕わす要文とする。「開」とは開発の意で、衆生の理に迷うこころ(無明)を破って如来蔵(衆生が本質としてもつ真如)を開き、実相(ありのまま)の理を見ること。「示」は顕示の意で、現象に即して実相の理を見、事々物々のすべての徳があらわになること。「悟」は覚悟の意で、事(現象)と理(本体)とが融けあってさながらにさとること。「入」は証入の意で、その事理がとけあった法体とぴったりかない、自由自在にさとりの智

慧の海に流れ入ること。この開示悟入について法華文句巻四上には、四位・四智・四門・観心の四つの見地より解釈を施す。

**かいしつ 開室** 禅宗の用語。入室《にっしつ》と同じ。師匠がその室を開いて弟子を引き入れ、教え導くこと。

**かいしゃ 開遮** 開と遮。開制または遮開と同じ意味。開はなすことを許すこと、遮はなすことを禁じること。例えば命の危い時は戒律を守らなくてもよい(開)、殺されても戒律は守らねばならない(遮)、という類。

**がいじゃ-しょう 改邪鈔** 一巻。真宗本願寺三世覚如の著(建武四1337)。当時の真宗教団の安心や行儀に関して二〇カ条をあげて邪義異説とし、これを批判した書。本願寺を教団の中心としようとする意図から、法然・親鸞・如信という三代伝持の正統性を主張し、仏光寺教団を主な批判対象とする。真宗聖教全書三、真宗史料集成一ほか

**かいしゅ 戒珠** (雍熙二985—熙寧一〇1077)北宋代の僧。姓は黄氏。字は耀之。法性子光に学び、禅を法海懐要にうけた。著書、浄土往生伝三巻(碑記伝序)。〔参考〕釈門正統八

**かいじゅ 快寿** (慶長一九1614—寛文六1666) 新義真言宗の僧。薩摩の人。俗姓は神戸氏。智積院・園城寺・醍醐寺で密教、天台を学び、のち大和長谷寺八世となる。江戸幕府に請うて豊山長谷寺の堂宇を南麓に移建した。〔参考〕豊山伝通記

**かいじゅ 海寿** (文保二1318—応永八1401) 臨済宗の僧。字は椿庭《ちんてい》。木杯道人と号する。遠江の人。鎌倉浄智寺の竺仙について得度し、暦応四年1341師に従って南禅寺に移った。貞和六年1350同志と共に元に渡り、天寧寺の空海念公に参じ、ついで浄慈寺・天界寺に移り、明の太祖の命をうけて大蔵を点じ、洪武五年1372福昌寺の主となった。応安六年1373帰朝し、足利義満の請により京都の真如寺に住し、ついで浄智・円覚・天竜・南禅の諸寺の主となる。〔参考〕五山歴代、本朝高僧伝三六

**かいじゅうせん-じ 海住山寺** 京都府相楽郡加茂町例幣。真言宗智山派。補陀落山と号する。天平七年735聖武天皇の勅願により良弁が開創して観音寺と号したと伝える。保延三年1137焼失後、承元二年1208に笠置寺の貞慶が中興して現寺号に改め、弟子慈心がその業を継いだ。隆盛期の室町時代には一山一三寺四二坊があったという。〔国宝〕五重塔(建保二1214) 〔重文〕文殊堂、木造十一面観音立像ほか 〔参考〕興福寺官務牒疏、雍州府志五

**かいじょう 戒定** ( —文化二1805) 真言宗豊山派の学僧。定慧ともいい、金猊園と号する。上野の人。二〇歳で大和長谷寺に入り、寛政三年1791江戸護国寺の代補となる。同一〇年長谷寺に帰って諸論疏を講じ、享和三年1803武蔵宝仙寺に住持した。著書、二十唯識論帳秘録二巻、華厳五教章帳秘録五巻など。

**かいじょう 開成** (神亀元724—天応元781) 光仁天皇の皇子。天平神護元年765宮を出て摂津勝尾山に籠り、善仲・善算に従って出家してともに庵居し、大般若経の書写につとめた。のち弥勒寺(のちの勝尾寺)を創建し、自写の経を安置した。〔参考〕拾遺往生伝、元亨釈書一五、本朝高僧伝六九

**かいじょう 開静** 禅宗で眠りをさますこと。また坐禅をやめること。板木を打ち鳴らしてこれを知らせる。開静に二種あって、庫前の板を鳴らして行者《あんじゃ》(寺内の諸役に給仕する者)を起床させるのを小開静といい、次に庫前の板並びに諸堂の板を一斉に鳴らして大衆を起床させ、また僧堂で坐禅をしているものに休止させるのを大開静という。

**がいしょうもん 該摂門** 〔分相門《ぶんそうもん》〕 華厳宗で別教一乗〈⇩五教〉を解釈する際に用いる術語。教説の表現(説相)の差異から仏教を三乗と一乗とに分けて、三乗のほかに別に一乗があると立てるのを分相門、三乗も一乗もことごとくの教えが一乗に摂め尽くされて区別がないとするのを該摂門という。分相門は別教一乗の語義を示すための相対的立場であり、該摂門は別教一乗の本質(法体)を示すための絶対的立場である(華厳五教章巻上)。

**かいしん-じ 開心寺** 韓国慶尚北道醴

泉郡にあった寺。廃址に高麗顕宗元年1009に造られた新羅様式の五重石塔が現存する。

**かいしん-しょう　開心鈔**　三巻。衆善覚夢鈔ともいう。杲宝《ごうほう》の著(貞和五1349)。真言宗義および禅と密教との関係について の論文を集めたもの。上巻は禅宗に関するもの、中巻は煩悩菩提の問題に関するもの、下巻は即事而真などの真言宗義に関するものを収め、問答形式によって解説を加えている。㊅七七〔自筆本〕東寺観智院蔵〔写本〕貞和五写〔刊本〕慶長木活版、寛永元1624刊、同四刊

**かいしんそく-ろん　界身足論**　⇩六足論《ろくそくろん》

**かいすう　契嵩**　(景徳四1007―熙寧五1072)北宋初期の禅僧。姓は李氏。字は仲霊。潜子と号する。仏日といい、明教大師の号を賜る。藤州鐔津《たんしん》(広西省藤県)の人。雲門四世の洞山暁聡《ぎょうそう》の法を嗣ぎ、霊隠寺など江浙の各地に化を振い、晩年には銭塘(浙江省杭県)仏日山に住した。内外の学に通じ、特に儒者の排仏説を批判した輔教編《ふぎょうへん》三巻や、禅の伝灯説を考証した伝法正宗記九巻の他、鐔津文集一九巻があり、治平集一〇〇巻(失)もあった。〔参考〕鐔津明教大師行業記、僧宝伝二七、五灯会元一五

**かいせん-じ　開先寺**　中国江西省南康府廬山の東南麓にある。南唐の李璟(943―61在位)の創建という。宋代に雲門門下の清耀が住して以来、雲門宗の諸大徳が歴住した。太平興国二年977開先華蔵と改め、明の天順年間1457―64には開先寺に復した。清の康熙四六年1707秀峰寺の額を賜う。〔参考〕禅林僧宝伝二九

**かいぜん-じ　開善寺**　①中国江蘇省江寧府城外鍾山。梁の天監一三年514保誌(宝誌)を葬った地に、勅して開善寺を建て、弟子智蔵を住させた。唐の乾符年間874―79勅により宝公寺と改称し、北宋の開宝年間968―76開善道場と号した。太平興国五年980鍾山の諸寺を合わせ太平興国寺としてからは、その支院となり、寺名を廃した。〔参考〕高僧伝六・一一、仏祖統紀三七　②長野県飯田市上川路。畳秀山と号する。臨済宗妙心寺派。建武二年1335小笠原貞宗の建立、渡来僧清拙正澄を開山とする。以後禅宗の高徳が歴住し、天文一八年1549速伝宗販を中興開山として現在に至る。〔重文〕山門ほか〔参考〕延宝伝灯録四、本朝高僧伝二五

**かいそ　懐素**　(唐の武徳七624―武周の神功元697)東塔宗の創立者。姓は苑氏。京兆(陝西省長安県)の人。貞観一九年645二二歳で玄奘の弟子となり、のち道宣に四分律行事鈔を習い、法礪の門人道成に四分律疏を学んで別に一家を立てた。道宣の南山宗、法礪の相部宗に対して、東塔宗と呼ばれた。上元三年676詔を奉じて西太原寺に住持して盛んに律を講じた。著書、四分律開宗記二〇巻、僧羯磨三巻、尼羯磨三巻、俱舎論疏一五巻、遺教経疏二巻など。〔参考〕続開元録中、宋高僧伝一四

**かいぞう-じ　海蔵寺**　神奈川県鎌倉市扇ガ谷。扇谷山と号し、臨済宗建長寺派。応永元年1394の創建と伝え、上杉氏定を開基、源翁心昭を開山とする。源翁ははじめ曹洞宗に属したが、のち蘭渓道隆に帰して臨済宗に転じた。本尊薬師如来は啼薬師あるいは児護薬師といわれ、庶民の信仰を集めた。〔参考〕新編鎌倉志、鎌倉攬勝考

**かいそん　快尊**　①(元禄一六1703―安永二1773)真言宗豊山派第二七世。竜福寺快伝について出家し、大和長谷寺に学び、明和三年1766能化となる。〔参考〕新義真言宗史料　②(明徳二1391―文正元1466)高野山の学僧。高野山の問答講を再興した。〔参考〕本朝高僧伝一八

**かいぞん　快存**　(正保四1647―享保九1724)真言宗智山派第一三世。薩摩の人。幼くして仏門に入り、ついで興福寺・高野山に学遊した。寛文一二年1672智積院で学び、正徳元年1711六波羅蜜寺一四世を継ぎ、享保元年智積院能化となり、中性院の法務を兼ねた。〔参考〕快存上人伝、快存僧正記

**かいだい　開題**　典籍の題号を解釈しその綱要を説くこと。また新たに経文を書写してこれを供養《くよう》する法会を開題供養といい、その法会の表白《ひょうびゃく》にはその経文の題号や大意を解釈する。

**かいだん　戒壇**　授戒《じゅかい》の儀式を行う壇場。もと戒場には別に壇を設けなかったらしいが、のち壇を作るようになり、義浄

の大唐西域求法高僧伝巻上には那爛陀寺の戒壇に関する記事がある（なお道宣の戒壇図経には祇園精舎の戒壇について述べているが、事実は不明）。①中国では、劉宋の元嘉424―53の頃、健康の南林寺に戒壇が築かれたのが古い（道宣律師感通録には、中国には古来三百余所の戒壇があったというが疑わしい）。唐の道宣は、乾封二年667長安郊外の浄業寺に戒壇を築き、また関中創立戒壇図経を著わして、戒壇の起源・名称・形状などを詳述した。その後、義浄や一行・金剛智らによって洛陽付近に戒壇が建てられ、やがて地方に普及して、官設のものや私設のものができた。②日本では、唐の鑑真が天平勝宝六年754東大寺大仏殿前に戒壇を設けて天皇以下に菩薩戒を授けたのに始まり、ついで大仏殿の西南に戒壇院が建てられた。のち天平宝字三年759唐招提寺に戒壇が築かれ、同五年（一説に同六年）下野薬師寺と筑紫観世音寺に戒壇が建てられた。これらはみな道宣の戒壇図経によって作られたという（なお東大寺・薬師寺・観世音寺の戒壇を天下の三戒壇（中国戒壇と辺国戒壇）といい、日本を三分してその授戒区域を定めた）。平安初期に最澄は顕戒論を著わして大乗戒を主張し、比叡山に大乗菩薩のための戒壇を別に建設しようとした。弘仁一三年822最澄の死後七日目に円頓戒壇の設置が勅許され、天長四年827（一説に同五年）一乗戒壇院が建てられた。のち天台宗では山門と寺門とが反目し、園城寺は戒壇を別立しようと図って、永保元年1081漸く勅許を得て設けたが、直ちに山徒によって破壊され、正元二年1260再び宣旨をうけたが、遂に実現できなかった。元応年間1319―21興円（伝信）は洛東岡崎元応寺に山門の戒壇を分置し、ついで弟子の慧鎮（円観）は同じく法勝寺に分置した。また興円や円観は、地方の授戒者の便を図って遠国《おんごく》四箇戒壇（相模宝戒寺・肥後鎮興寺・加賀薬師寺・伊予等妙寺）を設けた。のち元応寺の戒壇は近江坂本来迎寺に、法勝寺の戒壇は同西教寺に移された。江戸時代には、山門では四分律の兼学を主張する妙立・霊空の徒が安楽律院を本拠として、ひたすら円頓戒によろうとする真流らと対立したが、別に戒壇を設けはしなかった。また同じ頃、寺門では、義瑞・敬光らが積善院に戒場を建てて円頓戒を弘めた。〔参考〕仏祖統紀三六、釈氏稽古略三、元亨釈書二七

**かいだん-いん　戒壇院**　①奈良市東大寺境内。天平勝宝六年754鑑真が大仏殿前に戒壇を築き、ついで大仏殿西南に移して堂宇を建てたのに始まる。天平宝字五年761下野薬師寺と筑紫観世音寺に戒壇が設けられてからは中国（日本中央部の諸国）の受戒場と定められ、各宗の僧がすべてここで受戒したが、天長四年827比叡山に一乗戒壇院が設けられてからは、天台宗の僧は比叡山で受戒し、次第にその勢威を失った。治承四年1180平氏の兵火で焼け、源頼朝が再興。仁治年間1240―43の頃、西迎が諸国を勧進して諸堂を整えた。文安三年1446失火で焼け、後に徳融や能範が復興したが、永禄一〇年1567再び兵火にあい、のち成秀・順弘や慧光らの努力によって享保一八年1733落慶した。〔国宝〕塑造四天王立像〔参考〕南都東大寺略縁起、東大寺要録一・四、同続要録、戒壇院聚記　②滋賀県大津市坂本本町比叡山。正しくは一乗戒壇院といい、大乗戒壇院、法華戒壇院ともいう。最澄の遺志により、天長四年827（一説に同五年）義真が比叡山に建立。大乗円頓戒の戒場とした。元亀二年1571織田信長に焼かれたのを慶長五年1600に再興した。〔参考〕一心戒文、山門堂舎記、叡岳要記

**かいだん-めぐり　戒壇廻**　仏堂の縁の下の、内陣のまわりにあたる部分に設けられた暗い通路を、参詣者が廻って仏縁を結ぶこと。信濃の善光寺の戒壇廻は古来有名。

**かいちょう　戒牒**　⇩度牒《どちょう》

**かいちょう　開帳**　仏像・祖像などの扉帳《ひちょう》を開いて親しく人々に拝ませること。開扉《かいひ》・啓龕《けいがん》ともいう。また他の所に出張して行うのを出開帳《でがいちょう》という。

**かいちん　開枕**　就寝すること。禅宗では、就寝するときに枕を開き、起床するときはたたんでおく橋枕《きょうちん》という木製の枕を用いるからである。橋枕を日本では摺枕《たたみまくら》という。

**かいてき　懐迪**　生没年不詳。唐代の

僧。循州(広東省恵州府)の人。菩提流志が宝積経を訳した際、証義の役にあたった。のち大仏頂首楞厳経一〇巻を訳したというが、その事実は疑わしい。〔参考〕開元録九、宋高僧伝三

**かいてん-じょうぶつ　改転成仏**　悪をあらためてひるがえして成仏すること。日蓮宗で法華経以外の諸経に説いている成仏説を指していう語。諸経には一念三千・性善性悪の説がなく諸法実相の妙旨を説かないから、悪人は悪を改転し女人は女性を改転して初めて成仏すると説くが、これは法華経の一念三千の故に、改転することなくして成仏すると説くのに比べて、いまだ真実の成仏ではないとするのである(開目抄巻下)。

**かいど　戒度**　生没年不詳。南宋代の律僧。元照《がんじょう》に学び、晩年には余姚《よちょう》(浙江省余姚県)の極楽寺に住し浄土教を信奉した。著書に観経疏正観記三巻、阿弥陀経疏聞持記三巻、観経扶新論一巻があり、前の二は元照の疏を釈したもの、他の一は天台の説に基づく道因の観経扶正解を破して元照の意を明らかにしたものである。〔参考〕仏祖統紀二八、浄土聖賢録四

**かいとう　戒刀**　刀子《とうず》ともいう。大乗の比丘が常に所持すべき十八物《もつ》の一。僧が衣を裁ったり、髪を剃ったり、爪を切ったりするために戒律上規定されて使用する小刀。

**かいどう　快道**　(宝暦元1751—文化七1810)　新義真言宗江戸根生院の学僧。字を林常という。上野勢多郡の人。大和長谷寺に学び、享和元年1801以来、秘密儀軌四四部四八巻を校訂印行した(享和儀軌)。のち江戸の伝通院および根生院などで開講した。著書、六合釈章疏標目一巻、六合釈精義、六合釈三部章。

**かいどう　開堂**　禅宗の用語。新任の住持が赴任した時、法堂《はっとう》を開いて法を説く行事。その場合、国家の安泰や皇帝の長寿を祈るから、開堂祝寿、開堂祝聖《しゅくしん》、祝国開堂ともいう。今日では本山または大寺のみで行い、これをすませた者を大和尚と称する。

**かいとう-こうそう-でん　海東高僧伝**　巻数不詳(うち一、二巻のみ現存)。高麗の覚訓の撰(高宗二1215)。仏教を朝鮮に流通した高僧の伝記を集めたもの。本伝一九人、附伝一三人を載せる。㊅五〇

**かいとう-どめん　灰頭土面**　禅宗の用語。頭に灰をかぶり顔に土を塗るという意。悟りを開いた後に大衆を教化するため、自ら進んで汚濁の中に身を投入することを形容する語。

**かいどく　会読**　問者《もんじゃ》と答者《たっしゃ》にわかれて対座し、判者(講者)がその上位に坐って、あらかじめ定まっている問題について討論する学問研究の方法。討論の題目を論題といい、問答する人をきめる籤《じく》を会籤《かいせん》という。

**かいない　界内**　〔界外《げかい》〕　欲界・色界・無色界の三界の内に入るもの(三界を越えてその外にあるものを界外という)。①三界は生死の苦の世界であるから、仏は三界の生死を出て涅槃《ねはん》を得ることを教えたが、人々はその涅槃とは身心の滅無に帰したものと考えた。しかし大乗では、身心の滅無はまことの涅槃でなく、三界から出ることのみを目的とする界内の教は真実ではないとし、純粋に精神的に惑いの根元的なものを断絶して究極的な悟りに到った時にのみ、まことの生死の解脱があり真実の涅槃があるから、三界を出たと自ら信じているものにもなお迷いがあり生死があるとする界外の教こそ真実であると説く。ここに仏教の中でも、三界を出ることを目的とする界内の教と、その教えをさらに批判して、三界を出るというのもなお迷いであるから、三界を越えた所にある生死を免れねばならないとする界外の教とが生じた。②勝鬘経の一乗章には死に分段死《ぶんだんし》と不思議変易死《ふしぎへんにやくし》とがあるというが、分段死とは身心の滅無に帰することによってなくなると信じられる形の大小や寿命の長短ある身の死であり、それは界内の生死である。これに対して不思議変易死は、惑いの根元的なものを断絶したとき初めてなくなる精神上の変化推移を死としたもので、それは界外の生死である。阿羅漢は界内の死である分段死

を免れて三界を出るが、界外の死である変易死は阿羅漢・辟支仏・大力の菩薩も免れず、二種の死を脱れるのはただ仏のみであるとされる〈⇩生死《しょうじ》〉。③天台宗では仏教を蔵通別円の四教に分けるうち、蔵教は界内の事教、通教は界内の理教、別教は界外の事教、円教は界外の理教であるとする。この場合、事教とは因縁によって生ずる差別の相を主として説く教えを指し、理教とはその差別相の根底にある一貫した理を説くことを主とする教えを指すのである。また惑いについても三惑を分け、その中、見惑《けんわく》・思惑《しわく》は界内の惑、塵沙《じんじゃ》の惑は界内・界外に通じる惑、無明《むみょう》の惑は界外のみの惑とし、見思の惑をまた界内の通惑、塵沙と無明との惑を界外の別惑ともいう。従って蔵通二教の者は界内の惑である見思《けんじ》の惑を断つのみであるが、別円二教の者はさらに進んで塵沙・無明の惑をも断って、界内界外の一切の惑を断ち尽くすと説く〈⇩五時八教《ごじはっきょう》〉。④三界の惑を断った者の生まれる国土は、三界の外にあるから、これを界外の土という。大乗でのみ説かれるものであって、大智度論巻九三には、阿羅漢は三界を出た所にある浄仏土に生まれて法華経を聞くと説き、世親の浄土論には安楽国は三界の道にこえすぐれていると説いている。天台宗では凡聖同居土・方便有余土・実報無障礙土・常寂光土の四土を分けるうち、凡聖同居土は界内で、他の三は界外であるとする。⑤律の制法の上で修道のために限定したある地域を結界といい、その域内を界内または界中、その域外を界外と称する。⇩結界《けっかい》

**かいにち-おう　戒日王**　(606—47在位)　梵シーラーディトヤ Śīlāditya の訳。戒日は称号で名をハルシャ Harṣa, ハルシャヴァルダナ Harṣavardhana, ハルシャデーヴァ Harṣadeva あるいはシュリーハルシャ Śrīharṣa という。インドのターネーサル王国プシヤブーティ王家第六代の王。カニヤークブジャ Kanyākubja（曲女城）を都として、デカン高原以北のインドのほぼ全域を支配し、グプタ王朝没落後の分裂状態を統一した。はじめシヴァ神を尊崇していたが、のち仏教に帰依して、多数の仏塔・伽藍を建立し、五年ごとに無遮大会を催して僧俗の供養を行うなど仏教の興隆につとめた。王の治世時にインドに留学していた唐の玄奘は王の厚遇を受け、当時のありさまを詳細に記録している。また文芸・学問を奨励し、多数の詩人を庇護したほか、みずからもナーガーナンダ Nāgānanda, ラトナーヴァリー Ratnāvalī, プリヤダルシカー Priyadarśikā という三篇の戯曲、およびアシュタマハーシュリーチャイトヤ・ストートラ Aṣṭamahāśrīcaitya-stotra（八大霊塔梵讃）、スプラブータ・ストートラ Suprabhūta-stotra という二篇の仏教詩を著作として遺した。その生涯は、王に仕えた文人バーノ Bāṇa がハルシャ・チャリタ Harṣa-carita として作品化した。〔参考〕西域記五、南海寄帰内法伝四、ターラナータ・インド仏教史

**かいにょ　戒如**　生没年不詳。鎌倉時代の律僧。知足と号した。貞慶から戒律および法相の学を承け、興福寺常喜院を中心に盛んに律を講じた。弟子に覚盛・有厳・円晴・叡尊・禅観・禅慧・厳俊・覚澄らがいる。著書、四帖問答短釈。〔参考〕円照上人行状、本朝高僧伝五八

**かいにょ　海如**　(享和三1803—明治六1873）真言宗の僧。上総の人。姓は露崎氏。字は光雲。幼くして仏門に入り、文政二年1819大和長谷寺に学ぶ。慈雲尊者飲光《おんこう》の跡を慕い、河内高貴寺・長栄寺で律および梵学を究めた。天保七年1836能満院に住して律を興し、のち畿内・関東に遊化し、粟田宮・伏見宮・賀陽宮をはじめ一般子女に至るまで、多く灌頂授戒した。

**かいねん　介然**　生没年不詳。北宋代の浄土教の僧。明州鄞県(浙江省寧波府)の人。定慧尊者と称する。はじめ福泉山の延寿寺に学び、ついで南湖の明智中立から天台の教観を受けた。元豊元年1078十六観堂を立てて阿弥陀三尊を祀り念仏を修した。建炎四年1130金の兵が明州を攻めたとき、ひとり寺にとどまり観堂を守ろうとしたが、北地に観堂を作らせるためにつれさられた。〔参考〕仏祖統紀一五、浄土聖賢録三

**かい-はい-え　開廃会**　天台宗の用語。仏陀の教説および仏身について、本質的なものと方便的なものとの関係を論じるために、隋の智顗《ちぎ》によって区別された三つの関連した概念。方便をうちあけること(開)と、方便をやめること(廃)と、方便が真実と一体になること(会)。法華経においてははじめてあらわされたもので、経の前半には、法華以前の権教《ごんきょう》(方便の教え)と法華の実教(真実の教え)との関係を、教えの体から開権顕実《かいごんけんじつ》、衆生を導くはたらきから廃権立実《はいごんりゅうじつ》、実践の面から会三帰一《えさんきいち》と示し、経の後半には、釈迦牟尼仏の仏身について、永遠の根元仏(本仏)とそれが形をあらわした仏(迹仏)との関係を、開迹顕本、廃迹立本、会迹帰本と示し、略して開廃会という。即ち、法華の実教からいえば、法華以前の権教は真実に導くための方便の教えであり、権教への執われを開けば、そのとき真実が顕われる(開権顕実)。だから、権教への執われを開き除けば、権も実もすべてが真実に他ならないから、方便としての権教の必要はなくなって廃され(廃権立実)、ここに声聞・縁覚・菩薩の差別がなくなって、三乗ひとしく一仏乗に入って成仏する(会三帰一)。仏身についても同様に開廃会が説かれる。この思想は法華玄義巻一上では蓮華の三喩のうちにも示され、また法華玄義巻九下には、法華経のはたらきとして迹門の十重(破三顕一、廃三顕一、開三顕一、会三顕一、住一顕一、住三顕一、住非三非一顕一、覆三顕一、住三用一、住一用三)、本門の十重(破迹顕本、廃迹顕本、開迹顕本、会迹顕本、住本顕本、住迹顕本、住非迹非本顕本、覆迹顕本、住迹用本、住本用迹)と説かれる。なお、開と廃との関係は蓮華の三喩からいえば花が開いて果実があらわれる(開)のと花が落ちて果実が熟する(廃)関係のように、開を先として廃を後とするが、理からいえば、権を開会するとき、権即実となるから、開と廃とは同時(開廃倶時)であるという。

**かいば-べん　快馬鞭**　一巻。東嶺円慈の著。霧隠の編。白隠の高弟東嶺円慈の法語および道歌の一部を寛政一二年1800門弟霧隠が輯録した書。入道要訣、奉大聖寺宮、答軽蔑神仏人、示村林無文斎、示世継利貞禅尼、示世継了智禅尼、発心修行之文、病中三の用心のこと、発願文のこと、道歌二一首の一〇篇(いずれも仮名文)を収める。巻末には東嶺和尚行実がある。禅門法語全集三〔刊本〕寛政一二刊、明治二六1893刊

**かいびゃく　開白〔結願《けちがん》〕**　修法や法会の始まりに、本尊の前で所願の趣旨や期限などを告げるのを開白または表白、啓白、開啓などといい、その最後の日にあたって、願意の結《むす》びをつけるのを結願という。転じて、俗に彼岸の末日を結願という。

**かいほう-ぎょう　回峰行**　比叡山諸峰の堂塔神社を巡拝する修験行法で千日を一期とする。止観行・遮那行と共に後世比叡山三行の一。貞観年間859—77相応の創始という。行法は、不動明王を本尊とし、日々不動立印の秘法を修し、檜経木《ひのきへぎ》の笠をかぶり、草鞋をはき、腰に剣をつけ、右手に檜扇、左手に念珠をもち、比叡山の諸峰の旧道(行者道)を巡る。途中で所定の堂塔・山王七社・霊石・霊水など数十カ所で修法を行う。最初は一年のうち一〇〇日を限って五年間五〇〇日で終り(下根の満、白帯の行者という)、ついで六年目に一年のうち二〇〇日を回峰し、通計七〇〇日を終る日から九日間、無動寺谷明王堂に籠り、断食して不動明王呪を一洛叉(一〇万回)唱し(堂入りと称し、この行者を中根の満、当行満という)、次の年一〇〇日は西坂本の赤山明神への参詣を回峰に加える(赤山苦行という)。次の年一〇〇日は回峰の他に京都洛中洛外の神社仏閣を巡り、行程八四キロにおよぶ(京都大廻りという)。つづいて一〇〇日間、比叡山諸峰を回峰する。以上の千日回峰成就の行者を上根の満、大行満とよび、土足参内と称して草鞋のまま宮中昇殿を許され玉体加持をした。なお最初の一〇〇日を行じた者以上は、入峰《にゅうぶ》と称し叡山北方の葛川《かつらがわ》明王院に参籠するが、一二回参籠者を先達、二〇回参籠者を大先達、四二回参籠者を大大先達または仁表とよんだ。〔参考〕北嶺行門記、北嶺廻峰次第、北嶺大廻次第

**かいみょう　戒明**　生没年不詳。奈良時

代の大安寺の僧。俗姓は凡直氏。讃岐の人。大安寺の慶俊に華厳を学び、宝亀年間770—80の末、勅を奉じて唐に渡った。志公の真身の観音の影像をもたらし、また首楞厳経・釈摩訶衍論などを将来した。大仏頂経の偽経説が出たとき、これを論破したという。〔参考〕日本高僧伝要文抄三、本朝高僧伝四

**かいもく‐しょう　開目抄**　二巻。日蓮の著(文永九1272)。佐渡の配所で法華行者としての自覚を深めた日蓮が、自分は久遠実成の釈迦牟尼仏の使者としてこの世に生まれた本化上行菩薩の再誕、末法応時導師であり、現在の迫害は未来の大楽を受ける勝縁であることを述べた書。古来、日蓮宗では、観心本尊抄と共に本書をとくに重視し、本書は人を開顕し、教相を主とするのに対して、観心本尊抄は法を開顕し、観心を主とするものであり、人法・教観の旨帰は両著につきるとしている。㊅八四、日蓮上人御遺文、昭和定本蓮聖人遺文一、仏教大系三三、日本古典文学大系八二〔自筆文〕身延山久遠寺旧蔵(明治一七1884焼失)〔註釈〕身延日朝・開目抄私見聞四巻(仏教大系三三)、日講・開目抄啓蒙六巻、日好・開目鈔扶老二巻、本多主馬・開目鈔講録、本多日生・開目鈔詳解など

**かいよく　開浴**　禅宗の用語。浴室を開いて入浴すること。入浴の際、浴室に入り、そこに安置してある賢護大士の像に向かって香を焼いて唱える偈を開浴偈といい、開浴のことを大衆一同にしらせるために斎堂の前に掲げる牌を開浴牌という。

**かいりつ　戒律**　戒と律との併称。また広く仏教徒の守るべき生活規範をいう。⇩戒《かい》　⇩律《りつ》

**かいりつ‐でんらい‐き　戒律伝来記**　三巻(上巻のみ現存)。戒律記、戒律伝来宗旨問答ともいう。豊安《ぶあん》の著(天長七830)。淳和帝の勅によって著わされたと伝える六本宗書の一。もと上巻を戒律伝来記、中巻を戒律問答、下巻を戒律宗旨と題した三巻本であったが、中・下巻は今は伝わっていない。上巻は戒律の伝来史を述べたもので、仏伝西域、凡聖流漢、百済伝倭、唐伝日本の四章からなる。㊅七四、仏全一〇五〔刊本〕嘉永五1852刊〔参考〕義澄・招提千歳伝記

**かいりゅう‐おう‐きょう　海竜王経**　四巻。西晋の竺法護の訳(太康六285)。チベット訳もある。霊鷲山《りょうじゅせん》において仏が海竜王のために六波羅蜜や諸法皆空を説き、次いで海竜王が仏を海底の竜宮に招く。仏はそこでまた十善、六波羅蜜などを説き、女人・竜王・阿修羅などもみな成仏すべきことを明らかにする。この経は古く雨乞いの祈禱に用いられ、日本でも奈良時代に盛行した。㊅一五

**かいりゅうおう‐じ　海竜王寺**　奈良市法華寺町。真言律宗。天平三年731光明皇后の開創と伝え、平城京の東北隅にあったので隅寺《すみでら》、隅院、脇寺などともいわれた。鎌倉時代に叡尊が堂宇を修造し、現在は西大寺末に属する。〔国宝〕五重小塔〔重文〕西金堂、経蔵、絹本著色毘沙門天像、木造文殊菩薩立像、同十一面観音立像、金銅舎利塔ほか〔参考〕続日本紀一三・一七、元亨釈書二三、南都名所集、和州旧蹟幽考四

**かいりょう　海量**　(享保一四1729—文化一四1817)浄土真宗本願寺派の僧。近江の人。寺を甥にゆずって賀茂真淵の門に入り、国学・音韻の学に詳しかった。井伊直中の信を得て彦根藩校を興した。著書、伊勢物語新考、ひとよばな、四教儀諦観録講義。

**かいろ　開炉**　禅宗の寺院で一〇月一日(旧一〇月一日)、僧堂・寮舎などに暖炉を開く行事。三月末日(旧二月末日)に閉炉する。

**かい‐わじょう　戒和上**　戒を授ける和上。戒和尚ともかく。①具足戒を受ける時、現前に三師と七証師とがいなければならないが、戒和上はその三師の一人で、戒壇に立って戒を授ける人である。②円頓戒《えんどんかい》では三師七証の現前を請じないで、釈迦牟尼仏《しゃかむにぶつ》を請じて戒和尚とし、ただ一師を請じて伝戒師としている。⇩受戒《じゅかい》

**カウエル　Cowell　Edward　Byles**　(1826—1903)イギリスの東洋学者。カルカッタ大学教授。のちにオックスフォード大学の初代サンスクリット教授。ライト D. Wright, ベンドール C. Bendall らの助力を得て梵語資料の集成に力をつくした。著

書にプラークリタ・プラカーシャ Prākṛta-prakāśa の校訂翻訳(1854)、ニヤーヤマーラ・ヴィスタラ Nyāyamāla-vistara の刊行(1878, ゴルドスチュッカーと協力)、ニヤーヤ・クスマーンジャリ(Nyāya-kusumāñjali)の刊行と翻訳(1864)、サルヴァ・ダルシャナ・サングラハ Sarvadarśana-saṃgraha の翻訳(1894カウフと協力)、ハルシャ・チャリタ Harṣacarita の翻訳(1897, トーマスと協力)、ディヴヤ・アヴァダーナ Divyāvadāna の出版(1986, ネイルと協力)、ブッタチャリタ Buddha carita の出版(1893)と翻訳などがある。

**ガウダパーダ** **Gauḍapāda** (640—90頃)ヴェーダーンタ Vedānta 学派の思想家。マーンドゥーキヤ・カーリカー Māṇḍūkya-kārikā を著わしてヴェーダーンタ学派の一元論を発展させたが、大乗仏教の影響をつよく受けており、著作中にも中観・唯識両派の用語・論法をさかんに用いている。

**カウティルヤ** **Kauṭilya** (紀元前四—三世紀) チャーナキヤ Cāṇakya あるいはヴィシュヌグプタ Viṣṇugupta ともいう。マウルヤ王朝のチャンドラグプタ Candragupta 王の宰相。王を助けてインド全土の統一支配を実現するのに貢献したという。彼の思想を伝えるカウティルヤ・アルタシャーストラ Kauṭilya Artha-śāstra(カウティルヤ実利論)は、政治・外交・軍事の指南書で、当時のインドの社会状態や国家組織を知る上で貴重な文献である。

**かうん-くよう-ぎき　火吽供養儀軌** 一巻。唐の善無畏(637—735)の著。成立年不詳。護摩の方法を示したもの。吽は浄菩提心を象徴する文字であり、護摩は菩提心の智火で煩悩の薪を焼きつくすことを意味し、本軌には息災・増益・降伏・敬愛の四種の護摩の修法を説く。空海、円珍が日本に将来した。(大)一八

**がうん-にっけん-ろく　臥雲日件録** 相国寺の瑞渓周鳳の日記。臥雲は周鳳の別号。文安三年1446四月三日から没する六日前の文明五年1473五月三日に至る二八年間の日記。当時の室町幕府と五山との関係や五山住僧間の消息を窺うことのできる史料である。もと七四巻あったというが、原本は散逸し、今は惟高妙安が永禄五年1562に抜抄した臥雲日件録抜尤二巻によるよりほかはない。大日本古記録、続史籍集覧三

**かおう　可翁** ⇩宗然《そうねん》

**かおく　珂憶** (寛永一二1635—宝永五1708)浄土宗の僧。若狭の人。円信と号する。河内安福寺の中興。珂山・珂碩に師事し、のち諸国を遊化して、各地で不断念仏会を修した。〔参考〕浄土伝灯総系譜中

**かか　迦迦** (梵)カーカ kāka の音写。カラスのこと。

**かがい-せんみょう　利井鮮妙** (天保六1835—大正三1914)浄土真宗本願寺派の学僧。如如、赤愚、双非坊などと号した。摂津の常見寺に生まれ、美濃の行照、肥後の僧亮に従って宗学を学び、兄明朗のあと常見寺を継いだ。さらに松島善譲の指導をうけ、自坊に私塾専精舎を設け、明治一五年1882兄と共に本照寺(現大阪府高槻市)内に行信教校を設けた。同二九年勧学となる。専精院と諡す。著書、宗要論題決択編一〇巻など。

**かがい-みょうろう　利井明朗** (天保三1832—大正七1918)浄土真宗本願寺派の僧。摂津常見寺に生まれ、八歳で住職となった。幕末に際し京坂を往来して、南渓・超然・月性・宏遠らと一派の宗是を定め、明治元年1868朝廷の守護に活躍した。同一五年弟鮮妙とともに本照寺境内に行信教校を設けて、人材の養成にあたる。のち二度にわたり本山執行長に任じられ、その間に大谷家嗣子照君(光照)の保輔役となる。

**かかん　可観** (元祐七1092—淳熙九1182)南宋代の天台宗の僧。華亭(江蘇省)の人。字は宜翁。号は解空、竹庵。一六歳で受具し、車渓の郷法師に学び、嘉禾の寿聖寺、常湖の徳蔵寺などに住し、当湖南林の竹庵で晩年を送った。著書、楞厳集解四巻、楞厳説題四巻、山家義苑二巻、竹庵録一巻など。〔参考〕仏祖統紀一五・二五

**がかん-じ　瓦官寺** 中国江蘇省江寧府鳳凰台。東晋の興寧二年364慧力の創建という。竺法汰・竺僧敷・竺道壱・慧果・求那跋摩らが相次いで講席を開き、天台智顗《ぎち》は陳

の光大元年567以来八年間住し、当時の教学の一大中心地であった。南唐の昇元元年937には昇元寺、宋代に崇勝寺と改称した。明初に荒廃。明末の嘉靖年間1522—66積慶庵を興して瓦官寺(下瓦官寺)と称し、鳳凰台の右に上瓦官寺を復興したが、またほとんど廃絶した。〔参考〕金陵梵刹志、隋天台智者大師別伝

**かき　可帰**　生没年不詳。新羅の僧。勝詮法師の弟子。著書、華厳経義網一巻、心源章一巻があったというが、いずれも現存しない。〔参考〕三国遺事四

**がき　餓鬼**　㊵プレータ preta の訳。薜茘多《へいりた》と音写し、鬼とも訳す。三塗《さんず》・五趣(五道)・六趣(六道)の一。前生で悪業をつくり、貪欲な性質のものが餓鬼に生まれ、常に飢えと渇きに苦しむ。順正理論巻三一に三種の餓鬼を説く。(1)無財餓鬼とは全く何も食べることができぬもの。(2)少財餓鬼とは膿、血などを食べるもの。(3)多財餓鬼とは人の残した物や人から施されたものを食べることのできるもの、及び天のような富楽を受ける者をもこの中に含む。この三種のうち、後の二を有財餓鬼《うざいがき》ともいう。餓鬼の本住所は閻摩王界《えんまおうかい》で、閻魔王はその主である。また無威徳鬼《むいとくき》と有威徳鬼との二種があり、前者はいわゆる餓鬼で飢渇に苦しめられるが、後者は天と同じく、多くの福楽を受けるという。大智度論巻三〇では前者を餓鬼、後者を弊鬼《へいき》と称している。⇩鬼《き》

**がき-ぞうし　餓鬼草紙**　往生要集などの流布とともに六道輪廻の思想が普及した一二世紀後半に、布教のためとくに醜怪な餓鬼を主題に作られた絵巻。東京国立博物館本(岡山河本家旧蔵、一巻)と京都国立博物館本(岡山曹源寺旧蔵、一巻)とが著名。いずれも国宝。前者は詞書を欠き、絵のみ一〇段があり、正法念処経所説の(1)欲色餓鬼、(2)伺嬰児便《しょうにべん》餓鬼、(3)羅刹餓鬼、(4)疾行餓鬼、(5)食糞餓鬼、(6)曠野餓鬼、(7)食火炭餓鬼、(8)塚間住食熱灰土餓鬼、(9)食吐餓鬼、(10)食水餓鬼を描いたものとみられる。後者は詞書とも七段で、正法念処経による食水餓鬼、救抜焰口餓鬼、陀羅尼経による焰口餓鬼、盂蘭盆経《うらぼんきょう》による目連尊者とその母の話などが描かれ、阿難尊者らによる餓鬼の救済がその主題となっている。両巻は別筆で筆致は同一ではないが、いずれも線を主としてのびやかに、また効果的な色彩により餓鬼の醜い姿をいきいきと描く。地獄草紙や病草紙と並んで絵画史上、思想史上の貴重な遺品。〔複製〕日本絵巻物集成九、新修日本絵巻物全集七、日本絵巻大成七

**かきゅう-しゅうこう　瑕丘宗興**　(文化一二1815—明治一三1880)浄土真宗本願寺派の学僧。玄風、閑雲と号する。尾張の本源寺に生まれ、近江の即往寺を継ぐ。本願寺学林に学び、のち司教職に進む。真宗学、華厳学に詳しかった。幕末維新期にはさかんに護法論を説いた。贈勧学。著書、真宗大意衍義、上宮太子慈視録、二十八題弁略など多い。

**かく　覚**　目がさめたようにそれまで知らなかったことを明らかに知る意から、涅槃《ねはん》をさとる意に用いて、菩提《ぼだい》(㊵ボーディ bodhi 涅槃をさとった智慧)、或いは仏《ぶつ》(㊵ブッダ buddha 覚者、さとった人)の訳語にあてる。ただし、旧訳では菩提を道、仏を覚とし、新訳では菩提を覚、仏を覚者とし、法と人とをわける。また、ものごとを感知する意から、おおまかに麁《あら》く尋ね求め(尋求《じんぐ》)おしはかる(推度《すいたく》)精神作用(心所)を旧訳では覚という。新訳ではこれを尋《じん》(㊵ヴィタルカ vitarka)という。①大乗起信論では、万有の本体である阿梨耶識《ありやしき》には覚と不覚との二義があり、覚には本覚と始覚との二覚があるとする。即ち万有の本体はもともと清らかな覚体(本覚)であるが、しかし無始以来の無明《むみょう》妄念によって覆われているから現実には不覚である。けれども修行して観智を生ずればこの不覚からめざめて心源を覚了するに至る。これを始覚という。始覚は覚の程度によって、次の四位に分ける。(1)究竟覚《くきょうかく》。この上ない覚知の意で、第十地の菩薩《ぼさつ》の覚知をいう。ただし一般には仏の覚知を究竟覚、無上覚、正覚《しょうがく》、人覚という。(2)第九地までの地上《じじょう》の菩薩の覚知は部分的であって不完全だから随分覚。(3)十住・十行・

十廻向(三賢)の菩薩および二乗の覚知は似てはいるが真を得ていないから相似覚。(4)十信までの凡夫で、悪業は苦果を招くという業果の道理を覚知しているから悪業は造らないが、いまだ煩悩《ぼんのう》を断つ智を起こさない者の覚知を不覚とする。②仏を覚と訳すのは、自らさとり(自覚)、他をさとらせ(覚他)、さとりのはたらきが窮まり満ちている(覚行窮満《かくぎょうぐうまん》)からで、自覚は凡夫に対して、覚他は二乗に対して、覚行窮満は菩薩に対して、これらと異なることをあらわし、これを三覚という（前二者を二覚ともいう）。③独覚(縁覚)と大覚(仏)とを二覚または二覚者となづける。また菩薩の階位五十二位のうち第五一の等覚と第五二の妙覚(仏果)との二、或いは仏の智徳と断徳とを二覚という。④尋求推度《じんぐすいたく》する精神作用(心所)としての覚(尋)は欲界および初禅にのみあり、これにその性が善である善覚とその性が悪である不善覚(悪覚)とがある。欲覚(貪覚)・瞋覚(恚覚)・害覚(悩覚)を三悪覚または三不善覚といい、これに親里覚・国土覚・不死覚・族姓覚(利他覚)・軽他覚(軽侮覚)を加えて八覚ともいう。離欲覚（遠離《おんり》覚、出離覚、出覚)・無瞋覚(無恚覚)・無害覚(無悩覚)を三善覚といい、三悪覚に対する。また無瞋・無害の二覚を安穏覚ともいう。また菩薩・縁覚・声聞《しょうもん》の大力量の者が覚知し思念する八種の覚、即ち少欲覚・知足覚・遠離覚・精進覚・正念覚・正定覚・正慧覚・不戯論《けふろん》覚を八大人覚(大人八念)という。これも善覚である。⇩本覚《ほんがく》〔始覚〕

**がく　額**　板、紙、絹布などに文字や絵を書いて、社寺の門や堂などに高く掲げるもの。扁額ともいい、中国では表ともいう。中国・日本では勅額を賜ることがあり、古来勅額は竪《たて》額、その他は横額を例とする。

**かくあ　覚阿**　①(康治二1143—　)延暦寺の僧。承安元年1171法弟全慶と共に宋に渡り、霊隠寺の仏海慧遠から禅を学んで帰朝し、比叡山に隠棲した。普灯録、五灯会元、仏祖世譜など中国の禅宗史籍にもその事跡を伝える。〔参考〕元亨釈書六、本朝高僧伝一四　②生没年不詳。鎌倉後期の律僧。覚一ともいう。忍性に密教をうけ、覚心から九品寺《くほんじ》流の浄土教を伝えられた。願行上人憲静の跡を継いで泉涌寺に入り、東大寺大勧進を勤めた。〔参考〕東宝記三、本朝高僧伝六一

**がくあん-じ　額安寺**　奈良県大和郡山市額田部寺町。古名は額田寺。熊凝山と号し、真言律宗。聖徳太子草創の熊凝精舎《くまごりしょうじゃ》を舒明天皇が百済川べりに移建、その旧跡に一宇が建立され鎌倉時代初期に忍性が再興。永享年間1429—41の火災後衰微した。〔国宝〕額田寺伽藍並条里図（麻布、奈良時代）〔重文〕五輪塔、乾漆虚空蔵菩薩半跏像、木造文殊菩薩騎獅像、黒漆小龕

**かくい-さんまい　覚意三昧**　一巻。隋の智顗(538—97)の著。成立年不詳。詳しくは釈摩訶般若波羅蜜経覚意三昧という。大品般若経の覚意三昧によって、念が起こる時、直ちにそれを覚知して修する三昧の法を明らかにする。㊅四六〔註釈〕湛然・覚意三昧文句一巻

**がくう-ほうう　我空法有**　我法二空に相対する。衆生の心身はただ五蘊《ごうん》が仮に和合して成立しているのに過ぎず、常・一で支配能力のある我《が》があるのではない、すなわち我空であるが、すべての存在は空無なものではなく、それぞれ独自な本質実体(法)をもっている、即ち法有であるということ。我も法も空であるとする我法二空すなわち人法二無我が大乗の立場であるのに対し、我空法有は小乗の立場とされる。我空はまた生空《しょうくう》とも人空《にんくう》ともいわれる。

**かくうん　覚運**　(天暦七953—寛弘四1007)天台宗の僧。檀那流の祖。京都の人。藤原貞雅の子。良源から天台を学び、皇慶に秘密灌頂をうけた。没後、権僧正を贈られた。比叡山東塔南谷の檀那院に住したので、世に檀那僧都、檀那僧正といわれ、その学系は檀那流と称されて、源信の恵心流とならんで中古天台の二大学派を形成した。著書、玄義鈔、草木成仏論、三観義私記、十二因縁私記、二諦義私記など。〔参考〕元亨釈書四、本朝高僧伝一〇

**かくえ　覚恵**　(　—徳治二1307)本願寺三世覚如の父。生誕は仁治・寛元年間1240—47ごろか。父は日野広綱。母は親鸞の娘の覚信尼。幼名は光寿、諱は宗恵、のち専

証と号し、さらに覚恵と改める。青蓮院尊助の門に入り密教を習い、のち親鸞の孫如信(本願寺二世)から真宗の法をうけたと伝える。母覚信尼に次いで大谷本廟の留守職となり、徳治二年唯善との争いで難を衣服寺に避けたが、間もなく没した。〔参考〕本願寺通紀三

**かくえい　覚英**　(永久五1117―保元二1157)法相宗の僧。円松ともいう。藤原師通の子。興福寺に入り叔父覚信に学び、唯識・法相をきわめ、また和歌にも秀れていた。のち奥州の忍《しのぶ》の郡に庵を結びここで没したという。〔参考〕本朝高僧伝一二

**かくえい　覚瑩**　(　―宝暦四1754)浄土宗増上寺四四世。江戸の人。教蓮社門誉と号する。伝通院意哲に師事し、増上寺学寮の学頭となる。大巌寺、光明寺に歴住し、増上寺貫主となり、学寮を育成して、一宗の興隆を計った。〔参考〕浄土総系譜、三縁山志

**かくえん　覚円**　①(長元四1031―承徳二1098)天台宗延暦寺三四世座主。藤原頼通の第六子。世に宇治僧正という。幼くして園城寺の明尊に師事し、園城寺長吏になり、承暦元年1077天台座主(任三日間)となる。のち宮中で法を修し、法勝寺寺務を歴住し、承徳二年宇治院で没した。〔参考〕天台座主記、元亨釈書二五・二六、本朝高僧伝一一　②(南宋の淳祐四1244―徳治元1306)臨済宗鏡堂派の祖。臨済禅二十四流の一。中国西蜀(四川省成都府)の人。鏡堂とも号す。弘安二年1279無学祖元と共に我国に渡来して禅楽寺に住し、北条時宗の崇敬をえた。のち会津若松の禅興寺の開山となり、円覚寺、建長寺を歴住して正安二年1300建仁寺の第一六世となった。勅諡は大円禅師。著書、四会語録三巻。〔参考〕本朝高僧伝二二、大円禅師伝

**がくえん-じ　鰐淵寺**　島根県出雲市別所町。天台宗。浮浪山また不老山と号し、「わにぶちでら」ともいう。推古天皇二年594智春の開創と伝える。寺名は智春が仏具花皿を誤って滝壺に落としたのを、後日洞から鰐魚が捧げ出た奇端によると伝える。寛和二年986千手堂の造替、天永三年1112造塔、以後しばしば火災にあったが再建された。南北朝時代には南・北両院に分かれて両朝に従い、僧兵を擁し勢力を振った。戦国時代には毛利氏に協力し、厚い外護を得て堂塔を造営した。出雲の比叡山とよばれる。雲州三十三所第三番霊場。〔重文〕銅造観世音菩薩立像、銅鐘、絹本著色山王本地仏像、同毛利元就像、同一字金輪曼荼羅図、紙本墨書後醍醐天皇御願文、同名和長年執達状ほか

**かくおう　覚翁**　(寛文五1665―享保一三1728)真言宗円福寺の第一五世。伊勢の人。字は教音。志摩の観音寺快運について出家、近江の最勝院尊海に随って密軌を修め、京都洛東の仏山で秘密灌頂を受けた。観音寺、阜津の石津寺に歴住した後、醍醐で寛順より報恩院流を、ついで快存より広沢西院流を伝授された。享保二年と八年の二度にわたって観学院における伝法灌頂の大阿闍梨となり、同一〇年幕命により江戸の円福寺に住した。著書、灌頂手鏡五帖、加行日数など。

**かくおん　覚苑**　(重熙二1033―　)中国遼代の僧。総秘大師と称される。インド僧摩尼三蔵に師事。興宗・道宗の二帝に仕え、大蔵経の開雕事業に参画。そのかたわら燕京の円福寺で密教の宣揚に尽くす。太康三年1077勅によって一行禅師撰の大日経義釈を註して大日経義釈演密鈔一〇巻を撰す。さらに講会を開き、科文五巻を著わした。〔参考〕大日経義釈演密鈔序文

**かくおん　覚遠**　(元禄四1691―明和八1771)真言宗智山派智積院一九世。山城の人。西院の安流の印可を受け、さらに神照寺法流・幸心法流・中性院流・伝法院流を伝受し、宝暦六年1756能化となった。著書、行法義記四巻。

**かくおん-じ　覚園寺**　神奈川県鎌倉市二階堂。真言宗泉涌寺派。鷲峰山真言院と号する。建保六年1218北条義時が大倉郷に創建し薬師堂と称したのを、永仁四年1296北条貞時が現寺号に改め、智海を開山とした。元弘年間1331―34勅願所とされ、その後足利氏の帰依をうけて寺領を寄進された。〔重文〕開山塔、大灯塔(以上、石造宝篋印塔)、木造地蔵菩薩立像、同薬師如来及び日光月光菩薩坐像ほか　〔参考〕吾妻鏡三五、新編鎌倉志二、新編相模国

風土記稿九一

**がくおん-じ　楽音寺**　広島県三原市本郷町南方。歓喜山法持院と号し、真言宗御室派。天慶年間938—47藤原倫実が建立したと伝える。建永年間1206—07には地頭小早川氏の氏寺となり寺領を拡大、二院一八院を擁した。次いで室町時代初期に天台宗より現宗となり、慶長五年1600毛利輝元が寺領千石余を寄進したが、のち福島氏によって没収された。当寺蔵の楽音寺縁起絵巻一軸、楽音寺文書六巻は有名。

**かくかい　覚快**　(長承三1134—養和元1181)天台宗延暦寺五六世座主。鳥羽天皇の第七皇子。はじめ行理、また円性とも称した。天養元年1144行玄の門に入り、久安二年1146落髪受戒。一身阿闍梨となり、法性寺座主、無動寺検校、成就院別当などを歴任し、嘉応二年1170無品親王となる。安元三年1177天台座主に補された。〔参考〕門葉記、天台座主記、本朝高僧伝五八

**かくかい　覚海**　(永治元1141—貞応二1223)真言宗の僧。但馬の人。南勝房と号し、世に和泉法橋という。醍醐の定海に師事し、のち高野山に登って寛秀らに学び、華王院に住した。建保五年1217金剛峯寺検校となる。密教典籍の印行に力を尽くし、門下に法性・道範・尚祚・真弁らがある。下品悉地をねがい、魔界に入って同生利益しようと欲したと伝える。著書、覚海法橋法語一巻。〔参考〕覚海検校行状記、沙石集二、本朝高僧伝一三

**かくがん　覚岸**　元代末期の禅僧。呉興(浙江省呉興県)の人。号は宝洲。楊岐四世の晦機元熙《かいきげんき》の法を嗣ぎ、松江(江蘇省松江県)の昭慶寺その他に住した。至正一四年1354釈氏稽古略四巻を編した。氏姓および生没年不詳。〔参考〕仏祖通載序、続釈氏稽古略一

**かくき　覚基**　(長承二1133—建保五1217)真言宗の僧。和泉の人。字は円性。高野山の理賢に師事し、のち醍醐の賢海に従い、覚済の法を継いだ。承元二年1208金剛峯寺検校に補され、同四年祈禱の賞として金剛峯寺検校を法橋とする旨の永宣旨を得た。〔参考〕本朝高僧伝五三

**かくぎ　格義**　外教にその意味をあてて解釈すること。即ち、中国の魏晋時代に老荘思想がさかんに行われていたので、仏教の般若の空理を説明するのに両者を比較し類推して説明した、その便宜的解釈法をいう。過渡的の学風であるから、仏学を専攻することを力説した苻秦の道安の頃から次第に排斥されるに至った。

**かくきょう　覚教**　(仁安二1167—仁治三1242)真言宗の僧。左大臣藤原実房の子。法眼・権大僧都にすすみ、承久二年1220東寺長者となる。〔参考〕本朝高僧伝五〇

**かくぎょう　覚行**　(承保二1075—長治二1105)真言宗の僧。白河天皇の第三皇子。はじめ覚念と称した。世に中御室《なかのおむろ》という。大御室性信に師事し、応徳二年1085仁和寺の寺務に補せられ、承徳二年1098円宗寺・法勝寺の検校となる。康和元年1099親王を宣下された。これが法親王の号の初例である。同四年尊勝寺の長吏となり、長治元年同寺に灌頂院を設け結縁灌頂を修した。〔参考〕仁和寺御伝、本朝高僧伝五〇、初例抄

**かくくん　覚訓**　生没年不詳。高麗の高宗(1214—59在位)時代の華厳宗の僧。号は高陽酔髠。覚月ともいう。京畿道五冠山霊通寺の住持。李奎報などの当代の文人などと交遊。著書、海東高僧伝(巻数不詳、うち巻一、二のみ現存)、禅宗六祖慧能大師頂相東来縁起一篇など。〔参考〕補閑集巻下、破閑集巻中、東国李相国集巻二一

**かくけい　覚慶**　(延長六928—長和三1014)天台宗の僧。平理善《まさよし》の子。良源より受法し、長徳四年998延暦寺座主に補せられ長保三年1001大僧正となる。宋の奉先寺源清が自著の法華示珠指などを贈り、天台宗の佚書をもとめて来た時、勅により報書をつくった。〔参考〕天台座主記、本朝高僧伝一〇

**かくけん　覚賢**　⇩仏駄跋陀羅《ぶつだばつだら》

**かくけん　覚憲**　(天承元1131—建暦二1212)興福寺の別当。藤原通憲(信西)の子。興福寺の蔵俊について出家し、二九歳で維摩会の講師を勤め建久元年1190に権僧正に任じられた。興福寺の再興に奔走し同五年の落慶供養の導師を勤め、更に翌年、東大寺落慶供養の導師を勤めた。のち大和壺坂寺に籠居。唯識・戒律に造詣が深く因明抄五

巻を著わした。またわが国最初の三国仏教通史といわれる三国伝灯記三巻を著わす。〔参考〕本朝高僧伝一三

**かくげん　覚眼**　（寛永二〇1643―享保一〇1725）真言宗智山派智積院一一世。字は空覚。薩摩の人。宝永二年1705智積院能化となり、同六年江戸護持院三世に転じ、僧録職に任じられた。著書、光明真言除闇鈔冠注四巻など。〔参考〕護持院世代記

**かくげん　覚源**　（長保二1000―治暦元1065）東大寺の僧。花山天皇の第四子。醍醐寺座主、東寺長者を歴任し、康平二年1059東大寺に住し、同五年権僧正に任じられた。〔参考〕本朝高僧伝五〇

**かくご　覚悟**　めざめ悟ること。真理を会得して菩提《ぼだい》即ちさとりを得ること。転じて決心、あきらめなどの意。

**かくさい　覚済**　生没年不詳。鎌倉時代の真言宗の僧。「かくぜい」とも読む。藤原兼季の子。法勝寺勝尊に師事、弘安二年1279権僧正、まもなく東寺長者に補された。正応五年1292大僧正、翌年醍醐寺座主となる。山本流を開いた。〔参考〕東寺長者補任三、本朝高僧伝五五

**かくざん　廓山**　（元亀三1572―寛永二1625）浄土宗の僧。甲斐の人。諱は一実。定蓮社正誉と号した。存応に師事し、徳川家康の崇敬をうけて伝通院を経営した。慶長一三年1608江戸城で日蓮宗徒日経らと宗論して説破した。元和八年1622増上寺一三世を継ぐ。〔参考〕続日本高僧伝二、浄土総系譜

**かくし　覚支**　㊵ボーディ・アンガ bodhy-aṅga の訳。覚分、または菩提分ともいう。覚は菩提《ぼだい》で、さとりのこと、支は成分、要素の意。さとりにいたるための修行道の構成分を意味する。広義では、三十七道品《どうほん》、すなわち四念処《しねんじょ》・四正勤《ししょうごん》・四如意足《しにょいそく》・五根・五力・七覚支・八聖道《しょうどう》のすべてをいうが、狭義では、ただ七覚支（七菩提分）、すなわち(1)念（心が明らかで忘れないこと）、(2)択法《ちゃくほう》（智慧による教法の研究、弁別）、(3)精進《しょうじん》（努力）、(4)喜（よろこび）、(5)軽安《きょうあん》（心も身体も落着いて静かで軽快なこと）、(6)定《じょう》（心が統一されていること）、(7)捨《しゃ》（心が平等でかたよりの無いこと）を意味する。

**かくし　迦鳩駛**　㊵カークシー kākṣī の音写。エニシダ属の樹木の名。迦鳩樹《かくじゅ》ともいう。

**かくし-ねんぶつ　隠し念仏**　江戸時代から現代にわたって、主として東北地方を中心とし北海道などに流伝している民間の秘密宗教組織による念仏集団をいう。真宗系統の秘事法門と重なり合っているが、系統を異にする。平安時代末期の真言宗の覚鑁の頃に始まるといい、室町時代になって真宗の教義に仮託され、江戸時代に普及した。その表面上の法式などは真宗と同一であるが、内面の法式は密教の伝法灌頂・結縁灌頂の法式がとられ、真言念仏を基調としている。多くの流派に分けられるが、各派の起源については、親鸞・蓮如・是信坊・鍵屋宇兵衛・不明確なものの五類に分けられる。隠し念仏への入信は御執揚《おとりあげ》と呼ばれ、子供のときに行われ、その地域共同体への加入儀礼としての意味をもった。宝暦四年1754から昭和六年1931にかけしばしば弾圧をうけたためと、神秘性を強調する意味などから、現在でも一般はもとより組織内の者に対して、会合の期日・会場などを秘し、とくに儀式内容は徹底的に隠されるが、実地調査が重ねられて、その具体的な内容がかなり明らかになりつつある。

**かくじゅ　覚樹**　（応徳元1084―保延五1139）三論宗の僧。源顕房の子。東大寺の慶信に三論を学び、天永元年1110維摩会の講師となる。大治年間1126―31の頃から東南院に住し、天承二年1132権少僧都にすすむ。門下に寛信・珍海・重挙・慧珍らがある。かつて宋の賜紫崇梵大師が師の徳を慕って書簡と仏舎利八〇粒を贈った。著書、十二礼疏一巻。〔参考〕本朝高僧伝一二

**がくしゅ　学衆**　学問を事とする僧衆という意。主に高野山において、入寺《にゅうじ》および阿闍梨《あじゃり》の中で、進んで寺務検校《じむけんぎょう》に至ることのできる人をいう。また、浄土宗では学籍にあるものをすべて学衆といい、これを讃衆と教師とに分ける。

**がくしょ　学処**　㊵シクシャーパダ śi-kṣāpada の訳。比丘・比丘尼などの仏教教

団人が学ぶべきよりどころという意味で、五戒・八戒・十戒などの戒律の個々の項目のこと。

**かくしょう　覚性**　（大治四年1129―嘉応元1169）真言宗の僧。鳥羽天皇の第五子。保延元年1135仁和寺に入り、同六年出家、久安元年1145法金剛院に住し、仁平三年1153仁和寺門跡となり、仁安二年1167総法務となる（総法務の初例）。世に紫金台寺の御室といわれる。著書、野月新鈔など。〔参考〕本朝高僧伝五二、仁和寺門跡伝

**かくじょう　覚盛**　（建久五1194―建長元1249）唐招提寺の中興。学律または窮情と号し、大悲菩薩と諡号する。大和の人。興福寺堂衆の出身。建暦二年1212貞慶が設けた常喜院の律講に参加。明恵・戒如に師事して華厳・律部を修める。嘉禎二年1236叡尊・円晴・有厳と共に自誓受戒して戒律の興隆につとめ、寛元二年1244唐招提寺に住し、そこで没した。門下には良遍・聖守・円照らがある。著書、表無表章文集七巻、菩薩戒通別二受鈔二巻など。〔参考〕大悲菩薩弁弟子行状集、円照上人行状、律苑僧宝伝一一

**がくしょう　学生**　学問をする僧徒の意。古く西域諸地方の寺院で比丘について外典を学ぶ者を学生と呼んだが、わが国ではもと中央の大学寮に在籍する生徒を称し、やがて諸大寺で仏典を学ぶ僧徒を指すに至った。最澄は年分度者二人を求め弘仁九―一〇年818―19に三種の学生式を制して止観業・遮那業の学生の一二年在山修学を定め、また東寺でも平安時代初期に年分度者三名をそれぞれ金剛業学生、胎蔵業学生、声明業学生に定めた。⇩学侶《がくりょ》

**かくしょう-じ　覚生寺**　中国北京安定門外。清の雍正一一年1733の勅建。寺内に高さ一丈五尺（四・五メートル）の大鐘があるので、俗に大鐘寺という。この鐘は城西の万寿寺から移したもので、明の永楽帝（1402―24在位）の勅により、姚広孝が造ったといわれる。

**かくしん　覚心**　①（承元元1207―永仁六1298）臨済宗の僧。信濃の人。心地と号し、法灯国師、法灯円明国師と諡された。一九歳で出家し、高野山に登って行勇・覚仏・道範らから禅と密教とを学んだ。建長元年1249宋に渡って癡絶沖其・荊叟珏らに参じ、護国寺の仏眼遠の印可を得た。同六年帰国して高野山に戻り、金剛三昧院に住したが、願性に請われて紀伊由良（現和歌山県日高郡由良町）の西方寺（のちの興国寺）の開山となる。亀山上皇の命により洛東勝林寺に住したが、しばらくして由良に帰った。その後、亀山・後宇多両上皇に召されて禅要を授けたこともある。〔参考〕法灯円明国師行実年譜、延宝伝灯録二、本朝高僧伝二〇　②生没年不詳。鎌倉時代の浄土宗の僧。覚明房長西の弟子。讃岐の西三谷に住して諸行本願義を弘めた。〔参考〕浄土伝灯総系譜下

**かくしん　覚信**　①（治暦四1068―保安二1121）興福寺の僧。藤原師実の子。頼信僧正に法相を学び、一条院に住したが、康和二年1100興福寺に移り、保安元年1120大僧正に任じられた。〔参考〕本朝高僧伝　②生没年不詳。親鸞（1173―1262）の門弟。高田真仏房の在俗の時の家人で、俗名は但馬太郎と伝える。〔参考〕善性本御消息集（日本古典文学大系八二）、口伝鈔、本願寺通紀

**がくしん　学信**　（享保七1722―寛政元1789）浄土宗の僧。伊予の人。字は敬阿。正蓮社行誉と号する。江戸増上寺で宗戒両脈をうけ、のち京都の長時院湛慧に師事した。日向の古月禅師から禅要をうけ、また高野山で密門阿闍梨から密教を学んだ。京都鹿ケ谷の法然院、安芸宮島の光明院に歴住した。著書、幻雲稿、蓮門興学論、一枚起請文符合決など。〔参考〕学信和尚行状記、続日本高僧伝二

**かくしん-に　覚信尼**　（元仁元1224―弘安六1283）親鸞の末女。母は恵信尼。常陸で生まれる。日野広綱に嫁して覚恵、光玉尼を生み、小野宮禅念と再婚して唯善を生んだ。禅念の没後尼となり、文永九年1272顕智らと計って親鸞の廟所を建て（これが本願寺の起源）、初代留守職となった。〔参考〕本願寺通紀など

**かくせい　覚晴**　生没年不詳。平安末期の興福寺の僧。右大臣藤原宗忠の子。湛秀に法相を学び、永久二年1114維摩会の講師となって唐院に住し、大僧正に任じられ、

のち興福寺に住した。〔参考〕本朝高僧伝一一七

**かくぜん　覚善**　(長承二年1133—建久1196)高野山の学僧。紀州の人。法揚と号する。房光、明善に師事して中院流の秘訣を伝え、のち引接院《いんじょういん》に住し引接院流を開いた(東密三十六流の一)。〔参考〕本朝高僧伝一二

**かくぜん　覚禅**　康治二年1143の誕生ともいうが、生没年不詳。真言宗の僧。字は金胎。嵯峨阿闍梨覚禅や禅定院覚禅(少将法印)は別人。覚尋、尋海に師事して東密を学び、諸尊法および諸経法について経軌を抄出し図像を記した覚禅鈔(百巻鈔などともいう)を著わした。一説に興然、勝賀に師事したとも伝える。〔参考〕伝灯広録七、続伝灯広録五

**かくぜん-しょう　覚禅鈔**　巻数は諸本によって不同(一〇〇巻、一一一巻、一二一巻、一二八巻、一四四巻、一五六巻など)。百巻鈔、小野百巻鈔、浄土院鈔ともいう。覚禅の著。密教の諸尊法・諸経法についての百科全書。広く経軌章疏や古記古図をさぐり、諸寺の仏像や諸師の口伝をしらべて、修法の一々について本経・名号・形像・三昧耶形・種子・印明・功能・修法の種類・行法の実例事歴・支度・巻数・道場荘厳・表白・勧請・発願・道場観・字輪観・正念誦・散念誦・護摩など諸種の点にわたって述べ、尊像・曼荼羅の図約四〇〇葉を付している。東密の事相を伝える資料として台密の阿娑縛抄に匹敵する。各巻の奥書によると、早いものは安元二年1176(後七日法)、遅いものは建保五年1217(宝篋印)の記であることが知られる。仏全四五—五一(増上寺本を底本とし、諸仏部・仏頂部・諸経部・観音部・文殊部・菩薩部・明王部・天等部・雑部の九部にわける)、㊅図像四・五〔自筆本〕宝菩提院蔵(寿永二1183自筆、仁王経法一巻—図著色)〔写本〕高野山宝亀院蔵(五三巻、延慶三1310実遍写)、同西南院蔵(釈迦文院旧蔵、五一巻、元亨年間1321—24写)、勧修寺蔵、増上寺蔵、長谷寺蔵ほか

**かくだ　角駄**　牛の角の上にのせた荷物の意。迷いや執著の気持が心を束縛して自由にさせないことに喩える。

**カクダ・コーリヤプッタ**　㊵Kakudha Koliyaputta　㊵カクダ・コーリヤプトラ Kakudha Koliyaputra　仏陀在世中の在家信者。釈迦族と親しい関係にある拘利《くり》(コーリヤ Koliya)種族の出身であろう。目連(大目乾連、マハーモッガラーナ Mahā-moggallāna)の援護者であったと伝えられる。〔参考〕Aṅguttara-nikāya 6. 100

**かくち　覚智**　(　—宝治二1248)真言宗の僧。もと秋田城介安達景盛といった。建保七年1219源実朝の横死により高野山の行勇について出家。北条政子の命により金剛三昧院の造営に尽力した。承久年間1219—22の頃金剛王院実賢に伝法灌頂を受け、のち三宝院流より出て一派を開いた。覚智方という(東密三十六流の一)。〔参考〕吾妻鏡、高野春秋編年輯録八

**かくちょう　覚超**　(天徳四960—長元七1034)天台宗の学僧。俗姓は巨勢氏。和泉の人。良源につかえ兼ねて源信に師事した。兜率院に住したので兜率の先徳、また兜率僧都の称があり、のち横川の首楞厳院にも住した。台密十三流中の川流の祖。著書、仁王護国経鈔三巻、往生極楽問答など。〔参考〕元亨釈書四、続本朝往生伝、本朝高僧伝一〇

**かくてん　覚天**　⇩婆沙の四大論師《ばしゃのしだいろんじ》

**がくてん　学天**　(文化元1804—明治三1870)浄土宗の僧。無著と号した。紀伊粉河《こかわ》の人。増上寺の学寮に学び、のち園城寺の敬長、智積院の海応・隆瑜について諸宗を究めた。東漸寺・常福寺・光明寺(鎌倉)などの諸檀林の主となり、文久元年1861知恩院に住持した。明治維新に際して適切な処置をとり、宗政・教化の両面で功があった。〔参考〕華頂誌要

**がくとう　学頭**　⇩僧職《そうしょく》　⇩学階《がっかい》

**がくどう-ようじん-しゅう　学道用心集**　一巻。永平初祖学道用心集ともいう。道元の著(鎌倉時代中期)。初心者のために求道の規範を示した書。道元の入宋帰朝ののち、宇治の興聖寺、越前の永平寺などで門人に説示した垂誡であるという。菩提心を発すべきこと、仏道は必ず行によって証入すべきこと、有所得心によって仏法を修めてはならないこと、学道にはすぐれた師を求む

べきこと、出離を欣求するには必ず禅に参ずべきことなど一〇カ条を内容とする。延文二年1357宝慶寺曇希が開板し、道元の著作の中で最も早く公刊された。ただし道元の自著でなく、門弟の懐奘の編集によるものとする説もある。㊅八二、国一諸宗部二三、承陽大師聖教全集三、曹全一(宗源上)、道元禅師全集下 〔刊本〕延文二刊、寛文一二1672刊

**かくにょ 覚如** (文永七1270―観応二1351)真宗本願寺三世。諱は宗昭。覚恵(親鸞の末娘覚信尼の子)の長子。天台・法相を学び、弘安一〇年1287親鸞の孫如信(本願寺二世)に教えを受けた。延慶三年1310覚恵の後をうけて親鸞の墓所である大谷御影堂の留守職となったが、やがてそれに本願寺の寺号を付してこれを本寺とし、自ら三代(法然・親鸞・如信)伝持の正統を呼号してその中心者となり、親鸞教団の形成につとめた。著書、本願寺聖人伝絵(御伝抄)、拾遺古徳伝、口伝鈔、願願鈔、最要抄、本願鈔、報恩講私記など。なお覚如の行状を伝えるものに従覚の慕帰絵詞一〇巻、乗専の最須敬重絵詞七巻がある。⇩慕帰絵詞《ぼきえことば》

**かくねん-むしょう 廓然無聖** 禅宗の公案の一。達磨廓然、聖諦第一義ともいう。梁の武帝が菩提達磨に「聖諦第一義は何か」と問うたのに対し、「廓然無聖」(からりとして聖諦もない)と答え、さらに「朕の前の人は誰か」と問うと、「識らず」と答えたというもの。禅の第一義が凡聖の対立を超えたものであり、そのような本具の真性を見よと教え、武帝の理解がまだ聖にとらわれているのを批判したもの。〔原文〕碧巌録一則、祖堂集一、景徳伝灯録三

**かくば 迦拘婆** (梵)カクバ kakubha の音写。コバテイシ科の果樹。

**かくばん 覚鑁** (嘉保二1095―康治二1143)新義真言宗の祖。肥前の人。正覚坊と号し、俗に密厳尊者と称した。自性《じしょう》大師と勅諡されたが故あって停止され、のち改めて興教大師の号を受けた。一六歳で仁和寺の寛助について出家し、奈良に遊学してのち、高野の明寂、三井の覚猷、醍醐の賢覚から密教をうけた。紀州石手邑の神宮寺に住し、大治元年1126同寺に伝法院を建てた。長承元年1132高野山に大伝法院を創建し、同三年白河法皇の命により大伝法院座主となり、金剛峯寺を兼摂したが、衆徒の反対をうけて翌年密厳院に引退した。保延六年1140衆徒が密厳院を襲い大伝法院を破壊したので根来山にのがれ、のち帰山の勅をうけたがもどらず、円明寺を建てて住した。所伝の密教を伝法院流と称し、広沢六流の一に数える。なお、新義派の加持身説法説は後の頼瑜《らいゆ》からはじまる。密厳諸秘釈一〇巻、密厳遺教録四巻、父母孝養集三巻などの著があり、興教大師全集に収める。〔参考〕覚鑁上人伝、元亨釈書五、本朝高僧伝一二

覚鑁花押

**かくほう 覚法** (寛治五1091―仁平三1153)仁和寺門跡。白河天皇の第四皇子。獅子王宮と称した。小野流をきわめ、高野山に光台院を創建したので、高野御室とも呼ばれた。〔参考〕仁和寺門跡伝

**かくまん 覚卍** (延文二1357―永享九1437)曹洞宗の僧。薩摩の人。字堂と号した。南禅寺の椿庭海寿に二十数年間師事し、その没後故郷に帰ったが、竹窓智厳を慕って越前に赴きその法を嗣いだ。帰郷して熊岳に宝福寺を開く。〔参考〕日本洞上聯灯録五、延宝伝灯録九、本朝高僧伝四〇

**かくみょう 覚明** (文永八1271―康安元1361)臨済宗の僧。奥州会津の人。孤峰と号する。比叡山に学んだが、去って心地覚心に参禅し、ついで了然法明・高峰顕日・南浦紹明らに歴参した。応長元年1311元に渡って中峰明本に謁した。帰国して瑩山紹瑾に参じ出雲の宇賀荘に雲樹寺を創建し、ついで紀井由良の興国寺を再興し、和泉の高石に大雄寺を開いた。後醍醐天皇から国済国師、後村上天皇から三光国師の号を受けた。〔参考〕孤峰和尚行実、延宝伝灯録一五、本朝高僧伝二九

**かくも-しょう 覚母鈔** 七巻。賢宝(1333―98)の著。成立年不詳。大日経・金剛頂経およびその諸釈疏から教義上重要な項目八五条を摘出し、問答体によりそれに解

説を加えた書。内容は単に真言宗の宗義を述べるだけでなく、各宗の教義を批判的に説明しており、真言宗の立場から書かれた仏教概論ともいうべき性質を具えている。〔刊本〕承応二1653刊

**かくゆ　覚瑜**　（保元三1158—天福元1233）天台宗の僧。伊勢の人。字は住心、出阿と号した。三井の良慶に天台を、慶範に密教を学んだ。また法然の浄土教を慕い、諸行本願義を唱えて九品寺長西の浄土教に影響を与えたという。晩年には京都出雲路に庵居した。著書、善導和尚類聚伝一巻、十誓讃一巻など。〔参考〕明義進行集三、浄土伝灯総系譜下

**かくゆう　覚猷**　（天喜元1053—保延六1140）天台宗の僧。源隆国の子。覚円について顕密二教を学び、頼豪から秘密灌頂を受けた。鳥羽上皇の殊遇を受け、長承三年1134大僧正に進み法成寺別当となる。翌年園城寺長吏となり、保延四年1138延暦寺座主となったが三日で職を退いた。洛南の鳥羽に隠棲し、戯画を好んだ。世に鳥羽僧正と呼び、その画風を鳥羽絵と称した。高山寺所蔵の鳥獣人物戯画（国宝）はその作と伝える。〔参考〕本朝高僧伝一二、扶桑画人伝

**かくゆう　覚融**　①（仁治二1241—正中二1325）浄土宗西山西谷派の僧。京都禅林寺の第一九代。字は行観。山城（一説に武蔵）の人。光明寺観智に師事し、浄音に侍して西山義を学んだ。のち三河の医王寺、常陸の阿弥陀寺、武蔵鵜木の光明寺宝幢院を開き、世に鵜木の行観と称された。善導の観経四帖疏を註釈して、観経疏私記二〇巻を著わし、西谷流の宗義を大成した。これが鵜木御書または宝幢院私記と称され、一派の指針となった。著書、選択集私記五巻、無量寿経鈔一巻など。〔参考〕浄土伝灯総系譜下

②（　—天明八1788）新義真言宗の僧。尾張天王坊の学僧。字は広道。因明・性相の学に通じ、後世、豊山性相学の鼻祖と称される。著書、因明纂解講録二巻など。

**がくりょ　学侶**　学匠（比叡山では学生《がくしょう》）ともいい、学事をもっぱらにする僧を指し、雑務・警備などを行う堂衆と区別した。薬師寺・法隆寺・興福寺などの南都諸大寺や比叡山・高野山などにいたが、平安時代中期以後、堂衆は大寺院の経済上の実権を握ると共に、武器を持って行政上の実力を持つようになり、しばしば学侶と対立抗争した。比叡山では治承二—三年1178—79の間に両者の争いがあり、高野山では永享年間1429—41頃から学侶方と堂衆の行人方とが抗争し、江戸時代末期まで断続的につづいた。また江戸時代の高野山の学侶方は衆分・入寺・阿闍梨の三階に分かれ、のち二者をさらに学衆・非学衆に分け、学衆の中から一山の最高職である検校を出した。⇩行人《ぎょうにん》

**かくりょう**　⇩学生《がくしょう》

**かくりょう　覚了**　（寛政七1795—安政三1856）浄土真宗本願寺派の学僧。豊前の人。初めの名は円鏡。字を月珠といい、不可得と号した。道隠に宗学を学ぶ。学系は空華轍を承けたが諸家の説を折衷し、行信義は石泉に従い、善譲と多年論争した。嘉永四年1851勧学となる。著書、大無量寿経光讃二巻、玄義分集解一巻、観無量寿経要義鈔四巻。

**がくりょう　学寮**　学生が寄宿して学修する寮舎のこと。文武天皇（697—707在位）の時、都に設置された大学寮が最も古い。のち仏教各宗派の宗学研修機関に付設される寮舎をさすこととなり、また宗学研修機関そのものを学寮とも称した。とくに江戸時代に発達し、学寮の名称のもとに行われたものに次のような例がある。浄土宗では増上寺に承応年間1652—55百二十余宇を建てて標札に主僧の名を掲げたが、文化年間1804—18には八二宇に減じ、同宗関東十八檀林の幡随院では創建当初四十余寮があり、霊巌寺では当初百二十余寮、のち文政1818—29頃に四二寮となり、伝通院でも同じ頃一七寮があった。大巌寺では永禄年間1558—70頃四十余寮、大光院に当初五二寮、大善寺にももと七寮が設けられた。真宗の西本願寺では寛永一六年1639に宗学研修機関として学寮を設け、衆寮を付置したが、宝暦年間1751—64頃には所化寮として波羅蜜寮・四依寮の二寮を設け、天保年間1830—44頃には南寮・東寮・北寮・南新寮・洞院寮などがあった。東本願寺でも宗学研修

機関を学寮と称し寛文年間1661—73に設置したが、宝暦五年頃には松・柳・梅・桜・雪・月・花の七寮を置いた。その他、新義真言宗智積院、長谷寺ではいずれも観翠の寮・聴松の寮・中の寮・端の寮などの長庇の寮を設けて各所化の名を掲げさせ、曹洞宗でも所化を建てて別に寮名をつけず、選挙で寮主を定めて寮を代表させた。⇩檀林《だんりん》

**かくりん-じ**　**鶴林寺**　兵庫県加古川市加古川町北在家。天台宗。刀田《だと》山聖霊院と号し、俗に刀田太子堂という。聖徳太子の命により秦河勝が建てたと伝えるが、平安時代の建立とおもわれる。鳥羽天皇のとき勅願寺に列し現寺号に改めた。境域は広大で堂塔もそなわり、東播磨における巨刹である。〔国宝〕本堂、太子堂〔重文〕鐘楼、護摩堂、常行堂、行者堂、銅造聖観音立像、絹本著色聖徳太子絵伝、同聖徳太子像、同弥陀三尊像、木造十一面観音立像ほか

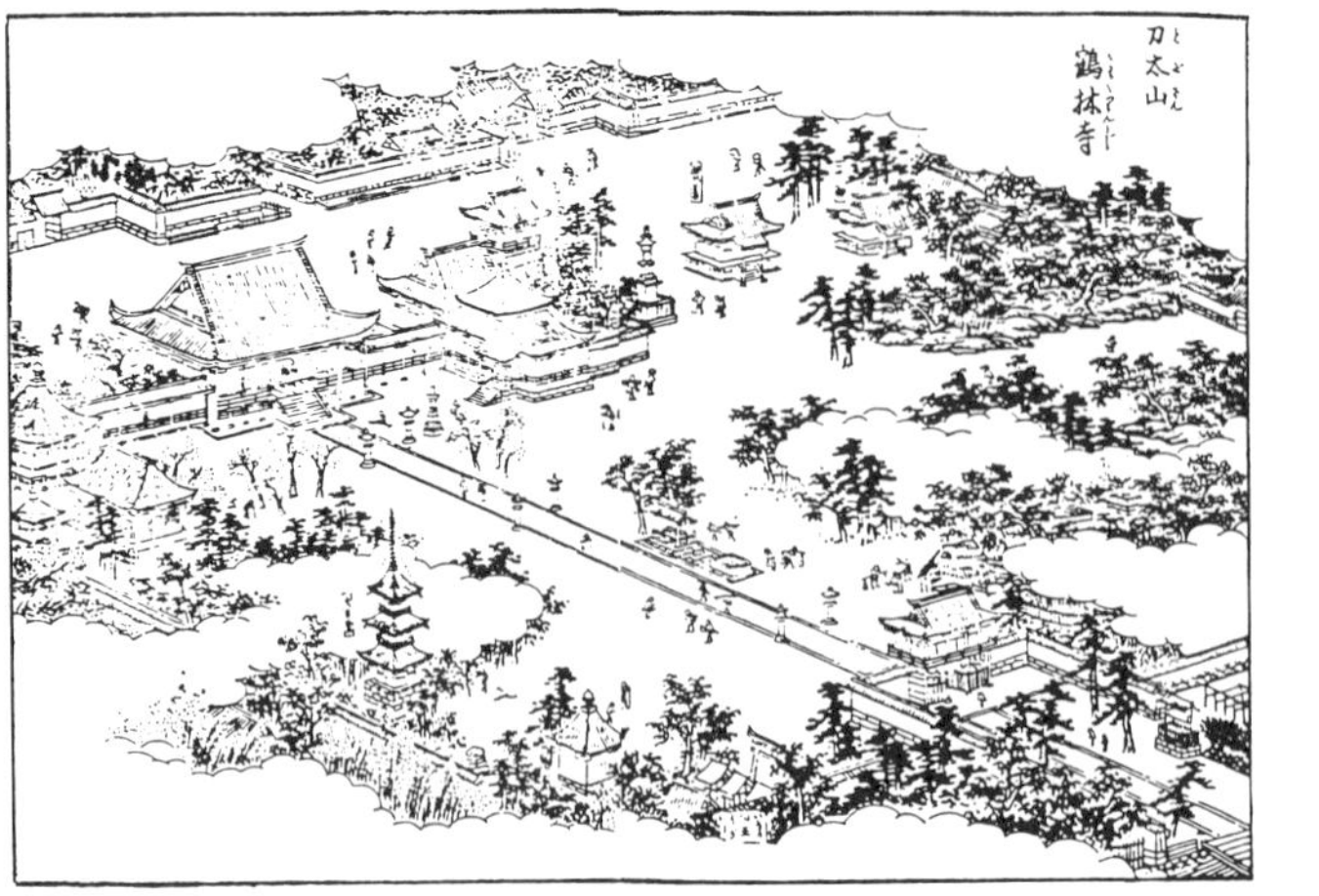

鶴林寺（播磨名所巡覧図会）

**かくる-はんざ**　**各留半座**　浄土に往生した者はみな仏に従って蓮華台の上に坐るが、各座の半分を残しておいて、他の同行人が来生するのを待っているということ。信心が同一なら同じさとりを得ることを示した語である（五会法事讃巻末）。半座を分けて並ぶのが同じさとりを意味することは、仏陀が迦葉と並んで坐り、また釈迦と多宝の二仏が並び坐ったなどの例がある。

**かくろくなやしゃ**　**鶴勒那夜奢**　(梵)ハクレーナ・ヤシャ Haklena-yaśa の音写。略して鶴勒那・鶴勒ともいう。付法蔵因縁伝六に伝える第二二祖。月氏国のバラモンの家に生まれ、摩奴羅尊者より法を受け、師子比丘に法を伝えたという。

**かけしょ**　**懸所**　掛所とも書く。錫杖《しゃくじょう》をかけて滞留する所という意。真宗で、別院、または説教所などをいうこともある。

**かけ-ぼとけ**　**懸仏**　円形の銅板または木板に仏・菩薩・神像を半肉彫にし、上部に鈎手環を付けて寺社の内陣・柱・壁に掛けたもの。鏡の表面に神仏を線刻・墨書した鏡像から発展したといわれる。本地垂迹説により祭神の本地仏として礼拝対象としたので御正体《みしょうたい》という。平安後期から江戸期にかけて盛んに制作され、寺社に奉納された。初期のものは鏡面に薄肉像を付したものが多く、大和金峯山から出土したものは著名。重要文化財として出羽天童昌林寺の十一面観音像（安貞二1228）、下総佐原観福寺の釈迦・十一面観音像（弘安五1282）、相模鎌倉長谷寺の十一面観音像（嘉暦元1326）など。

**かこ-げんざい-いんが-きょう**　**過去現在因果経**　略して因果経という。四巻または五巻。劉宋の求那跋陀羅の訳（元嘉三〇453）。仏陀自らが説いた形をとる仏陀伝。仏伝文学史上では太子瑞応本起経に続く発展と見られる。その中心の部分は仏所行讃とよく一致し、あるいは仏所行讃から承けたとも考えられる。また普曜経とも密接な関係がある。思想的には仏伝の部分が小乗的であるのに対して追加の本生説話には大乗的な用語が含まれている。本経は訳文が流麗で、他の仏伝にすぐれて大いに普及した。経の本文を下段に、その場面をあらわした絵画を上段に配した美麗な巻子、過去現在因果経絵（因果経絵、絵因果経）までも作られて、芸術的にすぐれたものが現存している。(大)三、[国]一本縁部四

**かこ-げんざい-いんが-きょう-え**　**過去**

**現在因果経絵**　絵因果経ともいう。仏伝である過去現在因果経の説明を描いた絵巻。巻物の下段に経文を書写、上段に経文に相当する絵を描く。これには新古二種がある。古因果経は奈良時代のもので、日本の絵巻物形式の最古のもの、経文は唐風楷書、絵は六朝風の古体で描かれ、その遺品としては、京都上品蓮台寺本(一巻、国宝)、同醍醐報恩院旧蔵本(一巻、国宝、醍醐寺蔵)、東京芸術大学本(一巻、国宝)、益田家旧蔵本(残欠一巻、重文、静岡MOA美術館蔵)、久邇宮家旧蔵本(残欠一巻、奈良国立博物館蔵)がある。新因果経には鎌倉時代中期の東京根津美術館本(一巻、重文)、同五島美術館本(一巻、重文)ほかがある。〔複製〕続日本絵巻集成三、新修日本絵巻物全集一

**かこ-しちぶつ**　**過去七仏**　単に七仏ともいう。釈迦牟尼仏とそれ以前に出現した六仏の総称。(1)毘婆尸《びばし》(梵)ヴィパシュインVipaśyin)、(2)尸棄《しき》(梵)シキンŚikhin)、(3)毘舎浮《びしやふ》(梵)ヴィシュヴァブーViśvabhū)、(4)拘留孫《くるそん》(梵)クラクッチャンダKrakucchanda)、(5)拘那含《くなごん》(梵)カナカムニKanakamuni)、(6)迦葉《かしよう》(梵)カーシャパKāśyapa)、(7)釈迦牟尼《しやかむに》(梵)シャーキャムニŚākyamuni)の七仏をいう。このうち(1)(2)(3)の三仏を過去荘厳劫の三仏といい、後の四仏を現在賢劫の四仏という。禅宗では勤行の時七仏の名号を誦する。〔参考〕長阿含経一大本経、増一阿含経四五

過去七仏
上段左より(1)〜(7)
(五百尊図像集)

**かこ-ちょう**　**過去帳**　寺院で檀家の死者の戒名(法名)・俗名・年齢・死亡年月日などを記載した帳簿。鬼籍《せき》、鬼簿、霊簿、冥帳ともいう。形式には死者の年月順に記す逐年式と、朔日の定光仏から晦日の釈迦仏に至る三〇日を記し、その各日別に記載する日牌式がある。一般に寺院(菩提寺)に保管されて廻向の台帳とされるが、各檀家でも親族関係者を記入して仏壇に安置する場合もある。起源は鎌倉時代と考えられ、江戸時代には檀家制の普及により一般化した。史料的に貴重なものに、相模清浄光寺の時宗「往古過去帳」がある。これは第二祖真教以下、歴代の遊行上人が携行して書き継ぎ、往生者に阿弥号を付したものとして有名。また高野山の「金剛峯寺恒例彼岸廻向道俗結縁過去帳」、近江「蓮華寺過去帳」、京都醍醐寺「常楽記」、常陸「六地蔵寺過去帳」、下総本土寺「過去帳」なども重要。単に死去の年月日を確認できるだけでなく、その寺院の歴代住持や村落の構造、旧家なども知ることができ、寺誌史料以外に民俗資料としてもその価値は高い。

**かさい**　**迦才**　生没年不詳。唐代初期(貞観627—49頃)の浄土教の僧。長安の弘法寺に住し、浄土論三巻を著わした。三論宗、或いは摂論宗系の人といわれ、慈愍《じみん》流の浄土教の先駆者とも、道綽・善導系の傍系の人ともされるが伝は不詳。

**かさぎ-でら**　**笠置寺**　京都府相楽郡笠置町笠置笠置山。真言宗智山派。鹿鷺寺《かさぎでら》とも書く。修験道の霊地。大友皇子が路に迷い山神に助けられたので、後その地の石に弥勒像を刻んだのに始まるという。のち役小角《えんのおづぬ》が登山し、また良弁・実忠・空海らもここで修行したと伝える。建久年間

1190—99に貞慶が中興した。鎌倉時代の寺観を示す資料として、笠置曼荼羅（大和文華館蔵、重文）がある。元弘の乱には後醍醐天皇の行宮とされたので兵火にかかった。のち復興されたが、応永五年1398に再び焼失、文明一七年1485に再建された。山中に多くの石仏がある。〔重文〕石造十三重塔、銅鐘、紙本墨書地蔵講式・同弥勒講式（貞慶筆）〔参考〕諸寺縁起集、雍州府志五、笠置山誌

**かさとうば**　笠塔婆　柱状または板状の塔身に仏菩薩または種子や名号・題目を刻み、その上に笠をのせたもの。餓鬼草紙に木製らしい笠塔婆がみえることからその源流を木製に求める説がある。また笠塔婆と似たものに石幢《せきどう》があるが、構造が同じである点から単制の石幢は笠塔婆の一形態とされる。最古のものは熊本市黒髪町本光寺の安元元年1175銘のもので、金剛界五仏の大日如来を除いた四仏種子を塔身に刻む。西日本に多く、鎌倉時代を中心に、以後時代の下降とともに少なくなる。江戸時代中期より出現する笠付塔婆の墓塔は、構造こそ似ているが笠塔婆とは別のものとみられる。

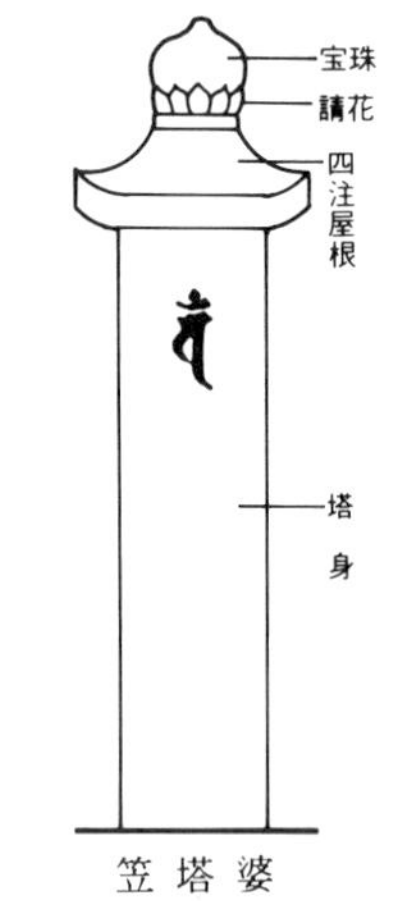

笠塔婆

**かさはら-けんじゅ**　笠原研寿　（嘉永五1852—明治一六1883）真宗大谷派の学僧。越中城端の恵林寺の住持。石川舜台に学んだ。明治五年本山寺務所掌議。同九年南条文雄とともに英国に留学、マックス・ミュラーに梵語を学んだが、同一五年病気のため帰朝、翌年没。遺稿、笠原遺文集。

**がさん**　峨山　①⇩紹碩《じょうせき》　②⇩慈棹《じとう》　③⇩橋本峨山《はしもとがざん》

**かざん-かいたく**　禾山解打鼓　禅宗の公案の一。禾山無殷《むいん》（石霜慶諸《せきそうけいしょ》の三世に当たる）が、僧肇の宝蔵論にいう学問と絶学との二者を超えたのが真の超蔵（真過）であると説いたとき、僧の問いに答えて四度、同じく「鼓を打つことを解す」と答えた故事。解打鼓は「鼓を打つことができる」の意で、真理のひびきを鼓の音に譬えたもの。〔原文〕碧巌録四四則、宗門統要続集一七、五灯会元六

**かじ**　加持　㊵アディシュターナ adhiṣṭhāna の訳。もとは、寄りそって立つこと、住所などの意味で、相応し、かかわりあうこと。護念、加護などともいう。①仏・菩薩が不可思議な力によって衆生をまもることをいう（神変《じんべん》加持）。②密教では、仏が大悲と大智とによって衆生に応ずるのを「加」といい、衆生がそれを受け持つのを「持」という。要するに仏と衆生とが相応し一致することをいう。この場合、仏の三密と衆生の三密とが相互に相応し入りまじって他を己れにおさめたもち、種々の妙果を成就させるから、そのことを三密加持という。③三密加持には、行者が自ら手に密印を結び、口に真言を誦し、心は三摩地《さんまじ》に住する自行加持と、曼荼羅阿闍梨《まんだらあじゃり》について、羯磨《かつま》を具足し、普賢三摩地をもって金剛薩埵《こんごうさった》を己れの身中に引き入れる阿闍梨加持とがあって、この二種の三密加持によって現身に菩提《ぼだい》を証することができるといわれる。④転じて呪禁の作法をも加持という。例えば五処加持とは、行者自身が過去の罪業を除き、本来具えている五智の功徳を顕わすために、身体の五カ所（額、両肩、心、頭頂あるいは喉）に印契《いんげい》または杵鈴《しょれい》などの法器によって加持すること。また加持香水《こうずい》とは、心に香水を清浄にしようと念じ、明呪《みょうじゅ》を誦したり印契をもって加持すること。その他、加持供物《もっく》、加持念珠も同様に供物や念珠を清浄にする禁呪の法である。この場合に用いる印契と明呪を加持印明という。⑤加持を祈禱と同じ意味に用いることもある。例えば牛黄加持《ごおうかじ》（牛王加持とも書く、安産のために牛黄香水によって産門に加持する）、帯《おび》加持（安産のための岩田帯に加持する）、土砂《どしゃ》加持（病を除いたり、亡者の罪を滅するため、墓または死骸の上へ撒布する土砂を光明真言によって加持する）、刀《かたな》加持（悪魔や狐憑《きつねつき》などを払うために刀を不動明王の表示である利剣と観じて加持する）

などである。

**かし-こく　迦尸国**　㈵カーシー Kāśī　㈣カーシー Kāsī の音写。古代インドの十六大国の一。上質の綿布や栴檀香を産した。首都は波羅捺斯《はらなし》(バーラーナシー Bārāṇasī 現在のベナレス)で、水陸交通の要衝にあり、インド中部における商業の中心であった。なお、迦尸国を波羅捺斯国、波羅捺《はらな》国とも称した。初転法輪の地である鹿野苑《ろくやおん》(ミガダーヤ Migadāya)がある。

**かじ-しん　加持身**　⇩本地身《ほんじしん》

**かじせい　何似生**　禅宗の用語。いかなるものかということ。生は助字。

**かじせかい　加持世界**　密教の術語。大日経の教主である自性法身《じしょうほっしん》の大日如来が他受用《たじゅゆう》加持身を現わし、三平等の教えを説こうとして現わした世界を意味し、迷いの凡夫《ぼんぶ》が生存するこの世界を指す。即ち、自性法身が自らのさとりのままを説く随自意の説法の席上には迷える者は存在しないから、迷える者を導くためには他受用身などの瑞相三身(加持身)を現わして教化しなければならない。それで、この迷いの世界は大日如来の加持身が法を説くために現わした世界と見なされ、それは仏界の外に別にあるのではなく、仏と凡夫とが道によって交わる境地であるとする。⇩本地身《ほんじしん》〔加持身〕

**かしま-の-ほうなん　加島の法難**　弘安二年1279、駿河国富士郡加島庄熱原《あつはら》(現静岡県富士市)の日蓮教徒に加えられた迫害で、熱原の法難ともいう。日蓮の門弟日興・日向の教化により富士郡岩本の実相寺学頭日源、同郡下方の滝泉寺学頭日秀・日弁・日禅らや檀越熱原甚四郎国重(日弁の父)などが帰信したのに対し、弘安二年天台宗実相寺の厳誉・真言宗滝泉寺の行智らは鎌倉幕府に讒訴した。そのため幕府は領主平頼綱に、日秀・日弁らを糾問させ、熱原甚四郎など二四人を鎌倉において斬首した。〔参考〕滝泉寺申状(日蓮宗宗学全書一)、駿国雑志二

**かじもつ　加持物**　本尊と相応した供物という意味で、護摩《ごま》のとき、護摩炉に投じて供えられる供物をいう。本尊と相応した供物であるから、これによって本尊と自己がかかわりあう(渉入する)ことを観ずるのであって、護摩行法のうち最も重要なものである。通常、芥子《けし》、粳米《うるごめ》、胡麻《ごま》などを用いる。

**かしゃ　火舎**　火蛇、化赭とも書く。銅製三脚で蓋のある香炉の一種。

**かしゃ-そう　迦奢草**　迦奢は㈵カシャ kāśa の音写。ハマススキの類。坐具を作るのに用いられる。

**かしゃふら-じょう　迦奢布羅城**　㈵カーシャプラ Kāśapura の音写。憍賞弥《きょうしょうみ》(コーサンビー Kosambī)の北東約二〇キロの地にあった都城で、現在のカンプル Kampur の近くウナウ Unāo とする説が有力である。護法《ごほう》(ダルマパーラ Dharmapāla)が外道と論争して勝った地として伝えられている。〔参考〕西域記五

**かしゃ-まに　迦遮末尼**　㈵カーチャマニ kācamaṇi の音写。カーチャは水晶の類、マニは宝石の意である。宝石の中ではあまり勝れたものではなく、鞞琉璃宝《びるりほう》即ち瑠璃《るり》などに比べて劣るとされる。

**がしゅ　鵝珠**　ある比丘が珠製造人の家へ托鉢に行った。主人が食を施そうとして家へ入った間に鵝鳥《がちょう》がやって来て、磨きかけていた珠を呑んでしまった。主人は出て来て珠がないのに気づき、比丘を責めたが、比丘は事の次第をいえば鵝鳥を殺すことになって不殺生戒を犯すし、別のことをいえば不妄語戒を犯すことになるので珠師からさんざん打たれるのを忍んで、黙ったまま、答えなかったという故事。戒律を守ることの堅いことを表わしたもの(大荘厳論経巻一一)。

**かじゅう　可什**　(―観応二1351)臨済宗の僧。物外と号した。南浦紹明に師事し、元応三年1321天岸慧広らと元に渡り、元の天暦二年1329明極楚俊の東航に同伴し、帰国して筑前の崇福寺に住し、のち幕府の請によって鎌倉建長寺に住した。〔参考〕本朝高僧伝二七、延宝伝灯録二〇

**がしゅう　我執〔法執〕**　我《が》に人我《にんが》と法我とがある。人我はおのれの主観の中心として支配能力を有し常に変ることがないと考えられたもので、その人我が存在する

という考えにとらわれるのが我執である。そのうち、人間が本来その身にもち合わせている先天的我執、即ち倶生《くしよう》の我執（倶生起の我執）と、誤った教えなどによって起こされる後天的我執、即ち分別《ふんべつ》の我執（分別起の我執）との二種に分けられる。法執とは、法我、即ちすべての存在に、そのもの自体の本質である何か実体的なものがあるという考えにとらわれることをいい、これにも同様に倶生と分別との二種の区別を立てる。また我執と法執とを合わせて二執という。⇩我《が》

**かじゅう-じ　勧修寺**　京都市山科区勧修寺仁王堂町。亀甲山と号し、真言宗山階派大本山。「かんじゅじ」「かじゅじ」とも読む。昌泰三年900醍醐天皇が生母藤原胤子のために、藤原高藤の外戚宮道弥益の宅址に建立。東大寺の律師承俊を開山とした。延喜五年905定額寺に列し、朝廷や藤原氏の崇敬が篤く大いに栄えた。当寺七世長吏寛信に至り東密小野流の一派勧修寺流の本拠となる。さらに後伏見天皇の皇子寛胤法親王が入寺してから代々親王を長吏として宮門跡に定められ、山科門跡とよばれた。のちしばしば罹災、豊臣秀吉が伏見築城の際に境内に新道を開いたので寺観を損じ、明治維新以後衰運に向かった。〔重文〕書院、蓮花蒔絵経筥、紙本墨書仁王経良賁疏（伝空海筆）〔参考〕勧修寺縁起

**かじゅうじ-しゅうちょう　勧修寺繡帳**　奈良国立博物館蔵。国宝。もと京都勧修寺に伝えられた刺繡の釈迦如来説法図。獅子座に坐る釈迦如来を囲んで多くの菩薩や羅漢が説法を聴く姿を配したもので、一種の霊山浄土変であるが、所依の経典は明らかでない。奈良時代中期の作と考えられるが、唐から伝えられたとの説もある。図様が法隆寺金堂壁画と類似するので、同一集団の作であろうといわれ、刺繡の技術は精巧で、鎖状のものと粒状のものとをうまく使いわけている。

**かしゅみら-こく　迦湿弥羅国**　㊵カーシュミーラ Kāśmīra の音写。迦葉弥羅、箇失蜜などとも音写する。インド北西部にあった国。ガンダーラ地方の北東、ヒマラヤ山麓に位置し、現在のカシミール地方にあたる。古くから東西交通の要衝として知られ、ヨーロッパへもヘロドトスやプトレマイオスが紹介している。中国の晋・南北朝の時代にはこの地方を罽賓《けいひん》と称したようである。アショーカ Asoka王が派遣した伝道師末田地（マッジャンティカ　Majjhantika）が初めてこの地に仏教を伝えたという。のちクシャーナ王朝のカニシカ Kaniṣka王が脇《きょう》（パールシュヴァ Pārśva）・世友《しょう》（ヴァスミトラ Vasumitra）など五〇〇の賢聖をこの地にあつめて大毘婆沙論を編集させたという。その後一時、紇利多《きりた》種族に征服されて仏教は迫害をうけて衰退し、ヒンドゥー教が発展したが、玄奘が訪れた七世紀初め頃にも伽藍百余があり、僧徒五千余人がいたという。僧伽提婆・僧伽跋澄・仏陀耶舎・求那跋摩・仏陀多羅など、この地から中国へ来た訳経僧も多い。のち一四世紀にイスラム教勢力が侵入し、今日では住民の大部分がイスラム教徒である。その帰属をめぐってインド・パキスタン両国の間で係争がつづき、現在も未解決である。〔参考〕Rājataraṅgiṇī、西域記三・四

**かしょう　迦葉**　⇩三迦葉《さんかしょう》　⇩摩訶迦葉《まかかしょう》

**かじょう-じ　嘉祥寺**　中国浙江省紹興府会稽。東晋の太和年間366—71に郡守瑯琊王薈が、竺道壱のために建立。慧虔《えけん》、慧皎《えこう》らが歴住し、隋の開皇年間581—600には三論宗の吉蔵が講席を開き、世に嘉祥大師といわれた。〔参考〕高僧伝五・一五

**かしょう-せん　迦葉仙**　㊵カシャパ Kaśyapa の音写。インド古代神話に登場する聖仙。叙事詩、プラーナなどの伝説によれば、神・魔族・人間・動物などは、すべてカシャパの子孫であるという。仏典にも十大仙・十二大仙の一として名前が挙げられる。〔参考〕雑阿含経四九、長阿含経一三

**かしょう-せんにん-せつ-いにょにん-きょう　迦葉仙人説医女人経**　一巻。北宋の法賢（　—1001）の訳。古代インドの医書の一つが経蔵に組み入れられたものらしい。妊娠期間中、月ごとに服用すれば疾病からまぬがれる薬草類について詳説する。㊅三

二、国一論集部五

**かしょうまとう　迦葉摩騰**　後漢代の訳経家。梵カーシャパ・マータンガ Kāśyapa-mātaṅga の音写。竺葉摩騰、摂摩騰とも音写する。インド中部の人。後漢の永平一〇年67蔡愔《さいいん》らに伴われて洛陽に赴き、明帝は白馬寺を建ててここに居住させた。少し前に来た竺法蘭と共に四十二章経を訳したという。しかしその伝記は今日否定されるところが多い。〔参考〕四十二章経序、高僧伝一

**かしん　掛真**　⇩けしん

**がしん　雅真**　（　―長保元999）真言宗の僧。金剛峯寺初代検校。和泉講師、天野検校と号す。出生地・俗姓不詳。石山普賢院淳祐内供の室に入り、淳祐の付法の資真頼に伝法灌頂を受く。天暦六年952七月座主寛空の招請により高野山に登り、第四代金剛峯寺執行職についた。同七年夏、雅真は前年六月に雷火により炎上した奥院御廟の再建、及び丹生・高野両社の創建に着手、天暦一一年957三月に落慶した。丹生・高野両社が高野山上に勧請されたのは、この時が最初。天徳四年960仁海が一〇歳で雅真の室に入った。天延四年976食堂の本尊准胝観音像を西御堂に移し、准胝悔過法会を再興した。永観元年983寛空の遺奏により金剛峯寺初代検校に任じられた。正暦五年994大塔への落雷により諸堂は御影堂を残して悉く焼失した。天野社に避難した雅真は、座主寛朝と共に、藤原道長の姉東三条院に奏請して天野及びその近辺の花坂・志賀・教良《きょうら》寺・山崎など六カ七郷の寄進をうけ、天野伽藍を修補し、山王院を建てて移り住み、山上諸堂の御願法会を勤修した。これにより天野検校と称された。長徳四年998俗別当の紀伊国司大江景理を奉行として、山上伽藍の復興に着手したが、完成の日を待たず、長保元年に没した。弟子に仁海・暦海がある。〔参考〕大日本史料二ノ三、高野春秋編年輯録四

**かすい-さい　可睡斎**　静岡県袋井市久能。万松山と号し、曹洞宗。応永一四年1407如仲天誾の開創という。もと東陽軒と称した。一世鳳山等膳が徳川家康の帰依をうけて、豆・駿・遠・参の四カ国の僧録司となり、現寺号に改称。慶長一七年1612堂舎は改築された。明治六年1873大登山秋葉寺の秋葉山威徳大権現（三尺坊権現）を境内に移してから、鎮火の霊場として世に知られた。

**かすがごんげん-げんき　春日権現験記**　春日験記ともいう。絵巻。絹本著色。二〇巻、目録一巻。延慶二年1309の成立。宮内庁蔵。絵は右近大夫将監絵所預高階隆兼の筆、詞書は前関白鷹司基忠とその三人の子摂政冬平・権大納言冬基・一乗院良信僧正の筆で、詞書起草者は東北院覚円法印、発願主は左大臣西園寺公衡。承平託宣事・竹林殿事・金峯山御筆事など全五七項の断片的な物語を綴り合わせた春日明神の霊験記である。絵は大和絵風で、色彩濃厚で金銀泥の使用が多く、筆致円熟し、鎌倉時代末期の代表的作品。〔複製〕日本絵巻物集成三・四、新修日本絵巻物全集一六、続日本絵巻大成一四・五

**かすが-ずし　春日厨子**　春日曼荼羅を描いた正方形または矩形の厨子で、様式は一般に簡素である。扉の内面には十六善神などを描き、春日社に対する信仰から礼拝用として鎌倉時代から室町時代に多く造られた。室生寺灌頂堂の如意輪観音像を納めたものはその一例である。

**かすが-たいしゃ　春日大社**　奈良市春日野町。旧官幣大社。祭神は春日権現・春日四所明神・藤原四所大神ともいうように、武甕槌命《たけみかづちのみこと》（常陸鹿島神）・経津主命《ふつぬしのみこと》（下総香取神）・天児屋根命《あめのこやねのみこと》（藤原氏祖で河内枚岡神）・比売《ひめ》神（同）の四神である。本社の起源については諸説あるが、ほぼ平城京遷都の頃の鎮座で、藤原氏の氏神として合祀され、同氏の氏寺興福寺の鎮守社として栄えた。中世の本地垂迹説の発達により、四所明神と若宮との五社の本地を図示した曼荼羅が数多く描かれた。春日宮曼荼羅・同鹿曼荼羅・同星曼荼羅などがあるが、総称して春日曼荼羅という。〔国宝〕本殿、籠手、本宮御料古神宝類ほか　〔重文〕中門、直会殿、木造舞楽面ほか

**かず-の-ねんぶつ　数の念仏**　数量を積むことによって功徳を得ようとする平安時代後期の信仰形態の一種で、とくに念仏の回数を重ねることにより極楽往生を期したものである。即ち、日々何万遍もの念仏を

唱えることであり、源信は長和二年1013までに二〇倶胝（一倶胝は一億または一〇〇億）の念仏を唱え、藤原頼長も久安六年1150頃、弥陀念仏一〇〇万遍を日々の業とした。また念仏の数を数珠でかぞえる代りに、小豆念仏《あずきねんぶつ》と称して小豆でかぞえる風習が流行した。飛鳥寺の願西は千石を目標として一〇年間小豆で念仏をかぞえたが、天承元年1131七〇〇石になって往生したと伝える。当時の千度・一千度の詣《もう》や万一人度者や、経巻の日課読誦や読誦回数の計量を求める信仰形態と同じく、作善《さぜん》の数で信仰の深さを量る思想からでたものであった。

**かせき　珂碩**　（元和四1618—元禄七1694）浄土宗の僧。号は大蓮社超誉松露。武蔵の人。下総大巌寺の珂山の弟子となり、師に随侍して江戸霊巌寺に入り、同寺の移転工事を掌った。延宝六年1678江戸奥沢に浄真寺を開き、かねて日に三文ずつを貯えて造立した九品の仏像を安置した。医術に秀れていたという。〔参考〕続日本高僧伝一一

**かせつ　跨節**　⇨当分《とうぶん》

**かせん　花箭**　密教で修法のときに用いる供物の一種。愛染明王法《あいぜんみょうおうほう》を修める時に壇上におく箭で、作り方は古来秘伝とされ異説が多い。

**かせんりんだい　迦旃隣提**　(梵)カーチリンディ kācilindi の音写。迦旃隣陀、迦遮隣地とも書く。水鳥の名。またその鳥の羽毛から製造した柔らかな布で作った衣。

**かそう　火葬**　葬法の一つ。インドでは釈迦の出世以前より正葬として行われていた。中国でも仏教伝来以前より他の葬法と共に行われていたが、仏教伝来後、主として僧侶の間で盛んに行われるようになった。日本では文武天皇四年700に道昭が火葬されたのをその始まりというが、それ以前に既に行われたことが竃室などの遺跡の存在より明らかになっている。その後、大宝三年703の持統天皇をはじめ、一般に土葬とならんで広くこの葬法が用いられるようになった。〔参考〕続日本紀

**がそう　我相**　妄想によってあらわれた我《が》に似たすがた。凡夫《ぼんぶ》は誤ってそれを実の我《が》であるとして、そこに我執をおこす。

**かだ　伽陀**　(梵)ガーター gāthā の音写。迦陀、伽他とも書き、諷誦、偈頌、偈と訳す。広義では歌謡、聖歌の意。狭義では韻文の形式による経文のことで、多くは教説の終末部に述べられるが、散文形式の経文の意味を重説する偈頌（祇夜《ぎや》、(梵)ゲーヤ geya）と区別して、孤起頌《こきじゅ》、孤起説《こきせつ》、不重頌偈《ふじゅうじゅげ》などとも訳される。九部経、十二部経（原始仏教経典の基本的な型）の一。

**かたい-ふとう-ろく　嘉泰普灯録**　三〇巻。別に目録三巻。南宋の雷庵正受（1146—1208、号は虚中、雲門宗、雪竇下七世）の編。嘉泰四年1204に成立し、寧宗に上進して入蔵を勅許された。景徳伝灯録、天聖広灯録、建中靖国続灯録の後を継承し、その欠けているところを増補した禅宗史伝の書の一で、前三書が出家沙門の事に偏っているのを改め、広く王公・居士・尼僧なども集めている。示衆機語・聖君賢臣・応化聖賢・広語・拈古・頌古・偈賛・雑著の八門に分けて記録し、およそ南岳下一七世、青原下一六世におよんでいる。現存のものは、巻首に弟子の黄汝霖が撰した雷庵受禅師行業、および上進の書、巻尾に陸游の跋がある。(続)二乙・一〇・一—二

**カター・ヴァットゥ　Kathā-vatthu**　論事と通称する。南伝パーリ語論蔵七書の内の一。阿育王以後紀元前二世紀末までの成立と考えられている。セイロン大寺派の伝承する分別上座部の立場を正統とし、他の諸部派の説との対論の形式で異説を論破しつつ自説の正当を立証する論書で、二三品二一七論から成る。本論で論破される諸部派の名はブッダゴーサ Buddhaghosa（仏音《ぶっとん》）による本論の註釈（カターヴァットゥッパカラナッタカターKathāvatthu-ppakaraṇaṭṭhakathā）を参照することにより鮮明にされる。北伝の説一切有部の伝える異部宗輪論と共に小乗仏教諸部派の研究に資する点に特質がある。

**かたえんにし　迦多衍尼子**　（紀元前二世紀頃）(梵)カートヤーヤニー・プトラ Kātyāyani-putra の音写。迦多衍那《かたえんな》、迦旃

延《かせんねん》とも音写する。説一切有部の大論師で、有部の根本論書である阿毘達磨発智論二《ほっちろん》〇巻を作った。〔参考〕異部宗輪論述記、婆藪槃豆法師伝

**かたぎぬ　肩衣**　肩に懸ける衣。上下《かみしも》の上《かみ》が簡略化されたもの。真宗では在家の信徒が仏前に詣るときの一種の礼服とする。

**かたくか　訶宅迦**　㊵カータカ kāṭaka の音写。呵宅迦とも書く。金色水、金光汁薬と訳す。鍍金の材料ともいわれ、また不老の薬ともされる。

**かただ-ほんぷくじ-にっき　堅田本福寺日記**　一巻。堅田日記、明誓日記ともいう。明誓(1491―1560)の著。滋賀県大津市堅田の本福寺(浄土真宗本願寺派)の善道・法住・妙専・妙円の事跡や、真宗の諸作法、蓮如・実如らの事跡、山門の大谷破却のことなどを記す。原本は反古紙を用い、紙背は下間頼玄・兼頼・頼慶・源六・源七ら本願寺坊官から明宗・明誓らに送った書簡で、すべて花押がある。修理され巻子本にしたてられた。なお明誓は蓮如の門弟、本福寺法住の嗣。真全六九(本福寺由来記)〔自筆本〕本福寺蔵

**かたな-かじ　刀加持**　刀を不動明王の象徴と観じて行う密教の修法。修験道では悪魔や狐つきを退治するのに用いる。〔参考〕真言事相十七通印信、修験深秘行法符呪集

**かちなえ　迦絺那衣**　迦絺那は㊵カティナ kaṭhina の音写。堅衣、功徳衣と訳す。安居《あんご》が終ってから四カ月または五カ月だけ着用する事を許される臨時の衣服で、その間はある種の戒律が緩和されるしるしとして用いる。またセイロンなどでは安居中に用いる。これを造るのには人から施された材料で、一日の間に造らなければならないことになっている。

**かちゅうせついん　果中説因**　⇩因中説果《いんちゅうせつか》

**かちょう-ようりゃく　華頂要略**　二〇九巻(首巻一巻、本紀一七〇巻、付録三八巻)。青蓮院門跡二九世尊真親王の命により坊官藤原為善が編纂した青蓮院の寺誌。本紀の増補および付録はその子藤原為純の編。享和二年1803の自序があるが、為善による本紀には文化一一年1814の記事があり、増補には文化一二年から天保五年1834に至る記事を収める。京都青蓮院に関する各種の事跡を記録した書。同院の歴史・相承次第・伝記・行事・制度・所領・関係寺社の事歴などにわたる詳細な記録を網羅している。援用された史料としては、門葉記(同院一七世尊円親王の編、二九世尊真親王の追補)をはじめ、古記録八〇種余が数えられる。なお本書の第四巻より第三一巻までの二八巻が華頂要略門主伝(三〇巻)として別行され、青蓮院第一世の行玄より第三〇世尊宝に至る門主の伝記を収録している(仏全一二八―一三〇、巻四―三一)。天全二〇―二二(首巻・巻一―三・巻二二―五五)〔原本〕青蓮院蔵〔写本〕京都府立図書館、大谷大学蔵(巻八二)

**かつ　喝**　①歇とも書く。禅宗の用語で、叱咤したり、または言葉でいいあらわせない境地を示すときに出る一種の叫び声。臨済義玄の喝は黄檗《おうばく》希運の棒とともにとくに有名である。②また、喝は声をはりあげて言うことで、喝参は自己の来ていることを知らせること。喝散は大衆に解散するよう知らせること。喝火《かっこ》は夜寝る前に各寮を点検して、火の用心をさせること。

**かつおじ　勝尾寺**　大阪府箕面市粟生間谷。高野山真言宗。山号応頂山。「かちおじ」とも呼ばれる。本尊は十一面観音で西国三十三カ所観音第二三番札所。「三代実録」元慶四年880二月四日条の清和太上天皇の諸山巡歴の記事に勝尾山と見え、承平五年935の摂津国総持寺資財帳案に勝尾山寺とあるのが早い。同寺縁起によると奈良時代の神亀年間724―29の頃、善仲・善算の二聖者が入山、金字大般若経書写を行った。その後両聖者から受戒した開成皇子(光仁天皇皇子)が写経を完成、般若台《はんにゃだい》に納め、寺域の結界を定めて堂舎を建立、弥勒寺と称したのに始まる。宝亀年間770―80のことという。平安時代には天台末寺となっており、当時、山岳修行者の集まる代表的聖地となっていた勝尾山の中心寺院であった。ちなみに聖《ひじり》の住所としての勝尾山は歌に詠まれ梁塵秘抄に収められている。平安末期には本堂を中心に講堂・常行堂・鐘楼・鎮

守宝殿・如法堂・阿弥陀堂・一切経蔵・食堂・湯屋・宝蔵・私持仏堂四宇など多くの房舎があったが、寿永三年1184源平一の谷合戦のとき源氏の軍勢侵入で焼失した。しかし、各地への勧進により翌文治元年1185には本堂の上棟が行われるなど短期間で再建され、その後もたびたび修造が行われている。元和二年1616火災にかかり一山が焼失した。しかし間もなく復興されたようで延宝三年1675頃には一山二三坊を数えた。古代・中世を通じて公武の崇敬を集め寺領・荘園も多くあった。寺領山林は当寺を中心とする北摂山地中に広がり、その境界を表わす牓示は多聞天・持国天などの諸天・諸明王を一尊ずつ塚を築き埋納した八天石蔵《はってんのいしくら》(国指定史跡)として遺る。この寺領山林の権利・利用をめぐって中世以降近隣の郷・庄住人との間でたびたび争論を起こしている。そのほかに粟生・草野・宿久・泉原などに散在寺領があり、また三カ庄(外院・高山・美河原)なども領有している。文禄三年1594太閤検地が実施され、四至内の寺領山林を除く諸領を失い、代りに屋敷七石が与えられた。近世初頭には真言宗高野山末となる。なお、古くから雨乞いの信仰が強く、多くの雨乞い祈禱の勤行記録が残る。また建永二年1207の専修念仏の停止によって土佐国流罪が決定した法然(源空)は配流の途の大赦によって四年間当寺に隠棲した。旧参道に点在する町石は国指定史跡。〔重文〕紙本墨書法華経、木造薬師如来及両脇侍像　〔参考〕勝尾寺文書、法然上人行状絵図三六、箕面市史

**がっかい　学階**　学僧の階級をいう。平安時代には南京三会・北京三会の各講師を勤める者で、その受請以後・勤仕前を擬講と呼び、勤仕者を已講《いこう》と称した。近世においては、(1)天台宗=望擬講・擬講・已講・新題者・古題者の五階級、(2)浄土宗=縁輪席・扇之間席・一文字席・月行事席・学頭、(3)日蓮宗=名目部・四教儀部・集解部・観心部・玄義部・文句部・止観部・上座席、(4)真宗大谷派=擬講・嗣講・講師の三講者、(5)同本願寺派=得業・助教・主議・司教・勧学の五階級、(6)同高田派=准講師・講師・学頭、(7)同仏光寺派=助講師・副講師・本講師・学頭などが設けられた。近代以後、各宗の学階はさらに整備され、各宗学研鑽の年数または論文提出などにより相当学階に任じている。その主なものは、(1)天台宗=望擬講・擬講・已講・探題、(2)高野山真言宗=司講・都講・学匠・碩学、(3)真言宗智山派=五等学師から一等学師までの五階、(4)同豊山派=補教・准司教・五等司教・四等司教・三等司教・二等司教・一等司教・大司教、(5)法相宗=擬得業・得業・擬講・已講、(6)浄土宗=得業・擬講・嗣講・講師・已講・勧学、(7)同西山派=得業・已講・勧学、(8)真宗大谷派=学師・擬講・嗣講・講師、(9)浄土真宗本願寺派=得業・助教・輔教・司教・勧学などである。その他の諸派においても大同小異の制が設けられている。

**がつがい-ちょうじゃ　月蓋長者**　月蓋は(梵)ソーマチャットラ Somachattra の訳。仏在世当時のインド中部の毘舎離《びしゃり》(ヴァイシャーリー Vaiśālī)の資産家。請観世音菩薩消伏毒害陀羅尼呪経には、その地に悪疫が流行した時、仏陀に病苦救済の法を問い、無量寿仏および観音・勢至二菩薩を念ずべきことを教えられたと説かれる。維摩詰所説経にもこの長者の名が見える。信濃善光寺の一光三尊の仏像はこの恩を謝するため、長者が閻浮檀金で作ったものという。

**かつが-せん　竭伽仙**　(梵)ガルガ Garga の音写。ヴェーダの誦出者の一に数えられる伝説上の仙人。最古の天文学書の著者とされる。〔参考〕大孔雀呪王経下、大日経疏一六

**がっこう-おう　月光王**　月光は(梵)チャンドラプラバ Candraprabha の訳。戦達羅鉢刺婆《ぜんだつらはつらば》と音写する。ジャータカ物語にあらわれる仏陀の前生の一。インド中部一帯を統治した帝王。地方の小王が一人のバラモンを遣わして王に頭を布施するように乞わせたところ、すぐさま自らの頭を切断して布施波羅蜜の行を完成した。小王はこれを聞いて驚いて死し、バラモンも死んだという。〔参考〕賢愚経六、菩薩本縁経

**がっこう-どうじ　月光童子**　月光は(梵)チャンドラプラバ Candraprabha の訳。月明童子ともいう。仏在世当時の王舎城の資産家の子。父は仏陀の名声をねたんで危害を加えようとし、いつわって仏陀をわが家

に招いた。童子はこれを知って父を諫めたが、父は聞かなかった。仏陀が来着して神力を示したので父は悔いて仏に帰依したという。のちに、月光童子が仏滅後千年（または二千年）に中国に生まれて仏法を広めるという説が行われ、仏の予言の形でそれが種々の仏典に説かれている。〔参考〕月光童子経、申日経、徳護長者経、宝雨経一

**かつ-こく　活国**　現在のアフガニスタンのコンドゥーズ Qondūz にあたる。覩貨羅《とから》（トゥカーラ Tukhāra）の故地。七世紀頃には、大乗小乗の仏教が並び行われていた。ペルシア語 Kuhandiz（城砦）の音略ではないかといわれる。〔参考〕西域記一二、慈恩伝二

**かっさつ　甲刹**　甲たる寺刹の意で、五山十刹のほか、禅林に甲たる大寺をいう。中国では、元代に顕報禅寺ほか三六寺が定められ、日本でも室町時代に山城仏心寺・摂津福海寺など、これに列せられたものが多い。〔参考〕釈門事始考、禅林象器箋、和漢禅刹次第

**がっさつ　合殺**　読経などの音調の一種で、読経、行道の終ろうとするときなどに用いる。

**がっさん　月山**　⇩出羽三山《でわさんざん》

**かっさん-きけん　夾山揮剣**　禅宗の公案の一。夾山善会《ぜんね》が、「塵を払って仏を見よう」とする一僧の立場を批判し、直ちに剣をふるうべしと教えた故事。煩悩を払って菩提を求めることを誡め、直ちに菩薩の真剣をふるうべきことを教えたもの。剣は人々が本来そなえている真性の意。〔原文〕従容録六八、宗門統要続集一四、五灯会元五

**かっ-しゃく　割笏**　笏（束帯を着たとき携行するもの）を縦に半分に割ったもので、歌曲を奏するときに拍子をとるのに用いる。笏拍子《しゃくびょうし》といい、古くは二個の笏を用いたようである。知恩院では笏拍子をうって念仏行道する。また読経のときに拍子をとる音木《おんぎ》を浄土宗で戒尺《かいしゃく》というのは割笏の訛った語か、或いは本来の戒尺（受戒のときに用い、打ちならして式のきまりをつける二個の木片）と混同したものであろう。

**かつじゅうんぎら-こく　羯朱嗢祇羅国**　㊵カジャンガラ Kajaṅgala の音写。インド中部にあった古王国。現在のラージマハル付近に位置するという。ミリンダ王 Milinda（メナンドロス）と問答を交したナーガセーナ Nāgasena（那先）比丘はこの地の出身である。〔参考〕西域記一〇

**かつじゅら　渇樹羅**　㊵カルジューラ kharjūra の音写。シュロに似た樹木。ナツメヤシ属の一種。樹液から酒を造る。

**がっしょう　合掌**　㊵アンジャリ añjali の訳。インドの古い礼法。合掌叉手《しゃしゅ》ともいう。胸の前で一〇指と両掌を合わせてこれを行うからまた合十ともいう。仏教徒が仏や菩薩などに敬意を表わすとき、この礼法を用いるのが常である。密教では、その左右両手を金剛界と胎蔵界、理と智、定《じょう》と慧などに配当し、一〇指を五大、或いは十波羅蜜に配当する。またその型式を一二に分けて十二合掌という。⑴堅実心合掌（指を真直にして両手を合わせ、両掌の間にすき間ができないようにする）、⑵虚心合掌（前と同様にして、両掌の間に少しすき間を作る）、⑶未開蓮合掌（両手を合わせ、それを蓮華のつぼみのようにふくらませる）、⑷初割蓮合掌（両手を合わせ、両方の食指・中指・無名指を少し離して蓮花の開き始めたようにする）、⑸顕露合掌（両手の小指のみを接触して両手を並べて上向きにし、掌があらわに見えるようにする）、⑹持水合掌（両手を上に向けて並べ、大指以外の八指を曲げて、それぞれ対応する指の尖端を着け、ちょうど水を受けるようにする）、⑺帰命合掌（金剛合掌ともいう。一〇指を交叉して右手の各指が左手のそれぞれ対応する指の上にあるようにする）、⑻反叉合掌（両手を背中合わせにし一〇指を交叉して、右手の五指が左手の五指の上にあるようにする）、⑼反背互相著合掌（左手を下向きにして伸ばし、その上に右手を上向きにして着ける）、⑽横拄指合掌《おうしゅしがっしょう》（両手を上向けにし、両方の中指の指先を着けて互いに拄《ささ》え、指端を上方に向かわせる）、⑾覆手向下合掌（両手を並べて下向きにし、両方の中指の指先を着けて互いに拄え、指端を下に向かわせる）、⑿覆手合掌（両手を並べて下向きにし、両方の親指の端のみを着け、各指先は

前方に向ける)。密教で説く手印はこの十二合掌と六種拳とを基準としているから、両者を印母《いんも》という。

**がつじょうにょ-きょう　月上女経**　二巻。隋の闍那崛多《じゃなくった》の訳(開皇一一 591)。毘耶離《びゃり》(梵ヴァイシャーリー Vaiśālī)市の富豪毘摩羅詰《びまらきつ》(梵ヴィマラキールティ Vimalakīrti)の娘月上が多くの男から婚姻を求められ、神変をあらわして仏の所に行き、身を男子に変じて仏弟子となる。主人公の父の毘摩羅詰という名前は、本経と維摩経との関連を予想させるが、本経の方が維摩経よりもむしろ先立つと考えられる。わが国の竹取物語の成立に関係があるかとも推測されている。大一四、国一経集部二

**かつじら　羯地羅**　梵カディラ khadira の音写。檐木《えんぼく》と訳す。アカシア樹の一種。護摩の薪などに用い、その樹脂は薬になる。

**かつじんけん　活人剣〔殺人刀〕**　剣、刀は智を喩えたもので、人が本来もっている霊性をよびさますはたらきを活人剣、死地におちいらせるはたらきを殺人刀という。禅宗で用いる語。

**かったふたんな　羯吒布怛那**　梵カタプータナ kaṭapūtana の音写。奇臭鬼と訳す。身体に臭気のある悪鬼の名。刹帝利《せっていり》(クシャトリヤ)がその任務をおこたると、この鬼となって下界に生じるといわれる。〔参考〕大般涅槃経一六、玄応音義二一

**かっちな　羯恥那**　梵カッティカ khaṭṭika の音写。殺狗人、断獄官と訳す。屠殺者のこと。

**カッチャーヤナ　Kaccāyana**　①(五世紀頃)セイロンの文法家。②マハーカッチャーヤナの略。⇩摩訶迦旃延《まかかせんねん》

**かっとう　葛藤**　葛《くず》や藤のつるのようにもつれていることで、禅宗では語句がこみいって解釈しにくい古則公案に譬え、転じて問答工夫《くふう》のこともいう。無駄な語句を弄するのを閑葛藤、文字言語にとらわれて仏の真意を得ない禅を文字禅、葛藤禅という。また出曜経巻三には煩悩をたとえて葛藤という。

**がっとう-さんまい-きょう　月灯三昧経**　一〇巻。北斉の那連提耶舎《なれんだいやしゃ》の訳(天保八 557)。仏が王舎城の耆闍崛山《ぎしゃくっせん》にあって、月光童子の問いにこたえて、一切諸法体性平等無戯論三昧を修して菩提をえた仏の功徳を説いて、この三昧の実践をすすめる。この三昧は、一切の存在には実体がなく、夢・幻のようなものであると観ずることであり、このように正しく観察すれば悟りを得られると説かれる。これが本経の中心思想であるが、経はつづいてこの三昧を実践する方法を詳説し、六波羅蜜を説く。本経の梵本はサマーディ・ラージャ Samādhi-rāja(三昧王経)といい、その完本はダット N. Dutt によってチベット訳とともに出版された(1941)。この経の一部分を抄出したものに、月灯三昧経一巻があってこの経の第六巻の前半に当たる。別に第五巻の後半に類似する月灯三昧経一巻があり、共に劉宋の先代公の訳という説がある。中国・日本では流行しなかったがネパールでは重視された。また中観派のチャンドラキールティ Candrakīrti やシャーンティデーヴァ Śāntideva がその著作中に本経をしばしば引用しており、本経が中観派に重要視されていたことをうかがわせる。大一五〔参考〕歴代三宝紀四、法経録一

**かつにかじゅ　羯尼迦樹**　羯尼迦は梵カルニカーラ karṇikāra の音写。耳作と訳す。インドに産する樹で、その花や若葉はたいへん美しい。

**かつにゃきくじゃ-こく　羯若鞠闍国**　梵カニヤークブジャ Kanyākubja の音写。伽那慰闍、罽饒夷とも音写し、曲女城《ごくにょじょう》と訳す。古名を拘蘇磨補羅《くすまふら》(クスマプラ Kusumapura)という。現在のインドのウッタル・プラデーシュ州カナウジ(Kanauj, Kanoj)にあたる国。この城市とガンジス河との関係位置について、法顕や玄奘は東岸とするが、現在のカナウジはガンジス川の支流カーリー川の東岸にある。七世紀には戒日王(シーラーディトヤ Śīlāditya, ハルシャヴァルダナ Harṣavardhana のこと)の都城として栄えアヨードヤー Ayodhyā に次ぐ大都市であったと記される。仏寺百余り、大小乗兼学の僧一万余り、外道寺院二百余りがあったという。〔参考〕西域記五、法

顕伝、慈恩伝二

**がつばしゅな　月婆首那**　生没年不詳。梁・陳代の訳経家。㊵ウパシューニャ Upa-śūnya の音写。高空と訳す。インド中部の優禅尼《うぜんに》国(首府は今のウジャイン)の王子。東魏の初め、中国の鄴都(河北省臨漳県)に来て、僧伽吒経《そうぎゃたきょう》四巻・頻婆娑羅王問仏供養経一巻・摩訶迦葉経二巻を訳し、のち梁に往って、大乗頂王経一巻を訳し、さらに、于闐《うてん》僧の求那跋陀(徳賢)から得た勝天王般若経の梵本を、陳の天嘉六年565に江州興業伽藍で訳した。〔参考〕歴代三宝紀九・一一

**かつばんだ-こく　竭盤陀国**　㊵カバンダ Khabandha の音写。渴槃陀、喝盤陀、渴飯檀とも音写する。現在のアフガン・トルキスタンのタシュクルガン Tush-Kurghan (石の丘)を中心とした国。ここには経量部の童受《どうじゅ》(クマーララータ Kumāralāta) 論師の住した伽藍があった。〔参考〕梁書渴盤陀伝、西域記一二、慈恩伝五

**かつぶつ　活仏**　チベット語でトゥルク sprul-sku あるいはクケー sku-skyes という。大乗の菩薩はすべての衆生が救済されるまで涅槃に入ることなく輪廻の世界に生まれかわって救済事業をつづけるという思想にもとづいて成立した、チベット仏教の転生ラマをいう。その起源は第二代ダライ・ラマのゲンドゥン・ギャムツォ Dge-ḥdun rgya-mtsho が初代ダライ・ラマであるゲンドゥン・ドゥパ Dge-ḥdun grub-pa の生まれかわりとされたのにはじまる。以後、高僧が死ぬと、その死後四九日間に受胎して生まれた者のなかから、卜占によってその転生者を探し出して教法を相続させる方式が普及した。これを活仏あるいは転生ラマといい、ダライ・ラマ、パンチェン・ラマのほかチベット、モンゴルなどにあわせて約一六〇の活仏がいたといわれる。

**かつま　羯磨**　①㊵カルマン karman の音写。業《ごう》、所作、事、弁事、弁事作法などと訳す。日本では、南都の諸宗や真言宗では「こんま」、天台宗や浄土宗では「かつま」、泉涌寺伝では「けも」と読み、剣暮《けんぼ》とも書く。業《ごう》の意味に用いる場合もあるが、通常は受戒、懺悔、結界など戒律に関する行事を行う場合に、意志を身体の動作や言語の上にあらわして、それによって善を生じ悪を滅するなどの効果をもたらす作法を意味する。受戒の際は、羯磨によって受戒者は戒体(悪を止め善を生むはたらきのあるもの)を自分の身に起こすという。羯磨の内容を法(羯磨の仕方)・事(羯磨をすべき事件)・人(羯磨に関係する人)・界(羯磨をする場所)の四にわけ、これを羯磨の四法といい、羯磨はこの四を具えているとする。(イ)法には、心念法・対首法・衆僧法《しゅそうほう》の三種がある。心念法は一人で心におもい、それを口に唱える方法。対首法は同じ教えを奉じている二、三の人々がその席にいる時その面前で申しのべる方法。衆僧法は四人以上、即ち僧伽《そうぎゃ》において申しのべる方法である。心念法は微小な罪を懺悔する場合とか、あたりに人がいないために特に許された場合などに用い、対首法は三衣や鉢を受けとって自分の所有とするときなどに用いる。衆僧法は布薩《ふさつ》や自恣《じし》や受戒など重要な事件に用い、滅罪生善の力が最もすぐれているとする。衆僧法を単白法《たんびゃくほう》・白二法《びゃくにほう》・白四法《びゃくしほう》にわける。単白法は単に僧衆に告知するだけのもので、事が比較的軽少である場合と、常に行う例となっている場合と、厳しいおきてで異義をさしはさむことを許さない場合とに用いられる。白二法は白二羯磨《びゃくにこんま》ともいい、僧衆に一度告知して(一白)、一度だけ可否を問う(一羯磨)もので、結界などのときに用いられる。白四法は一白三羯磨《いちびゃくさんこんま》または白四羯磨《びゃくしこんま》ともいい、僧衆に一度告知して(一白)、三度可否を問う(三羯磨)もので、具足戒を受ける場合や僧残罪のような重い罪を懺悔する場合などに用いられる。なお具足戒を授けるとき受戒者のために正しく白四羯磨の作法をなす者のことを羯磨師(羯磨阿闍梨《こんまあじゃり》)という。羯磨を行う場合を分類すれば合計一八三法(一説には一八四法)となる。世に百一羯磨というのは、百は満数で数の多いことを示し、それに各一羯磨があるとの意である。ただし十誦律の所伝では実際に一〇一の場合を数えている。(ロ)次に事には、情事・非情事・合二事の三種がある。情

事とは有情《うじょう》即ち生きものに関する事件、非情事は三衣一鉢などの無生物だけに関する事件、合二事はその両方にかかわる事件で、一八三法の事件はこの三種におさまる。㈥人には、僧(四人以上)、二・三人、一人の三種がある。㈡界には、自然界と作法界とがある。自然界とは自然に僧の住処となっているような場所(わが国の寺院など)であり、作法界とは特に場所を区切って指定したものである。②密教では如来の作業《さごう》(はたらき)、諸尊の威儀事業の意味に用い、羯磨曼荼羅、羯磨部などの語がある。また羯磨金剛の略称。

**かつまこんごう　羯磨金剛**　輪羯磨、十字金剛、羯磨杵《かつましょ》、羯磨などともいう。三鈷杵《さんこしょ》を十字形に組合わせた密教の法具で、仏に本来具わる作業《さごう》(はたらき)としての智を象徴した。大壇の四隅に置かれる。

**かつらぎ-さん　葛城山**　古くは大阪府と奈良県との境をなして南北に連なる金剛山地を指し、金剛山(標高一一二五メートル)・大和葛城山(葛城山・戒那山とも。標高九六〇メートル)・和泉葛城山(標高八五八メートル)がある。金剛山には一言主神をまつる葛木神社、役小角を開山とし本地仏をまつる金剛山寺(一乗山転法輪寺)などがある。修験道最古の霊場ともいわれ、葛城修験の本拠地。神武紀によると、赤銅八十梟帥《あかがねのやそたける》が住した所で、高尾張邑《たかおはりのむら》とみえる。一言主神ほか数柱の葛城神がいた所で、役小角がこの神を呪縛、駆使して金峯山まで岩橋を架けた奇瑞説話は有名。古来、多くの山岳修行者が集まり、修験霊場として吉野金峯山と並び称される。中世も多数の修験者が入山し、中興開山の長香を中心として葛城修験を形成、紀淡海峡に浮ぶ友ケ島から二上山麓の亀ケ瀬まで、山地にそって二八宿を置き、これを行場とした。近世も奈良興福寺の一乗院宮を本寺として修験を継承。明治の神仏分離によって金剛山寺と金剛山葛木神社に分かれた。現在も本山派修験では法華の峰と称して春の入峰修行を行う。〔参考〕続日本紀、日本霊異記、葛嶺雑記、大和名勝図会、木葉衣など

**かつらぎ-でら　葛木寺**　奈良市南京終町にあったとされる古代寺院。葛木尼寺とも称された。創建年代は不明であるが、聖徳太子(574—622)の建立という。創建地を奈良県橿原市の和田廃寺跡、あるいは同御所市の朝妻廃寺跡、同市稲宿《いないど》の葛城寺《かつじょうじ》(一名、妙安寺)に比定する諸説があるが、確定しがたい。和銅三年710の平城遷都で新京に移ったという。天平宝字七年763播磨国に五〇戸の寺封を与えられる。宝亀一一年780雷火で塔・金堂を焼失し、その後の沿革は不明である。〔参考〕新抄格勅符抄、続日本紀

**かつらなそばつらな-こく　羯羅拏蘇伐刺那国**　㈵カルナ・スヴァルナ Karṇa-suvarṇa の音写。金耳国と訳す。現在の西ベンガル、バルハンプール Barhampur の近くラーンガーマティ Rāṅgāmati 地方にあたる。七世紀の初め、設賞迦(シャシャーンカ Śaśāṅka)王が一時支配したところ。玄奘の訪れた頃は正量部の一つの根拠地であった。〔参考〕西域記一〇、慈恩伝四

**かつらみら　羯囉微囉**　㈵カラヴィーラ karavīra の音写。迦囉毘囉《からびら》とも書く。キョウチクトウ。葉脂を眼薬に用いる(陀羅尼集経巻八)。

**かつりょうが-こく　羯陵伽国**　㈵カリンガ Kaliṅga の音写。迦陵伽、羯餕伽とも音写する。ガンジャーム Ganjām より南方ゴーダーヴァリー Godāvarī 河にいたるまでのベンガル湾沿岸地方にあたる。その名はマハーバーラタなどに見え、紀元前四世紀ころ強国であったことが知られるが、確実な資料はアショーカ王のカリンガ碑文、ハーティグンパー碑文である。アショーカ王が行ったカリンガ征討とその後の帰仏の話は有名である。〔参考〕西域記一〇

**がつりん-じ　月輪寺**　京都市右京区嵯峨清滝月ノ輪町。鎌倉山と号し、天台宗。天応元年781慶俊の創建という。のち空也が中興した。〔重文〕木造千手観音立像、同空也上人立像、同伝善哉立像・伝竜王立像、同阿弥陀如来坐像、同伝九条兼実坐像、同十一面観音立像、同聖観音立像

**かつるせい　瞎屢生**　盲目でおろかなもの。法を達観する見識のないものの喩え。瞎驢、瞎漢ともいう。

**かてん　火楺**　小木で作った火箸。菩薩が一切の衆生をことごとく救いたいという願をたてながら、衆生の中にまだ救えないものが残っているのに成仏することを、木の火箸で薪をはさんで焼き尽くそうとしてまだ焼きつくさないうちに火箸が焼きつくされてしまうことに喩える話を火楺の喩という（曇鸞の浄土論註）。

**かとう　掛搭**　「かた」とも読む。掛も搭も「かける」こと、即ち、携えている衣鉢袋《えはつぶくろ》などを僧堂の椸架《いか》（ころもかけ）の鉤にかけることの意。諸国を行脚していた雲水《うんすい》が、修行のためにある寺院に滞在すること。旅行中に携えている錫杖《しゃくじょう》をかける意の掛錫《かしゃく》、挂錫《けしゃく》も同じ意味。また食事が済んでから食器を鉤にかける意の掛鉢《かはつ》もこの意に転用することがある。掛搭の手続については百丈清規巻下などに詳細に規定されている。概して厳粛な師家《しけ》は掛搭の法を厳重にして、新たに入ろうとする人物を試験する。現今臨済宗などでは、掛搭を乞うものには一日中、威儀を乱さず頭を垂れさせておき、日が暮れて門外に追ってもなお去らぬ者は旦過寮《たんがりょう》（雲水を一泊させる室）に泊め、翌日また追ってもなお去らぬものは内庭におき（庭詰）、さらに旦過寮にとどめ（旦過詰）、その後はじめて掛搭を許す。許されて掛錫帳に記名し、願書を出して禅堂に導かれ、諸式をすまし、はじめて師家に会うことが許される。新たに掛搭したことを大衆に告げる木札を掛搭報榜といい、新たに入ったものが掛搭を謝するのを謝掛搭という。

**かとう　裹頭**　頭をつつむこと。四分律巻四〇によると、頭が冷えて痛む場合に劫貝《こうばい》（綿）で帽を作って頭をつつむことを許されているが、それ以外には比丘《びく》が頭をつつむことは一般に禁じてある。中国、日本では縹帽《ひょうぼう》を用いることがある。また山法師や奈良法師は闘争の際は五条袈裟で頭および面部を裹《つつ》む風習があり、そのいでたちはおおむね袈裟で頭を裹み、素絹《そけん》の下に腹巻、葛袴《くずばかま》をつけ、大刀を佩び、高下駄をはくのを例とし、これを裹頭の衆といった。

**かとう-せいしん　加藤精神**　（明治五1872—昭和三一1956）仏教学者。真言宗豊山派の僧。愛媛県の人。哲学館（現東洋大学）・新義派大学林を卒業、長谷寺で学んだ。明治三九年岩堀智通らと豊山派同志会を組織する。豊山大学・大正大学・東洋大学学長を歴任し、その間、群馬県普門寺住職・和歌山県根来大伝法院座主をつとめ、また豊山派宗務長・同管長に就任した。著書、大日如来の研究など。

**かとう-とつどう　加藤咄堂**　（明治三1870—昭和二四1949）教化運動家。名は熊一郎。京都府亀岡の人。丹波亀山藩士の子。英吉利法律学校（現中央大学）を出て大槻如電の門に入り、島田蕃根《ねみつ》・大内青巒と交わり仏教を学んだ。雑誌「精神」「こころ」を主宰した。中央教化団体連合会理事・上宮教会会長などに就任し、仏教主義による社会教化につくした。著書、修養論、日本仏教の概説など。

**かとく-せいくん　火徳星君**　⇩こてしんきん

**かど-だんぎ　門談義**　門説経《かどせっきょう》・辻談義・談義僧などともよび、江戸時代の乞食僧の一種。元禄年間1688—1704頃に流行した風俗で、法師の姿で長柄傘をかつぎ、あるいは胡琴・三絃・ささらの三人組で街頭や門前に立ち、経文祖釈によらない似而非説教をして施し与えられる金銭を求めて歩いた。〔参考〕人倫訓蒙図彙七

**かどの-でら　葛野寺**　⇩広隆寺《こうりゅうじ》

**かどび　門火**　送り火ともいう。盂蘭盆会《うらぼんえ》の宵、七月一五日または一六日に、戸ごとに門前で麻殻などを焚くのをいう。時には山や河原、墓地で焚くこともあり、招いてあった諸霊を送りかえす意味で行われる。京都の大文字の送り火もこの一種である。中国では北斉の頃、葬送の時に門前で火を燃やしたというので、中国から伝わった風習とする説があり、また、日本で古来事あるごとになされたかがり火に基づくという説もある。

**かどんば　迦曇婆**　(梵)カダンバ kadamba の音写。条茎と訳す。インドに産出する喬木で、六月頃から芳香のある花を開く。

**カナーダ　Kaṇāda**　（150B. C.—50B. C.頃）インド六派哲学の一つヴァイシェーシカVaiśeṣika（勝論《かつろん》）学派の祖とされる人物。別名をウルーカUlūkaといい、優楼佉、鵂鶹《くる》、鵂角《うるこ》、優楼迦、優楼歌などと音写し、獯狐子、獯猴子などと訳す。同学派の根本典籍ヴァイシェーシカ・スートラVaiśeṣika-sūtraの作者とされるが、詳しい事跡は明らかでない。〔参考〕成実論二、百論疏上、成唯識論述記一

**かなやま-ぼくしょう　金山穆韶**　（明治九1876—昭和三三1958）仏教学者。高野山真言宗の僧。富山県文殊寺に生まれる。明治三四年真言宗古義大学林卒業。大正二年1913から二一年間奥之院祖廟に日参し、この間、同八年高野山天徳院住職となる。昭和一五年高野山大学学長。なお、明治三八年には古義真言宗各派連合大学林（現高野山大学）の教授となり、以後五〇年間密教を講じ、また肉食妻帯せず、行学兼備とうたわれた。著書、弘法大師の仏教観、真言密教の教学、大日経の綱要、真言密教の教理史など。

**かにしか-おう　迦膩色迦王**　（二世紀）㊵カニシカKaniṣka　㊁カニシカKani-sika の音写。古代インドのクシャーナKuṣāṇa（貴霜）王朝第三代の王。コータンKhotan（于闐）の出身とする説が有力で、同王朝を築いたカドフィセスKadphises一世・二世とは家系を異にすると見られる。在位年代には諸説があって一定しないが、約二〇年にわたって王位にあり、プルシャプラPuruṣapura（丈夫城。現在のパキスタンのペシャワール）を都として、ガンダーラ地方を中心に中央アジアからインド中部に及ぶアショーカAśoka王以来の大帝国を建設した。仏教を積極的に保護し、首都郊外にカニシュカ伽藍と呼ばれる大塔と寺院を建立し、またいわゆる第四結集を援助したといわれる。一九〇八年、大塔趾から王の名を刻んだ舎利容器が発見された。王の庇護のもとにガンダーラ地方は仏教の一大中心地となり、とくに説一切有部がさかんであった。ギリシア・ローマ文化の影響をうけた仏教美術が栄えたのもこの頃からである〈⇩ガンダーラ〉。また王の宮廷では仏教詩人アシュヴァゴーシャAśvaghoṣa（馬鳴《めみょう》）や名医として名高いチャラカCarakaが活躍したといわれる。

**かにまん-じ　蟹満寺**　京都府相楽郡山城町綺田。真言宗智山派。普門山と号し、紙幡寺《かばたでら》ともいう。綺幡寺、蟹幡寺、加波多寺、蟹満多寺とも記された。行基の開創と伝えるが、日本霊異記・今昔物語集・元亨釈書などは、当寺開創の伝説として、信心深い少女をめぐる蛇と蟹の縁起譚を載せる。正徳元年1711智積院亮範が中興した。本尊の丈六銅造釈迦如来坐像（国宝）は白鳳期の秀作。

**カニンガム　Cunningham, Sir Alexander**　（1816—1893）インド考古学に大きな貢献をなしたイギリス軍人。カシミール地方の建築調査に従い（1847）、メーセーF. C. Maiseyと共にサーンチーなどの仏跡を発掘調査し（1851）、その成果をThe Bhilsa Topes（ビルサの塔廟1854）に発表した。退役後、インド考古調査局に入り、インド考古調査報告（Archaeological survey of India）の刊行に従事し、古遺跡の調査保存に尽力した。著書に、Ancient geography of India（インド古代地理1871）、The buddhist stūpa of Bharhut（バルフットの仏塔1879）、Coins of ancient India（古代インドの貨幣1891）、Coins of mediaeval India（中世インドの貨幣1893）、Aśokan inscriptions（阿育王法勅銘1877）などが名高い。

**かねい-かんじん　鐘鋳勧進**　梵鐘鋳造のための勧材・結縁の勧進。平安末期以後頻繁にみられるが、室町時代頃から造寺造塔・万部経など諸寺や個人発願の勧進が盛んに行われ、遊行僧と民衆の接触が密接になっていた。近世になると鐘鋳勧進を名目として古鐘古金属などを集め転売して生計とする遊行僧風の乞食の徒も現われた。〈⇩聖《ひじり》〉〔参考〕人倫訓蒙図彙七

**かね-うち　鉦打**　磬叩《きんたたき》ともいう。鉦を首にかけ、和讃念仏を唱え、踊念仏などをした半僧半俗の徒、雑芸能者をいう。地方によっては鉦打聖、鉦打衆、鉦打坊主とも呼ばれた。早く一遍の時宗に属して遊行

に随従し、薪水や埋葬の役に当たったと伝えられる。その多くは東日本に分布し、また西日本に分布した鉢叩《はちたたき》も時宗と密接な関係にあった。竹細工・札売・鋳掛屋・飴売などを営み、江戸時代には一団となって集落を形成した。⇩聖《ひじり》　⇩鉢叩《はちたたき》

**かねこ-だいえい　金子大栄**　（明治一四1881—昭和五一1976）仏教学者。真宗大谷派の学僧。新潟県中頸城郡高田村（現上越市）最賢寺に生まれる。明治三七年真宗大学卒業後、自坊に帰り一一年間布教に従事。大正四年1915東京に出て清沢満之の浩々洞に入り、雑誌「精神界」を主筆。同五年東洋大学教授を経て、同年真宗大谷大学教授に就任。同一一年曾我量深と共に研究誌「見真」を発行。昭和三年「浄土の観念」が異安心書と烙印を押され、僧籍剝奪、大学教授を辞任。同五年広島文理科大学講師、同一七年大谷大学教授に再就任。同二四年マッカーサー司令部の命によって大谷大学を辞任。同二六年再復帰して同大学名誉教授。清沢満之の精神主義を継承し、仏教全体にわたる広い地盤と、近代西洋思想上に立った真宗教学を形成。特に仏教研究の方法論を再検討し、親鸞のいう自然の浄土は、本願の信において与えられる宗教的自覚の世界であると了解した。著書、真宗の教義及其歴史、仏教概論、真宗学序説、浄土の観念、彼岸の世界、如来及び浄土の観念など。金子大栄選集二〇巻、金子大栄講話集五巻、金子大栄著作集一二巻などがある。

**かねん　珂然**　（寛文九1669—延享二1745）浄土宗鎮西派の学僧。大坂の人。字は真阿。寒叟《かんそう》と号した。珂憶・廓瑩に師事し、大坂生玉の法泉寺に住した。院を大蔵転経院、室を修史室と称して、仏教の史伝編修に力を注いだ。著書、吉水実録一五巻、浄土伝灯録一二巻、元亨釈書索隠六巻、扶桑往生全伝三巻など多い。〔参考〕珂然上人略伝、続日本高僧伝四

**かのうへん　果能変**　⇩因能変《いんのうへん》

**かばく　果縛**　⇩子縛《しばく》

**かび　加被**　仏が慈悲の心から有情《うじょう》の上に一種の力を加えること。加備《かび》、加威《かい》、加とも いう。仏の加被する力を加被力《かびりき》という。加被を顕加《けんか》と冥加《みょうが》との二加に分ける。顕加とは眼に見える加被で、例えば仏が菩薩《ぼさつ》に加被して説法させる場合に身・語・意の三業によって加被するような場合であり、冥加《みょうが》とは眼に見えぬ加被で同じく意業だけでする場合である。冥加はまた冥護、冥祐ともいい、自分の知らない間に神仏の加護を受けることでもある。転じて神仏照覧の意にも用い、また寺院などに上納する金銭を冥加金、御冥加ともいう。

**がび-さん　峨眉山**　中国四川省峨眉県の西南にある山。岷江の上流で標高三三八〇《メートル》。最高峰を大峨山といい、中峨・小峨の二山と連なるので三峨とも称する。景勝に富み、古来文人墨客の遊ぶ者が多い。普賢菩薩示現の霊場として、文殊の五台山、観音の普陀山、地蔵の九華山と共に中国の四大霊山として有名。大峨山には多数の寺刹堂塔、大小の巌洞石龕がある。伝説によると、むかし、蒲翁が山頂で普賢大士の真相を拝し、晋代に白水普賢寺を創建したという。宋代には、勅命によってしばしば普賢像を荘厳し、或いは白水普賢・黒水華厳・中峰・乾昭・光相の五寺を重修している。普賢寺は明の万暦年間1573—1620聖寿万年寺と改称。〔参考〕五雑組四、仏祖統紀四三

**がび-しゅう　峨眉集**　二〇巻。日蓮宗常在院日深の著（寛保二1742）。天台日蓮両宗に関する論題書の一。九八門を設け、主として天台宗の教義を議定し、日蓮宗の宗義をも論断する。日導の祖書綱要・元政の草山集と共に、古来日蓮宗の二大宝策という。日全二四・二五　〔写本〕立正大学蔵、東洋大学哲学堂蔵　〔刊本〕文化一一1814刊

**かびだじゅ　迦毘陀樹**　迦毘陀は㊵カキタ kakitha の音写。インドに産する果樹で、クネンボの一種。

**かひつし-こく　迦畢試国**　㊵カピシャ Kapiśa の音写。迦臂施、迦毘施とも音写する。現在のアフガニスタンのゴールバンド Ghorband 河およびパンジュシール Pañjshīr 河の流域地方。首都はベクラーム Beg-rām で迦膩色迦《かにしか》（カニシカ Kaniṣka）王の夏の都であった。〔参考〕西域記一、慈恩伝二

**かびまら**　**迦毘摩羅**　㊵カピマラ Kapimala の音写。付法蔵因縁伝に伝える第一二祖。インド摩掲陀国の人。教法を馬鳴《めみょう》から承け竜樹に伝えたとされる。出三蔵記集巻一二では韋羅羅漢の名で第一三祖として出され、法を鳩摩羅駄から承け、瞿沙に伝えたとされる。〔参考〕付法蔵因縁伝五、出三蔵記集一二・薩婆多部師資目録

**カピラ**　**Kapila**　迦毘羅と音写し、赤色、黄頭などと訳す。インド六派哲学の一つであるサーンキヤ Sāṃkhya（数論《すろん》）学派の祖とされる仙人。その学説は不明で、単に伝説上の人物ともいわれる。実在したとすれば紀元前三〇〇年頃の人か。〔参考〕成唯識論述記一

**カピラヴァストゥ**　**Kapilavastu**　⇩迦毘羅衛《かびらえ》

**カピラヴァットゥ**　**Kapilavatthu**　⇩迦毘羅衛《かびらえ》

**かびらえ**　**迦毘羅衛**　㊵カピラヴァストゥ Kapilavastu ㊁カピラヴァットゥ Kapilavatthu の音写。劫比羅伐窣堵、迦毘羅婆蘇都、迦維羅越、迦毘羅城などとも音写し、蒼城、黄赤城と訳す。現在のインドのウッタル・プラデーシュ州バスティ、ゴーラクプル両県からネパールの一部にわたる地域を指し、都城はティローラ・コート Tilaura-kot にあったという。釈迦族の国で、仏陀の誕生地ルンビニー Lumbinī（現在のルンミンデーイー）には、阿育（アショーカ Aśoka）王の石柱が遺っている。仏陀の晩年にコーサラ国の毘瑠璃《びるり》（ヴィドゥーダバ Viḍūḍabha）王に滅ぼされた。なお一八九八年にピプラーヴァー Piprāvā（Piprāhwā）から仏舎利の瓶が発掘されている。〔参考〕西域記六、慈恩伝三

**かびら-じん**　**迦毘羅神**　迦毘羅は㊵カピラ Kapila の音写で、黄色と訳す。守護神の名で東方を守護する四夜叉の一。如来の化身とも考えられ、世俗の福徳を司る神として唐代に広く信仰された。〔参考〕孔雀王呪経下

**かびんじゃら**　**迦頻闍羅**　㊵カビンジャラ kabiñjala の音写。鷓鴣《しゃこ》の一種で、雉と訳す。

**がぶつ-じ**　**臥仏寺**　中国北京安定門外の寿安山にある。唐の貞観年間627—49に造られた丈余におよぶ旃檀の臥仏像があるので、この名が起こった。唐代に兜率寺と号し、宋・元・明の頃には昭孝・洪慶・永安などの寺名を称し、清代には十方普覚寺と呼ばれた。

**かふとくか-そうがらん**　**迦布徳迦僧伽藍**　㊵カポーティカ・サンガーラーマ Kapotika-saṅghārāma の音写。中インドのマガダ Magadha 国の東部にあった伽藍の名。鴿園《ごうおん》と訳す（カポータ kapota は鴿《はと》の意）。仏陀が大鴿を化作して猟者を化導した故地で、それにちなんでこの名があるという。〔参考〕西域記九

**かふら-こう**　**迦布羅香**　迦布羅は㊵カルプーラ karpūra の音写で羯布羅《かつふら》とも書く。竜脳香と訳し、ショウノウのこと。羯布羅香樹から造る。

**かぶん**　**果分**　⇩因分《いんぶん》

**かべん**　**火弁**　㊵チトラバーナ Citrabhāna の訳。質呾羅婆拏と音写する。インド唯識派の論師。世親の唯識三十頌に註釈を造ったといわれ、中国の唯識法相宗の伝承にいう唯識十大論師の一人。在家者であったようである。

**カーペンター**　**Carpenter, Joseph Estlin**　（1844—1927）イギリスの宗教史家。Theism in medieval India（中世インドの有神論1921）、The teaching of the Upanishad（ウパニシャッドの教義1922）、Buddhism and Christianity（仏教とキリスト教1923）などの著書がある。またリス・デヴィズ T. W. Rhys Davids と共にパーリ長部（ディーガ・ニカーヤ Dīgha-nikāya）を校訂出版した（1889—1910）。

**かほう**　**果報**　異熟ともいう。因としての業《ごう》によって引かれた報いとしての結果。これを二報にわける。⑴総報は引業（総報業）によって引かれた総体としての果報で、たとえば人間に生まれた者ならば、その人間としての生存をいう。⑵別報は満業（別報業）によって引かれた差別の果報で、満果ともいう。たとえば同じく人間に生まれた者にも男女・貧富などの差別があること。また

三時業に対するそれぞれの果を合わせて三報という。即ち⑴順現報《じゅんげんほう》。現報ともいう。今生に業を造って今生に受ける果報。⑵順生報《じゅんしょうほう》。生報ともいう。今生に業を造って次生にうける果報。⑶順後報《じゅんごほう》。後報ともいう。今生に業を造って、次生を越えて来々世以後にうける果報。六趣《ろくしゅ》の中、人趣と天趣との果報は五戒・十善の因によって受けたもので勝れたものであるから、人天勝妙の善果といわれるが、しかもまだ凡夫の迷いの境界を離れないから顛倒の善果と名づける。

**がほう**　**我宝**　（仁治元1240—正和六1317）真言宗の僧。京都槇尾西明寺平等心王院の中興。字を自性といい、世に自性上人と称される。高野山の定光院に住んでいたが、後宇多法皇の帰依をうけ槇尾西明寺に移り再興した。事相と教相ともに長じており、正和三年後宇多法皇に悉曇を伝授し、また没するときには頼宝・道我・浄宝の高弟三人に真言の最極秘密を授けている。後宇多法皇が東寺の教学復興の願を立てたとき、弟子の道我のすすめにより我宝は東寺の鎮守八幡宮と御影堂で般若心経秘鍵を講じた。のちに我宝の教学を基に東寺教学が大成された。著書、釈一座行法七巻など。〔参考〕西明寺旧記、東宝記法宝巻下、紀伊続風土記五

**かぼんだつま**　**伽梵達摩**　生没年不詳。唐代の訳経家。㈵バガヴァッドダルマ Bhagavaddharma の音写。尊法と訳す。インド西部の人。唐の永徽・顕慶650—61の頃、中国に来て、千手千眼観世音菩薩広大円満無礙大悲心陀羅尼経一巻などを訳した。〔参考〕貞元釈教録一二

**かまくら-でんちゅう-もんどう**　**鎌倉殿中問答**　日蓮宗の日印が文保二年1318から翌年にかけて前後三回にわたり、鎌倉幕府の執事長崎入道円喜の邸で、十宗坊・慧海・道日と四箇格言について論じ、諸宗の堕獄を認めさせたという。ただし、この問答については日潮・日通のように宗内でも虚構とする説がある。〔参考〕日静記・日達註・鎌倉殿中問答記略註（日蓮教学全書〔続宗論部〕一二）、鎌倉殿中問答記録（改定史籍集覧二七）、日潮・本化別頭仏祖統記一三

**かまくら-の-だいぶつ**　**鎌倉の大仏**　⇩高徳院《こうとくいん》

**がまぜん**　**蝦蟆禅**　自分だけ悟ったつもりでいても、まだ真の悟りに達した自在のはたらきがないものを貶《おとし》めた語。蝦蟆はただ跳ぶのみで他の術を知らないから、または、坐禅にこだわっている様子が蓮の葉に坐っている蛙に似ているからいう。また無益な饒舌に喩える。

**かまど-がみ**　**竈神**　竈を守護する神。古く中国の道教でも祀られた神であるが、後に火徳星君、三宝荒神などの信仰と混同して防火の神ともなる。古事記にも見え、炊事の神と考えられている。大日如来を本地ともする。〔参考〕後漢書三二、古事記伝一二

**カマラシーラ**　**Kamalaśīla**　（740—797頃）蓮華戒と訳す。インド後期中観派の思想家。シャーンタラクシタ Śāntarakṣita（寂護）の弟子で、師とともに瑜伽行中観派と呼ばれる。先にチベットに入った師の死後に、その遺言によってティソン・デツェン Khri-sroṅ lde-brtsan 王に招かれて七九四年チベットに入った。当時のチベットでは、敦煌からチベット入りした中国僧摩訶衍《まかえん》によってもたらされた禅宗系の頓悟思想が流行していたが、カマラシーラはサムイェー Bsam-yas 寺における論争で摩訶衍を論破し、これによってインド系の中観思想がチベット仏教の正統説となった。中観光明論（マドヤマカ・アーローカ Madhyamakāloka）、師・寂護の摂真実論（タットヴァ・サングラハ Tattvasaṃgraha）に対する註釈書タットヴァ・サングラハ・パンジカー Tattvasaṃgrahapañjikā、修習次第（バーヴァナー・クラマ Bhāvanākrama）三部作など多数の著作がある。

**かまら-びょう**　**迦摩羅病**　迦摩羅は㈵カーマラー kāmalā の音写。黄病、悪垢と訳す。黄疸の一種。

**かみかぶり**　**紙冠**　額烏帽子《ひたいえぼし》ともいう。額に当てる三角の紙で、法師・陰陽師などが烏帽子《えぼし》の代りに着用したもの。また死人にも用いる。

**かも-の-ちょうめい**　**鴨長明**　（久寿二1155?—建保四1216）鴨社の氏人鴨長継の

次男。菊大夫といい、和歌をよくし、管絃に通じた。従五位下にすすみ、後鳥羽上皇に召されて和歌所寄人となったが、故あって出家し、蓮胤と改名して大原にかくれた。ついで日野の外山に移り隠者として世を過ごし、建暦二年1212方丈記を著わしてその感想を述べた。また発心集の撰者に比定され、ほかに瑩玉集、無名抄、鴨長明家集の著がある。〔参考〕十訓抄下、吾妻鏡一九、大日本史料四ノ一二、簗瀬一雄校註・鴨長明全集

**かもん　科文**　経論を解釈するために内容によって文段を区切ること。科章、科節、科段、分科などという。経典は一般に序分・正宗分(本論となる部分)・流通分《るづうぶん》(教えの功能を説き、広く伝わることをすすめる結の部分)に三大別されるとし、これを三分科経という。経を三分することはインドでは仏地経論巻一に説くが、中国では前秦の道安に始まるという。序を通序・別序の二に分け、如是我聞から仏の説法を聞いた大衆の名を挙げるところまでは諸経に通じる形式であるから通序、以下はその経典に固有な序であるから別序といい、また通序は仏の教えを正しく伝えていることをあらわし、かつ衆生に信をすすめる序であるから証信序、別序はその経典の説かれたいわれを述べる序であるから発起序《ほっきじょ》ともいう。善導の観経疏序分義には、如是我聞のみを証信序、以下を発起序とし、発起序のうち通序にあたる部分を化前序といい、合わせて三序と数える。また通序は、普通には信(如是)、聞(我聞)、時(一時)、主(仏)、処(在…)、衆(与大比丘衆…)の六成就に細分されるが、成就とは一々の句にあらわそうとする意味が完全に具わり、通序は必ずこの六を具え、かつこの六が具わってはじめて教えが説き起こされるとの意である。主・処成就を一つにまとめて五成就、聞成就の我・聞を分けて七成就とすることもある。また、序のうち、書物の全体にわたる序を総序、その部分のための序を別序という。正宗分や流通分もそれぞれの中を詳しく分けられるから、科文の発達は仏典の解釈を緻密にする上に効果が大きかったが、あまり煩瑣になって非難も起こった。

**がや-かしょう　伽耶迦葉**　⇩三迦葉《さんかしょう》

**かやかべ(きょう)　萱壁(教)**　鹿児島県の霧島山西南麓に分派するかくれ念仏の一派。カヤカベは汎称で語源は不詳。本尊をかや葺壁に隠すとも、本尊は無くかやに向かって礼拝するともいう。正式名は町名をとった牧園・横川連盟霧島講。戦国時代から領主島津氏が真宗禁制策をとったので地下に潜行したものという。開祖は江戸初期のシュウキョウボウ(宗教坊)。俗名をミヤハラシンタク(宮原真宅)と称し、現日置市伊集院《いじゅういん》町出身の山伏であったという。信者は集落毎に郡《こい》と呼ぶ講を結成、善知識(親元)→中親(流れ親)→郡親《こいおや》→知識→御同行衆《おずぎょうしゅう》の組織を持つ。日常の宗教行事は神道で「お座」と呼ぶ深夜の集会を定期的に営む。「お書物《しょもつ》」という経典類を秘伝し、そのなかの「お経」は正信偈を抄出したもの。宗旨は真宗の教義と霧島山の修験信仰を合揉。鶏・牛馬・スッポンなどの肉は一切摂らないタブーがある。〔参考〕おっとめ、おつたえ、お書物など

**がや-じょう　伽耶城**　(梵)ガヤー Gayā の音写。古代インドのマガダ国の都城で、現在のビハール州パトナ市の南西約一〇〇キロにある。仏陀成道の地であるブッダガヤー Buddhagayā(仏陀伽耶)に対してブラフマ・ガヤー Brahma-gayā と呼び、付近には尼連禅河(ネーランジャラー Nerañjarā)、伽耶山(ガヤーシールシャ Gayāśīrṣa)、仏陀伽耶、前正覚山(プラーグボーディ Prāgbodhi)などの仏跡が多い。

**がや-せん　伽耶山**　(梵)ガヤーシールシャ Gayāśīrṣa の音略。羯闍尸利沙とも音写し、象頭山と訳す。伽耶(Gayā)城の南西一・五キロ、今のブラフマヨーニ Brahmayoni に比定される。提婆達多(デーヴァダッタ Devadatta)が教団の別立をはかった地である象頭山との同異については異説がある。〔参考〕西域記八、倶舎論記一八

**からか　迦羅迦**　(梵)カーラカ kālaka の音写で、黒果と訳す。樹の名。その枝は鎮頭迦(梵)ティンドゥカ tinduka で柿と訳す)の果に似ているが、有毒である。

**がらか　蘖羅訶**　(梵)グラハ graha の音写で、摑む者の意。人の心身を害するという悪鬼。特に小児を冒して痙攣などを起こさせるという。〔参考〕大日経疏七

**からぐら-ちゅう　迦羅求羅虫**　迦羅求羅は梵語の音写で、黒木虫と訳されるが、原語は明らかでない。クリカラーサ kṛka-lāsa とすればトカゲの一種。

**からじ　迦羅時〔三摩耶時《さんまやじ》〕**　迦羅は(梵)カーラ kāla の音写で、時と訳し、実時の意。三摩耶は(梵)サマヤ samaya の音写で、同じく時と訳し、仮時の意。仏教では時を実在するものとは考えないから多くは三摩耶の語を用いるといわれる。迦羅は非時食《ひじじき》などという場合の時で、この語は仏教以外のインドの諸学派で時を実在するものと考える場合の時と混同するおそれがあるから、律などのように仏教徒だけに説く場合に用いる。それ故に別相時ともいう。三摩耶は「一時仏在」などという場合の時で、時は実体があるものでないことを示しているから、破邪見時ともいう。また時を迦羅時・三摩耶時・世流布の時の三種にわける説もある。また迦羅が時間の単位をあらわすときは、一六〇〇刹那をいい、一昼夜の一八〇〇分の一ともする。

**からしゃ　迦羅奢**　(梵)カラシャ kalaśa の音写。賢瓶、宝瓶、瓶と訳す。①⇩瓶《びょう》　⇩賢瓶《けんびょう》　⇩五瓶《ごびょう》　②インドでは寺塔の装飾として、建物の頂上に菴没羅果《あんもらか》というものを設け、その上に加羅奢、即ち瓶を冠する。

**カーラ・チャクラ　kāla-cakra**　時輪と訳す。時輪タントラにもとづく教義で、真実の智慧の実現、究極的存在との合一を究極の目的とする。一一世紀頃イスラム教の流布を有力な契機としてインドに起こり、チベットに伝えられた。チベット語でドゥキコルロ Dus-kyi ḥkhor-lo という。プトン Bu-ston は、空(般若)・大悲(方便)双入不二を説くこの時輪タントラを、教判上最上究竟のものとみなした。その派の双身抱擁の仏像をもカーラ・チャクラと称する。双身とも十二臂を有している。

**カーラチャクラ・タントラ　Kālacakra-tantra**　時輪タントラともいう。仏教タントラの四分類法では無上瑜伽・双入不二タントラに属する。一一世紀の成立とされる。五章一千余頌から成り、「時」は大悲・方便、「輪」は空性・般若の意味とされ、方便と般若との双入不二を究極目的とし、外的時間的存在である大宇宙の日・月・星辰の活動を考察し、一方、内的小宇宙としての行者の身体中に想定する脈管(nāḍī)・輪(cakra)及び気息の調整により、両者の相即合一を果たさんとする。また、イスラム勢力への対抗を強く意識し、ヒンドゥー教との大同団結による対決を呼びかける。この教理的、および実際的要請により暦学・占星術についての記述が多い。また最勝本初仏タントラ(Paramādibuddha)からの抄出と自ら伝えるごとく、本初仏(ādi-buddha)という本来成仏説を強調する。チベットにおいては、一四世紀に活躍した学匠プトン Bu-ston により全密教経典の最上位に置かれた。梵文テキストはヴィラ R. Vira およびチャンドラ L. Chandra によるもの(1965)があるが不備が多い。バネルジー B. Banerjee はチベット訳をも参照したものを提出した(1985)。註釈書にプンダリーカ Puṇḍarīka 王の作と伝えられる無垢光(Vimalaprabhā)があり、その梵文写本も現存する。また本タントラの灌頂について述べたものに、ナーローパ Nāropa 作と伝承される灌頂略説広注(Sekoddeśaṭīkā)があり、カレッリ M. E. Carelli により梵文テキストが提出されている(1941)。

**からぶん　歌羅分**　歌羅は(梵)カラー kalā の音写。竪折、計分、校量分と訳す。カラーは部分という意味の語で、とくに一六分の一をさすこともあるが、ここでは転じて極めてわずかな数量を意味する。分は「……程すらも」の意。

**からま　迦邏摩**　(梵)(巴)カーラカ Kālaka の音写。伽藍とも音写する。仏在世当時の沙雞多《しゃけいた》(サーケータ Sāketa)市の長者。給孤独《ぎっこどく》長者の友人であり、またその娘の養父。はじめ裸形外道を信じたが、嫁に教化されて仏に帰し、僧伽に一林園を献じた。これを伽藍園(カーラカ・アーラーマ

Kāḷakārāma）と呼んだ。一説には、この事跡は満財（プンダヴァルダナ Puṇḍavardhana）長者のことであるとし、また、郁伽《いくが》（ウッガ Ugga）長者のことであるともする。〔参考〕中阿含経一二

**がらん　伽藍**　(梵)サンガーラーマ saṅghārāma の音略。僧伽藍とも音写する。衆園と称し、僧園、僧院ともいう。本来は僧衆の住む園林のことであるが、一般には僧侶の住む寺院堂舎の称として用いている。後世、一つの伽藍には七種の建物をそなえねばならないとし、これを七堂伽藍という。七堂の名称や配置は時代や宗派によって一定していない。通常南面して建てられ、学問を中心とする寺院では、塔（仏舎利を安置する）、金堂《こんどう》（仏殿ともいう。本尊仏を安置し、塔とともに伽藍の中心となる建物）、講堂（経法を講じる堂）、鐘楼《しゅろう・しょうろう》（俗に鐘撞堂《かねつきどう》という。洪鐘を懸けてある堂）、経蔵（経堂ともいう。一切経を納めてある堂）、僧房（僧坊ともいう。僧衆が常に寝起きするところ。講堂の東西北三方にあるものはそれを三面僧房という）、食堂《じきどう》（斎堂ともいう。食事をする堂）など、また禅宗では、仏殿、法堂《はっとう》（法を説く堂。講堂に相当するもので、仏殿の後方にある）、僧堂（禅堂、雲堂、選仏場などという。僧が坐禅や寝起きをする所。中央に文殊菩薩の像を安置する）、庫裡《くり》（庫院ともいう。食物を調える所）、山門（三門ともいう。三つの門扉がある楼門。空・無相・無願の三解脱門を象徴する）、西浄《しいじん》（東司《とうす》、浄房《じょうぼう》ともいう。便所のこと）、浴室（温浴する所であるから温室ともいう）（以上のうち、僧堂・西浄・浴室は談話を禁じられているので、まとめて三黙堂という）を七堂とする。大和法隆寺は日本最古の伽藍配置の様式を残し、京都妙心寺などは禅宗特有の配置を示している。伽藍を守る神を伽藍神といい〈⇩伽藍神《がらんじん》〉、それを祀る堂を伽藍堂といい、また土地堂、鎮守堂などともいう。俗に空虚なことを伽藍堂というのは、伽藍が民家にくらべて広く人が少ないことからいわれたものであろう。

**がらん-かいき-き　伽藍開基記**　一〇巻。黄檗宗の懐玉道温の著。元禄二年1689高泉性潡の序および同三年自作の跋がある。日本の有名な寺院（禅宗を主とする）の創建年代や縁起由緒、開基の事跡などを集める。巻尾に僧綱階・戒壇・放生・禁制などを付記する。〔刊本〕元禄五刊

**がらん-じん　伽藍神**　守伽藍神、寺神ともいう。伽藍を守護する神の総称。七仏八菩薩大陀羅尼神呪経巻四には十八伽藍神をあげる。⑴美音、⑵梵音、⑶天鼓、⑷巧妙、⑸歎美、⑹広妙、⑺雷音、⑻師子音、⑼妙美、⑽梵響、⑾人音、⑿仏奴、⒀歎徳、⒁広目、⒂妙眼、⒃徹聴、⒄徹視、⒅偏観である。中国では唐・宋代に禅宗の寺で大権修利《だいごんしゅり》寺の神を祀り、日本では本地垂迹《ほんじすいじゃく》の説にもとづいて、大寺では鎮守を祀る。例えば興福寺の春日明神、延暦寺の山王権現など。また鎌倉の建長寺の神は道教の影響をうけている。

**からんだ　迦蘭陀**　(梵)カランダカ kalandaka の音写。迦蘭駄迦、迦蘭陀夷とも書く。好鳥、山鼠と訳す。カササギに似た鳥の一種。またリスともいう。

**からんだ-し　迦蘭陀子**　(梵)カランダプトラ Kalandaputra (巴)カランダプッタ Kalandaputta の音写。好鳥、山鼠と訳す。インド中部、毘舎離《びしゃり》（ヴェーサーリー Vesālī）国迦蘭陀（カランダ Kalanda）村の資産家の子。本名はスディンナ Sudinna という。仏陀に帰して出家したのち、子孫を遺そうとしてその妻と交わったことが婬戒制定の因縁になったという。〔参考〕薩婆多毘尼毘婆沙一、玄応音義五、五分律一

**からんだ-ちくおん　迦蘭陀竹園**　(梵)ヴェーヌヴァナ・カランダカニヴァーパ Veṇuvana Kalandakanivāpa (巴)ヴェールヴァナ・カランダカニヴァーパ Veḷuvana Kalandakanivāpa の音写。羯蘭鐸迦竹園、迦陵竹園、鵲封竹園（百喩経）ともいう。旧王舎城の北門近くにある竹林。そこに建てられた僧院を竹林精舎という。寄進者は迦蘭陀長者（中本起経など）とも頻婆娑羅（ビンビサーラ Bimbisāra）王（中阿含経・四分律など）とも伝える。〔参考〕西域記九

**かり-おう　歌利王**　歌利は(梵)カーリ

Kaḷi の音写。迦利王、歌王とも書く。仏陀の前生物語にあらわれる残忍な王。女色のことから怒って仏陀の前生である仙人の肢体を切りきざんだという。〔参考〕六度集経五、賢愚経二、智度論一四

**かりしゃぱな　迦利沙鉢那**　(梵)カールシャーパナ kārṣāpaṇa の音写。インド古代の貨幣の名。また重量の単位として、その貨幣一枚の重さ。⇩磨灑《ましゃ》

**かりだ　呵梨陀**　(梵)ハリドラー haridrā の音写。黄薑と訳し、呵利陀薑《かりだぎょう》ともいう。ショウガに似た植物。

**かりばつま　訶梨跋摩**　(三・四世紀頃か)(梵)ハリヴァルマン Harivarman の音写。師子鎧、師子冑などと訳す。インド中部、摩伽陀《まかだ》(マガダ Magadha)国の人。成実論《じょうじつろん》の著者。バラモン出身でヴェーダに通じていたが、のちに仏教に帰依して童受(クマーララータ Kumāralāta)の弟子となり、パータリプトラ Pāṭaliputra で成実論を著わしたといわれる。〔参考〕出三蔵記集一一・訶梨跋摩伝、三論玄義

**かりま　哈立麻**　(1384—1415)　哈立瑪・葛哩麻・噶瑪とも書く。ラマ教カルマ派第五世。法名チョエペルサンポ　Chos-dpal bzaṅ-po(法吉祥賢)。明の成祖(1403—24在位)に尊崇され、万行具足十方最勝円覚妙智慧善普応佑国演教如来大宝法王西天大善自在仏の号をうけたので、カルマ・デシンシェクパ Karma de-bshin-gśegs-pa(カルマ派の如来の意。哈立麻はカルマの音写)と称した。〔参考〕明史列伝二一九

**カリヤーニーひぶん　カリヤーニー碑文**　**Kalyāṇī inscriptions**　ビルマ下部のハンターワディー(ペグー)に都をさだめたラーマンニャデーサ国の王ダンマゼーディ Dammazedi(Dhammaceti 1472—92在位)が首都の郊外ザイン・ガナインに建立させたカリヤーニー結界 Kalyāṇī-sīmā の碑文。碑文はパーリ語の文章をモーン語の書体で写したもの三個とモーン語に翻訳したもの七個の計一〇個の石の両面に刻まれていて現存している。碑文の内容は、純正な仏教を樹立するために結界を建立するにいたった一部始終の由来をしるしたもので、ハンターワディーの仏教史、ないしビルマ仏教史研究上、貴重な資料とされている。〔参考〕Taw Sein Ko, Kalyāṇī Inscription, Indian Antiquary 1893—94

**かりょうびんが　迦陵頻伽**　(梵)カラヴィンカ kalaviṅka の音写。歌羅頻伽、羯羅頻伽、迦毘伽羅、迦陵頻とも書き、好声と訳す。スズメに類する鳥で、声の美しいことで有名。迦陵頻の舞は仏供養の法会に行われた古い舞楽の名。

**かりろく　訶梨勒**　(梵)ハリタキー　harītakī の音写。訶利勒、訶棃勒とも書き、天主持、天主将来と訳す。インドに産する喬木の果樹で、その果実は薬用に供する。

**かりん-えん　華林園**　中国江蘇省江寧県にあり、もと呉の宮苑であったが、西晋が滅び南に移って東晋が建ってから、洛陽の華林園にならって修復された。時に石虎が鄴都に華林園を造ったので、区別して建康の華林と呼ばれた。南斉の武帝が永明元年483)の園に八関斎戒を設け、また梁の天監一三年514には僧宝誌が園内仏堂で没した。翌年、勅して僧紹に華林仏殿衆経目録四巻を作らせ、さらに同一七年宝唱に衆経目録四巻を著わさせた。〔参考〕仏祖統紀三六

**かるだい　迦留陀夷**　(梵)カーローダーイン Kāḷodāyin (巴)カールダーイー Kāḷudāyī の音写。本名はウダーイン Udāyin(烏陀夷、優陀夷)。おそらく色が黒いところからカーローダーイン(黒ウダーインの意)と呼ばれたのであろう。仏弟子。仏陀の弟子となったが、非行が多く、種々の戒律が制定される因縁となった。〔参考〕増一阿含経四七

**かるだか　迦留陀伽**　生没年不詳。東晋代の訳経家。(梵)カーローダカ Kāḷodaka の音写時水と訳す。西域の人。太元一七年392十二遊経一巻を訳した。〔参考〕歴代三宝紀七

**ガルダン　甘丹**　(蔵)ガンデン Dgaḥ-ldan の音写(ガルダンは蒙古語読み)。チベット仏教黄帽派四大寺の一。噶爾丹寺とも書く。ラサの東北東約四〇㌔の丘にあり、一四〇九(一説には一四〇七)年宗喀巴(ツォンカパ Tsoṅ-kha-pa)の開創。境内に宗喀巴の肉身を蔵した廟がある。

**ガルベ　Garbe,** Richard von (1857—

1927)ドイツのインド学者。ケーニヒスベルク大学・テュービンゲン大学でインド哲学を講じた。サーンキヤを中心としてインド哲学に関した著作が多い。シュラウタスートラの校刊(1882—85)、サーンキヤ・タットヴァ・カウムディー(Sāṃkhya-tattva-kaumudī)の独訳(1891)、アタルヴァ・ヴェーダ本文の刊行(1901)などの業績があり、その他 Die Sāṅkhya Phiosophie(サーンキヤ哲学1894)、Sāṅkhya und Yoga(サーンキヤとヨーガ1896)などの著作がある。

**かるら　迦楼羅**　㊵ガルダ Garuḍa の音写。羯路荼、誐嚕拏などとも音写し、金翅鳥《こんじちょう》ともいう。インドの伝説でヴィシュヌ神の乗り物とされる聖鳥。竜を取って食うと考えられ、鳥類の王とされる。仏教では八部衆の一に数えられる。太陽の高熱を神話化したものといわれる。通常鳥頭人身の姿に造像され、密教では大梵天・大自在天の化身とし、これを本尊として病難・風雨の難などを避けるために修する法を迦楼羅法という。〔参考〕慧苑音義上、長阿含経一九、金剛光焔止風雨陀羅尼経

迦楼羅（別尊雑記）

**かろく-の-ほうなん　嘉禄の法難**　⇩念仏禁制《ねんぶつきんぜい》

**カローシュティー-もじ　Kharoṣṭhī 文字**　⇩佉盧虱多書《きやろしつたしよ》

**かわい-でら　河合寺**　大阪府河内長野市河合寺。宣珠山と号し、真言宗御室派。皇極天皇二年643の創建と伝え、古く観心寺・金剛寺と並び河内三大刹といわれた。〔重文〕木造多聞天立像、同持国天立像、同千手観音及び不動明王・毘沙門天立像　〔参考〕河合寺文書など

**かわかみ-こざん　川上孤山**　(明治七1874—昭和七1932)　臨済宗妙心寺派の僧。北苑、大樹と号した。愛媛県の人。臨済宗大学・東京正則英語学校を卒業し、京都で兌蔵会を創設する。妙心寺春光院に住持し、臨済宗四派主事・妙心寺派庶務部長・臨済宗大学教授を歴任した。南画をよくした。著書、妙心寺史など。

**かわぐち-えかい　河口慧海**　(慶応二1866—昭和二〇1945)　仏教学者、探検家。和泉堺の人。東京哲学館に学び、雲照・興然に師事した。明治三〇年1897から大正四年1915の間に三度チベットに入り、チベット語・ラマ教を研究し、各種印版のチベット大蔵経や仏画法器類、動植物標本などを将来した。のち東京宗教大学(現大正大学)で講義し、チベット語・梵語仏典の翻訳と整理、仏教研究につとめた。著書、西蔵旅行記、蔵和大辞典、西蔵文典など。

**かわさき-だいし　川崎大師**　⇩平間寺《へいげんじ》

**かわ-どう　革堂**　⇩行願寺《ぎょうがんじ》

**かわの-おうあ　河野往阿**　⇩こうのおうあ

**かわの-くもんと　河野九門徒**　⇩こうのくもんと

**かわら-いん　河原院**　嵯峨天皇皇子、左大臣源融が京六条坊門通の南に二町四方に造った邸宅。融没後、宇多法皇に献じ、のち仏寺となった。その後加茂川洪水のため、長保二年1000御門通の北、京極通の東に移し祇陀林寺《ぎだりんじ》といった〈⇩祇陀林寺〉。〔参考〕本朝文粋、雍州府志

**かわら-きょう　瓦経**　平瓦に経文を陰刻し経塚に埋経したもの。平安時代末期に流行した。一般に色紙形または長方形の粘土板に縦の罫線を引き、その行間に経文を書写して素焼きにしたものが多い。経文のほかに仏像(絵瓦)、曼荼羅を陰刻したものもある。倉敷市安養寺経塚出土の瓦経、土製の宝塔・塔婆形題箋(勝福寺蔵。いずれも重文)は瓦経塚の完掘例として有名。鳥取県大日寺経塚出土の瓦経は、現存最古の延久三年1071の紀年銘を持つ。各地出土の瓦経は

ほとんど拓本として保存されているが、とくに願文は経塚研究や当時の仏教信仰を究明する上でも重要。

**かわら-でら**　川原寺　奈良県高市郡明日香村川原。真言宗豊山派。弘福寺《ぐふくじ》ともいう。白鳳時代の建立。天武天皇二年673同寺で一切経の書写が行われ、大官大寺・飛鳥寺・薬師寺と並んで飛鳥・藤原京の四大寺の一つとして栄えた。のち空海が同寺を賜り東寺の末寺となったが、室町時代以降衰微した。昭和三二―三三年1957―58に発掘調査が行われ、創建当時の伽藍配置が明らかになっている。寺址は国指定史跡。〔重文〕木造持国天・多聞天像　〔参考〕日本書紀二五、扶桑略記、元亨釈書一一

**ガワン・ロサン・ギャムツォ**　**Ṅag-dbaṅ blo-bzaṅ rgya-mtsho**　(1615―1680)　チベットの第五世ダライ・ラマ。黄帽派に帰

ダライ・ラマ五世（ラサ版八千頌般若経挿図）

依していた蒙古オイラート部のグシ・ハン(固始汗)は、チベットに侵入し旧教の勢力を一掃、全チベットを平定してその主権を彼に委譲した。この時からダライ・ラマは事実上チベットの君主となった。清朝の援護をうけ、古都ラッサ Lha-sa のポタラ宮を修復して宮をそこに移し、宰相サンゲー・ギャムツォ Saṅs-rgyas rgya-mtsho に助けられて、大いに黄帽派の勢力を伸ばした。

**かん**　**観**　(梵)ヴィパシュヤナー vipaśyanā の訳。毘鉢舎那《びぱしゃな》、毘婆舎那《びばしゃな》、毘波奢那《びばしゃな》と音写する。智慧によって対境を照見すること。観察《かんざつ》ともいい、観念とほぼ同義。①九想観や日想観のように種々の想を心にうかべて観ずる初歩的な観を観想という。天台宗で説く観は、一念三千、一心三観などのように自己の心の本性を観ずるものであるから、これを観心《かんじん》という。観は悟境へ通入する道であるから法相宗・華厳宗ではこれを観道という。観ずる対境を観境、観ずる智慧を観智、観ずる方法を観門、観法という。また観は止((梵)シャマタ śamatha 奢摩他《しゃまた》、心を一つの対境に止めて想念を息め心を凝らすこと)に対する語であるが、中道観などの観は止と観とが釣り合っている状態(止観均行《しかんきんぎょう》)をあらわす捨((梵)ウペークシャー upekṣā)の意味をもつ。また観には禅定《ぜんじょう》((梵)ドャーナ dhyāna)の意味もあり、このような禅定から出ることを出観、出定という。②観の内容は一様ではない。諸法を分析して空であると観ずる小乗および成実宗の観法を析空観《しゃっくうがん》(析色入空観《しゃくしきにっくうがん》、生滅観《しょうめつかん》)といい、これに対して大乗では、因縁によって生じた諸法の当体に即してそのまま空であると体達して観ずるから、これを体空観《たいくうがん》(体色人空観《たいしきにっくうがん》)という。真言宗で、悉曇《しったん》五〇字母の第一に位する阿字には本初の義と不生の義とがあるとして、この阿字の上に宇宙人生を該括して、その本不生の理を観ずるのを阿字観という。往生要集では総括して仏の相好光明を観ずるのを総相観といい、華座・白毫《びゃくごう》など仏身の一々の相を観ずるのを別相観という。三論宗では八不中道《はっぷちゅうどう》の観のことを空《くう》にも有《う》にも執われない無所得中道の正観の意味で無得正観という。真如の理を観ずるのに、名字の相を離れ心念の相を離れて真如の理と冥合する観法を理観とも無相離念ともいい、これと反対に仏や浄土を観ずるのに、差別の相を立ててこれに心をとどめて観想するのを事観とも立相住心《りっそうじゅうしん》ともいう。占察経では唯識観と実相観との二種の観法という。十二因縁の理を観ずるのに浅深の別があり、声聞《しょうもん》の観は最も劣っているから下智観《げちかん》、縁覚の観は中智観、菩薩《ぼさつ》の観は上智観、仏の観は最も勝れているから上上智観と称し、これらを四乗の観智という。懺悔滅罪の方法として、⑴生死《しょうじ》(迷いの世界)に流転するのは自己の罪障の因縁によ

ると観じ、(2)その因縁によって生死に流転する自己の不浄な果報を観じ、(3)仏性を開顕すべき自身であると観じ、(4)如来の身に具わる利他哀愍《あいみん》の徳を観ずるのを四種観行という。⇩観仏《かんぶつ》 ⇩止観《しかん》 ⇩五停心観《ごじょうしんかん》 ⇩四尋思観《しじんしかん》〔四如実智観〕 ⇩五重唯識《ごじゅうゆいしき》 ⇩四法界《しほっかい》 ⇩三聖円融観《さんしょうえんにゅうかん》 ⇩三観《さんがん》 ⇩折空観《しゃっくうがん》〔体空観〕 ⇩真心観《しんしんかん》〔妄心観〕 ⇩阿字観《あじかん》 ⇩五相成身観《ごそうじょうしんかん》 ⇩五字厳身観《ごじごんしんかん》 ⇩字輪観《じりんかん》 ⇩種三尊観《しゅさんぞんかん》 ⇩十六観《じゅうろっかん》

**がん 願** (梵)プラニダーナ praṇidhāna の訳。所期の目的を成就しようと願い求めて決意すること。特に内心の願いという意味で心願《しんがん》、志願、意願、念願ともいう。その願の内容を願事《がんじ》、願をおこす本人を願主《がんしゅ》という。特に何事かをなそうとする願いは行願《ぎょうがん》と呼ばれるが、菩薩がさとりを求めて起こす一〇種の願を勝義諦品経では十種行願《じっしゅぎょうがん》といっている。また仏教の最高目的の達成を目指して仏道の修行に入った位(因位)での菩薩の願は本願《ほんがん》、因願《いんがん》、宿願といわれ、その本願の力、本願のはたらきを願力という。おおよそ仏道を修める菩薩には仏になろうと誓う心の願作仏心《がんさぶっしん》と、衆生を教化しようとする心の度衆生心《どしゅじょうしん》とが具有されねばならないが、この二心を略して願作度生《がんさどしょう》と並称する。⇩本願《ほんがん》 ⇩四弘誓願《しぐぜいがん》 ⇩誓願《せいがん》 ⇩発願《ほつがん》 ⇩願行《がんぎょう》

**がん 龕** ①岩を掘って室を作り、仏像などを安置したもの。後には単独に石や木材で厨子《ずし》形を作って扉をつけたのを仏龕という。②また、転じて屍をいれる棺を指し、龕棺、龕子、龕柩、龕船、霊龕などという。屍を棺におさめるのを進龕、入龕、香油を注いでとざすのを鎖龕、封龕、葬場に移すのを移龕、龕前に設ける仮屋を龕前堂という。

**かんい 寛意** (天喜二1054—康和三1101)真言宗の僧。式部卿敦貞親王の子。仁和寺性信法親王の室に入り、広沢の法流を嗣いだが、やがて高野山往生院谷に隠遁し、復古的な観音院流を興した。〔参考〕高野春秋編年輯録五

**かんいん 寛印** 生没年不詳。平安時代の延暦寺の学僧。丹後与佐郡(現京都府)の人。俗姓は紀氏。出家後、良源・源信らに師事して経論をきわめ、内供奉にも任じられた。のち丹後の大乗寺(現京都府宮津市)で法華経を奉誦し浄土を願生した。〔参考〕元亨釈書五、本朝高僧伝一〇

**かんいん 寛胤** (延慶二1309—永和二1376)後伏見天皇第七皇子。法親王。勧修寺長吏、東寺長者、東大寺別当などを歴任した。道宝から安祥院流を受けたのでその流派を後安祥院流ともいう。〔参考〕後伝灯広録、東大寺別当次第

**かんう 甘雨** (天明六1786—明治五1872)曹洞宗の僧。出雲鰐淵山の人。慈舟に師事し、認められて諸国を勧化した。尾張竜泰院、美濃南宮神社内の清月庵などを創建。著書、竜台開山語録、三帰仮名語、三教弁惑など。

**かんえい-じ 寛永寺** 東京都台東区上野桜木。天台宗。東叡山円頓院と号する。寛永二年1625、天海が比叡山の皇城鎮護になぞらえて、江戸城の鬼門に当たる忍岡の地に建立。幕府は前将軍徳川秀忠の旧殿と

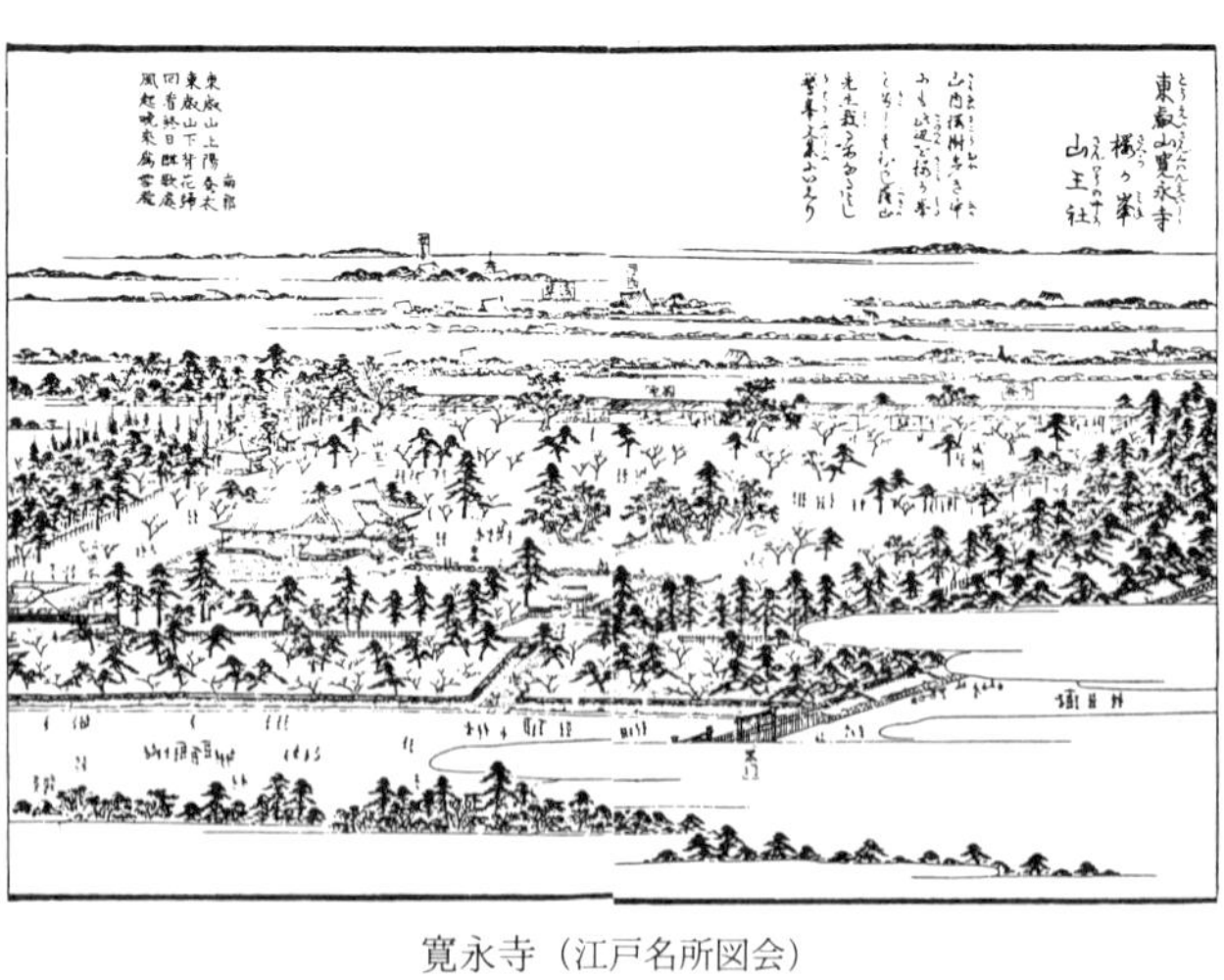
寛永寺（江戸名所図会）

白銀五万両を下し、諸大名が堂宇を造進して、一山三六坊におよんだ。寛永一四年より一二年かけて天海は一切経の開板を行った(寛永寺版)。正保四年1647守澄法親王が入寺して日光山と共に掌し、さらに天台座主として一宗を管領し、また輪王寺宮と称した。のち罹災と再建がくりかえされたが、明治元年1868彰義隊の拠所となり、兵火で大半が焼失、同六年寺域の大部分は上野公園になり、以後、博物館・動物園・美術館などができた。〔重文〕旧寛永寺五重塔(東京都所有)、清水堂、旧本坊表門(黒門)、絹本著色両界曼荼羅図、木造薬師如来及両脇侍立像ほか 〔参考〕東叡山縁起、東叡山志料、江戸名所図会五

**かんおう-じ**　感応寺　⇩かんのうじ

**かんおう-ししゃ**　感応使者　⇩かんのうししゃ

**かんおうどうきょう**　感応道交　⇩かんのうどうきょう

**がんおうびちょく**　眼横鼻直　⇩がんのうびちょく

**かんが**　寛雅　生没年不詳。平安時代後期の仁和寺の律師。大納言源雅俊の子。俊寛僧都の父。金剛勝院・金剛心院の上座。三論の学匠。醍醐に住した時、法然がその門に学んだ。〔参考〕法然上人行状絵図四

**ガンガー**　Gaṅgā　⇩恒河《ごうが》

**かんかい**　寛海　①生没年不詳。鎌倉時代中期の真言宗の僧。中納言法印という。藤原資世の子。建保元年1213京都安祥寺の頼真から伝法灌頂を受け、成厳に重受して門跡法流を相承し、安祥寺一五世座主となる。②(天正一九1591—万治二1659)花山院左大臣定煕の子。慶長一八年1613東寺の空盛につき伝法灌頂位をうけた。勧修寺長吏を経て慶安四年1651東寺長者、法務となった。〔参考〕後伝灯広録　③(慶長一九1614—延宝六1678)常陸笠間の人。字は定誉。智積院の元寿より密義を、醍醐寺の寛済より秘密儀軌をそれぞれ伝授した。のち越前の滝谷寺に住み、同丸岡の中台寺を開き、また山科妙智院を中興した。〔参考〕智山通志　④⇩豪潮《ごうちょう》

**がんかい**　願海　(文政六1823—明治六1873)天台宗の僧。上野高崎の人。字は大悲、号は寂忍。二〇歳にして叡山に登り、やがて回峰行を志し、三一歳の時に満了した。のち諸国を遍歴し、江戸寛永寺などに住した。図書の蒐集につとめ、護法城蔵書と名づけるもの三千余部に及んだという。著書、明験録三巻。

**かんがい-そうおう**　函蓋相応　函《はこ》と函の蓋《ふた》とがぴったりあうこと。二つのものが合致することに喩える。

**かんかい-りょうもん**　勧誡両門　①善行を教えることを勧といい、悪行を制止することを誡という。仏の教えには必ずこの二面があるから、これを勧門・誡門、または勧誡両門という。②信を勧めることを勧門(勧信)、疑いを誡めることを誡門(誡疑)といい、この両門は一体である。

**かんかく**　観覚　生没年不詳。一二世紀中頃の美作菩提寺の僧。智鏡房という。姓は秦氏で法然の母の弟。天台を叡山で学び、のち南都に移り法相を修して得業となった。初め法然を養って弟子とし、やがて叡山の源光のもとに送った。〔参考〕法然上人行状絵図二、拾遺古徳伝一

**かんがく-え**　勧学会　①勧学院学道講会《こうえ》の略称。勧学院講会、学道法会ともいう。高野山で毎年八月二一日から一四日間にわたって行われる講学の儀式で、一種の学侶の登用試験。最初の一〇日は講会で選ばれた二〇人の学道衆のうち、くじに当たったものが講師となり、釈摩訶衍論・住心品疏・十巻章などを講じ、学頭の批判をうけたのち全員で論議し、講会の翌日は二﨟を講師とする問講、次の一日は翌年のことについて披露する登堂、最後の一日は丹生明神の法楽の論議である一﨟事が行われる。源頼朝が学業奨励のためにはじめ、のち北条時宗は勧学院を建て、花園院は堂作料を寄進した。なお東寺御影堂で勧学会談義が行われたことがあるが、これはこの講会の影響をうけたものであろう。〔参考〕高野春秋編年輯録一〇、諸法会儀則　②比叡山で毎年三、九月の一五日に僧俗各二〇人が集まって法華経を講じ、経の文句を詠題にして詩歌を献詠した会。慶滋保胤《よししげのやすたね》がはじめたもので、一時は廃絶したが、江戸時代に再興

された。〔参考〕濫觴抄下、本朝文粋一〇・一三

**かんがく-き　勧学記**　一巻。学徒教誡ともいう。貞慶(1153―1213)の著。一説には良遍(1194―1252)の著ともいう。成立年不詳。法相宗の学徒のために日常生活の規範とすべき一〇カ条をあげ、仏教に即した厳格な実践をすすめた書。日蔵三三(解脱上人小章集)

**がんがん-しょう　願願鈔**　一巻。真宗本願寺三世覚如の著(暦応三1340)。無量寿経の第十一、十二、十三、十七、十八の真実五願とその願成就の文をあげ、大旨を述べた書。近江崇光寺成信の請によって著わしたという。真宗聖教全書三、真宗史料集成一など〔写本〕西本願寺蔵(蓮如写)、京都常楽寺蔵(顕恵写)など〔刊本〕貞享四1687刊

**かんぎ　歓喜**　よろこびの意であるが、浄土教では特に仏の救済或いは浄土往生の決定を悦ぶ表現として、信心歓喜、踊躍歓喜などと用いられる。また歓は身のよろこび、喜は心のよろこびと区別される場合もあり、死後の往生を先立って喜ぶ語として、現在世において信心が定まって不退の位に入ったことを喜ぶ慶喜《きょうき》と対称されることもある。世親の十地経論巻二には、初歓喜地(⇩十地《じゅうじ》)の菩薩の歓喜を九種に分けて述べている(真の歓喜は初地に至って初めて生じるからである)。

**かんきこう-じ　歓喜光寺**　京都市山科区大宅奥山田。時宗。正応四年1291聖戒が山城八幡荘に建てた善導寺を、正安元年1299九条忠教の帰依をうけ京都東六条河原院址に移し、紫苔山河原院と号した。世に六条道場という。のち現寺号に改め、天正年間1573―92寺町錦小路に移り、しばしば火災にあった。明治四〇年1907東山五条の法国寺と合併、昭和五〇年1975現地に移転した。〔国宝〕絹本著色一遍上人絵伝(法眼円伊筆。清浄光寺と共同所蔵)〔参考〕山城名勝志四

**かんき-さつよう　寛記撮要**　二巻。日寛の著(正徳五1715―享保七1722)。堀慈琳の編録(大正年間1912―26)。日蓮の主要著書に対して、大石寺派(日蓮正宗)の立場から日寛が著わした註釈書の要文を抄出したもの。日寛の安国論愚記・開目鈔愚記・撰時鈔愚記・報恩鈔文段・法華取要鈔文段・法華題目鈔文段・当体義鈔文段・如説修行鈔筆記・妙法曼荼羅供養鈔記の九篇から、他の流派には見られない日蓮正宗独特の解釈を抄録する。日蓮宗宗学全書四

**かんぎ-じ　歓喜寺**　和歌山県有田郡金屋町歓喜寺。聖衆来迎山恵心院と号し、浄土宗。明恵の誕生地で、明恵の門弟義林房喜海が報恩のため明恵の一族湯浅宗光の三男宗氏と共に建立。永禄年間1558―70現宗に改めた。〔重文〕木造阿弥陀如来坐像、同地蔵菩薩坐像〔参考〕明恵上人資料

**かんぎ-だん　歓喜団**　歓喜丸《かんぎがん》ともいう。酥《そ》・《ちざけ》・小麦粉でつくった餅菓子状の食物。歓喜天への供物の一種で、わが国では信者がこれを歓喜天に供えた後で食べると厄除《やくよけ》、願成就に験《げん》があるとされる。

**かんぎ-てん　歓喜天**　(梵)ナンディケーシュヴァラ Nandikeśvara の訳。詳しくはマハー・アーリヤ・ナンディケーシュヴァラ Mahāryanandikeśvara といい、大聖歓喜自在天と訳す。またガナパティ Gaṇapati(誐那鉢底と音写)、ガネーシャ Gaṇeśa、ヴィナーヤカ Vināyaka(毘那夜迦と音写)ともいう。本来はインドのヒンドゥー教の神で、シヴァ Śiva 神すなわち大自在天の子で、智慧と好運を授ける神として現在でも尊崇されている。仏教にとり入れられてからは九八〇〇の諸大鬼王を伴って三千世界を守護する守護神となり、密教では金剛界曼荼羅の成身会外院、胎蔵曼荼羅の外金剛部に位置する。像は象頭人身で単身のものと双身のものとがある。諸難を除き富貴などを得るためにこれを本尊として修する法を歓喜天法と称し、聖天供ともいう。供物

歓喜天(別尊雑記)

として特別に酥・麵・蜜・薑などを和して作るものを歓喜団または歓喜丸といい、信者がこれを食すると祈願が成就するという。のち七日御修法などの大法に付随して行われ、また単独に修せられることもある。これに浴油供・酒供・華水供の三種がある。〔参考〕大聖歓喜双身毘那夜迦天形像品儀軌、阿娑縛抄一四九、毘那夜迦誐那鉢底瑜伽悉地品秘要、大般涅槃経三九、歓喜天講式、覚禅鈔聖天の巻

**かんぎてん-れいげん-き　歓喜天霊験記**　二巻。鎌倉時代の作。紙本著色。重要文化財。円仁・尊意（比叡山座主）、菅原道真に関する歓喜天の霊験あらたかであった物語を描いた絵巻。絵は土佐行光と伝えるが確かでない。宋元画の手法で、東征絵伝と似たところがある。〔原本〕兵庫県武藤家蔵

**かんぎ-にち　歓喜日**　仏の歓喜する日で安居《あんご》の満了を仏が喜ぶ七月一五日（盂蘭盆会《うらぼんえ》の日）を指すが、後世になってすべて一五日を歓喜日と称するようになった。真宗では盂蘭盆会を歓喜会《かんぎえ》と称する。

**かんきゅう　貫休**　（太和六832―乾化二912）唐末・五代の僧。姓は姜《きょう》氏。字は徳隠。禅月と号する。婺州《ぶしゅう》蘭谿《らんけい》（浙江省蘭谿県）の人。湖南の石霜山で修禅し、各地に遊歴して、呉越王銭俶《せんしゅく》や前蜀の王建に帰依された。詩文・水墨画にすぐれ、羅漢像をよく描いた。禅月集二五巻がある。〔参考〕禅月集序、宋高僧伝三〇、五灯会元六

**かんぎょう　寒行**　寒の三〇日間、寒気に耐えて修行すること。寒垢離《かんごり》、寒念仏、寒詣《かんまいり》などがある。寒垢離は寒中水を浴びて神仏に祈願をこめること。寒念仏は、僧俗が鐘を叩き念仏を唱えて市中などを練り歩くこと。寒詣は寒夜に社寺に参詣して祈念することで一日・三日・七日・二一日・三〇日などの日数を限り、裸《はだか》・跣《はだし》で、或いは白衣をわずかにまとって寒さとたたかいつつ護摩を焚き、水垢離《みずごり》をとり、或いは御百度をふむなどの行をして、自己の身を苦しめて神仏に祈願する。

**がんぎょう　元暁**　（新羅の真平王三九617―神文王六686）朝鮮新羅の僧。大聖和諍国師と諡する。姓は薛《せつ》氏。新羅国湘州の人。義湘と共に入唐しようとしたが、故あって果さず途中より帰ったといわれ、その伝記の中には不測の言行が多い。著書は甚だ多く、その中で金剛三昧経論三巻、無量寿経宗要、阿弥陀経疏、遊心安楽道、涅槃宗要各一巻、起信論疏二巻などが現存している。〔参考〕宋高僧伝四、三国遺事三・四、三国史記四六

**がん-ぎょう　願行**　ねがいと実践。仏になるには願と行とが両立しなければならない。浄土教では、浄土に生まれるための願と行とが兼ねそなわることを願行具足というが、その解釈は宗派によって異なる。浄土宗（鎮西派）では願とは三心特に廻向発願心《えこうほつがんしん》のこと、行とは念仏或いは諸行のこととし、衆生がおこすものとするが、西山派や真宗では、願行ともに仏の方でなしとげているとする。

**がんぎょう　願暁**　（―貞観六864）奈良末期から平安初期の元興寺の学僧。薬宝・勤操の二師に従って三論を学び、兼ねて唯識・密教を修めた。僧都に上り、元興寺に住して講を開いた。著書、大乗法門章四巻、因明論義骨二巻、最勝玄枢一〇巻。〔参考〕本朝高僧伝五

**がんぎょう　願楽**　願い求めること。楽《ぎょう》は楽欲《ぎょうよく》の意。

**かんぎょう-しょ　観経疏**　観無量寿経の註釈書。これには隋の慧遠の観無量寿経義疏（観経義疏、二巻）、吉蔵の観無量寿経義疏（観経吉蔵疏、一巻）、智顗の観無量寿仏経疏（観経天台疏、一巻）、唐の善導の観無量寿仏経疏（四巻）、北宋の元照《がんじょう》の観無量寿仏経義疏（観経元照疏、新疏。三巻）などがあり、いずれも略して観経疏と称することがあるが、普通には善導の註釈を指していう。⇩観無量寿経義疏《かんむりょうじゅきょうぎしょ》　⇓観無量寿仏経疏《かんむりょうじゅぶつきょうしょ》

**かんきょ-の-とも　閑居友**　二巻。慶政の著（承久四1222か）と伝える。仏教的色彩の濃い出家遁世談・観音霊験談など三二篇の説話を収録。撰集抄と深い関係にあるが、のちのお伽草子にもかなりの影響を与えている。続群三二下、古典文庫、美濃部重克校注・閑居友〔写本〕尊経閣文庫蔵など〔複製〕尊経閣叢刊

**かんき-ろく**　**管窺録**　一巻。詳しくは真宗法要蔵外諸書管窺録という。僧樸の著。宝暦年間1751―64真宗法要の編集に従事した際、別に本書を著わし帖外和讃から円光大師秘伝に至る八三部の真宗の聖教として伝わる典籍の真偽を弁別した書で、泰巌の菽麦私記《しゅくばくしき》と共に併せ読まれてきた。真全七四

**かんぐう**　**寛空**　(元慶八884―天禄三972)真言宗の僧。俗姓は文室氏。河内の人。円行、観賢に師事し、さらに宇多法皇より灌頂をうけ、仁和寺円堂院を付せられた。東寺長者、高野山座主、仁和寺別当を歴任、門下に寛朝・寛忠・定昭らがいる。かつて洛北蓮台寺に住していたので蓮台寺僧正ともいう。著書、理趣法、五大虚空蔵法など。〔参考〕本朝高僧伝四八

**かんけ**　**勧化**　⇩勧進《かんじん》

**がんけい-じ**　**元慶寺**　京都市山科区北花山河原町。華頂山と号し、天台宗。年号の元慶は「がんぎょう」と読むのを通例とするが、現在寺では「がんけい」と称している。花山寺、単に花山とも称する。貞観一〇年868陽成天皇の誕生に際し、遍昭が発願、天皇の母藤原高子が建立した。元慶元年877定額寺に列し年分度者三人をおき、年号を寺名としたという。同八年伝法阿闍梨が置かれ、寛平四年892花山元慶寺式が定められた。寛和二年986藤原兼家らが、女御忯子の死を悲しんでいた花山天皇を当寺で出家、退位させた。中世に衰退したが、寛政元年1789妙法院宮真仁法親王が再興した。山城名勝志一七によれば、旧寺地は寺内と呼ばれ、礎石を残す田になっていたという。〔参考〕三代実録、類聚三代格、九暦、栄花物語二、扶桑略記

**がんけ-みしゅつ**　**含華未出**　仏智の不思議を疑うものは、極楽に生まれても蓮華が開かず、花の中に包まれて浄土の風光を見ることができないことをいう(善導の観経疏定善義)。⇩浄土《じょうど》

**かんげん**　**観賢**　(仁寿三853―延長三925)真言宗の僧。俗姓は秦氏とも伴氏ともいう。讃岐の人。密教・三論を学び、寛平七年895伝法灌頂をうけて般若寺に住し、以後、仁和寺別当、東寺長者、東大寺検校、醍醐寺座主(醍醐寺座主の最初)、金剛峯寺別当(以降この職は東寺別当の兼職となる)、高野山座主などを歴任した。般若寺僧正、中院僧正ともいう。著書、五大明王義、大日経疏鈔四巻など。〔参考〕元亨釈書一〇、本朝高僧伝八

観賢（三国祖師影）

**かんげん-こう**　**管絃講**　仏前で読経にあわせ管絃を奏して供養する集会をいう。管絃歌舞で仏徳を讃え供養することは、古くインドに源があり、日本では源平盛衰記三二などにもあらわれている。〔参考〕凝然・長谷観音管絃講式

**かんげん-そうじょう-ぎ**　**管絃相成義**　二巻。秘密因縁管絃相成義ともいう。法住の著(天明五1785)。密教には善無畏が伝えた一法界門(管に喩える)と金剛智が伝えた多法界門(絃に喩える)とがあり、空海はこの両部を弟子に授けたが、のち小野流は多法界門を、広沢流は一法界門を相承したので、互いに一方に執着しているけれども、本来は一多法界相成不二でなければならないと説く。〔写本〕大正大学蔵、京都大学蔵　〔刊本〕寛政七1795刊　〔参考〕法住・算引二巻

**がんこう**　**含光**　生没年不詳。八世紀のインド(もしくは雑胡)僧で、唐代密教の大成者不空三蔵の上足の弟子。幼少から不空の門に入り、開元二九年741のインド求法にも従った。帰朝後は、不空の活動を補佐し、長安では保寿寺に住した。広徳二年764には大興善寺大徳四九員の筆頭にあげられる。大暦年間766―79には不空の意を受け、山西

省五台山金閣寺の造営に尽力した。師の没後、代宗に信任され、「含光を見ること不空の如し」といわれた。著書、毘那夜迦誐那鉢底瑜伽悉地品秘要一巻など。〔参考〕代宗朝贈司空大弁正広智三蔵和上表制集一、宋高僧伝一

**がんごうじ　元興寺**　奈良市芝新屋町。華厳宗。崇峻天皇元年588から蘇我馬子が飛鳥《あすか》真榊原(現奈良県高市郡明日香村飛鳥)に建てた法興寺の後身。法興寺は飛鳥寺《あすかでら》・飛鳥大寺とも呼ばれ、のちに元興寺と称し官寺となって大安寺・川原寺・薬師寺と共に飛鳥の四大寺として栄えた。養老二年718平城遷都に際して現地に移され、旧地の寺を本元興寺と呼ぶようになった。天平一九年747には元興寺伽藍縁起幷流記資財帳が成立しており、南都七大寺の一として三論・法相教学の一大中心地となった。三論宗では智光・頼光の元興寺流を伝え、法相宗では道昭から智通・智達をへて神叡に及んで元興寺伝(南寺伝)を形成した。平安時代中期から次第に衰えたが、智光曼荼羅を安置していた極楽房(極楽坊)を中心に浄土信仰がおこり、鎌倉・室町時代には庶民の信仰をあつめた。宝徳三年1451土一揆のために堂宇のほとんどを失い、文明四年1472には大風で倒壊し、五重塔と観音堂(中門堂)・小塔院・極楽房が分立する結果となった。江戸時代には大塔と観音堂を元興寺と称し、極楽房は極楽院と称して独立の寺院となった。安政六年1859五重塔と観音堂とが炎上し、明治一二年1879の政府への届出には、元興寺、極楽院、小塔院(護命僧正の旧居)がそれぞれ由緒書を提出している。〈⇩法興寺《ほうこうじ》・極楽坊《ごくらくぼう》〉〔国宝〕木造薬師如来立像〔重文〕木造十一面観音立像、元興寺塔址土壇出土品　〔参考〕元興寺伽藍縁起幷流記資財帳、南都七大寺巡礼記、七大寺日記、和州旧跡幽考

**がんごうじ　願興寺**　愛知県名古屋市中川区牛立町。尾頭山と号し、真宗大谷派。道場法師(奈良元興寺道昭の弟子)が、片葩《かたはは》の里(現名古屋市中区正木)に創建した元興寺に始まるという。元慶八年884尾張国分寺が焼失したので、一時その代寺とされた願興寺は当寺に比定されている。のち天台寺院となったが、延徳二年1490真宗に改宗。天文年間1532—55薬師堂を残して現地に移転した。なお旧地には、享保三年1718浄土宗元興寺が再興されて現存する。また旧地の伽藍規模などは不明であるが、飛鳥時代末からの瓦が出土し、古代尾張南部の中心的寺院であったとされる。〔参考〕日本紀略、名古屋市史

**かんこうるいじゅうしょう　漢光類聚鈔**　四巻。天台伝南岳心要鈔、天台伝南岳心要見聞書ともいい、漢光類聚、止観心要鈔とも称する。忠尋の著(大治三1128)と伝えるが疑わしい。摩訶止観の要義に関して、日本大台に相承された口伝《くでん》を記録し、これに註釈を加えたもの。口伝法門の筆録は本書に始まり、以来一般の風習となった。(大)七四、仏全一七〔刊本〕慶安二1649刊

**かんこくうぞうぼさつきょう　観虚空蔵菩薩経**　一巻。虚空蔵観経ともいう。劉宋の曇摩蜜多の訳(元嘉年間424—53)。仏と優波離の問答により、犯戒の衆生が罪を滅するためには虚空蔵菩薩の名を唱えるべきことを教えた経。経の終りに三五仏の仏名・懺法・陀羅尼などを列ねているが、これは後の付加とされており、虚空蔵菩薩経との関連が認められる。(大)一三

**かんさい　感西**　(仁平三1153—正治二1200)浄土宗の僧。字は真観。師の法然が選択集を撰述したとき執筆に当たったと伝えられる。〔参考〕浄土伝灯録、法然上人行状絵図四八

**かんさいししゃ　監斎使者**　仏法を守護する善神。中国では監斎菩薩として祀り、禅宗では僧の食物を監護する神とする。顔は青面朱髪。

**かんざつにょらいしんだらにきょう　観察如来心陀羅尼経**　二巻。詳しくは仏頂放無垢光明入普門観察一切如来心陀羅尼経。如来心経と略す。北宋の施護の訳(太平興国五980)。チベット訳もある。忉利天の摩尼蔵無垢天子が罪業への怖れから救いを求めたのに対して、仏頂放無垢光明入普門観察一切如来心と名づける陀羅尼とその功徳を説き、造塔供養などの作法を明らかにし、天子の罪業の由縁を示す。(大)一九

**かんざん　寒山**　生没年・氏姓不詳。唐代の伝説的な詩僧。天台山始豊県(浙江省

天台県)の岩窟に隠れ、国清寺に来て、豊干《ぶかん》・拾得《じっとく》と交わり、多くの神異な言行があった。台州刺史の閭丘胤《りょきゅういん》が編したと伝える寒山詩集一巻がある。水墨の画題ともされる。〔参考〕仙伝拾遺(太平広記五五)、宋高僧伝一九、景徳伝灯録二七

**かんざん　観山**　(享保一〇1725—天明七1787)融通念仏宗、大和法徳寺の学僧。下総の人。字は即道という。はじめ長谷寺で密教を修したが、のち融通念仏宗に転じ、大和郡山の円融寺、奈良の法徳寺に歴住して著述に従事した。著書、融通木母集一〇巻、勧進俗衆記など。

**かんざん-し　寒山詩**　⇩三隠集《さんいんしゅう》

**かんざん-じ　菅山寺**　滋賀県伊香郡余呉町坂口。大箕山密厳院と号し、真言宗豊山派。天平宝字八年764照檀の開創という。寛平年間889—98菅原道真が坊舎を修理増築し、現寺号に改めたと伝える。建治年間1275—78伝暁が入宋して将来した大蔵経がある。〔重文〕銅鐘　〔参考〕大箕山菅山寺天満宮略縁起、近江国伊香郡志

**かんざん-じ　寒山寺**　中国江蘇省蘇州府楓橋鎮。唐の元和年間806—20寒山が草庵を結び、ついで希遷(700—90)が伽藍を建立したと伝える。詩人張継の月落烏啼の詩によって有名。宋代および明代に再建された。

**かん-さんせつ　関三刹**　関東における曹洞宗の三大僧録所。総寧寺・大中寺・竜穏寺で、関東三カ寺ともいう。慶長一七年1612徳川家康が寺領を付しこの制度を定めた。三刹の住持は幕府の推薦により、江戸に宿寺を設け宗内の事件を取り扱い、全国に録所を設置し、末寺を統御した。永平寺住持は三刹から交代に出すこととされ、その勢力は永平・総持両寺を凌ぐに至ったが、明治以降廃止された。〔参考〕徳川実紀一九、新編武蔵風土記稿一七五、諸宗階級上

**かんざん-ぞくき　関山賊機**　禅宗の公案の一。関山慧玄が趙州柏樹子《じょうしゅうはくじゅし》の公案に付した評語で、「柏樹子の話に賊の機あり」といい、この公案には趙州の怖しい動きが秘せられているとする意。賊機とは、泥棒がすごんでみせる様子。〔原文〕葛藤集上、延宝伝灯録二一、宗門無尽灯論上

**かんざん-ばそう　関山罵僧**　禅宗の公案の一。関山慧玄は、僧が参禅に来るのを見て常に叱咤痛罵するので、一僧が「特に生死の問題のために来たのに、どうして罵言するのか」と問うと、「私には生死などはない」と言って追い出した故事。僧の修行が、生死の大事に執していることを誡め、ずばり無生で死底の自在さを示したもの。〔原文〕葛藤集下、正法山六祖伝、延宝伝灯録二一

**かんしけつ　乾屎橛**　くそかきべら。禅宗で、臨済録などに仏を遠くに求める執情を打破してさとりを開かせるために、仏とは何かという問いに対して不浄を拭うへらであると示している。

**ガンジス-がわ　ガンジス河**　⇩恒河《ごうが》

**かんじゃら-じゅ　干闍羅樹**　干闍羅は㊵カンチャタ kañcata の音写。インドのベンガル地方にある植物。

**かんしゅ　貫首**　貫主・管主とも書く。「かんす」とも「かんず」ともいう。貫は故郷の戸籍、本籍をいい、首ははじめの意であるから、もとは本籍の筆頭に書かれる者をいったが、転じて一門一職の頭を指すこととなり、僧職においては天台座主を貫首というようになった。今日では広く本山諸大寺の住職に対して敬称として用いられている。

**がんしゅう　元琇**　生没年不詳。唐代末期の僧。中国天台宗第一三祖。国清寺の物外《もつがい》に止観を学び、講説が巧みなので妙説尊者といわれた。唐末の戦乱の中にあっても、よく天台教観の維持に努力し、清竦・常操に法を伝えた。〔参考〕仏祖統紀八

**かんしゅう-じ　勧修寺**　⇩かじゅうじ

**かんじゅうる　甘珠爾〔丹珠爾《たんじゅうる》〕**　甘珠爾はチベット語カンギュル bkah-hgyur の音写。仏の教訓の意味。チベット大蔵経中の律および経の部門をいう。丹珠爾はチベット語テンギュル bstan-hgyur の音写。解釈の意味。チベット大蔵経中の論部と律および経の註釈、史伝並びにチベット選述の部門をいう。

**かんしゅん　桓舜**　(天元元978—天喜五1057)延暦寺の僧。座主慶円に師事して天台を学び、貞円・日助・遍救とともに山中の

四傑と称された。のち法性寺の座主となる。〔参考〕元亨釈書五、本朝高僧伝五〇

**かんじょ　寛助**　（天喜五1057―天治二1125）東寺の長者。源師資の子。法関白、弁の大僧正などともいう。経範に瑜伽を学び、性信法親王に密軌を受けた。長治二年1105東寺の長者に任じられてより、仁和・円教両寺をはじめ、円宗・東大・広隆の諸寺の別当を兼ねた。宮中でしばしば孔雀経法を修し、霊験があったという。門下に覚法・信証・寛遍・覚鑁らの俊才が多い。著書、別行鈔七巻、成就院口伝一巻など。〔参考〕本朝高僧伝五一

**かんじょう　勧請**　勧め請うの意。仏陀が悟りを開いた時、その教えを万人に説きひろめるように梵天が勧請したことを、梵天勧請といい、また入滅に際してはもっと長くこの世に留まるように諸弟子が仏陀に勧請している。日本では仏・神の霊または形像を寺や社に新たに迎えて奉安することをも勧請といい、法要のとき所定の文を読誦して仏・菩薩《ぼさつ》の霊を式場に請い移す意味にも用いる。

**かんじょう　灌頂**　(梵)アビシェーチャナ abhiṣecana（阿鼻詮左）あるいはアビシェーカ abhiṣeka（阿毘世迦）の訳。水を頭頂にそそぐこと。密教では法を伝えたり、仏縁を結ばせるための作法として重んじる。古代インドでは即位式や立太子礼において、国王となるべき人の頂に四大海水をそそぐ即位灌頂の儀式が行われたが、大乗仏教では、これを菩薩が修行の最終階位で仏となるべき資格を得るのになぞらえ、法王の職位をうけて諸仏の智水がその頂にそそがれると解されるようになった。のち密教になると、如来の五智を象徴する水を行者の頂にそそぐ儀式が行われるに至り、中国・日本にも伝わって、日本では延暦二四年805最澄が高雄山寺で初めて行った。東寺では承和一〇年843実慧が勅許を得て、灌頂院で春秋二季に伝法・結縁の両灌頂を行い、同一三年からは秋季のみとなった。延暦寺では嘉祥二年849（一説に仁寿元851）円仁が鎮護国家のために灌頂を修し、例年朝廷から灌頂料を給された。高野山では応徳三年1086から東寺に準じて修し、康和三年1101から春秋二季に行われた。長治元年1104尊勝寺で結縁灌頂が勅修され、東密と台密とが奉仕したが、永久元年1113の宣旨で天台両流にかぎられたので、寛助が奏請して東寺の秋季灌頂を朝儀とした。保延五年1139仁和寺で春季灌頂を修し、恒例となった。これらは勅儀としての灌頂の例であるが、その他各寺でも執行され、法式は流派によって差異がある。現在、真言宗では阿闍梨《あじやり》と受者を得て必要な荘厳具が整えば、適当な職衆を請じてどの寺院でも行うが、天台宗では各流の灌室と称する特定寺院でだけ行う。灌頂の種類には、伝法灌頂（受職《じゆしき》灌頂、伝教灌頂、阿闍梨灌頂、得阿闍梨位灌頂ともいい、所定の修行を経て伝法阿闍梨となろうとする者が大日如来の秘法をさずかるために行う特別の灌頂）、受明灌頂（弟子灌頂、学法灌頂、受法灌頂、持明灌頂ともいい、密教の弟子になるために行う灌頂）、結縁《けちえん》灌頂（多くの人に仏縁を結ばせるため投華得仏の法によって行う簡単な儀式）の三種がある。伝法灌頂には、(1)離作業灌頂（印法灌頂ともいい、師が印法をもって行い諸作業を略したもの）、(2)作業《さごう》灌頂（具支灌頂ともいい、特定の道場で行う）、(3)以心灌頂（心授灌頂、瑜祇《ぎゆ》灌頂ともいい、師弟ともに瑜伽をえて儀式を用いずに心から心へ伝える）の三つの形式がある。受明灌頂を受けてまだ伝法灌頂を受けない行者の行法には、(1)諸菩薩が光を放って加持する光明灌頂、(2)教主の真言で香水を加持する甘露灌頂、(3)行者の身心に部尊の種子が布列すると観想する種子灌頂、(4)部尊の印契で加持する智印灌頂、(5)行者の心中に部尊の真言とその義理を思念し布列すると観想する句義灌頂があり、五相灌頂と称する。その他、諸仏が行者の頂を摩して当来作仏を示し、言説により予言し、光を放ち益を蒙らせる摩頂灌頂・授記灌頂・放光灌頂の三灌頂、除難灌頂・成就灌頂・増益灌頂の諸灌頂、仏・金・蓮・宝・羯の五部に通じて授ける五部灌頂、一度だけ両部曼荼羅と道場を拝見する一見灌頂、秘法許可の為に授ける許可灌頂、一切如来の五智宝冠を行者に与える宝冠灌

頂(五仏灌頂)、金剛界・胎蔵界の各法により、または両部を合わせ行う金剛界灌頂・胎蔵界灌頂・両部合行灌頂、即身成仏義の深秘口訣を授ける即身義灌頂、空海御遺告の難解七箇の大事を授ける御遺告灌頂、悉曇の難解を明示する悉曇灌頂などがあり、台密では蘇悉地経にもとづき両部不二の説によって修する蘇悉灌頂がある。なお、中世以後には天皇の即位の時に御即位灌頂を行うのを例とし、また音楽・和歌・書道などの極意を授けることを楽道灌頂・和歌灌頂・入木道《じゅぼくどう》灌頂などと称するに至った。〔参考〕賢愚経一三(頂生王品)、新訳華厳経三九(十地品)、大日経疏一五

**かんじょう　灌頂**　(陳の天嘉二1561—貞観六(632)隋・唐代の天台宗の僧。天台大師智顗《ちぎ》の弟子。出生地にちなんで章安尊者、章安大師と称する。諡号は総持尊者。姓は呉氏。字は法雲という。臨海章安(浙江省台州府臨海県東南)の人。七歳で摂静寺慧拯について出家し、陳の至徳年間583—86の初め、智顗に天台を学び、それより侍者となって陳の禎明元年587金陵光宅寺で法華文句を、隋の開皇一三年593江陵玉泉寺で法華玄義を、翌年摩訶止観をそれぞれ筆録編集した。師の没後、晋王煬広と天台山との間を周旋往復し、長安へも行った。のち天台山国清寺で講説に専念していたが、隋末の兵乱にあって諸所に辛苦を重ねながら、隋の大業一〇年614涅槃玄義二巻、同経疏三三巻を完成。晩年、会稽の称心精舎で法華を講じた。時に嘉祥大師吉蔵が聴講したといわれるが疑わしい。著書、ほかに智者大師別伝一巻、国清百録四巻、天台八教大意一巻、観心論疏五巻など。〔参考〕国清百録三、涅槃経玄義、続高僧伝一九、仏祖統紀七・二五

**がんしょう　願性**　(—建治元1275)もと葛山景倫といい、将軍源実朝の近臣で、その没後を弔うため高野山に登り出家、金剛三昧院の別当となり堂宇を修造。のち紀伊西方寺(のちの興国寺)を開いた。〔参考〕高野春秋編年輯録八・九

**がんじょう　元照**　(慶暦八1048—政和六1116)北宋代の律僧で念仏者。姓は唐氏。字は湛如(湛然ともいう)。諡は大智禅師。霊芝元照ともいう。余杭銭塘(浙江省杭州府銭塘県)の人。初め慧鑑に律を、神悟処謙に天台を学び、広慈慧才より菩薩戒を受け、法華を研究し、南山律を学んだ。天台の立場から道宣の四分律行事鈔を註解して行事鈔資持記などをつくる。この書は允堪《いんたん》の行事鈔会正記と説を異にしたので、これより南山律宗は資持派と会正派とに分かれた。西湖の崇福寺(霊芝寺)に三〇年住し、晩年は浄業を修して西方往生を求めた。著書、(四分律)行事鈔資持記一六巻、四分律刪補随機羯磨疏済縁記二二巻、四分律含註戒本疏行宗記一二巻、観無量寿経義疏四巻、阿弥陀経義疏一巻、芝園集二巻など多い。〔参考〕仏祖統紀二九・四六、仏祖通載二九、釈氏稽古略四

**がんしょうーきみょうーべん　願生帰命弁**　二巻。浄土真宗本願寺派の功存の著(宝暦一三1763)。弥陀をたのむ帰命の心は往生を欲求祈願する心であり、願生心をおこせば必ず往生させられるから、疑心が晴れて信心に住することを主張した書。当時越前で行われた無帰命安心の邪義(タノマズ秘事。弥陀をたのむのは自力であり、たのまずして、ただこのままで往生するのであると主張する)を破斥するために著わされた。本書によって三業ダノミの立場が根拠づけられ、のちに三業惑乱の大事件をひきおこす原因となった。この書に対する批判・反批判がくりかえされたが、大瀛《だいえい》の横超直道金剛錍《おうちょうじきどうこんごうべい》によって完全に論破され、やがて本書の公刊は禁止された〈⇩横超直道金剛錍〉。〔刊本〕宝暦一四刊、明治三〇1897刊、同三八刊　〔参考〕反正紀略、続反正紀略

**かんじょうーきょう　灌頂経**　一二巻。東晋の帛尸梨蜜多羅《はくしりみつたら》の訳。一二部の小経を集めたもの。十二経の一々に仏説灌頂の四字があるのでこの名がある。秘密部に属する。大灌頂神呪経、大灌頂経ともいう。十二経とは、⑴三帰五戒帯佩護身呪経、⑵七万二千神王護比丘呪経、⑶十二万神王護比丘尼経、⑷百結神王護身呪経、⑸宮宅神王守鎮左右呪経、⑹塚墓因縁四方神呪経、⑺伏魔封印大神呪経、⑻摩尼羅亶大神呪経、⑼召五方竜王摂疫毒神呪上品経、⑽梵天神策経、⑾随願往生十方浄土経、⑿抜除過罪

生死得度経である。初め九巻であったのが、のち三経を加えて一二巻とし、経中に中国の道教や六朝時代の民間の俗信も混入するので、中国撰述の経と見られる。㊅二一

**がんしょう-げ　願生偈**　世親の浄土論（無量寿経優波提舎）の初めにあって、浄土への往生を願った偈。世尊我一心、帰命尽十方、無碍（礙）光如来、願生安楽国に始まる。浄土教諸派で勤行の際に読誦される。

**かんしょう-じ　観勝寺**　京都市左京区粟田口大日山町の東岩倉山にあった寺。道昭、または行基の開創と伝える。のち三井寺の行円が再興し、文永五年1268大円が来往して栄えたが、応仁の兵火で焼失。貞享・元禄1684―704の頃、安井僧正性演が安井門跡内に復興したが、明治六年1873大覚寺内に移され、のち廃絶した。

**がんしょう-じ　願証寺**　①三重県桑名市長島町杉江にあった真宗の寺院。親鸞に帰依した安田信慶が法泉寺を建立したのに始まる。その子信誉の弟信祐が別に庵室を結び、本願寺第三世覚如のとき願証寺の寺号を免許されたという。永正年間1504―21本願寺第八世蓮如の子蓮淳が入寺して大いに栄え、後その子実恵が継いだ。天正二年1574長島一揆で織田信長に攻められて廃絶したが、当寺第七世准恵が同一二年に尾張国清洲に再興。同一四、一五年頃伊勢国桑名郡本願寺村（現三重県桑名市伝馬町）に移転。宝永年間1704―11大和教行寺（大谷派）の琢誓が第一一世として入寺し、正徳五年1715大谷派から高田派に転じたため門徒は離散し衰微した。なお、現桑名市長島町又木の浄土真宗本願寺派願証寺はこの系譜を引く。〔参考〕天文日記　②岐阜県不破郡垂井町平尾。真宗大谷派五箇寺の一。長島願証寺が琢誓の転派によって乱れたため、安永二年1773東本願寺は当地にあった真徳寺を願証寺と改め、真高を住持とした。その後天明三年1783真宗寺の遍尊が継いだ。③滋賀県蒲生郡日野町村井。真宗大谷派。長島願証寺が織田信長に攻められたので、住持顕忍は逃れて当地の本誓寺に寄寓。天正一一年1583現地に一宇を建立し、前寺号を称した。

**がんしょう-じ　願照寺**　愛知県岡崎市舳越町《へごしちょう》本郷。浄土真宗本願寺派。親鸞の弟子専海の開創という。寺伝の安城の御影（親鸞八三歳の画像と伝え、現西本願寺蔵、国宝）は存覚の袖日記で本願寺が知り、永正一五年1518実如の懇請で本山に上納された。〔参考〕大谷遺跡録四

**がんじょう-じ　願成寺**　①熊本県人吉市願成寺町。伝法山と号し、真言宗大覚寺派。天福元年1233人吉城主相良長頼の創建で、開山は弘秀と伝える。のち炎上したのを、文禄元年1592勢辰が中興して栄えた。明治一〇年1877西南の役の兵火にかかった。〔重文〕木造阿弥陀如来坐像　〔参考〕肥後国誌　②福島県喜多方市上三宮町上三宮。叶山三宝院と号し、浄土宗。嘉禄の法難で長楽寺隆寛が陸奥に流され、その途中相模飯山で没したので、弟子実成が当地に遺骨を迎えて一寺を建てたのに始まる。文禄二年1593破却されて荒廃したが、寛文五年1665木食行誉が再興。長楽寺流の本寺として奥羽の当宗僧侶の得度受戒はここで行われたという。〔重文〕木造阿弥陀如来及び両脇侍坐像　③石川県加賀市勅使町。浄土真宗本願寺派。もと天台宗に属したが、建暦二年1212寺主宗智が親鸞に帰依して弟子となり、如信（本願寺二世）息女本願尼があとをつぎ、覚如（同三世）が本願成就寺の寺号を与えたという。永和元年1375（明徳年間1390―94とも）大聖寺荻生町の地に移った。慶長七年1602の本願寺の東西分派に際して分裂し、一は同じ大聖寺町に別立した（真宗大谷派）。その後元和年間1615―24現地に転じた。

**がんしょう-じょうど-ぎ　願生浄土義**　二巻。普寂の著（天明元1781）。浄土宗の法義の大綱を述べた書。一四章から成る。浄土の教義を詳しく説いて阿弥陀浄土への願生をすすめつつも、信心の堅固と虚妄の執着との混同を誡め、浄土門の偏讃や本願誇りなどに警告を発し、浄土教内の弊風に対してむしろ厳しい態度を示している。〔刊本〕天明元刊、明治二五1892刊、同四四刊

**かんじょう-れきみょう　灌頂歴名**　灌頂記ともいう。一巻。空海の著。空海が高雄山寺において弘仁三年812一一月一五日に最澄と和気真綱に金剛界灌頂を、同一二

月一四日に最澄・賢栄以下大僧二三人、沙弥三七人、近事四一人、童子四五人、計一四五人に胎蔵界灌頂を授けたときの歴名を記した書。なお同名異本で、円仁や、如実、宏教、任宗の書もある。〔原本〕京都神護寺蔵〔国宝〕〔複製〕弘法大師真蹟集成三

**かんしょえんろん　観所縁論**　一巻。原名を(梵)アーランバナ・パリークシャー Ālambana-parīkṣā という。陳那《じんな》（ディグナーガ Dignāga）の著。唐の玄奘の訳（顕慶二〔657〕）。異訳に陳の真諦の訳の無相思塵論一巻がある。八偈の頌とその釈より成る小論で、識の対象である所縁を吟味して、それは実際にはただ内の識が外の境に似てあらわれるのみであると説いて、いわゆる有外境論を論破している。唯識派の論師たる陳那の著作としては最も主要なものと考えられている。チベット訳もあり、これにもとづく山口益のフランス語訳やフラウヴアルナー E. Frauwallner のドイツ語訳があり、またシャーストリ I. Shastri や山口によるチベット訳からの梵文還元も試みられた。この註釈にチベット訳されたヴィニータデーヴァ Vinītadeva（調伏天）造の註釈と、漢訳された護法造・義浄訳の観所縁論釈とがある。前者には山口による和訳（世親唯識の原典解明1953）がある。(大)三一

**かんしょおう　甘蔗王**　(梵)イクシュヴアーク Ikṣvāku (巴)オッカーカ Okkāka の訳。懿師摩、懿摩弥と訳す。インドの伝説で日種族の祖とされる王。リグ・ヴェーダ Ṛgveda, ラーマーヤナ Rāmāyaṇa, プラーナ文献などにその名が見え、ジャイナ教の聖典でも往昔の聖王とされる。仏教においては釈迦族の祖とされる。〔参考〕長阿含経二〇、五分律一五、本行集経五、起世経一〇

**がんしょのいちねん　元初の一念**　最初の一念ともいう。天台宗で一念の心に三千の法を具有すると説くが、その一念のことを日本天台宗の慧心流では元初の一念と名づける。元初の一念とは根源的な迷いの心を指すのではなくて、常住不変の心の意味であるという（枕双紙の元初一念之事）。⇩一念三千《いちねんさんぜん》

**かんしん　寛信**　（応徳元1084―仁平三1153）真言宗勧修寺流の祖。東寺の長者。藤原為房の子。小野流を学び、勧修寺の長吏となり、ついで元興寺・東大寺・東寺に歴住した。著書、類顕鈔、秘伝授集、法則集、灌頂日記、真言集など。〔参考〕本朝高僧伝一二

**かんしん　観真**　（天暦五951―長元二1029）東大寺の学僧。大和葛下郡の人。光智の門に入り華厳を修学し、東大寺に住した。寛弘八年1011維摩会の講主となった。〔参考〕本朝高僧伝一〇

**かんじん　勧進**　本意は人々を教化して仏道に入れ、善に向かわせること。転じて寺社の建立・再興・修復のため、信者や有志に浄財の寄付を求める宗教的経済行為、またはそれに従事する人をいう。勧化・勧財・勧募とも呼ばれた。零細な浄財を募るので、できるだけ多くの募縁をするのが目的とされた。古代にはその勧進の趣旨に賛同して浄財や労力を提供した集団を知識《ちしき》という〈⇩知識〉。奈良時代に東大寺大仏建立のため衆庶を勧誘した行基は有名で、その大仏は河内智識寺の盧舎那仏をモデルとしている〈⇩智識寺《ちしきじ》①〉。また橋・道路・溝池などを造る社会事業にも宗教者が勧進に挺身した。中世には特に寺社再興のため諸国を遊行する勧進上人・勧進聖が多く輩出した。俊乗房重源や西行は、東大寺再興の勧進上人となったことでも知られ、また絵解きを行って廻国した熊野比丘尼も勧進比丘尼として有名。その勧進の趣旨や目的を記載した帳面を勧進帳といい、皇族や著名な公家にその染筆を求めることが多かった。また勧進のために芸能を興行して浄財を求めることも行われ、それらに勧進相撲・勧進能・勧進田楽・勧進猿楽・勧進歌舞伎・勧進平家などがあった。このように中世の勧進は寺社の経済を支える上で大きな比重を占めた。近世以降には単に物乞い行為を指すことが多くなり、一般にその宗教性は減少したが、それでも万人講などの勧進組織を作って、村落の堂祠や造像を請け負った無名の勧進僧も存在した。〔参考〕続日本紀、南無阿弥陀仏作善集、吾妻鏡、玉葉など

**がんじん　鑑真**　（唐の嗣聖五688―日本の天平宝字七763）中国、唐代の学僧。日本

鑑真（高僧像）

律宗の祖。唐の揚州の人。大明寺に住し、律・天台の学を修め、また悲田院を造って貧人を救済した。戒師を求めて唐に渡った大安寺の栄叡、興福寺の普照の願に応じ、日本への渡航を企て、一一年の辛苦ののち天平勝宝五年753六回目の航海でようやく宿志をはたし薩摩国へ到着したが、海路の艱難により失明していた。翌六年四月東大寺大仏殿の前でわが国最初の正規の授戒を行い、その後、戒壇院を造り、東大寺唐禅院に住して戒律の普及につとめ、唐招提寺を建立した。将来の経巻・仏像・薬物などは当時の日本文化に大きな貢献をした。同八歳大僧都にすすみ、天平宝字二年大和上位に叙せられ、下野薬師寺・筑紫観世音寺にも戒壇を設けた。〔参考〕続日本紀、唐大和上東征伝、元亨釈書一、本朝高僧伝二

**かんしん-いん　感神院**　⇩祇園感神院《ぎおんかんしんいん》

**かんじん-えいか-しゅう　勧心詠歌集**　一巻。浄土宗の無能(1683―1719)の歌を直弟不能が編集したもの(天明六1786刊)。日課念仏一〇万余、その化を受けたものが一七万人におよんだという無能の生活心情をよく伝えている。付録に伊呂波和讃を収めているが、これは弥陀に帰命すべきことをといた五八句からなる和讃で、章詞には若干無理があるが、江戸時代の和讃の中では最も重視されているすぐれたものである。〔刊本〕安政四1857刊

**かんじん-おうじょう-ろん　観心往生論**　一巻。源信(942―1017)の著と伝える。成立年不詳。弥陀の本願は悪世凡夫のためであり、安養の経文は末法衆生のためであるから、大悲願力を仰いで決定往生の思いをなすべきであると説き、その大信心は一念三千・一心三諦の観心にほかならないという。仏全二四・二一、恵心僧都全集三

**かんじん-がくしょう-き　感身学正記**　三巻。詳しくは金剛仏子叡尊感身学正記といい、思円上人一期形像記ともいう。西大寺の中興、興正菩薩叡尊の自叙伝。叡尊八五歳の弘安八年1285に起稿し翌年完成。叡尊の出生から出家・遁世の次第、覚盛らとの東大寺での自誓受戒をはじめ、非人供養・殺生禁断・授戒活動など、自らの宗教活動を編年体で述べる。手元に多くの原史料が集積されていたらしく、その記述は正確で詳細を極める。弟子の性海が綴った関東往還記とともに叡尊研究の基本史料。原本は散逸したが、延文四年1359の法隆寺五師重懐伝写本が西大寺に現存。西大寺叡尊伝記集成

**かんじん-かくむ-しょう　観心覚夢鈔**　三巻。良遍の著(寛元二1244)。初学者のために平易に書かれた唯識学の綱要書。唯識宗綱要とも称され、古来必読の書とされてきた。心を離れた事物は存在しないことを観察し(観心)、この観心によって、生死の迷夢から目覚めるべきこと(覚夢)をすすめる。主として実践的な関心から、法相宗の教義を詳説し、また華厳・天台・真言・律・浄土の宗義をも加味して視野の広い論述を展開し、ことに浄土信仰の反映が強く認められる点に特色がある。本書の著者および著作年代は、古来疑問視されてきたが、法隆寺、東大寺、高野山無量寿院に蔵する古写本によって定説が得られた。良遍自身が追補を加えた観心覚夢鈔補闕法門一巻(宝治二1248著)が別にある。大正七一、日蔵三三、仏全八〇、国一諸宗部一五　〔写本〕前記のほか、宝寿院蔵、大正大学蔵　〔刊本〕寛政三1791刊、明治一六1883刊、同一八刊、昭和六刊

**かんしん-じ　観心寺**　大阪府河内長野市寺元。檜尾山と号し、高野山真言宗。役小角が雲心寺として開き、弘仁六年815空海が再興して観心寺と改称。その弟子実慧に託し、斉衡元年854真紹によって完成された。貞観一一年869定額寺に列して栄えた。

後醍醐天皇は建武中興の際、楠木正成に金堂を再建させた。正平一四年1359後村上天皇の行宮となり、同天皇は当寺で没した。のち畠山氏が河内国守護となって大いに崇敬し、豊臣・徳川両氏もまた寺領を寄せた。〔国宝〕金堂、木造如意輪観音坐像、観心寺縁起資財帳〔重文〕訶梨帝母天堂、書院、絹本著色大随求像、木造愛染明王坐像、同不動明王坐像、金銅釈迦如来半跏像ほか〔参考〕観心寺文書、観心寺縁起実録帳、河内名所図会一

**かんじん-ほんぞん-しょう　観心本尊抄**　一巻（別に副状一通）。日蓮の著（文永一〇1273）。詳しくは如来滅後五五百歳始観心本尊抄という。如来滅後の五五百年、つまり二五〇〇年の末法の世に日蓮により初めて開顕された観心（唱題）と本尊とに関して、それが時機相応の教えであることを明らかにしたもの。天台の摩訶止観に説かれる十境十乗の観法は、理観によって一念三千の理を体得する像法の世に適した修行であるとし、末法に相応する観心は、十界曼荼羅を本尊として妙法蓮華経の題目を唱える事観でなければならないことを主張している。日蓮は前年の文永九年に著わした開目抄によって教相の体系を完成し、本書によって独自の観心を顕示したとされ、更にこの直後に図示した十界曼荼羅に先立って本尊の意義をあらかじめここで説いたとされる。また日蓮の法義の綱格をなす三大秘法のうち、戒壇を除いて、本門の本尊と題目とを本書に具説したことになる。本書の意趣が能観の題目（観心）を主とすると解するか、所観の曼荼羅（本尊）を主とするとみるかによって古来多く異説が唱えられた。富木常忍（日常）宛の副状によれば、佐渡一谷《いちのさわ》の配所で本書を著わし、日常をはじめ門下・外護者に教示したという。なお日蓮在世中に本書の文義について門徒の質疑に答えたものに観心本尊抄得意抄、四菩薩造立抄がある。(大)八四、仏教大系三一・三三、日蓮聖人遺文全集上、昭和定本日蓮聖人遺文一、日本思想大系一四ほか〔真蹟本〕千葉県法華経寺蔵（副状とも、国宝）〔複製〕日蓮聖人真蹟集成四〔註釈〕日常・見聞一巻、日朝・見聞八巻、日耀・見聞一巻、日性・円智註一巻、日講・啓蒙四巻、日好・拾遺一巻、同・扶老一巻、日輝・略要一巻、日寛・文段二巻、日忠・見聞二巻ほか

**かんじんもん　観心門**　⇩教相門《きょうそうもん》

**かんじん-りゃくよう-しゅう　観心略要集**　一巻。源信の著（寛仁元1017）。念仏によせて天台宗の要義を略述した書。⑴娑婆界の過失をあげ、⑵念仏に寄せて観心を明らかにし、⑶極楽の依正の徳を歎じ、空仮中を弁じて執を止め、⑸凡聖は一心に備わる事を釈し、⑹流転生死の源を知らしめ、⑺出離生死の観を教え、⑻空観を修し懺悔を行い、⑼真心の菩提心を発し、⑽問答料簡して疑を解いている。なお源信には別に阿弥陀観心集の著作がある。仏全三一、恵心僧都全集一〔註釈〕冠註観心略要集（寛文一一1671刊）〔刊本〕寛文一一刊

**かんじん-ろん　観心論**　①一巻。菩提達磨の語録と伝えられる。成立年不詳。李朝時代編集の禅門撮要上巻に収められるものは、慧可の問いに答えて達磨が教えた形をとり、およそ一四段からなる。三毒六賊・三界六趣の苦とその原因を説き、解脱修行の実践を勧め、六波羅蜜・三聚浄戒・念仏などの修行や、洗俗衆僧・造塔伽藍などの功徳も摂心内照の観心の法に収まることを主張する。本文は少室六門中の第二門破相論と同一のものである。異本が多く、内容上から達磨の真撰を疑う説があり、敦煌出土本にもとづき、慧琳の一切経音義によって北宗神秀の作とされるに至った。(大)八五、鈴木大拙・少室逸書解説附録（五種の異本を対校）②一巻。隋の天台智顗（538—97）の著。成立年不詳。煎乳論ともいう。弘法の人の衆生利益の方法が、多く加水の乳を施すのが常であるのを改め、諸経の根本が観心の一法にあることを説き、三六問を設けて四種三昧を勧める。弟子灌頂が本書を註して、観心論疏五巻（(大)四六）を撰している。(大)四六

**かんず　巻数**　寺院が祈禱・追善などのため読誦した経文・陀羅尼の種目・度数・日数を記し、願主に送る文書をいう。これを受けとった願主は返礼として巻数返事を送った。読誦経巻の数および僧尼の数を記して願主に送ることは奈良時代から行われたが、平安時代に一般化した。のち竹や榊な

どに短冊形のものをつけ、一種の護符として一般信者に授けた。また平安末期以後、白川家などの神職が中臣祓《なかとみのはらい》を誦した度数を記した巻数を出すことが始まり、後世では千度祓、五千度祓、一万度祓などが行われ、その巻数も守札として信者に配布された。伊勢神宮の大麻は著名である。

**かんず-しゅう　巻数集**　願主に贈る巻数の用文を集めたもの。続群書類従二八上には平安時代後期以後の巻数を列挙し、覚禅鈔七にも巻数を収載する。この他、室町時代の宥快の巻数鈔一巻(延宝九1681刊)や、宗朝の巻数書様一帖、良意の巻数集二軸などがある。⇩巻数《かんず》

**かんぜい　観誓**　⇩アヴァローキタヴラタ

**かんぜおん-じ　観世音寺**　福岡県太宰府市観世音寺。清水山普門院と号し、観音寺とも略称する。天台宗。天智天皇が斉明天皇の菩提のために発願、天平一七年745に玄昉が造寺別当として左遷され、翌年漸く完成した。天平宝字五年761戒壇を築き西国僧尼の授戒にあて、三戒壇の一に数えられたが、のち火災にあい衰退した。〔国宝〕梵鐘〔重文〕木造観音菩薩坐像、同十一面観音立像ほか〔参考〕観世音寺資財帳、観世音寺記、筑前旧志略、太宰管内志

**かんぜおんぼさつ-おうじょうじょうど-ほんねん-きょう　観世音菩薩往生浄土本縁経**　一巻。訳者不詳。西晋代の訳といわれるが偽経であろう。極楽世界の一生補処の菩薩である観世音の本生を説き、往生浄土の因縁を説いた経。続一・八七・四

**かんぜおんぼさつ-じゅき-きょう　観世音菩薩授記経**　一巻。観世音菩薩得大勢菩薩授記経、観音授記経ともいう。劉宋の曇無竭《どんむかつ》の訳。異訳には、⑴光世音大勢至受決経(西晋の竺法護《じくほうご》の訳)、⑵観世音授記経(西晋の聶道真《しょうどうしん》の訳)(共に不伝)、⑶如幻三摩地無量印法門経三巻(北宋の施護の訳)がある。仏が波羅奈国鹿野苑で華徳蔵菩薩のために如幻三昧を説き、この三昧を得た観音・勢至の本生を明らかにして、阿弥陀仏滅度の後、順次に正覚をえることを述べる。㊅一二〔参考〕出三蔵記集二、歴代三宝紀一〇

**がんせん-じ　岩船寺**　京都府相楽郡加茂町岩船。「いわふねでら」ともいう。高尾山報恩院と号し、真言律宗。天平年間729－49行基の開創と伝える。本尊阿弥陀如来坐像(重文)は天慶九年946の造立であるが(胎内銘)、以後の事跡は明らかでなく、中古、興福寺一乗院に属し、近世、西大寺末となった。近くの山中には阿弥陀三尊磨崖仏(永仁七1299銘)のほか鎌倉時代のものと推定される石仏が点在し、当尾《とうのお》石仏群の一画を形成する。なお岩船寺はその鎮守社が白山神社であることからしても、当尾を山中浄土とする山岳霊場寺院であったとおもわれる。〔重文〕三重塔、石造十三重塔、同仏龕、同五輪塔、木造阿弥陀如来坐像、厨子入木造普賢菩薩像〔参考〕岩船寺縁起、山城志、大和古寺大観

**かんせん-ぶつぎょうぞう-きょう　灌洗仏形像経**　一巻。略して灌仏経という。西晋の法炬《ほうこ》の訳(恵帝〔290－306在位〕代)。異訳に、西秦の聖堅訳の摩訶刹頭経一巻があり、また唐の宝思惟の訳の浴像功徳経一巻、唐の義浄の訳の浴仏功徳経一巻も同一の経典である。四月八日仏誕生の日に仏像に水を灌ぐことの功徳を説く。㊅一六、国一経集部一四

**ガンダーラ　Gandhāra**　パキスタン西北部のペシャワールおよびその周辺の地域をさす古名。健駄羅《けんだら》、犍陀羅などと音写し、妙香、持地などと訳す。古代インドの十六大国の一つに数えられる。この地域は紀元前五世紀頃からインド・ギリシア・イランなどの辺境の王朝が交替をくり返し、諸文化・宗教が相互に影響しあって複雑な様相を示した。アレクサンダー大王の遠征の頃にはプシュカラヴァティー Puṣkarāvatī(布色羯羅伐底)に都城があったといわれるが、紀元一世紀にクシャーナ Kuṣāṇa 王朝の支配下に入った。二世紀に出た同王朝のカニシカ Kaniṣka 王が仏教を積極的に保護したため、都のプルシャプラ Puruṣapura(現ペシャワール)を中心に仏教が大いに栄えた。この地方に仏教がはじめて伝わったのは、アショーカ Aśoka(阿育)王が派遣した伝道師マッジャンティカ Majjhan-

ガンダーラ付近地図

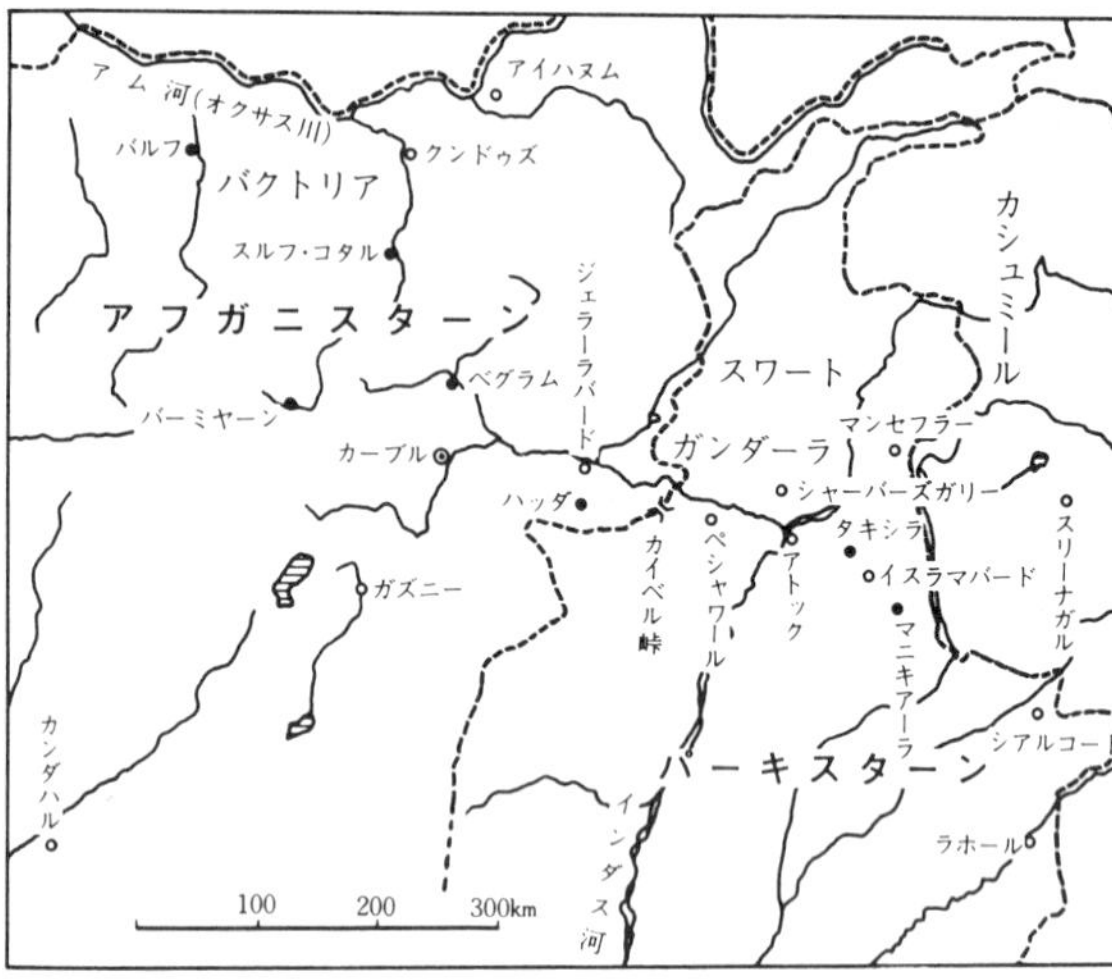


tika（末田地）によってであるとされるが、カニシカ王の頃から五世紀にかけてはとくに説一切有部系の仏教がさかんであった。大乗系の仏教も行われていたようで、無著・世親などもこの地で活躍したといわれる。またこの地域ではギリシア・ローマ様式の影響をつよく受けた仏教美術、いわゆるガンダーラ美術が発祥し、仏像の製作がはじめられたのもこの地においてであると推定されている。ガンダーラ美術の影響は西域を経由して中国に渡り、さらにわが国の天平文化にも及んでいる。ガンダーラの仏教はカニシカ王の時代を最盛期として以後次第に衰え、五世紀中頃侵入したエフタル族によって亡んだとみられる。七世紀に玄奘が訪れた時には迦畢試《かひつし》（カピシャ Kapiśa）国の属国となっていて荒廃し、カニシカ王が建てたという塔も失われていたという。〔参考〕弥勒下生経、法顕伝、西域記二、善見律毘婆沙二、Mahāvaṃsa, 大毘婆沙論、倶舎論二六、道行般若経九

**かんち　揵稚**　㊵ガンター ghaṇṭā の音写。揵槌、揵遅とも書き、「けんち」とも読む。もとは木製であるが、鈴、鼓、鐸、と訳すこともある。打ちならして時刻をしらせるもの。それを打ちならす規則を鼓儀《くぎ》という。

**がんち　願智**　願いのとおりに対象をくまなく知る智。倶舎論巻二七には、不動羅漢（六種阿羅漢の最上のもの）が起こすもので、世俗智を本性とし、第四静慮《じょうりょ》に入って心をしずめることによって起こると説き、成実論巻一六には五智の一に数える。

**かんち-いん　観智院**　京都市南区八条通大宮西入下ル柳原町。東寺真言宗。教王護国寺（東寺）の塔頭。徳治・延慶年間1306—11後宇多法皇の御願二十一院の一として建立。開山は杲宝。以後代々、当寺の住持は東寺別当職を兼ね、慶長一四年1609勧学院とされ東寺教学研究の中心となった。一山の貴重な聖教典籍を多く蔵する。〔国宝〕客殿

**かんちゅう　喚丑**　（　—宝暦一〇1760）曹洞宗の僧。上野鳳仙寺一六世。字は乙堂。天桂伝尊の正法眼蔵弁註に対し、その誤解を反駁し、続絃講義五巻を著わした。

**かんちゅう　寛忠**　（延喜六906—貞元二977）池上僧都という。東寺長者。宇多法皇の孫、敦固親王の子。淳祐・寛空に師事し、大安寺・仁和寺に住して東寺長者となる。康保五年968律師となりやがて少僧都となった。皇孫が出家して僧官に歴任するものの初例。〔参考〕本朝高僧伝四八

**かんちゅう　寰中**　（建中元780—咸通三862）唐代中期の禅僧。姓は盧氏。河東蒲坂《ほはん》（山西省永済県東南）の人。性空大師と諡する。百丈懐海《ひやくじょうえかい》の法を嗣ぎ杭州大慈山（浙江省杭県）その他に住した。〔参考〕祖堂集一七、宋高僧伝一二、景徳伝灯録九

**かんちゅう　環中**　生没年不詳。江戸中期の浄土真宗本願寺派の僧。肥後阿蘇郡東光寺の住持。功存の門人。三業惑乱《さんごうわくらん》のとき、三業派の智洞に与して建幢摧邪篇二巻を著わしたが、のち大瀛《だいえい》の金剛錍《こんごうべい》に屈伏した。郷里で竜北会を結成し一派をなし肥後轍の祖と称される。著書、三帖和讃大綱、四十八願玄談など。

**かんちゅうそうりつ-かいだんず-きょう　関中創立戒壇図経**　一巻。唐の道宣の著。乾封二年667浄業寺に戒壇を創建した際に、

戒壇に関することを律と史伝とに基づき、これに自説を加えて述べたもの。後世、中国や日本で戒壇を築く場合に典拠とされた。㊅四五

**かんちょう 寛朝** (延喜一六916―長徳四998)真言宗の僧。敦実《あつみ》親王の第二子。宇多法皇の孫。寛空、壱定について密義を修学し、寛空の後を継いで仁和寺別当に任じられ、のち東寺長者、西寺別当となり、円融上皇出家受戒の戒和尚をつとめて大僧正に補された(真言宗における大僧正補任の初例)。京都嵯峨広沢に遍照寺を創建し、東密の広沢流を開いたので、世に広沢僧正また遍照寺僧正ともいう。また声明をよくし、永くこれを伝えた。著書、成就妙法蓮華経次第、金剛界次第、不動次第各一巻など。〔参考〕本朝高僧伝四八

**かんつう 関通** (元禄九1696―明和七1770)浄土宗鎮西派の学僧。字は無礙。一蓮社向誉と号する。尾張海西郡大成村の人。祐天について宗戒両脈をうけ、敬首に師事して菩薩戒を受けた。生涯を布教につとめ、創建の寺院は一六カ寺にのぼった。とくに律儀の復興につとめ、受戒者数千人を数えた。著書、客問安心、本願念仏勧化本義、帰命本願抄など。〔参考〕関通和尚行業記、続日本高僧伝一

**がんてき 巌的** 生没年不詳。浄土宗鎮西派の学僧。松誉と号する。浄土宗列祖の事跡を集め、浄土列祖伝六巻を著わした(宝永二1705)。ほかに聖徳太子伝略要解一〇巻、廃悪修善録三巻などの著書がある。〔参考〕浄土列祖伝自序

**かんてつ 観徹** (明暦三1657―享保一六1731)浄土宗鎮西派の学僧。京都の人。性相の学を修め、道念深く日課念仏を続け、各地に教化して菩薩戒を弘めた。のち鎌倉光明寺五八世となる。著書、三部経合讃七巻、円頓戒誘蒙一巻、智光清海両曼荼羅合讃二巻など。〔参考〕現証往生伝一、蓮門類聚経籍録

**かんどう 観道** (宝暦二1752―文政五1822)浄土真宗本願寺派の僧。周防平尾村真覚寺の住持。義端、勧善、隆山らに師事し、内外典を究めた。著書、真宗義林章、真宗護法篇、真宗正訛篇など。

**がん-とう 雁塔** ①インド中部のマガダMagadha国の因陀羅勢羅窶訶《いんだらせいらぐか》(インドラシャイラグハー Indraśailaguhā)山の伽藍にあった塔で、浄肉を手に入れられなかった僧に肉を施すために自殺した雁の霊を葬うために建てられたものであるという。〔参考〕西域記九 ②中国西安府の大慈恩寺塔を大雁塔と称する。玄奘の発願により、インドの雁塔にならい、その将来した経像などを安置した。はじめ石造五層であったが、のちしばしば改造され、明・清両朝にも修覆されて現在に至る。これに対し小雁塔と称されるものが西安永寧門外西南の大薦福寺にある。〔参考〕大慈恩寺三蔵法師伝三・七

**かんとう-きとう-しょ 関東祈禱所** 鎌倉幕府の祈願所となった寺社のこと。鎌倉幕府は関東祈禱所に対し御家人に準じて寺領安堵・守護不入・殺生禁断・所領寄進・造営助成などの保護を加えるとともに、別当職などの人事に介入するなど統制を加えていった。鎌倉後期の北条得宗専制の進展のなかで、禅律寺院を中心に急増した。

**かんとう-しせつ 関東四刹** 黄檗宗の鉄牛道機が創建した四カ寺。駿河加島の瑞林寺、相模小田原の紹太寺、江戸洲崎の弘福寺、陸奥仙台の大年寺をいう。

**かんとう-しちかじ 関東七カ寺** 関東における著名な真宗の七カ寺。起源は明らかでないが江戸中期頃から二四輩、六老僧などと同様にいい出されたもので、普通は勝願寺(大谷派、現茨城県猿島郡総和町)、称名寺(本願寺派、現茨城県結城市)、光明寺(大谷派、現茨城県下妻市)、三月寺(大谷派、現茨城県下妻市)、善福寺(本願寺派、現東京都港区)、永勝寺(大谷派、現横浜市戸塚区)、福専寺(本願寺派、現千葉県野田市関宿町)をいう。なお一説に三月寺・福専寺に代って万福寺(本願寺派、現山梨県東山梨郡勝沼町)、浄妙寺(大谷派、現愛知県岡崎市)をさすこともある。〔参考〕遺徳法輪集三、大谷遺跡録一

**かんとう-じっせつ 関東十刹** 五山に次ぐ寺格のある、関東における一〇カ寺の禅宗寺院。鎌倉十刹ともいう。わが国の十刹の制は中国南宋の十カ寺の制にならったもので、初め鎌倉末期に全国的に設けられ

たが、その後五山の制とともにたびたび改められた。至徳三年1386五山位次が最終的に決定されると、京都十刹とともに関東十刹も、⑴相模禅興寺(現神奈川県鎌倉市)、⑵同瑞泉寺(同)、⑶同東勝寺(跡地は同)、⑷同万寿寺(同)、⑸同大慶寺(同)、⑹陸奥興聖寺(現宮城県古川市)、⑺武蔵東漸寺(現神奈川県横浜市)、⑻相模善福寺(跡地は鎌倉市)、⑼同法泉寺(同)、⑽上野長楽寺(現群馬県太田市尾島町、現天台宗)が決められた。但しその後時代により多少の異動がある。〈⇩五山十刹《ござんじっせつ》〉〔参考〕扶桑五山記、鎌倉五山記

**がんとう-しょうぎょう-じょ　雁塔聖教序**　⇩聖教序《しょうぎょうじょ》

**かんど-じ　神門寺**　島根県出雲市塩冶町。天応山と号し、浄土宗。天平年間729—49行基の開創、光仁天皇勅願所と伝える。俗伝では空海が留錫し伊呂波歌をここでつくったといい、伊呂波寺ともいう。もと真言寺院であったが、のち現宗に改めた。尼子・松平各氏の外護をうけて寺観を整備し、旧簸川郡内屈指の名刹となった。〔参考〕雲陽誌

**がんにゅう-じ　願入寺**　茨城県東茨城郡大洗町磯浜町。岩船山と号し、単立(真宗)。初め親鸞の孫の如信が奥州白川郡大網に草庵を結んで願入寺と称したが、のち兵火に焼かれ常陸大根田に移り、更に延宝元年1673(同三年とも)現地に転じた。真宗大谷派本願寺一四世琢如の子慧明院如晴が法統をついだ。昭和二七年1952真宗大谷派から離れて独立した。〔参考〕大谷遺跡録三

**がんにん-ぼうず　願人坊主**　代願人の坊主の意で、祈願を依頼した人に代って、代参をし、代垢離《だいごり》をとる下級の宗教家。江戸時代には卑賤視され、住吉踊や阿呆陀羅経など大道芸を行った。京都鞍馬山の大蔵院が総頭としてこれを支配し、江戸では寛永寺に属した。

**かんねん　観念**　⇩称念《しょうねん》

**かんねん-ぼうもん　観念法門**　一巻。唐の善導(613—81)の著。成立年不詳。五部九巻の一。首題は観念阿弥陀仏相海三昧功徳法門といい、尾題は観念阿弥陀仏相海三昧功徳法門経という。阿弥陀仏を観念する行相作法および功徳を述べたもの。観仏三昧経により観仏三昧の法を、般舟三昧経により念仏三昧の法を示し、無量寿経などによって滅罪・護念・見仏・摂生・証生の五種増上縁の功徳を説き、三つの問答を設けて信謗の損益、念仏の功能、懺悔滅罪の方法を説き修行を勧めている。㊅四七、浄全四、真宗聖教全書一　〔註釈〕証空・観門要義鈔三巻、良忠・私記二巻など

**かんのう-じ　神呪寺**　兵庫県西宮市甲山町。摩尼山と号し、真言宗御室派。感応寺とも書く。俗に甲山大師という。神功皇后が三韓より帰国後、如意珠・甲冑などを埋納した甲山《かぶとやま》に、天長五年828淳和天皇の妃であった如意尼が隠遁して堂宇を開創。空海を迎えて開基とし、空海が尼の身量に準じて刻んだ如意輪観音を本尊としたという。天正七年1579荒木村重の謀叛に焼失、元禄九年1696に再興。〔重文〕木造如意輪観音坐像、同弘法大師坐像ほか　〔参考〕元亨釈書一八、摂津志九、摂陽群談一五

**かんのう-じ　感応寺**　①静岡市葵区駒形通。日蓮宗。山号は常住山。伯耆・紀伊の感応寺とともに日蓮宗三感応寺の一。もと富士郡にあり、滝泉寺と号して真言宗に属したが、日蓮の弟子日向が改宗させた。明応年間1492—1501岩越刑部が現地に移して寺号を改め、日朝を中興開山にしたという。②鳥取県米子市祇園町。常住山と号し、日蓮宗。慶長七年1602米子城主中村一忠の建立。開山を日向、二祖を日朝、三祖を日長とする。③和歌山市鷹匠町。常住山と号し、日蓮宗。元和五年1619徳川頼宣の生母養珠院の建立。開山は日陽。〔参考〕本化別頭仏祖統記一一・二七

**かんのう-ししゃ　感応使者**　禅寺にまつられる伽藍、土地の守護神の一。中国の道教の神で、張大帝大権修利《だいげんしゅり》の従者ともする。槌と棒とを持ち、位の低い神として表現される。

**かんのう-どうきょう　感応道交**　衆生が仏心を感じ、仏力がこれに応じるのを感応という。道交とは行き交わること。即ち感応道交とは衆生の感と如来の応とが互いに相通じ相交わること。

**がんのう-びちょく　眼応鼻直**　眼はよ

こ、鼻はたてにある。ものごとのありのままなるすがた。花紅柳緑というようなもの。

**かんのん-ぎょう　観音経**　観世音経、普門品、または普門経ともいう。後秦の鳩摩羅什訳の妙法蓮華経巻八の観世音菩薩普門品第二五の通称。西晋の竺法護訳の正法華経では光世音菩薩普門品となっている。もと長行《じょうごう》（散文）のみで偈頌がなかったが、妙法蓮華経には、隋の闍那崛多《じゃなくった》の訳の偈頌が加えられた。偈頌の中には念彼観音力の句がしばしばくりかえされ、観世音菩薩の普門示現の妙なるはたらきを説いている。仏陀が無尽意菩薩の問いに答えた形式をとり、観世音の名を聞き一心に称名するならば解脱が得られるとし、口業では、観世音の名号を称えると、火難水難などの七難をのがれることができ、意業において観世音を念ずるならば三毒を離れることができ、身業において観世音を礼拝するならば、福徳智慧の男子、衆徳愛嬌の女子を産むことができるという。観音が三三種に身を応現して一九尊教の随類説法をなすというので、観音と三三という数字が密接な関係を持つことになる。元来は単行経典として観音信仰とともに独立して行われ、西域、ついで中国では北魏以後盛んになり、日本では天武天皇の病気に当たって観世音経が書写され、以後特に身の安全をまもるための持経として民間で読誦され数々の霊験談が伝えられている。㊅九〔註釈〕智顗・観音玄義二巻、同・観音義疏二巻、知礼・観音玄義記四巻、同・観音義疏記四巻

**かんのん-く　観音供**　宮中の仁寿殿で毎月一八日に観音を本尊として玉体安穏を祈る修法。仁寿殿観音供、十八日観音供、二間供《ふたまのく》ともいう。一説には嵯峨天皇が空海将来の観音像を安置したのに始まるとし、或いは応和二年962寛空が始めたという説もある。のち東寺長者が奉仕するのが恒例となり、仁寿殿焼失後は清涼殿で行われた。二間供というのは、仁寿殿に二室の仏間があったからとも、また天皇の御座の次の間に奉安して修したからともいわれる。〔参考〕覚禅鈔

**かんのん-さんげんき　観音纂玄記**　一巻。鳳潭（1659—1733）の著。成立年不詳。観音に関する名称、諸像体儀の同異、インド南部の補陀洛山の観音道場、中国明州の宝陀寺、日本の紀州那智山の観音霊場、十一面観音、聖観音、不空羂索尊、葉衣観音、馬頭明王尊などのことを記し、図像および印呪の図を掲げる。〔刊本〕享保九1724刊

**かんのん-じ　観音寺**　①韓国京畿道開豊郡嶺北面朴淵瀑上流にある。高麗光宗一九年967に創建。李朝初めに再建、その後廃退した。創建当時のものとみられる七重石塔がある。〔参考〕中京誌　②滋賀県草津市芦浦町。大慈山と号し、天台宗。聖徳太子の草創、菜生《なざま》氏の造建と伝える。室町時代には近江の利生塔が置かれ、足利義政や織田信長の保護をうけ、湖水の渡船を掌握していた。住僧詮舜（舜興とも）は文禄の役の功で近江代官を命じられ、大いに栄えた。〔重文〕阿弥陀堂、書院、絹本著色黄不動尊像、同薬師三尊像、同十六羅漢図ほか　〔参考〕蔭凉軒日録、近江輿地志略四三、近江栗太郡志五　③香川県観音寺市観音寺町。「かんおんじ」とも読む。真言宗大覚寺派。七宝山神恵院と号する。四国八十八カ所第六九番札所。大宝三年703日証が琴弾八幡（四国八十八カ所第六八番札所神恵院）を勧請し、その神宮寺として建立、のち空海が観音像を安置して現寺号としたという。桓武・平城などの諸帝に尊崇され勅願所となる。〔重文〕金堂、木造涅槃仏像、絹本著色不動二童子像、同琴弾宮絵縁起、同琴弾八幡本地仏像　〔参考〕讃岐名所図会八、全讃史　④京都市東山区泉涌寺山内町。真言宗泉涌寺派。泉涌寺の塔頭。俗に今熊野観音という。西国三十三カ所第一五番札所。嵯峨天皇の勅願、空海の開創と伝え、藤原緒嗣が造営した。応仁の乱で焼け、のち再建。寺域に後堀河天皇観音寺陵がある。〔参考〕山城名勝志一五、扶桑京華誌二　⑤⇩伊吹寺《いぶきでら》

**かんのん-しょうじ　観音正寺**　滋賀県蒲生郡安土町石寺。繖山《きぬがさ》と号し、単立（天台宗）。俗に観音寺と略称する。西国三十三カ所第三二番札所。聖徳太子の草創と伝える。天暦年間947—57敦実親王が当郡を領したとき深く帰依し、のちその後裔近江源氏佐々木氏の城下となったとき、祈願所とし

て栄えた。天文六年1537兵火で焼亡、さらに元亀元年1570織田信長のために焼かれたが、慶長二年1597堂宇が再建され、以後近江十二大寺の一とされた。〔重文〕木造千手観音立像 〔参考〕近江輿地志略五九、近江蒲生郡志七

**かんのん-せんぼう　観音懺法**　請観世音懺法ともいう。請観世音菩薩消伏毒害陀羅尼呪経(略して請観音経)に基づき、観世音菩薩を本尊として三七日(二一日)或いは七七日(四九日)の間修される懺悔供養の法会。その場合に、消伏毒害呪、破業障陀羅尼呪、六字章句呪などを誦し、また請観音経が唱誦される。国清百録第一にその懺法の文を収める。日本では疫病などを除く密教の行法として、請観音法の名により台密の穴太流《あのうりゅう》で伝承された。保元元年1156寂房が初めてこれを修したという。〔参考〕遵式・請観世音菩薩消伏毒害陀羅尼三昧儀、四十帖決第七請観音経法、阿娑縛抄八四

**かんのん-ぼさつ　観音菩薩**　㊵アヴァローキテーシュヴァラ Avalokiteśvara の訳。阿縛盧枳低湿伐羅《あばろきていしつばら》などと音写し、瘂楼亘《けいろうこう》とも音略する。観世音・光世音・観自在・観世自在と訳し、観音・闚音・現音声ともいう。別名を救世《ぜぐ》菩薩・施無畏者・蓮華手・普門・大悲聖者と称する。慈悲救済を本願とする菩薩の名。①法華経普門品(観音経)には、現世において衆生の厄難を救い福徳を与える菩薩として説かれ、苦悩の衆生が一心にその名を称えると即時に音声を観じて解脱を得させるとし、相手に応じて仏身から執金剛身にいたる三十三身を示現して衆生を導くという。華厳経入法界品では、観音は南海補陀洛(Potalaka)山に住し、大悲の法門・光明の行を行じて、衆生の一切の怖れを除くとする。無量寿経や観無量寿経には、西方極楽世界に住し、勢至と共に阿弥陀仏の脇侍としてその教化をたすけるといい、平等覚経や悲華経では阿弥陀仏の補処とする。密教では胎蔵界曼荼羅の諸院に種々な形像の観音を安置する。その中、中台八葉院の西北方に白肉色で右手に開敷紅蓮華をもつ像を配し、観音院には正観音を部主とした諸尊を安じ、遍知院に准胝《じゅんでい》、虚空蔵院には忿怒鈎《ふんぬこう》・不空鈎・千手千眼、蘇悉地院には一髻羅刹《いっけいらせつ》・十一面を置き、釈迦院・文殊院には釈迦・文殊の脇侍としている。観音を本尊とする観音懺法《せんぼう》は追弔・祈禱・報恩のために行われ、また如意輪観音を本尊とする観音求聞持法は智慧を求めるために修される。②観音を六道に配する説は陀羅尼集経などに見られ、摩訶止観には大悲・大慈・師子無畏・大光普照・天人丈夫・大梵深遠の六観音を順次に地獄から天までに配している。現在、東密では千手千眼・聖・馬頭・十一面・准胝・如意輪の六観音を地獄から天までに配し、台密では准胝の代りに不空羂索《ふくうけんじゃく》を加えて六観音とする。また准胝と不空羂索とを並べ数えて七観音という。その他、千光眼観自在菩薩秘

千手千眼観自在菩薩

十一面観自在菩薩

観自在菩薩

如意輪観自在菩薩

聖観自在菩薩

(御室版胎蔵曼荼羅)

密経には八観音・二十五観音・四十観音を数え、諸尊真言句義抄には十五観音(正・千手・馬頭・十一面・准胝・如意輪・不空羂索・白衣《びゃくえ》・葉衣《ようえ》・水月・楊柳《ようりゅう》・阿摩提《あまだい》・多羅・青頸《しょうけい》・香王)、阿娑縛抄には二十八観音(聖・千手・馬頭・十一面・准胝・如意輪・不空羂索・毘倶胝《びくてい》・多羅・白衣・葉衣・忿怒鈎・吉祥・豊財・不空鈎・多称・一髻羅刹・青頸・香王・阿摩提・蓮華頂・大梵天相・播拏目佉・央倶捨・延命・勇健・四面大悲・除八難優)を挙げている。仏像図彙には楊柳・竜頭《りゅうず》・持経・円光・遊戯《ゆげ》・白衣・蓮臥《れんが》・滝見《たきみ》・施薬《せやく》・魚籃《ぎょらん》・徳王・水月・一葉・青頸・威徳・延命・衆宝・岩戸・能静《のうじょう》・阿耨《あのく》・阿麽提《あまだい》・葉衣・瑠璃・多羅尊・蛤蜊《こうり》・六時・普悲・馬郎婦《めろうふ》・合掌・一如・不二・持蓮・灑水《しゃすい》の三十三観音を掲げるが、これらの中には中国や日本の民間信仰によるものも含まれている。観音信仰がインドや西域で栄えたことは多くの経軌が作られた事実と、大唐西域記などの文献やエローラ・鹿野苑などの遺跡から知られ、またインド南部の秣羅矩吒国布呾洛迦山は観音の霊跡として著名である。中国では羅什が法華経を伝訳してからその信仰が大いに栄え、造像も盛んで、偽経や験記も著わされ、浙江省丹山列島の普陀山普済寺が補陀落山に擬せられた。日本では聖徳太子が救世観音を尊崇して以来その信仰が盛んとなり、主として現世の福楽がねがわれたが、浄土教がおこってからは来迎の菩薩としても敬われた。平安時代には宮中で観音供が行われ、長谷寺・清水寺・石山寺などの観音霊場が上下の信仰をあつめ、のち西国三十三カ所の巡礼が流行し、坂東などにも三十三カ所が設けられた。また、紀伊の那智山は補陀落山になぞらえられ、同地には補陀落渡海と称して小舟で海上に出て入滅する風習も行われた〈⇩補陀落信仰《ふだらくしんこう》〉。チベットではダライ・ラマを観音の化身とし、ラサにはポタラ宮がある。なおラマ教では観音の密呪である唵麽抳鉢訥銘吽《おんまにはどめいうん》(Oṃ maṇi padme hūṃ)を六字大明呪と称し、現に広く行われている。

**かんのん-れいじょう　観音霊場**　①インドの補陀洛山《ふだらくさん》(布呾洛迦山)は観音の住所と信じられ古くから尊崇された。中国の普陀山や日本の那智山などは補陀洛山に擬され、観音霊場として有名。なお観音安置の霊場や寺院で補陀洛と称するものが少なくない。②日本では、平安中期頃から畿内の観音霊場を巡礼する風潮が起こり(花山法皇に始まるという)、観音の三十三身にちなんで三三の霊場が選ばれるようになった。三十三所の名を出す文献には古くは行尊(1057—1135)の三十三所巡礼手中記(寺門伝記補録巻九)があるが、霊場は時代によって変っている。三十三カ所巡礼は、近世とくに盛んになり、畿内を中心とする三十三カ所の順序や場所もほぼ一定した。のち坂東三十三カ所、秩父三十四カ所も設けられたので、畿内のそれを西国三十三カ所と呼ぶようになった。西国・坂東・秩父の霊場を合わせて百観音、百番札所と称し、そのすべてを巡ることも行われた。三十三カ所の順礼歌(御詠歌)は室町末期には作られたらしい。また西国三十三カ所を巡礼できないもののために、例えば洛陽三十三カ所・江戸三十三カ所などのように各地に三十三カ所が設けられ、また西国三十三カ所の図像を拝することによって巡礼に代える風習も行われた〈次頁の地図参照〉。〔参考〕西国三十三所観音名所図会、西国秩父坂東観音霊場記図会

**かんびょう　看病**　病人を看護すること。瞻病《せんびょう》ともいう。梵網経巻下には、病人に施せば福徳を生じること最も大であるとして、八福田中の第一とし、律などにも、仏を供養しようと思うものは病人を供養せよと教えている。

**かん-ふげんぼさつ-ぎょうほう-きょう　観普賢菩薩行法経**　一巻。普賢観経、観普賢経、出深功徳経ともいう。劉宋の曇摩蜜多《どんまみった》の訳。法華三部経の一。歴代三宝紀によると、他に東晋の祇多蜜《ぎたみつ》の訳の普賢観経一巻(闕本)、後秦の鳩摩羅什の訳の観普賢菩薩経一巻(闕本)があったという。仏が入涅槃の三カ月前に、毘舎離国大林精舎において、阿難らの問いに答えて、普賢観門、六根罪を懺悔する法、および懺悔後の功徳を説いたもの。法華経の普賢勧発品を承けているので智顗《ちぎ》はこの経を法華経の

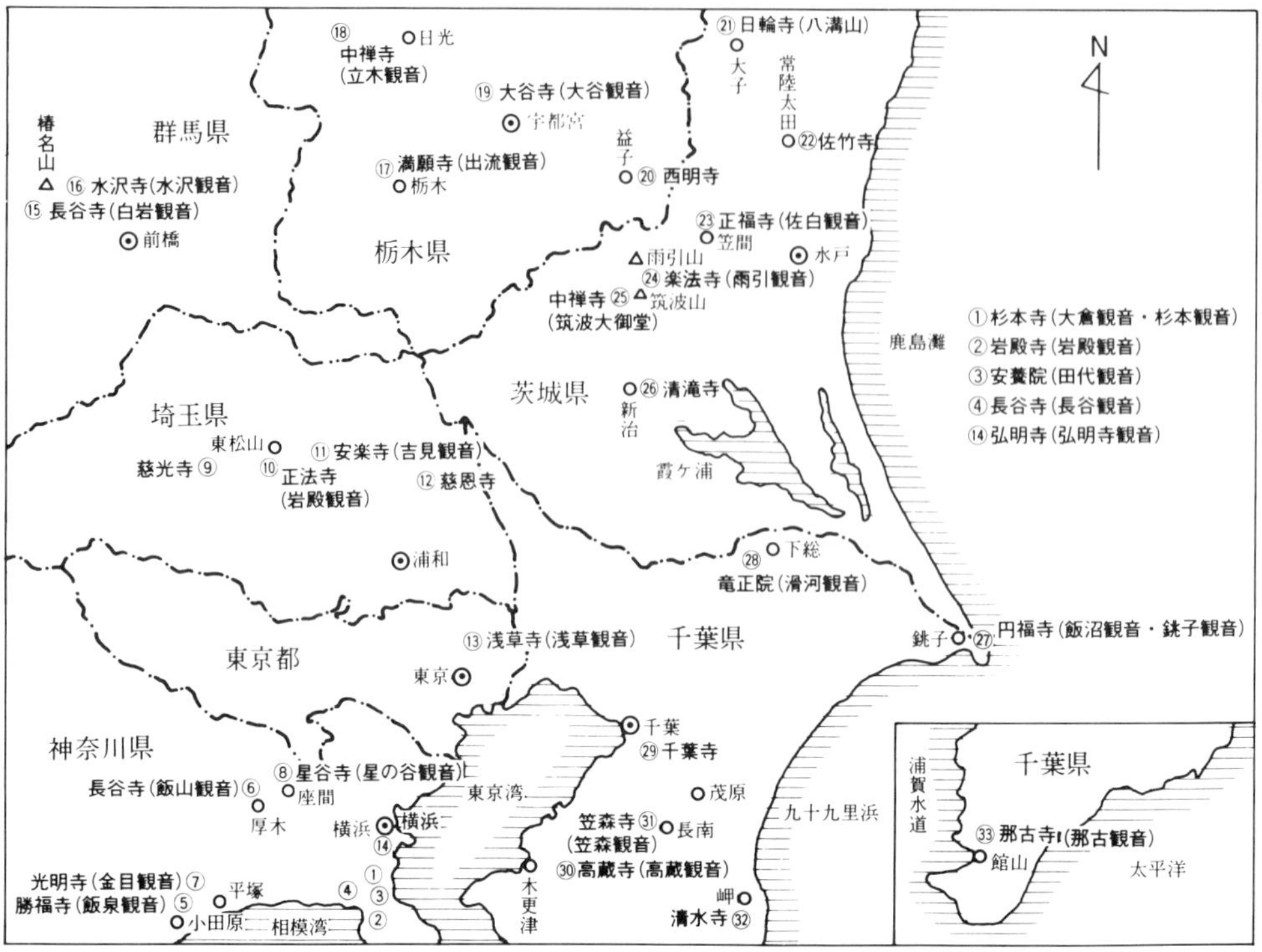


坂東三十三カ所観音霊場略図

秩父三十四カ所観音霊場略図

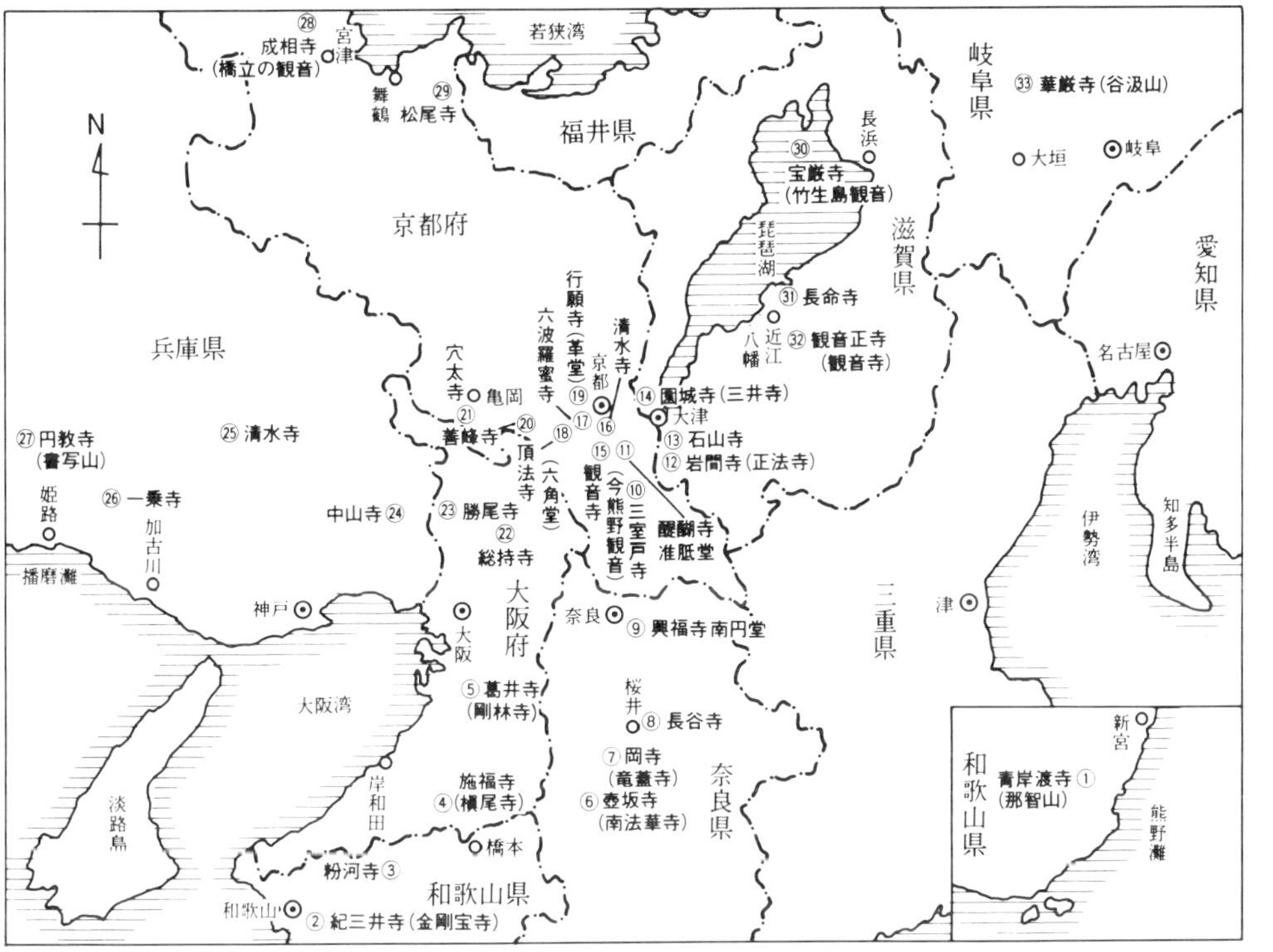

西国三十三カ所観音霊場略図及び本尊札

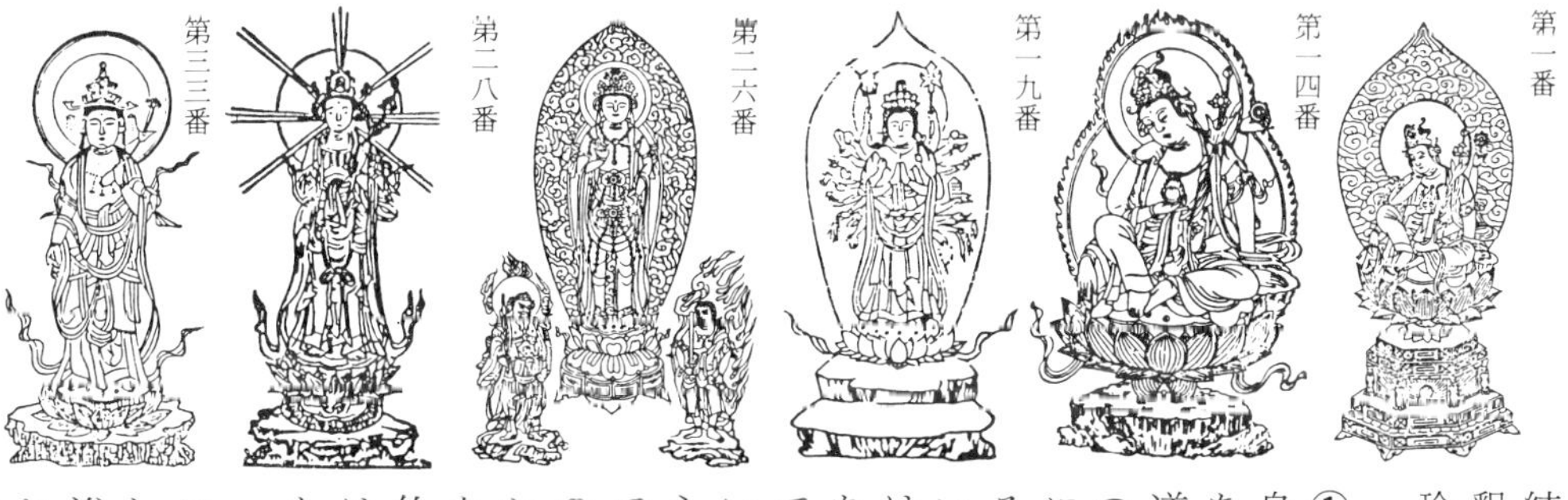


結経と判定している。㊅九、国一法華部〔註釈〕智円・普賢行法経疏一巻、本如・疏二巻、円珍・普賢経文句一巻、同・記一巻、同・私記一巻

**かんぶつ　観仏**　仏をおもいみること。①仏のすがた・かたちをおもいみるのを色身観《しきしんかん》(応身観)、仏の功徳をおもいみるのを法身観《ほっしんかん》、仏は実相(この世のまことの道理)であるとおもいみるのを実相観《じっそうかん》(真身観)という。②源信の往生要集巻上末には、仏の一々の相好《そうごう》を分けておもいみるのを別相観、全体として相好光明をおもいみるのを総相観、略して白毫《びゃくごう》の相だけをおもいみたり、帰依して一心に仏の名をとなえておもうのを雑略観《ぞうりゃくかん》と名づけている。③仏も浄土も自己の心を離れて別にあるものではないという見解から、仏を心の中におもいみるとき理を顕わすことができるとする説を約心観仏という(宋の知礼の観経疏妙宗鈔巻四)。④観仏は仏を心の中におもいみるのであるが、口に仏身を見るのを見仏という。見仏は、観仏または口称念仏《くしょうねんぶつ》によって達せられる。ただし見仏には、自己の仏性を内観して悟ることの意味もある。

**かんぶつえ　灌仏会**　①釈尊の降誕日にあたる陰暦四月八日、誕生仏の像に灌水し、降誕を慶祝する会式。降誕会、仏生会、浴仏会などとも称し、俗に花まつりと呼ばれる。釈尊が降誕した時、香水でその体を洗浴したことに始まるといわれ、また生まれたばかりの釈尊の体に竜が天上から清浄な水を吐きそそいで産湯をつかわせたという伝説にちなむともいう。誕生仏の像は右手を挙げ左手を垂れ、仏降誕のとき「天上天下唯我独尊《てんじょうてんげゆいがどくそん》」と宣したという相を表わしている。またこの灌仏会のことを竜華会《りゅうげえ》と称することもあるが、将来の世に弥勒菩薩が兜率天《とそつてん》からこの世界に下生して竜華樹の下で悟りを開くと伝えられるから、この浴仏は弥勒に値《あ》うのを待つための法会であるという意味で名づけられたもの。古く西域などには四月八日に仏像を車に載せ、城中を巡行する儀式を主とした行事があった〈⇩行像《ぎょうぞう》〉。中国では後趙時代に灌仏会の行われたことが知られ、その後、唐・宋の時代に普及したという。唐の懐海禅師の「勅修百丈清規」報本章仏降誕条に浴仏偈として「我今灌沐諸如来、浄智荘厳功徳衆、五濁衆生令離垢、同誕如来浄法身」と見える。日本では推古天皇一四年606四月八日に行われた斎会が灌仏会の初めとされ、奈良時代には諸大寺などに普及、平安時代以降、寺院年中行事として一般化した。宮中でも修され、承和七年840四月八日清涼殿で修されている。江戸時代、最も盛んに行ったのは黄檗宗の寺院であったが、寺子屋の僧侶などの指導でも広く庶民の行事として浸透した。また遊行僧が略式の灌仏用具をもち、家々を廻って簡単な会式を行い寄付を乞うことも行われた。現在では花まつりと称して、誕生仏を安置した小堂を色々な花で飾り、誕生仏に甘茶をそそぐ行事として親しまれている。この花まつりに関わる庶民信仰では、甘茶を竹筒などにもらって帰り、この甘茶で墨をすって「昔より卯月八日は吉日よ神さけ虫を成敗ぞする」と紙片に書き、その紙片を逆さにして貼ると長虫が家に入らないなどという。なお、花まつりの行われる四月八日は、わが国では山の神を迎えると称して霊山に登って花を摘み家の庭に竿を立て、その上に摘んで来た花を飾って祭る習俗、またこの日は高い山の寺へ行って先祖供養する日で、地獄の釜の蓋の開く日との伝承、さらにはこの日を山開きとし、男は一五歳、女は一三歳のものが山登り、山遊びをして成年式・成女式をあげる日という伝承などがある。このようなことから、わが国の花まつりを仏教の灌仏会とこれら民俗との結合したものという解釈もある。②インドの諸寺では日常の行事として仏像を洗浴することが行われた。これは暑熱を避けるために僧が水浴するので、仏像にもおよぼしたものと思われる（義浄の南海寄帰伝巻四）。〔参考〕南海寄帰伝四、九条年中行事、年中行事秘抄など

灌仏会（「年中行事絵巻」別本、新修日本絵巻物全集24）

**かんぶつ-さんまいかい-きょう　観仏三昧海経**　一〇巻。観仏三昧経、観仏経ともいう。東晋の仏陀跋陀羅の訳。迦毘羅《かびら》城の尼拘楼陀《にくるだ》林で、仏陀が父閲頭檀《えつずだん》王（浄飯王）、姨母憍曇弥《きょうどんみ》らのために、観仏三昧に住すれば解脱できることを教えたもので、広く観仏念仏の功徳が説かれており、また行像、仏影などのことも記されている。別に開元釈教録闕本の部には鳩摩羅什訳の観仏三昧経一巻が記録されている。㊅一五

**かんぺん　寛遍**　（康和二1100—永万二1166）真言宗の僧。源師忠の子。寛蓮、寛助に密教を学び大和忍辱山《にんにくせん》で修行し忍辱山流を創した。東寺長者となり、のち仁和寺・円教寺の別当となった。〔参考〕本朝高僧伝五二

**かんぼう　看坊**　禅宗の用語。寺院の留守居、後見をする僧。住持でなくて住持の

職務をするものをいう。

**かん‐ほうほん‐ないでん　漢法本内伝**　五巻。法本内伝ともいう。撰者・成立年とも不詳。仏教が後漢の明帝代に伝来し道教と抗争したことを叙述したもの。破邪論によると明帝得夢求法品・請法師立寺功徳品・与諸道士比校度脱品・明帝大臣等称揚品・度通流布品の五品からなるというが、完本としては伝わらず、引用によってのみ知られる。法琳・道宣・智昇らは漢・魏時代の作というが事実としては認められない。翻訳名義集には、道士尹文操はこれを鳩摩羅什の門人の捏造というが、梁以後の作と考えられる。〔参考〕法苑珠林一八、広弘明集一、仏道論衡一

**カンボジア　柬埔寨　Cambodia**　インドシナ半島の南西隅に位置し、ヴェトナム・タイ・ラオスの三国にかこまれた地で、主としてクメール族が居住する。首都はプノンペン。この地に三世紀以来扶南国〈⇩扶南《ふなん》〉がおこり、六世紀中葉以降に真臘国〈⇩真臘《しんろう》〉がおこった。一一世紀から一二世紀にかけての、いわゆるアンコール時代最盛期にクメール王国の手によって造られた数多の建造物は遺跡として保存されている。⇩アンコール・ワット

**かんぼじゃ‐こく　甘菩遮国**　(梵)カンボージャ Kamboja の音写。剣汧沙・剣蒲とも書く。インド西北部に位置した国で、インド古代十六大国の一。都城はドヴァーラカー Dvārakā あるいはドヴァーラヴァティー Drāravatī（多門城）と称した。現在のインダス河の西部、アフガニスタン地方にあたると推定される。〈⇩十六大国《じゅうろくだいこく》〉〔参考〕長阿含経六

**かんぼだい‐じ　観菩提寺**　三重県伊賀市島ケ原。普門山と号し、真言宗豊山派。天平年間729—49聖武天皇が建てた行宮を、のち東大寺の実忠が改修したものと伝える。もと広国寺といい、東大寺の別院であった。俗に東大寺の二月堂、三月堂、四月堂の称に対して、正月堂という。〔重文〕本堂、楼門、木造十一面観音立像　〔参考〕三国地志

**かんぽつ‐ぼだいしん‐しゅう　勧発菩提心集**　三巻。唐の慧沼（649—714）の著。成立年不詳。諸経論の中から菩提心を讃歎する文章を集め、菩提心の勧発に資せんとした書。(大)四五〔註釈〕慧沼・勧発菩薩心集流紲記

**かんむ‐き　感夢記**　⇩夢記《きむ》①

**かん‐むりょうじゅ‐きょう　観無量寿経**　一巻。無量寿観経、十六観経とも称し、略して観経という。劉宋の畺良耶舎《きょうりょうやしゃ》の訳（元嘉年間424—53）。西方極楽浄土へ往生する方法を説く経。インドの摩掲陀《まがだ》（マガダ Magadha）国の太子阿闍世《あじゃせ》（アジャータシャトル Ajātaśatru）が父王頻婆娑羅《びんばしゃら》（ビンビサーラ Bimbisāra）を幽閉し、母后韋提希《いだいけ》（ヴァイデーヒー Vaidehī）をも殺害しようとした王舎城の悲劇を主題として、現世の苦悩を除いて極楽浄土へ往生する方法が　六種の観法にまとめて説かれる。この十六観により極楽世界の様相を心の対象として観想するが、はじめの十三観には浄土の具体的な荘厳、阿弥陀仏のすがたなどを想いうかべる観法を説き、後の三観には衆生がそれぞれの性質や能力に応じた修行により極楽に生まれるさまを説く。とりわけ、下品下生の衆生が南無阿弥陀仏を唱える称名念仏によって往生を遂げると説く点に大無量寿経との関連性が見られる。梵本もチベット訳も伝わらず、他の漢訳異本も現存せず、ウイグル語訳（漢文からの重訳）のみが知られている。成立事情は明らかでなく、インド外域・中央アジアでの成立とする説や中国での撰述とする説などがある。中国では禅観実修を説く観仏経典として盛んに講究され、浄影慧遠・天台智顗・嘉祥吉蔵などが註釈を著わし、天台智顗に仮託された疏も作られたが、中でも浄土教の善導は特色ある註釈をつくり、前の十三観（定善）よりも後の三観（散善）に格別の意義を認め、凡夫往生の称名念仏を説くことこそがこの経の根本精神であると強調した。この理解が日本の浄土教を中心として展開し、大無量寿経・阿弥陀経と並んでこの経を浄土三部経の一つに数えるに至った。この経の教説を図示したものを観経曼荼羅という。〈⇩観経疏《かんぎょうしょ》〉(大)一二、浄全、真宗聖教全書一〔註釈〕彗遠・義疏二巻、智顗・疏一巻、吉蔵・義疏一巻、善導・疏四巻、元照・義疏三巻など

**かんむりょうじゅきょう‐ぎしょ　観無**

**量寿経義疏** ①二巻。隋の浄影寺慧遠(523—92)の著。成立年不詳。観経浄影疏ともいう。観無量寿経は菩薩蔵、頓教であり、観仏三昧を宗とするもので、十六定善観察の実践を説くものであるとする。(大)三七 ②一巻。隋の吉蔵(549—623)の著。成立年不詳。観経吉蔵疏ともいう。無量寿経と観無量寿経は互いに明かしあうものであり、経の宗と体とは異ならないが、両経はいずれも不二を体とし因果を宗とするとし、大経が広く浄土を明かし略して因行を顕わすのに対して、観経は広く因行を論じ略して浄土を弁ずるものであるとする。とりわけ観経は浄土の因果を体とし、衆生を勧めて因を修し往生させるのを宗とすると解し、発菩提心十六種類の実践を説く。(大)三七

**かんむりょうじゅぶつきょうしょ 観無量寿仏経疏** ①一巻。隋の智顗(538—97)の説というが偽作。成立年不詳。観経天台疏ともいう。観経は心観を宗とし、実相を体とするもので、十六観は諸法実相の理に達する観法であるとする。唐の湛然(八世紀)以前に天台宗の人が浄影疏の要文を転用して製作したものという。天台疏の註釈には、湛然の弟子法聡の釈観無量寿仏経記一巻((続)一・三二・四)、北宋の知礼の観経疏妙宗鈔六巻((大)三七)があり、後者では第九真身観を理観、他の十五観を事観とし、約心観仏の説を立てる。(大)三七 ②四巻。唐の善導(613—81)の著。成立年不詳。玄義分・序分義・定善義・散善義の四帖から成るので観経四帖疏《しじょうのしょ》ともいい、古今の解釈の誤謬をただしたものであるから楷定疏《かいじょうしょ》、聖僧の証明を請うて治定したものであるから証定疏《しょうじょうしょ》ともいう。その内容には、従来の諸師の解釈と異なる点が多く、諸師が観経は観仏三昧を宗とすると解したのに対して、念仏三昧と観仏三昧との両宗を立てて往生浄土を経の体とし、諸師が十六観を定善、三福を散善と解したのに対して前十三観を定善、後三観を散善として、定善は韋提の致請《ちしょう》、散善は仏の自説とし、諸師が弥陀の身土を応身応土としたのに対して報身報土とするなど、独自の見解を示している。本疏は日本には奈良時代にすでに伝わり、平安時代には源信・永観・珍海・良遍らの著作に引用されているが、源空が散善義の「一心専念」の文に基づいて浄土宗を開き、「偏依善導一師」を標榜してからその門流の各派で根本聖典の一として尊重され、証空は観門要義鈔(善導の五部九巻の註釈書で、全四三巻のうち四帖疏の部分は二一巻)、観経疏他筆鈔(二〇巻)、観経秘決集(二〇巻)を、弁長の弟子良忠は観経疏伝通記(一五巻)を著わしている。その他各派の末註は多いが、浄土宗西山派の顕意が著わした観経疏楷定記三六巻は、伝通記と並んで古来本疏研究者の必読書とされている。(大)三七、浄全二、真宗聖教全書一 ③三巻。北宋の元照の著。成立年不詳。観経元照疏、新疏という。天台宗の立場に立ちながら、善導の観経疏を参照して観無量寿経を註釈した書。(大)三七

**かんもん 観門** ⇩行門《ぎょうもん》

**がんもん 願文** ねがいの趣旨を述べた文章。寺や塔を建てたり、経や像を造ったり、或いは法会《ほうえ》を行うときに、施主の願意をのべたもの。願状、祈願文などともいう。また偈文などで簡略に願意を述べたものを呪願文《じゅがんもん》という。

**かんもんようぎしょう 観門要義鈔** 四三巻。観経要義釈観門義鈔とも、自筆鈔、観門義ともいう。証空の著(建保元1213—嘉禄二1226)。善導の五部九巻の註釈書。行門・観門・弘願の語を用いて浄土宗西山派の教義の綱格を示す。証空の主著であり、和文で書かれたのを寛文年間1661—73空寛が漢文に改めた。仏全五五・五六、西山全書三・四〔刊本〕寛文一一刊

**かんり 観理** (寛平六894—天延二974)奈良の人。俗姓は平氏。興福寺で唯識・三論・密教を学び、醍醐寺座主となる。応和二年962清涼殿で無量義経を講じ、延暦寺の余慶と対論した。著書、唯識章、三論方言義、諸経論指事文集など。〔参考〕本朝高僧伝九

**がんりき 願力** 本願のはたらき。本願力、大願業力、宿願力などともいう。浄土教で阿弥陀仏の救済力をいう。真宗で願力廻向というのは、衆生が浄土に生まれる因も、浄土で得られる果報も、すべて仏からさしむけられたものとするからである。そ

のはたらきが思慮をこえたものであるのを願力不思議、そのはたらきがおのずからはたらくものであることを願力自然《がんりきじねん》、そのはたらきによってできた浄土を願力成就の浄土という。浄土宗西山派では衆生の自力、釈迦の仏力に対して、弥陀の力を特に願力という。⇩自力《じりき》〔他力〕〔仏力〕〔願力〕

**かんりゅう-じ　観竜寺**　韓国慶尚南道昌楽郡昌楽面の火曜山中にある。創建年代不詳。李朝宣祖四一年1607霊雲が大雄殿を再建、光海君・仁祖・顕宗時代に諸堂が完成した。今なお一部に李朝初期の仏寺の建築様式を遺している。

**がんりゅう-じ　願隆寺**　滋賀県甲賀市水口町松尾。松尾山松林院と号し、天台宗。延暦五年786最澄が当郡高塚に創建したという。のち兵火にあって荒廃、正和三年1314円爾弁円の法嗣無才智翁が再興し、法蓮寺と称した。のち再び焼亡、明暦三年1657盛賢が現地に移し再興した。〔重文〕木造阿弥陀如来坐像、同日光月光菩薩立像　〔参考〕近江輿地志略五一、甲賀郡誌

**かんりん　寒林**　⇩戸陀林《しだりん》

**かんりん-いほう　寒林貽宝**　一巻。白隠慧鶴(1685―1768)の著。白隠が参究時代に、定慧を助ける古人の語句として、七仏通戒偈・慈受深禅師小参などの一八篇並びに付刻四篇をとり、それを採録して座右に備えたもの。その法嗣東嶺円慈が明和六年1769梓行した。〔写本〕国立国会図書館蔵〔刊本〕明和六刊、明治四二1909刊(明和本と相違あり)

**かんりん-ごほう-しゅう　翰林五鳳集**　六四巻。漢詩文集。以心崇伝らの編(元和九1623)。後水尾天皇の命により、義堂・絶海・策彦・村庵・虎関・天隠・横川・惟肖など五山の詩僧数十名の詩偈を集録し、崇伝の序と剛外令柔の跋を付す。全巻を春・試筆・夏・秋・冬・招寄分・雑和韵・和韵・送行・雑乾坤門・雑人倫・雑気形門・雑生植・雑食器・離器財・画図・扇面・本朝名医・本朝人名・道号・支那人名・孝純・恋・錯雑・旅泊・感懐・祝讃の二七部門に分けている。仏全一四四―一四六

**かんりん-ころ-しゅう　翰林葫蘆集**　一七巻。漢詩文集。景徐周麟の編(永享一二1440―永正一五1518)。等持院・鹿苑寺・相国寺に歴住した編者の語要詩偈などを集めたもの。〔刊本〕五山文学全集四(上堂二巻、秉払一巻を除いた一四巻本)、続群一二下(一四巻本の第三巻詩部を宣竹残稿として所収)

**かんれいす　関棙子**　関棙子とも書く。関門の鍵、即ち閂《かんぬき》のことで、禅宗で、さとりのかなめ、おくそこを表す語。

**かんれんくんじゅ　観練熏修**　観禅・練禅・熏禅・修禅の総称。禅(心が統一されて平静な状態)を世間禅・出世間禅・出世間上上禅の三種に分けるうち、出世間禅における禅向上の四階程。観禅とは対象を明確に観照する禅、練禅とは前の観禅の境地を鍛練し浄化してゆく禅、熏禅とはさらに前の境地を熏熟させて自在の境地を拓く禅、修禅とは前の境地を最高度に修治して功徳を増長させる禅で、出世間禅の最上位であるから頂禅とも称される(法華玄義巻四上)。

**かんろく　観勒**　生没年不詳。大和法興寺の僧。百済の人。推古天皇一〇年602一〇月来朝し、天文・地理・方術・遁甲の書冊を貢献した。同三二年寺院僧尼を取り締まるため、はじめて僧官三職(僧正・僧都・法頭)をおいた時、最初の僧正に任じられた。〔参考〕日本書紀二二、元亨釈書一六、本朝高僧伝一

**かんろぼん-おう　甘露飯王**　甘露飯は(梵)アムリトーダナ Amṛtodana(巴)アミトーダナ Amitodana の訳。阿弥都檀那と音写する。釈迦族の師子頬《ししきょう》(シーハハヌ Siṃhahanu)王の五男二女の中の四男で、仏陀の父である浄飯《じょうぼん》(スッドーダナ Suddhodana)王の弟にあたる。阿難(アーナンダ Ānanda)および提婆達多(デーヴァダッタ Devadatta)の二子の父とされるが、阿那律《あなりつ》(アヌルッダ Anuruddha)および摩訶那摩《まかなま》(マハーナーマ Mahānāma)の父とする経典もあり、親子関係は一定しない。〔参考〕Mahāvaṃsa II, 仏本行集経五、衆許摩訶帝経二、十二遊経、大智度論三

**かんろみ-ろん　甘露味論**　二巻。詳しくは阿毘曇甘露味論という。瞿沙(ゴーシャカ Ghoṣaka)の造。訳者不詳。三国魏代(220―65)の訳。簡明に説一切有部の教説を説く。シャストリ S. Shastri は本論の梵文還元を試みている。㊅二八、国一論集部二

# き

**き　記**　①しるし。標識。②記莂《きべつ》（記別とも書く）の略。㊵ヴィヤーカラナ vyākaraṇa の訳。一々分別して記すという意味で、修行中の弟子に対して未来における証果の内容を一々区別して予言することを記莂といい、記莂を与えることを授記、受けることを受記という。③記録、記述。将来のことを懸《はるか》に説き記すことを懸記《けんき》、未来記、讖記《しんき》という。④経論の註釈書。

**き　鬼**　㊵プレータ preta の訳。①逝ける者すなわち死者の意。五道、六道の一で、普通に餓鬼という。これを弊鬼・餓鬼あるいは有威徳鬼・無威徳鬼、あるいは多財餓鬼・少財餓鬼・無財餓鬼などに分類し、その本来の住所は閻魔王界《えんまおうかい》とする。〈⇩餓鬼《がき》〉②鬼はもと中国で死者の霊魂を指した語で、「おに」とも読む。この場合は地獄の獄卒のこと、或いは「もののけ」など妖怪一般のこと、或いは、精霊崇拝において樹木などに宿るとされる毘舎闍《びしゃじゃ》（㊵ピシャーチャ piśāca）などをもいう。

**き　器**　根器ともいう。法を受けて保ち得る者。仏法を受容し信受し得る者を法器、戒を受けこれを守るに堪える者を戒器という。またこのように教法或いは戒を受けるに堪えない者を非器と名づける。非器に五類がある。⑴よこしまな思想におちいり信のない者。⑵真理にそむき名誉利益を求める者。⑶文句にこだわってまことの道に背く者。⑷陋劣な者。⑸かりのてだてにとどまって真実義を知らない者。これらを五人非器という。そして法を説き戒を授けるに当たって、これらの非器をえらびのぞくことを簡器《けんき》という。

**き　機**　縁に遇えば発動する可能性を持つものの意。仏の教法を受け、その教化をこうむるものの素質能力。また教化の対象となる衆生。これを法または教と連称して機法、機教という。法華玄義巻六上には、機の語義に、⑴微（仏の教化によって発動する微かな善を内にもっている）。⑵関（仏が衆生の素質能力に応じてなす教化、即ち仏の応と相関関係にある）、⑶宜（仏の教化に宜しくかなう）の三義を挙げる。機は必ず何らかの根性《こんじょう》（根本となる性質、資質）を持つから機根或いは根機といわれ、その種類は千差万別である。機類（機品《きほん》）は種々な立場から分けられるが、例えば、㈠善法を修めようとする善機と悪法を修めようとする悪機、㈡素質能力の高下、利鈍による上機・中機・下機（この三機をさらに上中下に分けて九品之機《くほんのき》ともする）、㈢大乗を信じる大機と小乗を信じる小機、㈣たちどころに悟る頓機《とんき》と階程を経て漸次に悟る漸機《ぜんき》、㈤直ちに真実の教えを受ける直入《じきにゅう》の機（直行《じきぎょう》または直進の機）とまず方便《ほうべん》の教えを受けて後に真実の教えを受ける迂廻《うえ》の機、㈥現在世の善業のためではなくて過去世に修めた善根《ぜんごん》の力をかりている冥機《みょうき》と現在世に身にも口にもつとめて善をなす顕機、㈦その教えによって悟らせる真の対象としての正機《しょうき》（正所被《しょうしょび》の機）と付随的に利益を受ける傍機《ぼうき》、㈧仏が教えを説くにあたり、その教えを受けるべき相手が実在しないために、聖者が仮に受け手として現われている権機《ごんき》と、その教えを受けるべき実在の相手である実機などがある。各宗で、その教義に基づいて種々に機をわけるが、天台宗では、小乗の機の中、鹿野苑の阿含《あごん》の説法に最初から列席し、順次にその後の高級な教えを受けてゆく竪入《じゅにゅう》の機に対して、高級な説法の席に臨時に中途から列なったものを横来の機〈⇩横《おう》竪〉といい、この横来新受の小機をも洩らさず教化するために、例えば方等時の説法などでは高い大乗の教えに小乗の教えを混説するとする。真言宗では、顕教を受ける機と密教を受ける機とに二大別し、密教の機の中には結縁灌頂《けちえんかんじょう》を受けるのみで未だ法のように修行しないもの、即ち結縁の傍機と、正しく密教を受けて法のように修行する正所被の機とを分ける。さらに正所被の機の中でもまた、小機(有相劣慧《うそうれつえ》の機)と大機(無相勝慧の機)とがあって、小機の中には顕教から密教に入る迂廻《うえ》の機と直ちに密教に入る直往《じきおう》の機があり、大機の中にも発心修行から証得までに段階を経るか否かによって、修行分証の機と地前地上共分証の機と即到の機との三があるとされる。以上の密教の機は細別すれば六種であるが、これに総称の三種(正所被・小機・大機)を加えてこれを秘密の九機という。浄土教では、観無量寿経の説によって定機《じようき》(定善の機)と散機(散善の機)とをわけ、散機について廃立《はいりゆう》・助正《じよしよう》・傍正《ぼうしよう》の三種を立て、諸行を廃してひたすら念仏一行を修める廃立の機を正機とする。なお真宗では第十八・第十九・第二十の三願に配して正定聚・邪定聚・不定聚の三機を立て、また悪人正機(悪人こそが浄土教の真の対象である)の説を立てる。日蓮宗では、機に直機と雑機とをわけて、純粋に法華一乗をうける機を直機とし、これに順逆二縁をわけて、中でも逆縁謗法の人をまさしく本門成仏の対機であるとする。なお雑機には、在世の八機(化儀四教の機と化法四教の機)と滅後の三機(正・像・末の三時の機)があるとする。三階教では時と処と人との上から機に三階の別があり、第三階の機とは、仏滅一千年以後の穢土に生存する、善悪邪正ともに邪である不解脱の衆生であって、そのうちでも利根のものと鈍根のものとの二類があるが、後者はこれを生盲《しようもう》の衆生といい、普法をうけるべき相手であるとする。仏が機類に応じて教えを説くのを対機説法、教えが機に逗《かな》うのを逗機《とうき》といい、機が教えを説くための縁になるのを機縁という。教えを機が感受する機感と仏が機に応じる仏応とを感応《かんのう》といい、機と応とを併称して機応という。仏が時に応じ機に当たって適宜に衆生を教化して利益《りやく》するのを当機益物《とうきやくもつ》といい、天台宗ではこの語を五時のうちで法華以前の四時に衆生の機根をととのえ熟させて円教を受けられるようにすることの意とする。なお禅宗では機の語を指導者である師家《けし》の心のはたらきの意とする。即ち、機は言語思慮の及ばぬものであって、それが外に動いて指導を受ける学人《がくにん》に施されるとする。そして師家の機と学人の心とがぴったり合うのを投機という。

**ぎ　義**　㋵アルタ artha の訳。(1)意味、わけ、(2)道理、(3)意義、価値、利益などの意味がある。(3)の意味で義利という語もある。(2)の意味で、正しい伝統の道理を正義《しようぎ》といい、そうでないものを不正義、邪義、異義という。究極の道理を完全明了に示しているものを了義といい、そうでないものを不了義(未了義)という。この了義・不了義を合わせて二義という。義相とは、立てた義理のすがた、或いは義理と相状の意。義路とは、道理のすじみちである。

**ぎ　愧**　⇩慚《ざん》

**ぎ　疑**　㋵ヴィチキトサー vicikitsā の訳。心所《しんじよ》(心のはたらき)の一。仏教の真理に対して心がためらい決定しないこと。信に相対する。倶舎宗《くしやしゆう》では不定地法の一。唯識宗では六根本煩悩の一。なお広義では、一般に煩悩《ぼんのう》でない疑いをも含める。うたがいの気持がいりみだれて決定しないことを網にたとえて疑網《ぎもう》という。自らを疑い、師を疑い、法を疑うのを三疑という。

**ぎあん　儀晏**　(乾符三876—淳化元990) 五代・北宋初の禅僧。姓は許氏。諡号は開明禅師。呉興(浙江省呉興県)の人。天皇系五世の鏡清道怤《きようしようどうふ》の法を嗣ぎ、衢州《くしゆう》(同省衢県)烏巨山《うこざん》に住した。神異の言行が多く、禅定の達者として知られ、呉越王銭俶《せんしゆく》や北宋の太宗の帰依を受けた。㊜五灯会元八

**ぎいん　義尹**　(建保五1217—正安二1300) 曹洞宗寒巌派(法皇派)の祖。後鳥羽天皇の皇子とも、順徳天皇の皇子とも伝える。字は寒巌。法皇長老と称する。道元、義介らに参じ、建長五年1253および文永元年1264の二度入宋求法し、帰国後、肥後小保里如来寺、同川尻大慈寺の開山となり、弘安元年1278川尻で緑川に橋を架けた。大慈寺は亀山法皇より官寺とされた。㊜寒巌禅師略伝、延宝伝灯録七、本朝高僧伝二〇

**ぎいん　義淵**　(—神亀五728) 奈良時代の法相宗の僧。「ぎえん」とも読む。大和高市郡の人。俗姓は市往《いちき》氏または阿刀《とあ》

氏。子のない父母が観音に祈願して得た子で、天智天皇が岡本宮で育てたと伝える。元興寺の智鳳より唯識の学を受け、法相の教学に通じた。大宝三年703僧正に任じられ、神亀四年詔によりその兄弟に岡連の姓を賜った。竜門寺・竜蓋寺などの五箇竜寺を建立し、また玄昉・行基・良弁・道慈・道鏡などは彼の教えを受けたと伝える。〔参考〕続日本紀、扶桑略記、元亨釈書二、本朝高僧伝四

**きう　祈雨**　旱魃の時、修法によって降雨を乞うこと。雨乞い、請雨《しょうう》ともいう。密教で、大雲輪請雨経・大孔雀呪王経などに基づいて雨を祈る修法を請雨法、祈雨法、雨乞法という。請雨経による修法は請雨経法と称され、請雨経曼荼羅《まんだら》が用いられる。ちなみに、霖雨、大雨、暴風雨を止めるために修める行法を止雨法または止風雨法といい、金剛光焰止風雨陀羅尼経・不動使者陀羅尼秘密法などに説かれる。

**きうん　希運**　（　―大中一〇856?）唐代末期の禅僧。諡号は断際禅師。黄檗希運ともいう。臨済義玄の師。福州閩県《びんけん》(福建省閩侯県)の人。百丈懐海《ひゃくじょうえかい》の法を嗣ぎ、洪州(江西省南昌県)黄檗山を創した。刺史裴休《はいきゅう》の帰依を受け、沙弥となっていた宣宗とも交わった。著書には、伝心法要、宛陵録、黄檗語録各一巻がある。〔参考〕祖堂集一六、宋高僧伝二〇、景徳伝灯録九、広灯録八

**ぎうん　義雲**　(建長五1253―正慶二1333)　曹洞宗の僧。永平寺第五世。京都の人。二四歳で薦福寺寂円に参じ正安元年1299宝慶寺に住し、正和三年1314永平寺に入って、同寺の復興につとめた。嘉暦四年1329正法眼蔵を編集した(六〇巻本、宗吾本という)。著書、義雲和尚語録二巻(空寂編)。〔参考〕本朝高僧伝二五

**きえ　帰依**　仏・法・僧に信をささげ、身をゆだね、よりたのむこと。これを三帰(依)という。

**ぎえん　義演**　①(　―正和三1314)　曹洞宗の僧。永平寺第四世。懐鑑、道元らに参じ、晩年は報恩寺に隠居した。〔参考〕日本洞上聯灯録一　②(永禄元1558―寛永三1626)真言宗醍醐寺第八〇代座主。父は関白二条晴良、母は貞敦親王の女。将軍足利義昭の猶子となる。報恩院雅厳の弟子。天正四年1576根来寺座主となり、次いで醍醐寺座主、大僧正、東寺長者を歴任し准三后の宣下を受けた。特に豊臣秀吉の帰敬を受け、慶長三年1598醍醐寺金剛輪院(現三宝院)など醍醐寺の諸堂を復興した。秀吉以下諸大名を招いての観桜は有名。著書、義演准后日記など六二篇のほか、醍醐寺新要録、五八代記を編した。〔参考〕諸門跡譜

**ぎおん-え　祇園会**　祇園祭、祇園御霊会、天王祭等ともいう。京都市東山区祇園町の八坂神社で行われる牛頭天王《ごずてんのう》の祭会。もと円融天皇の時、祇園感神院で行われたもので、祭神は牛頭天王(祇園精舎の守護神、明治維新後スサノオノミコトとする)で疫病除けの神とされる。古くは仏式を用いており、貞観一一年869疫病の流行の時、国数に応じる六六の鉾《ほこ》をたてて祭ったのに始まったという。天禄元年970以後恒例となった。室町時代には踊鉾・鷺踊などが加わり、日本三大祭に数えられ、明治維新後、感神院を八坂神社と改称したとき、儀式は神式となり、祭日も六月一四日を官祭とし、七月一七日・二四日を私祭と定めるようになった。〔参考〕百練抄四、祇園社古文書

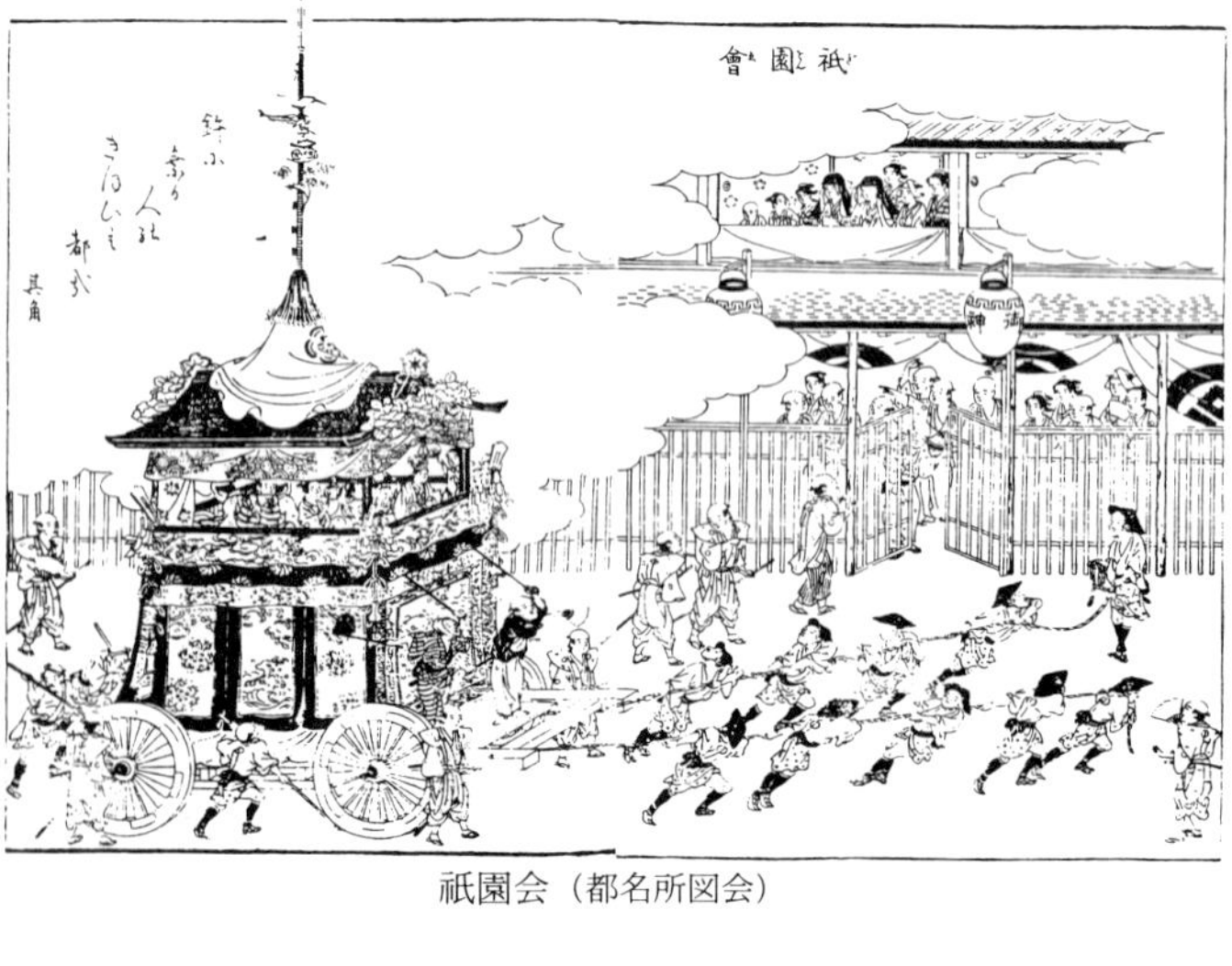

祇園会（都名所図会）

**ぎおん-かんしん-いん　祇園感神院**　京都市東山区祇園町。明治の神仏分離で仏寺的なものは一切取り除かれ、今は八坂神社と称する。草創については諸説があって明確でないが、斉明天皇二年656新羅牛頭山の牛頭天王《ごずてんのう》を祭ったのに始まるといい、播磨の広峰に祭ったのを元慶年間877—85の初め藤原基経が移座したとも、貞観一八年876円如が祭って観慶寺と称したともいう。承平五年935定額寺に列せられた。古来、疫病除けの神とされ、天禄元年970以後毎年、御霊会《ごりょうえ》を行ったといい、これが今の祇園祭となった。朝野の崇敬が篤く、初め奈良興福寺の所管であったが、のち延暦寺の別院として勢を振るい、祇園社、祇園天神堂などの名で呼ばれ、叡山僧徒は強訴に当たってここへ日吉の神輿をしばしば運んだ。たびたび火災にかかりその都度再興された。〔重文〕八坂神社楼門、同本殿、同石鳥居、同末社蛭子社社殿、木造狛犬、紙本著色祇園社絵図（隆円筆）、紙本墨書祇園社務家日記〔参考〕八坂神社記録、同文書、祇園執行日記、雍州府志二、山城名勝志一四

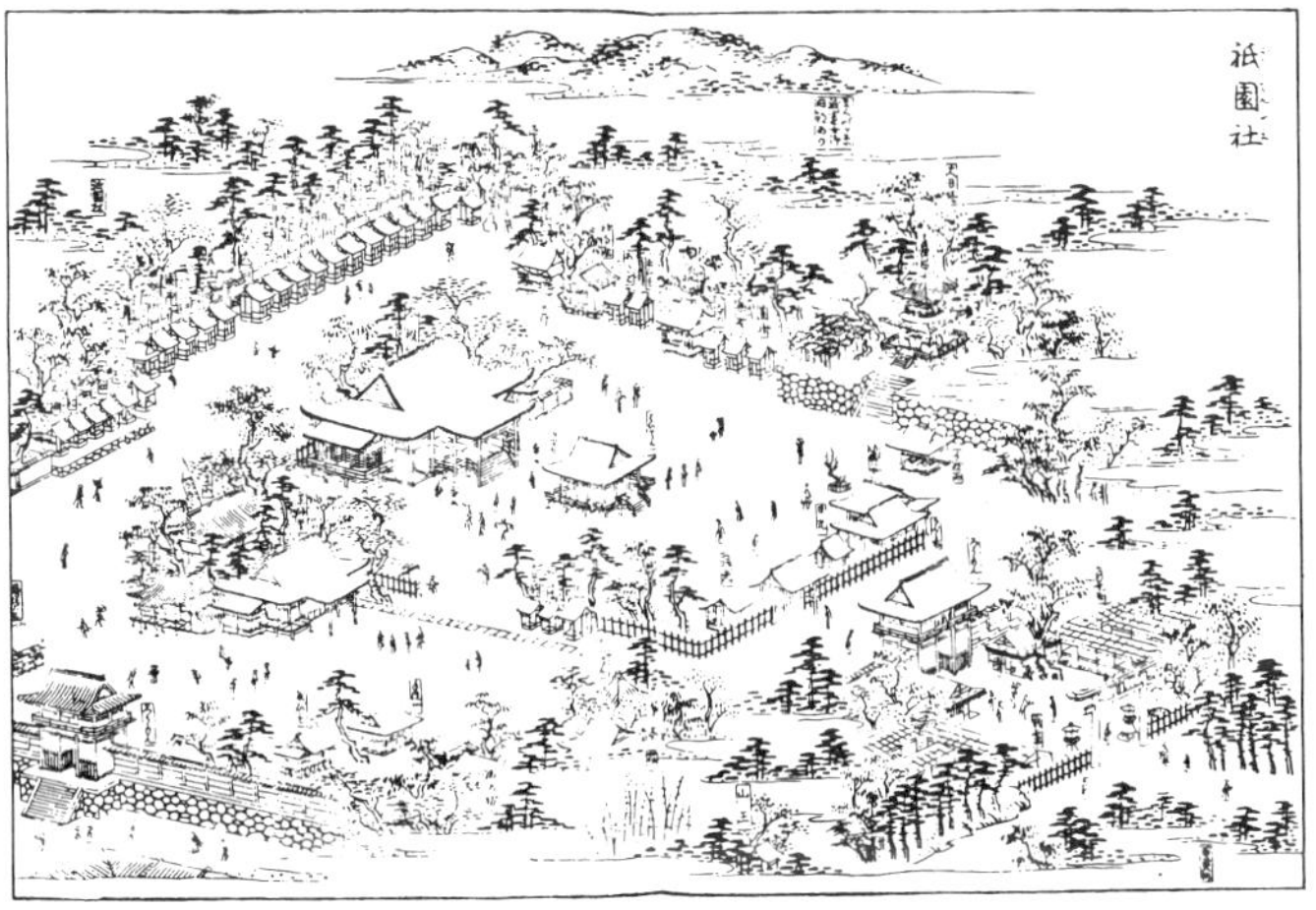

祇園社（都名所図会）

**ぎおん-じ　枳園寺**　中国の建康（江蘇省江寧府）にあった寺。劉宋の武帝（420—22在位）が智厳のために建立、南斉の武帝（482—93在位）のころ法楷が住し、同じく永明七年489武帝は枳園寺塔を起こした。明代には既に荒廃していた。

**ぎおん-じ　祇園寺**　①中国の建康（江蘇省江寧府）にあった寺。劉宋の永初元年420車騎范泰が慧義のために創建したという。元嘉年間424—53には求那跋摩《ぐなばつま》・曇摩蜜多《どんまみった》らが滞在して訳経や講経を行ったが、のち廃絶した。②茨城県水戸市八幡町。曹洞宗。寿昌山と号する。もと岱宗山天徳寺といったが、元禄五年1692明の心越興儔《こうちゅう》が徳川光圀の請によって開堂し、正徳二年1712寿昌山祇園寺と改め、寿昌派の本山として栄えた。ちなみに心越は中国杭州皐亭山の闊堂大文に嗣法し、寿昌派五世となった人で、延宝五年1677来朝し、同派は彼によって初めてわが国に伝えられた。安政五年1858焼亡、のち現宗に属して現在に至る。その建築様式は明朝風を伝える。〔参考〕日本洞上聯灯録拾遺　③⇩祇園感神院《ぎおんかんしんいん》

**ぎおん-しょうじゃ　祇園精舎**　⇩祇樹給孤独園《ぎじゅぎっこどくおん》

**きかい　喜海**　（承安四1174—建長二1250）明恵の弟子。義林房と号する。華厳に通じ、紀伊在田の歓喜寺（現和歌山県有田郡金屋町）を創建した。著書、善財五十五善知識行位抄二巻、明恵上人行状二巻、花厳祖師伝二巻、三生成道料簡一巻、五教章名目一巻、花厳宗名目三巻など。〔参考〕本朝高僧伝一四、高山寺代々記、高山寺資料叢書一

**ぎかい　義介**　（承久元1219—延慶二1309）曹洞宗の僧。越前足羽郡の人。字は徹通。一三歳で越前波著寺の懐鑑について得度し叡山で受戒。仁治二年1241懐鑑らと共に興聖寺の道元に参禅し、道元没後は懐奘に随侍した。五山禅林を順観し正元元年1259には入宋し四年にして帰朝。文永四年1267永平寺第三世となるが五年で退院。懐奘没後、再び住持となるが義演らとの紛争のため弘安一〇年1287退寺し、澄海阿闍梨・富樫家尚の招きで加賀大乗寺に入り、ここを拠点に活動した。〔参考〕永平寺三祖行業記（続群九上）、延宝伝灯録七、本朝高僧伝二一

**ぎかい　義海**　（　—宝暦五1755）浄土宗の僧。空誉と号する。増上寺に学び、岩付（岩槻）浄国寺、ついで大光院に住した。著書、蓮宗禦寇編二巻、仏像幖幟義箋註三巻、同図説二巻、無量寿経義疏選要記二巻、観経通衡記三巻、蕉窓漫筆三巻など。〔参考〕浄源脈譜、蓮門類聚経籍録、檀林岩付浄国寺誌

**ぎかい　義懐**　（淳化四993—治平元1064）北宋代中期の禅僧。姓は陳氏。天衣《てんね》といい、振宗大師と諡する。温州楽清（浙江省楽清県）の人。雲門系四世の重顕《じゅうけん》の法を嗣ぎ、越州（同省紹興県）天衣寺その他に住した。生没年に異説がある。〔参考〕続灯録五、僧宝伝一一、祖庭事苑五

**ぎがく　義学**　理論的な学問。解学《げがく》ともいう。倶舎・唯識の学問のように、法相の名目や数量を分析したり、修行における因果階位の組織を詳細に規定したり、文字章句の解釈をしたりすること。教理理論に関する学問をいう。行証を主とする行学《ぎょうがく》に対し、ただ智解を増すにとどまるものを指す。

**きがん　祈願**　祈念ともいう。自己の願いごとをなしとげるために、神仏に祈り求めること。この願いの内容を書きあらわしたものを願文《がんもん》または祈願文といい、そのために建立された寺院を祈願寺または祈願所という。⇩祈願所《きがんしょ》

**きがん-しょ　祈願所**　現世の幸福を祈るために設けた寺で、祈願寺ともいう。後世《ごせ》の菩提を弔う菩提所、菩提寺に対する。もと玉体安穏・天下太平を祈る官寺を指したが、鎌倉時代以後、将軍や領主が武運長久・家門繁栄を祈る祈願所（祈禱所）を設けるようになったので、朝廷では大寺を御祈願所に指定して、勅願所、勅願寺と称した。江戸時代には諸国の領主が領内ならびに江戸に祈願寺と菩提寺を置くのを例とした。⇩御願寺《ごがんじ》

**きかん-しょうしん　起観生信**　世親の浄土論の説。浄土のうるわしい風光をこころに想いうかべて観ることによって信心を生じること。

**きき　窺基**　（唐の貞観六632—永淳元682）法相宗の第一祖。慈恩大師と称し、基、大乗基、霊基などともいう。姓は尉遅《うっち》氏で、もとは于闐《うてん》国の出身と考えられる。字は洪道。京兆長安の人。父は左金吾将軍尉遅敬徳。一七歳で玄奘《げんじょう》の弟子となった。二三歳で大僧に選ばれ大慈恩寺に入り、玄奘より五天竺の語を学び、二五歳で詔によって玄奘の訳経に参与し、成唯識論などを訳出して法相宗の基礎をつくった。玄奘の信任がことに厚く、唯識・因明の学を承け、比する者がなかったという。のち五台山・太行山などに遊び、しばしば道宣と交友し、兜率往生を願っていた。大慈恩寺翻経院で没する。著書、説無垢称経疏六巻、成唯識論述記二巻、同枢要四巻、瑜伽論略纂一六巻、大乗法苑義林章一四巻、法華経玄賛二〇巻、異部宗輪論述記一巻など。〔参考〕唯識枢要上、大慈恩寺三蔵法師伝一〇、玄奘三蔵師資伝叢書下、宋高僧伝四

窺基（仏祖道影）

**ぎき　儀軌**　密教において仏菩薩《ぼさつ》を供養し、念じる儀式規則など。またこれらを記した書物。

**ききつ-やくど-しゅう　枳橘易土集**　二六巻（付録とも三一巻）。恵晃の著。仏典の梵語を詳解した辞典。五十音順に配列し、別に一五部に分けた部類目類を作って索引に便利にしている。諸家の音義を参酌しており、経論章疏からの引用は精細である。梵学律梁（慈雲尊者全集九）、梵語字典（明治三八1905改題して刊行）

**ききょう　帰敬**　帰依し敬うこと。経典や註釈書のはじめにあって仏・菩薩に帰依し敬う意味を述べたことばを帰敬序、帰敬文、帰敬偈などという。ちなみに真宗では、在家の信者の入門式のことを帰敬式（おかみそり）というが、その他の宗派では、入信

帰依の儀式としては三帰五戒を授け、これを授戒という。その時、受戒した者に戒名《かいみょう》が付けられる。

**ききょう　起行**　⇩安心起行作業《あんじんきぎょうさごう》

**ぎきょう　義教**　（元禄七1694—明和五1768）浄土真宗本願寺派の五代能化。越中射水郡氷見村円満寺の住持。同国西光寺安貞に宗学を学ぶ。真言宗・日蓮宗の真宗批判に対し、強く反論した。著書、願文謹解四巻、観経教演記四巻、浄土真宗諭客編一巻、輪駁行蔵録五巻など。〔参考〕清流紀談

**ききょう-そうおう　機教相応**　教えと、その教えをうけて道をおさめるもの（機）の力とが、適当してつりあっていること。中国・日本で末法思想がさかんになるにつれて強調された。機法相応、時教相応などともいう。

**ぎくう　義空**　①生没年不詳。唐代中期の禅僧。馬祖《そば》下の塩官斉安《えんかんさいあん》の法を嗣ぎ、大中三年849、嵯峨天皇の皇后に招かれて来朝し、京都の東寺、および檀林寺に初めて南宗禅を伝え、数年後に帰国した。〔参考〕元亨釈書六、夢窓年譜附録　②（承安二1172—仁治二1241）京都大報恩寺（真言宗智山派）の開山。出羽の人。求法と号する。鎌倉の月輪法師につかえ、比叡山に登って澄憲に師事した。建保年間1213—19の初め、洛北の千本に庵をむすび、承久三年1221大報恩寺（千本釈迦堂）を創建した。釈迦および十大弟子像を安置し、台・密・三論の三宗を弘めた。〔参考〕本朝高僧伝六五

**ぎげ　義解**　①意義を解釈すること。また意義を解釈したもの。②意義または義旨を了解すること。

**ぎげい-てん　伎芸天**　大自在天の髪際より化生《けしょう》した天女で大自在天女、摩醯首羅《まけいしゅら》頂生天女ともいう。顔容端正、天衣をまとい天花を捧げる。伎芸第一でこの名があり、福徳技能を求めるために特に技芸に従うものが崇拝する。彫像では秋篠寺の乾漆・木造彩色の像をこれにあてる説もある。〔参考〕図像抄九、伎芸天女念誦法

伎芸天（別尊雑記）

**きけん　寄顕**　寄斉、寄在、寄説ともいう。直ちにある意味を顕わさないで他のことに寄せてその意味を解説し顕示すること。多く華厳宗でいい、別教一乗の位の順序を終教〈⇩五教《ごきょう》〉に寄せて浅深差別をあらわすなどが、その例であるが、このように特に位に寄せて顕示する場合にはこれを寄位という。

**きげん　帰元**　帰化、帰真、帰寂、帰本ともいう。生死《しょうじ》の境地を出て真寂の本元即ち涅槃《ねはん》の悟りの世界に還り帰するという意味で、もとは覚った人の死を指したのであるが、後には一般人の死、特に僧侶の死をいう。帰寂日《きじゃくにち》はとくに仏陀入滅の日をいう。

**ぎげん　義玄**　（　—咸通七866?）唐代末期の禅僧。臨済宗の祖。姓は邢《けい》氏。慧照禅師と諡する。曹州南華（山東省単県西北）の人。はじめ律や華厳などを学んだ。江西の黄檗山で希運《きうん》の法を嗣ぎ、武宗の排仏で河北に帰り、大中八年854鎮州（河北省正定県）臨済院に住した。特に棒喝で弟子を教え、臨済将軍といわれる。語録一巻がある。没年には異説がある。〔参考〕臨済慧照禅師塔記（全唐文九二〇）、祖堂集一九、宋高僧伝一二、景徳伝灯録一二、広灯録一〇・一一

義玄（仏祖道影）

**きけん-きょう　起顕竟**　日蓮宗の用語。起顕終ともいい、起こり、顕われ、竟《おわ》る

の意。釈迦牟尼仏が法華経において本化の法門（久遠の昔に実に成仏した本質としての仏陀の教化を表わす教え）を説いて上行菩薩《じょうぎょうぼさつ》などに別付属をした経緯をいう。即ち法華経における本化の法門は宝塔品の文に起因し、寿量品において顕説され、神力品において上行菩薩などに付嘱して仏出世の大事ここに竟ると為す、と見ることを要約して言った語である。

**きげん-じ　帰元寺**　中国湖北省漢陽県城の西にある。清の順治年間1644—61僧白光が創建し、太平興国寺・観音泉寺と並んで三大寺の一つとされた。太平天国の乱で焼失したが、のち再建し、五百羅漢堂・蔵経楼などがあり漢陽第一の大寺院となった。

**きげん-じきし-しゅう　帰元直指集**　四巻。明の宗本の編（嘉靖三二1553自序）。禅浄一致の道理を明らかにした先賢の文章九七篇を集めたもの。現存のものは、隆慶四年1570の重刊（二巻）で、巻尾に西方山居の詩百首を付載し、鹿園居士万表の序及び定融の跋語がある。(続)二・一三・二

**ぎこう　義亨**　（永仁三1295—応安二1369）臨済宗の僧。出雲の人。徹翁《てっとう》と号し、天応大現国師という。宗峰妙超の法を継ぎ、大徳寺一世となった。晩年、山内に徳禅寺を開いた。著書、語録二巻。〔参考〕天応大現国師行状、大徳寺世譜、本朝高僧伝三一

**きこう-じ　喜光寺**　奈良市菅原町。清涼山と号し、法相宗。菅原寺《すがわらでら》ともいう。行基の開基といい、創建は霊亀元年715、或いは養老五年721と伝える。元明・元正・聖武三帝の勅願所となったと伝えるが、この地は菅原氏の本貫で、その氏寺であったと考えられる。行基は本寺の東南院で没した。その後の沿革は不詳であるが、中世は興福寺一乗院の支配を受けていた。〔重文〕本堂（金堂）、木造阿弥陀如来坐像　〔参考〕続日本紀、行基年譜、菅原寺記文遺戒状

**きこう-にょらい　奇光如来**　阿含経にでてくる東方世界の現在仏の名。元来阿含経典では釈迦仏以外に現在仏のあるのを認めないが、増一阿含経六重品にこの仏名があるので、現在他方仏思想の起源を示すものとして注目されている。過去の尸棄仏《しきぶつ》を東方仏として現在化したものとする説もある。

**きざん　帰山**　僧侶が外出先から自己の住んでいる寺院に帰ること。

**ぎざん　義山**　（慶安元1648—享保二1717）浄土宗の僧。京都の人。諸宗の学を兼修し、霊元上皇、承秋門院、徳川光圀らの帰依を受けた。法然の伝記並びにその述作研究と出版につとめた。著書、円光大師行状翼賛六〇巻、同随聞記一〇巻、選択集講録三巻、一枚起請随聞記一巻など。〔参考〕義山和尚行業記、続日本高僧伝二、蓮門類聚経籍録

**きじ　亀茲**　屈茲、丘茲、苦叉とも書く。梵語雑名には倶支嚢、西域記には屈支（クチ Kuci）とあり、清代以後はクチャ（庫車 Kucha）と呼ぶ。天山南路の北道に位置するオアシスで、現在の中国新疆ウイグル自治区にある同名の都市にあたる。南道の于闐《うてん》（コータン Khotan）とともにタリム盆地の有力な都城であった。住民はイラン系人種が主で、その言語はいわゆるトカラ語Bである。于闐とともに仏教東漸史上重要な地で、すでに紀元前後には仏教が伝えられ、四、五世紀頃には鳩摩羅什《くまらじゅう》をはじめ、この地出身の多くの訳経僧が活躍した。大小乗ともに行われたが、各種の禅経以外に有部律も伝持されていた。唐の顕慶三年658には安西都護府が置かれたが、その頃は百余りの伽藍に五千人余りの僧徒がいた。九世紀にはウイグル族が進出して、次第にトルコ化され、イスラム教のために仏教も亡びることとなった。しかしクチャ付近のキジル、クムトラなどには石窟寺院の跡が多く、そこから多数の壁画や写経断片などの遺品が蒐集されている。〔参考〕西域記、慈恩伝二、A. Grünwedel: Alt Kutscha

**きしがみ-かいれい　岸上恢嶺**　（天保一〇1839—明治一八1885）浄土宗の僧。尾張名古屋の人。明治元年江戸増上寺学寮の主、同三年東部司教となり、のち西部司教に転じた。晩年、宇治平等院に住した。著書、説教帷中策、科註原人論講義、釈門小字典、悉曇摩多体文など。

**きしも-じん　鬼子母神**　(梵)ハーリーティー Hārītī の訳。訶利帝《かりてい》と音写する。

訶利帝母（鬼子母神）（別尊雑記）

黄色、青衣などの意。訶利帝母、歓喜母、愛子母とも称する。女性の夜叉で五〇〇人の子を産む。もと性兇暴で王舎城にきて人の幼児を捕えて食っていたが、仏陀の教化をうけてやめ、五戒を受けたという説話がある。その像は常に孩子に取り巻かれ、ざくろを持ち、安産・幼児保育の神として祭られる。法華経を擁護する神として特に日蓮宗で崇拝する。園城寺の彫像と醍醐寺の画像が有名。〔参考〕雑宝蔵経九、南海寄帰伝一、法華経七

**ぎじゃく　義寂**　①(貞明五919—雍熙四987)五代・北宋初の僧。天台宗山家《げさん》派の始祖。螺渓《らけい》尊者、浄光大師と号する。温州永嘉(浙江省温州府永嘉県)の人。開元寺で法華経を学び、会稽の清律師に南山律をうけ、天台山清竦《しようしよう》から止観を学んだ。王呉越の忠懿王銭俶《せんしゆく》に厚く帰依され、王のために法華を講じて大師号ならびに紫衣を贈られた。また安禄山の乱、武宗会昌の法難による天台書籍の散逸を嘆き、王に請うて使者を高麗や日本に遣わし、天台の典籍を求めた。これにより、北宋の建隆二年961高麗より諦観が諸部の疏を請来して義寂の門に入ったので、天台の教観興隆の端が開かれた。乾徳二年964螺渓に伝教院を開創して天台の書を講じ、天台宗の中興につとめた。開宝八年975には伝教院に阿育王塔を建てた。門下に義通がある。〔参考〕建伝教院碑銘、浄光法師行業碑、浄光大師塔銘、宋高僧伝七、仏祖統紀八　②生没年不詳。朝鮮、新羅の僧。義湘に師事し、悟真らと共に義湘(625—702)門下の十大徳に数えられる。著書は多かったがほとんど散逸し、梵網経菩薩戒本疏と法華論述記のみが現存する。また無量寿経義疏の一部が日本の良源や了慧の著書に引用されている。〔参考〕三国遺事四

**ぎしゃくっ-せん　耆闍崛山**　(梵)グリドラクータ Gṛdhrakūṭa　(巴)ギッジャクータ Gijjhakūṭa の音写。姞栗陀羅矩吒とも音写し、鷲峰山《じゆぶせん》もしくは霊鷲山《りようじゆせん》と訳す。王舎城(ラージャガハ Rājagaha)(旧城)の東北約五㌔の地にある山で現在のチャタギリ Chatagiri がそれであるという。仏陀はしばしば山上の精舎に留まって法を説き、頻婆娑羅《びんばしやら》(ビンビサーラ Bimbisāra)王は聞法者の便宜を計って、山麓から頂上まで石を積んで階段を造ったという。法華経をはじめ、多くの大乗経典では、王舎城とともにこの山が説法の会座《ざえ》とされている。〔参考〕大智度論二、法顕伝、西域記九

**きしゅ　記主**　経論の疏記(註釈書)の主人公という意味。一宗の典籍を註釈した人を後の人が讃えていう言葉。天台宗の湛然、華厳宗の法蔵、律宗の元照、浄土宗の良忠、浄土宗西山派の顕意などは古来それぞれの宗で記主と呼ばれている。

**きしゅう-じ　帰宗寺**　中国江西省の廬山にある。東晋の咸康六年340王羲之が仏耶舎《ぶつだやしや》の為に創建。唐代中期以後、禅院となり、北宋代に臨済宗黄竜派の慧南が住して大いに禅風を興した。〔参考〕仏祖統紀三六

**ぎじゅ-ぎっこどく-おん　祇樹給孤独園**　(梵)ジェータヴァナ・アナータピンダダスヤ・アーラーマ Jetavana Anāthapiṇḍadasyārāma　(巴)ジェータヴァナ・アナータピンディカ・アーラーマ Jetavana Anāthapiṇḍikārāma の音写。祇洹阿難邠坻阿藍などとも音写し、略して祇園精舎《ぎおんしようじや》(Jetavana-vihāra)、祇洹精舎、耆陀精舎、逝多林、祇陀林、祇洹林、祇陀園、祇園などといい、松林、勝林と訳す。舎衛城の給孤独《ぎつこどく》長者(アナータピンディカ Anāthapiṇḍika)すなわち須達多(スダッタ Sudatta)が祇陀《ぎだ》(ジェータ Jeta)太子の林苑を購い、一人が協力して仏陀とその教団のために僧坊を建てて寄進した。サヘート　マヘートの南に遺跡があり、伽藍の基石などが発見されている。相当大規模なもので、中央に仏殿(香室 gandhakuṭī)があり、その周囲に八〇の小房があったという。〔参考〕中阿含経六、四分

律五〇、五分律二五、涅槃経二九、法顕伝、西域記六、慈恩伝三

**きしゅく　耆宿**　①また耆旧ともいう。経験を積み徳望の厚い老人。②「ぎしゅく」と読む。浄土真宗本願寺派における法主の最高顧問。

**きしょう　起請**　起誓ともいい、誓いを立てて神仏の照鑑を請うこと。また誓いを立てて神仏の目に見えぬ助けを祈ること（祈誓《きせい》）をいう。⇩起請文《きしょうもん》

**ぎしょう　義湘**　（新羅の真平王四七625—聖徳王元702）朝鮮、新羅の華厳宗の初祖。新羅雞林府の人。唐に渡り、竜朔元年661智儼《ちごん》について法蔵と共に華厳を学んだ。帰国して大伯山の浮石寺など十刹で宣教にはげんだ。弟子に悟真・道融・義寂らの十大徳がいる。著書、華厳一乗法界図一巻。〔参考〕浮石本碑、賢首国師尺牘、三国遺事三、宋高僧伝四

**ぎじょう　義浄**　（貞観九635—先天二713）唐代に入竺求法した訳経家。斉州（山東省済南府）の人。姓は張氏。字は文明。幼くして出家し、天竺（インド）に渡って仏典を求めたいと志した。咸亨二年671三七歳で死を決して広州を出航、南海を渡ってインドに至り、三十余国を歴遊し、再び海路を経て、証聖元年695洛陽に梵文の経律論四〇〇部、仏舎利などをもたらした。則天武后から三蔵の号を賜り、仏授記寺に住して、実叉難陀《じっしゃなんだ》が華厳経を訳すのをたすけ、ついで福先寺、西明寺に住して金光明最勝王経一〇巻などを訳し（武后が新翻聖教序を製している）、更に内道場や大薦福寺翻経院で訳経に従事した。訳経はおよそ五六部二三〇巻で、特に有部毘奈耶二〇巻などの律典の翻訳の功績が大きい。著書、南海寄帰内法伝四巻、大唐西域求法高僧伝二巻など。〔参考〕大唐竜興翻経三蔵義浄法師塔銘、開元録九、貞元録一三、宋高僧伝一

**ぎじょう　義静**　（　—天平勝宝九757）鑑真《がんじん》の弟子。唐の人。師と共に来朝して唐招提寺で律を講じた。同寺に仏教典籍を集めて輪蔵を建てた。〔参考〕本朝高僧伝五七、律苑僧宝伝

**きしょうもん　起請文**　仏神が人々の規範的存在であった中世では、人と人との約束や誓いを仏神に対して行った。これを音声の世界だけにとどめず、文書にしたのが起請文である。前書には誓約事項を書き、神文・罰文には誓った仏神の名と違反した場合の罰を記した。この文書は祭文（除災招福のために神を祭る文書）と起請（権威づけのため上級官司の裁可を請う文書）とを源流にして、平安時代末期に成立した。鎌倉中・後期には、牛玉宝印紙の使用、罰文への癩病の文言、荘園支配への利用が一般化する。南北朝期からは血判の例もみられ、戦国時代には熊野牛玉宝印が一般化し、また霊社上巻起請文ができて、勧請する神の数が極端に多くなるが、その効力は低下していく。この他、裁判の場で起請文を書かせた上で、参籠起請、湯起請、落書起請を行わせることもあった。江戸時代にも、将軍への誓紙、子弟間の伝授などにも使用されつづけた。

**キジル‐せっくつ　キジル石窟**　東トルキスタンのクチャ（現在の中国新疆ウイグル自治区庫車県）の西北約七〇キロ、ムザルト河の北岸の山麓に造られた石窟群で、タリム盆地内で最大の石窟寺院。現在約二四〇窟が残存し、敦煌の莫高窟に次いで多くの壁画を有している。グリュンヴェーデル A. Grünwedel（1906）及びル・コック A. von Le Coq（1914）による調査で注目されるようになり、近年では北京大学を中心に大規模な調査が行われた。石窟の構築された年代については諸説があるが、壁画等を資料として、大体四世紀から八世紀にかけての約四〇〇年間とされている。壁画はガンダーラ様式の影響をうけ、題材としての本生図、説法図その他装飾文様等にキジル壁画の特徴を認めることができる。〔参考〕中国石窟キジル石窟一—三、A. Grünwedel: Alt-Kutscha, A. Grünwedel: Alt-Buddhistische Kultstätten in Chinesisch-Turkistan, A. von Le Coq: Die Buddhistische Spätantike in Mittelasien

**きじん　鬼神**　変化自由自在の超人的力をもっている神。仏法を護持し、国土を守護する梵天・帝釈・竜王などを善鬼神といい、凶悪で人畜を害する夜叉・羅刹・雷神などを

悪鬼神という。その概念は経論により諸説がある。密教では、教法を護持するものとして、毘盧遮那法身よりの顕現として、外金剛部に列する。浄土教では念仏の行者を善鬼神は護り、悪鬼神は畏れて害しないとする。鬼子母神、聖天などは今も広く信仰されている。

**ぎしん　義真**　①生没年不詳。唐代の僧。恵果の法縁で義操の弟子。開成・会昌836—46の頃、長安の青竜寺東塔院に住し、日本の円仁をはじめ入唐僧の多くを弟子とし密教を授けた。会昌の法難にあったという。〔参考〕入唐求法巡礼行記三　②(天応元年781—天長一〇833)延暦寺初代座主。諡は修禅大師。俗姓は丸子連。相模の人。早くより最澄について天台を学び、延暦二三年804師に従って入唐、帰国後も延暦寺建設に協力し、師の没後に比叡山に大乗戒壇を設立。自ら伝戒師となり、天長元年には延暦寺初代座主となった。同九年に興福寺維摩会の講師となり、修禅院で没した。著書、天台法華宗義集一巻、大師随身録、維摩堂日記など。〔参考〕顕戒論縁起上、続日本後紀四、叡山大師伝、元亨釈書二、本朝高僧伝五

**きしんろん-しょ　起信論疏**　二巻。新羅の元暁(617—86)の著。成立年不詳。真諦訳の大乗起信論に対する註釈書。本書の特徴は、当時まだ紹介されたばかりであった新訳の諸経論を海東の地においていちはやく取り入れて斬新な解釈を施していることであり、本書の分科と語句の解釈は法蔵の義記に多大な影響を与えた。浄影寺慧遠の義疏、法蔵の義記と本書とを合わせて起信の三疏と称し、起信論研究には欠くことのできない註釈とされている。なお元暁には、本書の他に大乗起信論別記二巻があるが、本書の処々にその引用を見ることができることなどから本書成立以前の草稿であると考えられている。㊅四四

**ぎせい　義青**　(明道元1032—元豊六1083)北宋代中期の禅僧。姓は李(一説に王)氏。投子《とうす》義青といい、妙続大師と諡する。青州(山東省益郡県)の人。臨済七世の浮山法遠《ほうおん》より、太陽警玄《たいようきょうげん》の法を嗣いで曹洞宗を中興し、舒州(安徽省桐城県)投子山《とうすざん》に住した。語録二巻(別に一巻本)があり、その頌古百則を元の従倫《じゅうりん》が評唱して、空谷集六巻とした。〔参考〕投子青禅師行状、続灯録二六、僧宝伝一七

**きせ-きょう　起世経**　一〇巻。隋の闍那崛多《じゃなくった》の訳(開皇年間581—600)。異訳に隋の達磨笈多《だるまぎゅうた》の訳(605—16)の起世因本経一〇巻と、西晋の法立・法炬の訳(290—306)の大楼炭経六巻、および長阿含経の末尾に置かれる世記経とがある。世界の生起とその状態を説き、三界・六道などの仏教的宇宙観を述べる。その所説は説一切有部系の施設論や立世阿毘曇論の内容と通じ、それが更に発展したものとして正法念処経などがある。㊅一

**きせん　希遷**　(武周の久視元700—貞元六790)唐代中期の禅僧。姓は陳氏。無際大師と諡する。端州高要(広東省高要県)の人。青原行思の法を嗣ぎ、衡山《こうざん》の南台石上に庵居し、石頭和尚と呼ばれる。晩年、梁端(湖南省長沙県)で教えを弘め、江西の馬祖《ばそ》と並び称された。参同契《さんどうかい》、草庵歌の作がある。〔参考〕祖堂集四、宋高僧伝九、景徳伝灯録一四

**きせん　喜撰**　生没年不詳。平安初期の僧。歌人。宇治三室戸に隠れ、密呪を誦し長寿を求めたという。古今和歌集序に六歌仙の一に数えている。〔参考〕元亨釈書一八、本朝高僧伝七四、塩尻二

**ぎそ　義楚**　生没年不詳。五代・北宋初の僧。姓は裴《はい》氏。諡号は明教大師。相州安陽(河南省安陽県)の人。広く諸宗を究め、特に倶舎に通じた。斉州(山東省歴城県)開元寺で、後周の顕徳元年954勅によって釈氏六帖二四巻を編纂した。北宋の開宝年間968—76に七四歳で没したという。〔参考〕釈氏六帖後序、宋高僧伝七、仏祖統紀四二

**ぎそう　義操**　生没年不詳。唐代の密教僧。恵果(　—805)の弟子。長安青竜寺東塔院に住した。弟子に海雲・法潤・義真らがいる。著書、胎蔵金剛教法名号一巻。〔参考〕阿娑縛抄一九四

**ぎぞん　義存**　(唐の長慶二822—後梁の開平二908)唐代末期の禅僧。姓は曾氏。雪峰義存と呼び、真覚大師と諡する。泉州南安

（福建省南安県）の人。天皇系三世の徳山宣鑑の法を嗣ぎ、福州（同省閩侯県）に雪峰山を創した。門下より雲門・法眼の二派が出た。語録二巻がある。〔参考〕真覚大師碑銘（全唐文八二六）、祖堂集七、宋高僧伝一二、景徳伝灯録一六

**きた-いん　喜多院**　埼玉県川越市小仙波町。天台宗八檀林の一。天長七年830円仁が淳和天皇の勅により創建したという。永仁四年1296尊海によって再興、実海・観同・天海などが住して栄えた。もと北院、東叡山無量寿寺ともいい、中院・南院と共に関東天台宗の中心であったが、天海が江戸に寛永寺を造営するに及んで寺運は傾き、檀越江戸幕府の倒壊後は衰微した。〔重文〕紙本著色職人尽絵、客殿、書院、庫裏、慈眼堂、鐘楼門、山門ほか　〔参考〕新編武蔵風土記稿一六三、川越市史

**ぎだ-たいし　祇陀太子**　㊵ジェートリ Jetṛ ㊁ジェータ Jeta の音写。勝・戦勝と訳す。憍薩羅《きょうさつら》（コーサラ Kosala）国波斯匿《はしのく》（パセーナディ Pasenadi）王の王子。須達多《しゅだった》（スダッタ Sudatta）すなわち給孤独《ぎっこどく》長者が仏陀に精舎を奉献しようとしたのに協力して、その所有の森林を献じた。祇樹給孤独園《ぎじゅぎっこどくおん》すなわち祇園精舎《ぎおんしょうじゃ》がそれである。〔参考〕中阿含経第二八教化病経、四分律五〇、玄応音義一七・二五、西域記六

**きたの-げんぽう　北野元峰**　（天保一三1842―昭和九1934）曹洞宗の僧。越前の人。江戸の青松寺魯夷《ろちゆう》の弟子となり、のち諸師に歴参した。排仏毀釈に際し仏教の護持につとめ、明治四四年1911朝鮮布教総監になり、のち永平寺貫首・曹洞宗管長に就任した。

**きたばたけ-どうりゅう　北畠道竜**　（文政三1820―明治四〇1907）浄土真宗本願寺派の僧。紀伊和歌浦の法福寺に生まれ、儒仏に通じ武技を好んだ。明治のはじめドイツ語の私塾を開き、西南の役に連座して投獄された。明治一二年本山の改革を唱え、同一四年インドのブッダガヤーに参拝して記念碑を建て、更に欧米に留学、ついで仏教大学の設立を企てたが成らず、僧籍を脱して不遇の晩年を過ごした。著書、法話受筆六巻、因明入正理論方便三巻、天竺行路次所見三巻、告政治家及宗教家一巻など。

**ぎたみつ　祇多蜜**　生没年不詳。東晋代の訳経家。㊵ギータミトラ Gītamitra の音写。吉多蜜、祇密多ともいい、謌友《かゆう》と訳す。西域の人。中国に来て菩薩十住経一巻など二三部四五巻を訳した。〔参考〕出三蔵記集二、開元録三

**ぎだりん-じ　祇陀林寺**　京都市上京区寺町通荒神口下ル松蔭町の南にあった寺。長保二年1000天台座主良源の弟子仁康が、源融《みなもとのとおる》の旧宅である河原院の仏像を移して安置したのに始まる。のち時宗の浄阿が後伏見上皇の皇子誕生を祈った験により、応長元年1311同上皇から金蓮寺の寺号を賜り、四条道場と呼ばれた。〈⇩金蓮寺《こんれんじ》〉〔参考〕今昔物語集、続古事談、浄阿上人行状、山城名勝志三

**きちかや　吉迦夜**　⇩きっかや

**きちきょう-の-さん　吉慶讃**　⇩きっきょうのさん

**きちじょう　吉祥**　㊵シュリー śrī の訳。「きっしょう」とも読む。良いこと。めでたいこと。吉祥果は鬼子母神《きしもじん》などがもっている魔よけの果実（ざくろの実という）。吉祥草は㊵クシャ kuśa の訳で、湿地に生えるチガヤに似た草。仏陀は吉祥童子の刈った吉祥草を敷いてその上に坐し、さとりを得たと伝える。

**きちじょう-いん　吉祥院**　山形市千手堂。羽留守山と号し、天台宗。聖武天皇の勅により天平九年737行基の開山で義海の開基という。陸奥の藤原氏・最上氏累代の尊崇を集めた。千手観音堂ともいい、藤原秀衡建立の碑文が残る。〔重文〕木造観世音菩薩立像

**きちじょう-けか　吉祥悔過**　⇩吉祥天《きちじょうてん》

**きちじょう-じ　吉祥寺**　東京都文京区本駒込。曹洞宗。諏訪山と号する。江戸時代には、曹洞宗の学林（栴檀林と号する）として有名。長禄元年1457太田道灌が江戸城構築の際、土中から吉祥増上の銅印を得たのをよろこび、今の和田倉門付近に吉祥庵を建てて青巌周陽を開山とした。徳川氏が江戸城築城の際、今の後楽園付近に移され、さらに明暦三年1657江戸の大火後、現地に

移された。この時、堀丹後守が別邸を学寮として寄進し、元禄年間1688—1704卍山道白《まんざんどうはく》が初めて学寮規則を作った。〔参考〕江戸名所記二、江戸名所図会五、吉祥寺史

**きちじょうそうーじ　吉祥草寺**　奈良県御所市茅原。茅原山金剛寿院と号し、本修験宗総本山。俗に茅原寺《ちはらでら》という。役小角《えんのおづぬ》の開創と伝え、その誕生地として尊崇される。当山派に属し、正大先達職を相承していたが、昭和二六年1951本山派に転じ、同三七年独立した。毎年一月一四日は修正会結願の松明儺々会《とんどだだえ》でにぎわう。〔参考〕元亨釈書、大和志料

**きちじょうーてん　吉祥天**　㈵シュリー・マハー・デーヴィー Śrī-mahā-devī の訳。室利摩訶提毘と音写する。天女の名で功徳天、宝蔵天女など異名が多い。もとヒンドゥー教神話のラクシュミー Lakṣmī の異名で、ヴィシュヌ Viṣṇu の妃、幸福と美を司る神とされている。仏教では毘沙門天の妃で、如意珠を持ち福徳自在であるという。観自在菩薩の化身とすることもあり、金剛界五如来の一である宝生如来の分身とする説もある。この天女は、黒耳と称されて人々に災禍を与えるという黒闇天女と姉妹で、常にこれと行を共にするといわれる。吉祥天を本尊として毎年正月、除災招福穀物豊作を祈り罪を懺悔するために修する法を吉祥悔過《きちじょうけか》または吉祥懺といい、日本では称徳天皇の時に行われた。〔参考〕金光明経二、陀羅尼集経一〇、大吉祥天女十二名号経、大吉祥天女一百八名経、大般涅槃経一二、倶舎論光記五

吉祥天
（御室版金剛界曼荼羅）

**きちぞう　吉蔵**　（梁の太清三1549—唐の武徳六623）三論宗の大成者。嘉祥大師と称す。姓は安氏。父は安息国の人であったので胡吉蔵ともいう。幼時、真諦三蔵に謁して吉蔵と名づけられ、一二歳のとき興皇寺法朗の教えを受け、その後、会稽の嘉祥寺に止まり、中論・百論・十二門論などの註釈を作った。隋の大業二年606煬帝《ようだい》の詔によって揚州慧日道場に留まり、ついで京師の日厳寺に移った。また唐の高祖の厚遇を受け、十大徳の一に任じられて実際寺、定水寺などに住し、武徳五年斉王元吉に尊崇されて延興寺に住し、翌年没した。著書には、旧説を引くことが多く、江南仏教の研究には貴重な資料を提供する。三論玄義一巻、中論疏二〇巻、百論疏九巻、十二門論疏六巻、大乗玄論五巻、法華玄論一〇巻、法華義疏一二巻、法華論疏三巻、勝鬘宝窟六巻、浄名玄論八巻、大品経義疏一〇巻など多く、後世に影響が大きい。〔参考〕続高僧伝一一

**ぎちゅう　義冲**　（弘安五1282—文和元1352）京都南禅寺の僧。筑前の人。三河に長興寺、近江に清涼寺を開いた。〔参考〕本朝高僧伝二八

**ぎちゅうーじ　義仲寺**　滋賀県大津市馬場。単立（天台宗）。源義仲の戦死した地に、天文二二年1553六角高頼が建立したと伝える。境内に芭蕉の墓がある。〔参考〕義仲寺略縁起、近江名所図会一

**きちりしゃーくどんみ　吉離舎瞿曇弥**　㈵クリシャー・ガウタミー Kṛśā Gautamī ㈶キサー・ゴータミー Kisā Gotamī の音写。翅舎憍答弥などとも音写する。比丘尼。舎衛国の貧家に生まれた。病死した愛児を抱いて薬を求めてさまよい、仏陀のもとに至って、その教化を受け、人生の無常を知って出家した。出家後は常に粗末な衣を着け、粗衣第一と称された。〔参考〕Therīgāthā 213—223、大智度論八

**ぎつう　義通**　（後唐の天成二927—北宋の端拱元988）中国天台宗の一二祖。字は惟遠、姓は尹氏。高麗の人。初め亀山院宗為に華厳・起信論を、のち漢土に入って螺渓義寂から天台を学んだ。郡守銭惟治に崇敬され、漕使顧承徽の建てた伝教院に住した。伝教院に北宋の太宗が宝雲の額を賜ったので宝雲尊者という。天台学を弘め、その門下に知礼・遵式らすぐれた弟子が多い。著書、観経疏記、光明玄賛釈、光明句備急疏

などがあったが、今は皆伝わっていない。〔参考〕高麗国興国寺塔記、四明教行録九、仏祖統紀八・四三、釈氏稽古略四

**きっかや　吉迦夜**　生没年不詳。北魏代の訳経家。(梵)キンカラ Kinkara の音写。何事と訳す。西域の人。北魏の延興二年472北台(山西省大同)で、沙門統曇曜と共に雑宝蔵経一〇巻、付法蔵因縁伝六巻など五部一九巻を訳した。〔参考〕歴代三宝紀九、開元録六

**きっきょう-の-さん　吉慶讃**　密教で、伝法灌頂《でんぼうかんじょう》を行うとき、新弟子が覚位(さとりの位)に上ったことをたたえる讃歌。仏の八相成道のことを述べるから八相成道讃ともいい、梵語と漢語の二種がある。〔参考〕大日経疏八、金剛頂略出経四

**ぎっこどく-ちょうじゃ　給孤独長者**　⇩須達多《しゅだった》

**きっさ-ようじょう-き　喫茶養生記**　二巻。栄西の著(承元五1211)。栄西が南宋から宇治へ持ち帰った茶の功能や服用法を述べたもの。二門からなり、五臓和合門は茶の功能や製法について説き(上巻)、遣除鬼魅門は病気の種類・相状、桑・茶・香煎の服用法について説く(下巻)。群書一九、仏全一一五、茶道古典全集二 〔写本〕鎌倉寿福寺蔵(自筆か) 〔刊本〕両足院蔵版本(元禄七1694刊) 〔参考〕諸岡存校註・喫茶養生記

**きっしょう-いん　吉祥院**　京都市南区吉祥院政所町。南北山海中寺と号し、浄土宗西山禅林寺派。菅原氏の氏寺で現在は吉祥院天満宮、吉祥院天女堂にその旧跡をのこす。創建に諸説があり、元慶四年880、菅原道真の父是善の追福のため創建されたとか、道真の祖父清公が創建したとも、或いはその子是善が遣唐使としての渡航の途次、暴風雨にあったが吉祥天の霊験によって難を逃れたため、この吉祥天女をまつる一堂を創建したのにはじまるともいう。治暦二年1066三月、境内に天神堂が造営され、太宰府で没した道真の御霊が遷祀された。以後天神信仰と御霊信仰の地として信仰をあつめ、西寺・上出雲寺とともに三所御霊とも呼ばれた。また寛元元年1243桂川の氾濫で菅氏長者為長が吉祥院を他所に移そうとしたが、一夜のうちに多くの松木が生じ流失を逃れたといい、菅原氏一門をはじめ朝野の信仰をさらに集めたと伝える。しかし天正年間1573—92以降衰退にむかった。なお地名吉祥院は当院にちなむとされ、現在同地に伝承される六斎念仏が天満宮の八月二五日の大祭に奉納される。〔参考〕雍州府志五、山城名勝志一六、扶桑略記、花園院宸記

**きづ-むあん　木津無庵**　(慶応三1867—昭和一八1943)真宗大谷派の僧。本名は祐精。福井県の人。京都で漢学を修め、比叡山、高野山などに住した。大正八年1919上京して東京誠明学舎を設け、同一四年名古屋に仏教協会を設立して、新訳仏教聖典の刊行と全国師範学校の巡講に専念した。

**ぎてん　義天**　①(高麗の文宗九1055—粛宗六1101)高麗の人。文宗の第四子。諱は煦。諡は大覚国師。出家して祐世僧統に任じられ、宣宗二年1085入宋し、浄源・慈弁・元照・了元などにそれぞれ華厳・天台・律・禅を学んだ。三年後帰国して、興王寺に教蔵都監をおき、南宋、遼、日本などから蒐集した経書四千余巻を刊行して天台を弘めた。晩年名山を遍歴し総持寺で没した。著書、新編諸宗教蔵総録三巻(宣宗七編、義天録ともいう)、円宗文類二二巻(三巻現存)、釈苑詞林(五巻現存)、大覚国師文集二三巻。〔参考〕高麗史九〇、釈門正統三、仏祖統紀一四・四六　②(正応三1290—貞治六1367)臨済宗南禅寺の僧。山城の人。字は無雲。元に渡って天童山に至り雲外雲岫に参じ、帰朝後、播磨の法雲寺で法を開いた。〔参考〕本朝高僧伝三一　③(慶安四1651—宝永四1707)天台宗の僧。摂津住吉の人。比叡山で天台を学び、のち川越(現埼玉県)の喜多院、東叡山凌雲院に住し、大僧正となった。〔参考〕天台霞標七・三　④⇩宮地義天《みやじぎてん》

**きとう　祈禱**　祈願、祈念、祈請《きしょう》、心願ともいい、仏・菩薩の冥助を仰ぎ、禍を除き福を増すように祈ること。安全無事を祈ることを祈保《ほき》という。古代インドで災厄をはらい病を癒すことを神に祈禱したが、仏教では本来因果の道理を説いて祈禱を行わなかった。しかし誦経などの功徳をすめて、後にはこれによって災害などを除くことができると説かれるようになったので、

密教の発達と共に千差万別の祈禱が行われるようになった。密教の祈禱法は大別すると、⑴息災法《そくさいほう》、⑵増益法《ぞうやくほう》、⑶敬愛法《けいあいほう》、⑷調伏法《じょうぶくほう》の四種となる〈⇩修法《しゅほう》〉。日本の各宗派のうち、真宗のみは祈禱をしない。

**ぎとう　義統**　（明暦三1657—享保一五1730）臨済宗大徳寺二七四世。京都の人。字は総持。号は大心。大徳寺塔頭の総見・大仙など諸院に歴住した。著書、霊会日鑑、諸宗儀範二巻、礼敬三宝諸天説一巻など多い。〔参考〕大徳禅寺世譜、続日本高僧伝一一

**きにち　忌日**　忌み憚る日の意で、故人の死んだ日に当たる日をいう。諱日《きにち》とも書き、命日《めいにち》（捨命日、命過日の意）、不楽日《ふぎょうにち》（楽しみにふけらない日）、遠日《おんにち》などともいう。死亡後翌月の忌日を月忌《がっき》、その後の月々のを単に忌日、命日という。年々のその人の死亡した月の忌日を祥月、祥月命日《しょうつきめいにち》、正忌日といい、死後一周年の祥月を一周忌或いは小祥忌、二周年を三回忌或いは大祥忌、その後七年（六周年）、一三年、一七年などに法会を修めるのを年忌、年回といい、十三回忌以後の年忌、または五十回忌以後五〇年ごとの法会を遠忌《おんき》、遠年忌という。また死後七日ごとに七七日まで法会を修めるのを中陰法要、七七斎、累七斎、斎七日といい、五七日を三十五日または小練忌、七七日（尽七日）を四十九日、満中陰、或いは大練忌とも名づけ、死後一〇〇日目につとめる法会を百カ日という。七七斎のことは薬師如来本願経などの説により、百日、一周忌、三回忌は儒教の風習により、三・七の年に年忌を修めるのは日本の風習に基づくもののようである。また、帝王の正忌日に法会をつとめるのを国忌《こっき》といい、中国では禅宗寺院などで行い、日本では「はてのおがみえ」といって、持統天皇の時以来、官が命じて諸大寺に行わせ、後には天智天皇など六帝の崩日のみは歴世不変の国忌と定められた。各宗では祖師などの正忌に法会をつとめ、真言宗では御影供《みえいく》、浄土宗では御忌、真宗では御正忌（報恩講）、日蓮宗では御会式《おえしき》（御命講）、曹洞宗では高祖忌（永平忌）といい、また禅宗には二祖三仏忌、達磨忌、百丈忌、開山忌、愍忌（尊宿の誕生日）などが行われる。なお開山忌などの前日を宿忌、終りの日を散忌（忌の満散の意）という。

**きの　喜之**　（宝暦六1756—文政九1826）宗教家。如来教の開祖。尾張の農家に生まれる。幼名は、とは。四七歳の時、如来の使者金毘羅大権現が乗り移ったとして教えを開始、「之を喜ぶ」という意味で「喜之」の字を当てる場合もある。その教えは「お経様」として整理され、江戸・尾張を中心に多数の信者を得た。信者からは慈尊、一尊とも呼ばれ、文化一〇年1813には神命として媹姾と改名、晩年には一尊如来、媹姾如来とも呼ばれた。

**ぎのう　義能**　生没年不詳。鎌倉時代の人。真言宗義能方（三十六流の一）の祖。越後の人。字は明信。道元について出家し、はじめ京都五山に学び、のち高野山金剛三昧院に登って意教に帰依した。播磨に無量寿院を建てた。〔参考〕三十六流印信類聚、金剛頂無上正宗伝灯広録続編一二

**きのした‐ちょうしょうし　木下長嘯子**　（永禄一二1569—慶安二1649）歌人。挙白堂、長嘯などと号する。尾張の人。豊臣秀吉の義甥。関ケ原の戦後、武士をすてて剃髪、京都大原野に隠居し、文事を主とした。歌は清純で気品の高いものが多い。著書、挙白集一〇巻、長嘯子文集一巻など。〔参考〕野史、続近世畸人伝、翁草、塩尻

**き‐の‐みどきょう　季の御読経**　毎年春秋二季に衆僧を宮中に請じて大般若経を転読させ、国家及び天皇の安穏を祈願する行事。その起源は和銅元年708または天平元年729に始まるといい、応仁年間1467—69の頃には衰退した。期日は三日または四日で、僧の数は通例一〇〇人であるが、六〇人、一二〇人の時もあった。場所は大極殿・紫宸殿・内殿などで行われ、その荘厳及び式場作法なども貞観年間859—77の頃から一定した。〔参考〕一代要記甲集、年中行事秘抄、延喜式一三

**ぎば　耆婆**　(梵)(巴)ジーヴァカ Jivaka の音写。活・能活・更治などと訳す。インド中部、摩掲陀《まがだ》国の医師。頻婆娑羅《びんばしゃら》（ビン

ビサーラ Bimbisāra)王と菴波羅婆利《あんばらばり》(アンバパーリー Ambapālī)との子と伝え、また王の孫ともいう。仏陀在世当時の名医として崇仰された。深く仏教を信じ、教団の外護者となり、しばしば仏弟子たちの病気を治療した。父王を殺した阿闍世《あじゃせ》(アジャータサットゥ Ajātasattu)王を説得して仏陀に帰依させた。〔参考〕㮈女祇域因縁経、㮈女耆婆経、善見律毘婆沙一七、観無量寿経

**ぎはん　義範**　(治安三1023―寛治二1088)真言宗の僧。肥後の人。俗姓は藤原氏。醍醐寺仁海に師事し密教を修め、修法に験があった。東寺三長者に補せられ権少僧都、護持僧となった。〔参考〕東寺長者補任、護持僧次第、本朝高僧伝五〇

**き-ふどう　黄不動**　不動明王の図像。身色を黄色にいろどっているのでこの称がある。直立の明王像のみを描き、脇侍はない。十余があるが、なかでも以下のものが著名。⑴園城寺蔵。国宝。絹本著色。平安前期の作。円珍が承和五年838に感得したものと伝え、古来、秘仏として尊崇されている。⑵京都曼殊院蔵。国宝。絹本著色。平安後期の作。⑶観音寺(滋賀県草津市)蔵。重要文化財。絹本著色。曼殊院蔵本の模本。鎌倉中期の作。

**きべん　基弁**　(享保三1718―寛政三1791)奈良薬師寺の法相宗の学僧。尾張田代庄の人。はじめ五智山道空に密教を学び、のち薬師寺基範につき唯識を究めた。奈良・京都で講義や著作に従事した。著書、解深密経冠導、二十唯識順釈論夾註、大乗法苑義林章師子吼鈔など多い。〔参考〕大同房基弁伝

**ぎほう　義宝**　( ―天明五1785)備前の人。素範と号し、祥慶院と称した。はじめ長谷寺で真言宗を修め、のち融通念仏宗に転じ、隆天に師事した。大和観音寺に住して教化に務めた。著書、融通縁起綱要鈔八巻、大師号私記一巻など。

**きほう-いったい　機法一体**　浄土宗西山派及び真宗の用語。衆生の機と仏の教えが一体であること、また一体となることの意。善導の観経疏玄義分の六字釈に基づく。①西山派では、衆生を救おうとしてさとりを開いた阿弥陀仏の慈悲心(仏体)がとりもなおさず衆生が浄土に生まれうるための原因(行体)であり、その慈悲心は常にはたらいて衆生を離れることがないから、南無とたのむ衆生の心と、阿弥陀仏の慈悲心とが一つになり、南無阿弥陀仏としての行体がなしとげられ、この衆生と仏とが仏の慈悲心において一つになることを機法一体という。②真宗では、仏が衆生を救済しようとする慈悲心は、南無阿弥陀仏という名号《みょうごう》としてあらわれ、その名号に衆生の信心がすでになしとげられているから、信心と仏力とが名号において一体であることを機法一体という。また、その名号がはたらいて衆生の信心となるとき、衆生の凡心が仏心と一つになることをもいうが、この場合は特に仏凡一体ともいう。

**きぼく　器朴**　衆生の根機(能力や性質)を喩えた語。善導の観経疏定善義に見える。器は曲った木、朴はまっすぐな木で、定散の機をいうとし、或いは器朴とは加工しない以前の素木のこと、または器とは法を受けるうつわ、朴は素材のこととする。

**きぼく-ろん　器朴論**　三巻。託何(1285―1354)の著。鎌倉時代の成立。時宗の教義を組織的にまとめ、釈迦一代の所説は念仏一門開示のための化前で、念仏一門を諸教の終帰となすと説く。㊅八四、仏全六七、国一諸宗部一二、定本時宗宗典上　〔刊本〕宝永三1706刊、安永五1776刊　〔註釈〕器朴論考録(仏全六七、定本時宗宗典上)、器朴論要解(同)、器朴論引文考

**ぎぼん　義梵**　⇩仙崖《せんがい》

**きみい-でら　紀三井寺**　和歌山市紀三井寺。救世観音宗。本尊十一面観音。紀三井山護国院金剛宝寺と号す。西国三十三カ所観音第二番札所。もと真言宗勧修寺末、昭和二三年1948分離して現宗の本山。寺号は山内三カ所の霊水にちなみ、近江三井寺に対して紀州の紀をとって冠したとも、付近の地名「毛見」に基づく毛見《みけ》寺より出たともいう。寺伝では宝亀元年770唐僧の為光が当山に至り、千手千眼観音像を感得、さらに等身の十一面観音を刻んで安置したのを開創とする。文献では三井寺(園城寺)の行尊・覚忠筆と伝える巡礼記に「金剛宝寺」とあるのが初見。中世には日前国懸

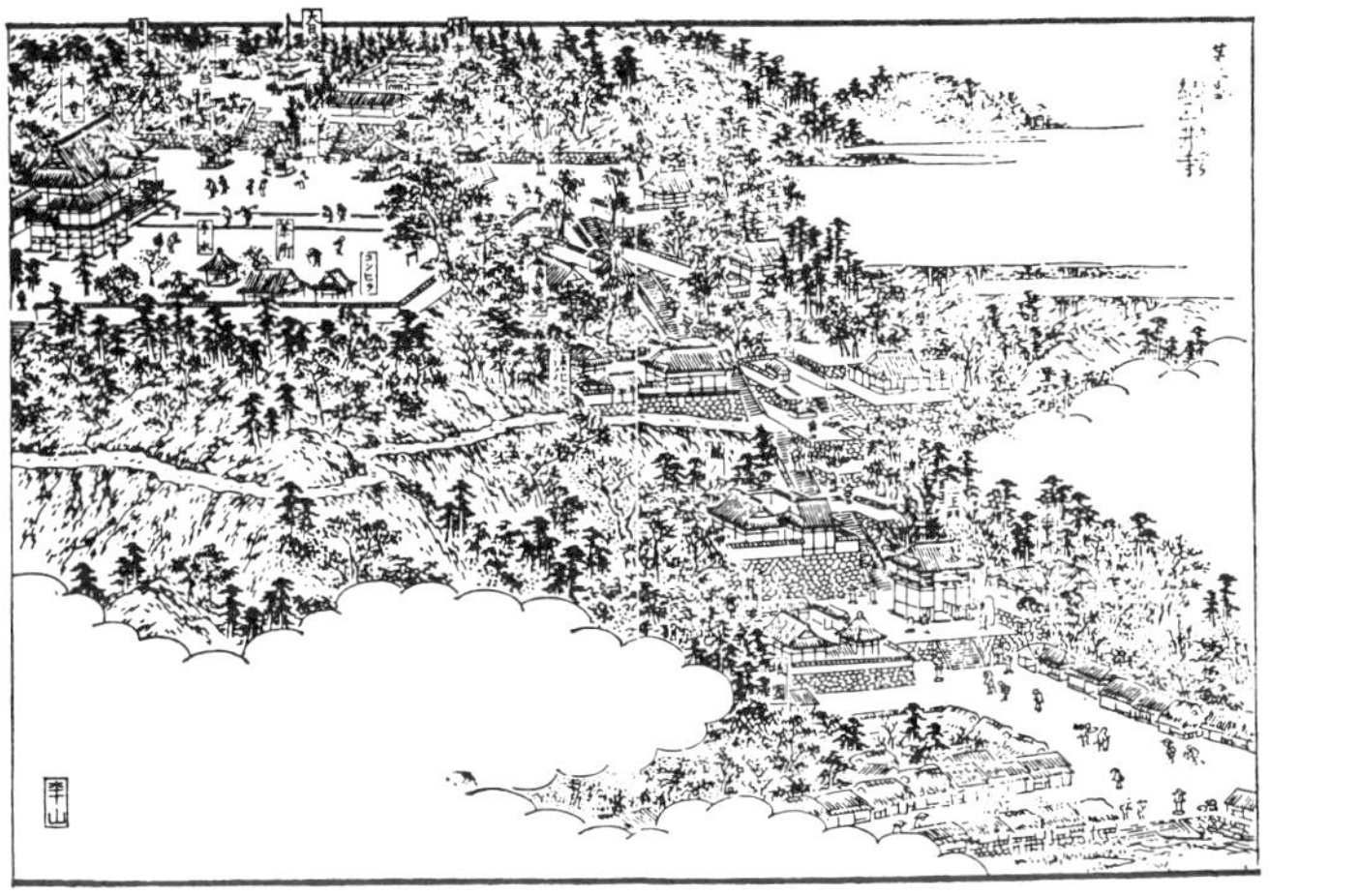
紀三井寺（西国三十三所名所図会）

《ひのくまにかかす》社と関係が深く、当社の国造家関与のもとに開創された可能性もある。また本堂の側に穀屋坊があり、村中の年老一四人が法橋と称して観音に承仕したが、江戸初期本坊護国院が建立されて寺務を掌握した。寺領は四九町あったが、天正一三年1585豊臣秀吉の南征によって没収、文書も散逸した。徳川氏入封後は二一石となった。〔重文〕木造十一面観音立像、同千手観音立像、楼門、多宝塔、鐘楼ほか 〔参考〕寺門高僧記、日前宮文書、紀伊続風土記一五・附録四、紀伊国名所図会五

**きみな　君名**　卿名とも書く。得度をしていない児童に生父の職官名などをとってつけた呼び名。比叡山などで行われた風習。公卿の子供が弟子入りした場合、まず稚児にとりたてて兵部卿、少納言の君などと君名をつけ、僧になってからでも兵部卿の法印などと呼ぶことがある。

**きみょう　帰命**　㊵ナマス namas の訳。南無、曩莫《のうまく》などと音写し、心から信じ敬う意。漢字の意味から、仏の命令にしたがうとか、自己の生命をかけて救いをもとめるとか、生命の本来のあり方である悟りに還るなどと解釈し、生命の意ともする。真宗では本願に帰れとの仏の教命の意とする。帰命頂礼《きみょうちょうらい》は深い敬いの心をもって礼拝すること。

**きみょう-ほんがん-しょう　帰命本願鈔**　三巻。証賢の著（元亨年間1321—24）。弥陀の本願に帰命すべきことを教えた書。西要鈔・父子相迎と合わせて三部仮名鈔と呼ばれる〈⇩三部仮名鈔《さんぶかなしょう》〉。文学作品としてもすぐれ、古くから注目されてきた。㊅八三、続浄全八、国東叢一（法語）など 〔註釈〕賀茂真淵・言釈三巻、湛澄・諺註三巻、的門・要解三巻

**きむら-たいけん　木村泰賢**　（明治一四1881—昭和五1930）仏教学者。曹洞宗の僧。岩手県の人。日露戦争に従軍し、明治四二年東京帝国大学印度哲学科を卒業した。大正八年1919イギリスに留学し、同一一年帰国。阿毘達磨論の研究を著わして翌年に文学博士となり、インド仏教の研究に専念した。著書に印度哲学宗教史、印度六派哲学などがあり、木村泰賢全集に収まる。

**きもう　亀毛〔兎角《とかく》〕**　亀が藻を身につけて泳いでいるのを毛と誤認したり、兎の耳を角《つの》と間違えたりすること。現実にはないものをあるかのように思ってとらわれること、或いは現実には全く存在しえないことを喩える。

**きもん　鬼門**　鬼の出入する門の意味で、東北方の隅をいう。古来この方角をいみおそれる。中国の俗信から出たという。

**ぎもん　義門**　（天明六786—天保一四1843）真宗大谷派妙玄寺七代。若狭小浜の人。名は霊伝。義門は字。高倉学寮に学び霊曜に宗学を受け、藤井高尚に和歌を習い、普門に梵暦を学んだ。また国語・音韻の学を独学によって究め、宗典の国語学的研究に従事し、語法・音韻の学に関する多くの著述がある。著書、真宗聖教和語説活語指南、玉の緒繰分、山口栞、奈万之奈など多い。

**きもん-もくれん-ぎょう　鬼問目連経**　一巻。後漢の安世高の訳。異訳に四世紀末ごろの訳の餓鬼報応経一巻がある。仏陀の弟子目連が鬼（餓鬼）たちにそれぞれの過去世の業を説き示す。㊅一七　国経集部一四

**ぎや　祇夜**　㊵ゲーヤ geya の音写。「歌われるべきもの」という語意から詩歌を意

味するが、経典では前段に散文で述べた意味を、簡潔にまとめて韻文の形式にし、後段に付説するものを指す。前出の経義を重説し、またそれに相応する内容を持つ偈頌であるから重頌《じゅうじゅ》、重頌偈《じゅうじゅげ》、応頌《おうじゅ》とも訳される。九部経、十二部経（原始仏教経典の基本的な型）の一。

**きゃくい　客位**　「かくい」とも読む。禅宗寺院で、賓客や新命住持の休息用の室をいう。

**きゃくい　客医**　⇩旧医《くい》

**ぎゃくえん　逆縁**　⇩順縁《じゅんえん》

**きゃくおんおう‐じんじゅ‐きょう　却温黄神呪経**　一巻。唐の不空の訳と伝える。疫病の苦を除くため、三宝に帰命して七悪鬼神の退散を祈ることを説く。禅宗で古来疫病を避けるため盛んに念誦された。㊦一・三・五〔註釈〕亮汰・鈔

**ぎゃくかん　逆観**　⇩順観《じゅんかん》

**ぎゃくざい　逆罪**　理に逆うこと甚しい極悪の罪のことで、これだけで直ちに無間地獄へ堕ちる結果を招くから無間業《むけんごう》とも言われ、普通には五逆罪を指す（⇩五逆）。この五逆の項目に、殺和上《せつわじょう》と殺阿闍梨《せつあじゃり》とを追加した七逆罪は受戒を遮《さえぎ》るとの意で七遮罪《しちしゃざい》ともいわれる。即ち出仏身血（仏身を傷害する）・殺父・殺母・殺和上・殺阿闍梨（師僧を殺す）・破羯磨転法輪僧（不正な言論行動によって教団の融和統制を破壊する）・殺聖人の七（梵網経巻下）。

**ぎゃくしゅ　逆修**　逆はあらかじめの意で、自らの来世の往生菩提のために生前のうちにあらかじめ仏事を営むこと。預修《よしゅ》ともいう。灌頂経には、生前三七日の逆修を行えば無量の福を得ると説き、地蔵菩薩経には、死後の追善仏事では七分の一の功徳しか本人に及ばないが、生前の逆修では功徳を全得できると説く。日本では元慶七年883三月、式部大輔藤原朝臣室が禅林寺で営んだのが初見。これ以後、往生・延寿を目的として次第に盛んとなった。後には生前に戒名をつけたり、墓石に戒名を朱書したりすることも逆修というようになった。

**ぎゃくしゅ‐せっぽう　逆修説法**　源空（法然）の著。法然上人御説法事、無縁集、外記《げき》師秀説草ともいう。安楽房遵西の父、外記中原師秀が七七日の逆修を修した際、法然が導師として行った講説を筆録したもの。内容は、一七日から六七日まで順不同に浄土三部経を釈しながら専修念仏を勧めている。七七日の講説は真観房感西が代講した。成立年次については不明であるが、内容からみて文治六年1190の浄土三部経釈と建久九年1198の選択本願念仏集との中間に位置する。法然の選択本願念仏説の確立過程をうかがう上で重要な文献である。昭和新修法然上人全集、浄全九、定本親鸞聖人全集五

**きゃくしょうそくもう　隔生即忘**　徳力の勝れない一般の凡夫や、菩薩《ぼさつ》でも位の低い者は、次の世に生まれかわって生を隔てると、過去世の事情を忘却して記憶しないこと。

**きゃくじん‐ぼんのう　客塵煩悩**　「かくじんぼんのう」とも読む。人間の心の本性はもとから清浄なものであるとする自性清浄の思想に基づき、心性を穢す煩悩《ぼんのう》を人間の本性に関係のない浮動性のものであり、主人に対する客人、虚空に対しては空中に遊動する塵のようなものであるとして、これを客塵煩悩と称する。或いは塵とは煩悩の微細で動揺する性質を示すという。

**きゃくぜん　客善**　⇩旧善《くぜん》

**きゃくとう　脚踏**　足を載せるために椅子の前に置く台。

**きゃくふ　脚布**　入浴用の布片で或いは腰部にまとい、或いは浴場の階段に敷いて滑るのを防ぐのに用いる。後、転じて炊事・掃除の際に使う前かけをも指す。

**ぎゃくほう　逆謗**　五逆と正しい教えをそしること。これを犯すものはさとりに至ることができないから、しかばねに喩えて逆謗の屍骸《ぎゃくほうのしがい》という。無量寿経の第十八願および同成就文には逆謗のものは阿弥陀仏の本願の救いから除かれると説き、観無量寿経では五逆十悪を犯した悪人でも念仏すれば救われると説いてあって、両経の説き方が一見矛盾しているように見えるので、浄土教ではその意味を逆謗除取という問題として論じ、それは逆謗の罪の重いことを知らせて衆生が犯さないようにおさえ

とどめる(抑止《おくし》)意味で救いから除くといったのであって、すでに造った罪はどんな重罪であろうとも阿弥陀仏はおさめとって(摂取)救うと解釈する。⇩抑止門《おくしもん》〔摂取門〕

**きゃくりゃく　隔歴**　⇩円融《えんゆう》

**ぎゃくる　逆流**　⇩順流《じゅんる》

**ぎやた　祇夜多**　㈵ジェーヤタ Jeyata の音写。仏滅後七〇〇年ごろ罽賓国《けいひんこく》(カシミール)にいたと伝えられる比丘。月氏国の迦膩色迦《かにしか》(カニシカ Kaniṣka)王を教化し、仏教に帰依させたという。この伝承が、達磨蜜多《だつまみつた》およびスダルシャナ Sudarśana(善見と訳す)という名の人物と共通するため、三者を同人異名とする説がある。〔参考〕雑宝蔵経七、付法蔵因縁伝五

**ぎゃっかん　逆観**　⇩順観《じゅんかん》

**きゃほう　脚絆**　脚を巻く布片即ち脚絆《きゃはん》のことで、脛衣《けいい》・脛巾《けいきん》ともいう。禅宗において元来は寒さを防ぐために用いた行脚用の臑当《すねあて》。

**きゃら　伽羅**　㈵カーラーグル kālāguru を訛って略したものらしい。香木より採った沈香《じんこう》に似た高貴な香料の一種で、黒沈香という。タイ、ベトナムに産する。一説に多伽羅香《たがらこう》(㈵タガラ tagara の音写)の略ともいい、或いは奇南香ともする。

**きゃろしった　佉盧虱吒**　㈵カローシュタ Kharoṣṭha の音写。佉羅陀仙ともいい、驢脣と訳す。インドの伝説上の仙人。大三摩多(マハーサンマタ Mahāsaṃmata)王の夫人が驢馬と交わって生まれた子。長じて仙人となり、日月星辰の運行を説いたという。紀元前後数百年にわたって北インドで用いられたカローシュティー文字はこの仙人の作に帰せられている。大集経四一、大毘婆沙論一〇

**きゃろしったしょ　佉盧虱多書**　佉盧虱多は㈵カローシュティー Kharoṣṭhī の音写。佉留と略し、驢脣と訳す。カローシュティー文字のこと。インド北西部を中心に、アフガニスタン、中央アジアでブラーフミー文字と並んで用いられた文字。起源はペルシアのアラム文字によるもので、右から左に横書きする。名称は文字の形に由来するとする説もあるが、インドの伝承では佉盧虱吒(カローシュタ Kharoṣṭha)仙の作に帰している。紀元前二世紀頃より紀元後三世紀にかけて、主としてインド北西部で官庁の記録、文書、碑銘等の世俗的用途に用いられた。アショーカ王碑文にもこれを用いたものがあり、現存する確実な資料としては最古のものである。仏典としては三世紀頃樺皮に書かれた法句経が東トルキスタンのコータン近辺より発見されたのみである。〔参考〕S. Konow : Kharoṣṭhī-Inscriptions, 方広大荘厳経四、大毘婆沙論一〇

**きゅう　機用**　大悟徹底した禅家の師が言葉を超えた機略によって教化すべき者を禅の深い境地へ導入するはたらきをいう。

**きゅうあんじ　久安寺**　大阪府池田市伏尾町。大沢山安養院と号し、高野山真言宗。神亀二年725聖武天皇の願により行基の草創という。空海及び賢実が再興し、勅願寺となったが、近世以降衰微した。〔重文〕楼門、木造阿弥陀如来坐像

**きゅうこう　宮講**　「みかどよみ」ともいう。宮中で皇帝のために経典などを講義すること。中国では古く東晋の竺潜が内殿で講経し、その後、梁の武帝の頃から唐・宋時代までしばしば行われた。日本では、聖徳太子が勝鬘経を推古天皇のために講じたのを始め、恵隠が厩坂宮で無量寿経を講説し、聖武天皇の天平元年729に仁王経を講じさせたなどの例がある。それ以後これが仁王会などの法会の起源となった。読経や内論議と共に宮中で行われることが多かった。〔参考〕高僧伝四、仏祖統紀三六、扶桑略記三、元亨釈書二〇

**きゅうじょう　休静**　(中宗一五1520—宣祖三八1604)朝鮮、李朝中期の禅僧。姓は崔氏。字は玄応。号は清虚。諡号は国一都大禅師禅教都摠摂扶宗樹教普済登階尊者。西山大師ともいう。安州(平安南道)の人。諸宗の教義に通じ、金剛山で修禅して宗旨をきわめ、妙香山で教えをひろめた。壬辰倭乱(宣祖二六1592)に、弟子惟政(松雲)と共に抗戦した。著書、禅家亀鑑一巻、禅教釈一巻、清虚集八巻。〔参考〕清虚堂休静大師碑(朝鮮金石総覧下)

**きゅうしょう-じ　久昌寺**　茨城県常陸太田市新宿町。靖定山と号し、日蓮宗。延宝五年1677徳川光圀が母の菩提のため稲木に建立。天和三年1683光圀は寺の前山に三昧堂檀林を起こし、各宗に開放して栄えた。明治維新後、当寺は廃されたが、新宿の蓮華寺が久昌寺と改称し現在に至る。

**きゅうび-さい　九味斎**　鳩美菜、供備菜とも書く。禅宗で法会宿忌（前日につとめる）の供物をいい、九種の美味を盛る。

**きょう　教**　(梵)シャーサナ śāsana の訳。おしえと訓読する。聖者の示したものであるから聖教《しょうぎょう》といい、言葉にあらわしたものであるから言教《ごんぎょう》という。また理・行・証・観・禅などと対比される。教えを分けて、大乗教・小乗教、漸教《ぜんぎょう》・頓教、権教《ごんぎょう》・実教、了義教・不了義教、一乗教・三乗教、顕教・密教などとする。⇩教相判釈《きょうそうはんじゃく》

**きょう　経**　(梵)スートラ sūtra の訳。①修多羅《しゅたら》、素怛纜《そたらん》と音写し、契経《かいきょう》、正経とも訳す。仏陀の説く教えをいい、律・論と共に三蔵（仏教聖典の総称）の一に数え、経蔵（修多羅蔵）という。また九部経、十二部経（原始仏教経典の基本的な型）の一。②仏陀の説く教えはもと法（(梵)ダルマ dharma 達磨と音写する）といったが、これは教法の意味であった。後になって教えの綱要書という意味でこれを経（修多羅）というようになったが、これはバラモン教で使っていた語を仏教内にとり入れたものという。次第に冗長なものまでも経というようになった。③元来、スートラは線、条、糸、紐の意味であり、転じて糸によって貫いて保持している意味となり、義を貫いて（貫穿）衆生を保持している（摂持）ことを表わす。漢語としての経は「たていと」の意で、これにも同じ意味があり、また永遠にかわらない規準となる（常恒）との意味もある。雑阿毘曇心論巻八には、修多羅に、生み出す（種々の意味を生み出す）、泉のように涌く（汲んでも尽きない）、顕示する（諸々の意味を明らかにする）、大工のすみなわ（邪正をわきまえる）、首飾り（華鬘《けまん》）のいとすじ（根本を貫く）、の五義があるとする。④経に説かれた教えを経法、経教、または経を記した書籍を経典という。経典には小乗経典、大乗経典、秘密経典（秘経。密教の経典のこと）などがあり、また経典は意味を表わす文字（文）と、文字によって表わされる意味（義）からできているから、文と義とを二経体という。⇩大蔵経《だいぞうきょう》

**きょう　境**　(梵)ヴィシャヤ viṣaya の訳。六根・六識がはたらく対象。人間の心を汚すものであるから塵《じん》ともいう。即ち眼根《げんこん》・眼識《げんしき》の対境を色境《しききょう》といい、耳根《にこん》・耳識《にしき》の対境を声境《しょうきょう》といい、同様に鼻・舌・身・意に対してそれぞれ香・味・触《そく》・法の境があって、合わせて六境または六塵という。ただし意根・意識の対境は六境の全体にわたるとする。六根と六境とを十二処といい、その中、六根は主観に属するから六内処、六境は客観に属するから六外処《ろくげしょ》という。六根・六境・六識を十八界という。⇩六境《ろっきょう》

**きょう　憍**　(梵)マダ mada の訳。心所《しんじょ》（心のはたらき）の一。自己に属するものについてみずから心のおごりたかぶること。倶舎宗《くしゃしゅう》では小随煩悩地法の一、唯識宗では小随煩悩の一に数える（他に対して心のおごりたかぶるのは慢という）。八憍とは、盛壮憍（元気さかんなことの誇り）・姓憍（血統のすぐれていることの誇り）・富憍・自在憍（自由の誇り）・寿命憍（長寿の誇り）・聡明憍・行善憍（善行の誇り）・色憍（容貌の誇り）をいう（法華文句巻六）。

**きよう　希膺**　（天正一一1583―万治二1659）京都妙心寺（臨済宗）の僧。土佐の人。慈光不昧禅師、大悲円満国師という。諸国に行脚し、後水尾天皇、伊達政宗などの帰依を受けた。〔参考〕正法山志四、本朝高僧伝四五

**ぎょう　行**　①(梵)サンスカーラ saṃskāra の訳。刪迦羅《さんから》と音写する。本来は造ること（造作《ぞうさ》）の意であるが、転じて移り変ること（遷流《せんる》）の意を生じ、これら二義があるといわれる。前義に従えば行は業《ごう》の意味である。十二縁起における第二支の行はこれであって、福行（楽果をもたらす世間的な善行）・非福行（苦果をもたらす悪行）・不動行（禅定三昧の行）の三行でこれを

説明することもあるが、後には現在世の果報をもたらした過去世の三業(身業・口業・意業)〈⇩業《ごう》〉と解釈される。後義によれば行は有為《うい》の意味である。つまり有為は因縁によって造られたもの、従って無常であるすべての存在を意味するからである。諸行無常というときの行はこれである。五蘊《ごうん》の一である行は、はじめは思《し》即ち意志を意味したから、もっぱら前義によって解釈されたが、後には色受想識以外の有為法をすべて行蘊に含ませるようになったから、後義の意味に従うようになった。この行蘊を心と相応する法即ち心所法(心のはたらき)と、相応しない法とに分ける。②㊵チャリヤー caryā またはチャリタ carita の訳で、動作、行為、実践の意。悟りに至るための修行、行法を指す。教行証、教理行果の行はこれである。真宗では南無阿弥陀仏の名号および称名念仏を大行という。③㊵ガマナ gamana の訳で、進み行くこと。歩み行くこと。行住坐臥(四威儀)の行はこれである。

**きょうあん　軽安**　㊵プラスラブディ prasrabdhi の訳。心所《しんじょ》(心のはたらき)の一。心身が平安で、融通性をもち軽快なこと。倶舎宗《くしゃしゅう》では大善地法の一、唯識宗では善の心所の一に数える(惛沈《こんじん》に対する)。

**きょうい　恭畏**　(永禄八1565—寛永七1630)真言宗の僧。京都嵐山の法輪寺の中興。京都西院の人。密教をはじめ諸教を学び、諸国を歴遊し、絵を能くした。臨済宗の朱子学者南浦文之の真言非難に対する応答が有名である。著書、密宗血脈鈔三巻、邪正義三巻など。〔参考〕続日本高僧伝一一、金剛頂無上正宗伝灯広録続編一〇

**きょうえ　経衣**　経帷子《きょうかたびら》、経帷衣《きょうかたびら》ともいう。経文・仏号などを書いた白衣で、死者に着せるもの。

**ぎょうえ　尭慧**　①⇩善偉《ぜんい》　②(大永七1527—慶長一四1609)真宗高田派専修寺一二世。光徳院と号する。権大納言飛鳥井雅綱の第三子。将軍足利義晴の猶子となる。天文四年1535専修寺一一世応真の門弟となる。同六年応真より唯授一人の口訣を受け、専修寺住持を継ぐ。同一七年伊勢一身田の無量寿寺に入り、専修寺住持の一身田定着の基礎を作る。天正二年1574門跡号を勅許され、同一〇年大僧正となる。〔参考〕大日本史料一二ノ六、本願寺通紀六

**ぎょうえい　暁瑩**　(北宋の政和六1116—南宋の淳熙一二1185?)南宋代初期の禅僧。字は仲温。雲臥庵主という。洪州(江西省南昌県)の人。大慧宗杲《そうこう》の法を嗣ぎ、羅湖(同省臨川県)および豊城(同省豊城県)感山に幽居した。著書、羅湖野録、雲臥紀談各二巻。〔参考〕雲臥庵主書、明高僧伝八

**きょうえん　慶円**　①(天暦三949—寛仁三1019)天台宗の僧。播磨の国司藤原尹文の子。長和三年1014大僧正、翌年延暦寺座主となった。〔参考〕天台座主記、本朝高僧伝四九　②(保延六1140—貞応二1223)人和法相宗竜門寺の僧。九州の人。〔参考〕元亨釈書一二、本朝高僧伝五四　③生没年不詳。鎌倉時代の禅僧。駿河の人。月翁元規について学び、のち元に遊学し、名声高く、大乗音薩と呼ばれた。帰国後、建仁・建長・南禅の諸寺に歴住し鎌倉大雄庵で没した。〔参考〕本朝高僧伝三七　④生没年不詳。鎌倉中期の真宗の僧。教円とも書く。現愛知県安城市野寺町の本証寺(真宗大谷派)の開山。もと小山新祐という武士であったが、遁世して天台に帰し、のち矢作《やはぎ》柳堂で親鸞の教化にあって帰依したという。〔参考〕本願寺通紀七

**きょうえん　鏡円**　(正嘉元1257—正中二1325)臨済宗南禅寺の僧。通翁と号する。南浦紹明《なんぽじょうみょう》に師事した。後醍醐天皇の信任を受け、元亨四年1324清涼殿で諸宗と討論して諸講師を破った。〔参考〕元亨釈書一四、本朝高僧伝六五、正中元年宗論記

**ぎょうえん　行円**　(　—寛仁四1020頃)平安中期の僧。鎮西の人。常に観音を念じ、身に鹿の皮を着用していたので革聖《かわひじり》、皮上人などと呼ばれた。寛弘元年1004京都一条に行願寺(革堂)を建て、法華八講、釈迦講を営み、また道路改修なども行い、七十余歳で没した。〔参考〕元亨釈書一四、本朝高僧伝六五、雍州府志四

**きょうおうごこくーじ　教王護国寺**　京都市南区九条町。東寺真言宗の総本山。通

称は東寺。正称は金光明四天王教王護国寺秘密伝法院、また弥勒八幡山総持普賢院とも号する。東寺の称は、羅城門の東にあって西寺《さいじ》に対したからで、西寺を右寺、右大寺というのに対して左寺、左大寺ともいう。延暦一五年796平安京造営に際し都城の鎮護として朱雀大路の南端羅城門の左に建てられた。弘仁一四年823空海に賜って、真言僧五〇口を置き、真言宗の根本道場とした(真言宗の密教を東密というのはこれによる)。天長二年825講堂ができ、空海自刻の仁王護国の尊像を安置して教王護国寺と名づけた。二世実慧の時代に経営が困難になり、ために定額僧を二四口に減じ、綜芸《しゅげい》種智院《しゅちいん》(天長五年に空海が庶民の教育機関として設立した学校)を売って丹波大山荘を買うなどのことがあった。九世観賢が空海の真筆「三十帖策子」をめぐる高野山との争いに勝って以後、東寺長者が金剛峯寺検校を兼ねることになった。平安末期には寺運が衰えたが、建久年間1190—99文覚が勧進となって復興に努め、朝廷や幕府の援助によって漸く盛んになり、延慶元年1308後宇多法皇が当寺の西院に移って三年間住み、観智院以下二一院を建て寺領を寄進した。この頃いわゆる東寺の三宝(頼宝・杲宝《ごうほう》・賢宝)らが出て宗風をあげた。室町末期にはしばしば一揆に荒らされ、文明一八年1486には一揆の放火で金堂、講堂などが焼けた。豊臣秀吉は寺領二〇三〇石を寄せ、徳川家康もまた寺領を安堵した。寺務を管理する長老を空海の御遺告によって長者と称し、初めは一人であったが後に四人となり、勅によって補せられた。現今の堂舎のうち金堂・講堂・食堂などは豊臣氏の寄進により、大塔・灌頂院・西院などは徳川氏の時に造られた。寺宝は空海以来の密教の仏像・絵画・工芸・書蹟を中心としてきわめて多い。なお、かつて所蔵していた東寺百合文書(現京都府立総合資料館蔵)は約二万点に及ぶ文書群で、宗教史のみならず古代・中世史研究の史料として貴重。〔国宝〕五重塔(正保元1644再建)、金堂、大師堂(西院御影堂)、蓮花門、木造五大明王像、同五大菩薩坐像、絹本著色両界曼荼羅図、同真言七祖像、弘法大師筆尺牘三通(風信帖)、弘法大師請来目録、東宝記、海賦蒔絵袈裟箱ほか 〔重文〕宝蔵、講堂、木造弘法大師坐像、密教図像、弘法大師遺告、法会所用具類ほか 〔参考〕東宝記、東寺長者補任、教王護国寺文書

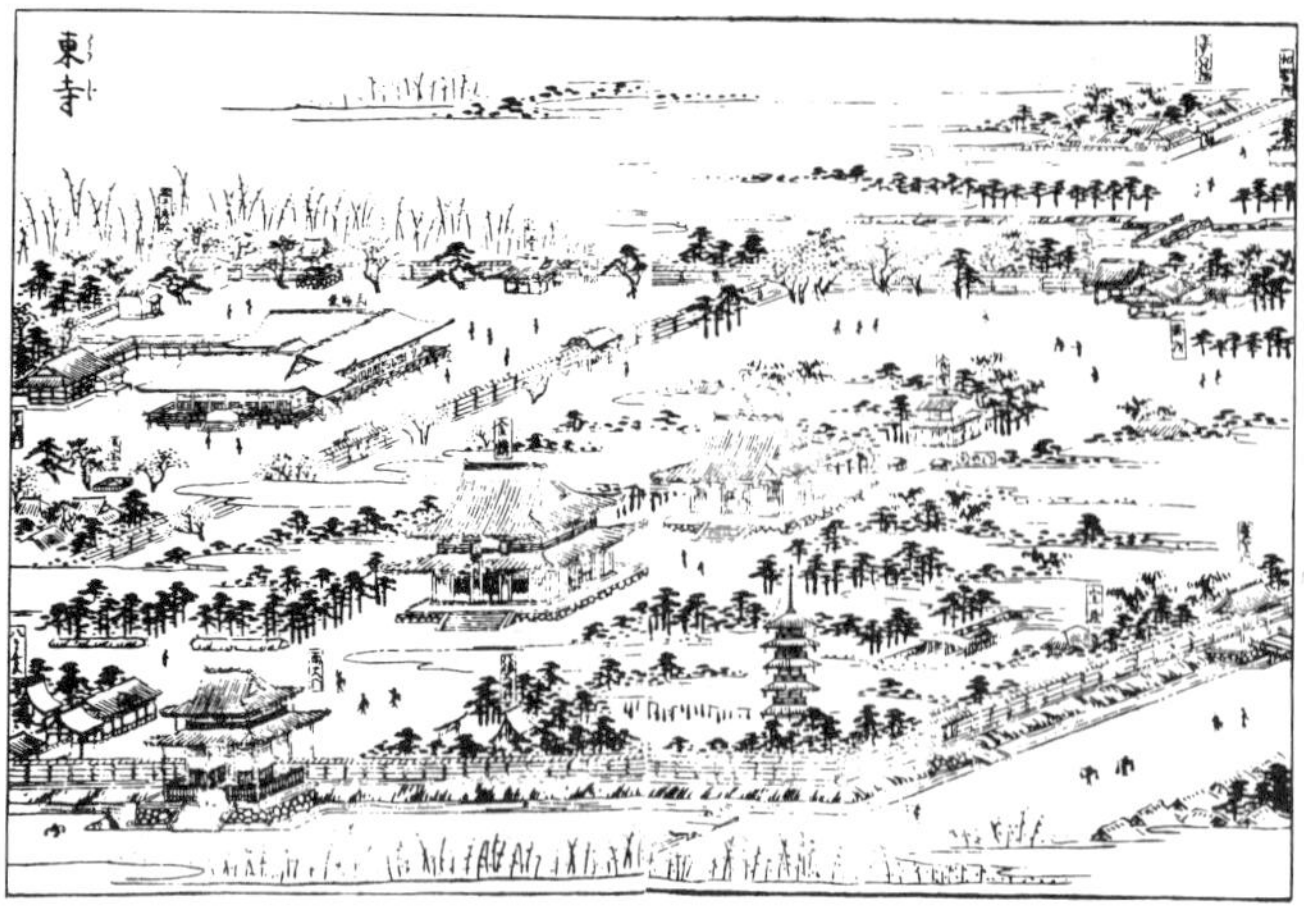


教王護国寺〈東寺〉(都名所図会)

**きょうおん　慶恩**　(天明二1782—嘉永元1848)浄土真宗本願寺派の学僧。肥後熊本善正寺の住職。天保一二年1841勧学になる。

**きょうおん-しんぎ　教苑清規**　二巻。元の天竺円覚寺の雲外自慶の編(至正七1347)。禅宗の勅修百丈清規の影響の下に、天台宗山家派の立場から僧徒が日常依るべき僧団の規則として制定したもので、祝讃・祈禱・報本・住持・両序・摂衆・安居・誡勧・真帰・法器の順に一〇門に分けて説く。(続)二・六・四

**きょうおん-てきよう　教苑摘要**　二巻。真流(江戸中期の比叡山の僧)の著。安楽律を批判して、天台の円教は荊渓以前の説により、円戒は純粋の円頓大戒によらねばならないと主張し、台・禅・密の三宗一致の立場が日本天台の特色であると説く。〔刊本〕明和九1772刊

**ぎょうが　行賀**　(天平元729—延暦二二803)奈良興福寺の僧。俗称は上毛野氏。大

和広瀬郡の人。元興寺平備に唯識を学び、天平勝宝四年752入唐し法相・天台を学んだ。延暦元年興福寺別当、同一五年大僧都となった。著書、唯識論僉記三〇巻、法華経弘賛二〇巻など多い。〔参考〕僧綱補任一、興福寺別当次第一、元亨釈書一六、本朝高僧伝四

**きょうがい　境界**　㊵ヴィシャヤ viṣaya の訳。境ともいう。①感覚器官(根)および認識を司るこころ(識)の対象となるもの。例えば、眼と眼識(視覚)によって見られる色《しき》(いろ、かたち)のようなもの。これに五境、六境の区別がある。唯識宗では三類境の説がある。また内境・外境、真境・妄境、順境・逆境などに分ける。②自分の力の及びうる範囲。分限。無量寿経巻下には「斯の義弘深にして我が境界に非ず」とある。

**ぎょうかい　行海**　(天仁二1109―治承四1180)真言宗の僧。源行宗の子。仁安二年1167真言の秘奥を相承し、承安二年1172東寺二の長者となる。山科勧修寺慈尊院を開いた。その系統を行海方《ぎょうかいがた》という。〔参考〕東寺長者補任

**きょうがいじゅう　境界住〔依止住《えしじゅう》〕**　住とは仏の住所の意。①仏陀が伝道旅行の途中にしばらくとどまる所を境界住といい、仏陀が本拠とする住所を依止住という。前者は舎衛城によって、また後者は祇園精舎《ぎおんしょうじゃ》によって代表される。②心に悟った境界を境界住といい、現実に肉身が住している場所を依止住という。

**きょうかい-りつぎ　教誡律儀**　一巻。詳しくは教誡新学比丘行護律儀という。唐の道宣(596―667)の著。成立年不詳。新学の比丘が心得るべき日常の作法を述べたもの。二三法四六六条からなる。なお、新旧両本があって、旧本は撰者を栖霞寺僧普通とし題号を教誡新学比丘護律儀(護律儀と略称する)といい、日本には円珍が旧本を、俊芿《しゅんじょう》が新本を将来したといわれる。㊅四五、〔国〕諸宗部一四

**きょうかく　経覚**　(応永二1395―文明五1473)奈良興福寺の僧。関白九条経教の子。応永一四年得度、同一七年大乗院門跡となり、同三三年興福寺別当となる。以後同寺別当となること四度におよんだ。後五大院と号す。その日記、経覚私要鈔はこの時期の政治・社会研究の好史料。〔参考〕大日本史料八ノ六、大乗院寺社雑事記、興福寺別当次第、大和人物志

**きょうかく-しようしょう　経覚私要鈔**　興福寺大乗院門跡経覚(1395―1473)の日記。安位寺殿御自記、後五大院殿記ともいう。応永二二年1415から文明四年1472までの日記六五冊と一六冊の別記から成る。日記は、興福寺の寺務・法会・寺領支配から京都の動向にまで言及しており、大乗院寺社雑事記とともにこの時期の政治・社会・経済研究の基礎史料。また別記には維摩会勅使引付・他寺探題日記・能登岩井河用水記・興福寺僧綱補任・維摩会記などがある。史料纂集〔原本〕内閣文庫蔵

**きょう-が-しま　経島**　兵庫県神戸市。平清盛が大輪田泊の前面に船泊りのために一切経を書写した石を用いて築いたと伝える島。のちに俊乗房重源《ちょうげん》がこれを修築した。〔参考〕兵庫築島考、平家物語

**きょうかり　羌掲梨**　㊵シャンカリー śaṃkarī の訛った音写。小刀と訳す。鋸歯をもつ小刀のこと。密教でいう。

**きょうかん　経巻**　巻物に記した経。また一般に経典や仏典をいう。経典を読むための机を経卓、経机、経案なとといい、経巻を立てかけておく台を経巻立《きょうかんだて》という。また経典は普通、経帙《きょうちつ》に入れ、経笥《きょうばこ》、経筐《きょうばこ》、経筒《きょうづつ》、或いは経櫃《きょうびつ》に納めて保存する。また供養として、経文を小石に書いて経石とし、或いは経巻のままで塚に納める。これを経塚という。⇩経塚《きょうづか》

**きょうがん　慶巌**　(天文二三1554―元和三1617)浄土宗鎮西派の僧。肥前国塩田城主の悴任知光の三男。声蓮社源誉と号し、常陸定山の浄土宗大念寺を開き、徳川家康・秀忠の帰依を得た。〔参考〕大日本史料一二ノ二六、浄土本朝高僧伝五

**ぎょうかん　行観**　①⇩覚融《かくゆう》①　②(貞享二1685―享保一九1734)融通念仏宗の僧。摂津西成郡難波の人。大通融観につき融通念仏の宗義を修め、また華厳・天台を学び、奈良の法徳寺・大和郡山の円融寺に住

し、真光院学頭職となった。著書、融通念仏円門章私記三巻、聖皇本記二巻。〔参考〕融通大念仏寺誌下

**ぎょうがん　行願**　生没年不詳。江戸中期の真言宗の学僧。宝暦年間1751―64常陸筑波山の月輪院に住し、のち隅田川畔に大進庵を結び、晩年は京都の宝持院に住した。著書、文鏡秘府論冠註一五巻、註梵字次第記二巻、法華経異釈二巻、青表紙五巻など。

**きょうかん-こうしゅう　教観綱宗**　一巻。明の智旭(1599―1655)の著。成立年不詳。天台教学の中心である化儀・化法の四教および十乗観法について、初学者にも理解できるように説いたもの。天台四教儀と共に天台学の入門書とされる。智旭は更に註釈を加えて釈義一巻をつくり、日本の徳義は享保二年1717両本を一つにまとめて会本二巻として出版した。(大)四六、[国一]諸宗部一四〔註釈〕徳義・贅言二巻、綱猷・記四巻

**ぎょうがん-じ　行願寺**　京都市中京区行願寺門前町。天台宗。山号は霊麀山、本尊は千手観音。西国三十三カ所観音第一九番札所。俗に革堂《こうどう・かわどう》と呼ぶ。日本紀略の永祚元年989八月条に「一条北辺堂舎」とあるのが前身。行願寺としては寛弘元年1004行円の草創に始まる。行円は九州鎮西の人、京に出て比叡山横川に居た聖で、常に鹿皮を着して世に革聖・皮上人と呼ばれた。本尊千手観音は行円が夢託によって賀茂社の槻樹を得て刻んだものという。当寺での活動は寛弘五年から寛仁二年1018にわたり、阿弥陀四十八講、釈迦講、万灯会を催し、寛仁二年の法華四部講には藤原実資の結縁、参詣を得て、信者は上下市を成した。その後幾度かの火災、兵乱で堂舎を焼失。天正一八年1590寺町荒神口に移転、文化年間1804―18本堂その他を再建して現在に至る。近世は洛陽三十三所観音第四番札所。境内の石造五輪塔は加茂明神石塔と呼ばれ、行円建立というが確証はない(鎌倉時代の作か)。〔参考〕日本紀略、百練抄、小右記、元亨釈書、都名所図会一 など

**きょうかん-そうし　境観相資**　天台宗で、観じられる対象となる三諦円融《さんたいえんゆう》の理とそれを観じる方の一心三観とが主客あい資《たす》け、互いに他に由って顕現し成立することをいう。

**きょうかん-たいこう　教観大綱**　一巻。源信(942―1017)の著と伝えるが、鎌倉時代の成立か。山家祖徳撰述篇目集には性舜の著という。天台の教相と観心との大綱を示すために、中国・日本の代表的著作の要文を抄出し、日本天台の口伝法門の要義を教えようとしたもの。恵心僧都全集三〔刊本〕寛文元1661刊〔註釈〕実海・見聞三巻

**きょうかん-ほんぞん　教観本尊**　日蓮宗で、本像などの形像を教門の本尊、文字であらわした十界円具の曼荼羅《まんだら》を観門の本尊と区別することの可否について論じるもの。即ち、曼荼羅は観心に便利であり、木像などは教相の信心に便利であるとの意から一応分けて名づけてもよいが、しかし、本尊が二つあるのではなく、唯一のものを表象する仕方のちがいであるだけであるから、妙解門からいえば木像も曼荼羅も共に教門の本尊であり、妙行門からはいずれも観門の本尊であって、二を区別するのは不可であるとする。また木像などを人本尊、曼荼羅を法本尊と名づけて、二つのものとして区別することについても、同じ意から不可とする。⇩本尊《ほんぞん》

**きょうき　慶喜**　よろこぶこと。仏法を聞きえたよろこび。狭義には歓喜《かんぎ》に対する語。念仏者が信心を得て、この世において正定聚《しょうじょうじゅ》不退の位に定まったことをよろこぶこと。⇩歓喜《かんぎ》

**きょうぎ　経木**　①読経の時打つ拍子木。音木《おんぎ》ともいう。②ヒノキまたはスギなどの材木を紙のように薄く削ったもので、表面に経文などを記す。また死者の法名などを記して盂蘭盆《うらぼん》のとき供養する。

**ぎょうき　行基**　(天智天皇七668―天平二一749)法相宗の僧。和泉の人。百済系の帰化人。姓は高志氏。一五歳のとき薬師寺で出家したと伝える。道昭・義淵らに師事し法相の学を修め社会福利の事業をいとなみ、また四十九院という寺堂を五畿内に建てたという。行基年譜によると、架橋(摂津四・山城二)・直道(摂津―河内)・池(摂津六・河内一・和泉八)・溝(摂津三・河内一・和泉

行基（高僧像）

二)・樋(河内三)・船息(摂津一・和泉一)・堀(摂津三・河内一)・布施屋《ふせや》(摂津三・河内二・和泉二・山城二)を造り、日本後紀には、摂津国に惸独田《けいどくでん》一五〇町を置いて孤児と老人の救済にあてたという。養老元年717四月、詐って聖道を称し百姓を妖惑しているとして行基およびその弟子の活動は禁じられたが、天平三年には、随従者のうち六一歳以上の男性、五五歳以上の女性の出家入道が許された。同一五年一〇月には、東大寺大仏造営のための費用を勧進した。同一七年に大僧正に任じられ、二一年には聖武天皇などに菩薩戒を授けた。〔参考〕続日本紀、行基大菩薩行状記、行基菩薩伝、行基年譜、大僧正舎利瓶記、今昔物語集

**ぎょうき　澆季**　末の世。

**ぎょうぎ　行儀**　行為の規則、或いは行事の儀式のこと。浄土宗では念仏をするのに尋常・別時・臨終の三種行儀があるとする。

**きょうき-じこく-しょう　教機時国抄**　一巻。教機時国教法流布事ともいい、俗に五義鈔、五段鈔という。日蓮の著(弘長二1262)。教法と、教えをうける対象(機)と、その弘まる時代と、弘められる国土と、教が弘まる順序をあきらかにし、教は法華経、機は純円、時は末法、国は一向大乗法華の日本国、序は最後に実大乗の法華が弘まる、とする。日蓮宗では、これを宗教の五綱として重視する。縮霜〇、昭和定本日蓮聖人遺文一など〔註釈〕日健・御書鈔、日講・祖書録内啓蒙、日好・祖書録内拾遺、同・録内扶老

**ぎょうぎぶん　行儀分**　⇩教相分《きょうそうぶん》

**きょうぎょう　経行**　「きんひん」とも読む。一定の場所を往復して同じ歩度で歩くこと。坐禅中、疲労を直し睡気をさますため、或いは健康のための一種の運動である。

**ぎょうきょう　行教**　平安時代初期の三論宗の僧。備後の人。紀兼弼の子。奈良大安寺に住して三論・真言を学び、伝灯大法師位を授けられた。貞観元年859宇佐八幡に詣で、京都男山に石清水八幡宮を勧請した。〔参考〕石清水八幡宮護国寺略記、本朝高僧伝四六

**きょう-ぎょう-か　境行果**　境と行と果。境とは観照、信、理解の対象で、行とは境を観じ、信じ、理解することによって修行すること、果とはその修行によって得る証果を云う。唐の法蔵は境に法と義とを分け、行に体と用とを分け、果に分果と満果とを分ける。

**きょうぎょう-じ　教行寺**　①奈良県北葛城郡広陵町萱野。真宗大谷派五箇寺の一。蓮如は文明七年1475越前吉崎を退去し、同一〇年京都山科に入るまで富田(現大阪府高槻市富田町)や出口(同枚方市出口)を中心として活動したが、このうち富田の坊舎は明応七年1498蓮如八男の蓮芸(兼琇)に伝えられ、教行寺(富田教行寺)と号したのに始まると伝える。そののち当寺は蓮芸の長子実誓のとき院家となったが、天正八年1580大和国佐味田(現奈良県北葛城郡河合町)に移った。慶長七年1602更に同田原本に移り、承応元年1652箸尾(萱野)の現地に転じた。いわゆる箸尾坊で、富田の旧坊はこれを別坊とした。②兵庫県西宮市塩瀬町名塩。浄土真宗本願寺派別格寺。蓮如についで富田坊に入った蓮芸は、永正1504―21の初年に名塩に坊舎を構えたが、実如はこれに本尊を付した(名塩中山総道場宛)。蓮芸は長子実誓に富田坊をつがせ、次子賢勝をこの名塩坊に住ませた。慶長七年の本願寺東西分派の時、西本願寺末にとどまって現在に至る。寺宝の蓮如御文四冊は、いわゆる名塩本で、一四六通を収めた最大輯録として知られる。

**きょう-ぎょう-しょう　教行証**　①教えと行とさとり。教行果ともいう。教とは仏が説いたおしえ、行とは教に従って衆生がする修行、証とは行によって得られるさとりを意味する(世親の十地経論巻三、智顗《ぎ》の法

華玄義巻五下など)。②また教は理をあらわすものであるから、あらわす教とあらわされる理とを分けていえば、教理行果の四法となる(窺基の義林章巻六本)。③親鸞は聖道門《しょうどうもん》(この世でさとりをひらく教え)の教行証に対して浄土門(浄土へ生まれ、そこでさとりをひらく教え)の教行証を示し、行とはさとりの果に至らせる因であるから衆生が修める自力の行ではなく、衆生をして信じさせ称《とな》えさせるはたらきとしての名号《みょうごう》そのものであり、衆生はその大行を信じさせられる一念に往生がさだまるから信が往生の因であるとして、行をわけて行と信の二とし、教行信証の四法を立てる(教行信証)。④また、窺基の義林章巻六本などには、教行証の具欠によって正像末の三時〈⇩末法《まっぽう》〉を立て、日蓮は教行証御書に、法華の行は末法にも教行証の三法を具するという。

**きょうぎょうしんしょう　教行信証**　六巻。正しくは顕浄土真実教行証文類《けんじょうどしんじつきょうぎょうしょうもんるい》といい、御本書、御本典、教行証などとも呼ぶ。親鸞の著。浄土真宗の教義の綱格を示した根本聖典で、経論釈の主要な文をあつめ、私釈をほどこしたもの。顕浄土真実教文類(教巻)、顕浄土真実行文類(行巻)、顕浄土真実信文類(信巻)、顕浄土真実証文類(証巻)、顕浄土真仏土文類(真仏土巻)、顕浄土方便化身土文類(化身土巻)からなり、冒頭に総序、信巻の初めに別序、化身土巻の終りに後序がある。前五巻は真実の法を明らかにしたもので、浄土真宗には往相と還相との二種の廻向があり、浄土に生まれてさとりをひらくことも、この世に還って教化のはたらきをすることも、すべては如来の本願のはたらきによるとし、往相に、真実の教―大無量寿経、真実の行―名号、真実の信―信心、真実の証―滅度の四法があり、この四法によって無上涅槃を証すれば必然に還相して衆生済度のはたらきをあらわすと述べ、真仏・真土は、その証によって見られる仏とその国土であり、また四法の根源となるものであるとする。これに対して、化身土巻は、方便と邪偽との法を示し、それらの法を批判し位置づけている。従来、元仁元年1224常陸稲田で完成されたといわれてきたが、初稿は東国在住の時期に書かれたとしても、帰洛後改訂されたとする説が有力になっている。各巻の著作順序についても、現在の調巻の順序によらないとする説もあり、また現存する真蹟本以前の稿本があったらしいとも考えられている。㊅八三、定本親鸞聖人全集一、日本思想大系一一、真宗史料集成一など〔真蹟〕東本願寺蔵(もと坂東報恩寺に伝持されていたので、俗に坂東本とも称する。国宝)〔写本〕専修寺蔵(建長七1255専海書写、重文)、西本願寺蔵(文永一二1275書写と推定、重文)、京都常楽寺蔵(元亨四1324存覚書写)〔刊本〕寛永一三1636刊、正保三1646刊など四種〔延書〕東本願寺蔵(貞和二1346源覚書写本)〔金子大栄編・真宗聖典所収〕、木版本には万延本など、活字本には日下無倫・坂東本延書など〔註釈〕存覚・教行信証六要鈔(寛永一三刊)、深励・講義、僧叡・随聞記(真全二六―二九)、吉谷覚寿・教行信証六要鈔講讃、山辺習学・赤沼智善・講義〔複製〕教行信証(大正一一1922)、国宝顕浄土真実教行証文類(昭和三一1956)、親鸞聖人真蹟集成一―二(昭和四八)、いずれも坂東本

**ぎょうきょう‐の‐じゅうぶつ　行境の十仏**　華厳経に説かれた一〇種の仏身で解境《げきょう》の十仏に対する。円教の菩薩《ぼさつ》が修行を完成して、体達した究極の仏果を、その徳から一〇方面に分けて名づけたもので、一仏身について、その仏身を十身具足の毘盧舎那《びるしゃな》とも、或いは周遍法界身《しゅうへんほっかいしん》とも名づけ、またその仏のさとりの世界を十仏の自境界《じきょうがい》と称する。行境・解境の二種の十仏の説は智儼の華厳孔目章巻二にある。澄観の華厳玄談にいう融三世間の十身は解境の十仏、仏上の十身は行境の十仏に当たる。旧訳の華厳経巻四二離世間品によって名を出せば⑴無著仏《むじゃくぶつ》。涅槃《ねはん》(悟り)にも生死《しょうじ》(迷い)にも執われず、真実のさとりを完成して迷いの世界にはたらく故。⑵願仏。菩薩のときに立てた誓願の力によって生じる故。⑶業報仏《ごうほうぶつ》。あらゆる修行のむくいとしてうるわしい姿を得る故。⑷持仏。浄識(精神の主体)があらゆる善の根本をたもって、それによってさとりを完成する故。⑸涅槃仏。常に涅槃に住する故。

(6)法界仏。仏身があまねく法界《ほっかい》に満ち満ちている故。(7)心仏。仏があまねく衆生の心にゆきわたり、しかも心即仏である故。(8)三昧仏。常に三昧《さんまい》に住する故。(9)性仏。ものの真実の本性をくまなくあらわす故。(10)如意仏。おもうがままに教化する故、とする。ただし旧訳の華厳経巻三七には(1)を正覚仏、(4)を住持仏、(5)を化仏《けぶつ》(衆生の性質や能力に応じてさまざまに身を現わす)とし、新訳の華厳経巻五三・五七には、(1)を成正覚仏、(4)を住持仏、(9)を本性仏、(10)を随楽《ずいぎょう》仏とする。(1)は総徳をあらわし、(2)以下はそれを開いた別徳である。⇩解境の十仏《げきょうのじゅうぶつ》

**ぎょうくう　行空**　①生没年不詳。平安時代の法華の持経者。法華経を毎日一二度、没するまでに三十余万度読誦したという。五畿七道を遊歴し、一処に二夜は宿らなかったので、時の人は一宿上人と呼んだ。〔参考〕本朝法華験記中、今昔物語集一三、元亨釈書一一、本朝高僧伝六八　②生没年不詳。鎌倉初期の浄土宗の僧。法本房(一説に法宝房)と号し、法然に師事したが、のち幸西らと共に異説を唱え門下を斥けられたという。その所説を寂光土義という。建永二年1207法然と共に土佐に流された。〔参考〕浄土法門源流章、浄土伝灯総系譜上

**きょう-くよう　経供養**　経を供養するために行う法会。新しく経典を書写、または収蔵したときに行う。一切経については一切経供養といい、書写供養、開題供養ともいう。一部一経を供養する時は法華経の書写が多く、これを如法経供養ともいう〈⇩如法経《にょほうきょう》〉。経典の外に論部などを書写し供養することもある。〔参考〕広弘明集一九、仏祖統紀三七、濫觴抄下

**きょうけ　経家〔論家《ろんげ》〕〔釈家《しゃっけ》〕**　①経家とは、仏陀の説いた教説を誦出し、経典として結集した弟子たちをいう。阿難・迦葉などがこれに当たる。経典の初めの「如是我聞」などの序分と、「作礼而去」などに終る流通分《るずうぶん》との大部分、および正宗分中の「仏告阿難」などの説明語は経家の語とされる。論家とは、論を作って仏法を宣揚し、また経文の深い意味を明らかにした人々をいう。インドの竜樹・天親などの菩薩がこれに当たる。釈家とは経論の文句意味を解釈して著述した人々で中国の道綽・善導などをいう。②釈家とは仏陀(釈尊)の家姓の意味で、仏門に入った人々をいう。

**きょうけ　教化**　仏前で法要の際に諷唱される一種の仏教讃歌。正統の声明《しょうみょう》の一。もと教導化益《きょうどうけやく》という意味から転じた語で、導師が大衆を教化するという意味であったらしい。漢文体の長い誦経文をも教化といったが、後世まで行われたのは国文体のものである。国文体の教化は、藤原時代中期にはじまり、その末期から源平時代にかけて盛んであったが、室町時代以後は衰えた。盛んな頃には、個々の法会に際して新作するのが例とされ、懐空(－1088)の「教化之章色々」には、用いられた法会を明記している。散文体のものと律語体のものとがあるが、律語体が普通であり、四句一章を基本形式とし、四句(片句という)、八句(諸句という)、一二句、一六句などのものがある。四句ごとにその終りが、「…モノナリケリ」「…コソアリケレ」「…モノヲヤ」などで結ばれ、独特の語法を示している。教化は、和讃と共に、日本語による仏教讃歌として重要なものであり、日本で作られた漢語の讃や讃歎《さんたん》などから展開したものと考えられ、和讃が浄土教的、民衆的であったのに対して、教化は天台・真言両宗で行われて、儀式的であった。なお、教化のふしが表白や説経のもとになったらしい。例えば、「昔ノ大王ハ仙人ノタメニ、千歳ノ給仕ヲ致シテ一乗ノ妙法ヲツタヘ、今ノ諸徳ハ権現ノ御タメニ、八軸ノ真文ヲ講ジ御《ましま》スソ貴カリケル」(散文体、天台宗で法華八講に用いる)「竜女ハホトケニナリニケリ、ナドカ吾等モナラザラン、五障ノ雲コソアツクトモ、如来月輪カクリレヌモノコソアリケレ」(律語体、真言宗で用いる)。現存のものは日本歌謡集成巻四にほぼ集録する。

**ぎょうげ　行解**　心や心のはたらき(心所)が対象に向かって働きかけ(行)、その対象をそれぞれに了解、認知する(解)こと。心(心王)は対象の全体的な相(総相)を認知

し、個々の心のはたらき(心所)は兼ねて個別的な相(別相)をも認知するといわれるが、これには異説もある。

**きょうげべつでん　教外別伝**　禅宗の用語。文字や言葉によらないで直ちに心から心へ仏祖のさとりを伝えること。

**ぎょうげん　行玄**　(承徳元1097—久寿二1155)天台宗の僧。藤原師実の子。保安四年1123延暦寺座主となり、天養元年1144勅により粟田口青蓮院を開いた。翌年大僧正に任じられる。〔参考〕行玄年譜、本朝高僧伝五二

**きょうげん-げきちく　香厳撃竹**　禅宗の公案の一。香厳智閑が、瓦のかけらを捨てたとき、竹にあたった音によって開悟した故事で、段階的修行の力によらず、時節が来れば自然の真理に契うことを示したもの。原文には智閑の悟りの偈がついている。〔原文〕祖堂集一九、景徳伝灯録一一、五灯会元九

**きょうげん-じょうじゅ　香厳上樹**　禅宗の公案の一。香厳智閑が弟子に教えて、「例えば或る人が木に登り、口に枝をかむだけで、手足を木から離した場合、誰かが問答をしかけて来たら、どう答えるか」と問うたという話で、絶体絶命の危機をどう超えるかを示したもの。〔原文〕無門関五則、祖堂集一九、景徳伝灯録一一

**きょうけんなふら-こく　恭建那補羅国**　㊵コーンカナプラ Koṅkaṇapura の音写。インドのボンベイの東南付近にあった国。現在のトゥンガバドラー河北岸のアナンタンディ付近であろうといわれるが異説が多い。玄奘が訪れた頃、百余りの寺院を数え、大乗・小乗が並び行われたという。〔参考〕西域記一一、慈恩伝四

**きょうこう　教亨**　(天徳二1150—興定三1219)金代末期の禅僧。姓は王氏。字は虚明《こみょう》。済州任城(山東省済寧県)の人。臨済一三世の普照宝《ふしょうのほう》の法を嗣ぎ、燕京(河北省北平市)の慶寿寺、その他に住した。名僧福安の再生という。〔参考〕仏祖歴代通載二〇、明高僧伝五

**きょうごう　経豪**　①生没年不詳。鎌倉末期の曹洞宗の僧。五辻宣経の子。道元に参じ、のち山城興聖寺開山の詮慧の法を嗣いだ。著書、正法眼蔵抄二一巻(延慶元1308成立)。②(宝徳三1451—延徳四1492)真宗興正寺一四世。仏光寺性善の子。京都の人。文明一三年1481仏光寺を出て本願寺蓮如に帰し、名を蓮教と改めた。一寺を建てて仏光寺の旧称興正寺を復し、その中興となった。現在の興正寺の始源である。〔参考〕大谷本願寺通紀六、興正寺紀、浄土伝灯総系譜下

**きょうごう　憬興**　「けいごう」とも読み、璟興とも書く。生没年不詳。朝鮮、新羅の法相宗の僧。姓は水氏。一八歳のとき出家し、神文王元年681国老となって三郎寺に住し、著述に専念した。著書、涅槃疏、解深密経疏など四十余部があったというが、今は無量寿経連義述文賛三巻、金光明最勝王経略賛五巻および弥勒上生経疏、弥勒下生経疏、弥勒成仏経疏各一巻が現存する。〔参考〕三国遺事五、新編諸宗教蔵総録一・二

**ぎょうこう　堯孝**　(明徳二1391—康正元1455)歌僧。頓阿の孫。和歌をよくし、新続古今集編集に際して和歌所開闔となった。権大僧都に叙せられる。著書、伊勢紀行、堯孝法印日記、堯孝法印集など。〔参考〕後鑑一八七

**ぎょうごう　行業**　身・口・意において行われる行為。作業《さごう》のこと。

**ぎょうごん　行厳**　①生没年不詳。平安時代中期の延暦寺の学僧。仏頂房という。双厳房頼昭につき池上流を学び、仏頂流を開き、祇園社別当となった。著書、口秘決。〔参考〕台密血脈譜、諸宗章疏録　②生没年不詳。鎌倉時代初期の真言宗の僧。正三位能季の子。京都の人。刑部卿法印という。宗厳の法を受け、建暦元年1211成賢の法を嗣ぎ、醍醐寺理性院五世を継いだ。〔参考〕続伝灯広録

**きょうさく　警策**　「けいさく」とも読む。禅宗において、僧衆が坐禅をする際に、眠ったり、容儀がみだれたものを打って警醒させる用具。扁平な長板形の棒で、長さ約一三〇《センチ》、上幅がやや広く六《センチ》弱。晨旦(朝)の誦経や或いは問答の際、または掛搭《かとう》の僧を追払うのにも用い、時には師家《しけ》が竹篦《しっぺい》の代用ともする。なお、十誦律には、坐禅中に眠るものを突いてよびさます用具として禅杖《ぜんじょう》を挙げている。タケやアシなどで作り、一端に綿(たんぽ)をつけ

ている。

**きょうさつら-こく　憍薩羅国**　梵コーシャラ Kośala 巴コーサラ Kosala の音写。拘薩羅、拘娑羅、居薩羅とも音写する。①古代インドの十六大国の一。現在のウッタラ・プラデーシュ州の北東部にあり、舎衛城（サーヴァッティー Sāvatthi）を首都とした。仏陀在世の頃は摩竭陀《まかだ》（マガダ Magadha）国とともに二大勢力を形成していた。仏陀教化の中心地で、仏陀はその後半生の多くを舎衛城で送った。同国の波斯匿《はしのく》（パセーナディ Pasenadi）王の帰仏は仏教の興隆に預って力があった。のちに摩竭陀の王阿闍世（アジャータシャトル Ajātaśatru）に敗れ、その支配下に入った。なお、この国のもう一つの都アヨードヤー Ayodhyā は叙事詩ラーマーヤナの舞台として知られる。〔参考〕西域記六、慈恩伝三　②マハーナディー Mahānani 川の上流とゴーダーヴァリー Godāvari 川の支流ヴァローダ Varoda 川の上流地帯を支配した国家。①と区別して南コーサラ国という。首都はシュリープラ Śrīpura（Sirpur）。グプタ王朝の第二代サムドラグプタ Samudragupta 王が四世紀にこの国のマヘーンドラ Mahendra 王を破った。娑多婆訶（サータヴァーハナ Sātavāhana）王の外護により竜樹《りゅうじゅ》が活動したところと伝える。〔参考〕西域記一〇、慈恩伝四

**きょう-ざん　匡山**　⇩盧山《ろざん》

**きょう-ざん　仰山**　中国江西省宜春県の南にある山。山下に太平興国禅寺および二神廟がある。唐の乾符六年879潙仰宗の祖である慧寂が来住した。〔参考〕宋高僧伝一二

**きょうざん-しせつ　仰山指雪**　禅宗の公案の一。仰山慧寂《えじゃく》がある日、雪だるまを指し示して、「法身の当体」と賞した故事で、後に雲門文偃《ぶんえん》が「自分ならすぐさま推し倒してくれよう」と評し、さらに雪竇重顕《せっちょうじゅうけん》が「推し倒すばかりで起こすことができぬ奴」と雲門を評した話。〔原文〕従容録二六則、仰山語録、五灯会元九

**きょうざん-しとうじょう　仰山四藤条**　禅宗の公案の一。仰山慧寂《えじゃく》に学んだ霍山景通《かくざんけいつう》が、仰山の坐っているを見て「如是如是」と言ったのに対し、仰山が四たび藤の杖を打ち鳴らして警めた故事で、直接的な肯定を超えたはたらきがあるべきことを教えたもの。景通は後に集雲峰下《げほう》四藤条天下大禅仏と称した人で、集雲峰は仰山を指す。〔原文〕景徳伝灯録一二、仰山語録、五灯会元五

**きょうざん-ずいぶん　仰山随分**　禅宗の公案の一。仰山慧寂が僧に文字を知るかと問われて、「随分」と答え、その問いに応じて無限に円相《えんそう》を示し、文字を超えた世界を自由に表現した故事。随分とは、勿論、当然の意。〔原文〕従容録七七則、仰山語録、五灯会元五

**きょうざん-そうしゅう　仰山挿鍬**　禅宗の公案の一。仰山慧寂が潙山霊祐《れいゆう》の下で耕作していたとき、「田の中にどれほどの人が働いているか」と問われて、鍬を地に挿し、叉手して立ったのを潙山がほめた故事で、多数の労働も、努力は各自の一人一人にあることを示したもの。〔原文〕従容録一五則、仰山語録、景徳伝灯録一一・一八

**きょうざん-もんさんしょう　仰山問三聖**　禅宗の公案の一。仰山慧寂が、臨済義玄の弟子の三聖慧然に、「汝の名は」と問うたのに対し、三聖が「慧寂」と答えたので、両人が呵呵大笑した故事で、自他一如の面目を示したもの。〔原文〕碧巌録六八則、仰山語録、五灯会元一一

**きょうじ　経師**　経文を書写する人を指したが、のち写経の装釘者を指すことになり、一般の表具師の呼称となった。奈良時代の公設の写経所には経師・校正・装潢の役があり、経師は経文書写を担当し、写経殿に常仕して筆墨・食事・作業衣のほか布施を支給された。この頃の経師の数は約二百名で、そのうち古参の者は題師といって経題の書写を専門とした。平安時代以後は公設の写経所が消滅したが随時僧侶が経師をつとめ、鎌倉時代以後の版経の盛行に伴い、経師は単に経巻装釘者の呼称となり、更に室町時代からは一般書画の表装を扱い、以後広く表具師を経師屋と呼ぶに至った。

**きょうじ　慶字**　（　―永享五1433）　曹洞宗の僧。越後国の人。字は顕窓。越後耕

雲寺能勝について出家し義堂周信に参禅した。越後上田の古刹雲洞寺を中興し、同国滝谷慈光寺を開き能勝を開山として、自身は第二世となった。〔参考〕日本洞上聯灯録

**ぎょうし　行思**　（　—開元二八740）唐代中期の禅僧。姓は劉氏。青原、または静居和尚といい、諡号は弘済禅師。盧陵（江西省吉安県）の人。六祖曹渓慧能の法を嗣ぎ、南岳懐譲《えじょう》と並び称される。〔参考〕祖堂集三、宋高僧伝九、景徳伝灯録五

**ぎょうじゃ　行者**　①仏道に入って修行する人のことで、行人《ぎょうにん》ともいう。②山伏・修験者の通称〈⇩験者《げんじゃ》　⇩山伏《やまぶし》〉。③「あんじゃ」と読めば、禅宗で寺内に止宿して種々の給仕をする者のこと。これにいろいろな種類の行者があって、それぞれに名称がつけられている。妻帯した者も多かったという。⇩禅林職位《ぜんりんしょくい》

**きょうしゃや　憍奢耶**　㊵カウシェーヤ kauśeya の音写で、憍賖耶、高世耶《こうせや》とも書く。虫衣、野蚕綿、蚕衣と訳す。野生の蚕の繭からとった絹、または絹で作った衣のこと。

**きょうしゅ　教主**　教化の主、教えを説く人。仏教はことごとく釈迦牟尼仏が説いたものであるから、釈迦牟尼仏を教主とし、普通には大恩教主と称する。後世、宗派によって仏身に関する見解が異なり、教主の身格についても諸説を生じた。密教では、大日経の教主を大日如来とし、その身格について、自性身《じしょうしん》説、加持身《かじしん》説など種々な説が立てられ、また、華厳宗では華厳経の教主を十身具足の毘盧遮那仏《びるしゃなぶつ》、天台宗では、華厳経の教主を報身、法華経の教主を応身に即した報身とする。

**きょうしゅ　敬首**　（天和三1683—寛延元1748）浄土宗の僧。江戸の人。増上寺岸了の下に出家し、法然院忍澂、安養寺慧堅らに学び浄土律を弘めた。武蔵正受律院を開き、同国寿永寺を中興。古書を好み数万巻を珍蔵した。著書、即心念仏摘欺説二巻、同続一巻。〔参考〕敬首和上伝、蓮門類聚経籍録

**きょうしゅう　経宗〔経体〕**　①経宗とは、経典の主旨、主要点、根本的主張の意。経体とは経典をつらぬく本質、主質の意。例えば宗は家屋を構成している主要な構成材即ちうつばりや柱に喩えられ、体は構成材の本質である木材に喩えられる。例えば天台宗では法華経は因果を宗とし、実相の理を体とするといい、真宗では無量寿経は本願を宗とし名号を体とするという。②論をよりどころとして立つ宗派を論宗というのに対して、経をよりどころにして立てた宗派を経宗という。法華経による天台宗、華厳経による華厳宗など。⇩経論釈《きょうろんじゃく》

**ぎょうしゅう　行秀**　（世宗六1166—定宗元1246）金末・蒙古初の禅僧。姓は蔡氏。万松、従容老人《しょうようろうじん》、報恩行秀などと呼ぶ。河内（河南省沁陽県）の人。曹洞一四世の雪巌満の法を嗣ぎ、邢州（同省洛陽県東北）浄土寺に万松軒を創し、金・蒙古二朝の帰依で、燕京（河北省北京市）報恩寺に住し、従容庵に退老した。広く内外の学に通じ、門下に李屛山《りへいざん》・耶律楚材《やりつそざい》の名儒がいる。著書、従容録六巻、請益録《しんえきろく》二巻、通玄百問一巻。〔参考〕会元続略一、五灯厳統一四、続灯存稿一一

**きょうしゅん　慶俊**　（　—延暦年間782—806）奈良大安寺の僧。俗姓は葛（藤）井氏。河内国の人。道慈に三論・法相・華厳の教を受け、勤操《ごんぞう》にも師事。天応元年781京都愛宕山中に白雲寺を開いた。〔参考〕七大寺年表、本朝高僧伝四

**ぎょうじょ　堯恕**　（寛永一七1640—元禄八1695）京都妙法院第三四代。後水尾天皇の第六子。比叡山で二〇年間学び、博学をもって知られた。天台座主に任じられること三度、護持僧となり二品に叙せられた。また絵画をよくしたという。著書、五部大乗経捷径録四巻、僧伝排韻一〇八巻。〔参考〕堯恕親王行業記、妙法院史料

**きょうしょう　教証〔理証〕**　聖教即ち経論に示された証拠で文証ともいう。これに対して理論上の証明を理証という。

**ぎょうしょう　行勝**　（大治五1130—建保五1217）真言宗の僧。高野山一心院（現五坊寂静院）の開祖。諱は真俊、木食上人と称する。摂津の人。もと仁和寺華蔵院宮の侍童（万寿麻呂）。常喜院心覚から広沢流の灌

頂を受けたが、好んで各地の名山霊跡を跋渉し、金峯山笙の窟で不動使者法を修し霊験を得た。寿永三年1184仁和寺道法親王受灌の日、守覚の命により止雨法を修し、その賞として天野社宝前に一切経(現存宋版大蔵経)を勅賜された。このころから高野山に入って穀味を断ち、一心院谷に五智坊を創建して住し、建久九年1198には八条女院の御願により不動堂を造営して自刻の不動明王坐像(重文)、伝運慶作の八大童子像(国宝)を安置した。承元二年1208鎌倉法印貞暁はその徳風を慕って仁和寺より登山、経智坊に住した。また鎌倉二位禅尼(北条政子)を勧化し、天野社に気比・厳島の両明神を勧請して社殿を造営した。晩年は七座不動法を日課としたという。〔参考〕大日本史料四ノ一四

**きょう-しょう-の-しょうじゃ　経生の聖者**　生を経る聖者の意。小乗の聖者(仏教の真理に目覚めて凡夫位を離れた者)であって、欲界または色界の多生を経過した後に般涅槃《はつねはん》する者。

**きょうじょう-ほっす　教乗法数**　四〇巻。明の円瀞の著(宣徳六1431道遐《どうか》松陰の序)。諸乗法数、蔵乗法数などの欠点を補い、天台の立場より一心から数を追って八万四千法門にいたるまでの仏教用語の数目に関係あるものを略述したもの。縮露三

**きょうしょうみ-こく　憍賞弥国**　(梵)カウシャーンビー Kauśāmbī (巴)コーサンビー Kosambī の音写。倶睒弥《くせんみ》などとも音写する。跋蹉《ばっさ》(ヴァッツァ Vatsa)国の首都。古代インドの大都市の一つ。その位置については諸説があるが、現在のウッタル・プラデーシュ州のコーサムをその遺跡と見る説が有力である。仏陀の在世時代すでにこの地には有力な僧団があり、それが戒律の解釈の上で争論を起こしたと伝える。この国の王優塡《うてん》(ウダヤナ Udayana)が仏陀に帰依し、はじめて仏像を造ったという伝説も有名である。〔参考〕中阿含経五五、西域記五

**きょうしん　教信**　(　—貞観八866)　平安初期の念仏者。もと奈良興福寺の学僧であったとも伝え、播磨国賀古郡賀古駅に草庵を結んで妻子を蓄え、凡愚の生活に徹し、日夜ただ念仏して生涯を終った。後世、永観、親鸞、一遍などが彼の行跡を追慕した。またその名は伝説化され謡曲や浄瑠璃に取り入れられた。〔参考〕日本往生極楽記、今昔物語集一五、後拾遺往生伝上、元亨釈書九、本朝高僧伝三

**きょうしん　慶信**　(長久二1041—嘉保二1095)東大寺の僧。藤原公成の子。有慶に三論を学び、承保二年1075東大寺を管し、以後二〇年、堂塔を修造し法眼位に叙せられた。〔参考〕本朝高僧伝六五

**きょうじん　教尋**　(　—永治元1141)　新義真言宗の僧。俗姓は平氏。大和の人。覚鑁《かくばん》に師事し、高野山大伝法院の学頭をつとめた。宝性院に籠居したというが、不詳。〔参考〕本朝高僧伝五一

**ぎょうしん　行信**　真宗の用語。一般仏教で心行《しんぎょう》というのにあたる。普通には、「行」とはさとりに至るための実践、「信」とは信心を意味するが、真宗では、衆生にはさとりに至る能力を全く認めないから、固有の解釈をする。即ち、行をさとりにおもむかせるものという意に解して、衆生をして信じさせ称えさせる根源となっている如来の救済力の具体的なあらわれとしての名号《みょうごう》のことを「行」、その名号のはたらきによって起こされた信心のことを「信」といい、その信心にもよおされて衆生が称える念仏のことも「行」という。この行・信はいずれも如来のはたらきであるから大行・大信といい、衆生にとっては信がさとりに至る唯一の原因であるとする。

**ぎょうしん　行信**　生没年不詳。奈良時代の法相宗の僧。智鳳・行基に法相を学んだ。法隆寺に住し斑鳩宮《いかるがのみや》の故地に東院を興し、大僧都に進み七大寺検校を管した。聖武天皇の命により法華経を講じた。著書、仁王護国経疏三巻、最勝王経音義一巻。〔参考〕法隆寺東院縁起、七大寺年表、本朝高僧伝四

**きょうせい-うてきせい　鏡清雨滴声**　禅宗の公案の一。雪峰義存《せっぽうぎぞん》に参じた鏡清道怤《どうふ》が、「門外に聞こえるのは何の音か」と一僧に問い、僧が「雨滴声」と答えたのにつまって「汝は顛倒して己に迷い、

外の物を追う」とつぶやいた故事で、内外不二の立場を示さんとしたもの。〔原文〕碧巌録四六則、祖堂集一〇、景徳伝灯録一八

**きょうせい-そったく-の-き　鏡清啐啄機**　禅宗の公案の一。鏡清草裏漢ともいう。雪峰義存《せっぽうぎぞん》に学んだ鏡清道怤《どうふ》と一僧とが、禅における開悟を鶏卵の孵化するさまに譬えて交わした問答で、雛が中側から殻をつつくのを啐、親鳥が外から殻をつついて破るのを啄と言う。それが同時に呼応すべきことをいい、修行者の開悟と師の指導との関係に譬えたもの。ただし、この僧は未だ時期が熟していなかったために、鏡清より「草裏の漢」と評された。草裏とはむさくるしい、田舎者のままの意。〔原文〕碧巌録一六則、五灯会元七

**きょうぜん　教禅**　教と禅。即ち言いあらわされた教えによる仏教と、文字によらず心によって直ちにさとる仏教のこと。

**きょうぜん　教禅**（　―承保二〈1075〉）平安中期の絵仏師。丹波講師と称す。長久元年1040藤原資房のため五大尊像を描いたのが史料上の初見。治暦四年1068後冷泉天皇治癒祈願のため一二五体丈六仏絵像を描いた功で法橋に叙された（絵仏師法橋位の初例）。

**きょうそ　慶祚**　⇩けいそ

**きょうそう　教相〔事相〕**　①仏陀が一代に説いた教法の相、即ちいろいろな教義の特徴相違点を教相という。②教えの理論的面を指して教相という。教えの実践的面をあらわす観心、観道、安心、事相などと対する。たとえば、密教では教義を組織的に解釈研究する方面を教相、威儀・行法などの実際上の修法に関する方面を事相という。⇩教相分《きょうそうぶん》　⇩教相門《きょうそうもん》

**ぎょうそう　行相**　心（心王）および心の個々のはたらき（心所）が対象に向かってはたらくとき、心・心所に起こる認識状態のことであるが、倶舎宗《くしゃしゅう》では心に映る対象界の影像を指し、唯識宗では対象界をこのような影像のものとして認める心・心所の認識作用として理解する。

**ぎょうぞう　行像**　四月八日の仏誕生の日に仏像を車の上にのせて街頭をねり歩く儀式。インド・西域・中国で行われた。仏国記にインド中部、マガダ国の巴連弗城《はれんふつじょう》（パータリプトラ）で行われたことを記し、中国では劉宋や北魏の頃から京師で盛大に行われた。劉宋の賛寧は、仏の入滅後、王臣が親しく仏を拝しえなかったことを遺憾として、仏降生相、太子巡城の像をつくって仏の遊化を模したのであろうという。〔参考〕仏国記（于闐国の条）、魏書釈老志、洛陽伽藍記（第三景明寺の条）

**きょうそう-じゅうはっつう　教相十八通**　一八巻。聖冏《しょうげい》の著（嘉慶二〈1388〉）。浄土宗列祖の書中にみえる重要な教義一八カ条の奥義を解釈したもの。初めの一〇通は善導の観経疏《かんぎょうしょ》玄義分・序分義・定善義・散善義の中の重要教義を述べ、後の八通は教相乱切紙と題し、善導の観経疏・行儀分（法事讃・観念法門・般舟讃）・曇鸞の往生論註・道綽の安楽集・懐感の群疑論・源信の往生要集の中の重要教義を述べている。浄全一二〔写本〕伝通院蔵（伝自筆本）

**きょうそう-の-さんい　教相の三意**　三種教相ともいう。天台宗で、法華経が他の諸経に異なってすぐれているのは次の三つの意味によるとする。即ち⑴根性融不融の相。他の教えではその教えを受ける衆生の素質能力（根性）が不揃いですぐれたものと劣ったもの（利と鈍）との別があったから（不融）、教えにも真実と方便との二種が混じえて説かれたが、法華経の説法の時には衆生が一様に利根になって差別がなくなったから（融）、教えも真実の教えのみが説かれる。⑵化導始終不始終の相。他の教えではその時だけの適当な教えを説こうとするから、その教えの中で如来の教化する意図が明らかにされないが（不始終）、法華経の教えでは三世にわたって一貫した組織で教化されていることを説くから、如来教化の意図が明らかになっている（始終）。⑶師弟遠近《おんごん》不遠近の相。他の教えでは師である釈迦牟尼仏は今の世に初めて仏陀となり弟子もまた今の世に初めて仏弟子になったと説かれていたが（不遠近）、法華経の教えでは釈迦牟尼仏は過去久遠の昔に成道して仏陀となり弟子もまた遠い昔に成道している

から、共に今の世のさとりと教化とを真実と見るべきではないと説く(遠近)。この内、前の二は法華経の迹門《しゃくもん》について言ったもので、この三カ条が天台宗において仏教の教義を組織づけて解釈する基礎である。

**きょうそう-はんじゃく　教相判釈**　教相とも、また判教、教判、教摂ともいう。教えの説かれた形式、方法、順序、説かれた意味内容などによって、教説を分類して体系づけ、仏の真の意図を明らかにすることをいう。即ち仏教の経典ははなはだ数が多く、その説き方や内容も一様ではないので、これが仏陀の一生涯に説いた教えであるとすれば、それぞれに何らかの意図があり、何らかの順序次第がなければならないことになる。それゆえ諸経典に体系をつけ、価値を定めて、仏の真実の意図を明らかにする必要が生じ、教相判釈がなされたのである。既に、経典自体において、法華経などに大乗と小乗との別を示し、楞伽経《りょうがきょう》に頓・漸、華厳経に三照、涅槃経に五味、解深密経《げじんみつきょう》に三時の別が説かれており、これが教相判釈の端緒である。インドでは、大智度論の三蔵と摩訶衍《まかえん》の説や、顕露と秘密の説、十住毘婆沙論《じゅうじゅうびばしゃろん》の難行道と易行道の説をはじめ、戒賢《かいげん》・智光の三時教の説などがあったが、それらはおおむね教説内容の浅深を主とした分類で、説法の形式から現にある多数の経典を分けようとしたのではなかった。中国においては、インドで歴史的に発達した諸経論がそれらの成立順序とは無関係に、またほとんど同時的に翻訳され、研究されることになったので、それらの諸経論の多様な教説の中からそれぞれ自己の信奉する教えの教義的立場を明示するために、教説の体系化が必要となった。これが中国仏教において特に教相判釈の発達した理由である。判教は南北朝時代において特に盛行し、後世「南三北七、義百家を成ず」と評されるほどであり、隋・唐に及んでも続々と新教判がなされた。その一例を挙げると、智顗《ぎち》の法華玄義巻一〇上には、南三北七(中国南方の三師と北方の七師)の教判を挙げて、江南では仏の説法の形式から頓・漸《ぜん》・不定《ふじょう》の三教を立て、このうち、漸教《ぜんきょう》について、(1)岌師《きゅうし》は有相教・無相教・常住教の三時教、(2)宗愛・僧旻《そうびん》は無相教の次に同帰教を加えた四時教、(3)僧柔《そうにゅう》・慧次・慧観は同帰教の前に褒貶抑揚教《ほうへんよくようきょう》を加えた五時教を立てたとし、北方では、(1)ある師は人天教・有相教・無相教・同帰教・常住教の五時教、(2)菩提流支は半字教と満字教との二教、(3)光統《こうず》(慧光僧統)は因縁宗・仮名宗《けみょうしゅう》・誑相宗《おうそうしゅう》・常宗の四宗、(4)ある師はこれに法界宗を加えた五宗教、(5)ある人は因縁宗・仮名宗・誑相宗・真宗・常宗・円宗の六宗、(6)北方のある禅師は有相大乗と無相大乗との二種大乗、(7)他の北方のある禅師は一音教《いっとんぎょう》(仏は唯一の音で説法したが、それを聴く者の素質・能力によって多様に理解される)の判を立てたとしている。その他、種々の書にさまざまな教判を伝えているが、とりわけ有名なのは、天台宗の智顗の五時八教、三論宗の吉蔵の二蔵三輪、法相宗の窺基《きき》の三教八宗、華厳宗の法蔵の五教十宗の教判などであり、浄土教では道綽《どうしゃく》に聖道門・浄土門の二門判がある。日本では、真言宗の空海が顕教と密教との二教判と十住心の教判とを立て、台密の安然《あんねん》が四時五教の説、親鸞が二双四重《にそうしじゅう》の説、日蓮が五綱の説を立てたなどが有名である。

**きょうそう-ぶん　教相分〔行儀分〕**　一部の著書のうちで、教義について述べた部分を教相分、行法について述べた部分を行儀分という。浄土教では善導の著述の中で、観経疏《かんぎょうしょ》を教相分、一括して具疏《ぐしょ》と称される他の四部の著述を行儀分という。

**きょうそう-もん　教相門〔観心門〕**　あわせて教観二門といい、単に教観ともいう。天台宗で、理論的方面を指して教相門、実践的方面を指して観心門《かんじんもん》という。例えば五時八教などを分けて教えの相状について論じるのを教相門、一念三千、一境三諦の理を心に観じるのを観心門とし、この二門は相資《たす》けあうもので、いずれか一方に片寄って他方をゆるがせにしてはならないが、しかも宗教本来の立場である実践即ち観心門が中心であるとされる。なお、法相宗で教相と観道、真言宗で教相と事相、真宗で教相と安心《あんじん》というのも理論と実践とをあらわす語である。

**ぎょうそん　行尊**　（天喜三1055或いは同五―長承四1135）天台宗の僧。源基平の子。平等院大僧正ともいう。園城寺《おんじょうじ》に入り明尊について出家、頼豪に密教を、覚円に両部灌頂を受けた。諸種の加持祈禱に験があり、園城寺長吏の職にあること一七年、同寺再興につくした。保安四年1123天台座主となったが辞して登山せず、天治二年1125大僧正となった。また和歌をよくし千載集、新古今集などに入集する。家集の行尊大僧正集が伝存する。〔参考〕園城寺長吏次第、古今著聞集二、本朝高僧伝五一

**きょう-そんじゃ　脇尊者**　脇は㊵パールシュヴァ Pārśva の訳。説一切有部《せついっさいうぶ》の伝説上の論師。付法蔵因縁伝では第九祖と伝える。仏滅後四〇〇年にインド北西部に出世し、迦膩色迦《かにしか》（カニシカ Kaniṣka）王の命をうけ、五〇〇人の比丘の座長となって大毘婆沙論を編纂したと伝え、論中にその学説が紹介されている。馬鳴《めみょう》（アシュヴァゴーシャ Aśvaghoṣa）の師ともいう。

**きょうたい　経体**　⇩経宗《きょうしゅう》

**ぎょうち　行智**　①（安永七1778―天保一二1841）修験者。江戸の人。悉曇《しったん》を学び、また歌道・書道に通じていた。浅草福井町銀杏八幡別当覚吽院に住し、修験宗当山派の惣学頭に補せられた。著書、木葉衣、踏雲録事二巻。〔参考〕東洋文庫二七三　②（天保一〇1836―明治一七1884）真言宗の僧。字は宝幢。号は海嶺。姓は大崎氏。越後国古志郡来伝村の人。弘化三年1846同国君沢村薬照寺行養のもとで得度。安政二年1855より五年間大和の長谷寺に行き、通済・良運・海如等につき事相教相を学ぶ。のち故郷に帰り、明治九年国上寺と薬照寺を兼務。真言宗の分裂を嘆き、雲照たちとともに運動をして明治一二年大成会議を東京で開かせ、新義・古義を合同して真言宗とし、東寺を総本山とした。同一三年東寺定額位に補任された。著書、教場要論一巻など。〔参考〕真言宗安心全書下

**きょうち-くゆう　境智倶融**　観じる智慧（智）と観じられる対象（境）とが主観客観の分別意識を去ってともにとけあい（融）、合一すること。理智冥合というに同じ。

**きょう-づか　経塚**　主として経典を埋納した仏教遺跡。わが国独自のもので、寺社の境内やその周辺に築造された。単一経塚と複合経塚があり、平安時代末期から江戸時代までの遺跡が全国に分布する。埋納方法は小さな石室に、経典を容器または外甕に入れて埋め、その周囲に木炭などの防湿剤をつめたものが多い。経典は紙本経、瓦経、銅板経、一字一石経、貝殻経などで、その経容器を経筒と呼ぶ。銅製または陶製、石製のものが多い。そのそばに和鏡、利器、仏具、合子、銭貨など奉賽品を副納した。最古の遺物は奈良金峯山経塚から出土した藤原道長埋納の紺紙金字法華経（長徳四998奥書）及びそれを納めた銅板製鍍金経筒（寛弘四1007銘）。一一世紀末から一二世紀が最盛期にあたり、末法思想に基づく弥勒信仰の影響が強い。鎌倉時代には追善供養の性格がみられ、室町時代には廻国納経の手段に用いられた。仏教考古学や、日本美術、工芸史の上からも重要な遺物が多い。国宝としては金銅藤原道長経筒（金峯神社）、金峯山経塚出土品（金峯山寺）、金銅経箱（滋賀延暦寺蔵）、鞍馬寺経塚遺物（京都鞍馬寺蔵）、朝熊山経塚遺物（三重金剛証寺蔵）、伯耆一宮経塚遺物（島根倭文神社蔵）、奈良原山経塚遺物（愛媛奈良原神社蔵）、求菩提山普賢窟出土遺物（福岡国玉神社蔵）など。

**きょうでん-いん　敬田院**　⇩四天王寺《してんのうじ》

**きょうとう　経塔**　①紙に経文を塔の形に書写したもの。経曼荼羅《きょうまんだら》ともいう。②経文を収めた塔をいうことがある。これを法舎利とも称した。

**きょうどう　享堂**　饗堂とも書く。祖師の肖像や位牌を安置し、おまつりのおそなえをする堂。

**きょうどう　教道〔証道〕**　言語によって説きあらわした教え、またはそれに基づく実践を教道、さとりの真理そのもの、またはそれに契った実践を証道という。教・証、教行・証行ともいう。天台宗では、法華

経以外の教えは方便の教えであるから教道、法華経の教えは真実の教えであるから証道になぞらえる。また化法の四教のそれぞれに教証二道があるが、このうち蔵教・通教は教証ともに権《ごん》(仮)、円教は教証ともに実であるのに対して、別教は教権証実(別教の教説は直ちに円教を理解することができないものを相手とした方便的なものであるが、それによってさとられる真理は円教に同じ)であるとする。また、別教・円教は、教道からいえばそれぞれ五十二位の菩薩の階位をもつが、証道からは別教の初地が円教の初住にあたるとし、これを証道同円という。

**きょうどう　経幢**　四面・六面・八面の石柱に仏頂尊勝陀羅尼経・白傘蓋陀羅尼・金剛般若経などの経文を刻んだもの。起源はインドのドヴァジャ dhvaja(はたぼこ)の変形と考えられ、仏頂尊勝陀羅尼経によればこの陀羅尼を書写して幢の上か高山に安置すると功徳広大で一切の危難を除くとあり、唐の玄宗(712—56在位)頃、盛んに行われ、日本にも伝えられた。二、三層よりなる様式で、基壇の上に柱身を立て、下層に願文を、上層に経文を刻む。

**ぎょうどう　行道**　①行列をつくって道を歩むことの意で、遶仏《にょうぶつ》、遶堂のこと。古代インドの礼法で、敬いおがむために、仏または塔を右まわりにめぐる礼法。通常、一周或いは三周(右繞三匝《うにょうさんぞう》)するが、さらに多い場合もあり、また左まわりとする説もある。日本では各宗とも重要な法会に行う。内陣、堂内などを、華をまき経や梵唄《ぼんばい》をとなえながらねり歩くので練り《りね》といい、縁側をめぐるのを縁儀、庭までめぐるのを庭儀という。②経行《きょうぎょう・きんひん》のこと。③(梵)イーリヤーパタ iryāpatha(威儀路)の直訳。〈⇩四威儀《しいぎ》〉④仏道を修行すること。

**ぎょうどう　行道**　(享保三1718—文化七1810)江戸時代の木食、六十六部僧。甲斐国八代郡丸畑に生まれる。姓は伊藤、木喰行道ともいう。宝暦一二年1762常陸羅漢寺の木食観海上人より木食戒を受け、安永二年1773日本廻国の大願を発し、相模伊勢原を出立。三界無庵無仏を肩書きとして各地を巡国、天明八年1788四国から九州に上陸して日向国分寺の住職となる。国分寺災上のため再興を決意し、本尊五智如来像の彫像に着手し、寛政五年1793行道を改め五行菩薩と名乗る。その後も難行苦行の廻国を続け、同一二年故郷丸畑に帰って日本廻国を果たした。享和二年1802その廻国大願成就供養として四国堂を完成。再び各地を遍歴して文化三年丹波国清源寺で霊夢を感じ、神道光明・明満仙人と改名した。各地に残した仏像などの作品は七〇〇体以上を数え、円空と共に仏像彫刻僧として日本美術史上でも有名。著書、四国堂心願鏡、懺悔経諸鏡、長崎和歌集　〔参考〕納経帳、万人講、南無阿弥陀仏国々御宿帳、御屋と帳(丸畑伊藤家蔵)

**きょうとうま　喬答摩**　(梵)ガウタマ Gautama (巴)ゴータマ Gotama の音写。瞿曇《くどん》とも音写。インドの刹帝利《せっていり》(クシャトリヤ kṣatriya)種族の姓の一つ。仏陀の俗姓でもある。仏陀のほかにもガウタマの名で伝えられる仏弟子が三人ばかり数えられる。ガウタマの女性形は(梵)ガウタミー Gautamī (巴)ゴータミー Gotamī 喬答弥《きょうとうみ》、憍曇弥《きょうどんみ》と音写)で、仏陀の叔母であり養母であったマハープラジャーパティー・ガウタミー Mahāprajāpatī Gautamī (巴)マハーパジャーパティー・ゴータミー Mahāpajāpatī Gotamī 摩訶波闍波提憍曇弥《まかはじゃはだいきょうどんみ》、大世主、大愛道、大勝生主)が最も名高い。

**きょうどう-めつじん　経道滅尽**　仏の教法が衰滅すること。無量寿経巻下に「当来の世に経道滅尽せん、我れ慈悲を以て哀愍《あいみん》し特に此の経を留め止住すること百歳ならん」とあるのが典拠。

**きょうと-の-だいぶつ　京都の大仏**　⇩方広寺《ほうこうじ》①

**きょうながし　経流**　経文を書写して河や海に流すこと。追善供養のために行う。

**きょうにち　敬日**　生没年不詳。浄土宗の僧。鎌倉時代の人。生国不詳。はじめ天台を修め、のち京都長楽寺隆寛に師事して浄土教を受け、諸行往生を唱えた。弟子に慈心がある。〔参考〕浄土伝灯録、浄土源流章、一言

芳談

**きょうにょ　教如**　（永禄元1558—慶長一九1614）真宗大谷派本願寺一二世。諱は光寿。本願寺一一世顕如の長子。天正八年1580石山本願寺と織田信長との和議があり、父顕如は紀伊鷺森に退いたが、教如は石山をうごかなかったので義絶され、諸国を遊歴した。同一〇年信長の死を機会に鷺森に帰り、父と共に和泉貝塚、摂津天満を経て同一九年京都堀川に移った。文禄元年1592寺務職を継いだが、翌二年豊臣秀吉の命で弟の准如に職をゆずった。慶長七年1602徳川家康から烏丸六条と七条間の地を与えられ、別に本願寺（東本願寺）を建てて寺務に復した。

**ぎょうにょ　巧如**　（永和二1376—永享一二1440）真宗本願寺六世。諱は玄康。証定閣と号した。五世綽如の第二子で、権大納言日野資康の猶子となる。明徳四年1393寺務をついだ。〔参考〕本願寺史

**きょうにん　鏡忍**　（　—延暦三784）東大寺の僧。審祥・良弁に師事して華厳を修め、天平一六年744勅によって慈訓・円証と共に金鐘寺で華厳経を講じた。のち東大寺に住し、僧綱に任じられた。〔参考〕本朝高僧伝四

**ぎょうにん　行人**　元来は大寺において法会などの雑役に従事する堂衆を呼んだが、平安時代中期以後、寺院の武力化が進むと共に武装して勢力を持ち、中世では僧兵として横行すると共に、寺院内でも学侶と対立抗争した。ことに高野山の学侶・行人の抗争は著しく、戦国時代以後は武力を持った行人の地位がとくに向上し、やがて行人方の一派を確立し、近世を通じてしばしば学侶方と争った。元禄五年1692幕府は行人方の僧侶・寺院の大処罰を行った。⇩僧兵《そうへい》　⇩学侶《がくりょ》　⇩衆徒《しゅと》

**ぎょうねん　行然**　（　—弘安三1280）加賀の人。はじめ儒学を修めたが、出家して奈良不空院円晴から戒を受け、木幡寺道悟、普門寺円爾弁円に密教と禅を学び、郷里に無量寿福寺を開いて、戒定をあわせて宣布した。〔参考〕本朝高僧伝五九

**ぎょうねん　堯然**　（慶長七1602—寛文元1661）天台宗の僧。後陽成天皇の第六皇子。常胤法親王を師とし、妙法院に入室。二品に叙せられ、しばしば東照宮年忌の導師となり、三たび天台座主に補せられた。歌書、茶道に通じた。〔参考〕門跡伝、扶桑画人伝

**ぎょうねん　凝然**　（仁治元1240—元亨元1321）華厳宗の学僧。伊予の人。字は示観。一八歳（一説に一五歳）で東大寺戒壇院の円照について出家し、二〇歳で具足戒を受けた。証玄・浄因・聖守・宗性などについて広く八宗の学をきわめ、孔老百家の説にも通じた。正元年間1259—60の初め、再び円照に侍してその講をたすけ、建治三年1277師のあとをついで戒壇院に住して、主として律・華厳の二宗を講じた。正和二年1313唐招提寺に移ったが、五年ののち戒壇院にかえり、八二歳で没した。一八カ寺の律院を建て、講経授戒の数はすこぶる多く、後宇多上皇も弟子の礼をとり戒を受けた。著書、八宗綱要一巻、三国仏法伝通縁起三巻、浄土源流章一巻、華厳経探玄記洞幽鈔一二〇巻（三九巻現存）などをはじめとして百六十余部一千余巻といわれ、仏教諸宗の典籍だけでなく国史、神道、音楽などについても疏鈔をつくっている。〔参考〕律苑僧宝伝一四、本朝高僧伝一六

**ぎょうひょう　行表**　（神亀元724—延暦一六797）三論宗の僧。大和の人。檜前《ひのくま》調使安麻呂の四男。天平一三年741道璿《どうせん》について得度し、同一五年具足戒をうけ、律・禅・法相・華厳を学んだ。近江の崇福寺に住し、ついで同国の国師となって伝灯法師位に叙せられ、宝亀九年778最澄を度した。のち奈良の大安寺に移り、西唐院で没した。〔参考〕南都高僧伝、元亨釈書一六、東国高僧伝二、本朝高僧伝四、天台霞標二・四、七大寺年表

**ぎょうふもん　行布門**　⇩円融門《えんゆうもん》

**ぎょうへん　行遍**　（治承五1181—文永元1264）真言宗の僧。三河の国司藤原任尊の子。仁和寺道法法親王に両部灌頂、諸秘軌を受け、祈禱に験があった。大僧正に進み、東寺長者に補せられた。著書、参語集五巻。〔参考〕仁和寺諸師年譜、東寺長者補任、本朝高僧伝五四

**ぎょうまん　行満**　生没年不詳。最澄に

天台学を伝えた唐代の僧。蘇州（江蘇省蘇州府）の人。二〇歳で出家し律を学び、荊渓湛然に天台を受け、師の没後は天台山仏隴寺《ぶつろうじ》に住んで法門を伝えた。貞元二〇年804日本の最澄に天台の章疏八二巻と手書一通を与えたので、後世はこれを天台の始覚法門の伝授となしている。著書、涅槃経疏私記一二巻、同経音義一巻、六即義一巻、学天台宗法門大意一巻などあったが今は伝わらない。なお宋高僧伝二二にある天台山智者禅院行満や仏祖統紀一〇にある行満の伝には混同があるようである。〔参考〕顕戒論縁起、内証仏法相承血脈譜、叡山大師伝、仏祖統紀二五

**ぎょうもん　行門〔観門〕〔弘願門《ぐがんもん》〕**　浄土宗西山派の用語（証空の観門要義鈔）。合わせて行観弘《ぎょうかんぐ》の三門という。仏教を教えの内容から分類したもので、行門とは自己の行う実践によってさとりに至ろうとする道、観門とは弥陀の本願を観照（智慧で照らして知る）する道、弘願門とは弥陀の本願により救われる道である。観無量寿経でいえば、定散二善を自己の行為として修めるのが行門、定散二善を弥陀の徳をあらわすものとしてうけとり、この釈迦の教えによって本願のいわれを知るのが観門、本願によって救われるのが弘願門である。⇩要門《ようもん》　⇩自力《じりき》

**ぎょうゆう　行勇**　（長寛元1163―仁治二1241）鎌倉酒匂の人。字は荘厳、退耕と号す。はじめ真言宗に帰し、鎌倉鶴岡八幡宮の供僧となったが、同寿福寺で栄西に参禅し、北条政子の帰依をうけて高野山金剛三昧院の開基となった。建仁寺、寿福寺に住し、東大寺大勧進をつとめ、鎌倉の浄妙寺・東勝寺を開いた。弟子に覚心（法灯国師）がいる。〔参考〕鶴岡供僧次第、本朝高僧伝一九、高野春秋編年録八

**ぎょうよく　楽欲**　ねがい求めること。欲求すること。

**きょうりつ-いそう　経律異相**　五〇巻。梁の天監七年508武帝の勅により僧旻《そうびん》らがあつめ、同一五年宝唱が僧豪、法生らの協力を得て増補編集した仏教説話集。経や律などに出ている不思議な説話を、天・地・仏・菩薩・地獄などの二一部に分けて典拠を明らかにして収める。(大)五三

**きょうりょうやしゃ　畺良耶舎**　生没年不詳。劉宋代の訳経家。(梵)カーラヤシャス Kālayaśas の音写。時称と訳す。西域の人。広く三蔵に通じ、とくに禅観をもっぱらにした。元嘉年間424―53の初め、建業（南京）に来て、鍾山（紫金山）の道林精舎に止まり、観無量寿経、観薬王薬上二菩薩経を訳した。江陵（湖北省）に移り、岷蜀（四川省）に遊んで禅観を弘め、江陵に還って六〇歳で没したという。〔参考〕高僧伝三、開元録五

**きょうりょうるし　彊梁婁至**　生没年不詳。西晋代の訳経家。(梵)カーラルチ Kāla-ruci の音写。真喜と訳す。西域の人。西晋の武帝（265―90在位）の初めに中国に来て、十二遊経一巻を訳した。〔参考〕歴代三宝紀六、開元録二

**ぎょうりん-しょう　行林抄**　八二巻または一〇〇巻。戒光記ともいう。戒光坊静然の撰（仁平四1154）。台密における別尊法（曼荼羅中の一尊を別に請じて行う修法）などの事相を集録した書。台密法曼流の祖相実（―1165）の弟子である静然が、師に直接面授して法曼流所伝の別尊法などの口訣を詳しく筆記し、各修法についてその作法、曼荼羅及び功徳など秘密伝法を解説する。(大)七六〔写本〕大谷大学蔵（安永四1775写）

**ぎょうれき-しょう　行歴抄**　一巻。円珍の入唐から帰朝までの日記、行歴記の抄録。永承四年1049頼覚が実相院所蔵の二巻本によって、仁寿三年853の入唐から天安二年858の帰朝までの記事を抄録し、さらに建久八年1197智勧が嘉祥四年851京都を出発して唐に至るまでの部分を補った。当時の日中仏教交渉史を知る好資料であるが、偽書とみる説もある。仏全一一八・一一三〔原本〕石山寺蔵

**きょうろ　交露**　宝珠の飾りが、あたかも露が日光をあびてたがいに映しあって輝くようにしたもの。

**きょう-ろん-じゃく　経論釈**　経と論と釈とをいう。経とは仏陀の説いたもの。論とはインドの学者が経説を祖述解釈したもの。釈とは経論の意味を中国の学者が解釈したもの。また、経釈（経と釈）、論釈（論と

釈)ということもある。

**きょかん　居簡**　(隆興二1164―淳祐六1246)南宋代末期の禅僧。姓は王(一説に竜)氏。字は敬叟。蜀の潼川《どうせん》(四川省三台県)の人。大慧下の徳光の法を嗣ぎ、杭州(浙江省杭県)浄慈寺の北磵《ほっかん》に住した。詩文、墨蹟にすぐれた。著書、語録一巻があり、そのほか北磵外集、同文集一〇巻、同詩集九巻がある。〔参考〕増続伝灯録一、続灯存稿一

**ぎょ-き　御忌**　①もと天皇・皇后などの忌日に行われる法会を指したが、後柏原天皇の時以後、法然の忌日(正月二五日)に行う法会をいう。毎年正月一九日より二五日の一週間、京都知恩院で行われた。明治一〇年1877以後は四月一九日から二五日までの間行われるようになった。〔参考〕知恩院寺記　②真宗で行う祖師親鸞の御正忌を略して御忌ということもある。

知恩院御忌詣（都林泉名勝図会）

**ぎょくいん-しょう　玉印鈔**　一〇巻または五巻。杲宝《ごうほう》の著(貞和五1349)。東密の相承次第の正統性を主張した書。東密所伝の金胎両部一双説に対する道詮・徳一・円珍・安然などの疑難を論駁し、台密所伝の金胎両部別伝説を破斥する。空海の十住心論に玉印金箱帝々相付真言密印仏々伝授とあることによって玉印鈔と名づけた。昭和新纂国訳大蔵経宗典部二〔写本〕高野山宝亀院・宝菩提院蔵(室町時代写)、大谷大学蔵(寛延二1749写)

**ぎょくおう　玉翁**　(寛正元1460―大永元1521)浄土宗の僧。越後の人。初め禅を学び、のち浄土教に帰し、京都の真如堂・六波羅蜜寺・嵯峨釈迦堂(清凉寺)をはじめ諸国の廃寺の復興に努め、また京都本覚寺を開き庶民を教化した。〔参考〕本朝高僧伝六五

**ぎょくか-じ　玉華寺**　中国陝西省宜君県の西南にあった寺。唐の太宗(626―49在位)の離宮(玉華宮)を寺とし、顕慶四年659玄奘《げんじょう》らが当寺で大般若経の翻訳を行ったという。〔参考〕大慈恩寺三蔵法師伝六・一〇

**ぎょくせん-じ　玉泉寺**　①中国湖北省当陽県玉泉山(覆船山)の東南麓にある。前秦の道安の弟子道立をはじめ、北斉の法隠・法常、後梁の法忍・法論らが玉泉山に幽棲したが、隋の開皇一二年592智顗《ちぎ》がこの山に一字を建立し、翌年、智顗はこの寺で法華玄義を講じた。同年、文帝から玉泉寺の額を賜り、ついで同一四年摩訶止観を説いた。その弟子の法燦・道慧らが住し、唐代には弘景、神秀らが来住した(神秀は付近に度門寺を建てたという)。宋代以後は禅院となり、宋の元豊年間1078―85には承皓が堂宇を重建。清代には聖祖がしばしば行幸し、光緒五年1879、同九年の改修を経て現在に至る。

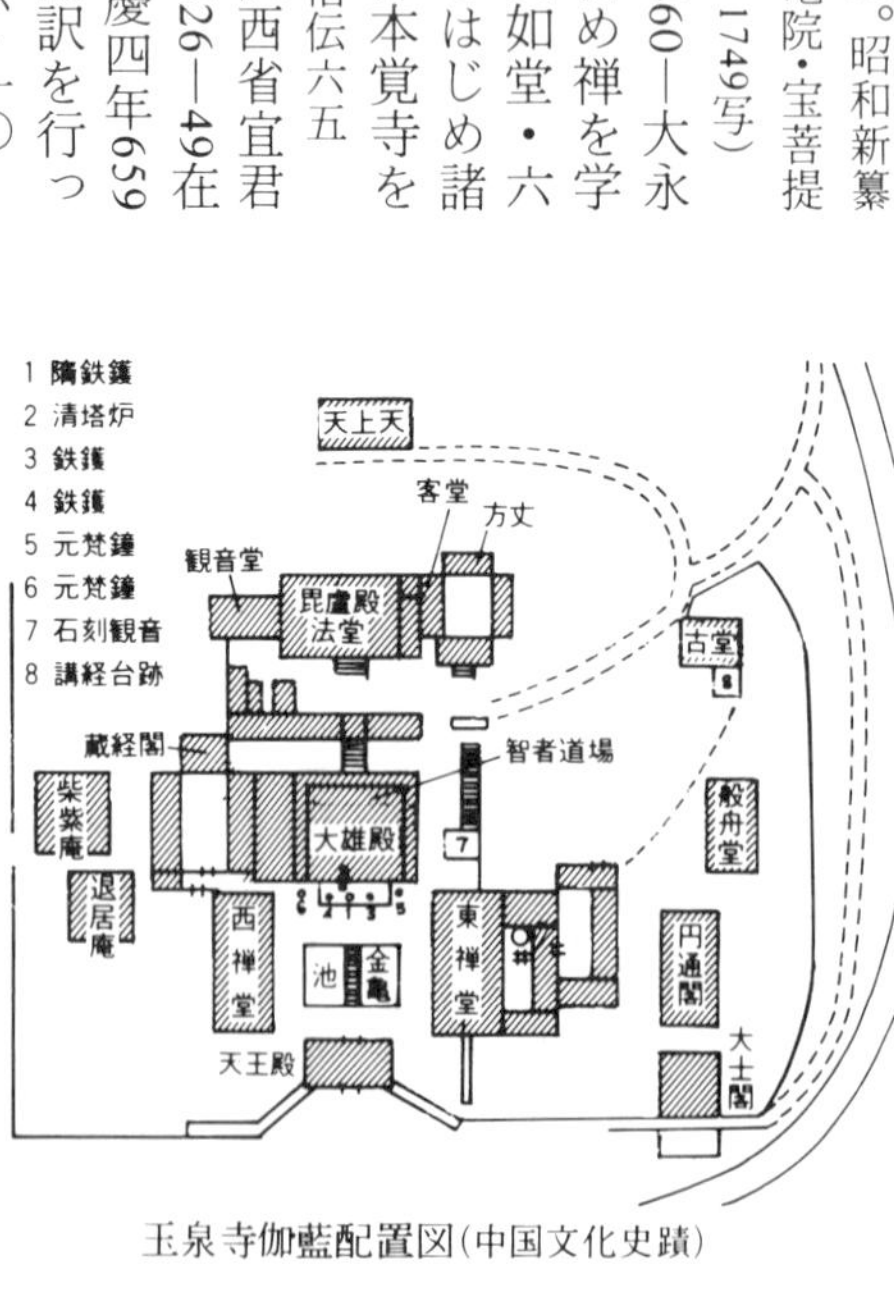

玉泉寺伽藍配置図(中国文化史蹟)

②群馬県利根郡月夜野町下牧。曹洞宗。三峰山と号する。一州正伊が鎌倉に玉泉庵を

建立し、のち沼田長忠に招かれて、ここに一寺をなし開基となった。永禄1558—70、寛政1789—1801、明治1868—1912と再三火災にあったが、今は諸堂をそなえている。③静岡県下田市柿崎。曹洞宗。瑞竜山と号する。天保六年1835大陵道眉が再興の途に没し、遺弟眉毛が嘉永元年1848完成させた。安政三年1856米国のハリスが当寺に領事館を開設、翌年秋まで止住した。④滋賀県東浅井郡虎姫町三川。天台宗。良源(慈恵大師)生誕の地と伝え、その坐像を本尊として寺塔を構えた。元亀元年1570織田信長の兵火により焼失したが、安永九年1780彦根藩主井伊家が再建した。〔重文〕木造慈恵大師坐像

**ぎょくほう-いん　玉鳳院**　京都市右京区花園妙心寺町。臨済宗妙心寺の塔頭の一。花園御殿、麟徳殿ともいう。花園法皇が暦応年間1338—42に妙心寺を創建したとき、居所であった離宮萩原殿を改め、方丈の側に別に建立した。院内の拈華室はその御常居である。〔重文〕開山堂、四脚門ほか

**ぎょくや-きょう　玉耶経**　一巻。東晋の竺曇無蘭《じくどんむらん》の訳(太元六381—一二〇)。異訳に訳者不明の玉耶女経、劉宋の求那跋陀羅《ぐなばつだら》の訳の阿遬達《あそくだつ》経があり、増一阿含経巻四九、パーリ増支部七・五九にも相当する経がある。給孤独《ぎっこどく》長者の娘で美貌を誇る玉耶に対する仏の教誡を記している。女性の十悪、妻の七種のあり方を説き、十戒を授ける。(大)二

**ぎょくりん-じ　玉林寺**　佐賀県佐賀郡大和町久池井。太陽山と号し、曹洞宗。永徳二年1382鑰尼《かぎあま》季高の建立。真空無著を開山とする。後小松天皇の勅願所となって栄えたが、天正年間1573—92兵火にかかり衰退した。古く総持寺への輪番住職地であった。

**ぎょくれん-しゃ　旭蓮社**　大阪府堺市寺地町。浄土宗。甘露山大阿弥陀経寺と号する。澄円の開基。澄円は文保元年1317入元し、盧山に登って優曇普度《うどんふど》に師事し、帰朝後、盧山白蓮社の故事にならって当寺を建てた(日本ではじめて蓮社号をつけた寺で、扶桑盧山の称がある)。文亀二年1502八万貫屋妙徳が塩風呂を寄進し、諸病を除くといって有名であった。〔参考〕浄土伝灯総系譜上、堺鑑中、和泉名所図会一

**きょくろく　曲彔**　木を刻み、まげて造った一種の椅子。現在は寺院の法要の際にのみ用いる。曲木(曲彔木の意)ともいう。

**きょけい　居敬**　生没年不詳。明代初期の僧。字は心淵。蘭雪と号した。上海の広福寺、松江(江蘇省松江県)の普照寺に住した。内外の学に通じ、永楽年間1403—24勅によって大蔵経の編集に参加した。〔参考〕明高僧伝二、続稽古略三

**きよざわ-まんし　清沢満之**　(文久三1863—明治三六1903)哲学者。真宗大谷派の学僧。尾張国名古屋黒門町の藩士徳永家に生まれる。幼名は満之助。明治一一年六歳の時に得度し、東本願寺育英教校に入学。同一五年東京大学予備門入学、次いで文学部哲学科に入りヘーゲル哲学に傾倒。さらに大学院に進みかたわら第一高等学校、哲学館に出講。同二一年京都府立尋常中学校に赴任、同年三河大浜の西方寺(清沢家)に入った。やがて校長を辞し、禁欲的な修道生活を送ったが健康を害す。同二九年京都白川村に籠居して「教界時言」を発刊して宗門改革を主唱したが、翌年本山から僧籍を剝奪された。同三二年僧籍を回復して新法主補導のため東上し、真宗大学(現大谷大学の前身)初代学監に就任。同三三年浩々洞の名を掲げて、佐々木月樵、暁烏敏、多田鼎らと共同生活を開始、翌年「精神界」(明治三四—大正八1919、全二〇巻一八帙)を発刊して当時の思想界に大きな反響を呼んだ。その主張する精神主義は、近代的仏教信仰を確立したものとして注目されている。著書、宗教哲学骸骨、我信念など。遺稿、臘扇記〔参考〕清沢全集三巻、清沢満之全集八巻、清沢文集(岩波文庫) 精神界(復刻)別巻解説など

**ぎょさん　魚山**　①中国山東省阿県の西。漁山、吾山ともいう。仏教音楽の中心地。魏の陳思王曹植がこの山で梵天のうたごえを聞き、これに和して梵唄《ぼんばい》を製したという。円仁は入唐してここから梵唄を日本に伝えた。山の中腹に曹植の墓碑がある。〔参考〕集古今仏道論衡一　②日本では良忍が山城大原(現京都市左京区)の来迎院を中心に声

明の道を興したので、この地を中国の魚山になぞらえて称する。天台宗の梵唄声明を魚山流という。⇩来迎院《らいこういん》

**ぎょさん-たいがい-しゅう　魚山蠆芥集**　二巻または三巻。内題を魚山私鈔といい、口伝声明集ともいう。長恵の撰（明応五1496）。真言宗で用いる声明を集成したもの。巻末に五音、七声、調子、流派などの心得を記している。㊅八四〔写本〕高野山大学蔵（天文四1535、天正六1578写）〔刊本〕正保三1646刊、正徳元1711刊、天保五1834刊、明治二五1892刊、〔註釈〕葦原寂照・魚山蠆芥集要覧（明治二五刊）

**きよすみ-でら　清澄寺**　千葉県鴨川市清澄。「せいちょうじ」とも読む。日蓮宗。千光山金剛宝院と号する。宝亀二年771不思議法師の開創、承和年間834—48円仁が再建したと伝える。天福元年1233日蓮が登山して住僧道善について出家し、建長五年1253再び来住して、旭の森で唱題し、初めて日蓮宗を開いたので、日蓮四箇霊場の一とされた。日蓮在世当時から真言宗で、江戸期初頭に新義真言宗智積院末になったとされるが、日蓮在世当時は横川系の天台宗で没後真言宗に改宗したとの説もある。昭和二四年1949新義真言宗智山派から現宗に転じた。〔参考〕日蓮上人註画讃

**きょねん　巨然**　⇩こねん

**きよみず-でら　清水寺**　①京都市東山区清水。北法相宗の本山。音羽山と号し、「せいすいじ」ともいい、また北観音寺とも称した。西国三十三カ所第一六番札所。創建年代はさだかでないが、延暦二四年805坂上田村麻呂が延鎮に帰依して寺を立て、弘仁二年811官符を賜って長く鎮護国家の道場としたと伝える。奈良興福寺に属し、天徳三年959以降、しばしば延暦寺末の祇園感神院と争った。堂舎は兵火や天災で焼失し、現今のものは寛永一〇年1633徳川家光の建立。本堂は懸堂に架して建てられ、南方の掛出を俗に清水の舞台という。諸堂のうち、

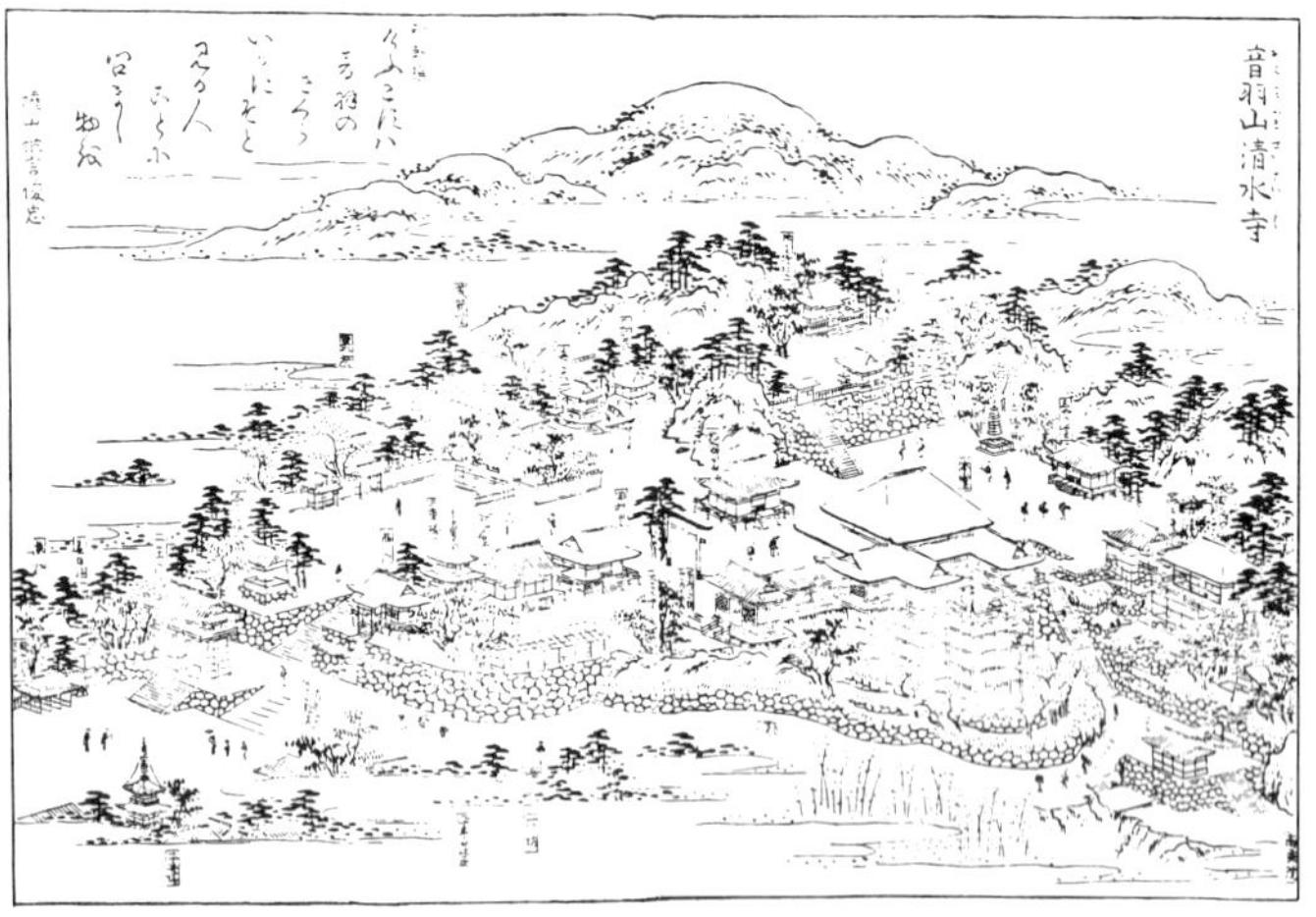

清水寺（都名所図会）

阿弥陀堂は滝山寺と称し、寺家の大勧進沙弥印蔵が法然に帰して不断念仏を修した堂で、法然上人二十五霊場の一。本坊を成就院といい、その林泉は江戸初期の名園である。〔国宝〕本堂〔重文〕西門、木造十一面観音立像ほか〔参考〕清水寺縁起、雍州府志四、山城名勝志一五　②島根県安来市清水町。天台宗。瑞光山と号する。用明・推古朝に創建された教昊寺を、成縁が大同元年806再興し、のち円仁が来て大灌頂光明真言会を始めたという。永禄年間1558—70兵火で焼け、毛利元就が再建した。本堂（根本堂）は室町時代の建造。〔重文〕本堂、木造十一面観音立像、同阿弥陀如来両脇士坐像ほか　③兵庫県加東郡社町平木。御岳山と号し、天台宗。俗に新清水と称する。西国三十三カ所第二五番札所。法道仙人の開基とも、聖徳太子の建立とも伝え、寛治五年1091光善が中興したという。後白河法皇が常行堂を寄進した。現在の諸堂は大正年間1912—26の建立。〔参考〕播州名所巡覧図絵二

**きよみず-でら-えんぎ　清水寺縁起**　三巻。絵巻物。東京国立博物館蔵。重要文化財。室町時代の成立。延鎮が京都清水寺を創建する由来から、坂上田村麻呂の蝦夷征伐及び事跡、清水寺仏殿改修の事情、本尊の事情、本尊の観世音菩薩の霊験譚を描く。絵は土佐光信、詞は中御門宣胤と甘露寺元長の書とされている。光信晩年の作。〔複製〕日本絵巻物集成一

**きら-こうよう　雲英晃耀**　（天保二1831

―明治四三(1910)真宗大谷派の学僧。三河安休寺の住持。号は因明院。義譲の門下。明治維新期には護法論を説き、本願寺の護法場で講義をした。明治二六年学寮の講師職についた。因明に詳しく、因明学会を作って主宰した。著書、因明入正理論疏方隅録一三巻、護法総論一巻など。

**きりき-おう　訖栗枳王**　(梵)クリキ Kṛki の音写。過去世、迦葉《かしょう》(カーシャパ Kāśyapa)仏の時代にベナレス地方に出世したと伝える王。迦葉仏はその子として出生したとも伝える。一夜に一〇種の夢をみて未来の釈迦牟尼仏入滅後の伝法のさまを予見したという。迦葉仏が入滅した時、七宝の塔を造ろうとしたが、諌められて、煉瓦で塔を造り表面を金箔で覆ったという。〔参考〕倶舎論九、摩訶僧祇律三三

**きりく　紇利倶**　(梵)フリーヒ hrīḥ の音写。悉曇《しったん》文字𑖮𑖿𑖨𑖱𑖾を表わす。すなわち賀《か》ha(𑖮)・囉《ら》ra(𑖨)・伊《い》i(𑖂)・悪《あく》aḥ(𑖀𑖾)の四字を合わせたもの。密教では金剛界の阿弥陀如来または観世音菩薩の種子《しゅじ》とする。貪・瞋・癡の三毒の自性が本来清浄であることを象徴するとか、その他種々な意味に解釈される。位牌の上部にこれを書くことがある。また石造或いは木造の五重の塔の中心に𑖮𑖿𑖨𑖱𑖾を書いたものを紇利倶字塔という。塔は鑁《ばん》vaṃ(𑖪𑖽)字で金剛界大日の果位である法界宮殿を表わすところから、紇利倶字塔は因果不二を表わし、やがて果位に頓入することを示すものとして、因位帰仰の意を表わす。また𑖮𑖿𑖨𑖱𑖾の形に香を盛るようにつくった香炉を紇利倶字香炉といい、観自在菩薩の心真言一印念誦法を修めるとき用いる。

**きりん-しょうざい-りっしゅう-ろん　麒麟聖財立宗論**　四巻。菩提流支に仮託した偽書。三輪二蔵の教判をたて、二蔵のうち菩薩蔵に漸頓二教をわけて、漸教に初分と後分、頓教に性頓と相頓とがあるとし、浄土教を相頓教とさだめる。聖冏《しょうげい》(1341―1421)の浄土略名目図にはじめてみえ、浄土二蔵二教略頌や釈浄土二蔵義などにも、本書の説が用いられている。おそらくは聖冏の頃の著作か。〔刊本〕延宝四1676刊　〔註釈〕良定・私釈(寛永一六1639刊)

**きろ　跪炉**　ひざまずいて炉に香をくべること。禅宗では聖節、国忌、祖師忌などに住持が跪炉する。

**きろう-こく　棄老国**　老人を棄てるという習慣のあった伝説上の国。この国に孝心の厚い一人の大臣があって、老いた父(仏陀の前生)を棄てずに地下の一室にかくまっていた。たまたまこの国の王が天の神から種々の難問の回答を迫られた時、大臣が一々これを老父に尋ねて解決した。ついで大臣がこの事を王にあかし、王は以後その棄老の習慣を廃したという。この寓話に類した説話は日本の姥捨山伝説をはじめ世界的な分布を持っている。〔参考〕雑宝蔵経一

**ぎわ　義和**　南宋代の念仏僧。出生地および生没年不詳。諡号は円澄法師。平江の能仁寺に住して華厳円融念仏の法門を首唱し、乾道元年1165華厳念仏三昧無尽灯一巻を著わした。〔参考〕楽邦文類二・四、仏祖統紀二九

**きん　磬**　金、磬《きん》とも書き、銅鉢、磬子《きんす》ともいう。勤行《ごんぎょう》の時うちならす楽器で、小さいのは鈴《りん》という。

**きんかく-じ　金閣寺**　⇨鹿苑寺《ろくおんじ》

**ぎんかく-じ　銀閣寺**　⇨慈照寺《じしょうじ》

**きん-ざん　径山**　中国浙江省杭州府臨安県にある山。山麓に能仁興聖万寿禅寺(万寿寺、径山寺)があり、唐の天宝年間742―56道欽(法欽)がこの山で禅を興して以来、宋代には大慧宗杲《そうこう》、虚堂《きどう》智愚らの高徳が歴住し、臨済禅の大道場として栄えた。また五山の一つとして有名で、日本からの禅僧は必ずここを訪れた。〔参考〕宋高僧伝九、景徳伝灯録四・一〇・一一

**きんざん-じ　金山寺**　①中国江蘇省丹徒県金山。金山沢心寺、竜遊禅寺、江天寺ともいう。東晋の元帝(317―22在位)または明帝(322―25在位)の頃の創建ともいう。梁の天監四年505当寺で武帝が親しく水陸大斎を設けたと伝える。北宋の頃、この寺に住した仏印了元は蘇軾(蘇東坡)と親交があった。北宋の徽宗(1100―25在位)が一時、道観に改めたが、間もなく再び仏寺となり、南宋・明の重修を経て現在に至る。また金山寺味噌は当寺に始まるという。〔参考〕続伝灯

録五、仏祖歴代通載二七・二九　②韓国全羅北道母岳山。百済の法王元年599に創建。壬辰倭乱の兵火で焼かれたが、創建当初の雄麗な舎利塔及び六重石塔は現存し、他の堂宇も再建されている。〔参考〕三国遺事二　③岡山市金山寺。天台宗。銘金山観音寺と称し、古くは法相宗であったが、中世、天台宗に転じた。天平勝宝元年749報恩大師が金山の東麓に創建したと伝える。延久元年1069焼失、康治年間1142—44現地に移転、鎌倉時代は守護不入の霊地として栄えたが、弘治年間1555—58兵火にあった。のち宇喜多・豊臣・池田など諸氏の庇護をうけた。〔重文〕本堂、金山寺文書・附金山観音寺縁起　〔参考〕備前一統志、日本名勝地志六

**きん-しちじゅう-ろん　金七十論**　三巻。陳の真諦の訳（太清二548—太建元569）。インド六派哲学の一つサーンキヤ　Sāṃkhya 学派、即ち数論《すろん》派の根本典籍であるイーシュヴァラクリシュナ　Īśvarakṛṣṇa（自在黒）に帰せられるサーンキヤ・カーリカー　Sāṃkhya-kārikā（数論頌）に対する最古の釈論。サーンキヤ学派の教義の全体にわたって組織的に述べている。釈の作者は不明。「七十」は偈の数から来ているが「金」は何に由来するのか明らかでない。ただ、数論師が仏教徒を論破して国王の賞金を得た、という伝説が仏典の中にある。原梵文は散逸して、漢訳にだけ伝えられた。漢訳されたインド哲学諸派の書としては、この論とヴァイシェーシカ　Vaiśeṣika 学派の勝宗十句義論《しょうしゅうじっくぎろん》とがあるのみである。高楠順次郎によってフランス語訳がなされている。㊅五四　〔参考〕論疏部一三

**きんしょう-じ　近松寺**　滋賀県大津市逢坂。天台寺門宗。円珍の開創で、俗に高観音といい、もと三井寺五別所の一。文明年間1469—87蓮如が当寺内に道場を建立し、近松山顕証寺（現浄土真宗本願寺派の近松別院）と称した。⇩顕証寺《けんしょうじ》②

**きんしょく-じ　錦織寺**　滋賀県野洲市木部。真宗木辺派本山。山号は遍照山。嘉禎元年1235親鸞が帰洛の途中、当地の一堂（天安二年858円仁の建立。毘沙門天を祀り、天安堂と称したという）に宿泊し、邑主石畠資長の帰依をうけて、所持の阿弥陀如来像をこの堂の本尊に改めたと伝えるが、やがて横曾根系の瓜生津・木部門徒の中心道場となり、愚咄・慈空の兄弟によってその基を定めた。慈空ののち、存覚（本願寺第三世覚如の長男）の子慈観（綱厳）が嗣ぎ、慈観は自らの前に親鸞・如信・覚如・存覚をおいてその法系を整えた。第七世慈賢の孫勝慧が蓮如に帰し、門徒も多くこれに従ったので急に衰え、他宗の僧を一時的に住持させたこともある。天正年間1573—92織田信長が本願寺を攻めたとき、難がおよぶのを恐れて浄土宗を標榜し、二宗兼学と称した。江戸時代に至ってもしばしば浄土宗鎮西派と所属を争い、一時は全く鎮西派化したが、第一三世慈綱（慈統）、第一四世良慈が真宗に復し、第一六世宅慈は准門跡の宣下をうけた。ちなみに錦織寺の寺号は、暦仁元年1238天女が下って錦を織るという奇瑞により、四条天皇が天神護法錦織寺と名づけたという伝えがある。〈⇩真宗《しんしゅう》〉〔参考〕存覚一期記、錦織寺伝絵記

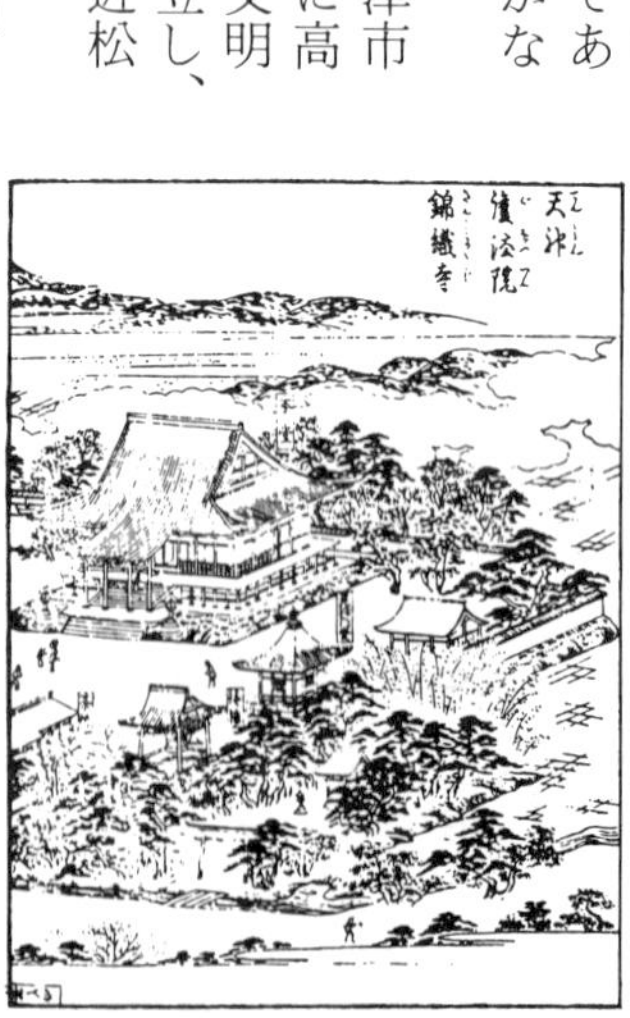

錦織寺（二十四輩順拝図会）

**きんじん　金人**　金色の人という意。金神とも書く。仏、または仏像をいう。

**きんしん-じ　金心寺**　兵庫県三田市三田町。如意山と号し、真言宗御室派。孝徳天皇（645—54在位）の頃定慧が弥勒菩薩を安置して一寺を創建したのに始まるという。〔重文〕木造弥勒菩薩坐像、同不動明王立像、絹本著色十一面観音像　〔参考〕摂津地誌

**きんせい-おうじょう-でん　近世往生伝**　①一巻。真宗高田派の如幻明春（1634—94）の著。寛永—元禄年間1624—1704の四八人の往生人の伝記で、沙門篇一一人、尼僧篇

三人、士夫篇一二人、婦女篇一八人の四篇に分け、追加二人、付録二人(のち好堅の付加)を加える。近世往生伝集成二〔刊本〕元禄九1696刊、寛延四1751刊　②一六巻。近世念仏往生伝、諸国見聞近世往生伝ともいう。浄土宗の隆円の著(文化三1806―文政一三1830)。〔刊本〕文政年間1818―30頃刊

**きんせい-ぜんりん-そうぼう-でん　近世禅林僧宝伝**　三巻。荻野独園(1819―95)の著。近世の臨済宗の道俗一一九名の伝記を収録した書。至道無難に始まり、明治初年の禅者におよんでいる。宋の景徳伝灯録及びわが国の延宝伝灯録に範を取ったもので、東岳の跋がある。〔刊本〕明治二三1890刊

**きんだん-にちれん-ぎ　禁断日蓮義**　一一巻。真陽の著(慶安四1651)。天台宗真迢の破邪顕正記(仏全九七)に対する日蓮宗の日領・日賢・日遵らの反論をさらに論破した書。序に真迢対日領らの論諍について述べ、本記一〇巻(一〇三条)、追加一巻(五条)からなる。なお本書に対して、日存が寛文二年1662金山鈔を著わして応酬している。〔刊本〕慶安四刊、承応三1654刊

**きんちょうこく-じ　近長谷寺**　三重県多気郡多気町長谷。泊瀬山と号し、真言宗山階派。本尊十一面観音は大和長谷寺《はせでら》の本尊と一体分身といわれ、丹生の泊瀬寺《はせでら》ともいう。所蔵の天暦七年953の資財帳によれば、仁和元年885飯高氏の建立という。〔重文〕木造十一面観音立像(本尊)、紙本墨書近長谷寺資財帳

**きんなら　緊那羅**　㊵キンナラ kiṃnara の音写で疑人、人非人と訳す。インド神話における半神半人的存在で、馬頭人身あるいは人頭馬神とされる。カイラーサ山上のクヴェーラ Kuvera の宮殿に住み、ガンダルヴァ(gandharva 乾闥婆)と共に妙なる天上の音楽を奏で、歌神・歌楽神などと訳される。仏教においては顔は人に似るが一角があって畜生道に属するとされ、八部衆の一で竜や阿修羅と共に仏の説法の聴衆として大乗諸経典中に名を列する。

**きんなん-えとう-ろく　黔南会灯録**　八巻。清の善一如純の編(康熙四二1703)。明末より清初に至る間に、黔中(貴州省)地方に栄えた禅宗の史伝を記録したもの。南岳下三三世密雲円悟の嗣から、その三六世に当たる編者まで、および曹洞下の雲門円澄以下四代にわたって立伝し、現存のものは、さらに巻尾に黔南会灯録補続録を付載し、すべて一一九名の伝を収めている。㊕二乙・一八・四

**きんにょ　均如**　(太祖天授六923―光宗二四972)高麗の華厳宗の僧。俗姓は辺氏。通称は円通首座。一五歳で出家して識賢・義順について学び、後に華厳宗の南岳(智異山)・北岳(浮石寺)の二派を帰一させた。また著述活動を通して華厳の大義を宣揚。著書、釈華厳教分記円通鈔一〇巻、華厳三宝章円通記二巻、一乗法界図円通記七巻など多数。〔参考〕大華厳首座円通両重大師均如伝并序

**きんばか-か　緊波迦果**　緊波迦は㊵キンパカ kiṃpaka の音写。カラスウリの一種で毒草。

**きんぶ-せん　金峯山**　奈良県吉野郡。同郡吉野町の吉野山から山上ヶ岳(大峯山)を含む山岳地帯の通称。金御岳《かねのみたけ》、御岳《みたけ》などともいう。古来より山岳信仰の対象とされ、修験道の霊場として知られる。平

金峯山蔵王堂(西国三十三所名所図会)

安時代から貴族や庶民の金峯山詣りが盛んとなり、特に寛弘四年1007の藤原道長の登山は有名で、頼通、師通、および白河上皇の参詣が続いた。同郡天川村洞川には経塚群があり、当所から発見された道長経筒(国宝)は特に著名。また吉野山にある金峯山寺は、金輪王寺とも称し、役小角《えんのおづぬ》の開創と伝える。金峯山修験本宗大本山で、醍醐の聖宝が中興してから修験道の本山として栄えた。盛時には山上山下に百余坊を数え、平安時代より興福寺の末寺となり、僧徒は吉野衆と呼ばれて高野山と対抗した。南北朝の頃には南朝の根拠地となり兵火で焼かれた。現今の堂舎は康正元年1455に再建され、豊臣秀吉が修造したもので、蔵王権現《ざおうごんげん》をまつる本堂(蔵王堂)と二王門は国宝。もと天台・真言の両宗に属したが、明治以後は天台宗延暦寺末となり、現在は独立して現宗に至っている。なお、金峯山経塚出土品は国宝に指定され、金峯山寺、および山内の金峯神社、桜本坊、如意輪寺、大日寺、竹林院などにはいずれも美術工芸品の重文を有する。〔参考〕御堂関白記、金峯山縁起、金峯山創草記、金峯山秘密伝、日本名勝地誌一、吉野町史

**きんま　経馬**　般若心経《はんにゃしんぎょう》と馬の図を紙に印し、祈禱会や盂蘭盆会《うらぼんえ》の供養に用いる(鬼神に施すため)。禅寺で行われるもの。

**きんりゅう-じ　金竜寺**　茨城県龍ケ崎市若柴町。太田山と号し、曹洞宗。初め現群馬県太田市の北金山の麓にあった。応永年間1394—1428新田貞氏が祖父義貞の廟所として創建、在室長端を開山とする。のち現稲敷郡牛久町を経て、寛文六年1666現地に移る。〔重文〕絹本著色十六羅漢像

**きんりょう-ぼんせつ-し　金陵梵刹志**　五三巻。明の葛寅亮の著(万暦三五1607)。中国金陵(南京)にある諸寺の歴史・制度・詩頌を挙げ、南蔵目録および経済的な条例などを詳細に述べた書。金山江心寺景印本

**ぎんわんり-せいせつ　銀椀裏盛雪**　禅宗の公案の一。巴陵提婆宗《はりょうだいばしゅう》、また巴陵銀椀裏ともいう。雪門文偃《ぶんえん》の弟子巴陵顥鑑《こうかん》と一僧とが問答して、西天第一五祖迦那提婆《かなだいば》のなめらかで自在な説法をほめた言葉で、銀の器に雪を盛ったように、内容と形式が一如である意。「巴陵吹毛剣」および「祖意教意」の公案と共に、巴陵三転語と呼ばれる。〔原文〕碧巌録一三則、人天眼目二、五灯会元一五

# く

**く　句**　⇩名《みょう》

**く　垢**　煩悩《ぼんのう》の異名。心を穢す垢の意。貪・瞋・癡を三垢という。塵垢、垢穢などと熟語にする。なお煩悩垢とは、根本煩悩から流れ出て、その相が汚れており麁であるものをいい、倶舎論巻二一には小煩悩地法に属する悩・害・恨・諂・誑・憍を六煩悩垢(六垢《ろっく》)と称する。

**く　苦**　㊵ドゥフカ duḥkha の訳。豆佉、諾佉と音写する。身(狭義)または身心(広義)にせまって(逼迫)、これをなやます(損悩)状態。苦しみのこと。楽に対する。すなわち心にかなった対象に向かうときは楽を感じ、心にかなわない対象に向かうときは苦を感じる。清浄道論によれば苦には嫌悪du と、空虚 kham との二義があり、嫌悪されて、しかも常・楽・我・浄のない空虚な状態が苦であるという。苦・楽・捨(不苦不楽)を三受と称する場合の苦は身心に感じる苦(広義)であるが、五受、二十二根の配列では、身に感じる苦(狭義)と、心に感じる憂とに分ける。すべてのものは苦である(一切皆苦)ということは仏教の根本思想の一で、四つの仏教の旗印(四法印)の一に数えられる。苦は種々に分類される。①二苦。内苦は自己の心身から起こる苦で、外苦は外から受ける苦(悪賊や天災など)である。②三苦。苦苦はこのましくない対象から感じる苦、壊苦はこのましいものの壊れることから受ける苦、行苦は世の中のものがうつり変ることを見て感じる苦。これらを順次に

苦・楽・捨(不苦不楽)に当てることもある。数論では依内苦(内苦にあたる)・依外苦(悪賊など)・依天苦(天災など)を三苦という。③四苦。生苦《しょうく》(生まれる苦しみ)・老苦・病苦・死苦の四。人間苦の分類で、山に喩えて四山ともいう。④八苦。生老病死の四苦と、愛するものとわかれる苦(愛別離苦)、憎むものと会う苦(怨憎会苦《おんぞうえく》)、求めて得られない苦(求不得苦《ぐふとっく》)、身心環境一切を形成する五要素(五蘊、五陰)が執着されていることから起こる苦(五盛陰苦《ごじょうおんく》また五陰盛苦、略説五取蘊苦《りゃくせつごしゅうんく》)で、最後のものは前の七苦を総括する苦である。八苦の中ではじめの四苦を一に数えて五苦ともいう。⑤その他、諸経論には種々な形の苦の分類が説かれ、瑜伽師地論巻四四には百十苦を説いている。⑥老・病・死を三種の身苦、貪・瞋・癡を三種の心苦といって、身心の苦を代表させることもあり、また生命が終ろうとするときの百千の刀で身をさされるような苦を風刀苦という。

**く　鼓**　「こ」とも呼ぶ。打楽器の一種。金玉木石などで造られ、形状や大小もさまざまである。羯鼓《かっこ》(鼓《つづみ》のようなもの)、魚鼓(古い形の木魚で、魚の形をした板鼓)、雲鼓(雲の形を描いた太鼓)など多くの種類があり、またその用途によって斎鼓(食事の時をしらせる鼓で雲鼓を用いる)・浴鼓(入浴の時をしらせる鼓)などと呼ばれる。鼓を置く建物を鼓楼といい、中世以後諸大寺で鐘楼と共に講堂或いは金堂の左右に設けた。忉利天《とうりてん》の善法堂にある鼓は撃たないのに自ら鳴り、その音を聞く者はみな悪を恐れ善を好む心を起こすといい、天鼓と呼ばれる。これに対して毒を塗った鼓は、毒鼓または塗毒鼓《ずどっく》と呼ばれて、その響きを耳にした者はすべて死ぬと言われる。天鼓は善を生じることにたとえられ、毒鼓は悪を破ることにたとえられる。また仏法を信じる者を天鼓にたとえ、仏法をそしる者を毒鼓にたとえるが、仏法をそしった者もついには成仏できるとして、毒鼓結縁を説くこともある。

**ぐ　求**　求めてやまない希求のこと。楽を得ようとして追求する得求と、何時までも生きようとする命求との二求、またさとりを求める聖求と、世間的な楽を追求する非聖求との二求がある。

**ぐあん-しょう　愚案鈔**　一巻。詳しくは釈摩訶衍論《しゃくまかえんろん》愚案鈔という。覚鑁《かくばん》(1095—1143)の著。成立年不詳。釈摩訶衍論に対する註釈書。釈摩訶衍論は正しくは密教を説くもので傍に顕教を説くものであるという。姉妹編として同著者の真言所学釈摩訶衍論指事一巻(大六九)がある。日蔵二三、興教大師全集上

**くい　旧医〔客医《きゃくい》〕**　衆生を教化指導する教えを医師に喩えるとき、仏教以前から衆生を教化指導していた外道《げどう》を旧来の医師即ち旧医といい、仏教を後から来た医師即ち客医という。旧医は医師にはちがいないが病に応じて薬を与えることを知らないから、客医に比べると病を癒すことが拙劣で根本的でないように、外教は仏教に比べればその教化が根本的でないことを意味する。南本涅槃経哀歎品に出ている譬喩。十善や父母に孝養をつくし師長に敬いつかえるなど世間一般の善行を旧善《ぜん》、旧戒《かい》、などというのに対して、五戒・八戒・具足戒など仏教に特有なものはこれを客善、客戒などという。

**くい　瞿夷**　梵巴ゴーピー Gopī の音写。ゴーピカー Gopikā(瞿波迦・喬比迦)またはゴーパー Gopā(瞿波)ともいい、牛護・牛女と訳す。出家前の仏陀、即ち悉達多《しった》(シッダッタ Siddhattha)太子の妃となったと伝えられる女性。ただしパーリ伝ではこの妃のことを伝えない。〔参考〕二遊経、大智度論一七

**くう　空**　梵シューニヤ śūnya の訳。舜若《しゅんにゃ》と音写する。また梵シューニャター śūnyatā の訳で、舜若多《しゅんにゃた》と音写する。後者は「空なること」の意味であるから、空性《くうしょう》とも訳される。また空神を舜若多神と称する。空とは、一切法は因縁によって生じたものであるから、そこに我体・本体・実体と称すべきものがなく空《むな》しいこと。それ故に諸法皆空といわれる。このように一切は空であると観見することを空観《くうがん》という。空は虚無(偏空《へんくう》)ではなくて、空を

観じることは真実の価値の発見であるから、真空のままに妙有《みょうう》である。これを真空妙有という。これに反して空の虚無的な理解を悪取空という。空は仏教全般に通じる基本的な教理であり、大乗・小乗の経論で空の教理に関係しないものはないが、その教理の浅深に随って説明の仕方が一様でない。①二空。(イ)人空《にんくう》(実我の空なること。有情《うじょう》の個体の中心に我体と称すべきものがないこと。我空、衆生空、生空《しょうくう》、人無我《にんむが》ともいう)と法空《ほうくう》(因縁によって生じたものであるから一切の存在自体が空であること、法無我ともいう)。一般には、小乗は人空のみを説いて法空を説かないが、大乗は人法二空(人法二無我、我法二空)を説くといわれる。(ロ)析空《しゃっくう》(存在を分析しつくして、そこにあらわれた空)と体空(当体即空の意味で、存在の当体に即してそのままに空であると体達した空)。小乗と成実宗とは析空を説き、大乗は体空を説くといわれる。(ハ)但空《たんくう》(空にかたよって不空の理を知らず、妙有の一面を認めないこと。偏空ともいう)と不但空《ふたんくう》(空にとらわれないで妙有の一面を認める中道の空。これは一切法には決定された自性《じしょう》は得られないとする空であるから、不可得空ともいう)。②三空。(イ)法相宗では三性《さんしょう》の一々に空の義があるとして、これを三空という。即ち凡夫によって妄執された境である遍計所執性《へんげしょしゅうしょう》が実は空無であることを無性空《むしょうくう》といい、因縁によって生じた法である依他起性《えたきしょう》は遍計所執性とは異なって全く無ではないが、凡夫の妄情におけるように有ではないことを異性空《いしょうくう》といい、真如《しんにょ》の理である円成実性《えんじょうじつしょう》が人法二空によって顕わされた自性であることを自性空《じしょうくう》という。(ロ)人空・法空・倶空《くくう》(人法二空)の三。③四空。法法相空(法相空)・無法無法相空(無法相空)・自法自法相空(自法相空)・他法他法相空(他法相空)(大集経巻五四、大品般若経巻五)。④六空。内空(六内処即ち眼などの六根が空であること。受者空、能食空《のうじきくう》ともいう)・外空《げくう》(六外処即ち色などの六境が空であること。所受空、所食空《しょじきくう》ともいう)・内外空(身空、自身空)・空空(空なりと観じることも空であること。能照空ともいう)・大空(十方の世界が空であること)・第一義空(諸法の外に実相といわれるものの自性《じしょう》がないこと。身所住処空ともいう)・第一義空(諸法の外に実相といわれるものの自性がないこと。勝義空、真実空、真境空ともいう)(舎利弗阿毘曇論巻一六)。⑤七空。相空(諸法のすがた即ち自相も共相《ぐうそう》もすべて空であること。自相空ともいう)・性自性空《しょうじしょうくう》(性〔諸法の自性〕〔実体〕が空であること。自性空ともいう)・行空《ぎょうくう》(五蘊《ごうん》が我・我所を離れていて因縁によって起こること)・無行空(涅槃《ねはん》は五蘊の中にいまだかつて行じたことがないこと。不行空ともいう)・一切法離言説空《いっさいほうりごんせつくう》(一切法は言語に説きあらわすことができず空であること)・第一義聖智大空(果位の聖智《しょうち》によって見られる第一義空)・彼彼空(彼において此がなく、此において彼がなく、ただ「無い」というだけの浅い意味における空)(四巻楞伽経巻一)。⑥十空。内空・外空・内外空・有為空《ういくう》(有為法が空であること)・無為空《むいくう》(無為法即ち涅槃が空であること)・散壊空《さんねくう》(仮《かり》の集合であるから離散し破壊する相をもっていて空であること。散空ともいう)・本性空《ほんしょうくう》(自性が空であること。性空ともいう)・無際空(始めなくして存在する一切の諸法がすべて空であること、無始空、無前後空ともいう)・勝義空・空空(大毘婆沙論巻八)。⑦十一空。内空・外空・内外空・有為空・無為空・無始空・性空・無所有空《むしょうくう》(諸法には決定された自性は求めても得られないから空であること。不可得空ともいう)・第一義空・空空・大空(北本涅槃経巻一六)。⑧十六空。内空・外空・内外空・大空・空空・勝義空・有為空・無為空・畢竟空《ひっきょうくう》(諸法を空じおわった窮極の空)・無際空・無散空(積み集めた善根《ぜんごん》を散じ捨てることなく、しかもその善根に執われないで空と観じること。不捨離空、不捨空ともいう)・本性空・相空(三十二相、八十種好が空であること)・一切法空(一切の仏法が空であること)・無性空《むしょうくう》(人法二空の故に一物も執着すべきものがないこと)・無性自性空(その無性もまた自性が空であること)(弁中辺論巻上)。⑨十八空。内空・外空・内外空・空空・大空・第一義空・有為空・無為空・畢竟空・無始空・散空・性空・自相空・諸法空(一切諸法が空であること)・不可得空・無法空(過去と未来の諸法が空であること)・有法空《うほうくう》(現在の諸法が空であること)・無法有法空(大品般若経巻三、大集経巻五四、大智度論巻三一)。このほかに十二空、十四空、十九空、二十空など種々な形があるが、中でも十八空が最も有名で、「十八空論」という論書もある。

**ぐう　共〔不共《ふぐう》〕**　共通を共といい、共通しない特殊を不共という。①共通の教えを共教《ぐうきょう》といい、共通しない教えを不共教《ふぐうきょう》という。例えば華厳宗では般若経を三乗に共通した共教とし、華厳経を菩薩《ぼさつ》のみのために説かれた不共教とする。②二識以上の共通の所依となるものを共依《ぐうえ》といい、一識のみの所依となるものを不共依という。例えば阿頼耶識《あらやしき》は諸識のよって起こる根本となる共依であり、眼識《げんしき》のみの所依となる眼根《げんこん》などは不共依である。③仏の有する功徳の中で他の聖者や凡夫に共通するものを共法《ぐうほう》といい、仏または菩薩だけに独特な功徳を不共法《ふぐうほう》、詳しくは不共仏法という。また一般に他と共通するものを共法といい、これを引生する業を共業《ぐうごう》という。他と共通しない独特のものを不共法といい、これを引生する業を不共業《ふぐうごう》という。例えば山河大地などは共法であり、自己の身体などは不共法である。そのうち、(1)山河大地などは共中の共であり、(2)自己の家屋・庭園などは、共通のものでありながら実は特別の関係のある者だけが受用するから、共中の不共であり、(3)個人の身体などは不共のものでありながら衆人が共に受用するから、不共中の共であり、(4)個人の精神などは不共中の不共である。

**くうあ　空阿**　(久寿二1155—安貞二1228)浄土宗の僧。初め延暦寺に住し天台宗の僧であったが、のち法然の弟子となった。終身坊舎を構えず、諸所を遊行して念仏会を修し、念仏の数を積み自ら無智の空阿と称し、化導を盛んに行った。〔参考〕明義進行集、法然上人行状絵図四八、浄土伝灯録、浄土総系譜

**くういん-じ　空印寺**　福井県小浜市小浜男山。建康山と号し、曹洞宗。京極忠高のとき父高次の碑所として建てた泰雲寺を、寛永一一年1634以後酒井忠勝が建康寺と改称、同国曹洞宗の僧録司とした。忠勝の没後、その法号にちなんで空印寺と改めた。

**くうえ　空慧**　(寛文元1661—延享三1746)真宗大谷派の僧。京都伏見の西方寺の住持。正徳五年1715西福寺恵空が高倉学寮の初代の講師職に就いたとき、これを補佐した。著書、阿弥陀如来三種印相秘決義解一巻、雑文集一巻、四帖疏商量鈔二〇巻、親鸞聖人御系図一巻など。

**くうかい　空海**　(宝亀五774—承和二835)日本真言宗の開祖。密号は遍照金剛。延喜二一年921弘法大師と勅諡され、高野大師、野山大師などとも呼ぶ。讃岐の人。佐伯田公の子。外舅の阿刀大足《あとのおおたり》に伴われて上京し、八歳で大学の明経科に入ったが、仏門に帰し大学在学中に一沙門(一説に勤操《ごんぞう》)から求聞持法《ぐもんじほう》を受け、阿波、土佐などで修行した。延暦一二年793得度し、同一四年受戒したとされるが、その得度・受戒年は異説があって不詳。延暦二三年入唐して長安の諸大徳を訪ね、青竜寺の恵果《けいか》から灌頂を受けて真言の秘法を伝えた。大同元年806経論二一六部四五一巻(うち新訳経一四二部二四七巻)を持って太宰府に帰り、翌年上京して和泉の槇尾山寺に住した。嵯峨天皇の信任が篤く、弘仁元年810仁王経などによる護国の法を修することを許され、ついで乙訓寺の別当となった。同三年高雄山寺に移り、灌頂壇を設けて最澄らに灌頂を授け、同寺に三綱を置いた。同七年高野山を開き金剛峯寺を創して自らの入定の地とさだめ、同一三年勅により東大寺に真言院を建てて息災増益の法を修し、翌一四年京都の東寺を賜って五〇人の真言僧を置くことを許され、その後、大安寺、弘福寺などをも管理した。天長四年827内裏で雨を祈

空海自署

って大僧都になり、翌年綜芸種智院を設けて庶民の教育機関とした。承和元年834勘解由使庁を宮中真言院とし、唐の内道場に準じて曼荼羅壇を設けた。翌二年三月二一日高野山で没した。天安元年857大僧正を、貞観六年864法印大和尚位を追贈された。密教を一宗として確立しただけでなく、文化活動や社会事業にも貢献し、讃岐の満濃池は空海が開いたものとして有名である。著書には、弁顕密二教論、秘蔵宝鑰《ほうやく》、十住心論、付法伝、即身成仏義、声字義、吽字義《うんじぎ》、般若心経秘鍵、御遺告など教学に関するものや、儒仏道の三教を論じた三教指帰《さんごうしいき》、文学を論じた文鏡秘府論、文筆眼心鈔、また文集である遍照発揮性霊集などすこぶる多い(「弘法大師全集」所収)。また書をよくし、三筆の一に数えられ、風信帖、三十帖策子などがある。すぐれた門弟が多く輩出したが、なかでも真済《しんぜい》・真雅・実慧・道雄・円明・真如(高岳親王)・杲隣《ごうりん》・泰範・智泉・忠延を十大弟子と称する。〔参考〕空海僧都伝、贈大僧正空海和上伝記、高野大師御広伝

**くうげ　空華**　本来実体の無い対象界を妄見にとらわれて実体があるかのように錯覚・偏執することを、眼病を患っている人が時として何もない空中にあたかも花があるように誤認することに喩えたもの。

**くうげ-しゅう　空華集**　二〇巻。南禅寺義堂周信の詩文集。貞治七年1368刊行されたが、巻帙も定めず分類混雑して誤脱も多かったので、元禄八年1695即川師点が写本や旧本を対校し、欠落を補い誤謬を正して再刊した。前一〇巻は詩偈一九九四首、後一〇巻は文集四七六篇を収める。なお空華とは周信の号。五山文学全集二(古版と元禄との対照校訂本)

**くうげ-だんそう　空華談叢**　四巻。諦忍の著(天明二1782自序)。運敞《うんしょう》の谷響集に範を取り、神儒仏三道に関する故事・伝説などを問答体に記録したもの。一九四項と付録追加三項からなる。仏全一四九〔刊本〕天明二刊、明治三一1898刊〔写本〕大正大学、竜谷大学蔵など

**くうげ-にっく-しゅう　空華日工集**　四八巻。空華日用工夫集、日工集ともいう。義堂周信の著。康永元年1342から著者の没する嘉慶二年1388までの行業、感想などを記したもの。正中二年1325から暦応四年1341までは門弟の追記。周信の詳伝と共に当時の海外交通の状況、政治のあり方や五山の消息および人物論、文章論を記録している。辻善之助編・空華日用工夫略集、続史籍集覧三(略集四巻、抄出本)〔原本〕南禅寺蔵〔写本〕内閣文庫蔵、鎌倉瑞泉寺蔵

**くうけん　空見**　正しい宗教的向上心を否定して、仏教教義の基本である道徳上の因果律を認めず、或いは仏教の深い道理が理解できないで誤って了解することにより、一切万物の存在性を無であるとする虚無思想のこと。悪取空。外道《げどう》の中にも、また仏教の中にもある。このような虚無観に基づく言論を空見論《くうけんろん》という。

**ぐうご　共許**　同許、倶許《こく》とも称し、詳しくは立敵《りゅうじゃく》共許という。共に許し認めるの意。一つの命題を議論する際、立論者(立者《りっしゃ》)、反論者(敵者《じゃくしゃ》)ともにその中のある条件については共に認めることをいう。因明《いんみょう》(論理学)の用語。

**くうこん　倶有根**　心や心所《しんじょ》(心のはたらき)と同時にあって、しかもそのより所となるもの。倶舎宗《くしゃしゅう》では、眼・耳・鼻・舌・身の五つの感覚器官およびその機能(五根)のこと。唯識宗では五根および意識・末那識《まなしき》・阿頼耶識《あらやしき》のこと。倶有依としての根の意。単に倶有依《くうえ》ともいう。

**くうじゃく　空寂**　生没年不詳。鎌倉時代の浄土宗の僧。法然の弟子九品寺長西に師事し、諸行本願義を主張した。初め奈良生駒の大聖竹林寺に住し、のち甲斐国に入って浄土教を広めた。著書は少なくなかったが伝わらない。〔参考〕浄土伝灯録、浄土総系譜

**ぐうしゅう　寓宗**　附宗《ふしゅう》ともいう。独立した一宗とはならず、ある宗派に属しながらその宗派とは別の教えを立てているもの。

**く-うじょうご　九有情居**　有情が住したいと願い求める住処(有情の身心を指す)に九種あって、九有情居とも九居ともいう。即ち、欲界の人・天と、梵衆天《ぼんしゅてん》と、極光浄天と、遍浄天と、無想天と、および四無

色天とである。この中で無想天と四無色天の第四である非想非非想処天とを除いて、七識住と称する。

**ぐうしょうじ-うん**　**窮生死蘊**　化地部の説。生死(まよいの生存)のあるかぎり絶え間なく続く蘊の意で、まよいの世界に生死する主体として考えられるもの。生死の終りである金剛喩定《こんごうゆじょう》に到るまで続くとする。一刹那《せつな》ごとに生滅する一念蘊と、一生の間続く一期生蘊《いちごしょううん》と、この窮生死蘊とを三蘊という。唯識宗では、大衆部の根本識、説仮部の有分識、経部の一味蘊などと共に、小乗の教義に立って阿頼耶識《あらやしき》を説明したものとする。

**くうせい**　**空晴**　(元慶二878—天徳元957)　興福寺の僧。奈良の人。俗姓は藤原氏(伊勢氏とも)。藤原隆光の子。「こうしょう」ともいう。喜多院延賓および基継に師事して法相を学び、延喜一六年916維摩会竪義、承平二年932同講師を勤め、天暦三年949少僧都・興福寺別当に任じられた。門弟のなかで松室仲算・喜多院真喜・興福寺守朝・東大寺平仁を四神足という。〔参考〕南都高僧伝、興福寺別当次第、本朝高僧伝八

**くうぜん**　**空善**　生没年不詳。室町時代の真宗の僧。真宗本願寺八世蓮如の高弟。法専坊と号した。蓮如の命により播磨英賀《あが》本徳寺の建立に尽力した。蓮如没後は九世実如に仕え、大永五年1525命により多屋八人衆の一に数えられ、空玄らと共に本廟のことに尽くした。著書、空善日記二巻は蓮如後半生の言行録として史料価値が高い。〔参考〕本願寺通紀七、蓮如上人御一代記聞書

**くうぜん-にっき**　**空善日記**　空善の著。蓮如に随侍していた法専坊空善が、延徳元年1489から明応八年1499にいたる蓮如の言行を記したもの。もと上中下の三巻からなっていたのが、のちに中巻を逸した上下二巻と、中巻とにわかれて伝わったようである。三河の舟橋家蔵の空善聞書は原型に近いものとみられ、万延元年1860粟津家蔵本によって刊行された上下二巻本は三巻本の系統をひくが修文のあとが著しい。真宗聖教全書五など　〔刊本〕万延元刊

**ぐうそう**　**共相**　〔**自相**《じそう》〕　他の多くのものと共通する一般的な相《すがた》を共相といい、そのものだけに固有な特殊な相を自相または不共相《ふぐうそう》という。例えば色《しき》には色の自相があるが、すべてのものは無我であるといえば無我は共相である。なお、自相は言説を離れていて、ただ直覚(現量)によってのみ認められるという。また肉体のような、その者だけが享受するものを不共相といい、山河大地のような、多くの者と共に享受するものを共相ということもある。

**くうそくぜしき**　**空即是色**　⇩色即是空《しきそくぜくう》

**くうのう**　**功能**　功用能力のことで、はたらきかける力のこと。作用とほぼ同意義であるが、作用は直接的なはたらき、功能は間接的なはたらきとして区別する場合もある。

**くうほう**　**倶有法**　共有法《ぐうゆうほう》ともいう。心と心所《しんじょ》(心のはたらき)とのように、地水火風の四大のように、有為法とその生住異滅の四相とのように、同時に存在して、互いに相離れない関係にあるもの。ただし同じ倶有法でも倶有因・士用果《じゆうか》の関係におかれているものはその間の関係がきわめて密接であるが、倶有法は必ずしもそのような関係にあるとは限らない。

**くうもん**　**空門**　⇩蜫勒門《こんろくもん》

**くうや**　**空也**　(延喜三903—天禄三972)　平安中期の念仏行者。「こうや」とも読み、弘也とも書く。仁明天皇の皇子常康親王の子とも、醍醐天皇の子とも伝えるが出身は不明。延喜末年、尾張の国分寺で出家し、空也と号した。諸国を歴遊し路を開き、橋をかけ、井を穿ち、無縁の屍体を葬り、常に阿弥陀仏号を唱えて勧化した。天慶元年938京都に入り、市井に住して庶民を教化したので、市聖《いちひじり》、市上人、阿弥陀聖と呼ばれた。天暦二年948比叡山に登り、座主延昌から大乗戒を受け光勝と号した。同五年秋流行した悪疫による死者のため、金泥大般若経の書写を発願し、応和三年963に完成した。同時に川西に宝塔をつくり、僧六〇〇人を請じて大いに供養した。天禄三年に東山の西光寺(のちの六波羅蜜寺)で没した。その生涯の念仏勧進は日本の念仏思想普及

にあずかって力があった。〔参考〕空也誄、日本往生極楽記、本朝高僧伝六四

**くうや-どう　空也堂**　⇩光勝寺《こうしょうじ》②

**くうや-わさん　空也和讃**　空也（903―72）の作というが確証はない。しかし平安末期をくだるものではない。初めに人生の無常を述べ、弥陀の本願、臨終来迎、浄土の荘厳を讃歎し、最後に釈尊の教説に感謝した、二百七十余句からなる長篇の和讃。後の金沢文庫蔵の伽陀集、前田家蔵の方丈記巻末に、この和讃の数節が記され、また時宗の和讃集の浄業和讃には、この和讃の五分の三強が入っている。国東叢一（歌頌）

**くえいっしょ　倶会一処**　多くの人々が共に一処に会同することで、阿弥陀経は、阿弥陀仏の浄土に往生すればもろもろの上善人（宗教的善を修得した人）とそこで会うことができる、という意味に用いている。

**くえんか　倶縁果**　㊵マートゥルンガ mātuluṅga の訳。孔雀明王《くじゃくみょうおう》の持物四種中の一で、具縁果、拘櫞花《くえんげ》ともいう。調伏《じょうぶく》もしくは息災《そくさい》の意を表わすとされる。ユズの実に似た果物で、レモンの類。

**くおん　久遠**　永遠。時間的に久しく遠いこと。かぎりない昔を久遠劫のいにしえといい、仏になった時にはじめがある近成《ごんじょう》の仏に対して、永遠の過去からすでに仏であった仏を久遠実成《くおんじつじょう》または久遠古成《くおんこじょう》の仏という。⇩本門《ほんもん》〔迹門〕　⇩十劫の弥陀《じっこうのみだ》〔久遠の弥陀〕

**くおん-じ　久遠寺**　①山梨県南巨摩郡身延町身延。日蓮宗総本山。身延山妙法華院と号する。文永一一年1274以降、日蓮は甲州蓑夫《みのぶ》の沢（現身延山西谷）に隠棲し、弘安四年1281波木井《はきい》実長《さねなが》がその庵側に別に一堂を建てて身延山久遠寺と号した。日蓮が翌五年武蔵池上《いけがみ》で没したので、遺命によって久遠寺の地に葬り、門下の六老僧が交替で祖廟を管理したが、実長らの議により日向《にこう》を久遠寺二世と定めた。文明六年1474一一世日朝（中興の祖と称する）の時、寺基を西谷から現地（鷲谷）に移した。武田氏・徳川氏らの尊崇を受け、宝永三年1706勅願所となり永代紫衣を賜った。文政七年1824と明治八年1875の火災で寺宝の多くを失った。〈⇩身延山《みのぶさん》〉〔国宝〕絹本著色夏景山水図〔重文〕宋版礼記正義、本朝文粋〔参考〕身延鑑（国東叢二寺志）、身延行記、身延大観、日蓮教団全史　②京都市西京区川島北裏町。浄土真宗本願寺派。西山別院という。最澄の草創と伝え、正和三年1314覚如（真宗本願寺三世）が再興した。元弘二年1332守邦親王、同三年護良親王の各令旨によって皇室の祈禱所となった。応仁の乱後荒廃したが、寂如・法如など本願寺宗主の力により復旧した。寺内に覚如の墳墓がある。

**くおん-の-みだ　久遠の弥陀**　⇩十劫の弥陀《じっこうのみだ》

**くかい　公界**　禅宗の用語。「くは」とも読む。元来は井田法《せいでんほう》による中央部の公田を称したものであるが、転じて公共物を意味する。

**くかい　苦界**　有情《うじょう》が生存しているこの世界（三界六道）は、苦が充満しているから苦界という。それは大海のように沈没して出にくく広大であるから海に喩えて苦海ともいい、また有情はその中に生生流転（輪廻《りんね》）を無限に繰り返すから苦輪海《くりんかい》、輪海とも称する。

**ぐかい-ほうぎ　弘戒法儀**　①二巻。明の漢月法蔵（密雲円悟の嗣）の編（天啓三1623）。禅教律の三宗は一心の戒体に基づくべきことを主張し、在家の三帰五戒より、沙弥の得度、比丘の白四羯磨《びゃくしこんま》、菩薩の大戒に至る三三条にわたって、種々の戒経・律典より、法儀および戒本を抜粋編集したもの。また同系統のものには、別に清の超遠が検録した伝授三壇弘戒法儀二巻がある。㊫二・一一・五　②一巻。黄檗宗の開祖、隠元隆琦《りゅうき》の著。在家出家を通じ、重要な授戒儀規について詳説したもの。一五段よりなり、在家の三帰五戒より菩薩の大戒におよぶ。前記の漢月法蔵の弘戒法儀に基づいているが、白請の語の部分に明音による読み方を付し、巻尾に二十五護戒神・普賢菩薩十大願・篇聚名報・華厳経梵行品の文を付し、更に授戒日規一篇を添えて、具体的な実例を示している。禅学大系戒法部

**くが-かんけい　久我環渓**　（文化一四1817―明治一七1884）曹洞宗の僧。諱は密

雲。号は雪主。諡は絶学天真禅師。越後の人。はじめ細谷姓であったが、のち久我建通の養子となった。一二歳で出家し、近江清涼寺の堅光に師事。ついで山城の興聖寺で回天に従い、その法を嗣いだ。しばらく武蔵の豪徳寺に居たが、明治四年より越前永平寺に住し、大教正に補せられ、のち曹洞宗の管長となり宗務に尽くした。

**くがみ-でら　国上寺**　⇩こくじょうじ

**くかり　倶迦利**　(梵)(巴)コーカーリカ Kokālika の音写。瞿迦離、波離などとも音写し、牛主、何時などと訳す。提婆達多《だいばだった》(デーヴァダッタ Devadatta)に従って仏陀に敵対した比丘。舎利弗《しゃりほつ》と目連とを悪しざまにののしり、仏陀の制止にあっても止めなかったので、死後大蓮華地獄に堕ちたという。〔参考〕雑阿含経四四、四八

**ぐがん　弘願**　広大な願い、すべてのものをひろく救おうと誓った願い。浄土教では阿弥陀仏の本願をいう。浄土宗鎮西派では四十八願のすべて、とりわけ第十八・十九・二十・三十五の四願を、特別には第十八願をいい、浄土宗西山派や真宗では第十八願をいう。また真宗では、要門・真門が方便であるのに対して、弘願の教えのみが真実であるとして弘願真宗という。⇩要門《ようもん》

**ぐがん　弘願**　生没年不詳。南北朝時代の真宗の僧。拾遺古徳伝とともに真宗系の法然上人絵伝(京都知恩院蔵一巻、同堂本四郎氏蔵三巻)の巻末にその署名があり、さらに本願寺聖人の親鸞伝絵(貞和二1346成立、東本願寺蔵)に同様の署名がみえる。従来、弘願をこれら絵巻の絵師あるいは願主とする説があったが、所持者とする説が有力で、親鸞の門弟常陸国念信の孫弟子の弘願、あるいは親鸞の門弟唯仏の孫、唯秀(常陸浄光寺三世)の別名とされている。

**くがん-じ　九巌寺**　韓国慶尚北道永川郡巨余面新興洞にあった寺。現在は新羅時代の製作とみられる古塔一基だけが残っている。塔は形が仏国寺塔に似て、高さは露盤を除いて約三・五―四メートル。

**ぐかん-しょう　愚管抄**　六巻および付録一巻。慈円の著。成立については承久の乱(承久三1221)前説・乱後説が対立している。神武天皇から順徳天皇に至る間の天下の治乱、政道の興廃に関する事跡を述べた史書。仏教の末法思想に基づく道理という独自の史観によって時代の変遷を説く。巻一と巻二は後堀河天皇までの皇帝年代記で、巻三から巻六までは本紀に相当し、特に著者の経験した保元1156―59以降の世の姿を記している。付録は時代区分の立て方・国体論・政治論など、著者の歴史観を論理的に展開している。総じて天皇家・藤原氏・源氏の協調を説き、朝廷の幕府強硬策に批判的である。新訂増補国史大系一九、日本古典文学大系八六、岩波文庫　〔写本〕宮内庁書陵部蔵(文明八1476写)、東京大学文学部蔵、島原松平文庫蔵など　〔註釈〕小山田興清・松尾筆記巻一・一八、中島悦次・愚管抄評釈

**ぐがんもん　弘願門**　⇩行門《ぎょうもん》　⇩要門《ようもん》

**くき　倶起**　二個以上のものが同時に生じること。

**くぎ　句義**　(梵)パダ・アルタ padārtha の訳。語句によって言い表わされる意義という意、或いは観念(句)と観念の内容として示される事物(義)という意で、範疇に似た概念。一切の事物をそのようなものとして具体的に成り立たせている最も基礎的なもの。勝論《かつろん》外道(六派哲学の一つヴァイシェーシカ Vaiśesika 学派)は一切万有の実体・属性・原理などを当初は六種、のちには一〇種に分類して十句義と称した。⇩十句義《じっくぎ》

**くぎぬき-ねんぶつ-えんぎ　釘抜念仏縁起**　二巻。日光山寂光寺旧蔵の絵巻。「文明一三年(1481)六月弟子沙門謹識」とあり、当時の事跡を絵縁起にしたもの。元禄五年1692四月改写され、詞は公弁親王、図画は狩野洞雲・探雲・常信という。〔写本〕国立国会図書館蔵

**くきょう　究竟**　①至上絶対の究極を表わし最上級を形容する語。例えば最極無上の真理を仏という形で示して究竟法身《くきょうほっしん》といい、また仏教の至高最終の目的である大般涅槃《だいはつねはん》のことを究竟涅槃《くきょうねはん》という。②ものを徹底的に極め尽くすという意で、例えば不抜の願心によって成就する願

いのことを究竟願《くきょうがん》という。阿弥陀仏の本願力を讃仰する語。

**くぎょう　工巧**　技術、工芸、芸能のこと。これに細工・書画・舞踊などの身工巧と、讃詠・吟唱などの語工巧とがある。工巧に関する学問を工巧明《くぎょうみょう》という。五明《ごみょう》の一つ。

**くぎょう　苦行**　主としてインドの外教で採用された修行法で、断食・呼吸の制御・特殊な自虐行為などによって、自ら肉体を苦しめ、自然な願望を断って堪え難い諸種の難行を敢行すること(こうすることによって精神の自由や、生天の楽果や、自己の欲する特殊な望みの実現を期待した)。また布施・慈悲その他の仏道にかなった大目的のために行われる苦難の行や、修験者などによって行われる荒行《あらぎょう》のことをも苦行という。

**くきょう-いちじょう-ほうしょう-ろん　究竟一乗宝性論**　四巻。略して宝性論ともいう。北魏の勒那摩提《ろくなまだい》(ラトナマティ Ratnamati)の訳(永平四511)。梵名はラトナゴートラヴィバーガ・マハーヤーナ・ウッタラタントラ・シャーストラ Ratnagotra-vibhāga-mahāyānottaratantra-śāstra という。如来蔵思想を組織的に説いた代表的論書。十一品(梵本では五章)からなり、如来蔵経、勝鬘経、大乗涅槃経など多くの経論を引きつつ、般若経の空の説を再解釈して、仏性の有を説いている。仏性とは仏たるべき性質をさし、それが因となって三宝を生み出すので宝性といわれる。この仏性が衆生のうちにあって煩悩にまとわられているとき、これを如来蔵と呼ぶ。論はこれを一〇種の観点から述べ九種の譬喩によって説明する。その論述には唯識説との深い関連がうかがわれる。この論の作者は中国伝では堅慧《けんえ》(サーラマティ Sāramati)とし、チベット伝では偈はマイトレーヤ Maitreya(弥勒)、釈論はアサンガ Asaṅga(無著《むじゃく》)とする。ジョンストン E. H. Johnston はスティラマティ Sthiramati(安慧《あんね》)の作とみなし、宇井伯寿は堅慧の作とするが、現在の通説では堅慧の作とする中国の伝承が支持されている。梵文は一九五〇年ジョンストンが刊行し、チベット訳はオーバーミラー E. Obermiller が一九三一年に英訳している。宇井伯寿の「宝性論研究」(1959)は漢訳の註釈的研究と梵文の和訳を含む。中村瑞隆の「究竟一乗宝性論研究」(1967)はサンスクリット原典とチベット訳・漢訳・和訳を対照している。㊅三一

**ぐきょう-じ　弘経寺**　①茨城県水海道市豊岡町。浄土宗。寿亀山と号し、俗に飯沼《いいぬま》弘経寺という。江戸期、同宗の関東十八檀林の一。応永二一年1414聖冏《しょうげい》の弟子嘆誉良肇《たんよりょうじょう》が羽生一族の助力により建立し、開山となる。天文七年1538勅願所となり、一千人近い学徒が集まり大いに栄えたが、天正元年1573北条氏友の兵火にかかった。住持団誉存把は逃れて別に結城《ゆうき》弘経寺を建立した〈⇩②〉。その後荒廃していた当寺は、慶長八年1603照誉了学により再興された。〔参考〕檀林飯沼弘経寺志、同略誌　②茨城県結城市結城。浄土宗。寿亀山と号し、世に結城弘経寺という。江戸時代、同宗の関東十八檀林の一。文禄四年1595結城秀康が一宇を建て、団誉存把〈⇩①〉を迎えた。存把は飯沼弘経寺移立の志から、嘆誉良肇を開山とし、自らを中興と称した。〔参考〕檀林結城弘経寺志

**くぎょうにん　久行人**　⇩始行人《しぎょうにん》

**くぐ　供具**　仏や菩薩《ぼさつ》などに供える香華《こうげ》、飲食《おんじき》などのこと。供も具も「そなえる」の義。供具を供えることを供養《くよう》といい、塗香《ずこう》・華鬘《けまん》・焼香・飲食・灯明を五供養という。これに閼伽《あか》(水)を加えて六種供具ともいう。一般に仏・菩薩・僧・死者などに供える物を供物《くもつ》といい、ことに死者に対しては霊供《りょうく》という。供物をのせる台を供台《くだい》という。仏前に供える米飯は仏供《ぶっく》、仏飯《ぶっぱん》、仏餉《ぶっしょう》などと称される。後世になると仏前に供具を供えるのに用いる器具を供具といい、供える飲食などは供物といって区別する。小餅・菓子などを盛って供える器具(多くは六角形、上部に花弁のような甲立《こうだて》を立てる)を華足《けそく》、華束《けそく》、華飾《けしょく》といい、供笥《くすげ》・供化《くけ》ともいう。仏前に供える真鍮製または木製の造花を常華《じょうか》(常花)という。盂蘭盆供《うらぼんく》に供える核果

（ナツメ・アンズ・モモ・スモモの類）、膚果（ウリ・ナシの類）、殻果（クルミ・ザクロの類）、檜（橧）果（マツ・カシワ・トウゴマの類）、角果（ヒシマメ・ダイズ・アズキの類）の五種の菓物を五菓（五果）という。

**くぐ　苦具**　有漏《ろう》・無漏（煩悩《ぼんのう》と密接不離の関係にあるものと、そうでないもの）、有為・無為（現象界と絶対界）を通じて、苦の生起・存立に直接の因となり間接の縁となる一切のもの。また特に地獄におちた者を苦しめるためのいろいろな道具手段を地獄の苦具という。

**くくらこう　求求羅香**　㊵グッグラ gug-gula の音写。掘具羅とも書き、黒香・安息香と訳す。安息香樹（タイ・スマトラ・イランに産する落葉喬木）から採取する樹脂のことで、薬用および香料として用いる。

**くげ　供花**　①仏前に花を供養すること。日本では中世以降仏教行事の一つとして供花会《くげえ》が催され、或いは祈願のために一千日不断に花を供養することが行われた。②仏前に供える盛りものを載せる台。供華、供化、供笥《くげ》とも書く。

**くけつ　口訣**　口授《くじゅ》、口伝《くでん》ともいい、面授口訣と連用することもある。弟子の中で特に選ばれた者に対し、秘密の奥義を口伝えすること。もとインドでは、経律などを筆録することはその神聖を害するものであるとして、口授を用いてこれを伝えた。密教では秘法秘術の伝授は口伝によってなされ、また筆録された経軌などもそれを完全に理解するには口伝を要するとして、未会《えみ》（再治を経ない書物）・爛脱《らんだつ》（一連の文を特に前後して記載したもの）など一二の場合を挙げて十二口伝と称する。日本では東密・台密とも口伝を重んじるが、特に東密の小野流で重んじた。また日本の天台宗学では、中古以後口伝を重んじて、本覚・始覚の口伝や三重七箇の法門など、種々な口伝法門が行われた。その他、各宗ともにおおむね要義は口訣によって伝承する風習がある。なお、転じて、口授された奥義を記録した文書を口訣と名づけることがある。

**ぐけつ-げてん-しょう　弘決外典鈔**　四巻または二巻。具平親王の著（正暦二991）。唐の湛然の止観輔行伝弘決に引用された外典（仏教以外の書）をぬきだして註解した書。永く散逸していたものを多武峯寿命院の光栄が身延山経蔵で発見し流布させた。〔刊本〕宝永六1709刊、昭和三1928刊（金沢称名寺本複製、成簣堂蔵宝永対校本四巻を付す）

**ぐげん　弘現**　（文政元1818―明治一一1878）新義真言宗の僧。字は義観、俗姓は藤原氏。佐渡の人。天保三年1832京都智積院で学び一時佐渡蓮華峰寺に住し、明治二年智積院四〇代能化、同五年教部省の設置により権少教正になる。著書、悉曇字母表便覧、十巻章私記。

**くさい　救済**　（弘安五1282―永和二1376）連歌師。俗に侍従、侍公という。和歌は冷泉為相に学び、連歌は善阿に学んだ。文保年間1317―19頃、北野社頭で連午千句を催した。二条良基の家での連歌の不正がのちに露顕し、三年間九州に流浪したとも伝える。晩年、良基と共に菟玖波集《つくばしゅう》、連歌新式をえらんだ。菟玖波集では、作者五三〇人中、最も多くの句を採られ、良基・周阿と共に連歌界の三賢といわれる。〔参考〕心敬・ささめごと、九州問答

**くさか-むりん　日下無倫**　（明治二一1888―昭和二六1951）仏教史家。真宗大谷派の僧。愛知県の人。号は楠邸。真宗大谷大学を卒業し、東本願寺宗史編修所員として東本願寺史料を編纂した。昭和一二年大谷大学教授となり、禿氏祐祥と共に雑誌「日本仏教史学」を発刊して、とくに真宗諸派の研究や史料の蒐集・整理に尽くした。大谷派講師。著書、真宗史の研究、総説親鸞伝絵など。

**く-ざん　鼓山**　⇨こざん

**ぐさん-ほっけ-でん　弘賛法華伝**　一〇巻。唐の恵詳の著。法華伝ともいう。内容に神竜二年706の記事があるので、それ以後に成る。三国時代より唐代中期までの法華経の流伝について述べたもの。図像・翻訳・講解・修観・遺身・誦持・転読・書写の八科に分け、記載の伝記は、高僧伝、続高僧伝に近いが、梁の僧明、道度など他書にない二、三の伝がある。(大)五一、〔国一〕史伝部一七

**くじ　鬮**　籤、孔子《くじ》、榔とも書き、御鬮

《みくじ》或いはお御鬮ともいう。吉凶禍福などを占い、または自分で決めにくいことを決めるために、竹・木・紙片などに文字または番号を記し、或いは紙をひねってまるめ、これを選び取るもの。起原は中国にあるようであるが、仏教の中にも採用され、菩薩籤・観音鬮などが行われ、日本では弘法大師や元三大師を祀った堂、その他参詣の多い霊仏・霊社の前に置かれている。

**くじ　九字**　臨・兵・闘・者・皆・陣・列・在・前の九字による呪術で、九字の大事、縦横法ともいう。この九字を唱えて縦四本横五本の線を空中に描けば、一切の禍を除いて身を護り勝利を制することができるという。元来中国の道家または兵家によって行われたが、後に真言宗や修験道の一派でも用いられた。

**くじ　九地**　①有情《うじょう》の住む世界を欲界・色界・無色界の三階級に分けるうち、色界・無色界を禅定三昧の進展過程に当てはめて四禅天・四無色天に分け、欲界とあわせて計九種の有情の所住地を立てて、九地、或いは九有《くう》（九種の生存）と称する。即ち⑴欲界五趣地《よっかいごしゅじ》は地獄・鬼（餓鬼）・畜生・人・天（六欲天）が雑居する所で五趣雑居地《ごしゅぞうごじ》、雑住界《ぞうじゅうかい》ともいい、欲界を指す。⑵離生喜楽地《りしょうきらくじ》は欲界の悪を離れたことから生じる喜楽を得る境地で、色界初禅天であり、⑶定生喜楽地《じょうしょうきらくじ》は定から生じる勝れた喜楽を味わう境地で、色界第二禅天であり、⑷離喜妙楽地《りきみょうらくじ》は前地における喜を離れて身に勝れた楽をたしなむ境地で、色界第三禅天であり、⑸捨念清浄地《しゃねんしょうじょうじ》は前々地の喜と前地の楽とを捨て、心が安静平等（捨）で自覚的（念）で清浄な境地であって、色界第四禅天である。続いて⑹空無辺処地《くうむへんしょじ》は色界の物質性を離れ、虚空の無辺自在性を証得した境地で、無色界第一天であり、⑺識無辺処地《しきむへんしょじ》は識の無限闊達性を得た境地で、無色界第二天であり、⑻無所有処地《むしょうしょじ》は前二地の動性を離れて、「何ものも無し」との寂静想に沈潜する境地で無色界第三天であり、⑼非想非非想処地《ひそうひひそうしょじ》は有想と無想とを共に離れ有無に片寄らない平等安静な境地で、無色界第四天即ち有頂天である。②また、四禅における未至定と中間定と四根本定、および四無色定における下三無色定（非想非非想処定を除いたもの）との九定はもとより有漏定《うろじょう》であるが、それらの境地は無漏地を起こすための強力な拠所となるから、その意味で無漏の九地と称する。

**ぐし-かんじょう-ぎしき　具支灌頂儀式**　一巻。元杲《げんごう》（911—95）の著。真言宗小野諸流に相承する具支灌頂の作法次第を記した書。一夜に金胎両部の灌頂を授けるので、一夜式ともいい、特に小野の勧修寺流では普通の伝法灌頂よりも深秘として正嫡者のみに許し、本書を具支灌頂作法の典拠とする。外儀の所作は広沢流の巨匠蓮台寺寛空の伝により、道場内庫の作法は元杲の師石山淳祐の伝により作られている。㊅七八〔写本〕宝亀院蔵（室町時代写）、東寺観智院蔵（文明六1474写）〔註釈〕宥快・具支灌頂式口訣、竜暁・同、大円・具支灌頂聞書、俊然・同、同・具支灌頂作法私記慈復瑜祇〔参考〕栄海・儼避邏鈔六

**くしきぎ　九識義**　識に九種の別があるとする説。眼・耳・鼻・舌・身・意の六識に、阿陀那識《あだなしき》（末那識《まなしき》）と阿梨耶識《ありやしき》（阿頼耶識《あらやしき》）とを加えた八識に、さらに阿摩羅識《あまらしき》を加えたものが九識で、小乗では六識のみを立て、大乗の地論宗と唯識宗とでは八識を立てるのに対し、真諦《しんだい》系の摂論宗ではさらに第九識である阿摩羅識（無垢識、真如識）を設けて九識義をとなえる。

**くしながら　拘尸那掲羅**　㊵クシナガラ Kuśinagara ㊴クシナーラ Kusinārā の音写。拘夷那竭、倶尸那城とも書き、上茅城、香茅城、茅宮城などと訳す。仏陀入滅の地。その都城は太古、拘舎婆提（クシャーヴァティー Kuśāvatī）と呼ばれ、インド十六大国の一つ末羅（マッラー Mallā）国の都で、現在のウッタル・プラデーシュ州カシアー Kasiāもしくはガンダク河の東の小ラープティー Rāptī の南にあたるという。仏陀はこの地のウパヴァッタナ Upavattana 林の沙羅（サーラ Sāla）樹林中の双樹の間で、ヴェーサーカ月の満月の日の黎明に涅槃に入ったと伝える。遺骸は都城の東郊 Makuṭabandhana-caitya（天冠寺）で茶毘《だび》に付

され、八分された。舎利の一を得たマッラ族は、この地に窣堵婆《そとば》を建立したという。〔参考〕Dīgha-nikāya 16, 長阿含経二、法顕伝、西域記六

**くし-ぶっしょう　狗子仏性**　⇩くすぶっしょう

**くしゃ　瞿沙**　⇩婆沙の四大論師《ばしゃのしだいろんし》

**くしゃぎゃらふら　矩奢掲羅補羅**　⇩王舎城《おうしゃじょう》

**くじゃく-みょうおう　孔雀明王**　(梵)マハーマユーリー・ヴィドヤー・ラージュニー Mahāmayūrī-vidyā-rājñī の訳。仏母大孔雀明王、摩訶摩瑜利仏母明王ともいう。インドにおいて、毒蛇の害を避けるため、蛇の天敵とされる孔雀が神聖視され、ヒンドゥー教の女性神マハーマユーリー Mahāmayūrī として神格化された。これが仏教にとり入れられたのが孔雀明王である。のちには蛇毒を除くだけでなく、あらゆる災厄を除き、祈願を成就するとされて、これを本尊とする孔雀経法が行われるようになった。日本でもすでに九世紀の日本霊異記に、役小角《えんのおづぬ》が孔雀の呪法を修したという記述がみられる。形像は一面四臂で孔雀の背に乗り、明王としては例外的な慈悲の相を示す。⇩孔雀明王経《くじゃくみょうおうきょう》

孔雀明王（別尊雑記）

**くじゃく-みょうおう-きょう　孔雀明王経**　三巻。詳しくは仏母大孔雀明王経という。唐の不空の訳。仏が祇園精舎に在住中、比丘の莎底が毒蛇にかまれたので、仏は大孔雀王陀羅尼を授けてその毒を除いたという。天変・祈雨・病悩・出産などの息災のためにこの明王を本尊として修する孔雀明王経法（また孔雀経法、密教四大法の一）の本軌。孔雀は蛇を食うと信じられたのによる。異訳に、孔雀王呪経一巻（後秦の鳩摩羅什の訳）、大金色孔雀呪経一巻（訳者不詳）、仏説大金色孔雀王呪経一巻（訳者不詳）（以上は部分訳）、仏説大孔雀呪王経三巻（唐の義浄の訳）、孔雀王呪経二巻（梁の僧伽婆羅の訳）がある。(大)一九

**くじゃくみょうおう-きょう-ほう　孔雀明王経法**　⇩四箇秘法《しかひほう》

**くしゃ-しゅう　倶舎宗**　倶舎論によって立てた宗。中国の毘曇宗《びどんしゅう》を倶舎論が訳されてから次第に倶舎宗というようになった。日本には白雉四年653に入唐した道昭や、斉明四年658に入唐した智通・智達らが伝え、玄昉《げんぼう》らが再伝して興福寺などで講学された。古京（南都）六宗、新京（平安）八宗の一とするが、同じく世親に基づき、玄奘《げんじょう》によって中国へ伝えられたために、法相宗の寓宗として兼学された。薩婆多《さつばた》宗ともいう。〈⇩毘曇宗《びどんしゅう》⇩倶舎論《くしゃろん》〉〔参考〕八宗綱要

**くしゃばてい　拘舎婆提**　(梵)クシャーヴァティー Kuśāvatī (巴)クサーヴァティー Kusāvatī の音写。鳩尸婆帝、拘那越、鳩夷越などとも音写し、香茅（城）と訳す。⇩拘尸那掲羅《くしながら》

**くしゃ-まんだら　倶舎曼荼羅**　奈良東大寺に唯一伝える倶舎宗に関係のある諸尊を描いた彩色画。絹本著色の一掛軸。国宝。中央に釈迦・文殊・普賢の三尊、中尊の後方左右に十大尊者、その外側左右に梵天と帝釈、四隅に四天王を配して図絵する。成立年代は平安時代後期であるが、奈良時代のものを模したと考えられ、画風に古様のところがある。〔参考〕日本国宝全集二二

**くしゃ-ろん　倶舎論**　三〇巻。詳しくは阿毘達磨倶舎論《あびだつまくしゃろん》。梵名をアビダルマ・コーシャ・バーシャ Abhidharmakośa-bhāṣya という。世親（ヴァスバンドゥ Vasubandhu）の造、唐の玄奘《げんじょう》の訳（永徽二651）。異訳に陳の真諦の阿毘達磨倶舎釈論二二巻（略して倶舎釈論、天嘉二561）がある。説一切有部《せついっさいうぶ》の教学説の基礎の上に仏教思想を整然と組織立てて叙述した教義学書。同派の代表的綱要書として長く重んじられた。しかしその所説は、有部教学の

忠実な祖述ばかりではなく、経量部に近い立場から有部批判を行い、正統説を退け異説を立てる箇所もあるため、正統派を自認するカシュミール地方の有部ではこれを認めず、衆賢《しゅげん》(サンガバドラ Saṃghabhadra)は阿毘達磨順正理論でその説を反駁し、阿毘達磨蔵顕宗論で自説を主張した。内容は六百偈の本頌に釈論を付したもので、大毘婆沙論の教理にもとづきつつ、これを整然とした体系にまとめている。全体を界・根・世間・業・随眠・賢聖・智・定の八品にわけ、まず現実世界の成り立ちを五位七十五法の体系にまとめ、世界・宇宙の構造を説き、さらに十二縁起を説いて輪廻のありさまを示す。ついで輪廻の原因である業および業の原因である煩悩について詳細に分析し、煩悩を滅して悟りにいたる階程を説いている。巻末に附論として破我品一章を加える。阿毘達磨論書の一の完成態を示すものとしてインド・中国・チベット・日本を通じて広く研究され、すぐれた註釈が多い。中国で翻訳されると、それによって倶舎宗が立てられ以前の毘曇宗にとって代った。奈良時代に日本に伝えられて南都六宗の一となった。梵本も存在し、プラダン P. Pradhan によって校訂出版された(1967)。チベット訳もある。註釈には、インドではヤショーミトラ Yaśomitra(称友)・スティラマティ Sthiramati(安慧)・プールナヴァルダナ Pūrṇavardhana(満増)によるものがチベット訳に現存する(称友のものは原梵本もあり荻原雲来が刊行。安慧のものは一部が倶舎論実義疏五巻として漢訳で現存)。中国では光記(普光の倶舎論記)、宝疏(法宝の倶舎論疏)、泰疏(神泰の倶舎論疏)が名高く、頌疏(円暉の倶舎論頌疏)も重要視されている。日本では珍海の倶舎論明眼鈔、法幢の同稽古、快道の同法義、湛慧の同指要鈔、その他数多の末疏がつくられた。近代では、佐伯旭雅の冠導倶舎論が多く利用され、ド・ラ・ヴァレ・プサン L. de la Vallée Poussin のフランス語訳(六巻)もある。荻原雲来・木村泰賢(国訳大蔵経)および西義雄(国訳一切経)の和訳は本文研究上の代表的な業績とされている。またチベット訳よりの和訳やヤショーミトラ釈の和訳も部分的に成されている。倶舎論の本頌だけ別行したものがあり、その原梵文はゴーカレー V. V. Gokhale が刊行し(1946)、そのチベット訳・漢訳(阿毘達磨倶舎論本頌、玄奘訳)も存する。(大)二九　〔参考〕[国一]毘曇部二五・二六

**くしゃろん-き　倶舎論記**　三〇巻。倶舎論光記、また単に光記ともいう。唐の普光の著。成立年不詳。玄奘訳の倶舎論の註釈書。著者は玄奘(602—64)の門人。同門の神泰・法宝の註釈とともに倶舎論の三大疏と称される。本書は特に玄奘から親授された正釈を記述することを目的として書かれ、伝承を重んじて各種の解釈を並記し、諸説の間に判定を加えていないことを特色としている。倶舎論の権威ある註釈書として古くから尊重されてきた。(大)四一、[国一]論疏部一—五　〔刊本〕元禄一五1702刊、明治二一1888刊

**くしゃろんじゅ-しょ　倶舎論頌疏**　二九巻(後に第三〇巻を追補)。倶舎論頌釈疏、略して頌疏ともいう。唐の円暉《えんぎ》の著。成立年不詳。倶舎論の頌文のみを註釈したもの。晋州刺史賈曾と大聖善寺懐遠の勧めによって著わした。多くは光記に基づき、時に宝疏に従っているが、繁雑な解釈をさけて、簡潔に要点を述べようとしている。倶舎論研究の入門書として重んじられ、多くの末註が著わされた。(大)四一　〔註釈〕慧暉・義鈔六巻、遁麟・記二九巻、源信・正文一巻、英憲・鈔二九巻、鳳潭・冠註二九巻など

**くしゃろん-しょ　倶舎論疏**　①二〇巻(巻一—一二、四—七、一七の七巻のみ現存)。倶舎論神泰疏、また単に泰疏ともいう。唐の神泰の著。玄奘訳の倶舎論を註釈した書。著者は玄奘(602—64)の門人。同門の普光・法宝の疏とともに倶舎論の三大疏の一に数えられ、三疏のうちで最も早く撰述された。論の本文に即して穏健な解釈を施した註疏とされている。(続)一・八三・三—四　②三〇巻。倶舎論宝疏、宝疏ともいう。唐の法宝の著。玄奘訳の倶舎論の註釈書で、三大疏の一。著者は玄奘門下の一人とされているが、もと涅槃経を奉じ、倶舎論にも唯識学にも批判的な立場にあった。普光の倶舎論記が煩瑣な諸説を並説するだけで要領を得

ないのを不満とし、独自の註釈を著わすに至ったという。玄奘の所説に忠実な泰疏や光記とは趣を異にしているが、簡明直截に倶舎論の要義を解釈しているために、古くから倶舎論研究の指南書として尊重された。㊅四一

**くしゅ　九衆**　仏教教団を形成する出家の弟子と在家の信者とは、普通七衆即ち比丘《びく》・比丘尼《びくに》・沙弥《しゃみ》・沙弥尼《しゃみに》・式叉摩那《しきしゃまな》・優婆塞《うばそく》・優婆夷《うばい》からなるとされるが、さらにこれに出家・出家尼を加えたもの。

**ぐじゅ　具寿**　㊵アーユシュマット āyuṣmat の訳で、寿命を具有する者即ち長老のこと。呼び掛けの敬語としても用いられる。世間的な長命だけでなく出世的な智慧の生命を持つと言う点から、慧命と訳される場合(旧訳)もあり、また単に大徳、尊者とも訳される。

**くじゅう-の-ぼさつ　旧住の菩薩**　⇩新住の菩薩《しんおうのぼさつ》

**くしゅおん-しゅう　久修園集**　三巻。宗覚の著(貞享二1685)。戒律に関する短篇の論説序銘など四二篇を収めたもの。久修園とは著者の住寺。また同著者の久修園続集(元禄一七1704撰)もある。五〇篇を収め、とくに戒律関係が多い。日蔵三六(続集も収録)〔刊本〕貞享二刊

**くしゅ-せけん　九種世間**　九世間ともいう。地獄・餓鬼・畜生・阿修羅・人・天(以上迷界)、声聞・縁覚・菩薩・仏(以上悟界)を十界と称するが、このうち至高絶対(出世間)の仏界を除けば他はいずれも相対界(世間)に属するから、世間の名を付して九種世間という。

**ぐしょ　具疏**　具書とも書く。善導の著書五部九巻のうち、観経疏四巻を除いたものを具疏という。それらは実践方法を説き、教義を説いた観経疏に伴ったもので、それと合わせて完備したものとなるという意味でこう名づけられた。

**くじょう-かねざね　九条兼実**　(久安五1149—建永二1207)藤原忠通の三男。慈円の兄。月輪殿、後法性寺殿と称された。長寛二年1164内大臣となり、仁安元年1166右大臣に転じた。文治二年1186摂政となり、建久二年1191関白となった。同七年官位を辞し、建仁二年1202出家して円証(一説に円照)と号した。世に禅定博陸(出家した摂政関白の意)と呼ぶ。法然に帰依して、しばしば戒を受け、法然の流刑にあたっては、便宜を図った。選択本願念仏集の著述は兼実の請によるといわれる。その日記「玉葉」六六巻は政治・宗教・文化史研究の好史料。〔参考〕大日本史料四ノ九

**くしょう-き　倶生起〔分別起〕**　略して倶生・分別《くしょうふんべつ》とも対称される。煩悩《ぼんのう》(心の惑い)の起こり方における二形態で、それによって煩悩は二つに大別される。倶生起とは「身が生じると同時に起こる」の意で自然発生的に起こる先天的煩悩のことであり、分別起とは邪師・邪教などによる外部からの勢力や、自らの不当な推理分別によって起こす後天的煩悩のことである。後者は性質が強烈であるけれどもかえって断ちやすく、前者は微細であるが極めて断ち難いため、分別起の惑いは仏道実践の第一段階である見道において断たれ(従って見惑であり)、倶生起の惑いは第二段階である修道において次第に断たれる(従って修惑である)とされる。

**くしょう-じん　倶生神**　同生神ともいい、常に人の両肩にいるので両肩神ともいう。同生神・同名神の二神をいうとする所説もある。それぞれの人とともに生まれ、つねにその人の両肩にいて善悪の行為を記録し、死後それを閻魔王に奏上するといわれる。〔参考〕薬師瑠璃光如来本願功徳経、華厳経四四、覚源鈔中

**くじょう-たけこ　九条武子**　(明治二〇1887—昭和三1928)歌人。浄土真宗本願寺派二一世大谷光尊の次女。二二歳で男爵九条良致に嫁ぎ、ともにロンドンに赴き、翌年単独で帰国、佐々木信綱に師事して和歌を学んだ。文筆の他、教化活動・社会慈善事業にも力を尽くした。また満州・台湾に講演旅行し、昭和二年その紀行随筆集「無憂華」を刊行した。著書、洛北の秋(戯曲)、金鈴(歌集)、遺稿、薫染《くんぜん》・白孔雀がある。

**くしら　倶翅羅**　㊵コーキラ kokila の

訛った音写で、拘翅羅、拘抧羅、俱耆羅とも音写し、黄鳥、鵶鷗鳥、好声鳥と訳す。インド産のカッコウで、形は醜いけれども美声を発し、密林に棲息するという。

**くしら-おん　瞿師羅園**　㊁ゴーシタ・アーラーマ Ghositārāma の音訳。美音精舎と訳す。インド中部の憍賞弥《きょうしょうみ》国（コーサンビーKosambī）にあった園林の名。仏陀在世の時代、瞿師羅《くしら》（ゴーシタ Ghosita）と名づける長者があり、仏陀に帰依して教団にこの園林を献じた。七世紀初め、玄奘が訪れた時には伽藍があり、阿育（アショーカ Aśoka）王の建てたという塔や仏陀の髪爪塔もあったといい、世親（ヴァスバンドゥ Vasubandhu）はここで唯識二十論を造ったという。〔参考〕西域記五、有部毘奈耶三〇、Aṅ-guttara-nikāya II, III, IV

**くしんりん　九心輪**　唯識派に伝えて、小乗上座部の説といわれるが、南伝上座部にもほとんど同じ説がある。対象に向かう一連の心作用を九種に分け、それが循環的に輪状をなして継続して行くことを表わしたもの。即ち⑴有分心《うぶんしん》とは対象と接触する以前の心で、知覚思惟を伴わない心。⑵能引発心《のういんほっしん》とはその対象に対して積極的に働きかけようとする心。⑶見心とは対象を見たり聞いたり嗅いだり識ったりする六識の心作用、⑷等尋求心《とうじんぐしん》とは対象の有する価値を探求する作用、⑸等貫徹心とはその対象の価値を知る作用、⑹安立心《あんりゅうしん》とは知った価値を言語によって説いて決定する作用、⑺勢用心《せいゆうしん》とはその決定に基づき対象に向かって行動を起こす作用、⑻返縁心とは起こした行動が終ろうとして、その行動をもう一度見なおす作用、⑼有分心とは最初の有分心のことで、ここで循環して元に返る。以上九種であるが、見心以外はすべて意識の作用であり、また⑴と⑼とは同一であるから実際には八心ということになる。このうちで、有分心は小乗の立場で阿頼耶識《あらやしき》を説いたものであると、唯識宗では見ている。

**くすのき-せんりゅう　楠潜竜**　（天保五1834―明治二九1896）真宗大谷派の僧。美濃郡上八幡安養寺の住持。宗学、俱舎論研究にすぐれ、明治二七年講師の学階を得た。私塾春風社を営んだ。著書、俱舎論講録など。

**くす-ぶっしょう　狗子仏性**　禅宗の公案の一。趙州狗子ともいう。趙州従諗《じょうしゅうじゅうしん》に一僧が、「狗子に仏性ありや」と問うたのに対して、「無」と答えた故事により、有無に関わらぬ仏性の当体を直接に示したもの。禅の修行の最初の関門とされる公案。〔原文〕無門関一則、趙州語録上、五灯会元四

**くせ　救世**　（寛平二1890―天禄四973）真言宗の僧。京都の人。姓は源氏。字は善集。嘉祥寺僧都と号する。延暦寺・興福寺で学び、ついで東寺の寛空に師事し、天慶七年944伝法灌頂をうけた。安和元年968少僧都に任じられ、天禄二年971金剛峯寺座主に補せられた。のち東寺長者となる。声明《しょうみょう》にくわしく、野山引声の中興といわれる。〔参考〕東寺長者並高野検校等次第、真言伝九

**ぐぜい　弘誓**　広大な誓い。菩薩《ぼさつ》が自らさとりをひらき、かつ他をひろく救おうとの願いを立てて心に誓うこと、またその誓い。それが勇悍で堅固なことを甲冑に喩えて弘誓鎧《ぐぜいがい》という。すべての菩薩に通じる誓いには四弘誓願がある。浄土教では法蔵菩薩（阿弥陀仏の因位の名）の四十八願、とりわけ第十八願を本弘誓願《ほんぐぜいがん》（本願、弘願、誓願、弘誓）という。それは普通の思慮をこえたものであるから難思の弘誓《なんしのぐぜい》、衆生を救う強い因縁となるから弘誓の強縁《ごうえん》、衆生をさとりの世界に渡す船であるから弘誓の船、またすべてのものを救うのは、海がすべてのものをうけいれて一つの味にするようであるから弘誓の海という。

**くせ-ぼうもん　曲法門**　不正な教え。えせ法門。ひが法門などともいう。

**くぜん　旧善〔客善《きゃくぜん》〕**　仏教以外の世俗的な人倫道徳（忠孝、十善など）を旧善といい、仏教でのみ説く宗教的な善行（三帰、持戒など）を客善という。⇩旧医《いく》〔客医〕

**くそう　九想**　九想観《くそうかん》、九想門《くそうもん》ともいい、肉体に対する執着・情念を除くためことさら人体死屍の醜悪な相状九種に想を凝らして、迷想を断つための不浄観。即ち青瘀《しょうお》想（古血のために皮肉が黄赤となり、

さらに黒ずんでいるありさまを観ずる）・膿爛《のうらん》想（皮肉がただれて身体の九つの孔に膿や虫が溢れ湧いているありさまを観ずる）・虫噉《ちゅうかん》想（蛆虫・鳥獣に喰われるありさまを観ずる）・肨脹《ほうちょう》想（死屍の脹れ上ったありさまを観ずる）・血塗想（死屍に膿血が溢れているありさまを観ずる）・壊爛《えらん》想（皮肉が破れ腐敗したありさまを観ずる）・敗壊《はいえ》想（皮肉が尽きて筋骨のみとなり、散乱して横たわっているありさまを観ずる）・焼想（死屍が焼かれて煙と灰とになるありさまを観ずる）・骨想（白骨となって散乱しているありさまを観ずる）。以上の九種であるが名称と順序は異なるものもある。またこの九想を描いたものに九想図がある。なお、南伝仏教では清浄道論に四十業処《ごっしょ》を説く中に、膨脹相・青瘀相・膿爛相・断壊相・食残相・散乱相・斬斫離散相・血塗相・虫聚相・骸骨相の十不浄を挙げて肉体の不浄を観じさせる。

**くそう　供僧**　①本尊に仕えて給仕する僧。②内供奉十禅師（宮中の仏事に奉仕するため官から任命された一〇人の僧）のこと。

**くぞうし　句双紙**　⇩禅林句集《ぜんりんくしゅう》

**くそま　拘蘇摩**　㊵クスマ kusuma の音写で、倶蘇摩とも書き、総称的に花を意味する。また㊵スマナ sumana およびスマナス sumanas と呼ばれる二種類の花ともいう。

**くたい　九諦**　九項目からなる真実の道理ということで、義林章巻二末に出ている。即ち、無常諦（万象は無常であるとの真理）、苦諦（一切は苦であるとの真理）、空諦（すべては空であるとの真理）、無我諦（すべては実体・我体を有するものでないとの真理）、有愛《うあい》諦（来世の生存を永久不変とする愛執は苦の因であるとの真理）、無有愛《むうあい》諦（来世の生存を全く否定する虚無的偏見も苦の因であるとの真理）、彼断方便諦（正しい道によってのみ迷いを断ちうるとの真理）、有余依涅槃《うよえねはん》諦（依身が残存しても煩悩を断てば涅槃の境地であるとの真理）、無余依涅槃《むよえねはん》諦（煩悩も無く依身も無い涅槃が最高の境地であるとの真理）、以上の九項であるが、このうちはじめの四諦は四諦説の苦諦に、次の二諦は集諦に、次の彼断方便諦は道諦に、最後の二諦は滅諦に相当するから、九諦といっても四諦説の変形にほかならない。

**くたい-じ　九体寺**　⇩浄瑠璃寺《じょうるりじ》

**くたしゃまり　拘吒賖摩利**　㊵クータシャールマリ kūṭaśālmali の音写で、居吒奢摩離、究羅瞬摩羅とも書き、鹿聚《ろくじゅ》と訳す。樹名。絹綿樹の一種で、喬木。伝説的に巨木のようにも説かれ（起世経巻五）、また閻魔王が罪人を拷問するのに用いるともいわれる。

**くだら-かんのん　百済観音**　法隆寺に蔵する観世音菩薩立像。樟の一本造。国宝。全身高比が八対一といわれ、六尺九寸一分（二・〇九《メートル》）の長身で当代の主流をなした止利仏師風の像とは異なった美しさを示す。宝珠形の光背は像と同時代の製作で、台座には細長い華奢な蓮弁の反花を刻み、珍しい五角形の框座をつける。古来、百済人の作と伝えるが、飛鳥時代の作であろう。

**くだら-じ　百済寺**　①滋賀県東近江市百済寺町。天台宗。釈迦山と号する。一に久多良寺と書く。聖徳太子が創建し、百済の僧慧聡・道欣・観勒らが住したという。しばしば兵火にかかったが、佐和山城主堀秀政によって復興が図られ、のち明正天皇の勅により寛永一四年1637—慶安三年1650にわたり再建された。〔重文〕絹本著色日吉山王神像、紺紙金泥妙法蓮華経入黒漆時絵函ほか　〔参考〕近畿歴覧記（江東行）、近江輿地志略七三　②⇩大安寺《だいあんじ》

**クチャ　Kucha　庫車**　⇩亀茲《きじ》

**くつ　沓**　法会や儀式の際に用いるはきもの。材料や形状によって烏皮沓《くろかわくつ》（鼻高沓《びこうくつ》）・草鞋《そうかい》・糸鞋《しがい》・錦鞋《きんがい》・麻鞋《おぐつ》・深沓《ふかぐつ》・浅沓《あさぐつ》などと呼ばれる。このうち鼻高は鼻広とも書き、鼻高履、高鼻履、突子、高履、舃履《しゃくり》などともいう。前甲部が高くなっているからこの名があり、古くは皮で作ったようであるが、今は木で作り黒漆を塗った屋外のはきものをいう。また草鞋は捽鞋とも書き、もと草で作ったが、後には糸を編んで作り、錦や金襴を貼ったも

のを指し、屋内で用いる。なお木製のものも草鞋ということがある。

**ぐづう** 弘通 広弘伝通の意。仏教をあまねく弘めること。

**クッジュッタラー** (巴)Khujjuttarā (梵)クブジョーッタラー Kubjottarā 久寿多羅と音写し、度勝と訳す。王妃の婢であったが、仏陀の説法を聞いて帰仏し、クマープッタ Kumāputta(ナンダ Nanda)の母ヴェールカンディヤー Veḷukaṇḍiyā と共に、優婆夷《うばい》(在家の女信者)の模範と讃嘆された。出家しては比丘尼中の多聞第一と称され、三蔵(経・律・論)を悉く受持していたと伝えられる。〔参考〕Dhammapada Aṭṭhakathā I, 中本起経下

**グッター** (巴)Guttā (梵)グプター Guptā 崛多、掘多、笈多と音写する。憍薩羅《きょうさつら》(コーサラ Kosala)国のバラモン種の女。夫密護(グッタ Gutta)の死後、迦留陀夷《かるだい》(カールダーイー Kāḷudāyī)の妻となり、夫が出家したので、自らも出家し比丘尼となった。迦摂波《かせつは》(カッサパ Kassapa か)という子があったので、仏陀にわが子と同宿するのを許された。出家後も在家時代の夫迦留陀夷と関係を絶たなかったので、しばしば誡められている。〔参考〕有部毘奈耶一七・一八、有部毘奈耶雑事三一

**クッダカ・ニカーヤ** Khuddaka-nikāya 屈陀迦尼伽耶と音写する。パーリ語三蔵(ティピタカ ti-piṭaka)の経蔵(スッタ・ピタカ Sutta-piṭaka)を五ニカーヤ(部)に分けるうちの第五にあたる。前四ニカーヤに含まれない種々な形態をもった経典一五(ビルマの教団では一八とする)を拾遺してこのニカーヤに収めている。その中、(2)ダンマパダ Dhamma-pada(法句経)・(5)スッタ・ニパータ Sutta-nipāta(経集)・(8)テーラ・ガーター Thera-gāthā(長老偈)・(9)テーリー・ガーター Therī-gāthā(長老尼偈)は阿育王以前にその起源を有すると推定されており、成立も古く、きわめて重要なものである〈⇨ダンマ・パダ ⇨スッタ・ニパータ ⇨テーラガーター〉。(1)クッダカパータ Khuddaka-pāṭha(小誦)は平常教徒に誦せられる短句・短経九篇を集めたもの。(3)ウダーナ Udāna(自説)は八〇の短経からなるが、そのいずれも最後にウダーナ(感興の偈)を有している〈⇨ウダーナ〉。(4)イティヴッタカ Itivuttaka(如是語)は、「これはまさに世尊によって説かれた」という句に始まり、最後をゲーヤ geya(散文で説かれた事を重ねて韻文でまとめて述べるもの)で結ぶ特殊な形式をもった一一二経を収める〈⇨イティヴッタカ〉。(6)ヴィマーナヴァットゥ Vimāna-vatthu(天宮事)、および(7)ペータヴァットゥ Peta-vatthu(鬼事)は善悪因果応報を説く一対の経典。(10)ジャータカ Jātaka(本生)は仏陀の前生物語五五〇を集める〈⇨ジャータカ〉。(11)ニッデーサ Niddesa(義釈)は(5)の古い部分の註釈。(12)パティサンビダー・マッガ Paṭisambhidā-magga(無礙解道)は阿毘達磨《あびだつま》論書に扱われる諸問題を、主として止観の行修の立場から論じた三〇経を含む。(13)アパダーナ Apadāna(譬喩)は長老五五〇人、長老尼四〇人についての説話を集める。(14)ブッダヴァンサ Buddha-vaṃsa(仏種姓)は燃灯仏以下二五仏の出自・生涯を記し、釈迦牟尼仏の本生をも加えた二八品より成る。(15)チャリヤーピタカ Cariyā-piṭaka(行蔵)は三五の本生物語を七波羅蜜に配当して説いた韻文の経。以上の諸経に相応する漢訳経典は少なく、(2)(4)(5)(10)の一部に対応するものがあるのみである。刊本はローマ字本としては主としてロンドンのパーリ聖典協会 Pali Text Society からいずれも刊行されている。南伝二三—四四

**くつろたこく** 屈露多国 屈露多は(梵)クルータ Kulūta の音写。インド北部にあった国。玄奘の訪れた時、阿育(アショーカ Aśoka)王のたてた塔がなお存し、僧徒は大乗を学んでいたという。現在のクル Kullu 地方がその国のあったところと推定されている。〔参考〕西域記四

**ぐてい** 愚底 (文安元 1444—永正一三 1516)浄土宗の僧。京都の人。下総飯沼弘経寺の了暁について浄土宗を学び、三河国松平氏の帰依を受け伊田野に大樹寺を建てた。永正元年知恩院二三世を継ぎ、のち大樹寺に隠居した。著書、授手印清濁弁一巻。〔参考〕

浄土本朝高僧伝四、浄土伝灯総系譜中、蓮門類聚経籍録下

**くてつ　九轍**　九つのわだち。中国の僧叡(一説には道融)が法華経を解釈した際、全体を昏聖相扣轍・渉教帰真轍・興類潜彰轍・述窮通昔轍・彰因進悟轍・讃揚行李轍・本迹無生轍・挙因徴果轍・称揚遠済轍の九段に分けたのをいう。僧詳の法華伝記巻二、吉蔵の法華玄論巻一、湛然の法華文句記巻八の四などに紹介されている。羅什訳法華経の註釈のはじめであるといわれる。

**くでん-しょう　口伝鈔**　三巻。真宗本願寺三世覚如の著(元徳三1331)。覚如がかつて本願寺二世如信から口伝えに聞いていた親鸞の言行二一カ条を弟子乗専に口授して筆記させた書。如来から賜る他力廻向の信の一念に、浄土往生の業因がさだまると説く浄土真宗の根本を明らかにし、源空(法然)—親鸞—如信—覚如と伝えられた法系の正統性を主張する。異本に三重県専修寺蔵同寺四世専空撰述の二巻本(寛保三1743)があるが、本書によって編集されたものと考えられる。真宗聖教全書三、(大)八三、真宗史料集成一など〔自筆本〕竜谷大学蔵(康永三1344)〔写本〕兵庫県毫摂寺蔵(康永二、乗専写)、新潟県浄興寺蔵(建武四1337、従覚写)、大谷大学蔵(端ノ坊本、室町末期写)など

**ぐどうこうけん-さんまい-きょう　弘道広顕三昧経**　四巻。西晋の竺法護の訳(太安二303—永嘉二308)。チベット訳も現存する。ヒマラヤの麓、阿耨達《あのくだつ》(Anavatapta)池に住む竜王の問いに応えて、般若波羅蜜《はんにゃはらみつ》・諸法皆空の理を説く。(大)一五、国一経集部一

**くどく　功徳**　①(梵)プニヤ puṇya の訳。勝れた結果を招く功能(能力)が善行為に徳として具わっているのをいう。功徳力は略して功力《くりき》といわれる。また善行為には宗教的に純粋なものと世俗的なものとがあるが、前者は真実功徳《しんじつくどく》と賞し、後者は不実功徳《ふじつくどく》と貶める(曇鸞の浄土論註巻上)。②(梵)グナ guṇa の訳。すぐれた特性の意。①と②とは時に通用される。

**ぐとく-しょう　愚禿鈔**　二巻。親鸞の著(建長七1255、成立年代に異説がある)。上巻は、浄土真宗の教相を示すもので、仏教を大乗と小乗とにわけ、大乗についていわゆる二双四重の教判をたて、浄土真宗が阿弥陀仏の選択本願による絶対の法門であることを明らかに、下巻は、真宗の安心を示すもので、善導の観経疏の三心釈にもとづき、その真仮を論じて他力真実の信心に帰すべきことを説く。(大)八三、真宗史料集成一〔写本〕専修寺蔵(永仁元1293顕智写)、京都常楽寺蔵(上巻は康永元1342、下巻は暦応三1340存覚写)〔刊本〕寛永一三1636刊、天保一四1843刊

**くどく-ぞう　功徳蔵**　功徳を貯えた蔵の意。①功徳の集積。②阿弥陀仏《あみだぶつ》(曇鸞の讃阿弥陀仏偈)、或いは阿弥陀仏の名号(親鸞の高僧和讃)のことをいい、また阿弥陀仏の第十八願を福智蔵、第十九願を福徳蔵というのに対して第二十願を功徳蔵という(親鸞の教行信証化身土巻)。

**くどん　瞿曇**　⇩喬答摩《きょうとうま》

**くどん-せん　瞿曇仙**　瞿曇は(梵)ゴータマ Gotama の音写。仏典に名を伝えるインド太古の仙人。古仙人十二人、また七聖仙の一人。ゴータマ姓の祖ともいう。種々の伝説がその奇怪な呪力を伝えている。密教では火天の眷属とする。〔参考〕十二遊経、衆許摩訶帝経一、長阿含経一三、大日経五

**ぐなばっだら　求那跋陀羅**　(394—泰始四468)劉宋代の訳経家。(梵)グナバドラ Guṇabhadra の音写。功徳賢と訳す。大乗の学者であったので世に摩訶衍《まかえん》とも称する。インド中部の人。バラモンの家に生まれ、諸種の学芸に通じていたが、雑心論《ざっしんろん》を読んで仏教に帰し、ひそかに出家して、三蔵及び大乗を学んだ。のち師子国(現スリランカ)に渡り、更に劉宋の元嘉一二年435海路広州に来た。文帝に迎えられて建康(現南京)に入り、祇洹寺《ぎおんじ》などの諸寺で訳経に従事した。訳出した経典は、雑阿含経《ぞうあごんぎょう》五〇巻・勝鬘経一巻・楞伽経《りょうがきょう》四巻など、計五二部一三四巻といわれる。〔参考〕出三蔵記集一四、高僧伝三、歴代三宝記一〇、開元録五

**ぐなばつま　求那跋摩**　(367—元嘉八431)劉宋代の訳経家。(梵)グナヴァルマン Guṇavarman の音写。功徳鎧と訳す。罽賓国《けいひんこく》(インド北部の古国)の人。クシャトリ

ヤの出身。出家してひろく経律論に通じていたので三蔵法師と呼ばれた。三〇歳のとき王位に迎えられたが遁れて山林にかくれ、のち師子国(現スリランカ)に至り、劉宋の元嘉元年海路広州に来て、同八年建康(現南京)に入り、祇洹寺《ぎおんじ》で法華経・十地経を講じ、また菩薩善戒経など一〇部一八巻を訳したという。〔参考〕出三蔵記集一四、高僧伝三、歴代三宝紀一一、開元録六

**ぐなびじ　求那毘地**　(　—中興二〔502〕)　南斉代の訳経家。㊵グナヴリッディ Guṇa-vṛddhi の音写。徳進、安進と訳す。インド中部の人。僧伽斯那について学び、南斉の建元年間479—82の初め、京師(南京)に来て毘耶離寺《びやりじ》に住し、百喩経一巻・十二因縁経(欠)・須達長者経四巻を訳した。のち正観寺を建てて学徒を教化した。〔参考〕出三蔵記集一四、高僧伝三、歴代三宝通載一一、開元録六

**くなら　鳩那羅**　㊵クナーラ kuṇāla の音写。眼の美しい鳥の名、好眼鳥と訳す。

**くなら　鳩那羅**　㊵クナーラ Kuṇāla の音写。拘那羅とも音写する。阿育(アショーカ Aśoka)王の王子。本名はダルマヴァルダナ Dharmavardhana(達摩婆陀那《だつまばだな》、法増)というが、その眼が鳩那羅(クナーラ Kuṇāla)鳥の眼のように美しかったので鳩那羅と愛称された。父王の第二夫人低舎羅絺多《ていしゃらきた》(ティシュヤラクシター Tiṣya-rakṣitā)に言い寄られたがこれを退けたため、怒った王妃に讒言されて追放され、さらに王妃の詐計により美しいその眼をえぐられ失明したが、怨みとせず、この苦を自らの業によるとした。〔参考〕Divyāvadāna, 阿育王経四、阿育王伝三、阿育王息壊目因縁経

**くにん　公人**　中世において朝廷・幕府・大寺院などの公権力の末端に位置した下級役人をいう。寺院の場合、鎌倉時代からみえはじめ、中綱、小綱、仕丁、堂童子などの職名を有した。犯罪人の追放・住宅破却などの検断活動のほか荘園の年貢・公事の徴収に従事した。俗名の者と僧名の者がいるが、総じて言えば寺辺に居住した半僧半俗の存在で、座をむすび課役を免除され手工業や商業にも従事した。江戸時代にも一部残存したが、次第に消滅していった。

**くのう　九悩**　仏でも因果の理を超えることは不可能で、釈尊にもそれぞれの前世の因に基づくなやみがあったとして挙げられる仏の九種の悩みで、仏の九悩ともいう。即ち六年苦行(悟りを開く前の六年間の苦行)、孫陀利《そんだり》謗(孫陀利女による誹謗)、木槍(乞食の時木槍により足を痛めた)、馬麦(馬麦を多月にわたり食べるしかなかった)、流離王《るりおう》殺釈種(釈迦族が流離王によって殺されたこと)、乞食空鉢(乞食をして一物も与えられないことがあった)、旃茶女《せんだによ》謗(旃茶女から、孕まされたと偽って誹謗された)、調達《ちょうだつ》推山(提婆達多のために岩を落とされ傷ついた)、寒風索衣(冬至の前後八夜にわたり三衣をもって寒風を凌がねばならなかった)の九である(大明三蔵法数巻三三)。

**くのう　功能**　⇩くうのう

**くのう-ざん　久能山**　静岡市根古屋。古くは有度山《うどさん》と称した。伝えでは、推古天皇の時、秦河勝の孫久能がこの地に寺を建て補陀落山《ふだらくさん》久能寺と号したという。中世、近江園城寺の末寺であったが、武田信玄の時、寺を山下に移してこの地を城とした。のち徳川家康がこれを領し、遺言によりこの地に葬られた。日光に改葬ののちも二大宗廟の一として崇められ、東照宮と号し、別当には徳音院などの八坊があった。なお、山下に移された久能寺は廃寺となっていたが、明治一六年1883に山岡鉄舟が復興して鉄舟寺(現静岡県清水市、臨済宗妙心寺派)と改めた(国宝に法華経、重文に錫杖がある)。〔参考〕元亨釈書七、徳川実紀、駿河国風土記、駿河国志

**くは　瞿波**　㊵ゴーパ Gopa の音写。①聖教要実論(現存しない)を著わして、プドガラ pudgala 説すなわち個我が実在するという説を唱え、識身足論の著者とされる提婆設摩と争ったと伝えられる論師。仏滅後一〇〇年頃の人というが明らかでない。〔参考〕西域記五　②世親(ヴァスバンドゥ Vasu-bandhu)の弟子で、唯識二十論の註釈(現存しない)を造った論師。玄奘《げんじょう》系統の中国仏教の伝承がその名を伝えるが、その事跡は明らかでない。

**ぐばく　具縛**　煩悩《ぼんのう》(心の惑い)は有情《じょう》を苦の境界に繫縛するから縛と呼ぶ。この縛を少しも断ちえないですべてを具有していることを具縛といい、一般には凡夫《ぼんぶ》の異名のように考えて、具縛の凡夫、具縛の凡衆という。ただし厳密にいえば、凡夫の中にも具縛でない者もあり、聖者の中にも具縛(見道初刹那)の者がある。

**くばつ-えんくがき-だらに-きょう　救抜焔口餓鬼陀羅尼経**　一巻。唐の不空(神竜元705―大暦九774)の訳。略して焔口餓鬼経、焔口経という。ムカーグニジュヴァーラ Mukhāgnijvāra(口より火焔を出すもの、焔口)というプレータ preta(鬼、餓鬼)を救うための陀羅尼《だらに》とその施食法を説く。異訳(あるいは類似経典)に唐の実叉難陀《じっしゃなんだ》(652―710)の訳の救面然餓鬼陀羅尼神呪経一巻があり、チベット訳もある。中国、日本での施餓鬼会はこの経による。日本には大同元年806空海が将来した。㊅二一

**くはんだ　鳩槃茶**　㊵クンバーンダ kumbhāṇḍa の音写。究槃茶・恭畔茶とも書き、甕形《ようぎょう》・瓶卵・冬瓜《とうが》・陰囊などと訳す。瓶のように巨大な陰囊を有する鬼類の一種で、増長天の眷属の一であるともされ、また人の精気を喰う鬼ともされる。密教では男女の二体とする。〔参考〕慧苑音義上、華厳経一

**くびだら　拘鞞陀羅**　㊵コーヴィダーラ kovidāra の音写で、倶毘陀羅、拘鞞羅とも書き、地破と訳す。樹木の名。黒檀の一種で、ヒマラヤ西麓・ビルマ・中国に分布する。

**くふう　工夫**　禅宗の用語。本来は工事に従う作業人夫をいい、黙々として精励することから常に修養に心掛けて努力することを表わすようになり、さらに転じて思慮を凝らす意味に用いる。

**ぐふく-じ　弘福寺**　①中国の長安にあった寺。貞観八年634唐の太宗が先太后穆氏のために建立し、智首律師を上座とした。同一九年玄奘がインドから帰り、ここに禅院を賜って、道宣らと訳経に従事した。高宗(649―83在位)の頃、地婆訶羅《じばから》(日照)が住したという。〔参考〕大唐大慈恩寺三蔵法師伝六、続高僧伝四、仏祖統紀四〇、釈氏稽古略三、宋高僧伝二　②⇩川原寺《かわらでら》

**くぶ-しゅうがく　九部宗学**　江戸時代の浄土宗関東諸檀林における大衆の習学の九段階をさす。(1)聖冏《しょうげい》の浄土略名目図見聞二巻(名目部)、(2)聖冏の浄土二蔵頌義三〇巻(頌義部)、(3)源空の選択本願念仏集一巻(選択部)、(4)善導の観経疏玄義分の初頌(または先勧大衆から皆蒙解脱までの小玄義部)、(5)同玄義分の第一先標序題以下(または然衆生障重以下、大玄義部)、(6)善導の観経疏序分義・定善義・散善義三巻(文句部)、(7)善導の往生礼讃一巻(礼讃部)、(8)世親の浄土論と曇鸞の同註の二巻(論部)、(9)以上八部を修得し学席を得て貫主指南の下に研習する(無部)、である。各部に部頭を置き、修学期間はおおむね一年で、(1)(2)を外座、(3)以上を内部と称し、(1)(2)の大衆を下読衆、下読法門といい、(9)の学徒を上読衆、上読法門と呼んだ。〔参考〕三縁山志七、諸宗階級上

**グフヤサマージャ・タントラ　Guhya-samāja-tantra**　秘密集会タントラともいう。漢訳には北宋の施護の訳の一切如来金剛三業最上秘密大教王経七巻がある。仏教タントラの四分類法では無上瑜伽・父系に属し、その中心的聖典である。一八章よりなるが、第一―一二章が先に成立し、次いで第一三―一七章が整備され、さらに、続タントラ(uttaratantra)とも呼ばれる第一八章が付加され、八世紀後半ごろに成立したと考えられている。四世紀の成立とする見解もあるが、誤りである。金剛頂経第一五会とされる「秘密集会瑜伽」にあたる、との伝統説もあるが、共通する内容も見出されるものの、現形の秘密集会タントラがそれにあたるとは認め難い。性的実践・悪食の実践・世間道徳の否定がしばしば説かれ、実質的には、親近(sevā)・近成就(upa-sādhana)・成就(sādhana)・大成就(mahā-sādhana)よりなる四支成就法などの観法が主要な実践法となっている。第一八章では母系タントラと共通する要素も説かれる。本タントラの系譜では、ジュニャーナパーダ Jñānapādaを祖とするジュニャーナパーダ流と、それに少し遅れるとされる、聖竜樹 Ārya-nāgārjuna 父子を祖とする聖者

流Hphags-lugsとが重要である。チベットでは一四―五世紀の高僧ツォンカパTsoṅ-kha-pa により密教経典中最上位に置かれた。梵文テキストは、バッタチャルヤB. Bhattacharya が一九三一年に発表したのをはじめ、バグチS. Bagchiが一九六五年、松長有慶が一九七八年、シャストリS. D. Shastriが一九八四年に提出している。また松長には本タントラの成立・展開過程についての詳細な研究がある。釈タントラ・注釈類は多数あるが、聖者流のチャンドラキールティ Candrakīrtiによる灯作明Pradīpoddyotanaのみ、梵文写本が現存する。また聖竜樹による略集成就法(Piṇḍīkṛtasādhana) 及び五次第 (Pañcakrama)は聖者流の実践を扱った重要な論書であり、ド・ラ・ヴァレ・プサンL. de la Vallée Poussinにより梵文テキストが提出されている(1896)。

**くほう　狗法**　末世の堕落した仏教者が互いに誹謗をこととし、猜疑嫉妬の念が強く、物質欲に囚われている状態を、犬に喩えた語(大宝積経巻八八)。

**ぐほう　愚法〔不愚法〕**　愚法とは愚法小乗(愚法二乗)のことで大乗が説く法空の理に愚かな声聞《しょうもん》・縁覚《えんがく》の二乗をいう。不愚法とは不愚法小乗(不愚法の二乗)のことで、大乗が説く法空の理に愚かではない声聞・縁覚の二乗をいう。後者は小乗の心を廻転して大乗へ入るために廻心《えしん》の小乗(廻心の二乗)ともいわれ、法蔵の五教判には始教中の人とする。

**ぐほう-こうそう-でん　求法高僧伝**　二巻。唐の義浄が永昌元年689海路で室利仏逝(今のスマトラ島)に向かい、天授二年691同島で撰述。大唐西域求法高僧伝、西域求法高僧伝ともいい、唐の貞観年間627―49より武周の天授年間690―92までに、西域に求法した高僧六〇人の事跡を集めたもの。当時の南海およびインドの事情を知るうえで重要な書。大五一、国一史伝部一一　〔参考〕開元釈教録九、南海寄帰伝一

**ぐほう-じ　弘法寺**　千葉県市川市真間。日蓮宗四十四本山の一。池上六門家の一。真間山《ままさん》と号し、真間寺、真間法華堂ともいう。もと真間手児奈《ままのてこな》の霊を慰めるため行基が一宇を建て、空海が再興し、のち天台宗に転じて弘法寺と号したというがさだかではない。文永一一年1274日蓮の弟子日頂によって日蓮宗に改められ、弘安二年1279本尊釈迦如来像を造立した。〔参考〕日蓮教団全史上

**くほうべん　九方便**　密教で胎蔵界法を修める時に誦える九種の偈頌(およびこれに属する印明)。大日経巻七に説かれ、迷いを滅する方便(手段)であるという点から九方便という。即ち作礼方便(仏・法・僧を敬礼する)・出罪方便(罪を懺悔する)・帰依方便(仏・法・僧を信じ慕う)・施身方便(身を如来に献じて教えの通りに修行する)・発菩提心方便(仏教の目的を達成しようとする志を起こす)・随喜方便(他人の善行為はどんなに小さくてもそれを喜ぶ)・勧請方便(教えを弘めるよう如来に願求する)・奉請法身方便(真理を体得する身となるよう如来に希求する)・廻向方便(以上の功徳を一切衆生にふりむけ自他共に悟りを開くように願う)。九は因位の九識、胎蔵界の九尊を表わす(金剛界法の五悔に対する)。

**くぼ-かくたろう　久保角太郎**　(明治二五1892―昭和一九1944)宗教家。霊友会創設者。千葉県小湊に生まれる。本姓は小谷氏。苦学の後、仙石藩の久保家の養子となる。大正一一年1923、中山法華経寺の女行者、若月チセと第一次の霊友会を結成。その後実兄の小谷安吉の妻喜美と三人で霊友会を再組織した。

**くほん　九品**　九種の等級。三三之品ともいう。九品往生、九品の大衣(僧伽梨《そうぎゃり》)などと用いる。上中下に分類したそれぞれをさらに上中下にわけて、上上品、上中品などという。九品往生とは観無量寿経の説では、浄土に生まれるものの性質や行為の差異によって浄土に生まれてうける果報にも九種の別があることをいい、三輩生想ともいう。中国の慧遠《えおん》などは、九品往生は浄土に生まれたいとねがうもののために他人の往生するさまを観じさせる観法として説いたもので、これに説かれている九種のものは菩

薩から凡夫までであるとするが、善導は凡夫が浄土に生まれるための実践方法を説いたもので、上三品は大乗を修める凡夫、中上・中中品は小乗を修める凡夫、中下品は世間的な善を行う凡夫、下三品は悪を行う凡夫であるとする。無量寿経にも上中下の三輩が往生することを説いているが、これと九品往生との同異については諸説がある。往生するものに九種の差別があるから、生まれる浄土にも九種があり(九品の浄土)、往生するものを迎えて浄土に運ぶ蓮の華の台にも九種がある(九品の蓮台)とし、また阿弥陀仏のすがたにも九種あって(九品の弥陀)、それぞれ手に結ぶ印のかたちを異にする(九品の印)といい、或いは往生のための行為である念仏にも九種をわける(九品の念仏)。親鸞は、九品の浄土は方便化土であって、真の阿弥陀仏の浄土(真実報土)には段階的差別はないとした。

**くほん-おうじょう-ぎ　九品往生義**　三巻。詳しくは極楽浄土九品往生義という。良源(912—85)の著。成立年不詳。観無量寿経所説の九品往生の文句を逐一解釈し、また弥陀四十八願の義を略釈する。後世の浄土教徒に御廟義《みびょうのぎ》として引用されることが多い。仏全二四、浄全一五

**くほん-じ　九品寺**　①京都市南区東九条上御霊町。浄土宗。成菩提院と称する。天承元年1131鳥羽上皇が城南離宮(鳥羽離宮)内に九品の浄土に擬して九体の阿弥陀仏を本尊とする寺院を建てたのに由来し、その後、長西の九品寺流によって再興、文明三年1471現地に移った。文化四年1807尼寺となった。②京都府船井郡園部町船阪。真言宗御室派。空海の開創と伝え、永保年間1081—84仁和寺覚行法親王が中興した。永正から享禄1504—32の頃炎上してのち衰微。楼門(仁王門、重文)はこの火災を免れ現存する。〔重文〕楼門(二王門)、木造千手観音立像　〔参考〕雍州府志五

**くまい　供米**　「くま」とも読む。仏や僧に供える米。また御供米、供養米、仏聖米《ぶっしょうまい》、仏餉米《ぶっしょうまい》、仏供米《ぶくまい》ともいい、これを入れる袋を供米袋、供米のための田を供米田または供米所という。

**くまい　瞿摩夷**　㊵ゴーマヤ gomaya の音写で、牛糞のこと。インドでは古来牛を神聖視するから、祭壇を浄めるために牛糞を塗ったが、密教にもこの風習が入って、修法の壇場に牛糞が塗られ、或いは護摩《ごま》の時に供物の一として炉中に投じられる。

**くまごり-しょうじゃ　熊凝精舎**　⇩大安寺《だいあんじ》②

**くまの-きょうけ-しゅう　熊野教化集**　一巻。撰述者不詳。室町初期の成立。中世談義本の一。熊野の御正体供養会の道場で、浄土真宗の女性が会衆と問答し、みな念仏門に帰入させたことを述べる。観音・地蔵・薬師の諸信仰にも触れ、これらを阿弥陀信仰に止揚しようとする意図をもっている。真宗史料集成五　〔写本〕長野県上田市向源寺蔵(室町期写)、新潟県上越市浄興寺蔵(伝存如筆)、石川県金沢市伝光寺蔵(同)、愛知県半田市無量寿寺蔵

**くまの-ごんげん　熊野権現**　熊野三山、熊野三所権現という。和歌山県田辺市本宮町の熊野本宮大社(熊野坐神社、古くは証誠殿)・東牟婁郡那智勝浦町の熊野那智大社(熊野十二所権現、或いは十三所権現、古くは飛滝権現)・同県新宮市の熊野速玉《はやたま》神社

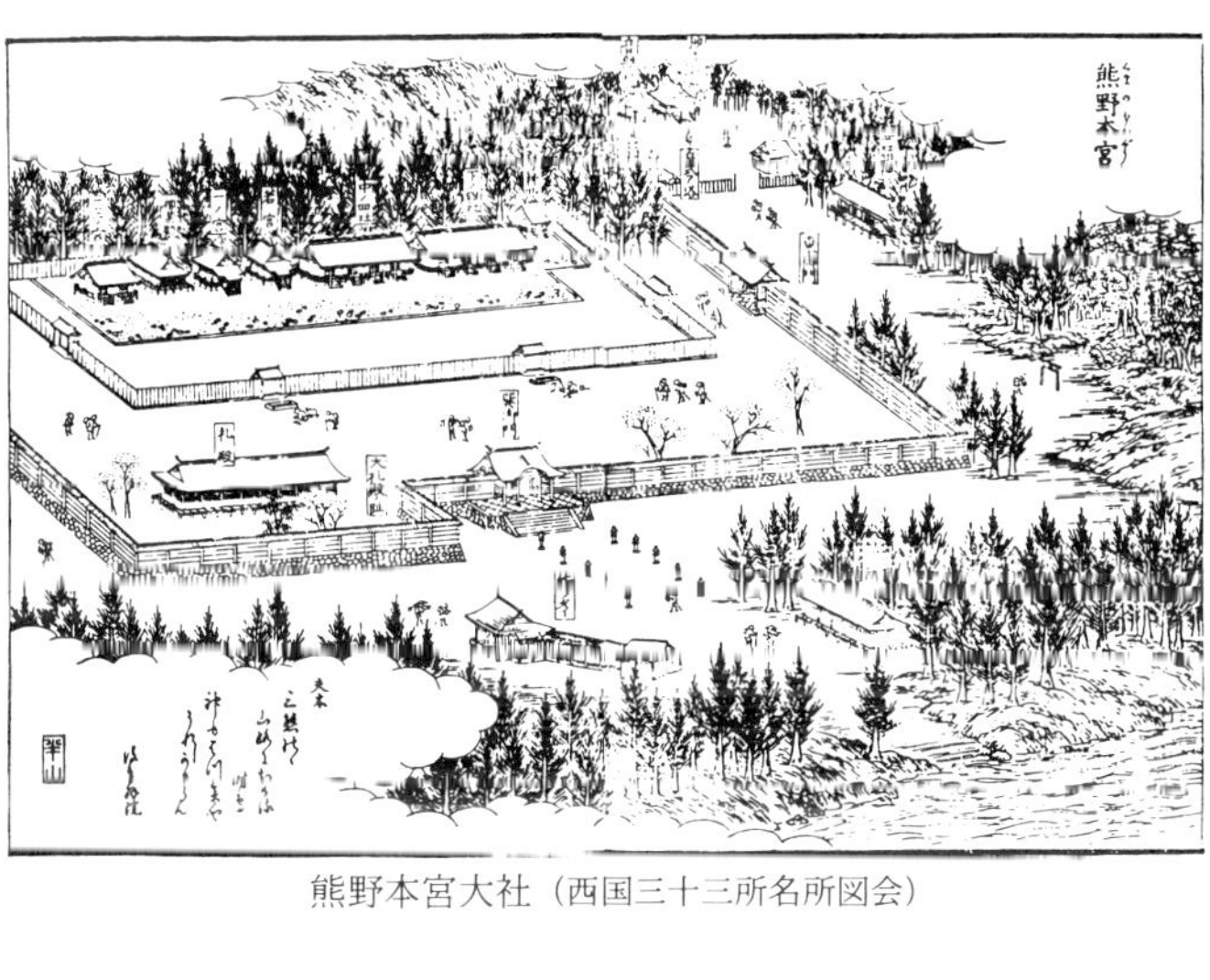

熊野本宮大社（西国三十三所名所図会）

（熊野新宮、古くは両所権現）の三社の総称。平安時代、密教の盛行とともに、大和金峯山を起点として大峯山を中心に熊野におよぶ修験道の大霊場として信仰され、熊野の御師《おし》、先達の活躍により熊野権現は全国に分祀された。本地垂迹思想が盛んになるにつれて、本宮の本地を阿弥陀如来、新宮を薬師如来、那智を十一面千手観音とする信仰が生まれ、熊野権現・熊野三所権現と称するようになった。三宮に各一二社を祀る十二社権現が生まれ、各本地を定め、それを描いた熊野曼荼羅が多く描かれた（鎌倉中期以後のものが現存）。三山を管理するため、弘仁三年812別当を設けて快慶をこれに任じ、寛治四年1090検校を置いて増誉をこれに補した。この頃より皇室をはじめ一般の尊崇があって熊野詣が盛んとなり、熊野三山の神使の烏を図案化した護符、牛玉宝印《ごおうほういん》は熊野牛玉と呼ばれ、鎌倉時代以後、とくに武士が起請文の用紙として広く用いるようになった。また、廻国する巫女の一種に熊野比丘尼があり、熊野信仰を各地に広めた。明治の神仏分離以後、神社となった。

**くまの-さん　熊野山**　⇩熊野権現《くまのごんげん》

**くまの-の-ごんげん-き　熊野之権現記**　一冊。作者不詳の古浄瑠璃。インド中部の王とその王の子が、ともに日本に飛来、熊野権現として現われた由来を六段に組んでいる。〔刊本〕万治元1658刊

**くまの-びくに　熊野比丘尼**　歌比丘尼、絵解比丘尼ともいう。中世から近世にかけて、熊野社勧進のため牛玉の札を売り、六道絵の絵解きなどをして仏教を弘めながら廻国する巫女の一種。のちには身を売るのを業とするようになった。

歌比丘尼（人倫訓蒙図彙）

**くまの-もうで　熊野詣**　紀伊の熊野三山（熊野権現）への参詣をいう。熊野信仰が平安初期から盛んになり、僧や修行者ばかりでなく延喜七年907の宇多天皇以来、白河・鳥羽・後白河・後鳥羽・後嵯峨などの上皇が御幸し、その他貴族や庶民の参詣も相ついだが南北朝以後その風習はややすたれた。経路は京都から淀川を下り、三山まで約一〇〇里の距離で、二〇日を要し、その間、熊野九十九王子といわれる社が建てられ、これを一々拝し、これが休息所にもなった。七日間潔斎し、山伏姿で参詣した。⇩熊野権現《くまのごんげん》

**くまら-かしょう　鳩摩羅迦葉**　(梵)クマーラ・カーシャパ Kumāra-kāśyapa (巴)クマーラ・カッサパ Kumāra-kassapa の音写。拘摩羅迦葉とも音写し、童子迦葉と訳す。その母は王舎城の長者の娘で、早くから出家を望んでいたがかなわず、結婚後、夫の許しを得て出家した。しかし、その時すでに妊娠していたことを知らなかったため、のちに人々の非難を受けた。出産した子は波斯匿《はしのく》（パセーナディ Pasenadi）王の王宮に託して育てられ、長じて（八歳の時という）出家し教団に入って、クマーラ・カーシャパ（童子カーシャパの意）と呼ばれた。しかし仏陀はこの後、満二〇歳になってはじめて出家を許すと定めたという。〔参考〕Theragāthā201—202偈註、摩訶僧祇律一五

**くまらじゅう　鳩摩羅什**　（344—弘始一五413、または350—弘始一一409）後秦代の訳経家。(梵)クマーラジーヴァ Kumārajīva の音写。究摩羅什、鳩摩羅什婆、鳩摩羅耆婆とも音写し、略して羅什といい、童寿と訳す。亀茲国《きじ》（クチャ）の人。父はインド人（もと一国の大臣であったが出家して亀茲に来た）で鳩摩羅炎（クマーラヤーナ Kumārayāṇa）と称し、母は亀茲国王の妹で耆婆《ぎば》（ジーヴァ Jīva）と称したので、父母の名を合わせて命

名された。七歳で出家して毘曇を学び、九歳のとき母に伴われて罽賓《けいひん》（インド北部の古国）に赴き、槃頭達多《ばんずだつた》について中・長二阿含と雑蔵を学んだ。ついで沙勒（カシュガル、西域の古国）に往き、毘曇・六足論・増一阿含などを学び、且つ須利耶蘇摩《しゅりやそま》（莎車国〈ヤルカンド〉の王子で、兄を須利耶跋陀といい、兄弟とも出家）から大乗、特に三論を受けた。温宿《おんしゅく》国を経て亀茲に帰り、王宮で受戒し、卑摩羅叉《ひまらしゃ》から十誦律を受け、また、盛んに諸経を講説した。前秦の建元一八年382苻堅が呂光に命じて亀茲および焉耆（カラシャール）諸国を討った際、呂光は羅什を亀茲王女と結婚させて涼州に伴った。後秦の弘始三年姚興《ようこう》に迎えられて長安に入り、国師として優遇され、西明閣・逍遙園などで諸経を訳し、長安大寺などで講じた。訳出した経典には大品般若経・小品般若経・金剛般若経・仁王般若経・法華経・維摩経・阿弥陀経・首楞厳経・遺教経・十誦律・大智度論・中論・百論・十二門論・十住毘婆沙論・成実論など、計三五部二九四巻（或いは七四部三八四巻ともいう）がある。門下は三千余人といわれ、うち道融・僧叡・僧肇・道生を関中の四傑、或いは四哲といい、曇影・慧観・道恒・曇済を四英といい、合わせて什門の八俊と称する。なお、廬山の慧遠が羅什に質問書を送ったが、その往復書簡を収録したのが大乗大義章（問大乗深義十八科）である。〔参考〕高僧伝二、出三蔵記集一四、開元録四

鳩摩羅什（仏祖道影）

**くまらじゅう-ほっしーだいぎ　鳩摩羅什法師大義**　⇩大乗大義章《だいじょうだいぎしょう》

**くまらた　鳩摩邏多**　㊵クマーララータ Kumāralāta の音写。童受などと訳す。インド北西部、タキシラ出身の論師で、馬鳴《めみょう》（アシュヴァゴーシャ Aśvaghoṣa）・竜樹（ナーガールジュナ Nāgārjuna）らと並び称されたという。彼は譬喩師と呼ばれ経量部《きりょうぶ》の祖師と伝えられる。日出論、喩鬘論などの著があったというが、いずれも現存しない。漢訳に伝える大荘厳論経（梵文断片あり）を鳩摩邏多の作とする説もあるが、明らかでない。〔参考〕付法蔵因縁伝六、大唐西域記一二

**くまら-てん　鳩摩羅天**　㊵クマーラ Kumāra の音写。童子と訳す。護世二十天の一。大自在天あるいは火天の子で、顔が童子のようなところからこの名があるという。〔参考〕大日経疏一六

**くまらぶつだい　鳩摩羅仏提**　生没年不詳。前秦代の訳経家。㊵クマーラブッディ Kumārabuddhi の音写。童覚と訳す。前秦の建元一八年382鄴寺で四阿鋡暮抄解二巻を訳したという。〔参考〕出三蔵記集九（四阿含暮鈔序）、歴代三宝紀八、開元録三

**くまり　倶摩利**　㊵クマーリー Kumārī の音写で、鳩摩利・嬌末離とも書く。もとは少女・娘の意味。大自在天の眷属の一。〔参考〕大日経疏一六

**クマーリラ・バッタ**　㊵Kumārila Bhaṭṭa　（650—700頃）単にクマーリラということが多い。バッタは敬称。インド六派哲学の一つミーマーンサー Mīmāṃsā学派の学者。同派の根本論書ミーマンサー・スートラ Mīmāṃsāsūtra のシャバラスヴァーミン Śabarasvāmin による註釈シャバラ・バーシャ Śabara-bhāṣya に対する複註としてシュローカ・ヴァールッティカ Ślokavārttika, タントラ・ヴァールッティカ Tantra-vārttika などを著わし、その中でしばしば仏教の中観派・瑜伽行派の説にはげしく反駁しているので名高い。またシャバラ・バーシャの解釈をめぐって同派のプラバーカラ Prabhākara と対立し、以後ミーマーンサー学派はクマーリラを祖とするバーッタ Bhāṭṭa派とプラバーカラを祖とするグル Guru派に分裂した。

**ぐみょう-しゅう　弘明集**　一四巻。南斉・梁代の僧祐（445—518）の編。成立年不

詳。仏教渡来以後、梁代までの仏法擁護の論文や書簡を集録し、道教・儒教側からの仏教攻撃に対して、仏法を宣揚したもの。すべてで五八篇あり、牟子理惑論、宗炳明仏論、宗炳答何承天書難白黒論、何承天達性論、羅君章更生論、鄭道子神不滅論、遠法師沙門不敬王者論、遠法師祖服論、謝鎮之与顧道士析夷夏論などはその代表的なもの。ただし出三蔵記集の目録には一〇巻で、三三篇とする。唐の道宣の広弘明集と共に儒仏道三教の交渉史上に重要な史料である。(大)五二、[国]一護教部一 〔参考〕歴代三宝紀一一、大唐内典録四、唐書芸文志四九

**ぐみょうちょう　共命鳥**　(梵)ジーヴァンジーヴァカ jīvaṃjīvaka 或いは jīvajīvaka, jīvaṃjīva, jīvajīva の訳。jīva は「寿命」の意で、命命鳥《みょうみょうちょう》、生生鳥、命共鳥とも訳し、また耆婆耆婆《ぎばぎば》とも音写する。鳴声からの名称といわれるが、また一身で二頭をもち、一が死ねば他も死んで、命を共にするからこう名づけるともいわれる。迦陵頻伽《かりょうびんが》と共に美声の鳥とされ、インド北部・ネパール地方産のシャコ或いはキジの一種。

**ぐめい-ほっしん-しゅう　愚迷発心集**　一巻。貞慶(1155—1213)の著。成立年不詳。人生が無常で惑業の深重なことを述べ、すみやかに愚迷の妄心を断って道心を発し、唯識の理趣に基づいて釈迦念仏を修し、無勝荘厳の浄土に往生すべきことを勧めている。日本思想大系一五、岩波文庫、続群二八下 〔刊本〕慶安元1648刊、寛文一三1673刊、元禄二1689刊 〔註釈〕思連鈔(寛文五刊)、弾松軒・和談鈔、守元・寄講(天和二1682刊)

**くめだ-でら　久米田寺**　大阪府岸和田市池尻町。竜臥山隆池院と号し、久米多寺とも書く。高野山真言宗。行基の四十九院の一。行基が久米田池を築き、その管理のため池畔に天平一〇年738に建てられた隆池院に始まる。承久の乱以後荒廃し、弘安三年1280奈良西大寺叡尊の高弟行円房顕尊が中興。凝然《ぎょうねん》の弟子禅爾が住してから、華厳教学が盛んになり、その一流を世に久米田華厳と称した。建武五年1338和泉国の利生塔が設けられた。〔重文〕絹本著色星曼荼羅図、同仁王経曼荼羅図、同安東蓮聖像ほか

**くめ-でら　久米寺**　奈良県橿原市久米町。真言宗御室派。来目寺とも書き、霊禅山東塔院と号する。来目王子(聖徳太子の弟)の草創とも、久米仙人の創建とも伝える。空海の益田池碑銘并序(天長二825撰)に「来眼精舎」が益田池の東北にあると記す。善無畏《ぜんむい》三蔵が来朝してこの地に多宝塔を建て、後に空海が塔下から大日経を得たという伝説は有名である。現在の堂宇は万治年間1658—61の造営であるが、多宝塔(重文)は万治二年京都仁和寺から移建したものである。毎年五月三日、二十五菩薩練供養会式(俗にクメレンゾ)が行われる。〔参考〕久米寺流記、久米寺縁起事、大和名所図会五

**くめ-の-せんにん　久米仙人**　大和久米寺《くめでら》の開創者の一といわれる。大峯・吉野山で修行して仙術を得、空中を飛行中、洗濯女の脛を見て墜落し、世俗に復したが、東大寺建立の際、仙術によって工事を促進させた功により、田三〇町を賜って久米寺を興したという。〔参考〕和州久米寺流記一、久米寺縁起事、今昔物語集一一、扶桑略記二三、元亨釈書一八

**ぐもんじ-の-ほう　求聞持の法**　聞持法ともいい、観音求聞持、如意輪求聞持、虚空蔵求聞持の三種があるが、一般には虚空蔵求聞持法を指していう。虚空蔵菩薩求聞持法(一巻、善無畏の訳)によって、虚空蔵菩薩を本尊として、記憶力を強めるために修する秘法で、法が成就したとき明星があらわれるという。養老年間717—24道慈がこれを伝え、善議を経て勤操《ごんぞう》に伝えたという古伝がある。空海は入唐以前に、この系譜を通じて求聞持法を学んだといわれる。〈⇩虚空蔵菩薩《こくうぞうぼさつ》〉〔参考〕三教指帰序、覚禅鈔、阿娑縛抄一〇四

**くよう　九曜**　(梵)ナヴァグラハ navagraha の訳で、人間の運命を左右するという九つの照耀する星の意。⇩七曜《しちよう》

**くよう　供養**　(梵)プージャー pūjā またはプージャナー pūjanā の訳。供施、供給、供ともいう。食物や衣服を仏法僧の三宝・父母・師長・亡者に供給すること。供養物の種類、供養の方法、供養の対象について種々

に分類される。（なお供養の語はもと主として身体的行為についていわれたが、後には単に精神的なものをも含めていい、これを身分供養・心分供養と称する）。①二種供養。十住毘婆沙論巻一に説く法と財との供養。大日経供養法疏に説く理（真実の道理にかなって悟りに入る）と事（香華等を供する）との二供養。②三種供養。普賢行願品疏に説く財（世間の財宝香華など）と法（菩提心を起こして自利利他の二利を行う）と観行（周遍含容事事無礙観を行う）との供養。十地経巻三に説く利養（衣服臥具など）と恭敬《くぎょう》（香花幡蓋など）と行（修行信戒行など）との供養。③三業供養。法華文句巻三の一に説く身業（礼拝、恭敬）と口業（称讃）と意業（相好を想念する、尊重）との供養。④四種供養。大日経義釈巻一一に説く供養香華・合掌・礼敬・慈悲運心の四種の供養。⑤四事供養。増一阿含経巻一三に説く衣被・飲食・牀臥具・病瘦医薬、或いは善見律毘婆沙巻一三に説く飲食・衣服・湯薬・房舎の四つの供養。⑥五種供養。蘇悉地羯羅経巻下に説く塗香・花等・焼香・飲食・燃灯の五種の供養。⑦十種供養。法華経法師品によると華・香・瓔珞・末香・塗香・焼香・繒蓋・幢幡・衣服・伎楽の一〇種の供養。大蔵法数では繒蓋幢幡を合わせて幡蓋とし、合掌を加えて一〇としている。地持経では⑴身供養、⑵支提供養、⑶現前供養、⑷不現前供養、⑸自作供養、⑹他作供養、⑺財物供養、⑻勝供養、⑼不染汚供養、⑽至処道供養の一〇を挙げる。また仏前に供するものを仏供、神前に供えるものを神供、亡者のためにするのを追善供養、餓鬼のためにするのを餓鬼供養、仏を慶するのを開眼供養、経を供養するのを開題供養または経供養、鐘を慶するのを鐘供養という。一千人の僧を招き斎を設けて供養するのを千僧供養または千僧斎、千僧会ともいい、功徳が無量であるとされている。供養する施主を供養主といい、供養の意味を述べた諷誦文を供養文という。供養求福のために造った仏像を供養仏といい、供養のために造った塔を供養塔という。また阿弥陀仏が来迎して衆生をみちびくのにならって行う法会を練供養《ねりくよう》という。

**ぐよう-しょう　愚要鈔**　三巻。光雲明秀の著（寛正二1461）。一般の子女を対象に、浄土宗西山派の立場から、その安心起行などについて平易に書かれた入門書。仮名書きの問答体である。㊅八三、明秀上人全集〔刊本〕宝永四1707刊、文政二1819刊

**くらた-ひゃくぞう　倉田百三**　（明治二四1891—昭和一八1943）戯曲家、評論家。広島県の人。第一高等学校中退。西田幾多郎の善の研究の影響を受けて哲学に傾倒し、大正四年1915西田天香の一灯園にはいるなどして、宗教・文学を探究した。同五年千家元麿・犬養健らと雑誌「生命の川」を発行し、また同五年から六年にかけて戯曲「出家とその弟子」を発表して反響をよんだ。その後、強迫観念症にかかったが、これを克服して独自の宗教体験を得、後年、右翼的な政治活動にも参画した。著書、愛と認識との出発、絶対的生活、生活と一枚の宗教など。現代日本文学全集七四、倉田百三選集などに収められる。

**くらつくり-の-たすな　鞍作多須那**　⇩徳斉《とくさい》

**くらつくり-の-とり　鞍作鳥**　生没年不詳。飛鳥時代の造仏師。鳥（止利）仏師とも称する。推古天皇一四年606元興寺の本尊の造工とその安置の功により近江国坂田郡に水田二〇町を賜り、大和明日香に坂田寺を建てた。同三一年法隆寺金堂安置の金銅釈迦如来三尊像を鋳造した。〔参考〕上宮聖徳法王帝説、日本書紀二二、日本国宝全集一四

**クラープロート　Klaproth, Heinrich Julius**　（1783—1835）ドイツの東洋学者。中国語にすぐれ、蒙古語、満州語、日本語にも通じた。中国の歴史・文化・地理・風俗などについての著作が多い。

**くらぼうし　倉法師**　室町時代の高利貸である十倉《どそう》の経営者。はじめ十倉は延暦寺僧侶により営まれたが、のち山門公人身分の経営者が増えた。彼等は延暦寺を本所とし法体をしていたので、土蔵法師、倉法師などと呼ばれた。

**くらま-でら　鞍馬寺**　京都市左京区鞍馬本町。もと天台宗に属したが、第一次世界大戦後、鞍馬弘教として独立し大本山と

なる。松尾山金剛寿命院と号する。宝亀元年770鑑真の弟子鑑禎の開創と伝えるが、延暦一五年796藤原伊勢人《いせんど》の創建によるものらしい。寛平年間889—98東寺の真言僧峰延が中興し、天永年間1110—13第四六代天台座主忠尋が天台宗に改めた。毘沙門天を安置し、王城の北方鎮護として朝野の尊崇を受け、正月の初寅詣や竹伐り会式(現六月二〇日)の年中行事のほか、鎮守由岐神社の例祭(現一〇月二二日)も鞍馬の火祭として知られる。堂宇はたびたび火災にあっており、奥院には魔王尊天を祀る。天狗杉・僧正ケ谷・東光坊跡など源義経にちなむ遺跡がある。〔国宝〕木造毘沙門天及吉祥天善膩師童子立像、鞍馬寺経塚遺物 〔重文〕木造毘沙門天立像、同観音菩薩立像(定慶作)、銅灯籠(正嘉年間1257—59の在銘)、紙本墨書鞍馬寺文書ほか

**くらんだけ 拘蘭荼華** 拘蘭荼は㊵クランタ kuraṇṭa の音写で倶蘭吒とも書き、紅色花と訳す。紅色の小花が集まって咲く草花で、採取して乾しても長く色があせないため、千日紅、千日草とも称する。

**くり 拘利** ㊵㊁コーリヤ Koliya の音写。ヒマラヤ山脈の南麓にいた種族の名。釈迦族とローヒニーRohiṇī河を隔てて隣り合い、互いに姻戚関係をもち、ときには水利に関して争ったこともある。コーリヤの名は虎の来襲を防ぐため町の囲りにナツメ(コーラkola或いはコーリkoli)の樹を植えたことに由来するという。またコーラKola王を祖とするのでコーリヤと呼ぶという伝説もある。天臂城(デーヴァダハ Devadaha)はその主城で仏陀の生母摩耶(マーヤー Māyā)夫人、妃耶輸陀羅《やしゅだら》(ヤソーダラー Yasodharā)姫の生地。この種族は仏滅後、舎利を得て塔を建て奉安した。〔参考〕Mahāvaṃsa II, Mahāvastu I, Dhammapada Atthakathā III.

**グリフィス Griffiths, John** 生没年不詳。イギリスの考古美術学者。ことにアジャンターの壁画についての研究が多く、The paintings in the buddhist cave-temples of Ajaṇṭā(アジャンター窟院の壁画1895—97)は最も有名である。

**グリム Grimm, Georg** (1868—1948) ドイツの仏教者。Loge zu den Dreiquellen(三宝の家)を建てて、仏教運動に従事した。ガイガーW. Geigerとともに雑誌Zeitschrift für Buddhismusを発行し、仏教に関する著書も多い。

**グリュンヴェーデル Grünwedel, Albert** (1856—1935) ドイツのインド学者、人類学者。また、中央アジア探検家。ミュンヘン民族博物館長。二回にわたってトルファン・クチャ・カラシャール地方を探検調査(1902—03, 1905—07)し、その成果をBericht über Archäologische Arbeiten in Idikutschari und Umgebung(イディクートシャリ発掘誌1906)、Altbuddhistische Kultstätten in Chinesisch-Turkistan(シナ・トルキスタン地方の古仏堂1912)、Alt-Kutscha(古代クチャ1920)として報告した。別に、Mythologie des Buddhismus in Tibet und Mongolei(チベットおよびモンゴルの仏教神話1900)などの著がある。

**くろう-こく 拘楼国** ⇩十六大国《じゅうろくだいこく》

**くろしゃ 倶盧舎** ㊵クローシャ krośa の音写で、拘盧舎、拘楼賒《くろしゃ》とも書く。クローシャは本来「呼び声」を意味し、転じて大牛の吼える声または鼓の音を聞きうる範囲をいい、距離の単位をあらわす。もとより漠然とした算定であるから、土地の高低などの条件によって実際の距離は一定し難いが、五〇〇弓の長さとされ、大体一キロほどにあたる。

**くろだに 黒谷** 比叡山西塔北谷にあり、五別所の一として、名利を厭う隠者が多くこの谷に住した。源空(法然)もこの谷にいたので、彼を黒谷上人と呼ぶようになり、京都岡崎の新黒谷に対して、この地を本黒谷《もとくろだに》という。現在は青竜寺がある。〔参考〕法然上人行状絵図、山城名勝志一二

**くろだに-しょうにん-ごとうろく 黒谷上人語灯録** 一五巻、拾遺三巻。道光(1251—1330)の編。法然の遺文法語を集大成したもの。(1)漢語灯録一〇巻、(2)和語灯録五巻、(3)拾遺黒谷語灯録三巻(漢語部上巻、和語部中下巻)からなる。(1)と(3)の漢語部は文永一一年1274の編で、(1)には大経釈・観経釈・小経釈・如法経書写軌則・如法念仏

法則・選択集・往生要集大綱・同略料簡・同詮要・逆修説法・浄土五祖伝・善導十徳・略要文・初学鈔・諸遺誡文・遺北越書・諸方答書をふくみ、(3)の漢語部には三昧発得記・浄土随聞記・答博陸問書を収める。(2)と(3)の和語部は文永一二年1275の編で、(2)は三部経釈・御誓言書・往生大要鈔・念仏往生要義鈔・三心義・七箇条起請文・念仏大意・浄土宗略鈔・九条殿下の北政所へ進ずる御返事以下一〇通の消息法語・要義問答・十二問答・十二箇条問答・百四十五箇条問答・上人と明遍との問答・諸人伝説の詞を収め、(3)の和語部には登山状・示或人詞・津戸返状・示或女房法語・念仏往生義・東大寺十問答・御消息(四通)・往生用心を収める。両語灯録とも編者の跋を付し、これら以外の多くの偽書を除去したと述べるが、検討を要するものもある。本書には義山によって校定された正徳五年1715刊の現行本の他に、元禄七年1694恵空によって写伝されたものが古本と称して伝えられている。和語灯録および拾遺の和語部は、早く元亨元年1321に円智によって開版され(竜谷大学蔵)、平仮名交りの版本として最古のものである。なお、本書にさきだって法然の遺文を集成したものに、西方指南抄六巻がある。㊅八三、浄全九、昭和新修法然上人全集 〔刊本〕漢語灯録は正徳五刊、和語灯録は元亨元刊、寛永二〇1643刊、正徳五刊

**グロート** Groot, Jacob Mariade (1854—1921) オランダの中国学者。中国の宗教史に関する研究が多い。著書に The religious system of China(中国の宗教組織1892)や、梵網経のフランス語訳であるLe code du Mahāyāna en China(中国大乗仏教の法典1893)などがある。

**くろんじゃ 拘崙闍** ㊵クラウンチャ krauñca の音写。鳥の名。タイシャクシギのことで、鶴、鳳凰、穀禄鳥と漢訳される。梵文阿弥陀経では諸人に教えを説く鳥としている。

**くわな-べついん 桑名別院** 三重県桑名市北寺町。真宗大谷派別院。本統寺と号する。元亀元年1570織田信長が石山本願寺を攻めた際、当地の門徒が三崎に一宇を建てて評議所として不時の戦乱に備えたのに始まる(今寺と称した)。教如の時、尾張・美濃・伊勢三国の録所として再興し、長女の如頼尼(長姫)を寺務職代としてから桑名御坊と呼ばれ、第三世琢慧に至って本統寺と号した。延宝年間1673—81に火災にあったが復興された。〔参考〕東海道名所図会二

**くわのみ-でら 桑実寺** 滋賀県蒲生郡安土町桑実寺。繖山と号し、天台宗。天智天皇の時、本尊薬師如来が琵琶湖に出現したので、白鳳六年精舎を建立してこれを安置したという。定恵が大陸から日本にはじめて桑実をもたらして当寺に植え、養蚕の道を開いたので本尊を桑峰薬師という。天平感宝元年749聖武天皇の勅により水田一〇〇町歩その他を賜った。のち久しく衰退したが、織田信長が安土城を構えた時、堂塔を再興した。〔重文〕本堂(桑峰薬師堂)、紙本著色桑実寺縁起(絵光茂筆) 〔参考〕近江蒲生郡志七、桑実寺縁起

**くわのみでら-えんぎ 桑実寺縁起** 二巻。絵巻物。滋賀県桑実寺蔵。重要文化財。室町後期の成立。同寺の名の起源や本尊薬師如来の由来、精舎の建立、元明天皇の行幸、聖武天皇の施入、寺域などを描く。絵は土佐光茂、詞は後奈良天皇・青蓮院尊鎮法親王・三条西実隆らが書いている。足利義晴が天文元年1532に寄進したものという。詞書は続群二八上 〔参考〕日本国宝全集一七

**クーン** Kuhn, Ernst (1846—1920) ドイツの言語学者。ことにパーリ語に造詣が深かった。著書にBeiträge zur Pāli Grammatik(パーリ文典1875)などがある。

**ぐんじ 軍持** ㊵クンディカー kuṇḍikā の音写。君持、君遅、軍遅、軍挺、捃稚迦とも書き、瓶、澡瓶、水瓶と訳す。梵天、千手観音などの持物とされ、また大乗の比丘が常に持つべき十八物の一で、水を入れて携える容器。南海寄帰伝巻一に形態や用途などを説く。

**くんしゅ 葷酒** 味がからく臭気の強い植物と酒のことで、肉類と共に仏が禁じた食物。後世、寺院門前の結界石《けっかいせき》には「不許葷酒入山門」などと刻まれており、これをまた禁牌石《きんぱいせき》、葷酒牌《くんしゅのはい》ともいう。五葷は葷辛ともいい、普通五辛(五葷)を指し、

梵網経巻下では、大蒜《にんにく》・茖葱《らっきょう》・慈葱《ぎね》・蘭葱《ひる》・興渠《こうきょ》のこととするが、異説もある。葷は臭気のために他人を厭わせるものであり、酒は酔って修行者の心を乱す基となるから制止される。

**くんじゅう　薫習**　㊵ヴァーサナー vāsanā の訳。熏とも訳す。香気を衣服に熏じ付けるように、迷悟の諸法（特にわれわれの身・語・意の業《ごう》即ち行為）が、その勢力を他のものの上に（特にわれわれの心の上に）熏附し残し留めること。小乗でも経量部においては色《しき》（物質）と心とが互いに熏習しあうとして、色心互熏説を説くが、完成された熏習説は大乗唯識宗のそれである。この場合、熏附する能熏の法は現行《げんぎょう》であり、熏附をうける所熏の法は心であり、所熏の心の上に熏附し留められた慣習の気分、残気、余習（習気《じっけ》）は種子《しゅうじ》といわれる。①法相宗では七転識《しちてんじき》の現行《げんぎょう》を能熏の法とし、第八阿頼耶識《あらやしき》を種子の貯蔵される所熏処とし、この所熏・能熏の関係で阿頼耶識《あらやしき》の因果相続を語る。成唯識論巻二によると、所熏と能熏とにはそれぞれその資格として四義が立てられる。これを所熏の四義、能熏の四義という。所熏の四義とは、⑴堅住性（同一性を保って堅固に存在し相続する性質）、⑵無記性（善でもなく悪でもない中性的性質）、⑶可熏性（自主的能力をもち、かつ堅密不変の自体でなく熏習を容受しうる性質）、⑷能所和合（能熏と和合する性質）。以上の四義は阿頼耶識のみがこれを具有する。能熏の四義とは、⑴有生滅（静止した不動のものでなく、動的な作用をもつこと）、⑵有勝用（縁慮の作用があって、かつその作用が強盛勝用であること）、⑶有増減（増減のない仏果のようなものでないこと）、⑷能所和合（所熏処と和合すること）。以上の四義を具有するものはただ七転識《しちてんじき》のみ（とその心所《しんじょ》）である。七転識が能熏の作用をなすことは四分中のいずれであるかについては、古来異説があり、これに関して見分熏・相分熏の二種熏習（二種熏、二熏）が説かれる。また名言習気《みょうごんじっけ》・我執習気・有支《うし》習気の三種習気のことを三種熏習ともいう。②大乗起信論では四熏習を説く。⑴無明熏習《むみょうくんじゅう》とは、無明が真如《しんにょ》に熏習して業識《ごっしき》から分別事識《ぶんべつじしき》までの妄心を成じること。⑵妄心《もうじん》熏習とはその妄心が無明に熏習して生死（迷いの世界）の苦を現出すること。⑶妄境界熏習とは識の対象である六境（妄境界）が識に熏習して我執・法執を増長すること。以上の三を染法《ぜんぽう》熏習という。染法とは次の浄法に対する語で、煩悩《ぼんのう》のために汚されて清らかでないことをいう。⑷浄法熏習とは凡夫・二乗および菩薩《ぼさつ》を発心修行させる妄心熏習（前の⑵とは別）と、清らかな法である真如《しんにょ》が妄心に熏習して自分自身に真如の法があると信じさせ、涅槃《ねはん》に趣かせる真如熏習とをいう。

**くんた　捃多**　㊵クンタ kunta の音写で、原語は小虫、昆虫の意。捃多蟻、蟻子、折脚蟻と漢訳する。アリの一種。

**ぐんだ　軍荼**　㊵クンダ kuṇḍa の音写。火炉と訳す。元来は宗教的用途の瓶・壺の類を指すが、特に密教の護摩《ごま》に用いる火炉のこと。

**ぐんだり-みょうおう　軍荼利明王**　軍荼利は㊵クンダリー Kuṇḍalī の音写。甘露軍荼利ともいう。五大明王の一。宝生如来の教令輪身とされる。仏部・蓮華部・金剛部の三部にそれぞれ甘露軍荼利・蓮華軍荼利・金剛軍荼利があるとする経軌もある。形像は一面八臂あるいは四面四臂で、蛇がからみついた姿をとる。軍荼利明王を本尊として増益・息災、また相手を降伏させるために修する秘法を軍荼利明王法また甘露軍荼利明王法という。〔参考〕陀羅尼集経八、軍荼利軌

軍荼利明王（別尊雑記）

**クンブム**　㊙Sku-ḥbum　十万体の意。

中国青海省西寧県城の西南にあるラマ教の寺。金瓦寺、塔爾《たーるす》寺ともいう。黄帽派の開祖宗喀巴(ツォンカパ Tsoṅ-kha-pa)の生誕地に一五七六年創建された。ラマ教の聖地の一として巡拝者が多く、また学問寺としても知られる。

**くんろくこうじゅ　薫陸香樹**　薫陸は㊵クンドゥル kunduru の音写。樹脂が香料に用いられる香木のことで、採取された香は薫陸香、乳香、乳頭香と呼ばれ、他の香料と合わせて焼香に用いる。

# け

**け　化**　①衆生《しゅじょう》を教え導いて転化・改変させること。教化、勧化(勧めて正道に入れさせること)、化導、化益《けやく》(教化し利益《りやく》すること)、化度(教化し済度《さいど》すること)などの熟語で用いられる。教化する者を能化といい、教化されるものを所化という。自ら行う自行《じぎょう》に対して、他人を教化することを化他という。仏は化主といわれる。仏が一定の方式によらないで衆生の根機(教えを受ける者としての先天的性格)に適して教化することを適化無方《ちゃくけむほう》といい、随縁《ずいえん》に随い適宜に衆生を教化することを随縁化物《けもつ》という(物とは衆生のことである)。漸次に順当な方法で衆生を教化することを順化といい、信順しない者に対して違逆の手段を用いて無理に教化することを逆化という。②改変して他のものとなること。特に仏・菩薩《ぼさつ》が衆生《しゅじょう》教化のために神通力《じんづうりき》によって種々の相(すがた)をあらわすこと。はじめの意味の化は変化《へんげ》とも化作《けさ》とも化現《けげん》ともいい、化生(忽然として生じること)、幻化(幻のような化現)などと熟語にする。後の意味の化は、化身、化土、化仏、化菩薩、権化(方便手段としてのかりの化現)などと熟語にする。化身が身・語・意の三業をもって衆生を教化することを、身化・語化・意化の三にわけて三化という。二輪、三種神変、三種示導、三示現というのも同じ。③遷化《せんげ》。人が遷移化滅して死ぬこと。

**け　仮**　真、実などに対する語。実体のないことを指し、或いは虚《こ》、権《ごん》、方便などの意にも用いる。例えば、実体がなくてかりに名だけが与えられている存在を仮名有《けみょうう》といい、空にたがわない有を説く真理を仮諦《けたい》といい、内心と外相とが異なる行為を虚仮《こけ》の行といい、方便の教えを仮門という場合がそれである。現象としての諸法が仮であることについて次のような分類がある。①二仮。窺基の成唯識論述記巻一本、延寿の宗鏡録巻六七などに無体随情仮・有体施設仮《うたいせせつけ》を説く。無体随情仮とは、凡夫は迷情によって、実体のないものを実在するかのように執着するが、それは実でなく仮であることをいい、有体施設仮とは、聖教に説くように、現象としての諸法は、実体はないが縁によって生じ無ではない、このように聖者の悟情によって真理をあらわすためにかりに設けられたことをいう。知礼の金光明玄義拾遺記巻五には、生死仮《しょうじけ》(妄仮)・建立仮《こんりゅうけ》(施設仮)の語で、ほぼ同じ意味をあらわしている。②三仮。(イ)大品般若経巻二の三仮品には、諸法に自性のないことを明らかにして凡夫の妄執を破るために、受仮・法仮・名仮の三仮を説いており、これを三波羅摂提《さんはらしょうだい》(波羅摂提は㊵プラジュニャプティ prajñapti の音写)、三摂提、三仮施設ともいう。慧遠の大乗義章巻一には大智度論巻四一の解釈に基づいて、(1)受仮とは多くのものが集まって一つのものをつくり上げているから、その一つのものは多くのものを包み受容した実体のないものであるとの意、(2)法仮とは法そのものが因縁によって生じたものであって、無自性であり空であるから、実体のないものであるとの意、(3)名仮とは無自性であり空であるから、すべてのものはただ名のみあって実体がないとの意であるとする。また智顗の仁王般若経疏巻二には、仁王般若経巻上の序品の三空観門を解釈して、法仮とは色陰、受仮とは受想行識の四陰〈⇩

とする。㈹成実論仮名相品には、⑴因成仮《いんじようけ》(一切の有為法は因縁によって成立したものであるから仮であるということ)、⑵相続仮(有為法が前念後念と不断に相続して存在するかのように見えるけれども、それは刹那刹那に改変生滅しているのであるから仮であるということ)、⑶相待仮(大小とか長短とかいうことは相対的にいわれることで、その基準が不定であるから仮であるということ)の三仮を説く。このように三仮がみなむなしいそらごとであることを三仮浮虚という。智顗の摩訶止観巻五下にはこれを蔵教・通教の説であるとする。㈺成唯識論巻八には依他起性の法に仮と実とがあるとし、仮について聚集仮・相続仮・分位仮を説く。これは成実論の三仮とほぼ同じ意味であるが、分位仮とは不相応行法のように一つのものが作用程度を異にすることによって別のものとされるから、仮であるという意である。㈡十八空論には分別仮・依他仮・真実仮を説くが、これは三無性の説によったものである。③四仮。㈠普光の倶舎論記(光記)巻二九などには、成実論の所説として、因生仮・縁成仮・相続仮・相待仮の四仮をあげているが、これは因成・相続・相待の三仮とほぼ同じ意味である。即ち因成仮を細分すれば因生仮と縁成仮とになり、因生仮は三仮施設における法仮で、縁成仮は同じく受仮にあたる。㈹吉蔵の三論玄義、大乗玄論巻五などには、大智度論巻一の四悉檀《ししったん》の説によって立てた法朗の説をうけて、因縁仮・随縁仮・対縁仮・就縁仮の四仮を説く。ここにいう仮とは法門を明らかにする施設を意味し、機縁に応じてそれが種々に異なることをいい、それぞれ第一義・為人・対治・世界の四悉檀に配される。

**け　計**　はからい。分別。判断。主張。転じて主張される内容。多くはあやまった見解を指す。正統の教権にそむいた主張を異計という。

**け　華**　草木の花。仏・菩薩《ぼさつ》に献じて(献花)、または花弁を散らして(散華)、これらを供養《くよう》することは、インドに生じた仏教儀式の一である。これは、インドには諸種の華麗な花が多くあったためであろう。なかでも特に尊ばれていた優鉢羅華《うはらけ》(梵ウトパラ utpala 青蓮華)・鉢特摩華《はどまけ》(梵パドマ padma 紅蓮華)・拘勿頭華《くもつずけ》(梵クムダ kumuda 白蓮華)・分陀利華《ふんだりけ》(梵プンダリーカ puṇḍarīka 大白蓮華)の四種〈⇩蓮華《れんげ》〉、或いは曼陀羅華《まんだらけ》(梵マーンダーラヴァ māndārava)・摩訶曼陀羅華・曼殊沙華《まんじゅしやげ》(梵マンジューシャカ mañjūṣaka)・摩訶曼殊沙華の四種は四華《けし》といわれる。前者は無量寿経巻上で極楽浄土の荘厳《しようごん》として説かれ、後者は法華経巻一で法華六瑞相の第三として、天から四華が降ってきたことを説いている。また葬儀の時に用いる紙製の四本の花を紙華《かし》といい、四花《かし》とも書く。二花《けに》とは草木花(草木の花)と厳身花(金銀珠玉)とのことで、少し意味が違う。

**け　繋**　梵グランタ grantha の訳。繋縛《けばく》、繋属の意。われわれを迷いの世界につなぎとめて束縛し、自由にさせないもので、煩悩《ぼんのう》の異名。従って離繋といえば、涅槃《ねはん》のさとりを意味する。業にも同じ繋のはたらきがあるから、業に繋縛されることを業繋という。また三界の煩悩が世俗的な存在をそれぞれ三界に繋縛し、従って三界に繋属させられていることを界繋または三界繋という。なお、貪欲身繋・瞋恚身繋・戒禁取繋・此実執身繋を四繋といい(雑集論巻七)、これを四身結、四結、四縛とも称する。

**げ　偈**　梵ガーターgāthā の音略。伽陀《かだ》、伽他、偈佗と音写し、諷誦《ふうじゅ》、諷頌《ふうじゅ》、偈頌《げじゅ》、造頌、頌《じゅ》、孤起頌《こきじゅ》、不重頌偈と訳す。一般には韻文体の歌謡、聖歌、詩句、偈文、頌文のこと。狭義では、九部経、十二部経(原始仏教経典の基本的な型)の一として、経文の一段または全体の終りにある韻文体の詩句をいう。これは本文の内容を韻文をもって重ねて説く祇夜《ぎや》(梵ゲーヤ geya 重頌)とは異なって、本文の重説でない韻文を意味しており、それ故に孤起頌、不重頌偈とも訳されるのであるが、広義の偈は必ずしもそうでない。広義の偈頌の一種で最も普通な型は首盧迦《しゅろか》(梵シュローカ śloka の音写。頌と訳す)である。シュローカはまた偈頌に限らず長行《じょうごう》(散文)でも三二音節から成る一節をいう。偈頌の場合は八字の四句から成る。偈頌の首盧迦の韻律には音節の長短の規定に従って数種があるが、一括して阿耨窣覩婆《あのくそとば》(梵アヌシュトゥブ anuṣṭubh)といわれる。

**げあ　解阿**　生没年不詳。室町時代の時宗の僧。解意阿といい、観鏡上人と呼ぶ。時宗の二祖他阿真教の弟子。常陸海老島新善光寺で時宗を布教した。この派を解意派と呼ぶ。〔参考〕一遍上人絵詞伝直談鈔一〇、新善光寺伝、浄土伝灯総系譜下

**けい　磬**　銅、石、または玉などでこしらえた一種の打楽器。仏前礼盤《らいばん》の右側に懸けて置き、法会の際に導師がこれを使用する。

**げいあみ　芸阿弥**　(永享三1431—文明一七1485)　室町時代の絵師。名は真芸。号は学叟。足利義政に仕え同朋衆(大名や将軍の側近で、芸能・雑役を務めた僧体の者の職名)となった。弟子に建長寺の祥啓があり、彼に文明一二年に与えた観瀑僧図(根津美術館蔵、重文)は芸阿弥の現存唯一の作品とされる。連歌にも長じ、その歌は菟玖玻集に収める。父の能阿弥(真能)、子の相阿弥(真相)とともに三阿弥と称される。〔参考〕扶桑画人伝、本朝画史

**けいうん　慶運**　生没年不詳。室町初期の歌僧。歌僧浄弁の子。和歌に秀で法印に叙せられ、頓阿・兼好・浄弁と共に和歌の四天王といわれた。家集に慶運法印集、慶運法印百首などがあり、新後拾遺集、風雅集、新続古今集などにも歌が見える。

**けいうん-かいりょう　慶雲海量**　(天保四1833—明治三三1900)　新義真言宗の僧。上総木更津の人。字は慶雲、のちこれを姓とした。明治三一年大和長谷寺五七世となり、同三三年一派独立に際して管長となった。

**けいおん-そうがらん　鶏園僧伽藍**　鶏園は(梵)クックタ・アーラーマ Kukkuṭārāma の訳、屈屈吒阿濫摩と音写する。インド中部の摩掲陀《まがだ》(マガダ Magadha)国の波吒釐子《はたりし》(パータリプトラ Pāṭaliputra 現在のパトナ)にあった僧院。阿育(アショーカ Aśoka)王の建立と伝えるがさだかではない。また第三結集が行われたところと伝える阿育僧伽藍(アソーカ・アーラーマ Asokārāma)との同異も不明である。しかし仏滅後から二〇〇年余りの間、多くの僧侶の集まった中心伽藍として、雑阿含経二三、阿育王伝三など諸経論にその名が見える。また阿育王はこの僧院の耶舎《やしゃ》(ヤサ Yasa)上座の紹介で優波毱多(ウパグプタ Upagupta)を師としたという。仏教を迫害したシュンガ Śuṅga 王朝の弗沙密多羅《ふっしゃみったら》(プシュヤミトラ Puṣyamitra)は、最初にこの僧院を破壊したという。この伽藍の側に大窣堵波があり、阿育王の晩年、僧伽に布施するものがなく、わずかに阿摩勒伽《あまろくか》(アーマラカ āmalaka)の果の半分を供養したという伝説にちなんで、阿摩落伽塔と呼ばれた。〔参考〕西域記八

**けいか　恵果**　(　—永貞元805)　中国真言宗第七祖。青竜寺和尚と称する。京兆昭応(陝西省西安府臨潼県)の人。慈恩寺で受具し、玄超から胎蔵法および蘇悉地法を伝え、のち不空三蔵について二十余年師事し、金剛大法・三密・四曼の秘奥をきわめて伝法阿闍梨となった。代宗の勅により内道場の護持僧となって長安青竜寺東塔院に住し、さらに徳宗、順宗に崇敬されて三朝の国師といわれた。弟子は義明・義円・慧日・義操ら多い。永貞元年空海に密蔵を付し、両部灌頂、阿闍梨位灌頂を授けた。空海の書いた碑文が性霊集二に載る。著書、大日如来剣印、十八契印。〔参考〕恵果和尚行状、秘密曼荼羅教付法伝二、弘法大師請来目録、仏祖統紀二

恵果（仏祖道影）

九・四一、真言伝一

**けいが　景雅**　生没年不詳。慶雅とも書く。鎌倉時代の華厳の学僧。良寛に学び、醍醐山の近くや仁和寺の岡などに住し、岡の法橋と呼ばれた。弟子に高弁・聖詮・慶聖がいる。〔参考〕本朝高僧伝一二、仁和寺諸院家記

**けいかい　景戒**　生没年不詳。奈良後期から平安初期の薬師寺の僧。唯識をよくし、延暦一四年795伝灯位をえた。その著、日本国現報善悪霊異記（日本霊異記、霊異記と略称）はわが国最初の仏教説話集として著名である。〔参考〕本朝高僧伝六

**けいかん　冏鑑**　（承応二1653—享保一七1732）浄土宗鎮西派の僧。江戸の人。伝通院に学び、三嶋中谷の学寮主となった。深川霊巌寺九世、飯沼弘経寺三四世、鎌倉光明寺五六世を継ぎ、享保一一年増上寺三九世となり同寺復興に努めた。著書、続解華厳原人論三巻、一枚起請和解一巻など。〔参考〕三縁山誌一〇、増上寺世代譜、緇白往生伝

**けい-きょう　景教**　中国唐代（八世紀頃）に栄えたキリスト教の一派。東ローマ教会の異端派であるネストリウス Nestorius 派に属する。大秦《たいしん》（ローマ）から伝えられた光明の宗教という意味から大秦景教ともいう。中国に初めて伝えられたのは貞観九年635で、阿羅本《あらぼん》が長安に来て同一二年太宗より宣教を許可され、教会を建てた。その寺を波斯寺《はしじ》と称し、のち天宝四年745大秦寺と改名した。代宗（762—79在位）・徳宗（779—805在位）の頃に最も栄え、そのありさまは建中二年781長安にたてられた大秦景教流行中国碑（陝西省博物館の碑林蔵）で知られる。武宗の会昌年間841—46に行われた排仏と共に弾圧を受けて衰えた。日本にはほとんど影響をあたえていない。

**けいきょう-さんい-もうど-さん　景教三威蒙度讃**　一巻。唐の景浄の訳（徳宗時代779—805）。詳しくは大秦景教三威蒙度讃という。ペリオ P. Pelliot が敦煌石室から発見した景教に関する史料。尊経と合篇し、景教の神への讃歌である。三威蒙度には、直接父・子・聖霊の三位一体を指す意味と、三位一体の名において三度洗礼するという意味とがある。(大)五四〔刊本〕敦煌石室遺書、鳴沙石室佚書続編

**けいご　桂悟**　（応永三二1425—永正一一1514）臨済宗の僧。字は了菴。諡号は仏日禅師。伊勢の人。京都真如寺大疑信の法を嗣ぎ、伊勢安養寺、京都東福寺に住した。後土御門天皇の帰依をうけ、永正三年勅を奉じて明に渡り、同一〇年に帰朝した。このとき王陽明が送序を作った。南禅寺に入り、ついで東福寺大慈院に隠棲した。語録二巻がある。〔参考〕五山歴代、東福寺伽藍縁起、延宝伝灯録三三、本朝高僧伝四三

**けいこう　敬光**　（元文五1740—寛政七1795）天台宗の僧。字は顕道。藕峰、恋西子と号した。山城の人。園城寺の敬雅に師事して顕密内外の学を究め、那波魯堂などから経史を学び、慈雲律師に悉曇を習い、報恩流の密灌を受けた。妙立・霊空の説に反駁して天台の古風を守ることにつとめ、安永七年1778一乗比丘戒儀によって梵網具足戒を自ら誓受した。播磨の書写山、出雲の鰐淵寺など各地で講経し、寛政六年園城寺法明院第七代を継いだ。著書、山家正統学則二巻、円戒膚談七巻、大乗比丘行要鈔六巻、石欄集四巻、西遊篇二巻など多い。〔参考〕顕道和上行業記、続日本高僧伝九

**けいこう-いん　慶光院**　三重県伊勢市宇治浦田にあった臨済宗の尼寺。歴代、伊勢神宮の式年遷宮に功績があった。開山は熊野の守悦尼で、大神宮の衰微をなげいて復興を志し、たまたま明応四年1495に宇治橋が流失したので、諸国に勧進してこれを架けた。三世の清順も神宮造営に功があり、朝廷から上人号を許され、庵室に慶光院の称を賜った。歴代の住持は式年遷宮に尽力し、世に伊勢の上人と呼ばれた。寛文九年1669神官の訴願によって遷宮に関係しないようになり、明治二年1869廃寺となった。

**けいさん　景三**　（永享元1429—明応二1493）臨済宗の僧。京都の人。字は横川。安国寺英叟の侍童となり、竜淵に参禅した。曇仲道芳の三三回忌に遺影を拝してその嗣となる。応仁の乱を避けて近江飯高山に移り、のち等持寺、相国寺、南禅寺などに住した。著書、京華集一〇巻、東遊集一巻など。〔参考〕横川和尚伝、延宝伝灯録二六、本朝高僧

伝四二

**けいざん-しんぎ　瑩山清規**　二巻。瑩山紹瑾《じょうきん》(1268—1325)の著。成立年不詳。古清規と永平大清規を参酌して曹洞宗の清規を大成したもの。日々の勤行・月々の法会・年々の行事に関する規則を明細に示している。現行本はのちに梵清により増補され、さらに江戸時代に卍山《まんざん》道白および月舟宗胡により改訂され、坐禅用心記と三根坐禅説が巻末に付されている。㊅八二、曹全二(宗源下)〔刊本〕延宝九1681刊

**けいしゃらけ　計娑羅華**　計娑羅は(梵)ケーサラ kesara の音写。蘂、花蘂と訳す。花のおしべ・めしべのこと。またタガヤサンなど数種の樹木を呼ぶ名称。時には一種の宝石の名ともする。

**けいしょ　慶諸**　(元和二807—文徳元888)唐代末の禅僧。姓は陳氏。普会大師と諡する。吉州新淦《しんかん》(江西省新淦県)の人。青原系四世の道吾円智の法を嗣ぎ、潭州(湖南省長沙県)石霜山に住した。門下が多くて僧堂の床が落ち、折床会《せっしょうえ》、また枯木衆《こもくしゅう》の称がある。〔参考〕祖堂集六、宋高僧伝一二、景徳伝灯録一五、僧宝伝五

**けいしょう　啓請**　読経前に仏や菩薩を召請すること。

**けいしょう　慶昭**　(乾徳元963—天禧元1017)北宋代の天台山外派の僧。銭塘(浙江省杭州府銭塘県)の人。二一歳より一七年間、銭塘奉先寺の源清に学び、師の没後は石壁山、銭唐梵天寺などに住して法華・止観を講義した。晤恩の金光明玄義発揮記について源清と洪敏とはそれに賛成したが、知礼はその説に反対したので、景徳三年1006同門の知円と共に弁訛を撰して晤恩の発揮記の説を助け、以来七年にわたり知礼との間に往復五番の問難を交わした(いわゆる山家山外《さんげさんがい》の諍論)。山家派の知礼に対し、慶昭は山外派の代表者であった。〔参考〕閒居篇一五、四明十義書、四明教行録一、釈門正統五、仏祖統記一〇

**けいじょう　景浄**　生没年不詳。唐代の景教の僧。本名アダム Adam. ペルシアの人。長安の大秦寺に住した。景教の経典である景教三威蒙度讃などを訳し、また般若三蔵と共に仏教の六波羅蜜経七巻を訳したという。建中二年781に寧恕が長安に建てた大秦景教流行中国碑の作者。〈⇩景教《けいきょう》〉〔参考〕貞元録一七

**けいしん　景茝**　(—文亀元1501)臨済宗の僧。字は蘭坡。諡号は仏慧円応禅師。大模宗範の法を嗣ぎ、京都南禅寺に住し、晩年正因庵に隠居した。とくに後土御門天皇の崇信を受けた。著書、仙館集など。〔参考〕延宝伝灯録三三、本朝高僧伝四三

**けいせい　慶政**　(—文永五1268)天台宗寺門派の僧。号は勝月房(一説に証月、照月)。園城寺の能舜に師事し、兼ねて東密を伝え、高弁と親交があった。南宋に渡り、帰って洛西松尾に庵を結んだ。法隆寺舎利殿の造営、同じく夢殿・上宮王院などの修理、尾蔵寺本堂の建立、四分律行事鈔の刊行など、徳行が多い。和歌をよくし、続古今集などの勅撰和歌集に計一九首、万代集・夫木抄などに数首をのこしている。閑居友《かんきょのとも》はその作と伝えられる。〔参考〕本朝高僧伝一四

**けいそ　慶祚**　(天暦九955—寛仁三1019)天台宗の僧。字は竜雲房。俗姓は中野氏。園城寺観音院余慶に師事して顕密二教を修め、天元五年982には季御読経番論義の問者をつとめた。正暦二年991余慶から阿闍梨位灌頂を受法。同三年山門・寺門の争いの難をさけて、一時石蔵(岩倉)大雲寺に移ったが、ついで園城寺に帰ったところ、慶祚をしたって学徒が雲集し、以後寺門の学問は隆盛をなした。長徳三年997北宋から新書五部を送ってきた時、朝廷は山門・寺門に命じてその内容を批判させた。この時、慶祚は同五年竜女成仏義に対して法華竜女成仏権実疑難を著わして、これを論難した。また同三年皇后藤原遵子の落飾に勤仕し、長保元年999一一月には太皇太后昌子内親王御悩の御読経に召され、同一二月葬送に際しては光明真言を読み、生前には御願により阿弥陀法・観音法を修するなど、皇室との結びつきにも強いものがあった。寛仁元年円珍の忌日に法華十講を修した時、藤原道長が官人とともに聴聞に訪れたところ、鹿が走り出て講堂の上にあがった。慶祚は

これを瑞祥なりといって人々を感服させ、大和多武峯の増賀が病気のとき訪れ、円融三諦と摩訶止観によって病患境を説いたところ、増賀は垂涙し、病も癒えたという。年寿六五歳(一説に六七、七三歳)。付法の弟子は源泉など一八名。著書、西方要観一巻。〔参考〕大日本史料二ノ一五、元亨釈書四

**けいそう-どくずい　荊叢毒蘂**　九巻。白隠慧鶴の語、禅恕の編(宝暦六1756)。白隠慧鶴の平生の機縁語要を編録したもの。白隠七二歳の時に刊行され、八三歳の時、自ら伊豆竜沢寺で提唱したことがある。なお、別に荊叢毒蘂拾遺一巻がある。白隠広録上、白隠和尚全集二〔刊本〕宝暦八刊、同九刊

**けいそく-じ　鶏足寺**　栃木県足利市小俣町。もと真言宗豊山派に属したが、現在は真言教団として独立。大同四年809東大寺僧定恵の開創と伝え、仁寿元年851円仁が住して仏手山金剛王院と称したという。平将門の乱の時、住僧常祐が調伏を祈って霊験があり、勅願寺に列せられた。建長年間1249—56住持頼尊が薬師寺慈猛《じみょう》の法流を嗣いで以後、真言宗の慈猛流の本寺となった(文永年間1264—75慈猛が旧寺を興したともいう)。なお室町時代には鎌倉鶴岡八幡宮別当が兼帯した。〔重文〕銅印(印文、鶏足寺印)ほか〔参考〕下野国志

**けいそく-せん　鶏足山**　㊵㊥クックタパダ・ギリ Kukkuṭapada-giri の訳。屈屈吒播陀山と音写する。㊵グルパーダカ・パルヴァタ Gurupādaka-parvata とも称し、尊足山と訳す。インド中部の摩掲陀《まがだ》(マガダ Magadha)国にあった山で摩訶迦葉《まかかしょう》(マハーカッサパ Mahākassapa)入滅の地として有名である。法顕は虎狼などの野獣が多く棲息する険しい山として伝えている。現在のクルキハール Kurkihār にあたり、仏陀伽耶(ブッダガヤー Buddhagayā)の北東約三〇キロにある。〔参考〕法顕伝、西域記九、有部毘奈耶薬事六

**けいちゅう　契沖**　(寛永一七1640—元禄一四1701)真言宗の僧。契冲とも書く。摂津尼崎の人。姓は下川氏。字は空心。幼くして摂津今里の真言宗妙法寺に入り、丰定《かいじょう》の教えをうけ、一三歳で剃髪して高野山に登り東宝院快賢に師事した。両部大阿闍梨の位を得て、寛文二年1662大坂生玉の曼陀羅院《まんだらいん》(現大阪市天王寺区)の住持となったが、やがて寺を去って各地を遊歴し、高野山で円通寺快円から菩薩戒をうけ、のち和泉国久井村(現大阪市和泉市)の辻森家、池田万町(同)の伏屋家に身をよせた。この間、顕密和漢の学を修め、浄厳から安流の灌頂をうけ「儀軌」二百余巻の校合を行ったりしたが、特に伏屋氏によって和書を研究する機会を与えられ国学の基礎を築いた。延宝七年1679大坂今里(現大阪市東成区)妙法寺の住持となったが、元禄1688—1704の初め、辞して大坂高津(現大阪市天王寺区)円珠庵に隠棲した。徳川光圀の知遇をうけ、その命により下河辺長流の志を継いで万葉代匠記二〇巻を著わし、貞亨年間1684—88の末に初稿本、元禄三年に精撰本を完成し、その後も増訂をつづけた。その他、古典の註解に画期的な業績をあげ、近世国学の基礎を築いた。また仮名遣いの研究においても確実な古典によって歴史的仮名遣いを確立した。和歌をよくし、歌学の造詣も深かった。明治二四年1891正四位を追贈された。著書、他に古今集余材鈔二〇巻、厚顔抄三巻、勢語臆断四巻、源注拾遺八巻、和字正濫鈔五巻、漫吟集二〇巻、その他多数。契冲全集に所収。〔参考〕円珠庵契冲行実、続日本高僧伝四、人物叢書一一〇

**けいちゅう　継忠**　(大中祥符五1012—元豊五1082)　北宋代の天台山家派の学僧。温州永嘉県(温州府永嘉県)の人。姓は丘氏。字は法臣。号は扶宗。出家ののち南湖延慶寺で知礼の嗣広智尚賢に天台をうけ、開元・慧安・江心・法明の諸寺で講経し、禅観を修めた。弟子の従義と処元は著名。著書、扶宗集五〇巻、二師口義一三巻があったとされるが現存しない。編書に十義書二巻、十諫書などがある。〔参考〕十義書序、釈門正統六、仏祖統紀一三・二五

**けいちょう　敬長**　(安永八1779—天保七1836)　天台宗寺門派の学僧。出雲の人。字は智遠。越渓と号する。一三歳で出家して敬光に師事し、のち師席を嗣いで三井法明

院に住した。文政九年1826大阿闍梨に列する。著書、慈慧大師礼文一巻、菩提心論案一巻、その他講録が多い。

**けいちん　桂琛**　(咸通八867—天成三928)「けいしん」とも読む。唐末・五代の禅僧。姓は李氏。地蔵桂琛、または羅漢桂琛とも称し、真応大師と諡する。衢州常山《くしゅうじょうざん》(浙江省常山県)の人。人皇系五世の玄沙師備《げんしゃしび》の法を嗣ぎ、閩(福建省)の城西石山の地蔵院に住し、さらに漳州(湖南省)の羅漢院に住した。門下に法眼文益《ほうげんぶんえき》がいる。〔参考〕宋高僧伝一三、景徳伝灯録二一、僧宝伝四

**けいてんじ　敬天寺**　韓国京畿道開豊郡扶蘇山中にあった寺。高麗の睿宗八年1112の創建。王みずから落慶の式を行い、歴代の諸王もしばしば臨幸した。現在は十三層塔(元の丞相脱々の建立と伝える)が残るのみ。〔参考〕東国輿地勝覧一三

**けいとうろく　継灯録**　六巻。別に目録一巻。明の永覚元賢の編(永暦五1651)。禅宗の史伝の書の一で、五灯会元および五灯続略を継承増補して、南宋末の曹洞下一六世の天童如浄、臨済下一八世の浄慈悟明より明の成化年間1465—87に至る、禅宗の伝灯相承の次第と機縁の語句を収録したもの。元賢には、同系統のものとして別に補灯録の編著があったという。㊕二乙・二〇・四〔参考〕禅籍志上

**けいとくでんとうろく　景徳伝灯録**　三〇巻。伝灯録ともいう。五灯録の一。北宋の宣慈禅師永安道原の編(景徳元1004)。跋に湖州鉄観音院の拱辰の編ともいうが、本書を拱辰の編とするのは誤りである。楊億が校定して、真宗に上進し入蔵を勅許された。禅宗の史伝書の最も代表的なもので、唐代にできた宝林伝、続宝林伝、真門聖冑集、祖堂集などの後を承けて、達磨禅の伝灯相承説を大成し、師資の機縁の語句を集録したもの。過去七仏より西天の二八代、東土の六代を経て、法眼文益の嗣に至るまでおよそ五二世、一七〇一人(内九七七人にのみ立伝あり)におよび巻尾には偈賛、頌銘、歌箴などの代表的なものを併せて収録している。現存のものは、巻首に楊億の序と、湖州道場山希渭らの元代延祐重刊の状、および西来年表、巻尾に楊億が李維に送った書、長楽鄭昂《ていこう》の跋、天童宏智《てんどうわんし》および劉棐の紹興年間1131—62重刊の後序などを付すが、楊億の序以外はいずれも後代の重刊の際の加筆である。なお景祐元年1034に、丞相王随が本書を刪定して伝灯玉英集一五巻を編集し、入蔵を勅許されている。㊅五一、国一史伝部一四・一五〔参考〕禅籍志上

**けいにや　鶏泥耶**　㊁ケーニヤ Keniya ㊵ケーニカ Kenika の音写。翅寧・罽耶とも音写する。比丘。結髪行者、即ち拝火教徒であったが、仏陀を尊敬し供養した。それが機縁となって鶏泥耶を尊敬するバラモンのセーラ Sela は三〇〇人の弟子とともに仏に帰依し出家したという。〔参考〕Majjhima-nikāya 92, Suttanipāta Atthakathā, Theragāthā 818

**けいにん　慶忍**　生没年不詳。鎌倉中期の絵仏師。建長六年1254の絵因果経の奥書に絵師として子息聖衆丸とともにその名がみえ、摂津住吉の住人で、介法橋といった。このほかに確証のある画跡は伝わらず、古くはその署名が慶恩と誤読された。

**けいひん　罽賓**　インド北部にあった古国。中国の正史や諸仏典にも古くからこの国名が見えるが、時代によってその指す所が異なる。原音についても、迦畢試(カピシャ Kapiśa)の訛とも、劫比舎也(カルピシャヤ Karpiśaya)の略ともいい、或いは近代の学者はカブール Kabul 河の古名であるコーフェン Kophen の音写であるとし、またカーシュミーラ Kāśmīra の俗語形であるカンヒーラ Kaṃhīra の音写ともいわれる。漢書では健駄羅(ガンダーラ Gandhāra 現在のパキスタンのペシャワール Peshawar 一帯)を指すようであるが、東晋・南北朝時代に至ると、魏書・梁書などを始め法顕伝・洛陽伽藍記や、この時代に訳出された諸経論においても、いずれも迦湿弥羅(カーシュミーラ Kāśmīra)を指している。さらに隋・唐時代になると漕国または迦畢試(現在のカブール地方)を指し、明史ではサマルカンド Samarkand であるとしている。〈⇩迦湿弥羅国《かしゅみらこく》〉〔参考〕漢書九六、魏書一〇二、西域記、白鳥庫吉・罽賓国考(西域史

研究上）

**けいぶん　慶文**　生没年不詳。北宋代の僧。会稽山陰の人。慈恵法師と号する。国清山の宗昱《しゅういく》に学んだ。著書に往生正信決一巻、浄行法門一巻、示修浄土二巻があったという。〔参考〕仏祖統紀一〇、浄土依憑経論章疏目録

**けいもん　契聞**　（乾元元1302—応安二1369）臨済宗の僧。字は不聞。武蔵川越の人。東明慧日、虎関師錬らに参禅し、嘉暦元年1326入元、留まること三年、帰朝後は鎌倉円覚寺白雲庵、建長寺、武蔵瑞応寺、駿河清見寺などに住し、のち円覚寺の主となった。〔参考〕不聞和尚行状、延宝伝灯録二七、日本洞上聯灯録一

**けいゆう　敬雄**　（正徳二1712—天明二1782）天台宗の僧。武蔵の人。字は韶鳳《しょうほう》、金竜道人と号した。叡山に学び、のち浅草寺、日光山に寓し、宝暦二年1752下総正安寺の住持となる。ついで武蔵吉祥寺に移ったが、明和六年1769職を辞して各地に遊び、晩年は美濃善学院に隠棲して学徒を教導した。真言宗の行願、浄土宗の大我と交わり、ともに奇行をもって知られた。著書、天台霞標初編三巻、道楽庵夜話二巻、般若心経和解一巻など。〔参考〕天台霞標七

**けいゆう-ほう-ぼう-ろく　景祐法宝録**　二一巻（現在、巻三、五、七、一一、一五、一九、二〇は欠本）。詳しくは景祐新修法宝録といい、景祐録とも略称する。北宋の呂夷簡・宋綬の編。大中祥符四年1011から景祐三年1036に至る間に翻訳された聖教の目録で、これより前に出た大中祥符法宝録を継承して成ったもの。久しく失われていたが、金版大蔵経に収められていたのが、中華民国（当時）の山西省趙城県広勝寺で発見され、宋蔵遺珍の下集に収め、民国二四年1935に影印出版された。〔参考〕大蔵聖教法宝標目一、至元法宝勘同総録一〇、仏祖統紀四五

**けいよう　景庸**　（永禄二1559—寛永三1626）臨済宗の僧。美濃の人。以安、東漸に参禅。妙心寺の聖沢院を中興し、妙心寺主になること三度、石見で耶蘇教師を論破した。また医道に長じていた。

**けいら-じょう　醯羅城**　㊵ヒラ Hila またはヒッダ Hiḍḍa の音写。インド北部の那掲羅《ながら》国（現在のカブール Kabul 河沿岸）の都城。城中に仏頭骨をまつった精舎があったので仏頭骨城ともいう。〔参考〕法顕伝、西域記二

**けいら-せん　醯羅山**　㊵ヒラ Hila の音写。インド北部の烏仗那《うじょうな》（ウッディヤーナ Uḍḍiyāna）国にあった山。この国には本生物語に関する旧跡が多く、この山は仏陀が菩薩として雪山《せっせん》中で修行していた時、羅刹から四句の偈の前半を聞きさらに後半を聞こうとして捨身した場所（施身聞偈の故地）であるという。〔参考〕大般涅槃経一四、西域記三

**けいらん-しゅうよう-しゅう　渓嵐拾葉集**　現存一一三巻。光宗の著（応長元1311—貞和三1347間の筆録）。日本天台における顕・密・戒などに関する作法口伝を抄録したもので、山王一実神道などを説くなど中世の宗教思想研究に重要。もと三〇〇巻で、顕・密・戒・記録・医療・雑記の六部から成っていたというが、全本は伝わらない。大正新脩大蔵経七六には、比叡山真如蔵本および東京浅草寺蔵本によって一一三巻を収めるが、医療部を全く欠き、かつ元禄一一年1698覚深が蒐集した一〇一巻の目録にくらべると若干の相違がある。㊅七六〔参考〕渓嵐拾葉集縁起（嘉吉四1444写、竜谷大学蔵）

**けう　仮有**　⇩実有《じつう》

**けえん　化縁**　①教化の因縁。衆生に教化を受ける因縁が起これば、仏や菩薩はこの世に現われて法を説くが、その因縁がなくなれば入滅する。②化益の機縁。仏や菩薩の教化利益を受けるに堪える衆生の力は説法の因縁となるものであるから、その衆生の力（機）を化縁という。③街坊化主《がぼうけしゅ》の異称。町に法を説きながら施物を乞うて歩くもの。

**けか　悔過**　罪過を懺悔する意。福徳を得るために仏や僧の前で自分の犯した身口意《しんくい》の三業《さんごう》の罪を懺悔する儀式。その儀式のとき本尊とする仏・菩薩などに応じて、薬師悔過、吉祥悔過、阿弥陀悔過などの区別があり、またその儀式を書いた文を懺儀《せんぎ》または懺文《せんもん》といい、そのよりどころと

する経に従って法華懺文、金光明懺文などという。

**けかい-いん　華開院**　京都市上京区天神筋通丸太町上ル行衛町。浄土宗。康元二年1257後深草天皇の皇子法達親王が大宮通五辻上ル（現花開院町）に創建したという。もと禁裏内道場に準じて別に山号・寺号を設けず、のちに華開院御所と称した。弘安一〇年1287天台宗より現宗に転宗。寛文八年1668現地に移転した。〔参考〕雍州府志五、山城名勝志二

**げがく　外学**　仏教以外の学問。

**けぎ　化儀〔化法《けほう》〕**　化儀とは化導の儀式の意で、仏が衆生をおしえ導くために教えを説く形式や仕方をいい、これに対して、化法とは仏が衆生をおしえ導くために説いた説教の意味内容をいう。化法は薬味のようであり、化儀は薬方のようであり、両者相まって教えが施されるのは医薬と同じであるといわれる。智顗《ちぎ》は化儀と化法とのそれぞれについて四教を立てた。⇩五時八教《ごじはっきょう》

**げぎ　外儀**　外形の威儀《いぎ》の意で、外観上のすがたかたち。

**げきせつ-ろく　撃節録**　二巻。仏果撃節録、圜悟撃節ともいう。北宋の雪竇《せっちょう》重顕の拈古《ねんこ》一百則を、圜悟克勤《こくごん》が提唱して、著語と寸評を加えたもの。撃節はもと俗に音楽の拍の意味で、ここでは古則の真精神を賞揚することをいう。成立年時は不明であるが、碧巌録と相前後するものであろう。㊐二・二二・三

**けきょう　化教〔制教《せいきょう》〕**　南山律宗で仏教を二大別して化教と制教（行教《ぎょうきょう》）とにわけ、化制二教、化行二教という（唐の道宣の説）。化教とは衆生の性質能力などに応じて教化してめぐみを与える教えの意で、定と慧との実践に基づく教え、即ち大乗小乗の諸経に説く教えをいい、制教とは過誤を制止する教えの意で、制する法の側から制教、それに基づいて行為する側から行教と名づけ、律をまもる教えをいう。化教は理に基づいて内心をおさめ、在家出家に通じ、大乗小乗に通じ、これを犯せば業道《ごうどう》の報いをうけるのに対して、制教は律に基づいて身口を護るもので、出家にかぎり、これを犯せば業道の報いをうけるほか仏の制戒にそむく罪をうるとする。なお道宣は化教を性空教（小乗）・相空教（般若などの大乗浅教）・唯識円教（唯識を説く大乗深教）の三にわけて性空観・相空観・唯識観の三観を立て、また制教を戒体論から実法宗（有部）・仮名宗（成実論）・円教宗（唯識円教）の三宗にわけ、三教三宗、三観三宗などという（また道宣は律について制聴二教の説を立てて、教えはすべて仏が制定することによって興るものであるから制教と名づけ、これに対して縁にしたがい事情によって特別に仏がゆるすことによる教えを聴教とする）。

**けぎょう　加行**　①㊵プラヨーガ pra-yoga の訳。功用を加えて行うという意。正行に対する準備となる修行のこと。また加行によって得られるものを加行得と称し、加行によってなされた善を加行善と呼ぶ。いずれも生得《しょうとく》（先天的に具えているもの）に対する語。②真言・禅・浄土などの宗派で灌頂《かんじょう》・付法・受戒などに当たってその前に修める行。本来の修行に対してその功を増加させるための付随的な修行をいう。

**げぎょう　解行**　智解と修行をいう。見聞学習によって教理を智解することと、その教理を実践躬行すること。仏道の真理を了解する智解と観心修行する実践行とは相因り相資《たす》けておこるものであるから、これを解行相応・解行具足・開解立行《かいげりゅうぎょう》ともいい、解行が鳥の両翼、車の両輪に譬えられるのは、どちらも欠くことのできないものであることを意味する。解も行もともに学道の法であるから、解学、行学ということがある。

**けぎょう-とく　加行得〔生得《しょうとく》〕〔離染得《りぜんとく》〕**　教え聞いたり思惟したり修行したりするなどの後天的な努力（加行）によって得られたものを加行得、生まれつきにもっているものを生得、煩悩《ぼんのう》がなくなったときに（離染したときに）自然に得られるものを離染得という。生得の善を生得善、加行得の善を加行善という。加行善は修得または人功得ともいい、生得は性得または白性得というのに近い。

**げきょう-の-じゅうぶつ　解境の十仏**　華厳経に説かれた一〇種の仏身で解境の十身ともいい、行境の十仏に対する。円教の菩薩が因位《いんに》において、対象を観ずる智慧(観智)であきらかに知りうる(解悟照了する)境界《きょうかい》はさまざまであるが、これをまとめて十身としたもの。行境・解境の二種の十仏の説は智儼《ちごん》の華厳孔目章巻二にある。澄観の華厳玄談巻三にいう融三世間の十身は解境の十仏、仏上の十身は行境の十仏に当たる。旧訳華厳経巻二六の十地品によって名を出せば、⑴衆生身(衆生世間のこと)、⑵国土身(国土世間のこと)、⑶業報身《ごうほうしん》(前の二身を感受させる因縁となる惑と業とのこと)、⑷声聞身《しょうもんしん》(声聞の果)、⑸辟支仏身《びゃくしぶつしん》(縁覚の果)、⑹菩薩身(仏果を求めるもの)、⑺如来身(仏果を完成したもの)、⑻智身(三乗および仏の智慧)、⑼法身(前項の智慧によってさとられる理法)、⑽虚空身《こくうしん》(以上の諸身のよりどころが空《くう》であること)である。この一〇はすべてひとしく縁起《えんぎ》の理法によってあるものを、意味によって分類したものであり、初めの三身は染分《ぜんぶん》、次の六身は浄分、第一〇身は不二分を示す。なお第四の声聞身以下は三世間中の智正覚世間に含まれるものである。⇩行境の十仏《ぎょうきょうのじゅうぶつ》

**げけん　下肩〔肩上〕**　肩下ともいう。自分より次席のもの。下肩の次席のものを肩次という。自己より上席のものを肩上といい、また上肩ともいう。

**けこ　華籠**　華を盛る器。「はなご」とも「けろう」とも読み、また華筥《けろ》、華皿《はなざら》ともいう。もと衣裓《えこく》、華篋、華盤と称し、高貴の人に華を盛って奉る具であったが、中古以来、法会《ほうえ》の時、散華《さんげ》に用いるようになった。金属製、皿形で、竹籠のようにすかし彫りにし、長い房がついている。これに紙の蓮弁または樒《しきみ》の葉を盛り、行道《ぎょうどう》し、或いは起立して、散華して仏を供養する。

**げご　外護**　僧侶以外の俗人が修行を助け仏教の弘通《ぐずう》に力をつくして援護すること。これをなす人を外護者という。阿育《あいく》(梵)アショーカ Aśoka)王など国王の外護はその代表的なもの。

**げご　解悟〔証悟《しょうご》〕**　知によって真理を知る眼がひらかれることを解悟(開悟)といい、行によって真理を体得することを証悟(悟入)という。

**けこう-しゅつぶつ　華光出仏**　無量寿経巻上に、極楽の蓮華から光を放って、その光の中から三十六百千億の仏があらわれて、十方にくまなく至って説法し、衆生を救うと説かれているものをいう。

**けごん-いちじょう-じょうぶつ-みょうぎ　華厳一乗成仏妙義**　一巻。新羅の見登の著。成立年不詳。成仏の要旨を出成仏種、弁定得人、顕教差別、疾得成仏種類、問答分別の五門に分けて、その妙義を詳説している。(大)四五、(続)二・八・四

**けごん-いちじょう-ほうかい-ず　華厳一乗法界図**　一巻。一乗法界図章ともいう。新羅の義湘の著(文武王八 668)。華厳円教の宗要を宣揚するために、法性円融無二相に始まる七言三〇句二一〇字を一字一字直線でもって相関連させ五四角の方形に図示したもの。これによって華厳経や十地論の六相円融、十玄縁起などの華厳教理を開明しようとしている。註釈に法界図記叢髄録四巻(著者不詳)がある。(大)四五、[国一]諸宗部四

**けごん-え　華厳会**　①華厳別供、知識華厳別供ともいう。華厳経を講読する法会。奈良東大寺十二大会の一。毎年三月一四日に行われる法会。天平一六年744 一〇月の聖武天皇の勅によって初めて修せられた。一説に大仏開眼の日を初めとするともいう。〔参考〕東大寺要録一五　②華厳経を読誦、祈禱し、または天皇の寿命長久を祈る法会。

**けごん-えんぎ　華厳縁起**　新羅の華厳宗祖師、義湘と元暁《がんぎょう》が求法のため入唐した経緯を描いた絵巻。華厳宗祖師絵伝、義湘元暁絵ともいう。六巻。鎌倉初期の成立。京都高山寺蔵。国宝。紙本著色。もとは義湘絵四巻、元暁絵二巻であったが、現在はともに三巻。詞書は高山寺の明恵が中国の宋高僧伝をもとにして起草。絵は藤原信実と伝えるが、元暁絵が明恵に近侍した恵日房成忍、義湘絵が高山寺系の絵仏師(一説に薩摩法橋俊賀)とされる。いずれも柔か

く自由な速筆で、画中に説明の詞が記入され、絵詞では最古の作。〔複製〕日本絵巻物集成一〇・一一、新修日本絵巻物全集八、日本絵巻大成一七

**けごん-かんのう-えんぎ-でん　華厳感応縁起伝**　一巻。清の弘璧の著。成立年不詳。華厳疏演義鈔や華厳伝記などから抄出して、華厳経の成立・流伝と華厳経信仰者の霊験感応の具体的事跡を一〇門に分けて説く。㊈二乙・七・三

**けごん-ぎょう　華厳経**　原題を㊵ブッダ・アヴァタンサカ・マハーヴァイプルヤ・スートラ Buddhāvataṃsaka-nāma-mahāvaipulya-sūtra といい、詳しくは大方広仏華厳経という。大乗経典。漢訳には三種がある。⑴東晋の仏駄跋陀羅《ぶつだばだら》(ブッダバドラ Buddhabhadra 覚賢と訳す)の訳したもの(義熙一四418―元熙二420)は六〇巻あり、略して六十華厳・旧華厳・晋経ともいう。⑵唐の実叉難陀《じっしゃなんだ》(シクシャーナンダ Śikṣānanda 学喜と訳す)の訳したもの(嗣聖一二―一六695―99)は八〇巻あり、略して八十華厳・新華厳・唐経ともいう。⑶唐の般若(プラジュニャー Prajñā)の訳したもの(貞元一一795―一四)は四〇巻で、詳しくは大方広仏華厳経入不思議解脱境界普賢行願品といい、略して普賢行願品《ふげんぎょうがんぼん》という。四十華厳、貞元経などということもあるが、前の六十華厳や八十華厳とは違って、華厳経全体の訳ではなく、前二訳の末尾の入法界品に相当する部分だけを訳したものである。旧訳は三四品、新訳は三九品より成る。チベット訳も現存し、その内容は八十華厳に類似している。梵語の完本は発見されていないが、最初から華厳経という一つの経典として成立したものではなく、各章がそれぞれ独立の経典として成立し、のちに華厳経として集大成されたものと思われ、その時期は四世紀頃と推定される。仏が成道後第二七(二四)日に、毘盧舎那《びるしゃな》(ヴァイローチャナ Vairocana)法身《ほっしん》として海印三昧中に在りながら、文殊・普賢などの大菩薩に対して、仏自身の悟りの内容をそのまま説いた経典とされる。最初の世間浄眼品では、摩竭提《まかだ》国の菩提樹の下にある寂滅道場、即ち如来正覚の地が説法の場所となっているが、その後は、その場を動かないままに説処が普光法堂会・忉利《とうり》天宮会・夜摩天宮会・兜率《とそつ》天宮会・他化自在天宮会と移り、次いで再び普光法堂会に帰り、最後は祇樹給孤独園《ぎじゅぎっこどくおん》の重閣講堂会となる。故に旧訳では七処八会《しちしょはって》といい、新訳では普光明殿が三度説処となるから七処九会という。多くは仏の神力を受けて菩薩が他の菩薩に対して菩薩行を説き、また仏の功徳を説く形をとっており、何につけても十の数にまとめて説くのが特徴となっている。中でも、旧訳の経の第二二の十地品は、歓喜地以下法雲地に至る菩薩十地の修行階位を説き、旧訳の経の第三四の入法界品は、善財童子が五五人の善知識を訪ねて普賢の行願を成ずる求道物語が詳説されており、この両品は華厳経の中でも成立が古く、教義的にも特に重要で、漢文への異訳も多い。またこの両品には梵本が現存し、十地品の梵本ダシャブーミカ・スートラ Daśabhūmika-sūtra あるいはダシャブーミ・イーシュヴァラ Daśabhūmīśvara はラーダー J. Rahder (1926)、近藤隆晃(1936)によって、入法界品の梵本ガンダ・ヴィユーハ Gaṇḍa-vyūha は鈴木大拙・泉芳璟によって(1934―36)、それぞれ刊行された。世親(ヴァスバンドゥ Vasubandhu)の十地経論は、この経の十地品を解釈したもので、竜樹(ナーガールジュナ Nāgārjuna)に帰せられる十住毘婆沙論も十住品(十地品の異訳)を解釈したものであるが、後者は今日一部分しか残存していない。中国では十地経論の研究がまず盛んになって、北魏時代に地論宗となったが、唐代に智儼《ちごん》が捜玄記五巻を著わしたのに次いで、その弟子法蔵が探玄記二〇巻を著わして以来、華厳宗の所依の経として深く研究されるに至った。以上は旧訳の註釈書であるが、新訳に対しては、法蔵の弟子慧苑の略疏刊定記一五巻と、澄観の大疏六〇巻およびそのまた註釈である随疏演義鈔(大疏抄)九〇巻がある。その他、唐の吉蔵の華厳遊意、法蔵の華厳経文義綱目、澄観の華厳経略策など各一巻があり、唐の李通玄

に新華厳経論四〇巻の著がある。㊅九・一〇、国一華厳部一—四

**けごんぎょう-おんぎ　華厳経音義**　①二巻。詳しくは新訳大方広仏華厳経音義といい、慧苑音義とも呼ぶ。唐の慧苑の著。成立年不詳。新訳の八十華厳経を読むための手引きとして、発音や語義を示し原語を明らかにしたもの。他に四巻の別本があり、二巻本と少し相違する。なお、華厳経の音義には玄応の一切経音義の中に旧訳の六十華厳経の音義があり、慧琳の一切経音義(㊅五四)には玄応音義と慧苑音義とが収めてある。縮蔵為一〇　②新訳華厳経音義という。日本の喜海の著(嘉禄三〔1227〕)。㊅五七

**けごんぎょう-ぎかい-ひゃくもん　華厳経義海百門**　一巻。唐の法蔵(643—712)の著。成立年不詳。華厳経の根本精神を十門百義の形式にまとめ、巧みに譬喩を用いて説く。華厳教学の重要な問題を網羅している。㊅四五

**けごんぎょう-けつぎ-ろん　華厳経決疑論**　四巻。詳しくは略釈新華厳経修行次第決疑論という。唐の李通玄(635—730)の著。成立年不詳。新訳華厳経の概説書。一〇門に分け特に華厳経入法界品を力説し、わけても修行の実践過程の象徴である五位、五〇人の善知識について詳しく解説している。㊅三六

**けごんぎょう-しき　華厳経旨帰**　一巻。唐の法蔵(643—712)の著。成立年不詳。旧訳華厳経の綱要を次の一〇門に分けて説いたもの。すなわち(1)経の説かれた場所、(2)時、(3)仏、(4)華厳会座の聴衆、(5)儀式、(6)経教、(7)経義、(8)経意、(9)経益、(10)経円であり、これを通して華厳経の旨趣の解明を試みている。法蔵の華厳教学はまず五教章を基点とし、探玄記を集大成として捉えられるが、本書はその中間にあって重要な役割を担った書である。㊅四五〔註釈〕高麗の均如・釈華厳旨帰章円通記二巻、著者不詳・採要抄一巻(仏全一三)〔参考〕華厳経伝記第五、唐大薦福寺故寺主翻経大徳法蔵和尚伝

**けごんぎょう-ずいしょ-えんぎしょう　華厳経随疏演義鈔**　九〇巻。詳しくは大方広仏華厳経随疏演義鈔、略して華厳大疏鈔、演義鈔という。唐の澄観(738—839)の著。成立年不詳。八十華厳経(唐訳)に対する註釈書。著者は慧苑の略疏刊定記が経旨を尽くしていないのを不満として、大方広仏華厳経疏六〇巻を著わしたが、その疏に随って更に詳しく解説したのが本書である。法蔵の華厳経探玄記の釈に従って新たに八十華厳を解釈したものであるが、随所に著者独自の立場が示されている。法蔵が法相唯識の学説との融合を図ったのに対し、それとの峻別に努め、また禅思想をとり入れたり、天台の教学に対抗した教判を立てるなど、時代的な背景を反映している。㊅三六

**けごんぎょう-そうげん-き　華厳経捜玄記**　一〇巻。詳しくは大方広仏華厳経捜玄分斉通智方軌という。唐の智儼(602—68)の著。六十華厳経の註釈書。五章からなり、初めの四章に華厳経観の大要を組織的に述べ、第五章に経文の解釈を施している。著者の二七歳のときの著作といわれ、華厳孔目章や華厳五十要問答など、智儼晩年の著書のような円熟した学説は認められないが、経の真意の把捉に努め、体系的に華厳経を解釈したものとしては最初の註釈とされ、法蔵による華厳宗の大成に大きな力となった。㊅三五

**けごんぎょう-たんげん-き　華厳経探玄記**　二〇巻。唐の法蔵(643—712)の著。成立年不詳。六十華厳経(晋訳)に対する註釈書。華厳宗の根本宗典とされる。一〇章から成る。第一巻に初めの九章を収め、華厳経についての総論として、(1)華厳経が説かれた由来を述べ、(2)仏教全体にこの経が占める位置を示し、(3)華厳宗の教相判釈を明らかにし、(4)この経に相応する衆生の機根を論じ、(5)経説の本質と、(6)経の中心的な教義を説き、(7)経の題名に詳しい解説を加え、(8)華厳経の種類や伝訳の経緯を述べ、(9)華厳宗の綱要である十玄門について論じており、第二巻以後に(10)経文の解釈を行っている。法蔵は師の智儼が著わした華厳経捜玄記の釈風を継承しつつ、多くの経や論、諸家の学説を縦横に引用し、華厳経の玄旨の解明を試みている。古来必読の書とされ、多数の註釈がなされた。㊅三五、国一経疏部六

一一〇（註釈）尊玄・鈔一五巻（一巻存）、宗性・要文抄一〇巻（八巻存）、凝然・洞幽鈔一二〇巻（四三巻存）、芳英・南紀録五〇巻、鳳潭・玄譚一巻、普寂・発揮鈔九巻、秀存・講義六巻、雲渓・会録一二巻、伏明・講前日録一八巻

**けごんぎょう-でんき　華厳経伝記**　五巻。華厳経纂霊記、華厳伝ともいう。唐の法蔵(643―712)の著。成立年不詳。法蔵和尚伝では、未完のまま法蔵が没し、門人慧苑・慧英らが遺志をついで完成刊行したという。華厳経の部類・伝訳および論釈・講解・諷誦などの人の事跡を一〇章に分けて説く。⑴華厳経の三本、⑵本経が竜宮に隠没し、竜樹らにより世に現われた所以、⑶中国への伝訳、⑷異訳の経名と訳者、⑸インドと中国における本経の疏釈家、⑹講説した四一人の伝記、⑺諷誦、⑻転読、⑼転読により華厳の流伝に功績あった人々、⑽本経との関係書一二部について説く。(大)五一

**けごん-きょうとう-しょう　華厳鏡灯章**　一巻。清の続法の編（康熙元1662頃）。鏡と灯とのたとえをかりて重重無尽の関係を説明し、華厳教義の事事無礙法界の教理を解明しようとしたもの。(続)二・九・一

**けごんぎょう-みょうほうぼん-ないりゅう-さんぼう-しょう　華厳経明法品内立三宝章**　二巻。唐の法蔵(643―712)の著。成立年不詳。華厳雑章門ともいう。華厳教学の重重無尽・円融無礙の根本教理を、華厳経明法品に説かれている三宝興隆の問題を契機に鮮明にしようとしたもの。三宝章以下七章から成り、三宝を特に哲学的・宗教的に深くほりさげて解釈する。(大)四五　（註釈）均如・円通鈔二巻

**けごんきょう-もんぎ-ようけつ-もんどう　華厳経文義要決問答**　四巻。新羅の表員の著。華厳経の要義を七処九会義、六相義、一乗義など一八義にわたって各々釈名・出体・問答分別に分けて解釈している。(続)一・一二ノ四

**けごん-くもく-しょう　華厳孔目章**　四巻。詳しくは華厳経内章門等雑孔目という。略して孔目章ともいう。唐の智儼(602―68)の晩年の著。六十華厳経について一四七章にわたり問題を設定して、その教の浅深を弁別し、また小乗と三乗と一乗の差別を確立して教判の形成をととのえ、華厳の無尽一乗義を強調したり、あるいは唯識思想を盛んに採り入れつつ華厳教義の特異性を力説した書。なお法蔵の探玄記は教義の基礎を本書にうけている。(大)四五　（註釈）宋の師会・融会章明宗記一巻、凝然・発悟記二三巻、尊玄・問答抄八巻

**けごん-げんにん-ろん　華厳原人論**　⇩原人論《げんにんろん》

**けごん-ごきょう-しかん　華厳五教止観**　一巻。華厳五教分記ともいう。古来より隋・唐初の杜順《とじゅん》(557―640)の著とされるが、法蔵あるいはそれ以後の人の著作であろう。成立年不詳。仏道修行の止観法門を小・始・終・頓・円の五にわけ、その止観の実践的修相を解説したもの。⑴法有無我門―小乗教、⑵生即無生門―大乗始教、⑶事理円融門―大乗終教、⑷語観双絶門―大乗頓教、⑸華厳三昧門―一乗円教に分けて、諸経の観門の浅深差別を明らかにし、最後に華厳円教の事事無礙観に帰するのであるとしている。本書が法蔵の華厳遊心法界記の草稿であったとする説もある。(大)四五

**けごん-ごきょう-しょう　華厳五教章**　四巻または三巻。詳しくは華厳一乗教義分斉章という。華厳一乗教分記、華厳教分記、華厳経中一乗五教分斉義、五教章などともいう。唐の法蔵(643―712)の著。成立年不詳。別教一乗の華厳の優秀性を論述して、同別二教・五教・十宗の教判を明確にしたもの。和本(天平元729頃に審祥が将来)、宋本(宋代に再校開板)の二種あり、標題、順序などが異なる。わが国では主に和本を用いている。内容は一〇章に分かれ、⑴一乗の意味と華厳一乗独特の性格を示し、⑵一乗三乗の教義とその利益と、⑶中国の代表的十師の仏教観を明らかにし、⑷⑸華厳宗の五教十宗の教判をあげ、⑹教の起こった時間的前後によって各教を判別して華厳が本教であることを示し、⑺その理由を述べ、⑻一乗三乗の相違点を一〇門に分けて論じ、⑼十玄門・六相を説き（和本と宋本とは⑼⑽が逆になる。今は和本による）、⑽心識・種性・修行などの一〇門から、華厳教学が仏教

中で最も勝れているとする。仏教全体の中に華厳経を体系的に位置づけており、華厳教学の研究上、探玄記と併せて重視される。㊅四五、仏教大系七、国一諸宗部四　〔註釈〕中国では、道亭・義苑疏一〇巻、師会・焚薪二巻、同・復古記六巻、観復・同折薪記五巻、希迪・評復古記一巻、同・集成記六巻。朝鮮では、均如・円通鈔一〇巻。日本では、寿霊・指事記三巻、凝然・通路記五二巻（三九巻存）、湛睿・纂釈三九巻、鳳潭・匡真鈔一〇巻、普寂・衍秘鈔五巻、同・懸鈔五巻、観応・冠註五教章など

**けごん-ごじゅうごしょ-えまき　華厳五十五所絵巻**　一巻。善財童子絵巻ともいう。平安末期の作。筆者不明。紙本著色。華厳経入法界品の説にもとづき、善財童子が徳雲比丘などの五三人の善知識をたずねて法を求めたありさまを描いた絵巻。中国の五相知識図や文殊指南図讃などに範をとったものか。詞は画中上部を色紙でおおって讃文を起こす。一図に一讃が描かれ、讃文は北宋の揚傑の五十五善知識讃と同一である。東大寺に三七段（国宝）、藤田美術館に一〇段（重文）、上野淳一家に二段（同）、友田宏家に三段（同）、東京国立博物館に二段（同）が所蔵される。別に東大寺本と同じ残欠で筆の異なる一巻（五段）が原たき家蔵（重文）となっている。〔複製〕東大寺蔵本（大正九1920）、日本絵巻物集成一、新修日本絵巻物全集二五、続日本絵巻大成一〇

**けごん-ごじゅうよう-もんどう　華厳五十要問答**　二巻。五十要問答ともいう。唐の智儼（602—68）の著。成立年不詳。華厳経のなかでの重要な問題を上巻（第一—三六）、下巻（第三七—五三）に問答体で詳しい議論を試み、小・始・終・頓・円の五教の立場もしくは小乗三乗一乗の立場にたって、その論旨を明らかにする。㊅四五　〔註釈〕凝然・加塵章二巻

**けごん-こんじし-しょう　華厳金師子章**　一巻。詳しくは大方広仏華厳経金師子章という。金師子章と略称。唐の法蔵（643—712）の著。成立年不詳。法蔵が則天武后の勅により、長生殿で華厳経を説いたが理解されず、側にあった黄金の獅子像にたとえをとり、華厳の法界縁起の道理・六相円融の道理を説くと、たちまち武后は悟ったのでその説を書にして献上したものという。一〇章から成る。㊅四五、仏教大系一〔註釈〕承遷・註一巻、浄源・雲間類解一巻、高弁・光顕鈔二巻

**けごん-さんしょう　華厳三聖**　華厳経における三聖者。毘盧遮那《びるしゃな》如来、文殊菩薩、普賢菩薩をいう。〔参考〕李通玄・三聖円融観門、同・新華厳経論

**けごん-じ　華厳寺**　①中国山西省大同。上華厳寺と下華厳寺とがあり、中国でも古い木造建築として有名。上華厳寺は重熙七年1038の創建と伝え、もと合わせて大華厳寺と称したという。一説に、遼代初期に華厳寺があり、重熙七年その東南に薄伽教蔵（即ち下華厳寺のこと）が建てられたと伝える。②中国山西省代州五台山にあった寺。唐の景竜年間707—10賢首大師法蔵の奏請によって各地に建てられた五つの華厳寺の一。日本の円仁も滞在したことがある。北宋の初めに重修されたが、のち廃絶。その菩薩堂院の文殊像は霊験があらたかであったという。〔参考〕入唐求法巡礼行記二　③韓国全羅南道求礼郡智異山の南麓にある華厳宗の寺。三十一本山の一。新羅の真興王五年544梵僧烟起（一説に縁起）の創建と伝える。元暁が当寺に海会堂を建てて以来、華厳宗の講学がさかんとなり、のち華厳弘法十刹伝教の一にあげられ、義湘もまた当寺で大いに華厳を弘めた。憲康王（875—86在位）の時、道詵が再興。李朝の世宗六年1424湖左道禅宗大宗刹の号を賜った。のち兵火で焼けたが、仁祖八年1630碧巌覚性が再建。孝宗元年1650には禅宗大伽藍、粛宗二七年1701には禅教両宗大伽藍大華厳寺の号をそれぞれ賜り、現在に至る。〔参考〕三国遺事一・五　④岐阜県揖斐郡揖斐川町谷汲徳積。天台宗。谷汲山と号し、西国三十三カ所第三三番札所。俗に谷汲観音という。延暦一七年798大口大領信満（奥州会津の人）が十一面観音像を刻み、豊然を開基としたと伝える。天慶七年944勅願寺となる。承久三年1221および建武元年1334に再度兵火にあい、また寺領を没収されたので、一時は衰えたが、文明年間1469—87薩摩の道破が再興した。〔重文〕木造毘沙

門天立像 ⑤京都市西京区松室地家町。臨済宗永源寺派。妙徳山と号する。鳳潭が華厳宗を再興しようとして創建、大華厳寺と号したが、諸堂の建立しないうちに没した。慶応年間1865—68の末、慶厳が住して現宗に改めた。⑥⇩山田寺《やまだでら》

**けごん-しゅう　華厳宗**　華厳経に基づいて立てられ、唐の賢首《げんじゅ》大師法蔵(643—712)が大成した宗。円明具徳宗《えんみょうぐとくしゅう》、法界宗、賢首教、賢首宗ともいう。〔教義〕仏教を五教十宗に分けて、華厳経の教えが最も優れた円教であるとする。十玄門、六相円融の説を立て、宇宙は現象と現象、現象と本体とが互いに融けあい一体化して礙《さまた》げあわぬ構造をもつとし、万有はこのような法界(即ち真心)から縁起すると説く。従って我々の一善一行がそのまま万善万行となり、一成一切成、一証一切証として信満成仏すると教える。その思想は、古来、天台宗とならんで大乗仏教の精華とされている。〔歴史〕(イ)インド。現存する竜樹の十住毘婆沙論《じゅうじゅうびばしゃろん》や世親の十地経論を始め、金剛軍や堅慧にも華厳経十地品の註釈があった。華厳宗では普賢、文殊、馬鳴《めみょう》、竜樹、天親、或いは馬鳴、竜樹に中国の五祖を加えて十祖又は七祖とする。(ロ)中国。東晋の安帝のとき覚賢が華厳経を訳して以後、しばしば講説された。華厳宗は十三宗の一とされ、隋・唐初の法順(杜順《とじゅん》)が基礎を築き、智儼《ちごん》がこれを承け、次いで法蔵が華厳経の疏として探玄記を著わし、また教義の綱要書として華厳五教章を著わして、この宗の教義を大成し、澄観、宗密へと伝えられた(以上の五人を中国の五祖という)。その後、宋朝の四大家といわれる観復、師会、希迪《けちゆう》、道亭が出て栄えたが、元・明の時代には次第に衰えた。(ハ)朝鮮。新羅の元暁《がんぎょう》、義湘《ぎしょう》によって唐から伝えられ、現に禅宗と共に朝鮮仏教を代表している。(ニ)日本。華厳経は既に養老六年722にその唐訳が書写されており、晋訳は天平八年736に道璿《どうせん》によって伝えられた。次いで良弁《ろうべん》の請によって審祥《しんじょう》がこれを講じて以来、古京(南都)六宗の一として栄えたが、平安時代には次第に衰えた。鎌倉時代には高弁、凝然《ぎょうねん》らが出て復興に努め、江戸時代には鳳潭《ほうたん》、普寂《ふじゃく》らがその教学を宣揚した。現在は東大寺を大本山として末寺約五八を数える。〔参考〕三国仏法伝通縁起上・中、八宗綱要下

**けごん-じゅうげんもん　華厳十玄門**　一巻。華厳一乗十玄門ともいう。隋・唐初の杜順《とじゅん》の説、智儼《ちごん》(602—68)撰。成立年不詳。華厳教学の中心思想である重重無尽・法界縁起の本質を十玄に十義を乗じ一〇〇門として理論的に説いたもの。二段に分かれ、第一段は譬喩によってその意味を著わし、第二段はその意味をさらに理論的に深く解釈している。十玄とは、(1)同時具足相応門、(2)因陀羅網境界門、(3)秘密隠顕倶成門、(4)微細相容安立門、(5)十世隔法異成門、(6)諸蔵純雑具徳門、(7)一多相容不同門、(8)諸法相即自在門、(9)唯心廻転善成門、(10)託事顕法生解門である。のちに法蔵、澄観らはこの十玄に少々改訂を加えたが、皆これを基にしている。(大)四五、[国]一諸宗部四

**けごんしゅう-ようぎ　華厳宗要義**　一巻。凝然《ぎょうねん》の著(正和三1314)。華厳宗の要義を略述した書。教宗大意、教宗名義、立教開宗、一乗三乗、所立法義、本経次第、修証行相、諸雑法門、章疏分量、祖承弘伝の一〇門に分けて説く。ほぼ同じ内容を、より詳しく説いたものに華厳法界義鏡二巻がある。(大)七二、仏全一三〔刊本〕明治三四1901刊

**けごん-しゅぜん-かんしょう-にゅう-げだつもん-ぎ　華厳修禅観照入解脱門義**　二巻。高弁の著(承久二1220)。従来の華厳宗が教学本位であったのに対し、実践本位の学風を興した著者が、華厳の実観行門における要義を示したもの。五位の法門を一念に総括し、十仏の境界を一観に融合し、転輪の事を十方世界に聞く秘術として、修禅観照によって解脱門に入ることを示している。(大)七二、仏全一三

**けごん-てかがみ　華厳手鏡**　一巻。盛誉の著(暦応二1339)。初心者のために華厳宗の要義三〇条を掲げ、問答体で懇切に説明した入門書。仏全一三

**けごん-ねんぶつ-さんまい-ろん　華厳**

**念仏三昧論**　一巻。念仏三昧論ともいう。清の彭際清《ほうさいせい》の著（乾隆四八1783、乾隆五六に再録）。華厳宗の立場で念仏三昧を論じ、華厳経も極楽往生を最後の目的としていることを説く。五門に分かれ、仏の法身、仏の功徳、仏の名字、毘盧遮那仏、阿弥陀仏を念ずべきことをすすめ、最後に種々の疑問に対して問答を設けて説明している。㊫二・九・一

**けごん-へんそう　華厳変相**　華厳経の七処九会または七処八会を図相にあらわしたもの。毘盧遮那《びるしゃな》仏華蔵世界図、七処九会華蔵世界図ともいう。中国では唐初以来、日本では奈良時代から造られたが、その図は現存しない。しかし敦煌千仏洞の諸窟に七処九会の壁画変相が数種現存する。九会は各会ともに中央宮殿内または天蓋の下に、毘盧舎那仏が上壇上宝蓮華座に趺坐して説法印を結び、普賢・文殊が左右に侍す相をあらわし、方壇の前面には色紙形を描き、一々各会の名跡及び略説を銘記し、聞法の諸大菩薩は中尊を囲繞し、すべて中尊に向かって合掌する有様を描く。制作は唐末・北宋初と考えられている。

**けごん-ほっかい-かんもん　華厳法界観門**　一巻。詳しくは修大方広仏華厳法界観門という。華厳経法界観ともいう。隋・唐初の杜順の著。成立年不詳。華厳法界の観法を真空観、理事無礙観、周遍含容観（事事無礙法界観）の三に分けて説く。㊅四五〔註釈〕唐の澄観・華厳法界玄鏡二巻、唐の宗密・註華厳法界観門一巻

**けごん-ほっかい-ぎきょう　華厳法界義鏡**　二巻。世に華厳宗要という。凝然《ぎょうねん》の著（永仁三1295）。東大寺東南院貫首聖忠の命により、華厳宗の要義を組織的に述べたもの。(1)教興の意致、(2)名字を弁釈する、(3)その体性を出す、(4)行相を顕示する、(5)観行の状貌、(6)立教開宗、(7)本経の説相、(8)修証の次第、(9)所憑の典籍、(10)宗緒の相承の一〇門に分けて説く。なお同じ著者の華厳宗要義一巻はほぼ同じ内容を略述したもの。日蔵三八、仏全一三、日本思想大系一五〔刊本〕元禄八1695刊

**けごん-ほつぼだいしん-しょう　華厳発菩提心章**　一巻。華厳三昧章、華厳発菩提心義ともいう。唐の法蔵（643—712）の著。成立年不詳。華厳教学における発菩提心について述べたもので、事事無礙法界観がその心要であるとしている。発心、簡教、顕過、表徳の四門に分ける。㊅四五

**けごん-もんどう　華厳問答**　二巻。華厳経問答ともいう。唐の法蔵（643—712）の著。成立年不詳。華厳経についての重要な問題を問答体で論じたもの。三乗教の事理と一乗普法の事理との関係区別を論じ、次に十仏の相を論じて一位一切位、一行一切行の華厳教理の中心思想を説く。㊅四五

**けごん-ゆうしん-ほっかい-き　華厳遊心法界記**　一巻。遊心法界記ともいう。唐の法蔵（643—712）の著。成立年不詳。華厳宗の実践法である観門について、五教止観をうけて論じたもの。観を分析して五つに分け、(1)法是我非門、(2)縁生無性門、(3)事理混融門、(4)語尽理顕門、(5)法界無礙門として、各門に小・始・終・頓・円の五教を施して解釈している。広釈段で、直ちに最高の華厳別教に入れない者のために同教より入らせようとしている点は、智儼《ちごん》の思想を発展させたものと見られる。㊅四五〔註釈〕芳英・録三巻

**けごんろん-せつよう　華厳論節要**　三巻。高麗の知訥（1158—1210）の著。成立年不詳。唐の李通玄（635—730）の新華厳経論四〇巻から綱要を撮要（節要）したもの。巻二の第一二、三六紙、巻二の第一、二、一〇、一一、一三紙、巻三の第三七紙が欠損。金沢文庫資料全書巻二華厳篇

**けさ　袈裟**　⇩法衣《ほうえ》

**けさ-まんだら　袈裟曼荼羅**　九条の袈裟の田相内に諸仏諸菩薩の像を安置した曼荼羅をいう。二十七隔《かく》の田相中、四隅には、提頭頼吒《たいずらた》、毘盧勒叉《びるろくしゃ》、毘楼博叉《びるはくしゃ》、毘沙門天《びしゃもんてん》を安置し、中央の田相中には、摩訶毘盧遮那仏《まかびるしゃなぶつ》および霊山渡土の釈迦牟尼仏、その左に金剛界曼荼羅、右に胎蔵曼荼羅、上方に南方宝生仏、下方に北方不空成就仏、左方に東方阿閦仏《あしゅくぶつ》、右方に西方無量寿仏を安置し、その他の各田相中に、毘婆尸《びばし》・尸棄《しき》・毘舎浮《びしゃぶ》・拘留

孫《くるそん》・拘那含牟尼《くなごんむに》・迦葉《かしよう》の六仏、文殊・普賢・観音・弥勒・地蔵・金剛蔵・日光・月光の八大菩薩、梵天・帝釈・堅牢地神・韋駄天などの諸天神を安置してこれを建立する。日本では近世に制作されている。

**けし　芥子**　植物の名。芥子の種子は最小の形量をあらわす譬喩として用いる。例えば三千大千世界を一粒の芥子の中に収める(首楞厳三昧経巻上)などという。またその辛い味から、密教ではこれを炉の中に投げ入れて、悪魔や煩悩《ぼんのう》を退散させるのに用いる。この時はカラシのことともいう。

**けしーじょう　華氏城**　⇩波吒釐子城《はたりしじょう》

**げしゃく　解釈**　経典などの意味を理解し註釈すること。①経論の解釈をするには、通常まず題号や大意を説明し(玄談、玄義)、次で文章をおって解釈する(入文解釈《にゅうもんげしゃく》、随文作釈《ずいもんさしゃく》)方式が用いられる。例えば智顗《ちぎ》の法華玄義は法華経の玄義、法華文句はその入文解釈である。智顗は玄義を名《みょう》(名称)・体(本質)・宗《しゅう》(目的)・用《ゆう》(はたらき)・教(仏教全体の組織)について論じ(五重玄義)、その解釈法として七番共解《しちばんぐうげ》という方式を用いた。即ち、名体などの論ずべき問題を提示し(標章)、経典を引用して証拠とし(引証)、名体などの順序を論じ(生起《しょうき》)、分析綜合して考え(開合)、問答的に論じ(料簡《りょうげん》)、名体などを対象に観心修行し(観心《かんじん》)、他の異説を評価して高い立場からそれを理解してうけ入れる(会異《えい》)方式である。②また語句などを解釈する方法には、各宗で固有の解釈法があり、三論宗・天台宗・真言宗などの四釈はその例である。(イ)三論の四種釈義とは、依名釈義《えみょうしゃくぎ》(随名釈義)・因縁釈義(互相釈義《ごそうしゃくぎ》)・顕道釈義(理教釈義、見道釈義)・無方釈義の四で、吉蔵がその著書二諦義や三論玄義などに用いた。例えば真とは真実の意というように世間一般の意味どおりに解するのを「依名釈義」、真は独立して真としてあるのではなく、俗という対称的なものを因縁として相依的にあるから真は俗、俗は真であると解するのを「因縁釈義」、だから真といい俗といっても固定的なものでなくてもともと無相のものであると解するのを「顕道釈義」、無相がそのもののはたらきとして不定にあらわれたものとして真も俗も一切法に他ならないと解するのを「無方釈義」という。(ロ)天台の四釈例(四大釈例、四種消釈、四種消文)とは因縁釈・約教釈・本迹釈・観心釈の四で、智顗は法華文句の中でこれを用いた。教法の説かれた因縁すなわち四悉檀《ししったん》によって四種の解釈をするのを「因縁釈」、化法《けほう》の四教判に基づいて四種の解釈をするのを「約教釈」、本迹二門の立場から二種の解釈をするのを「本迹釈」、教説の内容を自己の心にひきよせて実相の理を観じて解釈するのを「観心釈」という。(ハ)真言の四重秘釈とは、浅略釈《せんりゃくしゃく》・秘密釈(深秘釈《じんぴしゃく》)・秘密中秘釈(秘中深秘釈)・秘秘中秘釈(秘秘中深秘釈)の四で、一行の大日経疏と不可思議の大日経供養次第法疏との解釈法を総合したもの。例えば、顕教の説のように阿字は梵王の説であると解するのを「浅略」、大日如来が阿字本不生を説くと解するのを「深秘」、阿字自らが本不生を説くと解するのを「秘中深秘」、本不生の理に自ら理と智があって自ら本不生を覚ってこれを説くと解するのを「秘秘中深秘釈」という。また真言宗では、梵字・真言などを解釈するのに十六玄門釈がある。

**けしゅーきょう　華手経**　一〇巻。後秦の鳩摩羅什の訳(弘治八406)。チベット訳も現存する。十方世界より無数の菩薩や天衆が来集して、おのおの蓮華をささげ教説を聴聞しようとする中で、釈迦牟尼仏は三昧から出で立って菩薩の行を説く。いかなる人も大乗菩薩として得道すべきことを示し、菩薩道をそしる罪・大乗を護持する功徳を説き、出家の真義を明らかにし、造像起塔の功徳を述べ、その間に諸法の無白性空を強調している。㊅一六、国一経集部一三

**けじゅーだらにじゅーきょう　華聚陀羅尼呪経**　一巻。訳者不詳。東晋時代317—420の訳。異訳に同時代の師了奮迅菩薩所問経(訳者不詳)、三国呉の支謙《しけん》の訳の華積陀羅尼神呪経、北宋の施護の訳(太正興国五980)の華積楼閣陀羅尼経があり、チベット

訳もある。陀羅尼経典として成立が古く、昼夜六時の陀羅尼の口誦や一心念仏を強調し、出家菩薩の行法としての陀羅尼の功徳を説く。㊅二一

**けしん　掛真**　「かしん」とも読む。禅宗の用語。亡くなった徳の高い老僧の肖像(真儀)を真亭《しんてい》にかけること。

**げしん　解信〔仰信《ごうしん》〕**　教法をそのまま仰ぎ信じないで、教法の道理を論理的に理解して信じるのを解信といい、ひたすら仰いでそのままに信じるのを仰信という。

**げじん　外陣**　⇩内陣《ないじん》

**げじんみつ-きょう　解深密経**　梵語の原題は㊵サンディニルモーチャナ・スートラ Saṃdhinirmocana-sūtra という。五巻。唐の玄奘の訳(貞観二一〈647〉)。異訳に、北魏の菩提流支《ぼだいるし》の訳の深密解脱経五巻があり、この経の一部分を翻訳したものに、劉宋の求那跋陀羅《ぐなばつだら》の訳の相続解脱地波羅蜜了義経一巻(玄奘訳の第七品)、同訳の相続解脱如来所作随順処了義経一巻(玄奘訳の第八品)、陳の真諦の訳の解節経一巻(玄奘訳の第二品)がある。唯識の理論と行法及びその果徳を説いたものとして、唯識思想の経典中で最も重要な位置を占める。成立年代は紀元三〇〇年前後と推定される。内容は八品より成り、(1)序品は教主・説処・聴聞衆などの序景を示し、(2)勝義諦相品と(3)心意識相品とは、勝義諦と世俗諦の対照を明らかにし、(4)一切法相品と(5)無自性相品とは唯識説に立って三性説と三無性説を説く。特に無自性相品は法相宗(唯識宗)で有空中の三時教判の根拠とされる。(6)分別瑜伽品と(7)地波羅蜜多品とは定慧の行を分別し十地・地波羅蜜の修行階位が説かれ、(8)如来成所作事品では如来の法身・化身が分別されている。この中、序品以外の七品は瑜伽師地論の第七五から第七八までの間に全文が引用されている。真諦に解節経疏があったというが、今は伝わらない。今日では唐の円測の解深密経疏一〇巻のみ現存する。しかし唐の窺基《きき》は、成唯識論の中に引用された六部の経の中でも解深密経を最も重視し、正依の経としている。なお本経の梵文は中央アジアで発見された一断簡以外には現存しないが、チベット訳とそのフランス語訳(ラモート É. Lamotte 訳、1935)がある。稲葉正就は漢文の円測疏第一〇巻が散逸していたのをチベット訳より還元した。㊅一六、国一経集部三

**けしん-めっち　灰身滅智**　無余灰断《むよけだん》ともいい、灰滅と略する。無余依涅槃《むよえねはん》のさとりに入って心身共に全く無に帰させること。小乗の者の最後の目的とする所。

**けぞう-じ　華蔵寺**　韓国京畿道長湍郡宝鳳山中にある。高麗の忠粛王(1314—30, 1332—39在位)の時、西域の僧指空(提納薄陀尊者)が来て山中の継祖庵に住した。恭愍王六年1357王命により遺跡に寺を開き、同二二年落成。のち、李朝の仁祖の末から孝宗の初めにかけて再建されたが、落慶直前に炎上した。その後も火災にあったが、その都度再建された。〔参考〕東国輿地勝覧一二

**けだい　懈怠**　㊵カウシードヤ kausīdya の訳。怠ともいう。心所《しんじょ》(心のはたらき)の一。倶舎宗《くしゃしゅう》ではすべての汚れた心(不善心と有覆無記心)にあまねく通じて起こる心所(大煩悩地法)の一とし、唯識宗では随煩悩の一とする。懶惰なこと。善を修めるのに積極的でない心の状態であるが、また悪を行うのに積極的である面をも含める。勤《ごん》即ち精進《しょうじん》の反対。

**けたじゅ　化他寿**　⇩自証寿《じしょうじゅ》

**げだつ　解脱**　①㊵ヴィモークシャ vimokṣa(毘木叉、毘目叉と音写する)、ヴィムクティ vimukti (毘木底と音写する)などの訳で、解き放たれたこと。煩悩《ぼんのう》に縛られていることから解放され、迷いの苦を脱すること。迷いの世界を度《わた》り超えるという意味で、度脱《どだつ》ともいう。解脱を得ることを得脱という。②本来は涅槃《ねはん》と共に仏教の実践道の究極の境地を表わす言葉であったが、のちにはさまざまに分類して考察されるようになった。例えば有為解脱(阿羅漢《あらかん》即ち解脱を得た者の、明らかに了解して認定する心のはたらき、即ち勝解《しょうげ》)と無為解脱(涅槃)、或いは性浄解脱(衆生が本来の姿においては煩悩のけがれを離れて清浄であること)と障尽解脱(現実においては煩悩によってその本来の清浄が汚さ

れているから、今その煩悩を断って解脱を得ること)、或いは心解脱(心に貪愛を離れること)と慧解脱(智慧によって無明すなわち無智を離れること)、或いは慧解脱(阿羅漢であってまだ滅尽定を得ないもの)と倶解脱(阿羅漢で滅尽定を得たもの)、或いは時解脱と不時解脱〈⇩阿羅漢《あらかん》〉とに二分して二解脱といい、また煩悩解脱、邪見解脱などの十解脱を数えることもある。③また耳で仏法を聞いて解脱を得るのであるから、「解脱の耳をすまして仏法を聞く」といわれる。解脱の真の味を解脱味というが、解脱の境地は平等で差別がないから、一味であるといわれる。小乗では解脱を得るのに最も速いものでも三生を経ると説き、これを三生解脱ともいう。また如来を真解脱(真実の解脱)と称するのは阿羅漢(小乗のさとり)は一分の解脱で真実の解脱ではないとするからであり、このように解脱を得てもそれに執着して他を利益しない者を、解脱の深坑《じんこう》に堕落した者という。

**げだつかい　解脱会**　本部、東京都新宿区荒木町。真言系の新宗教団体。昭和四年1929真言宗醍醐派の修験を修めた岡野聖憲が開創。同二四年解脱報恩感謝会を設立し、同二八年宗教法人。会祖の教えと般若心経を基本とし、その実践体得として秘儀修法を行う。また各家の先祖・氏神・菩提寺崇拝を提唱し、徹底した在家宗教を本旨とする。主斎神に天神地祇太神、本尊に五智如来、及び解脱金剛(会祖聖憲の諡号)を祀る。

**げだつ-かい-きょう　解脱戒経**　一巻。東魏の般若流支《はんにゃるし》の訳(武定元543)。迦葉遺部(飲光部)の伝持した戒本。諸戒本の中では根本説一切有部戒経(説一切有部の戒本)に近い。㊅二四、国一律部一一

**げだつ-じ　解脱寺**　鳥取県日野郡日南町下阿毘縁。法要山と号し、日蓮宗。南北朝の初め、日野中将が京都本国寺の日静に帰依して創建。慶安元年1648米子本教寺の日要が再興し、身延山日感を招いて住持とした。〔参考〕日野郡史

**げだつ-しょうにん　解脱上人**　⇩貞慶《じょうけい》

**げだつどう　解脱道**　⇩無間道《むけんどう》

**げだつどう-ろん　解脱道論**　一二巻。原題は㊂ヴィムッティ・マッガ Vimutti-magga という。優波底沙《うはていさ》(ウパティッサ Upatissa)の造とするが、パーリ語の原典は伝わっていない。梁代の僧伽婆羅《そうぎゃばら》の訳(五世紀初頭)。南方アビダルマ教学の綱要書で全篇を一二品に組織し、戒・定・慧の三学など修道教理を説く。ブッダゴーサ Buddhaghosa(仏音《ぶっとん》)のヴィスッディ・マッガ Visuddhi-magga(清浄道論)は本論の原典を底本としたと考えられる。㊅三二、国一論集部七

**けだん　化壇**　人の屍骸をのせて焚く台。涅槃台《ねはんだい》ともいう。

**けたん-とう　灰炭塔**　炭塔ともいう。仏陀の入滅後、仏舎利を八分して建てた八塔の他に瓶塔や、遺灰を収めた灰炭塔を建てたという。玄奘が迦毘羅《かびら》(カピラヴァットゥ Kapilavatthu)城の遺跡を訪ねた時、尼拘盧陀《にくるだ》(ニグローダ Nigrodha)林中にその塔があり、祈請すれば病が癒えると信じられていたという。〔参考〕長阿含経四、法顕伝、西域記六

**けちえん　結縁**　仏道に縁を結ぶこと。即ち、ただちに修行しさとりに至ることができなくても、他日必ず果たすことのできる機縁を作ること。天台宗では、衆生の性質の利鈍、障りの軽重などによって三種にわけて、教えを聞いても理解することができないものに縁をむすぶことを汎爾《はんに》の結縁、円教を理解する端緒をあたえて仏種をうえつけることを下種《げしゅ》の結縁という。また日本では結縁のために、結縁灌頂、結縁八講、結縁供養、結縁五重などの行事を行う。

**けちがん　結願**　⇩開白《かいびゃく》

**けちみゃく　血脈**　教法や戒律が師から弟子へと絶え間なくうけつたえられるさまを、人体の血脈に喩えた語。そのうけつたえられることを血脈相承といい、その師から弟子への系譜を書いた系図書をも血脈という。特に密教で重んじ、禅・日蓮・浄土の諸宗でも尊ぶ。血脈のうち、宗の人事を伝えた系譜を宗脈または法脈、戒を伝えた系譜を戒脈といい、僧侶の印信《いんじん》には詳細

に記載した血脈が付けられる。在家の結縁者には省略したものが与えられ、それを死後納棺する風習があるが、真宗では行わない（真宗では法主の血統相承のことを血脈相承ということがある）。

**けちみゃく-るいじゅ-き　血脈類集記**　一三巻。著者・成立年不詳。空海以後の真言宗の相承血脈を集大成した書。「血脈類聚記」とも記す。巻一に大師（空海）・海雲・造玄・最澄・宗叡・益信・聖宝・真興らの相承血脈と問答決疑を載せ、巻二以下は空海とその門下から鎌倉時代まで二七四人の血脈譜を列挙し、師弟とその受灌の年月・場所・略歴などを詳述している。現行本は文明一四年1482印融の修補。真言全三九

**けつ　結**　㊵サンヨージャナ samyojana の訳。衆生を迷いの境界に結縛するの意。煩悩《ぼんのう》の異名。結使ともいう。①三結。五見と疑の六煩悩がこのうちに含まれる。「三結が尽きればそのとき、預流果《よるか》に至る」との経説によって、三結が尽きればそのとき見惑のすべてが断たれるともする。また愛・恚・無明を三結という。②四結。四身結のこと。〈⇩繫《け》〉 ③五結。五下分結と五上分結とがある。前者は衆生を欲界に結縛する煩悩で、有身見・戒禁取見・疑・欲貪・瞋恚《しんに》の五。後者は色界・無色界の上二界に結縛する煩悩で、色貪・無色貪・掉挙《じょうこ》・慢・無明の五。また別に貪・瞋・慢・嫉・慳を五結という。④九結。愛・恚・慢・無明・見・取・疑・嫉・慳の九。これは六根本煩悩（ただし見を二分して身・辺・邪の三見を見結、見取見と戒禁取見とを取結とする）に嫉と慳とを加えたもの。大毘婆沙論巻五〇には九結の体（自性）は合わせて一〇〇あるとする。

**けっかい　結界**　①作法によって一定の地域を区画制限すること。またその制限された地域をいう。これに関して摂僧界《しょうそうかい》・摂衣界《しょうえかい》・摂食界《しょうじきかい》の三種がある。摂僧界は比丘が一カ所に集合して布薩などの行事を行うために設けられた一定の区画をいう。これに自然界と作法界とがある。自然界は不作法界で、作法しないで自然の形勢によって定まっている区域であり、これには聚落《じゅらく》・蘭若《らんにゃ》・道行《どうぎょう》・水《すい》の四処がある。作法界には大界・戒場《かいじょう》・小界の区別がある。摂衣界は比丘《びく》に対して離衣宿（波羅提木叉《はらだいもくしゃ》三十捨堕法の第二で、衣に離れて止宿すること）の過ちを犯さないように地域を区画した所で、これにも自然界と作法界とがある。摂食界は比丘の食物に関する制戒を犯さないように浄地（違犯しても罪にならない区域）の指定をした所。以上の結界を解くに当たっては白二羯磨《びゃくにこんま》という作法がある。なお密教では、修法によって魔障を入れないために一定の地域を限定することを、結護《けつご》（結界護身の意）するという。古来、高野山・比叡山などは結界地とされ、特に高野山建立に際し、空海は七里結界の法を修めたといわれる。七里結界は七里四方を結界して悪魔を退散させることで、これは大結界である国土結界に属する。後世、俗語に嫌なものを却けることを「七里けっぱい」というのは、この七里結界がなまったものである。中結界は道場結界、小結界は壇上結界である。②女人結界は女性の立ち入りを禁止した場所。③仏堂内で内陣《ないじん》（像を安置してある中央部）と外陣《げじん》（内陣の周囲または外側にある一般参詣人の席）との境界にある柵を俗に結界ということもある。

**けっかい-ほう　結界法**　密教で修行の道場へ魔障の入ることを防ぐため、一定の境域を制限して行う作法。通常これを範囲の上から三種に分ける。⑴大結界は国土を限定するもので、例えば高野山の七里結界のようなもの、⑵中結界は修法の道場を結界するもの、⑶小結界は修法壇の周囲だけを結界するもの。その修法に金剛橛《けつ》、金剛牆《しょう》、金剛網、金剛炎、大三摩耶《だいさんまや》の五種があり、おのおの結界する内容に従って主尊がきまっている。なお結界はただ場所を制限し護るだけでなく、心内の煩悩を除くことを意味する。〔参考〕不空羂索神変真言経一、大日経疏一〇、無量寿儀軌

**げっかん　月感**　（慶長五1600—延宝二1674）浄土真宗本願寺派の学僧（のち真宗大谷派に転じた）。字は円海。肥後の人。幼くして熊本延寿寺で養われ、長じて同寺の再

興に力を尽くし、また京都、長崎などに遊学した。承応元年1652能化西吟《さいぎん》の講を聴いて宗意にそむいていることを難じ、翌年二月本山に訴状を出した。弁難両三度におよび、法主良如が和解を図ったが、月感は興正寺准秀のたすけを得て納得せず、同三年幕府の裁断を受け、出雲玉造に流された(准秀も越後今町に配流)。万治元年1658赦されて延寿寺に帰り、寛文五年1665大谷派に転じた。著書、四十八願略鈔、山分大槩鈔、分略四恩論、安心決定鈔糅記など。

**けっきょう　結経**　⇩開経《かいきょう》

**けつ-ごんじつ-ぎ　決権実義**　一巻。日珠の著(元文五1740成立、翌年刊)。浄土真宗本願寺派の義教が浄土真宗論客編《ゆかくへん》を著わして、「法に権実なし、権実は機に在り」といったのに対し、日蓮宗の立場から反駁した書。義教はこれに答えて輪駁行蔵録五巻(延享元1744刊)を著わした。

**けつざ　結座**　禅宗の用語。法座のむすび即ち法要の最終日のこと。

**げっし　月氏**　月支とも書く。中央アジアに活躍した遊牧民族。人種についてはイラン系とする説が有力であるが、チベット系あるいはトルコ系とする説もある。古代中国の春秋戦国時代のころ現在の甘粛・青海省地域に居住していたが、紀元前二世紀、匈奴《きょうど》の冒頓単于《ぼくとつぜんう》に駆逐されて大部分が西に移動し、現在のアフガニスタン北部、嬀水(オクサス河。アム・ダリヤ河ともいう)流域の大夏(バクトリア)を征服してここに定住し、土着の五翕侯《ごきゅうこう》を従えて藍子城を都とした。この西に移動したものを大月氏、中国辺境地域に残留したものを小月氏とよぶ。のち紀元前一世紀に五翕侯の中の貴霜翕侯の丘就郤(クジュラ・カドフィセス)が他の翕侯を倒して貴霜(クシャーナ Kuṣāṇa)王朝を立てた。中国の文献、とくに漢訳仏典はこのクシャーナ王朝をも大月氏国と呼び、中国に仏教を伝えた支婁迦讖《しるかせん》や支謙をこの国の人としているが、クシャーナと大月氏を同一民族と見るべきではないとするのが今日の通説である。〔参考〕史記大宛列伝六三、後漢書西域伝七八、魏志三、魏志西域列伝九〇、洛陽伽藍記五

**けつじゅう　結集**　(梵)サンギーティ saṃgīti の訳で合誦・合唱の意。仏陀の滅後その教説の散逸を防ぎ、正しい教説を保持するために、仏弟子が集まっておのおのが記憶している法や律を誦しあって、正しい仏説を確定するための編集会議を行った。これを結集という。仏滅の直後、摩掲陀(マガダ Magadha)国の阿闍世(アジャータサットゥ Ajātasattu)王の援助のもとに、王舎城(ラージャガハ Rājagaha)の畢鉢羅窟《ひっぱらくつ》(ピッパリー・グハー Pippali-guhā)において最初の結集が行われ、摩訶迦葉《まかかしょう》(マハーカッサパ Mahākassapa)の主宰のもとに、阿難(アーナンダ Ānanda)が法(ダンマ dhamma)を、優波離《うぱり》(ウパーリ Upāli)が律(ヴィナヤ vinaya)を誦出した。これを第一結集といい、五〇〇人の比丘が集まって行われたので五百結集ともいう。なおパーリの伝承では第一結集の場所を王舎城郊外の七葉窟(サッタパンニ・グハー Sattapaṇṇi-guhā)とする。ついで仏滅後一〇〇年の頃(北伝ではこれを阿育王の時代とする)、跋耆《ばっぎ》(ヴァッジ Vajji)族の比丘たちが戒律に関して新しい見解を主張した(⇩十事非法《じゅうじのひほう》)のを契機として、毘舎離《びしゃり》(ヴェーサーリー Vesālī)において耶舎(ヤサ Yasa)の主宰のもとに戒律の結集が行われた。これを第二結集といい、七〇〇人の比丘が参加したので七百結集ともいう。南伝仏教の伝承ではこの時に上座部・大衆部の根本分裂が起こったとする。さらに南伝では仏滅後二〇〇年頃の阿育王の時代(紀元前三世紀)に、華氏城《けしじょう》(パータリプッタ Pāṭaliputta)の阿育王寺で目犍連子帝須(モッガリプッタ・ティッサ Moggaliputta Tissa)を上首として経律論の結集があったとし、この時にカターヴァットゥ Kathāvatthu(論事)が成立したと伝える。これを第三結集といい、また千人結集ともいうが、北伝ではこれを伝えていない。さらに北伝のみの伝承として、迦膩色迦《かにしか》(カニシカ Kaniṣka)王の時代(二世紀)にカシミールにおいて、脇《きょう》(パールシュヴァ Pārśva)・世友(ヴァスミトラ Vasumitra)の二尊者を

中心として結集が行われ、その成果として大毘婆沙論が成立したとしてこれを第四結集という。以上のうち第三・第四結集の史実性については異論が多い。セイロンではその後もひきつづいて結集が行われ、また一九五六年仏滅二五〇〇年を記念してビルマのラングーンで行われた三蔵の編纂を第六結集と称することがある。〔参考〕有部毘奈耶雑事三九、Samantapāsādikā 序二、十誦律五六、Mahāvaṃsa, 大毘婆沙論九九、摩訶僧祇律三二・三三、西域記三

**けつじょう　決定**　定まって動かないこと。決定信、決定業、決定性などと用いる。大乗荘厳経論巻一二には六波羅蜜《ろつぱらみつ》によって六決定を得ると説く。即ち布施によって財成決定を、持戒によって生勝決定を、忍辱《にんにく》によって不退決定を、精進《しょうじん》によって修習決定を、禅定によって定業決定を、智慧によって無功用《むくよう》決定を得るのである。(真宗では、これとは別の六決定をいうことがある〈⇩六決定《ろつけつじょう》〉)。

**げっしょう　月性**　(文化一四1817―安政五1858)浄土真宗本願寺派の僧。字は知円。清狂と号した。周防遠崎の妙円寺住持。興法護国を志して吉田松陰、頼三樹三郎、僧黙霖、梅田雲浜らと交わり、攘夷海防を図った。浄土真宗本願寺派本願寺二〇世広如に認められ、蝦夷開教使を命じられたが果たさずして病没。著書、仏法護国論、鴉牙始末考異、清狂遺稿。〔参考〕清狂上人伝、本願寺派学事史

**げっしょう　月称**　⇩チャンドラキールティ

**げっしょう　月照**　⇩忍向《にんこう》

**けつじょう-おうじょう-しゅう　決定往生集**　二巻。珍海の著(康治元1142)。凡夫がかならず往生できるいわれを、教文・道理・信心について明らかにし、信心とは文と理とを信じることであって、この信心の相を決定と名づけると説き、決定には果決定、因決定、縁決定の三義があるとして、詳しくは依報・正果・昇道(以上、果決定)、種子・修因・除障(以上、因決定)、事縁・弘誓・摂取(以上、縁決定)、円満決定(総称)の一〇門にわけて解釈する。慧遠《えおん》の無量寿経義疏をはじめ、吉蔵・窺基《きき》・道綽・善導・懐感らの説を引いている。㊅八四、浄全一五〔写本〕宝寿院蔵(平安中期写)〔刊本〕寛文五1665刊、元禄九1696刊、宝永七1710刊

**けつじょう-そうじ-きょう　決定総持経**　一巻。西晋の竺法護の訳。異訳に北魏の菩提流支の訳の謗仏経一巻がある。チベット訳もある。仏・法師をそしる罪の重いことおよびその滅罪のための陀羅尼を説く。㊅一七、国一経集部一五

**げっせい-じ　月精寺**　韓国江原道平昌郡珍富面東山里の五台山麓にある。新羅善徳女王の一四年645僧慈蔵が創建。釈迦・観音・文珠・勢至・地蔵の現迹の地と信じられ、七仏宝殿に以上五類の像を安置した。梵日(810―89)の弟子信義が中興し、李朝哲宗七年1855に再建された。寺内に歴朝実録を蔵する。

**げっせん　月僊**　(寛保元1741―文化六1809)浄土宗の画僧。尾張名古屋の人。名は玄瑞。字は玉成。伊勢山田の浄土宗寂照寺の住持。画を楼井雪館・円山応挙・与謝蕪村に学び、ことに山水・人物画に長じた。著書、月僊画譜、列仙図賛、耕織図など。〔参考〕続諸家人物志、扶桑画人伝四

**げったん　月湛**　(享保一三1728―享和三1803)曹洞宗の僧。越中の人。一四歳で富山清源寺胆全について得度し、光厳灯外の印記を受け、高源・光厳・雲竜・全福の諸寺に歴住した。清の天童・長盧二寺と禅録の交換を計ったが、異国贈答の禁が厳しくて果たさなかった。〔参考〕越中史料

**げつだん　月壇**　月台ともいう。殿堂の壁の外に設けた露壇、月光の照らす所であるから月壇という。

**けっちゃく　決択**　決断簡択《けんちゃく》の意。智慧で疑いを決断し、四諦《したい》の相を分別すること。

**けっちょうふぞく　結要付属**　教えの肝要な所を要約して委託すること。法華経如来神力品に、釈迦牟尼仏が上行菩薩などに如来の一切法・一切力・一切秘蔵・一切深事を後世に伝えるように付託したとあり、智顗《ちぎ》は法華文句巻一〇下に、この一切法などの四句は法華経のすぐれた名・用(はた

らき)・体(本質)・宗(目的)をあらわすもので一経の要であると解釈し(結要四句)、日蓮はこの四句要法の中でも肝要なのは妙法蓮華経という名の五字であるとして(結要五字)、自分こそ仏の付属をうけた上行菩薩の再誕であるとの自覚から、末法の悪徳の者に題目を唱えることをすすめた。

**けっと　竭斗**　禅宗の用語。碣斗、傑斗とも書く。うたがい深くわるがしこい者を罵る語。道理に敗けてもなお自分の理を貫こうとしておごり争う者。

**ケッペン　Köppen, Carl Friedrich** (1808—63)ドイツのチベット学者。著書、Die Religion des Buddhas and ihre Entstehung (仏陀の宗教とその起源1819)によって名高い。

**けつまく-みょうげん-ろん　抉膜明眼論**　四巻。日蓮宗の日達の著(享保二一1736)。初め著者は顕揚正理論二巻を著わして真宗の性均の台浄念仏復宗訣を破し、また華厳宗の鳳潭の所説を批判した。それに対して鳳譚は金剛槌論一巻を作って反論した。本書は鳳譚に再反論したもの。

**けつもう-しゅう　結網集**　三巻。運敞の著(天和三1683成立、翌年刊)。覚鑁《かくばん》以下の新義真言宗諸師の伝記。巻上には覚鑁の年譜、巻中に高野大伝法院の教尋・真誉・信慧・兼海・融源・俊晴・会慶・観心・忠俊、根来伝法院の頼瑜・良殿・算三・順継・頼豪・聖憲・快深・聖融・長盛・喜三・道瑜・頼誉・聖憲・聖瑜・玄性・玄誉・日秀・頼玄の二七名、巻下に智積院の玄宥・祐宜・日誉・元寿・隆長・宥貞の六名の事歴を述べている。仏全一〇六

**けつようふぞく　結要付属**　⇩けっちょうふぞく

**げてん　外典**　⇩内典《ないてん》

**げどう　外道**　㊵ティールタカ tīrtha-ka あるいはティールティカ tīrthika の訳。外法・外教ともいう。仏教以外の宗教・思想を仏教の側から指して呼ぶことばで、異教・異教徒を意味し、通常は邪説・邪教などの悪い意味で用いられる。これに対して仏教はみずからを内道・内法・内教と呼ぶ。具体的にはバラモン系・反バラモン系を問わず古代インド思想の仏教以外の諸学派が一括して外道とされる。一般によく知られているものとしては、長阿含経二七沙門果経に挙げられる仏陀とほぼ同時代の順世外道・邪命《じゃみょう》外道・尼乾子《にけんじ》外道などのいわゆる六師外道で、中でも尼乾子外道すなわちジャイナ教は原始経典の随所に登場する〈⇩六師外道《ろくしげどう》　⇩ジャイナ教〉。また正統バラモン思想である六派哲学もよく知られており、なかでも数論《すろん》派(サーンキヤ Sāṃkhya 学派)と勝論《かつろん》派(ヴァイシェーシカ Vaiśeṣika 学派)が仏教の論書にしばしば関説される〈⇩六派哲学《ろっぱてつがく》〉。その他、仏教の経論にとり上げられる外道には以下のようなものがある。①外道四執。また外道四見、外道四計、外道四宗、四種外道ともいう。(イ)(1)一切法は同一であるとの説(数論外道)・(2)一切法は別異であるとの説(勝論外道)・(3)一切法は同一であってまた別異であるとの説(尼犍子外道)・(4)一切法は同一でもなく別異でもないとの説(若提子《にゃくだいし》外道、または邪命外道)(外道小乗四宗論)。(ロ)(1)世間は常であるとの説・(2)世間は無常であるとの説・(3)世間は常であってまた無常であるとの説・(4)世間は常でもなく無常でもないとの説(大智度論巻七)。(ハ)(1)邪因邪果(大自在天外道)・(2)無因有果(常見外道)・(3)有因無果(断見外道)・(4)無因無果(因果の道理を否定する外道)(二論玄義巻上)。(ニ)その他、瑜伽論巻六五には我《が》と蘊との即離という点から、また中観論疏巻七末には苦の自作・他作などの点から四執を分けている。②六苦行外道。自餓外道・投淵外道・赴火外道・自坐外道・寂黙外道・牛狗外道《ごくげどう》(牛や犬の真似をして生天を願う外道)(涅槃経巻一六)。③外道十六宗。また十六異論、十六外道、十六計ともいう。即ち因中有果宗(雨衆外道とも雨際外道ともいわれる数論の説)・従縁顕了宗(声論・数論の一派の説)・去来実有宗(勝論・時論外道の説)・計我実有宗(数論・勝論・離繫などの一切の外道および小乗犢子部《とくしぶ》の説)・諸法皆常宗(数論外道などの説)・諸因宿作《しゅくさ》宗(宿作外道とも宿作因論師ともいわれる離繫外道即ちジャイナ教の説)・自在等因宗(大自在天外道の説)・害為正法宗(肉食のために殺生を

も正法とする説)・辺無辺等宗(世界の有限・無限などを主張する説)・不死矯乱宗(サンジャヤ Sañjaya の詭弁論)・諸法無因宗(無因外道)・七事断滅宗(断見外道)・因果皆空宗(空見外道、邪見外道)・妄計最勝宗(婆羅門《ばらもん》は最勝であるとの説)・妄計清浄宗(現法涅槃外道などの説)・妄計吉祥宗(日月星宿などを祭祀するのを吉祥であるとする暦算外道の説)(義林章巻一本、瑜伽論巻六・七の説)。④二十外道。外道小乗涅槃論の説で、このうちには小乗仏教も含まれる。小乗外道論師・方論師・風論師・韋陀《だい》論師・伊賒那論師・裸形《らぎょう》外道論師・毘世師論師・苦行論師・女人眷属論師・行苦行論師・浄眼論師・摩陀羅論師・尼犍子論師・僧佉《そうきゃ》論師・摩醯首羅《まけいしゅら》論師・無因論師・時論師・服水論師・口力論師・本生安茶《ほんじょうあんだ》論師。⑤三十種外道。時・地等変化・瑜伽我・建立浄・不建立無浄・自在天・流出・尊貴・自然・内我・人量・遍厳・寿・補特伽羅《ふどがら》・識・阿頼耶・智者・見者・能執・所執・内知・外知・社怛梵・意生・儒童・常定生・声顕・声生・非声・総我の各外道(大日経巻一の説)。⑥その他、順世外道・出家外道(出家した外道のこと。在俗の外道に対する)・塗灰《けず》外道(獣主外道)・付仏法外道(仏教内にあって仏教に付託して邪義を主張する者)・迦婆離(カバリー Kabarī 結鬘)外道などがある。⑦六十二見。梵網経の説では左の通りである。

- 過去に関する説(本劫本見)　一八種
  - 自我と世界の常住論　四種
  - 自我と世界の一分常住論　四種
  - 世界の辺・無辺論　四種
  - 詭弁論(異問異答論)　四種
  - 自我と世界の無因論　二種
- 未来に関する説(末劫末見)　四四種
  - 死後有想論　一六種
  - 死後無想論　八種
  - 死後非有想非無想論　八種
  - 断　滅　論　七種
  - 現在生涅槃論　五種

他に大品般若経の説、涅槃経の説、法華文句記の説など数種の数え方がある。⑧九十五種外道。九十六種外道と数える場合もある。六師外道に各一五人の弟子があるから九〇人となり、これに六師を加えて九六種とするなど、その数え方には異説が多い。

**げどう-しょうじょう-ししゅう-ろん　外道小乗四宗論**　一巻。詳しくは提婆菩薩破楞伽経中外道小乗四宗論という。北魏の菩提流支《ぼだいるし》の訳。提婆《だいば》(アーリヤデーヴァ Āryadeva)の作という。外道諸教の所説を分類してその教義を論破する。外道小乗涅槃論と一対のもの。(大)三二

**げどう-しょうじょう-ねはん-ろん　外道小乗涅槃論**　一巻。詳しくは提婆菩薩釈楞伽経中外道小乗涅槃論という。北魏の菩提流支の訳。提婆《だいば》(アーリヤデーヴァ Āryadeva)の作と伝える。外道小乗諸教二〇の涅槃論を挙げて論評する。外道小乗四宗論と一対のもの。(大)三二

**げどうもん-しょうだいじょうほう-むがぎ-きょう　外道問聖大乗法無我義経**　一巻。外道問大乗経ともいう。北宋の法天の訳(開宝年間968—76)。外道の問いに対して仏教の根本的立場である無我の義を説いた経典。北宋の日称らの訳した尼乾子問無我義経(大)三二)はこの経の異訳と見られる。ネパールで発見された梵本ナイルアートミヤパリプリッチャー Nairātmya-paripṛcchāはレヴィS. Lēviによってフランス語訳と共に発表された(1928)。チベット訳もあり、桜部文鏡によって和訳された。日称訳とネパール伝承ではこのテキストを馬鳴《めみょう》(アシュヴァゴーシャ Aśvaghoṣa)の作としている。(大)一七、[国一]経集部一五

**げどう-もんぶつ　外道問仏**　禅宗の公案の一。外道が仏陀に「有言を問わず、無言を問わず」といったとき、仏陀がしばらく黙して答えなかったのを、外道が讃歎して「世尊は大慈大悲であって、我が迷雲を開いて得入させた」と感謝し、世尊が「良馬が鞭影を見てすぐに走り出すようだ」と賞めた故事により、言葉を超えた境地を、沈黙と対話によって示したもの。〔原文〕碧巌録六五則、無門関三二則、祖堂集一、景徳伝灯録二七

**けど-じ　化度寺**　中国の長安にあった寺。隋の開皇三年583斉国公高熲《こうけい》が自宅を寺とし、真寂寺と称したのに始まるとい

う。三階教の信行がこれに住して、三階集録などを著わし、ついで門下の僧邕《そうゆう》・慧如・慧了らが住持して大いに三階教を弘め、唐の武徳年間618―26頃、信義が寺内に無尽蔵院を設けた(同院は信行の所立ともいう)。武徳二年化度寺と改称。会昌の法難により廃寺となったが、復興されて崇福寺と号したという。〔参考〕歴代三宝紀一二、長安志一〇

**けにん　化人**　①仏・菩薩《ぼさつ》などが衆生《しゅじょう》を教化するためにかりに形を変えて人として化現したもの。②仏・菩薩などがその神通力によって衆生を利益するために化作した人。

**ケネーリ　Kaṇhari**　インド南部のサルセット Salsette 島にある岩窟。西暦二世紀安達羅(アーンドラ Āndhra)王朝時代に造られ、中には中央に舎利塔がある。岩壁には仏像などの彫刻があり、七世紀頃のものといわれている。

**けばく　繫縛**　われわれの身心にまといついて自由を束縛すること、または束縛するもの。通常は煩悩《ぼんのう》のこと。繫とも、縛とも、結縛《けつばく》ともいう。また数論《すろん》学派では、自性縛・布施縛・変異縛の三種繫縛を立てる(金七十論巻中)。

**けびょう　華瓶**　水を入れ樒《しきみ》を挿して仏前に供する器具(樒は水の腐敗を防ぐために入れる)。これは宝楽・香水などを盛って諸尊に供養するための迦羅奢《からしゃ》に基づく。華瓶《けびょう》に対して、口が大きく觚《こ》のようで華を立てるのを目的としたものを華瓶《かひん》と呼ぶ。インドでは花を供えるには、華鬘《けまん》(はなわ)に作ったり、或いは盤に盛ってまきちらし(散華)たりしたのであって、枝のままで活けることは後世の風習のようである。なお後世、香炉・華瓶・燭台を一連のものとして仏前荘厳の用具とし、これを三具足《みつぐそく》といい、香炉一、華瓶および燭台各一対を五具足《ごぐそく》という。

**けほう　化法**　⇩化儀《けぎ》

**けほう　仮法〔実法〕**　因縁によって生じた実体のない存在を仮法といい、永遠にかわらない実体的な存在を実法という。仏教ではすべての現象的存在は仮法であるとして、実法と考えるのは衆生の迷いであるとする。

**けほう　華報**　来世の果報に先立って現世で受ける報(むくい)のこと。華は実の結ぶ前にまず開くことによる。長寿・富貴または疾病・刑罰などをいう。

**げほう　外法**　①仏教以外の法。外術ともいう。②わが国で、天狗から授けられて行うという一種の妖術を外法と名づけ、天狗を外法様と呼び、この術を行う者を外法僧と称したことがある。鎌倉時代の前後、この信仰がさかんであったという。

**ケーマー　㊁Khemā　㊵クシェーマー Kṣemā**　差摩などと音写する。①摩伽陀《まかだ》(マガダ Magadha)国のクシャトリヤ出身の比丘尼。美女として知られ、はじめ頻婆娑羅《びんばしゃら》(ビンビサーラ Bimbisāra)王の妃となったが、王の計らいと仏陀の感化とによって出家し、比丘尼中智慧第一と称された。〔参考〕Therīgāthā 139―144. ②憍薩羅《きょうさつら》(コーサラ Kosala)の波斯匿《はしのく》(パセーナディ Pasenadi)王の娘。父から婚姻をすすめられたがこれを厭い、仏陀を招いて説法を聞き出家した。〔参考〕撰集百縁経八

**けまん　華鬘**　生花を糸で綴り、或いは結び合わせて作ったはなかずら。身の装飾として用い、仏に供養する品にかぞえられる。金銀の造花で作り、仏前の荘厳具にされるものもある。

**けまん　懈慢**　①懈怠慢惰の意で、ものごとに熱中しないこと。また懈怠憍慢の義。②懈慢界の略。菩薩処胎経巻三に説く所で、阿弥陀《あみだ》仏国に至る途中にある国土。ここに生まれた者はそこに執著して懈怠憍慢を生じ、さらに進んで真の浄土に生まれることが困難であるという。真宗ではこれを化土《けど》・疑城《ぎじょう》・胎宮《たいぐ》・辺地《へんじ》・九品浄土《くほんじょうど》のこととする。

**けまん-こく　懈慢国**　懈慢界《けまんがい》ともいう。おこたりなまけて慢心したものの生まれる国。閻浮提《えんぶだい》から西方一二億那由他に位置する歓楽の世界で、阿弥陀仏の浄土に生まれようとする者のうち、専心に修行せず、真実信心の欠けた者はここにとどまるという。阿弥陀仏の真実報土に対して、方便化土であるともする。〔参考〕菩薩処胎経三

八、釈浄土群疑論四、教行信証化身土文類、選択伝弘決疑鈔二

**けみょう　仮名**　①梵プラジュニャプティ prajñapti の訳。仮説《けせつ》、仮設《けせつ》、仮《け》、施設《せせつ》とも訳す。事物が勝義（最勝真実の道理）としては空《くう》であるが、世俗（世間通俗の慣用）としては因縁によってかりに有るとされていること。即ち仮名という訳語は、かりに名づけること、他のものを仮りて名を得ることの意。従って仮名の法は勝義として空であるから仮名空といわれる。しかし成実論では有情としての我体のないこと、即ち人空（我空）を仮名空という。あらゆるものが仮名であって実体がないことを説く宗旨（経部や成実宗）を仮名宗という〈⇩四宗《ししゅう》〉。仮名としての存在を仮名有、略して仮有といい、相待有・法有とともに三種有とする。②人名の通称、俗名（実名に対する）。たとえば日本浄土宗の元祖法然上人の法然は仮名。実名は源空である。

**げもんてん　外門転**　⇩内門転《ないもんてん》

**げゆう　外用**　⇩内証《ないしょう》

**けらく-てん　化楽天**　化楽は梵ニルマーナ・ラティ nirmāṇa-rati の訳。化作《けさ》して楽しむという意。楽変化天《らくへんげてん》、化自楽天、化自在天ともいい、欲界六天の第五。長寿と端正と多楽とにおいて閻浮《えんぶ》より勝れ、人間の八〇〇歳を一日一夜として寿命八千歳であるという。〔参考〕倶舎論一一、大毘婆沙論三六

**ケーラス　Carus, Paul**　（1852―1919）アメリカの哲学者で仏教研究家。ドイツに生まれた。その著、The gospel of Buddha（仏陀の福音1896）は有名で、多くの版を重ねた。

**ケルン　Kern, Jan Hendrik Casper**（1833―1917）オランダのインド学者。ウェーバー A. F. Weber の門下。ライデン大学に仏教学講座を創設した。インド天文学原典の校刊、ジャワの古詩の研究、戯曲シャクンタラー Śakuntalā のオランダ語訳などの業績があり、仏教関係では、History of Indian Buddhism（インド仏教史1881―83）、Manual of Indian Buddhism（インド仏教要論1896）を著わし、ジャータカ・マーラー Jātakamālā の校刊（1891）、梵文法華経の校刊（1908―17、南条文雄と共同）を行った。

**けろん　戯論**　梵プラパンチャ prapañca の訳。正しくない無益な言論。これに愛著の心から行う愛論と、道理にくらい偏見から行う見論との二種がある。⇩愛論《あいろん》（見論）

**けん　見**　①梵ドリシュティ dṛṣṭi の訳。考えおしはかり、ものごとに対して見解を定めること。見解。思想。主義。主張。正見、邪見などと用いるが、多くの場合、間違った見解を指す。煩悩《ぼんのう》に五見（五利使）を数え、また二見、七見、十見などに分類する。(イ)有見と無見、または断見と常見を二見という。これは五見の中の辺見にあたる〈⇩五見《ごけん》〉。(ロ)邪見（因果の理の否定）・我見（我があるとする見）・常見（身心の常住に執著すること）・断見（身心の断滅に執著すること）・戒盗見（戒禁取見のことで、よこしまな戒律を正しいとして、それに執著すること）・果盗見（よこしまな行為によって得た結果を正しいものとして執著すること）・疑見（真理を疑うこと）を七見といい、五見に貪見・恚見・慢見・無明見・疑見を加えて十見または十種見という〈⇩五見《ごけん》〉。(ハ)非仏教的な間違った見解を四見、六十二見（梵網経の説）などに分類する。四見とは、いわゆる四句分別によってすべての外道《げどう》の説を網羅したもので、例えば「世界は常住」・「無常」・「常住であって無常」・「常住でも無常でもない」とする四つの誤った見解などをいう。また邪因邪果・無因有果・有因無果・無因無果の四つの誤った主張をも四見という〈⇩因果《いんが》　⇩一水四見《いっすいしけん》〉。②梵ダルシャナ darśana の訳。見ること。たとえば、見諦は四諦の道理を明らかに見ること、見仏は仏に値見する（お目にかかる）こと。⇩見道《けんどう》　⇩見惑《けんなく》

**けん　慳**　梵マートサルヤ mātsarya の訳。心所《しんじょ》（心のはたらき）の一。もの吝《お》しみすること。吝嗇《りんしょく》。倶舎宗《くしゃしゅう》では小煩悩地法の一、唯識宗では随煩悩の一。成実論巻一〇には五慳として、住処慳・家慳・施慳・称讃慳・法慳の五を挙げるが、これは住処・家屋・布施・称讃・法義のそれぞれに対す

る独占欲をいうのである。また財慳・法慳、即ち財物・教法のそれぞれに吝《やぶさか》なことを二慳という。

**けん　顕**　⇩冥《みょう》

**げん　幻**　まぼろし。一切の事象には実体性がなく、ただ幻のように仮に相を現出しているに過ぎないことを表わして、その現われている相を幻相、その存在性を幻有《げんう》、現われている事象を幻のように幻術師によって化作されているという意味で幻化《げんけ》という。なお、幻師、幻人というのは幻術師のことで、魔法使いのことである。

**げん　眼**　視覚を司る感覚器官、または視覚的な認識機能。五根あるいは六根の一としては眼根、六処(六入)の一としては眼処(眼入)。①三眼《さんげん》とは肉眼《にくげん》・天眼《てんげん》・慧眼《えげん》(聖慧眼《しょうえげん》)の三。肉眼はさえぎるもののない可視的物質(色《しき》)のみを見、天眼はさえぎられている可視的物質(色)でも見ることができ、慧眼は物質的・精神的なすべてのものを見とおす(瑜伽論巻一四)。②五眼とは肉眼・天眼・慧眼・法眼《ほうげん》・仏眼《ぶつげん》の五。肉眼はさえぎりがあれば見えない。天眼は因縁によってなりたった仮象だけ見て、その実相を見ない。慧眼は空《くう》の理を見るが、他を利益《りやく》しない。法眼は他の者をさとりに至らせるが、方便道《ほうべんどう》を知らない。仏眼はすべてを見とおしてすべてを知るという(大智度論巻三三)。また凡夫は肉・天の二眼、二乗は観法を修めてさとりに入る側からは法・肉・天の三眼、さとりのはたらきの側からは慧・肉・天の三眼、菩薩《ぼさつ》はさとりに入る側からは慧・肉・天の三眼、さとりのはたらきの側からは法・肉・天の三眼をそなえ、仏は五眼をそなえるとする(大乗義章巻二〇)。またそれぞれを順次に凡夫・天人・二乗・菩薩・仏の眼ともする(同上)。天台宗では因位(修行の位)を前四眼、果位(さとりの位)を仏眼とし、また蔵通別円の四教において、五眼の意味が異なるとする。密教では、平等の立場からは五眼がみな等しいとし、特に仏眼を尊んで人格化して仏眼尊とする。③十眼は五眼をさらに詳しくしたもの。肉眼・天眼・慧眼(智慧眼)・法眼・仏眼(仏正覚眼)・智眼(聖慧眼)・明眼(光明眼)・出生死眼(導利眼)・無礙眼(無為眼)・普眼(一切智眼)の一〇。④法眼浄。浄法眼、清浄法眼などともいい、四諦《したい》(仏教の真理)を正しく見るという意味。小乗ではこれを見道に当てる。大乗では初地において無生法忍《むしょうぼうにん》を得ることとし、五眼中の法眼を大乗の法眼浄とする。⑤肉眼では見ることのできないようなさえぎられた物質を、禅定三昧《ぜんじょうさんまい》の力によって透見することを、心眼《しんげん》で見るという。

**げん　閑〔不閑〕**　仏道を行うのに適当な暇のある境界を閑といい、そのいとまのない境界を不閑という。

**げん　験**　①信仰・祈禱などが眼前の具体的な事実の上にもたらす不思議な力のあらわれ。効験、しるし。②修験者〈⇩験者《げんじゃ》〉。③修験者が行う不思議なわざ。

**けんい　堅意**　入大乗論の著者として伝えられるインドの論師。論の内容から見て竜樹・提婆より後で四世紀末までの人と推定される。陳代の真諦はこの人を仏滅後六〇〇年の人と伝える。堅慧と同一人物ともされる。

**けんい　顕意**　(暦仁元1238または同二—嘉元二1304)浄土宗西山派深草流の学僧。字は道教。薩摩の人。幼くして肥前原山知恩寺の聖達の門に入り、八歳で上京して深草真宗院の円空立信に師事した。二十余歳で嵯峨の竹林寺などで講席を張り、のち真宗・竜護の二寺に住持した。弘安九年1286仙洞御所で浄土三心の義を論じ、顕空の説を破斥した。和歌もよくした。著書、観経疏楷定記三六巻、浄土宗要(深草宗要)三巻など。〔参考〕浄土法門源流章、本朝高僧伝一六

**げんいち　玄一**　生没年不詳。中国唐代の法相宗の学者。朝鮮新羅の人と推定され、窺基《きき》・元暁《がんぎょう》・法位などより後輩と考えられる。事跡は明らかでなく、著書も多く散逸して伝わらない。無量寿経記の上巻少部のみ現存。

**けんえ　堅慧**　①㊵サーラマティ Sāramatiの訳か。究竟一乗宝性論の著者として漢訳の伝承に伝えられる論師。仏滅後七〇〇年ごろインド中部に出世したという。宝

性論の著者であれば、四—五世紀の人と推定されるが、詳しい事跡は伝えられていない。なお、堅慧の著作として、宝性論と同じく如来蔵思想を説く大乗法界無差別論が武周の天授二年691に提雲般若によって漢訳されている(大三一)。別に、大唐西域記では徳慧と同時代の論師としてその名を挙げる。②生没年不詳。天台宗の僧。近江の人か。比叡山に登り義真の弟子となり、円修の法弟となった。唐から帰国後、承和年間834—48に菩提・妙法の二寺を興したといい、嘉祥三年850大和室生の赤埴の地に仏隆寺を開創。貞観二年860律師、同四年伝灯修行大法師に任じられた。中世以降、室生寺の密教化に伴い、空海の直弟、および空海入唐同行説が現われた。なお貞観五年堅慧自撰という仏隆寺鐘銘が伝わっている。〔参考〕血脈図記、扶桑鐘銘集三、弘法大師行化記、弘法大師弟子伝、本朝高僧伝六

**げんえ　玄会**　(隋の開皇二582—唐の貞観一四640)　姓は席氏。京兆の人。総法師に涅槃経を学び、慈悲寺・宏福寺に住し、晩年は浄土教に帰依した。著書に涅槃義章四巻があったという。〔参考〕続高僧伝一五

**げんえ　玄慧**　(　—観応元1350)　鎌倉・南北朝時代の天台宗の僧侶で儒者。玄恵とも書き、「げんね」とも読む。独清軒、健叟などと号す。虎関師錬の実弟とする説もあるが不詳。叡山で台密を修めて法印権大僧都となり、禅にも造詣が深かった。また程朱学にもくわしく、後醍醐天皇の侍読となったが、その講座は鎌倉倒幕の場であったと伝える。北畠親房や日野資朝とも親交をもち、のち足利尊氏・直義に崇信され、是円らと共に建武式目などを選定した。著書、十七条憲法註一巻など。〔参考〕天台霞標六ノ二、大日本史二一七、漢字起源一

**げんえい　憲栄**　(正徳元1711—宝暦一三1763)　浄土真宗本願寺派の僧。摂津常光寺の住持。字は泰巌。月筌に真宗を学び、本願寺の侍読を務め、京都・大坂などの異安心を折伏した。宝暦九年より真宗法要の編集に参画した。著書、真宗紫朱弁二巻、大経海渧記二二巻など多い。〔参考〕本願寺通紀八

**げんえき　健易**　(康永三1344—応永三〇1423)　臨済宗の僧。遠江の人。号は東漸。華峰僧一に参じ建長寺・相国寺に参学。京都の安国・東福・南禅の諸寺に住し、足利義持の殊遇を受けた。著書、諸会語録、竜石藁など。〔参考〕本朝高僧伝三九、東漸和尚伝

**げんえん　賢円**　生没年不詳。平安後期の三条仏所の仏師。大仏師法印賢円という。円勢の次男。兄長円とともに円派の仏師として活躍した。永久二年1114白河院御願寺(蓮華蔵院)九体阿弥陀像の造仏賞を円勢に譲られて法橋に、同五年白河新阿弥陀堂の九体丈六堂本尊の造仏で法眼となる。さらに保延二年1136鳥羽勝光院本尊丈六阿弥陀仏を造り法印に叙せられた。その他得長寿院、仁和寺などの多数の仏像を造った。遺作と伝えるものに保延三年頃に創建された京都安楽寿院(現京都市伏見区)多宝塔本尊の阿弥陀如来坐像(重文)がある。〔参考〕長秋記

**げんえん　玄琬**　(陳の天嘉三562—唐の貞観一〇636)　唐代初期の僧。姓は楊氏。弘農華州の人。曇延に師事し、洪遵に四分律を、曇遷に摂大乗論を学び、楞伽・法華・中論・百論などを究めた。唐朝の帰依を受け、長安の延興寺で没した。〔参考〕続高僧伝二二

**げんえん-げんぎょう　減縁減行**　⇩げんねんげんぎょう

**げんおう　玄応**　生没年不詳。唐代初期の僧。一切経音義の編者。大慈恩寺に住し、玄奘三蔵の訳場に字学大徳として列した。貞観年間627—49の末、勅を受けて一切経音義二五巻を編集したが、完成せずに没したようである(のち唐の慧琳が増補して一〇〇巻とした)。また摂大乗論疏、弁中辺論疏、因明入正理論疏、大般若経音義を著わしたというが伝わらない。〔参考〕玄応音義序、続高僧伝四(玄奘伝)

**げんおう-じ　元応寺**　京都市左京区岡崎宮脇町にあった寺。天台宗。後宇多天皇の勅願により、元応年間1319—21後醍醐天皇の建立、開山は伝信興円。その弟子慈威慧鎮が戒壇を築き、法勝寺と共に円頓戒弘通の道場として朝野の崇敬が篤かった。応仁の兵火にかかったので、本尊や記録などを近江東坂本聖衆来迎寺(現滋賀県大津市)に

移し、文明二年1470同寺に合併された。のち旧跡に地蔵寺が建てられ、草地蔵と俗称されている。〔参考〕来迎寺記、山城名勝志一三、雍州府志四

**けんかい　兼海**　（嘉承二1107－久寿二1155）真言宗の僧。字は浄法。紀伊の人。覚鑁《かくばん》の甥でその高弟。覚鑁のあとをうけて密厳院に住し、ついで根来《ねごろ》円明寺二世となり、また大伝法院学頭に補せられた。付法に隆海があり、その法流を兼海方という。〔参考〕高野山往生伝、本朝高僧伝五二、高野春秋編年輯録六

**げんかい　元海**　（寛治七1093－保元元1156）真言宗の僧。京都の人。京極大納言源雅俊の子。醍醐寺定海について顕密二教を学び、長承元年1132醍醐寺座主、仁平三年1153権大僧都に任じ東寺長者に補任された。醍醐寺の傍らに松橋庵を構えて晩年を過ごしたので、その一流を松橋流《まつばしりゅう》という。著書、厚双紙一帖、秘密集三帖など。〔参考〕醍醐寺座主譲補次第、東寺長者補任二、本朝高僧伝五二

**げんかい　元晦**　（　－延文三1358）臨済宗の僧。法雲普済禅師と勅諡。豊前の人。字は無隠。元に入り、嘉暦元年1326帰朝した。筑前の顕孝寺・聖福寺、鎌倉の建長寺・円覚寺、京都の建仁寺・南禅寺などに歴住し、壱岐の安国寺、豊前の天目寺の開山となった。〔参考〕延宝伝灯録五、本朝高僧伝三〇

**げんかい　玄海**　（文永四1267－正平二1347）真言宗の学僧。高野八傑の一人。字は真乗または信照。和泉国大鳥郡の人。姓は高志氏。一三歳で高野山に登る。若くして学業に秀で、一七歳で両部灌頂を釈迦文院幸明より受け、その才をみた宝性院宥件から一九歳で院席を譲られる。伝法灌頂を瓊算より受け、信堅などのもとでの研鑽を通じて中院流の奥旨に達しただけでなく、円祐などについて野沢両流にも通じて事教二相を尽くす他、凝然などとの交流で華厳などの余乗、信日に宗乗等々と顕密二教を幅広く学び、遂に学頭職に上る。後醍醐天皇の信任を得、宮中清涼殿で真言秘訣を授け、大僧都、延元元年1336法印に叙せられる。著書、大疏科文二巻、大疏聞書、乱印鈔など。

**けんかい-ろん　顕戒論**　三巻。最澄の著（弘仁一一820）。大乗円頓戒の意義を明らかにし、典拠をあげて一乗戒壇建立の必要性を説いた書。五篇から成る。(1)開雲顕日篇では、護命らの表文を挙げてそれを一々論破し、(2)開顕三寺所有国篇では、護命らが四条式の一向大乗寺・一向小乗寺・大小兼行寺に対し破斥したのを、玄奘の西域記と義浄の南海寄帰伝を挙げて反駁し、(3)開顕文殊上座篇では、一向大乗寺には文殊を、一向小乗寺には賓頭盧を、大小兼行寺には文殊と賓頭盧を上座とする明拠を示し、(4)開顕大乗大僧戒篇では、梵網経の十重四十八軽戒を以て大乗の大僧戒とする明拠を挙げ、(5)開顕授大乗戒為大僧篇では、大乗戒が小乗戒と異なり不現前の五師と一人の現前伝戒師を奏請して授戒作法を行うことの明拠を挙げている。弘仁九年五月に天台法華宗年分学生式（六条式）をつくり、同八月に勧奨天台年分学生式（八条式）をさだめた最澄は、翌年三月、天台法華宗年分度者回小向大式（四条式）を制定して、大乗戒を立てることを請う表を朝廷に奉った。嵯峨天皇はこれについて護命らの僧綱に諮問したので、五月、僧綱は弾奏し、十六条を奉って反対し、東大寺の景深律師は迷方示正論（現存しない）を著わして四条式の一十八失を指摘した。本書はその反論としてつくられたもので、翌年二月二九日上顕戒論表（叡山大師伝と伝述一心戒文とに収められているが、両者に若干の相違がある。伝教大師全集四、日本思想大系四）を添えて奉った。なお、この経緯を伝えたものに顕戒論縁起一巻がある。㊅七四、伝教大師全集一、日本思想大系四など　〔刊本〕正保三1646刊、寛延二1749刊　〔註釈〕真流・闡幽記（江戸時代刊）、可透・賛宗鈔（文政一〇1827刊）

**けんかいろん-えんぎ　顕戒論縁起**　二巻（下巻は現存しない）。最澄の編（弘仁一二821）。最澄が顕戒論の主張を自ら援護するため、入唐求法から大乗戒壇創建をめぐる南都の僧綱との論争に至るまでの間の文書を集録したもの。巻上は最澄の表・牒・詩・書・公験などを集めている。巻下には迷方示

正論や南都諸寺の牒六首などが収められていたらしい。日蔵三九、伝教大師全集一、続々群一二、日本思想大系四 〔刊本〕享保元1716刊(忍鎧の頭註)

**けんかく　賢覚**　(承暦四1080—保元元1156)真言宗の僧。醍醐寺理性院の開山。頼照・勝覚からそれぞれ伝法し、父賢円の家を改めて理性院と号した。その法流を理性院流と称し、小野六流の一。金剛王院聖賢はその弟である。〔参考〕続伝灯広録

**げんかく　元覚**　(寛永七1630—宝永四1707)黄檗宗の僧。出羽(羽後)の人。字は了翁。雲居《うんご》、隆琦《りゅうき》(隠元)、如一らに参じた。江戸で薬を売ってその利で不忍池畔に文庫を建て、また白金瑞聖寺に文庫および勧学寮《かんがくりょう》を造った。のち高野山光台院にも書庫を建て、台・密・禅三宗の一八寺をえらんで鉄眼版大蔵経をそれぞれ寄進した。なお元禄五年1692黄檗山の諸堂を造営した。著書、開堂録、自伝、各一巻。〔参考〕了翁大僧正行業碑銘、東叡山勧学講院碑記

**げんかく　玄覚**　(麟徳二665—先天二713)唐代初期の禅僧。姓は戴《たい》氏。字は明道。真覚と号する。俗に一宿覚または永嘉《ようか》大師といい、無相大師と諡する。温州永嘉(浙江省永嘉県)の人。初め天官慧威に天台の学を受け、左渓玄朗とも交わったが、六祖慧能を訪ねて一夜で印可され、郷里の竜興寺で禅を広めた。これより一宿覚の名がある。著書、禅宗永嘉集一巻、証道歌一編。〔参考〕祖堂集三、宋高僧伝八、景徳伝灯録五

**げんかん　玄関**　①玄妙(奥深くてすぐれた)な道に進み入る関門。②転じて書院の入口を指し、一般には、邸宅正面の入口をいう。

**げんかん　玄鑑**　(貞観三861—延長四926)天台宗の僧。高階義範の子。清和天皇に仕え、元慶三年879天皇の落飾に随って出家。叡山で円珍から大乗戒をうけ、のち遍昭・良勇に師事し、玄昭から灌頂を授けられた。多武峯《とうのみね》に退いて法華三昧を修した。延喜三年903元慶寺主に迎えられ、延長元年延暦寺座主となった。〔参考〕本朝高僧伝四七

**げんかん　現観**　㊵アビサマヤ abhi-samaya の訳。まのあたり明了に(現前に)観じること。①倶舎宗《くしゃしゅう》では見道の位において無漏智(煩悩《ぼんのう》を離れた智慧)によって四諦《したい》の理(仏教の真理)を観じるのをいい、くわしくは聖諦《しょうたい》現観という。これに三現観がある。⑴見現観。無漏の智慧によって四諦の理を見ること。⑵縁現観。無漏の智慧と、これに相応して起こる心・心所《しんじょ》(心のはたらき)とが四諦を所縁の対象としてはたらくこと。⑶事現観。無漏の智慧とこれに相応する心・心所、および無表色《むひょうしき》並びに四相などが、共に協力して四諦の一に対してそれぞれ知・断・証・修の事業をなすこと。また、大衆部《だいしゅぶ》などが、一刹那《せつな》の心をもって一時に四諦を現観するとして頓現観を主張するのに対して、有部《うぶ》は、八忍八智の十六刹那をもって次第に現観するとして漸現観《ぜんげんかん》を主張する。②有漏《うろ》・無漏《むろ》の慧をもって現前明了に観じること。成唯識論巻九などによれば、これに六現観がある。⑴思現観。よろこびの感受(喜受)とともに起こり思惟から成る(思所成《ししょじょう》の)慧。⑵信現観。仏法僧の三宝に対する有漏・無漏の決定信。現観を助けて退かないようにさせるから。⑶戒現観。無漏の戒。観を明了にするから。⑷現観智諦現観。見道と修道《しゅどう》とにおいて真如を観じる根本智・後得智《ごとくち》。⑸現観辺智諦現観。その真如を観じる智慧の最後の辺、即ち現観辺《げんかんぺん》において起こす差別の法を観じる有漏・無漏の智慧。これは倶舎宗《くしゃしゅう》で現観辺または現観辺の世俗智といって、苦・集・滅の三類智の後辺に未来(畢竟不生法)世俗の智を修めるとされているものに相当する。⑹究竟《くきょう》現観。究竟位(無学位)における無漏の十智。

**げんかん-しょうごん-ろん　現観荘厳論**　梵語原題はアビサマヤ・アランカーラ Abhisamayālaṃkāraという。弥勒《みろく》(マイトレーヤ Maitreya)の著と伝え、チベットでは弥勒の五部論の一つに数える。二万五千頌般若経(羅什訳の大品般若経に相当する)の綱要書で、二七二頌よりなり、般若波羅蜜の実践によるさとりを修行の順序に応じ八段階に分けて説く。瑜伽行派の般若経理解を示す論書として重視され、ハリ

バドラ Haribhadraなどにより多くの註釈が作られた。梵本は数種が知られ、スチェルバツキー Th. Stcherbatskyとオーバーミラー E. Obermiller（1929）、荻原雲来（1935）、トゥッチG. Tucci（1932）らによって刊行されている。チベット訳にも註釈を含めて数本が現存する。本書はとくにチベットにおいて、般若経研究の不可欠の入門書として重要視された。漢訳はなく、中国にはほとんど知られなかったらしい。

**げんぎ　玄嶷**　生没年不詳。武周代に活躍した僧。俗名を杜乂という。もと道士で洛都大弘道観主であった。則天武后（690―705在位）が仏教に帰依したときに、彼も得度をゆるされ、洛陽の仏授記寺に住した。甄正論《けんしょうろん》三巻を著わして道教を論破した。〔参考〕宋高僧伝一七、開元録九

**げんきつ　元佶**　（天文一七1548―慶長一七1612）臨済宗の僧。肥前の人。字は閑室。三要と号した。徳川家康の殊遇を得て、足利学校の第九世校主となり、京都伏見円光寺、駿府円光寺、肥前三岳寺を開いた。また慶長古活字本の伏見版の印行に功があった。〔参考〕駿府記、下毛野州学校由来記

**げんきゅう-ほうご　元久法語**　一巻。登山状《とざんじょう》ともいう。安居院聖覚《せいかく》が法然の口授によって筆記したもので、仏教思想、特に浄土門の教えをとく。文章は駢麗体の美文調で、仏教文学中の傑作といわれる。昭和新修法然上人全集、法然上人全集三、浄全九、㊅八三、高僧名著全集四、真宗聖教全書四

**けんぎょう　見行**　⇩愛行《あいぎょう》

**けんぎょう　顕行〔示観《じかん》〕**　証空が観経疏他筆鈔などに用いた術語。観無量寿経に説く定散二善の行の意味を解釈して、自力の修行としての行為であると見る面を「顕行」、弥陀の救済の徳をあらわすためのてだてと見る面を「示観」という。善導の観経疏序分義の散善顕行縁、定善示観縁の語を転用したもの。顕行は行門にあたり、示観は観門にあたる。

**けんぎょう　顕教〔密教〕**　顕教とはあらわに説かれた教え、密教とは表面からは知りえない秘密に説かれた教えの意。教えの説き方、或いは教義内容によっての仏教分類法で、智顗が化儀の四教に顕露不定教と秘密不定教とを挙げているのは前者の例であり、空海や円仁などの教判は後者にあたる。①真言宗（東密）の教判。空海の弁顕密二教論などには応身の釈迦仏が衆生の性質や能力に応じてあらわに説いた一乗・三乗の教えを顕教、法身の大日如来が自らのさとりの内容を自ら省みてたのしむ（自受法楽）ために示した三密の教を密教とし、それはただ仏のみが知りうる秘密の教えであって、顕教はこれに対し権仮の教えにすぎないとする。②台密（天台宗の密教）の教判。円仁、安然などの説で、三乗教を顕教、一乗教を密教とし、密教のうち華厳・法華などの諸経典は世俗と勝義とが一体であるという理論のみを説いて、印相など具体的な事象については説かないから理密教であり、大日経・金剛頂経などの経典はその両方にわたって説いた事理俱密教であるとし、理は同じであるが、事密を説いている教えの方が勝れているとした。後世には法華と大日とは同一円教で優劣がないとする説もある。なお法華経などに説く密教を雑密、大日経などに説く密教を純密ということもある。③密教によって立てた宗旨を密宗という。④インドでは、大日経の説を中心とした密教を真言乗（右道密教）、金剛頂経の説を中心とした密教を金剛乗（左道密教）という。⇩密教《みっきょう》

**けんぎょう　検校**　⇩僧職《そうしょく》

**げんきょう　玄喬**　（寛政一一1799―明治元1868）臨済宗の僧。肥後の人。見性寺啓邦・月桂寺春沢らに参じ、尾張の総見寺卓洲から印可を受けた。尾張藩主徳川慶勝はその徳風を聞き、文久二年1862徳源寺（現愛知県名古屋市東区）を江湖道場とし、玄喬に復興開法させた。のち円福・妙心の両寺に住した。〔参考〕近世禅林僧宝伝下、近世禅林言行録

**げんぎょう　現行**　有為《うい》の諸法（あらゆるもの）が現在にあらわれ出て来ること。有部宗では、諸法が雑然として存在している未来という領域から因縁の和合によって（条件が満足されて）現行する（現在にあらわれ出る）と考える。唯識宗では、阿頼耶識《あらやしき》に一切のものを生む能力があると見て、

これを種子《しゅうじ》と呼び、この種子よりあらゆるものが生じること、或いはそうして生じた法（現行法）を現行という〈⇩阿頼耶識〉。このように因縁の和合によって、阿頼耶識のもつ種子が現行を生じることを種子生現行《しゅうじしょうげんぎょう》といい、次にその現行法は必ず新たに種子（新熏種子）を阿頼耶識の上に熏じ付けて蓄える。これを現行熏種子《げんぎょうくんしゅうじ》という。先の種子と現行法と新熏種子との三において、現行法は現行法のまま新熏種子を熏じるから「種子生現行」と「現行熏種子」との二つの因果は同時になされる。これを三法展転《ちんでん》因果同時という。

**けんきょう-みょうごん　顕境名言**〔表義名言〕　法相宗の教義。名・句・文はものの義理を詮表するから表義名言といわれ、七転識《しちてんじき》はあたかも名言がものの義理を詮表し顕わすように対象を識別し顕わすから、顕境名言といわれる。

**けんぎん　建誾**　（元応二 1320―応永二五 1418）臨済宗の僧。号は悦翁。三河八名郡大野村の人。無文元選に参じ無文下の四神足の第一と称された。遠江の方広寺二世、三河の淵竜寺開山となり、のち東隠院に住した。開山となった禅寺は一二院八〇寺余といい、それらは東隠派または悦翁派と呼ばれた。

**げんくう　源空**　（長承二 1133―建暦二 1212）日本浄土宗の宗祖。美作国久米郡南条稲岡庄（現岡山県久米郡久米南町）の人。父は久米の押領使漆間《うるま》時国、母は秦氏。幼名は勢至丸。その房号によって法然《ほうねん》上人と呼び、その住所に因んで吉水大師、吉水聖人、黒谷上人などとも称する。追諡は十数回に及ぶが、なかでも円光大師、明照大師が知られる。保延七年 1141 父の遺言により叔父観覚について出家し、一三歳（一五歳ともいう）で叡山西塔北谷の持宝（法）房源光の室に入り、また東塔西谷功徳院の肥後阿闍梨皇円に師事した。久安六年 1150 隠遁を決意して西塔黒谷の慈眼房叡空をたずね、法然房と号して黒谷に籠居した。保元元年 1156 嵯峨清涼寺に参籠し、ついで南都に赴き、興福寺蔵俊から法相を学んだ。その後、醍醐寺寛雅から三論を、仁和寺景雅から華厳を、中川実範から密教および四分律をうけたと伝える。承安五年 1175（四三歳）、善導の観経疏によって専修念仏に帰し、叡山を下って西山広谷（現京都府長岡京市粟生）に住したが、やがて東山吉水に移って教えを説き、ひろく貴族・武士・一般庶民の帰依をうけた。門下の高弟には幸西・聖覚・隆覚・弁

源空花押

長・証空・親鸞らがいる。教勢の盛んになるにつれて南都北嶺の嫉視をうけ、元久元年 1204 には山門衆徒が座主真性に念仏停止をせまったので、源空は七箇条制誡を草して難をまぬがれた。翌二年一〇月には興福寺が念仏禁断の奏状を奉り、ために同三年二月、院宣により弟子の行空・遵西が召し捕えられ、ついに建永二年 1207 二月、専修念仏は禁止されて、源空は土佐に配流された。同年八月赦免されたが、入洛はできず摂津勝尾寺にとどまり、建暦元年一一月帰洛して東山大谷の禅房に住した。翌二年正月二五日に没する。著書、選択本願念仏集一巻のほか、無量寿経釈一巻、観無量寿経釈一巻、阿弥陀経釈一巻などがあり、親鸞の編と伝える西方指南抄三巻にはその法語類が収められる。また、望西楼了慧によって遺文が編集され、黒谷上人語灯録（漢語一〇巻、和語五巻、拾遺三巻）として世に行われる。伝記絵詞もはなはだ多く作られ、室町時代までに書かれたものだけでも、源空聖人私日記一巻、本朝祖師伝記絵詞四巻、法然上人行状絵図四八巻など十数種をかぞえる〈⇩法然上人絵伝《ほうねんしょうにんえでん》〉。〔参考〕法然上人全集、法然上人伝全集、人物叢書三六

**けんぐ-きょう　賢愚経**　一三巻。賢愚因縁経ともいう。北魏の慧覚らの訳（太平真君六 445）。チベット訳もあるが、漢訳からの重訳を整理或いは改修したものらしい（シュミット I. J. Schmidt は一八四三年これをドイツ語に訳した）。モンゴル語訳もある。コータン（于闐）の大寺院で語られた仏教説話（本生・譬喩・因縁など）を集めて記し

たと伝える六九の物語(チベット訳では五一)より成る。撰集百縁経は同類の経でこれと密接な関係がある。㊅四、国一本縁部七

**げんけい　元慶**　(慶安元1648—宝永七1710)黄檗宗の僧。京都の人。俗名を九兵衛といい、二三歳のとき鉄眼について得度。彫刻の技があり、豊前羅漢寺の五百羅漢石像をみてその造立を発願し、鉄牛性機・桂昌院(将軍徳川綱吉生母)らの賛助を得て羅漢の木像を彫る。幕府より亀戸《かめいど》に寺地を賜り、これを安置して天恩山羅漢寺と号し、鉄眼を開山に請じた。像は現在も目黒の五百羅漢寺に安置されている。〔参考〕江戸黄檗禅刹記六、新編武蔵風土記稿二四、江戸名所図会七

**げんけい　玄慶**　(　—永仁六1298)　真言宗の僧。京都醍醐山岳西院の開山。「げんきょう」とも読む。世に式部卿法印という。建長二年1250憲深より印可を受け、正嘉元年1257伝法具支灌頂を受けた。声明にも通じ、その関係の著作も多い。〔参考〕続伝灯広録

**げんけん　元賢**　(万暦六1578—清の順治一四1657)　明代末期の禅僧。姓は蔡氏。字は永覚《ようかく》。建陽(福建省建陽県)の人。曹洞二六世の無明《むみょう》慧経《えきょう》の法を嗣ぎ、福州鼓山(同省閩侯県東)、その他に住した。三教一致、浄禅双修を説いた。著書、浄慈要語二巻、洞上古轍三巻、禅余内外集各八巻など、永覚元賢禅師広録三〇巻(続二・三〇・三—四)に収める。

**げんこ　玄虎**　(　—永正二1505)　曹洞宗の僧。号は大空。武蔵の人。遠江石雲寺の崇芝性岱《しょうたい》の法を嗣ぎ、越前竜沢寺に住した。同国竜雲寺および伊勢浄源寺を開き、晩年伊勢田丸広台寺に隠居した。朝廷から紫衣と仏性活通禅師の号を賜った。〔参考〕日域洞上諸祖伝下、本朝高僧伝四三、延宝伝灯録九

**けんこう　兼好**　(弘安六1283—観応元1350)　姓は卜部《うらべ》氏。京都吉田に住んだので吉田兼好ともいう。兼顕の三男。北面の武士として後宇多上皇に仕え、従五位上左兵衛尉に任じたが、正中元年1324院の崩御にあって出家し修学院に入る。のち転々と居を移し、木曾霧原山、京都双岡《ならびがおか》、伊賀見山麓などに住んだ。双岡に寿蔵を営んだが、伊賀国守橘成忠の招きにより同国田井庄で晩年を終ったという。歌文に長じ頓阿と親交があった。また朝廷の殊遇を固辞して花鳥風月を楽しみ、頓阿・浄弁・慶運と共に和歌の四天王といわれた。著書、徒然草二巻、兼好法師集一巻など。〔参考〕人物叢書一一五

**げんこう　元光**　(正応三1290—貞治六1367)　臨済宗の僧。美作の人。号は寂室。円応禅師と諡された。一三歳で京都三聖寺の約翁徳倹に侍し、のち慧雲から律を学んだ。元応二年1320元に渡り、天目山の中峰明本に参じた。嘉暦元年1326帰朝して、備後永徳寺、備前安国寺などに住したが、康安元年1361佐々木氏頼の請により近江国愛知郡高野(現滋賀県東近江市永源寺高野町)に至り、永源寺を開いた。門下に下晩梵芳・弥天永釈・月心慶円・大拙文巧らがいる。著書、永源寂室和尚語録二巻。〔参考〕江州永源寺開山円応禅師行状、寂室和尚行状、本朝高僧伝三一

**げんこう　元浩**　(　—元和一二1817)　唐代の天台宗の僧。字は広成。姓は秦氏。荊渓湛然より天台学を学び、蘇州開元寺に住した。大涅槃経を註解したが現存しない。〔参考〕仏祖統紀一〇、宋高僧伝六

**げんこう　元皓**　(延宝四1676—明和五1768)　黄檗宗の僧。肥前松浦の人。諫早《いさはや》茂晴の子。字は月枝。大潮または魯寮と号する。郷里の竜津寺で出家し、のち黄檗山の独湛に師事した。詩文に長じ、また中国音を学んで音韻にくわしかった。荻生徂徠・服部南郭・相国寺顕常らと交わる。著書、松浦詩集三巻、魯寮詩偈一巻、魯寮文集四巻など。〔参考〕続日本高僧伝六

**げんこう　玄光**　①生没年不詳。陳・隋の頃に中国に学んだ百済の僧。禅法を求めて陳に入り、太建五年573衡山の慧思に師事して法華経安楽行義をうけ、法華三昧を証した。のち江南を巡錫して本国に帰り、熊州翁山で法華を弘めた。〔参考〕宋高僧伝一八、仏祖統紀九・二七　②(寛永七1630—元禄一一1698)曹洞宗の僧。肥前国佐野の人。字は独庵。蒙山と号した。幼くして高伝寺天国に侍し、のち海雲寺の月舟宗林の法を嗣いだ。

海雲寺、経山寺、大道寺、皓台寺などに住した。著書、独庵護法集一四巻、擬山海経五巻など、計一一部四〇巻余。〔参考〕日本洞上聯灯録一二

**げんこう　玄高**　（後秦の弘始四 402―北魏の太平真君五 444）北魏時代の僧。姓は魏氏。俗名は霊育という。馮翊万年（陝西省臨潼県東北）の人。長安の石羊寺で仏駄跋陀羅《ぶつだばつだら》について禅法を学び、のち麦積山に入る。讒によって河北の林陽堂山に遷り、後に河南王より国師として迎えられ、北涼の沮渠蒙遜にも敬重された。次いで北魏の拓跋燾（太武帝）に迎えられ平城で教化を布いたが、司徒崔皓、道士寇謙之に讒言され平城で害された。〔参考〕高僧伝一一

**げんこう　玄興**　（天文七 1538―慶長九 1604）臨済宗の僧。美濃の人。宗興ともいう。南化と号し、定慧円明禅師と勅諡された。快川紹喜の法を嗣ぎ、天正年間 1573―92 の初め、妙心寺の住持となった。後陽成天皇に禅要を説き、また豊臣秀吉の帰依をうけて京都に祥雲寺を開いた。美濃花渓寺、土佐大通院の開山でもある。著書、虚白録など。〔参考〕延宝伝灯録三一

**げんごう　元杲**　（延喜一一 911 或は同一四―長徳元 995）真言宗の僧。藤原晨省の子。醍醐寺元方について得度し、壱定・明珍・淳祐などに師事して三論および密教を学んだ。安和元年 968 内供奉に補され、次いで東宮護持僧となる。永観元年 983 東寺長者となり、翌二年権法務を兼ね、権大僧都にすすんだが、永延二年 988 すべての職を辞して醍醐寺延命院に籠り、ひたすら法華経の転読と弥陀念仏につとめた。著書、如意輪次第、金剛界次第、胎蔵界次第、自伝、延命院遺誡各一巻など。〔参考〕扶桑略記二七、東寺長者補任一、本朝高僧伝九

**げんごう　元轟**　（天和三 1683―宝暦一三 1763）曹洞宗の僧。秋田の人。号は黙山。元禄九年 1696 郷里の満福寺林峰について出家し、のち江戸の吉祥寺に学び、下総東昌寺隠之に参じてその法を嗣いだ。享保一八年 1733 東昌寺の住持となり、翌年武蔵西大輪の迦葉院を開いた。寛保三年 1743 法系の論争に敗れて衣を剝がれたが屈せず、のち許された。

**けんこう-いん　遣迎院**　京都市北区鷹峯光悦町。浄土真宗遣迎院派本山。正治三年 1201 藤原道家が証空に帰依して、現在の伏見大路三ノ橋南に一寺を建立したのに始まるという。当初は浄土・天台・律・真言（一説に法相）の四宗兼学の寺院で、廬山寺・二尊院・般舟院と合わせ、四箇本寺とよばれた。のち天正一三年 1585 寺を二分し、一つは旧地に残し（現東山区東福寺門前町の遣迎院）、当寺は寺町広小路に移り、さらに昭和三〇年 1955 現地に移った。もと天台宗であったが、この移転時に現宗に改宗した。〔重文〕木造釈迦如来立像、同阿弥陀如来立像（安阿弥の銘）ほか　〔参考〕雍州府志四、山城名勝志三・一六

**けんごう-きょう　賢劫経**　八巻。西晋の竺法護の訳。賢劫定意経、颰陀劫三昧経ともいう。種々の三昧とその功徳、八万四千の度無極（波羅蜜）、仏の功徳などを説いたのち、賢劫千仏の名をあげる。いわゆる仏名経の中でもっとも早く漢訳されたものである。梵語原典は存在しないが、チベット訳がある。大一四、国経集部一

**げんこう-しゃくしょ　元亨釈書**　三〇巻。虎関師錬《れん》の著（元亨二 1322）。欽明朝から七百余年間にわたる日本の高僧の伝記をあつめて評論し、および仏教の史実を編年的に略記した書。梁・唐・宋の高僧伝や釈門正統の形式を参考にし、また中国の正史の例にならって、十伝・一表・十志から構成されている。十伝とは、高僧などの伝記をその人の特徴によって一〇に分類して集めたもので、伝智（巻一・二）、慧解（巻三―五）、浄禅（巻六―八）、感進（巻九―一二）、忍行（巻一二）、明戒（巻一三）、檀興（巻一四）、方応（巻一五）、力遊（巻一六）、願雑（これを古徳・王臣・士庶・尼女・神仙・霊恠の六にわける。巻一六―一九）とし、計四三五人を収める。一表とは資治表（巻二〇―二六）で、欽明天皇元年から承久三年 1221 までの、官府に関係のある仏教の史実を記す。十志とは、学修・度受・諸宗・会儀・封職（以上巻二七）、寺像（巻二八）、音芸・拾異（以上巻二九）、黜争・序説（以上巻三〇）の各志で、それぞれの事跡を記録する。なお、巻首には本書を後

醍醐天皇に奉った表を掲げ、巻末には略例と智通論を付す。貞治三年1364単況が宋版に模して刊行しようとし、永和三年1377にこれを完成したが、この版木は永徳二年1382に焼亡したので、至徳元年1384再彫が計られ明徳二年1391に完成した。慶長一〇年1603木活字となり、寛永元年1624至徳・明徳本を翻刻した。仏全一〇一、新訂増補国史大系三一、国一史伝部一九・二〇〔註釈〕恵空・和解(天和三1683刊)、同・私考(元禄三1690写)、木村桂巌・訳註鈔本

**けんさい　兼載**　(　—永正七1510)　連歌師、歌人。兼栽とも書く。法号は興俊。陸奥会津の人。堯恵に従い古今の伝授を受け、北野会所の別当に補せられた。著書、園塵三巻、若草山一巻、連歌本式、兼載雑談一巻。

**げんざいうたい-かみむたい　現在有体過未無体**　三世実有《さんぜじつう》に対する。一切の有為法《ういほう》は未来の位にあっても、現在の位にあっても、過去の位にあっても有であると主張する説一切有部《せついっさいうぶ》の説に対して、現在の位にある時だけが有で、過去、未来の位では無であるという主張。経量部の説。この説は「もと無にして今有り、有り已れば還って無なり」とするもので、これを本無今有《ほんむこんう》有已還無《ういげんむ》という。

**けんさく　羂索**　「けんじゃく」とも読む。㊵パーシャ pāśa の訳。播捨、皤賒、波捨と音写し、金剛索、羂網、宝索、珠索ともいう。戦闘または狩猟の用具。わな。あみ。つな。いと。密教では化度しにくい衆生を種々の方便によって巧みに導くことを象徴するものとして、不動明王《みょうおう》や不空羂索観音・千手《せんじゅ》観音、また金剛索菩薩〈⇩四摂の菩薩《ししょうのぼさつ》〉などの持物とする。

**けんじ　見至**　㊵ドリシュティ・プラープタ dṛṣṭi-prāpta の訳。勝れた智慧(見)によって道理を証見するに至った者の義。倶舎論では、教えの受け手として天性鋭利な性格の者(利根の者)が情意的煩悩《ぼんのう》を断つ位(修道《しゅどう》)に入った時の名称とする。これに対して遅鈍な性格(鈍根)の者は信が勝れているから信解《しんげ》といわれる。七聖《しちしょう》の一。十八有学《うがく》の一。二十七賢聖《げんじょう》の一。

**げんし　原資**　(　—元文四1739)　臨済宗の僧。江戸の人。諱は万庵。芙蓉軒と号した。南英祖梅の法を嗣ぎ、江戸東禅寺に住した。晩年芙蓉軒に隠居した。詩文に長じた。著書、江陵集四巻、省行余課一巻。〔参考〕近世叢語、諸家人物志

**げんし-きみょう-だん　玄旨帰命壇**　摩多羅神を本尊として修する一種の口伝灌頂《くでんかんじょう》。日本天台宗の口伝法門《くでんほうもん》に源を発し、主として檀那流の慧光房流に伝えられ、のちに真言宗立川流《たちかわりゅう》の邪義に影響されて淫祠的傾向を帯び、元禄年間1688—1704に至って禁じられ、典籍は焼却された。

**けんじき-ろん　顕識論**　一巻。陳の真諦の訳。作者不詳。識を顕識と分別識とに分け、さらに顕識を九種に分類して、唯識の世界を述べた論書。㊅三一、国瑜伽部一二

**けんしふら　建志補羅**　㊵㊁カーンチープラ Kāñcipura の音写。建志城ともいう。インド南部の達羅毘荼(ドラヴィダ Draviḍa)国の首都の名。護法(ダルマパーラ Dharmapāla)の出生地。現在のマドラスの西南方にあったと推定されているが、港でもあったようである。〔参考〕西域記一〇、大慈恩寺三蔵法師伝四

**げんじゃ　験者**　「げんざ」とも読む。験は超人間的能力をもち奇跡をあらわす力をさすことから、このような力をもった者をいう。密教的呪法を修し、祈雨・祈晴・治病・安産・呪咀・卜占などの加持祈禱を行った。平安時代密教の発達と一般の怨霊・物怪《もののけ》の信仰や現世利益の要求の発展に伴い、修道の験力により加持・調伏に従事する者が現われ、これら験者は多く法華持経者で、また著名な山林を抖擻し山中に修練苦行してその験力を養った。平安時代の大寺の長吏・座主や僧綱などの大部分は学匠であると共に霊験ある加持祈禱者であったが、験者はまた貴族と恒常的師檀関係をもち、その他、山の験者、山の聖《ひじり》などとよばれる隠遁者もあり、また市井に遍歴し世俗のために験力、幻術を売る遊行的験者もあった。⇩修験道《しゅげんどう》

**げんしゃ-さんしゅ-びょうにん　玄沙三種病人**　禅宗の公案の一。玄沙接物利生

《せつもつりしょう》ともいう。玄沙師備《びし》が「宗教家は衆生済度をいい、接生利生を主張するが、盲・聾・唖の三種の病人をどう教えるか」と提起したところ、誰も答えられないので、一僧がこれを雲門文偃《ぶんえん》に問い、文偃がその僧を手で招き、名を呼び、更に「判るか」と問いかけ、僧が「判りません」と答えたのに対して、「汝は盲・聾・唖にあらず」といい、直接行動によって開悟させた故事。〔原文〕碧巌録八八則、雲門広録中、景徳伝灯録一八

**げんしゃ-とうけん　玄沙到県**　禅宗の公案の一。玄沙師備《びし》が莆田県《ほでんけん》（福建省莆田県）に行化した時、盛んな歓迎を受けたのにちなんで、その地の長老と問答した故事で、喧しさと静けさとの不二の境地を示そうとしたもの。〔原文〕従容録八一則、玄沙広録中、景徳伝灯録一八

**けんじゅ　玄寿**　（　—弘安六1283）東岸居士と号する。京都雲居寺自然居士に師事して臨済禅を修めた。長髪、俗衣のまま説法し、羯鼓を撃って踊躍するなど、人の意表に出る所行が多かった。〔参考〕膾余雑録二、謡曲拾葉抄一四

**げんじゅ　元寿**　（天正三1575—慶安元1648）真言宗の僧。下野薬師寺村の人。長谷寺専誉・智積院玄宥らに学び、結城満福寺に住し、のち智積院四世となった。後水尾上皇に進講し、僧正に補せられた。著書、秘識義章一巻。〔参考〕結網集、続日本高僧伝三

**げんじゅ　玄樹**　（応永三四1427—永正五1508）南海朱子学派の祖。周防国山口の人。字は桂庵。島陰と号する。九歳で南禅寺徳巌惟霄につかえ、建仁寺惟正明貞・東福寺景召端棠に内外の典を学んだ。一六歳で出家。赤間関の永福寺に住したが、応仁元年1467選ばれて明に赴いて朱子学を究め、文明五年1473帰朝した。九州地方を歴遊した際、薩摩の島津忠昌は新たに桂樹院島陰寺を建てて遇したので、長くとどまって宋学を講じ、文明一三年には日本最初の大学章句を刊行した。明応七年1498幕命により建仁寺に住持し、同九年南禅寺に転じたが、翌年薩摩へ帰り、文亀二年1502東帰庵に隠居した。著書、島陰漁唱三冊、桂庵和尚家法倭点一冊など。〔参考〕漢学紀源二、五山歴代、延宝伝灯録三三

**けんしゅう　謙宗**　（嘉慶元1387—寛正元1460）曹洞宗の僧。薩摩の人。字は南英。幼くして相国寺に入り、のち師を求めて歴遊し、ついに越後の耕雲寺傑堂能勝から印可を得た。永享元年1429耕雲寺の主となり、康正元年1455出羽玉泉寺に移った。その後、請われて会津天寧寺、備中常照寺、越後洞福寺の開山となり、また美作西来寺にも住した。著書、五位真訣。〔参考〕日本洞上聯灯録五、本朝高僧伝四一

**げんしゅう　玄秀**　（慶安三1650—元禄五1692）時宗の僧。遠江見付の人。唯称に師事し、のち甲斐吉田の吉積山、山形の光明寺などに住して宗義を講じた。著書、時宗統要篇七巻。

**げんじゅうあん-しんぎ　幻住庵清規**　一巻。庵車須知、日用須知ともいう。元の中峰明本の著（延祐四1317）。従来の咸淳・至大などの大清規が小院修道者の実際生活に適さないのを改め、みずから一家の規則として制定したもの。幻住は明本の庵号で、生涯を五山十刹などの官寺の聘に応ぜず、もっぱら庵居を常とした編者の精神によってこの清規は貫かれ、日資・月進・年規・世範・営弁・家風・名分・践履・摂養・津送の一〇章に分けて簡略に説き、巻尾に開甘露門普施食文を付録し、盂蘭盆施餓鬼会の次第および注文疏などについて述べている。(続)二一・一六・五

**けんしゅう-き　顕宗記**　一巻。唐の荷沢《かたく》神会《じんね》の著。詳しくは荷沢大師顕宗記という。天宝四年745滑台における北宗禅攻撃に際して著わしたものという。南宗頓悟の宗旨を主張したもの。景徳伝灯録巻三〇(大)五一）、全唐文巻九一六に収められている。敦煌発見の禅籍中に頓悟無生般若頌があり、本書の一異本として、胡適の神会和尚遺集巻四に紹介されている。

**けんじゅう-ろん　顕宗論**　詳しくは阿毘達磨蔵顕宗論という。四〇巻。唐の玄奘の訳。衆賢（サンガバドラ Saṃghabhadra 五世紀頃）の著。カシミール系説一切有部の正統説の立場で作られたアビダルマ教学の入門的綱要書。同じ衆賢の阿毘達磨順正理

論とともに、世親(ヴァスバンドゥ Vasu-bandhu)の倶舎論を批判し、有部の正統説を擁護するために書かれたものである。(大)二九、国一毘曇部二三・二四

**けんしゅくかーじゅ　甄叔迦樹**　甄叔迦は(梵)キンシュカ kiṃśuka の音写。花樹の名。マメ科に属する巨木。花は赤色で形が人の手に似ている。甄叔迦宝《けんしゅくかほう》は赤色宝と訳されて、赤い宝石の名。色が甄叔迦樹の花に似ているから名づける。またこの樹は無憂樹《むうじゅ》或いは波羅奢樹《はらしやじゅ》と同一であるともいう。波羅奢樹の汁は染料に用い、紫礦といわれる。

**げんじゅーごきょうーぎ　賢首五教儀**　六巻。清の続法の著(康熙五1666)。高麗の諦観の天台四教儀にならって、華厳教学の教判と観行の要項を解説している書。初めに賢首時儀教観図と法界観境普融無尽図があって本書の構造を示し、教観の大要として三時、十儀、五教、六宗、三観を説く。(続)二・九・一

**げんじゅだいしーでん　賢首大師伝**　一巻。新羅の崔致遠の撰。遼の大安八年1092高麗の義天が刊行。詳しくは唐大薦福寺故寺主翻経大徳法蔵和尚伝という。華厳宗の第三祖法蔵の伝記。纂霊記などにより、その事跡を族姓・遊学・削染・講演・伝訳・著述・修身・済俗・垂訓・示滅の一〇章に分けて記している。(大)五〇　〔刊本〕南宋の紹興一九1149刊(閣朝隠の唐蔵法師碑を合刻)、日本では鳳潭が元禄一二1699刊

**けんしゅもん　験主問**　探抜問ともいう。問題を設けて他を試験すること。

**けんしゅん　賢俊**　(正安元1299―延文二1357)真言宗の僧。日野俊光の子。宝池院僧正賢助について出家し、伝法具支灌頂を受けた。建武三年1336九州に敗走した足利尊氏に光厳院の院宣を伝え、以後行動を共にした。尊氏と共に入京して文観を放逐し、醍醐寺六五世、東寺長者、根来寺座主・法務となる。尊氏の信任が厚く醍醐寺の伽藍を復興し、新三宝院を造営して将軍門跡と称された。晩年は菩提寺に引退した。〔参考〕東寺長者補任、続伝灯広録

**けんじゅん　謙順**　(元文五1740―文化九1812)真言宗の僧。武蔵の人。字は豊春。智積院浄空に師事して真言諸流の印信をうけた。寛政二年1790五宗録を校訂し、真言録を加えて諸宗章疏録として刊行した。寛政六年1794館林忠善寺の門徒のために智山能化の胎通らと共に官に訴えられ罪をうけたが、のち智積院第一座にすすんだ。六波羅蜜寺、円福寺に住し、文化元年智積院二八代能化となり、翌年権僧正に任じられた。晩年は栂尾高山寺に過ごした。著書、大疏随類一九巻、略筆海滴二巻など。〔参考〕謙順僧正伝

**けんしょう　顕正**　⇩破邪《はじゃ》

**けんしょう　顕昭**　(　―建永二1207?・)歌人、歌学者として著名。藤原顕輔の猶子。叡山で修行し、下山ののち、歌人にまじって判者となり、六条家を代表して御子左《みこひだり》家の俊成・定家に対抗した。偏狭であったが学識は深く、守覚法親王の命によって多くの註釈書を書いた。著書、日本紀歌註、万葉集時代難事二巻、古今集註、拾遺抄註、後拾遺集抄、詞華集註、散木集註、袖中抄二〇巻。

**けんじょう　肩上**　⇩下肩《げけん》

**けんじょう　憲静**　(　―永仁三1295)泉涌寺六世。東寺大勧進。字は願行。宗灯律師と謚された。泉涌寺の智鏡や醍醐の頼賢らに師事して諸宗を学び、とくに三宝院流の事相に通じ願行方の祖となった。泉涌寺に住し、朝廷に召されて戒師をつとめた。のち鎌倉に安養院、理智光寺を開き、大山寺に住した。北条時宗に請うて東寺の復興につとめ、永仁元年大塔を建てた。また高野山の復興にも功があった。なお、隆寛の弟子願行房円満とは別人。〔参考〕律苑僧宝伝一三、本朝高僧伝六一、尊卑文脈

**けんじょう　顕常**　(享保四1719―享和元1801)臨済宗の僧。近江の人。字は大典。梅荘、集中と号した。安永八年1779相国寺一一三世となった。天明元年1781幕命により日朝外交文書を掌った。天台宗の慈周と相談して中国に逸書を送ろうとしたが果さなかった。著書、茶経詳説一巻、文語解五巻、小雲栖稿一二巻など多い。〔参考〕続諸家人物志、近世名家著述目録五

**げんしょう　元昭**　(延宝三1675—宝暦一三1763)黄檗宗の僧。肥前の人。字は月海。売茶翁《まいさおう》と号した。一一歳で竜津寺化霖道竜について得度し、黄檗・臨済・曹洞の諸師に学び竜津寺補席となったが、のち京都に出、諸処に住して茶を売って生涯を過ごした。〔参考〕近世畸人伝二、続日本高僧伝八

**げんしょう　玄昌**　(弘治元1555—元和六1620)臨済宗の僧。字は文之。南浦と号した。六歳で福島延命寺の天沢について得度し法華を学んだが、のち日向竜源寺の一翁について臨済禅をきわめた。詩文・朱子学に通じて島津義久・義弘らを教え、竜源寺・正興寺・安国寺、筑前禅光寺などの主となった。著書、南浦文集、日州平治記など。

**げんしょう　玄詔**　(応永三1396—寛正三1462)臨済宗の僧。土佐の人。はじめ玄承と称し、字は義天という。諡号は大慈慧光禅師。天忠寺の義山について出家し、尾張瑞泉寺の日峰宗舜から印可をうけた。土佐瑞巌寺、美濃愚渓庵を開き、妙心寺、大徳寺に住持した。細川勝元が京都北山に竜安寺を建てて迎えたが、先師日峰を開山とし、自らは第二世となった。〔参考〕本朝高僧伝四一、山州名跡志七、延宝伝灯録二八

**げんしょう　玄証**　(久安二1146—　)平安末・鎌倉初期の画僧。閑(賢)観房と号す。高野山月上院に住した。東寺寛信法務の血脈を受け、小野方の勧修寺流を仁済からついだ。建久四年1193宜秋門院の安産を祈り、功により伝灯大法師位に進んだ。画道に長じ、先徳図像一巻(東京国立博物館蔵)など多くの図像経巻を書写蒐集して、これらの多くは玄証本といわれ高山寺に伝わっている。建永元年1206頃まで生存したともわれるが、正確な没年は不詳。著書、高僧影一巻など。

**げんしょう　玄照**　(承和一一844—延喜一五915)円仁及び露地に学び、叡山西塔院に住した。仁和元年885の頃、宮中で南都の勢範と因明学を論じて、これを破った。〔参考〕本朝高僧伝八、元亨釈書四

**げんじょう　玄奘**　(仁寿二602一説に開皇二〇600—麟徳元664)唐代の訳経僧。洛州緱氏県(河南省陳留)の人。姓は陳。俗名は褘《き》。世に大慈恩寺三蔵、玄奘三蔵、三蔵法師(経律論の三蔵に精通した僧)と称し、また大遍覚と勅諡された。インドの仏教徒は尊称して、解脱天(木叉提婆 Mokṣadeva)、大乗天(摩訶耶那提婆 Mahāyānadeva)と呼んだという。一三歳で兄の長捷《ちょうしょう》法師に随って洛陽浄土寺に入り、ついで長安、成都などで涅槃・毘曇・摂論を学んだ。更に瑜伽唯識の奥義を極めるため、貞観三年629(一説に同元年)長安を発ち、高昌・亀茲《きじ》から天山を越え、北路に入りインドに達した。この頃大乗仏教学の中心であった那爛陀寺《ならんだじ》で五年間、戒賢《かいげん》論師から瑜伽《ゆが》・順正理・倶舎・婆沙・因明などの諸論を学び、また梵書などを学んだ。滞在中には、戒賢の命で摂論《しょうろん》・唯識・決択論を講じ、師子光が中観の立場から瑜伽を破斥したのに対して会宗論三千頌を作って中観・瑜伽の両宗を和会したり、外道・小乗を破して破悪見論一六〇〇頌を作ったり、戒日王や鳩摩羅《くまら》王に優遇されるなど、名声を馳せた。天山南路の南道を経て、貞観一九年六五七部の典籍と仏舎利、仏像などを持って長安に帰着した。太宗は玄奘を弘福寺に迎えて優遇し、訳経に従事させた。まず大菩薩蔵経二〇巻を訳したが、このとき訳場に列したものには、証義大徳として霊潤・文備・慧貴・明琰・法祥・普賢・神昉・道深・玄忠・神泰・敬明・道因(以上一二人)、綴文大徳として栖玄・明濬・弁機・道宣・靖邁・行友・道卓・慧立・玄則(以上九人)、字学大徳として玄応、証梵語梵文大徳には玄謨があった。貞観二〇年新訳経典五部五八巻と大唐西域記を、同二二年には瑜伽師地論一〇〇巻を訳して献じたので、太宗は大唐三藏聖教序を、皇太

玄奘（仏祖道影）

子は述聖記および菩薩蔵経後序を製して賜った。また太宗は大慈恩寺の竣工をまって特に翻経院を造らせ、玄奘を上座とした。玄奘は永徽三年652同寺境内に西域の制度を模して塼塔《せんとう》を建てて、彼がもたらした経像を安置した〈⇩雁塔《がんとう》〉。顕慶元年656高宗に随って洛陽宮に赴き、同三年長安の西明寺に住した。同五年玉華宮で大般若経六〇〇巻の翻訳に着手し、竜朔三年663完成。翌年二月没した。勅により滻水《さんすい》東白鹿原の西に葬り、樊川《はんせん》の北原(今の興教寺)に改葬した。その翻訳は正確で原典に忠実であり、従来のものを旧訳《くやく》とし、以後の訳を新訳と称して訳経史上の一紀元を画した。翻訳は、大般若経六〇〇巻をはじめ、般若心経・説無垢称経・称讃浄土経・薬師本願経・解深密経・菩薩戒本、弥勒の瑜伽師地論、無著の大乗阿毘達磨集論・摂大乗論、世親の摂大乗論釈・弁中辺論・唯識二十論・唯識三十論頌・大乗百法明門論、無性の摂大乗論釈、安慧の大乗阿毘達磨雑集論、護法らの成唯識論、陳那《じんな》の因明正理門論本、商羯羅主《しょうかつらしゅ》の因明入正理論、清弁の大乗掌珍論、有部《うぶ》の大毘婆沙論・発智《ほっち》論・法蘊足論・集異門足論・識身足論・品類足論・界身足論、世親の倶舎論、衆賢の順正理論・顕宗論、塞建陀羅《そくけんだら》の入阿毘達磨論、世友の異部宗輪論、慧月の勝宗十句義論など計七六部一三四七巻である。その宗とする所は瑜伽唯識で、後世、法相宗の祖とされ、また倶舎宗の祖と仰がれている。門下は数千といわれ、窺基《きき》・円測《えんじき》・普光・法宝・神泰・靖邁・慧立・玄悰・神昉・宗哲・嘉尚らが著名である。なおインド・西域の旅行見聞録である大唐西域記一二巻は今も史料としての価値が高い。伝記には、彦悰の大唐大慈恩寺三蔵法師伝一〇巻、冥詳の大唐故三蔵玄奘法師行状一巻があり、玄奘の上表及び啓ならびに太宗の勅書を集録したものに大唐三蔵玄奘法師表啓(三蔵法師表啓)がある。なお表啓の編者は不明、一六篇からなり、山本には古くから伝えられ、京都知恩院には古写本がある。〔参考〕上記別伝のほか、続高僧伝四、開元録八、玄奘三蔵師資伝叢書上

**げんじょう　賢聖**　賢と聖。仏道を修行する人の中で、見道以上に達した人を聖といい、いまだ見道には至らないがすでに悪を離れた人を賢という。七賢は七加行《けぎょう》ともいい、倶舎論では七賢七聖を説く。七賢は七加行ともいい、五停心《ごじょうしん》・別相念住・総相念住(以上を三賢という)、煖《なん》・頂・忍・世第一法(以上を四善根という)の七。七聖は随信行・随法行・信解《しんげ》・見至《けんじ》・身証《しんしょう》・慧解脱《えげだつ》・倶解脱《ぐげだつ》の七。大乗では三賢十聖を説く。三賢は十住・十行《ぎょう》・十回向《えこう》の三。十聖は初地から第一〇地までの菩薩《ぼさつ》。また十八有学《うがく》と九無学とをあわせて二十七賢聖と称するが、この場合は聖者を二七種に分類したのであって、賢と聖とを分けるのではない(賢は聖の形容詞である)。⇩有学《うがく》　⇩阿羅漢《あらかん》

**げんしょうおうじょうでん　現証往生伝**　三巻。雲嶺桂鳳の著(元文四〔1739〕)。念仏行人およそ七五人の略伝を述べた叢伝。僧上人・法師・尼衆・信士・信女・童女の六部に分け、祐天・観徹以下の主として浄土宗鎮西派の人々を収める。〔刊本〕元文五刊

**けんしょうおんみつ　顕彰隠密**　親鸞が浄土三部経を解釈するに当たって用いた語。顕とはおもてに明らかにあらわされること、彰とはうらにかくれてあらわされていること、隠とはかくされていること、密とは仏の密意の意味で、観無量寿経・阿弥陀経の二経は、おもてにはそれぞれ要門・真門を顕説するが、その密意をたずねると、いずれも弘願真実の教えを隠彰しているということ。三経隠顕、隠顕《おんけん》ともいう(教行信証化身土巻)。

**けんしょうきょう　見正経**　一巻。東晋の竺曇無蘭《じくどんむらん》の訳(太元年間376—96)。見正という弟子に対し、人の死後のこと、現世より来世への善悪の業報について説いた経典。㊅七、国一経集部五

**げんじょうこうあん　見成公案**　禅宗の用語。見は現と同じで現成公案ともいう。造作を借りずに現に成就する公案、即ちありのままの公案という意味。一切の諸法はみな仏法で、仏法は山川草木万法の上に歴々として現成するのをいう。

**けんしょうじ　顕証寺**　①大阪府八尾市久宝寺。近松山と号し、浄土真宗本願寺

派別格別院。文明二年1470蓮如が現地を巡化したとき帰依者が多く、明応年間1492—1501一宇を建て西証寺と称したのにはじまるという。当初、蓮如第二四子実順を住させた。その子実真が継承したが早世したので、近江顕証寺の蓮淳(蓮如第一三子)が迎えられて住し、当寺は河内国の触頭となった。蓮淳は近江から祖影・什宝を当寺に移し、寺号を顕証寺と改め、近江の顕証寺をその兼帯所とした。〔参考〕大谷本願寺通紀歴世宗主伝二・三、河内名所図会、本願寺史一・二 ②滋賀県大津市札の辻。浄土真宗本願寺派別院。近松別院と称する。もと三井寺五別所の一で南別院といったが、寛正六年1465山徒により大谷の本願寺が破却されたので、蓮如は難を近江に避け、文明元年1469三井寺の南別所に草庵(近松御坊)を構えて祖像を安置したのに始まる(祖像は同一二年に山科に移された)。顕証寺と号して蓮如第一三子蓮淳が住したが、その後、彼は河内西証寺(のち顕証寺)に迎えられた際、当寺をその兼帯所と定めた。両寺の兼帯は、明治の初年ごろまで続いた。〔参考〕叢林集九、近江名所図会一

**げんしょう-じっしゅ-のやく　現生十種の益**　親鸞の教行信証の信巻末に、真実の信心を得たものは、この世において一〇の利益《りやく》を受けるという。即ち念仏の行者には⑴冥衆護持の益《みょうしゅごじのやく》(諸天善神がつねにまもっている)、⑵至徳具足の益《しとくぐそくのやく》(このうえない功徳をそなえる)、⑶転悪成善の益《てんなくじょうぜんのやく》(悪を転じて善とする)、⑷諸仏護念の益《しょぶつごねんのやく》(諸仏がおもいをかけてまもる)、⑸諸仏称讃の益《しょぶつしょうさんのやく》(諸仏がほめたたえる)、⑹心光常護の益《しんこうじょうごのやく》(仏のすくいの光明に常に照らされまもられる)、⑺心多歓喜の益《しんたかんぎのやく》(未来に往生することが決定して心によろこびが多い)、⑻知恩報徳の益《ちおんほうとくのやく》(仏の恩と徳とを知って報いようとする)、⑼常行大悲の益《じょうぎょうだいひのやく》(常に仏名を称念する大慈悲行を行う)、⑽入正定聚の益《にゅうしょうじょうじゅのやく》(正しく仏果に至ることが定まった位になる)という一〇種の利益。

**げんじょう-しゅう-かだ-いっぴゃく-じゅ　賢聖集伽陀一百頌**　一巻。北宋の天息災(　—1000)の訳。全篇韻文で、種々の布施・供養を行うことによって得られる種々の果報を説く。(大)三二、〔国一〕論集部五

**けんしょう-じょうぶつ　見性成仏**　禅宗の用語。自己が本来具えもっている仏性を徹見して仏果をさとること。即ちただちに迷いや疑いを破って、自己本来の相をあらわし悟ること。

**けん-じょうど-でんかい-ろん　顕浄土伝戒論**　一巻。了誉聖冏《しょうげい》の著(至徳二1385奥書)。浄土宗円頓戒の系脈旨義などを問答体で述べた書。大乗円頓菩薩戒の戒脈は天台宗所伝の戒法であるが、源空(法然)が紫衣と十二門戒儀とを伝えて嫡流と定めたと説き、他宗の来難に答え、自宗の徒を誡め、僧侶の範となり、往生浄土を期すべきを述べる。また浄土宗に宗脈と戒脈の二脈があることを挙げている。浄全一五 〔刊本〕慶安四1651刊 〔註釈〕全長・私記(宝永三1706刊)、同・補註(仏全七二)、大玄・私記摘要

**けんしょう-りゅうぎ-しょう　顕正流義鈔**　二巻。真慧の著(文明四1472)。真宗高田専修寺一〇世真慧が真宗下野一流の正統義を宣揚しようとした書。巻上には真宗教義の概要と善導・法然・親鸞の相承を説き、信後の称名を勧めて第十八願の意を述べ、巻下には三願の概要と、絵像木像安置の由来、法然・親鸞の選択相伝、真仏・顕智の付法相伝を説いて一宗相伝の安心によるべきことを述べる。真宗が民衆に浸透してゆく動向を知る貴重な史料。(大)八三、異義集一(真系三六など)、真宗史料集成四 〔自筆本〕三重県鈴鹿市西岸寺蔵 〔写本〕竜谷大学蔵 〔刊本〕正徳四1714刊、天明五1785刊 〔註釈〕真淳・科文、同・蒙引

**けんしょう-ろん　甄正論**　三巻。唐の玄嶷《げんぎ》の著。成立年不詳。仏教と道教との優劣を比較し、問答体で道教の所説を難じて仏教を宣揚したもの。撰者は幼時より道教を奉じ、のち仏門に帰依したので、道教に詳しい。巻上では道教の天尊を論じ、巻中で化胡経を反駁し、巻下で道教の習俗が仏教の模倣であることを非難している。唐代仏道論争に関する史料の一つ。(大)五二

**けんしょ-じ　建初寺**　中国の建鄴(今の南京)にあった寺。呉の赤烏一〇年247孫

権が康僧会の霊異に感じて創建したといわれ、江南の地にはじめて仏教が興ったのでこの名がある。のち孫皓が多くの仏寺を破壊したが、この寺だけは天子寺と呼んで敬ったと伝える。西晋代に帛戸黎蜜多羅《はくしりみつたら》、東晋代に支曇籥《しどんせん》、梁代に僧祐が住した。唐代に至って長慶寺と号し、南唐の時、奉先寺と改称。太平天国の乱で滅んだらしい。〔参考〕出三蔵記集一三、高僧伝一

**けんしん　顕真**　①（大治五1130―建久三1192）天台宗の僧。藤原顕能の子。叡山で明雲・相実から顕密の学をうけ、権少僧都にのぼったが、承安三年1173洛北の大原に隠遁した。文治二年1186法然を大原の勝林院にむかえて浄土の教義を問うた（世に大原問答という）。翌年、不断念仏をはじめ、勝林院内に性智などの五房を建てて念仏の道場とした。文治六年天台座主となり、ついで権僧正に進んだ。山家要略記、延暦寺護国縁起、山王知新記の著者とも伝えられ、記家の代表的人物。〔参考〕法然上人行状絵図一四、大日本史料四ノ四、法華直談鈔　②生没年不詳。鎌倉時代の法隆寺五師。晴喜大法師の二男。隆詮に師事し嘉禄三年1227得業に補せられ、のち法隆寺聖霊院に住し聖徳太子の顕彰につとめ、建長六年1254戒壇院円照と共に太子曼荼羅《まんだら》を図絵した。著書、聖徳太子伝私記二巻、顕真得業口決抄一巻、太子伝古今目録抄一巻。〔参考〕法隆寺別当次第、法隆寺雑記

**けんじん　憲深**　（建久三1192―弘長一1263）真言宗の僧。報恩院流の祖。藤原通成の子。字は極楽房。醍醐寺の成賢から密印の口訣をうけ、報恩院に教場を開いて、頼瑜・教舜・聖守らに灌頂法および諸尊の秘記を伝えた。建長三年1251醍醐寺座主になり、同六年職を弟子の実深にゆずって自らは検校となった。同八年僧正に任じられた。著書、行法外儀法則集一巻、報恩院記一巻など。〔参考〕本朝高僧伝一五、醍醐寺座主譲補次第

**げんしん　玄津**　（　―天正一四1586）臨済宗の僧。京都の人。字は月航。妙心寺、駿河清見寺、常陸禅源寺などに住し、永興寺の開山となり、会津興徳寺を司った。九十余歳で没。〔参考〕本朝高僧伝四四

**げんしん　現身**　①現在の身体。②仏・菩薩《ぼさつ》が種々に変化《へんげ》して現われた身でいわゆる応身のこと。

**げんしん　源心**　（天禄三972―天喜元1053）天台宗の僧。姓は平氏。陸奥の人。幼時から比叡山に登り、西方院院源について剃髪、宝幢院覚慶に顕密の教えをうけた。永承二年1047延暦寺座主になった。〔参考〕本朝高僧伝五〇、天台座主記

**げんしん　源信**　（天慶五942―寛仁元1017）天台宗の僧。大和当麻郷の人。父はト部正親。幼くして父に死別し、比叡山に登って良源に師事した。大いに学才をあらわしたが、栄名を避けて天禄年間970―73横川の恵心院に隠遁した。世に恵心僧都《えしんそうず》、慧心僧都）、横川僧都《よかわのそうず》と呼ぶのはこれによる。母の臨終にあって願生浄土の念を深め、永観二年984往生要集の稿を起こして翌年完成し、永延二年988には二十五三昧式を製して同志と共に毎月念仏三昧を修した。寛弘元年1004権少僧都に任じられたが、翌年辞した。往生要集によって日本浄土教の先駆的宗風を示した。真宗では相承の第六祖に数え、またその作と伝える浄土教美術も多いが、源信の宗とするところは天台宗であり、その門流は恵心流と呼ばれて、従果向因の本覚法門を主張した（従因至果の始覚法門を説く覚運の檀那流とならんで恵檀二流と称する）。また源信は北宋との交渉も多く、永延二年988には往生要集や良源の観音讃などを、正暦三年992には自著の因明論疏四相違略注釈を北宋に送り、長保五年1003には弟子寂昭に天台宗疑問二十七条を託して四明知礼に答を求めている。著書は甚だ多く、一乗要決三巻、大乗対倶舎抄一〇四巻、観心略要集一巻など、七〇部一千余巻におよぶ。〔参考〕首楞厳院源信僧都伝、恵心院源信僧都行実、本朝法華験記下、二十五三昧結縁過去帳、恵心僧都全集

**けんしん-だいし　見真大師**　⇩親鸞《しんらん》

**けんす　蜆子**　生没年不詳。中国五代の禅僧。洞山良价《とうざんりょうかい》の弟子といわれる。俗世間にまじって、夏冬同じ一枚の着物をまとい、江岸で蝦や蜆《しじみ》を採って食物とし、夜は福州東山の白馬廟の紙銭の中で眠って、

狂人をよそおったという。古来、画題として描かれる。〔参考〕景徳伝灯録一七

**げんず-まんだら-しょそん-べんらん　現図曼荼羅諸尊便覧**　八巻。曼荼羅便覧、諸尊便覧ともいう。祥瑞の著(文政二1819)。金剛・胎蔵両界の現図曼荼羅に収める諸尊について、梵号・密号・種子・三摩耶形・尊形・印相・真言の七項に分け、その異同を述べた書。前四巻は金剛界、後四巻は胎蔵界について述べる。類書中最古のものに淳祐の石山七集《いしやまいちしゅう》があるが、金剛界の部を欠いているため本書を撰述したという。〔刊本〕大正四1915刊

**げんせ　現世**　この世のこと。この世でうける仏・菩薩《ぼさつ》などのめぐみを現世利益《げんぜりやく》といい、持経・真言・念仏などによってもたらされるとし、このめぐみをうけるために祈るのを現世祈禱《げんぜきとう》という。密教などでは種々の修法《しゅほう》をするが、浄土教では、現世利益はおのずから与えられるものであるとし、ことさらに祈ることを雑修《ざっしゅ》として否定する。

**けんせい　顕誓**　(明応八1499―元亀元1570)真宗の僧。兼順と称し、光闡坊と号する。加賀光教寺蓮誓の子で、蓮如の孫にあたる。長兄蓮能の法嗣となり光教寺に住した。北陸一揆の渦中に投じて寺は退転し、勘気を蒙ったが、天文一九年1550赦されて本寺に伺候した。永禄一〇年1567法流の義について宗主の疑をうけ籠居した。その間に幼時からの見聞を記して本願寺一家の記録をととのえた。今古独語二巻、反故裏書一巻、蓮師法語八巻がそれである。

**げんせい　元政**　(元和九1623―寛文八1668)日蓮宗の僧。諱は日政。妙子と号した。姓は菅原氏。京都の人。初め石井元政といい、彦根藩主井伊直孝に仕え、慶安二年1649妙顕寺日豊について剃髪、日蓮宗を学び、明暦元年1655深草に瑞光寺を開いた。持律厳格で、後世、草山律また法華律といわれる。傍ら詩文に長じ、石川丈山・熊沢蕃山・北村季吟らと交わった。著書、草山集三〇巻、本朝法華伝、元々唱和集ほか。〔参考〕元政上人行状、本化別頭仏祖統紀

**げんせい　源清**　(　―北宋の至道二996―　)生没年不詳。中国の天台山外派の僧。慈光晤恩の弟子で、同門の洪敏と共に、山家派の四明知礼と観心上の真妄について争った。弟子に智円・慶昭などがある。著書、十不二門示珠指二巻、法華竜女成仏権実義一巻など。〔参考〕仏祖統紀一〇

**げんせい　源盛**　(嘉元元1303―正平一三1358)伯耆大山寺の僧。姓は名和氏。長年の弟。字は信濃坊。後醍醐天皇が隠岐から伯耆へ遷幸した時、長年とともに船上山に奉じ、以後大山の大衆を率いて、朝廷に尽くした。のち軍功によって法印に叙せられ、中将源忠顕に従って六波羅を攻め、延元元年1336一族顕長と共に懐良親王に従って九州へ赴き、肥後八代(現熊本県)で没した。

**けんせつな　建折那**　(梵)カンチャタ kañcata の音写。オウセキソウ属の植物の名。

**けんせん　賢仙**　(文永四1267―文和元1352)臨済宗の僧。字は棊山。姓は藤原氏。諡号は照覚普済禅師。初め叡山で天台を学んだが、のち禅に帰依し、無隠に謁して心印をうけた。足利尊氏に請われて周防安国寺に住し、のち肥州国守内藤氏夫人の妙観尼が建立したという高山寺(現山口県柳井市)を開いた。〔参考〕本朝高僧伝二八

**げんせん　元選**　(元亨三1323―明徳元1390)臨済宗の僧。字は無文。聖鑑国師と勅諡。後醍醐天皇の皇子。暦応三年1340建仁寺に入り、明窓宗鑑・可翁宗然・雪村友梅に参禅した。康永二年1343元に渡り、福州大覚寺の古梅正友に印可をうけて諸山を歴訪し、観応元年1350帰朝。のち三河広沢寺から遠江奥山(現静岡県引佐郡引佐町)に赴いて方広寺の開山となった。また美濃椿洞に了義寺をひらいた。無文元選禅師語録一巻がある。〔参考〕延宝伝灯録六、本朝高僧伝三五、無文選禅師行業

**げんぜん　現前**　現在前ともいう。目前に出現すること、或いは目前に存在していること。

**げんそ　玄蘇**　生没年不詳。臨済宗の僧。字は景轍。号は仙巣。京都霊源寺一糸の法を嗣いだ。豊臣秀吉の朝鮮攻略の時、相国寺輪番として対馬に以酊庵を建て、外交文書を掌った。著書、仙巣稿二巻。

**げんそう　彦悰**　生没年不詳。唐代の僧。玄奘三蔵の門弟。唐の貞観年間627—49末に京に上り、玄奘に師事して長安の弘福寺に住し、文章をよくした。集沙門不応拝俗等事六巻を著わして道宣らが反対した沙門拝俗の根拠を明らかにし、また魏国西寺慧立の製した玄奘伝を修補して大慈恩寺三蔵法師伝とした。他に唐護法沙門法琳別伝三巻の著がある。〔参考〕大唐内典録五、慈恩伝序、開元録八、宋高僧伝四

**げんそう　彦琮**　（北斉の天保八557—隋の大業六610）隋代の訳経家。趙郡（河北省順徳府）の人。姓は李氏。初名は道江。北斉の時晋陽で無量寿経・大智度論を講じて朝廷に重んじられていたが、北周の排仏に際しては還俗して通道観学士となり、彦琮と改名。北周大成元年579再び出家落髪し、仏教の復興した隋朝で講経を続けた。老子化胡の妄を斥けて弁教論一巻を作ったほか、涇州大興国寺・太原・長安大興善寺・日厳寺で諸経を講じ、梵書の経を誦読した。仁寿二年602勅によって衆経目録を撰し、また大隋西国伝を著わした。煬帝のとき洛陽上林園の翻経館で林邑（現在のベトナム）から送られた仏経の目録を作り、経を訳すること二三部一〇〇巻余であった。〔参考〕歴代三宝紀一二、続高僧伝二

**げんそう-に　元聡尼**　（正保三1646—正徳元1711）黄檗宗の尼僧。字は了然。号は大休。京都の人。武田信玄の曾孫為久の子で、名はふさ。東福門院に仕え、のち松田晩翠に嫁したが、出家して白翁に師事、元禄六年1693武蔵の蓮乗院を名主某から寄付され、同一四年泰雲寺と改称、白翁を開山とし、自ら二世となった。

**けんぞく　眷属**　㊵パリヴァーラ parivāra の訳。眷とは親愛、属とは隷属の意で、親しみ従うものをいう。大智度論巻三三では、仏に大眷属と内眷属とがあるとする。釈迦の内眷属とは出家以前の車匿《しゃのく》など、苦行の時の五人の給侍、得道の時の阿難などをいい、大眷属とは舎利弗などの諸聖および弥勒などの諸菩薩をいう。善導は眷属に在家・出家の二を分け、在家の眷属を外眷属、出家の眷属を内眷属と名づけた。また広く教えを聞き道を受ける者を仏の眷属ということもある。

**けんそん　顕尊**　（永禄七1564—慶長四1599）真宗興正寺派興正寺一七世。諱は佐超。真宗本願寺一一世顕如の次男、真宗大谷派本願寺一二世教如の弟。永禄一〇年興正寺一六世証秀の養嗣子となり、同一二年脇門跡となる。石山本願寺が織田信長に攻められた時、毛利氏に使者を遣わし、兵糧を送らせた。のち毛利輝元の息女を室とした。天正一九年1591本願寺が寺基を大坂天満から京都堀川七条に移した時、これに従って興正寺を復興した。

**けんだ　蹇茶**　㊵カンダ khaṇḍa の音写。砂糖、白糖と訳す。精製した砂糖。

**げんだい-ほうとう　玄題宝塔**　玄題を刻んだ宝塔。日蓮宗で、南無妙法蓮華経という七字の題目を玄題といい、人々に法華経と縁を結んで功徳を積ませるために、これを石塔に彫りつけて山門の傍や路傍その他、人が多く集まる場所に立てたもの。

**けんだ-じゅ　乾陀樹**　乾陀は㊵ガンダ gandha の音写で、香の意味。樹木の名で、その樹皮からとる液は仏教僧団で衣を染めるのに用いる。その色を乾陀色《けんだじき》、乾陀褐色《けんだかつじき》・乾陀羅色《けんだらじき》といい、少し赤を帯びた黄色である。

**けんだつば　乾闥婆**　㊵ガンダルヴァ gandharva の音写。健達縛、乾達婆とも音写し、尋香、食香、香行、香陰などと訳す。①母胎に入るまでの欲界中有《ちゅうう》の身をいい、香を食物とするのでこの名があるという。〔参考〕大毘婆沙論六九、倶舎論九　②乾闥婆神。本来はインド神話における半神半人的存在で、天上の楽師とされる。仏教においては八部衆の一に数えられ、帝釈天の雅楽を司るとされる。東方持国天の眷属とされることもある。また常は地上の宝山中に住んでいるが、時々忉利天に昇って諸天のために音楽を演奏するとも、また幻術をもって空中に城郭をあらわすともいう。〔参考〕長阿含経一八、注維摩経一　③乾闥婆神王。密教では胎児や小児などを守護する神といわれ、乾闥婆を中心に十五鬼神と十五童児を配した童子曼荼羅が小児の無病息災の法に用いられ

る。〔参考〕護諸童子陀羅尼経

**けんだつばじょう　乾闥婆城**　犍闥婆城とも書き、尋香城と訳す。乾闥婆（梵）ガンダルヴァ gandharva）神によって、空中に幻のように化作《さけ》された都城をいい、恐らくは蜃気楼のこと。すべてのものに実体がなく（空）、仮の存在（仮有）であることの比喩に用いる。

**けんだら　健駄羅**　⇩ガンダーラ

**げんだん　玄談**　懸談、懸譚とも書く。玄は懸の意で、即ち本文に入って講義をするに先立ち、あらかじめ本文を離れた大体の趣旨や題号の意味、著作者の伝記などに関して説くのをいう。また玄義、玄論ともいい、この場合は一部の著作の中の幽玄な要旨を明らかにしたものと解釈される。隋の智顗《ちぎ》は、玄義の内容を釈名《しゃくみょう》（題名を解釈する）・弁体（題名によってあらわされるものの本質をはっきりさせる）・明宗《みょうしゅう》（教えの主要な目的を明らかにする）・論用《ろんゆう》（教えのはたらきを論じる）・判教（仏教全体の中でその教えが占める地位を定める）の五つの範疇によって説くのを常としたので、これを天台宗の五重玄義という。

**けんち　顕智**　生没年不詳。鎌倉時代中期の真宗の僧。真宗高田派専修寺三世。親鸞の門弟。越後井東の平基知の養子。はじめ比叡山に登り、東塔覚賢に師事、賢順と号した。のち越後に帰ったが、親鸞の名声をきき、下野高田（現栃木県芳賀郡二宮町）に赴いて親鸞の弟子真仏から教えをうけ、その仲介により親鸞の弟子となり顕智と改めた。正嘉二年1258真仏のあとをうけて高田専修寺を継いだ。親鸞の没後、その娘の覚信尼をたすけ大谷本廟を整えた。延慶三年1310専修寺金堂で礼拝し、その後は行方知れずになったと伝える。〔参考〕高田開山親鸞聖人正統伝、正統伝後集

**げんち　玄智**　（享保一九1734―寛政六1794）浄土真宗本願寺派の学僧。京都西六条慶証寺七世。字は景耀。若瀛、曇華室と称した。河内の願宗寺に生まれたが、幼年から僧樸に学び、のち慶証寺玄誓の法嗣となった。本山の堂職を勤め、傍ら本山の歴史故実を記録した。大谷本願寺通紀など多くの宗史故実の編纂刊行に努力し、江戸築地別院輪番となり宗名公称の訴訟に関与した。著書、浄土真宗教典志、考信録、祖門旧事記のほか多い。〔参考〕清流紀談一

**げんち　源智**　（寿永二1183―暦仁元1238）京都百万遍知恩寺の開山。法然の高弟。勢観房と号した。備中守平師盛の子、重盛の孫。京都の人。建久六年1195慈円について出家、のち法然門下に入り近侍し、本尊・聖教・房舎などことごとく付属された。また法然の病中に一枚起請文を与えられた。法然没後、賀茂社の神宮寺功徳院に住し隠遁生活を送った。功徳院はのちの知恩寺の基となる。建暦二年1212法然への報謝のため阿弥陀仏像を勧進、造立。昭和五四年1979滋賀県玉桂寺の阿弥陀仏像の胎内から自筆願文などが発見された。醍醐寺本法然上人伝記の著者。選択要決の著者とも伝えられるが、朝日山信寂の撰。〔参考〕法然上人行状絵図四五、浄土本朝高僧伝三

**けんち－ぼんさん　揵稚梵讃**　一巻。北宋の法賢（法天か）が梵音を漢字音に転写した翻訳が伝わる。チベット訳もある。原名はガンディー・ストートラ Gaṇḍī-stotra といい、アシュヴァゴーシャ Aśvaghoṣa（馬鳴《めみょう》）の作とされるが、異論もある。二九詩節から成り、仏徳をたたえ、揵稚（ガンディー gaṇḍī）の威力をたたえてその守護を乞う讃歌。ガンディーとは細長い木片で、これを木槌でたたいて僧院で僧侶を招集するのに用いた。この梵讃ではガンディーの音楽的効果に注目し、多くの擬音的音節を挿入している。梵本は伝わらないが、スタール－ホルスタイン A. von Staël-Holstein が、チベット訳を参照しつつ漢字音から梵語への還元を試みている（1913）。㊅三二

**けんちゃく　簡択**　えらびわけること。選択すること。特に慧の力によって法をえらびわけて正しく判断すること。簡択する力を択力という。涅槃《ねはん》は択力によって得られた滅（煩悩の滅）であるから択滅《ちゃくめつ》という。

**けんちゅう－じ　建中寺**　愛知県名古屋市東区筒井町。徳興山と号し、浄土宗。慶安四年1651尾張藩祖徳川義直の菩提を弔う

ため、光友が廓香を招じて建立。尾張家歴代の廟所として栄え、永代紫衣の綸旨を得る。明治五年1872知恩院末の中本山となる。〔参考〕結城弘経寺志、建中寺記、尾張志二一

**げんちゅう-じ　玄中寺**　中国山西省交城県西北の石壁山にある。寺内にある唐代の碑文には、北魏の延興二年472に曇鸞が創建を開始し承明元年476に完成したとあるが、続高僧伝巻六曇鸞伝によれば、曇鸞は東魏の興和四年542に六七歳で没したとあり、玄中寺の創建は彼の出生より四年前となる。しかし、諸種の記録では、すでに唐代には、当寺が北魏時代に曇鸞によって開創されたと伝えられていた。唐の道綽は当寺で曇鸞の碑文を見て浄土教に帰依し、寺に住して念仏を弘通した。唐の善導は貞観年間627—49に、当寺で道綽に謁した。また唐の太宗は、道綽に接見し礼をとって供養し、道綽の没後には当寺を官寺とした。唐の開元一三年725に僧慎微《しんび》が当寺に戒壇を置き、甘露無礙義壇の名を賜り、長安の霊感壇、洛陽の会善壇《かいぜんだん》とともに三都の三戒壇と称せられた。宋代には興廃を繰り返し、元代に至って、戒壇設置以来律寺であったのが禅院となり永寧寺と改称された。近年修築を加え旧名に復した。〔参考〕特賜寺荘山林地土四至記(唐の長慶三年823記の碑文)、続高僧伝六(曇鸞伝)、同二〇(道綽伝)

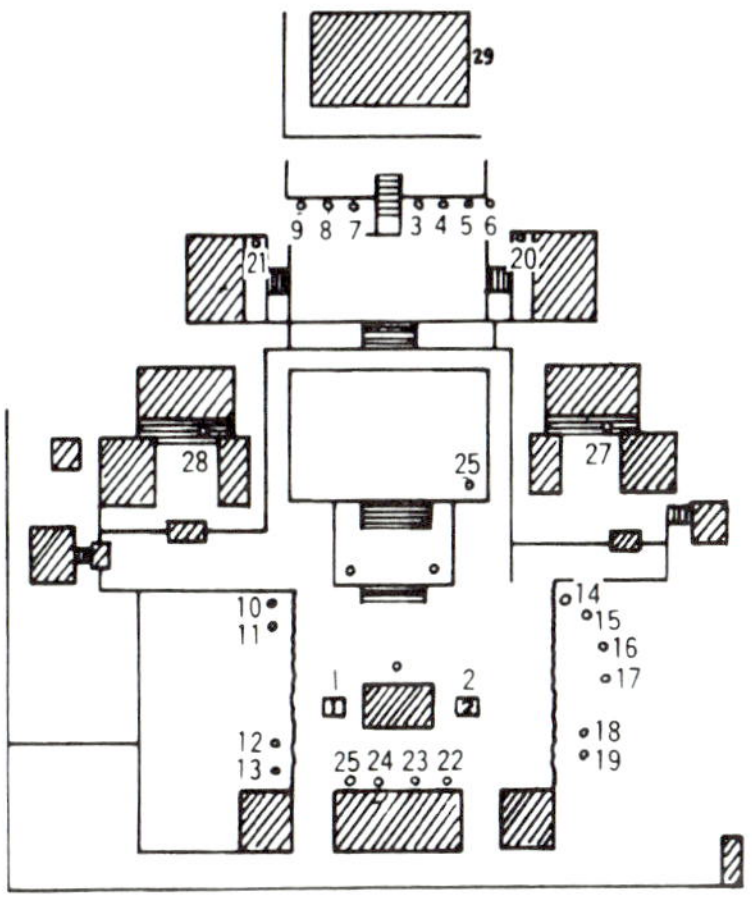


1 開元廿九・房嶙撰高氏書碑、泰和四復製
2 至順二・唐石壁禅寺甘露義壇碑
3 乾隆三・重修石壁永寧寺碑
4 中書省疏
5 乾隆四十七・石壁寺刱建立仏殿院東廊碑
6 至元十五・大竜山石壁寺円明禅師遺行碑
7 康熙十五・重修石壁永寧禅寺立仏殿碑
8 表蒙古文字・裏漢字碑
9 至元廿一・宣慰謝公述修考妣功徳碑
10 正統二年碑

玄中寺伽藍配置図(中国文化史蹟)

**けんちゅう-せいこく-ぞくとうろく　建中靖国続灯録**　三〇巻。別に目録三巻。略して続灯録という。北宋の仏国惟白《いびゃく》の編(建中靖国元1101)。景徳伝灯録、天聖広灯録を継承する禅宗の史伝の書。上進して徽宗の序を賜り、入蔵を勅許された。全体を、正宗・対機・拈古《ねんこ》・頌古・偈頌の五章に分類、編集している。雲門宗の資料に詳しいのは、編者の法系による。五灯録の一。㊗二乙・九・一―二

**げんちょう　玄朝**　生没年不詳。平安中期(一〇世紀末から一一世紀初め)に活躍した絵仏師。源朝とも書く。永延元年987東大寺大仏殿の織成《しょくじょう》大曼荼羅修理の際、奈良元興寺の玄朝が地神の姿を描いたという。興福寺の板彫十二神将の下絵も彼の作らしい。元興寺玄朝は、飛鳥寺源朝と同一人であり、後者の入記を持つ白描画像には、醍醐寺本不動図巻中の不動明王の頭と二童子図、石山寺本不動明王二童子図、醍醐寺本石淵寺勤操僧都図、田中家本不動儀軌中の四面四臂四足不動明王図などがある。これらはいずれも自筆本ではないが、とくに不動明王の図像表現に果たした役割は大きく、青蓮院本青不動明王図の成立に与えた影響は少なくない。〔参考〕東大寺要録、七大寺日記

**げんちょう　玄暢**　(東晋の義熙一二416—南斉の永明二484)劉宋代の華厳学者。姓は趙氏。河西金城(陝西省南鄭県)の人。平城(大同)で玄高に師事して禅を学び、経律に通じ、三論をよくした。北魏の太武帝の排仏で捕えられたが、太平真君六年445楊州に難を免れ、劉宋の文帝に重んじられた。荊州の長沙寺、成都の大石寺に住した。南斉の建元元年479斉后山に斉興寺を建てていたのが南斉の高帝に聞こえ、荊州に迎えられ、武帝の時に京師(南京)の霊根寺に住した。華厳経の疏を作った最初といわれるが、現存していない。著書、訶梨跋摩伝一篇。〔参考〕出三蔵記集一一、高僧伝八、歴代三宝紀一〇

**けんちょう-じ　建長寺**　神奈川県鎌倉市山ノ内。臨済宗建長寺派大本山。鎌倉五

山の一。巨福山《こふくさん》建長興国禅寺と号する。北条時頼が建長三年1251に工を起こし、同五年落成して、南宋の僧蘭渓道隆《らんけいどうりゅう》を開山とした。無学祖元(円覚寺開山)が五世を継ぐなど、歴代すぐれた僧が住持し、学徒が多く集まった。南北朝時代には道隆系の門徒と祖元系の門徒が争ったこともある。永仁元年1293、正和四年1315、応永二一年1414など、たびたび火災にあい、正中二年1325には鎌倉幕府はその造営費を得るための貿易船を許している(建長寺船)。〔国宝〕絹本淡彩蘭渓道隆像、梵鐘、大覚禅師墨蹟〔重文〕仏殿、西来庵昭堂、唐門、大覚禅師塔、木造北条時頼坐像、絹本著色十六羅漢像(伝、明兆筆)、同釈迦三尊像(伝、張思恭筆)、同大覚禅師像、絹本墨画観音像ほか 〔参考〕鎌倉市史

建長寺(東海道名所図会)

**けんちょく 犍陟** ㊵カンタカ Kanthaka、㊴カンタカ Kaṇṭhaka の音写。乾陟、騫特、迦蹉迦などとも音写する。納と訳す。悉達多《しっだった》(シッダッタ Siddhattha)太子(のちの仏陀)が出家の志をおこして城を出た時、阿奴摩《あぬま》(アノーマー Anomā)河の辺まで乗って行った、と伝えられる白馬。太子に別れて帰城した後、食を絶って死し、のちバラモンの子としてこの世に生まれ出て、仏陀の教化を受け、さとりを得たという。〔参考〕過去現在因果経二、仏本行集経二〇

**けんとう 見登** 生没年不詳。新羅の僧。諸目録集に新羅、或いは青丘沙門となっているのみである。著書、華厳一乗成仏妙義一巻、大乗起信論同異略集二巻が現存。

**けんどう 見道** 〔修道《しゅどう》〕〔無学道〕 修行の階位。合わせて三道という。見道は見諦道、見諦ともいい、はじめて無漏智を生じて四諦《したい》(仏教の真理)を現観する(明了に見る)位。したがって見道に達する前は凡夫(異生)で、見道に入って以後は聖者である。修道は見道の後にさらに具体的な事象に対処して何度も何度も繰りかえして修練・修習する位。見道と修道とを合わせて有学道《うがくどう》という。無学道は無学位、無学果、無学地ともいい、究極的な最高のさとりに入って既に学ぶべきものがない位。小乗では三賢・四善根などの準備的修行(七方便)を修めたものが初めて無漏智を生じて見道に入るとする。大乗では初地入見道といって菩薩《ぼさつ》の初地を見道、第二地以上を修道、第一〇地と仏果とを無学道とし、密教では浄菩提心が初めて生じる位を見道とする。また無漏智によって道理をはっきりとさばく(決断簡択《けつだんけんちゃく》する)ことを決択《けっちゃく》といい、見道は決択の一部分であるから決択分という。また涅槃《ねはん》のさとり、或いはそれに至るための聖道《しょうどう》は、よこしま(邪)ではないから正性《しょうしょう》といわれるが、特に見道を正性という。すべての聖道は煩悩を離れさせるから離生といわれるが、特に見道は異生(凡夫)の生をはなれさせるから離生《りしょう》という。したがって見道を正性離生《しょうしょうりしょう》、正性決定《しょうしょうけつじょう》(決定とは必ず涅槃に趣く意)ともいう。見道で断つ煩悩を見道所断(見道断、見所断)の煩悩、略して見惑《けんなく》といい、修道で断つ煩悩を修道所断(修道断、修所断)の煩悩、略して、修惑《しゅわく》という。①有部《うぶ》では、見道で苦・集・滅・道の四諦を現観する無漏智に、まさしく見惑を断つ無間道の智(忍)と、断ちおわって四諦の真理を悟る解脱道の智とがあり、これを

観察の対象により八忍八智の一六心とする。即ち欲界の苦諦に関する無間道の智を苦法智忍、欲界の苦諦に関する解脱道の智を苦法智といい、同じく色界・無色界の苦諦に関する忍と智とを苦類智忍・苦類智、同様に欲界について集法智忍・集法智、上二界については集類智忍・集類智、欲界について滅法智忍・滅法智、上二界について滅類智忍・滅類智、欲界について道法智忍・道法智、上二界について道類智忍・道類智を立て、この一六心(刹那《せつな》)の観法を聖諦現観という。このうち前一五心の間が見道であり、この一五心を見道十五心という。道類智は、四諦の真理をすべて一応見おわって後のものであるから修道に属するとする。修道は三界九地の修惑の各々について上上品から下下品までの九品《くほん》、合わせて八十一品の修惑を断つ修道過程である。次第証のものでは見道が預流向《よるこう》であるから、第一六心(道類智)において初果(預流果《よるか》)を証するが、既に異生位(凡夫位)において世俗智によって有漏の六行観を修めて修惑の一部を断った超越証《ちょうおつしょう》のものは、第一六心においてその程度に応じて初果、第二果(一来果)、第三果(不還果《ふげんか》)を証するとし、修道とはそれぞれの果から阿羅漢向《あらかんこう》までの間をいう。無学道は、阿羅漢果を証した位をいい、これに能力性質などの高下によって、退法から不退法までの七種阿羅漢に独覚・仏、または慧解脱・倶解脱を加えた九無学があるとし、また無学の人は、無学正見から無学正定までの八聖道と無学解脱・無学正智の一〇種の無漏法(十無学支)を完成するという。また鈍根のものは見道で随信行《ずいしんぎょう》、修道で信解《しんげ》、無学道で時解脱《じげだつ》と呼ばれるが、利根の者は順次にそれぞれ随法行、見至、不時解脱と呼ばれる。〈⇩四向四果《しこうしか》 ⇩有学《うがく》〔無学〕 ⇩阿羅漢《あらかん》 ⇩見惑《けんわく》〔修惑〕〉 ②経部や成実論では八忍八智の十六心をすべて見道に属するとして十六心見道(十六心見諦)の説をとり、犢子部《とくしぶ》では一諦について法智・法忍(有部の説とは別)・類智の三心があるとして十二心見道の説をとり、第一三心は最後の道類智が前の刹那に続いて再び起こるとし、或いは一刹那をもって四諦のすべてを再び観じるとし、第一三心からが修道であるとする。また大衆部《だいしゅぶ》では頓現観の説を立て、四諦のすべてを一刹那にさとるとも、或いは一時頓現観の説を立て、まず総括して観じ次に詳細に観じるから二刹那にさとるともいう。これに対して有部の説を漸現観という。③唯識宗では見道をわけて真見道と相見道とする。前者は根本〔無分別〕智をおこして真如の理をさとり、煩悩障・所知障の分別の随眠を断つ位。これは一心真見道の説(頓証頓断説)で、これを正義とする。相見道は真見道の後に後得智をおこして再び真如の理を観じる位で、これはさらに三心相見道(一に自己の肉体を観察して我空即ち有情としての我体のないことをさとり、二に同じく法空即ちあらゆるものには実体がないことをさとり、三に自他のすべての有情《うじょう》とあらゆるものとを観察して我空と法空とをさとる)と十六心相見道(十六心によって四諦を観じる)とに分かれる。三心相見道を真見道に含めて、三心真見道の説(漸証漸断説)をとる者もある。見道において見惑を断って無分別智を得るが、なお余障があるので修道において何度も無分別智を修め習い、順次に十重障を断って、第十金剛無間道で煩悩障と所知障の種子《しゅうじ》を断ち尽くして無学果を証する。この三道を五位にあてると、見道は通達位、修道は修習位、無学道は究竟位にあたる。

**ゲンドゥン・ギャムツォ Dge-ḥdun rgya-mtsho** (1475—1542頃) チベットの第二代ダライ・ラマ。初代ダライ・ラマのゲンドゥン・ドゥパ Dge-ḥdun grub-pa の生まれ替わりと信じられる、最初のいわゆる転生ラマである。彼以後第一四代ラマに至るまで、代々のラマはいずれもその先代ラマの転生と信じられている。明の武宗は使者を送って彼を中国に迎えようとしたが彼は拒絶したという。

**ゲンドゥン・ドゥパ Dge-ḥdun grub-pa** (1391—1475) チベットのダライ・ラマ初代。ツォンカパ Tsoṅ-kha-pa (宗喀巴)の弟子で、師の死後タシルンポ Bkra-śis lhun-po 寺などを建て、旧教である紅帽派Shwa dmar-paに対してツォンカパの新教団である黄帽派 Shwa ser-paの勢力を急速に拡張した。ダライ・ラマの位は彼を初祖とし、チベットの守護神とされる観世音菩薩の化身として現在に至るまで厚い信仰をあつめている。ただし彼を初代ダライ・ラマとするのは後代の追称であって、彼の系統がダライ・ラマと呼ばれるようになるのは第三代ソナム・ギャムツォ Bsod-nams rgya-mtshoの時からであり、事実上チベットの政教両権を握るに至るのは第五代のガワン・ロサン・ギャムツォ Ṅag-dbaṅ blo-bzaṅ rgya-mtsho の時からである。

**けんなく　見惑〔修惑《しゅうわく》〕**　惑とは心の迷い、惑いで、煩悩《ぼんのう》のこと。見惑とは見道で滅ぼされる惑、修惑(思惑)とは修道で滅ぼされる惑を意味する。倶舎宗《くしゃしゅう》では、四諦《したい》の理(仏教の真理)に迷う迷理の惑の見惑、現象的な事物に執われて迷う迷事の惑を修惑とし、唯識宗では、邪師や邪教などの誘導により、または心におもい計って起こす後天的(分別起《ふんべつき》)な煩悩を見惑、生まれるとともに自然に生じる先天的な(倶生起《くしょうき》)煩悩を修惑とする。また天台宗ではこの見思《けんじ》の二惑は空観によって断たれる煩悩であるとして、塵沙《じんしゃ》の惑・無明《むみょう》の惑に対立させ、あわせて三惑という。そのうちで見思の惑はいずれも三界内のものに対して起こり、三界の生死(迷いの生存)をまねくものであるから界内の惑、三乗が共通して断たねばならないものであるから通惑という。①倶舎宗では見惑に八八があるとし、見惑八十八使という。即ち見道で滅ぼされる根本煩悩は、五利使(身見・辺見・邪見・見取見・戒禁取見)と五鈍使(貪・瞋・癡・慢・疑)とであるが、これをそれぞれ四諦にあて、三界にあてるとき、欲界に三二、色界・無色界に各二八、合わせて八八となる。また修惑に八一があるとし、修惑八十一品《ほん》という。即ち修道で滅ぼされる根本煩悩は、欲界では貪・瞋・癡・慢、色界・無色界では貪・癡・慢の計一〇種であるが、これらをそれぞれ一括して、九地に配当し、さらにそれぞれ煩悩の強弱によって上上品から下下品までの九種にわけて八一品とする。見惑の八十八使と修惑の一〇種とを合わせて九十八随眠という。②唯識宗では見惑を一一二、修惑を一六と数え、合わせて一二八の根本煩悩を説く。

**けんに　兼意**　(延久四1072—久安元1145—　)真言宗の僧。仁和寺成就院二世、高野山遍照光院中興二世。字は成蓮房。亮阿闍梨と号する。皇后宮亮藤原定兼の子。幼くして出家し、仁和寺観音院の寛意に師事して仁和の法流を学び、嘉保三年1096仁和寺北院において寛意から伝法灌頂を受く。康和三年1101寛意の没後、高野山に登り遍照光院に入住するが、のち閑寂を好んで北谷に成蓮院を建て幽居したという。兼意は事相に秀で、諸尊法を集成した成蓮抄二〇巻は、観音院流・常喜院流などでは無二の宝典として尊重される。また高雄曼荼羅を模写する(のちに御室版曼荼羅の原本となる)など、仏画をよくした。没年不詳。付法の弟子は常喜院流の祖心覚など二七名。著書、弘法大師御伝二巻、兼意抄一巻など一八部がある。〔参考〕血脈類集記五、伝灯広録上、紀伊続風土記四

**けんにち　顕日**　(仁治二1241—正和五1316)　鎌倉後期の五山禅僧。下野雲巌寺開山。高峰《こうほう》と号する。諡号は仏国応供広済国師。後嵯峨天皇の子といわれる。一六歳で聖一国師弁円《べんねん》について剃髪、受戒。来朝の兀庵普寧《ごったんふねい》に参じて雲巌寺を開創した。ついで無学祖元に謁して印可を得、南浦紹明《なんぽじょうみょう》とともに二甘露門といわれた。その後、鎌倉浄妙寺・建長寺・浄智寺、京都万寿寺に住した。語録二巻がある。法嗣に夢窓疎石がいる。〔参考〕仏国応供広済国師行録、鎌倉五山記、延宝伝灯録一九

**けんにょ　顕如**　(天文一二1543—文禄元1592)真宗本願寺一一世。諱は光佐。一〇世証如の長子。天文二三年石山本願寺(跡地は現大阪市)で得度。永禄二年1559門跡に列せられた。戦国乱世にあたり、元亀元年1570天下統一をめざす織田信長と開戦、石山本願寺に拠り、一向一揆を組織して諸国門徒を糾合し、朝倉・浅井・毛利らの諸大名と通じて一〇年余にわたって抵抗した。天正八年1580正親町天皇の仲裁で講和して石山を

退き、本拠を紀伊鷺森に移した。同一一年和泉貝塚に移り、同一三年摂津天満に帰り、ついで同一九年豊臣秀吉に京都七条堀川の地（現西本願寺の地）を与えられ、文禄元年諸堂の整備をみた。〔参考〕私心記、貝塚御座所日記、今古独語、信長公記、御湯殿上日記、言継卿記、顕如上人伝

**げんにょ-に　元如尼**　（延宝八1680―　）肥前寿恩院の尼僧。字は体真。肥前国主鍋島之治の子女。黄檗宗化霖に教えをうけ、元禄一四年1701二二歳で尼となった。戒律の弘通につとめ、京都に上って霊潭律師に謁し、尼法要決をうけ、持戒厳粛であった。のち浄土教に帰依し、京都に光摂庵を結び、道俗男女を教化した。

**げんにん　咸潤**　生没年不詳。中国北宋代の天台山外派の学僧。字は巨源。姓は鄭氏。越の上虞の人。七歳で等持寺の子明に師事して、のち開化寺慶昭について浄名・法華・涅槃・楞厳を学び、師の没後梵天寺を継いだ。天聖三年1025会稽の永福寺に住し、随う者が多かった。天禧年間1017―21四明知礼に対抗して指瑕、籤疑などを著わした。〔参考〕仏祖統紀一〇、釈門正統五

**げんにん　源仁**　（弘仁九818―仁和三887）真言宗の僧。池上僧都という。元興寺護命に法相を学び、のち、実慧・真雅とくに宗叡について密教をうけ奥義を極めた。元慶二1878年内供奉となり、少僧都に進み、仁和元年東寺二長者に補せられた。当時、三密の学業無比といわれ、南池院を建て、密学を教えた。門下に益信・聖宝があり、広沢・小野の二流がこれよりおこる。著書、灌頂通用私記三巻。〔参考〕東寺長者補任一、元亨釈書三、僧綱補任、本朝高僧伝七

**けんにん-じ　建仁寺**　京都市東山区大和大路通四条下ル四丁目小松町。臨済宗建仁寺派本山。東山《とうざん》と号する。開山は栄西。建仁二年1202源頼家が寺地を施入し、宋の百丈山を模して元久二年1205落成、官寺に列せられた。京都における最初の禅宗寺院であるが、当初は台密禅の三宗兼学道場として発足し、文永二年1265木僧蘭渓《らんけい》道隆《どうりゅう》が住してから兼学をやめた。建武元年1334五山第二位となる。堂舎は鎌倉時代以来しばしば火災にあったが、天正年間1573―92安国寺恵瓊《えけい》により部分的に復興され、また宝暦一三年1763に諸堂が改造されている。〔国宝〕紙本金地著色風神雷神図〔重文〕方丈、勅使門、絹本著色十六羅漢、紙本墨画竹林七賢図、同明恵上人筆消息（上覚御坊宛）ほか〔参考〕建仁寺住持位籍、五山伝、和漢禅刹次第、元亨釈書、雍州府志四・八

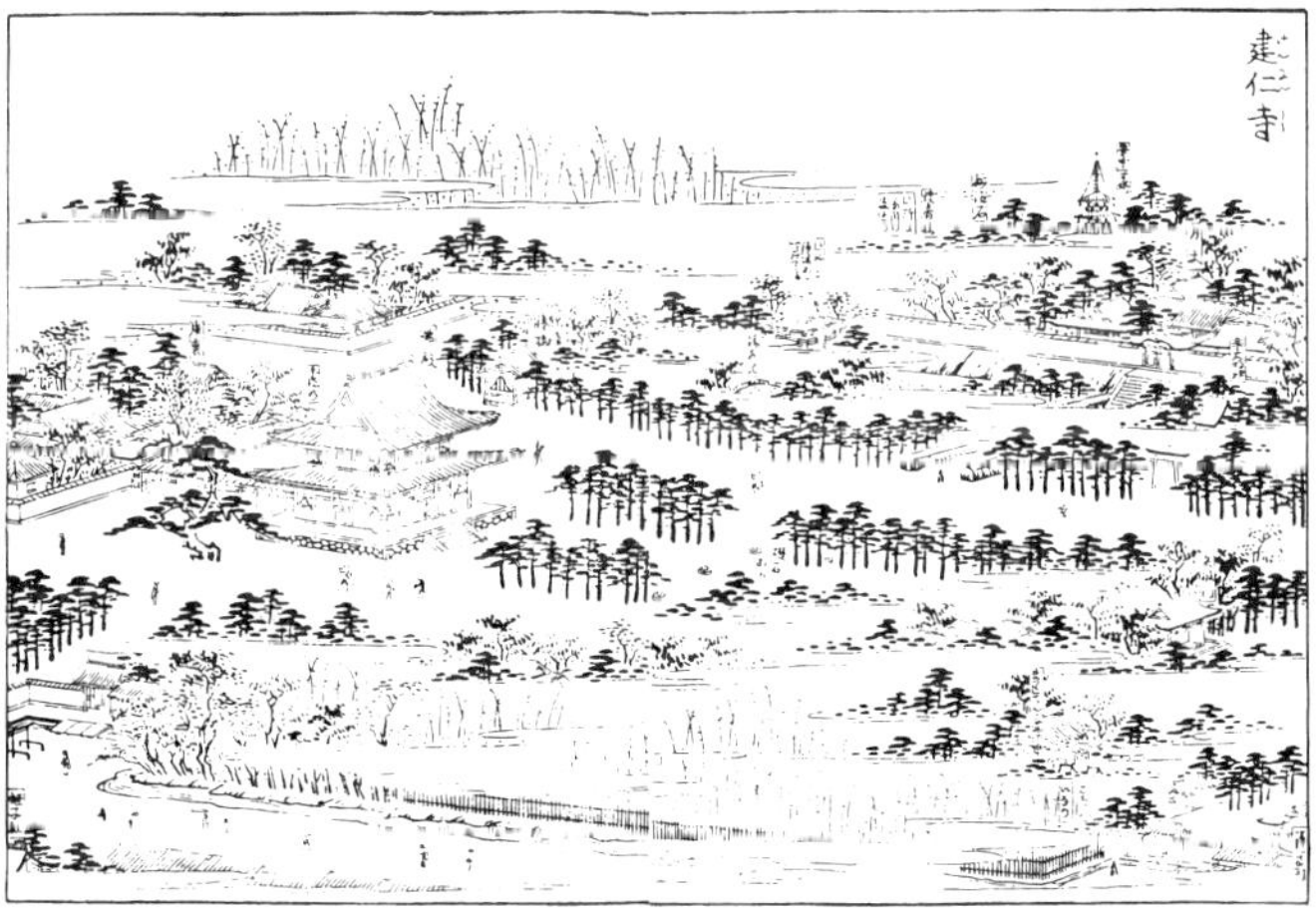

建仁寺（都名所図会）

**げんにん-ろん　原人論**　一巻。華厳原人論ともいう。唐の宗密の著。成立年不詳。儒者の韓愈の著わした原人の説に反対して、仏教の立場より人道の根本をたずね、特に華厳一乗教の教旨によって本覚の真心を天地万有の根本であると主張した書。斥迷執、斥偏浅、直顕真源、会通本末の四篇からなる。㊇四五、国一諸宗部四〔註釈〕浄源・発微録三巻、円覚・解三巻

**げんねん-げんぎょう　減縁減行**　小乗の実践道の一段階である忍位〈⇩四善根位《しぜんごんい》〉に下中上の三段階があるうち、中忍において十六行相《ぎょうそう》をもって四諦を観じるのに、次第にその対象とする範囲を縮めて観じる観じ方。縁とは所縁の義で、観の対境を意味するが、それは即ち四諦である。こ

れを色界・無色界の上界と、欲界の下界とに分け、それぞれに四諦を観じるから合わせて八縁となる。行とは行相の義で、四諦を観じることのすがた、状態を意味し、四諦に各四行相、計一六相がある。即ち苦諦に非常・苦・空・非我、集諦に因・集・生・縁、滅諦に滅・静・妙・離、道諦に道・如・行・出の各四行相がある。上下八諦でこれが三二相となる。それで下忍から中忍にすすむと、ここで三二の行相をもって上下八諦を観じるのに、まず欲界の苦諦を四行相をもって観じ、次に同様に上二界の苦諦を、次に欲界の集諦を、次に上二界の集諦をと、このような順序で滅諦・道諦についても同様にそれぞれ四行相をもって観じるから、上二界の道諦の四行相を第一周の終りとする。その場合に道・如・行の三行相でこれを観じて出の行相を略する（減行する）。これまでが第一周である。第二周以下同様に欲界苦諦から観じ始めて最後の一を減行して行く。四周目ごとに減行とともに減縁がなされるわけであるが、その場合は減行は減縁の中に含ませて、ただ減縁とのみ呼ぶ。こうして三一周すれば、そのうち、七周は減縁し二四周は減行することとなる。次に最後に残された一行相によってさらに欲界の苦諦を観じるのを中忍満（中忍の終り）という。これよりただちに上忍に入るのである。中忍において減縁減行の説かれる理由は見道に入るための準備（方便加行《ほうべんけぎょう》）として、ここで次第に観の範囲を狭くして観智を猛利にし、ついに見道において真無漏智を起こすようにするためである。

**げんぱん　玄範**　生没年不詳。唐代の訳経僧の玄奘と同時代の唯識の学者。玄奘の門人ともいう。因明にも精通し、長安の普光寺に住して著述に専念した。著書、大乗阿毘達磨雑集論疏一六巻（現存）、その他に成唯識論疏二〇巻、解深密経疏一〇巻など多くの著述があったが今は伝わっていない。〔参考〕大唐内典録五、新編諸宗教蔵総録一・三、東域伝灯目録

**げんぴ-しょう　玄秘鈔**　四巻。実運の著（保元・平治1156—60頃）。東密三宝院流の口伝を記したもので、後三部鈔《ごさんぶしょう》の一。仏眼・金輪など二〇種の諸尊法について、道場観・本尊加持・曼荼羅・巻数・支度・その他修法上必要な印明などをしるす。㊅七八〔写本〕宝菩提院蔵（文永五1268写、延慶二1309写）、宝亀院蔵（鎌倉および江戸時代写二本）〔刊本〕明治四一1908刊　〔註釈〕頼瑜・伝授聞書（写本、高野山大学蔵）、同・伝授口決（江戸時代写、宝亀院蔵）、曇寂・私記（寛保元1741自筆、大谷大学蔵）

**けんびょう　賢瓶**　賢は善の意味で、よく善福を生じさせ、心に欲するものを意のままに出す瓶という意。また如意瓶、徳瓶、天瓶、吉祥瓶、善瓶という。経論中にこの瓶を譬喩として用いることが多い。たとえば旧訳の華厳経巻五九にはすべての願いを満足する菩提心に喩え、大智度論巻一三には一切の功徳を成立させる戒の比喩としている。これらを「徳瓶の喩」という。密教では賢瓶を地神の三昧耶形《さんまやぎょう》（持物）とし、また修法《しゅほう》のとき、これに香・薬などを盛って壇上におく。なお、水瓶の一種にも賢瓶または宝瓶と称するものがある。⇩瓶《びょう》 ⇩五瓶《ごびょう》

**げんぴん　玄賓**　（天平一〇738?—弘仁九818）法相宗六祖の一。姓は弓削氏。河内の人。興福寺宣教に唯識を学んだが、俗世間を嫌い三輪山に庵居した。勅により僧都に任じられたが、辞して西国に遊び、奴僕・馬丁となり、のち備中湯川寺に住した。弘仁七年頃、伯耆会見郡に阿弥陀寺を建てたが、その終焉の地は不詳といわれる。嵯峨天皇はその高風を賞し、御製の詩を与えた。〔参考〕凌雲集、文華秀麗集、日本紀略、元亨釈書九、本朝高僧伝四六、江談抄、閑居友、発心集

**けんぽう　見芳**　（応安三1370—永享一二1440）曹洞宗の僧。字は春庭。姓は源氏。摂津多田の人。一七歳で永沢寺の通幻寂霊を拝して受戒。のち不見明見に随侍し洞上の奥義を究めた。応永七年1400出雲の観見に参じ、帰途播磨に堂舎を構え、のち慶徳寺（現兵庫県小野市）と号し開山となる。また永沢・総持・竜泉・興禅の四大寺に歴住した。〔参考〕日本洞上聯灯録

**けんぽう　賢宝**　（正慶二1333—応永五1398）真言宗の僧。一四歳で東寺の杲宝について密教を学び、杲宝・頼宝とともに東寺

の三宝といわれた。のち観智院の住持となる。著書、理趣釈秘要鈔一二巻ほか六十余部がある。〔参考〕観智院法印御房中陰記、本朝高僧伝一七、諸宗章疏録下

**げんぼう　玄昉**　（　―天平一八〈746〉）法相宗第四伝、北寺伝の祖。姓は阿刀氏。大和の人。竜門寺義淵について唯識を学び、養老元年717学問僧として入唐した。智周について法相を究め、天平七年遣唐使多治比広成とともに帰朝し、経論五千余巻や仏像を将来した。その伝えた法相宗はわが国で第四番目でこれを第四伝となし、興福寺に伝統したのが北寺伝（猿沢池をはさみ北にあるので北寺といい、南寺伝即ち元興寺所伝に対する）という。同九年には僧正に任じられ、内道場に出仕した。同年皇太夫人藤原宮子の看病に功があって、以後、皇室の寵をうけ、吉備真備《きびのまきび》とともに政界に権力を振った。天平一三年その専横のために藤原広嗣らの弾劾をうけ、同一七年筑紫観世音寺（現福岡県太宰府市）へ流され、翌年彼地で没した。〔参考〕続日本紀、僧綱補任、扶桑略記、東大寺要録二、三国仏法伝通縁起、七大寺年表、元亨釈書一六

**けんぽう‐いちろ　乾峰一路**　禅宗の公案の一。洞山良价《とうざんりょうかい》に学んだ越州乾峰が、一僧に「すべての道は涅槃に通ずると言うが、その道はどこにあるか」と問われて、手中の杖で空中に一画し「ここに在り」と答えた故事で、涅槃を遠くに求めるべきでなく、自己の手裏に受用すべきことを教えたもの。首楞厳経第五にある「十方薄伽梵、一路涅槃門」にもとづく。雲門文偃《ぶんえん》がこれに評語を付している。〔原文〕無門関四八則、雲門広録中、五灯会元一三

**けんぽう‐じ　乾鳳寺**　韓国江原道高成郡金剛山南麓にある。三十一本山の一。新羅の法興王七年520阿度が開創して、初め円覚寺と号した。唐の貞観一二年638新羅僧慈蔵が入唐して清涼山から仏舎利を持ち帰って蔵したという。景徳王一七年758発徴が再建し、念仏万日会を設けて、貞信・貞順ら二一人と浄業を修した。新羅の末期道詵が重修して西鳳寺と改め、高麗の恭愍王七年1357瀬翁王師が再修して今の名を称した。李朝歴代の尊信があつく、二度の火災にあったが復興した。〔参考〕朝鮮寺刹史料下

**げんぽう‐らくじゅう　現法楽住**　現在において安楽の境地に住むとの意で、定《じょう》の異名。厳密にいえば、阿羅漢《あらかん》が善である禅定《ぜんじょう》三昧《さんまい》（四根本静慮）を修めることによって、現在のまのあたりに身心の楽を受けることをいう。その楽は出家・遠離・寂静《じゃくじょう》・菩提《ぼだい》（さとり）の四種ともいう。

**けん‐ほくりくどう‐しょじょう　遣北陸道書状**　一巻。法然の書状と伝える（承元三1209奥書）。一念義停止起請文、遣北越書、北国書状ともいう。北越地方に破戒の仏法者（一説に成覚の弟子善心房という）があって、一念義を説き後念相続を無用としたのを法然が停止したもの。〔漢語灯録一〇、浄全九など〕

**げんま　元磨**　（文化一二1815―慶応三1867）臨済宗の僧。字は羅山。遠江の人。初め郷里の広厳寺で剃髪、西遊して岡山曹源寺太元孜元・儀山善来に参じ、のち肥後見性寺の蘇山玄喬に参禅した。天保一五年1844筑後梅林寺に請じられ、安政六年1859には妙心寺五二四世をついだ。峨山とともに幕末の禅傑とされる。〔参考〕近世禅林僧宝伝下、近世禅林言行録

**けんみつ‐いぎ‐べんらん　顕密威儀便覧**　二巻。亮快の著（享保二〇1735）。釈門所用の衣服道具などについて律制や故事を類聚し、その由来を示した書。巻上は仏制三衣、袈裟色など二四項についてもっぱら衣服のことを述べ、巻下は四七項に道具、法式、僧官などの故事を記述。寛保三年1743亮快はさらに、顕密威儀便覧続編二巻（仏全七三）を編し、本書に漏れたもの八〇項を収める。仏全七三〔刊本〕元文三1738刊、同五刊

**けんみつ‐えんづう‐じょうぶつ‐しんようしゅう　顕密円通成仏心要集**　二巻。遼の道㲀《どうえき》の著。成立年不詳。顕密二教の成仏に関する要文を集めたもの。顕教については賢首の五教判をその心要とし、普賢行をその実践法とする。密教では大日・曼荼羅の新鈔を円教とし、持誦儀軌と験成行相とを修行とする。さらに顕密二教の根源に入りすべて円通を成就しようとして、顕密

をふたつとも修める者を上上根とし、この両円教にあえたことの喜びを最後に述べている。なお別に供仏利生儀を付す。(大)四六

**けんみつ-ふどう-じゅ　顕密不同頌**　一巻。顕密差別頌、顕密相対頌ともいう。覚鑁《かくばん》(1095—1143)の著。成立年不詳。金剛界曼荼羅の三七尊に擬して、顕教と密教との差異を三七種をあげて対弁した書。五言八四頌をもって、前の三二種は顕密の差異を二頌ずつに対弁し、後の五種(二〇頌)をもって密教だけにあるものをあげている。なお、同著者の五輪九字秘釈には四一種の顕密両教の差別をあげている〈⇩五輪九字秘釈《ごりんくじひしゃく》〉。(大)七九、興教大師全集上〔註釈〕顕密不同頌諺註(国東叢一〔註釈〕)

**げんみょう　原妙**　(嘉熙二1238—元貞元1295)元代初期の禅僧。姓は徐氏。字は高峰。諡号は普明広済禅師。蘇州呉江(江蘇省呉江県)の人。楊岐派一〇世の祖欽の法を嗣ぎ、杭州天目山(浙江省臨安県西)の師子巌に住した。語録二巻、高峰禅要一巻がある。〔参考〕語録付の行状・塔銘、増続伝灯録五、続灯存稿六

**げんむ-ものがたり　幻夢物語**　著者・成立年とも不詳。室町時代の仏教小説。下野国大胡家詮の子花松が父の仇小野寺親任を討ち、更に親任の子親次に討たれる。そのありさまを見た京都大原の僧幻夢が無常を感じ、やがて親次と共に高野山で称名念仏にはげみ、十念成就して往生を遂げることを説く。続群一八上、国東叢一(文芸上)、太田南畝・児物語部類(続史籍集覧六)

**げんめつ　還滅**　⇩流転《るてん》

**けんもん-ぐあん-き　見聞愚案記**　二四巻。世に重記と呼ぶ。日重の著(慶長二〇1615—元和五1619)。日蓮宗宗義や天台教義を初め、広く仏教一般の教義、世俗名義など八〇五項を収めた一種の仏教辞典。最後の一巻に日乾《にっけん》の宗門綱格の草案を収める。〔刊本〕万治元1658刊

**けんやく　謙益**　生没年不詳。百済の僧。百済律宗の始祖。聖王四年526にインドへ留学、梵僧倍達多三蔵と共に梵本律蔵を持して帰国。興輪寺で二八人の僧と共に律部七二巻を翻訳した。

**げんゆう　玄宥**　(享禄二1529—慶長一〇1605)新義真言宗の僧。字は尭性、また尭晶。下野の人。吹上城主又太郎の子。七歳で持明院宥日について出家、紀州根来寺《ねごろじ》で密教を究め、持明院に帰住して講席をひらいた。のち奈良興福寺・東大寺で唯識・華厳・三論を、また三井寺で倶舎を、延暦寺で天台を学んだ。天正一二年1584根来智積院能化となったが、翌年豊臣秀吉の戦火の際常住衆をひきいて妙音院専誉が豊山《ぶざん》長谷寺によったのに対し、京都北野に移って大いに法筵を張った。ついで徳川家康の帰依をうけ、東山に山林並びに荘田を与えられ、ここに根来の智積院を復興した。いわゆる新義真言宗智山派の独立第一世である。〔参考〕結網集下、高野春秋編年輯録一二、智山派本山智積院記、真言宗史綱、智積院史

**けんよう　賢璟**　(慶雲二1705—延暦一二1793)法相宗の僧。尾張の人。俗姓は荒田氏。賢憬《けんけい》ともいう。興福寺の宣教に修学し、天平勝宝六年754東大寺戒壇院で鑑真から受戒した(日本での登壇受戒の初例)。天平宝字三年759唐招提寺に戒壇ができた時、呪願師をつとめ、また一切経を書写して同寺に納めた。宝亀770—81の末年、伊勢の多度神宮寺に三重塔を造立した。延暦三年大僧都に任じられた。〔参考〕唐大和上東征伝、元亨釈書二一・二三、日本逸史二、本朝高僧伝六六

**げんよう　元養**　(寛文七1667—寛延二1749)黄檗宗の僧。字は百拙。号は釣雪。元椿、葦庵の別称がある。京都の人。近衛家凞の帰依をうけて洛西泉谷に法蔵寺を開いた。詩歌茶事に通じ、なかでも画に勝れた。〔参考〕扶桑画人伝

**けんよう-しょうぎょう-ろん　顕揚聖教論**　二〇巻。無著(アサンガ Asaṅga)の作。唐の玄奘の訳。漢訳のみが現存し、梵語原本およびチベット訳は伝わっていない。瑜伽師地論の内容を再構成したもので、一一品からなる。偈頌の部分だけを玄奘が別訳した顕揚聖教論頌一巻がある。本頌一巻と論二〇巻との関係については問題があり、無著の頌に対して、世親(ヴァスバンドゥ Vasubandhu)が釈を作ったものが合わさって本論となったといわれる。中国・日本の

法相宗では瑜伽十支論の一に数える〈⇩瑜伽師地論《ゆがしじろん》〉。㊅三一

**けんよう-しょうぼう-ふっこ-しゅう　顕揚正法復古集**　二巻。普寂徳門(1707—81)の著。成立年不詳。顕理分教門と破邪矯弊門の二門から成るが、顕理分教門のみが現存する。正法教のインド・中国における弘伝の概略を記し、日本の華厳・天台・真言・禅・浄土・南山律の六宗について詳述し、その所立は異なるが堂奥では理味一であるため、一宗に偏執する妄想を断ち、機に応じて正法教に随順すべきことを説く。仏全三(顕理分教門のみ)、国一諸宗部二四〔刊本〕寛政九1797刊

**けんよう-しょうり-ろん　顕揚正理論**　二巻。日達(1674—1747)の著。浄土真宗本願寺派性均の略弾日蓮義と華厳宗鳳潭の明導劄とを破し、法華の正意を述べる。〈⇩抉膜明眼論《けつまくみょうげんろん》〉〔刊本〕享保一八1733刊

**けんよう-だいかい-ろん　顕揚大戒論**　八巻。円仁(794—864)の著。成立年不詳。最澄の没後、にわかに盛んになった純大乗戒に対する南都の非難に対し、多くの経律論を引証して小乗戒の他に菩薩比丘の大戒のあることを述べ、最澄の顕戒論の主旨をついだもの。また、円仁の戒弟淳和太后の尼戒壇建立の願を護助するためのものともいう。㊅七四

**げんろ　元盧**　⇩慧牧《えもく》

**げんろう　玄朗**　(咸亨四673—天宝一三754)唐代の天台宗の僧。左渓尊者、明覚尊者という。婺州烏傷県(浙江省金華府義烏県)の人。東陽(金華府)の人ともいう。傅大士六代の孫で、字は慧明。号は左渓。光州岸律師に具足戒をうけ律儀・涅槃を学び、東陽天宮寺の慧威に天台止観を学び、浦陽県の左渓山に三十余年隠棲した。永嘉玄覚《ようかげんかく》と同門で、門人に天台六祖の荊渓湛然がいる。その他、新羅の法融らも学んだ。著書に法華経科文二巻があり、また法華経文句の修治をした。〔参考〕永嘉集、宋高僧伝二六、編年通論一七、釈門正統二、仏祖統紀七・四〇

**けんろう-じぎ　堅牢地祇**　㊵プリティヴィー Pṛthivī の訳。地神とも訳す。十二天の一。大地の神。堅牢は大地の性質を冠したもの。インド古来の諸神の母。仏教では菩薩とすることもある。仏陀成道のとき、魔王が試みようとしたので仏が下方を指さすと、この神が地中より涌出して仏の成道を証明したと伝え、また仏の説法の会座にあって永く仏法を護持することを誓ったと説く。

**けんろん　見論**　⇩愛論《あいろん》

**けんわく　見惑**　⇩けんなく

# こ

**こ　挙**　挙げ示すこと。禅宗で公案などを示す時に用いる語。

**こ　鼓**　⇩く

**ご　悟**　⇩迷《めい》

**ごあ　悟阿**　(　—弘安六1283)東大寺の学僧。良遍に師事し、同寺知足院で法相・律を講じ、また浄土教を究めて浄土五祖の釈文に鈔記をつくり、一〇〇巻におよんだという。特に懐感の群疑論に詳しく、鈔二五巻を撰した。〔参考〕浄土源流章、法水分流記、浄土総系譜下

**こあい　挙哀**　禅宗で葬式の終りに参集者一同が「哀哀哀」と三度声を挙げて悲哀の情を表現すること。

**ごい　五位**　五つの位能。①すべての存在(一切法)を五種に分ける。五事、五法、五品《ごほん》などともいう。色法《しきほう》(物質的なもの)、心法(心の主体となる識)、心所法《しんじょほう》(心のはたらき)、心不相応行法《しんふそうおうぎょうほう》(色法でも心・心所法でも無為法でもないもの、例えば生住異滅といった存在のあり方のようなもの)、無為法《むいほう》(生滅変化がなく因縁に

よって作られることがなく、はたらきを起こすことがないもの)の五。倶舎論などではこの五位をさらに分類して色に一一、心に一、心所に四六、不相応行に一四、無為法に三、合計七五種に分け五位七十五法とし、唯識宗では心に八、心所に五一、色に一一、不相応行に二四、無為法に六、合計一〇〇種に分けて五位百法とする。また、この分類に準じて成実論の説を八十四法に分けることがあるが、その根拠は明瞭でない。倶舎宗などで五位を色心などの順序とするのは心外に対象の実在を許し、それによって内心に心・心所が起こされるとするからであり、唯識宗で心・心所などの順序とするのは、すべての存在はみな識が変じてあらわれた実体のないものであるとするからである。②修行の五段階。唯識宗では、菩薩が仏になるまでの階程を、⑴資糧位(有漏《うろ》の善をおさめて仏果をさとるもとでとする位で、十住・十行・十廻向の三十心(大乗の三賢位)にあたる)、⑵加行位《けぎょうい》(前に積み集めたもとでの上にさらに無漏智を得るための方便としての修行を加える位で、十廻向の満心(大乗の四善根位)にあたる)、⑶通達位《つうだつい》(初めて無漏智を得て真如の理を体得する位で、初地(見道)にあたる)、⑷修習位《しゅじゅうい》(前に見た真如の理を幾度もおさめる位で、二地以上(修道)にあたる)、⑸究竟位《くぎょうい》(仏果をいう)、の五位とし、これを大乗の五位という。これに準じて、資糧・加行・見道・修道・無学の小乗の五位があるともする。③禅宗における心性のあり方の五位。洞山良价《とうざんりょうかい》が修行者のために示したもので洞山五位といい、これに正偏《しょうへん》五位と功勲《くん》五位とがある。(イ)正偏五位。正中偏・偏中正・正中来・偏中至・兼中到の五で、正とは陰であって真如の本体を意味し、偏とは陽であって生滅の現象を意味する。即ち、平等のままに差別が存在し(正中偏)、差別のままが平等であり(偏中正)、これに基づいて修行工夫《くふう》する相には静中の動(正中来)、動中の静(偏中至)があり、さらに二つが共に兼ねそなわった自由自在の境地(兼中到)があるとする。曹山本寂はこれを君臣の例を用いて示した。(ロ)功勲五位。向・奉・功・共功・功功の五で、衆生がもとからそなえている仏性があることを知ってこれに達しようとし(向)、仏性をあらわすために修行し(奉)、仏性を見(功)、自由なはたらきを持つに至ったが、なおはたらきを認める立場にあり(共功)、さらにそれをも越えてあるがままの自由の境地にある(功功)ことをいう。

**ごい　五意**　意とは意識が起こるよりどころとなるものを指す。大乗起信論の説で、業識《ごっしき》・転識・現識・智識・相続識の五をいう。すべてのものの本体である阿黎耶識《ありやしき》が、その中にある根本無明によって動き出し(業識)、同時にそれによって主観作用(転識)および客観としての対象があらわれ(現識)、その対象を心の外に実在するものと認め(智識)、さらに実在と認めた対象にとらわれてはからいを起こす(相続識)から、これによって意識が起こるとするが、この阿黎耶識(心)と五意と意識との関係について、慧遠は起信論義疏巻上末に心は第八識、五意は第七識、意識は第六識であるとし、法蔵は起信論義記巻中末に五意のうち業識・転識・現識は第八識(阿黎耶識)の自体分・見分・相分であり、後の二識は意識のうちに入り、第七識は説かれてないとし、元暁の起信論疏記巻三には業・転・現の三識は第八識、智識は第七識、相続識は第六識であるとする。

**こいち-みょうさん　挙一明三**　知解の鋭いことをいう。一を示せば三を知るの意。

**こい-ほうぎょう　故意方行**　法相宗《ほっそうしゅう》の説。初地から第七地まで〈⇩十地《じゅうじ》〉の菩薩《ぼさつ》が第二阿僧祇劫《あそうぎこう》の修行時に、ことさらに(故意に)煩悩《ぼんのう》を起こし悪業を犯して悪趣に堕落し、悪趣にある衆生をすくうこと。「方行」とは「方《まさ》に煩悩を行なわせる」の意(成唯識論巻九)。

**ごいん-しちせい　五音七声**　中国・日本などの音階で十二律の音律と共に梵唄《ぼんばい》の音譜に用いる〈⇩墨譜《はかせ》〉。次頁図のようで、宮・商・角・徴・羽を五音といい、変徴・変宮または嬰商・嬰羽を加えて七声とする。密教ではこれを五智五仏などにあてて教義的意味を与える。

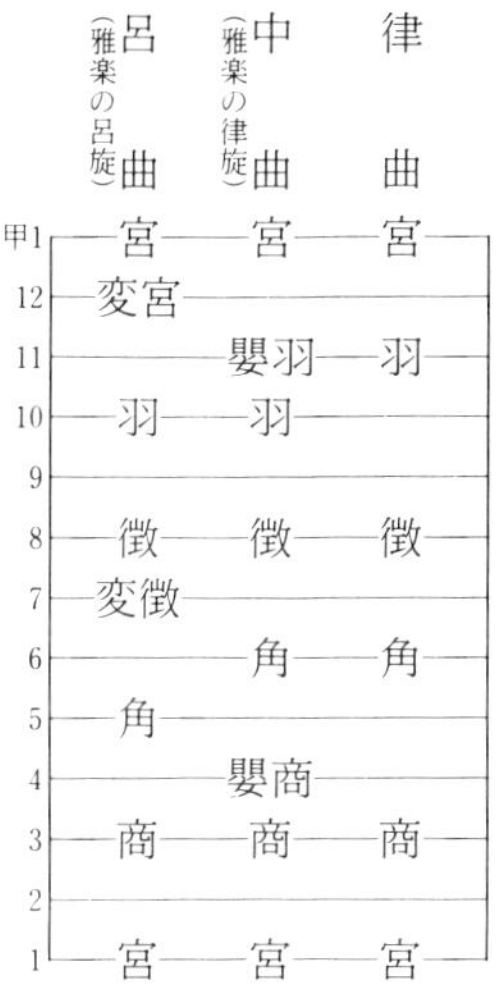


**こう　劫**　㊵カルパ kalpa の音略。劫波《こうは》、羯臘波《かつろうは》と音写し、長時と訳す。きわめて長い時間のこと。①劫を重ねる曠遠の時間を曠劫《こうごう》、永劫《ようごう》といい、兆載永劫《ちょうさいようごう》ともいう。兆も載も極めて大きい数の名。②大智度論巻五によれば、四〇里四方の城に芥子《けし》を充満し、一〇〇年ごとに一粒ずつを取り出し、ついにその全部を取りつくしても、劫は尽きないとされ、この喩を芥子劫《けしこう》と称する。これには異説も多い。③大智度論巻五によれば四〇里四方の石を、一〇〇年ごとに一度ずつ薄い衣で払拭し、ついにその石が磨滅し尽くしても、劫は尽きないとされ、この喩を盤石劫《ばんじゃくこう》と称する。これにも異説が多い。④二種の塵点劫《じんでんごう》がある。三千大千世界のすべての物を磨滅して墨汁にし、一千国土を経過するごとに一点を下し、ついに墨汁を尽くし、さらにその経過した国土を微塵にくだき、その一塵を一劫として数えた劫数を三千塵点劫《じんでんごう》という。また五百千万億那由他阿僧祇《なゆたあそうぎ》(極めて大きな数の名)の三千大千世界をくだいて微塵にし、五百千万億那由他阿僧祇の国土を過ぎるごとにその微塵を一つずつ下し、微塵が尽きたときその経過した国土を微塵にくだき、その一塵を一劫として数えた劫数を五百塵点劫または五百億塵点劫と称する。ともに法華経に出ている喩である。塵点久遠劫《じんでんくおんごう》という語はここに由来する。五百塵点劫のことを微塵劫または大地微塵劫とも称する。⑤倶舎論巻一二によると、人寿無量歳から次第に減って(後世の解釈では一〇〇年ごとに一歳ずつ減らして)一〇歳に至る間が一中劫、さらに(一〇〇年ごとに一歳ずつ)増えて八万歳に至り、また減って一〇歳に至る間が一中劫、このようなことを一八回くりかえして一八中劫、最後に一〇歳から増えて八万歳に至る間が一中劫、以上の二〇中劫は世界が出来上ったままのすがたで住しつつある間で、これを住劫という。また人寿が減りつつある間を減劫といい、増えつつある間を増劫といい、増劫には寿量・有情・資具・善品の四種が増盛するといわれ、これを四増盛という。住劫の次に世界が壊れつつある間が壊劫《えこう》、次に空無のままで続く間が空劫《くうごう》、次に世界が出来上りつつある間が成劫、成劫の初めを劫初といい、この成・住・壊・空の四劫を一大劫とする。四劫の長さはいずれも二〇中劫であるから、一大劫は八〇中劫となる。なお一中劫を二小劫とする。禅宗では天地開闢以前という意味で空劫以前という語を用いる。⑥菩薩《ぼさつ》が発心《ほっしん》してから仏になるまでの修行の期間は三阿僧祇《さんあそうぎ》(阿僧祇は㊵アサンキャ asaṃkhya の音写で、無数と訳し、極めて大きい数の名。⇩数《すう》)百大劫で、三僧祇百大劫、三祇百劫《さんぎひゃっこう》ともいう。⑦最も近い過去の一大劫は荘厳劫《しょうごんこう》、現在の一大劫は賢劫《げんごう》、次の未来の一大劫は星宿劫《しょうしゅくこう》と称され、これらを合わせて三劫という。

**こう　香**　①㊵ガンダ gandha の訳。乾陀と音写する。鼻根《びこん》が嗅ぎ、鼻識が識別する対境。五境(五塵)、六境、十二処、十八界の一。品類足論巻一などでは好香・悪香・平等香の三香、大毘婆沙論巻一三などでは好香・悪香・平等香・不平等香の四香に分類する。好・悪・平等の分類は、ここに与える快・不快・そのいずれでもないという点、あるいは感官を養い・損い・そのいずれでもないという点、あるいは生じる原因が福業によるか・罪業によるか・単に四大種の勢力によるかという点などによって分類し、四香の中で等・不等の区別は、香の力が身体とつりあって滋養になるか、つりあわずに害するかという点、あるいは香力が微弱か強烈かという点などからする。その他瑜伽論巻三には一種から一〇種までの分類を説く。②香気に富んだ樹脂や木片などから製造した香料を香という。原料となる香料の種類によって栴檀香《せんだんこう》(檀香ともいい、白檀香《びゃくだんこう》・赤檀香《しゃくだんこう》などの種類がある)・沈水香《じんすいこう》(沈香《じんこう》)ともいい、インド・南洋などに産出する香木の樹脂)・丁子香《ちょうじこう》(丁香)・鬱金香《うっこんこう》(鬱金即ちサフランの花を圧搾して作る)・竜脳香《りゅうのうこう》(ショウノウの一種で南洋に産出する香木から作る。極めて高価)(以上を五香といい、密教で作壇のとき五宝・五穀などと共に地中に埋める)・薫陸香《くんろくこう》(乳香ともいい、松脂に似ている)など、その他に伽羅《きゃら》・真盤《まなばん》(真南盤とも書く。暗褐色の樹脂を含む。或いは黒い沈香のこと)・安息香(南洋に産出する香木の樹皮からとった脂汁を固めて作る。或いはその木粉を固めたもの)などがある。③インドは熱地であって体垢などの悪臭が著しいので、それを消すためにかの地に多く産出する香木から香料をとって、それを身に塗り(塗香《ずこう》)、衣服や室にたきくゆらすこと(焼香《しょうこう》、薫香)が一般の風習として行われ、焼香は寒時に、塗香は寒時にも熱時にも(主として熱時に)用いられた。また焼香・塗香は仏などを供養《くよう》する方法の一つでもあり、賢愚経巻三には、仏を迎えるときの儀礼として焼香することを説き、法華経巻四には、香・抹香《まっこう》(道場や塔廟などに撒く粉末の香。末香、粖香とも書く。日本では特に樒《しきみ》で製造したもののみをいう)・塗香・焼香を十種供養の中に数えている。密教では閼伽《あか》水・塗香・華鬘《けまん》・焼香・飯食・灯明を六種供養として順次に六波羅蜜《ろっぱらみつ》になぞらえ、また閼伽水を除いて五供養とする。また密教では腕に塗香して自己が本来具えている五分法身を観ずる。塗香や焼香に用いる香の種類も、仏部・蓮華部・金剛部の三部や息災・増益・降伏の三種の修法などによって異なる。ただし、毘尼母経巻五などによれば、仏陀は出家者が治療のため以外に塗香することを禁じ、沙弥《しゃみ》の十戒の中にも塗香を規制してある。また出家者の塗香とは戒や禅定《ぜんじょう》によって心の垢を浄めることに他ならないとも説かれる。塗香(塗香に用いる香)には香水、香油、香薬などがあり、焼香(焼香に用いる香)には丸香(丸めたもの。密教では護摩《ごま》修法のときこれを炉中に投じて供養する。そして総集煩悩や、智火によって貪煩悩を焼き尽くすことや、瞋にたとえる)・散香(粉末にしたもの。密教では微細な煩悩や精進《しょうじん》や、癡にたとえる)・抹香(ここでは焼香に用いる粉末状の香の意)・練香(練りあげたもの)・線香(線状にかためたもの)などがあるが、特に塗香や線香から区別して、粉末にした焼香用の香を焼香ということがある。抹香のほかに香水《こうずい》も道場に撒布したり、仏像を灌浴したり、身体を灌沐したりするのに用いる。密教では、牛糞と浄好土と香水とを混ぜたものを香泥《こうでい》といって修法のための壇を築く場合に塗るのに用いる。また火葬の際に香木を薪とすることがあり香薪という。④焼香することを焚香、捻香、拈香《ねんこう》、告香《こっこう》、挿香《そうこう》、炷香《しゅこう》などという。禅宗では特に拈香の称を用い、種々な場合に拈香するが、開堂の日に聖寿の万歳を祈って拈香するのを祝聖《しゅくしん》拈香、法要の席に臨む勅使のためにするのを勅使拈香、法灯を嗣ぐためにするのを嗣法拈香、官僚のためにするのを臣僚拈香などという。また禅僧が一寺に住職して初めて説法する時、香を師にとどけて、その法系を嗣ぐものであることを報告するたより(信)とするのを信香、自分に対し焼香されたとき、その答礼に香をたきかえすのを還香《げんこう・わんこう》・(答香《たっこう》)、代理者が本人に代って焼香するのを代香という。斎食《さいじき》のときにまず僧衆に香を頒ちくばること、或いは堂を巡って香を諸尊の前にたくことを行香《ぎょうこう・あんこう》という(行とは頒ち与える意)。また中国では、寺院に参拝すること、或いは香資として金銭を納めることを進香という。⑤香を入れる容器を香筥《こうばこ》、香箱、香盒《こうごう》、香合といい、香をたく炉を香炉、薫炉、火炉といい、香を絶えずたく(常香)ための盤を香盤、常香盤という。香炉に把手《とって》のついたのを柄香炉《えごうろ》、手炉《しゅろ》という。また柄香炉や名香、如意などを入れる箱を香炉筥《こうろばこ》といって、この筥は戒体筥や居箱《すえばこ》と共に法会の際に導師などが用い(密教では大阿闍梨《だいあじゃり》が用い)、庭儀などには十弟子の一人にもたせる。⑥法の徳を香にたとえて、例えば戒香・聞香・施香といい、或いは戒香・定香・慧香・解脱香・解脱知見香(五分法身をたとえたもので五分香という)などという。

⑦日本では、華道・茶道などと共に香道が行われ、香の優劣をくらべる香合《こうあわせ》、闘香《とうこう》などのあそびもあり、室町時代以後特にさかんになった。

**こう　講**　元来は経論を講説する法会(講会ともいう。例えば仁王講、最勝講、法華八講など)を意味したが、転じて仏菩薩や祖師高僧の徳をたたえる集会(例えば釈尊と遺弟をたたえる涅槃講・羅漢講・遺跡講・舎利講の四座講や地蔵講、太子講、報恩講などをさすようになり、その儀式の次第を記す講式もつくられた。さらに信者の集団を講というようになり、また宗教だけでなく経済・交通・娯楽などの関係で結ばれた共同体組織をも講と称した。経論を講説する法会は奈良時代から僧侶を中心として行われ、平安時代中期には在俗者の集まりも盛んになって、法華信仰による菩提講や、浄土信仰による迎講《むかえこう》、二十五三昧講《さんまいこう》などが行われた。真宗では親鸞を、新義真言宗では覚鑁《かくばん》をたたえる講を報恩講といい、日蓮宗では日蓮の忌日に御命講《おめいこう》(大御影供《おおみえいく》の訛か)を修する。室町時代の中頃から、真宗では信者集団としての講組織が強まり、集会日によって三日講、六日講などと称した。庶民の間には、民間信仰にもとづく日待講、庚申講、三十三夜講などがあり、また霊跡に参拝する信者団の講(例えば熊野講、富士講など)も多く、江戸時代には信仰と行楽とを兼ねておおいに栄えた。近世の伊勢講などのように講銭を参詣旅費にあてるほか、貸金をして金利を取る講もあり、ついには頼母子講《たのもしこう》、無尽講などと称して純経済的な役割をもつ講もできた。旅宿の安全を図るための講(例えば江戸の東講・二都講、大坂の浪華講など)や娯楽を目的とする講(管絃講、汁講、無礼講など)もある。

**ごう　業**　㊵カルマン karman の訳。羯磨《かつま》と音写する。造作の義。行為、所作、意志による身心の活動、意志による身心の生活を意味する。①一般に業を身・語・意の三業に分ける。有部の解釈に従えば、これのことをなそうと意志したのが意業で、その意志を身体的行動と言語的表現とにあらわしたのが身業と語業(口業《くごう》)とである。また業を意志の活動である思業と、思業がおわってからなされる思已業《しいごう》との二業に分けるが、この場合思業は意業で、思已業は身・語二業である。三業としてはたらくものの本体(業体・業性)について、有部などでは意業は思(意志)、身・語業は色法《しきほう》(物質的なもの)であるとし、経量部や大乗ではすべて思(意志)であるとする。仏教本来の立場は後者にあると思われる。②有部では物質的なものを本体とする業(色業)即ち身業と語業とに、表(作、教)と無表(無作、無教)とがあるとする。これらはまた表業・無表業ともいわれる。表業は外に表現されて他人に示すことのできるもの、無表業は他人に示すことのできないものである。無表業は無表色となづけられる一種の色法(普通の物質のように粗雑でない)を本体とし、強い善悪の業によって起こるが、その業とは身表業と語表業と定《じょう》とである。この無表業に三種ある。受戒と定と(いずれも共に善)によって起こった律儀と、習慣的でしかも強い決断をもってなされた悪業によって起こった不律儀《ふりつぎ》と、それ以外の、時に応じての善悪の業によって起こった非律儀非不律儀《ひりつぎひふりつぎ》(処中の無表)との三種である。律儀無表は戒を捨てるまで、あるいは定を出るまで続き、その他の無表は特別な障害がないかぎり一生の間続く。これらの無表の中で善である無表には悪を妨げるはたらきがあり、悪である無表には善を妨げるはたらきがあって、それぞれにその人の後天的性格を形づくるとされる。身・語のそれぞれ表業および無表業に意業を加えて五業という。③善悪の業を造れば、それによってそれ相応の楽苦のむくい(果報、異熟《いじゅく》)が生じる。これを業因によって業果が生じるという。非善非悪の無記業は業果を引く力がない。この業因と業果との関係を、有部では次のように考える。業そのものは三世に実在するもので、業が現在あるときこれが因となっていかなる未来の果を引くかということが決定し(取果)、業が過去に落ちていって(落謝《らくしゃ》して)から果に力を与えて果を現在に引きだす(与果)、と。また経量部では、業は瞬間に滅び去るが、その業は果を生じるたね(種子《しゅうじ》)を識の上にうえつけ、その種子が果をひきおこすことになる、とする。この種子の思想は有部の無表業説に類するものである。④業を種々に分類する。総体としての一生の果報(むくい)を引く業、即ち人間界とか畜生界などに生まれさせる強い力のある業を引業(牽引業、総報業、引因)といい、人間界などに生まれたものに対して個々の区別を与えて個体を完成させる業を満業(円満業、別報業)という。引業のむくいを総報、満業のむくいを別報といい、この二業を総別二業という。なお有部では一つの引業によって一回の生をうけ、さらにその上で多くの満業によってこの生が完成されると説き、多業が一生を引いたり、一業が多生を引いたりすることはないとする。また業には、山河大地(器世間)のような、多くの生物に共通する果報(むくい)をひきおこす共業《ぐうごう》と、個々の生物の身体のような、個々の生物に固有な果報(むくい)をひきおこす不共業《ふぐうごう》とがある。⑤善心によって起こる善業(安穏業)と、悪心によって起こる不善業(悪業、不安穏業)と、善悪いずれでもない無記心によって起こる無記業との三を三性業という。悪業は罰されねばならない業であるから罰業《ばつごう》、罰といわれ、身・口・意の三罰業または三罰がある。中阿含経巻三二には、身・口・意の三業の中で意業が最も重いと説かれ、仏教が動機論に立つことを示している。これに対してジャイナ教では身・口・意の三罰の中で身罰を最も重いとして、結果論に陥っているとされる。また、熟慮のうえ決断してわざとした故思業(故作業)と、そうでなくおもいがけず誤ってした不故思業(不故作業)とがあり、無記業や不故思業はそれだけではむくいを生じないとする。故思業の中で積極的になされた強い重大な業を増長業《ぞうじょうごう》といい、消極的になされた弱い軽い故思業は不故思業と共に不増長業といわれる。ますます強くなる業を増上業もしくは増長業といい、そうでないものを造作業《ぞうさごう》という。欲界の悪業のように、眼・耳・鼻・舌・身の五識に受ける苦だけを受の果報としてもたらす業を身受業、色界・無色界(初禅天を除く)の善業のように第六意識に受ける楽だけを受の果報としてもたらす業を心受業といい、合わせて二受業という。また苦受と楽受と捨受(不苦不楽受)との果報はそれぞれ欲界の悪業と、欲界から色界第三禅までの善業と、色界第四禅以上の善業とによってもたらされるから、これらの業をそれぞれ順苦受業・順楽受業・順不苦不楽受業といい、合わせて三受業という。また、欲界の善業は幸福をもたらすから福業、欲界の悪業は不幸をもたらすから非福業、色界・無色界の善業はその禅定の種類によってむくいがきまって動かないから不動業といい、合わせて福などの三業(三行)という。また悪業は黒業、善業は白業ともいわれ、これに異熟の好ましいもの(白)と好ましくないもの(黒)とを配当すると、欲界の不善業は性質が不善であり異熟もこのましくないから黒黒異熟業、色界・無色界の善業は性質は善であり異熟もこのましいから白白異熟業、欲界の善業は性質も異熟も黒白まじりあっているから黒白黒白異熟業、煩悩《ぼんのう》との関係の断ち切られた無漏業は相対的な黒白を超え、かつ異熟を招かないから非黒非白無異熟業といい、これらを合わせて四業という。四業の中で前の三は有漏業で、これらは最後の無漏業で断ちほろぼされねばならない。また、内心を人にかくしてへつらうこと(諂《てん》)によって起こされる業を曲業《ごくごう》、いかり(瞋)によって起こされる業を穢業《えごう》、むさぼり(貪)によって起こされる業を濁業《じょくごう》といい、これを合わせて曲穢濁の三業という。八聖道《はっしょうどう》の第四支は正業で、その反対は邪業である。⑥業によってそのむくいを受ける時期に異なりがあるから、順現業(順現法受業)・順生業(順次生受業)・順後業(順後次受業)の三時業をわけ、それぞれこの世で造った業に応じて、そのむくいをこの世でうけるもの、次に生まれかわった世でうけるもの、第三回目の生以後でうけるものとする。この三時業はむくいをうける時期が定まっているから定業《じょうごう》といい、これに対して時期の定まらないものを不定業(順不定受業)とし、三時業に加えて四業という。また不定業を、むくいの内容(異熟)

の定・不定によって、時不定異熟定業と時不定異熟不定業との二にわけ、三時業と合わせて五業とし、また三時業をそれぞれ時定異熟定と時定異熟不定とにわけて六とし、二つの不定業を加えて八業とも数える。⑦業がそこにおいてはたらくよりどころとなるもの、或いは有情《うじょう》を苦楽の果報(むくい)に導く通路となるものを、業道(根本業道)といい、これに十善業道と十悪業道とがある。有部では、十善・十悪には業であるものと業でないもの(無貪・無瞋・正見、貪・瞋・邪見)とがあるが、いずれも意志(思)がそこにおいてはたらくよりどころとなるから業道と称すると説く。経量部や大乗では、十善・十悪はすべて業であって意志(思)を体とするが、はじめの七業道においては、身・語を動発《どうほつ》する意志(思)が、思惟し決定する意志(思)のはたらくよりどころとなるから業道であるとし、またその動発の思によって生じた思の種子《しゅうじ》をも業道という。後の三、すなわち貪・瞋・癡などは順次に、また交互に生じるから、前のものは後のもののために業の道であり、また有情を地獄などの悪趣などに導く道となるから業道というと説く。また業には、準備的行為(加行《けぎょう》)と、目的を遂行する瞬間の行為(根本)と、完遂後の従属的な行為(後起《ごき》)とがあるが、これらのうち根本のみが業道であるとする。⑧煩悩道・業道・苦道〈⇩三道《さんどう》〉。⑨業はむくい(果報、異熟)を生じる因となるから業因、因業といい、業によるむくいを業果、業報という。また業因には業を起こさせる原因(煩悩など)という意味もあり、因業には因と業(主因と助縁)という意味もある。業果を引く力を業力、業による苦であるむくい、または業とその苦であるむくいを業苦という。悪業と煩悩《ぼんのう》とをあわせて業結、業悩という。悪業のために生じたさわり、障害を業障《ごっしょう》、業累《ごうるい》という。業によってむくいをうけることは業感。過去世(前生、前世)に造った業は宿業または前業。宿業によってうけた寿命は業寿、業受。宿業による脱れることのできない重い病気は業病。宿業によるわざわいは業厄という。業がむくいを生じる道理は天道のように必然であるから業天、業は影のように身に添うから業影《ごうよう》、業は衆生を迷界につなぎとめるから業繫(繫業といってもほぼ同じ)、業羂《ごうけん》、業縛、業縄という。業は網のように人をとらえて迷界にとどめるから業網、悪業は垢や塵のように身を汚すから業垢、業塵という。また悪業のはたらきを火・魔・賊に喩えて業火・業魔(十魔の一)・業賊などという。地獄には衆生の善悪の業を照らしだし、はかり、記す、業鏡、業秤《ごうびょう》、業簿などがあるとする。悪業の力を風に喩えて業風というが、また悪業によって招かれた猛風(地獄などの)をも業風という。宿業による神通力として業通(報通)がある。⑩無間地獄のむくいを招く業を無間業〈⇩五逆《ごぎゃく》〉、有情を欲界などの三界につなぎとめる業を三界繫業という。煩悩は業を起こして有情を種々の世界に生まれさせる、即ち生を潤《うるお》すが、この未来の生を招く業を潤業《にんごう》、潤生業《にんじょうごう》という。また、自分の造った業のむくいは自分がうけなければならないことを自業自得という。⑪十二縁起の第一支である有《う》を解釈するのに、後になると(阿毘達磨《あびだつま》では)業を意味するものと見て、これを業有《ごうう》という。⑫観無量寿経には施・戒・行の三福は浄土に往生《おうじょう》するための正因で、浄業(清浄業)であると説かれている。一般に念仏して阿弥陀仏の浄土に往生しようと願うことを浄業という。

**ごう　後有**　まだ涅槃《ねはん》のさとりを得ない者が未来世において受けるまよいの生存をいう。それ故に仏陀が悟りの境地を表現するとき、現在において涅槃を得て後有を受けない、と説く。

**こうあ　向阿**　(文永二〈1265〉—貞和元〈1345〉)浄土宗の僧。証賢、是心ともいう。安芸守武田時綱の子。甲府の人。初め信宗と称し、伊豆・甲斐・駿河などの守護であったが、園城寺で出家し、京都に入って礼阿に浄土教をうけ、京都清浄華院(同院五世)に住した。著書、帰命本願鈔三巻、西要鈔二巻、父子相迎二巻(以上を三部仮名鈔という)、往生至要訣一一巻。〔参考〕向阿上人伝、浄土本朝高僧伝四、本朝高僧伝一七

**こうあん　公案**　禅宗で、さとりを開か

せるために与える問題をいい、古来の祖師が示した言葉、動作など、宗要をあつめて参禅者に工夫《くふう》させるもの。公案とは公府の案牘《あんとく》即ち国家の法令の意で、仏祖がさとりをひらいて真理をあらわし示した古則は、修道者にとって最も尊厳なものであるから公案という。話《わ》、また話則などともいう。公案によって工夫する禅の方法を看話禅《かんなぜん》といい、黙照禅に対する。また師匠が公案を言葉で示し与えるのを話頭公案という。碧巌録・従容録《しょうようろく》は各一〇〇則、無門関には四八則を挙げ、景徳伝灯録などの五灯録のすべてを通じて約一七〇〇則あるといわれることから、一千七百則の公案と称される。公案の唱出は中国唐代に始まるが、宋・元代になって盛行し、主に臨済系の禅僧が盛んに用いて、公案禅の禅風が起った。とくに趙州無字の公案が重視され、わが国でもその影響を受けて現在に至る。

**こういん　公胤**　（天養元1144?—建保四1216）園城寺の僧。号は明王院僧正。中院右少将源憲俊の子。近江園城寺で顕密を学び、同寺長吏となる。法然の選択集に対し、浄土決疑鈔を書いて反論したが、のち法然と会談して非を悟り、念仏に帰依した。〔参考〕寺門高僧記、園城寺長吏次第、吾妻鏡一九、法然上人行状絵図四〇

**こううん-じ　耕雲寺**　新潟県村上市門前。曹洞宗。霊樹山と号する。応永年間1394—1428傑堂能勝が開き、師の梅山聞本を勧請開山とし、自ら第二世を称した。寺運はおおいにふるい、後世、曹洞宗の録所として百八十余の末寺を統括した。

**こうえき　交易**　（寛永一二1635—元禄七1694）曹洞宗の僧。常陸水戸の人。字は連山。号は帰蔵室。海雲、定巌、不白の別称がある。一五歳で得度、宇治興聖寺の万安道白に師事し、のち徳川光圀の請により天童山大雄院に住し著作に専念した。元禄二年下野大中寺僧録となる。著書、万松録首書一六巻、博山録首書二巻など。〔参考〕日本洞上聯灯録一二、元禄書籍目録

**こうえん　皇円**　（　—嘉応元1169）比叡山の学僧。肥後阿闍梨という。摂政藤原道兼の孫、三河権守重兼の長子。肥後玉名郡築地村の人。比叡山で椙生の皇覚に顕密を学び、功徳院に住して多くの学徒を教えた。法然もその一人。後年、弥勒の出世を待って遠江国笠原荘の桜ケ池に身を投じ蛇身に変じたと伝える。また扶桑略記三〇巻の著者として知られる。〔参考〕法然上人行状絵図三、本朝高僧伝六六

**こうえん　洪偃**　（梁の天監三504—陳の天嘉五564）成実論の学者。姓は謝氏。会稽の人。梁の武帝に優遇され、陳の文帝の天嘉560—66の初め、楊都に請ぜられて宣武寺に住し講席を開いた。著書、成実論疏数十巻（現存しない）。〔参考〕続高僧伝七

**こうえん　康円**　（建保五1217—建治元1275）鎌倉中期の七条仏所の仏師。但馬法印ともいう。運慶の二男康運の子と伝えるが、不詳。湛慶のあとをつぎ七条仏所を主宰した。建長六年1254湛慶の小仏師として京都蓮華王院（三十三間堂）中尊の千手観音像（国宝）を製作、同八年湛慶が東大寺講堂千手観音像（亡失）の造立中に没したので大仏師となってそれを完成、再び蓮華王院千体千手観音像（重文）をつくる（うち七体に康円の在銘）。遺作は建長元年の地蔵菩薩像（西ドイツのケルン市東洋美術館蔵）、正元元年1259の奈良白毫寺太山王像（重文）、文永四年1267の四天王・眷属像（重文、MOA美術館・静嘉堂文庫・文化庁分蔵、奈良永久寺旧蔵）、同九年の不動明王・八大童子像（重文、東京観音寺蔵、永久寺旧蔵）、同一〇年の文殊・眷属像（重文、東京中村庸一郎氏蔵）、同一二年の神護寺愛染明王像（重文）などがある。

**こうえん-ほっけ-ぎ　講演法華儀**　二巻。詳しくは入真言門住如実見講演法華略儀という。円珍（814—91）の著（仮託説もある）。成立年不詳。法華経二八品および開結二経を略解したもので、とくに法華経と大日経との一致説に基づき、顕密一致を主張することを目的としている。日蔵二二、仏全二七

**こうおう-かんのん-ぎょう　高王観音経**　一巻。高王白衣観音経ともいう。白衣観音の霊験を説いた偽経。東魏の天平年間534—37観音を信仰していた孫敬徳というものがたまたま賊にとらわれた時、前日夢

中で救世観音経をさずかったため、斬られようとしたが三たび刀がおれて斬られずゆるされた。帰って観音像を拝した時、像に三刀のあとがあった。丞相の高歓がこれを聞いて大いに感じて経の弘伝につとめたという。㊅八五　〔註釈〕清の智敬・註釈

**こうおんじ　孝恩寺**　大阪府貝塚市木積。慈眼山と号し、浄土宗。創建年代・開基など不詳。当寺と隣接し廃されていた観音寺の観音堂を、大正三年1914に合併した。観音寺は釘無《くぎなし》堂、木積《こつみ》観音堂といわれる。観音堂は神亀三年726行基の創建という。永正一四年1517から一六年にかけて修造するが、天正一三年1585豊臣秀吉の紀州根来寺攻めのとき焼失。その後再建されたが、明治二二年1889廃寺となった。現在、孝恩寺蔵の多くの仏像は観音堂に安置されていたもので、平安前期から後期に属する。〔国宝〕観音堂　〔重文〕木造阿弥陀如来坐像、同文殊菩薩立像、同釈迦如来坐像、板絵著色天部像ほか

**ごうが　恒河**　インドの聖河ガンジス Ganges 河のこと。恒水ともいう。恒は㊵ガンガー Gaṅgā を音写した恒伽の略で、ガンガーは殑伽とも音写する。延長三千キロ、世界の大河の中の一七位を占める河で、仏典などでは閻浮提《えんぶだい》の四大河の一つに数える。ヒマラヤ山中に源流を発して南進し、デリー北方のハルドワール付近でヒンドゥスターン平原に出る。この地点を古来ガンガー・ドヴァーラ Gaṅgā-dvāra（恒河門）と呼ぶ。平原に出るとウッタルプラデーシュ州を東南に流れ、アラーハーバードでヤムナー Yamunā 河と合流する。さらに東進してヴァーラーナシー（ベナレス）、ビハール州パトナを通過し、この間にゴーマティー河・ガンダク河・ソーン河などと合流する。下流は西ベンガル州を経てバングラデシュに入り、ブラフマプトラ河と合流する一方で多数の分流を生じてカルカッタを含む大三角洲を形成して、ベンガル湾に注ぐ。紀元前一五〇〇年前後にインド亜大陸に侵入したインド・アーリヤ人はこの河の中流域に定住してヴェーダ Veda 聖典を中心とする独自のバラモン教文化を形成した。湿潤・肥沃なガンジス河流域では農業生産が次第に増大し、商業の発達をも促進して都市の成立をもたらした。このような状況の中で紀元前五―前四世紀には下流域において仏教・ジャイナ教の新宗教が生まれ、またのちのマウルヤ王朝・グプタ王朝は下流域の中心地パータリプトラ Pāṭaliputra（現在のパトナ）を都とするなど、インドの歴史・文化はガンジス河流域を中心として展開した。インドではヴェーダ時代から河川が神聖視されたが、ガンジス河は中でも重要な聖なる河として信仰され、女性神として神格化された。神話ではガンガーはヒマラヤ山の娘とされ、当初は天界を流れていたが、バギーラタ Bhagīratha 王によって地上にもたらされたという。ヒンドゥー教においてはガンジス河の水は罪障・けがれを浄める力をもつと信じられ、沿岸のハルドワール、アラーハーバード、ヴァーラーナシーなどの聖地には教徒のための沐浴場（ガート）が設けられている。また死後荼毘に付されて灰がガンジス河に流されることは最上の至福とされる。なお仏教経典では数の多いこと、とくに仏・菩薩の数の無限に多いことを恒河の砂にたとえて恒河沙《ごうがしゃ》数という

**こうかい　公海**　（慶長一二1607―元禄八1695）天台宗の僧。号は久遠寿院。姓は藤原氏。花山院左少将忠長の子。母は貞宗東本願寺一二世教如の娘と伝える。一四歳で天海の弟子となり、駿府総持院で落髪出家した。寛永二〇年1643天海没後、その後をつぎ江戸寛永寺第二代となり、比叡・日光両山をも兼領した。戦国期に廃絶した山城山科の毘沙門堂を、寛文五年1665復興させたことは有名。同堂双林院の北に葬られた。〔参考〕大猷院殿御実記八、日光山門跡次第、華頂要略一四二、続史愚抄六四、門跡伝上

**ごうかい　杲海**　生没年不詳。平安末期の真言宗の僧。山城醍醐寺金剛王院第三世。京都の人。尚書雅兼の子。初名は豪海、字を治部卿僧都という。久安六年1150醍醐寺一七世の元海に伝法灌頂を受け、治承四年1180源運に重ねて受法。蓮華院を建て一流（杲海方）を樹立。弟子に賢海・尊基・海淵などがいる。〔参考〕続伝灯広録

**こうかかつらし　功嘉葛剌思**　（1230―元の大徳七1303）㊂クンガー・タク Kun-dgah-grags の音写。㊵アーナンダヤシャ Ānandayaśa（普喜名聞と訳す）或いは㊂ダンパ Dam-pa（胆巴と音写し、微妙と訳す）ともいう。大覚普恵広照無上膽巴帝師と諡され、また金剛上師の称がある。チベット人。一一歳で法王上師に侍し、のちその命により西インドに行って古達麻室利に梵典を学んだ。蒙古の中統年間1260―64国師発思巴《ぱすぱ》（パクパ Hphags-pa）に薦められて中国に来て、代州五台山寿寧寺・仁王寺などに住した。元の至元一八年1281老子化胡経などがいつわりであることを上奏したので、世祖（フビライ）はこれらを焼かせた。讒言によっていったん中国を去ったが、再び訪れて中都聖安寺に入った。ついで各地を巡り、大顛と韓愈との論道の昔を憶い、潮州浄楽寺の址を復興した。至元三〇年宮中に観音獅子吼道場を建て、翌年成宗が即位したとき、奏して僧侶・道士の税を除かせた。元貞元年1295勅によって大護国仁王寺に住し、その後各地を巡って上都で没した。〔参考〕仏祖歴代通載三二・三五、神僧伝九

**こうかく　皇覚**　生没年不詳。平安後期の比叡山の学僧。右大臣藤原俊家の孫、左衛門佐基俊の子。近江東坂本椙生《すぎう》に住した。忠尋（1065―1138）の高弟で、三十四箇事書（枕双紙ともいう）などを著わして本覚法門を顕揚した。その法流を皇覚義、また椙生流と称した。著書、本懐鈔、五時口決集など。〔参考〕本朝高僧伝一一、諸嗣宗脈紀下

**こうがくーじ　向岳寺**　山梨県甲州市上於曽。塩山と号し、臨済宗向岳寺派の本山。康暦二年1380抜隊得勝《ばっすいとくしょう》を開山とする。守護武田信成以来、武田氏の菩提寺として栄えた。天正元年1573武田一族滅亡後は一時退転したが、徳川家康の保護を得て寺領などを復活した。天明二年1782、大正一五年1926に火災にかかる。明治二三年1890南禅寺末を離脱し別派独立した。〔国宝〕絹本著色達磨図　〔重文〕絹本著色三光国師像、同大円禅師像、中門

**こうがくーりゅうぎ　広学竪義《りゅうぎ》**　⇩竪義

**こうかつ　交割**　立ち会って物を分割すること。禅宗の僧堂で役についていた者が交替する時、新旧両者が立ち会いの上で公私の器物を点検してしわけをすること。

**こうがーでら　甲賀寺**　滋賀県甲賀市信楽町黄瀬にあった寺。聖武天皇は天平一四年742から同一七年まで紫香楽宮を同地方に置くが、この間、同一五年一〇月に大仏鋳造発願詔が下されて、当寺地が開かれていったという。翌年一一月甲賀寺で大仏鋳造の骨柱を立てたが、同一七年山火・地震などにあって中止、この大仏は後年奈良で東大寺大仏として完成した。発掘調査によると、当寺の伽藍配置は東大寺と類似していたといわれる。〔参考〕甲賀郡志下

**こうかん　公寛**　（元禄一〇1697―元文三1738）天台宗輪王寺門跡。名は有定。崇光院宮と号した。東山天皇第三皇子。宝永五年1708円満院で得度、初め覚尊といった。享保三年1718および同一六年天台座主となる。また画をよくした。〔参考〕続門跡譜

**こうかん　高閑**　（　―大中三849）唐代の僧。草書の名手。浙江省湖州府烏程県の人。長安の薦福寺・西明寺などで経律を学んだ。宣宗から紫衣を賜り、洗懺戒壇に臨んだ。晩年、湖州開元寺に住した。墨蹟では草書千字文（上海博物館蔵）がある。〔参考〕宋高僧伝三〇（広脩伝）、唐宋八大家文四

**こうがん　公巌**　（宝暦八1758―文政四1821）真宗大谷派の学僧。号は海徳院。越後の人。のち出羽浄福寺の嗣子となった。二〇歳で上洛し、宗学のほか徂徠派の学をうけ、皆川淇園に師事した。華厳・天台・梵暦・天文学禱文をも修めた。諸方に講筵を張ったが、享和二年1802本山から異安心として究明をうけ、深励らの教誨によって非を悟り直ちに改め、以後、正義を弘通した。著書、文類聚鈔行信記、因願成就済輔記、御文大意などの講録、詩書もある。〔参考〕羽州異安心御糺記、公巌上人事歴

**こうきーじ　高貴寺**　大阪府南河内郡河南町平石。神下山と号し、高野山真言宗。正和三年1314の当寺縁起によれば役小角《えんのおづぬ》の開創で、のち空海が高野山に入るまで住し、跡を弟子の智泉に付したというが、不

詳。なお創建は葛城修験の霊場が開かれて道場が設けられたのにはじまるとの説もある。元弘元年1331と延文五年1360に兵火にかかる。天明六年1786慈雲飲光が堂宇を復興し、盛んに正法律を唱え真言律宗の根本道場とした。以後、正法律一派の本山となり、明治五年1872高野山末となった。〔参考〕河内高貴寺縁起、河内名所図会二

**こうきょ　康居**　トルコ系の遊牧民族が建てた西域の古国。紀元前二世紀の中頃、今の中央アジアのシル・ダリヤ Syr-darya 河以北の地にあったが、紀元一世紀の終り頃にはその領域を南に拡げ、砂漠地帯にあったタシュケント、サマルカンドなどの五つの小王国がこれに属していたと伝える。西晋時代265—316まで中国の史書にその名をみせるが、五世紀にはすでに滅亡していた。後漢以後、中国に仏典をもたらし、翻訳した康僧会・康巨・康僧鎧などはいずれもこの地方の出身、あるいはその子孫といわれる。〔参考〕前漢書西域伝

**こうきょう　宏教**　（元暦元1184—建長七1255）真言宗の僧。鎌倉無量寿寺に住む。初め禅遍と称し、また少輔律師とも号する。常侍曹郎中敦経の子。京都の人。仁和寺最寛のもとで得度。高野山顕覚に保寿院流を受け、後に最寛にしたがい西院流を相承した。そのほか行海・蓮顕などに就いて野沢の法流を究めた。寛元元年1243律師に任じられ、その後関東へ下向し鎌倉雪ノ下の無量寿寺の住持となる。弟子に能禅・円祐・元瑜・定清など一四人がいる。宏教は師匠の口伝を法流ごとに類集し、西院流を中心に整理した。これらの聖教は後世、八結・金玉・異水として伝えられている。著書、両部大教伝来要文二巻など。〔参考〕血脈類聚記一〇、伝灯広録上

**こうきょうじ　興教寺**　中国陝西省西安の南郊にある。樊川《はんせん》の近くで、終南山を眺望する高台に位置し、玄奘三蔵の墓塔を中央に基公塔と円測塔の三塼塔が向かいあって立つことで知られる。玄奘は唐の麟徳元年664に長安の玉華寺で没し、初め滻水の東に葬られたが、総章二年669に高宗の勅により樊川北原に改葬された。後にこの墓塔に粛宗が塔額を下賜し興教としたため、この玄奘塔を中心に伽藍がそなわり、興教寺と称することとなった。太和二年828に安国寺義林が三蔵忌を修し、同年より翌年までの修理を経て現存の玄奘塔が完成した。窺基は永淳元年682に没して玄奘塔に陪葬され、開成四年839に改葬して基公塔が修建された。円測は武周の万歳通天元年696に没して洛陽竜門の北谷に葬られ、弟子勝荘らが終南山豊徳寺の東嶺に分骨した。再び分骨して政和五年1115に、玄奘塔の西に円測塔が建立された。三塔のおのおのに関する塔銘幷序も現存する。〔参考〕大慈恩寺三蔵法師伝一〇、劉軻・大唐三蔵大遍覚法師塔銘幷序、李宏慶・大慈恩寺大法師基公塔銘幷序、宋後・人周西明寺故大徳円測法師仏舎利塔銘幷序

**こうきょうだいし　興教大師**　⇩覚鑁《かくばん》

**こうぐみょうしゅう　広弘明集**　三〇巻。唐の道宣の著（麟徳元664）。梁の僧祐の弘明集にならい、道教及び儒教からの仏教批判に対して、護法的趣旨のもとに広く仏教に資する事跡・詩文などを集めた書。帰正、弁惑、仏徳、法義、僧行、慈済、戒功、啓福、悔罪、統帰の一〇篇に分け、二百三十余条を収める。採録の範囲は内外の典籍を問わず、弘明集に纂集されなかったもの、さらに梁以後唐代におよぶ記事を採録している。現在、本書以外にその原典を見ることが困難な記事もあり、中でも道安の二教論、甄鸞《けんらん》の笑道論、法琳の破邪論、法琳の弁正論、李師政の内徳論、謝霊運の弁宗論、昭明太子の二諦義・法身義、梁武帝の断酒肉文、竟陵王蕭子良（諸本に南斉文宣王とも）の浄住子浄行法門などが収録されている。㊅五二、国一護教部一—三〔参考〕大唐内典録一〇、開元録二〇、宋高僧伝一四

**こうげ　向下**　⇩向上《こうじょう》

**こうげ　香華**　香と華。ともに仏に供養するもの。香華院とは常に香華を供養する寺の意で、すなわち菩提寺（自分の家の属する寺）のこと。

**こうげ　香偈**　仏前に香をたくときに唱える偈文。焼香廻向文ともいう。浄土宗で勤行の初めに読誦する「願我身浄如

香炉 願我心如智慧火 念念焚焼戒定香 供養十方三世仏」の偈はその一例。

**こうけい 公啓** （正徳三1713—安永元1772）天台宗の僧。滋賀院八代門跡。良啓ともいう。号は最上院。閑院宮典仁の連枝（一説に直仁親王の子）、桜町天皇（一説に中御門天皇）の養子となる。宝暦一二年1762天台座主となった。〔参考〕門跡伝、滋賀院歴代

**こうけい 公慶** （慶安元1648—宝永二1705）東大寺竜松院の僧。江戸時代の東大寺大仏再興者。字は敬阿。姓は鷹山氏。丹後宮津の人。一三歳で東大寺大喜院英慶を師として得度、三論・華厳・天台・律などを究めた。大仏の焼損を幕府に訴え、諸国を勧進して元禄五年1692大仏の修補を完成し、宝永二年大仏殿の上棟式を挙げた。世人は俊乗房重源の再来といい、勅して公慶上人の号を賜った。著書、重興大仏殿讃頌集一巻など。〔参考〕公慶上人行状、公慶上人年譜、皇年代私記、続史愚抄六四

**こうけい 光冏** （ —明応元1492）浄土宗の僧。増上寺四世。号は文蓮社隆誉珠阿。姓は蒲生氏。近江国蒲生郡の人。音誉聖観に師事、内外の典籍に通じ、詩歌もよくした。後年、駿河に仙年寺を建てた。〔参考〕浄土鎮流祖伝四、三縁山志九

**こうけい 康慶** 生没年不詳。平安末・鎌倉初期の奈良仏師。康朝の弟子で、運慶の父。康朝小仏師、肥後講師、肥前小仏師ともいう。鎌倉初期の東大寺・興福寺の復興造像に著しい活躍をみせた。記録では仁平二年1152の吉祥天像の造立が早い。治承元年1177法橋に叙せられ、建久五年1194法眼位に進む。遺作の興福寺南円堂不空羂索観音・四天王・法相六祖（いずれも国宝）では、写実的新様式を完成させた。ほかに遺作としては東大寺・京都府山城町神童寺の伎楽面（建久七銘、いずれも重文）などがある。〔参考〕東大寺続要録、百練抄、吾妻鏡、元亨釈書二六

**こうげい 皇慶** （貞元二977—永承四1049）天台宗の学僧。谷阿闍梨、池上阿闍梨、丹波阿闍梨と称した。姓は橘氏。贈中納言広相の曾孫、書写山性空の甥。七歳で比叡山に登り、静真に師事して台密を学び、のち鎮西に至って景雲から東密の秘奥をうけた。万寿年間1024—28丹波池上の大日寺に庵居、国守の帰依をうけ、門下が多く、谷流と称される台密の一派をなした。著書、随要記二巻、胎蔵道場観私記など。〔参考〕谷阿闍梨伝、元亨釈書五、本朝高僧伝四九、伝灯広録

**こうけん 光謙** ⇩霊空《れいくう》

**こうげん 孝源** （寛永一五1638—元禄一五1702）真言宗の僧。仁和寺真乗院大僧正。はじめ興源と名乗る。水無瀬宰相氏信の息子。正保四年1647覚深のもとで得度。慶安四年1651権律師に任じられ、万治元年1658法眼位に叙せられる。同年信遍に従い伝法灌頂を受け、以後寛文三年1663大僧都、同六年法印、延宝五年1677権僧正を歴任した。貞享元年1684第二〇〇代東寺長者法務となる。孝源は当時の広沢流の巨匠で、延宝二年から翌年までのあいだ浄厳にこれを伝授している。また東寺の現図曼荼羅の修復を発願して元禄六年宗覚に描かせている。〔参考〕仁和寺諸院家記、続史愚抄、豊山伝通記

**こうげん-じ 向原寺** 奈良県高市郡明日香村豊浦。太子山と号し、浄土真宗本願寺派。俗に元善光寺という。欽明天皇一三年552百済聖明王の献じた仏像を蘇我稲目が向原《むくはら》の家を寺とし安置したのが始まりという。敏達天皇一二年583に蘇我馬子が桜井に再建して桜井道場と称し、崇峻天皇三年590には善信尼が百済より帰住、等由良寺（豊浦寺）といった。またわが国最初の寺という意味で建興寺（元興寺）とも称した。和銅三年710平安遷都と共に移転し、江戸時代には向原にちなみ広厳寺と名付けた。大正年間1912—26、旧称に復して向原寺と称し現派となる。なお旧伽藍の発掘調査の結果、現向原寺の南・北で礎石・遺構を検出しているが全容は明らかでない。古瓦は飛鳥・白鳳期のものが多い。〔参考〕日本書紀一九—二一・二八—三〇、諸寺縁起集、和州旧跡幽考一六

**こうげん-じ 興源寺** 徳島市下助任町。大雄山と号し、臨済宗妙心寺派。天正一四年1586東岳百堂を開山として建立。蜂須賀氏累代の菩提所で、初め南禅寺派に属し福聚寺といったが、慶安三年1650広山玄加のときに転派した。〔参考〕阿波地誌

**こうけん-じゅ 好堅樹** 地中に一〇〇

年間とどまって既に枝葉を具え、地上に現われると一日で百丈(三〇〇メートル余)の高さに達するという神話的樹木(大智度論巻一〇)。

**ごうこ　江湖**　江は揚子江、湖は洞庭湖(または江西と湖南)を指す。東西南北の四方世界と言うほどの意。禅宗で各地から来集した多数の雲水《うんすい》の僧をいう。また雲水の僧が安居《あんご》結制をするのを江湖の僧会《そうえ》、江湖会、略して江湖ともいい、僧堂を江湖道場、江湖寮といい、師家を江湖名勝禅師ということもある。晋山《しんざん》を賀する疏を江湖疏または江湖友社疏といい、別に東蔵主《ぞうす》がのべるのを東江湖疏、西蔵主がのべるのを西江湖疏という。

**こうこうーじ　興皇寺**　中国江蘇省江寧府上元県にあった寺。劉宋の泰始年間465—71の初め、明帝が朝陽門外に創建して、道猛《どうみょう》を請し、道猛はここで成実論を講じた。道堅・慧鸞・慧敷・僧訓・道明・保誌らが歴住し、のち陳代には三論宗の法朗が華厳・大品・四論を講じたので有名。〔参考〕高僧伝七・一○

**こうこくーじ　興国寺**　和歌山県日高郡由良町門前。鷲峰山と号し、臨済宗法灯《ほっとう》派本山。安貞元年1227源実朝の家臣葛山景倫《かげとも》(高野山金剛三昧院別当願性)が実朝の冥福を祈って創建し、西方寺(真言宗)と称したのに始まる。建長六年1254心地覚心(法灯円明国師)が南宋から帰朝したのを請じて開山とし、正嘉二年1258覚心は入寺して禅宗に改めた。興国元年1340興国寺の寺号を受けた。覚心の流を法灯派と呼び、その本寺となった。中世以来荒廃したが、慶長六年1601浅野行長により再興された。再興後、京都妙心寺末となっていたが、昭和三一年1956独立し本山となった。なお当寺は覚心帰朝の時随従して来た法普・国佐・理正・宗恕の四居士によって、後世の普化宗諸派の発祥地となったという。〔重文〕紙本墨書誓度院規式(奈良国立博物館寄託)、絹本著色法灯国師像(覚慧筆)、木造法灯国師坐像　〔参考〕紀伊続風土記一、紀伊名所図会後編四、鷲峰余光

**ごうこーふうげつーしゅう　江湖風月集**　二巻。元の松坡宗憩(無準師範の嗣)の編。しかし異説もある。南宋末から元の禅僧七二家の詩偈選集で、およそ二六一首を収める。題名の江湖は諸方の叢林をいい、漏参悟得の心境を自然風月にちなんで頌出した作品の意である。元至元二五年1288千峰如琬が跋を付し、日本の嘉暦三年1328清拙正澄が開版し、それ以来、写本や刊本も多数あり註釈書も多い。義堂周信の貞和類聚祖苑聯芳集と並んで詩文の典型とされた。〔註釈〕東陽英朝・新編江湖風月集略註二巻、陽春主諾・江湖風月集略註取捨二巻　〔写本〕長禄三1459写、延徳三1491写、明応八1499写

**こうごん　綱厳**　(建武元1334—応永二六1419)真宗木辺派本山錦織寺五世。字は慈観。存覚(本願寺三世覚如の長男)の第七子。東大寺で修学し、さらに青蓮院の門侶となり、法印権大僧都となった。観応二年1351錦織寺慈空の没後、そのあとをつぎ、貞治二年1363存覚から六要鈔をうけ、のち本願寺四世善如に伝えた。永徳三年1383浄土宗一流血脈譜系を著わして錦織寺の法系を明らかにした。〔参考〕存覚一期記、反古裏書、大谷本願寺通紀

**こうごんーじ　広厳寺**　兵庫県神戸市中央区楠町。医王山と号し、臨済宗南禅寺派。俗称は楠寺。元徳二年1330明極楚俊《みんきそしゅん》の開創にかかる。建武三年1336楠木正成とその一族が当寺で自刃したと伝える。〔参考〕明極行状

**こうさい　幸西**　(長寛元1163—宝治元1247)鎌倉前期の浄土宗の僧。成覚房と称する。初め比叡山西塔南谷に住し、鐘下房少輔と号したが、愛弟子を失い隠遁、法然の門下に入った。行空らと一念義を主張し、承元の法難(1207)にあって阿波に流され、また嘉禄の法難(1227)には壱岐に配流された。のち下総栗原で寺を構え布教した。一念義の祖とされている。著書、凡頓一乗、玄義分抄、略観経義など。〔参考〕浄土源流章、三長記、百練抄、選択集秘抄

**こうさん　好生**　禅宗の用語。注意をよびおこす時にだす語。

**こうーざん　衡山**　中国湖南省衡州府衡山県の西北にある山。衡丘、南岳とも称する。いわゆる五岳の一。山上は祝融・紫蓋などの七二峰に分かれ、山中には十洞、十五

巌、三十八泉、二十五渓、九池、九潭、九井などの景勝がある。多くの高僧が住した聖地として名高く、多数の仏寺・道観があったという。なかでも、福厳寺は慧思(天台智顗の師)および禅宗の南岳懐譲《えじょう》の故跡といい、付近の磨鏡台は馬祖道一が懐譲から法を伝えられた旧地であり、懐譲が住した観音台もこの地かと推定されており、また南台寺は石頭希遷《きせん》の遺跡といわれる。祝聖寺はむかしの弥陀台と考えられ、法照がここで承遠《しょうおん》に師事して般舟三昧《はんじゅさんまい》を修し、のち雲峰寺に移ったといわれる。

**こうざん-じ　功山寺**　山口県下関市長府川端。金山と号する。曹洞宗。嘉暦二年1327虚庵玄寂を開山とする。もと臨済宗長福寺と称したが、慶長七年1602長府藩初代藩主毛利秀元の菩提所となり、現在の宗派寺号に改めた。〔国宝〕仏殿

**こうざん-じ　香山寺**　中国河南省洛陽県城の西南、竜門の東崖にある。唐代の太和六年832白居易が重修し、清閒を主とした。白居易は洛陽仏光寺の如満らと香火社を結び仏事を修めたが、その没後、寺は廃絶。清の康熙年間1662—1722末に勅により再建された。白居易の墓、不空三蔵の碑がある。〔参考〕白氏文集六八・七一、居士伝一九

**こうざん-じ　高山寺**　京都市右京区梅ケ畑栂尾《とがのお》町。栂尾山と号し、真言宗御室派に属したが、現在は単立。古くは度賀尾寺といい、建永元年1206一一月明恵高弁が後鳥羽上皇の院宣を得て再興、日出先照高山之寺と称して華厳宗の道場とし、多くの帰依者を得た。承久の乱には公家方の遺族が多く乱を避けて当山に入った。応仁の乱ののち荒廃したが、織田・豊臣・徳川諸氏により再建された。寺内には後鳥羽院の学問所を移した石水院や多くの典籍・美術品を有する。高尾・槇尾と共にもみじの名所。〔国宝〕石水院(五所堂)、絹本著色仏眼仏母像(明恵筆賛文)、紙本墨画鳥獣人物戯画、紙本著色華厳宗祖師絵伝、同明恵上人像、玉篇巻第二七、冥報記、篆隷万象名義　〔重文〕石造宝篋印塔、同如法経塔、紙本墨画将軍塚絵巻(伝僧覚猷筆)、木造狛犬、同明恵上人坐像ほか〔参考〕高山寺資料叢書、高山寺縁起、雍州府志五

**ごうざんぜ-みょうおう　降三世明王**　降三世は㊵トライローキヤ・ヴィジャヤ Trailokya-vijaya の訳。五大明王の一。降三世とは貪瞋癡の三毒を降す意であるとする説と、三界の主である大自在天 ㊵マヘーシュヴァラ Maheśvara 摩醯首羅《まけいしゅら》と音写）を降伏する意であるとする説とがある。金剛薩埵《こんごうさった》の忿怒形で、その像は四面八臂、三面八臂、一面四臂などがあり、大自在天と烏摩妃《うまひ》（㊵ウマー Umā）を踏んでいる。これは、降三世明王が、その原形のイメージをヒンドゥー教のシヴァ Śiva 神(大自在天)に求めながら、しかもそれよりも強力であることを示すものと思われる。〔参考〕大日経疏一〇、一切如来真実摂大乗現証三昧大教王経

降三世明王（御室版胎蔵曼荼羅）

**こうし　講師**　⇩僧職《そうしょく》

**こう-じ　甲寺**　韓国忠清南道公州郡鶏竜山。旧名は鶏竜岬寺。百済久爾辛王元年420阿道の創建。新羅文武王一九年679義湘が華厳道場を設置してから大寺刹になった。鉄幢竿支柱・千斤梵鐘・月印千江之曲の木刻版などがある。〔参考〕韓国寺刹全書上

**こうしき　講式**　仏・菩薩や祖師の徳をたたえ法義を讃嘆する講会《こうえ》の儀式作法の次第をさだめたもの。伽陀《かだ》・表白《ひょうびゃく》・廻向などからなり、朗誦される。平安時代中期にはじまり、鎌倉時代に盛んになった。有名なものに二十五三昧式、往生講式、四座講式(涅槃講式・羅漢講式・遺跡講式・舎利講式)、六道講式、山王講式、地蔵講式などがあり、作者として源信、永観、真源、明恵、貞慶、凝然、覚鑁《かくばん》らが知られる。数百の講式が伝存し、仏生会や涅槃会をはじめ、禅宗の五講式、真宗の報恩講式(覚如)など

は現在も行われている。

**ごうじ-じょうべん　業事成弁**　浄土教で、往生の因が完成して必ず浄土に生まれることが決定的になることをいい、業道成弁、業成ともいう。曇鸞の浄土論註に、観無量寿経の下品下生《げぼんげしょう》に説く十念とは、必ずしも行ずるものが一〇という数を知らねばならないということではなくて、ただ業事成弁をあらわしただけであると説いたことから始まった語で、道綽《どうしゃく》はそれをうけて十念往生の説を立て、善導は十声や一声の念仏をとなえるものもすべて浄土に生まれることができるとした。源空は善導の釈によって一念一無上、十念十無上(選択集)として、一念にも多念にも業成するとしたが、門下では一念業成(一おもいの信心、或いは一声の称名で業成する)、多念業成(数多くの念仏をつとめることによって業成する)、十念業成、また平生業成《へいぜいごうじょう》(日常のときに業成する)、臨終業成などの説がある。

**こうしつ　香室**　㊵ガンダクティ gandhakuṭi の訳。健陀倶知と音写する。香房、香部屋、香殿などともいう。仏の居室、転じて仏を安置した室(仏殿)をいう。

**こうじゃく　恒寂**　(天長二825—仁和元885)真言宗の僧。大覚寺一世。俗名は恒貞。淳和天皇第二子。亭子親王という。仁明天皇の皇太子に冊立されたが、承和九年842伴健岑・橘逸勢らの謀反に連坐して廃された。嘉祥二年849二品に叙されたが出家し、真如法親王について両部の大法をうけ、のち嵯峨天皇の離宮であった嵯峨院を改めた大覚寺に入り、開祖となった。〔参考〕二代実録、菅家文草、大覚寺門跡次第

**こうじゃく-じ　更雀寺**　京都市左京区静市市原町。森豊山と号し、浄土宗西山禅林寺派。延暦一三年794賢憬の建立で、平安京最初の伽藍という。応仁の乱で一旦廃滅したが、浄春により再興された。〔参考〕都名所図会二、雍州府志五

**こうしゃく-ぼだいしん-ろん　広釈菩提心論**　四巻。北宋の施護の訳(太平興国五980)。カマラシーラ Kamalaśīla (蓮華戒)のバーヴァナー・クラマ Bhāvanā-krama (修習次第)初篇の漢訳。原典はトゥッチ G. Tucci によって出版されている。華厳・維摩・般若・楞伽など多くの経典を引用して、菩提心・智慧と方便・大悲・空などの問題を解説する。芳村修基の翻訳研究がある。㊅三二

**こうしゅう　広脩**　(大暦六771—会昌三843)唐代の天台僧。姓は留氏。至行尊者という。東陽下崑(浙江省金華府東陽県)の人。道邃の弟子となり天台学を研究し、禅林寺に住して梵網経や四分戒本をも学んだ。台州の刺史韋珩の帰依を受けて郡堂で摩訶止観を講じた。開成五年840日本僧円載が来て台教疑問三十科を呈した時、これに答えた。門人に物外《もつがい》・維蠲《いけん》・良諝《りょうしょ》などがいる。〔参考〕宋高僧伝三〇、仏祖統紀八・一〇、天台霞標一ノ三

**こうじゅう　弘充**　(　—南斉の永明年間483—93)劉宋代の僧。涼州の人。老荘の学に精通し、湘宮寺の綱領に選ばれた。年寿七依をうけ、法華・十地を講じて劉宋朝の帰二。著書に文殊問菩提経と首楞厳経の註書があったが、現存していない。〔参考〕高僧伝八

**こうしゅう-じ　興宗寺**　①福井市松本。牛鼻山と号し、浄土真宗本願寺派。本願寺覚如の門弟、但馬行如の開基と伝えられる。一四世紀初め、坂井郡長畝郡田島に建立されたが、慶長七年1602の本願寺東西分派のとき、加賀月津(現石川県小松市)に東本願寺末の興宗寺を分寺〈⇩②〉、当寺は北庄柳町御坊内へ移るなどして、第二次世界大戦後現地へ移った。開基の行如については伝説が多い。寺伝によれば、行如は但馬の人、俗名を北条弥次郎宗之といい、京都で親鸞に帰依して行円と称し、越前に下って当寺を創建、のち覚如に謁して行如と改めたという。一説には、もと源実朝に仕えた北条二郎時村で、親鸞に帰依して行念と称した人であるともいう。〔参考〕二十四輩記一、大谷遺跡録一　②石川県小松市月津町。真宗大谷派。⇩①

**こうしゅん　康俊**　生没年不詳。鎌倉時代末期から南北朝時代の七条仏所の仏師。運慶の六男運助の子と伝えるが、不詳。活躍した地域は奈良、兵庫、岡山から九州ま

で広範囲にわたる。現存の遺作も、正和四年1315の奈良長弓寺宝光院地蔵菩薩立像から応安二年1369の兵庫福祥寺不動明王立像に至るまでみられ、長期間に及ぶ。はじめ興福寺大仏師に、晩年東寺大仏師に叙された。

**こうじゅん　洪遵**　(中大通二1530—大業四608) 隋代長安大興善寺の律僧。相州(河南彰徳府安陽県)の人。少林寺雲公について律部を学び、華厳・大論をも修めた。更に鄴(河北省臨漳)の暉律師に四分を学んだ。開皇七年587西京(長安)の大興善寺に住し、一一年梵僧翻経の席に連なり、一六年崇敬寺で講律衆主となった。そのためこれまでは関内ではもっぱら僧祇律が学ばれたが、以後四分律が盛んになった。〔参考〕続高僧伝二一、律苑僧宝伝三

**こうじょ　康助**　生没年不詳。平安末期の七条仏所の仏師。豪助ともいう。頼助の子、定朝の曾孫。永久四年1116に法橋となり、保延六年1140法眼となる。日野新御堂、八条堀河堂、鳥羽安楽院不動堂の造仏記録がある。〔参考〕僧綱補任、中右記、兵範記

**ごうしょ　業処**　⇩ごっしょ

**こうしょう　光勝**　⇩空也《くうや》

**こうしょう　康正**　(天文三1534—元和七1621) 安土桃山・江戸初期の仏師。東寺大仏師職。康秀の子と伝える。京都、奈良で活躍し、天正一三年1585近江日吉大社の神像をはじめ、文禄四年1595京都方広寺大仏、慶長七1602—九年にかけて東寺金堂薬師仏などを造った。

**こうしょう　康尚**　生没年不詳。平安中期の仏師。康浄、康成、康昭とも書く。定朝の師。初め丹波掾となり、ついで従五位下尾張介、のち清水寺の僧となった。その後清水寺別当に補せられたという。遺作は少ないが、記録上は、正暦二年991京都祇陀林寺の丈六釈迦像を造ったのがはやく、事跡が明らかになった最初の仏師で、定朝様式の基礎を作った。〔参考〕皇胤紹運録、尊卑分脈図、権記、長秋記

**こうしょう　康勝**　生没年不詳。鎌倉初期の七条仏所の仏師。運慶の四男と伝える。東寺の仁王・二天(建久年間1190—99)、興福寺北円堂諸像(承元二1208)・地蔵十輪院四天王像(建保六1218以前)を運慶・湛慶・康運・康弁と共に造った。遺作に法隆寺金堂阿弥陀三尊像(貞永元1232)、六波羅蜜寺の空也上人像(年代不詳)があり、いずれも重要文化財。

**こうしょう　綱掌**　諸寺の法会の式事を掌る役僧。

**こうじょう　公帖**　公文《くもん》ともいう。中・近世に将軍が発給した五山・十刹・諸山の禅僧の住持任命書。守護が発給した例もある。室町幕府は公帖を発給すると一定の任料を納入させて幕府の財源としたため、やがて官銭を得るため名義だけの公帖が乱発されるようになった。これを坐公文《ざくもん》・居成公文《いなりのくもん》といい、これを得た者は実際には入寺しないで前住の待遇をうけた。

**こうじょう　向上〔向下〕**　①末より本にすすむのを向上といい、本より末にすすむのを向下《げこう》という。禅宗で迷いの境から悟りの境へ入るのを向上門といい、悟りの境からでて迷いの境中に順応して行くのを向下門という。向上と向下とが具わらなければ真の悟りではない。②密教でいう十二口伝《くでん》の一。ある句の上に他の句をつけて読むことを向上といい、下につけて読むことを向下という。

**こうじょう　光定**　(宝亀一〇779—天安二858)平安前期の天台宗の学僧。別当和尚、別当大師と呼ばれた。姓は贄氏。伊予の人。大同年間806—10の初め叡山に登り、最澄・義真について学び、同五年天台年分度者の一人として得度し、弘仁三年812東大寺戒壇院で具足戒をうけ、のち最澄とともに高雄山寺において空海から両部灌頂をうけた。弘仁一〇年最澄の戒壇建立に際して奔走し、最澄没後七日にして完成した。承和五年838伝灯法師、仁寿四年854延暦寺別当となり、四王院を建てた。著書、伝述一心戒文三巻、後伝法記二巻、日本名僧伝ほか。〔参考〕延暦寺故内供奉和上行状(改定史籍集覧一二、続群八下など)、文徳実録一〇、伝教大師行業記、叡岳要記、本朝高僧伝五

**こうしょう-いん　光勝院**　徳島県鳴門市大麻町萩原。臨済宗妙心寺派。別名を安

国普陀院と号し、俗に萩原寺という。暦応三年1340阿波守細川和氏の建立、夢窓疎石を開山とする。和氏の没後、補陀寺と号し、以来細川家累代の香華院となった。文和元年1352現寺号に改称。

**こうしょう-いん　光照院**　京都市上京区新町通上立売上ル安楽小路町。浄土宗。常盤御所といい門跡尼院の一。延文元年1356後伏見天皇の皇女進子内親王(本覚尼)の創建で、もと室町東北にあり、浄・台・禅・律の兼学寺院であった。のち持明院通基の邸跡の現地に移り、安楽光院といったことがある。明治六年1873現宗に改めた。

**こうしょう-こく　高昌国**　西域の古国。現在の中国新疆ウイグル自治区トルファンTurfan（吐魯番）地方にあたり、カラホージョ Karakhojo を都城としていた。天山南路北道に位置した往時の東西交通の要衝である。この地方は前漢時代の紀元前二世紀には車師前国と称し、交河城（現在のヤール・ホト遺跡）を都城としていた。この頃から中国の西方進出にとっての有力な拠点と目され、前漢はこの地に勢力をのばしていた匈奴を駆逐し、戊己校尉《ぼきこうい》を置いた。その後前涼の建興一五年327に高昌郡として編入され、以後後涼・西涼・北涼の支配下に入った。北涼の滅亡後その残党の沮渠氏が高昌城に拠り、トゥルファン地方一帯を支配した。これが高昌国のはじまりであるが、沮渠氏は四六〇年柔然《じゅうぜん》（蠕蠕《ぜんぜん》ともいう）に倒され、かわって闞伯周が高昌王となった。以後、闞氏・張氏・馬氏の漢人があいついで王位につき、四九八年に麴文泰《きくぶんたい》が王位についてからは、六四〇年まで麴氏の支配がつづいた。この間、隋の煬帝、唐の高祖・太宗と親交をもったが、のち離反して延寿一七年（唐の貞観一四年)640に太宗に滅ぼされ、唐の直轄領となって西州都督府がおかれた。九世紀後半にはウイグル Uigur（回鶻《かいこつ》）族が南下してトゥルファン地方を制圧し、ウイグル王国を建てた。この地域は古くから仏教がさかんで、多くの僧侶を出し、訳経などが行われた。玄奘はインドへの途次ここに滞在し、麴氏の援助を受けている。またウイグルの侵入後には、本来マニ教徒を主体としていたウイグル人が在来の仏教徒に同化して急速に仏教化し、ウイグル文字による仏典の翻訳など、独自の仏教文化を生み出した。二〇世紀初頭以来、ル・コック A. von Le Coq やスタイン A. Stein, 大谷探検隊などの調査によって仏像・仏画や梵語・ウイグル語・その他の西域古語などの経典など多数の資料が発見されている。〔参考〕北史西域列伝八五、出三蔵記集二・八・一四、高僧伝一〇―一二、続高僧伝七・二・四、大慈恩寺三蔵法師伝一

**こうしょう-じ　光勝寺**　京都市中京区蛸薬師通油小路西入ル亀屋町。紫雲山と号し、天台宗。空也堂極楽院、空也堂とも呼ぶ。天慶年間938―47光勝(空也)の門弟平定盛の創建で、光勝を開山とし、定盛を第二世とし了孫相継ぎ寺を守ったという。創建の地は二条櫛笥小路（現今新仕家西町）とされ、櫛笥道場、市中道場ともよばれて時宗に属した。その後、東山西光寺へ移り、寛永年間1624―44現在地に移ったという。天台宗への転宗は明治維新以後。空也念仏の本寺。鉢叩念仏の根本道場で、毎年一一月一三日（現在は同月第二日曜日）に瓢簞を叩き踊躍の念仏を修する。〔参考〕山城名勝志四

**こうしょう-じ　孝勝寺**　宮城県仙台市宮城野区東九番丁。日蓮宗。弘安年間1278―88（一説に正応年間1288―93）一乗阿闍梨日門の開創といい、光明山大仙寺と称した。永仁三年1295六老僧の日持の留錫により繁栄し、のち仙台藩主伊達忠宗とその室振姫が帰依して修治し寺号を善勝寺と改称、万治二年1659現寺号に改めた。宝永四年1707日潮によって中興された。〔参考〕封内記

**こうしょう-じ　興正寺**　京都市下京区醒ケ井通七条上ル花園町。真宗興正派本山。文明一四年1482仏光寺の経豪（蓮教）が寺内四六坊と共に本願寺八世蓮如に帰依し、仏光寺の旧号興正寺を称して山科本願寺内に創建した。天文元年1532山科本願寺が六角氏・法華衆徒に焼き打ちされて大坂石山に移った時、本寺も同地に移った。同四年本願寺の一家衆となったが、永禄一二年1569門跡号を許され本願寺の脇門跡と称した。天正一九年1591本願寺が京都西六条に移っ

た時、当寺も現地に移った。慶長七年1602本願寺の東西分派後は西本願寺に従い、明治九年1876独立して興正派を称した。〔参考〕仏光寺名所図会、都名所図会二

**こうしょう-じ　興聖寺**　①京都府宇治市宇治山田。曹洞宗。仏徳山と号する。天福元年1233正覚禅尼らが洛南の深草郷谷口に伽藍を建立、道元を開山にむかえて、観音導利院興聖宝林寺と称したが、道元が越前永平寺に移ってから衰微した。慶安二年1649永井尚政が現地に再建し、万安英種を中興開山とした。〔参考〕雍州府志五、山城名勝志一七　②京都市上京区堀川通寺之内上ル上天神町。臨済宗興聖寺派本山。円通山と号する。慶長八年1603虚応円耳が開創し、禅密兼倶の道場とした。のち勅願所の綸旨をうけ、一派の本山となった。明治以後は相国寺派に属していたが、昭和二三年1948興聖寺派として独立。〔重文〕紙本墨画寒山拾得像、絹本著色兜率天曼荼羅図　〔参考〕興聖寺由緒記、山城名勝志五

**ごうしょう-じ　毫摂寺**　①福井県武生市清水頭町。真宗出雲路派本山。元徳三年1331丹波六人部の乗専が覚如に帰し、同国の仏閣を覚如の別号にちなんで毫摂寺と号したのを、のち京都出雲路に移建した(一説に、親鸞六一歳のとき京都出雲路に一宇を建立し、その息善鸞に与えたのにはじまり、のち乗専が寺基を今出川に移したという)。応仁の乱後、五世善幸のとき、越前山本荘(現福井県鯖江市)に移り、横越の証誠寺に寄寓したが、やがて八世善鎮が同地に再興。慶長元年1596一二世善照のとき現地に移り、明治一一年1878現派を公称した。〔参考〕出雲路派本山毫摂寺記、真宗故実伝来鈔追加　②兵庫県宝塚市小浜。浄土真宗本願寺派別格別院。真宗出雲路派毫摂寺五世善幸の時、長子善秀を京都に留め、二男善鎮、三男善智を伴い越前に下ったが、天正年間1573―92に善秀が当地に当寺を建立したのに始まる。③石川県加賀市大聖寺荒町。真宗大谷派。善幸の三男善智〈⇩②〉が加賀に下り当寺を建立した。〔参考〕大谷遺跡録一、大谷本願寺通紀

**こうしょう-ばらもん　香姓婆羅門**　香姓は(梵)ドローナ Droṇa (巴)ドーナ Doṇa の訳。頭那《ずな》、豆磨《ずま》などと音写する。仏に帰依したバラモン僧。仏陀の滅後、諸国の人々が仏陀の遺骨を得ようとして争い、戦争にまでなろうとしたのを説得して、遺骨を八分して各国に分配するように取り計らい、自らはその容器を得て塔を建てて供養した。〔参考〕Digha-nikāya 16

**こうしょう-ぼさつ-おんきょうかい-ちょうもん-しゅう　興正菩薩御教誡聴聞集**　叡尊(1201―90)の晩年の講説を筆録したもの。漢文混りの仮名法語で、叡尊の説教の模様をいきいきと伝えている。内容は多彩で修行の心得や戒律に関するものが比較的多い。弟子の忍性を学は弱いが慈悲深重と評している。日本思想大系一五、国東叢一(法語)

**こうしん　光信**　(承久三1221―弘安元1278)親鸞門下六老僧の一。真宗仏光寺派仏光寺三世。字は源海。俗名は安藤駿河守隆光。武蔵国の城主であったが、三四歳の時、真仏について剃髪し、のち親鸞の門下に帰した。文永年間1264―75武蔵国荒木に住して教化につとめたが、やがてその教線は甲斐(等力山万福寺)から三河(力石如意寺)にのびた。仏光寺三世というのは、同寺の事実上の開山である七世の了源が源海の系統より出たのによる。〔参考〕大谷本願寺通紀、叢林集九

**こうしん　庚申**　干支の一。かのえさる。中国の道教では、庚申の夜には、人の体内に住む三尸虫《さんしちゅう》が天に上ってその人の罪過を報告し寿命をちぢめるという説があり、これを防ぐために徹夜する風習を守庚申(庚申待)といった。この説は晋代から説かれ、日本には奈良時代末にもたらされたといわれる。平安中・末期ごろから陰陽道系の、室町中期から仏教系の庚申信仰が説かれる。江戸時代から修験・神道系の庚申信仰が説かれてから全国的に盛況をみた。仏教では三猿の像をかかげて青面金剛《しょうめんこんごう》をまつり、神道では猿田彦神をまつる。〔参考〕抱朴子内篇六、神道庚申縁起

**こうしん　高信**　生没年不詳。鎌倉中期の学僧。号は順性房。栂尾高弁の高弟で華厳・起信論などを学ぶ。のち丹波神尾寺(金輪寺)を創建して住した。著書、明恵上人御

詞抄(文暦二1235)、上人自筆の遺心和歌集、高山寺縁起(建長五1253)、明恵上人行状記(同七)。

**ごうしん　仰信**　⇩解信《げしん》

**ごうしん　豪信**　生没年不詳。鎌倉末期の画僧。藤原為信の孫、為理の子。出家して法印となる。父祖の似絵《にせえ》(肖像画)を受けつぎ、大臣摂関影、花園天皇像(暦応元1338)を描いた。

**こうしん-ろく　考信録**　五巻。玄智の著(安永三1774)。浄土真宗を中心とし、勤行、聖典、作法などひろく仏教の日用の行事全般にわたり、三九七項を選んで解説したもの。とくに真宗の諸事項に詳しい。真全六四、真宗史料集成九

**こうすい-せん　香酔山**　香酔は㊵ガンダマーダナ Gandhamādana の訳。略して香山ともいう。雪山《せっせん》(ヒマーラヤ Himālaya)の北部にあって楽神である乾闥婆《けんだつば》(ガンダルヴァ gandharva)王の住処であるといわれ、この山中の樹々が芳香を発するのでこの名があるという。ヒマラヤ山脈中のカイラーサ Kailāsa 山を指すともいわれ、ヒンドゥー教ではこの山上にシヴァ Śiva神の天界があり、宮毘羅《くびら》(クベーラ Kubera)神の宮殿があるとしてインドでは崇拝されている。仏教では独覚仏の住む山といい、また仏陀に入滅を禁じられた賓頭盧《びんずる》(ピンドーラ・バーラドヴァージャ Piṇḍola Bhāradvāja)がこの山に住むとも伝える。〔参考〕起世経一、長阿含経一八、大樹緊那羅王所問経一、阿育王伝二

**ごうせい　仰誓**　(享保六1721―寛政六1794)浄十真宗本願寺派の学僧。字は欽願。号は合明閣。京都明覚寺寂便の子、蓮如九世の孫。初め伊賀上野明覚寺に住したが、のち学林に入り講学、さらに本山の命により石見浄泉寺に住し、端正な言行をもって近国の邪徒を教化した。明和八年1771命をうけて本山の諸僧を教諭、また学林で講じた。著書、十二礼偈弊蓋録、文類聚鈔嘆慶録、三帖和讃略解など多く、とくに妙好人伝二巻が知られる。

**こうせき-しゅう　礦石集**　四巻。蓮体の著(元禄五1692自序)。地蔵菩薩が女人の横死を救ったこと、大坂の女が現前に地獄の相をみたことなど、因果応報の物語数十項目を輯録する。〔刊本〕元禄六刊、明治二七1894刊

**こうせき-ねんぶつ-しゅう　礦石念仏集**　六巻。著者は浄土宗の僧と伝えるが、不詳。宝暦年間1751―64頃の作と推定される。三〇項から成る因縁談を交え、問答体で世間の無常を説き念仏往生を勧めている。〔刊本〕江戸中期

**ごうせつ-けごん　恒説華厳**　すべての時、いたるところで永遠に説かれつつある華厳経をいう。釈迦仏が説き、弟子が編集して経典として伝えている華厳経を、結集流伝《けつじゅうるでん》の華厳と称するのに対する語。

**こうせん　高泉**　(明の崇禎六1633―日本の元禄八1695)姓は林氏。諱は性潡。号は雲外。中国福州の人。一三歳で黄檗山に登り、慧門の法を嗣いだ。寛文元年1661隠元隆琦に招かれて来朝、黄檗宗本山宇治万福寺に入った。同一二年加賀献珠寺の中興開山となり、藩主前田氏の帰依をうけたが、元禄五年宇治に帰り、万福寺五世をついだ。著書、東国高僧伝、洗雲集、扶桑禅林僧宝伝など。〔参考〕碑銘、黄檗宗派原山、常応録抄

**こうぜん　晃全**　(寛永四1627―元禄六1693)曹洞宗の僧。永平寺三五世。字は版橈。号は野水。勅諡号は応安万国禅師。讃岐の人。延宝年間1673―81の初め武蔵泉岳寺にいたが、中国高僧伝記の編纂を企て、貞享二年1685僧譜冠字韻類一五〇巻を完成した。

**こうぜん　興然**　(保安二1121―建仁三1203)真言宗の僧。勧修寺慈尊院二世。本名は智海。字は理明房。慈尊院阿闍梨と号す。俗姓不詳。幼時から勧修寺寛信に随って両部大法・護摩・諸尊儀軌などを受学し、久安三年1147播磨守忠盛の祈禱を寛信に代って修し、同じく仁平二年1152前斎院と宇治入道の、同三年土佐殿息女の祈禱を修した。同三年一二月勧修寺勝福院において念範から伝法灌頂を受けたのをはじめ、保元二年1157一月実任に、平治元年1159と永暦元年1160には良勝から醍醐方を、応保元年1161高野山で喜俊から瑜祇灌頂を、同二年

金剛王院流を亮恵に、仁安二年1167増恵から小島流をそれぞれ重受、また中川実範にも付法され、受法は前後八回にわたった。特に興然は保延三年1137ころから晩年に至るまで諸尊法の研究・儀軌の蒐集にあたり、実任・念範・寛信・亮恵・観祐・喜俊などの諸師について二〇〇回を越える伝受を受け、それらを編纂した事相・図像関係の著書を多く残した。うち著名なものに、二一年をかけて建仁三年成立の諸尊法、ならびに事相上の重要事項を記した五十巻鈔五〇巻と金剛界鈔一二巻、密教図像集の先駆をなす金剛界七集二巻、図像集七巻、曼荼羅集三巻などがある。付法の弟子は栄然・覚禅・文覚・明恵など三一人。〔参考〕大日本史料四ノ補遺、血脈類集記五・七・一〇(真言全三九)

**こうぜん-き　興禅記**　一巻。静照(1234—1306)の著。文永年間1264—75の叡山衆徒の禅宗破斥に対して論駁したもので、諸経論や先徳の言説を引き、最澄・円仁らも神秀門下の禅師に伝法受衣したことを述べ、一切法門の宗源は禅宗で、仏祖以来インド・中国を経て相承したことを説いている。国訳禅宗叢書三、和融誌一二ノ一、五山文学新集六(刊本)室町時代刊、寛永一一1634再刊

**こうぜん-ごこく-ろん　興禅護国論**　三巻。栄西の著(建久九1198)。南都北嶺の謗難に対し、広く華厳・般若・法華・涅槃・梵網などの諸経や智顗・湛然・最澄・円仁・円珍・安然ら天台宗高僧の論釈を引き、禅宗興隆の深意を明らかにしたもので、一〇章よりなる。巻上は令法久住門・鎮護国家門・世人決疑門、巻中は古徳誠証門・宗派血脈門・典拠増信門・大綱勧参門、巻下は建立支目門・大国説話門・回向発願門とする。㊅八〇、国一諸宗部二三〔刊本〕安永七1778刊〔註釈〕東晙・同鑿竅

**こうせん-じ　高仙寺**　韓国慶尚北道慶州にあった寺。新羅神文王(681—92在位)の時元暁が住した。現在はその地に統一新羅時代に建てられた三層石塔と誓幢和尚(元暁)碑のみが残っている。〔参考〕韓国寺刹全書上

**こうぜん-じ　光前寺**　長野県駒ケ根市赤穂。宝積山と号し、天台宗。貞観二年860円仁の弟子本聖の建立と伝え、以後隆盛したが、織田信忠の兵火にかかった。天海の弟子慈応により中興された。比叡山の信濃五カ寺の一。〔重文〕弁天堂

**こうぜん-じ　光善寺**　大阪府枚方市出口。淵埋山と号し、真宗大谷派。文明七年1475本願寺蓮如の開創と伝え、その長子順如を一世とする。四世実玄の時、現寺号を称し、永禄三年1560院家となる。現在、大谷派五箇寺の一。

**こうそう　高僧**　徳の高い僧。時流にかなって天下に有名となった僧なら徳が少なくても名僧というのに対して、名があらわれなくても徳の高い僧を高僧という。高僧の伝記をあつめたのを高僧伝といい、梁の慧皎の撰んだ高僧伝は、現存する高僧伝のうちで最も古いものであるが、それによると高僧を訳経・義解《げぎ》・神異・習禅・明律・亡身・誦経・興福・経師・唱導の一〇科に分類している。この一〇科はその後の高僧伝では多少の相違ができた。⇩高僧伝《こうそうでん》

**こうぞう　香象**　①㊵ガンダ・ハスティン gandha-hastin の訳。こめかみのあたりから香気のある液体を分泌する強力な大象(この象は実は交尾期にあるものである)。②秘密灌頂の道場に使用する象形の香炉をいう。また、浄土宗の伝法の儀式にも同形の香炉を用い、これを触香という。

**こう-そうえ　康僧会**　(　—三国呉の天紀四280)三国時代の訳経家。交趾《こうし》(今の安南地方)の人。先祖は康居《こうきょ》国(中央アジアのキルギス地方の古国或いは康国即ちサマルカンド)の出身で、代々インドに住んでいたが、父のとき交趾へ来た。一〇歳余で父母を失い、出家した。呉の赤烏一〇年247建業(南京)に来て、孫権を仏教に帰依させ、江南の地にはじめて仏教を伝えた。建初寺(のち天子寺と改称)を創め、訳経と講経に従事した。また梵唄《ぼんばい》を伝えて名があった。雑譬喩経、六度集経など七部二〇巻を訳し、安般守意経などに註釈を著わしたといい、その序が現存している。〔参考〕安般守意経序(出三蔵記集六)、高僧伝一、開元録二

**こう-そうえん　康僧淵**　生没年不詳。東晋代の僧。祖先は西域の人。長安に生まれた。放光般若、道行般若に精通し、東晋

成帝(325—42在位)のとき康法暢・支敏度らと共に清談・格義の名士として名声をあげた。のち予章山に幽居した。〔参考〕高僧伝四

**こう-そうがい　康僧鎧**　生没年不詳。三国魏代の訳経家。僧鎧は(梵)サンガヴァルマン Samghavarman の訳で、音写して僧伽跋摩《そうぎゃばつま》ともいう。康という姓からみれば康居国(西域地方の古国)の人のようであるが、インドの人と伝えられる。三国魏の嘉平四年252洛陽に来て、白馬寺で郁伽長者所問経一巻、無量寿経二巻などを訳したという(現行の無量寿経は康僧鎧の訳と伝えられるが現在ではほぼ否定されている)。〔参考〕高僧伝一、開元録一

**こうぞう-じ　高蔵寺**　宮城県角田市高倉。高倉山(勝楽山とも)号し、真言宗智山派。弘仁年間810—24徳一の開創といい、治承元年1177聖円が藤原秀衡の外護によって中興したという。境内の阿弥陀堂(重文)は、福島県いわき市内郷の白水《しらみず》願成寺の阿弥陀堂(重文)と共に藤原時代の遺風を伝える代表的阿弥陀堂建築である。〔重文〕阿弥陀堂、木造阿弥陀如来坐像　〔参考〕奥羽観跡聞老志

**こうそう-でん　高僧伝**　一四巻。梁高僧伝ともいう。梁の慧皎の著(天監一八519)。後漢の永平一〇年67から天監一八年まで、四五三年間の高僧の事跡・伝記を輯録したもの。広く書史・雑篇などから採集し正伝二五七人、附見二百余人の伝歴を収める。訳経、義解、神異、習禅、明律、亡身、誦経、興福、経師、唱導の一〇科に分けて記す。梁の僧祐の出三蔵記集(現存)や、宝唱の名僧伝(散逸)などを承けつつ補正を加えた中国初期の仏教史の基本的資料。本書に範をとった唐の続高僧伝、北宋の宋高僧伝、および明の大明高僧伝などと合わせて、三朝または四朝高僧伝という。(大)五〇、[国一]史伝部七　〔参考〕歴代三宝紀一一、開元録六

**こうぞう-ぼさつ　香象菩薩**　香象は(梵)ガンダハスティン Gandhahastin の訳。乾陀訶提菩薩と音写する。東方阿閦《あしゅく》仏国にあって般若波羅蜜を行じて尊貴第一といわれている菩薩。香象とはインドで大力の象のことをいう。〔参考〕道行般若経九、小品般若経九

**こうそく-じ　光則寺**　神奈川県鎌倉市長谷。行時山と号し、日蓮宗。北条時頼の家臣宿屋光則が、天永八年1271竜口の法難で捕えられた日蓮の弟子日朗に帰依し、自宅を寺としたのに始まるという。〔参考〕新編鎌倉志五

**こうそく-じ　光触寺**　神奈川県鎌倉市十二所。岩蔵山と号し、時宗。俗に「かなやき堂」という。建保三年1215鎌倉の村主氏の娘、町の局が本尊頰焼阿弥陀に感悟して岩蔵寺を創建したのに始まるという。あるいは弘安元年1278作阿の開創ともいう。江戸中期、覚阿含了が中興。〔重文〕木造阿弥陀如来及両脇侍立像、紙本淡彩頰焼阿弥陀縁起　〔参考〕新編鎌倉志二

**こうぞめ　香染**　乾陀樹《けんだじゅ》の皮で布を染める意。その色は黄赤色で、仏が袈裟の色として許したという。ただし、三種壊色《えじき》の木蘭色《もくらんじき》(赤黒色或いは黄褐色)との異同については異説が多い。香染の衣を香衣《えこう》、香服または単に香染といい、後世では紫緋を除いた青黄赤などの色の衣をも香衣という。

**こうぞん　功存**　(享保五1720—寛政八1796)浄土真宗本願寺派の僧。越前国足羽郡平乗寺(現福井市)の住持。字は子成。初めは義洞、霊山と号した。同国今立郡明正寺に生まれた。平乗寺慧鐙に師事し、のち本願寺竜谷学林に学んだ。宝暦一〇年1760慧鐙のあとをつぎ、その頃越前に流行した「タノマズ秘事」に対し、願生帰命弁を著わしてその邪義を正したが、のち、その三業帰命の説が疑問とされ、三業惑乱といわれる一派の大騒擾をひき起こす因となった。明和六年1769学林の学頭・能化職となり、さらに学匠として同宗においては初めて生前院号を賜った。著書、大無量寿経称揚録、観経序分義私鈔、領解文大意など。〔参考〕大谷本願寺通紀

**こうだい-げんど　光台現土**　観無量寿経の説。光台現国ともいう。釈迦牟尼仏が、韋提希夫人のもとめによって眉間から光を放ってそれを金色の台にかえ、そこに諸仏の浄土をうつし出して阿弥陀仏の浄土を選ばせたことをいう。

**こうだい-じ　高台寺**　京都市東山区下河原町通八坂鳥居前下ル下河原町。鷲峰山と号し、臨済宗建仁寺派。慶長1596―1615の初年、豊臣秀吉の夫人北政所が母の菩提のため寺町に康徳寺を建てたが、秀吉の没後、落飾して高台院湖月尼と称した。慶長一〇年徳川家康の力を得て寺を現地に移し、もとあった雲居寺や岩栖寺の地を併せて伽藍を起こし、高台寺と称した。元和八年1622建仁寺の三江紹益が住持となり、臨済宗に属した。伏見城の遺構を移した霊屋はいわゆる高台寺蒔絵がほどこされ有名。〔重文〕開山堂、霊屋、表門、傘亭及び時雨亭、観月台、絹本著色十六羅漢像(伝貫休筆)、同豊臣秀吉像、紙本墨書豊臣秀吉消息ほか　〔参考〕高台寺創建記、鷲峰山史料、雍州府志四

**こうだい-じ　晧台寺**　長崎市寺町。海雲山と号し、曹洞宗。慶長年間1596―1615亀翁良鶴が岩原郷に洪泰寺を創建したが、寛永三年1626一庭のとき現地に移し、勅により現寺号を称した。

**こうだい-ほつがん-じゅ　広大発願頌**　一巻。北宋の施護らの訳。竜樹(ナーガールジュナ Nāgārjuna)の著と伝えるが定かではない。文殊・弥勒・観音・普賢の諸菩薩の広大な徳を讃嘆し、一切の衆生と共にそのような徳を備えたいとの願いを述べた偈文。㊅三二、[国]論集部五

**こうたく-じ　光宅寺**　中国の建康(現南京)にあった寺。梁の天監元年502(一説に同三年)武帝自ら旧宅を寺として法雲を寺主としたのに始まる。法雲は主に法華経を講じた。のち曇瑗・智顗らも住し、当時は江南有数の名刹として知られた。通常、光宅の名を以て法雲を指すことがある。〔参考〕高僧伝一三、隋天台智者大師別伝五、続高僧伝五

**こうたく-じ　光沢寺**　山梨県甲府市相生。化竜山と号し、真宗大谷派の甲府別院。天文1532―55の頃、鎌倉常葉の長延寺実了が甲斐に入って、武田信玄の帰依を得て当地に長延寺を再興した。その後消長があったが、慶長一八年1613本山直轄寺院の掛所とし、現寺号に改めた。

**こうたん　高湛**　(元亨三1323―応永一五1408)律僧。号は明印。姓は藤原氏。総州の人。武蔵金沢の湛叡に従って出家。戒律を究め、明徳四年1393相模極楽寺の主となったが、応永七年南都の学律興隆のため、幕府の命により戒壇院主となり、さらに同一一年西大寺に住した。〔参考〕本朝高僧伝六二

**ごうたん-え　降誕会**　誕生会ともいう。①四月八日釈尊の誕生日を祝うための法会。誕生の時に竜王が釈尊の頭上に香水を灌いだという仏伝に基づいて、参詣者が銅盤中の誕生仏像に甘茶を灌ぐので灌仏会ともいう。また花を集めて誕生仏の像を安置する花御堂を作るので花まつりともいう。インドや中国で盛大な浴仏・行像の行事が行われたことが法顕伝、南海寄帰伝、魏書釈老志などに見える〈⇩灌仏会《かんぶつえ》〉。②各宗で宗祖の生誕の日を祝する法会。天台宗は八月一八日(最澄)、真言宗は六月一五日(空海)、浄土宗は四月七日(法然)、曹洞宗は一月二六日(道元)、臨済宗は四月二〇日(栄西)、浄土真宗本願寺派は五月二一日(親鸞)、真宗大谷派は四月一日(同)、日蓮宗は二月一六日(日蓮)に行う。

**こうち　弘智**　(　―貞治二1363)越後岩坂養智院(真言宗)の開山。姓は児玉氏。下総香取郡の人。初め同郡大浦村蓮華寺に住したが、のち諸国を遍歴、越後海雪山岩坂に幽居し、死に臨んで弥勒下生を期し、結跏趺坐のまま往生したが、死後も腐爛せず、世に弘智法印とよばれたという。〔参考〕道海事歴、海雪山縁起、白川風土記

**こうち　光智**　(寛平六894―天元二979)東大寺尊勝院の学僧。姓は平氏。京都の人。東大寺良緒に従って華厳を修め、天暦四年950同寺別当に補せられた。のち安和元年968大僧正となった。門下に松橋・寛朝らがいる。〔参考〕東大寺要録、東大寺別当次第、僧綱補任、華厳法界義鏡、本朝高僧伝九

**こうちゅう　興儔**　(明の崇禎一二1639―日本の元禄八1695)曹洞宗の僧。字は心越。号は東皐。姓は蒋氏。明の杭州金華府の人。延宝五年1677長崎興福寺の明僧澄一を慕って渡来したが、讒言にあって幽閉された。徳川光圀の礼遇によって水戸祇園寺(現茨城県水戸市)の開山となる。門下が多く、後世その法流を心越派と称した。また詩文

をよくし、七絃琴も巧みであった。著書、東皐集一巻。〔参考〕洞上聯灯録一二、香亭雅談

**ごうちゅう　剛中**　生没年不詳。江戸初期の学僧。字は快玄。阿波の人。出家して江戸伝通院に学び、のち大乗起信論を多く講じたため、起信庵と称された。延宝三年1675起信論の科註を作り、同六年には宋の柯山守倫の法華経科註を得て、評点を付して刊行した。天和三年1683名古屋相応寺へ移った。著書、上記のほか起信義一巻、註略教誡経。〔参考〕続日本高僧伝三

**こうちゅうせつりゃく　広中説略〔略中説広〕**　範囲の広い事柄を簡略な要語によって総括的に説明することを広中説略といい、逆に簡略な事柄を範囲の広い言葉で説明することを略中説広という。

**ごうちょう　豪潮**　（寛延二1749―天保六1835）比叡山楞厳院阿闍梨。賜号は寛海大師。字は快潮、八万四千煩悩主人あるいは無所得道人と号す。肥後玉名郡山下村の専光寺貫道和尚の二男。宝暦五年1755同国寿福寺の豪旭に入室。一六歳のとき比叡山正覚院豪恕の下で修学。明和五年1768同山の灌頂壇に入る。安永五年1776故国に帰る。文化一四年1817尾張藩主徳川斉温の病を加持した。光格天皇の命で京都積善院を賜り、また尾張徳川家の祈願所長栄寺（現愛知県名古屋市北区）を創建した。〔参考〕寛海大師行業略記

**こうでん　香奠**　香資、香儀、香銭ともいう。仏事に際して仏前または霊前に供する香またはその代物をいう。奠は供えるの意。

**こうとう　香湯**　香を入れてわかした湯。身体を洗うのに用いる。降誕会のとき仏像を灌ぐのに、わが国の中古には五色の香水を用いた（後には甘草及び木甘茶を煎じた甘茶を代用するようになった）。禅宗では、袈裟を洗うときにもこれを用いる。陳皮・茯苓・地骨皮・肉桂・当帰・枳殻・甘草の七種を煎じたものを七香湯と呼んでいる。

**こう-どう　革堂**　⇩行願寺《ぎょうがんじ》

**ごうどう　業道**　業《ごう》のはたらく場所となるもの（所行の義）、或いは有情《うじょう》を苦楽の果報（異熟、むくい）に導く通路となるもの（能通の義）を業道という。これに十善業道と十悪業道とがある。有部は業道を所行の義に解釈して、十善・十悪〈⇩十善《じゅうぜん》〉のうち、身語に関する各七は、それ自体が業であって、しかも思業（意志、意業）のはたらく場所となるから業道であり、意に関する各三（無貪・無瞋・正見、貪・瞋・邪見）はそれ自体は業でないが、それらが起こるに伴って思業がそれらを場所としてそこにはたらくから業道であるとする。経量部では十業道のすべては業であるとともに業道であるとする。即ち、このうち身語の七業道については、その行為（表《ひょう》）を起こす動発思《どうほっし》が身語の業であり、その業は審慮思と決定思《けつじょうし》とをはたらかせる場所となるから、業であって、また業道であるとする。また、このような現行《げんぎょう》の思（現在に起こってはたらく思）を因として熏習《くんじゅう》された思の種子《しゅうじ》をも業道とする。また貪・瞋・邪見の三はそれ自体業であるが、これらを業道というのは、貪によって瞋を生じ、瞋によって癡を生じるというように、前者は後者のための道となり、或いは互いに道となり、こうしてさらに悪趣や善趣に趣かせる通路となるからであるという。唯識宗の説もほぼ経量部と同じく、所行と能通の二つの意味によって業道を解釈する。なおこの業道は、業が遂行される経過を加行《けぎょう》（準備的行為）・根本（完遂行為）・後起（附随的従属的行為）の三段階に分ける〈⇩業〉うちでは、根本即ち根本業道によって立てられる。

**こうどう-きょうだん　孝道教団**　本部、横浜市神奈川区鳥越。天台・日蓮系の教団。昭和一〇年1935岡野正道が霊友会から独立して開創。当初孝道会と称す。同二二年に現名称となる。正道の妻、貴美子も教団の発展に力を注いだ。霊友会から最初に独立した教団で、利供養・敬供養・行供養に重点を置く。教義は天台・日蓮系で、行法には霊友会の影響がみられる。新宗教系では財団法人全日本仏教会の唯一の加盟教団。

**ごうどく　強毒**　仏法を信じない者に対して強いて教えを説き聞かせ、聞いて謗った場合に、それを仏法に対する縁とさせること。法華経常不軽菩薩品に常不軽菩薩《じょうふぎょうぼさつ》が謗不信の者から罵られ、或いは杖で

打たれ、石を投げられながら、しかもなお「汝らはみなまさに仏となるであろう」と言って聞かせたとあるが、智顗《ぎち》の法華文句巻一〇上には、この箇所を解釈し、もとよりまだ善のない者に対し大乗によって強毒したものであると述べている。

**こうとく-いん　高徳院**　神奈川県鎌倉市長谷。大異山高徳院清浄泉寺と号し、浄土宗。もと光明寺奥院で、俗称、鎌倉(長谷)の大仏(銅造阿弥陀如来坐像、国宝)の別当寺。寛元元年1243浄光の勧進により八丈余の木像阿弥陀像が作られたが、建長四年1252木像に代って現存の金銅大仏の鋳造が始められた。その完成した年次は不詳。大仏殿は建武二年1335、応安二年1369の両度の大風、明応七年1498の大地震による津波で倒壊し、それ以来大仏は露坐となった。当院は正徳年間1711—16祐天により真言・禅的要素の強かった宗旨から浄土宗に改められた。〔参考〕吾妻鏡、新編鎌倉志五、鎌倉市史

**こうとく-じ　光徳寺**　①大阪府柏原市雁多尾畑。松谷山と号し、真宗大谷派。永延二年988延暦寺法円により開創され、安貞二年1228三井寺の俊円によって復興されたという。俊円はのち、法然の門弟聖覚に帰し、さらに親鸞の弟子となったという。九世乗賢は本願寺一一世顕如に従い石山合戦に功があった。②石川県七尾市馬出町。浄土真宗本願寺派。乾元元年1302富樫政親の孫宗性が本願寺に帰依し、現在の金沢市木越町の地に創建。一向一揆の敗北後、加賀・能登を転々としたが、天保年間1830—44現地に転じた。往時は能登・越中両国の末寺七十余カ寺を統括していた。

**こうにょ　広如**　(寛政一〇1798—明治四1871)浄土真宗本願寺派本願寺二〇世。諱は光沢。一八世文如の孫。河内顕証寺暉宣の次子で、初め同寺を継いだが、文政二年1819本願寺法嗣となり、同九年宗主となる。幕末維新時に当たり、門末に尊王攘夷を諭すとともに、しばしば朝費を献じ、積極的に朝廷に忠勤を尽くした。〔参考〕本願寺御歴代記

**こうにん　弘忍**　(隋の仁寿元601—唐の上元元674)臨済系では「ぐにん」と読む。中国禅宗五祖。姓は周氏。黄梅和尚といい、大満禅師と諡する。蘄州黄梅《きしゅうおうばい》(湖北省蘄春県)の人。四祖道信の法を嗣ぎ、黄梅の東山で教えを弘め、その法を東山法門と呼ぶ。門下に慧能・神秀《じんしゅう》らが出て各派に分かれた。著書、最上乗論(修心要論ともいう)一巻。没年に異説がある。〔参考〕伝法宝紀、楞伽師資記、歴代法宝記、神会録、祖堂集二、宋高僧伝八、景徳伝灯録三

**こうの-おうあ　河野往阿**　(天保一〇1839—明治三九1906)時宗の僧。京都の人。東京浅草の東部学寮、京都七条の西部学寮、大和の豊山、比叡山などに遊学し、のち兵庫の真光寺に住持した。明治維新の排仏毀釈に際しては、各宗会議に出席するなどして論陣を張った。明治二一年真光寺に大悲学校を開設して児童の教化にあたり、河野頼善らと共に愛友社を結成、雑誌「大悲之友」を創刊した。明治二九年大僧正に任ぜられた。著書、時宗綱要など。〔参考〕故大僧正往阿上人伝(妙好華六・六)

**こうの-くもんと　河野九門徒**　親鸞が嘉禎元年1235関東より帰洛の途次、勧化を受けて帰依した尾張・美濃の九人の門徒。のちそれぞれ堂宇を構え、尾張善竜寺・栄泉寺・妙性坊・美濃西徳寺(のち円城寺と改称)・称名寺・西入坊(以上は大谷派に属し、河野六坊と呼ぶ)、専福寺(大谷派竹ケ鼻別院)、安楽寺、専光寺(以上は本願寺派)となった。〔参考〕大谷遺跡録四

**こうばい　劫貝**　㊵カルパーサ karpāsa の音写。劫波育、劫貝娑ともいう。占具と訳す。①植物の名。綿の一種②白氎《びゃくせん》。①の花から織った軟らかな布。

**こうばん　光伴**　禅宗の用語。光栄ある随伴の意で、貴人に随伴すること。この随伴する者の位地は主人の右辺(または、対面の処)とされ、この者がする焼香のことを光伴香《こうばんこう》という。

**こう-ふうぞう　綱封蔵**　三綱が封をする宝蔵の意で、とくに東大寺正倉院の南倉を呼んだ。天暦四年950東大寺羂索院《けんじゃくいん》の双倉が朽損したため、その宝物を正倉院南倉に納め、以後の開封は東大寺の三綱が掌ったので綱封蔵と呼ぶ。明治以後、正倉院

が内務省の管轄となってからは、南倉も他の北倉・中倉と同じく勅封となった。

**こうぶく**　**孝服**　孝順の服の意で、僧侶の喪服をいう。禅宗では、住持など徳の高い老僧が亡くなったときに法眷《はっけん》(同じ道を修めるもの)、小師(弟子)がそれぞれその身分に応じて着る衣を定めている。

**こうふく-いん**　**興福院**　⇨こんぶいん

**こうふく-じ**　**興福寺**　奈良市登大路町。法相宗本山。南都七大寺の一。天智天皇八年669藤原鎌足の嫡室鏡女王が鎌足の生前の意志により、山城山階村陶原に山階寺《やましなでら》(現京都市山科区東野の地とも、また同区大宅鳥井脇町の大宅廃寺跡ともいう)を建立したのに始まる。天武天皇元年672大和高市郡厩坂(現奈良県高市郡明日香村剣池付近)に移し、厩坂寺《うまやさかでら》と称したが、和銅三年710平城遷都に際して、平城京の東三条七坊(現地)に移し興福寺と号した。それより藤原氏の氏寺として栄え、また南都仏教、特に法相宗学・倶舎宗学の中心として多くの学匠を出した。平安時代には、全国各地に荘園を有し、大和国を知行国とするなど、社会的・経済的にも大きな勢力を有したが、その強大さを誇って寺僧、いわゆる奈良法師はしばしば春日神木を奉じて京都に強訴することがあった。鎌倉・室町時代を通じて大和国の守護を兼ね、衆徒・国民といわれる地侍・名主や数十の商工業者の座を有していたが、地方豪族の台頭に伴い、荘園を失って急に衰えた。文禄四年1595の太閤検地では一万七四五〇石余が豊臣秀吉より宛行われ、徳川氏によってもこれは踏襲された。明治維新に際しては、百余の塔頭もほとんど廃絶し、一時は真言宗に属したが、明治一五年1882独立して法相宗大本山となった。寺務は天平宝字元年757に慈訓が別当に任じられて以来、別当・権別当によって管理さられ、中世以降は一乗院・大乗院の両門跡が交代して別当に任じられた。堂舎は元慶二年878の罹災をはじめとして幾度か火災にあい、現存する建物には中金堂、東金堂、南円堂、北円堂、五重塔、三重塔、大御堂(菩提院、俗に十三鐘《じゅうさんがね》という)などがあるが、このうち北円堂・三重塔は鎌倉中期、東金堂・五重塔は室町初期に再建されたものである。また奈良時代以後の仏像・仏画・古記録などが多い。(国宝)北円堂、三重塔、五重塔、東金堂、木造弥勒仏坐像(運慶作)、同無著・世親菩薩立像(同)、乾漆十大弟子立像、同八部衆立像、同法相六祖坐像(康慶作)、同天灯鬼・竜灯鬼立像、板彫十二神将立像、銅造仏頭、梵鐘、日本霊異記上巻、金堂鎮壇具ほか　(重文)大湯屋、絹本著色慈恩大師像、木造釈迦如来坐像(伝、定朝作)、紙本墨書僧綱補任、同興福寺別当次第、宋版一切経、聖徳太子伝暦、その他多数　〔参考〕興福寺縁起(群書二四)、興福寺伽藍記(続群二八上)

**こうふくじ-そうじょう**　**興福寺奏状**　元久二年1205一〇月、興福寺衆徒が専修念仏の禁断を要求して朝廷に提出した奏状。解脱房貞慶(1155—1212)の起草という。専修念仏の過失として(1)勅許なしに新宗を立てた失、(2)顕密行者に弥陀の光明がささない摂取不捨曼荼羅を描いた失、(3)弥陀のみを重んじて釈迦を軽んじた失、(4)念仏以外の万善を妨げた失、(5)神祇を拝さない失、(6)諸行往生を認めず浄土の教えに暗い失、(7)観念・心念を退け念仏の奥義を誤る失、(8)破戒を勧めて釈衆を損ずる失、(9)顕密八宗を嫌い国土を乱す失、以上の九カ条を挙げて法然らの断罪と専修念仏の停止を要求した。朝廷は同年一二月、専修念仏の偏執は禁じるが罪科には処さないとの宣旨を下したが、結局、建永二年1207二月、安楽らが死罪、法然らが流罪となった。建保五年1217五月および貞応三年1224五月一七日付の延暦寺大衆解とともに、顕密仏教の専修念仏観を窺う上で重要である。日本思想大系一五、鎌倉遺文三、仏全一二四

**こうべん**　**高弁**　(承安三1173—貞永元1232)鎌倉時代華厳宗の復興者。明恵と号する。紀伊有田郡石垣庄吉原村の人。父は平重国。母は湯浅宗重の女。八歳で父母に死別し、神護寺に入って文覚や叔父の上覚に師事、さらに諸師について華厳・密教などを学び、一六歳の時、東大

高弁花押

寺戒壇院で受戒した。はじめ成弁と称し、華厳興隆の志を起こしたが、学党の争いを見て、紀伊湯浅白上峰で修練ののち高雄に帰り、以後、紀伊・高雄をしばしば往復し、読経・坐禅・著述につとめた。建永元年1206後鳥羽院から栂尾《とがのお》を賜り、古寺を復旧して高山寺と号し、華厳宗の道場とした。この頃インドに渡ろうとしたが遂に果たせなかった。戒律を重んじて顕密の復興に努力し、建礼門院の受戒のほか、貴賤道俗の帰依を得た。また法然の選択集を駁して摧邪輪を著わした。なお栄西が南宋から将来した茶の木をそだてたことは有名。著書、摧邪輪三巻、荘厳記一巻、華厳唯心義釈二巻、華厳信種義、光明真言土砂勧信記二巻など七〇巻余。また歌集に遺心和歌集(増補して明恵上人歌集という。国宝、東洋文庫蔵)がある。〔参考〕大日本史料五ノ七、高山寺資料叢書一、人物叢書六〇

**こうべん　康弁**　生没年不詳。鎌倉時代前期の七条仏所の仏師。運慶の第三子と伝える。運慶に従って東寺の仁王・二天像(建久年間1190—99末)、興福寺北円堂広目天像(承元二1208)を造った。建保三年1215造(胎内納入紙片)の天灯鬼・竜灯鬼(興福寺蔵、国宝)は現存唯一の遺作で、ユーモラスな表現を写実的に表現した慶派の代表作。

**こうほう　光宝**　(　—延応元1239)真言宗の学僧。中納言藤原光雅の子。鳥羽法印、式部律師、左衛門督法印といわれた。初め勧修寺成宝に密教をうけ、ついで醍醐寺成賢に両部灌頂をうけた。建保六年1218醍醐寺座主に補任されたが、承久三年1221師成賢とあい容れず座主を辞し、関東に法を弘めた。のち一時復任した。その一流を光宝方という。三宝院流の支流、三十六派の一。〔参考〕醍醐寺座主譲補次第、血脈類聚記、本朝高僧伝一四

**ごうほう　杲宝**　(徳治元1306—康安二1362)真言宗の学僧。姓は源氏。下野あるいは但馬の人という。初名は弘基。幼年から高野山に登り、のち東寺の頼宝に師事、さらに京都小野・奈良で学び、東寺に帰って観智院一世となる。以後、役職をきらって、もっぱら著述に従い、空海の真随を得たといわれ、また師の頼宝、弟子の賢宝とともに東寺の三宝といわれた。著書に、貞和五年1349虎関師錬の宗門十勝論を破した開心鈔三巻のほか、大日経疏演奥鈔五六巻、悉曇創学鈔一三巻、杲宝私鈔一二巻、東寺の沿革を編した東宝記八巻、東寺長者補任など多い。〔参考〕杲宝僧都事実

**ごうほう-ししょう　杲宝私鈔**　一二巻。私鈔ともいう。杲宝の著(暦応三1340)。大日経疏、十巻章などの真言密教の教相上の題目七六条について詳述する。〔刊本〕承応二1653刊

**こうぼう-だいし　弘法大師**　⇩空海《くうかい》

**こうぼうだいし-えでん　弘法大師絵伝**　弘法大師空海の伝記絵巻。類本は多いが、東寺本一二巻(文中三1374—元中六1389)が最も完備し、詞書は大覚寺深守法親王など一一名、絵は巨勢行忠ら四名の合作という。このほか高野山地蔵院本六巻(巻一は補写、鎌倉時代)などが著名。いずれも重要文化財。〔複製〕新修日本絵巻物全集別巻一、続日本絵巻大成五・六

**ごうま　降魔**　悪魔を対治し降伏させること。魔には心内の煩悩《ぼんのう》魔、心外の天魔などがあるが、いずれも仏道修行を妨げるもので、修行者は禅定《ぜんじょう》に入り、智慧力によってそれらを降伏させなければならない。また仏・菩薩《ぼさつ》は衆生《しゅじょう》を導くためにも定慧《じょうえ》の力によって魔を降伏する。例えば不動明王などの持つ剣を降魔の剣というのは、これを象徴したもの。仏陀は菩提樹《ぼだいじゅ》下に端坐して、襲い来る魔群をうちやぶって成道《じょうどう》したと伝え、降魔を釈迦八相の一に数える。

**こうみょう　光明**　①光と明。十二顕色《けんじき》の中の二。倶舎論巻一では太陽のひかりを光といい、月・星・火薬などのひかりを明とする。光は黄赤の二色、明は青黄赤白の四色からなる。②仏・菩薩などの発するひかりのこと。自ら輝くのを光、物を照らすのを明といい、闇を破り、真理をあらわすはたらきがある。仏菩薩の身から発する光を色光、身光、外光といい、智慧がものの真相を照らすはたらきを心光、智光、智慧光、内光という。身光には、常光(円光)と現起

光(神通光、放光)とがあり、つねに仏身から発している光を常光、教化の相手や機会に応じて発する光を現起光といい、常光は一般に半径一尋(約三メートル)或いは一丈(約一・八メートル)の円光であるとする。また全身から発する挙身光と一カ所から発する随一相光とがあり、後者には白毫光《びゃくごうこう》(毫光、眉間光)、毛孔光《もうくこう》などがある。この色光と心光、或いは常光と現起光を二種光明という。また人の心をはずませうっとりさせる魔光と、人の心をきよめおちつかせる仏光とを二種光明ということもある。また外光明(日月などの光)・法光明(心光にあたる)・身光明を三種光明という。仏の光明はすべてのものをあまねく照らし、さえぎるものがないから、無礙の光明という。無量寿経巻上には阿弥陀仏の光明を無量光などの十二光として形容し、大宝積経巻三〇には釈迦仏に決定光明などの四十一光明があるとする。曇鸞《どんらん》の讃阿弥陀仏偈には、光明の徳をたたえて、光輪、光暁《こうきょう》、光触、光雲、光沢などといい、また仏の光明には不思議のはたらきがあるから神光《じんこう》、めぐみのひかりであるから慈光、光明は智慧のすがたであるから光明智相などという。その他、仏の光明から受ける利益を光益《こうやく》、光明のめでたいすがたを光瑞、光明があまねく世界を照らすのを海にたとえて光明の広海などという。

**こうみょう-こうごう　光明皇后**　(大宝701—天平宝字四760)聖武天皇の皇后。藤原不比等の二女。安宿媛、光明子と称した。聡明で容姿麗しく、一六歳で妃となり、天平元年729臣下の身ではじめて皇后となった。天皇とともに篤く仏法を信じ、国分寺・東大寺の建立も皇后の勧告によるといわれる。亡父母のため一切経を二度書写し、また悲田院・施薬院を置き、貧窮病苦の人を救った。法華寺はとくにその御願寺である。〔参考〕続日本紀、東大寺要録、扶桑略記

**こうみょう-じ　光明寺**　①中国陝西省西安府長安。隋の開皇年間581—600曇延の開創。一説に法経の創建ともいう。唐代に善導が住したようであるが、長安には同名の寺もあった。寺号の由来は、曇延が建てた延興寺で燭が自然に発焔した奇瑞があったためとか、弥勒像が光明を放った奇瑞によるとか、また善導が常に念仏して口から光明を発したので唐の高宗(649—83在位)が寺額を賜ったとかの諸説がある。則天武后の時、人雲経寺と改称された。当寺には浄土院・三階院があって、浄土・三階の両宗が行われたようである。〔参考〕続高僧伝八、長安志一〇、酉陽雑俎続集五　②京都府長岡京市粟生西条の内。西山浄土宗本山。報恩山念仏三昧院と号する。建久九年1198熊谷蓮生が創建し、源空(法然)を開山としたという。嘉禄三年1227比叡山の衆徒が大谷の墳墓を襲ったとき、源空の遺骸をひそかに当地に移して荼毘に付した。証空が第四世を継いで一派の根本道場とし、第六世浄音が諸堂をととのえて、仁治三年1242光明寺の勅額を賜った。南北朝以後衰微し、応仁元年1467兵火で全焼した。その後、永禄1558—70、享保1716—36にも火災にあったが、その都度復興された。〔重文〕絹本著色二河白道図、同四十九化仏阿弥陀来迎図、木造千手観音立像〔参考〕光明寺絵縁起、光明寺沿革誌　③神奈川県鎌倉市材木座。天照山蓮華院と号し、浄土宗。仁治元年1240北条経時が佐介ヶ谷に蓮華寺を建てて然阿良忠を開山とし、寛元元年1243現地に移して光明寺と改めたという。第八世祐崇が中興し、後土御門天皇から勅願所の綸旨を賜った。慶長一三年1608浄土宗の学問所である十八檀林の首位とされ、関東六派の本山とさだめられた。〔国宝〕紙本著色当麻曼荼羅縁起〔重文〕紙本著色浄土五祖絵伝、絹本著色十八羅漢及僧像ほか〔参考〕鎌倉光明寺志、鎌倉市史　④三重県伊勢市岩淵町。金鼓山と号し、臨済宗東福寺派。天平一四年742聖武天皇の勅願により継橋郷前山に創建されたという。元応元年1319月波恵観(結城宗広の子)が寺基を山田吹上に移し、天台・真言両宗の兼帯を禅宗に改めた。寛文一〇年1670に焼失し現地に再建。〔重文〕紙本墨書光明寺残篇(結城宗広自筆の軍中日記)、同結城宗広并夫人書状〔参考〕光明寺旧記、日本塩業大系史料編古代・中世二　⑤京都府綾部市睦寄町。君尾山と号し、真言宗醍醐派。聖徳太子の草創と伝え、寛平年間889—98聖宝が中興し

た。大永七年1527火災にあい、その後衰微した。〔国宝〕二王門(宝治二1248造) ⑥茨城県下妻市下妻。西木山高月院と号し、真宗大谷派。承久二年1220親鸞の門弟明空房の開創という。寺宝の親鸞聖人門侶交名牒は、東国真宗教団の分布を知るうえで重要。

**こうみょう-しんごん　光明真言**　大灌頂光真言、不空大灌頂光真言、光言ともいう。大日如来の真言、または一切諸仏菩薩の総呪をいう。唐の菩提流志の訳の不空羂索神変真言経第二八に「唵旖暮伽《オンアボギャ》廃嚕者娜《ベイロシャナウ》摩訶畝捺羅《マカボダラ》摩抳《マニ》鉢頭麼《ハンドマ》入嚩攞《ジンバラ》跛囉韈𩏄野《ハラバリタヤ》吽《ウン》」とある。意味は、大日如来の不空真実の大印から、宝珠・蓮華・光明などの功徳が発生して、如来の大威神力で無明煩悩を破り、地獄の苦を免れ浄土に生まれるというのである。これを受持する者は生死の罪を滅し、宿業病障が除かれ、智慧弁才・長寿福楽を得ることができ、その加持した土砂を死者に撒ずると離苦得楽できると信じられている。高弁以来、施餓鬼会の流行に伴い、真言・天台その他の諸宗の間で行われた。また日常の法要にも用いられ、塔婆にも記される。その修法を記したものに唐の不空の訳の光明真言経(詳しくは不空羂索毘盧遮那仏大灌頂光明真言という。㊅一九)一巻がある。

**こうみょうしんごん-わさん　光明真言和讃**　①叡尊(1201—90)の作と伝えるが、確かでない。成立年不詳。光明真言の梵字二三を冒頭にかかげ、つぎに光明真言の功徳を奉讃し往生浄土を願ったもの。修辞になお不備の点があるが、文学的にもかなり優れている。真言安心和讃と合わせて天保九年1838に刊行された。真言宗安心全書下 ②前者を明治一一1878—一二年に、服部鑁海・柴田智秀の二人が改作したもの。全部で五一句。原作とは内容も用語も著しく異なっているので、むしろ新作とみるべきか。真言宗では、真言安心和讃・弘法大師和讃と共に、三和讃と称して明治初期以来一般に用いられている。真言宗安心全書下

**こうみょう-しんでん　光明心殿**　密教の術語。不壊金剛《ふえこんごう》光明心殿の略で、大日如来の止住する依処。不壊金剛とは絶対者の常恒堅固である身(外的)を、光明心とは心のさとり(内的)を、それぞれ讃仰的に表現した語。殿とはよりどころを表わし、外的な身(所住)と内的な心(能住)とが互いに相依り相待つところ、そこに大日如来が住するとする。

**こうみょうぞう-さんまい　光明蔵三昧**　一巻。懐奘《えじよう》の著(弘安元1278)。永平広録によって達磨不識の公案をあげ、この公案を挟んで前半に歴代仏祖の相承を述べ、後半に公案を解釈している。不識と廓然無聖とは只管打坐することにより同身共命であり、不識のほかに廓然無聖のないことを説く。〔刊本〕承陽大師全集三、校補点註禅門法語集上 〔参考〕村上素道・光明蔵三昧俗弁(永平二祖孤雲懐奘禅師)、岸沢惟安・不識録、陸鉞巌・同布鼓

**こうみょう-ほんぞん　光明本尊**　鎌倉時代の真宗における原初的な本尊で、南無不可思議光如来の九字名号、帰命尽十方無碍光如来の十字名号、または南無不可思議光仏の八字名号を中心に書き、それより四方に光明を出し、その中に釈迦弥陀二尊、三国の高僧、聖徳太子、その他の諸祖を描いて、それらが弥陀の光明中にやどる相をあらわし、併せて師資相承を示した一幅の画像をいう。略して光明本ともいう。原初の形を伝えるものに愛知県岡崎市妙源寺所蔵の三幅対(中央に九字名号、左方部にインド・中国の十高僧像、右方部に日本の先徳像)があるが、この種のものがまとめられ一幅の光明本尊形式が完成された。その代表的なものに岩手県盛岡市の本誓寺本がある。

**こうみょうみょうごう-の-いんねん　光明名号の因縁**　略して光号の因縁という。衆生《しゅじょう》が阿弥陀仏の浄土に生まれるために、仏の名号《みょうごう》が因となり、光明が縁となるということ。善導の往生礼讃に基づく説。

**こう-もうしょう　康孟詳**　生没年不詳。後漢時代の訳経家。先祖は康居国(西域地方の古国)の出身。後漢の献帝(189—220在位)の世に洛陽に来て訳経に従事した。中本起経などを訳したという。〔参考〕出三蔵記集二、開元録一

**こうもく-てん　広目天**　⇩四天王《してんのう》

**こうもん　広聞**　(淳熙一六1189—景定四1263)南宋代末期の禅僧。姓は林氏。偃渓《えんけい》と号し、仏智禅師と諡する。閩《びん》の侯官(福建省閩侯県)の人。大慧三世の如琰《にょえん》の法を嗣ぎ、浙江の八大刹に住した。偃渓広聞禅師語録二巻があり、墨蹟も存する。〔参考〕語録付の塔銘、続伝灯録三五、続灯存稿二

**こうやさん　高野山**　和歌山県伊都郡高野町。南山、南岳とも称された。高野山は俗に内の八葉・外の八葉と呼ばれる峰々に囲まれた山上の平地で、東西に長い。東部奥院の北には摩尼・楊柳・転軸の高野三山が鼎立し、西部に高野山の最高峰弁天岳(標高九八四・五メートル)が聳える。山内は壇上伽藍《だんじょうがらん》を中心に西から西院谷、南谷、谷上院谷、本中院谷、一心院谷、五之室谷、千手院谷、小田原谷、往生院谷、蓮華谷の一〇谷(高野十谷)に、塔頭寺院が並ぶ。壇上伽藍と奥院は信仰の中心地でこれを両壇という。高野山は古くから山麓民の死者の霊が往く他界として、また山内を流れる玉川・御殿川が有田川の源流であることから水源信仰の聖地としてあった。弘仁七年816六月一九日、空海はこの地を自らの入定処として嵯峨天皇に下賜を願い、同年七月八日勅許を得た。そしてこの地への伽藍建立を計り、弟子の実慧・円明らを派遣し着手、自らも弘仁九年には登山し指揮をとった。伽藍配置は南北の中心線上に金堂・中門を、その後方東西に大塔・西塔を、それぞれ胎蔵・金剛両界として配するという独特なものであった。建設地が高野山上という立地条件と財源から山麓に政所が置かれ、建設資材の調達・集積・管理の基地とされた。天長九年832空海は東寺・神護寺を実恵・真済に任せて高野山に住み、万灯会を催したが、この時の天長九年八月二二日付の万灯会願文にみえる金剛峯寺の名が寺名の初見とされる。寺名は金剛峯楼閣一切瑜伽瑜祇経に因み、以後、発展する高野山一山の総称として用いられた。承和二年835正月、真言宗年分度者三人の設置が許され、金剛峯寺で課試得度されることとなった。同二月金剛峯寺は定額寺に列したが、同三月空海が入定した。当時まだ伽藍の完成をみていなかったが、空海入定後の金剛峯寺の経営は東寺長者実恵の指導で真然があたった。同三年五月紀伊国司が金剛峯寺俗別当となり、同八年実慧の訴えで灯分・仏餉料二八〇〇束、金剛峯寺料五〇六六束が支給された。貞観一八年876には紀伊国の伊都・那賀・牟婁・名草郡に散在する三八町歩が不輸租田に認められ、本格的な荘園が成立した。その後、宇多天皇の助成、真然の活躍により大塔・西塔が完成し伽藍が整った。真然はさらに金剛峯寺座主職を設け、初代座主に弟子の寿長を補任、また東寺の伝法会を模して春秋二季の修学・練学二会を開いた。真然没後、神護寺・東寺との年分度者の争奪などの争いが起こったが、延喜一九年919東寺長者観賢が自ら金剛峯寺座主を兼務し、金剛峯寺を東寺の末寺として真言宗の本末体制を整え、教団を統一した。同二一年弘法大師の諡号を下賜されたが、この頃から空海の入定信仰が盛んになったといわれる。天暦六年952奥院の廟や塔が落雷で焼失したが、検校雅真が復興した。正暦五年994七月、御影堂を除く壇上伽藍の諸堂が炎上したのをはじめ、その後数度の大火にあい衰退の途をたどった。しかし、長和五年1016登山した祈親上人定誉を中心として復興運動が行われ徐々に復興した。こうしたなか、治安三年1023藤原道長、永承三年1048藤原頼通が参詣し、これを機に白河上皇をはじめとする上皇・天皇・貴族の参詣があいつぎ、堂塔の建立、荘園の寄進、埋経、納髪などが盛んになった。さらに平治元年1159、美福門院が御手印縁起を寄進したことから、寺領の拡張運動が進み、南北朝時代に至り最盛期を迎えた。一二世紀初頭には山内の谷に小田原・往生院などの別所が成立、聖が増加し、浄土教が盛んになった。この頃、覚鑁がでて大伝法院・密厳院を建立し、大伝法会を再興した。また浄土教に対抗して秘密念仏を唱え両者の統合をはかったが、自ら大伝法院座主と金剛峯寺座主を兼務し、東寺からの独立を企てたことなどから金剛峯寺内の反対者との間に争いが起こり、保延六年1140頃根来《ねごろ》に移っている。この頃の聖や隠遁者の増加は唱導や勧進活動を盛んにし、大師

信仰や納骨信仰を全国に広めた。鎌倉時代には幕府や武士の信仰が盛んになり、それらの助力により高野版の印刷事業、町石道標の完成、学道論義の奨励などが行われている。南北朝時代以降、荘園制が崩壊してゆくなかで、金剛峯寺の経済は聖の活躍で支えられた。また、この頃から聖の時宗化は進み、中世末期には高野聖は時宗聖一色の観を呈するようになった。その結果、慶長一一年1606聖の真言帰入令が出されている。なお、「日本総菩提所」としての地位と、奥院の大墓原の成立は、これら聖の活躍によっている。この間、天正一三年1585豊臣秀吉が高野攻めを宣言するが、木食応其の交渉で戦禍を免れた。また寺領は全て没収されたが、これも応其の働きで二万一千石が認められた。江戸時代、学侶・行人・聖の三派の紛争が続いた。特に寛永一五年1638の堂上灌頂の争いにはじまり、貞享三年1686から元禄五年1692にかけて最高潮に達した争いは、行人方一一四二人のうち六二七名が流罪となり、行人方子院九〇二カ寺が廃されて「元禄高野聖断」が行われるという結果をまねいている。その後も争いは続くが、明治元年1868三派が廃され、学侶・行人方の中心寺院の合体によって総本山が建てられ三派の争いに終止符が打たれた〈⇩金剛峯寺《こんごうぶじ》〉。同五年、女人禁制が解かれた。文化財は霊宝館に収蔵される他、塔頭が各々所蔵するなどその数は非常に多

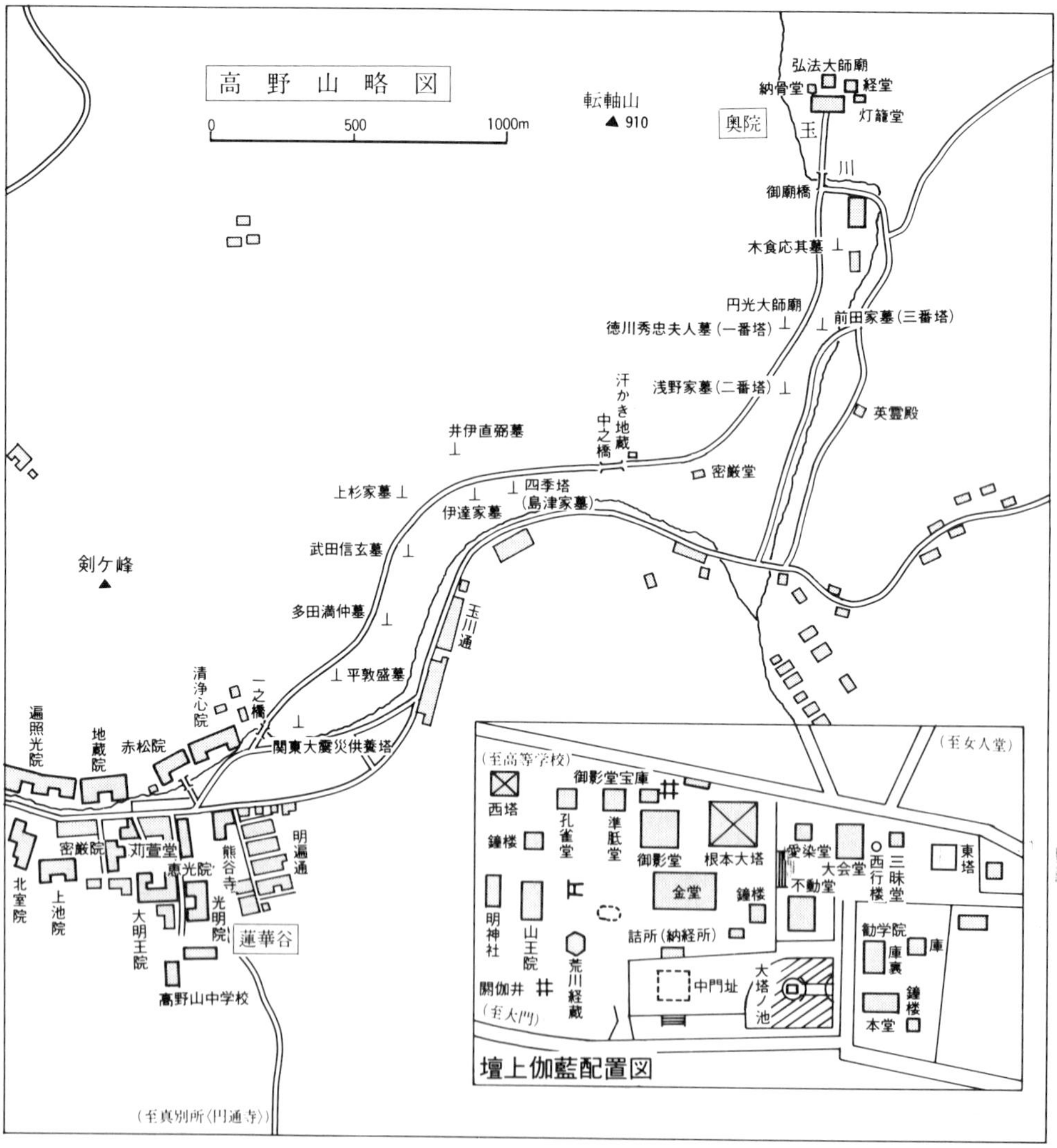

い。〔国宝〕不動堂、絹本著色仏涅槃図、同阿弥陀仏聖衆来迎図、同善女竜王像、木造八大童子立像、沢千鳥螺鈿蒔絵小唐櫃、金銀一切経(中尊寺経)、法華経巻第六(色紙)、宝簡集、続宝簡集、又続宝簡集、聾瞽指帰ほか　〔重文〕奥院経蔵、絹本著色両界曼荼羅図、同丹生明神・狩場明神像、同大日如来像、同愛染明王像、厨子入木造釈迦如来及諸尊像、木造大日如来及両脇侍坐像、同阿弥陀如来坐像、銅鐘、紙本墨書町石建立供養願文、紺紙金字一切経(荒川経)、金剛峯寺根本縁起、高麗版一切経、宋版一切経ほか　〔参考〕東京大学史料編纂所編・高野山文書、金剛峯寺編・高野山文書、紀伊続風土記ほか

**こうやさん-おうじょう-でん　高野山往生伝**　一巻。如寂の著。成立年不詳。永承年間1046—53から文治年間1185—90頃にかけて高野山に遁世し念仏三昧を行じ、西方往生を欣求した沙門教懐・散位清原正国・阿闍梨雅範などの行人三八人の往生伝の輯録。仏全一〇七、続浄全六、続群八上、日本思想大系七　〔刊本〕延宝五1677刊

**こうやさん-じりゃく　高野山事略**　一巻。新井白石(1657—1725)の著。成立年不詳。江戸時代の高野山三派(学侶方・行人方・聖方)の由来・動向・論争などを一〇カ条に記述したもの。木食応其の高野山再興、高野山東照宮の鎮座、正保二年1645から元禄五年1692にいたる学侶・行人間の四度の争論と行人方六八〇人余の流刑などについて述べる。新井白石全集三、国東叢二(寺志)　〔参考〕高野春秋編年輯録

**こうや-ししょ-みょうじん　高野四所明神**　和歌山県伊都郡高野町高野山の鎮守神で、壇上の西に祀られている。丹生明神（丹生都比売明神）・高野明神（高野御子明神、狩場明神ともいう）・気比明神・厳島明神の四明神をいう。高野明神は空海が高野山を開くとき二匹の犬をつれた猟人の姿となって先導し、丹生明神は女神で空海に土地を献じた神といわれ、二神とも弘仁一〇年819に空海が勧請したものという。ともに高野山の地主神で、二神は母子とも夫婦ともいう。二神の絵像は高野山を始め真言宗関係の社寺に多い。気比明神は福井県敦賀の気比神宮の祭神、厳島明神は広島県宮島の厳島神社の祭神で、ともに承元年間1207—11行勝が霊夢を感じて勧請したと伝える。〔参考〕今昔物語集一一、紀伊続風土記四ノ四

**こうや-しゅんじゅう-へんねん-しゅうろく　高野春秋編年輯録**　二一巻。略して高野春秋という。懐英の編（享保四1719）。高野山の開創から本書編述までの高野一山の編年史。序冊一巻、本篇一八巻、通考二巻。本篇の前一七巻は草創から元禄六年1693の学侶・行人の争論落着までの史実を多くの資料記録類により述べ、一八巻は元禄一〇年から享保三年、撰者が検校職退職までの記事、通考は初め丹生・高野両大明神御位階考、高祖大師位考、次に全篇の総綱目をあげて閲覧の便を計っている。撰述の目的は学侶・行人論争の結果、学侶中心主義になったことを論証しようとしたことにある。史料価値としては出典が明示されず、年代錯誤などもあって信憑性に欠け、参考史料にとどまる。仏全一三一

**こうや-じん　曠野神**　⇩太元《たいげん》帥明王《みょうおう》

**こうよ　高誉**　（寛永六1629—貞享三1686）京都大雲院の僧。氏姓・出生地ともに不詳。聖浄二門の学に通じ、当麻寺で曼荼羅の修理をし、また新たに重新曼荼羅を寄付した。天和年間1681—84の初め、山科に念仏道場を建て、また大雲院においては貧民救済事業を行った。〔参考〕新著聞集

**こうよう　孝養**　「きょうよう」とも読む。孝行をつくし、父母に仕え、父母を養うこと。世間的な孝養ばかりでなく、出世間的な孝養（父母を成仏させること）も、それ以上に大切であるとされる。また死んだ父母の追善供養をすることをいい、さらに広く追善供養と同意に用いることもある。

**こうよう-しゅう　孝養集**　三巻。覚鑁《かくばん》（1095—1143）の著と伝えるが、仮託説もある。成立年不詳。浄土往生について、厭離穢土、欣求浄土、発菩提心、十念習修など三七項目に分け、平易な和文で説いたもので、著者はこれを母に書き送ったという。仏全七〇、興教大師全集下、続浄全一二〔刊本〕元禄七1694刊

**こうらい-じ　高麗寺**　神奈川県中郡大磯町高麗にあった高麗権現社（現高来神社）の別当寺。鶏足山雲上院と号し、天台宗。明治初年の排仏毀釈で廃寺となる。大同年間806—10役小角《えんのおづぬ》の創建と伝える。中世、京都小野の文観が中興して真言宗とし、のち天台宗に転じた。〔参考〕新編相模風土記稿四一

**こうらく-じ　康楽寺**　長野市篠ノ井塩崎。浄土真宗本願寺派。親鸞の弟子西仏（信救《しんぐう》）が信濃国小県郡海野荘白鳥（現長野県上田市上田）に創し、大永年間1521—28に寺基を現地に移したという。第二世浄賀（1275—1356）は絵をよくし、覚如の親鸞伝絵の絵を描いた。この浄賀の系統をうけた絵仏師を康楽寺派といい、宗舜（1293—1370）、円寂（1318—84）らが出て本願寺聖人伝絵（東本願寺蔵）を描くなど、浄土真宗関係の絵画を遺している。なおこの康楽寺派の康楽寺は当寺ではなく、京都神楽岡辺にあったそれであるという説もある。〔参考〕二十四輩記二（真全六五）、大谷遺跡録二

**こうりゃく-そうにゅう　広略相入**　一一の事象が差別的に広く示されている広門と、その差別的なものをつらぬく平等の理を示す略門とが、互いにとけあい通じあっていること。世親の浄土論には、極楽のさまざまのうるわしい事象が、かたちのない真如の理と一体となって互いにおさめあっていることを論じ、曇鸞はこれを解釈して広略の不一不二であることを説く。

**こうりゃく-ほんぞん　広略本尊**　日蓮宗で用いる本尊の形式に、木像などの形像

と、文字で描いた曼荼羅《まんだら》との二種があり、それぞれに広略の様式がある。即ち広とは十界勧請《かんじょう》の大曼荼羅、およびこの各尊を一々木に刻んだもの、略とは南無妙法蓮華経の題目だけ、或いはそれに諸尊の一部を加えて描いた曼荼羅、および釈迦一仏、或いは釈迦仏と上行などの本化《ほんけ》の四菩薩（一尊四士）、或いは釈迦・多宝の二仏と四菩薩（二尊四士）の木像などである。広略の別はただ形を異にするだけで、唯一の本門の本尊であるとされる。⇩本尊《ほんぞん》

**こうりゃくよう　広略要**　ひろく全般にわたること（広）、はぶいて一部分だけとりだすこと（略）、かなめとなること（要）をいう。①源空は往生要集略料簡で、源信の往生要集を解釈するのに広略要の三例があり、広例とは文面全体の意で観仏の説、略例とは念仏を正業、その他の行を助行としてならび修める説、要例とは念仏一行をすすめる説であるとする。②日蓮宗では、経文、修行について広略要の別をたて、広略を捨てて要をとる。経文では、法華経八巻のすべてを広、方便品・寿量品などを略、題目を要とし、修行では、経文の広略要についてそれぞれをたもちとなえることをいう。

**こうりゅう　興隆**　（元禄四1691―明和六1769）曹洞宗の僧。字は宝巌。姓は高橋氏。越後の人。代々弥彦山の禰宜であったが、一四歳で出家し、初め慈海と称し、比叡山に登り、また南都に出て、台密・華厳・法相・三論・戒律・悉曇を究め、宝暦1751―64初年埼玉全久院（現埼玉県加須市）の六代となって同院に住し、もっぱら著述に専念した。のち陸奥州伝寺に移り一二代となる。著書、倶舎講苑指謬三巻、華厳探玄記大略鈔四九巻などの仏教関係のほか、和歌・国文関係まではなはだ多い。〔参考〕興隆自記、全久院過去帳、梵語訳文後記、近代名家著述目録

**こうりゅうじ　広隆寺**　京都市右京区太秦《うずまさ》蜂岡町。真言宗御室派別格本山。地名から蜂岡寺《ほうこうじ》《はちおかでら》・秦公寺《はたきみでら》といわれ、太秦寺《うずまさでら》、葛野寺《かどのでら》、桂林寺《けいりんじ》、香楓寺《こうふうじ》などとも呼ばれる。京都第一の古刹。推古天皇一一年603秦河勝《はたのかわかつ》が聖徳太子から仏像を賜り、同三〇年に太子のために造寺したといわれるが、もとこのあたりに勢力をはった新羅系渡来氏族の秦氏がその氏寺として創建したと考えられている。弘仁九年818をはじめ再三炎上したが、承和年間834―48の道昌、正応年間1288―93の中観がそれぞれ復興した。平安時代に本尊の薬師仏に対する信仰によって朝野の尊崇をあつめ、鎌倉時代には太子讃仰の風潮から桂宮院（八角円堂建築で、国宝）が造られた。三論・真言兼学の寺であったが、今は真言宗に属する。寺宝には飛鳥時代の弥勒菩薩半跏像二軀（国宝）など多くの仏像がある。〔国宝〕桂宮院本堂、木造弥勒菩薩半跏像（二軀）、広隆寺縁起資財帳ほか〔重文〕講堂、木造聖徳太子半跏像その他多数　〔参考〕広隆寺縁起（仏全一一九）、広隆寺来由記（群書二四）

広隆寺（都名所図絵）

**こうりゅうじ　幸竜寺**　東京都世田谷区北烏山。妙祐山と号し、日蓮宗。徳川家康の祖母日幸が玄竜院日侍に帰依し、天正七年1579駿河浜松城外に家康を開基として創建されたという。以後、江戸の神田湯島・浅草田甫などに移建、徳川将軍家の祈願寺となって保護された。一九世日慈（―1937）のとき現在地に移った。〔参考〕御府内備考続編、新編武蔵風土記稿

**こうりゅうじ　皇竜寺**　韓国慶尚北道慶州にあった寺。黄竜寺とも書く。新羅の真興王一四年553に新宮を造ろうとしたが、黄竜の瑞があったので捨てて寺とし、同三五年丈六の釈迦三尊像を安置。真平王六年584金堂が造られ、善徳女王一二年643慈蔵が王に請うて九層の塔を造った。歴朝の尊崇があつく、しばしば勅によって仁王経や

華厳経が講じられた。高麗の高宗(1213—59在位)のとき、蒙古兵に焼かれて寺運は衰微した。〔参考〕三国遺事三・四、高麗史四・一〇・二三

**ごうりん　杲隣**　(神護景雲元767—　)真言宗の僧。高隣とも書く。出生地不詳。東大寺に入り、のち空海に師事して両部の大法および密軌をうけた。弘仁三年812空海が高雄山寺に三綱をおくに当たって、上座に選ばれた。空海没後、京都に修学寺、伊豆に修善寺を創建。元慶二年878真雄の上表により空海十大弟子の一に加えられた。〔参考〕弘法大師弟子伝上、弘法大師弟子譜、本朝高僧伝六

**こうりん-じ　光林寺**　岩手県稗貫郡石鳥谷町中寺林。林長山蓮花院と号し、時宗。弘安三年1280伊予守河野通重の子通次が一遍の弟子となり、宿阿遵道と称して館を捨て伽藍としたのに始まるという。

**こうりん-じ　興輪寺**　韓国慶尚北道慶州にあった新羅最初の寺。新羅の法興王一四年527舎人朴厭触(異次頓)が奇跡をあらわして没したのを弔って建て、刺楸寺と号したという。真興王五年544勅により工を起こして大興輪寺と名づけ、王・王妃も出家入寺したので大王興輪寺と呼ばれた。歴朝の尊信があつく、高麗の太祖四年921にも重修されたが、その後衰滅した。〔参考〕三国遺事三

**ごうん　五蘊**　五陰《ごおん》とも書く。蘊は(梵)スカンダ skandha の訳。塞建陀と音写する。あつまりの意、種々の種類のものを一括して聚説《じゅせつ》する意〈⇩蘊《うん》〉。五蘊とは、色蘊(物質)・受蘊(印象感覚)・想蘊(知覚・表象)・行蘊(意志その他の心作用など)・識蘊(心)の総称。受・想・行は大体において心のはたらきを表わすから、五蘊は物質界と精神界との両面にわたる一切の有為法(因縁によって生じたもの)を示す。しかし五蘊が有情の個体を形造る面を強く見れば、五蘊は心身環境を示す。具体的な一々の事物はすべて因縁(あらゆる条件)によって五蘊が仮に集まってできあがっているものに過ぎない。これを五蘊仮和合《けわごう》といい、特に有情の個体についていえば我《が》として執着するような実体のないことを表わす。有漏《うろ》である五蘊をまた五取蘊(五受陰《ごじゅおん》)という。取(受)は煩悩《ぼんのう》の異名である。また、このような五蘊は衆生に種々の誤った考えを起こさせるので五妄想とも呼ばれる。五分法身を無漏の五蘊ともいう。

**こうん-じ　孤雲寺**　韓国慶尚北道義城郡にある。三十一本山の一。新羅の文武王一六年676義湘の草創。はじめ高雲寺と称したが、崔致遠(字は孤雲)が如智・如事の二法師と共に増築して今の名に改めた。高麗の太祖一四年931雲住照通が勅により再建。李朝代にもしばしば再建された。

**ごえ-ねんぶつ　五会念仏**　五会真声ともいう。唐の法照が大暦元年766南岳弥陀台般舟道場で始めた念仏の行法。五音の曲調にあわせて、緩急次第よろしく念仏を唱える。五会とは⑴平声でゆるやかに南無阿弥陀仏と唱え、⑵平上声でゆるやかに念じ、⑶非緩非急の調子、⑷漸急(以上は南無阿弥陀仏の六字名号)、⑸転急となって、阿弥陀仏の四字を唱える。これによって今生では五濁の煩悩をはなれ、五苦を滅し、五分法身が成就され、来世では極楽に生まれて、菩薩の聖位に入ることができるという。〈⇩引声念仏《いんぜいねんぶつ》〉〔参考〕五会法事讃、無量寿経上

**ごえ-ほうじ-さん　五会法事讃**　一巻。詳しくは浄土五会念仏略法事儀讃という。唐の法照の著。成立年不詳。念仏を五種の音調で唱和する五会念仏の儀式作法を述べる。法照には別に浄土五会念仏誦経観行儀(広法事讃)三巻があり、その中・下巻(大)八五)が敦煌から発見された。(大)四七、浄全六

**ごおう-かじ　牛黄加持**　牛玉加持・牛王加持とも記す。安産加持の一種で、お産のとき、准胝《じゅんでい》観音の呪で牛黄香水をもちいて加持し、これを産門に塗る法をいう。作法は准胝法に説く。理性院賢覚は美福門院の産のときこの加持を行い、理性院にのみの秘法を踏襲しているという。〔参考〕金宝集上、覚禅鈔准胝の巻

**ごおん　晤恩**　(後梁乾化二912—北宋の雍熙三986)北宋代の天台宗山外派の祖。姑蘇常熟(江蘇省蘇州府常熟)の人。初め南山律を修し、のち銭塘慈光院の志因から天台を学び、師の後を継ぎ慈光院に住した。会昌の廃仏などにより天台の典籍が多く失

われていたが、苦辛研究して三大部を講ずること二十余遍におよんだ。門下の中で霊光洪敏・奉先源清が著名で、源清の系統から智円や慶昭が出て山外派の主要人物となった。〔参考〕宋高僧伝七、釈門正統三、仏祖統紀一〇

**ごか　後架**　「こうか」とも読む。洗面所のこと。転じて厠をもいう。

**ご-がい　五蓋**　蓋は㊵アーヴァラナ āvaraṇa の訳で覆蓋の意。心を覆って善法を生じさせない五種の煩悩、即ち貪欲蓋・瞋恚蓋《しんにがい》・惛眠蓋《こんみんがい》（睡眠蓋ともいう。惛沈《こんじん》と睡眠。身心を昏く沈みこませ積極的にはたらかせないことと眠りこませること）・掉《じょう》悔蓋《けがい》（掉挙と悪作。心がそわそわして浮動したり、逆に憂悩し後悔したりすること）・疑蓋（疑いぶかいこと）の五をいう。⇩蓋《がい》

**ごか-かんしつ　五箇灌室**　叡山五箇灌室ともよび、比叡山の五カ所の秘密灌頂道場をいう。⑴法曼院（相実の開いた法曼流灌室）、⑵正覚院（厳豪の開いた西山流灌室）、⑶総持坊（行遍の開いた穴太流灌室）、⑷行光坊（同俊の開創）、⑸鶏足院（円俊の門弟宗澄の開創）の五。いずれも元亀二年1571織田信長の兵火に焼けたが、⑴は寛文三年1663慶算により、⑶は天正一一年1583心盛により、⑷は同一二年雄盛により、⑸は同年兼秀によって再興された。なお⑵は元禄六年1693近江成菩提院の灌室を移し再興された。

**ご-がく　五岳**　中国古来の五行思想と山岳崇拝とによって奉祀された五大山岳で、国家的祭祀が営まれた。五岳は漢代に定められ、中岳嵩山（河南）、東岳泰山（山東）、西岳華山（陝西）、南岳衡山（湖南）、北岳恒山（河北）をいう。南岳は漢代に一時安徽省の霍山を指したが、のちに衡山に改められ、また中岳は古くは江西省の呉岳であったが、のち嵩山を指した。五岳には道教や仏教の寺院・道観が建てられ、それぞれ高僧や道士が活躍し、清朝まで民間信仰が栄えた。

**ごかじ　五箇寺**　真宗大谷派で連枝寺院の次に列する末寺最高の寺格。本願寺が門跡になったので院家を定めたが、後世には院家を寺格の高下によって九種にわけ、蓮如の旧跡である五カ寺をその首位とした（現在は九カ寺ある）。即ち願得寺（大阪府門真市古川町）、本泉寺（同四条畷市蔀屋本町）、真宗寺（同堺市神明町東）、本宗寺（三重県松阪市射和町）、慈敬寺（滋賀県高島市鴨）に、教行寺（奈良県広陵町萱野）、光善寺（大阪府枚方市出口）、願証寺（岐阜県垂井町平尾）、慧光寺（大阪市平野区平野上町）を加える。

**ご-かじ　後加持**　御加持とも書く。一座の行法の終ったあとに修法する加持。勅会修法ののち、天皇出御の時には玉体を加持し、出御しない時は、御衣を加持する。この時は御衣加持ともいう。現在京都東寺では、後七日御修法《ごしちにちのみしほ》ののち、皇室から下賜された天皇の御衣を加持して、玉体加持といっている。

**こかわ-でら　粉河寺**　和歌山県紀の川市粉河町粉河。施音寺ともいい、もと天台宗。現在は粉河観音宗の本山。風猛山（古くは補陀落山）と号する。西国三十三カ所第三番札所。宝亀元年770大伴孔子古の草創という。貞観年間859―77大伴氏の後裔益継が別当職となり、子孫がその職を継いだ。中世には僧房五百余を数え、高野・根来に次ぐ僧兵を擁したが、天正一三年1585豊臣秀吉の兵火に全焼し、慶長年間1596―1615以後漸次復興した。〔国宝〕紙本著色粉河寺縁起　〔参考〕

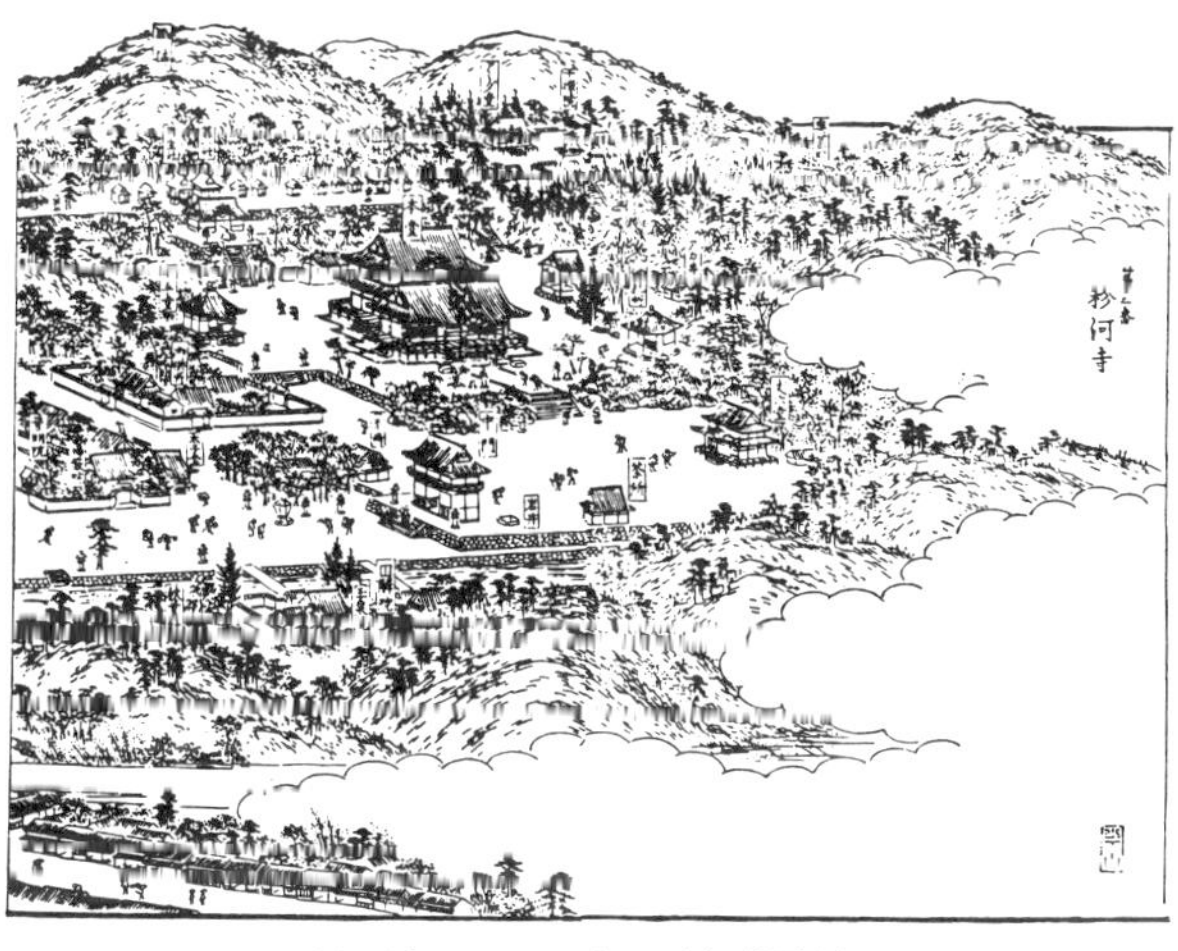

粉河寺（西国三十三所名所図会）

同上、粉河寺大卒都婆建立縁起、紀伊続風土記三三

**こかわでら-えんぎ　粉河寺縁起**　一巻。絵巻。和歌山県粉河寺蔵。国宝。平安末期の作。古く火災にあい巻頭一段の詞書は完全に焼失し、その絵の発端も欠け、二段以降も上下のところどころに欠落がみられる。第一話は紀伊国の猟師（大伴孔子古《こくじ》）が宝亀年間770—80粉河寺を開創して本尊千手観音像を祠る由来を語り、第二話は河内国の長者の娘がこの観音の化身である童子のおかげで重病が治り、一家ともども仏道に入るという二つの説話を載せているが、これらはすでに天喜二年1054の粉河寺大卒都婆建立縁起などにも出ている。絵巻自体にも先行する原本があったという説がある。構想は誇張的で、特に人物は動的、極端に悲喜の情を表わし、信貴山縁起に近い画風である。〔複製〕日本絵巻物集成一八、新修日本絵巻物全集六、日本絵巻大成五

**ごかん　五観**　出家者が食事のときに心をしずめておもわねばならない五つのこと。⑴食事が作られるまでの農夫・炊事人などの労力の貴さや施主の恩をおもう。⑵自分の行為を反省して、食事をうけ得る資格があるかどうかをおもう。⑶むさぼりの心や好ききらいなど、貪・瞋・癡の悪心をはなれ、よい心をおこそうとおもう。⑷食は飢渇を医《いや》し病気を起こさない良薬であることをおもう。⑸食は道を修め悟りを完成させるためのものであることをおもう（四分律行事鈔、百丈清規）。

**ごがん-こんりゅう　五願建立**　⇩一願建立《いちがんこんりゅう》

**ごがんじ　御願寺**　天皇や皇族の発願によって建てられ、その安泰を祈願する寺。官寺と同等に遇されたが、六勝寺が皇族の氏寺といわれたように院政時代以後には私寺的傾向が強くなり、鎌倉時代には勅事・院事などの公事の免除を受けるにとどまった。寺領は御願寺領と呼ばれ、皇室領としての性質をもった。⇩祈願所《きがんしょ》　⇩六勝寺《ろくしょうじ》

**ごぎ-びょうどう　五義平等**　認識の対象全体に対してはたらく心王《しんのう》と、心王にともなって部分的にはたらく心所《しんじょ》とは、互いに対応してはたらくもの（相応法）であることの五つの理由。即ち、⑴心王が眼根をよりどころとしてはたらけば心所も眼根をよりどころとするように、よりどころとなるものが等しい（所依平等）、⑵心王も心所もとらえる対象が等しい（所縁平等）、⑶心王と心所にあらわれてくる対象のかたちやすがたが等しい（行相平等）、⑷両者は同時にはたらく（時平等）、⑸心王・心所がはたらく時、心王も一つ、心所も同じ種類の心所は一つであって、同時に二つ以上の心王・心所が作用を起こさぬ（事平等）ことをいう。倶舎論巻四などに説く。このうち行相平等を除いて四義平等を説く説もある。

**ごぎゃく　五逆**　五つの重罪をいい、小乗の五逆（単の五逆）と大乗の五逆（複の五逆）とがある。①小乗の五逆とは、害母（殺母）・害父（殺父）・害阿羅漢（殺阿羅漢）・出仏身血（悪心出仏身血）・破和合僧（破僧）の五で、前の二は恩田にそむき、後の三は福田にそむくから、五逆、五逆罪といい、その行為は無間《むけん》地獄に堕ちる原因となるから五無間業、略して五無間、また五不救罪という。前の三はそれぞれ故意に母・父・阿羅漢を殺すことであり、出仏身血は仏のからだを傷つけること、破和合僧は教団を別立し分裂させてみだすことであって、所属の教団を離れて別に集団を作って布薩《ふさつ》、羯磨《こんま》などを行う破羯磨僧《はこんまそう》と、異師異説を立てて別の集団を作る破法輪僧《はほうりんそう》とに分けられる。また、五無間業に類似したものとして五無間同類業（近五無間、五無間同分）があり、母である無学の尼を汚すこと、住定の菩薩を殺すこと、有学の聖者を殺すこと（害父の同類）、僧の和合の縁を破ること、率塔婆《そとば》を破壊すること（出仏身血の同類）をいう（倶舎論巻一八）。②大乗の五逆とは、大薩遮尼乾子所説経巻四に説く五つの根本重罪で、即ち⑴塔寺を破壊し経像を焼き、三宝の物を奪い、或いはそれらのことを人に行わせ、またはその行為を見て喜ぶこと、⑵声聞・縁覚・大乗の法をそしること、⑶出家者が仏法を修めるのを妨げ、或いはそれを殺すこと、⑷小乗の五逆のうち一罪を犯すこと、⑸すべて業報はないと考えて十不善業を行い後世《ごせ》を畏れず、また人に

それらのことを教えること、をいう。慧沼の金光明最勝王経疏巻五には、小乗の五逆の殺父母を一つにまとめ、誹謗正法《ひほうしょうぼう》(仏法をそしること)を加えたものを、三乗通説の五逆としている。

**こきゅう-ざん　虎丘山**　中国江蘇省蘇州府元和県にある山。「くきゅうざん」とも読み、虎邱山とも書く。海湧山とも称し、唐代には武丘山といった。もと、山麓に東晋の咸和二年327王珣兄弟が別宅を寄進して造った精舎があって、まず竺道壱が住し、まもなく竺道生が来住した。のち、僧詮・曇諦ら歴代の名僧が相継ぎ、天下に名声を博した。北宋代以後、禅僧が多く来住し、とくに紹隆が臨済の宗風をかかげてからは、遂に虎丘の一派を成した。北宋代に雲巌寺と改めた。庭前の剣池にある点頭石は竺道生が、建康(南京)を追われてこの地に来て、頓悟成仏・闡提成仏を説いたところ、庭前の石がうなずいて賛成したという伝説の石である。また日本製の梵鐘があったことで知られる。〈⇩雲巌寺《うんがんじ》〉〔参考〕高僧伝五・七、続高僧伝五・一〇

**こきょう　古鏡**　(寛政元1789—安政二1855)臨済宗の僧。号は月珊。姓は村松氏。讃岐丸亀の人。備前宗蔵寺で出家し、諸山に遊学ののち、関道・胡僊に参じ、胡遷の印可を得て宗蔵寺に帰った。文政八年1825妙心寺第一座に転じ、同一〇年備前岡山藩主池田氏の請によって岡山国清寺に移ったが、嘉永四年1851妙心寺五〇七世となる。〔参考〕近世禅林僧宝伝中

**こぎょう　去行**　浄土へ往生するための実践行為。去は行く意。善導は諸仏の浄土へ生まれることのできる共通の行を通去行、一仏土へのみ生まれる行を別去行といった。

**ごきょう　五教**　①華厳宗では仏教を五教十宗に分類批判する。即ち、教を五に分け、そのあらわす理から十宗とする(杜順の五教止観、法蔵の華厳五教章巻上および華厳経探玄記巻一)。五教とは⑴小乗教(愚法小乗教、愚法声聞教ともいう。愚法二乗のために四諦・十二因縁を説く阿含経などの教え)、⑵大乗始教(生教、権教、分教ともいう。これにすべてのものは実体がなく空であると説く般若経などの空始教と、因縁によって生じた諸存在の性相を区別して説き、かつ五性各別を説く解深密経などの相始教とがある)、⑶大乗終教(熟教、実教ともいう。真如縁起を説き、すべてのものが成仏できると教える楞伽経や大乗起信論の教え)、⑷頓教(言句に作らず、位次を設けず、頓《とみ》に理性を徹見することを教える維摩経などの教え)、⑸円教(まどかで完全な一乗を説く華厳経・法華経の教え。これに同別二教があるが、華厳の別教一乗は諸経を超えた無尽の仏法であるから特にこれのみを円教とする)。なお宗密の原人論には⑴人天教(世間的善により善趣に生まれると説く提謂経など)、⑵小乗教、⑶大乗法相教(相始教に当たる)、⑷大乗破相教(空始教に当たる)、⑸一乗顕性教(終頓円の三教に当たる)を説く。②劉宋の慧観の五時教、南斉の劉虬の五時教、護身寺自軌の五宗教などがあり、波頗蜜多羅三蔵は四諦教(阿含経)・無相教(般若経)・観行教(華厳経)・安楽教(涅槃経)・守護教(大集経など正法を守護することを説く教え)の五教を立てた。③融通念仏宗では人天教・小乗教・漸教・頓教・円教を立てる(融通円門章)。

**ご-きょう　五境**　五官または五官の機能(眼根・耳根・鼻根・舌根・身根)の対象となる客観の対境で、色境《しききょう》・声境《しょうきょう》・香境・味境・触境《そくきょう》の五をいい、これに意根の対境である法境を加えて六境という。五境は人の心に煩悩《ぼんのう》を起こさせて心を汚すことが、まるで塵埃のようであるから、五塵《ごじん》とも称する。また心に快適な五境は、むさぼりの心がこれに執著して勝れた対境であると思い誤るから、五妙欲(妙五欲、五欲徳、五欲楽、五欲)ともいう。妙欲は(梵)カーマ・グノ kāma-guṇa の訳。⇩六境《ろっきょう》

**ごぎょう　五行**　①中国では、古く、木火土金水の五の元素がたえず天地の間を運行して万物を生成化育すると考え、この五元素を五行と呼んだが、この五行を自然現象だけでなく人生百般の事象にあてはめて考えるようになり、南北朝時代から仏教にもその思想が入ってきた。密教では五字、

五仏、五智などに配する。〔参考〕三種悉地破地獄陀羅尼法、大日経疏四 ②菩薩が修行する五種の行法。施(ほどこす)・戒(いましめを守る)・忍(苦しみにも楽しみにも心が動かない)・進(精進努力する)・止観(心をしずめてものの理を正しくみる)で、五門の修行ともいう。このうち、止観は定と慧のことであるから、それを分ければ六度と同じになるが、両者は離れないものであるから合わせて一としたもの(大乗起信論)。③菩薩が修行する五種の行法。聖行(戒定慧によって修する菩薩の正行)・梵行(愛着のない浄い心で衆生の苦を抜き、楽を与える行)・天行(天然の理によって成しとげられる勝れた行)・嬰児行《ようにぎょう》(あたかも嬰児に対するように、人・天・小乗の小善の行に対して、それと同じようにふるまう行)・病行(衆生と平等であるという心から、煩悩の病のある衆生と同じように、自らも煩悩や苦があることを示現する行)。北本涅槃経巻一一聖行品に見え、天台宗ではこれを順次に初地以前の菩薩の自行、初地以前の菩薩の化他、初地以前の菩薩の内証、初地以上の菩薩が善に応じるはたらき、初地以上の菩薩が悪に応じるはたらきであると解し、次第の五行と呼び、別教の行であるとして別の五行とも名づける。もし五行が一心に具わっており、五種の別を有しながら唯一の実相にかなったものであるならば、不次第の五行または円の五行と名づける(法華玄義巻四下)。

**こきょう-だいばつ　古経題跋**　二巻。養鸕徹定《うがいてつじょう》編(文久三1863)。わが国の諸社寺に蔵する古写経本などの題跋を集めたもの。三百九十余項にわたり、巻尾付録に一九経を加える。その項目の下に史書により記事の内容を考証したものが多い。徹定は明治一六年1883続古経題跋一巻を編み、四七カ所の蔵本一三六項を収めた。巻末に訳場列位を付す。

**こくあ　国阿**　(正和三1314—応永一二1405)時宗国阿派の開祖。随心と称し、真空と号する。俗名は国明。播磨觜崎の人。觜崎荘の石塔四郎頼茂の子であったが、書写山円教寺で出家。のち時宗七祖託何の弟子となり、国阿と改名、三年随従して、諸国を遊行し、京都東山双林寺および正法寺に住した。〔参考〕国阿上人伝、浄土伝灯総系譜下

**こくあん-てん　黒闇天**　(梵)カーラ・ラートリ kāla-rātri の訳で、黒闇天女、黒耳《こくに》などともいう。吉祥天《きちじょうてん》の妹で常に共に行動し、吉祥天とは反対に、顔は醜く、行先すべての処で功徳を奪い、人々に禍を与えるといわれる神。密教では閻魔王の妃とし、胎蔵曼荼羅の外金剛部院に列する。〔参考〕大般涅槃経一二、大日経一・二、阿娑縛抄一五四

**こくいん-ち　黒印地**　江戸時代、黒印状によって寄進または安堵された寺社領。将軍が発給する朱印状に対し、黒印状は諸大名が下付するもので、黒印地の領有権や性格は朱印地に準ずる。明治四年1871の上知では、各藩の任意処分に委ねられた。⇨朱印地《しゅいんち》

**こくう　虚空**　(梵)アーカーシャ ākāśa の訳。一切諸法の存在する場としての空間。さわりなく(無礙)さまたげられない(無障)のが特徴。三無為法の一。有部では空界(すきま)と区別し、われわれの目に見える空《そら》は空界であって虚空ではないとする。

**ごくう　悟空**　(開元一九731—　)唐代の入竺僧。京兆雲陽(陝西省涇陽県)の人。姓は車氏。天宝一〇年751朝命をうけて張韜光《ちょうとうこう》らと共に罽賓《けいひん》(インド北部の古国カシミール地方)に赴き、病のため乾陀羅国《かんだらこく》にひとり留まった。同国で三蔵舎利越魔によって得度して達摩駄都(法界と訳す)という法名を受け、ついで迦湿弥羅国《かしゅみらこく》で文殊矢涅地を親教師として受戒した。その後、インドおよび中央アジアの各地をめぐって貞元六年790長安に帰り、仏舎利および、すでに巡遊中に訳した経典などを徳宗に献じた。勅によって長安章敬寺に住し、名を悟空と賜った(壮武将軍試太常卿に補せられたという)。貞元録巻一七には訳出経典三部一一巻をあげている。〔参考〕円照・大唐貞元新訳十地等経記、悟空入竺記、宋高僧伝三

**こくうぞう-ぐもんじ-ほう　虚空蔵求聞持法**　一巻。唐の善無畏《ぜんむい》の訳。詳しくは虚空蔵菩薩能満諸願最勝心陀羅尼求聞持法という。金剛頂経の一部分に該当する。

すぐれた記憶力をもって無量の仏法を忘れない智力を求める者のために陀羅尼、壇法、印法などを説く。〈⇩虚空蔵菩薩《こくうぞうぼさつ》〉㊅二〇 〔参考〕大方等大集経一四、大日経疏一一、虚空蔵菩薩経

**こくうぞう-ほう　虚空蔵法**　虚空蔵菩薩法ともいう。⇩虚空蔵菩薩《こくうぞうぼさつ》

**こくうぞう-ぼさつ　虚空蔵菩薩**　虚空孕菩薩《こくうようぼさつ》ともいう。㊵アーカーシャガルバ Ākāśagarbha（阿迦捨蘖婆と音写）、またはガガナガンジャ Gaganagañja（誐誐曩彦惹と音写）の訳。虚空のように広大無限に智慧功徳を蔵し、これを施して衆生を利する菩薩。胎蔵曼荼羅では虚空蔵院の中尊とし、その像形は蓮華座に坐し、五智宝冠を頂き、右手の剣は知徳を、左手の蓮華は福徳を表わしている。また胎蔵曼荼羅の釈迦院には釈迦の右方の脇侍として安置し、金剛界曼荼羅では賢劫十六尊の一で外院方壇南方四尊の第三位に置く。福智の徳を求めるためにこの菩薩を本尊として修する法には善無畏訳の虚空蔵求聞持法による求聞持法や、不空訳の大虚空蔵菩薩念誦法による虚空蔵菩薩法がある〈⇩求聞持法《ぐもんじほう》〉。なお、金剛界の五智如来（大日・阿閦・宝生・弥陀・釈迦）がそれぞれ如意宝珠三昧に住した相を五大虚空蔵菩薩とし、順次に法界虚空蔵（解脱虚空蔵）、金剛虚空蔵（福智虚空蔵）、宝光虚空蔵（能満虚空蔵）、蓮華虚空蔵（施願虚空蔵）、業用《ごうゆう》虚空蔵（無垢虚空蔵）と称する（虚空蔵菩薩の具える五智に即して五尊としたといわれる）。五大虚空蔵菩薩を本尊として修する五大虚空蔵法は金門鳥敏法《かのととりどしほう・きんもんちょうびんほう》とも称し、富貴成就・天変消除のために治安元年1021仁海が初めて修した。〔参考〕虚空蔵菩薩経、大集経虚空蔵菩薩品、大日経疏一一、諸説不同記七

虚空蔵菩薩
（御室版胎蔵曼荼羅）

**こくうぞうぼさつ-きょう　虚空蔵菩薩経**　一巻。虚空蔵経ともいう。後秦の仏陀耶舎《ぶつだやしゃ》の訳。虚空蔵菩薩が除病得福などのための諸陀羅尼を説き、この菩薩を念じると記憶力を増し、諸願が満足されると説く。異本に虚空蔵菩薩神呪経一巻（劉宋の曇摩蜜多の訳）、虚空孕菩薩経二巻（隋の闍那崛多の訳）があり、チベット訳もある。㊅一三

**こくごん　克勤**　（嘉祐八1063―紹興五1135）北宋代末期の禅僧。姓は駱《らく》氏。字は無著。仏果と号する。圜悟《えんご》禅師と賜号され、真覚禅師と諡する。彭州崇寧（四川省崇寧県）の人。楊岐派三世の五祖法演の法を嗣ぎ、宰相張商英・張浚《ちょうしゅん》らの帰依で、澧州《れいしゅう》（湖南省澧県）夾山《かっさん》、東京（河南省開封県）天寧寺、その他に住した。門下に大慧宗杲《だいえそうこう》・虎丘紹隆《こきゅうじょうりゅう》がいる。著書に、圜悟仏果禅師語録二〇巻、碧巌録一〇巻、仏果撃節録二巻、圜悟心要二巻があり、墨蹟「流れ圜悟」は現存最古のものである。〔参考〕僧宝正続伝四、普灯録一一、五灯会元一九

**こくし　国師**　⇩僧職《そうしょく》

**こくじき　斛食**　斛は桝の大きなもの。四角な木の箱にうずたかく飯食を盛って三界万霊に供えて施すのを斛食という。盂蘭盆会《うらぼんえ》などにこれを行う。

**こくし-さんかん　国師三喚**　禅宗の公案の一。南陽慧忠《なんようえちゅう》国師が三たび侍者を喚び、侍者が三たび応じた故事によるもので、自他不二の親しいはたらきを示したもの。禅寺で侍者のことを三応と呼ぶのは、この公案に基づく。〔原文〕無門関一七則、景徳伝灯録五、五灯会元二

**こくじつ-つうろん　尅実通論**　⇩拠勝為論《こしょういろん》

**こくし-ぶっぽう-しょう　国史仏法鈔**　七巻（前篇の三巻のみ現存）。真宗大谷派の知準（　―1349）の著。欽明天皇一三年552から延暦一〇年791までの国史中の仏教関係の記事を集めたもの。〔刊本〕嘉永元1843刊

**こくし-ぼんし　黒氏梵志**　黒氏は㊵カーラ Kāla の訳。梵志はバラモンの意。仏在

世当時のバラモン。よく禅定《ぜんじょう》を修行し、常人に超えた能力をもったバラモンであったが、死者の国の閻羅王から、あと七日で命終し地獄におちると予言され、驚いて仏に帰依して出家し、煩悩を尽くして寿命を延ばし得たと伝えられる。〔参考〕黒氏梵志経(大一四)、根本説一切有部毘奈耶薬事一七

**ごくじょう　極成**　因明《いんみょう》(論理学)の術語。自他ともに認め許して、異論なく至極あきらかに成立する主張。

**ごく-しょうく-きょう　五苦章句経**　一巻。五道章句経、五苦経などともいう。東晋の竺曇無蘭《じくどんむらん》の訳(太元年間376—96)。欲・色・無色の三界、天・人・畜生・餓鬼・地獄の五道における生存の苦を説き、出離を勧める。大一七、国一経集部一四

**こくじょう-じ　国上寺**　新潟県西蒲原郡分水町国上。雲上山と号し、真言宗豊山派。俗に「くがみでら」という。和銅二年709元明天皇の勅を奉じて金地大徳が創建し、ついで天平勝宝年間749—57孝謙天皇が増築したと伝える。のち泰澄・仏蓮らが来住し、貞観年間859—77円仁が引声念仏会《いんぜいねんぶつえ》を伝えたという。古来、越後国一宮弥彦神社との関係が深かったといわれる。建久四年1193曾我十郎祐成の弟という曾我律師が当寺にあずけられていた。中世には一七坊があったとされるが、現在は本覚・宝珠の両院のみがある。

**こくせい-じ　国清寺**　①中国浙江省台州府の天台山仏隴峰の南麓にある。天台智顗《ぎち》の遺志により、隋の開皇一八年598晋王広(煬帝《ようだい》)が創建。智顗の弟子灌頂が住して以来、天台宗の根本道場として栄え、最澄・義真・円載・円珍・成尋・俊芿・重源・栄西など、日本僧の留学するものも多かった。堂舎は、唐の会昌の破仏をはじめ、たびたび兵火や天災によって破壊されたが、その都度再建されている。現在の建造物は、およそ清の雍正年間1723—35に建てられたもの。当寺の九層塼塔は智顗の追善のために煬帝が司馬王弘に命じて造らせたものというが、現存のそれは北宋代のものらしい。②静岡県伊豆の国市奈古谷。臨済宗円覚寺派。康安元年1361頃、修善寺城主畠山国清の創建と伝え、のち上杉憲顕が亡父の菩提のために、無礙《むげ》妙謙を迎えて開山とし、律寺を禅寺に改めたという。足利義満のとき関東十刹に加えられる。応永二三年1416上杉禅秀の乱で炎上。再建されたが、また延徳三年1491焼失したと伝える。一説に、当寺は文覚上人の旧邸の地という。③岡山市小橋町。万歳山と号し、臨済宗妙心寺派。慶長九年1604播磨の国主池田輝政が姫路城在城時に、男山の麓に法源寺と号して開創、同一八年現名に改めた。寛永九年1632池田光政の岡山への転封にともない現地へ移転し、以来池田家の菩提寺となる。

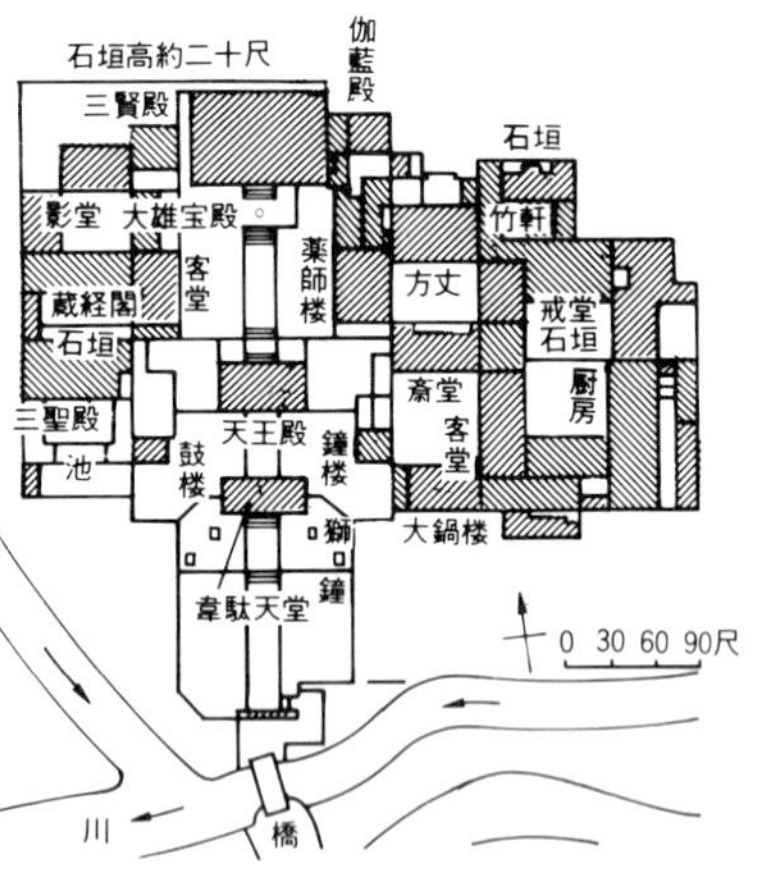

国清寺伽藍配置図(中国文化史蹟)

**こくせい-ひゃくろく　国清百録**　四巻または五巻。隋の灌頂《かんじょう》の編(大業元605頃)。最初、天台智顗《ぎち》の遺徳を後世に伝えるために弟子智寂が編集を企画したが、途中で没したので、灌頂がこれを承けついで更に広く史料を集めて完成した。智顗が天台山に隠棲してから没後九年の大業元年の間にわたる陳帝・隋帝の勅書をふくむ往復書簡・立制法・敬礼法などから碑文にいたるまで広く集め一〇四録より成る。国清寺は天台山にあり、智顗が住した寺の名。智顗の伝としては同じく灌頂の撰に成る天台智者大師別伝があるが、それの根拠を示す基礎資料。大四六

**こく-せん　黒山**　七黒山ともいう。雪山(ヒマラヤ山脈)中にあるという山の名。またカラコルム山脈を古くはクリシュナ・ギリ Kṛṣṇa-giri と称したが、これは黒い山の意である。玄奘は迦畢試《かひつし》(カピシャ

Kapiśa)国から黒嶺という山を越えてはじめてインド北部に入り、濫波《らんぱ》(ランバカパーラ Lambakapāla)国に至ったという。〔参考〕長阿含経一八、倶舎論一一、西域記一・二

**こくたいーじ　国泰寺**　①富山県高岡市太田。摩頂山と号し、臨済宗国泰寺派本山。永仁四年1296慈雲妙意が二上山中に東松寺と号して開創したのに始まる。嘉暦二年1327後醍醐天皇の勅願所になって現寺号に改めた。のち足利尊氏が全国に安国寺を造るに当たり、当寺を越中のそれに当てたという。応仁年間1467—69のころ兵火にかかり衰退したが、天文一五年1546二七世雪庭祝陽によって復興され、天正年間1573—92当地に移り、以後前田家の帰依を受けた。宝永五年1708法灯派の総本山となったが、明治三八年1905独立して現派の本山となる。②広島市西区己斐上。鳳来山洞雲禅院と号し、曹洞宗。京都東福寺の恵瓊《けい》が、白神社(現中区中町)の傍らに新安国寺として建立したのに始まるという。慶長六年1601福島正則のとき、弟の普照を請じて寺号を国泰寺とし、臨済宗から当宗に転じた。昭和五三年1978現地に移転した。③北海道厚岸郡厚岸町湾月町。臨済宗南禅寺派。江戸中期、ロシアとの境界紛争に際し、外敵防禦とアイヌ民族教化の目的で建てられた。享和二年1802文翁の創建。

**こくちゅうーかい　国柱会**　本部、東京都江戸川区一之江。日蓮系の在家教団。明治一三年1880田中智学が蓮華会を設立。同一八年立正安国会に改組し、大正三年1914に国柱会と称した。日蓮の立正安国論にもとづく日蓮主義の信仰実践団体で、その名称は日蓮の「我日本の柱とならむ」(開目抄)に依る。天皇崇拝と排外的民族主義を日蓮の本化妙宗式目によって基礎づけ、現在も天皇絶対・国家神道復活を主張する。

**こくど　国土**　㊵クシェートラ kṣetra の訳で、土地、領域、生物の住む場所のこと。音写して刹多羅《せつたら》、或いは単に刹《せつ》とも称し、更に漢訳の「土」と梵漢重複させ刹土《せつど》ともする。

**こくどかい　国土海〔世界海〕**　華厳宗では仏土を二種に分けて国土海と世界海とする。①国土海。円融自在であって言いあらわすことのできない仏の境地であって、衆生をおさめすくうという立場を離れ、純粋に仏自身の内心の証の土を指示したものである。それ故、それは仏にして初めて知りうるものであって、因の位にある者は窺い知ることができず、また言語で表現することもできない。たとえ相手に対してこれを顕示することがあっても、ただ妙極難思、不可説などと否定的に表現するのみである(華厳五教章巻下摂化分斉・華厳経探玄記巻四など)。②世界海。これは因の位にある者のよりどころとする土であって、仏の教化のはたらく場所である。蓮華蔵荘厳世界海・十重世界海・無量雑類《ぞうるい》世界海の三類があり、三生の人の拠所として配当される。⑴蓮華蔵荘厳世界海(蓮華蔵世界、華蔵界《けぞうかい》)は、果分不可説の境界であるけれとも、三生のうちの最後の拠所すなわち証入生の世界として説かれるから、可説の世界海に入れられる。それ故、それは不可説に異ならない可説であって一相一寂の世界でなく、互いに限りなく主伴具足《しゅばんぐそく》していることは、まるで帝網《たいもう》(帝釈天の宮殿にかかっている網)のような境界である。⑵十重世界海とは、三千世界の外に別に十世界があると説くもので、それらは世界性・世界海・世界輪・世界円満・世界分別・世界旋・世界転・世界蓮華・世界須弥・世界相であって、菩薩の十地について解行生の国土を示すものである。⑶無量雑類世界海(雑類世界)とは見聞生の拠所であって、この須弥山形の世界をはじめ、河形・転形・旋流形・輪形・樹形・楼観形・雲形から衆生形までなどの世界であり、一々法界にゆきわたってさまたげがないという。以上のように三生の見る所が同じでないから三類の差別ができるけれども、それらは相互にとけあって妨げとならず、ただ一種の華厳世界であり、毘盧遮那仏《びるしゃなぶつ》の教化のはたらく場所である(⇩成仏《じょうぶつ》)。なお世界海の語は世界一般を意味することもあり、また特に先の十重世界の第一として用いられる(華厳経探玄記巻三、華厳五教章巻下など)。

**ごくどくもん　五功徳門**　⇩五念門《ごねんもん》

**こくはん　黒飯**　黒飦《こくはん》、烏飯《うはん》、桐飯ともいう。ナンテンの実の汁で黒く染めた飯をいう。禅宗では四月八日の誕生会に、これを仏前に供える。

**こくぶん　克文**　(天聖三1025—崇寧元1102)北宋代中期の禅僧。姓は鄭《てい》氏。雲庵と号し、真浄禅師と諡する。閿郷《ぶんきょう》(河南省閿郷県)の人。黄竜慧南《おうりょうえなん》の法を嗣ぎ、泐潭《ろくたん》(江西省宜豊県)宝峰禅院、その他に住した。宰相王安石・張商英と交わった。雲庵真浄禅師語録六巻がある。〔参考〕行状、石門文字禅三〇、続灯録一三、僧宝伝二三

**こくぶん-じ　国分寺**　奈良時代に聖武天皇の勅願によって全国に建てられた官寺で、僧寺を金光明四天王護国之寺、尼寺を法華滅罪之寺と称し、一般には僧寺を国分寺、尼寺を国分尼寺と呼んだ(東大寺・法華寺はそれぞれ大和の国分寺・国分尼寺であるが、その地位によって総国分寺・総国分尼寺とみなされた)。天平一二年740諸国に七重塔一基を建て、法華経一〇部を写せよとの詔が下された。翌年国ごとに前記の国分二寺を建立することが令され、金字の最勝王経を写して僧寺の塔に一部を安置させ、更に勅で国ごとの僧寺に封戸五〇と水田一〇町を施入して二〇僧を定員とし、尼寺に水田一〇町を施入して一〇尼を置くと定めた(国分寺創建の詔を天武天皇一四年685の詔に置く説もあるが、これは国分寺の思想的な濫觴と考えられている)。国分寺建立の目的は、経典の読誦講説によって、当時流行の疫病を救い、五穀の豊饒と国土の安穏を願い、正法護国の仏典の理想を実現すると共に、国家の宗教的統率力によって、地方政治を確立し、地方文化を開拓しようとしたもののようであるが、中国唐代仏教の大雲寺制などに影響されたことも考えられる。僧寺の長を別当、尼寺の長を鎮といい、両寺の法務は三綱が執行した。別に諸国に国師を置き、国司と共に国分寺を監督した。延暦一四年795国師をやめ講師を置いてもっぱら講説に任じ、また読師があって読経に専任した。国分二寺の位置は多く国府に近接していた。現在、全国に遺跡も多く地名としても残っている。その経済は、当初は前記のようであったが、天平一九年更に僧寺へ九〇町、尼寺へ四〇町が寄付され、天平勝宝元年749には僧寺一千町、尼寺四〇〇町を限る墾田の所有が認められた。その他、諸国に造寺のための国分寺料が定められ、布施供養料や灯油・奴婢の数も規定されていた。このように国分二寺において最勝王経・法華経などの転読、講経、書写や吉祥悔過などが盛んに行われ、国利民福が祈られたが、平安時代になり、地方政治の弛緩するとともにその特権を失った。鎌倉時代には時々修理されることもあったが、室町時代には全く名を残すのみとなった。〔参考〕国分寺志料(続史籍集覧一)

**こくほう　黒法〔白法《びゃくほう》〕**　黒法は雑染《ぞうぜん》邪悪の法をいい、白法は清浄の善法をいう。仏の正法や有漏《うろ》の善法は白法で、外道などの邪法や煩悩《ぼんのう》は黒法である。他に黒・白には苦(不可意)・楽(可意)の意もある。なお、善法のうち、無漏善を浄法、有漏善を白法と名づけることもある。

**こくぼん-おう　斛飯王**　㊵ドローノーダナ Droṇodana㊴ドートーダナ Dhotodanaの訳。釈迦族の師子頬(シーハハヌ Sihahanu)王の五男二女の中の一人。仏陀の父浄飯《じょうぼん》(スッドーダナ Suddhodana)王の弟。その子に摩訶那摩(マハーナーマ Mahānāma)と阿那律(アヌルッダ Anuruddha)とがある。ただし摩訶那摩・阿那律を甘露飯(アミトーダナ Amitodana)王の子とする仏典もあり、仏陀を中心とする釈迦族の親族関係についての伝承は必ずしも一定していない。〔参考〕Mahāvaṃsa II

**ごくみ　極微**　㊵パラマーヌ paramāṇu の訳。物質(色法《しきほう》)を分析して極小不可分の単位に至ったもので、極細塵ともいう。倶舎論巻一二によれば、一極微を中心として上下四方の六方に極微が集合した一団を微《み》という。微はまた微塵ともいい、㊵アヌ aṇu の訳で、阿耨塵《あのくじん》ともいう。同じ集合の仕方で七微を金塵となづけ、七金塵を水塵となづけ、七水塵を兎毛塵《ともうじん》となづけ、七兎毛塵を羊毛塵となづけ、七羊毛塵を牛毛塵《ごもうじん》となづけ、七牛毛塵を隙遊塵《げきゆうじん》(向遊

塵)となづける。金塵・水塵は金中或いは水中の空隙を通行しうる塵ほどの微細なものの意。兎毛塵・羊毛塵・牛毛塵とはそれぞれ兎・羊・牛の毛端の塵ほどの大きさの意。隙遊塵は窓などの隙間からさし入る光の中に浮遊している塵ほどの大きさの意で、われわれの肉眼で認識しうる程度の細塵をいう。極微が集合して具体的な物質を形づくっている時は、少なくとも必ず地水火風の四大と色香味触の四塵(四微《しみ》)とから成り立っていて、それより減ることはないといわれる。これを八事倶生随一不減《はちじくしょうずいいちふげん》という。

**ごくらく　極楽**　(梵)スカーヴァティー Sukhāvatī の訳。安楽、安養などとも訳す。阿弥陀仏浄土の名。漢訳の古経に須摩提《すまたい》、須呵摩提《すかまたい》とあるのは(梵)スハーマティー Suhāmatī あるいはスカーマティー Sukhāmatī の音写であって、これが極楽と訳された原語であろうといわれる。この浄土は西方十万億の仏土をすぎた所にあるとされるので西方浄土と称する(西方は日の没する所なので太陽神話に関係があるとも考えられている)。諸々の浄土の中では荘厳《しょうごん》が最も勝れているという。阿弥陀仏の本願により建立されたもので別願の浄土とも称される。その荘厳に関しては無量寿経などに説かれ、世親の浄土論には三種荘厳について二九種の功徳をあげている。この浄土が三界に包摂されるかどうか、菩薩のみが住する土であるかどうかなどについては諸説があり、また一般には応化土ではなく報土であるとする。〔参考〕無量寿経上、阿弥陀経、観無量寿経、平等覚経一、浄土論(世親)、浄土論註、安楽集、釈浄土群疑論一、浄土論(迦才)、観経疏、教行信証

**ごくらくこくーみだーわさん　極楽国弥陀和讃**　一巻。千観(918—83)の作。成弥陀和讃、極楽和讃ともいう。七五調で六八句から成り、極楽浄土を鑽仰し、欣求浄土の志を述べる。最も古い和讃の一。国東叢一(歌頌)、日本歌謡集成四　〔刊本〕天保四1833刊

**ごくらくーじ　極楽寺**　①神奈川県鎌倉市極楽寺。霊鷲山感応院極楽寺と号し、真言律宗。正元元年1259北条重時の創建で良観(忍性)を開山とする。元弘三年1333勅願寺となった。鎌倉の和賀江島のほか、利根川、富士川、大井川などを管理。北条・足利両氏の崇敬を得て一二社殿などがあり壮大であったが、応永三二年1425火災にあい、近世に入って衰退した。〔重文〕木造釈迦如来立像、同釈迦如来坐像、同不動明王坐像、同十大弟子立像、金銅密教法具ほか　〔参考〕新編鎌倉志六、鎌倉市史　②山口県玖珂郡周東町用田。二井寺《にいでら》山と号し、真言宗御室派。往古、一山の総称として二井寺、新寺《にいでら》といい、その一坊舎を大坊極楽寺と称した。二井寺は天平一六年744玖珂大領秦皆足が創建し、聖武天皇の勅願所という。のち代々の勅願所になったといい、後奈良天皇の勅願所にもなっている。平安時代は観音霊場として有名であった。中世は極楽寺など一八の坊舎がある大寺であったといわれ、歴代の大内氏の外護を受けた。中世末に焼失し、近世は次第に衰微し五坊のみ残ったが、明治初期、極楽寺のほかは各地へ移転した。文永九年1272銘の洪鐘を蔵する。〔参考〕寺社記(元禄八1695)、今昔物語集一六、玖珂郡志

**ごくらくーぼう　極楽坊**　奈良市中院町。真言律宗。正式には元興寺と称し、一般に元興寺極楽坊と呼ばれる。当寺の南方に位置する元興寺(華厳宗)の三面僧房の一部で、奈良時代の三論宗学僧、智光・礼光が止住した旧房。平安時代末期から智光曼荼羅を中心とする浄土信仰がおこり、往生院とか極楽房(坊)と呼ばれた。寛元二年1244曼荼羅堂(現極楽坊本房)が造営され、その後も多くの念仏聖が止住するようになり、鎌倉・室町時代には庶民信仰の寺として隆盛した。応安元年1368西大寺の光円が入寺して真言・律宗兼帯の寺となり、慶長七年1602には徳川家康から一〇〇石の朱印地を受けた。江戸時代には極楽院と称したが、昭和三〇年1955に元興寺極楽坊、同五二年に元興寺と改称した。なお昭和一八年から同一九年の禅室・本堂の改体修理にあたって、鎌倉から江戸時代におよぶ多くの庶民信仰資料が発見され、重要民俗資料の指定を受けている。〈⇩元興寺《がんごうじ》〉〔国宝〕本堂、禅室、五重小塔　〔重文〕著色智光曼荼羅図、木造阿弥陀如来

坐像、同弘法大師坐像、同聖徳太子立像

**ごくらく-ろくじ-さん　極楽六時讃**　一巻。源信(942—1017)の作。成立年不詳。晨朝・日中・日没・初夜・中夜・後夜と昼夜を六時にわけて、極楽へ往生した人が直接に見聞するかたちをとり、弥陀の浄土の依正二荘厳を讃嘆した、七五調・八百七十余句からなる長篇の和讃。雄大な構成と典雅な文辞で和讃中の最大傑作。広く愛唱されて栄華物語、梁塵秘抄にもとられ、藤原俊成の長秋詠藻のなかにも、この和讃の句を題にしたものがみえる。

**こけ　虚仮**　うそいつわり。真実に対する語。虚仮不実、虚仮諂偽《こけてんぎ》などと連用することがある。内心がよこしまで、外のすがただけを立派にみせかける行為を虚仮の行《ぎょう》といい、虚仮雑毒の善《こけぞうどくのぜん》という。

**ごげ　五悔**　五つの悔過《けか》の意。罪を除き滅ぼすために行う五つのこと。①天台宗では、「ごげ」と読み、懺悔《さんげ》(罪を悔いゆるしを求める)、勧請《かんじょう》(教えを説いて衆生を救うよう仏に請う)、随喜(他の人の善行をよろこぶ)、廻向《えこう》(善い行為をさとりのためにさしむける)、発願《ほつがん》(さとりにむかう心を起こす)をいう。これを別方便の行という、法華修行をたすける行為とする。②真言宗では、「ごかい」と読み、金剛界法を修する時に誦える五章の偈頌をいう。即ち帰命・懺悔・随喜・勧請・廻向の五で、これを五智にあて、また普賢菩薩の十大願と同じ意味をあらわすとし、普賢行願讃とも称する(胎蔵界法の九方便に対する)。

**こけい-さんしょう　虎渓三笑**　東晋時代、廬山の慧遠《えおん》が来客の儒者陶淵明・道士陸脩静を見送った際に、共に心肝相照したあまり思わず虎渓を通過してしまい(慧遠は虎渓まで客を送るのを常とした)、これに気づいて三者が大笑したという故事。唐代以後に三笑図が描かれ、またこの物語が広く人口に伝えられた。わが国でも鎌倉末期以後に三笑図が流行している。ただし脩静は慧遠・淵明と時代に隔りがあり、唐代中期以後の儒教・道教・仏教の三教調和説が発達すると共にできた物語といわれる。

**ごけ-さんしょう-ようろ-もん　五家参詳要路門**　五巻。東嶺円慈の著（天明八1788)。禅宗五家の宗風についての評論。(1)臨済宗は機峰を戦わすこと、(2)雲門宗は言句を選ぶこと、(3)曹洞宗は心地を極めること、(4)潙仰宗は作用を明らかにすること、(5)法眼宗は利済を先とすることを述べ、それぞれ異なった宗風があるが、要はただ向上の大事を究明するのが目的であることを祖録の詳しい検討によって論証する。付録に示衆、看経榜の二篇を添えている。㊅八一、〔国訳禅宗叢書一一〕〔刊本〕文政年間1818—30刊

**ごけ-しゅうし-さんよう　五家宗旨纂要**　三巻。清の三山灯来の著(順治一四1657)。詳しくは三山来禅師五家宗旨纂要という。古来の禅書の中から、五家の宗旨と家風に関する文章を選んで批評を加えたもの。康熙四二年1703に門人性統が重編した。付録に三身四智説と八識拈評がある。㊫二・一九・三

**ごけ-しょうしゅう-さん　五家正宗賛**　一巻または四巻。南宋の希叟紹曇(無準師範の嗣)の著(宝祐二1254序刊)。中国禅宗の初祖菩提達磨より五家の各派に至る祖師七四人の略伝を掲げて、各派の宗風と宗旨の綱要を明らかにし、四六文による賛頌を付したもの。本書は早く日本に伝えられ、貞和五年1349に春屋妙葩《みょうは》が天竜寺の雲居庵において刊行し、五山時代より江戸時代にかけて広く読まれ、詩文の手本とされた。㊫二乙・八・五〔註釈〕東陽英朝・抄二巻、竜渓・鈔二〇巻、大圭臘断二巻、道忠・助傑二〇巻

**ごげつ　護月**　㊵チャンドラグプタCandragupta の訳か。月蔵とも訳す。六世紀のインド唯識派の論師。護法(ダルマパーラDharmapāla)と同時代に那爛陀《ならんだ》寺(ナーランダー Nālandā)で活躍したという。世親の中辺分別論の註釈を作ったと伝えられるが現存しない。〔参考〕西域記九、成唯識論述記二末

**こけら-ぎょう　柿経**　木片に経文を書写したもの。卒塔婆《そとば》、経木《きょうぎ》ともいう。全国の発見例では中世以降のものが多く、滅罪生善・極楽往生を願って書写された。如法経書写に由来するといわれ、経文は法華経が多い。藤原定家も明月記(建仁二1202

三・三〇条)に卒塔婆に書写すと記しており、絵巻物の稚児観音縁起には柿を持って写経する僧侶の姿が見られる。奈良元興寺極楽坊のものは庶民信仰のものとして有名。

**ごけん 五見** 五つの見。見は(梵)ドリシュティ dṛṣṭi の訳で、かんがえ、見解、思想の意であるが、ここでは悪いかんがえ、誤った見解を意味する。根本煩悩《ぼんのう》のうちの見(悪見)を五つに分けたもの。即ち⑴薩迦耶見《さつがやけん》。薩迦耶は(梵)サットカーヤ satkāya の音写。訳して有身見《うしんけん》、略して身見ともいい、また偽身見、壊身見とも訳す(サットを有と訳すのは説一切有部の説で、経部では虚偽、唯識宗では移転と解釈する)。我《が》があるとする我見と、我に属するものがあるとする我所見とである。⑵辺執見《へんしつけん》。辺執は(梵)アンタ・グラーハ anta-grāha の訳。辺見ともいう。かたよった極端なことに執著する見解のこと。我《が》は死後常住(永久不変)であるとする常見(有見)と、我《が》は死後断絶するとする断見(無見)とである。⑶邪見。邪は(梵)ミトヤー mithyā の訳。因果の道理を否定する見解。⑷見取見《けんじゅけん》。見取は(梵)ドリシュティ・パラーマルシャ dṛṣṭi-parāmarśa の訳で、あやまった見解に執著して真実の見解であるとすること。⑸戒禁取見《かいごんじゅけん》。戒禁取は(梵)シーラ・ヴラタ・パラーマルシャ śīla-vrata-parāmar-śa の訳。戒取見、戒盗見ともいう。正しくない戒律や、禁制などを涅槃《ねはん》(さとり)にみちびく正しい戒行であるとして執著すること。

**ごこう 五綱** 五義、五綱判、宗教の五綱ともいう。日蓮宗の教判。教・機・時・国・序の五の標準によって全仏教の中に浅深を区別し、今の世に適するか否かを明らかにしたもの。「教」とは教相判釈、「機」とは教をうける者の能力の適否、「時」とは時代の変遷、「国」とは国界の性情、風俗、習慣など、「序」とは教法がひろまる順序次第。即ち法華経(教)を、元来から善根がなく初めてこれに接した者(機)が、仏の滅後の末法後五〇〇歳の時(時)に、純円一乗の国である日本(国)において、学ぼうとするには、順序として今や本門の大教でなければならない(序)というのである。

**ごこう 後光** 彫刻や絵画の仏・菩薩《ぼさつ》像の背に造られる光相のこと。光背《こうはい》ともいう。項背に円輪であらわしたものを円光、または頭光《ずこう》といい、円光から光のように金線を放射したものを線光または筋光という。また全身から発するものを身光というが、このうち、頭光と身光とを二重の円輪であらわすものを輪後光《りんごこう》といい、さらにその背後に船形の大きな光焔をとりつけたものを船(形)後光《ふながたごこう》という。

**ごこく-じ 護国寺** 東京都文京区大塚。真言宗豊山派。神齢山悉地院と号する。天和元年1681桂昌院(徳川綱吉の生母)が創建、亮賢を開基とした。享保二年1717神田の護持院が焼けたので合併して当寺の本坊を護持院と改め、観音堂(現本堂)を護国寺と称し、以後護国寺は護持院の兼帯所となった。明治元年1868護持院が廃されると、その寺地は当寺に引き継がれた〈→護持院〉。〔重文〕本堂(元禄一一1698造)、月光殿(もと園城寺塔頭日光院の客殿、桃山時代)、絹本著色尊勝曼荼羅図、金銅五鈷鈴ほか 〔参考〕隆光日記、豊山伝通記、寺格帳、常憲院殿御実紀、有徳院殿御実紀

**ごこく-しんろん 護国新論** 一巻。淡雲(1830—1905)の著。成立年不詳。キリスト教が人倫・国家を害することを述べたもの。同類の書として、真宗妙光寺霊遊の辟邪論《へきじゃろん》(慶応元1865刊)、同円光寺竜温の闢邪護法策録(明治仏教全集護法篇)など多い。〔刊本〕慶応四刊

**ごこく-そんじゃ-しょもん-だいじょう-きょう 護国尊者所問大乗経** 四巻。北宋の施護の訳(太平興国五980頃)。異訳に大宝積《だいほうしゃく》経の第十八会護国菩薩会(隋の闍那崛多《じゃなくった》の訳)がある(大)一一。チベット訳の大宝積経では第十七会にあたる。またチベット訳には別に同じ標題の短経がある)。梵文原典ラーシュトラパーラ・パリプリッチャー Rāṣṭrapāla-paripṛcchā はフィノー L. Finot が刊行し(1901)、エンシンク En-sink はその英訳をチベット訳二本の校訂本と共に刊行した(1952)。西晋の竺法護《じくほうご》の訳の徳光太子経一巻(大)三はこの経の古形を伝えるものと考えられる。護国尊者の

ために菩薩の行ずべき徳目と実例とを説く。四無畏・四功徳・四無悔法・四調伏行などのように四項にまとめた教説が多い。後半には仏の本事である福光王子の物語を説く。㊅一二〔参考〕国二宝積部四

**ご-ごひゃくねん　五五百年**　五箇五百年《ごかごひゃくねん》、五五百歳ともいう。仏滅後の二五〇〇年間を五個の五〇〇年に区切って仏教の消長を表わそうとする説で、大集経巻五五に出ている。第一の五〇〇年は解脱堅固《げだつけんご》または学慧堅固《がくえけんご》といい、この期間は智慧を得て悟りをひらき、解脱する者が多い。第二の五〇〇年は禅定堅固《ぜんじょうけんご》といい、この期間は禅定を保つ者が多い。第三は多聞堅固《たもんけんご》といい、仏法を熱心に聴聞する者が多い。第四は造寺堅固《ぞうじけんご》といい、熱心に寺院建立をなす者が多い。第五は闘諍堅固《とうじょうけんご》といい、互いに自説だけが優れており他説は劣っているとして争いながらも、このような状態で仏教が伝承されて行く期間。最後の五〇〇年を「後の五百年」ともいう。

**ご-こん　五根**　五つの根。根は㊵インドリヤ indriya の訳で、すぐれたはたらきがあるもの(増上)との意。①眼《げん》・耳《に》・鼻・舌・身の五根。視覚・聴覚・嗅覚・味覚・触覚の五を感覚する五官、またはその機能。これに意根(心)を加えて六根という。五根は外界の対象をとらえ、また心内に五識の認識作用をひきおこすことに勝れたはたらきがあるから、根といわれる。またこれらは物質から成っているから五色根といわれる。数論派《すろんは》(㊵サーンキヤ Sāṃkhya)では五知根というが、このときは身根のことを皮根という。これら五根に扶塵根《ぶじんこん》と勝義根《しょうぎこん》とを分ける。扶塵根とは眼の球・耳の穴・鼻ばしらなどのように血肉でできている根で、対象をとらえる勝れた力はないが、勝義根を扶《たす》けて識を起こさせるもので、普通五官というのがそれである。勝義根とは肉体の内部にあって肉眼では見えないが、まさしく対境を取るはたらきをなすものであって、きよらかで非常に勝れた四大種から成っている(浄色)。しかし有部《うぶ》では勝義根だけが五根であるとする。五根のうち、眼根・耳根は遠くにある対象(不至境)に対してはたらくから、離中知《りちゅうち》といい、鼻根・舌根・身根(皮膚)は対象と根とが直接に接触しているもの(至境)に対してはたらくから、合中知《ごうちゅうち》という。また、五根のうち、鼻・舌・身の三根は等量の境(根と等しい量の対境)をとるが、眼・耳の二根は時には小、時には等、時には大の境をとる。なお、意根は無色法《むしきほう》で形がないから、量については論じられない。②信・精進(勤《ごん》)・念・定《じょう》・慧《え》の五無漏根。三十七道品のうちの一類。これらは煩悩《ぼんのう》をおさえて正しいさとりの道におもむかせるのに勝れたはたらきがある(増上)から、根といわれる。

**ここん-おうじょうじょうど-ほうしゅ-しゅう　古今往生浄土宝珠集**《しんぺんここんおうじょうじょうどほうしゅしゅう》　⇩新編古今往生浄土宝珠集

**ここん-しょうろく　古今捷録**　一巻。清の雪兆果性の編(康熙五1666序)。詳しくは仏祖正伝古今捷録という。従来の伝灯録に掲載されていない元・明代の臨済僧の列伝を明らかにしたもの。しかしその源流を求めるため初祖菩提達磨より南岳懐譲《えじょう》下三六世風穴《ふけつ》雲峨行喜に至る四二祖の事跡・朝代・法臘・諡号・法嗣などを記して、それぞれ頌を付し、別に唐代五家の宗祖の略伝を付載した一種の禅宗簡史。巻尾に汝州風穴延沼禅師塔銘を付している。㊫二乙・一九・五

**ここん-やっきょう-ずき　古今訳経図紀**　四巻。唐の靖邁《せいまい》の編。成立年不詳。後漢の迦葉摩騰《かしょうまとう》から唐の玄奘までの一一七名の訳経を列記し小伝を付したもの。その記載はおおよそ歴代三宝紀を踏襲している。長安大慈恩寺翻経堂の壁画に題したものという。なお、智昇は続古今訳経図紀一巻(㊅五五)を著わし、智通から金剛智までの二一名の伝訳を記している。㊅五五

**ごさい-え　御斎会**　正しくは「みさいえ」という。南京三会の一で、宮中御斎会とも称する。盧舎那仏を安置し金光明最勝王経を講じて国家の安穏を祈る法会で、毎年正月八日から一四日まで南都六宗の僧が出仕して大極殿で行った。称徳天皇の神護景雲二年768に始まるというが異説もある。嵯峨天皇の弘仁四年813以来、結願の日に最

勝王経の論議が行われ、これを内論義《うちろんぎ》と称した。大極殿が焼けてからは豊楽殿や八省院の朝所《あいたんどころ》などで行われ、出仕の僧も八宗からえらばれるようになった。室町時代以後は中絶した。〔参考〕延喜式二一、今昔物語集一二、小野宮年中行事

**コーサラ・デーヴィー**　㊵㊴ **Kosala-devī**　憍薩羅夫人という。憍薩羅国(コーサラ Kosala)の皇后の意味。波斯匿《はしのく》(パセーナディ Pasenadi)王の妹。王舎城の頻婆娑羅《びんばしゃら》(ビンビサーラ Bimbisāra)王に嫁いだ。パーリ文献の伝承では阿闍世《あじゃせ》(アジャータサットゥ Ajātasattu)王の生母であるとし、阿闍世が父王を殺したので、コーサラ・デーヴィーは悲しみの余り急死し、それがやがて波斯匿王と阿闍世王との争いのもとになったという。しかし、コーサラ・デーヴィーを阿闍世の生母とするのは誤りで、北伝に阿闍世の母とする韋提希《いだいけ》(ヴェーデーヒー Vedehī)とは別人とされる。〔参考〕Jātaka II, III

**こ-ざん　孤山**　中国浙江省杭州府銭塘県西二里、西湖の西北隅にある島。孤嶼ともいう。広化・聖因の二寺がある。うち広化寺はもと永福寺と称し、陳の天嘉元年560の草創と伝える。宋代に天台宗山外派の智円(976—1022)がその地に住み、山家派の四明知礼と対抗し、山家山外の論争を展開した。更に林和靖らと交遊して著作に努め、閑居編五一巻を編した。聖因寺は清の康熙四二年1703聖祖康熙帝南巡の時の行宮を、雍正五年1727寺としたもの。堂宇は宏壮で景勝を占めている。〔参考〕閑居編、仏祖統紀一〇

**こ-ざん　鼓山**　中国福建省福州府閩侯県にある山。峰々に点在する多くの堂塔のうち、白雲峰の湧泉寺が最も著名で、唐の建中四年783に華厳寺の名で建立されたのにはじまり、唐の武宗の会昌の法難で荒廃したが、後梁の開平二年908閩の太祖王審知が再建して、禅宗霊峰義存の嗣、神晏が住した。のちしばしば増修された。明代には元賢・惟賢らがこの地に住した。〔参考〕伝灯録一八、古尊宿語録三七

**ござん-じっせつ　五山十刹**　①中国。インドにおける釈尊の五精舎十塔に擬したものという。南宋の寧宗(1194—1224在位)が初めて禅院の等級を定め、⑴興聖万寿寺(浙江省杭州府臨安県径山)、⑵景徳霊隠寺(同杭州府銭塘県霊隠山)、⑶景徳寺(同寧波府鄞県天童山)、⑷浄慈報恩光孝寺(同杭州府銭塘県南屏山)、⑸広利寺(同寧波府鄞県阿育王山)を五山とし、⑴中天竺山天寧万寿永祚寺(浙江省杭州府銭塘県)、⑵道場山護聖万寿寺(同湖州府烏程県)、⑶蒋山太平興国寺(一名霊谷寺、江蘇省江寧府上元県)、⑷万寿山報恩光孝寺(同蘇州府呉県)、⑸雪竇山資聖寺(浙江省寧波府奉化県)、⑹江心山竜翔寺(一名江心寺、同温州府永嘉県)、⑺雪峰山崇聖寺(福建省福州府侯官県)、⑻雲黄山宝林寺(浙江省金華府蘭谿県)、⑼虎丘山雲巌寺(江蘇省蘇州府呉県)、⑽天台山国清忠寺(浙江省台州府天台県)を十刹とした(一説に五山は大慧宗杲1085—1163以後に起こるともいう)。元至順元年1330建康(江蘇省江寧府)に大竜翔集慶寺を建て五山の上としてより、五山の勢力は漸次衰退した。②日本。中国の制を模したもので、建長三年1251北条時頼が五山の首として鎌倉に建長寺を建て、次いで円覚寺、浄智寺などが建立された。その後、徳治二年1307に京都南禅寺を、正慶二年1333大徳寺を五山に列したが、建武元年1334には等級を定めて南禅・大徳の両寺を五山第一位とし、建仁・東福・建長・円覚の諸寺を次位として京都中心の五山制に改めた。暦応四年1341に至って、建長・南禅を五山の第一、円覚・天竜を第二、寿福を第三、建仁を第四、東福を第五、浄智寺などを准五山とし、浄妙(鎌倉)・禅興(同)・聖福(博多)・万寿(京都)・東勝(鎌倉)・万寿(同)・長楽(上野)・真如(京都)・安国(同)・万寿寺(豊後)を十刹の順とした。応安年間1368—75、足利義満により五山十刹以下の諸制を整備されたが、五山の順位は第一建長・南禅、第二円覚・天竜、第三寿福、第四建仁、第五万寿寺となった。至徳三年1386に至り南禅寺を五山の上とし、京都鎌倉各別に五山十刹を立て、京都五山は天竜・相国・建仁・東福・万寿寺、十刹は等持・臨川・真如・安国・宝幢・普門院・広覚・妙光・大徳・竜翔寺、鎌倉五山は建長・円覚・寿

福・浄智・浄妙寺、十刹は禅興・瑞泉・東勝・万寿・東漸・善福・大慶・興聖・法泉・長楽寺とした。五山には長老、十刹には西堂が住した。住僧は中世の文運をおこし、いわゆる五山文学を隆盛にした〈⇩五山文学《ござんぶんがく》〉。とくに大徳寺、妙心寺は五山の隣りの寺の意味で山隣と呼ばれた。江戸時代に入り、南禅寺の金地院崇伝が政界に勢力を振うにいたり、東西五山は全てその支配するところとなって、五山十刹はただ外観のみとなり、鎌倉五山は衰微した。なお、室町時代には禅家五山の例にならい、京都の景愛寺・通玄寺・檀林寺・護念寺・恵林寺の五寺、および鎌倉の太平寺(高松寺)・東慶寺・国恩寺・護法寺・禅明寺の五寺を尼寺五山といった。〔参考〕扶桑五山記、洛陽五山記、鎌倉五山記(続群二七下)、雍州府志四、五山十刹変遷考

**ご-さんぶ-しょう　後三部鈔**　真言宗三宝院流における諸尊法の秘法口伝に関する三部の書。玄秘鈔(実運)、秘蔵金宝鈔(同)、諸尊要鈔(後世妙鈔。実運の口説、寛命記)をさす。㊅七八

**ござん-ぶんがく　五山文学**　鎌倉時代から室町時代末期にわたって、京都・鎌倉の五山十刹を中心として禅僧の間に栄えた漢文学をいう。中国では北宋以来禅僧の間に詩文を作ることが盛んになり、また南宋の朱子学と禅とが互いに影響しあったが、その風習が臨済宗の伝来と共に日本に伝わり、禅宗寺院に弘まった。(イ)初期。鎌倉時代から南北朝時代にかけては、詩文は純中国風の古典的性格を帯び、詩も仏教的に偈頌《げじゅ》と称して宗教的本質を重んじたが、一般に禅に対して詩文は第二義とされた。著名な人の中で蘭渓道隆・大休正念・無学祖元などは南宋からの来朝者、一山一寧・清拙正澄・明極楚俊《みんきそしゅん》・竺仙梵僊《ぼんせん》などは元からの来朝者であり、円爾弁円《えんにべんねん》・南浦紹明《なんぽじょうみょう》・無関普門などは入宋僧、虎関師錬・雪村友梅・中巌円月などは入元僧、中津絶海は入明僧である。また中国へ行かなかった人では夢窓疎石・無極志玄・春屋妙葩《みょうは》・竜湫周沢・義堂周信、観中中諦などが著名である。(ロ)中期。室町時代初期から応仁1467—69の頃までが五山文学の最盛期である。四六駢儷文が普及し、七言絶句が中心とされた。また唐・宋の詩文の講説註釈が盛んで、いわゆる抄物《しょうもの》が作られた。宗教的性格がやや稀薄化した。著名な人に、惟肖《いしょう》得巌・巌中周噩《しゅうがく》・岐陽方秀・惟忠通恕・太白真玄・瑞渓周鳳・心田清播・景南英文、鄂隠《がくいん》慧奯《えかつ》などがいる。(ハ)末期。応仁以後から戦国時代末に至る間は、一般に口訣伝授が盛んで、従来の遺風を維持するにとどまり、詩文も和臭が強く、創作よりも蘇東坡や黄山谷らの詩文の講義を主とするに至り、また禅僧というよりは純然たる文学僧化した。この頃の人に、希世霊彦・翺之《こうし》慧鳳・横川景三・景徐周麟・天隠竜沢・蘭坡景茝・月舟寿桂・西笑承兌《しょうたい》などがいる。この頃には、禅本来の理想を求める人々は五山を離れて林下(地方の禅林)に去る人もあった。

**ご-さんまい-じょう　五三昧場**　「ごさんまいば」とも称する。京都近郊に設置された五カ所の葬場をいう。三昧場は、死者の冥福を祈るために墓地の周辺に建てられた法華三昧堂から転じて墓地の異名となった。もと和銅七年714に行基が畿内五カ所にこれを定めたといい、また貞観一三年871官符により山城国に庶民の葬地五カ所を制定したと伝えるが、のちに数多くの葬場が設けられ、五三昧場の数え方や名称について諸説が生じた。京都東部の鳥辺野《とりべの》・阿弥陀ケ峰、北部の船岡山、南西部の西院(佐比)、南部の竹田を数えることもあり、また大和般若野五三昧場のように一葬場に名づけることもあった。〔参考〕五三昧縁起、三代実録二〇、塩尻三

**こじ　居士**　㊵グリハ・パティ gṛha-pati の訳。迦羅越《からおつ》と音写し、長者、家主、在家とも訳す。普通には、出家せず家にあって仏教に帰依する男子の称。また在家の男の法名《ほうみょう》の下につける称号としても用いる。

**ごし　五師**　⇩僧職《そうしょく》

**ごじ-いん　護持院**　東京都文京区大塚にあった真言宗豊山派の寺。もと湯島にあった知足院を元禄元年1688隆光が神田橋外に移し同八年護持院と改めた。院家に列し、

関東真言宗新義派の触頭となり隆盛した。享保二年1717の類焼後は護国寺境内に移され、その本堂を護持院と称したこともあったが、明治初めに廃された〈⇩護国寺《ごこくじ》〉。

**ごーしき　五識**　五つの識。即ち眼識《げんしき》・耳識《にしき》・鼻識・舌識・身識の総称で、六識或いは八識のうちの前の五であるので前五識といい、また複数を示す「身」の字を付して五識身ともいう。眼根などの五根をよりどころ(所依)とし、色境などの五境を識知する五つの心である。この五つの心はともに物質的感官(色根)によって、物(色法)を対境とし、ただ現在のみを対象としてはたらき、ただ直接知覚(現量)によってのみ対境を識知し、常に起こりどおしではないなどのことが、前五識に共通であるために総括して五識という。

**ごじーきょう　五時教**　五つの時期に説いた教え。阿含経や諸々の大乗経典などは、すべて仏陀がその一生において、浅い教えから深い教えへと順序だてて説いたものと考えて、五時の段階にわけた経典批判。①劉宋の慧観の説。仏教には、菩薩を対象としてさとりの真理をたちどころにあらわした頓教《とんぎょう》(華厳経)と、声聞《しょうもん》・縁覚《えんがく》など愚かなものを次第に真のさとりに導くために説いた漸教《ぜんきょう》とがあり、漸教の内容はこれを説いた順序により、(1)三乗別教(三乗の人のためにそれぞれ四諦・十二因縁・六度を別々に説いた教え、有相教=阿含経)、(2)三乗通教(三乗に共通な教え、無相教=般若経)、(3)抑揚教《よくようきょう》(菩薩を賞揚し声聞を抑えた教、褒貶抑揚教=維摩経《ゆいまぎょう》・思益経《しゃくきょう》など)、(4)同帰教(三乗を開会して一仏乗に帰入させる教え、万善同帰教=法華経)、(5)常住教(仏身の常住を説く教え、双林常住教=涅槃経)とする。②蕭斉の劉虬《りゅうきゅう》の説。仏教に頓教(華厳経)と漸教とがあり、漸教を五時にわけて、(1)人天教(世間的な教え)、(2)有相教(差別的事象の存在を認める教え)、(3)無相教(差別的事象の存在を否定する教え)、(4)同帰教、(5)常住教とする。③隋の智顗《ぎち》の説〈⇩五時八教《ごじはっきょう》〉。④唐の法宝の説。仏教を五時の教えにわけて、(1)小乗教、(2)般若教、(3)深密教《じんみっきょう》、(4)法華教、(5)涅槃教とする。

**ごじーごぎょう　五時五教**　日本台密の説。密教を中心にした仏教教義の批判分類法。中国の智顗《ぎち》が仏陀の教説を、説いた年代によって五時、教えの内容から化法の四教、教えの説き方から化儀の四教にわけた〈⇩五時八教《ごじはっきょう》〉のを利用して、密教優位の立場から、五時のうちの第五時を初・中・後にわけて法華経・涅槃経・大日経の順序に説いたとし、化法の四教に密教を加えて五教としたもの。円仁、円珍などの説を総合して安然《あんねん》が組織した。しかし、台密の中でも、四教をすてて五教を説き法華と真言との優劣を論じるこの説には反対するものもある。

**ごじーごんしんかん　五字厳身観**　五輪観、五輪成身観、五大成身観《ごだいじょうしんかん》ともいう。密教で修法のとき行者が自己の身体の上に、地水火風空の五大の種子《しゅじ》である阿《あ》(𑖀)・鑁《ばん》(𑖪𑖽)・囕《らん》(𑖨𑖽)・唅《かん》(𑖮𑖽)・欠《けん》(𑖏𑖽)(または阿《あ》𑖀・縛《ば》𑖪・羅《ら》𑖨・賀《か》𑖮・佉《きゃ》𑖏)の五字を順次に膝・臍・胸・面・頭頂に配置して、我身即ち大日如来に同じと観じる行法。胎蔵界法の道場観の前に修める。これはまた金剛界の五相成身観に対する(大日経巻五秘密曼荼羅品、同経巻七持誦法則品など)。

**ごじーそう　護持僧**　⇩僧職《そうしょく》

**ごしちにちーのーみしほ　後七日御修法**　宮中御修法、真言院御修法ともいい、単に御修法《みしほ》とも称する。天皇安穏・国利民福を祈るために仏舎利を本尊として修する東密所伝の極秘の大法で、毎年正月八日から一四日まで宮中の真言院で修した(後七日とは前七日の宮中節会に対していう)。承和元年834空海が仁明天皇に上表し、翌年自ら大阿闍梨となって修してから恒例となり、文和二年1353真言院が倒壊してからは紫宸殿で行った。室町末期に中絶したが元和九年1623義演が再興した。明治四年1871に一旦廃されたが、同一五年勅許を得て御衣を賜り、翌年から東寺灌頂院で修するようになった。〈⇩四箇秘法《しかひほう》〉〔参考〕初例抄、年中行事秘抄、後七日御修法覚悟、後七日御修法再興記

**こじーでん　居士伝**　五六巻。清の彭際清《ほうさいせい》の編(乾隆四〇1775)。後漢代25—220

から清の乾隆年間1736—95にいたる間の仏教信仰の厚い居士約二百数十名の伝記を編録。牟融に始まり知帰子(編者)の自伝に終る。正史・僧伝・文集、および諸経の序録などに拠り、おのおの伝記の典拠を示す。篤信の婦女の伝を集めたものに同じ編者による善女人伝二巻(㊫二乙・二三・二)がある。㊫二乙・二二・五

**ごじ-はっきょう　五時八教**　隋の智顗《ちぎ》が説いた天台宗の教判。仏教の諸経典の内容を分類し解釈して、仏陀の説法の順序から華厳《けごん》・鹿苑《ろくおん》・方等《ほうどう》・般若《はんにゃ》・法華涅槃《ほっけねはん》の五時にわけ、衆生を教え導く形式方法から頓・漸《ぜん》・秘密・不定《ふじょう》の四種類(化儀の四教)にわけ、また衆生の性質能力に応じて教え導いた教理内容から蔵・通・別・円の四種類(化法の四教)にわけた。これらを総称して五時八教という。その関係を図示すると左図のようになる。①はじめに五時についていえば、(1)第一華厳時は、仏が成道した最初の三七(二一)日間華厳経を説いた時期をいう。その時説いた教えの内容は、正しくは円教であるが、あわせて別教を説いている。この説法の対象は大菩薩衆である別教と円教の優れた能力の者であって、仏の教化の意味からすると自己自身の悟った仏慧を擬して適否を試みたものであるから擬宜《ぎぎ》の時とし、教えの順序でいえば牛からしぼったままの乳味に当たる。華厳経には前分と後分の区別があって、前分は三七日の時の説法で声聞《しょうもん》はいないが、後分は入法界品のように舎利弗《しゃりほつ》などの大声聞などがいる。しかしこの時の説法は程度があまりにも高くて、声聞は化益《けやく》に預ることができなかった。(2)第二鹿苑時は、華厳経を説いて後の十二年間に、十六大国で小乗の四阿含経《あごんきょう》を説いた時期をいう。この時期における仏の最初の説法の場所が鹿野苑《ろくやおん》であったから鹿苑時といい、説いた経名をとって阿含時ともいう。説いた教法は今度は程度が極めて低く、小乗即ち三蔵教のみであり、仏の教化の意味からは浅薄な能力の者を対象として誘い導いたものであるから、誘引の時とし、順序の上では乳の次の段階である酪味に喩えられる。(3)第三方等時とは、鹿苑時の後八年間に維摩経・思益経《しやくきょう》・勝鬘経などの大乗を説いた時期をいう。説いた教法は蔵・通・別・円の四教を並説し、第二時で得た小乗の浅い悟りを仏の深い悟りと同一視している偏見を打破した。その中では折小歎大《しゃくしょうたんだい》(小乗はつまらないと非難し、大乗はよいとほめたたえる)・弾偏褒円《だんぺんほうえん》(偏教をけなし、円教をほめる)の意味が説かれ、耻小慕大《ちしょうぼだい》(つまらない小乗を恥じて、尊い大乗をしたう)の思いを起こさせる。仏の教化の意味からすれば弾訶(小乗はつまらないとしかりつける)の時とし、順序の上では酪の次の段階である生蘇味《しょうそみ》に喩えられる。方等というのは大乗経の通名であるから、大乗の初めであるこの時を方等時と名づけたのである。(4)第四般若時とは、方等時の後二二年間に諸部の般若経を説いた時期をいう。経名によって時の名が立てられている。説いた教法は通・別・円の三教を内容としており、仏の教化の意味からすれば大乗・小乗を別のものとする偏執を淘汰《とうた》(あらいきよめる)するために諸法はみな空で大乗小乗は一味であると融合させるから淘汰の時とし、順序の上では生蘇の次の段階である熟蘇味《じゅくそみ》に喩えられる。この時期においては須菩提《しゅぼだい》などに般若を説かせ、大乗にあこがれている二乗をさらに大乗の中に進展させて空に入らせるのであるから、これを般若の転教といい、法の上で区別をなくするから法開会《ほうかいえ》ともい

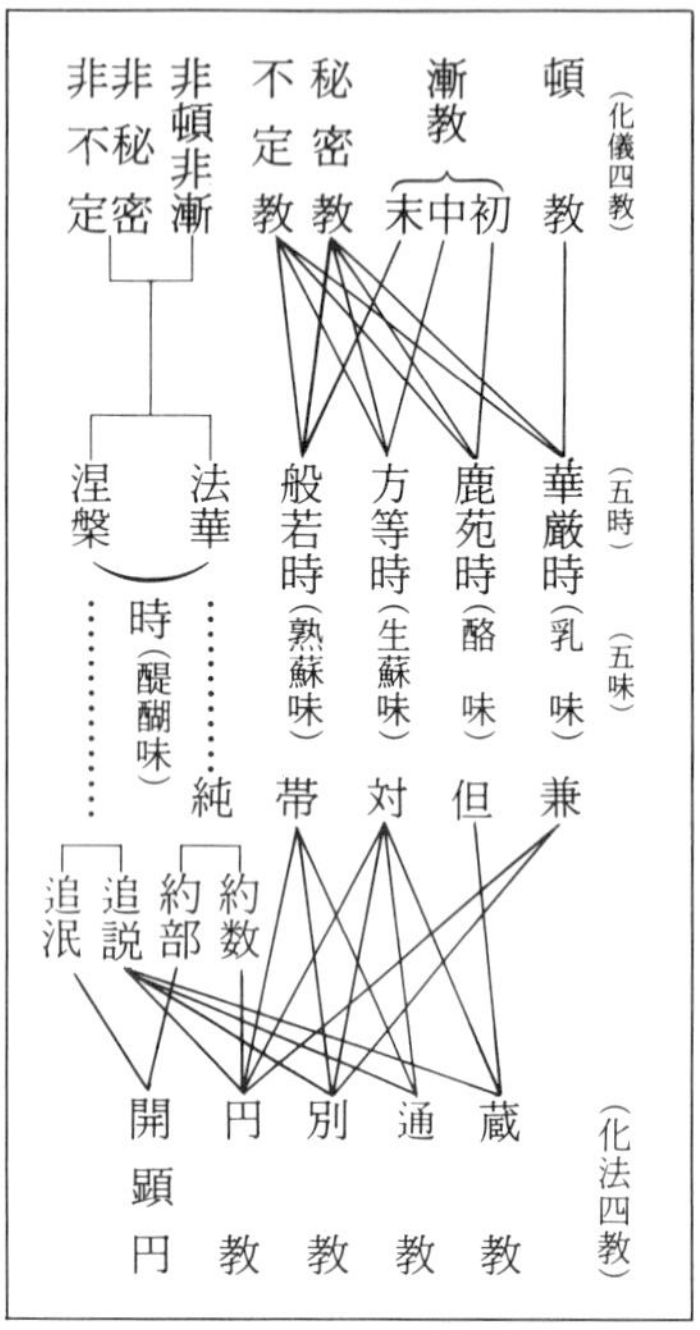

う。このうち、通教《つうぎょう》の消極的な空を説く共般若《ぐはんにゃ》(三乗共に学ぶ般若)と一切皆空の積極的不空中道を説く別円二教の不共般若《ふぐうはんにゃ》(菩薩のみが学ぶ般若)とがある。(5)第五法華涅槃時とは、教えを受ける者の能力が最も進んだために、正しく真実の仏知見に悟り入らせる時であって、仏が最後の八年間に説いた法華経と、涅槃に入ろうとして一日一夜に説いた涅槃経とが、この時期に当たる。説いた教法は純粋に円満な円教の教えで、それまでの前四時の浅い方便の教えを開会《かいえ》(方便をうちあけて真実と一にする)して真実を顕わす開顕円であり、仏の教化の意味からは理論的な法開会のみでなく、実際にすべて悟りに入らせる人開会《にんかいえ》であって、順序の上からは熟酥に次ぐ段階である醍醐味に喩えられる。法華経と涅槃経とは結局一(仏)乗を顕揚するのであるが、法華経は前番五味のうちの後教後味といわれて、華厳時以後、法華経までの二乗を開会して仏知見に入らせる大目的を成就するもので(大収教)、涅槃経は法華経でもれた能力の者に対して蔵・通・別・円の四教を追説追泯《ついせつついみん》(追いかけて説き、追いかけて否定し、円教を顕わす)して仏性常住《ぶっしょうじょうじゅう》扶律談常《ぶりつだんじょう》をのべて教化し成仏させるから、後番五味のうちの後教後味、後教涅槃経という(捃拾教《くんじゅうきょう》、捃はひろいとるの意)。また五時に通別の二種があり、別の五時とは仏の衆生教化の仕方を五期の次第に分類することをいい、通の五時は各一代にわたって教えをうける者の力に相応して、適宜に五種のうちのそれぞれの利益をうけるのをいう。なお、この五時の年限については多少の異説があり、またこの五時を時間的に理解するか、理論的な組織とみるかについては古来問題となっている。②八教とは化儀の四教(仏が衆生教化にあたって用いた形式・儀則で、薬の調合法のようなものに喩えられる)と化法の四教(仏が衆生教化にあたって用いた教法の内容で、薬の成分のようなものに喩えられる)をいう。(イ)化儀の四教のうち、(1)頓教《とんぎょう》とは、ただちに初めから仏自身の悟りを衆生に教える説き方で華厳経がこれにあたる。(2)漸教《ぜんぎょう》とは内容の浅い教えから深い教えへと漸々に進んで衆生を教化するのをいう。阿含(初)・方等(中)・般若(末)の三時の説がこれにあたる。(3)秘密教とは衆生の力が別々である場合に、仏がこれらの者に相互には知らせないままに、ひそかにそれぞれに異なった利益を与える説き方をいう。(4)不定教《ふじょうきょう》とは、種々の能力の者が同一の座席につらなっていても、体得される教法が各自の力に応じて異なっていて一定でないような説き方をいう。秘密教と不定教とは同聴異聞《どうちょういもん》(同じ座につらなっていてもきき方がちがう)の点は共通しているが、前者は相互に利益の異なるのを知らない場合(人法倶不知)であり、後者は相互に利益の異なるのを知っている場合(人知法不知)である。ともに体得される教法が一定していないから不定教であって、正確にいえば前者は秘密不定教、後者は顕露不定教といわれるべきものである。これに対し頓漸二教は公開された教法であるところから顕露定教ともいう。(ロ)化法の四教のうち、(1)三蔵教は略して蔵教ともいい、小乗教のことである。三乗の人のために四阿含経によって但空《たんくう》(空の一面のみを知って、同時に不空の反面があることを知らない)の道理が明かされ、析空観《しゃっくうがん》(分析的に空を観ずる。拙度観《せつどかん》ともいう)によって無余涅槃に入らせる教えである。この教えの菩薩は見思《けんじ》の惑を制伏して、煩悩を断ちつくさず、衆生教化のために三阿僧祇劫《さんあそうぎこう》の長い期間にわたってさとりに至る因行を実践するから、これを伏惑行因という。(2)通教《つうぎょう》とは、通同と通入と共通との意味。声聞・縁覚・菩薩の三乗が通じて共にうける大乗初門の教えをいう(共通)。即ち、如幻即空(すべてのものは因縁によって成立しており幻のように空である)の道理によって体空観(全体としてそのままが本来空であると観じる。巧度観《ぎょうどかん》ともいう)を観じてゆく教えである。この教えの菩薩のうち、劣った菩薩はこの教理を浅く理解して前の蔵教の者と同じ果をさとり(通同)、勝れた菩薩はこの教えの中からその奥に含まれている中道の妙理をさとって別・円二教に入ってゆくのである(通入)。このように通教のものが別教へ転進することを別接通《べつせつつう》(別入通)といい、通教のものが円教へ転進することを円接通《えんせつつう》(円入通)という。また、通教の菩薩が別教の教えに習いなれるために、別教の修行の名目をもって通教の位次をあらわすのを、名別義通といっている。(3)別教の別とは、不共と歴別の意味。即ち、二乗と共通せず、ただ菩薩のためのみの教えで(不共)、その点前後の三教と別異しているが、またすべてのものを差別の面よりながめるのである(歴別)。故に空仮中の三諦《さんだい》を次第に観じて中道の理をさとるのであるが、その中道は空や仮と別なものとみるからこれを但中(空・仮とは独立した中)の理といい、その観法は次第の三観《さんがん》であり、また隔歴《きゃくりゃく》三観ともいわれる。別教の菩薩も、初地に至って後は中道の理をさとり、円教の人と同じになるが、初地以前に、但中の理からその中に含まれている不但中(空・仮に離れない中)の理を悟って十住から十廻向《じゅうえこう》の間で別教から円教へ転進する者がある。これを円接別《えんしょうべつ》(円入別)といい、前の別接通、円接通および今の円接別を合わせて三被接《さんひしょう》という。被接とは要するに、理を観じている間にそのうちに含まれた深い意味を悟って、より高次の教えに接続され転進することである。以上の三教は、理論上ではそれぞれに仏果に至る者があるはずであるが、実際上は因中被接されて三蔵教の断惑の位、通教の八地以上、別教の初地以上には至るものがない。故にこれを有教無人《うきょうむにん》(教えのみあって悟る人がない)、または果頭無人《かずむにん》(仏果に至るものがない)という。(4)円教《えんぎょう》の円とは、片寄らずすべてのものが互いにとけあって完備しているという意味。即ち迷いも悟りも本質的には区別がないというのがまことの道理であって、それが仏のさとりであるから、この円教は仏のさとりのままを説いた教えであることになる。空仮中の三諦の理は、一のうちに互いに他の二を含むと見るから、この中道の理を不但中の理といい、円教の菩薩は空仮中の三観を一心に観じるので、この三観を一心三観といい、また不次第の三観、円融三観などともいう。以上の四教のうち、蔵通の二教は教証倶権《きょうしょうくごん》(教も証も方便であって真実ではない)、別教は教権証実《きょうごんしょうじつ》(教は方便であるが証は真実)、円教は教証倶実《きょうしょうくじつ》(教も証もともに真実)である。またこれを五時に対配すると、第一時華厳時は円教にかねて別教を説くから兼。第二時鹿苑時はただ三蔵教のみを説くから但。第三時方等時は四教を対説している(ならべて対立させて説く)から対。第四時般若時は通別二教をさしはさんで円教を説くから帯。第五時法華涅槃時は、法華は純円教、涅槃は追説では四教を並べ説き、追泯では円教となるのである。また法華の円(今円《こんえん》)は、爾前《にぜん》(法華経が説かれる以前)の四時の円(昔円《しゃくえん》)と教えそのものは同一であっても(今円昔円円体無殊)、作用に優劣があるから、今円は純円独妙の開顕円とし、前四時の昔円に越え勝れているとする。このことから、法華経は四教の外にあって超八醍醐《ちょうはちだいご》の最勝な教え(化儀化法の八教にこえすぐれた醍醐味のような最上の教え)といわれるのである。

**ごじ-びばしゃ-ろん　五事毘婆沙論**　⇩六足論《ろくそくろん》

**こじ-ぶんとう-ろく　居士分灯録**　二巻。明の朱時恩の編(万暦三八1610—崇禎四1631)。維摩詰・傅大士以下、元末・明初の宋濂に至るまでの、禅宗の伝灯を承けた護法の居士、儒臣など七二人の略伝を集め、これに賛を付したもの。巻首に宋濂の夾註輔教編序、重刻護法論題辞などの、三教一致の旨を明らかにした古来の文章を付載し、全篇を王元瑞が校閲する。㊫二乙・二〇・五

**こじま-でら　子島寺**　奈良県高市郡高取町観覚寺。報恩山と号し、高野山真言宗。平安中期に観覚寺、江戸時代に子嶋千寿院と称した。天平宝字四年760報恩の創建という。永観983—85頃に真興が住し、東密子島流を開いた。室町末期には荒廃したが、天正年間1573—92高取城主本多氏によって復興された。〔国宝〕紺綾地金銀泥絵両界曼荼羅図(子島曼荼羅)　〔重文〕木造十一面観音立像　〔参考〕子嶋山観覚寺縁起(仏全一一九)、西国三十三所名所図会六

**ゴージャリ　Gogerly, Samuel J.**　生没年不詳。メソジスト派の伝道師で、パーリ語研究の開拓者。グラムローP. Grimblotの編したパーリ語長部の七経(Sept Suttas Pālis, tirês au Dīgha Nikāya, 1876)の中、六経の英訳を担当した。またかれの論文はのちにCeylon Buddhism（セイロン仏教）二巻としてまとめられた。

**ご-しゅ　五衆**　①仏弟子のうちで出家のものを五種に分けて、比丘《びく》、比丘尼《びくに》、式叉摩那《しきしやまな》、沙弥《しやみ》、沙弥尼《しやみに》をいう。②五蘊《ごうん》の旧訳、衆は和集の義。

**ごしゅうい-おうじょう-でん　後拾遺往生伝**　三巻。三善為康の編(保延年間1135—41頃)。拾遺往生伝に続いて、鑑真以下七四人の浄土願生者の伝記を集めたもの。続群八上、仏全一〇七、続浄全六、改訂史籍集覧一九、日本思想大系七

**ご-しゅうきょう　五宗教**　また五教ともいい、五種の宗旨の意。教判の名。斉の護身寺自軌が立てた仏教教義の分類。諸経論の説をその主旨によって五種に分ける。⑴因縁宗。六因四縁の理を説いて外道《げどう》の邪因・無因などの誤った説を打破する宗旨をいい、説一切有部《せついっさいうぶ》・雪山部・多聞部などを指す。⑵仮名《けみよう》宗。すべての有為法《ういほう》は因縁から生じた仮象に過ぎず、実体のないものに仮に存在の名を与えたと説く宗旨をいい、経量部・説仮部・成実論などを指す。⑶不真宗。すべてのものは本来的には幻のように実体がなく、そのまま空《くう》であるが、現実的には執われとしての虚妄不真実なもののみ存在し、空の真理はただ否定的にのみ示されると説く宗旨をいい、般若経・三論などを指す。⑷真宗。空に即した有《う》として真理は肯定的に明らかにされ、それは永遠に不変で(法界常住)、すべてのものにゆきわたっている(悉有仏性)と説く宗旨をいい、涅槃経などを指す。⑸法界宗。宇宙の事事物物がことごとく真実であり互いに同化し融けあって自由自在で礙《さわ》りがないと説く宗旨をいい、華厳経を指す(法華玄義巻一〇上、華厳五教章巻一)。

**ごじゅうご-ぜんちしき　五十五善知識**　五十五聖ともいう。華厳経入法界品に見える。善財童子が法門を求めて歴訪し、教えをうけた五五人の善知識をいう。入法界品には文殊菩薩は前後二回その名が見え、徳生童子と有徳童女とは合わせて一人として数え、五十三善知識ともいう。中国では、五十五知識をたたえる讃詠、変相の図会も盛んにおこなわれた。ことに華厳五十五所絵は北宋代から造られ、日本では藤原末期より鎌倉時代にわたって描かれ、仏画の好画題とされた。〔参考〕円宗文類二二、高弁・五十五善知識講式

**ごじゅうさん-ぶつ　五十三仏**　①阿弥陀仏の師である世自在王仏以前に出現した仏で、三国魏訳の無量寿経上によれば錠光仏より処世仏まで五十三仏があったとし、その名前が列記される。異訳の無量清浄平等覚経は三十六仏、大阿弥陀経は三十三仏、大宝積経第五会無量寿如来会は四十仏、大乗無量寿荘厳経は三十七仏とその数は不同である。②観薬王薬上二菩薩経に出ている普光仏を始めとして一切法常満王仏を終りとする五十三仏。③出三蔵記集巻四に五十三仏名経の名があるが内容は不明。

**ごじゅう-そうたい　五重相対**　日蓮宗の教義。日蓮宗の教判である五綱判のうちの教綱に用いる一種の仏教批判。⑴内外相対(仏教と非仏教)。⑵大小相対(大乗と小乗)。⑶権実《ごんじつ》相対(法華経の実教とその他の権教)。⑷本迹《ほんじゃく》相対(法華経の本門と迹門《しゃくもん》)。⑸教観相対(本門においてその文上《もんじょう》にあらわす教相と文底《もんてい》にあらわされた観心《かんじん》)。この五を順次に比較して、末法の時機に応じた勝れた教えは、法華経の本門の文底にあらわされた観心であるとする。教観相対を種脱相応ということがあり、種とは末法下種《げしゅ》〈⇩種熟脱《しゅじゅくだつ》〉の妙法の五字即ち妙法蓮華経の五字であり、釈迦牟尼仏が法華経の本門を説いたときに解脱《げだつ》の益を与えた在世脱益に対する。⇩五綱《ごこう》

**ごじゅう-そうでん　五重相伝**　浄土宗鎮西派および西山派の伝法の儀式。五重血脈《けちみゃく》ともいい、また略して五重ともいう。五重の次第によって宗義を伝え、五通の血脈を伝授することをいう。明徳四年1393聖冏《しょうげい》が聖聡に伝えたのにはじまる。本来

は出家のために行われるもの(学匠相承)であるが、後世になると在家のためには結縁五重《けちえんごじゅう》(化他五重)があり、在家の死者のために親近者が代って受ける贈五重《おくりごじゅう》もある。学匠相承の伝法を受ける階程に応じて誉号、蓮社号・阿号を称することが許される。①鎮西派の白旗流《しらはたりゅう》では、初重に往生記一巻(源空の撰述と伝える)、二重に末代念仏授手印一巻(弁長撰)、三重に領解末代念仏授手印鈔一巻(良忠撰)、四重に決答授手印疑問鈔二巻(良忠撰)によってそれぞれ宗義を授け、五重には往生論註によって十念の法を口授心伝する。これらに書伝と口伝《くでん》とがあり、また省略されたものとしては種々の浅学相承がある。名越流《なごえりゅう》では初重を選択集《せんちゃくしゅう》とし、後の四重は白旗流に同じ。②西山流では、学匠に十通の伝があり、そのうち五通は在家にも伝えられ、五重といわれる。③時宗に三重の伝があり、これを五重ということがある。

**ごじゅうてん-ぐ　五十天供**　天地のすべての守護神である五〇の天を供養する修法。魔を降伏し、天災をさけ国家の安泰を祈り、五穀の豊穣を願うために行う。十二天、二十八宿、九曜、四臂不動尊を合わせて五十天とし、五大尊・十二天、二十八宿・七曜の五十二天を指すこともある。供養法は十二天供と同じ。〔参考〕諸尊要抄一二、厚造紙、薄双紙、乳味鈔

**ごじゅうてんでん-の-ずいき　五十展転の随喜**　法華経随喜功徳品の説。法華経をたとえ一偈一句でも聞いて喜びあえば、その功徳は、最初の人から順次につたえて第五〇人にまで至っても、これをその他の功徳と比べると比較にならないほど広大無辺であるということ。

**ごじゅう-ゆいしき　五重唯識**　法相宗《ほっそうしゅう》で、あらゆるものごとはすべての識の転変したものであると観察し、その観法を、観察される唯識の体の浅深次第によって五重に分けて、五重唯識または五重唯識観という。見道以前の相似観《そうじかん》では五重の次第があるが、見道真観では第一重の唯識観に体達するとき、直ちに真如《しんにょ》を証するとする。五重唯識の説は窺基《きき》の創唱にかかるもので、⑴遣虚存実識《けんこぞんじつしき》。三性《さんしょう》のうち、遍計所執《へんげしょしゅう》は虚妄《こもう》から起こったもので体も用《ゆう》(はたらき)もないと観じて空であると遣《や》り(おいはらい、否定し)、依他《えた》・円成《えんじょう》の二性は諸法の体と実とであり、根本・後得《ごとく》の二智の対象であると観じて有と存する(肯定する)。これが第一重である。⑵捨濫留純識《しゃらんるじゅんしき》。第一重によって識などの事《じ》と真如の理がすべて識を離れないと観じたが、その内識において客観である境(相分)と主観である心(見分・自証分)とがあり、相分の内境は心外の境と混濫するから捨てて、純な心のみを留める。⑶摂末帰本識《しょうまつきほんじき》。第二重で心のみを留めたが、その心において自証分は変化した主体である本であり、見相二分は変化されたた末であり、末は本を離れて存在しないから、末を摂めて本に帰する。⑷隠劣顕勝識《おんれつけんしょうしき》。第三重で自証分のみに帰したが、そのうちに心王《しんのう》と心所《しんじょ》とがあるから、心所の劣を隠して心王の勝(すぐれていること)をあらわす。⑸遣相証性識《けんそうしょうしょうしき》。第四重で心王のみが存在するが、心王に事と理とがあり、事は相用《そうゆう》である依他起性《えたきしょう》、理は体性である円成実性《えんじょうじっしょう》であるから、依他の相用を遣《や》って円成の実性を証する。これは心王の上についていったのであるが、広く心王・心所・色法・不相応行法・真如の五法の事理の上についても前の四を遣り、第五を証する。なお、以上の五重は三性に悟入する次第を示すものであるから、三性観を離れて別にないともいえる。⇩三性〔三無性〕

**ごしゅ-ぞうじょうえん　五種増上縁**　また五増上縁、五縁ともいう。仏を増上縁とすることによって念仏者がうける利益《りやく》に五種があるのをいう。⑴滅罪増上縁(一切の業障《ごっしょう》が除かれること)、⑵護念得長命増上縁(護念増上縁。阿弥陀仏・観音菩薩・勢至菩薩らによって護られること)、⑶見仏増上縁(仏を見ることができること)、⑷摂生《せっしょう》増上縁(来世に往生することができること)、⑸証生《しょうしょう》増上縁(来世の往生を保証されること)である(善導の観念法門)。

**ごしゅつ-あみだぶつ-げ　後出阿弥陀**

**仏偈**　一巻。訳者不明。後漢時代の訳。後出阿弥陀偈経ともいう。無量寿経の大要を一句五言五十六句の偈頌で述べたもの。出三蔵記集巻四に阿弥陀仏偈と後出阿弥陀仏偈各一巻とがあると記録されているが、その中の後者だけが現存している。(大)一二、国二宝積部七

**ごしょ　御書**　日蓮宗や真宗などで宗祖の遺文を編集したものを指す。①日蓮の遺書を編集したもので数種がある。⑴録内御書四〇巻は立正安国論・観心本尊抄・開目抄・撰時抄など一四〇篇余を、日蓮の一周忌に門弟の六老僧が池上本門寺で集録したと伝えられる（実際は日蓮没後一二一―三〇年頃とみられる）。〔刊本〕寛永二〇1643、寛文九1669、宝暦六1756刊など　⑵録外御書二六巻は六老僧が録内御書編集後に日蓮真蹟二五〇篇余を集めたものといい、重要な諸篇を含むが、内容的に真偽の疑わしいものがあり、六老僧の編集ということには異論がある。〔刊本〕寛永六刊、慶安二1649刊、寛文九刊など　⑶この他、十一通御書（日蓮が北条時宗・建長寺道隆などの一一人に与えた書の集録）や、三宝寺御書一巻、他受用御書八巻、本満寺御書一巻などがある。(大)八四、昭和定本日蓮聖人遺文〔註釈〕日朝・御書見聞集四一巻、日健・鈔三巻、日講・録内啓蒙三六巻、日好・録内拾遺八巻、同・録内扶老一五巻、同・録内微考二巻、観寿日耀・録外考文八巻〔参考〕日本古典文学大系八二、日本思想大系一四　②真宗高田派歴代の法語・消息を集録したもの。初め四巻は親鸞の消息二二通を収め、これに一〇世真慧から一四世堯秀に至る五代の消息体法語を加えたもので、堯秀が編集して明暦三年1657開板した。のち次第に歴代法主の法語を増広し現行の御書は九巻から成る。別に堯秀が寛文元年1661編集した報恩講御書一巻があり、親鸞の消息五通と堯秀の法語七通を収める。また、円遵の繙《ひもどき》御書も別行された。③真宗仏光寺派に仏光寺歴代御書五巻があり、また大谷派・本願寺派などでは、歴代法主から門末へ下す消息を御書とよぶことがあった。

**こしょう　己証**　自証または発揮ともいい、一般に伝承された説に対して、独自の見解をいう。それによって開き示された教えを己証の法門という。

**ごしょう　五姓**　五種姓、五種種姓、五種乗姓、五乗種姓ともいい、姓は(梵)ゴートラ gotra の訳で、性とも書く。法相宗では、衆生が先天的にそなえている性質、素性《すじょう》に五種があり、それは本来的に阿頼耶識《あらやしき》の中にもっている本有種子《ほんぬしゅうじ》によって決定され、決して変えることができないものであるとして、五姓各別の説を立てる。五姓（五性）とは菩薩定姓《ぼさつじょうしょう》（定性菩薩）、独覚定姓（定性縁覚）、声聞定姓（定性声聞）、三乗不定姓（不定種性）、無姓有情（無種性）の五で、このうち前の三は、それぞれ仏界・辟支仏果《びゃくしぶつか》・阿羅漢果を得ると定まった決定性《けつじょうしょう》のものであり、第二と第三を合わせて定性二乗という。第四は菩薩および独覚・声聞の三類の本有種子を併せ具え、二乗の修行ののち大乗に転向して仏果をさとるなど、果が決定的でないもので、これには三乗のすべて、或いは菩薩・独覚の二、菩薩・声聞の二、独覚・声聞の二の種子を具える四種類の別がある。第五は永遠に迷界に沈んで苦から免れることがなく、わずかに五戒・十善の善因を修めて人や天に生まれることができるものである〈⇩一闡提《いっせんだい》〉。この五姓各別の説は楞伽経巻二や解深密経巻二に拠って立てられたものであり、この立場から、すべてのものがことごとく成仏できるとする法華経などの説を解釈して、それは不定性のものをはげまして大乗に入らせる方便にすぎないとする。⇩種性《しゅうじょう》

**ごしょう　五障**　五つのさわり。五礙《ごげ》ともいう。①女には梵天王《ぼんてんのう》・帝釈《たいしゃく》・魔王・転輪聖王《てんりんじょうおう》・仏という五種の者になることができないさわりがあること。三従《さんしょう》（女は幼い時は親、嫁しては夫、老いては子に従うもので、いつも従属しなければならない不自由をもつこと）と連用される（法華経提婆達多品などに見え、大宝積経巻三八の説には魔王の　障を欠く）。②修道上の五障。大日経疏巻一には煩悩障（煩悩のさわり）・業障《ごっしょう》（過去・現在の悪業のさわり）・生障《しょうしょう》（前業によって悪い環境に生まれたさわり）・法障《ほっしょう》（前世の縁によっ

て善知識に遇えず、法を聞けないさわり)・所知障《しょちしょう》(正法を聞いても諸種の因縁によって般若波羅蜜《はんにゃはらみつ》の修行ができないさわり)の五を説く。また悪道障・貧窮障《びんぐしょう》・女身障・形残障《ぎょうざんしょう》・喜忘障《きもうしょう》を五障という。③五力《ごりき》の障礙となる欺・怠・瞋・恨・怨の五をいう。

**ごしょう　後生**　後世《ごせ》、来世、のちの世ともいう。現在の生を今生《こんじょう》というのに対して、死後にうける生涯をいう。後生菩提《ぼだい》、一大事の後生《いちだいじのごしょう》などと用いる。

**ご-じょう　五乗**　五種類の教え。教えは衆生《しゅじょう》を運んで理想の世界に到達させるから、乗物の意味で乗という。五乗とは一般には、人乗・天乗・声聞乗・縁覚乗・菩薩乗の五をいい、人乗・天乗のように世間(人・天の世界)に生まれさせる教えを世間乗、声聞乗・縁覚乗・菩薩乗のように生死《しょうじ》(迷いの世界)をこえたさとりに導く教えを出世間乗という。天台宗では、声聞乗・縁覚乗を合わせて二乗として一つに数え、仏乗を加えて五乗とし、華厳宗では、小乗・声聞乗・縁覚乗・菩薩乗・一乗と教えることもあり、真言宗では、人・天・声聞・縁覚・菩薩を地・水・火・風・空の五大にあてて、共に大日如来の法身《ほっしん》そのものであるとする。また五乗を、天乗(欲界に生まれる)・梵乗(色界・無色界に生まれる)・声聞乗・縁覚乗・諸仏如来乗、或いは声聞乗・独覚乗・無上乗・種種乗(諸乗を合わせて説く)・人天乗とする説もある。また四乗といって、声聞乗・縁覚乗・菩薩乗・仏乗の四、人天乗・小乗・三乗・一乗の四、人天乗・声聞乗・縁覚乗・菩薩乗の四をさすことがあり、声聞・縁覚・菩薩・仏の四乗に説く観法《かんぽう》によって起こる智慧に別があるとして、それぞれ下観智《げかんち》・中観智・上観智・上上観智とする(四乗観智)。また浄土教で五乗がひとしく阿弥陀仏の救済にあずかって浄土に生まれることができることを五乗斉入《ごじょうさいにゅう》という。

**こしょう-いろん　拠勝為論**〔剋実通論《こくじつつうろん》〕　二種以上のものを比較して論じる場合に、各々の特に勝れた点についてのみ、要略して論じるのを拠勝為論という。これに対して、そのように特徴のみに限らず、細かく事実について全般的に述べる場合を剋実通論という。

**ごじょう-いん　護浄院**　京都市上京区荒神口通寺町東入荒神町。天台宗。常施無畏寺または常施寺ともいわれ、俗に清荒神《きよしこうじん》と呼ばれる。もと摂津の勝尾寺清師宝閣(現大阪府箕面市)にあったが、室町初期に京都の高辻堀川の東に移り、慶長五年1600現地に転じたという。〔参考〕京都坊目誌上

**こじょう-げだつ　孤調解脱**　他を解脱させず、自分だけ身心を調《ととの》えて迷いから解脱すること。小乗の解脱を軽蔑していう語。

**ごしょうじゃ-じっとう　五精舎十塔**　インドにある仏陀の霊跡で、五つの精舎と一〇の塔。五精舎とは王舎城《おうしゃじょう》(ラージャグリハ Rājagṛha)付近の竹園《ちくおん》・七葉窟《しちようくつ》・帝釈窟《たいしゃくくつ》などの五つの精舎をいい、竹園を除く他の四は山中にある。別に耆闍崛山《ぎしゃくっせん》(グリドラクータ Gṛdhrakūṭa)などの五山を五精舎と称することもある。また地域を拡げて祇園精舎《ぎおんしょうじゃ》・那爛陀寺《ならんだじ》などを含めて天竺五山とする説もある。十塔とは仏が入涅槃した時、拘尸《くし》(クシナーラ Kusinārā)・波波《はば》(パーヴァー Pāvā)・遮羅《しゃら》(アッラカッパ Allakappa)・羅摩伽《らまか》(ラーマガーマ Rāmagāma)・毘留提《びるだい》(ヴェータディーパ Vethadīpa)・迦維羅《かいら》(カピラヴァットゥ Kapilavatthu)・毘舎離《びしゃり》(ヴェーサーリー Vesālī)・摩伽陀《まかだ》(マガダ Magadha)の八国の衆が仏舎利を八分して建てたという八塔に、バラモンたちがその舎利の瓶を祠って建てた塔と、力士(マッラ Mallā)たちが残りの灰をもって建てた塔とを合わせて十塔という。これに髪塔を加えて十一塔とすることもあり、別に牙塔・歯塔・衣塔・鉢塔などを一〇あげて十塔とする説もある。後世、中国や日本の五山十刹などはこれによるという。〔参考〕大智度論三、翻梵語九、法華文句一、教乗法数一七、大般涅槃経下、阿育王経六、長阿含経五

**ごじょうしん-かん　五停心観**　五度観門、五門禅、五観、五念ともいう。仏道修行の最初の位において、五種の過失を止めるために修める五種の観法《かんぽう》。即ち不浄観

(自他の肉体の不浄な有様を観察して、貪欲を止める)・慈悲観(一切衆生に対して慈悲の心を起こして瞋恚を止める)・因縁観《いんねんかん》(縁起観ともいう。諸法因縁生の理を観察して愚癡を止める)・界分別観《かいふんべつかん》(界差別観、界方便観、分析観《ぶんしゃっかん》ともいう。十八界の諸法はすべて地・水・火・風・空・識の和合に外ならないと観察して我見を止める)・数息観《すそくかん》(呼吸を数えて散乱した心を整える)である。時には界分別観を省いて念仏観(仏を念じて種々の煩悩を止める)を加える。このような五停心観を修める位を五停心位《ごじょうしんい》といい、小乗ではこの位から別相念住位を経て総相念住位に至るまでの三位を総称して三賢《さんげん》という。

**こ-しょうそく　小消息**　一紙。一紙小消息ともいう。法然(1133—1212)の作。成立年不詳。黒田の聖人(重源、行賢などとされるが、不詳)へ宛て往生極楽の要旨を述べた仮名がきの書簡。一枚起請文とともに浄土宗宗意の規範とされ、信徒により朝夕に拝読される。〔刊本〕和語灯録(浄全九)、法然上人全集〔註釈〕託阿・講説(天保一〇1839刊)、貞極・諺解、吉岡呵成・講話(明治三九1906刊)

**ごしょうらい-もくろく　御請来目録**　一巻。空海の編。空海が大同元年806唐から帰朝した時に将来した、経・律・論・疏章・伝記、仏・菩薩・天などの像、三昧耶曼陀羅・法曼陀羅・伝法阿闍梨などの影像や道具および付属物の目録を製し、上表文を付して同年一〇月朝廷に奉進したもの。(大)五五、仏全二、弘法大師全集一〔刊本〕正安四1302刊(高野版)〔参考〕宥快・御請来録勘註

**こ-しょうりょう-でん　古清涼伝**　二巻。唐の慧祥の撰(高宗時代649—83)。山西省五台山(清涼山)に関する由来を叙述したもの。北宋代の広清涼伝三巻(延一の編)、続清涼伝二巻(張商英の述)に対し古清涼伝という。五部よりなり、(1)立名標化に山名の由来、文殊菩薩の住む清涼山に当たることを述べ、(2)封域里数、(3)古今勝跡、(4)遊礼感通、(5)支流雑述で、(4)(5)に巡礼霊感の事跡を載せる。(大)五一、[国]史伝部一八

**ご-じょく　五濁**　濁は(梵)カシャーヤ kaṣāya の訳。末世(人間の寿命が次第に短くなる時代、即ち減劫)において発生する避け難い社会的・精神的・生理的な五種の汚れで、五滓《ごし》ともいう。(1)劫濁《こうじょく》とは時代の汚れで、末世の時代に生じる飢饉・疫病などの天災や戦争などの社会悪のこと。(2)見濁《けんじょく》とは諸々の邪悪な思想・見解が栄えること。(3)煩悩濁《ぼんのうじょく》とは貪・瞋などさまざまな精神的悪徳が横溢すること。(4)衆生濁《しゅじょうじょく》は有情濁《うじょうじょく》ともいい、心身ともに衆生の資質が低下すること。(5)命濁《みょうじょく》は寿濁《じゅじょく》ともいい、人間の寿命が短くなること。人間の寿命が漸次に減少して八万歳から二万歳となるに及んで五濁の現象が現われはじめ、五濁悪世《ごじょくあくせ》(濁悪世、濁世)といわれるが、初めは五濁が稀薄であり、次第に五濁の熾烈な時期、即ち五濁増の時《ごじょくぞうのとき》におよぶと説かれる(悲華経巻五など)。なお大薩遮尼乾子所説経巻二には劫濁・時濁・衆生濁・煩悩濁・命濁・三乗差別濁・不浄仏国土濁・難化衆生濁・説種種煩悩濁・外道乱濁・魔濁・魔業濁の十二濁《じゅうにじょく》を挙げている。

**ご-しん　五心**　対象にむかって心がおこす作用を順次に五種にわけたもの。即ち卒爾心《そつにしん》(対象にむかった一瞬間の心)・尋求心《じんぐしん》(対象をつまびらかに知ろうとする心)・決定心《けつじょうしん》(対象をつまびらかに知ったときの心)・染浄心《ぜんじょうしん》(対象に対して好悪などの感情をもつ心)・等流心《とうるしん》(感情の持続した状態にある心)(瑜伽論巻一)。

**ごしん　後身**　後の身。「生まれかわり」のこと。再誕ともいう。

**ごしん　護身**　①護身法《ごしんほう》のこと。密教で真言行者が修法《しゅほう》の初めに、さわりを除き身心を清らかにし、修する法を成就させるために身心を加持《かじ》するのをいう。その印相《いんぞう》・真言に五種あって五護身ともいわれるが、その最後のものは被甲護身である。被甲とは仏の甲冑を着て護ることを意味し、その印相もこれをかたどったものとされる。②護持僧《ごじそう》のこと。玉体を加持祈禱して護る僧。

**ごしん-じ　悟真寺**　①中国陝西省藍田県の東、終南山悟真谷にある。隋の開皇年間581—600浄業が山中に庵を結び、ついで慧超・保恭・慧因らが住んだ。唐の貞観627

―49の初め、法誠が増建。慧遠・善導もこの寺に住したという。②愛知県豊橋市関屋町。孤峰山浄業院と号し、浄土宗。貞治五年1366善忠寂翁の開山と伝える。もと市の北郊吉田川沿岸にあったが、永正二年1505今川氏親の築城に際し、現地に移転。当寺の八橋納豆は有名。〔参考〕悟真寺略誌、日本名勝地誌三　③熊本県八代市妙見町。中宮山と号し、曹洞宗。もと護神寺と称して天台宗に属したが、延元年間1336―40菊池武朝が懐良親王(法諱は悟真)追善のため、諸堂を再建して現宗に改めた。のち兵火で焼けたが、延宝五年1677細川氏が再興した。

**こしん-の-みだ　己心の弥陀〔唯心の浄土〕**　また己心の浄土、唯心《ゆいしん》の弥陀ともいう。阿弥陀仏も極楽浄土も共に自己の心の中にあるという意味の語。自己の心を掘りさげて仏性をさとり、成仏しようとする天台宗、華厳宗、禅宗などでいう説で、浄土が自己の心の外にあると考える浄土教の信仰とは異なる。

**ごしん-ぼう　護身法**　護身加持ともいう。真言行者が修法の初めに行う作法。身心を清浄にして内外の魔障を除き、目的とする修法を成就させるために、印を結び真言を誦えて身心を加持するのをいう。普通は十八契印所出の浄三業、三部三昧耶(仏部・蓮華部・金剛部)、被甲護身の五種の作法を指し、五護身とも称する。〔参考〕十八道念次第

**ごず-せん　牛頭山**　①(梵)ゴーシールシャ Gośīrṣa の訳。于闐《うてん》国(コータン Khotan)にある山。〔参考〕華厳経二九、大方等大集経四五、大唐西域記一二　②中国江蘇省江寧府上元県にある山。天闕、仙窟山ともいう。二峰相対して牛角の形状をなすのでこの名がある。北を牛首山、南を祖堂山とよぶ。劉宋のはじめ、劉司空が仏窟寺を建て(一説に梁の武帝の頃の創建という)、ついで大明三年459幽栖寺が造られた。唐の貞観一七年643法融が幽棲し、寺の北巌下に禅室を設け禅法を伝えて以来、かれの法系を牛頭禅と称した。仏窟寺は辟支仏窟があることで知られており、唐の代宗(762―79在位)が夢に牛頭山の辟支仏を見、勅して七重の塔を建てた。のち寺号はいくたびか改められ、弘(宏)覚寺、普覚寺などとも称した。一時は金陵八大寺の一として栄えたこともある。〔参考〕宋高僧伝八・九、景徳伝灯録四

**ごず-てんのう　牛頭天王**　祇園天神とも称する。京都祇園社、岡崎の天王社(現岡崎神社)の祭神。もとインドの祇園精舎の守護神であったともいう。神道の説ではこれを素盞嗚尊《すさのおのみこと》とする。〔参考〕祇園牛頭天王縁起、塩尻一三

**ごず-めず　牛頭馬頭**　牛頭は(梵)ゴーシールシャ gośīrṣa、馬頭は(梵)アシュヴァシールシャ aśvaśīrṣa の訳。牛または馬の頭を持った者の意で、そのような姿をした(身体は人間)地獄の獄卒をいう。また地獄の罪人の姿という説もある。〔参考〕五苦章句経、立世阿毘曇論八

**ごせ-しゃ　後世者**　死後に極楽浄土に生まれ、仏に成ることを願って、俗事を捨て、もっぱら念仏・誦経をする人。遁世者《とんせいしゃ》、道心者ともいう。

**こせ-の-かなおか　巨勢金岡**　生没年不詳。平安前期の宮廷画家。巨勢派の始祖。姓は紀氏。中納言野足の子。清和天皇以下五朝に仕え、従五位下采女正に至ったが、特に絵画に秀で、宮中の屏風絵・障子絵などに妙技をふるい、一派をなした。今日、確証のある遺作は認められないが、伝統的な唐絵様式から、大和絵風に進む過渡的な画風であったといわれる。晩年は剃髪して仁和寺に閑居した。著作、画譜一篇がある。〔参考〕扶桑画人伝、菅家文草、古今著聞集、扶桑略記

**ごせ-ものがたり　後世物語**　一巻。後世物語聞書ともいう。成立年不詳。京都東山禅房での念仏往生に関する座談の筆記で、九カ条の質疑応答を収める。親鸞はしばしば門弟に推賞した。編者を法然の門弟の信空・隆寛などとするが、江戸時代の了祥は、隆寛門弟の筆と考えられる閑亭後世物語(閑亭問答集)や捨子問答などと比較し、隆寛の説を静遍が記したものと推定している。(大)八三、続浄全四　〔註釈〕了祥・講義(真系三一)、吉谷覚寿・略述

**こせん　胡僊**　(宝暦九1759―天保四1833)臨済宗総見寺(現愛知県名古屋市)の僧。

字は卓洲。姓は鈴木氏。尾張国津島の人。一五歳で総見寺祥鳳について剃染受戒、京都等持院霊源に謁し、武蔵宝林寺(現神奈川県横浜市)で白隠門下の峨山慈棹に侍し、印可をうけて総見寺に帰住、文化一〇年1813紫衣を賜った。のち卓洲派の祖と仰がれる。〔参考〕近世禅林僧宝伝中

**ごせん-の-じょうまん　五千の上慢**　釈迦牟尼仏が法華経の方便品を説こうとしたときに、自分たちはすでにさとりを得ているからいまさら法華の教えを聞く必要がないといって立ち去った五千人の比丘をいう。五千起去《ごせんきこ》ともいう。

**ごそ-いってつぎ　五祖一輸義〔五祖異輸義〕**　浄土宗西山派の説。竜樹・天親・曇鸞・道綽・善導(一説には曇鸞・道綽・善導・懐感《えかん》・小康)の浄土の五人の祖師の教えが、すべて同じことを説くものであるか(一輸義、また同輸義)、或いは善導だけが他の四祖と異なって浄土教の真実義を説くものであるか(異輸義)の二説。証入の東山流では五祖一輸を主張するのに対して、浄音の西谷流では聖道門・浄土門の廃立《はいりゅう》(捨てるのと取るのとの選択)を難易《なんい》(難行道と易行道)という面から見るときは五祖一輸であるが、通別という面、即ち願生の対象としては聖道門と共通する十方浄土を廃して特に西方浄土を選び、往生の因行としては通の定散諸行を廃して別の名号法を選び、こうして凡夫が修める三業の力を少しもからずに往生できることを明らかにしたのは善導以外にはない、という点からいえば五祖は異輸であり、この相承《そうじょう》(今師相承《こんしそうじょう》)では弥陀・釈迦・善導・源空・証空と伝えられたとする。

**ごそいてつぎ　五祖異輸義**　⇩五祖一輸義《ごそいってつぎ》

**こぞう　姑臧**　中国西辺の古都城の名。今の甘粛省涼州府武威県城にあたる。かつて匈奴がここに城を築き蓋蔵と称したのを、訛って姑臧と名づけたという。前漢書地理志巻八下に武威郡十県の一として見え、また五胡の前涼・後涼・北涼などはこの地を都とした。唐初期には涼州を置いたが、唐代以後は吐蕃・中国・西夏《せいか》など、時により帰属を異にした。東西交通の要衝にあたり、鳩摩羅什も留まること一五年、曇無讖《どんむしん》はここで涅槃経や金光明経を訳すなど、仏教もここを中心として栄えた。

**ごぞう　五蔵**　①蔵は(梵)ピタカ piṭaka の訳で籠、容器などを意味する。一切の教法を五種に分類して五蔵と呼ぶ。(イ)経蔵・律蔵・論蔵(以上を三蔵という)・呪蔵・菩薩蔵(法蔵部の説)、(ロ)三蔵および雑集蔵・禁呪蔵(大衆部の一説)、(ハ)三蔵および雑蔵・菩薩蔵(成実論の説)、(ニ)三蔵および般若波羅蜜多蔵・陀羅尼蔵(六波羅蜜経の説)など数種がある。〈⇩三蔵《さんぞう》〉　②五法蔵《ごほうぞう》の略。⇩五法蔵

**ごそう-じょうしん-かん　五相成身観**　密教の観行《かんぎょう》。五転成身、五法成身ともいう。五相を具備して本尊の仏身を行者の現実の身の上に完成させることを観じるもの。三密観と共に金剛界法における重要な観行とされ、三密観が横に本尊と行者とが互いに入りあうのを観じるのに対して、五相成身観は縦に五相の次第を経て観じる。これはまた胎蔵界の五輪成身観に対する。五相は順次に大円鏡智・平等性智・妙観察智・成所作智・法界体性智の五智に配され、(1)通達菩提心《つうだつぼだいしん》(自己の本性即ち菩提心を理論の上から悟る)、(2)修菩提心《しゅうぼだいしん》(それを実証する)、(3)成金剛心《じょうこんごうしん》(本尊の三昧耶形《さんまやぎょう》を観じ、広金剛と斂金剛《れんこんごう》との両観によって自身と諸仏とが融通無礙であることを証得する)、(4)証金剛身《しょうこんごうしん》(行者の身がただちに本尊の三昧耶身となる)、(5)仏身円満《ぶっしんえんまん》(観行が完成して正しく我と仏とが一致する)の五である(金剛頂経巻上、十八会指帰など)。

**ごそうじょうしん-しき　五相成身私記**　一巻。覚超の著(長和二(1013))。天台密教の教相について、金剛界法の観門で、即身成仏の要術である五相成身観を中心とし、蓮華部心念誦儀軌によって教王経以下の諸経疏を引いて、その義理を究明したもの。(大)七六〔参考〕覚超・成身文集、同・成身略記

**ごそ-ざん　五祖山**　中国湖北省黄州府黄梅県にある馮茂山《ひょうもさん》の別称。黄梅山、東山ともいう。禅宗第五祖の弘忍《こうにん》が住し

たのでこの名がある。山腹の真慧寺は弘忍の開基といい、北宋代には楊岐派の法演がここで禅風を弘めた。

**こぞんしゅく-ごろく　古尊宿語録**　四八巻。唐・宋代の禅宗語録の総集で、南宋の紹興一四年1144鼓山の守賾僧挺が、南岳懐譲以下二二人の語を集めて古尊宿語要四巻を刊行し、嘉熙二年1238には同じく鼓山の晦室師明が、前集に収められなかった臨済以下八〇人余の語を集めて続古尊宿語要六巻を刊行し、右の前後両集が語録総集の原型となった。現存のものは、さらに咸淳三年1267に覚心が前の二集を重刊するに当たってこれを増補し、南岳懐譲以下、大慧の嗣の仏照徳光に至るまでの祖師の語録をほとんど網羅し、さらに青原行思以下の投子大同・雲門文偃・興聖神晏・洞山守初らにおよぶ三六人の語録を収めた。物初大観（大慧宗杲下四世）がこれに総序を付し、のちに明版大蔵経に入蔵した。以上の三集の内容を知るためには、日本の道忠の古尊宿語要目録一巻（続二・二四・一）、古尊宿語録目録一巻（同）、続古尊宿語要目録二巻（同）の三書が便利である。続二・二三・二―二四・一

**ご-たい　五諦**　五種の真理という意。瑜伽師地論巻四六には因・果・智・境・勝の五諦を説き、顕揚聖教論巻八には因・果・能知・所知・至の五諦を説く。いずれの場合も、前の四者は大体において順次に集・苦・道・滅の四諦《したい》にあたり、最後の勝諦・至諦は真如《しんにょ》即ち仏教における究極の理体を指す。⇩四諦《したい》

**ご-だい　五大**　地・水・火・風・空の五大種のこと。大種とはあまねく一切万法にゆきわたってそれらを生成し、それらの所依（よりどころ）となり本原となるものの意。五唯《ごゆい》などとともにインド六派哲学の一つ数論派《すろんは》（梵サーンキヤ Sāṃkhya 学派）で説く（⇩二十五諦《にじゅうごたい》）。仏教のうち、倶舎宗・唯識宗などでは、すべての物質（色法）を造る所依（よりどころ）として四大（空大を除く）を説き、密教では、五大・六大（識大を加える）を説いて、一切万法がこれらによって生成されるという。空大は虚空（空間）で、さわりがなく（無礙）、さえぎられず（不障）、万象をその中に安住させるもの。⇩四大種《しだいしゅ》　⇩六大《ろくだい》

**ご-だいがん　五大願**　密教で衆生無辺誓願度・福智無辺誓願集・法門無辺誓願学・如来無辺誓願事・無上菩提誓願成の五願をいう。これは大日如来の本願であり、諸仏菩薩の総願とされる。またこの五大願は阿閦《あしゅく》・宝生《ほうしょう》・阿弥陀・不空成就・大日の五仏に配される。顕教《けんぎょう》の四弘誓願《しぐせいがん》にあたる。⇩四弘誓願《しぐせいがん》

**ご-だい-さん　五台山**　中国山西省代州五台県の東北にある山。東西南北中の五つの台地状をなした峰があることから名づけられた。清涼山ともいい、古来、文殊菩薩が示現する浄土として崇められ、普賢の峨眉山、観音の普陀山、地蔵の九華山と共に中国の四大霊場として最も栄え、山の内外に三百余寺があったと伝える。後漢の明帝（57―75在位）の時、迦葉摩騰《かしょうまとう》がこの山に霊鷲寺を建てたというが真偽は明らかでない。さらに北魏の孝文帝（471―99在位）が中台に遊んで大孚寺（大孚図霊鷲寺、大孚図寺）を建てたと伝え、その後、歴朝に多数の寺が建てられた。北魏の霊弁、隋の曇義、唐の僧明・明隠・不空・含光・法照・澄観ら、多くの高僧が来住し、窺基も登山している。また唐代には新羅から慈蔵が、罽賓から仏陀波利が訪れており、日本からは、唐代に霊仙・慧蕚・円仁らが、北宋代に奝然《ちょうねん》・成尋らが入山した。唐・宋時代には庶民信仰の中心をなし、遠く諸国から巡礼する者のために普通院という無料宿泊院が登山路に建てられていた。唐の太宗（626―49在位）が勅して真容・華厳などの十寺を重修し、芳潤を十寺僧正に任じたことがある。元・明の頃からラマ教徒が来住し、清朝もラマ教を厚く保護したので、ラマ塔の建立もしばしば行われた。のちには、禅宗系の寺院とラマ教の寺院とがほぼ半ばしている。大顕通寺（昔の大孚寺で、唐代に大華厳寺と改め、清の太宗（1626―43在位）が重修）、大塔院寺（有名な大ラマ塔がある）、寿寧寺（北斉高歓の子が焼身供養した遺跡という）、大文殊寺、羅睺寺、竹林寺、清涼寺、金閣寺、極楽寺（南山寺）、北山寺、大仏光寺（その正殿は唐

代建築の遺構として名高い)など多くの有名な寺院があり、また金剛窟・那羅延窟は文殊居住の所と信じられている。〔参考〕華厳経二九、文殊師利法宝蔵陀羅尼経、清涼山志、新清涼山志、入唐求法巡礼行記、参天台五台山記

**ごだい-じ　五大寺**　五大官寺、五大本寺ともいう。平安時代の代表的な勅願寺で、東大寺、興福寺、延暦寺、園城寺(三井寺)、教王護国寺(東寺)をいう。

**ごだい-みょうおう　五大明王**　五大尊ともいう。明王は㊵ヴィドヤー・ラージャ vidyā-rāja の訳で、明の王、如来の真言を持している王の意。衆生を仏法に導くために忿怒《ふんぬ》の形相をしている五仏の教令輪身《きょうりょうりんしん》で、如来の使者またはその変身。五の大いなる明王、即ち(1)中央不動明王、(2)東方降三世明王、(3)南方軍荼利《ぐんだり》明王、(4)西方大威徳明王、(5)北方金剛夜叉明王をいい、それぞれ金剛界曼荼羅中央の五如来(即ち中心の大日・東の阿閦《あしゅく》・南の宝生・西の無量寿・北の不空成就)の教令輪身であるとし、内外の諸魔を降伏するという。これらを九識に配し、また金剛夜叉を烏枢沙摩《うすさま》明王に代えることもある。この五大明王を本尊として修される秘法は、五壇を設けて行われるので五壇法と称される。

**ごだいりき-ぼさつ　五大力菩薩**　五大力尊、五方菩薩ともいう。仁王般若波羅蜜経(後秦の鳩摩羅什の訳)における仁王会《にんのうえ》の本尊で、国王が三宝を護持すれば、こ

①霊境寺 ②金閣寺 ③清涼石 ④獅子窩 ⑤八功徳水 ⑥牛心石喉 ⑦清涼橋 ⑧竹林寺 ⑨古南台 ⑩日照寺 ⑪鳳林寺 ⑫寿寧寺 ⑬澡浴池 ⑭玉花池 ⑮鉄瓦殿 ⑯三泉寺 ⑰三塔寺 ⑱九竜崗 ⑲殊像寺 ⑳石仏洞 ㉑霊峰寺 ㉒梵仙山 ㉓塔院寺 ㉔顕通寺 ㉕菩薩頂 ㉖羅睺寺 ㉗円照寺 ㉘広化寺 ㉙七仏寺 ㉚普楽寺 ㉛花岩嶺 ㉜鴻門岩 ㉝碧山寺 ㉞西天寺 ㉟文殊洞 ㊱娑羅樹 ㊲黛螺頂 ㊳善財洞 ㊴文殊寺 ㊵観音洞 ㊶明月池 ㊷台懐街 ㊸普化寺 ㊹棲賢寺 ㊺南山寺 ㊻普庵寺 ㊼白雲寺 ㊽鎮海寺 ㊾千仏洞 ㊿金灯寺

の五菩薩が国土の四方と中央とにおいて王を守護するという。唐の不空の訳の仁王護国般若波羅蜜多経においては密教化して五大明王と結びつき、名称や形像も変化して、菩薩でありながら忿怒相を示すにいたった。五菩薩の名は不空訳によれば⑴金剛吼菩薩（中央）、⑵竜王吼菩薩（南方）、⑶無畏十力吼菩薩（東方）、⑷雷電吼菩薩（北方）、⑸無量力吼菩薩（西方）である。民間の信仰では盗難よけの護符とされ、とくに京都・上醍醐寺の五大力さんが知られる。図像としては高野山有志八幡講十八箇院蔵の絹本著色像三幅（国宝。前記⑴⑶⑸の画像）がすぐれている。

**ゴダード** **Goddard,** Dwight （1861—1939）アメリカの仏教者。禅に帰依し、たびたび来日して京都の相国寺に参禅した。金剛般若経の英訳（The diamond sūtra, 1935）の他、A buddhist bible（仏教聖書 1932）、The principle and practice of mahāyāna buddhism（大乗仏教の原理と実践1933）などの著書がある。

**こたに-きみ** **小谷喜美** （明治三四1901—昭和四六1971）宗教家。霊友会の創設者。神奈川県南下浦村（現三浦市）の農家に生まれる。一七歳で結婚したが、女中奉公の後、小谷安吉と再婚。小谷の実弟角太郎の指導のもとに修行し、霊験を得るに至った。大正一四年1925角太郎と共に霊友会を再組織し、教勢の伸展に寄与した。

**ゴータマ・ブッダ** **Gotama Buddha** 釈迦牟尼仏《しやかむにぶつ》

**ゴダール** **Godard,A.** （1881—1965）フランスの考古学者。Les antiquités bouddhiques de Bāmiyān（バーミヤンの仏教古美術1928）をアッカンJ. Hackinらと共著で刊行した。これはバーミヤンの大石仏などの調査報告である。

**コータン** **Khotan** ⇩于闐《うてん》

**コータン-ご** **コータン語** **Khotan-Saka, Khotanese** イラン語の中期東方方言の一種で、東トルキスタンのコータンKhotan（于闐《うてん》）を中心に紀元六世紀頃より一〇世紀末にかけて用いられたことばである。主として西域南道一帯に広がって用いられていたようで、その西北のツムシュック、ムルツックなどから発見された文書の用語はその古形を示すが、量的に僅少である。もっとも量的に多いのはコータンと敦煌より出土した仏典であって、新しい形を示している。コータン語はすべてブラーフミー文字に若干の手を加えた文字で書かれている。この語を用いた仏典はすべて大乗仏典であるが、サンスクリット、チベット語、漢文の仏典との関係についてはまだ十分明らかでない。〔参考〕H. W. Bailey：Languages of the Saka (Handbuch der Orientalistik I, IV—1)

**ごだん-しょう** **五段鈔** 一巻。西山上人五段鈔ともいう。証空（1177—1247）の著。成立年不詳。浄土宗西山派の要義を、一に穢土を厭い、二に浄土を欣び、三に三心を具し、四に念仏を行じ、五に念仏の利益を明らかにするという五段にわけて略述したもの。〔国〕諸宗部二二、西山上人短篇鈔物集〔刊本〕文政四1821刊

**ごだん-ほう** **五壇法** ①五大壇をもうけ五大明王を本尊として、兵乱の鎮定や息災・増益のために修する秘法で、皇后の御産や東宮立坊のときにも行う。壇上の配置は、中檀に不動明王、北方に金剛夜叉、東方に降三世、南方に軍荼利、西方に大威徳の五大明王を安置する。天慶三年940法性寺で東西の兵乱を降伏しようとして修したのに始まるとも、また応和元年961叡山で喜慶などが修したのに始まるともいう。〔参考〕阿娑縛抄一一九・一二五 ②本尊壇・護摩壇・聖天壇・十二天壇・神供壇の五壇、あるいは神供壇を除き息災・増益の二護摩壇を加えた五壇をかざって行う修法で、天皇及び国家の安泰を祈願するときに用いる。この法を大法といい、一壇だけのを小法、本尊・護摩・十二天の三壇によるのを中法という

**こちゅう** **居中** （弘安元1278—貞和元1345）臨済宗の僧。遠江の人。嵩山と号し、俗姓は源氏。延慶二年1309と文保二年1318の二度にわたって元に渡り、諸禅師に歴参した。元弘二年1332勅を奉じて南禅寺に入り、のち建仁寺、鎌倉の円覚寺・建長寺に住持し、足利尊氏・直義の尊崇を受けた。著

書、少林一曲。〔参考〕延宝伝灯録二二、本朝高僧伝二七

**ごつう　五痛**　五悪を犯したものがうける苦しみをいう（無量寿経巻下）。

**こっきょう-しゅう　谷響集**　①二巻。夢窓疎石の著（貞和1345―50頃）。疎石がその著「夢中問答」で浄土宗を小乗の法門としたことに対する、浄土宗鎌倉光明寺智演の駁書「夢中松風論」に答えたもの。巻上は九問答、巻下は七問答からなり、浄・禅を比較するとともに、結論として各宗先徳の教誡に従えば勝劣はないと説く。智演はまた獅子伏象論で本書を駁した。国東叢一（法語）〔参考〕日本禅林撰述書目（仏全一）②一〇巻。寂照堂谷響集ともいう。運敞の著。来客の求めに応じて六八〇種余の項目にわたる仏教の故事について解説した漢文体の随筆。もと対客談叢と呼び、元禄二年1689刊行のとき現名に改めた。なお同五年に続谷響集一〇巻を刊行し、六二〇項余を載録している。仏全一四九〔刊本〕元禄二刊、同五刊

**こつげん-ばらもん　乞眼婆羅門**　仏陀の前生において、仏陀に眼の施与を求めた盲目の婆羅門。仏陀が眼をくり抜いて彼に与えるという物語は種々のジャータカに伝えられている。インド北部のガンダーラのプシュカラヴァティー Puṣkaravatī（富迦羅抜、布色羯羅伐底）はそのことのあった土地と伝えられ、そこにそれを記念する塔があったことを、玄奘・法顕らが記している。〔参考〕賢愚経六、撰集百縁経、Jātakamālā, Jātaka

**こっさ-かん　骨鎖観**　貪欲《とんよく》の心をなおすために人の身体を白骨の連なっているものと観察する法。骨想観ともいう。この観法に初習業《しょしゅうごう》と已熟修《いじゅくしゅ》と超作意《ちょうさい》の三段階がある。即ち第一は自己の身体のある一点に心をおいて骨想をなし、漸次全身に及ぼし、さらに他人の上に移り、こうして全世界に白骨が充満すると観じ、後に自己一身に戻るもの。第二は自己一身の骨に関して、まず足の骨を去り、漸次他の部の骨を去って頭の半骨のみを残して観をこらすもの。第三はこの頭の半骨をも去って、また眉間に心を止めるのみで白骨を観じるものである（倶舎論巻二二）。

**ごっしょ　業処**　(梵)カルマ・スターナ karma-sthāna、(巴)カンマッターナ kamma-ṭṭhāna の訳。業とは禅定《ぜんじょう》のことで、禅定の止住する場所、禅定の土台、禅定を修める場合の対象を業処という。主として南伝仏教で説く重要な教義の一。即ち禅定を修習し成就する時、自己の性質に適応した観想の方法・対象を選び、それによってその禅定がそれぞれ特殊な性格を帯びるようになる。その観想の方法、手がかり、対象が業処である。清浄道論では四十の業処を説く。即ち十遍処（地遍・水遍・火遍・風遍・青遍・黄遍・赤遍・白遍・光明遍・限定虚空遍）と十不浄（膨脹相・青瘀相・膿爛相・断壊相・食残相・散乱相・斬斫離散相・血塗相・虫聚相・骸骨相）と十随念（仏随念・法随念・僧随念・戒随念・捨随念・天随念・死随念・身至念・安般念・寂止随念）と四梵住（慈・悲・喜・捨）と四無色（空無辺処・識無辺処・無所有処・非想非非想処）と、食厭想と四界差別とである。また観無量寿経にいう清浄業処を、一般には、「清浄業によって感得された処」の意に理解して浄土のこととするが、むしろ十不浄などの不浄を排して仏や浄土に関する清浄な観想をなすことを意味するものと思われる。

**こつろそう　骨婁草**　草の名。屈屢草《くろそう》、屈婁草、骨露草ともいう。延命《えんめい》（寿命を延ばしたり智慧などを得ること）のために護摩を修する時、焼いて供える草。

**こて-しんきん　火徳星君**　火の神の名。禅寺の仏殿にまつり、堂宇などの火難を免がれるよう祈念する。もともと中国の道教信仰より来たもので、炎帝などと関係のある神である。〔参考〕浄家諸廻向宝鑑三

**ごとう-えげん　五灯会元**　二〇巻。別に目録二巻（続二乙・一〇・五）。南宋の大川普済の編（淳祐一二1252）。編者は一説に慧明首座という説もある。景徳伝灯録以下の五灯録の内容の重複を整理会要して一書としたことから、会元と名づけている。過去七仏より西天東土の列祖を経て、唐より南宋に至る間の、五家七宗各派の伝灯相承の次第と機縁の語句を系統別に記録したもの。現存の流布本は、元の至正二四年1364に僧

自性が重刊したもので、博山大曦《だいき》と天暦延俊(1299―1368)が序を付しているが、宋本(清の光緒二八年1902、貴池の刘氏が覆刻、のち民国一九年1930に影印重刊)には、巻首に淳祐一二年の普済の題詞、南宋の宝祐元年1253の通庵王槦の序、武康の沈浄明の題言を載せている。この書は、清蔵に初めて入蔵するまで、主として上記の私家版によって流布したらしいが、元代以後の一般仏教界の教禅一致の傾向と相まって広く流布し、のちに明の南石文琇(1345―1418)が五灯会元補遺一巻を作り、また清の順治五年1648遠門浄柱が本書のあとを承けて五灯会元続略(五灯続略ともいう)八巻(続二乙・一一・五)を編し、宋より明末までの部分を継続している。(続)二乙・一一・一―四

**ごとう-げんとう　五灯厳統**　二五巻、別に目録二巻。明末の費隠通容と百癡行元の編(清の順治一〇1653)。禅宗の史伝の書の一で、過去七仏より西天二十八祖・東土六祖を経て、南岳下三十四世、天童円悟の嗣、青原下三十六世、雲門円澄の嗣に至る伝灯相承の次第と、機縁の語句を記録したもの。特に法統を正すべきことを主張し、天王道悟を青原系とする古来の通説を退けて、南岳系の馬祖の嗣とし、或いは薦福承古の雲門嗣法説を排し、また曹洞宗の天童如浄以下の法統説(浄柱の五灯続略の説)を難じて、嗣承未詳とするなどの説を立てたために、当時すでに紛議を起こしているが、別に五灯厳統解惑篇一巻を作ってこれを論じている。現存のものは、わが国の摂州福元寺で、通容の弟子隠元隆琦が跋を付して重刊したもの。(続)二乙・一二・一―五

**ご-どうし　呉道子**　生没年不詳。唐代の画家。仏画と山水画をよくした。陽翟《ようてき》(河南省開封府禹州治)の人。姓は呉氏。諱は道子、後に道玄と改めた。玄宗に仕えて袞州《こんしゅう》瑕丘尉、次で内教博士となった。その画風は呉装といわれ、生動的な描線を特色とする。画題を多く仏典に求め、とくに仏像や地獄の変相など注目を集めたという。〔参考〕歴代名画記九

**ご-とうろく　五灯録**　達磨禅の伝灯相承と機縁語句を記録した五種の史伝書の総称。景徳伝灯録、天聖広灯録、建中靖国続灯録、宗門聯灯会要、嘉泰普灯録をいう。

**ごとく-ち　後得智**　⇩根本智《こんぽんち》

**ことつ　居訥**　(大中祥符三1010―熙寧四1071)北宋代中期の禅僧。姓は蹇《けん》氏。字は中敏。諡号は祖印禅師。梓州中江(四川省中江県)の人。雲門四世の洞山子栄の法を嗣ぎ、盧山の円通寺その他に住した。儒者欧陽修《おうようしゅう》と交わりがあった。〔参考〕続灯録五、僧宝伝二六、仏祖統紀四五

**こなひき-うた　粉引歌**　⇩臼挽歌《うすひきうた》

**ごにゅう　悟入**　(梵)スカンディラ Skandhila の訳。説一切有部《せついっさいうぶ》の論師。カシミールの人。衆賢《しゅげん》(サンガバドラ Saṃghabhadra)の師であり、世親も一時そのもとで学んだと伝える。入阿毘達磨論の著者とされる塞建陀羅《そくけんだら》(または塞建地羅《そくけんじら》)と同一人と見なされているが、疑わしい。別に衆事分毘婆娑論の著があったというが、現存していない。

**ごにょらい　五如来**　施餓鬼会《せがきえ》の本尊とする五体の如来。宝勝如来、妙色身如来、甘露王如来、広博身如来、離怖畏如来の五で、これを順次に南方宝生仏、東方阿閦《あしゅく》仏、西方無量寿仏、中央毘盧遮那《びるしゃな》仏、北方釈迦牟尼仏の五仏に配する。また甘露王を除いて四如来とし、或いはこの四如来に多宝、阿弥陀、世間広大威徳自在光明を加えて七如来とし、また五如来に多宝、阿弥陀を加えて七如来とする。

**ご-にん　五忍**　菩薩《ぼさつ》が法理を認めて心を安んじる程度によって立てた階位。(1)伏忍。煩悩《ぼんのう》を制伏したがまだ断滅しない地前の三賢《さんげん》。(2)信忍。無漏《むろ》の信を得た初・二・三地。(3)順忍。理に順《したが》い無生《むしょう》のさとりに向かう四・五・六地。(4)無生忍。諸法無生の理を認めて安住した七・八・九地。(5)寂滅忍。諸惑を断って寂静のさとりに安住した第十地および仏果(仁王般若経巻上)。前の四を各上中下、後の一を上下に分けて十四忍とする。

**ごにん-しょは-しょう　五人所破抄**　一巻。日興の作と伝えるが、本文の末に、嘉暦三年1328草案日順と記す。日蓮の没後、身延のその墓塔は日興・日昭・日向・日朗・日

頂・日持のいわゆる六老僧が輪次守塔したが、弘安八年1285日向の輪番の時、檀越波木井《はきい》氏は交替制を廃して日向の留任を主張した。日昭らはこれを認めたが、日興のみ反対し遂に離山した。この間の事情を日興の立場より弟子の日順が記したものである。なお逆に日向の側からは、日現が五人所破抄斥一巻を著わして本書に批判を加えた。日蓮宗宗学全書(興尊全集・興門集)〔註釈〕日眼・五人所破抄見聞一巻(日蓮宗宗学全書(興尊全集・興門集))

**こねん　巨然**　生没年不詳。五代・北宋代の画僧。「きょねん」ともいう。江寧(江蘇省)の人。郡の開元寺で出家し、のちに汴京《べんきょう》(開封)の開宝寺に住した。董源《とうげん》の画風を伝えて山水画をよくし、南宋画の代表的画家の一とされる。遺作と伝えるものに万壑松風図(上海博物館蔵)ほかがある。〔参考〕図画見聞誌四

**ごねん　後念**　⇩前念《ぜんねん》

**ごねん　護念**　仏・菩薩・諸天などがさまざまな障害から仏教徒を護ること。そのうち、仏などが常に仏教徒を守護して影が形にそうように離れることなく、悪鬼などの障害を近づけないのを影護《ようご》護念といい、仏の説いた教法が真実であることを立証するために諸仏菩薩が保証に立って、衆生に信受させ、その利益を受けさせるのを証誠《しょうじょう》護念という。

**こねんどう　古年童**　寺の雑役をするもの。

**ごねん-もん　五念門〔五功徳門〕**　世親の浄土論の説。阿弥陀仏の浄土に生まれるための五つのおこないを五念門(五因門)といい、その結果として得られる徳を五功徳門(五果門)という。即ち、(1)身に阿弥陀仏を敬いおがみ(礼拝門)、(2)口に仏名をとなえて仏の徳をほめたたえ(讃歎門)、(3)心に一心に往生をねがい(作願門《さがんもん》)、(4)心をしずめて仏菩薩や浄土のすがたかたちを思い浮かべ(観察門《かんざつもん》)、(5)それによって得るところの徳をすべてのものに施す(廻向門《えこうもん》)ことが五念門であり、その結果、(1)二度と迷いにおちこまない身となって仏のさとりに近づき(近門《ごんもん》)、(2)聖者の仲間入りをして(大会衆門《だいえしゅもん》)、(3)(4)止・観の行を成就し(宅門・屋門《おくもん》)、(5)迷いの世界にたちかえってはすべてのものを救うのをたのしみとする(園林遊戯地門《おんりんゆげじもん》)、教化地の益《きょうけじのやく》ことが五功徳門であって、礼拝門―近門というように順次に因と果とを結びあわせ、またこの因果の両門について、前の四門は自己がさとりに入るためのものであるから入門、後の一門は他を救うためにはたらき出るものであるから出門、合わせて入出二門という。

**このは-ごろも　木葉衣**　二巻。行智の著(天保三1832)。修験道の歴史と入峰の実践を初心者に知らせようとした、修験道の代表的な啓蒙書の一。上巻は修験道の開祖、役の行者の伝と、山伏・修験・験競などの名称を説明しながら、修験道の歴史をのべる。次いで峰中略記をとりあげて、大峯の七十五靡の行場を解説する。下巻は頭巾・鈴懸衣など山伏の服装をとりあげて故実を詳述する。同じく行智が天保七年に著わした踏雲録事一巻と併せてみるべき書である。続々群二二、日蔵四八、東洋文庫二七三

**ご-びく　五比丘**　仏陀の最初の説法を聞いて教化を受けた五人の比丘。(1)アンニャー・コンダンニャ Aññā Koṇḍañña(阿若憍陳如)・(2)アッサジ Assaji(阿説示)・(3)マハーナーマ Mahānāma(摩訶男)・(4)バッディヤ Bhaddiya(婆提)・(5)ヴァッパ Vappa(婆敷)の五人。仏陀が出家のとき、仏陀の父浄飯王の命で同行し、共に苦行していたが、仏陀が苦行をやめ、村娘の捧げた乳がゆを飲んだので、それを堕落と考えて、仏陀から去って苦行をつづけた。まもなくさとりを開いた仏陀が鹿野苑《ろくやおん》でこの五人に説法し(初転法輪)、得道した五人は仏陀の最初の弟子となった。〔参考〕四分律三二、中本起経上、増一阿含経三

**ご-ひみつ　五秘密**　密教で金剛薩埵《こんごうさった》を中心に、その周囲に欲・触・愛・慢の四金剛を配して作った曼荼羅《まんだら》を本尊として、滅罪などのために修する行法のこと。これによって欲などの四煩悩はそのままで直ちに菩提心《ぼだいしん》であると観じるのであって、五尊が同一蓮華、同一月輪に住むように描

くのは、この理を象徴しているためである。

**ごひゃく-もん-ろん　五百問論**　三巻。法華五百問論ともいう。唐の湛然(711—82)の著。成立年不詳。法相宗の立場から解釈された窺基の法華玄賛に批判を加え、天台宗義の立場から答えたもの。㊫二・五・四

**ごひゃく-らかん　五百羅漢**　仏陀の在世中に随従し、仏滅後の第一結集に集まった大迦葉ら五〇〇人の阿羅漢(悟りを得た仏弟子)。のちに中国、日本で五百羅漢の崇拝が行われて多くの図や像が作られた。乾明院五百羅漢名号碑(明の崇禎一六1643序)一巻には五〇〇の羅漢名をあげているが、大部分はその事跡が不明である。中国では浙江省金華府の西巌寺に鉄の羅漢五一八尊を安置するといわれ、日本でも各地にあり、耶馬渓の羅漢寺・川越の喜多院・建長寺・永平寺の像、東福寺・大徳寺の画幅が有名である。〔参考〕法華経四、十誦律四八、五分律三〇、大毘婆沙論二〇〇

**ごひゃくらかん-じ　五百羅漢寺**　東京都目黒区下目黒。天恩山と号し、単立(もと黄檗宗)。鉄眼の弟子松雲元慶が五百羅漢造像の願を起こし、桂昌院(徳川綱吉の生母)の助けにより、元禄八年1695完成。将軍徳川綱吉から本所亀戸に地を賜り、仮堂を建てて像を安置し、鉄眼を開山に請じた。享保一二年1727二世象先のとき堂宇を完成した。明治二〇年1887本所緑町に、同四〇年現地に移った。〔参考〕松雲元慶禅師碑銘、新編武蔵風土記稿二四、江戸名所図会七

**ご-びょう　五瓶**　密教の修法を行うとき壇上の中央と四隅とに安置する五個の瓶(迦羅奢《からしゃ》)。香・薬・香水などを盛り、花を挿して蓋にし、綵帛(瓶帯)で飾る。瓶水は灌頂に用いる。

**ごふ　護符**　守護符、護身符、御符《ごふ》、守札《まもりふだ》、御札《おふだ》ともいう。お守り札。紙に仏・菩薩・諸天・鬼神の像や真言種子《しゅじ》などを書いたもので、これによって神仏の加護があるとする。諸寺諸社から出す護符の一種に牛王宝印《ごおうほういん》がある。また牛玉宝印とも書く。牛王とは、生土《うぶすな》の二字を誤ったものとし、或いは牛玉は牛宝を誤ったものともいい、牛王は牛黄、即ち薬中の勝れたものであるといい、またインドでは牛を神聖視するので牛中王ということから仏をさすともいい、或いは牛頭天王《ごずてんのう》のことである、などの種々の説があるがつまびらかでない。この牛王宝印を売り歩く人を牛王売《ごおううり》という。高野・那智・熊野などのものがあるが、熊野比丘尼の売った熊野牛王宝印は特に有名である〈⇩熊野比丘尼《くまのびくに》〉。

**ご-ぶ　五部**　①見道において四諦のの観行と修道とをいう。この五部において断つ煩悩に差別があって、有部ではこれを九十八使とする。②金剛界曼荼羅《こんごうかいまんだら》の仏部・金剛部・宝部・蓮華部・羯磨部《かつまぶ》をいう〈⇩曼荼羅《まんだら》〉。③五部律《ごぶりつ》のこと〈⇩律《りつ》〉。

**ごふく-じ　牛伏寺**　長野県松本市内田。金峰山と号し、真言宗智山派。「うしぶせでら」ともいう。聖徳太子(574—622)の開創とも、天平宝字年間757—65の創建とも伝える。寺伝では現在地に移る前は裏山の堂平に、それ以前はその後方の蓬平にあったといわれ、古代、水分信仰のある山に吉野大峯修験が加わって、真言宗寺院として発展したとされる。天文三年1534憲淳が中興、慶長一七年1612焼失したが、まもなく再建された。厄除観音(縁日、一月一五日)としても著名。〔重文〕木造十一面観音及両脇侍立像、同釈迦如来及両脇侍像、同薬師如来坐像、同大威徳明王像

**ごぶ-しんかん　五部心観**　滋賀県園城寺蔵。紙本墨画。詳しくは哩多僧蘖囉《りたそうぎゃら》五部心観という。金剛界曼荼羅の主要な諸尊を描いた図像集で、梵文による名号・真言などを配している。唐の善無畏三蔵がインドから伝来した金剛頂経の梵本に基づいて描いたものという。長安の青竜寺から円珍が請来した完本(唐の大中九年855の奥書を有し、円珍の請来目録にある唯一の現存物)と、これを写した平安時代(一〇世紀)の残欠本があり、共に国宝。なお建久五年1194には禅覚も書写している。

**ごぶつ　五仏**　五智仏、五智如来ともいい、ネパールなどでは五禅定仏とも呼ぶ。金剛・胎蔵の両界曼荼羅の中央に位置する大日如来と四方四仏とをいう。①金剛界では中央五大月輪の中にあって、各々に五智

金剛界五仏（御室版金剛界曼荼羅）

をそなえている。大日如来(中央・法界体性智)、阿閦《あしゅく》如来(東方・大円鏡智)、宝生如来(南方・平等性智)、阿弥陀如来(西方・妙観察智)、不空成就または釈迦如来(北方・成所作智)。②胎蔵界では中台八葉院の中にある。大日如来(中央)、宝幢如来(東方)、開敷華王《かいふけおう》如来(南方)、無量寿如来(西方)、天鼓雷音《てんくらいおん》如来(北方)。〔参考〕大日経一、金剛頂瑜伽中略出念誦経一

**ごーぶっちょう　五仏頂**　密教で仏の無見頂相(三十二相の一)の徳を象徴して仏頂尊となづけ、仏智の最も勝れていることを表わす。これに三仏頂・五仏頂・十仏頂などを数えるが、五智を象徴したのが白傘蓋・勝・最勝(また金輪、転輪王)・光聚(また火聚)・尊勝(また除蓋障)の五仏頂である。台密ではこの五尊を本尊として息災を祈るのを五仏頂法と称して重んじる。〔参考〕大日経疏五、阿娑縛抄五四

五仏頂（御室版胎蔵曼荼羅）

**ごぶっちょう-さんまい-だらに-きょう　五仏頂三昧陀羅尼経**　四巻。唐の菩提流志の訳(武周の長寿二〈693〉)。異訳に菩提流志の訳の一字仏頂輪王経五巻(景竜二〈708〉)、唐の不空の訳の菩提場所説一字頂輪王経五巻(天宝一二〈753〉)がある。五仏頂のそれぞれに対する真言・曼陀羅《まんだら》・修行法などを説き、なかでも特に一字金輪仏頂が最も勝れたものであるとする。㊀一九〔註釈〕円珍・菩提場経義釈(日蔵一七、仏全二七)

**ごぶつ-の-ほうかん　五仏の宝冠**　五智の宝冠、五宝天冠、灌頂《かんじょう》宝冠ともいう。大日如来・金剛薩埵《さった》・虚空蔵《こくうぞう》菩薩などが頭上に冠っているもの。冠の中に五の化仏があって五智の徳を表示している。

**ごぶ-りつ　五部律**　舎利弗問経・仏本行集経・摩訶僧祇《まかそうぎ》律の後記などに伝える五部の小乗律。即ち、⑴曇無徳部《どんむとくぶ》(法蔵部)、⑵薩婆多部《さっぱたぶ》(説一切有部)、⑶弥沙塞部《みしゃそくぶ》(化地部)、⑷迦葉遺部《かしょういぶ》(飲光部)、⑸摩訶僧祇部《まかそうぎぶ》(大衆部)の律。⑴は四分律、⑵は十誦律《じゅうじゅりつ》、⑶は五分律、⑸は摩訶僧祇律として漢訳されたものに相当すると考えられ、⑷は戒本である解脱戒経のみが漢訳されている。この中、摩訶僧祇律については種々異説がある。舎利弗問経では摩訶僧祇律とは迦葉《かしょう》の結集《けつじゅう》した旧律で大衆がこれを奉じたからこのように呼ぶといい、大方等大集経では上記の五部より摩訶僧祇部を除いて婆嗟富羅《ばさぶら》部(犢子部)をあげ、摩訶僧祇律とはこの五部をあまねく通覧するものであるといい、出三蔵記集では婆嗟富羅律即ち摩訶僧祇律とするらしく、三論玄義では薩婆多部の十誦律を摩訶僧祇律と名づけるという。この点について

は近代の学者の解釈も一定しない。

**ごぶん-ほっしん　五分法身**　無漏の五蘊《むろのごうん》ともいう。無学(最高のさとり)の位に至ったものが具備する五つの功徳《くどく》、即ち戒蘊(戒身、戒衆、戒品とも呼ぶ。蘊、身、衆、品は複数を示す。以下同じ)・定蘊《じょううん》・慧蘊・解脱蘊《げだつうん》・解脱知見蘊の総称。解脱と解脱知見とを合わせて解知見ともいう。小乗仏教の解釈によれば身業と語業とが無漏清浄となり(戒)、空・無相・無願の三三昧を成就し(定)、正しく見、正しく知り(慧)、尽智・無生智および正見と相応する勝解《しょうげ》を得(解脱)、尽智・無生智を得る(解脱知見)ことであるとされるが、本来は仏教の教団に入って肉体的・精神的な欲望を抑え、心を静めて、智慧を磨き、一切の束縛から解放され、その解放された心の安らかさを自ら意識する、という悟りの境地への進みゆきを示したものと思われる。

**ごぶん-りつ　五分律**　⇩弥沙塞部和醯五分律《みしやそくぶわけいごぶんりつ》

**ご-ほう　五法**　①迷悟の法の本質である五つのもの。五事ともいう。入楞伽経巻七などに説かれ、名《みょう》・相《そう》・分別《ふんべつ》・正智《しょうち》・真如《しんにょ》の五をいう。名は現象に仮になづけた名、相は現象の差別的なすがた、分別ははからう妄想、正智は真如にかなう智慧、真如(如如)はすべてのものの本体で、ありのままの平等の真理をいい、前の三は迷い、後の二は悟りの法である。②仏地の五法。仏地経の説で、清浄法界《しょうじょうほっかい》と大円鏡智・平等性智《びょうどうしょうち》・妙観察智《みょうかんざっち》・成所作智《じょうしょさち》の四智とを指す。清浄法界は真如の理であり、四智はこれをさとる菩提の智(後の四)であって、これらの五法のうちに仏の三身(自性身《じしょうしん》・受用身《じゅゆうしん》・変化身《へんげしん》)がおさまるとする〈⇩智《ち》〉。③色《しき》、心などの五法〈⇩五位《ごい》〉。④行の五法。摩訶止観に説く二十五方便のうちの欲・精進《しょうじん》・念・巧慧《ぎょうえ》・一心。

**ご-ほう　五宝**　五種の宝。五種の貴重なもの。金・銀・琥珀・水精・瑠璃を指すことが多いが、経によって諸説があり一定していない。密教で壇を説けて修法を行う時、五宝を五薬・五香・五穀と共に壇の下の中央と四方とに埋める。また灌頂などの時、大壇の五瓶の中に五宝を入れておく。

**ごほう　護法**　①正法、すなわち仏教を護って維持すること。仏陀は四大声聞、十六阿羅漢などに仏法を護らせるという。②梵天・帝釈天《たいしゃくてん》・四天王・十二神将・二十八部衆などの善神は仏陀の説法を聞いて正法を護ることを誓ったと伝えられているので、これらの神を総称して護法神、或いは護法の善神という。また、これらの神々が童子の形で護法のため行者に給仕したり霊地を護るときには、それを護法童子または護法天童という。③「もののけ」などを調伏するために祈禱をして、法力(または神仏)が人についた時、護法がついたという。

**ごほう　護法**　(530—561頃)㊵ダルマパーラ Dharmapāla の訳。達摩波羅と音写する。インドの唯識派の学者で、いわゆる唯識十大論師の一人。インド南部の出身で若くしてナーランダー寺の座主となり、三二歳で没したといわれる。その学説は唐の玄奘の訳の成唯識論によって知られる。同論は世親(ヴァスバンドゥ Vasubandhu)の唯識三十頌に対する註釈書であるが、護法の学説を中心に、他の十大論師の説を取捨選択しながら玄奘が編集したものである。この成唯識論における護法の唯識説は道理世俗の立場に立つといわれ、八識別体説・心心所別体説・五姓格別説・三法展転因果同時説などを説く。また護法は、陳那《じんな》(ディグナーガ Dignāga)—無性《むしょう》(アスヴァバーヴァ Asvabhāva)の系列のいわゆる有相唯識派に属する。また識の四分説を説いたことでも知られる。主著としては大乗広百論釈論(一〇巻。玄奘の漢訳のみが現存)がある。これは提婆《だいば》(アーリヤデーヴァ Āryadeva)の四百論の後半部に対する註釈であるが、中観派の清弁《しょうべん》(バーヴァヴィヴェーカ Bhāvaviveka)に対する批判が見られる点で注目される。清弁はその著般若灯論および中観心論で詳細な唯識派批判を展開しているが、護法はそのことごとくに反論し、中観派を再批判しているのである。ここからのちに中国において清弁・護法空有の論諍の伝説が生じた。護法の著作には他に世親の唯識二十論に対する註釈の成唯識宝生論、陳那の観所縁論に対する註釈の観所縁論釈があり、いずれも玄奘による漢訳のみが現存する。護法の唯識説は中国の法相宗によって受けつがれた。

**ごほう-しじ-ろん　護法資治論**　一巻。森尚謙の著(宝永四1707自序)。儒仏一致の立場にたって仏教を論じた書。仏教が外部から非難されるのは三世輪廻・天堂・地獄および天文地形の説にあるとして、とくに天文地形の説について論じ、仏教衰滅の内部的原因は破戒と他宗の敵視にあるとして、これを戒めている。〔刊本〕明和三1766刊、安永三1774刊、天明三1783刊

**ごほう-しんろん　護法新論**　六巻。安慧(勝国道人)の著(慶応元1865正篇、同四続篇)。須弥山《しゅみせん》説にたって地球説を難じ、耶蘇教を論駁した書。〔刊本〕慶応三刊、明治二1869刊

**ごほう-ぜんじん　護法善神**　護法神、護法天ともいう。梵天・帝釈・金剛力士・四天王・十二神将・十六善神など、仏法を信じ三宝をまもり、よく国家を鎮護し、行者を守護する諸天・竜王・鬼神などの善神の総称。〔参考〕金光明経二、大方等大集経五二、孔雀王呪経、灌頂経

**ご-ほうぞう　五法蔵**　五蔵とも略す。犢子部《とくしぶ》の世界観。宇宙万有を五類に分けたもの。過去蔵・現在蔵・未来蔵(以上は有為法《うい》の集合であるから有為聚《じゅ》という)・無為蔵(無為聚)・不可説蔵(有為でも無為でもないもの。非二聚)の五。犢子部では我(補特伽羅《ふとがら》、非即非離蘊の我)を立てて最後の不可説蔵中に含めると説く〔成実論巻三〕。

**ごほう-ろく　護法録**　一〇巻。宋濂《そうれん》の著。成立年不詳。宋文憲公護法録と内題し、宋濂の文集から仏教に関するものを抄出して、袾宏《しゅこう》が集録、銭謙益が校訂を加えたもの。明の天啓三年1623の刊という。

**ごほう-ろん　護法論**　一巻。北宋の張商英の著(大観四1110)。韓退之をはじめ、欧陽修・程明道・程伊川ら儒家の排仏説を論破し、王浮の化胡経が偽作であることを論じ、儒仏道三教の優劣を比較して、三教相依することが肝要であるという鼎分説を述べ、特に仏教の説く理が最高で奥深いことを唱道した書。㊅五二〔刊本〕延宝三1675翻刻本〔註釈〕古田梵仙・増冠傍註二巻、夢雪・抄五巻、毛利貞斎・備考、山本洞雲・破釈一巻〔参考〕仏祖歴代通載二九、居士伝二八

**こぼく-りゅうぎん　枯木竜吟**　禅宗の公案の一。枯木裏の竜吟ともいう。香厳智閑《きょうげんちかん》が一僧に「道とは何か」と問われて「枯木の唸」と答えた故事で、死活を超え切った境地を示したもの。原文には更に「髑髏裏の眼睛」という、もう一つの問答がある。〔原文〕碧巌録二則の頌、景徳伝灯録一一、五灯会元一三

**ごほん-でし-い　五品弟子位**　五品位ともいい、天台宗で円教の行位に八位を立てるうちの第一をいう。十信以前の外凡位を五品に区別したもので、六即位の中では第三の観行即(観行五品位)にあたり、五品を通じて自己の実践行に専心するから弟子位と称するのである。即ち随喜品(妙法を随喜する)・読誦品(妙法を説く経を読誦する)・説法品(正しく説法して他人を導き、その功徳によって自己の心を観ずる修行をさらにすすめる)・兼行六度(観心の傍に六度を修める)・正行六度(心を観じる功徳《くどく》が十分すすんだので、今度は六度の実践を主とする)の五。法華経分別功徳品に見え、法華玄義巻五上には三蔵教の五停心位に擬している。なお智顗《ちぎ》は、自分はこの五品弟子位であるといったと伝えている。

**ごま　護摩**　㊵ホーマ homa の音写。焚焼、火祭の意、護魔、呼摩とも書く。密教の修法の一で、もとインドで火神阿耆尼《あぎに》(㊵アグニ Agni の音写)を供養して魔をしりぞけ福を求めるために行われたものが、仏教に採り入れられたという。即ち、火を焚き、火中に物を投じて供養し、息災・増益・降伏を祈願すること。この護摩を行う堂を護摩堂といい、この堂内に護摩壇《ごまだん》を設け、壇上で木を焚く。その焚く木を護摩木《ごまぎ》といい、護摩木を伐る刀を護摩刀という。実際に護摩壇で行う修法を、外護摩《げごま》または事護摩《じごま》といい、これに対して火壇に向かわずに、自身を壇場として仏の智火で内心の煩悩や業《ごう》を焚焼するのを内護摩《ないごま》、理

護摩《ごまり》と言う。護摩堂には本尊として不動明王または愛染《あいぜん》明王を安置する。

**ごみょう　五明**　五つの学芸。明とは学んで明らかにする意。詳しくは五明処(明処は(梵)ヴィドヤー・スターナ vidyā-sthāna の訳)という。インドで用いられた学問技芸の分類法。内《ない》の五明(仏教徒としての学芸)と、外《げ》の五明(世俗一般の学芸)とがある。内の五明とは、声明《しょうみょう》(言語・文学・文法を明らかにする学問)・因明《いんみょう》(正邪を考究して真偽を明らかにするインド論理学)・内明(仏教の真理、特に自宗の義を明らかにする学問)・医方明(医学・薬学など医術を明らかにする学問)・工巧明《くぎょうみょう》(諸種の工芸・技術・暦数に関する学問)の五をいう。外の五明とは通常、声明・医方明・工巧明・呪術明・符印明の五をいう。

**ごみょう　護命**　(天平勝宝元749—承和元834)奈良元興寺(法相宗)の学僧。姓は秦氏。美濃国各務郡の人。一〇歳で同国金光寺へ入り道興に師事、一五歳の時、元興寺の万耀・勝虞に唯識論を受け、のち唐招提寺法進に沙弥戒を受け、さらに吉野山に庵居した。延暦一〇年791勅によって宮中で講経し、天長四年827僧正となった。同七年勅により、法相宗義を顕わすため大乗法相研神章を作った。晩年、元興寺小塔院に住した。著書、大乗法苑義林章記三巻、法苑解節記二〇巻ほか多い。〔参考〕僧綱補任、日本高僧伝要文抄、東域伝灯目録、元亨釈書二、本朝高僧伝五

**こむ-そう　虚無僧**　禅宗の一派である普化宗の徒。虚妄僧、薦僧《こもそう》、菰僧《こもそう》、普化僧《ふけそう》、暮露《ぼろ》、梵論梵論《ぼろぼろ》、梵論字《ぼろんじ》、馬聖《うまひじり》などともいう。僧衣を着ず、袈裟および方便嚢を頸にかけ、藺笠《いがさ》をかぶり、尺八をふいて行乞し諸方をあるきまわるもの。普化禅師を祖とするから普化宗という。虚無は空の意といい、人名ともいい、また遊歴して至る所、薦《こも》の上に宿るから虚無に借写したものともいわれる。日本では鎌倉時代に既にあり、江戸時代には浪人たちが多くこれになり、武士の隠家《かくれが》、守護不入の宗門などと称して幕府から特別の待遇をうけた。

**こもう　虚妄**　真実でないこと。いつわり。

**こもう-ふんべつ　虚妄分別**　ものの真相を誤って、妄りに思惟し識別(分別)すること。

**こもり　籠**　日限をきめて社寺にこもって神仏に祈願すること。参籠《さんろう》、「おこもり」といい、参籠のための堂舎を籠堂《こもりどう》という。また忌中の間、一室にこもって読経する僧を籠僧《こもりそう》という。

**こや-でら　昆陽寺**　兵庫県伊丹市寺本。崑崙山と号し、高野山真言宗。行基が建てた四十九院の一。天平五年733の開創と伝える。行基はこの地に池を掘り田を墾いて惸独田《けいどくでん》とし、孤独者や病者を救った。天正年間1573—92兵火にあったが、のち復興された。〔参考〕昆陽寺鐘銘(摂河泉金石文)

**ごゆい　五唯**　五唯量、五微塵《みじん》ともいわれ、声・触・色・味・香の五のこと。数論派《すろんは》((梵)サーンキヤ Sāṃkhya学派)の説で、仏教の五境に当たる。われわれの感覚に上らない無差別な状態にある微細な元素で、地・水・火・風・空の五大をよく生じるとされる。唯《ゆい》とは、ただこれら五だけがよく体となりよく生じるという意味。

**ごゆいごう　御遺告**　一巻。空海の著。空海が入寂の七日前、承和二年835三月一五日門人に遺した二五条の制誡。内容は自分の没後は実慧を師とすること、東寺を教王護国寺と号すること、東寺に長者を立てること、末代の弟子らは三論・法相を兼学すべきこと、東寺の僧房は女人禁制のことなど。巻首に「遺告諸弟子応懃護東寺真言宗家後世内外事管合弐拾伍条状」とある。古くは秘書として東寺の宝庫に蔵し、長者だけが見ることをゆるされたが、のち小野に伝わり、ついで範俊僧正がこれを白河院に奉進し、一時鳥羽勝光明院の宝蔵に安置されたこともある。この空海筆の草本と伝えるものの他に古来、三本の異本がある。一は観賢浄写本、二は仁海浄写本、三は広沢方に伝える再治本である。(大)七七、弘法大師全集七〔原本〕高野山金剛峯寺蔵〔註釈〕頼瑜・釈疑鈔三巻、尚祚・勘注抄一巻、賢宝・鈔一巻

**ごゆう-ざい　互用罪**　仏・法・僧の三宝

それぞれに属するものを互いに濫用する罪。

**ごよう-げん　牛羊眼**　牛や羊の眼。見ることの劣っているのを譬える。

**ごよく　五欲**　①色・声・香・味・触の五境に執着して起こす五種の情欲、即ち色欲から触欲までのこと。また、これらの情欲の執着の対象となる五境自体をも、人の欲を引き起こすものであるから、五欲、五妙欲、五欲徳と呼ぶ。この場合の欲などは㊵カーマ・グナ kāma-guṇa の訳。②財欲・色欲・飲食欲・名欲(名誉欲)・睡眠欲の五種の欲望の総称。

**こり　垢離**　水垢離ともいい、神仏に祈願するために水を浴びて身心の垢を落とすこと。垢離を行うことを「垢離とる」とか「垢離かく」などという。神道における禊《みそぎ》の儀にあたる。

**ご-りき　五力**　①三十七道品《どうほん》の中の一類。信(信仰)力・勤(努力)力・念(憶念)力・定(禅定)力・慧(智慧)力の五。これらは悪を破るのに力があるから力という。内容は五無漏根と同じく、仏教の実践道を示しており、大体において実践上前者から後者へと漸進的な順序を辿る。②仏の説法は言説力・随宜力・方便力・法門力・大悲力の五力を具えているという(思益梵天所問経巻二)。③唯識宗の教えでは、定力・通力・借識力・大願力・法威徳力の大力は解釈し決定することができないとして、唯識不判の五力という(宗鏡録巻四八)。

**ごりゅう-そんりゅう-いん　五流尊滝院**　岡山県倉敷市林。修験道の総本山。もと尊滝院・大法院・建徳院・伝法院・報恩院の修験寺院五カ寺を中心としたことから五流と呼ばれた。また五流は中世以降、皇族の流れをひくことから皇孫五流、公卿五流ともいわれ、あるいは児島の地にあることから児島修験、児島山伏ともいう。五流修験は寺伝によると役小角の五人の高弟をそれぞれ開祖とするが、平安中期、紀州熊野本宮長床に本拠をおいた熊野修験に始まり、のちこれらが児島に移って開創したとされる。平安末期には一時衰退するが、鎌倉初期、承久の乱で当地に配流された頼仁親王の子孫により再建され、一山としての組織も整えられた。南北朝期以降はたびたびの戦乱で荒廃するが、明応元年1492天誉が一山を再建し、この頃になると経済基盤とした神領も失っていたことから、五流五カ院はそれぞれ中国・四国・九州に霞《かすみ》場を設けて配札などで財源をえた。近世は本山派修験の聖護院末となり、岡山藩の保護もあった。また聖護院門跡の大峯山入峰の先達などもつとめて活動した。明治五年1872修験道廃止令で聖護院を本山とする天台宗寺門派となるが、衰微して尊滝院のみ残った。第二次世界大戦後、尊滝院は独立して修験道の総本山となり、現在に至る。〔参考〕長床縁由興廃伝、尊滝院世系譜、社寺旧記、吉備前秘録中、備陽国志一七など

**ごりょう-え　御霊会**　怨霊《おんりょう》をなぐさめ疫神を鎮めるために行う祭。奈良時代以来、政争で失脚するなど非業の死をとげた人々の霊魂がたたるという考えから行われたもので、平安初期の貞観五年863、早良親王（崇道天皇）ら六人を六所御霊と称して祭った神泉苑の御霊会が文献上古い。上御霊・下御霊や北野・祇園などの祭はいずれも御霊信仰にもとづくもので、大治二年1127の祇園御霊会はとくに盛大であった。

**ご-りん　五輪**　すべての徳を具備している五つのものという意味。①密教で五智輪ともいう。地・水・火・風・空の五大を指し、衆生の肉身と五大とを対応させて、自分の身の中、頂(空𑖏)・面(風𑖮)・胸(火𑖨)・臍(水𑖪)・膝(地𑖀)の五カ処に五輪五字を配して観じる法を五輪観または五輪成身観〈⇩五字厳身観《ごじごんしんかん》〉という。これは肉体のままで仏身であることを体得させる法であり、金剛界法で行う五相成身観と胎蔵界法で行うこの五輪成身観とは相対の法である。②石や銅などで方・円・三角・半月・団の形を造り、これによって五輪を標示し、その表面に五字を刻み、次第に積み重ねて塔の形にしたものを五輪塔、または五輪率都婆《そとば》、五輪塔婆などという。五輪塔は法身大日如来の形を表示し、もとはその中に舎利を安置したが、後には一般に墓標としても建てられるようになった〈⇩五輪塔《ごりんとう》〉。

**ごりん-くじ-ひしゃく　五輪九字秘釈**

一巻。五輪九字明秘密釈、頓悟往生秘観ともいう。覚鑁《かくばん》の著(永治元1141―康治二1143)。大日如来の三昧耶曼荼羅である(kha ha ra va a)の五輪と阿弥陀如来の真言である(oṃ a mṛ ta te je ha ra hūṃ)の九字とが同体であり、大日如来と阿弥陀如来、密厳浄土と極楽浄土とが同一であると説いた書。択法権実同趣門、正入秘密真言門、所獲功徳無比門、所作自成密行門、纔修一行成多門、上品上生現証門、覚知魔事対治門、即身成仏真行門、所成機人差別門、発起問答決疑門の一〇門から成る。密教と浄土教との融合を説くものとして注目される。㊅七九、興教大師全集上〔写本〕高野山宝亀院蔵(天文七1538写)〔刊本〕高野山金剛三昧院蔵(江戸初期刊)

**ごりんとう　五輪塔**　密教に由来する塔婆の一形式。下方から方形の地輪、球形の水輪、三角形の火輪、半球形の風輪、団形の空輪から成り、地・水・火・風・空の五大を表わす。全く無地のものと、各輪に五輪特有の四門の梵字、すなわち東に発心門、南に修行門、西に菩提門、北に涅槃門の梵字を刻んだものが多くみられる。五大立輪の思想は中国に早くあったらしいが、具象化したのは日本で、中国・朝鮮での遺品は発見されていない。源流についてはインドの卒塔婆がラマ塔になり、それが中国化して線図で表わすようになったのを日本で立体化したという説や、大日如来の坐った形が五大思想を表わすことよりできたという説、宝塔形に五大思想を加えて形ができたという説がある。要するに仏教の五大思想の教えによる宇宙観を表わしたという考えから発展したものといわれる。日本では平安時代中期ごろから作られ、その初期のものは水輪の作りがおしつぶされた形をしている。また笠の軒反りが平均して反っているのが古式。石造五輪塔の最古は岩手県平泉の中尊寺釈尊院墓地の仁安四年1169銘のもの(重要文化財)で、密教系の塔として作られたが、一般に宗派をこえて後世に至るまで流行するようになった。本来大日如来を供養するために作られたが後に墓標となってくる。他に方柱状の上に五輪塔をつけた五輪卒都婆がある。五輪塔は原則として各部別石で作られるが、一石彫成のものがあり、一石五輪塔と呼ばれる。その初期のものに大分県臼杵市中尾の嘉応二年1170、承安二年1172銘の塔(共に重要文化財)が存在する。しかし室町時代に入ると近畿地方では高さ約六〇センチの小形のものが出現してくる。個人的な信仰色が強く、産地で量産されたようで、また逆修《ぎゃくしゅ》の目的だけのものや後になってそれが墓標になるものがある。この小型化した五輪塔は初期の一石五輪塔と性格が異なり、庶民層の生活を知る資料とされる。現在最古のものは、大阪府貝塚市半田墓地の応永六年1399銘の塔。なお舎利塔などとして木造・金属製・水晶製・泥造の五輪塔もある。

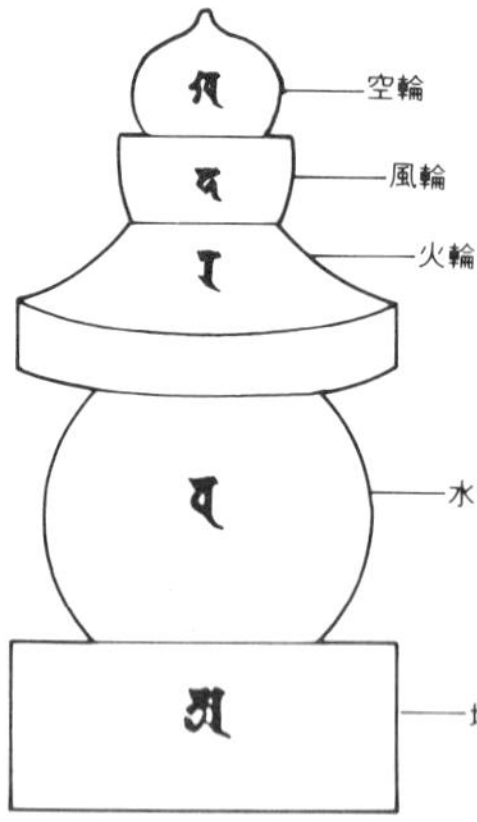

五輪塔

**ごるい　五類**　あらゆるもの(諸法)を五つに分類することで、五類門ともいう。(1)異熟生《いじゅくしょう》。過去の善悪の業因からその報いとして生じたもので異熟果のこと。(2)所長養《しょじょうよう》。飲食物などによって生長養育されたもの。(3)等流性《とうるしょう》。同じ性質の因から生じたもので、等流果のこと。(4)有実事《うじつじ》。堅実な体性を有するもののことで、無為法《むいほう》を意味する。(5)一刹那《いっせつな》。忽然として一刹那存在するもので、見道において初めて生じた無漏法(見道初無漏の法)をいう。

**コルディエ　Cordier, Henri**　(1849―1925)フランスの東洋学者。Bibliotheca Sinica(中国書誌1881―85)、Bibliotheca Japonica(日本書誌1912)、Bibliotheca Indosinica(インドシナ書誌1912)を編纂。また北京版チベット大蔵経の目録(Catalogue du fonds tibétain de la Bibliothèque Nationale 1909, 15)を作成した。オランダ

のスフレーヘルG. Schlegel(1804—1903)とともに東洋研究雑誌T'oung-Pao(通報)を創刊した。

**コールブルック**　**Colebrooke, Henry Thomas**　(1765—1837)　ジョーンズW. Jonesに次ぐイギリスのインド学の先駆者。東インド会社社長をしていた父にしたがってインドにおける諸事業に参加。法論・文法学・哲学・天文学に関するインド古典に広く通じ、ヴェーダをヨーロッパ学界に対し解明した最初の人といわれる。一生をかけて多量の古写本を蒐集し、現在イギリスのインド省図書館に蔵する。主要な著書として法典文献を訳出したDigest of Hindu law on contracts and succession(契約と相続に関するヒンドゥー法典の抜粋1797)、A Sanskrit grammar(梵語文法1805)、Essay on the Vedas, or sacred writings of the Hindus(ヴェーダ試論1805)などがある。

**これき-さくじき**　**去暦昨食**　去年の暦と昨日の食。日蓮宗で、天台宗の教えを評する語。同じく法華経によって宗を立ててはいるが、天台宗は像法の世を救うだけで、末法の今日を利益することができず役にたたないとする。

**ごろく**　**語録**　禅宗の祖師の宗教上の重要な語を集めたもの。一般に日常語で述べられている。語録の中、祖師の語を詳しく記録したのを広録、重要な事項のみを記録したのを語要という。また、一人の語を集めたのを別集、多数の人の語を集めたのを通集という。なお、禅宗以外でも祖師の語を集めて語録と称することがある。

**こわ**　**己和**　(高麗の辛禑二1375—李朝世宗一五1432)李氏朝鮮の僧。俗姓は劉氏。号は得通。居室は涵虚堂。旧名は守伊。旧号は無準。早くから儒学を学んだが、二一歳の時、友人の死を見て出家し、無学自超から法を得る。著書、円覚経疏、金剛経五家解説誼、顕正論、儒釈質疑論など多数。〔参考〕涵虚堂得通和尚行状

**こん**　**恨**　㊵ウパナーハ upanāha の訳。心所《しんじょ》(心のはたらき)の一。倶舎宗《くしゃしゅう》では、ある特定の汚れた心(不善心と有覆無記心)にのみ起こる心所(小煩悩地法)の一とし、唯識宗では随煩悩の一とする。先に忿怒したことに対して、いつまでも忘れずに怨《うら》みを結ばせる心の作用。忿のような猛烈な勢いはないが、余勢は強い。

**こん**　**根**　㊵インドリヤ indriya の訳。①力があって強い作用を有する(これを増上という)ものの意。眼根・耳根・鼻根・舌根・身根・意根・女根・男根・命根・楽根・苦根・喜根・憂根・捨根・信根・勤根・念根・定根・慧根・未知当知根・已知根・具知根を二十二根という。初めの眼・耳《に》・鼻・舌・身・意は六根と称される。その中で意根(心)を除く前の五根は感覚器官(五官)または感覚機能で、物質(色《しき》)で出来ているので五色根《ごしきこん》といわれ、また単に五根とも略称される。知覚のはたらきを有するという意味でサーンキヤ Sāṃkhya 学派(数論派《すろんは》)ではこれらを知根、五知根という。なお数論派では五知根に五作業根(手・足・口・大便処・小便処)と意根とを加えて十一根を立て、ヴェーダーンタ Vedānta (吠壇多《べいだんた》)学派では十四根を立てる。眼などの五根はまさしく感覚作用を司る勝義根《しょうぎこん》(神経に相当する内部器官で切開しても眼では見えない)と、これを扶助する扶塵根《ぶじんこん》(眼球・鼓膜などの外部器官で血肉で出来ている)とに分けられるが、有部《うぶ》では勝義根だけが五根であるとする〈⇩五根《ごこん》①〉。次に二十二根のうち、楽・苦・喜・憂・捨の五根は外界を感受した印象感覚で、眼などの五根と区別して五受根といわれる。信・勤・念・定・慧の五根はまた五力ともいわれ、煩悩《ぼんのう》を除き聖道にみちびく上ですぐれた作用があるから根とされる。同じく眼などの五根と区別して五無漏根《ごむろこん》といわれる〈⇩五根②〉。また未知当知根以下の三根は、その体《たい》はいずれも意・楽・喜・捨・五無漏根の九根であるが、未知当知根は見道で、已知根は修道《しゅどう》で、具知根は無学道でそれぞれおこるとされ、これらの三を三無漏根《さんむろこん》という〈⇩三無漏根〉。女根・男根・命根の中で、命根とは寿命のことである。女根・男根とは女・男にそれぞれの性的特徴を与える力をもったもの、特にその性器を指す。男より女へ、或いは女より男へ性を移すことを転根《てんこん》という。なお

勝義根と扶塵根、女根と男根とをそれぞれ二根という。②根機、根性の意で、教えを受ける者としての性質、資質を表わす。これに優劣があって、利根と鈍根との二根、上根・中根・下根、或いは利根・中根・鈍根の三根に分ける。修道の力により根を修練して鈍根・下根から利根・上根に赴くのを練根《れんこん》、転根《てんこん》というが、特に声聞(下根)から縁覚(中根)へ、或いはさらに菩薩(上根)へと転じる場合は多く転根の語を用いる。

**ごん　勤**　㊵ヴィーリヤ vīrya の訳。毘梨耶と音写し、精進《しょうじん》とも訳す。心所《しんじょ》(心のはたらき)の名。倶舎宗《くしゃしゅう》ではすべての善心に必ず起こる心所(大善地法)の一とし、唯識宗でも善の心所の一とする。善を守り育て、悪を断って生じないようにするために、心が勇悍《ゆうかん》なこと。努めて善事を行なない過失を犯さない勇猛心。懈怠《けだい》の反対。

**ごん　権〔実〕**　権は権謀、権宜の意で、一時的なかりそめのてだてとして設けたものをいい、実は真実不磨の意で、永久にかわることのない究極的なまことのものをいう。権は善権、権方便、善権方便、仮、権仮などともいい、実は真、真実ともいう。合わせて権実、真仮などといい、対照的には権教・実教、権智・実智、権人・実人などと対語として用いる。実教は自らのさとりをそのままうちあけた究極的な根本となる教えをいい、権教は他者を実教へ導くためのてだてとして設けられ、実教に到達すれば廃される教えをいう。実智は真実智、如実智とも称して、実のようにものごとを明らかに知る智をいい、権智は方便智とも称して、他を導くためにてだてとして起こす智をいう。実人は実在の人をさし、権人は権化の人ともいい、仏菩薩などが他を導くために仮に人や天のすがたをとったものをいう。①天台宗では法華経に説く円教を実教、それ以外の諸経の教説、即ち蔵・通・別の三教を権教として三権一実といい〈⇩五時八教《ごじはっきょう》〉、その関係を蓮華の三喩であらわして為実施権・開権顕実・廃権立実(施開廃)と示し、法華経においてはじめて権の権である理由が明らかにされ、真実があらわされるとする〈⇩開会《えかい》〉。権教と実教とは、仏のさとりそのものからいえば平等であるとして、これを権実同体といい、仏が衆生を教化するはたらきからいえば、権教と実教とは修行も覚るところも異なるとして、これを権実異体という。②法華文句巻三にはすべての存在のあり方を一切法皆権・一切法皆実・一切法亦権亦実・一切法非権非実の権実四句によって示し、法華玄義巻七の十不二門には権実不二門を立てて、人からいえば菩薩から地獄までの九界を権、仏界を実(九権一実)、教えからいえば三権一実として、しかもそれらの権実が融合しあって差別のないことを観じるとする。②法華文句巻八には一〇の相対するものについて権実を示して十双権実とする。十双とは事理から悉檀までの一〇で、⑴〔事理〕衆生に本来そなわっている根元的な真如無相平等の理(実)から心意識などの差別の諸現象である事(権)を生じ、⑵〔理教〕その事理を綜合したものとして言語にあらわされている理(実)によってその理をあらわす教え(権)を立て、⑶〔教行〕その教え(実)によって実践としての行(権)があり、⑷〔脱縛〕行によって迷いから逃れる脱(実)と迷いに縛られる縛(権)とがわかれ、⑸〔因果〕真理に随順する脱によってさとりに趣く因(権)とさとりの果(実)があり、⑹〔体用〕その果によってついに真如の本体(実)および真如のはたらきとしての衆生教化の用(権)があらわれ、⑺〔漸頓〕その教化のはたらきには逐次に衆生を導いてゆく漸(権)とたちどころにさとらせる頓(実)とがあり、⑻〔開合〕漸は頓から開き出された差別的な説き方の教えであるが(権)、ついには頓に合一する(実)ものであり、⑼〔通別〕この開合の差によって利益《りやく》に普通(権)と特別(実)とがあり、⑽〔悉檀〕このように利益に相違があるから、四悉檀《しったん》がわけられるのであって世間門である前の三を権、出世間門である後の一を実とする。この十双は、蔵・通・別・円の四教にそれぞれあるから四〇種の権実となり、またこれを要約して自行・化他・自他の三種権実とする。自行権実とは自らのさとりそのもの(自証)に権実があること、化他権実とは他を教化して導くてだての上に権実があることをいい、自他権実とは自証と化導との法を並用するのをいう。

**こんかい-こうみょう-じ　金戒光明寺**　京都市左京区黒谷町。浄土宗五大本山の一。紫雲山と号し、黒谷堂、新黒谷ともいう。承安五年1175三月源空(法然)が叡山西塔の黒谷を出て住した白河禅房のあとと伝え、その後、信空・湛空と相承されたというが詳かでない。四世恵尋が仏殿・御影堂を建立し、八世運空が後光厳院に円頓戒を授けた際、寺号に金戒の二字を加えたという。一〇世等熙の時、後小松天皇から浄土真宗最初門の勅額が下賜された。応仁元年1467以後、数度の火災で荒廃したが、その都度復興された。〔重文〕絹本著色山越阿弥陀図、同地獄極楽図、木造千手観音立像　〔参考〕紫雲山縁起、黒谷法要、雍州府志四

**ごんかく　厳覚**　(天喜四1056—保安二1121)真言宗の僧。世に勧修寺大僧都という。源基平の子。仁和寺覚意・園城寺行尊の弟。勧修寺信覚について密教をうけ、鳥羽僧正範俊について小野流をきわめた。勧修寺長吏、次いで山科の安祥寺に住して密講をひらき学徒に付法した。その弟子、増俊・寛信・宗慧らは各々一流を立てた。小野三流という。永久五年1117東寺二長者となる。著書、瑜祇三品鈔、伝授鈔など。〔参考〕東寺長者補任、山科安祥寺誌、本朝高僧伝五一

**ごんぎょう　勤行**　①努力して修行すること。勤行精進ともいう。②仏前での礼拝読経をいう。看経《かんきん》、諷経《ふうきょう・ふぎん》ともいい、近世では「お勤め」という。その際の儀式作法を勤式《ごんしき》という。勤式は宗派によって異なっている。真宗では正信偈・和讃などを読み、他の宗では般若心経や観音経(法華経普門品)が広く読誦されている。

**こんく　金口**　仏の口を尊んでいう語。仏陀が直接説いた教えを金口説《こんくせつ》、金口直説《こんくじきせつ》、金口説法《こんくせっぽう》などという。また仏の説を尊重と不壊の意味で金言ということもある。

**こんく　金鼓**　①インドでは金属で作った鼓。人を召集する時にうちならす。②日本では鉦鼓の別称。伏鉦《ふせがね》とも鐃《にょう》ともいう。③俗に鰐口《わにぐち》をいう。

**こんげ　今家**　自己の宗派の祖師。または自己の宗流。それ以前の人たち(旧師)が表わしていなかった教えの意味を開き表わしたものの意。今師、一家などともいう。

**ごんげん　権現**　仏や菩薩《ぼさつ》が衆生《しゅじょう》をすくう方法として、権《かり》に人の姿などであらわれること、またあらわれた者をいう。権化、権迹《ごんじゃく》、権者、応現、示現、化現《けげん》などともいい、尊んで大権ともいう。日本では、本地垂迹説《ほんじすいじゃくせつ》が行われてからは、神祇は仏や菩薩のかりの姿であるとして、その神に権現という称号を付した。⇩本地垂迹説

**こんこう　金光**　(久寿二1155—建保五1217)法然の弟子。筑後竹野郡石垣の人。もと石垣観音寺の別当で天台宗徒であったが、鎌倉下向の時、法然の弟子安楽房遵西にあって浄土教を聞き、法然の門下となった。のち奥州に遊化して教えを弘め、津軽郡行岳村に西光寺、栗原郡に往生寺を創建し、中山梵場寺を再興した。平生から修行精進し、毎月法事讃を修し、別時念仏七口を行じ、毎日六時礼讃を修したという。著書、末法念仏独妙鈔六巻など。〔参考〕金光禅師行状、奥州東日流正中山大権現略縁起、浄土伝灯総系譜上、御伝翼賛遺事

**こんごう　金剛**　㊵ヴァジュラ vajra の訳。伐闍羅、伐折羅、跋日羅などと音写し、訳して金剛という。金の中でも最も剛《かた》いものという意味。①武器としての金剛は金剛杵《こんごうしょ》のこと。帝釈天《たいしゃくてん》および密迹力士《みっしゃくりきし》の持っている武器で、何ものにも破壊されず、あらゆるものを破砕するから、経論の中では金剛堅固或いは金剛不壊《ふえ》などの熟語として堅牢の譬喩とされ、金剛身、金剛心、金剛堅固の信心などと用いる。また金剛杵を持っている力士を執金剛《しゅうこんごう》といい、略して金剛ともいう。②宝石としての金剛は、金剛石即ちダイアモンドのこと。無色透明で日光にあたって種々の色を示すから、はたらきの自在なのに喩えられる。金剛頂経疏巻一に、世界の金剛に、不可破壊と宝中の宝と戦具中の勝との三つの意味

があるというが、第一と第三は①の意で、第二が②の意味である。③金剛草履の略。藺または藁で作った丈夫な草履で、現在の草履よりも大型である〈⇩金剛草履《こんごうぞうり》〉。

**こんごう-いん　金剛院**　京都府舞鶴市鹿原。鹿原山と号し、真言宗東寺派。天長年間824—34真如法親王の草創と伝える古刹。古くは慈恩寺金剛院と称し、近くの阿良須神社の別当寺であったらしい。藤原期から鎌倉期の仏像を所蔵、また金剛院文書として南北朝から戦国期の寺領売券などを伝える。〔重文〕三重塔、絹本著色薬師十二神将像、木造阿弥陀如来坐像、同執金剛神立像、同深沙大将立像、同増長天・多聞天立像、同金剛力士像〔参考〕丹哥府志、阿良須神社文書

**こんごうおう-いん　金剛王院**　京都市伏見区醍醐一言寺裏町。真言宗醍醐派。大治年間1126—31聖賢の弟子源運が開創し、聖賢を開山とする。金剛王院流の本寺で、もと醍醐五門跡の一。衰亡してのち名だけ残ったが、明治になって付近の一言寺を現寺号に改めた。

**こんごうかい　金剛界〔胎蔵界〕**　密教では、宇宙のすべてが大日如来のあらわれであるとし、その智徳をあらわす面を金剛界、理性(本来存在している永遠のさとりの本質)をあらわす面を胎蔵界とする。即ち智慧が堅くてすべての煩悩をうちくだくのを金剛に喩えて、智、果、始覚、自証などの意をあらわすのが金剛界であり、理性がすべてのものに内在して大悲によってまもり育てられているのを、胎児が母胎内にあり、蓮華の種子が華の中に包まれているのに喩えて、理、因、本覚、化他などの意をあらわすのが胎蔵界である。金剛界を五智にあてて仏・金剛・宝・蓮華・羯磨《かつま》の五部にわけ、胎蔵界を他を教え導く三徳(大定・大悲・大智)にあてて仏・蓮華・金剛の三部にわける。また金剛頂経の説に基づいて金剛界を図示したのを金剛界曼荼羅《まんだら》、大日経の説に基づいて胎蔵界を図示したのを胎蔵界曼荼羅(胎蔵曼荼羅)という。この両界は真言両部、金胎両部ともいい、密教の根本的な二面であるが、これを対立させて考えるのを両部相対、一体のものとして見るのを両部不二とし、東密では両部が互いに他をあらわすとして別に不二の法をたてないが、台密では別に不二の法をたてて、これを蘇悉地法とする。⇩曼荼羅《まんだら》

**こんごうかい-くえ-みっき　金剛界九会密記**　一巻。元杲《げんごう》(911—95)の著。成立年不詳。蓮華部心軌などに照らして金剛界九会曼荼羅建立の次第を述べ、九会各々の要義について問答したもの。奥書に師伝口説によって記す旨を述べる。古来元杲の名著として姉妹篇の胎蔵界三部秘釈と共に密家の間に尊重される〈⇩胎蔵界三部秘釈《たいぞうかいさんぶひしゃく》〉。㊅七八〔写本〕高山寺蔵(建久五1194写)

**こんごうかい-まんだら　金剛界曼荼羅**　⇩曼荼羅《まんだら》

**こんごう-きょう　金剛経**　⇩金剛般若経《こんごうはんにゃきょう》

**こんごう-ぐん　金剛軍**　㊵ヴァジュラセーナ Vajrasena の訳。十地経の註釈を書いたと伝えられるインドの論師。華厳経伝記・華厳経探玄記・解深密経疏などにその名が見えるが、事跡は明らかでない。

**こんごう-ざ　金剛座**　金剛のように堅固でこわれない座で、金剛斉ともいい、仏が成道《じょうどう》の時に坐る座所をいう。

**こんごう-さった　金剛薩埵**　㊵ヴァジュラ・サットヴァ Vajra-sattva の音訳。執金剛・金剛手の一形態。密教の付法八祖の第二祖とされ、法身大日如来の自内証の説法を結集してこれを竜猛菩薩に授けたと伝えられている。しかしこの菩薩の性格には経軌によって諸説があり一定していない。曼荼羅では金剛界三十七尊の中の十六大菩薩の一。通例は、右手に五鈷杵《ごこしょ》を持ち、左手に五鈷鈴を持った菩薩形をとっている。〔参考〕真言付法伝

金剛薩埵菩薩
(御室版胎蔵曼荼羅)

**こんごう‐ざん　金剛山**　朝鮮半島の太白山脈中の名山で、北朝鮮江原道淮陽府長楊県の東にある。皆骨峰、楓岳などと称する。全山、花崗岩より成り、一万二千峰があるといわれ、内金剛、外金剛、海金剛、新金剛の四区に分かれる。古来、曇無竭菩薩の住する所として尊崇された霊山。山中に数十の寺院があり、内金剛の正陽寺・表訓寺・長安寺、外金剛の神渓寺、新金剛の楡枯寺(当山最初の伽藍と伝える三十一本山の一)などが有名。なお南麓には乾鳳寺(三十一本山の一)がある。〔参考〕東国通鑑一二

**こんごうさんまい‐いん　金剛三昧院**　和歌山県伊都郡高野町。高野山真言宗。金剛峯寺の子院。建暦元年1211北条政子が源頼朝追福のために創建。初め禅定院と号した。元仁元年1224多宝塔入仏供養の時、北条時房が政子の代参として法会に臨み、そののち北条氏のほか、多く源氏系の諸家の崇敬をうけた。〔国宝〕多宝塔　〔重文〕経蔵、木造五智如来坐像ほか

**こんごうさんまい‐きょう　金剛三昧経**　一巻。訳者不明。北涼代(397―439)の訳とされるが、清の誅震《ちゅうしん》は道安(312―85)の訳と推定している。仏の入定した三昧が、一切法を破して無所得とするそのすぐれた作用を譬喩によって金剛とした。八品から成り、一菩薩または長者と仏との問答体で、空思想に立脚して大乗教義の主要なものを網羅している。新羅の元暁《がんぎょう》に金剛三昧経論がある。(大)九

**こんごう‐さんみつ‐しょう　金剛三密鈔**　五巻。覚超(960―1034)の著。金剛頂略出経、大教王経、金剛頂蓮華部心儀軌を基礎として、金剛界大法供養私記の印真言に対し、諸種の儀軌に照校し印義句義の異説を挙げ、対受記により是非具略を検し、慈覚・南忠・慈恵・皇慶などの先徳の口決を述べ、その一々について自説を付して現行の帰趣を垂示している。胎蔵界三密鈔と共に事相の姉妹篇をなし、教相の胎金曼荼羅抄と合わせて覚超の代表作とされる。(大)七五

**こんこう‐じ　金光寺**　①京都市下京区六条通河原町西入本塩竈町。六条道場市中山と号し、時宗。市屋派の本寺。承平七年937空也が七条堀川北に道場を建てたのに始まるという。弘安九年1286住持の胤慧《いんえ》が一遍に帰依して作阿と改名して以来、時宗の道場となり、市屋道場と称した。天正一九年1591豊臣秀吉の命で現地に移った。〔重文〕紙本著色遊行上人絵巻　〔参考〕金光寺縁起　②京都市下京区七条通東洞院東入材木町にあった時宗の寺。黄台山と号した。俗に遊行寺、七条道場ともいう。正安三年1301(或いは建長三1251)の創建と伝え、遊行派の道場として栄えたが、明治四一年1908に長楽寺(現東山区)に合併された。〔参考〕雍州府志四

**こんごう‐じ　金剛寺**　①大阪府河内長野市天野町。天野山と号し、真言宗御室派。天野寺とも、また女人高野ともいわれる。聖武天皇の勅願により行基の創建と伝え、永万元年1165阿観が再興したという。承安元年1171後白河法皇によって重興。正平九年1354後村上天皇の行在所になり、世に天野行宮と称する。室町時代には守護や地方武士の尊崇をあつめ、豊臣・徳川両氏の保護を得た。〔国宝〕剣、延喜式神名帳(一巻)、延喜式(三巻)〔重文〕金堂、多宝塔、御影堂、鐘楼、楼門、食堂(天野殿)、絹本著色五秘密曼荼羅図、同虚空蔵菩薩像、同尊勝曼荼羅図、紙本金地著色日月山水図、木造大日如来坐像、同降三世明王坐像、同不動明王坐像、銅造観音菩薩立像、紙本墨書宝篋印陀羅尼経、同梵漢普賢行願讃、大般涅槃経、紺紙金泥法華経、紙本金泥宝篋印陀羅尼経ほか　②⇩坂田寺《さかたでら》

**こんごう‐しょ　金剛杵**　古代インドの武器。密教で煩悩を砕く菩提心の象徴として諸尊の持物や修法の道具に用いる。金・銀・銅・鉄・木などで作られ、尖端の形状によって独鈷・三鈷・五鈷などがあり、それぞれ一法界・三密三身・五智五仏などを表わすとする。独鈷杵・三鈷杵・五鈷杵・宝杵・塔杵を五種杵と称し、五種鈴と共に大壇の定位に置く。

**こんごう‐じょう　金剛杖**　修験者や巡礼者が持つ杖。金剛杵《こんごうしょ》に擬して白木を八角または四角に作り、身長と同じ長さにしたもの。これに似た修験者の用具に檜杖《ひづえ》・檜木《かせぎ》がある。前者は丸棒、後者は上部が丁字形になっている。

**こんごうじょうきょう　金剛乗教**　密教が他の教えよりすぐれていることをあらわすために、他の大乗・小乗などの教えに対して密教のことを特に金剛乗、金剛乗教、金剛一乗などといい、密教の行者を金剛仏子という。⇩乗《じょう》

**こんごうしょう-じ　金剛証寺**　三重県伊勢市朝熊町。臨済宗南禅寺派。同派の別格本山で勝峰山兜率院と号し、本尊は福威智満虚空蔵菩薩。欽明天皇のとき、僧暁台(教待とも)が開き、天長二年825空海が大和鳴川の善根寺で求聞持法を修した時に示現した赤精童子の教えによって入山、のち天照大神の告で求聞持法の道場として中興したと伝える。その後、求聞持法修行者・如法経修行者の集まる寺として、また伊勢神宮鬼門鎮護の寺として栄えたが、室町時代には衰退した。応永1394—1428の頃、鎌倉建長寺の東岳文昱がそれまでの真言宗を改め臨済宗として再興した。なお、金剛証寺のある朝熊《あさま》山(標高五五三・四メートル)は死者の霊の往く山として古くから信仰されている。現在、この霊山信仰と金剛証寺の仏教が結びついて「タケ詣り」の習俗があり、⑴十三詣りと称し、金剛証寺本尊の初会式の行われる一月一三日、⑵六月二七日・二八日の開山(東岳文昱)忌、⑶木製角柱卒塔婆を立てるためのシアゲ(埋葬の翌日)あるいは一周忌以内、⑷新仏が朝熊山の水を欲しがるという新盆、⑸春・秋彼岸、⑹命日などに登拝し供養を行っている。また山頂付近には平安時代末から室町時代に造営された経塚群があり国指定史跡となっている。文化財のうち、空海が天照大神の一六歳の姿を刻んだと伝える雨宝童子像は、平安時代の神仏習合を知るうえで重要な彫刻。〔国宝〕伊勢国朝熊山経ケ峰経塚出土品　〔重文〕本堂、木造雨宝童子立像、紙本著色九鬼嘉隆像ほか　〔参考〕朝熊岳儀範、朝熊山縁起

**こんごうしん　金剛心**　金剛のように堅くて何物にも破壊されない心。菩薩の大心が堅固不動なのに譬え、多くは金剛喩定を指す。浄土教では弥陀の本願を堅く信じる心をいう。

**こんごうしん-ろん　金剛針論**　一巻。北宋の法天の訳。漢訳では法称(ダルマキールティ Dharmakīrti)の作とするが、梵本ヴァジュラ・スーチー Vajrasūcī は馬鳴《めみょう》(アシュヴァゴーシャ Aśvaghoṣa)の作としている。梵本の伝承が妥当と思われるが、馬鳴の真作を否定する説もあり、今なお結論をみていない。ヴァジュラスーチカー・ウパニシャッド Vajrasūcikā Upaniṣad がバラモン教内部からバラモン至上主義を自己批判しているのをうけて、仏教の立場から種々の譬喩を設けてバラモン階級の優越性を否定し、四姓平等を宣揚する論書。高楠順次郎（1923）および中村元（1966）によって日本語訳されている。㊅三二

**こんごう-すい　金剛水**　密教で灌頂《かんじょう》を受けるとき、誓約を立てるために受者が飲む水のこと。金剛誓水ともいう。

**こんごう-せん　金剛線**　密教で灌頂《かんじょう》を受ける者に授与する修多羅(糸、線)、および修法壇の金剛橛《こんごうけつ》(壇上の四隅に立てる柱)に張る索《ひも》のこと。これは五色の線を合わせて作られる。両者を併せて広い意味で、金剛線と呼ぶこともあるが、区別して言うと前者を金剛線、護身線、神線、後者を壇線と呼ぶ。

**こんごうせん-じ　金剛山寺**　奈良県大和郡山市矢田町。矢田山と号し、高野山真言宗。俗に矢田寺、矢田地蔵という。天武天皇の勅願で、智通の建立という。奈良末期に弘耀が入寺、のち満米が中興した。はじめ本尊は十一面観音であったが、平安以降は地蔵菩薩となり、以来地蔵の霊験をもって栄えた。明治までは八宗兼学の寺であった。〔重文〕木造地蔵菩薩立像、同阿弥陀如来坐像、同十一面観音立像、同閻魔王倚像、同司録坐像、絹本著色矢田地蔵縁起二幅ほか

**こんごう-ぞうり　金剛草履**　草履の一種。金剛、こんご、金蔵《ごんず》草鞋《わらじ》などともいい、藁金剛、藺《い》金剛、菅金剛、板金剛などの種類があり、現在の草履よりも大型である。伝説では、安然《あんねん》和尚が貧乏で草履つくりをしたときに、草履を金剛の正体であるといったことから名づけられたとするが、丈夫であることから金剛不壊《こんごうふえ》の意でいわれたものであろう。法然上人行状

絵図巻三四には上人は一生、馬や車、輿に乗らず金剛草履で歩いたとある。

**こんごうち　金剛智**　(671?—唐の開元二九741、一説に同二〇)密教付法の第五祖(中国における初祖とする)。(梵)ヴァジュラボーディ Vajrabodhi の訳。跋日羅菩提と音写する。唐の代宗から大弘教三蔵と諡された。インド中部(或いはインド南部)の人。那爛陀寺《ならんだじ》で出家し、各地をめぐって大乗・小乗・律などを学び、インド南部で竜智(竜樹の弟子)から密教を受けたと伝えられる。師子国(セイロン島)から波斯国(ペルシアの古国)の船で広州に来て、開元八年洛陽に入り、その後、長安と洛陽との間を往来し、開元一一年以降、金剛頂瑜伽中略出念誦経など密教経典八部一一巻を訳した。弟子には、不空・一行・慧超・義福・円照・恵恒・呂向らがある。〔参考〕宋高僧伝一、開元録九、貞元録一四、秘密曼荼羅教付法伝一

金剛智(三国祖師影)

**こんごう-ちょう-きょう　金剛頂経**　三巻。詳しくは金剛頂一切如来真実摂大乗現証大教王経という。金剛頂大教王経、三巻教王経などとも略称する。唐の不空の訳(大宝二743)。大日経とともに真言密教の二大根本経典の一つ。台密ではこれに蘇悉地経を加えて三大経典とする。ふつう金剛頂経といえば前記の不空訳を指すのが通例であるが、不空訳の金剛頂瑜伽十八会指帰(十八会指帰《じゅうはちえしき・じゅうはってしき》)によれば、金剛頂経には十八会十万頌より成る広本が存在したとされ、これが真言密教の伝統説となっている。不空訳の金剛頂経はこの十八会のうちの初会(真実摂経(梵)タットヴァ・サングラハ Tattva-saṃgraha」ともいう)の第一品を訳したものである。のちに北宋の施護によって初会四千頌の完全訳である一切如来真実摂大乗現証三昧大教王経三〇巻が訳出された(大中祥符八1015)。他に不空訳とほぼ同じ内容ながら別の系統に属するものとして唐の金剛智の訳の金剛頂瑜伽中略出念誦経四巻がある。この初会金剛頂経の梵本タットヴァ・サングラハはレヴィ S. Lévi, トゥッチ G. Tucci, スネルグローヴ Snellgroveらによって回収され、堀内寛仁(1974, 83)、山田一止(1981)によって校訂出版されている。チベット訳もあり、梵蔵漢対照の索引が前田崇によって作成された(1985)。初会金剛頂経のほか、第六会にあたる北宋の法賢の訳の最上根本大楽金剛不空三昧大教王経三巻(㊅八)、第一五会にあたるとされる施護の訳の一切如来金剛三業最上秘密大教王経七巻があり、後者には梵本グフヤサマージャ・タントラ Guhyasamāja-tantra(秘密集会タントラ)およびチベット訳も現存する。ただしグフヤサマージャ・タントラは、内容に若干の共通する要素があるものの、全体としては金剛頂経第一五会に相当するとは認め難い。その他若干の付属儀軌もあり、広義にはこれらの経典・儀軌全般を総称して金剛頂経とよぶこともある。内容は、大日如来が一切義成就菩薩(すなわち釈迦如来)の問いに答える形で進められ、仏身を成就する実践法としての五相成身観、金剛界三十七尊の三昧耶と真言、金剛界大曼荼羅建立の儀則、弟子を曼荼羅に引入する方法、四曼荼羅の解明などが説かれる。初会金剛頂経梵本の成立は七世紀末頃とみられ、八世紀には南インドを中心として研究が進展し、ブッダグフヤ Buddhaguhya, シャーキャミトラ Śākyamitra, アーナンダガルバ Ānandagarbha による註釈書が書かれた。これらの註釈書の梵本は現存しないが、チベット訳が残っている。インドから中国へは金剛智および不空によってもたらされたが、善無畏もインドで金剛頂経を学んでいる。日本へは空海をはじめ円仁・円珍らによって将来され、円仁の金剛頂大教王経疏七巻(㊅六一、仏全四二)などの註釈が作られた。空海らが将来したのは不空訳の金剛頂経であったが、のちに入

宋僧成尋(1011—81)によって施護訳の三〇巻本がもたらされ、東寺の杲宝(1306—62)らによって研究された。㊅一八、国一密教部一

**こんごう-ちょう-じ**　**金剛頂寺**　高知県室戸市元。竜頭山光明院と号し、真言宗豊山派。室戸岬の最御崎寺を東寺というのに対し、当寺は俗に西寺という。四国八十八カ所第二六番札所。大同元年806空海が草創した最初の寺と伝える。平安中期にはすでに空海自刻の薬師如来を本尊としている。文明一一年1479、明治三二年1899など度々の火災にあったが、寺宝は多く残る。〔重文〕木造阿弥陀如来坐像、板彫真言八祖像、銅造観音菩薩立像、銅鐘ほか

**こんごう-ちょう-むじょう-しょうしゅう-でんとう-こうろく**　**金剛頂無上正宗伝灯広録**　二六巻。略名は伝灯広録。祐宝の撰(元禄・宝永1688—1711頃)。真言宗の高僧列伝。正篇八巻には円城寺本覚大師益信から仁和寺二三世寛隆太王に至る広沢方一八〇人余、続篇一三巻には醍醐開山の聖宝から醍醐寺座主三宝院一八世義賢に至る小野方三一〇人余、後篇五巻には安祥寺・勧修寺・随心院の三流に属する六〇人余、総計五六〇人余の伝記を載せている。〔刊本〕大正四1915刊

**こんごう-ちょう-ゆが-ごま-ぎき**　**金剛頂瑜伽護摩儀軌**　一巻。唐の不空の訳(八世紀中期)。十万頌といわれる金剛頂経の中から護摩法を別出したもの。㊅一八

**こんごう-ちょう-ゆが-りゃくじゅつ-さんじゅうしちそん-しんよう**　**金剛頂瑜伽略述三十七尊心要**　一巻。不空の述(八世紀中期)。大日如来と釈迦牟尼仏とが一体であること、金剛界の三十七尊(五仏・四波羅蜜・十六大菩薩・十二供養)の出生、その三昧などを説く。不空が真言密教の大旨を説き、門人が筆記したもの。㊅一八、国一密教部三

**こんごう-ちょう-りゃくしゅつ-ねんじゅ-きょう**　**金剛頂略出念誦経**　六巻または四巻。詳しくは金剛頂瑜伽《ゆが》中略出念誦経、略して略出経ともいう。唐の金剛智の訳(開元一一723)。十万頌といわれる金剛頂経大本より瑜伽を説く要処を抄出したもの。造壇の作法、道場に入る作法、瑜伽行法(自ら金剛界如来となるを観じ、如来の行為を行い、五段階の成仏への道を進む観念を修し、観念上の成仏を確認するための印を結び灌頂をする)、護摩法などを説く。㊅一八、国一密教部一〔註釈〕不空・金剛頂経大瑜伽秘密心地法門義訣一巻(㊅三九)

**こんごう-ちょう-れんげぶ-しんねんじゅ-ぎき**　**金剛頂蓮華部心念誦儀軌**　一巻。蓮華部儀軌と略称する。唐の不空の訳(八世紀中期)。異訳に不空訳の金剛頂一切如来真実摂大乗現証大教王経二巻(二巻金剛頂経と通称)があり、部分訳に唐の金剛智の訳の金剛頂経瑜伽修習毘盧遮那三摩地法一巻がある。金剛界を仏・金剛・宝・蓮華・羯磨の五部に分ける中で、蓮華部について、観想の作法および諸尊を念誦供養する作法を解説する。㊅一八〔註釈〕真興・私記一巻(日蔵一七)

**こんごう-つい-ろん**　**金剛槌論**　一巻。鳳潭の著(享保一九1734刊)。日蓮宗の日達が顕揚正理論を著わして真宗の所説を評駁した際に、鳳潭の明導剳をも批判したので、これを反批判した書。これに対し日達はさらに決勝明眼論四巻を著わして反駁した。

**こんごう-どうじ**　**金剛童子**　(梵)ヴァジュラ・クマーラ Vajra-kumāra の訳。縛日羅倶摩羅と音写する。胎蔵界曼荼羅金剛手院の中の一尊。金剛杵《こんごうしょ》の威力を神格化したものといわれる。金剛智の訳の倶摩羅儀軌では、無量寿仏の教令輪身とし、二臂像で身色から黄童子といい、主に台密で用いる(例、園城寺蔵)。不空の訳の聖迦柅忿怒金剛童子菩薩成就儀軌経は、金剛薩埵の化身とし、六臂像で身色から青童子といい、主に東密で用いる(例、醍醐寺蔵、弘安三年1280信海筆)。この尊を本尊として息災その

金剛童子（別尊雑記）

他の利益を得るために修する法を金剛童子法という。

**こんごう-ならえん-しん　金剛那羅延身**　那羅延は(梵)ナーラーヤナ Nārāyaṇa の音写。仏・菩薩の勝れた身のこと。その本質においては金剛のように堅固で、損われることなく、そのはたらきにおいては那羅延天のように強く勝れていることを表わす。

**こんごう-ばん　金剛盤**　金剛鈴(修法の際に用いる振鈴)、および五鈷杵《ごこしょ》を載せる盤で金属製、三脚のもの。その形は四葉蓮華に擬するといい、浄菩提心《じょうぼだいしん》の形を示すともいう。

**こんごう-はんにゃ-きょう　金剛般若経**　一巻。後秦の鳩摩羅什の訳(弘始四402)。詳しくは金剛般若波羅蜜経といい、金剛経とも略称する。般若経典の一つで、般若心経についで広く流布している。一般に用いられるのは羅什訳であるが、異訳として(1)北魏の菩提流支《ぼだいるし》の訳(永平二509)、(2)陳の真諦の訳(天嘉三562)、(3)隋の笈多《ぎゅうた》の訳の金剛能断般若波羅蜜経(開皇一〇590)、(4)唐の義浄の訳の能断金剛般若波羅蜜多経(武周の長安三703)、(5)唐の玄奘の訳の能断金剛般若波羅蜜経一巻(貞観二二648)、(6)玄奘の訳の大般若波羅蜜多経第九会能断金剛分(顕慶五660—竜朔三663頃)がある。梵語原本はヴァジュラッチェーディカー・プラジュニャーパーラミター Vajracchedikā Prajñāpāramitā といい、チャクラヴァルティ N.P.Chakravarti (1956)、コンゼ E. Conze (1957) などによる四種の刊本がある。チベット訳もあるほか、コータン語・ソグド語などにも訳されている。仏陀と須菩提《しゅぼだい》(スブーティ Subhūti)の対話形式で般若思想の要点を簡潔に説くもので、空の思想を基本としている。インドでも重視されたらしく、天親(世親。ヴァスバンドゥ Vasubandhu)の作と伝える釈論が漢訳されている〈⇩金剛般若波羅蜜経論《こんごうはんにゃはらみつきょうろん》〉。インドの註釈としてはこの他に功徳施の造の金剛般若波羅蜜経破取著不壊仮名論二巻が唐の地婆訶羅《じばから》等の訳で現存する(大二五)ほか、カマラシーラ Kamalaśīla (蓮華戒)による註釈がチベット訳に現存する。中国・日本では数百種にもおよぶ註釈書が作られており、この経がきわめて重視されていたことをうかがわせる。中でも禅宗では五祖弘忍以来、この経を非常に高く評価している。中村元・紀野一義による和訳がある。(大)八、(6)(大)七、(5)は縮・月九)

〔註釈〕智顗・疏一巻、吉蔵・疏四巻、智儼・略疏二巻(以上(大)三三)、窺基・会釈三巻(大四〇)

**こんごう-はんにゃ-はらみつ-きょう-ろん　金剛般若波羅蜜経論**　三巻。天親(ヴァスバンドゥ Vasubandhu 世親)の造と伝える。北魏の菩提流支《ぼだいるし》の訳(永平二509)。異訳に唐の義浄の訳(景雲二711)の能断金剛般若波羅蜜多経論釈三巻がある。七七偈の詩句とその釈論とから成る。偈頌の部分は無著(アサンガ Asaṅga)が弥勒《みろく》(マイトレーヤ Maitreya)より授けられ、これを世親に伝えたものとされており、この部分のみを漢訳した義浄訳の金剛般若波羅蜜多経論頌一巻は無著の造となっている。この偈頌には梵本およびチベット訳もあり、トゥッチ G. Tucci が梵漢蔵三本を対照し、英訳を付して刊行した(1956)。世親の釈論に対する註釈として、金剛仙の釈とされる金剛仙論一〇巻が菩提流支の訳で現存する。なお世親による金剛般若経の註釈として、別に般若七門義釈という書があったといわれるが、その梵本は伝わらない。ただし漢訳に無著の造とされる金剛般若論二巻(隋の達磨笈多の訳。別本に達磨笈多の訳の金剛般若波羅蜜経論三巻がある)があり、これに対応するチベット訳が世親の造となっていることなどから、これが般若七門義釈に相当するものとみられている。(大)二五

**こんごうふく-じ　金剛福寺**　高知県土佐清水市足摺岬。蹉跎山補陀落院と号し、真言宗豊山派。四国八十八カ所第三八番札所。弘仁一四年823嵯峨天皇の勅命により空海の草創と伝える。平安時代は摂関家藤原氏一門の、鎌倉初期以降は一条家の外護を受けた。鎌倉中期南仏が中興、享禄年間1528—32京都仁和寺の尊海が住持となった。三〇〇〇石を有していたといわれる寺領も、天正年間1573—92には半減し、江戸時代になると一〇〇石となって寺運は傾いた。し

かし、寛永年間1624―44、土佐藩二代藩主山内忠義により修復再興された。なお当地は古くから補陀落渡海の霊地〈⇩補陀落信仰《ふだらくしんこう》〉、或いは修験霊場としても知られた。

**こんごうぶじ　金剛峯寺**　和歌山県伊都郡高野町。高野山真言宗の総本山。明治二年1869、それまで学侶方・行人方・聖方の三派に分れていた高野山一山の中心寺院として学侶方の寺務をつとめていた青巌《せいがん》寺と、行人方の興山《こうざん》寺が合体されて総本山寺院として成立した。なお、金剛峯寺の名は、その初見とされる天長九年832八月二二日付万灯会願文以降、空海の開山した高野山一山の総称として用いられてきた。⇩高野山《こうやさん》

**こんごうべい　金剛錍**　①一巻。唐の湛然(711―82)の著。成立年不詳。詳しくは金剛錍論、略して金錍論《こんぺいろん》とも称す。医者が盲目の治療に用いる器具（金錍）の名から転用して、華厳の澄観らを啓蒙するという意味の題名で、天台の立場より仏性論をのべる。この書は智顗《ちぎ》の説をうけながら一展開をなし、大乗起信論を引用して天台教学の内容を豊かにしたこと、更に非情仏性を述べたことなど後世の趙宋天台に大きな影響を与えた。(大)四六、国一諸宗部一四〔註釈〕明曠・私記二巻、仁岳・科一巻、智円・顕性録四巻、義月・善解三巻(中巻のみ存)、可観・義一巻、証真・私記二巻　②⇩横超直道金剛錍《おうちょうじきどうこんごうべい》

**こんごう-ほうかい-しょう　金剛宝戒章**　三巻。法然(1133―1212)の著という。成立年不詳。浄土宗の戒について説いたものので、訓授章、釈義章、秘決章から成る。聖道門的色彩が濃いので、宗内でも真偽が疑われている。続浄全一五、昭和新修法然上人全集〔刊本〕寛永一一1634刊　〔参考〕漢語灯録跋文、決疑鈔直牒、蓮門経籍録

**こんごうほう-じ　金剛宝寺**　⇩紀三井寺《きみいでら》

**こんごう-みょう　金剛名**　密教で灌頂《かんじょう》を受けたときに授けられる名をいう。また金剛名号、金剛号、密号、灌頂名ともいう。例えば、空海は遍照金剛といい、円仁は大勇金剛という。

**こんこうみょう-きょう　金光明経**　梵名をスヴァルナプラバーサ・ウッタマ・ラージャ・スートラ Suvarṇaprabhāsottama-rāja-sūtra という。大乗経典。漢訳には⑴北涼の曇無讖《どんむしん》の訳四巻（五世紀初め）、⑵陳の真諦の訳七巻(現存しない)、⑶後周の闍那崛多《じゃなくった》の訳五巻、⑷隋の宝貴(道安の高弟)の合部金光明経八巻(開皇一七597)、⑸唐の義浄の訳の金光明最勝王経一〇巻(最勝王経と略す。武周の長安三703)の五本がある。後世主として用いられたのは⑸である。梵文原典は泉芳璟によってはじめて刊行され(昭和六1931)、のちノーベルJ. Nobelによっても刊行されている(1937)。梵本の成立は四世紀頃と推定される。梵本は⑴に最も近く、⑴⑵⑶を合糅して⑷となり、⑸に至って最も充実した内容になったと思われる。チベット訳には⑸からの重訳と、梵本からの訳がある。また、ウイグル語・モンゴル語・満州語などにも訳され、東アジアに広く分布している。内容は仏の法身が不滅であること、三身の別、菩薩十地の修行、金光明懺悔法の功徳などを説き、国王が正法を行えば四天王が守護すると強調しており、密教的色彩も認められる。その鎮護国家的性格により法華経・仁王般若経と共に鎮護国家の三部経の一つとして重視された。この経によって、西域では四天王崇拝、中国では金光明懺法が流行し、日本では国分寺(金光明四天王護国之寺)・四天王寺が建立され、最勝会などが行われた。経中に説かれている流水長者の説は後世、放生会の行事を生み、捨身飼虎の話は法隆寺玉虫厨子に描かれて有名である。(大)一六〔梵本〕泉芳璟・昭和六刊、同・梵漢対照新訳金光明経〔註釈〕智顗・玄義二巻、同・文句六巻、知礼・玄義拾遺記六巻、同・文句記六巻、遵式・金光明懺法補助儀一巻、知礼・最勝懺儀一巻

**こんこうみょうきょう-げんぎ　金光明経玄義**　二巻。光明玄ともいう。隋の智顗《ちぎ》(538―97)の述、灌頂の録。成立年不詳。金光明曇無讖《どんむしん》訳の金光明経の註釈書。金光明経の中心思想を智顗の特異な解釈法である五重玄義の様式を用いて概説し、そのうち、釈名の中では教義・観行の二章に分け、教義釈では三徳・三宝・三涅槃など十種三法を

順に説き、観行釈ではこれを逆説して天台の円融原理を力説している。唐末・五代の頃には広略の二本があり、広本には釈名中の観行釈があり、略本にはなく、この観行釈の有無はその真偽問題にまで発展し、趙宋天台の山家山外《さんげ・さんがい》両派の論争(四明十義書)の発端となった。この論争から十数年の ちの北宋の乾興元年1022、山外派の智円が光明玄表微記を著わし、広本の観心釈をなお偽撰としたので、翌年知礼は光明玄拾遺記六巻を著わして論破した。晤恩が金光明玄義発揮記で広本を偽撰としてから四〇年におよんだ問題であった。㊅三九

**こんこうみょうーきょうーもんぐ　金光明経文句**　六巻。光明文句ともいう。隋の智顗《ちぎ》(538—97)の説、灌頂の録。成立年不詳。曇無讖訳の金光明経を文を追って解釈したもの。智顗の特異な解釈法である四種釈を用い、江北江南の旧師、地論師、真諦三蔵の説を論破して三諦実相論を巧みに説いている。天台五小部の一。㊅三九〔註釈〕知礼・記一二巻、従義・新記七巻など

**こんごうーやしゃーみょうおう　金剛夜叉明王**　金剛夜叉は㊵ヴァジュラ・ヤクシャ vajra-yakṣa の訳。一切の悪・悪心・悪有情などを呑食して滅するというので金剛焔口《えんく》ともいう。五大明王の一で、不空成就如来の教令輪身とされる。烏枢沙摩《うすさま》明王と同体とすることもあるが、実は異体であってこの明王は心の不浄を食し烏枢沙摩は物の不浄を食するともいう。図像は三面六臂の青黒色忿怒像である。この明王を中尊とする曼荼羅《まんだら》を金剛夜叉曼荼羅という。〔参考〕瑜伽瑜祇経、補陀落海会軌

金剛夜叉明王（別尊雑記）

**こんごうーゆがーき　金剛瑜伽記**　一巻。円珍の著。著者が唐の大中九年855長安の青竜寺で法全に随い、金剛界灌頂壇に入り、大瑜伽根本大教王最上乗教・両部諸尊瑜伽・蘇悉地《そしつち》羯羅大法などを受け、両部阿闍梨位灌頂を伝法した期間における法全の講義を筆記したもの。主として金剛頂一切如来真実摂大乗現証大教王経の講録。この金剛頂経の成身会・羯磨《かっま》会・微細会・供養会の四段に分かれ、各会ごとに印契・観想・胎金瑜伽の比較を説き、五部・五相成身観などに関し偈頌の体裁で記し、付録として三六印・雑私記を加え、円珍帰朝の後、華山遍照・性海などに本書の伝授を行ったことを記す。日蔵四一、仏全二七、智証大師全集三

**こんごうーゆーじょう　金剛喩定**　金剛に喩えられる定《じょう》の意。また金剛三昧、金剛心、頂三昧ともいう。能くすべての煩悩《ぼんのう》を打ち砕くことを喩えて金剛という。小乗の修道者である声聞《しょうもん》や大乗の修道者である菩薩《ぼさつ》が、修行がまさに完成しようとして最後の煩悩を断つときに起こす定の名。故に、この定を起こして煩悩を断ちおわれば、声聞ならば最高のさとりである阿羅漢果《あらかんか》を得、菩薩ならば仏果を得る。一般に煩悩を断つ位を無間道《むけんどう》といい、それによって真理を証る位を解脱道《げだつどう》というから、金剛喩定を起こすのは無間道にあたり、それによって得られた阿羅漢果や仏果は解脱道にあたる。それ故に金剛喩定を起こす無間道を金剛無間道という。

**こんごうりんーじ　金剛輪寺**　滋賀県愛知郡秦荘町松尾寺。松峰山と号し、天台宗。俗に松尾寺という。聖武天皇の勅願により行基が開創したと伝え、嘉祥年間848—51円仁が中興して天台宗の道場とした。中世には、近江の豪族佐々木氏の尊崇をうけて栄えたが、元亀の兵火にあって堂舎の大半を失った。寛永年間1624—44に江戸幕府から朱印地を賜り、同一〇年良恕法親王が寺内に静仙院を建てた。〔国宝〕本堂〔重文〕木造阿弥陀如来坐像、同十一面観音立像、同不動明王・毘沙門天立像、同四天王立像、同慈恵大師坐像、銅磬ほか〔参考〕近江輿地志略七一

**こんこーどくご　今古独語**　一巻、もと二巻(上巻は九九首の歌を記録するが全欠)。顕誓の著(永禄一〇1567)。加賀山田光教寺

顕誓の本願寺教団の見聞記。祖父蓮如の教誡や、実如の遺言、加越における本願寺対武家および他門との紛争の事実を記し、永禄四年の宗祖三〇〇回忌の法要、翌年の報恩講、同九年証如一三回忌の法要の模様などを詳述する。寛政二年1790の刊本には、巻末に顕如上人御往生記、洛東八宗法事記(祐俊撰)及び今古独語人物考を付載する。国東叢一(随筆)、続真系一五、真宗史料集成二(写本)竜谷大学蔵(天正一四1586)

**ごんご-ろく　厳護録**　六巻。浄土真宗本願寺派学林に関する規則、本山の達書などを記した書。第六巻には宗名論争、そのほか重要な記事がある。〔写本〕竜谷大学蔵

**こんじきおう-きょう　金色王経**　一巻。東魏の瞿曇般若流支《くどんはんにゃるし》の訳(興和四542)。チベット訳も現存する。仏陀の前生である金色王が、飢饉に際して所蔵の五穀をすべて飢えた人民に与え、最後に残った一食分の食物をも辟支仏《びゃくしぶつ》に供養すると、その翌日から衣食住の資具が国土に満ち始めたという物語により、布施の功徳を説く。梵文ディヴヤ・アヴァダーナ Divyāvadāna の第二〇話はこれに相当し、漢訳の菩薩本行経中の第二経もほぼこれに当たる。㊅三

**こんじ-こく　金地国**　㊵スヴァルナブーミ Suvarṇabhūmi ㊴スヴァンナブーミ Suvaṇṇabhūmi の訳。ビルマの一地方の古名。阿育王の伝道師の中の須那迦(ソーナカ Sonaka)と鬱多羅(ウッタラ Uttara)とがこの地に派遣された。現在のタトン Thaton 或いはペグー Pegu であると考えられ、またビルマではなくてインド・ガンジス河支流ソン Son 河に沿うヒラニヤヴァーハ Hiraṇyavāha にあたるともいわれる。〔参考〕善見律毘婆沙二、Dīpavaṃsa, Mahāvaṃsa

**ごんしゃ　権社〔実社〕**　仏や菩薩《ぼさつ》がかりに神とあらわれたのを祀った社を権社といい、実の凡夫、即ち生霊《いきりょう》・死霊《しりょう》・動物霊などを祀った社を実社という。存覚の諸神本懐集巻本には、仏教徒は権社の霊神を敬い、実社の神をしりぞけよとある。

**こんじゃく-ものがたり-しゅう　今昔物語集**　今昔物語ともいう。三一巻(但し現存本は八、一八、二一の三巻欠)。源隆国の編と伝えるが、不詳。成立は一二世紀前半と推定。(1)天竺(インド)、(2)震旦(中国)、(3)本朝(日本)の三部から成る。(1)は仏伝、その後の仏教説話を中心とし、(2)は仏教の中国への伝来、中国における流布の説話を中心とし、(3)は聖徳太子以下の高僧篤信者の説話を中心にし、終りに世俗説話を添え、合計一千余話を収める。日本霊異記、三宝絵詞の系統を受けて、宇治拾遺物語、古今著聞集などの多くの説話集を生む機縁となり、日本最大の説話集で、インドのジャータカ、パンチャタントラなどの影響も深い。文学のみならず、歴史・民俗・社会史の史料としても重要である。

**こんじょう-いん　根生院**　東京都豊島区高田。真言宗豊山派。寛永一三年1636栄誉が春日局から神田白壁町の邸宅を与えられたのに始まる。正保二年1645に長者町徒行屋敷の地に寺基を移した。貞享四年1687知足院の代補として関東新義真言宗触頭となり、同宗江戸四カ役寺の一になる。元禄元年1688栄専のとき、本郷湯島切通知足院の旧地に移り、明治維新の際、廃寺となったが、明治二二年1889下谷池之端七軒町に再興。同三六年現地に移る。

**こんしょう-じ　金鐘寺**　奈良市東大寺境内。東大寺大仏鋳造以前にあった寺。「こんじゅじ」ともいい、東大寺内では「きんしょうじ」と呼んでいる。現在の法華堂に当たり俗に三月堂ともいう。天平五年733良弁《ろうべん》の開創。はじめ金鷲行者(良弁)が蹲に縄をかけて修行した執金剛神を安置し、また不空羂索観音を本尊としたので羂索堂《けんじゃくどう》といった。天平一二年審祥《しんじょう》が日本で最初に華厳経を講じ、同一五年衆僧が金光明最勝王経を転読したので大養徳国金光明寺とも呼ばれた。一説には大和の金光明寺(国分寺)でもあったという。同一八年三月良弁は聖武天皇や光明皇后のために法華会を行い、これが恒例となったので法華堂といわれ、さらに近代になって、三月堂とも呼ばれるようになった。現存の堂の後部の寄棟造は天平時代の建築であり、前部の入母屋造の礼堂(国宝)は正治元年1199のもの

である。〈⇩東大寺《とうだいじ》〉〔国宝〕乾漆不空羂索観音立像、同四天王像、同金剛力士像、塑造日光仏・月光仏立像ほか〔重文〕経庫、北門、木造不動明王二童子像ほか〔参考〕東大寺要録一・四、同続要録、東大寺縁起、東大寺諸伽藍略録

**こんしょうーじ　金勝寺**　滋賀県栗東市荒張。天台宗。俗に観音寺ともいう。聖武天皇の勅願により良弁の創建と伝える。のち興福寺願安が伽藍を興し、別に八宗院を建てた。天長一〇年833定額寺となる。天文一八年1549炎上したのを、後奈良天皇の勅によって再建した。〔重文〕木造虚空蔵菩薩半跏像、同毘沙門天立像ほか

**ごんじょうーじっか　権乗実果**　真言宗の十住心のうち、前の九住心を権乗と名づけ、第十住心を実果という。唯識・三論・華厳・天台などの諸宗はまだ権乗(方便の教え)の法であり、その仏もみな因の位を離れず、従って真の仏ではないとし、真実の仏果は第十住心、即ち真言宗の法身《ほっしん》仏のみであるという。

**こんしょうめい　昏鐘鳴**　普通「こじみ」(または「こじめ」)と読む。初更一点(午後八時)の時鐘を鳴らすこと、また初更の時刻を指す。夕鐘・晩鐘・入相《いりあい》の鐘などと同義語で暁鐘に対応し、ともに三回に分けて一〇八を打つ。

**こんじん　金神**　悪鬼として陰陽家に忌まれる神で、もと道教から出た。金の性があってこの名があり、その所在の方角に向かって土木工事などをすると人に危害を加えるという。〔参考〕和漢三才図会五、塩尻九、類聚名物考一四

**こんじん　根塵**　根と塵と。塵は境に同じ。五根と五境と、或いは六根と六境とをいう。⇩根《こん》　⇩境《きょう》

**こんじん　惛沈**　(梵)スティーナ styāna の訳。心所《しんじょ》(心のはたらき)の一。倶舎宗《くしゃしゅう》ではすべての汚れた心(不善心と有覆無記心)に必ず起こる心所(大煩悩地法)の一とし、唯識宗では随煩悩の一とする。身心を沈みこませ、惛昧、沈鬱、鈍感、頑迷にさせて、融通性のある積極的な活動をさせない精神作用をいう。十纏の一。睡眠と合わせて五蓋の一。

**ごんしん　厳真**　生没年不詳。鎌倉時代の律僧。字は戒慧。姓・出生地不詳。醍醐寺信恵について灌頂をうけ、大和海竜王寺に住して真言を弘めた。嘉禎三年1237西大寺叡尊に請うて戒律の敷演を行い、自誓受戒し、大いに律法を唱え、叡尊を助けて西大寺維那にあげられた。〔参考〕西大寺光明真言縁起、本朝高僧伝五九、律苑僧宝伝三

**ごんせん　言詮**　言葉でいいあらわすこと。また意味内容をいいあらわす言葉。

**ごんぞう　勤操**　(天平宝字二1758—天長四827)大和石淵寺の開祖。石淵僧正という。姓は秦氏。大和高市郡の人。一二歳で大安寺信霊に師事し、神護景雲四年770宮中および山階寺における一千度僧の一に加わり、東大寺の善議について三論を学んだ。のち大和高円山に石淵寺を建て三論・密教を講じ、延暦一五年796に法華八講を創め、これを石淵八講という。弘仁四年813律師に任じられ、紫宸殿の諸宗議において座首として、大いに三論を顕揚した。のち東大寺、さらに西寺別当となり、没後に僧正を贈られた。日本での出家贈官の初めとされる。空海は入唐以前、これを師とし、三論や密教を学び、その奏請によって入唐することになったという。〔参考〕日本紀略、類聚国史、僧綱補任、性霊集一〇、元亨釈書一、日本高僧伝要文抄、三宝絵詞

**こんぞうーじ　金倉寺**　香川県善通寺市金蔵寺町。天台宗寺門宗。鶏足山宝幢院と号し、俗に唐門堂《とうもんどう》という。四国八十八カ所第七六番札所。円珍の誕生地として知られ、宝亀五年774にその祖父和気道善が創建し、道善寺と号したという。仁寿元年851勅願寺となる。延長六年928現寺名に改称。中世初期まで大いに栄えたが、南北朝及び戦国の争乱によって衰退し、近世に至って領主松平氏の外護によって漸次復興した。〔重文〕絹本著色智証大師像

**こんぞうーじ　金蔵寺**　京都市西京区大原野石作町。西岩倉山と号し、天台宗。俗に御猿堂《おさるどう》という。養老二年718元正天皇の勅により隆豊の開基と伝える。平安遷都の時、京師四周の霊地の一として経文を埋めたが、のち一時退廃し、良源の弟子賀登

が中興した。

**こんぞく-にょらい　金粟如来**　維摩居士の前身で仏であった時の名。

**こんたい-じ　金胎寺**　京都府相楽郡和束町原山。真言宗醍醐派。鷲峰山と号し、鷲峰山寺とも称した。（天武天皇）白鳳四年役小角《えんのおづぬ》が開創し、インドの霊鷲山になぞらえて山号を付し、養老六年722泰澄が諸堂を再建したという。永仁六年1298伏見天皇が行幸して多宝塔が建立され、文政九年1826良範が堂舎を復興した。古来、山岳霊場として開かれたといい、江戸時代にも修験者の行場修行が盛んに行われ、北大峰と称された。〔重文〕多宝塔、宝篋印塔、木造弥勒菩薩坐像、銭弘俶八万四千塔　〔参考〕興福寺官務牒疏、山城名勝志二、山城名跡巡行志六

**こんたい-りょうかい-ししそうじょう　金胎両界師資相承**　一巻。唐の海雲の集（太和八834）。インドから中国へと密教の金胎両部の師資相承する有様を図で説く。中でも不空一門の系統図が詳しく、円仁・円珍らの日本の伝承者も載っている。円仁の入唐は太和八年より以後であるから日本人をふくむ法全門下の記入は日本で後代加筆されたものか。唐代の日中密教史の重要資料とされる。㊫一・九五・五

**ごんだ-らいふ　権田雷斧**　（弘化三1846—昭和九1934）仏教学者。真言宗豊山派の僧。越後の人。六歳で得度し、快鑁《かいばん》・秀盛・純性・行誡に師事した。海如栄厳から事相を受け、台密の三昧、法曼の二流をも相承した。曹洞宗の穆山から正法眼蔵を伝え、明治一一年1878豊山に還る。のち豊山派管長、豊山大学学長、大正大学学長を歴任した。著書、密教奥義、秘密帳中記、性相義学必須など。

**こんち-いん　金地院**　京都市左京区南禅寺福地町。南禅寺塔頭の一。臨済宗南禅寺派。応永年間1394—1428大業徳基が洛北鷹ケ峰（現北区）に創建したと伝え、慶長一〇年1605頃、崇伝が現地に移し、寛永四年1627二条城唐門の移築などして修築した。林泉は小堀遠州の作と伝える。なお、崇伝は慶長一五年駿府にも金地院を建てたが、これは後に江戸城紅葉山に、ついで芝に移された。〔国宝〕紙本墨画渓陰小築図、絹本著色秋景冬景山水図　〔重文〕方丈、八窓席、東照宮、紙本墨画山水図（元信筆）、同（伝高然暉筆）、紙本墨書本光国師日記、同異国日記、同異国渡海御朱印帳ほか

金地院（都名所図会）

**こんぱい-えしゅ　根敗壊種**　声聞《しょうもん》や縁覚は仏となるための力が既にすたれて、仏果を悟るための原因種子を失っている、ということで、根敗二乗、敗種二乗、または敗根、敗種ともいう。大乗から小乗を非難した言葉で、維摩経に出ている。

**こんばら-け　金婆羅華**　金波羅華とも書く。仏祖統紀巻五によれば、仏陀が霊山《りょうぜん》で梵王の献じた金色の波羅花を受けてこれを拈《ねん》じていたとき、ただ迦葉のみが破顔微笑して仏意を無言のうちに悟ったといわれる。金婆羅華は瞻蔔華《せんぷくけ》のことといい、また波羅奢華《はらしゃけ》のことともいい、定説がない。

**ごんぶんじょう　近分定**　⇩根本定《こんぽんじょう》

**こんぴら　金毘羅**　㊵クンビーラ Kumbhira の音写で宮毘羅《くびら》とも書く。薬師十二神将、般若守護十六善神の一。仏教を守護する夜叉の王。クンビーラは本来ワニを意味し、中国では蛟竜になぞらえることがあり、金毘羅摩竭魚夜叉大将、金毘羅竜王の称がある。海難を救い、航海を守護する竜神として崇敬される。わが国で一般に知られるのは香川県琴平町の金光院松尾寺の伽藍守護神であった金毘羅権現《ごんげん》で、神仏分離以後金刀比羅宮に奉祀されている。また水の神として火難よけの信仰もある。なお金毘羅を㊵クヴェーラ Kuvera の音写に用いる場合があるが、これは毘沙門の異名である。また、千手観音の眷属で二十八部

衆の一である金毘羅陀迦毘羅《こんぴらだかびら》を略称して金毘羅王ということもある。〔参考〕薬師琉璃光王七仏本願功徳経念誦儀軌供法、玄応音義五

**こんぶ-いん　興福院**　奈良市法蓮町。浄土宗の尼寺。法蓮山と号し、「こうふくいん」とも呼ぶ。草創については二説があり、その一説は天平勝宝年間749—57和気氏が聖武天皇の学問所を賜り、弘文院と称したのに始まるという。また他の説は宝亀元年770藤原百川（または藤原良継とも）が添下郡菅原の里（現奈良市尼辻町）に創建したという。寛文五年1665徳川家綱から寺地を当地に与えられて移建された。〔重文〕客殿、絹本著色阿弥陀二十五菩薩来迎図、木心乾漆阿弥陀如来及両脇侍像、紙本墨書古葉略類聚鈔　〔参考〕大和名所図会三、興福尼院縁起

**ごんぶつちょう　厳仏調**　生没年不詳。後漢代の訳経家。臨淮（安徽省泗州）の人。光和四年181安玄と共に法鏡経・阿含口解十二因縁経を訳し、ついで濡首菩薩無上清浄分衛経など五部八巻を訳したという。うち菩薩内習六波羅蜜経一巻のみ現存。〔参考〕出三蔵記集二、高僧伝一、開元録一

**こんぺい　金錍**　金篦とも書く。①医師が眼膜を切り、盲目を治療するのに用いる器具。②密教で、阿闍梨《あじゃり》が灌頂《かんじょう》を受けようとする者の眼に加持する道具。

**こんぺんうん　根辺蘊**〔一味蘊〕　経量部の主張。無始以来相続して起こり断絶することのない細の意識、即ち微細な意識があって、有情《うじょう》の生死相続（まよいの生存）を貫いて存在する。これは受想行識の四蘊を体《いた》としてかつてとぎれたことがないから、一味蘊《いちみうん》と呼ばれる。この一味蘊を根本として、それによって（後辺に）起こる、その他のとぎれることのある普通の五蘊の法を根辺蘊と呼ぶ。

**こんぽう-じ　金宝寺**　京都市下京区新町通正面下ル平野町。浄土真宗本願寺派。延暦二二年803最澄の開創と伝える。延応元年1239住持の道珍が親鸞に帰依し法名を明隆と改め、天台宗を真宗に改めた。本願寺八世蓮如のとき親鸞画像（安城の御影）を本願寺に献じ、天正一九年1591本願寺が大坂より現地に移転した時、寺基を四条猪熊東より六条堀川通に移した。更に明治三一年1898現地に移った。〔参考〕紫雲殿由縁記

**こんぽう-じ　箟峰寺**　宮城県遠田郡涌谷町箟岳。無夷山尊常住院と号し、天台宗。俗に箟岳観音といい、松島の富山、石巻の牧山と共に奥州三観音の一。宝亀六年775大伴駿河麻呂の草創と伝え、延暦年間782—806に坂上田村麻呂が堂宇を建てたという。のち円仁が中興した。

**こんぽう-しょう　金宝鈔**　一〇巻。詳しくは秘蔵金宝鈔という。実運（1105—60）の著。成立年不詳。諸尊法に関する秘書で、寛信の口説を本とし、兼ねて成蓮房兼意、高野山琳賢の口訣を記す。もと折紙で伝えられたが、実運の弟子勝賢が三巻（のち四巻）に編集して金宝の名を付し、さらに勝賢の弟子常喜院心覚が一〇巻とした。三宝院流では後世妙鈔（諸尊要鈔）および玄秘鈔と共に後三部または後三部鈔と称して尊重している。㊅七八　〔参考〕三宝院聖教日録、諸宗章疏録三、乳味鈔二〇

**こんぽん-じ　根本寺**　新潟県佐渡市新穂大野。塚原山と号する。日蓮宗。もと正教寺と称した。日蓮佐渡配流の最初の謫居地である塚原三昧堂跡が境内に比定される。日蓮はこの三昧堂の在住期間に、塚原問答と呼ばれる諸宗との法論を体験し、開目抄などを著わした。はじめ三昧堂は真言宗弘樹寺の管理下にあったといわれ、天文二一年1552京都妙覚寺の大泉坊日成が基礎固めをし、天正一八年1590日典が弘樹寺から独立させ正教寺を建立したとされる。根本寺としての寺号公称は、元和元年1615以降といわれる。伽藍は寛永元年1624以後次第に造営されていった。〔参考〕日蓮聖人註画讃四

**こんぽん-じき　根本識**　大衆部の説で、すべての識の根元となる識をいう。唯識宗では、これによって大衆部がすでに阿頼耶識《あらやしき》をひそかに説いていたとして、阿頼耶識の異名とする。

**こんぽんじょう　根本定**〔近分定《ごんぶんじょう》〕　四静慮《しじょうりょ》（四禅）と四無色定との八にそれぞれ根本定と近分定とがある。根本定はまだ色界・無色界に生まれず、身は欲界にありながら、それぞれ下地の修惑を完全に断っ

て得た上地の定《じょう》である〈⇩九地《くじ》〉。しかし修惑を断って定を得るのは容易でないから、その準備的行為(加行《けぎょう》)としての定がある。即ちまだ修惑を断つには至らないが、これを伏圧して得た定で、根本定を得ようと困苦しつつある位の定が近分定であり、根本定のための入門段階となる。これも同じく八を数え、そのうちで初禅の近分は特に未至定ともいう。

**こんぽん-せついっさいうぶ-びなや　根本説一切有部毘奈耶**　五〇巻。唐の義浄の訳(武周の長安二〔702頃〕)。別に同じく義浄の訳で根本説一切有部苾芻尼《ひっしゅに》毘奈耶二〇巻がある。説一切有部の分派に根本説一切有部があり、この部派の比丘戒二四九条について、その因縁広解を集大成した広律。内容は説一切有部の十誦律とほぼ同じであるが、随所に教訓説話を挿入するなど、かなりの増広が認められる。那爛陀《ならんだ》(ナーランダーNālandā)および南海地方の大乗学徒の間で盛んに行われたといわれ、大乗的或いは密教的な要素も含んでいる。この広律に付随するものとして、出家事四巻、安居事一巻、随意事一巻、皮革事二巻、薬事一八巻、羯恥那衣《かちなえ》事一巻、破僧事二〇巻、雑事四〇巻、尼陀那目得迦一〇巻があり、別出の戒本として、根本説一切有部戒経一巻、根本説一切有部苾芻尼戒経一巻、羯磨《かつま》法として根本説一切有部百一羯磨一〇巻がある。いずれも義浄の訳である。なお大部分のチベット訳があり、梵文もギルギット写本によりかなりの量が発見されており、ダットN. Duttが出版している。〔刊本〕広律以下皮革事まで㊅二三、薬事以下㊅二四

**こんぽん-ち　根本智〔後得智《ごとくち》〕**　根本智は、如理智《にょりち》、根本無分別智《こんぽんむふんべつち》、正体智《しょうたいち》、真智などともいい、真如にかなってはからいをはなれ、ものの本質のありのままが平等で差別のないことを知る智であり、後得智は、如量智《にょりょうち》、無分別後智、俗智などともいい、根本智によって平等の理をさとった上で、平等に即して現象界の差別のすがたを知る智である。

**こんぽん-ぼんのう　根本煩悩〔枝末煩悩〕**　根本煩悩は本惑《ほんわく》ともいわれ、あらゆる煩悩の根本で、貪《とん》・瞋《じん》・慢・無明《むみょう》・見・疑の六の煩悩をいう。そのうちで見を五見に分けて五利使《ごりし》といい、他の五を五鈍使《ごどんし》と名づけて、合わせて十随眠《ずいみん》とする。さらに九十八使にも分類する〈⇩見惑《けんなく》〔修惑〕〉。枝末煩悩《しまつぼんのう》は随煩悩《ずいぼんのう》とも随惑ともいわれ、根本煩悩に従属しておこる汚れた心のはたらき(染汚の心所)である。即ち倶舎宗《くしゃしゅう》では枝末煩悩は大煩悩地法のうち、癡(無明《むみょう》)を除く放逸《ほういつ》・懈怠《けだい》・不信・惛沈《こんじん》・掉挙《じょうこ》の五、大不善地法の無慚・無愧の二、小煩悩地法の忿・覆・慳・嫉・悩・害・恨・諂《てん》・誑《おう》・憍の一〇、不定地法《ふじょうじほう》の中の睡眠・悪作《あくさ》(悔《け》)の二、以上の一九種とする。唯識宗では一九種のうちで、不定地法の二を除き、大煩悩地法のなかに失念・散乱・不正知《ふしょうち》の三を加えて二〇種として二十随煩悩という。そして大煩悩地法を大随煩悩(大随惑)、大不善地法を中随煩悩(中随惑)、小煩悩地法を小随煩悩(小随惑)と名づける。⇩煩悩《ぼんのう》

**こんま　羯磨**　⇩羯磨《かつま》

**ごんもう-りょぜつ　言亡慮絶**　絶対のさとりの世界を表現するのに用いる言葉で、言語によっていいあらわすことも思慮によっておもいはかることもできないという意味。意路不到、心言路絶、絶言絶思、名言道断《みょうごんどうだん》、言語道断心行処滅《ごんごどうだんしんぎょうしょめつ》などというのは、みなこれと同じ意味をあらわした言葉である。

**こんりゅう-じ　金竜寺**　①韓国慶尚北道聞慶郡。雲達山雲峰寺と号し、もと朝鮮三十一本山の一。新羅真平王九年587雲達が創建し、芙蓉霊観が中興した。山内に大成庵以下五庵、山外に末寺四九カ寺をもった。②大阪府高槻市成合。邂逅山紫雲院と号し、天台宗。本堂は昭和二六年1951に比叡山に移され、仮本堂も同五八年に全焼した。延暦九年790参議阿部是雄(一説に阿部朝臣兄雄)が安満寺と称して草創したと伝える。応和三年963千観が来住したが、その時に金竜が池から現われ瑞相があったので、寺号を現称に改めたという。豊臣秀吉の時、大坂城の鬼門鎮護として諸堂が増築された。

**こんりゅう-まんだら-ぎゅう-けんちゃ**

**くじ-ほう　建立曼荼羅及揀択地法**　一巻。唐の慧琳(737—820)編。成立年不詳。蘇婆《そば》呼《こ》童子請問経・蘇悉地羯羅《そしつじから》経・瞿醯《くけい》経・大日経の四経から立壇(曼陀羅を建立する壇を造る)・択地(適地を選ぶ)の法を明らかにする部分を抄録したもの。㊅一八、国一密教部三

**こんりゅう-まんだら-ごま-ぎき　建立曼荼羅護摩儀軌**　一巻。唐の法全の編(大中九855)。別壇護摩(文壇と炉とを別に設けて供養する護摩の仕方)の作法を明らかにする。すなわち、作壇(造壇)法と息災・増益・敬愛・降伏の四種の護摩法を説く。㊅一八、国一密教部二

**こんりん　金輪**　①古代インドの宇宙論では、世界の最下は虚空の上に風輪があり、風輪の上に水輪があり、水輪の上に金輪があるといい、金輪は金性地輪、或いは単に地輪とも名づけられる。山や海や島はこの金輪の上に存立するという。金輪の最下端は金輪際という。②金輪宝《こんりんぼう》を略して金輪または輪宝という。転輪聖王《てんりんじょうおう》は七宝の一として金剛で作った輪宝(輪形の武器)を持ち、その輪宝の転じる方向に随ってみな帰伏させるという。この輪宝には金銀銅鉄の四種があって、金の輪宝を持つ転輪聖王を金輪王と称し、また略して金輪ともいう。

**こんれん-じ　金蓮寺**　①京都市北区鷹峯藤林町。錦綾山太平興国金蓮寺と称し、時宗四条派の本山として四条道場とも号した。浄阿真観の開創。延慶二年1309後伏見上皇女御広義門院藤原寧子の難産のとき呪符を奉った功績によって、応長元年1311浄阿が住した祇陀林寺を金蓮寺と改め、ついで錦小路と綾小路の間、万里小路から東洞院にわたる地に伽藍を建てた。応永三一年1424七条道場金光寺との本末争いから焼失。のち再興され天正一八年1590新京極四条北中之町に移ったが、天明八年1788の大火で炎上。徐々に再興されたが次第に衰退し、大正一五年1926現地に移る。中世、踊念仏や賦算が盛んに行われた。寺宝に一遍上人行状絵伝二〇巻や近世文書多数がある。〔参考〕浄阿上人行状　②愛媛県伊予郡松前町西古泉。真言宗智山派。大同二年807国司河野氏の開創と伝える。もと性尋寺《しょうじんじ》と称したが、文禄四年1595加藤嘉明が現地に移して現寺号に改めた。

**こんろくもん　蜫勒門**〔阿毘曇門《あびどんもん》〕〔空門〕　大智度論巻一八に、蜫勒門・阿毘曇門・空門の三種の教え(法門)に入って一切の仏語を観察することを述べている。蜫勒はおそらく毘勒《びろく》の写誤で、㊵ピタカ piṭaka またはペータカ peṭaka の音写であり、南伝上座部に伝えるペータコーパデーサ Peṭakopadesa という論書を指すであろうとされる。故に蜫勒門とは、この論に説かれた南伝上座部の教学を指し、阿毘曇門は説一切有部の教学を、空門は大乗、特に中観派の教学を指すものと考えられる。

**こんろん-こく　崑崙国**　中国人が南海諸国を総称してよんだ古名。今のヴェトナム南部、カンボジア、タイ、マレー半島、ビルマ南部、スマトラ、ジャワなどを包含した地域と見られ、その住民は巻髪黒身であり、その言葉を崑崙語という。また義浄の南海寄帰伝には、掘倫・骨崙と充てて、安南国の東南にある今のプロコンドール Pulo Condore 島を指す場合もある。〔参考〕旧唐書列伝一四七、慧超往五天竺国伝箋釈

**こんろん-ざん　崑崙山**　中国の西方にある高山。昆侖とも書き、昆山ともいう。黄河の源とされ、古来神秘化され、全山宝石からなると伝えられた。或いは西王母の住む楽土と言い、また阿耨達池があるとし、雪山と同一であるともいう。現在はチベットの北にある山脈を崑崙山脈と名づけるが、古伝にはその山脈のみならず、広くヒマラヤ山脈・パミール高原一帯をも含め、チベットをも入れた一帯を指したとも考えられ、時には甘粛地方を指すなど、一定した山名ではなかった。

# さ

**ざ　坐**　行住坐臥の四威儀《しいぎ》の一。衣服を整えかたちを改めて坐るすがたで、結跏趺坐《けっかふざ》(跏趺坐、趺坐)、踞坐、長跪《じょうき》、互跪《ごき》などの坐法がある。結跏趺坐とは足を組んであぐらをかくような坐り方で、右の足を左の股《もも》の上におき、左の足を右の股の上におく。日本ではこれを「あなうらをむすぶ」(結蹠)ともいう。これは全跏趺坐で、これに対して右足を左股の上に置いて安坐するのを半跏趺坐(賢坐ともいう)。密教でいう賢坐は後出)といい、如来の結跏趺坐に対して、これは菩薩坐《ぼさつざ》といわれる。そして全跏にも半跏にも吉祥坐《きちじょうざ》と降魔坐《ごうまざ》とがあるとされるが、その坐り方には異説が多い。踞坐はうずくまって坐る坐り方、長跪は両膝をついてつま先を立てる坐り方、互跪《ごき》は両膝を交互に地につけてひざまずく坐り方で、長跪、互跪は礼《らい》に用いる。密教では修法の種類や本尊の相違によって種々の坐法があり、やや膝を立てて脚を組む薩結跏坐、結跏趺坐する蓮華坐、膝をならべてうずくまり臀を地につけない賢坐、右脚で左脚を踏みうずくまって臀を地につけない嗢倶吒坐《うくたざ》などがある（金剛頂瑜伽中略出念誦経巻一）。

**ざ　座**　①㊵アーサナ āsanaの訳。仏・菩薩《ぼさつ》・諸天などや比丘《びく》たちが坐るもの、およびその場所。仏陀は菩提樹下《ぼだいじゅげ》の金剛座上に吉祥草《きちじょうそう》を敷いて坐り、さとりを開いたと伝える(後世にはこれを模して法会《ほうえ》のときに長老が草座という坐具《ざぐ》を用いる。また修法のとき行人が用いる草の座も草座という)。仏・菩薩などの像を安置する台座には師子座、蓮華座、須弥座《しゅみざ》などがある。師子座とは、もとは仏を人間のうちで最もすぐれたものであるから獅子に喩えて、仏の坐る場所という意味であったが、密教などでは師子座とは実の獅子座であるとする。また師子座と同じ意味から狻猊《しゅんげい》(獅子の一種)座を猊座《げいざ》といい、仏菩薩(或いは王者)が坐るべき座を意味する(高徳碩学の師を尊称して猊座下、猊下《げいか》というのはこれから転じたものである。下とはその座の下に拝伏する意である)。蓮華座は蓮華にかたどった台座で、華座《けざ》、華台《けだい》ともいい、観無量寿経には阿弥陀仏《あみだぶつ》および観音《かんのん》・勢至《せいし》の二菩薩が宝蓮華に坐り、九品の往生人《おうじょうにん》がみな蓮華の上に安住することを説く。その他密教では金剛界大日は師子座に、阿閦《あしゅく》は象座に、宝生《ほうしょう》は馬座に、阿弥陀は孔雀座に、不空成就は迦楼羅座《かるらざ》に坐る。また一般に普賢菩薩《ふげんぼさつ》は白象に坐り、文殊菩薩《もんじゅぼさつ》は獅子に坐り、諸天は通常は蓮の葉にかたどった荷葉座《かようざ》に坐る。須弥座《しゅみざ》は須弥山《しゅみせん》の形を模した台座で、その広いものを須弥壇という。説法や説戒の師、講会の導師などは高座を用い、説法のために高座に昇ることを禅宗では陞座《しんぞ》という。その他、僧の座物には縄床《じょうしょう》、曲彔《きょくろく》などもある。また、座の半分をわけて坐らせることを分座といい、中本起経巻下には仏陀が摩訶迦葉《かしょう》に、また法華経巻四には多宝仏が釈迦牟尼仏に半座をわけて坐らせたことを説き、禅宗では首座《しゅそ》などが住持の代理として大衆に説法することを分座説法という。また仏像を数えたり、説教の席数を数えたりするときに「座」の語を用いる。②(イ)特殊な神社祭祀組織。宮座《みやざ》、宮講、宮仲間などと呼ぶ。近畿を中心に中国・九州地方にもある。宮座の語は中世史料にはみえないが、その成立は平安末期に求められ、顕著になるのは室町中期頃である。即ち村落の階層構成が複雑化し、新来者や小前百姓に対し旧来の祭祀に関係してきた村民が、特権的に村の祭祀を行うため組織した神事団体が宮座で、祭礼には構成員である座衆・座人だけが神前に列座して祭典を行った。またその座席順位に厳密な定めがあった。宮座と後述(ロ)の経済的な座の前後関係は諸説あって一定しない。座衆のほとんどは男子の戸主で、時には主婦ばかりのカカザを構成するものがあり、若者だけで別に若衆座を組織する場合もある。宮座の中心は神主《かんぬし》と頭屋《とうや》(当屋・頭人)で、神主は座の一老がなる場合、籤できめる場合、一年交替で勤める場合(一年神主・年番神主という)とがあり、頭屋は神事の補佐役で神酒・神饌の準備をする。宮座の費用は宮田・頭田などでまかなわれた。しかし、村の発展にともない、限られた人々で神社の神事を行い難くなり、村人全体が座に参加することが多くなってきた。(ロ)商工業者・交通労働者・芸能者などの特権的な同一職業団体。律令制下における政府諸寮・司所属の工作人としての雑色《ぞうしき》や禁裡供御人・駕輿丁《かよちょう》などが、律令体制の衰退にともない営利行為をなして次第に商工業者の団体となったこと、また社寺の寄人《よりうど》や神人《じにん》にも商工行為を営むものがあらわれ集団をなしたことなどにより、鎌倉・室町時代に近畿を中心に全国的に座が発達した。座を構成する座衆は、朝廷・貴族・社寺を本所とし、その権威による保護を得て諸役を免除され、関所通行を自由にし営業上に種々の独占権を持つと共に、本所に対し座役・座銭を納入した。室町時代が座の最盛期で、奈良興福寺の大乗院・一乗院などに所属する座などは、油座、塩座などからこんにゃくなどの小さな座に至るまで八〇種以上にのぼった。経済の発達と共に封鎖的な座の組織は商工業の発達を阻止することとなり、戦国大名は楽市・楽座の令を出して座を廃し、一般には天正一三年1585頃から消滅した。しかし江戸時代にも紀伊国山辺・新宮や越前国敦賀などの地域に座が残存し、また金座・銀座・真鍮座・人参座など幕府監督下に座を形成するものがあった。

**さい　斎〔非時〕**　①身心を慎んで清浄に保ち、行為を反省し緩んだ心を戒めることで、斎戒ともいう。斎戒は八種の戒より成るから、普通、八斎戒と称される。〈⇩戒《かい》〉　②正午を過ぎて食事をとらない制約のことで、正しい時間に食事を済ますこと、また正しい時にとる食事を意味する。正午過ぎては食事をとらないということは、八斎戒の最後に位置して八斎戒の中心をなすところから、これを特に斎と称するようになったものであろう。これに対して食事すべきでない時期(正午過ぎ)、およびそのような時間にとられる食事を非時という。またその食事を非時食《ひじじき》とも、後食《ごじき》(日中を過ぎて後の食事という意)ともいう。非時食戒(非時に食をとってはならないという戒)をたもつことを持斎《じさい》、正時の食事を斎食《さいじき》、あるいは正午即ち日中に食べるから中食《ちゅうじき》という。転じて仏事法要の際に食を供養する施食《せじき》、施斎《せさい》をも斎食といい、そのような施食を伴った法会《ほうえ》を斎会《さいえ》という。この施食のことを俗に斎《とき》と訓読するのは、「非時」に対する「時」「とき」から来たものである。寺院内の食堂を斎堂、斎時を知らせる鼓を斎鼓《さいく》、朝食を食べることを開斎《かいさい》、食事を済ませた後、即ち食後のことを斎退《さいつい》あるいは斎罷《さいひ》、また早朝の粥と午時の食事との中間に当たる午前一〇時・一一時頃を半斎という。

**さい　作意**　㊵マナス・カーラ manas-kāra あるいはマナシ・カーラ manasi-kāra の訳。心所《しんじょ》(心のはたらき)の名。はっと驚きをたててその方へ心を引きしめて注意すること(警覚)。倶舎論巻七ではこれを三種作意に分ける。⑴自相作意。色《しき》には変礙の相があるというように、そのものに独自な相(自相)を観ずる場合の作意。⑵共相作意《ぐうそうさい》。四諦《したい》の十六行相は諸法に共通な相であるから、これを観ずる場合の作意。⑶勝解作意《げしょうさい》。不浄観などの種々の観想をなす場合の作意。また瑜伽師地論巻三三では七種作意に分ける。即ち了相・勝解・遠離・摂楽・観察・加行究竟《けぎょうくきょう》・加行究竟果のそれぞれの作意である。

**ざい　罪**　道理に反し禁断を犯し、そのために苦の報いを招く悪い行為で、「つみ」「とが」のこと。煩悩《ぼんのう》をも含めて罪と称することもあるが、罪の中心は身体・言語・意志(身・口・意)の三様の行為(業)であるから罪業《ざいごう》ともいう。その行為は悪であるから罪悪といい、聖道を行い、また楽果を招くことを妨げるから罪障といい、汚れたものであるから罪垢《ざいく》という。その行為によってもたらされた苦のむくいが罪報であり、その行為は罪報を招く根本であるからこれを罪根という。罪には五逆罪《ごぎゃくざい》・十悪罪などが数えられるが、大別して二罪と称するときは、本質的に罪悪行為である性罪《しょうざい》と、本質的には罪悪でないが戒律によって禁じられた事柄に違反したために罪に問われる遮罪《しゃざい》との二をいう。

**さいいき　西域**　時代によってその範囲は一定できないが、狭くは中国本土とパミール高原との間の東トルキスタン Turkistan 地方を指し、広くは西トルキスタン、アフガニスタンおよびインドをも包む。東トルキスタンは南北に崑崙《こんろん》・天山の両山脈を有するタリム盆地のタクラマカン砂漠を中心とする一帯で、漢から唐にかけての時代には楼蘭《ろうらん》(鄯善《ぜんぜん》)・于闐《うてん》・高昌・焉耆《えんぎ》・亀茲《きじ》(庫車)・疏勒《しょろく》などの国があった。西トルキスタンも大部分が沙漠で、イリ、シル・ダリヤ、アム・ダリヤなどの河が流れ、南にヒンドゥークシュ山脈、北部にキルギス曠野がひらけている。漢代には大宛・康居・大夏・大月氏などの国があり、その後突厥の支配下にあったが、唐代には高宗によって滅ぼされ、元代にはその版図となった。西域は前漢時代の紀元前二世紀に張騫《ちょうけん》によって中国との交通が開かれてから、以後インド、ペルシア、ローマと中国との交易、文化交流の要路となり、東西混淆の特異の文化を有するに至った。仏教も盛んで、仏教はここを経て中国・日本に伝わった。この地域で編纂されたと考えられる経典も多く、中国とインドとの間の伝道、求法の僧侶たちの通路となった。一〇世紀末より始まったこの地域のイスラム教化の波によって各地の仏教信仰・文化は西方より順次に破壊され、今日ではその遺跡が存するのみである。近年、東西トルキスタンにおける多くの探検によって言語・宗教・美術に関する多くの文献・遺品が発見されている。

**さいいん　蔡愔**　生没年不詳。後漢明帝(57—75在位)の臣。永平一〇年67勅命によって西域に赴き、四十二章経などの経典、仏像、および迦葉摩騰《かしょうまとう》・竺法蘭の二僧を伴って帰ったといわれ、中国に仏典を初めてもたらしたとされる。これを中国仏教公伝の初めであるとするが、事実としては疑わしい。〔参考〕牟子・理惑論、高僧伝一(竺法蘭伝)

**さいえい　采永**　生没年不詳。朝鮮英祖(1725—76在位)時代の僧。号は獅巖。月渚道安(1638—1715)の五世法孫である錦波の門人。著書、西域中華海東仏祖源流一冊。

**さいえん-しん　斎縁身**〔斎業身《さいごうしん》〕天台宗によれば、通教で説く仏身は、幻化のようにあるままが即ち空で、実在するものでなく、衆生教化の縁が尽きるのを限り(斎限)としてその身を隠し、機縁があれば現われる仏身であるから、これを斎縁身という。これに対して蔵教で説く仏身は、過去の業《ごう》に応じて生まれ、業の尽きるのを限り(斎限)として入滅する仏身であるから、これを斎業身という。⇩五時八教《ごじはっきょう》

**さいおう　再往**　⇩一往《いちおう》

**さいおく-じ　柴屋寺**　静岡市駿河区丸子。天桂山または吐月峰と号し、臨済宗妙心寺派。開基は今川氏親、開山は連歌僧の宗長。文明一四年1482宗長が草庵を結び、永正元年1504寺院とした。その草庵柴屋軒は月の名勝地として東海十七勝の一。

**さいおん-じ　西園寺**　京都市上京区高徳寺町。宝樹山竹林院と号し、浄土宗。もと真言宗で、元仁元年1224藤原(西園寺)公経が北山(今の金閣寺の地)に創建した氏寺。のち鹿苑寺(金閣寺)造立で室町頭に移り、天文二三年1554縁誉が中興して浄土宗となる。天正一八年1590現地に移った。

**さいきょう　済慶**　(永観二984—永承二1047)東大寺の僧。藤原有国の子。出家後、澄心に三論を学び、さらに性相の学を究めて伝灯大法師位に任じられた。維摩会・法華会・最勝会の講師となり、長元元年1028東大寺別当に補任された。〔参考〕本朝高僧伝一〇

**さいぎょう　西行**　(元永元1118—文治六1190)歌人。俗名は佐藤義清。法名は円位。奥州の人。藤原秀郷九世の孫。鳥羽上皇の北面武士であった。武芸とともに和歌をよくしたが二三歳で出家、仏道修行と作歌を楽しみ、足跡は四国・九州から奥州にまでおよんだ。その間、藤原俊成・定家らの歌人と交わり、また文治二年東大寺大仏殿

造立勧進のため奥州に行く途中、源頼朝と会談したりした。題詠的な和歌から脱した情感あふれる自然詠を多く残し、千載和歌集・新古今和歌集に多くの歌が入集されているほか、山家集、御裳濯川歌合、宮河歌合などの歌集がある。〔参考〕西行上人談抄、西行物語絵詞、西行物語二巻、人物叢書一八〇

**さいぎょう-あん　西行庵**　西行が諸国遊歴の途次に営んだ草庵の旧跡を、後人が保存したもの。①京都市伏見区竹田。出家以前、鳥羽殿の侍であった時の宅跡。②奈良県吉野町吉野山。奥の院の西北にあって三年間住んだ旧跡。③京都市東山区円山公園南。晩年に結んだ草庵の跡と伝える。

**さいきょう-じ　西教寺**　滋賀県大津市坂本本町。戒光山と号し、天台真盛宗の総本山。もと比叡山横川の別所であった。推古朝の創建と伝え、平安中期に良源・源信によって復興、正中二年1325法勝寺の慧鎮円観が再興して律寺とし、叡山四箇戒場の一つとした。文明一八年1486真盛《しんぜい》が横川大衆の請によって再興し持戒念仏の道場とした。元亀二年1571織田信長の兵火のため諸堂を焼失したが、天正二年1574に真源が再建した。同一八年洛東の法勝寺を合わせ、のち戒壇を再興して旧に復した。〔重文〕客殿(方丈)、絹本著色当麻曼荼羅図、同阿弥陀如来像(迅雲弥陀如来)、同釈迦如来像(持鉢釈迦如来)、同阿弥陀如来像、同天台大師像、同山王諸神像、同豊臣秀吉像、木造阿弥陀如来坐像、同聖観音立像、同薬師如来坐像、後土御門天皇宸翰真盛上人号、紙本墨書無量義経疏、注大般涅槃経巻第八ほか〔参考〕西教寺縁起、天台霞標二

**さいきょう-じ　最教寺**　東京都八王子市宮下町。天松山と号し、日蓮宗。慶長年間1596―1615久遠寺二七世の日境を開山とし、日崇を開基とする。初め上野池之端にあったが、その後、現杉並区高円寺などを経て、昭和四〇年1965現地に移った。

**さいぎょう-ものがたり　西行物語**　二巻、四巻、六巻。著者不詳。西行一生涯草紙、西行記、西行四季物語、西行物語絵詞などという。西行の生涯を小説風に書き、歌も多く載せる。異本が多く内容も差異が多い。絵のあるものもあり、絵巻で最も古い続群書類従(詞のみ)所収本は、もと四巻本といい、鎌倉中期、土佐経隆の絵と伝える。画風は大和絵で淡白な色彩を施す。「文明一二年二月半記之」の奥書がある。徳川黎明会蔵本(第一巻)、万野家蔵本(第二巻)が現存。その他に室町時代の海田相保筆禁裡本を寛永七年1630に模した俵屋宗達の絵巻は有名。続群三二上〔刊本〕西行四季物語四巻(宝永五1708刊)、西行物語一巻(正保三1646刊)、同三巻(元禄五1692・宝永二刊、続群三二上)、西行一生涯草紙六巻(改訂史籍集覧一二)〔複製〕新修日本絵巻物全集一二、日本絵巻大成二六

**さいぎょく　斎玉**　(　―南宋の建炎元1127)北宋代の浄土教の僧。霅川《とうせん》(浙江省呉興県南)の人。姓は莫氏。祥符寺の神智に学び、のち慈弁から天台の教観を受けた。浄苕渓の宝蔵寺、ついで上竺寺に住した。浄業社を作って道俗と共に念仏した。〔参考〕浄土聖賢録四(浄全一八)

**さいぎん　西吟**　(慶長一〇1605―寛文三1663)浄土真宗本願寺派の僧。号は照黙。豊前小倉永照寺西秀の子。幼時、中津に行って紀州性応寺了尊の論席に列し、のち京都東福寺で禅を学んで帰寺。正保三年1546能化職に補せられ、法制七条・一二条を定めて学徒の制規とした。承応二年1653肥後延寿寺月感が、西吟の所説を弾劾し、興正寺准秀が月感に味方するに至って一大騒動となった。幕府の裁定で、学林を閉じ、月感を出雲に流し、漸くおさまった。宗門ではこれを承応の鬩牆《げきしょう》という。著書、無量寿経料玄概一巻、客照問答集二巻、普門品仮名鈔三巻など。

**ざいけ　在家**　〔出家《しゅっけ・すけ》〕　在家とは生業を立て結婚して家庭生活を営む普通人のこと。或いはそのような状態をいう。出家とは家庭的世俗的な執著・束縛を離れて家を出て、家の無い環境の中にあって道を求める修道者のこと、およびそのような状態をいう。在家はわざわいが多く、仏道を修行するのに妨げとなる、と多くの経論に説かれているが、在家でも仏教に帰して仏弟子となったものは仏教教団(広義の僧伽《そうぎゃ》)の一員であって、優婆塞《うばそく》(信男)・優婆夷《うばい》(信女)と呼ばれる。出家することは世俗

の塵を離れることであるから出塵ともいい、また服飾上で鬚髪を剃り落とし壊色《えしき》に染めた衣をまとうから落飾《らくしょく》、剃髪《ていはつ》、または落髪染衣《らくはつぜんね》、剃髪染衣あるいは略して落染《らくぜん》、剃染ともいわれる（ただし日本では特に高貴な人の出家を落飾といっている）。また出家者は、すべてのものが空しいことをさとって、この門から涅槃《ねはん》のさとりに入るから、空門子ともいわれる。在家人は白（素）の衣服を着、出家者は黒（緇）の衣服を着るから、在家の人を白衣《びゃくえ》、出家の人を緇衣《しえ》、染衣《ぜんね》、また緇門《しもん》といい、在家・出家を合わせて緇素《しそ》という。一度出家した者が再び在家俗人の生活に戻ることを還俗《げんぞく》、帰俗、復飾《ふくしょく》ともいう。

**さいげん　災患**　修道の向上を妨げるさわりのこと。尋・伺・苦・楽・憂・喜・出息・入息の八は色界第四禅に入ることを妨げるから、これらを八災患《はっさいげん》という。

**さいこう　済高**　（貞観一二870—天慶五942）山科勧修寺の別当。左大将源多の子。勧修寺承俊に師事し、慧宿より両部大法を受けた。延喜二年902聖宝から伝法灌頂をうけ、のち勧修寺別当、高野山座主、さらに延長六年928東寺長者となる。〔参考〕僧綱補任第一、諸門跡譜、東寺長者補任、勧修寺旧記、勧修寺長吏次第、血脈類聚記

**さいこう-じ　西光寺**　①福井県鯖江市杉本町。石田山と号し、浄土真宗本願寺派。宝徳三年1451四月本願寺七世存如が北国に巡化、丹生北郡石田荘に三年間在住し、周覚（本願寺六世巧如の三男）の息永存《ようぞん》を養って開祖としたという。文禄四年1595当寺六世真助の代に現地に移る。②茨城県常陸太田市谷河原町。鳥喰山無量光院と号し、真宗大谷派。親鸞の弟子鳥喰《とりばみ》の唯円が開創したという。もと那珂郡鳥喰新田に本泉寺として創建、寛永三年1626現地に移り現寺号に改めたと伝える。③京都市下京区東中筋通七条上ル文覚町。摩尼山惣持院と号し、浄土真宗本願寺派。親鸞の弟子円淳の開基といい、本願寺の堀川移転と共にその築地内に移り、延宝元年1673現地に移る。

**さいごうしん　斎業身**　⇩斎縁身《さいえんしん》

**さいごく-さんじゅうさん-しょ　西国三十三所**　⇩観音霊場《かんのんれいじょう》②

**さいこく-じ　西国寺**　広島県尾道市西久保町。摩尼山惣持院と号し、真言宗醍醐派。行基の開創と伝え、治暦二年1066火災にあい、永保年間1081—84に仁和寺性信法親王が門弟慶鑁《きょうばん》に再建させたという。のち再び焼失し、永享年間1429—41宥尊の時、足利義教などの帰依を受けて堂舎を復興、三重塔を建立した。江戸末期には末寺二七カ寺があった。〔重文〕金堂、三重塔、木造釈迦如来立像（伝安阿弥作）、同薬師如来坐像、銅製五鈷鈴、錫杖ほか

**さいご-しん　最後心**　すべての束縛を離れた永遠絶対の悟りの境界である無余依涅槃《むよえねはん》に入れば、身心がすべて滅し尽くすとされるが、その直前の最後の心を最後心という。

**さいご-しん　最後身**　最後生、最後有ともいう。生死界（まよいの生存）における最後の身。その生涯が終ればただちに、小乗なら無余依涅槃《むよえねはん》を悟る阿羅漢《あらかん》の、大乗なら仏果を悟る菩薩《ぼさつ》の、身または生涯をいう。最後身の菩薩と一生所繋《いっしょうしょけ》（一生補処《いっしょうふしょ》）の菩薩との異同については異説がある。

**さいこんたん　菜根譚**　二巻。明の洪応明（字は自誠、号は還初道人、生没年不詳）の著（万暦三〇1602）。明代清言の一で、儒仏道の三教一致の立場から、処世の要術と守静修徳の工夫を説く。前後二集よりなり、前集に二二二四章、後集に一三四章を収め、全篇に押韻し、美しい対句を用いている。書名は宋の汪信民の、「人能く菜根を咬み得ば則ち百事倣すべし」（朱子の小学外篇）という語にもとづく。日本の文政五年1822加賀藩の刊本と、中国清の乾隆五九年1794刊本（現在喜咏軒叢書戊編に所収）との間には、本文に相当の相違が見られる。また清の石成金（惺斎）に、続菜根譚の著がある。

**さいさい-じょうど-し　西斎浄土詩**　三巻。元末・明初の梵琦《ぼんき》（1296—1370）の編。成立は不詳であるが、梵琦六四歳以後の編。浄土を詠じた詩を集めたもの。⑴懐浄土詩七七首（七言律）、⑵列名浄土詩一〇八首（五言律）、⑶十六観詩二二首（五言律）、化生讃

八首(同)、析善導和尚念仏偈八首（六言律)、懐浄土百韻詩一首（五言古詩)、娑婆苦漁家傲一六首(七言古詩)、西方楽漁家傲一六首を収める。明の智旭は本書を浄土十要の一とし、賛を寄せている。㊡二・一三・五

**さい-じ　西寺**　京都市南区唐橋西寺町付近にあった平安京二大官寺の一。右寺、右大寺とも称し、羅城門の東に建立された東寺と相対して位置した。延暦一五年796藤原伊勢人が東西両寺の造寺長官に、翌年笠朝臣江人が造西寺次官に任命されて、造営が進められた。弘仁七年816東西両寺で最初の夏安居が定められ、同一四年東寺は空海に、西寺は守敏に勅賜された。以後、東寺は真言密教の根本道場として栄えていくのに対して、西寺は鎮護国家の寺として発展した。しかし、伽藍は正暦元年990をはじめ、保延二年1136、さらに天福元年1233の火災で焼失、以後廃滅した。西寺跡は昭和三四年1959以来発掘調査が行われ、南大門・中門・回廊・金堂ほかの遺構が確認されている。なお現在唐橋平垣町に浄土宗西山禅林寺派の西寺があり、もと西方寺といったが、改称して西寺の名を継承する。

**さいしち-の-はた　斎七幡子**　人の死後七週間、七日目ごとの斎《さい》会《え》に、亡霊への供養のため僧に作ってもらう紙の「のぼり」のこと。

**ざいじゃ-こうしょう-しゅう　摧邪興正集**　二巻。浄土宗の実慧の著(慶長年間1596—1615)。日蓮が守護国家論・立正安国論などで、法然の専修念仏を邪義として非難し、特に念仏を信じる者は、無間地獄に落ちると提言し、唱題の弘通につとめたのに対して反論した書。道理破十七箇条・文証破十八箇条を設け、七仏通誡乖反難・六仏観悪引例難・五逆勧作引証難などおよそ三五段の難破を会通している。浄全八 〔刊本〕慶安三1650刊

**ざいじゃりん　摧邪輪**　三巻。詳しくは於一向専修宗選択集中摧邪輪という。明恵房高弁の著(建暦二1212)。法然の選択本願念仏集には二種の大過、一三種の過失があるとして、これを評破した書。二種の大過とは、菩提心を所廃の行とし、聖道門を群賊に譬えたことであり、一三種の過失とは、これらの点をさらに細かく分けたものである。建暦三年、高弁はさらに摧邪輪荘厳記《しょうごんき》一巻を著わし、三種の過失を追加した。本書に反論したものに、覚性の扶選択論七巻、護源報恩論一巻、信寂の慧命義一巻があったが現存しない。なお了慧の新扶選択報恩集二巻、扶選択正輪通義一巻、良定の評摧邪輪一巻、真沼の念仏選摧評一巻などがある。日蔵三八、浄全八、日本思想大系一五

**さいしゅう-わでんよう　蔡州和伝要**　一巻。時宗の託何の著(暦応二1339)。インド・中国・日本三国の念仏勧化の人師、念仏往生の妙好人をあげ、他力口称名号の易行が頓悟頓入の功能においてははるかに諸宗法門に超越しているとして、念仏往生の肝要を説いたもので、託何が遊行の法灯を嗣いだ翌年の著述。挙げる妙好人は、インドは浄飯王・馬鳴・竜樹など、中国は東晋の慧遠・白蓮社の十八賢・慧思・智顗・灌頂・湛然・慧布・元照・王日休・延寿・宗賾・義懐・白楽天・明本・遵式など、朝鮮は高麗の慧遠・百済の慧聡、日本は聖徳太子・空海・最澄・円仁・源信・空也などである。仏全六六、時宗全書

**さいじょう-いなりきょう　最上稲荷教**　日蓮系の新宗教団。本部、岡山市高松稲荷。昭和二九年1954稲荷山妙教寺を総本山として立教。奈良時代に摩訶聖人と呼ばれた報恩大師(718—95)に、最上位経王大菩薩(最上稲荷)が降臨し祭祀したのを始源とし、延暦四年785堂宇が創建されたという。はじめ神宮寺と称し天台寺院として隆盛したが中世には退転、慶長六年1601日円によって復興、稲荷山妙教寺と改称、日蓮宗に転派。現在本尊祭神を最上さまと呼び、その信仰は急速に進展している。→妙教寺《みょうきょうじ》

**さいしょう-いん　最勝院**　静岡県伊豆市宮上。曹洞宗。妙高山と号する。永享五年1433上杉憲清の創建と伝え、吾宗宗璨を開山とする。伊豆国の曹洞宗の僧録所であった。

**さいしょう-え　最勝会**　金光明最勝王経を講説して国家の安泰を祈る勅会。①南京三会の一。奈良薬師寺で毎年三月七日から一三日まで行われたもので、天長七年830

に始まり、文安二年1445に廃絶した。②北京三会の一。京都円宗寺で毎年二月一九日(のちには五月一九日)から五日間行われたもので、永保二年1082に始まり、鎌倉末期まで行われた。

**さいしょうおうきょう-まんだら　最勝王経曼荼羅**　一〇幀。紺紙著色。岩手県中尊寺大長寿院蔵。重要文化財。平安時代末の作。詳しくは金光明最勝王経金字宝塔曼荼羅図という。金光明最勝王経の一巻の文字で一宝塔を描き、その周囲に十界図・経意などを記した経典装飾画。一〇巻分ある。

**さいしょう-こう　最勝講**　①毎年五月の吉日の五日間を選んで、東大寺・興福寺・延暦寺・園城寺の四大寺の僧を召請し、宮中清涼殿で金光明最勝王経を講説させて国家の安泰を祈らせた法会。長保四年1002(一説に寛弘六1009)より恒例となる。仙洞最勝講・法勝寺御八講と合わせて三講といい、これを経て僧綱に任じられた。なお、南北朝時代に薬師寺の最勝会が廃されてからは最勝講をこれに代えて、南京三会とした。〔参考〕初例抄、拾芥抄　②仙洞最勝講は院の最勝講ともいい、白河法皇が永久元年1113鳥羽院で始めた。

**さいしょうし　最勝子**　(六世紀後半)㊵ジナプトラ Jinaputra の訳。慎那弗呾羅と音写する。インド唯識派の論師。鉢伐多《はつばた》(パルヴァタ Parvata)国の人。護法(ダルマパーラ Dharmapāla)の弟子。唯識十大論師の一人に数えられ、瑜伽師地論や唯識三十頌を註釈したと伝えられるが、前者の冒頭の一巻のみが唐の玄奘の訳により、瑜伽師地論釈一巻として現存する。〔参考〕成唯識論述記一、慈恩伝四

**さいしょう-じ　済松寺**　東京都新宿区榎町。蔭涼山と号し、臨済宗妙心寺派。正保三年1646の創建と伝え、開山は心印正伝、開基は祖心尼(美濃の稲葉氏の一族、徳川家光に仕えた)。寺地はもと大友義延館跡であったという。〔参考〕江戸名所図会四など

**さいしょう-じ　最勝寺**　①六勝寺の一。跡地は京都市左京区岡崎最勝寺町東部辺り。鳥羽天皇の御願により造営された方一町の寺で、元永元年1118落慶供養が行われた。承久元年1219延勝・成勝などの諸寺と共に焼失。元弘元年1331青蓮院門跡に付せられたが、応仁の乱後に廃寺となったと伝える。〔参考〕吾妻鏡、山城名勝志一四　②山梨県南巨摩郡増穂町最勝寺。最勝山と号し、高野山真言宗。天平年間729―49草創と伝え、初め三論宗であったが、弘仁年間810―24真言宗となる。かつては伽藍も整備されて栄えたが、天正1573―92の兵乱で衰微した。

**さいじょう-じ　最乗寺**　神奈川県南足柄市大雄町。曹洞宗。大雄山と号する。応永元年1394了庵慧明の開創と伝える。北条・豊臣・徳川諸氏の外護をうけて栄え、関東・甲信越などの曹洞宗寺院の多くは当寺の末寺であった。境内に了庵の弟子で天狗と化して一山を守護すると伝える妙覚道了を祀った道了殿があり、庶民の信仰をあつめている。伽藍は中世末期以来たびたび焼失したが、そのつど再建され、大正一五年1926および昭和二二年1947にも火災にあったが復興された。〔参考〕新編相模風土記

**さいじょうじょう-ろん　最上乗論**　一巻。唐の弘忍(601―74)の述。成立年不詳。禅宗の五祖弘忍が修道の要訣を示したもので、自身が本来清浄であることをいかにして知るかなど、一四の問答から成る。敦煌出土の禅籍および朝鮮の版本などの中から数種の異本が紹介されて、詳しくは蘄州忍和上導凡趣聖悟解脱宗修心要論といい、修心要論、或いは一乗顕自心論とも呼ばれたことが知られた。鈴木大拙編の少室逸書の付録に、五種の異本を対校している。㊅四八

**さいしょう-はいしゅ-ぎ　再生敗種義**　一巻。最澄(767―822)の著。成立年不詳。仏になる種の腐敗した声聞《しょうもん》や縁覚も再びよみがえって成仏できると主張した書。現在方便決定二乗再生成仏証文、過去決定性与増上慢二乗得記成仏証文、未来決定性二乗已入無余者聞経成仏証文の三章からなり、法華経・維摩経・法華論・大智度論などを引用している。日蔵三九、伝教大師全集二〔刊本〕慶安五1652刊

**さいしょう-もんどう-しょう　最勝問答抄**　一〇巻。成立年不詳。最勝王経に関する鎌倉時代の諸家の問答一四八題を類聚

したもの。編者は不明であるが、論義の作者の名が時々註記してあり、円玄・晴弁・貞慶・隆英・勝詮・有覚・永幸・尋暁など数十人の名が見える。いずれも四季講用意の論草を編纂したものらしい。仏全二〇

**さい-しょほうどうがく-きょう　済諸方等学経**　一巻。西普の竺法護の訳（300前後）。異訳に隋の毘尼多流支の記の大乗方広総持経がある。いずれの経説も仏説であるから信受すべきであるとし、仏説に二途を見て正法をそしる罪を説き、菩薩道は般若のみでなく、すべての行がみな般若の道であると説く。㊅九、国一法華部

**さいしん　再請**　禅宗の用語。再進ともいい、再度食を申し受けること。二杯目、おかわり。

**さいしん　済信**　（天暦八954—長元三1030）真言宗の僧。左大臣源雅信の子、敦実親王の孫。仁和寺僧正、真言院僧正、北院僧正などと称された。早くから勧修寺雅慶に師事し、密教・法相を学んだ。永祚元年989仁和寺別当に補任され、同寺喜多院に住し、朝野の崇敬をあつめた。長徳四年998東寺二長者、寛弘二年1005東大寺別当となる。寛仁四年1020僧徒で初めて牛車を許された。〔参考〕日本紀略、僧綱補任三、東寺長者補任一、東大寺別当次第、仁和寺御伝、仁和寺諸院家記

**さいしん-ぜん　再請禅**　禅宗の用語。規定された一定時間の坐禅を終えた後、さらに続けて坐禅すること。

**さいせん　済暹**　（万寿二1025—永久三1115）真言宗（京都慈尊院）の学僧。字は南岳。源文綱の子。京都の人。応徳元年1034仁和寺性信法親王について伝法灌頂をうけ、広沢一流の正統を継いだ。天仁二年1109仁和寺伝法会を設け理趣経を講じた。著書、続遍照発揮性霊補闕抄、法華経供養講文ほか多数。〔参考〕僧綱補任、東寺長者補任、東宝記、伝法灌頂血脈

**さいせん　賽銭**　散銭《さんせん》ともいう。社寺に参って神仏にあげる金。賽とは神仏から受けためぐみに財をもって報いる意、散とはまきちらす意である。

**ざいぜん　在禅**　（元文四1739—文政三1820）浄土宗の僧。宝蓮社薫誉香阿と称し、無所著道人と号した。紀伊の人。姓は矢田氏。幼年から和歌山大立寺明誉潭光に師事、名を潭道といった。宝暦六年1756江戸増上寺に遊学、明和七年1770館林善導寺の在定につき、その法嗣となり、在禅と改めた。文化五年1808増上寺五五世となった。詩文もよくした。著書、列祖諸徳賛、放生報応集など。〔参考〕大僧正薫誉上人伝、三縁山志一一

**さいだい-じ　西大寺**　①奈良市西大寺町。真言律宗総本山。秋篠山と号し、高野寺《たかのでら》、四王院とも呼ばれた。南都七大寺・十大寺の一。天平神護元年765称徳天皇（高野天皇）の勅願。常騰《じょうとう》を開基とする。神護景雲元年767封五〇戸を賜り、その後も何度か増封され、延暦一七年798には官寺に列した。承和一三年846および貞観二年860に炎上してから次第に寺運が衰えたが、文暦二年1235叡尊《えいそん》が再興してから戒律の道場として栄えた。文亀二年1502兵火にかかり、天正年間1573—92には松永久秀に寺領を掠奪されて再び衰微したが、徳川家康が寺領三〇〇石を寄進して維持を図った。現在、毎年四月の第二土・日曜に行われる大茶盛行事は、延応元年1239叡尊が修正会後に献

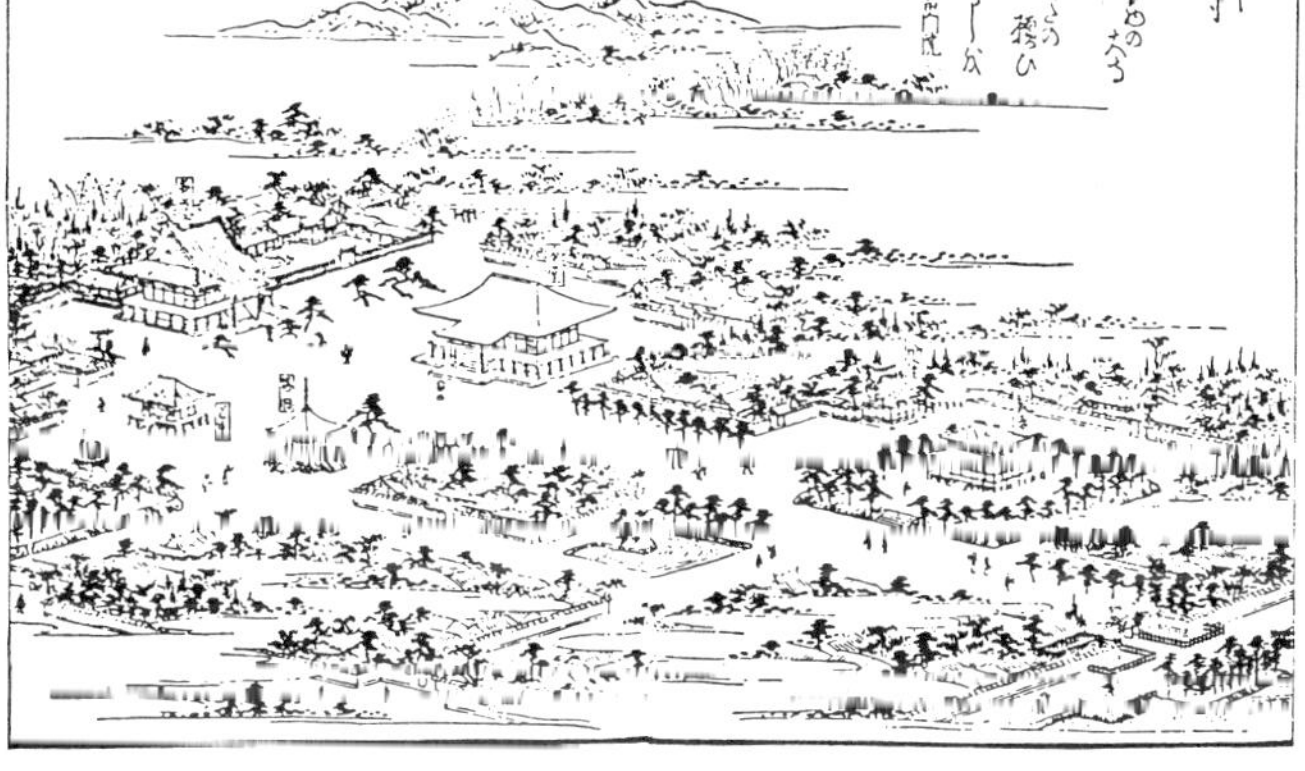


西大寺（西国三十三所名所図会）

茶をふるまったことに始まったという。〔国宝〕絹本著色十二天像、金銅透彫舎利塔、舎利瓶・鉄宝塔、金銅宝塔（内部安置品とも）、金光明最勝王経（天平宝字六年百済豊虫願経、蒔絵経箱とも）、大毗盧遮那成仏神変加持経（天平神護二年吉備由利願経）〔重文〕木造行基菩薩坐像、同釈迦如来立像（内部納入品とも）、同阿弥陀如来坐像、同四天王立像、同興正菩薩坐像（内部納入品とも）、厨子入木造愛染明王坐像（付属品とも）など多数〔参考〕続日本紀、元亨釈書、拾芥抄、西大寺縁起、西大寺資財流記帳、西大寺田園目録 ②岡山市西大寺中。高野山真言宗。金陵山と号し、俗に観音院という。天平勝宝三年751藤原氏の娘、皆足《みなたり》の宿願により、郡内の金岡荘松中島に一字を建立し、千手観音の像を安置したのにはじまり、宝亀八年777紀伊の安隆《あんりゅう》が夢告によって現地に移したとも、同国津高の報恩の建立とも伝える。鎌倉時代には天下の祈願所と称されたが、正安元年1299雷火のため焼失した。文亀年間1501—04忠阿が初めて修正会を修し、以来山門が繁栄したので忠阿を中興開山とする。鎌倉時代より門前に市座があって有名。修正会は会陽《えよう》の秘法とよばれて現在に伝えられ、俗に西大寺裸祭として二月第三土曜日に行われる。〔参考〕金陵山縁起

**さいちおん　崔致遠**　（憲安王元年857—　）新羅末期の大学者。字は孤雲・海雲、諡号は文昌侯。一二歳で入唐して一七歳で科挙に合格し、承務郎侍御史内供奉になって紫金魚袋の下賜を受けた。二八歳で帰国して阿飡を務めたが、のち乱世に絶望して海印寺に入り余生を終えた。著書、唐大薦福寺故寺主翻経大徳法蔵和尚伝一巻など多数。〔参考〕三国史記一一、朝鮮金石総覧

**さいちょう　最澄**　（神護景雲元767—弘仁一三822）日本天台宗の開祖。貞観八年866伝教大師と勅諡され、根本大師、山家大師、叡山大師などとも呼ぶ。近江の人。姓は三津首《みつのおびと》。幼名を広野という。一二歳で近江国師行表の門に入り、宝亀一一年780近江国分寺僧の補欠として得度し、延暦四年785東大寺で受戒したが、同年七月寂静の地を求めて日枝《えひ》山に草庵をいとなみ、願文をつくって仏国土の理想実現を誓った。天台の教籍を読んで法華経を中心とする一乗思想に傾倒し、同七年比叡山上に小堂を建てて比叡山寺と号し、一二年一乗止観院と改めた。同一六年内供奉十禅師に列し、同二一年高雄山寺の法華経講会に出講して学識が認められ、入唐還学生《げんがくしょう》の許可を得た。同二三年渡航し、台州で道邃《どうずい》・行満から台・禅・戒を学び、翌二四年越州で順暁から密教をうけて帰国。二五年には天台法華宗が公認されて年分度者二名を賜った。その後、空海と親交を結び互いに助けあったが、弟子泰範の去就をめぐって不和になった。弘仁七年関東に布教し、上野の緑野寺と下野の小野寺に千部法華経塔を建て、また法相宗の徳一と一乗と三乗との優劣について論争を重ねた。同九年、大乗菩薩僧の養成と大乗戒壇の設立を念願して天台法華宗年分学生式（六条式）・勧奨天台宗年分学生式（八条式）を草し、同一〇年、さらに天台法華宗年分度者回小向大式（四条式）を作って、嵯峨天皇に奉ったが、戒壇の設立については僧綱や南都の諸大徳に反対されたので、顕戒論を著わして反論した。しかし生前には戒壇の設立は実現せずに同一三年六月四日山上の中道院で生涯を終えたが、没後七日目にその設立が許された。著書には上記のほか、照権実鏡、法華去惑、守護国界章、決権実論、法華秀句、内証仏法血脈譜などがあり、真偽未詳のものをも含めておよそ一六〇部とされる。伝教大師全集に収められる。〔参考〕叡山大師伝、日本後紀、類聚三代格、元亨釈書一、日本思想大系四

最澄自署

**さいてつ　斎哲**　（　—貞和三1347）臨済宗の僧。字は明叟。文保二年1318元に渡り、天目山の中峰明本に謁し、また諸師を歴訪して、嘉暦元年1326清拙正澄と同船で帰朝。建仁・建長・慧林の諸寺に歴住し、正法寺の開祖となった。〔参考〕延宝伝灯録五

**さい-でら　佐井寺**　大阪府吹田市佐井

寺。碕井山と号し、真言宗。佐為寺とも記され、山田《さんでん》寺ともいう。天武天皇六年677道昭の開創にかかり、以後道薬・行基が住持したと伝え、天平七年735には七堂伽藍と六十余院が完備したという。一説には天平七年行基の開山といい、当寺背後の山（行基山・愛宕山とも）から出現した十一面観音を本尊として安置したと伝える。弘仁五年814と同七年に嵯峨天皇が綿一〇〇屯を施入。応永年間1467―69以後何回か焼失したが、その都度再建されたらしい。江戸時代は真言宗高野山南院の末寺であった。〔参考〕類聚国史、摂津名所図会、淀藩領寺社吟味帳写（元禄五1692）など

**ざいてん　在纏〔出纏《しゅってん》《しゅつでん》〕**　「ざいでん」とも読む。心の迷い（煩悩《ぼんのう》）は衆生《しゅじょう》を迷苦の境界に束縛するから纏《てん》といい、この煩悩の中に迷い込んでいることを在纏という。これに反して煩悩の束縛を離れ、悟りの境界に至ったことを出纏という。如来蔵は煩悩に覆われているから在纏真如《しんにょ》といい、煩悩を払い除けて顕現した法身を出纏真如という。

**ざいてん-さいなんじょうもく-しょう　摧碾再難条目鈔**　二巻。了海の著。宝永六年1709了海が洛北の光念寺で浄土宗義を講じたのに対して、鷹ケ峰の日蓮宗常照寺の門徒がこれを非難して僻難書策《へきなんしょさく》を送った。了海は酬一篇を作って答えたが、日達が再難条目を著わして再び批判したので、了海は本書を製してさらに応酬した。その後、日蓮宗側では、日達が愍諭繫珠録七巻を、日題が断邪顕正論五巻を著わして本書に反論している。〔刊本〕正徳二1712刊

**ザイデンステュッケル　Seidenstücker, K. B.**　(1876―1936) ドイツの仏教者・仏教研究家。一九〇三年ライプチッヒに仏教伝道協会を始め、伝道に力をつくした。著書にDer Buddhist（仏教徒 1906）、小誦のドイツ語訳（Khuddaka-pāṭha, kurze Texte, 1910）、Pāli Buddhismus in Übersetzungen（パーリ仏教1911）、Das System des Buddhismus（仏教の体系1911）、ウダーナのドイツ訳（Udāna, das Büch der feierlichen Worte des Erhabenen, 1920）などがある。

**さいてん-にじゅうはっ-そ　西天二十八祖**　釈迦仏より悟りを伝えたインドの二八人の祖師。天台宗で付法蔵因縁伝により金口相承二十四祖を説くのに対し、禅宗ではそれに四祖を加えて二十八祖としたもの。摩訶迦葉・阿難陀・商那和修・優婆毱多・提多迦・弥遮迦・婆須蜜・仏陀難提・仏陀蜜多・脇・富那夜奢・馬鳴・迦毘摩羅・竜樹・迦那提婆・羅睺羅多・僧佉難提・伽耶舎多・鳩摩羅多・闍夜多・婆須槃頭・摩拏羅・鶴勒那・師子・婆舎斯多・不如蜜多・般若多羅・菩提達磨をいう。菩提達磨は西天二十八祖であると同時に、中国へ来たので東土六祖の初祖でもあり、西天と東土の諸祖を通算して三十三祖という。宋代に相承について天台宗との間に論争があった。〔参考〕付法蔵因縁伝、伝法正宗記、景徳伝灯録

**さいど　済度**　迷いの境界にある者を導いて悟りの境界へ救い渡すこと。済は拯済《じょうさい》の意味で救うこと。救済と同じ。度は度脱の意味で、迷いの大海・生死の苦海）を渡すこと。

**さいとう-ごま　柴灯護摩**　修験道で行われる護摩の一種で屋外で修せられる。理源大師聖宝に始まると伝える。宇多天皇の時、大和金峯山に毒蛇が住んでいたのを、聖宝が不動三昧に入りこれを退治しようとして、結界のために護摩法を修したが、人里はなれて、修法の器具が得られず、止むなく山中の柴薪をあつめて護摩法を修した。これによって柴灯の名がおこったという。不動明王を本尊として、天下泰平・国家安穏を祈る。なお当山派修験では入峰修行の際に手続きの松をのこし、本山派修験ではこれを採って修行するので、前者は柴灯と書き、後者は採灯と書く。〔参考〕修練秘要義四、当山門源記

**さいとう-ゆいしん　斎藤唯信**　（元治元1864―昭和三二1957）仏教学者。松堂と号し、香松院と称する。真宗大谷派の僧。越後（現新潟県）の人。真宗大学寮に学び、東京の哲学館講師・大谷教校校長・真宗大学教授などを歴任し、大正三年1914大谷大学教授・京都帝国大学講師となる。文学博士。大

谷派講師。著書、仏教学概論、教行信証御自釈講要、選択本願念仏集講要。〔参考〕斎藤唯信・松堂九十年史

**さいにち　斎日**　在家の人が一定の日に八斎戒を守り、身心を慎み行為を反省し、善事を行う精進日《しょうじんび》のこと。毎月の八日・一四日・一五日・二三日・二九日・三〇日の六日がそれで、これを六斎日という。この日、出家の比丘《びく》は一カ所に集合して布薩《ふさつ》を行う。この日には、四天王またはその大臣が世間を巡察して人間の善悪を観察するといわれる。また一日・八日・一五日・二三日を斎日とすることもある、これを四斎日という。正月・五月・九月の三カ月(のそれぞれ前半月)にわたって長く八斎戒を守るのを三長斎といい、三長斎日(年の三長斎日)に六斎日を加えて九斎日という。また六斎日に一日・一八日・二四日・二八日を加えて十斎日《じっさいにち》という。⇩三長斎月《さんちょうさいげつ》

**さいにち　賽日**　閻魔詣《えんまもうで》、閻魔参りともいい、正月一六日と七月一六日とに閻魔王に参詣する年中行事。この日は地獄の釜のふたのあく日だといい、商家の奉公人らは休暇をとる。

**さいねん　西念**　(養和元1181―正応二1289) 親鸞門下二十四輩の一。諱は能信。姓は源氏。義家の後裔、信濃高井城主井上盛長の子。俗名を貞観という。父母に死別して親鸞の弟子となった。やがて、武蔵足立郡野田に一字を建立して住したが、正応元年本願寺三世覚如の関東巡化の時、なお存命して長命寺の寺号を賜ったと伝える。千葉県野田市長命寺、茨城県坂東市の西念寺、長野市長命寺は、その遺跡である。〔参考〕二十四輩記、大谷遺跡録二・三

**さいねん-じ　西念寺**　①茨城県笠間市稲田。稲田山と号し、単立。もと稲田御坊・稲田の禅房といい、かつて親鸞が東国在留時、当地に草庵を結んだ。親鸞の帰洛後、弟子教養(稲田頼重)およびその子孫があとを継いだ。嘉元二年1304西念寺と号した。②茨城県坂東市辺田。極楽山聴衆院と号し、真宗大谷派。親鸞の直弟子西念の遺跡。もと天台宗の聖徳寺といったのを西念が現宗に改めたと伝え、延宝年間1673―81現寺号として二十四輩寺院の一に加えられた。〔参考〕二十四輩順拝図会後巻三、大谷遺跡録二・三

**さい-の-いしき　細の意識**　無始の時からこのかた、同一の状態で間断なく相続する微細な心識のことで、上座部の説という。経量部ではこれを一味蘊《いちみうん》と名づける。この心識がわれわれの輪廻《りんね》の主体であると考えられた。これは唯識説における阿頼耶識《あらやしき》の思想の先駆をなすものである。また譬喩者、分別論師《ふんべつろんじ》が無心定《むしんじょう》にも細心が滅しないで相続すると主張するのも、これに類する(成唯識論巻三)。

**さい-の-かわら　賽の河原**　小児が死んだ時に行くと考えられている冥土にある河原。幼くして死ぬ者は、未だ父母の恩に報いていないから、この河原で種々の呵責を受けるが、地蔵菩薩が救うという。経中に典拠はないが、法華経方便品に「童子戯れに沙を聚めて仏塔を作るも皆已に仏道を成ず」とあり、地蔵菩薩は六道にあって衆生を導くといわれ、特に児童との因縁をもっていると考えられていたので、それらから創作された日本での俗信であろう。地蔵和讃や賽の河原和讃などで広く知られ、音調悲哀を帯び人の心をうつものがある。賽という名称の起源には諸説があり、大和の狭井河であるとも、平安京佐比大路の南端佐比の里の百姓葬送の地であった桂河と鴨川の合流地の佐比河原であるともいう。また道祖《さえ》の河原、即ち道祖神ともする。この思想は伊吹山絵詞・月日の御本地などのお伽草子に現われ、室町時代に始まると思われる。〔参考〕三代実録一六、東遊行嚢抄一三

**ざいふく　罪福**　罪と福と。楽の果報(むくい)を招くような五戒・十善・布施《ふせ》などの善業《ぜんごう》(善い行い)を福、福徳といい、苦の果報を招くような五逆・十悪などの悪業(悪い行い)を罪、罪悪という。

**さいふく-じ　西福寺**　福井県敦賀市原。大原山と号し、浄土宗。応安元年1368良如が開創し、融通念仏により信仰を集めた。明徳元年1390勅願所、応永三三年1426幕府祈願所となる。書院・庭園は国指定名勝。〔重文〕絹本著色主夜神像、同観経変相曼荼羅図、同阿弥陀如来像、紙本墨書経巻(一五巻)、同般若心

経〔参考〕敦賀市史

**さいふく-じ　最福寺**　千葉県東金市東金。安国山と号し、単立。もと天台宗に属していたが、文明一一年1479日近《にちごん》が再興して日蓮宗に改宗したといい、日近を中興開山とする。天正年間1573―92以降西福寺としたが、のち旧寺名に復した。

**さいぶつ　西仏**　⇩信救《しんぐう》

**さいほう-こうこ　西方公拠**　二巻。清の彭際清《ほうさいせい》の編(乾隆五七1792序)。念仏往生の行業をすすめその利益を説いたもの。もと一巻で呉の信士たちが集めたものを、彭際清が訂正増補したもので、起教大綱、浄業正因、浄課儀式、西方境観、往生功行、蓮宗開示、往生現果の七章からなる。(続)二・一四・四〔刊本〕光緒四1878刊

**さいほう-ごうろん　西方合論**　一〇巻。明の袁宏道《えんこうどう》の著。万暦二七年1599に著者が病気にかかって禅から浄土教に転じたときに作ったもので、広く経論釈にわたって浄土教の諸問題を論じ、すべての教えが浄土教に帰すべきことを説く。また明の智旭は、本書を浄土教に関する要書の一として浄土十要のなかに収める。(大)四七

**さいほう-ごくらく-みょうげん-ろん　西方極楽明眼論**　一巻。大円の著(享和元1801)。真宗における秘事法門の一、自己心性これ弥陀、娑婆即寂光浄土を主張した秘密書。真系三六(秘事法門集下)

**さいほう-じ　西芳寺**　京都市西京区松尾神ケ谷町。洪隠山と号し、臨済宗天竜寺派。俗に苔寺《こけでら》という。行基建立の四十九院の一つ西方寺に始まると伝える。建久年間1190―99中原師員が法然に帰依して堂舎を修復し、西方・穢土の二寺に分け、浄土宗に改めた。暦応二年1339摂津親秀が夢窓疎石を請じて中興開山とし、堂舎林泉を整えて現寺名に改め臨済宗とした。永禄一一年1568策彦《さくげん》が堂舎を再建したが、のち洪水のために大破したのを、明治一一年1878復興した。中世以降特に庭園(国指定の史跡・特別名勝)の美により知られ、庭内の茶室湘南亭は疎石の創建で、千利休の子少庵が隠居所として再建。幕末維新の際、岩倉具視も一時ここに寄寓した。〔重文〕湘南亭、絹本著色夢窓国師像〔参考〕山城名勝志一〇、平安通志

**さいほう-じ　最宝寺**　神奈川県横須賀市野比。五明山高御蔵と号し、浄土真宗本願寺派。もと鎌倉に天台宗寺院として創建され明光を開基とするが、承元三年1209明光は親鸞に帰依して真宗に改めたという。大永元年1521明心のとき現地に移った。〔参考〕大谷本願寺通紀、二十四輩記、大谷遺跡録四

**さいほう-じきし　西方直指**　三巻。明の一念の編。成立年不詳。儒・仏合流の立場から、禅と浄土教との一致を説き、浄土往生をすすめた書。(続)二・一三・四

**さいほう-しなん-しょう　西方指南抄**　六巻。源空の法語遺文などを集めた書。二七章から成る。中巻本の法語一八条、中巻末の源空聖人私日記・三機分別・四箇条問答、下巻本の浄土宗大意、下巻末の四種往生事は本抄だけに収められており、漢・和語灯録などには見えない。親鸞の編著といわれるが、疑問も多い。(大)八三、昭和新修法然上人全集、定本親鸞聖人全集五〔真蹟本〕専修寺蔵(康元元1256、国宝)〔写本〕専修寺蔵本(康元二覚信写・下末を欠く、徳治三1308顕智写・下末のみ)〔刊本〕万治四1661刊、天和三1683刊、元禄七1694刊〔複製〕親鸞聖人真蹟集成五・六

**さいほう-じょうごう-しき　西方浄業式**　三巻。天台真盛宗で用いる在家勤行式。自我偈・光明真言・随求陀羅尼・般若心経などや、源信・真盛などの法語を収め、終りに円戒国師行状伊呂波和讃・別願和讃・来迎和讃・円戒国師和讃・極楽国弥陀和讃の五篇を収める。〔刊本〕明治一一1878刊

**さいほう-だらにぞう-ちゅう-こんごうぞく-あみりた-ぐんだり-ほう　西方陀羅尼蔵中金剛族阿蜜哩多軍荼利法**　一巻。唐の義操が訳し海雲が筆受したという。陀羅尼集経巻八の軍荼利法を多少増補したもので、唐の長慶元年821海雲の記した本を円仁がわが国に将来した。(大)二一

**さいほう-ほっしん-しゅう　西方発心集**　二巻。成立年不詳。巻上に一二条の問答を設けて往生を勧め、巻下に善導の釈によって第十八願の意を和語で述べる。巻首に法然の作と記すが、後人の作であろう。昭和新修法然上人全集〔刊本〕慶安元1648刊

**さいほう-ようけつ　西方要決**　一巻。詳しくは西方要決釈疑通規という。唐の窺基《きき》(632—82)の著とされるが、その真偽については古来問題となっている。成立年不詳。西方往生について諸経論による疑難一四カ条を挙げてこれを会通し、往生をすすめた書。㊅四七　〔参考〕基弁・弁西方要決真偽造疑、良忠・往生要集義記三

**さいまんだら-しゅう　西曼荼羅集**　一巻。覚超(960—1034)の著。成立年不詳。教王経、六巻本略出経、摂真実経および教王経疏(金剛頂経疏)、対受記などによって金剛界曼荼羅図ならびに壇場を解釈し、金剛界壇場の観行を述べ、続いて三十七尊種子曼荼羅・九会曼荼羅などを掲げ、種々の異説を挙げて取捨選択し解釈を加えている。同じ著者の東曼荼羅抄と共に曼荼羅研究の力作。㊅七五

**さいみょう-じ　西明寺**　①中国長安(陝西省西安府)にあった寺。唐の顕慶元年656高宗の勅によって工を起こし、同三年落成した。規模はインドの祇園精舎の制に模したと伝えられる。大徳五〇人を選んで住まわせ、道宣を上座、神泰《じんたい》を寺主、懐素《かいそ》を都維那に任じ、玄奘《げんじょう》にこれらを監督させたという。のち、会昌の法難にあって廃絶した。〔参考〕戒壇図経、大唐慈恩三蔵法師伝一〇、扶桑略記六　②京都市右京区梅ケ畑槇尾町。真言宗大覚寺派。槇尾山平等心王院と号する。空海の草創と伝え、その弟子智泉が住したという。建治年間1275—78自性上人我宝が中興し、正応三年1290後宇多法皇が新たに堂塔を建立して平等心王院と名づけた。永禄年間1558—70に兵火で焼失、慶長七年1602明忍が廃址に草庵を営み、元禄一二年1699将軍徳川綱吉の母桂昌院が堂舎を寄進した（一説に、後水尾天皇中宮東福門院の寄進とも）。〔重文〕木造釈迦如来立像、同千手観音立像　③滋賀県犬上郡甲良町池寺。天台宗。竜応山と号し、池寺とも呼ぶ。承和年間834—48仁明天皇の勅願により三修が開創したと伝える。天正年間1573—92織田信長に一部を焼かれた。〔国宝〕本堂、三重塔　〔重文〕宝塔、二天門、絹本著色十二天像、木造薬師如来立像、同二天王立像、同釈迦如来立像、同不動明王及二童子像、錦幡　④栃木県芳賀郡益子町益子。独鈷山と号し、真言宗豊山派。坂東三十三所第二〇番札所。花山法皇の草創という。〔重文〕三重塔(露盤銘、天文二〇1551)、楼門(墨書銘、明応二1493)、本堂内厨子

**さいみょう-じ　最明寺**　⇨禅興寺《ぜんこうじ》

**さいよう-しょう　最要鈔**　一巻。覚如の撰(康永二1343)。第十八願文・願成就文および正信偈の一節を掲げて、和語で註釈を加えた書で、従覚に口述筆記させ、道源に与えたもの。真宗法要六、真宗仮名聖教三、真宗史料集成一〔写本〕大谷大学蔵(端坊本)、京都西法寺蔵　〔刊本〕元禄四1691刊　〔註釈〕大含・講義一巻(真全四五)、親教・同話、制心・要註二巻(真系二五)、覚寿・略述一巻　〔参考〕慕帰絵詞

**さいらく-じ　西楽寺**　静岡県袋井市春岡。真言宗智山派。行基の草創といい、寛治元年1087源顕房が再興して真言宗とした。天正年間1573—92武田氏の兵火にあったが、間もなく再建され、徳川家康の祈禱所となった。

**さいりん-じ　西林寺**　⇨廬山《ろざん》

**さいりん-じ　西琳寺**　大阪府羽曳野市古市。向原山と号する。高野山真言宗。欽明天皇二〇年559文首阿志高の創建と伝え、和銅二年709西林寺と称し、延暦782—806、延喜901—23頃は古市寺といって栄えた。承暦四年1080興福寺一乗院に寄進され、鎌倉時代には西大寺叡尊により中興された。天正年間1573—92兵火にあい、明治の排仏毀釈で小堂のみ残ったが、第二次世界大戦後再建された。〔参考〕西琳寺文永註記、感身学正記

**さいれん-じ　西蓮寺**　①茨城県行方市玉造町西蓮寺。尸羅度山と号し、天台宗。延暦年間782—806曽禰の長者が草創し、最仙を開山としたと伝える。明応八年1499、明治一九年1886焼失したが、その都度再建された。毎年九月二四—三〇日まで新仏供養の常行会が行われ、俗に「仏立て」といわれる。〔重文〕仁王門、相輪樘　②三重県伊賀市長田。天台真盛宗。創建年代は不明であるが、明応元年1492宗祖真盛《しんぜい》が中興。真盛は同四年当寺で没した。境内に後土御門天皇や真盛の石造五輪塔がある。〔重文〕絹本著色藤堂高虎像(天海の

賛がある）〔参考〕本朝高僧伝一八

**サウンダース**　Saunders, Kenneth J.　生没年不詳。アメリカの宗教学者。著書、パーリ法句経の英訳(The Buddha's "Way of virtue," 1912)、Gotama Buddha（ゴータマ・ブッダ1922）、Lotus of the mahāyāna（大乗白蓮華1924）などがある。

**さえ　衩衣**　禅宗の用語。「さいえ」とも発音する（衩は袒、かたぬぐ、はだぬぐの意）。袈裟《けさ》を畳んで左手に掛け、ただ法衣のみを着る略装の一種。

**さえき-きょくが　佐伯旭雅**　（文政一一1828―明治二四1891）仏教学者。真言宗の僧。字は恵浄。雲洞と号する。阿波(現徳島県)の人。一三歳で剃髪し、京都へ出て諸宗の諸師を歴訪した。とくに倶舎・唯識を究め、悉曇・儀軌に精通した。明治維新に際して、雲照らと共に教部省の設置につくした。明治九年泉涌寺住職となり、晩年には随心院門跡となった。著書、冠導倶舎論三〇巻、冠導成唯識論一〇巻、倶舎論名所雑記六巻、唯識論名所雑記三巻。〔参考〕旭雅行実、泉涌寺記、随心院門跡世代譜

**さえき-じょういん　佐伯定胤**　（慶応三1867―昭和二七1952）仏教学者。法相宗の僧。大和(現奈良県)の人。明治九年1876佐伯懐厳の養子となり、翌年法隆寺で得度、奈良教校に学んだ後、佐伯旭雅に師事して倶舎・唯識・因明などを修めた。ついで法相宗の学頭、勧学院長となり、明治三六年法隆寺住職に就任、昭和二四年同寺を聖徳宗の総本山とし、住職を辞した。この間、法相教学の再興と聖徳太子の鑽仰に専念した。著書は、法相宗綱要、十七条憲法と大乗仏教など太子、法相学に関するものが多い。

**ざおう-ごんげん　蔵王権現**　大和吉野の金峯山《きんぶせん》蔵王堂の本尊で、修験道の祖とされる役小角《えんのおづぬ》が金峯山中で修行中に祈り出したものという。蔵王権現像は経軌にもなく、根拠が不明であるが、一般に一面三目二臂で、忿怒形。頂上に三髪冠、右手に三鈷杵を持って頭上に振り上げ、左手を腰に据え右足をあげて躍りあがった形像をしている。金峯山信仰と蔵王権現が結びついたのは平安時代後期頃とされ、のち大峯信仰に基づく修験者たちが全国を行脚し、蔵王権現像を各地に安置するに至った。鏡像・懸仏に遺例が多く、彫像は割合少ない。在銘最古の事例は、東京総持寺(西新井大師)の鋳銅刻画蔵王権現像(国宝)で、長保三年1001の作。

**ざおう-どう　蔵王堂**　⇨金峯山《きんぶせん》

**さかいの-こうよう　境野黄洋**　（明治四1871―昭和八1933）仏教史学者。真宗大谷派の僧。法名は哲海、のち哲。黄洋は号。宮城県仙台の人。井上円了の仏教活論を読んで仏教学を志し、東京哲学館(現東洋大学)を卒業後、明治三一年同講師となる。翌年、有志と仏教清徒同志会を組織し、雑誌「新仏教」の編集に従事した。大正七年1918東洋大学学長、のち駒沢大学教授となり、三国の仏教史研究に尽くした。著書、日本仏教史講話、支那仏教史講話、印度仏教史綱、八宗綱要講話、支那仏教精史、聖徳太子の研究など多い。

**さかき-りょうざぶろう　榊亮三郎**　（明治五1872―昭和二一1946）梵文学者。和歌山県那賀郡の人。明治二八年(東京)帝国大学文科大学博言学科卒業。入学院では梵語学を専攻。同三〇年浄土真宗本願寺文学寮に招かれ、同四〇年京都帝国大学助教授、のち教授を歴任。この間、梵語研究のため二度欧州に留学し、その帰途、インドの仏跡を調査、仏典の梵文写本を収集研究した。インド古代学研究の草分け的存在の学者として知られる。著書、梵語学、弘法大師とその時代、榊亮三郎論集など。

**さかた-でら　坂田寺**　奈良県高市郡明日香村坂田にあった寺。金剛寺とも、小墾田《おはりだ》坂田尼寺ともいう。鞍作多須那《くらつくりのたすな》が用明天皇二年587天皇の病気平癒を祈って造ったとも、推古天皇一四年606多須那の子鞍作鳥が造ったともいう。承安年間1171―75多武峯妙楽寺の末寺となったが、のち廃絶。現地の金剛寺(浄土宗)はその遺跡と伝える。〔参考〕日本書紀二一、扶桑略記

**さぎのもり-べついん　鷺森別院**　和歌山市鷺ノ森。浄土真宗本願寺派の別院。文明八年1476蓮如の弟子了賢が冷水《しみず》浦(現和歌山県海南市)に道場を建てたのに始まる。

その後、黒江(同)、さらに和歌浦弥勒寺山(現和歌山市)に移され、ついで永禄六年1563現地に移転、雑賀御坊・鷺森御坊ともいった。天正八年1580織田信長と和を結んだ本願寺一一世顕如は、祖像を奉じて石山本願寺を退いて当院に入り、同一一年まで滞在した。〔参考〕大谷本願寺通紀、鷺森旧事記

**サキャ-じ　Sa-skya 寺**　薩迦寺と音写する。チベット仏教紅帽派の一派であるサキャ派の本山。タシルンポ Bkra-śis lhun-po(札什倫布)の西南にある。一〇七三年コン・クンチョク・ゲーポ Hkhoṅ dkon-mchog rgyal-po(1034―1102)の創建。

**ざぐ　坐具**　梵ニシーダナ nisīdana の訳。敷具《ふぐ》、随坐衣とも訳し、尼師壇《にしだん》と音写する。三衣《さんね》・鉢《はつ》・漉水嚢《ろくすいのう》とともに、比丘《びく》が常に所有すべき六種の生活必需品(六物《ろくもつ》)の一。坐臥するときに下に敷く長方形の布で、布片を二重三重四重に重ねて造り、新調するときには古いものをその中央に貼りつけて造る。後世、中国や日本では仏や師長を礼拝するときに敷く。また坐具の一種である草座《そうざ》は、仏陀が成道のとき敷いて坐った吉祥草《きちじょうそう》を模したものので、法会《ほうえ》のとき長老が敷く。

**さくあ　作阿**　生没年不詳。鎌倉時代の僧。時宗市屋派の開祖。初め俊晴(または俊暁)と号し、また唐橋法印胤慧といわれた。もと天台の僧で、京都金光寺三三世であったが、一遍の教化をうけ、作阿と改名し、寺も時宗に改めて市屋道場とした。その一派を市屋派という。〔参考〕一遍上人絵詞伝直談鈔一〇、浄土伝灯総系譜下

**さくじゅう　数習**　数多く習慣的に重ねて行うことで、串習《かんしゅう》ともいう。数習によって成じられた力を数習力、串習力という。

**さくでん　策伝**　(天文二三1554―寛永一九1642)浄土宗西山深草派の京都誓願寺五五世。諱は日快という。号は安楽庵、醒翁。美濃の人。幼少に美濃の浄音寺で出家、京都禅林寺の智空甫叔に宗義を学んだ。のち中国地方に遊化、備前大雲寺・備中誓願寺ほかの諸寺を創建、次いで京都誓願寺を継いだ。のち塔頭竹林院を建てて住し、元和年間1615―24の初め、安楽庵を構えて隠棲、風流茶事をたしなんだ。所司代板倉重宗の請により醒睡笑八巻を著わして(噺本の初め)、落語の開祖としての名声がもっとも高い。

**さくらい-けいとく　桜井敬徳**　(天保五1834―明治一八1885)尾張の人。園城寺の敬彦に師事し、文久元年1861三井法明院の住持となる。明治一八年フェノロサ、ミゲロに戒を授けた。〔参考〕敬徳大和上略伝

**さごう　作業**　⇩安心起行作業《あんじんきぎょうさごう》

**ささき-げっしょう　佐々木月樵**　(明治八1875―大正一五1926)仏教学者。真宗大谷派の僧。姓は山田氏。愛知県願力寺に生まれ、同上宮寺を継いで姓を佐々木と改める。三河教校・京都第一中学寮・真宗大学研究科を卒業。大学在学中、清沢満之らの本願寺宗政改革運動に参加。明治三四年清沢満之・多田鼎・暁烏敏らと雑誌「精神界」を発刊し、同三九年真宗大学教授となる。欧米の宗教・教育事情を視察し、大正一三年大谷大学学長となり、仏教研究の単科大学として機構整備につとめた。著書、唯識二十論の対訳研究、支那浄土教史など。佐々木月樵全集六巻がある。

**ささき-てっしゅう　佐々木徹周**　(文政元1818―明治二七1894)真宗大谷派の僧。字は是論。越前(現福井県)専久寺の住職。善知識により信心が与えられると主張した。宗義を異解したとしてしばしば本山の注意を受けたが、回心せず、時宗に転宗して自説を弘めた。著書、改悔文偶語録、機法二種深心問答。

**サーサナヴァンサ　Sāsanavaṃsa**　教史とよぶ。ビルマに伝播した上座部仏教の歴史を概説したパーリ語の史書。一八六一年にパンニャーサーミ Paññāsāmi 長老が編纂したといわれる。

**ささら　簓**　竹の先を細かく割って束ねた道具で、田楽《でんがく》や歌祭文《うたざいもん》などの芸能に使う楽器。またはそれを使用した雑芸能者の呼称。ささらという楽器は「びんささら」(編木と書く)、「摺りささら」の二種類があり、前者は主として田楽法師に固有の楽器で、伊勢比丘尼もこれを携えて廻国

した。後者は平安時代の田囃子に使用され、中世にはこれで拍子をとる芸人をささら摺りといった。江戸時代には説教・祭文語りがその芸態を継承したが、その社会的地位は低く、関東・中部地方では一つの村落を形成し、簓村・説教村と通称された。副業として、茶筅《ちゃせん》売りや葬送の穴掘りなどを行い、在地の操《あやつ》り、相撲、歌舞伎の興行にも従事した。〈⇩聖《ひじり》〉〔参考〕融通念仏縁起絵巻、甲斐国誌

**さじ-もん　作持門**　⇩止持門《しじもん》

**さじゅ　左受**　㊵ヴァーマラブダ Vāmalabdha の訳。左取とも訳す。説一切有部の論師。大毘婆沙論にその学説が見られる。

**さじょう　差定**　①禅宗で、人をえらんで役に任命すること。②法会《ほうえ》の儀式次第を記したもの。

**ざす　座主**　⇩僧職《そうしょく》

**ざぜん　坐禅**　坐ってしずかにおもいをこらすこと。禅とは禅那㊵ドヤーナ dhyāna の音写の略で、静慮《じょうりょ》と訳される。結跏趺坐《けっかふざ》して思慮分別することをやめ、心を一つの対象に専注することを坐禅という。坐禅は、インドでは仏教以前から修行法として用いられていたので、仏陀も仏教的実践としてとり入れた。大般涅槃経巻中には出家の法は坐禅を第一とするとある。中国では、禅、三昧《さんまい》(定)を含めて広く禅法と称したようである。僧叡・慧遠・智顗などは坐禅をすすめ、特に禅宗が興ってからはさかんに行われた。禅宗の諸清規《しんぎ》などには坐禅の方法について詳しく規定し、永平清規の弁道話には、黄昏(日没後)・後夜(午前二時すぎ)・早晨(朝食後)・哺時(昼食後)の四時の坐禅を示している。このうち後夜の坐禅を省略したものを三時の坐禅という。⇩禅《ぜん》　⇩参《さん》

**ざぜん-さんまい-きょう　坐禅三昧経**　二巻。坐禅三昧法門経、菩薩禅法経ともいい、禅経と略称する。後秦の鳩摩羅什《くまらじゅう》の訳。禅法を専修して解脱すべきことを趣旨とするもので、治貪欲法門(不浄観)・治瞋恚法門(慈心観)・治愚癡法門(因縁観)・治思覚法門(数息観)・治等分法門(念仏観)の五門禅の教義など修道の次第を説く。㊅一五、国一経集部四

**ざぜん-しん　坐禅箴**　①一篇。南宋の宏智正覚《わんししょうがく》(1091—1157)の著。成立年不詳。仏祖正伝の修道としての坐禅を勧めたもの。黙照銘と並び称され、坐禅が悟りのための行ではなく、事縁と分別を超えた究極的な智慧のすがたに他ならないことを主張している。宏智禅師広録巻八に収められる。㊅四八　②一巻。道元の著(仁治三1242)。古来の多くの坐禅儀、または坐禅銘の中で、宏智正覚の作を最も勝れたものとして絶讃して作ったもので、仏祖正伝の妙術としての坐禅の真髄を示す。正法眼蔵巻二七および永平広録巻八に収められる。㊅八二

**ざぜん-ようじん-き　坐禅用心記**　一巻。瑩山紹瑾《じょうきん》(1268—1325)の著。曹洞禅の要旨・打坐の規範などを述べた書。即ち、坐禅の根本精神、坐禅の実修上の衣食住の注意、坐中の用心などを説き、起定の後は只管打坐の正念を守り日日是好日、平常心是道となるのが坐禅の第一義諦であると説く。道元の普勧坐禅儀と共に重んじられている。㊅八二、曹全(宗源下)、禅学宝典、瑩山和尚清規附録〔刊本〕延宝八1680刊〔註釈〕指月・不能語一巻、山田孝道・講義一巻

**さだ-かいせき　佐田介石**　(文政元1818—明治一五1882)保守主義思想家。浄土真宗本願寺派の僧。字は断識。号は等象斎。姓は広志氏。のち佐田氏の養子となる。肥後八代(現熊本県)の人。一八歳で上洛、宝雲・南渓に学び、のち東福・南禅二寺に留まる。須弥山《しゅみせん》説を研究、天動等象器を作った。また国事について憂え、朝廷・幕府にしばしば建言し、各地に諸社を設けて時弊を正すのにつとめた。明治一三年浅草伝法院紹舜の付弟となり、浅草東光院に住した。著書、須弥山一目鏡、日月行品台麓考、視実等象儀詳説、扶桑益世仏教開国論など三〇部余がある。〔参考〕碑銘、学苑談叢

**さたけ-でら　佐竹寺**　茨城県常陸太田市天神林町。妙福山明音院と号し、真言宗豊山派。坂東三十三カ所第二二番札所。寛和元年985花山天皇の御願、元密の開創という。初め観音寺と称していたが、文永六年

1269佐竹長義が再興して現寺名に改称。天文一二年1543兵火にかかり、同一五年現地に再建された。〔重文〕本堂

**さたばか-おう　娑多婆訶王**　竜樹（ナーガールジュナ Nāgārjuna）に帰依したと西域記などで伝えられる王。娑多婆訶は(梵)サータヴァーハナ Sātavāhana の音写であるが、これは紀元前一世紀から紀元後三世紀にかけてインド南部のデカン地方を統治したアーンドラ族の王朝の名で、王の個人名ではない。王の個人名は市演得迦あるいは禅陀迦という漢訳名で伝えられているが、原名は明らかでない。竜樹がこの王に宛てた書簡が竜樹菩薩勧誡王頌として漢訳されている。〔参考〕竜樹菩薩伝、南海寄帰伝四

**さつ　刹**　①「せつ」と読む。(梵)クシェートラ kṣetra の音略。紇差呾羅《きしゃたら》、刹多羅《せったら》、差多羅、刹摩などと書き、土田、土、国、処などと訳す。くに（国土）のこと。梵漢合わせて刹土《せつど》ともいう。仏刹《ぶっせつ》などと熟語する。②「さつ」と読む。(梵)ラクシャターlakṣatā の音略。擦《さつ》とも書く。詳しくは刺瑟胝《らしってい》。幖幟、しるしの意。はたざお、あるいは塔の心柱をいう。寺院を寺刹《じさつ》、梵刹《ぼんさつ》、金刹《こんさつ》といい、また名刹《めいさつ》などというのは仏堂の前に刹、即ち幡竿《はたざお》を建てる風習があったからである。

**ざっしゅ　雑修**　⇩専修《せんじゅ》

**さっしょう　薩生**　生没年不詳。鎌倉時代の僧。号は全報。初め天台宗徒であったが、法然門下の幸西・証空に師事した。嘉禄の法難で京都を追放され、のち鎌倉に住して布教した。その義を三昧義といい三昧衆と称したという。〔参考〕法水分流記、浄土総系譜、浄土三国仏祖伝集

**さつじんとう　殺人刀**　⇩活人剣《かつじんけん》

**さった　薩埵**　(梵)サットヴァ sattva の音写。薩多婆、薩和薩とも書き、有情《うじょう》と訳す。また衆生《しゅじょう》の訳語をこれに当てる説もある。①生命があり情意を有するすべての者。生物。②菩薩《ぼさつ》即ち菩提薩埵《ぼだいさった》の略。③数論《すろん》(梵)サーンキヤ Sāṃkhya）哲学の説く三徳（(梵)トリ・グナ tri-guṇa の訳。根本物質を構成する三要素のことで、薩埵・刺闍《らじゃ》・答摩《たま》の三をいう）の一で、純粋あるいは善良な性質を示すもの。

**さった-おうじ　薩埵王子**　詳しくは摩訶薩埵《まかさった》王子。(梵)マハーサットヴァ Mahā-sattva の音写。仏陀の前生の一として ジャータカ（本生譚）に伝えられる。わが身を捨てて虎に与え、その飢えを救った。この話はジャータカ・マーラー、ディヴヤ・アヴァダーナ、菩薩本行経、仏本行集経、賢愚経、六度集経など種々の経典に伝えられるが、金光明経捨身品のそれが最も知られている。この話を題材にした美術も中央アジア・中国・日本にかけて多く遺されているが、法隆寺の玉虫厨子に残るものは特に名高い。

**さった-ほんしん　颯田本真**　（弘化二1845―昭和三1928）浄土宗の尼僧。三河幡豆郡（現愛知県）の人。一二歳で貞照院天然について得度。京都黒谷金戒光明寺の獅子吼観定から浄土宗の宗戒両脈を相承し、戒幢から形同沙弥戒を受けた。のち郷里の吉田村に徳雲寺を創建し、濃美震災や桜島噴火の際、救助に活躍し、生涯を念仏三昧と社会救済事業に尽くした。

**サッパダーサ**　(巴)**Sappadāsa**　(梵)サルパダーサ Sarpadāsa 薩哩波那娑と音写し、蛇僕、蛇奴などと訳す。蛇を奴僕とするもの の意。比丘。迦毘羅城（カピラヴァットゥ Kapilavatthu）のバラモンの出身。仏陀が成道後はじめて帰国したときに出家した。道を得ず、毒蛇に身を嚙ませて自殺しようとして果たさなかったが、かえってそのことが機縁となって悟りを得た。〔参考〕Thera-gāthā 405―10

**さっぱたぶ-き　薩婆多部記**　五巻。梁の僧祐（445―518）の著。成立年不詳。薩婆多師資伝ともいう。薩婆多部（説一切有部）の十誦律《じゅうじゅりつ》を師資相承した九十余人の事跡を書いたもの。散逸して伝わらないが、出三蔵記集第一二にはその目録と序文を載せる。〔参考〕歴代三宝紀一一

**さつまつけん-こく　颯秣建国**　西域にあった古国。撒馬児干ともかく。現在の西トルキスタンの南部、アム・ダリヤ Amu-darya 河（オクサス Oxus 河ともいう）支流の沿岸にあるサマルカンド Samarkand

地方にあった国。古くは粟特《ぞくとく》（ソグディアナ Sogdiana）の都城で、南北朝時代には康国と称した。東西交通の要衝で、玄奘が訪れた時は仏教も行われていたが、ゾロアスター教もきわめて盛んであったという。一三世紀にチンギス・ハンの軍によって古えの都城は全く破壊された。〔参考〕魏書列伝九〇、隋書列伝四八、唐書列伝一四八、西域記一、大慈恩寺三蔵法師伝

**さなだ-ますまる　真田増丸**　（明治一〇1877―大正一五1926）浄土真宗本願寺派（浄円寺）の僧。福岡県の人。学生時代、肺結核に冒されてより、真剣に求道聞法した。前田慧雲・井上円了の感化を受け、さらに東陽円月について宗学を研鑽。大正四年九州で大日本仏教済世軍をおこし、労働者層の教化伝道につくした。

**さなみ-でら　酒波寺**　滋賀県高島市今津町酒波。真言宗智山派。山号は青蓮山。天平一三年741行基の創建と伝え、康和元年1099堀河天皇の勅願によって修理を加え千手観音像を安置した。弘治二年1556領主浅井長政が寺領を寄進したが織田信長に没収され、のち佐久間大膳によって再興された。

**さば　生飯**　宋音「さんはん」が転訛したものといわれる。自分の受けた食の中から少量を別にして餓鬼《きが》などに施すもの。鬼神に散じ与えるから散飯、三宝と不動明王と鬼子母神《きしもじん》とに供するから三飯または三把とも書く。また出して衆生に施す食という意味で出生《すいさん》ともいう。北本涅槃経巻一六梵行品や有部毘奈耶雑事巻三一によれば、このことを仏が弟子に向かって制定したという。飯七粒を限度とするが、鬼神はよくこれを変えて多量にし飽食することができるという。また静かで人の稀な所に台を設けて大衆の生飯をあつめておき、鳥や虫が食うようにする。その台を生台《さんだい》または生盤《さんばん》という。

**サハジャーティ**　㊵Sahajāti　支提《しだい》（チェーティ Ceti）国の町の名。ここにマハーチュンダ Mahācunda という比丘がいて、禅定の比丘と持法の比丘の互いに賞讃すべきこと、修慧などの習得の真偽は三業の上にあらわれることなどを説いた。十事の非法事件の耶舎《やしゃ》（ヤサ Yasa）などの上座たちに関係のある町のようである。〔参考〕Aṅguttara-nikāya III, V, Mahāvaṃsa, Cūlavaṃsa

**さはり　胡銅器**　沙張、鈔鑼とも書き、銅鼓ともいう。直径九センチから三〇センチ、深さ三センチから一二センチくらいの肉薄の銅合金の楽器。読経したり念仏などする際にうちならされる。「さはり」は朝鮮語のサフラ（椀）の音がなまったものといわれる。

**さぶつ　作仏**　成仏すること。菩薩《ぼさつ》が無明《むみょう》煩悩《ぼんのう》のすべてを根本的に除き去って真実の覚を開くのをいう。声聞《しょうもん》・縁覚《えんがく》の二乗は一般には仏と成ることができないとされるが、法華経では二乗と菩薩との区別は本質的なものではないから二乗も成仏すると説く。これを二乗作仏という。

**さほう-しゅう　作法集**　三巻。成賢の編。憲深（1192―1263）の補。成立年不詳。密教で行う諸種の作法雑事を集録した書。初め常喜院心覚が兼意の作法集にもとづいて鈔（常喜院鈔）を作ったが、のち成賢がこれにのっとって三〇種の法を集め、さらに報恩院憲深が遺漏を補って五四法とした。〔写本〕高野山大学蔵（平安末期写）、高野山宝亀院蔵（鎌倉時代写）、宝菩提院蔵（同）、高野山金剛三昧院蔵（江戸時代写）〔刊本〕明治四一1908刊

**サマンタ・パーサーディカー**　Samanta-pāsādikā　⇩善見律毘婆沙《ぜんけんりつびばしゃ》

**サムイェー-じ　Bsam-yas 寺**　チベットの仏教寺院。桑鳶《そうえん》寺と音写する。ラサの南方ツァンポ河の流域にあり、七七五年頃ティソン・デツェン Khri-sroṅ lde-btsan 王の願いによりインド僧のシャーンタラクシタ Śāntarakṣita（寂護）が建立した。インドのオーダンタプリ Oḍantapuri（オーテンタプリ On tan ta pu ri）精舎に模したもの。ここでインド僧カマラシーラ Kamalaśīla（蓮華戒）と中国僧摩訶衍《まかえん》とが論争したことはとくに有名である〈⇩リムイェーの宗論《しゅうろん》〉。またボーディサットヴァ Bodhisattva、すなわち寂護やパドマサンバヴァ Padmasambhava（蓮華生）らが住し、多くの経典がここで梵語からチベット語に翻訳された。

**サムイェー-の-しゅうろん**　サムイェ

ーの宗論　七九四年チベットのサムイェーBsam-yas寺において、インド僧カマラシーラ Kamalaśīla（蓮華戒）と中国の禅僧摩訶衍《まかえん》との間で行われた論争。チベットでは、七六三年ティソン・デツェン Khri-sroṅ lde-brtsan王の招きでチベットに入ったシャーンタラクシタ Śāntarakṣita（寂護）によって主として中観系のインド仏教が導入されたが、その没後の七八七年、敦煌から摩訶衍がチベットに入り、その教えが急速に普及した。摩訶衍は、不思不観の禅を修すればただちに仏性が顕現して成仏するという頓悟説を主張し、六波羅蜜などの善行は不要であると説いた。この説を反道徳的な危険思想とみたティソン・デツェン王は、いったんは禅宗を禁教としたが、中国系仏教徒のはげしい抗議により禁を解かざるをえなかった。そこで王は、シャーンタラクシタの弟子であるカマラシーラをインドから招請し、王の臨席のもとで摩訶衍と討論を行わせた。結果は空性の修習の必要性を強調するカマラシーラの勝利におわり、摩訶衍は中国へ追放された。以後チベットではインドの中観思想が正統説の地位を占めることとなった。しかしカマラシーラは摩訶衍の派遣した中国人によって暗殺された。

**さむらい-ほっし　侍法師**　侍姿の法師の意で、仁和寺・大覚寺・勧修寺などの門跡や興福寺の大乗院・一乗院などの院家に仕え、妻帯して各綱所に勤め警備・雑務に従事した。多くの場合、幼少の時は坊号を称し、成長して国名を称号とし法橋・法眼に叙せられた。古くは僧体であったが後世では俗体となった。

**サーラマティ　Sāramati**　⇨堅慧《けんえ》①

**サーリプッタ　Sāriputta**　⇨舎利弗《しゃりほつ》

**さわき-こうどう　沢木興道**　（明治一三1880—昭和四〇1965）仏教学者。曹洞宗の僧。祖門と号す。三重県津市の多田家に生まれる。幼名は才吉。七歳の時に孤児となり沢木文吉の養子となる。明治二九年永平寺に入り、同三一年熊本県宗心寺で得度。その後日露戦争に従軍、大正元年1912からの間第五高等学校の学生に参禅を指導。昭和一〇年駒沢大学教授、同三八年同大名誉教授。「宿なし興道」と称され、生涯参禅と教化に尽くした。著書、沢木興道全集一九巻。

**さん　山**　もと寺院は多く山中に建てられ何々山何々寺などといったところから、平地にある寺院にも山号《さんごう》をつけるようになり、山号は寺号の別称となった。山主、山僧の語は多くは禅宗で用い、大寺院の上座を山主といい、転じて敬称とする。また寺にいる僧が自分のことを山僧と呼ぶ。なお、比叡山延暦寺のことを単に山《やま》ということもある（三井寺を寺《てら》というのに対する）。

**さん　参**　禅宗で、住持が大衆を集めて教えを説き示すことをいい、また師に面会して道をたずねること、坐禅することなどをもいう。毎月の五日・一〇日・二〇日・二五日の四回、定期的に上堂《じょうどう》（法堂《はっとう》へ行って説法する）するのを五参上堂、五日上堂、五参陞座という。一日と一五日とは別に旦望上堂《たんもうじょうどう》といって祝聖《しゅくしん》（皇帝の聖寿無窮を祝禱する行事）の法要を行うから、合わせると五日目ごとに上堂することになる。それ故に五参上堂と称するのである。また、定期の上堂を大参というのに対して、臨時に住持が法堂あるいは寝室で、所を定めず大衆を集めて説法するのを小参という。小参は家訓《けくん》、家教などともいい、通常昏鐘鳴《こじみ》（午後八時）に方丈へ大衆を集めて行うのを例とする。ただし祖庭事苑巻八には、参は広く死んだ者も生きている者も、また凡聖僧俗の区別なく集まることを意味する語であるから、小参のことを師家が自分の禅の風格を弟子に示す意である家訓というのは誤りであるとする。朝食後に参禅するのを早参または朝参、日晡（午後四時）に念誦するのを晩参、晩参前の坐禅を坐参といい、坐参に対して晩参を立参ということがあり、晩参をとりやめるのを放参という。早参と晩参とを併せて朝参暮請《ちょうさんぼしん》、晨参暮請などといい、古くは住持が説法し問答を行ったが、後には単に住持と大衆が顔を合わせて礼をかわすだけとなったようである。大衆一同が参じるのを広参、雲水があまねく諸方の師を訪ねて参学するのを偏参といい、用があってしばらく暇をもらって外出し、一五日以内に僧堂に帰るのを参暇という。

**さん　散**　⇩定《じょう》

**ざん　慚〔愧《ぎ》〕**　心所《しんじょ》(心のはたらき)の名。慚は㊵フリー hrī の訳でいろいろの功徳《くどく》および有徳者を敬崇する心、または自らを省みて自らの造った罪を恥じる心をいう。愧は㊵アパトラープヤ apatrāpya の訳で、罪を怖れる心、または自らの造った罪を他に対して恥じる心をいう。また慚は自ら罪を作らない心、愧は人に罪を作らせない心。慚は人に対して恥じ、愧は天に対して恥じる心ともいう。合わせて慚愧と称する。これと反対に、功徳と有徳者とを敬わない心、または自ら罪を造りながら自ら省みて恥じないなどを無慚《むざん》(㊵アーフリークヤ āhrīkya)、罪に対して怖れない心、または自ら罪を造りながら他に対して恥じないなどを無愧《むぎ》(㊵アナパトラープヤ anapatrāpya)という。

**さん-あみだぶつ-げ　讃阿弥陀仏偈**　一巻。無量寿経奉讃ともいう。北魏の曇鸞の著。成立年不詳。無量寿経によって阿弥陀仏とその国土をたたえたもの。一九五行の讃歌と五一偈の礼文からなる。本書の現行流布本と敦煌出土の書写本との間に多少の相違がみられる。親鸞はこの書によって讃阿弥陀仏偈和讃四八首(浄土和讃)を作った。㊅四七

**さんいん-しゅう　三隠集**　一巻。三隠詩ともいう。南宋の志南の編(淳熙一六年1189)。唐代の天台山国清寺にいたと伝えられる三人の隠士、寒山・拾得・豊干(封干とも書く)の、口語体の詩三百余首を集めたもの。寒山詩・拾得詩・豊干詩の三部から成るが、後の二者はその数が少なく、一般に寒山子詩の名で呼ばれる。現存のものは、国清寺の志南が合して一書に編集し、天台山国清禅寺三隠集記を添えて刊行した。巻首に閭丘胤の序文があり、彼が貞元785―804の末に台州の刺史となったとき、寒山らの高風を慕って国清寺に行き、彼らが石壁などに書き残した詩篇三百余首を道翹《どうぎょう》と共に集めた由来を記しているが、史実としては信じ難い。むしろ言を三隠に託し、自然の風物にちなんで簡明直截に禅旨を詠じたもので、唐末・五代の祖師禅の流行と口語詩の発展にともなって次第に出来上ったものであろう。本書を禅の立場から評唱したものに、白隠慧鶴の寒山詩闡提記聞三巻がある。

**サンヴァローダヤ・タントラ　Saṃvarodaya-tantra**　最勝楽出現タントラともいう。ヘールカ・タントラ Herukatantra とも称する。三三章。仏教タントラの四分類法では無上瑜伽・母系に属す。チャクラサンヴァラ・タントラ Cakrasaṃvara-tantra などサンヴァラ系と呼ばれるタントラ群中、最も根本的であり、かつ、比較的初期のものと推測される。成立はヘーヴァジュラ・タントラに遅れ、九世紀以後と考えられている。サンヴァラとはここでは、女性修行者(ḍākinī)と男性修行者とが特定の場所でもつ集会(ḍākinījāla)における性的実践により獲得される最上の快楽の境地であり、かつ最高の真理を言う。実践論としては、ヘーヴァジュラ・タントラに比すと、特にピータ pīṭha 説と呼ばれる巡礼の実践がより整備されたものとなっている。それによると、女性修行者との集会を行う実際の巡礼地を菩薩の十地に配当し、行者はそこを巡礼する(外のpīṭha説)。さらに、それらの巡礼地は行者の体内に想定される脈管(nāḍī)に配当され、それを用いた巡礼の内観化(内のpīṭha説)に至る。津田真一は、第二―一〇、一三、一七―一九、二一、二三、二六、一八、三一、三三章の梵文・蔵訳テキスト及び英訳、ならびに研究を一九七四年に、また第二九章の梵蔵テキスト及び日本語訳を一九七六年に提出したほか、多くの研究論文を発表している。註釈書類は、ラトナラクシタ Ratnarakṣita、プトン Bu-ston らが著わしている。梵文写本の現存するものもあるが、校訂テキストは刊行されていない。

**さんえ　三会**　⇩さんね

**さんえん　三縁**　①念仏の行者だけが阿弥陀仏の光明に摂取される理由としての三種の縁。摂取の三縁ともいい、善導の観経疏定善義に出ている。⑴親縁とは、行者

が口に名号《みょうごう》を称え、身に仏を礼拝し、心に仏を念じれば、仏がその称名《しょうみょう》を聞き、礼仏を見、念仏を知って、行者と仏とが互いに憶念し合うという密接不離の関係にあること。⑵近縁《ごんえん》とは、行者が仏を見たいと思えば仏がこれに応じて行者の近くに至ること。⑶増上縁《ぞうじょうえん》とは、行者が名号を称えれば念々に行者の罪障を除き、命終には聖衆《しょうじゅ》とともに来て迎え、業の繫縛に障礙されず、必ず往生《おうじょう》を遂げさせること。②慈悲に衆生縁《しゅじょうえん》・法縁・無縁の三縁の別がある。⇩慈《じ》〔悲〕

**さん-が　三科**　すべてのものを分けて三類としたもの。五蘊《ごうん》(五陰)・十二処(十二入)・十八界をいう。略して蘊処界《うんじょかい》といい、また旧訳では陰入界《おんにゅうかい》または陰界入と称する。

**さん-がい　三界**　生まれ変り死に変りして流転《るてん》する迷いの有情《うじょう》の境界を三階級に分けたもの。生死輪廻《しょうじりんね》する迷いの生存界(有)の分類であるから三有《さんぬ》生死《しょうじ》とも単に三有とも称する。即ち欲界(欲有《よくう》)・色界《しきかい》(色有《しきう》)・無色界《むしきかい》(無色有《むしきう》)の三をいう。そのうちで色界・無色界は欲界より優位にあるから上二界または上界という(ただし欲界中の六欲天をも含む天上界全体を指して上界ということもあり、その場合、人間界は下界という)。三界に辺際が無いことは大海のようで、その上迷苦の領域であるから、苦界、苦海といわれる。三界はさらにそれぞれ細分されるが、そのうちで欲界は地獄・餓鬼・畜生の三悪趣《さんあくしゅ》(阿修羅を加えて四悪趣)と人・天の五(六)趣に分かれる。欲界の天は六あって六欲天という。色界は初禅天から第三禅天まで各三天、第四禅天は九天(無想天を除いて八天ともする)で計一八天(または一七天)がある。その第四禅天のうちの五浄居《じょうご》天を一として数え、それに四洲の四、四悪趣(地獄・餓鬼・畜生・阿修羅)の四、六欲天の六、梵天の一、無想天の一、四禅天の四、四無色天の四を合わせて二十五有《にじゅうごう》という、さらに浄居天を五天(無煩・無熱・善現・善見・色究竟)に分けて二十九有《にじゅうくう》ともいう〈⇩有〉。また欲界を合わせて一地、色界は初禅天から第四禅天まで四地、無色界は空無辺処天から非想非非想処天まで四地と数えて、これを三界九地という。

**さんがい-ぎ　三界義**　一巻。源信(942―1017)の著。成立年不詳。欲界・色界・無色界の三界について問答体に記述した書。大要は往生要集巻上の厭離穢土章と同じ。仏全三一、恵心僧都全集三〔刊本〕正保三1646刊、慶安五1652刊

**さんがい-きょう　三階教**　三階宗、三階仏法、普法宗ともいう。仏教を一乗・三乗(以上の二を別真別正法または別法という)・普法(普真普正法)の三段階にわけて正像末の三時に配し、現在のわれわれの時は末法、処は穢土《えど》、人は破戒邪見であるから、普法でなければ救われないとし、根本的に悪人であるという自覚に立って仏法に差別を設けず敬えと説く。隋の信行が唱え、貧民の救済に力を尽くしたので一時は栄えたが、従来の仏教と衝突し、国家の統制とも相容れなかったので、隋の開皇二〇年600に勅を以て禁じられ、その後、唐代にも再び禁じられて衰亡した。

**さんがい-ぎょうどう　傘蓋行道**　密教で灌頂《かんじょう》の儀式を行うとき、灌頂をうける者に傘蓋をかざし、諸尊および祖師たちの前に廻礼し行道すること。

**さん-かいだん　三戒壇**　⇩戒壇《かいだん》

**さんがい-ぶっぽう　三階仏法**　四巻または五巻。三階集ともいう。隋の信行の撰(開皇一二1592)。三階仏法の根本聖典で三階教義を説いたもの。三階とは三階仏法のことで、⑴最上利根の一乗の機、⑵利根正見成就の三乗の機、⑶戒見倶破顚倒の機であり、この最下の衆生のために普真普正の仏法があるとして、三階の教えについて詳しく述べている。日本には早く伝えられ、鎌倉時代には完本があったが現在は奈良の法隆寺(一、二巻)、正倉院(一―四巻)、京都の興聖寺(一―四巻、うち第四巻以外は巻首欠)の三本の異本が残っている。またスタインとペリオが敦煌で発見したものも二巻の断簡や三巻の残闕本で、その全容は明らかでない。〔註釈〕三階仏法密記

**さんがい-り　山海里**　一二巻。信暁の

著。仏教に関する俗事雑説を集めたもの。文政八年1825秋から起草して五〇〇条を記録する予定であったが、第四一三条日本の法書のことを執筆中に病没(安政五1858)したので、信海が遺稿を一二篇にまとめた。〔刊本〕明治二五1892刊

**さん-がく　三学**　証を得ようとする者の修学すべき戒学・定学《じょうがく》・慧学をいう。また増上戒学・増上心学・増上慧学ともいい、仏教の実践道の大綱で、戒→定→慧という漸進的な順序に配列されている。これにさらに→解脱《げだつ》→解脱智見を加えて五分法身という。⇩戒《かい》　⇩定《じょう》　⇩慧《え》

**さんか-しゅう　山家集**　二、三、四巻。西行上人集、西行法師歌集ともいう。編者・成立年不詳。西行の歌をあつめたもので、異本が多い。春・夏・秋・冬・恋・雑にわけ、歌風は時流と異なって、自然をたたえ、平淡で崇高の趣をそなえている。宗祇や芭蕉に与えた影響は大きい。西行法師全歌集、日本古典文学大系二九

**さん-かしょう　三迦葉**　迦葉は(梵)カーシャパ **Kāśyapa** (巴)カッサパ **Kassapa** の音写。飲光と訳す。三人のカーシャパ、即ち、(1)ウルヴィルヴァー・カーシャパ **Uru-vilvā-kāśyapa** (優楼頻螺《うるびんら》迦葉)、(2)ナディー・カーシャパ **Nadī-kāśyapa** (那提《なだい》迦葉)、(3)ガヤー・カーシャパ **Gayā-kāśyapa**(伽耶迦葉)の三兄弟。共にマガダ国にあって、尼連禅河《にれんぜんか》(ネーランジャラー **Nerañjarā**) の下流で事火外道(火を神聖なものとしてあがめる宗派)を行じていたが、仏陀の成道ののちまもなくその教化を受けて、長兄は五〇〇人、中兄は三〇〇人、弟は二〇〇人の弟子と共に、仏教に帰依した。〔参考〕増一阿含経三・一五、仏本行集経四〇、過去現在因果経四

**さんがつ-じ　三月寺**　茨城県下妻市小島。親鸞東国行化時の遺跡。真宗関東七カ寺の一であった。はじめ草庵として建立されて親鸞が三年間居住したといわれ、のち寺となり、門弟蓮位《れんい》の子孫が相続したが荒廃した。今はその跡をとどめるのみである。

**さんがつ-どう　三月堂**　⇩金鐘寺《こんしょうじ》

**サンガバドラ　Saṃghabhadra**　⇩衆賢《しゅげん》

**さん-がん　三観**　三種の観法。①天台宗ではすべての存在がそのままに真如にかなうことを三種の面から観じる〈⇩三諦《さんたい》〉。三観は瓔珞本業経巻上の従仮入空二諦観・従空入仮平等観・中道第一義諦観の語に基づいて立てたもので、空観《くうがん》・仮観《けかん》・中観《ちゅうかん》と略称し、空仮中の三観ともいう。この三観は化法《けほう》の四教のうち別・円二教の観法であるが、いま三観を四教に配すると空観は蔵・通の二教に属する。即ち蔵教ではすべての物心の存在を分析して実体的なものはないとして空理に帰させる析空観《しゃっくうがん》、通教ではすべての存在は幻《まぼろし》のように、そのあるままが即ち空であるとして空理に入らせる体空観を用い、これによって三界の内で起こす見思《けんじ》の惑を断つ。これらの空観はともに空理にかたよるから但空観《たんくうがん》といい、これに対して別・円二教の空観を不但空観とする。仮観は別教に属し、別教では空の上に立って現象があるがままにあることを観じ、これによって塵沙《じんじゃ》の惑を断つ。別教の仮観と円教の仮観との相違は、前者が空・中と別視されるのに対して、後者は同一視される点にある。中観は円教に属し空仮の二を止揚して不二であると観じるものであり、これによって無明の惑を断つ。別教でも十住・十行の階位で空・仮の二観を修めた後に、別個に中を観じる中観(但中観)を修めるが、これに対して円教の中観は空・仮と融合する三即一《さんそくいち》、一即三の不但中観である。即ち別教の三観は三観を別個のものとして分け、順次に時を隔てて観じるものであって、別相三観、次第三観、隔歴三観《きゃくりゃくさんがん》などと呼ばれ、順次に三惑を断って三智を得るものであるが、円教の三観は一念(一おもいの心)のうちに空仮中が互いに融合した三諦の真理を観じるもので、観の対象は一念の心であり、空一切空・一仮一切仮・一中一切中としての即空《そくくう》・即仮・即中の観である。即ち執われの心を破り(空)、すべてがさながらに現象していることをさとり(仮)、絶対的世界に体達する(中)ことを、一念のうちにおさめとって観

じるものである。この一念について趙宋天台の山家派《さんげは》では、これを妄心、山外派《さんがいは》では真心とする。山家派では観の対象(境)を妄心とする有力な理由の一として、摩訶止観巻五上の三科揀境《さんがれんきよう》の説を挙げる。即ち観の対象をさだめるにあたって、五陰《ごおん》・十二入・十八界の三科の境を揀《えら》んで(区別して)三科のうち五陰をとり、五陰のうち識陰をとり、識陰のうち第六識をとり、第六識のうち無記(善悪いずれでもないもの)の識をとり、心王・心所のうち心王をとって観の対象とする、と説かれているのは、最も直接的な凡夫無記の妄心を観の対象と定めたことを表わしているとする。また円教の三観は、一観のうちにまどかに三諦を観じる点から通相三観、一念の心の中にまどかに三諦を観じる点から一心三観と名づけられ、これらに別教の別相三観を合わせて三種三観ということがある。②律宗では性空《しょうくう》・相空《そうくう》・唯識の三観(南山《なんざん》の三観)を説き、それぞれ二乗・小菩薩・大菩薩の法であるとする。性空観は天台宗でいう析空観《しゃっくうがん》および体空観に相当し、相空観はすべての存在の本来のすがたが無相空であると観じるもの、唯識観は心の外には何ものもないとして識のみを実と観じるものであり、唯識観にはすぐれた者のする直爾総観《じきにそうかん》と初心者のする歴事別観《りゃくじべっかん》があるとする。③華厳宗では一心法界《ほっかい》を観じるその智慧の高下により、観じられる対象は同じ一心法界であっても、そこに三種の別があるとして、真空観(理法界)・理事無礙観《りじむげかん》(理事無礙法界)・周遍含容観《しゅうへんがんようかん》(事事無礙法界)の三とし、三重観門、法界三観という。杜順の華厳法界観門は、真空観を分類して会色帰空観《えしききくうかん》・明空即色観・空色無礙観・泯絶無寄観《みんぜつむきかん》の四句とし、理事無礙観を分類して理遍於事門・事遍於理門・依理成事門・事能顕理門・以理奪事門・事能隠理門・真理即事門・事法即理門・真理非事門・事法非理門の一〇門とし、周遍含容観を分類して理如事門・事如理門・事含理事門・通局《つうきょく》無礙門・広狭無礙門・遍容無礙門・摂入無礙門・交渉無礙門・相在無礙門・溥融《ふゆう》無礙門の一〇門として説明している。〈⇩四法界《しほっかい》〉④円覚経の説に基づき、観を修める精神状態として奢摩他(梵)シャマタ śamatha)・三摩鉢底(梵)サマーパッティ samāpatti)・禅那(梵)ドヤーナ dhyāna)の三があるとし〈⇩定《じょう》〉、宗密はこれを泯相澄神観《みんそうちょうじんかん》(静観)・起幻銷塵観《きげんしょうじんかん》(幻観)・絶待霊心観(寂観)と名づけ、これを修めるのに二五種の様態があるとし、またこの三観は分類の意図からいえば心の状態についての分類であるから天台の三観とは異なるが、意味内容からいえば空・仮・中にあたるとする。⑤天台宗で、止観義例の説によれば十乗観法を修めるのに、すべての対象において一心を観じる従行観(約行観)、四諦五行などの法相について一心を観じる付法観、事象の意義に託して一心を観じる託事観の三種の方法があるとする。

**さん-がん　三願**　三種の願。①阿弥陀仏の四十八願を摂浄土《しょうじょうど》(浄土のすがたに関するもの)・摂法身《しょうほっしん》(仏身に関するもの)・摂衆生(衆生を救うことに関するもの)の三願にわける。②阿弥陀仏の四十八願のうち、第十八・十九・二十の三願。その解釈は種々である。源空は第十八願を念仏往生の願いとして衆生の往生の因を誓ったもの(念仏往生の願)、第十九願は臨終に仏が迎えに来ることを誓ったもの(臨終現前の願)、第二十願は衆生が三度生まれかわり死にかわる間に必ず救いとげることを誓ったもの(三生果遂の願)とし、浄土宗(鎮西派)はこの説に従う。親鸞は三願を真実と方便とにわけ、第十八願(弘願《ぐがん》)は至心信楽《しんぎよう》欲生《よくしよう》と誓って仏からあたえられた信心で衆生が救われること、第十九願(要門)は至心発願《ほつがん》欲生と誓って菩提心をおこし念仏以外の善い行為(諸行)をするものを救うこと、第二十願(真門)は至心廻向《えこう》欲生と誓って自力の念仏を往生のためにさしむけるものを救うことを誓ったとし、第十八願だけが真実であるとする。③⇩三願的証《さんがんてきしよう》 ④菩薩が起こすねがいに、すべての衆生に真理をさとらせよう、倦むことなく教えを説こう、いのちがけで正しい教えをまもろうとの三願があること(大明三蔵法数巻一二)。

**さんがん-ぎ　三観義**　二巻。隋の智顗《ちぎ》(538—97)の著。成立年不詳。智顗がその晩年に隋の煬帝のために作製した維摩経玄義の一部である。天台教学における空仮中の三観を、釈三観名・釈三観相・対智眼・会乗義・明摂法・釈成浄名義・用三観釈此経一部義の七章に分けて論じたもの。㊫二・四・一　〔註釈〕本純・科文籤録　〔参考〕隋智者大師別伝、国清百録五、伝教大師請来台州録

**さんがん-てきしょう　三願的証**　的取三願ともいう。曇鸞の浄土論註巻下に見える説。浄土論には、五念門の行を修めることによってすみやかに成仏するといわれているが、それは五念門によって浄土へ生まれ、浄土の菩薩として他を教化するから自利と利他とが完成するのによるとし、浄土往生によってすみやかに成仏する根拠を、阿弥陀仏の四十八願のうちの三願をとりだして証明したもの。即ち第十八願によれば、念仏して往生するから迷いの世界に輪廻することがなく、第十一願によれば浄土の衆生は正定聚《しょうじょうじゅ》に住するから必ず滅度(さとり)に至り堕落することがない。そして第二十二願によれば浄土の菩薩は一地より一地へと次第に進むことなく諸地の行を同時に修め、また利他の行を修める。このように、往生のためにも往生の後の生活においてもすべて阿弥陀仏の本願力によるのであるから、すみやかに往生成仏することになるという。これによって往生の因である五念門と、往生してからの果である五功徳門のうちの前の四門および第五門とがいずれも本願力によることを、順次に三願をもって証明したのである。

**さんがん-てんにゅう　三願転入**　浄土真宗で、方便《ほうべん》(真実に導くためのてだて)の教えから真実の教えに至るまでの信仰のうつりゆきの過程を、阿弥陀仏の四十八願のうち、第十九願(要門《ようもん》)から第二十願(真門)へ進み、ついで第十八願(弘願《ぐがん》)に転入すると説明すること。即ち、この順序はまず聖道の教えを捨てて浄土に生まれることを願い(第十九願)、次に諸行を捨てて念仏を修め(第二十願)、最後に自力の心を離れて他力の願心に帰依する(第十八願)こととなる。親鸞が教行信証化身土巻本に、自己の入信経路を第十九願から第二十願を経て第十八願に入ったと述べているのによる。これについて、浄土真宗では、真実の教えを信じるためには誰でも三願転入という順序を要するのか、それとも必ずしも要しないのかという問題や、また親鸞の三願転入は、例えば源空の教えを受けて弟子となったというような生涯の特定な事件に結びつけられる事実として解釈すべきか、それとも他力信仰の論理的構造を三願転入の名であらわしたものと見るべきか、という問題などについては、諸説があって一定しない。

⇩三願《さんがん》　⇩三三法門《さんざんのほうもん》

**さん-き　三軌**　天台宗では妙法蓮華経の経題の「妙」を解釈するのに十妙をもってするが、そのうちの三法妙《さんぽうみょう》に相当するもので、三種の軌範の意。⑴真性軌《しんしょうき》。偽りでない不変の真理性。⑵観照軌。迷情を打破し、真理を顕わす智慧の作用。⑶資成軌《しじょうき》。観照の智用《ちゆう》(智慧の作用)を資成する万行《まんぎょう》をいう(法華玄義巻五下)。

**さん-きえ　三帰依**　三帰、三自帰、三帰戒ともいい、仏・法・僧の三宝に帰投依憑《えひょう》して救護を請う意。帰依仏・帰依法・帰依僧の三をいう。これによって初めて仏教徒の一員となったことを表わし、その儀式とされる。仏陀成道《じょうどう》の後、まだ僧宝の成立しなかった間は、仏と法との二帰戒を受けたこともあった。三帰依を二種に分ける。⑴翻邪の三帰。邪道を翻して正道に入った時に受ける三帰。⑵受戒の三帰。これに四種ある。五戒の三帰(五戒を受けて在家の信者となるためにまず受ける三帰)・八戒の三帰(八斎戒を受けるためにまず受ける三帰)・十戒の三帰(十戒を受けて沙弥《しゃみ》・沙弥尼となるためにまず受ける三帰)・具足戒の三帰(具足戒を受けて比丘《びく》・比丘尼となるためにまず受ける三帰)。五種の三帰という時には翻邪の三帰を一種に数える。

**さんき-ほうご　三帰法語**　一巻。真言宗の慈雲(1718—1804)の著。成立年不詳。三帰戒を説明した法語。南無帰依仏之弁・南無帰依法之弁・南無帰依僧之弁の三帰に分けている。法楽寺(現大阪市東住吉区)所蔵

の写本の初めに「葛城慈雲和上垂示」とある。

慈雲尊者全集一四　〔刊本〕明治一一1878刊

**さんきゅう　参究**　参禅して真理を探究すること。

**さん-ぎょう　三教**　教えの説き方、あるいは教えの内容などによって経典を大別して三に分類する方法。①中国、南北朝時代に一般に行われた説。説き方(化儀)による分類で、頓教《とんぎょう》・漸教《ぜんぎょう》・不定教《ふじょうぎょう》の三。頓教は順序次第を立てないで初めからいきなり深い内容を説いた教え(華厳経)、漸教は次第に浅い教えから深い教えへと漸進的に説いた教え(阿含経・般若経・涅槃経など)、不定教は初めからいきなり深い教えを説くのでもなく、また浅い教えから深い教えへとすすむのでもなく、中途で深い教えを説いた教えで、いわば変則的な教え(偏方不定教、無方教などともいい、勝鬘経《しょうまんぎょう》・金光明経《こんこうみょうきょう》など)をいう。このうちで、漸教には段階が立てられるから、三時教・四時教・五時教などの説があった。即ち、笈法師《きゅうほっし》(岌法師)は漸教を内容から有相教・無相教・常住教の三教とし、宗愛《しゅうあい》はこれに同帰教を加えて四教とし、慧観《えかん》はさらに褒貶抑揚教《ほうへんよくようきょう》を加えて五時教とした。また、智顗《ちぎ》は不定教を顕露不定教(単に不定教ともいう)と秘密不定教(単に秘密教ともいう)とに分けている。②北魏の慧光の説。漸教・頓教・円教の三。漸教は聞き手の能力を考慮して順序を立てて説いた教え、頓教は能力の勝れた者のために含蓄深く説いた教え、円教は最も勝れて仏に近い者のために究極円満な内容を説いた教えである。③地論宗の学者の説。説法内容による立相教(有相)・捨相教(無相)・顕真実教の三教。④唐の道宣の説。説法内容による性空教(小乗教)・相空教(大乗浅教)・唯識円教(大乗深教)の三教。⑤北宋の贊寧《さんねい》の説。顕教・密教・心教(禅宗)の三教。⑥⇩三時教《さんじきょう》

**さんぎょう-ぎしょ　三経義疏**　聖徳太子による法華・維摩・勝鬘の三経に対する註釈書の総称。⇩法華義疏《ほっけぎしょ》②　⇩維摩経《ゆいまぎょう》　⇩勝鬘経義疏《しょうまんぎょうぎしょ》

**さんぎょう-ず　三教図**　三聖図、三賢図、三教聖人図ともいう。孔子・老子・釈迦の三聖を一幅に描き、儒仏道の三教が一致する意を表わしたもの。三教一致の思想は中国では南宋代から生まれ、その図が描かれた。南宋の馬遠がはじめて描いたといわれる。日本には禅宗の渡来と共に伝わった。伝・如拙(建仁寺両足院蔵、重文)、狩野元信(米国フリア美術館蔵)の作品は有名。

**さんぎょう-へいしん-ろん　三教平心論**　二巻。元の劉謐《りゅうひつ》の著。成立年不詳。仏教の立場から儒仏道三教の調和を説いたもの。まず、三教の相違を述べ、儒・道二教が世間法であるのに対して仏教は出世間法であることを明らかにし、三教の特殊性を述べながらなお仏教の優越を強調している。主として唐の傅奕《ふえき》・韓愈《かんゆ》の排仏論に反論し、さらに北宋の欧陽修・張黄渠・程明道・程伊川、南宋の朱熹などの説をも批判する。㊅五二

**さんぎょう-ろんこう　三教論衡**　仏教・儒教・道教あるいは仏教・儒教・神道の三教の優劣論、一致論、比較論などをいう。論衡とは条理を論じ優劣をはかる意味。①中国。三国時代から論衡が始まり、(イ)魏の曹植《そうしょく》(陳思王)は弁道論を著わし老荘の不老不死説を論破した。また儒仏道三教融和を説きつつ仏教流布を計った牟子《ぼうし》の理惑論もこの頃の書という。(ロ)西晋時代の道士王浮は僧帛遠《はくおん》と争い、老子がインドに入り釈迦に化現して胡人を教化したという老子化胡経を偽作した。これに対し仏徒は、仏が儒童菩薩・光浄菩薩・迦葉の三弟子を中国に派遣し孔子・顔回・老子の三聖人に化現させたという三聖化現説をもって酬いた。(ハ)東晋代は仏・儒の根本的対立関係にもとづく論争が盛んに行われた。廬山の慧遠《えおん》は形尽神不滅論により霊魂不滅を説いて儒教に対抗し、羅君章は老荘的立場からこれに同調した。また慧遠や孫綽《そんしゃく》は因果応報説を説き、戴安公《たいあんこう》は儒教の立場でこれを破し、周道祖は戴安公を破したが、のち戴は慧遠の説に屈した。また執政庾冰《ゆひょう》は僧侶を王者に敬礼させようとして沙門尽敬説をたてたが、何充《かじゅう》・慧遠などは沙門不敬王者論を以て酬いた。慧遠はまた沙門袒服《たんぷく》論を著わして偏袒右肩《へんだんうけん》

(右のかたはだをぬぐ)の沙門の姿の由来を説いたが、何無忌はこれを非儀礼的として斥けた。また孫盛は儒教に仏教を交えて道教を破し、これに対し道士葛洪《かつこう》は道本儒末論で応えた。㈡南朝では劉宋時代に霊魂不滅論と神滅説・天命説とが対立し、宗炳の明仏論や鄭道子《ていどうし》・僧含・顔延之・劉少府《りゅうしょうふ》などは前者を、何承天の達性論や慧琳などは後者をとり、互いに論争を繰返した。また劉宋末の道士顧歓は夷夏論《いかろん》により仏教を夷狄の教えとしたのに対し、明僧紹・謝鎮之・朱昭之・朱広之・慧通・僧敏などは各著書でこれを破した。南斉時代にも神滅不滅の論争は盛んで、范縝《はんしん》は神滅論を説き、蕭琛《しょうちん》・曹思文《そうしぶん》はこれを難じた。また張融・孟景翼は道教中心の道仏一致を説き、周顒《しゅうぎょう》は儒仏一致の立場からこれに対した。梁では武帝が道教を捨て仏教を奉じた。㈭北朝では北魏の初めに太武帝が排仏を行ったが文成帝のとき復興し、孝明帝のとき融覚寺曇無最と道士姜斌《きょうびん》との討論があり、のち姜斌を配流にした。北斉になり文宣帝も道仏を討論させ道教を廃した。北斉末の顔子推は儒仏一致を説いた。北周になり武帝は道仏二教の大廃棄を行ったが、次の宣帝の頃から仏教の復興をみた。㈫隋代では李士謙・王通がいずれも修身治国の三教鼎立論を説いている。隋の吉蔵の三論玄義や唐の宗密の原人論などは専ら仏教の優位を主張した。㈦唐代では道仏や儒仏の討論が盛んに行われた。道仏の関係では道士傅奕《ふえき》・李仲卿・劉進喜らの仏教反駁に対し済法寺法琳・李師政・明槩《みょうがい》らが反論したが、道仏の討論の中心点は道教の無為自然と仏教の無為涅槃との道に対する内容理解の相異にあり、両者の討論は以後もますます激しく、中宗神竜元年705に老子化胡経が偽経として禁断されるまで継続した。儒仏の関係では韓退之(愈)が原道・論仏骨表などで仏者を駁し、孟簡・李節らが応酬したが、また儒仏融合論を説く者も多く、儒者の梁粛《りょうしゅく》・李翶《りこう》・白居易《はっきょい》(楽天)や仏教の澄観《ちょうかん》・宗密などが知られている。太和元年827には朝廷で沙門義林・道士楊弘元・白居易により三教の談論が行われたが、これ以後三教の論争は三教論談とよばれる朝廷の儀礼となり、融和に向かった。㈠北宋代では欧陽修・孫泰山・李泰伯らが仏教を排斥し、契嵩《かいすう》の輔教編、張商英の護法論などが儒仏一貫を説いてこれを駁した。また張横渠《ちょうおうきょ》・程明道《ていめいどう》・程伊川《ていいせん》・朱子・陸象山《りくしょうざん》などの宋儒は仏教から多くを学んでその原理をたてたが、いずれも排仏論を説いた。しかし陳摶《ちんたん》・張商英・李綱・楊亀山らの儒者は三教融会論を説き、智円・契嵩・懐璉《かいれん》らの僧侶も三教調和を提唱した。道教は特に政治と結合して真宗の頃に発展し、真宗は当初儒仏一致を論じたが、のち道教に帰し、徽宗に至ってますます道教中心となり仏教を圧迫したが、道士林霊素《りんれいそ》が帝の不信を得てから仏教は復興した。㈷南宋時代に入ると三教融合論は更に発展し、孝宗の原道論や宗杲《そうごう》・宗暁《しゅうぎょう》・劉謐《りゅうひつ》・子成・志磐などが提唱した。このころ、金の李純甫(屏山)は諸儒鳴道集(鳴道集説)で儒者の排仏論を破したのを始め、多くの著書で三教一致を説いて、詳細痛烈を極めた。㈸元代では世祖の頃、仏道関係は悪化し、道士の破仏が行われ、化胡経をめぐって両者の弁折が交わされ、世祖の帰依をえたチベット僧発忠巴(パクパ 'phags-pa)も化胡経に歴史的根拠のないことを論難した。至元二八年1291には世祖の命で雲峰禅寺長老祥邁《しょうまい》が弁偽録を著わして道教を破し、以来両者の論争はほとんど絶え、また多くの道士が落髪して仏道に帰依し、道教は全真教・大道教・正一教などのいわゆる成立道教として教会活動を江北江南の地で行うようになった。またこの頃の儒教は振わず、わずかに祖欽・中峰明本らの禅僧が儒仏の調和を説く程度であった。㈹明代では胡居仁・羅欽順・詹陵《せんりょう》など儒者の排仏論が行われ、また世宗・穆宗頃の道教主義による排仏などがあったが、一般的には三教融合に努め、前代以来の論説を総括化する傾向にあった。太祖の三教論以下、袾宏《しゅこう》の竹窓三筆、緇門《しもん》崇行録をはじめ屠隆《とりゅう》・徳清・智旭などの僧侶や、林姚恩・沈士栄・姚広孝《ようこうこう》などの儒者の業績がある。

明末に天主教(キリスト教)が中国に伝わったとき利瑪竇《りまとう》 (Matteo Ricci) などの天主教と智旭らの仏教とは各々自教が儒教に一致すると言って争った。(ヲ)清代にいたり儒者一明も三教融和を説いたが、この頃からは各教共に沈滞していった。②日本。仏儒道の三教の関係を論じたものとしては、空海の三教指帰《さんごうしいき》がある。日本の場合には、三教とは古来の宗教である神道と、輸入された仏教・儒教であり、仏教伝来当初の崇仏・排仏の論争や、中世の新興仏教に対する為政者の圧迫を除くと、おおよそ三教の融合同化の傾向をたどった。近世になって儒者や国学者による排仏の論が行われ、仏教徒がこれに応酬しているが、これは三教論衡とはやや性質を異にする。⇩排仏《はいぶつ》

**さんぎょう-ろんこう　三教論衡**　一巻。慧訓の著(延享1744—48頃)。儒仏道三教の同異および諸家諸宗の大意を述べた書。三篇に分け、総論には儒仏道合論、雑論には詩文章家・医卜兵相家・内典法相三論の三家、別論には華厳・天台・禅・浄土・事相・律などの諸宗に関する議論を叙述している。日本思想闘諍史料五　〔刊本〕延享三刊

**さん-く　三句**　三句階段ともいい、真言宗で修因から仏果に至る階段を三句をもって示したもの。即ち「菩提心為ㇾ因」「大悲為ㇾ根」「方便為二究竟一」の三句で、大日経に説かれた甚深秘密の義はここに尽くされているとされる。そのうちで菩提心《ぼだいしん》とは清らかな信心、大悲とは慈悲心による万行《まんぎょう》で、これによって最極の仏果に至ることを究竟《くきょう》という。

**さんぐそくきょう-うはだいしゃ　三具足経憂波提舎**　毘目智仙《びもくちせん》らの訳(東魏の興和三〔541〕)。作者は世親とする。菩薩が完成すべき施・戒・聞の三行について詳説したもの。憂波提舎は㊵ウパデーシャ upadeśa の音写で教示指導の意。㊅二六、国一釈経論部八

**さんげ　山家**　その山に住む教団の一族の意で、多くの場合、中国では天台山に住んだ智顗《ちぎ》と、四明山に住んだ知礼《ちれい》およびその系統を指し、日本では比叡山に住んだ最澄およびその一門をいう。北宋代の天台宗では、四明知礼などの一派が、慶昭・智円などの銭塘一派を軽蔑して山外派と呼んだのに対して、自分らの系統を正統派という意味で山家派と称した。

**さんげ　散華**　「さんか」とも読む。仏前に華を散布し、仏を供養《くよう》すること。四箇の法要の一。もとインドの礼法で、古くは生花を散布したが、後には紙で作った蓮弁形の花葩《はなびら》または樒《しきみ》の葉を用いる。この散華を掌る僧を散華師といい、七僧の一。

**さんげ　懺悔**　①つみとがを悔いてゆるしを請うこと。懺は㊵クシャマ kṣama (懺摩《さんま》)の音略で、忍の意。即ち罪をゆるして忍ぶようにと他人に請うこと。悔は追悔、悔過《けか》の意。過去の罪を悔いて仏・菩薩《ぼさつ》・師長・大衆の前に告白し、あやまること。これによって滅罪されるという。義浄の有部毘奈耶巻一五の註には、懺はゆるしを乞うこと(意味が軽い)、悔は㊵アーパッティ・プラティデーシャナ āpatti-pratideśana (阿鉢底鉢喇底提舎那)に当たり、他の者に自己の罪を申しのべて罪を除く説罪のことである(意味が重い)とする。またその他に異説もあるが、義浄の説はおそらく正しいであろう。②仏陀は、弟子たちが罪を犯したときはその都度、懺悔または悔過を行わせたようで、定期的には半月ごとの布薩《ふさつ》、安居《あんご》の最終日の自恣《じし》に行われた。また戒律の条文中に波逸提《はいつだい》(懺悔すべき罪)・提舎尼《だいしやに》(悔過すべき罪)が挙げられていることから見ても、仏教教団における懺悔の重要性がわかる。律の註釈に定められた懺悔の方法は、⑴十方の仏菩薩を迎え、⑵経呪を誦え、⑶自分の罪名をのべ、⑷誓いを立てて、⑸教えのとおりに証を明らかにする、という懺悔の五縁を具えねばならないとする。また小乗の懺悔には、右肩をぬぎ、右膝を地につけ、合掌し、罪名を述べ、足を礼拝する、という懺悔の五法を具えねばならず、大乗の懺悔には、道場をかざり、香泥を地に塗り、壇を設けるなどの方法を用いるという。その他、律の制規によらないで、礼拝・誦経や仏・菩薩の相好などを観じ、あるいは実相の理を念じるなどの方法があり、

浄土教では往生礼讃に広・略・要の三種懺悔の方法を説くが、もっぱら弥陀の名号《みょうごう》を称えることによっておのずから懺悔がなされるとする。③懺悔をその方法や性質から二種、三種などにわける。(イ)二種懺悔。四分律羯磨疏巻一には制教懺《せいきょうさん》と化教懺《けきょうさん》とをわける。戒律に違反した罪は制教(戒律教)の懺悔、業道の罪は化教(経論の教)の懺悔によるとし、制教の懺悔は出家の五衆、小乗、現犯、事業にかぎるが、化教の懺悔はあらゆるものに通じ、また制教の懺悔には衆法懺《しゅほうさん》(四人以上の僧に対してする)・対首懺(師一人に対してする)・心念懺(本尊に対してする)の三種があるとする。摩訶止観巻二上には事懺《じさん》と理懺《りさん》とをわける。事懺とは礼拝・誦経など身・口《く》・意の行為にあらわした懺悔で、随事分別《ふんべつ》懺悔ともいう。普通に懺悔というのはこれである。理懺とは実相の理を観じて罪を滅する懺悔で、観察実相懺悔ともいう。(ロ)三種懺悔。金光明経文句記巻三などに出ていて、三懺《さんせん》ともいう。(1)作法懺悔《さほうさんげ》(作法懺《さほうせん》)は律に示された作法に基づく懺悔。(2)取相懺悔(取相懺《しゅそうせん》)は観相懺悔ともいい、仏の相好などを観じて罪を除く懺悔。以上の二つは事懺である。(3)無生懺悔《むしょうさんげ》(無生懺《むしょうせん》)は実相の理を念じて罪体が無生であることを観じる懺悔で、これは理懺である。(ハ)三品の懺悔《さんぼんのさんげ》。往生礼讃には懺悔の相によって三品の懺悔をわけ、身体の毛孔と眼から血を出すのが上品の懺悔、毛孔から熱汁、眼から血を出すのが中品の懺悔、全身が微熱して眼から涙を出すのが下品の懺悔とする。また罪を造って念(瞬間)をへだてずに懺悔の心を起こすのを上品、時を隔てないのを中品、日を隔てないのを下品として、念時日の三懺悔ということもある。(ニ)五種懺悔。観普賢経には在家の者の懺悔法として、(1)三宝を謗らず、また六念を修め、(2)父母に孝養し師長を敬い、(3)正法によって国を治めて人々を正しくし、(4)六斎日に殺生をさせず、(5)因果を信じ一実道を信じて仏の不滅を信じることを説く。(ホ)眼・耳・鼻・舌・身・意の六根の罪障を懺悔するのを六根懺悔という(法華懺法)。④懺悔するときに唱えることばを懺悔文《さんげもん》という。普通には華厳経の「我昔所造諸悪業　皆由無始貪瞋癡　従身語意之所生　一切我今皆懺悔」の文を用いる。これを略懺悔という。

**サンゲー・ギャムツォ**　**Saṅs-rgyas rgya-mtsho**　(　—1705)ダライラマ五世のガワン・ロサン・ギャムツォ Ṅag-dbaṅ blo-bzaṅ rgya-mtsho の宰相。ラマを助けて黄帽派の勢力を伸ばすと共に、種々の著述も残している。第五世ラマ没後もその死を秘して二〇年余り、事実上のチベット国王として権力をふるった。

**さんげ-おうじょう-き**　**三外往生記**　一巻。三外往生伝ともいう。蓮禅の著(保延五1139頃か)。慶滋保胤の日本往生極楽記、大江匡房の続本朝往生伝、三善為康の拾遺往生伝などにもれた西方願生者の伝記を収めた書。原著は五七人の伝記を収めていたが、承久二年1220慶政が書写した際に拾遺往生伝などと重複したものをはぶいた。続群八上、仏全一〇七、続浄全六、改訂史籍集覧一九、日本思想大系七

**さんげ-がくしょう-しき**　**山家学生式**　最澄の著。天台宗の年分度者の得度受戒修学の制式を定めたもの。弘仁九年818五月の天台法華宗年分学生式(六条式)、同年八月の勧奨天台宗年分学生式(八条式)、翌一〇年三月の天台法華宗年分度者回小向大式(四条式)の三種がある。いずれも叡山に大乗戒壇を設立し、天台宗の独立を図ろうとする意図から朝廷に奉ったもので、顕戒論と共に最澄の宗教改新の意図をうかがう重要な文献である。(大)七四、日蔵三九、伝教大師全集一、国一諸宗部一六

**さんげ-かんじん-いろん-けつ**　**山家観心異論決**　二巻。真迢《しんじょう》の著(元和九1523)。日本天台の立場から趙宋代の天台宗における山家山外両派の異論を詳述し論評したもの。事理即具・心法観体・観境真妄・三千総別・三諦名体の五篇から成る。〔刊本〕明暦二1656刊

**さんげ-ぎおん**　**山家義苑**　二巻。南宋の竹庵可観(1092—1182)の著。成立年不詳。趙宋天台が山家山外の二学派に分かれている中で、正統とされている山家派の中の南

屏系の立場から、四明知礼の山家の学説を祖述したもの。これによって南宋中期における四明教学の復興の端緒を開いた。㊢二・六・二

**さんげ-しょうとう-がくそく　山家正統学則**　二巻。三井寺の敬光(1740—95)の著(安永五1776自序)。円密禅戒の四宗一致の兼学を唱える日本天台教学の立場から、山家正統の学問に入るべき初心入門の次第規則を示したもの。江戸時代中期には中国の趙宋天台、なかでも四明教学が栄え、日本の中古天台の学が衰微していたので、本書はその復古を唱えた。のちに門人の仏猊が修補した。止観業学則一四章・遮那業学則一七章・悉曇声明学法五則・真言梵文学法二則・禅那学則七章・円頓戒学則・外典学則二章からなる。また、天台・真言の主要な法相名目を整理して、これを暗記するようすすめている。国東叢一(宗義)〔刊本〕寛政六1794刊

**さんげ-しょよ-しゅう　山家緒余集**　三巻。南宋の柏庭善月の著。成立年不詳。趙宋天台の山家山外の二学派のうち、正統とされている山家派の四明知礼の説を祖述し、天台宗の要義を解釈する。教・観の二篇に分けて論じており、教篇には開権通論以下三一題、観篇には観境真妄論以下八題が収められる。㊢二・六・三　〔参考〕仏祖統紀二五

**さんげ-そとく-せんじゅつ-へんもく-しゅう　山家祖徳撰述篇目集**　二巻。竜堂の編。成立年不詳。日本天台宗の祖師先徳九四人の撰述書目を集めた目録。最澄から江戸中期に至る総計一一一〇部余を集め、巻上には最澄・円仁・円珍・安然・良源の撰著計七三五部(うち一六部疑偽)、巻下には義真以下五四師の撰著三一九部、付録として仁快以下三五師の撰著六四部を掲げる。仏全二

**さん-げだつもん　三解脱門**　三空観門、三空門ともいう。無漏の三三昧《さんまい》(三三摩地《さんまじ》)、三等持のこと。解脱へ入る門戸となり方法となる三種類の禅定。即ち空解脱門(人と法とが空《くう》であることを観じること)・無相解脱門(差別の相を離れること)・無願解脱門(無作解脱門ともいい、願求のおもいを捨てること)の三。⇩三昧《さんまい》

**さんげ-ようりゃく-き　山家要略記**　一巻。山家最略記ともいう。義源の編(応永二1395)。比叡山開創以来の各種事件および神仏・造寺・造塔・仏事供養・本尊・結界・諸種の口伝などの記録を集めたもの。大略四篇に分かれ、⑴伝教大師造三仏安一山事以下、以三三九聚戒場名九院仏閣事に至る二八条のいわゆる仏像安置章というべき部分、⑵主として浄刹結界章や三宝住持集の文を引用して構成している当山内外結界事から止観院本尊名三根機感仏事に至る一三条の浄刹結界口決、⑶当山結界事から三聖二師二〇巻記録事に至る三二条、⑷上七社から根本大師に至る一七条を収める山王密記である。仏全一二〇〔参考〕渓嵐拾葉集

**さんげん-い　三賢位**　修行の階位。①小乗の三賢。涅槃《ねはん》の証果(解脱《げだつ》)をもたらす(順じる)はたらきのある有漏《うろ》の善根(順解脱分《じゅんげだつぶん》)を修める段階で、外凡位《げぼんい》ともいう。即ち五停心(観)位《ごじょうしんかんい》・別相念住位(別相念処《ねんじょ》位)・総相念住位(総相念処位)の三である。四善根位(内凡位)とあわせて七方便位といい、見道に入るための準備的な修行の階位にあたる。五停心(観)位とは五停心観によって貪・瞋・癡・我見・散乱心の五種の心をおさえる位。別相念住位とは身・受・心・法を個別的に順次に不浄・苦・非常・非我であると、その自相(独自なすがた)を観じ、またそのいずれもが非常・苦・空・非我であると、その共相《ぐうそう》(共通なすがた)を観じて四念住を修める位。総相念住位とは、四念住の全体がただちに非常・苦・空・非我であると総括して、その共相を観じる位である。このうち五停心位で奢摩他《しゃまた》(心をしずめること。止)を成就し、次の二位で毘鉢舎那《びばしゃな》(観)を成就する。〈⇩五停心観《ごじょうしんかん》・四念住《しねんじゅう》〉②大乗の三賢。十地以前の菩薩《ぼさつ》の階位に三階三十心の別があること。また三十心ともいう。普通には瓔珞《ようらく》本業経などに基づいて十住《じゅう》・十行《ぎょう》・十廻向《えこう》の三階位をこれに当て、十信を外凡位とするのに対して内凡位ともいう。⇩菩薩の階位《ぼさつのかいい》

**さんげん-じ　三玄寺**　愛知県豊田市東

萩平町。興聖山と号し、臨済宗妙心寺派。明応五年1496の創建で、開山は京都妙心寺八世柏庭宗松という。のち衰微していたが覚岩が再興した。

**さんけん-じばく　蚕繭自縛**　有情《うじょう》が自身に煩悩《ぼんのう》を起こし自ら悪行為をして迷苦の境界に沈む自縄自縛の状態を、蚕が繭を作って自体を束縛するありさまに譬えたもの（南本涅槃経巻二五、往生論註巻上など）。

**さん-こう　三講**　①⇩三会《さんね》②　②江戸時代に増上寺では学僧が、章疏を講義する規戒を席役講・内講・再役講の三とした。〔参考〕三縁山志七

**さん-ごう　三綱**　寺内の諸事務や僧尼を統理する三種の役僧をいう。(イ)インドでは、造寺者である寺主（毘訶羅莎弭ヴィハーラ・スヴァーミン vihāra-svāmin）・番直などに任ずる護寺（毘訶羅波羅ヴィハーラ・パーラ vihāra-pāla）・食事などを監督する授事（羯磨陀那カルマ・ダーナ karma-dāna 維那）の三役があったようでその制が中国に伝わり、寺院に上座・寺主・悦衆（都維那および典座をいう）、または上座・知事・法師、或いは上座・寺主・都維那などの三綱が置かれた。(ロ)日本では孝徳天皇（645—54在位）の頃ないし天武天皇（672—86在位）の頃から設置され、やがて各寺に上座（衆徒の上に座し法事以下のことを掌る）・寺主（経済的事務を掌る）・都維那（説衆の意、法義を説き衆僧を監督して諸事を掌る）の三綱が置かれるようになった。任期は四年で、その任命は各寺の五師大衆の推挙により別当・三綱が連署し僧綱所を経て政府に申請した。当初はその寺の統治者であったが、のち別当・座主・長者などが設けられるとその下に属する執務者となり、権上座・権寺主のような権官もできた。成功《じょうごう》によって任じられ、或いは重任し、諸国の講師・読師にも転出した。また各寺に特例があり、興福寺では特に氏人の簡定により任じ、東寺・西寺では定額僧を任じ、四天王寺・梵釈寺・仁和寺などでは各一〇僧の内から任じた。亀山天皇（1259—74在位）の時、諸寺の三綱は地下四位諸大夫に準ずることとなった。巳講・内供《ないぐ》・阿闍梨《あじゃり》の三官を有職《うしき》と称し、特に有職正三綱（正の三綱）とよぶ事もあるので、この時は上座以下の三綱を有職権三綱（権の三綱）とも称した。なお、奈良時代以来、三綱の上に鎮（寺鎮）を置いて寺を統率することもあったが、平安中期以後廃された。

**さんごう-しいき　三教指帰**　三巻。空海の著（延暦一六797）。空海が出家するとき、親戚知人が僧徒は人倫忠孝に背くと反対したので、儒仏道三教の所説を比較し、仏教も忠孝の道に背かないことを明らかにしたもの。内容は兎角《とかく》が放蕩の甥の訓誡を儒士にたのみ、この教誨を道士が来て論破し、更に仏教僧がこの儒道を取るにたらないものと述べ、兎角と儒士・道士の三人は共に仏教に帰依するという比喩を流麗な文章で説く。空海二四歳の作。初め聾瞽《ろうこ》指帰（真蹟本は高野山金剛峯寺蔵）と題したが、入唐求法の後、辞句を訂正して題号を改めた。弘法大師全集三、国一護教部五、日本古典文学大系七一〔複製〕弘法大師真蹟集成一〔刊本〕建長五1253刊、貞享五1688刊、元禄一〇1697刊〔註釈〕藤原敦光・勘注三巻、済暹・顕鏡鈔三巻、印融・文筆解知鈔三巻、覚明・注七巻、運敞・注刪補七巻、通玄・簡注四巻

**さん-こうぼう　三弘法**　弘法大師の影像を安置した京都の著名な二カ寺、教王護国寺（東寺）・仁和寺・神光院をいう。

**さんごう-ろくむい-き　三劫六無畏記**　一巻。円珍の著（唐の大中九855、円珍の在唐中）か。大日経住心品第一、具縁品第二に説く真言密教の断惑証理の階位である三劫・六無畏に関し、住心品・具縁品・大日経疏および義釈の文を引いて、浄菩提心において、曼荼羅の行を修して、即身成仏することを説いたもの。日蔵四一

**さんごう-わくらん　三業惑乱**　浄土真宗本願寺派で江戸時代中期に起こった宗義上の事件。西本願寺学林の第六代能化の功存は、宝暦一二年1762同派浄願寺竜養の邪義を糾すため願生帰命弁を著わした。本書は学林伝統の学説に基づいて記されたものであるが、衆生の身・口・意の三業に本願への帰命を表明すべきことを説いた点で宗義上に問題があった。そこで寛政八年1796

巧存が没するまでに、東本願寺派宝厳が興復記・帰命本願訣を、西本願寺派大瀛《だいえい》が横超直道金剛錍を著わして非難し、さらに西本願寺派大麟・興正寺門主法高なども本書を批判して、学林側の崇廓・玄仗・環中・萊洲などがこれに応酬した。寛政九年に智洞が能化となり安居で巧存と同じく三業帰命説を講じたので、大瀛を中心とする備後・安芸の学徒が激しく反対した。この反学林派を古義派とよび、学林派を新義派という。中間派の河内国の道隠が智洞と対談した結果、両派は一応和解したが、やがて学林派は道隠の安心を不正義と判定したため、道隠をおす古義派との対立が再び激化した。享和二年1802正月、本山へ陳訴した大垣の霊譚が投獄されたため美濃古義派が蜂起し、藩主から幕府に具陳したので、事件に幕権が介入することとなった。一方、新義派は学林が宗学の中心であるべきことを主張して本山に強訴を繰返し、古義派も学林に押寄せて報復した。翌年三月二条奉行は両派関係者を取調べ、さらに翌文化元年1804江戸幕府において審問されたが、その結果、宗意安心の規準は宗の示す所によることとなり、同三年に両派主謀者、本山役人が罰せられ、西本願寺・興正寺両門主も逼塞を命じられた。審問中、智洞・大瀛ともに病没した。本山は同年一一月四日、宗主の御裁断御書を門末に示し、古義派を正義として宗意を統一した。西本願寺派学林では、承応二年1653に始まる初代能化西吟と学友月感との争論(承応の《しょうおうの》鬩牆《げきしょう》)、明和元年1764に始まる五代能化義教と智暹との法論(明和の法論)とこの三業惑乱との三大法論が起こっている。いずれも能化による宗意問題で、三業惑乱以後は能化職の一人制を廃し、学林に数人の勧学職を置いて互いに研磨させた。〔参考〕超然・反正紀略(真全六九)、同・続反正紀略(同七〇)

**さんごく-いじ　三国遺事**　五巻。高麗の一然の著(忠烈王在位1274—1308刊)。新羅・高句麗・百済の三国に関する遺聞逸事を収め、三国史記の闕を補ったもの。本文は紀異・興法・義解・神呪・感通・避隠・孝善に分け、巻首に年表を掲げる。仏教説話を主とするが、新羅時代の社会的記事も多く、檀君説話・駕洛国記・郷歌一四首などは貴重資料である。㊅四九

**さん-こくうぞう　三虚空蔵**　著名な三カ所の虚空蔵の意。柳津虚空蔵(福島県河沼郡柳津町円蔵寺)・嵯峨虚空蔵(京都市西京区嵐山虚空蔵山町法輪寺)・朝熊岳虚空蔵(三重県伊勢市朝熊町金剛証寺)をさし、または先の柳津虚空蔵と村松虚空蔵(茨城県那珂郡東海村村松虚空蔵堂)・清澄《きよすみ》虚空蔵(千葉県鴨川市小湊清澄寺)をいうこともある。〔参考〕雍州府志五、都名所図会四、山城名勝志一〇、法輪寺縁起

**さんごく-でんき　三国伝記**　一二巻。玄棟の著(室町中期)。仏教説話集。インド人・中国人・日本人の三人が清水寺に参詣し、そこで各々自国の説話を語るという構想をとり、釈迦・孔子・聖徳太子の出生の因縁をはじめ三百余の説話を集録している。その体裁は今昔物語集に類似している。法苑珠林・経律異相・存経・史記など仏典・漢籍や、日本霊異記・三宝絵詞・扶桑略記その他諸種の往生伝や験記、諸寺の縁起などに基づくものが多い。仏全一四八、中世の文学〔刊本〕明暦二1656刊

**さんごく-でんとう-き　三国伝灯記**　三巻(現存上下二巻)。覚憲の著(承安三1173)。インド・中国・日本の仏法流布の概略を説いたもの。中巻のみ未発見。特に下巻は日本の部で、末法意識にたち、その流伝と護法をのべている。仏教通史の最初とされた凝然の三国仏法伝通縁起(応長元1311)より約一四〇年早い。〔写本〕慶応大学蔵(上巻)、竜谷大学蔵(下巻)

**さんごく-ぶっぽう-でんつう-えんぎ　三国仏法伝通縁起**　三巻。凝然の著(応長元1311)。インド・中国・日本の三国にわたる各宗の伝播事歴を記した書。巻上はインドにおける仏法伝通の概略と、中国における十三宗(毘曇・成実・戒律・三論・涅槃・地論・浄土・禅・摂論・天台・華厳・法相・真言)を記し、巻中と巻下に日本における八宗(三論・法相・華厳・倶舎・成実・律・天台・真言)を挙げ、各宗派の興起および弘伝を説いている。東大寺戒壇院で撰し後宇

多法皇に献上したもの。仏全一〇一、仏教大系一〔写本〕高野山宝寿院蔵(応永年間1394—1428写)〔刊本〕応永六刊、寛永九1632刊〔註釈〕細川千厳・典拠四巻、杉原春洞・瀬辺恵灯・冠導三巻

**さんこく-もくせい　山谷木犀**　禅宗の公案の一。北宋の詩人の黄山谷(庭堅)が、晦堂祖心に参禅したとき、あたかも木犀の香を聞いて、論語の述而篇第七に「二三子、我れを以って隠せりと為すか、吾れは隠すことなきのみ」とある真意を悟った故事によるもの。〔原文〕五灯会元一七、葛藤集上、禅海一瀾八則

**さんご-じ　三鈷寺**　京都市西京区大原野石作町。西山宗総本山。もと四宗兼学の勅願所であった。長元年間1028—37源算が善峰寺《よしみねでら》の北に往生院と号する一宇を創建、延暦寺の別所となる。応保元年1161観性法橋が隠棲し、仏眼曼荼羅と釈迦・弥陀の二尊を安置した。のち慈円(慈鎮)に譲り、承久年間1219—22証空(浄土宗西山派の祖)が第四世となり現寺名に改めた。のち兵火により衰退して現在に至る。境内に証空の廟所、華台廟(多宝塔)があり、観仏三昧院と称した。〔重文〕三鈷寺文書〔参考〕三鈷寺記略、山城名勝志六

**さんご-しゅう　参語集**　五巻。行遍(1181—1264)の著。成立年不詳。密教に関する諸般の口伝の記録。奥書に仁和寺菩提院大僧正行遍の口伝秘説を集録とあり、行遍が参河(三河)僧正と称されていたので、この名がある。⑴浅略古今凡聖物語など三七条、⑵深秘上内外之雑談口伝など七九条、⑶深秘下仏事幷教相物など七九条、⑷秘中深秘修法物語二五条、⑸秘秘中深秘事相密談など一一〇条の五巻に分ける。古来真言宗で尊重され、未入壇者の披見を許さず、もっぱら諸阿闍梨の間に伝写相承されてきた。国東叢一(随筆)

**さんこん-ざぜん-せつ　三根坐禅説**　一巻。瑩山紹瑾(1268—1325)の著。成立年不詳。人間の根性に上中下の三種があり、また修道実践の方法も無数にあるが、その中では坐禅が最もすぐれた行法であるので、たとえ劣った素質(下根)の者でもこれを修すれば仏道に悟入するとして、坐禅に専念することをすすめている。曹全二、縮霜八、瑩山清規附録〔刊本〕天和元1681刊

**さん-さい　三災**　世界は成劫《じょうこう》(成立期)・住劫(存続期)・壊劫《えこう》(破壊期)・空劫《くうごう》(空漠期)の四期を無窮に循環するとされるが、そのうちで、住劫の一定期に有情《うじょう》の上に現われ、また壊劫の終末期に世界を破壊する三種の災厄をいう。①小の三災とは、住劫が二〇期に分けられて有情の寿命が八万歳と一〇歳との間を増減すること約二〇回(最初期は減少のみ、最後期は増加のみで厳密には一九回)繰返すとき、人寿一〇歳に低下するたびごとに交互に一災ずつ起こる災厄で、刀兵災《とうびょうさい》(互いに凶器をもって殺害する)・疾疫災《しつえきさい》(悪病が流行する)・饑饉災(旱魃による饑饉が起こる)の三種をいう。②大の三災とは、壊劫が二〇期に分けられるうちの最後の期間に世界(器世間《きせけん》)の破壊をもたらす天災のことで、火災(熱火によって初禅天までを焼失)・水災(大水害によって第二禅天までを流失)・風災(大風害により第三禅天までを破壊)の三を指し、これらの火・水・風はそれぞれ劫火《ごうか》・劫水《ごうすい》・劫風《ごうふう》と称される。この三者による壊劫は火災によることが七回連続の後水災一回、この繰返し七度の後、八度目は火災七回の後風災一回、こういう順序と割合とにより壊劫は起こるとされる(倶舎論巻一二)。

**さん-ざい　三在**　曇鸞の浄土論註巻上の説。一生涯悪のみを犯して来た罪の重さと、臨終の十念の念仏の効果とを比較して、念仏のすぐれていることをあらわす説として、在心(心からいうと、念仏は真理にもとづき、罪はそらごとにもとづいている)、在縁(縁からいうと、念仏は真実である仏の名によっているが、罪はあだごとである衆生によっている)、在決定(臨終の念仏はせっぱつまって心が定まっているが、悪を犯す心はそれほど思いつめていない)の二在を説く。

**さんざい-ろく　三罪録**　一巻。詳しくは御一代聞書三罪録という。徳竜(1772—1858)の著。成立年不詳。蓮如の御一代聞書にもとづき、僧侶の三罪、即ち破戒・偸僧物・不浄説法をあげて弁述した書。続真系一

七〔刊本〕明治一七1884刊

**さんさい-ろくそ　三細六麁**　大乗起信論の説。根本無明によって真如《しんにょ》が起動され、あらゆる生滅流転の妄法(迷いの現象)を現出する相状について、三細と六麁との九相を説く。細とは、まだ心王《しんのう》・心所《しんじょ》(個々の精神作用)の区別がなく、そのはたらく相が微細ではっきりしないからいい、麁とは、心王と心所とが相応し、そのはたらく相が粗であらわであるからいう。三細とは、⑴無明業相《むみょうごっそう》。業相ともいう。根本無明によって真如が起動された最初の状態。即ち枝末無明中の第一で、まだ主観と客観との区別もない。⑵能見相。見相とも転相ともいう。前の無明業相によって起こり対象を認識する心(主観)。⑶境界相《きょうがいそう》。現相とも境相ともいう。能見相が起こると同時に妄現する認識対象(客観)。六麁とは、⑷智相。境界相によって現出した妄境界を対象として、心王とそれに相応する心所とがはたらくが、その第一は対象について染浄を区別し、愛すべきものと厭うべきものとを分ける智のはたらきである。⑸相続相。それによって苦楽を区別する心を起こす。即ち智相が相続する相であり、以上の二は法執《ほっしゅう》の惑である。⑹執取相。苦楽を区別することによって、堅い執著を起こす。⑺計名字相《けみょうじそう》。執われたものの上に名称を与えて種々のはからいを起こす。以上の二は我執の惑である。⑻起業相《きごうそう》。以上の法執および我執の惑によって種々の善悪の行為をする。⑼業繋苦相《ごうけくそう》。業《ごう》によって苦果を受け六道につながれて自由でありえない、のをいう。このように細から麁へ、即ち不相応心である阿黎耶識《ありやしき》の位から相応心である六識の位へと進むことによって、迷いの世界は現出するのであり、従って悟りに至るには麁から細へと向かわなければならず、凡夫の境界は麁中の麁(9)―(6)、菩薩の境界は麁中の細(5)・(4)および細中の麁(3)・(2)、仏の境界は細中の細(1)に配される。なお、この三細六麁を生・住・異・滅の四相に配することもある。

**さんざ-せっぽう　三座説法**　禅宗の公案の一。仰山慧寂が、夢に弥勒より第三座に任じられ「摩訶衍《まかえん》(大乗)の法は四句を離れ百非を絶す、皆さんよく聞かれよ」と説いた故事で、夢によせて言句を離れた境地を示したもの。〔原文〕無門関二五則、仰山語録、五灯会元五

**さんざん-の-ほうもん　三三の法門**　三経、三願、三機、三往生などの名によって組織された教え。六三分別、六種の三法ともいう。浄土真宗で、浄土往生の教えを要門・真門・弘願《ぐがん》の三門に分け、前の二を方便《ほうべん》、後の一を真実とする。要門は自己の修める種々の善行をさしむけて浄土に生まれようとする教えであって、「少しの善根福徳の因縁による教え」という意から福徳蔵と名づける。阿弥陀四十八願中の第十九願(至心発願《ほつがん》の願)から出た教えで、観無量寿経に顕説され、教えを受ける相手は邪定聚《じゃじょうじゅ》の機(定散二善の機)で、その果としては阿弥陀仏の化土《けど》に生まれるから双樹林下往生《そうじゅりんげおうじょう》という。双樹林下とは釈迦仏が入滅した沙羅双樹《しゃらそうじゅ》の下ということで、その名をかりて阿弥陀の化土を表わしたものである。真門は自己が称《とな》える念仏の力によって浄土に生まれようとする教えであって、「不可思議功徳(即ち名号)による教え」という意から功徳蔵《くどくぞう》と名づける。阿弥陀四十八願中の第二十願(至心廻向《えこう》の願)から出た教えで、阿弥陀経に顕説され、教えをうける相手は不定聚の機(自力念仏の機)で、その果としては弥陀の化土に生まれるから難思往生《なんじおうじょう》という。難思とは思慮のおよばないとの意であり、名号の功徳による果であるからはかりがたいことをいい、後にいう難思議往生に比べれば浅いから議の字を略したものである。弘願は自

| 三門 | 三蔵 | 三願 | 三経 | 三機 | 三往生 |
|---|---|---|---|---|---|
| 要門 | 福徳蔵 | 第十九願 | 観経 | 邪定聚 | 双樹林下往生 |
| 真門 | 功徳蔵 | 第二十願 | 小経 | 不定聚 | 難思往生 |
| 弘願 | 福智蔵 | 第十八願 | 大経 | 正定聚 | 難思議往生 |

己の能力によって浄土に生まれようとする心を捨てて、阿弥陀の本願にまかせる教えであって、「仏の福徳と智慧との二荘厳《にしょうごん》がまどかに具わった教え」という意から福智蔵と名づける。阿弥陀四十八願中の第十八願(至心信楽《しんぎょう》の願)から出た教えで、無量寿経に説かれ、教えをうける相手は正定聚《しょうじょうじゅ》の機(弘願念仏の機)で、その果としては弥陀の報土に生まれるから難思議往生《なんしぎおうじょう》という。難思議とは因も果もすべてが凡慮の及ばないものであることを表わす。以上を表示すれば前頁図のようになる。なお要真弘三門の名称は善導の用語に基づいている(教行信証、三経往生文類)。

**さん-じ 三時** ①正・像・末《しょう・ぞう・まつ》の三時。仏陀の滅後に仏教がいかに行われるかについての時代区分で、正法・像法・末法の三時期にわける〈⇩末法思想《まっぽうしそう》〉。②有・空・中《う・くう・ちゅう》の三時。仏陀の教説を内容によって有教・空教・中道教にわけ、順次に初時・第二時・第三時の説法とする。法相宗の説で、この三時は仏陀の実際の説法の順序である(年月の三時)とも、意味内容の分類法である(義類の三時)ともいい、また三時を仏陀の説法の時期(在世の三時)についていうだけでなく、滅後に教法がいかに行われるかについてもいう(滅後の三時)〈⇩三時教《さんじきょう》〉。③種・熟・脱《しゅ・じゅく・だつ》の三時。天台宗・日蓮宗の説。仏の教化の益についていう〈⇩種熟脱《しゅじゅくだつ》〉。④三際時。インドで一年を気候によって熱際時・雨際時・寒際時にわける〈⇩暦法《れきほう》〉。⑤六時を昼夜にわけて昼三時、夜三時とする。⇩六時《ろくじ》

**さんじ-きょう 三時教** 経典の内容の浅深を、仏陀の説いた時代の相異によると考えて、教説を三時期に分類した経典批判。①法相宗の説。解深密経《げじんみっきょう》の無自性相品の説に基づき窺基《きき》が立てたもの。義林章巻一本によれば、阿含経などの説のように、すべての存在は因縁によってなりたった実体のないものであるが、それを構成する要素そのものは有ると説く教えを初時有教《うきょう》。般若経などの説のように、すべてのものはもとからその本性が空であると単に否定的に説く教えを第二時空教。華厳経や解深密経の説のように、あきらかに空の真意をあらわして三性三無性の説を説き、非有非無の中道を肯定的に示す教えを第三時中道教とする。それぞれ小乗教、小乗から大乗への過程としての大乗教、真の大乗教とし、前の二を方便未了義教《ほうべんみりょうぎきょう》(てだてとしての未完成な教え)とするのに対して後の一を真実了義教(完全に真実を説きあらわした教え)とする。二時の説はインドの戒賢がすでに説いたが、三時の意味については、中国においてその解釈に異説があった。即ち、三時は実際上、説法の時期における前後を示すものであるとする年月の三時説と、説法の意味内容の浅深区別を示すものと見る義類の三時説と、両者を折衷した年月義類兼帯の三時説とである。②三論宗の説。インドの智光は、初時の教えは主観(心)も客観(境)も共に実在すると説く心境倶有《しんぎょううくう》の小乗教、第二時の教えは心のみの実在を説く境空心有《きょうくうしんう》の法相大乗、第三時の教えは心境倶空の無相大乗であって、後の一のみが真実了義教であるとする。

**さんじ-けねん-ぎはん 三時繋念儀範** 一巻。詳しくは中峰三時繋念儀範という。五代・宋初の延寿の著述として流布しているが、中峰明本の著作と考えられる。成立年不詳。西方願生のために三時に念仏を修する儀式の次第を記す。末尾に勧入念仏・念仏正因などの説を付している。(続)二乙・一・一

**さんじちおん-じ 三時智恩寺** 京都市上京区新町通今出川下ル上立売町。浄土宗。もと入江御所と称する尼寺。応永年間1394—1428後光厳院の皇女見子内親王が崇光院の旧御所入江殿(現上京区元真如堂町)を改めて寺とし、足利義満の娘、性仙尼を開山に迎えて自ら第二世を継いだ。爾来、皇女の住持となる。三世了山尼(称光天皇皇女)のとき、後柏原天皇が浄土教に帰依し、宮中で六時の勤行を志したが、政務多忙のため昼の三時だけ当寺で代行させたので、三時智恩寺と呼ぶようになったという。正親町天皇(1557—86在位)のとき現地に移る。宝永五年1708、天明八年1783の火災の後、恭礼門院の旧殿を賜って再建した。〔重文〕絹本著色近衛予楽院像(付、自筆阿弥陀経)〔参考〕雍

州府志四、山城名勝志二

**さんじでん　三時殿**　インドでは一年を三季に分け、一月一六日―五月一五日を熱際時(春)、五月一六日―九月一五日を雨際時(夏)、九月一六日―一月一五日を寒際時(冬)とするが、三時殿はこの春・夏・冬の三期にそれぞれ適応するように作った宮殿をいい、仏陀の出家以前の宮廷生活を楽しくするために三時殿が作られたという(中阿含経第一一七柔軟経など)。

**さんじゃ　算砂**　⇩日海《にっかい》

**さん-じゃくもく　三寂黙**　寂黙は㊵マウネーヤ mauneya またはマウナ mauna、マウニー maunī の訳。三牟尼とも音写し、三寂静《さんじゃくじょう》とも訳す。身・語・意の煩悩が永く滅びつくして、しずかな状態。身寂黙・語寂黙・意寂黙の総称。倶舎論巻一六では無学(阿羅漢)の身業《しんごう》・語業《ごごう》を身・語牟尼、無学の意(心王)を意牟尼と名づけて、思の心所《しんじょ》である意業を意牟尼とはしないと説く。

**さんしゅ　三修**　三種の法の観じ方。北本涅槃経巻二に説き、これに勝劣二種の三修がある。劣の三修とは、無常修(すべての有為法《ういほう》は無常であると観じる)・非楽修《ひらくしゅ》(諸法はことごとく苦であると観じる)・無我修(五蘊《ごうん》は空《くう》で、我および我の所有物は無であると観じる)の三で、これは声聞《しょうもん》の観法である。勝の三修とは、常修(法身《ほっしん》は常住不滅であることを観じて、すべては無常であるということに執著している声聞の誤りをうち破る)・楽修《らくしゅ》(涅槃には寂滅の楽のあることを観じて、一切皆苦であるということに執著している声聞の誤りをうち破る)・我修(無我の法の中に自ら真我の自由のあることを観じて、すべては無我であるということに執著している声聞の誤りをうち破る)の三で、これは菩薩《ぼさつ》の観法である。

**さんしゅう-いっこうしゅう-らん-き　参州一向宗乱記**　二巻。著者・成立年とも不詳。永禄六年1563徳川家康の家臣が三河野寺郷にある本証寺(現愛知県安城市、真宗大谷派)に対し乱暴を加えたので、付近の宗徒と徳川氏に不平を抱いた徒などが本証寺に加勢して争った。その発端から和睦までの経緯を記したもの。

**さんじゅうご-ぶつ　三十五仏**　一切世界に常住し在世しているとして崇拝されている釈迦牟尼仏以下三五の仏で、その名は決定毗尼経に出ており、また多少異なった名が三十五仏名礼懺文(一巻。唐の不空の訳㊅一二)に出ている。礼懺文には五天竺(インド)の大乗修行の人は常に三十五仏名の礼懺を欠かさないという。チベット仏教では現在も行われている。

**さんじゅうさんげん-どう　三十三間堂**　⇩蓮華王院《れんげおういん》

**さんじゅうさんしょ-かんのん　三十三所観音**　⇩観音霊場《かんのんれいじょう》②

**さんじゅうし-しん　三十四心**　三十四刹那《せつな》の心の意。八忍八智の十六心と、九無間道《むけんどう》・九解脱道《くげだつどう》の十八心をいう。小乗の菩薩《ぼさつ》は、十六心をもって見惑を断ち、十八心で修惑《しゅわく》(思惑)を断って成道《じょうどう》するから、これを三十四心断結成道という。結は煩悩《ぼんのう》即ち惑のこと。

**さんじゅう-しちか-の-ほうもん　三重七箇の法門**　日本天台宗で、本覚・始覚の口伝《くでん》(筆記などを許さず口づたえにする)と共に重視した口伝のおしえ。おしえの要目は一心三観・一念三千・止観大旨・法華深義の広伝四箇大事と、法華深義の内容をさらにわけた円教三身・蓮華因果・常寂光土の略伝三箇大事との七つであって、その理解の仕方に、祖師の著述の文面によって知るもの(教重)と、祖師の著述に基づく実践によって知るもの(行重)と、実践の結果として内心に会得するもの(証重)との三重があるから、三重七箇の法門という。

**さんじゅうしち-どうほん　三十七道品**　道品とは㊵ボーディ・パークシカ bodhi-pākṣika の訳で、菩提分《ぼだいぶん》、覚支《かくし》、覚分とも訳す。仏教の至高目的である悟りの境地(涅槃《ねはん》)を実現する智慧(道、菩提、覚)を得るための実践道の種類の意で、これに三七項目あるから三十七道品といい、三十七菩提分法《ぼだいぶんぽう》、三十七覚支、三十七覚分とも称される。即ち四念処《しねんじょ》(四念住)・四正勤《ししょうごん》(四正断)・四如意足《しにょいそく》(四神足)・五根・五力《ごりき》・七覚支(七菩提分、覚支は㊵ボーディ・アンガ bodhy-aṅga の訳)・八正道(八聖道《はっしょうどう》)の七科の集計である。

**さんじゅうじょう-さっし　三十帖策子**　三十帖冊子とも書く。経論儀軌などを小冊に書写して三〇帖に綴じたもの。空海が入唐のとき唐人の写経生の協力を得て筆写したもので、入唐していた三筆の一人である橘逸勢の筆跡もある。冊子に付された目録は後人の加筆である。新訳華厳経など一〇〇部一九二巻から成るが、観賢の根本大和尚真跡三十帖策子等目録(延喜一九919)や策子の第一四帖末尾にある目録と現存の内容とには若干の異同がある。空海が実慧・真雅に付嘱し、もと東寺に秘蔵されたが、貞観一八年876真然が高野山に借出し、ついで無空が返還の督促を避けて山外に持ち出した。藤原忠平は散逸をおそれて勅を請い、観賢に命じて収集させ、延喜一九年東寺に納めた。のち文治二年1186守覚法親王が仁和寺に借出したまま、今日に至る。〔原本〕仁和寺蔵(国宝)〔写本〕東寺、金剛峯寺〔刊本〕大正四1915刊〔複製〕国宝三十帖策子、弘法大師真蹟集成二〔参考〕三十帖策子附属文書(左弁官下文写、寛耀編三十帖策子子細、行遍僧正消息)、東宝記六、三十帖策子由来、三十帖策子勘文

**さんしゅう-せっぽう　三周説法**　法華三周《ほっけさんしゅう》ともいう。法華経迹門《しゃくもん》(仏の本地をまだ説かない間、即ち前十四品)の説法において、声聞を教えて一乗の教えに入らせるために、相手の能力、性質などの上・中・下に応じ、前後三回繰り返して説法したのをいう。(1)法説周。上根の舎利弗《しゃりほつ》のために諸法実相である十如《じゅうにょ》の理を説いて一乗に入らせた。(2)譬喩周。中根の迦葉《かしょう》などのために火宅三車《かたくさんしゃ》の喩えを説いて一乗に入らせた。(3)因縁周。下根《げこん》の富楼那《ふるな》などのために大通智勝仏の因縁を説いて一乗に入らせた。この三周にはそれぞれ正説《しょうせつ》(仏の説)と領解《りょうげ》(弟子の領解表明)と述成《じゅつじょう》(弟子の領解に対する仏の是認)と授記《じゅき》(弟子が仏に成ることに対する仏の予言)とが反覆されている。法雲以後、智顗《ちぎ》・吉蔵・窺基《きき》などは法華経を解釈する際、みなこの説に準拠した。

**さんじゅうに-そう　三十二相**　三十二大人《だいにん》相、三十二大丈夫相、三十二大士《だいじ》相、大人相、四八相ともいう。仏の肉身や転輪聖王《てんりんじょうおう》の身に具えている勝れた容貌形相のなかで、とくに顕著で見易いもの三二種を選んで三十二相といい、これと八十種好(微細隠密なもの)とあわせて相好《そうごう》という。三十二相の名称順序には異説があり、その内容にも多少異同があるが、大智度論巻四によれば次の通りである。(1)足下安平立相《そくげあんぴょうりゅうそう》。足の底が地に安住し密着している。(2)足下二輪相《そくげにりんそう》。千輻輪相《せんぷくりんそう》ともいう。足の裏に(或いは手のひらにも)千の輻《や》のある輪宝の肉紋がある。(3)長指相。(4)足跟広平相《そっこんこうびょうそう》(跟はかがとのこと)。(5)手足指縵網相。手足の指の間にみずかきがある。(6)手柔軟《にゅうなん》相。(7)足趺高満相(趺《ふ》は足の甲)。(8)伊泥延腨相《いにえんせんそう》。腨の骨が鹿王のように繊好。(9)正立手摩膝相《しょうりゅうしゅましつそう》。立てば両手は膝を越す。(10)陰蔵相《おんぞうそう》。馬陰蔵相《めおんぞうそう》ともいう。陰部は馬のように内部に隠れている。(11)身広長等相。身体のたてよこが平均。(12)毛上向相。青色の毛が上に向かって右旋している。(13)一一孔一毛生相《いちいちくいちもうしょうそう》。(14)金色相《こんじきそう》。(15)丈光相。身光が四面一丈(三メートル)を照らす。(16)細薄皮相。(17)七処隆満相。両手、両足下、両肩、うなじの七か所の肉が隆起している。(18)両腋下《えきげ》隆満相。(19)上身如《にょ》師子相。(20)大直身相《だいじきしんそう》。身体が端直。(21)肩円満相。(22)四十歯相。(23)歯斉相。歯が揃っている。(24)牙白相《げびゃくそう》。四つの牙が鮮白。(25)師子頰相《ししきょうそう》。頰車如師子相《きょうしゃにょししそう》ともいう。両頰隆満。(26)味中得上味相。最上の味感を有する。(27)大舌相。広長舌相ともいう。舌が軟薄広長で、顔を覆って髪のはえぎわまでとどく。(28)梵声相《ぼんじょうそう》。(29)真青眼相《しんしょうげんそう》。ひとみが紺青。(30)牛眼睫相《ごげんしょうそう》。まつ毛が牛王のように秀高。(31)頂髻相《ちょうけいそう》。頂上の肉が髻《もとどり》の形に隆起している。この部分を肉髻《にくけい》といい、(梵)ウシュニーシャ uṣṇīṣa を音写して、烏瑟膩沙《うしつにしゃ》、烏瑟《うしつ》ともいう。この相は何人も見ることができないから、無見頂相ともいう。(32)白毛相《びゃくもうそう》。白毫相《びゃくごうそう》、眉間白毫相、眉間毫相、毫相ともいう。眉間《みけん》に白毛が

あり、伸ばせば一丈五尺（四・五メートル）もあるが、右廻りに巻いて収められている。これから放つ光を毫光、眉間光という。以上の三十二相は、仏が過去世の修行において一つ一つに百の善の思（意志、意業）を起こした結果として今生において得られたものであり、これを百思荘厳《しょうごん》とも百福荘厳ともいう。福とは有漏《うろ》である善行をいい、荘厳とは百福によって飾られていることをいう。

**さんじゅうにち-ぶつみょう　三十日仏名**　三十仏名、三十日秘仏ともいう。諸仏諸菩薩三十尊を一カ月三〇日に配して有縁の日としたもの。中国の五代の頃に戒禅師が定めたといわれる。日本では中世以来行われ、縁日として毎月当日の仏菩薩をまつる。(1)定光仏、(2)燃灯仏、(3)多宝仏、(4)阿閦仏、(5)弥勒仏、(6)二万灯明仏、(7)三万灯明仏、(8)薬師仏、(9)大通智勝仏、(10)日月灯明仏、(11)歓喜仏、(12)難勝仏、(13)虚空蔵菩薩、(14)普賢菩薩、(15)阿弥陀仏、(16)陀羅尼菩薩、(17)竜樹菩薩、(18)観世音菩薩、(19)日光菩薩、(20)月光菩薩、(21)無尽意菩薩、(22)施無畏菩薩、(23)得大勢菩薩、(24)地蔵菩薩、(25)文殊菩薩、(26)薬上菩薩、(27)盧舎那如来、(28)大日如来、(29)薬王菩薩、(30)釈迦如来。また叢林集第七には別の三十日仏を記している。〔参考〕虚堂和尚語録一〇、拾芥抄五、真徳仏事編三、仏像図彙三

**さんじゅうばん-しん　三十番神**　一カ月三〇日を毎日交番して国家または法華経の守護にあたる三〇或いは三二の神をいう。最澄が一乗止観院に法華経の説にもとづいて、法華経守護の善神として諸神を勧請したことに始まるといい、一説にはもと一二神であったが、三十番神と定まったのは、延久五年1073楞厳院の長吏良正以後といわれる。鎌倉時代には法華経のみでなく、天皇の守護神となり、法華経を根本経典とする日蓮宗においては特に重視された。しかし室町中頃には吉田神道によって支配されるようになり、各種の三十番神ができた。天地擁護の三十番神・内侍所の三十番神・王城守護の三十番神・吾国守護の三十番神・禁闕守護の三十番神・如法経守護の三十番神・法華経守護の三十番神・仁王経守護の三十番神などがある。このうち前四は神道、第五は両部神道、他は日本仏教で伝えるもの。〔参考〕灌頂経、神名帳考証上代附考、日本紀抄、神祇正宗、類聚名物考一九

**さんじゅうぼう　三十棒**　禅宗で学人を指導する手段として用いる。棒でうってさとりに目醒めさせるようにするのであって、徳山の棒、臨済の喝《かつ》といって、徳山はよく棒を用いて学人を窮地に追いこんで活眼をひらかせた。

**さんじゅうろくぶ-じんのう　三十六部神王**　三十六善神ともいう。帝釈天の命をうけて三帰戒を受けた人を守護する。弥栗頭不羅婆（善光、疾病をつかさどる）・弥栗頭婆呵娑（善明、頭痛をつかさどる）・弥栗頭婆邏波（善方、寒熱をつかさどる）などの三六の護法神王で、その名を書いて身につけると利益《りやく》があるという。〔参考〕灌頂経一

**さんじゅうろく-もつ　三十六物**　人の身体を構成する三六種の物をいう。その数え方には異説が多いが、大明三蔵法数巻四八では、これを外相《げそう》・身器・内含の三種に分類し、それぞれに十二を配する。外相の十二とは髪・毛・爪・歯・眵《めやに》・涙・涎《よだれ》・唾《つばき》・屎《そく》・尿・垢・汗。身器の十二とは皮・膚・血・肉・筋・脈・骨・髄・肪・膏・脳・膜。内含の十二とは肝・胆・腸・胃・脾・腎・心・肺・生臓・熟臓・赤痰・白痰をいう。南本涅槃経巻二二には「凡夫の身を見るに三十六物の不浄充満せり」といい、不浄観においてこれら三十六物の不浄を観じるのを自体不浄という。

**さんしゅ-しつじ-はじごく-てんごっしょう-しゅつさんがい-ひみつだらに-ほう　三種悉地破地獄転業障出三界秘密陀羅尼法**　一巻。唐の善無畏訳（720前後）。仏頂尊勝陀羅尼の異訳。⇩仏頂尊勝陀羅尼《ぶっちょうそんしょうだらに》

**さんしゅ-しょうじん　三種生身**　数論《すろん》（サーンキヤ学派）の説で、人間の身体の三位をいう。即ち、(1)微細身《みさいしん》は細身ともいい、仏教のいう中陰身《ちゅういんしん》のようなもの。(2)父母生身《ぶもしょうしん》は、細身が胎内に入ってようやく人の相貌をもつに至った胎内身。(3)共和合身《ぐうわごうしん》は大異身ともいい、父母生身が胎内より出て外の五大を住処とする身をいう。

**さんしゅ-の-たいくつ　三種の退屈**　法相宗の教義。菩薩《ぼさつ》は資糧位の修行のとき三種の退屈の心を生じる。⑴広深退《こうじんたい》。菩提《ぼだい》(覚智)の広大深遠なことを聞いて生じる退屈。⑵難修退《なんしゅたい》。六波羅蜜《ろっぱらみつ》の修めにくいことを聞いて生じる退屈。⑶難証退。仏果の証しにくいことを聞いて生じる退屈。しかし、このとき菩薩は、⑴他人がすでに菩提を証得したことを思い、⑵自己の初めの決心を顧み、⑶劣った善因によっても善果が得られることを思って、自己を練磨する。これを三種練磨または三事練磨という(成唯識論巻九)。

**さんしゅ-ほうごん　三種方言**　三論宗の教義。教えを受ける人の住む地域(これが「方」の意)が不同であるのに応じて設けられた、それぞれに適切な三種の教え(これが「言」の意)をいう。即ち中国の法朗(吉蔵の師)が⑴相手のかたよった執着の立場を徹底的に奪って破る奪破門(第一の方言)、⑵一応相手のその立場を許した上で破る縦破門(第二の方言)、⑶ただちに真理を説くことによって、おのずから相手のその立場を破る平等門(第三の方言)の三つの立場から、一つ一つに三種中道(三中ともいう。即ち世諦中道・真諦中道・二諦合明中道)を説いたもの。

**さんしゅ-ほっけ　三種法華**　日本天台宗の説。最澄の守護国界章巻上に、すべての仏教は法華経に説く一乗の教えにおさまるから、すべての教説は法華の教えであり、法華一乗の他に別の教えはないとして、⑴華厳経を根本法華(仏の自内証《じないしょう》であり、まだ説かれていない法華)、⑵阿含《あごん》・方等《ほうどう》・般若《はんにゃ》時の諸経を隠密法華《おんみつほっけ》(素質能力の低いもののために方便的に三乗を説くが、その裏には一乗がかくされている)、⑶法華経を顕説法華(あからさまに唯一仏乗を説く)と名づけ、三種法華とする。なお口伝法門《くでんほうもん》では恵思や恵威が立てた別種の三種法華があるとし、その他四種法華、五種法華、七種法華などの説をも立てる。また、これを密教と結びあわせて、胎蔵界《たいぞうかい》・金剛界《こんごうかい》・両部不二にあて、あるいは印や種子《しゅじ》に配する説もある。

**さん-しょう　三生**　①前生《ぜんしょう》(前世、宿世ともいう。過去の生涯)・今生《こんじょう》(現生、現世ともいう。現在の一生涯)・後生《ごしょう》(後世、来世、来生ともいう。未来死後の生涯)をいう。②華厳宗に三生成仏の説があり、見聞生《けんもんしょう》・解行生《げぎょうしょう》・証入生をいう。⇩成仏《じょうぶつ》

**さん-しょう　三正**　三論宗で、正には三種の意義があるとする説。⑴対偏正《たいへんしょう》。病に対して薬があるように断見・常見などのかたよった見解に対して正理を顕わすこと。⑵尽偏正《じんぺんしょう》。薬によって病が治るように、断常の偏見を除きつくして正理を顕わすこと。⑶絶待正。病が癒ればもはや薬がいらぬように、断常の偏見がなくなると正理もまた相対的なものとしては残留しないから、正理とは非偏非正と、正理と名づけることさえもできないが、強いてその絶対性をあらわしたもの。

**さんしょう　三性〔三無性〕**　①すべての存在の本性や状態のあり方(性相)を有無・仮実という点から三種にわけたのを三性といい、三性のそれぞれが無自性空であることを示すのを三無性という。解深密経巻二の一切法相品などに基づく説で、インドの唯識学派で説かれ、中国では法相宗の根本的な教義の一となり、華厳宗などでも用いる。三性は三自性、三性相、三種自性、三相などともいい、⑴遍計所執性《へんげしょしゅうしょう》(梵)パリカルピタ・スヴァバーヴァ parikalpita-svabhāva)・⑵依他起性《えたきしょう》(梵)パラタントラ・スヴァバーヴァ paratantra-svabhāva)・⑶円成実性《えんじょうじっしょう》(梵)パリニシュパンナ・スヴァバーヴァ pariniṣpanna-svabhāva)の三をいう。略して遍依円ともいい、異訳には⑴虚妄分別相《こもうふんべつそう》・⑵因縁相・⑶第一義相とか⑴分別性・⑵依他性・⑶真実性などの訳もある。三無性は三種無自性性《さんしゅむじしょうしょう》、三無自性、三種無性などともいい、⑴相無性《そうむしょう》・⑵生無性《しょうむしょう》・⑶勝義無性《しょうぎむしょう》の三をいう。㈠法相宗の説。成唯識論巻八には、⑴遍計所執性とは、種々の縁から生じた実体のない存在を実我実法であるとはからい執著する迷いのこころ(能遍計)と、その識の対象となる境(所遍計)と、

この識と境とによって心外に実在すると誤認された存在のすがた(遍計所執)をいうとし、その存在のすがたは迷いのこころにおいてあらわれた相であるから当情現相《とうじょうげんそう》であって、真理による認識からは実在しない情有理無《じょううりむ》のものであり、全く実体がない体性都無《たいしょうとむ》のものである。遍計所執性について、インドの論師たちの間に異説があり、法相宗では護法の説をとる。即ち、能遍計を安慧《あんね》は有漏の全八識であるとするのに対して、護法は第六・七識であるとし、所遍計を難陀は実我実法として誤認している当情現相であるとするのに対して、護法は依他起性としての似我似法《じがじほう》であり、かつ真如《しんにょ》は迷情の対象とならない点からは所遍計とはいえないが、依他起の存在の本体であるという点からは所遍計ともいえるとし、また遍計所執を安慧は見相二分〈⇩四分《しぶん》〉であるとするのに対して、護法は見相二分の上に迷情によってあらわれた当情現相であるとする。⑵依他起性とは、他(即ち種々の縁)によって起こったものをいい、縁が合えば生じ縁が離れれば滅びるもので、まぼろしのように、固定的な永遠不変の実在ではないから如幻仮有《にょげんけう》、仮有実無《けうじつむ》であり、真理をさとる智慧によってのみ知られ、迷情では考えられないから理有情無《りうじょうむ》である。これに染分依他起性《ぜんぶんえたきしょう》と浄分依他起性とがあり、染分とは有漏《うろ》のすべてのもの、浄分とは無漏有為《むろうい》のすべてのものを指す。ただし、浄分の依他は煩悩を離れているという点から円成実性に含めれば、染分依他を依他起性とする。⑶円成実性とは依他起性の真実の体である真如のことで、すべてのものにあまねくまどかにあり(円満)、不生不滅で(成就)、その体はいつわりでない(真実)から円成実という。真如はすべての相を離れて無相であり、すべてのものの本体として真実であるから真空妙有《しんくうみょうう》であり、真理をさとる智慧によってのみ知りうるから理有情無である。この三性の関係は不即不離であり、蛇縄麻《じゃじょうま》の喩えによって説かれる。即ち、愚人(能遍計)が闇夜に縄を見て本当の蛇(実我の相としての遍計所執性)と思いこんで驚き恐れていたが、覚者(仏・菩薩)に教えられて、蛇ではなく(生空)蛇に似た縄である(依他起性が仮我であること)を知り、さらに、実際にあると執著している縄(実法の相としての遍計所執性)も真の意味で実体的にあるのではなくて(法空)、その本質は麻であり(円成実性)、その縄(依他起性)とは種々の縁によって麻が仮に縄という形態をとっているにすぎないと知るようなものである。次に三無性とは、仏の密意《みつい》の説であって、三性の説によって衆生が有に執われてはならないとの意図から、三性のそれぞれについて空の意味があることを示したものである。成唯識論巻九に⑴相無性とは遍計所執性についていい、実我実法として執われているもののすがたは迷情の上に現われたもので、例えば眼病のものが見る空華のようで、本当は何もないものであるということ、⑵生無性とは依他起性についていい、それは種々の縁から生じて仮に存在しているもの(縁生)であるから定まった性質がなく、また仏教以外の学派や凡夫が考えるようにひとりでに生じた(自然生)ものではないから、かれらが執われるようなそれ自体のもつ性質がなくて、例えば幻事のようなものであるということ、⑶勝義無性とは、円成実性についていい、真如は根本無分別智の対象となるすぐれた真理であり、それはすべてのものの真の本質ではあるが、いかなる特定の性質によっても規定されないで、我・法の執われがない虚空《おおぞら》のようなものであるということを意味する。この三無性のうち、生無性・勝義無性は依他起・円成実の二性について無性と説くのであるから、その体は空無とはいえない。それで、この二は何について無自性を説くのであるかという点で、日本の法相宗には二説があり、南寺伝では、その体は無でないが我法の二執をはなれているから執われがないという意味でいう(執空)とし、北寺伝では、依他起性の体はまぼろしのようなものであり、円成実性の体は相を離れているから、これらの点からいえば虚仮空・空寂空といえるので、二性の体は有無を超えた無である(体空)とする。また生無性の生の意味について南寺伝は自然生の意とし、北寺伝は縁生の意とする。以上の三性三無性の説によって非有非空の中道を説き、三性が不即不離の関係にあって、しかも遍計所執性は情有理無、依他起性・円成実性は理有情無であるから、三性を合わせて中道を明らかにするのを三性対望の中道、また三性の各々が情有理無・仮有実無・真空妙有(無相と真実)であることから一々について中道を説くのを一法中道という。また、三性についてすべてのものが唯識無境であることを観じるのを唯識三性観、三性観行《かんぎょう》という。即ち、遍計所執性は虚妄の唯識性、円成実性は真実の唯識性を示し、また依他起性は世俗の唯識性、円成実性は勝義の唯識性を示すものであり、この三性を観じる順序方法を明らかにしたのが五重唯識観である。なお三性を悟る順序には遍依円、依遍円、円依遍の三種があるともいわれる。(ロ)華厳宗の説。法相宗では、すべてのものについてその本性と状態とを区別して説く性相隔別《きゃくべつ》の立場から三性説を立てた。しかし、これに対して華厳宗では性相融会《ゆうえ》の立場に立って三性を論じ、根本からいえばすべてのものは真如のあらわれにほかならないとする。即ち円成実性である真如には不変と随縁との二つの意味があって、生滅をはなれている(不変)とともに染浄の縁に随って種々の存在となる(随縁)とし、依他起性はその体からいえば真如であって生滅を超えているから無性であり、しかも因縁によって生じたものとして似有であるとし、遍計所執性は凡夫の妄情によって心外に実我実法の存在を認めているから情有であるが、しかもその我・法の相は理としてはあり得ず、また真如には妄染がないから理無であるとして、この不変・無性・理無の面を本の三性といい、随縁・似有・情有の面を末《まつ》の三性という。三性の同異について、本《ほん》の三性の意味からは真如の随縁としてのすべての現象(諸法)は即ち真如であるから三性不異であり、末の三性の意味からいっても、真如が随縁して諸法となったのであるから三性不異である。しかし、本の三性は諸法即真如、末の三性は真如即諸法を意味するから、本末の三性は不一であるとする(華厳五教章巻中)。(ハ)真諦訳の摂大乗論では、分別性は所分別の境、依他性は能分別の識を意味し、この分別性としての境が無であるから依他性も不可得であり、その不可得が有としての真実性であるとする説である、ともいわれる。②すべてのものの性質を宗教の倫理的立場から善・不善(悪)・無記の三性とし、この三性によってものの性質を区別して明らかにすることを三性分別という。

**さんしょう　三照**　仏が衆生《しゅじょう》を教化するにあたって順序次第があることを、太陽が物を照らすのに喩えたもの。旧訳の華厳経巻三四宝王如来性起品に、太陽が出てまず一切諸大山王を照らし、次に一切大山、金剛宝山、一切大地と順次に低い所へ光が及ぶように、仏の教化の対象は菩薩摩訶薩《ぼさつまかさつ》・縁覚・声聞・決定善根《けつじょうぜんごん》の衆生・一切衆生から邪定《じゃじょう》へと次第に及ぶとある。これを智顗《ちぎ》は法華玄義巻一に、高山・幽谷・平地の三に要約して、仏陀説法の順序を示したものと見て五時にあてて解釈する。即ち、高山を照らすとは華厳時《けごんじ》、幽谷を照らすとは阿含時《あごんじ》、平地を照らすとは、これに三時をわけて食時《じきじ》(午前八時)・禺中《ぐちゅう》(一〇時)・正中(正午)とし、順次に方等時《ほうどうじ》・般若時・法華涅槃時にあてる。⇒五時八教《ごじはっきょう》

**さん-しょう　三障**　①聖道ならびにその前段階(加行《けぎょう》)である善根《ぜんごん》をさまたげる三種のさわりをいい、三重障とも称する。(1)煩悩障《ぼんのうしょう》。恒《つね》に起こっている煩悩(数行《さくぎょう》の煩悩)。(2)業障《ごっしょう》。五逆罪。(3)報障《ほうしょう》。異熟障《いじゅくしょう》ともいい、三悪道と人道のなかの北倶盧洲《ほっくるしゅう》と天道のなかの無想天(倶舎論巻一七など)。②三密瑜伽《ゆが》の正しい教えを学ぶことをさまたげる我慢重障・嫉妬重障・貪欲重障の三重障(大乗瑜伽大教王経巻五)。③煩悩を身体の部位に譬えた三障。(1)皮煩悩障。修惑《しゅわく》は外界の事物を対象として起こすから、皮が身体の外部にあるのに喩える。(2)肉煩悩障。見惑《けんわく》は理論に迷って誤った見解に捉われるものであり、内心の分別に属するから肉が身体の内部にあるのに喩える。(3)心煩悩障。根本無

明《こんぽんむみょう》はあらゆる迷いの根源であるから、心が身体の奥底に深く蔵されているのに喩える。なお、同一の無明について、麁《そ》細をわけて皮・膚・骨の三障とする説もある。④禅定を修めるのをさまたげる沈昏闇蔽障（心が沈みがちになる）・悪念思惟障（破戒不善のことをしようと思う）・境界逼迫障（環境になやまされ苦しめられる）の三障。これを智顗《ちぎ》の釈禅波羅蜜次第法門巻四には修定の三障という。⑤見思《けんじ》・塵沙《じんじゃ》・無明の三惑をいうこともある。

**さん-じょう　三乗**　⇩一乗《いちじょう》

**さんじょう　散杖**　密教で灑水《しゃすい》加持《かじ》のとき香水を壇や供物《くもつ》などに散灑するための棒。

**さん-じょういん　三浄因**　身器清浄《しんきしょうじょう》の三因ともいい、身心を清浄にする三種の因のこと。⑴身心遠離《しんしんおんり》。身に悪友を近づけず、心に悪いおもいを起こさないこと。⑵喜足少欲《きそくしょうよく》。少欲知足ともいう。すでに得た所をもって満足し（喜足）、多くを貪り求めない（少欲）こと。⑶四聖種《ししょうしゅ》。衣服・飲食・臥具に喜足（知足）の心をもち、煩悩《ぼんのう》を断って仏道を修めるのを願うこと。即ち衣服《えぶく》喜足聖種、飲食《おんじき》喜足聖種、臥具喜足聖種、楽断修《ぎょうだんしゅ》聖種の四種をいう。この四は聖道《しょうどう》を起こす因種であるから、聖種と称される（倶舎論巻二二）。

**さんしょう-えんゆうかん　三聖円融観**　華厳宗《けごんしゅう》の観法。毘盧遮那仏《びるしゃなぶつ》と普賢《ふげん》・文殊《もんじゅ》の二菩薩との三聖が、互いに融けあい一体となって礙《さまた》げないと観察すること。毘盧舎那仏はあらゆる徳の総体であり、果分不可説を象徴し、普賢・文殊の二菩薩は毘盧遮那仏の別徳であり、因分可説を象徴する。また、二菩薩のうち、普賢は信の対象としての法界《ほっかい》、法界の真理を顕わすために修める行、証《さと》られた法界の真理を表わすのに対して、文殊は法界の真理を信じる心、法界の真理に対する知的な理解、法界の真理を証る大智を表わす。そして普賢の所信と行と理、文殊の能信と解と智とは、各々においてそれぞれ円融し、かつ能所不二として互いに円融するものである。このように二菩薩として表わされた法が互いに融けあって重重無尽の関係にあるということは、仏果に至るべき因が完成したことであり、そこでは因の立場が果の立場と完全に同一となって仏果のさとりの境界《きょうかい》の中に没してしまうことになり、三聖は融けあい一体化するわけである。この三聖円融の法門は華厳経に説かれた深い教義であり、華厳経によって修行しようとするものは、この法門を自己の一念の上に観察しなければならないとする。即ち、心と仏と衆生という三法は別のものではないから、証られる理も証る智も心を離れたものではなく、また衆生の心念は即ち如来蔵であるが、それが空如来蔵である面は普賢、不空如来蔵である面は文殊、また総如来蔵の理は毘盧遮那であるから、一念の上に具わった三聖円融の相を観じようとするのである。この観は唐の澄観がさかんに唱えたのであるが、それに先立って李通玄にもこの説がある（澄観の三聖円融観門）。

**さんしょう-えんゆう-かんもん　三聖円融観門**　一巻。唐の澄観の著。成立年不詳。三聖とは毘盧遮那・文殊・普賢を指す。本書は李通玄の三聖円融思想を観門として組織したものである。㊅四五　〔註釈〕凝然・三聖円融観義顕二巻

**さんしょう-かすい　三生果遂**　⇩一生果遂《いっしょうかすい》

**さんしょう-だゆう　山荘太夫**　説教浄瑠璃。三巻一冊。強欲無残な山荘太夫と奥州の太守岩城の判官正氏の子、安寿姫・厨子王の姉弟の伝説をうたった説経節を代表する名作。諸本としては天下一説経与七郎正本（寛永一六1639頃の刊か）が最も古いが、語り物として行われたのは室町末期とされる。説経節正本集一、東洋文庫二四三、説経集〔刊本〕寛永一六刊か、明暦二1656刊、寛文1661—73中・末期頃刊、寛文七刊、延宝六1678刊

**さんしょう-どうえい　傘松道詠**　別称、永平和歌集など。一巻。道元（1200—53）の著とされる。成立年不詳。道元の和歌六〇首を収めるが、後人の作が混入しているともいわれる。国東叢八（歌頌）、道元禅師全集下、禅林叢書　〔刊本〕延享四1747刊　〔註釈〕面山聞解一巻、覚厳・略解

**さんしょう-とうもう-きんりん　三聖透網金鱗**　禅宗の公案の一。臨済義玄に学んだ三聖慧然《えねん》が雪峰《せっぽう》義存《ぎぞん》に参じたとき、「網を脱出した魚が何を食うか」に譬えて、解脱者の自在なあり方について論じ合った問答で、透網金鱗(網を脱け出た魚の意で、迷悟凡聖の対立を超えた真性に譬える)の無礙自在なはたらきを示している。最後に雪峰は「私は寺の難務に忙殺されて大弱り」と結んでいる。なおこの公案は三聖が自己の見解を掲げて相手の手裏を試みとしたもので、このような問答を禅の専門家は呈解問、または借事問という。〔原文〕碧巌録四九則、従容録三三則、五灯会元七

**さんじょう-の-きょうそく　三条の教則**　三条の教憲ともいう。明治五年1872三月、政府は教部省を設けて宗教を管掌し、翌四月神官僧侶を教導職に任じて、三条の教則にもとづき国民の教化に当たらせた。三条とは(1)敬神愛国の旨を体現すべきこと、(2)天理人道を明らかにすべきこと、(3)皇上を奉戴し朝旨を遵守させることである。この教則の意義を明らかにし、さらに欧米の新知識を学ばせて優秀な教導職を養成するため、仏教各宗の請によって同年一二月に神仏合併の大教院が設けられ、地方には中教院・小教院が置かれた。翌六年二月、教部省は教則の意義を講究布衍させるために、神徳皇恩などの十一兼題、皇国国体などの十七兼題(合わせて二十八兼題という)を教導職に課した。のち、島地黙雷らが三条教則を批判して信教の自由を主張する建白書を出し、時勢の力で明治八年五月、大教院は解散し、同一七年に教導職も廃止された。

**さんじょう-わさん　三帖和讃**　親鸞の作。浄土和讃・高僧和讃・正像末和讃の三帖に編集されていることから三帖和讃という。三帖和讃にもれた親鸞作の和讃(疑わしいものもある)を帖外和讃と呼ぶ。浄土和讃と高僧和讃は宝治二年1248に一応できあがった。これに正像末和讃を加えたものが正嘉二年1258頃にできたが、その後も加筆訂正された。浄土和讃は親鸞の信奉する経論によって阿弥陀仏とその浄土を讃仰したもので、曇鸞の讃阿弥陀仏偈による讃阿弥陀仏偈和讃、浄土三部経による三経和讃、諸経による諸経和讃・現世利益和讃・大勢至和讃からなり、巻頭の無題の二首を加えて一一八首。高僧和讃は浄土真宗の教義の伝統を明らかにし、インド・中国・日本の七高僧についてその伝記・教説・信仰を讃詠したもので、巻末の無題の二首を加えて一一九首。正像末和讃は正像末の三時における仏教の興廃を述べて末法の時代には弥陀の本願によってのみ救われることを讃詠したもので、正像末和讃五八首と、疑惑和讃・太子和讃・述懐和讃・善光寺和讃および巻首の夢告の和讃を合わせて一一四首。この数は文明本によるもので、古写本などとは多少の相違がある。なお、太子和讃には一一首(正像末和讃に収まる)・七五首・一一四首の二種がある。また短篇の帖外和讃には真偽未決のものも多いが、藤永清徹編の解説帖外和讃集に最も多く集められている。(大)八三、定本親鸞聖人全集二、日本古典文学大系八二、日本歌謡集成四、続日本歌謡集成・など　〔写本〕専修寺蔵(伝真蹟本、但し真蹟は正像末和讃九首のみ、国宝)、専修寺蔵(顕智書写本、但し二帖のみ)、石川県専光寺蔵(永享九1437存如書写本)　〔刊本〕文明本(文明五1473、蓮如)、御草稿和讃(寛政一一1799、深励)など　〔複製〕親鸞聖人真蹟集成三　〔参考〕深励・三帖和讃講義、僧鎔・三帖和讃方軌

**さん-しょえ　三所依**　法相宗の教義。三種所依ともいう。心・心所《しんじょ》(心のはたらき)が起こるための三種のよりどころ。四縁のうちの所縁縁《しょえんねん》以外の三縁に相当する。即ち、因縁依《いんねんえ》・増上縁依《ぞうじょうえんね》・等無間縁依《とうむけんねんえ》の称。(1)因縁依は種子依《しゅうじえ》、根本依ともいう。心・心所が生じるために直接の因縁となり所依となる第八阿頼耶識《あらやしき》中の各自の種子のこと。ただし因縁依は広く一切有為法《ういほう》にも通じるが、種子依は狭く種子に限るとされる。(2)増上縁依は倶有依《くうえ》、倶有所依ともいう。心・心所と同時にあってその所依となり、これに力を与えてその作用を起こさせる眼などの五根などのこと。またこれを四種に分ける。同境依(眼などの前五識のこと、対境を同じくするから)と、分別依《ふんべつえ》(第六意識のこと、意識は

有分別《うふんべつ》であるから)と、染浄依《ぜんじょうえ》(第七末那識《まなしき》のこと、諸識の染汚《ぜんま》と清浄《しょうじょう》とは末那識に依るから)と根本依(第八阿頼耶識のこと、諸識の起こるための根本のよりどころであるから)とである。このうちで、前五識は四種のすべてを、第六識は後の二を、第七識は最後の一を、第八識は染浄依を倶有依とする。ただし護法の正義とするところでは所依と依とを区別し、依は広く一切有為法に通じ、所依は狭く六根に限るとする。(3)等無間縁依は開導依ともいう。次の刹那《せつな》に生ずべき心・心所に対して、その前の刹那の心をいう。即ち後の刹那の心・心所が生じるために前の刹那の心は開避しこれを引導して、その所依(意根)となるからである。ただし、四縁中の等無間縁は広く心所にも通じるが、開導依は狭く心王に限るとされる。

**さん-しん　三心**　①浄土に生まれるために必要な三種の心。観無量寿経に至誠心《しじょうしん》・深心《じんしん》・廻向発願心《えこうほつがんしん》の三心を具えたものは必ず往生できると説く。浄土教以外の註釈者はおおむね三心を十住・十行などの高い階位に達した菩薩《ぼさつ》が起こす心であるとするけれども、浄土教では、凡夫《ぼんぶ》の起こす心であって、念仏をする者が必ず具えなければならないものとし、起行に対して安心《あんじん》とする。源空はこれを第十八願の至心・信楽《しんぎょう》・欲生(本願の三心)にあてた。(イ)浄土宗(鎮西派)では三心を具えれば念仏でも念仏以外の善行(諸行《しょぎょう》)でも往生ができるとし、心の底からまことをもって(至誠心)、念仏すれば救われると信じて(深心)、自分の称える念仏をさしむけて往生をねがう(廻向発願心)のを念仏の安心とする。(ロ)西山派では、念仏(機法一体のところをいう)を体認するのが三心で、自力を捨てて仏の真実心をうけとり(至誠心)、本願を信じれば(深心)、すべての善が往生のためのものとしてさしむけられる(廻向発願心)ことをいい、ひとすじに仏をたのむ心の起こるとき、仏の真実が衆生の心中に入りこむこととする。(ハ)真宗では、観経の三心には、表にあらわれた意味(顕説)と裏に隠れた意味(隠彰《おんしょう》)とがあり、表からいえば念仏以外の善い行為をなして往生しようとするものの起こす心であるが、裏からいえば大経の三心〈⇩三信《さんしん》〉と同じ意味であるとし、この二種の三心を自利の三心(自力の三心)・利他の三信(他力の三信)という(観経の三心を「さんじん」と読み、大経の三心を三信と称して区別することがある)。②菩薩のおこす三種の心。(イ)大乗起信論には、十信位の終り、初住位の菩薩がおこす三心として、直心《じきしん》(真如を念じる心)・深心《じんしん》(すべての善行を身につけようとする心)・大悲心(すべての衆生を救おうとする心)を説く。維摩経巻上仏国品には、直心・深心・大乗心を説く。(ロ)大乗起信論には、初地以上の菩薩がおこす三心として、真心(はからいを超えた心、即ち根本無分別智の心)・方便心(衆生をめぐもうとしてはたらく心で後得智の心)・業識心《ごっしきしん》(上の二心によって智慧が生じたときに、なおまだ微細にはたらく心が残ること)を説く。③凡夫の除けない三種の心。起事心・依根本心・根本心をいい、それぞれ仏の化身・報身(応身)・法身をさまたげる煩悩《ぼんのう》で、それを離れることによってそれぞれの仏身を得る(金光明最勝王経巻二など)。④聖者が滅しなければならない心で、実我にとらわれた仮名心《けみょうしん》、実法にとらわれた法心、空にとらわれた空心をいう(成実論巻一二)。⑤入・住・出の三心。⇩十地《じゅうじ》

**さん-しん　三信**　①真宗で、阿弥陀仏が第十八願の中で誓った至心・信楽《しんぎょう》・欲生を指し、これを大経の三心ともいう〈⇩本願《ほんがん》〉。浄土に生まれるための原因となる信心の内容を分析して言ったもの。仏願の生起本末《しょうきほんまつ》(阿弥陀仏が衆生救済の願いをおこした目的と、それによって現に到達している結果)、即ち本願は罪悪の深く重い悪人を救うために建てられたもので、自力《じりき》の心をひるがえしてひたすらおのれを無にして仏の救済力にまかせれば救われる、というその本願の意義を聞いて疑わない心(信心)が信楽で、この信楽は仏のまごころ即ち至心によって与えられたものであってその本質は真実であり、またその信心は阿弥陀仏の浄土に生まれたいとねがう欲生の

心であることをいう〈⇩三心《さんしん》〉。親鸞の教行信証信巻や浄土文類聚鈔には、三信は名は三つであるがすべてが信楽の一信心におさめられるとし、同書に、門答体で一即三、三即一であることを説き(三一問答)、至心・信楽・欲生の字の訓《みょ》や意味から三心が一心であることを証明してある(三心字訓)。三信は、信心が仏からのたまものであることの徳を示し、一心は衆生の救われる根本を示したものである。その信心は自力のはからい(思考)によっては信じ難いが、一たん信じたならば動揺することがないから難信金剛の信楽、深く広い仏の救いの力によって与えられたものであるから、利他深広の信楽という。②⇩三不三信《さんぷさんしん》

**さんしん-しき　三心私記**　一巻。良忠の著(建長六1254)。観無量寿経に説く至誠心・深心・廻向発願心の意義を善導の註釈にもとづいて解説したもの。三私記裒益《ほうやく》は天和年間1681—84の頃、忍澂が本書の旧版を校訂し、良忠の観経疏伝通・選択伝弘決疑鈔の文を補い、三巻としたもの。浄全一〇〔刊本〕明治二二1889刊

**サンスクリット　Sanskrit**　⇩梵語《ぼんご》

**さん-ぜ　三世**　三際《さんさい》ともいう。過去世(過去、前世、前生、前際)と現在世(現在、現世、現生、中際)と未来世(未来、来世、来生、当来、後際)との総称。去来現《こらいげん》とも已今当《いこんとう》ともいい、現在世と未来世とを合わせて現当二世ともいう。三世の立て方は、一個の人間について現在の一生涯を現世、その出生以前の生涯を前世、命終以後の生涯を来世ともいうが〈⇩三生《さんしょう》〉、また現在は一刹那《せつな》と見て、その前とその後とで三世を語ることもある。あるいはまた劫《こう》を単位として賢劫《けんごう》の間を現在として、これによって三世を立てる場合もある。ただし有部《うぶ》では世無別体依法而立《せむべったいえほうじりゅう》といって世《せ》の実在を認めない。一般に仏教では時を仮立《けりゅう》して、勝論《かつろん》学派(ヴァイシェーシカ学派)や時論師のように時を実有のものとはしない〈⇩時《じ》〉。過去の業《ごう》を因として現在の果を招くというように、三世にわたって因果応報の理が行われるのを三世因果といい、三世に現われる多くの仏を三世諸仏という。ただし、小乗では一仏ずつ時をへだてて現われる諸仏を指すが、大乗では空間的に十方の諸仏が、時間的に三世にわたって現われるとし、十方横化《じっぽうおうけ》・三世竪化《さんぜじゅけ》という。①有部《うぶ》では、色《しき》・心などの有為法《ういほう》の法体は三世にわたって実有《じつう》である(恒有《ごうう》である)とする。これを三世実有・法体恒有という。それでは「過去の法」とか「現在の法」とかいう三世の区別はどうして成り立つかといえば、これに種々の説があって、類・相・位・待の不同によるとする。そのうち、有部の正義は位の不同説、即ち法体は三世にわたって実在するから法体そのものには三世による差別はないが、その作用を標準として見るとき、まだ作用が起こらない位の法が未来の法、現に起こっている位の法が現在の法、すでに起こりおえた位の法が過去の法であるとする。この場合現在は一刹那である(倶舎論巻二〇)。②経部では、現在一刹那に起こっているものだけが存在として実有であり、過去・未来の法は無(非存在)であると説く。即ち「本《もと》無にして今有り、有り已れば還って無なり」(本無今有・有已還無《ほんむこんう ういげんむ》)と主張する。従って過去の法はかつて有ったもの(曾有)、未来の法は当《まさ》に有ろうとするもの(当有)、として三世を説く。これを現在有体《うたい》・過未無体という。③唯識派では過未無体の立場に立ちながら二種の三世を説く。⑴道理の三世。現在の法の上に、過去はそのかつて有った因相として、未来はその当《まさ》に有らんとする果相として、過去・未来の意味が具わっているという理由から、現在の法の上に道理として三世を立てること。⑵神通《じんづう》の三世。過去・未来は実にあるのではないが、宿命智(宿命通)によって過去を観じ、他心智(他心通)によって現在を観じ、生死智《しょうじち》(天眼通《てんげんつう》)によって未来を観じる所に、神通力によって顕現した三世を現在刹那の心識の相分として立てること。⑶唯識の三世。迷いの心で虚妄《こもう》に分別して三世があるとするが、実は現在の心識の変現した相分に過ぎないとする(成唯識論述記巻三末)。④華厳宗では九世・十世の説を立てる。即ち、三世のそれぞれに三

世を考えて、過去の過去から未来の未来までの九世を説き、しかもそれらは互いに他に同《どう》じあい、互いに他に和しあって(相即相入して)、一念の中におさめられているから、この全一の一世と合わせて十世とする(華厳五教章巻四)。

**さんせい-げ　三誓偈**　重誓偈、四誓偈ともいう。法蔵比丘が、四十八願を発したのち、偈頌を以て重ねて三種の誓願を説いたもの。無量寿経巻上に説かれ、我建超世願以下の四四句一一頌の偈文をいう。はじめの三頌に建願・済苦・聞名の三誓があるので三誓偈という。浄土宗では最後の一頌に雨華の誓があるから四誓偈という。

**さんぜじつう-ほったいごうう　三世実有法体恒有**　説一切有部《せついっさいうぶ》の主張する説。一切の有為法《ういほう》は三世にわたってその体(自性《じしょう》)が実有《じつう》である、即ち実在するということ〈⇩三世《さんぜ》〉。これに対して経量部などでは「現在有体《うたい》・過未無体」と主張する。即ち、法は現在の位において有であるけれども、未来および過去の位においては非有(無)であるとする。もとより有部《うぶ》の説においても、一切の有為法のその体は三世にわたって実有でも、現象としての有為法は刹那滅であり無常なものであるとするのは当然である。そこで、この部派において刹那滅といわれるその滅は、法の体が滅するのであるか、法の用(作用、はたらき)が滅するのであるかという点について、日本では古くから体滅・用滅《ゆうめつ》の論争を起こしているが、法において体と用とを分けて考える以上、用滅説をとるべきもののようである。

**さんぜん　三千**　天台宗の用語。三千法または三千諸法の略で、三千はあらゆるものの総称。地獄から仏界までの十界が円融《えんにゅう》の理によって互いに他の十界を含んでいるから百界となり、百界の一々に相《そう》から本末究竟までの十如《じゅうにょ》を有するから千如となり、千如はまた衆生・国土・五陰《ごおん》の三世間によって区別があるから三千世間となる。これを三千と称し、三千は宇宙ことごとくの存在を総摂するから三千諸法と名づける。この三千の諸法は衆生の日常一刹那《せつな》の心の中にみな具わっているという意味で、これを心具の三千といい、またその三千の諸法が真如の本体に先天的に内在することを理具《りぐ》の三千(本具三千、性具三千、性徳三千)といい、理具の三千が因縁に随って現象界に顕現したものを事造《じぞう》の三千(変造三千、事用三千、修徳三千、修起三千)という。

**さんぜん-いん　三千院**　京都市左京区大原来迎院町。天台宗三門跡の一。円融院、梨本坊《なしもとぼう》、梨本門跡、梶井門跡《かじいもんぜき》などとも称し、声明《しょうみょう》・音律関係を統管した。三千院の寺名は明治四年1871以後である。延暦年間782―806最澄が叡山東塔南谷に一宇を建て、貞観二年860承雲《じょううん》がこれを改築して円融房と名づけた。第八世明快に至って門跡と称したという。応徳三年1086白河天皇の中宮藤原賢子の菩提のため、山麓の東坂本梶井里(現滋賀県大津市)に円徳院を興し、円融房の別院とした(梶井門跡の名はこれにもとづく)。堀河天皇の皇子最雲法親王が一二世となって以来、代々皇族が住持した。貞永元年1232炎上し、建長二年1250洛北船岡山の麓に寺基を移し、その後、本坊の所在は白河、東山中山、岡崎、西ノ京、三条高倉、三条高畑、六条河原院、紫野など転々とし、応仁の乱後に現地に移った。現在の堂宇は慶長年間1596―1615紫宸殿の旧屋を賜ったもの。元禄一一年1698京都御車路広小路に別に里坊を設け、法親王が住した。本堂は往生極楽院を以てこれに当てる〈⇩往生極楽院《おうじょうごくらくいん》〉。〔重文〕本堂(往生極楽院)、木造阿弥陀如来両脇士坐像、同不動明王立像、救世観音半跏像ほか〔参考〕扶桑略記三〇、雍州府志四

**さんぜん-ぶつ　三千仏**　三劫三千仏ともいう。三世三千仏で、過去荘厳劫の人中尊仏から金剛王仏にいたる千仏、現在賢劫の拘那含仏から楼至仏にいたる千仏、未来星宿劫《しょうしゅくこう》の竜威仏から威厳仏にいたる千仏が順次に出世することをいう。仁明天皇の頃に三千仏を唱礼する仏名会が修せられた〈⇩仏名会《ぶつみょうえ》〉。〔参考〕三千仏名経、仏祖統紀三〇、類聚三代格二

**さんぜん-ぶつみょう-きょう　三千仏**

名経　三巻。過去荘厳劫千仏名経・現在賢劫千仏名経・未来星宿劫千仏名経の三経の総称。いずれも訳者不詳。過去・現在・未来の三世にそれぞれ出世するとされる三千の仏の名を連ねた経典。これを誦して懺悔と滅罪を願う行事を仏名会《ぶつみょうえ》といい、中国の東晋時代以後、日本の平安時代より室町時代にかけて行われた。㊅一四

**さん-そう　三相**　三種の相(すがた)。①一切の存在の上にある三相。⑴仮名相《けみょうそう》。ただ仮のもので実体のない相。⑵法相。五蘊《ごうん》・十二処・十八界の諸法としての相。⑶無相相。無相の相(大明三蔵法数巻一三)。②事物の上にある三相。⑴標相。例えば煙が火の存在を標示するような相。⑵形相《ぎょうそう》。長短方円の相。⑶体相。それ自体の本質的な相、例えば火が熱を相とするような相(大明三蔵法数巻一三)。③禅定を修める時の三相。⑴発相《ほっそう》。心の沈滞を破って励ましおこす相。⑵制相。心の散乱を制止する相。⑶捨相。心の調適をそのまま捨置して持続させる相(成実論巻一二)。④因の三相〈⇩因明《いんみょう》〉。⑤頼耶《らや》の三相。⇩阿頼耶識《あらやしき》

**さん-ぞう　三蔵**　①蔵は㊵ピタカ piṭaka の訳で、容器、穀倉、籠、暗記されたものなどの意。三蔵とは経蔵・律蔵・論蔵の三で、仏教聖典をこの三類に分けて集めたことから、仏教聖典を総称して三蔵または三法蔵という。大衆部《だいしゅぶ》その他ではこれに雑蔵《ぞうぞう》(本生《ほんじょう》因縁など)を加え、また犢子部《とくしぶ》では呪蔵《じゅぞう》(真言《しんごん》・陀羅尼《だらに》)を加えて四蔵を立て、法蔵部では呪蔵と菩薩蔵《ぼさつぞう》、大衆部の一説では雑集蔵と禁呪蔵《ごんじゅぞう》、成実論では雑蔵と菩薩蔵、六波羅蜜経では般若波羅蜜多蔵《はんにゃはらみったぞう》と陀羅尼蔵《だらにぞう》を加えて五蔵と称する。また経蔵・律蔵の二、声聞蔵《しょうもんぞう》・菩薩蔵の二を二蔵ということもある。このうち経蔵とは㊵スートラ・ピタカ sūtra-piṭaka の訳で、素怛纜蔵《そたらんぞう》、修多羅蔵《しゅたらぞう》と音写し、契経蔵《かいきょうぞう》とも訳して、仏陀の教説の要義である経の部類に属するもの。律蔵とは㊵ヴィナヤ・ピタカ vinaya-piṭaka の訳で、毘奈耶蔵《びなやぞう》・毘尼蔵《びにぞう》と音写し、調伏蔵《じょうぶくぞう》とも訳して、仏が制定した教団の生活規則である律の部類に属するもの。論蔵とは㊵アビダルマ・ピタカ abhidharma-piṭaka の訳で阿毘達磨蔵《あびだつまぞう》、阿毘曇蔵《あびどんぞう》と音写し、対法蔵とも訳す。仏陀の教説をさらに発展させて、すぐれた智慧によって組織し体系づけ論議解釈した阿毘達磨《あびだつま》、つまり論に属するもの。論蔵は論部ともいわれ、また摩咀理迦《まだりか》(摩得勒伽《まとくろくか》㊵マートリカー mātṛkā の音写。本母と訳す)、優波提舎《うばだいしゃ》(㊵ウパデーシャ upadeśa の音写。論議と訳す)とも密接な関係がある。この三蔵を三学に配して、経は定《じょう》、律は戒、論は慧の各一学を特にあらわすといい、また三蔵の各々がそれぞれ三学をあらわすとも、あるいは経は戒・定・慧、律は戒・定、論は慧をあらわすともいう。その他種々の点から三蔵の区別を立てる。もとこの三蔵は原始仏教、部派仏教(後に小乗といわれるもの)の聖典を指す言葉であったから、小乗のことを三蔵教(蔵教)ともいうのであるが、後には大乗にもこの語を用い、三蔵に下乗(声聞)と上乗(菩薩)との区別があるから、合わせて六蔵となるともいわれるに至った〈⇩大蔵経《だいぞうきょう》〉。②経によって宗旨を立てた真言宗・華厳宗・浄土宗・日蓮宗を経宗、律によって宗旨を立てた律宗を律宗、論によって宗旨を立てた倶舎宗《くしゃしゅう》・成実宗《じょうじつしゅう》・三論宗などを論宗という。これについては、経宗・論宗・釈宗と並列すべきであるともいわれる〈⇩経論釈《きょうろんしゃく》〉。三蔵の各々に精通した人をそれぞれ経師・律師・論師《ろんじ》という。また、論を造って仏教をひろめた人を論主《ろんじゅ》、論師という。三蔵に精通した法師を三蔵法師、三蔵比丘、三蔵聖師または単に三蔵といい、転じて中国では三蔵の翻訳者を三蔵という。例えば玄奘三蔵、真諦三蔵など。③声聞・縁覚・菩薩の三乗の人々のための教法を、それぞれ声聞蔵・縁覚蔵・菩薩蔵といい、合わせて三蔵という。④浄土真宗では、浄土の三部経に説かれている教え(法門)を、「教行信証」に拠ってそれぞれ福智蔵・福徳蔵・功徳蔵と名づける。福智蔵は福智(福徳と智慧)の二荘厳《しょうごん》をまどかに成就している意味で南無阿弥陀仏の名号を指し、従って大無量寿経に説く弘願《ぐがん》真実の第十八願を開顕した

教えをいう。福徳蔵は観無量寿経に説く定《じょう》散《さん》の諸行で、従って第十九願を開顕した要門《ようもん》の方便教をいう。功徳蔵とは、阿弥陀経に説かれた自力廻向の名号で、従って第二十願を開顕した真門の方便教をいう。

**さん-ぞん**　**三尊**　三体の尊ぶべきものの意味で、三尊仏ともいう。つまり主である中尊《ちゅうそん》とその左右両側にある脇侍《きょうじ》とを合わせて呼ぶ名。中尊は仏、菩薩《ぼさつ》、明王《みょうおう》などで、脇侍は挾侍、夾侍、脇士とも書き、また脇立《わきだち》とも呼ばれ、菩薩、声聞、天、童子などがあてられる。釈迦三尊（釈迦と普賢・文殊両菩薩、釈迦と迦葉・阿難両声聞、釈迦と薬王・薬上両菩薩）、阿弥陀三尊（阿弥陀と観音・勢至両菩薩）、薬師三尊（薬師と日光・月光両菩薩、薬師と薬王・薬上両菩薩）、弥勒三尊（弥勒と法音・大妙相両菩薩）、般若三尊（般若と梵天・帝釈両二天）、不動三尊（不動明王と制吒迦・矜羯羅両童子）などがよく知られる三尊形式で、その他種々の組合わせの三尊がある。脇侍は中尊の徳を表わし、例えば、観音は慈悲、勢至は智慧、文殊は解《げ》、普賢は行《ぎょう》を示す。三尊で一つの光背を共有する像を一光三尊像（善光寺本尊など）という。その際の光背は通常、舟形光《ふながたこう》（舟後光《ふなごこう》）の形式をとる。

**さん-たい**　**三諦**　三種の真理。天台宗ではすべての存在がそのままで諸法実相の真理を明らかにする三面として、空《くう》仮《け》中《ちゅう》の三諦（真俗中の三諦）を説く。これは瓔珞本業経賢聖学観品や仁王般若経二諦品などの説に基づいて、智顗《ちぎ》の法華玄義巻一上、巻二下、摩訶止観巻一下、巻三上、巻五上などに説くところである。即ち⑴空諦（真諦、無諦）とは、すべての存在は執われの心によって考えられるような実体はなく、空無のものであること（破情）、⑵仮諦（俗諦、有諦《うたい》）とは、すべての存在は無実体のために縁によって仮に生じ存在するものであること（立法）、⑶中諦（中道第一義諦）とは、すべての存在は一面的に考えられるような空・仮を超えた絶対のものであって、その本体は言説思慮の対象ではないこと（絶待）、を意味する。この三諦の説は化法《けほう》の四教のうち別・円の二教で説かれるが、別教の三諦は隔歴《きゃくりゃく》三諦、歴別《りゃくべつ》三諦、次第三諦、不融三諦、別相三諦、邐迤《りい》三諦などと呼ばれて、三諦のそれぞれが個々に独立した真理として考えられるものであり、三諦のうち空・仮の二諦は現象面につき、中諦は本体面につくから、前の二は劣り、後の一はすぐれるとするのに対して、円教の三諦は円融《えんにゅう》三諦、一境三諦、不次第三諦、非縦非横三諦、不思議三諦などと呼ばれて、相互に個別的でなく一諦のうちに三諦を具えて、三者が区別なく融けあっており、いわゆる即空・即仮・即中の三諦であるとする。この三諦の真理を観じるのが三観であって、円教の円融三諦を観じるのを三諦円融観といい、衆生《しゅじょう》の一念（一おもいの心）がそのまま円融三諦であるとする（一心三観）。なお化法の四教を修行するものについて、修行がある程度進むときに、中途で、より高い教えの修行者となる場合〈⇩被接《ひしょう》〉があるので、三諦の理解の仕方にも、別入通（別接通）・円入通（円接通）・別教・円入別（円接別）・円教の五種の三諦があるとする。即ち、別入通では通教で説く真俗二諦から中諦を見出して別教の単なる中（但中《たんちゅう》）と理解し、円入通ではその中諦を円教の空仮に即した中（不但中《ふたんちゅう》）と理解し、円入別では別教の三諦にいう中諦が但中ではなくて不但中であるとさとるのである。また、三諦の真理を説くにも、凡夫に対してはそのこころ（情）に応じて種々にわけて説き（随情説）、十信以上の菩薩に対しては空・仮の二諦は情に、中諦はさとりの智について説き（随情智説）、十住以上の菩薩に対しては真智に照らされた不思議の三諦として説くとする（随智説）。

**さん-だい**　**三大**　衆生《しゅじょう》の心の体（本体）と相（すがた）と用《ゆう》（はたらき）とはともに広大無限であるから、これを体大・相大・用大《ゆうだい》という。大乗起信論の説。⑴体大とは衆生心の実体である真如《しんにょ》（平等で普遍な常住真実の理体）の自体をさし、⑵相大とはその真如（如来蔵《にょらいぞう》）が無量の性徳をもつ点をさし、⑶用大とは、その真如が衆生に世間・出世間の善因を修めさせ善果を得させる作用をもつ点をさす。

**さんだい　讃題**　講讃の題目となるもの。浄土真宗で説教のとき最初に引用して読み上げる経・論・釈の文の一節をいう。

**さんだいせいがん　三大誓願**　三つの大きな誓い。日蓮宗では、日蓮が佐渡に流されたときにたてた三つのねがいをいう。即ち、日本の柱となり、眼目となり、大船となって法華経をひろめようという誓願。

**さんだいそしーほうご　三大祖師法語**　二巻。真教・中聖・託何《たくが》の述。洞天の校（嘉元四1306—暦応二1339成立）。時宗第二祖真教の奉納縁起記・道場誓文、第三祖中聖の知心修要記・念仏往生綱要・三心料簡義、第七祖託何の他阿弥陀仏同行用心大綱註（以上上巻）・条条行儀法則・蔡州和伝要《さいしゅうわでんよう》（以上下巻）を収める〈⇩蔡州和伝要〉。仏全六六、時宗全書〔刊本〕安永五1776刊

**さんだいひほう　三大秘法**　日蓮宗で、教えとその実践との根本となる三つの大秘密の法門。本門の本尊・本門の題目・本門の戒壇の三。寿量品の事《じゅりょうぼんのじ》の三大事、本門の三の法門、三秘密の法、宗旨の三秘、宗致《しゅうち》の三秘などともいい、略して三秘という。これは日蓮が佐渡に流されてから後に唱えた説で、報恩抄、観心本尊抄などに説き、この三は、釈迦牟尼仏の説法においては法華経の本門の寿量品を説く以前までは秘して説かれなかったものであり、滅後は末法の世に日蓮が説きあらわすまでは秘められていたいみじき法であるとする。本門の本尊とは、久遠《くおん》の本仏（超時間的な根本仏）である釈迦牟尼仏で、十界勧請《かんじょう》の大曼荼羅（略して十界曼荼羅ともいう〈⇩曼荼羅《まんだら》⑨〉）として具象化されるものであり、本門の題目とは、自行化他《じぎょうけた》の南無妙法蓮華経であり、本門の戒壇とは本尊に帰依し題目を唱えるときおのずから行者の身に無作《むさ》の具足戒を具えるから、この妙行《みょうぎょう》（唱題）を修めるところが受戒の壇場であることをいう。日蓮の三大秘法抄には、本門の戒壇について具体的に土地を定めて事壇（事実上の壇）を建設することを述べているので、この書を真撰とする派では事壇が建設されるまでは行者の己心《こしん》（自己の心）が分《ぶん》の戒壇であり、具体的に建設される事壇が満の戒壇であるとし、また偽撰とする派では、行者が唱題する所以外に事壇はないとする。この三秘を戒（戒壇）・定（本尊）・慧（題目）の三学であるとし、また三身、三宝などに配当することもある。三大秘法は法華の妙法である題目におさまるもので、順縁のものは三大秘法を修め、逆縁のものには一大秘法（題目）を与えるとする。

**さんだな　珊陀那**　㊵サンターナ　santāna の音写。刪陀那とも書く。神話的な薬樹の名。続断、和合と訳す。この木の皮は傷を癒すという。

**さんだん　讃歎**　讃嘆とも書く。①仏・菩薩《ぼさつ》の徳をほめたたえること。讃揚歌歎の意で、偈頌などによってほめたたえるのを普通とする。法華文句巻二下には、言語に表現してたたえるのを寄言歎《きごんたん》、言語につくせず、ただ心にたたえるより他ないのを絶言歎《ぜつごんたん》という。世親の浄土論には五念門の一に讃歎門を数え、善導の観経疏散善義には五正行の一に讃歎供養を数えて、浄土に生まれるための往生行とし、また真宗では、他力の信心を得て阿弥陀仏の名を称えることを真の讃歎であるとする。②日本語による仏教讃歌の一種で次の三篇が現存する。⑴法華讃歎。作者不詳。奈良時代か、遅くとも平安時代初期の作。内容は仏陀が因位のとき、自ら薪をとり、水を汲み、食を設けて、阿私仙人に仕えて、法華の法をうけたことを説く。三宝絵詞巻中、拾遺和歌集に収めたものは短歌形式であるが、魚山蠆芥集《ぎょざんたいかいしゅう》にあるものは結句を二度繰返した仏足石歌体である。法華八講などの薪の行道《たきぎのぎょうどう》に唱えた。⑵百石讃歎《ももさかさんだん》。作者不詳。奈良時代か、遅くとも平安時代初期の作。母の恩をたたえ、それに報いようとする意を詠じたもの。形式は諸所伝によって若干異なり、五七調の八句（三宝絵詞所伝）、一四句（高野山所伝）のものもあるが、原形は短歌形式（拾遺集所伝）か仏足石歌体であったと思われる。灌仏会に唱えた。⑶舎利讃歎。慈覚大師円仁（794—864）作という。仏舎利礼拝の功徳を讃歎し、布施の徳をとく。律語的散文で、前・中・後

の三段に分かれ、全部で七二句からなっている。舎利会に唱えた。現在讃歎は以上の三篇にすぎないが、和讃や教化の成立過程を知る上に重要である。日本歌謡集成四

**さんだん-みしゅほう　三壇御修法**　三壇不断の御修法、公家三壇の御修法、長日三壇法ともいい、略して三壇法という。天皇の安泰を祈るために宮中で長日不断に修した法。各寺家の護持僧がそれぞれに壇を設けて、東寺は延命法を、山門(比叡山)は如意輪法を、寺門(三井寺)は不動法を修した。〔参考〕禁秘抄上、護持僧次第、類聚名物考二九

**サーンチー　Sāñchi**　インドのマディヤプラデーシュ州の首都ボーパール Bhopal の東方約四〇キロの地点にある仏教遺跡。

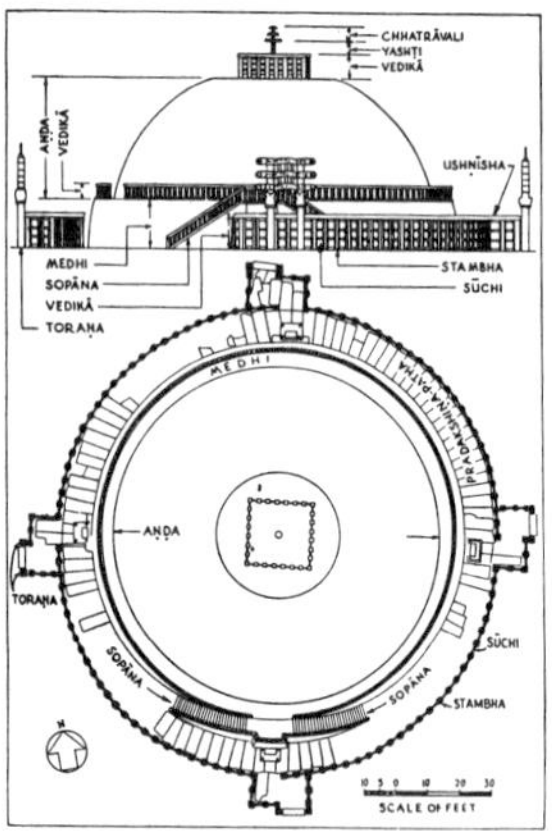

サーンチー第１塔
側面図・平面図

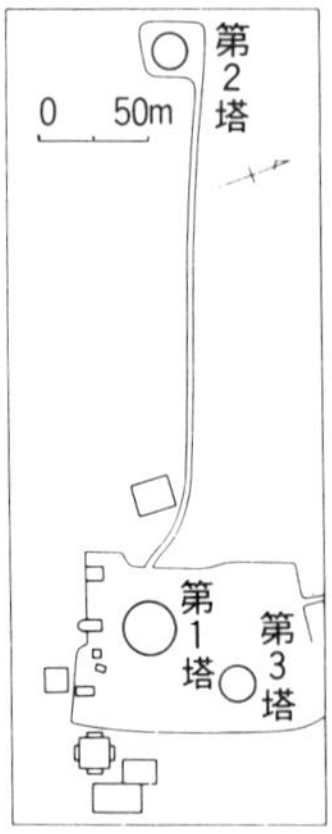

サーンチー遺跡
平面図

阿育（アショーカ Aśoka）王の時代（紀元前三世紀）に建立され、のち一一世紀にいたるまでたびたび改修拡大されている。大塔を中心としてさまざまな時代の堂塔や遺跡が多数存在する。高さ一六・五メートルの覆鉢型の大塔をめぐって石の門や欄楯があり、これに施されている仏伝、本生譚を題材とする浮彫はインド仏教美術の中でも最もすぐれたものの一つであり、金石学上の資料としても大きな価値をもつ。付近に舎利弗《しゃりほつ》、目犍連《もっけんれん》、末示摩《まつじま》などの舎利を収めているという小塔がある。

**さんちょうさいげつ　三長斎月**　正月と五月と九月との三カ月はその月（のそれぞれ前半月）中、八斎戒をたもち、殺生などをやめ非行を慎しむこと。長い期間にわたっての持斎であるから長斎といい、その三の月を三長斎月という。また三長月、三斎月、善月、神足《じんそく》月、神通月、神変月などともいう。⇩斎日《さいにち》

**さん-てんだい-ごだいさん-き　参天台五台山記**　八巻。善慧大師賜紫成尋記ともいう。京都岩倉の大雲寺寺主成尋の著。延久四年1072（北宋の熙寧五）三月、成尋が頼縁・快宗・聖秀・惟観・心賢・善久・長明などを随伴して入宋し、五台山その他の諸寺に巡礼したときの紀行文。北宋朝の優遇をうけ、留められて帰朝できず、得た仏像・新訳諸経典・法具と本書を五人の従僧に託してその師に呈したもの。当時の海路交通、北宋代仏教の情況、風俗制度などの研究に重要。改定史籍集覧二六、仏全一一五〔写本〕東福寺蔵（承安元1171写、重文）、内閣文庫蔵、松井簡治蔵（文政九1826写）、京都大雲寺蔵（法王府本並に若王寺本の二本により、天保五年1834二月越渓敬長校）、三重県西来寺蔵、東京大学蔵（享保四1719写）〔参考〕成島譲倹・刪補天台五台山記八（日仏全一一六）

**さんてんどくもん　三転読文**　法華経方便品の十如是の文つまり「諸法如是相如是性如是体如是力如是作如是因如是縁如是果如是報如是本末究竟等」の文に三様の読み方があること。智顗《ぎち》の法華玄義巻二上に、三様に読み方をかえることによって、空・仮・中の三諦の理をあらわすことができるという。⑴空転。是相如・是性如というように読んで、すべてのものがらが空であるとの意に解釈する。⑵仮転《けてん》。如是相・如是性というように読んで、空に即した仮として現象は差別的であるとの意に解釈する。⑶中転。相如是・性如是というように読んで、すべてのものがありのままで諸法実相であるとの意とする。

**さん-てんぼうりん　三転法輪**　①三論宗の吉蔵の立てた教判の名。仏陀の教説を三にわけて、根本法輪・枝末《しまつ》法輪・摂末帰本《しょうまつきほん》法輪とする。また三法輪、三輪ともいう。⑴根本法輪とは、大菩薩のためにさとりの内容のすべてを直接的に示した根本の教えのことで、華厳経に説かれている一

因一果の一乗教のこと。⑵枝末法輪とは、それを聞いても理解できない薄福鈍根のもののために四十余年にわたって一乗の教えをわけて仮に三乗として説いた諸経の教説。根本の一乗から方便として起こった教えであるから枝末という。⑶摂末帰本法輪とは、枝末である三乗の教説を開会《かいえ》して根本の一乗の教えに結帰させた法華経の教説をいう。なお般若経などの大乗経典は三乗を廃していない点から、一往は枝末法輪であるが、さらにいえば三乗から一乗に入るもののためには枝末法輪であり、ただちに一乗に入るもののためには根本法輪であるとする。また三論宗の教判では声聞蔵・菩薩蔵の二蔵判を主とし、この三転法輪判は傍であるという。②示転法輪・観転法輪・証転法輪の三。⇩四諦《したい》　⇩転法輪《てんぽうりん》

**さん-どう　三道**　①有情《うじょう》が迷いの生存(生死《しょうじ》)をはてしなく続けて行く状態を示したもの。惑道(道理と現象の世界とにおける心の迷いである煩悩《ぼんのう》)・業道《ごうどう》(その煩悩から起こる身・口《く》・意の所作)・苦道(惑・業を因として招いた三界・六道の苦果)の称。惑・業・苦の三が輪のように展転して断絶しないから、道と名づけられる。

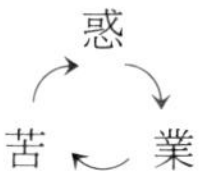


②見道《けんどう》・修道《しゅどう》・無学道の称。⇩見道〔修道〕〔無学道〕

**さんどう　参堂**　禅宗で沙弥《しゃみ》が新たに僧堂の一員に加えられ、初めて堂に入ること。

**ざんとう　暫到**　禅宗で、しばらくの間、寺に滞在する僧をいう。事情があって掛搭《かとう》をゆるしていない期間に来て制規上掛搭をゆるされないものも暫到として扱う。

**さんどうかい　参同契**　一篇。唐の石頭希遷(700―90)の撰。成立年不詳。五言四句二二〇字の短い韻文詩によって禅旨を詠じたもの。本書は魏の伯陽の同名の書にちなんだものともいわれるが、法眼文益の説によれば、希遷が肇論《じょうろん》の「万物を会して己と為す者は其れ惟だ聖人か、聖人は己無くして己ならざるところなし」とある文を見て作ったものという。曹洞宗では、特に宗旨の根源を示すものとして重んじ、洞山良价の宝鏡三昧と共に日夕諷誦する。(大)五一(景徳伝灯録三〇)、国一諸宗部六(人天眼目六)〔註釈〕北宋の雪竇・瀑泉集、瑯琊慧覚・科、明の永覚元賢・洞上古轍など。日本では天桂伝尊・報恩篇、面山瑞方・吹唱、指月慧印・不能語、千丈実巌・拘卜篇など古来極めて多い。〔刊本〕祖堂集四〔参考〕景徳伝灯録三〇、禅学宝典

**さんどう-の-ほうかい　三道の宝階**　忉利天《とうりてん》から仏陀が降りるときに用いた三道の階梯。仏は忉利天に上って母の摩耶夫人《まやぶにん》のために説法したが、天から地上へ下るとき、帝釈天《たいしゃくてん》は金・銀・瑠璃の三道のきざはしを化作《けさ》させたので、仏はこの宝階に依って降下したと伝える。阿閦仏国経巻上によれば、阿閦《あしゅく》仏の浄土にも忉利天に通じる三道の宝階があるという。

**さん-どく　三毒**　貪欲《とんよく》・瞋恚《しんに》・愚癡(貪・瞋・癡とも婬・怒・癡ともいう)の三煩悩《ぼんのう》のこと。三火、三垢ともいわれ、衆生《しゅじょう》を害する悪の根元であるから三不善根ともいう。

**さん-どく　三徳**　①大涅槃《だいねはん》が具える三つの徳で、法身《ほっしん》・般若《はんにゃ》・解脱《げだつ》の三をいう。南本涅槃経巻二には、この三徳は伊字の三点(梵語のイ字)、摩醯首羅《まけいしゅら》(大自在天)の三目()のように三であって一、一であって三であるとし、人乗義章巻一八には、法身とは、すべてのものに本来そなえている真如《しんにょ》または功徳法《くどくほう》をもって身を完成したことをいい、解脱とは煩悩の束縛をはなれたこと、般若とはさとりの智慧のことをいうとする。またこの二徳は因においては三仏性と呼び、止因仏性の果が法身の徳を、了因仏性の果が般若の徳を、縁因仏性の果が解脱の徳を完成するのを順の三徳といい、苦を転じて法身の徳を、惑を転じて般若の徳を、業を転じて解脱の徳を完成するのを逆の三徳という〈⇩三道《さんどう》〉。天台宗では、三徳の説は法華経以前の諸経にもあるが、法華の円教の三徳が非縦非横非三非一であるのに対すれば異なるとし、またこの三徳を三菩提・三仏性・三宝などにも配する。②仏果に具わる三つの徳で、智徳・断徳・恩徳の三をいい、仏性論巻二などに説く。⑴智徳とは仏がすべての立場から

見た智慧を具えてすべてのものを見とおす徳、⑵断徳とはすべての煩悩や惑業を滅しつくす徳、⑶恩徳とは衆生を救いたいというねがいの力によってめぐみを与えることをいい、智・断・恩の三徳を法・報・応の三身に配し、また智・断の二徳を自利・自行・自覚にあて、恩徳を利他・化他・覚他にあてる。また倶舎論巻二七には、仏に因円徳・果円徳・恩円徳の三があり、果円徳をわけて智円徳・断円徳・威勢円徳・色身円徳の四とすると説く。③すべてのもののもちまえの性質としての三つの徳で、薩埵《さった》(梵)サットヴァ sattva)・刺闍《らじゃ》(梵)ラジャス rajas)・答摩《とうま》(梵)タマス tamas)をいう。外教である数論(梵)サーンキヤ Sāṃkhya)学派《すろんがくは》の説で、金七十論巻上に見える。これら三は順次に喜・憂・闇、勇・塵・闇、貪・瞋・癡、楽・苦・捨、黄・赤・黒、染・麁・黒などと訳され二十五諦の第一である自性冥諦《じしょうみょうたい》(梵)プラクリティ prakṛti)にそなわる徳で、これによって種々の善悪好醜のものを生じるとし、神我諦《じんがたい》(梵)プルシャ puruṣa)以外の残りの二十三諦にもこの三徳がそなわるという。

**さん-にょらい　三如来**　三国伝来の三仏像。信州善光寺の阿弥陀如来、京都嵯峨清涼寺の釈迦如来、京都平等寺(俗に因幡薬師、因幡堂という)の薬師如来をいう。

**さん-にん　三忍**　忍は(梵)クシャーンティ kṣānti の訳。①三法忍《さんぽうにん》のこと。音響忍《おんこうにん》・柔順忍《にゅうじゅんにん》・無生法忍《むしょうぼうにん》をいう(無量寿経巻上)。これを随順音声忍《ずいじゅんおんじょうにん》・思惟柔順忍《しゆいにゅうじゅんにん》・修習無生忍《しゅじゅうむしょうにん》(月灯三昧経巻二)、あるいは生忍《しょうにん》・柔順法忍《にゅうじゅんぽうにん》・無生忍《むしょうにん》(坐禅三昧経巻下)ともいい、また旧訳《くやく》の華厳経巻二九の十忍のなかの随順音声忍・順忍・無生法忍にあたるともいう。忍とは、ものごとの道理を認識してさとり、心を安んじる意で、一般には音響忍とは教説を聞いてさとり、心を安んじること、柔順忍とは真理にすなおにしたがって自分で考えてさとること、無生法忍とは真理にかない、すがたかたちを離れてさとることとするが、あるいは音響忍とは空《くう》にそむかない有《う》、柔順忍とは有にたがわない空、無生法忍とは有や空や亦有亦空《やくうやっくう》や非有非空をこえたさとりのこととし、またあるいはこの三忍はすべて無生法忍ではあるが、それぞれを聞・思・修の三慧にあてての区別であるともする。菩薩の階位にあてるときには、地上《じじょう》の三段階に、あるいは地前《じぜん》の三段階に、あるいは地前から地上にわたる三段階にあたるとして、諸説同じでない。②観無量寿経に、阿弥陀仏の浄土を見て喜びの心が起こり無生忍を得ると説くのに基づいて、善導の観経疏序分義に無生忍を喜忍・悟忍・信忍と名づけた。これは観仏によって得られるとも、あるいは信心によって得られるともして諸説同じでない。③忍辱波羅蜜《にんにくはらみつ》の三種で、耐怨害忍《たいおんがいにん》・安受苦忍《あんじゅくにん》・諦察法忍《たいさつぼうにん》をいう。忍とはどんな状態にあっても耐え忍んで心を動かさないことをいい、憎しみをうけて害を与えられても耐え忍ぶこと・どんな苦しみの中でも耐え忍ぶこと・真理をあきらめて心を動かさないことの三をいう。⇩忍《にん》

**さん-ね　三会**　①衆生を救うために法を説く三度の会合の場所。過去の諸仏も、未来仏である弥勒《みろく》もみな三回の大説法会を行って法を説くという。なお、弥勒の三会は竜華三会《りゅうげさんね》ともいわれ、釈迦の教化に洩れた衆生で、仏滅後の正像末の三時において善い行いをして功徳《くどく》を積んだものは、この会に参加することができて、さとりを開くことができると信じられ、古来僧侶の間にこれを待つ信仰が行われた。②奈良興福寺の維摩会《ゆいまえ》(慶雲三706開始)、宮中の御斎会《みさいえ》(神護景雲二768開始)、奈良薬師寺の最勝会《さいしょうえ》(天長六829開始)を南京の三会といい、承和元年834(一説に同六年)の宣旨によりこの三会の講師を経たものが僧綱に任じられることに定まった(三会定一の制)。天台宗においても、はじめはこれに従ったが、のちに京都法勝寺の大乗会(承暦二1078開始)と同円宗寺の法華会(延久四1072開始)の二会の講師を経たものが僧綱に任じられるようになり、この二会と円宗寺の最勝会(延久四開始、永保二1082再開)とを合わせて北京の三会(天台三会)という。また、宮中の最勝講(長保四1002開始)、仙洞の最勝講(永久元1113開始)、法勝寺の御

八講(天承元1131開始)を三講と称し、三会に準じた。なお、三会の講師を経ずに僧綱に任じられるのを閑道の昇進といい、天台宗ではその例が多かった。〔参考〕初例抄下、釈家官班記下　③禅宗で鐘または鼓を三六打つのを一会とし、それを三度繰返して一〇八打つのを三会という。

**さんねい　賛寧**　(後梁の貞明五919—北宋の咸平四1001)　北宋代初期の律僧。姓は高氏。呉興(浙江省呉興県)の人。通慧大師と賜号し、円明大師と諡する。後唐天成年間926—30に杭州祥符寺で出家し、清泰元年934に天台山に学んだ。南山宗一〇世の法栄の法を嗣ぎ、呉越王銭俶《せんしゅく》や北宋の太宗の帰依で、開封(河南省開封県)の左街天寿寺に住して僧録となる。広く内外の学に通じ詩文をよくした。現存の宋高僧伝三〇巻、大宋僧史略三巻の他、三教にわたる数百巻の著書があった。年寿に異説がある。〔参考〕釈門正統三、仏祖統紀四四、十国春秋八九

**さんね-じょういち-き　三会定一記**　四巻。兼深が永禄九年1566奈良興福寺一乗院の古記録を整理し、興福寺維摩会の講師その他の諸役を勤めた人名を編年体に記録したもの。初めに大会中絶年年と題して斉明天皇五年659から天長八年831までの間にしばしば維摩会が中絶したことを記し、次に三会定一以前の講師の名を掲げ、次に承和元年834三会定一の制がさだめられて以後永禄七年までの講師その他の諸役の人名・略伝・事件などを記録している(三会定一とは興福寺維摩会・宮中御斎会・薬師寺最勝会の講師を順次に勤めた者が僧綱に任じられる制)。僧綱補任と共に南都僧伝研究の重要な史料。仏全一二三、〔原本〕興福寺蔵

**さんのう-いちじつ-しんとう　山王一実神道**　山王神道、日吉一実神道ともいう。比叡山の守護神である山王権現をはじめわが国一切の神祇を法華一実三諦円融の理によって解釈し、すべて仏が衆生を教化するために現われたものとする神道。真言宗の両部神道に対して天台宗で行われ、比叡山と三井寺とでは少し説を異にする。最澄が創唱したというが、鎌倉期以後に唱えられたようであり、江戸時代には天海が力説した。⇩両部習合神道《りょうぶしゅうごうしんとう》　⇩日吉大社《ひよしたいしゃ》

**さんのういん-ざいとう-き　山王院在唐記**　一巻。山王院智証大師円珍の口授とされるが明らかでない。成立年不詳。初学者のために胎蔵三重曼荼羅の観行口決を問答体に記した書。日蔵四一、仏全二八

**さんのう-く　山王供**　比叡山延暦寺の守護神日吉山王権現を供養する法会。〔参考〕阿娑縛抄一七二

**さん-のうへん　三能変**　唯識宗の説。識は転変《てんぺん》してすべての存在を生じさせ、また変現して心内に主観(見分)と客観(相分)とをあらわして認識作用を行わせる主体であるから能変といい、これをはたらきの特性によって異熟能変・思量能変・了境能変の三にわける。異熟《いじゅく》能変は第一能変、初能変ともいい、第八阿頼耶識《あらやしき》のこと。第八識は人間界とか天上界とかのように、有情《うじょう》に共通な報(むくい)を与える引業《いんごう》によって引かれ、恒に絶え間なく相続する総報の体であるから異熟といわれ、また異熟能変、異熟識、真異熟という。眼・耳・鼻・舌・身・意の前六識も、貧富貴賤などの個別的な報いを与える満業《まんごう》による別報の体ではあるが、その報いには絶え間があるから異熟とはいわず、異熟生という。また異熟識の名は頼耶の三位〈⇩阿頼耶識《あらやしき》〉からいえば善悪業果位についていう。思量《しりょう》能変は第二能変ともいい、第七末那識《まなしき》のこと。第七識は恒につまびらか(審)にかんがえ(思)はからう(量)識であるから思量能変といい、諸識のうちでつまびらかにかんがえはかるはたらきをするものは第六・第七識であるが、第六識は絶え間があるから思量能変とはいわない。了境《りょうきょう》能変は第三能変ともいい、詳しくは了別境能変という。眼・耳・鼻・舌・身・意の前六識のことで、これらの識は色・声などの顕著な対象(境)をはっきりみわける(了別)はたらきがあるから了別境能変といい、第七・第八識にはこのように顕著な対象を了別するはたらきはない。ただし仏の前六識は真如のようなこまやかな対象(細境)をも了別する。⇩因能変《いんのうへん》〔果能変〕

**さんのう-れいげん-き　山王霊験記**　絵巻。筆者・成立年不詳。近江日吉山王社（現滋賀県大津市の日吉大社）の霊験談を描く。現存の作例では二系統に分かれる。①一巻。日枝神社（静岡県沼津市）蔵。重要文化財。弘安一一年1288の奥書があり、後二条関白藤原師通が日吉山王の神罰を蒙った話から、当社の草創談を描く。日吉山王利生記（続群二下）に詞書の系統が求められる。水に浸り損傷がひどいが、構図が整い描写が鋭い。〔複製〕続日本絵巻大成一二　②二巻、大阪府和泉市の久保惣記念美術館蔵（京都蓮華寺旧蔵）。一巻、兵庫県西宮市の頴川美術館蔵（井上三郎旧蔵）。一巻、延暦寺蔵（生源寺旧蔵）。以上四巻はいずれも同一画風でもと一連のものとされ、重要文化財。室町時代の成立で、絵は六角寂斉（1348—1424）と伝えられる。詞書は山王絵詞（京都妙法院蔵）にその系統を求められるとされる。

**さんぱらきゃた　三鉢羅佉多**　㊵サンプラーガタ samprāgata の音写。僧跋《そうばつ》とも書き、時至、正至、善至と訳す。僧衆が食前に唱える語。一味平等に食べる時が来たことを意味する。

**さん-ひみつしん　三秘密身**　字秘密身・印秘密身・形《ぎょう》秘密身の三。⇩字印形《じいんぎょう》

**さん-びょうどう　三平等**　密教の教義。仏・法・僧、身・語・意、あるいは心・仏・衆生など、三つのものが等しくて別異のものでないこと。とりわけ、身・語・意の三密について いえば、行者がわが身は印、語は真言、心は本尊であると観察して、しかもこの三密が平等であって法界に遍くゆきわたっているのを自の三平等、行者の三平等と本尊の三平等とが、同一の縁相（縁慮のすがた）であるのを他の三平等、さらに行者と本尊との三密が同一縁相であるのみならず、すでに成仏し、あるいはまだ成仏しない一切諸仏の三密も同一縁相であるのを共《ぐ》の三平等、以上の自・他・共の三平等が平等であるのを三三平等という。この三平等を観察するのが三平等観（三三昧耶観《さんざんまやかん》。三昧耶は平等の意）であり、この観によって行者と本尊とが一体になり入我我入の極致をさとるとする。なお以上の観法は正念誦、あるいは常時の観法であり、護摩《ごま》の時には本尊（または火天）と炉と行者の三密について三平等を観ずる。これを内護摩観という。

**さんぶ-かな-しょう　三部仮名鈔**　向阿証賢の著（元亨年間1321—24）。帰命本願鈔三巻・西要鈔二巻・父子相迎二巻の総称。仮名文で浄土宗の教義を平易に述べたもの。帰命本願鈔は弥陀の第十八願を説き、西要抄は二〇番の問答によって安心・女人往生・一念多念・摂取不捨・臨終来迎の義などを述べ、父子相迎は弥陀を父、衆生を子にたとえて浄土で父子があう喜びを語る。文章が典雅なことで有名である。なお、帰命本願鈔が真如堂参籠、西要抄が清涼寺参籠の際の物語という形で書かれているのは、大鏡を模したものといわれる〈⇩帰命本願鈔《きみょうほんがんしょう》〉。㊅八三、国東叢一（法語）〔刊本〕慶安二1649刊、延宝二1674刊、天保九1838刊（慶安版縮刻）〔註釈〕湛澄・諺註一四巻（貞享三1686刊・続浄全八）、同・要解七巻（宝永四1707刊）、賀茂真淵・言釈七巻（安永四1775刊）

**さんぶ-きょう　三部経**　三経ともいう。経典の中から三部を選んだもの。例えば⑴浄土の三部経は無量寿経・観無量寿経・阿弥陀経。⑵法華の三部経は無量義経・法華経・観普賢経。⑶鎮護国家の三部経は法華経・金光明経・仁王経。⑷大日の三部経は大日経・金剛頂経・蘇悉地経。⑸弥勒《みろく》の三部経は弥勒上生経・弥勒下生経・弥勒成仏経。

**さんぶきょう-しゃく　三部経釈**　三巻。源空（法然）の著。略して三経釈ともいう。文治六年1190二月、俊乗房重源の請により源空が東大寺で浄土三部経を講説した時の筆録。無量寿経釈・観無量寿経釈・阿弥陀経釈から成り、善導の説に拠りながら末代相応の法である念仏往生を説く。源空の著作の中で選択本願念仏説が登場した最初の文献である。また浄土宗に師資相承の血脈がないことを広言するなど、後の選択本願念仏集との相違点もみえる。昭和新修法然上人全集、浄全九、㊅八三〔刊本〕寛永九1632刊、承応三1654刊

**さん-ふご　三不護**　如来の身・口《く》・意の三業は清浄で過失がないから、他人に知られないようにかくし護る必要がないのを

いう。即ち身不護・語不護・意不護で、これを如来の三不護という。さらに命不護《みょうふご》(如来の生活は清浄で、他人に知られないようにかくし護るべきよこしまな生活をすることがない)の一を加えて四不護ということもある。

**さんぷ-さんしん　三不三信**　三不信と三信。浄土に生まれようとする信心で真実にかなったものを三信という。三信とは、淳心《じゅんしん》(信心があつく堅固であること)・一心(純粋で疑いのまじらないこと)・相続心(常にへだてなくつづけられていること)である。これに反する不淳心・不一心・不相続心を三不信という。曇鸞の浄土論註巻下に説き、浄土教の各派でそれぞれ解釈を異にする。

**さん-ふじょう　三不成**　浄土と穢土《えど》との関係を本質の一・異・無の三方面から論じたもの。⑴一質不成《いちぜつふじょう》。浄土と穢土とは同一本質から成立しているものではない。⑵異質不成《いぜつふじょう》。両者は全く異なった本質から成立しているものでもない。⑶無質不成《むぜつふじょう》。浄土と穢土とは共に全く本質がなくて成立しているものでもない。この三不成は、もと東晋の道安作といわれる浄土論に出ていたといわれ、道綽《どうしゃく》の安楽集巻上、懐感《えかん》の群疑論巻一などに引かれている。また唐の澄観はこれに有質不成(浄土穢土ともに本性として空《くう》に冥同するから有ということはできない)の一を加えて四不成を立てている。

**さんぶだ　三浮陀**　㊵㊹サンブータ Saṃbhūta の音写。参復多などとも音写し、已生と訳す。またサーナ Sāṇa という地に住んでいたのでサーナヴァーシ Sāṇavāsi (商那和修《しょうなわしゅ》、舎那婆斯、尚那和修などと音写する) ともいう。付法蔵の第三祖。仏陀入滅後、阿難によって出家し、阿難より八万四千の法蔵の付属を受け、これを優波毱多《うばきくた》(ウパグプタ Upagupta) に伝えたという。また、十事の非法の事が起こった時、正しい教法を保つために努力した。〔参考〕Theragāthā291—294, 四分律五四、付法蔵因縁伝二

**さんぶ-だいほう　三部大法**　台密《たいみつ》独特の説で、金剛界大法と胎蔵界大法と蘇悉地《そしつじ》大法との三部の大法をいう。東密《とうみつ》では金剛頂経と大日経とによって金剛界と胎蔵界との両部を説くのみであるが、台密では智差別《ちしゃべつ》を説く金剛頂部と理平等《りびょうどう》を説く胎蔵部とのほかに、蘇悉地経によって理智不二《りちふに》を説く蘇悉地法があるとし、合わせてこれを三部大法という。

**さんぶつ-げ　讃仏偈**　歎仏偈ともいう。①仏の相好功徳などを讃えた偈頌で五言・七言などの別がある。②阿弥陀仏が因位の法蔵比丘であった時、その師の世自在王仏の徳を讃えた偈で(無量寿経巻上)、光顔巍々以下の八〇句。禅宗の祝聖《しゅくしん》廻向にも、讃仏偈がある。

**さんぶつ-じ　三仏寺**　鳥取県東伯郡三朝町三徳。三徳山と号し、天台宗。役小角《えんのおづぬ》が金剛蔵王を祀って一堂を創建し、嘉祥二年849円仁が新たに伽藍を建てて弥陀・釈迦・大日の三仏を安置したという。建久七年1196佐々木氏が再建し、応安二年1369には足利義満も重興したが兵火で大半を焼失。以後、南条氏、池田氏の保護をうけて寺運を維持した。現本堂は天保一〇年1839池田斉訓の寄進にかかる。〔国宝〕奥院(投入堂)〔重文〕納経堂、地蔵堂、文殊堂、木造蔵王権現立像(八軀)、同聖観音立像、銅鏡〔参考〕日本名勝地誌七

**さん-ぶつじょう-しょう　讃仏乗抄**　鎌倉初期に編纂された願文・諷誦文集。編者については聖覚(1167—1235)説、宗性(1202—92)説があるが不詳。金沢文庫に「第三」など一三帖が、東大寺図書館には「第八」一帖(寛元四1246宗性書写)が現存する。「第三」は建仁三年1203大仏供養願文、俊遍律師の年忌護摩堂供養願文などを収め、永井義憲・清水宥聖編の安居院唱導集上に収録。「第八」は貞慶作建久九年1198一一月七日笠置寺十三重塔供養願文など三十数篇の願文・諷誦文から成り、藤田経世編の校刊美術史料寺院篇下に収録。

**さん-ふのう　三不能**　景徳伝灯録巻四に出ている元珪《げんけい》禅師の語で、仏の力でも、どうともすることのできない三つのこと。即ち⑴仏は一切の現象に執われないであらゆる智慧をそなえているけれども、善悪の

結果を決定的に招く業因に対しては、これを滅してその報(むくい)を免れることができないこと。(2)仏はよく諸々の衆生の性質を知って無限の事を窮めているけれども、無縁のものを化導することができないこと。(3)仏はよく無量の衆生を救うけれども、衆生界をことごとく救い尽くすことはできないということ。ただし、この三不能は小乗の応身仏《おうじんぶつ》についていうのであって、大乗の法身仏《ほっしんぶつ》においては三不能ということは無い、というのが禅師の意である。

**さんぺん-どでん　三変土田**　三変土浄ともいう。釈迦如来が法華経宝塔品を説いた時、多宝塔を供養させるため十方分身の諸仏を集めようとして、三たび娑婆《しゃば》の穢土《えど》(けがれた国土)を変じて清浄の国土としたことをいう。

**さん-ぼう　三宝**　梵トリ・ラトナ　tri-ratna　またはラトナ・トラヤ　ratna-traya　の訳。仏教徒が尊敬し供養すべき仏宝と法宝と僧宝との三をいう。仏とは、自ら人生のまことのすがたをさとり、これによって他を教え導く人で仏教の教主、法とはその仏が自らのさとりに基づいて他のために説いた教え、僧とはその法を学修する仏の弟子の集団である。この三はけがれなく威徳があって最上で変らないことが、世の宝のようであるから、いずれも宝と称するのである。三宝については通常三種の区別があるといわれる。①別相三宝。階梯三宝ともいい、仏宝と法宝と僧宝とがそれぞれ別異な存在であるのをいう。②一体三宝。同体三宝、同相三宝ともいい、意味の上から仏宝・法宝・僧宝と三に区別されるが、その本質は異ならないで一体であるのをいう。例えば、仏は、さとる者という点から仏宝であるが、仏の徳は軌範とすべきであるからまた法宝と名づけられ、仏には諍いが全くなくなって和合の状態にあるからまた僧宝とも名づけられ、同一の仏の上に三宝が具備しているとみられるようなものである。③住持三宝。後世へ仏教を維持し伝えてゆく上の三宝で、仏像と経巻と出家の比丘《びく》などがこれである。大乗では八相成道《はっそうじょうどう》を住持の仏とし、世のためになるあらゆる教えを住持の法とし、法に教化されて成立する三乗の衆を住持の僧とする。以上が三種三宝であるが、なおこの外に四種三宝(一体三宝・縁理三宝・化相三宝・住持三宝)、六種三宝(同体・別体・一乗・三乗・真実・住持)などの説がある。三宝は人をあらゆる苦から免れさせる根源となるものであるから、三宝に帰依することを、三帰または三帰依《さんきえ》といって、仏教の入信最初の要件とされる。

**さんぼう-いん　三宝印**　仏・法・僧・宝の四字を刻した印のこと。主として禅宗の寺院で用いられる。三宝の加護をうけようとする祈禱の意をあらわすもの。

**さんぼう-いん　三宝院**　京都市伏見区醍醐東大路町。真言宗醍醐寺の塔頭。醍醐五門跡の一で、明治維新まで修験道当山派の本山であった。永久三年1115醍醐寺一四世座主勝覚の創建。はじめ灌頂院といい、のち三法院(三宝院)と改称。康治二年1143御願寺となる。正治二年1200および貞永元年1232炎上したがその都度再建。文保二年1318また焼失したので寺基を東土御門万里小路に移した。当院はもと醍醐一山の輪住を例としたが、一二世定済が独住制に改めた。皇族の入寺は一六世聖雲法親王(亀山上皇皇子)にはじまる。二一世賢俊は足利尊氏の帰依を得、ために尊氏は寺領を施入し伽藍を改築した。二五世満済が他の四門跡を圧して醍醐一山を支配して以来、醍醐寺座主は三宝院門跡にかぎられるようになった。応仁・文明の兵火で焼けたので、通海が醍醐の旧跡に金剛輪院を建立し灌頂堂を建てた。豊臣秀吉は八〇世義演に帰依し、慶長三年1598金剛輪院などの諸堂を改築し、義演は新殿や林泉をおこした。のち金剛輪院は座主房となり、三宝院の名跡を継いで現在に至る。江戸時代には六五〇石を領した。〔国宝〕殿堂の表書院・唐門　〔重文〕障壁画、殿堂の玄関ほか　〔参考〕醍醐雑事記、醍醐寺新要録

**さんぼう-えことば　三宝絵詞**　三巻。三宝絵ともいう。源為憲の著(永観二984)。冷泉院第二皇女尊子内親王の仏門生活の伴侶として撰進された。仏法僧の三宝を絵と詞で解説したもの。絵は現存しない。巻上(仏)では、釈迦の本生説話をあげ、巻中(法)

では、聖徳太子・行基菩薩ら日本における一八人の高僧・篤信者のことをのべ、巻下（僧）では、僧の尊いいわれを顕彰し、月々に行われる各種の法会の来歴を記している。日本霊異記をうけ、今昔物語集をよび起こした説話文学史上重要なもので、仏教がようやく浸透してきた平安時代の世態人情を知る好史料。仏全一一一、古典文庫、文学研究（九州大学）ほか　〔写本〕関戸家本（保安元1120写、残巻一帖）、前田家本（正徳五1715写、親本・寛喜二1230写の醍醐寺蔵本—所在不明）、東寺観智院本（文永一〇1273写）、断簡東大寺切

**さんぼう-かんづう-ろく　三宝感通録**　三巻。詳しくは集神州塔寺三宝感通録という。唐の道宣の著（麟徳元664）。種々の記録や自らの見聞によって中国における三宝感応の事跡を集め記したもの。巻上に仏舎利・阿育王塔、巻中に霊像の垂降、巻下に聖寺・瑞経・神僧などに関する記事を収める。なお、道宣には別に同年に撰述した道宣律師感通録一巻（(大)五二）があり、仏像・仏塔などの瑞跡を記録している。(大)五二、国一護教部五

**さんぼう-かんのう-ろく　三宝感応録**　三巻。詳しくは三宝感応要略録という。北宋の非濁の編。成立年不詳。濁世末代の衆生を信仰に導き入れる糧とするために、諸書より三宝感応の説話一六四話を抄録したもの。一話より五一話までが仏宝聚（上巻）、五二話より一二三話までが法宝聚（中巻）、一二四話から一六四話までが僧宝聚（下巻）で、各項の説話はその出拠を明らかにしている。唐・宋時代の仏教信仰を物語るものであり、今昔物語集に影響を与えている。(大)五一、国一史伝部二〇　〔刊本〕慶安三1650刊

**さんぼう-こうじん　三宝荒神**　単に荒神とも称し、修験道や日蓮宗などで祭祀する神。経典中にはその所伝がなく色々の説があって、三宝に帰する者を守護するとも、法華の行者を守護するともいう。役行者の感得した神と伝え、十羅刹女《じゅうらせつにょ》のことともいう。陰陽道では三座の神とし、かまどの神とされる荒神はこれである。〔参考〕真俗仏事編一、御義口伝下、塩尻二ノ五二、荒神式

**さんぼう-じ　三宝寺**　①東京都練馬区石神井台。亀頂山密乗院と号し、真言宗智山派。智山関東十一檀林の一。応永元年1394幸尊の創建という。文明九年1477太田道灌が豊島氏を滅し、その城跡へ当寺を移した。②長崎市寺町。万年山此経院と号し、浄土宗。元和九年1623転誉の開基。転誉がキリシタンの残党を転宗させて功があったので、長谷川氏から寺地を与えられた。

**さんぼう-しょう　三宝章**　(梵)トリ・ラトナ tri-ratna（三宝）、トリ・シューラ triśū-la（三鈷・三宝標）などともよび、仏法僧の三宝を図標で示すものをいう。普通は法輪の上に三叉を置いた形のもので、三叉が二宝を象徴するというが、異説がある。インドでは古く阿育（アショーカ Aśoka）王時代からあり、塔門の尖頭・柱などの装飾や貨幣に鋳出されたりした。ガンダーラ美術では崇拝対象として用いられている。わが国でも薬師寺仏足石などに刻出されている。

**さんぼう-ちんでん-いんが-どうじ　三法展転因果同時**　唯識宗においては第八識内の種子《しゅうじ》がもろもろの縁の和合するのを待って現行《げんぎょう》（現実にはたらきだす）し、またこの現行した法は現行された刹那《せつな》（瞬間）にその種子を本識《ほんじき》（第八識）に熏じつける。この場合に能生の種子と、所生にして能熏である現行と、所熏の種子との、この三者が互いに展転して能（はたらき）となり、所（うけみ）となり、しかもその因果関係が異時でなくて同一刹那であることをいう。

**さんほうど-ろん　三法度論**　三巻。東晋の僧伽提婆《そうぎゃだいば》の訳（太元一六391）。作者は出三蔵記集によれば山賢とする。小乗論部に属するもので、阿含経によって三法九真度の論説を述べる。三法とは徳・悪・依の三で、徳に施・戒・修、悪に悪行・愛・無明、依に陰・界・入の各三を挙げて、合わせて九真度とする。婆素跋陀の作として伝える四阿鋡暮抄解二巻は、前秦の鳩摩羅仏提らの訳でこの論の異訳である。(大)二五

**さん-ぼうりん　三法輪**　三輪ともいう。教判の名。仏の説法（転法輪）に三種ある意。①真諦《しんだい》と玄奘《げんじょう》の説。⑴転法輪。釈迦最初の説法（初転法輪）における小乗四諦《したい》

の教え。⑵照法輪。諸法はみな空《くう》であるとの般若経の教え。⑶持法輪。不空妙有の唯識中道の教え。②⇩三転法輪《さんてんぼうりん》①

**さん-ほっかい-じゅ　讃法界頌**　一巻。北宋の施護の訳。原名をダルマダートゥスタヴァ Dharmadhātustava という。チベット訳もある。竜樹（ナーガールジュナ Nāgārjuna）の造と伝えるが、五世紀頃の作と思われる。五字一句八七偈より成る韻文体で、大乗中観思想に立脚して事物の本理が清浄であることを讃し、汚濁を除き波羅蜜などを修すべきことを述べる。㊅三二、国一論集部五

**さんまい　三昧**　①㊵サマーディ samādhi の音写。三摩地《さんまじ》、三摩提《さんまだい》、等持《とうじ》、定《じょう》、正定、定意、調直定《じょうじきじょう》、正心行処と訳す。（心を）一カ処に置くという意味。等持という訳語は、等とは心の浮き（掉挙《じょうこ》）沈み（惛沈《こんじん》）を離れて平等で安らかなこと、持とは心を一つの対象にとどめる意である。つまり心を一つの対象に集中させて散り乱さない状態（心一境性《しんいっきょうしょう》）であり、倶舎宗《くしゃしゅう》では、十大地法、唯識宗では五別境の一に数えて、心所《しんじょ》（心のはたらき）の一とするが、経部や成実宗《じょうじつしゅう》では、心所として別に体があるとはしない。また一般に修行によって心の散り乱れるのをとどめて、やすらかで静かな状態を三昧といい、心がこの状態に達したとき、正しい智慧が起こって真理をさとるとされるが、その三昧を修行によって得て、仏などの聖境をまのあたりに感見することを三昧発得《さんまいほっとく》とも発定《ほつじょう》ともいう。②旧訳《くやく》では、往々に三摩地（㊵サマーディ samādhi 三昧、等持）と三摩鉢底《さんまはってい》（㊵サマーパッティ samāpatti 等至、正受、正定現前）と三摩呬多《さんまきた》（㊵サマーヒタ samāhita 等引、勝定）とを混同して、いずれも三昧と訳すことがあるが、三昧は三摩地にあてるべきものである。有部《うぶ》の説ではすべての心と共にはたらく精神作用（大地法）で、定・散および善・悪・無記の三性《さんしょう》に通じて、ただ一切の有心《うしん》位にのみ（従って無心定には通じない）心を乱さず一つの対象にとどめるはたらきのあるものを三摩地というのに対して、三摩鉢底や三摩呬多は有心無心に通じて、ただ定（有心定・無心定を含む）のみにかぎられる（従って散には通じない）とする〈⇩定《じょう》〉。③倶舎論巻二八には、定（等至）について四静慮《しじょうりょ》（四禅）と四無色定、八等至、三等持を分けて説く。即ち、四静慮および四無色定は善の等持（三摩地、三昧）をその体とするものであり、四静慮及び四無色定の根本等至（三摩鉢底）に八種があるから八等至といい、三等持（三三昧）とは有尋有伺《うじんうし》・無尋唯伺《むじんゆいし》・無尋無伺の三、あるいは空・無相・無願の三で、また空空・無相無相・無願無願を三重等持（三重三昧）とするという。二種の三三昧のうち、第一は尋（尋求推度《じんぐすいたく》する粗雑な精神作用）と伺（伺察思推する深細な精神作用）との有無によって三をわけたもので、初静慮（初禅）および未至定は有尋有伺三摩地（有覚有観三昧）、中間静慮（中間定）は無尋唯伺三摩地（無覚有観三昧）、第二静慮（第二禅）の近分《ごんぶん》以上は無尋無伺三摩地（無覚無観三昧）である。第二は人と法とが空《くう》であるを観じる三昧が空三昧、差別の相を離れた三昧が無相三昧、願求の思を捨てた三昧が無願三昧（無作三昧）である。次に三重三昧のうち、無学（阿羅漢《あらかん》）が無漏の空三昧を空であると観じて無漏の聖道《しょうどう》を厭い捨てる有漏定《うろじょう》が空空三昧であり、同様に無相三昧の非択滅《ひちゃくめつ》を静であると観察する有漏定が無相無相三昧であり、同様に無願三昧を非常であると観察する有漏定が無願無願三昧である。④また十住毘婆沙論巻一一には三昧とは四禅（四静慮）・八解脱以外のすべての定《じょう》であるとし、さらに三解脱門（無漏の空・無相・無願三昧）と有尋有伺などの三三昧だけが三昧であるという異説、および定は範囲が狭いが三昧は範囲が広くて諸仏・菩薩《ぼさつ》が得るすべての定は三昧であるという異説を掲げている。また大乗義章巻一三には雑阿毘曇心論巻六、成実論巻一二、十地経論巻五などの説を挙げて禅と定と三昧と正受と三摩跋（等至）と奢摩他《しゃまた》（止）との差異を述べているが、それによれば、三昧は狭義では空などの三三昧のみを、広義では四無量心・五神通およ

びその他の諸定をも意味するもののようである。⑤阿含《あごん》では四禅八定の外は空などの三三昧(三解脱門)と有尋有伺などの三三昧を説くだけであるが、大乗では数百千にのぼる種々の三昧を説く。大乗経典の名称に三昧の名をつけたものには般舟三昧経や首楞厳三昧経その他多数があって、題名に示す三昧について詳しく説いている。そのうちで、般舟三昧はまた諸仏現前三昧とも仏立《ぶつりゅう》三昧ともいわれ、現在面前に諸仏を見る三昧である。また法華経巻一には無量義処三昧の名を挙げ、旧訳の華厳経巻六や巻四四には華厳三昧、海印三昧、師子奮迅三昧などを説き、大品般若経巻三や巻五には、首楞厳(健行)・宝印・師子遊戯などの百八三昧を説く。また天台宗では摩訶止観巻二上に、常坐・常行《じょうぎょう》・半行半坐・非行非坐の四種三昧を説き、これを修める道場を四三昧院という。また成実論巻一二には、一分修三昧《いちぶんしゅさんまい》(定または慧のいずれか一のみを修める)・共《ぐ》分修三昧(定・慧を兼ね修める有漏定)・聖正《しょうしょう》三昧(定・慧を兼ね修める無漏定)の三三昧を説く。涅槃経巻一三には菩薩が二五有《う》を破壊する二十五三昧を列名し、法華経巻七に出ている十六三昧は法華三昧の異名とされる。身から火焔を発する三昧を火界三昧とも火定とも火光三昧ともいうが、また死骸を火葬することをも意味することもある。最勝である三昧を王三昧とも三昧王三昧ともいう。選択集では念仏を王三昧とし、坐禅用心記では坐禅を王三昧とする。⑥三昧を修めるための堂を三昧堂と称し、修める三昧の種類によって法華三昧堂・常行三昧堂・理趣三昧堂などがある。⑦日本では葬場、墓地を三昧ということがある。もと墓の傍らに法華三昧堂を建てて、僧に法華三昧を修めさせて死者の冥福を祈った。その法華三昧堂が三昧堂、三昧と略称され、さらに三昧堂の無い単なる墓地をも三昧というようになったのである。⑧三摩耶《さんまや》を三昧ということがある。

**さんまたた-こく　三摩呾吒国**　(梵)サマタタ Samataṭa の音写。東インドにあった古国。玄奘が訪れた時は阿育(アショーカ Aśoka)王の建てた塔があり、仏教が盛んであった。ガンジス河の河口三角洲にあったと考えられている。〔参考〕西域記一〇

**さんまや　三摩耶**　(梵)サマヤ samaya の音写で、三昧耶《さんまや・さまや》、娑麼耶とも書く。時、衆会、一致、規則、教理などの意味をもつ語であるが、多く、時および一致(平等)の意に用い、密教では仏の本誓(因位《いんに》の誓願)の意ともする。①時と訳すときは仮時《けじ》の意味である。〈⇩伽羅時《からじ》(三摩耶時)〉②密教では、平等、本誓、除障、驚覚などの意とする。即ち、仏と衆生《しゅじょう》とはその本質からいえば全く等しくて差別がない(平等)、故に仏はすべての衆生をさとらせて仏にしようと誓い(本誓)、衆生は仏の加持力《かじりき》によって煩悩《ぼんのう》のさわりを除き(除障)、仏は衆生の迷心を驚かし目ざめさせてさとらせる(驚覚)ことをいう。この中で平等の意味が中心である。それ故に、大日経巻六には三つのものが等しくすべて一致すること即ち三皆三昧耶の意味で、三三昧耶《さんざんまや》を説く。これにはおおむね一心三三昧耶、二宝三三昧耶、一身三三昧耶、二乗三三昧耶の四種があるとされる。また大日経巻二、大日経疏巻九によれば、胎蔵界曼荼羅《まんだら》の諸尊の三昧(三摩地)を修めてその本誓にかない、諸尊と一体になる修法《しゅほう》は、胎蔵界の諸尊が三部(仏部・蓮華部・金剛部)に分かれているから、従ってその観想にも三種があり、この三種の三昧耶の意味で三三昧耶という。つまり、諸仏の本体を法界と名づけ、この法界が胎内にある位を(1)入仏三昧耶、胎内を出るのを(2)法界生《ほっかいしょう》、自利利他のはたらきを完成するのを(3)転法輪《てんぼうりん》といい、順次に法身・報身・応身の功徳《くどく》とする。またこれを仏部三昧耶・蓮華部三昧耶・金剛部三昧耶とも名づけ、三部三昧耶ともいう。(イ)平等、本誓などの意から密教の戒を三昧耶戒《さんまやかい・さまやかい》、三摩耶戒、略して三戒といい、その作法を三昧耶戒儀、三昧耶戒作法、その道場を三昧耶戒場、三昧耶戒壇という。この戒は三皆三昧耶つまり三三平等一致の理に立ち、衆生《しゅじょう》が本来具えている本有《ほんぬ》の清浄菩提心《ぼだいしん》、つまり行願《ぎょうがん》(大悲)・勝義・三摩地の三種の

菩提心を戒体とし、顕教・密教、大乗・小乗の戒法など法界《ほっかい》のあらゆる徳を行相とし、伝法灌頂《でんぽうかんじょう》の直前に授けられる戒である。(ロ)密教では、法を受けおわってから修行をしないものは自己の本誓を退失するという意味で退三昧耶罪を、密教の教説(密蔵)において疑いそしるものは破三昧耶罪を、まだ学ぶことを許可されていない法をみだりに授受するときは授者も受者もともに越三昧耶罪(越法罪《おっぽうざい》)を得るとされ、これらを合わせて三種重罪とする。(ハ)仏・菩薩・諸天などの本誓(因位《いんに》の誓願)を象徴した器杖や印契《いんげい》などを三昧耶形《さんまやぎょう》、三摩耶形、略して三形、また波羅蜜形《はらみつぎょう》という。三昧耶形のみを描いて尊形《そんぎょう》(諸尊のすがた)を代表させた曼荼羅《まんだら》を三昧耶曼荼羅といって四種曼荼羅の一とする。例えば大日如来の宝塔、観音菩薩の蓮華、不動明王の剣などが三昧耶形である。種子《しゅじ》と三昧耶形と尊形とを観想する順序は、種子から三昧耶形を成じ、三昧耶形から諸尊のすがたを開き出すとされる。(ニ)修行の階級を五段階にわけ、五種の要誓という意味から五種三昧耶、五種灌頂《かんじょう》という。つまり⑴初見三昧耶。はるかに壇外から曼荼羅を見るだけで、まだ真言《しんごん》と印とを授けられない位。⑵入覩《にゅうと》三昧耶。壇内に入ることを許されて礼拝供養《くよう》し、花を散じて、その花が落ちたところの本尊の名号を聞く位。真言と印とを受けることもできる。⑶具壇三昧耶。曼荼羅および印を見おわって妙業を修める位。⑷伝教《でんぎょう》三昧耶。法則を修行して必要なことを知り、師となり得る位。⑸秘密三昧耶。至りつくして秘密慧を生じる位。これらを後世の灌頂に配すると、順次に曼荼羅供《まんだらく》・結縁《けちえん》灌頂・受明《じゅみょう》灌頂・伝法灌頂・以心灌頂に当たる。

**さんまや-かい-じょ　三昧耶戒序**　一巻。空海の著。成立年不詳。三昧耶戒について説いたもの。顕密二戒の相異、愚童持斎、嬰童無畏、唯蘊無我(声聞)の抜業因種(縁覚)、他縁大乗、覚心不生、如実一道、極無自性など世間の教え、三乗四家大乗などの諸乗教の無自性であることを示し、秘密荘厳住心真言乗がすぐれた教法であることを明らかにし、信心・悲心・勝義心・大菩提心の四種心などについて述べる。(大)七八、弘法大師全集五〔刊本〕明暦二1656刊

**さんまや-じ　三摩耶時**　⇩伽羅時《からじ》

**さんまんだばっだら-ぼさつ-きょう　三曼陀跋陀羅菩薩経**　一巻。西晋の聶道真《しょうどうしん》の訳と伝える。文殊菩薩が菩薩の修道について問うと、三曼陀跋陀羅(Samanta-bhadra 即ち普賢《ふげん》菩薩)が答えて、礼仏・悔過・願楽・勧請の行を説く。(大)一四

**さん-みつ　三密**　秘密の三業《さんごう》(身・口・意によって行われる行為)の意味。即ち身密・語密(口密)・意密(心密)の三。主に密教でいう。①顕教《けんぎょう》では凡慮からは測りえない仏の三業をいう(大智度論巻一〇など)。②密教では、仏の三業は体・相・用《ゆう》の三大のうちの用大《ゆうだい》(真如《しんにょ》のはたらき)であって凡慮の及ばない不思議なはたらきであるから三密といい、衆生《しゅじょう》の三業は仏の三密にかなって修められ、またそのかくされた本性においては仏の三密と同じであるから三密という。こうして衆生の三業が仏の三密と相応すれば、そこに三密は用大であるという三密用大の意味が完成される。仏の三密は全宇宙に遍満しているが、具体的には四種曼荼羅や仏・蓮華・金剛の三部(順次に身・語・意に配する)などとして示されている。衆生の三密には二種ある。仏と衆生とが互いに融けあう瑜伽《ゆが》の境地に入って、衆生が身に印を結び(身密)、口に真言を誦え(口密)、意に本尊を観ずる(意密)のが有相《うそう》の三密であり、衆生のあらゆる身・語の行為やおもいのそのままがただちに三密であるとするのが無相の三密である。有相の三密によって、衆生の三業の上に仏の三密が加わり摂持《しょうじ》されるのを三密加持といい、それによって仏の三密と衆生の三密とが相応融和するのを三密相応(三密瑜伽)という。こうして行者と本尊とは一体となり、この身このままで仏になるという即身成仏のさとりをなしとげる。三業をきよめる観法に三密観(三金剛観、三金観《さんぎんかん、さんこんかん》、三吽観)がある。つまり吽(うん)の字を身・口・意の三か所におき、これを五智を象徴した五鈷金剛杵《ごここんごうしょ》と観じて三業の罪障をき

よめる観法である。

**さんみつ-おうらい　三密往来**　一巻。実厳の著（応安六1373）。山密往来とも書く。密教の儀式作法を漢文で往来消息の体裁で述べたもの。除目御修法事・初度授職師資年齢事・御産御祈禱事・書籍稽古事・曼荼羅供事・五壇法事・結縁灌頂事・四大師顕密御伝授事・歳末御修法事・御持僧事などの事項をあげ、終りに「謝徳元年七月廿一日」の日付をもつ先師僧正の遠忌の曼荼羅供に関する文案二篇を収める。群書九〔写本〕尊経閣文庫蔵（至徳元1384写）、延暦寺実蔵坊蔵（正保四1647写）

**さんみつしょう-りょうけん　三密抄料簡**　三巻。覚超（960—1034）の著。成立年不詳。詳しくは胎金三密抄料簡という。主として別本玄法儀軌により、胎蔵界三密に関して料簡を集記したもの。問答ならびに私案・私云など二一三条を掲げる。㊅七五

**さんみていぶ-ろん　三弥底部論**　三巻。訳者不詳。三弥底は㊵サンミティーヤ Sammitiya の音写で、正量部のこと。即ち本論書は正量部所伝の小乗論書である。正量部の自説である補特伽羅《ふどがら》論、すなわちプドガラ pudgala（人我）を五蘊による仮名人と立てる説を述べる。正量部が犢子部《とくしぶ》よりの分派と考えられることから犢子部の非即非離蘊の我説もこの論から推測される。㊅三二、国一毘曇部六

**さん-みょう　三妙**　心と仏と衆生との三つが互いに融合調和し、互いに他を自己の内におさめているのをほめたたえた語。

**さん-みょう　三明**　仏や阿羅漢《あらかん》のもつ三種の神通《じんづう》のことで、智慧のはたらきをもって愚闇を破るから三明といい、三達ともいわれる。⑴宿住智証明。自・他の過去世（宿世）の相を明らかに知る智慧で、宿命明ともいう。⑵死生智証明。未来の衆生の死生の相を明らかに知る智慧で、天眼明ともいう。⑶漏尽智証明。四諦《したい》の理つまり仏教の真理を明らかに証知して、漏つまり煩悩を断滅する智慧で、漏尽明ともいう。

**さんみょう-じ　三明寺**　愛知県豊川市豊川町波通。竜雲山と号し、曹洞宗。大宝二年702覚淵の開創で、宇賀神垂跡の地と伝える。応永年間1394—1428後醍醐天皇の第一一皇子無文が堂宇を建てて禅院とした。〔重文〕三重塔、本堂内宮殿　〔参考〕宇賀神縁起、無文元選禅師行状、参河志二七

**ざんむ　残夢**　（　—天正四1576）会津実相寺の僧。字は日白。大風道人と号した。永禄年間1558—70常陸福泉寺、会津実相寺に住した。奇行・奇言の僧として知られた。〔参考〕野史二七四、本朝高僧伝四四

**さん-むしょう　三無性**　⇩三性《さんしょう》

**さんむしょう-ろん　三無性論**　二巻。陳の真諦の訳。三性三無性の説を述べたもので、顕揚聖教論の成無性品の頌文を除いた釈論の部分の異訳であるが、三性三無性についての理解が玄奘訳の護法（ダルマパーラ Dharmapāla）系唯識説と異なっており、古唯識の研究上重要な資料である。なお、本書は一説に無相論の一部分とも、無相論そのものともいわれている。㊅三一、国一瑜伽部一二

**さん-むろこん　三無漏根**　三つの無漏の根、すなわち未知当知根《みちとうちこん》・已知根《いちこん》・具知根《ぐちこん》の総称。意・楽・喜・捨・信・勤・念・定・慧の九根が、見道にあるとき未知当知根、修道にあるとき已知根、無学道にあるとき具知根といわれる。即ち三無漏根は九根をもって体《たい》とする。これらは汚れのない聖法を生じるのに強い力（増上の義）があるから根といわれる。未知当知とは、いまだかつて知らなかった四諦《したい》の道理（仏教の真理）を知ろうとするの意。已知とはすでに四諦の道理は知ったが、さらに他の煩悩《ぼんのう》を断つために四諦の境においてくりかえして了知するの意。具知とは、われはすでに四諦の理を了知したと知る、その知を具有するの意である。

**さん-もうじゅう　三妄執**　三劫妄執、三劫の惑、三妄、三執、一劫ともいう。一般には三阿僧祇劫を経て仏果に至るということを時間的に解釈するが、密教の秘密の解釈では、劫に時分と妄執との二義があるうちで後者の意味にとり、三種の煩悩《ぼんのう》、即ち麁《そ》妄執（人執つまり我執の惑）・細妄執（法執の惑）・極細妄執（無明の惑）を度するのを順次に初・二・三阿僧祇劫にあてて、現

実には三劫を経ないで一生に成仏すると説く。即ちこの三妄執は百六十心(貪瞋癡慢疑の五根本煩悩が起こるのに、有に偏る場合と無に偏る場合とがあって、くわしくは5×$2^5$＝160になる)の煩悩を麁細によって三重にわけたものであり、三妄執は順次に六無畏の(1)—(4)・(5)・(6)、十住心の(2)—(5)・(6)(7)・(8)—(10)に配される(大日経疏巻二など)。また麁妄執を三種に分けて、初めに世間の六十心を超えるとするが、この六十心は、我執から生じる貪心から受生心までで、見惑に当たる。

**さんもん-あのうりゅう-じゅほう-しだい　山門穴太流受法次第**　一巻。円俊の著(永和四1378)。穴太流の受法次第などに関する要目を抄記したもの。六章からなり、当流(穴太流)受法次第・伝法次第・口決事・血脈相承事・三昧流の歴史・事相教相を比較し、諸師の著作の由来を述べる。仏全二一

**さん-もんじゅ　三文殊**　岡崎文殊(京都左京区金戒光明寺)、大和阿倍文殊(奈良県桜井市安倍文殊院)、丹後切戸文殊(京都府宮津市智恩寺)をいう。また阿倍文殊と切戸文殊と、山形県東置賜郡高畠町大聖寺の文殊をいう場合もある。〔参考〕雍州府志四、山城名勝志一三

**さんもん-どうしゃ-き　山門堂舎記**　一巻。著者不詳(応永二四1417写の奥書)。比叡山延暦寺の根本中堂、法華堂をはじめとする諸堂宇の縁起・什物・関係官符などを記したもの。群書二四、新校群書類従一九

**さんもん-ぶぎょう　山門奉行**　⇩宗教行政《しゅうきょうぎょうせい》

**さんもん-みい-かくしゅう-き　山門三井確執起**　一巻。著者・成立年とも不詳。比叡山延暦寺と三井の園城寺との間に生じた紛争の次第を述べたもの。慈覚・智証両大師門徒確執起・依堂衆軍山門破滅事・右大将家奏書事の項に分けて述べ、佐々木定重の処刑で終っている。改訂史籍集覧一二

**サンユッタ・ニカーヤ　Saṃyutta-nikāya**　⇩スッタ・ピタカ

**さん-よ　三余**　三種余ともいう。声聞《しょうもん》・縁覚《えんがく》の二乗の人は無余涅槃《むよねはん》に入ってもまた惑・業・苦の一部が残っていること。即ち、(1)煩悩余《ぼんのうよ》。障余ともいう。煩悩障は断ったが所知障が残り、根本無明《こんぽんむみょう》余ともいう。(2)業余《ごうよ》。道余ともいう。有漏業《うろごう》は断ったが無漏業が残っていること。(3)果報余。苦余ともいう。分段身を捨てたが変易身《へんにゃくしん》を捨てていないこと(仏性論巻三)。

**さん-らい　三礼**　三拝ともいい、三度敬礼すること。①敬礼文《きょうらいもん》を唱えて仏・法・僧の三宝、阿弥陀三尊、釈迦の遺身舎利などを礼拝すること。またその敬礼文をもいう。②稽首礼(上礼)・跪体(中礼)・揖礼《ゆうらい》(下礼)の三(大智度論巻一〇)。③仏像を刻むとき一刀ごとに三度礼拝することを一刀三礼といい、画像・経文を書写する時は一筆三礼または一字三礼という。

**さんらん　散乱**　㊵ヴィクシェーパ vikṣepa の訳で、対象に対して心を散乱させる精神作用。唯識宗では心所《しんじょ》(心のはたらき)とし、随煩悩《ずいぼんのう》の一に数える。梁訳摂大乗論釈巻九には次の五種散乱を説く。(1)自性《じしょう》散乱(五識が対象に奔ること)、(2)外《げ》散乱(意識が対象を種々に分別すること)、(3)内散乱(心に高下を生じ、念々に変化して不定なこと)、(4)麁重散乱(我・我所に執着すること)、(5)思惟《しゆい》散乱(大乗を捨てて小乗を思念すること)。雑集論巻一には次の六種散乱を説く。(1)自性散乱、(2)外散乱、(3)内散乱、(4)相散乱(偽善をして内心が安らかでないこと)、(5)麁重散乱、(6)作意《さい》散乱(思惟散乱に同じ)。

**さん-りき　三力**　①真言宗で衆生《しゅじょう》と仏とが加持《かじ》相応する力を三種としたもので、我功徳力《がくどくりき》(行者が修める三密の力)と如来加持力《にょらいかじりき》(仏が大悲をもって衆生の上に加える法の力)と法界力《ほっかいりき》(一如平等の真理の力、仏性《ぶっしょう》の力)の三をいう。②日蓮宗で妙《たえ》なる行法が成就するためには、法力(経法力。妙法蓮華経の力)と仏力(行者を解脱《げだつ》させようとの仏の願力)と信力(行者の信心)とが合一しなければならないとし、これを三力冥合《さんりきみょうごう》と称する。

**さんりん　三輪**　①風輪・水輪・金輪《こんりん》(地輪《じりん》)の三。須弥山《しゅみせん》説によるこの物質的世界即ち器世間《きせけん》の基盤を構成してい

る部分。風輪は最下に、金輪は最上にあり、この上に現実の世界が構造されているとする。②無常輪・不浄輪・苦輪の三。この世は無常・不浄・苦にみちており、この三つが輪が回転するように限りなくつづいていることをいう。③仏の勝れた教化のはたらきを身・口《く》・意の三に分け、これを転輪聖王《てんりんじょうおう》の輪宝《りんぼう》に喩えて三輪と称する。つまり神変《じんべん》(奇跡的行為)を現じて衆生《しゅじょう》の心を動かし、信に入らせるのが神通輪《じんずうりん》・神変輪《じんべんりん》などとよばれる身輪であり、衆生を教導しようとして教法を説くのが教誡輪、説法輪などといわれる口輪《くりん》であり、対者の心中を知悉してこれに応じて教化をするのが憶念輪、記心輪などといわれる意輪である。この三輪をまた三示導《さんじどう》、三種示導、三示現ともいう。即ち身・口・意の順序でいえば神変示導・教誡示導・記心示導の三であり、三示現の場合の名称もほぼこれと同じ。またこれらを神境神変・教誡神変・記説神変の三種神変とも称する。④三法輪のこと。⑤布施を行じるとき空観《くうがん》に住して施者(能施)と受者(所施)と施物との三に執着しないことを、三輪体空とも三輪清浄、三事皆空ともいい、主に般若経に説かれている。

**さん-りんしん　三輪身**　三種輪身ともいう。密教で大日如来が衆生《しゅじょう》を救済するために仮に菩薩《ぼさつ》や明王《みょうおう》のすがたを現わす順序を三種に分けたもので、大日如来が本地《ほんじ》自性《じしょう》の仏体をもって衆生を教化利益する自性《じしょう》輪身と、菩薩身を現わして正法を説き、それによって衆生を教化利益する正法輪身と、教化しにくい者のために大忿怒《だいふんぬ》の相(不動明王の相)を現わして教化利益する教令《きょうりょう》輪身との三身をいう。またこの三身は五仏・五菩薩・五大明王についてもいう。

**さんりん-ふうげつ-しゅう　山林風月集**　三巻。後水尾天皇の命により以心崇伝・剛外令柔が五山詩僧の佳作集の翰林五鳳集六四巻(元和九1623)を編集したが、これに漏れた大徳寺一休宗純《そうじゅん》及び妙心寺鉄山宗純の詩偈を集録したもの。仏全一四六

**さんるい-きょう　三類境**　三境ともいう。法相宗の教義。われわれの認識の対象(境)の存在様態を三種に分類したもの。(1)性境《しょうきょう》。真実の体性と作用とをもち、実の種子《しゅうじ》から生じた境のことで、第八識(阿頼耶識《あらやしき》)の相分(種子と五根と器世間《きせけん》)と前五識(眼・耳・鼻・舌・身の識)および五倶《ごく》(前五識のいずれかと同時にある)の意識の相分などをいう。(2)独影境《どくようきょう》。第六識(意識)の妄分別《もうふんべつ》が変出する亀毛《きもう》兎角《とかく》のような全くの幻影的な、本質《ほんぜつ》を有していない境。(3)帯質境《たいぜっきょう》。本質を有してはいるが本質そのままの相を写していない境のことで、心と境との二者の力によって成立しているもの。(1)と(2)との中間的存在であり、第七識(末那識《まなしき》)が第八識(阿頼耶識)の見分を縁じる相分、第八識(意識)が追想する過去の姿のようなものをいう。

**さんるい-の-ごうてき　三類の強敵**　法華経勧持品に、法華経の修行者に敵意をもち迫害を加えるものとして、邪悪な俗人(俗衆増上慢)・邪智の比丘(道門増上慢)・聖者の仮面をかぶった比丘(僣聖増上慢)の三があることを説く。日蓮は、三類の強敵が迫害を加えるのは、まさしく自分が法華経の行者である証拠であって、第一類は幕府の役人、第二類は真言宗・浄土宗の僧、第三類は禅宗・律宗の僧に当たると考えた。これを勧持品の色読《しきどく》という。

**さん-ろ　三漏**　三つの漏。即ち(1)欲漏。欲界における無明《むみょう》以外のすべての煩悩《ぼんのう》。(2)有漏《うろ》。色界《しきかい》・無色界における無明以外のすべての煩悩(無漏に対する有漏ではない)。(3)無明漏。三界の無明。なお分別《ふんべつ》論者は見漏を加えて四漏説を立てる。

**さんろん-げんぎ　三論玄義**　一巻。隋の吉蔵の著(開皇一七597頃)。竜樹の中論・十二門論と、提婆の百論の三論にもとづいた中観仏教の入門書。二門に分け、(1)序論の破邪の章では、インドの外道(仏教以外の学派)と中国の老荘・毘曇・成実、および大乗への執着を破斥し、顕正の章では、三論宗の始祖である竜樹の教学の要義を述べる。(2)各論では、三論の相資関係、二論が作られた次第、三論の名称の由来、三論に大智度論を加えた四論の関連性などにつ

いて述べ、さらに別釈三論・三論通別・四論用仮・四論対縁・三論破縁の五項目に分け、縁に随い機に随って教説が別であることを述べ、終りに、三論中の主要論題である中論の名義に対する解釈を与えている。本書は、大乗仏教の根本義である空・中道を解明とすると共に、外道・小乗・大乗の誤謬を指摘し、合せて仏教における部派分裂の大要をも説いているので、古来仏教の入門書として特に日本で重視された。㊅四五、国一諸宗部一〔註釈〕中観・検幽集七巻、貞海・鈔三巻、尊祐・科注七巻、鳳潭・頭書一巻など〔参考〕金倉円照・岩波文庫

**さんろんげんしょ-もんぎ-よう　三論玄疏文義要**　一〇巻。珍海の撰（天承1131—32の頃—保延二1136、保延六再治）。吉蔵の撰述およそ三〇部余の中から三論宗義の要文を摘出し、これに解釈を加えたもの。全編を大意・造論縁起・二諦義・八不義・二智義・八識義・仏性義・二乗義・菩薩地位義・三仏義・浄土義・涅槃義・雑問答の一三科に分け、さらに各科を十数条の細目に区分し、広く経論釈を引用して通釈している。玄叡の大乗三論大義鈔と共に日本の三論宗章疏中最も重要視される。㊅七〇、仏全七五

**さんろん-しゅう　三論宗**　中国十三宗の一。竜樹の中論・十二門論と、その弟子提婆の百論との三論の趣旨にたって仏教をきわめようとする学派で、隋の吉蔵が大成した宗。経典としては般若経の説く空の思想を教理の中心とするから空宗といい、論では中論(中観論ともいう)が力説する中道不二の説が中心となるので、中観宗といい、他の大乗と異なって空無相を説くので、無相大乗宗ともいう。仏教を大別して大乗菩薩蔵・小乗声聞蔵との二種のみとし、大乗経典は多くあっても、道を顕わすことに差異はないと見る。その大乗の趣旨は真俗二諦・八不中道を明らかにすることに尽き、邪義を破斥するのが、そのまま正義を顕示することであるとの見地より、諸宗の偏執を排斥するのに努力を傾けた。(イ)インドでは、中観系の竜樹・提婆の師資を祖とし、唯識系の無著・世親を祖とするのと異なる。(ロ)中国へは、鳩摩羅什《くまらじゅう》によって伝えられた。門下の道生・曇済を経て僧朗・止観寺僧詮・興皇寺法朗と相承し、嘉祥寺吉蔵によって大成された。僧朗以後を新三論と称し、それ以前を古三論といって区別する。古三論は、二諦を実体的に理解したのに対し、新三論は二諦をもって悟に入るための教えと見た点に重要な差異がある。教義の概略については、吉蔵の三論玄義が古来広く読まれている。また三論に大智度論一〇〇巻（竜樹造）を加えて、四論宗という。新三論は、南京の付近にある摂山に発祥し、四論宗は河北に行われた。(ハ)日本には、推古天皇三三年625吉蔵の弟子高句麗の慧灌が伝えたのを初伝とし（元興寺流、宗旨としての仏教伝来の始まり）、法孫智蔵が入唐して伝え、法隆寺で弘めたほか、智蔵の弟子道慈も入唐一八年の後、これを大安寺で広め、南都六宗の一として栄えたが、中古にはこの大安寺流が東大寺にのみ伝わり、その他は法相宗の寓宗となりおとろえた。〔参考〕三論玄義、大乗三論大義鈔一、四論玄義一、三国仏法伝通縁起上、八宗綱要上

**さんろん-そしでん-しゅう　三論祖師伝集**　三巻。著者不詳。インドおよび中国における三論宗列祖の伝記集。巻上に釈迦・文殊・馬鳴《めみょう》・竜樹・提婆・羅睺羅《らごら》・清弁・須利耶蘇摩などインドの諸祖を収め、巻中に吉蔵の三論疏によって羅什の伝を記し、巻下に僧叡・道融・曇影・僧肇・慧厳・慧観・道恒・道生・曇済・道明・僧詮・法朗・吉蔵などの伝を集録。付録として日本三論宗の伝来略史、ならびに慧灌以下三〇名余の事跡を記している。中巻奥書に「建仁四年正月九日書功訖、同一三日丑刻一度点畢、阿闍梨伝灯大法師覚隆」とあり、あるいはこの年覚隆の編か。ただし日本の部は建仁1201—04以後の人も多く含まれ、後世の追録である。仏全一一一

**さんろん-だいぎ-しょう　三論大義鈔**　四巻。詳しくは大乗三論大義鈔という。玄叡の著（天長七830）。三論宗の要義と他宗との相違を問答体によって説いたもの。(1)述自宗と(2)諍他宗とからなる。(1)は三論宗の教義を述べる顕正の部門で、三論玄義に従って三論宗の大要を明らかにし、八不・

二諦・二智などの宗義を説いている。⑵は破邪の部門で、空有・常無常・三一権実などに関して法相・天台・華厳など他宗の説を論破している。本書は淳和天皇の勅によって撰述された天長勅撰六本宗書の一である。(大)七〇、仏全七五、仏教大系一七〔刊本〕寛保元1741刊

**さんろん-はんだん-しゅう　三論判談集**　三巻。三論宗判談集ともいう。著者・成立年とも不詳。三論宗の論義書で、一八〇条の論題を設けて簡明に説く。〔写本〕高野山大学蔵、竜谷大学蔵

**さんろん-ゆうい　三論遊意**　一巻。三論遊意義ともいう。隋の碩法師の著。成立年不詳。三論の要義を経論の遊意・四論の大帰・中観の宗・無方の問難の四章に分けて述べたもの。著者の碩法師は隋の吉蔵の弟子であるが、詳しい行跡は不明である。なお同名の書に僧肇のものと、崇法師の撰述とがあったと伝える。(続)一・七三・三

# し

**し　止**　(梵)シャマタ śamatha の訳。奢摩他《しゃまた》、舎摩他と音写し、観(毘鉢舎那《びはしやな》)と並べて止観といわれる。あらゆる想念を息《や》めて心が寂静になった状態。天台宗では空・仮・中の三観に配当して、この止を三止に分ける。⑴体真止。あらゆるものは空《くう》であるという真理を体得した止。⑵方便随縁止。菩薩が方便をもってそれぞれの場合に随応し、世俗的な仮有《けう》の世界に心を安んじさせる止。⑶息二辺分別止《そくにへんふんべつし》。第一と第二との意味を兼ね有し、空有の二辺(両極端)に偏らないで中道に住する止。

**し　死**　寿(命)と煖《なん》(体温)と識(心)とを失って(この三つは最後に捨てる)、身体が変壊すること。生・老・病とともに四相と称することもある。①命尽死《みょうじんし》(寿命がつきて死ぬこと)と外縁死《げえんし》(不慮の死)とを二種の死という。②⑴財(福)をもちながら寿命が尽きて死ぬ、⑵寿命をもちながら財が尽きて死ぬ、⑶財も寿命も尽きて死ぬ、⑷財と寿命とをもちながら横死する、を四種の死という(大毘婆沙論巻二〇)。③⑴病にかかり医薬がなくて死ぬ、⑵国法によって死刑に処される、⑶非人《ひにん》(悪鬼など)のために精気を奪われて死ぬ、⑷焼死、⑸水死、⑹悪獣に噉《く》われて死ぬ、⑺絶壁から堕ちて死ぬ、⑻毒死、⑼餓死、を玄奘訳の薬師経に九種の横死とし、これを九横といい、また横死九法、九横死ともいう。九横経には別の九種を説く。

**し　伺**　(梵)ヴィチャーラ vicāra の訳。観とも訳す。心所《しんじょ》(心のはたらき)の名。倶舎宗《くしゃしゅう》では、不定地法《ふじょうじほう》の一。唯識宗では四不定の一。ものごとを細深に伺察し思惟《しゆい》する精神作用。粗雑に尋求推度《じんぐすいたく》する心所の尋《じん》と対立して説かれる。

**し　使**　煩悩《ぼんのう》の異名。煩悩はよく人を駆使して迷いの世界(生死)に流転させるから使という。随眠《ずいみん》に同じ。十随眠のうち、見の性に属する有身見《うしんけん》・辺執見《へんじっけん》・邪見・見取見《けんじゅけん》・戒禁取見《かいごんじゅけん》(以上の五を五見という)は道理を推求《すいぐ》してその性質が猛利であるから五利使《ごりし》といい、他の貪・瞋・癡・慢・疑は、その性質が遅鈍で制伏しにくいから五鈍使《ごどんし》という。

**し　思**　(梵)チェータナー cetanā の訳。心所《しんじょ》(心のはたらき)の名。対境に向かって心・心所を発動させる心の作用。現代語で「意志」というのに近い。倶舎宗《くしゃしゅう》では十大地法の一、唯識宗では五遍行《ごへんぎょう》の一に数えて、いかなる心ともつねに相応すると説く。倶舎宗では意業の体であるとして、これを思業といい、これに対して身業・語業を思已業《しいごう》という。経部と唯識宗では審慮思(審察考慮する思)・決定思《けつじょうし》(審慮して後、これこれのことをしようと決定する思)・動発思《どうほつし》(意志を定めて身・語の動作を起こす思)の三思に分けて、審慮思と決定思と(合わせて審決勝思ともいう)を思業とし、動発思を思已業とし、身・語・意の三業ともにその体は思であるとする。⇩業《ごう》

**じ　時**　①唯識宗では二十四不相応行の一とする。この場合は㊵カーラ kāla の訳で、存在に三世(過去・現在・未来)の時間的差別を生じさせるもの。ただし勝論《かつろん》学派(ヴァイシェーシカ Vaiśeṣika 学派)や時論師のように時の実在を説くのでなく、仮に立てて時とする。時を仮に在るものとすることは仏教一般の考え方で、有部《うぶ》ではこれを世無別体依法而立《せむべつたいえほうじりゅう》と称する。大智度論巻一には、それ故に仏教経典では時をあらわすのに伽羅(㊵カーラ kāla)といわないで三摩耶(㊵サマヤ samaya)といったのであるという。②インドにおいて一年を三期に分け、熱時(一月一六日から五月一五日まで)・雨時(五月一六日から九月一五日まで)・寒時(九月一六日から一月一五日まで)とするのを天竺の三時という。またこれを熱際・雨際・寒際の三際ともいう。ただし月日に配するのについては異説が多い。③朝夕を二時といい、また、伽羅時《からじ》と三摩耶時《さんまやじ》(三昧耶時)とを二時という。④時間の最小の単位を刹那《せつな》(㊵クシャナ kṣaṇa)といい、一二〇刹那を一怛刹那《たんせつな》(㊵タットクシャナ tatkṣaṇa)、六〇怛刹那を一臘縛《ろうばく》(㊵ラヴァ lava)、三〇臘縛を一牟呼栗多《むこりた》(㊵ムフールタ muhūrta)、三〇牟呼栗多を一昼夜とし、最も長い時間の単位としては阿僧祇劫《あそうぎこう》などの説がある。⇩刹那《せつな》　⇩劫《こう》

**じ　慈〔悲〕**　慈は㊵マイトリー maitrī の訳、悲は㊵カルナー karuṇā の訳。衆生《しゅじょう》を愛しいつくしんで楽を与える(与楽)のを慈、衆生を憐れみ傷んで苦を抜く(抜苦)のを悲と称し、合わせて慈悲という。仏の悲が衆生の苦を自己の苦として同心同調する姿を同体の大悲といい、その悲の広大さをあらわして無蓋の大悲(その上を蓋うものがない最上の悲)という。また広大な慈悲を大慈大悲、大慈悲と称する。大智度論巻四〇などによると慈悲に三種がある。(1)衆生縁の慈悲。それぞれの衆生に対して起こす慈悲で、これは凡夫の慈悲である。しかし三乗(声聞《しょうもん》・縁覚《えんがく》・菩薩《ぼさつ》)も初めの間はこれに属する。これを小悲という。(2)法縁の慈悲。諸法は無我であるとの真理を悟って起こす慈悲。これは無学(阿羅漢)の二乗および初地以上の菩薩の慈悲で、中悲という。(3)無縁の慈悲。あらゆる差別の見解を離れ、縁慮するものさえない所に起こる平等絶対の慈悲で、これは仏の大悲をいう。以上の三種を三縁の慈悲、三種慈悲、あるいは三慈という。

**しいお‐べんきょう　椎尾弁匡**　(明治九 1876—昭和四六 1971)仏教学者。浄土宗の僧。順蓮社性誉随阿法海、節堂と号す。愛知県の真宗高田派円福寺に生まれる。明治二一年浄土宗瑞宝寺で得度、同二八年東京帝国大学哲学科卒業。以後浄土宗大学(現大正大学)、早稲田大学、日本大学で教鞭をとり、同四〇年浄土宗教学部長、大正一五年1926大正大学教授、以降学部長、学長を歴任。昭和二〇年増上寺第八二世に就任した。この間、大正年間に仏教を現実生活にいかす共生《ともいき》運動を起こし、晩年に失明したが活動を続け、昭和の鑑真と異名された。近代仏教界の推進者として知られる。著書、仏教経典概説、仏教哲学、社会の宗教、椎尾弁匡選集一〇巻ほか。

**し‐いぎ　四威儀**　日常の起居動作である行《ぎょう》・住・坐・臥の四。これには守るべき種々の法規制約が戒律の上に定められてある。例えば、行法は女人あるいは酔人とともに行かず、手を垂れず、左右を顧視せず、約二メートル余り前方の地を直視せよなどと定められ、住法は直前に立たず、直後に立たないなどと定められ、坐法は坐具を敷いて結跏趺坐《けっかふざ》しあるいは半跏趺坐するなど種々の坐り方があるが、疲労すれば一脚をのべても両脚をのべないなどと定められ、臥法は臥具を敷き右手を枕として右脇を下にして臥し両足を重ねるなどと定められている。なお行・住・坐・臥の四威儀に語・黙を加えたものを六作《ろくさ》という(摩訶止観巻二ノ二)。

**しいどう‐ぶなん　至道無難**　禅宗の公案の一。趙州至道、趙州揀択《けんじゃく》ともいう。もと三祖僧璨の信心銘にもとづく句で、趙州《じょうしゅう》従諗《じゅうしん》が「至道無難、唯だ揀択を嫌う。わずかに語言あれば是れ揀択、是れ明白。老僧は明白裏に在らず」と、一僧の分

別的な質問に答えた故事。真理には何の難しいこともなく、分別を捨てるのみであることを教えたもの。〔原文〕碧巌録二・五七・五八・五九則、趙州語録下、五灯会元四

**しいどうーぶなん　至道無難**　⇩無難《ぶなん》

**じいん　寺院**　仏像を安置し、僧尼が住むところ。寺刹、仏寺、僧寺、精舎《しょうじゃ》、道場、仏刹、梵刹、蘭若《らんにゃ》、浄住舎、法同舎、出世間舎、清浄無極園、遠離悪処《おんりあくしょ》、親近善処、叢林、栴檀林、檀林、紺園《こんおん》、など種々の別名がある。寺院にあたる梵語には、ヴィハーラ vihāra と、サンガーラーマ saṃghārāma とがあり、前者は毘訶羅《びから》と音写して住処、遊行処と訳し、後者は僧伽藍摩と音写して伽藍《がらん》と略し、衆園と訳す。いずれもまた精舎と訳す。精舎は修行に精練する者のいる舎という意味である。漢語で寺とは役所の意で、外国人の接待を司る鴻臚寺に、はじめて西域から僧が来たときに泊まったから、後には僧の住所をすべて寺というようになったのであり、和語で「てら」と訓むのは、朝鮮語の chyöl（礼拝）または char（刹）の転訛とも、あるいは㊁テーラ thera（長老）から来たものともいうが明らかではない。漢語で院とは、もと周囲にめぐらした垣をいい、転じて周垣または回廊のある建物を意味し、官舎の名にも用いられた。唐代に勅によって大慈恩寺などに翻経院を建てたのが、仏教に関する建物に院と名づけたはじめのようである。唐末には院と呼ばれる仏寺が多く、宋代には官立の大寺に院号が与えられた。蘭若は阿蘭若の略で、阿練若、練若とも書き、㊵アラニヤ araṇya の音写。無諍、空閑処《くうげんしょ》と訳し、村落からへだたって静かな修行に適する場所というのがもとの意味。後世には寺院に寺号、院号の外に山号がつけられるが、これはもと寺院が山中に建てられた時、山名と寺名をあわせ呼んだのがはじまりで、平地に造られた寺院にも山号をつけて寺院の別称として用いられるようになったものである。寺院を坊ともいうが、坊とは区画、区院の意で、多くの僧房がある区域を意味するから、毘訶羅の訳語としてあてたもののようで、宝坊、僧坊などと用いる。日本では後世に坊と房との意味が混同され、独房をも坊というが、もと房は小部屋の意味であって、僧侶が日常起居する部屋を指し、律には広さや建て方なども定めてある。後には広く殿舎楼閣をも房という。隋・唐の寺院建築様式では東西北の三方に僧侶の住房を作ったから、これを三面僧房という。また寺院を刹《さつ》というのは、刹は㊵ラクシャター lakṣatā の訛ったもので幡竿《はたざお》を意味し、一般に仏堂の前に刹を建てる風習があったところから名づけられたのである。禅宗では寺院を叢林、禅林、禅閣などという。林とは衆僧が集まって規律正しく和合して道を修めるのを林にたとえた語である。叢林のうち、その法系の師から弟子へと住持するのを法門叢林、度弟院《つちいん》、徒弟院の意、自分が度した弟子を住持とさせた寺院)、広く天下の徳の高い僧を招いて住持とし徒弟の掛塔《かとう》をさせないのを十方叢林(十方刹)という。祖師の法を伝える根本の寺院を本寺、本山。その配下の寺院を末寺、末山。大寺院の境内にあってその寺院に属する小寺を子院、支院、枝院、寺中、寺内、塔頭《たっちゅう》という。塔頭とは、本来は祖師の塔のあるところという意味で、祖師を祀ってある廟所にはそれに仕えるために小院が設けられたので、後世寺域内の支院を塔頭と呼ぶようになったもの。塔中とも書くようになった。遠隔地にあって別に住職を設けない、いわば出張所のような寺院を通坊、通寺、支坊、兼帯所、掛所《かけしょ》などといい、本山の支坊を別院、御坊などという。このうち、掛所は、懸所とも書き、本来は錫杖《しゃくじょう》を懸けて滞在する所、つまり休泊所の意味であったが、後には別院の資格のない支院を呼ぶ名として用いられる。信徒のための宿泊所を宿院、宿坊という。寺院の大小、高下、創立の由緒などによってその格式等級を定めたのを寺格、寺班という。中国日本などでは制度化された。寺院を、その主とする宗旨などによって分類して、中国の宋代には禅院(禅宗)・教院(天台・華厳などの諸宗)・律院(律宗)とし、明代には制度化して、禅寺(禅宗)・講寺(経論の研究所)・教寺(世俗の教化所)とした。次に

寺を設立者によっても分ける。官府によって建立されたものを官寺、私人によって造営されたものを私寺ということがあり、わが国では古い時代は主として官寺であったが、後に氏寺を始め私寺が多くなった。また住む者の区別から僧寺と尼寺に分類する。僧尼の二寺は一定の距離を隔てて建てられるものとされた。寺院の住職を住持、院主という。坊主《ぼうず》も住職の意であったが、転じて一般に僧侶を意味するようにもなった。また住職に代って法務などをする役僧を院代という。浄土真宗では住職の妻を坊守《ぼうもり》という。なお、寺院の印章を寺印という。

**じ-いん-ぎょう　字印形**　真言宗の教義。字は種子《しゅじ》(仏の功徳《くどく》をあらわす梵字)、印は印契《いんげい》(仏の本誓をあらわす塔・五鈷杵《ごこしょ》・宝珠・剣などの印相《いんぞう》)、形は形像《ぎょうぞう》(仏の身形《しんぎょう》)のこと。真言の行者が修法を行い本尊を観想するときは、必ずこの三種を観ずる。また字・印・形の三秘密身ともいわれる。

**じいん-はっと　寺院法度**　江戸幕府が寺院・僧侶を統制するために制定した一連の法令の総称。慶長六年1601の高野山法度にはじまり、元和二年1616まで、比叡山・園城寺・東寺・醍醐寺・石山寺・興福寺・長谷寺・智積院などに宛てて発布された。この時期の寺院法度は、なかには関東天台宗法度・浄土宗西山派法度のように宗派を対象としたものもあるが、主として本山・本寺クラスの個別寺院を対象としている。江戸時代のはじめの仏教界は、荘園制の崩壊や織豊政権による軍事的弾圧などのあとをうけて、旧来の寺院内・寺院間秩序は混乱を極め、寺の跡職・本末争論や寺領・坊舎・什器など寺院財政の支配権をめぐる争論などが頻発しており、かつそれを自らでは解決できず、幕府への訴訟に頼らざるを得ない状態にあった。寺院法度の個別性は、法度が多くこうした裁定の結果として、また秩序の再建を図る宗門上層部の動きに対応しつつ制定されたことに基づくが、そのなかで幕府は自らの寺院支配権を確定していった。法度の内容は、宗学奨励、本寺末寺関係を有する場合はその規式の遵守、僧侶位階や寺格の厳正、坊舎所領の売買の禁止などを要点とする。全宗派に共通する統一的寺院法度は、寛文五年1665に至ってはじめて制定された。

**し-う　四有**　有《う》とは㊵バヴァ bhava の訳で衆生《しゅじょう》の生存のこと。五取蘊《ごしゅうん》(環境をも含めての広義の身心)を体とする。衆生が迷いの世界(生死)に輪廻する一期間の生存状態を四分して四有という。⑴中有《ちゅうう》(死んでから次の生を受けるまでの間で、死有と生有《しょうう》との中に当たる)、⑵生有(それぞれの世界に生を受ける託胎・結生《けっしょう》の一刹那《せつな》)、⑶本有(生を受けてから死ぬまでで、生有と死有との中間に当たる)、⑷死有(臨終の一刹那)。

**しう-ほう　止雨法**　止風雨法ともいう。大雨や長雨や暴風雨を止めるために修する行法。金剛光焔止風雨陀羅尼経や、穢跡金剛禁百変法経など多くの儀軌にあり、種々の方法がある。

**しうん　士雲**　(建長六1254―建武二1335)臨済宗の僧。姓は藤原氏。号は南山。遠江国の人。早く京都東福寺円爾弁円につき、のち大休正念・無学祖元に参じ、東福寺、福岡承天寺、鎌倉寿福寺・円覚寺に歴住し元亨元年1321鎌倉崇寿寺を開創した。〔参考〕南山和尚行実、延宝伝灯録五、本朝高僧伝二五、扶桑禅林僧宝伝五、東福寺誌

**じうん　似雲**　(延宝元1673―宝暦三1753)浄土真宗本願寺派の歌僧。姓は河村氏。金屋吉右衛門という。初め如雲と称した。安芸(一説に播磨)の人。和歌を好み、藤原実蔭に学ぶ。のち諸国を遍歴し、西行を慕い、その墓(河内弘川寺)の傍らに草庵を結んだ。享保一六年1731仙台の伊達氏に招かれ、のち嵯峨・須磨に住し、世人に今西行とよばれた。著書、年並草、似雲集類題一巻、詞林拾葉、葛城百首、西行上人古墳記ほか。〔参考〕大谷本願寺通紀、近世畸人伝、近代名家著述目録、野史

**じうん　慈雲**　(享保三1718―文化元1804)真言宗正法律の祖。諱は飲光《おんこう》。俗に慈雲尊者、葛城山人または百不知童子と称された。俗姓は上月氏。父は讃岐高松の藩士。大坂の蔵屋敷で生まれ、幼くして法楽寺に入り、密教および悉曇《しったん》を修め、一八

歳で京都に上って伊藤東涯に経史詩文を学び、翌年、奈良に遊んで顕密二教を究めた。ついで河内野中寺の秀厳を拝して沙弥戒を受け、また戒竜から秘密儀軌を伝えた。信濃の大梅禅師に参禅し、帰って法楽寺に住したが、延享元年1744河内高井田の長栄寺に移って戒律を講じ、正法律を興し、親証に別受戒を授け、同四年摂津有馬の桂林寺に転じた。宝暦八年1758根来寺《ねごろじ》の常明から地蔵院流の秘奥を受け、しばらくして生駒山の双竜庵に隠れて、約一〇年間梵学の研究に従事した。明和八年1771京都の阿弥陀寺に移り貴紳に十善戒をすすめたが、天明六年1786河内の高貴寺(現大阪府南河内郡河南町)を再興して正法律の本山とし、寛政四年1792、戒壇を設けた。阿弥陀寺で没した。著書、方服図儀広本一〇巻、同略本一〇巻、十善法語一二巻、南海寄帰内法伝解纜鈔八巻などがあり、また梵学津梁一千巻を編纂した。慈雲尊者全集がある。〔参考〕慈雲尊者略伝、続日本高僧伝一

**じうん-じ　慈雲寺**　愛知県知多市岡田。白華山と号し、臨済宗妙心寺派。観応元年1350宮山城主一色範光の建立。夢窓疎石《そせき》を開山とする。明暦三年1657虎渓元長が中興した。

**しえ　四依〔四不依〕**　依りどころとしなければならない四を四依、してはならない四を四不依という。①法の四依・四不依。道をおさめる者は、⑴教えそのものを依りどころとし、教えを説く人に依ってはならない(依法不依人)、⑵教えの意味(義)にしたがい、表現した文章に依ってはならない(依義不依語)、⑶真の智慧に依り、迷いやすい人間の情識に依ってはならない(依智不依識)、⑷教えを完全にあらわしている了義経(大乗経典)に依り、不了義経(小乗経典)に依ってはならない(依了義経不依不了義経)という四(南本涅槃経巻六など)。②行の四依。糞掃衣《ふんぞうえ》を着、常に乞食し、樹下に坐り、腐爛薬(腐尿薬ともいい、牛の尿にハリータキー果を入れ土中に埋めて醗酵させた薬)を用いるという四つの修行者の規準。無執着の生活に安んずべきことを教えたもの。③人の四依。衆生《しゅじょう》が信頼して依りかかってよい四類の人で、四依の大士《だいじ》ともいう。出世の凡夫《ぼんぶ》と、須陀洹《しゅだおん》(預流《よる》)・斯陀含《しだごん》(一来)の人と、阿那含《あなごん》(不還《ふげん》)の人と、阿羅漢《あらかん》の人とをいう(南本涅槃経巻六)。⇩四向四果《しこうしか》

**しえ　師会**　①(広明元880—開運三946)唐末・五代の禅僧。法相大師と賜号する。姓は巨氏。薊門《けいもん》(河北省北平西北)の人。青原五世の投子大同《とうすだいどう》の法を嗣ぎ、晋の高祖の帰依を受け、東京(河南省開封県)天寿院に住した。〔参考〕宋高僧伝二八　②(崇寧元1102—乾道二1166)南宋代の華厳学者。可堂と号し、法真大師と諡する。華厳五教章復古記の著述中に没した。弟子の善喜が遺命を受けて復古記を完成させた。道亭・観復・希迪と共に宋朝華厳の四大家と称された。著書、華厳五教章焚薪二巻、同復古記六巻、華厳融会一乗義章明宗記一巻、華厳同教一乗第一巻、同教問答一巻、般若心経略疏連珠記二巻など。

**じえい　慈永**　(乾元元1302—応安二1369)臨済宗の僧。字は青山。諡は仏観禅師。紀州玉津の人。幼時から孔孟の書に親しんだが、東福寺南山士雲に参じ、ついで天竜寺夢窓疎石に二〇年余従う。甲斐慧林寺・播磨瑞光寺・山城等持寺・鎌倉浄智寺・京都臨川寺・同伏見大光明寺に歴住。康安年間1361—62建仁寺に住し、火災にあった同寺を復旧した。語録一巻がある。〔参考〕延宝伝灯録二二、本朝高僧伝三一、仏観禅師行状

**しえ-じけん　紫衣事件**　江戸時代初期の朝幕確執の事件。紫衣とは、高徳の僧尼に対して朝廷が与える紫色の法衣・袈裟のこと。その着用は勅許により認められる朝廷の権限事項の一つで、従ってまた紫衣勅許は朝廷の収入源の一つでもあった。徳川家康は慶長一八年1613勅許紫衣法度を出し、大徳寺・妙心寺・知恩院などの住持職についての勅許以前に幕府への告知を義務づけ、また同二〇年の禁中並公家諸法度においても紫衣勅許に対する制限と統制を明確にした。ところが寛永三年1626、これまで朝廷では幕府に相談なく十数人の僧侶に勅許を与えていたことが明らかになり、翌年幕府はこれを先の法度違反として咎める措置に出た。

しかし大徳寺の沢庵宗彭・妙心寺の単伝士印らは幕府に抗議しあくまで抵抗したため、同六年に至り幕府は沢庵らを流罪にし、さらに元和元年1615以来幕府の許可なく発行された勅許状を無効とし、紫衣を剝奪した。この一連の事件を紫衣事件といい、天皇綸旨など朝権に対する幕府法度の優越性が明確に示されることになった。

**じえん　字縁**　⇩字界《じかい》

**じえん　慈円**　(久寿二1155―嘉禄元1225)比叡山延暦寺座主。藤原忠通の子。九条兼実の弟。諡は慈鎮。世に吉水僧正といわれた。一一歳の時、覚快法親王の室に入り、一三歳で明雲を戒師として出家し道快と称した。養和元年1181名を慈円と改め、青蓮院に住し、無動寺ほかを兼帯した。建久三年1192天台座主に補任され、兄の関白兼実と同じ立場に立って鎌倉幕府と接触した。以降三度座主職につく。また朝幕関係が悪化するのを見て、愚管抄を著わし、仏教的立場による道理の史論を説いた〈⇩愚管抄《ぐかんしょう》〉。和歌にも秀れ、新古今和歌集ほかの勅撰集にも数多く入集し、家集の拾玉集もある。慈円全集がある。〔参考〕大日本史料五ノ二、天台座主記、華頂要略、明月記、人物叢書一五

(一)(二)
慈円花押

**じえん　慈延**　(寛延元1748―文化二1805)天台宗の僧。歌人。俗姓は塚田氏。信濃の人。俗僧と交わることを恥じて閑棲した。冷泉為村に和歌を学び、蘆庵・蒿蹊・澄月と共に、平安和歌の四天王と称された。契沖の歌学を非難して隣女晤言を著わした。〔参考〕三十六家集略伝

**しえん-じ　四円寺**　平安時代の中期、京都市右京区仁和寺、竜安寺一帯に建立された円の字を冠する四つの御願寺の総称。すなわち、円教寺(一条天皇御願)・円乗寺(後朱雀天皇御願)・円宗寺(後三条天皇御願)・円融寺(円融天皇御願)をいう。仁和寺の院家として建立されたらしく、院政期に京都白川岡崎に建立された六勝寺(法勝寺・尊勝寺・最勝寺・円勝寺・成勝寺・延勝寺)の先蹤をなすといわれる。⇩円教寺《えんきょうじ》②　⇩円乗寺《えんじょうじ》　⇩円宗寺《えんしゅうじ》　⇩円融寺《えんゆうじ》

**しおう-じ　四王寺**　平安時代に海外、特に新羅の侵入に備えて建てられた寺。貞観九年867四天王像を造って伯耆・出雲・石見・隠岐・長門の五国に寺を建て四天王を配し、毎年攘寇の祈禱を行った。これを四王寺修法という。この修法は昼は最勝王経四天王護国品、夜は神呪を誦する。現鳥取県倉吉市(伯耆国)には四天王寺・四方寺と称する小堂が残り、現島根県松江市(出雲国)および現山口県下関市(長門国)にも遺跡を伝えている。〔参考〕三代実録一四、延喜式二六

**しおん　四恩**　四種の恩。①父母の恩・衆生の恩・国王の恩・三宝の恩(心地観経巻二報恩品)。②母の恩・父の恩・如来大師の恩・説法法師の恩(正法念処経巻六一)。③父母の恩・師長の恩・国王の恩・施主の恩(これを出家の四恩という)(釈氏要覧巻中恩孝編)。④天下の恩・国王の恩・師尊の恩・父母の恩(大蔵法数巻二三)。⇩恩《おん》

**しおん　至遠**　(弘安元1278―貞治五1366)臨済宗の僧。号は孤山。諡号は広照禅師。姓は紀氏。紀伊の人。初め法灯《ほっとう》国師覚心に師事、のち徳倹・楚俊、来朝の清拙一山に参じ、紀伊興国寺、京都建仁寺に歴住した。〔参考〕延宝伝灯録一五、本朝高僧伝三一

**しおん　志遠**　(大暦三768―会昌四844)唐代の天台僧。汝南(河南省汝寧府)の人。荷沢禅を究め、のち五台山の大華厳寺で天台を学び法華三昧を修した。開成五年840円仁が五台山に行ったとき会っている。〔参考〕宋高僧伝七、入唐求法巡礼行記三、仏祖統紀二三

**じおん-え　慈恩会**　奈良興福寺で宗祖慈恩大師窺基《きき》のために修する法会。天暦五年951空晴の発願で始められたと伝え、天禄元年970に日を大師の忌日である一一月一三日にさだめて庚申講と称したが、翌年慈恩会と改称した。延文五年1360南都十二大会の一とされ、竪義・番論義を行うべき宣旨をうけた。明治初年に廃絶したのを同四

四年1911に再興した。なお、法相宗の諸大寺でも修した記録がある。〔参考〕慈恩会次第

**じおん-じ　慈恩寺**　①⇩大慈恩寺《だいじおんじ》　②山形県寒河江市慈恩寺。もと真言・天台兼学、現在は慈恩宗本山で本山慈恩寺と称する。山号は瑞宝山。寺伝では行基の開創という。天仁元年1108興福寺の願西が鳥羽天皇の勅により再興し、ついで保元元年1156高野山の弘俊が院宣を奉じて重修した。現在の堂宇は元和四年1618最上義俊の造建。〔重文〕本堂、木造阿弥陀如来坐像　〔参考〕西村山郡史　③埼玉県さいたま市岩槻区慈恩寺。華林山と号し、天台宗。坂東三十三カ所霊場第一二番札所。天長元年824円仁の開創という。天文年間1532—55太田道灌が再興した。

**じ-かい　字界〔字縁〕**　梵語の文法において動詞の語根(root)を字界(梵)ダートゥdhātu)といい、語界、字元、字体とも訳す。語根に語基(stem)構成音を加えて名詞、形容詞の語基を作るとき、この語基構成音(後接辞)を字縁(梵)プラトヤヤ　prat-yaya)といい、語縁とも訳す。後世は語尾などをも含めて字縁と称することもある。

**しが-いん　滋賀院**　滋賀県大津市坂本本町。天台宗の門跡寺院。もと山城北白川の地にあったが、元和元年1615天海が現地に移し、明暦元年1655院号を賜った。後水尾天皇の皇子尊敬法親王を門跡の初代とする。〔参考〕厳有院殿御実紀一〇、諸門跡譜

**しかく　始覚**　⇩本覚《ほんがく》

**じかく　寺格**　寺院の格式。各寺院の創立事情や発展形態により、一国の全寺院間や各宗派内で定められた寺院相互の等級序列で時代により変遷がある。①中国。唐代に上寺・中寺・下寺の別があり、南宋代には禅宗に五山十刹《じっせつ》の等級を設け、明代には全ての仏寺を禅寺・講寺・教寺の三級に分け、また元・明代の金陵の寺院では大刹・次大刹・中刹・小刹の別をたてた。②朝鮮。李朝世宗(1419—50在位)の時五教両宗を禅教二宗に減じて各宗務院を置いて統轄し、光武三年1899全寺院を統理する総宗務所と一三道内の各寺院を管理する首寺を定め、同六年1902これを大法山一カ寺、中法山十六カ寺の制に改めた。日韓併合後、明治四四年1911三十本山を定めて各道寺院を管理させ、大正一一年1922には三十一本山とした。③日本。(イ)古代。官寺と私寺に分かれる。官寺は堂塔修理、僧尼修行の用途を官給され政府の監督をうけるもので、四大寺(薬師寺・元興寺・興福寺・大安寺)・六大寺・七大寺・十五大寺などの大寺と、天平一三年741(一説同一〇年、一四年)国ごとに設置された国分寺(金光明四天王護国之寺)・国分尼寺(法華滅罪之寺)があるが、やがて建立されだした貴族・豪族の氏寺にも官給された。他に国司・三綱などに検校させる定額寺があった。(ロ)平安時代。天皇・皇后・皇族の発願で新たに、または大寺院内に建立される御願寺《ごがんじ》があらわれ官寺に準じた。中期から皇族の出家入寺する寺を門跡とよび、寺院最上の格式としたが、のち摂関家入寺の有力寺院にまでおよび、宮門跡・摂家門跡・准門跡・脇門跡などの区別を生じ〈⇩門跡《もんぜき》〉、その下に院家・准院家などの寺格ができて後世におよんだ〈⇩院家《いんげ》〉。また大寺院には貴族・高僧などにより境内に造営される支院・別院がたてられ、やがて遠隔地にも設けられた。荘園制の発展に伴い、中央諸大寺と地方小寺院との間に、寺領寄進や保護要請、その他の事情で本寺と末寺の関係を生じ、有力寺院と多数の地方寺院との隷属関係があらわれた。(ハ)中世。各宗を通じての有力寺院を四大寺(東大寺・興福寺・延暦寺・園城寺)・七大寺・十大寺・十五大寺・二十一大寺・二十五大寺などとよび、一種の寺格として扱われた。また本末関係は、興福寺六方衆〈⇩六方衆《ろっぽうしゅう》〉や延暦寺に示されるような僧兵団形成の軍事的統合や、東大・興福・延暦・教王護国(東寺)・石清水八幡などの諸寺にみられるような本寺からの本寺役・本所役徴収を通じて広範囲に形成される荘園的連鎖に基づく結合関係により、ますます強固となったが、特に室町時代頃からは、法流師資相承による本末関係が顕著となった。中世末期になり戦国大名の領国支配が発達すると、中央諸大名の統制を離れて、一国または一地方の同宗寺院を統制する僧録・触頭《ふれがしら》などの寺院が置かれ、本寺的格式をもった。なお室町幕府は特に

臨済宗に京都・鎌倉で五山十刹の制を設けて官寺とし〈⇩五山十刹《ごさんじっせつ》〉、五山の一、相国寺内の鹿苑院の住持を僧録司として総監させた。㈡近世。寺格組織が完備し整然と秩序づけられるに至った。すなわち各宗に本山が定まり、配下に中本山・直末寺・孫末寺などの統属関係が固定し、また各宗に僧録・触頭・輪番・役者などの寺院が定められ、幕府または諸藩と本山との仲介に任じ、いずれも格式化した。また幕府・諸藩から寺領下付をうけた朱印地・黒印地〈⇩朱印地《しゅいんち》 ⇩黒印地《こくいんち》〉やその他、紫衣地・香衣地・由緒地などの寺院は、朝廷・幕府・諸藩から各種の格式を以て処遇された。また各宗派内の末寺は、天台宗(東叡山下)の衆徒三十六カ院僧正寺・関東十檀林など、浄土宗(増上寺下)の紫衣檀林三カ寺・引込紫衣七カ寺・香衣檀林十二カ寺など、真言宗の上通寺院・中通寺院・下通寺院など、同宗聖方の三十六院など、新義真言宗の直触格院本寺・上方本寺・田舎檀林・古末寺・新末寺・門徒など、曹洞宗の常法幢地・片法幢地・随意会地・法地並寺、日蓮宗の御朱印寺・聖人寺・平僧寺、真宗東本願寺派の院家・内陣・余間・飛檐《ひえん》・平僧、同西本願寺派の筋目院家・准院家・内陣・余間・三之間・飛檐・初中後・国絹袈裟・平僧など諸種の寺格に分けられた。近代以後各宗派の宗制が改変され、寺格の等級も改まり、多く簡略化された。

**じかく-ちょう　寺格帳**　二巻。寛保1741—44頃の江戸幕府寺社奉行所の記録で、仏教各宗派寺院の幕府に対する入院・住職・継目・任官・年頭・御暇の御礼から下賜・献上物の有無・格式の高下を示し、朱印田禄を記載する。収載宗派は天台宗・浄土宗・古義真言宗学侶方・同行人方・同聖《ひじり》方・新義真言宗・真言律宗(以上上巻)、禅宗済家関山派・同大徳寺派・同曹洞宗・同洞家・同五山派・同黄檗派・日蓮宗身延派・同本国寺派・同池上派・同中山派・同本成寺派・一向宗・時宗・修験(当山・本山各派)・無本寺(以上下巻)である。続々群一二　〔写本〕国立国会図書館(寛保元写、六冊)、竜谷大学蔵(寛保元写、一冊)

**じが-げ　自我偈**　寿量偈ともいう。法華経巻六如来寿量品に説かれ、仏の成道は久遠の昔であることを説いた偈。自我得仏来にはじまり百二句より成る。天台宗・日蓮宗・曹洞宗などで多く読誦される。

**じが-じほう　似我似法**　⇩実我実法《じつがじっぽう》

**しが-でら　志賀寺**　⇩崇福寺《そうふくじ》①

**しか-の-ほうよう　四箇の法要**　大法会《だいほうえ》の時にとり行う四種の儀式。⑴梵唄《ぼんばい》。法会の始めに如来妙色身などの偈を唱えて仏徳を讃歎し、これによって心を寂静にし仏事を行うのに堪えるようにする。⑵散華《さんげ》。願我在道場などの偈を唱えて散華し、悪神の妨げるのを退け仏を請ずる。⑶梵音《ぼんのん》。十方所有勝妙華などの偈を唱える。如来のきよらかな声は十方に響きわたり聞く者は全部菩提を得るから、清浄の音をもって三宝を供養するのである。⑷錫杖《しゃくじょう》。手執錫杖の偈を唱えて各節の終りに錫杖を振る。以上四種のうち、梵唄のみは一人で唱え、他は多数の職衆《しきしゅ》が唱和する。

**しか-ひほう　四箇秘法**　①仁王経法・請雨経法・孔雀経法・守護経法の四法。東密では四箇の大法という。守護経法を除き後七日御修法《ごしちにちのみしほ》を加える伝もある。②安鎮法・熾盛光法《しじょうこうほう》・七仏薬師法・普賢延命法の四法。台密叡山では山門四箇大法という。

**しかん　止観**　止は(梵)シャマタ śamatha(奢摩他《しゃまた》)、観は(梵)ヴィパシュヤナー vipaśyanā(毘鉢舎那《びばしゃな》)の訳で、もろもろのおもいを止めて心を一つの対象にそそぎ(止)、それによって正しい智慧を起こして対象を観る(観)ことをいう。即ち、定・慧の二法であり、寂照、明静などともいい、この二は戒と共に仏教徒の重要な実践とされ、阿含をはじめ諸経論に多く説かれる。止と観とは互いに他を成立させて、仏道を完行させるものであるから、不離の関係にある。これは鳥の双翼のようであり、車の両輪のようであると喩えられる。智顗《ちぎ》は摩訶止観巻三に、止観には相待《そうだい》と絶待《ぜつだい》との意味があって、その相待的意味には、後天的な実践面(修門)における煩悩を断つ徳(断徳)・断って生じた智の徳(智徳)・本来的に智・断の二徳は不二であるとする法性の徳(性徳)の、三様の意味があり、止とは、止息の義・停止の義・不止に対する止の義、観とは、貫穿の義・観達の義・不観に対する観の義であるとする(三止三観)。また絶待的意味からは、止も観も不可得で言語や思慮を絶しているが、しかも四悉檀《ししつだん》の因縁によっては種々に説かれるとし、この絶待止観を、不可思議止観、無生止観、一大事止観などともいう。また智顗が慧思から伝えた止観には、(1)漸次止観(まず戒をたもち、ついで禅定を修め、それによって順次に実相をさとるもので、釈禅波羅蜜次第法門一〇巻に説く実践法)、(2)不定止観(衆生の性質能力に応じて実践の順序などが不定なもので、六妙門一巻に説く実践法)、(3)円頓止観(初めから実相を対象とし、行解ともに円満頓速で、摩訶止観一〇巻に説く実践法)の三種止観があるといわれる。

**じかん　示観**　⇩顕行《けんぎょう》

**しがん-きょう　四願経**　一巻。呉の支謙の訳。人には(1)生活を豊かにする、(2)財産・地位を得る、(3)家門が繁栄する、(4)五欲にふける、の四願があるが、それらを捨てて不老・不病・不死への道を歩むよう心を修めるべきことが説かれる。(大)一七、国一経集部一四

**しかん-ごう　止観業〔遮那業《しゃなごう》〕**　延暦二五年805正月、最澄の上奏によって制定された天台法華円宗学生の修学しなければならない両種の業をいう。止観業は法華経・金光明《こんこうみょう》経・仁王《にんのう》経などの諸経を学習し、円頓戒とともに止観つまり定慧を修めて天台円宗の三学を達成しようとするものであり、遮那業は大毘盧遮那経《だいびるしゃなきょう》(大日経)を学び、真言密教を勉学しようとするものである。

**しかんたざ　只管打坐**　「祇管打坐」とも書く。一向に余念を交えず坐禅をすること。只管は「ひたすら」「一途に」の意味。打は意味を強めるために添えた語。

**しがん-ふりゃく　紫巌譜略**　一巻。長木恭重・村尾泰軌の共編。京都大徳寺の宗峰妙超から賀雲宗誾《しゅうぎん》に至る四三三世の歴代住持の字号・師承・住退・没年月を記し、合せて武蔵国品川(現東京都品川区)東海寺の世譜をあげる。後に古筆了仲が増補して竜宝大徳禅寺世譜一巻(安政二1855刊)とした。〔刊本〕文政元1818刊

**しかんもんろん-じゅ　止観門論頌**　一巻。唐の義浄(635―713)の訳。まず禅定《ぜんじょう》を修する心得を述べ、四静慮《しじょうりょ》について解説し、最後に不浄観を詳説する。七七偈より成る小篇で、世親(ヴァスバンドゥ Vasubandhu)の作と伝える。(大)三二、国一論集部六

**しき　色**　(梵)ルーパ rūpa の訳。①五蘊《ごうん》の一に数えて色蘊といい、五位の一に数えて色法という。広義の色であって、物質的存在の総称。変壊し(変化し、こわれ)、変礙する(質礙《ぜつげ》。一定の空間を占有して他と相容れない)ものの意。眼《げん》・耳《に》・鼻・舌・身の五根と、色《しき》・声《しょう》・香・味・触《そく》の五境と、および法処所摂色《ほっしょしょしょうしき》の一一種の色を含む。法処所摂色はまた随法処色、法処色ともいわれ、ただ意識のみの対象である法処中に含まれる色法のことである。(イ)有部《うぶ》では、これら一一色のうち、触境《そくきょう》の一部が地・水・火・風の四大種であり、それ以外はすべて四大所造色であるとする(⇩四大種《しだいしゅ》〔所造色〕)。また五根・五境は極微《ごくみ》から成立する色法であるが、法処所摂色は色法ではないが四大所造の色法であるから無表業《むひょうごう》を指し、無表業は極微から成る無表色《むひょうしき》(無教色、無作色)と称する。(ロ)唯識宗でいう法処所摂色は次の五種である。(1)極略色(五根・五境の実色を分析して物質の最小単位である極微に至らせたもの)、(2)極迥色《ごっきょうしき》(空界・明・暗など能礙の性質をもたない色の極微)、(3)受所引色(受戒によって引発された無表色)、(4)遍計所起色《へんげしょきしき》(意識にあらわれる五根・五境などの影像《ようぞう》)、(5)定所生色《じょうしょしょうしき》(定果色、自在所生色ともいい、勝れた定によって定中にあらわれる色・声などの五境)。(ハ)色はまた内色(五根)と外色(五境)、細色(無表色、または色界の色)と麁色(極微から成っている色、または欲界の色)、定果色(定によって生じた色)と業果色(業によって造られた色)などの二種の色に分け、可見有対《うたい》色(狭義の色、即ち色境)と不可見有対色(声・香・味・

触・五根）と不可見無対色（無表色）との三種の色に分ける。可見は有見、不可見は無見ともいい、現わし示すことのできるものとそうでないもの、即ち見えるものと見えないもののこと、有対・無対は対礙（この場合は障礙）があるものとないものとである。無表色に対する表色（表業、作色、有教色）は有部では形色《ぎょうしき》（身表業の体）および声（語表業の体）とするが、諸部派によって異論がある〈⇩業《ごう》〉。②狭義の色は十二処の一に数えて色処といい、十八界の一に数えて色界といい、五境・六境の一に数えて色境という。即ち眼根の対境として見られるものである。これに顕色《けんじき》と形色との二がある。顕色とは「いろ」のことで、有部では青・黄・赤・白・雲・煙・塵・霧・影・光・明・闇の一二種、形色とは「かたち」で、長・短・方・円・高・下・正・不正の八種である。顕色にさらに空（蒼空の色）を加える説もある。また青・黄・赤・白に黒を加えて五色（五正色、五大色）とも呼ぶ。

**しき　識**　㊵ヴィジュニャーナ **vijñāna** の訳。毘闍那《びじゃな》、毘若南《びにゃな》と音写する。外境《げきょう》（対象）を識別、了別、認識する作用を有するもので、こころを作用の面から名づけたもの。外境に対しては内識ともいう。唯識宗の考え方では、外境を識別し了別することは識が外境として顕現することに外ならないが、このような位態における識を表識、記識㊵ヴィジュニャプティ **vijñapti** 毘若底《びにゃてい》と音写する）と称する。六識とはそれぞれ眼《げん》・耳《に》・鼻・舌・身・意の六根を所依として、色《しき》・声・香・味・触《そく》・法の六境に対して、見・聞《もん》・嗅・味・触・知の了別作用をなす眼識《げんしき》・耳識《にしき》・鼻識・舌識・身識・意識の六種の心識をいう。六窓一猿《ろくそういちえん》の譬えによって、六識の体は一であるが、それが働き出す門戸が六あるから六識の名を得ると説くものがあるが、おそらく六識説の原始的意味を伝えているのであろう。六識の中で、第六の意識を第六識ともいい、また後世これに六識・意識・分別事識《ふんべつじしき》・四住識・攀縁識《はんえんしき》・巡旧識《じゅんくしき》・波浪識《はろうしき》・人我識《にんがしき》・煩悩障識《ぼんのうしょうしき》・分段死識《ぶんだんししき》の一〇名を与えて、これを六識十名という（宗鏡録）。②法相宗では六識に末那識《まなしき》と阿頼耶識《あらやしき》とを加えて八識を立てる。八識の中で眼識から身識までの五識（六識説でも同様）を一括して前五識、第六意識までを前六識、第七末那識（第七識または七識）までを前七識（七識）といい、前七識は阿頼耶識を所依としてそれぞれの境を縁じて転起したものという意味で、七転識《しちてんじき》または転識と称される。そして前六識は対象を識別することが顕著な識であるから了別境識、第七末那識は思量識、第八阿頼耶識は異熟識と名づけられる。護法の唯識説では、八識のうちで第六意識と第七末那識は対象を「我なり」「法なり」と虚妄《こもう》に執著する遍計《へんげ》の意味をもつから、これを六七能遍計といい、前五識と第八阿頼耶識は我・法の執著がないから、これを五八無執という。なお、インドの無相唯識派は八識の体性をすべて同一とする八識体一の説をとるが、有相《うそう》唯識派および法相宗は、体性を各々別であるとする八識体別の説を主張し、しかも二識から八識までが同時に並び起こり（並起《びょうき》）、同時に転起（倶転《くてん》）すると説く。これを八識倶転といい、小乗（有部宗《うぶしゅう》など）で二識の並起を許さないのと異なる。③真諦を祖とする摂論宗《しょうろんしゅう》では八識の上にさらに第九阿摩羅識《あまらしき》（菴摩羅識《あんまらしき》）を立てて九識説を立てる。阿摩羅識は無垢識《むくしき》、真如識《しんにょしき》、真識といわれる浄識であって、従ってこの立場では第八阿頼耶識は妄識または真妄和合識と解釈される。地論宗・天台宗の中にもこの説をとる者がある。④真言宗では八識に多一識心（生滅門の所依で、即ち差別的現象界を知る後得智に当たる）と一一識心（真如門の所依で平等一如《いちにょ》の真理をさとる根本智に当たる）とを加えて十識を立てる（釈摩訶衍論巻二）。⑤真諦訳の世親の摂大乗論釈巻五には、阿頼耶識の変異によって生起する識に身識・身者識・受者識・応受識・正受識・世識・数識・処識・言説識・自他差別識・善悪両道生死識の十一識の差別があるとする。これは顕識論に顕識と分別識《ふんべつしき》との二種の識があるとし、阿梨耶識《ありやしき》から顕現した顕識を分けて、身識・塵識・用識・世識・器識・数識・四種言説識・自他異識・善悪生死識の九識とし、さらに虚妄分別《こもうふんべつ》の主体である分別識に有身者識と受者識との二識があるとしているのと一致するようである。⑥楞伽経では、真識(阿摩羅識または阿梨耶識にあたる)・現識(万法を顕現する阿頼耶識、また阿陀那識《あだなしき》即ち末那識にあたるともいう)・分別事識(七転識または前六識)の三識を説く。ただし真識は宋訳の楞伽経のみに見え、梵本をはじめその他の訳にはない。智吉祥賢の楞伽経註によると、現識は前五識、分別事識は第六意識とされる。⑦大乗起信論には、阿梨耶識《ありやしき》のうちの根本無明《こんぽんむみょう》によって阿梨耶識の上に妄念が起動し、対象を認めて執著心を生じるにいたる相状を、業識《ごっしき》(起動の業作《ごうさ》のはじめの相)・転識《てんじき》(業識がはたらいて見照の主観作用を生じた相)・現識(転識が客観の境として現われた相)・智識(現識を実在として認識し執著する相)・相続識(現識に対する執著が絶えない相)に分けて説いている。これを五意または五識という(三細六麁のうちの前五者に相当する)。無明《むみょう》によって阿梨耶識が起動する迷界の相状を、大海が風によって波立ちさわぐのにたとえて識浪《しきろう》という。⇩阿摩羅識《あまらしき》 ⇩阿頼耶識《あらやしき》 ⇩末那識《まなしき》

**しぎ 子儀** (―雍熙三(986))五代・北宋初の禅僧。姓は陳氏。心印水月大師と賜号。温州楽清(浙江省楽清県)の人。天皇五世の鼓山神晏《こざんじんあん》の法を嗣ぎ、呉越王銭俶《せんしゅく》の帰依で、杭州(同省杭県)天竺山に住した。詩文にすぐれていた。〔参考〕景徳伝灯録二一、五灯会元八

**じき 食** ㊵アーハーラ āhāra の訳。ひきつけ、養い、保ち続けるものの意。衆生《しゅじょう》の肉身や聖者の法身《ほうしん》を、それぞれの存在のあり方にひきつけておいて養い育て、永くその状態を保たせるもので、飲食物と触《そく》などの精神作用(心・心所《しんじょ》)とをいう。三界にある肉身を養い保つ食を世間食《せけんじき》といい、さとり(法身)のいのちである智慧を養い保つ食を出世間食《しゅっせけんじき》といい、全部で九種類ある(九食)(増一阿含経巻四一)。①世間食には段・触・思・識の四食がある。段食《だんじき》は、揣食《たんじき》・しじき、摶食《だんじき》、見取食《けんしゅじき》ともいい、香・味・触《そく》の色法を体とするもの、つまり飲食物をいう。触食は更楽食《こうらくじき》、楽食、温食ともいい、精神の主体が感覚器官を通じて外界の対象(客体)を捉えるときに起こる主客の接触作用としての心のはたらきのことで、これによって感覚や意志を養い起こし、肉体を資益するから食という。思食は、意思食、念食、意食、業食ともいい、意志するはたらき(思)のことで、自分の好む存在状態をねがいもとめ、そのおもいを引いて生存の状態をつづけさせるから食という。識食は精神の主体のこと。前二食の勢力により未来のむくいをつくる主体となって、身命を保持するから食という。すべての有漏法《うろほう》はいずれも存在者を世間につなぎとめるはたらきがあるが、特にこの四はそのはたらきが著しいから食と名づけるのである。触・思・識の三食は三界に通じて有るが、段食のみは欲界にかぎり、また五趣・四生などの有情《うじょう》の存在状態によって主とする食が異なる。四食によって保たれる者にも凡聖の区別があるから、不浄依止住食(欲界の凡夫《ぼんぶ》の四食)・浄不浄依止住食(色界《しきかい》無色界の衆生《しゅじょう》の三食)・清浄依止住食(声聞・縁覚の四食、ただし有学《うがく》は浄不浄依止とすることもある)・能顕依止住食(示現〔依止〕住食ともいい諸仏・菩薩《ぼさつ》の四食)の四食に分ける。②出世間食はこれを禅悦食・願食・念食・解脱食・法喜食の五食に分け、特に禅悦・法喜の二を出世間の二食ということがある。禅悦食などの五食とは、禅定《ぜんじょう》の力、正しい願い、正しいおもい、煩悩《ぼんのう》をはなれた自由、仏法を学ぶよろこびの五であって、これによってさとりの種を養い育て、智慧のいのちを保たせるから食という。以上の四食(世間食)と五食(出世間食)と合わせて九食、九種食という。③眼・耳・鼻・舌・身・意の六根はそれぞれ眠・声・香・味・細滑・法によって養い保たれるから、眠などを食に喩えて六種の食とし、これに涅槃《ねはん》の食となる不放逸《ふほういつ》を加えて七種の食とする。④いわゆる食物の種類については、飯・麨《しょう》・乾飯・魚・肉を五種蒲繕尼食《ほぜんにじき》(五噉食《ごかんじき》、五正食《ごしょうじき》

ともいう。蒲繕尼は(梵)ボージャニーヤ bhojanīya の音写。食べられるべきもの、柔らかい食物のこと）といい、枝・葉・華・菓・細末磨食または根・茎・葉・花・果の五を五種佉闍尼食《かじゃにじき》（五種珂但尼食《かたんにじき》、五嚼食《ごしゃくじき》、五不正食ともいう。佉闍尼はカーダニーヤ khādanīya の音写。咀嚼されるべきもの、堅い食物のこと）といい、合わせて二類一〇種とし、また蘇油・生・蘇・蜜・石蜜の五種奢耶尼食《しゃやにじき》を加えて一五種ともする。なお、正食とは、それを摂れば足食（満足な食事）となるものの意である（有部毘奈耶巻三六など）。また密教では、乳・酪・粳米を三白食《さんびゃくじき》、三浄食といい、修法《しゅほう》の際に行者が用いる食事とする。⑤比丘《びく》は生気のある食物は食べられないので、生気を去って食べるが、その方法に、火浄・刀浄・爪浄（この三はそれぞれ上の三を用いて調理すること）・薦乾浄《せんかんじょう》（自然乾燥）、鳥啄浄（鳥の啄むこと）の五、及び抜根浄・手折浄・截断浄・劈破浄・無子浄の五の方法（異説もある）があり、こうして浄められた食を五種浄食という（有部毘奈耶巻三六）〈⇩浄肉《じょうにく》〔不浄肉〕〉。⑥出家者は乞食《こつじき》による正命食《しょうみょうじき》で生活しなければならず、その他の生活法は邪命食《じゃみょうじき》として禁じられている。邪命食は、耕作売薬などによる下口食《げくじき》と、天文術数などの学による仰口食《ぎょうくじき》と、権勢、富豪におもねり四方に使いすることによる方口食《ほうくじき》と、吉凶を占うことによる維口食《いくじき》との四邪命食（四不浄食、四食）に分けられる（大智度論巻三）。⑦食事の時間（食時）については、仏教教団では、出家者は朝から正午までとされ、これを過ぎて食べるのを非時食《ひじじき》という〈⇩斎《さい》〔非時〕〉。また早朝は諸天の食べる天食時、日午は仏の定めた出家の食時で法食時、日暮は畜生の食時、夜中は鬼神の食時とされ、これを四食時という（毘羅三昧経）。⑧粥《かゆ》は斎食以外の不正食で、古くは早朝に食べた。それゆえに、寺院の朝食（粥）と中食（飯）とを合わせて粥飯《しゅくはん》という。しかし後には夕にも食べるようになった。禅宗寺院では、粥を小食《こづけ》、特定の人のために用意された食事を特為飯《とくいはん》といい、食事の際に呪文や仏名を唱して感謝することを唱食《しょうじき》という。

**じぎ　字義**　⇩字相《じそう》

**じぎ　地祇**　⇩天神《てんじん》

**しきかい　色界**　(梵)ルーパ・ダートゥ rūpa-dhātu の訳で、色天、色行天ともいい、欲界・無色界とともに三界の一に数えられる。浄妙な物質からなる世界で、四禅（四静慮《しじょうりょ》）を修めた者が死後に生まれる天界、またそのような有情の生存をいう。欲界の上方にあり、果報（むくい）の勝劣によって四禅天に大別され、すべてで十八天（あるいは十六天、十七天）からなる。色界十八天《しきかいのじゅうはちてん》　⇩四禅《しぜん》　⇩天《てん》

**しきかい-の-じゅうはち-てん　色界十八天**　色界は(梵)ルーパ・ダートゥ rūpa-dhātu の訳。四禅天より成る。倶舎論巻八では、これに十七天を立てるが（西方師の説に同じ）、有部では十六天、経部では十八天とする。初禅天に⑴梵衆天《ぼんしゅてん》（ブラフマ・カーイカ brahma-kāyika）、⑵梵輔天《ぼんぽてん》（ブラフマ・プローヒタ brahma-purohita）、⑶大梵天（マハー・ブラフマ mahā-brahma）の三天、第二禅天に⑴少光天（パリーッタ・アーバ parittābha）、⑵無量光天（アプラマーナ・アーバ apramāṇābha）、⑶極光浄天（光音天、アーバースヴァラ ābhāsvara）の三天、第三禅天に⑴少浄天（パリーッタ・シュバ parittaśubha）、⑵無量浄天（アプラマーナ・シュバ apramāṇa-śubha）、⑶遍浄天（シュバ・クリツナ śubha-kṛtsna）の三天、第四禅天に⑴無雲天（アナブラカ anabhraka）、⑵福生天（プニヤ・プラサヴァ puṇya-prasava）、⑶広果天（ブリハト・パラ bṛhat-phala）、⑷無想天（無想有情天、アサンジュニ・サットヴァ asaṃjñi-sattva）、⑸無煩天（アヴリハ avṛha）、⑹無熱天（アタパ atapa）、⑺善現天（スドリシャ sudṛśa）、⑻善見天（スダルシャナ sudarśana）、⑼色究竟天（アカニシュタ akaniṣṭha）の九天、合わせて十八天となる。十七天説では無想天を広果天に含め、十六天説ではさらに大梵天を梵輔天の中に含める。この他に二十二天、二十一天の説もあり、同じ十七天、十八天の説でもその構成には異説もある。

〔参考〕倶舎論八、順正理論二一、中阿含経九、阿毘達

磨蔵顕宗論一二、大乗阿毘達磨雑集論六、大毘沙論九八、長阿含経二〇、晋訳華厳経一三

**じきさほう 食作法** 食事をとる場合の作法。元来出家の食事は乞食によるのを原則とするから、厳正な規律に従わねばならない。故に戒律のうちに食に関する多種の制戒があるが、南海寄帰伝巻一の受斎規則にはインドにおける義浄の頃の斎食の法を詳細に記述し、中国では律宗の教誡律儀や禅宗の勅修百丈清規巻下大衆章日用規範の条などに詳細に規定している。日本でも各宗それぞれ作法があって、これを重んじている。律によれば一日に一食で、正午を過ぎて食べれば非時食となって戒に背くことになるから、必ず午時に食をとらねばならない。食時の作法としては、展鉢、受食、呪願、観念、洗鉢、説法などの諸々の規定がある。⇩五観《ごかん》 ⇩斎《さい》〔非時〕

**しぎ-さん 信貴山** 奈良県生駒山地南部の山(標高四三七㍍)で、中腹に朝護孫子寺《ちょうごそんしじ》歓喜院(俗に信貴山寺という)がある。本寺は、物部守屋の討征にあたり、聖徳太子が当山で毘沙門天に戦勝を祈り、凱旋ののち伽藍を建てたのに始まるという。寛平年間889—98の頃、命蓮《みょうれん》(明練、明蓮とも)が毘沙門天を安置し、霊験がいちじるしく、寺運は大いに栄えた。楠木正成は当山の毘沙門天に祈って生まれた子という。天正五年1577織田信長の兵火にかかったが、慶長七年1602豊臣秀頼が再建した。現在も信貴の毘沙門と称して一般の尊崇があつい。寺宝に信貴山縁起三巻(国宝)がある。〔参考〕信貴山文書、信貴山旧記、日本名勝地誌一

**しぎさん-えんぎ 信貴山縁起** 絵巻。三巻。国宝。朝護孫子寺《ちょうごそんしじ》の草創(実は中興)の縁起、開基命蓮聖の奇跡験力を主とした物語。上巻の飛倉巻(または山崎長者巻)は、信貴山に毘沙門天を感得した命蓮が、飛鉢の奇跡を演じて山崎の長者の米倉を飛ばす話。中巻の延喜加持巻は、命蓮の使役する剣の護法童子が、延喜帝(醍醐天皇)の病気を加持して平癒させる話。下巻の尼公巻は、命蓮の姉が信濃国から弟をたずね、東大寺大仏の夢告によって弟の所在を知り、信貴山に登ってともに毘沙門天に仕える話を描く。上巻は詞書を欠くが、宇治拾遺物語によって欠文がうかがえる。鳥羽僧正の作と伝えるが不詳。絵・詞とも藤原後期の作と見られ、源氏物語絵巻と共に最古の絵巻。流麗な線描で人物などの動的表現に成功し、精彩に富んでいる。風俗史・民俗学の資料としても貴重。〔原本〕朝護孫子寺蔵〔複製〕新修日本絵巻物全集三、日本絵巻大成四

**じきし-じ 直指寺** 韓国慶尚北道金陵郡黄岳山の東南にある。高麗朝初期、能如大師が仁同の役に功があったので寺地を賜り造建したという。一説に新羅の訥祇王(417—58在位)の頃、墨胡子の創建とも伝える。能如の弟子信弘・慧眼らが歴住。李朝に至り学祖大師が住して栄えたが、文禄の役1592で豊臣秀吉の派遣した日本軍に焼かれた。のち仁守明礼、妙衍、尚元らにより再興された。

**じきし-にんしん-けんしょう-じょうぶつ 直指人心見性成仏** 禅宗のさとりを示す語で、教えに依らず、坐禅に因ってただちに人の心の本性を見きわめ、仏のさとりに達すること。

**しきしゃまな 式叉摩那** 梵シクシャマーナー śikṣamāṇā の音写で、学戒女《がっかい》に、学法女《がくほうにょ》、正学女《しょうがくにょ》と訳す。未成年の女子の出家者つまり沙弥尼《しゃみに》が成年(満二〇歳)に達して比丘尼《びくに》となる直前の二年間、一定の制戒を与えられて主として六法を学び、比丘尼の生活に耐えられるか、妊娠していないかなどを検定される。そのテスト期間中の女子出家者の称。

**しきしゅ 職衆** 色衆とも書く。灌頂《かんじょう》または大法会の時、持華、持金剛などの諸役をつとめる僧をいい、もと色袈裟を着用したから色の字を用いたが、後には諸職をつとめるという意味で職の字を書く。

**しきしん 色身** ①物質的存在(色《しき》)としての形をもった身、つまり肉身のことであるが、②特に無形の法身または智身に対して、三十二相などを具えた仏の有形の生身《しょうじん》をいう。

**じきしん 直心** ひたむきに仏道にむかう心。いつわりのまじらない心〈⇩三心《さんしん》

《しん》②〉。親鸞は教行信証信巻に、他力の信心を選択廻向《せんじゃくえこう》の直心という。

**しきしんそく-ろん　識身足論**　⇩六足論《ろくそくろん》

**じき-そうおう　時機相応**　教えがそれの行われる時代(時)およびその受け手(機)に適当すること。また時と機とが、教えをうけることができるように十分に熟しているのを時機純熟という。浄土教や日蓮宗などは、特に末法の時代の愚かなものに適した教えであることを主張する。

**しきそくぜくう　色即是空**　〔空即是色〕　現実の物質的存在(色)の真相が、人間の理性を超えて、そこになんら執着するべきもののない、空しい存在であることを「色即ち是れ空」といい、空しいことにおいてそのまま現実の存在が真実に肯定され、価値づけられることを「空即ち是れ色」という。色は五蘊の第一に位置するから、五蘊全体についても同様に説かれる(般若心経)。

**しき-だいぼん　尸棄大梵**　尸棄は(梵)シキン Śikhin の音写、火または髻と訳す。法華経・華厳経の会座に他の大梵などと共に列したという色界初禅天の主。〔参考〕法華経一、晋訳華厳経一

**しきち-じょうどろん　識知浄土論**　一巻。聖光(弁長)或いは了暁の作か(嘉禎三1237)。浄土に関する解説書で、浄土即ち仏国土を識知させようとしている。四四の問答からなり、初めの七問答は浄仏国土の義を述べ、次の二二問答は往生浄土の義を明らかにし、後の一五問答は仏菩薩の大悲浄土結縁の益を説く。浄全一〇〔刊本〕宝暦五1755刊〔註釈〕経歴・識知浄土論私記

**し-きとう　四記答**　四記、四答、四種記論、四種問答ともいう。質問に対する四種類の返答の形式。⑴一向記(定答《じょうとう》ともいい、問いに対してただ一向に「然り」と答える場合)。⑵分別記(分別答ともいい、問いを分析解剖して一々に諾否を答える場合)。⑶反詰記《はんきつき》(反問記、反問答ともいい、反問して問意を明らかにして後に答える場合)。⑷捨置記《しゃちき》(置答《ちとう》ともいい、答えるに足らない問いや答えるべきでない問いを捨て置いて答えない場合、或いは答えるべきでないと告げる場合)。四記答によって答える四種類の問いを四記問という。

**しきほう　色法**　〔心法〕　一切法を大きく分けて色法・心法《しんぽう》・心所法《しんじょほう》・心不相応行法《しんふそうおうぎょうほう》・無為法の五位とする。このうちで色法は五蘊《ごうん》の分類では色蘊といい、心法は識蘊という。色法は広義の色で物質的存在のこと。少しの例外はあるが、一定の空間を占有して自他互いに障礙しあう性質(変礙、質礙《ぜっげ》)と変化しこわれる性質(変壊)とをもっている。心法は心とも意とも識ともいわれ、慮知のはたらきのあるもの。また心のはたらきである心所法をも含めて心法ということもある。色法・心法は物心二元をあらわす。⇩色《しき》　⇩心《しん》　⇩心王《しんのう》〔心所〕

**しきみ　樒**　櫁、梻とも書く。モクラン科の常緑樹で、はな、はなのき、仏前草、まつこ、葉花などと称し、その枝葉を「はな」として仏前に供え、あるいはこれを粉として抹香または線香を作る。昔、鑑真和上《がんじんわじょう》がわが国へ将来したと伝え、これを仏前に供えるのは、その形が天竺の無熱池の青蓮華に似ているからといい、あるいは、香気があるから、仏前に供える水の腐敗を防ぐために、その枝葉を水に入れるのであるという。法華経方便品に出ている木樒はこれとは別の植物であるらしい。

**しきょう　四教**　諸経の教説を内容や形式などによって四種に批判分類したもの。①宗愛法師の説。四時教ともいい、仏教に頓《とん》・漸《ぜん》・不定《ふじょう》の三種の教えがあるうち、漸教を四にわけて有相教《うそうきょう》(小乗)・無相教(般若経)・同帰教(法華経)・常住教(涅槃経)とする。劉宋の岌法師《きゅうほっし》の説ともいい、また梁の僧旻《そうびん》などもこれを用いたという。②梁の光宅寺法雲の説。四乗教ともいい、声聞・縁覚・菩薩の三乗と法華一乗とをいう。③隋の笈多《ぎゅうた》三蔵の説(梁の真諦三蔵の説ともする)。四諦教(阿含経)・無相教(般若経)・法相教(楞伽経など)・観行教(華厳経)とする。④隋の智顗《ちぎ》の説。教説の内容から蔵教・通教・別教・円教(化法の四教)、教化の形式から頓教・漸教・秘密教・不定教(化儀の四教)とする〈⇩五時八教《ごじはっきょう》〉。なお、化

法の四教に、それぞれ有・空・亦有亦空《やくうやっくう》・非有非空の四門があって、四門の中のどの一門からでも教えに入ってその教えに説く理をさとるが、とりわけ蔵教は多く有門から、また円教は多く非有非空門から入るとする。⑤新羅の元暁《がんぎょう》の説。三乗別教(人空の理をとく)・三乗通教(般若経・解深密経)・一乗分教(瓔珞経・梵網経)・一乗満教(華厳経)をいう。⑥唐の静法寺慧苑《えおん》の説。迷真異執教(外道外典の説)・真一分半教(小乗)・真一分満教(瑜伽唯識)・真具分満教(事事無礙・理事無礙の法門)をいう。

**じきょう　持経**　経典を信じ、身にとり持《たも》って常に読み誦えること、またはその経典を持経という。教法を弘め伝えるために、経には多く持経の功徳が説かれる。日本中古には、特に法華経を受持し読誦する者を指して持経者といった。

**しきょう-ぎ　四教義**　六巻また一二巻。大本四教義ともいい、高麗の諦観の天台四教儀と区別する。隋の智顗《ちぎ》(538—97)の撰。成立年不詳。維摩経の題号を蔵・通・別・円の四教に分けて詳釈したもの。もと維摩経玄義(浄名玄義ともいう)の一部で、同経疏を作るとき、四教義六巻、四悉檀義二巻(散逸)、三観義二巻の三部としたという(法華文句記第一)。七章に分け、⑴蔵・通・別・円の四教の名義を解釈し、⑵四教によってあらわされる思想内容を説き、⑶四門より理に入ることを明らかにし、⑷四教の人の経る位を論じ、⑸四教の権実を明らかにし、⑹四教観心の相を説き、⑺四教によって諸経論の内容を判定している。㊅四六　〔註釈〕証真・私記一巻、皎空・資始記一二巻

**じぎょう-けた　自行化他**　自ら正法を修行し、さらにその法によって他人を教化すること。小乗の人がただ自利のみを求めるのに対し、大乗の菩薩《ぼさつ》は自行と化他の二徳を兼ねそなえる。

**しきょう-ごじ-みょうもく　四教五時津金寺名目**　四巻。詳しくは天台円宗四教五時津金寺《しんこんじ》名目という。戸隠《とがくし》名目、津金名目ともいう。尊舜(1451—1514)の著。信濃の津金寺の尊舜が戸隠権現に参籠して感得した天台宗大綱図名日を、二五科に分け解説したもの。〔刊本〕寛永一八1641刊

**じきょう-しょうぐんおう-きょう　示教勝軍王経**　一巻。詳しくは如来示教勝軍王経という。唐の玄奘(602—69)の訳。異訳に北宋の施護の訳の勝軍王所問経一巻があり、チベット訳もある。原名をラージャ・アヴァヴァーダカ Rājāvavādaka といい、一部がシャーンティデーヴァ Śāntideva(寂天)の大乗集菩薩学論に引用されている。憍薩羅《きょうさつら》(コーサラ Kosala)国の勝軍王(梵)プラセーナジット Frasenajit (巴)パセーナディ Pasenadi 波斯匿《はしのく》と音写する)に対して、正法に帰して仁慈の政治を行うべきこと、世間の法の無常であることが説かれる。㊅一四、国一経集部二

**しぎょうにん　始行人**〔久行人《くぎょうにん》〕　仏道に入って修行をはじめてからまだ日が浅い間を初修業といい、そのような人を始行人という。また入道以来既に長期にわたり修行をつんだことを久修業《くしゅぎょう》といい、そのような人を久行人という。

**しきょうりょうしょう　支彊梁接**　生没年不詳。三国時代の訳経家。梵名はおそらくカーラシヴィ Kālaṣivi (正無畏)。西域の人。呉の五鳳二年255交州で法華三昧経六巻(現存しない)を訳したという。〔参考〕出三蔵記集四、開元録二

**しぎょく　志玉**　(弘和三1383—寛正四1463)奈良東大寺の僧。字は総円。渡西、淡宗と号した。幼くして戒壇院総融に師事、律および華厳を修めた。応永二四年1417明に渡り、宮中で華厳経を講じ普一国師の号を賜り、五年後、帰朝して称光天皇からも国師号を賜った。東大寺・相模極楽寺・同称名寺・加賀大華厳寺などで講説し、四国屋島寺を再興した。〔参考〕律苑僧宝伝　四、本朝高僧伝一八

**シーギリヤ　Sigiriya**　セイロン島の中央にある山の名。六個の洞窟がその断崖にあり、四個には一二人の天人の壁画が描かれている。カッサパ Kassapa 一世(478—96頃在位)がここに砦を築き、それに王妃たちが仏事・供養をしているさまを描かせたものであるという。グプタ様式で変化に富み、セイロンのすぐれた仏教美術である。

一八八九年マレー A. Murray が初めて断崖を登り壁画を模写した。

**じきん　慈均**　（　―貞治三1364）臨済宗の僧。相模鎌倉の人。平田と号した。二七歳のとき元に渡り、帰国の後、播磨の円応寺・京都の普門寺・東福寺に歴住し、延文二年1357京都南禅寺に入った。〔参考〕平田和尚伝、延宝伝灯録一二、本朝高僧伝三〇

**じきん　慈訓**　（　―宝亀八777）興福寺最初の別当。姓は船氏。河内の人。玄昉《げんぼう》・良敏から法相宗を、審祥《しんじょう》から華厳を学んだ。天平一六年744華厳の講師を勤め、のち少僧都、興福寺別当となったが、道鏡のため一時少僧都を停められた。弟子の永叡・仁秀は法相宗を、正義・明哲は華厳宗を伝えた。〔参考〕三国仏法伝通縁起、元亨釈書一

**しく　師口**　①四巻。本師口《ほんしく》と呼ぶ。東密勧修寺流に口伝えで相伝された諸尊法や諸作法を記したもの。興然（1121―1203）の著。成立年不詳。㊅七八　②四巻。新師口《しんしく》と呼ぶ。栄然（1172―1259）の著。成立年不詳。興然の口説を記し、合せて興然が実任・亮慧・明海・観祐らから伝え記したものをも収める。各尊法の多くに、興然・栄然が相伝した月日を示す奥書がある。㊅七八　③別に宥快（1345―1416）の口説が一帖ある。〔写本〕京都高山寺蔵（宝治二1248四月仁真写）

**しーぐ　四求**　四種類の欲求。欲愛（欲界の五境を愛し求める）・色愛《しきあい》（色界の禅定《ぜんじょう》を愛し求める）・無色愛（無色界の禅定を愛し求める）・無有愛《むうあい》（無有なる真空涅槃《しんくうねはん》を愛し求める）（法集経巻二）。

**しくう　指空**　（　―至正二三1363）禅宗付法の第一〇八祖。インド中部の人。諱は提納薄多《だいのうはくた》（ディヤーナバドラ Dhyā-nabhadra の音写。禅賢と訳す）。指空はその号。法を普明から伝えられ、北インド・西域諸国を経て、元の泰定（1324―28）の初め中国に来て、高麗忠粛王一三年1326朝鮮の京城西甘露寺に至った。金剛山法起道場で法を説き、崇福寺の西に戒場を作り、天宝山や宝鳳山（華蔵寺）や霊鷲山を開いて、元の天暦1328―30の初めに燕京へ帰った。

**じくう　慈空**　①（　―観応二1351）真宗木辺派錦織寺《きんしょくじ》の留守職。瓜生津の愚咄《ぐとつ》の弟で存覚と親交があった。存覚上人一期記には慈空を木辺開山大徳といっている。②⇩水原宏遠《みずもとこうおん》

**じくーしゅくらん　竺叔蘭**　生没年不詳。西晋代の居士。河南の人。父は達摩尸羅《だつましら》（法首）と称し、インドからの亡命者。父と同行して来た二人の舅（叔父）から経を学んで梵語と漢語に通じていた。しかし性質が軽はずみで、猟を好み、酒にふけっていた。その後、あるとき死して蘇生するという希有な体験をもち、心機一転して熱心な奉仏者となり、仏典の研究に志した。西晋の太康元年280放光般若経二〇巻を無羅叉と共訳し、また元康元年291首楞厳経二巻、同六年異毘摩羅詰経三巻を訳出した（訳出年時には異説がある）。〔参考〕出三蔵記集三・一三、高僧伝四朱士行伝、開元録二

**じくしん　竺信**　（寛永一〇1633―宝永四1707）曹洞宗の僧。字は梅峰。大坂の人。奈良で修学、万安に参じ、各地を歴遊した。元禄九年1696京都興聖寺に住し、同一三年、鷹峰の卍山《まんざん》道白と共に曹洞宗の紊乱を正そうとして活躍した。著書、洞門劇談一巻、林丘客話一巻など。〔参考〕日本洞上聯灯録一一

**しーぐぜいがん　四弘誓願**　すべての菩薩がおこすねがいであるから、総願ともい い、また四弘誓、四弘願行、四弘行願、四弘願、四弘ともいう。即ち、誓ってすべてのものを救おう（衆生無辺誓願度）、誓ってすべてのまよいを断とう（煩悩無数誓願断）、誓ってすべての教えを学ぼう（法門無尽誓願知（学））、誓ってこの上ないさとりにいたろう（仏道無上誓願証（成））の四。読誦する際、宗派によって字句に多少異同がある。苦集滅道の四諦《したい》に配置し、或いは初めの一を利他、後の三を自利とする。真言宗では、煩悩無数誓願断の代りに福智無辺誓願集・如来無辺誓願事を加えて五大願とし、五智のはたらきとする。⇩五大願《ごだいがん》

**じくーだいりき　竺大力**　生没年不詳。後漢代の訳経家。西域の人。献帝の時、中国に来て、建安二年197康孟詳の助力を得て修行本起経二巻を訳した。なお別に中本起経二巻を訳したとも伝える。〔参考〕開元録一

**じくーどうしょう　竺道生**　⇩道生《どうしょう》①

**じく-どんむらん　竺曇無蘭**　生没年不詳。東晋代の訳経家。西域の人。曇無蘭は㊵ダルマラクシャ Dharmarakṣa の音写で法正と訳す。東晋の太元六年381以降、楊都の謝鎮西寺で大比丘二百六十戒三部合異二巻を撰し、その後主として小乗および神呪に関する経典を多数訳した。一一〇部一一二巻とも、六一部六三巻ともいう。〔参考〕出三蔵記集一一、開元録三、歴代三宝紀七

**じく-なんだい　竺難提**　生没年不詳。東晋・劉宋代の訳経家。西域の人。難提は㊵ナンディ Nandi の音写で喜と訳す。東晋の元熙元年419以降、大乗方便経（大宝積経一〇六—一〇八にあたる）など三部を訳したという。〔参考〕開元録三

**じく-ぶっさく　竺仏朔**　生没年不詳。後漢代の訳経家。インドの人。竺朔仏ともいう。桓帝或いは霊帝のとき、洛陽に道行般若経の梵本をもたらし、光和二年179支婁迦讖《しるかせん》と共に道行般若経や般舟三昧経を訳した。〔参考〕出三蔵記集二・七・一三、開元録一

**じく-ぶつねん　竺仏念**　生没年不詳。前秦・後秦代の訳経家。涼州（甘粛省武威県）の人。前秦の建元年間365—384長安で、僧伽跋澄《そうぎゃばっちょう》や曇摩難提《どんまなんだい》の訳業を助けた。曇摩難提が増一阿含経や中阿含経を完訳したのは彼の功による所が大きい。後秦になってから自ら菩薩瓔珞経、菩薩処胎経、出曜経（僧伽跋澄との共訳）、十住断結経、中陰経などの諸経を訳出した。律部についても曇摩持との共訳で十誦比丘戒本、曇摩持・慧常との共訳で比丘尼大戒などの訳出がある。翻訳がたくみで、苻（前秦）・姚（後秦）二代の訳経の宗とたたえられる。訳出経典は、五部とも六部とも一二部ともいわれる。〔参考〕高僧伝一、出三蔵記集二、開元録四

**しく-ふんべつ　四句分別**　四句法ともいう。ある一つの標準（A）から、あるいは二つの標準（AとB）から、存在を次の四種（四句）に分類すること。即ち、第一句「Aなり（非Aに非ず）」、第二句「非Aなり（Aに非ず）」、第三句「Aにしてまた非Aなり」、第四句「Aにも非ず非Aにも非ず」。いずれの場合でも、Aと非A、またはB）が相互に相手の一部分を包含している関係にあることが必要である。たとえば有ぅと無とについていえば、有と無と亦有亦無《やくうやくむ》と、非有非無との四句（有無の四句）が成り立ち、その他、一と異、常と無常、自と他などについても四句分別がなされる。四句のうち、第一は単の肯定であるから第一単句、第二句は単の否定であるから第二単句、第三は複の肯定であるから第三倶句《くく》、双亦《そうやく》の句、第四は複の否定であるから第四倶非句《くひく》、双非の句といわれる。しかし仏教の真理は、常に四句の分別によって把握されない空《くう》不可得としてあらわされ、「真諦の理は四句百非《しくひゃっぴ》を絶する」（大乗玄論巻二）と称される。百非とは有無などのあらゆる概念の一々に非の字を加えて、それの否定を表わす。即ち仏教の真理は四句分別も妥当せず、百非の否定すらも超えていることを示したもの。⇩七句答《しちくとう》

**じく-ほうご　竺法護**　西晋代の人訳経家。敦煌《とんこう》の人。祖先は月支の出身であったから支法護ともいう。法護は㊵ダルマラクシャ Dharmarakṣa で、曇摩羅刹・曇摩羅察と音写する。世に敦煌菩薩・月支菩薩・本斎菩薩と呼ばれる。八歳で出家して外国沙門高座を師とし、のち師と共に西域諸国をめぐって三六国の言語に通じ、多数の胡語の経典をもたらして、敦煌から長安、洛陽に至った。聶承遠《しょうじょうおん》らの助けを得て般若・法華・浄土などの主要な大乗経典その他多数を訳した。西晋武帝（265—90在位）の末、深山に隠遁し、ついで長安青門外に寺を建てて多くの人を教化したが、恵帝（290—306在位）の時、長安が大いに乱れたので、東方の澠池（河南省）に逃れ、七八歳で病没したという。しかし東の洛陽も乱れていたので西方の涼州に逃れたものと思われ、現に永嘉二年308には天水寺（甘粛省）で普曜経を訳している。出三蔵記集巻二には光讃経一〇巻、正法華経一〇巻、維摩詰経　巻、首楞厳経二巻、無量寿経二巻など一五四部三〇九巻を、泰始年間265—74から永嘉二年308の間に訳したという。訳経部数には歴代三宝紀巻六や開元録巻二などによって異同がある。〔参考〕出三蔵記集二・七・九・一三、高僧

伝一、歴代三宝紀六、大唐内典録二

**じく-ほうた　竺法汰**　⇩法汰《ほうた》

**じく-ほうど　竺法度**　生没年不詳。中国、南北朝代の僧。父は竺婆勒といい、劉宋の元嘉年間424—53に広州に来た外国商人。曇摩耶舎《どんまやしゃ》の弟子。小乗の学にとらわれ、服装や儀式も異様であったので識者の非難をうけたが、東境の尼僧の中にはこれに従うものがあった。〔参考〕出三蔵記集五、高僧伝一曇摩耶舎伝

**じく-ほうらん　竺法蘭**　生没年不詳。後漢代の僧。中国に仏教を公伝した最初の人という。中インドに生まれ、若くして経論数万章を暗誦していたという。明帝の永平一〇年67迦葉摩騰《かしょうまとう》と共に中国へ来て、洛陽の白馬寺に住したと伝える。十地断結経、四十二章経など五部を訳したというが疑わしい。〔参考〕高僧伝一、歴代三宝紀四

**じく-ほうりき　竺法力**　生没年不詳。東晋代の訳経家。西域の人。元熙元年419無量寿至真等正覚経一巻を訳したと伝える。この経は極楽仏土経ともいい、無量寿経の異訳といわれるが現存しない。〔参考〕大唐内典録三、開元録三、歴代三宝紀七

**じく-りつえん　竺律炎**　生没年不詳。三国呉代の訳経家。インドの人。竺将炎、竺持炎とも称される。呉の黄武三年224維祇難《いぎなん》と共に武昌に来て、法句経二巻を共訳し、その後、楊都で、支謙と共に摩登伽経三巻、支越と共に仏医経一巻、自ら三魔竭経・梵志経各一巻を訳したという。〔参考〕出三蔵記集二・七、高僧伝一、開元録二

**じくん-じゃく　字訓釈**　文字の解釈法の一種で、その文字の普通の読み方と意味の外に、音や意味の同じ字をあてて解釈する方法。中国の古典解釈に用いられ、仏教でもそれを応用した。日本の天台宗、特に慧心流でさかんに用い、親鸞はこれを利用して三信などを解釈している。例えば、曇鸞の往生論註巻上に「体の字は礼と訓ず、礼は法なり」といい、智顗の法華玄義巻一上に「経は常なり」というなどがそれである。

**じけ　寺家**　寺院または寺中に住む僧衆をいう。また寺家に仕える下男下女を寺家人という。

**しけ-ごろく　四家語録**　①六巻。馬祖道一禅師広録・百丈懐海禅師語録・百丈懐海禅師広録・黄檗禅師伝心法要・黄檗禅師宛陵録・臨済義玄禅師語録の四師六部の語録を集めたもの。南宋代の古尊宿語録に収められ、さらに景徳伝灯録巻九伝心法要の付註に見えることから、唐代ころの編か。㊫二・二四・五〔刊本〕万暦一七1589解寧刊　②四家評唱語録の略。⇩四家録《しけろく》①

**しけつ　四橛**　金剛橛ともいう。密教で障《さわ》りをのぞくために修法の護摩壇《ごまだん》の四隅に立てる柱で、金剛線でつらねたものである。蘇悉地経巻四に説かれている（大日経疏には五二橛を作ることものべている）。

**しげつ-やわ　指月夜話**　七巻。潮音道海（1628—95）の著。成立年不詳。著者は黄檗宗黒滝派の開祖で、神儒仏三教に対する論評一〇七題をあげ、とくに著者創建の黒滝神道に関して詳説している。〔写本〕林屋友次郎蔵　〔参考〕潮音禅師年譜、続日本高僧伝五、近代名家著述目録五

**しげつ-ろく　指月録**　三二巻。明の那羅延窟の学人の瞿汝稷《くじょしょく》の編（万暦三〇1602）。禅宗の伝灯相承を中心とした通仏教史伝書の一。過去七仏より、宋の隆興年間1163—64までの約六五〇人の伝記を収め、最後の二巻に大慧宗杲《だいえそうこう》の語要を付したもの。のち清の康熙一八年1679楽読聶先が続指月録（二〇巻、および目録一巻）を編し、隆興二年より元・明代におよんでいる。両書共に三教一致の立場に立ち、応化聖賢、尊宿集などの別録を設けて、韓愈や欧陽修などについて立伝しているが、禅籍志はこれを非としている。㊫二乙・一六・一—四

**しけ-ろく　四家録**　①四家評唱語録ともいい、⑴仏果圜悟禅師碧巌録、⑵林泉老人評唱投子青和尚頌古空谷伝声集、⑶万松老人評唱天童覚和尚頌古従容菴録、⑷林泉老人評唱丹霞淳禅師頌古虚堂集の四部を指す。㊫二・二二・二—四　②四家語録の略称。⇩四家語録《しけごろく》①

**し-けん　支謙**　生没年不詳。三国時代の居士。訳経家。大月支の人。字は恭明、一説には越、世に支公という。後漢霊帝（168—89在位）のとき、祖父法度らと共に中国に

帰化した。幼時から漢・胡の書を学んで六カ国の言語に通じ、支婁迦讖《しるかせん》の弟子支亮に師事した。後漢献帝(189—220在位)の末、呉の孫権に迎えられて博士となり、東宮の輔導に任じ、黄武二年223から建興二年253の間に維摩詰経・大般泥洹経・法句経・阿弥陀経などを訳した。訳経は二七部とも三六部とも四九部とも一二九部ともいわれ、開元録巻二には八八部とする(現に支謙の名を出すものが五三部ある)。無量寿経・中本起経により讃菩薩連句、梵唄三契を作り、また了本生死経を註解した。晩年隠遁し、竺法蘭《じくほうらん》から五戒を受け、六〇歳で没したという。〔参考〕出三蔵記集一三、開元録二

**しげん　子元**　( —乾道二1166)　南宋代の浄土教の僧。白蓮宗の祖。平江崑山(江蘇省蘇州府)の人。俗姓は茅氏。はじめの名は仏来。万事休と号した。延祥寺志通に止観禅法を学んだが、鴉の声を聞いて大悟し、浄土教に帰依した。盧山の慧遠《えおん》の遺風を慕って念仏を勧め、澱山湖に白蓮懺堂を建てた。乾道二年徳寿殿で高宗に浄土教を説き、慈照宗主の号を賜った。著書に蓮宗晨朝懺儀、円融四土三観選仏図、西行集、法華百心、証道歌、風月集、勧人発願偈、弥陀節要などがあったという。〔参考〕蓮宗宝鑑四、浄土聖賢録四

**しげん　孜元**　生没年不詳。江戸末期の臨済宗の僧。字は大元。無学と号し、五斗室ともいう。備中の人。備前の曹源寺で得度受戒し、豊後の春沢、美濃の隠山に学んだ。三四歳で曹源寺の住持となり、藩侯の帰依が篤かった。六一歳で京都妙心寺に昇り六九歳で没した。〔参考〕近世禅林僧宝伝

**しげん　志玄**　(弘安五1282—延文四1359)臨済宗の僧。順徳天皇第四世の後裔、尊雅王の子。字は無極。仏慈禅師と諡する。京都の人。はじめ願成院宏海に師事して、東寺で密教を学んだが、のち東福寺の無為昭元に参禅し、ついで円覚寺で夢窓疎石から印可をうけた。建武四年1337南禅寺の主となり、貞和二年1346天竜寺に移った。聚景院に隠居の後、天竜寺に再住したが、間もなく辞し、その後、南禅寺から請われたがうけなかった。著書、色塵集三〇巻、天竜一指一巻。〔参考〕無極和尚伝、五山伝、延宝伝灯録二三、本朝高僧伝二九

**じけん　自謙**　(宝暦元1751—弘化三1846)浄土真宗本願寺派の僧。石見の人。仰誓《ごうせい》に宗学を学び、二九歳で同国瑞泉寺に住持し、のち本山の常勤となり、文政八年1825勧学職を命じられた。著書、後出弥陀偈経侍講聴記二巻、浄土和讃聴記三巻、高裁奉行録一巻など。〔参考〕学苑談叢

**じけん　慈賢**　生没年不詳。一一世紀頃の中インドの人。契丹の国師となった。多くの密教経典を訳し、金剛摧砕陀羅尼などの五部は明蔵に収められ現存する(契丹蔵には入っていない)。〔参考〕至元録一・四・六

**じげん　示現**　顕わし示して見させること。特に仏・菩薩などが衆生を教化するために種々に身を変えて現われること。

**じげん　慈源**　(承久元1219—建長七1255)延暦寺座主。藤原道家の子。幼くして青蓮院《しょうれんいん》に入り、慈鎮・良快から顕密の教えを受けた。嘉禎四年1238座主になり、仁治二年1241再度座主となった。〔参考〕天台座主記、延宝伝灯録一五、本朝高僧伝五五

**じげん-いん　慈眼院**　大阪府泉佐野市日根野。真言宗御室派。天武天皇二年673の創建で、天平年間729—49聖豪が再興、のち空海が住したという。文永八年1271再建されたが、天正年間1573—92金堂および多宝塔を除いて炎上。慶長七年1602豊臣秀頼が再建し、一山の総称を願成就寺福寿院と称したと伝える。〔国宝〕多宝塔　〔重文〕金堂

**じげん-じ　示現寺**　福島県耶麻郡熱塩加納村熱塩。護法山と号し、曹洞宗。もと慈眼寺と称し真言宗であったが、永和元年1375源翁心昭が住し曹洞宗に改め、現寺号を称した。〔重文〕椿彫木彩漆笈

**しげん-ほうぼう-かんどう-そうろく　至元法宝勘同総録**　一〇巻。略して至元録という。元の慶吉祥らの編。成立年不詳。元の世祖の勅によって慶吉祥ら二九名が編集した大蔵経の目録。至元二二年1285までに訳出された経論などを収めたもので、梵名を音写し、チベット大蔵経(西蕃本、蕃本)を対照してその具欠を明らかにしている。古く中央アジアを経て中国に伝訳された仏

教と、のちにヒマラヤを越えてチベットにもたらされた仏教との関連を示す貴重な資料であり、本書は唐の開元録をもととして貞元録・祥符録・景祐録・弘法録によって補い、さらにそれ以後のものを追加している。昭和法宝総目録二㈥別

**しこう　支考**　(寛文五1665―享保一六1731)蕉門十哲の一人。美濃の人。法諱は霊鎮。鎮蔵主と通称する。幼くして同国大智寺(臨済宗妙心寺派)に入り、僧となったが、やがて寺を去った。元禄四年1691近江の無名庵で芭蕉に会い、その門に入り以後師に随従した。芭蕉の没後、その足跡をたずねて笈日記を作る。正徳元年1711死をよそおって終焉記を作り、美濃北野の獅子庵にかくれた。東花坊、西花坊、十一庵、瑟々庵、獅子庵、野子、盤子、見竜、是仏坊、桃花仙、橘佐渡入道、華表人などと号し、蓮二房、白狂、渡辺狂、卉名蓮などの変名を用いた。著書、葛の松原、笈日記、梟日記、続五論、西華集、東華集、東西夜話、阿誰話、つれづれの讃、碑銘秘註、発願文、本朝文鑑、俳諧十論、十論為弁抄、和漢文藻、三日月日記、俳諧古今抄、二十五箇条解など。

**しこう　至孝**　(弘安七1284―貞治二1363)臨済宗の僧。京都安国寺の開山。越前平葺の人。無徳と号する。東福寺の無為昭元について出家。教禅を兼修し易学にも詳しかった。元弘元年1331南禅寺第一座となる。暦応二年1339足利尊氏が、洛北の北禅寺を安国寺と改め、四条大宮の西に移して十刹に列した時、開山となった。のち、東福・長興・南禅の諸寺に住した。〔参考〕無徳和尚行実、延宝伝灯録一一

**じこう-じ　時光寺**　兵庫県高砂市時光寺町。遍照山と号し、浄土宗西山禅林寺派。建長元年1249時光(俗名源経家、多田満仲九代の孫)が曾根天満宮のそばに創建。文永一〇年1273現地に移った。

**じこう-じ　慈光寺**　①埼玉県比企郡都幾川村西平。都幾山一乗法華院と号し、天台宗。坂東三十三カ所霊場第九番札所。鑑真《がんじん》の弟子道忠《どうちゅう》の開創という。〔国宝〕法華経一品経、阿弥陀経、般若心経(文永1264―75の筆者目録と寛政1789―1801の補写目録を付す)〔重文〕開山堂(宝塔)、銅鐘(寛元三1245)、金銅密教法具、紙本墨書大般若経(貞観一三年871安倍小水麿の奥書)〔参考〕慈光寺略誌　②新潟県中蒲原郡村松町蛭野。滝谷山と号し、曹洞宗。応永一〇年1403神戸量重の創建で、傑堂能勝の開山という。

**しこう-しか　四向四果**　四向四得、四双八輩ともいい、八補特伽羅《ふどがら》、八賢聖《げんじょう》、八聖とも称する。つまり預流向《よるこう》・預流果・一来向《いちらいこう》・一来果・不還向《ふげんこう》・不還果・阿羅漢向《あらかんこう》・阿羅漢果の総称。小乗仏教における修道の階位。大毘婆沙論や倶舎論賢聖品に詳しい説明がある。①預流は㊵スロータ・アーパンナ srota-āpanna の訳で須陀洹《しゅだおん》と音写する。預流果は初果ともいわれ、見道において三界の見惑を断ちおわって、まさに無漏の聖道の(或いは聖者の)流れに入りおわった位。この果に向かって見惑を断ちつつある見道十五心の間が預流向である〈⇩見道《けんどう》〔修道〕〔無学道〕〉。一来は㊵サクリダーガーミン sakṛdāgāmin の訳で斯陀含《しだごん》と音写する。一来果とは欲界の修惑《しゅわく》に九品《くほん》(即ち上上品から下下品までの九等類)があるうちの前の六品を断ちおわった聖者の位を指し、その位のものはまだ断たれない三品の修惑のために、一度天界に生まれ再び人界に来て般涅槃《はつねはん》のさとりに入るから一来という。この六品の修惑を断ちつつある位が一来向である。不還は㊵アナーガーミン anāgāmin の訳で阿那含《あなごん》と音写し、略して那含ともいう。不還果は欲界の修惑九品の中の残余の三品を断ちおわって再び欲界に還って来ない位。不還向はその修惑を断ちつつある位をいう。阿羅漢は㊵アルハット arhat の音写で応供《おうぐ》、応と訳す。阿羅漢果は極果、無学果ともいわれ、一切の見惑・修惑を断ちつくし、永く涅槃に入って再び生死《しょうじ》(迷いの世界)に流転《るてん》しない位。阿羅漢向(無学向)は不還の聖者が阿羅漢果に至るまでの位をいう〈⇩阿羅漢《あらかん》〉。古くは四果のみが説かれて四向は説かれなかったらしい。四果はまた四沙門果《ししゃもんか》ともいわれ、雑阿含経巻二九によれば、預流果は三結つまり有身見

《うしんけん》と戒禁取見《かいごんじゅけん》と疑とを断った者、一来果は三結を断って貪・瞋・癡の薄い者、不還果は五下分結つまり三結と欲貪・瞋恚とを断った者、阿羅漢果は一切の煩悩を断った者とされる。これは原始仏教的な解釈である。②預流向つまり見道に入ったとき初めて四聖諦《ししょうたい》(仏教の真理)を明了に見る(現観する)無漏清浄である智慧の眼を得る。これを清浄法眼《しょうじょうほうげん》とも浄法眼とも法眼浄ともいう。預流果に至ればもはや三悪趣に堕落することがないから預流果は無退堕法ともいわれる。預流果の聖者は最も長く迷いの生を重ねる者でも、人界と天界とを七度往復し、つまり十四生を受ける間に必ず阿羅漢果を証得するのであって、決して第八の生、即ち第八有に至ることはない。これを極七返有《ごくしっぺんぬ》あるいは極七返生《ごくしっぺんしょう》という。③一来向の聖者のうち、欲界の修惑の前三品または前四品を断った者を家家の聖者《けけのしょうじゃ》とも単に家家ともいう。家家とは家から出て家に至るの意で、人界から天界に生まれ、天界から人界に生まれることを意味する。欲界九品の修惑はその全体によって欲界に七大生、即ち人・天に各々七生を受けさせる。既に前の三品(上上・上中・上下)の修惑を断った者は、残余の六品の修惑によって三大生(人・天各三生)を受けるから、これを三生家家《さんしょうけけ》といい、すでに四品(上上・上中・上下・中上)の修惑を断った者は残余の五品の修惑によって二大生(人・天各二生)を受けるから、これを二生家家《にしょうけけ》という。三生家家の中で天三人三あるいは人三天三、二生家家の中で天二人二、あるいは人二天二の生をうける者を等生家家《とうしょうけけ》といい、三生家家の中で天三人二あるいは人三天二、二生家家の中で天二人一あるいは人二天一の生をうける者を不等生家家《ふとうしょうけけ》という。これらの中で、天界または人界において預流果の悟りを得て家家の聖者となり、天界において阿羅漢果に至る者を天家家といい、人界または天界において預流果の悟りを得て家家の聖者となり、人界において阿羅漢果に至る者を人家家とよぶ。④不還向の中で、欲界九品の修惑の中の七品あるいは八品を断ったが、まだ一品または二品の残余があって、さらに欲界の人または天において一生を受けるべきものを一間《いっけん》(一生または一品の惑が間隔して証を得ない意)、または一種子《いっしゅじ》、あるいは単に一種という。不還果はさらに細分される。五種不還(果)は五種阿那含または五種般《ごしゅはつ》ともいう。即ち⑴中般《ちゅうはつ》。不還果の聖者が欲界に死んで色界に生まれる場合、そこに至る中有《ちゅうう》の位において般涅槃《はつねはん》する者。⑵生般《しょうはつ》。色界に生じおわってあまり時をおかずに般涅槃する者。⑶有行般《うぎょうはつ》。色界に生じおわって、そこで長く修行してから般涅槃する者。⑷無行般《むぎょうはつ》。色界に生じおわって、そこで修行することなくして長く時を経て般涅槃する者。⑸上流般《じょうるはつ》。色界に生じてからさらにそこから次第に上の天に進み、ついに色界の最高天である色究竟天《しきくきょうてん》または無色界の最高天である有頂天《うちょうてん》に生まれ、そこで般涅槃する者。そして色究竟天ならばこの者を楽慧《ぎょうえ》といい、有頂天ならばこの者を楽定《ぎょうじょう》という。色界は智慧が勝れ、無色界は定が勝れているからである(楽慧にも楽定にも次の三種がある。(イ)全超。色界最下の梵衆天《ぼんしゅてん》に生まれてから、中間の十四天を全部超えて色界または無色界の最上の天に生じる者。(ロ)半超。同じく中間の一天から十二天までを超える者。(ハ)偏没。一天をも超えないですべてにおいて生を受ける者)。五種不還に次の二種を加えて七種不還という。即ち⑹現般《げんはつ》。欲界にあるままで般涅槃する者。⑺無色般(行無色)。欲界に死んで無色界に生じ、そこで般涅槃する者。九種不還は⑴速般・⑵非速般・⑶経久《きょうく》(以上の三は中般をさらに三分したもので、それぞれ中有において順次のように、速やかに、しばらくして、久しく時をへて般涅槃する者である)・⑷生般・⑸有行般・⑹無行般・⑺全超・⑻半超・⑼偏没の九。このうち第七以下をまとめて一とし、合わせて七善士趣《しちぜんじしゅ》とよぶ。また滅尽定に入って涅槃《ねはん》に似た寂静の楽を身に証り得た不還果の聖者を、身証または身証不還という。欲界九品の修惑を断って不還果をえた聖者が、再び欲界の煩悩《ぼんのう》をおこして不還果から退堕することを離欲退という。⑤大乗荘厳経論巻一二にはこの小乗の四果になぞらえて同じ名称をもって大乗の四果(菩薩の四果)を説く。即ち十地のうちの初地、第八地、第十地と仏地とをこれにあてる。

**じごく　地獄**　㊵ナラカ naraka の訳で那落迦、奈落《ならく》と音写する。またニラヤ niraya の訳で、泥黎耶《ないりや》、泥犂とも音写する。三悪道、五趣、六道、十界の一。悪業の報いとして衆生が堕ちてゆく地下の牢獄のような所で、種々の責苦をうけて、楽なく、出ることもできないから地獄という。地獄の説は、初期の仏典としてはダンマ・パダ(法句経)やスッタ・ニパータ(経集)に見られ、まとまったものとしては長阿含経地獄品や倶舎論、大智度論などの説があり、正法念処経に最もくわしい。地獄を大別すると、熱地獄と寒地獄と孤地獄の三種がある。熱地獄には等活《とうかつ》(想)・黒縄《こくじょう》・衆合《しゅごう》(堆圧)・叫喚《きょうかん》(号叫)・大叫喚(大叫)・焦熱《しょうねつ》(炎熱、焼炙《しょうしゃ》)・大焦熱(極熱、大焼炙)・阿鼻《あび》(阿鼻旨、無間《むけん》)の八熱地獄があり、これを八大地獄と称する。八大地獄は、地下に順次に層をなしているといわれ、最下層の無間地獄の底までは四万由旬の深さがあるとされるが、一説には無間地獄を中心として七地獄が周囲をとりまくという。また等活と黒縄との二地獄の間に別に大巷地獄があるとする説もある。八大地獄のそれぞれには、各一六の眷属地獄(副地獄)があり、これを十六小地獄とか十六遊増地獄と称する。大地獄の四門の外に、煻煨増《とうわいぞう》(火熱が一段とはげしいところ)・屎糞増《しふんぞう》・鋒刃増《ほうじんぞう》(これに刀刃路・剣葉林・鉄刺林がある)・烈河増《れつがぞう》の四があって、計一六であるというが、八寒水と八炎火との一六であるとする場合もあり、また一八種をかぞえる説もある。寒地獄には頞浮陀《あぶだ》・尼刺部陀《にらぶだ》・頞哳吒《あんせつた》・臛臛婆《かかば》・虎虎婆《ここば》・優鉢羅《うはら》・鉢特摩《はどま》・摩訶鉢特摩の八寒地獄をかぞえ、また十寒地獄をかぞえる場合もある。八寒地獄は八熱地獄の傍らにあるとされ、大智度論などでは八熱地獄に付属する十六小地獄の中にかぞえる。孤地獄は辺地獄、独地獄ともいい、上記の地獄とは別に、現在われわれが住んでいる世界などに孤立して散在し、共業《ぐうごう》の所感ではなく、不共業によって引かれるという。地獄の思想は、もとヒンドゥー教の教義が仏教にも取り入れられたもののようで、仏教の業報思想とむすびついて展開したと考えられ、さらに中国の冥界思想などが加わって日本に伝わり、多くの説話を生み、また源信の往生要集のように厭離穢土を説くために詳細な描写が行われた。中世以後、教化のために地獄を図解して人々に見せることが多かった。〈⇩地獄草紙《じごくぞうし》　⇩地獄変相《じごくへんそう》〉〔参考〕長阿含経一九、立世阿毘曇論一・六・八、倶舎論一一、大毘婆沙論一七二、大智度論一六、正法念処経、観仏三昧経五、倶舎論光記一一、往生要集

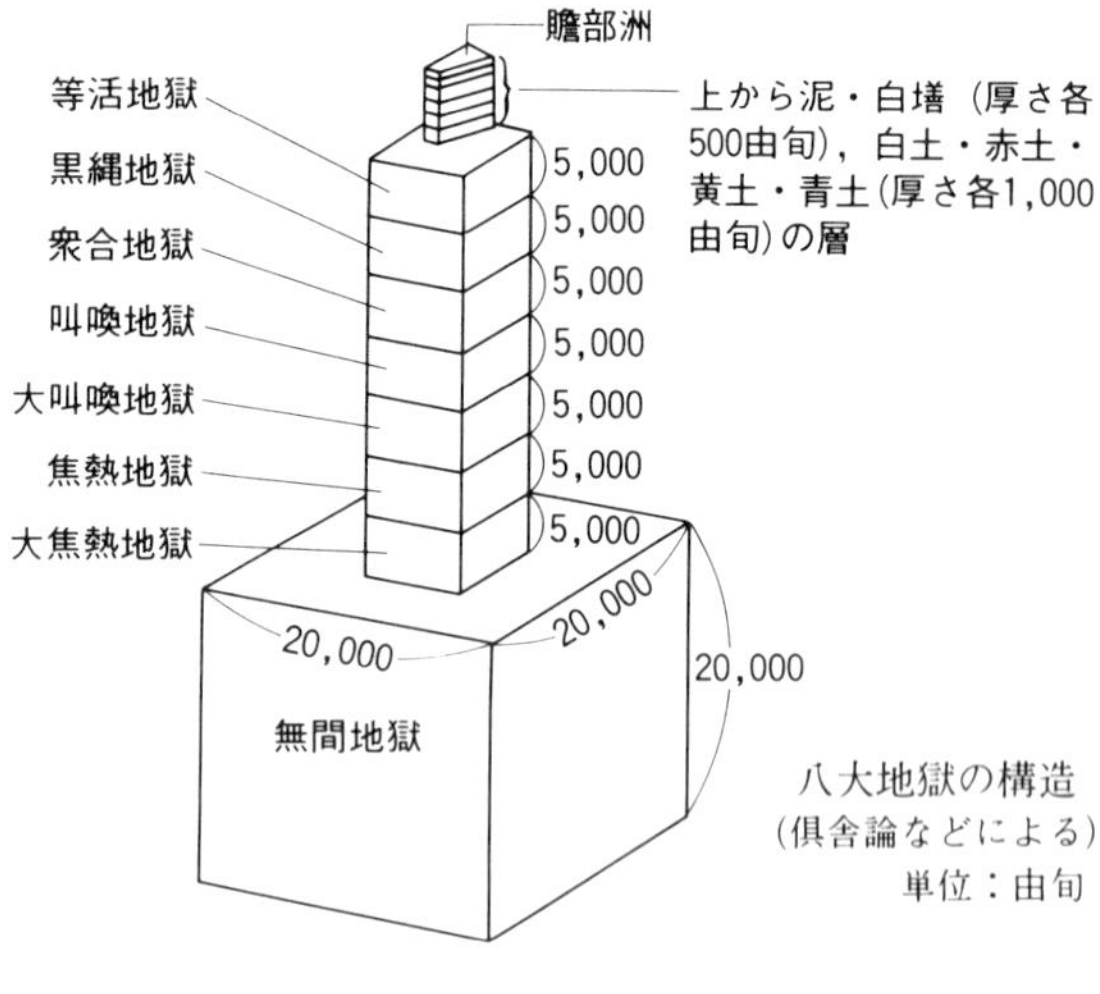

八大地獄の構造
(倶舎論などによる)
単位：由旬

**じごく-ぞうし　地獄草紙**　地獄絵ともいう。地獄を主題として描いた絵巻。原本として⑴奈良国立博物館本(原家旧蔵)一巻と⑵東京国立博物館本(安住院旧蔵)一巻(共に国宝)とが著名で、ほかに益田家旧蔵本二巻があるが、模本として二巻が伝わる。紙本着色。⑴は詞七段、絵七段より成り、起世経所説の八大地獄内の十六別処のうち屎糞地獄・函量地獄・鉄磑《てつがい》地獄・鶏地獄・黒雲沙地獄・膿血地獄・孤狼地獄の七地獄を描く。⑵は正法念処経所説の叫喚大地獄の十六別処のうち髪火流《はっかる》地獄・火末虫《かまっむし》地獄・雲

火霧処《うんかむしょ》地獄・雨炎火石地獄の四地獄を描く。原本四巻はいずれも一二世紀後半の作とみられ、画風などに若干の相違があるが、寸法や構成法などが共通し、餓鬼草紙や病草紙などと共に広汎な六道絵をなしていたとも推定されている。〔複製〕日本絵巻大成七、新修日本絵巻物全集七、日本絵巻物集成九、

**じこく-てん　持国天**　⇩四天王《してんのう》

**しこく-はちじゅうはっかしょ-れいじょう　四国八十八カ所霊場**　四国にある空海ゆかりの八八カ所の霊場(札所)。この霊場を巡ることを四国遍路、四国巡礼という。一般に弘仁六年815空海が衆生に滅罪を勧めるためにこの霊場を開いたと信じられているが、遍路の原初形態は修行僧の海辺を回る辺地修行で、のち弘法大師信仰と結びついたとされる。俗人の巡拝が行われるのは中世後期ごろからで、また霊場が八八カ所に固定したのは文明年間1469—87以前のことである。江戸初期から盛んとなり、文化・文政年間1804—30が最盛期。現在も巡礼者は多く、各地にも四国にならった八十八カ所の霊場がある。なお八十八カ所を阿波(現徳島県)・土佐(現高知県)・伊予(現愛媛県)・讃岐(現香川県)の順に巡るのを順打ち、その逆を逆打ちという。また阿波は発心の道場、土佐は修行の道場、伊予は菩提の道場、讃岐は涅槃の道場とされる。以下、現在の札所を記す。(1)霊山寺、(2)極楽寺、(3)金泉寺、(4)大日寺、(5)地蔵寺、(6)安楽寺、(7)十楽寺、

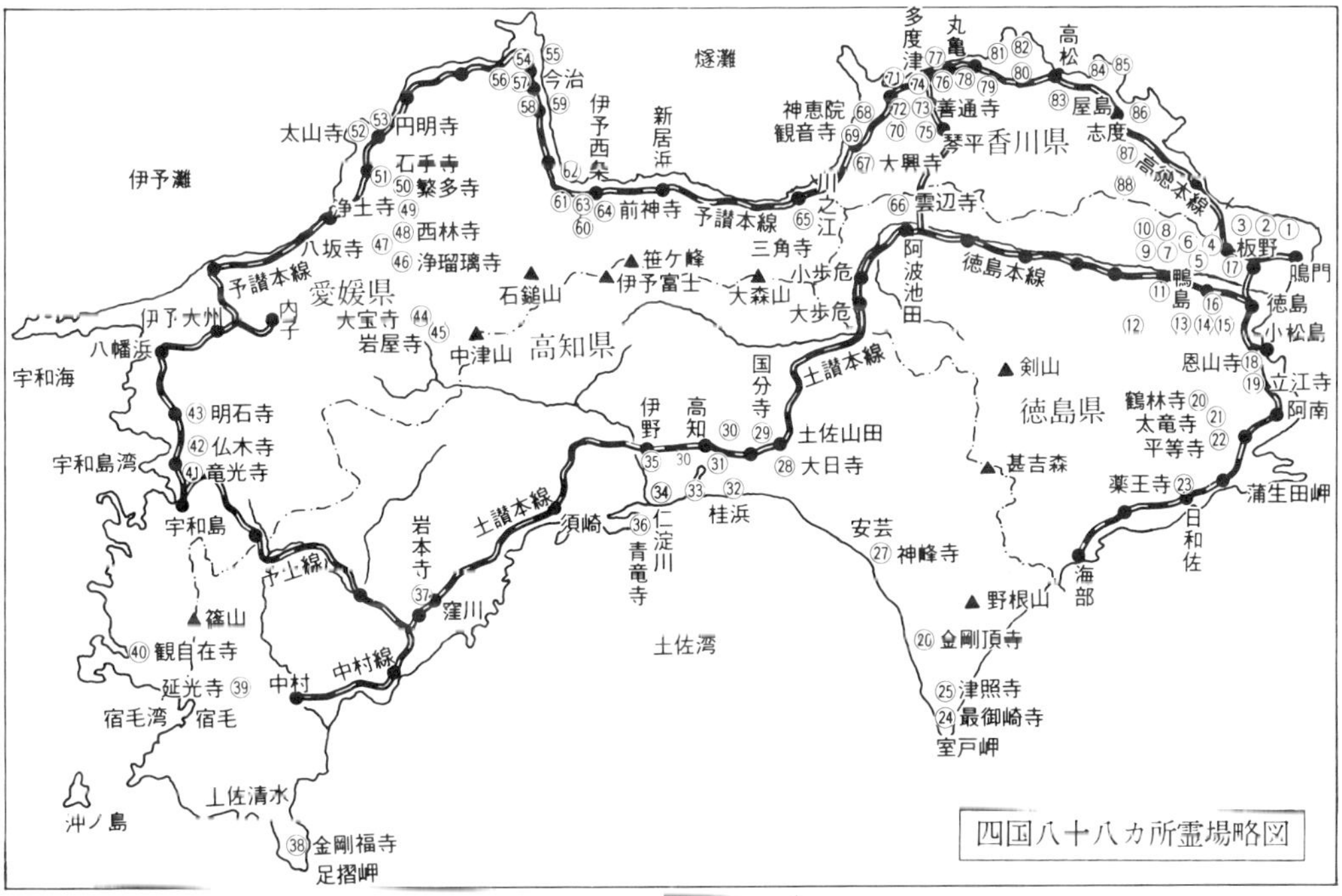

四国八十八カ所霊場略図

①霊山寺 ②極楽寺 ③金泉寺
④大日寺 ⑤地蔵寺 ⑥安楽寺
⑦十楽寺 ⑧熊谷寺 ⑨法輪寺
⑩切幡寺 ⑪藤井寺 ⑫焼山寺
⑬大日寺 ⑭常楽寺 ⑮国分寺
⑯観音寺 ⑰井戸寺 …………
㉚善楽寺・安楽寺 ㉛竹林寺
㉜禅師峯寺 ㉝雪蹊寺 ㉞種間寺
㉟清滝寺 ………… (54)延命寺
(55)南光坊 (56)泰山寺 (57)栄福寺
(58)仙遊寺 (59)国分寺 (60)横峰寺
(61)香園寺 (62)宝寿寺 (63)吉祥寺

本尊札

(第八八番)

(第四六番)

(第一九番)

(第一番)

………… (70)本山寺
(71)弥谷寺 (72)曼荼羅寺
(73)出釈迦寺 (74)甲山寺
(75)善通寺 (76)金倉寺
(77)道隆寺 (78)郷照寺
(79)高照院 (80)国分寺
(81)白峯寺 (82)根香寺
(83)一宮寺 (84)屋島寺
(85)八栗寺 (86)志度寺
(87)長尾寺 (88)大窪寺
(但し……の寺名は地図中に記載)

(8)熊谷寺、(9)法輪寺、(10)切幡寺、(11)藤井寺、(12)焼山寺、(13)大日寺、(14)常楽寺、(15)国分寺、(16)観音寺、(17)井戸寺、(18)恩山寺、(19)立江寺、(20)鶴林寺、(21)太竜寺、(22)平等寺、(23)薬王寺(以上、現徳島県)、(24)最御崎寺、(25)津照寺、(26)金剛頂寺、(27)神峰寺、(28)大日寺、(29)国分寺、(30)善楽寺・安楽寺、(31)竹林寺、(32)禅師峯寺、(33)雪蹊寺、(34)種間寺、(35)清滝寺、(36)青竜寺、(37)岩本寺、(38)金剛福寺、(39)延光寺(以上、現高知県)、(40)観自在寺、(41)竜光寺、(42)仏木寺、(43)明石寺、(44)大宝寺、(45)岩屋寺、(46)浄瑠璃寺、(47)八坂寺、(48)西林寺、(49)浄土寺、(50)繁多寺、(51)石手寺、(52)太山寺、(53)円明寺、(54)延命寺、(55)南光坊、(56)泰山寺、(57)栄福寺、(58)仙遊寺、(59)国分寺、(60)横峰寺、(61)香園寺、(62)宝寿寺、(63)吉祥寺、(64)前神寺、(65)三角寺(以上、現愛媛県)、(66)雲辺寺(現徳島県)、(67)大興寺、(68)神恵院、(69)観音寺、(70)本山寺、(71)弥谷寺、(72)曼荼羅寺、(73)出釈迦寺、(74)甲山寺、(75)善通寺、(76)金倉寺、(77)道隆寺、(78)郷照寺、(79)高照院、(80)国分寺、(81)白峯寺、(82)根香寺、(83)一宮寺、(84)屋島寺、(85)八栗寺、(86)志度寺、(87)長尾寺、(88)大窪寺(以上、現香川県)。〔参考〕四国霊場御巡行記(寛永一五1638)、四国遍路日記(承応二1653)、四国辺路海道記(貞享二1685)、四国霊場記(四国遍礼霊場記、元禄二1689)

**じごく-へんそう　地獄変相**　経典に説かれる地獄のさまざまな状態を描いた図をいう。地獄変・地獄図・地獄絵などともいう。生死輪廻の一つの相として、天上の快楽と対比する図相が描かれることが多い。インドではアジャンター Ajantā 第一七号窟の壁画、中央アジアでは、ベゼクリク Bäzäklik の廃寺出土の壁画(七世紀)などの遺品が知られている。中国では唐代以後とくに盛んに描かれ、寺院内に壁画として描かれることが多かった。張孝師や呉道子はその名手であったという。日本でも地獄絵巻のような単独のもの、また十界図や六道輪廻図の一部分をなすものとして、平安時代から描かれるようになり、とくに仏名会に地獄絵の屏風を立てるならわしがあった。現存のものでは、京都の金戒光明寺に蔵する山越阿弥陀来迎図および左右に相対する地獄極楽図(いずれも重文)、禅林寺の十界図(重文)などが有名である。また北野天神縁起絵巻、矢田地蔵縁起絵巻などの一部分にも描かれている。〔参考〕仏祖統紀四〇、歴代名画記、王日休・竜舒増広浄土文八

**じざい　自在**　心の欲するままに何ごとでも自由になして碍《さわ》りの無いこと。仏・菩薩《ぼさつ》に具わる功徳《くどく》。それ故に仏のことを自在人という。菩薩のもつ自在力《じざいりき》には次のような種類がある。①二種自在。観境自在(真如《しんにょ》やその他の境を観じる自在)・作用《さゆう》自在《じざい》(説法教化のはたらきの自在)。②四種自在。八地以上の菩薩に具わる自在力。(1)無分別《むふんべつ》自在(分別の相をはなれて任運《にんぬん》無功用《むくゆう》なこと)、(2)刹土《せっど》自在(浄土自在。自由に種々の国土に生まれ、国土を清浄にすること)、(3)智自在(第九地になると無礙智を得、説法教化に自在なこと)、(4)業《ごう》自在(第十地になると煩悩《ぼんのう》や業縛がなく自在なこと)。また諸々の菩薩の有する戒と神通《じんづう》と智と慧との四種の自在をも四種自在という。③十種自在。(1)命自在(寿命を伸縮する自在)、(2)心自在(三昧に入る自在)、(3)財自在(資具自在。財物に関する自在)、(4)業《ごう》自在(行業《ぎょうごう》の自在)、(5)生《しょう》自在(受生自在。生を受けることの自在)、(6)願自在(ねがいのままにさとり得る自在)、(7)信解《しんげ》自在(解自在。世界に仏の満ちるのを見ることの自在)、(8)如意《にょい》自在(神力自在。神変《じんぺん》によって不思議を示すことの自在)、(9)智自在(智慧を得、さとりを開くことの自在)、(10)法自在(無量の教えを説示する自在)。

**じざいこく　自在黒**　⇩イーシュヴァラクリシュナ

**じざい-こんごう-しゅう　自在金剛集**　九巻。恵宅亮雄の口授、覚千の記(寛政三1791頃)。台密事相研究の好著で、亮雄から得た秘密儀軌伝授聞書を覚千が記述したものと、覚千の密教事相についての研究集としての曼陀羅・句義・目録・山家灌頂・離作業・遮那学則などとを合わせたもの。自在金剛とは、覚千の金剛号である。仏全三四〔自筆本〕東京都寛永寺蔵

**しざい-ちょう　資財帳**　流記《るき》資財帳、縁起流記資財帳とも称し、とくに奈良・平安

時代に官寺・定額寺がその縁起・寺地・堂舎・仏像・経論・器具・財物・寺領・住僧・奴婢などの数量を記載し、朝集使に付して太政官に進めたものを指す。三綱・僧綱・国師・衆僧、国司・檀越らが立会い実物に照らして厳密に作成された。大化元年645寺司・寺主に僧尼・奴婢・田畝の数を上申させたのを初見とし、霊亀二年716からは毎年進告させたが、延暦一七年798これを廃して国司交替のとき後任国司が相続検校することとし、天長二年825には国司交替の六年ごと、貞観一〇年868には国司任期短縮に応じて四年ごととした。のち律令制の衰退とともに資財帳は公的な意義を失い、たんなる寺院の財産目録となった。現存の古資財帳には弘福寺田畠流記帳(和銅二1709)、法隆寺・大安寺・元興寺の伽藍縁起幷流記資財帳(それぞれ天平一九747)、西大寺資財流記帳(宝亀一一780)などがある。〔参考〕続日本紀、類聚三代格三

**しざ-こうしき　四座講式**　一巻。高弁の著(建保三1215)。涅槃講式・十六羅漢講式・如来遺跡講式・舎利講式からなる。仏陀の入滅の日にちなんで修する、四座講の儀式次第を記したもの。仏の入滅をいたんで最後の供養をささげ(涅槃講式)、仏弟子たちが仏勅をうけて遺法を護持することをたたえ(羅漢講式)、仏陀の八相成道の遺跡を慕い(遺跡講式)、仏舎利の功徳をたたえる(舎利講式)。真言宗では二月一五日の常楽会に節をつけて読む(略して涅槃講または舎利講のみを行うことが多い)。㊅八四〔自筆本〕岡山県千手院蔵〔刊本〕寛永三1626刊、貞享三1686刊、正徳元1711刊、宝暦八1758刊〔註釈〕永弁・勘注(寛文六1666自筆本、高山寺蔵)など

**しざん　支山**　(元徳二1330―明徳二1391)臨済宗の僧。号は雲渓。美濃の土岐頼清の子で、法を雪村友梅《せっそんゆうばい》に受け、播磨長良に護聖寺を創建し開山となった。画を好み、雪舟に学んだ。〔参考〕本朝高僧伝三五、扶桑画人伝

**じさん　慈山**　⇩妙立《みょうりゅう》

**しし　師子**　獅子とも書く。仏の畏れのない偉大さを獅子に喩える。従って仏の座席を師子座といい、仏の説法を師子吼《く》といい、右脇を下にして臥する比丘《びく》の臥法を師子臥法という。

**しし　師資**　師匠と弟子。師弟、師徒ともいう。師は師長、師僧、師父ともいい、人の模範となり、これを教え導く人。資は師の教えのたすけ(資)という意で、弟子のこと。禅宗では、師の師である人を師祖といい、弟子の弟子を師孫という。また一般に弟子のうちですぐれた者を高足、上足という。

**ししかく　師子覚**　㊵ブッダシンハ Buddhasiṃha の訳。仏陀僧訶と音写する。無著《むじゃく》(アサンガ Asaṅga)の弟子で、大乗阿毘達磨集論に註釈を書いたと伝えられるインドの論師。その註釈を安慧《あんね》(スティラマティ Sthiramati)が本論と合わせて、大乗阿毘達磨雑集論を成したという。

**ししがん-わか-しゅう　獅子巌和歌集**　一巻。吉田元長の撰(文化五1808)にかかる涌蓮の歌集。歌は堂上の風であるが洒脱の趣がある。なお、涌蓮(安永三1774没)は真宗高田派の僧で、その釈教歌だけをあつめた「法の雲」一巻がある。校註国歌大系一七

**しし-しきじゅう　四識住**　色識住・受識住・想識住・行識住の称。五蘊《ごうん》のうち色・受・想・行の四は、識がそれに愛著しそこに依住して識の住処となるから、四識住あるいは四識処という。

**ししきょう-おう　師子頬王**　㊵シンハハヌ Siṃhahanu ㊴シーハハヌ Sīhahanu の訳。釈迦族の王。浄飯王《じょうぼんのう》(スッドーダナ Suddhodana)の父で仏陀、阿難、阿那律、提婆達多《だいばだった》らの祖父にあたる。〔参考〕Dīpavaṃsa III, Mahāvaṃsa II, 仏本行集経四

**ししくつ-じ　獅子窟寺**　大阪府交野市私市。普賢山と号し、高野山真言宗。行基の草創とも、役小角《えんのおづぬ》の開創ともいい、天長年間824―34空海が仏眼法を修したと伝える。亀山天皇の尊崇があつく、遺詔によってここに葬ったとも伝える。寛永八年1631光影が再興。〔国宝〕木造薬師如来坐像

**ししけん　師子賢**　⇩ハリバドラ

**ししこう　師子光**　㊵シンハラシュミ Siṃharaśmi の訳。インド大乗仏教後期の論師。七世紀に玄奘がインドで学んでいた頃、共に那爛陀寺《ならんだじ》(ナーランダー Nālandā)に在り、中観説の立場から唯識説を批判したが、それに対して玄奘が反論を加え、人がみなそれをよしとしたので、恥じて那爛陀寺を去ったと伝える。〔参考〕大慈恩寺三蔵法師伝四

**ししこう-ぼさつ　師子香菩薩**　師子香は㊵シンハガンダ Siṃhagandha の訳。阿弥陀仏の前身である無諍念王の第七子で、宝蔵如来の下で四十願を発し、成仏の記別をうけた菩薩。〔参考〕悲華経四

**しし-そんじゃ　師子尊者**　付法蔵の最後である第二四祖。鶴勒那《かくろくな》より付法を受けたが、罽《けい》賓《ひん》国(カーシュミーラ Kāśmīra)王弥羅掘《みらくつ》(ミヒラクラ Mihira-kula か)の破仏に会って殺害され、付法がこれより断絶したという。〔参考〕付法蔵因縁伝六

**し-しっだん　四悉檀**　悉檀は㊵シッダーンタ siddhānta の音写で、成就、宗、理などと訳す。仏が衆生《しゅじょう》を導いてさとりを完成させるために示した教法を四の範疇にわけて、世界悉檀・各各為人悉檀・対治悉檀・第一義悉檀とする。略して四悉ともいい、大智度論巻一には仏の教えが種々であって一見矛盾するようであっても、それは教説に四悉檀の別があるためであるとする。智顗《ぎち》は悉は徧(あまねし)の意、檀は檀那(dāna 施)の意で、仏が四法を偏く衆生に施すから四悉檀というとするが、原語の上から見ると正しくない。(1)世界悉檀とは、世間一般の考え方にしたがって、例えば人という存在は因縁が集まってできたものであるから別に人という実体はないけれども、人は存在すると考える世間的な考え方に順じて人があると説くようなもので、世俗のねがいに適合して法を説き、凡夫をよろこばせながら世間の正しい智慧を得させるから楽欲悉檀《ぎょうよくしつだん》ともいう。(2)各各為人悉檀とは為人悉檀ともいい、衆生のそれぞれの性質や能力に応じて各々に適合した出世間的実践を説くもので、衆生に善根を生じさせるから生善悉檀ともいう。(3)対治悉檀とは、衆生の煩悩や悪業をいましめて滅するように教えるもので、衆生の悪を断つから断悪悉檀ともいう。(4)第一義悉檀とは、真理をただちに説いて衆生を真のさとりに入らせる教えで、入理悉檀ともいう。天台・三論・華厳などの各宗でそれぞれ四悉檀を解釈するが、特に天台宗ではこれを転用して経典解釈の方法にも用いる。

**じしほう-ごじゅう-じゅ　事師法五十頌**　一巻。北宋の日称らの訳。弟子が灌頂師の阿闍黎《あじゃれい》(阿闍梨)に仕える法を述べ、師を尊重することによって得られる功徳利益を説く。密教の用語を含んだ五〇の偈頌から成る。馬鳴《めみょう》(アシュヴァゴーシャ Aśvaghoṣa)の作とされるが疑わしい。㊅三二、国□論集部五

**しじ-もん　止持門**〔作持門《さじもん》〕　止持門または止悪門ともいい、受けた戒体を保持して悪業《あくごう》を止めること。止持が消極的であるのに対して、作持門は受けた戒に従って積極的に善業を修めること。

**ししゃ　咨嗟**　感嘆し、ほめること。無量寿経巻上の第十七願文に「咨嗟して我が名を称せずんば」とある。

**じ-しゃ　侍者**　師長の左右に常侍して、給仕補佐するもの。北本涅槃経巻四〇には過去七仏にそれぞれ侍者の弟子があったと説く。禅宗寺院には焼香・書状・請客《しんか》など、種々の業務を分掌する侍者の役がある。⇩禅林職位《ぜんりんしょくい》

**じしゃ-えんぎ　寺社縁起**　本来、縁起とは因と縁が相応じて万法が生起するという仏教の基本的教説。転じてわが国では、寺院や神社の草創・沿革、またはその霊験などを伝えた文書、詞文を総称していう。現存する最古の縁起は、天平一九年747撰上の法隆寺・元興寺・大安寺「伽藍縁起幷流記資財帳」で、本来の縁起に付属した財産目録の性格が強い〈⇩資財帳《しざいちょう》〉。以後寺院の増加につれ、観心寺縁起実録帳、長谷寺縁起文、興福寺縁起などが作られた。平安時代には、寺の由緒や本尊の奇瑞を描いた信貴山縁起、粉河寺縁起、石山寺縁起など、絵と絵詞を伴った絵巻物縁起が流行し、宗教性と共に美術性を帯びた。鎌倉・室町時代には、霊験や垂迹した権現の機能を説く北野天神縁起、春日権現験記などができた。これら絵巻・霊験縁起は、荘園制の崩壊と共

に寺社の経済的基盤が失われると、その寺社の信仰宣伝や再興・修復のための勧進に利用された。ことに絵解きや霊験を唱導する宗教家によって文学化され、談義本やお伽草子の成立に影響を与えた。また朝熊寺縁起、大山寺縁起、箱根山縁起并序など、密教的要素を導入したものや、日光山縁起、白山之記などの山岳霊場の縁起も修験者の活動によって民衆に享受された。総じて寺社縁起は、歴史的縁起と物語的縁起に大別され、宗教・民間信仰史はもちろん、美術史、文芸史における恰好の資料とされる。(参考)日本思想大系二〇

**じしゃ-ぶぎょう　寺社奉行**　鎌倉・室町・江戸幕府において寺社関係の支配を担当した役職。鎌倉幕府では幕府直轄地の寺社の訴訟・人事・祭祀などを管掌し、またこれとは別に、鶴岡八幡宮をはじめとして幕府に関係の深い東国の寺社などに奉行人が配置された。室町幕府もはじめ前代の職制を踏襲し、数人の奉行人が僧侶神官の任免・訴訟処理などに当たったが、禅寺に関しては禅律方頭人・禅律奉行を置き、また寺奉行と社家奉行の職務分掌もはかられた。さらに延暦寺・興福寺・東寺・石清水社・北野社など特定の寺社には個別に奉行を配置し、幕府の命令伝達・訴訟の取次ぎなどに当たらせた。江戸幕府では、はじめ金地院崇伝らの僧侶が板倉勝重(所司代)とともに訴訟処理などの寺社行政を担当していたが、次第に僧侶の関与を排し、幕臣による機構としての寺社行政の確立が図られ、寛永一二年1635に寺社奉行の職制が成立した。これは奏者番である譜代大名ほぼ四名が兼職し、月番制をとり、自邸を役宅として担当大名の家臣が手留役・寺社役・取次などの奉行所役人を構成した。職掌は全国の寺社および寺社領の行政司法、僧尼・神官・楽人・検校・連歌師などに対する統制などであったが、江戸時代には多くの寺院は本末制に編成されていたから、法義・住持人事など宗門内部問題には本山・本寺をして末寺を統制させる方式がとられた。将軍直属で、江戸幕府三奉行(寺社・町・勘定奉行)の最上位に位置した。

**し-しゅ　四取**　取とは執持、執取の意味。狭義では執著の煩悩《ぼんのう》をいい、広義では一般に煩悩の異名とする。有部《うぶ》では三界の百八煩悩を四取に分ける。(1)欲取(欲界で五欲の境に対して起こす貪執)。(2)見取《けんじゅ》(誤った見解を真実であるとして執取すること)。(3)戒禁取《かいごんじゅ》(正因正道でないものを正因正道であるとして執取すること)。(4)我語取(自分の語に対して起こす我執)。

**し-しゅ　四衆**　①また四輩、四部衆、四部の弟子ともいう。仏教教団を構成する四種の人。(1)比丘《びく》・比丘尼・優婆塞《うばそく》・優婆夷《うばい》。(2)比丘・比丘尼・沙弥《しゃみ》・沙弥尼《しゃみに》。②仏の説法の席に列なる者の四種の区別。(1)発起衆《ほっきしゅ》。仏の説法のために時機をかんがえて、集会を起こし、瑞相を起こし、問答を発すなどのことをする者。(3)当機衆。教説を聞いて正しくその利益《りやく》を護て得道する者。(3)影響衆《ようごうしゅ》、他方の仏土から来て仏の教化を助ける者。(4)結縁衆《けちえんじゅ》。その席に列しながら時機が熟しないため、単にさとりをうるための因縁を如来に結ぶだけの者。

**じじゅ-いん　慈受院**　京都市上京区寺之内通堀川東入百々町。広徳山と号し、単立(臨済宗系)の門跡尼寺。もと総持院と称し、江戸時代は比丘尼御所の一で、薄雲《うすぐも》御所といった。応永三四年1427足利義持夫人の浄賢竹庭の創建と伝え、足利氏の息女が入寺した。天正一一年1583貞敦親王の女周恭尼の入室以後、近衛・花山院両家の息女が交互に住持した。明治六年1873、維新のとき廃寺となっていた慈受院を合併、大正八年1919総持院は慈受院と改称して、現在に至る。

**ししゅう　四宗**　①仏教の教説をその根本的主張から四種に分けた批判的分類。(イ)北魏の慧光の説。(1)因縁宗(立性宗)とは、すべてのものが因と縁とによってなりたち、それを構成する存在要素は実在するとする有部《うぶ》などの説。(2)仮名宗《けみょうしゅう》(破性宗)とは、その構成要素の実在も否定して、有るものは仮のもののみとする成実論の説。(3)誑相宗《おうそうしゅう》(破相宗、不真宗)とは、すべてのものは幻のように実体のないもので仮の相もまた存在しないとする般若経や中論な

どの説。(4)常宗（顕実宗、真宗）とは、すべてのものの本体には永遠不滅の仏性《ぶっしょう》真如《しんにょ》が具わっており、それが迷いとも悟りともなる根源であるといい、このような形で真実の理を明らかにした華厳経や涅槃経などの説であるとする。中国北方の地論宗《じろんしゅう》で一般に用いられ、北斉の曇隠もこの説を唱えたという。斉の自軌は第四を真実宗（涅槃経）と法界宗（華厳経）とにわけて五宗教とし、陳の安廩は四宗に真宗（法華経）・円宗（大集経）を加えて六宗とする。(ロ)唐の法蔵の説。(1)随相法執宗（有相宗ともいう。小乗諸派の説）。(2)真空無相宗（無相宗ともいう、般若経や中論などの説）。(3)唯識法相宗（法相宗ともいう。解深密経などの説）。(4)如来蔵縁起宗（実相宗ともいう。楞伽経や大乗起信論などの説）とし、宗密はこれに円融具徳宗（華厳経の説）を加えて五宗とする。〈⇩五教《ごきょう》〉。②因明《いんみょう》（論理学）の宗（論証すべき命題）の四種。(1)遍所許宗（相手方も共に認めているもの）・(2)先承禀宗（教権として与えられているもの）・(3)傍憑義宗（命題のかげに間接的にあらわれているとするもの）・(4)不顧論宗（以上の三つの場合を除いて論証したいと思うもの）の四があるとし、初めの三は論証すべき命題（宗）として適当ではないとする。

**じしゅう　時宗**　鎌倉中期、一遍智真が開いた浄土教の一派で、遊行宗ともいう。一遍が熊野権現に参籠して感得した六字名号一遍法、十界依正一遍体、万行離念一遍証、人中上上妙好華の頌にもとづき念仏を勧める教えで、平生を臨終と心得て知識に帰命し、一切の想念を脱して名号を称えるとき、ただ南無阿弥陀仏の一法となりはてて、現身に往生すると説く。浄土三部経のなかで、とくに阿弥陀経を中心とし、相承にはインド・中国・日本の祖師を経て源空・証空・聖達・一遍と次第した三国相承（経巻相承ともいう）と、熊野権現から感得した弥陀直授の神勅相承とがあるとして、後者をとくに重んじる。全国をめぐって「南無阿弥陀仏決定往生六十万人」と記した念仏札（賦算《ふさん》）をくばり、勧進帳に名を記録させ踊念仏をするなど、独特の行儀が伝えられた。時宗はもと一遍について遊行する時衆の集団のことで、僧時衆・尼時衆を中心に俗時衆や結縁衆などで構成され、これらは必ずしも教団に拘束されず、一遍の移動後はもとの宗派に帰属した。宗派の成立は二祖他阿真教以後である。真教の遊行は一所不住ではなく、時衆道場を建立するなどして、京都七条に金光寺を開いた。四祖呑海は藤沢（現神奈川県藤沢市）に清浄光寺を創建し、七祖託何は器朴論を著わして教義をととのえ、一二祖尊観は本宗を中興した。時宗の最盛期は南北朝から室町中期であったが、蓮如以後の真宗に吸収されて後退した。本宗の中心は二祖真教の遊行派であるが、宗祖の門下から仙阿の奥谷派、作阿の市屋派、王阿の御影堂派が生じ、二祖真教の門下からは内阿の当麻派、浄阿の四条派、弥阿（聖戒）の六条派、解阿の解意派が、また七祖託何の門下からは国阿の霊山派および国阿派が分かれたが、しだいに統合されて第二次世界大戦後、清浄光寺を総本山とする。なお一向俊聖の法系は一遍の時衆に対して一向衆と呼ばれたが、両者は早くから混同され、近世以降その法系である一向派と天童派を前記の一〇派に加えて時宗十二派と称した。一向派は昭和一六年1941本宗を離脱して浄土宗に帰属した。〔参考〕一遍聖絵、一遍上人縁起絵、他阿上人法語、器朴論、時宗綱要

**しーじゅうきん　四重禁**　最も厳重な禁制であって四重禁戒、略して四重ともいう。殺生・偸盗《ちゅうとう》・邪婬（ここでは非梵行。人や畜生と婬を行うこと）・妄語（ここではさとりを得たという虚偽の言）の四波羅夷罪《しはらいざい》（四重罪）を犯すのを禁じたもの。また密教では真言行者の守るべき戒として(1)正法を捨てない、(2)菩提心《ぼだいしん》を捨てない、(3)勝法を慳悋しない、(4)衆生《しゅじょう》のために利益をはかる、の四を四重禁とも四重戒ともいう。

**しじゅうくーいん　四十九院**　①行基の開創と伝える四九の寺院。行基の遺弟が鋳造した昆陽寺の古鐘銘には「広く五箇国内に取りて僧尼院四十九所」とあり、続日本紀巻一七にも見える。行基年譜によると、

慶雲元年704行基三七歳のとき和泉国大鳥郡家原(現大阪府堺市)の故宅を寺とし、神崎院(家原寺)と名づけたのにはじまるといい、四七院を数えるが、行基開創の道場は畿内だけでも四九を越えていたようである。四九の数は、観弥勒上生兜率天経にもとづくといわれるが、一説には薬師経に反覆される四九の数にちなむとされる。〔参考〕続日本紀一七、行基年譜 ②墓上の施設や水陸会の道場飾りのこと。平安時代に兜率往生の信仰が盛んになるにつれて、寺域や墓域を弥勒の兜率内院に擬するようになり、鎌倉時代以後一般に普及して、墳墓のまわりに四九枚の卒塔婆《そとば》を建て、或いは水陸会のとき五色の紙に四九院の名称を記して道場をかざるなどの風習が行われるようになった。〔参考〕頼瑜・四十九院事、聖冏・釈浄土二蔵義六

**しじゅう-こうはい　四重興廃**　日蓮宗の教義。釈迦の教えを四にわけて、その勝劣興廃を論じるもの。四重とは爾前《にぜん》(法華経の説かれる前の説法)・迹門《しゃくもん》・本門・観心で、この順序にしたがって前を廃して後をおこし立てる。この説はもと智顗《ちぎ》の法華玄義巻二上にあり、そこでは観心は言語を絶したところをいう。日蓮宗では、迹門においては経の主旨(宗)について興廃を論じ、本門において文底・文上を論じ、観心において事《じ》の一念三千を説いて、仏の教説の極致は南無妙法蓮華経の唱題(経の題目を口にとなえること)にきわまることを明らかにする。また、爾前・迹門・本門を正・像・末の三時および三時の機根《きこん》にあてて興廃を論じるのを三重興廃、三時興廃、三時配当などという。

**しじゅうじょう-けつ　四十帖決**　一五巻。長宴の編(長元年間1028—38から永承四1049の間)。大原の長宴が丹波池上の皇慶から受けた台密事相の口決を記す。胎行次・金行次・灌頂・諸尊法などを四〇帖に収めてあったが、後に法曼院相実が再訂して、五巻とした。台密谷の三流(三昧・穴太・法曼)の総口決とも三流の親文《おやぶみ》とも呼ばれる。㊅七五〔写本〕東京寛永寺蔵(天台密教伝四十帖決)、同寺蔵(四十法決)〔参考〕阿娑縛抄当流代々事籍事、山門穴太流受法次第、諸宗章疏録二

**しじゅう-しんよう　始終心要**　一巻。唐の湛然(711—82)の著。成立年不詳。天台宗の止観の要義を二八七字に要約したもの。六即の初めの理即から終りの究竟即にいたるまでの因果の始終は異なってはいるが、円頓一乗の三諦の妙理に立てばそのまま差別がないとする。卍三三・七〔註釈〕従義・註一巻、慈山・大義一巻、光謙・略解一巻、癡空・略談一巻

**じしゅう-とうよう-へん　時宗統要篇**　七巻。玄秀の著(元禄一五1702)。時宗の要義をまとめたもの。教相料簡に関する一五章、神勅領解に関する五章、行儀法則に関する七章の全二七章から成る。広く宗旨の名目を挙げて傍証を尽くし、時宗宗典のうち最も完備したものの一。仏全六八、時宗全書二、定本時宗宗典下〔刊本〕寛延三1750刊

**しじゅうにしょう-きょう　四十二章経**　一巻。後漢の迦葉摩騰《かしょうまとう》と竺法蘭《じくほうらん》の訳(一世紀)。日常実践の教訓と出家学道の大切なことを四二章に分けて説く。後漢の明帝が夢中に金人を見、月支国に使者を送って写したものという。歴代三宝紀巻四などでは白馬寺で訳され、中国最初の翻訳経典としているが、約一〇種の異本があり、訳語が新しく、東晋の道安の経録にのっていないために、今日では中国での偽作説が有力である。約一〇種の異本は、二系統に分けられる。⑴高麗・宋・元の大蔵経所収本(最も原本に近い)、⑵宋代以後の諸本の源流となる宝林伝本(唐代中期の宝林伝の巻首にある)で、これは宋代以後仏祖三経の一として禅宗で日用の経典に用いられている。一八七八年フェール Feer は漢訳・チベット訳・モンゴル語訳から、一八七一年ビール S. Beal は漢訳から英訳している。㊅一七、国一経集部三〔註釈〕真宗・御註、守遂・註、智旭・解各一巻、続法・疏鈔五巻

**しじゅうはちがん-しゃく　四十八願釈**　①詳しくは阿弥陀如来四十八願釈という。比叡山功徳院の静照(　—1003)の著。成立年不詳。無量寿経の四十八願の註釈。総別二門を分けて、初めに法蔵比丘発心の地位などを明らかにし、次に四十八願の願名をあげて略釈する。第十八願を念仏往生の願

と名づけて解釈しているのは源空の所説の先駆をなすものとして注意してよい。静照の著はほかに極楽遊意が現存する。続浄全一七 〔写本〕大谷大学蔵 ②五巻。安居院聖覚の著と伝えるが、長西録に見えないのでおそらくは後人の作であろう。成立年不詳。無量寿経の四十八願の一々を解釈したもので、いわゆる談義本の体裁をなす。〔刊本〕元禄三1690刊 ③良源、澄憲にも同名の書があった。

**しじゅうはちがんしょ-めぐり 四十八願所巡** 阿弥陀仏の四十八願にちなんで四八の寺院を巡拝すること。慶長1596—1615の頃、善峰寺(現京都市西京区)の源光が洛陽の四八寺を巡ったのに始まるという。天保1830—44の頃、専阿が西方四十八願所縁起を著わし、信濃善光寺から京都誓願寺に至る四八所を選んだ。その他、京都嵯峨清涼寺に始まり信濃善光寺に至る善光寺四十八願所や或いは江戸四十八願所もあるが、いずれもあまり普及しなかった。

**しじゅうはちがん-ようしゃく-しょう 四十八願要釈鈔** 二巻。証空(1177—1247)の著とされるが、偽撰とする説もある。成立年不詳。阿弥陀仏の四十八願について西山義独特の解釈をほどこしたもの。無量寿経の四十八願は一代諸経を収め、観無量寿経はこれを開いて広説し、阿弥陀経は結述すると見る立場から、四十八願を観経の十六観などの説に配して解釈している。仏全六三、西山全書二

**しじゅうはち-や 四十八夜** 四八夜をかぎって念仏にはげむ行事。四八は、阿弥陀仏の四十八願にちなみ、その間、三部経を講説し、念仏行に励む。平安時代から熱心な念仏信者によって行われてきたが、江戸時代に至り、名聞のために営む者などが生じ、浄土宗では不実の勤行を厳禁した。〔参考〕真如堂縁起、誓願寺縁起、浄土宗制条十箇条

**しじゅうはったい-ぶつ 四十八体仏** 明治一一年1878法隆寺から皇室に献納された五十数体の金銅仏(ただし一体は木像が混入)。重要文化財。東京国立博物館保管。法隆寺金堂日記によると、元来法隆寺に伝来した金銅仏は六三体であったが、承暦二年1078大和橘寺(現奈良県高市郡明日香村)所蔵の金銅仏四九体が移され、それらが散逸しつつ混同したものである。制作年代や様式は一様でないが、飛鳥時代から奈良時代までの種々の様式がみられる。なかには甲寅年594或いは654銘の釈迦像光背、辛亥年651銘の観音立像、丙寅年666銘の半跏像などがある。これらに四十八体仏の俗称があるのは、江戸時代に寺側で弥陀の四十八願と付会したのによるらしい。小金銅仏群の多様な様式は鋳造史上重要な遺品。

**しじゅう-ひゃくいんねん-しゅう 私聚百因縁集** 九巻(六巻本もある)。住信の撰(正嘉元1257)。インド、中国、日本にわたって経論書などから一四七条の因縁談を抄出して、説法の資料としたもの。巻一から四までがインド、巻五、六は中国、巻七、八、九が日本の部。文体は仮名交じりで引用文は原文のままである。なお正嘉元年は撰者四八歳で、弥陀の本願(四十八)の数に同じなので本書の作成を思い立ったという。仏全一四八 〔刊本〕承応二1653刊

**ししゅうまら-さん 尸収摩羅山** (巴)スンスマーラ・ギラ Suṃsumāra-gira (梵)シシュマーラ・ギラ Śiśumāra-gira の音写。設首婆羅山、失収魔羅山などとも音写する。町の名。仏陀はよくここに止住して菩提《ぼだい》(ボーディ Bodhi)王子や那拘羅《なくら》(ナクラピター Nakulapitā)長者などを教化した。阿那律《あなりつ》や目連《もくれん》もここに住して法を説いた。〔参考〕雑阿含経五・一九、Majjhima-nikāya I, II. Saṃyutta-nikāya III, V, Aṅguttara-nikāya II, III, IV

**じしゅう-ようぎ-しゅう 時宗要義集** 二巻。如海の著(正徳三1713)。問答体によって時宗の教義の綱要と歴史の伝統を述べる。仏全六九、時宗全書二 〔写本〕大谷大学蔵

**しじゅうよねん-みけんしんじつ 四十余年未顕真実** 法華経の開経といわれる無量義経に出ている語で、法華経において初めて真実の教えが説きあらわされたということ。即ち、教えをうける相手にそれをさとるだけの能力がないから、釈迦牟尼仏は成道の時から法華経を説いた時までの四十余年間、真実の教えを説くためのてびき(方

便)の教えのみを説いて、まだ真実は説きあらわさなかったということ。

**ししゅ-さんだん　四種三段**　日蓮宗の五綱のうち、教法について論じるものの一。経典解釈の際に経を序分・正宗分《しょうじゅうぶん》・流通分《るづうぶん》の三段にわける方法を応用して、仏教全般についてその中で最も中心となる教えを考え、仏教の要は妙法蓮華経の五字に他ならないとするものである〈⇩科文《かもん》〉。一代三段・一経三段・二経六段・本法三段の四種について論じるから四種三段といい、そのうちの二経六段とは迹門三段・本門三段を合わせたものであるから、これを分けていうときは五重三段という。(1)一代三段とは釈迦一代の教説を、法華経より前の諸経(序分)・法華三部一〇巻(正宗分)・涅槃経(流通分)とするもの。(2)一経三段はまた十巻三段ともいい、法華三部について、開経である無量義経と法華経序品(序分)・方便品から分別功徳品前半まで(正宗分)・同後半以下および結経である観普賢経(流通分)とするもの。(3)二経六段または十巻六段ともいい、迹門三段・本門三段で、迹門三段とは無量義経および法華経序品(序分)・方便品から授記品まで(正宗分)・法師品から安楽行品まで(流通分)、本門三段とは涌出品前半(序分)・涌出品後半と寿量品と分別功徳品前半(正宗分)・同後半以下および観普賢経(流通分)とするもの。(4)本法三段または文底三段《もんていさんだん》、法界三段《ほうかいさんだん》、観心三段《かんじんさんだん》ともいい、これにおいては諸仏や釈迦牟尼仏のあらゆる教説は本門の観心を説くための序分に当たり、涌出品後半と寿量品と分別功徳品前半との一品二半の文底の観心が正宗分、しかもこの文底の観心は妙法蓮華経の五字に他ならないから、この五字を伝えるものとしての以下の本門各品および観普賢経は流通分であるとする。即ち種・熟・脱の三益からいえば、末法の衆生にとっては妙法蓮華経の五字の他には仏性を開かせる種はないとして、すべての仏教を体系づけたのがこの本法三段であり、四種三段は結局これを浅から深へと順序だてて示したものである。

**ししゅ-さんまい　四種三昧**　智顗《ちぎ》の摩訶止観巻二に説く四種の三昧。心を一つの対象に専注して、正しく智慧を得るための実践(止観行)を、身体のたちいふるまいの形式から四種にわけたもの。常坐・常行・半行半坐・非行非坐の四で、この四種の行儀をてがかりとしていずれも実相(人生のまことのすがた)を観じる。(1)常坐三昧。文殊説般若および文殊問般若の両経の説に基づき、九〇日間坐ったまま心をしずめて、ただ一仏の名を称えるほか余事を行わずに実相を観じるもの。常坐の一行を修めるから一行三昧ともいう。(2)常行三昧。般舟三昧経の説に基づき、九〇日間道場内の仏像のまわりをあるきめぐって阿弥陀仏の名を念じ唱えるもの。この三昧を行うと、十方の諸仏が行者の前に来て立っているのを見ることができるというので般舟三昧《はんじゅざんまい》、仏立三昧《ぶつりゅうざんまい》(仏立は般舟の訳)ともいう。(3)半行半坐三昧。大方等陀羅尼経や法華経などに基づく三昧で、方等経によるのを方等三昧《ほうどうざんまい》、法華経によるのを法華三昧といい、前者は七日、後者は三七日(二一日)を期限として仏像の周囲をめぐり歩くことと坐禅とを兼ねて修め、その間礼仏・懺悔《さんげ》・誦経《ずきょう》などを行う。(4)非行非坐三昧。以上の三種以外のすべての三昧をいい、つまり身体の行儀は行住坐臥のいずれをも問わないもの。大品般若経に覚意三昧といい、慧思が随自意三昧と名づけるものはこれに属する。この三昧に約諸経観と約三性観との二種があり、前者は請観音経によって代表的に示され、後者は善・悪・無記の三性を観じるもので首楞厳経などに基づいて修められる。以上の四種のうち前の三種はいずれも実相の理観であるが、非行非坐三昧のみは事理の二観に共通する。これらの三昧を修めるための堂舎を四三昧院といい、とりわけ日本では常行堂・法華堂の両三昧堂が諸寺に建てられ、比叡山の常行三昧堂は日本浄土教と関係が深い。また日本天台宗では本尊などに関して多くの口伝《くでん》があり、別修の場合はそれぞれ(1)文殊・(2)阿弥陀・(3)普賢・(4)観音を本尊とし、通修の場合は通じて阿弥陀を本尊とするのを例とする。

**ししゅ-の-にょうやく　四種の饒益**

諸仏・菩薩が衆生を教えて利益するのに四種の差別があるのをいう。⑴相好《そうごう》を示して、これを観じる者に菩提心《ぼだいしん》をおこさせる。⑵法を説いて、これを聞く者を開悟入道させる。⑶変化の事《じ》を現じて、これを見聞する者に種々の法利を獲させる。⑷名号《みょうごう》を十方にひろめて、これを聞く者がつねに心にかけてわすれないようにさせ、それによって罪が滅びて善が生じ、生死《しょうじ》(迷いの生存)をまぬがれることを得させる。

**じじゅ-ほうらく　自受法楽**　仏がその広大なさとりの境地にある楽しみを自ら享受すること。仏陀はさとりを得て(成道)から、しばらくそのまま法楽を受用して坐していたと伝え、また唯識宗では諸仏の受用身のうち、自受用身についてこれを説く。⇩自受用《じじゅゆう》〔他受用〕

**じじゅゆう　自受用〔他受用〕**　仏がそのさとりの楽しみを自ら享受し用いる自利の面を自受用といい、他の衆生《しゅじょう》にその楽しみを享受させる利他の面を他受用という。仏の受用身《じゅゆうしん》にこの二面があり、また三身(法身・報身・応身)の中では報身の有する自受用・他受用の二面ともする。

**しじゅん　子淳**　(　—宣和元1119)北宋代末期の禅僧。姓は賈《か》氏。剣州(四川省剣閣県)の人。曹洞八世の道楷の法を嗣ぎ、南陽(河南省南陽県)丹霞山、その他に行化した。門下に真歇清了《しんげつしょうりょう》、宏智正覚《わんししょうがく》がある。偈頌にすぐれ、その頌古百則を元の従倫《じゅうりん》が評唱して、虚堂集《きどうしゅう》六巻とした。丹霞子淳禅師語録二巻(続二・二九・三)がある。〔参考〕普灯録五、五灯会元一四

**しじゅん　思淳**　(弘安元1278—貞治二1363)真言宗の僧。字は朴艾《ぼくがい》。我静《がじょう》と号する。戒律を修め大灯源智律師から法をうけた。相模の浄金剛寺および京都泉涌寺に歴住し、勅を奉じて宮中で戒経や三大部を講じた。観応年間1350—52鎌倉覚園寺に移る。〔参考〕律苑僧宝伝一四、本朝高僧伝六二

**しじゅん　思順**　生没年不詳。鎌倉時代の臨済宗の僧。天祐と号する。はじめ天台を学び、のち禅宗に帰した。南宋に渡り北磵居簡《ほくかんこかん》に参じて印可を得、一三年在留した。延応・宝治1239—49の頃、洛東に勝林寺を建てて、大慧宗杲《だいえそうこう》の禅を唱えた。〔参考〕延宝伝灯録一、本朝高僧伝一九

**し-しょう　四生**　生物の生まれる四種の形式。⑴胎生《たいしょう》(母胎から生まれること、人類や獣類など)・⑵卵生《らんしょう》(卵殻から生まれること、鳥類など)・⑶湿生《しっしょう》(湿気から生まれること、虫類など)・⑷化生《けしょう》(他に託するものがあってそれから生じるのではなく、自らの業力《ごうりき》によって忽然として化成すること、諸天と地獄および中有《ちゅうう》の有情《うじょう》)。

**ししょう　四姓**　古代インドにおける四種類の社会の階級。⑴婆羅門《ばらもん》。(梵)ブラーフマナ brāhmaṇa の音写で、婆羅門教《ばらもんきょう》の僧侶(および学者)である司祭階級。⑵刹帝利《せっていり》。(梵)クシャトリヤ kṣatriya の音写で、王族および士族の階級。⑶毘舎《びしゃ》。(梵)ヴァイシュヤ vaiśya の音写で、吠舎《べいしゃ》、吠奢とも書く。農工商などに携る平民階級。⑷首陀羅《しゅだら》。(梵)シュードラ śūdra の音写で、被征服者である奴隷の階級。釈尊はこの四姓の別を重んじず、「四姓の者も仏教に帰すればみな釈尊の弟子として釈種の子となることは、あたかも四大河の水がみな一つの海に注ぐようなものである」と説いた(増一阿含経巻二一)。

**し-しょう　四聖**　①声聞・縁覚・菩薩・仏をいう。六凡(地獄などの六道)とあわせて十界とする。②声聞の四果。即ち預流果《よるか》・一来果・不還果《ふげんか》・無学果(阿羅漢果)をいう〈⇩四向四果《しこうしか》〉。③禅宗で礼仏のとき請念する四尊、即ち阿弥陀仏・観世音菩薩・大勢至菩薩・大海衆菩薩をいう。

**じしょう　自性**　(梵)スヴァバーヴァ svabhāva の訳。①ものそれ自体の存在性のこと。他と混乱せず改変もしない独自の体性、本性をいう。四巻楞伽経《りょうがきょう》巻一には、集性自性・性自性・相性自性・大種性自性・因性自性・縁性自性・成性自性の七種自性を説く。ただし中論などでは、一切のものは因縁によって成るが故に無自性であるとして、自性を否定する。②因明《いんみょう》(論理学)では論証すべき命題(宗)の主語を自性という。③数論《すろん》哲学(サーンキヤ Sāṃkhya 学派)では神我《じんが》((梵)プルシャ puruṣa)と結合するこ

とによって一切の現象を展開する物質的原理、物質的根本因を自性という。これは㊵プラクリティ prakṛti の訳。

**じしょう　慈照**　（文永三1266―康永二1343）臨済宗の僧。京都白川の人。号は高山。勅諡は広済禅師。浄土寺で出家して天台・律を学んだが、禅に帰して心地覚心から印可をうけ、のち京都・鎌倉の諸師に参禅した。紀伊大慈寺などに住し、のち京都建仁寺の主となった。大雄・亀山・興禅・海蔵・延福・福城の諸寺を開いた。〔参考〕本朝高僧伝二六、高山照禅師塔銘

**しじょうこう-どうじょう-ねんじゅ-ぎ　熾盛光道場念誦儀**　一巻。北宋の遵式（963―1032）の著。成立年不詳。不空訳の熾盛光大威徳消災吉祥陀羅尼経によって、熾盛光仏頂法の壇場念誦法を解説したもの。⑴場所・道場・供物の選定についてのべ、⑵過去沙羅王如来の説かれた熾盛光大威徳陀羅尼を、誠心こめて受持読誦して、一切の災難を消滅する法を述べ、⑶修法者と道場の清浄を要請し、⑷呪法の際の心得を説き、⑸三業供養など七項にわたる儀軌をのべ、⑹持呪についての疑問を釈明し、⑺檀越たるべきものの心得をのべている。〈⇩熾盛光法《しじょうこうほう》〉㊅四六

**しじょうこう-ほう　熾盛光法**　熾盛光仏頂を本尊として修する秘法。妖星・天変地異・風雨災害などを鎮めるために行われる。円仁が唐から伝えたもので、台密で重んじる。熾盛光仏頂は、その毛孔からさかんな光焔を出して、日月星宿など光り輝く諸天を教令したり、折伏できるはたらきがあり、これを主尊とする曼荼羅を、熾盛光曼荼羅と称し、懸けて用いるものと壇上に敷いて用いるものとの二種がある〈⇩四箇秘法《しかひほう》②〉。〔参考〕熾盛光大威徳消災吉祥陀羅尼経（不空訳）、阿娑縛抄五八、覚禅鈔（熾盛光法の巻）

**し-しょうごん　四正勤**　正勤は㊵（サムヤク）・プラハーナ（samyak-）prahāṇa の訳。四正断、四意断ともいう。三十七道品《どうほん》の中の第二の行法で、四種の正しい努力のこと。⑴律儀断《りつぎだん》。まだ生じない悪を新しく生まれさせないように勤めること。⑵断断。すでに生じた悪を断とうと勤めること。⑶随護断。まだ生じない善を生まれさせるように勤めること。⑷修断《しゅだん》。すでに生じた善を増大させるように勤めること。これを「断」と称するのは、このような精勤努力が怠慢心を断ち、また障を断つからである。

**しじょう-さい　死杖祭**　活速祭《いくはやまつり》ともいう。刑死者を弔うためにおこなう追善祭。〔参考〕諸国年中行事一、雍州府志二

**じしょう-じ　慈照寺**　京都市左京区銀閣寺町。臨済宗相国寺派。境内にある観音殿（銀閣）にちなんで、俗に銀閣寺という。文明一四年1482将軍足利義政が浄土寺の旧地に造営した東山殿（東山山荘）を、延徳二年1490義政の没後、その遺言により禅寺として開創された。義政の院号にちなんで慈照寺と称され、住持に相国寺の室処和尚が任じられた。その後次第に衰退し、戦後末期には兵乱のために現存の銀閣と東求堂（持仏堂）を残すのみとなった。しかし、元和年間1615―24宮城丹波守豊盛により再建され、寛永一六年1639には豊盛の孫の宮城豊嗣が父の菩提のため方丈を建て銀閣を修理、次で新州西堂が堂宇を修覆した。なお、

慈照寺〈銀閣寺〉（都林泉名勝図会）

江戸時代以降、銀閣寺と称された。庭園は江戸初期に改変されているが、建物と共に東山文化を代表する遺構(国指定特別史蹟)。〔国宝〕銀閣(長享三1489造)、東求堂(文明一七1486造)　〔参考〕慈照寺記(顕常)、雍州府志四

**し-しょうしゅ　四聖種**　聖者になるための種子となる四つの行為。⑴衣服《えぶく》喜足聖種、⑵飲食《おんじき》喜足聖種、⑶臥具喜足聖種、⑷楽断楽修聖種。前の三は衣・食・住について、与えられたものに喜んで満足し、第四は貪愛を断ち聖道を修めるのを楽しむこと。

**じしょう-じゅ　自証寿〔化他寿《けたじゅ》〕**　真言宗で無量寿仏の寿命が無量であることを説明するのに、仏が自ら悟った法身《ほっしん》が常住不変である点からいうのを自証寿といい、教化される衆生《しゅじょう》つまり他の際限がない点からいうのを化他寿という。

**し-しょうじょう　四証浄**　四種証浄のこと。四不壊浄《しふえじょう》、四不壊信、四信という。無漏智をもって四諦《したい》の道理つまり仏教の真理を悟ったとき(見道)に、仏・法・僧の三宝と戒とに対して壊れない堅固な浄信を生じること。つまり⑴仏証浄、⑵法証浄、⑶僧証浄、⑷聖戒証浄。

**じしょう-しょうじょう-しん　自性清浄心**　われわれの心は本来の姿において清浄であるとして、これを心性本浄《しんしょうほんじょう》といい、その心を自性清浄心という。小乗では大衆部《だいしゅぶ》などの説。大乗ではこの心を如来蔵心、仏性《ぶっしょう》と名づける。心は本来は清浄であっても、現実においては煩悩《ぼんのう》に覆われて汚されている。この煩悩は本来はあるべきものでなく客分のようなものであるから客塵煩悩《かくじんぼんのう》という。塵は煩悩が微細で動揺することを塵垢に喩えたもの。

**じしょうしょうた　自障障他**　間違った教えを信じて自己を障害するのみならず、他人をも障害すること。自損損他ともいう。

**じしょう-せっぽう　自証説法**　一巻。自証説法十八段論草ともいう。聖憲(1307—92)の著。成立年不詳。大日経を本地身の説法であるとする真言宗古義派の自証説を、大日経疏などの文を根拠にして批判し、加持身の説法とみる新義派の加持説を明らかにした書。㊅七九〔刊本〕寛永一〇年1633刊

**ししょう-の-ぼさつ　四摂の菩薩**　金剛界曼荼羅《まんだら》三十七尊のうちの金剛鉤《こんごうこう》・金剛索《こんごうさく》・金剛鏁《こんごうそう》・金剛鈴《こんごうれい》の四菩薩をいう。魚をつるとき、まず鉤を用い、索でこれを引き、さらに鏁《くさり》で縛り、満足し歓喜して鈴を振るのに譬えて、菩薩が衆生《しゅじょう》を摂《おさ》めとるために、まず衆生を誘引し、法界宮《ほっかいぐう》つまり大日如来の宮殿に引き入れ、これを逃げて行かないように縛り、歓喜する姿を示す。顕教《けんぎょう》における四摂法《ししょうぼう》に相当する。

**し-しょうぼう　四摂法**　摂法は㊵サングラハ・ヴァストゥ saṃgraha-vastu の訳。四摂事、四事摂法、略して四摂ともいう。菩薩《ぼさつ》が衆生《しゅじょう》を摂受して親愛の心を起こさせ、菩薩を信頼させて、ついに仏道に引き入れるための四種類の行為。⑴布施(財や法を施すこと)、⑵愛語(やさしい言葉をかけること)、⑶利行《りぎょう》(衆生を利益《りやく》する種々の行為)、⑷同事(衆生に近づいて衆生の中に入り、衆生と苦楽をともにし事業を同じくすること)。

**じしょう-ゆいしん　自性唯心**　心外に法なく、すべてのものが、ただこれ自己の本性としての心のみであること。

**し-しん　四信**　①真如《しんにょ》を信じ、仏と法と僧との三宝を信じること。大乗起信論に説かれている。②天台宗で、仏在世の時の弟子の信を四段階に分けたもの。法華経分別功徳品の説にもとづく。⑴ただ仏の教えを信じるだけで、まだ他人に向かって説くことのできないもの。⑵仏の教えを言葉や意味の上から大体において了解しうるもの。⑶自ら深く了解し、進んで他人のために説き得るもの。⑷了解した教法を自ら観じて体得するもの。日蓮宗でもこの説に従う。③往生について、他の非難によってゆらぐことのない四種の信心。親鸞の愚禿鈔下本に出ている。⑴往生の信心、⑵清浄の信心、⑶上上の信心、⑷畢竟不起一念疑退之心(ついに少しも疑いたじろぐ心の起こることのない信心)。

**ししん　死心**　(慶暦三1043—政和四1114)北宋代末期の禅僧。姓は王氏。諱は悟新。韶州曲江(広東省曲江県)の人。黄竜二

世の晦堂祖心の法を嗣ぎ、黄竜山(江西省南昌県)に住した。詩人黄山谷と交わった。死心悟新禅師語録一巻がある。〔参考〕続灯録二〇、僧宝伝三〇(補)、普灯録六

**じしん　侍真**　祖塔の真影に給仕する僧。真は祖師の影像(真影)の意。

**じしん　慈心**　生没年不詳。承安1171—75年間頃の人。天台宗の僧。字は尊慧。叡山で天台の教観を学び法華三昧を修め、のち摂津清澄寺、有馬温泉寺などに住したという。閻羅王の請によって冥土での法華十万部会の導師をつとめ、その後、法華経の読誦と阿弥陀仏の称名とにはげんだと伝える。〔参考〕本朝高僧伝六八

**じしん　慈信**　①生没年不詳。延喜901—923の頃の人と伝える。神異が多く、鉢を飛ばして食を乞うたので世に空鉢上人といった。摂津中山で、聖徳太子が百済の仏工に命じて刻ませた十一面観世音を拝し、霊夢を蒙ってそれを山城の山崎に移し、一宇を建てたのが宝積寺(俗称宝寺、現京都府乙訓郡大山崎町)であるという。〔参考〕元亨釈書一四、本朝高僧伝六四　②⇩善鸞《ぜんらん》

**ししん-き　私心記**　九巻。実従の著。天文元年1532から永禄四年1561におよぶ日記(所々に欠がある)。実従は蓮如の子で、本願寺の重職である御鑑役を勤め、当時の本願寺の事情を知るには、証如の天文日記とならんで、重要な史料である。なお堺本(続真系一五)は石山本願寺日記下巻所収本の欠を補っている。石山本願寺日記下、真全六九、真宗史料集成三　〔写本〕西本願寺蔵(一部自筆本)、大阪府堺市真宗寺蔵(ただし抄本)

**じしん-きょうにんしん　自信教人信**　自ら信じ、他に信じさせること(「教」は助字で「しむ」の意。教えて何々させるの意であるが、実字ではないから「おしえ」とよむべきではない)(善導の往生礼讃)。

**し-じんしかん　四尋思観〔四如実智観〕**　唯識宗において、実践修行の階位を五位に分けるうち、第二の加行位《けぎょうい》において修める唯識の観法のこと。認識の対象である名《みょう》・義(名によって詮わされるもの)・自性《じしょう》(自体、体性)・差別《しゃべつ》(すがた、はたらき)の四法が、仮の存在(仮有《うけ》)であり実無であると尋求し思察する観法を四尋思観といい、認識の対象が仮有であり実無であることを尋求思察してから、さらに明確に印可決定《いんかけつじょう》(確認。思い定めること)し、またこのように観じる心(能取の心)する仮有実無であると印可決定する観法を四如実智観という。前者は四善根位のうち、煗《なん》・頂《ちょう》の前二位において、後者は忍・世第一法の後二位において修められる。⇩四善根位《しぜんごんい》

**ししん-しょう　私新抄**　一三巻。日隆(1385—1464)の著。成立年不詳。本勝迹劣の立場にたつ八品派《はっぽんは》(本門法華宗)の主張を明らかにしたもの。一三〇条余の各条に口伝相承をあげて、独自の本門八品上行要府の宗義を論述し、本因下種信行歓心の宗要を説く。日蓮宗宗学全書(本門法華宗部一)

**じせい　辞世**　この世に別れを告げるにあたって自分の心情を述べて作った偈頌・詩・和歌・俳句など。北宋時代から禅宗または浄土教の人が創めたものらしく、日本では鎌倉時代以後特にさかんに行われた。

**じせい-かい　自誓戒**　一巻。源信(942—1017)の著。成立年不詳。梵網経・法華経・瓔珞経などにより、菩薩大戒を現前伝戒和尚なくして自誓受戒する作法を記した書。恵心僧都全集五

**じせいさんごう-かいじゅんしょうぼう　治世産業皆順正法**　世間の日常生活における職業などの俗事も、すべて仏教の正しい道にかなっているということ。法華経巻六法師功徳品に「もし俗間の経書、治世の語言、資生の業務を説くも皆正法に順ず」とあるのから出た語。

**じせ-きょう　持世経**　四巻。後秦の鳩摩羅什《くまらじゅう》の訳(五世紀初頭)。チベット訳もある。持世菩薩(ヴァスダラ Vasudhara)の問いに応じて、五蘊・十八界・十二処・十二因縁・四念処・五根・八聖道・世間出世間・有為無為法などについて大乗的立場から解説する。㊅一四、国一経集部三

**しせつ　指節**　インドの尺量の単位。七穬麦《こうみゃく》の量をいう。また三指節を一指とし、一二指節を一磔手《ちゃくしゅ》とし、二四指節を一肘《いっちゅう》とする。一肘はおおよそ五〇センチ余りに相当する。

**しせつ-しゅう　師説集**　一巻または四巻。政春の撰(仁平—保元年間1151—59)。師の相実(台密法曼流の祖)が曼荼羅供・灌頂・雑口・十八道・胎蔵・金界・合行などを講伝したのを筆録したもの。のち政春三代の法孫の公淵が、これを校合し註を加えている。〔写本〕寛永寺蔵

**し-せろん　支施崙**　生没年不詳。東晋代の訳経家。月支の人。優婆塞《うばそく》であって、諸経に通じ、特に方等三昧をよくした。咸安三年373涼州に来て帛延らの助けにより首楞厳経二巻など四部を訳した。〔参考〕出三蔵記集七(首楞厳後記)、開元録四

**しせん　子璿**　(乾徳三965—宝元元1038)北宋代の華厳宗の僧。長水大師、楞厳《りょうごん》大師ともいう。二水四家の一人。杭州銭塘(浙江省臨安府銭塘県)の人。洪敏に楞厳経を、慧覚に禅を学び、のち長水に住して華厳の教観を宣布した。門人に浄源がある。著書、首楞厳義疏二〇巻、金剛経纂要刊定記六巻、起信論疏筆削記二〇巻など。〔参考〕釈門正統八、仏祖統紀二九、普灯録三

**しせん　紙銭**　陰銭《いんせん》、寓銭《ぐうせん》ともいう。紙を切って銭形にしたもの。①禅宗ではこれを多くつないで、祈禱または盂蘭盆会《うらぼんえ》のとき、経馬《きんま》などとともに堂の柱にかけ、法会が終ってからこれを銅鉢内で焼き、鬼神に贈る。②中国では漢魏以来、死者を葬るとき死者のために棺に銭を入れる習慣があった。これを瘞銭《えいせん》という(瘞は埋めること)。後世の六道銭《ろくどうせん》である。のちに通貨の埋没が禁止されたので、紙銭を用いるようになった。③死者の罪業を軽くするために、冥土の庫へ納める目的で死者に持たせてやる紙銭を寄庫銭《きこせん》という。

**しぜん　四禅**　新訳では四静慮《しじょうりょ》という。初禅(新訳では初静慮、以下これに準じる)・第二禅・第三禅・第四禅の総称。色界《しきかい》の禅定《ぜんじょう》にこの四階位がある。これをまとめて定静慮《じょうじょうりょ》といい、これに対してこれらを修めることによって、それぞれ色界の四禅天〈⇩天《てん》〉に生まれて得る果報を生静慮《しょうじょうりょ》という。四禅の差別は禅定に伴う心所《しんじょ》(心のはたらき)などの有無によって立てられる。⑴初禅では尋(旧訳では覚)・伺(旧訳では観)・喜・楽・定(心一境性)の五支(五つの要素)があるが、⑵第二禅に入れば尋・伺は滅して内等浄を加え、⑶第三禅に入れば喜が滅して行捨・正念・正慧・受楽・定の五支となり、⑷第四禅では楽も滅して行捨・念清浄・非苦楽受・定の四支となる。それぞれの静慮それ自体は根本定といわれ、これに対してその加行《けぎょう》つまり入門となる準備的段階を近分定《ごんぶんじょう》と呼ぶ。ただし初禅の近分定は未至定と呼ばれるから、四禅について未至定と三の近分定と四根本定とがある。初禅の根本定までは尋も伺もあるから有尋有伺定、初禅の根本定と第二禅の近分定との中間に中間定《ちゅうげんじょう》があって、これは無尋唯伺定(尋が滅してただ伺のみある定)、第二禅の近分定以上はまとめて無尋無伺定と呼ばれる。第四禅に入れば八災患《はっさいげん》(尋・伺・苦・楽・憂《う》・喜・出息・入息の八。禅定を動乱させるもの)を離れるから、第四禅をまた不動定と呼び、これに対してそれ以下を有動定《うどうじょう》という。四禅を得て増上慢を起こし、「われは四沙門果(預流果・一来果・不還果・阿羅漢果)を得た」と称した比丘のことが大智度論巻一七に出ており、これを四禅比丘《しぜんびく》という。

**しぜん　廝禅**　廝は他に使役される賤夫のこと。他人のいった文句ばかりを伝え口ずさんで、それを禅と心得て人に説くのをいう。

**じせん　慈泉**　(正保二1645—宝永四1707)浄土宗西山派の僧。京都の人。俗称は岩越氏。字は洞空。安養寺慈空に師事。浄心誡観を読んで浄土宗徒も戒律を厳守しなければならないと痛感し、覚彦《かくげん》から大乗戒をうけ、生涯を円頓戒の普及につとめた。延宝年間1673—81禅林寺の補処に選ばれたが、三年後に双岡知足庵に隠住した。一時、異端として南都に責められたが、晩年は東山方広寺の近くに寓居した。著書、浄土護法論二巻、天台戒疏順正記四巻、古迹記撮要六巻、梵網経註など。〔参考〕続日本高僧伝九

**しぜんごん-い　四善根位**　修行階位の名。①有部《うぶ》では、初めて無漏《むろ》の慧が生じて四諦《したい》の理(仏教の真理)を明了に見る(現観する)位を見道というが、その見道に

入るための準備としての、見道直前の位がこの四善根位である。それ故にこの位において修める有漏《うろ》の善根は、無漏の聖道《しょうどう》(決択《けっちゃく》)の一部分である見道をもたらす(順益する)はたらきがあるから、順決択分《じゅんけっちゃくぶん》といわれる。またこの位は内凡位、四加行位《けぎょうい》ともいわれ、三賢位《さんげんい》(外凡位《げぼんい》)と合わせて七方便位という。ともに凡夫位であり、これに対して見道以後を聖者位とする。四善根位は煗位《なんい》(煗法)・頂位(頂法)・忍位(忍法)・世第一法位の四位に分けられる。煗位とは、あたたかみ(煗)が火の前ぶれであるように、煩悩《ぼんのう》を焼き亡ぼす見道の無漏慧の火に近づいてその前ぶれとして有漏の善根を生じる位であって、欲界および上二界の四諦を観じ、十六行相《ぎょうそう》を修めて有漏の観慧を生じる。この位に至ると、たとえ退いて善根を断ち、悪業を作って悪趣《あくしゅ》におちても、いつかは必ず涅槃《ねはん》の証に至りうるとされる。頂位とは、動揺があり不安定な善根(動善根)のうちで最上の善根を生じる絶頂の位であり、進むか退くかの境目にあり、四諦十六行相を修める。この位に至ると、たとえ退いて地獄におちても、善根を断つことはない。忍位は四諦の理を明確に認め、ここまでくれば善根が定まって動かない(不動善根)位であって、悪趣に落ちることがない。このうち、下忍位では四諦十六行相を修め、中忍位では逐次に観行を省略(減縁減行《げんねんげんぎょう》)して、ついに最後に残された欲界の苦諦の一行相(観ずる人の根機の利鈍によって四行相のうちのいずれの一行相かは一定しない)を二刹那《せつな》に観じ、上忍位ではそれを同じくその一行相を一刹那に観ずる。上忍位に至ると五種不生《ごしゅふしょう》を得る。つまり生(卵生・湿生)・処(無想天・大梵王処・北倶盧洲《ほっくるしゅう》)・身(扇搋《せんだ》・半択迦《はんちゃか》・二形《にぎょう》)・有(欲界の第八有及び色界の第二生)・惑(見惑)において不生である。これに下忍位においてすでに得た趣不生、つまり悪趣に生じないことを加えて六種不生《ろくしゅふしょう》という。世第一法位とは、世間即ち有漏法中の最上の善根を生じる位で、上忍法と同じ欲界の苦諦下の一行相を修め、次の刹那には見道の位に入って聖者となる。この四種の善根は見道無漏の善を生じる根本となるから善根と称し、修慧を体とし、四静慮《しじょうりょ》および未至・中間《ちゅうげん》の六地を所依とする。②唯識宗では、実践修行の階位を五位に分けるうちの第二の加行位《けぎょうい》が、この四善根位である。この位において名《みょう》・義・自性《じしょう》・差別《しゃべつ》の四について尋思観と如実智観とを修める。つまり煗位においては明得定《みょうとくじょう》を修めて認識の対象である名などの四を空無なりと尋求し思察する。それ故に煗位の行者を明得の薩埵《みょうとくのさった》という。頂位においては明増定《みょうぞうじょう》を修めて、さらにいっそう勝れた観智をもって同様に観ずる。以上が尋思観である。次に、忍位において印順定、世第一法位において無間定《むけんじょう》を修めて、認識の対象のみならず、そのように観ずる識そのものも空無であると明了に確認決定する。これが如実智観である。⇩四尋思観《しじんかん》〔四如実智観〕

**しぜん-びく　四禅比丘**　四禅を得たのを四果を得たと思い誤り、増上慢を起こして命終の涅槃がないと考え、地獄に落ちたといわれる比丘。無聞比丘とも称する。涅槃を否定する見解の一例としてあげられ、また増上慢を誡めるための例としてあげられる。〔参考〕大智度論一七、摩訶止観四上

**じ-ぜんびょう-ひよう-ほう　治禅病秘要法**　二巻。劉宋の沮渠京声の訳(孝建二455)。寂静処に坐して禅定を修する人の種々の病を治す法を説く。一二の短経を一部に集成したものらしい。㊅一五

**し-そう　四相**　①有部の説。生《しょう》・住・異・滅の四をいう。また生相・住相・異相・滅相ともいい、合わせて四相、四有為相《しういそう》と称し、心不相応行法に属する。一切の有為法はすべて無常な存在で、未来の位から因縁の力によって現在の位に生じて来るが、その生じた次の瞬間には滅して、過去の位に去って行く。この過去の位に去って行くことを落謝または謝滅という。このように有為法は無常であって未来・現在・過去の三世に流されるが、そのとき未来の位から現在の位に生じさせるものを生とも生相ともいう。同様に有為性を現在の位に止住させるものが住または住相、現在の位において

変異させるものが異または異相、現在の位から過去の位へ消滅させるものが滅または滅相である。一切の有為法はみなこの四相をもっているが、この四相自体も有為法であるから、これを生住異滅させる法がなくてはならない。これを生生・住住・異異・滅滅といい、随相または小相と呼ぶ。これに対して生・住・異・滅を本相または大相ともいう。従って、すべて有為法が生じるには、九法(もとの法と四本相と四随相)が同時に生じるが、そのうち、四本相は各八法(本法と、自らを除く他の三本相と、四随相と)に作用を及ぼし、四随相は各一法(それぞれの本相)のみに作用を及ぼす。これを八一有能《のう》または八一功能《くのう》という。②生・住・異・滅の四を人間の一生涯の上で理解して、生相・住相・老相・死相と名づけ、これを一期《いちご》相続の有為相、麁《そ》の有為相という。阿含経に説くのは、このうちで住相を除いた他の三有為相である。また生・老・病・死の四苦を一期の四相、麁の四相ともいう。これらに対して①に述べた四相を刹那《せつな》の有為相、細の四相という。③我相・人相《にんそう》・衆生相《しゅじょうそう》・寿者相の四。衆生が、その心身よりなる個体に対して、誤って執著する四つの相。

**じそう　自相**　⇩共相《ぐうそう》

**じそう　字相〔字義〕**　密教で、真言《しんごん》の文字を観ずる場合の文字の解釈法。つまり真言の文字の形、音、表面的な意味について観じるのが字相、それがもっている深い意義について観じるのが字義である。また字相は顕で、世間日常の文字であり、字義は密で、出世間陀羅尼《だらに》の文字であるともする。

**じそう　事相**　⇩教相《きょうそう》

**じぞう　事造**　⇩理具《りぐ》

**じぞう　慈蔵**　生没年不詳。新羅の僧。姓は金氏。はじめ戒行と神異を以て知られたが、善徳女王七年638に入唐して五台山に上り、文殊の示現を受け、勅によって長安の勝光寺に住し、終南山雲際寺にも庵居した。同一二年に大蔵経一部を持って帰国し、国王の帰依をうけて通度寺に戒壇を興した。また菩薩戒本、摂大乗論などを講じ、大国統に任じられ、次いで僧統になった。著書、四分律羯磨私記一巻、十誦律木叉記一巻、観行法一巻など。〔参考〕三国史記五、三国遺事三、続高僧伝二四

**じぞう-いん　地蔵院**　①三重県亀山市関町新所。真言宗御室派。九関山宝蔵寺と号する。関の地蔵として有名。延長五年927宥応が現地に堂を建てて行基手刻の地蔵菩薩を安置したと伝え、のち焼失し文明四年1472再建再刻し、一休宗純が開眼供養したという。現堂宇は元禄九年1696の再建。〔重文〕愛染堂(旧本堂)　②岩手県西磐井郡平泉町平泉。中尊寺の一坊。〔国宝〕孔雀文磬〔重文〕蓮華唐草文蒔絵大壇、金銅千手観音像御正躰、椿彫木彩漆笈　③栃木県芳賀郡益子町上大羽。旧称は阿弥陀寺。大羽山と号し、真言宗智山派。元久二年1205寂心の開基といわれ、宇都宮氏の菩提寺であった。〔重文〕本堂　④京都府宇治市白川。延命山と号し、浄土宗。創建年は不詳であるが、中世末期に白川村惣堂として開創。寺宝として金色院(近世に廃寺)の旧仏を多く所蔵し、白山神社の旧仏二軀(重文)も安置する。〔重文〕板彫両界曼荼羅、銅造阿閦如来立像、同阿弥陀如来及脇侍像、同釈迦如来坐像、同大威徳明王像、木造観世音菩薩坐像、同阿弥陀如来立像　⑤愛知県名古屋市熱田区田中町。金宝山と号し、真言宗豊山派。文保元年1317旗屋の地に亀命寺と号して創建。文和年間1352―56現寺名に改め、天正四年1576現地に移転した。〔重文〕絹本著色騎馬武者像(伝足利尊氏像)

**じぞう-えんぎ-えまき　地蔵縁起絵巻**　平安後期以降、地蔵信仰が次第に隆盛すると種々の地蔵霊験譚が説かれるようになり、これが鎌倉時代以後になると絵巻化される。現存諸本はおおよそ二系統に分類される。(イ)さまざまな場所の地蔵霊験譚を集めた絵巻で、東京国立博物館本(一巻、鎌倉後期作、中国宋代の地蔵菩薩像霊験記を題材とする)、アメリカのフリア美術館本(一巻、鎌倉中期作か)、京都法然寺旧蔵本(一巻、鎌倉末期作)、群馬妙義神社本(一巻、鎌倉末期作、重文)など。(ロ)ある特定寺院の地蔵菩薩の縁起・霊験譚を説いた絵巻で、矢田地蔵縁起(二巻、鎌倉末期作。京都矢田寺蔵、重

文)、星光寺縁起(二巻、室町中期作。東京国立博物館蔵、重文)など。〔複製〕新修日本絵巻物全集二九(フリア美術館蔵・矢田地蔵縁起・星光寺縁起)、続日本絵巻集成一二(フリア美術館蔵)

**じそう-きゃくりゃく　事相隔歴**　現象界ではあらゆるものごとが互いに差別していて、とけあっていないこと。⇩教相《きょうそう》

**じぞう-こう　地蔵講**　地蔵信仰にもとづく講。その原型は地蔵悔過《けか》や地蔵会《え》にあるといわれる。毎月二四日に地蔵を念じ、その名号を唱え、西方浄土への極楽往生を祈願する。浄土思想の高揚と共に地獄・極楽の観念が浸透し、各地にその講が形成された。特に女性の講が多いのは、地蔵は女人を助けるという信仰から出たもので、子安《こやす》信仰と結び付いて主婦の集会にも発展している。

**しそう-じ　至相寺**　中国陝西省西安府終南山にあった寺。隋初の彭淵の創建。門下の法琳・智正らが住し、唐初に智儼が来て華厳の講学につとめた。世に智儼を至相大師という。〔参考〕続高僧伝一一・一四

**じぞう-ぼさつ　地蔵菩薩**　㊵クシティガルバ Kṣitigarbha の訳。枳師帝掲婆《きしていがつてば》と音写する。仏陀入滅後、弥勒菩薩が成道するまでの間、無仏の世に声聞僧の形になって六道の衆生を救済する菩薩。その源流はインドのバラモン教神話の地神で、大地を擬人化したもの。密教における胎蔵曼荼羅地蔵院の主尊としての像容は菩薩形で、左手に如意宝幢、右手に宝珠を持つが、のちには左に宝珠、右に錫杖を持つ比丘形に一定した。中国では三世紀末の西晋代に地蔵信仰があったといい、唐代には観音信仰と共にさかんになった。日本では八世紀頃すでに信仰され、平安末期にはさかんになったことが今昔物語集で窺え、多くの造像がなされた。鎌倉時代以後は民間信仰の賽《さい》の河原の説話と結びつき、絵巻物・狂言にも収められ、六(体)地蔵巡り、六地蔵詣りが始まる〈⇩六地蔵《ろくじぞう》〉。江戸時代には平安末期の偽経延命地蔵菩薩経と賽の河原の信仰とによって、子供と縁の深い子安地蔵・子育地蔵などがある。地蔵盆(地蔵まつり)は主として近畿で盛んに行われ、現在も盛んである〈⇩地蔵盆《じぞうぼん》〉。なお無数の分身に変化して衆生を救う千体地蔵、六道の衆生を救う六地蔵、延命地蔵などがある。〔参考〕仏説大乗大集地蔵十輪経、仏説地蔵本願経、占察善悪業報経、覚鑁・地蔵講式

六地蔵（別尊雑記）

**じぞうぼさつ-ぎぎ　地蔵菩薩儀軌**　一巻。唐の輸婆迦羅《しゅばから》(善無畏637—735)の訳。地蔵菩薩の神呪・画像法・印などを説く密教経典。㊅二〇、国一大集部五

**じぞうぼさつぞう-れいげん-き　地蔵菩薩像霊験記**　一巻。常謹の著。中国における地蔵菩薩の霊験譚三二をあつめる。跋文によると北宋の端拱二年989の成立とあるが、南宋の隆興年間1163—64の説話が載せられている。おそらくは著者が業半ばで没し、後人が追補して世に出したものであろう。㊎二乙・二二・二

**じぞうぼさつ-だらに-きょう　地蔵菩薩陀羅尼経**　一巻。訳者不詳。地蔵菩薩の誓願を明らかにし、陀羅尼とその功徳を説く。㊅二〇、国一大集部五

**じぞうぼさつ-ほんがん-きょう　地蔵菩薩本願経**　二巻。唐の実叉難陀《じっしゃなんだ》の訳と伝えるが疑問があり、中国撰述といわれる。地蔵菩薩が六道の中であらゆる方便を用いて、罪苦に沈んでいる衆生を済度したいとの誓願を発したことを述べる。この経には、偽経とされる随願往生経によったと認められる教説があり、また偽経である地蔵十王経はこの経に拠っている。㊅一三〔註釈〕岳玄・科註一巻、霊耀・綸貫一巻、同・科註六巻、真常・手鑑六巻

**じぞうぼさつ-れいげん-き　地蔵菩薩霊験記**　一四巻。説話。実睿の原撰本(二巻二四条は鎌倉初期までに成立か)を良観が改編(江戸初期か)。インド・中国・日本における地蔵菩薩の霊験譚一五二話を集めたもので、平易な漢字片仮名交り文で書かれている。初めの三巻は三井寺上座実睿の編で地蔵菩薩霊験記と称し、巻四以下は良観による続編で地蔵菩薩三国霊験記と題する。続群二五下(巻一・二)〔刊本〕貞享元1684刊(「三国因縁地蔵菩薩霊験記」と題する)

**じぞう-ぼん　地蔵盆**　旧暦七月(新暦八月)二四日、近畿地方を中心に行われる地蔵祭。本来は悪霊を塞ぐための道祖神祭(辻祭、塞の神祭)であったが、道祖神の地蔵との形態的類似から地蔵祭となり、さらに京都愛宕山の地蔵祭が旧六月二四日に行われたが、これが七月に移行してから地蔵盆といわれたとされる。現在、京都を中心とする近畿地方では八月二三、二四日に各町内ごとに石地蔵を安置し、子供を集めて灯明・供物などを供えて祭る。また当日、六地蔵巡りを行う風習がある。⇩地蔵菩薩《じぞうぼさつ》

地蔵祭（難波鑑）

**しそ-ざん　四祖山**　中国湖北省黄州府黄梅県の西北にある山。双峰山、破頭山とも称する。唐の武徳七年624禅宗の四祖道信がこの山に住してからこの名が起こった。また五祖山の西に当たるので、西山ともいう。山中に正覚寺がある。道信の庵室のあった跡で、四祖寺とも呼ぶ。⇩六地蔵《ろくじぞう》

**じそん-いん　慈尊院**　和歌山県伊都郡九度山町。高野山真言宗。下院《げいん》(高野を上院というのに対する)、結縁寺ともいう。弘仁年間810—24空海が母のために慈氏寺を建て、別に十二社権現を勧請して神通寺を営み、これを総称して慈尊院と名づけたといい、母公を祀る霊廟がある。高野山の什物雑事の出納を司った政所が置かれていた。〔国宝〕木造弥勒坐像〔重文〕弥勒堂〔参考〕高野春秋編年輯録一・七、紀伊続風土記二二

**じそん-そんた　自損損他**　自利利他の反対で、自らを損じまた他をも損じること。自障障他ともいう。善導の般舟讃には、「此の貪・瞋の火を縦《ほしいまま》にすれば、自ら損じ他人を損ず」とある。

**シーター　Sītā**　大叙事詩ラーマーヤナ Rāmāyaṇa の主人公ラーマ Rāma の妻。ヴィデーハ Videha の王ジャナカ Janaka の娘で、ラーマに嫁いだ。ラーマが奸計によって宮殿を追放されたとき、夫に従って流浪の生活に入り、ランカー Laṅkā 島に棲む羅刹の王ラーヴァナ Rāvaṇa に掠奪されたが、ラーマ軍と羅刹軍との大激闘のすえに救出された。⇩ラーマーヤナ

**したい　四諦**　①諦は㊵サトヤ satya ㊴サッチャ sacca の訳で真理の意。詳しくは四聖諦《ししょうたい》、四真諦と称し、四種の間違いのない真理をいう。四諦は大体、十二縁起説の表わす意味を教義的に組織したもので、原始仏教の教義の大綱が示されている。これは「最勝法説」とも呼ばれ、仏陀が最初の説法(初転法輪)で説いたとされている。四つの真理の第一は「迷いのこの世はすべてが苦である」ということ、第二は「苦の因は求めて飽くことのない愛執である」ということ、第三は「その愛執の完全な絶滅が苦の滅した窮極の理想境である」という

こと、第四は「このような苦滅の境に趣くためには八聖道《はっしょうどう》の正しい修行道によらねばならない」ということで、これら四は順序通り苦聖諦・苦集聖諦《くじゅうしょうたい》・苦滅聖諦・苦滅道聖諦といわれ、略して苦諦・集諦《じったい》・滅諦・道諦ともいう。この苦集滅道《くじゅうめつどう》の四諦のうちで、苦と集は迷妄の世界の果と因とを示し、滅と道は証悟の世界の果と因とを示す。四諦の理が三段階、各四種の行相《ぎょうそう》をもって説かれるとき、これを三転十二行相と称する。三転のうち第一転は「これは苦諦（集・滅・道諦）なり」との示転、第二転は「この苦諦（集・滅・道諦）は偏知（永断・作証・修習）されるべきなり」との勧転、第三転は「この苦諦（集・滅・道諦）は已に偏知（永断・作証・修習）されたり」との証転であり、十二行相とはこれらの三転に、それぞれ眼《げん》と智と明《みょう》と覚（正しい智慧による理解を意味する四つの同義語）の四行相を設けて、各諦に一二の行相があるとするのである。しかし他の理解によれば眼智明覚を考慮せず、一諦について三転があるから四諦全体として一二の行相があるとも解釈する。②有部《うぶ》教学の修証論では、まず四善根位において四諦の一を観じるのに四種の行相《ぎょうそう》があり、合わせて十六行相をもって四諦を観じる。即ち苦諦においては非常・苦・空・非我（恒存性がなく、苦であり、仮の存在で、実体性がない）の四行相、集諦においては因・集《じゅう》・生《しょう》・縁（愛執は苦の原因であり、苦を集起させ、生まれさせ、苦の助縁である）の四行相、滅諦においては滅・静・妙・離（苦滅の理想境は繋縛を滅し、煩悩《ぼんのう》を静め、殊妙の境地で、災禍を離れている）の四行相、道諦においては道・如《にょ》・行《ぎょう》・出（苦滅への聖道は聖者実践の正道であり、正理にかない、理想境に向かい、迷いの生存を超出するものである）の四行相である。この四善根位の次に見道に入り、無漏の真智をもって四諦を現観する。この見道は預流向《よるこう》であって、預流果以後は修道に属するが、この預流向・預流果を通じて十六心によって四諦を現観するのである。これを聖諦現観と称する。そのうちで最後の第十六心だけが預流果に属し、前の十五心は見道に属する。まず欲界の四諦を観じる智を法智といい、上二界（色界と無色界）の四諦を観じる智を類智というが、この法智と類智とにおのおの忍と智とがある。つまり無間道《むけんどう》において忍をもって煩悩を断ち（断惑）、解脱道《げだつどう》において智をもって真理を証する（証理）のである。苦諦についていえば、苦法智忍（略して苦法忍ともいい、これによって欲界の苦諦を現観して苦諦に迷う煩悩を断つ）・苦法智（これによって欲界の苦諦を現観して苦諦の理を証する）・苦類智忍（略して苦類忍ともいい、これによって上二界の苦諦を現観して煩悩を断つ）・苦類智（これによって上界の苦諦を現観して理を証する）の四心によって苦諦を現観する。集・滅・道の三諦についても同様に集法（智）忍・集法智・集類（智）忍・集類智、滅法（智）忍・滅法智・滅類（智）忍・滅類智、道法（智）忍・道法智・道類（智）忍・道類智の各四心が説かれて、全部で十六心となる。これを八忍八智ともいう。また四諦を観じる無漏清浄の智を諦にしたがって分ければ苦智・集智・滅智・道智となり、法智・類智などとともに十智《じっち》のうちに数える。③大乗仏教になると、顕揚聖教論巻七では四諦の内容を分類して、行苦諦《ぎょうくたい》・壊苦諦《えくたい》・苦苦諦《くくたい》・流転諦《るてんたい》（以上は苦諦の分類）・雑染諦《ぞうぜんたい》（苦集二諦）・流息諦《るそくたい》（滅諦）・清浄諦（滅道二諦）・正方便諦（道諦）とし、これを八諦という。また小乗の四諦観は不完全であるから有作《うさ》の四諦と貶称し、大乗の四諦観は完全であるから無作《むさ》の四諦と称し、これを合わせて八諦ともいう。また天台宗では、第一に生滅《しょうめつ》の四諦（四諦の因果をそのままに生あり滅ありと観てゆく四諦観）、第二に無生《むしょう》の四諦（無生滅の四諦ともいう。四諦迷悟の因果はともに空無で生滅がないとする四諦観）、第三に無量の四諦（一切の現象は無明《むみょう》から生じるから無量の差別があり、したがって四諦にも無量の相があるとする四諦観）、第四に無作の四諦（迷いと悟りとのような対立矛盾が、そのままで矛盾でないと観じる四諦観）を立て、これを四種の四諦と称し、これらを蔵・通・別・円の四教に配当する。法相宗では四諦のうちの滅諦に自性滅《じしょうめつ》・二取滅・本性滅《ほんじょうめつ》の三滅諦、道諦に偏知道・永断道《ようだんどう》・作証道《さしょうどう》の三道諦を立てるが、これは滅諦と道諦とにそれぞれ三性《さんしょう》(遍計所執性と依他起性と円成実性)を立てるによる〈成唯識論巻八〉。

**しだい　支提**　㊵チャイトヤ caitya の音写。支帝、制多、制底とも書く。積集という意味で、仏陀を火葬にしたとき香柴を積み、そこに塼土《せんど》を積んだから、またそこは無量の福善が積集しているから、仏の霊跡などに建てられた塔廟・霊廟・廟・方墳などを指して支提という。塔つまり卒塔婆《そとば》(㊵ストゥーパ stūpa)との区別は、舎利のあるのが塔、舎利のないのが支提ともするが、後世は混同して用いられる。

**しだい　次第**　順序のこと。①百法のうち、二十四不相応行法の一。㊵アヌクラマ anukrama の訳。一切の有為法《ういほう》が同時でなく、前後の順序を有する状態に仮に名づけていったもの。②密教の修法《しゅほう》、またはその他の法会《ほうえ》・行事などにおいて、その儀式の順序を記したもの。例えば金剛界次第・十八道次第・不動次第など。

**し-だいが　四大河**　閻浮提《えんぶだい》にあり、阿耨達池《あのくだっち》(アナヴァタプタ Anavatapta)から流れ出ているというインドの四つの河。⑴恒河あるいは殑伽《ごうが》(ガンガー Gaṅgā)、⑵信度《しんど》(シンドゥ Sindhu)、⑶徙多《しった》あるいは私多(シーター Śītā)、⑷縛芻《ばくしゅ》(ヴァクシュ Vakṣu)の四で、⑴はガンジス河、⑵はインダス河に比定される。⑶は中央アジアからアラル海にそそぐシル・ダリヤ Syr-darya 河(ヤクサルテス Jaxartes 河ともいい、薬殺水と音写する)と考えられるが、玄奘はこれをタリム盆地のヤルカンド Yarkand 河と考えていたようである。⑷はアラル海にそそぐアム・ダリヤ Amu-darya 河(オクサス Oxus 河ともいい嬀水、烏滸水《うこすい》と音写する)と考えられている。〔参考〕長阿含経一八、増一阿含経一一、阿毘曇毘婆沙論二、西域記一・一二、倶舎論一一

**しだい-こく　支提国**　㊵チェーディ Ceḍi ㊁チェーティ Ceti の音写。インド中部、アラーハーバード Allahabad の西方、ヤムナー河の西岸地方にあった古国。十六大国の一。仏陀もしばしばここで説法している。時として跋蹉《ばっさ》国(ヴァッツァ Vatsa あるいはヴァンサ Vaṃsa)と混同される。チェーティはまた種族の名で、古くはネパールの山中に住し、のち憍賞弥《きょうしょうみ》(コーサンビー Kosambī)付近に出たという。〔参考〕中阿含経一八・五五、長阿含経五、Aṅguttara-nikāya III, V

**し-だいしゅ　四大種**　〔所造色〕　大種は㊵マハー・ブータ mahā-bhūta の訳で、すべての色法《しきほう》つまり物質の所依の意。四の大種とは、地大・水大・火大・風大の四で、略して四大、四界ともいう。色法を構成する四種の元素あるいは要素と考えられる。地・水・火・風は、それぞれ堅(固さ)・湿(しめりけ)・煖《なん》(熱さ)・動(動き)を本質(自性)とし、持(保持したもつ)・摂《しょう》(おさめ集める)・熟(成熟させる)・長《じょう》(生長させる)をその作用とする。四大によって造られた色法を所造または所造色といい、これに対して四大は能造と呼ばれる。説一切有部《せついっさいうぶ》の教学では一一種の色法の中、四大は触境《そっきょう》にふくまれ、所造は他の五根・四境・無表色《むひょうしき》と四大以外の触境とである〈⇩色《しき》〉。四大が所造の所依となる関係は生・依・立・持・養の五因で説かれる〈⇩因《いん》〉。病気は四大が調和を失ったときに起こるとされ、これを四大不調という。

**しだいしょう　次第証**　〔超越証《ちょうおっしょう》〕　小乗の声聞《しょうもん》が阿羅漢《あらかん》果を証するためには四向四果の階位を経なければならないが、これを順序通りに経過するのを次第証、初果または第二果までをとび超えて進むのを超越証、略して超証といい、見道以前の凡夫位にあるときに、欲界の修惑《しゅわく》を有漏《うろう》の六行観《ろくぎょうかん》によって断った程度によって、この差異が生じる。即ち、倶舎論巻二四によれば、前五品《ぼん》の欲界の修惑を断ったものは、断たないものと同様に見道に入って預流向《よるこう》と名づけられるが、六・七・八品までを断ったものはただちに一来向《いちらいこう》となり、第九品までを断ったものおよび有頂地《うちょうじ》を除く上二界(色界《しきかい》・無色界)の修惑までを断ったものはただちに不還向《ふげんこう》となって、見道の終った第十六心(修道に入

ったとき)にそれぞれ一来果、不還果を証する。これらを超越の一来、超越の不還といい、また貪などの欲界の煩悩《ぼんのう》つまり欲貪を離れた離欲の程度から、前者を倍離欲(貪)、後者を全離欲(貪)とも名づける。即ち倍とは離欲(貪)が次第証のものに倍する意、全とは欲界の煩悩を完全に離れた意である。天台宗では、摩訶止観巻六上に、超果に本断超(倶舎論の説)・小超・大超・大大超の四種の別があると説いている。

**しだい-しょうもん　四大声聞**　四大弟子。四人のすぐれた仏弟子。その名は経によって異なる。(1)迦葉《かしよう》・須菩提《しゆぼだい》・目犍連《もつけんれん》・迦旃延《かせんねん》(法華経)、(2)迦葉・君屠鉢漢《くんとはつかん》・賓頭盧《びんずる》・羅云《らうん》(増一阿含経四四)、(3)迦葉・目犍連・阿那律・賓頭盧(増一阿含経二〇)、(4)舎利弗・目犍連・迦葉・須菩提(維摩経義疏三)などの所伝がある。たとえば(2)は遊化に堪能とされるように、いずれも特定の才能に着目して説かれたものと見られる。

**しだい-しんぎ　至大清規**　一〇巻。詳しくは禅林備用清規という。沢山清規ともいう。元の沢山弌咸の編(至大四1311自序)。従前の清規(禅宗道場の規則)が繁雑で時の人情風俗に適さないので、新たに編集したもの。清規の精神はこれを備えて用いざるの意であるとしている。聖節陞座諷経から敬衆法器まで一六九項を千字文によって分類している。(続)二・一七・一

**しだい-せつ　四大節**　禅宗における年中の四大行事で、結夏《げけつ》(安居《あんご》の始め、四月一五日)・解夏《げげ》(安居の終り、七月一五日)・冬至(冬至の日)・年朝(元旦)の四種の節会をいい、四節ともいう(百丈清規巻下の節臘章)。

**しだい-せん　支提山**　(梵)チャイトヤ Caitya (巴)チェーティヤ Cetiya の音写。①セイロン(現スリランカ)にある山。マヒンダ Mahinda がセイロンにはじめて仏教を伝えた時、当時ミッサカ Missaka 山と称されていたこの山の麓に住して法を説き、のち、時の天愛帝須王(デーヴァーナンピヤ・ティッサ Devānampiya Tissa)がここに支提山寺を建立した。現在のアヌラーダプラ Anurādhapura の東方にあるミヒンタレー Mihintale 山がこれである。今ここには塔があり、マヒンダの遺骨を埋葬していると伝える。〔参考〕善見律毘婆沙二、島史、大史、高僧法顕伝　②華厳経などに説く伝説上の山。山の形が支提(チャイトヤすなわち塔廟または方墳)に似ていたので、またここに支提があったので、支提山というといい、天冠という菩薩が多くの菩薩と共にここで法を説いたという。〔参考〕晋訳華厳経二九、唐訳華厳経巻四五、華厳経疏四七　③小乗二十部中の制多山部の本拠となった山。南インド、現在のクリシュナー Kṛṣṇā 河畔のチャイトヤギリ Caityagiri であるとされている。〔参考〕異部宗輪論

**しだい-ほうぞう　四大宝蔵**　四大蔵、四伏蔵、四珍之蔵ともいう。弥勒下生成仏経などに説く四つの大珍宝蔵。(1)北インド乾陀羅《けんだら》(ガンダーラ Gandhāra)国の伊鉢《いろはつ》(エーラーパトラ Elāpatra)大蔵、(2)中インド弥緹羅《みていら》(ミティラー Mithilā)国の般軸迦《はんじくか》(パーンドゥカ Pāṇḍuka)大蔵、(3)西インド須羅吒《しゆらた》(スラーシュタ Suraṣṭa)国の賓伽羅《ひんがら》(ピンガラ Piṅgala)大蔵、(4)中インド波羅奈《はらな》(ヴァーラーナシー Vārāṇasī)国の蠰佉《じようきや》(シャーンカ Śāṅkha)大蔵の四である。いずれも未来世に弥勒出世のとき、地中から現出するといわれる。各それぞれ縦横千由旬《ゆじゆん》に珍宝が充満し、四億の小蔵に囲まれ、四大竜王に守護されて、その形は蓮華のようであるという。すべて翅頭末《しとうまつ》(ケートゥマ Ketuma)城の蠰佉《じようきや》転輪聖王の領有するところとなるという。〔参考〕増一阿含経四四・四九

**したい-ろん　四諦論**　四巻。婆藪跋摩《ばすばつま》の造。陳の真諦の訳。苦・集・滅・道の四聖諦を分別する小乗論書で、思択品・略説品・分別苦諦品・思量集諦品・分別諦品・分別道諦品の六品から成る。婆藪跋摩は(梵)ヴァスヴァルマン Vasuvarman の音写と推定されるが、阿毘曇心論の作者法勝(ダルマシュリー Dharmaśrī)より後、成実論の作者訶梨跋摩(ハリヴァルマン Harivarman)あるいは世親(ヴァスバンドゥ Vasubandhu)などより前の人と考えられ、その所説はほぼ説一切有部の説に近い。(大)三二

**したく　支度**　準備の意。密教で修法《ゆし》を行う場合に予めこれに要する本尊や供養物の支具を度《はか》り調えること。

**したく　思託**　生没年不詳。中国沂州の人。姓は王氏。大雲寺で鑑真《がんじん》について出家し、律と天台とを学び、台州開元寺や天台山に住した。鑑真に随って天平勝宝六年754来朝、東大寺で戒壇法を行い、大安寺で律疏を講じ、のち唐招提寺で鑑真を補佐した。著書、日本最初の僧伝である延暦僧録五巻や、鑑真の伝記である大唐伝戒師僧名記大和上鑑真伝三巻があったが、共に散逸して伝わらない。しかしその逸文は残っており、特に淡海三船《おおみのみふね》の唐大和上東征伝は、後者にもとづいて編述されたと考えられる。〔参考〕日本高僧伝要文鈔三、招提千歳伝記中之一、本朝高僧伝五七

**ジターリ　Jitāri**　（一〇—一一世紀）ジェーターリ Jetāri ともいう。インド後期中観派の学者。ヴィクラマシラー Vikrama-śilā寺に住した。アティーシャ Atīśa の師の一人ともされる。シャーンティデーヴァ Śāntideva（寂天）のシクシャー・サムッチャヤ Śikṣā-samuccaya（大乗集菩薩学論）やボーディチャルヤー・アヴァターラ Bodhicaryāvatāraなどに対する註釈を著わしたといわれる。

**しだ-りん　尸陀林**　尸陀は㊵シータ Sīta ㊁シータ Sīta の音写。林は㊵㊁ヴァナ vana の訳。寒林とも訳す。王舎城付近にあった森。幽邃で寒くこの名があるという。また屍を棄てる場所であったので、後世、死者の葬所をいう。〔参考〕涅槃経三三、大智度論三、雑阿含経二二

**じだん　示談**　真宗において、信仰について在家の信者が質問し、師僧が答えて互いに法義を喜ぶ信仰座談をいう。

**じだん　寺檀**　寺院と、それの経済的支持者である信徒。⇩檀那《だんな》

**し-ち　四知**　人が善悪の業を起こしたとき、天と地と傍にいる人と自身の四者がただちに知るということ。罵意経《めいきょう》にある。後漢書に楊震が、「天知り、神知り、我知り、子(汝)知る」といったという説と似ている。

**シチェルバツコイ　Shcherbatskoi, Fyodor Ippolitvich**　（1866—1942）西欧ではスチェルバツキー Theodore Stcherbat-skyと綴られる。ロシアの仏教学者。ポーランドに生まれ、ミナーエフ I. P. Minaev, ビューラー J. G. Bühler に学んだ。ペテルブルグ大学教授。科学アカデミー会員。梵語・チベット語に精通し、主として仏教諸論書の思想的研究に従事した。また蒙古(1900)およびインド(1903—04)の学術調査も行っている。仏教論理学(因明《いんみょう》)の研究にすぐれ、Teoriya poznaniya i logika po ucheniyu pozdneishchikh buddistov(後期仏教徒の認識論と論理学・二巻1903—09)および Buddhist logic(仏教論理学・二巻1930—32)の二著作が知られる。とくに後者は、ディグナーガ Dignāga(陳那《じんな》)およびダルマキールティ Dharmakīrti(法称《ほっしょう》)の論理学説の特徴を、西洋のアリストテレス論理学と対比しつつ解明した画期的著作である。その他、ダルマキールティのニヤーヤ・ビンドゥ Nyāya-bindu(正理一滴)のヴィニターデーヴァ Vinitadeva(調伏天)による註釈のチベット語訳の校訂(1909)およびロシア語訳(1922)、倶舎論破我品の英訳(The soul theory of the Buddhists, 1918)、中辺分別論梵本の英訳(1938)を行ったほか、The central conception of Buddhism and the meaning of the word Dhamma(仏教の中心概念とダンマ〔法〕という語の意味1923〔金岡秀友訳・小乗仏教概論〕)、The conception of Buddhist Nirvana(仏教の涅槃の概念1927〔金岡秀友訳・大乗仏教概論〕)などの著書がある。

**しち-かくし　七覚支**　覚支は㊵ボーディ・アンガ bodhy-aṅga の訳。また七覚分、七覚意、七菩提分、略して七覚ともいう。三十七道品《どうほん》のうちの第六番目の行法。覚とはさとりの智慧を意味し、これらの七種の法はさとりの智慧を助けるから覚支という。⑴念覚支。心に明らかに憶いとどめて忘れないこと。⑵択法《ちゃくほう》覚支。智慧によって法の真偽を選択すること。⑶精進覚支。正法に精励し、たゆまないこと。⑷喜覚支。正法を得て歓喜すること。⑸軽安《きょうあん》覚支。

身心が軽快で安穏なこと。(6)定《じょう》覚支。禅定に入って心を散乱させないこと。(7)捨《しゃ》覚志。心が一方にかたよらないで平等に保たれ、平均していること。

**しちかじょうーきしょうもん　七箇条起請文**　一巻。源空(法然)の撰(元久元1204)。元久元年冬、延暦寺衆徒が専修念仏の停止を座主真性に訴えたのに対し、源空が非難された事実七カ条を作り、門弟百数十人に署名させて制誡した起請文。これを山門の座主に送り、関白九条兼実の弁疏を得て事なきを得た。なお本書は禿氏祐祥の指摘したように「七箇条制誡」と称すべきか。一時、真偽が論じられたが、ほぼ真撰説に落着しつつある。浄全九、昭和新修法然上人全集、日本思想大系一〇〔原本〕京都二尊院蔵(伝法蓮房信空筆、重文)〔註釈〕松原・管註(延宝八1680刊)、定阿・新鈔一巻(元禄一四1701刊)

**しちかーはちれつ　七花八裂**　禅宗の用語。①七通八達と同じく、どの方面にも自在に通達できること。②四分五裂と同じく、散り散りばらばらに粉砕されること。

**しちくていーぶつもーだらに　七倶胝仏母陀羅尼**　一巻。詳しくは七倶胝仏母所説准提《じゅんだい》(または《じゅんてい》)陀羅尼経という。唐の不空の訳(八世紀)。異訳に唐の金剛智の訳の七倶胝仏母准提大明陀羅尼経がある。唐の地婆訶羅の訳の七倶胝仏母心大准提陀羅尼も類本であり、チベット訳中にも類本がある。准提(チュンダ Cunda)などの七千万(七倶胝)の諸仏に対する陀羅尼を挙げ、その功徳を説き、壇法・呪咀法・念誦儀軌を解説する。㊅二〇、国一密教部五〔註釈〕弘賛・会釈三巻

**しちーくとう　七句答**　二個の概念の相互関係について質問されたとき、それに対して答弁するのに七つの場合があること。即ち、「AはBなりや、BはAなりや」との質問に対して、(1)順前句答《じゅんぜんくとう》。前句に順じて前句のみを肯定し、「諸々のAはBなり、しかれどもBは必ずしもAに非ず」と答えるようなもの。(2)順後句答《じゅんごくとう》。(1)の逆で後句に順じて後句のみを肯定し、「諸々のBはAなり、しかれどもAは必ずしもBに非ず」と答えるようなもの。(3)二句答。「あるAはBにあらず、あるBはAにあらず」という二句による答弁。(4)三句答。「あるAはBにあらず、あるBはAにあらず、あるAはBなり」という三句による答弁。(5)四句答。いわゆる四句分別で「AにしてBにあらざるあり、BにしてAにあらざるあり、AにしてまたBなるあり、AにもあらずBにもあらざるあり」との四句によってする答弁(⇩四句分別《しくふんべつ》)。(6)述可句答。一向に「然り」と言い切って答弁するもの。(7)遮止句答。問われた質問をさえぎって、その質問の成立しないことを答弁するもの(雑集論巻一五)。

**しちくーりゃくしょう　七九略鈔**　五巻。詳しくは梵学津梁七九略鈔という。慈雲飲光の述(明和二1765)。護明の記。悉曇《しったん》の語法を述べた書。飲光が弟子達に普賢行願賛梵本を講じた時の筆録。続編とすべきものに七九又略鈔《しちくゆうりゃくしょう》一巻(慈雲の述、護明の記、明和九刊)がある。梵学津梁通託三〔刊本〕安永三1774刊、寛政一二1800刊

**しちーけん　七賢**　七加行《けぎょう》位、七方便位ともいう。小乗の声聞《しょうもん》の修行の階位で見道以前の凡夫位(三賢《さんげん》と四善根位とを合わせていう)。

**しちーざい　七財**　七聖財《しょうざい》ともいう。仏道を成じる七種類の聖なる法を資財に喩えていう。信・戒・慚《ざん》・愧《ぎ》・聞《もん》・施・慧の七種。これを信財、戒財などという。

**しちーさん　四智讃**　金剛歌詠偈ともいう。大円鏡智・平等性智・妙観察智・成所作智の四智の徳を讃えた讃歌。梵文(摂大儀軌巻上)と漢文(金剛頂瑜伽中略出念誦経巻四)との二種がある。日本ではこれに音譜を付し、天台・真言・浄土の諸宗では法会のときに用いている。

**しちーしきじゅう　七識住**　七識処、七識止処ともいう。有情《うじょう》の心識が果報によって生をうけてそこに住むことを喜ぶ七つの場所。(1)身異想異識住。欲界の人天と劫初を除いた初禅天。(2)身異想一識住。劫初の初禅天。(3)身一想異識住。第二禅天。(4)身一想一識住。第三禅天。(5)空無辺処識住。空無辺処天。(6)識無辺処識住。識無辺処天。(7)無所有処識住。無所有処天。

**しちしーねんじゅーほう　七支念誦法**　一巻。詳しくは、大毘盧遮那成仏神変加持経略示七支念誦随行法という。唐の不空の訳（八世紀半）。胎蔵界の七の要目についてそれぞれ身をもってする印契、口をもってする真言、心をもってする観想の三密を説く。㊅一八、国二密教部二

**しちしゅ　七衆**　仏陀の教団（出家と在家）を構成する仏弟子をいう。⑴比丘《びく》（梵）ビクシュ bhikṣu）。満二〇歳以上の出家の男。⑵比丘尼《びくに》（梵）ビクシュニー bhikṣuṇī）。同じく女。⑶沙弥《しゃみ》（梵）シュラーマネーラ śrāmaṇera）。二〇歳未満の出家の男。⑷沙弥尼《しゃみに》（梵）シュラーマネーリー śrāmaṇerī）。同じく女。⑸式叉摩那《しきしゃまな》（梵）シクシャマーナー śikṣamāṇā）。沙弥尼が比丘尼となる直前の二年間。⑹優婆塞《うばそく》（梵）ウパーサカ upāsaka）。在家の男の信者。⑺優婆夷《うばい》（梵）ウパーシカー upāsikā）。同じく女。

**しちじゅうごほうーみょうもく　七十五法名目**　一巻。成立年不詳。刑部阿闍梨、あるいは良山の著。倶舎論の頌文と頌疏に典拠を取り、説一切有部宗の七五法の説について簡明に論じたもので、有部宗の法相教義の大綱を知るのに便利である。㊅七一〔刊本〕寛文八 1668 刊

**しちしゅーじょう　七種浄**　①初地の菩薩《ぼさつ》が願う浄土の七種の清浄相。⑴同体浄（法性土、真土を体として、土体が同一である）、⑵自在浄（染浄をあらわすことが自在である）、⑶荘厳《しょうごん》浄（種々の勝れた功徳で荘厳されている）、⑷受用《じゅゆう》浄（煩悩を滅して聖道に入らせる用が享受されている）、⑸住処衆生《じゅうしょしゅじょう》浄（居住する衆生が勝れている）、⑹因浄（浄土三昧法門という浄土の徳業を得る）、⑺果浄（その徳業によって衆生のねがいの通りに妙果をあらわす）（十地経論巻三、大乗義章巻一九）。②七種の清浄な行を華に喩えた七浄華（七浄）のこと。つまり⑴戒浄（身口意の生活を清浄にする）、⑵心浄（清浄な禅定《ぜんじょう》）、⑶見浄（清浄な智慧で正しく見る）、⑷度疑浄（正しく見て疑いを断つ）、⑸分別《ふんべつ》道浄（道非道知見浄ともいい、正道と邪道とを正しく区別して知る）、⑹行《ぎょう》断知見浄（行知見浄ともいい、煩悩を断って慧行が清浄なこと）、⑺涅槃《ねはん》浄（知見浄ともいい、涅槃の証果をうる）（註維摩経巻七、大乗義章巻一六、清浄道論）。

**しちーしょう　七聖**　見道・修道《しゅどう》・無学道の聖者を七種に分類したもの。七聖人、七聖者、七士夫《しちじぶ》、七丈夫とも名づける。随信行《ずいしんぎょう》・随法行・信解《しんげ》・見至《けんじ》・身証・慧解脱・倶解脱《くげだつ》である。

**しちじょうーけんもん　七帖見聞**　一三巻。天台名目類聚鈔ともいう。貞舜の述（応永九 1402）。初学者に天台教学の名目（術語）を学ばせるため文釈を集め義味を綴ったもので、巻一に倶舎・成実・律・法相・三論・華厳・真言・禅・浄土・天台などの史伝及び教旨の大綱を述べ、巻二に五時・八教の大旨、巻三より巻五まで蔵教、巻六に通別二教、巻七に円教の教義を詳述している。もと七帖から成るが、現行本は一三巻とする。天全八〔刊本〕寛永五 1628 刊

**しちじょうーにっき　七条日記**　七条日記大全ともいう。六巻（八巻または九巻）。著者不詳。貞享・元禄 1684—1704 頃の成立。親鸞の伝記をはじめ、本願寺一一世顕如までの歴代の事歴、東本願寺の一如の事跡を記し、特に東西分派の始末を述べ、東派が正嫡であることを説く。巻八には西派から出した表裏問答を評破している。〔写本〕大谷大学蔵、竜谷大学蔵

**しちしょーかんのん　七所観音**　京都の著名な七カ所の観音霊場。革堂（行願寺、中京区）、河崎堂（中世末退転、のち上京区の清和院に合併）、吉田寺（近世に左京区の金戒光明寺に本尊を移す）、清水寺（東山区）、六波羅蜜寺（同）、六角堂（頂法寺、中京区）、三十三間堂（蓮華王院、東山区）をさす。

**しちしょーさんがんーぎょう　七処三観経**　一巻。後漢の安世高の訳（160 前後）。七処三観経以下四七の短経を含む修道修観などに関する小経の叢書。そのうち三七経までが、パーリ増支部（アングッタラ・ニカーヤ Aṅguttara-nikāya）の中に相当する経を発見できる。現在の巻帙には乱れが見えるが、四四の短経を含む一個の小増一阿含経に、別の三経が混入したものと見なすこ

とができる。すなわち、第一経の七処三観経は別訳雑阿含経第二七経と同本で、何かの誤りでここに混入し、この経全体の標題ともなったものと見られ、第三〇、三一の二経も混入らしい。(大)二

**しちしょーぜん　七処善**　七善ともいい、阿含経や説一切有部で説く観法の一。五蘊の一々などについて七つの面から如実に観察すること。即ち、色《しき》についていえば、色そのもの(果)と、その生じる原因(因)と、その滅びたありさま(滅)と、滅に至る実践道(対治道)と、執著の対象となる可愛の面(愛味)と、嫌悪の対象となる不可愛の面(過患《かげん》)と、それら二面を超えはなれること(出離)とをありのままに観じる。

**しちーしんかい　七心界**　六識に六根のうちの意根を加えた総称。

**しちーだいじ　七大寺**　古代以来、奈良近在にある七カ寺の官寺の総称。南都七大寺ともいう。初見は続日本紀で、天平勝宝八歳756五月の条に、聖武天皇の崩御の時、初七・二七の斎会を七大寺において修したとある。その七大寺とは東大寺・興福寺・元興寺・大安寺・薬師寺・西大寺・法隆寺であるが、七大寺並興福寺諸堂縁起には別に三種の七大寺を出し、時によって異同があったようである。〔参考〕続日本紀、扶桑略記、七大寺年表、七大寺日記、南都七大寺巡礼記

**しちだいじーねんぴょう　七大寺年表**　残欠二巻。恵珍の編(永万元1165)とされる。天武天皇一一年682から延暦二一年802の間の南都七大寺の僧綱補任などを編年的に記したもの。当時の官符および付帯記事をもって補足し、僧伝研究の根本史料であると共に、散逸した官符などをみるのによい。但し処々に欠文がある。続群二七上、仏全一一一〔写本〕真福寺蔵(永万元写、重文)など

**しちなん　七難**　①仁王般若経巻下受持品に説く七種の災難（この経を受持すれば免れることができるという）。⑴日月失度《にちがっしつど》の難。日月の運行が時を失い、黒日・赤日が出て、日蝕が起こる。⑵星宿失度の難。星の運行が時を失い、金星・彗星などが変現する。⑶災火の難。大火が起こって国を焼く。⑷雨水変異の難。大水のために人民が漂没される。⑸悪風の難。大風が吹いて人民を殺し、国土・山河・樹木が一時に滅没する。⑹亢陽《こうよう》の難。ひでりのために草は枯れ、五穀は実らない。⑺悪賊の難。四方より賊が来て、国を侵し、刀兵劫《とうびょうこう》が起ころうとする。②薬師琉璃光如来本願功徳経に説く七難。⑴人衆疾疫《にんしゅしつえき》の難。⑵他国侵逼《たこくしんぴつ》の難。⑶自界叛逆《じかいほんぎゃく》の難。⑷星宿変怪《しょうしゅくへんげ》の難。⑸日月薄蝕《にちがつはくしょく》の難。⑹非時風雨《ひじふうう》の難。⑺過時不雨《かじふう》の難。③法華経普門品に説く七難。火難・水難・羅刹《らせつ》難・刀杖《とうじょう》難・鬼難・枷鎖《かさ》難・怨賊《おんぞく》難。④陀羅尼集経巻一〇に説く七難。王難・賊難・水難・火難・羅刹難・茶枳儞鬼《だきにき》難・毒薬難。

**しちなんーしょうめつーごこくーじゅ　七難消滅護国頌**　一巻。最澄(767—822)の著。成立年不詳。大乗経の読誦により、疾癘の消滅を祈願した偈頌。最澄により始められた護国三部(法華・仁王・金光明)の長講会式の一。長講会式文に三本があり、本書は三部長講と呼ばれるもので、他に三部長講会式または長講願文と呼ぶものと伝述一心戒文にある九院長講三部経会式とがある。日蔵四〇、伝教大師全集四〔写本〕滋賀県西教寺蔵

**しちふくじん　七福神**　福徳長寿の神として祀られる七神。⑴恵比須、⑵大黒天、⑶毘沙門天、⑷弁才天、⑸福禄寿、⑹寿老人、⑺布袋《ほてい》和尚。日本における俗信でその起源は明らかでない。⑴は伊弉諾尊《いざなぎのみこと》の子とも、大国主尊《おおくにぬしのみこと》の子とも、彦火々出見尊《ひこほほでみのみこと》ともいう。⑵⑶⑷は仏教から来たもの、⑵は特に天台宗で尊崇されて、のち福神の一となり、⑶は四天王の一で北方守護の福徳神、⑷は宇賀神（食物の神）の異名とされ、福寿を人々に与えて覚りに到らせるという。⑸は中国の道士とも、長寿を司る星宿の化身とも、福と禄と寿との三者を合わせて神格化したものともいう。⑹は⑸と似ているので代りに吉祥天を入れることもある。⑺は中国の禅僧で常に布袋を荷って大黒天に似ていて、小童を愛し楽天的であるところから福神の一になったという。仁王般若経の「七難即滅、七福即生」の説によって、近世、近畿地方で信仰され

ていた福神に基づくと考えられている。〔参考〕仏像図彙、日本七福神伝、合類節用集一〇

**しちぶつ-つうかい-げ　七仏通戒偈**　毘婆尸《びばし》如来から釈迦牟尼如来にいたる過去七仏が、通じて同じく教誡したといわれる偈。「諸悪莫作、衆善奉行、自浄其意、是諸仏教」の四句。法華玄義巻二の上には、これを過去七仏通戒の偈とするが、増一阿含経巻四四によれば、七仏におのおの別の偈があるとし、その中の迦葉仏の偈がこれに近い。

**しちぶつ-やくし-ほう　七仏薬師法**　七仏御修法、七壇御修法ともいう。薬師琉璃光七仏本願功徳経巻上に説く七仏薬師を本尊として増益・息災のために修する秘法。山門四箇大法の一。座主がみずから公家のために修するもの。阿娑縛抄によると嘉祥三年850円仁が修したのは完全でなく、天暦一〇年956良源が初めて修したという。なお東密では行わない。⇩四箇秘法《しかひほう》②

**しちほう　七宝**　⇩しっぽう

**しち-ほうべん-にん　七方便人**　真の目的に至るための前段階的な七つの位にある者。七方便ともいう。①小乗の七賢(三賢・四善根)。②天台宗では法華経に説く円教を聞くに至るまでの七種の立場にあるものをいい、人・天・声聞《しょうもん》・縁覚及び蔵・通・別の三教を信じる菩薩《ぼさつ》のこと。⇩五時八教《ごじはっきょう》

**しち-みょうほう　七妙法**　七法、七知、七善、七善法ともいう。知法(経の説法を知る)・知義(説法の表わす内容意義を知る)・知時(それぞれの修行に適した時を知る)・知足(知節。衣食住において足るを知る)・知自・(知己。自己の資格を知る)・知尊卑(知人勝如。他人の身分や行為を知る)・知衆《ちしゅ》(他人の徳行の勝劣を知る)の七(北本涅槃経巻一五)。

**しちめん-みょうじん　七面明神**　山梨県南巨摩郡七面山の山頂に祀られている神。身延山久遠寺をはじめ日蓮宗の守護神。祭神の七面大天女は日蓮が身延山で説法中、会座に加わり護法神となることを誓ったという。〔参考〕元政・七面大明神縁起

**しちや-まち　七夜待**　七夜待大事ともいう。毎月一七日より二三日までの七夜の月を六観音と勢至菩薩(月天子の本地とするのによる)に配し、諸願成就を祈る密教の修法。一七日は千手観音、一八日は正観音、一九日は馬頭観音、二〇日は十一面観音、二一日は准胝《じゅんでい》観音、二二日は如意輪観音、二三日は大勢至菩薩を本尊に配する。

**しちよう　七曜**　七種の照曜するものの意で七曜星と称し、日曜(梵)アーディトヤ āditya 太陽)・月曜(梵)ソーマ soma 太陰)・火曜(梵)アンガーラカ aṅgāraka 熒惑星)・水曜(梵)ブダ budha 辰星)・木曜(梵)ブリハスパティ bṛhaspati 歳星)・金曜(梵)シュクラ śukra 太白)・土曜(梵)シャナイシュチャラ śanaiścara 鎮星)の七星。昔は星宿が人間の運命を支配し、天災地変も多くはその運行の関係から来るものと考えられていたので、日月などの運行に基づいて日の吉凶を定めた。七曜の説はインド、ペルシアなどで古くから行われ、中国でも木火土金水の五行《ごぎょう》の他に古くから七曜が暦に用いられ、これが日本に輸入されて七曜暦が用いられた。しかし火水木金土に羅睺《らご》(梵)ラーフ rāhu 蝕星)・計都《けいと》(梵)ケートゥ ketu 彗星)を加えて七曜とすることもあり、これに日月を加えて九曜(九執ともいう。執は(梵)グラハ graha の訳)とする。インドでは九曜が一般的であったらしく、日本でもこれを人の年齢に配して吉凶を判ずる風習がある。

九曜（御室版胎蔵曼荼羅）

これらは星曼荼羅の第二院の諸尊で、七曜は北斗七星の主ともいわれる。〔参考〕吉凶時日善悪宿曜経、七曜攘災決、唐書芸文志四九、延喜式一二、仏母大孔雀明王経下

**じちょう　自超**　（忠粛王一四1326―太宗五1404）高麗・李朝期の僧。俗姓は朴氏。号は無学。居室は渓月軒。一八歳で出家して小止・慧明・法蔵について学んだ後、元の燕京に行き指空と懶翁に会い、帰国して懶翁の法を継承した。著書、無学秘訣一冊、仏祖宗派之図一帖、無学国師語録一巻。〔参考〕檜巌寺妙厳尊者塔碑

**しちよう-くつ　七葉窟**　⇩畢鉢羅窟《ひっぱらくつ》

**しちよう-じゅ　七葉樹**　㊵サプタ・パルナ sapta-parṇa の訳。薩多般羅那《さたばらな》と音写する。おおむね七枚の小葉をもつ掌状複葉の常緑の喬木。第一結集《けつじゅう》の場所を七葉窟といったのは、この木があったからだという。

**しちり-ごうじゅん　七里恒順**　（天保六1835―明治三三1900）浄土真宗本願寺派の学僧。松花子と号する。越後の人。はじめ僧朗に学び、宣界・月珠・宣正・慶忍・南渓などに師事し、元治二年1865博多の万行寺住持となる。のち法主の命で執行をつとめたが明治一五年自坊に退き、もっぱら道俗の化導につとめた。没後、多くの言行録が刊行された。著書、観経摭要一巻、真宗論題集一巻など。〔参考〕七里和上言行録、七里老師語録、七里恒順師言行遺録、七里恒順師語録

**じちん　慈鎮**　⇩慈円《じえん》

**じちん-さい　地鎮祭**　地鎮式ともいう。堂宇を建てようとする時、壇を築き地の中に金銀などの宝物をうめて地神をまつる儀式。〔参考〕陀羅尼集経一二

**しつ　嫉**　㊵イールシュヤー īrṣyā の訳。心所《しんじょ》（心のはたらき）の名。倶舎宗《くしゃしゅう》ではある特定の汚れた心（不善心と有覆無記心）にのみ起こる心所（小煩悩地法の一）とし、唯識宗では随煩悩の一とする。他人の善いことや栄誉などをよろこばず、これをねたむこと。

**じつ　実**　⇩権《ごん》

**じつう　実有〔仮有〕**　それ自体で実在することを実有といい、実在しないものが因縁の和合によって仮に有ることを仮有《うけ》という。

**し-つうぎょう　四通行**　四正行《ししょうぎょう》、四道ともいう。四諦《したい》つまり仏教の真理に通達し、涅槃《ねはん》のさとりに向かって進むための四種の行道のこと。色界《しきかい》の四根本定を所依として起こされた道は、邪念乱想を止息する奢摩他《しゃまた》（㊵シャマタ śamatha）つまり止と、詳細明白に対境を識別する毘鉢舎那《びばしゃな》（㊵ヴィパシュヤナー vipaśyanā）つまり観とが、平均した状態にあるために、労の少ない易行であるから、これを楽通行《らくつうぎょう》といい、他の下三無色定《むしきじょう》・未至定《みしじょう》・中間定《ちゅうげんじょう》を所依として起こされた道は止観が平均した状態にないために労の多い難行となるから、これを苦通行《くつうぎょう》と称する。そしてその各々において遅鈍な性格の者（鈍根）の起こす道は通達することが遅く、鋭敏な性格の者（利根）の起こす道は通達することが速いから、両方を組み合わせて、苦遅通行・苦速通行・楽遅通行・楽速通行の四種の通行を立てる。

**じつうん　実運**　（長治二1105?―永暦元1160）真言宗の僧。世に廂僧都、勝倶胝院僧都という。左大臣源俊房の子。はじめ明海といった。兄の勝覚（醍醐寺座主）について密教を学び、大治二年1127学頭になったが、定海と不和のため、勝覚の遺命にそむいて勧修寺の寛信に師事した。のち再び醍醐寺に帰り、保元二年1157元海から職位灌頂をうけて第一八世の座主となる。ために寛信は他流の人に秘法を伝えたのを悔い、これを調伏しようとしたので、明海の名を改め実運と称した。同三年権少僧都にすすむ。著書、金宝鈔一〇帖、玄秘鈔四帖、諸尊容鈔一五帖など。〔参考〕諸門跡譜、三宝院列祖次第、本朝高僧伝五二

**じつえ　実慧**　（延暦五786―承和一四847）「じちえ」とも読む。真言宗の僧。姓は佐伯氏。讃岐の人。世に檜尾《ひのお》僧都と呼び、日本第二の阿闍梨（第一は空海）と称する。勅諡は道興大師。大安寺泰基に唯識を学び、のち新たに帰朝した空海に師事し、弘仁元年810両部灌頂をうける。ついで高雄山寺の寺主に任じられ、最澄に師兄の礼を

実慧（三国祖師影）

とった。同七年空海の高野山開創を助け、天長四年827河内の檜尾に観心寺(現大阪府河内長野市)を開いた。承和三年権律師に任じ、初代の東寺長者に補せられた。同七年少僧都に進む。同一〇年自ら大阿闍梨となって真紹に伝法の職位を授けた(日本での具支灌頂の始まり)。なお、後に淳覚が檜尾流をたてて実慧を流祖とした。著書、金剛頂瑜伽蓮華部大儀軌(檜尾口訣)、檜尾記、金剛界次第、胎蔵略次第、護摩法略鈔、阿字観用心口決など。〔参考〕弘法大師弟子伝上、元亨釈書三、本朝高僧伝五

**じっ-かい　十界**　迷っているものも悟っているものも含めたすべての境地を、十種類に分けたもの。即ち、地獄界・餓鬼界・畜生界・修羅界・人間界・天上界・声聞界・縁覚界《えんがくかい》・菩薩界《ぼさつかい》・仏界の十で、このうち、前の六は凡夫の世界で、後の四は聖者の世界であるから、六凡四聖という。またこれを四類に分けて、順次に、四趣・人天・二乗・菩薩仏とすることがあり、五種類に分けて順次に、三悪道(三途《さんず》)・三善道・二乗・菩薩・仏とすることもある。この十種の法はそれぞれ、境地が苦楽凡聖において異なると同様に、その境地を招いた原因も異なっており、分斉《ぶんざい》が不同であるから、その意味でまた十法界《じっぽうかい》とも名づけられる。地獄は地下に在る牢獄で苦の最も重いもの。畜生は互いに他を餌食として生存し、苦の重いもの。餓鬼は飲食が得られないために苦のやむときがないもの。修羅は阿修羅の略で、海中に住し、嫉妬心の強いもの。人は苦楽半ばするもの。天は勝れた楽を享けるが、なお苦を免れ得ないもの。声聞は仏の声(教え)を聞いて悟るもの(ただし小乗の教え)。縁覚は因縁を観じて、ひとり悟りをたのしむもの(同前)。菩薩は他者と共に悟りを得ようとして願をおこし、修行しているもの。仏は自らも悟り、また他をも悟らせつつあるもの。このうちで、仏界は悟で他の九界は迷であるが、天台宗では十界おのおの権実《ごんじつ》(真実と仮のもの)を具有し、しかも権と実とは本質的には一体であるから、十界みな真実であるとする。この問題を十界権実という。また十界の中で声聞と縁覚の二乗は一般には成仏することができないとされるが、法華経では二乗も成仏するから、十界の衆生がことごとく成仏すると説く。このことを十界皆成という〈⇩十界互具《じっかいごぐ》〉。天台宗ではまた、仏界の平等な真理のみを観念し、他の九界差別は理が縁に随って生じた妄法にすぎないとして断破し斥ける立場を縁理断九といい、これは別教の説く方便の教えで円教の真実の説ではないとする。

**じっ-かい　十海**　①仏のさとりの境界《きょうい》が広大で量り難いのを海に喩えて十種に類別した説。旧訳の華厳経巻三盧舎那仏品《るしゃなぶつほん》で説かれるもので、⑴世界海。仏の教化する場所。⑵衆生海《しゅじょうかい》。教化の対象となる衆生。⑶法界方便海。法界《ほっかい》をいい、この法界には、理性(理として本来的に具わっている真実の本性)・染事《ぜんじ》(迷いの諸現象)・離垢《りく》(煩悩を離れている)・浄用《じょうゆう》(さとりのきよらかなはたらき)の四つの意味がある。⑷調伏海《じょうぶくかい》。仏によって調えられ、おさえられる衆生の根欲。⑸仏海。教化主の仏は、その数が限りなくいたる所で教えを説く。⑹波羅蜜海《はらみつかい》。仏が説く実践方法、およびそれによる実践行為。⑺法門海。仏が示した教え、及び実践によってさとる法。⑻化身海。教化の対象に応じて仏が種々の姿をあらわす。⑼仏名号海。対象に応じて種々の名を示す。⑽仏寿量海。対象に応じて寿命を長短自在にあらわす。なお、旧訳の華厳経巻三には同様のことを五海十智として説き、新訳の華厳経では訳名などがやや異なる。②菩薩の因徳が深く広いことを海に喩えたもので、新訳の華厳経

巻六には一切菩薩誓願海から一切菩薩智海までの十を説く。

**じっかい-かんじょう-まんだら　十界勧請曼荼羅**　十界円具の大曼荼羅、大曼荼羅ともいう。日蓮宗の本尊。文字曼荼羅で、本門の本尊を具象的に示したもの。日蓮が初めてこれを図示したのは、文永一〇年1273七月八日佐渡一谷《いちのさわ》においてであった。構図については、日蓮の日女御前御返事に「首題の五字(妙法蓮華経)は中央にかかり、四大天王は宝塔の四方に坐し、釈迦・多宝・本化の四菩薩肩を並べ、普賢・文殊等、舎利弗・目連等坐を屈し、日天・月天・第六天の魔王・竜王・阿修羅、其外、不動・愛染は南北の二方に陣を取り、悪逆の達多・愚癡の竜女一座をはり、三千世界の人の寿命を奪う悪鬼たる鬼子母神、十羅刹女等、(中略)此等の仏菩薩大聖等、総じて序品列座の二界八番の雑衆等一人ももれず、此の御本尊の中に住し給い、妙法五字の光明にてらされて本有の尊形となる、是を本尊とは申すなり」(昭和定本日蓮聖人遺文二)と説明している。

**じっかい-ごぐ　十界互具**　天台宗では、仏界から地獄界に至る十界は、おのおの互いに他の境界を具備するとし、これを十界互具という。十界が互いに十界を具えているから10×10で合わせて百界となり、この百界のそれぞれに、性・相・体・力・作・因・縁・果・報・本末究竟の十如是が考えられるから、総計千如あることになる。これを百界千如という。⇩十界《じっかい》　⇩一念三千《いちねんさんぜん》

**じっかい-ず　十界図**　十法界ともいう。地獄・餓鬼・畜生・修羅・人間・天上・声聞・縁覚・菩薩・仏の一〇種の世界を図示したもの。大円輪の内に一〇個の小輪を作りこれに一界の相を描き、さらにその中心に一円輪を作って心字を書き、十界は一心の作であることを表わす。日本では十界各別にその相を図絵したものが多く、鎌倉時代作の滋賀県大津市坂本の聖衆来迎寺所蔵一五幅(もとは三〇幅)は有名。〔参考〕慈雲・天竺別集

**じっかい-にがびゃくどう　十界二河白道**　一冊。道綽禅師の一代記を五段に組んだ古浄瑠璃。糸操や桟敷を用いて十界をみせている。〔刊本〕寛文一三1673刊

**じつが-じっぽう　実我実法**〔似我似法《じがじほう》〕　常・一・主・宰の義を有する実在的我体〈⇩我《が》〉を実我といい、固定不変の実体的存在を実法という。実我・実法があるとするのは外教や凡夫の考え方であり、仏教ことに唯識宗では、実我実法といわれるものはなく、すべての現象的存在はただわれわれの内心が我・法に似て顕われた似我似法にすぎず、かりに「我・法」という名をもった仮我仮法《けがけほう》であると説く(ただし有部《うぶ》では存在の構成要素としての法体つまり実法があると説く)。

**じっかん　実貫**　(　―享保四1719)　新義真言宗の僧。越前丸岡の人。字は泰音《たいおん》、梅園と号する。宝積院快心について得度し、智積院で運敞《うんしょう》に師事した。のち仙台の竜鳳精舎に、晩年には幕命によって江戸の真福寺に住した。著書、宝鑰纂解鈔八巻、同序註一巻、付法伝纂解鈔六巻、性霊集便蒙鈔一六巻など。

**じっかん-しょう　十巻抄**　一〇巻。恵什(平安後期)の撰。成立年不詳。十巻鈔とも書く。諸尊法に関する書で、東密の相伝により諸尊の梵号・密号・種子・三形・尊形・印明などを説き、尊像と曼荼羅を図示している。特に尊像・曼荼羅の図絵に特色を持ち、また図像抄・十巻図像抄・尊容抄・恵什抄などと呼ばれ、古くから東密の図像集の主要なものとして珍重されている。なお十巻抄と名づける書に、永厳の図像抄・覚成の沢鈔・朗澄の諸尊法私記(以上真言宗)、静然の十巻抄(天台宗)があり、特に永厳撰の図像抄一〇巻と本書とは関係が深い。(大)図像三、仏全別巻一―一〇　〔写本〕醍醐寺蔵(建久四1193・寛喜二1230頃・文永1264―75頃)など

**じっかん-しょう　十巻章**　一〇巻。十巻書とも称し、真言宗の重要典籍一〇巻(七種)の総称。即ち、空海撰述の即身成仏義一巻・声字実相義一巻・吽字義《うんじぎ》一巻・弁顕密二教論二巻・秘蔵宝鑰《ほうやく》三巻・般若心経秘鍵一巻、竜猛論師造の発菩提心論《ほつぼだいしんろん》一巻。〔刊本〕享保一七1732刊　〔註釈〕道範・釈一〇巻、頼瑜・愚章二四巻、覚眼・撮義鈔二七巻、宥快・鈔一三三

**じっき-しょう　実帰鈔**　一巻。深賢の述(寛喜三1231)。深賢が遍智院成賢から相伝した阿弥陀・大仏頂・延命・六字文殊・金剛童子・一字文殊・六字法・宝篋印・宝楼閣・法華法などの諸尊法口決を記した書。道教の遍口鈔を日鈔と呼ぶのに対して、本鈔を月鈔という。三宝院聖教目録には虚往実帰鈔と称する。(大)七八　〔写本〕大谷大学蔵(享保七1722写)、高野山大学蔵(延享三1746写)

**じっ-きょう　十境**　天台宗の修行として十乗観法の対象とされる一〇種の観境。智顗《ちぎ》の摩訶止観に説かれている。(1)陰界入境《おんかいにゅうきょう》(陰入界境、陰入境、陰妄境)。五陰・十二入・十八界を対象として観じるのであるが、五陰のうちの識陰、即ち現実日常の心の動きを対象としてそれを即空仮中《そっくうけちゅう》〈⇩三観《さんがん》〉と観じる。(2)煩悩境《ぼんのうきょう》。貪・瞋・癡《とん・じん・ち》の重い惑をいう。五陰・十二入などは煩悩に随って起こるから、原因にさかのぼって貪・瞋・癡を観じる。(3)病患境《びょうげんきょう》(病境)。四大不調となって病気を生じることがあるから、病患を観じて、病の相、病の因縁、治療の方法を観じる。(4)業相境《ごっそうきょう》(業境)。以上の三つの境を観じるとき、遠い昔から自己が作ってきた善悪などの煩悩に基づく業相が現われることがあるから、喜ぶことなく、怖れることなく、明らかにその相を観じて消えさせる。(5)魔事境(魔境)。業相を観じて悪を滅するとき、天魔が恐れてさまたげようとするから、死の覚悟でこれを観じる。(6)禅定境(禅門境、禅発境、世禅境、禅境)。魔事を観じて除きおわっても、まだ真智が生じず、四禅・十六特勝・通明禅などの諸禅が起こることがある。もしこの禅味に耽著すれば止観のさまたげとなるから、次にこれらの諸禅を観じる。(7)諸見境(見境)。観法が進むにつれて、真理に似た見解、あるいは法を聞いて妙悟に似た智解を生じることがあるが、これらはみな邪見、偏見であって真理ではなく、止観のさまたげとなるから、進んでこれらの見を観じる。(8)増上慢境(上慢境、慢境)。前の諸見を観じてそれが誤りであることを知ったとき、その状態を涅槃《ねはん》であると誤解して、慢心を起こして止観をさまたげることがあるから、次にこのような増上慢を観じる。(9)二乗境。見と慢とが静められたときに、卑小な志で満足しようとする心がおこり、極端に空寂の理にこだわって大乗に入ることができず二乗に堕落することがあるから、さらに二乗を観じる。(10)菩薩境《ぼさつきょう》。二乗の心が止んでも、また蔵・通・別という前三教の菩薩(円教の正しい教えに立脚した菩薩とは異なる境界)の心が生じることがある。これがまたさまたげとなるから、次にこれを観じる。以上のようにこの十境を次第に観じて、ついに円教実相の智解が生じるが、十境のうちで陰入境は常に衆生に自ら現前しているから、十乗観法ははじめこれを対象として観じるのである。

**じっきん-しょう　十訓抄**　「じっくんしょう」とも読む。三巻。説話集。六波羅二﨟左衛門入道の作か(建長四1252)。善を勧め悪を誡める方便として、古今の説話をあつめて一〇綱目に分類したもの。新訂増補国史大系一八、岩波文庫

**じっ-くぎ　十句義**　句義は(梵)パダールタ padārtha の訳で、語によってあらわされる意味、およびその意味に応ずる対象、もの、などの義。ここでは特に存在の原理、範疇などを意味する。すなわち、勝論《かつろん》学派(梵)ヴァイシェーシカ Vaiśeṣika)で、すべての存在の実体、属性、およびその生成や壊滅の原理を一〇の範疇によって示し、これを十句義という。即ち、実・徳・業・同・異・和合・有能・無能・倶分・無説の一〇で、これらの要素が集まったり離れたりすることによって、すべてのものが生成し壊滅すると説く。勝論学派の祖の嗢露迦《うろか》(ウルーカ Ulūka) は実から和合までの六句義(六諦《ろくたい》)説を立てたと伝えられ、一般に六句義説が用いられたが、後に無説句義を加えて七句義説、さらに慧月《えげつ》(マティチャンドラ Maticandra)によって十句義説が立てられた。(1)実(梵)ドラヴィヤ dravya)句義とは、すべてのものの本質としての実体で、これに地・水・火・風・空・時・方・我・意の九種があり、このうち地などの四大はそれぞれ永遠不変な極微《ごくみ》(原子)からなっていて、その集合によって物質を形成するという。(2)徳

㊵グナ guṇa)句義とは、実句義の属性で、ものの性質、状態、数量などをいう。これに二四種がある。つまり、色・味・香・触・数・量・別体・合・離・彼体・此体・覚・楽・苦・欲・瞋・勤勇・重体・液体・潤・行・法・非法・声(古くは重体以下の七を除いた一七)である。⑶業(㊵カルマン karman)句義とは、実体の運動で、これに取・捨・屈・伸・行の五種がある。⑷同(㊵サーマーニャ sāmānya)句義とは、事物を相互に類同させる因となる原理であって、実・徳・業において共通して有であると知る因である存在性つまり有性《ようし》を指し、従って有句義ともいう。⑸異(㊵ヴィシェーシャ viśeṣa)句義とは、すべての存在に特殊性・個別性を与えて差異を生じさせる原因となる原理で、九種の実句義相互間における差異をいう。六句義説ではこの異句義に異・有能・無能・倶分の四句義を含ませる。⑹和合(㊵サマヴァーヤ samavāya)句義とは、以上の五つの独立した原理を結びあわせ繫属させて、共同的に関係づける原理である。⑺有能(㊵シャクティ śakti)句義とは、実・徳・業の三句義と共にはたらき、三者に必ず各自の果を生じさせる因となる能力の原理である。⑻無能(㊵アシャクティ aśakti)句義とは、実・徳・業の三句義と共にはたらいて、三者に必ず各自の果以外を生じさせないようにする能力の原理である。⑼倶分(㊵サードリシュヤ sādṛśya)句義とは、一つのものがらに共通点と差異点との両面があるようにする原理である。⑽無説(㊵アバーヴァ abhāva)句義とは、以上の九が存在の原理であるのに対して、非存在の原理となるもので、実・徳・業などにおいて、因縁が会わないからまだ生じない未生無《みしょうむ》、因縁の力が尽きてすでに滅んだ已滅無《いめつむ》、一方があれば他方がなくなる更互無《こうごむ》、有性と実・徳・業が和合しないから無い不会無《ふえむ》、因が無いから絶対に起こらない畢竟無《ひっきょうむ》の五種無をいう。

**じっけ　習気**　㊵ヴァーサナー vāsanā の訳。習ともいう。われわれの思想や行為、特に煩悩《ぼんのう》をしばしば起こすことによって、われわれの心の中に印象づけられ熏じつけられた(熏習《くんじゅう》された)慣習の気分、習性、余習、残気のこと。それ故に「煩悩は断ってもなおその余習である習気は残ることがある」と説かれている。ところが唯識宗ではこれを種子《しゅうじ》の異名とし、習気はわれわれの思想や行為やその他一切の有為法《ういほう》をうみだす功能《くのう》、能力であるとし、阿頼耶識《あらやしき》の中に含まれるとする。習気には三種があって、三種習気とも三種熏習ともいわれる。⑴名言《みょうごん》習気。名言(言語的表象)によって熏成された種子、つまり名言種子のことで、一切の有為法をそれぞれ生じさせる直接の因であり、即ち等流果《とうるか》(因と等しい種類の果)を引生する点で等流習気ともいわれる。これをさらに表義名言(意味をあらわす声)による習気と、顕境名言(対境を縁慮する心・心所《しんじょ》)による習気との二種に分ける。⑵我執習気。我執によって熏じられた習気。⑶有支《うし》習気。有支(㊵バヴァーンガ bhavāṅga)即ち三有《さんぬ》(三界における生存)の因(支は因の意)である善悪の業によって熏成された業種子《ごっしゅうじ》のことで、異熟果(果報)を招く点で異熟習気ともいわれる。また⑵を除いて等流習気と異熟習気との二種とすることもある。

**じっけい　実継**　(久寿元1154—元久元1204)真言宗の僧。一条公保の子。はじめ実信と称した。小野の行海・雅宝から職位伝法を受け、さらに醍醐の勝賢から許可灌頂を得た。建久四年1193醍醐寺の二三世座主となる。のち大僧都に進んだ。しばしば雨を祈って霊験があったという。〔参考〕続伝灯広録九

**じっけん　実賢**　①(治承四1180—建長元1249)真言宗の僧。京都の人。藤原基輔の子。字は胎蓮。醍醐三宝院の寛継から伝法灌頂をうけ、静遍・勝賢・賢海らにも師事した。嘉禎二年1236醍醐寺の三三世座主となり、宝治三年1249東寺六〇世長者となった。〔参考〕本朝高僧伝五四、続伝灯広録七　②(　—延文元1356)山城真経寺(現京都府向日市の北真経寺・南真経寺)二世。もと真言宗の僧であったが、延慶三年1310極楽寺の良桂と共に日像の弟子となり日蓮宗に改宗した。

**じっけん-しゅみかい-せつ　実験須弥界説**　三巻。円通(1754—1834)の著。成立

年不詳。西洋暦に対抗して、梵暦により日月蝕の起こる理由を詳論した書。立世阿毘曇論の日月行品に基づき、諸経論を参考にしている。〔刊本〕文政四1821刊、弘化三1846・大行寺信暁重刻

**じつご　実悟**　（明応元1492—天正一二1584、一説に同一一）蓮如の一〇男。諱は兼俊（はじめ兼了と称した）。真宗大谷派願得寺（現大阪府門真市）の開祖。兄の本泉寺（加賀二俣）蓮悟に養われ、加賀の清沢坊を継いで願得寺と号した。享禄四年1531の加賀の一揆（享禄の錯乱）のため各地をさすらい、天文一九年1550勘気をゆるされて、飯貝本善寺（住持は弟の実孝）に身を寄せた。やがて石山本願寺（跡地は現大阪市）に入ったが、永禄年間1558—70河内茨田に土居坊を建て、ついで世木坊を創建した。のち門真に古橋坊をおこし、これに願得寺の旧号を復した。著書、蓮如上人一期記、拾塵記以下父蓮如ならびに山科本願寺に関するもの、日野一流系図（実悟系図）など。〔参考〕本願寺通記五、大谷一統系図

**じっこう‐の‐みだ　十劫の弥陀〔久遠の弥陀《くおんのみだ》〕**　無量寿経に、阿弥陀仏は今から十劫の昔にさとりを開いて仏となったとある（十劫正覚）。この阿弥陀仏に対して、法華経の本門・迹門《しゃくもん》の釈迦仏という関係になぞらえ、いつ仏になったという始めの時の限定のない阿弥陀仏（久遠の弥陀）があるとする。この両者の関係については諸説があるが、一般には久遠の弥陀に対して十劫の弥陀は方便仏であるとされている。しかし、浄土教は十劫の弥陀を中心にして立てられた教えであって、その方便とは無上方便であるから、十劫即久遠、久遠即十劫であって、互いに軽重の別はなく、十劫の弥陀も久遠の弥陀も共に真実（十久両実）であるとする。

**じつご‐き　実悟記**　四巻。実悟の著（天正八1580）。真宗本願寺の行事作法や故実などについて見聞したところを記したもので、とくに蓮如・実如・証如の三代の間の記録に詳しい。稲葉昌丸「蓮如上人行実」には実悟の記録を実悟旧記・実悟記（連々聞書及一期記抜萃）・本願寺作法之次第（附、山科御坊事並其時代之事）として整理し、解説を付している。なお先啓の編集した「実悟記拾遺」（真全六七）は蓮如の法語などをあつめる。真宗法要二四、真宗仮名聖教一一、蓮如上人行実

**じつご‐きょう　実語教**　一巻。成立年不詳。漢文の五言九六句よりなり、広く経伝の格言を集め、仏典の要義をとり、勧学、修徳、仏道修行をすすめたもの。明治以前は広く寺子屋で庶民教化の基礎的教科として用いられ、従って版本も非常に多い。空海の撰と伝えるが、鎌倉時代のものであろう。弘法大師全集、続群三二下〔註釈〕恵空・諺解三巻、猪刈貞居・証註一巻

**じっさい　実際**　(梵)ブータコーティ bhūtakoṭi の訳。真実際極の意で、虚妄《こもう》を離れた涅槃のさとり、または真如の理体をいう。禅宗では実際理地《じっさいりち》ともいう。

**じっさい‐じ　実際寺**　中国の長安（陝西省西安府）にあった寺。隋代の長安四道場の一という。武徳元年618三論宗の吉蔵が住し、善導もその浄土院に住したようである。景竜二年708鑑真は当寺の戒壇で恒景律師から具足戒を受けた。〔参考〕続高僧伝

**しつじ　悉地**　(梵)シッディ siddhi の音写。成就《じょうじゅ》または妙成就と訳し、梵漢並べて成就悉地、悉地成就とも称する。密教で真言《しんごん》などを誦持することによって成就する妙果をいう。大日経疏巻一五には正学《しょうがく》を完成した位を無上悉地とし、それに至るまでに信・入地・五通・二乗・成仏の五種の悉地があるとする。これについて顕教の諸師は、信とは地前《じぜん》の信行、入地とは初歓喜地《しょかんぎじ》に入ること（声聞《しょうもん》が見道に入るのに比する）、五通とは世間の五神通《ごじんずう》の境地をくまなく知って五通仙人の位を越えた第四地に至ること、二乗とは二乗の境界を越えて第八地に至ること、成仏とは第九地から菩提《ぼだい》の道を修め、進んで如来位を完成することとするが、密教では初歓喜地の中に十心があって、その初心から第四心までが五通、第五心から第八心までが二乗、第九心から第一〇心に至って成仏するのが成仏であるとする。また尊勝儀軌巻下には、世間の長寿や福徳などを得るのを有相《うそう》悉地、出世間の果徳を完成するのを無相悉地

とし、それぞれに三品《さんぼん》(三種の階級)があるとする。これを前述の五種の悉地および無上悉地に配すると、有相の下悉地と中悉地とは五種悉地の初めの三種、上悉地は第四の二乗悉地にあたり、無相の下悉地は有相悉地、中悉地は第五の成仏悉地、上悉地は無上悉地にあたる。また空海の即身成仏義には始覚因位の悉地を持明悉地(持明《じみよう》とは真言を誦持する意)、本覚果満の悉地を法仏悉地とする。また、大日経疏巻三には、真言の行者の観心に現われる境を三品悉地《さんぼんしつじ》に分けて、上品《じようほん》は密厳仏国《みつごんぶつこく》、中品は十方浄土、下品は諸天修羅宮《しよてんしゆらぐう》に安住すると説く。なお真言や印について三品の悉地を分けることもある(蘇悉地《そしつじ》は(梵)スシッディ su-siddhi の音写で、妙成就と訳し、勝妙である成就の意。台密では三部大法の一に蘇悉地経に基づく蘇悉地法を数え、金胎両部の不二を表わす最深の秘法とする)。

**じっしゃ　実社**　⇩権社《ごんしゃ》

**じっしゃなんだ　実叉難陀**　(永徽三652—景雲元710)唐代の訳経家。于闐《うてん》(コータン Khotan)国の人。(梵)シクシャーナンダ Śikṣānanda の音写。施乞叉難陀とも音写し、学喜と訳す。則天武后の招請により武周の証聖元年695華厳経の梵本をもたらし、菩提流志《ぼだいるし》・義浄らと共に仏授記寺で訳した(新訳華厳経八〇巻)。このとき華厳宗の大成者法蔵も筆受の任に当たっている。また大乗入楞伽経・文殊師利授記経など一九部を訳す。長安四年704母を見舞う為に帰国し、唐の景竜二年708再び長安に来て大薦福寺に住し、訳経をつづけようとしたが、病にかかり五九歳で没した。のちに荼毘所に七重塔を建て、華厳経三蔵塔と呼んだ。〔参考〕華厳経伝記一、開元録九、宋高僧伝二

**じっしゅう　十宗**　華厳宗の説で、仏教教義分類批判(教判)の一種。五教と合わせて五教十宗といい、五教が、あらわす教えの上からの分類であるのに対し、十宗は、あらわされた理の上から、その主な主張を一〇に分けたものである。⑴我法俱有宗《がほうぐうしゆう》。主観の我も客観の事物も、俱に実に有であると主張するもの、仏が一般世間のために説いた人天乗、および小乗のうちの犢子部《とくしぶ》などである。⑵法有我無宗。客観の事物は三世にわたって実有であるが、主観の我は無であることを主張するもの。小乗の説一切有部などがこれである。⑶法無去来宗。ものごとは現在においてのみ実体があり、過去と未来とにはその体がないと主張するもの。大衆部など。⑷現通仮実宗。ものごとは過去・未来に無体であるだけでなく、現在でも五蘊の法は実体があるが十二処・十八界は仮であるとするもの。説仮部や成実論など。⑸俗妄真実宗。世俗のものごとは虚妄であり、出世間真諦である仏教の真理のみが実であると説くもの。説出世部など。⑹諸法但名宗《しよほうたんみようしゆう》。世間・出世間、有漏・無漏のあらゆるもののごとは、ただ名のみで実体はないと主張するもの。一説部など。以上の六宗は小乗であるが、第六はまた大乗初教である始教に通じる。⑺一切皆空宗。すべてのものごとはみなことごとく真空であると説く般若経などの大乗始教をいう。真空とは迷った心から考えて空だというのではなく、無分別《むふんべつ》なそのままが即ち空だというのである。⑻真徳不空宗。すべてのものごとは、結局ただこれ真如《しんによ》であって、煩悩に覆われている真如を如来蔵とし、それは真実の徳を有し、清浄で無数の性質を具えていると説く。五教中の終教である。⑼相想俱絶宗。真理は客観の対象と主観の心とが共になくなって、相対を絶した不可説、不可思議な所にあると説くもの。五教中の頓教で、維摩経の黙不二の説のようなものがこれである。⑽円明具徳宗。一々のものごとは、みなことごとく一切の功徳を具足し、あらゆる現象が互いに妨げあうことなく重重無尽の関係をもっていると説くもの。華厳の別教一乗がこれである〈⇩五教《ごきよう》〉。以上は法蔵の華厳五教章巻上及び華厳経探玄記巻一に説かれている。澄観の華厳玄談巻八には、⑺二性空有宗。二性・三無性を説く相始教。⑻真空絶相宗。前の相想俱絶宗に当たる。⑼空有無礙宗。前の真徳不空宗に当たる。⑽円融具徳宗。円明具徳宗に当たる。として、法蔵が性相融会《しようぞうゆうえ》(本体的なものと現象的な

ものとの間に融会一致を認める)を主とするのに対して、澄観は性相決判《しょうぞうけつぱん》(本体的なものと現象的なものとを区別する)の態度を示している。なおこの華厳宗の十宗は法相宗の八宗の教判を参考としたものである。つまり八宗とは(1)―(6)は十宗の前六宗、(7)勝義皆空宗(般若経や三論の説)、(8)応理円実宗(深密・法華・華厳の諸経や無著・世親の説)である(窺基の法華玄賛巻一)。

**しつじゅうまら　室獣摩羅**　「しじゅうまら」とも読む。㊵シシュマーラ śiśumāra の音写。失守摩羅、失収摩羅とも書き、殺子魚、鰐と訳す。イルカ、河猪の一種。

**じっしゅう-りゃくき　十宗略記**　一巻。真迢《しんちょう》の著(承応元1652)。仏教の三国流伝を略述し、十宗(三論・法相・華厳・倶舎・成実・律・天台・真言・禅・浄土)の宗義大綱を述べた書。とくに天台宗に対する説明は詳細である。仏全三、国東叢一(宗義)〔刊本〕承応元刊

**じっしゅ-の-さんぼう　十種の三法**　天台宗の説。三道(惑・業・苦)・三識(菴摩羅《あんまら》識・阿梨耶《ありや》識・阿陀那《あだな》識)・三仏性(正因・了因・縁因)・三般若(実相・観照・文字)・三菩提(実相・実智・方便)・三大乗(理・随・得)・三身(法・報・応)・三涅槃(性浄・円浄・方便浄)・三宝(仏・法・僧)・三徳(法身《ほっしん》・般若《はんにゃ》・解脱《げだつ》)の一〇種の三法をいう。諸経論には無数にあるが、このうち、以上の一〇種を選んで因果の始終をあらわし、すべてのものが無明《むみょう》を本としてなり立っているのを順次に三道から三徳まで、法性《ほっしょう》を本としてなり立っているのを逆次に三徳から三道までによって示す。智顗《ぎち》の法華玄義巻五下には、真性・観照・資成の三軌《さんき》に一〇種の三法のそれぞれを(たとえば法身は真性軌、般若は観照軌、解脱は資成軌というように)あてて、諸法の三法はおのおの名は異なるが意味する内容は全く同じであると説き、同じく智顗の金光明経玄義巻上には、一〇種の三法は空間的にはかぎりのない意味があって、一の三法に他の九種だけでなく、すべての三法を具え、時間的には本有(三道・三識)・当有(三徳・三宝)・現有(他の六種の三法)の位にあてられて、深い意味があると説く。

**じっしゅ-ほうぎょう　十種法行**　十法行ともいう。経典を受け伝えてゆくための一〇種の方法。弁中辺論巻下に出ている。(1)書写(経・律・論を書き写してひろめる)。(2)供養(経典のおかれている場所や仏の塔廟などを敬い尊ぶ)。(3)施他(他のために正法を説き、または経典を与えて教化する)。(4)諦聴《たいちょう》(他人の読誦するのを傾聴する)。(5)披読(自ら経典を開いて読誦する)。(6)受持(教法を受納し憶持してみだりに忘れない)。(7)開演(他人のために教法を説いて信解を起こさせる)。(8)諷誦(経文を諷誦宣揚して、他人によろこびの念をおこさせる)。(9)思惟《しゆい》(仏の説いた法義を考え憶念する)。(10)修習《しゅじゅう》(仏の説いた法を実際に身に行う)。

**じつじょう-いん　実成院**　①京都市左京区岡崎にあった寺。岡崎房と号し、延暦寺門跡の一。参議成頼の子成円の建立と伝える。応永1394―1428頃まで続いたが、そののち廃絶した。②静岡県伊豆市柳瀬。東光山と号し、日蓮宗。正安三年1301日尊の草創と伝える。

**じっせん　実詮**　(寛文三1663―元文五1740)真言宗の僧。字は真教(一に真暁)。極喜堂と号する。はじめ丹後竹野郡発信貴山の徒であったが、のち江戸に出て湯島霊雲寺浄厳《じょうごん》に師事し、安流ならびに西院流の密教を伝えた。倶舎・唯識・華厳の学にも通じ、十数年にわたって、鳳潭と論戦をかわしている。晩年は京都清水寺の光乗院で過した。著書、鳳潭との対論の書には、菩提心戒義章一巻、偏界紅炉一唾篇一巻、汗已指笑篇二巻、大日経教主義一巻など。〔参考〕瑜伽伝灯記、霊雲叢書解題

**じっそう　実相**　すべてのもののありのままの真実のすがた。実相を観察するのを実相観といい、唯識観が事観であるのに対して、これは理観とされる。諸法の実相を説くことは大乗仏教の印(標幟)であって、これを実相印という。大乗が一法印《いっぽういん》を立てることは小乗仏教が三法印(無常・無我・涅槃)を立てるのに対する。⇩諸法実相

郵便はがき

料金受取人払郵便

京都中央局
承認

3543

差出有効期間
平成27年1月
10日まで

(切手をはらずに
お出し下さい)

6008790

110

京都市下京区
正面通烏丸東入

**法藏館** 営業部 行

愛読者カード

本書をお買い上げいただきまして、まことにありがとうございました。
このハガキを、小社へのご意見またはご注文にご利用下さい。

お買上 **書名**

＊本書に関するご感想、ご意見をお聞かせ下さい。

＊出版してほしいテーマ・執筆者名をお聞かせ下さい。

お買上
書店名 区市町 書店

◆新刊情報はホームページで http://www.hozokan.co.jp
◆ご注文、ご意見については info@hozokan.co.jp

13.1.1.3000

| ご氏名《ふりがな》 年齢　　歳　男・女 | |
|---|---|
| 〒□□□-□□□□　ご住所 | 電話 |
| ご職業（ご宗派） | 所属学会等 |
| ご購読の新聞・雑誌名（ＰＲ誌を含む） | |

ご希望の方に「法藏館・図書目録」をお送りいたします。
送付をご希望の方は右の□の中に✓をご記入下さい。　□

# 注 文 書

月　　日

| 書　　名 | 定　価 | 部　数 |
|---|---|---|
| | 円 | 部 |
| | 円 | 部 |
| | 円 | 部 |
| | 円 | 部 |
| | 円 | 部 |

配本は、○印を付けた方法にして下さい。

イ. **下記書店へ配本して下さい。**
（直接書店にお渡し下さい）

（書店・取次帖合印）

書店様へ＝書店帖合印を捺印の上ご投函下さい。

ロ. **直接送本して下さい。**
代金（書籍代＋送料・手数料）は、お届けの際に現金と引換えにお支払下さい。送料・手数料は、書籍代 計5,000円 未満630円、5,000円以上840円です（いずれも税込）。

**＊お急ぎのご注文には電話、ＦＡＸもご利用ください。**
**電話 075-343-0458**
**FAX 075-371-0458**

**（個人情報は『個人情報保護法』に基づいてお取扱い致します。）**

**じっ-そう　十想**　十思想ともいう。一〇種の観想。⑴無常想（一切の有為法《ういほう》は無常であるとの想）、⑵苦想（一切の有為法は苦であるとの想）、⑶無我想（一切法は無我であるとの想）、⑷食《じき》不浄想（世間の飲食はみな不浄の因縁から生じた不浄なものであるとする想）、⑸（一切）世間不可楽想（一切世間に楽しむべき何ものも無いとする想）、⑹死想（死の相を観じること）、⑺不浄想（人間の肉体の不浄を観じること）、⑻断想、⑼離欲想、⑽尽想（以上の三は、涅槃《ねはん》のさとりを得るために煩悩《ぼんのう》を断ち、生死《しょうじ》の迷いを離れ、また煩悩と生死とを尽くして涅槃を求めようとする想）（大品般若経巻一など）。

**じっそう-いん　実相院**　①京都市左京区岩倉上蔵町。岩倉山と号し、単立（天台宗）。もと三井三門跡の一。実相院門跡、岩倉門跡とも称する。寛喜年間1229—32円珍の法孫静基の開創。寺名は鷹司兼基の子静基が、寛喜元年入壇受法して実相院と号したことによるといい、静基はのち門跡に准ぜられた。はじめ紫野にあり、ついで今出川小川に移り、応仁の乱で焼失。南北朝以来寺務を管領していた現地の大雲寺の塔頭成金剛院に転じた。天文一五年1546兵火にかかったが、寛永年間1624—44義尊が中興し大雲寺を兼帯した。幕末に無住となったが、明治1868—1912になって再興。現在の本堂は享保五年1720皇居の故殿を移したもの。〔重文〕紙本墨書仮名文字遺（後陽成天皇宸翰）〔参考〕諸門跡譜、山城名勝志二　②佐賀県佐賀市大和町川上。河上山と号し、真言宗御室派。神通（密）寺とも称した。和銅五年712行基の開創という。寛治三年1089河上神社の社僧円尋（天台僧）が現実相院の裏山に堂を建て如法経会を始め、ここを河上山別所と称した。平安末期、当別所は神通寺と称されたが、室町中期から同寺の一院であった実相院が代表して現在に至る。嘉永七年1854火災により木堂、講堂などを焼失した。寺域は景勝の地を占め、毎年四月九日から二〇日まで行われるお経会の儀式は参拝者が多い。

**じっそう-じ　実相寺**　①静岡県富士市岩本。岩木山と号し、日蓮宗四十四本山の一。久安年間1145—51鳥羽上皇の御願により智印が開創し、もと天台宗寺門派であった。正嘉・正元1257—60の頃、日蓮が当寺の経蔵で研学のとき日興を改宗させ、ついで智海（日源）を改宗させたことから、寺務巌誉らと争いを生じ、ついに加島の法難事件を起こした。のち日蓮宗に転じ、日蓮を開山とする。永禄年間1558—70兵火にかかり、慶長1596—1615の頃、日恒が中興した。〔参考〕実相寺御書、法華霊場記冠部　②福島県会津若松市馬場本町。安吉山と号し、臨済宗妙心寺派。関東十刹の一。元徳年間1329—32富田祐義が復庵宗己を開山に請じて草創。文禄元年1592現地に移る。

**じっそう-しん　実相身**〔為物身《いもつしん》〕　仏身に、真如の理そのものとしての身（実相身）と、衆生のためにあらわれた身（為物身）とがある。曇鸞の浄土論註巻下の説で、浄土教では或いは法性法身《ほっしょうほっしん》と方便法身とにあて、或いは方便法身の自利・利他の二徳、光明（義）と名号《みょうごう》（名）とにあてて解釈する。

**じっそうろん　実相論**　⇒縁起論《えんぎろん》

**じっそん　実尊**　（治承四1180—嘉禎二1236）興福寺の僧。関白藤原基房の子。興福寺一乗院の信円に師事して法相を究め、正治元年1199維摩会の講師となる。嘉禄二年1226興福寺別当に補せられ、長谷寺を領し、金峯山《きんぶせん》の検校となった。〔参考〕大日本史料五ノ一〇、本朝高僧伝一四

**しった　質多**　㊵チトラ Citra ㊹チッタ Citta の音写。質多羅とも音写する。優婆塞《うばそく》の名で多くの経典に出るが、仏陀から優婆塞の模範であると賞讃されている。〔参考〕Paramattha-dipani（Theragāthā120偈註）、雑阿含経二一、増一阿含経三、Aṅguttara-nikāya III

**しったん　悉曇**　㊵シッダン siddham あるいはシッダーン siddhām の音写。悉旦、肆曇、悉談、悉檀、七旦、七曇とも音写し、成就、成就吉祥などと訳す。梵字の字母の総称。梵字の字母表や綴字法、八章のはじめに帰敬句を掲げるが、その句の中に「成就せよ」という意味で、悉曇（siddham）または悉地羅窣覩《しつじりそと》（㊵シッディ

第一表　悉曇五十字門（字母表）

多摩

| 分類 | 形：梵字 | 音：ローマ字 | 音：中天音 | 音：南天音 | 音：金剛頂経 | 音：悉曇字記 | 音：その他 | 義：瑜伽金剛頂経釈字母品 | 義：その他 |
|---|---|---|---|---|---|---|---|---|---|
| 十二韻（多摩通） | 𑖀（𑖰） | a | ア | ア | 阿 | 阿 短 | 婀・哀・旃・噁・悪・遏 | 本不生《ほんぷしょう》 ādyanutpāda | （⇩阿字観 ⇩阿字本不生 ⇩阿字五転） |
| 十二韻（多摩通） | 𑖁（𑖯） | ā | アー | アー | (あー)阿 引 | 阿 長 | | 寂静《じゃくじょう》 āraṇya | 虚空 ākāśa 聖者 ācārya 自利利他 ātmapara-hita |
| 十二韻（多摩通） | 𑖂（𑖰） | i | イ | イ | 伊 | 伊 短 | 億・縊・益・壱 | 根 indriya | これ idam |
| 十二韻（多摩通） | 𑖃（𑖱） | ī | イー | イー | (いー)伊 引 | 伊 長 | 縊・翳 | 災禍 īti | 自在 īśvara 嫉妬 īrṣyā |
| 十二韻（多摩通） | 𑖄（𑖲） | u | ウ | オ | (う)塢 | 甌 短 | 烏・郁・優・屋・憂・侑・于・宇 | 譬喩 upamā | 悩乱 upadrava 最上 uttama |
| 十二韻（多摩通） | 𑖅（𑖳） | ū | ウー | オー | (うー)汙 引 | 甌 長 | 烏・汚・憂・優・鄔・于・宇 | 損減 ūna | |
| 多摩別 | 𑖆（𑖴） | ṛ | リ | キリ | (り)哩 | 紇里 | 釐・魯・呂 | 神通《じんずう》 ṛddhi | |
| 多摩別 | 𑖇（𑖵） | ṝ | リ | キリ | (り)哩 引 | 紇梨 | 釐・呂・流 | 類例 ? | |
| 多摩別 | 𑖈 | ḷ | リョ | リ | (り)呂 | 里 | 力・楼・梨・廬 | 染《ぜん》 ? | |
| 多摩別 | 𑖉 | ḹ | リョ | リ | (り)嚧 | 梨 | 梨・楼・廬 | 沈没《ちんもつ》 ? | |
| 十二韻（多摩通） | 𑖊（𑖸） | e | エイ | エイ | (え)曀 | 藹 短 | 翳・警・豎・豎・瞖・咥・衣・咽 | 求《ぐ》 eṣaṇā | |
| 十二韻（多摩通） | 𑖋（𑖹） | ai | アイ | アイ | 愛 引 | 藹 長 | 翳・嘢・野・哀・咽 | 自在 aiśvarya | 威儀 airyāpatha 自在 aindra |
| 十二韻（多摩通） | 𑖌（𑖺） | o | オウ | オウ | (お)汙 | 奥 短 | 烏・鳴・汚 | 瀑流《ぼる》 ogha | |
| 十二韻（多摩通） | 𑖍（𑖻） | au | オウ | オウ | (おう)奥 引 | 奥 長 | 懊・燠・炮 | 化生《けしょう》 aupapāduka | 究竟（母音中の最終の字であるから） |
| 畔界 | 𑖀𑖽（𑖽） | aṃ | アン | アン | 暗 | 暗 去 | 闇・菴・唵・[illegible]・安 | 辺際《へんざい》 anta | 無我我所（amogha） |
| 畔界 | 𑖀𑖾（𑖾） | aḥ | アク | ア | 悪 | 痾 去 | 噁・阿・痾 | 遠離《おんり》 astaṃ-gamana | |

| 体 | | | | | | | | | | | | | | | | | | | |
|---|---|---|---|---|---|---|---|---|---|---|---|---|---|---|---|---|---|---|---|
| 五類声 | | | | | | | | | | | | | | | | | | | |
| 牙声(喉音) | | | | | 歯声(齶音) | | | | | 舌声(齗音) | | | | | 喉声(歯音) | | | | |
| 𑖎 | 𑖏 | 𑖐 | 𑖑 | 𑖒 | 𑖓 | 𑖔 | 𑖕 | 𑖖 | 𑖗 | 𑖘 | 𑖙 | 𑖚 | 𑖛 | 𑖜 | 𑖝 | 𑖞 | 𑖟 | 𑖠 | 𑖡 |
| ka | kha | ga | gha | ṅa | ca | cha | ja | jha | ña | ṭa | ṭha | ḍa | ḍha | ṇa | ta | tha | da | dha | na |
| キャ | キャ | ギャ | ギャ | ギョウ | シャ | シャ | ジャ | ジャ | ジョウ | タ | タ | ダ | ダ | ドゥ | タ | タ | ダ | ダ | ノゥ |
| カ | カ | ガ | ガ | ガ | サ | サ | ザ | ザ | ザ | タ | タ | ダ | ダ | ダ | タ | タ | ダ | ダ | ナ |
| 迦(か)上 | 佉(きゃ)上 | 誐(が)上 | 伽(が)去引 | 仰(ぎょう)鼻 | 左(さ) | 磋(さ) | 惹(じゃ) | 酇(さん) | 孃(じょう)上 | 吒(た)上 | 咤(た)上 | 拏(だ)上 | 荼(だ)去 | 拏(だ)鼻 | 多(た)上 | 他上 | 娜(だ) | 駄(だ) | 曩(のう) |
| 迦 | 佉 | 伽 | 伽重 | 哦 | 者 | 車 | 社 | 社重 | 若 | 吒 | 侘 | 荼 | 荼重 | 拏 | 多 | 他 | 陀 | 陀重 | 那 |
| 脚・葛・嘎 | 呿・渇 | 哦・我・俄・竭・犍 | 恒・咺・鍵・搋 | 誐・俄・我 | 遮 | 轟・綽 | 闍・若・搓・嵯・諾 | 杓闍・禅・膳・醝・縒・諾・ | 喏・壌・社・如・穣 | 侘・咤・多・絝 | 詫・咤・姹・他・吔・搋 | 陀・荼・咤・袓・椗 | 檀荼・嗏・陀・択・姹・袓・ | 拏・那・儜 | 頞・哆・椓・他・椋 | 佗・癉・陀 | 柂柁・荼・捺・拏・那・搽・ | 大駄・檀駄・弾柁・曇柂・吔・達・ | 娜・哪・ |
| 作業《さごう》 | 虚空(等空) | 行《ぎょう》 | 一合 | 支分 | 変遷 | 影像《ようぞう》 | 生《しょう》 | 戦敵《せんじゃく》 | 智 | 慢 | 長養《しょうよう》 | 怨対《おんたい》 | 執持 | 諍《じょう》 | 如如《にょにょ》 | 住処 | 施 | 法界 | 名《みょう》 |
| kārya | kha | gamana | ghana | anga | cyuti | chāyā | jāti | jhamala? | jñāna | ṭaṅka | viṭhapana | ḍamara | ḍhamka? | raṇa | tathatā | sthāna | dāna | dharma dhātu | nāma |
| 作者 kāraka / 業 karma | | 去者 gata 甚深 gambhīra / 如来秘蔵(蔵は garbha) | 厚重、稠密とも訳す。 | 諸行破壊? 預知行? | 行 caryā | 貪欲 chanda 欲染 icchā / 去 gacchati | 老 jarā 焼 jvala? / 入世間(jagat) 海清浄 | 魚、稠林 jhaṣa | 覚悟 jñāpara / 説安住? 制伏他魔? | 断、断結? 半月(字形による) | 処 thāna 満月(字形による) / 置答(置は thapanīya) | 怨敵、悩乱とも訳す。 / 焼尽、燋燒 dahati | 究竟、辺竟(四十二字門の最後の字であるから) | 微細、微塵 reṇu / 除諸煩悩 | 苦行 tapas | 如去 tathāgata / 勢力、勇猛力 thāma bala | 善 dama 調伏寂静? 断絶? / 十(daśa)力門 | 法性 dharmatā / 七聖財(財は dhana) | 名色、不 na |

| | | | | | | | | | | | | | | |
|---|---|---|---|---|---|---|---|---|---|---|---|---|---|---|
| 文 | | | | | | | | | | | | | | |
| 声唇（音唇） | | | | | 声口偏 | | | | | | | | | |
| 𑖢 | 𑖣 | 𑖤 | 𑖥 | 𑖦 | 𑖧 | 𑖨 | 𑖩 | 𑖪 | 𑖫 | 𑖬 | 𑖭 | 𑖮 | 𑖩𑖿𑖩𑖽 | 𑖎𑖿𑖬 |
| pa | pha | ba | bha | ma | ya | ra | la | va | śa | ṣa | sa | ha | llaṃ | kṣa |
| ハ | ハ | バ | バ | モゥ | ヤ | ラ | ラ | バ | シャ | シャ | サ | カ | | キシャ |
| ハ | ハ | バ | バ | マ | ヤ | ラ | ラ | バ | サ | サ | サ | カ | ラン | サ |
| （は）跛 | （は）頗 | （ば）麼 | （ば）婆重 | （もう）莽 | （や）耶 | （ら）囉 | （ら）邏上 | （ば）嚩 | （しゃ）捨 | （しゃ）灑 | （さ）娑上 | （か）賀 | | （きしゃ）乞灑二合 |
| 波 | 頗 | 婆 | 婆重 | 麽 | 也 | 囉 | 羅 | 嚩 | 奢 | 沙 | 娑 | 訶 | 濫 | 叉 |
| 簸 | 破・娑頗 | 摩・波 | 嚶・梵・洑・縛・繁 | 摩・磨 | 野・夜・邪・計 | 羅・洛 | 攞・砢・呵 | 婆・縛・和・恕 | 賖・嗜・赦・設・爍・舍 | 屣・刹・殺・察 | 薩・縒・颯・拶・三・散・参 | 呵・歌・吹 | | 乞叉・羼・乞察・乞産・葛・差 |
| 第一義諦 paramārtha | 聚沫《じゅまつ》 phena | 縛《くば》 bandhana | 有《う》 bhava | 吾我 mama | 乗 yāna | 塵染 rajas | 相 lakṣaṇa | 語言 vāc, vākya, vāda | 本性寂《ほんしょうじゃく》 śānti | 性鈍《しょうどん》 ṣaṇḍha? viṣāda? | 諦《いた》 satya | 因 hetu | — | 尽 kṣaya |
| 顚倒? 普照法界 | 果 phala 世間災? | 十力（力は bala） | 破、破壊 bhāga 宮殿 bhavanā<br>観、慣習 bhāvanā 重担 bhāra | 我所 mamakāra<br>憍 mada 慢 māna | 実、如実 yathāvat<br>差別積聚 | | 愛枝 latā 軽 laghu | 最勝（vara）乗、雨 varṣaṇa | 寂滅 śānta 信 śraddhā<br>奢摩他 śamatha | 六 ṣaṣ 具足? 罣礙? 海蔵? | 一切 sarva | 永害 hata 心 hṛdaya | | 忍 kṣānti 刹那 kṣaṇika<br>無尽 akṣaya |

備考

一　五十字門では「濫（llaṃ）」を除いているが、悉曇字記はこれを加えて五十一字とする。

二　涅槃経では「乞灑（kṣa）」を除いて、羅（la）を加えており、この羅には魔 māra（māla）の義があるとする。

三　摩多の梵字の括弧内に示すものは、体文に付けて、例えば 𑖎 (ka) から 𑖎𑖯 (kā) などを作るのに用い、点書という。

四　随韻（ṃ）を示す〔・〕を空点（菩提点《ぼだいてん》）、止音（ḥ）を示す〔:〕を涅槃点《ねはんてん》といい、また随韻の一種に仰月点《ぎょうがってん》〔◌𑖼〕がある。空点という名称は随韻に大空（ambara）の意味があるから名づけられたもの。仰月点は符号の形状から名づけられたもの、涅槃点の名称は阿字五輪の中でこれが入涅槃に相当するからであり、菩提点の名称も同様に証菩提に相当するからである。

第二表 悉曇四十二字門

| | | | |
|---|---|---|---|
| (1) | 阿 | ア | a |
| (2) | 羅 | ラ | ra |
| (3) | 波 | パ | pa |
| (4) | 遮 | チャ | ca |
| (5) | 那 | ナ | na |
| (6) | 邏 | ラ | la |
| (7) | 陀 | ダ | da |
| (8) | 婆 | バ | ba |
| (9) | 荼 | ダ | ḍa |
| (10) | 沙 | シャ | sa |
| (11) | 和 | ヴァ | va |
| (12) | 多 | タ | ṫa |
| (13) | 夜 | ヤ | ya |
| (14) | 吒 | シュタ | ṣṭa |
| (15) | 迦 | カ | ka |
| (16) | 娑 | サ | sa |
| (17) | 磨 | マ | ma |
| (18) | 伽 | ガ | ga |
| (19) | 他 | タ | tha |
| (20) | 闍 | ジャ | ja |
| (21) | 皺 | スヴァ | sva |
| (22) | 駄 | ダ | dha |
| (23) | 賒 | シャ | śa |
| (24) | 呿 | カ | kha |
| (25) | 叉 | クシャ | kṣa |
| (26) | 哆 | スタ | sta |
| (27) | 若 | ジュニャ | jña |
| (28) | 拕 | ルタ | rtha |
| (29) | 婆 | バ | bha |
| (30) | 車 | チャ | cha |
| (31) | 摩 | スマ | sma |
| (32) | 火 | フヴァ | hva |
| (33) | 嗟 | トサ | tsa |
| (34) | 伽 | ガ | gha |
| (35) | 他 | タ | ṭha |
| (36) | 拏 | ナ | ṇa |
| (37) | 頗 | パ | pha |
| (38) | 歌 | スカ | ska |
| (39) | 醝 | イサ | ysa |
| (40) | 遮 | シュチャ | śca |
| (41) | 吒 | タ | ṭa |
| (42) | 荼 | ダ | ḍha |

備考　五十字門に含まれない十一の重字は次の如くである。なお五十門と共通のものは五十字門を参照のこと。

(14) 吒《た》 ṣṭa 吒・瑟吒・史吒とも書き、障礙 stambha? (ṣṭaṃbha?) の意。または折伏《しゃくぶく》の意があるとする。

(21) 皺《ひ》 sva 波・鎖・湿波・湿嚩・娑嚩とも書き、善・安隠 svasti の意があるとする。

(26) 哆《た》 sta 侈・薩頞・娑多・娑哆・尸癉・沙多也阿とも書き、有 asti? の意、または昏沈《こんじん》 styāna の意、または辺の意があるとする。

(27) 若《やに》 jña 攘・孃・愵・枳穰とも書き、智、智慧 jñāna の意があるとする。

(28) 拕《た》 rtha 他・伊陀・辣他・囉他・吒呵・曷囉多とも書き、義 artha の意があるとする。

(31) 摩《ま》 sma 魔・娑摩・娑莽・颯磨・湿麼とも書き、念、憶念 smṛti の意、または石 aśma の意があるとする。

(32) 火《か》 hva 叵・火婆・訶婆・訶嚩・嗑縛・沙波とも書き、喚来 hve, hvaya の意、または而得至信、不可分別の意があるとする。

(33) 嗟《さ》 tsa 蹉・縒・哆娑とも書き、慳 mātsarya の意、または尽滅、死亡、勇猛、勇健性の意があるとする。

(38) 歌《か》 ska 塞迦・娑迦・尸迦とも書き、蘊、聚 skandha の意、または法性の意があるとする。

(39) 醝《さ》 ysa 逸娑・也娑・拽娑・夷娑・闍・嵯とも書き、衰老の意があるとする。

(40) 遮《やし》 śca 嗟・酌・伊陀・是侈・室者・室左とも書き、不動 niścala の意、または未曾有 āścarya の意があるとする。

ル・アストゥ siddhir astu の音写）と記したから「悉曇」は字母の総称となり、「悉地羅窣覩」は悉曇章（後述）を意味するようになった。なお、空海の記した字母表には悉曇囉窣覩（siddhaṃ rastu）とあるが、誤りであろう。①悉曇文字は梵語を書くための書体の一つで、グプタ文字の系統に属し、四―五世紀ごろインドで用いられた。中国では仏教の伝来と共に南斉以来学ばれ、日本には奈良朝以前に伝えられた。当初は梵字の書体および字母を悉曇、梵語文法や語句の解釈などを梵音または梵語と称して区別したが、のちには転じて梵字の書体の外に、広く梵語の書法・読法・文法などを含めて悉曇という。悉曇学も早くから中国に伝わり、唐代に至って玄奘（600―64）が梵語学を伝え、さらに密教が伝わるにおよんで悉曇学は大いに興隆した。まず唐の智広は悉曇字記を撰して字母（摩多・体文）を解説し、その合成法を一八章に分けて述べた。これは発音がパーリ語に近い南天所伝のものであった。同じく唐の一行は悉曇字母表を著わし、一八章を略頌として述べた。また義浄は梵語千字文を撰し、悉曇文字をもって千字文と対訳し、真全は唐梵文字を撰して梵唐の対訳をなした。日本においてもすでに奈良朝に悉曇文字は伝えられていたが、平安朝の最澄・空海などの唐よりの帰朝と密教の伝来とによって悉曇学は急に盛んとなり、空海は悉曇字母釈并釈義一巻、大悉曇章一巻を著わした。また台密では、安然が清和天皇に献ずるために元慶四年880頃に悉曇蔵八巻を著わし、悉曇に四種相承ありとし、悉曇の形・音・義についての諸説を批判的に述べた。それより約四〇〇年後の神於寺了尊撰の悉曇輪略図抄一〇巻はこれに基づいて図示解説したものである。東密では南北朝時代の杲宝《ごうほう》が智広の悉曇字記を註釈して悉曇字記創学鈔一三巻を著わし、江戸時代になって、浄厳は天和二年1682に悉曇の形音義を解説した悉曇三密鈔三巻を上梓し、慈雲は梵学津梁一千巻を著わした。②智広の悉曇字記には、悉曇とは広義では摩多《また》と体文《たいもん》との総称、狭義では摩多十二韻を指すとする。摩多は(梵)マートリカー mātṛkā の音写。母の意。韻とも称し母音字をいう。これに一六字（第一表参照）があり、そのうち用いることの少ない紇里《きり》（ṛ）、紇梨《きりー》（ṝ）、里（ḷ）、梨（ḹ）の四字を別摩多、他を通摩多または悉曇十二韻という。また随韻（anusvāra 鼻音）である暗（aṃ）と止音（止声）（visarga 気音）である痾《あ》（aḥ）とは、阿（a）の転化で本来の韻ではないと見て一六字から除き、一四音ということもあり、この二字は摩多と体文とのさかいにあるから界畔《かいはん》という。体文は(梵)ヴィヤンジャナ vyañjana の訳で子音字をいい、摩多の点画をつけて（母音の符号を加えて）諸種の字を作る本体となるから体文という。これに三五字（第一表参照）があり、はじめの二五字は各五字ずつを、それらが発音される場所によって順次に牙声（喉音）・歯声（口蓋音）・舌声（反舌音）・喉声（歯音）・唇声（唇音）と称し、合わせて五類声《ごるいじょう》（五五声、相随声）といい、後の一〇字は合わせて偏口声《へんくしょう》（満口声）という。偏口声とは「口中の全部を使って発声する声」の意である。なおこのうちで、濫《らん》（llaṃ）は同じ字を重ねて作った当体重字（合成字、複合字）の例であり、叉《さ》（乞灑《きしゃ》 kṣa）は異なった字を重ねて作った異体重字の例であって、本来の字母ではない。古来、悉曇を論じるのに一々の字母について、形（書体）・音（発音）・義（意義）の三門を立てる。音には中天竺・南天竺の二伝があり、また連声《れんじょう》（二語の連結による音韻の変化）法をもこれに含める。義とは、字母または合成字に一定の意味をつけることで、これを字門と称する。悉曇は表音文字であって表意文字ではないから、一々の文字に意味はないが、インドでは幼少のものに字母を覚えさせる一方法として、例えば阿（a）は不生《ふしょう》(梵)アヌトパーダ anutpāda）というように、一語の頭に、あるいは語の中にその字母を含むような語を選んで、また字の形からも連想される語を選んで、記憶に便利であるようにしたから、字母に一定の意味が与えられるようになったものである。仏教では、五十字門、四十二字門などの説がある。この説は特に密教で重視され、真言《しんごん》の字句に浅略と深秘との両様の解釈を加えて、声字実相《しょうじじっそう》の説を立てる。悉曇五十字門は金剛頂経、文殊問経、北本涅槃経巻八などに説かれ、字義にも多少の差異がある。密教では五十字門はことごとく法爾《ほうに》(あるがまま)の法曼荼羅《まんだら》であり、三世十方にわたって絶対に不変であるとする。その配列は第一表の通りで、日本の五十音図はこれに真似て作られたという。悉曇四十二字門は大品般若経巻五などに説かれ、四十二字陀羅尼門《だらにもん》ともいい、いわゆる文字陀羅尼であって、五十字門のように字母などを説くのが目的ではない。それ故に文字の配列も五十字門のように整然としておらず、かつ母音字一五と子音字四とを欠き、別に重字(合成字、複合字)一一を加えている。その配列は第二表の通りである。③悉曇字母の綴字・合字・連声などの法則を、迦迦章(体文三四字(濫を除く」のそれぞれに一二摩多をかけて四〇八字を作る)から孤合章までの十八章とし、これを悉曇十八章、悉曇十八章建立《こんりゅう》、悉曇切継《きりつぎ》という。一般に字母および重字の例を集めたものを悉曇章(前述のように悉地羅窣覩ともいう)と称し、字母表を摩多体文ともいう。④悉曇が伝えられた系譜について、台密では安然《あんねん》の悉曇蔵巻一に、梵王相承(南天相承)・竜宮相承(中天相承)・釈迦相承(顕教所伝)・大日相承(密教所伝)の悉曇四種相承《そうじょう》が各別にあったとする。東密では飲光《おんこう》(慈雲尊者)が悉曇章相承口説巻上でその説を批判して梵王即大日であるといい、かつ悉曇考試表白には、空海は、竜猛—竜智—金剛智—不空—恵果と伝わった中天相承と、般若瞿沙《はんにゃくしゃ》—般若菩提—智広と伝わった南天相承とを兼ねて伝えたとする。

**じっちゅう　実忠**　奈良・平安初期の東大寺の僧。生没年不詳。東大寺の良弁《ろうべん》に師事して華厳を学ぶ。天平勝宝四年752難波の海中から十一面観音像を得、東大寺羂索院《けんじゃくいん》(法華堂)をおこして安置し、十一面悔過法会をはじめたと伝える。これが二月一日より一四日間行われて以後恒例となる東大寺二月堂修二会(お水取り)である(現在は三月一日から一四日まで)。良弁の没後は別当となり、東大寺の完成とその修補に力をつくした。〔参考〕東大寺権別当実忠二十九箇条(東大寺要録七)、二月堂縁起、元亨釈書九、東国高僧伝二、本朝高僧伝四六

**しっつう　漆桶**　禅宗の用語。真理をさとる智慧の眼のないことを、うるしおけが黒くて他色を識別できないのに喩えた語。黒漆桶、漆桶不会《えふ》などという。

**じつどう　実導**　(延慶二1309—嘉慶二1388)浄土宗西山派の学僧。藤原為信の子。仁空と号し、円応と勅諡された。三鈷寺(現京都市西京区)の康空示導から西山義を学び円戒を受けた。康永年間1342—45大慈恩寺で示導の観経疏の講義を筆録し、添削を加えており(世に康永抄という)、また観応二年1352浄土院で門下と論議した記録は論義鈔と呼ばれて本山義三大書の一とされる。その他、西山上人縁起六巻、義釈捜決抄一二巻などの著がある。なお文和四年1355三鈷寺に住し、延文三年1358には師示導の廟浄土院の近くに浄満寺を建てた。〔参考〕浄土伝灯総系譜下、三鈷寺伝持次第

**じつにょ　実如**　(長禄二1458—大永五1525)蓮如の第五子。諱は光兼。延徳元年1489本願寺九世を継ぐ。一向一揆などに対してこれを抑制し、一門一家衆の制を設け、蓮如によって大きく伸張した教団の守成につとめた。永正四年1507乱を避けて一時祖像を堅田に移した。大永元年後柏原天皇の即位の費を献じて紫衣を許された。〔参考〕本願寺通紀二、本願寺史

**しつねん　失念**　㈵ムシタ・スムリティー musita-smṛtitā の訳。心所《しんじょ》(心のはたらき)の名。はっきりと記憶することのできない精神作用をいう。唯識宗で二十随煩悩の一に数える。

**じっぱん　実範**　(　—天養元1144)真言律中川流《なかのかわりゅう》の祖。参議藤原顕実の子。字は本願。世に中川少将上人、中川律師などという。興福寺で法相を学び、醍醐寺の厳覚から密教を、また叡山横川の明賢から天台を受け、大和の忍辱山《にんにくせん》の成身院(中川寺)に住した。戒律の復興をこころざし、唐招提寺の鑑真和尚の影前で四分律により受戒した。永久四年1116唐招

提寺の伽藍を修理し、翌五年、東大寺戒壇院で行尊・覚行・蔵俊らに戒を授け、のち山城光明山(跡地は現京都府相楽郡山城町)に住した。高野山中院教真の法脈をも伝え、また浄土教にも心をよせた。著書、大経要義抄七巻、戒壇式一巻、五念門行式一巻、病中修行記一巻など。〔参考〕元亨釈書一三、続伝灯広録一、律苑僧宝伝一〇

**じつびん　実敏**　(延暦七788—斉衡三856)東大寺の僧。姓は物部氏。尾張の人。伯父中安に随って上京し、玄叡・安澄に師事した。二〇歳で東大寺において満分戒を受け、のち梵釈寺の永忠に学んだ。西大寺に住して三論をひろめ、維摩会・最勝会の講師をつとめ、嘉祥三年850には三論宗を代表して清涼殿で講義した。承和五年838東大寺別当、仁寿三年853大僧都にすすんだ。〔参考〕元亨釈書三、本朝高僧伝五

**じっ-ぷに-もん　十不二門**　天台宗では一〇種の不二門を立てて観心の大綱を示すが、これは智顗《ぎち》の法華玄義に説かれた十妙についての湛然《たんねん》の実践的解釈である。即ち迹門《しゃくもん》の十妙によって色心不二門から受潤不二門までの十門を立て、普通には対立して相容れないと考えられるものも、法華の円教からすれば、互いに融けあい一体化して区別されないことを示し、凡夫の現実の一念について、それが本来的に宇宙のことごとく(三千の諸法)をまどかに具えて、そのままが実体のない空《くう》であり、しかも現象する仮《け》であり、ありのままの中《ちゅう》であると観じさせ、十妙の理に悟り入らせようとするのである。十不二門は、順次に前によって後が成り立つのであるが、略説すると次のようである。(1)色心《しきしん》不二門。智慧が観照する対象、即ち所観の境は、総括していえば一念であり、区別していえば色法(物質)と心法(精神)とであるが、宇宙のことごとくが凡夫の一念におさまる点からいえば、心以外に何物もなく、しかもまた、一物質までが宇宙のことごとくをまどかに具えているのであるから、色法と心法とはもともと区別がなく不二である。(2)内外《げない》不二門。智妙および行妙によって立てたもの。智慧が観照する対象を内外に分けると、自己の内なるもの即ち一念と、自己以外のあらゆる物的・心的の現象とに区別されるが、三千三諦の理に立てば内外の区別がなく不二であり、内である心と、外である仏・衆生との三法は、各々融けあって本質的には差別がない。(3)修性《しゅしょう》不二門。同じく智妙および行妙によって立てたもの。一念はその本性として本来的に具わった徳があるが、しかもそれは智慧の力をかりて後天的な実践修行を起こすことによって顕わされる。この性と修との関係は、あたかも水と波とのように、修によって性を照らし、性によって修をおこすのであるから不二である。(4)因果不二門。位妙および三法妙によって立てたもの。修徳によって因位と果位との区別を生じるが、それは本来的に具わっている三千の諸法のあり方の位態の差に過ぎず、単に理としてあるのを無明、果として全的に顕現したのを常楽というのであるから、因果は不二である。(5)染浄《ぜんじょう》不二門。感応妙および神通妙によって立てたもの。因果の別によって煩悩に汚れた染と、煩悩を離れた浄との別を生じるが、それは法性と無明とが互いにしりぞけあい、あるいは互いにはたらきあった二面に過ぎず、即ち、法性が無明となってはたらくときに迷の九界〈⇩十界《じっかい》〉を造りだし、無明が法性となってはたらくときに、縁に応じた自由自在の教化のはたらきとなるのであるから、染浄迷悟は別のものではない。(6)依正《えしょう》不二門。同じく感応妙および神通妙によって立てたもの。前の浄について、正報としての仏身(毘盧遮那仏)と依報としての仏土(常寂光土)との別があるが、この依正二報は理としては既に一心に本来的に具わっているものであるから、依正の別はない。(7)自他不二門。同じく感応妙及び神通妙によって立てたもの。自とは教化を施す仏、他とは教化をうける衆生をいい、仏が相手に応じた教化を施し、衆生がその教化にかなうのは、衆生は本来的に理として三千を具え、仏はその三千の理を果として完成しているからであって、自と他との感応は不二である。(8)三業《さんごう》不二門。説法妙によっ

て立てたもの。仏が衆生を教化するには身口意《しんくい》の三業(三輪)によってされるが、その三輪は本具の三千のあらわれに外ならず、即ち衆生の理具の三千と異ならないから、仏と衆生との三業には区別がない。(9)権実《ごんじつ》不二門。同じく説法妙によって立てたもの。仏の三業が教化の対象にはたらく場合、その相手に応じてかりそめ(権)の法や真実の法を説くが、三業は一念におさまり、理としては同一である。故に三業のあらわれである権実の法もあいかなって不二である。(10)受潤《じゅにん》不二門。大乗・小乗、権教・実教などそれぞれの教えに従うものには、仏はそれ相応のめぐみを与えるけれども、衆生はもと非権非実のものが権実の機となったのであり、仏もまた非権非実を具えて権実に応じたはたらきを示すものであるから、同じ大地に生じたものが同じ雨によって潤されて育てられるように、受潤不二である。

**じっ-ぷに-もん　十不二門**　一巻。本迹十妙不二門、法華玄記十不二門ともいう。唐の湛然の著。成立年不詳。法華玄義釈籤(大三三)第一四からぬき出して別行したもの。智顗《ぎち》の法華玄義の本迹十妙を要領よくまとめて、迹門十妙の解釈までの間に色心不二など一〇の不二門をたてて、天台独特の教義である教観二門の大綱を説示したもので、法華玄義と摩訶止観の総論ともいえる。なお註釈書のうち、知礼の十不二門指要鈔二巻(景徳元1004成立)は、趙宋天台山家山外の論争中に山家流の立場から源清の法華十妙不二門示珠指二巻、宗昱の法華本迹不二門注二巻を批判し、妄心観・両所能重・理具事造・別理随縁などの主張を訴えた。(大)四六　〔註釈〕仁岳・文心解一巻、虔謙・顕鈔一巻、了然・枢要二巻など　〔参考〕国一諸宗部一四

**しっぺい　竹篦**　禅宗で師家《けし》が学人(弟子)を指導するとき、おどろかせて自己の内心に持つさとりの本性にめざめさせるために用いるもの。長さ五〇《センチ》程度。割った竹を「へ」の字形にし、籐を巻き漆を塗ってある。転じて俗に、指を張って相手を打つことをいう。

**じっ-ぺんしょ　十遍処**　一〇種の遍処の意。十一切入、十遍入、十遍処定ともいう。遍処とは(梵)クリツナーヤタナ kṛtsnāyatana の訳で、地・水など一〇の法があらゆる場所にあまねく行きわたって間隙が無いと観じる一〇種の観想、観法をいう。一〇とは地・水・火・風・青・黄・赤・白・空・識で、それぞれ地遍処・水遍処などと称される。この観法は八解脱・八勝処を修めてその次に修める(倶舎論巻二九)。

**しっ-ぽう　七宝**　①七珍ともいう。(1)金、(2)銀、(3)瑠璃(琉璃、毘瑠璃、吠瑠璃《べいるり》とも書く。青色の玉の類)、(4)頗黎《はり》(頗胝迦《はていか》とも書き、水精《すいしょう》と訳す。赤・白などの水晶)、(5)車渠《しゃこ》(硨磲とも書く。碼碯《めのう》と混同されることもある。大蛤または白珊瑚のことという)、(6)赤珠《しゃくしゅ》(赤真珠とも書く)、(7)碼碯(深緑色の玉で後世のいわゆるメノウではないという)。この外に珊瑚、琥珀、真珠、明月珠、摩尼珠などが適当に加えられて七宝と称することもある。②転輪聖王《てんりんじょうおう》(インドの神話における理想的君主)の所有している七つの宝で、輪宝《りんぼう》・象宝・馬宝《めほう》・珠宝・女宝《にょほう》・居士宝《こじほう》(主蔵宝ともいう。大蔵大臣のようなもの)・主兵臣宝《しゅひょうしんぼう》(将軍)の称。

**じっぽう　実法**　⇩仮法《けほう》

**じっ-ぽう　十方**　東・西・南・北・四維《しゆい》(東北・東南・西南・西北)・上・下をいい、四維を除けば六方という。四方は太陽のめぐる方位に従って東南西北という順序で数える。大乗仏教では十方に無数の世界および仏があるとし、十方にある浄土を十方浄土、十方仏刹《ぶっせつ》、十方仏土などといい、その名を列ねる経典は多い。大灌頂神呪経巻一一普広品には、衆生がその願に随って十方浄土に往生することや、その方法を説いている。これを十方随願往生、または十方往生という。また阿弥陀懺法《せんぼう》の時、十方の仏・菩薩《ぼさつ》を供養する文、即ち「南無十方仏、南無十方法、南無十方僧、南無釈迦牟尼仏、南無世自在王仏、南無阿弥陀仏、南無観世音菩薩、南無大勢至菩薩、南無文殊師利菩薩、南無普賢菩薩、南無清浄大海衆菩薩摩訶薩」と漢音で唱える儀式を十方念仏と称する。

**しっぽうりゅう-じ　七宝滝寺**　大阪府

泉佐野市大木。犬鳴山と号し、真言宗犬鳴派の本山。往古より葛城修験の中心的霊場として栄えた。役小角の開創で、正平年間1346—70粉河寺の志一が中興したという。文亀元年1501には当寺の僧が日根荘旱魃のため雨乞いを行っている。天正一三年1585豊臣秀吉の紀州攻撃の兵火で、本堂以外を焼失したと伝えるが、その後逐次堂舎は再建された。なお葛城修験はその隆盛時は、現在の和泉山脈と金剛・葛城山地に法華経二十八品にあてた行場、二十八宿をおき、法華経を書写して納経する如法経修行を行っていたとされる。二十八宿の所在比定は既に鎌倉初期に試みられているが、現在でも不明な場所が少なくない。因みに七宝滝寺は第八の宿。〈⇩葛城山《かつらぎさん》〉〔参考〕諸山縁起、七宝滝寺縁起、葛嶺雑記、政基公旅引付

**しつやく-きょう　失訳経**　失訳人名経の略。つまり翻訳者の名が記録されていない経典。中国では前秦の道安が綜理衆経目録を撰述するまでには、一般に経題も翻訳者の名も記さないままで流行されていたので、道安が校定した後もなお訳者の判明しない経がある。

**じつゆう　実融**　（建長二1250—暦応二1339）高野山の僧。京都の人。証道と号した。泉涌寺の明観について出家し、東大寺戒壇院の円照から律を、勝鬘院の円珠から密教を、尊勝院の宗性から華厳を学び、洛東鷲尾山に住した。のち高野山に登って、金剛三昧院の頼賢に師事して職位灌頂を受け、嘉元二年1304同院の長老となった。その法流を証道方という。〔参考〕本朝高僧伝一六、高野春秋編年輯録九・一〇

**しつりぶっせい　室利仏逝**　(梵)シュリーヴィジャヤ Śrīvijaya の音写。現在のスマトラ島南部のパレンバン Palembang 付近にあった古国。六世紀頃から一一世紀頃までこの地方を統治した南インド系の王国で、仏教が盛んであった。大乗・小乗ともに行われていたが、とくに密教がさかんであったようである。インドと中国の間の海路交通の要地であり、義浄をはじめ多くの僧が訪れている。〔参考〕大唐西域求法高僧伝下、南海寄帰伝一

**しつりま　失利摩**　(巴)シリマー Sirimā (梵)シュリーマー Śrīmā の音写。①比丘尼。常に比丘らにわが衣を与え、みずからは破れた衣を着けていたという。②名医耆婆（ジーヴァカ Jīvaka）の妹という。名高い美女で、王舎城で娼婦となっていたが、鬱多羅《うったら》（ウッタラー Uttarā）に感化されて仏陀に帰依し多くの布施を行った。〔参考〕Dhammapada Aṭṭhakathā III, 増一阿含経三

**しつりらた　室利邏多**　(梵)シュリーラータ Śrīlāta の音写。勝受と訳す。経量部の学匠。インド西部の人。鳩摩邏多《くまらた》（クマーララータ Kumāralāta）の弟子ともいわれる。衆賢《しゅげん》（サンガバドラ Saṃghabhadra）の順正理論では上座と呼ばれる。五大論師（馬鳴・提婆・鳩摩邏多・竜樹・室利邏多）の一。〔参考〕成唯識論述記二

**してい-せん　止啼銭**　子供の啼くのを止める手段として、黄葉を金《かね》であると称して与えること。力の弱いものを導いて向上させるてだてとして、方便的に授けることに喩える。北本涅槃経巻二〇嬰児行品に出ている譬喩。禅宗では、一つの手段方法にこだわって動きがとれなくなっている学人に対して、他の工夫《くふう》に移らせる方便として、実際はその問題を解決していないのであるが、仮に通過したといって許可することをいう。

**してん　視篆**　滌篆《できてん》ともいう。禅宗で住持が交代する際に、無住の間の濫用を防ぐために封をしてあった寺印の封を、新住持がといて改めしらべること。転じて新たに住持として入寺することをもいう。篆とは篆刻の意で印章のこと。

**じ-でん　寺田**　寺院の所有する田。大化以来、寺院への田地施入が行われ、令制では神田とともに寺田を不輸租田とした。ただし私人が寺に田宅・園地を施入、売与することを禁じたが、現実にはさかんに行われ、とくに墾田永世私財法以来、諸寺はみずから資本を投下して墾田の開発や買得につとめた。政府は、和銅六年713や天平一八年746にこれを取締り、天平勝宝元年749には諸寺の墾田所有を制限するなど、しばしば法令を出して統制したが、この風習はや

まず、従来みとめられた不輸租田を核にその拡大をはかったので、寺領荘園の発達をみることになった。中世荘園制下、一般の荘園はもちろん寺領荘園のなかにも「寺田」と称する田地が含まれていた。これは在地の寺院の所有する田で、荘園の年貢や所役が免除された。近世では、幕府の認める寺社領を朱印地、大名の認めるものを黒印地といった。⇩朱印地《しゅいんち》 ⇩黒印地《こくいんち》

**してんのう 四天王** ㊵チャトゥル・マハーラージャ Catur-mahārāja の訳。持国、増長、広目、多聞《たもん》の四の大天王。欲界六天の第一、四大王衆天に住する。須弥山《しゅみせん》の中腹に住して、部衆と共に仏法を護持する天王で、護世天ともいう。⑴持国天王(㊵ドゥリタラーシュトラ Dhṛtarāṣṭra 提頭頼吒《だいとうらいた》)、⑵増長天王(ヴィルーダカ Virūḍhaka 毘留勒《びるろく》)、⑶広目天王(ヴィルーパークシャ Virūpākṣa 毘楼博叉《びるばくしゃ》)、⑷多聞天王(ヴァイシュラヴァナ Vaiśravaṇa 毘沙門《びしゃもん》)の四で、それぞれ順次に東南西北に位置する。部衆の中では八部の鬼衆が主なもので各天王にそれぞれ二部ずつ従う。四天王を本尊として息災のために修する法を四天王法という。日本では金光明経の説によって古くから尊信された。〔参考〕長阿含経一二、金光明最勝王経六

**してんのうきょう 四天王経** 一巻。劉宋の智厳・宝雲の訳(427頃)。毎月の六斎日(八・一四・一五・二三・二九・三〇日)に四天王またはその天子が天下を巡って人々の善行をよろこび悪行を悲しむと説き、斎日に戒を守り善を行うべきことを勧める。㊅一五

四大王(別尊雑記)

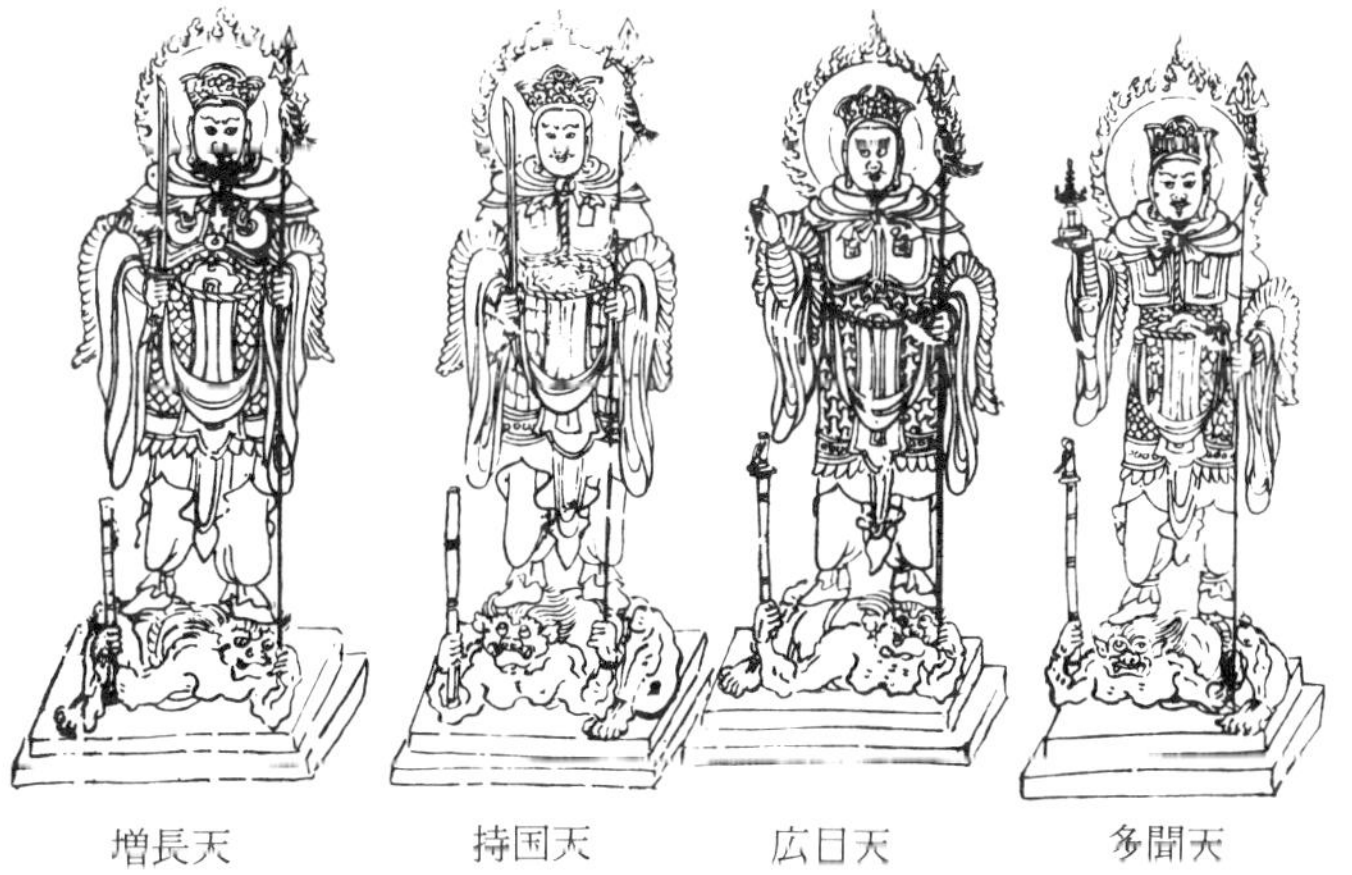

増長天　持国天　広日天　多聞天

**してんのうじ 四天王寺** ①大阪市天王寺区四天王寺。和宗(天台宗から独立)の総本山。荒陵山と号し、荒陵寺《あらはかでら》、難波寺、難波大寺、堀江寺、敬田院、三津寺などの異名もあり、略して天王寺ともいう。創建は、日本書紀の崇峻天皇即位前紀には「(物部守屋の)乱を平めて後に、摂津国にして四天土寺を造る」とあり、同書推古天皇元年593条には「是歳、始めて四天王寺を難波の荒陵に造る」とあることから、従来種々の説があり、一説には玉造に創建し荒陵に移建されたといわれるが、確証がない。ともかく推古朝593―628に現地に寺が営まれたとみられる。同寺御手印縁起によると、聖徳太子が境内に施薬院・療病院・悲田院・敬田院の四カ院を設けたという〈⇩悲田院《ひでんいん》〉。歴朝の尊崇があつく、しばしば封戸墾田などが施入された。承和五年838はじめて別当職を置き、のち天台両門から交互に補任されるのを例としたが、山門寺門の争いが紛糾して、文永元年1264別当職は延暦寺に付された。康安元年1361震災の後、円海が再興。その後もしばしば罹災したが、天正・文禄1573―96の頃、豊臣秀吉によって復興され、ついで江戸幕府の外護をうけた。享和元年1801雷火のため焼失の後、文化九年1812淡路屋太郎左衛門が再建した。昭和九年1934風害で新建の五重塔が倒れ、さらに第二次世界大戦の戦火をうけたが、伽藍は徐々に再建された。伽藍配置は、いわゆる四天王寺式として往古の型を伝える。当寺は聖徳太子の創建にかかる関係上、太子信仰の中心地となり、中世以降、現在も多くの信仰を集めている。特に絵堂には古く

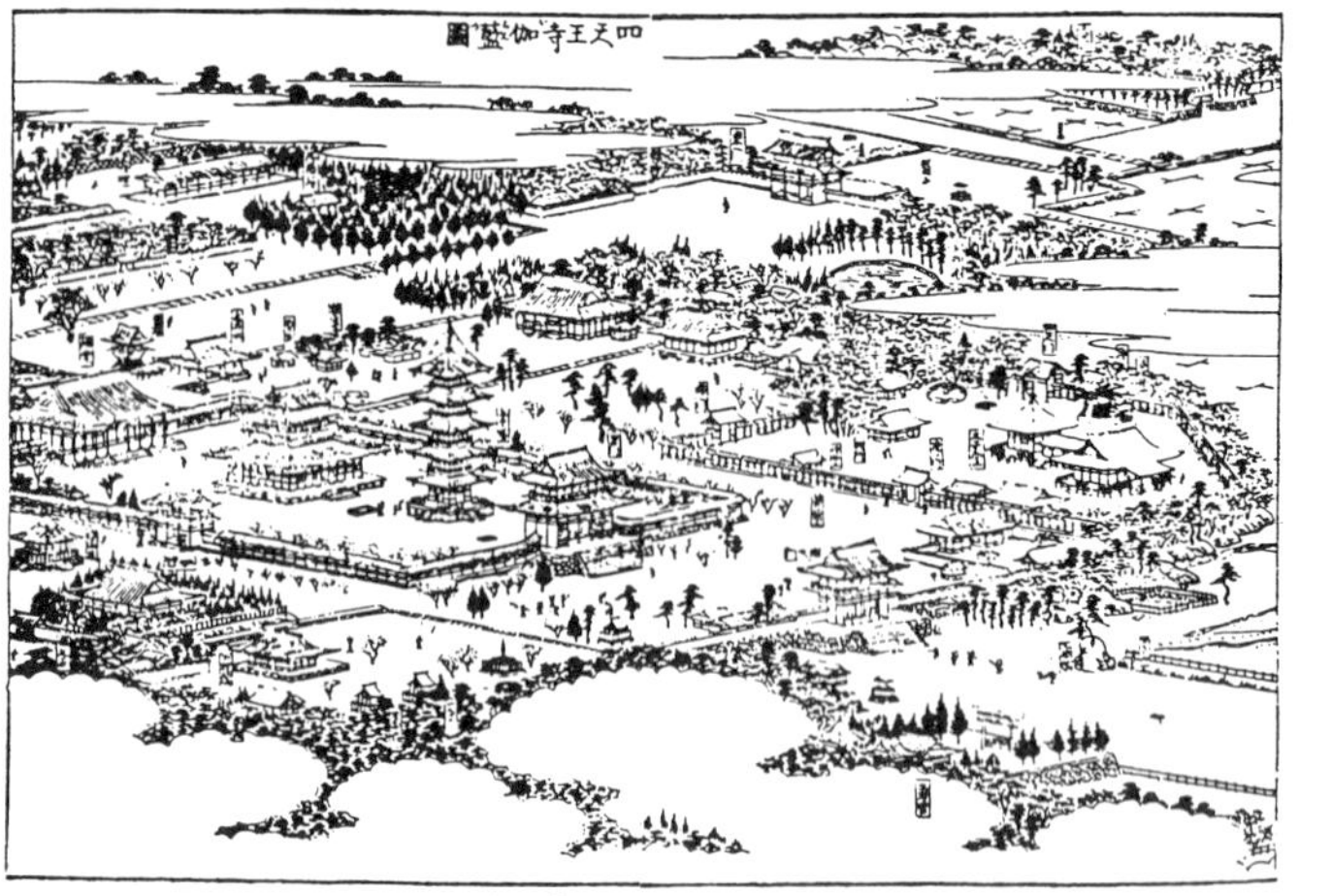

四天王寺（摂津名所図会）

から太子絵伝が描かれており、絵解法師が参詣者に絵解《えとき》きして太子の伝説を語り聞かせたという。久安四年1148には鳥羽法皇、藤原頼長が実見している。また当寺の西門は、極楽浄土の東門に面していると信じられ、院政期には貴族や庶民が参詣した。信仰のあまり西門から舟出して入水往生を図る者も現われた。なお聖徳太子の忌日（旧二月二二日、現四月二二日）に行われる聖霊会は、金堂前の亀の池に架けられた石舞台で舞楽・管絃を奉納するもので、中世には興福寺の常楽会と並ぶ大法会であった。現在、国の重要無形民俗文化財に指定されている。〔国宝〕紙本著色扇面法華経冊子、懸守、丙子椒林剣、七星剣、四天王寺縁起（御手印縁起、根本本・後醍醐天皇宸翰本）、金銅威奈大村骨蔵器 〔重文〕本坊方丈、石鳥居、六時堂、千手観音及二天箱仏、銀製鍍金光背、舞楽面、金銅観世音菩薩半跏像、木造阿弥陀如来及両脇侍像、銅鏡、舎利塔、細字法華経、日本書紀神代上巻断簡（紙背性霊集）ほか 〔参考〕御手印縁起、諸寺縁起集 ②韓国慶尚北道慶州市排盤里にあった寺。新羅文武王一九年679の創建。高麗時代に廃滅したらしい。礎石・基壇などが残る。〔参考〕三国史記一八、三国遺事三

**しとう 四塔** 仏跡に建てられた塔のうちの重要な四塔。①仏陀生涯の事件中、降誕・成道・初転法輪・入滅の四地に建てられている塔。〔参考〕Aṅguttara-nikāya II, 有部目得迦五 ②本生物語に伝えられる苦行の四地に建てられた塔。⑴烏仗那《うじょうな》（ウッディヤーナ Uḍḍiyāna）国で自らの肉を割いて鴿《はと》を助けた所、⑵健駄羅《けんだら》（ガンダーラ Gandhāra）国で眼を人に施した所、⑶呾叉始羅《たんしゃしら》（タクシャシラー Takṣaśilā）国で頭を人に施した所、⑷僧訶補羅《そうかふら》（シンハプラ Siṃhapura）国で飢虎に投身布施した所。〔参考〕法顕伝 ③仏髪塔・仏衣塔・仏鉢塔・仏牙塔をいう。忉利天にあり、帝釈天がこれを建てたという。〔参考〕観虚空蔵菩薩経、釈迦如来成道記註下

**し-どう 四道** 煩悩《ぼんのう》を断って真理を証する過程を四種の道に分けたもの。加行道《けぎょうどう》（煩悩を断つことを願求し、そのために行う予備的な修行で、方便道ともいう）・無間道《むけんどう》（直接煩悩を断つ道で、無礙道ともいう）・解脱道《げだつどう》（まさしく真理を証して解脱を得る道）・勝進道（さらに他の勝れた修行をして解脱の完成へ進み、あるいはその断惑に満足して観察する道で、勝道ともいう）の称。

**しどう 祠堂** 死者の位牌を祠る堂。位牌堂《いはいどう》ともいい、寺院で檀家から預った位牌を合祀して読経供養する堂のこと。日本の氏寺や菩提所も一種の祠堂とも見られ、また一霊の追善のために一寺一堂を建てるのも祠堂の類である。近世では別堂を建て、あるいは本堂の脇壇に寄託された位牌を祠って、祠堂と呼ぶ。位牌を寄託する際に金銭田畑を寄進するのを祠堂金、祠堂銀、祠堂銭、祠堂米、祠堂田などといい〈⇩祠堂銭《しどうせん》〉、毎日（日牌）、毎月（月牌《がっぱい》）の忌日などに読経するのを祠堂経、永代経といい、春季あるいは春秋二季には総永代経をつとめるのを例とする。真宗では、教義上死者に追善廻向《えこう》することを否定して、永代経は仏恩に報い信仰を喜ぶためとする。

**じとう 慈棹** （享保一二1727―寛政九1797）臨済宗の僧。字は峨山《がざん》。勅諡は大方

妙機禅師。奥州の人。三春高乾院《こうけんいん》の月船について剃髪し、各地に遊んで諸師をたずね、のち白隠《はくいん》に師事した。江戸の麟祥院(現東京都文京区)に住した。

**じとう　慈等**　(　—文政二1819)天台宗の僧。武蔵の人。仙波の喜多院(現埼玉県川越市)に住し、のち東叡山凌雲院に転じ、大僧正に任じられた。天台の宗義にくわしく、また須弥山説を主張して司馬江漢と論議した。著書、金錍論本爾鈔三巻、阿弥陀経要解心鈔三巻など。〔参考〕無聞閑談、近世仏家著作目録五

**じどう　示導**　(弘安九1286—貞和二1346)浄土宗西山派本山流の祖。康空と号し、勅諡は広慧和尚。はじめ叡山の忠円らに学んだが、のち浄土門に帰し鎌倉弁谷の覚空仏観につき、延慶年間1308—11帰洛して三鈷寺の玄観の室に入り西山義を学んだ。さらに自ら証空の観門義鈔、実信の積学鈔を研鑽して新説をたてた。世に三鈷寺義、本山義、本山流という。後醍醐天皇の戒師をつとめた。著書、康永抄。〔参考〕浄土伝灯総系譜下、三鈷寺伝持次第

**じとう-き　寺塔記**　一巻。京洛寺塔記ともいう。唐の段成式の著(会昌三843—大中七853頃)。長安の靖善房大興善寺など諸寺院の霊跡故事、堂塔伽藍について叙述した書。著書が会昌の頃に長安の諸寺院を訪ね、再度遊歴の際に会昌の法難によって散逸した旧稿を整理し、仏寺の面影を伝えたもの。会昌の法難前後の長安寺院に関する史料。㊅五一

**しどう-せん　祠堂銭**　位牌を安置する祠堂を修理するため寺院に寄進された金銭・田畠をいう。鎌倉・室町時代には、禅宗寺院を中心に祠堂銭を元本にした金融が盛んに行われた。低利のものが多く、借主は神仏の罰を恐れて比較的滞りなく返済を行ったし、幕府も徳政令の適用を免除するなどの保護を加えた。江戸時代には祠堂金(銀)とも呼ばれ、寺院の重要な経済的基盤となった。やがて寺院は町人に業務を委託したり、名目だけを貸して礼金を取るようにもなった。

**しどう-むなん　至道無難**　⇩しいどうぶなん

**し-とく　四徳**　①如来の法身《ほっしん》、人乗の涅槃《ねはん》、仏性《ぶっしょう》に具わる四種の徳。(1)常(永遠にかわらない)、(2)楽(苦しみがなく安らかである)、(3)我(自在で他にしばられぬ)、(4)浄(煩悩のけがれがない)の四徳。北本涅槃経巻二三、勝鬘経、仏性論顕果品などに説かれる。②転輪聖王《てんりんじょうおう》の有する(1)大富、(2)端正姝好(姿形の正しく美しいこと)、(3)無疾病、(4)長寿の四徳。③インドの数論《すろん》学派では仙人の有する(1)法(正しい意志と行為)、(2)智慧、(3)離欲、(4)自在の四種の勝れた心理作用を四徳という。

**じとく　自督**　自己の体得したもの。督はつとめはげんで信じる所をつらぬく意。曇鸞の浄土論註巻上に「我一心とは天親菩薩の自督の詞なり」とあり、真宗では安心《あんじん》の意とする。

**しど-けぎょう　四度加行**　略して加行ともいう。密教で伝法灌頂《でんぼうかんじょう》を受ける前に方便として修めるべき行法。十八道法・金剛界法・胎蔵界法・護摩法《ごまほう》の四をいう。(またこの四種の修法を、それぞれ前行と正行とに分けて、その前行の方を加行ということもある)。四度加行以前に、諸経・陀羅《だら》尼《に》・梵唄《ぼんばい》・歌讃などの外形的儀式に属するものを習い、次に四度加行において密行の初歩的段階に入り、進んで伝法灌頂を受けて阿闍梨となる。日本では東密でも台密でも行うが、四種の法を修める順序や修行の日数は諸流で異なる。また十八道法の本尊は人によって一定していないが、金剛界法と胎蔵界法は大日如来、護摩法は不動尊を本尊として修める。

**しど-じ　志度寺**　香川県さぬき市志度。補陀落山清浄光院と号する。真言宗善通寺派。四国八十八カ所の第八六番札所。推古天皇三三年625草創とも、持統天皇八年694藤原房前の創建ともいわれ(志度寺縁起、など謡曲「海士」は同縁起にもとづく)、崇徳上皇の滞在や屋島を逃れた平氏の籠拠も伝える。天正年間1573—92炎上ののち、慶長九年1604、元和六年1620生駒氏が再興。寛文七年1667松平頼重が再建。〔重文〕絹本著色十一面観音像、同志度寺縁起、木造十一面観音両脇

士立像　〔参考〕志度寺縁起、全讃史

**しど-じゅほう-にっき　四度受法日記**　四巻。厳豪の述。源豪の記（至徳四1387―明徳二1391）。台密の穴太《あのう》流の立場から、四度加行について口授した書。㊅七七

**しど-そう　私度僧**　律令制下、官の許可なくひそかに得度した僧尼。私入道ともいう。僧尼令私度条・戸婚律私入道私度条によれば、私度には杖一百の刑を科して還俗させることを定め、養老四年720には、度者に公験（度牒）を授けるなど、たびたび私度を禁じたが、律令国家の負担を忌避して私度するものが跡を絶たなかった。

**しど-にっしょう　此土入聖**　⇩彼土得生《ひどとくしょう》

**しとん　支遁**　（西晋の建興二314―東晋の太和元366）東晋代の義学僧。姓は関氏。字は道林。陳留（河南省開封道陳留県）の人。老荘に精通し、王洽《おうこう》・劉惔らと交わり剡山・石城山などにあって道行般若経・維摩経などを講じ、京師（南京）東安寺に住したこともある。著作には、安般守意経その他の禅経の註や、即色遊玄論、聖不弁知論、道行旨帰、学道誡などがあり、文翰集と名づけられる一〇巻の文集があったといわれるが、早く散逸した。大小品対比要鈔序、釈迦文仏像讃、阿弥陀仏像讃、座右銘などが現存し、逍遙論、妙観章の一部が伝えられている。〔参考〕高僧伝四、出三蔵記集一二法論目録、編年通論二

**しどん　士曇**　（弘安八1285―康安元1361）臨済宗の僧。筑前博多の人。字は乾峰《けんぽう》。少雲ともいう。広智国師と諡する。博多承天寺《じょうてんじ》の南山について出家し、鎌倉に赴いて浄智寺の仏国禅師顕日に参じ、ついで建長寺の明極楚俊《みんきそしゅん》に謁した。相模の崇寿寺に出世し、さらに京都の普門・安禅・東福・南禅の諸寺、鎌倉の円覚・建長の両寺に住した。〔参考〕延宝伝灯録一二、本朝高僧伝三〇

**しどん　子曇**　（南宋の淳祐九1249―日本の徳治元1306）鎌倉時代後期に来朝した臨済宗の僧。姓は黄氏。西磵《せいかん》と号し、大通禅師と諡する。台州仙居（浙江省仙居県）の人。楊岐一〇世の石帆惟衍《しっぽんいえん》の法を嗣ぎ、北条時宗に招かれて、文永八年1271と正安元年1299に二度来朝し、鎌倉の円覚・建長などの諸寺に住した。書画にすぐれていた。〔参考〕大通禅師行実（続群九上）、元亨釈書八、本朝高僧伝二三

**し-どんらん　支曇蘭**　（咸康三337―元熙元419）東晋代の僧。青州の人。蔬食して禅定に努めた。太元年間376―96剡（浙江省嵊県）に遊び、のち始豊の赤城山（天台山の南門）に住した。〔参考〕高僧伝一一

**しな　支那**　現在の中国を指して、古くから外国人が呼んだ名。中国人は自国を中国・神州・中華・中夏などと称してきたが、周囲の民族はおおよそ支那、震旦などと呼んだ。これは秦《しん》の始皇帝（在位246―210B.C.）が中国を統一し、その勢威が国外にまで響いたので、秦を訛って呼んだのに始まるという。仏典では、支那（梵）チーナ Cīna 脂那・至那・斯那・脂難）の語は、徳護長者経巻下（隋の那連提耶舎《なれんだいやしゃ》の訳）、続高僧伝巻二、大唐西域記、大唐大慈恩寺三蔵伝などに見え、いずれも中国全体を指すようであるが、義浄の大唐西域求法高僧伝では、特にいまの広東を指している。大の意味である摩訶《まか》（梵）マハー mahā を冠して摩訶支那、莫訶至那ともいうが、求法高僧伝では特に帝都を指す。なお震旦（梵）チーナ・スターナ Cīna-sthāna 真丹・振旦の語は、釈迦方志巻上、灌頂経巻六（東晋の帛尸梨蜜多羅《はくしりみったら》の訳）、華厳経巻二九（東晋の仏駄跋陀羅《ぶっだばだら》の訳）、翻訳名義集巻三、慧苑音義巻下、慧琳音義巻三一などに見える。

**じない-ちょう　寺内町**　戦国時代、主に浄土真宗本願寺派の寺院を中核として成立した町場。蓮如が建設した吉崎（現福井県あわら市）・山科（現京都市）・大坂（通称石山、現大阪市）などに始まる。戦国時代末期には、畿内を中心に、播磨・近江・加賀・越中・美濃・尾張・伊勢・三河などに広く分布。なかでも河内の富田林（現大阪府富田林市）・和泉の貝塚（現同貝塚市）・大和の今井（現奈良県橿原市）などが著名。寺院部分（狭義の「寺内」）と、その周囲の計画的な町割からなる町場部分の二重構造をなす。全体が土塁や環濠《かんごう》によって防禦される点は当時の自治都市一般

と共通している。但し、守護権力不入などの都市としての特権が、寺院特権の町場への拡大適用に基づく点が特徴的。原始一向宗(ワタリ・タイシ)の定着を寺内町の起源と考え、寺内町が一定地域の宗教的かつ経済的拠点となったことを強調する説もある。しかし寺内町民が一向宗徒とは限らず、また経済流通が非常に発達した畿内などでは徐々にその宗教的意義は低下したものと思われる。一向一揆の拠点となることも多く、本願寺が武家勢力と争った際(天文一揆、石山戦争など)には多くの寺内町が焼き討ちにされた。近世期、在郷町として発展するものもあるが、戦国期の特権を奪われ、その本質は否定された。なお、法華宗・根来寺系の寺内町も存在する。

**しなが　磯長**　大阪府南河内郡太子町。聖徳太子の陵墓があり、廟寺を叡福寺、石川寺と称する。御墓山は円墳で、石室の奥に太子の母、前方の右に太子、左に太子妃の石棺をおさめ、世に三骨一廟という。〔重文〕絹本著色文殊渡海図、高屋枚人墓誌(いずれも叡福寺蔵)　〔参考〕日本書紀二一、延喜式

**ジナカーラマーリ　Jinakālamāli**　勝者時鬘とよぶ。一六世紀のチェンマイの長老ラタナパンニャー Ratanapañña が編纂した歴史書。原文はパーリ語で書かれている。タイ北部の仏教史研究資料として重要である。

**しなぼくていーこく　至那僕底国**　(梵)チーナブクティ Cīnabhukti の音写。漢封と訳す。中国の封地の意。インド北部にあった古国。カニシカ Kaniṣka 王の頃、人質として中国から来た王子の冬の居住地で、それが国名になったという。インダス河の支流ビアス Bias, ストレジ Sutlej 両河の合流地南方付近に位置したと考えられる。説一切有部の発智論はここで製作されたといわれる。〔参考〕西域記四、大慈恩寺三蔵法師伝二

**しーにょいそく　四如意足**　四神足《しじんそく》ともいう。如意足は(梵)リッディ・パーダ ṛddhi-pāda の訳。三十七道品《どうほん》のうちの第三番目の行法で、主として四善根位の頂位において修める。つまり、欲如意足・精進如意足(進如意足)・心如意足(念如意足)・思惟《しゆい》如意足(慧如意足)の四。これらは、それぞれ欲願と努力と心念と観慧との力によって引き起こされた定《じょう》で、その定を所依(足)として種々の神変《じんぺん》(如意)をあらわすから、これを四如意足と称する。

**しーにょじつちかん　四如実智観**　⇨四尋思観《しじんしかん》

**じねん　自然**　おのずからそうなっていること。仏教そのものの真理をあらわす場合と、仏教的立場からは否定されるべきものをあらわす場合とがある。①仏教そのものの真理をあらわす場合は、さとりの世界が、有無《うむ》のはからい(分別)をこえはなれて空であり、真理そのもの(真如)として、それ自身独立自存し、絶対に自由であることを無為自然といい、あるいは善悪の行為によって因果の法則どおりに結果を生じることを業道自然《ごうどうじねん》というように、それ自身のもつ法則にのっとって、そのままにあること(法爾《ほうに》)を指す。親鸞は、自力のはからいをすてて如来の法則にしたがうことを自然法爾とし、本願によって衆生《しゅじょう》が救われることの必然性(願力自然《がんりきじねん》)を説いた。無量寿経には、極楽が無為自然の世界であり、そこに生まれるものは自然虚無之身《こむのしん》をうけるとある。②仏教的立場から否定される自然の説は、万物が因縁によって生じていることを否定して、本来的にそうなっているとする無因論(自然外道《じねんげどう》)にいう自然である。

**しーねんじゅう　四念住**　四念処《しねんじょ》ともいい、三十七道品《どうほん》中の第一番目の実践修行の方法。念処、念住は(梵)スムリティ・ウパスターナ smṛty-upasthāna の訳。つまり身・受・心・法の四について、おもいをこらして、身は不浄である、受は苦である、心は無常(非常)である、法は無我(非我)である、と観察して、浄・楽・常・我の四顚倒《てんどう》をうち破ること。倶舎宗《くしゃしゅう》では、この観法《かんぼう》は三賢位《さんげんい》のうちの別相念住位と総相念住位とで修め、これによって毘鉢舎那《びばしゃな》(観)が得られるとする。別相念性とは、身・受・心・法の四に対して順次に不浄・苦・無常・無我であると、その自相(固有の相)を観じ(自相別観)、また身などの四はいずれも

非常・苦・空・非我であると、その共相《ぐうそう》(共通な相)を観じる(共相別観)こと。また別相念住の観じ方に身・受・心・法を別々に観じる不雑縁《ふぞうえん》と、法念性と共にあわせて二から四までを同時に観じる(合縁する)雑縁《ぞうえん》とがある。二を合縁するのを二二合縁、三を合縁するのを三三合縁、四を合縁するのを四法合縁という。不雑縁は観智が劣り、四法合縁は観智が最も勝れている。次に総相念住は身・受・心・法の四を総括して非常・苦・空・非我であると観じることで、四法合縁に似ているが、さらに観智の勝れたものである。なお四念住の一々について、その体《たい》(ものがら)を三方面から見てこれを三念住という。⑴自性念住《じしょうねんじゅう》(性念処ともいい、身・受・心・法を観察する聞《もん》・思・修《しゅ》の三慧を指す)、⑵相雑念住《そうぞうねんじゅう》(共念処ともいい、慧と同時にある心・心所《しんじょ》(精神作用)などを指す)、⑶所縁念住(縁念処ともいい、慧の対象である身・受・心・法を指す)。

**しはい-きょう　四輩経**　一巻。西晋の竺法護の訳(265—308の間)と伝えるが疑わしい。未来末世に仏道がおとろえるであろうことを歎いて、在家・出家の男女の弟子の修道上の心得を説く。㊅一七、国一経集部一五

**じばから　地婆訶羅**　(612—垂拱三687)唐代の訳経家。中インドの人。㊵ディヴァーカラ Divākara の音写。日照と訳す。摩訶菩提寺《まかぼだいじ》および那爛陀寺《ならんだじ》に住し、学徳共にすぐれていた。儀鳳年間(676—79)の初めに中国に来て、太原寺・弘福寺で大乗顕識経など一八部三四巻を訳出した。方広大荘厳経の訳出の際には、則天武后から聖教序を賜った。なお当時インドの那蘭陀寺には、同時に弥勒・無著系の戒賢(シーラバドラ Śīlabhadra)と、竜樹・提婆系の智光(ジュニャーナプラバ Jñānaprabha)との二大徳論師がいて、互いに異なった説をなしていると、地婆訶羅が賢首大師法蔵に語ったと伝えられている。〔参考〕開元録九、華厳経伝記一、華厳経探玄記一、法蔵和尚伝、宋高僧伝二

**しばく　子縛〔果縛〕**　子は因の意味で煩悩をさし、果は結果の意味で苦果をさす。つまり、煩悩に縛られるのが子縛、苦果に縛られるのが果縛で、合わせて二縛ともいう(法華玄義巻三上)。

**しば-たっと　司馬達等**　生没年不詳。中国南梁の人。司馬達止とも記す。継体天皇一六年522仏像を奉じて来朝し、大和高市郡坂田原に草堂を結んで仏像を安置した。帰化して鞍作村主《くらつくりのすぐり》となる。敏達天皇一三年584蘇我馬子が仏堂を設けた際、恵便を師として、娘の嶋を尼とした(法名は善信尼)。また、子の鞍作多須那《くらつくりのたすな》(徳斉法師)、孫の鞍作鳥《くらつくりのとり》(止利)は仏工として有名である。なお、坂田原の達止と敏達一三年以下の達等は、年代的に考えて別人であろうという説がある。〔参考〕日本書紀二〇、扶桑略記三、元亨釈書一七

**しばら　尸婆羅**　㊵㊁シーヴァリ Śīvali の音写。細縛羅・尸利羅・世跋羅などともいう。拘利《くり》(コーリヤ Koliya)族のクシャトリヤ出身の仏弟子。七年間も母胎にあり、仏陀の言葉によって出生することができたという。舎利弗《しゃりほつ》に従って出家して比丘となった。福徳第一で、常に多くの人から豊かな供養を得た。〔参考〕増一阿含経二四、Jātaka I

**しはん　芝繁**　(明徳四1393—長享元1487)曹洞宗の僧。肥後の人。字は茂林。相模の浄妙寺、越後の竜沢寺、遠江の大洞寺で修行したが達せず、備中洞松寺の喜山に一三年間参禅して印可を得た。永平寺に迎えられ、のち総持・大洞・仏陀の諸寺に歴住した。三河竜渓院(現愛知県岡崎市)の開山となるという。〔参考〕延宝伝灯録六、日域洞上諸祖伝下、日本洞上聯灯録六

**しはん　師範**　(淳熙五1178—淳祐九1249)南宋代末期の禅僧。姓は雍《よう》氏。号は無準《ぶじゅん》。諡号は仏鑑、円照禅師。梓潼《しどう》(四川省梓潼県)の人。楊岐八世の祖先の法を嗣ぎ、明州(浙江省)清涼に化を振るい、理宗の勅で径山《きんざん》に住した。著書、無準師範禅師語録五巻、無準和尚奏対録一巻があり、墨蹟も多い。〔参考〕語録付の行状、増続伝灯録三

**しばん　志磐**　生没年不詳。大石と号する。南宋代末期の天台宗山家派に属する僧。四明(浙江省余姚県《よようけん》)の福泉寺に住した。宝祐六年1258から咸淳五年1269に至る一二年の歳月をかけ、仏祖統紀五四巻を編集し

た。他に宗門尊祖儀一篇、水陸修斎儀軌六巻の著がある。〔参考〕仏祖統紀序

**しばん　師蛮**　（寛永三1626—宝永七1710）臨済宗の僧。相模の人。字は卍元《まんげん》。独師と号した。京都妙心寺の黙水竜器の法を嗣いだ。僧伝の編集をこころざし、各地をめぐって史料をあつめ、延宝六年1678延宝伝灯録四一巻を著わした。翌七年妙心寺の第一座となり、ついで美濃盛徳寺・常陸清音寺、・都妙心寺盛徳院に住した。元禄一五年1702本朝高僧伝七五巻を著わし、別に東国高僧伝弾誤一〇巻を作った。宝永三年延宝伝灯録を刻成した。著書は右のほか、文集若干がある。〔参考〕延宝伝灯録序、本朝高僧伝序、墓銘

**しび　師備**　（唐の太和九835—後梁開平二908）唐末・五代の禅僧。姓は謝氏。宗一大師と諡する。福州閩県《びんけん》（福建省閩侯県）の人。雪峰義存の法を嗣ぎ、閩の王審知《おうしんち》の帰依で、福州に臥竜・安国・玄沙の諸寺を創建した。門下に桂琛《けいじん》があり、その下に法眼宗が起こった。玄沙師備禅師広録三巻、玄沙師備禅師話録三巻がある。〔参考〕宗一大師碑文、祖堂集一〇、宋高僧伝一三、伝灯録一八、僧宝伝四

**しび-おう　尸毘王**　(梵)シヴィ Śivi, (巴)シビ Śibi の音写。安穏と訳す。尸毘迦王ともいう。仏陀の本生の一つ。鷹に逐われる鴿《はと》を憐れんで、鴿に代って鷹に身肉を与えた王。鷹は帝釈天が、鴿は毘首羯磨《びしゅかつま》天が、工を試そうとしてそれぞれ身を変えたものである。また、帝釈天が鷹に身を変えて王の眼を求めたところ、王は即座に自らの眼をえぐりとって与えたという物語もある。尸毘王の物語は本生物語中ことに有名である。また仏教説話にかぎらずインドの説話文学全般にひろく流布している。アマラーヴァティー大塔の欄楯、アジャンター第一七窟、ボロブドゥルなどに表現されている。〔参考〕撰集百縁経四、賢愚経一、六度集経一、大宝積経八〇、菩薩本行経下、大智度論四、Jātatamālā Bodhisattvāvadāna

**じひ-じぞう-ぼさつ-せんぼう　慈悲地蔵菩薩懺法**　三巻。略して地蔵懺法ともいう。成立年不詳。唐の実叉難陀《じっしゃなんだ》の訳の地蔵菩薩本願経にもとづいて、懺悔滅罪の儀式作法を示したもの。(続)二乙・二・一

**じひ-すい-せんぼう　慈悲水懺法**　三巻。霊水によって病瘡が治癒した因縁により、懺悔滅罪の儀式作法を示したもの。明の成祖の永楽一四年1416の御製水懺序と、宋代の慈悲道場水懺序との二つの序文によってその因縁が知られる。(大)四五

**じひ-どうじょう-せんぼう　慈悲道場懺法**　一〇巻。啓運慈悲道場懺法ともいう。弥勒如来の夢感によって作られた懺悔滅罪の儀式作法を示したもの。もと南斉代に竟陵王蕭子良が浄住子二〇巻を作って浄行法三〇門を説いたのを、梁の天監年間502—19に高僧たちが整理して一〇巻としたが、のち伝写の間に判読できないようになったので、元代に妙覚智が修治校訂したのが現本である。南宋の志磐がさらにこれを整理して水陸修斎儀軌六巻を作った。(大)四五〔参考〕仏祖統紀三三・三七

**し-ひみつ　四秘密**　仏の説いた法に四種の秘密があること。四種秘密、四種合義、四種密語漸次、四節、四依ともいい、摂大乗論本の巻中などに説く。⑴令入《りょうにゅう》秘密。真の教えに誘い入れるために、断滅を怖れる者に対しては、仮に我空法有と説くなど。⑵相《そう》秘密。有を執する障《さわ》りを除くために、すべての存在の相を無自性空《むじしょうくう》と説くこと。⑶対治《たいじ》秘密。仏や法を軽んじるなどの過失を除くために、種々の隠密の教えを説くこと。⑷転変《てんぺん》秘密。顕語の障を除くために甚深隠密の語を説くこと。

**しびゃく-おうじょう-でん　緇白往生伝**　三巻。了智の述（元禄元1688）。正嘉年間1257—59以降の僧四九人、尼一〇人、信士一五人、信女一一人の往生のありさまを年代を追って編録したもの。仏全一〇七、続浄全六〔刊本〕元禄二刊

**じひ-やくし-ほうせん　慈悲薬師宝懺**　著者は不明であるが、清代の成立。三巻。消災延寿薬師懺法ともいう。薬師琉璃光如来が夭折や不慮の死を救い身心の病を除くという本願を説いた、本願功徳経にもとづいて、諸仏菩薩に帰依し懺悔滅罪する儀式作法を説いたもの。(続)二乙・一・一

**しひゃく-ろん　四百論**　原題はチャトゥフシャタカ Catuḥ-śataka という。提婆《だいば》（アーリヤデーヴァ Āryadeva）の著。竜樹（ナーガールジュナ Nāgārjuna）の弟子である著者が、竜樹から継承した空思想にもとづいて他の諸派の学説を論破する論書。同じ提婆の著の百論と構成が類似する。梵本は断片のみが伝わり、完本はチベット訳でチャンドラキールティ Candrakīrti（月称）による註釈とともに現存する。漢訳には唐の玄奘の訳の広百論一巻（㊅三〇）があるが、原本の後半に相当する部分訳である。また漢訳には護法（ダルマパーラ Dharmapāla）による註釈を玄奘が訳した大乗広百論釈論一〇巻（㊅三〇）があるが、これも後半のみの訳である。

**し-ひょう　四兵**　インドで戦場に用いる四種の兵力、つまり象兵・馬兵・車兵・歩兵。古来わが国で行われている将棋は、この四兵が各々の職分によって戦闘する様子をかたどった遊戯が伝わったものである。即ち、最前列に歩を置くのは西域記の「歩軍は行陣に前奮たり」というのに相当し、桂馬は馬軍、飛車・香車は車軍、角行は象軍にあたる。

**じびょう　地餅**　㊵プリティヴィー・パルパタカ pṛthivī-parpaṭaka の訳で、地薄餅、地皮餅、地皮とも訳する。劫初（世界の成立の初め）のとき、地上に自然に生じる薄い餅で、劫初の人はこれを食べた時代があったという。

**し-びんど　支敏度**　生没年不詳。西晋・東晋時代の僧。成帝（325—42在位）の時、康僧淵・康法暢と共に江南で活躍した。諸経の翻訳が不同であるのをなげいて、支謙・竺法護・竺叔蘭訳の維摩経三本を合わせて合維摩経五巻（その序のみ現存。出三蔵記集八）を作り、支婁迦讖《しるかせん》・支謙・竺法護・竺叔蘭訳の首楞厳経《しゅりょうごんきょう》四本を合わせて合首楞厳経八巻（その序のみ現存。出三蔵記集七）を編し、また別に訳経録一巻を作った。〔参考〕出三蔵記集二・七・八、高僧伝四

**し-ふえ　四不依**　⇩四依《えし》

**し-ふかせつ　四不可説**　法は元来説き示すことができないものであるが、説きあらわそうとすれば、四種に分けて考えうるということ。南本涅槃経巻一九光明遍照高貴徳王菩薩品に「不生生不可説、生生亦不可説、生不生亦不可説、不生不生亦不可説、生亦不可説、不生亦不可説なり。因縁有るが故に亦説くことを得べし」と、諸法の生と不生について六句の不可説を説いている。智顗《ちぎ》はこの六句のうちの前四句をとって、自己の教判に配当した。法は元来、説きつくし得ないものであるが（不可説）、便宜上説明してみると、その生・不生について左の四句となり、これを化法の四教に配当すれば、生生とは蔵教において諸法はみな因縁によって生じて有りと説くのをいい、生不生とは通教において諸法は因縁によって生じてあると同時にそのまま空であり不生であると説くのをいい、不生生とは別教において不生の道理（真如《しんにょ》）が縁の結合により十界の差別した相を生じ、成立させると説くのをいい、不生不生とは円教において不生により成立する十界差別の相がそのまま、本来不生の中道実相（ありのままの真相）であると説くのをいう。⇩五時八教《ごじはっきょう》

**し-ふかとく　四不可得**　凡夫《ぼんぶ》がみな求めるけれども、得ることの出来ない四種のこと。常少不可得（いつまでも幼少でいることはできない）、無病不可得（いつも健康であることはできない）、長寿不可得（必ず長命であるということはできない）、不死不可得（死を免れることはできない）の四をいう。四不可得経の説。

**し-ふしょう　四不生**　「生じる」ということはいかにしても成り立たないから、従って空《くう》であること。即ち、すべての存在は、それ自らを原因として生じること（自生）も、他のものを原因として生じること（他生）も、自と他との両者を共に原因として生じること（共生）も、原因なくして生じること（無因性）もいずれも不成立であり、従って不生（無生）であること（中論巻一）。

**し-ぶじょう　四奉請**　⑴十方の如来⑵釈迦如来⑶阿弥陀如来⑷観音勢至などの諸菩薩を、法会勤行《ほうえごんぎょう》の場に臨むようにと散華しつつ、偈を唱えて迎えること。もと、法照の五会法事讃に出ているもので、浄土

宗などで用い、普通唐音で誦え、日常勤行には散華を略する。なお善導の法事讃巻上には、弥陀・釈迦・十方の三如来を奉請する三奉請があり、これも用いられる。

**し-ぶつ　四仏**　①過去四仏をいう。現在賢劫の最初に出現した倶留孫《くるそん》(クラクッチャンダ Krakucchanda 拘留孫)、倶那含《くなごん》(コーナーガマナ Koṇāgamana)、迦葉波《かしょうは》(カーシャパ Kāśyapa)、釈迦牟尼《しゃかむに》(シャーキャムニ Śākyamuni)の四仏(長阿含経一)。〈⇩過去七仏《かこしちぶつ》〉②四方四仏をいう。東南西北の四方の仏土にある四仏。東方阿閦《あしゅく》仏・南方宝相仏・西方無量寿仏・北方微妙声仏をいう(金光明経二)。他に種々の説があり、その信仰は中国・日本で古くから行われている。③天台宗では仏教の教義を四種に分けて化法の四教とし、その四教の果となる仏をそれぞれ三蔵仏・通仏・別仏・円仏とする。④密教では中央大日如来の四方に配される仏で、金剛界と胎蔵界とでは同体でも名を異にするという。金剛界では東方阿閦仏・南方宝生仏・西方阿弥陀仏・北方不空成就仏。胎蔵界では東方宝幢仏・南方開敷華王《かいふけおう》仏・西方無量寿仏・北方天鼓雷音《てんくらいおん》仏を指す。⇩五仏《ごぶつ》

**シーフナー　Schiefner, Franz Anton von**　(1817―79)ドイツ生まれのロシア人。チベット学者。ターラナータのインド仏教史のチベット語原文にドイツ語訳を付して公刊した(Tāranātha's Geschichte des Buddhismus, 1869)ほか、Sanskrit-Tibetisch-Mongolisches Wörterverzeichnis(梵蔵蒙字彙 1859)、Über Pluralbezeichnungen im Tibetischen(チベット語複数形について 1877)、Über das Bonpo-sūtra "Das weisse Nāga-hundert-tausend"(十万白竜研究 1880)などの研究もある。

**し-ぶん　四分**　法相宗の教義。われわれの認識を構成する識の四つの分位で、八識及び相応の心所《しんじょ》の一々についてこの四分があるとされる。(1)相分《そうぶん》。主観の心に認識される客観の形相。(2)見分。相分を認識する主観の心作用。(3)自証分。自体分ともいい、見分と次の証自証分とを自覚的に証知する認識の作用。(4)証自証分。自証分をさらに証知する認識作用。しかし以上は法相宗の正義とする護法(ダルマパーラ Dharmapāla)の四分説で、インドではこの他に自証分のみを立てる安慧《あんね》(スティラマティ Sthiramati)の一分説と、見・相二分を立てる難陀《なんだ》(ナンダ Nanda)の二分説と、見・相・自証の三分を立てる陳那《じんな》(ディグナーガ Dignāga)の三分説とがある。古来、護法の四分説の流派を四分家《しぶんけ》というのに対し、これらをそれぞれ一分家、二分家、三分家といい、四説を合わせて安難陳護の一二三四という。

**じ-ぶん　自分〔勝進分〕**　ある一つの行が達成されたのを自分といい、さらに進んで他の勝れた行に向かうのを勝進分という。華厳経探玄記巻二にはこれを七重に分けて解釈する。(1)ある行についてまだ習熟していないのを自分、その行に習熟した時を勝進分とする。(2)ある一行(例えば布施)の達成されたのを自分、その次の段階の行(例えば戒)に進むのを勝進分とする。(3)自利を行うのを自分、利他を修めるのを勝進分とする。(4)行位についてまだ位を得ない間を自分、位を得た時を勝進分とする。(5)比知している間を自分、証得してから以後を勝進分とする。(6)前位が成就したのを自分、後位に趣くのを勝進分とする。(7)因が成就したのを自分、果に入るのを勝進分とする。

**しぶんい-てん　四分位点**　密教において大日如来の徳を表現するために、大日を中心にしてそれを満位とし、その四方に発心点・修行点・菩提点《ぼだいてん》・涅槃点《ねはんてん》の梵字を書き、この満と四方の分とが不二であり、同時に衆生《しゅじょう》と仏とが一如《いちにょ》であることの理を表わすもの。⇩阿字五転《あじごてん》

**しぶんぎ-ごくりゃく-しき　四分義極略私記**　二巻。四分義私記ともいう。忠算(935―76、一説に899―969)の著。成立年不詳。善珠の成唯識分量決の四分義を詳釈したもので、四分(認識を構成する識の四つの分位、相分・見分・自証分・証自証分)について種々の異説を挙げて註釈している。㊅七一、仏全八〇〔刊本〕寛延三(1750)刊

**しぶん-りつ　四分律**　六〇巻。後秦の仏陀耶舎《ぶつだやしゃ》・竺仏念らの訳(弘始一〇(408)。

法蔵部(Dharmaguptaka 曇無徳部)に伝持された律蔵。漢訳のみが現存する。四の部分に分かれているので四分律と呼ばれるが、その区分は内容には関係がなく、第一分は比丘戒、第二分は比丘尼戒と受戒・説戒の両犍度、第三分は自恣犍度から法犍度までの一五犍度、第四分は房舎・雑の二犍度と集法・調部・毘尼増一である。中国では六世紀頃から十誦律にかわって次第に研究されるようになり、唐代には道宣(596—667南山宗の祖)、法礪(569—635相部宗の祖)、懐素(624—97東塔宗の祖)が出て大いに考究したが、後には南山律のみが栄えた。四分律の戒本には、四分僧戒本一巻、四分比丘戒本一巻および四分比丘尼戒本二巻(以上いずれも仏陀耶舎の訳大二二)、道宣の新删定四分僧戒本(続一・六二)などがあり、羯磨法《こんまほう》には、三国魏の康僧鎧《こうそうがい》の訳の曇無徳律部雑羯磨一巻(大二二)、三国魏の曇諦の訳の羯磨一巻(大二二)、道宣の四分律删補随機羯磨二巻(大四〇)、劉宋の求那跋摩《ぐなばつま》の訳の四分比丘尼羯磨法一巻(大二二)がある。註釈としては、法礪の疏二〇巻(626続一・六五、慧光の疏、智首の疏とを併せて三要疏という)、道宣の行事鈔一二巻(626大四〇)、懐素の開宗記二〇巻(続一・六六)、定賓の疏飾宗義記一〇巻(続一・六六)、弘賛の名義標釈四〇巻(続一・七〇)がある。比丘戒本の註疏には、道宣の含注戒本(大四〇)及びその疏四巻(続一・六二)、定賓の四分比丘戒本疏二巻(大四〇)、その末註に凝然の戒本疏賛宗記二〇巻(日蔵二二)があり、羯磨法の註疏としては、道宣の删補随機羯磨疏八巻(続一・六四)がある。なお道宣の行事鈔・含注戒本疏・羯磨疏を四分律宗の三大部と呼び、その他、道宣には、四分律拾毘尼義鈔六巻(毘尼、即ち律の義を拾い集めたものの意、戒律の概説)・四分律比丘尼鈔三巻(比丘尼の律に関する要項を集録)がある。〈⇩律蔵《りつぞう》〉大二二、国一律部一—四

**しぶんりつ-がんちゅう-かいほん-しょ　四分律含注戒本疏**　略して戒疏という。四巻。唐の道宣の著(永徽二651)。道宣はすでに四分律比丘含注戒本三巻(貞観四630)(大四〇)を著わし、四分律の中から比丘戒本をぬき出して、その制戒の縁由を説き、字句の解釈を加えたが、本書は、それを更に広釈したもの。四分律宗三大部の一。〈⇩四分律《しぶんりつ》〉続一・六二・二—五 〔註釈〕元照・行宗記二一巻、允堪・発揮記(巻三のみ現存)

**しぶんりつ-ぎょうじ-しょう　四分律行事鈔**　三巻または六巻、一二巻。詳しくは四分律删繁補闕行事鈔という。唐の道宣の著(貞観四630)。四分律の繁雑の記述を删《けず》り、闕《か》けたところを補い、一部の要義をのべたもの。南山律宗の本典で、律宗三大部の一。戒律生活上の故実や制規を詳述して、後世に与えた影響は大きい。宋代までに六十余の註疏が書かれたという。その中で允堪の会正記(散逸)と元照の資持記一六巻は重要なもので、これによって南山律宗は会正と資持の二派に分かれた。資持記に対しては重ねて多くの末註が作られている。大四〇、国一律疏部一・二 〔註釈〕大覚・批一四巻、景宵・簡正記一七巻、元照・科三巻、同・資持記一六巻、照遠・資行鈔二八巻

**しぶんりつ-こんま-しょ　四分律羯磨疏**　八巻または四巻。詳しくは四分律删補随機羯磨疏、略して業疏という。唐の道宣の著(貞観二二648)。四分律中より羯磨(戒律上の種々の作法)に関する条項をぬき出して、それを他部派の律典によって補った自著の四分律删補随機羯磨(貞観九)を詳しく註釈したもの。四分律宗三大部の一。註釈には允堪・正源記八巻、北宋の元照・科四巻、元照・済縁記二二巻などがある。続一・六四・三—五

**しぶんりつ-しょ　四分律疏**　①二一巻。大疏、広疏ともいう。唐の智首の著。成立年不詳。四分律に対する註疏。巻九のみある。続一・六六・四　②四巻。略疏ともいう。唐の慧光の著。成立年不詳。四分律に対する註疏。現存しない。③二〇巻。中疏ともいう。唐の法礪の著(武徳九626)。前二疏と共に四分律の三要疏といわれる。法礪はいわゆる相部宗の祖で、道宣の南山宗・懐素の東塔宗にあい対した。懐素の四分律開宗記二〇巻は主としてこの中疏に対する批判である。のち定賓の四分律疏飾宗義記一〇巻は中疏の説に賛同した。その主張は四分律

は単に小乗の律でなく、小乗律でありながらそのまま大乗の妙戒であるとする。㊐続一・六五・三―五

**じへん　慈遍**　生没年不詳。南北朝時代の比叡山の僧。京都の人。卜部兼顕の子、兼好法師の兄(弟ともいう)。比叡山で天台を学び、また度会常昌に伊勢神道を学んで神書にくわしかった。元徳1329―32の頃夢に神勅をうけ、神懐論三巻を著わし、後醍醐天皇に召されて神仏二教を説いた。のち大僧正に進む。著書はほかに旧事本紀玄義一〇巻、同文句一〇巻、豊葦原神風和記三巻など。〔参考〕本朝高僧伝一七

**しほう　嗣法**　禅宗の用語。弟子が師の正しい後嗣者として教法をうけつぐこと。密教などで伝法というのに同じ。また後継者を法嗣という。

**しほう-さんがん　四法三願**　浄土真宗の教義の大綱を示す語。浄土に生まれる道としての往相廻向《おうそうえこう》に教行信証の四法があり、その四法は阿弥陀仏の四十八願のうちの三願に基づくとする。つまり、能詮の教えである大無量寿経は、本願を説くのを経の宗致(かなめ)とし、名号《みょうごう》を経の体とするから、教は本願に結帰し、また所詮の法のうち、行(救済の根源としての名号法)は第十七願において、信(名号法を信受させられることにより起こる信心)は第十八願において、証(往生の証果)は第十一願において誓われているとする。なお、教は、これを特に一願に配することはないが、もし配すれば、教行不二の所信を誓った第十七願に属するとされる(教行信証、浄土文類聚鈔、教行信証大意)。

**し-ほうど　支法度**　生没年不詳。西晋代の訳経家。永寧元年301逝童子経、善生子経など四部五巻を訳した。〔参考〕開元録二

**しほう-りっそう　指方立相**　方角をしめし、すがたかたちを立てること。浄土教で、阿弥陀仏の浄土及びそこに住む仏・菩薩《ぼさつ》のすがたかたちを具体的に説いて、念じたり観じたりするための対象とすること。

**し-ほうりょう　支法領**　生没年不詳。東晋代の僧。廬山の慧遠《えおん》に師事し、ついで太元一七年392同門の法浄らと共に西域に遊んで華厳経の胡本三万六千偈(仏陀跋陀羅《ぶつだばつだら》が訳した旧訳の華厳経六〇巻の原本)を得、また仏陀耶舎に会った。のち仏陀耶舎が長安で四分律を訳したとき、弟子の慧弁を参加させた。〔参考〕四分律序、旧訳華厳経後序、出三蔵記集一四仏大跋陀伝

**し-ぼうる　四暴流**　⇩しぼる

**し-ほっかい　四法界**　華厳宗の宇宙観。四種法界ともいう。全宇宙は一心にまとめられるのではあるが、これを現象と本体とから観ると四種の意味がある。つまり、⑴事法界《じほっかい》、差別的な現象界のこと。事とは事象、界とは分斉の意味で、つまり宇宙の事々物々はそれぞれに区別をもち限界を有している意。⑵理法界。平等的な本体界のこと。理とは理性《りしょう》、界とは性の意味で、つまり宇宙の事々物々のすべてその本体は真如であるとの意。⑶理事無礙法界。現象界と本体界とは一体不二の関係にあること。つまり本体(理)は無自性《むじしょう》であって、縁によって生じた現象(事)として顕われているのであり、縁によって生じた現象(事)であるから、その本体(理)は無自性に他ならず、理と事とは相互に融けあってさまたげあわない意。⑷事事無礙法界。現象界そのものが絶対不思議であること。即ち、すべてのものには体《たい》と用《ゆう》とがあり、それぞれに縁起《えんぎ》して各々が自性《じしょう》を守るけれども、事と事とを互いに相対させて見ると、多縁互いに相応じて一縁を成じ、一縁はあまねく多縁を助けて、互いにその力用《りきゆう》が交渉し、事事無礙重重無尽であることをいい、無尽法界とも称する。以上の四法界を観じるのを、四法界観と名づけ、従ってその一々を事法界観・理法界観・理事無礙法界観・事事無礙法界観と称し、順次に最初の事法界観をよりどころとして理法界観に入り、次にその事と理との無礙であることを観じて理事無礙法界観に進み、最後に、最初の事法界の無礙であることを観じて事事無礙法界観を成就するのである。このうち、後の三は杜順の作といわれる華厳法界観門の真空・理事無礙・周遍含容の三観に当たり、澄観がこれに二観のよりどころとなる事法界の観を加えて四法界観を立てたものといわ

れる。

**しーぼる　四暴流**　暴流は㊵オーガ ogha の訳。一切の善をおし流すという意味で、煩悩《ぼんのう》の異名。また狭義においてとくに暴流といわれる煩悩が四つあって、四流、四大暴河ともいう。広義では、即ち色《しき》など の五境に対する識想を欲暴流、欲界・色界・無色界の三界における生存、即ち三有《さんぬ》を有暴流《うぼる》、誤った見解思想を見暴流、四諦《したい》に対する無智などを無明暴流《むみょうぼる》といい、合わせて四暴流という。また有部《うぶ》では百八の煩悩(九八随眠と十纏)を四暴流に分類する。つまり欲界の貪・瞋・慢・疑・纏の二九を欲暴流、色界・無色界の貪・慢・疑の二八を有暴流、三界の見三六を見暴流、三界の無明一五を無明暴流という。四軛《しやく》も四暴流に等しい。軛は㊵ヨーガ yoga の訳。くびきのように衆生《しゅじょう》を迷苦にしばりつけるものの意で、煩悩の異名。

**じほん　慈本**　(寛政七1795―明治二1869)天台宗の僧。伊勢の人。字は泰初《たいしょ》。羅渓と号し、別に水月道場の室号がある。比叡山で天台を学び、のち同山渋谷に無量寿院を開く。ついで松尾の明寿院に住し、妙法院宮・曼殊院宮の侍読となった。文久二年1862敬雄の天台霞標を増補した。比叡山金光明院で没した。著書、前記のほか天台伝教両祖略伝一巻、一実神道記一巻など。〔参考〕天台霞標第二編序

**しまーごん　紫磨金**　紫色を帯びた金で、紫金《しこん》とも紫磨黄金ともいう。紫磨黄金の蓮台を紫金台という。

**しまじーだいとう　島地大等**　(明治八1875―昭和二1927)仏教学者。浄土真宗本願寺派の僧。逍遙院と諡する。新潟県の人。旧姓は姫宮氏。岩手県盛岡願教寺の島地默雷の養嗣となる。仏教学・仏教史に通じ、各大学で教鞭をとり、大正五年1916本山幼主照公(大谷光照)の輔導に献身し、同九年勧学となった。著書、十不二門指要鈔講義、仏教研究法、漢和対照妙法蓮華経、仏教大綱、仏教教学史、天台教学史など。

**しまじーもくらい　島地默雷**　(天保九1838―明治四四1911)仏教学者。浄土真宗本願寺派の僧。益渓、縮堂と号し、離言院と諡する。周防(現山口県)の人。肥後の原口針水に師事し、のち大洲鉄然などと萩に学校を開く。明治維新排仏後の仏教復興をはかり、宗教自由論を展開して、教部省の開設を政府に建議し、宗教事情を欧米に視察して帰国後、神仏分離、大教院制の廃止などに活躍した。また本山の宗政、国民思想問題、社会事業にも業績を残した。明治二三年より仏教各宗綱要一二巻を編集。同二六年本山の執行、翌年に勧学となる。同三八年奥羽布教のため岩手県盛岡の願教寺に入寺する。〔参考〕島地默雷上人略伝、島地默雷全集

**しまだーみつね　島田蕃根**　(文政一〇1827―明治四〇1907)仏教学者。名は円真。周防徳山(現山口県周南市)の人。徳山藩の儒家浄観の孫、義乗の子。天台宗本山派修験道の大先達となり法印に叙せられ、傍ら仏教各宗の要義を研究した。明治維新の後、還俗して徳山藩に仕え蕃根と改名。明治五年東京に出て教部省・内務省社寺局・内閣記録局・修史局などを経て、同一二年獅岳快猛《しがくけみょう》・石原僧宣・福田行誠らと共に大蔵経(縮刷蔵経)の刊行を企画し、同一八年に完成した。

**しまつーぼんのう　枝末煩悩**　⇩根本煩悩《こんぽんぼんのう》

**しみょう　司命**　寿命を司る神。帝釈《たいしゃく》天の命によって、人の行為の善悪にもとづき、その寿命の長短をさだめ地獄にもおとすという。忿怒形で官服をまとう。庚申《こうしん》とも関係があり、もと道教的迷信から来る。〔参考〕三品弟子経、四天王経

**じみょう　慈猛**　(建暦元1211―建治三1277)真言宗の僧。字は良賢。留興長老という。奈良で律を学び、各地の諸師を歴訪したが、鎌倉で意教上人頼賢から顕戒は涅槃の階梯にすぎないとさとされて密教にこころざし、頼賢から文永五年1268伝法灌頂を受け、同九年願行方及び三宝院流を伝えられた。のち下野薬師寺に住したが、請われて同国鶏足寺《けいそくじ》(現栃木県足利市)に赴き、頼尊に法流を伝えた。これを慈猛流といい、鶏足寺を根本道場とし、主として関東に流布した。〔参考〕密宗血脈鈔、鶏足寺世代譜

**じみょうじゅぞう　持明呪蔵**　真言《しんごん》・

陀羅尼《だらに》などの経典の総称。持は陀羅尼、明呪は真言、蔵は三蔵などという時の「蔵」で、元来は容器の意味であるが、転じて大きく分類された仏教聖典のあつまりを示す語。

**じみょう-しょう　持名鈔**　二巻。存覚（1290—1373）著。真宗の要義を簡明に説いた書。専修念仏と雑修念仏とを比較して専修念仏を勧め、その功徳の勝れていること及び念仏者の心得などについて述べている。元亨四年1324仏光寺の了源の求めに応じて執筆されたものという。真宗法要一〇、真宗仮名聖教八、真宗史料集成一　〔写本〕石川県金沢専光寺蔵（存如写）、西本願寺蔵（康正三1457蓮如写）など　〔註釈〕霊晅・講義二巻、慶秀・私記一巻　〔参考〕吉谷寿覚・略述一巻

**じみょう-せん　持明仙**　持明は㊵ヴィドヤーダラ Vidyādhara の訳。成就持明仙ともいう。ヒンドゥー教ではシヴァ神に侍し呪力を持つ仙人をいう。密教では、⑴成就仙衆（革袋を持つ、薬力によって神通を得た仙）、⑵成就持明仙衆（呪術によって神通を得た仙）、⑶成就明仙（事火などの苦行によって神通を得た仙）、⑷薬叉持明（剣を持つ、福徳最勝の仙）の四種があり、それぞれ胎蔵界外金剛部院の南北両門の外に安置されている。〔参考〕大日経疏六・一二

**し-むげ-げ　四無礙解**　無礙解は㊵プラティサンヴィッド pratisaṃvid の訳で、自由自在でさわりのない理解能力（智解）および言語的表現能力（弁才）のこと。これに四種があるが、いずれも智慧を本質とするから合わせて四無礙智、理解能力であるから四無礙解、言語能力であるから四無礙弁といい、略して四無礙、四解、四弁という。倶舎論巻二七によれば、法無礙解（法無礙智、法無礙弁）とは、意味をよく詮表する文字や文章などに精通した無礙自在な智解弁才。義無礙解（義無礙智、義無礙弁）とは、文字や文章によって詮表された意味内容に精通した智解弁才。詞無礙解（詞無礙智、詞無礙弁、辞無礙智）とは、方言（地方のことば）に精通した智解弁才。弁無礙解（弁無礙智、弁無礙弁、楽説無礙解、楽説《ぎょうせつ》無礙智、楽説無礙弁）とは、正しい理にしたがってとどこおるところなく説を述べる能力で、これを楽説と称するのは相手の楽《ねが》い求めるところにかなって巧みに説き、また自らも楽しんで説くからである。成唯識論巻九では、四無礙解は菩薩《ぼさつ》が初地以上で一部分を得、第九地で四を得、仏になってすべてがまどかに完成するとする。

**し-むしき　四無色**　四無色定《じょう》または四無色界のこと。四無色定を修めることによって四無色界つまり無色界の四天に生まれるとされ、前者を定無色《じょうむしき》、後者（無色の果報）を生無色《しょうむしき》と称する。ともに色法《しきほう》、即ち物質の繋縛を離れ物質を滅した境涯であるから無色といわれる。四無色定は四空定、四空処定ともいわれ、次の四である。⑴空無辺処（ākāśānantyāyatana）定（空処定ともいい、色界の第四禅を超えて定を障える一切の想を滅し「空間は無限大なり」と思惟する定）、⑵識無辺処（vijñānānantyāyatana）定（識処定ともいい、⑴を超えて「識は無限大なり」と思惟する定）、⑶無所有処《むしょうしょ》（ākiṃcanyāyatana）定（少処定ともいい、⑵を超えて「何ものも無し」と思惟する定）、⑷非想非非想処（naivasaṃjñānāsaṃjñāyatana）定（非有想非無想定ともいい、⑶を超えて得られる極めて昧《まい》劣《れつ》な想のみある、ほとんど無想に近い定）。四無色界は四無色天、四無色処、四空処、四空天といわれ、四無色定に順じて空無辺処天・識無辺処天・無所有処天・非想非非想処天と名づける。非想非非想処天は、有の中で最高の天であるから有頂天《うちょうてん》（㊵バヴァ・アグラ bhavāgra）ともいう。三界を九地に分けるときは空無辺処地・識無辺処地・無所有処地・非想非非想処地と称して、九地のうちの後の四地にあてる。〔参考〕倶舎論八

**しむしょい　四無所畏**　無所畏は㊵ヴァイシャーラドヤ vaiśāradya の訳で、説法にあたって何ものをも畏れない自信の意。四種あって、また四無畏ともいう。①仏の四無所畏。⑴諸法現等覚無畏。一切智無所畏、正等覚無畏ともいう。「我は一切法を覚証せり」との畏れない自信。⑵一切漏尽智無畏。漏永尽無畏、漏尽無所畏ともいう。

「一切の煩悩《ぼんのう》の断尽せり」との畏れない自信、⑶障法不虚決定《ふこけつじょう》授記無畏。説障法無畏、説障道無所畏ともいう。「修行の障害となるものは既にこれを説けり」との畏れない自信。⑷為証一切具足出道如性無畏。説出道無畏、説尽苦道無所畏ともいう。「苦界を出離して解脱《げだつ》へ入る道を説けり」との畏れない自信。②菩薩《ぼさつ》の四無所畏。⑴能持無所畏。教法をよく記憶して忘れず、その意義を説くことに対する畏れない自信。⑵知根無所畏。衆生《しゅじょう》の機根（教えを受ける者としての先天的性格）を知り、それに対して適宜の説法をすることに対する畏れない自信。⑶決疑無所畏。衆生の疑問を解決することに対する畏れない自信。⑷答報無所畏。あらゆる問に対して自在に答える畏れない自信。

**しむしょい-きょう　四無所畏経**　一巻。北宋の施護の訳（太平興国五980頃）。如来は説法にあたって何ものにも恐れない四種の智慧を具えていることを説く。(大)一七、[国]一経集部一五

**し-むりょうしん　四無量心**　四無量、四等心、四梵住、四梵堂ともいう。無量は(梵)アプラマーナ apramāṇa の訳。無量の衆生《しゅじょう》に対して、楽を得させ、苦を離れさせようとして、慈・悲・喜・捨の四種の心を起こし、あるいは慈などの四種の禅定《ぜんじょう》に入ること。即ち、慈無量心・悲無量心・喜無量心・捨無量心の四。これらのうちで、楽を与えるのを慈といい、苦を除くのを悲といい、他人が楽を得るのを見て喜ぶのが喜で、他人に対して愛憎親怨の心がなく心が平等であるのが捨である。これらを梵住、梵堂と称するのは、これを修めることによって大梵天に生まれるとされるからである。

**しめい-あんぜん-ぎ　四明安全義**　一〇巻。安然（841—89）の著というが仮託か。成立年不詳。比叡山の歴史沿革を述べたもの。延暦寺の記家に伝わる三聖（最澄・円仁・円珍）二師（安然・良源）の二〇巻記録の一というが現存しない。日本大蔵経所収本は、義源の山家要略記などから抜萃した残簡本である。日蔵四一

**しめい-けんしょう-けつ　指迷顕正訣**　二巻。性応知空の述（享保一五1730）。鳳潭《ほうたん》の念仏往生明導劄を論破したもの。鳳潭はまた指迷顕正訣索引二巻を以て答えたが、知空は再び浄土金剛心義を著わしてそれに応じている。

**しめい-ざん　四明山**　中国浙江省にある山脈。古来、霊山として有名。南は天台山に発し、東北に向かって台州府寧海・寧波府奉化・鄞慈谿・紹興府余姚・上虞・嵊の諸県にまたがり、二八〇峰余がある。山中に三朶峰、芙蓉五峰などがあって中峰を囲み、中峰の山頂には四穴があり、窓のようであるから四明と呼ぶ。鄞の小渓から上るのを東四明、余姚・上虞から上るのを西四明、奉化の雪竇山から入るのを単に四明と称し、また東七〇峰を驚浪山、西を奔牛山、南を駆羊山、西南を八嚢山、北を走蛇の峭と名づける。道教ではこの山を尊んで第九洞天と称し、古くから道士が居住したが、のち仏僧も来住し、杖錫寺・資聖寺・景徳寺・阿育王寺・宝雲寺・延慶寺など、諸所に仏寺を建ててから、山麓一帯をも四明と称した。宋代に知礼（960—1028）が寧波の延慶寺にあって、天台宗の正統をひろめたことは有名。日本では、比叡山をこの山になぞらえて、その山頂を四明ケ岳と呼ぶ。

**しめい-じゅうぎ-しょ　四明十義書**　二巻また三巻。北宋の知礼編（景徳三1006）。山家山外《さんげさんがい》論争の問答を集大成したもの。天台宗が衰微し、その正統な相承が失われた唐末・五代に、天台智顗《ぎ》の金光明経玄義が広略二本流布していたうち、広本の十種の観心は後世の仮託であるとする慈光晤恩の金光明玄義発揮記に端を発し、正統派の山家派と反対派の山外派との論争が起こり、咸平三年1000から七年間にわたる五往復の問答を、山家派の四明知礼が問題別に十種に要約して山外派の説を批判した書。⑴発揮記とそれに対する釈難扶宗記（知礼）、弁訛（慶昭・智円）とこれに対する問疑書（知礼）、答疑書（慶昭）とこれに対する詰難書（知礼）、五義書（慶昭）とこれに対する問疑書・覆問書（知礼）、釈難書（慶昭）にいたるまでの論争の要旨を挙げ、⑵一〇章にわけて山外派の書に対し一々これを論破し、⑶山

家派の観心を宣揚している。なお翌景徳四年には慶昭が本書に対して反論した答十義書、知礼が再論破した観心二百門があり、これらによって論争の内容が知られる。〈⇩金光明経玄義《こんこうみょうきょうげんぎ》〉㊅四六、国一諸宗部一四

**しめい-にんがく-いせつ-そうしょ　四明仁岳異説叢書**　七巻。四明仁岳往復書ともいう。北宋の継忠の編。成立年不詳。四明知礼と、その門下でのちに異説を立てた仁岳浄覚との説をまとめたもの。(1)十諫書(浄覚)、(2)解謗書(知礼)、(3)雪謗書(浄覚)、(4)別理随縁十門折難書(浄覚)、(5)釈難扶宗記(知礼)、(6)止疑書(浄覚)、(7)抉膜書(浄覚)を収めるが、年代順には(5)(4)(6)(7)(1)(2)(3)となる。(5)は知礼が金光明経玄義の広略問題に関して山外派の説を批判したもの。(4)は知礼の十不二門指要鈔の説を、山外派の継斉や元頴が非難したのに対して浄覚が反論したもの。(6)は智円の清観音経疏闡義鈔を、知礼が破したのに対して山外派の咸潤が反論したが、浄覚がその咸潤の説を非難したもの。(7)は知礼の観経疏妙宗鈔の説を、山外派の咸潤が非難したのに対して浄覚が反論したもので、以上の四書は浄覚が知礼の門下であった頃のものである。(1)は知礼の妙宗鈔を浄覚が批判したもの。(2)は(1)に対する知礼の答書。(3)は(2)に対して浄覚が自説を主張したもので、これらは浄覚がいわゆる山外雑伝派として知礼を批判する立場になってからのものである。趙宋天台の山家山外論争初期の往復書で金光明経玄義・指要鈔・妙宗鈔の各書で問題となった観境真妄・別理随縁・理毒性悪などの説が吟味検討された。㊎一・九五・四

**しもく　歯木**　楊枝《ようじ》ともいう。歯を磨き、舌をかくための木片。大乗の比丘が常に持たねばならない十八物《じゅうはちもつ》の一。

**じもく-じ　甚目寺**　愛知県海部郡甚目寺町。鳳凰山と号し、真言宗智山派。尾張四観音の一。推古天皇五年597甚目連竜麿なる漁夫が海中から聖観音を得て創建し、天武朝に堂宇を建立、勅額を賜ったという。仁寿三年853再修、康和五年1103僧智能・人江重房などが再建したが、のち倒壊したので大治元年1126大江為道らが再建、また建久七年1196聖観が勧進して新営する。のち織田・豊臣・徳川各氏の寺領寄進をうけ隆盛した。〔重文〕南大門、三重塔、絹本著色不動尊像、同仏涅槃図　〔参考〕当寺文永縁起、尾張志

**しもつき-え　霜月会**　天台会ともいう。毎年一一月比叡山延暦寺で天台大師智顗《ちぎ》の忌日におこなう法華十講をいう。一四日から忌日の二四日(満会という)まで法要が行われる。また五年目ごとに一度盛儀をおこなうのを法華大会という。延暦一七年798一一月二四日最澄が修したのが初めで、のち竪義という論義も加えられた。宗祖最澄の忌日に修する六月会《みなづきえ》と共に天台宗の二大法会の一。〔参考〕叡山大師伝、濫觴抄下

**しもつけ-でんかい-き　下野伝戒記**　一巻。真淳(1736—1807)の著。成立年不詳。真宗高田派の著者が、浄土諸流の戒律論に対抗し、真宗教義によって一心金剛戒を説明した書。〔刊本〕享保二1717刊、同三刊

**しもつけりゅう-ほんぞん-ぎ　下野流本尊義**　詳しくは浄土真宗下野流本尊義という。一巻。慧海(1701—65)の著。成立年不詳。下野流すなわち真宗高田派の本尊の名義と仏体とについて説いたもの。仏体については実体と化用とに分けて論述し、高田派専修寺の本尊は方便法身の尊像であることを強調している。なお三尊一尊、坐像立像、来迎不来迎などについての問答もある。真全四九〔刊本〕明和七1770刊

**し-もん　四門**　①天台宗の説。仏教の真理にさとり入るための門戸は無量であるが、大別して有門《うもん》・空門《くうもん》・亦有亦空門・非有非空門の四門とし、化法《けほう》の四教のそれぞれに四門があるから四教四門と称する。蔵教の四門は縁生析空《えんしょうしゃっくう》の観に基づくものであり、即ちすべての存在は因縁によって生じた有ゥであると見て偏真の理にさとり入るのが有門で、これは阿毘曇論に説かれている。すべての存在は分析すれば空であると見てさとり入るのが空門で、これは成実論に説かれている。このように有でも空でもあるのを見て有無に執われた見解を破ってさとり入るのが亦有亦空門で、こ

れは毘勒論《こんろくろん》(この論は中国に渡っていない。〈⇩蜫勒門《こんろくもん》〔阿毘曇門〕〔空門〕〉)に説かれる。有でも空でもないのを見てさとり入るのが非有非空門で、これは迦旃延経(雑阿含経中の一経)に説かれている。同様に、通教では如幻体空の観に、別教では歴別入中《りゃくべつにっちゅう》〈⇩三観《さんがん》〉の観に、円教では円融無礙《えんにゅうむげ》の観に基づいた四門があり、四門のうちのどの一門からでもそれぞれの教えに入って、その教えに説かれる理にさとり入ることができるが、とりわけ蔵教は多く有門から、また円教は多く非有非空門からさとり入るとする。②発心《ほっしん》・修行《しゅぎょう》・菩提《ぼだい》・涅槃《ねはん》の四門。密教でこの四位を修行の段階として東南西北の四方に配する。⇩阿字五転《あじごてん》

**じ-もん　字門**　字即ち門の意で、字を門として諸法の理に悟入するから、字を字門といい、一々の字に一定の意義を付する。字門の数え方或いは並べ方には四十二字門、五字門、八字門、十九字門、二十六字門、五十字門などの諸説がある。⇩悉曇《しったん》

**しもん-けいくん　緇門警訓**　四巻、または一〇巻。元の永中の撰(皇慶二1313)。参禅弁道のため先哲の垂誡遺訓を集めたもの。はじめ永中(中峰明本の派に属する)が緇林宝訓(もとの編者は不詳)を改修して作った上下二巻があったが、明の成化一〇年1474に、嘉禾《かか》の如巹《にょきん》がその師空谷景隆からこれを授けられて、さらに続集二巻を増補し、景隆および覚澹などの序を加えて重刊した。現存のものは一〇巻あり、潙山警策にはじまって、梁皇捨道事仏詔まで一八〇篇余あり、その後さらに改修されたもののようである。㊅四八

**じもん-こうそう-き　寺門高僧記**　一〇巻。作者不詳(慶長九1604奥書)。天台宗寺門派の興隆に関係のある高僧・帝王・諸臣らの事跡を略述したもの。続群二八上

**しもん-すぎょう-ろく　緇門崇行録**　一巻。明の袾宏の著(万暦一三1585)。末世の僧侶の堕落をなげいて、釈尊の頃から明代までの出家沙門の徳行を記したもの。清素・厳正・尊師・孝親・忠君・慈物・高尚・遅重・艱苦・感応の一〇門に分けて述べる。㊌二乙・二一・五

**しもん-せふ　緇門世譜**　一巻。詳しくは終南天竜会集緇門世譜釈氏源流五宗世譜祖図という。清の迅雷明喜の撰(康熙四二1703)。禅宗の初祖菩提達磨より五家の各宗祖に至る伝灯相承の次第を図示した祖図と、各派の歴代の祖師の名字と宗風とを頌した偈を収録したもの。㊌二乙・二〇・四

**じもん-でんき　寺門伝記**　一〇巻。園城寺《おんじょうじ》伝記ともいい、寛平年間889—98から正安年間1299—1302の三井園城寺の記録を集めたもの。同寺三宝事、金堂弥勒事以下新羅明神に関する諸記および歴代高僧の伝記を収めている。なお、本書の後を継ぐものに平治年間1159—60以降の園城寺記録を集めた拓庵尊通撰の三井続灯記一〇巻(文明一五1483撰)と、天智天皇元年662から応永四年1397までの記事を祖廟部・聖跡部・僧伝部・雑部に分けて収めた志晃の寺門伝記補録二〇巻(仏全一二七)がある。仏全一二七

**しもん-ほうぞう-しゅう　緇門宝蔵集**　三巻。一糸文守(1608—46)の編。成立年不詳。参禅学道の手法となるべき警語類を経典祖録中から採録した書。二二章からなる。国訳禅宗叢書一ノ四〔刊本〕寛文一三1673刊、延享二1745刊、安永八1779刊

**しもん-ゆうかん　四門遊観**　四門出遊ともいう。仏陀がまだ出家しないで太子でいた時、王城の四方の門から遊びに出て、老・病・死の苦を見て深く人生の無常を観じ、出家の決意をしたこと。即ち、東門を出て老人を、南門を出て病人を、西門を出て死人を見、最後に北門を出て、沙門(出家者)に出遇い、自らの進むべき道をここに見出したと伝える(修行本起経巻下など)。

**しゃ　捨**　㊵ウペークシャー upekṣā の訳。平静、無関心の意。①心所《しんじょ》(心のはたらき)の名。行捨《ぎょうしゃ》ともいう。倶舎宗《くしゃしゅう》では、すべての善心と共にあまねく起こる心所(大善地法)の一とし、唯識宗では善の心所の一とする。心をかたよらせず、惛沈《こんじん》と掉挙《じょうこ》とを離れて心が沈まず浮かず、平静、平等にたもたせる心作用。②受を三受、五受にわけ、その一に捨受(不苦不楽受、不苦不楽覚)を数える。苦でも楽でもな

い無関心的な印象感覚のこと。

**ジャイナ-きょう　ジャイナ教**　インドの宗教の一つ。ジャイナ Jaina はジナ Jina (勝者)の教えという意味で、音写して耆那《なぎ》教ともいう。仏陀とほぼ同時代のニガンタ・ナータプッタ Nigaṇṭha Nātaputta(尼乾子《にけんじ》、尼乾陀若提子《にけんだにやくだいし》)を開祖とする〈⇩尼乾陀若提子〉。ただしジャイナ教の伝承ではニガンタ・ナータプッタ以前にウサバ Usabha をはじめとする二三人の救済者が世に出ており、ニガンタ・ナータプッタは第二四祖に当たるとする。ニガンタ・ナータプッタはいわゆる六師外道の一人で、本名をヴァルダマーナ Vardhamāna といったが、苦行ののち悟ってジナとなり、マハーヴィーラ Mahāvīra(大雄)と名のったという。その教説は、生存は過去の業の繋縛によって苦であり、苦行によって業の作用を制止することで霊魂は輪廻から解脱することができるというもので、五戒、とくに不殺生戒を厳守する道徳的苦行主義を説く。思想的には判断の相対性を説く不定主義(スヤードヴァーダ syādvāda)が特色とされ、また宇宙の構成要素として五つの実体をたてる。仏教と同じくヴェーダに依拠する正統バラモン教の権威を否定し、教理の面でも仏教に類似する点が多い。阿含経などの原始仏典にも尼乾子論師・尼乾子外道としてしばしば論及され、成立当初からかなりの支持を得ていたことがうかがわれる。のちに戒律の運用をめぐって寛容主義の白衣派(Śvetāmbara)と厳格主義の空衣派(Digambara)とに分裂した。仏教では前者を白衣《びゃくえ》外道、後者を裸形《らぎょう》外道あるいは無慙外道と呼んでいる。中世にいたりイスラム教の侵入によって衰微したが、仏教のように壊滅せず、現在も商工業者を中心に二五〇万人程度の信者をもち、厳格な戒律生活を守っている。

**ジャイミニ　Jaimini**　(前二世紀頃)インド六派哲学ミーマーンサー Mīmāṃsā 学派の祖。ヴェーダの祭事を哲学的に研究し、同学派の根本教典であるミーマーンサー・スートラ(Mīmāṃsā-sūtra)の作者とされるが、現在では同スートラは紀元後一〇〇年頃の成立と推定されている。

**シャイレーンドラ-おうちょう　Śailendra王朝**　八世紀半ばから約一世紀の間、中部ジャワからスマトラのシュリーヴィジャヤ Śrīvijaya (室利仏逝)にかけての一帯を支配した王朝。起源については、南インドとする説、インドのカリンガ朝と結びつける説、ジャワ起源とする説などがある。仏教国として繁栄し、ボロブドゥルの仏教遺跡で知られる。唐に朝貢を行っていたと見られ、新唐書に出る訶陵国がこれに当たると推定されている。⇩ボロブドゥル

**じゃいん　邪婬**　欲邪行ともいう。十悪の一。また五戒の一に数えて、これを禁制している。つまり家庭生活をしている在家の者の為してはならない悪行為の一で、男ならば自分の妻以外の女性と性交し、また自分の妻でも適当でない時、場所、方法などでこれを行うことをいう。

**シャヴァンヌ　Chavannes, Edouard**　(1865—1913)フランスの東洋学者。一八八九年、北京公使館付の学術調査員、一八九三年、フランス公立大学教授を歴任し、中国古代史・仏教金石文・西域史研究に偉大な足跡を残した。特に新資料や埋もれた文献を忠実に紹介研究している。一九〇三年以後コルディエ H. Cordier を助けて東洋学雑誌「通報」T'oung Pao の編集に当たった。仏教関係の研究では、Cinq cent contes et apologues extraits du Tripitaka chinois(仏教説話五百題1910—11)、Les seize arhats protecteurs de la loi(十六羅漢考1916, JA)、大唐西域求法高僧伝のフランス訳(Mémoires sur les religieux éminents qui allèrent chercher la loi dans les pays d'occident, 1894)などがあるが、その他史記の訳註(Les mémoires historiques de Se-ma Ts'ien 1895—1905 五巻、Mission archéologique dans la Chine septentrionale(北支那訪古誌1909—15)五巻、Les documents chinois découverts par Aurel Stein dans les Sables du Turkestan Oriental(スタイン発見東トルキスタン出土漢文書1913)、Le T'ai Chan(泰山誌1910)、Le Jet des Dragons(投竜簡考1919)、Documents sur les Tou-Kieu occidentaux (西突厥伝彙纂1903)など多くの著書・論文がある。

**しゃえこくおう-じゅうむ-きょう　舎衛国王十夢経**　一巻。訳者不詳(西晋代265—316)。異訳に同じ頃訳出された舎衛国王夢見十事経一巻、東晋の曇無蘭の訳(太元年間376—96)の国王不梨先泥十夢経一巻があり、増一阿含経にも同内容の経が含まれる。憍薩羅《きょうさつら》(コーサラKosala)国の波斯匿《はしのく》(プラセーナジット Prasenajit)王が一〇の不吉な夢を見、夫人の末利《まつり》(マッリカー Mallikā)の勧めによって、仏陀にその解釈を聞いて安心を得たことを説く。(大)二

**しゃえ-じょう　舎衛城**　(梵)シュラーヴァスティー Śrāvastī (巴)サーヴァッティー Sāvatthī の音略。室羅伐悉底、捨羅婆悉帝夜などと音写する。古代インドの十六大国の一つ、中インドの憍薩羅《きょうさつら》国(コーサラ Kosala)の都城で、仏陀はここにもっとも長く二五年間住したという。経典中にもよく登場し、またその説所とされる。波斯匿《はしのく》(パセーナディ Pasenadi)王が統治し、須達多《しゅだった》(スダッタ Sudatta)長者(給孤独《ぎっこどく》長者)が住し、央掘摩羅《おうくつまら》(アングリマーラ Aṅgulimāla 指鬘外道)がここで教化され、仏陀の義母であった摩訶波闍波提《まかはじゃはだい》(マハーパジャーパティー Mahāpajāpatī)のための比丘尼精舎が建てられ、城外には祇園精舎があった。五世紀のはじめ法顕が訪ねた時は、その寺は故趾となり戸数も少なく、玄奘の時には全く荒廃していた。しかしそれ以後も時として寺院の建立などがあり、祇園精舎も維持され、大乗仏教も行われたようである。現在のサヘート・マヘート Sahet Mahet がその故地であると推定されている。(参考)玄応音義三、慧苑音義下、分別功徳論二、智度論三、法顕伝、西域記六

**しゃか　釈迦**　⇩釈迦牟尼仏《しゃかむにぶつ》

**しゃか-いちだいき-ずえ　釈迦一代記図絵**　六巻。好花堂野亭の著。山田意斎が校訂して天保一二年1841刊行。釈迦牟尼仏一代の伝記を俗説的に記し、葛飾北斎の図を添えている。日本歴史図会八

**しゃか-いちだい-でんき　釈迦一代伝記**　八巻。玄貞の著(貞享元1684)。釈迦の伝記に種々の因縁談を加え、仮名文で通俗的に記した書。〔刊本〕元禄五1692刊、明治一七1884刊

**しゃか-いん　釈迦院**　熊本県八代郡泉村柿迫。天台宗。金海山大恩教寺と号し、西の高野といわれる。延暦年間782—806荘善の開創と伝え、天台・真言・禅・浄土四宗兼学の寺院として栄えたが、天正年間1573—92小西行長の破却によって荒廃。万治二年1659禅瑞が再興した。景勝の地として有名。

**しゃかし-ふ　釈迦氏譜**　一巻。釈氏譜略、釈迦氏略譜ともいう。唐の道宣の撰(麟徳二1665)。釈迦譜(梁の僧祐撰)をけずり略して、一般にわかり易くしたもので、釈迦の世系、出世の時期、一代の事跡などを叙述したもの。これを所依賢劫・氏族根源・所託方土・法王化相・聖凡後胤の五科に分け、追補には仏教以外の山海経・爾雅・河図なども引用している。〈⇩釈迦譜《しゃかふ》〉(大)五〇 (参考)大唐内典録五、開元録八、唐書芸文志四九

**しゃかつら　奢羯羅**　(梵)シャーガラ Sāgala またはシャーカラ Śākala (巴)サーガラ Sāgala またはサーカラ Sākala の音写。沙竭とも音写する。磔迦《たくか》国にあった旧都。メナンドロス Menandros (巴)ミリンダ Milinda 弥蘭陀《みらんだ》と音写)王の城で、王とナーガセーナ Nāgasena(那先)比丘との問答の行われた所。現在のパンジャーブ地方北部、パキスタンのシアールコート Sialkot にあたるといわれる。(参考)Milindapañha 1、西域記四、那先比丘経上

**しゃか-どう　釈迦堂**　①千本釈迦堂〈⇩大報恩寺《だいほうおんじ》〉。②嵯峨釈迦堂〈⇩清涼寺《せいりょうじ》〉

**しゃか-にょらい　釈迦如来**　⇩釈迦牟尼仏《しゃかむにぶつ》

**しゃかにょらい-おうげ-ろく　釈迦如来応化録**　六巻。明の宝成の編。成立年不詳。釈迦牟尼仏の伝記を教化伝道という見地から諸経論によってまとめたもの。(続)二乙・三・二

**しゃかにょらい-ごうしょう-らいさん-もん　釈迦如来降生礼讃文**　一巻。北宋の仁岳(992—1064)の撰。成立年不詳。仏の誕

生を祝う灌仏会の儀式に用いる礼讃文。(続)二乙・三・一

**しゃかにょらい-じょうどう-き　釈迦如来成道記**　一巻。唐の王勃の著。成立年不詳。釈迦牟尼仏の八相成道をたたえ、遺法とその伝播を説き、入滅後遠く隔たった悲しみを述べたもの。(続)二乙・三・二

**しゃかにょらい-ねはん-らいさん-もん　釈迦如来涅槃礼讃文**　一巻。北宋の仁岳(992—1064)の撰。成立年不詳。仏陀入滅の忌日に際してその徳をたたえる礼讃文。(大)四六

**しゃか-の-ほんじ　釈迦の本地**　①一冊(刊本系三冊)。室町時代の成立か。釈尊を題材としたお伽草子。室町時代物語集四、室町時代物語大成七　(写本)天理図書館蔵(天正九1581写)、戸川浜男旧蔵(近世初期写)など　(刊本)寛永二〇1643　②前者を六段物に改めた説経浄瑠璃(享保1716—36頃刊)。これらは近松門左衛門の釈迦如来誕生会に多くの影響を与えている。

**しゃか-はっそう-ものがたり　釈迦八相物語**　八巻。著者不詳(寛文六1666刊)。釈迦牟尼仏の一代の図絵を挿入して、通俗的に記した仮名草子。天和四年1684には釈迦如来一代記と改題。近松門左衛門の浄瑠璃、釈迦如来誕生会(元禄八1695)などは、本書に負うところが多い。

**しゃかびりょうが-まに-ほう　釈迦毘楞伽摩尼宝**　(梵)シャクラービラグナ・マニ・ラトナ Śakrābhilagna-maṇi-ratna の音写と訳。略して毘楞伽宝ともいう。宝珠の名。釈迦毘楞伽は帝釈持《たいしゃくじ》と訳し、帝釈天が所有する義。摩尼は珠の総称。もと帝釈天の頸飾で、よく光る珠とされたが、仏陀や諸菩薩《ぼさつ》もこれを荘厳《しょうごん》の具とする。

**しゃか-ふ　釈迦譜**　五巻または一〇巻。梁の僧祐(445—518)の撰。成立年不詳。釈迦一族の来歴、および釈迦の事跡、さらに仏滅後の仏法伝播について、経律より典拠を求め詳述した書。三四項目に分け、各項末尾に撰者の私案を加えている。現在中国撰述の仏伝の最古のもの。唐の道宣は、本書を刪略して釈迦氏譜一巻を作っている。刊本には高麗蔵の五巻本(出三蔵記集の目録に合致し、原形に近い)、と宋・元・明一本の一〇巻本がある。(大)五〇、国一史伝部六　[参考]高僧伝一一、法経録六、釈迦氏譜、唐書芸文志四九

**しゃか-ほうし　釈迦方志**　二巻。唐の道宣の著(永徽元650)。釈迦牟尼仏の遺法が伝わった地域と時期、および中国への流伝の大要を述べたもの。封疆篇(娑婆世界の名義構造)、統摂篇(須弥四洲建立の形状)、中辺篇(西域インドの地理風土)、遺跡篇(中国からインドへいたる三道とインド仏跡に関し、西域記より鈔録)、遊履篇(西域に旅行した僧俗一六人の略歴)、通局篇(仏教の瑞跡)、時住篇(仏法住持の時節)、教相篇(歴代帝王の仏教事跡)の八篇に分けて、述べている。(大)五一　[参考]大唐内典録五、開元録八、唐書芸文志四九

**しゃか-まんだら　釈迦曼荼羅**　釈迦如来を中心として建立する曼荼羅。増益、争論停止のために修する釈迦法のときに用いるもの。陀羅尼集経・観自在授記経・一切功徳荘厳王経・釈迦文尼仏金剛一乗修行儀軌法品などによって描かれ、その図相も多種である。普通に釈迦曼荼羅と称されるものは、釈迦文尼仏金剛一乗修行儀軌法品によるもので、中央釈迦如来は白蓮華台上に結跏趺坐し、その四隅には普賢(向かって右上隅)・文殊(右下隅)・観音(向かって左下隅)・弥勒(左上隅)の四菩薩がそれぞれ蓮華座に坐し、仏前には如来鉢があり、仏の右側には賢瓶、仏の左側には宝螺、後辺には錫杖が描かれている。

**しゃかむににょらい-ぞうぼうめつじん-の-き　釈迦牟尼如来像法滅尽之記**　一巻。チベット大蔵経中の于闐《うてん》国懸記を唐の法成が漢訳したもので、ペリオ P. Pelliot によって敦煌からもたらされた写本の中に含まれていた。于闐　コータン Khotan) 国における仏教の興廃を述べたもの。チベット文からの英訳がロックヒル W. W. Rockhill によって、同じく和訳が寺本婉雅によって行われている。(大)五一

**しゃかむに-ぶつ　釈迦牟尼仏**　仏教の創始者。釈迦牟尼は(梵)シャーキャムニ Śākyamuni の音写で、シャーキャ (釈迦) 族の聖者の意。釈迦牟尼如来、釈迦如来、釈

釈迦如来
（御室版胎蔵曼荼羅）

迦牟尼世尊ともいい、略して一般に釈尊という。ただしシャーキャムニという呼称は最初期の文献にはあらわれず、仏滅後一〇〇―二〇〇年頃のマウルヤ王朝の碑文以降に見られる。今日ではゴータマ・ブッダという呼称も普及しているが、ゴータマGotamaはその氏姓のパーリ名（梵）ガウタマGautama）で、瞿曇《くどん》、憍答摩《きょうとうま》などと音写する。また名は（梵）シッダールタSiddhārtha,（巴）シッダッタSiddhatthaといい、悉達多《しっだった》、悉多《しった》などと音写する。姓と名とをあわせてゴータマ・シッダッタあるいはガウタマ・シッダールタと呼ぶこともある。生存年代に関しては諸説があり、伝統的には(1)紀元前六二四―前五四四年、(2)紀元前五六五―前四八五年の二説がある。(1)はマハーヴァンサ、ディーパヴァンサなど南方仏教の史書の伝える説で、現在もセイロン、ビルマ、タイなどで採用されている。(2)はインドから中国へ伝えられたいわゆる衆聖点記説によるもので、歴代三宝記の説である。近代における学問的年代論の立場からは、(3)紀元前五六六―前四八六年（高楠順次郎）、(4)紀元前五六〇―前四八〇年（渡辺照宏・水野弘元）、(5)紀元前四六六―前三八六年（宇井伯寿）、(6)紀元前四六三―前三六三年（中村元）などの諸説が提出されている。いずれも何らかの文献的根拠にもとづいており、いずれかに確定することは困難である。またその誕生日に関して、日本に古くから伝わる四月八日説は北伝の伝承の一つであり、南方仏教ではヴェーサーカVesākha月（ほぼ太陽暦の五月にあたる）の満月の日と伝える。仏陀の生涯を記した文献いわゆる仏伝には古来各種が伝えられている。梵語文献としては(1)マハーヴアストゥMahāvastu（大事）、(2)ラリタヴィスタラLalitavistara,(3)アシュヴァゴーシャAśvaghoṣa(馬鳴《めみょう》)作のブッダ・チャリタBuddha-carita（仏所行讃）、パーリ語文献では(4)ジャータカJātaka（本生）序文のニダーナ・カターNidāna-kathā（因縁譚）があるが、(4)は五世紀にブッダゴーサBuddhaghosa（仏音《ぶっとん》）によって書かれたものと推定されている。また漢訳では、普曜経八巻、方広大荘厳経一二巻、過去現在因果経四巻、仏本行集経六〇巻、衆許摩訶帝経一三巻、仏本行経七巻、中本起経二巻がある。しかしこれらは後世の創作・付加を多分に含み、神話化・超人化の跡が著しく、そのまま仏陀の伝記として認めることはできない。より真実に近い仏伝はむしろ原始仏典の阿含経（パーリ語の五ニカーヤ・漢訳の四阿含経）や律蔵の中に散見される断片的記述によってうかがい知られ、前にあげた種々の仏伝もこれらをつなぎあわせ、増広を加えて成立したものである。なお、仏陀の最晩年から入滅後の葬送までを記述した文献としては大般涅槃経（マハー・パリニッバーナ・スッタンタMahāparinibbāna-suttanta）がある。冒頭に記したように仏陀はシャーキャ（釈迦）族の出身であるが、シャーキャ族は東北インドのヒマラヤ山麓（現在はネパールに属する）に住み、王族が集まって国王を選び政治を運営する、いわゆる貴族的共和制をとっていた。仏陀の父浄飯王《じょうぼんのう》（梵）シュッドーダナŚuddhodana（巴）スッドーダナSuddhodana）はそのような意味での王で、迦毘羅衛《かびらえ》城（梵）カピラヴァストゥKapilavastu（巴）カピラヴァットゥKapilavatthu）に住していた。一方母の摩耶夫人《まやぶにん》（梵）（巴）マーヤーMāyā）は隣国の拘利《くり》城（巴）コーリヤKoliya）の出身と伝える。なお仏陀を中心とし提婆達多《だいばだった》（梵）（巴）デーヴァダッタDevadatta）・阿難（梵）（巴）アーナンダĀnanda）などを含む親族関係は、文献によって異同があり一定していない。仏陀は、摩耶夫人が出産のため生国の拘利城へ趣く途中、迦毘羅衛城郊外の藍毘尼園《らんびにおん》（梵）（巴）ルンビニー Lumbinī）で降誕したと伝えられる。誕生七日目に母は没し、その妹である摩訶波闍波提《まかはじゃはだい》(梵)マハープラジャーパティー Mahāprajāpatī (巴)マハーパジャーパティー Mahāpajāpatī 大愛道と訳す）が浄飯王の後妻となり、養母として仏陀を育てた。長じて（一説には一六歳あるいは一九歳のとき）耶輸陀羅《やしゅだら》(梵)ヤショーダラー Yaśodharā (巴)ヤソーダラー Yasodharā）と結婚し、一子羅睺羅《らごら》(梵)(巴)ラーフラ Rāhula）をもうけたが、王族としての安逸な生活にあきたらず、また人生の無常・苦を痛感し（いわゆる四門出遊《しもんしゅつゆう》に象徴される）、人生の真実をあくまで追求しようとする意志を固めて二九歳で出家した。羅睺羅が生まれて間もなく（一説にはその夜）、白馬犍陟《けんちょく》（カンタカ Kaṇṭhaka）にまたがり、馭者車匿《しゃのく》（チャンナ Channa）を伴って、深夜王城をぬけ出したと伝える。出家すると南下してガンジス河を渡り、当時の大国であった摩竭陀《まかだ》国（(梵)(巴)マガダ Magadha）の都、王舎城《おうしゃじょう》(梵)ラージャグリハ Rājagṛha (巴)ラージャガハ Rājagaha）を訪れた。その頃の王舎城は新興の大都市で、従来の伝統的バラモン教の教説にあきたらず、次々と独自の説を発表した多くの思想家・宗教家が集まっていたので、教えを受けるのには最も適当であった。王舎城において、頻婆娑羅《びんばしゃら》王（(梵)(巴)ビンビサーラ Bimbisāra）と出会い、出家を思いとどまるよう勧められるが、これを断わり、阿羅羅伽羅摩《あららからま》(巴)アーラーラ・カーラーマ Āḷāra Kālāma）、ついで優陀羅摩子《うだらまし》(巴)ウッダカ・ラーマプッタ Uddaka Rāmaputta）という二人の仙人の教えを受ける。そしてそれぞれ師と同じ境地である無所有処定《むしょうしょじょう》、非想非非想処定《ひそうひひそうしょじょう》に達したが、これを究極の境地として満足することができず、師のもとを去った。ついで尼連禅河《にれんぜんか》(梵)ナイランジャナー Nairañjanā (巴)ネーランジャラー Nerañjarā）のほとりで、五人の同行者（のちの五比丘）とともに、当時もっとも一般的な修行の方法である苦行に六年間はげんだ。しかし、過度の快楽と同様に極端な苦行もまた不適切であるとさとって、五人の同行者から堕落者とそしられながらも苦行をやめ、尼連禅河で沐浴して須闍多《すじゃた》(梵)(巴)スジャーター Sujātā）の捧げる乳粥を飲み、体力を回復して、伽耶《かや》（ガヤー Gayā）の町のアシュヴァッタ aśvattha 樹（(巴)アッサッタ assattha ピッパラ pippala ともいう）のもとに坐して瞑想に入り、ついに悟り（(梵)ボーディ bodhi 菩提《ぼだい》と音写する）に達して仏陀（(梵)(巴)ブッダ buddha の音写。目覚めた人の意）となった。これを成道といい、三五歳のときと伝える。また、悟りにいたるまでにさまざまな誘惑を斥けてゆく過程を後世では悪魔を降伏するのにたとえて降魔《ごうま》という。成道のあったのはわが国では古来一二月八日の未明とされるが、これは北伝の伝承の一つで、南方仏教では生誕と同じくヴェーサーカ月の満月の日と伝える。これ以後この地を仏陀伽耶《ぶっだかや》（ブッダガヤー Buddhagayā）と呼ぶようになり、またアシュヴァッタ樹は菩提樹とよばれるようになった。悟りを得たのち、それを人々に説くかどうかしばらく躊躇する（この内的過程がのちに梵天勧請《ぼんてんかんじょう》の伝説となる）が、やがてかつて苦行を共にした五人の苦行者を波羅捺斯《はらなし》(梵)ヴァーラーナシー Vārāṇasī (巴)バーラーナシー Bārāṇasī 現在のベナレス）に訪ね、五人を相手に最初の説法（初転法輪《しょてんぽうりん》）を行う。この説法を聞いて五人は次々と悟りを得て比丘《びく》（とくにこの五人を五比丘という）となった。この五人が最初の仏弟子となってここに仏教教団（サンガ saṃgha 僧伽《そうぎゃ》と音写する）が成立したのである。なお、この最初の説法すなわち初転法輪の内容についても各種の伝承があるが、のちに中道《ちゅうどう》・四諦《したい》・八正道《はっしょうどう》として固定化された。ついで耶舎《やしゃ》(梵)ヤシャス Yaśas (巴)ヤサ Yasa）、事火外道であった三迦葉《かしょう》を弟子とした。六師外道の一人サンジャヤ Sañjaya の弟子であった舎利弗《しゃりほつ》(梵)シャーリプトラ Śāriputra (巴)サーリプッタ Sāriputta）と大目犍連《だいもっけんれん》(梵)マハーマウドガリヤーヤナ Mahāmaudgalyāyana (巴)マハーモッガラーナ Mahāmoggallāna 目連と略す）が五比丘の一人である阿説示《あせつじ》(梵)アシュヴァジットAśvajit　(巴)アッサジAssaji　馬勝《めしよう》と訳す）の教えを聞いて仏弟子となったのもこの頃である。仏教教団は頻婆娑羅王の帰依をうけて急速に拡大し、仏陀がはじめて迦毘羅衛城に帰ったときには実子の羅睺羅、従兄弟の阿難（(梵)(巴)アーナンダ Ānanda）など同族のものの多数が出家して仏弟子となった。また養母の摩訶波闍波提、妃の耶輸陀羅などの女性もこのとき出家して仏弟子となり、ここに比丘尼の僧団が成立した（ただし仏陀当時に尼僧の教団が成立していたことを疑う説もある)。その後八〇歳で入滅するまで、仏陀はたえずインドの諸地方を巡歴して説法をつづけ、教団は次第に拡大していった。仏陀が止住した地として有名なのは摩竭陀国の王舎城と、波斯匿《はしのく》王（(梵)プラセーナジット Prasenajit　(巴)パセーナディ Pasenadi）の統治する憍薩羅《きようさつら》（(梵)コーシャラー Kośalā　(巴)コーサラー Kosalā）の都舎衛城《しやえじよう》（(巴)サーヴァッティー Sāvatthī現在のサヘート・マヘート）で、とくに舎衛城の祇園精舎《ぎおんしようじや》、王舎城の竹林精舎・耆闍崛山《ぎしやくつせん》（(梵)グリドラクータ Gṛdhrakūṭa　(巴)ギッジャクータ Gijjhakūṭa　霊鷲山《りようじゆせん》ともいう）などは説法の場所として知られる。晩年の二五年間は阿難を侍者として遍歴しつつ布教をつづけ、説法は四五年間に達した。そして八〇歳に及んで拘尸那揭羅《くしながら》（(巴)クシナーラ Kusinārā　(梵)クシナガラKuśinagara）の沙羅《しやら》（(梵)シャーラ śāla　(巴)サーラ sāla）双樹の下で生涯をおえた。これを般涅槃《はつねはん》（(梵)パリニルヴァーナ parinirvāṇa　(巴)パリニッバーナ parinibbāna）とよび、日本に伝わる北伝の伝承では二月一五日、南伝では降誕・成道と同じヴェーサーカ月の満月の日のこととする。後世の仏伝では仏陀の生涯における八つの特徴的な出来事、すなわち⑴下天（降兜率《ごうとそ》つ)、⑵托胎（入胎《にったい》）、⑶誕生（出胎)、⑷出家、⑸降魔、⑹成道、⑺説法、⑼涅槃（入滅）をとりあげ、これを八相成道《はつそうじようどう》あるいは八相示現、釈迦八相とよんでいる。

仏陀の思想は、ウパニシャッドの梵我一如《ぼんがいちによ》説に代表される伝統的バラモン教の実在論と、六師外道に代表される新興の反バラモン教思想の唯物論・快楽主義などの相対立する当時の思想界のなかで、その両者を極端としてしりぞけ、あくまで現実をありのままに観察し（如実知見《によじつちけん》）、不断の実践のなかで我執・我欲を去って真実の自己を確立し、究極の平安な境地（涅槃）をめざすものであった。仏陀があくまで現実を重視し、空虚な観念論を排したことは、世界の常住・無常などの形而上学的問題に対して確答せず、沈黙をまもった（十無記あるいは十四無記）ことによっても示される。その説法も、積極的に自説を主張するのではなく、相手の問いに応じてそれぞれをもっとも適切に導いていく現実重視のいわゆる対機説法であった。また誰もが真実に目ざめれば自分と同じ仏陀になれると説いて、当時すでに定着していたバラモン教の四姓制度を否定したことも注目される。仏陀の教説は入滅直後の第一結集《けつじゆう》を経て確定され、その後の伝承のなかで整備・体系化されて、前述の中道・四諦・八正道のほか、無常・若・無我、五蘊、四念処《しねんじよ》、縁起説（とくに十二縁起）などにまとめられた。仏陀の直接の教えの内容は、パーリ語三蔵の経蔵（スッタ・ピタカ sutta-piṭaka）や漢訳の阿含経などによってうかがい知ることができる。入滅後年月を経ると、歴史的人物としての仏陀の印象はしだいにうすれ、仏陀は超人化・神格化されて超越的な如来として崇拝の対象となるにいたった。これに伴い仏陀の姿を絵画や彫刻に製作して信仰の対象とする慣習が生じた。これが仏像のはじまりであるが、紀元一―二世紀頃にギリシア美術の影響をうけてガンダーラ地方で製作されたのがその起源と思われる。それ以前は仏陀の姿を直接描くことをせず、法輪・菩提樹・金剛座・舎利塔などによって象徴的に仏陀を表わしていた。バールフトやサーンチーの浮彫にその例を見ることができる。釈迦如来に左右の脇侍を配して釈迦三尊とすることもすでにインドにおいてはじめられているが、脇侍には梵天・帝釈天、文殊・普賢、薬王・薬上、文殊・弥勒など種々の組合せがある。また釈迦八相を図像化することもひろく行われた。密教では釈迦如来を胎蔵曼荼羅釈迦院の主尊とし、釈迦如来を中心とした別尊曼荼羅を釈迦曼荼羅といい、また釈迦如来を本尊として修する秘法を釈迦法という。

**しゃからばか　斫迦羅婆迦**　(梵)チャクラヴァーカ cakravāka の音写。折迦邏婆迦とも書く。鳥の名、鴛鴦《おしどり》をいう。

**しゃぎた　娑祇多**　(梵)シャーケータ Śāketa (巴)サーケータ Sāketa の音写。沙枳多《しゃきた》とも音写する。インド十六大国の一つ憍薩羅《きょうさら》国(コーサラ Kosala)の都城。六大城の一。仏陀はしばしばここに遊行した。また馬鳴《めみょう》(アシュヴァゴーシャ Aśvaghoṣa)の出身地という。阿踰陀《あゆだ》(アヨードヤー Ayodhyā)の別名で現在のアウド Oudh にあたると考えられている。〔参考〕長阿含経三、大般涅槃経二七、法顕伝、西域記五、婆藪槃豆法師伝

**しゃきてい　鑠乞底**　(梵)シャクティ śakti の音写。槊《さく》と訳し、戟《ほこ》のこと。威力、性力の象徴。

**シャーキャシュリーバドラ　Śākyaśrībhadra**　(1127—1225) インド仏教末期の学者。チベットで活躍した。カシミール地方の出身で、ヴィクラマシラー Vikramaśīlā寺最後の座主であったが、イスラム教徒の攻撃を避けて一二〇四年チベットに入った。以後一二一三年に同地を去るまで積極的な布教活動を行い、顕密兼修の学風をひろめた。重要な弟子にサキャ・パンディタ Sa-skya Paṇḍita (1182—251) がいる。数篇の著作がチベット訳で現存する。

**シャーキャブッディ　Śākyabuddhi**　(八世紀前半) シャーキャマティ Śākyamati ともいう。インドの仏教論理学者。ダルマキールティ Dharmakīrti (法称) の弟子であるデーヴェーンドラブッディ Devendrabuddhi の弟子と推定されている。法称のプラマーナ・ヴァールッティカ Pramāṇavārttika (量評釈) に対する註釈がチベット訳で現存する。思想的には唯識説の立場に立ち、中観批判を行っている。

**シャーキャミトラ　Śākyamitra**　(八世紀頃) インドの密教学者。瑜伽部密教の三大学匠の一人とされる。初会金剛頂経(真実摂経)に対する註釈書コーサラ・アランカーラ Kosalālaṃkāra を著わした。

**しゃきょう　写経**　インドでは、はじめは経論を専ら口誦によって伝えてきたが、後には貝葉《ばいよう》や樺樹皮などに写して綴り(梵夾という)或いは銅板に刻むことが行われるようになり、とくに大乗仏教では写経の徳をたたえてこれを勧め、法華経巻四法師品には五種法師の一としている。中国では、訳経の際に浄写されたものが仏教の盛行と共に広く転写され、歴代の朝廷もこれに力を尽くした。唐の会昌年間841—46の法難以後は写経が衰え、北宋に至って大蔵経が木版によって印行されてからは、士として供養《くよう》のために行われるようになり、紺紙《こんし》金泥《こんでい》などの華麗な写経が多くなった。日本では、奈良朝以前から既に官に写経所(写経司)が設けられ、天平年間729—49には写経所(三蔵の書写、後には法華・最勝王の二経のみ)・写疏所(註疏の書写)・写後経所(三蔵の書写)が置かれ、また諸大寺や貴族も写経所を建てたので、非常に盛んであった。平安時代には写経所は廃されたが写経は広く行われ、板本が流布して以後は主として供養のためになされ、朝廷貴紳の間に盛行した。鎌倉時代以後は大部の経典はほとんど書写されず、法華経・般若心経・阿弥陀経などに限られた。なお天台宗では、円仁が叡山横川で法華経を写して塔に収め如法堂を建てて以後、一定の規式によって法華経を書写供養することが行われて如法経と称し、後世にはその法筵に平家琵琶を弾ずるのを例とした。如法経は時に十種供養の経ともいうが、これは法華経巻四の十種供養の説による意である。また、源空(法然)はこれに準じて浄土三部経を書写する規式を定めて修したと伝える。福業のために書写する方法には、多人数または一人が多日にわたってする漸写経、同じく一日に完成する一日経(頓写経)、一人で大部の経を書写する一筆経、一人が一巻或いは一品ずつを担当する一巻経や一品経、また血で書写

する血写経（血書）などがある。写経の料紙は麻・穀・斐皮・真弓・杜中・葉藁・朽布などから作られ、時に故人の用いた反古紙を漉返すこともあり、また種々の色に紙を染めて用いることもある。筆は、一般に本文は兎、経題は狸、堺線は鹿の毛のものを用い、墨は墨色のほか、朱沙・金泥・銀泥などを用い、時には一字ずつ交互に朱墨や金銀を用いることもあり、また装幀なども粋を凝らし、特に藤原時代以後は華麗を極めている。写経の様式は、一行一七字詰に写すのを例とするが、或いは上段に絵画、下段に経文を写し、或いは経文と仏像とを各行交互に写し、或いは仏像・蓮座・塔形などを描いた上に一字ずつ写すなど、その他、優雅な絵を扇面に写し描いた扇面写経などもある。願文を刻んだ経筒に写経を収めて埋める風習があって埋経《まいきょう》といい、また小石に一字或いは多字を書写して一経を埋め、また海中・池中に沈めることもある。その他、卒塔婆の造立の信仰を兼ねたものに柿経《こけらぎょう》があり、これは笹塔婆、細塔婆、木簡写経ともいわれ、通常長さ八寸（約二四センチ）、巾六分（約一・八センチ）の板片の表裏に一七字ずつ写して、一経を社寺に奉納するものをいう。⇩装飾経《そうしょくぎょう》　⇩柿経《こけらぎょう》

**しやく　四軛**　⇩四暴流《しぼる》

**しゃく　釈**　①釈迦《しゃか》の略。釈迦は仏陀が出身した種族の名〈⇩釈種《しゃくしゅ》〉。仏教に帰依して出家した者は釈迦仏（釈迦族出身の仏の意）の法孫という意味で釈子といわれ、また、それぞれの元の姓を捨てて「釈迦」を氏とするという意味で釈氏といわれる。釈迦仏の教法つまり仏教のことを釈教、その教法を奉じる門流つまり仏門のことを釈家《しゃっけ》、釈門という。②仏陀の説く経、及びインドの諸論師《ろんじ》の造った論に対して、中国・日本の仏徒が書いたそれらの註釈を釈という〈⇩経論釈《きょうろんじゃく》〉。この釈を書いた人を釈家《しゃっけ》という。⇩経家《きょうけ》〔論家〕〔釈家〕

**じゃくえん　寂円**　①（　—治暦元1065）真言宗の僧。甲斐守頼経の子、興福寺頼信の弟。大理趣坊と号する。はじめ南都に学び、のち醍醐寺に入る。定観から灌頂を受け、仁海から小野流を伝えた。琵琶の名手で、奇瑞が伝えられる。〔参考〕続伝灯広録五　②（　—正安元1299）南宋の人。安貞元年1227道元に随って来朝し、孤雲懐奘《こうんえじょう》から印可をうけた。弘安元年1278越前宝慶寺（現福井県大野市）を創建。〔参考〕日域洞上諸祖伝上、日本洞上聯灯録一　③（文永元1264—観応二1351）寂円房道源と称する。駿河教覚寺栄海の兄。文筆に長じ、鎌倉幕府の公文所に勤めて房州目良《めら》荘を賜った。のち京都へ来て本願寺の覚如に仕えた。覚如の最要鈔はその請による。〔参考〕最要鈔奥書、慕帰絵詞一〇

**しゃくおう-じ　釈王寺**　北朝鮮咸鏡南道安辺郡文山面の雪峰山腹にある。三十一本山の一。李成桂（のちの李朝太祖、1392—98在位）が、無学に夢判断を請い、君主の相があると予言されたので、一寺（釈王寺）を建て無学を開山としたと伝える。歴朝の尊信をうけ、諸王が堂舎を増建した。寺内の応真殿・護持門は、創建当初の建造物といわれる。〔参考〕朝鮮寺刹史料下

**しゃくぎ-ろん　折疑論**　五巻。元の子成の著（至正一一1351）。儒仏道の三教の優劣を論じた書。子成と来客との問答の形式をとり、全篇を通して仏教の優れていることを種々の面から説いている。本書の組織は牟子の理惑論にほぼ一致しているので、理惑論の註釈書であるともいわれる。㊅五二

**じゃくぐ　若愚**　（至和二1055—靖康元1126）北宋代の浄土教の僧。海塩（浙江省銭塘道海塩）の人。姓は馬氏。字は子発。覚海寺に入り、用明《ゆうみょう》および弁才に学ぶ。浄社（念仏者の団体）をつくって道俗に念仏を勧めた。〔参考〕浄土聖賢録三（浄全一八）

**しゃくけ　釈家**　⇩経家《きょうけ》

**しゃく-けごん-きょうぶんき-えんつうしょう　釈華厳教分記円通鈔**　一〇巻。高麗の均如（923—73）の著。成立年不詳。唐の法蔵（643—712）の華厳一乗教義分斉章（華厳五教章）を註釈したもので、弁章主因縁行状、弁造文因縁及次第、弁宗趣、釈章名、入文解釈の五門に分けて詳説している。高麗大蔵経四七補遺Ⅳ

**しゃく-けごん-しいきしょう-えんつう**

しょう　**釈華厳旨帰章円通鈔**　二巻。高麗の均如(923—73)の著。成立年不詳。唐の法蔵(643—712)の華厳経旨帰を註釈したもので、弁章主因縁行状、弁造文因縁及次第、釈題名、入文解釈の四門からなる。高麗大蔵経四七補遺Ⅳ

**しゃくげんき　析玄記**　二巻(現存しない)。五位析玄記ともいう。唐の敬雲の著。成立年不詳。倶舎論によって小乗の入道五位を述べたもの。天台四教儀集註などに引用されている。

**じゃくご　著語**　評語をつけること。禅宗で、公案の本則や頌に対して短評を加えること。揀語《けんぎょ》、揀話《けんな》、下語《あぎょ》ともいう。

**じゃくご　寂護**　⇩シャーンタラクシタ

**じゃくごん　寂厳**　(元禄一五1702—明和八1771)真言宗の僧。字は諦乗。備中の人。顕密・性相を究め、兼ねて梵学にも詳しかった。元文元年1736曇寂から醍醐院流を伝えられ、同六年重ねて曇寂から具支灌頂を受けた。備中の宝島寺(現岡山県倉敷市)に住し、宝暦一〇年1760同寺で長谷寺常明から地蔵院流を伝えられた。明和四年倉敷玉泉寺に隠居した。著書、大悉曇章稽古録、悉曇十八章表、悉曇字記大観、梵本弥陀経私記、梵文心経私記など。〔参考〕続日本高僧伝四

**しゃくしけいこりゃく　釈氏稽古略**　四巻。元の覚岸の著(至正一四1354序)。中国古代より南宋までの歴朝にしたがって、インド・中国の仏教史を編年体に記したもの。広く名僧の行実、塔廟の興廃などを叙述する。なお明の幻輪は釈氏稽古略続集三巻を編集し(崇禎一一1638)、元代から明の熹宗の天啓七年1627まで三六四年間の史実を集録した。㊅四九、国一史伝部四・五

**しゃくしこんげんき　釈氏根元記**　一巻。平田篤胤(1776—1843)著。成立年不詳。国学者である著者が、三論・曹洞・成実・浄土・法相・倶舎・法華・律・天台・真言・日蓮・華厳・臨済の各宗の由来、教旨を述べて、これを排斥した書。刊本はない。〔写本〕竜谷大学蔵

**しゃくしつがん　釈氏通鑑**　一二巻。詳しくは歴代編年釈氏通鑑という。北宋の本覚の編。成立年不詳。資治通鑑に範をとり、周の昭王二六年から北宋の太祖の建隆元年960に至る間の仏教に関する事項を編年体に記したもの。㊫二乙・四・四—五

**しゃくしにじゅうしこう　釈氏二十四孝**　一巻。元政の著(承応四1655)。中国・日本の高僧中から二四人の孝順の僧を選び、図画を挿入してその事跡を記した書。〔刊本〕寛文一〇1670刊

**しゃくしもうぎゅう　釈氏蒙求**　一巻。宋の霊操の著。李翰の蒙求に範をとり、漢以来の高僧碩徳の事跡を、四字句の韻文で記述したもの。㊫二乙・二一・三〔刊本〕寛保元1741刊

**しゃくしゅ　釈種**　釈迦種族の略。釈迦族をいう。釈迦は㊵シャーキャ Śākya の音写。能、直と訳す。ヒマラヤ南麓地方にあって、仏陀の属していた種族の名。イクシュヴァーク Ikṣvāku(甘蔗、懿摩弥《いまみ》)王を祖とする日種族に属し、仏陀在世当時にコーサラの毘瑠璃《びるり》(ヴィドゥーダバ Viḍūḍabha)王に亡ぼされるまでつづいた。この王家は拘利(コーリヤ Koliya)城王家との間に血族結婚を続け、血統は純潔を誇っていたが、仏陀の晩年には新興のコーサラ・マガダ両国の間にあって、大きな勢力をもたずに亡んだ。アーリヤ人種に属するといわれるが異説もある。〔参考〕長阿含経一二、仏本行集経五、大楼炭経六、増一阿含経一六、Mahāvaṃsa

**しゃくじょう　錫杖**　㊵カッカラ khakkhara またはキッカラ kikkhara の訳。隙棄羅、喫棄羅と音写し、有声杖、声杖、鳴杖、智杖、徳杖と訳す。杖の一種。大乗の比丘《びく》が常に持たねばならない十八物《もつ》の一。道をあるく際に毒蛇や害虫を追いはらい、乞食《こつじき》の際に動かして音を出してその趣旨をしらせ、老人の場合には身を支えるなどのために用いる。比丘が旅行するときには必ず携行するところから、僧侶が諸国をめぐることを飛錫とか巡錫、滞在することを留錫《るしゃく》とか掛錫《かしゃく》という。密教ではこれを擬人化して菩薩とし、あるいは意味づけて三昧耶形《さんまやぎょう》の一とする。天台宗などでは四箇の法要の第四に柄の短い錫杖を振

って梵唄《ばんばい》を称える儀式があり、これに九条錫杖、三条錫杖(略式)の別がある。

**じゃくしょう　寂昭**　(　―南宋の景祐元1034)天台宗の僧。参議大江斉光の子。俗名は定基《さだもと》。京都の人。寂照とも書き、三河入道、三河聖ともいう。官に仕えて三河守となったが、永延二年988寂心(慶滋保胤《よししげのやすたね》)について出家し、洛東如意輪寺に住した。のち叡山で源信から天台を学び、ついで醍醐寺の仁海から密教を受けた。五台山巡礼の為入宋をたびたび朝廷に願い出、長保五年1003北宋に渡った。この時、源信に天台宗疑問二十七条を託されてこれを四明知礼《ちれい》に寄せ、答釈を求めたことはよく知られる。景徳元年1004真宗皇帝に会って蘇州僧録司に任じられ、円通大師の号を賜る。丁謂らの要請で帰国を断念し、呉門寺に留まった。長和四年1015藤原道長は寂昭に書状や砂金を送っている。杭州で没した。〔参考〕続本朝往生伝、今昔物語集、天台霞標初編四

**じゃくしょう　寂照**　⇩智鑑《ちかん》

**しゃく-じょうど-ぐんぎ-ろん　釈浄土群疑論**　七巻。群疑論、決疑論ともいう。唐の懐感《えかん》の著。懐感が中途で没したので弟子の懐惲《えうん》(640―701)が完成した。懐感はもと法相宗を学び、のち善導に師事したので、浄土教義に対する法相宗の立場からの疑問点をとりあげて、その解決をはかったもの。源空はこの書を評して師(善導)資(懐感)の釈の相違が甚だしいとしているが、浄土教義の上で注目すべき説も多い。(大)四七、浄全六、国一諸宗部五〔註釈〕道忠・探要記一四巻(浄全六)

**しゃくし-ようらん　釈氏要覧**　三巻。北宋の道誠の編(天禧三1019)。仏教入門者のために仏典中の名目や故実を集めて日常必要な事項を説明した事典。巻上に姓氏・称謂・居処・出家・師資・剃髪・法衣・戒法・中食、巻中に礼数・道具・制聴・畏慎・勤懈・三宝・恩孝・界趣・習学、巻下に説聴・躁静・諍忍・入衆・択摩・住持・雑紀・瞻病・送終を収載し、簡潔な記述のため古来多く座右に置かれた。(大)五四〔刊本〕天聖二1024刊、日本では寛永一〇1633刊

**しゃくし-ろくじょう　釈氏六帖**　二四巻。五代・北宋初の義楚の編(後晋の開運二年945―後周の顕徳元954)。義楚六帖ともいう。白居易の六帖にならって、儒家の誤った意見を正すため、ひろく三蔵の精義を集め、護法の諸神より寺塔宝殿・禽獣草木まで仏法に関する事物を考証して、その典拠を示したもの。五〇部四四〇門に分け、叙述は簡明である。〔刊本〕寛文九1669刊〔参考〕宋高僧伝七、仏祖統紀四二、六学僧伝二三

**しゃく-ぜんはらみつ-しだい-ほうもん　釈禅波羅蜜次第法門**　略して禅波羅蜜、次第禅門ともいう。一〇巻または一二巻。隋の智顗《ちぎ》述、法慎の記(570頃)。天台三種止観の中の漸次止観を詳説したもの。もと三〇巻であったのをのちに灌頂が現行本に治定した。浅深次第の禅法を実践してゆき、究極には実相の理に追入してゆくことを明らかにしている。(1)一部の大意を述べ(大意)、(2)禅波羅蜜の訳語について解釈し(釈名)、(3)禅の三門の別を説き(明門)、(4)修禅の次第階級を説き(詮次)、(5)仏の四悉檀の因縁を述べ(法心)、(6)二十五方便を説き(方便)、(7)四種の禅についてのべ(修証)、(8)果報、(9)起教、(10)帰趣の一〇章からなる。(8)(9)(10)の三章は略されている。智顗の前期の止観思想が知られる。(大)四六〔刊本〕万暦一八1590刊〔参考〕天台大師別伝、摩訶止観輔行一・一二、国清百録四

**しゃく-そうえん　釈宗演**　(安政六1859―大正八1919)臨済宗の僧。字は洪岳。号は楞伽窟、小厮子、不可往子。若狭の人。明治三年1870妙心寺越渓に従って禅門に入った。のち今北洪川に参じ、慶応義塾で英語、洋学を学びインド、セイロンに留学した。明治二五年洪川の後をついで鎌倉円覚寺の住職、同派管長に就任。ひろく有識者と交わり、国外にも禅風を宣揚した。著書、西遊日記三巻、楞伽漫録一九巻、欧文説法集、釈宗演全集一〇冊など。〔参考〕楞伽窟年次伝、続禅林僧宝伝二下、近古禅林叢訣

**しゃくそん　釈尊**　⇩釈迦牟尼仏《しゃかむにぶつ》

**しゃくそん-じ　釈尊寺**　長野県小諸市大久保。天台宗。布引山曝巌院と号し、俗に布引観音という。天平二〇年748行基の開創と伝える。天文七年1538兵火にかかり、

弘治二年1556再建したが、享保八年1723再び炎上。翌年小諸城主牧野氏が再興した。〔重文〕観音堂宮殿(正嘉二1258)

**しゃくだいかんいん　釈提桓因**　⇩帝釈天《たいしゃくてん》

**じゃくちょう　寂超**　(万治三1660―元文元1736)字は正行。号は即心。筑後の人。一二歳で寂源座主に侍し、延宝六年1678比叡山で灌頂を受け、霊空・妙立に師事した。貞享四年1687太宰府で智円律師について受戒し、また忍澂から浄土教を受ける。のち寂源が開創した筑後高良山の極楽無常院に住した。著書、浄土三部経円信疏、菩薩戒経略解など。〔参考〕続日本高僧伝九

**じゃくてん　寂天**　⇩シャーンティデーヴァ

**しゃくどうよう　赤銅葉**　文字を刻みつけるために、赤銅を平たくして貝多羅葉《ばいたらよう》のようにしたもの。

**しゃくにょ　綽如**　(観応元1350―明徳四1393)真宗本願寺五世。諱は時芸《じげい》。堯雲《ぎょううん》ともいう。周円上人の号を賜ったと伝える。応安八年1375父善如より本願寺を継いだが、至徳元年1384寺務を巧如《ぎょうにょ》に託して越中杉谷に下り、明徳元年井波に瑞泉寺《ずいせんじ》(現富山県南砺市井波)を建てた。その勧進状(重文)が現存する。〔参考〕本願寺通記一、越中真宗史編纂会・綽如上人伝、本願寺史

**じゃくにょ　寂如**　(慶安四1651―享保一〇1725)浄土真宗本願寺派本願寺一四世。諱は光常。一三世良如の二男。寛文元年1661得度し、翌年、父良如が没して法統を嗣ぐ。元禄八年1695学林を東中筋に再興した。諡号は信解院。〔参考〕本願寺通紀三、本願寺史

**じゃくねん　寂念**　(　―保延三1137)歌僧。京都の人。藤原為忠の子。俗名を為業《ためなり》という。崇徳天皇に仕えて蔵人となり、伊豆守・加賀守・皇太后宮大進を歴任した。和歌および文筆に長じていた。晩年は弟の頼業(寂然)、為経(寂超)と共に大原山に隠棲した。世に大原の三寂と呼ぶ。なお寂然には、寂然法師集、法門百首、唯心房集などの著がある。〔参考〕尊卑分脈、扶桑隠逸伝中、大日本史二二五

**しゃくぶく-もん　折伏門**　⇩摂受門《しょうじゅもん》

**じゃくほん　寂本**　(寛永八1631―元禄一四1701)高野山の僧。京都深草の人。雲石堂《うんしゃくどう》と号する。高野山の応盛について得度し、快運に師事した。宝生院玄宥の侍者となり、安祥寺流の印璽を受けた。万治二年1659越前丸岡の中台寺に住したが、寛文一二年1672快運の遺命によって高野山に帰り宝光院を領した。晩年は大雲院に退き、ついで家原寺に寓した。詩文・書画・彫刻をよくした。著書、神社考弁疑、弘法大師弟子伝、異字篇など二十数部がある。〔参考〕続日本高僧伝四、紀伊続風土記三六

**しゃくぼんてん-しょもん-ぎょう　思益梵天所問経**　四巻。後秦の鳩摩羅什の訳(弘始四402)。異訳に西晋の竺法護訳の持心梵天所問経四巻(太康七286)、北魏の菩提流支《ぼだいるし》の訳の勝思惟梵天所問経六巻(六世紀前半)があり、チベット訳もある。思益梵天が東方世界からこの娑婆世界に現われて、菩薩道についての仏陀の説法を聞く。生死即涅槃を強調し、空・不二の法を説くところなどは維摩経に通ずる。㊅一五〔註釈〕世親造・菩提流支訳・勝思惟梵天所問経論(㊅二六)、円澄・思益梵天所問経簡註四巻(㊗一・三三・五)

**しゃく-まかえん-ろん　釈摩訶衍論**　一〇巻。略して釈論という。竜樹(ナーガールジュナ Nāgārjuna)の造。後秦の筏提摩多《ばつだいまた》の訳と伝えるが、七・八世紀頃に新羅か中国で作られたものと思われる。大乗起信論の詳細な註釈書。古くより偽撰説がある。日本でも天応元年781に戒明によって伝えられて以来、偽撰とするものが多い。悉曇蔵巻一には新羅の月忠の撰と伝えており、東域伝灯目録などもこれに従っている。中国では宗密(780―841)が円覚経略疏鈔にはじめて引用し、唐末から宋代にかけて数種の註釈が作られた。日本では空海が真言所学論典に加えて以後、多くの研究・註釈がなされ、特に真言宗(東密)で重用された。頼瑜の釈摩訶衍論開解鈔三六巻は精密な註釈で、真言宗の立場から、偽撰説を排して、顕・密を対弁している。㊅三二、国一論集部四

**じゃくみょう　寂明**　(寛政五1793―安政四1857)曹洞宗の僧。京都の人。字は覚

巌。一雨《いちう》、無用と号した。九歳で実巌に師事し、のち清涼寺実参《じっさん》の印可を受けた。兵庫の福海寺内に小庵を構え、般若林となづけて住した。文墨をよくし、とくに達磨の画に長じたという。

**じゃくめつ　寂滅**　略して滅ともいう。永く迷いの世界から離脱した境界で、涅槃《ねはん》つまり㊵ニルヴァーナ nirvāṇa の訳語ともするが、特に小乗の涅槃を指していうこともある。それが楽しい境界であることを寂滅為楽《じゃくめついらく》という。また仏陀が悟りを開いた場所、つまり華厳経を説いた場所を寂滅道場という。「道場」とは「悟りすなわち道(菩提)を成就した(成道の)場所」という意。これはインド摩竭陀《まがだ》国、迦耶城の南、尼連禅河のほとりの菩提樹下《ぼだいじゅげ》のこと。

**じゃくもく-しゅう　若木集**　「じゃくぼくしゅう」とも読む。此山妙在(1296—1377)著。成立年不詳。詩文集。送行・簡寄・讃・節序・道号・雑賦などを収めている。なお本書に漏れた作を集録した高峰東峻編の若木集拾遺並附録がある。　五山文学全集二

**しゃくもん　迹門**　⇩本門《ほんもん》

**しゃくもん-ききょう-ぎ　釈門帰敬儀**　二巻。唐の道宣の著(竜朔元661)。供養帰敬の理論および儀礼作法について広く仏典をさぐって集めたもの。㊅四五　〔註釈〕彦起・護法記(上巻のみ現存)、了然・通真記三巻

**しゃくもん-こうでん　釈門孝伝**　一巻。高泉性潡の著(寛文五1665)。蘭盆勝会・啓仏供親などの五一項目にインド・中国・日本の仏門孝子の孝養の事跡を略述し、世人の仏教批判にこたえたもの。〔刊本〕寛文六刊　〔参考〕禅籍志下

**しゃくもん-ことはじめ-こう　釈門事始考**　一巻。撰者・成立年とも不詳。仏教の三国伝教、度者出家の根本、火葬封塔の起源など六四カ条を挙げて仏門事物の起源について記した書。　続史籍集覧三　〔刊本〕明治二八1895刊

**しゃくもん-じきょう-ろく　釈門自鏡録**　二巻。唐の懐信の編。成立年不詳。因果応報などに関する説話をあつめ、反省の資としたもの。業繋長遠・勃逆闡提・軽毀教法・妬賢嫉化・忿恚貪鄙・俗学無裨・懈慢不勤・害物傷慈・飲噉非法・慳損僧物の一〇録からなる。なお、日本の玄智は続補を作り安永元年1772に刊した。㊅五一

**しゃくもん-しょうとう　釈門正統**　八巻。南宋の宗鑑の編(紹定六1233刊、嘉熙元年1237自序及び補遺)。天台宗の相承、諸祖師およびその弟子達の伝記を集めたもの。中国の正史に擬し、本紀・世家・列伝・諸志・載記の五篇に分ける。仏祖統紀巻首の通例によると、もと呉の克己の釈門正統(呉興の顒師の宗元録を増広し未完のもの)を再編したものという。㊦二乙・三・五　〔刊本〕元禄三1690刊

**しゃくもん-しょうぶく-ぎ　釈門章服儀**　一巻。唐の道宣の著(顕慶四659)。僧侶の服装が華美になるのを嘆いて、四分律を中心に広く経律論をさぐって、章服の製作や着用法などをまとめたもの。絹衣を喜ぶ風潮を堅く戒めている。㊅四五　〔註釈〕元照・応法記一巻

**じゃくり-ふと　雀離浮図**　健駄羅《けんだら》(ガンダーラ Gandhāra)国の布路沙布邏《ふろしゃふら》(プルシャプラ Puruṣapura)城外に迦膩色迦《かにしか》(カニシカ Kaniṣka)王が建てたと伝える高大な塔。その結構や大きさは諸伝まちまちであるが、近年発掘された遺跡からすると、塔の基部は約二四メートルの方形で、四面に階段をもっていたようである。像碑器物など貴重な遺品が出土した。〔参考〕洛陽伽藍記五、高僧法顕伝、西域記二

**じゃくりん　若霖**　(延宝三1675—享保二〇1735)浄土真宗本願寺派第三代の能化。武蔵の人。諱は汝岱《じょたい》。桃渓《とうけい》と号する。宗学に秀で、典議に補せられ、近江正崇寺に住した。享保三年能化となる。同八年学林制約七条を定めた。弟子に法霖がいる。著書、浄土三部経科四巻、正信偈文軌五巻、同聞書二巻など。〔参考〕本願寺通紀八、本願寺派学事史

**じゃくれい　寂霊**　(元亨二1322—明徳二1391)曹洞宗の僧。豊後の人。字は通幻《つうげん》。峨山五哲の一。一七歳で大光寺の定山について出家し、翌年、太宰府の戒壇に登っ

て大僧となる。暦応三年1340加賀大乗寺の明峰素哲に参じ、文和元年1352総持寺の峨山紹碩に謁した。のち、その印可をうけて総持寺に出世し、応安三年1370細川頼之に請われて丹波永沢寺の開山となる。永徳二年1382総持寺に再住、至徳三年1386越前に竜泉寺(現福井県武生市)を開いた。嘉慶二年1388三たび総持寺に住し、竜泉寺で没した。その門派を通幻派とよぶ。語録に通幻霊禅師漫録二巻がある(一説に、京都の人。叡山で学んだが止観大意を論じて疑をいだき、峨山に参じたという)。〔参考〕通幻霊禅師行業記、扶桑禅林僧宝伝八、日域洞上諸祖伝下、日本洞上聯灯録二、延宝伝灯録七、本朝高僧伝三六

**じゃくれん　寂蓮**　（　—建仁二1202頃）歌僧。僧俊海の子。俗名は藤原定長。叔父俊成に養われ、官に仕えて中務少輔となったが、俊成に実子(定家)が生まれたので承安二年1172ごろ出家した。和歌をよくし、新古今集に多くの作品が入集する。歌集に寂蓮法師集、寂蓮法師百首がある。〔参考〕大日本史二二二、続本朝画史上など

**しゃざい　遮罪**　⇩性罪《しょうざい》

**しゃじ-てんそう　社寺伝奏**　寺社伝奏ともいう。中世および近世の朝廷における職名。堂上公卿から選ばれ、特定の寺院・神社の諸事奏請を天皇や院に取り次ぐ役職。中世では、国家的な仏事・神事にかかわる大寺社に対して置かれ、例えば伊勢神宮の神宮伝奏、賀茂社の賀茂伝奏、興福寺などの南都伝奏、その他石清水伝奏、東寺伝奏などがあった。江戸時代には、この制度はさらに拡充され、公卿が分担して一ないし多い場合には二十数カ寺社を受け持ち、寺家・社家の官位申請などの諸事奏請を仲介した。元禄1688—1704頃の例では、広橋家は石清水・知恩寺・本国寺・清水成就院、甘露寺家は妙心寺、勧修寺家は住吉・藤森・御香宮・南禅寺・南都西大寺・越前永平寺などを担当し、ときに改変はあったが、ほぼその分担は定まっていた。また諸門跡も支配下寺社の奏請を仲介し、社寺伝奏に準じた。妙法院門跡は蓮華王院・大仏殿・新日吉など、青蓮院門跡は越前気比社・山城鞍馬寺・大和多武峯などのごとくである。江戸幕府は、これらの伝奏に際し、さらに武家伝奏を介在させてその掌握と統制を図った。

**しゃしゃ　莎車**　渠沙ともいう。西域にあった古国。その首都莎車城は現在のタリム河上流、パミール高原東麓のヤルカンドYarkandにあたる。古くから東西交通の要衝となり、中国本土の漢などと交流し、また隣りの疏勒《しょろく》に属するなどし、のち南部を斫句迦《しゃっくか》国と称したこともあった。大乗仏教が盛んで多くの寺院・僧伽・経典などを有し、四世紀、鳩摩羅什《くまらじゅう》もここの莎車工子(梵)スールヤソーマ Sūryasoma)から大乗仏教を受けたという。〔参考〕漢書九六、魏書一〇二、西域記一二、出三蔵記集一四、高僧伝二

**じゃしゅう　邪執**　よこしまな見解にとらわれること。仏教以外の見解、および仏教内でも、固定的に考える有や無の立場に偏ったり、聖典に示された教説に基づかず、あるいはそれを曲解した自己の見解にとらわれた立場などを広く指していう。⇩四執《ししゅう》

**しゃじょう　遮情**〔表徳《ひょうとく》〕　迷情、つまり誤ったものの見方を遮遣(否定)することによって、消極的に真智に導くのを遮情といい、真如《しんにょ》にそなわっている功徳《くどく》、つまりものの真実の相、状態などを直接に表現することによって、積極的に真智を得させるのを表徳という。また遮情門・表徳門ともいう。真言宗では、経典・字相解釈の方軌である十六玄門釈のうちに最初の二門としてこれを数えている。

**じゃじょうじゅ　邪定聚**　⇩正定聚《しょうじょうじゅ》

**じゃしょう-もんどう　邪正問答**　二巻。日蓮宗の日暁の著(貞享元1684刊)。邪正問答書ともいう。浄土宗実慧の摧邪興正集に対する反論の書。これに対し浄土宗からさらに三経明文等領解、翻迷開悟集などの反論書が出されている。なお類似した名の「邪正問答抄」(日蔵三八)は別本で高弁が仏道修行についての正邪を通俗的に記したものである。

**しゃしん　捨身**　①いのちを捨てること。身を捨てて仏などに供養し、あるいは

身肉などを衆生に施すことは、布施《せふ》の行為のうちで最上のものとされ、大智度論巻一一には、物を施すのを外布施《げふせ》というのに対して捨身を内布施《ないふせ》と称し(この場合の内外は、主観に属する身と客観に属する物との意)、同じく巻一二には布施に上中下を分けて捨身を上布施とする。また大丈夫論捨身命品には、菩薩の捨身の意義について、一切種智を求めるため、および衆生をあわれみいつくしむために捨身するのであり、また同時に慳貪《けんどん》(ものおしみをする)の衆生に羞恥心を起こさせるためであるとする。経典に見える捨身の例には、法華経薬王菩薩本事品に薬王菩薩が焼身供養したこと、金光明経捨身品に薩埵王子《さったおうじ》が餓えた虎に身を施したこと、北本涅槃経巻一四に雪山童子《せっせんどうじ》が法を聞くために羅刹《らせつ》に身を与えたことなどがある。中国では法華経の信仰がさかんになるにつれて焼身を行ったものがあり、日本にもその例がある。また日本では浄土教の流行に伴い、投身、入水往生の風習もあった。ただし、凡夫《ぼんぶ》の自殺は仏教で堅く禁じ、四分律巻二には比丘が自殺を教唆すれば戒律に触れることを述べており、南海寄帰伝巻四にもこのことをくわしく説いてある。②斎会《さいえ》の儀式を設けて自分の身を仏寺へ喜捨すること。中国で梁陳の時代に、貴族が仏教に対する帰依の心を表わすためにはしばしば行った。梁の武帝は一代の間に四回捨身しているが、帝の身を贖うために群臣は巨額の金銭を寺庫へ納めるから、実際には帝王の私寺へ贖銭を集める結果となった。

**しゃすい　灑水**　①密教で、秘法を修める前に供具《くぐ》や場内を清めるために水を灑《そそ》ぐこと。通例、軍荼利明王《ぐんだりみょうおう》の呪を誦して香水を加持《かじ》し、散杖でこれを攪《か》き清め、壇上の供具や場内に灑ぐ。灑浄も、灑水と同じ意味であるが、特に、護摩壇《ごまだん》にそそぐときに限って灑浄といい、浄火の法を意味することがある。②灑水(または灑浄)に用いる水。

**しゃせき-しゅう　沙石集**　一〇巻。無住一円の著(弘安二1279起稿、同六脱稿)。仏教の妙理を説く方便として、世俗に流布している説話伝説を集めたもの。近世には説教の素材として広く用いられた。書中の例話は早く徒然草に採られ、狂言や笑話・落語の材料となっているものもある。高僧名著全集、日本古典文学大系八五　〔写本〕興譲館蔵、竹柏園蔵(広本系)、京都大学図書館蔵、内閣文庫蔵(略本系)

**しゃせん　遮詮　〔表詮〕**　ものごとの意味を否定的に表現するのを遮詮といい、これに対して肯定的に表現するのを表詮という。⇩依詮談旨《えせんだんし》〔廃詮談旨〕　⇩遮情《しゃじょう》〔表徳〕

**じゃだい-け　闍提華**　闍提は(梵)ジャーティ jāti またはジャーティー jātī の音写。闍帝、闍底とも音写し、生、実と訳す。ニクズク類に属する植物の名。その華に強い香気がある(法華経巻六)。

**しゃたか　遮吒迦**　(梵)チャータカ cātaka の音写。沙燕と訳す。鳥の名。ホトトギスの一種。正法念処経巻一六に、その鳥は仰いで口に天の雨水を受けて飲み、その他の水は飲まない、という。

**ジャータカ　Jātaka**　本生《ほんじょう》・本生話などと訳す。仏陀の前生を説く物語。仏陀は過去世においてさまざまな善行を行い功徳を積んだ結果として、現世において仏陀となることができたという思想が原始仏教時代から成立し、その因果を説く物語が次々と作られた。これをジャータカという。ジャータカにおいて、仏陀の前生にあたる修行者は菩薩《ぼさつ》（(巴)ボーディサッタ bodhisatta）と呼ばれ、輪廻転生をくり返して、人間ばかりでなくサルやウサギなどの動物、さらには鬼神などに生まれかわり、そのたびに種々の善行を行う。本生話の集大成としては、上座部の伝えるパーリ語経蔵の小部（クッダカ・ニカーヤ）第一〇経のジャータカがあり、五四七話を含む。今日ジャータカという場合には、このパーリ語のジャータカをさすことが多い。また漢訳には西晋の竺法護の訳の生経五巻(大三)などがある。ジャータカの多くはインドの民間に伝わる説話やお伽話を題材として仏陀の前生物語に仕立て上げたもので、インドの説話文学一般と共通するモティーフもきわめて多い。この点でインド説話文学の研究の上からもきわめて重要で、内外の研究者によって多方面から研究されている。また古来絵画・彫刻の題材としても好んで用いられ、ガンダーラ・アジャンター・サーンチー・バールフトなどインドはもとより、中国・西域・東南アジアに数多くの作品が残っている。パーリ語ジャータカの原文はファウスベルV. Fausbøllによって出版された(全七巻1877—97)。翻訳にはカウエルE. B. Cowellの英訳(1895—1913)、デュトワJ. Dutoitのドイツ語訳(1908—21)などがある。日本語訳も部分訳を含めると相当数にのぼるが、全訳としては南伝二八—三二があり、また中村元の監修によるジャータカ全集(全一〇巻、春秋社)がある。なおジャータカに類する物語の漢訳は㊅三—四に収められている。

**ジャータカ・マーラー**　**Jātaka-mālā**　アーリヤシューラ Āryaśūra(一—二世紀頃)の著。ジャータカすなわち仏陀の本生物語三四篇を集めた作品。物語のほとんどはパーリ語のジャータカの中に類似の物語を見出すことができる。古来から流布していたジャータカ物語をとり上げて文学作品としたもので、適度の修辞・技巧を含み、とくに韻律の巧みさには古くから定評がある。アシュヴァゴーシャAśvaghoṣa(馬鳴)のブッダ・チャリタBuddha-caritaなどとともに仏教文学の傑作の一つに数えられ、インドの美文体文学(カーヴィヤkāvya)の先駆的作品とされる。チベット訳もある。漢訳にも聖勇の造、北宋の紹徳・慧詢らの訳の菩薩本生鬘論(一六巻)があり、著者名・題名ともに本書と対応するが、内容はいちじるしく異なる。本書の梵語原本はケルンH. Kernによって出版された(1850)。シュパイエルJ. S. Speyerによる英訳(1895)などがある。

**しゃっきょう-いもん-ひょうもく**　**釈教彙門標目**　四巻。詳しくは大明釈教彙門標目という。明の寂暁の著。成立年不詳。大蔵経の解題書である大明釈教彙目義門の総目である。彙目義門はあまり利用されなかったが、この標目のみはよく流布し、閲蔵知津はこれを参考にしており、また日本では元禄一四年1701亮潤が序を加えて刊行した。

**しゃっきょう-ぎょくりん-わか-しゅう**　**釈教玉林和歌集**　四巻。先啓の編(寛政九1797介恵の序)。内題には浄土真宗玉林和歌集とある。代々の選集や多くの家集及び伝記中から、真宗の教義にかなった和歌を抄出選集したもの。〔刊本〕寛政一一刊、明治一五1882刊

**しゃっきょう-さんじゅうろっかせん**　**釈教三十六歌仙**　残欠一巻。重要文化財。絵巻。東京国立博物館蔵。絵は勧修寺栄海。筆者は不詳(貞和三1347序)。釈門三十六歌仙ともいう。鎌倉時代から南北朝時代に流行した歌仙画の影響をうけて、三十六歌仙にならって仏家三六人を集め、その詠歌と像とを描く。現在は達磨・聖徳太子・僧正菩提・行基のみで、他にこの断簡(掛幅)の玄賓像が東京国立博物館にある。なお釈教三十六歌仙とは、菩提達磨・聖徳太子・菩提僊那・行基・最澄・空海・円仁・円珍・満誓・玄賓・遍昭・喜撰・聖宝・素性・空也・日蔵・蟬丸・性空・源信・恵慶・能因・良暹・永観・登蓮・行尊・永縁・俊恵・道因・西行・慈円・守覚・顕昭・高弁・寂蓮・寂念・止行をいい、一本に永歓の代りに瞻西を入れるものがある。

**しゃっきょう-しょうみゅう**　**釈教正謬**　二巻。清の艾約瑟迪謹Joseph Edkinsの著(同治七1863)。イギリスの宣教師である著者が、中国に来てキリスト教を宣揚するため、仏教とキリスト教を比較し、仏教の教理を論難したもの。二〇章からなり、経典・教乗・釈迦牟尼・輪廻・三宝・沙門・十悪・功徳・偶像・浄土・観音・世界・諸天・地獄・瑜伽・持呪・宗門・止観・涅槃・無常について論じている。香港英華書院から刊行した。これに対して日本の南渓(噱斥二巻)、養鸕徹定(初破および再破各二巻)、福山行誡(再破批一巻)、細川千巌(破斥釈教正謬一巻)などが反駁した。

**しゃっきょう-しょし-せいさく-もくろく**　**釈教諸師製作目録**　三巻。編者不詳(天文一七1548—寛文七1667の作)。諸宗諸師の述作書の目録。一、二両巻に六波羅蜜

寺恵範撰集の真言宗諸師製作目録を収め、三巻に円超の五宗録に多少の加筆をして収める。仏全二〔刊本〕寛文七刊

**しゃっきょう-だいりん-わか-しゅう　釈教題林和歌集**　八巻。釈教題林集ともいう。浄恵の編(元禄八1695)。中古諸家の歌集七十余部から仏教に関する和歌を抄出選集したもの。〔刊本〕明治一四1881刊

**しゃっくうがん　析空観〔体空観〕**　析空観とは析色入空観《しゃくしきにっくうがん》の略で、また析仮入空観、析法入空観といい、或いは単に析法観ともいう。人を分析して、五蘊、十二処、十八界などの構成要素とし、色法を分析して極《ごく》微《み》(物質構成の最小単位)に至り、心を分析して一念(六十刹那)に至るというように、分析の結果、人法二空を観じることをいう。これは小乗仏教の空観《くうがん》である。また、体空観とは、体色入空観の略で、体仮入空観、体法入空観、或いは体法観ともいい、分析の結果ではなくて、諸法そのものを、直接端的に夢幻のように本来そのままで空であると体達することで、諸法を破棄することなく存在させつつ、しかも空と観じる。これは大乗仏教の空観とされる。天台宗では、四教のうち、三蔵教は析空観、通教は体空観を観じるとする。⇩但空《たんくう》〔不但空〕

**しゃっくか　斫句迦**　西域にあった古国。遮拘迦とも書き、沮渠《そきょ》、朱倶波《しゅくば》とも称された。コータン Khotan(于闐《うてん》)の東南方とも、またこの国の東方にコータンがあるともいうが、現在のカシュガル Kashgar(疏勒《そろく》)とコータンの中間にあるヤルカンド Yarkand(莎車)付近にあった国と考えられている。隋・唐時代には于闐とともに西域における大乗仏教の中心地で大乗の経典を多く保持していた。〔参考〕歴代三宝紀一二、西域記一二、法苑珠林三〇、魏書西域列伝九〇

**しゃっけ　釈家**　⇩経家《きょうけ》

**しゃっけ-かんぱん-き　釈家官班記**　二巻。尊円法親王の編(文和四1355)。僧官・僧位・僧職など寺院の制度に関する記録。中世の寺院機構を詳しく伝える。群書二四〔写本〕竜谷大学蔵(慶長三1598写)、宝菩提院蔵(寛永一八1641写)

**しゃっけ-ほうぶく-き　釈家法服記**　尊雅房常覚の著(元禄1688―1704頃)。三論・法相・天台・真言などの僧侶の官位服飾の模様を記載した書。法親王・出世寺僧坊官についてその服飾を明らかにし、その他、童体装束・持幡童装束などのことを略記している。類似書に清原経賢の釈家装束式(仏全七三)がある。仏全七四

**じゃっこう-いん　寂光院**　京都市左京区大原草生町。清香山と号し、天台宗の尼寺。聖徳太子の草創と伝えるが、平安時代には比叡山の念仏別所であったとおもわれる。文治元年1185安徳天皇の母建礼門院が寂光院の傍らに庵を結び隠棲してより著名になる。同二年には後白河法皇の臨幸を伝える(大原御幸)。その後、荒廃したが、慶長八年1603淀君の本願により片桐且元が再興した。なお本院の背後に建礼門院の御陵(五輪塔)がある。〔参考〕平家物語(灌頂巻)、北肉魚山行記、都名所図会三、洛陽名所集七、扶桑京華志二、出来斎京土産五

**じゃっこう-じ　寂光寺**　京都市左京区仁王門通東大路西入北門前町。顕本法華宗の本山。空中山久遠院と号する。天正六年1578室町近衛町に日淵が草創した。日淵は安土宗論における日蓮宗の代表者の一人である。同一八年寺町竹屋町に転じ、宝永五年1708罹災して現地に移る。当寺二世日海(算砂)は囲碁の名手であったので、日海が隠居した塔頭の本因坊の名がその家元の名となった。〔参考〕洛陽名所集一〇、雍州府志四、棋家譜、碁所旧記

**しゃ-でん　四夜伝**　編者・成立年とも不詳。四夜伝法抄ともいう。最澄が唐より帰朝する時、道邃は一夜で教観を授け、行満は三夜で深義を与えたといい、その相伝の口決を記した書と伝える。しかし、最澄撰ではなく、源信以後、恵心流の口伝法門の発達した時代に記されたものである。日蔵四〇、伝教大師全集四

**しゃな-いん　舎那院**　滋賀県長浜市宮前町。真言宗豊山派。もと勝軍山放生寺と称した。弘仁五年814空海が創建し、長浜八幡宮の別当寺であったが、のち源義家が堂

塔を整え四九坊あったと伝える。天文五年1536後奈良天皇から祈願所の綸旨を賜り堂舎を造営したが、元亀元年1570焼失。ついで、豊臣秀吉が再建した。明治維新の際、各坊を廃して学頭当院のみが残った。〔重文〕絹本著色三月経曼荼羅図、木造愛染明王坐像、同阿弥陀如来坐像

**じゃなくった　闍那崛多**　(523―開皇二〇600か)南北朝・隋代の訳経家。インド北部犍陀羅《けんだら》国の人。(梵)ジュニャーナグプタ Jñānagupta の音写。徳志・至徳・仏徳と訳す。本国の大林寺で出家し、二七歳で師の闍若那跋達羅ら一〇人と共に西域を経て中国に向かった。北周の武成年間(559―60)長安に来て草堂寺に止した。ついで四天王寺を賜って訳経に従事した。建徳三年574北周武帝の破仏の時、難を避けて突厥へ逃れた。武平六年575に、北斉僧の宝暹《ほうせん》・僧璨《そうずい》・僧曇など一〇人と共に西域に経を求め、梵本二六〇部を得た。隋代になって高祖文帝に迎えられて洛陽の大興善寺に住し、達摩笈多《だつまぎゅうた》らと共に訳経をつづけた。晩年事に因って東越(福建省)に流された。仏本行集経・添品妙法蓮華経など三七部一七六巻を訳した。〔参考〕歴代三宝紀一一・一二、続高僧伝二、開元録七

**しゃな-ごう　遮那業**　⇩止観業《しかんごう》

**しゃのく　車匿**　(巴)チャンナ Channa (梵)チャンダ Chanda あるいはチャンダカ Chandaka の音写。闡陀、闡那とも音写する。仏陀が出家した時に同伴した馭者。のちに出家して比丘となったが素行が悪く、仏滅後に至ってようやく阿難に道を学んで阿羅漢果を証した。ただし、馭者の車匿と比丘の車匿とは別人とも考えられる。〔参考〕長阿含経四、遊行経

**しゃば　娑婆**　(梵)サハー Sahā の音写で、沙呵、娑呵、索訶、沙栫などとも音写する。詳しくはリハー・ローカダートゥ Sahā-lokadhātu(沙訶楼陀、娑婆世界)という。釈迦牟尼仏が教化するこの世界のこと。sahā は忍、堪忍と訳し、聖者が労倦を堪え忍んで衆生を教化するから、この世界を忍土、忍界、堪忍土、堪忍界という。また、この世界の衆生は、内には煩悩があり、外には風雨寒暑などがあって、苦しみを堪え忍ばなければならないから、忍土というとする説もある。娑婆を(梵)サバー sabhā(集会の意)の音写と解して雑会《ぞうえ》(まじりあつまる)世界と訳すこともあり、或いは(梵)サバヤ sabhaya(恐怖を伴うの意)の音写と考えて恐畏国土と訳すこともある。なお、娑婆世界は、古くは閻浮提《えんぶだい》、または一四天下を指したが、後には一釈迦仏の教化は三十大千世界にわたると考えて百億の須弥山《しゅみせん》世界を総称して娑婆といい、従って釈迦仏は娑婆の本師《ほんじ》と称される。また梵天がこの世界を創造したとして、梵天を娑婆主、忍土王ともいう。〔参考〕阿弥陀経、法華文句二、玄応音義三、慧琳音義二七、悉曇要訣三、西域記一

**じゃば　闍婆**　(梵)ヤヴァ Yava の音写。ヤヴァ・ドゥヴィーパ Yava-dvīpa ともいい、耶婆提《やばだい》、葉調と音写する。現在のジャワ Java 島を指す。古くから中国とインドとの海路交通の要地であった。二世紀頃には既に中国に朝貢しているが、この地方の支配者や言語その他の文化はインド系であった。仏教は五世紀のはじめ罽賓《けいひん》(カシミール)の僧求那跋摩《ぐなばつま》(グナヴァルマン Guṇavarman)によって伝えられ、はじめは小乗だけであったが、のち密教も伝えられた。ボロブドゥル Borobudur の遺跡が島の中央南岸にある〈⇩ボロブドゥル〉。〔参考〕後漢書七六、法顕伝、高僧伝三、南海寄帰伝一

**しゃばら-せいてい　遮婆羅制底**　(巴)チャーパーラ・チェーティヤ Cāpāla Cetiya (梵)チャーパーラ・チャイトヤ Cāpāla Caitya の音写。吠舎釐《べいしゃり》(ヴァーサーリー Vesālī)の近くにあった制底(塔廟)の一。仏陀がここで入滅の決意をしたと伝える。八大霊塔の一。〔参考〕長阿含経三、遊行経

**しゃびょう　瀉瓶**　一瓶の水を他の瓶に瀉《そそ》いで少しも漏らさないように、仏の教法を伝えるとき師匠から弟子へと師資相伝え相承《そうじょう》して、間違いのないように法灯(仏の教法)を伝えていくことを瀉瓶相承、瀉瓶伝灯、一味瀉瓶という。

**しゃへいかくほう　捨閉閣抛**　源空が、選択集にこの四字を用いて聖道門と雑行を否定し、浄土門と正行(念仏)をすすめたの

で、日蓮は立正安国論に、「(源空は、法華・真言を始め多くの大乗経典、仏菩薩などを)聖道・雑行に摂して、或は捨《す》て、或は閉《と》じ、或は閣《さしお》き、或は抛《なげう》つ。此の四字を以て(多くの人を迷わした)」と非難した。

**しゃべつ　差別〔平等《びょうどう》〕**　①現象界における個々の事象のように、彼と此と別異であることを差別といい、万象における普遍絶対の本体(真如《しんにょ》)のように、差別のないことを平等という。ただし差別と平等とを切り離して考えないで、差別即平等と見るのが大乗仏教である〈⇩平等《びょうどう》〉　②また他と区別された、そのものの特殊点を「殊勝」の意味で差別と称することもある。③因明《いんみょう》(論理学)では命題(宗)の主辞を自性《じしょう》というのに対して、その賓辞を差別という。

**しゃま　舎摩**　(梵)シャマ śama の音写。寂静と訳す。樹の名。どのような木か明らかでないが、菩提樹《ぼだいじゅ》の別名とすることもある。

**しゃまり　舎摩利**　(梵)シャールマリ śālmali の音写。木綿と訳し、俗に班枝花ともいう。喬木の名。

**しゃみ　沙弥〔沙弥尼〕**　沙弥は(梵)シュラーマネーラカ **śrāmaṇeraka** またはシュラーマネーラ śrāmaṇera の音写。仏教僧団(僧伽)のうちで、十戒を受けた七歳以上二〇歳未満の出家の男子のこと。同女子を沙弥尼(梵)シュラーマネーリカー śrāmaṇerikā またはシュラーマネーリー śrāmaṇerī と称する。ともに比丘・比丘尼になろうとして勤めて策励する者であるから、前者を勤策《ごんさく》または勤策男《ごんさくなん》、後者を勤策女《ごんさくにょ》と訳す。摩訶僧祇律巻二九によれば、沙弥には年齢に応じて三種の区別があり、七歳より一三歳までを食卓上の鳥を追う役をなしうるものとして駆烏沙弥《くうしゃみ》、一四歳より一九歳までを沙弥としての出家生活に適応しうるものとして応法沙弥、二〇歳を越えてもなお比丘としての完全な戒(具足戒)を受けず沙弥の状態にある者を名字沙弥《みょうじしゃみ》と称し、合わせて三沙弥という。わが国で、道心があって剃髪しても戒行《かいぎょう》を全うせず、妻子を有する者を在家沙弥または単に沙弥と称するのは、この名字沙弥に由来すると思われる。

**しゃみ-いぎ　沙弥威儀**　一巻。劉宋の求那跋摩《ぐなばつま》の訳(元嘉八 431)と伝える。十戒を受けたのち、沙弥に示される日常生活の行儀、二四三条を説く。東晋時代の訳という沙弥十戒法並威儀一巻(訳者不明)のうち、威儀の部分はこの沙弥威儀とほとんど同じ内容であり、本書は後者の増補か、後者が本書の別出であろう。なお沙弥尼戒経一巻(訳者不明、後漢代の訳というが疑わしい)は沙弥尼の十戒、行儀を説く。(大)二四

**しゃみに　沙弥尼**　⇩沙弥《しゃみ》

**じゃみょう　邪命**　正しい方法によらないで、邪な方法で生活すること(命は活命の義)。それ故に比丘《びく》が衣食の資を得るために説法することを邪命説法という。大智度論巻三によれば邪命食に四種があり〈⇩食《じき》〉、また同論巻一九によれば邪命に五種があって、五種邪命(五邪)という。即ち、財物を得るために(1)いつわって奇特の異相を現わし、(2)自らおのれの功徳《くどく》を説き、(3)吉凶を占い、(4)高声で威嚇し、(5)おのれに供養する者を称讃することである。また外道の中に、邪命外道(梵)アージーヴィカ ājīvika と称する一派がある。

**しゃもん　沙門**　梵語ではシュラマナ śramaṇa といい、室囉末拏と音写する。沙門は西域地方の語(クチャ語 samāne コータン語ssamanā)の音写らしい。また沙門那、桑門、喪門とも書く。勤労、功労、劬労、勤懇、静志、浄志、息止、息心、息悪、勤息《ごんそく》、修道、貧道《ひんどう》、乏道と訳す。出家者の総称で、内道(仏教)と外道とに通じて用いる。鬚髪を剃り、悪を息《や》め、身心をととのえて善を勤める出家の修道者のこと。これを分類して、(1)勝道沙門《しょうどうしゃもん》。行道殊勝ともいう。仏または独覚のこと。(2)示道沙門。説道沙門、善説道義ともいう。道を説いて誤らぬ者。舎利弗《しゃりほつ》など。(3)命道沙門《みょうどうしゃもん》。活道沙門、依道生活ともいう。道によって自ら生きる者。阿難など。(4)汚道沙門《わどうしゃもん》。壊道沙門《えどうしゃもん》、為道作穢ともいう。聖道を汚す偽善者、の四種沙門とする(長阿含遊行経倶舎論巻一五など)。別に形服

沙門・威儀欺誑沙門・貪求名聞沙門・実行沙門の四を四種沙門という場合もあり、劣ったものから順次に配列されている。

**しゃもんか-きょう　沙門果経**　原題は㊤サーマンニャ・パラ・スッタ Sāmañña-phala-sutta という。長阿含経の第二七経。パーリ語長部(ディーガ・ニカーヤ Dīgha-nikāya)の第二経。漢訳に東晋の竺曇無蘭の訳の寂志果経一巻があり、増一阿含経巻三九にも相当する経がある。前半で六師外道(仏陀時代、正統バラモン外の自由な立場に立った六人の代表的思想家)の教説を述べ、後半で沙門の現世の果報および仏教の実践の道である戒・定・慧を詳説する。六師外道の教説を紹介する文献は他にほとんどその例をみず、その意味できわめて貴重な文献である。㊅一

**しゃもん-にちよう　沙門日用**　二巻。清の弘賛の編。成立年不詳。僧侶が日常生活の作法において唱えなければならない偈頌・真言を集め、服装や持物など日用品について経律にもとづく説明をし、生活規範を示したもの。同種のものに清の古雲の沙門日用録、明の性祇の毘尼日用録、清の読体の毘尼日用切要などがある。㊎二・一一・二

**しゃもん-ふきょう-おうじゃ-ろん　沙門不敬王者論**　一巻。略して不敬王者論ともいう。東晋の慧遠の著(元興三(404))。沙門は世俗の権力の外にあるものであるから、君主を敬って礼を尽くす必要がないと論じたもの。在家、出家、求宗不順化、体極不兼応、形尽神不滅の五編からなり、王者を拝しなくてよいことを論証している。東晋の成帝のとき、庾冰《ゆひょう》が沙門に王者を拝させようとしたが、何充らの反対で行われなかったのを、安帝のとき桓玄が再び行おうとしたので、慧遠がその非を論じた書である。なお歴代の王者不拝の論をあつめたものに、唐の彦琮の集沙門不応拝俗等事六巻がある。弘明集五に所収。㊅五二、国一護教部一　〔参考〕高僧伝六、歴代三宝紀七

**ジャヤヴァルマン-しちせい　Jayavarman 七世**　(1181—1220頃在位)　カンボジアのアンコール朝の国王。一一七七年以来チャンパーに占領されていた首都アンコールを回復して一一八一年即位、現在のアンコール・トムにあたる首都を再建した。さらにチャンパーを攻めて一二〇三年以降これを支配、東はチャンパーより西はメナム河に至る地域を統治し、カンボディア王国の最盛期を出現させた。王は大乗仏教を信奉し、バイヨン Bayon 寺をはじめ各地に多くの寺院を建てた。そのため当時の仏教はヒンドゥー教をしのいだという。

**ジャヤーナンダ　Jayānanda**　(一一世紀後半頃)　インド後期中観派の学者。カシミールの出身で、チベットに入って翻訳などに活動した。とくにチャンドラキールティ Candrakīrti (月称)の学説をチベットにひろめるのに貢献した。チャンドラキールティのマドヤマカ・アヴァターラ Madhyamakāvatāra(入中論)に対する註釈を著わしている。

**しゃらじゅ　沙羅樹**　沙羅はまた「さら」とも読み、㊵シャーラ śāla の音写。沙羅、薩羅、蘇連とも書き、堅固、高遠と訳す。竜脳香料に属する喬木。わが国で沙羅樹と称するものとは大いに異なる。毘舎浮仏《びしゃぶぶつ》(過去七仏の第三)がこの木の下でさとりを開いたとし、また釈迦牟尼仏はクシナガラ城外のこの木の林の中の二本の沙羅樹つまり沙羅双樹《しゃらそうじゅ》の間で般涅槃《はつねはん》(長逝)したという。それ故に、この林を沙羅双樹林という。ただし、双樹とは釈尊をとりまいて四方に各双樹があって、合わせて八樹を意味するともいう。また八樹の中、釈尊入滅に際して四は枯れ、四は栄えたと伝えるから、この樹を四枯四栄樹ともいう。葬式のとき白紙でつくった華(紙華《しけ》)を棺の四方、または棺前にかざり、これを沙羅華《しゃらけ》というのは、これによる。

**しゃらは　沙囉巴**　(南宋開慶元(1259)—元延祐元(1314))西国積寧の人。元の世祖(フビライ)の勅を奉じて顕密の諸経を翻訳した。また世宗の信任をえて総統となり、僧寺の風紀を正した。彰所知論二巻、壊相金剛陀羅尼経一巻などの訳がある。〔参考〕彰所知論後記、仏祖歴代通載三六

**しゃらぱに　差羅波尼**　㊵シャラ・パルニー śara-parṇī の音写。叉羅波膩、嚫羅鉢

尼とも音写し、灰水と訳す。木または草の名。これから作った衣を嚫羅鉢尼衣《しんらはつにえ》といい、十種衣の一。

**じゃらんだら**　闍爛達羅　(梵)ジャーランダラ Jālandhara の音写。北インドにあった古国。現在のビアス Bias, ストレッジ Sutlej 両河の間、ジャランダル Jalandhar にあたる。玄奘はここで旃達羅伐摩《せんだらばつま》(チャンドラヴァルマン Candravarman)から衆事分毘婆沙論を学び、北宋代に訳経に従事した天息災はこの国の密林寺(タマサーヴァナ・サンガーラーマ Tamasāvana-saṅghārāma)の僧であったという。〔参考〕西域記四、大唐西域求法高僧伝上、仏祖歴代通載二六

**しゃり**　舎利　(梵)シャリーラ śarīra の音写。シャリーラは一般には身体を意味するが、舎利と音写した場合はとくに死屍、遺骨の意で用いる。死屍を全身舎利、荼毘した遺骨を砕身舎利とよび、特に仏の遺骨と遺法とを身骨舎利と法頌舎利とに分ける。中国では、小粒状で堅緻な質をもつものとして信じられ、また骨舎利(白色)・髪舎利(黒色)・肉舎利(赤色)の別があるともいわれた。⑴歴史。(イ)インド。仏陀入滅のとき、その砕身舎利(仏骨)を波婆(パーヴァー Pāvā)国・拘尸(クシナーラ Kusinārā)国など八カ国に分置し供養したが、そのうち迦維羅衛《かびらえ》(カピラヴァットゥ Kapila-vatthu)国に分置した遺骨は一八九八年フランス人ペッペ W. C. Peppé によるピプラーヴァー Piprāvā の古墳発掘で確認されたが、異説もある。西域でも仏頂骨・仏舎利粒が崇拝され、仏頂骨精舎などが建てられた。(ロ)中国。玄奘や義浄などが西域から舎利を多く将来したといい、唐代の顕慶五年660には西域から仏頂骨を献じたと伝える。特に仏舎利は人の至誠により感得されるものと信じられ、晋・劉宋の頃から、舎利の神異や舎利塔の建立に関する多くの記事があり、仏舎利信仰は唐・宋代などに特に盛行した。この他、舎利粒は高僧の遺骸荼毘によっても得られるとされた。(ハ)日本。古く舎利感応の説話があり、敏達天皇一三年584司馬達等が斎食の上に感得したといい、聖徳太子が二歳の春、南無仏と称して掌中に感得したのを南無仏の舎利というなどと伝える。また献上・将来も多く、崇峻天皇元年588三月百済王が仏舎利を献じ、のち鑑真は仏舎利三千粒を、空海は八〇粒を、円行は三千余粒を、円仁は菩薩舎利三粒・辟支仏舎利二粒を中国から将来し、源実朝も宋から仏牙舎利を迎え、また明治三三年1900前記ピプラーヴァー発掘の仏骨の分与を得て、名古屋日泰寺(もと日暹《にっせん》寺といい、名古屋市千種区)に奉祀した。⑵舎利会。舎利信仰の発展に伴い舎利会(舎利講・舎利懺法《せんぼう》)とよばれる舎利供養の法会が盛行した。(イ)インドでは仏入滅の時全身舎利を供養し、(ロ)中国でも唐代以前から舎利供養の事跡が多く、また清の継僧は舎利懺法一巻を、弘賛は礼舎塔儀式一巻を撰した。(ハ)日本では古来、唐招提寺・東寺・金剛峯寺・延暦寺の舎利会、法隆寺・薬師寺の舎利講などが著名であり、鳥羽法皇は久安三年1147白川東小御堂で舎利講を行い、良源は貞元二年977四月叡山の舎利を京都吉田寺に移し、院源も万寿元年1024舎利を法興院・祇陀林寺《ぎだりんじ》に安置して各々が供養し、共に貴賤男女に結縁させた。また覚鑁《かくばん》は舎利供養式一巻を、貞慶は四座講式一巻中に舎利講式を、高弁は舎利講式一巻を撰した。東寺には舎利会使用の紫檀塗螺鈿金銅装舎利輦(国宝、平安末期作)が現存する。⑶舎利塔。舎利を安置するための塔で各国に建てられた。(イ)インドでは前記八カ国分置の時に建て、ついで阿育王は八万四千の宝塔を建てたと伝え、その他、健駄羅《けんだら》国・縛喝《ばかつ》国・迦畢試《かびし》国などでも舎利安置の卒塔婆《そとば》を建てた。(ロ)中国では三国呉の孫権の時に始まるといい、東晋代以後しだいに各地に造立され、特に隋代の仁寿元年601から二年の頃には数十カ所に建立、また岐州法門寺塔など十数カ寺にも阿育王八万四千塔が散在すると信じられた。なお韓国全羅北道の金山寺には、新羅末期作石造の舎利塔が現存する。(ハ)日本では、金銅製・銀製・水晶製など小形のものが多く、宝塔形・五輪塔形・宝珠形・瓶形などに造り、鎌倉時代に盛行した。奈良市西大寺(九基、うち三基国宝)、山口県防府市阿弥陀寺(国宝)、奈良県生駒市長福寺(同)、奈良

市不退寺(重文、現在不明)・同海竜王寺(重文)・同般若寺(同)、滋賀県大津市実蔵坊(同)・同蒲生郡安土町浄厳院(同)など所蔵の遺品が著名。室町時代以後同種の舎利塔は各宗派に盛行し濫造された。また鎌倉時代以後舎利殿が建造され、鎌倉円覚寺(国宝、弘安八 1285頃建立)・奈良法隆寺(重文)などにある。足利直義は暦応二年1339以後勅により六六カ国に安国寺利生塔を設置した〈⇩安国寺《あんこくじ》②〉。(4)舎利瓶。舎利は金属・石・陶器・木などの舎利瓶・舎利壺・骨壺などと称する舎利容器に収めた。(イ)インドでは、前記八カ国分置の時各瓶に収めたといい、前記ピプラーヴァー発掘の仏舎利瓶はその一という。(ロ)中国では、北魏の孝明帝は永寧寺を建て金宝瓶に舎利を収めたといい、隋の文帝は三〇州に舎利の金瓶を配置したという。(ハ)朝鮮では、慶尚北道尚州で新羅時代の金銅舎利壺が発見されている。(ニ)日本では、古代に舎利を琉璃瓶に入れ更に金器・銅器に重ね納置したことは法隆寺五重塔心礎内舎利容器・滋賀県見世廃寺(伝崇福寺)塔心礎発見の舎利容器(国宝)、大阪府三島廃寺塔心礎発見の舎利容器などにその例をみる。鎌倉時代のものは前記西大寺蔵瓶容器・同宝珠形容器・同舎利瓶五具・前記阿弥陀寺蔵五輪形水晶容器(以上国宝)などがあり、いずれも舎利塔のなかに収められている。

**しゃり-き　舎利記**　一巻。良定袋中(1544—1639)の著。成立年不詳。仏舎利の功徳・形色などを述べ、舎利に関する経の要文などを添えた書。〔刊本〕慶安四1651刊

**シャーリプトラ　Śāriputra**　⇩舎利弗《しゃりほつ》

**しゃりほつ　舎利弗**　(梵)シャーリプトラ Śāriputra (巴)サーリプッタ Sāriputta の音写。奢利弗多羅、舎利弗多などとも音写する。舎利(サーリー Sārī)の子の意で、舎利子、鶖鷺子《しゅうろし》ともいう(サーリーは母の名)。本名は憂波提舎《うはていしゃ》(梵)ウパティシュヤ Upatiṣya (巴)ウパティッサ Upatissa 優波帝須、優波替とも音写という。仏十人弟子の一人。智慧第一と称された。はじめ目連(モッガラーナ Moggallāna)と共に六師外道の一人であるサンジャヤ Sañjaya に師事し上足の弟子となったが、仏の成道ののちまもなく王舎城において馬勝《めしょう》(アッサジ Assaji)比丘に会って仏教を知り、目連と共に仏に帰依して、阿羅漢果を証した。仏に先立って入滅した。〔参考〕大智度論一一、仏本行集経四七

**しゃりほつ-あびどん-ろん　舎利弗阿毘曇論**　三〇巻。後秦の曇摩耶舎《どんまやしゃ》・曇摩崛多《どんまくつた》の共訳(弘始一七415)。問分・非問分・摂相応分・序分に分けて阿毘達磨の種々の問題を論ずる。南方上座部のヴィバンガ Vibhaṅga(分別論)や説一切有部の法蘊足論その他の論と密接に関連する。原本も異訳も存せず、所属の部派も明らかでない。大智度論(巻二)の中に関説されている。(大)二八、[国]毘曇部一九

**しゃりほつ-けか-きょう　舎利弗悔過経**　一巻。後漢の安世高の訳と伝え、また西晋の竺法護の訳ともいう。罪過の省察、懺悔の方法、その意義、求道者の心願を説く。同系統の経典に文殊悔過経・大乗三聚懺悔経などがある。(大)二四、[国]律部一二

**しゃりほつ-もん-ぎょう　舎利弗問経**　一巻。東晋(317—420)頃の訳。訳者不詳。舎利弗の問いに答える形式で、主として教団の歴史や、戒律の伝持に関する種々の事項を雑然と述べる。部派の分裂についての記述があるので名高い。摩訶僧祇律《まかそうぎりつ》を伝えた部派すなわち大衆部の所伝らしい。(大)二四

**しゃ-れいうん　謝霊運**　(太元一〇385—元嘉一〇433)東晋代の詩人で居士。陳郡陽夏(河南省)の人。字は宣明。晋の車騎将軍謝玄の孫。謝康楽と称される。のち劉宋に入って散騎常侍・太子左衛率となったが盧陵王劉義真に接近した為、永嘉(浙江省温州)の太守に転出させられた。文筆を好んで職を去り、隠士と交わった。山水詩人として著名であるが、忌諱に触れて広州に移され刑死した。盧山の慧遠や慧琳などの僧と交わり、弁宗論を著わして道生の頓悟説を祖述した。また慧厳・慧観と共に四〇巻の涅槃経を再治して三六巻本の南本涅槃経とするのに参与した。〔参考〕宋書六七、南斉書一九、出三蔵記集一二、高僧伝七(慧厳伝・慧叡伝)

**シャンカラ Śaṃkara**　(700–750頃)インド六派哲学の一つヴェーダーンタVedānta学派の思想家。南インドのケーラ地方の出身で、ゴーヴィンダGovindaに師事した。ブラフマンbrahman(梵)のみが唯一の実在であり、現象世界は無明によって付託された幻影（マーヤーmāyā）にすぎないとする幻影主義的一元論をとなえてヴェーダーンタ哲学史に一時代を画した。その哲学的立場はふつう不二一元論advaitaと呼ばれ、またマーヤー説māyāvādaということもある。大乗仏教の影響を顕著に受けている面があるために、仮面の仏教徒pracchanna-bauddhaと非難されることもあった。ヴェーダーンタ学派の根本典籍であるブラフマ・スートラBrahma-sūtraに現存最古の註釈を著わしたほか、バガヴァッド・ギーターおよび数篇のウパニシャッドに対する註釈を書いた。また独自の著作としてはウパデーシャ・サーハスリーUpadeśa-sāhasrīがある。

**シャンカラスヴァーミン Śaṃkarasvāmin**　⇩商羯羅主《しょうかつらしゅ》

**シャンカラナンダナ Śaṃkaranandana**　（一〇―一一世紀）シャンカラーナンダŚaṃkarānandaともいう。インドの仏教論理学者。カシミールの出身といわれる。ダルマキールティDharmakīrti(法称)のプラマーナ・ヴァールッティカPramāṇa-vārttika(量評釈)に対する詳細な註釈(ただし第一章の途中まで）を著わしたほか数篇の著作がある。その学説はシャーキャシュリーバドラŚākyaśrībhadraによってチベットにもたらされ、サキャ・パンディタSaskya Paṇḍitaによってひろめられた。

**シャーンタラクシタ Śāntarakṣita**　(725―783頃)寂護とよぶ。インド後期中観派の思想家。王家の生まれといわれ、出家してナーランダーNālandā（那爛陀）寺に住し、のちネパールに滞在した。七六三年ティソン・デツェンKhri-sroṅ lde-brtsan王の招きでチベットを訪れ仏教を説いたが、ボン教徒らの圧迫によりいったんネパールに退いた。七七一年ころ再びチベット入りし、七七三年にはインドからパドマサンバヴァPadmasaṃbhava（蓮華生《れんげしょう》）を招きその呪術によってボン教徒を威圧した。七七九年パドマサンバヴァの助力をえてサムイェーBsam-yas寺（桑鳶《そうえん》寺）を創建、ナーランダー寺から一二人のインド僧を招くとともに、チベット人六人(試みの六人)に授戒した。このころから仏典のチベット語訳も始められ、チベットにおける仏教普及の基礎がきづかれた。シャーンタラクシタは、思想的には中観派の中でも清弁《しょうべん》(バーヴァヴィヴェーカBhāvaviveka）のスヴァータントリカSvātantrika派（自立論証派）の系統をひくが、中観派の学説に瑜伽唯識派の学説を導入した瑜伽行中観派の創始者ともされる。著書にはタットヴァ・サングラハTattva-saṃgraha（摂真実論)、マドヤマカ・アランカーラ Madhyamakālaṃkāra（中観荘厳論）などがある。

シャーンタラクシタ（三百尊像集）

**シャーンティデーヴァ Śāntideva**　(650―700頃)寂天とよぶ。インド中期中観派の論師。スラーシュトラSurāṣṭra国のカルヤーナヴァルマンKalyāṇavarman王の子シャーンティヴァルマンŚāntivarman として生まれ、一時パンチャシンハPañcasiṃha王の大臣となったが、文殊菩薩の夢告によりナーランダーNālandā寺において ジャヤデーヴァJayadeva を師として出家し、大乗仏教を宣揚したという。かれの生涯については、プトン仏教史などのチベットの諸史書において、インドの論師としては例外的に詳しく述べられている。

シャーンティデーヴァ（三百尊像集）

その学説はチャンドラキールティ Candrakīrti（月称）の系統すなわちプラーサンギカ Prāsaṅgika（帰謬論証派）に属する。著書にボーディチャルヤ・アヴァターラ Bodhicaryāvatāra（入菩提行論、漢訳の菩提行経にあたる）、シクシャー・サムッチャヤ Śikṣā-samuccaya（大乗集菩薩学論）がある。他にスートラ・サムッチャヤ Sūtra-samuccaya（経集）という著作があったと伝えられるが、現存しない

**しゅ　呪**　自他の災厄を除き、あるいは敵に災厄を与えるために誦するまじないの言葉（前者を善呪といい、後者を悪呪という）。呪文、神呪《じんじゅ》、禁呪《ごんじゅ》、密呪ともいう。呪は普通、㊵マントラ mantra（真言《しんごん》）の訳語とするが、またダーラニー dhāraṇī（陀羅尼《だらに》）、ヴィドヤー vidyā（明、術）の訳語としても用い、またマントラを密呪、ダーラニーを総持呪、ヴィドヤーを明《みょう》呪《じゅ》と訳して区別することもある。呪を誦することはインドでは古くからあったようで、仏典にも種々の呪を挙げ、大孔雀王神呪などの諸々の神呪がある。中国では道教で行われて、それが仏教の呪と互いに影響しあい、日本では特に密教、修験道《しゅげんどう》などで多く用いる。

**しゅ　取**　㊵ウパーダーナ upādāna の訳で、受とも訳す。煩悩《ぼんのう》の異名。特に婬・食などに対して執著し、みだりに欲求してやまない心のはたらき。十二縁起の第九番目の支分。通常はこれを欲取・見取《けんじゅ》・戒禁取《かいごんじゅ》・我語取の四取（四受）に分類する〈⇩四取《ししゅ》〉。有漏《うろ》の五縕を五取蘊という。⇩五蘊《ごうん》

**しゅ　趣**　㊵ガティ gati の訳で、道《どう》とも訳す。衆生《しゅじょう》が自分の作った行為つまり業《ごう》によって導かれ趣く生存の状態、または世界。これを五趣（五道）、六趣（六道）、善趣（善道）・悪趣（悪道）などに分類する。つまり地獄・餓鬼・畜生（傍生）・阿修羅（修羅）・人・天を六趣とし、阿修羅を除いて五趣という。六趣説は多く大乗のとる説で、有部《うぶ》などは五趣説をとる。五趣説の場合は、阿修羅は餓鬼・天などの中に含まれるとする。五趣をまた五悪趣と称するのは、無漏の浄土に対して、有漏の穢土（迷いの世界）であることを示す。天・人・阿修羅は善業によって生まれるところであるから三善趣（三善道）、地獄・餓鬼・畜生は悪業によって生まれるところであるから三悪趣（三悪道）という。三悪趣に阿修羅を加えて四悪趣ともいう。三悪趣を三塗《さんず》、三途《さんず》とも称するのは、塗または途は道の意（または塗炭の意）で、三塗とは火塗《かず》・刀塗《とうず》・血塗《けつず》の三をいい、通常はこれらを順次に地獄・餓鬼・畜生に当てるからである。

**じゅ　寿**　㊵アーユス āyus の訳。命《みょう》るものと同じで、また寿命ともいう（ただし寿と命とを区別する説もある）。つまり、以前になした行為即ち業《ごう》の力によって、この世に生を受けてから死に至るまでの期間持続し、われわれの身体の煖《なん》（体温）と識（心識）とを執持しもちこたえる働きをもつもの。倶舎宗《くしゃしゅう》や唯識宗ではこの命根を不相応行法《ふそうおうぎょうほう》の一に数える。このように寿は煖・識を執持し、煖・識はまた還って寿を執持して、両者は相依の関係にあり、死に臨んではこの寿・煖・識の三が最後に肉体から去るとされる。この寿は三界六道などの別によって定量があり、これを寿量という。⇩命根《みょうこん》

**じゅ　受**　①㊵ヴェーダナー vedanā の訳。痛、覚とも訳す。心所（心のはたらき）の名。五蘊《ごうん》の一。倶舎宗《くしゃしゅう》では、すべての心にあまねく従って起こる心所（十大地法）の一とし、唯識宗では五遍行《へんぎょう》の一

とする。うけこむ(領納)の意で、外界の対象をうけこんで、そこに感受する苦楽、快不快などの印象感覚のこと。根(感官)と境(対象)と識(認識主観)とが和合(接触)した触《そく》つまり接触感覚から生じるとされる。眼識から身識までの前五識に感じる受は肉体的受であるからこれを身受といい、第六意識に感じる受は精神的受であるからこれを心受といい、合わせて二受と称する。また楽受(可愛の境に対する受)・苦受(不可愛の境に対する受)・捨受(不苦不楽受、非苦楽受ともいい、可愛でも不可愛でもない境に対する受)の三受に分け、三受を細分して楽受(楽である身受)・喜受(楽である心受)・苦受(苦である身受)・憂受(苦である心受)・捨受(身受と心受とを含む)の五受ともする。五受は五受根ともいわれ、一々を楽根・喜根・苦根・憂根・捨根と称する。また欲界繋受・色界繋受・無色界繋受・不繋受の四受にも分け、また六根を通して六識が六境を覚知する場合に、この根・境・識の和合である六触《ろくそく》から眼触所生《げんそくしょしょう》の受から意触所生の受までの六受(六受身、六受法。この場合の身は複数をあらわす語)が生じるとする。十二縁起の第六番目の支分を受といい、有部《うぶ》でははじめて苦楽などを覚知する幼少年期の五蘊《ごうん》とし、唯識宗では識・名色・六処・触とともに、無明《むみょう》・行《ぎょう》によって阿頼耶識《あらやしき》にうえつけられた種子《しゅうじ》であるとする。②取 ㊵ウパーダーナ upādāna)の旧訳《くやく》。⇩取《しゅ》

**じゅ　竪**　⇩横《おう》

**しゅい　思惟**　考えること、思いはからうこと。真実の道理を考える正思惟は八聖道の一で、仏教の正しい道理に背いてよこしまに考える邪思惟(不正思惟)は八邪の一である。

**しゅいしょうじゅ　思惟正受**　観無量寿経の序分中にある言葉。これについて慧遠《えおん》・智顗《ちぎ》などの聖道門の諸師は、おおむね思惟を三福散善とし、正受を十六正観とするが、善導はいずれも定善に属すると見て、思惟はその予備的行、正受は十三定善を指すとする。親鸞は正受は他力真実の信心で、思惟はそのための方便(手段)とする。

**しゅい-りゃくよう-ほう　思惟略要法**　一巻。思惟経ともいう。後秦の鳩摩羅什《くまらじゅう》の訳。大乗の禅観の要領を述べたもの。四無量観・不浄観・白骨観・観仏三昧・生身観・法身観・十方諸仏観・観無量寿法・諸法実相観・法華三昧観の一〇種の観法を明らかにする。㊅一五、国一経集部四

**しゅいん-けせつ-ろん　取因仮設論**　一巻。陳那《じんな》(ディグナーガ Dignāga)の造、唐の義浄(635—713)の訳。すべての存在は諸法のあつまりと、その相続と、その位の差別とによって仮にあらしめられているものに過ぎないから、それを一とか他とか有とか非有とかいって執着すべきでないと説く。一三偈とその釈とから成る小論。㊅三一

**しゅいん-ち　朱印地**　江戸時代、将軍の発給する朱印状によって寄進または安堵された寺社領のこと。朱印地は大名領・旗本領にもあるが、普通は寺社領に限る。将軍の代替ごとに朱印改を必要とした。なお寺社領の寄進・安堵状には、花押を自署した判物《はんもつ》、朱印を捺した朱印状、黒印を捺した黒印状(これを交付された寺社領を黒印地という)とがある。二代将軍徳川秀忠の頃までは将軍や大名がこれら三種を区別せずに用いていたが、三代将軍家光以後、判物は将軍が門跡寺院や東照宮など格式の高い寺社に限り、朱印状は将軍が、黒印状は大名・旗本が一般寺社に交付するときに用いることとさだめた。朱印地を有する寺社は特別の礼遇をうけ、年貢や課役を免除される特権を有したが、明治四年1871藩籍奉還に準じて、境内地以外の朱印地を上地させ、代わりに廩米《りんまい》を下付した。⇩黒印地《こくいんち》

**しゅう　宗**　尊んで主とされるもの。①経論などについて、その教説の中の枢要となるもの、中心要素となる教義をいう。宗要、宗旨ともいう。個々の経論について、それぞれの宗が何であるかを判定することを明宗といい、釈義上の重要な課題である。例えば、維摩経は不可思議解脱を宗とし、大品経は空慧を宗とし、勝鬘経は一乗を宗とするなどといわれる。中国では宗の不同によって、仏教を四宗・五宗・六宗・八宗・十

宗などに分けることが行われた。②尊ぶ教義を同じくする一団を宗といい、一宗団の中でさらに分かれている場合に派という。宗団を他と区別するために宗門、宗派ともいい、その一派で説く教義の趣旨を宗旨という。宗派の名を宗名といい、宗名は、経(華厳宗など)、論(倶舎宗など)、教義(禅宗・浄土宗など)、開祖の名(日蓮宗など)、およびその住所(天台宗、臨済宗など)などによって立てられる。また、その宗派の説く教義を宗義または宗乗、宗義の学を宗学、宗の気風を宗風、宗の安心を宗意、宗の祖師を宗祖、宗の門弟を宗徒といい、宗派の優劣や真偽に関する議論を宗論という。宗派の教団事務を総称して宗務といい、これを司る所を宗務所、その長を宗務長という。③中国の南宗禅には五家七宗の分派を数える。日本では平安時代に律・倶舎《くしゃ》・成実《じょうじつ》・法相《ほっそう》・三論・華厳・天台・真言《しんごん》の八宗が行われたので、仏教の諸宗派の学に通じていることを、八宗兼学といい、この八宗に、鎌倉時代に興った禅宗を加えて九宗となし、俗に八家九宗と称して、あらゆる宗派を総括した名とすることがある。

**しゅう　執**　事物や理に固執して離さない妄執《もうじゅう》、迷執、執著をいう。五蘊《ごうん》がかりに和合するところに人などの衆生《しゅじょう》が仮設《けせつ》されるということを知らないで、人我《にんが》つまり実我があると妄執するのを人執、我執、生執《しょうしゅう》(衆生執の意)といい、五蘊の法においてそれが幻のように空《くう》であることを知らないで、法我つまり実体があると妄執するのを法執という。この二を二執(我法二執、人法二執、生法二執)と称し、有部《うぶ》などの小乗では法我を許すからまだ法執を離れていないが、大乗はこの二執を離れているとされる。また一切は実有《じつう》であると見て、有《う》にかたよった見解を固執するのは、実際は空であるのに増益《ぞうやく》(ないものをありとする)して「有り」と見るから増執といわれ、一切は何物もないと空無にかたよった見解を固執するのは、実際は仮有《うけ》であるのに損減(あるものをなしとする)して「無し」と見るから減執といわれ、合わせて二執という。

**しゅうあ　周阿**　生没年不詳。室町初期の連歌師。救済の高弟。九州探題今川貞世に招かれて太宰府にくだったことがあり、その沿道で賦した句が残っているが、好んで秀句を用いる作風で、技巧が勝ちすぎ、やや深みを欠くといわれる。「あなたふと春日のみがく玉津島」は著名な句で、救済・二条良基と共に、連歌界の三賢に数えられる。句作を旨としたらしく著書をみない。

**じゅう-あく　十悪**　⇩十善《じゅうぜん》

**しゅうい　周位**　生没年不詳。正平1346—70頃の画僧。字は無等。天竜寺で侍者をつとめ、画をよくした。天竜寺妙智院蔵の夢窓国師像(重文)はその代表作である。

**しゅうい　宗意**　(承保元1074—久安四1148)　真言宗の僧。京都の人。東宮権大夫源季宗の子。大夫律師といわれた。長治元年1104厳覚から伝法灌頂を受け、梵漢諸尊の密軌を学んだ。保延三年1137と翌年、東寺の灌頂に際し小灌頂の役を執り、同七年権律師に補せられる。保安年間1120—24安祥寺(現京都市山科区)に住し、実慧伝灯の璽宝篋および恵運相承の秘訣道器を付属され、寺を復興し事相を弘めた。この派を安祥寺流という。〔参考〕伝灯広録後篇四

**しゅうい　宗濆**　(元亨元1321—明徳二1391)臨済宗の僧。太清《たいせい》と号する。鎌倉の人。一三歳で西禅寺雪村《せっそん》友梅に侍し、夢窓・古先らに歴参して雪村から印可をうけた。京都南禅寺の前堂をつとめ、美濃竜門寺・相模東勝寺・同浄智寺・播磨宝林寺・南禅寺などに歴住してのち、嘉慶二年1388足利義満の請により京都相国寺に住した。〔参考〕太清和尚履歴略記(続群九上)、延宝伝灯録二二、本朝高僧伝三五

**じゅうい　重怡**　(承保二1075—保延六1140)京都鞍馬寺の僧。伯耆の人。比叡山で顕密を学び、四〇歳のとき鞍馬寺に入り、同寺の講堂の丈六の阿弥陀仏像の前で、六年間両界法を修した。大治二年1127から一四年間、阿弥陀仏号を唱えて小豆でその回数を数えその量は二八七石余になったという。〔参考〕元亨釈書一一、本朝高僧伝六八

**しゅうい-おうじょう-でん　拾遺往生伝**　三巻。三善為康の著(天永二1111頃)。

大江匡房の続本朝往生伝に続いて、従来の往生伝に載せられなかった九五人の伝記を記し、往生人の結縁・勧進の資としたもの。なお著者は、続いて後拾遺往生伝三巻を編著している。仏全一〇七、続浄全六、続群八上〔写本〕名古屋市宝生院蔵(正嘉二1258写) 〔刊本〕元禄一一1698刊

**じゅういちめん-かんぜおん-じんしゅ-きょう　十一面観世音神呪経**　一巻。北周の耶舎崛多の訳。異訳に唐の玄奘の訳の十一面神呪心経一巻、唐の阿地瞿多《あじくた》の訳の陀羅尼集経巻第四、唐の不空の訳の十一面観自在菩薩心密言念誦儀軌経三巻があり、チベット訳(ただし玄奘訳からの重訳)もある。十一面観音の心呪の威力、それを受持し流布する者の功徳、供養儀式法などを説く。㊅二〇〔註釈〕慧沼・十一面神呪心経義疏一巻

**じゅういちめん-かんのん　十一面観音**　詳しくは十一面観世音菩薩・十一面観自在菩薩という。頭あるいは顔を一一もつ観音で、六観音・七観音の一つ。多面、多臂をもつ雑密系の変化《げへん》観音の中で最もはやく出現したものの一つである。一一の面は、観音の救済のはたらきが多面的であることを象徴するものと思われるが、経典では、十地十波羅蜜を満足して十一地である妙覚を証すること、あるいは、十一億諸仏の説く神呪を保持することの象徴であるとする。一一の面の構成は、通常は、正面の三面が菩薩面、右の三面が瞋怒《しんぬ》面、左の三面が狗牙上出《くげじょうしゅつ》面、後ろの一面が大笑面、頂上の一面が仏面で、阿弥陀仏の化仏が付く。本面を含めて十一面をもつものと、本面の他に十一面をもつものとがあり、面の配置も種々で、二臂・四臂などの像がある。インドではケネーリの石窟に七、八世紀頃の四臂像があり、ネパールやチベットにも作例がある。中国では唐代から宋代にかけて多数製作されたほか、敦煌莫高窟の壁画にも数点がある。日本でも法隆寺金堂壁画をはじめとして天平時代以来造像され、作品はきわめて多い。代表的作品は奈良県聖林寺、京都府観音寺(以上奈良時代)、奈良県法華寺・室生寺、滋賀県向源寺(以上平安前期)などに所蔵され、以上いずれも国宝。なお、十一面観音曼荼羅や十一面観音来迎図も描かれた。密教では胎蔵曼荼羅蘇悉地院に配する。

十一面観自在菩薩
(御室版胎蔵曼荼羅)

**しゅういもんそく-ろん　集異門足論**　⇩六足論《ろくそくろん》

**しゅういん　宗印**　(紹興一八1148—嘉定六1213)南宋代の僧。姓は陳氏。字は元実。賜号は北峰慧行法師。杭州塩官(浙江省杭州府海寧)の人。竹庵可観より天台の教観を学ぶ。慶元五年1199日本の俊芿《しゅんじょう》が入宋して超果寺で師事した。著書、楞厳経釈題一巻、金剛経新解、北峰教義など。門人に古雲元粋・仏光法照らがいる。〔参考〕釈門正統七、仏祖統紀一六、泉涌寺不可棄法師伝

**じゅういんこうか　従因向果**　〔従果向因〕　仏道を修行することによって因位《いんに》(例えば菩薩《ぼさつ》の位)から次第に進んで果位(例えば仏の位)へと向上進修して行くのを従因向果、従因至果といい、逆に果位にある者(例えば仏)が衆生《しゅじょう》を教化し引導するために再び因の分位に出て来ることを従果向因という。

**しゅうえい　宗叡**　(大同四809—元慶八884)真言宗の僧。入唐八家の一。姓は池上氏。京都の人。叡山の載鎮について出家し、義演から法相を、義真から天台を学び、園城寺で円珍から両部大法を、東寺で実慧から金剛界大法を習い、真紹について阿闍梨位灌頂を受けた。貞観四年862(一説に同三年)真如法親王らと唐に渡る。五台山・天台山・長安・洛陽などをめぐり、法全・造玄・智慧輪らについて密教を学び、同七年(一説に同六年または九年)帰国した。将来した経書法器を東寺に納め、同寺に灌頂壇を開い

て新法を伝えた。同一六年権少僧都にすすみ、東大寺別当を兼ね、同一八年東寺二長者となる。元慶三年東寺寺務に補せられ、ついで僧正に任じられた。清和上皇の帰依があつく、円覚寺で落飾のとき戒師をつとめた。禅林寺で没した。世に禅林寺僧正、円覚寺僧正と呼ぶ。また空海以降の入唐僧のなかで特にすぐれていたから、後入唐僧正とも称する。著書、胎蔵界念誦次第、悉曇林記、後入唐伝各一巻など。〔参考〕日本高僧伝要文抄一、入唐五家伝、真言伝三、本朝高僧伝七、禅林寺宗叡僧正目録

**じゅうえつ　従悦**　(慶暦四1044—元祐六1091)北宋代の禅僧。贛州《こうしゅう》(江西省)の人。都(兜)率と称し、真寂と諡される。黄竜《おうりょう》慧南の弟子真浄克文から法を嗣ぎ、隆興府の都率寺に住した。兜率従悦禅師語要(続古尊宿語要二)がある。〔参考〕続伝灯録二三、聯灯会要一五、無門関第四七則

**しゅうえん　宗円**　「そうえん」とも読む。生没年不詳。鎌倉時代の僧。比叡山で証真に師事し、ついで弁長から浄土教を学び、天福元年1233弁長の命を受けて南宋に渡り、廬山の宗風を伝えて帰朝し、白蓮社と号した。〔参考〕浄土総系譜上

**しゅうえん　宗淵**　①生没年不詳。室町時代の京都の画僧。字は如水。号は水才子。相模の人。雪舟に学び、山水画に秀でていた。〔参考〕扶桑画人伝、本朝画史　②(天明六1786—安政六1859)天台宗真盛派の学僧。真阿といい、竹園房と号し、法華清浄院と称する。幼くして大原の魚山《ぎょざん》で声明《しょうみょう》の奥義を極めた。のちに普賢院に住し、宮講の列衆に加えられ、権大僧都法印に補せられる。魚山声明のみなもとをさぐりその復古を唱えた。のち伊勢西来寺(現三重県津市)二世を継いだ。悉曇《しったん》の再興をも計っている。著書、法華経考異二巻、阿叉羅鈔五巻、宝印集三巻、三国音韵考一〇〇巻など。

**しゅうえん　修円**　(宝亀二771—承和二835)法相宗の僧。大和の人。姓は小谷氏。興福寺に入り、同寺の賢璟《けんよう》・宣教について唯識・法相を学ぶ。弘仁元年810に律師、天長四年827に少僧都に任じ、この間、弘仁三年頃、興福寺三代別当となり、同寺伝法院を創建、また深密会をはじめ、室生寺で没した。最澄・空海と親交があり、新仏教に理解を示した。著書、法華訓釈記二巻、因明纂要抄集二巻など。〔参考〕興福寺別当次第、南都高僧伝、本朝高僧伝五

**じゅう-えんしょうく　十縁生句**　縁より生じた一〇種のものの句ということで、密教で、幻(まぼろし)・陽焰(かげろう)・夢(ゆめ)・影(かげ)・乾闥婆城《けんだつばじょう》(しんきろう)・響(ひびき)・水月(水に写った月影)・浮泡(水のあわ)・虚空華《こくうげ》(幻覚によって空中にあるように見える花)・旋火輪《せんかりん》(人が火を空中にふりまわすと、輪のように見えるもの)をいう。これは、すべて因縁によって生じたもののごとが、それ自体不変の本性をもたない(無自性)ことを、喩えによって顕わしたものである。大日経巻一の住心品に説かれているこの十句を、また十喩ともいい、これらに依って諸法の無自性を観じるのを十縁生句観、または十喩観と称する。大日経疏巻三によれば、この観に三重がある。⑴因縁によって生じたものであるから空であると観ずる即空観、⑵万《よろず》の法はただ心から展開したものと観じる即心観、⑶心と諸法とが非一非異であって、凡夫の情を離れ不可思議であると観じる即不思議観《そくふしぎかん》である。

**しゅうおう　秀翁**　(寛永三1626—元禄一二1699)真言宗の僧。伊勢の人。深慶房と号する。高野山蓮華三昧院で学び、のち光宥に随って江戸に赴く。ついで南都で唯識・因明を修め、頼仙の後をうけて蓮華三昧院に住した。元禄七年碩学に任じられ、同一二年金剛峯寺検校となる。著書、十住心論科註二一巻、倶舎論図記四巻など。〔参考〕高野春秋編年輯録一八、紀伊続風土記高野山部三六

**じゅう-おう　十王**　冥途で亡者の罪を裁くという一〇人の王。預修十王生七経、発心因縁十王経(いずれも偽経)によると、⑴秦広王(本地は不動明王)、⑵初江王(釈迦如来)、⑶宋帝王(文殊菩薩)、⑷五官王(普賢菩薩)、⑸閻魔王(地蔵菩薩)、⑹変成王(弥勒菩薩)、⑺太山王(薬師如来)、⑻平等王(観音菩薩)、⑼都市王(勢至菩薩)、⑽五道転輪王(阿弥陀如来)をいう。この思想は唐の道

明の知見によると伝えるが、形像の服装は六朝時代のもので、(5)以外は中国道教の影響をうけている。これを図に描いたものを十王図といい、十王を安置した堂を十王殿という。〈⇩十王経《じゅうおうきょう》〉〔参考〕釈門正統四、十王讃嘆鈔、寂照堂谷響集六

**じゅうおう-きょう　十王経**　一巻。冥府で一〇人の王に生前の罪業を裁かれる苦しみから逃れるために、生前に三宝を供養することを勧めた経。中国民間信仰と仏教信仰が混合して成立した偽経。諸本がある。①預修十王生七経。一巻。詳しくは仏説閻羅王授記四衆逆修生七往生浄土経という。唐の蔵川の述。成立年不詳。主として中国・朝鮮に流布した唐末の偽経であるが、その思想の淵源は六朝時代にみられる。仏が涅槃に入ろうとした時、集まってきた閻羅太子・泰山府君・五道大神らに説法したもので、閻羅王への成仏の授記および生前にあらかじめ七斎を修することの功徳などを説く。㊫二乙・二三・四、㊅図像七　②発心因縁十王経。一巻。詳しくは仏説地蔵菩薩発心因縁十王経という。唐の蔵川の述とされるが、平安末期の日本での作ともいわれる。日本で単に十王経というのはこの経を指す。冥途における十王の名とその本地を示し、とくに閻羅王の本地としての地蔵菩薩について詳しく説明する。この信仰は鎌倉時代以後盛んで、日蓮の著と伝える十王讃嘆鈔、存覚の浄土見聞集にも説かれ、室町時代に流布した十三仏の思想もこの経によっている。㊫二乙・二三・四〔註釈〕禅珍・選注五巻、叶阿・科註一〇巻、了意・直談一三巻（別名注解）、日蓮・十王讃嘆鈔一巻、隆尭・十王讃嘆修善鈔二巻

**じゅうおう-さんだん-しょう　十王讃嘆鈔**　一巻。日蓮の著と伝えるが、一五世紀初めの成立と推定されている。仏説地蔵菩薩発心因縁十王経によって冥府十王のことを述べ、悪業を廃し善業を積むべきことを勧めた書。なお本書によって同様の義を述べたものに、天台宗隆尭の十王讃嘆修善鈔二巻（享保元1716刊）がある。これは法華経を勧説する代りに阿弥陀仏の名号を勧めている。日全（日蓮聖人全集）、高祖遺文録二、昭和定本日蓮聖人遺文三

**じゅうおうじょう-きょう　十往生経**　一巻。十往生阿弥陀仏国経、観阿弥陀仏色身正念解脱三昧経、度諸有流生死八難有縁衆生経などともいう。翻訳されたものかどうか疑問で、偽経とする説も多い。仏が阿難の問に答えて、阿弥陀仏の浄土に往生すべき一〇種の正念の法を説き、山海慧菩薩などに対し、正解脱を得るときは、みな仏国土に生まれ、滅後この経を受持し流布するものは往生ができ、阿弥陀仏は二十五菩薩を遣わしこれを護るのに対して、もしこの経を信ぜず誹謗するものは、大苦悩をうけるであろうと説く。この経は安楽集、往生要集、教行信証にも引用されている。二十五菩薩来迎説はこの経による。㊫一・八七・四〔参考〕大周刊定衆経目録一五、開元録一八

**しゅうおん-あん　酬恩庵**　京都府京田辺市薪。臨済宗大徳寺派。霊瑞山妙勝寺と号し、一休寺、薪寺と俗称する。南浦紹明《なんぽじょうみょう》の妙勝寺の遺跡に、康正二年1456一休宗純が庵を結び酬恩と名づけ、文明一三年1481ここで没した。方丈は慶安三年1650前田利常の再建にかかる。〔重文〕本堂、絹本著色一休和尚像、木造一休和尚坐像ほか

**しゅうかい　周海**　（　—寛政元1789）新義真言宗の僧。字は深海。はじめ豊山西蔵院芳寿《ほうじゅ》に師事し、のち正珊《しょうさん》に随って近江の彦根に遊学。西光院・地蔵院・日輪院などに歴住し、宝暦八年1758鷲宮大乗院に移る。明和元年1764江戸根生院の主となり、翌二年栄慶と護持院の後住を争って敗れ、西光院に退いた。著書、倶舎講録三〇巻、大日経肝心鈔一八巻、因明纂解講林六巻など。

**しゅうがく　周噩**　（正平一四1359—正長元1428）臨済宗の僧。九条経教の第七子。字は厳中。諡号は智海大珠禅師。春屋妙葩《みょうは》の法を嗣ぐ。応永二〇年1413相国寺の住持となり、ついで天竜寺・南禅寺に移った。晩年は西山の持地院に隠居。〔参考〕本朝高僧伝四〇

**じゅうかく　従覚**　（永仁三1295—延文五1360）真宗本願寺三世覚如の第二子で、存覚《ぞんかく》の弟。諱は慈俊。正慶二年1333親鸞の法語・消息を集めて末灯鈔を編し、観応二年

1351覚如の伝記をまとめて慕帰絵詞一〇巻を著わした。〔参考〕本願寺通紀五、本願寺史一

**じゅうかこういん　従果向因**　⇩従因向果《じゅういんこうか》

**しゅうかん-ほうりん　宗鑑法林**　七二巻、別に目録一巻。清の迦陵性音の編（康熙五三1714）。各種の灯史および宗門統要、禅宗頌古聯珠通集などから、仏祖の機縁および拈頌二千七二〇則を選んで、史伝の順序に編集したもの。題名は編者が住した寒北の法林寺と京師の宗鑑堂の二名に由来するものという。(続)二・二一・一―五

**しゅうき　宗己**　（弘安三1280―正平一三1358）臨済宗の僧。常陸の人。字は復庵。諡号は大光禅師。延慶三年1310無隠元晦らと元に渡り、天目山の中峰明本から印可をうけた。帰国して常陸の法雲・禅源・清音の諸寺、下総の結城華蔵寺、陸奥の会津実相寺などを開いた。語録一巻がある。〔参考〕延宝伝灯録五、本朝高僧伝二八

**じゅうぎ　従義**　（慶暦二1042―元祐六1091）北宋代の天台宗の僧。字は叔端。諡は神智。温州平陽（浙江省）の人。山家派の扶宗継忠に師事して天台教学を学び、大雲・真白・五峰・宝積・妙果の諸寺に住し、晩年を寿聖寺で過ごした。妙果寺で天台四教儀を講じ、集解三巻を著わしたのをはじめ、法華三大部補註一四巻、金光明玄義順正記三巻、止観義例纂要六巻、金光明文句新記七巻、始終心要註一巻など多くの著がある。その学説は禅・華厳・法相などをきびしく批判し、強く天台教学を顕揚しているが、天台宗の正統派である山家派の見解と相違する点があるので後山外派と呼ばれた。〔参考〕行業記、釈門正統五、仏祖統紀二一・二五

**しゅうぎ-けっちゃく-しゅう　宗義決択集**　二二巻または二〇巻。宥快（1345―1416）の撰。成立年不詳。真言宗高野山宝性院相伝（宝門）の論義決択を類従した書で、八九条がある。東寺頼宝の本母集、高野山寿門の杣保隠遁鈔、根来山聖憲の大疏第三重と対比され、名著とされている。本書でもれた所を集録したものに妙瑞の続宗義決択集一五巻（一四九条。享保八1722写、明治二四1891刊）および祥道の続々宗義決択集一四巻（一七三条。安政1854―60頃成立、明治二九刊）がある。真言全一九、国一諸宗部一六〔刊本〕慶安四1651刊、明和八1771刊

**しゅうきゅう　周及**　（元亨三1323―応永一六1409）美濃の人。字は愚中。高沙弥と号し、仏徳大通禅師と諡号される。京都臨川寺で夢窓疎石《そせき》について出家し、ついで春屋妙葩《みょうは》に師事する。暦応四年1341元に渡り、曹源寺の月江正印、金山の即休契了らに参じ、観応二年1351帰国した。貞治四年1365丹波天寧寺に住持し、応永二年安芸仏通寺（現広島県三原市）の開山となる。晩年、足利義持に迎えられて京都に赴いた。後世その法流を愚中派（仏通門徒）という。著書、語録若干と稟明鈔一巻。〔参考〕愚中和尚年譜、延宝伝灯録六、本朝高僧伝四八

**じゅうぎゅう　十牛**　禅宗で、自己の本心を見出してさとりにいたるまでの順序を、喩えによって示したもの（本心を牛に喩える）。宋の廓庵師遠の十牛図《ず》頌《じゅ》などに出ている。⑴自己の本心である牛を尋ね（尋牛）、⑵足あとをみつけ（見跡）、⑶牛を見出し（見牛）、⑷牛を捉え（得牛）、⑸牛をならし（牧牛）、⑹牛にのって無為《むい》のさとりの世界であるわが家に帰り（騎牛帰家）、⑺もう牛が逃げだす心配がないので牛のことなど忘れて安んじ（忘牛存人）、⑻さらに人も牛も、本来空《くう》であることをさとり（人牛俱忘）、⑼花は紅、柳は緑というありのままの世界をさとり（返本還源）、⑽衆生を済《すく》うために町に出る（入鄽垂手《にってんすいしゅ》）という一〇段階をいう。十牛を図示したものを、十牛図という。

**じゅうぎゅう-ず　十牛図**　①一巻。住鼎州梁山廓庵和尚十牛図、梁山則和尚十牛頌といい、十牛図頌ともいう。宋の清居浩昇（洞山下六世）が初学者のために悟道の過程を牧牛の方法に譬えて説いた牧牛図（もと一二図から成り、それぞれに叙と頌があったという）に廓庵師遠《かくあんしおん》（五祖法演下三世）が評唱と頌を加えたもの。成立年不詳。⑴尋牛、⑵見跡、⑶見牛、⑷得牛、⑸牧牛、⑹騎牛帰家、⑺忘牛存人、⑻人牛俱忘、⑼返本還源、⑽入鄽垂手の順序に、牧童が逃げ去った牛（本来の自己）をとり戻す過程に

譬えて、向上の行を尽くして向下の利他行に出る道程を巧みに表現している。十牛の和頌は、廓庵以後にも、しばしば試みられたらしく、現存の四部録中のものは石鼓希夷(大慧宗杲下三世)と壊衲大璉(梁山師遠の法弟石頭自回の孫弟子に当たる)の和頌、およびわが国の正徹書記の和歌を添え、巻首に慈遠の序がある。②宋の普明の著。主に明・清代の中国で流布したもので、万暦一三年1585に、雲棲《うんせい》袾宏《しゅこう》が序を付したものにもとづいて、康熙元年1662に如念空と厳大参が改編して、明代の聞谷広印、天隠円修など、道俗一五人の和頌を加える(別に東皐心越にも普明十牛図の和頌がある)。一〇段階を、⑴未牧、⑵初調、⑶受制、⑷廻首、⑸馴伏、⑹無碍、⑺任運、⑻相忘、⑼独照、⑽双泯の順序とする点は、廓庵本と思想的な相違を示している。さらに巻尾に付録する巨徹寂暹の白牛図頌は、むしろ両者を折衷しようとしたものの様である。③新刻十牛図。禅宗十牛図ともいう。明の胡文煥(万暦・天啓年間1573―1627の居士。字は徳甫。号は全庵。格致叢書の編者)の編。成立年不詳。普明本の頌に、雲庵(黄竜慧南の嗣、宝峰克文と思われる)の和頌を添え、さらに編者の苦楽因縁図を加えているが、これは恐らく明代清言の一種であろう(喜詠軒叢書甲編に図と共に所収)。④以上の他に宋の仏国惟白《いびゃく》の八牛図、自得慧暉の六牛図、虎丘元浄(円悟克勤の嗣)および竜岩(伝は不詳)の四牛図などがあり、おそらく他にもあったと思われるが、今は廓庵と普明のもののみ図が現存している。特に日本では廓庵の図にもとづいて描かれ、周文等慶、古岳宗亘などの名筆は禅画として勝れている。㊝二・一八・五

**しゅうきょう　宗教**　①宗と教と。華厳五教章巻一には分教開宗の説があり、宗教の二字を分けて解釈して、教化すべき対象に適応して説いた仏の教説を教、その教のうちでそれぞれその主とする理を宗とする(一般に宗は主観的な自己の主義信念、教は客観的な教説を意味するともいえる)。また宗の教旨、あるいは宗即《そく》教の意味にも用いられる。②江戸末期以後、西欧の学術思想が入って来たのに伴い、仏教語の「宗教」が英・独・仏などの西洋語の religion の訳語にあてられた。　religion はラテン語の religio から出た語であって、その語源については異説があり、「結ぶ ligare」という動詞から来たもので神と人との結合を意味するとも、「整理する legare」という動詞から変化したもので厳粛な儀礼を意味するともいわれるが、religio の語は最も原始的には超自然的な事物に対したときの畏怖、不安の感情を意味し、ついでその感情の対象となる超自然的事物や、その感情の外的表現としての儀礼をも意味するに至り、さらには団体的、組織的な信仰、教義、儀礼の体系――いわゆる成立宗教を意味するようになったもののようである。成立宗教はその種類がはなはだ多くて、しかもその様態も種々であり、現存するものもあればすでに死滅したものもあるが、これを発達史的に分類すれば、一応、原始宗教・国民的宗教・世界的宗教に分けられよう。このうち、原始宗教とは太古の宗教および未開民族の宗教をいい、国民的宗教とは一国の国民的伝統を基礎とし、国民の多数によって行われた私的・公的なすべての宗教をいう。これには、日本の神道のように、特定の教祖を持たず、原始宗教を基礎として、国家組織の発展に伴って組織化されたものや、中国の道教のように、特定の教祖とされるものを有し、その性格において特殊な国民的伝統をとり入れているために他国に伝わりにくいものなどがある。世界的宗教とは、特定の祖によって創唱され、その開祖の行跡や教説を中心にして、経典をもった教団が、超民族的立場を含んで創立されてきたものであり、その教えは、人類全体(仏教ならば衆生全体)に立脚した世界性あるいは普遍性を有し、かつ、個人の救済ということを基礎にした個人的・内面的性格をもっている。仏教・キリスト教・イスラーム教がこれに含まれる。

**しゅうぎょう　周顒**　生没年不詳。劉宋・南斉代の汝南(河南省)安城の人。字は彦倫。明帝に重んじられた。官についたが老易をよくし、ことに仏学に対する造詣が深く、僧

瑾および僧遠に師事し、僧朗に三論を学んだ。空仮名・不空仮名・仮名空の別を説いて三宗論を著わし、仮名空によって二諦義を立てた。〔参考〕南斉書四一、南史三四附周朗伝、出三蔵記集一一、弘明集六、高僧伝八

**しゅうぎょう**　**宗暁**　（紹興二一1151—嘉定七1214）南宋代の僧。楽邦文類の著者。四明（浙江省慶元府）の人。姓は王氏。字は達先、石芝と号した。一八歳で具足戒を受け、具菴強公・雲菴洪公に師事し、四明昌国（浙江省定海県）翠蘿寺《すいらじ》の主となったが、退いて西山に隠れ、法華経を誦えるのを日課とした。その後、浙西の諸寺をめぐり、請われて参秀寺の主となった。辞めてのち延慶寺の第一座となり、多くの書を編著し、種々の経典を写した。またかつて城南の櫟社に井戸を掘って法華泉と名づけ、亭を建てて湯茶を供したが、張宗義の寄進によって立派な寺院となったという。著書、法華経顕応録二巻、楽邦文類五巻、楽邦遺稿二巻、四明尊者教行録七巻、金光明経照解二巻、三教出興頌註一巻、宝雲振祖集一巻、施食通覧一巻など。〔参考〕仏祖統紀一八

**しゅうきょうーぎょうせい**　**宗教行政**　原始仏教教団は、出家の集団として世俗権力の外にあったのであるが、教団も一つの社会組織である以上、国家との関係を無視することができず、とくに中国や日本では、教団に対する国家統制が強く行われた。①〔中国〕後漢から晋にかけては僧尼の統制は外国人を取扱う鴻臚卿《こうろけい》がその任にあたったが、南北朝の頃から僧官の制度〈⇩僧綱《そうごう》〉が確立した。唐では鴻臚寺で僧尼の取締りを行ったが、則天武后のとき尚書省礼部の下に祠部を設けて任にあたらせ、代宗は別に功徳使を置いた。五代および宋では唐制にもとづいたが、元は宣政院を設けて教団を統制し、また大禧宗禋院を置いて全国の寺院財産を管理した。明は善世院を設け、また僧録司などを置いて統制を図って、清は明制にしたがった。②〔日本〕推古天皇三二年624僧尼を取締り諸大寺を管するために初めて僧綱の制が設けられ、その制度は長くつづいたが、平安時代の中頃から次第に有名無実になった。大宝律令では、僧尼令によって僧尼のあり方を規制し、僧尼の名籍は中務省の卿《かみ》が、国忌のことは治部省の卿がそれぞれ管し、治部省に玄蕃寮《げんばりょう》を設けて寮の頭《かみ》が名籍・供斎などを掌り、地方の仏寺・僧尼については地方官がこれにあたった。鎌倉幕府には、安堵奉行・寺社奉行・奉幣使奉行・御祈奉行・神事奉行・仏寺奉行・造営奉行などの機構が設けられ、寺社領のこと、祭祀・法会のこと、奉幣のこと、祈禱のこと、社寺造営のことなどを掌った。室町幕府には、はじめ寺社奉行を置いて寺院・神社のことを掌ったが、のち寺奉行（寺家奉行ともいう）・社家奉行に分けた。その他、追善法事などを掌る仏事奉行、千本釈迦堂涅槃会《ねはんえ》を掌る涅槃奉行、祈禱に関することを掌る御撫物使《おなでものづかい》・祈禱奉行、日吉社へ献上の神馬を掌る神馬奉行、伊勢大神宮のことを管掌する神宮頭人（神宮奉行ともいう）、東大寺・興福寺のことを掌る南都奉行や、八幡宮奉行（石清水）、山門奉行（延暦寺）、東寺奉行なども置かれた。また相国寺内の鹿苑院《ろくおんいん》の住持を僧録司に任命し、五山十刹の入院出世の事を掌らせた。戦国時代になると、社寺は主として各大名が個別的に各社寺に対して出す法度《はっと》・禁制・壁書（分国法）などの寺法・社法により統制された。各大名は領内の寺院を統制するため、有力寺院を僧録などに任命する場合が多かった。江戸時代は、寺社奉行が全国の社寺および社寺領の人民・神官・僧尼・楽人・連歌師などを支配し、また訴訟を裁判した。しかし大寺社のことや重要事項は寺社奉行・町奉行・勘定奉行の三奉行で構成する評定所で決裁した。小普請奉行は諸国の寺社修復のことを臨時に兼務し、神道方は神書をおさめ、神祇故実などの調査を掌って吉川家が世襲し、日光奉行・京都所司代・京都町奉行・伏見奉行・山田奉行・奈良奉行なども管内の社寺のことを兼務した。また幕府の命を伝達し、各宗派の意を幕府に上申する仲介機関として、各宗派の主として江戸に在住する有力寺院が触頭《ふれがしら》に任じられた。触頭は宗派により僧録（曹洞宗・臨済宗）・輪番（真宗）・役者（浄土宗）などとも呼ばれ、地方には触頭の命を国内の寺院に伝える小触

頭があった。またキリスト教徒の探索・監視・抑圧を主目的として宗内改役を設け、吉利支丹《きりしたん》奉行が統率した。諸藩でも寺社奉行が設けられて黒印地などのことや一般社寺の監督にあたり、宗門改役をおき、キリスト教禁制を掌った。近代にいたり、明治政府は明治元年1868神祇官を復興して神祇・神社を総監したが、同四年神祇省と改めた。また同三年閏一〇月民部省に寺院寮を設け、仏教と教派神道のことを掌った。同五年三月神祇省を廃して新たに教部省を設置し、同四月教部省に神官・僧侶の教導職を設けて国民を教化させ、同九月教導職養成機関として大教院を設けた。教部省では従来の神祇祭祀のこと、教派神道のこと、仏教のことをすべて管掌した。同八年四月大教院を、同一〇年教部省も廃し、新たに内務省に社寺局をおき、旧教部省の所管に加えてキリスト教のことを併せ管掌した。同一七年には教導職を廃した。同三三年には内務省社寺局を神社局と宗教局に分け、神社局は神社・神祇のことを掌り、宗教局は仏教・キリスト教・教派神道などのことを掌った。宗教局は大正二年1913文部省宗教局に移って旧来の職掌を継承し、昭和一七年1942に文部省教化局宗教課、翌年更に文部省教学局宗教課と改めた。神社局は、昭和一五年内務省神祇院と改称し、第二次世界大戦ののち、昭和二〇年一〇月、従来の宗教行政機関を止めて文部省社会教育局に宗教課を設け、神道・仏教・キリスト教・新興宗教などすべての宗教関係の政務を扱うこととした。翌年三月文部大臣官房宗務課、更に昭和二七年文部省調査局宗務課と改称し、同四一年文部省文化局に宗務課を置き、同四三年文化局廃止に伴って文化庁文化部に宗務課を設置して現在に至る。⇩大教院《だいきょういん》

**しゅうきょう-ようげ　宗教要解**　一二巻。日賢の著（享和三1803）。天台宗・日蓮宗の要義二九条を論述した書。日賢には他に宗旨要解、余年集、光揚義などの著がある。〔刊本〕明治三〇1897刊

**しゅうぎょく-しゅう　拾玉集**　五巻または七巻。慈円の歌集（前四巻は嘉暦1326―29頃、後三巻はその後の成立。集としての成立は貞和二1346）。多くの百首歌や贈答歌を収めている。中には無雑作に過ぎる作もあるが、仏者にして歌人であった作者の胸懐がよく示され、所々に記されている和歌観にも宗教的な色彩が濃い。別に異本拾玉集二巻がある。続国歌大観、国歌大系一〇

**しゅうく　集九**　生没年不詳。室町時代の禅僧。周九とも書く。字は万里。梅庵と号し、梅花道人、漆桶道人ともいう。京都相国寺に入って大圭宗价に師事し、寺中の雲頂院に住した。応仁の乱を避けて美濃・尾張地方を遊行し、法衣を脱いで居士と称した。文明年間1469―87の末江戸に入り、太田道灌の厚遇を受け、詩文をもって聞こえた。〔参考〕日本名僧伝、五山高僧小伝、本朝通鑑、古今人物志、延宝伝灯録三五

**しゅうげん　宗源**　①（仁安三1168―建長三1251）浄土宗の僧。京都の人。乗願房という。仁和寺で密教を修め、特に悉曇《しったん》に通じ、また天台にも詳しかった。源空（法然）の門に入り、のち醍醐菩提寺の奥の樹下谷、洛東清水寺の竹谷《たけだに》に隠棲した。世に竹谷上人という。三心所廃の義を立てたと伝える。〔参考〕浄土宗要集四、法然上人行状絵図四三、一言芳談、沙石集二、徒然草　②⇩そうげん

**じゅうけん　重顕**　（太平興国五980―皇祐四1052）北宋代初期の禅僧。姓は李氏。字は隠之《いんし》。雪竇《せっちょう》和尚という。諡号は明覚禅師。遂州（四川省遂寧県）の人。雲門二世の智門光祚《ちもんこうそ》の法を嗣ぎ、明州雪竇山《せっちょうざん》（浙江省奉化県西北）その他に住した。詩文にすぐれ、祖英集・瀑泉集などがあり、またその百則頌古を後に圜悟克勤《えんごこくごん》が評唱し、碧巌録一〇巻とした。語録六巻がある。〔参考〕語録付の塔銘、広灯録二三、続灯録二、僧宝伝一一

**じゅうげん-じ　重玄寺**　中国江蘇省蘇州府にあった寺。唐の長慶二年822から太和三年829にかけて、清晃・清海らによって、寺の西の石壁に法華経・金剛般若経・阿弥陀経・尊勝陀羅尼経などが刻まれ、刺史白居易が碑記を撰したことで有名。

**じゅうげん-もん　十玄門**　十玄縁起ともいう。詳しくは十玄縁起無礙法門と称し、

華厳一乗十玄門、一乗十玄門、または単に十玄ともいう。華厳宗《けごんしゅう》では六相円融の説と共に根本的な教理とされ、古来、十玄六相と併称して華厳教学の大綱を表わす。つまり、事事無礙法界〈⇩四法界《しほっかい》〉の相を十方面から説明したもので、現象と現象とが互いに一体化し(相即)、互いにはたらきが入り交ってさまたげることなく(相入)、網の目のように結びあって、もののありのままの本性にかなっているという法界縁起の深い意味を表わす一〇の門の意。これに古十玄と新十玄とがあり、智儼《ちごん》が一乗十玄門に説き、法蔵が華厳五教章に承けついだのを古十玄、法蔵が華厳経探玄記巻一に示し、澄観が華厳玄談巻六に祖述したのを新十玄という。いま新十玄について各門を略説すると、(1)同時具足相応門。すべての現象が同時にあい応じて縁起を成り立たせ、一と多とが一体化して先後がないこと。(2)広狭自在無礙門。空間的に広と狭という対立は、互いに相矛盾するものでありながら、その対立的矛盾を媒介として、相即相入し、自在に融けあってさわりがないこと。(3)一多相容不同門。現象のはたらき(用)について、一中の多、多中の一の相入を説くもので、普遍的真理に基づく一は、多の一々のうちに遍くあって、一としての全力を発揮すると共に、また多をことごとくおさめ入れて、さまたげないものである。(4)諸法相即自在門。現象の体について、一と一切とが互いに空・有として一体化していること。(5)隠密顕了倶成門《おんみつけんりょうくじょうもん》。縁起としての現象においては、一を有としてその顕われた相をとらせると、その時には多は空となってかくれた意味となる。このように隠と顕とは互いに同時的に一体化して成立すること。(6)微細相容安立門《みさいそうようあんりゅうもん》。縁起としての現象の相について相入を説くもので、一多相容不同門にいう所と異なる点は、特に自相を壊さないことを主眼としていることにある。つまり、一々の現象において、小を大に入れ、一を多に摂しつつ、大小の相をみださず、一多の相を破壊せず、秩序が整然としていること。(7)因陀羅網境界門。森羅万象の一々が互いに他を映しあって、はてしがなく、重重無尽であることが、まるで因陀羅網《いんだらもう》(帝釈天《たいしゃくてん》の宮殿の宝珠の網)のようであること。(8)託事顕法生解門。法の相即相入無礙の相は、決してある特定の一事一物についてのみ語られるものではなく、あらゆる現象に寄託して理解されねばならず、喩えはただちに法の象徴として一事一物がことごとく無限の真理内容を直顕しないものはなく、喩即法、法即喩であること。(9)十世隔法異成門。過去・現在・未来の三世の一々に過去・現在・未来の三世があって九世となり、その九世が結局は一念におさまり、また一念を展開すれば九世となるから、合わせて十世といい、この十世は時間的には隔てられてはいるが、相即相入し、しかも前後長短などの区別が守られて秩序整然であること。(10)主伴円明具徳門。縁起の諸現象においては、ある一現象を主とすれば、他のすべての現象は伴となって、このように互いに主となり伴となって、すべての徳をまどかに具えていることをいう。なお、古十玄は少し順序が異なり、また広狭自在無礙門の代りに諸蔵純雑具徳門、主伴円明具徳門の代りに唯心廻転善成門を出しているが、これを新十玄のように改めた理由は、諸蔵純雑具徳門は理事無礙と混乱するおそれがあり、また唯心廻転善成門は、諸法無礙の理由を示すものではあっても、諸法無礙の相を示すものではないからといわれる。また、慧苑の華厳刊定記巻一には、徳相と業用との両重十玄門の説があるが異解とされている。

**しゅうこう　周皎**　(正応四1291—応安七1374)臨済宗の僧。字は碧潭《へきたん》。諡号は宗鏡禅師。土佐の人。はじめ仁和寺の禅助に密教を学び、元弘元年1331夢窓疎石《そせき》の門に入る。康永元年1342西芳寺に住した。細川頼之に請われて嵯峨の地蔵院(現京都市西京区)に入り、疎石を開山とし、自ら第二世となった。〔参考〕宗鏡禅師伝、延宝伝灯録四、本朝高僧伝三二

**しゅうこう　周興**　(応永一五1408—延徳三1491)臨済宗の僧。字は彦竜。半陶子《はんとうし》と号した。京都深草の人。横川景三の弟子となり、相国寺に住した。詩文に長じた。

著書、丹陰記、半陶集など。〔参考〕日本名僧伝、五山名僧小伝

**しゅうこう　宗興**　①（延慶三1310—永徳二1382）臨済宗の僧。字は滅宗。尾張の人。大応門下と思われる柏菴の法を嗣ぎ、尾張妙興寺（現愛知県一宮市）をはじめ各地に寺院を建立した。諡号は円光大照禅師。〔参考〕禅林僧伝、延宝伝灯録二〇、本朝高僧伝三三　②（正慶二1333—応永一三1406）曹洞宗の僧。字は温老。能登の人。幼くして出家し、永光寺の明峰素哲、光孝寺の壺庵至簡、承天寺の珠巌道珍に謁した。のち永光寺の住持となり、万松庵に退いた。③生没年不詳。室町時代の臨済宗の僧。号は春作。出家後、建仁寺に掛搭して第一座となる。のち大徳寺の大模宗範の法を嗣ぎ、徳禅院に住した。④⇩玄興《げんこう》　⑤⇩瑕丘宗興《かきゅうしゅうこう》

**じゅう-ここん-ぶつどう-ろんこう　集古今仏道論衡**　四巻。古今仏道論衡実録、古今仏道論ともいう。唐の道宣の著（前三巻は竜朔元661、巻四と続付は麟徳元664）。後漢明帝から唐の高宗までの仏教と道教の間の論争を述べたもの。本文三〇条と続付から成る。高麗本と宋・元・明本の間には異同がある。のちに唐の智昇が撰した続集古今仏道論衡一巻があるが、漢代の法論について前書を補ったもの。(大)五二、国一護教部四〔刊本〕寛永一五1638刊

**しゅうこんごう-じん　執金剛神**　(梵)ヴアジュラダラ Vajra-dhara の訳。金剛杵（武器の一種）を手にして仏法を守護する夜叉神。金剛力士、密迹金剛《みっしゃくこんごう》（密迹とは仏のそばにつかえて秘密の事迹を知る意）、密迹力士、金剛手、持金剛などとも称する。密教では大日如来の内証の徳をあらわし、大日の内眷属に十九執金剛があって、その上首である金剛手秘密主は大日の因位金剛薩埵とする。中国や日本では、寺門の両側に金剛力士（二王尊）を安置する風習があるが、左を密迹金剛、右を那羅延《ならえん》金剛と区別することもある。〔参考〕増一阿含経二二、密迹金剛力士哀恋経、大日経疏一

**しゅうこんごうじん-えんぎ　執金剛神縁起**　三巻。東大寺蔵。室町時代の作。東大寺法華堂に安置する執金剛神像の由来を語った絵巻。初めに聖武天皇と良弁僧正が過去において宿縁のあったこと、次に執金剛神の供養、聖武天皇の行幸のことなどを説き、最後に平将門が反乱したとき執金剛神が蜂となって将門を攻めたことを述べる。絵は土佐光信、詞は一条兼良の筆と伝えるが明らかでない。描写は稚拙、彩色には不着手のところがある。

**しゅうさく　宗賾**　生没年不詳。北宋代の浄土教の僧。襄陽（湖北省襄陽府）、また洛州永年（直隷省広平府）の人ともいう。姓は孫氏。慈覚と号した。幼時は儒学を学び、二九歳で真州長蘆寺の円通法秀によって得度し、広照応夫に参禅した。元祐元年1086に母を長蘆寺に迎えて、剃髪念仏させ、同四年には廬山白蓮社の遺風にならって蓮華勝会を建て、道俗に念仏を勧めた。のちに真定洪済院の主となり、禅苑清規《ぜんおんしんぎ》一〇巻（崇寧二年1103に刊行したので崇寧清規ともいう、現存）を編した。著書には坐禅箴《ざぜんしん》、葦江集、蓮華勝会録などがあったが、現存しない。〔参考〕楽邦文類二・五、蓮宗宝鑑三・四、浄土聖賢録三

**しゅう-さくし　習鑿歯**　生没年不詳。東晋代の学者。襄陽（湖北省）の人。字は彦威。文筆の名声が高く、簡文帝の時に荊州刺史桓温に用いられて別駕となった。また前秦王苻堅に優遇され、釈道安と交友があり、初めて会ったとき自ら「四海の習鑿歯」と名乗ったところ、道安は「弥天の釈道安」と応じ、時の人より名答とされたという。漢晋春秋五四巻を著わしたというが今に伝わらない。襄陽耆旧伝一巻が現存。〔参考〕晋書八二、出三蔵記集一五、弘明集一二、高僧伝五

**しゅうさん　秀算**　（元亀三1572—寛永一八1641）真言宗の僧。上野国高崎の人。同国北野寺慧算について出家し、のち大和長谷寺の専誉、南都喜多院空慶、同四聖坊経助らに学んだ。慧算の跡を継いで松井田不動寺に住したが、元和元年1615徳川家康の命をうけて駿府に赴き、翌年大和長谷寺第四世の能化となり、同五年僧正に任じられた。同九年醍醐寺の義演から両部許可及び経軌などを伝えられ、寛永九年大覚寺の尊性親王について秘奥を受けた。同一一年長

谷寺勧学院の法度を定めた。〔参考〕豊山伝通記中

**じゅうさん-しぐえ　十三資具衣**　十三種衣ともいう。比丘《びく》が生活必需品として所有することを戒律によって許されている一三種の衣、布の類。⑴僧伽梨《そうぎゃり》。大衣、重衣と訳す。九条衣、二十五条衣など。⑵鬱多羅僧《うったらそう》。上衣、上著衣と訳す。七条衣。⑶安陀会《あんだえ》。内衣、中著衣と訳す。五条衣。⑷尼師壇《にしだん》。坐具、敷具と訳す。⑸裙《くん》。裏衣、涅槃僧《ねはんそう》ともいう。下半身を包む内着。⑹副裙。裙の一種。⑺僧祇支《そうぎし》。覆腋衣、掩腋衣と訳す。⑻副僧祇支。覆腋衣の一種。⑼拭身巾。⑽拭面巾。⑾剃髪衣。髪を剃る時に着る衣。⑿蓋瘡巾。遮瘡疥衣ともいう。瘡疥を蓋うための巾。⒀薬資具衣。薬直衣ともいう。病気の時に薬と交換するための衣布。ただし⑼⑽⒀の代りに手巾(沐浴用の布巾)、雨衣(雨具)、包嚢(資生の具を包む布)を入れることもある。⇩法衣《ほうえ》

**じゅうさん-ぶつ　十三仏**　死者の中陰および年忌法要を勤める時に本尊とする一三体の仏・菩薩。初七日(不動明王・秦広王)、二七日(釈迦如来・初江王)、三七日(文殊菩薩・宋帝王)、四七日(普賢菩薩・五官王)、五七日(地蔵菩薩・炎羅王)、六七日(弥勒菩薩・変成王)、七七日(薬師如来・太山王)、百カ日(観音菩薩・平等王)、一周忌(勢至菩薩・都市王)、三年(阿弥陀如来・五道転輪王)、七年(阿閦如来・蓮上王)、一三年(大日如来・抜苦王)、三三年(虚空蔵《こくうぞう》菩薩・慈恩王)。十三仏礼拝は十王供の流行に伴い密教の胎蔵界曼荼羅に十三大院があるのをかたどっておこったものと考えられる。室町時代頃より禅宗・密教で盛んであった〈⇩十王《じゅうおう》〉。大日如来の周囲に十二尊の図を描いたものを十三仏の曼荼羅といい、尊形の代りに種子を書いたものもある。虚空蔵が第一三仏に当たっているために、虚空蔵菩薩への参詣を十三詣りと称して、一三歳になった子供が毎年三月一三、一四日の両日(現在は二月一三日から五月一三日までの間)に京都法輪寺の虚空蔵菩薩に参詣するのもここに由来すると考えられる。〔参考〕十三仏抄、寂照堂響集六

**しゅうじ　種子**　㊵ビージャ bīja の訳。①穀類などがその種子から生じるように、物心すべての現象を生じさせる因種となるもの。また種子《しゅし》ともいい、穀類などの種子を外種《げしゅ》または外の種子というのに対して、唯識宗ではこのような種子は阿頼耶識《あらやしき》の中に蔵されるとし、これを内種または内の種子という。この内の種子は生果の功能《くのう》(結果を生じるはたらき)を指し、これは現行《げんぎょう》の諸法(現在に顕われてはたらく諸現象)によって、あたかもものに残り香がしみこむように、阿頼耶識に熏習《くんじゅう》(におづけ)された慣習の気分であるから習気《じっけ》とも名づける。種子の説は、譬喩としてはすでに阿含経に見え、部派の中では化地部が窮生死蘊《ぐうしょうじうん》の識の中に物心の種子が常に存在することを説き、経量部では色法《しきほう》(物質)と心法(精神)とが互いに種子として他に熏じ付いて保存されるとして色心互熏《しきしんごくん》説を説く。②唯識宗では、種子は阿頼耶識《あらやしき》中に蔵されるとする。その関係を成唯識論巻二には、阿頼耶識は体、種子は用、あるいは阿頼耶識は果、種子は因の関係にあり、不一不異であるとし、種子は阿頼耶識の相分《そうぶん》〈⇩四分《しぶん》〉中に存在するとする(ただし、以上は有漏の種子についての説である)。また同巻二には、種子は次の六条件を具えねばならないといい、これを種子の六義という。即ち、⑴刹那滅《せつなめつ》。不動不変の無為法でなく生滅変化する有為《うい》法であること。⑵果倶有。種子から生じた現行《げんぎょう》即ち果と倶に離れずに存在すること。⑶恒随転《ごうずいてん》。恒に間断なく転起して、一類相続すること。⑷性決定《しょうけつじょう》。種子を熏じ付けた現行の善悪に随って、その種子から生じる現行の善悪を決定して乱さないこと。⑸待衆縁《たいしゅうえん》。多くの縁が和合するのを待って、はじめて種子が現行を生じること。⑹引自果。色《しき》・心それぞれの自果を別々に引生すること、である。種子はいかにして起ったかについては、本有説《ほんぬせつ》(護月《ごがつ》の説)・新熏説(難陀・勝軍の説)・新旧合生説《しんくがっしょうせつ》(護法の説)の三説があり、これらを主張する学流をそれぞれ本有家《ほんぬけ》・新熏家・

新旧合生家と称するが、法相宗では第三説を正しいとする。即ち、種子には無始以来阿頼耶識中に先天的に存在する本有種子(本性住種)と、後天的に現行の諸法により熏じ付けられた新熏種子(習所成種)とがあって、この二種の種子が合わせて現行法としてすべての現象を生じるとする。ただし、見道に至って初めて無漏智を生じるのは本有無漏種子によるとし、また、五姓の差別を生じるのはこの本有無漏種子の種別や有無によるとする。ところが本有説では本有種子のみを立てて新熏種子を認めず、現行の熏習は新熏種子を生じるのでなく、ただ本有種子を増長させるだけであると主張し、新熏説では新熏種子のみを認めて本有種子を認めない。一般に種子には、有漏の諸現象を生じる有漏種子と、菩提《ぼだい》の因となる無漏種子との二種の種子があり、有漏種子にはまた名言《みょうごん》種子と業種子《ごっしゅうじ》との二種の種子がある。名言種子は、名言(言語的表象)によって阿頼耶識中に熏じ付けられた種子であって、物心すべての現象が現在に顕われはたらく(現行の)ための直接の因である。これに二種ある。表義名言種子は、意味を表わす言語(表義名言)を第六意識が縁じて(認識して)、その言語に随って諸現象を変現するときに熏習される種子であり、顕境名言種子は、心・心所《しんじょ》法である前七識の見分(主観)など(顕境名言)が対境を縁ずる(認識する)際に熏習される種子である。心・心所法は名言ではないが、名言がそれぞれの存在を表わすように、心・心所は対境を変現するから顕境名言といわれる。すべて名言種子は種子と同じ種類の現行《げんぎょう》(現象)を生じるから等流習気ともいわれる。次に業種子は、異熟(果報)を生じる直接の因である名言種子を助けて、善悪業による異熟を生じさせるはたらきのある種子で、第六意識と相応する善悪の思《し》(意志の精神作用で業の体)によって熏じ付けられる。異熟は無記であるから、異熟を生じる名言種子は無記であり、従って自ら現行する力はないが、善悪の業種子の力が強いとそれが増上縁となって異熟を生じる。それ故に業種子は異熟習気ともいう。また名言種子のうちで、我執によって熏習され、それによって自他の差別を感じて、迷いのもととなる我見・我所見を起こす種子を特に我執習気という。我執習気・名言習気・有支《うし》習気(業種子)を三種習気という。また山河大地のように多くの有情《うじょう》に共通な環境を生じる名言種子を共相《ぐうそう》の名言種子(共種子)というのに対して、肉体のようにその人のみが受け用いるものを生じる種子を不共相の名言種子(不共種子)といい、これらの名言種子が現行を生じるためには共業《ぐうごう》・不共業の業種子のたすけをからねばならないとする。

**じゅう‐じ　十地**　地は(梵)ブーミ bhūmi の訳で、住処、あるいは住持、生成の意。その位を住み家とし、またその位における法をたもちそだてることによって、果を生みだすものをいう。①乾慧等の十地。大品般若経巻六、巻一七などに説かれ、三乗に共通なものであるから三乗共の十地《さんじょうぐうのじゅうじ》、共地《ぐうじ》といい、天台宗では通教の十地という。大品般若経巻六には、乾慧から仏までの十地において、菩薩は方便力によって六波羅蜜を行じ、また四念処《しねんじょ》から十八不共法《ふぐうほう》までを順次に行じて、前九地を経て仏地に至るとし、この十地は菩薩の具えねばならないもので、ここにいう仏地とは、仏果を指すのではなく、菩薩が仏のように十八不共法などを行うこととする。また大智度論巻七五には、この十地をそれぞれ三乗の階位に配当し、また智顗《ちぎ》の法華玄義巻四下、摩訶止観巻六上にもこの意をうけて解釈している。それによると、(1)乾慧地《けんねじ》(過滅浄地、寂然雑見現入地、超浄観地、見浄地、浄観地)。乾慧とは真理を観じようとする智慧はあっても、まだ禅定の水にうるおされていないことを意味し、この位は声聞の三賢位、菩薩の初発心《しょほっしん》から順忍を得る前までの位にあたる。(2)性地(種性地、種地)。声聞の四善根位、菩薩の順忍を得た位で、諸法実相を愛著するが邪見を起こさず、智慧と禅定の伴った境地である。(3)八人地(第八地、八地)。人は忍の意で、声聞の見道十五心(八忍七智)の須陀洹向《しゅだおんこう》、菩薩の無生法忍《むしょうぼうにん》にあたる。(4)見地(具見地)。声聞の四果の中の須陀洹果《しゅだおんか》菩薩の阿鞞跋致《あびばっち》(不退転)の位にあたる。(5)薄地(柔軟地、微欲地)。声聞は欲界九種の煩悩が一分、断たれた位で、須陀洹果或いは斯陀含果《しだごんか》、また菩薩ならば諸々の煩悩を断って余気も薄くなった位で、阿鞞跋致以後まだ成仏しない間の位である。(6)離欲地(離貪地、滅婬怒癡地)。声聞は欲界の煩悩がなくなった位で、阿那含果《あなごんか》、菩薩は欲を離れて五神通を得た位である。(7)已作地《いさじ》(所作弁地、已弁地)。声聞は尽智・無生智を得た阿羅漢果、菩薩は仏地を成就した位である。(8)辟支仏地《びゃくしぶつじ》。因縁の法を観じて成道したもの、縁覚ともいわれる。(9)菩薩地。前述の乾慧地から離欲地までを指し、あるいは後述の歓喜地から法雲地までを指すとみることもでき、初発心から金剛三昧まで、つまり菩薩としての最初から成道の直前までの位をいうとも解釈される。(10)仏地。一切種智などの諸仏の法が完全に具備した位。大智度論巻七五には、この三乗共位の菩薩が無漏智《むろち》によって、惑《わく》を尽くしてさとりをひらくのについて、灯芯は初焔で燃えるとも後焔で燃えるとも定められないように、十地のどこで断惑するとも固定的に定められず、十地がみな互いにたすけあって仏果に至らせると説き、この喩を燋炷《しょうしゅ》の十地という。②歓喜等の十地。旧訳の華厳経巻二三以下、新訳の華厳経巻三四以下、仁王般若経巻上、合部金光明経巻三などに説かれ、菩薩が修行の過程に経なければならない五二位中の第四一から第五〇までの位である。菩薩はこの位に登るとき初めて無漏智を生じて仏性《ぶっしょう》を見、聖者となって仏智をそだてたもつと共に、あまねく衆生をまもりそだてるから、この位を地位《じい》、十聖《じっしょう》といい、地位にある菩薩を地上《じじょう》の菩薩、初地(初歓喜地)に登った菩薩を登地の菩薩、それ以前の菩薩を地前の菩薩、十住・十行・十廻向を地前の三十心という〈⇩菩薩の階位《ぼさつのかいい》〉。なお十住毘婆沙論では、「地」を住処の意にとって、十地のことを十住と訳す。十地の名称を新訳の華厳経巻三四によって挙げると(括弧内は梵語及び異訳)、(1)歓喜地(梵プラムディター・ブーミ pramuditā-bhūmi 極喜地、喜地、悦予地《えつよじ》)。(2)離垢地(梵ヴィマラー・ブーミ vimalā-bhūmi 無垢地、浄地)。(3)発光地《ほっこうじ》(梵プラバーカリー・ブーミ prabhākarī-bhūmi 明地、有光地、興光地)。(4)焰慧地《えんねじ》(梵アルチスマティー・ブーミ arciṣmatī-bhūmi 焰地、増曜地、暉曜地)。(5)難勝地(梵スドゥルジャヤー・ブーミ sudurjayā-bhūmi 極難勝地)。(6)現前地(梵アビムキー・ブーミ abhimukhī-bhūmi 現在地、目見地、目前地)。(7)遠行地《おんぎょうじ》(梵ドゥーランガマー・ブーミ dūraṃgamā-bhūmi 深行地、深入地、深遠地、玄妙地)。(8)不動地(梵アチャラー・ブーミ acalā-bhūmi)、(9)善慧地《ぜんねじ》(梵サードゥマティー・ブーミ sādhumatī-bhūmi 善哉意地、善根地)。(10)法雲地(梵ダルマメーガー・ブーミ dharmameghā-bhūmi 法雨地)であり、瓔珞本業経巻上には、(1)鳩摩羅加(逆流歓喜地)、(2)須阿伽一波(道流離垢地)、(3)須那迦(流照明地)、(4)須陀洹(観明炎地)、(5)斯陀含(度障難勝地)、(6)阿那含(薄流現前地)、(7)阿羅漢(過三有遠行地)。(8)阿尼羅漢(変化生不動地)、(9)阿那訶(慧光妙善地)、(10)阿訶羅弗(明行足法雲地)とし、マハーヴァストゥ Mahāvastu には、また異なった十地を説く。十地の解釈は一様ではないが、慧遠の大乗義章一四では、(1)歓喜地。初めて聖者となって大いによろこびの心が起こる位で、浄心地、聖地、無我地、証地、見地、堪忍地ともいう。(2)離垢地。誤りを起こし戒を破り煩悩を増す心を離れた位で、具戒地、増上戒地ともいう。(3)明地。禅定によって智慧の光を得、聞・思・修の三慧にしたがって、真理があかされる位。(4)炎地。前三地のはからいによる見解を離れて、智慧の火が煩悩の薪を焼いて炎とし、智慧の本体をさとる、即ちその覚によって起こす阿含光が珠の光炎のようである位。(5)難勝地。たしかな智を得てそれ以上に超えてすすむことが困難とされる位とも、また出世間の智を得て自由自在に方便をもって救い難いものを救う位ともいう。(6)現前地。般若波羅蜜を聞いて大智がまのあたりあらわれる位。(7)遠行地。無相行を修め、心のはたらきが世間をこえはなれる位で、方便具足地

(無相方便地)、有行有開発無相住ともいう。この位では上に求めるべき菩提もなく下に救うべき衆生もないとみて、無相寂滅の理に沈み、修行ができなくなるおそれがある。これを七地沈空《ちんぐう》の難という。しかし、この時十方の諸仏が七種の法で勧め励ますので再び修行の勇気をふるいおこして、第八地に進む。これを七勧という。(8)不動地。無相の智慧がたえまなく起こって、決して煩悩に動かされない位で、各自在地、決定地、無行無開発無相住ともいう。(9)善慧地。菩薩がさわりのない力で説法して利他行を完成し、智慧のはたらきが自在な位で、心自在地、決定行地、無礙住ともいう。(10)法雲地。大法身を得て自在力を具《そな》える位で、究竟地、最上住ともいう。また菩薩地持経巻九の十二住のうち、第三歓喜住から第十二最上菩薩住までは十地にあたり、同巻一〇の種性などの七地の説では、初地が第三浄心地、第二から第七地までが第四行跡地、第八地が第五決定地、第九地が第六決定行地、第一〇地及び仏地が第七畢竟地にあたる。また、初地を見道(通達位)、二地以上を修道(修習位)、あるいは七地及びそれ以前を有功用《うくゆう》地、八地以上を無功用地、あるいは初・二・三地を信忍、四・五・六地を順忍、七・八・九地を無生忍、一〇地を寂滅忍、あるいは前五地を無相修、六・七地を無相修浄、八・九地を無相修果、一〇地を無相修果成、あるいは初地を願浄、二地を戒浄、三地を定浄、四・五・六地を増上慧、七地以上は上上出生浄とし、また地前を信地とするに対して十地全体を証地ということもある。また、十地の各地に入・住・出の三心があって、その地に入ってまだおちつかない時が入心、長く止まってその位がさかんな時が住心、終りに近づいて次の位に近づく時を出心という。成唯識論巻九には、この十地において順次に施・戒・忍・精進・静慮・般若・方便善巧・願・力・智の十波羅蜜《じっぱらみつ》(十勝行)を修めて、それぞれ異生性障・邪行障・闇鈍障・微細煩悩現行障・於下乗般涅槃障・麁相現行障・細相現行障・無相中作加行障・利他中不欲行障・於諸法中未得自在障の十重障を除き、それぞれ、遍行真如・最勝真如・勝流真如・無摂受真如・類無別真如・無染浄真如・法無別真如・不増減真如・智自在所依真如・業自在等所依真如の十真如をさとり、これによって煩悩・所知の二障を転じて菩提・涅槃の二果をうるとし、このうち七地までの菩薩は、有漏心と無漏心とがまじっているから分段生死《ぶんだんしょうじ》をうけ、八地以上は無漏心のみであるから変易生死《へんにゃくしょうじ》をうけるとする。天台宗では、別教・円教にそれぞれ十地の階位があるが、別教の初地に至るものは一品の無明を断っている点において円教の初住と証智が同等であるとし、これを初地初住証道同円という。故に別教の初地以上の菩薩はみな円教の行人となるから、別教の十地は教えには説かれていても、実際に修めるものはないとする(有教無人《うきょうむにん》)。華厳宗では、華厳経探玄記巻九で十地を解釈して、根本からいえば、果海不可説〈⇩因分《いんぶん》(果分)〉の性質のものであり、さとられる内容からいえば離垢真如であり、さとる智からいえば根本・後得《ごとく》・加行《けぎょう》の三智であり、断つものがらからいえば、二障を離れるのであり、修める行からいえば修願行から受位行まであり、何を修め成就するかといえば、初地は信楽行、二地は戒行、三地は定行、四地以上は慧行であり、位からいえば、証位と阿含位であり、乗からいえば(十地寄乗)、初・二・三地は人天乗、四・五・六・七地は三乗、八地以上は一乗で、その位に寄せて行を示せば、十波羅蜜の一々にあたり、現実の報いに寄せていえば(十地寄報)、閻浮提王《えんぶだいおう》から摩醯首羅天王《まけいしゅらてんのう》までの十王となってすべおさめ、三宝を念じて衆生をみちびくとする。真言宗では秘密十地を説く。即ち大日経には第八地と第一〇地、金剛頂経には初地と第一〇地を説くだけであるとし、一往は顕教に準じて十地の説を立てても、密教の実義からいえば、初地と一〇地とは高下がなく、初地即極果であるから、初地で極果をさとり、二地以上は初地の総徳をわけてあらわしたものとして浅略と深秘の二種の解釈を加え、また大日如来の果徳をあらわした四仏の四親近《ししんごん》である十六大菩薩を十地に配当する。また、本有と修生の二面から解して、本有無垢の十地とはすべての衆生に本来もっている菩提心のはかりないことを暗示するもので、それには高下の差別はないが、修生顕得の十地とは、三密の行によって、三妄執《さんもうじゅう》を断って、本有の十地をあらわすもので、仏果に至るにはなお一障を断たねばならないとする。また、真宗では、他力の信心を得れば必ず仏になれることに定まって、よろこびが多いから、これを歓喜地とする。世親の浄土論には、菩薩が衆生を救うために種々のすがたをとって迷界に遊ぶ位を教化地《きょうけじ》といい、曇鸞の浄土論註巻下には、それを八地以上の菩薩であるとし、浄土に生まれて仏となったものが再び還相廻向《げんそうえこう》のはたらきによって、迷界に出るのをいう。また、この教化地という語を教化すべき場所、即ち迷界の意とすることがある。③声聞の十地。声聞の修行階位で、受三帰地・信地・信法地・内凡夫地・学信戒地・八人地・須陀洹地・斯陀含地・阿那含地・阿羅漢地の一〇をいう。④縁覚の十地。辟支仏《びゃくしぶつ》の十地、支仏の十地、独覚の十地ともいい、縁覚の修行階位で、昔行具足地・自覚甚深十二因縁地・覚了四聖諦地・甚深利智地・八聖道地・覚了法界虚空界衆生界地・証寂滅地・六通地・徹秘密地・習気漸薄地の一〇をいう。⑤仏の十地。仏の徳を一〇種の面からほめたたえたもので、甚深難知広明智徳地・清浄身分威厳不思議明徳地・善明月幢宝相海蔵地・精妙金光功徳神通智徳地・火輪威蔵明徳地・虚空内清浄無垢焔光開相地・広勝法界蔵明界地・最浄普覚智蔵能浄無垢遍無礙智通地・無辺億荘厳廻向能照明地・毘盧遮那智海蔵地の一〇をいう。以上の③④⑤はいずれも、人乗同性経巻下の説で、これに②の菩薩の十地を加えて四乗の十地という。

**じゅうじ　住持**　①世にとどまって教えをたもつこと。住持の三宝〈⇩三宝《さんぼう》〉、住持仏〈⇩行境の十仏《ぎょうきょうのじゅうぶつ》〉などと用いる。②寺院の主管者、住職のことで、もと禅宗の用語。前任の住職を前住、現在のものを現住、後任のものを後住《ごじゅう》といい、なくなった前住を故住という。禅宗では前住を東堂《とうどう》ともいう。⇩禅林職位《ぜんりんしょくい》

**じゅうじ-きょう　十地経**　華厳経(東晋の仏駄跋陀羅《ぶつだばつだら》の訳の六十華厳、および唐の実叉難陀《じっしゃなんだ》の訳の八十華厳)十地品を単独の経典とした別行経。西晋の竺法護の訳の漸備一切智徳経五巻、後秦の鳩摩羅什の訳の十住経四巻、唐の尸羅達摩《しらだつま》の訳の仏説十地経がある(いずれも(大)一〇)。また世親の十地経論(後魏の菩提流支の訳)に含まれる経の本文のみを抽出して十地経と呼ぶ。菩薩の修行の発展を一〇種の段階、すなわち(1)歓喜地、(2)離垢地、(3)明地、(4)焔地、(5)難勝地、(6)現前地、(7)遠行地、(8)不動地、(9)善慧地、(10)法雲地に分けて説く。⇩十地《じゅうじ》②

**じゅうじ-きょう-ろん　十地経論**　一二巻。天親(ヴァスバンドゥ Vasubandhu 世親)の造、後魏の菩提流支《ぼだいるし》の訳。十地経(華厳経十地品)に対する世親の釈論。チベット訳もある。十地のそれぞれについて経のほとんど全文を引いてくわしく註釈する。中国にもたらされると、それによって北中国に地論宗という学派を生じ、それがさらに慧光(光統律師)の系統と道寵の系統の二つに分かれて、華厳経・華厳思想に対する研究がさかんになり、やがて法蔵によって華厳宗が開かれることになる。慧光の弟子法上に十地論義疏の著があったが、一部を除いて失われた。隋代の慧遠による十地経論義記も半分近くが失われている。(大)二六、国一釈経論部六

**じゅうしこう-げ　十四行偈**　唐の善導の観経疏玄義分(大三七)の巻首にある「道俗時衆等」以下の一四行(四句一偈)からなる帰敬偈《ききょうげ》をいう。この偈の直前に「先勧大衆発願帰三宝」とあるから帰三宝偈といい、「先勧大衆」とあるから勧衆偈ともいう。

**しゅうし-ざっき　宗旨雑記**　二巻。日乾の著(寛永四1627)。徳川秀忠の命により倶舎・成実・律・三論・法相・華厳・禅・浄土・真言・天台・日蓮の教義や伝来、教主などを記した書。〔刊本〕天和二1682刊

**しゅうじ-しょう　執持鈔**　一巻。覚如の述(嘉暦元1326)。真宗本願寺三世覚如が願智房永承の求めに応じて真宗の安心を略

述した書。五章に分け、他力に帰して名号を執持すれば、往生の業因が成弁することを示している。前四章は親鸞の法語をあげ、後一章は覚如の領解である。㊅八三、真宗法要、真宗仮名聖教、真宗聖教全書、真宗史料集成一〔写本〕西本願寺蔵(蓮如筆)、新潟県浄光寺蔵(永享二1430)〔註釈〕霊晧・丙申記(真系二四)、法海・丙子録(同二五)、吉谷覚寿・略述

**じゅうしち-じ　十七地**　瑜伽行《ゆがぎょう》を修めるとき、行者によって行なわれる一七種の境界で、瑜伽師地論巻一―巻五〇に説く。⑴五識身相応地、⑵意地、⑶有尋有伺地《うじん、うしじ》、⑷無尋唯伺地、⑸無尋無伺地、⑹三摩呬多地《さんまきたじ》、⑺非三摩呬多地、⑻有心地《うしんじ》、⑼無心地、⑽聞所成地《もんしょじょうじ》、⑾思所成地、⑿修所成地、⒀声聞地《しょうもんじ》・⒁独覚地、⒂菩薩地《ぼさつじ》、⒃有余依地《うよえじ》、⒄無余依地。このうち初めの九地は三乗の境で、この境を観じて次の六地の行《ぎょう》を起こし、この行によって次の二地の果を証る、という境行果の順次を示している。

**じゅうしちじょう-けんぽう　十七条憲法**　聖徳太子がさだめたと伝える政治・道徳の綱領。「和を以て貴しとせよ、篤く三宝を敬え、詔を承けては必ず慎め、礼を以て本とせよ」などの一七カ条からなる。豪族が対立抗争していた氏姓社会の中に一君万民の理念による統一国家を樹立しようとして、仏教・儒教の思想にもとづき制定されたもので、わが国の制法のはじめであり、後世の法典編纂に多くの影響を与えている。発布の年次について、日本書紀には推古天皇一二年604四月三日とするが、上宮聖徳法王帝説には同一三年七月とし、光定の伝述一心戒文には同一〇年一二月と伝える。群書二七、日本思想大系二ほか〔参考〕聖徳太子全集一

**しゅうし-にんべつ-ちょう　宗旨人別帳**　⇩宗門改《しゅうもんあらため》

**じゅうじ-の-ひほう　十事非法**　十非事ともいう。仏滅後一〇〇年の頃、跋耆《ばっぎ》(ヴァッジ Vajji)族の比丘たちが主張した戒律上の一〇の見解。その誤りを長老耶舎《やしゃ》(ヤサ Yasa)がとがめ、大衆が討議した結果、戒律に反すると判定され、毘舎離《びしゃり》(ヴェーサーリー Vesālī)で第二結集《けつじゅう》を行う原因になったという。一部の進歩派はこれを非としなかったようで、大衆部所伝の摩訶僧祇律《まかそうぎりつ》は十事に言及せず、伝説もやや他の律の所伝と異なる。善見律毘婆沙巻一によると、十事とは塩浄・二指浄・聚落間浄・住処浄・随意浄・久住浄・生和合浄・水浄・不益縷尼師檀浄・金銀浄の一〇で、施された塩を貯えて用いてよい、日中を過ぎても日時計が二指を過ぎるまでは食事をしてよいなど、食に関するものが多く、また前例にならえば律にそわなくても罪にならないとか、金銭の施与をうけてよいなどとする。なお南方伝仏教の伝承によれば、このことが原因で教団が保守派の上座部と進歩派の大衆部の二派に分かれた(根本分裂)という。〔参考〕善見律毘婆沙一、南伝律小品、五分律三〇、十誦律五六、四分律五四、摩訶僧祇律三三、毘尼母経四、有部毘奈耶雑事四〇、Mahāvaṃsa, Dīpavaṃsa

**しゅうじゃく　執著**　事物や道理を固く執して離さないこと。執、著、計著《けじゃく》ともいう。また貪愛の心をもって執著することを染著《ぜんじゃく》という。

**じゅう-しゃもん-ふおうはいぞくとう-じ　集沙門不応拝俗等事**　六巻。沙門不敬俗録、集沙門不拝俗儀ともいう。唐の彦悰《げんそう》の編。成立年不詳。沙門が王者などを拝すべきか否かについて、東晋代から唐の高宗竜朔二年662までの間の論議を集めたもの。故事篇一七、聖朝議不拝篇三二、聖朝議拝篇四一の三部からなる。なお隋以前のものを収めた故事篇は弘明集、広弘明集に収める。㊅五二〔参考〕大唐内典録五

**じゅう-しゅう　十宗**　⇩じっしゅう

**じゅうじゅう-きんかい　十重禁戒**　①大乗の菩薩《ぼさつ》が犯してはならない一〇種の重い禁止事項で、十重波羅提木叉《はらだいもくしゃ》、十波羅夷《はらい》、十不可悔戒《ふかけかい》、十重禁、十重戒、十無尽戒、十重ともいう。梵網経巻下では、⑴殺、⑵盗、⑶婬、⑷妄語、⑸酤酒《こしゅ》(酒を売る)、⑹説四衆過(出家在家の仏教徒の罪や過失を説く)、⑺自讃毀他《じさんきた》(自分をほめたたえ人をそしる)、⑻慳惜加毀《けんじゃくかき》(慳惜財法、財や法を施すことをおしむ)、⑼瞋

心不受悔《しんじんふじゅけ》(いかりの心を起こして相手が謝ってもなお心をしずめない)、⑽謗三宝《ほうさんぼう》(仏・法・僧をそしる)の一〇を、自ら行い、他人に行わせることを禁じること。これは四十八軽戒に対している。菩薩瓔珞本業経にも十不可悔戒として同じく十戒を説く。小乗の律は罪を犯すものがあるとき、それに応じて一々制止したものであるが、十重禁および四十八軽戒は、仏陀が成道のはじめに、一時に制戒したものとされている。この十重禁を犯すことを、菩薩の波羅夷罪《はらいざい》(仏教徒である資格を失う追放罪)とする説が最も広く行われているが、菩薩の波羅夷罪については経論によって多少の相違があり、菩薩地持経巻五や、瑜伽師地論巻四〇には四波羅夷を、優婆塞戒経巻三には六重を、菩薩善戒経には八重を説いている。②真言宗では、不退菩提心・不捨三宝・不謗三宝・不生疑惑・不令退菩提心・不令発二乗心・不輒説深妙大乗・不発邪見・不説我具無上道戒・捨一切無利益事の一〇を十重戒とする。

**じゅう-じゅうしん　十住心**　一〇種の心のあり方。真言宗で、衆生の菩提心の顕現の過程、つまり宗教意識の発達過程を一〇種の形式に分類したもので、兼ねてこれに顕密諸教を対配して、顕教が劣り、密教が勝れていることを示して教判とする〈⇩顕教《けんぎょう》〈密教〉〉。空海の十住心論巻一、秘蔵宝鑰《ひぞうほうやく》巻上などに見える説。⑴異生羝羊心《いしょうていようしん》。凡夫(異生)は羝羊(牡羊)のように、食欲と性欲との本能的生活に終始し、ひたすら悪をなして、微少の善心すらないのをいう。⑵愚童持斎心。愚かな小児のように、わずかに人間らしい心を起こして徐々に自己を反省し、日常の起居動作などを慎しもうとする心。人間の道徳的生活の教え(人乗)にあたる。⑶嬰童無畏心《ようどうむいしん》。みどり児が母に抱かれておそれがないように、死後天に生まれるという信仰によって、宗教的安心を得た心。天乗にあたる。以上は世間的な思想であり、以下は仏教内の思想である。⑷唯蘊無我心《ゆいうんむがしん》。すべてのものは五蘊《ごうん》が仮に結合して成り立ったものであるから無我であると知るが、なお五蘊そのものは存在すると固執する立場。四諦の教えによって阿羅漢果を求める声聞乗にあたる。⑸抜業因種心《ばつごういんじゅしん》。人間苦の根本である惑と業との種子《しゅうじ》を除こうとする立場。十二因縁を観じて惑業を除く縁覚乗にあたる。⑹他縁大乗心。他縁は無縁と同義語で、絶対の慈悲心(あわれみいつくしむ心)によってすべての衆生を救おうとする立場。法相宗がこれにあたる。⑺覚心不生心。心の不生を覚る立場。三論宗がこれにあたる。⑻一道無為心。如実一道心ともいい、あるがままの絶対的真理をさとる立場。天台宗がこれにあたる。⑼極無自性心《ごくむじしょうしん》。万有はことごとく自性がなく、真如が縁によって顕現するとさとる立場。華厳宗がこれにあたる。⑽秘密荘厳心《ひみつしょうごんしん》。秘密荘厳心とはすべてのものが先天的に心の内に具えている曼荼羅《まんだら》を指し、真言宗がこれにあたる。そして十住心の解釈には種々の説があるが、古来、十住心論は真言行者の心の内面的展開を主とするから九顕十密、秘蔵宝鑰は教判を主とするから九顕一密であるという。なお宥快の秘蔵宝鑰鈔巻上には、横竪《おうじゅ》についてわけた二双四重の四種十住心を説く。即ち

| | | | | |
|---|---|---|---|---|
| 顕密合論十住心 | 唯差別 | 竪 | 竪 | 浅・略 |
| 心続生十住心 | 差別的平寺 | 横 | | |
| 五種三昧道十住心 | 平等的差別 | 竪 | 横 | 深・秘 |
| 普門万徳十住心 | 唯平等 | 横 | | |

である。また十住心の教判に対しては、天台宗を始め、浄土宗、日蓮宗などから非難があり、台密の安然の真言宗教時問答巻二には五失を挙げている。

**じゅうじゅうしん-ろん　十住心論**　⇩秘密曼荼羅十住心論《ひみつまんだらじゅうじゅうしんろん》

**じゅうじゅう-だんけつ-きょう　十住断結経**　一〇巻。詳しくは最勝問菩薩十住除垢断結経という。後秦の竺仏念の訳(四世紀後半)。最勝菩薩や濡首菩薩の問いに対し、菩薩の十住(十地)の境地や菩薩の種々の実践道を説明する。(大)一〇

**じゅうじゅう-びばしゃ-ろん　十住毘婆沙論**　一七巻。竜樹(ナーガールジュナ Nāgārjuna)の造と伝える。後秦の鳩摩羅什《くまらじゅう》の訳。十地経(華厳経十地品)の中、

初地・二地の部分に対する釈論。三五品に分けられるが、第一序品は総論、第二―四品は菩薩の初歓喜地の内容を述べ、第五―二七品は歓喜地に入るためになすべき行を説く。第二八品以下は第二地の相を述べる。論中に大乗経典よりの引用が非常に多く、特に般舟三昧経・宝頂経・郁伽長者経との関係が深い。諸部派の中では犢子部につながりが深いのではないかと思われる。十地経の註釈としては未完成であるため十地思想の点では重視されていないが、第九易行品に難易二道の説があり、曇鸞がその著、浄土論註にそれを引用してから、この論は広く中国・日本の浄土教家の間に依用される。浄土真宗では易行品を七祖聖教の一に数えている。㊅二六、国一釈経論部七

**じゅうじゅう-むじん　重重無尽**　十十無尽とも書く。華厳宗の用語。一の中に十があり、十の中にもまた十があるというように、あらゆるものごとが相互に無限の関係をもって一体化し、また作用しあっているのをいう。⇩相即相入《そうそくそうにゅう》

**じゅうじゅう-ゆいしき　十重唯識**　華厳宗で、すべて存在しているものは一心から作られたものであるとして、万法唯識を説くのに一〇種の意味上の区別があるとする。⑴相見俱存唯識。見るもの(見分)と見られるもの(相分)との別はあるが、いずれも心が変じてあらわれたもので、主観も客観も心内のものであること。⑵摂相帰見唯識。だから客観は主観のはたらきに応じてあらわれた影であり、主観である心・心所《しんじょ》(精神作用)におさめられること。⑶摂数帰王唯識。心・心所のうち、心所(心数)は心王《しんのう》によって起こされるもので、独立した自体がなく、心王が変じたものといえるから、すべてが心王に帰一すること。⑷以末帰本唯識。心王のうち、七転識は本識(第八識)を離れて別に本体とすべきものがないから、本識に帰一すること。⑸摂相帰性唯識。⑷までの唯識の説は、識というものの相を認めた上で説いたものであるが、この識の相は、真如《しんにょ》が縁に随ってあらわれたものであるから、その本性からいえば本覚の如来蔵《にょらいぞう》に他ならないこと。⑹転真成事唯識。前には真如としての本性のみで、ほかには何もないと説いたが、今はその真如の理が、染浄の縁に随って種々の有為法《ういほう》となってあらわれること。⑺理事俱融唯識。だから本体である真如の理と現象である諸法の事《じ》とは、互いに融けあうものであること。⑻融事相入唯識。そして現象(事)相互は融けて互いに調和しあい、さまたげがないこと。⑼全事相即唯識。前には事のはたらきについて相入をいったが、今はそれ故に諸々の事の体も互いに一体化して、一即一切であること。⑽帝網無礙《たいもうむげ》唯識。こうして因陀羅網《いんだらもう》が互いに他をうつしあってかぎりないように、一の中に一切があり、一切の中の一にまた一切があって、重重無尽であること。以上は法蔵の華厳経探玄記巻一三の説で、五教のうち、小乗教では唯識を説かず、唯識を説く大乗の教説にも浅深があるから、⑴⑵⑶は始教、⑷⑸⑹⑺は終教と頓教、⑻⑼⑽は円教中の別教の説であるとし、まとめて一〇を具えているのは円教中の同教をあらわすとする。澄観は、小乗教においては、心の外に法があるとしているが、しかし心のはたらきによって果を生じるとするから、これを仮説の唯識として初めにおき、⑹の転真成事唯識を除いて十重唯識を説く。

**じゅうじゅ-りつ　十誦律**　六一巻。後秦の弗若多羅《ふにゃたら》と鳩摩羅什との共訳。弗若多羅が全体の約三分の二を誦出して没したので羅什が残余を曇摩流支《どんまるし》のもたらした本により訳したが、未定稿のままで羅什もまた没し、のち卑摩羅叉《ひまらしゃ》が補訂した。説一切有部が伝えた律蔵。説一切有部を薩婆多《さつばた》部ともいうので薩婆多律とも称し、全体が十誦(一〇章)にわけられているので十誦律という。(古来、第一結集の際に優波離《うぱり》〔ウパーリ Upāli〕が律を八〇回にわけて誦出したと伝え、その律を八十誦律と称したというが、十誦律の内容を細かく分けると八〇になるので、八十誦律とは十誦律のことであろうともいわれる)。チベット訳はなく、梵本は断片が多数発見されている。中国では翻訳当初はよく講究されたが、四分律の研究が盛んになるにつれて

衰えた。戒本には十誦比丘波羅提木叉戒本一巻(鳩摩羅什の訳)、十誦比丘尼波羅提木叉戒本一巻(劉宋の法顕の集出)があるが、衆学法が広律と戒本とで異なる。羯磨本には大沙門百一羯磨法一巻、十誦羯磨比丘要用一巻(劉宋の僧璩の撰)などがあり、註釈には薩婆多毘尼毘婆沙九巻（訳者不明。薩婆多論ともいう)、薩婆多部毘尼摩得勒伽一〇巻（劉宋の僧伽跋摩の訳。摩得勒伽経ともいう)がある。説一切有部系の律には十誦律の他に鼻奈耶一〇巻（前秦・後秦代の竺仏念の訳㊅二四)も伝わり、また有部の中の根本説一切有部に伝承されたものに根本説一切有部毘奈耶五〇巻(唐の義浄の訳。広律、戒経、註訳を含めると一八部一九九巻)がある。㊅二三、[国]一律部五—七

**しゅうしょう　宗性**　(建仁二1202—正応五1292)東大寺の僧。藤原隆兼の子。東大寺に入り、道性から倶舎を、弁暁から華厳を学び、興福寺覚遍、延暦寺智円らを師として唯識・因明・天台などを学んだ。暦仁元年1238擬講となり、維摩会・御斎会などの講師を終えて、仁治元年1240已講となる。翌年、権律師に任じ、寛元四年1246権大僧都にすすむ。この間尊勝院主となり、文応元年1260東大寺別当に補せられる。弘長二年1262職を辞し、ついで海住山寺十輪院に退き、海印寺に移った。文永六年1269権僧正に任じられる。著書、華厳宗香熏抄七巻、探玄記要文抄一〇巻、日本高僧伝指示抄一巻、同要文抄三巻、弥勒如来感応抄五巻など非常に多く、現存する自筆本だけで五〇〇点をこえ、華厳をはじめ広く諸宗にわたり、史伝にもおよんでいる。弟子に円照・凝然がいる。〔参考〕円照上人行状上・中、三国仏法伝通縁起中、本朝高僧伝一五、東大寺宗性上人之研究並史料

**しゅうしょう　集証**　(応永三一1424—明応二1493)臨済宗の僧。字は亀泉《きせん》。松泉主人と号する。美作の人。相国寺の季瓊真蘂《しんずい》に師事してその法を嗣ぎ、雲頂庵・瑞春庵に住した。将軍足利義教が相国寺鹿苑院の南に蔭涼軒《おんりょうけん》を設けて、真蘂に僧録司の記録を司どらせたが(永享七1435—文正元1466)、文明一六年1484から明応二年までは集証がこれに当たり、蔭涼軒日録・八五巻にまとめた。

**しゅうじょう　種性**　「しゅしょう」とも読む。㊵ゴートラ gotra の訳。種姓とも書く。声聞《しょうもん》・縁覚《えんがく》・菩薩《ぼさつ》など三乗それぞれのさとりを開く種《たね》となる本来的な素性《すじょう》、素質をいう。これには先天的に具わってかわらないものと、後天的な修行によるものとの二種性があり、前者を本性住種性《ほんしょうじゅう》(略して性種性)、後者を習所成種性《しゅうしょじょう》(略して習種性)という。説一切有部などの部派では衆生《しゅじょう》に先天的に具わるいわゆる性得《しょうとく》の仏性《ぶっしょう》を認めず、ただ後天的ないわゆる修得《しゅとく》の仏性だけを説く。大乗の法相宗では五姓《ごしょう》が先天的に区別されているとして性種性を説きながら、また別に習種性をも説くが、これは護法、ダルマパーラ Charmapāla の学流に属する。即ち、種性が先天的なものか後天的なものかについては唯識宗の中にも異説があり、成唯識論巻一によれば、種子《しゅうじ》に対する見解の相違から、護月《ごがつ》は本有性《ほんぬしょう》種性(先天的)だけを、離陀は新熏習《しんくんじゅう》種性（後天的）だけを、護法は両方を認めるが、法相宗ではこの護法の説に依る。これに反して天台宗・華厳宗などではすべての者が本来から仏性を具えていると説く。また三乗の種性を有し、ついには三乗の果に至り得る有種性(有性《うしょう》)と、どうしても迷いの世界を離れえない無種性(無性《むしょう》)との二種性にわけることがあり、五姓の区別を立てる唯識宗ではこれを認めて、無性有情《むしょううじょう》の存在を許している。また種性の意味を転用して菩薩の階位を示すことがある。即ち仁王般若経巻上では習種性・性種性・道種性の三種性を立てて順次に菩薩の十信心・十住心・十堅心にあて、瓔珞本業経巻上には習種性・性種性・道種性・聖種性・等覚性・妙覚性の六種性を立てて順次に十住・十行・十廻向・十地・等覚・妙覚の階位にあて、このうち妙覚性を除いて五種性ともいう。また大集経巻八などには、凡夫性・信行性《しんぎょうしょう》(善知識の教えを聞いて信じ、そのとおり修行するもの、三賢位)・法行性《ほうぎょうしょう》(善知識の教えをまたず仏の説いた法によって修行するも

の、四善根位)・八忍性(八忍七智を具えたもの、見道位)・須陀洹《しゅだおん》性・斯陀含《しだごん》性・阿那含《あなごん》性・阿羅漢《あらかん》性〈⇩四向四果《しこうしか》〉・辟支仏《びゃくしぶつ》性・仏種性の十種性を説く。

**じゅうじょう-かんぽう　十乗観法**　天台宗で円頓止観《えんどんしかん》を修めるにあたり、準備的条件としての二十五方便を終えて、まさしく対象を観察する場合、その軌範となる一〇種の観じ方。この十法を用いて、因より果に至るから十法成乗観といい、略して十乗観法、十重観法、十乗、十観ともいう。智顗《ちぎ》の摩訶止観巻五以下に詳説されている。これを十乗と名づけるのは、観不思議境などの十法が修行者をさとりの果に運ぶ乗りものとなるからであり、円教の観法は必ずこれによらねばならない。十法のうち観不思議境が観法の本体である正観で、上根のものはこれだけで足るが、それでもなお成功しない中根のものは、重ねて第二から第七までを修め、下根のものは、さらに第八以下の観じ方を具備して完全を得る。(1)観不思議境。凡夫が日常に起こす一おもいの心の中に人生のありとあらゆるもののことごとく具わっており、三諦が相互に一体化している不思議な妙境であると観察すること。これについて趙宋天台では、山家派《さんげは》(正統派)の知礼は十不二門指要鈔巻上に槌砧《ついちん》淳朴《じゅんぼく》の喩えを説いて、観は観察する主体で三観は槌《ちつ》にあたり、不思議境は観察される客観で、観察される三諦は砧《かなとこ》にあたるから、この三諦三観は一応、能所《のうじょ》(するものとされるもの)の関係にあるけれども、共に観じる智慧の内容であって、この観不思議境の智慧の槌砧をもって、凡夫の日常に起こす無記《むき》の六識心を淳朴(素材)として鍛えて、三千三諦の妙体とするから、六識心は観察されるものとなり、三諦三観は観察するものとなって、ここに両重の能所の関係が成立するとする〈⇩一念三千《いちねんさんぜん》　⇩十境《じっきょう》〉。これに対して山外派《さんがいは》では不思議境を真如《しんにょ》そのものである真心とし、まだ日本天台宗では天真独朗観や総無明心としての八識観境の異説が行われた。(2)発真正菩提心《ほっしんしょうぼだいしん》。起慈悲心ともいい、初観が成功しなかったとき改めて円教無作の菩提心《ぼだいしん》をおこして、さとりを求め衆生を救おうとして四弘誓願《しぐぜいがん》を立てる。(3)善巧安心止観《ぜんぎょうあんじんしかん》。巧安止観ともいい、止観の実行によって心を真実の本性におちつけさせる。(4)破法徧。あまねくすべてのものにおいて心の執われを否定する。(5)識通塞。絶対の真理に至り通じるものとそれをさまたげ塞《ふさ》ぐものとを見わけて、得失を明らかにする。(6)道品調適《どうほんじょうじゃく》。修道品ともいう。三十七道品を適宜に行者の能力性質に応じ検討して用いる。(7)対治助開。助道対治ともいい、卑近な具体的行を修めることによって、これをたすけとしてさとりのさまたげを除く。(8)知次位。凡位にありながら聖位に登ったなどと慢心を起こすことがないように、自ら修行の段階を知る。(9)能安忍。己れの心にかなうことにもかなわないことにも心を動揺させないようにする。(10)無法愛。離法愛ともいう。真のさとりでないものに愛著しとらわれている段階を去って、進んで真のさとりの位に入る。

**しゅうし-ようげ　宗旨要解**　一〇巻。日賢(1735—1816)の著。成立年不詳。一〇カ条にわたって日蓮宗の宗要を解説した書で、特に一念三千の法門に対する古来の諸解を評し、自宗所立の事の一念三千三大秘法の真意を顕示する。なお日賢は本書の梗概を集めて撮要一巻(東京二江妙勝寺蔵)を作っている。〔自筆本〕京都妙顕寺蔵

**じゅうじょう-の-ぼさつ　住定の菩薩**　真実の菩薩ともいう(大毘婆沙論巻一七六)。菩薩は三阿僧祇劫《あそうぎこう》の間六度の行を修め、さらに百大劫の間三十二相を得るための福業《ふくごう》を修めて成仏するのであるが、このうちの百大劫の修行をしている段階の菩薩を住定の菩薩という。この菩薩は、(1)人や天などの善趣に生まれ、(2)尊貴な家に生まれ、(3)身体が不具であることなく、(4)男子に生まれ、(5)宿命通《しゅくみょうつう》を得、(6)善事をなす場合、迫害に屈したり、心に厭倦を生じて中絶することがないという。以上の六事において決定的であるから住定の菩薩といわれる(倶舎論巻一八)。

**じゅう-しょきょう-らいさん-ぎ　集諸**

**経礼懺儀**　二巻。諸礼仏懺悔文、集諸経礼懺悔文ともいう。唐の智昇の編。成立年不詳。巻上には十方仏名経などの諸経の礼仏懺悔の文をおさめ、巻下は善導の往生礼讃偈をそのまま集録したもの。㊅四七、国一諸宗部七

**じゅう-しょほうぼう-さいじょうぎろん　集諸法宝最上義論**　二巻。善寂の作と伝える。北宋の施護の訳。巻上に華厳・維摩・宝積・楞伽その他の経典を多く引いて、すべてが空で唯識所現であることを明らかにし、巻下ではそれらの経に拠ってさらに論議を加えている。㊅三二、国一論集部四

**しゅうしん　周信**　（正中二1325—嘉慶二1388）臨済宗の僧。土佐長岡の人。字は義堂。空華道人と号する。一四歳で浄義について出家し、比叡山に登って道円から密法を受けた。一七歳から臨川寺の夢窓疎石に師事して大悟し、疎石の没後は建仁寺の竜山徳見に参じた。延文四年1359足利基氏に招かれて鎌倉円覚寺の第一座となり、貞治五年1366善福寺に住持し、応安四年1371上杉能憲の請により報恩寺を開いた。康暦元年1379建仁寺の主となり、至徳二年1385（一説に同三年）南禅寺に移る。のち辞して慈氏院に退いた。詩文に秀でた。著書、禅儀外文抄一二巻、貞和類聚祖苑聯芳集一〇巻、東山外集抄一〇巻、空華日工集四巻、新撰貞和分類古今宿偈頌集三巻、枯崖漫録抄二巻、源府君所蔵銅雀研記并に語録四巻、空華集二〇巻など。〔参考〕五山名僧小伝、延宝伝灯録二三、本朝高僧伝三四

**しゅうしん　宗津**　（寛正三1462—天文元1532）曹洞宗の僧。「そうしん」とも読む。字は天祐。薩摩島津氏の子。福昌寺泰雲について剃髪し、竜室良従に師事して曹洞禅を修め、その印可を受けた。福昌寺・興円寺に歴住し、薩摩に隆盛寺を開いた。〔参考〕日本洞上聯灯録九

**しゅうしん　宗真**　①生没年不詳。室町時代の浄土宗の僧。下野の人。字は厳誉。隆阿《りゅうあ》について出家し、近江の浄厳院（滋賀県蒲生郡安土町）三世を継いだ。〔参考〕浄土総系譜　②⇩そうしん①

**じゅうしん　従諗**　（大暦一三778—乾寧四897）唐代末期の禅僧。姓は郝《かく》氏。趙州和尚と呼ぶ。諡号は真際禅師。曹州郝郷《かくきょう》（山東省曹県）の人。馬祖《ばそ》道一下の南泉普願の法を嗣ぎ、各地を遊歴したのち、真定《しんてい》の王氏に招かれ、趙州（河北省趙県）観音院に住した。巧みな教化で、口唇皮上に光を放つと称し、無字の公案で知られる。趙州録（真際大師語録三巻）がある。年寿・出生地に異説がある。〔参考〕真際禅師行状、祖堂集一八、宋高僧伝一一、景徳伝灯録一〇

**しゅうせい-に　周清尼**　（　—慶安元1648）江戸前期の尼僧。伊勢慶光院五世。伊勢外宮祠官河合氏の女で、慶光院四世周養尼の姪。周養尼の後を承けて慶光院に住し、伊勢大神宮の遷宮に功があった。江戸幕府三代将軍徳川家光の実現に寄与し、江戸城大奥に上人部屋を与えられるなど種々の恩典を蒙り、明隠周清上人の号を賜った。

**じゅう-ぜん　十善〔十悪〕**　身・口《く》・意の三業《さんごう》のうちで、顕著ですぐれた一〇種の善悪の行為をいう。つまり十悪とは殺生《せっしょう》（断生命）・偸盗《ちゅうとう》（不与取、劫盗）・邪婬（欲邪行、婬泆、邪欲）・妄語（虚誑語、虚妄。いつわり）・両舌（離間語《りけんご》、破語。人の中を裂く二枚舌）・悪口《あっく》（麁悪語、悪語、悪罵。きたないののしりことば）・綺語《きご》（雑穢語《ぞうえご》、非応語、散語、無義語。染心から発することば）・貪欲（貪、貪愛、貪取、慳貪）・瞋恚（瞋、恚害）・邪見（愚癡）の一〇で、これらを離れるのが十善である。これらは順次に身業に属するものが三、口業《くごう》に属するものが四、意業に属するものが三であるから、これらを身三口四意三《しんさんくしいさん》と数え、意三を除いて七支、七支業という（口四は語四ともいう）。十善・十悪は十善業道（十善道・十善根本業道、十白業道）・十不善業道（十悪業道、十不善根本業道、十黒業道）ともいわれるが〈⇩業道《ごうどう》〉、これら十業道は、業が遂行される経過に加行《けぎょう》と根本と後起《ごき》の三段階があるうち〈⇩業《ごう》〉の根本、即ち根本業道について立てられる。十善十悪の説は大乗・小乗の多くの経典に説かれ、阿含《あごん》では十善は人・天の世界に生まれ、十悪は地獄・餓鬼・畜生の三悪道《さんまくどう》に堕ちるとし、説一切有部などの部派では十善・十悪によ

る果を異熟果・等流果《とうるか》・増上果にわけ、例えば十悪によって三悪道に生まれるのが異熟果、殺生業によって多病短命であるのが等流果、殺生業によって霜雹、塵穢などの害に遇うのが増上果であるとする。また十悪はいずれも貪瞋癡の三不善根のうちのいずれか一つが加行《けぎょう》(準備的はたらき)となって起こり、それが業道となってあらわれる時は、それぞれ三つのうちの特定の一または三のいずれか一によるとする。十悪のうえでは殺生及び邪見が最も重いとも説かれ、新訳の華厳経巻三五には、十善・十悪をなすものは、善の弱強の程度によって人・天の果、三乗の果、仏果を得、悪の程度によって三悪道(強は地獄、中は畜生、弱は餓鬼)に生まれ、または人間に生まれても短命、多病その他の不幸をうけると説く。十善は悪をやめ善を行わせる戒であるから十善戒(十善法戒、十善性戒、十根本戒)ともいわれる。瓔珞本業経巻下には下品の十善を修めるものは人中の王、中品の十善は粟散《ぞくさん》王(小国の王)、上品の十善は鉄輪王(転輪聖王《てんりんじょうおう》の一)となると説き、その意味から王位を十善の位、帝王を十善の君という。天台宗では円教の十信位の菩薩《ぼさつ》を十善の菩薩と名づける。なお無量寿経巻下には(1)殺生、(2)偸盗、(3)邪婬、(4)両舌・悪口・妄語・綺語、(5)飲酒《おんじゅ》を五悪と名づけ、これを行わないのを五善と説く。このうち第四に妄語だけを挙げると五戒と同じ徳目となるから五戒を守るのが五善、五戒にそむくのが五悪とも解釈する。

**じゅうぜん-ほうご　十善法語**　一二巻。慈雲飲光の著(安永四1775)。京都阿弥陀寺で安永二年一一月から翌年正月まで十善戒について講じた法語をまとめたもの。日蔵三六、慈雲尊者全集一一・一二〔写本〕京都水薬師寺蔵一本、長福寺蔵二本(いずれも文語体)〔刊本〕文政七1824刊(口語体)

**しゅうそう　周崇**　(貞和元1345―応永三〇1423)臨済宗の僧。阿波の人。字は大岳。全愚道人と号した。同国宝陀寺《ほうだじ》の黙翁妙誠に侍し、師と共に京都臨川寺に移る。諸方に遊んで相模の金沢文庫に学び、帰洛して黙翁から印記をうけた。応永九年相国寺に住持し、のち天竜寺・南禅寺に移った。鹿苑院《ろくおんいん》に住して僧録司となり、慧林寺・性智寺に歴住の後、再び天竜寺に住持し、宝積寺で没した。〔参考〕延宝伝灯録二六、本朝高僧伝四〇

**じゅう-そう　十想**　⇩じっそう

**じゅう-ぞう　十蔵**　一〇種の蔵。蔵には、含み摂める、積みあつめる、生み出すなどの意があり、功徳《くどく》を蔵するの意で蔵という。①華厳宗《けごんしゅう》では菩薩《ぼさつ》の行法によって仏の教えを信蔵・戒蔵などの十蔵に分類する〈⇩十無尽蔵《じゅうむじんぞう》〉。②菩薩が十廻向《じゅうえこう》の階位の第五無尽功徳蔵廻向位で知る一〇種の法蔵で、分別数知一切法蔵などの一〇をいう。菩薩がこれらの十蔵に安住し十蔵を知れば、一切諸仏の大智慧蔵を得て、よくすべての衆生《しゅじょう》を救うことができるとされ、華厳経探玄記巻一七には、これを字蔵・義蔵・持蔵・弁蔵・慧蔵・通蔵・巧蔵・見仏蔵・入劫蔵・喜敬蔵と略称する。この十蔵は惑うものは見ることができないから十種伏蔵といい、また十事蔵ともいう(華厳宗の説)。③八地以上の菩薩が内にもつ徳を菩薩の臓腑にたとえて十蔵という。即ち不断仏種などの一〇で、菩薩がこの十蔵に安住すれば、一切諸仏の無上善根大智慧蔵を得るとされる(華厳宗の説)。

**しゅう-ぞくし　周続之**　(東晋の太元二1377―景平元423)劉宋代の隠士。字は道祖。雁門広武(山西省代県)の人。先祖のとき江を渡り、予章建昌県に住した。五経・緯書・天文に通じ、また廬山に入って慧遠に学び、浄土往生を願って白蓮社に参加した。終身妻帯せず、劉遺民・陶淵明と共に世に潯陽の三隠と称されている。〔参考〕宋書九三、南史七五、出三蔵記集五、廬山記三

**しゅうぞん　秀存**　(天明八1788―万延元年1860)真宗大谷派の学僧。姓は小島氏。美濃の人。号は一蓮院。享和元1801京都の真宗高倉学寮に入って深励《じんれい》に師事。のち江戸に赴いて、増上寺照阿から倶舎・唯識を、寛永寺慧澄から天台を学び、さらに紀州に遊んで芳英から華厳・三論・律・真言を学んだ。播磨赤穂万福寺に住し、弘化四年1847嗣講となる。嘉永四年1851本山の命令

をうけて義譲《ぎじょう》と共に頓成《とんじょう》・是海の異義を裁いた。明治一八年1885講師の学階を追贈された。著書、易行品講義一巻、華厳五教章講義六巻、秀存百問一巻など。〔参考〕高倉大学寮沿革略

**しゅうたい　宗体**　①因明《いんみょう》(論理学)で三支(宗・因・喩)中の宗(断案)に宗依と宗体との二があって、宗依とは主語と述語とを指し、宗体は主語と述語とが繋辞で結ばれた命題そのものをいう。②宗と体。⇩経宗《きょうしゅう》〔経体〕

**じゅう-だいじ　十大寺**　①唐の太宗が戦死者の霊を慰めるために激戦地一〇カ所を選んで建てた寺。貞観三年629一二月詔を下し、翌四年成る。昭仁寺(幽州)・昭覚寺(洛州)・弘済寺(汾州)・慈雲寺(晋州)・普済寺(莒州)・等慈寺(鄭州)・昭福寺(洛州)で、残りの三カ寺は不明。〔参考〕弁正論四、大唐内典録五、仏祖統紀三九　②東大寺・興福寺・元興寺・大安寺・薬師寺・西大寺・法隆寺・弘福寺・四天王寺・崇福寺の一〇カ寺。延暦一七年798官寺に列せられた。大寺は堂塔修理費および僧供料などを官給される官寺で「おおでら」とも訓む。〔参考〕日本逸史、元亨釈書二三、塵添壒嚢鈔一七、拾芥抄

**しゅうだいじ-くけつ　宗大事口決**　一七巻。等海の述(康永二1343—貞和五1349)。宗大事口伝鈔、等海口伝鈔、等海集、十七帖鈔などともいう。天台宗恵心流の口伝法門を類従したもの。全部で二八五条の口伝を収める。貞舜の七帖見聞と共に中古日本天台の学風が知られる重要典籍。天台宗全書九〔刊本〕正保二1645刊、慶安四1651刊

**じゅう-だいじょう-そう-ろん　集大乗相論**　二巻。覚吉祥智の著、北宋の施護の訳(太平興国五980)。大乗仏教の術語を集め説明を付したもの。五蘊・十二処・十八界・十二縁起・十波羅蜜・十地などから十八不共法・四沙門果・真如・実相・無相・法界などに至るまでが説かれる。チベット訳もある。(大)三二、国一論集部四

**じゅう-だいでし　十大弟子**　仏陀の一〇人の高弟。釈迦十聖ともいう。⑴舎利弗《しゃりほつ》(梵)シャーリプトラ Śāriputra (巴)サーリプッタ Sāriputta 智慧第一)、⑵摩訶目犍連《まかもっけんれん》(梵)マハーマウドガリヤーヤナ Mahāmaudgalyāyana (巴)マハーモッガラーナ Mahāmoggallāna 神通第一)、⑶摩訶迦葉《まかかしょう》(梵)マハーカーシャパ Mahākāśyapa (巴)マハーカッサパ Mahākassapa 頭陀第一)、⑷須菩提《しゅぼだい》(梵)(巴)スブーティ Subhūti 解空第一)、⑸富楼那《ふるな》(梵)プールナ Pūrṇa (巴)プンナ Puṇṇa 説法第一)、⑹摩訶迦旃延《まかかせんねん》(梵)マハーカートヤーヤナ Mahākātyāyana (巴)マハーカッチャーナ Mahākaccāna 論義第一)、⑺阿那律《あなりつ》(梵)アニルッダ Aniruddha (巴)アヌルッダ Anuruddha 大眼第一)、⑻優波離《うはり》(梵)(巴)ウパーリ Upāli 持律第一)、⑼羅睺羅《らごら》(梵)(巴)ラーフラ Rāhula 密行第一)、⑽阿難《あなん》(梵)(巴)アーナンダ Ānanda 多聞第一)の一〇人。多数の仏弟子のなかから、とくにこの一〇人を選んで十大弟子とした由来は明らかでないが、現存する経典の中では維摩経弟子品や灌頂経にこの一〇人の名が挙げられているのがはじまりのようである。十大弟子を図像化したものとしては、中国に敦煌千仏洞の壁画(宋代の作)があるほか、日本では興福寺蔵の乾漆立像(国宝・奈良時代。六体が現存)が有名である。

**しゅうち　宗致**　宗趣ともいい、主張論説のうちでの肝要な所。

**しゅうちょ　周樗**　(延享三1746—文政三1820)臨済宗の僧。伊予の人。字は誠拙。無用道人と号する。同国仏海寺で出家し、諸国に遊学した後、月船禅慧の法を嗣ぐ。安永六年1777鎌倉円覚寺の仏日庵に住して関東禅林の復興につとめた。のち京都の天竜・相国の二寺に止住し、文化一三年1816円覚寺の主となる。文政三年1820相国寺の僧堂を復興する。著書、正法眼一巻、雲門関二巻など。〔参考〕続日本高僧伝八

**じゅう-でし　十弟子**　十大弟子ともいう。灌頂《かんじょう》などの儀式作法の時、法具などを持って導師大阿闍梨《あじゃり》の後に随う十人の(または幾人かの)年少の沙弥《しゃみ》のこと。仏陀の十大弟子に擬したものという。

**しゅうどう　周道**　(永享一一1439—大永元1521)曹洞宗の僧。伊予の人。字は東洲。俗姓は藤原氏。竜沢寺の省文守江につ

いて出家し、各地に遊んで十数師に参じ、四一歳で松岳寺の模堂永範の法を嗣ぎ永沢寺に住した。延徳二年1490常陸の管天寺(現茨城県稲敷市江戸崎)を開いた。〔参考〕日本洞上聯灯録八

**しゅうとう-ふっこ-し　宗統復古志**　二巻。白竜の著(寛保元1741)。卍山《まんざん》道白の偉業をたたえた書。宗祖道元の没した後、宗統相続、師資伝授の規式が次第に紛糾し宗風が乱れたのを卍山が旧儀に復し、元禄一六年1703一師印証の古風を挽回した顛末を記述する。〔刊本〕宝暦一〇1760刊、明治二七1894刊

**しゅうとう-へんねん　宗統編年**　三二巻。清の紀蔭の撰(康熙二九1690)。釈尊より清の康熙二八年までの禅宗諸師の史伝を、編年体に記したもの。臨済は二九世幻有正伝、曹洞は二九世小山宗書までの伝を三〇巻に収め、最後の二巻には諸方略記として、各地での種々の見聞を記す。紀蔭が師の退翁弘儲禅師の遺志を継いで完成したもの。㊫二乙・二〇・一―三

**しゅうなん-ざん　終南山**　中国陝西省西安府城(長安)の南約三〇キロにある山。また南山、中南山、太乙山(太一山)、地肺山、楚山、周南山、秦山などとも称する。秦嶺山脈に属し、西は鳳翔府の鄠県の南からおこり、長安県の南をへて、東は藍田県に達する。禹貢・詩経・左伝などにも記載され、多くの名徳碩学が来往して寺を建てたので、その古跡に富み、悟真寺・至相寺・草堂寺・興教寺・香積寺などはよく知られる。唐代に道宣が住して四分律をひろめたので、後世その宗を南山律宗と呼び、また華厳宗の智儼《ちごん》はこの山の至相寺にいたので至相大師と名づけられ、宗密は草堂寺に入り圭峰蘭若に住したので圭峰禅師と称し、浄土門の善導は悟真寺に住して終南大師と呼ばれた。興教寺には玄奘・窺基《きき》・円測の塔があって有名。香積寺は善導の祠堂として懐惲が建てたものといわれ、大小二基の塼塔を遺す。百塔寺は信行の舎利塔院として建てられたもの。⇩悟真寺《ごしんじ》①　⇩至相寺《しそうじ》　⇩草堂寺《そうどうじ》①　⇩興教寺《こうきょうじ》

**じゅうにいんねん-えまき　十二因縁絵巻**　一巻。絵巻。根津美術館蔵。重要文化財。鎌倉中期の作とされるが、不詳。詞書一一段、絵一四段からなる。無明羅刹集《むみょうらせつしゅう》によって十二因縁を説いたもの。鬱禅耶城の折吒王が十二羅刹を征伐するという説話を描く。漢文の詞書は世尊寺有能、絵は藤原為継と伝えるが、絵仏師系のものか。絵の構成などが華厳五十五所絵巻と類似しており、線描は淡色で宋の影響を受けていると思われる。〔複製〕日本絵巻物集成一八、新修日本絵巻物全集二五

**じゅうにいんねんぎ-しき　十二因縁義私記**　一巻。千観の述(康保四967)。法華玄義第二により問答一七〇条余を重ね、四種十二因縁(思議生滅・思議不生滅・不思議生滅・不思議不生滅)を記し、とくに第一思議生滅十二因縁について述べ、天台からみた小乗縁起説が知られる。仏全二四

**じゅうにいんねん-ろん　十二因縁論**　一巻。浄意菩薩の造とされるが、竜猛(ナーガールジュナ Nāgārjuna 竜樹)の因縁心論頌因縁心論釈の異訳である。後魏の菩提流支《ぼだいるし》の訳。チベット訳もある。六偈半の本頌と釈論とより成る。縁起説の十二支を惑・業・苦の三種に分け、惑より業、業より苦、苦より惑と輪転する生死の相と、無常・苦・無我なりと知見してその生死より解脱することを説く。㊅三二、国一論集部六

**じゅうに-えんぎ　十二縁起**　凡夫《ぼんぶ》としての有情《うじょう》の生存が一二の条件によって成り立っていること。十二支縁起、十二因縁、十二因縁起、十二因生、十二縁生、十二縁門ともいう。①根本仏教の最も基礎的な教義として、もと阿含経典に説かれたもの。一二とは無明《むみょう》・行《ぎょう》・識・名色《みょうしき》・六処(六入)・触《そく》・受・愛・取・有《う》・生《しょう》・老死であり、これらは凡夫としての有情の生存を構成する一二の要素(十二有支《うし》)であり、これらが「此れ有るとき彼れ有り、此れ生ずるより彼れ生じ、此れ無きとき彼れ無く、此れ滅するより彼れ滅す」という縁起的な関係〈⇩縁起《えんぎ》〉にあると説くのが十二縁起である。これには二つの面があるようである。即ちすべてのものは因と縁とによって成り立っているから縁起的なものであるから無

常・苦・無我であると説く面と、もう一つは、凡夫としての人間の苦である生存はいかにして成り立つか（流転門《るてんもん》）、またいかにしてそれを否定してさとりに至るか（還滅門《げんめつもん》）、ということを説いて、有情の生存の価値と意義とを問題とする面とである。阿含の経典では、十二支の縁起説のほかに、十支・九支・八支・七支などの縁起説をも説くが、広い意味からはこれらも十二縁起の説におさめてよい。雑阿含経巻一二には、縁起の法は仏が世に出ると出ないとにかかわらず永遠に変らない真理で、仏はこれを観じてさとりを開き、かつ衆生《しゅじょう》のためにこの法を開示すると説いている。前述の第二の面における十二縁起説のもとの意味は次のようであろう。つまり、自覚的な人間の生存（有）は精神の主体である識の活動から始まるものであるが、その識の活動は生活経験（行）となって、還ってその活動の蓄積によって識を内容づける。ところで識の活動とは、識が感覚器官（またはその機能）である眼・耳・鼻・舌・身・意の六根（六処）を通じて認識の対象であるすべての心や物（名色）と接触（触）し、これを主観の上に感受（受）することによる。凡夫にあっては、識は無明（仏教真理に対する無自覚）を内相とし、渇愛（求めて飽くない我欲）を外相とするものであり、客観的対象にはたらきかける識の根基的な相はこの渇愛に他ならず、かつ渇愛は発展してすべてをわがものとして取り込もうとする執著（取）となる。それ故にこのような染汚《ぜんま》である識の活動（行）によって内容づけられた識は、それ相応に生・老死などによって代表された人間苦、無常苦を経験しなければならない。これに反して、聖者においては、無明および渇愛がないから従って人間苦もない。②倶舎論巻九には十二縁起について四種の解釈を挙げている。⑴刹那縁起《せつなえんぎ》とは、一刹那の心の中に十二支が具わっているとするもので、例えば、むさぼりの心から殺生《せっしょう》をしようとする瞬間の心についていうと、その一刹那の心に愚癡があるのが無明であり、殺そうと意志するのが行である、というなどであり、⑵連縛縁起《れんばくえんぎ》とは、この十二支がたえまなく連続して前因後果の関係をなすのをいい、⑶分位縁起とは、三世両重の因果による胎生学的な解釈で、一二の支分は有情が生死《しょうじ》に流転する過程におけるそれぞれの位態を示すとするものであり、⑷遠続縁起《おんぞくえんぎ》とは、はるかに生を隔てて十二支が継続して縁起するのをいう。このうち説一切有部では第三の分位説を用いる。即ち、無明と行とは過去世で煩悩《ぼんのう》を起こし業を造ったときの有情の分位つまり心身（五蘊《ごうん》）を指し、この過去世の二因によって心識が初めて母胎に託生する一刹那の有情の分位が識、託生の第二刹那以後六根がまだ備わらない有情の分位が名色、胎内で六根を具えた分位が六処、出胎して後、ただ接触感覚だけがある二・三歳までが触、感受性の勝れている四・五歳から一四・五歳までが受で、以上識から受までを現在世の五果という。次に、愛欲のさかんな一六・七歳以後が愛、貪著の心の勝れている三〇歳以後が取、こうして業を造る分位が有で、これら三を現在世の三因という。この因によって未来世に生まれる分位が生、それ以後死に至るまでが老死で、これら二を未来世の二果とする。このように過去世・現在世・未来世の三世にわたって、二重の因果を立てるから、これを三世両重の因果という。因の中に惑・業を含み、果は即ち苦であるから、十二縁起は惑業苦の三道に摂まり、因果がきわまりなく続いて無始無終であるとする。経部ではこの有部の説を正しくないとして、無明とは過去の無智のみを指し、決して五蘊を指すものではない、などと説く。③成唯識論巻八では、無明から有までを因、生・老死を果として、一重の因果を立てるが、因と果とは必ず異世であり、従ってこれを二世一重の因果という。無明・行の二支は識から受までの五支を引きおこす因であるから、二支は能引支で、五支は所引支となづけられ、この七支を牽引因《けんいんいん》とも名づける。愛・取・有の三支は因となって未来の生・老死の二支を生じるから、三支を能生支《のうしょうし》または生起因《しょうきいん》といい、これに対して生・老死を所生支《しょしょうし》または所引生《しょいんじょう》と名づける。④天台宗では、思議生滅《しぎしょ》

・思議不生不滅・不思議生滅・不思議不生不滅の四種の十二因縁を立てて、これを化法の四教(蔵・通・別・円)に配する。最後の円教では十二因縁は仏性《ぶっしょう》と名づけられ、縁によって生じた現象のそのままが中道《ちゅうどう》の理と別でないとする。⑤十二縁起を観じることは四諦観《したいかん》と共に重要な観法とされ、仏陀はこれを観じてさとりを開いたとも伝えられる。雑集論巻四には無明によって行があるなどと順次に迷いの生起を観じるのを雑染《ぞうぜん》順観、老死などのそれぞれに苦集滅道の四諦を立てて、老死から逆次にさかのぼって迷いの生起を観じるのを雑染逆観、無明がなくなれば行が滅するなどと悟りの現成を順次に観じるのを清浄順観、老死の滅は生の滅によるなどと逆次にさかのぼって悟りの現成を観じるのを清浄逆観と名づけ、大毘婆沙論巻二四には、迷いの生起を観じる流転門《るてんもん》では無明・行を除いた十支、悟りの現成を観じる還滅門《げんめつもん》では十二支を観じるとする(ただしパーリ語の律の大品《だいほん》によれば流転門を順観、還滅門を逆観と名づけるべきで、現今はこの説が行われている)。また天台宗では、三世両重・二世一重・刹那《せつな》一念の三種の十二因縁観によって、それぞれ順次に断見常見・著我見・性実見の三種のあやまった見解を破ると説く。

**じゅうに-か　十二火**　密教で説く一二の火法すなわち護摩の法。十二火天ともいう。(1)智火、(2)行満、(3)摩嚕多《まろた》、(4)盧醯多《ろけいた》、(5)没嚟拏《もりだ》、(6)忿怒、(7)闍吒羅《じゃたら》、(8)迄灑耶《こっせや》、(9)意生、(10)羯攞微《からみ》、(11)火神、(12)謨賀那《もがな》。もとインドのバラモン教では火神アグニAgniを供養する四四種の火法などがあったのに対して、この密教の十二火は仏法による火法であって、一切の垢障を除いて真の智慧を成ずるという。〔参考〕大日経六、大日経疏二〇

**じゅうに-きゅう　十二宮**　黄道十二宮ともいう。太陽が一年に通過する一二の星宿宮をいう。黄道を一二に分けて十二宮とし、一二カ月にあてて、これを人の運命に配し、その吉凶を判断する事が古くから行われた。(1)師子宮(シンハ Siṃha)、(2)女宮(カニヤー Kanyā)、(3)秤宮(トゥラー Tulā)、(4)蝎宮(ヴリシュチカ Vṛścika)、(5)弓宮(ダヌス Dhanus)、(6)摩竭宮(マカラ Makara)、(7)缾宮(クンバ Kumbha)、(8)魚宮(ミーナ Mīna)、(9)羊宮(メーシャ Meṣa)、(10)牛宮(ヴリシャ Vṛṣa)、(11)婬宮(ミトゥナ Mithuna)、(12)蟹宮(カルカタ Karkaṭa)である。これによって人は富貴・博学・多病・短命などの運命を負うという。胎蔵界曼荼羅の外金剛部院の四方に置かれている。この十二宮の説はカルデアが遺したもので、天文学の上で古代ギリシアから現代欧州に行われているものと同じものである。〔参考〕宿曜経、玄法寺儀軌二、大日経疏五

十二宮（御室版胎蔵曼荼羅）

**じゅうにこう-ぶつ　十二光仏**　阿弥陀仏は四十八願の中の第十二光明無量の願を成就したので、阿弥陀(Amita無量)とは光明が無量であるの意とされるが、その光明の徳用を讃歎してたてた一二種の称号をいう。無量寿経上に説かれる、(1)無量光仏(仏光は算数できない)、(2)無辺光仏(どこでも照らさない所はない)、(3)無礙光仏(人法よく礙えるものがない)、(4)無対光仏(諸菩薩のおよぶところでない)、(5)燄王光仏(光明自在でさらに上がない)、(6)清浄光仏(仏の無貪の善根から現われて、よく衆生の貪濁の心を除く)、(7)歓喜光仏(仏の無瞋の善根から生じて、よく衆生の瞋恚の心を除く)、(8)智慧光仏(仏の無癡の善根心より生じて、よく衆生の無明の心を除く)、(9)不断光仏

(仏の常光が常に照益する)、⑽難思光仏(諸二乗などの推し測るところでない)、⑾無称光仏(声聞などのよく説くところでない)、⑿超日月光仏(日夜常に照らして、日月に超え勝る)をいい、図画・彫刻もされた。また時宗では、十二光仏の徳をそれぞれ食器や衣服などの日常生活用具にあてて十二道具とし、これを入れる十二光箱を用いた。〔参考〕曇鸞・讃阿弥陀仏偈、親鸞・讃阿弥陀仏偈和讃

**じゅうに-じゅう　十二獣**　閻浮提《えんぶだい》外の四方の海中にある山に住して、順番に交代して閻浮提の内を遊行し教化するという十二の獣をいう。鼠・牛・師子・兎・竜・毒蛇・馬・羊・獼猴《みこう》・鶏・犬・猪である。十二支(即ち子丑寅卯辰巳午未申酉戌亥)を動物に当てる思想に関係がある(師子を寅《とら》とするだけが異なる)。この十二獣を各々三に分類して三十六禽または三十六獣と称し、さらにこれを三に分類して百八獣とすることもある。三十六禽とは子を猫・鼠・伏翼、丑を牛・蟹・鼈、以下それぞれ順次に狸・豹・虎、狐・兎・狢、竜・蛟・魚、蟬・鯉・蛇、鹿・馬・麞、羊・雁・鷹、犺・猿・猴、烏・鶏・雉、狗・狼・豺、豕・貐・豬に分類したもの。〔参考〕大方等大集経三三、法苑珠林三〇、摩訶止観八下

**じゅうにしゅう-こうよう　十二宗綱要**　二巻。町元呑空の編(明治二〇1887刊)。小栗栖香頂・福田行誡ら十数人に嘱して倶舎宗以下諸宗の要旨を記述、編纂した書。南条文雄の英訳、藤島了穏の仏訳がある。

**じゅうに-しょ　十二処**　十二入、十一入処ともいう。処は(梵)アーヤタナ āyatana の訳で、やしない生長させるの義。即ち心・心所《しんじょ》(心のはたらき)が起こるためのよりどころ(所依・所縁)となってこれを養い育てるもの。これに眼《げん》・耳《に》・鼻・舌・身・意の六根と色《しき》・声《しょう》・香・味・触《そく》・法の六境とがある。六根は主観に属する感覚器官またはその機能であるから六内処といい、六境は覚知される対象として客観に属するから六外処《ろくげしょ》という。この十二によって一切法を摂し尽くす。五蘊《ごうん》に配すると眼などの五処と色などの五処および法処の一部が色蘊、受・想・行《ぎょう》蘊は法処、識蘊は意処にあたる。十八界は、意処を意界(意根)と六識界とにわけたものである。

**じゅうに-しんしょう　十二神将**　十二薬叉《やくしゃ》大将、薬師十二神将ともいう。薬師如来の眷属で、夜叉衆を率いて薬師経の受持者を守護する十二の夜叉大将。⑴宮毘羅《くびら》(金毘羅《こんぴら》)、⑵伐折羅《ばっせつら》、⑶迷企羅《めいきら》、⑷安底羅《あんていら》、⑸頞儞羅《あんにら》、⑹珊底羅《さんていら》、⑺因達羅《いんだら》、⑻波夷羅《はいら》、⑼摩虎羅《まこら》、⑽真達羅《しんだつら》、⑾招杜羅《しょうとら》、⑿毘羯羅《びかつら》をいう。この十二を極畏・金剛・執厳・執星・執風・居処・執力・執飲・執言・執想・執動・円作と訳すこともあるが、これはチベット語からの訳である。後に十二獣の説と結びつけられて十二支に配当された。その配し方は通例⑴を寅とするが、亥、丑、子とするなどの諸説もある。その他十二時、十二月に配当することもある。図像は忿怒の甲冑姿が一般的である。日本でも薬師信仰と共に十二神将の図像が多く製作され、新薬師寺・興福寺などのものがとくに有名である。〔参考〕薬師瑠璃光如来本願功徳経、修薬師儀軌布壇法、浄瑠璃浄土標、覚禅鈔

**じゅうに-てん　十二天**　⑴地天(プリティヴィー Pṛthivī)、⑵水天(ヴァルナ Varuṇa)、⑶火天(アグニ Agni)、⑷風天(ヴァーユ Vāyu)、⑸伊舎那天(イーシャーナ Īśāna)、⑹帝釈天《たいしゃくてん》(インドラ Indra)、⑺焔魔天《えんまてん》(ヤマ Yama)、⑻梵天(ブラフマー Brahmā)、⑼毘沙門天《びしゃもんてん》(クベーラ Kubera)、⑽羅刹天《らせつてん》(ノイルリティ Nairṛti)、⑾日天(アーディトヤ Āditya)、⑿月天《がってん》(ソーマ Soma)の十二の天をいう。これら諸天の恩に報いてこれを供養するならば、種々の災厄をのがれて利益を得るという。その供養の仕方にも、目的に従って区別があるが、息災法には帝釈天、増益法《ぞうやくほう》には梵天、降伏法《ごうぶくほう》には伊舎那天、敬愛法には毘沙門天を主として供養する。修法の壇上では不動尊を中心として東に帝釈天、南に焔魔天、西に水天、北に毘沙門天、東南隅に火天、西南隅に羅刹天、西北隅に風天、東北隅に伊舎那天を配し、これらを八方天という。また上下の梵天・地天を加えて十天ともいう。さらに天空の中心、日天・月天を含めて十二天が形成

十二天（御室版胎蔵曼荼羅）

されている。その図像は鳥獣の座に乗っている場合とそうでないものとがある。密教で灌頂壇の守護のためにこれら諸天の像を屏風に描いたものを用い、これを十二天屏風と称する。〔参考〕供養十二大威徳天報恩品、十二天供儀軌

**じゅうにぶ-きょう　十二部経**　十二分教、十二分聖教《しょうぎょう》、十二分経ともいう。経典の形態を形式・内容から一二種に区分したもの。⑴修多羅《しゅたら》（スッタ Sutta 経）、⑵祇夜《ぎや》（ゲイヤ Geyya 重頌）、⑶和伽羅那《わからな》（ヴェイヤーカラナ Veyyākaraṇa 授記）、⑷伽陀《かだ》（ガーター Gāthā 偈）、⑸優陀那《うだな》（ウダーナ Udāna 無問自説）、⑹伊底曰多伽《いていわったか》（イティヴッタカ Itivuttaka 如是語）、⑺闍陀迦《じゃだか》（ジャータカ Jātaka 本生《ほんじょう》）、⑻毘仏略《びぶつりゃく》（ヴェープッラ Vepulla 方等、方広）、⑼阿浮陀達磨《あぶだだつま》（アッブダダンマ Abbhuta-dhamma 未曾有）、⑽尼陀那《にだな》（ニダーナ Nidāna 因縁）、⑾阿波陀那《あはだな》（アヴァダーナ Avadāna 譬喩）、⑿優波提舎《うぱだいしゃ》（ウパデーシャ Upadeśa 論義）の一二である。⑻を毘陀羅《びだら》（ヴェーダッラ Vedalla）とする説もある。このうち、⑽⑾⑿、あるいは⑺⑾⑿、あるいは⑸⑾⑿、あるいは⑶⑸⑻の三を除いたものを九部経、九分教、九部法と呼ぶ。最初のものは北本涅槃経巻三に説き、これを大乗の九部といい、最後のものは法華経巻一に説き、これを小乗の九部と呼ぶが、根拠が薄弱である。九部と十二部との二種の中では九部の方が古いとする説の方が有力である。

**じゅうにむ-おう　十二夢王**　一二の夢の王の意。陀羅尼を求めようとする者は、夢中に神通を体得するなど、この一二のすぐれた夢を見なくてはならないという。〔参考〕大方等陀羅尼経三、摩訶止観輔行二ノ二

**じゅうにもん-ろん　十二門論**　一巻。竜樹（ナーガールジュナ Nāgārjuna）の作と伝えるが近時疑われている。後秦の鳩摩羅什の訳（弘始一一 409）。漢訳のみが現存し、梵語原本・チベット訳は伝わらない。一二門に分けて諸法の空を説く。二六の偈と註釈文とからなるが、偈の中の一七偈は中論からの引用で、その他の偈も中論の偈と近似あるいは密接な関係にある。中国においては中論・百論と共に三論宗の正依の論として研究された。註釈には吉蔵の十二門論疏六巻、法蔵の十二門論宗致義記二巻、日本では蔵海の十二門論疏聞思記一巻がある。アイヤスワーミ・シャーストリ Aiyaswami Sastri が梵文還元を試みた。(大)三〇、国一中観部一

**じゅうにゆ-きょう　十二遊経**　一巻。東晋の迦留陀伽《かるだか》の訳（太元一七 392）。仏陀が成道した後の一二年間の遍歴の経過を述べ、あわせて仏陀の家系その他をも記している。その所伝は他の仏伝に比べて独特なものが多い。(大)四、国一本縁部六

**じゅう-にょぜ　十如是**　法華経方便品

に「唯仏と仏とのみ、乃《すなわ》ち能く諸法の実相を窮尽《ぐうじん》す。所謂諸法の如是相・如是性・如是体・如是力・如是作・如是因・如是縁・如是果・如果報・如是本末究竟《くきょう》等なり」と説くのに基づいて、すべての存在(諸法)のありのままのすがた(実相)には一〇種の如是があるとすること。この十如是は天台宗の一念三千の教義の根拠となる重要なもので、智顗《ぎち》の師慧思は、この文を「如」で区切って読んで十如と称したといい、あるいはこれを十如実相、十如境などと呼ぶことがあり、またこの経文は法華経の要義である開会《かいえ》の思想を要約してあらわしたものとの意から、略開三顕一、略法華などとも名づけ、日本天台宗ではこれに関して種々の口伝《くでん》が行われた。智顗以前の諸師はこの文をあるいは単に智慧のはたらきと解し、あるいは仏の十力のはたらきと解し、あるいはまた三乗法の内容をのべたものと解するなど別々であったが、智顗はそれらの解釈をすべて不可であるとして、この十如是には迷・悟も依報・正報もすべてをおさめつくして、事(現象)と理(本体)とが互いに一体化して別ではなく、権《ごん》(仮のもの)と実(真実)とが融けあって一如であることをあらわすとし、法華文句巻三下には、十法界・仏界・離合・位次の四種の面から解釈し、法華玄義巻二上には、空仮中の三諦に応じて三種の読み方、即ち是相如(即空)、如是相(即仮)、相如是(即中)というように読んでいる〈⇩三転読文《さんてんどくもん》〉。十如是のうち、相とは相状の意で外的な形相、性とは不改の意で内的な本性、体とは相や性を属性としてもつ主体、力とは体が具えている潜在的能力、作《さ》とはそれが顕現して動作となったもの、因とは直接原因、縁とは間接原因、果とは因と縁とから生じた結果、報とはむくいで、以上の因縁果にむくわれた後世の報果、本末究竟等とは本は相、末は報で、以上の如是相から如是報までの帰趣するところは結局同一で実相に他ならないことを本末究竟等とするのである。

**じゅうにーらい　十二礼**　一巻。竜樹の作、禅那崛多《ぜんなくった》の訳と伝える。七言一二偈よりなる讃偈で、阿弥陀仏とその聖衆・その国土の徳をたたえたもの。迦才の浄土論に全文が引かれ、善導の往生礼讃にも載せられており、中国・日本の浄土教家にもてはやされた。(続)二・一・、真聖全一〔註釈〕慧琳・備検、大含・恭敬記、仰誓・敝蓋録

**じゅうにーりつ　十二律**　十二の音律。五音七声《ごいんしちせい》が楽音相互の相対的な音階を示すものであるのに対して、十二律は絶対基音を定めて、それに基づき楽曲の調子を示す。声明《しょうみょう》や舞楽などに用いられる。即ち黄鍾《こうしょう》(壱越)の「宮」を絶対基音として、中国の和声法である三分損益の法(日本では順八逆六の法)によって割り出したもの。なお日本の声明では十二律を壱越・平調・双調・黄鐘《おうしき》・盤渉の五調子におさめる。

| | | 1 | 2 | 3 | 4 | 5 | 6 | 7 | 8 | 9 | 10 | 11 | 12 | | 備考 |
|---|---|---|---|---|---|---|---|---|---|---|---|---|---|---|---|
| 中国音律 | 無射(濁)<br>応鍾(濁) | 黄鍾《こうしょう》 | 大呂《たいりょ》 | 太簇《たいそう》 | 夾鍾《きょうしょう》 | 姑洗《こせん》 | 仲呂《ちゅうりょ》 | 蕤賓《すいひん》 | 林鍾《りんしょう》 | 夷則《いそく》 | 南呂《なんりょ》 | 無射《ぶえき》 | 応鍾《おうしょう》 | 黄鍾(清) | ①鍾は鐘とも書く。<br>②奇数番目を律調、偶数番目を呂調、合せて律呂という |
| 日本音律 | 下《りめ》神仙<br>下《りめ》上無 | 壱越《いちこつ》 | 断金《たんぎん》 | 平調《ひょうじょう》 | 勝絶《しょうぜつ》 | 下無《しもむ》 | 双調《そうじょう》 | 鳧鍾《ふしょう》 | 黄鍾《おうしき》 | 鸞鏡《らんけい》 | 盤渉《ばんしき》 | 神仙《しんせん》 | 上無《かみむ》 | 上《りか》壱越 | |

(洋譜は各の基音にほぼ等しい音を示す)

**じゅうねん　十念**　①心をこめて一〇種のことにおもいをかけること。雑阿含経巻一などには、念仏・念法・念僧・念戒・念施・念天・念休息《ねんぐそく》・念安般《ねんあんぱん》・念身非常・念死の一〇種を説き、菩薩受斎経には、過去・未

来・現在の仏を念じるなどの一〇念を説く。②無量寿経巻上第十八願文に乃至十念とあり、観無量寿経下下品に「具足十念称南無阿弥陀仏」とあって、十念の念仏によって阿弥陀仏の浄土に往生できると説かれ、浄土教の重要な教義的根拠となっている。曇鸞の浄土論註巻上には、観経に説く十念とは、阿弥陀仏の総相や別相を憶念し、またはその名号を称念するのに、他想をまじえず続ければ、それによって往生の因が完成されることを意味し、必ずしも一〇の数を知ることを必要としないと説く。善導は十念を十声の称名と解釈し、源空はこの説をうけて選択集巻上に、諸師は観経の十念を十念にかぎって十念往生と説くが、善導は十念に上は一生涯にわたる称名から下は一声の称名に至るまでをおさめて念仏往生の説を立てたとする。その他、諸師に種々の説があり、元暁は無量寿経宗要に、顕了の十念・隠密の十念があり、観経の十念は顕了、慈などの十念〈⇩②〉は隠密、大経の十念は両方に通じると説く。②慈などの十念とは、弥勒所問経(現存しない)の説といわれ、慈・悲・護法など一〇種のおもいをいい、性質や能力のすぐれた菩薩がこれによって浄土に生まれるとする。大宝積経巻九二などにも説かれ、念仏十種心ともいう。

**じゅうねん-ごくらく-いおう-しゅう　十念極楽易往集**　六巻(巻六のみ現存)。仏厳の著(安元二1176頃)。後白河法皇の詔旨により撰集されたもの。玉葉(安元二年一一月三〇日条)によると、巻第六の一期大要臨終門と題するものだけが残っていたといい、覚鑁《かくばん》の一期大要秘密集と同じく、主として密教の極楽往生説を類従したものである。〔写本〕教王護国寺蔵(巻六、文永七1270写)　〔参考〕玉葉二二・二五

**じゅうねん-じ　十念寺**　京都市上京区寺町通今出川上ル鶴山町。華宮山と号し、西山浄土宗。永享三年1431足利義教が後亀山天皇の皇子真阿に帰依し、その住房として誓願寺(中京区)の境内に一宇を建立したのが始まりで、当初宝樹院といった。真阿は応永年間1394―1428に出家して、永享一二年遺言により鳥羽川で水葬されたといわれる。宝樹院から十念寺への寺名変更は文明年間1469―87ころ以前とされる。天文五年1536に焼失し、天正一九年1591現地に移った。なお現在の堂舎は延宝・天明の火災後に再建された。〔重文〕紙本著色仏鬼軍絵巻　〔参考〕都名所図会一、京都坊目誌二

**しゅうは-ず　宗派図**　禅宗の嗣法系統を示す図。①一巻。詳しくは仏祖宗派総図という。南宋の汝達(無準師範の法嗣)の編(端平元1234頃)。釈尊から編者の時代までの禅宗の伝灯相承の次第を、編者の属する法系を中心として図示したもの。円爾弁円《えんにべんねん》が宋よりの帰朝に際し、師範より与えられたもので、現在は東福寺に蔵され、同種のもののなかで最古のもの。南宋代以降、各宗派に各種のものが作られたらしく、明の介庵悟進の編した仏祖宗派世譜八巻(永暦八1654)があり、木陳道忞の禅灯世譜と同本であるという。㊫二乙・二〇・三―四　②日本では正応四年1291頃に無意が編したものをはじめ、永徳二年1382刊行の仏祖正伝宗派図(南禅寺竜興院)、次いで古篆《こてん》周印(春屋妙葩《みょうは》の法嗣)が編した仏祖宗派図(仏祖宗派総要ともいう)があり、文明年間1469―87頃のものに本朝禅林宗派図がある。五山各派その他にはそれぞれ一派の宗派図が作られ、天竜寺の天竜寺派、東福寺の慧日山東福寺宗派、大徳寺の正灯世譜、妙心寺の正法山妙心禅寺宗派図などある。また曹洞下には日本洞上宗派図がある。

**じゅうはち-いごんぎょう　十八意近行**　mano-pavicāra の訳。十八意近行受、十八受、十八意行ともいう。意識を近い縁として、生じはたらく一八種の受。即ち喜・憂《う》・捨(不苦不楽)の三受は心受(精神的受)に属し(捨受は身受と心受とがある)、従って意識を近い縁として生じたものであり、しかも色・声・香・味・触・法の六境においてはたらくから、全部で一八種の受となる。これを意近行という。

**じゅうはちくう-ろん　十八空論**　一巻。陳の真諦の訳。中辺分別論を註釈敷演した内容の論で、中辺分別論の相品第一六偈の下の空に関する論議の個所や、真実品に一

○種の真実を説く中の一、二の箇所の所説に関連して論述がなされている。(大)三二、[国]一瑜伽部一二

**じゅうはち-げいいん　十八契印**　諸種の修法に通じて用いられる一八種の印相《いんぞう》。即ちそれぞれ手に所定の印を結び、口には所定の真言《しんごん》を唱える。これを大別して次の六種に分けるが、これはインドにおける最高の賓客をもてなす方式に準じたものといわれる。①護身法(荘厳行者法)。穢れを除き身を清める法で、まず三業《さんごう》を清浄にし(1)浄三業印)、次に別して仏・蓮華・金剛の三部の加被《かび》を得て、それぞれ身・口・意の三業を清め(2)仏部三昧耶印・(3)蓮華部三昧耶印・(4)金剛部三昧耶印)、次に如来の甲冑を被って行者の身をかざる(5)被甲護身印)。②結界法。所住の地を堅固にし(6)地結印)、四方に柵を設けて他者の侵入を防ぐ(7)四方結印。金剛墻印)。③道場法。結界した区域に道場を建立し、かざりつけをする(8)道場観・(9)大虚空蔵印)。④勧請法《かんじょうほう》。本尊を迎えるために車を送り(10)宝車輅印。送車輅印)、車に乗せて来させ(11)請車輅印)、壇上に迎える(12)迎請本尊印)。⑤結護法。本尊が既に道場に来臨したから、修法の所属する部に相当する部主明王の印を結んで、常に随う魔を除き(13)部主印。部主結界印、辟除結界印)、虚空に網を張り(14)虚空網印。金剛網印)、先に設けた四方の柵の周囲に火炎をめぐらす(15)火院印。金剛火院印)。⑥供養法。本尊に水を供え(16)閼伽印《あかいん》)、聖衆のために蓮華座を設け(17)華座印)、広く諸種の供養をする(18)普供養印)の一八である。この十八契印の法は十八契印(恵果あるいは空海の作と伝える)に基づくが、古来その数については、例えば一八とは般若の十八空を示すとか、十八界がそのまま如来の法身の徳を表わすとか、あるいは金剛界の五仏四菩薩と胎蔵界中台八葉院の九尊とを表わすとか、あるいは金剛界十八会の総行であるなどと種々に意味づけし、また数の数え方にも異説がある。この十八契印を行じて本尊を供養する修法を十八道法、略して十八道という。なお、四度加行《しどけぎょう》の最初に行う十八道念誦次第法を略して十八道と称することがあるが、これは十八道法の中で最も普通のものであり、初歩の行者が学ぶものである。そしてその際の本尊は諸流によって異なるが、一般に投華得仏によって定める。また、十八道法は、台密では蘇悉地法《そしつじほう》の細行とし、東密では金剛界法に含める。

**じゅうはち-げいいん　十八契印**　一巻。空海の著(一説に唐の恵果)。成立年不詳。十八契印軌、十八道契印ともいう。密教事相における十八道修法の本拠となるもの。観自在菩薩如意輪瑜伽および如意輪菩薩念誦法にもとづいて作られた。浄三業・仏部三昧耶・蓮花部三昧耶・金剛部三昧耶・被用護身(以上荘厳行者法の印契)、地結・金剛墻(以上結界法の印契)、道場観・虚空蔵普通供養(以上荘厳道場法の印契)、送車輅・請車輅・奉請(以上勧請法の印契)、当部明王印・金剛網・火院(以上結護法の印契)、閼伽・花座・普供養(以上供養法の印契)の合計一八種の印契真言を説く。恵果作とする説は三十帖冊子目録にあることによる。(仏)一八、日蔵四四、弘法大師全集七　〔写本〕石山寺蔵(保延五〈1139〉写、承安二〈1172〉写)

**じゅうはち-だいきょう　十八大経**　十八大論、十八明処ともいう。インドの外教《げきょう》のバラモン教における主要な一八の分野の論書のことで、四ヴェーダVeda〈⇒ヴェーダ〉・六論・八論を総称していう。六論はヴェーダの補助文献である六つのヴェーダーンガVedāṅgaのことで、(1)式叉《しきしゃ》論(梵)シクシャーśikṣā音声学)、(2)柯刺波《からは》論(梵)カルパ・スートラkalpa-sūtra祭事学)、(3)毘伽羅《びから》論(梵)ヴィヤーカラナvyākaraṇa文法学)、(4)尼鹿多《にろくた》論(梵)ニルクタnirukta語源学)、(5)闡陀《せんだ》論(梵)チャンダスchandas韻律学)、(6)竪底沙《じゅていしゃ》論(梵)ジョーティスjyotiṣ天文学)をいう。八論とは(1)伊底呵娑《いていかしゃ》論(梵)イティハーサitihāsa史話)、(2)僧佉《そうきゃ》論(梵)サーンキヤsāṃkhya数論《すろん》〔サーンキヤ〕哲学)、(3)陀菟《だぬ》論(梵)ダヌル・ヴェーダdhanur-veda兵学)、(4)乾闥婆《けんだつば》論(梵)ガーンダルヴァ・ヴェーダgāndharva-veda音楽論)、(5)阿輸《あゆ》論(梵)アーユル・ヴェーダāyur-veda医学)、(6)肩亡

婆論、⑺課伽論、⑻那邪毘薩多論(以上⑹―⑻の実体は明らかでない)をいう。以上は百論疏によるものであるが、翻訳名義大集などでは別の一八をあげる。

**じゅうはちどう-くけつ　十八道口決**　二巻。憲深(1192―1263)の口決、頼瑜の記(弘長元1261)。道決鈔ともいう。東密小野流に相伝した十八道法についての口決を筆録したもの。十八道法は、金剛界法・胎蔵界法・護摩法とともに、伝法灌頂を受ける前の方便として修すべき四種の行法(四度加行《しどけぎょう》)の一に数える。頼瑜は醍醐寺報恩院の憲深からこの四種の修法の口決を受け、十八道口決のほかに野金口決鈔・野胎口決鈔・護摩口決各一巻を筆記している。四書を合わせて四度口決という。なお、同じく憲深の口説を録したもので、頼瑜の四度口決と並び称されるものに教舜の四度行用口伝鈔一〇巻(弘長三記、十八道口伝鈔・護摩口伝鈔各二巻、金剛界口伝鈔・胎蔵界口伝鈔各三巻)がある。頼瑜は甲斐法師と称されたのでその四度口決を甲鈔といい、播磨法師と呼ばれた教舜の口伝鈔を播鈔という。㊅七九〔写本〕弘長元写、正応五1292写、正中二1325写、貞和元1345写

**じゅうはち-もつ　十八物**　大乗の比丘が托鉢乞食をする時や諸方を遊行《ゆぎょう》する時、常に身に携行すべき一八種の道具をいう。小乗の六物にあたる。⑴楊枝《ようじ》(歯木《しもく》)、⑵澡豆《そうず》(ダイズ・アズキの粉末。手を洗うのに使用する)、⑶三衣《さんね》(三種の衣服)、⑷瓶《びょう》(飲用水を容れる器)、⑸鉢《はつ》(食物を容れる器)、⑹坐具《ざぐ》(坐臥するとき敷く布)、⑺錫杖《しゃくじょう》(頭部に鐶のついた杖)、⑻香炉、⑼漉水嚢《ろくすいのう》(水中の虫を除くために水を濾過する布の嚢)、⑽手巾《しゅきん》(手拭)、⑾刀子《とうす》(小刀)、⑿火燧《かすい》(火を出す道具)、⒀鑷子《ちょうす》《にょうし》(鼻毛を抜く毛ぬき)、⒁縄牀《じょうしょう》(縄製の牀)、⒂経(経巻)、⒃律(戒本)、⒄仏像、⒅菩薩像《ぼさつぞう》(梵網経巻下)。

**じゅうはっ-かい　十八界**　界は㊵ダートゥ dhātu の訳で、種類、種族の義。一身中に一八種類の法がそれぞれ種類を異にし、それぞれ同じ状態で続いているのをいう。即ち眼《げん》・耳《に》・鼻・舌・身・意の六根(感覚器官またはその機能)と、その対境である色《しき》・声《しょう》・香・味・触《そく》・法の六境と、この感官と対境とを縁として生じた眼識・耳識・鼻識・舌識・身識・意識の六識(認識主観、見る心識、聞く心識など)とを合わせたもの。眼界・耳界というように一々に界の字を加えて呼ぶ。この中で六識を除いて十二処という。六識は十二処のうちの意処(意根)を分析して詳しく分類したもの。十二処も十八界も、これによって一切法を摂し尽くすとされる。

**じゅうぶ-そしょ　十部祖書**　本妙日臨(1793―1823)の著。日蓮の御書の中から一〇部の要書(法華題目抄・十法界明因果抄・内証血脈抄・十法界抄・総勘文抄・教様時国抄・本門戒体抄・立正観抄・観心本尊抄・受職巧徳抄)を選び、各書にそれぞれ、正境起信分・了知報応分・鷲峰源流分・迹本起尽分・大教裂網分・宗教五綱分・護持正法分・妙行玄旨分・帰依本尊分・分別稟受分の名目を付している。〔刊本〕明治一四1881刊(祖書要律と題し、三巻)

**しゅうぶつ　繍仏**　繍帳《しゅうちょう》、縫仏《ぬいぼとけ》ともいう。仏菩薩や曼荼羅などを刺繍したもの。インドに始まるといわれ、中国では六朝・隋・唐の時代に盛んであった。日本では仏教伝来の頃から作られ、現存最古のものに推古天皇三〇年622橘大郎女が聖徳太子の追福のために作った中宮寺の天寿国繍帳があるく⇩天寿国繍帳《てんじゅこくしゅうちょう》〉。薬師寺や大安寺などにもあったことは縁起や資財帳によって知られ、また勧修寺繍帳(唐代の作ともいう)や法隆寺の天人像などは奈良時代のものと考えられる。平安時代の遺品はほとんどなく、鎌倉時代以後、浄土教の興隆と共に盛んに作られ、現存の大半は浄土系に属する。縒糸《よりいと》のもの、練糸のもの、頭髪を縫糸に混ぜたものなどがある。〔参考〕奈良国立博物館・繡仏

**じゅう-ぶつみょう　十仏名**　食事の十念ともいう。東晋の道安の定めたものと称され、禅宗などで日常食事のときに唱える十仏の名。清浄法身毘盧舎那《びるしゃな》仏・円満報身盧舎那仏・千百億化身仏釈迦牟尼仏・当来下生《げしょう》弥勒尊仏・西方無量寿仏・十方三世一切諸仏(以上仏)・大聖文殊師利菩薩・大乗普

賢菩薩・大悲観世音菩薩・大智勢至菩薩・諸尊菩薩摩訶薩(以上僧)・摩訶般若波羅蜜(法)をいう。一二あるが大数について十仏名という。

**しゅうぶん　周文**　生没年不詳(享徳三年1454頃までは生存)。室町時代の画僧。等慶《とうけい》といい、越渓、岳翁、春育とも号する。近江越渓の人。出家して禅を受け、相国寺の都司となり、かたわら同寺の乱芳軒如拙《にょせつ》に師事して画法を学び、墨画、彫刻にも秀でていた。のち俗塵を離れて永源寺(現滋賀県東近江市永源寺高野町)に住し、もっぱら画道を楽しんだ。文献上は彫刻の記録が多く、伝周文筆の遺作は、三益斎図、四季山水図屏風ほかが有名であるが、確実な作品は不明。〔参考〕本朝画史、扶桑画人伝

**しゅうほう　周鳳**　(明徳三1392—文明五1473)臨済宗の僧。和泉堺の人。字は瑞渓《ずいけい》。竹郷子、刻楮子、臥雲山人と号す。興宗明教禅師と追諡された。一四歳で相国寺の無求周伸《しゅうしん》に侍し、のち天竜寺の大周周奝《だいしゅうしゅうちょう》、鹿苑院の厳中周噩《げんちゅうしゅうがく》に仕えた。南都で華厳・唯識などを学んで後、再び周噩に侍し、師と共に相国寺に移って蔵鑰《ぞうやく》を司り、ついで同寺の後堂となり、永享八年1436師命によって分座説法をした。足利義教の帰依をうけて景徳寺・等持寺に住し、同一二年相国寺の主となる。のち足利義政に重用され、文安三年1446、康正二年1456、応仁元年1467と三たび僧録司に任じた。臥雲日件録は僧録司在任中の日記であるが、今は惟高妙安の抄出した二巻(文安三—文明五)だけがある。著書、善隣国宝記三巻、蘇詩脞説二五巻など。〔参考〕興宗明教禅師行状、五山前住籍、五山伝、延宝伝灯録二六、本朝高僧伝四一

**しゅうみつ　宗密**　(建中元780—会昌元841)唐代の華厳宗の僧で、荷沢宗の禅を主張した人。姓は何氏。号は圭峰。諡は定慧禅師。果州西充(四川省順慶府西充県)の人。幼時儒学を修め、また仏教を学ぶ。二七歳で大雲寺道円に会い、出家して禅を学び、三二歳で清涼澄観の弟子となり、教禅一致の説をたてた。終南山智炬寺や草堂寺で円覚経大疏三巻を作った。その後、草堂寺の南にある圭峰蘭若に住して講経修禅に専念し、相国裴休に深く帰依された。世に草堂禅師、圭峰禅師、圭山大師といわれ、中国華厳宗の第五祖とする。著書、円覚経大疏一二巻、大疏釈義鈔二六巻、略疏四巻、略疏鈔一二巻、裴休拾遺問一巻、華厳行願品疏鈔六巻、起信論疏注四巻、禅源諸詮集都序四巻、原人論一巻など。〔参考〕宋高僧伝六、景徳伝灯録一三、釈門正統八、仏祖統紀二九

**じゅう-みょう　十妙**　一〇種の超えすぐれた不可思議。智顗《ちぎ》が法華経の経題、即ち「妙法蓮華経」の中の最初の妙の一字を解釈して、これに一〇種の意味が含まれているとし、迹門《しゃくもん》の十妙、本門の十妙、観心《かんじん》の十妙を説いた。法華玄義巻二上、巻七上などに述べている。迹門の十妙とは、法華経前半十四品、特に方便品の諸法実相の意に基づき、蔵・通・別の三教〈⇩五時八教《ごじはっきょう》〉や菩薩などの九界〈⇩十界《じっかい》〉などの権《ごん》を、円教や仏界などの実《じつ》に対比させると、権は麁《そ》(粗末なこと)、実は妙(超えすぐれていること)であり(相待妙)、また権に執われる心を開き除いて実の意味をあらわせば、権は権即実として実におさめられるから、法華一乗では権実共に妙であるとして(絶待妙)、法華の妙は法華以前の諸経の麁に比較しての相待的な妙であると共に、相待を絶してことばも心も及ばない絶待的な妙であるとする。また本門の十妙とは、法華経後半十四品、特に寿量品の開迹顕本《かいしゃくけんぽん》〈⇩開顕《かいけん》〉の意に基づき、久遠の本仏(永遠の根元仏)の妙を明らかにしたものであり、観心の十妙とは法華経の本迹二門に説かれた真理を観照する実践(妙観)における十妙である。そして本迹二門の十妙にはそれぞれ心法妙・仏法妙・衆生法妙の三法妙、および相待妙・絶待妙の二妙があるから、合わせて百二十重となり、また本迹を対比すれば、迹は権で麁、本は実で妙となる。①迹門《しゃくもん》の十妙。⑴境妙。智の対象となる境が妙である。⑵智妙。観照する智慧が妙である。⑶行妙《ぎょうみょう》。さとりに至る実践行為が妙である。⑷位妙。実践段階の階位が妙である。⑸三法妙《さんぽうみょう》。真性・観照・資成の三軌《さんき》が妙である。即ち境・智・行の三妙を

果についていえば三法妙であり、これに準じて三道・三識・三仏性などの一〇種の三法もまた妙である。(6)感応妙《かんのうみょう》。衆生の機感と仏の応用、即ち導かれる者のうけとりと、導く者のはたらきとがあいかなうのが妙である。(7)神通妙《じんづうみょう》。仏の身業(身のはたらき)が妙である。(8)説法妙。仏の口業が妙である。(9)眷属妙。仏に親しみ近づいて、めぐみをうけるものが妙である。(10)利益妙《りやくみょう》(功徳利益妙)。受けるめぐみや効果が妙である。以上の十妙を自行(自己のさとりへの実践)と化他(他を教え導く)とに分ければ(1)―(4)は自行の因、(5)は自行の果、(6)―(8)は化他の能化(導く者)、(9)(10)は化他の所化(導かれる者)にあたる。②本門の十妙。(1)本因妙。本仏を因からいえば、その修めた因が妙である。(2)本果妙。その因によって得た本仏の果が妙である。(3)本国土妙。本仏の所在する国土が妙である。(4)本感応妙。本仏のさとりにおいて、衆生を救うはたらきが救われる者とあいかなって妙である。(5)本神通妙。本仏がさとった最初に衆生を救おうとして神通をあらわしたのが妙である。(6)本説法妙。本仏がさとった最初の説法が妙である。(7)本眷属妙。本仏によって本初に導かれた人が妙である。(8)本涅槃妙《ほんねはんみょう》。本仏の涅槃は常住で本来的なものであり、人を導くために示現する涅槃とは異なるからである。(9)本寿命妙。本仏は長短不同の寿命を自在に示現できる根元であるから、その本仏の与えるめぐみが妙である。(10)本利益妙。その寿命が妙であるから、その本仏の与えるめぐみが妙である。以上の十妙を自行・化他に分ければ(1)自行の因、(2)(3)(8)(9)は自行の果、(4)(5)(6)は化他の能化、(7)(10)は化他の所化にあたり、迹門では迷妄を断って中道のさとりを開かせるのを目的とするから、自行の因を詳しくわけたのに対して、本門では仏が久遠の仏であることをあらわして菩薩たちに中道の智慧を増し、変易生死《へんにゃくしょうじ》を漸次減少させようとするのであるから、自行の果を詳しく説くのであって、このように本・迹は異なるけれども、しかも一の不思議である点においては別のものではないとする。法華玄義には委しく説いていないが、③観心の十妙。法華玄義には委しく説いていないが、湛然が十不二門《じっぷにもん》を説いたのはこれを明らかにしようとしたためであるようである。

**じゅうみょう-ろん　十明論**　一巻。詳しくは釈華厳経十二縁生解迷顕智成悲十明論、或いは解迷顕智成悲十明論ともいう。唐の李通玄の著。成立年不詳。文中に「十二有支に迷うを一切衆生と名づけ、十二有支を悟れば即ち是れ仏なり」と論じているように、華厳経が説く成仏思想を十二因縁に焦点をあてて一〇門に分類し、三聖円融思想に基づいて論じたもの。㊅四五

**じゅう-むじんく　十無尽句**　十不可尽法、十無尽法ともいう。初歓喜地〈⇩十地《じゅうじ》〉の菩薩《ぼさつ》が広大の願をおこして、「もし十の法が尽きるならば自分の願も尽きるであろうが、この十の法が尽きない限り我が願もまた尽きないであろう」という。この一〇種の無尽の法を十無尽句という(華厳経十地品)。(1)衆生《しゅじょう》無尽、(2)世界無尽、(3)虚空無尽、(4)法界無尽、(5)涅槃無尽、(6)仏出世無尽、(7)諸仏智慧無尽、(8)心所縁無尽(仏の智慧に照らされる境界の無尽)、(9)起智無尽(仏智所入境界無尽)、(10)世間転・法転・智転無尽(世間と法と智との三によって、以上の九が順次に三つずつ包摂され、その三種が相互に関係しあっての無尽)。

**じゅう-むじんぞう　十無尽蔵**　十蔵ともいう。華厳宗《けごんしゅう》の教義。菩薩《ぼさつ》が有する無尽の徳として、仏陀一代の教法を一〇種に分類したもの。菩薩の信・戒・慚・愧などは一々に無限の徳を含んでいるから無尽蔵という。(1)信蔵、(2)戒蔵、(3)慚蔵、(4)愧蔵、(5)聞蔵、(6)施蔵、(7)慧蔵、(8)念蔵(正しく憶念すること)、(9)持蔵(正しく聞いて執持し、忘れないこと)、(10)弁蔵(正しく法を説くこと)(旧訳の華厳経巻一二)。

**じゅうもつ　什物**　十物、什器、什宝ともいう。什は雑、あるいは聚の意で、寺院の所有する種々の器財のこと。什物の中で特に珍重すべきものを法宝物という。わが国では古くは資財の語を用いたが、後世什物と称するようになった。

**しゅうもん-あらため　宗門改**　江戸時代にキリシタン禁制を主な目的として行わ

れた制度。キリシタン禁教は豊臣秀吉の時から継続的にすすめられた。江戸幕府は慶長一九年1614京都のキリスト教徒掃討の頃から、転宗の証拠として寺院僧侶から寺請《てらうけ》証文(寺請文)をださせたが、やがて一般民の証文をも提出させるようになった。さらに幕府は寛永一四－五年1637—38の島原の乱ののち禁教を強化し、同一六年切支丹奉行を置いて大目付に兼任させ、寛文二年1662以後は作事奉行の兼任とした。諸藩にも宗門改役が置かれ、同四年以後は義務的に設置された。寺請証文は当初、キリシタン信者でないこと、一定寺院の檀徒であることを僧侶が証判して役所に届けたが、のち婚姻・奉公・旅行・移住などに、宗門手形・寺手形などともよばれて必ず檀那寺から移動先の寺院・役所などに提出された。また寺請証文と共に宗旨人別改が実施された。京都などでは島原の乱後に始められたが一般化したのは寛文年間1661—73からで、宗旨人別帳・宗門改帳・人数改帳・宗門手形帳などとよばれる帳簿に各戸の死去・生誕・婚姻・奉公など人員増減、年齢、宗旨を記し、戸主捺印の上僧侶が証判し一村ごとにまとめて差出した。したがって宗旨人別帳は戸籍簿の性質をもち、明治四年1871の戸籍法実施まで僧侶は戸口の調査監理に任じることとなった。なお寺請証文には寛文五年および元禄四年1691以後、日蓮宗不受不施派および悲田派が禁教中に加えられることとなった。以上のような宗門改制は一家一寺制の実施や離檀禁止とともに、中世後半期に発生した檀家制を法制的に強化し固定化させた。そのため寺院は固定数の檀家に支えられ経済的にも安定した。江戸時代末期には全国的に神官の離檀運動が展開し、明治四年七月には宗門改に代って神社の氏子改(氏子調)が実施されたが、同六年五月に中止された。

**しゅうもん-かっとう-しゅう　宗門葛藤集**　二巻。雲嶠智道の編。成立年不詳。禅宗の各種の伝灯録および祖師の語録類から古則公案二七二条を摘出し、参禅者の便に供したもの。〔刊本〕元禄二1689刊、安政五1858刊

**しゅうもん-げんかんず　宗門玄鑑図**　一巻。明の虚一方覚一の編(万暦三五16C7)。禅宗の五家の宗風と綱要をあげ、祖師の教化の特色を一二門に分類して、参禅学道の助けとしたもの。㊫二・一七・五

**しゅうもん-こうかく　宗門綱格**　二巻。日乾の著(慶長七1602)。後陽成天皇の勅をうけ、日蓮宗の大旨を述べた書。明宗教・啓宗教・遮外難・叙行者用心の四科にわたって論述されている。〔刊本〕慶長七刊、寛政三1791刊、同四刊

**しゅうもん-じっき-ろん　宗門十規論**　一巻。詳しくは浄慧法眼禅師宗門十規論という。唐の法眼文益の著。成立年不詳。法眼が自己の遍参時代を反省しつつ、参学の者の陥りやすい病弊一〇カ条をあげてこれを誡め、その用心の方法を示したもの。著者は法眼宗の祖で、唐代五家としては最も遅れて分派した法眼宗の宗旨のあり方を示している。㊫二・一五・五〔刊本〕康安元1:61刊、宝暦六1 '56刊

**しゅうもん-じっしょう-ろん　宗門十勝論**　一巻。虎関師錬の編(暦応元1338)。禅宗が他宗よりすぐれている点一〇項目をあげて論じた書。伝法護国論(天台宗)、浄土十勝論(浄土宗)、開心鈔・禅宗付法続絶之事(真言宗)はこの書への反論書である。〔註釈〕安住宗俊・国字解標註二巻　明治二三1890刊〔参考〕日本禅林撰述書目、本朝高僧伝二七

**しゅうもん-しょうとう-ろく　宗門正灯録**　一〇巻または一二巻。東陽英朝の著(文亀元1501)。臨済系の列祖、馬祖道一以下二四人の伝記を記し、合わせてその語要、拈香《ねんこう》、偈賛、行状などを掲げた書。〔刊本〕寛永七1630刊〔註釈〕字考一巻

**しゅうもん-とうよう-ぞくしゅう　宗門統要続集**　二三巻。元の古林清茂の編(延祐七1320)。禅宗の代表的な公案と拈古《ねんこ》則に対する評釈を集めたもの。はじめ宋の建康の慧厳宗永が著わした宗門統要一〇巻(世尊より西天二十八祖、東土六祖を経て、南岳下一一世楊岐方会、青原下一〇世投子義青に至る仏祖の公案と拈古とを集録)をもととして、これに南岳系の楊岐および黄竜下七世、青原系の投子および天衣下四世

までの機縁を増補して四七三人としたもの。現存のものは、巻首に虚谷希陵および馮子振が撰した続集の序、耿延禧が紹興三年1133に撰した宗門統要の重開の序を合わせ掲げている。清代に、さらに増集した白巌浄符の宗門拈古彙集四五巻(康熙三1664成立、別に目録一巻、㊫二・二〇・三—五)があり、南岳系三三世普明妙用、青原系三六世東苑元鏡までを収めている。縮雲九—一〇、卍三一・一・二

**じゅうもん-べんわく-ろん　十門弁惑論**　三巻。唐の復礼の編(永隆二681)。太子文学官職にある権無二が、維摩・法華・涅槃などの諸経に説かれる教説についての疑問一〇カ条を提示したのに対して答えたもの。十門とは仏・菩薩の神通力、浄土と穢土との別、仏の涅槃や三身などに関するもので、復礼はこれらに各種の仏典や儒教の典籍によりつつ応答している。㊅五二〔註釈〕臥雲・纂述二巻、知空・裨検五巻　〔参考〕開元録九、宋高僧伝一七

**しゅうもん-むじんとう-ろん　宗門無尽灯論**　二巻。東嶺円慈の著(寛延四1751)。後学のために禅宗の信心修行の次第を述べた書。宗由・信修・現境・実証・透関・向上・力用・師承・長養・流通の一〇項と付録の行持論から成り、叙述はきわめて丁寧である。白隠全集七、㊅八一〔刊本〕寛政一二1800刊、明治一六1883刊

**しゅうもん-れんとう-えよう　宗門聯灯会要**　三〇巻。聯灯会要ともいう。南宋の晦翁悟明(大慧下三世、泉州崇福寺に住した)の編(淳熙一〇1183)。禅宗の史伝の書で、五灯録の一。過去七仏より西天二十八祖、東土六祖を経て、南岳下一七世天童咸傑、青原下一五世浄慈慧暉に至る六百余人の祖師の機縁語句と問答を記録し、法系によって分類したもの。祖師の公案を集めることが主であるために、史伝に関する記事は少ない。現存のものは、淳熙一六年の淡斉李泳の序、元代および日本の五山と江戸時代の重刊の刊記を載せている。㊫二乙・九・三—五

**しゅうもん-わくもん　宗門或問**　一巻。明の堪然円澄の著(万暦二三1595)。五二種の問答形式によって、参禅修行の心得と、三蔵の根本道理を説き、教禅一致の旨を述べたもの。㊫二・三一・二

**じゅうもん-わじょう-ろん　十門和諍論**　二巻(断簡のみ現存)。新羅の元暁(617—86)の著。成立年不詳。百家の異論を一〇門に分けて整理和会した元暁思想の総合的著作。韓国仏教全書一

**じゅうや-ほうよう　十夜法要**　十夜、御十夜《おじゅうや》ともいう。浄土宗で一〇日一〇夜を一期として修する念仏会で、もと陰暦一〇月五日から一五日にかけて行われたが、現在では一一月が多い。京都真如堂(真正極楽寺)の十夜は、永享二年1430平貞国が本尊の夢告によって始めたといわれ、現在では鉦《かね》講中によって大鉦八丁が打ち鳴らされ、参詣者に十夜粥《がゆ》が授与される。同新京極誓願寺では南山城の三山木《みやまぎ》の鉦講中が毎年双盤念仏《そうばんねんぶつ》を行う。神奈川県鎌倉光明寺の十夜は、明応四年1495観誉祐崇が後土御門天皇の勅許によって始めたといい、俗に双盤十夜と呼ぶ。また埼玉県鴻巣《こうのす》勝願寺では塔婆十夜、東京八王寺の大善寺では諷誦文《ふじゅもん》十夜と呼ばれ、これを関東三大十夜といって多くの参詣者で賑わう。各地の浄土宗寺院に双盤(鉦鼓のこと)・雲版《うんばん》(雲形の金属製の版)や大太鼓があるのは十夜会の名残りである。〔参考〕初学抄、真如堂縁起、滑稽雑談、東都歳事記

**しゅうよう-しょう　宗要鈔**　一二巻。栄源の著(文明四1472)。武蔵金鑚寺で記したため金鑚宗要ともいう。教相部・五時部・仏部・菩薩部・二乗部・雑部の六部門に分け、天台教義の要領を問答体に記した書。

**しゅうよう-に　周養尼**　(—慶長一六1611)室町時代末の伊勢慶光院四世。伊勢宇治の山幡四郎右衛門経政の女という。慶光院三世清順の遺志をついで伊勢大神宮(内宮)の造替を企て、元亀三年1572綸旨を奉じて諸国に勧進し、天正三年1575仮遷宮を行った。のち更に浄財をつのり、同一三年一〇月一三日内宮の、同一五日には外宮の正遷宮をもなしとげた。〔参考〕慶光院文書

**しゅうら　周羅**　㊵チューダ cūḍa の音写。髻、小髻、頂髪と訳し、梵語と漢語と

をあわせて周羅髪《しゅうらほつ》という。出家して頭髪を剃るときに、頭の頂に少しのこす髪のこと。この髪が最後に剃られるともする。

**じゅうらく-いん　十楽院**　京都市東山区粟田口三条坊町にあった天台寺院。青蓮院背後のやや南にあたり、叡山の大乗院・妙香院と並ぶ青蓮院三院家の一。創建は平安末(安元二〈1176〉頃か)と考えられるが、不詳。また廃された時期もわからない。青蓮院門主のうち、十楽院・十楽院宮を号するものが少なくないといわれる。なお叡山西塔北谷東陽坊の里坊は、十楽院の東にあった。

**じゅうらく-こう　十楽講**　源信の往生要集に説く浄土の十楽を讃歎する法会。十楽とは聖衆来迎楽・蓮華初開楽・身相神通楽・五妙境界楽・快楽無退楽・引接結縁楽・聖衆俱会楽・見仏聞法楽・随心供仏楽・増進仏道楽をいう。平安後期の鳥羽天皇の頃にはこの法会のあとで管弦の遊びが行われたという。〔参考〕十訓抄

**じゅう-らせつにょ　十羅刹女**　⇩羅刹《らせつ》

**じゅう-りき　十力**　力は(梵)バラ bala の訳。①如来の十力。如来のみが具える一〇種の智力。仏の十八不共法《ふぐうほう》のうちの一〇。⑴処非処智力(智是処非処智力、是処不是処力、是処非処力)。如実にすべての理と非理とを知る力。⑵業異熟智力《ごういじゅくちりき》(知業報智力、知三世業智力、業報集智力、業力)。如実に三世の業《ごう》とその報いとの因果関係を知る力。⑶静慮解脱等持等至発起雑染清浄智力《じょうりょげだっとうじとうしちりき》(静慮解脱等持等至智力、知諸禅解脱三昧智力、禅定解脱三昧浄垢分別智力、定力)。如実にすべての禅定《ぜんじょう》や三昧の順次や浅深を知る力。⑷根上下智力(知諸根勝劣智力、知衆生上下根智力、根力)。如実に衆生《しゅじょう》の能力や性質の勝劣などを知る力。⑸種種勝解《しょうげ》智力(知種種解智力、知衆生種種欲智力、欲力)。如実に衆生の了解断定を知る力。⑹種種界智力(是性力、性智力、性力)。如実に衆生の素性《すじょう》素質やその行為などを知る力。⑺遍趣行智力《へんしゅぎょうちりき》(知一切至処道智力、至処道力)。如実に人天などの諸々の世界に趣く行の因果を知る力。⑻宿住随念智力(知宿命《しゅくみょう》無漏智力、宿命智力、宿命力)。如実に過去世の種々の事を憶いだし知悉する力。⑼死生《ししょう》智力(知天眼《てんげん》無礙智力、宿住生死智力、天眼力)。如実に天眼をもって衆生の死生の時や未来生の善悪の世界などを知る力。⑽漏尽智力(知永断習気《ちょうだんじっけ》智力、結尽力、漏尽力)。自らすべての煩悩《ぼんのう》が尽きて、次の生存(後有《ごう》)を受けないことを知り、また他のものが煩悩を断つのを誤らずに知る力。この十力の体は智慧で、俱舎論などでは十智のうち力の内容によって、そのすべてであるいは若干を除いたものを体とするし、地持論などでは、十一智を立てるうち総括して如実智に摂める。この十力は仏が成道《じょうどう》のときに一時に具え、後に教化のはたらきに応じて順序のように次第してあらわれる(地持論)。なお、新訳の華厳経巻一七には、この一〇種を菩薩《ぼさつ》が修習すべき法として示し、そこでは力の字を省いている。②菩薩の十力。十廻向《えこう》の第九無縛無著解脱廻向位《むばくむじゃくげだつえこうい》にある菩薩の具える一〇種のはたらき。深心力《しんしんりき》(直心力)・増上深心力(深心力)・方便力・智力(智慧力)・願力・行力《ぎょうりき》・乗力・神変力《じんぺんりき》(遊戯神通力)・菩提力《ぼだいりき》・転法輪力《てんぽうりんりき》の一〇をいう(新訳の華厳経巻五六)。また首楞厳三昧経や大智度論巻二五などでもそれぞれこれに類似した十力を説く。

**じゅうりき-かしょう　十力迦葉**　(梵)ダシャバラ・カーシャパ Daśabala-kāśyapa　(巴)ダサバラ・カッサパ Dasabala-kassapa の訳。十力はダシャバラあるいはダサバラの訳。迦葉はカーシュヤパあるいはカッサパの音写。仏弟子。仏陀が迦毘羅衛《かびらえ》(カピラヴァットゥ Kapilavatthu)へ帰省したとき、仏陀は十力迦葉に命じて阿難(アーナンダ Ānanda)に具足戒を授けさせた。五比丘の一人に加える伝承もある。〔参考〕破僧事一三・一四・一八、仏所行讃三、中本起経上

**じゅうりき-きょう　十力経**　一巻。唐の勿提犀魚の訳。異訳に北宋の施護らの訳(一〇世紀末)の仏十力経がある。仏のみの具える処非処智力から漏尽智力までの一〇種の大智力について説く。別に長い序文があってこの経の伝来の次第を述べる。(大)一

七、国一経集部一五

**しゅうりはんどく　周利槃特**　⇩しゅりはんどく

**しゅうりょう　周良**　（文亀元1501―天正七1579）臨済宗の僧。丹波の人。俗姓は井上氏。字は策彦《さくげん》。怡斎《いさい》、謙斎と号する。九歳で鹿苑寺の心翁等安に侍し、師に従って天竜寺に移る。天文六年1537周防の大内義興の命をうけて、同八年入明副使として博多を出発し（正使は湖心碩鼎）、北京で世宗に会して、同一〇年帰国した。同一六年正使として再び渡明し、同一九年任を終えて帰る。のち武田信玄に迎えられて恵林寺・長興寺などに住し、京都天竜寺妙智院で没した。著書、入明記初渡集三巻、入明再渡集二巻、南游集一巻など。

**しゅうりょう　宗良**　（弘治三1557―元和七1621）臨済宗の僧。字は賢谷《けんこく》。号は泛梗《はんこう》。土佐の人。玉甫《ぎょくほ》に師事し、元和三年大徳寺に出世し一六〇世となった。諡号は本覚広済禅師。〔参考〕紫巌譜略、大徳寺世譜

**しゅうりん　宗林**　（　―貞享四1687）曹洞宗の僧。字は月舟。雪山《せっさん》の法を得て総持寺に出世し、安芸の洞雲寺に移る。明暦二年1656長崎の皓台寺《こうだいじ》に住した。諡号は大機盤空禅師。〔参考〕日本洞上聯灯録一二

**じゅうりん-いん　十輪院**　奈良市十輪院町。雨宝山と号し、真言宗醍醐派。元興寺の子院の一で、朝野魚養・空海・聖宝などを開基とする説があるが、不詳。寺名は、沙石集（弘安六1283成立）に南都の地蔵霊仏の一としてみえるのが早い。この地蔵は当院の本尊で、本堂背後の石仏龕の奥壁中央に刻され、龕中には十王像・弥勒・釈迦ほかの石仏が彫って配される。様式上、この石仏龕は鎌倉前期（一説に同中期）の作とされる。また本堂はもと石仏龕を拝する礼堂で、鎌倉初期（一説に弘安年間前後）の建立と推定されている。なお龕の前方左右に六角石幢、その間に引導石という平石があることから、地蔵信仰による葬送儀礼が行われたといわれる。〔国宝〕本堂、〔重文〕南門、石仏龕、木造不動明王二童子立像

**じゅうりん-きょう　十輪経**　八巻。大方広十輪経、方広十輪経ともいう。北涼時代の訳、訳者不詳。十善業を大乗菩薩の十輪と名づけ、十悪業輪を離れるべきこと、末法濁世の衆生を救うために沙門のすがたをとった地蔵菩薩に帰依し、讃嘆すれば悪業破戒の者も罪障を除滅して解脱を得ることができることなどを説く。三階教の隋の信行はこの経によって普仏普法の説を主張した。異訳に大乗大集地蔵十輪経一〇巻（唐の玄奘の訳）があり、またチベット訳もあるが漢訳よりの重訳である。㊅一三

**じゅうりん-じ　十輪寺**　①京都市西京区大原野小塩町。小塩山と号し、天台宗。嘉祥三年850染殿皇后藤原明子の安産祈願のため、円仁の弟子慧亮の創建という。中世は善峰寺の兼帯の一。応仁の乱以後衰退したが、寛文年間1661―73再興された。在原業平の閑居の跡と伝える。江戸中期の地蔵堂の外観が鳳輦形の奇構をしていることで知られる。②兵庫県高砂市高砂町横町。宝瓶山と号し、浄土宗西山禅林寺派。空海の草創と伝え、源空（法然）を中興開山とする。源空が配流の途次に、教化を行った跡という。文禄の役に戦死した村民の霊を祀る高麗仏と称する石塔がある。〔重文〕絹本著色五仏尊像　〔参考〕円光大師行状画図翼賛三四、日本名勝地誌六

**しゅうれい　宗令**　（元弘三1333―応永一五1408）「そうれい」とも読む。曹洞宗の僧。字は大徹。肥前（一説に大隅）の人。総持寺の峨山紹碩《じょうせき》に侍し、五哲の一。のち美濃の妙応寺に住する。ついで越中の檀徒が建てた立山寺（立川寺）の開山となる。〔参考〕延宝伝灯録七、日本高僧伝三七

**じゅうれん　住蓮**　（　―建永二1207）浄土宗の僧。東大寺の維那実遍の子。法然の弟子となる。建永元年後鳥羽上皇の熊野参詣の最中、同門の遵西と共に鹿ケ谷で別時念仏会を修したとき、上皇の女房らがひそかに参会したので、上皇の怒りにふれて翌年二月遵西とともに処刑され、わざわいは広く専修念仏教団に及んだ。〔参考〕法然上人行状絵図三三、尊卑文脈

**じゅうろくえ-こう　十六会講**　大般若経は十六会あるので、大般若経の講説を行うのをいう。治承元（安元三）年1177二月

に行われたことが知られる(百練抄)。

**じゅうろく-おうじ　十六王子**　法華経化城喩品に説かれる。三千塵点劫《じんでんごう》の昔、大通智勝仏がまだ出家しない時の一六人の王子。大通智勝仏に従って出家し、法華経を聞いて成仏し、現に十方国土で説法するという。阿閦《あしゅく》・須弥頂《しゅみちょう》・師子音《ししおん》・師子相・虚空住《こくうじゅう》・常滅・帝相・梵相《ぼんそう》・阿弥陀・度一切世間苦悩・多摩羅跋栴檀香神通《たまらばっせんだんこうじんづう》・須弥相・雲自在・雲自在王・壊一切世間怖畏《ふい》・釈迦牟尼の十六仏をいい、四方・四維の八方に二仏ずつ配される。

**じゅうろく-かん　十六観**　観無量寿経の説。十六観法、十六観門ともいう。阿弥陀仏の身や浄土のすがたを思いうかべることによって、その浄土に生まれることができるとし、これに一六種の観法が説かれている。⑴日想観。太陽が沈むのを見て、極楽が西にあることを想う。⑵水想観。この世の水と氷の美しさによって、極楽の大地のありさまを想いうかべる。⑶地想観。水想をなしとげることによって、はっきりと極楽の大地を想う。⑷宝樹観。極楽にある樹木の不思議なはたらきを想う。⑸宝池観。極楽の池の水を想う。⑹宝楼観。極楽にある五百億の建物を想う。この想をなしとげるときには⑴—⑸の観法がたちまちになしとげられるから、総観ともいう。⑺華座観《けざかん》。阿弥陀仏の坐っている蓮華の台座を想う。⑻像観。仏像を見て阿弥陀仏のすがたを想いうかべる。⑼真身観。阿弥陀仏の真のすがたを想う。この想をなしとげると、すべての諸仏を見ることができる。⑽観音観。阿弥陀仏にしたがう菩薩のうち観世音について想う。⑾勢至観。同じく大勢至について想う。⑿普観。あまねく浄土の仏・菩薩・国土を想う。⒀雑想観。以上のような真仏・真菩薩の観想ができないものが一丈六尺(約四・八メートル)の阿弥陀仏の像を見、かねて大身、小身、真仏、化仏などを雑《じま》えて観じる。⒁上輩観・⒂中輩観・⒃下輩観。衆生がそれぞれの能力や性質の勝劣に応じて、それに適当した修行をして極楽に生まれるさまを想う。一般には、上・中・下の三輩観(⒁—⒃)に説く修行は日常的な行為(散善)であるが、これを修めて往生する人のありさまを観じるのが三輩観であるから、十六観を観想することは、いずれも心を統一して行う定善であるというけれども、善導や源空はこのような説に反対して、前十三観は定善の観法であるが、後の三観はその観法にたえないもののために示された散善の行であるとする。

**じゅうろく-げんもん　十六玄門**　真言宗で梵字真言などの諸字の意義を解釈するのに用いる十六種の方法をいう。⑴遮情。文字言語によって表現されるすべてのものの本性は無相であり、全く執着してはならないものであるとさとり、凡夫の迷情をうち棄てて仏道を修行する。⑵表徳。あらゆるものは本来不生であるとさとり、対象において真言の功徳をあきらかにする。⑶浅略。その意義が浅くてことばのわりに内容が簡略なこと。⑷深秘《じんぴ》。言外に深奥の意味を含ませ、勝れた者に対してでなければ秘して授けないこと。⑸字相。ただ文字だけあってそれにふさわしい意味はなく、文字と表わそうとすることが別であること。⑹字義。文字をはなれず、その一字一字が不可得の意味をもつのを観じること。⑺一字摂多《いちじしょうた》。一字の中に多字の無量の意義を含むこと。⑻多字摂一。多字が一字の中に摂め入れられること。⑼一字釈多。一字で多字を解釈すること。⑽多字釈一。多字で同一字の意義を解釈し顕わすこと。⑾一字成多。一字で一切の字義を成立させること。⑿多字成一。多字が結合して一字を成立させること。⒀一字破多。一字で多字のまよいを破析すること。⒁多字破一。多字を合わせて一字のまよいを破析すること。⒂順観旋転。順旋転ともいう。梵字の字義を観じる時、初めの阿(a)字より順次に最後の賀(ha)字へと観じてゆくこと〈⇩悉曇《しったん》〉。⒃逆観旋転。逆旋転ともいう。前に反して逆次に字門を観じてくること。

**じゅうろく-しょうじ　十六正士**　十六賢士、十六菩薩ともいう。正士とは正しい道を求める丈夫という意味で、菩薩というのに同じ。諸大乗経の同聞衆の中に括して列名される在家の菩薩。賢護・宝積・導師・

那羅達・星得・水天・主天・大意・益意・増意・不虚見・善進・勢勝・常懃・不捨精進・日蔵で、その名は経典によって多少異なる。その第一の賢護は音写して颰陀婆羅（梵）バドラパーラ Bhadrapāla）といい、他の一五人はその眷属とされることもある。〔参考〕大般若経四〇一、思益経一、梵文法華経、無量寿経上

**じゅうろく-ぜんじん　十六善神**　般若守護十六善神、釈迦十六善神、十六夜叉神などともいう。眷属をひきいて大般若経を守護するという一六の夜叉大将。尊名と形相については四天王と十二神将とを加えたものとするなど諸説があるが、般若守護十六善神王形体（唐の金剛智の訳と伝えるが、偽作とする説もある）では(1)提頭攞宅善神（持国天）、(2)毘盧勒叉善神、(3)摧伏毒害善神、(4)増益善神、(5)歓喜善神、(6)除一切障難善神、(7)抜除罪垢善神、(8)能忍善神、(9)吠室羅摩拏善神（多聞天）、(10)毘盧博叉善神（広目天）、(11)離一切怖畏善神、(12)救護一切善神、(13)摂伏諸魔善神、(14)能救諸有善神、(15)師子威猛善神、(16)勇猛心地善神をあげる。また十六大護の十大薬叉・三大竜王・三大天后を当てる説もある。図像は般若菩薩あるいは釈迦如来を中尊として左右に八尊ずつ描かれるのが通例で、さらに般若あるいは般若経に縁のある法誦・常啼の二菩薩および梵天・帝釈天と玄奘三蔵・深沙大将を加えるものもあり、大般若会の本尊とされた。日本では経蔵の守護神ともする。〔参考〕陀

十六善神（別尊雑記）

羅尼集経三、塵添壒嚢鈔一三、四天王寺名跡集

**じゅうろく-だいご　十六大護**　密教で仏法および国土衆生などを守護する一六の夜叉神で、転法輪菩薩の眷属。転法輪菩薩摧魔怨敵法（唐の不空の訳）に説かれる。(1)毘首羯磨《びしゅかつま》（梵）ヴィシュヴァカルマン Viśvakarman）、(2)劫比羅《こうひら》（梵）カピラ Kapila）、(3)法護（梵）ダルマパーラ Dharmapāla）、(4)肩目（梵）アンシャローチャナ Aṃśalocana）、(5)広目（梵）ヴィルーパークシャ Virūpākṣa）、(6)護軍（梵）グプタセーナ Guptasena）、(7)珠賢（梵）マニバドラ Maṇibhadra）、(8)満賢（梵）プールナバドラ Pūrṇabhadra）、(9)持明《じみょう》（梵）ヴィドヤーダラ Vidyādhara）、(10)阿吒縛倶（梵）アータヴァカ Āṭavaka）の十大薬叉、(11)縛蘇枳《ばそき》（梵）ヴァースキ Vāsuki）、(12)蘇摩那《そまな》（梵）スマナ Sumana）、(13)補沙毘摩《ふさびま》（梵）プーサヴィマ Pūsavima）の三大竜王、(14)訶利帝《かりてい》（梵）ハーリーティー Hārītī）、(15)翳囉嚩蹉《えいらばさ》（梵）エーラヴァーシャー Elavāśā）、(16)双目（梵）ローチャナウ Locanau）の三大天后を合わせた一六をいう。また八方天とそれぞれの后との一六天を十六大護と称する別説もある。この十六大護を般若の十六善神にあてることもある。〔参考〕塵添壒嚢抄、覚禅鈔

**じゅうろく-だいこく　十六大国**　仏陀在世当時にインドにあった一六の国家。(1)鴦伽《おうが》国（梵）（巴）アンガ Aṅga）。一六国の中でもっとも東に位置し、西方のマガダ国と

チャンパー河を境として接していた。首都は瞻波《せんぱ》(梵)(巴)チャンパー)で、仏陀当時の六大都市の一つであった〈⇩瞻波〉。この国は仏陀当時にはすでにマガダ国の支配下にあった。(2)摩竭陀《まかだ》国(梵)(巴)マガダMagadha)。十六大国中随一の強国で、仏陀当時は頻婆娑羅《びんばしやら》王(ビンビサーラ Bimbisāra)および阿闍世《あじやせ》(アジャータシャトル Ajātaśatru)が支配し、王舎城(梵)ラージャグリハ Rājagṛha(巴)ラージャガハ Rājagaha)を都としていた〈⇩摩竭陀国 ⇩王舎城《おうしやじよう》〉。(3)迦尸《かし》国(梵)カーシー Kāśī(巴)カーシー Kāsī)。首都は波羅捺斯《はらなし》(梵)ヴァーラーナシー Vārāṇasī (巴)バーラーナシー Bārāṇasī 現在のベナレスにあたる)〈⇩迦尸国 ⇩波羅捺斯〉。(4)憍薩羅《きようさつら》国(梵)コーシャラ Kośala (巴)コーサラ Kosala)。マガダ国とならぶ大国で、西はパンチャーラ国、東はヴィデーハ国に接し、舎衛城《しやえじよう》(梵)シュラーヴァスティー Śrāvastī (巴)サーヴァッティー Sāvatthī)を都としていた。仏陀の在世時には波斯匿《はしのく》王(梵)プラセーナジット Prasenajit (巴)パセーナディ Pasenadi)が統治していた〈⇩憍薩羅国 ⇩舎衛城〉。(5)跋祇《ばつぎ》国(梵)ヴリジ Vṛji (巴)ヴァッジ Vajji)。毘提訶《びだいか》(梵)(巴)ヴィデーハ Videha)・離車《りしや》(梵)(巴)リッチャヴィ Licchavi)など八つの部族から構成される連合国家で、ヴィデーハは弥悌羅《みていら》(梵)(巴)ミティラー Mithilā蜜絺羅《みきら》ともいう)を、リッチャヴィは吠舎釐《べいしやり》(梵)ヴァイシャーリー Vaiśālī (巴)ヴェーサーリー Vesālī 毘舎離ともいう)を都としていた〈⇩跋祇 ⇩離車 ⇩弥悌羅城 ⇩吠舎釐〉。(6)末羅《まつら》国(梵)(巴)マッラ Malla)。ヴァッジ国の北に位置し、拘尸那掲羅《くしながら》(梵)クシナガラ Kuśinagara (巴)クシナーラ Kusinārā)を都とした〈⇩末羅 ⇩拘尸那掲羅〉。(7)支提《しだい》国(梵)チェーディ Cedi(巴)チェーティ Ceti)。クル国の属国の一つ。都はシュクティマティ Śuktimatiと呼ばれる。次のヴァッツァ国と同一視されることもあった〈⇩支提国〉。(8)抜沙《ばつさ》国(梵)ヴァッツァ Vatsa (巴)ヴァンサ Vaṃsa)。ガンジス河・ヤムナー河にはさまれた地域を占め、憍賞弥《きようしようみ》(梵)カウシャーンビー Kauśāmbī (巴)コーサンビー Kosambī)を都とした。仏陀当時は優塡《うてん》王(梵)ウダヤナ Udayana (巴)ウデーナ Udena)が統治していた〈⇩憍賞弥国〉。(9)拘楼《くろう》国(クル Kuru)。居楼《きよろう》国ともいう。現在のデリー付近に位置し、インドラプラスタ Indraprastha(巴)インドラパッタ Indrapaṭṭha)を都とした。(10)般闍羅《はんじやら》国(梵)(巴)パンチャーラ Pañcāla)。しばしばクル国とともにクル・パンチャーラと併称された〈⇩般闍羅国〉。(11)婆蹉《ばさ》国 (梵)マツヤ Matsya (巴)マッチャ Maccha)。クル国の南、シューラセーナ国の東に位置した。首都はヴィラータナガラ Virāṭanagara(現在のジャイプル州バイラートにあたる)。のちにマガダ国に併合された。(12)蘇羅婆《そらば》国(梵)シューラセーナ Śūrasena(巴)スーラセーナ Sūrasena)。ヤムナー河中流の西方に位置した。首都はマトゥラー Mathurā。叙事詩やプラーナでは、この国はヤーダヴァ Yādava族の国、すなわちクリシュナ Kṛṣṇaの出身地として知られる。(13)阿湿波《あしつぱ》国(梵)アシュヴァカ Aśvaka (巴)アッサカ Assaka)。ゴーダーヴァリー河流域に位置し、南にはカリンガ国が接していた。首都は補多勒迦《ほたろくか》(ポータナ Potana)。(14)阿槃提《あはんだい》国(梵)(巴)アヴァンティ Avanti)。現在のマールワー地方に相当する。首都は鄔闍衍那《うじやえんな》(梵)ウッジャイニー Ujjainī (巴)ウッジェーニー Ujjenī)〈⇩阿槃提国 ⇩鄔闍衍那国〉。(15)乾陀羅《けんだら》国(梵)(巴)ガンダーラ Gandhāra)。現在のパキスタン西北部のペシャワール周辺の地域に位置した。首都は呾叉始羅《たくしやしら》(梵)タクシャシラー Takṣaśilā (巴)タッカシラー Takkasilā)〈⇩ガンダーラ ⇩呾叉始羅〉。(16)甘菩遮《かんぼしや》国(梵)(巴)カンボージャ Kamboja)。剣洴沙《けんびようしや》国ともいう。インダス河の西北部にあり、つねにガンダーラ国と併称される。非アーリヤ系民族の国とされた。以上に列挙した国名はアングッタラ・ニカーヤ(八・四三)によるが、十六国の構成については経典によって異なる。またジャイナ教の聖典にも上記とは構成の異なる十六大国をあげている。仏陀時代前後のインドでは数多くの国家が群立していたが、それがのちに十六大国としてまとめられたものと思われる。〔参考〕長阿含経五、中阿含経五五、人仙経

**じゅうろく-とくしょう　十六特勝**　十六勝行《しょうぎょう》ともいう。呼吸を数えて心の散乱を除く精神統一法(数息観《すそくかん》)を多種類に細分拡充したもので、一六種の特に勝れた観法という意。内容細目、順序、解釈に不同があり種々の説がある。いま成実論巻一四によれば、(1)念息短。まだ心が粗雑で散乱しているから呼吸が短いが、その短い呼吸に心を集中して意識的、自覚的に呼吸する。(2)念息長。同様に心が微細になれば呼吸も長くなるのを観じる。(3)念息遍身。肉身が空《くう》であることを知り、気息が身に遍満するのを観じる。(4)除身行《じょしんぎょう》。身体的行為を除くことで、心が安静になって粗雑な息が滅する。(5)覚喜。心に歓喜を得る。(6)覚楽。身に安楽を得る。(7)覚心行《かくしんぎょう》。喜から貪心が起こることの禍を知る。(8)除心行《じょしんぎょう》。貪心を滅し粗雑な受を除く。(9)覚心。心が沈まず浮き立たないのを知覚する。(10)令心喜。心が沈めばふるい起こして喜を生じさせる。(11)令心摂《りょうしんしょう》。心が浮きたてばこれをおさめ静める。(12)令心解脱《りょうしんげだつ》。心の浮き沈みを離れて解脱する。(13)無常行《むじょうぎょう》。心が寂静となり一切の無常を知る。(14)断行《だんぎょう》。無常を知って煩悩《ぼんのう》を断つ。(15)離行《りぎょう》。煩悩を断って厭い離れる心を生じる。(16)滅行《めつぎょう》。厭離して一切の滅を得る。

**じゅうろく-ほんざん　十六本山**　京都にある日蓮宗の本山。もと京都に日蓮宗の本山二一カ寺があったが、天文法華の乱(天文五1536)により焼却された。のち復興した妙顕寺・妙覚寺・立本寺・本能寺・妙蓮寺・本隆寺・本国(圀)寺・本満寺・本禅寺・妙満寺・妙泉寺・妙伝寺・本法寺・頂妙寺・要法寺(旧上行院と旧住本寺が合寺)と寂光寺の一六カ寺をいう。⇩二十一箇寺《にじゅういっかじ》③

**じゅうろく-らかん　十六羅漢**　仏滅後、仏陀の遺命により各地に止住して正法を護持するといわれる一六人の阿羅漢。大阿羅漢難提蜜多羅所説法住記(唐の玄奘の訳)などに説かれる。(1)賓度羅跋囉堕闍《ひんどらばらだじゃ》(梵)ピンドーラ・バーラドヴァージャ Piṇḍola Bhāradvāja)、(2)迦諾迦伐蹉《かなかばっさ》(梵)カナカヴァッツァ Kanakavatsa)、(3)迦諾迦跋釐堕闍《かなかばりだじゃ》(梵)カナカ・バーラドヴァージャ Kanaka Bhāradvāja)、(4)蘇頻陀《そびんだ》(梵)スビンダ Subinda)、(5)諾距羅《なこら》(梵)ナクラ Nakula)、(6)跋陀羅《ばっだら》(梵)バドラ Bhadra)、(7)迦理迦《かりか》(梵)カーリカ Kālika)、(8)伐闍羅弗多羅《ばつじゃらほつたら》(梵)ヴァジュラプトラ Vajraputra)、(9)戍博迦《じゅばか》(梵)ジーヴァカ Jīvaka)、(10)半託迦《はんたか》(梵)パンタカ Panthaka)、(11)囉怙羅《らごら》(梵)ラーフラ Rāhula)、(12)那伽犀那《ながさいな》(梵)ナーガセーナ Nāgasena)、(13)因掲陀《いんかつだ》(梵)アンガジャ Aṅgaja)、(14)伐那婆斯《ばつなばし》(梵)ヴァナヴァーシン Vanavāsin)、(15)阿氏多《あした》(梵)アシタ Asita)、(16)注荼半託迦《ちゅうだはんたか》(梵)チューダパンタカ Cūḍapanthaka)の一六で、これに慶友《けいゆう》・賓頭盧《びんずる》を加えて十八羅漢とすることもある。中国・日本において、とくに禅宗で崇敬された。図像は敦煌千仏洞第七九窟に描かれているほか、日本では清涼寺(北宋代・禅月筆。国宝)などにある。〔参考〕古今図書集成神異典九二、仏像図彙三

**しゅえつ-に　守悦尼**　生没年不詳。戦国時代の尼僧。伊勢慶光院の開山という。伊勢神宮の五十鈴川にかかる宇治橋が流失したので、諸国を勧進して永正二年1505にこれを架けるなどの功があったと伝える。これをもって慶光院勧進のはじめとする。〈⇩慶光院《けいこういん》〉〔参考〕東照宮御実紀六

**しゅえん　修円**　⇩しゅうえん

**しゅおん　主恩**　(承平三933―永祚元989)法相宗の僧。大和十市の人。興福寺の真善から唯識を学び、寛和元年985維摩会の講師となる。罪を犯し博多に流されたが、許されて興福寺に帰り、法相宗を弘めた。〔参考〕元亨釈書五、東国高僧伝七

**しゅか　取果〔与果〕**　因となるべきものが現在にあって、まさしく因となってそれぞれの果を取ることに定まることを取果といい、因がその果を果として現在に実際に生じさせ、現実化するのを与果という(倶舎論巻六)。

**じゅかい　受戒**〔**授戒**〕　仏が制定した戒法を受けること。授ける側からは授戒という。仏教教団に入るためには、出家・在家の別を問わず、仏教徒としての生活規範をまもることを誓約し、宣誓する受戒の儀式をうけなければならないが、その儀式作法は在家・出家や男女の別、戒の種類などによって差異があり、地域や時代によって変遷がある。①原始仏教教団では、比丘・比丘尼《びくに》の受戒には三師七証（戒和上《かいわじょう》（戒和尚）・教授師（教授阿闍梨）・羯磨師《こんまし》（羯磨阿闍梨）および立会者として少なくとも七名の証人、但し辺国では三師二証の計五師まで許される）の十師を必要とし、実際に戒を授ける戒和上を請じて、教授師があらかじめ受者の資格の有無を検した上で、羯磨師が受者の入団希望を提案として表白し、その可否を三度繰返して問い、一同の承認を得る一白三羯磨（白四羯磨《びやくしこんま》）の作法によって行ったようで、南方仏教や律宗ではその風習を伝えている。比丘・比丘尼の資格を得るために受ける戒を具足戒といい、具足戒を受けることを受具という。中国および日本で多く行われた四分律によれば、比丘の具足戒は二五〇戒、比丘尼の具足戒は三四八戒であった。なお、具足戒を受けようとする者に対して、教授師が受戒の資格の有無を試験するために訊問する箇条を十三遮難《じゅうさんしゃなん》（遮難、遮道法）といい、その訊問の一つに触れても受戒はできない。これに十三条の難と十条の遮とがある。難とはそれが本質的に悪であるから拒否し制止されるもので、即ち⑴以前に具足戒を受けたが、波羅夷《はらい》罪を犯したため教団を追放された者（犯辺罪）、⑵戒をたもっている比丘尼に対して婬行をなした者（犯比丘尼）、⑶生活上の便宜から利益を目的として教団に入ろうとする者（賊心入道）、⑷外道《げどう》（仏教以外の教え）を捨てて内道（仏道）に帰依し、具足戒を受けた後、これを捨て再び外道に還った者（壊二道）、⑸男性の性的不具者即ち不能男（黄門《おうもん》）、⑹—⑽五逆罪を犯した者、⑾・⑿人間でないものが仮に人間の姿をとっている場合で即ち非人《ひにん》・畜生、⒀男女両性の性器を兼ね有する者（二形《にぎょう》）とである。遮とはそれみずからは悪ではないが、それに触れれば、戒を受けることができないとされるもので、即ち⑴受戒者の名前は何か、⑵和尚の名前は何か、⑶満二〇歳になっているか否か、⑷衣鉢を持っているか否か、⑸父母が許可したか否か、⑹負債があるか否か、⑺奴隷の場合、雇主が許可したか否か、⑻官吏の場合、国王が許可したか否か、⑼本当に男子であるか否か、⑽癩・癰疽・白癩・乾痟・癲狂の五種の病をわずらっていないか否か、を問うのをいう。以上は男子について言ったもので、主として四分律に依ったが、諸律によって若干の相異がある。戒場にはもと別に壇を設けなかったが、のちに壇が作られるようになり、大唐西域求法高僧伝には那爛陀寺《ならんだじ》の戒壇の様子を伝えている。大乗仏教では三聚浄戒や十重禁戒などの説があり、受法も異なっている。②中国では、漢・魏の頃には戒法が未だ備わっておらず、出家も在家も三帰をうけるにすぎなかったが、曇柯迦羅が僧祇律戒本を、また曇諦が曇無徳羯磨を訳したことによって律が知られるようになり、五世紀初めには四分律などの広律が伝来し、また劉宋の求那跋摩によって初めて建康の南林寺に戒壇が設けられて、次第に如法の受戒が行われるようになった。唐の代宗は大興善寺に方等戒壇（大乗の戒壇）を設けたが、壇法は諸律により、ただ受者をして大心を発させる点で異なった。宣宗の大中一〇年856初めて受戒した僧尼に戒牒《かいちょう》を給している。一般に仏縁を結ばせるために多数の人を集めて行った授戒の例としては、梁の武帝や北斉の文宣帝の戒会がある。③日本では、天平勝宝六年754鑑真が来朝して東大寺で三師七証による授戒を行い、天平宝字五年761下野の薬師寺、筑紫の観世音寺に戒壇を設けて三師七証による受戒を行った。ついで最澄は法華経と梵網経とに基づいて、従来の具足戒は小乗戒であるから、菩薩は偏えに大乗戒をたもつべきであるとして、大乗戒壇の別立を企てた。弘仁一三年822彼の死後七日目にその奏請は勅許を得、義真が初めて菩薩戒を授けた。大乗戒は菩薩戒・一心戒・円頓戒ともいい、その受戒には観普賢経の説に基づき、釈迦仏を戒和上、文殊菩薩を羯磨師、弥勒菩薩を教授師、一切諸仏を証師、諸菩薩を同学等侶とし、一人の現前伝戒師によって受戒を行う。現前に一人の伝戒師も得られない時には、自誓受戒の法も許される。園城寺は延暦寺にさまたげられて戒壇を設けられなかったが、のちに密教の三摩耶《さんまや》大戒を行って授戒の儀とした。その他諸宗によって戒に対する見解も異なり、受戒の儀もさまざまである。日本で法会や授戒のとき、立ちいふるまいの威儀を教え指図する役僧を威儀師《いぎし》といい、威儀師に従ってこれを助ける役僧を従儀師という。受戒後に与えられる法号を戒名《かいみょう》という(死後に師僧から戒名を授けられることもある)。〈⇩戒律《かいりつ》 ⇩羯磨《かつま》〉〔参考〕四分律、十誦律、五分律、摩訶僧祇律、パーリ律蔵、僧史略、南海寄帰伝、顕戒論

**しゅかく　守覚**　(久安六1150—建仁二1202)後白河天皇の第二子。世に喜多院御室《おむろ》と呼ぶ。一〇歳で仁和寺の覚性法親王に師事し、嘉応元年1169(一説に同二年)同寺の第六世を継ぐ。翌年には円宗・円融・円教の諸寺の検校、ならびに勝光明・法金剛両院の別当を兼ね、親王を宣下された。承安元年1171(一説に同二年)六勝寺の長吏、同三年最勝光院の検校となる。安元二年1176二品親王に叙せられ、建久六年1195総法務に任じられる。小野・広沢両流の秘奥に達し、しばしば祈禱に験があり、御室法流の中興、北院流・三宝院御流の祖とされる。書をよくし、和歌や文章にも秀でていた。著書、沢見鈔六巻、沢見新鈔五八巻、沢鈔一〇巻、野月鈔九〇巻、野決鈔一〇巻、野鈔一八巻、修法要鈔六巻など多い。〔参考〕仁和寺御伝、本朝高僧伝一三

**しゅがく-いん　修学院**　京都市左京区修学院。叡山三千坊の一つ修学院(寺)の跡、またはその地名。寺院は播磨守佐伯公行が勝算(939—1011)を開山として建立。永延年間987—89官寺となり、吉田兼好は当寺に参籠した歌を詠んでおり南北朝の頃までは存続していたといわれる。その後は荒廃したらしく修学院の名は地名に遺るだけとなった。万治二年1659後水尾上皇が当地東部一帯に離宮を造営して修学院離宮と呼ばれ、桂離宮と並ぶ江戸時代初期の代表的山荘となった。離宮はしばしば幕府によって修理を加えられたが、明治維新後、総区長の保管に移り、のち明治一七年1884隣地の林丘寺《りんきゅうじ》の寺地は宮内省に返還された。境内は上中下の茶室に分かれ、隣雲亭・楽只軒《らくしけん》・寿月観・蔵六庵の屋舎がある。〈⇩林丘寺《りんきゅうじ》〉〔参考〕拾芥抄、元亨釈書一一、洛陽名所集七、近畿歴覧記、甲子夜話

**しゅがん　呪願**　簡単な語句で願意を述べること。祝願《しゅくがん》ともいう。例えば食などの供養《くよう》を受ける時(多くは食後)に、施主の志す所に随って語句を唱えて祈願することをいう。諸堂建立落成などの供養会《くようえ》の時、導師の願文につづいて呪願文《しゅがんもん》を読む役僧を呪願師という(呪願師は法会の七僧の一)。

**じゅき　授記**　㊵ヴィヤーカラナ vyākaraṇa の訳で、和伽羅那《わがらな》、和羅那と音写し、記別、記莂、受記、記説、受決、授決、記なども訳す。十二部経(原始仏教経典の基本的な型)の一。元来は仏の説法の中で問答の形式や分類的説明の部分を意味したが、後には仏が弟子に対して未来の証果の内容を一々区別して予め指示した予言的教説を意味するようになった。菩提資糧論巻三には四種の授記を説く。(1)未発《みほつ》菩提心授記。その者が道に志す(発菩提心)に先立って授記する。(2)共発《ぐほつ》菩提心授記。道に志して菩薩《ぼさつ》の位に入ると共に授記する。(3)隠覆《おんぷく》授記。仏が威神力によってその者に知らせずに他の者の前で授記する。(4)現前授記。一切大衆の中でまのあたりに(現前に)授記する。また大日経巻一には、仏果の完成を授記する完全な授記である無余記と、未来に罪を滅して授記を受けるであろうことをあらかじめ示すにすぎない不完全な授記である有余記《うよき》との二種の授記を説く。

**しゅぎょう　修行**　教えを身にたもって修め習い実践することで、仏教ではさとりを求める心を発《こお》し(発心)、その願望目的を達成するために修行し、その結果としてさとりをひらくとする。日本では修行の

語を、特に頭陀《ずだ》苦行、または廻国巡礼《じゅんれい》の意味に用い、これを行うものを修行者《しゅぎょうじゃ、すぎょうざ》、行者ということがある。声聞《しょうもん》・縁覚・菩薩《ぼさつ》がそれぞれの究極の果に至るまでの修行の年月について、声聞は三生六十劫、縁覚は四生百劫、菩薩は三祇《ぎ》百劫を要するとする。(1)三生六十劫とは、声聞が阿羅漢果に至るのに、最も速いものは三度生まれかわる期間を経、最も遅いものは六〇劫(この劫は刀兵などの一中劫)を経るとし、第一生または初めの二〇劫には順解脱分《じゅんげだつぶん》を起こし〈⇩三賢位《さんげんい》〉、第二生または次の二〇劫には未至定によって順決択分《じゅんけっちゃくぶん》の慧を起こし〈⇩四善根位《しぜんごんい》〉、第三生または終りの二〇劫には根本定《こんぽんじょう》によって再び順決択分の慧を起こして見道に入り、ついに無学果を証するとする。ただし第三生で初めて順決択分の慧を起こすとする説もある。また、速いものを利根《りこん》、遅いものを鈍根《どんこん》とするが、逆に遅いものは長い鍛練に耐え得る練根で利根のものとすることもある。(2)四生百劫とは、縁覚が辟支仏果《びゃくしぶっか》に至るのに、最も速いものは四生、最も遅いものは百劫を要するとするのをいう。倶舎論巻一二には、麟角喩《りんかくゆ》独覚〈⇩縁覚《えんがく》〉は必ず百大劫の期間にさとりのもとでとなるものを修めると説き、四生の説を説かない。③三祇百劫とは、三祇は三阿僧祇劫《あそうぎこう》(三僧劫、三祇劫)、百劫は百大劫の略で、三僧劫百大劫ともいい、菩薩は三阿僧祇劫にわたって波羅蜜《はらみつ》を修め、その後の百大劫において、仏が具えるすぐれたすがたかたち(三十二相、八十種好)を生じるたねとなる相好業《そうごうごう》を植えるとし、これらの修行を三祇の修行、この修行を経て成仏するのを三祇成仏という。大毘婆沙論巻一七八には、菩薩が初阿僧祇劫に七万五千仏、第二阿僧祇劫に七万六千仏、第三阿僧祇劫に七万七千仏という数多い仏につかえて、さとりに至るもとでを作り、次いで九一劫に六仏につかえて異熟業《いじゅくごう》を修め、王宮に生まれて後、三四心断結成道することを説き、大智度論巻二七などにも三祇百劫の説があり、摂大乗論巻下では一祇のみを説いて百劫を別に説かない。法相宗では初阿僧祇劫は五位のうちの資糧・加行《けぎょう》の二位で、ここでは一行のうちに一行を修め、第二阿僧祇劫は通達位及び修習位の一部、即ち初地から七地までで、ここでは一行中に一切行を修め、第三阿僧祇劫は修習位の残り、即ち八地から十地の満心までで、ここでは一切行中に一切行を修める。そして十地の満心において等覚の位にのぼり、ここで成仏のための方便の行を修めるのが百劫の行にあたる〈⇩五位《ごい》〉。また三祇の修行の間において一生懸命はげんで、すぐれたものは途中の段階をとび超えて高い修行階位に至ることができるとし、これを超劫というが、初地以上には超劫がないとする説もある。華厳宗や天台宗では、三祇百劫の説は小乗および下根《げこん》のもののための方便的な教えについていうのであるとし、両宗がそれぞれに円教とする教えからすると、衆生は本来的に仏であるから三祇という時間の長さは問題ではないとする。また真言宗では三劫の妄執〈⇩三妄執《さんもうじゅう》〉を一念に超えることを説き、浄土教では本願の力によって往生し成仏させられるのであるから三祇の修行を説かない。

**しゅぎょう　執行**　⇩僧職《そうしょく》

**しゅきょう-しょう　手鏡抄**　三巻。静遍・道範の著(貞応二1223)。真言宗の要義数十条を問答体に論述したもの。〔刊本〕享保八1723刊

**しゅぎょう-どうじ-きょう　修行道地経**　七巻または八巻。西晋の竺法護の訳(三世紀の末頃)。梵名はヨーガ・アーチャーラ・ブーミ・スートラ Yogācārabhūmi-sūtra であったと推定される。五陰(蘊《うん》)など存在の要素の説明、種々の修行法の説明、修行の段階の説明などを含む。僧伽羅刹《そうぎゃらせつ》(サンガラクシャ Saṃgharakṣa)の作と伝えられ、経ではあるが論の性質をもっている。㊅一五、国一経集部四

**しゅぎょう-ほんぎ-きょう　修行本起経**　二巻。後漢の竺大力・康孟詳の共訳(建安二197)。建安一二年に曇果と康孟詳の訳した中本起経二巻と合わせて一部の仏伝を成すとみられる。仏陀の本生(前生の物語)から始まり、成道ののち二人の商人が帰信する

までを述べ、中本起経はその後の仏陀の生涯を述べる。呉の支謙の訳の太子瑞応本起経二巻は異訳と見られ、西晋の聶道真の訳の異出菩薩本起経一巻も類本である。㊅二一、国一本縁部六（中本起経）

**しゅきょう‐もくろく　衆経目録**　仏教典籍を集大成したものを衆経、一切衆経、一切経、大蔵経などと称し、その目録を衆経目録、経録という。総合的な経録の編集は前秦の道安の綜理衆経目録が最初のようであり、現存最古の経録は梁の僧祐の出三蔵記集一五巻で、これは道安録を基礎にしてその後に訳出された経典を追補したものである。梁の武帝の勅による僧紹の華林仏殿衆経目録四巻（天監一四515成立）や宝唱の梁世衆経目録四巻（同一七成立）は欽定経録の最初といわれ、魏の李廓や北斉の法上も勅を奉じて経録を作成したというがいずれも現存しない。隋代には法経らの衆経目録七巻（開皇一四594編、現存）、費長房らの歴代三宝紀一五巻（開皇一七編、現存）、彦琮の衆経目録五巻（仁寿二602編、現存）などがあり、法経の録は大乗修多羅蔵・小乗修多羅蔵・大乗毘尼蔵・小乗毘尼蔵・大乗阿毘曇蔵・小乗阿毘曇蔵・仏滅度後抄録・仏滅度後伝記・仏滅度後著述の九録からなり、費長房の入蔵録（歴代三宝記一四・一五）は大乗と小乗とに二大別して修多羅・毘尼・阿毘曇の三をわけ、有訳と失訳とに類別しており、彦琮の録は単本（一訳しかないもの）と重翻（一訳以上あるもの）と質聖集伝（聖者の著作で原典のあきらかな翻訳）とに三大別して単本・重翻をそれぞれ大乗・小乗の経律論にわけ、別生（一部を抄出したもの）や疑偽をはぶき闕本の目録をつらねるなど厳正な態度をとっている。唐代には玄奘の訳場に列した靖邁は古今訳経図紀四巻（現存）、道宣は大唐内典録一〇巻（現存）を著わし、静泰は大唐東京大敬愛寺一切経論目録五巻（麟徳元664編、現存）を撰した。則天武后は明佺らに命じて大周刊定衆経目録一五巻（現存）をつくらせ、玄宗は智昇に勅して開元釈教録二〇巻（開元一八730編、現存）を編纂させた。智昇には開元釈教録略出四巻、続古今訳経図紀一巻の著もあり、続大唐内典録一巻もその撰という（道宣の撰ともいう）。ついで円照は大唐貞元続開元釈教録三巻（貞元一〇794成立）、貞元新定釈教目録三〇巻（同一五成立）を著わし、五代には南唐の恒安の続貞元釈教録（保大三945成立）がある。北宋に大蔵経が開版されて以後、多くの大蔵経が刊行されたがそれぞれに目録がつけられた。なお北宋代には逍安仁・楊億・惟浄らによる大中祥符法宝録二一巻（大中祥符八1015成立）、呂夷簡らによる景祐新修法宝録二一巻（景祐四1037成立）が作られ、前者は宋の太平興国七年982から大中祥符四年までの、後者はそれ以後景祐三年までの新訳の経論を収めている。なお惟浄には天聖釈教総録（天聖五1027成立）もある。元代には慶吉祥らが勅を奉じて至元法宝勘同総録をつくり、元の欽定大蔵経（燕京弘法寺版）とチベット大蔵経とを対照して具欠を示し梵名を音写している。㊅五五　〔参考〕昭和法宝総目録（㊅別）

**じゅぎょう‐りっしん　就行立信**　⇩就人立信《じゅにんりっしん》

**しゅきん　手巾**　大乗の比丘《びく》が常に所持すべき道具である十八物《もつ》の一。拭手巾《しきしゅきん》、浄巾ともいう。手や顔を拭う布片のこと。現在の手拭《てぬぐい》に当たる。また禅宗などでは現今の雑巾に相当するものをもいう。

**しゅくかた‐こく　宿呵多国**　宿呵多は梵スヴァータSvātaの音写。北インドにあった古国。仏陀の本生の一つである尸毘《しび》（シビ Śibi）王が肉を割いて鷹に与え、鴿《はと》を救った場所という。玄奘の訪れた頃には烏仗那《うじょうな》（ウッディヤーナ Uḍḍiyāna）国の一部であった。〔参考〕法顕伝、西域記三

**しゅくがん　宿願**　①宿世（過去世、前生）に発《おこ》した願。本願。浄土真宗では阿弥陀仏が過去に法蔵菩薩であったときおこした大願の力を宿願力という。②年来の願望。

**しゅくしん　祝聖**　禅宗で天皇の聖寿無窮を祝儀する法要。毎月一日、一五日と六好日（天子生誕の干支にあたる年六回の本命好日）に行う。今上牌の前に香華湯燭を供えて、同音で大悲呪・消災呪を諷誦し、維那《いの》が祝聖廻向文を唱え、大衆一同金剛無量寿仏、仁王菩薩摩訶薩摩訶般若波羅蜜と

誦して式が終る。祝聖の語は荘子第五天地篇にみえる。中国では北魏大武帝の神䴥元年428にこれを始め、唐代には盛んに行われ、日本でも弁円《べんねん》・道隆・正念などが行った。〔参考〕僧史略、釈氏稽古略、禅林象器箋叢軌門

**しゅくせ　宿世**　「すくせ」とも読んだ。宿は久旧、古いの義で、宿世は前世、過去世の意。宿世における生存状態を宿命《しゅくみょう》といい、宿世における善悪の習慣の名残を宿習《しゅくしゅう》という。また宿世に結ばれた因縁を宿因《しゅくいん》、宿縁という。この因・縁は善悪に通じるはずであるが、慣用上、善き因・縁、即ち今生および後生に善い結果をもたらす前生の善い因・縁の意味に用いる。宿世に造った業《ごう》を宿業《しゅくごう》という。この業が因縁となって今生以後の生存状態を規定すると考えられるから、この業の因・縁を業因・業縁という。業因・業縁は善悪に通じるはずであるが、慣用上、悪い因縁、即ち今生以後に悪い結果をもたらす前世の悪い因・縁の意味に用いる。これに対して、特に宿世の善い業の意を現わすために宿善《しゅくぜん》という語を用い（宿世の善業の意）、宿善の無いこと（宿世に悪業ばかり造っていて善業を造らなかったこと）を無宿善《むしゅくぜん》という。浄土真宗においては宿善の有無を重要視し、無宿善の者は教法を聞く機会を得がたく、信仰を得ることは困難であるとする。しかし乏しい宿善も開発《かいほつ》（発動して、はたらきをあらわす）すれば信心を得て往生することができると説く。この宿業は、まだ他力の信心に入らないうちに造ったものであるから自力《じりき》の善であるとする説と、他力の信心に導き入れるためのてだてとして阿弥陀仏の本願力に依ってさせられたのであるから他力の善であるとする説とがある。

**しゅくそう-じっしん-じょうご　粛宗十身調御**　禅宗の公案の一。忠国師十身調御、または単に十身調御ともいう。唐の粛宗帝と南陽慧忠との問答で、華厳経所説の十仏の境地にちなんで、清浄法身をも認めてはならぬ意を示したもの。調御とは如来十号の一。この公案は資料により、国師の答語に多少の相違がある。〔原文〕碧巌録九九則、祖堂集二、伝灯録五

**しゅくばく-しき　菽麦私記**　一巻。詳しくは蔵外法要菽麦私記という。泰巌（1711―63）の著。成立年不詳。真宗法要以外の真宗和語聖教の真偽を判別した書。一〇五部（真宗教典誌には一〇七部という）を収める。同類の書、僧樸の管窺録に対し、本書は真宗法要所収本が若干あり、成立がやや早いといわれる。真全七四

**しゅくよう-きょう　宿曜経**　二巻。詳しくは文殊師利菩薩及諸仙所説吉凶時日善悪宿曜経という。唐の不空の訳（乾元二759）。インドのゴータマ仙人の暦法を中国の暦法と合わせて、七曜・十二宮・二十七宿などにより、吉凶を占う法を説く。㊅二一

**じゅけい　寿桂**　（　―天文二1533）臨済宗の僧。近江の人。字は月舟。幻雲《げんうん》と号する。同国楞厳寺で出家し、正中首座の法を嗣ぐ。越前の弘祥寺・善応寺に歴住し、永正七年1510建仁寺を継ぎ、また南禅寺にも住した。晩年は一華庵に退いた。著書、語録三巻、幻雲稿五巻、錦繍段抄一〇巻。〔参考〕本朝高僧伝四四

**しゅげい-しゅち-いん　綜芸種智院**　綜芸院ともいう。天長五年828空海が藤原三守の九条第の施与を得て、庶民の教育機関として設立した学校。東寺の東、油小路の西、九条坊門の南の辺にあったと推定される。出家の人に限らず、またとくに大学や国学に入学を許されない一般子弟のために開設したもので、綜芸種智院式を作って規則を定め、道俗二種の師を請じて儒道仏三教兼修の宗教的庶民学校とした。空海の没後維持に困り、空海の弟子実慧らは当院を売却し、その費用で丹波国多紀郡に土地を購入した。これが承和一二年845東寺伝法料所として不輸租権を認められた丹波国大山荘（現兵庫県篠山市）のもととなった。なお現在の種智院大学は、当院の伝統を継いで設立された大学である。〔参考〕性霊集、山城名勝志五

**じゅけつ-しゅう　授決集**　一巻。円珍著（元慶八884）。円珍が天台山禅林寺良諝《りょうしょ》からうけた面授口決のうち、重要な五四カ条を記録し、弟子良勇に遺訓として与えたもの。天台宗寺門派では秘記として尊重

し、閲読には師の許可を要し、授決集最秘師相承血脈譜を作り法灯相続の信としている。また論義の席で、本書を引証する場合、普通書名を呼ばずに秘巻《かくれたるまき》と呼んでいる。㊅七四、仏全二六、智証大師全集上〔刊本〕元和四1618刊

**しゅけん　守謙**　（文化七1810—明治一七1884）臨済宗の僧。字は越渓。若狭の人。一〇歳の時、出家して小浜常高寺の大囿《だいゆう》に師事し、のち曹源寺儀山の法を嗣いだ。明治維新の際には志士と交わり活躍した。のち妙心寺にのぼり、宗風挙揚に尽力した。

**しゅげん　衆賢**　（四、五世紀頃）㊵サンガバドラ Saṅghabhadra の訳。説一切有部の論師。カシミール地方の出身で、悟入の弟子と伝える。世親（ヴァスバンドゥ Vasubandhu）の倶舎論が、説一切有部の教理によりながら、しばしば有部の正統説を批判的にとり扱っているので、これに反駁するため阿毘達磨順正理論を著わして有部の正統説を宣揚した。世親と対論しようとしたが果たさずに没したという。衆賢の学説は、倶舎論を批判するにあたって有部の伝統説から逸脱し、新たな説を展開している点も多く、古来これを新薩婆多と称する。他に阿毘達磨蔵顕宗論の著作がある。〔参考〕西域記二

**しゅげん-ごくいん-かんじょう-ほう　修験極印灌頂法**　一巻。詳しくは修験最勝慧印三昧耶極印灌頂法という。聖宝（832—909）の著と仮託された書。成立年不詳。大峰再興の時、聖宝が行者の電導を得て竜樹から直伝したという恵印法流の修験極印灌頂の所作次第を記す。その次第は、修験道が峰中で行う滅罪・覚悟・伝法・結縁の四種灌頂である。巻末に、支度之事・伝法灌頂大護摩之時座位之事の二条を挙げる。日蔵四六

**しゅげん-こじ-びんらん　修験故事便覧**　五巻。日栄の著（享保一五1730）。内外典を引用し、修験道の修法や祈禱の作法（魅女《よりまし》・幣・注連など）四九項目をあげ解説した書。修験道の故事由来や民間信仰との関係が知られる。日蔵四八

**しゅげん-さんじゅうさんつう-き　修験三十三通記**　二巻。阿吸房即伝の編（室町中期）。彦山霊山寺の智光および蓮覚が面授口伝した切紙を編したもの。四分三三通からなり、巻上の衣体分一二通は修験者の服装や持物について説き、巻下の浅略分・深略分・極秘分各七通は修験教義を説く。本書は、即伝の修験修要秘決集三巻・修験頓覚速証集二巻のほか、修験指南鈔一巻、役君形生記二巻とともに、近世、修験五書・十巻鈔と称された。日蔵四七〔註釈〕常円・修験法具秘決

**しゅげん-しゅよう-ひけつ-しゅう　修験修要秘決集**　三巻。修験道修要秘決集、修要秘決集、修験道切紙ともいう。阿吸房即伝の著（大永1521—28頃）。豊前国彦山において相伝する修験道当山派の印信秘訣五〇通（うち最極分三通は略）を記録したもの。巻上は衣体分一二通と浅略分七通、巻中は深秘分と極秘分とが各七通、巻下は私用文と添書分とが各七通より成る。近世、修験五書・十巻鈔の一。日蔵四七〔刊本〕元禄五1692刊、寛政一〇1798刊

**しゅげん-どう　修験道**　山岳に修行の場所を求めて、密教的呪法を修し霊験を証得しようとする一派をいう。伝説では役小角《えんのおづぬ》を開祖とする。山林で修行し呪術的行為を行う者は奈良時代にすでに存在し、律令ではこれを禁じていた。平安時代になって、貴族が山林修行者（山臥・山伏・験者）の呪術的効験を期待してこれを尊崇するようになり、また霊山に対する信仰が盛んになって験者が案内人（先達《せんだつ》）をつとめた。天台宗の円珍は大峯・葛城・熊野で修行したと伝え、その法孫の増誉は白河法皇の熊野御幸に先達をつとめて、熊野三山の検校に補せられた。また真言宗の聖宝は大和の諸峰を踏破し、吉野山鳥栖の真言院で峰受灌頂を始めたという。鎌倉初期には、修行者たちが独立した集団を構成するようになり、神道や陰陽道などをもとり入れて、民衆の間に独自の信仰をひろめたが、その本拠とする霊山は、葛城・金峯・大峯・熊野や豊前の彦山、出羽の羽黒山をはじめとして、富士・御岳・戸隠・白山・立山・大山など全国にわたった。慶長一八年1613幕命により全国の山伏を二分して真言修験の当山派（醍醐三宝

院)と天台修験の本山派(聖護院)に属させたが、彦山・羽黒山の修験はそれぞれ別に独立し、その他日蓮宗や大和の薬師寺に属するものもあった。明治五年1872太政官布達により修験道が廃され、当山派は真言宗醍醐派に属して慧印部の名で管し、本山派は天台宗寺門(園城寺)派の支配をうけてきたが、第二次世界大戦後、復活して独立した宗教法人となったものもある。

**しゅご　守其**　生没年不詳。高麗高宗(1214—59在位)時代の華厳宗の僧。諱は守其、守真。開泰寺の僧統を務め、大蔵経再雕の時には校勘の役を務めた。著書、高麗国新雕大蔵経校正別録三〇巻、大蔵経目録三巻。〔参考〕補閑集巻下、朝鮮仏教通史下

**じゅこ　頌古**　禅宗で古人が弟子を指導するために示した公案《こうあん》(古則)について、その本領をあらわすために頌(詩形)によって簡潔にその真意を示したもの。吟誦している間に古則の意味を会得させるのがその本来の目的である。

**しゅこう　祩宏**　(嘉靖一一1532または同一四—万暦四〇1612または同四三)明代の僧。雲棲念仏の主唱者。杭州仁和(浙江省)の人。姓は沈氏。字は仏慧。蓮池と号した。雲棲山《うんせいざん》に住したので、雲棲和尚、雲棲大師と呼ばれる。一七歳で諸生になり、学行に秀でていた。嘉靖四五年五台山の性天和尚について得度し、昭慶寺の無塵玉律師から具足戒を受けた。諸方に遊んで、特に弁融(華厳学の大家、諱は真円)・笑巌(禅僧)から得る所があった。隆慶五年1571杭州に帰り、雲棲山の廃寺を興して住した。禅と念仏とを併修し、兼ねて戒律を重んじて、いわゆる雲棲念仏を弘めた。徳を慕って集まる者が多く、大司馬宋応昌、大宰陸光祖、宮諭張元忭、大司成馮夢禎なども帰依した。著書、禅関策進二巻、華厳経感応略記一巻、阿弥陀経疏鈔四巻、往生集三巻、梵網戒疏発隠五巻、緇門崇行録一巻、具戒便蒙一巻、沙弥律儀要略一巻、僧訓日記一巻、山房雑録三巻、竹窓三筆三巻などがあり、王宇春らがその書三一部三四巻を編集して雲棲法彙《うんせいほうい》と名づけた(明の天啓四1624刊行、清の光緒二五1899追補重刊)。〔参考〕浄土聖賢録五(浄全一八)、補続高僧伝五、五灯厳統一六

**じゅこう　珠光**　(応永二九1422—文亀二1502)臨済宗の僧。奈良の人。検校村田杢市の子。称名寺で出家したが、二五歳で還俗した。のち一休宗純を慕ってその俗弟子となり、大徳寺の真珠庵に寓し、喫茶の法式を工夫して茶禅一味の旨をさとり、宗純の印可を得た。六条堀川に室を設けて茶道に専念した。足利義政がこれを賞して、庵を三条付近に造り珠光庵の額を自書して与えた。門下に紹鷗・宗珠・道提・宗仁・紹滴・宗理・引拙・胤栄・道耳・珠報らがある。なお千利休宗易は、紹鷗の弟子である。〔参考〕珠光伝、茶家語、茶人係伝全集

**しゅごう-ようけつ　修業要決**　一巻。証空(1177—1247)の著。成立年不詳。善導の具疏五巻(法事讃二巻、観念法門・往生礼讃・般舟讃各一巻)の中の難解な義を定散・念仏・来迎・慈悲・智慧に当てて簡単に説いたもの。同じ著者の観経秘決集二〇巻は、善導の観無量寿仏経疏に対する事相の註釈であるのに対して、本書は具疏に対する事相の註釈で、浄土宗西山派に特有な釈風が見られる。五種正行の読・観・礼・称・讃の次第に依り順位を法事讃・観念法門・往生礼讃・般舟讃の順にする。㊅八三、仏全六三、西山全書二

**しゅごきょう-ほう　守護経法**　守護国界主陀羅尼経によって、金剛界三七尊を本尊として国家の安泰を祈るための法。承久二年1220後鳥羽上皇のために修されたという。仁王経法・孔雀経法と共に三箇大法という。⇩四箇秘法《しかひほう》

**しゅごこっかいしゅ-だらにきょう　守護国界主陀羅尼経**　一〇巻。略称は守護国界経。唐の般若・牟尼室利《むにしり》の共訳。大集経の陀羅尼自在王菩薩品の所説もこれに類似する。守護国界主と名づける陀羅尼は一切の陀羅尼の母であるとして、その功徳を説く。衆生のうち、とくに国王を仏が守護するのは、医者が幼児の病を治すのに母に薬を与えて服用させるようなものであるという。日本の密教において重視された。㊅一九、国密教部四　〔註釈〕空海・釈二巻(弘法大師全集一二)

**しゅごこっかい-しょう　守護国界章**

九巻(上中下の三巻を更に上中下に分巻)。最澄の著(弘仁九818)。略して守護章ともいう。徳一が法相宗の立場から天台教学を非難したのに対して最澄が徳一の説を一々あげて反論したもの。法相宗と天台宗との論争の代表的著作。徳一がさきに仏性抄を作って法華を判じて権教とけなしたので、最澄は照権実鏡を作って答え、徳一がさらに中辺義鏡を著わして再び論難したものに答えたのが本書である。上巻一三章のうち、初めの九章で天台の五時八教判に対する徳一の論難を破し、終りの四章で法相の止観立行を破斥して天台の止観立行と直往思想を主張する。中巻は二六章から成り、初めの八章は法華玄義の五重玄義の各玄義を中心とする山家と徳一の論評、後の一八章は法華経の分科および経文の解釈につき智顗の法華文句、窺基の法華玄賛との異同を考えて互いに自説を主張している。下巻一二章は定性二乗の成仏不成仏の問題を中心とする天台・法相・華厳の教理上の論争である。なお法華去惑四巻は、本書中の上中下三巻とほぼ一致し、守護章の草稿と考えられる。㊅七四、伝教大師全集一、国一諸宗部一七〔刊本〕元和三1617刊、正保四1647刊、寛文九1669刊、享保一八1733刊〔註釈〕同末書一巻(写)、同御引経論示処一巻(写)

**しゅご-こっかろん　守護国家論**　一巻。日蓮の著(正元元1259、成立年次に異説がある)。日蓮著作五大部の一。法華の正法によって国家を守護する義を七段にわたって説く。その大綱は権実の二教を分け、特に法然の選択集を以て法華を謗る邪法と定め、兼ねて華厳・三論・法相を退けている。一説に立正安国論(文応元1260)の草案とする説もある。もと身延山蔵の真蹟本は、明治八年1875焼失した。昭和定本日蓮聖人遺文一、日本思想大系一四〔註釈〕日講・祖書録内啓蒙(元禄八1695述)、日好・録内扶老七(享保一三1728)、同・祖書録内拾遺七(同一七刊)、日健・御書鈔一〇(大正二1913刊)

**しゅご-だいせんこくど-きょう　守護大千国土経**　三巻。北宋の施護の訳。インドの毘耶離《びゃり》城が諸鬼神に悩まされ、種々の災難が起こったとき、仏が一切明神呪を説いて諸神を降伏させ、また大明王に身を変えて、守護大千国土大明王解脱法門と大明王陀羅尼を説いたので、その災難から免れたという。チベット訳から重訳された西夏語本がある。中国・日本では伝訳が遅く、この法は多く行われなかった。㊅一九

**しゅこまかたい-きょう　衆許摩訶帝経**　一三巻。北宋の法賢の訳(一〇世紀末)。仏陀の家系から、成道後の仏陀の迦毘羅衛《かびらえ》への帰城までの仏伝。唐の義浄の訳の根本説一切有部毘奈耶破僧事二〇巻の前半と相応し、チベット訳ヴィナヤ・ヴァストゥ(律事)の一部にも相応する。第六―一一巻は梵文のみに存するチャトゥシュ・パリシャットCatuṣ-pariṣat(四衆経)と相応し、この経が根本説一切有部系の長阿含に属する仏伝であることを示す。㊅三、国一本縁部四

**じゅさい　受斎**　斎食(食事)の供養をうけること。前秦の道安が定めた僧尼の軌範三例の中に常日六時行道飲食唱時法のことが見え、南海寄帰内法伝第一受斎規則には、インド及び南海の軌則が詳述されている。〔参考〕釈氏要覧(中食の条)

**しゅざん-しっぺい　首山竹篦**　禅宗の公案の一。首山省念が竹篦をとり上げて、「竹篦と呼んでも不可、竹篦と呼ばなくても不可なるときは何と呼ぶか」と弟子に問うた故事で、可と不可の矛盾を超えよと教えたもの。竹篦は師家が日常座右に置いている弓状の棒で、別に如意《にょい》ともいう。〔原文〕無門関四三則、五灯会元一一

**しゅざん-しんぷ　首山新婦**　禅宗の公案の一。首山省念が一僧に「仏とは何か」と問われて、「新婦が驢馬に乗り、姑がそのくつわをとる」と答えた故事で、仏の境地を現実にはあり得ない、昔の中国の嫁と姑との関係に譬えて説いたもの。〔原文〕従容録六五則、首山語録、五灯会元一一

**しゅさんぞん-かん　種三尊観**　本尊の種子《じゅ》と三昧耶形《さんまやぎょう》と尊形《そんぎょう》とを順次に観じること。種子三昧耶形尊形観、種三尊縁起観ともいう。密教の観法の一つで、具体的な事物についてそのままが真理であることを知る方法。曼荼羅《まんだら》の諸仏諸菩薩は、それぞれの徳性やはたらきを、種子(諸

尊の各々に固有の一字の梵字)、三昧耶形(諸尊の持物や、手指の形すなわち印契)、尊形(画像にあらわしているから、そのいずれの徴的にあらわされたすがた)として象一つをとらえて観じても、諸尊そのものを観じることになるのであるが、いま一尊を選んでそれについて種子・三昧耶形・尊形と略から広へ次第に観法をすすめて、ついにその際に本尊として選んだ一尊と同じさとりに入り、自己即真仏として即身成仏する観法である。

**しゅし　種子**　⇩しゅうじ

**しゅじ　種子**　種字とも書いて、密教で仏・菩薩《ぼさつ》などの諸尊を表象する梵字をいう。これを種子と称するのは、一字から多字を生じ、また多字は一字におさまるの意であるといわれる。また種子を観ずれば仏智をさとり(了因)、種子から三昧耶形《さんまやぎょう》などを生じ(生因)、種子は本来の性徳として軌範であり、すべてのものの根源となる(本有)の意がある。種子には多く諸尊の真言《しんごん》の一字などを用いる。例えば胎蔵界の大日如来の種子を𑖀(ア)とするようなものであり、一尊ごとの種子の他に、一類の諸尊に通じる通種子もある。種子のみを書いた曼荼羅《まんだら》を種子曼荼羅、種子によって観行するのを種子観という。

**しゅ-しこう　朱士行**　生没年不詳。三国時代の僧。穎川(河南省許州東北)の人。魏の甘露二年257洛陽で竺仏朔《じくぶつさく》訳の道行経を講じたが、その訳文が意を尽くさないのを嘆き、同五年梵本を求めるために流沙を渡って于闐《うてん》(コータン)に入った。彼はそこで放光般若経の原本を書写したが、梵本は九〇章六〇万余字であったという。朱士行は于闐において八〇歳で没したが、西晋の太康三年282弟子一〇人を遣わし、原本を洛陽に将来させた。元康元年291于闐より来華した無羅叉《むらしゃ》・竺叔蘭《じくしゅくらん》によって放光般若経二〇巻として訳出された。〔参考〕出三蔵記集二・七・一三、高僧伝四

**しゅじ-しゅう　種子集**　二巻。澄禅(—1680)の編。成立年不詳。密教における仏・菩薩、天部諸神の種子を収録列挙した書。編者は肥後地蔵院の梵字学僧で、同著悉曇字記初心鈔とともに有名。〔刊本〕寛文一〇1670刊

**じゅじ-じょうぶつ　受持成仏**　「受持妙法の成仏」の略。日蓮宗で、行者が南無妙法蓮華経と経題を唱えて法華経を受持するとき、たちどころに凡夫《ぼんぶ》の身そのままで仏になるということ。

**しゅしま　須尸摩**　㊵㊶スシーマ Susīma の音写。須深、蘇尸摩、蘇深摩などとも音写し、好堺と訳す。①比丘。はじめ外道の一人であったが、王舎城において仏陀の教団の隆盛なのを見て、名利の念に駆られて何らの求道心もなく比丘となった。のち、悔いて真の仏弟子となったという。〔参考〕雑阿含経一四　②マウルヤ王朝のビンドゥサーラ Birdusāra王の長子。阿育(アショーカ Aśoka)王の兄で、弟の阿育に殺されたと伝えられる。修摩那《しゅまな》(スマナ Sumana)という名でも伝える。〔参考〕阿育王伝一、雑阿含経二三

**じゅしゅ　授手**　①仏が衆生《しゅじょう》に手をさしのべて浄土に導くこと。②教えをつたえ授けること。③教えを正しく伝えたしるしとして浄土宗では手形を捺して授けるのを授手印という。

**しゅじゅう　修習**　略して修、習ともいう。同じことを幾度も重ねて行い、それによって目的を達しようとすること。梁訳摂大乗論釈第八や倶舎論巻二七には、仏教における修行を、長時修《じょうじしゅ》(長い間にわたって修める)・無間修《むけんしゅ》(休むひまなくつとめはげんで修める)・恭敬修《くぎょうしゅ》(つつみ敬う心をもって修める)・無余修《むよしゅ》(残りなく完全に修める)の四修《ししゅ》に分けて説き、唐の善導はこれをまた浄土教における修行の軌則とした。

**しゅじゅう-しかん-ざぜん-ほうよう　修習止観坐禅法要**　一巻または二巻。小止観、童蒙止観ともいう。隋の智顗《ちぎ》(538—97)の著。成立年不詳。著者が俗兄陳鍼のために説いたもの。悟りへの道は種々あるが、そのなかで止観の二法が最も重要で、止はもろもろの雑念をはらい心を一つの対象に注ぎ、観はそれによって正しい智慧をおこし対象を如実にみることで、この二法はつ

ねに平等に具足せねばならないとする。具縁・訶欲・棄蓋・調和・方便・正修・善発・覚魔・治病・証果の一〇章に分けて止観坐禅の重要性を説く。㊅四六、国一諸宗部一七

**しゅじゅ-おふるまい-の-ごしょ　種種御振舞御書**　一巻。日蓮の著(建治二1276)。種種御振舞書・佐渡御勘気鈔・阿弥陀堂法印祈雨事・光日房御書の総称で題号は後人の称。立正安国論の上申、文永八年1271竜口・佐渡の法難、佐渡流罪のありさま、開目鈔撰述、阿弥陀堂法印の祈雨が大暴風雨を起こしたこと、流罪赦免の相、身延山隠棲の理由など、文応元年1260から建治二年1276にいたる日蓮の行跡を自伝的に叙述する。値難弘通、経文符合を述べ、日蓮が日本第一の法華行者であることを知らせようとする。㊅八四、昭和定本日蓮聖人遺文二〔註釈〕日講・祖書録内啓蒙二一・三、日好・録内扶老九・一一

**しゅ-じゅく-だつ　種熟脱**　下種《げしゅ》(仏となる種を衆生《しゅじょう》の心中にまく)と調熟《じょうじゅく》(おしえてそだてる)と解脱《げだつ》(苦からまぬがれさせる)。天台宗で、仏が衆生の心中に仏となるべき種子を下した時から、最後にさとりを開くまでの階程を三段に分けるのをいう。この三は仏から受ける利益であるから三益ともいう。下種とは仏法の縁の結ばれた最初をいい、調熟とは仏となる可能性をもつ種子が段々と成長していよいよ近くさとりをうるに至るまでのことをいい、解脱とは仏となるべき種子が全く成長し終って円満な悟りの結果を得ることをいう。

**しゅしょう　修性**　修習によって始めて成立するものを修といい、修習を待たず本来有るものを性という。性は不変の本体、修は縁に随って変化する作用ともいえる。天台宗では二様の修性を説く。⑴事理相対の修性。万有の本質(理)を性と名づけ、現象態(事)を修と名づける。⑵人法相対の修性。事理を含んだ万有の真実相(法)を性と名づけ、これを認識する迷悟の見解(人)を修と名づける。十不二門の第三に、この修と性とが二であって不二であることを示し、人の修行と法の本性とは互いに離れては成立しない(修性不二)ことを説く。

**しゅしょう　種性**　⇩しゅうじょう

**しゅじょう　拄杖**　僧侶が外出のときに使用する杖。禅宗で用いるものには下方約六〇《センチ》ばかりの所に小枝があって、下方の幹にまきつけてあり、拄杖の上端を浄頭《じょうとう》、下端を触頭《しょくとう》といい、小枝は川を渡る際に水深を測るのに用いるから深水という。

**しゅじょう　衆生**　㊵サットヴァ sattva ジャントゥ jantu バフ・ジャナ bahujana ジャガト jagat などの訳。サットヴァ sattva はまた有情《うじょう》、含識《がんしき》とも訳すが、これは心識を有するものの意である。含識のことを含生《がんしょう》、含情《がんじょう》、含霊《がんれい》ともいう。また多くの生類という意味で群生《ぐんじょう》、群萌《ぐんもう》、群類ともいう。すべてこれらの語は生存するものの意で、一切の生類(いきとし生けるもの)を指す。衆生という語は、普通は迷いの世界にある生類を指していうが、時には広い意味で仏・菩薩《ぼさつ》をも含めていう。雑阿含経巻四三には、眼《げん》・耳《に》・鼻・舌・身・意の六根(六つの感官)を犬・鳥・蛇・狐・鰐・猿の六種の動物に喩え、普通これを六衆生といい、六獣の喩えともいう〈⇩有情《うじょう》〔非情〕〉(ちなみに十四無記のうちの「如来」の語は衆生を意味する)。

**しゅしょう-え　修正会**　修正月会の略称で、単に修正ともいい、異名俗称も多い。寺院で正月元日から三日間あるいは七日間修される法会のこと、または民間で正月の一定日に行われる年中行事。国家泰平を祈願する法会であるとともに、先祖祭・農耕感謝および農耕予祝の行事であったとされる。インドや中国で行われていた法会であったか否かは不詳。わが国では奈良時代の初めから各寺院ごとに修されていたと推定されているが、記録では神護景雲元年767正月八日、畿内七道諸国の国分寺に七日間の吉祥天悔過法会を命じたこと(続日本紀)に始まるという。この史料は、このとき国家的規模の行事となったことを意味するといわれる。行事内容は宗派などによって異なるが、特色として悔過行があり、仏前の荘厳に餅・造花・灯明があることなどで、そのほか裸押しや田楽・鬼踊などもともなう。現在、修正会としては岡山県西大寺の会陽《えよう》、大阪四

四天王寺修正会（摂津名所図会）

天王寺のどやどや、奈良県長谷寺の唯押《ただおし》、東京浅草寺の牛玉加持《ごおうかじ》、大阪箕面竜安寺の富突《とみつき》などが著名。また民間では「おこない」と称される修正会が各地にみられる。

**しゅしょうぎ　修証儀**　行を修習して理を証得するための儀則という意。即ち礼拝・懺悔・禅定・観察などの修行の儀規《きぎ》を記した文書をいう。古来この種の著書は多い。⇩円覚経道場修証儀《えんがくきょうどうじょうしゅしょうぎ》　⇩円覚経道場略本修証儀《えんがくきょうどうじょうりゃくほんしゅしょうぎ》　⇩浄土修証儀《じょうどしゅしょうぎ》　⇩曹洞教会修証義《そうとうきょうかいしゅしょうぎ》

**しゅしょう-ごこく-しょう　守正護国章**　一巻。日講の著（寛文六1666）。日蓮宗不受不施派の立場から、江戸幕府の非道を論じた書。幕府の寺領朱印に対する手形提出を拒み、寺領朱印は一般政道の仁恩であって、幕府に信仰心がないから敬田供養の義をなさないとし、仏道の第一義門から幕命の非を論じた。そのため日講は寛文六年日向佐土原にながされた。日蓮宗学全書一（不受不施派講門派部）（写本）大正大学蔵（寛文六写）

**しゅじょう-しん　衆生心**　衆生のもつ心の意。大乗起信論には、衆生心は世間《せけん》と出世間とのあらゆるものごとを含むと説く。華厳宗ではこの衆生心を如来蔵心（真心）とし、人乗法の本体と見、天台宗では妄心即ちいわゆる介爾陰妄の心《けにおんもうのしん》とし、このわれわれ日常の妄心にありとあらゆるものごとが具わっているとし、これを人乗法の本体であるという。また法相宗では妄心である阿頼耶識《あらやしき》の一心と見る。

**じゅしょう-しんぎ　寿昌清規**　一巻。明詳しくは寿昌開山心越和尚清規という。明の心越興儔の述。弟子法澧天湫の編（享保一二1727）。心越が来朝して立てた水戸の寿昌山祇園寺一派の清規（僧堂の規則）。内容形式ともに隠元隆琦《りゅうき》の黄檗清規にならって、祝釐・報本・尊祖・住持・諷誦・節序・礼法・遷化の八章より成り、さらに門対通用・法具図を付し、諷誦の語に明音の読み方（黄檗清規のものとは別）を付している。東皐全集坤巻（続曹洞宗全書二）

**しゅしょう-てんき　衆聖点記**　律を伝持した歴代の聖人が、毎年律蔵にしるしをうけて経過年数を示した記録。仏陀の入滅後、律をまとめた優波離《うぱり》が安居《あんご》の終った日に律蔵を供養して墨点をつけて以来、毎年一つずつ点を加えて、南斉の永明七年489僧伽跋陀羅《そうぎゃばつだら》が善見律毘婆沙を訳したときには九七五点を数えたという。歴代三宝紀一一の説で、仏陀の入滅年代を算定する上に注目すべき資料であるが、開元釈教録などではこの説を疑っている。参考）善見律毘婆沙後記（出三蔵記集）

**しゅじょう-ろん　手杖論**　一巻。釈迦称の作。唐の義浄の訳。釈迦称は義浄がインドを訪ねた頃、南海の室利仏逝国（シュリーヴィジャヤŚrivijaya現在のスマトラ島）に現存していた学匠という。論はインド後期唯識思想に立ち、有情は無始以来本有であって、貪等に熏ぜられて輪廻し、また聞熏習によって無漏の種子をあらわし涅槃に至ると説く。小篇ながら難解の論。㊅三二、国一論集部四

**じゅず　数珠**　「ずず」とも読む。珠数、誦珠、呪珠とも書き、念珠ともいう。仏・菩薩《ぼさつ》などを礼拝《らいはい》するとき手にかけ、または称名《しょうみょう》や陀羅尼《だらに》を誦えるとき数

を数えるのに用いる。緒で貫連された珠の数は一〇八個が基本の数で、またこれの一〇倍あるいは半分、四分の一などの数を用いる。これは一〇八の煩悩《ぼんのう》を断つことを表わすという。珠は菩提子（インドの菩提樹ではなく、わが国で菩提樹と称するものの実）・金剛子（悪叉樹《あくしやじゅ》の実）・木槵子《もくげんじ》・蓮子《れんし》などの草木の実、黒檀《こくたん》・紫檀《したん》などの木、水精（水晶）・碼碯《めのう》などの宝石、珊瑚《さんご》・真珠などを用いる。なお数珠の起源は新しく、隋唐のころ称名《しょうみょう》などを数えるために初めて用いられたものであろうといわれる。律の中に記述がなく、南方仏教徒もこれを用いない。

**じゅず-くどく-きょう　数珠功徳経**　二本ある。(1)詳しくは曼殊室利呪蔵中校量数珠功徳経という。一巻。唐の義浄の訳（景竜四710）。(2)詳しくは校量数珠功徳経という。一巻。唐の宝思惟の訳（神竜元705）。(1)(2)は同本異訳で、種々の数珠の有する功徳を説き、菩提樹の実から作った数珠に最大の功徳があると説く。(大)一七、[国一]経集部一五

**しゅせ　衆世**　(梵)サンガヴァス Samghavasu の訳か。説一切有部の論師の一人。その学説は阿毘達磨大毘婆沙論巻一四三・一七九などに見える。

**しゅぜん-じ　修禅寺**　①中国浙江省の天台山仏隴峰にあった寺。太建七年575智顗《ちぎ》が草創し、同一〇年修禅寺と号した。開皇一八年598国清寺が建てられてからは単に道場と称し、また仏隴道場と呼ばれた。湛然が重修して禅林寺と改め、会昌五年845一旦廃されたが咸通八年867再興。宋の大中祥符元年1008大慈寺と改称し、明代に再建されたがその後廃寺となった。真覚寺に唐の梁粛撰の修禅道場碑を遺す。②静岡県伊豆市修善寺。肖盧山または走湯山と号し、曹洞宗。空海の草創と伝える桂谷山寺に始まるといい、その弟子杲隣《ごうりん》の創建とも伝える。鎌倉時代、源範頼・源頼家はここで殺された。建長年間1249—56蘭渓道隆が臨済宗に改め、延徳元年1489隆渓繁紹が北条早雲の助けを得て重修、その後曹洞宗に転じた。文久三年1863炎上し、明治二〇年1887に至って再建された。〔参考〕弘法大師弟子伝上、大師御行状集記、修善寺温泉志

**じゅせん-じ　鷲山寺**　千葉県茂原市鷲巣。長国山と号し、法華宗（本門流大本山）。鷲巣寺《わしのすでら》（鷲栖寺）ともいい、建治三年1277（一説に文永年間1264—75）小早川内記が創建し、日弁を開基とする。江戸時代は万病治癒の霊場として栄えた。〔参考〕上総国志、房総志料続五

**しゅぜんじ-くけつ　修禅寺口決**　一巻。修禅寺相伝口決などともいう。古来、最澄の撰か否かの説が分かれるが、漢光類聚鈔（大治三1128成立）以前の恵心流の学僧による作とされている。最澄が入唐中、天台山修禅寺道邃《どうすい》から相伝したという（唐の元和三808相伝）四箇大事を録したもの。一心三観と一念三千の二箇大事の口伝法門を詳記した修禅寺相伝私注二帖と、止観大旨と法華深義の二箇大事の口伝を記した修禅寺相伝日記二帖とから成る。日蔵三九、伝教大師全集三

**しゅぜん-しゅあく　修善修悪**　⇩性善性悪《しょうぜんしょうあく》

**しゅぜん-ようけつ　修禅要訣**　一巻。唐の梵僧慧智の訳（儀鳳二677）。西京禅林寺の明恂が修禅について資問したのに対して北インドの仏陀波利がその要点を説き、当時のインドの密教系の坐禅を伝えたもの。仏陀波利は覚愛ともいい、仏頂尊勝陀羅尼の将来者。(続)二・一五・五

**じゅぞう　呪蔵**　四蔵、五蔵の一。経・律・論の三蔵以外で、仏の説いた秘密の真言《しんごん》、陀羅尼《だらに》を集めたもの。禁呪蔵《ごんじゅぞう》ともいう。

**じゅぞくきょう-ほう　呪賊経法**　辟除賊害呪経(大)二一によって、訶利帝母（鬼子母神）を本尊として盗難をふせぐために修する法。⇩鬼子母神《きしもじん》

**じゅだいか　樹提伽**　(梵)ジョーティカ Jyotika (巴)ジョーティカ Jotika の音写。殊提とも音写し、火生、光明、火光明と訳す。仏弟子。王舎城の長者の子。母の死骸が焼けたとき火中より生まれ出たのでこの名がある。長じて家長となったが、その福徳・財産は阿闍世王（アジャータシャトル Ajātaśatru）のうらやむところとなり、一切を布

施し、出家して仏弟子となった。のちに阿羅漢果を証した。〔参考〕光明童子因縁経

**じゅたい-ずいぎょう　受体随行**　戒を受けてわが心に戒体をたもち、戒を破らないように心に決心することを受体、その後その決心に相応して日々の生活の上に正しく実践することを随行または随戒といい、合わせて受随ともいう（四分律行事鈔巻中）。

**しゅだいな-たいし　須大拏太子**　須大拏は(梵)(巴)スダーナ Sudāna の音写。須達拏、蘇達拏とも音写し、善施、善与と訳す。仏陀の本生の一つ。仏陀が前生において太子となって菩薩行を修したときの名。六度集経第二須大拏経には敵国に威勢比類のない一白象を与え、国を傾けてまで人民に布施をし、父王によって山野に住まわせられたが、象馬、瓔珞、衣服さらに二子や妻までも施したという。アマラーヴァティー塔の欄楯、サーンチー大塔南門の横梁にその説話が彫出され、また中央アジアのミーラーンの廃寺にもその壁画がある。〔参考〕六度集経二、大智度論一二・三三

**しゅだそみ-おう　須陀素弥王**　(梵)シュルタソーマ Śrutasoma　(巴)スタソーマ Sutasoma の音写。須陀須摩、須陀摩とも音写し、普明と訳す。仏陀の本生の一。仏陀が国王となって菩薩行を修したときの名。賢愚経第一一無悩指鬘品によると、九百九十九王と共に、駮足王（(梵)カルマーシャパーダ Kalmāṣapāda　(巴)カンマーサパーダ Kammāsapāda 斑足王ともいう）とその眷属の羅刹《らせつ》に捕えられ、その肉を喰われようとしたとき、七日の猶予を乞うて国へ帰り、一人のバラモンにかねてからの布施の約束を果たし、再び駮足王の許に帰り、駮足王を悔悟させたという。アジャンターの壁画やボロブドゥル廊壁に彫出されている。〔参考〕六度集経、大智度論四

**しゅだった　須達多**　(梵)(巴)スダッタ Sudatta の音写で、須達と略し、善施と訳す。中インド舎衛城（サーヴァッティー Sāvatthī）の長者。慈心深く常に孤独なるものに食を与えたから、給孤独《ぎっこどく》（(梵)アナータピンダダ Anāthapiṇḍada、(巴)アナータピンディカ Anāthapiṇḍika）長者とよばれた。王舎城で仏に帰依し、五戒を受けて在家の信者となった。舎衛城に帰ってのち祇陀《ぎだ》（ジェータ Jeta）太子の園林を大金を投じて入手し、ここに仏を請じるための精舎（いわゆる祇樹給孤独園・祇園精舎）を立てた。〔参考〕雑阿含経二二、中本起経下

**しゅたら　修多羅**　(梵)スートラ sūtra の音写。①〈⇒経《きょう》〉　②七条袈裟などを着用するとき背部に垂れる組紐。真言宗・天台宗・真宗などで用いる。もとは五条袈裟にも用いたが、今は五条袈裟ではそれを簡略にし模様化して威儀《いぎ》にとじつけてある。修多羅を用いることは古い制度ではないが、唐代初期にはすでに行われている。

**しゅだら　首陀羅**　(梵)シュードラ śūdra の音写。戍達羅、輸陀羅とも写し、首陀ともいう。栴陀羅《せんだら》（(梵)チャンダーラ caṇḍāla）との異同については異説がある。インドの四姓《ししょう》制度の最下位に属する奴隷階級で、上位の三階級に奉仕するのがその任務である。インド文化を創めたインド・アーリヤ民族によって征服された土着の原住民族を祖先とするといわれ、種々の賤業に従事する。伝統の宗教であるバラモン教からは疎外されていて、それ故に一生族（宗教的再生を許されない種族）といわれるが、仏陀はこの宗教的差別を撤廃して四姓平等の立場をとった。

**しゅたん　守端**　（天聖三1025－熙寧五1072）北宋代中期の禅僧。姓は葛《かつ》（一説に周）氏。白雲守端と称する。衡州（湖南省衡陽県）の人。楊岐方会《ようぎほうえ》の法を嗣ぎ、舒州（安徽省懐寧県）白雲山、その他に住した。白雲守端禅師語録二巻、広録四巻がある。〔参考〕続灯録一四、僧宝伝二八

**しゅちゅう　守中**　（永正一二1515－天正一二1584）曹洞宗の僧。薩摩の人。字は代賢。はじめ教乗を学びのち禅宗に帰した。福昌寺の喜冠竜慶《りゅうけい》の法を嗣ぎ同寺に住した。島津氏の命により無遮斎を修して、朝廷から仏光普照禅師の号を賜った。のち日向の法華岳の古刹を再興して禅寺とし、その開山となった。また日向の永泰寺、大隅の天福寺・万年寺を開いた。〔参考〕日本洞上聯灯録一〇

**しゅちょう　守朝**　生没年不詳。平安中期の法相宗の僧。伊賀の人。世に馬道已講《めどういこう》と称する。空晴から法相宗を学び、三会の講を経て興福寺に住した。著書、中辺論私記九巻、観普賢経玄賛三巻など。〔参考〕本朝高僧伝九

**じゅっかい-しょう　述懐鈔**　一巻。舜昌の著（正中・嘉暦1324—29頃）。さきに法然一代教化の伝記（法然上人行状絵図四八巻）を記して山門衆徒から誹謗された舜昌が、これに対して弁駁したもの。非器不堪の身は浄土易行をたのむべきこと、また法然の行業の讃歎すべきことを述べている。続浄全四〔刊本〕延宝三1675刊、延享五1748刊

**しゅっけ　出家**　⇩在家《ざいけ》

**しゅっけ-くどく-きょう　出家功徳経**　一巻。訳者不詳。阿難が離車（リッチャヴィ Licchavi）族の王子を出家させたことにちなんで、出家の功徳の偉大なことを説く。㊅一六

**しゅっけ-たいこう　出家大綱**　一巻。栄西の著（正治二1200自序）。中国の諸名徳からうけた律略や帰朝後もつづけて得た斗藪《とそう》（煩悩を振り払い修行すること）の見聞を叙述し、出家者が戒を重んずべきことを説いた書。特に末世に斎戒を持する者のために二衣・二食・二戒・二律などのことを叙述している。高僧名著全集〔刊本〕寛政元1789刊、明治一三1880刊

**しゅっけ-と-その-でし　出家とその弟子**　倉田百三の著（大正五1916）。親鸞《らん》・善鸞《らん》と弟子唯円を中心に、歎異抄の思想を戯曲化したもの。自由恋愛の問題をおりこんだ人道主義的思想が当時の思潮に合致し、非常な好評を博した。英・独・仏・中などの各国語にも翻訳され、ロマン・ロランも激賞の手紙をよせている。岩波文庫ほか

**しゅっけ-ばい　出家唄**　初めて髪を剃り出家となるときに唱える梵唄《ぼんばい》で、毀形唄《きぎょうばい》ともいう。一般に諸徳福田経にある「毀形守志節　割愛無所親　棄家求聖道　願度一切人」の偈を用いる。

**しゅつ-さんぞう-き-しゅう　出三蔵記集**　一五巻。梁出三蔵集記、僧祐録ともいう。梁の僧祐の撰。撰年は歴代三宝紀巻一五に南斉の建武年間494—97というが、本書巻五の天監九年510の記事から、それ以後のものと見られる。後漢より梁までに漢訳された経律論の目録で、その縁起・序記と翻訳者の伝記などを付したもの。五部に分け、縁起五篇（巻一）、録一七篇（巻二—五）、序一一〇篇（巻六—一二）、雑録一〇篇（巻一二）、伝三二人（巻一三—一五）から成る。経録の部は、道安の綜理衆経目録を校訂増補し、現在散逸している道安録の一端を伝えている。序の内、三三篇以外の七七篇は本書のみに伝わり、雑録の一〇篇も既にその本文はなく、列伝も梁高僧伝以前の記録によるもので、中国仏教史上の重要な史料である。〈⇩衆経目録《しゅきょうもくろく》〉㊅五五、国一史伝部一〔参考〕高僧伝一一

**しゅっしょう-ぎ　出生義**　詳しくは金剛頂瑜伽三十七尊出生義という。唐の不空訳というが不詳。密教経典が多く訳出された頃の編。金剛界の大日如来以下五仏、四波羅蜜・十大菩薩などの三七尊の出生のすがたを説き、密教経典のすぐれた所以、密教の伝統的教系を説く。㊅一八、国一密教部三

**しゅつじょう-ごご　出定後語**　二巻。富永仲基の著（延享二1745）。仏典が仏陀の直説でなく次第に加上（付加、補整）して成立したものといい、大乗非仏説を初めて唱えた書。小乗の三蔵（経律論）の成立後、文殊の徒が加上して般若を作り、更に法華氏・華厳氏などが出てそれに加上して大乗ができたとする。なお小乗の阿含経も数章以外は、仏陀の直説でなく、仏滅後長年月の口授伝承の間に潤色されたもので、仏説中に外道説の混入したものが多いと説く。この説は仏教そのものを必ずしも攻撃したものではないが、江戸時代の排仏論者に非常な影響を与え、服部天遊（赤倮倮《せきらら》一巻）、平田篤胤（出定笑語四巻）などはこれに力を得て仏教を攻撃した。反論書には放光の弁出定後語二巻、無相文雄の非出定後語一巻、慧海潮音の摑裂邪網編二巻がある。本書は文献・原典の考証批判など近代的研究の先駆をなした。日本思想大系四三〔刊本〕文化二1805刊

**しゅつじょう-しょうご　出定笑語**　四

巻。平田篤胤の著(文化一〇1813)。富永仲基の出定後語にならい、言文一致体で通俗的に仏教を妄説として批判したもので、篤胤の代表的な排仏書。インドの水土風俗、伝説由来より説き起こし、釈迦一代の行跡を洗い直し、すべての経典が釈迦の金口より出たものでないとし、さらに日本の各宗派の宗旨を略述して論難している。また出定笑語附録三巻は神敵二宗論とも呼び、特に真宗と日蓮宗を非難している。本書は幕末の排仏論者の勢力を助長し、ついには明治維新の排仏毀釈の一方の導火線ともなった。従って本書に対する仏教側からの批判書も多く出て、主なものに興世の羊狗弁三巻、中道の唾笑語三巻、潮音の摑裂邪網編二巻(文政一二1829刊)などがある。新修平田篤胤全集一〇〔刊本〕文化一四刊

**しゅっしょう-ぼだいしん-きょう　出生菩提心経**　一巻。隋の闍那崛多《じゃなくった》の訳。異訳に北宋の施護の訳の発菩提心破諸魔経二巻がある。仏がバラモンの迦葉《かしょう》に対して、声聞・縁覚・菩薩の三乗を説き、行くべき道と至るべき解脱は同一であるが、三乗には優劣があることを明らかにし、魔を降して大乗を勧める。㊅一七、国一経集部一五

**しゅっせ　出世**　①世、世間(世俗凡俗)に対して、出世間(世俗を超えている)のこと。②仏が世間に出てさとりを開き衆生を教化すること。③後世、わが国では堂上(殿上人《てんじょうびと》)の子息で出家したもののこと(昇進が早い)、転じて僧侶が高位高官に昇ることをいう。

**しゅっせ-がんい　出世元意**　一巻。覚如(1270—1351)の著。成立年不詳。もと法華念仏同体異名と呼ばれ、法華経も無量寿経も共に同じ釈迦出世の本懐を明らかにするもので、両経の説時は同時であると説く。しかも劣機救済においては念仏が最勝であり、念仏こそ唯一真実の教法であると示す。短篇ではあるが、日蓮宗の法華強調に対抗する書。真宗法要六、真宗仮名聖教三、真宗聖教全書二、真宗史料集成〔註釈〕宣成・辛卯録一巻(真系二六)、義導・聞書一、同・講義一巻

**しゅっせ-ほんがい　出世本懐**　釈迦牟尼仏がこの世にあらわれた真の目的。本懐は本望。その目的を直接に完全にあらわして説いた経典を出世本懐の経といい、仏が世にあらわれたのは、衆生にさとりを示して、衆生をさとらせようという大切な理由(一大事の因縁)による。その理由を出世の大事という。法華経方便品には「諸仏世尊は唯だ一大事因縁を以ての故に世に出現す」と説く。どの経を出世本懐の経とするかは、宗派によって不同で、天台宗では法華経、華厳宗では華厳経、浄土教では浄土三部経、浄土真宗ではそのうち特に無量寿経を出世本懐の経とする。

**しゅったい　出体**　ものを存立させる上で主な内容をなすものを明瞭にすること。体は体質あるいは体性の意で、経典などの解釈において、出体とは解釈すべき問題の主体を提出することをいい、釈名《しゃくみょう》、弁相《べんそう》などと共に経典解釈法の一形式となっている。また法相宗では四重出体(四出体)を説き、すべての存在(諸法)の本体をあらわす軌範に四種を立てる。即ち、⑴摂相帰性体《せっそうきしょうたい》。例えばすべての存在はことごとく真如《しんにょ》を本体とするというように、現象的な相を本質的な性におさめて体をあらわすこと。⑵摂境従識体《せっきょうじゅうしきたい》(摂余帰識体、摂境従心体)、例えば、外界に存在として認識されるものはすべて識が変じてあらわれたものに他ならないから、識を本体とするというように、境を識におさめて体をあらわすこと。⑶摂仮随実体《せっけずいじったい》。例えば、瓶は土と水などによって仮に形づくられているものであるから、その仮のものを、それをなり立たせている実のものにおさめて、体をあらわすこと。⑷性用別論体《しょうゆうべつろんたい》(仮実別論体)。例えばすべての存在はそれぞれに本体があるとするように、個々に体をあらわすこと。以上は成唯識論述記巻一本などの説で、また成唯識論了義灯巻一本には異説を挙げ、五門、八門、六門などの出体があることを説く。なお義林章巻一本には前掲の四重出体のほか、別に真如・無相・唯識・因縁の四重を挙げ、前掲のを法相の四重、これを観門の四重とする。

**しゅったい　出隊**　禅宗の用語。「すいたい」とも読む。住持が大衆の隊をひきい

て外に出て、財や食糧のほどこしをうけにゆくことをいう。また出郷ということもある。出隊から帰って住持が上堂するのを出隊上堂という。

**しゅってん　出纒**　⇩在纒《ざいてん》

**しゅつようーきょう　出曜経**　三〇巻（または二〇巻）。後秦の竺仏念の訳（398—99）。チベット訳もある。法句経《ほっくきょう》の偈頌それぞれに字句の解釈や散文の譬喩因縁譚を付したもの。法句経（ダンマ・パダ Dhamma-pada）の伝承にはいくつかの系統がある〈⇩法句経〉が、出曜経はこのうち説一切有部系の梵本ウダーナ・ヴァルガ Udāna-vargaと同系統に属するもので、この系統の漢訳経典としては他に偈頌のみをおさめた法集要頌経四巻（北宋の天息災の訳）がある。(大)四、[国]一本縁部一〇

**しゅつり　出離**　迷いの世界即ち生死《しょうじ》をはなれ出て、解脱《げだつ》の境地に至ること。それ故に出離生死、出離解脱などと熟語にする。

**しゅつりえ　出離依**　⇩耽嗜依《たんしえ》

**しゅと　衆徒**　大衆などとも呼ばれ、平安時代以後、興福寺・東大寺・延暦寺など諸大寺に住した僧徒のことで、僧兵に対する呼称となった。もと堂衆に対して学問を専門とする寺院の中心的存在であったが、やがて寺院の武力化が進むと仏学に従う学侶は少なくなり、衆徒は行人《ぎょうにん》・堂衆などの武器をもつ者を含む僧兵を意味するに至った。中世では寺領荘園の名主層が剃髪・緇衣して衆徒に加わり武力を強化し、また荘園内の末寺住持兼荘官となった。興福寺では荘園内の衆徒が本寺に在勤して衆中とよばれたが、室町時代には衆中が寺院の実権を握り、やがて衆徒は筒井氏・古市氏などの棟梁に率られて独立し武士化した。⇩僧兵《そうへい》　⇩行人《ぎょうにん》　⇩学侶《がくりょ》　⇩堂衆《どうしゅう》

**しゅどう　修道**　⇩見道《けんどう》

**しゅどうぶん　衆同分**　(梵)ニカーヤ・サバーガ nikāya-sabhāgaの訳。略して同分ともいう。倶舎宗《くしゃしゅう》、唯識宗で心不相応行法《しんふそうおうぎょうほう》の一とする。多くの有情《うじょう》を相互にそれぞれ相類似させる力のあるもの。分とは因の義である。これに二種がある。(1)有情同分。このうち、有情という点で相互に類似させる同分を無差別《むしゃべつ》同分といい、有情の中でも人は人、牛は牛というようにそれぞれ相互に類似させる同分を有差別《うしゃべつ》同分という。(2)法同分。有情の上の蘊《うん》・処・界の法についていう。例えば色法《しきほう》を相互に類似させ、左右の眼根《げんこん》を相互に類似させるような同分である。

**じゅどうーぼさつ　儒童菩薩**　儒童は(梵)マーナヴァ Māṇavaの訳。摩那婆、摩納などと音写する。太子瑞応本起経には仏陀が因位のときに菩薩行を修した時の名とし、清浄法行経（偽経）には、仏によって震旦（中国）に派遣された三人の弟子の中で、震旦では儒童を孔丘と称し、光浄菩薩を顔回と称し、摩訶迦葉を老子と称したという。

**しゅとく　修徳**　⇩性徳《しょうとく》

**しゅにーえ　修二会**　修二月会の略称で、修二月法、二修月ともいい、異名俗称も多い。寺院で陰暦二月一日から一四日までの間、行われる法会。その本質は修正会《しゅしょうえ》と相違はないといわれる〈⇩修正会〉。修正会と同内容の法会を二月にもするのは、二月がインド・中国の一月に相当するので、わが国でもそれを祝うために行ったとする説があるが（塵添壒嚢抄一二）、確証がない。一説に、実際に農耕の開始時期にあたる旧暦二月に再度農耕予祝を確かにするために修二会を行ったとする。修二会の著名な例は東大寺二月堂の修二会（お水取り）で、天平勝宝三年751実忠が難波津で得た大悲の像を羂索院（二月堂）に安置し、兜率宮軌を二七日修したことに始まると伝える。その他、神戸長田神社の追儺《ついな》式、奈良薬師寺の花会式、同法隆寺西円堂の追儺会などが有名。

**ジュニャーナガルバ　Jñānagarbha**　（700—760頃）インド後期中観派の論師。シュリーグプタ Śrīguptaの弟子、シャーンタラクシタ Śāntarakṣita（寂護）の師と伝えるが、異説もある。著作としてサトヤ・ドヴアヤ・ヴィバンガ Satya-dvaya-vibhaṅga（二諦分別論）およびその自註などがある。その学説は、バーヴァヴィヴェーカ Bhāvaviveka（清弁《しょうべん》）の自立論証派の系統に属し、またダルマキールティ Dharmakīrti(法称)の論理学の影響を受けている。

**ジュニャーナシュリーミトラ Jñāna-śrīmitra** (980—1030頃)インド後期唯識派の論師で仏教論理学者。有相唯識派の代表的思想家とされる。ヴィクラマシラー寺に住し、アティーシャ Atīśaの師の一人であったとも伝える。クシャナバンガ・アディヤーヤ Kṣaṇabhaṅgādhyāya(刹那滅論)をはじめ一二篇の著作の梵本が残っており、一冊にまとめて出版されている。

**ジュニャーナパーダ Jñānapāda** (八世紀後半頃)ブッダシュリージュニャーナ Buddhaśrījñānaあるいはブッダジュニャーナパーダ Buddhajñānapādaともいう。インドの密教学者。秘密集会《じゅうえ》タントラ(グフヤサマージャ・タントラ Guhyasamāja-tantra)解釈上の二大流派の一つであるジュニャーナパーダ流の祖。生起・究竟の二次第および四支成就法を基本として、秘密集会タントラ解釈の体系を作り上げた。ムクティ・ティラカ Mukti-tilaka(解脱明点)などの密教関係の著作がチベット訳で現存する。またハリバドラ Haribhadra(師子賢)に般若経を学んだと伝えられ、般若経関係の著作も残っている。思想的にはシャーンタラクシタ Śāntarakṣita(寂護)の中観思想との親近性が指摘されている。

**じゅにん-りっしん 就人立信** 〔**就行立信**《じゅぎょうりっしん》〕 凡夫が阿弥陀仏の浄土へ生まれるために必要な信心を樹立するについて、人《にん》(仏や衆生)の上で説くのを就人立信といい、往生のための行の上で説くのを就行立信という。善導の観経疏散善義の説。

**シュパイエル Speijer, J.S.** (1854—1913)オランダの梵語学者。ケルンH. Kernに学んだ。ジャータカ・マーラー Jātaka-mālāの原文校訂(1890)および英訳(1895)、アヴァダーナ・シャタカ Avadāna-śatakaの校訂(1906—09)などを行った。著書として有名なSanskrit Syntax(梵語構文論1886)がある。

**シュバグプタ Śubhagupta** (八世紀前半頃) インドの仏教論理学者。ダルマキールティ Dharmakīrti(法称)の論理学説に依拠して、サルヴァジュニャ・シッディ・カーリカー Sarvajña-siddhi-kārikā(一切智論証頌)、バーヒヤ・アルタ・シッディ・カーリカー Bāhyārtha-siddhi-kārikā(外境論証頌)などを著わした。

**しゅばつだら 須跋陀羅** (梵)スバドラ Subhadra (巴)スバッダ Subhaddaの音写。須跋陀とも音写し、善賢と訳す。仏陀の入滅の直前に最後の教誡を受けて得度した弟子。クシナガラの人。仏陀の入滅を見るに忍びず、神力を以て身中より火を出し仏陀より先に入滅したという。(参考)大智度論三、長阿含四遊行経

**しゅはら 首波羅** (梵)スールパーラカ Sūrpāraka (巴)スッパーラカ Suppārakaの音写。蘇波羅哥とも音写する。インド西海岸の国名、または港の名。仏十大弟子の一人、富楼那《ふるな》(梵)プールナ Pūrṇa (巴)プンナ Puṇṇaの生地。現在のボンベイ北方のソーパーラであろうという。(参考)Theragāthā Aṭṭhakathā, Saṃyutta-nikāya IV. Mahāvaṃsa, 涅槃経一六

**しゅばん 主伴** 主と伴。即ち主体とそれに従属するもの。

**しゅび 麈尾** 細長い板や象牙などに毛を着け団扇の形にしたもので、説法したり経を講義する時に用いる具。初めは塵払いや蝿払いなどのために用いられたが、後には払子《ほっす》と同じく威容を整えるため持つようになった。中国では魏晋時代の清談家が談論の際に手にしたのをはじめ、その後僧侶の間に広く行われた。

**しゅびやーにょ 須毘耶女** (梵)スプリヤー Supriyā (巴)スッピヤー Suppiyāの音写。仏陀時代の在家の女信者。ベナレスの人と伝える。よく病比丘の面倒を見、自らの肉をさいて病比丘に与えたりしたので、看病第一と讃えられている。(参考)Dhammapada Aṭṭhakathā I, 増一阿含経七、有部薬事一

**じゅふくーじ 寿福寺** 神奈川県鎌倉市扇ガ谷。臨済宗建長寺派。亀谷山金剛寿福禅寺と号する。岡崎義実が源義朝のために一宇を建てたのに由来し、正治二年1200北条政子が更に伽藍を加えて一寺とし、栄西を開山とした。建保三年1215栄西は当寺で没した。暦応四年1341鎌倉五山の第三位に

列する。〔重文〕木造地蔵菩薩立像、喫茶養生記 〔参考〕五山伝、鎌倉五山考異、新編相模風土記稿八九、鎌倉市史

**じゅぶ-じ　鷲峰寺**　中国北京の宣武門内城隍廟の南にある。唐代に淤泥寺といい、貞観二二年648に造られたという石刻の般若心経がある。当寺に安置されていた旃檀仏像は霊験をもって世に知られていた。

**じゅぶ-せん　鷲峰山**　⇩耆闍崛山《ぎしゃくっせん》

**じゅぶつ-もんどう　儒仏問答**　一巻。林羅山(道春、1583―1657)の著。成立年不詳。儒教の説によって仏教上の事項を問難し、これに対する頌祐の答弁を記述したもの。

**しゅほう　修法**　「すほう」「ずほう」とも発音し、行法、秘法、密法ともいう。密教で、定められた規則通りに壇を築き、目的に適合した本尊を祀り、種々の供え物をささげて護摩《ごま》を修し、口に真言をとなえ、手に印を結び、心に本尊を念じて、行者と本尊とのそれぞれ三密が一致することによって(三三平等)、そのかなえようとする成果(悉地)を獲得する作法をいう。かなえようとする目的、及びそれをかなえるための行法によって、四種法、五種修法などの種類がある。即ち、息災法《そくさいほう》・増益法《ぞうやくほう》・敬愛法《けいあいほう》・降伏法《ごうぶくほう》の四を四種法(四種護摩法、四種成就法)、これに鉤召法《くしょうほう・こうちょうほう》を加えて五種修法といい、このうち敬愛法は増益法から、鉤召法はさらに敬愛法から、別に独立させて数えたものであるから、修法は要約すれば息災・増益・降伏の三種法ともなり、また細分すれば六種法、九種法などともなる。息災法は扇底迦《せんていか》(梵)シャーンティカ śāntika)法、寂災法、除災法ともいって、災害や苦難を除くために修め、増益法は布瑟徴迦《ふしっちか》(梵)パウシュティカ pauṣṭika)法、増長法、増栄法ともいい幸福をもたらすために修め、敬愛法は伐遊迦囉拏《ばつゆうからな》(梵)ヴァシーカラナ vaśīkaraṇa)法、慶愛法、愛敬法ともいって相互に慈愛の心を生じさせるために修め、降伏法は阿毘遮嚕迦《あびしやろか》(梵)アービチャールカ ābhicāruka)法、調伏法《じょうぶくほう》ともいって、悪人、悪心をおさえるために修め、鉤召法は阿羯沙尼《あかつしにや》(梵)アーカルシャニー ākarṣaṇī)法、摂召法、招召法ともいって、本尊などを召請する場合に修めるものであって、これらの修法の目的は、単なる世俗的な低いのぞみから仏教の究極的な高いのぞみに至るまで種々である。また、これらの五種の修法のそれぞれに応じて壇の形や坐り方に至るまで、すべてさだめがあって混同することは許されない。なお息災・調伏・増益は胎蔵界の仏・金剛・蓮華の三部に、また息災・調伏・増益・敬愛・鉤召は金剛界の仏・金剛・宝・蓮華・羯磨の五部に配される。また修法にはその行法の組織から金剛界立《こんごうかいだて》・胎蔵界立・十八道立・別行立・如意宝珠立《にょいほうじゅだて》などの種類がある。金剛界立と胎蔵界立とはそれぞれ金胎両部の大日を本尊とする修法で、もと別種のものであるが不二であるとされ、また十八道立は金胎両部不二によって立てられたもの、別行立は特別に一尊を本尊とするもの、如意宝珠立(宝珠立)は本尊を如意宝珠三昧に引き入れ、あるいは如意宝珠をただちに本尊とするもので、宝珠立の修法を駄都《だと》法または舎利法と呼び、後七日御修法《みしゅほう・みしほ》・如法愛染法、如法北斗法などはこの法に基づく。また行法の結構から、大法・秘法・普通法にわけ、大法に準じるのを準大法という。東密・台密の諸流でそれぞれ大法と称するものは異なり、東寺では孔雀経法・仁王経法・請雨経法・後七日御修法《ごしちにちのみしほ》、山門(延暦寺)では大安鎮法・熾盛光法《しじょうこうほう》・七仏薬師法・普賢延命法《ふげんえんみょうほう》、寺門(三井寺)では尊星王法・法華法・金剛童子法が大法とされる。また修法には、本尊及び眷属の数から五尊立・十七尊立・三十七尊立など、修法壇の数から一壇立・二壇立・三壇立など、また参加する僧の数から大中小などを分ける。壇数が一壇、または伴僧《ばんそう》が五から一〇人までを小法、壇数が五壇未満、または伴僧が一六人までを中法、壇数が五壇以上、または伴僧が一七人から二〇人を大法とするが、ここにいう大法と、さきの行法の結構からの大法とは必ずしも一致せず、また同種の修法を繰返す回数から一座・三座・七座・二十一座などの種類がある。修法にあたっての必要なもの(支度《したく》)には本

尊・経・曼茶羅《まんだら》・秘密壇・壇具二十種物・供養物《くようもつ》・相応物・焼料・加持物《かじもつ》・雑具などがあり、修法のために壇を作る方法を作壇法《さだんほう》、終って壇を除く方法を破壇法という。日本では密教伝来以後種々の修法が行われるようになり、天皇の身の安全と国の豊饒を願って宮中で修められるものには、宮中節会が終って後、一月八日から一週間にわたって東寺の長者が行う後七日御修法や、東寺・山門・寺門から選ばれた護持僧《ごじそう》が長日不断に修める三壇の御修法などがある。なお、修法の始まりにあたって、行者の身心を護りその修法を完成させるために護身法、護身加持を行う。即ち、印を結び真言《しんごん》を誦えて身心を加持《かじ》する。この印と真言とには十八道契印《げいいん》にある浄三業、仏・蓮華・金剛の三部三昧耶《さんまや》、被甲護身《ひこうごしん》の五を用いるから、五護身ともいう。

**しゅほう　守邦**　（康暦元1379—文安二1445）曹洞宗の僧。薩摩の国守島津元久の子。字は仲翁。一五歳で妙円寺石室真梁について出家した。足利学校に学び、諸師を歴訪してのち、真梁の命により竹居正猷に侍した。応永二八年1421正猷に従って総持寺に上り監寺となる。翌年同寺に出世した。のち薩摩に帰り、常珠寺・福昌寺に住し、永享元年1429大隅始良の含粒寺を開く。同四年総持寺に昇住し紫衣を賜る。〔参考〕日本洞上聯灯録五

**じゅ-ぼさつかい-ぎ　授菩薩戒儀**　菩薩戒を授ける儀式作法を記したもの。①陳の慧思の著。成立年不詳。一巻。天台大師智顗《ちぎ》の師である南岳慧思に受菩薩戒文のあったことは、最澄の請来目録や、最澄が用いた戒儀に円珍が朱書添註した授菩薩戒儀裏書によって知られるが、現行の慧思撰と称する受菩薩戒儀一巻は宋・元の頃のもののようである。㊫二・一〇・一　②唐の湛然の著。成立年不詳。一巻。受菩薩戒文、妙楽十二門戒儀ともいう。智顗の菩薩戒経義疏二巻に準じて三聚浄戒、十重禁戒を授ける儀式を記したもので、開導・三帰・請師・懺悔・発心・問遮・授戒・証明・現相・説相・広願・勧持の一二門から成る。天台宗系で重んじられ、最澄はこれを删補して授菩薩戒儀式(十二門授大乗円教出家菩薩別解脱戒、十二門儀式、叡岳戒儀などともいう)一巻を製し、円珍が朱書添註している。㊫二・一〇・一、仏全二四・二六　③宋の遵式の著。一巻。成立年不詳。金園集㊫二・六・二）④日本の浄土宗に伝わるものに広(庭儀)・中(堂上)・略(机上)の三種の戒儀があるが、これらは天台宗系のものを改めたものである。仏全七二、続浄全九

**じゅ-ぼさつかい-ほう　受菩薩戒法**　菩薩戒を受ける儀式作法を記したもの。①唐の慧沼の著。成立年不詳。一巻。法相宗系の書であるが、湛然はこれを参考にして十二門戒儀を作ったようである。勧発菩提心集㊫二・三・一）②宋の延寿の著。成立年不詳。一巻。現存するものは序の部分だけで受戒法の部分は散逸したようである。教禅浄三門一致の立場に立つ戒学として注目される。㊫二・一〇・一

**しゅばだい　須菩提**　㊵㊴スブーティSubhūtiの音写。蘇部底、須扶提などとも音写し、善現、善吉などと訳す。仏十大弟子の一人。給孤独《ぎっこどく》長者(スダッタSudatta須達多)の甥にあたる。給孤独長者が仏陀に祇園精舎を奉献した日、その場にあって仏陀の説法を聞いて出家したという。無諍第一とも解空第一とも呼ばれた。般若経の対告者としても有名である。〔参考〕増一阿含経三・二八、撰集百縁経一〇

**じゅ-ぼだいしんかい-ぎ　受菩提心戒儀**　一巻。詳しくは授灌頂金剛最上乗菩提心戒文という。唐の不空の訳。成立年不詳。真言密教において弟子が師より菩提心戒を授かる時の儀法を示したもの。仏教一般の重要な戒法を網羅した上に密教の独自性を示している。㊅一八、国一密教部三

**しゅぼん　修凡**　㊵スヴァルナSuvarṇa㊴スヴァンナSuvaṇṇaの音写。金色の意。ジャータカに出る仏陀の前生の一。金色の毛皮をもった鹿の王。大河に溺れた人を救ってやったところ、かえってその人に裏切られ、賞金と引換えに国王に売り渡されるが、彼を恨むことなく、その罪をあわれんだという。〔参考〕六度集経六

**しゅまだい　須摩提**　①㊵㊴スマーガ

ダー Sumāgadhāの音写。三摩竭、須摩迦提とも音写し、善無毒と訳す。給孤独長者(アナータピンディカ Anāthapiṇḍika)の娘。父と共に仏に帰依した。満富城の満財長者の子に嫁したが、その家が信奉する外道の教えに従わず、遂に長者一家を帰仏させた。〔参考〕須摩提女経、三摩竭経　②㊵スマティー Sumatīの音写、妙慧と訳す。郁伽《いくが》(ウッガ Ugga)長者の娘。八歳の時、仏に菩薩の四十事を聞き、悉く実践して欠けることがないようにしようと誓ったという。〔参考〕須摩提経

**しゅまだい-ぼさつ-きょう　須摩提菩薩経**　一巻。西晋の竺法護の訳(三世紀後半)。異訳に唐の菩提流志《ぼだいるし》の訳の須摩提経、同じく菩提流志の訳の大宝積経第三〇会妙慧端女会、後秦の鳩摩羅什《くまらじゅう》の訳の須摩提菩薩経があり、チベット訳もある。王舎城の長者の娘が誓願を起こし、空の理に達して未来に殊勝功徳宝蔵如来となるという授記を仏より与えられたことを説く。㊅一二、国一宝積部七

**しゅまな　須摩那**　㊵㊴スマナ Sumanaの音写。修摩那、須蔓などとも音写し、善意と訳す。①仏弟子。舎衛城の長者の子で、阿那律によって得度させられた。七歳ですでに阿羅漢果を得たために、未成年でありながらとくに具足戒を受けることを許されたという。〔参考〕Dhammapada Aṭṭhakathā IV, Theragathā 429—434　②⇩須尸摩《しゅしま》②

**しゅみ　須弥**　㊵スメール Sumeruの音写。須弥山《しゅみせん》のこと。一つの世界の中央に須弥山があると考えるのは古代インドの世界観(天文学、地理学)で、これを普通、須弥山説という。須弥山をかたどった壇を須弥壇といい、仏像を安置する。また同じ形の仏像の台座を須弥座という。

**しゅみ-しい-きょう　須弥四域経**　仏教と道教とを調和させて民心を善導しようと企てた偽経の一。中国の創造伝説に登場する伏羲と女媧《じょか》の前身を、それぞれ宝応声菩薩・宝吉菩薩であると説く。〔参考〕法経録二、開元録一八

**しゅみ-しゅう　須弥四州**　⇩須弥山《しゅみせん》

**しゅみ-せん　須弥山**　古代インドの宇宙論で、世界の中心にあるという高山。須弥は㊵スメール Sumeruの音写で、蘇迷盧《そめいろ》、須弥留《しゅみる》などとも音写し、妙高、妙光などと訳す。須弥山を中心とする宇宙説を須弥山説といい、倶舎論に詳説されている。それによると須弥山は一辺が八万由旬《ゆじゅん》の周囲三二万由旬の正方形の山で、北面は黄金、東面は白銀、南面は瑠璃《るり》、西面は玻瓈《はり》の四宝でできている。また高さは一六万由旬あり、そのうち八万由旬は水中に没し、八万由旬は水面上にそびえ立っている。この須弥山のまわりを内側から持双山・持軸山・檐木《えんぼく》山・善見山・馬耳山・象耳山・尼民達羅《にみんだつら》山の順に、七つの山が同心方形状にとりまいている。この七山は黄金でできているので七金山《しちこんせん》という。一番内側の持双山は水面上の高さ四万由旬・幅四万由旬であり、外側にいくにつれて高さ・幅とも半分ずつ減ってゆく。須弥山および七金山それぞれの間には八功徳水をたたえた七つの内海があり、深さはいずれも八万由旬である。このうちもっとも内側の須弥山に直接する内海を須弥海という。須弥海の幅は八万由旬で、外側にいくにつれて内海の幅も半分ずつ減っていく。これらの最外部を鉄囲山《てっちせん》という鉄でできた山が環状にとりまいて、鉄囲山と七金山の一番外側の尼民達羅山との間は幅三二万二千由旬の塩海となっている。なお鉄囲山は水面上の高さ・幅ともに尼民達羅山の半分である。以上の須弥山・七金山・鉄囲山の九つの山と、山と山との間の八つの海とを総称して九山八海という。この九山八海を、金輪・水輪・風輪の三輪が支えている。三輪はいずれも円盤状で、金輪は直径一二〇万三四五〇由旬・厚さ三二万由旬、水輪は直径一二〇万三四五〇由旬・厚さ八〇万由旬であり、最下層の風輪は周囲が一阿僧祇《あそうぎ》由旬、厚さ一六〇万由旬である。須弥山の中腹には四天王の住む四王天、頂上には帝釈天の住む忉利《とうり》天があり、上空には欲界の残りの四天と色界・無色界の諸天がある。また日月は山の中腹をめぐるという。鉄囲山の内側の塩海には四方に四つの島(四洲)があ

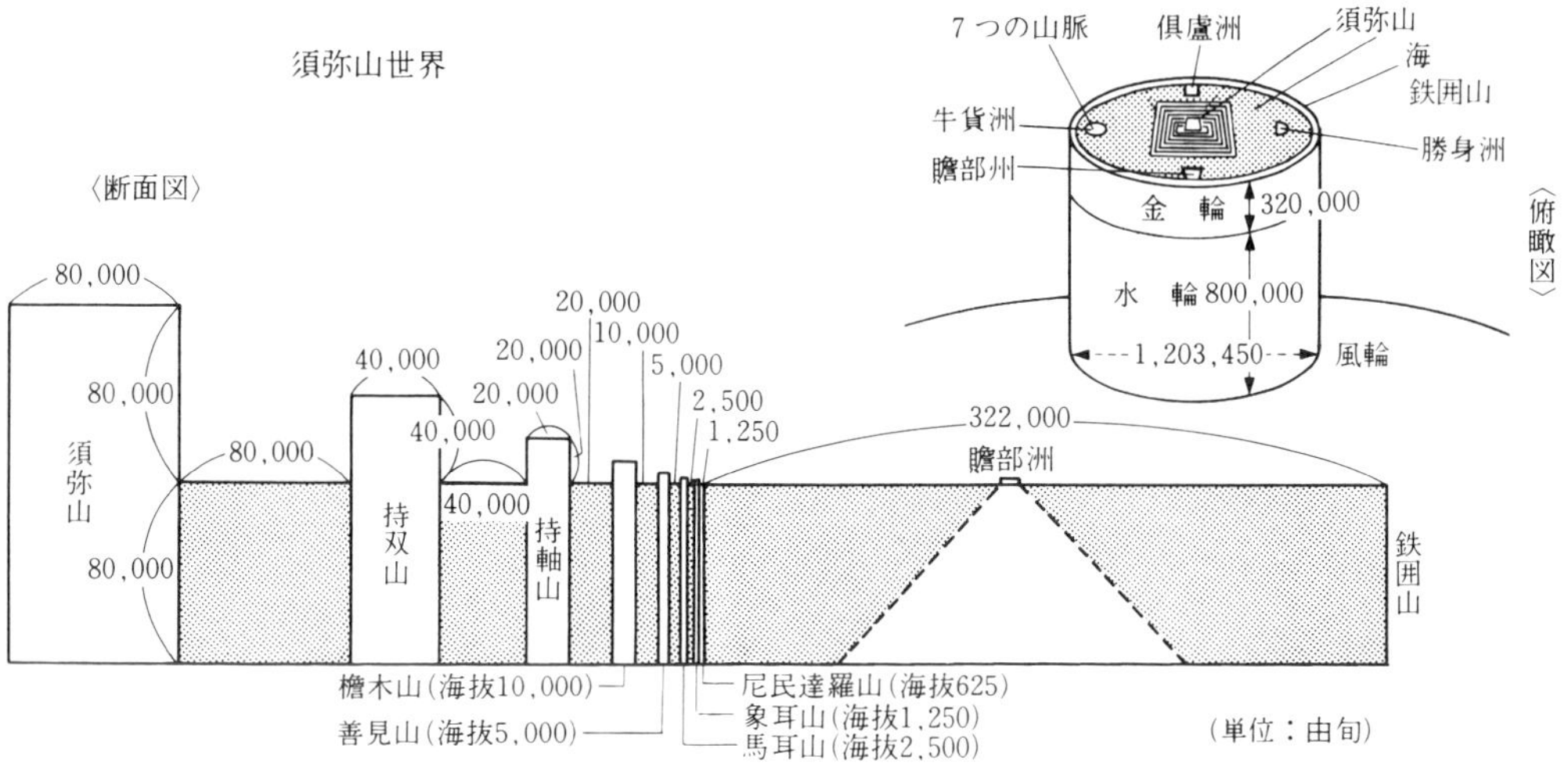

須弥山世界

る。東に半月形の東勝身洲(梵)プールヴァ・ヴィデーハ Pūrvavideha 弗婆提《ほつばだい》と音写)、南に三角形の南贍部洲《せんぶしゅう》(梵)ジャンブ・ドヴィーパ Jambu-dvīpa 閻浮提《えんぶだい》とも音写)、西に円形の西牛貨《ごげ》洲(梵)アパラ・ゴーダニーヤ Apara-gōdanīya 瞿陀尼《くだに》と音写)、北に正方形の北倶盧《くる》洲(梵)ウッタラ・クル Uttara-kuru 鬱単越《うったんおつ》とも音写)の四つで、須弥四洲・四大洲ともいう。このうち南の贍部洲が人間の住む国土である〈⇩贍部洲〉。地動説による西欧の天文学が中国や日本に伝わってからは須弥山説の批判が生じ、中国では明の游芸の「天経或問」などがつくられた。日本では蘭学の発達と共に地動説も普及し、五井蘭洲、山片蟠桃らの儒学者も須弥山説を荒唐無稽であると退け、多くの国学者は須弥山説の否定論を排仏論に利用した。これに対して須弥山説を擁護したものには、森尚謙(護法資治論)、文雄(非天経或問・九山八海解嘲論)、普寂(天文弁惑)、円通(仏国暦象編・梵暦策進・実験須弥界説)、環中(須弥界四時異同弁)、信暁(大寒気由旬便覧)、円熙(仏暦図説)、安慧(日本槌質問・護法新論)、霊祐(須弥界義・須弥界図説・実験須弥暦書)、蓮純(須弥界一覧)、佐田介石(鎚地球説略、須弥山一目鏡、須弥須知論・仏法創世記)などがある。なお須弥山説にもとづく地図には、鳳潭の万国掌菓図や存統の世界大相図、閻浮提図付日宮図、天竺輿地図などがある。〔参考〕長阿含経一八、立世阿毘曇論二、倶舎論二

**しゅみつ　宗密**　⇩しゅうみつ

**シュミット　Schmidt, Isack Jacob** (1779—1847) ドイツに生まれ、のちロシアに帰化した。東洋言語学者で、とくにチベット・モンゴルの研究で著名である。チベット関係では、Grammatik der tibetischen Sprache(チベット語文法 1839)、Tibetisch-deutsches Wörterbuch(蔵独辞典 1841)を著わしたほか、チベット文賢愚経にドイツ語訳を付して公刊(Dsanglun：Der Weise und der Thor 1843)し、またカンギュルの索引を作成した(Index des Kandjur, 1845)。一方モンゴル研究においては、Geschichte der Ostmongolen und ihres Fürstenhauses(東モンゴルとその王家の歴史 1829)、Grammatik der mongolischen Sprache(モンゴル語文法 1831)、Mongolisch-deutsch-russisches Wörterbuch(蒙独露辞典 1835)などの著作がある。

**しゅやーじん　主夜神**　(梵)ヴァーサンティー Vāsantī の訳。跋僧多とも音写し、春主、依止不畏とも訳す。詳しくは婆珊婆演底《ばさんばえんてい》主夜神という。夜を司る神で、夜闇を照らして人々の恐怖を除きこれを救護するという。華厳経入法界品で善財童子が訪ねた五三の善知識の中の一。〔参考〕唐訳華厳経六八、華厳探玄記一九

**しゅゆ　須臾**　短い時間を表わし、しばらくの間(暫時)、少しの間(少頃)の意。本

来は漢語であるが、㊵ムフールタ muhūrta(牟呼栗多《むこりた》)の訳にあて、また㊵クシャナ kṣaṇa(刹那《せつな》)の訳ともする。牟呼栗多は一昼夜の三〇分の一の時間で、今の四八分に相当する。

**しゅらい**　**習礼**　法会《ほうえ》に行う儀式作法を予習すること。習礼には会行事《えぎょうじ》(法要の事務を処理する職)が指揮して衆僧の役務に随って進退や列次を整え、あるいは差定《きじょう》に従って、梵唄《ぼんばい》を練習するなどのことを行う。

**シュラーヴァスティー**　**Śrāvastī**　⇩舎衛城《しゃえじょう》

**シュラーギントヴァイト**　**Schlagintweit, Emil**　(1835―1904)ドイツの東洋学者・仏教学者。バイエルンの参事官をつとめるかたわらインド・チベットの仏教を研究し、チベットを探検した兄たちの将来した資料を整理した。著書に Über das Beichtbuddhagebet(仏陀の懺悔祈願について1863)、Buddhismus in Tibet(チベット仏教1863)、Indian in Wort und Bild(インドの言語と形像1880―82)、Die Gottes Urteile der Inder(インドの神の判断1886)、Die Könige von Tibet(チベットの王たち1866)、Die Lebensbeschreibung von Padma Sambhava, dem Begründer des Lamaismus(ラマ教の創立者蓮華生の生涯1905)などがある。

**ジュリアン**　**Julien, Stanislas Aignan**　(1799―1873)フランスの中国学者。レミュザ J. P. A. Rémuzat の門下。レミュザのあとを継いでコレージュ・ド・フランスの二代目の中国学教授となった。孟子・道徳経をはじめ中国古典の仏訳を多く出したが、特に西域記の訳(Mémoires sur les contrées occidentales, 1857)および大慈恩寺三蔵法師伝の訳(Histoire de la vie de Hiouen Tshang et de ses voyages dans l'Inde, 1863)は有名である。また漢文中に音写されている梵語名の解読法を論じて Méthode pour déchiffrer et transcrire les noms sanscrits, qui se rencontrent dans les livres Chinois を著わした。

**シュリーヴィジャヤ**　**Śrīvijaya**　⇩室利仏逝《しつりぶっせい》

**シュリーグプタ**　**Śrīgupta**　(八世紀)インド後期中観派の論師。いわゆる瑜伽行中観派に属するとされる。タットヴァ・アルタ・アヴァターラ Tattvārthāvatāra の著作がある。思想的にはシャーンタラクシタ Śāntarakṣita(寂護)との間に類似性が見られるが、シャーンタラクシタとの前後関係については定説にいたってない。ジュニャーナガルバ Jñānagarbha の師とする史書もある。

**シュリーハルシャ**　**Śrīharṣa**　⇩戒日王《かいにちおう》

**しゅりはんどく**　**周利槃特**　㊵チューダパンタカ Cūḍapanthaka ㊺チューラパンタカ Cūḷapanthaka の音写。周利槃毒、朱利満台、周羅槃陀などとも音写し、小路、小路辺生と訳す。仏弟子。舎衛城のバラモンの出身で、兄を摩訶槃陀(マハーパンタカ Mahāpanthaka 大路と訳す)という。さきに出家して阿羅漢となった兄に導かれて比丘となった。性質は愚鈍であったが、仏から与えられた箒により、煩悩の塵を払うことを知り、忽念として阿羅漢を証した。十六羅漢の一人。〔参考〕有部毘奈耶三一

**しゅりやそま**　**須利耶蘇摩**　(四世紀頃)㊵スールヤソーマ Sūryasoma の音写。中央アジア莎車《しゃしゃ》国(ヤルカンド)の王子。また丘茲《きゅうじ》(クチャ Kucha 庫車、亀茲とも音写する)の王子で莎車をその名とするともいう。出家して大乗を奉じ、鳩摩羅什《くまらじゅう》に大乗を授けたという。三論宗・天台宗において相承の第一祖とされる。〔参考〕高僧伝二、吉蔵・百論序疏、法華伝記一

**しゅりょう**　**衆寮**　もと禅宗の寺院で僧堂以外にある衆僧の寮舎のこと。観音の像を中央に安置してある。この衆寮の第一座(首席)を寮首座とも寮元ともいい、この寮元を補佐する役を寮主《りょうす》または知寮という。

**しゅりょうごんいん**　**首楞厳院**　比叡山横川《よかわ》にある横川中堂の称。また中堂を中心とし四季講堂・恵心院などを含めた総称。中堂は嘉祥元年848円仁の創建と伝える。本尊は聖観音。良源の中興を経て元亀

の兵火ののち天正一二年1584亮信が再建し、慶長九年1604淀君が改修したが昭和一七年1942焼失し、戦後再建された。四季講堂はもと定心房と称し、良源の住房であった。村上天皇の勅願により、康保四年967以来、毎年四季に法華八講《ほっけはっこう》が行われたのでこの名があり、良源の影像を安置してあるところから俗に大師堂ともいう。恵心院は永観元年983藤原兼家の建立で、のち源信がここに住したことで有名。〔参考〕慈覚大師伝、山門堂舎記、叡岳要記、三塔諸寺縁起など

**しゅりょうごん-さんまい-きょう　首楞厳三昧経**　二巻。首楞厳経ともいう。後秦の鳩摩羅什《くまらじゅう》の訳。仏が堅慧菩薩の請によって菩提をすみやかに得るための法として首楞厳三昧(梵)シューランガマ・サマーディ Śūraṃgama-samādhi 勇伏定)を説き、あらゆる三昧はこの三昧よりおこるとする。西晋の支敏度は、支讖・支謙・竺法護・竺叔蘭の四訳を合わせて合首楞厳経八巻としたと称される。涅槃経四や大智度論四、一〇、二九、三四、四〇、七五の中にも引用され、西晋、東晋、南斉の頃多く註釈が作られたが、現存しない。大仏頂(首楞厳)経とは別のもの。㊅一五、国一経集部七　〔参考〕出三蔵記集二・七、開元録四

**しゅりん　珠琳**　(永享一一1439—永正八1511)浄土宗の僧。号は棟蓮社周誉。下総飯沼の弘経寺慶善に学び、長禄三年1459知恩院の第二二世となる。応仁の乱で堂宇を焼かれたので、祖像を近江の伊香立に移し、新知恩院を建てた。のち京都に帰り知恩院堂舎の再建につとめ、同山の中興とあがめられる。文亀三年1503知恩院末代制誡四条をさだめた。〔参考〕浄土伝灯総系譜中、華頂誌要、知恩院史

**じゅりん-じゅうよう-しょう　鷲林拾葉鈔**　二四巻。尊舜の著(永正九1512)。室町時代の代表的談義文学書の一。法華経の談義本(説教本)で、口伝・記録などを案配し、インド・中国・日本の因縁物語五〇〇種余り、和歌連歌二〇三首を引用している。十宗を認め浄土宗と禅宗との独立を述べているが、日蓮宗には全く触れていない。記述は詳細を極めている。室町時代末期の仏教事情や、寺院と社会の関係などを知るための重要な史料。日蔵一三(刊本)慶安三1650刊

**シュレーマン　Schulemann, Günther**　(1899—?)。ドイツ人。中国の資料によった近世チベット教会史 Die Geschichte des Dalailamas(ダライラマの歴史1911)を書いた。

**しゅわく　修惑**　⇩見惑《けんなく》

**しゅんい　俊意**　(慶長九1604—延宝二1674)浄土宗西山派の僧。京都の人。字は無壁。世に倍上上人という。南楚に師事し、三河山中の法蔵寺に住した。慶安四年1651山城粟生の光明寺(現京都府長岡京市)第三二世となり、同寺の復興につとめた。同寺の中興とあがめられる。〔参考〕浄土伝灯総系譜、光明寺沿革誌

**しゅんえ　俊恵**　(永久元1113—　)平安時代の歌僧。通称は大夫公。京都の人。源俊頼の子。出家の年代は不明であるが、早くから東大寺の住僧であったという。著書、歌苑鈔、歌撰合など(いずれも散逸)。

**しゅんえつ　舜悦**　(永正四1507—寛永三1626)曹洞宗の僧。武蔵の人。字は随翁《ずいおう》。出家して南禅寺、相国寺に参じ、のち遠江石雲寺で傑山《けつざん》道逸に謁し、また信濃の心源寺で玉田存麟に師事して印可を受けた。永禄九年1566北条氏照の帰依を得て武蔵の宗関寺を領した。仏国普照禅師の号を賜る。〔参考〕日本洞上聯灯録一〇

**じゅんえん　順縁〔逆縁〕**　縁の性質が果の性質と同じならば、この縁を順縁、反対ならば逆縁(違縁)という。一般には聞法《もんぼう》などの善事が縁となって仏の教法に入るのを順縁、謗法《ほうぼう》などの悪事が縁となって入るのを逆縁という。また、わが国では、老人が先に死んで子供などがそれを供養するのを順縁、その逆を逆縁ともいう。

**しゅんかん　俊寛**　(康治二1143—治承三1179とされるが、生没年不詳)平安末期の真言宗の僧。源雅俊の孫、法印寛雅の子。権少僧都にすすみ、法勝寺の執行をつとめた。後白河院の近臣として活躍、藤原成親・同成経・平康頼らと、鹿ケ谷の山荘で、平家討伐の密議をこらしたが露見し、治承元年薩摩国鬼界ケ島に流され、同島で没した。

その悲劇的な配流生活は、のち能や歌舞伎の題材となった。〔参考〕平家物語四―六、愚管抄五、塩尻六四

**じゅんかん　順観〔逆観〕**　十二縁起や四諦《したい》や仏の三十二相などを順次に観じるのを順観、逆次に観じるのを逆観という。仏陀は十二縁起を順逆に観じてさとりを開いたと伝えられるが、大毘婆沙論などの解釈では、その順観とは無明から老死へ、即ち因から果に向かう順序で観じること、逆観とは老死から無明へ、即ち果から因に向かう順序で逆に観じることであるとする。しかし上座部の伝えるパーリ語の律の大品《だいほん》によれば、迷いの生起を観じる流転門《るてんもん》が順観で、悟りの現成を観じる還滅門《げんめつもん》が逆観のようであり、現今ではこの説が行われている。また仏の三十二相を頭から足へと観じるのを順観、足から頭へと観じるのを逆観という。真言宗では阿字本不生《ほんぷしょう》から諸法無因へと観じるのを順観旋転、諸法無因から本不生へと観じるのを逆観旋転とする。

**じゅんきょう　巡教**　地方教化のために巡ること。巡錫《じゅんしゃく》に同じ。錫杖《しゃくじょう》は比丘《びく》が外出の際には必ず携えて歩かねばならないもので、これを持って遊化するから、転じて一般に僧侶が巡回し教えを弘めてあるくことを巡錫という。

**じゅんきょう　順境**　⇩違境《いきょう》

**じゅんぎょう　順暁**　生没年不詳。唐代の真言僧。出家ののち新羅の義林に真言秘密の法を学ぶ。泰岳霊巌寺、越州竜興寺に住し、鎮国道場大徳阿闍梨といわれた。貞元二一年805最澄と義真は竜興寺で順暁より秘密灌頂をうけ密軌道具類を付属された。〔参考〕叡山大師伝、顕戒論縁起、内証仏法血脈譜

**しゅんくう　舜空**　①（　―天文二〇1551）浄土宗西山派一六世。号は秀旭《しゅうきょく》。融舜《ゆうしゅん》の弟子で、上野吾妻の善導寺より光明寺へ晋山した。禅林寺主宏善《こうぜん》の発願によって曼陀羅註記を講議した。〔参考〕光明寺沿革誌　②⇩良恵《りょうえ》③

**じゅんくう　順空**　（天福元1233―延慶元1308）臨済宗の僧。蔵山と号する。諡号は円鑑禅師。肥前万寿寺の神子栄尊について出家し、京都東福寺の円爾弁円《べんねん》、鎌倉建長寺の蘭渓道隆《どうりゅう》に参じた。弘長二年1262入宋して径山《きんざん》の偃渓聞《えんけいもん》ら数師に歴参してのち、石林鞏《せきりんきょう》に師事した。帰洛して東福寺の記室を掌る。のち肥後高城寺を開き、筑前承天寺に移り、正安二年1300東福寺第六世となる。〔参考〕元亨釈書八、扶桑五山記五、本朝高僧伝二二

**しゅんけい　春慶**　（　―明応八1499）仏師。舜覚坊と号し、奈良の椿井仏所に属した。寛正四年1463法橋になり、のち法眼にすすむ。元興寺金堂、多武峯講堂、長谷寺などの造像に従事した。遺作に法隆寺宝珠院の木造文殊騎獅像（重文）がある。〔参考〕大乗院寺社雑事記

**じゅんげい　順芸**　（天明五1785―弘化四1847）真宗大谷派の僧。志道または丹山と号した。諡は真珠院。越前丹生郡糸生《いとお》の浄勝寺の住持。高麗版の大蔵経が他版よりすぐれていることを知って黄檗版との対校を志し、文政五年1822上京して建仁寺の通銓に懇請し、同九年漸く閲覧を許されて、子の順尊・賢護と共に校合に着手し、天保七年1836業を終えた。また坂東本教行信証（親鸞真筆）ほか貴重な宗典を影写した（共に大谷大学蔵）。著書、二願希決など。〔参考〕越前人物志

**しゅんさい　俊才**　（正元元1259―文和二1353）東大寺戒壇院の律僧。号は十達《じったつ》。新禅院の聖然について華厳を学び、また真言律をも修めた。のち西国巡礼より帰り東大寺戒壇院を領し、更に鎌倉の称名寺にも住した。著書、五教章要文集三一巻。〔参考〕本朝高僧伝一七

**じゅんさい　遵西**　（　―建永二1207）浄土宗の僧。源空（法然）の弟子。安楽房と号す。外記中原師秀の子。念仏声明に長じ鎌倉にも布教するなど活発な活動を行った。建永元年（元久三）興福寺が専修念仏弾圧を要請した際、偏執として非難された。同年末、後鳥羽上皇の熊野詣の留守に説法を聞いた上皇の女房が出家したことから上皇の怒りをかい、翌年二月住蓮と共に処刑され、法然・親鸞らが流罪となった。法然が選択集を著わした時、執筆役を担当したが誇ると

ころがあったので感西と交代させられたという。〈⇩住蓮《じゅうれん》〉〔参考〕大日本史料四ノ八・九、法然上人行状絵図一一・一二

**しゅんさく　俊毊**　（　―慶長元1596）曹洞宗の僧。備中の人。字は瑞翁。備中の洞松寺で出家し、各地をめぐって天嶺呑補に参じ、江戸青松寺の久室玄長の法を嗣いで同寺に住した。竜昌・長泉の二寺を開く。〔参考〕日本洞上聯灯録一〇

**じゅんじ-おうじょう-こうしき　順次往生講式**　真源の著（永久二1114奥書）。漢文体の講式で、九段からなり、観経の一六想観を修することにしてあるが、段ごとに舞楽や催馬楽の曲に合わせて歌うため、欣求浄土の意をもった歌を記している。歌謡史料としても重視される。日本歌謡集成四〔写本〕知恩院蔵（文治二1186信玄写）〔刊本〕万延元1860刊

**じゅんしき　遵式**　（乾徳二964―天聖一〇1032）北宋代の天台僧。姓は葉氏。字は知白。禅慧法師、慈雲懺主、天竺懺主、法宝大師などと称される。台州（浙江省寧海県）の人。守初について律を修め、さらに義通に師事し、同門の知礼と深く交わる。師の没後師席を継いで法華・維摩・涅槃・金光明経を講義した。のち浄土の業を修め、咸平五年1002天台山で念仏三昧を修し、杭州天竺寺で天台と浄土教を弘めた。天聖二年奏請して天台の教文の入蔵を許された。著書、大乗止観釈要四巻、往生浄土懺願儀一巻、往生浄土決疑行願二門一巻、教蔵随函目録、天竺別集三巻、金園集三巻など。〔参考〕四明教行録、仏祖統紀一〇、鐔津文集一二

**じゅんしゅ　順修**　迷いをすてて真理にしたがうように修行することをいう。なお、迷いの趣くままに任せて真理に遠ざかってゆくことを逆修という。⇩逆修《ぎゃくしゅ》

**じゅんしゅう　准秀**　（慶長一二1607―万治二1660）真宗興正派本山興正寺一九世。一八世准尊の第四了。諱は昭超、寂静院と諡する。元和八年1622継職。承応元年1652西吟・月感の宗学上の争論に介入して西本願寺と対立し、翌年一二月居を大坂天満に移した。その後、江戸幕府から越後高田へ逼塞を命じられ、万治元年赦免された。〔参考〕真宗宗脈史、本願寺通紀六

**しゅんしょう　俊晴**　生没年不詳。鎌倉初期の高野山の僧。号は顕揚房。融源に師事して密教を究め、高野山の大伝法院の学頭となり、蓮華院を開いた。その門流を蓮華院流という。〔参考〕結網集中、本朝高僧伝一五

**しゅんじょう　俊芿**　（仁安元1166―嘉禄三1227）泉涌寺の開山。我禅房、不可棄と号する。大興正法国師、大円覚心照国師、月輪大師と勅諡された。肥後の人。幼少から仏書に親しみ、一八歳で真俊について得度し、翌年太宰府の観世音寺で受戒した。のち京都・奈良に赴き、蓮迎らについて戒律を学び、帰郷して正法寺を開いた。建久一〇年1199安秀・長賀を伴って宋に渡り、蒙庵元聡から禅を、如庵了宏から律を、北峰宗印から大台を学び、建暦元年1211律・天台・華厳などの書籍二千余巻を携えて帰国した。栄西に迎えられて建仁寺に寓し、ついで崇福寺に移り、建保六年1218弟子の道賢（宇都宮信房）同五年俊芿から戒を受けた）から仙遊寺（のち泉涌寺と改称し、貞応三年1224御願寺となる）を施与されて住した。嘉禄二年同寺の重閣講堂が落成したので、宋の儀則にもとづいて安居を結び、台律二門を講じた。俊芿は北京律の初祖と仰がれ、後鳥羽・順徳・後高倉の三上皇をはじめ、のちの関白九条道家・左大臣藤原公継・執権北条泰時などに戒を授けている。著書、三千義備検二巻、仏法宗旨論、念仏三昧方法、坐禅事儀各一巻など。〔参考〕大日本史料五ノ三、泉涌寺不可棄法師伝、本朝高僧伝五八

**しゅんじょう　舜昌**　（建長七1255―建武二1335）浄土宗の僧。近江志賀郡の人。比叡山の隆真について出家し、法印に任じられて功徳院に住した。後伏見上皇の勅によって法然上人行状絵図四八巻（勅修御伝）の詞書を草したが、比叡山の徒から他宗の祖師の伝記を書いたと非難されたので、述懐鈔一巻を著わして弁明した。のち如一国師のあとをうけて知恩院第九世となる。〔参考〕浄土本朝高僧伝四、浄土列祖伝二、勅修吉水円光大師御伝縁起

**じゅんしょうり-ろん　順正理論**　八〇巻。詳しくは阿毘達磨《あびだつま》順正理論といい、

略して正理論という。衆賢《しゅげん》(サンガバドラ Saṃghabhadra)の造(四世紀頃)。唐の玄奘の訳(永徽四653—五)。世親(ヴァスバンドゥ Vasubandhu)の倶舎《くしゃ》論の本頌をほとんどそのまま用いて、それに説一切有部の正統派の立場から批判を加えたもの。しばしば痛烈に世親の説に反論しているので、この論を時に倶舎雹論《ばくろん》ともいう。有部の正統派といっても、この論の思想的立場は発智《ほっち》論・大毘婆沙《だいびばしゃ》論のそれとは多少異なっていると見られ、その点で新薩婆多と呼ばれることもある。漢訳のみが現存するが、ヤショーミトラ Yaśomitra(称友《しょうう》)およびスティラマティ Sthiramati(安慧《あんね》)の倶舎論註にしばしば引用されている。(大)二九、(国)毘曇部二七—三〇

**じゅんしん　順信**　(　—建長二1250)親鸞の弟子。いわゆる鹿島門徒の祖。鹿島大宮司片岡尾張守信親の子と伝える。二十四輩の第三、常陸国鳥栖《とりのす》の無量寿寺をその遺跡とする。〔参考〕本願寺通紀七、大谷遺跡録三、二十四輩次第記録

**じゅんだ　純陀**　(梵)(巴)チュンダ Cunda の音写。淳陀、准陀、周那などとも音写する。詳しくは(梵)チュンダ・カルマーラプトラ Cunda Karmāraputra (巴)チュンダ・カンマーラプッタ Cunda Kammāraputta という。仏陀に最後の食を供養した人。鍛冶工の子。中インド波婆城(パーヴァー Pāvā)の人。拘尸那《くしな》城(クシナーラ Kusinārā)の人とする説もある。波婆城において仏の説法を聞き、歓喜して仏に食を供養した(純陀の施食)が、仏は珍味とする梅檀樹耳(あるいは豚肉ともいう)で中毒し、それが原因で拘尸那城で涅槃したという。〔参考〕長阿含三・遊行経、南本涅槃経二純陀品

**じゅんだい-さんまい-ぎょうほう　准提三昧行法**　一巻。明の受登の著。成立年不詳。禅宗で修する准胝観音の念誦法を示したもの。観修を述べるなど五段からなる。華厳と真言とを融合した顕密一致の立場に立つ。(続)二乙・二・一

**しゅんちょう　春朝**　生没年不詳。平安時代の法華持経者。京都の人。囚人に仏縁を結ばせるために、ことさら盗みをしてしばしば牢獄に入り、法華経を読んで聞かせた。〔参考〕本朝法華験記、元亨釈書一二、本朝高僧伝六六

**しゅんとう　春登**　(明和六1769—天保七1836)時宗の僧。国学を学び、特に万葉集を深く研究し、音韻に詳しかった。武蔵国多摩村延命寺の住職であったが、総本山清浄光寺で宗務のかたわら国学を講じ、また甲斐の西念寺、京都の聞名寺に住した。著書、万葉集用字格一巻、万葉集名物考三巻、五十音摘要一巻、仮字音便撮要一巻など。〔参考〕清浄光寺記録

**じゅんどう　順道**　生没年不詳。四世紀に朝鮮へ仏教を伝えた最初の中国僧。東晋の咸安二年372前秦王苻堅の命で長安を出発して高句麗の平壌へ行き、小獣林王に仏像経論を献じ、肖門寺を創建して住した。〔参考〕三国史記一八、三国遺事三

**しゅんとく　舜徳**　(永享一〇1438—永正一三1516)曹洞宗の僧。伊勢の人。字は雲岡。美濃の月江に侍し、その没後、武蔵大泉の泰叟《たいそう》に参じて印可を得た。畿内・東海を歴遊して伊勢に清涼院を創建し、のち武蔵川越に庵居した。文明八年1476太田持資(道灌)に招かれて万年山青松寺(現東京都港区)の開山となり、ついで竜穏寺・最乗寺に住した。円福・静勝・青原・長福の諸寺の開山でもある。〔参考〕日本洞上聯灯録八

**じゅんにょ　准如**　(天正五1577—寛永七1630)浄土真宗本願寺派本願寺一二世。本願寺一一世顕如の三男。諱は光昭。理光院と号した。幼くして越前本行寺の嗣となる。天正一九年得度し、文禄二年1593豊臣秀吉の意志により兄の教如光寿に代って本願寺一二世を継いだ(慶長七年1602教如は徳川家康の援助をうけて七条烏丸に寺を別立し、ここに東西本願寺が分かれた)。慶長二年大坂の津村別院を現地に、同八年大谷本廟を現在地の東山五条坂に移した。同一三年大僧正に任じられる。元和三年1617本願寺は焼失したが翌年再建し、同七年には江戸の浜町に別院(のちの築地別院)を創建した。〈⇩本願寺《ほんがんじ》〉〔参考〕大谷本願寺通紀三

**じゅんにょ　順如**　(嘉吉二1442—文明一五1483)真宗の僧。諱は光助。願成就院と

号する。蓮如の長子。一七歳で定法寺実助の弟子となる。父蓮如が越前吉崎へ下ったのちの祖影をまもり、かねて蓮如のひらいた河内出口の光善寺（現大阪府枚方市）に住持した。病弱と夭逝のため本願寺の世代につくことが出来なかった。〔参考〕本願寺通紀五

**しゅんぱ　俊把**　（慶長二1597―明暦三1657）浄土宗の僧。山城国愛宕郡の人。堯鑑とも称し、仙誉と号した。一四歳で嵯峨清涼寺の堯然について出家し、大和長谷寺の覚忍から法相を、京都禅林寺の杲空《ごうくう》から西山義を学び、ついで下総大岩寺の潮竜から鎮西義を受けて、宗戒両脈を伝えた。寛永三年1626帰洛して知恩院に寓居した。天皇に円戒を授け、皇太后に融通念仏の法を伝えるなどの功により、上人号を賜る。清涼寺をはじめ、多くの寺院を修覆した。〔参考〕続日本高僧伝一一

**しゅんぱん　俊範**　生没年不詳。鎌倉時代の天台宗の僧。はじめ南都で法相宗を学び、のち父範源に師事して天台宗をきわめた。承久三年1221探題に補せられ嘉禄の法難では専修念仏弾圧を主張した。後嵯峨上皇に止観を授け、正元二年1260の院御所落書では代表的学生として名前があがる。慈円から譲られた近江坂本の大和庄に住し大和庄法印と呼ばれた。日蓮の師との説もある。著書、一帖抄、肝心抄、智々宝蔵重門略決。〔参考〕本朝高僧伝一四、天台座主記

**しゅんほう　俊鳳**　（　―天明七1787）浄土宗西山派の僧。詩文・和歌をよくし、仏教諸宗を学びとくに禅と戒に深かった。著書、西山復古篇一巻、大乗戒儀二巻、西方逕路一巻、選択順正記四巻、菩薩行事略記など。

**じゅんゆ　純瑜**　（永正一六1519―天正一〇1582）真言宗の僧。字は朝純。鏡算とも称した。陸奥馬目郷の人。一八歳で同国の薬王寺（現福島県いわき市）宥慧《ゆうえ》について出家し、のち根来《ねごろ》の快伝に慈猛流《じみょうりゅう》を、高野の良識に三宝院流を、醍醐の源雅に秘鈔を学んだ。法兄の宥堅《ゆうけん》の後をうけて薬王寺の第八世を継ぎ、天正八年権僧正に任じられた。著書、伝法灌頂鈔二五巻、薄草訣一六巻など。〔参考〕諸宗章疏録下

**しゅんゆう　舜融**　（慶長一八1613―寛文一二1672）曹洞宗の僧。薩摩の人。字は懶禅《らんぜん》。八歳で出家し、のち東遊して美濃水晶山の万安英種に参じ、瑞巌寺を領したが、のちに師に随って山城興聖寺（現京都府宇治市）で教化を助け、師の没後その席を継いだ。〔参考〕日本洞上聯灯録一一、続日本高僧伝六

**じゅんゆう　淳祐**　（寛平二890―天暦七953）真言宗の僧。京都の人。菅原道真の孫。世に石山内供《いしやまないぐ》、普賢院内供と呼ぶ。延喜三年903般若寺の観賢について得度。延長三年925観賢から両部灌頂を受け、秘冊五帖を付嘱された。醍醐寺の座主に推挙されたが、多病であったので同門の一定《いちじょう》に職を譲って石山寺の普賢院に隠棲し、もっぱら密観を修し、著作につとめた。著書、胎蔵界集記、胎蔵界次第、胎蔵七集、金剛界次第、金剛界七集、悉曇集記、字輪観集など五十数部がある。〔参考〕続伝灯広録三、石山寺座主伝記、本朝高僧伝八

**じゅんる　順流〔逆流〕**　流とは三界や六道における生死《しょうじ》の流れをいい、衆生が惑《わく》を起こし業《ごう》を造り、生死の流れに順って涅槃《ねはん》の道に背くことを順流と呼び、これを流転《るてん》の因果と名づける。これに反し、三界の惑を断ち生死の流れに逆らって涅槃に趣くことを逆流と呼び、これを還滅《げんめつ》の因果と名づける。なお、摩訶止観巻四上は、順流の十心によって明らかに過失を知り、逆流の十心によって過失を対治することを説く。即ち順流の十心とは(1)自己の内心が無明《むみょう》によってくらまされている。(2)悪友に惑わされて正しいことが行えない。(3)他人の善行に対して随喜しない。(4)身口意《しんくい》の三業《さんごう》をほしいままにして罪を造る。(5)悪心がいたるところに拡がる。(6)悪心が絶え間なく続く。(7)過失を覆いかくす。(8)悪道に趣くことを畏れない。(9)慚愧の心がない。(10)因果の道理を否定する、をいい、逆流の十心とは(1)因果の道理を深く信じる。(2)重い慚愧の心を起こす。(3)悪道にさまようことを大いに畏れる。(4)罪をかくさずに懺悔《さんげ》する。(5)悪心が続いて起こらないように断つ。(6)菩提心《ぼだいしん》を起こす。(7)悪を断ち善を修める。(8)正法を守護する。(9)十

方の仏を念じる。⑽罪業は妄念から起こったものであり、衆生の心の本性は空《くう》であると観じる、をいう。

**じゅんれい　巡礼**　仏寺などの霊跡をめぐって詣でること。順礼とも書き、巡拝、巡歴、遍路、廻国、寺巡《てらめぐり》などともいう。インドでは八大霊塔などの仏跡を巡拝し、中国では五台山などの三霊山その他を巡拝することが行われたという。日本では、近畿地方の観音霊場(西国三十三カ所)を巡る西国巡礼、四国地方の弘法大師遺跡(四国八十八カ所)を巡る四国遍路、阿弥陀仏の四十八願にちなんで選ばれた四八カ寺を廻る四十八願所巡《めぐり》、諸国の有名な社寺を巡る千社参《せんじゃまいり》、六六カ国の霊場を巡って法華経を納める六十六部(六部)など種々の巡礼が行われ、その他南都七大寺、叡山の三塔、高野山の各霊場、二十五霊場(法然の霊跡)、二十四輩《にじゅうよはい》(親鸞の門弟の遺跡)などと、それぞれの信仰から多くの霊場が選ばれた。巡礼の際に、書写した経巻または些少の米銭を奉納するのを納経《のうきょう》といい、紙片に氏名や年月日などを書いた巡礼札を貼るのを納札という。また納札には印刷した千社札を用いることが多い。⇩観音霊場《かんのんれいじょう》　⇩四国八十八カ所霊場《しこくはちじゅうはっかしょれいじょう》

**しょ　疏**　すじ道をつけて説きあかす意。①経や論の註釈書をいう。文義疏、義疏ともいう。疏の文をさらに註解したのを鈔といい、また記は疏・鈔と同じ意に用いる〈⇩章疏《しょうしょ》〉。②仏前などで願の趣意などをのべるものを疏または宣疏という。

**しょいん　書院**　書を学習する院の意で、寺院における僧侶の学問所をいう。中国に始まり、日本には禅宗の伝来と共にその建築様式が伝えられた。その構造は梁間を長くし、明障子《あかりしょうじ》、蔀《しとみ》、格子《こうし》を用い、敷居鴨居をつけて遣戸《やりど》とし、内部には書院床、または書院窓を備える。室町期以後武士の邸宅の建築にも利用され、書院《しょいん》造《づくり》という様式が完成した。

**じょいん　助音**　①誦経の際に、導師の調声《ちょうしょう》(衆より前に経や偈の初句を唱えること)に和して同音に誦すること。②真宗大谷派には助音と称する寺格がある(本山で助音を許される者という意)。

**しよう　支曜**　生没年不詳。後漢代の訳経家。西域の人。中平二年185洛陽で成具光明定意経を訳した。訳経の部数については異説があるが、開元録には一〇部一一巻とする。小乗系の経典五部が現存する。〔参考〕出三蔵記集二・一三(支讖伝)、高僧伝一(支婁迦讖伝)、歴代三宝録四、開元録一

**しょう　生**　㊵ジャーティ jāti の訳。生起の意。①十二縁起の第十一支。生支。倶舎宗《くしゃしゅう》では未来世に生存をうける刹那《せつな》をいい、唯識宗では広い意味にとって中有《ちゅうう》から本有《ほんぬ》に至り、まだ老衰しない間をいう。②四相の一。生相。有為法《ういほう》が未来からまさに現在に生じようとするとき、これを生じさせる力がはたらくが、この力を実体的に理解して生相という。③四有《しう》の一。生有《しょうう》。この世に生を受けた刹那《せつな》の生存。生を受けることを結生、受生といい、胎生《たいしょう》のものならば託胎、託生ともいう。④八計《はっけ》(八不《はっぷ》の逆)の一。滅に対する。⑤生存、生涯などの意。いくたびも生まれかわり死にかわって数多くの生を経めぐることを多生といい、現在の生存を今生、過去・未来の生存を他生という。⑥受生の相異によって衆生を種々に分類する。九類生《くるいしょう》とは、卵・胎・湿・化の四生に有色《うしき》・無色・有想・無想・非有想非無想の五を加えたもの、さらに上の九から非有想非無想を除いた八に、非有色・非無色・非有想・非無想の四を加えて十二類生という。

**しょう　声**　㊵シャブダ śabda の訳。摂拕と音写する。呼び召すはたらきのあるもの。音響。耳根《にこん》が聞き、耳識が了別(認識)する対象で、目には見えないが対礙(互いにさえ合う性質)のある物質、即ち無見有対《むけんうたい》の色法《しきほう》である。六境(六塵)、十二処(十二入)、十八界の一に数えて、声境、声塵、声処、声入、声界という。大毘婆沙論巻一三、倶舎論巻一には、声を分類するのに、まず声を発する因となる物体(大種)が感覚をもっているか否かにより、有執受《うしゅうじゅ》大種因の声(人の言語や拍手の音など)と無執受大種因の声(化人《けにん》の言語や木や石などが発する音など)とを分け、次にその

各々について、意味をもち、意志をあらわすか否かにより、有情名《うじょうみょう》の声と非有情名の声とをわけ、さらにそれらの各々について、与える感じの快・不快から可意声と不可意声とをわけて、全部で八種とする。鼓を撃ち貝を吹いて発する声のように有執受・無執受の両大種を因とする声があると説く者もあるが、倶舎論ではこれを認めていない。雑集論巻一には、可意声・不可意声・倶相違声《くそういしょう》(快・不快のいずれでもない声で処中の声ともいう)・因受大種声(有執受大種因の声)・因不受大種声・因倶大種声《いんくだいしゅしょう》・世所共成声《せしょぐうじょうしょう》(世俗のことば)・成所引声《じょうしょいんしょう》(聖者の説くことば)・遍計所執声《へんげしょしゅうしょう》(仏教以外の外道の説くことば)・聖言所摂声《しょうごんしょしょうしょう》(見聞覚知の四において見を見、不見を不見と説くように実にかなったことば)・非聖言所摂声の十一声を挙げる。密教では諸種の声を人格化して金剛歌菩薩とし、六四種の音声をもつとする。

**しょう　性**　不変の義で、本来具えている性質、ものの実体(自性《じしょう》)、相状に対してそれ自体、衆生《しゅじょう》の生まれつき、素性《すじょう》、素質(種性《しゅじょう》)など、外界の影響によって改変されない本質をいう。

**しょう　牀**　床《しょう》とも書く。比丘《びく》が坐臥する時に用いる台座。これに二種ある。(1)縄牀《じょうしょう》。坐牀、坐禅床ともいう。縄製の折りたたみ式の牀で、大乗の比丘が常に携行すべき道具である十八物《じゅうはちもつ》の一。(2)臥床。木牀ともいう。板製の牀で多く家の中で用いる。

**しょう　証**　正法に従って修習し、如実に真理を休得して悟りに入ること。その悟りは智慧によって証された結果であるから証果という。また次第次第に修行の段階を履んで証を得ることを分証という。

**しょう　障**　障礙、覆蔽の意。涅槃《ねはん》のさとりをうることを障害する煩悩《ぼんのう》のこと。①二障。(イ)倶舎宗《くしゃしゅう》では慧を障えて慧解脱を得させないのが煩悩障で、定を障えて倶解脱《くげだつ》を得させないのが解脱障(定障《じょうしょう》)であるとする。前者は染汚無知《ぜんまむち》で、後者は不染汚無知である。(ロ)煩悩障と所知障〈⇩煩悩障《ぼんのうしょう》〉〔所知障〕〉②三障、三重障。〈⇩三障《さんしょう》〉③四障。闡提障《せんだいしょう》(善根を断って成仏できない者、即ち一闡提が仏法を信じないこと)・外道障(仏教以外の道を信じる外道《げどう》が我見に執著すること)・声聞障(声聞《しょうもん》が世間の苦を畏れること)・縁覚障(縁覚《えんかく》が大慈悲心を捨てて利他を行わないこと)の四で、仏性論巻二の説。また惑障(煩悩)・業障《ごっしょう》(悪業)・報障(果報)・見障(邪見)の四をいうこともある。

**しょう　鐘**　時を知らせるために打つもの。「かね」。インドでは、木製の揵稚《けんち》を用いたが、中国ではその代りに銅鐘を用いるようになった。鐘には梵鐘《ぼんしょう》と喚鐘《かんしょう》とがある。梵鐘は、大鐘、釣鐘、撞鐘、洪鐘、鯨鐘ともいい、通常高さ一・五メートル程度、幅六〇センチ前後であり、鐘楼《しゅろう、しょうろう》・(鐘堂、鐘台、鐘撞堂《かねつきどう》などともいい七堂の一)に釣り、大衆を召集するときなどに用いる。梵鐘は、上部に竜の頭をかたどった釣り手(竜頭《りゅうず》)をつけ、下部には相対して蓮華状の二個の撞座《つきざ》(撞くところ、八葉ともいう)があって、これを結ぶ帯と、それに直角の帯があってこれを袈裟襷《けさだすき》(六道)という。また上部に小突起がならんでいるのを乳の町(乳廓)、撞座から下を草の町(草の間)、下縁を駒の爪と称する。なお、梵鐘の音を鯨音ということがある。喚鐘は半鐘、小鐘ともいい、通常高さ六〇センチから八〇センチ内外で、仏堂内の一部に吊り、法会《ほうえ》などの行事の開始などをしらせるから行事鐘ともいう。禅宗では、初夜の坐禅を知らせる合図を定鐘《じんじゅ》、僧堂に入るのを知らせるのを入堂鐘という。

**じょう　定**〔散〕　①心を一の対象に専注して散乱させない精神作用、及びその状態を定といい、これに反して心が散り乱れて動く状態を散といい、定散《じょうさん》と併称する。定はもと三摩地《さんまじ》(梵)サマーディ samādhi 三昧《さんまい》の訳語で、倶舎宗《くしゃしゅう》や唯識宗では心所《しんじょ》(心のはたらき)の　に数え、倶舎宗では十大地法の一、唯識宗では五別境の一とする。また一般に心を散乱させないようにする修行、及びそれによってもたらされた特殊な精神状態をも総称して定という。定、即ち三昧は戒・慧と共に三学の一に数えて仏教の実践道の大綱であり、また八聖道の一に正定を、五根・五力の一に定根・定力を挙げている。しかし六波羅蜜《ろっぱらみつ》(六度)の一に数える定波羅蜜の定は、禅(梵)ディヤーナ dhyāna 禅那、静慮《じょうりょ》)である。②禅(静慮)、三昧などの語の含む範囲と定のそれとの広狭に関しては種々の異説があり、広く禅定ともいわれるが、唯識了義灯巻五本には定の異名として七を数えている。即ち、⑴三摩呬多《さんまきた》(梵)サマーヒタ samāhita)。等引と訳す。この訳語の意味は、等とは心が浮き(掉挙《じょうこ》)沈み(惛沈《こんじん》)するのを離れて平衡を保ち、身心が安らかである状態をいい、引とは定力がこれを引き起こすことをあらわす。この等引は有心・無心の二定に通じるが散位には通じない。⑵三摩地《さんまじ》(梵)サマーディ samādhi)。三昧とも音写し、等持と訳す。心を平等に摂持する意。定・散に通じるが、有心位のみで無心には通じない。定の体とされる。⑶三摩鉢底《さんまはってい》(梵)サマーパッティ samāpatti)。等至と訳し、身心の平等に至る意。有心・無心の二定に通じるが散化には通じない。定の自相とされる。⑷禅那《ぜんな》(梵)ディヤーナ dhyāna)。静慮と訳し音略して禅ともいう。念慮(はからい)を静める意。有心・無心、有漏《うろ》・無漏に通じるが、色界《しきかい》の定にかぎる。無色定には通じない。⑸質多翳迦阿羯羅多(梵)チッタイカーグラターcittaikāgratā)。心一境性と訳し、心を一つの対象に向けて集中する意。定の自性《じしょう》とされる。⑹奢摩他(梵)シャマタ śamatha)。止、正受と訳し、邪乱を離れ想念を止めて心の寂静な意。有心の浄定にかぎる。⑺現法楽住(梵)ドリシュタ・ダルマ・スカ・ヴィハーラ dṛṣṭa-dharma-sukha-vihāra)。現在世において定の楽しみの中におちつく意。色界の四根本定にかぎる。③定には、色界・無色界(ともに定地といわれる)に生まれるだけで自然に先天的に得られる生得定《しょうとくじょう》と、欲界(散地)において定を得るために修行して、その努力によって後天的に得られる修得定《しゅとくじょう》とがある。色界定の場合は、この二をそれぞれ生静慮・定静慮といい、無色定の場合は生無色・定無色という。また定の内容や修行の階程によって種々の定があるが、倶舎宗などでは大別して有心定と無心定との二定をわける。有心定には四静慮(四禅、四色界定)と四無色定との八定(八等至)がある。即ち、初静慮・第二静慮・第三静慮・第四静慮と空無辺処定・識無辺処定・無所有処定《むしょうしょじょう》・非想非非想処定(非有想《ひうそう》非無想処定)とである。これらの定には、まさしくそれぞれの定に入り終った段階と、定に近づきつつある準備的入門の前段階とがあり、前者を根本定《こんぽんじょう》(根本等至)、後者を近分定《ごんぶんじょう》という。ただし、初静慮の前段階のみは近分定といわず、未至定《みしじょう》と名づけ、また初静慮と第二静慮の近分定との中間の段階に中間定《ちゅうげんじょう》(中間静慮)があって、これを修めれば大梵天に生まれるとされる。また第四静慮の中にも下下品から上上品までの九品があるが、その究極である上上品は色界の定の最高であるから辺際定《へんざいじょう》と名づける。以上の未至・中間・七近分・八根本の諸定を尋(尋求推度《じんぐすいたく》する粗雑な精神作用)と伺(伺察思惟する深細な精神作用)との有無によってわければ、未至定と初静慮とは有尋有伺三摩地《うじんうしさんまじ》(有覚有観定)、中間定は無尋唯伺三摩地(無覚有観定)、第二静慮の近分以上は無尋無伺三摩地(無覚無観定)となり、これを三定とも、三三摩地とも三三昧ともいう。また定の性質によって味定・浄定・無漏定の三定(三等至)をわける。味定(味等至)とは貪愛と相応して起こり、前念(前刹那《ぜんせつな》)の浄定に愛楽味著する定で八根本定と中間定とにある。浄定(浄等至)とは有漏の善心と相応して起こる定で、順退分(自地の煩悩《ぼんのう》に順じ、味定を起こす)・順住分(自地の浄定に順じる)・順勝進分(上地の浄定に順じる)・順決択分(無漏智に順じ、無漏定を起こす)の四種にわかれ、未至定・中間定・七近分定・八根本定のすべてにある。無漏定(無漏等至)は聖者がそれを所依として無漏智をうる定で、未至定・中間定・四根本定(静慮)・下三無色定(有頂を除く)にあり、煩悩を断つはたらきが強い。また有心定には、止(奢摩他《しゃまた》)と観(毘鉢舎那《びばしゃな》)とが平均しているものと、そうでないものとがある。未至定と中間定とは観の方が勝れ、四無色定は止の方が勝れているのに、ただ色界の四根本定のみは止・観が均等であるから静慮と名づけるという。無心定には無想定と滅尽定との二無心定があり、いずれも心・心所を全く滅する定であるが、前者は凡夫及び外道が無想の状態を真のさとりと誤認して修めるもの、後者は聖者がその定の境地を無余涅槃《むよねはん》界の静けさになぞらえて修めるものである。四禅(四静慮)・四無色・滅尽の九定は異心をまじえず次第を追って順次に修得するときは九次第定、無間禅《むけんぜん》と名づけられるが、定において自在力を得た不時解脱《ふじげだつ》の阿羅漢《あらかん》は四禅・四無色の八定を次第を追って順次に修めるのでなく、よく一地を超えて高い段階の定を修め得るとされ、これを超定(超等至・超越三昧《ちょうおつざんまい》)という。説一切有部の正説では、欲界は散地であって、修地・離欲地ではなく、定地はただ色界・無色界のみとするが、異師や大衆部《だいしゅぶ》では欲界にも定があるとする。④大乗では極めて多くの種類の定を説く。即ち、唯識宗や真言宗の瑜伽《ゆが》の観行、天台宗の四種三昧、禅宗の坐禅などのように自己のさとりに至るための実践方法として定を修め、仏陀が説法の前に定に入るように他を導くために定に入ることもある。また唯識宗では四善根位の一々において、主観と客観とがそれぞれ仮有《けう》実無であることを観じるために、それぞれ明得定《みょうとくじょう》(煖位《なんい》)・明増定《みょうぞうじょう》(頂位)・印順定(忍位)・無間定《むけんじょう》(世第一法位)(以上を四定という)に入るとする。定に入ることを入定という。弘法大師が入定して弥勒《みろく》の出世を待つとするのは、インド以来の信仰による。またさとりを得た人が死ぬことをも入定といい、定から出ることを出定という。⑤観無量寿経には西方の極楽浄土へ往生するための行として定散二善を説く。善導によれば、定善とは定心で行う善即ち雑念をやめて心をこらす息慮凝心《そくりょぎょうしん》、散善とは散心で行う善即ち悪を棄て善を修める廃悪修善《はいあくしゅぜん》のこととし、合わせて定散二善といい、これを修める人をそれぞれ定機・散機という。浄土真宗では定散二機は自己の力をたのみにしてさとりに至ろうとする自力の行者であるとし、それらの人がもつ自力の心を定散二心、定散自力、定散自利心、定散自力などといって、仏から与えられた他力の大信心に対比させている。⇩禅《ぜん》　⇩三昧《さんまい》

**じょう　乗**　㋫ヤーナ yāna の訳。衍那《えんな》と音写する。のりもののことで、運載、運度(運び渡す)の意味がある。衆生《しゅじょう》を乗せてさとりの彼岸に運ぶもの、即ち仏の教え(教法)をいう。大乗、小乗、一乗、二乗、三乗、五乗などと用いる。真実の教えを正乗、真実に導くために仮にてだてとして設けた教えを方便乗といい、方便乗を転じて正乗を修めさせるのを救済乗《くさいじょう》という。

**じょう　常〔無常〕**　①常は㋫ニトヤ nitya の訳で、常住ともいう。永遠に変らず、生じたり滅したりしないこと、絶え間がなく(不断)続いて尽きない(相続)こと。縁起法性の理や如来の法身は常住であるといわれ、また凡夫の四顛倒《てんどう》や涅槃《ねはん》の四徳の一にも楽・我・浄とともに常を数える。一般には常住であるものを無為法と称する。大乗荘厳経論巻三や仏地経論巻七には、仏の三身はいずれも常住であるが、それぞれ意味は異なるとして三種の常(三常)を説く。即ち(1)自性身《じしょうしん》(真如《しんにょ》法身)はもともと絶対平等で本質的に永遠のものであるから自性常《じしょうじょう》(本性常《ほんしょうじょう》、凝然常《ぎょうねんじょう》)、(2)受用身《じゅゆうしん》(報身《ほうじん》)は法を説きまたは楽を受けるのに絶え間がないから無間常《むけんじょう》(不断常)、(3)変化身《へんげしん》(化身)は衆生《しゅじょう》を教化するために現われたりかくれたりして、生滅はあっても現われるということは無限に続くから、相続常であるとする。ただし後の二は無為法としての真の意味の常ではない。②無常は㋫アニトヤ anitya の訳語で、非常ともいう。生滅変化してうつりかわり(変易《へんにゃく》)、しばらくも同じ状態にとどまらないこと。すべての有為法《ういほう》は生・住・異・滅の四有為相(四相)を有していて、時の流れに流される時間的存在であるから無常であるといわれる。あらゆるもの(有為法)が無常であることを諸行無常《しょぎょうむじょう》といい、三法印(仏教の三つの旗印)の一に数える。

大智度論巻四三には二種の無常(二無常)を説く。即ち、(1)有為法がただ一刹那《せつな》のみ現在にとどまって、ただちに滅して過去へ没入する(刹那滅である)のが念念無常(刹那無常)で、(2)相続の法が壊れ滅すること、例えば人のいのちが尽きて死滅するようなのが相続無常(一期《いちご》無常)であるとする。また金七十論巻上には、数論《すろん》学派の説として、暫住《ざんじゅう》無常と念念無常との二種の無常を挙げるが、この説では仏教と異なり、転変《てんぺん》することを無常というのであって、自性は常住であると説く。弁中辺論巻中には遍依円の三性について、遍計所執《へんげしょしゅう》はその体が全く無いから無性《むしょう》無常(無物無常)、依他起《えたき》は因縁によって生じたものであって生滅があるから生滅無常(起尽無常)、円成実《えんじょうじつ》は真如《しんにょ》のあり方に変化があるから垢浄無常(有垢無垢無常)と名づけ、三種の無常を説く。無常のはかなさを夢などに喩えて、如夢、如幻、如泡、如影、如露、如電といい、その怖るべきことを無常の狼、無常の虎など、また死のおとずれを無常の殺鬼《せっき》、無常の風、無常の刀、無常の使などといい、無常の例として生者必滅《しょうじゃひつめつ》、盛者必衰《じょうしゃひっすい》、会者定離《えしゃじょうり》などという。無常を観じるのを無常観、非常観、無常を説く偈頌を無常偈、病僧を置く堂を無常院、無常堂といい、臨終《りんじゅう》の際にうつ磬《けい》を無常磬という。

**じょう　諍**　各自の意見が衝突して一致しないとき、言論をもって勝敗をきめるために議論して争うこと。四分律巻四七には比丘《びく》などが起こす諍論として四諍を説く。(1)言諍《ごんじょう》。教理に関する諍。(2)覓諍《みゃくじょう》。比丘などが犯した罪過を追求して諍うこと。(3)犯諍《ぼんじょう》。比丘などが犯した罪過がまだ露顕しない時に、その犯罪を評議して諍うこと。(4)事諍。他人がすでに起こした羯磨《かつま、こんま》、即ち作法の事を批評して諍うこと。これら四諍を裁断して静め滅する方法は七滅諍である。

**しょうあん　性安**　(明の崇禎九1636—日本の宝永二1705)黄檗宗の僧。号は千呆または千獃。曇瑞とも号する。中国福州府長楽県の人。即非如一に師事してその法を嗣ぎ、万治三年1660日本へ渡り長崎崇福寺の二世となった。寛文三年1663即非に従って宇治の黄檗山に入ったが、間もなく崇福寺に帰住、元禄八年1695再び黄檗山に登り、翌年万福寺を継いだ。語録一五巻がある。〔参考〕黄檗譜画、本朝高僧伝二五

**じょうあん　静安**　生没年不詳。平安時代の僧。西大寺の常騰から唯識を学び、はじめ元興寺に住したが、のち近江比良山に移る。承和五年838勅により清涼殿で仏名経を誦し、同七年宮中で灌仏会を行った(宮中の仏名会・灌仏会の最初)。比良山に妙法・最勝の二寺を創建したという。〔参考〕元亨釈書九、本朝高僧伝六八

**じょうあん-じ　常安寺**　①新潟県栃尾市谷内。曹洞宗。天文一九年1550門察が上杉謙信の外護によって開創したという。〔参考〕同寺蔵天文二〇年寺領寄進状、北越軍記　②三重県鳥羽市鳥羽。玉竜山と号し、曹洞宗。慶長二年1597九鬼嘉隆が建立したとも、同一二年その子、守隆が建立したとも伝える。開基は貫室善道(一説に覓山和尚)とする。志摩国一宗の僧録所があった。

**しょうい　正為**　(　—応安元1368)律宗の僧。字は円成。俊才に師事して戒律を修め、また華厳に詳しかった。延文三年1358照玄に代って鎌倉の極楽寺を領し、ついで東大寺戒壇院に移り、華厳経および三大律部を講じた。晩年は極楽寺に隠退。〔参考〕律苑僧宝伝一四、本朝高僧伝一七

**じょうい　定異**　㊵プラティニヤマ pratiniyama の訳。唯識宗でいう二十四不相応法行の一。ものごとの因果が決定して各々差別し互いに相乱れないこと。

**しょうい-きょう　聖位経**　一巻。詳しくは略述金剛頂瑜伽分別聖位修証法門という。分別聖位経と略する。唐の不空の訳(八世紀半)。一法身仏なる大日如来がその禅定の中で他の三十六身として変現すること、その三十七尊を観見することによって如来の真実智すなわち金剛智体を体現することを説く。空海は真言宗を開くに当ってこの経に依ることが多かったと見られている。㊅一八、国一密教部三

**しょういち-こくし　聖一国師**　⇩弁円

**しょういん　正因〔正行〕**　浄土に生まれるための直接の原因(正因)と、直接の行為、しわざ(正行)。善導の観経疏散善義に、浄土に生まれるには三福《さんぷく》(道徳と戒律及び大乗仏教的な行)が正因であり、九品《くぼん》(それらの実践の程度を上上・上中・上下・中上・中中・中下・下上・下中・下下の九段階に分ける。これを九品という)が正行であると説き、或いは至誠心《しじょうしん》・深心《じんしん》・廻向発願心《えこうほつがんしん》の三心を正因、読誦《どくじゅ》・観察《かんざつ》・礼拝《らいはい》・称名《しょうみょう》・讃歎供養《さんだんくよう》の五正行を正行とする。①浄土宗では、三福は徳目の名であってまだ衆生《しゅじょう》が実践にうつしていないものを指すから正行といわずに往生の果に対して正因といい、九品は三福の徳目をすでに衆生が実践している状態を指すから正行というとする。また九品を正行というのは生死の迷界にさまよう原因となる邪業に対して往生の因となる正しい行為であるとの意であり、五正行を正行というのは、他の仏・菩薩《ぼさつ》に仕える雑行《ぞうぎょう》に対して阿弥陀仏に親しい行為という意であるとする。以上は起行《きぎょう》の面からいうのに対して、三心を正因というのは安心《あんじん》の面からである。②浄土真宗では、衆生が自力で行う実践はすべて往生のためには役立たないとして、阿弥陀仏から与えられた他力の信心を往生の正因とし、信心正因の説を立てる。なお、観無量寿経は表面的(顕)には種々の善を行って往生しようとする要門を説き、その裏には他力の信心で往生する弘願《ぐがん》の意がかくされている(隠《おん》)とする。そして三福・九品を正因・正行というのはその要門の因行を意味するものであり、三心を正因という場合には要門の意味と弘願の意味とがあるとする。また五正行により雑行を修めるものを弥陀法に導き入れるとし、この五正行に正業《しょうごう》と助業とをわけて要門から真門、真門から弘願へと導き入れるとする。③浄土宗西山派では、三福・九品は同じく散善(平常のままの散り乱れた心で修める善)であるが、三福は自力修行の行門を明らかにし、九品は阿弥陀仏の弘願を観照する観門を明らかにするものであるとして、説きあらわされている教えの本意から正因と正行とを分け、しかも三福も九品に入れば同じく観門を成じるとする。そしてこの道理を心にうけとるのを三心とし、即ち衆生が仏の側で完成されている仏行を受けとって浄土に生まれる因を完成するから三心正因といい、究極には三福正因も三心正因も一致すると説く。なお、証空の観経疏他筆鈔には正因・正行を術語化して用い、正因とはすべてに通じる普遍的立場(平等門)、正行とはそれぞれに応じた個別的立場(差別門)の意味とする。

**しょういん　正印**　(咸淳三1267—至正一〇1350?)元代初期の禅僧。姓は劉氏。号は月江。勅号は仏心普鑑禅師。卯月江、松月翁ともいう。福州連江(福建省連江県)の人。楊岐一一世の虎巌浄伏の法を嗣ぎ、江浙で法を説き、晩年勅により四明阿育王山(浙江省鄞県東)に住した。月江正印禅師語録三巻がある。〔参考〕増続伝灯録六

**じょういん　浄因**　(建保五1217—文永八1271)律宗の僧。京都の人。字は円恬《えんご》。西査《さいさ》と号する。戒光寺の曇照について出家受戒し、定舜・智鏡から二十律鈔を学び、また三聖寺で参禅した。東林・戒光の二寺に歴住して学徒を導き、正元元年1259東大寺の円照に請われて戒壇院で律を講じた。のち相模の無量寺に迎えられ、ついで飯山の放光寺の開山となった。〔参考〕律苑僧宝伝一一、本朝高僧伝五八

**しょういん-じ　松蔭寺**　静岡県沼津市原。鶴林山と号し、臨済宗妙心寺派。弘安二年1279天祥西堂の開基で、初め鎌倉円覚寺末であったが、慶安二年1649清見寺の大瑞宗育が再興して妙心寺末とした。のち白隠慧鶴が住して当寺で没した。

**しょうう　称友**　⇩ヤショーミトラ

**しょうう　勝友**　(六世紀末)(梵)ヴィシェーシャミトラ Viśeṣamitra の訳。毗世沙蜜多羅と音写する。インド瑜伽唯識派の学匠。唯識十大論師の一。護法(ダルマパーラ Dharmapāla)の門に入り那爛陀《ならんだ》(ノーランダー Nālandā)寺に住した。行跡は明らかでない。〔参考〕西域記九、成唯識論述記一

**しょう‐きょう　請雨経**　二巻。詳しくは大雲輪請雨経といい、大雲請雨経ともいう。唐の不空の訳。異訳に隋の那連提耶舎の訳(585開皇五)の同名の経二巻、北周の闍那耶舎の訳(550)の大雲経請雨品第六四などがある。チベット訳もある。雨請いの法を説く密教経典。㊅一九

**しょうう‐ほう　請雨法**　祈雨法、雨乞法ともいう。旱魃の際に降雨を祈る修法。大雲輪請雨経による請雨経法、大孔雀呪王経による孔雀経法などにより竜王を勧請して行う。日本では、推古天皇三三年625の高句麗僧慧灌による祈雨に始まるとされるが、密教儀軌による請雨経法は天長元年824空海が神泉苑で行ったのを最初とし、以後神泉苑で修するのを例とした。特に仁海は数度にわたって修法し、雨の僧正と称されたという。この法を修する時に用いる曼荼羅を請雨経曼荼羅といい、釈迦を中心に竜王などを描く。〈⇩四箇秘法《しかひほう》〉〔参考〕覚禅鈔、塵添壒嚢鈔一二

**しょううん‐じ　松雲寺**　佐賀県唐津市元旗町。祝融山と号し、臨済宗妙心寺派。創建年代は不詳であるが、開基は雪渓二智とする。初め唐津城二の丸橋詰にあったが、天正二年1574兵火で焼失した。のち寺沢広高が現地に移して再建し、竜安寺の提山を中興開山とした。

**しょううん‐じ　祥雲寺**　大阪府堺市大町東。竜谷山と号し、臨済宗大徳寺派。松の寺ともいう。寛永二年1625谷氏宗印の創建。開山は沢庵宗彭。〔重文〕絹本著色沢庵和尚像(自賛)、同釈迦二声聞像　〔参考〕堺鑑中、泉南祥雲寺寂然塔銘並序

**しょうえ　正依〔傍依《ぼうえ》〕**　正依は正所依の略で傍依に対する語。一宗のよりどころとする経典の中で、特に正しくよりどころとなる主な経を正依の経といい、間接的によりどころとなる経を傍依の経という。

**しょうえ　唱衣**　僧が死んだとき、その僧の遺物である衣や鉢などを一定の作法に従って(僧衆の同意を得たりなどして)分配すること。形身分《かたみわけ》に当たる。それを売却して薬代、葬送、追福などの費用に充当することを估衣《えこ》、估唱、提衣、売衣という。

**しょうえ　証慧**　(建久六1195―文永元1264)浄土宗の僧。京都の人。字は道観。はじめ阿弥陀寺の観鏡証入(証空の弟子)に師事し、ついで証空に侍して浄土宗西山義の奥旨をきわめた。後嵯峨天皇の帰依を受け、勅旨により嵯峨の浄金剛院の開山となる。その門流を嵯峨流と呼ぶ。著書、浄土宗名目、観経疏章鈔など。〔参考〕浄土法門源流章、本朝高僧伝一五、浄土伝灯総系譜下

**しょうえ　聖慧**　(寛治八1094―保延三1137)白河天皇の第五皇子。仁和寺で出家して寛助に学び、華蔵院に住した。一身阿闍梨に任じられ、しばしば宮中で修法した。弟子に寛暁があり、門葉を華蔵院流という。〔参考〕仁和寺諸師年譜、本朝高僧伝五一

**じょうえ　定慧**　①(皇極天皇二643―和銅七714、その他生没年に諸説がある)藤原鎌足の長子。慧隠について出家し三論を学ぶ。白雉四年653(一説に天智天皇六年)道昭らと唐に渡り、長安の慧日道場で神泰《じんたい》に師事した。在唐二〇年余ののち、帰国して多武峯(現奈良県桜井市)を開き、父鎌足の遺骸を摂津阿威山(現大阪府茨木市)から移して改葬したという。〔参考〕日本書紀二五、元亨釈書九・二一、多武峯略記　②(永仁四1296―応安三1370)浄土宗の僧。相模小田原の人。号は仏蓮社良誉。鎌倉光明寺の寂慧良暁に師事し、元応二年1320宗戒両脈を付嘱され、嘉暦三年1328師の遺命によって光明寺三世を継いだ。のち武蔵箕田の勝願寺にも住し、晩年は相模桑原の浄蓮寺に隠れた。浄土宗の第五祖と仰がれ、この宗の誉号は時宗の徒(阿号を称した)と区別するために彼がはじめたという。〔参考〕鎮流祖伝二、浄土伝灯総系譜上、鎌倉光明寺志　③(粛宗一一1684―英祖一七1740)李朝の僧。俗姓は金氏。号は晦菴。九歳で出家し、葆光(円旻)について受戒。著書、禅源集都序著柄一冊、別行録私記画足一巻など。〔参考〕晦菴大師行蹟

**じょうえ　浄衣**　きよらかな衣服の意。①施された衣服。自分で耕作して衣料を製作することや販売の利益によって衣を作ることは、律の上で禁止されているので、そ

のような罪を離れている(無罪)という意味で浄衣という。②密教で修法《しゅほう》の時に着る法衣。③精進潔斎に用いる服の意で、社参や葬送のときに着る俗服。

**しょうえい-いん　照栄院**　東京都大田区池上。朗慶山立善講寺と号し、日蓮宗。本門寺三院家の一。日蓮の弟子日朗の庵跡に、文安四年1447日鏡が寺を興した。元禄二年1689日玄が鎌倉の宝篋堂《ほうきょうどう》檀林を当院の隣りに移して南谷檀林と称し立善講寺と名づけたが、のち同寺の能化が当院を兼帯した。明治維新後に檀林が廃されてから立善講寺は志木町（現埼玉県志木市）に移り、その寺地は当院が兼併した。〔参考〕新編相模国風土記稿八七、新編武蔵国風土記稿四五

**じょうえい-じ　常栄寺**　①山口市宮野下。香山と号し、臨済宗東福寺派。俗に雪舟寺という。永禄七年1564毛利元就がその子隆元の菩提のため安芸吉田(現広島県安芸高田市吉田町)に創建し、山口国清寺の竺雲恵心を請じて開山とした。正親町天皇より常栄広利禅寺の勅額をうけたという。慶長五年1600国清寺に移して合併し、文久三年1863現地に移り潮音寺と改号したが、明治二一年1888現寺号に復した。大正一五年1926諸堂宇焼失し、現堂宇はその後の再建である。本堂北にある庭園は雪舟の作庭とされ、国指定の史跡および名勝。②神奈川県鎌倉市大町。日蓮宗。俗に牡丹餅寺と称する。竜口の法難の際、当地の桟敷尼なる者が日蓮に牡丹餅を献じたと伝える。寛文一二年1672に至り、水野淡路守重良の娘慶雲院日祐が本寺を創建し、桟敷尼の法名妙常日栄にちなんで常栄寺と号した。桟敷尼の故事による「御難頸つぎ餅供養会」を伝える。

**しょうえき　紹益**　(元亀三1572—慶安三1650)臨済宗の僧。京都の人。字は三江《さんこう》。友竹、友林と号する。一五歳で建仁寺の明室宗昨《しゅうご》の室に入り、ついで妙心寺の南化玄興に参じて一七年間随侍した。その後景徳寺・真如寺に歴住し、また常光寺を中興した。慶長一一年1606建仁寺に入寺開堂し、のち南禅寺・高台寺にも住し、また久昌院、慈芳院などを開いた。語録、詩集がある。〔参考〕三江和尚履歴記、三江和尚塔銘

**じょうえ-けっしゃぶん　定慧結社文**　一巻。高麗の知訥(1158—1210)の著。成立年不詳。定と慧を均等に研磨すべき必要性を詳論したもので、彼の思想的根底となる著作。韓国仏教全書四

**じょうえ-じ　定慧寺**　中国江蘇省鎮江府の東、焦山《しょうざん》(浮玉山ともいう。揚子江中の小島で、景勝の地)にある。漢代の創建と伝え、普済寺と称したという。唐代に神邕《じんゆう》が住したことがある。南宋の景定年間1260—64再建して焦山寺と呼ばれ、清の康熙二五年1686勅により定慧寺と改めた。圜悟克勤《えんごこくごん》・枯木法成・仏印了元らの禅僧が歴住した。

**しょうえん　性円**　(元和三1617—元禄七1694)黄檗宗の僧。近江の人。字は独照《どくしょう》。沢庵宗彭《そうほう》・一糸文守らに師事し、文守の没後、京都嵯峨の直指庵に隠れた。承応1652—55の頃、長崎東明寺に隠元《いんげん》を訪ね、随行して摂津普門寺に移った。寛文一〇年1670大悟し、隠元の遺命によって法衣を伝えた。のち摂津正楽寺を開いた。〔参考〕続日本高僧伝五

**しょうえん　承円**　(治承四1180—嘉禎二1236)天台宗の僧。延暦寺座主。松殿禅定殿（藤原基房）の子。建久三年1192顕真より受戒、のち承仁法親王のもとへ入室し、仙雲から灌頂を受く。元久二年1205二六歳で延暦寺六八世座主となる。建暦二年1212座主を退くが、建保二年1214再び延暦寺座主（七二世）に任ぜられる。座主補任中、しばしば日吉社で参籠した。〔参考〕大日本史料五ノ一〇

**しょうえん　承演**　(寛政一〇1798—安政三1856)臨済宗の僧。若狭の人。字は大拙《だいせつ》。俗姓は友本氏。郷里の東源菴実堂について得度し、西国に諸師を訪ね、京都相国寺の拙菴《せつあん》の招により同寺心華院に住した。

**じょうえん　定円**　生没年不詳。鎌倉前期の仏師。仏師法眼定円と称した。寛円の弟子。三条仏所、円派七代の仏工として活躍した。なお正応四年1291近江吉祥寺本尊の胎内仏如意輪観音坐像(現存)を造った定円は、別人とされている。

**じょうえん　乗円**　（寛永五1628―延宝元1673）新義真言宗の僧。大坂の人。字は朗然。玄々と号する。男山の昭乗について出家し、智積院に学び、密乗院宥雄から秘軌を伝えられた。山城五智山を中興し、のち六波羅蜜寺に住した。書画をよくした。〔参考〕続日本高僧伝二、扶桑画人伝

**しょうえん-じ　照円寺**　石川県金沢市笠市町。浄土真宗本願寺派。延徳三年1491蓮如の弟子法敬坊順誓の開創と伝える。もと石川郡御影堂にあったが、慶長年間1596―1615、金沢御坊寺内の現地に移転した。加賀の本願寺派の触頭をつとめた。〔参考〕貞享由来書、金沢古蹟志二八

**しょうおう　紹鷗**　（　―弘治元1555、一説に永禄元1558没、享年五三という）茶人。俗姓は武野氏。先祖は武田氏からの分流。和泉堺の商人。京都で村田珠光の門人宗陳・宗悟について茶道を究め、大林宗套に参禅、和歌を藤原公頼に学び、因幡守に任じられたこともある。晩年は堺に退きもっぱら茶を楽しんだ。弟子に千利休・津田宗及・今井宗久がいる。

**しょうおう-じ　松応寺**　愛知県岡崎市松本町。能見山瑞雲院と号し、浄土宗。永禄三年1560徳川家康が父広忠の菩提のため隣誉月光を開山として建立。寛永一〇年1633家光が仏殿などを造立し、翌年常紫衣綸旨を受けた。〔参考〕徳川実紀

**しょうおう-だいし　聖応大師**　⇩良忍《りょうにん》

**しょうおく-じ　松屋寺**　大分県速見郡山香町日出。康徳山と号し、曹洞宗。養老年間717―24仁聞草創の水月蔵に由来すると伝え、もと天台宗に属したが、建武1334―38の頃、禅宗となった。慶長五年1600豊臣秀吉夫人の母を追福するために再建し、現寺号に改めた。

**じょうおん　承遠**　（延和元712―貞元一八802）唐代の浄土教の僧。漢州綿竹県（四川省）の人。姓は謝氏。成都の唐公（処寂）、ついで荊州玉泉寺の真公（恵真）に学んだ。衡山に入って通相から具足戒を受け、広州に赴いて慈愍三蔵（慧日）から浄土教を伝えられた。天宝742―56初年に衡山に弥陀堂を建てて般舟念仏を修したが、これが間もなく寺と成り、代宗から般舟道場、徳宗から弥陀寺の号を賜った。門人は千余人あって、法照・日悟・恵詮・知明・道偵・超然らがいる。後世、承遠を蓮社の第三祖とした。〔参考〕南嶽大師遠公塔銘記、南嶽弥陀和尚碑文、仏祖統紀二七

**じょうおん　浄音**　（建仁二1202―文永八1271）浄土宗の僧。西山派西谷流の祖。藤原雅清の子。号は法興。慈円について出家し、のち証空《しょうくう》に師事して浄土宗義を究めた。粟生の光明寺に住し、弘長元年1261仁和寺西谷に隠居した。著書、論註刪補鈔一二巻、序分義愚要鈔三巻、西谷口決抄一巻など。〔参考〕浄土伝灯総系譜下、浄土伝灯録四、蓮門類聚籍経録上、光明寺沿革誌

**じょうおん　常音**　（　―嘉永六1853）浄土真宗本願寺派の僧。越中の人。売薬を業としたが、二〇歳の時、紀伊の鷺森《さぎのもり》別院で智洞について出家し、のち同国海草郡真教寺の住持となり、司教にすすむ。神仏の諍論があったとき、弁じて功があった。著書、神仏逢源、二弁竜燭篇一巻、返破一巻など。〔参考〕学苑談叢初編

**しょうが　勝賀**　生没年不詳。鎌倉前期の絵仏師。託磨為遠の長男。京都に住した。寿永三年1184法橋となり、のち法眼にすすむ。宋朝の技法をとり入れた鎌倉初期の名工で、その門流を託磨派という。教王護国寺（東寺）の十二天屛風（国宝）はその作と伝える。〔参考〕東宝記

**じょうが　浄賀**　（建治元1275―延文元1356）諱は信光。号は密乗坊。信濃塩崎康楽寺（現長野市篠ノ井塩崎）二世。永仁三年1295本願寺覚如が親鸞伝絵を作るにあたり、その絵を描いた。この浄賀の系統をうけた絵仏師を康楽寺派という。なおこの康楽寺は塩崎でなく、洛東に存したとの説もある。⇩親鸞伝絵《しんらんでんね》

**しょうかい　性海**　①（貞享元1684―明和元1764）新義真言宗の僧。下野の人。字は教任。宝蓮寺円海について出家し、顕密の学を修め、小野・広沢両流の伝法灌頂を受けて、大和長谷寺の第二五世を継いだ。雨乞に霊験があったので世に雨法印《あめほういん》と呼ばれた。〔参考〕性海僧正伝、豊山伝道記　②（明和二

1765—天保九1838）浄土真宗本願寺派の僧。道超ともいう。諡号は乗誓院。越中の人。叡山・豊山で学び、のち道隠《どうおん》に師事して、堺の万福寺に住した。文政七年1824杏旭《きょうきょく》・慧航《えこう》らと共に、学林に初めて置かれた勧学職に補された。その学轍を堺空華《さかいくうげ》と呼ぶ。講録が若干ある。〔参考〕学苑談叢後篇、本願寺派学事史、真宗全史

**しょうかい　昌海**　生没年不詳。奈良時代末期の僧。秋篠寺の善珠《ぜんじゅ》に師事して唯識を学ぶ。大和広岡に住して法相宗を弘め、かねて浄土を願生した。浄土源流章では日本浄土六祖の一とする。著書、西方念仏集、阿弥陀悔過など。〔参考〕浄土法門源流章、本朝高僧伝八

**しょうかい　政海**　生没年不詳。鎌倉時代の比叡山の僧。静明に師事して天台の教義を学び、惟暹・静運・心賀と共に門下の四傑と称された。のち比叡山無動寺の松林房に住した。著書、宗要類聚、夷希集、微塵、塩味集、教観大綱見聞など。〔参考〕本朝高僧伝一五、天台霞標一ノ四

**しょうかい　聖戒**　（　—元亨三1323）時宗六条派の祖。伊予の豪族河野通慶の四男。一遍智真の従弟。出家して一遍に侍し、各地を遊行した。関白藤原忠教の帰依を受け、正応四年1291京都錦小路に歓喜光寺を開き、正安元年1299一遍聖絵《いっぺんひじりえ》の詞書を作った（絵は法眼円伊）。〔参考〕一遍聖絵奥書、時宗綱要

**しょうかい　聖快**　生没年不詳。鎌倉末期の真言宗の僧。はじめ道快といい、また快賢とも称した。成賢から伝法灌頂を受け、至徳元年1384東寺の長者法務となる。醍醐地蔵院を中興して法流を伝えた。著書、四度事鈔一〇巻など。〔参考〕続伝統広録一〇

**じょうかい　定海**　（承保元1074—久安五1149）真言宗の僧。右大臣源顕房の子。世に三宝院大僧正、往生僧正と呼ぶ。出家して醍醐寺の義範、三宝院の勝覚、一乗院の良雅に師事した。永久四年1116醍醐寺の座主、大治四年1129円光院別当・東大寺別当を兼ねた。天承元年1131護持僧、長承元年1132法印となり、醍醐寺座主を元海に譲って検校となる。翌二年東寺一の長者に補せられ金剛峯寺座主を兼ねたが、のち覚鑁の奏請によってしばらく金剛峯寺座主をやめた。保延四年1138大僧正となり、成勝寺別当・法勝寺権別当を兼ね、久安元年諸職を辞した。醍醐寺根本薬師堂や東大寺講堂を建てるなどの功があり、またしばしば祈禱に験があって賞された。その法流を三宝院流という。著書、大治記など。厚草紙はその口説を弟子の元海が記したもの。〔参考〕元亨釈書二六、真言伝七、本朝高僧伝五　、続伝灯広録八

**しょうかい-じ　性海寺**　①愛知県稲沢市大塚町。大塚山と号し、真言宗智山派。弘仁年間810—24空海の草創と伝える。建長年間1249—56熱田神宮家出自の良敏が中興し、本堂・多宝塔ほかが建立された。天正年間1573—92多宝塔を除いて兵火にかかったが、慶安元年1648本堂を再建するなど次第に伽藍を整え、現在に至る。〔重文〕多宝塔、本堂、宝塔　〔参考〕尾張名所図会後編一、尾張志一二

②福井県坂井郡三国町下西。金剛宗山と号し、真言宗智山派。延文元年1356同郡北山の篠合に宗信が律宗寺院として創建し、永徳元年1381二世空信のとき、現地に移り改宗したという。中世末は当地方の豪族堀江

性海寺（尾張名所図会）

氏、江戸時代は福井藩主松平氏の帰依を受けた。〔重文〕絹本著色地蔵菩薩像

**じょうかい-の-しく　乗戒の四句**　戒乗の四句ともいう。乗は大乗・小乗の教え、戒とは仏教の種々な禁制、おきて。教えを聞き、戒を持つのに、てぬるくて怠慢なのと(緩)、ひたすらで熱心なのと(急)の別があると北本涅槃経巻六に説き、これを組み合わせると⑴乗戒倶急⑵乗急戒緩⑶乗緩戒急⑷乗戒倶緩の四となる。天台宗などではこの四を衆生の性質能力(機根)の種別とする。即ち乗急のものは教えを切に聞きたいとのぞむからさとりに入るための教えを聞くことができ、戒急のものは戒をまもり身口《しんく》をつつしむから持戒によって人や天のような善い報《むくい》をうけることができる。例えば鬼畜などで仏の説法の席につらなる者は乗急戒緩の者であり、人や天でありながら教えを聞こうとしないのは乗緩戒急の者である。前者は戒緩の故に鬼畜に生まれ、後者は戒急の故に人天に生まれたのである。

**しょうかく　正覚**　(元祐六1091―紹興二七1157)南宋代初期の禅僧。姓は李氏。天童和尚と呼び、宏智《わんし》禅師と諡する。隰州《しっしゅう》(山西省隰県)の人。曹洞九世の子淳の法を嗣ぎ、舒州(安徽)・雲居山(江西)などに歴遊して法を弘め、晩年には天童山(浙江省鄞県《きんけん》)に住した。黙照禅を説き、大慧宗杲《そうこう》の看話禅《かんなぜん》に対した。宏智広録九巻があり、その頌古百則をのちに元の行秀が評唱して、従容録《しょうようろく》六巻とした。〔参考〕行業記、普灯録九、五灯会元一四

**しょうかく　昭覚**　(　―至徳元1384)臨済宗の僧。羅漢寺(現大分県中津市本耶馬渓町)の開山。字は円龕。豊後の人。寿福寺の寂庵上昭に参じた。暦応1338―42のはじめ、豊前の耶馬渓の大石窟に十六羅漢像を安置し、石窟の下に幻住庵を結んだ。延文四年1359孤峰覚明の弟子建順の協力を得て、翌年同所に耆闍窟山羅漢寺を造営し、釈迦・文殊・普賢など七百余の石像を安置した。〈⇩羅漢寺《らかんじ》①〉〔参考〕本朝高僧伝六五

**しょうかく　清覚**　(慶暦三1043―宣和三1121)北宋代末期の白雲宗の祖。姓は孔氏。本然と号す。登封(河南省登封県)の人。舒州浮山(安徽省桐城県東)で二〇年修禅して自得し、杭州(浙江省杭県)霊隠寺に白雲庵を創し、三教一致の庶民仏教を説いた。その流派を白雲宗、または白雲菜と称する。弟子に道安があり、南山大普寧寺で布教し、元版大蔵経を刊行した。著書、証宗論、三教論、初学記、正行集各一巻。〔参考〕釈門正統四、仏祖統紀四六、補続高僧伝二三

**しょうかく　勝覚**　(天喜五1057―大治四1129)真言宗の僧。左大臣源俊房の子。定賢に師事し、応徳三年1086に醍醐寺座主となり、義範から伝法灌頂を授かった。嘉保三年1096白河上皇の得度の時、戒師をつとめた。長治元年1104東大寺別当、翌二年範俊の法流を伝えた。ついで東寺二長者に加任され、永久三年1115醍醐山内に三宝院を創建し、翌四年定海に座主を譲った。天治二年1125東寺長者・法務、大治三年1128権僧正にすすんだ。門下の定海・賢覚・聖賢はそれぞれ一流を立てた。著書、伝法灌頂私記、灌頂鈔、無言雑秘鈔、三肝鈔など。〔参考〕東宝記、醍醐寺新要録、元亨釈書一〇、東国高僧伝、本朝高僧伝五一、続伝灯広録七

**しょうがく　正覚**　正等覚、等正覚、正尽覚ともいう。無上等正覚、三藐三菩提《さんみゃくさんぼだい》の略。正しい仏のさとりのこと。阿弥陀仏《あみだぶつ》が十劫〈⇩劫《こう》〉の昔、正覚を成就して仏となった最初の瞬間を正覚の一念という。浄土宗西山派では、この時一切衆生《しゅじょう》の往生の因果は満足されたと説く。また極楽浄土の蓮華は阿弥陀仏の正覚によって生み出された華であるから、正覚の華という。

**じょうかく　定覚**　生没年不詳。鎌倉初期の七条仏所の仏師。康慶《こうけい》の二男と伝える。法橋となり、別に一派をなして奈良一流の祖となった。東大寺中門の持国天像(建久六1195)や大仏の脇侍の如意輪観音像を作ったが、遺品は伝わらない。康慶、運慶、快慶と合わせて東大寺の四大仏師という。

**じょうがく-じ　定額寺**　古代の寺格の一。豪族建立の私寺に対して官寺に准ずる保護を与えるとともに、一定の統制を加える制度。推古朝以来、国家の仏教興隆策によって諸氏は競って私寺を建立した。大化以後、政府は私寺にも田地や山林を施入し

て造営を助けたが、諸寺の土地兼併、檀越の私横などの弊害が表面化したので、天武朝になると、山林の施入を禁じ(四年675)、寺名を定めて食封を整理する(八年)など統制策に転じた。それがおそらく定額寺制の始めであろう。定額寺の語義については、寺額を定める意とする説、寺数を一定数に限る意とする説などあって一定しない。天平勝宝元年749、東大寺四千町以下の諸寺墾田の限数を定めたとき、定額寺は一〇〇町と定めたのが「定額寺」の初見、延暦年間782―806には、定額寺を対象とする法令がしばしば出され、土地の施入を禁じ、檀越の私横を戒めた。弘仁・延喜式には、諸国の定額寺で灯分料、修理料として出挙稲を施入されたものが見える。律令制が衰退し、こうした恩典が期待できなくなると、定額寺制もしだいに消滅した。

**じょうがつ　浄月**　(六世紀頃)　(梵)シュッダチャンドラ Śuddhacandra の訳。戌陀戦陀羅《じゅつだせんだら》と音写する。インド瑜伽行派の学匠。安慧《あんね》(スティラマティ Sthiramati)とほぼ同時代で唯識十大論師の一人。無著の大乗阿毘達磨集論、世親の唯識三十頌、勝義七十論に註釈を作ったといわれる。[参考]成唯識論四

**しょうかつらしゅ　商羯羅主**　(450―630頃)　(梵)シャンカラスヴァーミン Śaṃkarasvāmin の音訳。天主・骨鏁主とも訳す。インドの論理学者。新因明を確立した陳那(ディグナーガ Dignāga)の論理学説を簡潔に要約して因明入正理論(ニヤーヤ・プラヴェーシャ Nyāya-praveśa)を著した。陳那の弟子といわれていたが、ヴァイシェーシカ学派の学者であったことが論証されている。

**しょうか-どう　松花堂**　⇩昭乗《しょうじょう》

**しょうか-どう　勝果道**　さらに勝れたさとりの果に到達するための道のこと。預流向《よるこう》、一来向などの向道は、預流果、一来果などの勝果に至るための道であるから、勝果道といわれる。

**しょう-かにふんぬ-こんごう-どうじ-ぼさつ-じょうじゅ-ぎき-きょう　聖迦柅忿怒金剛童子菩薩成就儀軌経**　三巻。略して金剛童子儀軌という。唐の不空の訳。蘇悉地経・蘇婆呼童子経・瞿四耶経などによった偽経ともいう。金剛手菩薩が仏前において説いたという形で、さまざまな呪詛法を明らかにする。(大)二一

**しょうかん　招喚**　⇩発遣《はっけん》

**しょうかん　照鑒**　照らしみること。神仏が明らかに衆生のなす所を見ること。

**しょうかん　聖観**　①(　―応安二1369)浄土宗の僧。下総の人。字は良天。号は真蓮社法阿。良山妙観《みょうかん》から浄土宗名越流の教学をまなび、元徳1329―32頃、陸奥双葉郡に成徳寺(現福島県双葉郡広野町)を創建し住した。著書、果分考文抄見聞、選択口筆見聞、良天口筆など。[参考]浄土伝灯総系譜、続浄全一四　②(応永二一1414―文明一一1479)浄土宗の僧。近江甲賀郡の人。号は定蓮社音誉。九歳で同国称名寺運誉について出家し、一五歳で江戸の増上寺に遊学して聡誉に師事した。諸国の霊場を巡拝し、摂津兵庫に西光寺(藤の寺)を建てた。宝徳元年1449増上寺三世となる。[参考]浄土本朝高僧伝四、浄土伝灯総系譜中

**しょうがん　勝願**　勝心ともいう。殊勝な誓願の意。密教で修法《ずほう》を行う時、本尊の三昧《さんまい》と相応して自己の三昧が成就することを願って起こす殊勝の願心。

**しょうがん-じ　勝願寺**　①埼玉県鴻巣市本町。天照山良忠院と号し、浄土宗。関東十八檀林の一。建長四年1252良忠が北足立郡登戸に創建した勝願寺が衰退して新義真言宗に転じていたのを、天正1573―92の頃、惣誉清厳が寺基を当地に移して再興した。同一八年弟子円誉不残のとき、徳川家

鷲高山勝願寺（二十四輩順拝図会）

康の帰依をうけて栄えた。一一月一三日から一五日に修される十夜法要（塔婆十夜）は有名で、関東三大十夜の一〈⇩十夜法要《じゅうやほうよう》〉。②茨城県猿島郡総和町磯部。鷲高山順性院と号し、真宗大谷派。俗称、磯部御坊。建保二年1214親鸞の弟子善性の開創、三世順性のとき現地に移ったと伝える。のち教線は信越地方にも発展した。なお二世明性は性信から坂東本教行信証を譲預した。

**しょうがん-じ　照願寺**　①茨城県常陸大宮市鷲子。毘沙幢山と号し、真宗大谷派。貞応元年1222親鸞の弟子念信の開創と伝える。はじめ毘沙幢村にあったのを三世信光が現地に移したという。②千葉県夷隅郡大原町大原。毘沙幢山と号し、浄土真宗本願寺派。元禄年間1688―704前記①の大谷派照願寺からの別立。〔重文〕紙本著色親鸞上人絵伝（伝絵）

**しょうかんのん-ぎょう　請観音経**　一巻。詳しくは請観世音菩薩消伏毒害陀羅尼呪経という。請観世音経、消伏毒害経とも略称する。東晋の竺難提の訳。仏が毘舎利国の菴羅樹園にいた時、大悪病がはやったので、月蓋長者の請により陀羅尼を説いてこれを消伏した因縁が述べてある。疫病を除く請観音法はこれによる。中国の智顗はこの経によって非行非坐三昧の相を明らかにしたが、のちに趙宋時代の天台宗では性悪法門に関説するものとして山家派と山外派がこの経を中心に大論争をおこした。㊅二〇、国一密教部五〔註疏〕智顗・疏一巻、智円・疏闡義鈔四巻、知礼・釈消伏三用一巻、遵式・三昧儀一巻

**しょうかんのん-ぽう　請観音法**　請観音経により病を治すための修法。観音菩薩は左手に楊枝、右手に澡瓶をもつことからこの二点を供えて修するので、楊枝浄水法ともいう。中国では観音懺法として行い、日本では台密穴太《あのう》流の秘法として伝える。

**しょうき　性起〔縁起〕**　華厳宗《けごんしゅう》の教義。性起は性から起こる意で、さとった仏果の立場からものの現起を説くのをいい、縁起は縁によって起こる意で、さとりに向かう因の立場からものの現起を説くのをいう。性起は果であり盧舎那仏《るしゃなぶつ》の法門で、華厳経の宝王如来性起品に説かれ、縁起は因であり普賢の法門で、普賢菩薩行品に説かれている。①性起とは、ものがみな、その真実の本性に順って顕われ、衆生《しゅじょう》の性質能力に応じてそのはたらきを起こすことを意味する。即ち、智儼《ちごん》の華厳孔目章巻四には、さとりの本体（性）が衆生の心中に本来的に現存すること（起）と解し、法蔵の華厳経探玄記巻一六には、人と法との二様に解釈して、不変である仏の本性から教化のはたらきを顕わすこと（如来の性起）、および真理そのものがはたらきを起こすこと（如来が性起）との二つの意味があるとする。なお、探玄記巻一六には、性起にはすべてのものが本来もっている真実の本性（理性）が智によって顕われる理性起、教えを聞き行を起こして果を成じる行性起、完成された仏果から教化のはたらきを起こす果性起の三義を挙げ、宇宙のあらゆるものが性起の果体であり、その理行はすべて性起の起用《きゆう》として果仏の説法であるとする。②縁起には、説くことのできない仏果の境界《きょうがい》を機縁に応じて説く意（縁起因分）と、すべての現象的存在は因縁によって生起する意とがある。そして後者の意味での縁起について、法蔵の華厳問答巻上には、三乗の縁起は縁が集まれば有り、縁が散れば無いと説く修起《しゅき》の縁起であるのに対して、一乗の縁起は縁が和合しても有《う》ではなく、縁が離散しても無ではないから性起の縁起であるとする。即ち、華厳一乗にいう縁起は、無自性空《むじしょうくう》の理を因とし、力・無力を縁とする重重無尽《じゅうじゅうむじん》の縁起であって、ものみな固有の自性がなく縁に随って起こる点からいえば縁起であり、しかも無自性という「もの」に本来具えた真実の本性は、縁によって増損されず常に自在のはたらきを顕わす点からいえば、性起である。③このように、性起それ自体において万象の縁起を説くのであるが、性起が煩悩《ぼんのう》に汚れた現象（染法《ぜんぽう》）を含むか否かについては、染法といえども真如法性《しんにょほっしょう》（ものの真実の本性即ち無自性）に依るもので法性を離れたものではないが、法性にそむいて起こったものであるから、性起には染法を含まないとする性起唯浄の説と、染浄の諸法は

ことごとく性起のはたらきであるとする性起両通の説とがあり、前説を主とする。④ちなみにいうと、天台宗の性具《しょうぐ》説では、現象即実在の理に立って、すべての現象はそのままさながらに三千の諸法を具えているとして、仏界の果徳を九界の迷と同列に見て法界を説こうとするのに対して、華厳宗の性起説は、唯一の理性である法性を一心法界とし、性起自体において万象の縁起を説き、九界の迷を仏果に引き上げて説こうとするものである。⇩縁起《えんぎ》

**しょうき　性機**　(明の万暦三七1609—日本の天和元1681)黄檗宗の僧。中国福州の人。字は慧林。四〇歳で出家し、清の順治六年1649隠元に師事した。承応三年1654隠元に従って長崎に至り、寛文年間1661—73摂津仏日寺を管し、延宝八年1680宇治万福寺第三世を継いだ。著書、二会語録、滄浪声、耶山集。〔参考〕続日本高僧伝五

**しょうき　紹喜**　(　—天正一〇1582)臨済宗の僧。美濃の人。字は快川。仁岫宗寿《にんちゅうそうじゅ》の法を嗣ぎ、妙心寺四三世となる。美濃崇福寺に転じ、のち武田信玄に迎えられて甲斐の恵林寺(現山梨県塩山市)に住し、天正九年正親町天皇から大通智勝国師の号を賜る。翌年織田信長の兵火の中で平然と焼死した。遺偈の「安禅不必須山水、滅却心頭火自涼」は有名である。〔参考〕本朝高僧伝四四

**しょうき　鍾馗**　中国の道教の神。かつて終南山の進士であったといい、唐の開元年間713—41玄宗の夢のなかに出現し、魔を祓い、小鬼を食べて玄宗の病気を治した故事が伝わる。画像では巨眼、多髯《たぜん》、黒衣、黒冠を付け、抜剣して小鬼をつかむ姿で描かれる。広く民間で魔除けとして門にその像を掛けた。日本では端午の節句にその人形や画像を飾って魔を祓う風習があり、また朱で描いたものは疱瘡除けになるという。なお鎌倉円覚寺にある山田道安筆の紙本淡彩鍾馗図(重文)は有名。〔参考〕事物紀原八、本草綱目三八

**しょうぎ　勝義〔世俗〕**　勝義は、㊵パラマールタ paramārtha の訳で、第一義、真実ともいい、最勝真実の道理のこと。世俗は㊵サンヴリティ saṃvṛti の訳で、世とも俗ともいい、世間通俗の慣用のこと。真如《しんにょ》や涅槃のように世間通俗を超えた真理を勝義諦《しょうぎたい》、世間通俗における真理を世俗諦という。無為の善法は勝義善で、有為の善法或いは有漏の善は世俗善である。すべて有漏心による行は世俗で、それ故に有漏心を世俗心、世俗を対象とする有漏智を世俗智、世俗智によって煩悩《ぼんのう》を断つのを世俗道という。また勝義の語は、「勝義法と法相法」、「勝義根と扶塵根《ぶじんこん》」というようにも用いる。成唯識論巻八には勝義・世俗をそれぞれ三種に分けて、三勝義・三世俗を立てる。⑴義勝義(すぐれた智慧の対象となるもの即ち真如)。⑵得勝義(証得すべき涅槃《ねはん》)。⑶行勝義《ぎょうしょうぎ》(正行勝義ともいう。すぐれた境に向かって行う無漏智)。これらは四勝義諦のうちの第四、第二、第二に当たる。また遍依円の三性に配して三世俗を立てる。⑴仮《け》世俗(自性《じしょう》実体がなくて仮に名のみあるもの〔遍計所執性〕)。⑵行《ぎょう》世俗(すべての有為法。遷し流されて無常であるから〔依他起性〕)。⑶顕了世俗(煩悩にけがれた依他起を断って遍計所執のないところにあらわれる真如〔円成実性〕)。これらは四世俗諦のうちの第一、第二・三、第四に当たる。同巻九ではこの三世俗をすべて依他起性におさめ、勝義とは円成実性であるとする。顕揚聖教論巻一六には、七種の真如を勝義諦とし、同巻六には三世俗を立てる。⑴世間俗(田や家のように体がなくてただ名によって立てられるもの)。⑵道理俗。(蘊《うん》・処・界のようにその体があって立てられるもの)。⑶証得俗(四沙門果のようにさとりに至る手段として立てられるもの)これらは四世俗諦のうちの初めの三に当たる。⇩二諦《にたい》

**しょうぎ　証義**　勅会の論義の際に、質問者と解答者との所説を批判し、可否を判定する役。のちには一般の論義にも証義を置いた。この名は、もと中国の訳経の場所で、訳語の当否を判別する役を証義といったのになぞらえたようである。〔参考〕初例抄

**しょうぎ-ほう　勝義法〔法相法〕**　択滅《ちゃくめつ》、涅槃《ねはん》(さとり)は常であり、善であ

り、不変不易で最もすぐれたものであるから勝義法といい、これに対して仏教の教理を法相法《ほっそうほう》という(倶舎論巻二)。

**しょうき-ほんまつ　生起本末**　もののの生起した根本の由来と、それがどのようになったかという結果。

**しょう-きょう　生経**　五巻。西晋の竺法護の訳。五五経・六二の物語を含み、そのうち三九は仏の本生譚(ジャータカ)である。この経を伝えた部派は明らかでないが、大乗仏教の影響が見られる。㊅三、国本縁部一一

**しょうきょう　性慶**　(寛文七1667—元文二1737)天台宗の僧。字は義瑞。近江の人。六歳で園城寺に入り、諸師に天台の教観を学んだ。石山の南に庵居し、請われて諸方に講義した。元禄一四年1701志賀山寺を復興する。安楽律院の霊空と内外二境の解釈をめぐって幾度も論難の書を交し、また即心念仏の義についても論争した。勝蓮社をおこして念仏をすすめ、享保八年1723法明院を中興して園城寺の律院とした。著書、行事鈔資持記節要、法華略疏など多い。〔参考〕義瑞和尚行業記、天台霞標五ノ四

**しょう-ぎょう　正行〔助行〕〔雑行〕**　正行とは仏の教えに基づいた正しい行の意。邪行に対する。また直接原因となる行を正行といい、間接原因となる行を助行という。①正行は八聖道《はっしょうどう》や六度の行、あるいは経典を読み仏を観察することなどを内容とする。②浄土教では善導の観経疏散善義の説により、浄土の経典を読み(読誦《どくじゅ》)、阿弥陀仏《あみだぶつ》のすがたを心にうかべ(観察《かんざつ》)、阿弥陀仏をおがみ(礼拝《らいはい》)、阿弥陀仏の名をとなえ(称名《しょうみょう》)、阿弥陀仏の徳をほめたたえてつかえる(讃歎供養《さんだんくよう》)ことを五正行として、阿弥陀仏以外を対象とする雑行《ぞうぎょう》に対比させ、五正行のうち称名を正定業《しょうじょうごう》(正業、正行)として他の四正行(助業、助行)に対比させた。称名のみを専らにする専修念仏《せんじゅねんぶつ》に対して、他の四正行を兼ねて修めるのを助正兼行《じょしょうけんぎょう》という。③日蓮宗では法華経巻四の五種法師(受持・読誦・解説・書写)のうち受持を正行、他を助行とする。④密教では加行《けぎょう》の後に修めるものを正行という。⑤⇩正因《しょういん》〔正行〕

**しょうぎょう　勝行**　すぐれた行為。成唯識論巻九には菩薩《ぼさつ》の修める行を二種にわけて福勝行・智勝行の二種勝行とする。六度の行にあてると、通じていえば六波羅蜜《ろっぱらみつ》のすべてが福行でも智行でもあるが、区別していえば布施波羅蜜などの五は福行、般若《はんにゃ》波羅蜜は智行であるとも、あるいは前の三は福行、精進と禅定《ぜんじょう》とは福智に通じ、般若は智行であるなどともいう。また華厳宗《けごんしゅう》では遊戯《ゆうげ》自在の菩薩の修める一〇の勝行を、唯識宗では十地の菩薩の修める一〇の勝行(十波羅蜜)を、倶舎宗《くしゃしゅう》では梵輔天《ぼんぽてん》に生まれる因である一〇の勝行を説く。

**しょうぎょう　聖教**　仏陀或いは祖師・古徳などの言教または遺文・法語など(大蔵経中におさめられるもの、およびこれに準じるものはすべて聖教と称される)。

**じょうぎょう　定暁**　(　—嘉暦二1327)真言宗の僧。出生地不詳。醍醐三宝院の定済について報恩院流と宝池院流とを伝え、塔東院の定勝から伝法灌頂を受けた。のち藤原惟信の帰依を受け、醍醐山内に妙法院を開創した。その法流を妙法院流、定暁方と称した。弟子に定憲がいる。〔参考〕野沢血脈集二、続伝灯広録一三

**じょうぎょう　貞暁**　(文治二1186—寛喜三1231)源頼朝の子。千阿上人、鎌倉法印、高野法印と呼ぶ。一八歳で出家し、御室の道法親王から伝法灌頂を受けた。高野山の行勝に従い、天野社・御影堂を造営し、貞応二年1223寂静院を創建したという。〔参考〕伝灯広録巻七、仁和寺諸院家記、高野春秋編年輯録八

**じょうぎょう　常暁**　(　—貞観八866)真言宗の僧。山城小栗栖の人。或いは大和秋篠の人ともいう。元興寺《がんごうじ》の豊安《ぶあん》に三論を学び、のち空海から密教を受けた。承和三年836勅を奉じて唐に渡ろうとして、暴風に妨げられたが、同五年遣唐使菅原是善に伴い渡唐を果たした。栖霊寺(一に棲霞寺)の文璨(一に文瑠)に師事して金剛界大法、太元帥法《たいげんのほう》を習い、伝法阿闍梨位灌頂を受け、また華林寺の元照から三論を学

んだ。翌六年に帰国。小栗栖法琳寺に修法院を設けて太元帥明王を安置し、また例年宮中で太元帥法を修した。貞観六年権律師に任ず。入唐五家、入唐八家の一人。著書、尊勝仏頂次第、入唐根本大師記など。〔参考〕入唐五家伝、元亨釈書三、真言伝三、弘法大師弟子伝下、常暁和尚請来目録、太元帥法縁起奏状

**しょうぎょう-じ　正行寺**　①長野県松本市大手。大宝山専修院と号し、真宗大谷派。承元三年1209了智（佐々木高綱と伝える）が、筑摩郡栗林郷（現松本市島立）に創建したと伝える。のち松本城大手三の丸の堀外に移って領主石川氏の菩提寺となり、天和年間1681―84現地に移る。寺宝のうち、親鸞の弥陀如来名号徳（応長元1311写）と了智の掟は有名。②栃木県宇都宮市泉町。浄土真宗本願寺派。建保元年1213下野国都賀郡佐貫村（現栃木県塩谷郡塩谷町）に親鸞の門弟法善房が草創したと伝え、寛永年間1624―44宇都宮城主本多正純が現地に移した。

**じょうきょう-じ　浄教寺**　京都市下京区寺町通四条下ル貞安前之町。浄土宗。平重盛が東山小松谷邸内に建てた灯籠堂にはじまる。のち堂は五条東洞院に移り、久しく荒廃していたが、定意が中興して浄教寺と号した。天正一九年1591現地に移転。〔参考〕平家物語三、雍州府志四、山城名勝志四

**じょうきょう-じ　常敬寺**　①新潟県上越市寺町。中戸山西光院と号し、真宗大谷派。親鸞の孫唯善の開基という。当初唯善は京都東山の親鸞の大谷本廟に奉仕していたが、異父兄覚恵とその子覚如と本廟の留守職を争い、延慶二年1309祖像と遺骨を奉じて鎌倉に逃れ、常葉《ときわ》の地にこれを安置した（常葉の御影《ごえい》といい、現在東本願寺蔵）。花園天皇のとき西光院の号を賜り、一宗の祖山にしようと企てたが、六世善鸞が本願寺に帰参し、常敬寺と改めた。天正年間1573―92兵火で衰退し、一時、信州静間にあったが、寛文六年1666現地に移された。〔参考〕大谷遺跡録二、遺徳法輪集一　②千葉県野田市中戸。浄土真宗本願寺派。前記①の常敬寺が鎌倉常葉にあった時に兵火にかかり、別に下総の関宿に一宇を建立して阿弥陀本願寺と号したのに始まる。天正年間に一時越後に移転したが、のち寺を旧地の関宿に興して福専寺と号し、ついで常敬寺と改めた。真宗関東七カ寺の一。

**しょうぎょう-じょ　聖教序**　新訳の経論に対して皇帝があたえた序文をいう。貞観二二年648唐の太宗が玄奘に、垂拱元年685武周の則天武后が日照に、長安三年703同じく義浄に、神竜元年705唐の中宗が義浄に、雍熙三年986宋の太宗が天息災らに、咸平元年998宋の真宗が法賢らに与えたものなどがある。玄奘に与えた大唐三蔵聖教序には当時東宮であった高宗の記があり、合わせて聖教序記とも称する。この序はしばしば金石に刻まれ、現に西安府大慈恩寺の雁塔聖教序（永徽四653褚遂良筆）、河南府偃師県の碑（顕慶二1657王行満筆）、同州府の碑（竜朔三1663伝褚遂良筆）、西安府弘福寺の碑（咸亨三1672王羲之の書を懐仁が集字）などがある。〔参考〕大慈恩寺三蔵法師伝六

**じょうぎょう-ぼさつ　上行菩薩**　上行は㊵ヴィシシュタチャーリトラ Viśiṣṭacāritra の訳。法華経の説法の時、地下より涌出した無量千万億の菩薩の中の四導師の一人で、久遠の昔に成仏した本地の釈迦仏に教化され（本化の菩薩という）、如来の滅後、法華経を弘めるように仏より付嘱された菩薩。日蓮は自らを上行菩薩の生まれかわりであると信じて法華経を弘めた。〔参考〕法華経従地涌出品、御書鈔八

**しょうきん　性均**　（天和元1681―宝暦七1757）浄土真宗本願寺派の僧。江戸の人。字は唯阿。白蓮室と号した。知空に学び、江戸築地安養寺に住した。天台の霊空の即心念仏談義本に対して台浄念仏復宗訣を作り、華厳の鳳譚《ほうたん》の浄土折衝篇雷斧に対して雷斧弁訛《らいぶべんか》を著わしてこれらの説を非難した。宝暦二年本願寺学林で選択集を講じたが、宗義にそむくとの非難をうけて江戸に帰った。著書、上記のほか無量寿経欣厭鈔、阿弥陀経欣厭鈔、真宗勧誡集など多い。〔参考〕本願寺通紀八、本願寺派学事史

**じょうきん　紹瑾**　（文永五1268―正中二1325）曹洞宗の僧。能登総持寺の開山。越前多禰の人。字は瑩山《けいざん》。仏慈禅師、弘徳円明国師、常済大師と諡され、曹洞宗では

瑩山紹瑾花押

道元を高祖と呼ぶのに対して、太祖と称する。一三歳で永平寺の孤雲懐奘《えじょう》について出家し、その遺命によって加賀大乗寺の徹通義介に師事した。各地に名師を訪ねて後、永仁三年1295義介から道元所伝の法衣を与えられた。阿波に城満寺を開いてのち、乾元元年1302大乗寺の主となり、応長元年1311素哲に席を譲った。加賀浄住寺、能登永光寺、同光孝寺を開き、元応二年1320母のために円通院を建てた。この頃、能登鳳気至郡櫛比の諸岳寺定賢が紹瑾に帰依して、その住した律院(一説に白山天台系)を禅寺に改め、諸岳山総持寺と名づけて、元亨元年1321紹瑾を開山に迎えた。同年後醍醐天皇より一〇種の勅問があって紹瑾に禅要を問い、その徳に感じて総持寺を紫衣出世道場とさだめたと伝えるが、その真偽については否定説もある。著書、伝光録二巻、坐禅用心記、三根坐禅説、清規、信心銘拈提各一巻。〔参考〕延宝伝灯録七、本朝高僧伝一四、日域洞上諸祖伝上、日本洞上聯灯録二、常済大師伝

**しょうぐ　性具**　天台宗で、現象的世界の一々がそのまま本来的にありとあらゆるものごとをすべて具えていることをいい、本具、理具、体具などともいう。知礼は十不二門指要鈔巻下に、他宗(華厳宗)は真如《しんにょ》から縁によって現象的世界があらわれたとする性起《しょうき》は説いても性具は説かず、天台宗のみ性具を説くといっている。

**しょうぐ　勝虞**　(天平四732―弘仁二811)法相宗の僧。俗姓は凡直氏。阿波板野郡の人。行基、尊応に師事して法相宗を学び、元興寺《がんごうじ》に住してこれを弘めた。〔参考〕本朝高僧伝五

**しょうくう　性空**　(延喜一〇910―寛弘四1007)播磨書写山円教寺(天台宗)の開山。京都の人。橘善根の子。天慶八年945出家し、日向霧島山に入ってもっぱら法華経を誦し、のち筑前背振山に居を移した(叡山で良源、源信、覚運に師事したとも伝える)。康保三年966書写山に庵を結び、のち国司藤原秀厚に帰依されて円教寺を創建し、晩年、別に通宝山弥勒寺を創建した。法華の持経者として霊験があり、その生涯に神異が多かったという。〔参考〕性空上人伝、書写山縁起、書写山円教寺旧記、阿娑縛抄一九六、明匠等略伝、今昔物語集、本朝高僧伝四九

**しょうくう　証空**　(治承元1177―宝治元1247)浄土宗西山派の祖。源親季の子で、久我通親の養子となる。はじめ解脱房《げだつぼう》と号し、のち善慧房と称した。建久元年1190源空の門に入り、同九年選択集撰述のとき勘文の任にあたる。願蓮に天台を、政春に密教を学ぶ。京都小坂に住したが、慈円の付嘱をうけて西山善峰寺に移り、北尾往生院に住した。承元・嘉禄の法難に連坐したが慈円らの庇護により罪を免れた。宮廷との関係が深く、寛元元年1243後嵯峨天皇に円頓戒を授け、勅により歓喜心院を創建した。翌二年道覚親王のために鎮勧用心を著わし、また皇太后に法語(女院御書)を進めた。白河遣迎院で没した。生前、後嵯峨天皇から弥天の号を賜ったと伝え、のち光格天皇から鑑智国師と諡された。著書、観門要義鈔(自筆鈔)、観経疏他筆鈔、観経秘決集、選択密要決、当麻曼荼羅注など。〔参考〕大日本史料五ノ二三、法然上人行状絵図四七、西山上人伝、本朝高僧伝一四

**じょうくう　浄空**　(元禄六1693―安永四1775)新義真言宗の僧。下野の人。字は慈潭。白壊、法国と号した。京都・奈良に遊学して広く諸宗を学んで内外典に通じ、武蔵の明星院、江戸の円福寺、智積院などに住した。著書は、大疏執中並玄談四九巻など多い。〔参考〕智積院誌、新義真言宗史

**じょうぐうじ　上宮寺**　①愛知県岡崎市上佐々木町。太子山聖徳皇院と号し、真宗大谷派。本証寺(現安城市)、勝鬘寺(現岡崎市)とともに真宗三河三カ寺の一。聖徳太子の開創といい、もと天台宗に属したが、嘉禎元年1235二三世蓮行(または二四世蓮願)が親鸞に帰して改宗したと伝える。寛正の

法難1465には住持如光が上洛して蓮如を助けた。永禄年間1558—70には本証寺・勝鬘寺と共に三河一向一揆の中心となり、徳川家康と戦っている。三河念仏相承日記など、真宗史の貴重史料を蔵する。②茨城県那珂市本米崎。楢原山正法院と号し、浄土真宗本願寺派。修験者弁円が板敷山で親鸞を殺害しようとしてかえって帰信し、明法房と号して塔之尾(現常陸大宮市)に道場を開いたのに始まるという。天正五年1577額田に移り、同一一年さらに現地に転じた。〔重文〕紙本著色聖徳太子絵伝

**じょうぐう-しょうとく-ほうおう-ていせつ　上宮聖徳法王帝説**　一巻。略して法王帝説という。編者不詳。成立年も不詳であるが、古本の形態は平安以前、今本は平安中期頃の編と推定されている。聖徳太子の系譜、法隆寺金堂薬師・釈迦の光背銘文、中宮寺の天寿国繡帳銘を録し、四天王寺の造建、仏教の伝来、太子一族および蘇我氏の滅亡、欽明天皇以下五朝の治世年数について記している。記事は彼此前後し、また分出重出などあって必ずしも整理された編著ではないが、現存の太子伝中最も古く、正史の欠を補う。なお相慶が伝領した知恩院本には他に裏書六項を有する。寧楽遺文下、岩波文庫、群書五、仏全一一二、日本思想大系二　〔写本〕知恩院蔵(国宝)　〔註釈〕狩谷棭斎・証註一巻(日本古典全集)、平子鐸嶺・補校上宮聖徳法王帝説証註一巻(大正二1913刊)、家永三郎・上宮聖徳法王帝説の研究(昭和二六1951・同二八刊)

**じょうぐ-こうみょう-じょうい-きょう　成具光明定意経**　一巻。後漢の支曜の訳(二世紀末ごろ)。長者の子善明に対して、仏陀が神通を示し、空の思想に基づいた六波羅蜜を説き、成具光明三昧の法を明らかにする。㊅一五、国経集部一五

**じょうくた　孃矩吒**　㊵ニヤンクタ nyaṅ-kuṭa またはニヤトクタ nyaṭkuṭa の音写。娘矩吒、蜋矩吒、攘鳩多とも書き、糞尿虫、鍼口虫、針口虫と訳す。虫の名。十六遊増地獄の内の屍糞増《しふんぞう》に住む虫。くちばしは針のように鋭く、身は白く頭は黒い。有情《うじょう》の皮をはぎ、骨を砕き、骨髄を食うという(倶舎論巻一一)。

**しょう-くどぶつも-にじゅういっしゅらいさん-きょう　聖救度仏母二十一種礼讃経**　一巻。元の安蔵の訳。チベット訳もあり、梵文の写本もある。多羅(ターラー Tārā)菩薩を礼讃する二一種の法、その功徳などを説く密教経典。㊅二〇

**じょうぐぼだい-げけしゅじょう　上求菩提下化衆生**　菩薩《ぼさつ》が上に向かっては自己のために菩提《ぼだい》(仏の智)を求め(自利)、下に向かっては衆生《しゅじょう》を教化する(利他)のをいう。これは菩薩、即ち菩提薩埵《ぼだいさった》の語を分解して、菩提と薩埵(衆生)として語源的解釈を行ったものである。略して上求下化ともいい、天台宗などでは上転下転という。即ち始覚、自利のために上進するのを上転といい、本覚、化他のために下向するのを下転と称する。また始覚の本に向かって輪転するのを上転といい、本覚の本に背き煩悩《ぼんのう》によって五道に輪転するのを下転と称することもある。

**しょうぐん　勝軍**　①(七世紀頃)㊵ジャヤセーナ Jayasena の訳か。インド瑜伽行派の学匠。西インド蘇剌侘《そらた》国の人と伝える。安慧(スティラマティ Sthiramati)・戒賢(シーラバドラ Śīlabhadra)について因明および唯識を学んだ。玄奘は在印中二年間、教えをうけたという。〔参考〕大慈恩寺三蔵法師伝四、西域記九　②⇩勝軍梵志《しょうぐんぼんじ》　③勝軍士。⇩波斯匿王《はしのくおう》

**しょうぐん-けせ-ひゃくゆ-かだきょう　勝軍化世百喩伽他経**　一巻。北宋の天息災の訳。勝軍王が一〇〇の譬喩を示して、仏教にもとづく実践の法を説き世間を教化したもの。九八の偈より成る。㊅三二、国論集部五

**しょうぐん-じ　勝軍寺**　⇩大聖勝軍寺《たいせいしょうぐんじ》

**しょうぐん-ぼんじ　勝軍梵志**　勝軍は㊁セーニヤ Seniya ㊵シュレーニカ Śreṇika の訳。有軍とも訳し、西儞迦、先尼などと音写する。梵志はバラモンの意。コーリヤ Koliya の人と伝える。はじめは犬の真似をして生活する一種の外道(犬戒行者)の一人であったが、のちに仏陀の感化によって比丘となった。〔参考〕Majjhima-nikāya 57、大般

若経五三八・五五六

**しょうげ　勝解**　㊵アディムクティ adhi-mukti の訳。信解、解脱とも訳す。心所《しんじょ》(心のはたらき)の名。倶舎宗《くしゃしゅう》では十大地法の一、唯識宗では五別境の一とする。印可(認めてよいと許す、印定忍可)の義で、対象に対して明らかに「このものはこのようである」と理解して断定する精神作用。判断作用の一部。

**しょうげ　障礙**　単に障、あるいは礙ともいう。すべてものごとが生じたり、持続したりする上にさまたげとなるのをいう。また二つの物質が障え合って同時に同一の空間を占有することができないのを障礙有対《たいう》という。⇩対礙《たいげ》

**じょうけ　掉悔**　掉挙《じょうこ》と悪作《あくさ》即ち悔との併称。五蓋《ごがい》の一。

**しょうけい　祥啓**　生没年不詳。室町後期の画僧。相模の人。字は賢江。貧楽斎と号し、休月斎、竜杏、栄普斎、宝珠などとも称した。建長寺の宝珠院の僧で、文明一〇年1478上洛して芸阿弥に画を学び、のち牧渓《もっけい》の画風を慕って自ら体得した。遺作は山水画・花鳥画・人物画などかなりあり、うち紙本墨画達磨像(南禅寺蔵)、紙本淡彩山水図(根津美術館蔵)などが代表作で、いずれも重要文化財。〔参考〕本朝画史中、扶桑画人伝

**しょうげい　聖冏**　(暦応四1341―応永二七1420)浄土宗鎮西派の第七祖。常陸の人。酉蓮社了誉と号し、世に三日月上人と呼ばれた。八歳で了実について出家した。蓮勝や定慧から浄土宗の教相や行儀を受け、またひろく顕密の諸教を修め、頓阿に和歌を学んだ。永和四年1378永実から璽書を伝授され、のち常福寺を継いだ。明徳四年1393弟子の聖聡に宗の奥義を五重にわけて伝えたが、これが浄土宗五重相伝の初めである。応永二二年江戸の小石川に庵(伝通院)を構えた。著書、釈浄土二蔵頌義、往生記投機鈔、授手印伝心鈔、領解授手印徹心鈔、決答疑問銘心鈔、観経疏伝通記糅鈔、選択伝弘決疑鈔直牒、顕浄土伝戒論、天地麗気記鈔など二〇部余。〔参考〕了誉上人行業記、聖冏禅師伝、本朝高僧伝一七

**じょうけい　定慶**　鎌倉初期から約一〇〇年間に活躍した同名異人の仏師。①生没年不詳。七条仏所運慶の次男の改名(一説に康慶の弟子とする)。興福寺東金堂の維摩居士坐像(建久七1196)・梵天像(建仁二1202)の遺作があり、高山寺・東寺でも造像した。②(元暦元1184―　)肥後の法眼といい、七条仏所康慶の弟子ともいう。貞応―建長年間1222―56に活躍。遺作に東京芸術大学蔵の毘沙門天像(貞応二1223)、鞍馬寺蔵の聖観音像(嘉禄二1226)があり、兵庫県の石龕寺《せきがんじ》(仁治三1242)、岐阜県の横蔵寺(建長八1256)の仁王像などもあって地方にも進出していた。③生没年不詳。越前法橋といい、弘安六年1283頃、法隆寺西円堂の薬師如来、同新堂の日光・月光菩薩を修理している。

**じょうけい　貞慶**　(久寿二1155―建保元1213)法相宗の学僧。解脱房《げだつぼう》と号し、世に解脱上人、笠置上人という。藤原貞憲の子。八歳で興福寺に入り一一歳で出家、覚憲に師事して法相・律などを学んだ。維摩会・最勝会の講師をつとめたが、建久三年1192南山城の笠置寺に住し、同寺を再建した。建仁二年1202唐招提寺東室を修理し、翌年より釈迦大念仏会を始めた。承元二年1208海住山寺に移り、建暦二年1212覚真に命じて興福寺常喜院を建立し、律講を始めた。法相宗の中興をもって目され、戒律の復興につくした。元久二年1205の専修念仏停止の興福寺奏状を起草する。著書、唯識同学鈔、法相初心略要、法華開示鈔、愚迷発心集、弥勒講式など。〔参考〕大日本史料四ノ一二、元亨釈書五、本朝高僧伝一三

**しょうけい－じ　昭慶寺**　中国浙江省杭州府銭塘県西湖の北岸にある。後晋の天福元年936呉越王銭元瓘が建てた菩提院を、北宋の乾徳二年964南山の律僧永智が再興。太平興国三年978戒壇を設けて方善戒壇(明代に律宗万善戒壇、ついで万寿戒壇と改称)と名づけ、同七年大昭慶律寺の額を賜った。間もなく省常が住して華厳浄行社を結び、廬山の慧遠の故事にならって念仏を興した。宋・元・明・清にわたってしばしば焼けたが、その都度造建された。〔参考〕大昭慶律寺志

**じょうけしゅ　浄華衆**　阿弥陀仏の浄

土に住む菩薩《ぼさつ》・声聞《しょうもん》たちが浄土へ生まれるには、母胎を借りないで清浄な蓮の華から生まれる(化生《けしょう》する)から、浄土の聖者たちを浄華衆という。

**じょうげつ　定月**　(元禄元1688—明和八1771) 浄土宗の僧。観蓮社妙誉道阿と号する。伊勢の人。一二歳で出家し、増上寺の梁道に師事。のち東漸寺・常福寺・伝通院などに歴住、宝暦六年1756江戸増上寺四六世となる。著書、明灯章、倶舎講林折条、論註眼髄など。〔参考〕三縁山志一〇

**しょうけん　性憲**　(正保三1646—享保四1719) 浄土宗西山派の僧。京都の人。字は慈空。通西、蓮居と号した。竜空に師事して浄土宗西山派の遺風を顕揚し、慈忍恵猛から菩薩戒を受けて律儀を守った。深草真宗院の三七世となり、蓮華勝会を開いて日々、往生要集を講じた。のち三河の刈谷に崇福寺を開創。著書、蓮門小清規、臨終節要、重修蓮門課誦。〔参考〕慈空和尚行実、続日本高僧伝九

**しょうけん　勝賢**　(保延四1138—建久七1196、一説に長承元1132—建久元) 真言宗の僧。藤原信西の子。兄弟に高野の明遍、安居院の澄憲がいる。はじめ勝憲と称した。仁和寺の最源に学び、醍醐寺の実運の付法となる。のち常喜院心覚から諸尊法を受けた。永暦元年1160醍醐寺座主となったが、乗海と職を争って一時は高野山に退き、のち再び座主となる。文治二年1186東寺二長者となり、建久三年東大寺別当となった。著書、治承私記、灌頂秘訣など。〔参考〕醍醐寺座主譲補次第、東寺長者補任、続伝灯広録九

**しょうけん　聖賢**　(永保三1083—久安三1147) 真言宗の学僧。三密房と号し、初めの名は賢仁。無量光院勝覚から伝法灌頂を受け、醍醐に金剛王院を創建した。その法流を金剛王院流と称し、小野六流の一に数える。著書、十八帖、諸尊略頌など。〔参考〕密宗血脈記中、諸宗章疏録三

**しょうけん　聖憲**　(徳治二1307—明徳三1392) 新義真言宗の僧。和泉の人。字は定林。実俊・増喜・順継・頼豪に密教を学び、久米田寺の盛誉から華厳を受けた。のち紀伊の根来寺中性院の院務を司り、学頭に推され宗義を大成した。著書、大疏百条第三重、自証説法十八段論章、五教章聴抄など。〔参考〕東国高僧伝一〇、本朝高僧伝一七

**しょうげん　性源**　(元和三1617—貞享三1686) 黄檗宗の僧。字は独本。安房の人。青松寺の春道について出家し、竜渓から臨済宗を伝えた。明暦元年1655隠元に謁し、寛文二年1662黄檗山に入門して知蔵を掌り、天和元年1681相模に浄業寺を開いた。〔参考〕黄檗譜略、続日本高僧伝五

**しょうげん　邵元**　(永仁三1295—貞治三1364) 臨済宗の僧。越前の人。字は古源。如幻道人と号し、物外子という。嘉暦二年1327元に渡り、貞和三年1347帰国して天竜寺の前堂となる。大聖寺・等持院・東福寺・法雲寺に歴住した。〔参考〕古源和尚伝、本朝高僧伝三〇

**しょうげん　昭元**　(　—応長元1311) 臨済宗の僧。京都の人。字は無為。勅諡は大智海禅師。東福寺の円爾弁円(聖一国師)の法嗣となり、筑前の承天寺、京都の三聖寺・東福寺、鎌倉の円覚寺に歴住した。著書、倒却刹竿、縦横自在、左右逢憚など。〔参考〕元亨釈書八、本朝高僧伝二二

**しょうげん　証玄**　(承久二1220—正応五1292) 律宗の僧。字は円律。覚盛に師事し、遺命によって三〇歳で唐招提寺を管した。戒律を大いに興し、堂宇・仏像の修補につとめて功があった。〔参考〕律苑僧宝伝一二、招提千歳伝記上、本朝高僧伝六〇

**じょうけん　定賢**　(万寿元1024—康和二1100) 真言宗の僧。源隆国の子。醍醐寺の覚源に師事し、康平五年1062醍醐寺座主、応徳元年1084東寺長者に任じられた。〔参考〕本朝高僧伝五〇

**じょうけん　浄検**　(　—升平年間357—61末—　) 生没年不詳。中国における最初の比丘尼。姓は仲氏。彭城(江蘇省)の人。西域沙門智山について出家し、東晋の咸康年間335—42に僧建が月支国より僧祇尼羯磨《そうぎにこんま》および戒本をもたらして升平元年比丘尼戒壇が設けられると、具足戒をうけた。享年七〇歳。〔参考〕比丘尼伝一、仏祖統紀二六

**じょうげん　浄源**　(大中祥符四1011—元祐三1088) 北宋代の華厳宗の中興。二水四

家の一人。字は伯長、潜叟《せんそう》と号す。晋江(福建省泉州府晋江県)の人。晋水法師と称される。出家ののち五台山承遷に華厳を受け、李通玄の華厳経合論を横梅明覃に学んだ。また子璿《しせん》に師事して楞厳経・円覚経・大乗起信論の諸経論を学んだ。清涼寺より諸寺を経て杭州慧因寺に住み、高麗の義天を弟子とし、彼の努力により華厳の疏鈔の散逸したのを補った。著書、華厳原人論発微録三巻、華厳妄尽還源観疏鈔補解一巻、金師子章雲間類解一巻、仁王経疏四巻など。〔参考〕釈門正統八、仏祖統紀二九

**しょうけん-こう　蕉堅稿**　一巻。漢詩文。絶海中津の著、門人の鄂隠慧奯《がくいんえかつ》の編(応永1394―1428末)。五山詩僧中、義堂周信と併称される絶海の詩文集で、五言律詩二四首・七言律詩六七首・五言絶句一五首・七言絶句五二首・疏一三篇・序四篇・書八篇・説五篇・銘四篇・祭文三篇から成る。明の永楽元年1403(日本の応永一〇)に明僧道衍の序、同如蘭の跋を得ている。五山文学全集二〔刊本〕応永末刊、寛文一〇1670刊

**しょうげん-じ　正眼寺**　①愛知県小牧市三ツ淵。青松山と号し、曹洞宗。応永元年1394天鷹祖祐が下津伝法寺跡(現愛知県一宮市)に創建し、通幻寂霊を開山に請じた。元禄二年1689現地に移転。もと尾張国の曹洞宗の僧録所であった。〔参考〕日本洞上聯灯録三・四、尾張志九　②岐阜県美濃加茂市伊深町。妙法山と号し、臨済宗妙心寺派。妙心寺派祖、関山慧玄の隠棲していた地。寛永年間1624―44雒翁が再興し、美濃三道場の一となる。現在、専門道場などを併設する。

**しょうげん-じ　生源寺**　滋賀県大津市坂本。天台宗。延暦年間782―806の創建と伝える。最澄の誕生の地といわれ、もと比叡山一山の世俗寺務を司り、西塔院の里坊であった。

**じょうげん-しんじょう-しゃっきょう-もくろく　貞元新定釈教目録**　三〇巻。唐の円照の編(貞元一五799)。略して貞元録という。智昇の開元釈教録を増補改訂し、開元以後に訳出されたものを追加した大蔵経目録。勅により編集したもので、総録と別録とからなる。総録の総集群経録には二四七七部七三九九巻の書目、巻数、翻訳または著作の年代、別名、同本異訳、所依の典拠、本の有無などを記し、また訳著者一八七名の略伝を掲げている。但し、現行本は後世に刪補されたものである。なお円照はこれよりさき貞元一〇年に開元以後新出の経論を収めた大唐貞元続開元釈教録三巻を著わした。また南唐の保大三年945に、恒安は続貞元釈教録一巻を作って貞元録を補った。㊅五五

**じょうげん-みゃくふ　浄源脈譜**　一巻。懐誉の編(寛保三1743)。知恩院・知恩寺・光明寺・浄華院の浄土宗四カ本山および増上寺など十八檀林の歴住次第を記したもの。現行本は明和五年1768書写され、明治初年まで書きつがれたもの。浄全一九

**しょうげん-みょうぎ-しょう　正源明義鈔**　九巻。法然の伝記。真宗本願寺の存覚の著と伝えられるが、偽本で内容に錯誤が多い。法然上人伝全集〔刊本〕承応二1653刊、元禄五1692刊

**しょうげん-りゃくしゅう　正源略集**　一六巻。清の宝輪際源と高旻《こうびん》了貞(1729―85)の共著。成立年不詳。明末より清代に至る禅宗史伝書の一。巻首が欠け序跋などを明らかにできないが、南岳下三三世密雲円悟の弟子より四〇世まで、青原下宗鏡宗書より一三世までの伝と機縁の語句を収めたもので、のちに天台山国清寺の達珍が正源略集補遺を作り、これを増修した。㊫二乙・一八・二

**しょうこ　鉦鼓**　「しょうご」とも読む。鐘鼓、常古、鉦《かね》、俗に「たたきがね」ともいう。楽器の一種。鼓形の鉦《かね》で、雅楽や念仏を称えるときに、これを叩いて調子をとる。

**しょうご　省吾**　(延慶三1310―明の洪武一四1381)臨済宗の僧。京都の人。大徳寺の宗峰につかえ、貞和四年1348元に渡り、諸方を巡歴して金陵牛頭《ごず》山に住した。延文二年1357一度帰朝したが、貞治二年1363再び渡航し彼地で没した。〔参考〕延宝伝灯録二一、本朝高僧伝三三

**しょうご　証悟**　⇩解悟《げご》

**じょうこ　蠰佉**　㊵シャンカ Śaṅkha ㊁

サンカ Saṅkha の音写。商佉《しょうきゃ》とも音写し、海貝、螺と訳す。弥勒下生《みろくげしょう》の時の転輪聖王の名。正法を以て世を統治し、弥勒の説法を聞いて沙門となり道果をえるであろうと予言されている。〔参考〕増一阿含経四四、長阿含経六、中阿含経七〇、弥勒下生経

**じょうこ　掉挙**　㊵アウッダトヤ auddhatya の訳。心所《しんじょ》(心のはたらき)の名。心を浮き騒がせて落ち着かせない精神作用で、惛沈《こんじん》の反対。倶舎宗《くしゃしゅう》では大煩悩地法《だいぼんのうじほう》の一、十纏の一とし、唯識宗では随煩悩の一とする。悪作(悔)とともに五蓋《ごがい》の一に数えて掉悔蓋《じょうけがい》という。

**しょうご-いん　聖護院**　京都市左京区聖護院中町。本山修験宗総本山。もと天台宗寺門派の門跡寺院。寛治四年1090増誉は白河上皇の熊野詣に先達し、その功で熊野三山検校職を賜って修験道を統轄するが、その法務を営むため創した白川院を聖護院の始めとする。増誉のあと二世増智が入室し、三世覚忠のとき聖護院と号したという。のち後白河天皇の皇子静恵法親王が住持したのを当院門跡の初めとし、門跡は園城寺長吏ならびに熊野三山検校を兼ねるのを例とした。応仁の乱に焼失して愛宕郡岩倉村長谷に移転するが焼亡。慶長一八年1613本山・当山修験の別が定められ、本山派の法頭となる。元和元年1615上京の烏丸上立売に殿舎を造営するが再度焼失し、ついに延宝四年1676現地に移る。天明八年1789、嘉永七年1854に皇居が焼けたとき一時仮御所となった。〔重文〕書院、木造不動明王立像、同智証大師坐像、光格天皇宸翰神変大菩薩号勅書、紙本墨書後陽成院宸翰御消息、同円珍入唐求法目録、同如意輪心中真言観、同智証大師像造立願文ほか　〔参考〕寺門伝記補録、本山修験伝記、雍州府志五

**しょうこう　少康**　(　—貞元二一805)　唐代の浄土教の僧。縉雲県仙郡(浙江省処州府)の人。姓は周氏。幼時、霊山寺で出家して法華・楞厳などを学び、のち越州(浙江省紹興県)の嘉祥寺で受戒して律を学んだ。上元(江蘇省以寧府)の竜興寺で華厳・瑜伽を受け、貞元初年に洛陽白馬寺で善導の西方化導文を発見してから、長安に出て善導の霊堂に詣で、その夢告を受けて浄土教に帰依した。江陵(湖北省江陵県)の果願寺、ついで睦州(浙江省建徳県)に至って念仏をすすめ、烏竜山に念仏道場を建てた。善導の生まれかわりという意味で、法照と共に後善導といわれ、中国浄土五祖の第五とされる。著書、往生西方浄土瑞応刪伝一巻(文諗《もんしん》と共著)。〔参考〕宋高僧伝二五、浄土聖賢録三(浄全一八)

**しょうごう　正業〔助業〕**　正行・助行ともいい、直接原因となる行と間接原因となる行のこと。浄土教で五正行のうち、称名《しょうみょう》を正業または正定業《しょうじょうごう》というのに対して、他の四を同類助業、菩提心《ぼだいしん》をおこし出家するなど五正行以外の行を異類助業という。正業と助業との関係については諸説がある。⇩正行《しょうぎょう》〔助行〕〔雑行〕

**じょうこう　承皓**　(大中祥符四1011—元祐六1091)　北宋代中期の禅僧。姓は王氏。玉泉承皓と呼ぶ。眉州丹稜(四川省丹稜県)の人。雲門四世の北塔思広の法を嗣ぎ、荊門(湖北省当陽県)玉泉寺に住した。〔参考〕続灯録六、五灯会元一五、仏祖歴代通載一九

**じょうごう　長行**　仏教の典籍において、韻文(偈頌)に対して、散文の部分をいう。字句を制限せず言葉が長く行列している意。

**じょうごう　定豪**　(仁平二1152—嘉禎四1238)　定毫とも書く。真言宗の僧。世に忍辱山《にんにくせん》大僧正という。大和の忍辱山で兼豪から伝法灌頂を受け、承久二年1220鎌倉の鶴岡八幡宮の別当となり、翌年熊野三山の検校ならびに高野山伝法院座主に補せられた。嘉禄元年1225東寺二長者、安貞二年1228東大寺別当、嘉禎二年東寺長者法務となり、伝法院座主に再任し、護持僧となった。その法流を定豪方といい三宝院門跡に相承されたが、定清によって関東にも弘まった。〔参考〕仁和寺諸院家記、東大寺別当次第、南都高僧伝、本朝高僧伝五四

**じょうごう　浄業**　(文治三1187—正元元1259)　律宗の僧。山城の人。字は法忍。曇照と号する。園城寺や南都で顕密二教を学び、建保三年1215(一説に同二年)律を求めて宋に渡った。鉄翁守一から具足戒を受け、曇照宗師から教律を学んで名声をあげ寧宗から

の号（一説に理宗から忍律法師の号）を賜った。承久二年1220帰国し、貞応二年1223京都に戒光寺を創建して南宋から伝来の釈迦仏頭による丈六像を安置し、教律の道場とした。天福年間1233—34再び入宋し、仁治二年1241帰国して太宰府に西林寺を開いて律をひろめ、また京都に東林寺を創建した。〔参考〕律苑僧宝伝一一、東国高僧伝一〇、本朝高僧伝五八

**しょうこう-いん　照高院**　京都市左京区北白川外山町にあった寺。豊臣秀吉の信を得た天台僧道証が、もと東山妙法院の地に創建して方広寺をも管理したが、方広寺鐘銘事件に関係して廃絶。元和五年1619後陽成天皇の弟興意法親王が、伏見城の遺構をもって北白川に再建。白川御殿・雪輪御所などとよばれて天台宗に属し、代々法親王が門主をつとめた。明和七年1770以降は聖護院の兼帯所となる。明治元年1868聖護院宮の法弟智成親王が門主となったが、還俗して北白川宮と称した。同五年能久親王が北白川宮となったが、同八年宮の東京移住で堂舎が取り壊されて廃絶した。〔参考〕雍州府志四、拾遺名所図会二、山州名跡志五

**しょうこう-じ　松広寺**　韓国全羅南道昇州郡松光面新坪里。大吉祥寺、修禅寺ともいう。三十一本山の一。新羅の末に慧琳が松広山吉祥寺を建てた旧地に、普照国師知訥《ちとつ》が堂舎を営み、高麗の熙宗元年1204竣工。曹渓山修禅社の号を賜り、のち松広寺と改称。慧諶をはじめ多くの高僧が歴住し、学問が大いに栄えた。一九六一年重修されたが、李朝初期の建築が残る。

**しょうこう-じ　松岡寺**　石川県鳳珠郡能登町松波。浄土真宗本願寺派。宝徳三年1451蓮如が加賀国能美郡波佐谷村松岡に創建し、三男蓮綱に付与した。浄土真宗加賀三カ寺の一。享禄四年1531の錯乱に焼かれ、住持ら一族は自決した。のち難をのがれた顕慶（または慶祐）が現地に再興したと伝える。〔参考〕反古裏、今古独語、越登賀三州志

**しょうこう-じ　勝興寺**　富山県高岡市伏木古国府。浄土真宗本願寺派。雲竜山と号する。寺伝によれば親鸞の門弟信念が佐渡国に創建、文明年間1469—87の初め、蓮如が越中土山に坊舎を建ててその寺跡を興したという。蓮如の子蓮乗・蓮誓が住した。明応三年1494高木場に移り、永正一六年1519安養寺村に転じ、天正九年1581兵火で焼かれて、同一二年現地に再建。以後国守前田氏との関係が深く寺運は栄えた。〔参考〕勝興寺文書、雲竜山勝興寺系譜、大谷遺跡録一、越登賀三州志

**じょうこう-じ　浄光寺**　①新潟市西堀通五番町。鳥屋院北山と号し、浄土真宗本願寺派。俗に北山浄光寺という。承元元年1207親鸞が鳥屋野の地に倒竹《さかさだけ》の奇瑞を感じて開創、善覚が継いだと伝える。第一五世覚法は石山合戦に功があった。慶長一〇年1605現地に移る。〔参考〕反古裏、御旧跡二十四輩記一、蓮如上人遺徳記、大谷遺跡録二　②新潟市西堀通一〇番町。金波山鳥屋院と号し、浄土真宗本願寺派。俗に蒲原浄光寺という。寺伝では中蒲原郡鳥屋野村放光院（真言宗）の住持印信が親鸞に帰依して法爾と号し寺を改めたのに始まるといい、寛文一一年1671現地に移ったと伝える。また北山浄光寺覚法の弟法弐が分立したのに始まるともいう。③福島県会津若松市宝町。法紹山と号し、日蓮宗。寛永年間1624—44日遵が保科正之の外護をうけて山形に草創。二世日陽が会津に移し、三世日然の時、現地に転じた。④茨城県ひたちなか市館山。衆宝山無量光院と号し、浄土真宗本願寺派。建暦二年1212親鸞の門弟唯仏房（二十四輩の第二一）の開創と伝え、初め枝川村（現茨城県ひたちなか市）に創建。江戸氏・佐竹氏の帰依をうけ、寺基をたびたび移したが、慶長年間1596—1615の頃、現地に転じたという。

**じょうこう-じ　浄興寺**　新潟県上越市寺町。歓喜踊躍山と号し、真宗浄興寺派の本山。建暦元年1211親鸞創建の常陸稲田の禅房に始まるという。のち下総磯部に転じ、文永四年1267信濃長沼に移ったが、永禄四年1561兵火に焼け、巧円が同国高井郡別府に再興したと伝える。さらに越後春日山麓および福島城下に転じ、慶長一五年1610高田城下に移った。正保三年1646類焼して、現地に再建。もと大谷派に属していたが、昭和二七年1952独立した。〔参考〕浄興寺文書、親

鸞上人御直弟諸国散在記、大谷遺跡録二

**じょうこうーじ　常光寺**　①福島市清明町。曹洞宗。開山は長規。もと信夫郡大森村にあり、天正年間1573―92現地に移る。板倉氏の菩提所。②大阪府八尾市本町。臨済宗南禅寺派。初日山と号する。天平年間729―49行基の開創と伝え、至徳二年1385五郎大夫盛澄が再建。康応二年1390足利義満の祈願所となった。小野篁自刻と伝える地蔵尊を安置し、世に八尾地蔵という。

**じょうこうーじ　常高寺**　福井県小浜市小浜浅間。臨済宗妙心寺派。凌霄《りょうしょう》山と号する。寛永七年1630京極高次の室、常高院栄昌尼(浅井長政女・淀君の妹)が栖雲寺を改めて創建、槐堂を開山とした。〔参考〕小浜市史

**じょうごうーちしん　浄業知津**　一巻。清の悟開の著(道光九1829)。清信女唐貞のために称名念仏の要義を説いたもの。(続)二・一四・四

**じょうごうーつうさく　浄業痛策**　一巻。清の照瑩の著(光緒元1875)。著者の浄土願生のおもいを綴った詩文集。(続)二・一五・二

**じょうこうみょうーじ　浄光明寺**　神奈川県鎌倉市扇ガ谷。真言宗泉涌寺派。泉谷山と号する。建長三年1251北条長時の創建。真阿を開山とする。もと真言・天台・禅・律の四宗兼学の寺であり、元弘三年1333後醍醐天皇の勅願所となる。境内に冷泉為相(阿仏尼の子)の墓がある。〔重文〕五輪塔、木造阿弥陀如来及両脇侍坐像　〔参考〕吾妻鏡五二、新編相模風土記稿八九、鎌倉市史

**じょうごうーわさん　浄業和讃**　三巻。一道編(文政八1825序)。時宗の和讃を蒐集編纂したもの。源信作とされる極楽六時讃・来迎讃の古和讃、および一遍以前から伝わったという一七篇(本作という)、一遍以後のもの一三篇(新作という)の総計三二編を収めている。即ち極楽六時讃・来迎讃(以上源信作か)、別願讃(開祖一遍、新)、往生讃(二祖真教、新)、弘願讃・称揚讃・六道讃(以上三祖智得、新)、宝蓮讃・荘厳讃・光陰讃・大利讃(以上七祖託何、新)、拾要讃前・同後(以上一四祖太空、新)、小経讃・恩徳讃小・同大・無常讃・滅罪讃・末法讃・釈迦讃・五縁讃・八相讃・涅槃讃・迎接讃・極楽讃本・同末・光明讃・宝海讃・心品讃・本願讃(以上作者不詳、本)、二教讃・懺悔讃(以上作者不明、新)。日本歌謡集成四

**しょうこくーじ　相国寺**　①中国河南省開封。大相国寺という。北斉の天保六年555の創建で建国寺と称した。唐の景雲二年711慧雲が再興し、ついで玄宗(712―56在位)から相国寺の勅額を賜った。大順二年891焼失したが間もなく復旧された。北宋の至道二年996太宗が再建して大相国の額を下賜、のち金の章宗(1189―1208在位)、元の世祖(1260―94在位)、明の太祖(1368―98在位)も重修した。明の洪武1368―98初年僧綱司を置き、成化二〇年1484崇法寺と改称した。明の崇禎　五年1642黄河の汎濫で埋没したが、清の順治一六年1659再建して旧称に復し、のち乾隆三一年1766重修した。〔参考〕大清一統志　②京都市上京区今出川通烏丸東入相国寺門前町。臨済宗相国寺派本山。万年山と号し、正称は相国承天禅寺と称する。京都五山の第二。永徳二年1382足利義満が創建し、翌三年春屋妙葩《みょうは》を迎えて仕持とし、夢窓疎石を開山に追請した。応永元年1394失火で全焼し義満が復興したが、同三二年再び炎上し堂舎の大半を失い、ついで足利義教・義政が再建につとめた。応仁の乱、天文の乱で荒廃したが豊臣・徳川両氏が復興した。天明八年1788法堂・大門などを除いて類焼にあい、のち開山堂・方丈などが再建された。塔頭および寺家はもと四六寺を数えたが、現在は慈照院(義政の牌所)・林光院(義嗣の牌所)・大通院・大光明院・玉竜院・普広院・長得院・光源院・慈雲院・豊光寺・養源院・瑞春院の一二寺院。義満の牌所である鹿苑院はもと安聖院と号したのを、永徳

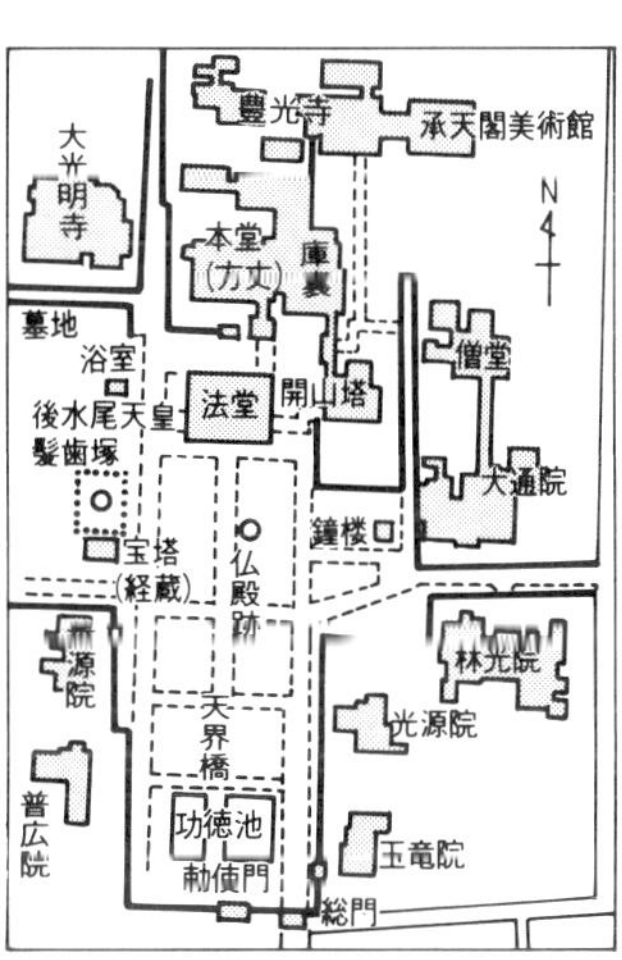

相国寺略配置図

三年1383に改称したもので、宗教行政を司る僧録所が置かれ、義教のとき鹿苑院内に蔭涼軒《おんりょうけん》が造られた。軒主の日記は蔭涼軒日録と呼ばれ、永享七年1435―文正元年1466(録者真蘂)、文明一六年1484―明応二年1493(録者集証)の部分が現存し、天文二一年1522―元亀四年1573の鹿苑院歴代住持の日記である鹿苑日録と共に、当時の政治経済や文化事情を知る貴重な史料である。〔国宝〕無学祖元墨書 〔重文〕本堂(法堂)、絹本著色十六羅漢像(陸信忠筆)、同鳴鶴図(文正筆)、紙本墨画山水図(絶海賛)、同猿猴竹林図(等伯筆)、紙本墨書十牛頌(伝絶海筆)ほか 〔参考〕相国攷記、相国寺建立封疆記、雍州府志四・八

**じょうこくじ　上国寺**　北海道檜山郡上ノ国町。浄土宗。華徳山と号する。嘉吉三年1443松前慶広の創建、開山は快秀と伝える。もと真言宗に属したが、第一〇世了徹のとき浄土宗に転じた。松前氏の菩提所である。本堂は文正元年1466の建立と伝え、北海道最古の堂宇である。なお寺号本末並年数之覚(元禄三1690記、函館図書館蔵)には寛永二〇年1643の草創とある。

**じょうこくじ　浄国寺**　①埼玉県さいたま市岩槻区加倉。仏眼山英隆院と号し、浄土宗。関東十八檀林の一。天正一五年1587岩槻城主太田氏房の創建。総誉清厳を開山とする。慶長二年1597以前に檀林に列したとされる。〔参考〕檀林岩付浄国寺志、新編武蔵風土記稿二〇〇　②大阪市阿倍野区相生通。浄土真宗本願寺派。本願寺三世覚如の門弟覚伝の開基と伝え、もと河内郡松原村にあったが、寛永五年1628現地に移る。

**じょう-ごっしょう-きょう　浄業障経**　一巻。訳者不詳。四―五世紀頃の訳。チベット訳もある。多垢光比丘が恋着を因縁として発心し授記される物語、仏道に対する障礙と業障を浄める道の説示、勇施比丘が同じく恋慕されたことを因縁として無生忍を得る物語がその内容。㊅二四、国一律部一二

**しょうこん　正鯤**　(清の康熙三〇1691―日本の安永三1774)黄檗宗の僧。大鵬と称し、笑翁と号す。清国泉州(福建省)の人。姓は王氏。享保年間1716―36来朝し、延享二年1745黄檗山万福寺一五世の法統をつぎ、四年で退隠、宝暦八年1758再任して一八世となった。墨竹画にすぐれていた。〔参考〕黄檗譜略、黄檗東渡僧宝伝上

**しょうごん　荘厳**　うるわしいもので身や住んでいる国土をかざること。悪事で自分の身をつつむことをいうこともある。北本涅槃経巻二七には、智慧をみがいてその身をかざる智慧荘厳と布施や持戒などの徳をつんでその身をかざる福徳荘厳の二種荘厳を説き、大集経巻一には戒・三昧・智慧・陀羅尼《だらに》の四種荘厳を説く。世親の浄土論には阿弥陀仏の浄土のうるわしさについて二十九種荘厳を説く。大別して依報荘厳《えほうしょうごん》(報いをうける主体を住まわせている国土の荘厳、器世間清浄のことで、国土荘厳ともいう)に一七種、正報荘厳(浄土に住むもののすがたや徳のうるわしさ、有情世間清浄のこと)に一二種ある。正報荘厳について浄土の主である仏に八種(仏荘厳、主荘厳ともいうが、八種の一にも主荘厳がある)、仏に伴う菩薩《ぼさつ》に四種(菩薩荘厳、伴荘厳ともいう)を数えている。国土・仏・菩薩の三種の荘厳を三厳《さんごん》ともいう。

**じょうごん　浄厳**　(寛永一六1639―元禄一五1702)真言宗の僧。河内の人。字は覚彦。号は雲濃。慶安元年1648高野山雲雪について得度し、良意・顕証・孝源らに師事して中院流・安祥寺流・西院流を伝えた。各地に遊化して、京都鳴滝の般若寺を中興し、和泉に高山寺、河内に延命寺・教興寺を創建した。元禄四年将軍徳川綱吉の帰依を受けて湯島に霊雲寺(現東京都文京区)を造建し、開山となった。著書、法華秘略要鈔一二巻など多い。〔参考〕浄厳大和尚年譜、浄厳和尚行状記、続日本高僧伝一

**じょうごん-いん　浄厳院**　滋賀県蒲生郡安土町慈恩寺。金勝山慈恩寺と号し、浄土宗。聖徳太子が近江に創建した一二カ寺の一と伝える。もと慈恩寺と称し、六角氏頼の菩提寺であったが、八世応誉明感に帰依した織田信長が、天正四年1576再建、浄厳坊隆堯を請うて開山とし現寺号とした。同七年に安土宗論の行われたことで知られている。〔重文〕本堂(阿弥陀堂)、木造阿弥陀如来坐像ほか

**じょうこんごう-いん　浄金剛院**　京都市右京区嵯峨二尊院門前長神町にあった浄土宗西山派嵯峨流の本寺。建長年間1249—56に後嵯峨上皇が檀林寺の跡地に亀山殿（跡地は現右京区嵯峨天龍寺芒ノ馬場町付近）を建てるが、その域内の諸院の一として建立、証慧（証空の弟子）を開基とした。のち足利尊氏が天竜寺を建てるのに際して当寺を二尊院の境内に移した。寺運が振わず、現在わずかに名をとどめるだけである。〔参考〕増鏡、雍州府志五、山州名跡志九、山城名勝志九

**しょうごん-じ　荘厳寺**　①中国の建康（南京）にあった寺。東晋の永和四年348謝尚が城中の竹格渡にあった自宅を寺とし、荘厳寺と称したのに始まるという。劉宋の大明三年459謝鎮西寺（謝寺）と改称。慧次・僧宝・僧智・智宗らが住した。陳の太建五年573再建されて興厳寺と号し、南宋の紹興年間1131—62真武廟の北に移された。明の永楽二一年1423真常が再興して旧名に復したと伝える。②中国の建康（南京）の宣陽門外にあった寺。劉宋の大明三年路太后の創建。斉・梁の頃には僧密・曇斌・道慧・僧達・宝誌・宝唱・僧旻らが住して盛んに講経し、梁の天監年間502—19末年には勅により名徳五僧を講者として八座の法輪が設けられた。陳の武帝（557—59在位）はしばしば当寺に行幸して捨身し、また親しく金光明経を開題し、無遮大会を行った。隋代に至って寺運は衰えたが、唐の神竜二年706牛頭山の慧忠が重修したという。なお①の謝尚の荘厳寺と当寺とを同一視する説もある。〔参考〕高僧伝巻七・八・一一・一三　③中国の建康（南京）の定陰里にあった寺。区別するために、②の宣陽門外の荘厳寺を大荘厳寺と呼び、当寺を小荘厳寺と称したという。梁の天監六年507鄒（邵）文立が滅罪のために晋の零陵王の廟地に建てた。④中国長安の禅定寺を大荘厳寺と呼んだことがある。

**しょうごん-じ　照厳寺**　福井県あわら市清王。聯珠山と号し、真宗大谷派。文保二年1318覚如に帰依した行覚が越中氷見に一寺を建立し、応安七年1374越前に移したと伝えるが、創建は早くても一五世紀以降といわれる。永正の一揆以降、加賀・越前を転々と移る。慶長年間1596—1615これまでの超勝寺末を離れて東本願寺直末となる。宝暦一〇年1760現地に移った。

**しょう-ごんじつ-きょう　照権実鏡**　一巻。最澄の著（弘仁八817）。法相宗の徳一が仏性抄を著わして天台教学を論難したのに答えたもの。三乗別教は権教であり一乗円教は実教であること、法華一乗が真実教であることを一〇門に分けて論じている。これに対し徳一は恵日羽足論・中辺義鏡・法華肝心・法華権門などを著わし、最澄は更に一乗義集・法華玄惑・守護国界章・決権実論・法華秀句などを著わして論争した。いわゆる三一権実の論争である。日蔵三九、仏全二四、伝教大師全集二〔刊本〕江戸初期刊

**しょうこん-ほう　招魂法**　招魂作法、延命招魂法ともいう。密教における修法の一。亡くなった人の魂を招喚し、延命または死霊のたたりを攘うために修する法。中国では、出三蔵記集五の新集疑経偽撰雑録に灌頂度星招魂断絶復連経一巻があり、灌頂経一二に続命法があるから、その起源は古い。もと道教で行われていたのを仏教にも採り入れたもの。〔参考〕諸経要集一九、秘鈔九、寂照堂谷響集九

**しょうごん-ぼだいしん-ぎょう　荘厳菩提心経**　一巻。後秦の鳩摩羅什《くまらじゅう》の訳（五世紀初頭）。大乗の菩薩の菩提心の進むさまを十波羅蜜・十地によって述べている。㊅一〇、国華厳部四

**しょうざい　性罪**〔遮罪《しゃざい》〕　性罪は自性罪、性重、実罪ともいい、遮罪は制罪、遮制ともいう。殺生《せっしょう》・偸盗《ちゅうとう》・邪婬などは、いかなる環境にある者が行っても本質的に罪悪行為であるから性罪という。これに対して、いろいろな過失を伴うから、あるいは世間のそしりを避けるために仏陀が制止した戒のうち、極めて軽い罪を遮罪という。飲酒《おんじゅ》は多くは遮罪とされる。性罪に対する禁戒を性戒《しょうかい》、性重戒、主戒、旧戒といい、遮罪に対する禁戒を遮戒、離悪戒、客戒、新戒という。性戒が制定されなくても性罪は罪であるから犯してはならないが、遮罪は遮戒が制定されてはじめて罪となる。⇩罪《ざい》

**じょうさい 定済** （承久二1220—弘安五1282）真言宗の僧。久我定通の子。醍醐憲深より伝法灌頂を受け、建長八年1256醍醐寺座主となる。文永四年1267東大寺別当、弘安三年1280東寺長者総法務に任じられ、護持僧となる。著書、報恩仗院口決若干巻。〔参考〕血脈類集記、東寺長者補任、本朝高僧伝一五

**じょうさい 常済** 生没年不詳。天台宗の僧。円仁に師事し、貞観四年862勅を奉じて西塔院に住し、同一八年円珍の奏請により延暦寺総持阿闍梨となる。〔参考〕日本高僧伝要文抄、本朝高僧伝八

**しょうさい-しゅ 消災呪** 詳しくは消災妙吉祥陀羅尼という。熾盛光《しじょうこう》大威徳消災吉祥陀羅尼経（唐の不空の訳）などによって、災難を除き吉祥を願う神呪をいう。禅宗の勤行で用いられる。四陀羅尼の一。

**じょうさい-だいし 常済大師** ⇩紹瑾《じょうきん》

**しょうさん 正三** （天正七1579—明暦元1655）臨済宗の僧。三河の人。鈴木重次の子。通称を九太夫といい、正三はその名で、出家後も法名に用いた。玄々軒、石平道人と号する。徳川家康に仕え関ケ原の戦、大坂冬・夏の陣などに出陣したが、元和六年1620大愚について出家し、愚堂・雲居・物外らに参じた。諸国をめぐり、寛永元年1624三河の石平山に庵を結び、同九年仏殿を建てて恩真寺と号した。同一八年天草代官となった弟の重成に同行、破吉利支丹を著わし三二カ寺を創建・再建してキリシタンの影響を除こうとした。慶安元年1648江戸に出て四谷の重俊院や牛込の了心庵に住し、庶民に平易な布教を行った。その説く所は日常の職業生活に即した仏教的実践であり、仁王坐禅をすすめた。著書、万民徳用一巻、麓草分三巻、盲安杖一巻、二人比丘尼二巻、念仏双紙二巻、因果物語三巻など。鈴木正三道人全集 〔参考〕石平道人行業記

**しょうさん 勝算** （天慶二939—寛弘八1011）天台宗の僧。姓は滋野氏。京都の人。運昭・余慶に師事し、のち修学院の開山となる。正暦二年991園城寺の長吏に補任された。勅して智観の号を賜った。〔参考〕元亨釈書二五、日本紀略後篇

**しょう-ざん 摂山** 中国江蘇省南京城の東北にある山。[illegible]山、聶山とも書き、摂嶺、繖山、棲霞山とも称する。梁代の棲霞・止観の二寺があり（一説に同一の寺とする）、僧朗・僧詮らが住して三論宗を興隆した。千仏巌・天開巌などの石窟仏像が有名。棲霞寺には隋の文帝（581—604在位）建立の五層舎利塔がある。⇩棲霞寺《せいかじ》

**しょうざん 賞山** 生没年不詳（宝永1704—11頃）。時宗の僧。清浄光寺四五祖尊遵の弟子。兵庫真光寺・沼津西光寺などに歴住し、宗学を弘めた。著書、一遍上人誓願文標示鈔、一遍上人絵詞伝直談抄一三巻、播州問答私考抄五巻など多い。〔参考〕一遍上人絵詞伝直談鈔序、清浄光寺記録

**しょう-ざん 鍾山** 中国江蘇省南京城の東北郊外にある山。蔣山、金陵山、紫金山、聖遊山、北山、神烈山などとも称する。名勝に富み、江南の名山として有名である。六朝時代には定林・道林・宋熙・愛敬・草堂・開善などの諸寺があり多くの名徳・高僧が住し、盛時には七十余寺を数えたというが、のちにほとんど廃絶した。宋代に山中の小刹を併せて太平興国寺が建てられた。明初に太祖の孝陵がこの地に築かれている。

**しょうさん-だいじょう-くどく-きょう 称讃大乗功徳経** 一巻。唐の玄奘の訳。別名を顕説謗法業障《けんせつほうぼうごつしょう》経という。異訳に、唐の智厳《ちごん》の訳（開元九721）の説妙法決定業障経一巻がある。二乗（声聞乗・縁覚乗）をよろこぶ者は真のさとりを求める者の悪友であるとして、大乗のすぐれたことを説く。㊅一七、国一経集部一五

**じょうさん-りょうけん-さんじゅうろくぎたいい-の-こと 定散料簡三重六義大意事** 一巻。証空（1177—1247）の著。定散料簡義ともいう。浄土宗西山派の観経料簡は、定散の料簡にある。欣浄縁を一経の総体とし、諸経観経の不同を分別して、通別の五門を定散二善として三重六義の不同があることを料簡する。定散の料簡は念仏を料簡することであるから、念仏にも三重六義があると主張する。浄土西山流秘要蔵三、西山疏抄尋覧二、西山上人短篇鈔物集

**しょうし 小師** ①(梵)ダフラ dahra の

訳。鐸曷攞《たくから》と音写する。具足戒を受けて一〇年に満たない年少の比丘。②僧侶が自ら謙遜していう語。③弟子のこと。師僧に対する。

**しょう-し　小史**　チューラヴァンサ Cūlavaṃsa のこと。⇩マハーヴァンサ

**しょうじ　生死**　㊵サンサーラ saṃsāra の訳。輪廻《りんね》とも訳す。業因《ごういん》によって六道の迷界に、生まれかわり死にかわりして輪廻することで、涅槃《ねはん》（さとり）の逆。生死のはてしないことを底知れない海に喩えて生死海といい、苦悩の世界であるから生死の苦海という。生死の苦海を渡って涅槃の彼岸に到ることは困難であるから難度海ともいう。①二種生死。⑴分段《ぶんだん》生死。有漏《うろ》の善悪業《ごう》を因とし煩悩障《ぼんのうしょう》を縁として三界内の麁なる果報を受けるとき、その果報は寿命の長短や肉体の大小など一定の斎限をもっているから分段身といい、分段身を受けて輪廻することを分段生死という。⑵変易《へんにゃく》生死。不思議変易生死ともいう。阿羅漢《あらかん》・辟支仏《びゃくしぶつ》・大力の菩薩《ぼさつ》は分段生死を受けることはない。しかし、無漏の有分別《うふんべつ》の業を因とし所知障を縁として、界外《かいげ》即ち三界の外の殊勝細妙な果報の身即ち意生身《いしょうしん》を受け、この身をもって三界内に来て菩薩の行を修めて仏果に至る。その身は悲願の力によって寿命も肉体も自由に変化改易することができて一定の斎限がないから変易身といい、変易身を受けることを変易生死という。②四種生死。分段生死を三界について分け、これに変易生死を加えて四とする。また変易生死を方便・因縁・有後・無後の四生死に分ける。また冥《みょう》（現世の卑賤）より冥（死後の悪道）に入る、冥より明《みょう》（死後の善趣）に入る、明（現世の尊貴）より冥に入る。明より明に入ることの四を四種死生という。③七種生死。分段生死を三界について分け、これに変易生死の四種を加えて七とする。ただし後世の解釈ではこれを次の七種とする。分段生死・流来生死《るらいしょうじ》（真如《しんにょ》の理に迷って生死の迷界に流来する初めをいう）・反出生死《ほんしゅっしょうじ》（発心して生死より反出する初めをいう）・方便生死（見思《けんじ》の惑を断ち三界の生死から超出する入滅の二乗についていう）・因縁生死（無漏業を因とし無明《むみょう》を縁として生を受ける初地以上の菩薩についていう）・有後生死《うごしょうじ》（有有《うう》生死ともいう。最後の一品《いっぽん》の無明を残す第一〇地の菩薩についていう）・無後生死（無有《むう》生死ともいう。無明を断ちつくして後身《ごしん》を受けない等覚の菩薩についていう）。

**じょうじ　成時**　（　—康熙一七1678）明代の僧。徽州歙県《きゅうけん》（安徽省無湖道）の人。姓は呉氏。堅密と号した。禅・教一宗を学び、ついで智旭に従った。仰山に住し、法のち江寧に赴いて天界半峰にとどまり、法華経を弘め念仏を修した。なお浄土十要に序を書いて刊行した。著書、観無量寿経初心三昧門一巻、受持仏説阿弥陀経行願儀一巻。

**しょうじき-へん　尚直篇**　二巻。明の景隆の著（正統五1440）。朱子をはじめ、儒家の多くが仏教を排撃するのに対し、反論を加えて一教の合一を説いたもの。同じ著者が主に仏教を宣揚したものに尚理篇一巻がある。〔刊本〕万暦二八1600刊、日本では寛永一八1641刊

**しょうじ-じ　勝持寺**　京都市西京区大原野南春日町。天台宗。小塩山と号し、俗に花の寺という。役小角《えんのおづぬ》が開創し、延暦一〇年791最澄が伽藍を建立、小塩山大原坊と号したと伝える。仁寿年間851—54範慶が復興して大原野春日社の別当寺とし、大原院勝持寺と号したという。足利尊氏の外護を得て栄えたが、応仁の乱の兵火で焼失した。天正年間1573—92勅進で仏殿を再建したという。境内に西行庵、西行桜がある。〔重文〕木造薬師如来坐像（三躯）、同金剛力士立像〔参考〕太平記三九、雍州府志五、京羽二重四、山城名勝志六

**しょうじ-じ　聖慈寺**　中国四川省成都府。唐の玄宗（712—56在位）が安禄山の乱にあい、蜀にのがれた時、僧英幹が国運の再興を祈って寺を建て、大聖慈寺の勅額を賜ったのに始まる。清の順治年間1644—61重修して大慈寺と改称した。

**しょうじじっそう　声字実相**　真言宗の教義。音声文字それ自体が実相に他なら

ないということ。如来の三密においては、身語意の三業《さんごう》はもともと平等であまねく宇宙全体にみちており、森羅万象はことごとくこの三密をまどかに具えて本来的には仏であるが、衆生《しゅじょう》はこのことを自覚しないので、如来は音声(声)によって教えを説き、文字(字)によって教えをあらわして悟らせようとする。だから、声字は如来の語密であり、それは如来の身密である実相(もののありのままのすがた)と全く等しいのであって、声字がそのまま実相である。しかも、五大はすべて音響をもち、十界はみな言語を具え、六塵《ろくじん》はことごとく文字であり、法身《ほっしん》は実相であるから、声字実相とは法仏平等の三密、衆生本有《ほんぬ》(本来具有している)の曼荼羅《まんだら》をあらわす(空海の声字実相義)。

**しょうじ-じっそう-ぎ　声字実相義**　一巻。略して声字義という。空海(774—835)の著。成立年不詳。真言宗の十巻章の一。真言密教の立場から、声字即実相の義を説き、三密中の語密の実相を明らかにするのを宗とし、これによって三密平等の極処を説き示そうとするもの。大日経第二具縁品の等正覚真言の一頌を所依とし、叙意・釈名体義・問答の三段から成る。(大)七七、弘法大師全集一、[国]諸宗部二〇 〔刊本〕享保一七1732刊 〔註釈〕頼瑜・開秘鈔二巻、果宝・口筆五巻(元禄七1694刊)、宥快・研心鈔一〇巻

**じょうじつ-しゅう　成実宗**　成実論を講究する学派。中国十三宗、日本八宗(南都六宗)の一。人法二空を説き、空観の実践を主張する。インド訶梨跋摩《かりばつま》(ハリヴァルマンHarivarman)が造った成実論は、後秦の鳩摩羅什《くまらじゅう》が中国に伝訳し、僧叡・曇影らが講じた。東晋の僧導や劉宋の道猛らが華南の地にこれを弘め、梁の法雲らは大乗教と判定した。華北では北魏の曇度らが講究したが、隋の智顗《ちぎ》や吉蔵が小乗であると判定してからその研究が衰えた。日本では、三論宗に付随して東大寺・大安寺・西大寺・法隆寺などで学習されていた。〔参考〕三論玄義、三国仏法伝通縁起中、八宗綱要上

**しょうしつ-ろくもん-しゅう　少室六門集**　一巻。小室六門ともいう。菩提達磨の作と伝える(1)心経頌、(2)破相論、(3)二種入論、(4)安心法門、(5)悟性論、(6)血脈論を集めたもの。日本の室町期より江戸初期の間に編集されたものといわれる。現在では所収各論について各種の異本(朝鮮本禅門撮要、敦煌本少室逸書その他)が紹介されていて、本文批判の上に種々の疑問がある。即ち(1)は玄奘訳の般若心経にもとづいて、逐語的に五言八句三七偈の頌を付したもので、達磨の真撰とは考えられない。(2)は禅門撮要中の観心論に相当し、北宗神秀の作とする説が有力である。(3)は景徳伝灯録巻三〇所収の菩提達磨略弁大乗入道四行に相当し、弟子曇琳の編序で、達磨の禅法を伝える最も確実なものとされ、続高僧伝の達磨伝や、楞伽師資記の資料となったものといわれる。しかし、その説はすでに金剛三昧経にあるもので(金剛三昧経の方が達磨の所説を承けた初唐頃の偽経であろうとする説もある)、両者の思想内容上の前後関係は簡単には決め難い。また朝鮮本および少室逸書中のものは、後部に四四則の異文が付加されている。(4)はすでに宗鏡録九八、大慧の正法眼蔵に収められているが、別に敦煌出土の異本(少室逸書)があって、増減が甚しく、(5)は大中一二年858に帰朝した円珍の請来目録にその名が見え、(6)は紹興二三年1153に任哲が序を付した別行のものがあって、いずれも初祖達磨の遺文と信じられているが、それらの諸本を比較すれば、内容的にはむしろ六祖慧能前後の南宗系の頓悟見性の立場に立ち、これを初祖達磨禅の根本精神としようとしたものと考えられる。(大)四八

**じょうじつ-ろん　成実論**　一六巻(または二〇巻)。訶梨跋摩《かりばつま》(ハリヴァルマンHarivarman)の作、姚秦の鳩摩羅什《くまらじゅう》の訳(弘始一三411—一四)。部派仏教の論書。漢訳のみが残り、梵本・チベット訳ともに現存しない。序論と苦・集・滅・道の四諦の各論との五聚(章)に分かれ、まず序論(発聚)において仏・法・僧の三宝を論じ、一〇種の異説を掲げて造論の立場を明らかにしたのち、五蘊(苦諦聚)、業と煩悩(集諦聚)、涅槃(滅諦聚)、禅定と智慧(道諦聚)をそれぞ

れ詳説する。所属の部派は明らかでないが、主として経量部の立場を採用しているとされ、説一切有部に対しては批判的である。多くの経論を引用し、部派仏教の重要な教理をほぼ網羅しつつ、大乗仏教に近い学説をもとり入れている。また仏教以外のインド思想にも言及し、とくにヴァイシェーシカ（勝論《かつろん》）学派の説にくわしい。中国ではひろく学習され、成実宗が起こった。註疏も数多く作られたが、ほとんど現存しない。㊅三二、国一論集部三

**じょうし-ほう　上厠法**　厠にゆく作法。日常生活の心得として毘尼母経巻六などに詳しく規定され、特に律宗や禅宗では厳重な規則がある。密教では修法の時に穢を忌むから上厠について規則があり、また、烏枢沙摩明王《うすさまみょうおう》の法を用いて穢を除く。即ち、この明王の三昧《さんまい》に入って自身を覧《らん》字と観じ、印を結び真言《しんごん》を誦えるもので、隠所作法《おんじょさほう》という。

**じょうしゃ　定者**　法会《ほうえ》の行道《ぎょうどう》のときに香炉をもって前行する役で、多く小僧をあて、定者沙弥《しゃみ》という。導師の下に定座する意で、定座ということがある。

**しょうじゃ-ふかえ-べん　正邪不可会弁**　一巻。法洲の著（文化一二〈1815〉）。真宗門徒の中野玄蔵が浄土宗教義を評した初会書一巻を邪会書として批判したもの。親鸞を成覚房の弟子で一念義を唱えたものとし、正念往生を以て法然の正統とし、もって信心為本の宗義を論破する。これに対して玄蔵は、また朝霞弁を作って反論し、法洲もさらに正邪強会弁四巻を著わして答えている。主に長門国（現山口県）の浄土宗と真宗との抗争を知る上の好史料である。〔刊本〕文化一四刊

**しょうしゅ　聖守**　（承久元1219―正応四1291）律宗の僧。奈良の人。東大寺の厳寛得業の次男。円照の兄。名は寛乗。二八歳で遁世して中道房聖守と名のる。覚盛から具足戒を受け、憲深に密教を学び、樹慶に三論を学んだ。東大寺真言院の復興を企て、文永一一年1274落慶し、また西南院・新禅院をも興した。彼を流祖とする法流を真言院流という。著書、醍醐大事口決一巻、護摩口決、三論興縁など。〔参考〕東大寺要録、律苑僧宝伝一二、招提千歳伝記中、本朝高僧伝六〇

**しょうじゅ　聖衆**　聖者の群衆という意で、仏及び声聞《しょうもん》・縁覚《えんがく》・菩薩《ぼさつ》をいう。人の命終の時、浄土から阿弥陀仏及び聖衆が迎えに来ることを聖衆来迎《らいごう》といい、その相を図にあらわしたものを聖衆来迎図という。⇩聖衆来迎図《しょうじゅらいごうず》

**じょうしゅ　上首**　最上位にある者の意。大衆の中で最上位にある者をいい、また転じて種々の教えの中で最上の法をいうこともある。

**じょうじゅ　成就**　①得《とく》の一種。得し已《おわ》って現に失わない意。有部宗《うぶしゅう》の教義で異説もあるが、倶舎論では得（自身に属する有情法《うじょうほう》と択滅《ちゃくめつ》と非択滅とを自身に得させ、つなぎとめておく力のあるもの）が未来の位からまさに現在の位に至ろうとして未来生相位にあるときを獲《ぎゃく》といい、現在の位に至り終れば成就といわれる。②宝などを具足し、所有し、支配する意。志願などを成し遂げる意。密教では悉地《しっじ》の訳とする。

**しょうしゅう　性宗〔相宗〕**　宇宙および人生を探究するのに、その不変平等絶対真実の本体や道理を課題の中心として説く宗旨を性宗、法性宗といい、その現象的な変化差別相対のすがたを課題の中心として説く宗旨を相宗、法相宗という。三論宗や華厳宗《けごんしゅう》などは前者、倶舎宗や法相宗などは後者であるとする。性宗と相宗との間に教義上の優劣の差などのあることを認めて、峻厳な態度ではっきりときまりをつけることを性相決判《しょうぞうけっぱん》といい、これに対して両者の教義上における連関性を認めて、寛容な態度でその融和会合をはかることを性相融会《しょうぞうゆうえ》という。

**じよう-しゅう　自要集**　一巻。成立年不詳。真宗の要義である摂取不捨・一念即生・諸仏証誠・現生十益などの義を和述した書。著者については、⑴本願寺蓮如（宝永三1706刊本）、⑵同覚如（蔽麦私記）、⑶専修寺定専（下野流高田衆教目録、浄土真宗聖教目録）の諸説がある。㊅八三、真宗史料集成五

**じょうじゅう　常住**　（梵）ニトヤ・スティ

タ nitya-sthita の訳。過去から現在・未来へと三世にわたって常に存在し、生じたり滅したりして変化することのないのをいい、これに反することを無常という。⇩常《じょう》〔無常〕

**じょうじゅう-いん　常住院**　京都市左京区聖護院にあった寺。かつては聖護院・円満院・実相院と並ぶ園城寺四門跡の一で、天元年間978―83に証空が開いたと伝える。応永年間1394―1428に道意が第一一代門主となって以後廃絶した。〔参考〕百練抄巻一五、梅松論下、京都坊目誌二七

**じょうしゅう-かんば　趙州勘婆**　禅宗の公案の一。台山婆子ともいう。趙州従諗《じゅうしん》が茶店の老婆に、五台山に至る道をたずねたところ、老婆は他の僧に対するのと同様に「まっすぐに行け」と答えるのみであったが、趙州がその作意を見破ったという故事で、真意をよく見とどけるべきことを教えたもの。〔原文〕無門関三一則、趙州語録下、祖堂集一八、景徳伝灯録一〇

**じょうじゅう-きょう　常住教**　仏の法身は常住不変で、それが仏性(仏の本質)であり、この仏性を一切の衆生がことごとく持っているから、一闡提《いっせんだい》でも成仏できると説く教え。大乗の涅槃経に説かれている。中国で仏教の教義を分類判別する場合(教判)に最高の教義の名としてしばしば用いられた。⇩五時教《ごじきょう》

**じょうしゅう-ごこく-へん　浄宗護国篇**　観徹の述(正徳二1712自序)、良信の編。三河大樹寺開山勢誉愚底大和尚伝、同寺中興登誉天室大和尚伝、武蔵増上寺中興観智国師伝、同寺阿弥陀仏霊像記の四篇より成り、浄土宗の先徳が念仏護国の徳により徳川氏の政治を補い助けたことを述べたもの。浄全一七〔刊本〕正徳五刊、安永七1778刊〔註釈〕珂然・成語考四巻

**じょうしゅう-さんてんご　趙州三転語**　禅宗の公案の一。趙州従諗《じゅうしん》が説法して、「金仏は炉を渡らず、木仏は火を渡らず、泥仏は水を渡らず、真仏は内裏に坐す」と言ったのにもとづき、真仏の所在を知らせようとするもの。三転とは三聯の意で、ここでは炉と火と水を指し、転語は修行者を転迷開悟させるに足る、寸鉄の句をいう。〔原文〕碧巌録九六則、趙州語録中、五灯会元四

**しょうじゅう-じ　正宗寺**　①茨城県常陸太田市増井町。万秀山と号し、臨済宗円覚寺派。もと当地には延長元年923平良将建立の律宗増井《ましい》寺があり、これはのち真言宗の勝楽《しょうらく》寺と改められた。弘安八年1285にはその傍らに塔頭の正法《しょうぼう》院が再興された。貞和年間1345―50に領主佐竹貞義の嫡子義継が出家し、夢窓疎石の弟子となって月山と称し、勝楽寺の東に正宗庵を建立、佐竹義篤のとき正宗寺と改宗して北関東の臨済宗の拠点となったという。天正年間1573―92勝楽寺と正法院は衰退し、正宗寺は佐竹氏の秋田移封のときまでその菩提寺として栄えた。天保九年1838焼失したが、明治三年1870本堂が再建された。〔参考〕空華日用工夫略集、正宗寺日記、常陸帯　②愛媛県松山市末広町。天竜山と号し、臨済宗妙心寺派。寛永一二年1635松平定行が当地に転封したとき随行した密山演静が開いた。明治年間1868―1912に俳人正岡子規が仮寓し、現在境内に子規堂がある。昭和八年1933焼失するが、その後復興した。

**じょうじゅう-じ　浄住寺**　①石川県金沢市長土塀。曹洞宗。法苑山と号し、正安三年1301瑩山紹瑾が河北郡山崎庄に開創したという。のち火災にあったが、天正年間1573―92に前田利家が現地に移し再建した。②京都市西京区山田開キ町。葉室山と号し、黄檗宗。弘長年間1261―64定然(葉室定嗣の法名)が建立して叡尊《えいそん》を開基とし、真言律宗に属した。正慶二年1333兵火で焼け、明応二年1493葉室教忠の処刑の際破却された。室町女院(堀河天皇皇女)が寄進した仏舎利を安置していたが、報恩寺に移された。元禄二年1689葉室大納言頼孝が鉄牛道機に帰依し、伽藍を興して黄檗宗とした。〔参考〕興正菩薩置文、山城名勝志一〇

**しょうしゅう-じっくぎ-ろん　勝宗十句義論**　一巻。慧月(マティチャンドラ Maticandra)の造。唐の玄奘の訳(貞観二628)。勝宗とはインド六派哲学の一派ヴァイシェーシカ Vaiśeṣika(勝論《かつろん》)学派を意味する。六世紀頃に書かれた同派の教義学

書で、サーンキヤSāṃkhya(数論《すろん》)学派の金七十論を除けば、インド哲学諸派の論書の中で漢訳された唯一のものである。勝論派の教義全体にわたった論ではなく、その形而上学・自然哲学の部門だけに関してのみ論義を展開している。ヴァイシェーシカ学派の根本教典であるヴァイシェーシカ・スートラVaiśeṣika-sūtra(勝論経。二世紀頃)が現象界の諸事物を構成する原理として六つの句義(パダ・アルタpadārtha)を立てるのに対し、本論ではそれに四句義を加えて十句義とする〈⇩十句義《じっくぎ》〉など、初期のヴァイシェーシカ学派の説よりも発展した論を述べている。原典はインドで早く失われたらしいが、この漢訳は中国・日本で広く学習された。宇井伯寿はその英訳および研究(The Vaiśeṣika Philosophy, 1927)を発表した。㊅五四

**じょうしゅう-しもん　趙州四門**　禅宗の公案の一。趙州従諗《じゅうしん》が一僧に「趙州の家風は何か」と問われて、「東門西門南門北門」と答えた故事で、趙州城の四門に譬えて、法界の入所を示したもの。どこからでも自由に入ってこい、というのである。〔原文〕碧巌録九則、趙州語録上、五灯会元四

**じょうしゅう-せんぱつ　趙州洗鉢**　禅宗の公案の一。趙州従諗《じゅうしん》が一僧に「私は新米ですので、判りやすい道を示してほしい」と言われて、喫飯了也《きっぱんりょうや》と問い、「飯を喫し了らば鉢盂《はつう》を洗え」と教えた故事で、日常茶飯事のなかに仏道があることを示したもの。喫飯了也とは、中国では極めて日常的な挨拶の語。〔原文〕無門関七則、従容録三九則、趙州語録中

**じょうしゅう-だいしてい　趙州大死底**　禅宗の公案の一。趙州従諗《じゅうしん》と投子大同《とうすだいどう》との問答で、大死一番して絶後に蘇生する道を問うたもの。投子の答語に「夜行は厳禁だ、明るくなると同時に目的につけ」とあり、夜間の外出を禁じた中国の風習に譬えて、禁に徹して禁を超える消息を示している。〔原文〕碧巌録四一則、祖堂集六、景徳伝灯録一五

**じょうしゅう-はくじゅし　趙州柏樹子**　禅宗の公案の一。趙州従諗《じゅうしん》が一僧に「祖師西来の意は何か」と問われて、「庭さきの柏の木だ」と答えた故事で、祖師達磨が中国に伝えた禅宗の根本義を、目前の具体的な事物に即して示したもの。庭前の柏樹子、または単に柏樹子とも呼び、別にこれに因む関山賊機《かんざんぞくき》の公案がある。〔原文〕無門関三七則、趙州語録上、祖堂集一八

**じょうしゅう-むじ　趙州無字**　⇩狗子仏性《くすぶっしょう》

**じょうしゅう-ろん　定宗論**　一巻。比叡山の蓮剛の著(貞観859—77頃)。道詮の群家諍論三巻を批判した書。道詮は三論宗を竜樹の本流とし、他宗を竜樹の支流としたが、蓮剛は天台法華宗の大意および三国相承を述べて群家諍論を論破し、八宗それぞれの立教開宗の本義を説いている。㊅七四〔写本〕日光輪王寺蔵(平安時代写、重文)

**しょうしゅかん-き　正修観記**　三巻。源信(942—1017)の著。成立年不詳。西方浄土の依止《えしょう》二報を讃嘆観察して来迎《らいごう》摂取《せっしゅ》に預るように勧めた書。仏全三一、恵心僧都全集一

**しょうじゅ-じ　勝授寺**　福井県坂井郡三国町台。進学山と号し、浄土真宗本願寺派。大町専修寺にはじまるが、天正三年1575同寺の賢会が討死すると専修寺は廃寺となる。賢会の子唯賢らは各地を転々とするが、同年本願寺顕如から現寺号を下付され、同一七年現地に移った。明和1764—72・安永1772—81と罹災したが、再興した。〔参考〕諸家分脈系図、寺記

**しょうじゅ-しゅう　清珠集**　一巻。清の幻空治兆の編(同治九1870)。諸家の浄土法語を抜萃要約して編集したもの。㊌二・一五・一

**じょうじゅ-みょうほう-れんげ-きょうおう-ゆが-かんち-ぎき　成就妙法蓮華経王瑜伽観智儀軌**　一巻。略して成就法華儀軌という。唐の不空の訳。法華経の見宝塔品に説かれる、多宝如来が宝塔中において釈迦牟尼仏に半座を分け与えたという説話を密教的に解釈して曼荼羅を構成し、法華経を持して真言行を修するものはことごとく菩薩道を成ずることができると説く。㊅一九

**しょうじゅーもん　摂受門〔折伏門《しゃくぶくもん》〕**　衆生を教え導くための方法に、衆生の善をうけ入れおさめとって導く方法（摂受門）と、衆生の悪をくじきやぶって導く方法（折伏門）とがある。一般には折伏は摂受のための前段階とされるが、日蓮宗では末法の時代においては、方便の教えを信じている者の迷妄をまず破らなければならないとして折伏門に重きをおく。摂受と折伏を略して折摂あるいは摂折二門ともいう。勝鬘経十受章にこの二門が説かれている。

**しょうじゅらいごうーじ　聖衆来迎寺**　滋賀県大津市比叡辻。紫雲山と号し、天台宗。延暦九年790最澄が地蔵尊を祀って地蔵教院と称したのに始まるという。次いで長保三年1001源信が観無量寿経の水想観を琵琶湖で観じ、また阿弥陀と聖衆の来迎を感得して現寺号に改めたと伝える。その後の経緯は不詳であるが、大永七年1525真玄が入寺して堂舎を復興。そのあと洛東の元応寺《げんおうじ》末寺から真光、真雄が入寺。天正元年1573には同じく元応寺末の宝泉寺の智光が入寺し、このとき元応寺流の聖教、法具類が移管されたという。同一七年後陽成天皇の命で元応寺を合併、近江の円頓授戒の道場として栄えた。なお元亀二年1571織田信長の比叡山焼打の時も罹災をまぬがれており、寛永一九年1642客殿（重文）が修造された。〔国宝〕絹本著色六道絵　〔重文〕絹本著色十二天像、同阿弥陀廿五菩薩来迎図、同十六羅漢図、同釈迦三尊十六善神図、木造釈迦如来坐像、同十一面観音立像、同地蔵菩薩立像、銅造薬師如来立像、犀角如意、鋳銅三具足、銅水瓶ほか　〔参考〕来迎寺要書、新修大津市史二

**しょうじゅーらいごうーず　聖衆来迎図**　来迎図。迎接曼荼羅、迎接変相ともいう。聖衆来迎の相を描いたもの。平安中期の浄土信仰の隆盛によって生まれ、浄土教美術の中核をなす。来迎思想は大無量寿経・観無量寿経・阿弥陀経などに説かれ、極楽浄土から阿弥陀仏が観音・勢至などの諸菩薩の聖衆をつれてまさに命終らんとする念仏者のもとに迎えに来るという。来迎信仰は源信によって強調された。絵の形式は正面図と側面図の二種がある。⑴正面図に、奈良法華寺阿弥陀三尊及び童子図・高野山有志八幡講聖衆来迎図（以上平安時代）、京都金戒光明寺・禅林寺などのいわゆる山越の阿弥陀図（以上鎌倉時代の作）などがあり、⑵側面図に、宇治平等院鳳凰堂壁画九品来迎図（上品中生《じょうぼんちゅうしょう》図など四図は天喜元1053頃の作）・奈良興福院聖衆来迎図・京都知恩院聖衆来迎図（早《はや》来迎図、また迅雲《じんうん》の阿弥陀図ともいう）（以上鎌倉時代の作）などがある。なお普通には阿弥陀聖衆来迎図をいい、弥勒来迎図などは指していない。また臨終来迎の聖衆と二十五菩薩とはもともと区別されていたが、鎌倉末期から両者に混同が生じ、聖衆来迎図を阿弥陀二十五菩薩来迎図と題することが多くなった。

**しょうじゅーろうじん　正受老人**　⇩慧端《えたん》

**じょうしゅん　貞舜**　（建武元1334—応永二九1422）天台宗の僧。比叡山の貞済に師事し、のち西塔宝園院に住した。応永年間1394—1428に近江柏原の成菩提院を中興、天台教学の興隆につとめた。著書、天台名目類聚鈔七巻（一名、七帖見聞）、宗要安立六巻（一名、柏原安立）。〔参考〕本朝高僧伝一七、天台霞標七ノ一

**しょうしょ　章疏**　篇章を分けて教義を論じるのを章といい、経論の文句を通釈するのを疏という。例えば大乗義章、観経疏というようなもの。一般に中国や日本で著述された仏教書を章疏という。⇩疏《しょ》

**じょうじょ　定助**　（仁和四888—天徳元957）真言宗の僧。東院律師と称する。東大寺延敒から伝えた法と醍醐寺六代座主一定から伝えた法を合わせて東密の一流を開いた。これを壺坂流という。天暦元年947醍醐寺七世座主となる。〔参考〕続伝灯広録二

**しょうしょう　清竦**　生没年不詳。五代頃の天台宗第一四祖。高論尊者という。天台県（浙江省）の人。元琇の弟子となり止観を行じ、国清寺に住した。弟子に義寂・志因らがいる。〔参考〕釈門正統二、仏祖統紀八

**しょうしょう　聖昭**　生没年不詳。永承1046—53頃の天台宗の僧。大慈房と称し、世に穴太《あのう》阿闍梨、少将阿闍梨、少将大師という。行厳から密法を受け、また覚範・

院照から智泉流を伝えた。比叡山麓穴太に住し、台密十三流の一である穴太流を開いた。著書、十八道口決四巻、西円鈔、二十帖口決など。〔参考〕山門穴太流受法次第、台宗血脈譜、明匠略伝

**しょうじょう　小乗**　⇩大乗《だいじょう》

**しょうじょう　昭乗**　(天正一二1584—寛永一六1639)山城の男山八幡宮(石清水八幡宮)滝本坊の画僧、書家。俗姓は中沼氏、名は式部、号は猩々翁、晩年は松花堂と称した。滝本坊の希勤《けごん》(字は実業)に師事して密教を学んで金・胎両部を相承し、のち男山八幡宮の社僧となった。また近衛竜山(前久)・尊朝法親王について書を学び、また空海の書風を修めた。書法は松花堂流または滝本流と称し、近衛三藐院(信尹《のぶただ》)・本阿弥光悦とともに寛永の三筆の一に数えられる。兼ねて狩野山楽に絵を学び、牧谿・因陀羅の画風を好んだ。晩年は男山に茶室松花堂を建てて幽居した。〔参考〕続日本高僧伝、扶桑画人伝

**しょうじょう　省常**　(顕徳六959—天禧四1020)北宋代初期の僧。姓は顔氏。字は造微。円浄法師と称する。銭塘(浙江省杭県)の人。諸宗に通じ、特に廬山の慧遠《えおん》を慕い、西湖の昭慶寺に浄行社を結んだ。中国蓮宗七祖の一。〔参考〕銭塘白蓮社主碑(間居編三三)、楽邦文類三、蓮宗宝鑑四、仏祖統紀二六

**しょうじょう　清浄**　(梵)シュッダ śuddha の訳。浄ともいい、悪い行為による過失や煩悩《ぼんのう》のけがれを離れてきよらかなことをいう。心清浄、身清浄、身語意三種清浄などと用いる。無性の摂大乗論釈巻一には、有漏道《うろどう》の修行によって現在起こっている煩悩をしばらくおさえた世間清浄と、無漏道の修行によって完全に煩悩を滅しつくした出世間清浄との二種清浄をわけ、世親の浄土論には、環境がきよらかな器世間《きせけん》清浄と、そこに住んでいる者がきよらかな衆生世間清浄とをわける。梁訳摂大乗論巻中には、本来自性清浄・無垢清浄・至得道清浄・道生境界清浄の四種清浄があるとし、また究竟一乗宝性論巻四にはこのうちの初めの二、即ちすべてのものは空であるからもともときよらかであるとする自性清浄と、煩悩のけがれをはなれることによってきよらかとなった離垢《くり》清浄とを説いて二種清浄とする。

**しょうじょう　証誠**　誤りがないと証明すること。例えば阿弥陀経には、念仏往生の確かなことを六方の諸仏が証明する(諸仏証誠)と説く。

**じょうしょう　上昭**　(寛喜元1229—正和五1316)臨済宗の僧。寂庵と号し、諡号は宏光禅師。蔵叟《ぞうそう》朗誉に師事して後、宋に渡って南浦紹明らと共に虚堂愚智・偃渓広聞らに参じた。帰朝して大休正念に依り寿福寺に分座し、のち蔵叟の法席を継いだ。〔参考〕延宝伝灯録六、鎌倉五山記、本朝高僧伝二三

**じょうしょう　定昭**　(延喜九909—永観元983)法相宗の僧。藤原師尹の子。一乗院僧都、嵯峨僧都という。仁斅《にんこう》に法相を学び、寛空から密灌を受けた。安和二年969東寺四長者となり、翌年興福寺別当を兼ね、ついで探題となった。天元二年979金剛峯寺の座主に補任され、東寺一長者に進んだ。大覚寺別当をも兼ね、興福寺一乗院を開創した。霊異が多かったという。〔参考〕僧綱補任二、南都高僧伝、拾遺往生伝上、本朝法華験記中、本朝高僧伝四八

**じょうしょう　定紹**　(暦応二1339—応永一四1407)曹洞宗の僧。字は慶屋。能登の人。光禅明峰について得度し、加賀大乗寺の徹山旨廓に師事した。周防に赴き、応永三年大内義弘の外護を受けて鯖山に禅昌寺(現山口市)を開いた。〔参考〕日本洞上聯灯録四

**じょうしょう　定照**　生没年不詳。鎌倉時代の延暦寺の僧。上野の人。並榎竪者《なみえのりっしゃ》という。宝地房証真の弟子。元仁二年1225弾選択集を著わしたところ隆寛が顕選択で痛罵したため、嘉禄三年1227弾顕選択を著わし山門に送付した。これが契機となって嘉禄の法難がおこった。但し著作は現存しない。〔参考〕大日本史料五ノ四、金綱集五

**じょうしょう　静照**　(文暦元1234—徳治元1306)臨済宗の僧。無象《むしょう》と号し、法海禅師と勅諡された。鎌倉の人。東福寺の円爾弁円に侍し、建長四年1252宋に渡り、石渓心月の印可をうけ、虚堂《きどう》智愚にも参じた。文永二年1265帰国して各地に寺を開

き、建治三年1277博多の聖福寺を管した。相模の大慶寺にうつり、正安元年1299北条貞時の帰依を受けて浄智寺（現神奈川県鎌倉市）の主となった。著書、四会語録三巻、興禅記一巻など。〔参考〕浄智第四世法海禅師無象和尚行状記、延宝伝灯録三、本朝高僧伝二一

**しょうじょう-いん　松生院**　和歌山市片岡町。単立。向陽山蘆辺《あし》寺と号する。和気宅成（円珍の父）が讃岐国屋島檀浦洲崎に創建したと伝える。源平の乱で焼けたので寺基を和歌山の蘆辺浦に移し、のち天正の乱を避けて海草郡黒岩村に転じ、慶長五年1600現地に再興された。本尊の不動明王は世に鼠突不動という。〔参考〕紀伊続風土記五、紀伊名所図会一

**じょうじょう-いん　上乗院**　京都市東山区にあった青蓮院の院家の一。三条天皇第四皇子性信法親王の乳母が草創し、定覚を初代院主とした。皇族が歴住し、上乗院宮・下河原門跡と称したが、文明1469—87以後廃絶した。寺ははじめ南禅寺北門前下河原にあり、後に葛野郡池裏村に移されたというが、院跡は確定できない。〔参考〕仁和寺諸院家記、山城名勝志八・一三

**しょうじょうけ-いん　清浄華院**　京都市上京区寺町通広小路上ル北之辺町。浄土宗四カ本山の一。浄華院と略称する。寺伝では貞観年間859—77創建の禁裏内道場にはじまるといい、弘安一〇年1287浄花房証賢が二条万里小路に中興して専修念仏の道場とした。のち土御門烏丸の西に移り応仁の兵火で焼けたが文明一九年1487再建し、天正一八年1590現地に転じた。この頃黒谷金戒光明寺（現左京区）と本末関係を争ったが、慶長一五年1610同寺が独立したことから、清浄華院の勢力は衰退した。その後しばしば火災にあったがその都度再建された。〔重文〕紙本著色泣不動縁起、絹本著色阿弥陀三尊像〔参考〕発心集六、後鑑一二〇、扶桑京華志二、山城名勝志三

**じょうじ-ようご　浄慈要語**　⇩じんずようご

**しょうじょうごう　正定業**　正しく決定する業。または正しく選定された業。浄土教で、念仏は衆生を往生させる決定的な根本原因で、仏が選定した行であるから正定業という。善導の観経疏散善義に称名《しょうみょう》を正定業とするとあるのによる。

**しょうじょうこう-じ　清浄光寺**　神奈川県藤沢市西富。藤沢山無量光院と号し、時宗の総本山。藤沢道場、遊行寺ともいう。正中二年1325四祖呑海が当麻道場（無量光寺）に独住を拒否されたので、俗兄の俣野五郎景平（入道明阿）を開基として極楽寺跡地に清浄光院と号して創建したという。五祖安国は当寺を一宗の本寺とさだめ、以後、遊行派では遊行上人は七条道場金光寺（跡地は現京都市下京区）を基地として遊行賦算の旅をつづけ、先代の遊行上人は当寺に独住して藤沢上人と呼ばれるようになった。

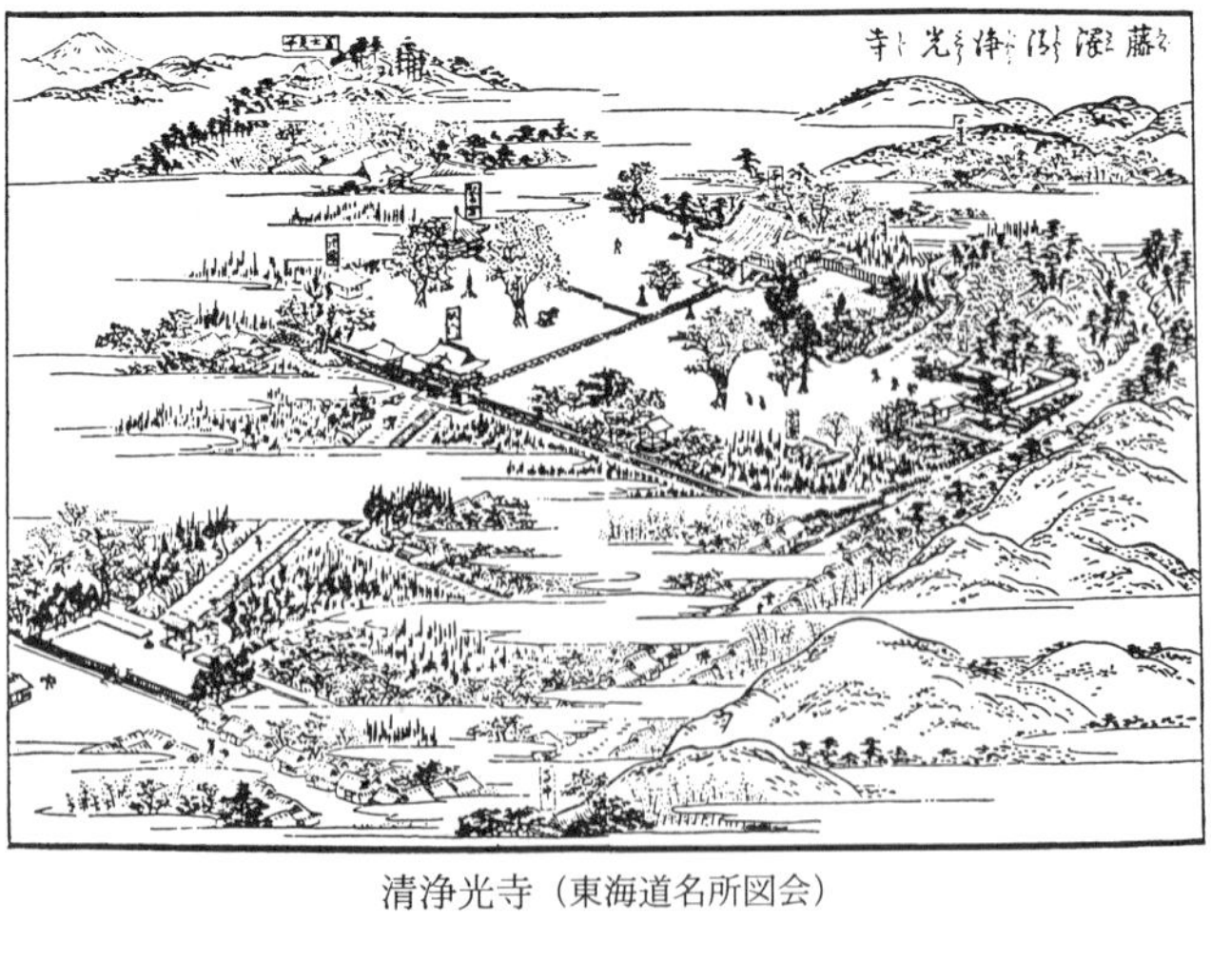

清浄光寺（東海道名所図会）

応永年間1394—1428に炎上したが復興され、永正一〇年1513北条早雲の乱にも罹災して本尊を駿府長善寺（現静岡市）に移した。武田信玄や北条氏直の外護をうけ、徳川家康は寺領一〇〇石を寄進した。江戸時代にもたびたび火災にあい、明治一三年1880、同四四年、大正一二年1923にも罹災している。主要な行事として春秋の開山忌、九月一四日の薄《すすき》念仏、一一月一八—二八日の歳末

別時念仏会がある。〔重文〕絹本著色後醍醐天皇御像、同一向上人像、時衆過去帳、六時居讃、安食問答　〔参考〕遊行歴代譜、新編相模国風土記稿一〇三、藤沢道場記、相州藤沢山由来記

**しょうじょう-じ　証誠寺**　①福井県鯖江市横越町。山元山と号し、真宗山元派本山。真宗越前四カ本山の一。至徳二年1385如導(大町専修寺開基)の門弟道性(当寺では八世とする)が、初め今立郡山本庄に創建したとされる。宗派名はこの山本庄による。寺号は応永三五年1428に見えるのが早い(選択集延書)。文明七年1475寺基は横越の地に移されたと伝える。室町中期頃から本末関係にあった京都毫摂寺が、応仁の乱後退転して横越に寄寓していたが、慶長元年1596味真野(現武生市)に寺基を定めると、証誠寺末寺門徒は二分されて往時の勢力が衰えた。そのため当寺の寺基は村国村(現武生市)へ移されるが、江戸中期、善応(1653―1721)のとき横越に再興された。元禄六年1693天台宗聖護院の院家となり、明治五年1872本願寺派に属したが、同一一年別派独立して現在に至る。〔参考〕反古裏　②千葉県木更津市木更津。浄土真宗本願寺派。慶長年間1596―1615の創建。代々真宗の学問寺、また寺子屋として栄えた。俗に狸寺と称され、狸についての伝説が多く、童謡「狸ばやし」で名高い。

**じょうしょう-じ　成勝寺**　京都市左京区岡崎辺りにあった六勝寺の一。おおよその跡地は現京都市勧業館の地。保延五年1139崇徳天皇の勅願により建立され、覚法が検校に補せられた。讃岐に流され怨霊となったという崇徳上皇の菩提を弔うため、治承元年1177頃から当寺で法華八講が修され、以後鎌倉中期頃まで続いた。応仁元年1467兵火で焼け、そののち廃絶。南北に走る寺域の西境とおもわれる溝が発見されている。〔参考〕拾芥抄下、明月記、百錬抄六―八、玉葉、扶桑京華志三

**じょうしょう-じ　常照寺**　①京都市右京区京北井戸町。大雄山と号する。通称、常照皇寺。臨済宗天竜寺派。貞治元年1362光厳院の開創。院の陵は寺の後にあり、山国陵という。戦国時代は退転したが、八世雲室が中興した。江戸初期、後陽成天皇以後堂宇改築などの費用は禁裏より下賜された。開山堂(怡雲庵)前庭の九重桜(国指定天然記念物)は有名。〔参考〕常照寺記録、参考太平記三九　②京都市北区鷹峯北鷹峯町。寂光山と号する。日蓮宗。元和年間1615―24本阿弥光悦の寄進により日乾が草創。山城六談林の一。総門は島原の名妓吉野太夫が寛永五年1628日乾に帰依して寄進したものといい、吉野の赤門と俗称する。〔参考〕山城名跡巡行志二

**じょうしょう-じ　誠照寺**　福井県鯖江市本町。上野山と号し、真宗誠照寺派本山。真宗越前四カ本山の一。創建年代は不明であるが、開祖は道性(横越証誠寺開祖)の子如覚(当寺では三世とする)とされる。寺号は初め真照寺と称し、永享九年1437以降は誠照寺とみえる(当寺文書)。本願寺教団とは秘事法門を導入していたことから対立、朝倉氏に与して一向一揆に対した。しかし文明三年1471本願寺蓮如の教線拡大で末寺門徒が離れて衰退。一向一揆が平定された天正三年1575後、柴田勝家の外護で一時復興するが、同一一年羽柴(豊臣)秀吉により焼かれた。同一七年再興されたが、本末坊間の争いもあってさらに衰微した。元禄六年1693天台宗日光輪王寺の院家となり、万延元年1850二条家の関係で准門跡を宣下された。明治一一年1878別派独立した。〔参考〕誠照寺史要、反古裏

**しょうじょうじゅ　正定聚〔邪定聚〕〔不定聚〕**　衆生《しゅじょう》を三種に分類して三聚、三定聚《さんじょうじゅ》といい、三際ともいう。一々の名称は正性《しょうしょう》定聚・邪性定聚・不定性《ふじょうしょう》聚とも、必正聚・必邪聚・不定聚とも、直見際・邪見際・亦不在邪亦不在正見際ともいい、略して正定・邪定・不定とも称する。この三聚の名称は阿含経にも出ているが、阿含経ではまた別に等聚・邪聚・不定聚、および善聚・等聚・定聚の三聚をも説いている。倶舎論巻一〇では、見道以後の聖者は見惑などを断って択滅《ちゃくめつ》即ち涅槃《ねはん》(正性)において定まっているから正性定聚、五無間業《むけんごう》を犯した者は必ず地獄に堕ちるに定まっているから邪性定聚といい(三悪趣を邪性とい

う)、その他の者は縁次第でいずれとも定まらないから不定性聚とする。瑜伽師地論巻六四では三聚のそれぞれを本性と方便との二種に分けて六聚とし、法相宗ではこれを五性各別の教義に基づいて解釈する。華厳宗《けごんしゅう》では三聚を種性《しゅじょう》・解惑《げわく》・行業《ぎょうごう》・邪正の位・大乗菩薩《ぼさつ》の得失、という五種の面から解釈する。また三聚を菩薩の階位に配して説くことがあり、釈摩訶衍論《しゃくまかえんろん》巻一ではこれに三説を挙げている。その第一説は華厳宗の説と同じで、十信以前を邪定、十信を不定、十住以後を正定とするものである。無量寿経巻下には阿弥陀仏の浄土には邪定聚・不定聚はなく、すべてが正定聚に住する(住正定聚)と説く。これを一般には処不退(退堕させるような悪縁のない処に至る)の意と解釈するが、真宗ではこれによって他力の信心を得た第十八願の行者を正定聚、諸善万行を修めて浄土に往生しようとする第十九願の行者を邪定聚、自力の念仏をはげむ第二十願の行者を不定聚とする。従って必ず成仏するに定まった菩薩を必定の菩薩というが、真宗ではこれを正定聚の者のこととする。⇩三願転入《さんがんてんにゅう》

**しょうじょう-せせ　生々世々**　世々生々ともいう。生まれかわり死にかわって、多くの生涯を経ること。生はそれぞれの生涯、世はそれぞれの世界。

**しょうじょうどう-ろん　清浄道論**　⇩ヴィスッディマッガ

**しょうじょう-びに-ほうこう-きょう　清浄毘尼方広経**　一巻。後秦の鳩摩羅什の訳。異訳に西晋の竺法護の訳の文殊師利浄律経一巻、宋の法海の訳の寂調音所問経一巻がある。チベット訳もある。戒の意義を説き、声聞小乗の戒と菩薩大乗の戒との相違を一七項の対比によって説く。チベット訳によればその原題は「世俗諦と勝義諦との解説」という。㊅二四、国一律部一二

**しょうじょう-ほうぎょう-きょう　清浄法行経**　五世紀末までに成立したと思われる偽経であるが現在伝わらない。老子を大迦葉の、孔子を儒童(または光浄)菩薩の、顔回を光浄(または月光)菩薩の、それぞれ化身と説くことで名高い。道宣の広弘明集《こうぐみょうしゅう》・法琳の破邪論・湛然の摩訶止観輔行《ぶぎょう》伝弘決など多くの書に引用されている。

**しょうじょう-ほっしん-びるしゃな-しんじ-ほうもん-じょうじゅ-いっさい-だらに-さんしゅ-しっじ　清浄法身毘盧遮那心地法門成就一切陀羅尼三種悉地**　一巻。訳者不詳。仏部・蓮華部・金剛部の三部の清浄法を成就するための補助法として、魔の障礙を除去する神呪の妙力を説くもの。㊅一八、国一密教部三

**しょう-しょち-ろん　彰所知論**　二巻。発合思巴《はつごうしは》(パクパ Hphags-pa)の著(至元九1272)。元の沙羅巴の訳。元朝の帝師であった発合思巴が元の皇子のために著わした仏教綱要書。器世界・情世界・道法(修行の五位を説く)・果法(三十七菩提分を説く)・無為法の五章に分けて、仏教の宇宙観・人生観・修道論を説く。おおむね倶舎論に準拠して書いたものと見られ、一部にチベット・モンゴルの王統譜をも含む。原本はチベット語もしくはモンゴル語で書かれたものと思われるが、現存するのは漢訳のみである。㊅三二

**しょうしょび　正所被**　教説において正しく教化の対象とされるもの。教えられる者。

**しょうしょ-ろく　章疏録**　一巻。良猷の編(江戸中期以後)。大日経疏・釈摩訶衍論・十巻章・十住心論・理趣経などの註釈書目録。五七二点をあげている。仏全一

**しょうしん　性信**　①(寛弘二1005—応徳二1085)真言宗の僧。仁和寺第二世。大御室と称される。三条天皇第四子。寛弘八年親王宣下をうけ、諱を師明と名乗る。寛仁二年1018仁和寺の済信について得度。治安三年1023仁和寺観音院で済信より伝法灌頂を受ける。延久五年1073後三条天皇出家に際して戒師を、また承暦元年1077法勝寺供養導師を勤めた。永保三年1083孔雀経御修法を修し、その功により二品に叙せられた。性信は顕密の教えに通じ、よく法験を現わしたといわれ、生涯を通じて勅命の孔雀経法を修すること二十余度に及んだと伝えられている。付法の弟子に寛助などがいる。〔参考〕伝灯広

録上、仁和寺御伝、真言伝六など　②(文治三1187—建治元1275)親鸞の直弟子二十四輩の一。常陸鹿島の人。俗姓は大中臣与四郎と称したという。下総の飯沼・横曾根を中心とするいわゆる横曾根門徒の中心人物で、横曾根の報恩寺(現東京都台東区に移転)の開基〈⇩報恩寺《ほうおんじ》〉。性信宛の親鸞の書翰数通が伝えられ、当時関東における念仏弾圧に対して解除に努めたことが窺われる。親鸞自筆の教行信証(国宝、現東本願寺蔵)は性信に伝えられ、弘安六年1283明性に譲ったものと考えられる。〔参考〕末灯鈔、親鸞聖人御消息集、二十四輩次第記、大谷本願寺通紀

**しょうしん　性真**　生没年不詳。鎌倉時代の浄土宗の僧。性心とも記す。武蔵藤田郡の人。性阿(唱阿)と号する。叡山で天台を学んだが、浄土宗に帰して良忠に師事した。正応元年1288下総岩井に高声寺(現茨城県坂東市)を創建。弟子も多く、この派を藤田流または水沼義という。著書、観経略抄二巻、選択集見聞一〇巻など。〔参考〕浄土伝灯総系譜上、法水分流記

**しょうしん　勝信**　(嘉禎元1235—弘安一〇1287)真言宗の僧。関白藤原道家の子。道宝・聖基に師事した。建長五年1253勧修寺長吏となり、弘安四年1281東大寺別当、翌年東寺長者法務となる。同一〇年五月牛車の宣を賜った。〔参考〕東寺長者補任、東大寺別当次第、本朝高僧伝五五

**しょうしん　証真**　生没年不詳。平安末から鎌倉初期の比叡山の学僧。駿河守藤原説定の子。隆慧・永弁に師事して慧檀二流を究めた後、宝処院で大蔵経を一六遍余り読み、源平の争乱さえ知らなかったという。東塔の華工院で講席を張り、のち宝地房で著作に専念した。文治二年1186大原勝林院で法然の浄土教義を傾聴、同五年勅により論義の探題となる。法然から円頓戒をうけたと伝える。著書、三大部私記三〇巻、涅槃論疏義鈔四巻、涅槃私記四巻、智度論私記二巻など多い。〔参考〕三国仏法伝通縁起下、沙石集一、法然上人行状絵図五、本朝高僧伝一三

**しょうじん　生身**　生身仏、父母生身《ぶもしょうじん》、肉身、随世間身ともいう。法身《ほっしん》に対して、父母によって生まれ三十二相をそなえた肉身の仏を指す。釈迦牟尼仏は生身仏であるが、大乗では生身仏を方便応化の化身《けしん》とする。また一般的には生身の語は凡夫《ぼんぶ》や菩薩《ぼさつ》の肉身をも意味する。

**しょうじん　聖尋**　生没年不詳。鎌倉末期の真言宗の僧。関白藤原基忠の子。三宝院の聖尊法親王に密教を学び、奈良の東南院に寓して法相を究めた。元亨二年1322東大寺別当となって伝法院座主を兼ね、同四年醍醐寺座主となる。嘉暦三年1328東寺長者法務となった。〔参考〕東寺長者補任三、東大寺別当次第、本朝高僧伝五五

**しょうじん　精進**　㊵ヴィーリヤ vīrya の訳。毘梨耶、毘離耶と音写し、勤《ごん》、精勤《しょうごん》、勤精進、進とも訳す。ひたむきに勇敢に善をつとめ励ます心のはたらき、または励む行為。①心所《しんじょ》(心のはたらき)の名。倶舎宗《くしゃしゅう》では十大善地法の一(勤)、唯識宗では十一善心所の一とする。②勤の心所を体とするものに、四正勤および五根・五力・七覚支・八聖道のうちの精進根・精進力などがある。③六波羅蜜《ろっぱらみつ》、十波羅蜜の一に精進波羅蜜を数え、特に菩薩《ぼさつ》が仏道のためにする精進を一般の精進から区別して精進波羅蜜とする。④大智度論巻一六には菩薩に良精進と心精進との二種精進のあることを説き、成唯識論巻九には、被甲(甲《かぶと》をかぶったような勇敢さ)・摂善《しょうぜん》(善法を修行する)・利楽《りらく》(衆生《しゅじょう》の利益をはかる)の二種精進を説く。その他、精進の内容は種々に分類される。⑤俗に身心を慎んで酒肉を断つのを精進、精進潔斎という。

**じょうじん　成尋**　(寛弘八1011—北宋の元豊四1081)天台宗の僧。藤原貞叙の子(一説に参議藤原佐理の子)。七歳で京都岩倉の大雲寺に入り、兄の文慶に師事した。法華経に親しみ、法華経註、観心論註、法華実相観註などを著わした。延久四年1072六二歳で北宋に赴き、天台山・五台山を巡歴し神宗皇帝に謁して殊遇をうけた。太平興国寺伝法院に住して日称らの訳場に列し、後に訳場監事となり、また祈雨の功で善慧大師の号を賜った。熙寧六年1073に大小乗経律論五二七巻を日本に送るなど文化交流につとめた。開宝寺で客死し、勅により天

台山国清寺に葬られた。著書、参天台五台山記など。〔参考〕仏祖統紀四五、明匠略伝、元亨釈書一六、入唐記、本朝高僧伝六七

**じょうじん-あじゃり-はは-しゅう　成尋阿闍梨母集**　二巻。成尋の母の記（延久三1071―同五）。成尋が入宋のため旅立ったとき、八〇歳を過ぎた母が成尋を思って書き綴った日記的な家集。私家集大成・中古II、校本成尋阿闍梨母集〔写本〕宮内庁書陵部蔵、冷泉家蔵〔複製〕古文学秘籍叢刊（書陵部本）

**じょうしんかい-かんぼう　浄心誡観法**　二巻。唐の道宣の著。成立年不詳。心を明浄にし、過悪を離れて真理を観ずる実践法を説いたもの。（大）四五、国一諸宗部一〔註釈〕宋の允堪・発真鈔三巻、同・科一巻

**じょうしん-じ　浄心寺**　東京都江東区平野。日蓮宗。法苑山と号する。徳川家綱の乳母三沢局（日求尼）の遺志により、明暦三年1657日儀を開山として創建された。

**じょうしん-じ　浄信寺**　滋賀県伊香郡木之本町木之本。時宗。長祈山と号する。俗に木之本地蔵堂という。薬師寺祚蓮が、難波（現大阪市）に漂着した地蔵を白鳳三年当地に移して堂を建て、空海や菅原道真が来住し祈念したと伝える。足利尊氏など室町将軍の帰依が厚く、天正年間1573―92焼亡したが、豊臣秀吉が再興し大いに栄えた。〔重文〕木造阿弥陀如来立像、同地蔵菩薩立像、絹本著色地蔵菩薩像ほか〔参考〕近江国輿地志略八九、日本名勝地誌四

**じょうしん-じ　浄真寺**　東京都世田谷区奥沢。浄土宗。九品山《くぼんざん》と号する。通称は九品仏。延宝六年1678珂碩の開山で、上品上生から下品下生の九品の阿弥陀仏像を安置した。四年ごとの八月一六日に行われる二十五菩薩来迎会（俗称、おめんかぶり）は、二世珂憶が奈良当麻寺の同法会をとり入れたものである。〔参考〕珂碩上人行状記

**しょう-しんじつ-きょう　摂真実経**　三巻。唐の般若《はんにゃ》の訳。九品《くほん》に分けられ、金剛界の諸尊の印言・供養式・護摩法を説く。毘盧遮那《びるしゃな》仏の応身の説法として、雑密経典に分類される。（大）一八、国一密教部二

**しょうじん-とくどう　声塵得道**　説法や梵唄《ぼんばい》などの音声を聞いて仏道をさとること。声塵とは耳根《にこん》（耳のこと）の対象となるものをいう。首楞厳経巻六には、声塵円通《えんづう》から耳根円通までの二十五円通を説いて、第二五の耳根によってさとりに入る方法が最も易しいと説き、智顗《ちぎ》の法華玄義巻六下、法華文句巻一上などには娑婆《しゃば》世界は他の五根（眼・鼻・舌・身・意）のはたらきに比べて耳根が最もすぐれているから、音声によって得道するのが最も易しいとしている。天台宗では声塵得道を論題として研究し、一般に仏道に初めて入るものは声塵を因縁とするものに限るとする。日本で、唄をうたい名を唱えて仏を供養することを声仏事《こえぶつじ》というのは、この意から転じたものである。

**しょうしん-ねんぶつ-げ　正信念仏偈**　一巻。略して正信偈という。親鸞（1173―1262）の著。教行信証の行巻末尾にある七言一二〇句六〇行の偈頌。経釈の解釈により浄土真宗の宗意を宣説したもの。蓮如の時以来、親鸞の和讃と共に仏前勤行に並用されている。なお教行信証から独立させたのは存如かといわれている。（大）八三、日本古典文学大系八二〔刊本〕文明五1473刊〔註釈〕蓮如・大意、深励・講義など多い

**しょうしんぶん　勝進分**　⇩自分《じぶん》

**じょうしん-もんじゅう　成身文集**　二巻。覚超（960―1034）の著。成立年不詳。金剛界大法の精髄である五相成身に関する文証を本経本軌など一八部の中から広く抄出列挙したもので、諸説の不同、生起の次第などをわかりやすくしている。同著者の成身私記一巻の姉妹篇で、また道覚親王の五相成身拾遺文集一巻は本書の経軌の引文を拾遺補闕したもの。

**じょうせい　定清**　（文治元1185―弘安三1280）定誓とも書く。真言宗の僧。定豪・実賢・宏教から密灌をうけ、大門寺を管した。鎌倉丈六堂の寺務となり、関東に教えを弘めた。世に大門寺僧正、加賀僧正と呼ばれ、その一流を定清方と称する。〔参考〕血脈類集記八・一一、野沢血脈集二、仁和寺諸院家記

**しょうせき　昌碩**　（文化一二1815―慶応元1865）臨済宗の僧。義堂と号する。儀山

善来・大拙承演に参じた。勤王の志が厚く、長州の志士と交わり、逸話が多い。門人に義山がいる。〔参考〕近世禅林僧宝伝下

**じょうせき　紹碩**　（建治元1275—貞治四1365、一説に同五）韶碩とも書く。曹洞宗の僧。能登の人。字は峨山《がさん》。叡山で得度受戒し、のち加賀の大乗寺で瑩山紹瑾《けいざんじょうきん》の法を嗣いだ。正中元年1324（一説に元亨二1322）能登総持寺二世となり、また永光寺にも住した。門下が多く、とくに大源宗真・通幻寂霊・無端祖環・大徹宗令・実峰良秀を峨山の五哲といい、曹洞宗発展の基礎を作った。〔参考〕大日本史料六ノ二七、峨山和尚行状、本朝高僧伝三一

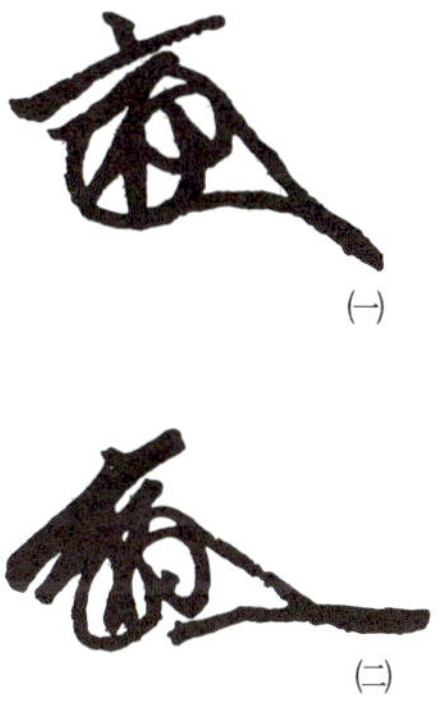

峨山紹碩花押

**しょうせん　性潜**　（慶長七1602—寛文一〇1670）黄檗宗の僧。字は竜渓。如常と号した。京都の人。摂津普門寺で得度し、慶安四年1651妙心寺に住した。承応三年1654普門寺に退き、同年竺印を長崎に遣わして隠元を迎え、自ら弟子となって黄檗山の建立をたすけた。後水尾上皇の帰依があつく、大宗正統禅師の号を賜った。正明寺・資福寺に歴住し、大坂九島庵で没した。著書、語録三巻、鉄嵴録一巻、弁正録一巻、宗統録五巻など。〔参考〕碑銘、続日本高僧伝六

**しょうせん　勝詮**　生没年不詳。新羅の華厳宗の僧。入唐して法蔵の弟子となり華厳を学ぶ。帰国にあたり法蔵の華厳経探玄記二〇巻、一乗教分記三巻などを抄写して同学の義湘に示したという。〔参考〕三国遺事四

**しょうぜん　性善**　（明の万暦四四1616—日本の延宝元1673）黄檗宗の僧。字は大眉。中国温陵の人。隠元に帰事し、明の崇禎一〇年1637黄檗山の監寺となる。承応三年1654隠元に随って来朝し、宇治万福寺の開創にあたって都寺《つうす》として工を司った。塔頭の東林庵を創し、鉄眼が一切経を開版したとき、これを収めるために提供した。〔参考〕黄檗譜略、続日本高僧伝五

**じょうせん　乗専**　生没年不詳（一説に観応二1351八二歳没、或いは延文二1357八四歳没ともいう）。真宗の僧。姓は和気氏。丹波の人。はじめ清範《せいはん》と号し、同国六人部に一宇を建てて、禅・天台を学んだが、元弘元年1331本願寺覚如に帰依して名を乗専と改め、口伝鈔・改邪鈔を伝授された。その住寺を毫摂寺と改称し、寺基を京都出雲路に移したという（真宗出雲路派本山毫摂寺のはじまりである）。のち摂津小浜にも毫摂寺（現兵庫県宝塚市、浄土真宗本願寺派）を建て、丹波・但馬・大和を巡歴した。覚如の没後、その子従覚に勧めて覚如の伝記、慕帰絵詞を著わさせ、みずからも最須敬重絵詞七巻（文和元1352）を作った。〔参考〕反古裏、真宗故実伝来鈔追加、本願寺通紀五

**じょうぜん-じ　常善寺**　滋賀県草津市草津。成菩提院と号し、浄土宗。良弁の開基という。承久の乱で荒廃したが、建治二年1276叡尊が復興。延徳年間1489—92足利義尚の遺命により鈎村の館を移建して客殿とした。のち徳川家康・秀忠の帰依外護を得、知恩院末となり栄えた。〔重文〕木造阿弥陀如来両脇士像〔参考〕近江国輿地志略四

**しょうぜん-しょうあく　性善性悪〔修善修悪《しゅぜんしゅあく》〕**　衆生が本性として先天的に具えている善・悪を性善・性悪、後天的な行為から生じる善・悪を修善・修悪といい、性善性悪は性浄性染ということもある。①天台宗では、智顗《ちぎ》の観音玄義巻上に、仏がうしなった悪および一闡提《いっせんだい》がうしなった善はいずれも修悪または修善であって、性善性悪は喪失することがなく、仏の性悪はこれによって地獄に至って衆生を教化するなどの自在のはたらきとなり、一闡提の善性はこれによって縁に遇えばまた善をおこすことができるとする。知礼は性具《しょうぐ》説を強調するところから性悪を重視して、天台宗の特色は性悪の法門（性悪を説く教え）にあるとした。②華厳宗では、澄観の華厳経疏巻二一に、妄の体もとは真に他ならないから如来も性悪を断（断除）たず、一闡提も性善を断たないとするが、この宗は性

起《しょうき》説をとるから天台宗のそれとは意味を異にする。

**しょうぜん-の-いっく　声前の一句**　言外にあらわされた妙旨。

**しょうそ　尚祚**　（　—寛元三1245）真言宗の僧。字は覚禅房、のち改めて覚体房。出自不詳。早くから覚海の室に入り、密教の奥旨をきわめ、正智院道範と互いに稟授請益して教学の研鑽につとめ、ともに高野八傑に数えられる。のち心南院を創建し、阿弥陀像二体を安置して常行念仏をよくしたという。生年不詳。著書、大疏初学大要鈔一巻、高野興廃記(広略二部)など九部。〔参考〕本朝高僧伝一四、高野春秋編年輯録八

**しょうそう　性相**　性とは不変平等絶対真実の本体や道理。また、ものそれ自体。相とは変化差別相対の現象的なすがた、相状。法相宗の解釈では、⑴性はものそれ自体で、相は自体に具わる遍依円の三性《さんしょう》のすがた、⑵性は円成実性《えんじょうじつしょう》の真如《しんにょ》(万有の本体)で相は依他起《えたき》(因縁所生)の万法であるとする。法相宗(唯識宗または倶舎宗《くしゃしゅう》をも含む)は諸法の性と相とを研究する学問であるから性相、性相学という。この場合は「しょうぞう」と読む。⇩性宗《しょうしゅう》〔相宗〕

**しょうそう　性聡**　(仁祖九1631—粛宗二六1699)李氏朝鮮の僧。俗姓は李氏。号は栢庵。一三歳で出家し、翠微(守初)について学んだ後、松広寺・澄光寺・双渓寺を主に往来しながら教法を闡揚した。著書、浄土宝書一冊、緇門集註三巻、栢庵集二巻、持験記一冊。〔参考〕栢庵大禅師碑文

**しょうそう　聖僧**　さとりを得た徳の高い僧の意で、上僧とも書く。特に食堂《じきどう》の上座に安置する聖僧の像(一般に小乗寺院では賓頭盧《びんずる》、大乗寺院では文殊を置く)をいう。食事の際、空座を設けて聖僧の座とし、これに食を供えることは、インド以来の風習であり、後世図像または塑像などを置いた。禅宗では僧堂(修道場)の中央に安置し、憍陳如《きょうじんにょ》や大迦葉《だいかしょう》などの像をも用いることがあり、その給仕にあたるものを聖僧侍者(聖侍)という。

**しょうそう　聖聡**　(貞治五1366—永享一二1440)浄土宗の僧。下総の人。大蓮社酉誉《ゆうよ》と号する。千葉貞胤の子。千葉寺(明見寺)で密教を学んだが、二〇歳のとき改めて常陸の常福寺で聖冏《しょうげい》について得度した。明徳四年1393五重血脈をうけて鎮西八代の法統を継ぎ、各地を巡遊の後、武蔵貝塚に増上寺を創建した。著書、浄土三部経の直談要註記、当麻曼陀羅疏四八巻、徹選択本末口伝鈔二巻など多い。〔参考〕浄土伝灯総系譜中、浄土本朝高僧伝二、本朝高僧伝一八

**しょうぞう　生像**　金と銀と。生は㊵ジャータ・ルーパ jāta-rūpa の訳語で、なまのままの色(生色とも訳す)即ち金の意、像は㊵ルーピャ rūpya の訳語で、生色に似た色即ち銀の意。合わせて生像、生色似色、あるいは生色可染ともいう。律では出家者は生像(金銀)を手にとることを禁じている。

**じょうそう　丈草**　(寛文二1662—元禄一七1704)臨済宗の僧。尾張犬山の人。別号を懶窩、無懐民などともいう。内藤林右衛門本常と称し、寺尾土佐守直竜に仕えたが、故あって遁世し玉堂和尚に師事した。元禄のはじめ芭蕉の門に入って俳諧を学び、無名庵・仏幻庵に住した。著書、寝ころび草、念仏草紙、驢鳴草、発句集、文集各一巻など。〔参考〕近世畸人伝五、竹内玄々一・俳家奇人談

**じょうそう　常総**　(天聖三1025—元祐六1091)北宋代中期の禅僧。広慧昭覚禅師と賜号する。姓は施氏。剣州尤渓(福建省南平県)の人。黄竜慧南の法を嗣ぎ、廬山東林寺に住し、蘇軾《そしょく》、張商英らの名儒と交わった。〔参考〕続灯録一二、僧宝伝二四

**じょうぞう　浄蔵**　(寛平三891—康保元964)比叡山の僧。三善清行の子。浄蔵貴所ともいう。一二歳で宇多法皇の弟子となり、院宣により叡山で受戒し、玄昭から密教を、大慧から悉曇《しったん》を受けた。大峯・葛城・金剛山・白山などで修行し、祈禱に験があって多くの説話や文学に語られている。菅原道真の怨霊を呪し、また平将門の調伏をしたという。東山の雲居寺で没した。著書、胎蔵界私記。〔参考〕日本紀略後篇四、扶桑略記二五・二六、大法師浄蔵伝、本朝高僧伝四八

**しょうそう-いん　正倉院**　正倉は正蔵とも称し、もと田租として国家に納めた正

税(正稲)を収蔵する倉のことで、正倉が集まる一区域を正倉院と称した。正倉院は中央の大蔵省や内蔵寮をはじめ地方の国・郡・郷にもあり、また法隆寺・興福寺・東大寺・西大寺などにもあって、大蔵省・内蔵寮などの正倉では正税以外に絹製品・鉄などの財物も収納した。しかし中央・地方の官省や諸大寺の正倉はいずれも亡失して、正倉院の名称は現存する東大寺正倉院宝庫に対する名となっている。建築年次は、正倉院文書にもとづき、天平勝宝四年752四月八日以後と、同八歳九月二一日直前頃ともいわれている。宝庫の建築様式は高床式建物で、巨大な三角材を横積みに井桁に組み上げた校倉造《あぜくらづくり》である。現存のものは一棟三倉(北倉・中倉・南倉)で、三倉共通の本瓦葺四注造の屋根に覆われ、内部は二階建になっているが、創建当初の建築形式については、現状の一棟三倉のままとする説と、もと二棟二倉で、のち中倉を設け一棟に改造してつらねたとする説とがある。天暦四年950に東大寺羂索院《けんじゃくいん》の双倉の宝器を南倉に移して綱封蔵《こうふうぞう》とよんでから、北倉・中倉は勅使署判または天皇親署の封がつけられたので勅封蔵と称したが、明治以後正倉院は内務省(現在は宮内庁)の管轄となり、南倉も勅封となった。天平勝宝八歳六月二一日聖武天皇没後光明皇后が先帝の冥福を祈って盧舎那仏および諸仏菩薩一切賢聖に供養するといって東大寺に献納した聖武天皇の遺品、天平勝宝四年東大寺大仏開眼会の依用物、同五年東大寺仁王会の依用物、聖武天皇一周忌法要依用物、東大寺の境内や地方墾田の地図、官庁・寺などとの往復文書類など九〇二〇点が収納され、それらは献納後も御物と称したが、その種類は、武器武具、楽器、遊戯具、服飾品、調度品、仏具、玉、工具、食器、厨房具、黄熟香(蘭奢待という)などの香類、杜家立成・楽毅論などの図書類、戸籍、計帳、正税帳その他多様な文書類など、多方面にわたっている。これら収蔵品は、材質・技法・意匠図案などの面で、唐の文化を吸収し、ササン朝ペルシアや東ローマ帝国の文化、またその源になった古代エジプト・アッシリア・ギリシア・ローマなどの文化や、グプタ朝インドの文化、古代北方ユーラシアの文化などの流れをうけとめている。

**しょうそうりん-しんぎ　小叢林清規** 三巻。無著道忠の著(貞享元1684)。禅門僧衆の依るべき儀式軌範、特に小叢林の儀規を示した書。通用清規(進退起坐作法・住持衆僧侍香の動作)、日分清規(念経・諸諷経・坐禅)、月分清規(法要作法)、臨時清規(得度儀規など)に分け、最後に回向、図式を付している。㊅八一

**じょうそく　浄触** 浄は浄潔、触は触穢の意で、きよらかなものと、けがれたもの。例えば、浄手はきよらかな手、触手は汚れた手である。器物や場所などにつき、浄不浄を厳密に区別することが戒律の上で定められている。

**しょうたい　性岱** (応永二一1414—明応五1496)曹洞宗の僧。字は崇芝。三河の人。文安六年1449茂林芝繁のあとを継いで備中洞松寺の主となる。康正元年1455遠江高尾山に石雲院を創建した。〔参考〕日本洞上聯灯録七

**しょうたい　承兌** (天文一七1548—慶長一二1607)臨済宗の僧。字は西笑。月浦、南陽と号した。天正一二年1584相国寺九二世となり、翌年鹿苑院にうつり僧録職となる。豊臣秀吉の帰依をうけて方広寺の大仏供養や耳塚の大施餓鬼会の導師をつとめ、また明との外交に参与して復書を起草した。また学者として有名で、しばしば宮中に召され、また徳川家康が諸書を開版するにあたって跋を作った。晩年は相国寺内の豊光寺に住

耳塚（花洛細見図）

した。著書、土偈集一巻、文案一〇冊、日記三冊など。[参考]義演准后日記、慶長日件録、承兌和尚事蹟

**しょうだい　招提**　原語は㊵チャトゥル・ディシャ catur-diśa で柘闘提舎《たくとうだいしゃ》と音写する。それを略したのであるから「柘提」とあるべきであるが誤って「招提」と書き伝えられたもの。四方と訳す。また四方僧房ともいい、四方より来集する各地方衆の僧（招提僧、四方僧）が止宿するための客舎のこと。これは僧団の共有物で一切の僧が共同で用いるべき招提僧物《そうもつ》（四方僧物）である。

**しょうだい　唱題**　経典の題名のみを口で唱えること。日蓮宗で南無妙法蓮華経と唱えることを指す。経の題名はその経典の教説内容全体を包含していると考えられ、従って経題を唱えることや、また他の人が唱えるのを聞けば大きな利益があるとされる。

**しょうたい-こく　清泰国**　阿弥陀鼓音声王陀羅尼経に説く阿弥陀仏の浄土。阿弥陀仏はこの国に父母妻子や六万の比丘と倶にいるという。この説は阿弥陀経や無量寿経に説く所と甚だ異なるので、極楽世界との同異や、報土化土についての論が多い。[参考]安楽集上、大乗法苑義林章七、法華玄賛七、元暁・阿弥陀経疏、釈浄土群疑論六

**しょう-だいじょう-ろん　摂大乗論**　三巻。無著（アサンガ Asaṅga）の作。陳の真諦の訳（天嘉五564）。異訳として北魏の仏陀扇多《ぶっだせんた》の訳（普泰元531）の同名の論二巻および唐の玄奘の訳の摂大乗論本三巻がある。チベット訳もある。原名はマハーヤーナ・サングラハ Mahāyāna-saṃgraha という。大乗阿毘達磨経（現存しない）に基づいて、大乗が仏説であることを論じ、小乗に対して大乗の勝れた義を宣揚するために唯識説の立場から大乗仏教の全体をきわめて整然と組織立てて述べた論書。一〇項に分けて、阿頼耶《あらや》識・唯識無境・三性三無性・六波羅蜜・十地・戒定慧三学・無住処涅槃・仏身観などの問題を解説しつつ、大乗の勝相を明らかにする。唯識説の基礎として、阿頼耶識を根本とする心識説ではなく、三性説を措定している点に特色がある。釈論として世親（ヴァスバンドゥ Vasubandhu）の釈と無性（アスヴァバーヴァ Asvabhāva）の釈とがあり、前者には真諦・達摩笈多・玄奘の三訳、後者には玄奘の訳がある。チベット訳にも両釈ともある。この論が中国へもたらされたのは仏陀扇多の訳が最初であるが、訳が不完全で欠けていたため流行せず、真諦の第二訳によって世に知られ、摂論宗が興起することとなった。中国においても多くの釈疏が作られたがほとんど伝わらず、日本の普寂の摂大乗論釈略疏が完全に存する唯一の註釈（世親釈に対する複註）である。中国・日本の法相宗では瑜伽十支論の一とした〈⇩瑜伽師地論《ゆがしじろん》〉。近代の研究としては佐々木月樵の四訳対照摂大乗論、ラモートE. Lamotteのフランス語訳、宇井伯寿の摂大乗論研究、長尾雅人の日本語訳などがある。㊅三一、国一瑜伽部八・九

**しょうだい-せんざい-でんき　招提千歳伝記**　九巻。義澄の著（元禄一四1701）。唐招提寺で集記した律宗の史伝記。初三巻は伝律編で鑑真以下六五名の伝、中三巻は明律篇・王臣篇・居士篇・尼女篇で揚州崇福寺祥彦以下九四名の伝、下三巻は殿堂・旧事・旧跡篇その他で自門千歳之雑事を記している。天平勝宝749—57から元禄1688—1704にいたる約一千年間の記述である。本書の続編として元鏡の招提千歳伝続録（宝暦七1757、仏全一〇五）がある。仏全一〇五、続々群一二

**しょうだいば　聖提婆**　⇩提婆《だいば》

**じょうたい-ぼさつ　常啼菩薩**　常啼は㊵サダープラルディタ Sadāprarudita の訳。常悲、常歓喜とも訳し、薩陀波倫《さつだはりん》と音写する。般若経に登場する菩薩で、般若波羅蜜を一心に求め、その切実な心から泣きながら空林の中に師を探し歩き、ついに法上菩薩（㊵ダルモードガタ Dharmodgata の訳。曇無竭《どんむかつ》と音写）から教えを受けたと伝える。師を供養するために自身を売ったという求道物語の主として知られる。[参考]道行般若経九、大品般若経二七、大智度論九六

**じょうち　定智**　生没年不詳。平安末期の絵仏師。長覚房と呼ぶ。鳥羽僧正覚猷に

協力して、三井寺法輪院で図像を蒐集。長承年間1132―35高野山に移り、仏画を制作した。久安元年1145に描いた善女竜王像（高野山金剛峯寺蔵）は有名である。なお定智作の図像を、高野山月上院の玄証阿闍梨らが模写した書写本が、今日多く伝わっている。

**じょうち-じ　浄智寺**　神奈川県鎌倉市山ノ内。金峰山と号し、臨済宗円覚寺派。弘安四年1281北条宗政の没後、その菩提を弔うため夫人や子師時が創建したといい、兀庵《ごったん》普寧を開山とする。往時、七堂伽藍を完備し、鎌倉五山の第四位であったが、次第に衰退した。〔重文〕木造地蔵菩薩坐像、紙本墨書西来庵修造勧進状　〔参考〕五山伝、新篇鎌倉志、鎌倉市史

**しょうちゅう　聖忠**　生没年不詳。鎌倉後期の真言宗の僧。関白藤原基忠の子。東大寺東南院で聖兼に学び、のち頼瑜から灌頂をうけた。醍醐寺座主となり大僧正に任じられた。延慶元年1308東寺長者となり、ついで法務を兼ねた。正応1288―93以後三たび東大寺別当となった。〔参考〕東寺長者補任、東大寺別当次第、本朝高僧伝一七

**しょうちゅう-ろん　掌中論**　一巻。陳那《じんな》（ディグナーガ Dignāga）の作。唐の義浄の訳。異訳に陳の真諦の訳の解捲論一巻がある。チベット訳（提婆《だいば》〔アーリヤデーヴァ Āryadeva〕の作とする）もある。六偈の本頌とそれに対する釈論とから成り、蛇・縄・麻の喩えによって唯識無境を明らかにする。チベット訳からの梵文還元がトーマスF. W. Thomasと宇井伯寿によって試みられ、チベット訳からの和訳が明石恵達、長沢実導によってなされている。㊅三一、国一瑜伽部一二

**しょうちょう　正澄**　（南宋の咸淳一〇1274―日本の暦応二1339）臨済宗の僧。字は清拙《せいせつ》。大鑑禅師と勅諡された。中国福建省の人。嘉暦元年1326来朝して鎌倉の建長寺・浄智寺に住し、後醍醐天皇に召されて京都の建仁寺・南禅寺に歴任した。建武二年1335小笠原貞宗の請に応じて信濃に開善寺（現長野県飯田市）を開いた。その法系を清拙派或いは大鑑門徒という。著書、語録、大鑑清規《しんぎ》。〔参考〕清拙大鑑禅師塔銘、本朝高僧伝二五

**しょうちょう　性澄**　（至元二二1285―至正二1342）元代の天台僧。姓は孫氏。号は湛堂。仏海大法師という。越州会稽（浙江省）の人。一二歳で仏果寺石門殊の弟子となり、至元二二年仏鑑の銛《せん》に天台を学ぶ。石門の没後、南天竺演福寺の雲夢允沢の法嗣となる。さらに瞻巴に密戒をうけ、哈尊にラマ教を学んだ。宣政院に上申して天台国清寺を復興させ、また天台の遺書を高麗に求めようとした。著書、金剛経集註、消災経註、阿弥陀経句解など。〔参考〕続仏祖統紀上、大明高僧伝一

**しょうちょう　承澄**　（元久二1205―弘安五1282）天台宗の僧。摂政藤原師家の子。極楽房と号した。忠快に師事し穴太《あの》流を再興した。京都小川法菩提院に住し、小川僧正と呼ばれた。阿娑縛抄二二七巻（または二二八巻）を著わし台密の口伝・作法を網羅した。〔参考〕諸宗章疏録中

**じょうちょう　定朝**　（　―天喜五1057）七条仏所の初代。仏工康尚《こうしょう》の子。治安二年1022法成寺の造仏の功で法橋に叙せられ（木仏師が僧位を得た初例）、永承三年1048興福寺の造仏の功で法眼に進んだ。唯一の確実な遺作に宇治平等院の本尊丈六阿弥陀仏坐像（国宝）がある。作風は俗に定朝様《じょうちょうよう》といわれ、平安中期における仏像彫刻の典型とされる。〔参考〕釈家初例抄、下学集、資房卿記、重隆記

**しょうちょうじゅ-いん　勝長寿院**　神奈川県鎌倉市雪ノ下大御堂ヶ谷にあった寺。元暦元年1184源頼朝が父義朝の菩提のために創建し、南御堂、大御堂とも称した。康元元年1256に焼失したが翌々年に再建。建武二年1335中先代の乱で敗北した諏訪三河守など大名が当寺で自刃した。天文九年1540頃までであったが、その後廃絶。〔参考〕吾妻鏡、新編相模風土記稿

**しょうちん　照珍**　（弘治元1555―寛永五1628）律宗の僧。字は宝甸。玉英と号した。河内の人。文禄二年1593泉涌寺に住し、唐招提寺・法金剛院にも歴住した。徳川家康に宗要を説き、また勅により戒師・導師となった。〔参考〕招提千歳伝記上、律苑僧宝伝一四、

本朝高僧伝六二

**じょうちん　定珍**　（天文三1534—　）天台宗の僧。叡山で修学し、永賢に師事した。のち常陸小野逢善寺の学頭となる。著書、素絹記一巻（元亀二1571）、日本大師先徳明匠記一巻（天正八1580）、法華経鈔二三巻など。

**しょうちん-りょうどう　掌珍量導**　一巻。秀法師の著。成立年不詳。清弁と護法との空有の諍論に対して法相宗の立場から解説批判を加えた書。著者の伝は不詳であるが、保元元年1156蔵俊の弟子覚憲によって写された写本があり、著者は蔵俊（1104—80）以前の人。㊅六五、仏全八〇　〔写本〕薬師寺蔵（享保三1718写）

**しょうてつ　正徹**　（永徳元1381—長禄三1459、一説に康暦二1380—長禄二）臨済宗の僧。歌人。字は清岩。招月（松月）と号する。備中の人。東福寺で東漸健易に師事し、のち栗棘庵に住し書記となる。冷泉為尹に歌道を学び、諸所に詠歌し、享徳元年1452将軍足利義政に遇せられた。歌風は新古今、とくに藤原定家を理想とした。多作家として知られ、詠歌四万首あるいは五万首といわれる。その詠ずるところ、飛鳥井雅世、浄光院堯孝らに妬まれたために新続古今集（永享一一年1439成立の勅撰集）には一首の入集も果せなかったという。著書、草根集一五巻、徹書記物語など。〔参考〕徹書記物語、碧山日録一、東福寺志

**しょうてん　聖天**　⇩歓喜天《かんぎてん》

**しょうてん　聖天**　⇩提婆《だいば》

**しょうでん-いん　聖天院**　埼玉県日高市新堀。真言宗智山派。高麗山勝楽寺と号する。天平勝宝年間749—57聖雲が、高麗王若光所持の聖天を本尊として草創したという。貞和年間1345—50醍醐の秀海が法相宗から現宗に改めた。〔重文〕梵鐘

**しょうでん-じ　正伝寺**　京都市北区西賀茂鎮守庵町。臨済宗南禅寺派。吉祥山と号する。聖護院の静成法印の帰依により文永五年1268東巌慧安が師兀庵普寧《ごったんふねい》を開山として一条今出川に開創したが、間もなく叡山衆徒により破却された。弘安五年1282賀茂社の森経久が現地に移した。将軍足利義満の祈願所となるが、のちたびたび罹災した。現本堂は伏見桃山城の遺構という。〔重文〕本堂、絹本著色兀庵和尚像（二幅）、紙本墨書東巌和尚蒙古降伏祈禱文、同賜号勅書ほか〔参考〕東巌慧安禅師行実、山城名勝志一一

**じょうてん-じ　承天寺**　福岡市博多区博多駅前一丁目。臨済宗東福寺派。仁治三年1242南宋より帰朝した円爾弁円が、宋人謝国明の請に依って開創した。正平年間1346—70懐良親王は当寺に入り征西府をおいた。康暦二年1380十刹に准ぜられ、のち大内・豊臣氏などの保護をうけたが、近世たびたび罹災した。〔重文〕木造釈迦如来及両脇侍像、絹本著色禅家六祖像、銅鐘

**じょうてん-もくろく　浄典目録**　存覚の編（康安二1362）。詳しくは真宗正依浄典目録という。真宗における最古の聖教目録で約六〇部をかかげる。唐土の部に曇鸞・道綽・善導・懐感・少康・法照の製作をはじめ浄土三部経に関する諸師の疏記などおよそ三三部、和朝の部に源信・永観・源空の製作四部、親鸞作三部、覚如作六部、自作一四部を収める。巻尾追記の五部ならびに題名は後人の添加であろう。真全七四、続真系一九（異義集）、真宗史料集成一　〔写本〕竜谷大学蔵、堺真宗寺蔵（伝綱厳僧都書写本）

**しょうど　性土**　⇩相土《そうど》

**じょうど　浄土〔穢土〕**　仏の住む場所は悟りによってかたちづくられていてきよらかであるから、浄土、浄刹《じょうせつ》、浄界、浄国などといい、衆生が住む場所は煩悩でけがれているから穢土《えど》、穢国などという。大乗仏教では涅槃に積極的なはたらきを認めて、涅槃を得た無数の仏がそれぞれに無数の衆生を教え導くとするので、その仏の住む国としての浄土を説く。維摩経巻上仏国品には、心がきよまれば住む世界もきよまる（心浄土浄）といい、さとりを開けばこの娑婆《しゃば》世界が浄土となる（娑婆即寂光）とする。法華経の霊山《りょうぜん》浄土、華厳経の蓮華蔵世界、大乗密厳経の密厳《みつごん》浄土などはこの説に類する。また無量寿経などには、娑婆世界以外に現に存在し、あるいは未来に建設される浄土があるとし、これらは菩薩《ぼさつ》が本願によって構想し、永い修行を経て

仏になるとき完成する国土で、そこに生まれたいと願うものを生まれさせるとする。他方にある浄土には、阿弥陀仏の西方極楽世界、阿閦仏《あしゅくぶつ》の東方妙喜世界、釈迦仏の西方無勝世界、薬師仏の東方浄瑠璃世界などがあり、これら諸仏の浄土は娑婆世界から、それぞれの方角にあたっているので十方浄土という。浄土教では特に阿弥陀仏の西方浄土を重んじ、ここに生まれることを説く。極楽世界とは須摩提《しゅまだい》(梵)スカーヴァティー Sukhāvatī)の訳で、妙楽、安楽、安養、楽邦などともいう。この浄土が菩薩の修めた因行の報《むくい》としてできた報土か、あるいは仏が衆生を救うてだてとして仮にあらわした応化土か、また西にあたって十万億土をこえた彼方に実在するのか、それとも衆生の心の中にあるのかなどについては諸説がある。浄土教では報土で西方に実在するとし、それに生まれるもののうける楽として往生要集巻上本には(1)聖衆来迎楽《しょうじゅらいごうらく》(命終に臨んで阿弥陀仏や観音・勢至の二菩薩などが来て迎え浄土に導く)、(2)蓮華初開楽(蓮華に託して浄土に往生(化生《けしょう》)してから、その蓮華が初めて開いて浄土の荘厳《しょうごん》を見る)、(3)身相神通楽《しんそうじんづうらく》(三十二相の身と天眼などの五種の神通(五通)を得る)、(4)五妙境界楽(色声香味触の五境が勝妙である)、(5)快楽無退楽《けらくむたいらく》(楽を受けることが窮まりない)・(6)引接結縁楽《いんじょうけちえんらく》(さきに縁を結んだ恩人などを浄土へ迎えとる)、(7)聖衆倶会楽《しょうじゅくえらく》(多くの菩薩たちと一か所に会する)、(8)見仏聞法楽(仏を見、教えを聞くことが容易である)、(9)随心供仏楽(心のままに自由に十方の諸仏を供養する)、(10)増進仏道楽(修行が進んでついに仏果をさとる)の十楽を説く。また極楽には辺地、疑城、胎宮《たいぐ》、懈慢界《けまんがい》(極楽に至る途中にある国とも、また阿弥陀浄土の化土ともする)などがあり、仏智を疑うものの生まれるところとする〈⇩仏土《ぶつど》〉。また仏土ではないが、弥勒菩薩の兜率天《とそつてん》や観世音菩薩の補陀洛山《ふだらくさん》などをも浄土ということができる。

**しょうとう　紹等**　(　—明応五1496)　臨済宗(大徳寺)の僧。墨斎、月婿、止瓅、拾堕、禿樵、墨隠漁白樵、青松江などと号する。一休宗純の高弟で、画をよくし、その画に一休が賛したものが多い。〔参考〕扶桑画人伝、鑒定便覧、皇朝名画拾彙

**しょうどう　唱導**　教えを説いて人を導くこと。唱導の語は、法華経従地涌出品に上行などの四菩薩を大衆唱導の首であると説いている所に見える。説教、法談などと同意で、斎会《さいえ》などで人々に教えを説くことをいう。中国では高僧伝に唱導篇があり、続高僧伝や宋高僧伝に雑科声徳篇があり、日本でも元亨釈書に音芸志があって、唱導によって名を知られていた僧の伝を挙げている。

**しょうどう　証道**　⇩教道《きょうどう》

**しょうどう　勝道**　(天平七735—弘仁八817?・)　日光男体山(二荒山)を開いた初期修験道の山伏。姓は若田氏。下野の人。一五年間の苦心のうえ天応二年782補陀落山(日光男体山)に登り、翌々年現在の中宮祠(二荒山神社)の地に中禅寺を創建した。上野《こうずけ》国講師に任じられ、のち下野国都賀郡に華厳寺を開いた。〔参考〕中禅寺私記、元亨釈書一四、本朝高僧伝六四、補陀洛山建立修行日記

**しょうどう　照堂**　昭堂とも書く。禅宗で、首座の僧が住持に代って衆僧を指導するときに用いる建物。僧堂の後にあって暗いから、窓を高くして明りをとるので照堂という。

**じょうとう　常騰**　(天平一三741—弘仁六815)西大寺(一説に大安寺)の学僧。姓は高橋氏。京都の人。延暦二二年803梵釈寺別当・崇福寺検校を兼ね、同二四年少僧都に任じられた。著書、顕唯識疏隠決鈔など。〔参考〕日本後紀、一代要記乙集、元亨釈書二、本朝高僧伝五

**じょうどう　上堂**　①上法堂《はっとう》の意。禅宗で長老や住持が法堂に上って教えを説きのべること。古くは随時に行われたが、後には定期および臨時に上堂する場合が定められ、これに旦望上堂《たんもうじょうどう》(毎月の一日・一五日に上堂)、五参上堂(毎月の五日・一〇日・二〇日・二五日の四回の上堂。旦望上堂と合わせると大体五日目ごとに上堂するようになるから五参という)、九参上堂(三日

ごとに一回、合わせて月に九回上堂)、聖節上堂(皇帝の誕生日に上堂)、出隊《すいたい》上堂などの日を五参日(参は参じる意)、旦望と合わせて五旦望という。上堂の際は大衆は並んで起立し、法を聴くならわしである。②上僧堂の意。食事をとるために僧堂に上ること。

**じょうどう　成道**　仏道を完成するという意。成仏、得仏、得道、成正覚ともいう。菩薩《ぼさつ》が修行を完成して仏のさとりをひらくこと〈⇩八相成道《はっそうじょうどう》〉。仏陀は菩提樹の下で成道したと伝え、その年時には異説が多いが、中国では臘八《ろうはち》(一二月八日)説が行われるようになり、この日に修める法会を成道会《じょうどうえ》、臘八会といい、特に禅宗で重んじる〈⇩成道会〉。天台宗では、三乗教の菩薩は初・第二・第三阿僧祇劫《あそうぎこう》および百大劫の四修行段階を経てのち成道するとするから四階成道という。ただし有部《うぶ》などの小乗教ではこれを、(1)三阿僧祇劫、(2)百大劫、(3)菩薩の最後身に九地のうち下八地の煩悩《ぼんのう》を断つ、(4)三十四心断結成道するの四段階とする。

**じょうどう-え　成道会**　臘八会《ろうはちえ》ともいう。仏陀が成道した一二月八日(臘月八日)に成道を奉讃する法会。禅宗では臘八接心といい一二月一日から八日間、昼夜坐禅を行う。日本では古くは西域記第八の所伝によって西大寺などで三月一五日に行っていたが、禅宗が盛んになって以後、僧史略巻上などの臘月八日説により一二月に行われるようになった。

**しょうどう-えりょう-へん　聖道衣料篇**　二巻。盛典の著(享保一四1729)。八条項にわたって袈裟・衣・袴などの制法、変遷などを記した書。仏全七四〔刊本〕寛保二1742刊

**しょうどう-か　証道歌**　一巻。永嘉証道歌、永嘉真覚大師証道歌、最上乗仏性歌(慧雲律師将来の入唐新求聖教目録所見)ともいう。唐の永嘉玄覚《ようかげんかく》の著。悟道の内容を端的に表現した韻文詩で、六言または七言で二四七句より成り、如来蔵思想の立場から、自性の根本性格を説き、禅観修習の実際を述べ、曹渓六祖の頓語の本義を展開している。無明実性即仏性、幻化空身即法身といい、一超直入如来地といい、行もまた禅、坐もまた禅、語黙動静体安然という語などは極めて有名で、のちの禅宗思想に大きな影響を与えた。天台宗の立場から本歌と永嘉集との間の思想上の矛盾を指摘して玄覚の真撰を疑う説もある。しかし禅宗では古来、四部録・五味禅・禅海十珍などに収められてひろく用いられ(明蔵本には、巻尾に楊億が撰した無相大師行状を付している)、註釈も極めて多い。また敦煌出土の禅籍中に証道歌に相当する禅門秘要決なるものがあり、一異本と見られている。㊅四八〔註釈〕彦琪・註一巻、知納・註一巻、法泉継・頌一巻、笁源永盛・註一巻など

**しょうどう-もん　聖道門〔浄土門〕**　仏教を二大別して、この世で聖者となりさとりを開く道(此土入聖《しどにっしょう》)と阿弥陀仏の力によってその浄土に生まれてさとりを開く道(彼土入証)とにわけ、前者を聖道門、後者を浄土門という。この区別はもと唐の道綽が安楽集巻上で行ったもので、浄土教ではこの説によって仏教を聖道・浄土の二門に分類する。なお源空は浄土門についてさらに正明往生浄土教と傍明往生浄土教とをわけ、親鸞は真実(横超)と方便(横出)とをわけた。⇩二双四重《にそうしじゅう》

**しょうどう-ろん　笑道論**　三巻。北周の甄鸞《けんらん》の著(天和五570)。武帝の勅命で道教と仏教の差異を比較詳論し、仏教を宣揚した書。全文を三六条に分けたのは道教の三六部を、三巻としたのは道教の三洞を笑うためという。武帝は道教の信者で本書を殿庭で焚かせた。㊅五二(広弘明集九)

**じょうど-えひょう-きょうろん-しょうしょ-もくろく　浄土依憑経論章疏目録**　二巻。長西録ともいう。長西(1184—　)の編。成立年不詳。浄土教の経論章疏の総目録。群経・諸論・釈経・集義・別出・修行・讃頌・伝記・雑述・偽妄の一〇録に分け、八八二巻の書を網羅している。誤載もあるがこの種の文献として重要である。なお巻尾に白旗《しらはた》流の浄土正依経論書籍目録を付載する。仏全一、真全七四〔刊本〕寛文二1662刊

**じょうど-おうじょう-でん　浄土往生**

伝　三巻。北宋の戒珠(985—1077)の編。西晋の僧顕から北宋の晤恩に至る五六人の浄土願生者の伝記をあつめ、その人と関係のある一九人について付記したもの。㊅五一

**じょうど-かんようろく　浄土簡要録**　明の道衍《どうえん》の編(洪武一四1381)。慧遠・智顗などの浄土諸家三〇人余の要文をあつめたもの。廬山集・十疑論など二〇に近い書から引用している。㊇二・一三・二

**じょうど-ぎたん　浄土疑端**　四巻。道教顕意の著(弘安六1283)。善導の観経疏中から一二〇条(玄義分に五〇条、序分義に一五条、定善義に二五条、散善義に三〇条)の疑問を挙げて判決し、教界明匠に高判を求めた書。これに対し九品寺流から了阿が略答を、道感が弾疑を作って答え、証忍はさらにこれを助成するため観経義質問愚答鈔を撰述した。顕意は研覈抄によってそれに答えた。本書によって九品寺流と深草流との教義の相違が知られる。㊅五七〔刊本〕正保二1645刊

**じょうど-ぎべん　浄土疑弁**　一巻。明の袾宏の著。成立年不詳。禅浄一致の立場から浄土教の要旨を問答体で説いたもの。㊅四七

**じょうど-ぎもん-げ　浄土疑問解**　三巻または五巻。恵空(1644—1721)の著。唐の復礼の十門弁惑論や、顕意の浄土疑端にならって、恵空は寛文七年1667頃、浄土釈疑集を作り要義二七条を弁じた。さらに本書を著わして真宗における疑問要項一七条を挙げて諸家に問い、自釈をほどこした。なおこの七条に答えようとした誓源寺円智は九カ条まで釈して没した。のち竜渓は浄土疑問釈答(真全五五)を以て答えている。真全五五〔刊本〕正徳四1714刊

**じょうど-きょう　浄土教**　阿弥陀仏の本願にもとづき、観仏や念仏によって、その浄土に往生しようとねがう教え。大無量寿経・観無量寿経・阿弥陀経などによる。インドでは竜樹や天親(世親)にその説があり、とくに天親の浄土論は北魏の曇鸞の註釈を通じて後世に大きな影響を与えた。中国では、廬山の慧遠が白蓮社を結んで同志と共に浄業を修して、以後、浄影寺慧遠《えおん》、天台智顗《ちぎ》、嘉祥寺吉蔵など、諸宗の学者で浄土教を併せて信じ、且つ兼修する者も多かったが、専らこの教えを弘めたのは唐の道綽・善導および懐感の一派で、別に慧日(慈愍三蔵)も大いに念仏をすすめ急速に教団的な発展をとげた。そのため仏教を知的な教理中心の学問から情操的な宗教へと転回させる機縁となり、民衆の中にひろまって、六時礼讃などの往生のための行業も広く行われるようになり、往生伝も多くつくられた。古来、中国の浄土教には慧遠流(廬山流)・善導流・慈愍流の三流があるといわれ、とりわけ善導流は日本浄土教の基礎となった。宋・元の頃には白蓮宗のように邪教視されたものもあり、明・清の頃にも白蓮教徒はしばしば乱を起こしている。明代になると、袾宏が禅と念仏との一致を説き、智旭が諸宗の融合をはかって、その後の中国仏教の風をつくった。日本では、奈良時代に智光や礼光が浄土教を信奉し、南都系の浄土教の素地がつくられた。平安時代に、叡山では天台宗の四種三昧の一である常行三昧にもとづく念仏がひろまり、諸寺の常行三昧堂を中心に念仏衆があつまって浄業を修するようになった。貴族の間にも浄土教を信奉するものが輩出し、往生講・菩提講・迎講を修し、浄土信仰にもとづく造寺や造像がなされ、また念仏の数量的功徳を重んじ、臨終に来迎を待つ風潮もひろまった。一方、空也《くうや》や良忍の融通念仏などによって一般民衆に浄土教がひろめられ、民間信仰に大きな影響を与えた。平安時代の著名な浄土教家として、南都系には昌海・永観・実範・重誉・珍海が、比叡山系には良源・源信・勝範があるが、これらの人々はいずれも本とする宗が別にあり、かたわら信仰するという立場に立って浄土教を信奉したもので、源空(法然)が出て、ひとえに善導一師に依ることを明らかにし、専修念仏を主張して、はじめて浄土宗として独立した。源空の門流には、弁長の鎮西流・証空の西山流・隆寛の多念義・長西の諸行本願義・幸西の一念義の五流があり(浄土源流章の説)、これに親鸞の真宗を加えて六流とする。また源空門下の浄土教に一五流を数えることもある。即

ち、一念義(幸西)・多念義(隆寛)・説法義(聖覚)・三昧義(薩生)・道心義(明遍)・勧進義(重源)・選択義(公胤)・一向義(親鸞)・九品義(長西)・諸行義(信空)・本願義(本願房)・一心義(悟阿)・西方義(覚阿)・他力義(念仏房)・遊行義(他阿)を指す。なお良忍を開祖とし、江戸時代に融観大通によって再興された融通念仏や、一遍智真の時宗も浄土教を背景にしている。⇩浄土宗《じょうどしゅう》

**じょうど-きょうかん-ようもん　浄土境観要門**　一巻。元代の懐則の著(至大三1310)。趙宋天台山家派の知礼の約心観仏の説を強調したもの。即ち、知礼は西方阿弥陀仏そのままが自己の心であるとし、仏を自己の心に即して三千三諦を観ずるとする約心観仏説を唱えた。それについて知礼の弟子の仁岳は西方の仏を自己の心中に帰する摂仏帰心論を説き、尚賢は自己の心を仏辺にもってゆく摂心帰仏論を説いて諍い、その決断を師の知礼に求めたが、知礼はこの両説を否定した。本書はその知礼の学説をうけついで極力鮮明に説く。㊅四七　〔参考〕蓮門類聚経籍録上

**しょうとく　生得**　⇩加行得《けぎょうとく》

**しょうとく　性徳**　〔修徳《しゅとく》〕　一般に性得・修得、または自性得・人功得《にんくとく》などといい、天台宗では徳の字を用いる。衆生が本性として具えている先天的能力を性徳、修行によって得る後天的な能力を修徳という。

**じょうとく-じ　成徳寺**　福島県双葉郡広野町折木。浄土宗。知機山往生院と号し、折木《きおり》談所ともいう。元徳1329—32頃良天聖観が草創した。慶長年間1596—1615城主について信夫郡に移り一時廃絶したが、良薫が再興した。

**しょうとく-たいし　聖徳太子**　(敏達天皇三574—推古天皇三〇622)用明天皇の皇子。母は穴穂部間人《あなほべのはしひと》皇后。厩戸《うまやど》皇子、豊聡耳《とよとみみ》皇子、八耳皇子、上宮太子などの称がある。推古天皇元年皇太子となり摂政に任じ、翌年三宝興隆の詔を発して仏教普及の基礎をしいた。同一一年(一説に一三年)冠位十二階をさだめ、翌一二年憲法十七条を制し、一五年には小野妹子を隋に遣わして国交を開き、国勢の進展につとめるとともに、また暦を初めて採用し、天皇記・国記などの国史を編集し、四天王寺・法隆寺などの諸寺を創建した。また勝鬘・維摩・法華の三経の註釈書(三経義疏という)を著わした(三経義疏の真撰説を疑問視する説もある)。うち法華経疏は真蹟が現存する。没後、磯長《しなが》(現大阪府南河内郡太子町)の廟に葬られた。なお、妃橘大郎女《たちばなのおおいらつめ》は天寿国繡帳(中宮寺蔵)を制し、法隆寺に現存する釈迦三尊像は、后・王子・諸臣などが太子の病気平癒を願って造ったもの(その完成は太子没後の翌年三月)。〔参考〕日本書紀二二、上宮聖徳法王帝説、聖徳太子伝暦、聖徳太子全集

**しょうとくたいし-えでん　聖徳太子絵伝**　聖徳太子の生涯を絵によってあらわしたもの。内容は超人的、神秘的な伝説にいろどられる聖徳太子伝暦(延喜一七917撰)による。形式によって⑴障子絵伝、⑵絵巻絵伝、⑶掛幅絵伝の三部にわけられる。⑴は堂の障子、即ち戸襖または壁面に描かれたもの。延久元年1069秦致貞によって法隆寺東院の絵殿に描かれた綾本著色聖徳太子絵伝(絵殿旧障子絵、現一〇面額装仕立、国宝、東京国立博物館保管)が最も古く、これは法隆寺に限らず、すでに宝亀二年771四天王寺で作られたと伝えられ、絵解きされていたことが一二世紀の史料で知られる(台記)。なお四天王寺の板絵伝(重文)は、この形式に属するが、これは元和1615—24再建の絵殿に狩野山楽によって描かれたものとして注目される。⑵は前者に比し移動的であるが、大衆性に乏しいためか、絵巻物流行中にあっても描かれたことが少ないらしく遺品は多くない。茨城県上宮寺本(一巻、鎌倉時代、重文)、京都市堂本家本(一〇巻、同)などが有名。⑶は、掛幅仕立てにしたもので、移動性と大衆性をかね、盛んに用いられたらしく遺品は多い。その幅数は、二、三、四、六、八、一〇幅の各種があり、四、六幅が最も多く、八、一〇幅がこれにつぎ、二、三幅は少ない。⑷他に略絵伝がある。一幅のもの。真宗寺院の礼拝殿として描かれたもので、伝を主眼としたものではない。

中・近世を通じて門徒に絵解きされた。奈良県大蔵寺本(二幅、室町)、愛知県妙源寺本(三幅、室町)、東京国立博物館本(鎌倉)、茨城県妙安寺本(室町初期、以上各四幅)、大阪市四天王寺本(鎌倉)、京都市頂法寺本(室町、以上各六幅)、東京国立博物館本(鎌倉)・兵庫県鶴林寺本(室町、重文、以上各八幅)、愛知県本証寺本(室町初期、重文)・大阪府叡福寺本(室町、以上各一〇幅)・茨城県願船寺本(室町、略絵伝)などがある。

**しょうとくたいし-ごほんじ　聖徳太子御本地**　二冊。作者・成立年不詳。聖徳太子の伝を六段に組んだ古浄瑠璃で、太子の本地は救世観世音菩薩であるとしている。近松門左衛門の聖徳太子絵伝記は本曲を改作したもの。

**しょうとくたいし-ぞう　聖徳太子像**　太子信仰によって作られた聖徳太子の肖像。聖徳太子に対する尊崇・信仰は相当早く、従ってその対象としての肖像の制作も、阿佐太子筆と伝え、唐本御影《からほんのみえい》と称せられて法隆寺に伝来した太子並びに二王子の画像(御物、宮内庁蔵)が奈良時代初期(制作年代に異説もある)にあらわれ、鎌倉時代以後に盛んとなった。形式によって、⑴南無仏像(二歳像とも呼ぶ)、⑵童形(七歳)像、⑶孝養《きょうよう》(一六歳)像、⑷馬上像、⑸摂政(三五歳・四二歳・四五歳)像、⑹講讃(三五歳)像に分けられる。なお⑸以外は聖徳太子伝暦の伝承によっている。遺作は⑴が最も多く⑵⑸⑹⑷の順となる。⑶は彫像と画像とが相半ばし、⑴は彫像が多く、⑸⑹は画像が多い。特殊なものとして法隆寺の水鏡《みずかがみ》御影、四天王寺の楊枝《ようじ》御影があり、五尊曼陀羅(大日・如意輪観音・虚空蔵菩薩・弘法大師・太子、法隆寺蔵)や、聖皇曼陀羅(建長六1254画、法隆寺蔵、重文)もつくられた。

**しょうとくたいし-でんりゃく　聖徳太子伝暦**　二巻。藤原兼輔の撰(延喜一七917)。二巻伝ともいい、また古くは平氏の撰にかかるとして平氏伝ともいった。聖徳太子の入胎より薨去に至る事跡、および上宮王家や蘇我氏の滅亡など大化元年645までのことを記しているが、異聞奇跡譚や事実と異なる点も多い。仏全一一二、続群八上

**じょうど-けちみゃく-ろん　浄土血脈論**　二巻。袋中の著(天正一一1583草、元和九1623再治)。虎関師錬の元亨釈書に浄土宗を寓宗としているのを慨歎し、インド・中国・日本における念仏法門の系統脈譜を示したもので、ことに法然門下の師資相承を詳しく述べている。伝記はのせていない。仏全一〇七、続浄全六〔刊本〕慶安二1649刊、承応三1654刊

**じょうど-けつぎ-しょう　浄土決疑鈔**　三巻。公胤(1144?—1216)の著。成立年不詳。法然の選択集の一向専修説を非難した書。のち、みずから本書の非を悟って焼き捨てたといい、今日伝わっていない。

**じょうど-けんもん-しゅう　浄土見聞集**　一巻。存覚の著(延文元1356頃)。地蔵十輪経・十王経などの意により、民間に信仰されていた十王の説相を列ね、随他誘引の方法によって真宗の純粋他力の法門を勧めようとした書。談義本の一つ。浄土真宗見聞集(異義集四)は別本である。真宗法要二〇、真宗仮名聖教八、異義集一・二(真系三六)、真宗史料集成一〔刊本〕貞享四1687刊〔註釈〕玩索記一巻(真系二八)、良雄・講義三巻(明治二八1895刊)、吉谷覚寿・略述一巻(同四二刊)

**じょうど-げんる-しょう　浄土源流章**　一巻。詳しくは浄土法門源流章という。凝然の著(応長元1311)。インド・中国・日本の三国にわたる浄土門の相承を示し、法然門下における流派の大要を叙述した書。初めに浄土正依の経論として三経・一論をあげ、次に弘通浄教祖裔次第として、インドの二四祖相承・文殊相承・弥勒相承、中国の三蔵伝持・血脈不転・五祖(六祖)相承および別依善導の義趣などを語り、日本では法然以前の聖浄兼通の諸師を略叙し、ついで法然の化導・浄土教の興起、およびその門下の五流(幸西の一念義・隆寛の多念義・証空の西山流・弁長の鎮西流・長西の諸行本願義)の立義を叙述している。(大)八四、浄全一五、続群八下、国一史伝部二四〔刊本〕寛永一〇1633刊、慶安三1650刊、明暦三1657刊、文化一一1814刊〔註釈〕懐山・解蒙一巻、文雄・索隠一巻、恵竜・玄叙一巻、住田智見・講録一巻、同・解説一巻、経歴・私録一巻

**じょうど-ごそ-えでん　浄土五祖絵伝**

一巻。紙本著色。鎌倉光明寺蔵。鎌倉時代の作。重要文化財。中国浄土教の五人の祖師(曇鸞・道綽・善導・懐感・少康)の行状を描く。画風は筆致・彩色に宋画の影響がみられ、詞は各図の上に色紙形を画して漢文で五祖の伝記を記し中国様式をとる。東征絵伝に似て、絵仏師系統の筆と推定され、奥書に金泥で「嘉元三年(1305)云々」とある。

**じょうど-さんごく-ぶっそ-でんしゅう　浄土三国仏祖伝集**　二巻。聖聡の著(応永二三1416)。聖冏《しょうげい》の浄土真宗付法伝をうけて浄土三国伝灯列祖の事跡を述べる。インドの四祖・中国の八祖・日本の五祖、中国の三流・日本の四流六派・西山義の四流、さらに浄土一宗の経巻・知識の両相承の理趣を記している。仏全一〇七、続浄全六

**じょうど-さんぶきょう-おんぎ　浄土三部経音義**　①四巻。信瑞の著(嘉禎二1236)。浄土三部経音義集ともいう。浄土三部経の中から主要語句を摘出し註した書。仏典のみならず広く外典をも参考し、東宮切韻、梵語勘文など今日散逸して他に見られない書を引用している。㊅五七、続浄全一七　②二巻。珠光の著(天正一八1590)。浄土三部経および六時礼讃偈中に用いられた文字の音訓を、人言部から単字雑部に至る二六条に区別して註した書。続浄全一七〔刊本〕正保—寛文1644—73頃刊　③二巻または五巻。乗恩の著(宝暦五1755)。広く諸家の章疏や各種の陀羅尼などを照合して、浄土三部経中の主要語句を註解した書。〔刊本〕宝暦六刊

**じょうど-さんまい-きょう　浄度三昧経**　一巻。すべての果報は各自の心より生ずると説き、特に種々の地獄とそこに堕ちる因縁を述べる。浄度とは心が清浄であれば度脱を得るの意。中国で作られた偽経。㊸一・八七・四

**じょうど-じ　浄土寺**　①広島県尾道市東久保町。真言宗泉涌寺派。転法輪山大乗院と号する。推古天皇二四年616聖徳太子の建立という。嘉元四年1306西大寺叡尊の弟子定澄が中興。足利尊氏・直義が諸国に安国寺を設けた際、当寺に利生塔を置いた。〔国宝〕本堂、多宝塔〔重文〕阿弥陀堂、木造十一面観音立像、同聖徳太子像(三軀)、孔雀戧金経箱、紙本墨書観世音法楽和歌(尊氏証判あり)、同定証起請文(嘉元四)、同浄土寺文書(尊氏寄進状ほか)ほか　②兵庫県小野市浄谷町。極楽山と号し、高野山真言宗。行基の開創と伝える広度寺跡に、建久四年1193俊乗坊重源が東大寺の播磨別所として、弟子の観阿に堂宇を造営させたのに始まる。〔国宝〕浄土堂(阿弥陀堂)、木造阿弥陀如来及両脇侍立像、〔重文〕薬師堂(本堂)、絹本著色真言八祖像、同仏涅槃図、木造重源坐像、同菩薩面(二五面)ほか　③京都市左京区の慈照寺(銀閣寺)の地にあった寺。現に浄土寺町の地名がある。創建年代は不明であるが、寛和三年987に寺名が見える(日本紀略)。寛仁三年1019天台座主明救が再興したので、彼を浄土寺座主と称した。長元九年1036後一条天皇の遺骨を奉安した。乾元—延慶1302—11の頃、九条師教(浄土寺関白)が再建し、文明一四年1482足利義政が境内に山荘(後の慈照寺)を造る際に相国寺の西に移し、草堂一宇(現浄土院)のみが残ったと伝える。〔参考〕今昔物語集、山槐記、百錬抄、皇年代私記、天台座主記、雍州府志四、山城名勝志一三

**じょうど-しき-しゅう　浄土指帰集**　二巻。明の大祐の編(洪武二六1393)。浄土往生に関する経論釈の要文および往生の事実を集録したもの。原教・宗旨・法相・観慧・行法・証験・決疑・斥謬・指広・勧修の一〇門に分け、一八九条から成る。宗暁の楽邦文類と共に類集的著作の典型である。㊸二・一三・一

**じょうど-しけつ　浄土旨訣**　一巻。清の道霈《どうはい》の著(康熙二〇1681)。著者の浄土教に関する文筆を集めたもの。主として念仏を分類説明し、他に書序・問答・偈讃などを収める。㊸二・一四・一

**じょうど-じっしょう-ろん　浄土十勝論**　一四巻または一八巻。浄土十勝節箋論ともいう。澄円の著(正中元1324)。一〇篇から成り、浄土教が衆典に卓越し念仏が万行に超絶していることを論証し、虎関師錬の宗門十勝論に対抗した書。さらに同著者の浄土十勝論補助義四巻は、十勝論中の疑義を解した書で本論を合わせて一八巻になる。〔刊本〕寛文三1663刊、嘉永五1852刊

**じょうど-じひ-しゅう　浄土慈悲集**　三

巻(上巻のみ現存)。唐の慧日(慈愍三蔵)の著。詳しくは略諸経論念仏法門往生浄土集という。南宗禅の諸家の説を破して浄土念仏をすすめたもののようで、元照が印行したが南宋の紹興四年1134四明大梅山法英らの抗議により板が破却された。また、それ以前に朝鮮に伝わり高麗の義天により開版されていたが、それも久しく失われていた。それが、一九二五年に朝鮮桐華寺で上巻のみ発見された。㊅八五

**じょうど-しゅう　浄土宗**　阿弥陀仏の本願を信じ、称名念仏によって西方極楽浄土への往生を願う宗派。法然房源空(1133―1212)によって開宗され、中国の曇鸞・道綽・善導・懐感・少康を浄土相承の五師とする。源空の門流から聖光房弁長(鎮西流)・良忠と相承され、その良忠から尊観(名越《なごえ》流)、性心(藤田流)、寂恵(白旗《しらはた》流)、道光(三条流)、道心(木幡《こはた》流)、然空(一条流)の六流に分かれた。前三者を関東三派、後三者を京都三派と俗称する。このうち白旗流と名越流が栄えて浄土宗を形成継承し、昭和二三年1948浄土宗と浄土宗本派にいったん分立したが、同三七年には統合して新しい浄土宗を設立した。現在、浄土宗では総本山を知恩院(京都)、大本山を増上寺(東京)・百万遍知恩寺(京都)・清浄華院(京都)・光明寺(神奈川)・善光寺大本願(長野)・善導寺(福岡)、本山を蓮華寺(滋賀)とする。一方、源空から善恵房証空(西山流)が出て、それから遊観・示導(本山流)、立信(深草流)、浄音、観智(西谷流)および浄音・了音(六角流)、証慧(嵯峨流)、証入(東山流)の六流に分かれた。このうち深草流が浄土宗西山深草派、西谷流が浄土宗西山光明寺派となり、次いでこの三派が浄土宗西山禅林寺派と浄土宗西山派に統合され、さらに現在では西山浄土宗(総本山は京都光明寺、寺院数は約六〇〇)、浄土宗西山禅林寺派(総本山は京都禅林寺、寺院数は約三六〇)、浄土宗西山深草派(総本山は京都誓願寺、寺院数は約二五〇)の三派が設立された。さらに源空から幸西が出て一念義を唱えたが、のち真宗に吸収され、また源空門下の隆寛が長楽寺流、長西が九品寺流を形成したが衰退した。阿弥陀経・大無量寿経・観無量寿経の浄土三部経と天親(世親)の浄土論(往生論)にもとづく教えで、相承としてはとくに唐の善導の説を重んじ、その綱要は源空の撰択本願念仏集において明らかにされる。阿弥陀仏の本願を信じ(安心《あんじん》)、これを絶えまなくひたすら続けていく四修(作業)により、浄土に往生できるとし、念仏以外は諸行とし、戒律や造塔起寺などの善根はもとより、菩提心をも否定して専修《せんじゅ》念仏を主張した。なお、源空の門流から親鸞が出て浄土真宗を開宗し、また良忠の門流から出た一向の一向派、および、証空・聖達の門流から一遍(智真)が出て時宗に分派した。⇩浄土宗西山派《じょうどしゅうせいざんは》　⇩真宗《しんしゅう》　⇩時宗《じしゅう》

**じょうど-じゅうぎ-ろん　浄土十疑論**　一巻。阿弥陀十疑論、十疑論ともいう。隋の智顗(538―97)の述というが、古来真偽が問題となっている。浄土往生について一〇種の疑問を挙げて答えたもの。十疑とは、⑴諸仏菩薩は大悲を以て五濁三塗の中で衆生を済度すべきなのに、なぜ浄土を願生して身の安きを求めるのか、⑵諸法は空・無生であり平等寂滅であるのに、此を捨てて彼に生を求めるのは背理ではないか、⑶十方の仏土の功徳は平等であるのに、なぜ一仏の浄土のみを求めるのか、⑷なぜ特に西方弥陀仏を念ずるのか、⑸凡夫がどうして三界の外の浄土に生まれることが可能なのか、⑹もし可能だとしても煩悩がたえず起こって不退を得ることができないのではないか、⑺兜率浄土と西方浄土との優劣はどうか、⑻無始以来の悪業がなぜ臨終の十念で消滅できるのか、⑼十万億刹をへだてた浄土に凡夫がどうして到り得るか、また浄土論に女人と根欠とは往生できないとあるがどうか、⑽どんな行業によって往生できるのか、の一〇である。中国では広く行われたが、日本には最澄が将来し、源空は傍明浄土の論とした。なお叡山の禅瑜に新十疑論の著があったが、散逸したようである。㊅四七〔註釈〕不必・翼註二巻、玄心・枢鑰三巻、真峰・至宝鈔三巻、貞阿・鼓吹一〇巻、僧樸・升量録一巻

**じょうど-じゅうしょう-ろん　浄土十勝論**　⇩じょうどじっしょうろん

**じょうどしゅう-しょがく-しょう 浄土宗初学鈔** 一巻。浄土初学集ともいう。源空(1133—1212)の著。成立年不詳。浄土宗学の入門書。華厳・天台・三論など一一宗の章疏およそ一七〇部を列挙し、そのうち、特に浄土宗学者必読の書を指摘する。㊅八三、昭和新修法然上人全集、浄全九 〔刊本〕明暦元1655刊 〔註釈〕良山・初学題額集三巻(仏全三)

**じょうどしゅう-せいざん-は 浄土宗西山派** 源空の門下の証空(1177—1247)を派祖とする宗派。証空が京都の西山の三鈷寺《さんこじ》に住したので西山派と称する。証空が一時洛東の小坂に住したことから古くは小坂義とも呼ばれた。観無量寿経を中心に教義を組織し、観経以前の諸経の説を行門、観経に説く定散二善を観門、阿弥陀仏の本願名号を弘願門《ぐがんもん》と名づけて、自力行門の執われを離れて、観門によってあらわされた真実の法である阿弥陀仏の弘願によってのみ往生できると説き、阿弥陀仏はさとりを完成した覚体であるとともに衆生が浄土に往生するための行体であるとする仏体即行の説をたて、自力の三業のはたらきを否定した他力往生の説を主張する。証空の門下がそれぞれ独自の説を立て、法興浄音の西谷流・円空立信の深草流・証入観鏡の東山流(宮辻子義ともいう)・道観証慧の嵯峨流に分かれ、西谷流からは了音の六角流(八幡義ともいう)が分立した。また別に証空の弟子栖空遊観の法孫康空示導が弘めた本山流(三栖寺流)がある。西谷流は禅林寺・光明寺を中心に栄え、深草流は真宗院・誓願寺・円福寺を中心に伝わったが、東山・嵯峨の両流はやがて衰えた。江戸時代になって西谷流の法系をうけた大江南楚が新たな学風を興し、門下には多くの学者を出したが、それらの説は浄土宗内の鎮西義との混同が甚だしく、派祖の真意をくらますに至った。この頃には助三や仙旭のように祖説をあきらかにしようとして却って排斥を受けた者もあったが、のち湛空や恬澄《てんちょう》・亮範らが出て復古の気運が起こった。明治七年1874光明寺の哲空は浄土宗西鎮両派合一の管長となったが、同九年鎮西派と分離し、禅林寺・光明寺・誓願寺・円福寺を四大本山と定めた。大正八年1919禅林寺派・光明寺派・深草派の三派にわかれ、昭和一六年1941統合したが、戦後再び分派独立して現在、西山禅林寺派・西山浄土宗(光明寺)・西山深草派(誓願寺)の諸派になった。〔参考〕観門要義鈔、観経疏他筆鈔、浄土法門源流章、浄土伝灯総系譜下、光明寺沿革誌、深草史

**じょうど-しゅうは-しょうけい-ふ 浄土宗派承継譜** 一巻。大血脈譜ともいう。貞準の著(貞享元1684)。浄土宗西山派の師資継承の次第を録したもの。(1)阿弥陀・釈迦・摩訶迦葉以下菩提流支に至るインド相承を挙げ、(2)中国相承を述べ、(3)日本相承として叡山黒谷相承と東山吉水相承を挙げ、後者に源空・証空・浄音以下南楚に至る脈絡ならびに略伝を編集している。のち、昌堂がこれを補充した。〔刊本〕貞享元刊、同二補刊、天保一一1840刊(浄土宗西山流秘要蔵四) 〔参考〕教旨叢談

**じょうどしゅう-みょうもく 浄土宗名目** 二巻。西山名目、道観名目ともいう。証慧(1195—1264)の著。成立年不詳。浄土宗の立場から仏教の要語を解説した書。安楽集の聖浄二門の教判によって名目を解し、聖道門の中に天台・真言・華厳などの一〇宗を略註し、浄土門の中に二身・二土・二尊教、往生の三要事たる安心・起行・作業及び三経一論の大概を叙し、雑部に通仏教の名目を註解している。〔写本〕竜谷大学蔵(享徳四1455写) 〔刊本〕寛永六1629刊、延宝九1681刊、文化六1809刊

**じょうどしゅう-みょうもく-もんどう 浄土宗名目問答** 三巻。鎮西名目、三巻名目ともいう。弁長(1162—1238)の著。鎮西派の立場から浄土宗内の邪義を排し、正統な宗義を明らかにするために入門書として書かれたもの。九六番の問答により、聖浄二門・難易二道・正雑二行・助正二業などについて詳解し、また多くの経論釈書を引用して一念義が邪義であることを説いている。浄全一〇 〔刊本〕元禄七1694刊、同一三刊 〔註釈〕聖聡・三巻名目不審請決一巻、妙端・鎮西名目問答奮迅鈔五巻、鎮西名目問答講録

**じょうど-じゅうよう 浄土十要** 一八巻。明の智旭の編。成立年不詳。浄土教に

関する古今の要書を集めたもの。門人の成時が評点節要して刊行した。⑴阿弥陀経要解一巻(明の智旭)、⑵往生浄土懺願儀一巻(宋の遵式)、付、往生浄土決疑行願二門一巻(同)、⑶観無量寿仏経初心三昧門一巻(明の成時)、付、受持仏説阿弥陀経行願儀一巻(同)、⑷浄土十疑論一巻(隋の智顗)、⑸念仏三昧宝王論三巻(唐の飛錫)、⑹師子林天如和尚浄土或問一巻(元の善遇)、⑺宝王三昧念仏直指二巻(明の妙叶)、⑻西斎浄土詩三巻(明の梵琦)、⑼浄土生無生論一巻(明の伝灯)、付、幽渓無尽法師浄土法語一巻(明の正知)、⑽西方合論一巻(明の袁宏道)を収める。㊫二・一三・四―五

**じょうど-しゅうよう-しゅう　浄土宗要集**　①鎮西宗要(西宗要)。六巻。弁長の述(嘉禎三1237)、然阿良忠の記(翌年成)。浄土三部経事以下八〇項にわたり、浄土宗の要義を問答体に解説した書。弁長が盛年の時、吉水で師の源空から受けた法義を摘要輯録したもの。浄全一〇　〔刊本〕寛永一〇1633刊、寛文六1666刊、天保二1831刊　〔註釈〕良忠・聴書二巻、聴書冠註(亡名)、酉誉・了暁・本末口伝鈔二巻、定慧・了誉・無題鈔一巻、同・古見聞書一巻、西誉・不審請決一巻、白弁・要解二巻、同・私記六巻　〔参考〕蓮門類聚経籍録下　②鎌倉宗要(東宗要)。五巻。宗要論義ともいう。良忠(1199―1287)の著。成立年不詳。浄土の宗要二四項を選び、他流の異説を排し、鎮西所伝の正義を述べている。主として鎮西相伝の義旨によって決択し、西山義、長楽寺義、九品寺義、一念義などの説を破し、敬蓮社・悟阿・信心房・阿弥陀房・明遍・良快・修阿・良遍・宗源・持仏房・証入・薩生・全報房などの説をあげてこれを批判している。浄全一一　〔刊本〕寛永一〇刊、慶安四1651刊、貞享三1686刊、文政二1819刊、天保二刊　〔註釈〕白旗寂慧・浄土宗要集見聞五巻(坂下見聞)、良栄・浄土宗要見聞一〇巻(東宗要良栄見聞)、妙瑞・東宗要玄談一巻、妙瑞・東宗要備講八巻　③西山宗要。三巻。深草宗要ともいう。道教顕意の著(弘安四1281―七)。浄土宗西山派の宗要を教相・機・行・身土・雑の五部にたて、大綱四八、綱目四三二項を設けて説明した書で、弘安四年比叡山の学侶故海已講の問いに答えたものという。〔刊本〕貞享三刊、明治一一1878再刊

**じょうど-じゅうろっかじょうぎ-もんどう　浄土十六箇条疑問答**　一巻。尊観(良弁)の著(正和三1314)。浄土宗白旗流の祖良暁が十箇条口伝鈔一巻を撰して白旗所伝の義を述べたのに対し、本書はそれを先師良忠の相承に違背するとして、その義を非難したもの。即ち一念業成などを主張し、名越流相伝の義旨を明らかにした。白旗・名越の相関的教旨を察するために重要なもの。浄全一一　〔註釈〕慈観・十六箇条事一巻、良栄・十六箇条疑問答見聞四巻

**じょうど-しゅしょうぎ　浄土修証儀**　二巻(現存しない)。北宋の桐江択瑛の著。成立年不詳。

**じょうど-じゅつもん-しょう　浄土述聞鈔**　一巻。良暁の著(元亨元1321)。浄土宗名越派の浄土十六箇条疑問答に対し、白旗流の所伝を記述して反論した書。業成をもって一念十念に通ずるとし、本願の乃至十念をもって臨終に限るなどの説を主張している。浄全一一　〔刊本〕元亨二刊、承応三1654刊、天保一一1840再刊　〔註釈〕良暁・見聞一巻、同・口伝切紙一巻、定慧・浄土述聞口決鈔二巻、定慧・追加口決鈔一巻、運岸・集解八巻、口決補正二巻、口決本末鈔講義一巻

**じょうど-しょうけん-ろく　浄土聖賢録**　九巻。清の彭際清が従弟の彭希涑《ほうきそう》に編させたもの(乾隆四八1783序)。浄土願生者の伝記を歴代の高僧伝、仏祖統紀、仏祖通載などから抜萃したもので、浄土教主・闡教聖衆・往生比丘・往生比丘尼・往生人王・往生王臣・往生居士・往生雑流・往生女人・往生物類の一〇門から成る。のちに胡珽が続編四巻を撰した。㊫二乙・八・二

**じょうど-しょうむしょう-ろん　浄土生無生論**　一巻。明の伝灯の著。成立年不詳。諸経論の要旨をとって浄土の生・無生について論じたもので、これをうけて清の道霈《どうはい》が続浄土生無生論一巻を著わした。㊅四七　〔註釈〕正寂・註一巻、受教・親聞記二巻、達黙・会集一巻

**じょうど-しりょう-ぜんしゅう　浄土資糧全集**　八巻。明の荘広還《そうこうかん》の編(万暦二七1599刊)。浄土教に関する経論釈の要語

をあつめて考証を加えたもの。もと浄土往生章・浄土起信章・浄土誓願章・浄土斎戒章・浄土日課章・浄土兼禅章の六巻であったが、補輯二巻(前集・後集)を付して八巻となった。㊫二・一三・三

**じょうど-じんじゅ　浄土神珠**　一巻。清の古崑の集。成立年不詳。浄土往生に関する先聖の要言を集めたもの。末尾に血仏像詩、浄土八要を付す。㊫二・一五・二

**じょうど-しんしゅう　浄土真宗**　⇩真宗《しんしゅう》

**じょうどしんしゅう-ききがき　浄土真宗聞書**　二巻。著者・成立年不詳。専修賢善計の異義を主張するもので「無常説記」と同類の書か。⑴人界に生を受けた者厭欣を首とすべきこと、⑵名号称念し、往生を求めることが末法相応の教えであること、⑶自力の念仏を捨てて他力に帰すべきことを述べている。　異義集四(真系三六など)、真宗史料集成五

**じょうどしんしゅう-きょうてん-し　浄土真宗教典志**　三巻。玄智の編(安永七1778)。真宗に用いる典籍を録出し、各典籍の著述年代・刊記・略解説を記した典籍目録。⑴仏祖諸宗主典誥、⑵宗侶章疏、⑶余門鈔記を収めているが第三巻は前二巻の付録であり、浄土書籍目録より転載したもの。　真全七四、仏全一　〔刊本〕安永九刊、天明二1782刊

**じょうどしんしゅう-こうちょう-いほう-るいへん　浄土真宗弘長遺法類篇**　二巻。霊鳳(1695—1744)編。成立年不詳。親鸞の法語四八篇を集め私釈を加えたもの。〔刊本〕享保一七1732刊

**じょうどしんしゅう-しちそ-でん　浄土真宗七祖伝**　一巻。玄智(1734—94)の編。成立年不詳。漢語灯録の類聚浄土五祖伝にならって、真宗の七祖(竜樹・天親・曇鸞・道綽・善導・源信・源空)と聖徳太子の伝記を編した書。　真全六六　〔刊本〕明和二1765刊、文化九1812刊　〔註釈〕玄智・衍繹篇八巻(真全六六)

**じょうどしんしゅう-しょうぎょうもくろく　浄土真宗聖教目録**　一巻。浄土真宗正依聖教目録、先啓目録ともいう。先啓の編。親鸞以下の真宗古徳の真作および真偽未決の聖教三一八部四三三巻の目録。宝暦二年1752上梓、同七年改刻したが、のちさらに三六二部五一九巻に増補改訂。非常に多くを収録しているが、今日では修正を要する部分も少なくない。　仏全一、真全七四　〔刊本〕宝暦二刊、同七刊、明和六1769刊

**じょうどしんしゅう-そうぼう-でん　浄土真宗僧宝伝**　六巻。海蔵の著(文政三1820)。元亨釈書・本朝高僧伝などに真宗の僧が除外されているのを遺憾とし、七高僧伝以下、文化・文政1804—30までの約一七四人(付伝を含む)の真宗の僧伝を記している。　真全六六

**じょうどしんしゅう-だいみょうもく　浄土真宗大名目**　一巻。顕智の著という。成立年不詳。真宗に用いる法門上の名目を記した書。聖道門九宗、浄土門定善・散善、小乗・大乗の戒儀、観経疏玄義分の大要などを説く。〔刊本〕延享三1746刊　〔註釈〕慧弁・集註三巻、真淳・略註一巻

**じょうどしんしゅう-ほんぞん-ぎ　浄土真宗本尊義**　一巻。智暹の著(明和元1764)。本尊として帰命尽十方無碍光如来を強調した覚如の改邪鈔により、真宗の本尊を論じた書。三門にわけて論じ、⑴正義を示し、⑵異説を明らかにし、⑶改邪鈔の文を解釈する。その意とするところは、観無量寿経第七観の住立空中随機現の阿弥陀仏をもって真宗の本尊とする了意の蓬戸筆談・慧空の叢林集などの説を誤りとし、法霖の方便法身義・文類聚鈔蹄涔記《ていしんき》などに唱える説を反駁し、正趣を開顕することにあった。明和の法論と称される本尊義諍論の端緒となった書〈⇩明和法論次第《めいわほうろんしだい》〉。　真全五〇　〔刊本〕明和二刊

**じょうど-しんしょう　浄土晨鐘**　一〇巻。清の周克復の編(順治一六1659序)。浄土教に関する要文を集めたもの。最初に日課を示し、浄土教の始まりから信仰の手びき、修行のすすめ、念仏などについて巻を追って述べ、最後に往生人の伝記をおさめている。㊫二・一四・二

**じょうど-しんよう-しょう　浄土真要鈔**　二巻。存覚の著(元亨四1324)。仏光寺了源(一説に了海)の要請で浄土文類集を改訂増補したもの。正雑二行を分別して、真

宗の教えは諸行往生でなく念仏往生にあること、また異流の臨終往生、来迎往生に対して、平生業成、臨終不来迎、現生不退などの義を文理の両面から主張している。㊅八三、真宗法要一一、真宗仮名聖教六、真宗史料集成一　〔写本〕新潟県浄興寺蔵（応永三二1425写）、西本願寺蔵（蓮如筆）　〔註釈〕宝景・己卯録一巻、同・講義二巻、霊暉・随聞記一巻、覚寿・略述一巻

**じょうど-ずいがく　浄土随学**　二巻。清の古崑の著（光緒元1875）。浄土教の要義や行儀、信仰についての文集。著者の信仰体験がよくあらわれている。㊫二・一四・五

**じょうど-たいい-しょう　浄土大意鈔**　一巻。良忠の著（建長二1250）。浄土門の宗旨の要義を和文体で略説した書。総勧（序）においてまず生死を出離する契縁に機と教を分別し、聖道門と浄土門との区別を明らかにし、正雑の二行を説いて願力思想を高潮している。次に念仏行者の具すべき三心・四修を説き、念仏に三種の行儀があること、さらに善知識の用意・臨終の善悪・常の意得を説き、一宗教意の大綱を要領よく示している。浄全一〇　〔刊本〕明暦元1655刊、寛政六1794刊、同八刊、同九刊、天保七1836刊

**じょうど-でんとう-そうけいふ　浄土伝灯総系譜**　三巻。鸞宿の編（享保一二1727序）。浄土教の弘伝・伝灯の系譜を集大成した書。弘伝についてインド・中国・日本の三部にわけ、日本の部は開宗門資・諸流分派・諸師承襲の三章に分け、おのおのの系譜、略伝を付している。浄土一宗の人系譜で、浄統略讃、浄源脈譜の業績をうけつぎ、これを増補する。浄全一九　〔刊本〕享保一一刊　〔参考〕三縁山志八、続日本高僧伝四

**じょうど-にぞう-にきょう-りゃくじゅ　浄土二蔵二教略頌**　一巻。二蔵略頌、略頌ともいう。了誉聖冏《しょうげい》の著（永徳三1383）。浄土宗義の大綱を頌で示した書。七言四句を一頌とし、全篇一六六頌からなる。浄土宗の教相として、一代仏教を声聞・菩薩の二蔵に分け、その菩薩蔵の中を頓・漸の二教に分け、さらに頓教中において性頓・相頓を分け、浄土門を相頓と定めている。著者は別に釈浄土二蔵義三〇巻を作ってその義を詳述している。ともに弟子聖聡にあたえた。浄全一二　〔刊本〕文明一九1487刊、寛永九1632刊、元禄八1695刊、嘉永元1848刊　〔参考〕了誉上人伝、了誉上人行業記

**じょうど-はっそ-れつぜんでん-きさん　浄土八祖列全伝記纂**　二巻。浄土八祖伝記纂ともいう。直勧の著（延宝八1680序）。浄土宗八祖（馬鳴・竜樹・天親・菩提流支・曇鸞・道綽・善導・源空）の伝を列記し註解を加えた書。続浄全一六　〔刊本〕延宝八刊

**じょうど-ひつぐ　浄土必求**　一巻。清の古崑の編（光緒三1877）。浄土教に関する要文をあつめたもの。念仏の実践をすすめ、幽渓・藕益・堅密・徹悟を四大祖師とあがめている。㊫二・一四・五

**じょうど-ふさつ-しき　浄土布薩式**　二巻。著者・成立年不詳。内題は浄土宗頓教一乗円実大戒布薩法式とあり、受戒儀などともいう。浄土宗の授戒の法式を記した書。授菩薩戒儀に依準しつつ、これを浄土教義に合わせて記述している。源空に名をかりた仮託の書。昭和新修法然全集、続浄全一五　〔刊本〕慶安元1648刊　〔註釈〕岸了・広略戒儀決一巻、了吟・広戒儀尽規一巻（共に続浄全一五）

**じょうど-へんそう　浄土変相**　仏菩薩の住する浄土の相を造形的に描いた浄土図。浄土変、浄土絵、浄土曼荼羅ともいう。⑴阿弥陀浄土変、⑵薬師浄土変、⑶弥勒浄土変、⑷霊山浄土変、⑸盧舎那《るしゃな》浄土変など種々がある。また単に一仏二脇侍のみを描いたもの、多数の仏菩薩を描き、宮殿楼閣宝樹宝池などを詳細に描写したものなどその形式も多い。⑴は阿弥陀仏の浄土を描いたもので、広い意味では聖衆来迎図を含めていう場合もある。⑵は薬師如来の浄土を描いたもので浄瑠璃世界曼荼羅ともいう。故田中豊蔵所蔵の敦煌千仏洞出土古写経の裏面に描かれたもの（中国六朝時代作）、スタイン発見敦煌千仏洞出土、大英博物館蔵の浄瑠璃世界曼荼羅（中国唐末・北宋初期の作）、法隆寺壁画などが現存のものとして有名である。⑶は弥勒の浄土を描いたもので、弥勒天宮観、兜率天曼荼羅ともいう。法隆寺壁画、また法隆寺五重塔の和銅四年711の作と考えられる塑像の弥勒浄土変が有名。⑷は法華経説法の会処である霊鷲山が釈迦

如来常住の浄土であるといい、その浄土の相をあらわしたもの。法隆寺壁画、奈良長谷寺蔵の法華説相図(飛鳥・白鳳時代)、京都勧修寺蔵の釈迦説法繡帳(奈良時代または中国唐代の作)、アメリカ・ボストン博物館蔵、珍海補修の法華曼荼羅(東大寺法華堂旧蔵、天平時代の作)が有名。(5)は毘盧舎那仏の華蔵世界図ともいう。敦煌千仏洞の諸窟には唐末・宋初期ころのものが現存し、日本では東大寺大仏の蓮弁に葉上の釈迦・百億の小釈迦の毛彫があり、大仏を中心に毘盧舎那の浄土を現わしている。⇩阿弥陀浄土変《あみだじょうどへん》

**じょうど-ほうもん-けんもん-しょう　浄土法門見聞章**　浄土法門見聞鈔とも書く。一巻。源海(　―1278)の著。一説に覚如、性信、真仏の著ともいわれる。成立年不詳。著者の見聞領解した真宗の法門を記述した書。往還二廻向、聞経と持戒、発菩提心の念仏、道華化生、雑行雑修、他力信心、理事の弁、悪鬼神守護、本願信と造罪、信心成不摂取の証験、信行と行信などの項目を問答体で解説する。異義集一〔真系三六〕、真宗史料集成五〔刊本〕元禄一四1701刊、寛政七1795刊

**じょうど-ほんちょう-こうそう-でん　浄土本朝高僧伝**　八巻。内題に浄土鎮流祖伝とあり、鎮西祖師伝ともいう。心阿の編(宝永元1704序)。浄土宗鎮西派の列祖高僧の伝記。一、二巻は初祖善導から第一〇祖西誉に至る鎮祖十祖伝、第三巻からは法然門資一〇傑および聖光・良忠・定慧・寂蓮の門資およそ二〇〇人の伝記を列載し、巻末に宗名志・四本山志・檀林志・九部志・二読志の五篇を付録する。浄全一七〔刊本〕正徳三1713刊

**じょうど-もん　浄土門**　⇩聖道門《しょうどうもん》

**じょうど-もんるい-じゅしょう　浄土文類聚鈔**　一巻。親鸞の著。教行信証を広本、広文類と呼ぶのに対し、略本、略文類という。教行信証の内容を略述する。教行信証が多数の文を引き、教相・安心の両面を詳説するのに対して、本鈔は安心を中心に説き、引文も少ない。撰述年代は建長四年1252、同七年、正嘉元年1257などの説があるが、教行信証の草稿か要約かの問題がある。㊅八三、定本親鸞聖人全集二、真宗史料集成一〔写本〕延慶二1309〔刊本〕慶長七1602刊、寛永一三1636刊、天保一四1843刊、嘉永七1854刊〔註釈〕道海・私記三巻、知空・講録三巻、慧空・叢林解五巻

**じょうど-ようごん　浄土要言**　六巻。玄智の著(安永元1772)。浄土念仏の法語を集めた書。諸家(先徳法語)・吉水(源空法語)・大谷(宗祖・歴代宗主法語)の三部からなる。〔刊本〕安永九刊

**じょうど-りゃくみょうもく-ず　浄土略名目図**　一巻。了誉聖冏の著(永徳二1382)。二蔵二教の教判により、性頓教と相頓教を明らかにし、浄土宗を相頓教とし、これに一代諸教の名目即ち術語を配列して、他力易行のすぐれたことを示した書。浄全一二〔刊本〕永正五1508刊、天文二一1552刊、正保二1645刊、延宝六1678刊、宝永三1706刊

**じょうど-ろん　浄土論**　①一巻。天親(ヴァスバンドゥ Vasubandhu 世親)の造と伝える。北魏の菩提流支《ぼだいるし》の訳(永安二529)。詳しくは無量寿経優波提舎願生偈《うはだいしゃがんしょうげ》という。往生論ともいう。九六句の偈頌と、偈頌の意義を述べた長行《じょうごう》(散文)とからなる。偈頌は、最初に「世尊、われ一心に尽十方無礙光如来に帰命し、安楽国に生ぜんと願う」と述べ、阿弥陀仏の浄土のうるわしさを国土・仏・菩薩について讃えて、「あまねく衆生と共に安楽国に往生せん」と結んでいる。長行は、浄土に往生する方法として礼拝・讃歎・作願・観察・廻向の五念門の行を示し、これらの行を修することによって浄土に往生し、近門・大会衆門・宅門・屋門・園林遊戯地《おんりんゆげじ》門の五果門を得て自利利他を満足したさとりを成就することを説いている。インドにおいて浄土思想が大乗菩薩道の究極的位態として説かれたことは本論の特徴であり、中国では曇鸞が浄土論註を作ってその意義をあきらかにした。日本では源空が本論を三経と共に浄土正依の経論として重んじ、親鸞は教行信証にしばしば引用するとともに入出二門偈を著わして独自の理解を示した。㊅二六、浄全一、真聖教全書一〔註釈〕曇鸞・註、法海・講義ほか　②三巻。唐の迦才の著。成立年不詳。道綽の安楽集の所説を一層明らかにしようとしたも

ので、阿弥陀仏の浄土の体性、往生すべき人、往生の因、往生の道理、聖教による証拠、往生者の実例、弥勒の兜率浄土との比較、教えのさかんになる時節、厭穢欣浄のすすめの九章からなる。㊅四七

**じょうど-ろん-ちゅう　浄土論註**　二巻。北魏の曇鸞(467―542)の著。成立年不詳。詳しくは無量寿経優婆提舎願生偈註といい、往生論註、論註ともいう。世親の浄土論を註釈したもの。上巻は初めに竜樹の十住毘婆沙論易行品に依拠して、本論が易行道他力の法門で大乗仏教の極致であることを示し、論の偈頌の部分を五念門に配して解釈し、最後の普共諸衆生往生安楽国について八番の問答を設け、極重悪人も十念によって往生できると説く。下巻は論の長行の部分を願偈大意・起観生信・観行体相・浄入願心・善巧摂化・離菩提障・順菩提門・名義摂対・願事成就・利行満足の一〇章に分けて解釈し、浄土に往生する要因は本願力にあるとして、無量寿経四十八願中の第十八、十一、二十二の三願によって他力により速かに往生成仏を得ることとの明らかな証明とする。この書は曇鸞の独自の見解により論の本旨を発揮したもので、日本には奈良時代にすでに伝わり、智光が疏を製した。源空が選択本願念仏集に本書を引用して浄土宗が易行道であることを説いてからその門下で重視され、とくに親鸞や隆寛はその著作にしばしば引用し、親鸞の自筆加点本が西本願寺に現存する。註釈には良忠の無量寿経論註記五巻(浄全一)があり、その他各流の末註はすこぶる多い。㊅四〇、国一諸宗部五、浄全一、真宗聖教全書

**じょうど-わくもん　浄土或問**　一巻。元の天如維則の述、明の袾宏《しゅこう》の編。成立年不詳。浄土教義に関する二六の疑問をかかげて答え、禅浄一致の立場をあきらかにした書。㊅四七

**しょうどん　清曇**　(　―明徳元1390)臨済宗の僧。号は独芳。清拙正澄に師事し明に渡った。永徳年間1381―84帰国し、足利義満に招かれて天竜寺に住した。のち豊後の万寿寺(現大分市)に住し、西国に禅をひろめた。〔参考〕延宝伝灯録二七、本朝高僧伝三五

**しょうなわしゅ　商那和修**　⇩三浮陀《さんだぶ》

**じょうにく　浄肉〔不浄肉〕**　比丘《びく》が食べても罪(犯戒《ぼんかい》)にならない肉を浄肉といい、そうでない肉を不浄肉という。三種浄肉(三浄肉)とは(1)自分のために殺したのを見ないもの(見)、(2)これを他人から伝え聞かないもの(聞)、(3)このような疑いのないもの(疑)。これに反するものを三種不浄肉という。三種浄肉以外に、寿命が尽きて自然に死んだ鳥獣の肉(自死)、および猛獣猛鳥などが食い残した肉(鳥残)、の二種を加えて五種浄肉という。さらにこの五種浄肉に、自分のために殺したのではない肉(不為己殺)、自然に死んでから日を経て乾いた肉(先乾)、前もって約束したのではなくて偶然に遭遇して食べる肉(不期遇)、今殺したものでなくて前に已に殺した肉(前已殺)、の四種を加えて九種浄肉という。これらの肉も病気の比丘以外は進んで請求してこれを食べることは許されていない。ただし大乗仏教(涅槃経、楞伽経など)では食肉は大慈悲の精神に反するとして一切の肉食を禁じており、肉を食べれば一〇の過失があるとも説かれる。また人・象・馬・竜・狗の五種、およびこれらに鳥・鷲・猪・獮猴(猿)・師子(獅子)を加えたもの(十種不浄肉、ただし竜・鳥・鷲を除いて蛇・驢・狐、あるいは烏・鷲・師子を除いて蛇・鬼・牛を加えることもある)はいかなる場合にも食べることが禁じられている。

**じょうにち-しゅうろん-き　浄日宗論記**　一巻。浄土宗与日蓮宗宗論之記、浄土宗与経宗宗論之記ともいう。頼慶の著(慶長一三1608)。浄土宗の英長寺廓山と日蓮宗の常楽院日経との江戸新城の御殿における宗論を、判者の著者が上意によって記録したもの。このときの対論は僅か数番の問答で日蓮宗の敗北に帰し法衣を脱がされたが、対論の始末・由来・緇素集会・結末・処分を詳述し、巻尾に安土宗論を付記し、林道春の跋文を載せている。仏全九七

**しょうにゅう　証入**　(建久六1195―寛元二1244)浄土宗東山流(西山六流の一)の流祖。仁田四郎忠常の子。字は観鏡。証空

に帰事し、洛東宮辻子に阿弥陀院を開いた。門下に覚入・観日・観明・唯覚らがあり、その法流を東山流、宮辻子義という。〔参考〕浄土法門源流章、本朝高僧伝一五

**しょうにょ　証如**　（永正一三1516―天文二三1554）真宗本願寺一〇世。諱は光教。信受院と称する。円如の子で、祖父実如の法統を継いだ。天文元年六角定頼に山科本願寺を焼かれ、大坂石山に移った。その日記（天文日記）は中世末期の貴重な史料である。蓮如の御文を開版した。〔参考〕大谷本願寺通紀二

**じょうにょ　浄如**　（願入寺伝では文永二1265―暦応三1340、証誠寺伝では応長元1311没）真宗山元派三世。諱は円芸。如信の第三子（願入寺伝）とも、善鸞の長男（証誠寺伝）ともいう。願入寺伝によると、正安二年1300奥州白河大網に願入寺（現茨城県東茨城郡大洗町）を創し、正慶元年1332覚如の遊化に会ったと伝える。二子があって、空如は大網願入寺を、鸞如は越前山元の証誠寺（現福井県鯖江市）を継いだという。

**しょうにん　上人**　①下人に対する語で、徳のすぐれた聖者。②日本では特に隠遁している高僧を指す。③日本で中世以後、一種の僧位として朝廷より上人号を勅許された。

**しょうにん　聖人**　①(梵)アーリヤ ārya の訳。聖者、聖ともいう。聖智をさとりえた見道以上の人。②仏・菩薩または権《ごん》化《げ》の人（かりに人のすがたをしている徳のたかい人）。③敬称として、インドの諸論師を聖者といい、日本の高僧を聖人と呼ぶことがある。

**じょうにん　成忍**　生没年不詳。鎌倉前期の画僧。恵日房と号し、明恵の弟子。画技に長じ、高山寺の毘盧舎那《びるしゃな》五聖曼荼羅、自在天像、十六羅漢などの多くの図像や、師の明恵上人像を描いた。伝記は明らかでないが、託磨（宅間）法眼に画を学んだとも、その実弟ともいい、貞応1222―24頃に活躍していた。〔参考〕高山寺縁起、本朝画史上、日本画人彙伝七

**じょうにん　浄人**　寺に使われている僕《しもべ》をいう（僧ではない）。

**しょうねん　正念**　①八聖道の一。よこしまなはからい（思慮）を離れてありのままにすべてのものの本性やすがたを心におもい記憶して忘れないこと。②浄土教では、もろもろのできごとに心を乱されない一すじの信心によって念仏すること。

**しょうねん　正念**　（南宋の嘉定八1215―日本の正応二1289）南宋代の禅僧。浙江省温州府永嘉県の人。大休と号する。霊隠寺で東谷光に参じ、のち石渓心月から印可を得た。文永六年1269来朝し、建長寺の蘭渓道隆に従い、のち禅興・建長・寿福・円覚の諸寺に歴任した。侍者志淳らが編集した大休和尚記録に自ら序と跋とを加えて弘安七年1284に刊行した。仏源禅師と勅諡された。〔参考〕元亨釈書八、鎌倉五山記、延宝伝灯録三、本朝高僧伝二一

**しょうねん　省念**　（天成元926―淳化四993）五代・北宋初の禅僧。姓は狄《てき》氏。萊州（山東省掖県）の人。念法華と称する。臨済四世の風穴《ふけつ》延沼《えんしょう》の法を嗣ぎ、汝州首山（河南省臨汝県）、その他に住した。語録一巻がある。〔参考〕古尊宿語録八、景徳伝灯録一三、広灯録一六、僧宝伝三

**しょうねん　称念〔観念〕**　口に仏名を称えるのを称念、心に真理や仏のすがたなどをおもいうかべるのを観念という。⇩念仏《ねんぶつ》

**しょうねん　称念**　（永正一〇1513―天文二三1554）浄土宗捨世派（一心院派）の祖。武蔵の人。字は吟応。三蓮社縁誉と号する。増上寺親誉、飯沼弘経寺鎮誉に師事した。浄安寺に住したが、世を厭い、天智庵（現東京都港区の天徳寺）を創して念仏につとめた。天文一七年京都知恩院祖廟の南隣に草庵を結び、間もなく信徒が堂房を建立した。これが一心院で捨世派の本寺となる。生涯に四七カ寺を建てたという。著書、安心鈔、要義鈔、夢記各一巻など。〔参考〕称念上人行状記、緇白往生伝上

**しょうねん　聖然**　（　―正和元1312）律宗の僧。字は道月。聖守・証玄について律・密を学び三論に通じた。聖守の没後、東大寺真言院に住した。世に空宗の中興という。著書、戒壇院縁起二〇巻。〔参考〕円照上人行状

中、招提千歳伝記、律苑僧宝伝一三、本朝高僧伝一六

**しょうねん-じ　称念寺**　①宮城県仙台市青葉区新坂町。浄土真宗本願寺派。橘昌山本誓院と号し、北山の赤門寺という。親鸞の弟子無為信（二十四輩の一）が奥州教化の際、会津綾和で草創したものを現地に移した。なお新潟県水原無為信寺も同系である。〔参考〕大谷遺跡録二、二十四輩記　②福井県坂井郡丸岡町長崎。時宗。長林山往生院と号する。養老五年721泰澄の開創、時宗二祖他阿真教の化導で時宗に改めたと伝える。古くは長崎道場といい、越前の時宗布教の中心道場であった。足利高経が、新田義貞を葬ったところとして有名。〔重文〕絹本著色他阿上人真教像

**じょうねん-じ　常念寺**　滋賀県野洲市永原。浄土宗。明鏡山極楽院と号する。聖徳太子の開創、円仁の再興という。応永年間1394—1428に真厳が現宗に改め、以後、織田・豊臣・徳川諸氏の保護を得た。江戸時代は浄厳院末として栄えた。〔重文〕木造阿弥陀如来立像　〔参考〕近江国輿地志略六九、野洲郡史

**じょうは　紹巴**　（大永四1524—慶長七1602）連歌師。姓は松村氏、のち里村氏を称した。臨江斎、宝珠庵と号した。奈良の人。はじめ明王院の喝食であったが、周桂に連歌を学び、里村昌休についてその秘奥をきわめた。法橋に叙せられ、のち豊臣秀吉の厚遇を受けたが、秀次が秀吉に謀叛を企てたとして自殺せしめられた一件で連座して三井寺に幽閉され、三年を経て赦された。大覚寺の四吟千句をはじめ百韻千句の数は夥しい。著書、連歌至宝抄、連歌新式註など。子孫は江戸幕府に仕えて御連歌師となった。〔参考〕紹巴記事、大和人物志

**しょうはく　肖柏**　（嘉吉三1443—大永七1527）連歌師。夢庵、牡丹花、弄花軒と号する。京都の人。准大臣中院通淳の子、通秀の弟。若くして出家し宗祇に連歌を学び、三条西実隆に源氏物語・伊勢物語を受けた。はじめ堺に住んだが、のち摂津池田に移った。宗祇・宗長と共に水無瀬三吟百韻、湯山三吟百韻を賦し、また宮中の連歌御会にしばしば参加した。著書、九代抄、伊勢物語肖柏聞書、春夢草など。文亀元年1501式目を増訂した。〔参考〕夢庵居士画賛、扶桑隠逸伝

**しょう-はってんぎ-ろん　摂八転義論**　五巻。法住の著。梵文語法の八転声を和漢の章疏によって解釈した書。〔刊本〕明和六1769刊、寛政一一1799刊　〔参考〕略摂八転義一巻、転摂八転義一巻

**じょうはな-べついん　城端別院**　富山県南砺市城端。真宗大谷派。寺号を善徳寺という。文明四年1472本願寺八世蓮如の有縁の地である砂子坂に玄永が創建したのにはじまり、のち山本、福満（福光）と移転し、永禄二年1559に城主荒木大膳の請によって現在地に再興された。六世空勝は東本願寺一二世教如につかえて活躍し、一〇世海晶以後、東本願寺の別院となる。〔参考〕寺記、諸家分脈系図、城端町史

**しょうはん　清範**　⇩せいはん

**しょうはん　勝範**　（長徳二996—承保四1077）天台宗の僧。姓は清原氏。近江の人。覚慶・皇慶・覚超に師事し、宝持院に住して恵心僧都の教説を弘めた。延久二年1070天台座主となり、承保元年僧正に任じた。著書、西方集。〔参考〕明匠略伝、元亨釈書二五、天台座主記、本朝高僧伝一一

**じょうばんぜい　定盤星**　定盤子ともいう。盤星は秤のめもりで、その基点を定盤星という。禅宗で有心あるいは無心などの一方に固著して自在でないのを定盤星を認むという。

**じょうひん　定賓**　生没年不詳。唐代の律僧。安崇福寺満意に律を学んで相部宗を伝えた。嵩山鎮国寺に住し、破迷執記一巻、四分律疏飾宗義記一〇巻（巻一、九欠）を作り、懐素の開宗記を批判し、法礪《ほうれい》の旧疏を顕揚した。開元二一年733入唐僧の栄睿《えいえい》・普照に具足戒を授けた。他に著書、四分律戒本疏二巻、因明正理門論疏六巻。〔参考〕宋高僧伝一四懐素伝、唐大和上東征伝

**しょう-びんずる-ほう　請賓頭盧法**　一巻。劉宋の慧簡の訳（大明元457）。国王や富豪が法会を催す際、あるいは家を新築した際などに賓頭盧（仏陀の弟子ピンドーラ

Piṇḍola)尊者を請待する仕方を示すもの。賓頭盧は末法の世の福田(その人に敬い仕え布施をする事によって、大きな福徳を得させるような人)であるとされる。(大)三二、[国一]論集部五

**じょうぶ　丈夫**　(梵)プルシャpuruṣaの訳。補盧沙、富楼沙、浮溜沙と音写し、士夫《ぶじ》とも訳す。一人前の男子の意。仏の三十二相を大丈夫相(大人相)、仏を大丈夫といい、小乗では七聖《しちしょう》を七丈夫(七士夫)という。なお数論《すろん》(サーンキヤ)学派の二十五諦中の一である神我《じんが》もプルシャの訳である。

**じょうふぎょう-ぼさつ　常不軽菩薩**　常不軽は(梵)サダーパリブータ Sadāparibhūta の訳。常に軽蔑される者の意。法華経常不軽菩薩品に登場する菩薩で、釈迦仏の前身と説かれる。過去の威音王仏の滅後に出現して何人に会っても礼拝したといわれる。礼拝讃歎するごとに、「我敢て汝等を軽んぜず、汝等皆まさに作仏すべきが故に」と説いた。時に人々がこの語を侮辱の言葉としてうけとり、刀杖瓦礫で危害を加えたが耐え忍んだのでこの名を得た。世親の妙法蓮華経憂波提舎にはこれをもって衆生に仏性があるのを示したものと解釈し、また中国ではこれに基づき、隋の信行を初め歩行の人に向かってする礼拝行の実修がしばしば行われた。なお、竺法護訳の正法華経では常被軽慢と訳されている。[参考]法華経六、歴代三宝紀一二、源氏物語

**じょうぶく　調伏**　「ちょうぶく」とも読む。調和制伏の意で、対内的には自己の身心を制御して悪徳を排することをいい、対外的には敵意のある者を教化し悪心を捨てさせ、障害をもたらすものを撃破することをいう。律蔵を調伏蔵ともいうように、律と同義に用いるのは前者の意味であり、密教で怨敵悪魔などを信服させるための修法《しゅほう》を調伏法というのは後者の意味である。

**じょうぶくこう　調伏光**　(梵)ヴィニータ・プラバ Vinītaprabha の訳。インド瑜伽唯識派の学匠。北インドの至那僕底《しなぼくてい》(チーナブクティ Cīnabhukti)の人。玄奘がインド在留中に学んだという。唯識三十頌に対する註釈を著わしたと伝えられる。

**しょうふく-じ　昌福寺**　山梨県南巨摩郡増穂町青柳町。日蓮宗。寿命山と号する。永仁年間1293—99小室妙法寺日伝の弟日全の草創という。のち一二世日法がこれを中興した。なお日法が修法して霊元天皇の病悩を治し、勅額を賜ったという。

**しょうふく-じ　聖福寺**　①福岡市博多区御供所町。臨済宗妙心寺派。安国山と号する。建久六年1195栄西が源頼朝から寺領の寄進をうけて諸堂宇を造営したのに始まる。元久元年1204仏殿の落慶に際して後鳥羽上皇より扶桑最初禅窟の宸額を賜り、暦応四年1341には十刹の第三位に列した。のちしばしば兵火にかかったが、その都度、小早川隆景・豊臣秀吉・黒田長政らの援助を得て再興された。もと建仁寺派に属したが江戸初期に妙心寺派に転じた。仙崖は当寺の第一二三世で、その遺墨を多数保存している。[重文]絹本著色高峰断崖中峰和尚像、銅鐘ほか　②長崎市玉園町。黄檗宗。万寿山と号する。鉄心道胖(木庵の高足)が延宝六年1678に真言宗智覚寺跡に草創し、長崎唐寺三カ寺の目付寺といわれた。宝暦年間1751—64大雄が境内に関帝廟を建て、以後中国紳商などの帰依を受けた。寺宝に九州第一の大梵鐘(鉄心の大鐘)がある。

**じょうふく-じ　浄福寺**　京都市上京区浄福寺通一条上ル笹屋。恵照山と号し、浄土宗。赤門または村雲寺という。寛平八年896中宮班子が建立し、定額寺となる。延喜901—23、天徳957—61の罹災後、良源が近江西坂本に再建し、建治二年1276に一条村雲に移り、康永三年1344勅願寺となった。大永五年1525知恩院の存牛が三昧堂を建立し、元亀三年1572天台宗より浄土宗に改めた。天正五年1577相国寺門前今出川の北に移り、元和三年1617現地に転じた。[重文]絹本著色阿弥陀三尊二十五菩薩来迎図、同十王像　[参考]類聚三代格、雍州府志四

**じょうふく-じ　常福寺**　①茨城県つくば市大曾根。仏名山玉川院と号し、真宗大谷派。二十四輩の第一八である八田入信が文永二年1265に久慈西郡八田村に草創したと伝える。天文一〇年1541武家の妨難があ

って現地に移転した。〔参考〕二十四輩次第記、遺徳法輪集六　②茨城県那珂市瓜連。草地山蓮花院と号し、浄土宗。延元年間1336—40（一説同三年）成阿了実が城主佐竹義敦の助力により草創した。関東十八檀林の一。嘉慶二年1388罹災し、応永年間1394—1428再興。宝徳四年1452勅願所となる。江戸時代には幕府並びに諸家の外護を得て浄土宗常陸本山と称された。〔重文〕紙本著色拾遺古徳伝九巻（元亨三1323奥書）、絹本著色法然上人像　〔参考〕和漢三才図会六六、檀林瓜連常福寺志、常福寺略記　③三重県伊賀市古郡。江寄山と号し、真言宗豊山派。養老六年722徳道の草創というが、不詳。室町時代、興福寺末となり天正九年1581焼亡。同一三年根来寺宥俊が中興した。近世、藩主藤堂氏の保護を受けた。〔重文〕木造五大明王像

**じょうぶくてん　調伏天**　⇩ヴィニータデーヴァ

**しょうぶ-しゅうよう　小部集要**　四巻。先啓の編（宝暦六1756）。真宗の蓮如・実如の法語を集めた書。初の二巻は蓮如の法語一〇部、後の二巻は実如の法語六部を収める。中には仮託の書もある。〔刊本〕安永元1772刊〔参考〕真宗教典志一

**しょうぶつ　生仏**　生没年不詳。鎌倉時代の天台宗の僧。性仏とも記す。東国の武士であったが、四条天皇（1232—42在位）の頃出家して比叡山に登り、検校となる。のち山王権現の霊告を受けて平家物語を語るのを業としたと伝える。琵琶法師の祖という。〔参考〕声曲類纂

**しょうぶつ　証仏**　生没年不詳。鎌倉中期の浄土宗西山派の僧。備中の人。証入に師事し、高野山で道範に密教を学び、東大寺戒壇院の円照から木叉戒を受けた。のち京都に寺を開いて浄土教を弘めたという。〔参考〕円照上人行状下、浄土法門源流章、本朝高僧伝一五

**じょうぶつ　成仏**　仏になること。菩薩《ぼさつ》が自利利他の徳を完成して究極的なさとりの境地を実現することで、作仏《さぶつ》、得仏、成道《じょうどう》、得道、成正覚、成菩提《じょうぼだい》、証菩薩、現等覚ともいう。仏になるには、極めて長い年月にわたって種々の修行の階位を経なければならず（これを歴劫《りゃくこう》成仏という）、その年月を小乗では三阿僧祇劫《あそうぎこう》および百大劫（百大劫は三十二相八十種好を得るための福業即ち相好業《そうごうごう》を修める期間）とし、大乗では三、七、あるいは三二の阿僧祇劫とする。授決集巻下には蔵教（小乗教）の菩薩は、⑴四弘誓願《ぐぜいがん》をおこし、⑵三阿僧祇劫に有相《うそう》の六波羅蜜《ろっぱらみつ》を修め、⑶百劫に相好業を修め、⑷六波羅蜜を完成し、⑸補処の菩薩となり、⑹兜率天《とそつてん》に生まれ、⑺下生して成道する、という七階位を経て成仏すると説く。これを蔵教菩薩七階成仏（七階成道）という。小乗はいうまでもなく大乗においても、三乗教では五姓各別と説くから声聞《しょうもん》や縁覚《えんがく》は成仏できないとするのに対して、一乗教では二乗作仏を説き、謗法《ほうぼう》・闡提《せんだい》に至るまですべての衆生《しゅじょう》が成仏でき、女人〈⇩転女成男《てんにょじょうなん》〉⇩五障《ごしょう》〉や非情〈⇩草木国土悉皆成仏《そうもくこくどしっかいじょうぶつ》〉までも成仏できると説く。また小乗教では成仏はただ修行によってのみ得られる（修得《しゅとく》）とするのに対して、大乗教では衆生は成仏の因を本来具えている（性得《しょうとく》）として、その可能性を説く。①占察経巻下には、菩薩の修行階位の各段階のままが仏であるとして、十信の満位の境地を信満成仏（華厳宗《けごんしゅう》でこれを説く）、十住の満位の境地を解満《げまん》成仏、十地の満位で菩薩の修行が完成した境地を行満《ぎょうまん》成仏、完全に仏果に達した境地を証満成仏とし、この四を四満成仏という。②天台宗では、別教では漸進的に長年月を経て成仏するが、円教では十住のうち、初住の位で成仏するとする（法華玄義巻五上）。③華厳宗では、⑴勝身・見聞・一時・一念・無念の五に依る五種疾得成仏の説（孔目章巻四）、⑵約位（十解即ち十住の初位で成仏すること。信満成仏との同異は〈⇩即身成仏《そくしんじょうぶつ》②〉）・約行（位によらないで、一々の行の完成が成仏であること）・約理（理としてすべての衆生が本来の相においては仏であること）の三種成仏の説（華厳経探玄記巻三）、⑶見聞生《けんもんしょう》（教えを見聞して信じる位）解行生《げぎょうしょう》（智慧を得て修行する位）・証入生（最高の仏果を得る位）の三生を経て成仏すると説く三

生成仏の説（五教章巻二）などがある。④密教では三種の即身成仏を説く。⑤禅宗では直指人心見性成仏《じきしにんしんけんしょうじょうぶつ》と説いて、坐禅によって現実の自己の心を徹見してさとる端的を成仏とする。⑥真宗では往生即成仏と説いて、阿弥陀仏の浄土に生まれると同時に成仏すると説く。⑦日蓮宗では題目を信じ唱えるそのところを受持成仏とする。

**しょうぶつ-いちにょ　生仏一如**　仏凡《ぶつぼん》一体《いったい》、生仏不二ともいう。凡聖一如、生仏平等というのも同意である。生は迷いの衆生、一如とは平等・無差別の意味。衆生と仏とが平等であるということは、天台宗では諸法実相の理により、密教では六大一実の説により、そのよる根拠は同一でないが、いずれにしても後天的な実践によって得る徳についていうことではなく、本来的に人に具わっている先天的な普遍の徳についていうことである（真宗でいう仏凡一体や機法一体は、これとは少し異なる）。

**しょう-ふどう-きょう　聖不動経**　一巻。著者・成立年不詳。不動明王の形像とその功徳を讃嘆する一一二字の短経。おそらく不動信仰の隆盛に伴って日本で造られたものと思われる。修験道の行者に重んじられる。〔修験聖典一〕

**しょうべん　清弁**　（500—70頃）㊵バーヴァヴィヴェーカ Bhāvaviveka の訳。分別明とも訳し、婆毘吠伽と音写する。またバヴィヤ Bhavya ともいう。インド中観派の論師。自立論証派（スヴァータントリカ Svātantrika）の派祖。南インドの王族の生まれで、出家して中インドでサンガラクシタ Saṃgharakṣita から大乗経典と竜樹（ナーガールジュナ Nāgārjuna）の諸論を学んだと伝える。陳那《じんな》（ディグナーガ Dignāga）の仏教論理学を空性論証に導入した思想家とされ、主著として竜樹の中頌に対する註釈である般若灯論釈（プラジュニャー・プラディーパ Prajñā-pradīpa）がある。この中で清弁は、ブッダパーリタ Buddhapālita（仏護）が帰謬論証によって空証を論証しようとしたのを批判したが、のちにチャンドラキールティ Candrakīrti（月称）によって再批判され、中観派が自立論証派と帰謬論証派（プラーサンギカ Prāsaṅgika）とに分かれる原因となった。その他著作としてマドヤマカ・フリダヤ Madhyamaka-hṛdaya（中観心論）とその自註タルカ・ジュヴァーラー Tarka-jvālā（思択炎）、および玄奘の漢訳のみで現存する大乗掌珍論がある。また清弁は中観心論の中でとくに一章を設けて唯識説を批判しており、唯識説批判を行った最初の中観派論師とみられる。その唯識批判は、唯識派のダルマパーラ Dharmapāla（護法）による反論を受け、この論争が中国につたわって、いわゆる清弁・護法空有の論諍の伝説を生んだ。なおチベット訳ではマドヤマカ・ラトナ・プラディーパ Madhyamaka-ratna-pradīpa（中観宝灯論）およびマドヤマカ・アルタ・サングラハ Madhyamakārtha-saṃgraha（中観義集）の二書が清弁の作として伝えられているが、般若灯論の著者と同一人物の作ではないことが近年の研究により論証されている。

清弁（ラサ版八千頌般若経挿図）

**じょうへん　静遍**　（仁安元1166—貞応三1224）真言宗の学僧。平頼盛の子。京都の人。心円房、真蓮房、真問房と号する。仁和寺で出家し、醍醐寺座主の勝憲から小野流を、仁和寺の仁隆から広沢流を伝受した。のち禅林寺に入住。源空の選択本願念仏集を批判しようとするがかえってそれに感化され、続選択文義要抄三巻を著した。三宝院流の口決を中心に密教の諸法を伝授し、のち高野山に登山して明遍に師事し、

静遍花押

往生院に住した。著書、秘鈔口決など多い。〔参考〕大日本史料五ノ二、明義進行集、法然上人行状絵図四〇

**しょうぼう　正法**　⇩末法《まっぽう》

**しょうぼう　正報**　⇩依報《えほう》

**しょうぼう　聖宝**　（天長九832—延喜九909）真言宗の僧。理源大師と諡する。大和の出身で光仁帝の末裔という説もある。貞観寺の真雅について得度し、元興寺の願暁と円宗に三論を、東大寺の平仁に法相を、同じく玄栄に華厳を学び、さらに真雅から密教を学んだ。貞観一六年874醍醐寺を開き、ついで東大寺に東南院を興して三論宗の本所とした。元慶四年880高野山で真然から両部大法を授かり、同八年東寺で源仁から伝法灌頂を受けた。貞観寺座主・七大寺検校・東寺二長者・東大寺別当・東寺寺務などを歴任し、僧正に進んだが、晩年は深草の普明寺に住した。観賢をはじめ付法の弟子が多く、小野流の始祖とされる。また平生から名山霊地をたずね、ことに役行者《えんのぎょうじゃ》の跡を慕って金峯山を踏破したので、後世、修験道の中興とされ、当山派の祖と仰がれる。著書、大日疏鈔、胎蔵界行法次第など。〔参考〕聖宝僧正伝（承平七年937撰）、日本紀略、醍醐寺縁起、三代実録、明匠略伝、元亨釈書四、本朝高僧伝八

聖宝（三国祖師影）

**じょうほう　浄法**　法にかない罪のけがれを離れている意。即ち比丘《びく》の衣食住や行為などに関する一定の制限禁止の法で、それに従って行えば法にかない罪にならないもの。その法に従うことを作浄《さじょう》、浄という。例えば果物を食べるとき、なまのままでは食べることは許されず、必ず浄《じょう》して食べるが、この場合、火で焼くのを火浄、刀で傷つけるのを刀浄というようなものである。

**しょうぼうげんぞう　正法眼蔵**　真理を見とおす智慧の眼（正法眼）によってさとられた秘蔵の法（蔵）の意で、禅宗でその奥義であるさとりをいう。仏の内心のさとりは表現をこえていて、釈迦牟尼仏から順次に達磨へというように、ただ師の心から弟子の心へと伝えられるとする、そのさとりを指す。これを正法眼蔵涅槃妙心といい、略して正法妙心ともいう。聯灯会要巻一によれば、釈迦仏は霊山会上《りょうぜんえじょう》で、摩訶迦葉に正法眼蔵涅槃妙心を付嘱（付与し嘱託）したという。

**しょうぼうげんぞう　正法眼蔵**　①六巻。南宋の大慧宗杲《そうこう》の著。沖密慧然の編（紹興一七1147）。大慧が門弟とかわした問答の語要をあつめたもので、往古の大徳百余人の機語をかかげてみずからの見解を述べている。㊙続二・二三・一〔参考〕禅籍志二　②九五巻。詳しくは永平正法眼蔵という。道元の著。寛喜三年1231から建長五年1253にいたる二三年間に折にふれて説示した所をあつめたもの。和文で書かれ、その大部分は巻末に道元自身が説時・説処を記している。日本曹洞宗の根本宗典で、その内容は彼が体験した思想の精髄だけでなく、坐禅・行事などの実際面や日常生活に関することにもおよんでいる。建長七年弟子の懐奘が草本を書写して七五帖とし、乾元二年1303経豪がこれを写して毎帖に抄を作った（経豪本、影堂本、福本）。嘉暦四年1329義雲は七五帖本から五〇帖をえらび、新たに九巻を加えて六〇巻に編し（宗吾本）、ついで応永二六年1419梵清は七五帖本と義雲が加えた九巻とを合わせて八四巻としたが（梵清本、清本）、のち永平寺の宝庫から弘安一一年1288書写の秘密正法眼蔵二八巻が発見されたので八四巻本の欠を補って九二巻を数え、さらに元禄三年1690晃全が三巻を加えて九五巻とした。寛政七年1795即中玄透が開版を企て、文化八年1811隠達・俊量によって刊行された。註釈は卍山・面山など多数の人によって

作られ、その多くは神保如天・安藤文英共編の正法眼蔵註解全書および永久岳水編の正法眼蔵註解新集に収められている。なお正法眼蔵の名を含むものに真字正法眼蔵三巻、正法眼蔵随聞記六巻があり、前者は漢文による古来の古則を道元があつめたもので三〇〇則のうち中間の一〇〇則が現存し、後者は懐奘が道元の興聖寺時代の法語を筆録したものである。(大)八二、道元禅師全集上、日本思想大系一二・一三

**しょうぼうげんぞう-ずいもんき　正法眼蔵随聞記**　六巻。懐奘《えじょう》の編（嘉禎元1235—建長五1253）。道元に侍し随時親訓された禅の示教を筆録した書。平易な和文で綴られており、道元の禅風を知る最良書である。編者の没後六巻にまとめられた。道元禅師全集下、日本古典文学大系八一、岩波文庫　〔刊本〕慶安四1651刊、寛文九1669刊、同一〇刊、宝暦八1758刊、明和六1769刊、昭和四1929刊　〔註釈〕陸鉞巌・布鼓一巻

**しょうぼう-じ　正法寺**　①京都市東山区清閑寺霊山町。霊山あるいは霊鷲山と号し、時宗大本山。霊山寺、無量寿寺ともいう。延暦年間782—806最澄の創建と伝え、元久年間1204—06法然が別時念仏を行ったという。永和二年1376国阿が中興し時宗に改め、以後国阿派の本寺となる。足利義満、豊臣秀吉らの帰依をうけて栄え、一時は塔頭一四院を数えたが、明治維新の際に廃合され、衰微した。②千葉県山武郡大網白里町小西。日蓮宗。妙高山と号する。長禄二年1458原胤継がその邸宅を寺院とし日意を開山とした。天正一八年1590第七世日悟が檀林を開設し、日裕を講師にむかえた。世に小西檀林という。③岩手県水沢市黒石町。大梅拈華山と号し、曹洞宗。康永三年1344（一説に貞和四1348）、領主の長部氏と黒石氏が協力して峨山紹碩の弟子無底良韶のために寺を建て、紹碩を開山に請じた。奥羽二州の僧録として、永平寺・総持寺につぐ本寺とされたが、慶長八年1603総持寺末となる。以後伊達氏の外護により栄えた。〔参考〕延宝伝灯録七、日本名勝地誌五　④愛知県宝飯郡音羽町赤坂。真宗大谷派。聖徳太子の草創とも、箱根金剛王院万巻の開基ともいう。貞永年間1232—33住持の範円が親鸞の化導をうけて了信と改め、真宗に転じたと伝える。⑤京都府八幡市八幡清水井。徳迎山と号し、浄土宗。建久二年1191菅原忠国の草創で、開山は円誓。天文一五年1546勅願寺となり後奈良天皇から勅額を受ける。のち徳川義直の母相応院の菩提寺となる。現在の堂宇は寛永七年1630志水忠継が修築したもの。〔重文〕絹本著色如来像、大方等大集経　〔参考〕男山考古録、正法寺文書　⑥⇩岩間寺《いわまでら》

**じょうぼう-じ　浄法寺**　群馬県多野郡吉井町浄法寺。広厳山般若浄土院と号し、天台宗。古くは緑野教寺、緑野寺、浄院寺といった。道忠の草創と伝え、弘仁五年814最澄が再興し六処宝塔の一を設けた。天文年間1532—55上杉氏に寺領を没収され衰退したが、弘治二年1556に再建された。〔参考〕法華長講会式下、続日本後紀三、上野誌

**しょうほう-しちろう　招宝七郎**　⇩大権修利菩薩《だいげんしゅりぼさつ》

**しょうぼう-ねんじょ-きょう　正法念処経**　七〇巻。東魏の瞿曇般若流支《くどんはんにゃるし》の訳。三界五趣にわたる業の因果を詳説する経典。ことに地獄・餓鬼・畜生の世界の描写は詳密で名高い。(大)一七、国一経集部九

**しょうほう-の-ほんぎょう　称法の本教〔逐機《ちっき》の末教〕**　華厳宗《けごんしゅう》の用語。別教一乗の教えである華厳経は、釈迦牟尼仏が初めてさとりを開いた時に、普賢菩薩などに、自らのさとりの内容そのものをただちに説き示したものであって、教説のすべてがただちに真理そのものにかなった根本的教説であるから、称法の本教、または称性の本教という。これに対して、小乗・三乗などの教説は、いずれも相手を導くために、その性質や能力などを考慮して、それに適合するように説かれた枝末的教説であるから、逐機の末教という（称法・称性は法性《ほっしょう》にかなう、逐機は機をおうの意）。

**じょうぼだい-いん　成菩提院**　滋賀県米原市柏原。天台宗。寂照山円乗寺と号する。弘仁六年815最澄の開創とも、寛平九年897創建の法相宗金称寺にもとづくともいう。天台宗海道三談林の一として柏原寺談義所と称した。海道筋にあたって興亡をく

りかえしたが近世以降、豊臣秀吉、徳川家康ともにその所領を安堵した。〔重文〕絹本著色浄土曼荼羅図、同聖徳太子像、同不動明王二童子像ほか

**しょうぼだい-じ　証菩提寺**　神奈川県横浜市戸塚区上郷町。五峯山一心院と号し、高野山真言宗。源頼朝が佐奈田義忠の追福のため文治五年1189に建立した。開山は宗弁。のち北条泰時の娘が寺内に新阿弥陀堂を創建した。〔重文〕木造阿弥陀如来及両脇侍像

**しょうぼ-はんがん　掌簿判官**　禅寺にまつられる伽藍・土地の守護神の一。記簿を掌るのでこの名があり、好悪を判定するという。閻魔《えんま》王や倶生《くしょう》神などの説話から来たものであろう。〔参考〕禅林象器箋

**じょうぼん-のう　浄飯王**　㊵シュッドーダナ Śuddhodana ㊁スッドーダナ Sud-dhodana の訳。悦頭檀、閲頭檀などと音写し、白浄、真浄とも訳す。仏陀の父。中インド迦毘羅《かびら》城(カピラヴァットゥ Kapi-lavatthu)の城主。師子頬(シーハハヌ Sīhahanu)王の長子で摩訶《まか》摩耶《まや》(マハーマーヤー Mahāmāyā 単に摩耶ともいう)を妃とした。仏陀誕生の七日後、摩訶摩耶が逝去したので、その妹である摩訶波闍波提《まかはじゃはだい》(マハーパジャーパティー Mahāpa-jāpatī)を妃とし、難陀(ナンダ Nanda)が生まれた。仏陀成道の五年後に病に罹り、仏陀に見守られつつ薨去した。〔参考〕有部破僧事二、本行集経五・七

**じょうぼんのう-はつねはん-ぎょう　浄飯王般涅槃経**　一巻。劉宋の沮渠京声の訳(大明四460頃)。仏陀の父浄飯王の臨終および葬送の事を述べる。㊅一四、国一経集部二

**しょうぼん-はんにゃ-ぎょう　小品般若経**　⇩般若経《はんにゃぎょう》③

**じょうぼんれんだい-じ　上品蓮台寺**　京都市北区紫野十二坊町。蓮華金宝山と号し、真言宗智山派。蓮台寺、香隆寺、十二坊、十宝精舎とも呼ぶ。寺伝では聖徳太子の開創とも、また空海の開基ともいうが、天徳四年960寛空の創建といわれる。村上天皇から上品蓮台の勅額を賜った。応仁の乱で焼けた後、豊臣秀吉が寺領を寄せ、根来の性盛が再建した。かつて田中坊など一二の支院があったが、現在は真言院・宝泉院・大慈院の三院が残る。〔国宝〕紙本著色絵因果経〔重文〕絹本著色六地蔵像、同文殊菩薩像〔参考〕日本紀略、扶桑略記二七、山城名勝志一一

**しょうまくか　商莫迦**　㊵シャーマカ Śyāmaka またはシャーマ Śyāma ㊁サーマ Sāma 或いはスヴァンナサーマ Suvan-na-sāma の音写。睒摩迦、睒摩などと音写し、善と訳す。仏陀が菩薩行を修したときの本生の名。〔参考〕菩薩睒子経、西域記二

**しょうまん-ぎょう　勝鬘経**　一巻。詳しくは勝鬘師子吼一乗大方便方広経という。劉宋の求那跋陀羅《ぐなばつだら》の訳(元嘉一三436)。舎衛国の波斯匿《はしのく》王のむすめで阿踰陀《あゆだ》国王友称に嫁いだ勝鬘夫人が、仏の威神力をうけて正法についての自説を述べ、仏がこれを聴許するという形式をとる。三乗の教えはすべて一乗に帰するという一乗真実の理と、衆生がすべて如来の性(如来蔵・仏性)を具有しているとする如来蔵説とが、内容の中核をなしている。如来蔵の基本的思想をほぼ述べつくしており、如来蔵系教典の代表とされる。五住地の煩悩や二種生死の説によって中国の教学史上でも重視された。また在家の婦人が法を説いている点、勝鬘夫人の十大受・三大願の説があるなど、大乗仏教の在家主義を示す代表的経典として維摩経と共に重視された。人乗一乗の真実をのべているので、斉・梁のころには不定教と判定して涅槃経と同等視され、天台宗の四教判では別・円に属し、華厳宗では終教におさめられた。梵語の原本はないが宝性論など若干の梵文の論書にかなり引用されており、その断片を知ることができる。チベット訳もある。漢訳には⑴求那跋陀羅訳のほか、⑵曇無讖《どんむしん》訳の勝鬘師子吼一乗方便経一巻(現存せず)、⑶唐の菩提流志の訳の大宝積経第四十八会があるが、求那跋陀羅訳が最も流布し、註釈書もこれによる。早く聖徳太子の義疏があり、チベット訳から河口慧海が和訳し(1925)、月輪賢隆が蔵漢和三訳合璧勝鬘経・宝月童子所問経を出した(1940)。㊅一一・一二、国一宝積部七・六〔註釈〕隋の慧遠・義記二巻(下巻欠)、隋の吉蔵・宝窟三巻(㊅三七)、唐の窺基・述記一巻、聖徳太子・義

疏一巻(㊅五六)

**しょうまんぎょう-ぎしょ　勝鬘経義疏**　三巻。勝鬘経疏ともいう。聖徳太子の著。勝鬘経の註釈書。まず経題を略釈、次に経文を序・正・流通の三段に大別し、さらに正宗分に三科を立て、⑴乗の体(嘆仏真実功徳章・十大受章・三大願章・摂受正法章・一乗章の五章)、⑵乗の境(無辺聖諦章・如来蔵章・法身章・空義隠覆章・一諦章・一依章・顚倒真実章・自性清浄章の八章)、⑶行乗人の人(真子章)を明らかにしている。日本における釈経の初めで、勝鬘経の註釈書のうちでも最も簡潔で要領を得たもの。著作年代は推古天皇六年598説(法隆寺伽藍縁起幷流記資財帳、上宮聖徳法王帝説)、同一四年説(扶桑略記)、同一七年説(聖徳太子伝暦)、同一九年説(上宮聖徳太子伝補闕記)などがあるが、推古天皇のために本経が講じられた時には、すでに稿本はできていたであろう。㊅五六、日蔵七、仏全四、国一経疏部一六〔刊本〕宝治元1247刊、文永三1266刊、寛永一四1637刊、慶安二1649刊、明暦三1657、貞享三1686、明和九1772、安永九1780刊など〔註釈〕唐明空・義私鈔六巻、凝然・詳玄記一八巻(初五巻欠)

**しょうまん-じ　勝鬘寺**　①愛知県岡崎市針崎町。和田山または寂光山と号し、真宗大谷派。もと天台宗であったが、正嘉二年1258信願房了海が親鸞に帰依し、赤渋の地に再興して道場とした。明応五年1496現在地に移った。永禄六年1563三河一向一揆に際し徳川軍に抵抗した。上宮寺(現岡崎市)と本証寺(現安城市)とともに真宗三河三カ寺の一。〔参考〕三州一向宗乱記、諸家分脈系図　②福井市風尾町。風尾山徳授院と号し、真宗高田派。寺伝では斎藤実盛の曾孫(或いは甥)左馬允景忠が顕智に帰し唯明と号して開基したといい、鎌倉末期頃の創建とされる。一向一揆の際、朝倉氏と結んでこれと戦った。

**しょうまん-ぶにん　勝鬘夫人**　㊵シュリーマーラー Śrīmālā の訳。室利摩羅と音写する。舎衛国(シュラーヴァスティー Śrāvastī)の波斯匿《はしのく》(プラセーナジット Prasenajit)王と末利《まり》(マッリカー Mallikā) 夫人との娘。阿踰闍《あゆじゃ》(アヨードヤー Ayodhyā)国の友称王の妃となった。勝鬘経の主人公で、仏の前で正法に関する自説を述べた。

**しょうまん-ほうくつ　勝鬘宝窟**　六巻。隋の吉蔵の著。成立年不詳。求那跋陀羅訳の勝鬘師子吼一乗大方便方広経を註釈したもの。はじめに勝鬘経の経題、宗旨、教判上の位置などを叙べ、次に一経を序・正宗・流通に三分して、経文に随って註釈している。註釈に際しては多くの経論や諸家の説を引用しているところに特色がある。㊅三七、国一経疏部一一

**しょうみ-こく　商弥国**　原名は不詳。北インドにあった古国。双靡とも書く。山間の小国で王は釈迦族の人という。カブール Kabul 河の支流であるクナール Kunar 河の上流にあったと考えられている。〔参考〕漢書西域伝六六上、洛陽伽藍記五、西域記一二

**しょうみょう　正明〔傍明〕**　主題的にとりあつかってあらわすのを正明、他のことを説くかたわら、付随的にあらわすのを傍明という。源空は選択集巻上に、浄土教を説く経論に、正明のものと傍明のものとがあるとする。

**しょうみょう　声明**　①㊵シャブダ・ヴィドヤー śabda-vidyā の訳。もとは言語・文字・音韻・文法などに関する学問で、インドでは、五明《ごみょう》(五種の学芸)の一に数えられ、世俗一般においても(即ち外《げ》の五明の一)、また仏教徒としても(即ち内の五明の一)学習された。中国には玄奘などがこれを伝え、梵語学を悉曇《しったん》といい、仏前で諷誦する声楽を梵唄《ぼんばい》といった。日本でいう声明はこの梵唄の系統で、仏教伝来の当初に伝わったと認められ、天平勝宝四年752東大寺大仏開眼供養にも声明が用いられたという。のち南都各宗や天台・真言両宗などで広く行われるようになった。空海は金剛・胎蔵の両業の他、別に声明業の度者を置くことを勅許されて、東寺で声明の専門家を養成した。②(イ)宗派の儀式による分類。天台宗には、四箇法要《しかほうよう》・引声《いんぜい》・講式《こうしき》があり、真言宗には、曼荼羅供《まんだらく》・灌頂《かんじょう》・御修法《みしほ》がある。(ロ)用語の種類形式による分類。⑴梵讃(梵語の偈頌《げじゅ》を漢字に音訳したも

の。四智讃《しちさん》・阿弥陀讃など)。⑵漢讃(中国語による偈頌で、音読するもの。これに伽陀《かだ》と錫杖《しゃくじょう》〔諷誦する時に錫杖を振るのでこの名がある〕とがある。なお伽陀は五言四句または七言四句が原則である)。⑶讃歎《さんだん》(法華讃歎、舎利讃歎など、以下は日本でできたもの)。⑷教化〈⇩きょうけ〉。⑸和讃〈⇩和讃《わさん》〉。⑹講式(四座《しざ》講式・六道講式・往生講式など)。⑺論義(問答形式の質疑応答)などがある。③(イ)真言宗では、空海の弟子の真雅が梵唄をよくして権律師に任じられている。その後、寛朝が曲譜を整え、声明に関する規則などを定めたので、彼を密乗声明の中興と称する。のち仁和寺相応院流(のち菩提院流と西方院流に分派)・中川大進流・醍醐流の三流にわかれたが、中川大進流のみ栄え、世に進流《しんりゅう》と称した。進流は実範の弟子宗観(大進上人)を祖とし、のちに高野山を本所として流布した。この進流の声明を集成したものに長恵の魚山蠆芥集《ぎょざんたいがいしゅう》がある。なお新義真言宗の声明はもと進流から出たが、のちに一流を形成し、特に智山で発達したので、豊山《ぶざん》の論義に対して智山の声明という。(ロ)天台宗では早くから梵唄が行われていたが、円仁が入唐して新たに五台山の法を伝えた。のち良忍が山城国大原に来迎院を建てて声明梵唄の本所と定め、声明を大成した(なお大原には別に勝林院を本所とする一派があり、良忍の流と併せて大原流二流と称した)。その後、師長が別に妙音院流を立て、また大原流でも蓮入・蓮界の二門が正嫡を争ったが、のち蓮入の門のみが栄え、蓮入門下の宗快は魚山目録を作って曲譜を整えた。ちなみに浄土宗・真宗・日蓮宗などの声明は多く大原流の系統をうけている。〈⇩梵唄《ぼんばい》〉〔参考〕凝然・声明源流記、知空・声明音律

**しょうみょう　称名**　仏・菩薩《ぼさつ》の名をとなえること。浄土教では念仏を称名の意に解釈し、称名を浄土に生まれるための正定業《じょうごう》であるとする。浄土宗(鎮西派)では、称名のはたらきで往生できる(称名正因)とし、真宗では、仏から与えられた信心が口にあらわれたのが称名であるから、称名は往生の原因となるものではなくて、仏の徳をほめたたえて救済された恩に報いるためのものである(称名報恩)とする。また一声の称名、あるいは一おもいの信心で迷界にさまよう原因となる罪がことごとく除かれるとするのを一念滅罪といい、生涯数多く称名することによって次第に罪を除いてゆこうとするのを多念滅罪という。

**じょうみょう　定命**　寿命にほぼ定した長さのあること。人間の定命は増劫と減劫とによって相違があるが、最長は八万歳、最短は一〇歳であるといわれる。定命を全うしないで若死することを中夭《ちゅうよう》という(倶舎論巻一二)。

**じょうみょう　紹明**　(嘉禎元1235―延慶元1308)臨済宗の僧。字は南浦。諡号は円通大応国師。駿河の人。建長寺の蘭渓道隆に師事し、正元1259―60の頃南宋に渡った。文永径山《きんざん》の虚堂智愚《きどうちぐ》の印可を得て、文永四年1267帰朝した。再び蘭渓に侍し、同七年筑前の興徳寺に出世した。同九年太宰府の崇福寺に移り、嘉元三年1305勅により京都の万寿寺に転住した。洛東嘉元寺の開山に請ぜられ、ついで鎌倉の止観寺・建長寺に歴住した。没後、勅により京都に竜翔寺(跡地は現右京区)が建てられ霊骨が収められた。著書、記録三巻がある。〔参考〕塔銘、大応国師行状、本朝高僧伝二二

**じょうみょう　静明**　生没年不詳。鎌倉初期の天台宗の学僧。藤原資能の子。比叡山で範源・俊範より天台椙生流を受け、東福寺の円爾弁円に参禅した。後嵯峨天皇に天台の要義を説いて法印に叙せられた。粟田に住して学徒を導き、論題白条を著わし天台教学の軌とした。この法流を行泉房流という。〔参考〕本朝高僧伝一五

**しょうみょうげんるき　声明源流記**　一巻。凝然《ぎょうねん》(1240―1321)の著。成立年不詳。日本の声明の源流と大原の良忍以下の師資相承を簡単に記述した書。声明の調子(五調子、六調子、七調子)、音韻(五音、七声、一二律)と呂律二旋について略説して、南都北嶺の声明の流伝を叙し、五明の中の声明と今の声明道との相違、大原流祖良忍が諸曲に習熟し声明道を大成したこと、良忍以後の伝承などをあきらかにし、終りに

大原流の師資相承次第を図示する。㊇八四、仏全一一一、続々群一二〔刊本〕享保四1719刊

**じょうみょう-げんろん　浄名玄論**　八巻。隋の吉蔵の著。成立年代は、同著者の維摩義疏第一によれば、隋の開皇581―600末年と考えられる。浄名経（即ち維摩経）の要義を論述したもの。全体を名題・宗旨・会処の三科に分け、⑴名題では主として不思議解脱の義を解釈し、不思議解脱の根本である不二法門について述べ、⑵宗旨ではこの経の宗旨は権実二智であるとして二智の相について解釈をくだし、⑶会処ではこの経の説かれた場所（菴園処・方丈処）について述べ、最後に広く浄土について明らかにする。㊇三八〔註釈〕智光・略述八巻（現存四巻）

**しょうみょう-じ　称名寺**　①神奈川県横浜市金沢区金沢町。金沢山と号し、真言律宗の別格本山。文永六年1269金沢（北条）実時とその子顕時が建立、開山は審海。亀山天皇の勅願所となり、剣阿・湛睿などの学僧を輩出した。金沢氏歴代の尊崇があつく、以後北条氏、徳川氏も寺領を寄せたが、のち退転した。寺内の金沢文庫は、実時が収集した和漢の書を正嘉二年1258頃、金沢の別邸（後の阿弥陀院）に移したことに始まる。鎌倉幕府滅亡とともに衰退し、蔵書も次第に散逸した。建物は室町初期に廃され、蔵書も次第に散逸した。昭和五年1930県立金沢文庫として旧阿弥陀堂跡に再興された。〔国宝〕文選集注、絹本著色北条実時像、同北条顕時像、同金沢貞顕像、同金沢貞将像、同顕弁像（いずれも県立金沢文庫保管）〔重文〕絹本著色十二神将像、厨子入金属製愛染明王坐像、木造釈迦如来立像、同十一面観音立像、称名寺伽藍絵図並結界記、紙本墨書円覚経、同明儒願文集（以上、県立金沢文庫蔵）、板絵著色弥勒来迎図、同弥勒浄土図、木造弥勒菩薩立像ほか〔参考〕金沢文庫古文書、金沢文庫資料全書、神奈川県史　②茨城県結城市結城。新居山と号し、浄土真宗本願寺派。建保四年1216親鸞の弟子、真仏の創建という。初め下野国新居村にあったが、のち西宮町に移り、文禄五年1596頃現地に転じた。真宗関東七カ寺の一。〔参考〕大谷遺跡録三　③愛知県碧南市築山町。東照山と号し、時宗。もと天台宗であったが、暦応二年1339和田親平が現宗に改め、声阿を開山とした。松平信忠は永正三年1506から毎月一六日当寺で踊念仏を行わせた。徳川氏の尊崇があつかった。〔参考〕参河志一二・二七、三河後風土記、称名寺文書

称名寺（江戸名所図会）

**じょうみょう-じ　浄妙寺**　①和歌山県有田市宮崎町。医王山と号し、臨済宗妙心寺派。大同元年806乙牟漏皇后の創建で、唐僧如宝の開山といい、阿波西阿弥尼の創建ともいう。戦国時代、湯浅氏の兵火で焼失。元和年間1615―24徳川頼宣が和歌山吹上寺圭瑞を請じて復興。〔重文〕本堂（薬師堂）、多宝塔、木造薬師如来及両脇侍像、同十二神将立像、蓮華唐草文螺鈿須弥壇〔参考〕紀伊続風土記五七　②跡地は京都府宇治市木幡赤塚の木幡小学校付近であるが、伽藍配置などは明らかでない。木幡寺ともよばれた。寛弘二年1005藤原道長が僧勧修とはかって一族の墓所に建立した三昧堂に始まり、やがて一寺とした。寛正三年1462焼失し廃絶。〔参考〕浄妙寺文書、栄花物語、碧山日録、山城名勝志一七　③神奈川県鎌倉市浄明寺。稲荷山と号し、臨済宗建長寺派。文治四年1188足利義兼が創建し、退耕行勇を開山に請じた。初め真言宗に属し極楽寺と号したが、その子義氏が禅宗に改めた。建暦二年1212源実朝が大倉稲荷を勧請し、元応元年1319足利尊氏が伽藍を修営、元亨二年1322父の法名にちなんで現寺号に改めた。至徳三年1386鎌倉五山に列する。〔重文〕木造退耕禅師坐像〔参考〕扶桑五山記、浄妙寺略記、鎌倉市史　④愛知県岡崎市中之郷町。稲荷山と号し、真宗大谷派。親鸞が東国から帰洛の時、弟子信願が供奉して相模に至り、鎌倉に当寺を創建したという。のち三河国碧海郡糟海村赤渋（現岡崎市赤渋町）に移り、慶長年間1596―1615現地に

転じたという。〔参考〕大谷遺跡録四

**じょうみょう-に　浄明尼**　(宝暦二1752—文化九1812)寿保尼とも称する。摂津平野の人。大念仏寺の観山に教相を学び、大和の蔵野寺・高林寺に住して、融通念仏の行業を積み今中将姫といわれた。のち慈幢(慈雲尊者の弟子)から四度の行法を受け、これをも兼修した。〔参考〕寿保尼行業記

**しょうみん　紹岷**　(宝暦三1753—天保一〇1839)臨済宗の僧。字は古梁。号は南山、山庵。姓は笹野氏。相模の人。江戸東禅寺の万庵に師事し、のち妙心寺・仙台の瑞鳳寺に住した。儒学を修め、詩文・書画をよくした。著書、叢林貫華集、法苑詩規など。〔参考〕仙台史伝

**じょうみん　常慜**　生没年不詳。唐代の入竺僧。弁州(山西省大原県)の人。常に浄土を願生して念仏を修し、般若経万巻を書写した。貞観年間627—49の頃、往生浄土の目的から仏跡巡拝を志し、西域を経てインドに赴き、船でインド中部に向かう途中、遭難した。〔参考〕西域求法高僧伝上、浄土聖賢録二

**しょうむ-てんのう　聖武天皇**　(大宝元701—天平勝宝八756)文武天皇の第一皇子。母は藤原不比等の女宮子。神亀元年724即位。天平一三年741唐制にならい国分寺・国分尼寺の建立を図り、仏教を興隆させた。唐の文物を多く取入れ、いわゆる天平文化を現出した。同一五年大仏の造立を発願し、のち位を譲って薬師寺に入り、法名を勝満という。天平勝宝六年鑑真について菩薩戒を受けた。〔参考〕続日本紀九・一九、東大寺要録

**しょう-むどうそん-だいいぬおう-ひみつだらに-きょう　聖無動尊大威怒王秘密陀羅尼経**　一巻。金剛手の造、般若遮加羅の訳と伝えるが、偽作であろう。不動明王の功徳を詳説する。修験道の行者に重んじられた。日蔵四六

**しょうめい-たいし　昭明太子**　(南斉の中興元501—梁の中大通三年531)梁武帝の皇太子。姓は蕭統氏。字は徳施。昭明と諡する。父武帝と共に深く仏教を崇敬し、また仏教の教義に精通し、宮内に慧義殿を建てて法集の場所とし、光宅寺法雲・荘厳寺僧旻ら当代の高僧と交わった。著書、解二諦義・解法身義(広弘明集二一)など。また文選三〇巻、文集二〇巻などを編集した。〔参考〕梁書八、仏祖統紀三七

**しょうめつ　生滅**　生起と滅尽との併称で、起滅ともいう。因縁が和合して(あらゆる条件が満足されて)成り立っている一切のもの(有為法《ういほう》)は移り変る性質のもの(無常)であるから、必ず生滅があるが、因縁を離れて存在する永久不変(常住)なもの(無為法)は無生無滅(不生不滅)である。ただし大乗では有為法にも不生不滅の義があるとする。また生滅を時間の最小単位(刹那《せつな》)において論じるときは刹那刹那に生滅することとなり、これを刹那生滅(刹那滅)という。これに対して有情《うじょう》が生まれてから死ぬまでの一生涯(一期《いちご》)の上に生滅(出生と死滅)を論じるのを一期生滅といい、合わせて二種生滅という。

**しょうもく　青目**　(300頃)(梵)ピンガラ Pingala の訳。賓伽羅と音写する。初期中観派の論師。鳩摩羅什《くまらじゅう》の訳の中論は、竜樹(ナーガールジュナ Nāgārjuna)作の偈頌(中頌)に散文の註釈を付したものを訳したものであるが、この註釈の部分の作者が青目である。事跡・伝記はまったく明らかでないが、註釈中に提婆《だいば》(アーリヤデーヴァ Āryadeva)の四百論を引用していること、鳩摩羅什が若いころに須利耶蘇摩《しゅりやそま》(スールヤソーマ Sūryasoma)から中論を聴いたということから、おおよその年代が推定される。

**じょうもつ　長物**　余長物、長ともいう。必ずしも必要のない余分なものという意味。仏教僧団において比丘《びく》が必ず持たねばならない三衣一鉢などを除いた、それ以外のものを長物という。長物はそれぞれ定められた期間(七日、一〇日、一月など)を限って所持することが許され、それ以上所持するときは罪となる。ただし説浄すれば規定の期間以上でも所有が許されるとする。

**しょうもん　正文**　(　—寛正四1463)上野国双林寺(曹洞宗)の開山。字は日江。山城の人。了庵慧明・無極慧徹に師事し、楞厳寺・永沢寺・最乗寺・大泉寺に歴仟し、晩年は武蔵足立郡に普門院を創して住した。

〔参考〕日本洞上聯灯録

**しょうもん　声聞**　㊵シュラーヴァカ śrāvakaの訳。声を聞く者の意で、弟子とも訳す。仏のことば(教え)を聞いてさとる者をいう。もと仏陀在世の頃の弟子を指したが、縁覚《えんがく》・菩薩《ぼさつ》と並べて二乗・三乗の一に数えるときには、仏の教説に従って修行しても自己の解脱のみを目的とする出家の聖者をいう。仏教徒のうちで性質能力の低い下根であり、四諦《したい》の教えによって修行し四沙門果《ししゃもんか》をさとり、ついに心身共に滅ぼしつくして灰身滅智《けしんめっち》の無余涅槃《むよねはん》に入るのを目的とする人々である。声聞のための教えを声聞乗、その教えを説く経典を声聞蔵という。声聞乗は縁覚乗と共に小乗に属する。法華経巻二には、声聞が心をひるがえして大乗に転向した場合、これをも声聞と名づけるのは「他を救うために教えの声を他に説いて聞かせる者という意味である」とする。これを大乗声聞(仏道声聞)という。世親の法華経論巻下では声聞を四種声聞に分ける。⑴小乗に終始する決定声聞《けつじょうしょうもん》(一向趣寂声聞、種性声聞)、⑵人無我《にんむが》を得て声聞であることに満足し、慢心を起こす増上慢声聞《ぞうじょうまんしょうもん》、⑶大乗を志したものが退いて声聞になったが、ついには大乗に向かって進む退菩提心声聞《たいぼだいしんしょうもん》(退大声聞、退菩提声聞、廻向《えこう》菩提声聞)、⑷仏・菩薩が衆生《しゅじょう》を救うためにかりに声聞となってあらわれた応化声聞《おうげしょうもん》(変化声聞《へんげしょうもん》)である。法華玄論巻四はこれに仏道声聞を加えて五種声聞とする。⇩一乗《いちじょう》〔三乗〕　⇩五乗《ごじょう》　⇩大乗《だいじょう》〔小乗〕

**しょうもん-じ　肖門寺**　高句麗の安市城(現北朝鮮平壌)にあった高句麗最初の寺。小獣林王五年375に伊弗蘭寺《いふつらんじ》と共に建てられた。小獣林王二年に前秦の苻堅が遣わした僧順道を住させたという。

**しょうもん-ぞう　声聞蔵〔菩薩蔵《ぼさつぞう》〕**　仏陀の教説のうち、声聞・縁覚のために説かれた四諦《したい》十二因縁などの教えを声聞蔵、菩薩のために説かれた六度などの教えを菩薩蔵という。菩薩地持経巻一二などに出る語で、隋の慧遠や唐の吉蔵、善導などは、経典をこの二蔵に分類して批判した。普超三昧経巻中には、声聞・縁覚・菩薩の三蔵を説くが、声聞蔵・菩薩蔵という時には声聞蔵の中に縁覚蔵を含める。この二蔵の分類は大小二乗、半満二教というのとほぼ同じ意。

**しょうやく　摂益**　衆生《しゅじょう》をおさめとり(摂取し)ためをはかる〈利益《りやく》する〉こと。

**しょうやく　請益**　一般には「しょうえき」と読み、禅宗では「しんえき」と読む。師に対して未審の点について開示を請うこと。もと礼記・論語などにある語で、本来は一往教えを受けた事について、さらに教えを請うことをいう。またわが国で、昔中国へ渡り各地の名徳に会って教えを受けるのを入唐請益《にっとうしょうえき》と称した。禅宗では請益するについて一定の作法を規定している(勅修百丈清規巻下大衆章請益)。

**しょうゆ　性瑜**　生没年不詳。鎌倉時代の律宗の僧。字は本照。西大寺叡尊に師事し、また仁和寺・醍醐寺で密教を学んだ。西大寺第二阿闍梨位につき、のち大和に護国院を開いた。その所伝を西大寺流という。〔参考〕律苑僧宝伝一三、本朝高僧伝五九、密宗血脈鈔

**じょう-ゆいしき-ろん　成唯識論**　一〇巻。単に唯識論ともいう。唐の玄奘の訳(顕慶四659)。世親(ヴァスバンドゥ Vasubandhu)の唯識三十頌の註釈書。唯識三十頌には、護法・徳慧・安慧・親勝・難陀・浄月・火弁・勝友・最勝子・智月の十大論師による註釈がそれぞれあって一〇部一〇〇巻をなしたが、漢訳の際に護法(ダルマパーラ Dharmapāla)の説を正義とし、他の論師の説を適宜に取捨選択して加えたという。内容は、阿頼耶《あらや》識、末那《まな》識、前六識について順次に解説し、一切唯識の意義を説明し、三性・三無性の説を述べ、最後に唯識の修行の階位である五位の相を説く。その所説は同じ唯識三十頌の註釈でありながら安慧《あんね》(スティラマティ Sthiramati)の唯識三十頌釈論(梵文・チベット訳がある)のそれとは相違しており、世親の原意に忠実であろうとするよりも、進んで護法の唯識説を論述して一つの思想体系にまとめ上げようとした点が見られる。中国・日本において法相宗《ほっそうしゅう》の根本典籍として重んじられ、倶舎論《くしゃろん》と並んでさかんに学習された。

註疏としては窺基《きき》の成唯識論述記が最も名高く、また窺基の成唯識論掌中枢要《しょうちゅうすよう》、智周の成唯識論演秘、慧沼の成唯識論了義灯の三疏は唯識三箇之疏《ゆいしきさんがのしょ》として知られる。下って明代の智旭に成唯識論観心法要がある。日本では鎌倉時代良算らの唯識論同学鈔、室町末期善念の泉鈔《いずみのしょう》などがあり、唯識論同学鈔に続いて編集された成唯識論本文鈔(撰者不明であるが蔵俊か)は論の所説に関係ある文を諸書から集録して研究の便に供した。近代の研究も多いが、本文研究の業績として佐伯旭雅の冠導成唯識論、佐伯定胤の新導成唯識論、ド・ラ・ヴァレ・プサン L. de la Vallée Poussin のフランス語訳 (1928) などが知られる。(大)三一、[国一]瑜伽部七

**じょうゆいしきろん-えんぴ　成唯識論演秘**　一六巻。唐の智周(678—733)の著。成唯識論に対する法相宗第三祖智周の註釈。本書は第二祖慧沼によって顕正された慈恩大師窺基の法相教学を一層敷衍させる意図をもって書かれたものである。従って恵沼の了義灯のように他を排斥するような記述は見当たらないが、窺基の述記の難解な字句を取りあげて広釈する箇所が全体の多くの部分を占め、成唯識論の註釈であると同時にあたかも述記の末註であるかのような観がある。窺基の掌中枢要、慧沼の了義灯と本書とを合わせて三箇疏《さんがのしょ》と称し、成唯識論述記とあわせて成唯識論研究には不可欠の註釈である。(大)四三、[国一]論疏部一七・一八　〔註釈〕如理・演秘釈五巻(一巻のみ現存)

**じょうゆいしきろん-じゅっき　成唯識論述記**　二〇巻。唐の窺基(632—82)の著。成立年不詳。法相宗の根本的な論書である成唯識論の最も基本的な註釈書。著者は成唯識論の訳場に纂義として参加し、玄奘の唯識法相教義を最も正しく受け継いだ上足とされる。本書は、論の本文に対して始終逐語的な説明を加え、また解釈がわかれるような点については真偽の決着をつけて論の真義の発揚に努めている。いわば、成唯識論の簡潔な本文の行間を埋める働きをするものであり、従って成唯識論研究には不可欠の註釈となった。(大)四三、[国一]論疏部一二—一六　〔註釈〕湛慧・述記集成編四五巻

**じょうゆいしきろん-しょうちゅうしゅよう　成唯識論掌中枢要**　四巻。唐の窺基(632—82)の著。成立年不詳。成唯識論に対する註釈。窺基には本書のほかに成唯識論に対する逐語的な註釈である成唯識論述記がある。述記の中には詳釈を本書に譲っている箇所がいくつもあるので、述記に先行して本書が撰述されたとする意見もあるが、本書の雑録のような体裁から推して述記の要点を逐項的に補うものであるということができる。本書は、恵沼の了義灯、智周の演秘とを合わせて三箇疏《さんがのしょ》と称され、成唯識論研究の必須の註釈とされる。(大)四三、[国一]論疏部一七　〔註釈〕智周・枢要記二巻(一巻のみ現存)

**じょうゆいしきろん-りょうぎとう　成唯識論了義灯**　一三巻。唐の慧沼(649—714)の著。成立年不詳。成唯識論に対する法相宗第二祖恵沼の註釈。法相宗は玄奘の没後、窺基・円測・普光・恵観・玄範・義寂のいわゆる六家に受け継がれたが、そのなかでも窺基と円測の二人が特に傑出していた。本書は、成唯識論の解釈について窺基の教えを受け継いだ著者が、円測や道証らの西明寺系の教義に弁駁を加えて窺基の教学の正統性を宣揚しようとしたものである。窺基の掌中枢要、智周の演秘と本書とを合わせて三箇疏《さんがのしょ》と称し、成唯識論述記とあわせて成唯識論研究の必須の註釈である。(大)四三、[国一]論疏部一九・二〇　〔註釈〕智周・了義灯記一巻、善珠・了義灯増明記四巻など

**しょうゆう　正猷**　(康暦二1380—寛正二1461) 曹洞宗の僧。字は竹居。姓は長氏。薩摩の人。妙円寺の石屋真梁に得度をうけ、南禅寺の惟肖得巌に師事した。相模・遠江の名匠に歴参し、妙円・直指・福昌の諸寺を歴住、周防の竜文寺をはじめ、薩摩の了心寺・松仙寺・堅忠寺などを開き、教化につとめた。〔参考〕延宝伝灯録八、日本洞上聯灯録四

**しょうゆう　聖勇**　(一—二世紀頃) (梵)アーリヤシューラ Āryaśūra の訳。インドの仏教詩人。ジャータカ・マーラー Jātaka-mālā(菩薩本生鬘論)の作者(ただし、漢訳で伝わる聖勇作の菩薩本生鬘論と、梵本の

ジャータカ・マーラーとでは、その内容はいちじるしく異なる)。詩人として非常に令名が高かったことは南海寄帰伝四の記述、ターラナータ仏教史に伝える逸話などによってうかがい知られるが、その生涯・年代については明らかでない。従来その年代を三―四世紀としていたが、二世紀頃の成立とみられるアヴァダーナ・シャタカ Avadāna-śataka(撰集百縁経)の中にジャータカ・マーラーの詩節が借用されていることから、聖勇の年代を従来の説よりも古いほぼ一―二世紀頃とする説が今日では有力である。またチベットの伝承では聖勇および馬鳴《めみょう》(アシュヴァゴーシャ Aśvaghoṣa)・摩咥里制吒《まちりせいた》(マートリチェータ Mātṛceṭa)を同一人物の三つの異名としており、近代においても同一人物説に賛否両論が提出されたが、今日ではこの三者をすべて別人とするのが通説である。

**じょうよ　定誉**　(天徳二1958―永承二1047)高野山の僧。姓は河井氏。大和の人。祈親上人といい、法華経を持誦したので持経上人とも呼ばれる。奥之院に灯籠をともしたので常照上人の称号もある。初め興福寺で法相を学び、子島寺の真興に密教を学んで仙救に密灌を受けた。長谷寺観音の夢告で、長和五年1016頃高野山へ登った。当時の高野山は正暦五年994の大火以来荒廃していたことから、その再興の前途を占うため奥之院の大師廟前で燧火《きりび》を打ったという。これを持経灯(祈親灯)という。初め大湯屋に住み、のち東室院を創建。寛仁元年1018御影堂彼岸会を始行し、峰杲・行明・仁海らと協力して一山再興の勧進に尽した。〔参考〕元亨釈書一四、高野山興廃記など

**じょうよ　盛誉**　(　―貞治元1362)東大寺戒壇院の僧。号は明智房。伊勢の人。禅爾・凝然に師事し、華厳・戒律の学者として知られる。著書、華厳五教章抄五巻、華厳手鏡二巻(暦応二1339成立)、清涼玄談義解など。〔参考〕本朝高僧伝一七、律苑僧宝伝一四

**じょうよ　静誉**　生没年不詳。平安時代末期に山城光明山に住した真言宗の僧。越前阿闍梨《あじやり》という。小野曼荼羅寺・勧修寺・石山寺で修学ののち、光明山に入り教法を興し、堂宇をさかんにした。光明山流の祖といわれる。著書、入曼荼羅鈔七巻、入壇鈔一巻など。〔参考〕後伝灯広録一

**じょうよう　長養**　略して養ともいい、生長、養育の意。四食《しじき》あるいは飲食・資助・睡眠・等持《とうじ》・梵行《ぼんぎょう》などの力によって身心などを生長養育させること。ただし五類の中の所長養(長養されたもの)は極微《ごくみ》(分子)から成っている色法《しきほう》(物質)に限られる。

**じょうよう－じ　浄影寺**　中国長安(陝西省西安府)敦化坊にあった寺。隋の開皇年間581―600文帝の創建。慧遠《えおん》がこの寺で涅槃・十地などの経を講じ、学徒は七百余人におよんだ(この慧遠を廬山の慧遠と区別して浄影寺慧遠という)。唐の天宝年間742―56不空が来住して、灌頂壇を開き、訳経に従事した。

**しょうよう－しょぶつ－くどく－きょう　称揚諸仏功徳経**　三巻。現在仏名経、集華経などともいう。北魏の吉迦夜《きっかや》の訳。チベット訳もある。東・南・西・北・上方の諸仏の世界と一二〇の仏名とを挙げてその功徳を讃える。㊅一四、国一経集部一二

**しょうよう－だいし　承陽大師**　⇩道元《どうげん》

**しょうよう－ろく　従容録**　六巻。詳しくは万松老人評唱天童覚和尚頌古従容庵録という。元の万松行秀《ばんしょうぎょうしゅう》の撰(嘉定一六1223)。燕京報恩院の従容庵にあって、宏智正覚《わんししょうがく》の頌古《じゅこ》百則(宏智広録巻二)を提唱し、圜悟の碧巌録の体裁にならって、示衆と著語、および評唱を加えたものを、侍者離知などが記録編集したもの。宋代における四家評唱語録の一。行秀が嘉定一六年湛然居士に与えた書、および湛然がその翌年に撰した序があり、彼が西域の阿里馬城にいた時に与えられたことを記している。現存のものは、明の万暦三五年1607に、華亭の徐琳が四家評唱語録の一として重刻したもの。日本では主に碧巌録が宗門第一の書として臨済下で重んじられるのに対して、曹洞下ではこの書が重んじられ、註解書としても天桂の弁解、面山の宏智禅師頌古称提聞解、鼎三の宏智禅師頌古接觜録二巻な

どがある。(大)四八、[国一]諸宗部六

**しょうよく-ちそく　少欲知足**　喜足少欲、無欲知足ともいう。欲望を少なくして足るを知り満足すること。まだ得ないものに対して過分な貪欲を起こさないのが少欲であり、すでに得たものが少なくても悔恨しないのが知足である。倶舎宗《くしゃしゅう》では身器清浄《しんきしょうじょう》の三因(三浄因)のうちに数える。

**しょうらい　唱礼**　頌《じゅ》を唱えて礼拝すること。台密では「しょうらい」と読み、正法守護善神などの頌を曲譜をつけて唱え礼拝すること。東密では「しょうれい」と読み、表白が終った後、導師が五悔・勧請・五大願・小祈願・礼仏を唱えるのを総称していう。

**しょうらい-もくろく　請来目録**　将来目録とも書き、請来録、将来録ともいう。求法のため外国へ行った僧が、持ちかえった経論・章疏・法具などの名を記録したもの。請来とは請益《しょうえき》《しんえき》(師に対して教えを請うこと)将来の意味。とくにわが国では、中国への留学僧が請来した経律論および道具などの目録をさす。入唐八家《にっとうはっけ》(最澄・空海・常暁・円行・円仁・恵運・円珍・宗叡)の目録を特に八家請来目録という。①最澄の請来録には(イ)伝教大師将来台州録と(ロ)伝教大師将来越州録の二種がある。(イ)は円宗録ともいい、最澄が中国台州で得た妙法蓮華経玄義など天台宗章疏、妙法蓮華経など天台疏点経、菩薩戒経などの大乗経律陀羅尼など一二〇部、および禅鎮などの別物三種を録する。(ロ)は越府録ともいい、中国越州で得た五仏頂転輪王経などの密部の経軌、四教義などの天台宗章疏および雑部など一〇二部、念誦供養具様七口を録し、最後に書写請来の事を記す。②空海の請来録は御請来目録といい、大同元年806付の上新請来経等目録表、新訳の経典一四二部、梵字真言讃など四二部、論疏章など三二部、仏菩薩金剛天などの像、法曼荼羅、三昧耶曼荼羅、伝法阿闍梨などの影像一〇鋪、道具九種一八口、阿闍梨付嘱物一三種などを録し、終りに延暦二三年804入唐し、青竜寺恵果から両部灌頂を受け、両界曼荼羅および道具などを付属されたことなどを記す。③常暁の請来目録は常暁和尚請来目録という。承和六年839付の奏文、顕密二教の経論疏釈三一部、仏像一三軀、曼荼羅一鋪、護摩炉壇様一五種、伝法阿闍梨耶文琛付物一一種を録し、終りに入唐求法の事跡を記す。④円行の請来目録は、霊巌寺和尚請来法門道具等目録とも、入唐沙門円行承和六年請来経仏道具目録ともいう。承和六年付の奏文、新請来真言経法二六部、梵字三部、顕教経論疏章など四〇部、仏舎利三千余粒、付嘱物三種、仏像曼荼羅図様一二種および道具一〇種一六個を記す。⑤円仁の請来目録には、(イ)日本国承和五年入唐求法目録、(ロ)慈覚大師在唐送進録、(ハ)入唐新求聖教目録の三種がある。(イ)は唐の開成四年839円仁が長安で録したもので、揚州で求得した密教儀軌、梵漢字経陀羅尼真言讃、顕教章疏伝記などおよそ一三七部および曼荼羅ならびに印契壇様諸聖者影など二一種目を録し、入唐求法などの事を記す。(ロ)は大乗経律論一二部、梵字真言儀軌讃三一部、章疏伝記四九部、曼荼羅壇様ならびに伝法和上などの影二二部、および外書一四部、封皮箱一合を録する。(ハ)は承和一四年円仁帰朝ののち官に奏進したもので、揚州・長安・五台山などで得た経論念誦法門および章疏伝記など五八四部、胎蔵金剛界両部大曼荼羅、諸尊壇像舎利、高僧真像など約五〇種を録する。⑥恵運の請来目録は恵運禅師将来教法目録といい、承和一四年の上表で、真言経儀軌および顕教の章疏など一二二部を録している。別に恵運律師書目録があり、順序具略が今のものとやや異なる。⑦円珍の請来目録には(イ)開元寺求得経疏記等目録、(ロ)福州温州台州求得経律論疏記外書等目録、(ハ)青竜寺求法目録、(ニ)日本比丘円珍入唐求法目録、(ホ)日本国上都比叡山延暦寺比丘円珍入唐求法総目録の五種がある。(イ)(唐の大中七853撰)は開元寺で求得した経論疏記など四八部、(ロ)(同大中八撰)は経律論疏記外書など四五八巻、(ハ)(同大中九撰)は胎蔵金剛両部の経法一一五巻、両部曼荼羅および道具など、(ニ)は長安青竜寺所得の真言両部の経法、国清・禅林両寺所得の智者大師所説の教文および碑文、諸州所得の別家章疏ならびに梵夾法物など、㈭(同大中一二年円珍の記録、天安三859奏進)は両京両浙嶺南および福建道所求の大小乗経律論伝記、大総持教曼荼羅、天台円頓教文、諸家章疏抄記梵夾目録など四四一部、および道具法物などを録する。⑧宗叡の請来目録は、新書写請来法門等目録といい、真言経、儀軌および雑法門一三四部、諸尊禎子、諸聖者影、諸尊像様二七種、道具など九種、仏舎利七〇粒、雑書一〇部を録し、終りに唐の咸通六年865長安西明寺で求写、日本の貞観七年865却来して東寺で勘定したことを記している。別に禅林寺宗叡僧正目録があり、真言儀軌二七部を載録。㊅五五、仏全二(仏全は円珍目録の(イ)(ロ)(ハ)(ニ)を欠く) 〔原本〕延暦寺蔵(越州録)、竹生島宝厳寺・東寺蔵(御請来目録)、園城寺蔵(開元寺求得経疏記等目録)、同寺蔵(福州温州台州求得経律論疏記外書等目録) 〔写本〕高山寺蔵(霊巌寺和尚請来法門道具等目録)、聖護院蔵(日本国上都比叡山延暦寺比丘円珍入唐求法総目録、天安三859写) 〔刊本〕台州・越州二録、建治三1277刊、正安二1300刊、同四刊、元応二1320刊、文政四1821刊(以上御請来目録)、仏全二 〔参考〕八家秘録、古経題跋下、経籍問答

**じょう-らく-が-じょう　常楽我浄**　①凡夫《ぼんぶ》が自己と世界との真相を知らないで、永遠に存在し(常)、楽しみであり(楽)、自由な主体をもち(我)、きよらかである(浄)、とする誤った見解(四顛倒《してんどう》)の内容。②涅槃《ねはん》(さとり)の徳は、絶対の永遠であり(常)、楽しみであり(楽)、能動的な自在者であり(我)、きよらかである(浄)こと。これを四徳または涅槃の四徳という。

**じょうらく-じ　常楽寺**　①滋賀県湖南市西寺。阿星山と号し、天台宗。同町の長寿寺を東寺というのに対し、西寺という。和銅年間708—15金粛菩薩の草創と伝える。仁平年間1151—54行胤が再興。のち兵火などで衰微。〔国宝〕本堂、三重塔 〔重文〕絹本著色浄土曼荼羅図、同仏涅槃図、木造釈迦如来坐像、同二十八部衆立像、同千手観音坐像、紙本墨書常楽寺勧進状ほか 〔参考〕近江輿地志略五〇、甲賀部誌下、常楽寺勧進帳　②京都市下京区東中筋通花屋町上ル学林町。浄土真宗本願寺派。暦応元年1338本願寺三世覚如の長子存覚が西大宮に常楽台と称して建立。のち洛東今小路、さらに堀川北小路に転じ、常楽寺と改称。明治二九年1896現地に移る。〔参考〕顕誓記、鑑古録、山州名跡志二一

**しょうり-ぎょせい　将李魚成**　生没年不詳。奈良時代の面作者。「しょりのうおなり」とも読み、相李魚成とも書く。東大寺大仏殿の脇侍の作者として知られ、遺品として正倉院の伎楽面、力士・太孤父・酔胡従、東大寺の酔胡従があるが、その大部分に天宝勝宝四年752四月九日の銘があって、東大寺大仏開眼会に用いられたことが知れる。

**しょうり-へん　尚理篇**　一巻。明の景隆の著(正統五1440)。主に仏教を宣揚しながら三教の合一を説いたもの。儒教からの仏教批判に反論したものに同じ著者による尚直篇二巻がある。〔刊本〕万暦二八1600刊、寛永一八1641刊

**しょうりゃく-じ　正暦寺**　奈良市菩提山町。菩提山竜華樹院と号し、真言宗御室派。菩提山寺ともいう。正暦三年992一条天皇の勅により九条関白藤原兼家の子の兼俊が草創。治承四年1180平重衡の南都焼打ちで焼失したが、建保年間1213—19興福寺の信円が再興。以後代々興福寺の別院となっていた。〔重文〕福寿院、金銅薬師如来倚像、増一阿含経巻第三〇、青磁鉢 〔参考〕興福寺別当次第三、大和志料上

**しょうりゅう　正隆**　(正徳三1713—寛政四1792)臨済宗の僧。字は蘭山。積翠と号した。諡号は円機妙応禅師。出羽山形の人。諸国に名師を訪ねて参禅し、のち豊前開善寺に住した。明和七年1770同国柳浦戸山麓に静泰院を創建して住した。智玲・智旭・慧範らの弟子がいる。〔参考〕近世禅林僧宝伝

**しょうりゅう　昌隆**　(　—永正二1505)曹洞宗の僧。字は虎渓。薩摩の人。広徳快庵禅師の号を賜った。竹居正猷に師事し、諸方に参禅してのち妙円寺の愚丘妙智の法を嗣ぎ、長享元年1487同寺に住した。〔参考〕日本洞上聯灯録七

**しょうりゅう　紹隆**　(熙寧一〇1077—紹興六1136)北宋代末期の禅僧。虎丘派の祖。虎丘《こきゅう》、瞌睡虎《かっすいこ》とも称する。和州

含山(安徽省含山県)の人。楊岐派四世の圜悟克勤《えんごこくごん》の法を嗣ぎ、平江府(江蘇省呉県)虎丘山その他に住した。大慧宗杲《だいえそうこう》と同門で、別に一派をなした。虎丘紹隆禅師語録一巻がある。生没年に異説がある。〔参考〕語録付の塔銘、普灯録一四、五灯会元一九

**しょうりゅう-じ　青竜寺**　中国の長安(陝西省西安府)にあった寺。隋の文帝(581—604在位)が長安に都を移した時、城水の陵墓を改葬して建てた。もと霊感寺と号したが、唐の景雲二年711青竜寺と改称。不空三蔵の高弟恵果《けいか》が住して、大いに密教を弘め、空海もこれに師事した。のち法全《はっせん》阿闍梨が住して青竜寺儀軌を著わしている。

**しょうりゅう-じ　勝立寺**　福岡市中央区天神。正興山と号し、日蓮宗。永徳元年1381日円の開創。もと筑後柳川にあり、松林山妙典寺と称した。慶長六年1601立花増時が博多に移建。同八年京都妙覚寺唯心院の日忠が弘教のため当地を訪れた際、当寺でのキリシタンとの宗論に勝ち、黒田長政より現寺号をうけた。

**じょうりゅう-じ　常隆寺**　兵庫県淡路市仁井。高野山真言宗。天平宝字八年764淳仁上皇が当地淡路国に遷幸のとき、父舎人親王追善のために創建したといい、住僧の名により寺号を称したという。一説に廃太子早良親王が遷流の途、当国で没したので、延暦二四年805追福のため建立、霊安寺と号し、のち改称したともいう。天正年間1573—92兵火で焼失、慶長年間1596—1615に再建した。

**しょうりゅうじ-ぎき　青竜寺儀軌**　三巻。詳しくは大毘盧遮那《だいびるしゃな》成仏神変加持経蓮華胎蔵菩提幢標幟《ぼだいどうひょうし》普通真言蔵広大成就瑜伽《ゆが》という。唐の法全《はっせん》の編。胎蔵四部儀軌の第四〈⇩胎蔵四部儀軌《たいぞうしぶぎき》〉。㊅一八、国一密教部三

**しょうりょう　商量**　商人が品物の価値をはかるように、語句などについて仏や祖師の真意を考察しはかること。主に禅宗で用いる語。

**しょうりょう　清了**　⇩せいりょう

**しょうりょう　精霊**　精神、精魂、魂神精識などともいい、あるいは単に霊または精とも称する。仏教では実体的な存在としての霊魂を認めないが、民俗信仰に影響されて、精霊を祀ることが行われるようになった。生霊《いきりょう》、死霊《しりょう》、怨霊《おんりょう》、幽霊《ゆうれい》などの語があり、民間では人の霊が禍いをするものとしてこれを恐怖した。また死者の霊を尊敬して、尊霊、英霊、聖霊《しょうりょう》などという。精霊会《しょうりょうえ》は盂蘭盆会に亡霊を祀る法会である。⇩盂蘭盆《うらぼん》。

**しょうりょう-え　聖霊会**　⇩太子会《たいしえ》

**しょうりょう-じ　清涼寺**　中国山西省代州五台山。北魏の孝文帝(471—99在位)の時に創建。五台山百余カ寺中で特に著名な寺。唐の澄観(清涼大師)が華厳宗を起こした寺とも伝える。日本の円仁を始め多くの五台山巡礼僧が巡拝した。

**しょうりょう-しゅう　性霊集**　一〇巻(うち三巻は後補)。詳しくは遍照発揮性霊集という。空海の撰、真済(800—60)の編。成立年代は不詳であるが、天長四年827から承和二年835の間とされている。空海の詩賦・上表・願文・表白・碑銘・尺牘など一一二の詩文を一〇巻に編した書。のちに第八、第九、第一〇の三巻が散逸したが、承暦三年1079仁和寺の済暹が諸書から空海の遺稿四七章を拾い集めて続遍照発揮性霊集補闕鈔三巻を編し、先に散逸した第八巻以下に当てた。現行の性霊集一〇巻がこれである。空海の詩文集としても、空海の伝記史料としても、高い価値をもつ。弘法大師全集三、真言全四二、日本古典文学大系七一　〔刊本〕正嘉二1258刊(一—七巻)、建治三1277刊(八—一〇巻)、寛永一三1636刊など　〔註釈〕杲宝・鑁石鈔一〇巻、泰翁・鈔一〇巻、運敞・便蒙一〇巻、同・鈔一七巻、泰音・便蒙鈔一八巻、梅園・序便蒙引文考四巻、泰音・考語四巻、亮汰・序科註一巻、運敞・私鈔五巻、澄栄・私鈔七巻

**しょうりん　紹麟**　生没年不詳。室町中期の曹洞宗の僧。字は瑞巌。姓は神保氏。能登の人。総持寺の峨山紹碩に師事し、瑩山紹瑾・明峰素哲・無涯智洪に参禅し、また祥園寺の無端祖環の侍司となった。のち総持寺に出世し祥園寺に住持した。能登の国守畠山満家に招かれて宗園寺の開山となり、応永一三年1406永光寺に住し、再び総

持寺の住持となった。〔参考〕日本洞上聯灯録三

**じょうりん　杖林**　(梵)ヤシュティ・ヴァナ Yaṣṭi-vana (巴)ヤッティ・ヴァナ Yaṭṭhi-vana あるいはラッティ・ヴァナ Laṭṭhi-vana の訳。ヤシュティを音写して洩瑟知《えいしつち》林ともいう。摩揭陀《まがだ》(マガダ Magadha)国の王舎城外にあった竹林の名。あるバラモンが丈六の竹杖で仏陀の身長を計ろうとしたが、何度計っても杖が短く、杖を投げ捨てて去ったところ根が生じたので、この名があるという。仏陀がしばしば止住したというのでこの竹林の中に善住(スッパティッタ Suppatiṭṭha)と称する塔があり、頻婆娑羅《びんばしやら》(ビンビサーラ Bimbisāra)王はここではじめて仏陀に教えを受け、仏陀にこの竹林を寄進したという。現在のインド・ラージギルの西南にあるジャクティバン山がこれにあたると考えられている。〔参考〕雑阿含経三八、仏本行集経四四、仏所行讃四、四分律三三、五分律一六、西域記九

**しょうりん-いん　勝林院**　京都市左京区大原勝林院町。魚山と号し、天台宗。大原寺ともいう。長和二年1013寂源(一説に円仁)の創建。中国の魚山《ぎょざん》に擬し、声明《しょうみょう》音律を相伝した。これを大原流という。法然の大原問答の遺跡と伝える。明治以前は宝泉・理覚・実光・普賢の四院を総称したが、今は一寺として現寺号を称する。後山に後鳥羽・順徳両天皇の御陵がある。〔重文〕宝篋印塔、梵鐘　〔参考〕元亨釈書一一、法然上人行状絵図一四、山城名勝志一三

**しょうりん-じ　少林寺**　中国河南省河南府登封県の少室山北麓にある。北魏の太和年間477―99孝文帝が天竺の仏陀禅師のために建て、ついで勒那摩提《ろくなまだい》がこの寺で訳経に従事したという。菩提達磨の面壁九年、慧可の断臂などの話はこの寺におけることである。北周の排仏後、復興して陟岾寺《ちょっこじ》と号し、隋の初めに旧名に復した。唐の太宗・高宗・則天武后などの尊崇があつく、景竜年間707―10には勅により大徳一〇人が置かれた。のち衰退したのを南宋の淳祐五年1245雪庭福祐が元の世祖の命により

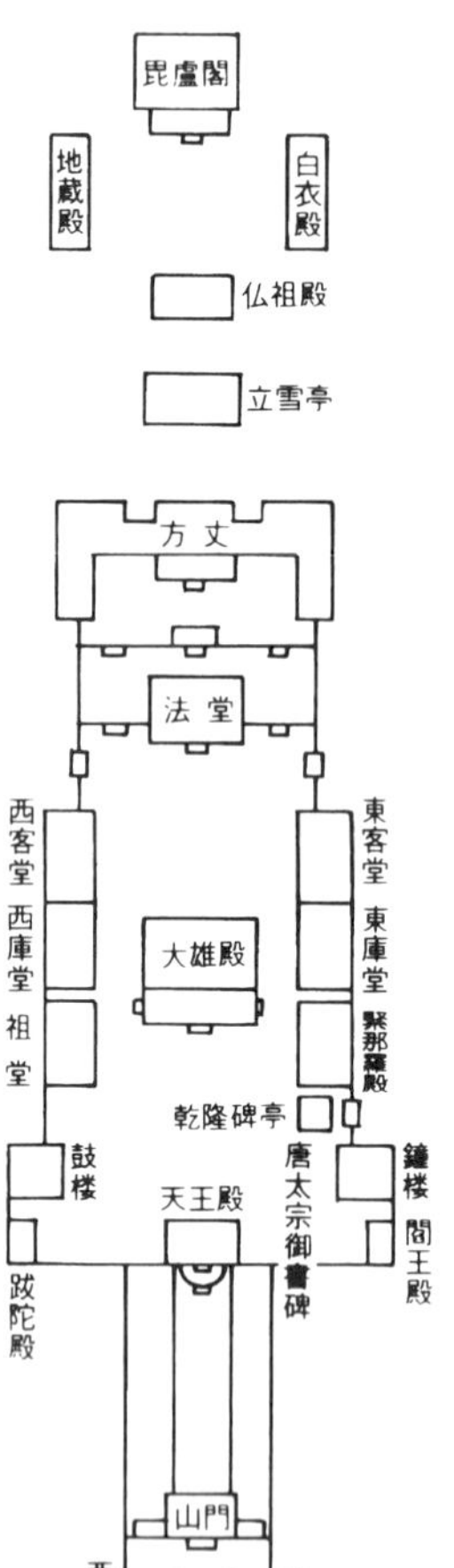

少林寺伽藍配置図
(中国文化史蹟)

復興。禅の高僧が歴住して曹洞宗を伝え、清の雍正一三年1735世宗が重修した。〔参考〕少林寺志

**しょうりん-じ　正林寺**　京都市東山区渋谷通東大路東入三丁目上馬町。清涼山光明真言院と号し、浄土宗。小松谷御坊と別称される。初めこの地に平重盛邸があったが、九条兼実が伝領し、別に一字を建てて法然に寄せたという。応仁の兵火で廃絶。享保一八年1733慧空が中興した。〔参考〕法然上人行状絵図一七、都名所図絵三

**じょうりん-じ　定林寺**　中国江蘇省江寧府鐘山にある。劉宋の元嘉一〇年433曇摩蜜多が来住し、上方の高地に一寺を新設したので、上定林・下定林の二寺に分かれた。多くの高僧が歴住し、斉末には文宣王らの請により僧柔が住している。梁の法雲はこの寺で勅葬され、また熊耳山に葬られた菩提達磨の塔もこの寺に建てられたと伝える。今の建築は明代の再建という。〔参考〕高僧伝二・八、続高僧伝五

**じょうるり-じ　浄瑠璃寺**　京都府相楽郡加茂町西小。小田原山法雲院と号し、真言律宗。俗に九体寺、九品寺ともいう。創建に諸説が伝えられ、天平一一年739聖武天皇の勅願により行基の開基という説(興福寺官務牒疏)、天元年間978―83多田満仲の創建という説(雍州府志)、永承二年1047大和当麻寺の義明の本願により阿知山太夫重頼を檀

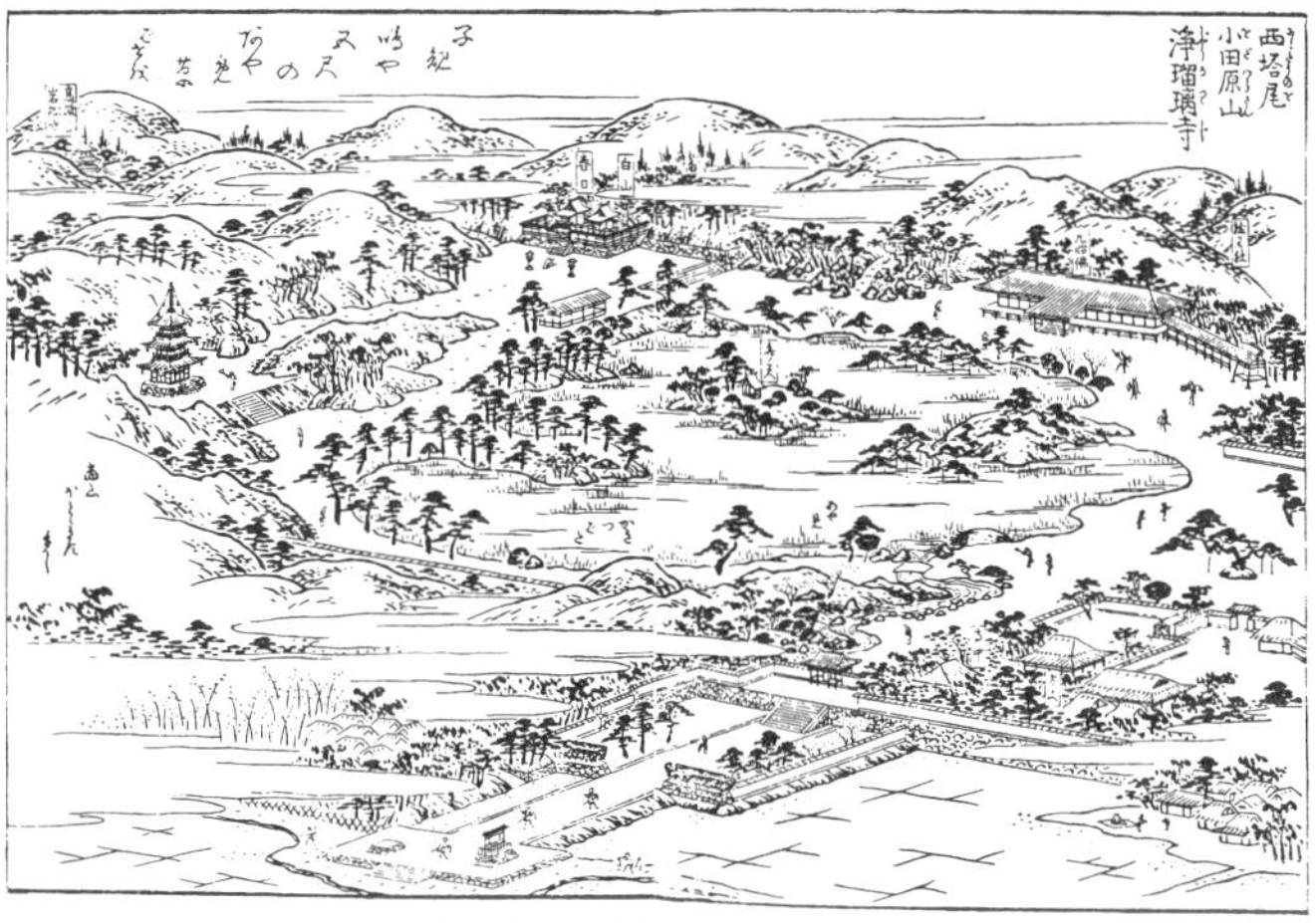

浄瑠璃寺（拾遺都名所図会）

那として建立したという説（当寺流記事）がある。永承二年の創建後、嘉永二年1107新たな本堂として九体阿弥陀堂を新建し、さらに同堂は保元二年1157阿字池西岸の現在地へ移建された。平治元年1159には十万堂、治承二年1178には洛中一条大宮から三重塔を移して次第に寺観が整った。康永二年1343に一部を残して焼失したといい、のち次第に復旧した。阿弥陀堂、三重塔は当初の姿をのこしている。〔国宝〕本堂（阿弥陀堂）、三重塔、木造阿弥陀如来像（九軀）、同四天王像（四軀）〔重文〕厨子入木造吉祥天立像、三重塔初重壁画（板絵著色）、木造地蔵菩薩像、同馬頭観音像ほか　〔参考〕浄瑠璃寺流記事、山城名勝志二〇、拾遺都名所図会四

**じょうるり-せかい　浄瑠璃世界**　薬師浄土ともいう。薬師如来の浄土で、瑠璃をもって大地とするのでこの名がある。東方十恒河沙《ごうがしゃ》の仏土の外にあってその壮厳《しょうごん》は阿弥陀仏の浄土のようであるという。〔参考〕薬師如来本願経

**しょうれき　牀暦**　禅宗の僧堂における座位の次第を記録した帳簿。首座《しゅそ》を初めに挙げ、以下戒臘《かいろう》の古い順に記されている。

**じょうれき　浄歴**　（延宝元1673―寛延元1748）黄檗宗の僧。元歴ともいい、字は象先。号は如々子。瑞竜寺の道聡に師事し、鉄眼道光の命により江戸の羅漢寺二世となり、堂舎を興した。一字百礼して大般若経六〇〇巻を書写し、華厳経を血書したという。〔参考〕黄檗宗鑑録、旧事茗話、江戸名所図絵七

**しょうれん-いん　青蓮院**　京都市東山区粟田口三条坊町。天台宗。梶井門跡、妙法院門跡と並ぶ延暦寺三門跡の一。粟田口御所という。天養元年1144行玄（藤原師実の子）が仕した三条白川房に始まる。仁平三年1153鳥羽法皇のとき殿舎を造営し、甘露王院と号したが、比叡山東塔南谷にあった行玄の旧房、青蓮坊の名をとって青蓮院と称し、合わせて皇子覚快法親王を入寺させた。そののち歴代法統は皇族が継ぐこととなったが、仁安二年1167慈円に譲られた。この間、親鸞が当院で得度し、以後本願寺と密接な関係となった。元久二年1205当地に最勝四天王院が建立されるに当たり、房舎は吉水に移されて吉水房と称し、慈円もここに住して宗風を揚げた。貞応元年1222最勝王院の地を還付され、嘉禎二年1237にはその地に吉水房も移建、背後にあった十楽院と門跡を兼務した。建武二年1335伏見天皇皇子尊円法親王が入寺、書道に秀で青蓮院流の一派をたてた。応仁の兵火で焼亡したが漸次復興。天明八年1788皇居炎上の際には光格天皇の仮御所となった。明治二六年1893再び焼失したが、同二八年に再建された。本堂は熾盛光堂《しじょうこうどう》と呼ばれる。〔国宝〕絹本著色不動明王及二童子像（青不動）〔重文〕絹本著色普賢延命像、後光厳院宸翰御消息、慈円僧正消息ほか　〔参考〕華頂要略、諸門跡譜、山城名勝志一三

**しょうれん-じ　青蓮寺**　①群馬県太田市岩松町。岩松山と号し、時宗。岩松道場または義国院ともいう。畠山六郎義純の開創。至徳二年1385新田氏の一族世良田有親、親氏らが信濃波合の戦に敗れ当地に逃れたが、本寺に留錫中の時宗一二祖尊観に帰依、弟子となり長阿弥、徳阿弥と号した。以後これまでの臨済宗から時宗となる。②茨城県常陸太田市東連地町。王跡山と号し、浄土真宗本願寺派。もと天台宗で極楽院瑞厳

寺と称したが、建保六年1218親鸞の弟子性証が修造して現寺号に改めたという。その後退転したが享保年間1716—36再興。親鸞二十四輩遺跡の一。

**しょうれん-じ　勝蓮寺**　愛知県岡崎市矢作町。河原山と号し、真宗大谷派。柳堂とも称する。創建年代不詳。嘉禎元年1235親鸞が関東より帰洛の途次、当寺にとどまって教化したといい、親鸞の三河国最初の化導という。このとき当寺別当の舜行は親鸞の弟子となり、天台宗から真宗に改めたと伝える。〔参考〕三河志

**じょうれん-しょう　成蓮抄**　二〇巻。兼意の著。真言宗広沢方観音院流の諸尊法の類聚書で、同院流および常喜院流・菩提院流などにおいて大切な法典とされている。内容は通用行法・孔雀経法・素怛覧法・転法輪法・愛染王・諸如来法など約八〇法を収めている。ちなみに兼意は成蓮房と号し、仁和寺観音院寛意に従い、嘉保二年1095伝法灌頂を受け、高野山に登り保元1156—59の頃谷の奥の坊(今の北谷成蓮方)に幽居し著述に専念した。本書はその頃の作か。〔写本〕仁和寺蔵(承久二1220写)、高野山大学蔵(正安三1301写)

**じょうろく-じ　丈六寺**　徳島市丈六町。曹洞宗。白鳳元年天真正覚尼が創建し、のち行基が丈六観音像を造立安置したという。永正六年1509細川守成が堂宇を修造、金岡用兼を請じて天台宗から曹洞宗に改めた。のち蜂須賀家の累代祈願所となり、修理を加え寺領が寄せられた。〔重文〕本堂(元方丈)、観音堂、三門、木造聖観音坐像ほか

**じょう-ろん　肇論**　一巻。後秦の僧肇《そうじょう》(374—414)の著。鳩摩羅什《くまらじゅう》のもとで学んだ般若系の仏教思想について述べた四種の論文を集めたもの。物不遷論・不真空論・般若無知論(劉遺民の問書と、僧肇の答書を含む)・涅槃無名論の四論と、それらの序論に当たる宗本義(僧肇のものかどうか疑わしい)より成り、現行のものは、巻首に晋の小招提寺慧達が書いた序を付している。四論のなかでは、まず般若無知論が義熙二年406頃に書かれ、つづいて物不遷論と不真空論とができ、最後の涅槃無名論は羅什の死(弘始一五413)後に姚興に奉ったもののようである。老荘思想の深い教養を本としつつ、新たに伝えられた般若の教義を正しく消化したものとして、中国仏教思想史の上に与えた影響は極めて大きい。のちに成立した三論宗や四論宗の源流と考えられ、その立場から慧達や元康の肇論疏のような註釈書が書かれたが、さらに唐代に禅宗が起こってからは、肇論の簡明直截な論理が迎えられてあたかも禅宗の祖師の著述のように見られて、種々の公案が作られ、清代編集の御選語録などは、肇論を第一巻に収めている。大四五、国一諸宗部一〔註釈〕前記の他に、文才・新疏三巻、同・新疏游刃三巻

**しょうろん-しゅう　摂論宗**　摂大乗論を講究する学派。中国十三宗の一。無塵《むじん》唯識《ゆいしき》の説を主張し、第八阿梨耶識《ありゃしき》を対治して第九阿摩羅(無垢)識に証入することを説く。陳の真諦が無著の摂大乗論および世親の摂大乗論釈を翻訳し、さらに自らこれを講じて疏をつくり、また九識義記などを著わしたのに始まる。真諦の門下によって南地において講究が盛んになり、隋から唐初にかけて華北にも弘まった。唐の玄奘が再び無著の摂大乗論・世親の摂大乗論釈および無性の摂大乗論釈を翻訳して以後、その研究は成唯識論を主とする法相宗においてなされ、摂論宗の法系は絶えてしまった。

**じょうわ-しゅう　貞和集**　一〇巻。詳しくは重編貞和類聚祖苑聯芳集という。重刊貞和集ともいう。義堂周信の編(嘉慶二1388刊)。宋・元両代諸祖の偈頌を録した書。初め義堂が貞和年間1345—50京都天竜寺に住したとき、宋・元両代の耆宿の五言七言の絶句数千首を選び、これを删定して千五〇〇首を三巻に収め貞和集と題したが、延文三年1358その稿を焼失した。しかし删定前の原稿をひそかに書写、刊行した者があったが、錯誤が多いので義堂は校訂を加え、さらに新しく真浄克文禅師以下尊宿の五言七言の律詩を採って三千首を補入し、自跋を加えて一〇巻とした。なお新撰貞和分類古今尊宿偈頌集とは初刻本の新撰貞和集三巻のことである。仏全一四三〔刊本〕嘉慶

二刊、寛永九1632刊、慶安五1652刊

**じょうん　徐芸**　（　—元和五1619）曹洞宗の僧。字は象山。姓は三田村氏。越前の人。宝円寺の大透圭徐に従って、同寺の主座となった。総持寺に出世して永沢寺・竜泉寺に歴住、文禄三年1594前田利家に請われて加賀宝円寺に住し、また同国桃雲寺・総持寺芳春院・輪島蓮江寺の開山に迎えられた。弟子に恕陽がいる。〔参考〕日本洞上聯灯録一〇

**しょえ　初会**　会とは説法の会座《ざえ》即ち仏が教えを説く際の集合をいう。成道後最初の説法、または一経を説くうちでの最初の説法の会合を初会という。

**しょえこう-ほうかん　諸廻向宝鑑**　五巻。浄家諸廻向宝鑑ともいう。必夢の著。成立年不詳。浄土宗の誦経・廻向など法要儀式に関するもの二八四カ条を集録した書。〔刊本〕元禄一一1698刊、文化七1810刊　〔参考〕浄土苾芻宝庫二巻（明治二八1895、金井秀道編）

**しょえん　所縁**　⇩能縁《のうえん》

**じょ-がいしょう-ぼさつ-しょもん-ぎょう　除蓋障菩薩所問経**　二〇巻。北宋の法護らの訳。異訳に梁の曼陀羅山の訳の宝雲経（七巻）、梁の曼陀羅山・僧伽婆羅の訳の大乗宝雲経（七巻）、唐の達磨流支の訳の宝雨経（一〇巻）があり、チベット訳もある。伽耶山に在った仏のところへ東方世界から除蓋障菩薩が来て、一〇〇条ほどの質問をし、仏がそれに答えて菩薩の正法の何たるかを明らかにする。シャーンティデーヴァ Śānt-deva（寂天、七—八世紀）のシクシャー・サムッチャヤ Śikṣā-samuccaya（大乗集菩薩学論）の中にこの経の梵本ラトナメーガ Ratnamegha の一部が引用されている。(大)一六、国一経集部一三

**しょがく-き　初学記**　一巻。北宋末の清覚の著。皇慶元年1312に白雲宗主明仁が仁宗に上進し、清覚の他の著である正行集と共に入蔵を許されたもの。清覚は白雲宗祖であり、本書は初学者のために仏道修行の階程としての十地の法を説き、三教一致の立場からこれを解説する。現存のものは法孫道安が逐条的に註を加え、巻首に趙孟頫が序を付している。(続)二・一七・五

**しょぎょう　諸行**　①すべての有為法《ういほう》のこと。行（梵サンスカーラ saṃskāra）とは集め（因縁和合して）造られたもの（有為法）を表わす。根本仏教では諸行は「一切」「諸法」と同義である（部派仏教では「一切」「諸法」は無為法をも含むとする）。因縁に依存して成り立っているもの（有為法）は永久不変ではなく常に変化し流動する（無常である）から諸行無常という。北本涅槃経巻一四に見える無常偈は、諸行無常の語で始まっている。諸行無常は三法印（仏教の三つの旗印）の一として仏教の根本思想である。②さとりに至るために、身・口・意で行うすべての善である行為。万行《まんぎょう》ともいう。行（梵チャリヤー caryā）とは動作、行為の意。浄土教では諸余の行の意とし、念仏以外の善行のこと。定散諸行《じょうさんしょぎょう》、余行ともいう。諸行によって極楽に生まれようとするのを諸行往生といい、阿弥陀仏の本願の真意は諸行往生にあるとする説を諸行本願義、諸行のみでは往生できないとする説を諸行不生義という。

**じょぎょう　助行**　⇩正行《しょうぎょう》

**しょきょう-ようしゅう　諸経要集**　二〇巻。善悪業報論ともいう。唐の道世の編。成立年不詳。経律論のなかから諸種の事項の要文をぬきだしてまとめた一種の仏教事典。三宝部・敬塔部・摂念部・入道部・唄讃部・香灯部・受請部・受斎部・破斎部・富貴部・貧賤部・奨道部・報恩部・放生部・興福部・択交部・思慎部・六度部・業因部・欲蓋部・四生部・受報部・十悪部・詐偽部・堕慢部・酒肉部・占相部・地獄部・送終部・雑要部の三〇部からなり、一八五項目に細分されている。(大)五四

**しょけ-きょうそう-どうい-りゃくしゅう　諸家教相同異略集**　一巻。諸家教相同異集、開甘露門集、甘露集ともいう。円珍（814—91）の著。成立年不詳。諸師、諸宗の教相の異同を記述した書。教相二五家のうち、吉蔵（三転法輪二蔵）、元暁（四教）、法蔵（五教）、慧苑（四教）、遍覚三蔵（三時教）、法宝（五時教）、劉虬（七階五時教）、上宮太子（五時教）、智顗（五時八教）、円仁（　種教）の一〇家をあげて教相の異同を略解し、次に日本の八宗（南都六宗、上都二宗）、大小

乗分別、禅師律師法師の別などについて略説している。ただし遵通は帙外新定智証大師書録において、本書を偽書としている。㊅七四、仏全二六、智証大師全集二 〔写本〕東寺蔵（建長二1250写）

**しょけ-てんず　諸家点図**　一巻。著者・成立年不詳。諸家に伝わるオコト点の図（喜多院点・東南院点・円堂点・中院僧正点・宝幢院点・智証大師点・西基点・三宝寺点・水尾点・禅林寺点・遍照寺点・香隆寺点・浄光房点・順暁点・俗家点・俗点・経点）を集めたもの。群書二八 〔写本〕竜谷大学蔵

**しょけ-ねんぶつ-しゅう　諸家念仏集**　九巻。懐音の著（寛文一二1672）。各宗祖師の著作のなかから念仏に関する要文を集録し略解を付した書。⑴律宗念仏、⑵法相念仏、⑶三論念仏、⑷禅宗念仏（これを摂心念仏、数息念仏、参究念仏、直念念仏、実相念仏、信願念仏の六種に分ける）、⑸華厳念仏、⑹真言念仏、⑺天台念仏、⑻⑼蓮宗念仏。各巻初頭にその宗の念仏弘通の事実を略述している。諸宗に説く念仏義を通覧するのに便利な書。浄全一五

**しょけん　処謙**　①（大中祥符四1011—熙寧八1075）北宋代の天台宗の僧。号は神悟。永嘉（浙江省温州府）の人。九歳で常寧寺契能に投じて遵式に学び、また神照本如に師事した。慈雲・妙果・赤城・白蓮の諸寺に歴住した。著書、十不二門顕妙一巻。門下に択瑛がある。〔参考〕釈門正統六、仏祖統紀一三　②（　—元徳二1330）臨済宗の僧。字は潜渓。武蔵の人。無学祖元・円爾弁円《えんにべんねん》に参禅して、正和元年1312筑前承天寺に住した。ついで東福寺を経て南禅寺に住持し、後醍醐天皇の帰依をうけ、普円国師の号を贈られた。のちに播磨に宝光寺を開き、ついで摂津澄心寺、伊勢浄法寺を開創した。語録一巻がある。〔参考〕延宝伝灯録一〇、本朝高僧伝二四

**じょごう　助業**　⇩正業《しょうごう》

**しょさい　処斎**　（弘安一〇1287—応安二1369）臨済宗の僧。字は平心。諡号は覚源禅師。千葉重胤の子。肥前の人。叡山で顕密を学び、鎌倉寿福寺の林叟徳瓊《とくけい》・清拙正澄に師事し、また高峰顕日に随侍して下野雲巌寺・鎌倉円覚寺にあった。徳瓊の没後、三河に退き定光寺・退蔵寺・洞雲寺などを開き、晩年、長蔵寺開山に招かれた。〔参考〕延宝伝灯録一六、本朝高僧伝三一

**じょさん　助三**　（　—宝永二1705）浄土宗西山派の僧。助参とも記し、天空と号する。禅林寺貞準に師事し、証空の教義を学んだ。円頓戒補助儀三巻を撰して同門の洞空らの非難を受け、禅林寺の継席を妨げられたが、門弟阿三の訴えにより元禄一二年1699幕府の裁決を得て、洞空らは排され禅林寺の後を継いだ。〔参考〕光明寺沿革誌

**しょさん-ごはっと　諸山御法度**　一巻。屋代弘賢（1758—1841）の編。成立年不詳。江戸幕府の諸宗諸山に対する法令並びにその資料を編集したもの。その内容は入院式復旧規留書・老中賀儀之状・東照宮御法度・三長老訴状・五山十刹諸山御法度・秀吉公寺領目録・当家老中条目・御朱印六通・東海寺輪番之始酒井讃岐守殿書状・住持之次第などを収め、終りに東海禅寺開山沢庵宗彭の遺誡一六カ条を付記している。なお屋代弘賢（号は輪池）は江戸幕府の祐筆の職をつとめた人物。輪池叢書二二

**しょじ-えんぎ-しゅう　諸寺縁起集**　編者不詳。近畿地方の諸大寺の縁起および法会の次第を抄録した書。①護国寺本。一巻（旧興福寺大乗院蔵）。法花八講・四天王寺・笠置寺・大安寺・元興寺・興福寺・西大寺・薬師寺・招提寺・長谷寺・東大寺・勝尾・竹生島・角寺・維摩会・常楽会・法花寺・超昇寺（付極楽万タラ事）・興福院・済恩寺・法隆寺・多武峯・橘寺・河原寺・本元興寺・山田寺・当麻（付万タラ事）・北京御願寺所・矢田・金剛山の縁起などを収める。付箋に法眼清水寺清範（長保元999没）の作としているが、長和六年1017、文暦二年1235などの記事があり、後世漸次加筆したものとも、興福寺僧清玄らの書写ともいわれる。仏全一一八　②醍醐寺本。一巻。東大寺・興福寺・元興寺・大安寺・薬師寺・西大寺・招提寺建立・大日本州大官大寺門徒大唐大福光寺増算・粉川寺大卒都婆建立・高野山・関寺・清水寺建立・弥勒寺本願大師善算・竜門寺・子島山寺建立・六角堂・大神宮法華十講会・放光菩薩記などの縁起

を一八帖に録す。東大寺・薬師寺・招提寺の条に建永二年1207書写の奥書がある。護国寺本と対校すると、東大寺を除く南都六大寺および勝尾寺条下の弥勒寺本願大師善仲善算縁起はその文辞が同じで、この両書は互いに関係があるとみられる。〔写本〕①護国寺蔵(重文)、②醍醐寺蔵(重文)、大阪武田家蔵(菅政友旧蔵本)、加賀前田家蔵(前田家本)

**しょしーしゅうみゃくーき　諸嗣宗脈記**　①二巻。編者・成立年不詳。各宗の伝灯次第を集録したもの。内容は小乗二〇部・十誦《じゅうじゅ》毘曇《びどん》薩婆多宗・四分律宗・毘曇倶舎《くしゃ》宗・成実宗・摂論《じょうろん》宗・法相宗・三論宗・浄土宗・楞伽《りょうが》宗・天台宗・涅槃宗・地論宗・華厳宗・真言宗など。〔刊本〕享保三1718刊　②一巻。鳳潭(1659—1738)の著。成立年不詳。法相内明系図・真言伝法灌頂血脈系図・律宗受具師資横図・天台伝経法師総図ならびに小乗二〇部・両律・毘曇・成実・三論・涅槃・地論・摂論・天台・華厳・法相・浄土・楞伽一乗の諸宗における脈譜を収めている。

**しょしーせいさくーもくろく　諸師製作目録**　一巻。編者不詳。真言・天台・華厳・三論・法相の五宗の祖師が製作した章疏の目録。記載にはかなり粗雑な点がある。釈教諸師製作目録(天文一七1548—寛文七1667作)よりは幾分古い編とみられる。仏全二〔写本〕宝亀院蔵(宝暦一三1763写)

**しょじとうーくようーき　諸寺塔供養記**　一巻。編者不詳。諸寺塔の供養法会の儀式を記した書。⑴延暦寺、延暦一三年794の根本中堂の供養法会と天延元年973の大講堂の供養。⑵無量寿院、藤原道長が行った寛仁四年1020の法会と治安元年1021から同二年の法会。⑶法成寺金堂、道長が行った治安二年の供養。⑷法成寺薬師堂、道長が行った万寿元年1024の供養。⑸円明寺、延久二年1070源経信の慶讃供養。⑹法勝寺、承暦元年1077白河上皇が行幸して行った供養。⑺東寺塔、応徳三年1086の供養。⑻護国寺、建武元年1334の供養。⑼法勝寺九重塔の供養。⑽歓喜院の供養について記している。改定史籍集覧一二

**しょしゃーざん　書写山**　⇩円教寺《えんきょうじ》

**しょしゅうーかいきゅう　諸宗階級**　二巻。①天台・浄土・真言・禅・時・日蓮・真宗など一二宗派および修験道の僧侶の経歴・昇進・衣体(寺院によっては、一宗所依の経論・法式・行儀・学制まで記す)の沿革を集録した書。いずれも享和元年1801から翌年に、諸宗諸刹が寺社奉行に提出した書上の集録。続々群一二

**しょしゅうーきょうしょーもくろく　諸宗経疏目録**　一巻。源空(1133—1212)の編と伝える。成立年不詳。華厳・天台・三論・法相・地論・摂論・大乗律・成実・倶舎・四分律など諸宗の所依の聖教および主要なる章疏を掲げ、各宗ごとにその教理の大綱を略示し、随時浄土教者の立場から批評している。仏全一

**しょしゅうーしょうしょーろく　諸宗章疏録**　三巻。謙順の著(寛政二1790刊)。五宗(華厳・天台・三論・法相・律)および真言宗などの章疏を集録した書。円超の五宗録および恵範の祖師製作録とを合わせた釈教目録はあったが、重出や誤写が多かった。著者は寛政二年智積院の経庫で五宗録の古写本を見出し、また祖師製作録の古写本を得たので、この二書を訂正増補し、上中巻を五宗録、下巻を真言録とした。仏全一

**しょしゅうーちょくごうーき　諸宗勅号記**　一巻。編者不詳。江戸時代初期の成立。禅・律・浄土宗の高僧の国師号・禅師号を記した書。続群二八下〔写本〕内閣文庫蔵(「諸宗勅号事」)

**しょしゅうーひょうばんーき　諸宗評判記**　三巻。著者不詳。各宗および僧侶信者を演戯の立役、実役、敵役、女形、若衆形などに配して批評し、仏法を讃歎した戯作滑稽本で、文政・天保1818—44の頃の作と思われる。国東叢一(文芸上)

**しょじょうぜんにんーえい　諸上善人詠**　一巻。明の道衍の著(洪武一四1381)。浄土願生者の略伝をかかげ、一々について七言四句の絶句を賦したもの。インドでは文殊など七菩薩と韋提希夫人、中国では慧遠以下の道俗男女一二五人をあげている。(続)二乙・八・

**しょじょうーほっすう　諸乗法数**　一一

巻。賢首諸乗法数ともいう。明の行深の編。華厳宗を中心に諸宗でもちいる法数を集めたもので、一真より始めて八万四千法門に終る間に、二千百数十項目をおさめ、その一語ごとに出典を記して説明する。序によれば賢首大師法蔵の諸乗法数が散逸していたので、明の洪武一七年1384行深が再編したという。仏学三書の一として流布した。〔刊本〕明宣徳二1427刊、弘治一三1500朝鮮鳳栖寺で重刻、日本では寛永年間1624—44刊

**しょじん-ほんがい-しゅう　諸神本懐集**　一巻。存覚の著(元亨四1324)。諸神の本懐が、阿弥陀一仏にあることを説いた書。従来の流布本を添削して作ったもの。別に坊間に、漢文体の諸神本懐集一冊(上下二巻合冊)があり、沙門源空記とあるが、内容はほとんど本書と一致するので、むしろ本書を底本にして、存覚添削の底本に擬したものであろう。内容は、(1)権社の霊神、(2)実社の邪神、(3)諸神の本懐をあかし、総じて仏法を行じ念仏を修することをすすめている。本地垂迹思想の理論によってはいるが、しかし二重廃立の論法によって弥陀一仏思想を強調し、特異な神祇観を創造している。後世真宗の神祇観は、おおむねこの思想を継承している。真宗仮名聖教六、真宗法要一二、真宗史料集成一　〔写本〕竜谷大学蔵(室町初期)　〔註釈〕僧朗・甲辰記二巻、義譲・講義三巻、吉谷覚寿・略述

**しょしん-ようぎ-しょう　初心要義鈔**　一巻。日輝(1800—59)の著。成立年不詳。妙宗円通記ともいう。法華宗における初心の行者が日常生活上に心得るべき要義一〇カ条(帰依本尊・依止妙戒・起立信心・受持正行・聴聞教義・随順王制・謹守世法・供養三宝・随喜功徳・志願成仏)をあげて、信心修行の方法を示した書。国東叢一(宗義)

**しょせつ-ふどう-き　諸説不同記**　一〇巻。真寂(886—927)の著。成立年不詳。詳しくは大悲胎蔵普通大曼荼羅中諸尊種子標幟形相聖位諸説不同記といい、胎蔵諸説不同記ともいう。胎蔵界曼荼羅諸尊の名号・種子・三昧耶形及び形像・曼荼羅中の位座につき、空海将来の東寺の曼荼羅、円覚寺所伝の曼荼羅、叡山所伝の曼荼羅などを対照し比較註記した書。考証該博、記述的確で、胎蔵曼荼羅研究の権威書といわれる。この中の円覚寺所伝の図は宗叡の将来、叡山所伝の図は円珍の将来であることがあきらかになった。二図は今日失われているから、本書はその尊容を知る唯一の文献である。仏全四四

**しょせん　所詮**　⇩能詮《のうせん》

**しょぞうしき　所造色**　⇩四大種《しだいしゅ》

**しょそん-ようしょう　諸尊要鈔**　一五巻。実運(1105—60)の編。成立年不詳。勧修寺流と醍醐寺流を中心とした諸尊法の口伝を記した書。実運が醍醐移住の後、勧修寺流を弟子寛命に伝授して筆記させ、寛命の没後さらに実運が修補したといわれる。また実運が松橋の元海について受法した要旨を寛命に筆記させたものともいう。三宝院流では金宝鈔、玄秘鈔と共に後三部鈔と称する。(大)七八　〔写本〕高野山大学蔵(平安時代写・万治三1660写・天和元1681写)

**しょちしょう　所知障**　⇩煩悩障《ぼんのうしょう》

**ショット　Schott, Wilhelm**(1802—1889)ドイツの中国学初期の巨匠。ベルリン大学教授。特に言語学の分野にすぐれ、ウイグル語などについての業績もある。著書はきわめて多いが、なかにZur Literatur der chinesischen Buddhismus（中国仏教文献について1874)がある。

**しょてん-でん　諸天伝**　二巻。詳しくは重編諸天伝という。南宋の行霆《ぎょうてい》の著(乾道九1173刊)。天台宗の伽藍に安置される諸神の由来記。国清百録の金光明懺法によってそれぞれの尊位を定め、その事縁を諸経論に求めて七言二六句の讃を添えている。はじめ鄮南の神煥が諸神の列伝を著わしたが、配列順序に欠点があったため、本書はそれを改訂したものという。(続)二乙・二三・一

**しょどう-あんぞう-き　諸堂安像記**　一巻。洞上伽藍諸堂安像記ともいう。面山瑞方(1683—1769)の著。成立年不詳。曹洞宗寺院の諸堂に安置する諸尊像の由来を説明した書。山門の羅漢、浴室の跋陀婆羅菩薩、厠室の烏瑟沙摩明王、庫堂の韋駄天、厨上の竈公、衆寮の観音、僧堂の僧形文殊、経蔵の

傅大士《ふだいし》、伽藍・大権・土地・鎮守の諸神、祖堂の達磨、仏殿の三尊に至るまであげ、経論・清規などを引いてこれら諸像の具徳、安置の理由を述べている。 曹全四 〔刊本〕宝暦九1759刊

**しょとく-ふくでん-ぎょう 諸徳福田経** 一巻。西晋の法立・法炬《ほうこ》の訳。修道者がそれを具えることによって福田となりうる原因である五種の徳と、在家者がそれを行って福を生ずる原因となる七種の布施とを説く。(大)一六、[国一]経集部一四

**しょぶつ-しょうちゅう-ようけつ 諸仏掌中要訣** 一巻。円仁の著(貞観元859)と伝える。最澄が道邃から伝受し、円仁に伝えた四教五時・一念三千・一心三観の綱要を録した書。その所述は明確で、口決相承の秘伝の立場で天台宗の大綱をよく述べているが、円仁の真撰ではなく、平安末期以降の作と認められている。 日蔵四〇 〔写本〕滋賀県西教寺蔵(長禄四1460心海写)、同実蔵坊蔵(慶長四1599写)

**しょぶつ-ようしゅう-きょう 諸仏要集経** 二巻。西晋の竺法護《じくほうご》の訳。チベット訳もある。仏がこの世界を離れ東方普光国の天王如来の所に行って教法の要点を説くこと、文殊菩薩がそこに到って種々の問答が行われることを説く。(大)一七、[国一]経集部一五

**しょほう 諸法** 万法《まんぼう》ともいい、あらゆるもの一切を意味する。有為法《ういほう》と無為法とを含むとして、有為法のみを意味する「諸行《しょぎょう》」とは区別することもある。

**しょほう-じっそう 諸法実相** すべての存在の真実のあり方の意。即ちすべての存在のありのままのすがたをいう。大品般若経巻一七、法華経巻一などに基づく語である。それは大乗仏教のはたじるしであるという意味で、一法印という。大智度論巻一八には諸法実相は般若波羅蜜《はんにゃはらみつ》であるとする。諸法実相の解釈は諸宗で一様でない。①三論宗では、中論などの意をうけて不可得空《ふかとくくう》であるのを諸法実相とし、それは肯定・否定のいずれをも超えた絶対否定としての不思議の理であるとする。②天台宗では三重の解釈を施し、初重では、因縁によって生じたすべての現象(諸法)は因縁によって仮にあらわれたものであって実体がないから、諸法の本質は空理(実相)であることを諸法実相とし、第二重では、空有のすべてを諸法と名づけ、それらの空有を超えた絶対肯定としての中道の理を別に立てて、諸法の本質は中道の理(実相)であることを諸法実相とし、第三重では現象的世界のすべての事々物々はそのままに即空・即仮・即中《そくくうそっけそくちゅう》としての実相の理にかない、諸法即実相であることを諸法実相とする(⇨一念三千《いちねんさんぜん》 ⇨三諦《さんたい》)。このうち前二重は大乗偏教《へんぎょう》(かたよった教えの意、小乗および大乗中の権教をいう)の説、後一重は大乗円教の説であるという。③日蓮宗では、すべてのもののそのままの相が妙法蓮華経の当体であるとして諸法実相を本門の題目について解釈する。④禅宗では、諸法実相とは仏祖がさとりあらわした本来の面目そのこととする。⑤真宗では、諸法実相とは真如《しんにょ》の理であり、具体的にそれからあらわれた南無阿弥陀仏の名号法を実相法とする。

**しょほう-しゅうよう-きょう 諸法集要経** 一〇巻。観無畏尊者の集と伝える。宋の日称らの訳。正法念処経を抜粋したような内容をもち、全篇韻文で大乗仏教の実践道全般を説く。梵文写本が発見されており、林藜光(第一―五章)およびレヴィ S. Lévi (第六章)によってフランス語訳とともに発表された。チベット訳もある。第一章・第六章が木村秀雄によって和訳されている。(大)一七、[国一]経集部一四

**しょほう-むぎょう-きょう 諸法無行経** 二巻。後秦の鳩摩羅什《くまらじゅう》の訳(五世紀初頭)。異訳に隋の闍那崛多《じゃなくった》の訳の諸法本無経(三巻)、北宋の紹徳らの訳の大乗随転宣説諸法経(三巻)があり、チベット訳もある。空の思想に立って、仏教の実践道に対する固定的見解を破って諸法の実相である中道を説く。梵文の一部がサルヴァダルマ・アプラヴリッティ・ニルデーシャ Sarvadharmāpravṛtti-nirdeśa の標題でシャーンティデーヴァ Śāntideva(寂天、七―八世紀)のシクシャー・サムッチャヤ Śikṣā-samuccaya（大乗集菩薩学論）に引用されている。㊅一五、国一経集部三

**しょほう-むじょう-さんまい-ほうもん　諸法無諍三昧法門**　二巻。陳の慧思の著。成立年不詳。般若経の空思想の立場に立って諸法空三昧法門を明らかにしたもの。この空は如来蔵心、自性清浄心、衆生心ともいい、如来蔵心をみがくためには、浄戒をたもち禅定にはげむべきであるとする。その坐禅は身心を観ずる四念処からはじめるのであり、この四念処の身・受・心・法の観行について詳しく述べている。㊅四六

**しょほう-ゆおう-きょう　諸法勇王経**　一巻。劉宋の曇摩蜜多《どんまみった》の訳。異訳に北魏の瞿曇般若流支の訳の一切法高王経（一巻）、隋の闍那崛多《じゃなくった》の訳の諸法最上王経（一巻）がある。菩提心を起こし菩薩の行を成就して涅槃に入ることとは、声聞の三十七菩提分の修行・四向四果の獲得に勝り、諸仏の法門中の第一、一切法中の王であると説く。㊅一七、国一経集部一五

**しょもんぜき-ふ　諸門跡譜**　一巻。編者不詳。延宝八年1680頃の作か。諸寺門跡の略伝などを記述した書。僧正・法印・僧都・律師・阿闍梨・僧叙位階・長者・法務・山門法親王・三綱・上人・内供奉などの初例と、仁和寺の諸院の各始祖を列記し、仁和寺・青蓮院・随心院・蓮華光院・浄土寺・平等院・本覚寺・法住寺・安祥寺・妙香院・禅林寺・常住院・如意寺・毘沙門堂・聖護院・梶井殿・三宝院・勧修寺・円満院・一乗院・大乗院・滋賀院・妙法院・実相院・曼殊院・大覚寺・東南院・上乗院・知恩院などの門跡六九三人の略伝を記載。群書五

**じょや-え　除夜会**　一二月晦日の夜に修する法会。日本では、夜半に一〇八の鐘をついて、百八煩悩を洗いきよめて新年を迎える。この夜で一年が除かれることから除夜の鐘という。悪鬼を払う式（追儺《ついな》の節会）と仏名懺悔の法などが取り入れられたもの。

**しょれい-しょう　初例抄**　二巻。編者・成立年不詳。詳しくは釈家初例抄という。僧位・僧官・法会・灌頂・八講・受戒・諸寺建立などの初例を記した書。巻上には、僧正・僧都・律師以下の初例一一七条、巻下には、別当・座主・長吏の初例など一一三条にわたる。巻末の観応二年1351の記事から四条隆蔭の作ともいわれる。群書二四

**ジョーンズ　Jones, Sir William**（1746—1794）イギリスの東洋学者。ヨーロッパにおける梵語学の始祖といわれる。一七八四年ベンガル・アジア協会Royal Asiatic Society of Bengalをカルカッタに創立した。はじめアラビア・ヘブライ・ペルシアなど古代東方の諸言語を学び、のち梵語研究に従い、カーリダーサの戯曲シャクンタラーŚakuntalāや説話集ヒトーパデーシャHitopadeśa、マヌ法典Manu-smṛtiの英訳などの業績をのこしたほか、はじめて梵語とギリシア語・ラテン語その他のヨーロッパ語との親縁関係を論じて、言語学研究史上に新しい時代を開いた。

**しらだつま　尸羅達摩**　生没年不詳。于闐《うてん》国の人。㊵シーラダルマ Śīladharmaの音写。戒法と訳す。唐の貞元年間785—805竜興寺で十地経・廻向輪経を訳した。〔参考〕悟空入竺記

**シーラバドラ　Śīlabhadra**　⇩戒賢《かいげん》

**しらべ-うんじゅう　調雲集**　（文政二1819—明治三二1899）真宗大谷派の僧。号は淡処、雪泉、楓荘。諡号は是心院。筑後の人。円竜の子で、近くの栄久寺（現福岡県久留米市）を継ぐ。大含に師事し、明治三〇年大谷派講師に任じた。著書、法事讃講録二巻、高僧和讃講録二巻など。〔参考〕大谷派学事史

**じり　自利〔利他〕**　自益益他《じやくやくた》、自利利人、自行《じぎょう》化他ともいう。自利とは自らを利するの意で、努力勉励して修道の功を積み、それによりもたらされる善い効果の利得を自分一個に受取ることをいい、利他とは他を利するの意で、自己の利得のためでなく諸々の有情《うじょう》の救済のためにつくすことをいう。この両者を合わせて二利といい、両者を完全に両立させた勝れた状態が大乗仏教の目的とする仏の世界で、これを自利利他円満という（これに対して小乗は自利にかたよっているとされる）。曇鸞の浄土論註巻下では利他と他利とを区別して、利他とは仏からいう場合であり、他利とは

衆生《しゅじょう》からいう場合であるとし〈⇩他利利他の深義《たりりたのじんぎ》〉、親鸞はこの意をうけて、自利を自力、利他を他力の意に用いることがある。即ち愚禿鈔巻下では、至誠心《しじょうしん》（真実心）に二種があり、即ち衆生がまことをこめて起こす真実心と、仏が衆生を救いたいと願って起こす真実心とで、前者を自力の真実心の意で自利真実、後者を他力の真実心の意で利他真実とし、合わせて二利真実という。

**じり　事理**　事と理と。理事ともいう。事とは事相、事法をいい、即ち差別的な現象のこと。理とは真理、理性《りしょう》をいい、即ち普遍的な原理、平等的な本体のこと。凡夫《ぼんぶ》の迷情によって見られる差別的な事相を事というのに対して聖者の智見によって達する普遍的な真理を理という場合と、縁起して現象した差別的な事法を事というのに対してその本体である平等的な理性を理という場合とがある。①倶舎論巻二五には、四諦《したい》即ち仏教の真理を理とし、むなしいいつわりの現象の相を事として、見惑《けんなく》は理に迷って起こるから無事《むじ》に依るものであり、修惑《しゅわく》は粗雑な事象に迷って起こるから有事《うじ》に依るものであるとする。また、同論巻六には、無為法を無事、有為法を有事と名づけ、事の相には自性・所縁・繋縛《けばく》・所因・所摂の五種の別があると説く。②唯識宗では、事とは依他起《えたき》の事法、理とは円成実《えんじょうじつ》の真如《しんにょ》であるとし、その関係は不即不離で、即ち事と理とは有為と無為という区別があるから不即（一体ではない）、しかも真如はそれ自体は活動しない静的なものであるが、現象をして現象たらしめる依りどころとなる実体であるから不離（別なものではない）であるとし、事と理とが融けあって一緒になることは説かない。③大乗起信論では真如（理）が縁に随って動き出して万法（事）として現象すると説き、事即理、理即事であるとする。④華厳宗では事と理とは互いに溶けあい和しあって礙《さまたげ》がないとして、四法界《しほっかい》の第三に理事無礙法界《りじむげはっかい》を説き、三重観門の第二に理事無礙観を立てる。⑤天台宗では、事理は本迹《ほんじゃく》二門にあたると見て、俗諦の事を迹門《しゃくもん》、真諦の理を本門とし、化法の四教にあてて、蔵教を界内の事教、通教を界内の理教、別教を界外《げかい》の事教、円教を界外の理教とする。また理具の三千・事造の三千を立てて、しかも六千があるのではなくて同一の三千の法であると説き、観に事観・理観、惑に迷事・迷理、懺悔《さんげ》に事懺・理懺の二種があるとする。また日本の台密では密教に理密と事密と事理具密との別があるとする。⑥日蓮宗では事と理という点から自宗と天台宗との区別を論じて、天台宗は理の一念三千（理具の十界）・理観・理行の題目であるのに対して、日蓮宗は事の一念三千（事具の十界）・事観・事行の題目であるとする。ただし、法華経の寿量品に釈迦牟尼仏を久遠の本仏であると顕わした意味の解釈については、天台宗は経の表面的な意味通りにとって能化の事実を明らかにするとするから事顕本であるのに対して、日蓮宗は文底《もんてい》に秘められた十界の無作本覚《むさほんがく》を顕わすから理顕本であるとし、日本天台の但理の顕本説に比較すれば事相に即して無作を顕わすから事顕本であるとする。

**じりき　自力〔他力〕〔仏力〕〔願力〕**　自らのもつ力によることを自力、自己以外の仏菩薩《ぼさつ》などの力をかりることを他力という。仏教の中で自力によってさとりを得ようとする教えを自力教、自力宗、自力門、他力に救われて仏になる教えを他力教、他力宗、他力門という。①一般に発心修行するのに、自己の力によるものと他の力をかりるものとがあり、自力は能力があり性質のすぐれたもの、他力は能力がなく性質の劣ったものの修道の方法である。また自力でさとりに至るのは難しいが、他力で至ることは易しいとする。②浄土教では、他力を本願他力（阿弥陀仏の本願により念仏して浄土に生まれる）の意とし、本願によらないものを自力とする。また道綽の安楽集巻上では、浄土に生まれることを願ってこの世で修行する間を自力といい、臨終に阿弥陀仏にむかえられるのを他力とする。③源空は他力を他力本願の意とするが、その門下では種々に解釈する。㈠浄土宗（鎮西派）では、聖道門は自己の修行をなしとげることに力を注いでそのために仏のたすけをかろうとするから自力であり、浄土門はまず仏の本願を信じてひたすら念仏するから他力である（良忠の選択伝弘決疑鈔巻一）とし、またこの世で念仏するのを自力、それによって仏にむかえとられるのを他力（良忠の浄土宗要集巻三）とする。(ロ)浄土宗西山派では、阿弥陀仏の慈悲のはたらきが衆生を往生させるから他力である（証空の選択密要決巻二）とし、同派の深草流では、観無量寿経を解釈するのに自力・仏力・願力（自仏願の三重）という説を立て、聖道門の諸経典に説く行は自己の力でさとりに至ろうとするものであるから自力であり、観無量寿経に説く定散二善は弘願をあらわすために方便として釈迦仏が示したものであるから仏力であり、念仏は阿弥陀仏の本願の力によるから願力であるとする〈⇩行門《ぎょうもん》〔観門〕〔弘願門〕〉。(ハ)隆寛の著である自力他力事《じりきたりきのこと》によれば、自分の称える念仏の力をたのみとするのを自力念仏、往生を仏にまかせて念仏するのを他力念仏とする。(ニ)浄土真宗では、要門《ようもん》（定散《じょうさん》の諸行で往生しようとする）・真門（自力の念仏）を他力中の自力とし、弘願《ぐがん》（本願を信じる）を他力中の他力とする。④融通念仏宗では、一人の念仏と一切人の念仏とが互いに融通し合う所に、他力の意味をみとめる。

**じりき-おう　慈力王**　(梵)マイトリー・バラ Maitrī-bala の訳。弥羅抜羅と音写する。仏陀が王となって菩薩行を修した時の本生の名。〔参考〕賢愚経二

**しりしゃじゅ　尸利沙樹**　尸利沙は(梵)シリーシャ śirīṣa の音写。尸利灑、師利沙とも書き、合歓樹、合昏樹、夜合樹と訳す。その樹脂から香薬を造る。また拘留孫仏《くるそんぶつ》（過去七仏の第四）の道場樹とされる。

**じりゅう　慈隆**　（文政二 1819―明治五 1872）天台宗の僧。下野の人。はじめ日光浄土院に住持したが、攘夷を唱えて退き、陸奥中村藩に招かれて藩政を補佐し、勤王を勧めて教育を興し、版籍奉還後は藩士の授産経営につとめた。

**しりょう　至遼**　成没年不詳。南北朝時代の曹洞宗の僧。字は東洲。諡号は仏鑑禅師。筑後の人。肥後大慈寺の鉄山士安に師事し、また洞谷寺瑩山紹瑾・永平寺義雲に参禅した。士安の没後、大慈寺住持に迎えられ、晩年は神亀山護真寺に隠退した。門弟に義東がいる。〔参考〕日本洞上聯灯録二

**しりょう　資糧**　(梵)サンバーラ saṃbhāra の訳で、必需品、準備の意。さとりに向かうもとでとなるもの。金光明最勝王経巻六や大宝積経巻五二などには福徳資糧（布施や持戒など）と智徳資糧（智慧資糧ともいう、般若の智慧を修める）との二種資糧を説き、瑜伽師地論巻二九には、これに先世資糧（過去の世につとめた善）と現法資糧（この世でおさめる善）とを加えて四種資糧とする。なお唯識宗などでは修行の階位を五位に分けて、その第一を資糧位と称する。

**じりょう　寺領**　寺院が所有し支配する土地。寺院の維持経営の用にあてるために寄付された田畑山林などをいい、インドにおいては教団の共有物（四方僧物《そうもつ》）に数えられている。中国・日本などにもその制度があり、寄付された田を寺田、寺家田、供養田、仏餉田《ぶっしょうでん》、伝法田などという。⇩寺田《じでん》

**し-りょうけん　四料簡**　唐の臨済義玄が臨済録の中で機に応じ、時に応じて自在に人を教え導くことを示した四種の軌範。(1)人を奪って境を奪わず（万法の外に自己を認めない）、(2)境を奪って人を奪わず（世界が一自己に映現する）、(3)人も境も倶に奪う（主客の見を否定し去る）、(4)人も境も倶に奪わず（主客のおのおのあるがままにまかせる）。この四料簡は洞山良价《とうざんりょうかい》の五位説と共に禅宗では広く行われている。

**じりん-かん　字輪観**　密教の用語。法界体性三昧観《ほっかいたいしょうさんまいかん》、入法界三昧観、入法界観ともいう。輪とは転生《てんしょう》または不動の義で、真言《しんごん》の一々の文字は、その一字から多字を転生するから、また阿字からはすべての文字を生じるが、阿字そのものは本来常住不動であるから字輪という。真言の行者が心臓を月輪と観じ、この心月輪の上に本尊の種子《しゅじ》や真言の文字輪を自在に観じ、この自身の心月輪《しんがちりん》上の字輪と、

本尊の心月輪上の字輪とが、融合して一体となるのを観想する修法《しゅほう》を字輪観という。これは身語意の三密の中では語密に属する修法である。これに五大の種子である五字を諸尊に共通して観じる通観と、それぞれ別々に本尊の梵号と、中呪または小呪と、種子とを観じる三種の別観とがあり、合わせて四種となる。

**じりん-タントラ**　**時輪タントラ**　⇩カーラチャクラ・タントラ

**しるかせん**　**支婁迦讖**　生没年不詳。後漢代二世紀頃の訳経家。月支の人。梵名はローカクシェーマ Lokakṣema と推定される。支楼迦讖とも書き、略して支讖ともいう。後漢桓帝の和平元年150に洛陽へ来て、霊帝(168—89在位)の在位中に道行般若経・般舟三昧経・首楞厳経・無量清浄平等覚経・遺日摩尼宝経など多くの重要な初期大乗経典を訳した。このうち道行般若経は小品般若経の異訳で、中国における般若経典の初訳である。また般舟三昧経によってはじめて中国に阿弥陀仏の浄土信仰がもたらされた。但し彼の訳といわれるものは、梵本を竺仏朔が持ってきて彼が訳したため、二人別出のように伝えられているものもあり、支讖の翻訳と判定したことは釈道安に基づく所が多い。〔参考〕出三蔵記集二・七・一三、高僧伝一、歴代三宝紀二・四、開元録一

**しれん**　**師錬**　(弘安元1278—貞和二1346)臨済宗の僧。字は虎関。諡号は本覚国師。京都の人。はじめ東山湛照に学び、南禅寺の規庵祖円に謁し、のち京都・鎌倉を往還して桃渓徳悟・無隠円範・一山一寧らについた。菅原左輔より儒学を、醍醐・仁和両寺で密教を学んだ。亀山上皇、後伏見天皇、後醍醐天皇、光厳上皇や足利尊氏、直義らの知遇を得、歓喜光院・白川済北庵・東福寺海蔵院・三聖寺などを歴住し南禅寺に住した。内外の典籍に通じ、元亨釈書三〇巻の撰述は有名である。付法の弟子に性海霊見・竜泉令淬・檀渓心涼ら多数がいる。著書は上記の他、八海含蔵一巻、一山国師行記一巻、文応皇帝外紀一巻、聚分韻略五巻、禅儀外文集二巻、済北集二〇巻など。〔参考〕海蔵和尚紀年録、虎関和尚行状、続史愚鈔一七、延宝伝灯録一一、扶桑禅林書目

**しろみね-じ**　**白峯寺**　香川県坂出市青海町。真言宗御室派。山号は綾松山。本尊は千手観音で四国八十八ヵ所第八一番札所。瀬戸内海に半島状に突出した五色台に成立していた五つの山岳霊場寺院の一。開創は弘法(空海)・智証(円珍)両大師という。円珍の入山は貞観二年860のことといい、白峯山神の託宣によって海中を漂う放光の槎で一〇体の仏像を刻み、その内の千手観音をまつり伽藍を整えたのにはじまると伝える。長寛二年1164保元の乱で讃岐に配流中の崇徳上皇が没し、白峯寺西北部に葬られ、同地に上皇菩提のため頓証寺《とんしょうじ》が建立された。以後、白峯寺はその霊地として朝野の信仰を集めたが、その中心は頓証寺であったかにみえる。やがて崇徳上皇の霊を怨霊とする信仰がうまれ、その鎮魂寺院となった。源頼朝が青海・河内・山本の新庄を寄進、平時忠も参詣和歌を奉納、また後嵯峨上皇が建長五年1253松山郷を寄せ、二一口の供僧による十二時不断の法華経法会を行わせ、後小松天皇は頓証寺の勅額を寄せている。永徳二年1332落雷により一山が焼失、智証大師作の本尊も焼失した。しかし、同本尊と同木で智証大師によって刻まれ、白牛寺に安置されていた千手観音を移して、寺観を整えた。明治二年1869崇徳上皇の霊が京都白峯神社に遷祀されると、頓証寺は同一一年、上皇の宸筆という名号を御霊として白峯神社と改称、金刀毘羅宮の摂社とされたが、同二一年白峯寺の一堂に復した。なお、白峯寺の鎮守は相模坊と呼ばれる天狗で、南海道六カ国の天狗の司として信仰され、多くの伝説がある。〔重文〕木造頓証寺勅額(後小松天皇宸翰)、石造十三重塔(二基)〔参考〕白峯寺縁起(応永一三1406)、全讃志、金毘羅参詣名所図会、讃岐国名所図会、保元物語

**しろん-げんぎ**　**四論玄義**　一〇巻(一二巻、一四巻ともいう)。第一、三、四巻、第五巻の後半、第八巻の初半を欠く。詳しくは無依無得大乗四論玄義記、大乗四論玄義ともいう。唐の慧均の著。成立年不詳。中論・十二門論・百論・大智度論の四論の要義を説述したもの。現存七巻のなかで、第

二巻に断伏義・金剛心義、第五巻に二諦義、第六巻に感応義、第七、八巻に仏性義、第九巻に智義、第一〇巻に三乗義・荘厳義・三位義を明らかにしている。僧叡・僧肇を始め三論の諸師の説を引用し、毘曇・成実・地論・摂論の主張に対して無所得中道義を力説するところは吉蔵の大乗玄論に酷似するが、吉蔵については関説していない。なお後に本書のなかで散逸と考えられていた初章中仮義および八不義の写本が発見された。

**じろん-しゅう　地論宗**　世親の十地経論を講究する学派。中国十三宗の一。如来蔵縁起説を主張し、衆生のなかにおおわれ蔵されている自性清浄な永遠不変の悟りの本性である如来蔵によって一切法が縁起することを説く。華厳経の十地品の別行である十地経を註釈した十地経論は、北魏の菩提流支・勒那摩提・仏陀扇多らによって共訳されたが、訳者の間に如来蔵をどのように解釈するかについて見解の相違があり、勒那摩提の説は慧光に伝えられて相州南道派となり、菩提流支の説は道寵に伝えられて相州北道派となった。即ち、相州北道の一派は如来蔵と阿梨耶識とを同視して、一切法のよりどころとして阿梨耶識を立てたのに対し、相州南道の一派は真如と如来蔵とを同視して、一切法のよりどころとして真如を立てた。この宗は陳・隋代に北地に弘まったが、北道派はあまり振わなかったようでその事跡は明確ではない。一方、南道派は慧光の門下に逸材も多く大いに栄え、後の華厳宗成立の重要な礎となった。

**しん　心**　①㊵チッタ citta の訳。質多《ちつた しつた》と音写し、心法ともいう。対象をとらえて思いはからう(縁慮の)作用をもつもの。(イ)心王《しんのう》および心所法《しんじょほう》の総称。色《しき》(物質)または身(肉体)に対する。五蘊《ごうん》のうちの受・想・行《ぎょう》・識の四蘊がこれにあたる。(ロ)心王をいう。五位の一。五蘊のうちの識蘊にあたる。こころの統一的主体である六識または八識をいう。(ハ)心・意・識の三は、有部《うぶ》などでは同一のものがらに異なった名をつけたにすぎないとする。唯識宗では、第八阿頼耶識《あらやしき》を「心」という。これは心に積集《しゃくじゅう》の義があって集起心といわれるからであり、即ち阿頼耶識に種子《しゅうじ》を熏習《くんじゅう》して蓄積することを意味する。これに対して前六識を「識」、第七末那識《まなしき》を「意」という〈⇩心意識《しんいしき》〉。②㊵フリドhṛdまたはフリダヤhṛdayaの訳。汗栗駄《かりだ》、肝栗大、干栗多、乾栗陀多、または訖利駄耶《きりだや》、紇哩陀耶、紇哩娜耶、紇伐耶と音写し、肉団心、真実心、堅実心と訳す。原語は心、精神、心臓を意味する中性名詞で、樹木の心《しん》のように、そのもののもつ本質、中心となる(処中の)心、すべてのものがもつ真如《しんにょ》法性《ほっしょう》の真実心、如来蔵心のことで、思いはからう作用を有する心(縁慮心)ではない。四巻楞伽経巻一にはこの心を自性《じしょう》第一義の心とし、大日経疏巻四には肉団心(心臓)のこととする。般若心経というときの「心」はこれである。それは般若皆空の心髄精要という意味である。密教では凡夫《ぼんぶ》の汗栗駄(肉団心即ち心臓)を八葉の蓮華(心蓮)と観じて、仏身を開きあらわすことを教える。従って衆生《しゅじょう》の自性真実心を汗栗駄と名づける。③心は種々な立場から種々に分類される。即ち真心(本来きよらかな心、自性清浄心《じしょうしょうじょうしん》)と妄心《もうしん》(煩悩《ぼんのう》にけがされた心)、相応心と不相応心、定心(妄念雑想をやめ静かに統一された心、また定善を修める心)と散心(散乱した心、また散善を修める心)などの二心に、或いは貪心・瞋《しん》心・癡《ち》心の三心に、貪心・瞋心・癡心・等心(三毒の心がこもごも起こる)の四心に、肉団心(心臓)・縁慮心(対象をとらえて思いはからう心で八識に共通)・集起心(阿頼耶識)・堅実心(自性清浄の真如心)の四心に、卒爾心《そつにしん》(はじめて対境に対して動く心)・尋求心《じんぐしん》(それを知ろうとする心)・決定心《けつじょうしん》(断定する心)・染浄心《ぜんじょうしん》(染汚《ぜんま》と清浄《しょうじょう》との念を生じる心)・等流心《とうるしん》(続いて等しい状態で持続する心)の五心(外境を知る時順次に起こる五つの心)(瑜伽師地論巻一)に、種子心・芽種心・疱種心・葉種心・敷華心・成果心・受用種子心・嬰童心の八心(善心が次第に成熟《じょうじゅく》してゆく過程の八つの心)(大日経巻一)に分類される。また大日経巻一には瑜伽行者《ゆがぎょうじゃ》の心相を六〇心(経では五九心)に分ける。

**しん　身**　①(梵)カーヤkāyaの訳。(イ)六根の第五。身根のこと。触覚器官すなわち皮膚、またはその機能をいう。ただし説一切有部などでは、触覚機能を有する目に見えない一種の精妙な物質(浄色《じょうしき》)、即ち勝義根を指していう。(ロ)心(こころ)とともに心身と併称し、あるいは語(ことば。または口)・意(こころ)とともに身語意または身口意《しんくい》と併称する。からだ、肉体のこと。(ハ)複数をあらわす(例えば六識身などというときの身)。②(梵)シャリーラśarīraの訳。身体の意。⇩舎利《しゃり》

**しん　信〔不信〕**　①(梵)シュラッダーśraddhāの訳。心所《しんじょ》(心のはたらき)の名。心を澄んだ浄らかなものにする精神作用。倶舎宗《くしゃしゅう》では十大善地法の一、唯識宗では善の心所の一に数える。その反対を不信といい、倶舎宗では十大煩悩地法の一、唯識宗では八大随煩悩の一に数える。②信は道に入る第一歩であるから、菩薩の階位五十二位の中で十信位は最初の位であり、五根や五力の中で信根・信力は最初のものとされる。旧訳の華厳経巻六賢首菩薩品には「信は道の元、功徳の母となす」といい、大智度論巻一には「仏法の大海は信を能入となし、智を能度となす」という。③信心。真宗では仏を信じることは仏の願心によって与えられたものとし、これを大信という。

**しん　真**　①真実。仮《け》・俗・偽などに対する。この真実が究極的なものであるのに対して、仮には方便的なもの、一時的なものという意味を含み、真仮は権実《ごんじつ》と同様な意味に用いられる。俗は真を覆うものという意味があり、偽は虚妄であって真に似て真から離絶したものである。②また真影《しんねい》(祖聖の木像・画像など)、真像のこと。

**しん　瞋〔無瞋〕**　(梵)プラティガpratighaあるいはドヴェーシャdveṣaの訳。瞋恚《しんに》、恚、怒《ぬ》とも訳す。心所《しんじょ》(心のはたらき)の名。有情《うじょう》(生きもの)に対して、憎み怒ること。倶舎宗《くしゃしゅう》では不定地法の一、唯識宗では煩悩位の心所の一とする。諸惑の体である六根本煩悩(または十随眠)の一で、推察尋求《じんぐ》する性質のもの(見《けん》)ではなく、そのはたらきが遅くて鈍いから五鈍使の一とする。貪・癡と共に三毒(三不善根)の一に数え、また十悪や五蓋の一とする。瞋はただ欲界繋の煩悩であって、色界・無色界にはなく、貪が可意の(心にかなった)対境に向かって起こるのに対して、瞋は不可意(違逆)の(心にかなわない)対境に向かって起こる。仏道を修める上に最大の障害となるもので、例えば大智度論巻一四には「瞋恚の咎は最も深くて、三毒の中で最重、九十八使の中で最堅、諸の心病の中で最も治し難い」と説く。無瞋は瞋の反対で、境に対していかり害する心がなく、瞋を対治する精神作用であり、倶舎宗では十大善地法の一、唯識宗では善の心所の一とする。無貪・無癡と共に三善根の一に数え、また四無量の一である慈無量心の体である。

**じん　尋**　(梵)ヴィタルカvitarkaの訳。覚とも訳す。心所《しんじょ》(心のはたらき)の名。ものごと(特に言葉の意味など)をたずね求めておしはかる(尋求推度する)こと。伺に似ているが伺ほどに細密でないもの。伺とともに言語を起こすはたらきがあるとされる。倶舎宗《くしゃしゅう》では不定地法《ふじょうじほう》の一とし、唯識宗では四不定の一とする。

**じん　塵**　①(梵)ラジャスrajasの訳。一二種の顕色《けんじき》(いろ)の一つで、八種類の形色《ぎょうしき》(かたち)とともに眼根の対象となるもの。青黄赤白の混色で、風が細土を吹き上げるのをいう。また七つの極微《ごくみ》(分子、原子)の集合を微塵《みじん》といい、さらにその七倍ずつを順次に金塵《こんじん》・水塵・兎毛塵《ともうじん》・羊毛塵・牛毛塵《ごもうじん》・隙遊塵《げきゆうじん》という〈⇩極微《ごくみ》〉。この場合の塵は微細な物質の意。塵が常に浮動し他のものに付着してこれを汚すことから、これを煩悩《ぼんのう》または俗世間に喩えて塵垢、塵労、客塵または俗塵、塵世という。②(梵)アルタarthaまたはヴィシャヤviṣayaの旧訳《くやく》。新訳では境または境界という。六根(感官と心)によって感覚され縁慮される対象、対境で、色《しき》・声《しょう》・香・味・触《そく》・法の六種があり、これを六境、六塵といい、内(主観)に属する六根に対して外(客観)に属するから外塵《げじん》とも称す。また色・香・味・触を特に四塵という。

**しん-い-しき　心意識**　こころに三つの面があるとしてこれを三種に分けたもの。心は㊵チッタcittaの訳。質多《しった》と音写し、集起の意味。意は㊵マナスmanasの訳。末那《まな》と音写し、思量の意味。識は㊵ヴィジュニャーナvijñānaの訳。毘若南《びじゃな》と音写し、了別《りょうべつ》の意味。大体において心はこころの主体としての面、意と識とは作用の面を指す。①倶舎宗《くしゃしゅう》では心・意・識は六識の異名であって、ものがらは同じであるとする。即ちこころ(心王)は種々の精神作用(心所)や業《ごう》を集め起こすから心《しん》といわれ、思惟し量度《りょうたく》するから意といわれ、了知識別(認識)するから識といわれる。また心には種々に差別している意味(㊵チトラcitraから導かれる。種々の義)があり、意には識が起こるためのよりどころ(所依止)の意味、識には意に依託して起こる(能依止)の意味がある。②大乗仏教では心と意と識とはものがらが別であるとする。即ち唯識宗では第八阿頼耶識《あらやしき》は種子《しゅうじ》を積集《しゃくじゅう》するから心、第七末那識《まなしき》は我執をもって思量するから意、前六識は対象を認識するから識であるとする。大乗起信論でも阿梨耶識《ありゃしき》は心、五意は意、六識は識であるとする。

**しんいん　心印**　仏心印ともいう。禅宗で、言語文字によって表現することのできない内証のさとりを仏心といい、このさとりは世間の印形のように決定してかわることのないものであるから心印という。禅宗で、文字によらずただちに見性《けんしょう》(自己の本性をみてさとること)させることを、心印を伝えるという。

**じんえい　神叡**　(　―天平九737)大和元興寺の僧。義淵の弟子という。法相・三論・華厳に通じ、大安寺道慈と並んで声望が高かった。養老三年719詔によりその学を賞され、天平元年少僧都に補せられた。〔参考〕続日本紀八・一〇、元亨釈書一六、本朝高僧伝四

**しんおう　心王**　⇩しんのう

**しんおう-の-ぼさつ　新往の菩薩〔旧住《くじゅう》の菩薩〕**　浄土に在る菩薩のうち、新たに往生した者を新往の菩薩といい、以前から住んでいる者を旧住の菩薩という。

**しんか　真可**　(嘉靖二二1543―万暦三一1603)明代中期の僧。姓は沈氏。字は達観。号は紫柏。呉江(江蘇省呉江県)の人。諸宗に通じ、廬山・五台・江西などに遊説し、密蔵道開・憨山徳清《かんざんとくせい》と共に明の万暦版大蔵経を刊行するなどしたが、罪に坐して獄死した。紫柏尊者全集三〇巻、別集四巻がある。〔参考〕達観大師塔銘(紫栢尊者全集巻首)、続稽古略三、五灯厳統一六

**しんか　請仮**　禅宗の用語。しばらく仮を請い外出すること(仮とは用を果たすための月日を仮る意)。請暇(いとまを請う意)とも書き、暫仮《ざんか》(暫暇)ともいう。請仮の後、帰堂するのを参仮(参暇)といい、その期限は一五日で、これを過ぎると起単した者(立去った者)と見なす。転じて起単を暫暇ということがある。

**しんが　真雅**　(延暦二〇801―元慶三879)空海の弟子。俗に貞観寺僧正という。讃岐の人。姓は佐伯氏。空海の実弟。空海について出家し、東大寺で具足戒をうけた。空海に密教を学び、法門の秘訣を伝受し、天長二年825伝法職位灌頂を受けて大阿闍梨となった。承和元年834空海から両部不二の秘印をうけ、翌年東大寺真言院、弘福寺を付嘱された。のち東大寺別当、東寺三の長者・一の長者・法務(東寺法務の初め)などをつとめた。清和天皇や藤原良房の帰依をうけて加持祈禱を行い、貞観寺に迎えられ、僧正法印大和尚に叙せられ、輦車を許された。また声明をよく伝え、天台の円仁流と並んで有名であった。真然・源仁・載宝・恵宿・真皎ら多くの弟子がある。著書、普賢延命口決、大勝金剛次第、胎蔵次第二巻など。〔参考〕続日本後紀一八・二〇、三代実録三五、弘法大師弟子伝上、元亨釈書三、本朝高僧伝七

**じんが　神我**　㊵プルシャpuruṣaの訳。我、神ともいう。サーンキヤSāṃkhya(数論《すろん》)学派で立てる二十五諦の一。永久に独存するとされる実我で、仏教ではこれを離蘊の我として非難する。精神的原理である神我は、物質的原理である自性《じしょう》(㊵プラクリティprakṛti)に作用してこの現象世界を展開すると説く。

**しんかい　信海**　①生没年不詳。鎌倉中

期の画僧。藤原信実の子。為継の弟。弘安1278—88の頃、醍醐寺にあって法印に補せられた。画技にすぐれ、醍醐寺に弘安五年筆の白描不動明王図(重文)ほか作品二点が伝わる。②(慶長一八1613—延宝六1678)真言宗豊山派の僧。字は宗俊。近江の人。姓は井狩氏。京都上品蓮台寺・平等寺で学び、智積院・園城寺・醍醐寺などで修学受法した。慶安四年1651尾張宝生院に住し、のち豊山長谷寺良誉に学び、明暦三年1657同寺七世を継いだ。在職四年後、黒崎興元寺、武蔵長命寺、美濃蓮華寺などを興して移り住んだ。〔参考〕豊山伝通記中本 ③(天明三1783—安政三1856)真言宗智山派の僧。字は大幢。姓は渡辺氏。三河の人。智積院の海応に倶舎論、唯識論述記を学び、元瑜《げんゆ》に密灌をうけ、さらに野沢の諸流を修めた。天保五年1834紀伊根来寺《ねごろじ》に招かれて住し、伝法大会・伝法灌頂を設け、寺を復興した。嘉永三年1850智積院貫主に補せられた。著書、大日経疏伝授私記三巻、倶舎玄談一巻、異部宗輪論疏私記三巻。〔参考〕信海大和尚年譜、新義真言宗史 ④(文政四1821—安政六1859)清水寺の僧。医師玉井宗江の子。忍向(月照)の弟。兄と共に勤王の僧として知られる。清水寺良宥について得度し、東大寺竜肝に灌頂をうけ、高野山の霊明に師事した。のち清水寺に帰り、また忍向の後をうけ成就院に住した。東大寺で具足戒を受け、高野山で小島流・安祥流を学んだ。当時尊王攘夷と佐幕開国の議論がさかんであったが、兄と共に高野山で攘夷と王家安泰のために修法祈禱を行い、幕府の嫌疑をうけ獄死した。高野山宝性院海雄、正智院良基らも連坐している。〔参考〕信海上人履歴書、殉難録稿

**しんかい　親快**　(建保三1215—建治二1276)真言宗の僧。大納言源雅親の子。醍醐遍智院の道教に密教を学び、深賢・憲深からそれぞれ伝法具支灌頂職位、伝法灌頂を受け、また浄尊から道教所伝の法をうけた。はじめ三宝院を管し、のち地蔵院に移ったが、座主職が定済にゆずられたので座主になれず、太秦の桂宮院に去った。その流派を親快方といい、東密三十六流の一にかぞえる。弟子に実勝・賢親・親尊・宗憲ら九人がいる。著書、土巨抄、幸心抄五巻、遺告記一巻、雑密記四帖、随聞記一巻など。〔参考〕血脈類集記一〇・一二、伝灯広録続篇一〇、本朝高僧伝一五

**しんかく　心覚**　(永久五1117—治承四1180)真言宗の僧。宰相阿闍梨《あじゃり》、常喜院阿闍梨とよばれた。参議平実親の子。園城寺に入り、常喜院に住して天台を学んだが、三論宗の珍海と論議して敗れてからは、もっぱら醍醐で密教を修めた。大和光明山に二五年間こもり、のち高野山に登って両界の灌頂を受けた。安元元年1175遍照光院に住し、著作に専念した。その門流を常喜院流という。著書、心目鈔三巻、別尊雑記五〇巻、靏林鈔四巻、真言集五巻、多羅葉記三巻など多数。〔参考〕血脈類集記五・六、伝灯広録正編六、本朝高僧伝一二

**じんかく　深覚**　(天暦九955—長久四1043)真言宗の僧。石山大僧正、禅林寺大僧正と称された。藤原師輔の子。尋禅の弟。寛忠・寛朝に密教を学び、禅林寺に住した。瑜伽《ゆが》に長じて勧修・勝算と並び三傑と称された。東大寺別当・東寺長者などを歴任し、石山寺に住した。治安三年1023大僧正になり、勧修寺長吏・東寺長者法務をつとめ、後一条天皇の玉体を加持して、輦車を許された。長元四年1031高野山に入り無量寿院を創建した。深観・朝源・修仁らの弟子がいる。〔参考〕血脈類集記三、東宝記七、伝灯広録正篇五、高野春秋編年輯録四・五、本朝高僧伝四九

**じんがく　仁岳**　⇨にんがく

**しんがく-ぎょうよう-しょう　新学行要鈔**　一巻。仁空の著(延文元1356または同二撰)。三鈷寺流の円戒を護持するについて、初学者に必要な一〇門、即ち六念法・衣鉢法・説浄法・時食法・説戒法・与欲法・安居法・自恣法・出家法・化俗法を説き、その要文を集記した書。南北朝時代の円戒を研究する上に重要。㊅七四〔刊本〕応永七1400刊、万治三1660刊

**じんかく-じ　神角寺**　大分県豊後大野市朝地町鳥田。高野山真言宗。欽明朝における新羅僧の草創という。延喜年間901—23醍醐寺聖宝が堂宇を創建、西海の高野と称される。建久七年1196兵火で焼失、応安年

間1368—75大友氏が再興したが、のち衰退した。〔重文〕本堂 〔参考〕太宰管内志下

**しんがく-てんろん　心学典論**　四巻。無隠道費(1688—1757)の著。成立年不詳。古今の禅書及び儒仏道三教の典籍を批判し、教外別伝の宗旨を論じた書。㊅八二〔刊本〕寛延四1751刊、寛政四1792刊

**しんがちりん　心月輪**　菩提心のこと。すべての存在の本質である真如《しんにょ》の心。密教の金剛界では仏のさとりの心がまどかで清らかなことを満月にたとえ、衆生《しゅじょう》の本心も本質的には仏心と同一であるが、煩悩《ぼんのう》に覆われているから新月のようであるとして凡聖をわけ、衆生の心を月輪と観じる。

**しんがちりん-ひしゃく　心月輪秘釈**　一巻。覚鑁《かくばん》の著(天治元1124)。心月輪とは、心を月輪の如しと観ずること。本書では心論・月論・心月合論を論述し、最後にこの観法の実行法を記している。五輪九字秘釈とともに覚鑁著作中の双璧といわれる。㊅七九、興教大師全集下

**しんかん　真観**　(　—暦応四1341)　時宗の僧。浄阿弥陀仏という。上総の人。永仁元年1293一九歳で剃髪した。はじめ忍性に戒をうけ、心地覚心の下に禅を修めた。一遍智真を慕い、他阿真教に師事して相模当麻に住し、のち京都の祇陀林寺釈迦堂に移って布教し、新たに道場(金蓮寺)を開いた。その門流を四条流という。〔参考〕浄阿上人行状、開山浄阿上人絵詞伝、本朝高僧伝五六

**しんがん　心岩**　(正保四1647—宝永三1706)浄土宗の僧。号は縦誉。加賀の人。下総大巌寺の乗誉に浄土宗要を学び、円戒をうけ、やがて江戸伝通院の貞誉に師事した。絵をよくし、仏画を描き、その資で故郷の大円寺を復興した。のちに江戸増上寺の心光院に住し、桂昌院の墓所に慧照院を建て、浄土の三曼陀羅を手ずから書写して供養した。〔参考〕心岩和尚伝

**しんがん　信願**　(建久二1191—文永五1268頃)　阿輪の敬信、信願房教念ともいう。親鸞の門弟。二十四輩の第一三。下野国那須郡の人。悪無碍をつのったと善鸞が父親鸞に報告した人物。下野鹿島崎慈願寺、三河浄妙寺(もと相模にあった)を開創したと伝える。〔参考〕親鸞聖人御消息集、本願寺通紀七、二十四輩記四

**じんかん　神煥**　生没年不詳。南宋代の僧。字は堯文。安吉の人。慧覚の弟子となり、紹興年間1131—62思渓の覚悟寺で講経と著述に専念した。天台宗の伽藍に安置する諸神の由来を述べた諸天伝の編者として知られる。著書に煥百草、安楽記一巻、円覚疏二巻などがあったという。〔参考〕釈門正統七、仏祖統紀一五

**しんぎ　清規**　禅宗僧侶が集まって坐禅する道場においての起居動作など万般のことについての規則をいう。清らかな規則の意。中国百丈山の懐海《えかい》の百丈清規に始まるという。のち浄土宗や日蓮宗にも清規が作られている。

**しんきょう　真教**　(嘉禎三1237—元応元1319)時宗の二祖。号は他阿弥陀仏。京都の人。はじめ良忠に師事し、のち一遍智真の教えをうけ、以後、師に随伴して遊行しその教化を助けた。一遍の没後、その法統をつぎ、兵庫真光寺の道場をはじめ、各地に道場・寺院を建て布教につとめ、宗の統率規範を行った。著書、他阿上人法語八巻、道場誓文一巻、奉納縁起記一巻など。〔参考〕一遍聖絵、本朝高僧伝六八

**しんきょう　真慶**　生没年不詳。南北朝時代の僧。宰相僧都という。はじめ勧修寺流を学んだが、妻帯して、立川流を弁護したので宗門から排斥された。のち四天王寺に入り別当となる。〔参考〕続伝灯広録

**しん-ぎょう　心行**　①ことばに対してこころのはたらきをいう。言語道断心行処滅《ごんごどうだんしんぎょうしょめつ》とは、ことばでいい表わすこともこころで思いはかることもできないのをいう。②浄土教で、安心《あんじん》・起行《きぎょう》を他力の心行といい、菩提心ともろもろの善行(発心修行)を自力の心行という。③禅宗で、こころもちのことをいう。

**しんぎょう　信行**　(梁の大同六540—隋の開皇一四594)三階教の開祖。三階禅師という。姓は王氏。魏郡(河南省彰徳府安陽県)の人。幼時、相州法蔵寺で出家し、具足戒をうけた。仏教は時に応じなければなら

ないとして正法・像法・末法におのおの一乗・三乗・普法の仏法が行われるといい三階の新義を唱えた。ついで法蔵寺で二百五十戒を捨て労役に励み、法華経の常不軽菩薩の行をまねて礼拝行に専念した。開皇三年相州光厳寺で一切衆生のために身命頓捨の願をおこし、同九年長安に入って真寂寺に住し、化度寺(真寂寺)・光明寺・慈門寺・慧日寺・弘善寺の五寺を三階教を弘める場とした。世に四依の菩薩と崇められ、その化風が京師を中心に大いに行われたが、開皇二〇年勅によりて禁止された。著書、対根起行雑録三二巻、三階位別集録三巻、山車所制衆事諸法などがあったとされるが、現存するものは三階仏法四巻の他は対根起行法残欠や明大乗無尽蔵法の残欠などに過ぎない。〔参考〕故大信行禅師銘塔碑、続高僧伝一六

**しんぎょう　信暁**　(安永三1774—安政五1858)真宗仏光寺派の僧。字は実解。号は曇蔵、正定閣。美濃不破の真宗大谷派長源寺に生まれ、上京して宗学を学んだ。やがて本願寺派に迎えられて三業惑乱《さんごうわくらん》に際し門末の教諭に従った。のち興正寺の講師となり、更に仏光寺派に迎えられ学頭に補せられた。同派明顕寺を再興して住し、また大行寺を開いた。唱導をよくした。著書、三帖和讃歓喜鈔一九巻、御文寸珍一五巻、教行信証講釈一五巻など。〔参考〕勤王学頭信暁学頭伝

**しんきょうし　親教師**　(梵)ウパードヤーヤupādhyāyaの訳。音写して鄔波駄耶《うばだや》ともいう。また和尚《おしょう》、和上《わじょう》などというのもupādhyāyaの語が俗語化した形からの音写であると見られる。親しく近づいて教えを受ける師の意で、近誦、力生とも訳される。①授戒の時の師で、戒和上ともいう。②インドでは一般に師匠のことをいう。⇩和尚《おしょう》

**しんぎょう-じねん-わさん-ねんぶつ　心行自然和讃念仏**　一巻。加祐の著。下野円通寺良安の門人加祐が始めた踊念仏の和讃並びに縁起を記した書。二七五首の和讃および踊・急念・祭文《さいもん》・虚字などの作法を示している。日本歌謡集成四　〔刊本〕元禄一三1700刊

**しんぎょう-ふり　信行不離**　真宗で、阿弥陀仏の救済力の具体的なあらわれである名号(行)と、名号のはたらきとしての信心(信)、および信心に必然的に伴う称名(行)とは不離一体のものであることをいう。⇩行信《ぎょうしん》

**しんくう　信空**　①(寛喜三1231—正和五1316)律宗の僧。字は慈道。諡号は慈真和尚。大和の人。叡尊に師事して重用され、奈良般若寺を再興、また大御輪寺(跡地は現奈良県桜井市)の上首に推された。叡尊没後は西大寺の席をつぐ。後宇多上皇の帰依があつく、上皇は諸国の国分寺を西大寺の子院とした。弟子に定泉・定盛らがいる。〔参考〕律苑僧宝伝一三、本朝高僧伝五九　②(久安二1146—安貞二1228)源空(法然)の弟子。法蓮房と号した。藤原行隆の子。はじめ叡山黒谷の叡空に学んだが、その没後、源空の門に入り高弟となる。その信任は厚く白川本房、黒谷本房らの付属をうけたが、師命により七箇条起請文を制したことは有名である。その門流を白川門徒といい、戒統は湛空に伝わり二尊院流と称する。〔参考〕大日本史料五ノ四、浄土法門源流章、法然上人行状絵図

**しんくう　真空**　①(元久元1204—文永五1268)律宗の僧。京都の人。定兼、中観と号した。東大寺の定範に三論を学び、醍醐寺で両部灌頂をうけ、小野・広沢の両流をきわめた。覚盛に師事して戒律を修め、良遍と共に律宗の復興をはかり、木幡観音院で律を弘めた。円爾弁円《べんねん》の帰国に際し、その法を聞き、また招かれて高野山金剛三昧院にも住した。北条政子は西八条亭を改めて大通寺とし、真空を開山に迎えた。真言において独自の境を開き、教界からも注目され、その法流を木幡義という。浄土教においては諸行本願義を唱えた。著書、往生論註鈔六巻、十因文集三巻、三廟鈔・巻など。〔参考〕律苑僧宝伝一二、本朝高僧伝六〇　②(貞応二1223—正応三1290または同五)浄土宗西山派の僧。号は如円。藤原信実の養子。深草の立信(隆信)に師事し、真宗院・竜護院に住し、誓願寺を兼務した。学徳にすぐれ和歌にも堪能であった。〔参考〕深草史、浄土総系譜下

**しんぐう　信救**　生没年不詳。鎌倉時代初期の学僧・修行僧。俗名は道広。覚明とも号す。もと勧学院の学生で、出家して信救と名のり興福寺に住した。治承四年1180以仁王の平家討伐の令旨を受けて南都の返牒を書いた。そのなかで平家を罵倒して平清盛の怒りをかい奈良を脱出、その後、覚明と改名して源義仲の祐筆として活躍した。義仲の没後は箱根山にいたらしい。建久二年1191箱根山縁起并序を書いたことは有名で、「南都興福寺住侶信救」と記名している。晩年には法然・親鸞に帰依して西仏と号し、信州に白鳥山康楽寺を創建したとか、また親鸞の行状記を浄賀に授けたというが、伝説的で確証はない。著書、仏法伝来次第、倭漢朗詠集私注、伝・三教指帰注など。〔参考〕平家物語、吾妻鏡

**じんぐう-じ　神宮寺**　別当寺、神供寺《じんくじ》、宮寺《みやでら》などとも呼ばれ、神社の境内またはその付近に建てられた神社に属する寺院をいい、その供僧は、神社の祭神にも奉仕し神前で読経・祈禱などを行った。仏教は、奈良時代以前から古来の神祇崇拝と結合して神仏習合思想を生みだしたが、さらに発展して平安時代末期から本地垂迹《ほんじすいじゃく》説が成立した。神宮寺は神仏習合思想の成立に伴なって早くから現われた。初見は文武天皇二年698一二月二九日伊勢国多気《たけ》の大神宮寺を度合《わたらい》郡に遷すとあるもので(続日本紀)、奈良時代には逐次増加し、平安時代に普及した。以後諸国の多くの神社には神宮寺や本地堂が建立された。その著名なものは、伊勢国太神宮寺(文武天皇二698以前建立)、同多度《たど》神宮寺(法雲寺、天平宝字七763満願建立)、山城国愛宕《あたご》神宮寺(京都府、白雲寺、伝大宝元701泰澄建立)、同石清水八幡宮寺(同、護国寺、伝貞観二860行教建立)、大和国石上《いそのかみ》神宮寺(奈良県、石上寺・磯上寺・光明寺、貞観八建立)、近江国竹生島神宮寺(滋賀県、宝厳寺、伝神亀元724行基建立)、豊前国宇佐八幡大神宮寺(大分県、伝天平一三741聖武天皇勅願)、同香春《かはら》神宮寺(福岡県、延暦782—806最澄建立)、肥後国阿蘇神宮寺(熊本県、延暦一三以前建立)、筑前国太宰府神宮寺(福岡県、安楽寺、延喜901—23藤原仲平建立)、越前国気比《けひ》神宮寺(福井県、霊亀元715藤原武智麻呂建立)、尾張国熱田神宮寺(愛知県、薬師堂・熱田本地堂、弘仁二811以前建立)、信濃国諏訪神宮寺(長野県、普賢堂、伝弘仁二嵯峨天皇勅願)、常陸国鹿島神宮寺(茨城県、大神宮寺・鹿島本地堂、天平勝宝749—57満願建立)、同筑波神宮寺(中禅寺・大御堂、伝延暦元徳一建立)、下総国香取神宮寺(千葉県、伝天平勝宝元満願建立)、下野国二荒山三所神宮寺(栃木県、中禅寺、延暦三勝道建立)などがある。明治元年1868三月神仏分離令により神宮寺は神社との関係を断ち独立、或いは廃寺になった。⇩本地垂迹《ほんじすいじゃく》

**しんくうみょうう　真空妙有**　偏空偏有の反対で、即ち空《くう》にも有《う》にもかたよらないこと。従って真空と妙有とは別々のものではない。あらゆるもの(五蘊《ごうん》)は種々さまざまな条件(因縁)に依存するものであるから、実体のないもの(空)であると同時に、それ故にこそ仮に存在するもの(有)として、世間的な慣用の世界ではその存在性が認められ主張される、ということ(五教章通路記巻二三)。

**しんぐ-けつじょう-おうじょう-ぎ　心具決定往生義**　一巻。聖冏の著(明徳二1391撰、応永七1400加筆)。浄土宗鎮西派に相伝する往生義を詳説した書。三心(至誠心・深心・廻向発願心)を具えれば必ず浄土に往生すると説く、浄土宗の根本宗義を広く経論祖釈を援引して論証し、心具不生を唱えた道光・明心ら他流の邪義を論破している。聖冏はまた後に涇渭分流集一巻を著わして心具不生の説を論難した。浄全一二〔刊本〕正保二1645刊、同五刊

**しんげ　信解**　①修行の階位の名〈⇩七聖《しちしょう》〉。②信じて後に了解すること。③勝解《しょうげ》の異訳語。⇩勝解

**しんけい　心敬**　(応永一三1406—文明七1475)連歌僧。心恵とも書く。号は連海房。紀州の人。三井寺・比叡山で修行し、清水十住心院などに住した。和歌を正徹に学んだ。連歌の先達七賢にかぞえられる。著書、ささめごと、所々返答、老のくりご

と、の他、和歌は心敬僧都十体和歌、心敬僧都百首(続群一四下)、連歌は新撰菟玖波集などに収められている。〔参考〕木藤大蔵・心敬年譜(校注ささめごと)

**しんけごんきょう-ろん　新華厳経論**　四〇巻。唐の李通玄の著。成立年不詳。唐訳華厳経の註釈書として完本では現存するなかで最古のもの。構成は七巻までが玄談、以降随品の解釈。易老荘の思想が援用されるなど、伝統教学に執われない独自の解釈がみられる点、唐訳華厳経を十処十会四十品の経典として解釈し、入法界品をもって正宗分とする点などがその代表的な特色である。後世への影響は、知訥・明恵など実践的色彩が強いと評される人々に重視されるところにみられる。なお、本書と併行して用いられる華厳経合論一二〇巻は大中年間847―60に志寧が本書と唐訳華厳経とを会本にし、乾徳五年967に更に慧研がそれを整理改訂したものである。㊅三六　〔参考〕李卓吾・華厳経合論簡要四巻、方沢・華厳経合論纂要三巻、道霈・華厳経疏論纂要一二〇巻、知訥・華厳経合論節要三巻

**しんげ-さつよう-しょう　神偈撮要鈔**　一巻。時宗の賞山の著(正徳三1713)。一遍が熊野参籠の時に熊野権現から受けたと伝えられる四句の偈頌(六字名号一遍法、十界依正一遍体、万行離念一遍証、人中上上妙好華)を解釈した書。前二句は名号の法体、第三句は名号の徳用、第四句は念仏人の嘉誉を明らかにするとし、知蓮の神宣遊行念仏記と慈観の神偈讃歎念仏要義鈔を融会して、類書中最も当を得た解釈を与えている。仏全六八、時宗全書二　〔刊本〕正徳四1714刊

**しんげ-さんだん-ねんぶつ-ようぎ-しょう　神偈讃歎念仏要義鈔**　一巻。慈観の著(寛文四1664)。一遍が熊野権現から感得したという四句の偈頌を解釈した書。第一句は所念の法、第二句は法体の具徳、第三句は能念の所契、第四句は念仏者の嘉名を述べる。仏全六八、時宗全書二

**しん-げだつ　心解脱〔慧解脱〕**　心解脱は㊵チェートー・ヴィムクティ ceto-vimukti の、慧解脱は㊵プラジュニャー・ヴィムクティ prajñā-vimukti の訳。解脱とは心があらゆる束縛からときはなれることを指し、原始的な意味では、解脱する当体は心であるから心解脱、智慧によって解脱するから慧解脱といわれたが、後に術語化して、無明《むみょう》の滅を慧解脱、渇愛《かつあい》の滅を心解脱というようになり、さらに心解脱が禅定《ぜんじょう》と結びついて、定によって定障を解脱し無貪と相応するのを心解脱とし、これを煩悩障《ぼんのうしょう》を解脱して無癡と相応する慧解脱より上位において倶解脱《くげだつ》と称し、このようにして倶舎宗《くしゃしゅう》などでは阿羅漢《あらかん》に慧解脱・倶解脱(滅尽定《めつじんじょう》を得たもの)の二種があるとする〈⇩阿羅漢〉。また無量心解脱、無所有《むしょう》心解脱などの種々の心解脱が説かれている。

**しんけん　信堅**　(正元元1259―元亨二1322)高野山の僧。字は円智。紀伊の人。兄の信日に師事し、学業にすぐれた。亀山上皇に招かれて釈摩訶衍論を講義し、また釈摩訶衍論私記二巻を編して上呈した。著書、上記の他、大日経疏鈔三八巻、高野山勧発信心集一巻、野山記一巻。〔参考〕本朝高僧伝一六、高野春秋編年輯録九

**じんけん　深賢**　(　―弘長二1262)真言宗の僧。字は浄林。按察《あぜち》法印、地蔵法印と号す。初め醍醐金剛院聖賢について灌頂を、次いで建保三年1215遍智院成賢から職位伝法を受けた。暦仁二年1239幼弟の親快に伝法灌頂を授け、聖教・儀軌を授与したという。醍醐寺内に地蔵院を創建して開祖となる。その法流を地蔵院流といい、三宝院の正統と称される。蔵書家としても有名で、正元元年1259以前の彼の書状によると、「八帖本」の平家物語を所持していた。平家物語の成立過程に新たな問題を提起した書状として注目されている。著書、普賢延命記、五大虚空蔵記、秘蔵記抄など。〔参考〕血脈類集記八・一〇、続伝灯広録七・〇

**しんこう　心光**　⇩色光《しきこう》

**しんごう　真興**　(承平四934―寛弘元1004)真言宗の僧。河内の人。子島先徳、子島僧都ともよばれる。松室の仲算に師事して、法相宗の教学と因明を修めた。また吉野の仁賀に密教を学び伝法灌頂を受けた。大和壺坂寺(現奈良県高市郡高取町)に住し、のちに同子島寺(同町)に入り密教を伝え、そ

の法流を壺坂流または子島流という。長保五年1003維摩会の講師、ついで寛弘元年1004最勝会の講師に招かれて、権少僧都に補せられた。藤原道長などの尊信が厚かった。著書、唯識章私記一二巻(仏全八二)、因明論疏四相違略私記一巻、般若心経略釈一巻(仏全六)、金剛界次第二巻、胎蔵界次第二巻など多い。〔参考〕日本紀略後篇一一、元亨釈書一一、本朝高僧伝九、伝灯広録続篇二

**しんこう　親光**　(六—七世紀)㈵バンドゥプラバ Bandhuprabha の訳。インド瑜伽行派の論師。護法(ダルマパーラ Dharmapāla)あるいは戒賢(シーラバドラ Śīlabhadra)の弟子であったらしい。那爛陀《ならんだ》(ナーランダー Nālandā)に住した。著書に仏地経論があり、唐の玄奘による漢訳がある。〔参考〕成唯識論述記一、解深密教疏一

**しんこう　諶厚**　(天保四1833—明治三〇1897)天台宗の僧。楽只、掣竜子と号した。信濃の人。叔父の日光山護光院諶貞に師事、隆頂・慈観に天台を学び、大宝から悉曇《しったん》と密教儀軌を伝受し、観海に声明を受けた。日光山総代となり、神仏分離に際して同山の寺社の保存に力をつくした。のち下野満願寺住職から輪王寺住職となり、宗政と学務に功績を残した。〔参考〕四明余暇

**じんこう-いん　神光院**　京都市北区西賀茂神光院町。放光山と号し、単立(真言宗系)。建保五年1217上賀茂神社社務職松下能久が神託により建立したという。のち醍醐寺金剛王院の兼帯となる。明治四年1871廃寺となったが、三宝院の和田智満が再興。東寺・仁和寺とともに京都三弘法の一。また幕末の歌人太田垣蓮月尼が晩年境内の一隅に隠棲した。〔重文〕絹本著色仏眼曼荼羅図、紙本墨書悉曇略記、細字金光明最勝王経　〔参考〕山城名勝志一一、神光院古今沿革略記

**しんこう-じ　真光寺**　神戸市兵庫区松原通。時宗。大化年間645—50法道仙人の開創と伝える。正応二年1289宗祖一遍智真が当寺で没した。二世他阿真教は影堂を建て、伏見天皇より真光寺大道場の勅額を賜り、当宗随一の霊場となる。〔重文〕紙本著色遊行縁起(詞行顕筆)　〔参考〕一遍上人年譜略、一遍上人行状、兵庫名所記

**しんこうみょう-じ　信光明寺**　愛知県岡崎市岩津町。弥勒山崇学院と号し、浄土宗。宝徳三年1451松平信光の創建、開山は釈誉存冏《ぞんげい》。徳川家に由緒が深く、宝永三年1706常紫衣の宣旨を受ける。近世、鴨田大樹寺(現岡崎市)、松平高月院(現豊田市)と共に三河三カ寺と称された。観音堂は文明一〇年1478建立と伝える。〔重文〕観音堂　〔参考〕浄土宗伝灯総系譜中、三河志一五

**じんご-じ　神護寺**　京都市右京区梅ケ畑高雄町。高雄山と号し、高野山真言宗。延暦年間782—806和気清麻呂が河内国に建立したとされる神願寺を、その子真綱などが天長元年824高雄に移し、従来高雄にあった高雄寺と合併して神護国祚真言寺と改め、定額寺となったという。なお高雄寺は高雄山寺ともいわれ、創建は不明であるが、和気氏の氏寺として創建され、延暦二一年802和気弘世は本寺に最澄らを請うて法華会を行わせている。唐から帰国した空海は当寺に入寺し、弘仁三年812には金胎両部の灌頂を行った。空海が高野山に入ると、その弟子真済が跡をつぎ、寺観を整えた。貞観一七年875和気彝範《つねのり》は禅林寺真紹の遺志を継ぎ梵鐘を鋳造した。正暦年間990—95、久安年間1145—51焼失して衰亡したが、仁安三年1168より文覚が後白河法皇・源頼朝などの寄進を得て復興した。応仁の乱後再び衰退したが、大永年間1521—28慶真が修営し、のち豊臣・徳川両氏も寺領を寄せ、元和年間1615—24屋島寺竜厳が再興した。金堂・多宝塔は昭和九年1934の再建にかかる。〔国宝〕絹本著色伝源頼朝像、同平重盛像、同藤原光能像、同釈迦如来像、同山水屏風、紫綾金銀泥絵両

神護寺（都名所図会）

界曼荼羅図(高雄曼荼羅)、木造薬師如来立像、同五大虚空蔵菩薩坐像、梵鐘、灌頂歴名(弘法大師筆)、文覚四十五箇条起請文　〔重文〕大師堂、絹本著色十二天像、同文覚上人像、板彫弘法大師像、紙本墨書神護寺略記、同神護寺絵図、同二荒山碑文、同文覚上人書状案、神護寺文書、紺紙金字一切経(神護寺経)ほか　〔参考〕神護寺略記、高雄山神護寺縁起、山城名勝志九

**しんごん　真言**　㊵マントラ mantra の訳、曼怛羅と音写し、呪、神呪、密呪、密言などとも訳す。真実でいつわりのないことばの意。密教では三密中の語密にあたり、真言秘密ともいい、仏・菩薩・諸天などの誓いや徳、またその別名、教えの深い意味などのこもった秘密の語句を指し、中国・日本などでは翻訳をせず原語を音写して用いる。これをとなえ、その文字を観じればその真言に応じてそれぞれの功徳《どく》があり、即身成仏のさとりを開くとともに世俗的なねがいを満たすとする。例えば、不空羂索毘盧遮那仏大灌頂光真言経に説く光明真言はこれを聞くものの罪をすべて滅し、また光明真言を誦えて土砂《どしゃ》に加持《かじ》して、その砂を死骸、あるいは墓に撒けば、その力で罪が滅んで亡者は西方極楽世界に生まれることができるという。①マントラとは、もと思惟を表わすための用具、即ち文字言語を意味し、特に神・鬼などに対して発する神聖な語句を指す。マントラを誦えることはインドでは古くから行われ、ヴェーダにも見えている。ただしマントラ文学ではマントラを思惟解放の意に解釈して、生死の束縛から人間の思惟を解放して人類の目的を達成するとの意とする。②真言を明《みょう》(㊵ヴィドヤー vidyā 学問、知識の意)、陀羅尼(㊵ダーラニー dhāraṇī 総持)ともいう〈⇩呪《しゅ》〉。ただし口に説くのを真言陀羅尼といい、身にあらわすのを明といって区別することもあり、あるいは真言の長いものを陀羅尼、数句から成るものを真言、一字二字などのものを種子《しゅじ》ということもある。③文字言語をかりて表示した密呪を指して真言というのみならず、広く法身仏《ほっしんぶつ》の説法を真言といい、日本の東密《とうみつ》では密教経典、台密《たいみつ》では顕密両教の経典は、表面的には一般的な言語を用いているけれども本質的には大日如来の秘密加持をもととしているから真言秘密蔵であるとし、また峰の松風や川のせせらぎの音も真如実相を説く如来の説法であるから真言であるとする。④真言は如来・菩薩・二乗・諸天・地居天《じごてん》の五種(前の三を聖者真言、後の二を諸神真言と称して二種ともする)、仏部・蓮華部・金剛部の三種、息災法などの四種悉地にあてた四種、あるいは多字(陀羅尼)・一字(種子)・無字(実相)などにも分ける。また一尊の真言に広・中・略があるときにはおのおの大呪(人心呪)・中呪(心呪)・小呪(心中心呪)という。

**しんごん　親厳**　(仁平元1151—嘉禎二1236)真言宗の僧。京都の人。尊念に密教を学び、顕厳に両部灌頂を受け、瑜伽の法を修して験があった。東寺一の長者・醍醐寺随心院門跡初代に補せられ、大僧正となり、東大寺別当を兼務した。弟子に厳海・厳遍・俊厳などがある。〔参考〕大日本史料五ノ〇、東宝記五、本朝高僧伝五四

**しんごん-あんじん-わさん　真言安心和讃**　①叡尊の作と伝えるが確証はなく、成立年も不詳。十方の世界は衆生心地の仏土で、即身成仏が釈迦牟尼仏の真の悟りであり、それは光明真言加持土砂の他力方便の一法によって成じられるなどを説いた五段一二七句からなる。やや冗漫で、意味の通じかねるところもある。光明真言和讃と合わせて天保九年1838に刊行。②前者を明治一一、一二年1878—79にかけて、服部鑁海《ばんかい》、柴田智秀の二人が改作したもの。全部で五一句、文旨は平明で調子もよく、原作よりすぐれ、江戸時代以後の和讃のなかでは第一流のものといわれる。真言宗では光明真言和讃・弘法大師和讃と共に、三和讃と称して、現在も用いている。山本歌謡集成四、真言宗安心全書下

**しんごん-いん　真言院**　もと京都大内裏八省院の北、皇居の西にあり、真言御修法《みしほ》を行った堂宇。修法院、曼荼羅道場ともいった。承和元年834空海の奏によって宮中の内道場とは別に創建され、翌年正月ここで後七日御修法が行われてからその後の恒例となった。安元三年1177焼亡し、再建

されはしたが、次第に衰微して荒廃、御修法は紫宸殿で、後には東寺灌頂院で行われることとなった。〔参考〕続日本後紀、永治二年真言院御修法記、大内裡図考証

**しんごん-きょうかい-ぎ　真言教誡義**　三巻。周海（　—1789）の著。成立年不詳。真言宗の道俗を教誡するため、和文で宗意安心の大要を述べた書。四編（編述の趣旨・真言の即身成仏・阿弥陀仏・一期大要）一二〇項からなる。真言宗安心全書上〔刊本〕明治二二1889刊

**しんごん-さんみつ-しゅぎょう-もんどう　真言三密修行問答**　一巻。真言密行問答と略称。覚鑁《かくばん》（1095—1143）の著。成立年不詳。三密の実相とその必要を説いた書。一一七〇字余のものと、九二〇字余のものがあるが二本とも趣旨は同じもの。前者は三密の実相を知れといって、大日経疏世間成就品の字々相応、句々相応の意を明らかにし、三密の実相は浄菩提心であるとし、行者の三密と本尊の三密が渉入することを説き、浄菩提心の生ずる位は見道、その後の十地は修道位で、第十一地に仏果を開くとし、後者は本尊の三密と行者の三密の実相を知るべしといい、その実相は浄菩提心、浄菩提心は無相法身であり、行者の心法は如来の自然地であると説く。㊅七九、興教大師全集上

**しんごん-しちそ　真言七祖**　真言密教の祖師である竜猛《りゅうみょう》・竜智・金剛智・不空・善無畏《ぜんむい》・一行・恵果《けいか》の七人をいう。京都教王護国寺（東寺）にはその画像（国宝）を伝えている。そのうち竜猛と竜智の二画像は、弘仁一二年821日本で図写されたもの。金剛智以下の真言五祖像は空海が延暦二四年805唐から帰る時、唐の有名な人物画家李真に描かせたもので、伝来の確実な唐代絵画として貴重である。なお真言八祖像は、これに空海の像を加えたもので、真言寺院に多く見られる。

**しんごん-しゅう　真言宗**　空海が中国の密教を伝えて大成した日本の宗派。八宗の一。秘密宗、曼荼羅《まんだら》宗、瑜伽《ゆが》宗、陀羅尼《だらに》宗、三摩地宗などの異称があり、日本の天台宗に伝えられた密教を台密というのに対して東密ともいう。東密とは、真言宗の根本道場である東寺の名を用いたものである。相承は法身の大日如来を教主とし、金剛薩埵《こんごうさった》がこれを伝えて南天竺の鉄塔に蔵していたのを竜猛《りゅうみょう》（竜樹）が伝持し、竜智・金剛智・不空・恵果《けいか》・空海と伝えたとしてこれを付法の八祖と名づけ、また竜猛・竜智・金剛智・不空・善無畏《ぜんむい》・一行・恵果・空海の八人を伝持の八祖或いは住持の八祖という。歴史的には、八世紀の初め、インドのナーランダー寺の学僧であった善無畏（シュバカラシンハ Śubhakarasiṃha）と金剛智（ヴァジュラボーディ Vajrabodhi）とがあいついで唐に来て、善無畏は弟子の一行と共に大日経を訳出した。金剛智は瑜伽瑜祇経や略出念誦経などの密教経典を翻訳し、その弟子の不空は金剛頂経を訳出した。空海は不空の弟子の恵果に師事して日本に密教を伝えた。大日経と金剛頂経とを両部大経と称して根本の聖典とし、その所説にもとづいて、すべての存在の体である六大（地・水・火・風・空・識）と、相である四曼（大・三昧耶・法・羯磨《かつま》の四種の曼荼羅。諸尊の相好を具えたすがたと徳をあらわす持物と種子・真言と威儀事業、または字・印・形と威儀事業）と、用（はたらき）である三密（身・口・意）とはまどかに融けあっていて、森羅万象はそのままに大日如来の顕現であると見なし、大日の智法身を金剛界、理法身を胎蔵界の曼荼羅に象徴し、修行者は儀軌にのっとって身に印を結び口に真言を誦え意に本尊を観ずることにより、現実の自己がただちに大日の法身であるという体験に到達しようとするもので、教理をあきらかにする教相と共に、実際の修法の行い方である事相《じそう》を特に重視する。なお、空海は密教がすぐれていることを顕密二教判と十住心による横竪二判によって論証した。真言宗の立教開宗は弘仁一四年823空海が教王護国寺（東寺）を賜って、定額真言僧五〇人がおかれたときである。空海は教王護国寺と金剛峯寺（高野山）を真言宗の根本道場とさだめて教を弘め、弟子にすぐれた人材が多かったので教勢は大いに伸び、その現世祈禱的な性格が時代の要求に適合した

ので平安時代の仏教界に主導的な地位を占めた。空海の門下には実慧・真済・真雅・真如らがあり、真雅の門流は真然・源仁と伝えられたが源仁の弟子に益信《やくしん》と聖宝がでて事相の伝承を異にし、益信から寛平法皇（宇多法皇）・寛空・寛朝に至って広沢流をたてた。聖宝の法流は仁海に伝わって小野流と称し、合わせて野沢《やたく》二流という。その後、広沢流から仁和寺御流・西院流・保寿院流・華蔵院流・忍辱山《にんにくせん》流・大伝法院流の六流（広沢六流）がわかれ、小野流からは三宝院流・理性院流・金剛王院流・安祥寺流・勧修寺流・随心院流の六流（小野六流）が生じて、野沢十二流となり、さらに小野流から二〇流、広沢流から四流がわかれて東密三十六流といわれた。これらは事相の相承による分派であるが、平安時代の末期に覚鑁《かくばん》が出て高野山に大伝法院を建て、金剛峯寺座主をも兼ねたことから一山の反対をうけ、しかも教相上において従来の本地身説を批判して、自証極位の本地は行者の視聴を絶するから説法をせず、大日経の教主は加持身でなければならないと主張したので、古義派と新義派とが分裂し、覚鑁は根来《ねごろ》に移った。以後、真言宗は古義真言宗と新義真言宗とに大別されるが、現在古義に属するものに、高野山真言宗（金剛峯寺）・真言宗醍醐派（醍醐寺）・同山階派（勧修寺）・同御室派（仁和寺）・同大覚寺派・同東寺派（教王護国寺、但し宗務所は正法寺）・同泉涌寺《せんにゆうじ》派・同善通寺派・東寺真言宗（教王護国寺）などがあり、新義には真言宗智山派（智積院）・同豊山派（長谷寺）・新義真言宗（根来寺）などがある。これらの各派は多くは本山の草創の由来にもとづく。

**しんごんしゅう-ぎ　真言宗義**　一巻。覚鑁《かくばん》（1095—1143）の著。成立年不詳。真言宗にいう十住心のうち、第八の住心である一道無為心（如実知自心ともいう）について、大日経疏の作者の善無畏《ぜんむい》（疏家）と空海（宗家）の見解の相違を研究した書。㊅七九、興教大師全集上

**しんごんしゅう-きょうじ-もんどう　真言宗教時問答**　四巻。真言宗教時義ともいい、略して教時問答、教時義とも称する。安然（841—89?）の著。台密の教相を組織的に論述した書。最澄・円仁・円珍の説を承け、かつ空海の思想を巧みに批判吸収して、真言宗（台密）が事理倶密の教えであり、仏教の中で最もすぐれたものであることを論証している。三四〇番の問答からなり、四一（一仏・一時・一処・一教に仏教を摂めて、一即一切・一切即一を説く）十門（説・語・教・時・蔵・分・部・法・制・開の一〇の部門から仏教の教相を判ずる）の説を立てるのを特色とする。なお、安然の真言教義を論じたものに教時諍《きょうじそう》一巻および教時諍論一巻（高野山宝寿院蔵）があり、共に未定稿であるが、本書と共に日本仏教独自の教判論を大成したものとして注目される。以上いずれも㊅七五〔写本〕青蓮院蔵（大治三1128写）、金沢文庫蔵（嘉応二1170校点本）〔刊本〕元和四1618刊、寛文九1669刊

**しんごんしゅう-みけつ-もん　真言宗未決文**　一巻。徳一の著（弘仁五814—六）。大日経について一一カ条の難関を設け、真言宗所立の義を批評した書。㊅七七〔刊本〕万治二1659刊

**しんごん-じょうぼだいしん-しき　真言浄菩提心私記**　一巻。覚鑁《かくばん》（1095—1143）の著。成立年不詳。菩提心私記ともいう。浄菩提心について密教の立場から説明をした書。本有の心源を説き、三界唯心釈から進んで実の如く自心を知るべきことを論じ、仏身の法報応三身は体は同じく、用は異なるとし、応化身の釈迦も法身であると断じ、顕密の差別を説いている。㊅七九、興教大師全集上〔原本〕仁和寺蔵〔刊本〕天和二1682刊

**しんごん-しょりゅう-さんじん-もんどう　真言所立三身問答**　一巻。円仁（794—864）の著というが、嘉承1106—08の奥書があり、その頃の作か。顕密二教の仏身の相違を比較し、真言教の三身説法を一七番の問答で説明した書。毘盧遮那如来は大日経の加持身であり、加持身とは理智不二の法身如来であるが、顕教義では浅略の機に対するから法身如来は不説法、秘密義では深秘の機のために理法身がよく説法するという。日蔵四一、仏全二四、㊅七五〔写本〕滋賀県西教寺蔵（慶安三1650写）、同実戊坊蔵（慶安三写）

**しんごん-でん　真言伝**　七巻。栄海の著(正中二1325)。仮名文で書かれたインド・中国・日本における真言密宗の僧伝。霊験の事跡に富んだ高僧・居士の伝を、本伝・日記・行状碑文・伝説などによって書き集めたもので、その間に随求陀羅尼・尊勝陀羅尼・仁王経・千手陀羅尼などの事縁も略記している。仏全一〇六　〔刊本〕正保三1646刊、寛文三1663刊、天保三1832刊

**しんごん-ねんぶつ-しゅう　真言念仏集**　二巻。慧浄の著。成立年不詳。真言密教に立脚して浄土教旨および念仏義を解釈した書。上巻を一二項、下巻を八項に分け、念仏と真言の会通を試みている。即ち大日と弥陀の同体を論じ、弥陀を大日の智用とし、大日をその理体とし、さらに西方浄土を密厳浄土とし、極楽を密厳の別徳としている。仏全七〇、続浄全一二　〔刊本〕寛文一〇1670刊

**しんごん-ふほう-さんよう-しょう　真言付法纂要抄**　付法纂要、小野纂要抄ともいう。一巻。成尊の著(康平三1060)。真言宗の付法の八祖(大日如来・金剛薩埵《さった》・竜猛・竜智・金剛智付善無畏《ぜんむい》・不空付一行・恵果・空海)の略伝を記し、東寺一家の所伝に一〇種の殊勝があることを述べた書。㊅七七、仏全一〇六　〔写本〕高野山大学蔵(平安時代写・貞応三1224写)、金剛三昧院蔵(永禄元1558写)、宝亀院蔵(寛延四1751写)　〔刊本〕寛文二1662刊　〔註釈〕心城・備考二巻、杲宝・聞書三巻

**しんごん-ぼだいしん-ぎ　真言菩提心義**　一巻。円仁(794—864)の著という。成立年不詳。菩提心論に説く行願・勝義・三摩地の三種菩提心について一〇条の疑問をたてて問答し、その意義および行証を説いた書。巻末に、立義は門下の長意で、答は円仁とあるが仮託であろう。日蔵四〇

**しんごん-ほんも-しゅう　真言本母集**　三四巻。頼宝(1279—1330)の著。成立年不詳。真言宗の教義に関する論義決択書で二二九条の問答体からなる。東寺三宝の義学は本書を根幹とし、高野山宝門の宗義決択集、同寿門の杣保隠遁抄、新義派の大疏第三重などと対立する。〔写本〕大谷大学蔵(宝徳三1451写、享徳四1455写)　〔刊本〕明暦元1655刊

**しんごん-みっきょう-ぶるい-そうろく　真言密教部類総録**　二巻。詳しくは諸阿闍梨真言密教部類総録という。八家秘録ともいう。安然《あんねん》(841—89?)の著。成立年不詳。入唐八家の請来目録を整理し、特に密教の経軌・図像などを類別した目録。平安時代請来の密教典籍の内容、経軌の性格を簡明に示している。㊅五五、仏全二　〔校本〕延長七929

**しんごん-みょうもく　真言名目**　一巻。頼宝(1279—1330)の著。成立年不詳。初学者のため真言宗の教相上主要な名目二〇項を略説した書。〔刊本〕明治一五1882刊、古版木数種がある　〔註釈〕広安恭寿・冠導一巻、宥範・聞書記一巻、聴書一巻(佚名)

**しんごん-ようけつ　真言要決**　六巻(巻一、三現存)。著者・成立年不詳。諸経典の中から、仏教の本義をあらわす要言を集め、簡略に意義を述べたもの。礼記・論語などの儒書や老荘の言を引用して、一般の理解に便利なように解説している。本書は奈良朝一切経疏目録にも見えるので、早く日本にも伝来していたことが知られる。巻一は石山寺所蔵の古写本、巻三はスタインおよびペリオの蒐集による敦煌写本であって、大正新脩大蔵経巻八五に三種を校訂して収録する。

**しんごんりつ-しゅう　真言律宗**　真言の教義によって四分律・梵網戒・瑜伽戒など大小乗の戒を併修する密教の一派。真言宗は空海以後、有部律を修し、その後に律を重視する中川実範が出たが(中川流)、鎌倉初期、西大寺叡尊が律宗復興につくし、四分律・梵網戒を持しつつ内に密教を修した。この西大寺派の律宗が真言律宗となり、俊芿の北京律に対し南京律とも呼ぶ。その門下の良観は、鎌倉で法を説き、社会事業につくして、忍性菩薩と尊称された。慶長1596—615の頃、京都の真言僧明忍が盛んにこれを弘め、慶安年間1648—52江戸の浄厳もまた力をつくした。寛政1789—1801の頃、慈雲が諸種の弊害を改め自ら正法律と称して真言律宗を大成した。河内の高貴寺を本山として真言宗に属していたが、明治二八年1895分離して奈良西大寺を本山とする。

**しんさつ　真察**　(寛文一〇1670—延享

二1745)浄土宗の僧。京都知恩院四九世。字は円阿。号は名蓮社称誉。姓は武氏。美濃の人。武蔵無量山懐竜に顕密を学び、春岳より宗戒両脈を伝受した。のち増上寺で学んで、新知恩寺・鎌倉光明寺に歴住、元文三年1738京都知恩院に入った。著書、布薩弁、十念章など。〔参考〕真察大僧正伝、続日本高僧伝三

**しんざん　晋山**　入院《じゅいん》、進院、進山ともいう。新たに住持になったもの(新命住持)が初めてその寺院に入ること。その式を晋山式といい禅宗などで行われる。この際に禅宗や真言宗では問答論義を行うことがある。入寺という場合は弟子入りをいう。

**しんじ　心地**　①戒のこと。戒は心を基盤とすることがちょうど世間が大地を基盤とするようであるから、戒のことを心地という。梵網経にある語。②菩薩《ぼさつ》の十信・十住・十行・十廻向・十地の五十位〈⇩菩薩《ぼさつ》の階位《かいい》〉における心をいう。菩薩が心をよりどころとして行を進めるから、心を地に喩えるのである。③禅宗では、達摩の伝えたさとりをいう。「しんち」とも読む。

**しんじかん-ぎょう　心地観経**　八巻。詳しくは大乗本生心地観経といい、本生心地観経ともいう。唐の般若の訳。古来、四恩(父母・衆生・国王・三宝の恩)を説く経典として名高い。インド大乗仏教後期に成立したものと思われ、ほとんどあらゆる仏教思想がその中に含まれている。空・般若から三密の行業にいたるまで顕教・密教にわたって深遠な教理が論じられる一方、大乗的出家主義というべき主張もなされている。大乗仏教思想の渾然たる一集成といってよい。(大)三、[国一]経集部六　〔註釈〕来舟・浅註(続)・三四・一―三)

**しんじつりもん　真実理門〔随転理門〕**　法相宗の用語。仏・菩薩《ぼさつ》の本意のままを説く真実説を真実(理)門、教化すべき対象の程度に応じて説く方便説を随転(理)門という。随自意・随他意というのとほとんど同じ。

**じんじゃ　塵沙**　①数の多いことを塵や沙に喩える。②塵沙の惑。天台宗で見思《けんじ》・無明《むみょう》と共に三惑《さんなく》の一に数え、三界の内外にわたってある惑で、仮観《けかん》によって破られるもの。智慧が劣っていて、すすんであらゆる差別相を知ろうとしないのをいい、これは菩薩が自由自在に衆生を教化するためのさまたげとなるから化道障の惑ともいう。

**しんじゃく　心寂**　(―元久元1204)　源空(法然)の弟子。西仙房といい、はじめ叡山黒谷の叡空に師事し、のちに源空の門弟となる。河内讃良に閑居したが、遁世が却って修行のさまたげになることを内省して、京都の姉小路辺に庵を結んで住した。〔参考〕浄土伝灯総系譜上、法然上人行状絵図四三

**しんじゃく　信寂**　(―寛元二1244)　源空(法然)の弟子。論義第一と称された。播磨朝日山に住したが、のち源空に師事して、京都鳥辺野に庵を結んだ。選択集を非難した高弁の摧邪輪に対して、慧明義一巻を撰して選択集の立場を弁護したことは有名。寛元元年招かれて遠江に下ったが、翌年同地で没した。〔参考〕峯相記、法然上人行状絵図四三、浄土総系譜上

**しんじゃく　真寂**　(仁和二886―延長五927)　真言宗の僧。宇多天皇の第三皇子。名は斎世。法三御子、法三の宮という。父宇多法皇について出家し、東寺灌頂殿で伝法灌頂を受け、益信相承の秘法を付属された。益信の没後、園城寺に移り、園城王子、園城寺の宮と呼ばれ尊敬された。仁和寺に観音院を創建し、千手観音像を安置したが、以後同院は仁和寺の灌頂道場となった。著書、諸説不同記一〇巻など。〔参考〕血脈類聚記、南都高僧伝、本朝高僧伝八

**じんじゃ-だいしょう　深沙大将**　諸難を除くといわれる神。玄奘がインドに赴いた際、沙河で一滴の水をも得なかった時、この神の助けを受けたという。像は人忿怒

深沙大将〔別尊雑記〕

形で四肢に蛇を巻くなど各種がある。また玄奘と一対となって大般若経守護の十六善神とともに描かれることもある。〔参考〕常暁和尚請来目録、大慈恩寺三蔵法師伝一

**しんしゅ　真修**　⇨縁修《えんしゅ》

**しんしゅう　真宗**　真実の道理を説く宗教の意。①大衍寺曇隠の立てた四宗の一。涅槃経、華厳経のように、仏性・法界の理を説く教え。②護身寺自軌の立てた五宗の一。仏性の常住を説く涅槃経の教えをいう。③耆闍寺安廩の立てた六宗の一。般若経などの諸法真空の理を説くもの。④儒教に対して仏教を真宗といい、また各宗が自宗のことを真宗ということがある。⑤浄土真宗で弘願他力《ぐがんたりき》の念仏の教えをいう。これに二つの意味がある。⑴聖道門に権実(方便と真実)があるのに対して浄土門にも権実を分け、定散二善の仮門《けもん》(方便の教え)に対して弘願念仏の教えを真宗という。⑵大乗・小乗すべての教えをことごとく浄土の仮門とし、ただ弘願一乗の念仏のみを真宗と名づける。

**しん-しゅう　真宗**　浄土真宗ともいい、一向宗、門徒宗などともいわれた。親鸞を宗祖とする宗派。浄土教の教義の中でも真実なものと方便的なものとがあることを明らかにして大無量寿経を仏一代の教えの中で最も真実な教えとさだめ、衆生が浄土に生まれる(往相)はたらきも、浄土に生まれてからこの世に還って衆生をみちびく(還相《げんそう》)はたらきも、すべては如来のはたらきであるから、衆生からすれば他力廻向にもとづくものであるとし、往相の廻向について教・行・信・証の四法を立て、衆生は本願を聞信する信の一念で救われ、信後の称名は報恩の行業であるとして、信心正因・称名報恩を説く。この信仰はインドの竜樹・天親、中国の曇鸞・道綽・善導、日本の源信・源空の七祖によって相承されたというのでこれを七高僧としてあがめ、また聖徳太子を和国の教主として尊崇する。初期真宗教団は、はじめ親鸞の教化をうけた関東各地の人々で形成された。うち順信にひきいられた常陸の鹿島門徒、性信にひきいられた下総の横曾根門徒、真仏・顕智にひきいられた高田門徒などがよく知られる。これら親鸞の関東門弟は、親鸞の没後にはその血縁者である留守職《るすしき》をたすけて親鸞の墓である京都の大谷本廟を維持してきたが、曾孫覚如は第三世として祖廟の寺院化をはかり、元亨元年1321ころ本願寺が成立した。本願寺第八世の蓮如に至って、民衆の支持をうけて教勢は飛躍的に発展し、一向一揆の関係もあって室町末期には本願寺の勢力は大名をしのぐほどになった。慶長七年1602徳川家康によって東西本願寺の分派が企てられ、弟准如の本願寺は西本願寺と称される。江戸時代には、東西両派とも学事が盛んになり、西本願寺では三業惑乱《さんごうわくらん》事件の影響もあって、空華轍《くうげてつ》・石泉轍・芸州轍・竜華轍《りゅうげてつ》などの多くの学派がわかれ、東本願寺では高倉学寮を中心に講学がすすめられた。現在、真宗には戦後分派したものを除いて一〇派をかぞえる。即ち、本願寺派(京都の西本願寺)・大谷派(同じく東本願寺)のほか、前記の高田門徒にはじまり第一〇世真慧が伊勢一身田に寺基を移した高田派(三重の専修寺)、了源の法系を伝える仏光寺派(京都の仏光寺)、仏光寺の経豪が蓮如に帰依してから本願寺に属したが明治維新に際して独立した興正派(京都の興正寺)、愚咄・慈空らが寺を興し存覚の子慈観をむかえた木辺派(滋賀の錦織寺)、如道の系統をひく三門徒派(福井の専照寺)・山元派(同じく証誠寺)・誠照寺派(同じく誠照寺)、覚如の弟子乗専が京都の出雲路に寺を興し、のち北陸に移って証誠寺と合併し、慶長の頃に別立した出雲路派(同じく毫摂寺)である。

**じんしゅう　神秀**　(　—神竜二1706)唐代初期の禅僧。道秀、恵秀ともいい、大通禅師と諡する。姓は李氏。陳留尉氏《ちんりゅういん》(河南省尉氏県)の人。広く内外の学に通じ、中年で五祖弘忍《こうにん》の法を嗣ぎ、荊州(湖北省当陽県)玉泉寺に住し、晩年に則天武后に召されて入内し、両京法主三帝国師と呼ばれた。伝統的な持戒禅を説き、同門の慧能の南宗頓悟禅に対し、北宗漸悟禅と呼ばれる。弟子に普寂・義福がある。著書、大乗五方便、観心論各一巻が現存し、華厳経疏三

○巻もあったという。〔参考〕大通禅師碑銘（全唐文二三一）、伝法宝紀、楞伽師資記、旧唐書一九一、宋高僧伝八・一九、景徳伝灯録四

**しんしゅう-あんじん-さてん-もんどう　真宗安心茶店問答**　茶店問答ともいう。二巻。秀円（一説に江戸宗円）の著。成立年不詳。江戸感応寺境内の茶店における老尼と二女性との問答に託して、真宗の安心様式などを平易に記述した書。真全五九〔刊本〕明和五1768

**しんしゅう-あんじん-しょうぎ-へん　真宗安心正偽編**　二巻。浄土真宗本願寺派の大麟の著（天明四1784）。興正寺主の命により、当時讃岐に蔓延していた三業帰命頼み直しの秘事を、願生帰命弁の説をあげて破斥した書。傍観正偽編、弾妄編がでて本書を評破したが、著者はさらに後編二巻を作って反論している。〔写本〕竜谷大学蔵

**しんしゅう-いもん-さんよう　真宗遺文纂要**　一巻。先哲の編（明和元1764）。真宗の祖典一四篇（両師講式・大谷真影銘・覚如画像讃・聖徳太子和讃・一五首和讃・一枚御消息・一向専修章・摂取名号章・添贈名号章・吉水御法語・白川贈祖文・学信童子語・三機往生意・自力他力文）を集めた書。巻尾に安心決定鈔の批評がある。〔刊本〕明和三刊

**しんじゅう-いん　真宗院**　京都市伏見区深草真宗院山町。根本山と号し、浄土宗西山深草派。当深草派の発祥地。建長年間1249―56派祖円空立信の開創。永仁元年1293雷火にかかり、のち各地に転じて次第に衰微し、寛文五年1665誓願寺竜空が現地に再興し一流発祥地を記念した。〔重文〕不空羂索神変真言経巻第一七〔参考〕西山上人伝、浄土伝灯録、山城名勝志一六、深草史

**しんしゅう-おうじょう-でん　新修往生伝**　一巻。詳しくは本朝新修往生伝という。藤原宗友の編（仁平元1151自序）。後拾遺往生伝に次いで著わされた往生伝。最初に没年不詳の五人を記し、以下承保年間1074―77から仁平元年までの年代順に、四一人（比丘二一、優婆塞一七、比丘尼三）の欣求浄土に関する事跡を記している。仏全一〇七、続浄全六、続群八上、改定史籍集覧九、日本思想大系七

**しんしゅう-かな-しょうぎょう　真宗仮名聖教**　一三巻。真宗大谷派で編纂出版（文化八1811）。三九部の和語の祖典。(1)浄土三経往生文類・尊号真像銘文・一念多念証文・唯信鈔文意、(2)末灯鈔・御消息集・歎異鈔、(3)口伝鈔・改邪鈔・執持鈔・本願鈔・願願鈔・最要鈔・出世元意、(4)拾遺古徳伝、(5)慕帰絵詞・最須敬重絵詞、(6)浄土真要鈔・諸神本懐集・破邪顕正鈔、(7)教行信証大意・顕名鈔・決智鈔、(8)存覚法語・持名鈔・女人往生聞書・歩船鈔、(9)報恩記・法華問答・浄土見聞集、(10)正信偈大意・蓮如上人御一代聞書、(11)実悟記、(12)蓮如上人遺徳記・反古裏、(13)唯信鈔・後世物語・一念多念分別事・安心決定鈔である。この書について字句・故事などを考証したものに、琢成の関典録一三巻、御引文三巻などがある。〔刊本〕文化八刊

**しんしゅう-かんせつ　真宗関節**　一五巻。浄土真宗本願寺派の月筌の著（享保三1718―五）。真宗における学解・行儀などに関し、宗徒の心得るべき事項を論議釈明した書。護法篇・報謝弁・源頭論・不廻向問答・不来迎問答の五部から成る。真全五二〔刊本〕享保四刊、寛延四1751刊、宝暦五1755刊

**しん-しゅうきょう　新宗教**　一般に既成宗教に対する語で、民衆宗教、創唱宗教、新興宗教とも呼ばれる場合がある。また幕末維新期から第二次世界大戦以降、民衆を主体に新たに救済の論理を求めて開創された宗教を指す場合が多い。民間信仰とも不可分の関係を持つが、新宗教は教祖・教理・組織を持つ。教祖は概して俗人出身で、家庭的な不幸・生活苦・病気体験から救済の使命を自覚するに至った者が多い。従ってその教理は教祖の信仰体験に基づく現世利益的な信条が先行し、その教祖のカリスマ的存在と呪術的宗教言動を核に組織が形成される特色がみられる。江戸初期から幕末におこった如来教・黒住教・天理教・金光教はこのような新宗教の原型をみることができる。その内、金光教から明治期1868―912に大本教、昭和初期に生長の家・世界救世教が分派した。総じて新宗教は神道系・仏教系・諸教系に分類できるが、最も有力

なものは法華・日蓮系のものである。本門法華系で幕末開創の本門仏立講はその先駆をなし、その後、日蓮系から大正期1912―26に国柱会・霊友会が生まれた。その霊友会からは、昭和一〇、二〇年代に孝道教団・立正佼成会・仏所護念会・妙智会が分派独立している。その他、大正期の日本山妙法寺大僧伽、戦後の最上稲荷教も日蓮系である。また日蓮正宗所属の創価学会は昭和初期の開創で現在は最大の教団となっている。一方、真言系には昭和初期に真如苑、解脱会があり、天台系、浄土系には大正期開創の念法真教がある。また徳光教の流れをくむパーフェクト・リバティ(PL)教団は大正期に開創された代表的な新宗教である。

**しんしゅう-こじつ-でんらい-しょう　真宗故実伝来鈔**　四巻。浄慧の撰(明和二1765)。真宗に用いる仏祖の木像・絵像・堂内荘厳・法衣・行事などについて古老の説を記したもの。木仏尊像安置の事、画像御依用の事、祖師聖人御木像の事、同絵像の由緒、御代々御影の事、高祖・太子の事、絵伝の始の事、名号左右掛様の事(以上上巻)、御影堂左右の間上末の事、仏前荘厳具の事、仏前上卓荘厳の事、法衣の事、袈裟の事、本寺有来りの行事相止事、雑聚問答(以上下巻)よりなる。別に追加一巻(明和五)、増補一巻。　真全六三、真宗史料集成九

**しんしゅう-じ　真宗寺**　大阪府堺市神明町東。真宗大谷派の五箇寺の一。足利道祐(足利祐氏)が覚如に帰依して延元二年1337に創建したという。文明二年1470道顕が再興、のち境内に別に堂宇を建て、信証院(現浄土真宗本願寺派堺別院)と号して蓮如に献じた。寛文二年1662東本願寺末に属した。

**しんしゅう-じょうど-おうじょう-でん　新修浄土往生伝**　三巻。新修往生伝ともいう。北宋の王古の編(元豊七1084)。中国における浄土往生者の伝を集めたもの。戒珠の浄土往生伝に約四〇人を追補し、一一五人の伝を収める。古く源空の類聚浄土五祖伝、良忠の観経疏伝通記などに引かれたが、その後、散逸し今なお中巻は不完全である。なお本書は二人の善導を載せていることで著名である。　続浄全一六(上巻・中巻現存部分)、㊫二乙・八・一(下巻)

**しんしゅう-しょうぶ-しゅう　真宗小部集**　八巻。仰誓(1721―94)の著。成立年不詳。近世における真宗学匠の小論文を安心・註疏・叙述・論弁の四門に分けて類別編集したもの。　真全六二

**しんじゅう-ぞうきょう-おんぎ-ずいかん-ろく　新集蔵経音義随函録**　三〇巻。可洪音義ともいう。後晋の可洪の著。成立年不詳。大蔵経を読むために発音を明らかにしたもの。音義というが語義の解釈はほとんどされていない。　縮為一―五

**しんしゅう-たいはい-き　真宗帯佩記**　二巻。慧琳の著(明和元1764)。真宗の故実に関して、真宗門下である者の心得を記したもの。巻上は本尊立像依用之事から涅槃忌御沙汰之事までの一九条、巻下は慈鎮和尚之事から肉食妻帯之事までの一八条。　真全六四、真宗史料集成九

**しんしゅう-ほうよう　真宗法要**　三一巻。浄土真宗本願寺派一七世法如の命により泰巌・僧樸・道粋・桂巌・海輪らが編集(法如の序は宝暦一〇1760、文如の跋は明和二1765)。宗祖五〇〇回遠忌を迎えるに当たり、親鸞以下覚如・存覚・蓮如などの述作に係る和文の法語を主とし、紀伝など三九部を集録したもの。三経往生文類・尊号真像銘文・一念多念証文・唯信鈔文意・末灯鈔・御消息集・口伝鈔・執持鈔・願願鈔・最要鈔・本願鈔・教行信証大意・出世元意・改邪鈔・歎異抄・安心決定鈔・持名鈔・女人往生聞書・浄土真要鈔・諸神本懐集・破邪顕正鈔・決智鈔・歩船鈔・報恩記・法華問答・顕名鈔・存覚法語・浄土見聞集・正信偈大意・蓮如上人御一代聞書・蓮如上人遺徳記・実悟記・反古裏書・拾遺古徳伝絵詞・慕帰絵詞・最須敬重絵詞・唯信鈔・後世物語聞書・一念多念分別事を収め、各巻の末尾には校異を付している。また本書に収めなかった伝来の聖教について、その是非真偽を批判したものに僧樸の真宗法要蔵外諸書管窺録(蔵外管窺録)一巻、泰巌の菽麦私記一巻があり、真宗法要に収める三九部の聖教についての資料となるべきものを集大成したものに、超然の真宗法要典拠三二巻がある。〔校本〕竜谷大学蔵　〔刊本〕

明和三刊、明治一一1878刊　〔参考〕超然・典拠三二巻、曜慧・醒誤一一巻、明増・撮要説一巻(真全四七)、履善・義概二巻(同四六)、癡竜・類文二巻、霊範・稽古一巻、玄智・稽拠正誤一巻

**しんしゅう‐りゅうぎ‐もんどう　真宗流義問答**　四巻。敬信の著(正徳元1711)。真宗を評破した浄土宗徒の親鸞邪義決、聖徳太子未来記などに対して非難した書で、真宗の行儀法式などについても論述する。のちの茶店問答は本書の一部分を祖述したもの。　真全五九　〔刊本〕正徳六刊

**しんしゅう‐わご‐ほうてん　真宗和語宝典**　三巻。鷲沢法梁の編(明治四四1911刊)。真宗仏光寺派に用いる和語の祖典を校刻したもので、親鸞の⑴阿弥陀経文類集・往還廻向文類、⑵一念多念証文・唯信鈔文意・尊号真像銘文、⑶三経往生文類・御消息集を載せている。宗祖六五〇回遠忌法会記念出版で、本山所蔵の古本を校刻したものであるという。続巻を出す予定であった。

**しんじゅん　真淳**　(元文元1736―文化四1807)真宗高田派の僧。字は普厳。諡号は金光明院。伊勢一身田智慧光院の真証の子。京都に出て天台・華厳・性相を学び、外典にも通じた。同派の学頭職に補任され教学の振興につとめた。戒を守り行儀にきびしかった。著書、西方弁岐二巻、下野大戒秘要一巻、天明宝訓誘蒙記一巻、三祖伝集成記、観経疏纂要など。〔参考〕新撰念仏往生験記、碑文

**しんじょ　心所**　㊵チャイッタcaittaチェータシカcetasikaあるいはチャイタシカcaitasikaの訳で、心数《しんじゅ》とも訳し、心に属するものの意。詳しくは心所有法《しんしょうほう》、心所法、心数法という。五位の一。心と相応し、心と同時に存在し、心に従属する、種々の精神作用のこと。心所は心に随従するから心所に対して心を心王《しんのう》ともいう。心王と心所との間には五義平等の意味があって「相応」の関係にあり、それ故に心所を相応法、心相応法とも称する。また心王を離れて別に心所の体があるか否かについては、有部《うぶ》では別体説をとるがその他にも異説が多い〈⇨心王《しんのう》(心所)〉。心所の数およびその分類の方法にも種々の説がある。倶舎論では、受・想・思・触《そく》・欲・慧・念・作意《さい》・勝解《しょうげ》・三摩地《さんまじ》の十大地法(すべての心と相応する心所)、信・不放逸《ふほういつ》・軽安《きょうあん》・捨・慚・愧・無貪・無瞋《むしん》・不害・勤《ごん》の十大善地法(すべての善心とのみ相応する心所)、癡・放逸《ほういつ》・懈怠《けだい》・不信・惛沈《こんじん》・掉挙《じょうこ》の六大煩悩《ぼんのう》地法(すべての染汚《ぜんま》心、即ち不善心と有覆《うふく》無記心とに共通して相応する心所)、無慚・無愧の二大不善地法(すべての不善心とのみ相応する心所)、忿・覆《ふく》・慳・嫉・悩・害・恨・諂《てん》・誑《おう》・憍の十小煩悩地法(ある特殊な染汚心、即ち意識相応の無明とのみ相応して起こり、また各別々に起こって二つ以上同時に起こらない心所)、悪作《あくさ》・睡眠・尋・伺・貪・瞋《しん》・慢・疑の不定地法《ふじょうじほう》(上の五類以外の心所)という六位、四六の心所を立てる。ただし最後の四は倶舎論では「等」という語で省略されている。成唯識論などでは、遍行《へんぎょう》・別境・善・煩悩・随煩悩・不定の六位に分類する。これについて四種一切義(四の一切)を立てる。即ち一切性《いっさいしょう》(善・悪・無記の三性に共通して起こること)・一切地(有尋有伺《うじんうし》・無尋唯伺・無尋無伺の三地に共通して起こること)・一切時(無始以来、心がある時には常に相続すること)・一切倶《いっさいく》(一切の心所が同時に生じること)の四をいい、このうち遍行の心所は四の一切義を皆そなえ、別境の心所は性・地の二の一切義をそなえ、善は地の一切義のみを、不定は性の一切義のみをそなえ、煩悩・随煩悩は四種のどれをもたない(ただしこれは大体の説で厳密なものでない)。遍行とは作意・触・受・想・思の五、別境とは欲・勝解・念・定・慧の五で、この五遍行と五別境とは併せて先の十大地法に当たる。善は信・慚・愧・無貪・無瞋・無癡・勤・軽安・不放逸・行捨・不害の一一、煩悩は貪・瞋・癡・慢・疑・悪見の六、随煩悩は忿・恨・覆・悩・嫉・慳・誑・諂・害・憍・無慚・無愧・掉挙・惛沈・不信・懈怠・放逸・失念・散乱・不正知の二〇、不定は悔《け》(悪作《おさ》)・睡眠・尋・伺の四不定のみである。以上五一の心所を立てる中で、随煩悩についてはさらにこれを三種に分けて、初めの一〇は別々に起こるから小随煩悩(小随惑)、次の二つ即ち無慚・無愧は一切の不善心にあまねく起こるから中随煩悩、中随

惑)、最後の八は一切の不善心と有覆無記心とにあまねく起こるから大随煩悩(大随惑)という。⇩心王《しんのう》〔心所〕

**しんしょう　心昭**　(嘉暦元1326—応永三1396)曹洞宗の僧。越後の人。字は源翁。号は空外。総持寺の峨山紹碩に師事した。一時伯耆に幽居したが、藤原忠敦に招かれて退休寺を開き、ついで下野に移り五峰山に泉渓寺を創建し、結城安穏寺の開山に迎えられた。また会津慶徳寺を創立し、陸奥慈眼寺を示現寺と改号して住した。下野那須野の殺生石の妖怪を鎮めた伝説は有名である。足利義満の帰依をうけ、泉渓寺に荘田の施入を受けた。〔参考〕日本洞上聯灯録二

**しんしょう　信証**　(寛治二1088—康治元1142)真言宗の僧。俗に堀池僧正という。後三条天皇の孫。行意に真言を学び、仁和寺の寛助より伝法灌頂を受けた。東寺長者寺務・法務を兼務し、貴顕に招かれて修法をよく行った。広隆寺別当をつとめ保延三年1137僧正、ついで護持僧となり、鳥羽上皇の得度に際して戒師をつとめた。西院に住したのでその流派を西院流といい、広沢流の一派をなしている。〔参考〕仁和寺諸師年譜、東寺長者補任二、元亨釈書二六、本朝高僧伝五一

**しんしょう　真紹**　(延暦一六797—貞観一五873)真言宗の僧。俗称は池上氏。禅林寺僧都、石山僧都と呼ばれる。空海に師事し、東寺実慧に法を伝受した。東寺少別当に補任され、ついで内供に選ばれて、実慧の没後東寺二長者になった。斉衡元年854勅を得て河内観心寺の五智如来像造立をはじめ、貞観五年863京都東山に禅林寺を開創し、上表して同寺を定額寺にした。その制定した寺規は禅林十五条として知られる。同一一年法眼和尚位権少僧都より少僧都に補せられた。宗叡はその弟子。〔参考〕三代実録七、東寺長者補任一、弘法大師弟子譜三、元亨釈書一四、東宝記四、高野春秋編年輯録二、本朝高僧伝六四

**しんしょう　親勝**　(梵)バンドゥシュリー Bandhuśrī の訳。畔徒室利と音写する。瑜伽行派の論師。世親(ヴァスバンドゥ Vasubandhu)とほぼ同時代の人とされる。唯識十大論師の一人。世親の唯識三十頌に略釈を作ったといわれるが伝わらない。〔参考〕成唯識論述記一

**しんじょう　真迢**　(　—万治二1659)天台宗の僧。姓は斎部氏。京都の人。はじめ日迢といい、日蓮宗を学び妙顕寺に住したが、宗義に満足せず、寛永一一年1634天台宗に移って叡山に入り、日課念仏六万遍を修した。以後、念仏の立場から日蓮宗を非難して、その徒と議論を交わした。天海に招かれて一時東叡山の幹事の職にあった。のち坂本西教寺に入り、名を真迢と改め、円頓戒・念仏を弘めた。その後、醍醐に隠退して明星山極楽寺を再興して不断念仏を行じ、また諸国を行化した。著書、破邪顕正記五巻(浄全八)、十宗略記一巻(仏全三)、法華玄義訓釈玄籤一四巻、西谷外目鈔など。〔参考〕近世往生伝三ノ一、続日本高僧伝一、真迢上人法語

**しんじょう　審祥**　生没年不詳。奈良時代の華厳宗の学僧。審詳とも書く。従来、新羅の僧とされたが、新羅学生の呼称は新羅へ留学した学生とする説が有力である。入唐して賢首大師法蔵に華厳を学び、天平年間729—49に帰国して奈良大安寺に住したという。良弁の願により勅請があって、天平一二年金鐘寺(東大寺法華堂の前身)で華厳経を講じた。これは日本における華厳経の講説の最初である。著書、華厳起信観行法門一巻。〔参考〕三国仏法伝通縁起二、東大寺要録一・五、本朝高僧伝一

**しんしょうごくらくじ　真正極楽寺**　京都市左京区浄土寺真如町。鈴声山と号し、天台宗。俗に真如堂と称する。永観二年984東三条院藤原詮子(一条天皇母后)が神楽岡東の離宮内に叡山常行堂の阿弥陀仏を遷座、正暦三年992離宮を改めて寺とし、戒算を開山としたのが起源という。同五年一条天皇の勅で堂宇を造立、勅願所とした。応仁の兵火で焼失、のち転々とし、元禄六年1693現地に再建される。現在、一一月五日より一五日(以前は旧暦一〇月五日より一五日)まで一〇日一〇夜にわたって、お十夜とよばれる念仏法要が行われる〈⇩十夜法要《じゅうやほうよう》〉。〔国宝〕法華経〔重文〕紙本著色真如堂縁起、絹本著色普賢菩薩像、木造阿弥陀如来立像、紙本墨書

慈円僧正消息　〔参考〕山城名所寺社物語一、真如堂縁起、真正極楽寺記

**じんじょう-さはん**　**尋常茶飯**　日常に茶をのみ飯をたべる意で、即ちありふれた何の奇もないこと。禅宗ではその平生《へいぜい》のところにさとりを見出すことを説く。家常茶飯ともいう。

**しんしょう-じ**　**新勝寺**　千葉県成田市成田。真言宗智山派。正式には成田山明王院神護新勝寺と称し、俗に成田不動という。天慶年間938—47平将門の乱に際し、広沢の寛朝が勅を奉じ神護寺の不動明王を持ってきて賊徒の平定を祈った。のち鎮護のため当像を安置し一宇を建立したのにはじまるという。一時衰退したが、宝永二年1705照範が現地に移し、佐倉城主稲葉正通の帰依を受けて再興。そののち関東の大霊場として隆盛している。〔重文〕木造不動明王及二童子像　〔参考〕成田山大縁起、成田山感応記

**しんじょう-じ**　**真浄寺**　新潟市西堀通。真宗大谷派。建暦二年1212常陸の土屋重行が当国国府において親鸞に帰依、明慶と号し、親鸞関東下向に随従し、信濃水内郡赤沼に至って一宇を創建したという。慶長1596—1615頃現地に移る。

**じんしょう-じ**　**神照寺**　滋賀県長浜市新庄寺町。日出山と号し、真言宗智山派。寛平七年895宇多天皇の勅願により益信が開創したという。のち衰退したのを足利尊氏が再興し、同義政が実雄と共に重修、寺運は隆盛を極めたが天正年間1573—92織田信長に焼かれた。のち豊臣秀吉が寺領を寄せ修造した。〔国宝〕金銀鍍透彫華籠　〔重文〕木造半肉彫千手観音立像、木造毘沙門天立像、金銅透彫華鬘　〔参考〕坂田郡志、近江輿地志略六〇

**しんしょう-ほんじょう**　**心性本浄**　心性とは、不変な心の本体を意味し、それが本来的に浄らかであることをいう。これは煩悩《ぼんのう》が心を覆っているが、それは後に起こったもので（これを客塵煩悩といい、心性本浄と対句にする）、心の本体ではないという考えに立つもので、部派仏教の中の大衆部がこれを説き、大乗の如来蔵や仏性説も同じ根拠に立っている。

**しんしょうめつもん**　**心生滅門**　⇩心真如門《しんしんにょもん》

**しんしん**　**真心〔妄心《もうじん》〕**　真実の心、真如の理としての心、または心の本性としての理を意味し、真宗では他力の信心に名づける。妄心とは誤ったはからい、いつわりの心、即ち現実に凡夫《ぼんぶ》の日常生活におこる心をいう。⇩真心観《しんしんかん》〔妄心観〕

**しんじん**　**信心**　疑いをはなれた清らかな心。仏法僧の三宝および因果の理を信じることで仏道に入る第一歩とする。南本涅槃経巻三二師子吼品には仏性を大信心と名づけるとある。浄土教では無量寿経の説に基づき阿弥陀仏の本願を信じることとする。曇鸞は浄土論註巻下に三不三信を説き、善導は観経疏散善義に機法二種の信心〈⇩二種深信《にしゅじんしん》〉を説く。真宗では、信心のみで往生ができるとして信心為本の説をたて、その信心は仏から与えられた他力の信心（利他真実信心、真実信心）であるとし、信心を得た後、称名念仏するのを信後相続の易行《いぎょう》といい、仏恩に報いる行為とする。信心がさだまることを信心決定《けつじょう》、信心がつづけられることを信心相続《そうぞく》という。⇩信心〔不信〕

**じんしん**　**深信**　深く信じること。善導の観経疏散善義には、経の深心を解釈して機《き》・法などを深く信じることと説く。親鸞は愚禿鈔巻下にこれをまとめて七深信とする。⇩二種深信《にしゅじんしん》

**しんしん-かん**　**真心観〔妄心観〕**　天台宗で、一心三観、一念三千を観じるにあたり、対象となる心について、真心とする説と妄心とする説とがある〈⇩真心《しんしん》〔妄心〕〉。即ち趙宋天台において、源清・洪敏・慶昭などの山外派《さんがいは》および山家派《さんげは》の異解者宗昱《しゅういく》など（真心家）は、観心の対象となる心はすべてのものの本体となる真如の理心であるとする真心観を主張したのに対して、知礼などの山家派（妄心家）は凡夫《ぼんぶ》が日常におこす第六識のはたらきとしての無記の心であるとする妄心観を主張した。これらの両説はいずれも智顗《ちぎ》・湛然《たんねん》の説を根拠として立てられたものであるが、初心者にとって真心を観じるのは程度が高くて難しいことと、真心は華厳宗の唯

心縁起の説に近いことから真心説は正統でないとされる。日本の天台宗では真心観・妄心観のいずれをも認め、等海の宗大事口決によれば、観心を行うものの性質能力(機)によって、解行《げぎょう》、直行《じきぎょう》・解行未分《げぎょうみぶん》・本執不解《ほんしゅうふげ》の四種の機をわけ、解行の機は第六識に起こす妄心、直行の機は第八識の元初の一念、後の二機は直ちに法性を観じるとし、前の一を始覚法門の入道、後の三を本覚法門の入道とした。

**しんじん-じきせつ　真心直説**　一巻。高麗の知訥《ちとつ》の著(熙宗元1204)。教禅一致の立場から、宗密・延寿の説を受けて、諸宗の説を総合した一種の仏教概論である。直心正信・直心異名以下一五節にわたり、経論・祖釈・祖録などから要文を引いて、人々の本具の心性のあり方と迷妄の根源を解明し、修証の順序次第を示している。現存のものは、巻首に智訥の自序および李朝の睿宗元年1468文定の重刻の序がある。㊅四八

**しんしん-だつらく　身心脱落**　身心共にこのままでありながら、この身心はわが物であるという執著を離れて、無心の境界に入るのをいう。

**しん-しんにょもん　心真如門〔心生滅門〕**　大乗起信論の説。あわせて起信の二門、真生二門という。すなわち、万有の本体である衆生心の二面をあらわすものであり、心真如門とは、一心の本体は迷悟などというあらゆる差別を超えた絶対平等の理体、即ち真如であることを示し、心生滅門とは、その真如すなわち不生不滅の如来蔵心が無明《むみょう》の妄縁によって起動されて生滅心となり、種々の差別的な現象を生じることを示す。そして、この不生不滅の如来蔵心が起動したところを阿黎耶識《ありやしき》と名づけ、その識は不生滅心と生滅心とが和合して、それらと非一非異なものとする。

**しんじん-めい　信心銘**　一巻。三祖大師信心銘ともいう。禅宗の第三祖僧璨《そうさん》の作。成立年不詳。韻文詩でわずか四言一四六句の中に、禅の根源である一心の当体をあます所なく表現している。古く景徳伝灯録巻二九に収められ、また禅海十珍・法海宝筏・四部録・五味禅などによって広く流布している。分別意識を絶した一心の根源においては、一心もまた執すべきものなく、万法自ら如であり、一即一切、一切即一であると主張し、思想系統としては華厳の円教的立場に通ずるものを示している。至道無難、唯嫌揀択、但莫憎愛、洞然明白という最初の句は、禅宗で古くから公案として参究されて、多くの拈頌が作られている。㊅四八、国諸宗部六〔註釈〕真歇清了・拈古、中峰明本・闢義解、日本では瑩山紹瑾・拈提など

**しんじん-ようけつ　真心要決**　三巻。良遍の著(寛元二1244—四)。解脱《げだつ》上人の上足として法相の学に精通した良遍が、当時新たに伝来した禅をも研究し、円爾弁円のもとに参じて禅要を学び、その究極は応理法相大宗にかなうことを知って、この書を著わした。全篇に法相の宗義は禅門と一致していることを強調する。日蔵三三〔原本〕薬師寺蔵ほか

**しんずい　信瑞**　(—弘安二1279)　浄土宗の僧。号は敬西房。はじめ信空に師事し、のち隆寛に浄土教をうけ、引法寺に住した。広く内外和漢の学に通じた。請われて泉涌寺《せんにゅうじ》俊芿《しゅんじょう》の伝記、泉涌寺不可棄法師伝一巻(仏全一一五、続群九上)を編し、また源空の徳行を敬慕して黒谷上人伝一巻(欠)を撰して北条時頼に進上した。明義進行集三巻(上巻欠)は源空門下の事跡を集録し、源空の念仏が無観の称名であることを示していて重要。ほかに浄土三部経音義(集)四巻(信瑞音義という)、広疑瑞決集五巻の著書がある。〔参考〕法然上人行状絵図二六、法水分流記、浄土伝灯総系譜下

**しんずい　真蘂**　(応永八1401—文明元1469)臨済宗の僧。字は季瓊。雲沢、紫藤、安楽窩、無双などと号する。相国寺雲頂庵の叔英宗播に師事し、その法を嗣ぎ、師の没後、雲頂庵主となる。永享七年1435蔭涼職に就任。嘉吉の乱で退くが、長禄二年1458再任されて文正元年1466まで在職。のち京都禅仏寺を開き、西禅寺・天竜寺に歴住した。なお蔭涼軒主の公用日記である蔭涼軒日録が残っている。著書、季瓊日録。〔参考〕大日本史料八ノ二、扶桑五山記三

**じんず-じ　浄慈寺**　中国浙江省杭州府

銭塘の南屏山にある。中国五山の一。後周の顕徳元年954呉越王銭弘俶の創建。慧日永明寺と名づけ道潜を開山とした。ついで延寿が住し、禅と念仏との双修を勧め宗鏡録《すぎょうろく》一〇〇巻を著わし、宗鏡台を建てた。北宋初に寿寧禅院と号したが、のち浄慈寺と称され、南宋の紹興九年1139浄慈報恩光孝禅寺の額を賜る。元代以降衰えたのを、清代に至ってしばしば重修された。なお南屏山中に忠懿王妃黄氏の造建と伝える雷峰塔があり、七級の塼塔であった。〔参考〕宋高僧伝一三・二八、景徳伝灯録二六・二八

**じんず-ようご　浄慈要語**　一巻。明の元賢の著。成立年不詳。成道の究極は浄であり、衆生の済度は慈におさまるとして、念仏をすすめ、殺生を禁じて放生を奨励した書。㊫二・一三・五

**しんぜい　真盛**　(嘉吉三1443―明応四1495)　天台真盛宗の祖。姓は紀氏。伊勢の人。諡号は円戒国師。伊勢国光明寺盛源に師事得度し、尾張の密蔵院で台密を学んだ。寛正二年1461叡山に登って慶秀に師事し、文明九年1477大乗会の講師となり権大僧都に補せられた。同一五年黒谷の青竜寺に隠遁、大蔵経を披閲し、日課念仏六万遍を修した。往生要集に信念を発し、坂本生源寺で往生要集の講演を開いた。請われて西教寺で戒称一致の宗風を唱え、堂宇を修築し興隆につとめた。長享二年1488足利義政に菩薩大戒を授け、同年信濃善光寺に参詣の帰途、越前府中の引接寺(現福井県武生市)で念仏を弘めた。朝倉氏の帰依をうけ、翌年再び越前を巡化し、岡庄西光寺・新庄放光寺・大野青蓮寺など多くの念仏道場を開設した。また伊勢、伊賀に行化して道俗の帰依を集めた。明応元年1492後土御門天皇に戒を授け、念仏の要旨を説き、奏進法語一巻を献上した。同四年伊勢の蓮生寺を創建し、ついで伊賀西蓮寺で四八日の念仏会を開いたが、病を得て没した。弟子に盛全・盛算・盛品・真慶など多い。著書、奏進法語、念仏三昧法語、白賛回向偈など。〔参考〕真盛上人往生伝記、真盛上人別伝、西教寺中興真盛上人伝、本朝高僧伝一八

**しんぜい　真済**　(延暦一九800―貞観二860)　真言宗の僧。京都の人。姓は紀氏。高雄僧正、紀僧正と呼ばれた。空海に師事して神護寺二世としてあとを継ぎ、年分度者を賜り、塔を建て五大虚空蔵像を安置して大法会を行い、のちの恒例とした。東寺長者になり、僧正に補せられた。編著、遍照発揮性霊集一〇巻(空海の詩文を集めたもの)、空海僧都伝一巻(続群八下)、金剛界曼荼羅次第法一巻(日蔵四四)、孔雀経諸本鈔集六巻、胎蔵界念誦私記など。〔参考〕弘法大師弟子伝上、三代実録四、真言伝四、元亨釈書三、本朝高僧伝六

**しんぜん　真然**　(延暦二三804―寛平三891)平安初期の真言宗の僧。高野山金剛峯寺二世。讃岐の人。俗姓は佐伯氏。空海の甥。九歳で出家。空海に師事して大安寺に住し、天長八年831両部灌頂を真雅より受ける。承和元年834空海より金剛峯寺(翌年から定額寺)を付属され、以後五六年間高野山経営に尽力する。同二年空海入滅の際万端を指揮し、同三年真済と共に入唐を試みたが、失敗。同四年から高野山で朝拝の儀を恒例化し、貞観三年861から翌年間の二度、紀伊国の税稲を大塔修理料として賜る。同一八年東寺秘蔵の三十帖策子を真雅より借覧。後年一時返却して再度高野山に持ち帰り、寿長に伝え、後代の事件の素因を作る。元慶三年879東寺別当。同四年聖宝に両部大法の伝授(同八年に灌頂)を行う。同七年仁寿殿で宗義を論談し、権少僧都、東寺二長者、同八年同一長者、仁和元年885少僧都、同三年権大僧都に進む。勅により高野山に九丈多宝塔(西塔)などを建立。同四年仁和寺金堂落慶供養の導師を勤め、寛平元年金剛峯寺座主職を寿長に譲る。同二年僧

真然（三国祖師影）

正位。付法の弟子は寿長・無空・源仁・聖宝など。著書、無障金剛次第一巻など事相が主。〔参考〕弘法大師弟子伝下、東宝記六―八、高野春秋編年輯録二・三、元亨釈書一四、本朝高僧伝六四

**じんぜん　尋禅**（天慶六943―正暦元990）天台宗の僧。藤原師輔の子。良源の室に入って顕密を学び、霊験にすぐれて名声が高かった。天延二年974天台宗最初の一身阿闍梨となり、寛和元年985天台座主に補せられた。また花山・円融両天皇の戒師となり貴人の崇敬をあつめた。晩年、飯室に隠退し、飯室の座主とも呼ばれた。寛弘四年1007慈忍の諡号を贈られた。著書、止観略決一巻など。〔参考〕天台座主記、続本朝往生伝、元亨釈書九、本朝高僧伝四八

**しんせん-えん　神泉苑**　京都市中京区御池通神泉苑東入門前町。桓武天皇が平安遷都の際に設けた庭園。延暦一九年800の桓武天皇の神泉苑行幸をはじめ、平安初期には当苑へ遊宴のため盛んに行幸が行われた。しかし貞観年間859―77になると宗教霊場へと変化し、なかでも祈雨の霊場として顕著となる。延長年間923―31以降は聖宝など真言僧による祈雨の独占となるに及び、天長元年824宗祖空海の神泉苑祈雨始源とする伝説も生じた。鎌倉時代に荒廃したので北条泰時が門垣を造り、のち宝徳三年1451にも修造された。慶長一二年1607快雅が寺を造営し、東寺の所轄となった。天明八年1788焼失、のち再興された。現在境内一円は国指定の史跡。毎年五月一日から四日までの大祭に神泉苑大念仏狂言が行われる。〔参考〕三代実録七、山城名勝志四、山城名跡巡行志一

**しんせん-おうじょうでん　新撰往生伝**　八巻。風航了吟の編（寛政五1793序）。平安時代の六つの往生伝の後を継いで著わしたもので、一八四人の往生者の伝を収める。巻一―三は諸書からの抜萃、巻四―七は編者の見聞したもの、巻八は付録。了智の緇白《しはく》往生伝と共に浄土宗系往生伝の双璧である。浄全一七〔刊本〕文政一三1830刊

**しんぜんこう-じ　新善光寺**　滋賀県長浜市西上坂町。時宗。御影堂ともいう。天長年間824―34檀林皇后の建立、開山は空海と伝える。もと京都東洞院春日町にあり、檀林寺の別所で尼寺であったが、弘安年間1278―88住持が一遍に帰依し王阿と号し時宗に改宗。のち転々とし天正一五年1587御影堂町（現京都市下京区五条通寺町西入）に定まったが、第二次世界大戦中の五条通拡張により、現地に移転した。なお明治期まで寺僧がつくっていた御影堂扇は京名物の一であった。〔重文〕木造地蔵菩薩半跏像　〔参考〕浄土伝灯総系譜下、山城名勝志五

**しんせん-ざすき　新撰座主記**　三巻。進藤為善の著（文化八1811序）。天台座主記の後を継いで、道玄が建治二年1276八八代天台座主に補せられてから二二三代尊宝親王までの事項を記した書。続々群二

**しんせん-じょうわしゅう　新撰貞和集**　三巻。⇨貞和集《じょうわしゅう》

**しんせん-ゆぎょう-ねんぶつき　神宣遊行念仏記**　一巻。知蓮（1459―1513）の著。成立年不詳。一遍が熊野権現から感得したという偈頌「六字名号一遍法、十界依正一遍体、万行離念一遍証、人中上上妙好華」を解釈した書。神偈の解釈としては最古に属し、後出のもの数部の基準となった。四句を二段に分け、前三句は所念の法である名号実相の法を述べ、後の一句は能念の人である念仏行者を語っていると解釈している。⇨神偈撮要鈔《しんげさつようしょう》

**しんぞ　陞座**　禅宗の用語。高座に陞《のぼ》る意。師家《しけ》が高座に上って説法すること。古くは広く上堂と同義に用いられたが、後世では区別する。

**じん-そう　陣僧**　中世の武士軍団に相伴、従軍し、戦死者の供養などにあたった僧。一四世紀ごろからは多く時衆の僧が用いられた。その任務は戦場で討死した者に最期の十念を授けるのを本務とし、葬送にも関わり、手負者には金創術の医療行為をした。また敵陣への使僧や、武将の祐筆として文筆活動にも従事した。応永六年1399第一一代遊行上人自空は「軍勢に相伴時衆の法様」として五カ条の掟を認めている。このような陣僧の体験は、太平記の記録的・傍観的な記述描写に反映し、その成立に関与したといわれる。〔参考〕太平記、若狭小浜・西福寺文書、近江番場・蓮華寺文書、京都七条・

金光寺文書、異本小田原記など

**しんそう-でん　神僧伝**　九巻。明の成祖の著（永楽一五1417序）。後漢の迦葉摩騰をはじめ、南宋までの神異と称される名僧二〇八人の事跡を集めた書。㊅五〇

**しんぞく-ざっき-もんどう-しょう　真俗雑記問答鈔**　三〇巻。秘蔵口伝鈔ともいう。頼瑜（1226—1304）の著。仏法と世俗とにわたって見聞した事項を問答体に記したもの。文永1264—75より弘安1278—88までの間に記されたものらしい。〔写本〕大谷大学蔵（宝暦九1759写）、種智院大学蔵

**しんぞく-ぶつじ-へん　真俗仏事編**　六巻。子登の著（享保一一1726）。日用仏事について心得るべきことを九部二〇七条にわたって解説したもの。〔刊本〕享保一三刊

**じんそん　尋尊**　（永享二1430—永正五1508）興福寺大乗院の門跡。一条兼良の子。永享一〇年大乗院に入り、康正二年1456興福寺の別当に補せられ、ついで長谷寺・橘寺・薬師寺の別当を兼務した。翌年大僧正に任じられた。応仁の乱に際して、父兼良の記録を兵火から守り、大乗院に移して保管した。日記（尋尊大僧正記その他）を集録し、それを含めた大乗院寺社雑事記は、当時の政治・経済・社会・文化についての貴重な記録である。編著はほかに七大寺巡礼記、三箇院家抄など。〔参考〕大乗院寺社雑事記

**じんそん-だいそうじょう-き　尋尊大僧正記**　一九八巻。尋尊の宝徳二年1450から永正五年1508の間の日記。うち自筆原題は寺務方諸廻請（長禄三1459までの一二巻）と寺社雑事記。興福寺および春日社などに関する雑事を記録する。室町時代の奈良を中心とした畿内における政治・経済・宗教・芸能などの事情を知る上に重要な史料である。この日記に政覚大僧正記・経尋記を加えたものが大乗院寺社雑事記として刊行されている〈⇩大乗院寺社雑事記《だいじょういんじしゃぞうじき》〉。増補続史料大成二六—三七〔原本〕内閣文庫蔵

**しんだい　真諦**　（499—陳太建元569）梁・陳代の訳経家。摂論宗の祖。西インド優禅尼《うぜんに》国の人。㊵パラマールタ Paramārthaの訳。波羅末他、波羅末陀などと音写する。名をクラナータ Kulanātha（拘羅那他と音写し、親依と訳す）あるいはグナラタ Guṇaratha（拘那羅陀）とする説もある。梁の武帝の招きにより、多数の梵本を携え南海を経由して、大同一二年546広州に達し、太清二年548建業で帝に謁しその厚遇を受けた。侯景の乱で武帝が失脚し、世情が混乱したために東国に赴き、富春・揚州・予章など各地を転々としながら、経論の翻訳や講義をつづけたが、彼の本意にそむくことが多かったので、船で楞伽修国へ去ろうとしたけれども、人々にひきとめられて閩越（福建・浙江省）にとどまった。天嘉三年562梁安を出航したが、暴風で広州（広東）にもどり、制旨寺に住して摂大乗論《しょうだいじょうろん》、同釈論を訳し、義疏を作った。光大二年568世を厭って自殺を図ったが果たさず、翌年病で没した。彼の伝訳した無塵唯識の説は当時の諸僧から歓迎されず、政治に害ありと反対されたためその一生は流浪と不安の生涯であったが、この間に多数の経論を訳し、また註疏を作り、古来、羅什・玄奘・不空と共に四大訳経家の一とされる。その翻訳は六四部二七八巻、或いは四九部一四二巻に達したと伝えられる。中でも金光明経・大乗起信論・摂大乗論・倶舎釈論などは重要で、特に起信論と摂大乗論とは後世に大きな影響を与えたが、起信論については真諦訳を疑う説もある。門人に慧愷・法泰・道尼・曹毗・智敫・僧宗・法准・僧忍らがある。〔参考〕続高僧伝一、歴代三宝紀九

**じんたい　神泰**　生没年不詳。唐の玄奘の弟子。訳経家。貞観一九年645玄奘が弘福寺で経典の翻訳を始めた時に証義の任に当たった。著書に、倶舎論疏二〇巻、因明論疏二巻、摂大乗論疏一〇巻などがあったが倶舎論疏の一部分だけが現存する。古来、普光・法宝の疏と並んで倶舎論の三大疏と称される。顕慶二年657長安に西明寺が建てられると、その寺主となった。〔参考〕大慈恩寺三蔵法師伝六・八、集古今仏道論衡四、開元録八

**じんだい-じ　深大寺**　東京都調布市深大寺元町。浮岳山昌楽院と号し、天台宗。天平五年733当地柏野里の長者が水神深沙大王を祈り、満功を請じて開創したと伝える。初め法相宗であったが、貞観年間359—

77慧亮が住持のとき改宗。その後衰退したのを世田谷殿(吉良氏)が再興、当郷を供料として充てた。正保三年1646焼失しその後再興された。〔重文〕銅造釈迦如来倚像、梵鐘 〔参考〕同寺慶安縁起、新編武蔵風土記稿九

**しん-だいぶつ-じ　新大仏寺**　三重県伊賀市富永。五宝山(御宝山)と号し、真言宗智山派に属する。神竜寺ともいう。建仁二年1202俊乗房重源《ちょうげん》が創建。往時は念仏道場として栄えたが、次第に衰微し、享保年間1716—36中興された。〔重文〕絹本著色興正菩薩像、木造俊乗上人坐像、同僧形坐像、板彫五輪塔ほか 〔参考〕南無阿弥陀仏作善集、三国地誌七〇

**しんち　真智**　(永正元1504—天正一三1585)真宗高田派の僧。後柏原天皇の皇子と伝え、常盤井宮という。真宗高田派本山の伊勢一身田専修寺一〇世真慧の養子となったが、永正一〇年真慧の没後、住持継職をめぐって門末は伊勢方と越前・三河方に二分し、前者は真慧の実子応真を、後者は真智を住持に推して正統を争った。大永二年1522両派の和解以後も、伊勢一身田専修寺は応真ののち堯慧が継ぎ、真智は不遇であったが、越前・三河の門末の帰依を得て、越前熊坂に別に専修寺(熊坂専修寺と称し、跡地は現福井県あわら市)を建立して住持になった。〔参考〕専修寺史要

**しんちょうこく-じ　新長谷寺**　①岐阜県関市長谷寺町。真言宗智山派。俗に吉田《きった》観音という。貞応元年1222護忍の開創。嘉禄二年1226諸堂が造建され勅願所となる。正安二年1300炎上したが徳治年間1306—08隆覚が再興した。〔重文〕本堂、三重塔、釈迦堂、阿弥陀堂、大師堂、鎮守堂、薬師堂、客殿、木造十一面観音立像、厨子入木造阿弥陀如来立像 〔参考〕新編美濃志、美濃明細記　②⇩長谷寺《はせでら》②

**じんづう　神通**　㊵アビジュニャー abhijñā の訳。旬と音写し、神通力、神力、通力、通ともいう。禅定《ぜんじょう》を修めることなどによって得られる無礙自在な超人間的な不思議なはたらき。これに神足《じんそく》・天眼《てんげん》・天耳《てんに》・他心・宿命《しゅくみょう》の五神通(五通、五旬、般遮旬)があり、漏尽通を加えて六神通(六通)という。また特に神足通のみを神通ということもある。⑴、神足通は神境智証通、神境通、身如意通、如意通、身通ともいって、大智度論巻五や巻二八にはこれに、思う所へおもいどおりに到りうる能到(飛行)、おもいどおりに相をかえる転変《てんぺん》(変化)、外界の対境(六境)をおもいどおりにする聖如意《しょうにょい》(随意自在)の三があり、後の一は仏のみが具えるとする。⑵天眼通は天眼智証通、天眼智通ともいい、世間のすべての遠近、苦楽、粗細などを見とおすはたらき。⑶天耳通は天耳智証通、天耳智通ともいい、世間のすべての声をことごとく聞きとるはたらき(これら眼や耳は色界という人間の世界を超えた天の世界の四大種所造の浄らかな色《しき》〔物質〕から成るから「天」という)。⑷他心通は他心智証通、知他心通ともいい、他人の心中に思う善悪の事をことごとく知るはたらき(他心徹鑑《てっかん》力)。⑸宿命通は宿住随念智証通、宿住智通、識宿命通ともいい、自他の過去の世の生存の状態をことごとく知るはたらき。⑹漏尽通《ろじんつう》は漏尽智証通ともいい、煩悩《ぼんのう》をすべて断ち得て二度と迷界に生まれないことをさとる通力である。仏や阿羅漢《あらかん》の有する宿命・天眼・漏尽の三通は特に勝れているから三明という。この場合、天眼は未来世の衆生《しゅじょう》の死生の時や有様などを見とおす通力であり、死生智証明ともいう〈⇩三明《さんみょう》〉。倶舎論巻二七には、六神通はすべて慧を本質(自性《じしょう》)とし、そのうちで五神通は四禅を修めることによって得られるから聖者《しょうじゃ》のみでなく凡夫《ぼんぷ》も得られるが、漏尽通は聖者のみが得るとし、大智度論巻二八には菩薩《ぼさつ》は五通、仏は六通を持つとする。成実論巻一六には仏教以外の外道もまた五通を得るとする。五通を得た仙人を五通仙人と名づける。神通には、鬼畜や諸天などの通力のように生まれつきもっているもの(生得《しょうとく》)と禅定を修めて得るもの(修得《しゅとく》)とがあり、大乗義章巻二〇本には神道を得る方法に、四禅天に生まれることによって果報として自然に得るような報通、仙人が薬力によって空を自由に飛ぶような業通《ごうつう》(業によって得られた通力)、婆羅門《ばらもん》が呪をたもつことによって姿をかえるような呪通、禅定

を修めることによって通力を得る修通の四があり、業通・呪通は外道のするものであるという。また宗鏡録巻一五には広く通力をわけて五種通(五通)とする。⑴道通。中道の理をさとって後、無心によく物に応じて万有をあらわす通力。⑵神通。禅定によって心静かによくものを観察思惟し、宿命を知るなどの通力。⑶依通。薬や護符や呪などによって得る通力。⑷報通。業《ごう》のむくい(果報)として、自然に得た通力。⑸妖通。妖怪の持つ通力である。

**じんつう-じ　神通寺**　中国山東省済南府。前秦苻健の皇始元年351僧朗が泰山西北の金輿崙山に創建、朗公谷山寺とよばれた。北周の時廃絶したが、隋の開皇一四年594河南王を檀越として再興、現寺号に改めた。唐の貞観一五年641義浄は幼くして当寺で化育をうけたと伝えるが、のちの沿革は不明。寺の西南方山腹に唐初の懸崖の千仏崖があり、数百を数える。〔参考〕高僧伝五

**しんてい　真亭**　禅宗で、亡くなった徳の高い老僧の真影《しんねい》(肖像画)を掛けておく設備。四方に柱があってあずまやのようであるから亭といい、薄い紗を張りめぐらしてある。葬式のときに用いる。

**しんてき-にしゅう-ろん　神敵二宗論**　二巻。平田篤胤(1776—843)の著。著者はさきに出定笑語を著わして仏教各宗を排斥したが、それに続いて真宗並びに日蓮宗を誹謗したもの。これに反論したものに作者不詳の弁妄一巻がある。日本思想闘諍史料八〔刊本〕文化一四1817刊

**じんてん-あいのう-しょう　塵添壒囊鈔**　二〇巻。編者不詳(天文元1532編)。和漢の故事風俗を解説した一種の辞書。仏事の由来などを知るのに便利である。観勝寺行誉が文安三年1446に編集した壒囊鈔一五巻のうちの五三六条と塵袋《ちりぶくろ》二〇巻六二〇条のうち二〇一条とを合糅したもの。仏全一五〇、日本古典全書、浜田敦など編(臨川書店)〔刊本〕正保三1646刊

**しんど　身土**　凡夫《ぼんぶ》、あるいは仏・菩薩《ぼさつ》が受ける身体と国土(世界)。正報と依報。⇩依報《えほう》〔正報〕

**しんど　信度**　㊵シンドゥ Sindhu の音写。①インドの呼称の一つ〈⇩印度《いんど》〉。②四大河の一つ。インダス河に比定される〈⇩信度河《しんどが》　⇩四大河《しだいが》〉。③インド西部にあった古国の名。玄奘が訪れた時、首都を毘苫婆補羅《びせんばふら》といい、小乗仏教が行われ、数百の寺と一万の僧徒がいたという。阿育(アショーカ Aśoka)王の塔がこの国にあり、烏波毱多《うはきくた》(ウパグプタ Upagupta)もここで教化をしたと伝えられる。現在のインダス河右岸のアロール Alor であると考えられている。〔参考〕西域記一一、大慈恩寺三蔵法師伝四

**しんとう　新到**　禅宗で新たにある寺へ到って掛搭《かとう》すること。また新たに叢林に寄住することになったものをいう。

**じんどう-じ　神童寺**　京都府相楽郡山城町神童子。北吉野山金剛蔵院と号し、真言宗智山派。推古天皇四年596聖徳太子の草創と伝える。白鳳四年役小角《えんのおづぬ》が来山し修行中、神童に化した勝手・子守・金精の三明神が現われ、童子に助けられたことから、蔵王権現像を造像し本尊としたという。大和吉野山に対し北吉野山といわれていたことからも、修験の山岳霊場となっていたであろうことが知られる。のち衰退したのを平安時代に興福寺願安が再興、法相・真言兼学の道場としたがしばしば焼失し、応永一三年1406興福寺の官務懐乗が蔵王堂を再建した。〔重文〕本堂、木造愛染明王坐像、同不動明王立像、同阿弥陀如来坐像、同毘沙門天立像、同日光月光菩薩立像、同伎楽面　〔参考〕雍州府志五

**しんとう-しゅう　神道集**　一〇巻。縁起説話集。編者は不詳であるが、「安居院作」と各内題の下にあることから安居院《あぐい》流の唱導者の関与とされる。成立年は文中に文和三年1354、延文三年1358と記されているから、南北朝期か。五〇編から成り、神道由来事・鳥居事など神道総論的な九編と、八幡・熊野・春日・北野などの著名な神社の本地仏と縁起をのべた四一編に分けられるが、経論を多く引用して仏教的に述べている。古本系の真福寺本・天理図書館本・赤木文庫本と、流布本系の東洋文庫本・豊宮崎文庫本・河野本などの諸本がある。近藤喜博・神道集(東洋文庫本・昭和三四1959)〔複製〕渡辺国

雄・近藤喜博・神道集（河野本・同三七）、貴重古典籍叢刊一（真福寺本巻一・赤木文庫本・同四三）〔参考〕東洋文庫九四（貴志正造訳）

**しんどーが　信度河**　信度は㊵シンドゥSindhuの音写。古代インドの世界論でいう閻浮提《えんぶだい》の四大河の一つで、現在のインダスIndus河にあたる。チベット高原南西部のカイラス山脈に源流を発し、北西に進んでカシミール地方に入り、ヒマラヤ山脈の西端で南西に向きを変えてパキスタンのパンジャーブ地方に入る。ここでジェラム・チェナーブ・ラヴィ・サトレジ・ビアスの五河を合わせたパンジナード河と合流し、カラチの南東でアラビア海に注ぐ。全長約二九〇〇キロ、ガンジスGanges河（ガンガーGaṅgā恒河）につぐインド亜大陸の二大河の一つである。この河の流域のパンジャーブ地方はインドでもっとも早く文明の開いた地域で、紀元前二〇〇〇年を中心にインダス文明が栄えたことで知られる。〈⇩インダス文明《インダスぶんめい》〉〔参考〕長阿含経一八、阿毘曇毘婆沙論二

**しんな　真阿**　（永和元1375—永享一二1440）西山浄土宗の歌僧。良仁ともいう。後亀山天皇の皇子で帥宮と呼んだ。出家して義恩といい、のち真阿と改めた。はじめ誓願寺に住し、足利義教と和歌を通じて親交があり、十念寺と供養田を寄せられて住み、浄土の業を修めた。〔参考〕緇白往生伝上、本朝高僧伝一八

**じんな　陳那**　（480—540頃）㊵ディグナーガ DignāgaあるいはディンナーガDiṅ-nāgaの音写。域竜と訳す。インド唯識派の論師で仏教論理学の確立者。南インドのカーンチー付近のバラモンの生まれで、仏教に改宗してはじめ犢子部の学説を学び、のちに世親（ヴァスバンドゥ　Vasuband-hu）のもとで唯識を学んだと伝えるが、世親に直接師事したのが史実であるか否かは明らかでない。陳那はニヤーヤ Nyāya 学派の論理学説（古因明）を批判して量（プラマーナ pramāṇa）すなわち認識根拠を現量（プラティアクシャ pratyakṣa直接知覚）と比量（アヌマーナ anumāna推論）の二つに整理し、因の三相説・九句因説を創唱、さらにこれまでの五分作法を改革して三支作法を創始するなど、従来の論理学説を一新していわゆる新因明を大成した。かれの新因明はのちにダルマキールティ　Dharma-kīrti（法称）によってさらに発展・完成される。また唯識説においては認識に所取分（相分）・能取分（見分）・自証分の三要素をみとめる三分説を立て、認識の対象である識内部の形相の存在を認めて、のちにいわゆる有相唯識派の創始者とされる。その唯識説は無性（アスヴァバーヴァ Asvabhā-va）・護法（ダルマパーラDharmapāla）らによって継承された。著書は多数あるが、⑴観三世論（Trikāla-parīkṣāあるいはTrai-lokya-parīkṣā）、⑵観総相論頌（Sāmānya-lakṣaṇa-parīkṣā）、⑶観所縁論（Ālam-bana-parīkṣā）、⑷因門論（Hetu-mukha）、⑸似因門論（Hetvābhāsa-mukha）、⑹因明正理門論（Nyāya-mukha）、⑺取因仮設論（Upādāya-prajñapti-prakaraṇa）、⑻集量論（Pramāṇa-samuccaya）の八部が義浄によって陳那の八論とされる。このうち⑶⑻には自註があり、その他、般若波羅蜜多円集要義論などの著作がある。〔参考〕西域記一〇

陳那（三百尊像集）

**しんにち　信日**　（　—徳治二1307）真言宗の僧。字は禅智。紀伊の人。叡尊の外甥という。高野山桜池院の恵深・大楽院賢雄に学び、西大寺信恵に戒律をうけた。大楽院に住し、大日経疏・釈摩訶衍論を講じた。亀山上皇から講演に招かれたが辞退し、弟子の信堅に代講させた。著書、金剛界曼荼

羅鈔二巻、胎蔵界曼荼羅鈔二巻、大日経疏科文三〇巻、同綱要鈔三巻。〔参考〕高野春秋編年輯録九、本朝高僧伝一六

**しんにち-おう　新日王**　(梵)バーラーディトヤ Bālādityaの訳。婆羅秩底也《ばらいっていや》と音写する。世親(ヴァスバンドゥ Vasubandhu)に帰依したという阿踰闍《あゆじや》国(アヨードヤー Ayodhyā)の王。正勤日《しょうごんじつ》王(ヴィクラマーディトヤ Vikramāditya馝柯羅摩阿秩多《ひからまあいつた》と音写)の太子で、父王によって世親のもとで受戒せしめられ、即位後世親にさまざまの供養をしたという。ヴィクラマーディトヤをいわゆる超日王すなわちグプタ王朝のチャンドラグプタ Candragupta二世とすれば、新日王はその子クマーラグプタ Kumāragupta 一世(414—55頃在位)のことになるが、世親の年代論とも関係して定かでない。〔参考〕婆藪槃豆法師伝

**しんにょ　真如**　(梵)タタター tathatā の訳。もののありのままのすがた。ものがある通りにおかれているあり方。真実で永遠に不変なものの意味で真如と名づけられる。如如、如実、如などともいう。大乗では万有の本体をいう。①阿含《あごん》では、縁起の理法が永遠不変の真理であるのを真如といったようである。異部宗輪論によれば、化地部《けじぶ》では九無為《むい》を説くうちに善法真如・不善法真如・無記法真如・道支真如・縁起真如を数えているが、これは善・悪・無記の三性や八聖道や縁起の理法が真実で永遠不変なことを真如というのである。②大乗では、すべての存在の本性が人法二無我であり、あらゆる差別的な相を超えて絶対の一であるのを真如と名づけ、また如来の法身《ほっしん》の自性《じしょう》とする。仏地経論巻七には、真如とはすべての現象(諸法)の実性《じっしょう》であるとし、その体は一味であるが相によって種々の相があり、一切法と不一不異でその体を示そうとすれば思考も言語も及ばないが、すべてのいつわりや誤った見解を離れている点から仮に真如と名づけ、またすべての善の依り所となるから法界、損減の謗を離れるから実有、増益の謗を離れるから空無、ただこれだけが真実であるから実際、無分別智《むふんべつち》のさとる所であるから勝義と仮に名づけるとする。真如の異名としては、大般若経巻三六〇には、真如・法界・法性・不虚妄性・不変異性・平等性・離生性・法定・法住・実際・虚空界・不思議界の一二名、大乗阿毘達磨雑集論巻二には、真如・空性・無相・実際・勝義・法界の六名、法華玄義巻八下には実相・妙有・真善妙色・実際・畢竟空・如如・涅槃・虚空・仏性・如来蔵・中実理心・非有非無中道・第一義諦・微妙寂滅の一四名を挙げる。また、如、一如法界、一法界、真如実相、真如、実、真実際、真勝義諦《しんしょうぎたい》などともいい、その相が絶対平等であるのを一相という。解深密経巻三には七真如を説き、⑴縁起の理法を流転《るてん》真如、⑵諸法の実性を実相真如、⑶万法・唯識の理法を了別真如、⑷—⑺苦集滅道の四諦《したい》を順次に安立《あんりゅう》真如・邪行《じゃぎょう》真如・清浄真如・正行《しょうぎょう》真如と称するが、実相真如以外の六種を真如と称する意味については、それぞれの理法がそれ自体永遠不変であるから真如と名づけるとする説と、それらの理法自体を真如というのではなく実相真如のあらわれたすがたの種別であるとする説とがある。③法相宗の説。成唯識論巻九には真如とは虚妄分別《こもうふんべつ》の法を離れた人法二無我の性であり、三性《さんしょう》のうちの円成実性であるとする。この宗ではすべての現象は阿頼耶識《あらやしき》から生じあらわれると説き、真如そのものは現象を超絶した絶対静的なものであり、それ自体は決して現象となり得ない(真如凝然不作諸法)と説く。また成唯識論巻一〇には、菩薩は初地に至ってはじめて真如の理をさとり、次第に十地までそのさとりの内容を深めるから十真如の別を立てる。即ち⑴遍行《へんぎょう》真如。あまねく万有にゆきわたっている二空の理。⑵最勝真如。戒を完全に身につけることによってさとられる真如で、かぎりない徳を具えているから最勝という。⑶勝流《しょうる》真如。真如から流れ出た教えは余他の教えより極めて勝れているとの意。その教えの根本となる真如のこと。⑷無摂受真如。執われの対象とならない意。⑸類無別真如。生死《しょうじ》と涅槃《ねはん》とが別ものでなく迷悟一如である意。⑹無染浄真如。真如はもとより染浄を超えている意。⑺法無別

真如。真如は生滅の相を離れており、諸種の教えにさまざまに説かれても体は一である意。(8)不増減真如。煩悩のけがれを断っても減らず、きよらかな法を修めても増さず、増減の執われを離れている意。一たびこの真如をさとれば、自由自在に種々の相や国土をあらわし得るから、相土自在所依真如ともいう。(9)智自在所依真如。四無礙智において自在を得る意。(10)業自在等所依真如。すべての神通、総持《そうじ》、禅定などにおいて身口意のはたらきの自在を得る意。以上の一〇は順次に初地から十地までに十波羅蜜《はらみつ》を行い十重障を断ってさとるとする。また、人無我の真理を人空真如、法無我の真理を法空真如、合わせて二空真如といい、二乗は人空真如のみをさとるが、菩薩は二空真如をさとるとする。④地論宗では第八阿梨耶識《ありやしき》、摂論宗では第九阿摩羅識《あまらしき》はそれ自体がきよらかな自性清浄心《じしょうしょうじょうしん》、即ち真如であるとし、その識が無明《むみょう》の熏習《くんじゅう》を受けて染浄の諸現象をあらわすとする。⑤大乗起信論では真如を衆生心の本体であると説き、それは言語や思惟を絶したものであるから離言真如《りごんしんにょ》、それを強いて言語に表現して説いたのを依言真如《えごんしんにょ》、合わせて二真如といい、依言真如についてその体が迷いのこころを離れて空である点を如実空(空真如)、しかもそれ自体はきよらかなかぎりない無漏清浄の功徳を具えている点を如実不空(不空真如)という。また衆生心すなわち真如には絶対不動な心真如門《しんしんにょもん》と、それが無明の縁によって動かされ染浄の現象となった心生滅門とがあり、不動である真如を不変真如、それが縁によってあらわれた染浄の現象を随縁真如といい、合わせて二真如という。一般に万有の生起する仕方を真如の不変・随縁によって説明するのを真如縁起(如来蔵縁起)と称する。またこの二真如とほぼ同じ意味の語に清浄真如・染浄真如、あるいは非安立真如・安立真如(安立とは万有を生起し、それぞれにところを得させる意)がある。⑥華厳宗では本体即現象を性起《しょうき》説によって説き、真如そのままが万法、万法そのままが真如であるとする。また真如を一乗真如と三乗真如にわけ、前者に別教真如・同教真如、後者に頓教真如・漸教真如をわけるが、これは真如の理解の仕方が諸教説によって異なるのを分類したものである。⑦天台宗では性具《しょうぐ》説を説いて、真如そのものにも本来的に染浄善悪を具えているとする。⑧諸仏の自性《じしょう》である真如を無垢真如あるいは出纏《しゅってん》真如、衆生《しゅじょう》の体性である真如は煩悩《ぼんのう》にけがれているから有垢《うく》真如あるいは在纏《ざいてん》真如といい、合わせて両垢如如という。⑨釈摩訶衍論巻三には始覚・本覚の二智がさとる理として性真如と虚空の理を立て、清浄虚空の理の意味として無障礙義・周偏義・平等義・広大義・無相義・清浄義・不動義・有空義・空空義・無得義の一〇があるとし、これを性虚空の十義という。

**しんにょ　真如**　(延暦一八 799―貞観七 865と伝えるが、生没年不詳)平城天皇の第三皇子。高岳《たかおか》親王という。大同四年809嵯峨天皇の皇太子であったが、翌年薬子の変によって廃太子となり、出家して東大寺に入った。法相・三論を学び、空海に師事して両部灌頂をうけ阿闍梨位を得た。承和二年835勅により大和に超昇寺を開き、また高野山、山城の西芳寺などに移り、斉衡二年855勅により東大寺大仏司検校になり、大仏修理の工事を営んだ。貞観四年862禅林寺宗叡らと共に法を求めて入唐し、長安に至り、のちインドに向かったが、その後消息を断った。弟子に壱演・由蓮・隆海らがある。〔参考〕日本後記一七、入唐五家伝、弘法大師弟子伝上、東大寺要録三、超昇寺縁起、元亨釈書一六

**しんにょ-えん　真如苑**　本部、東京都立川市柴崎町。真言密教系の新宗教教団。昭和一一年1936伊藤真乗と妻友司が開創。真乗は早くから易学を行い、昭和一〇年宗教結社立照閣を設立、同一一年真澄寺を建立。その後同二三年まこと教団、同二八年に真如苑と改称。真言宗醍醐派の密教、不動信仰を母体とし、涅槃経を中心とする真如教学を説く。特に易学と霊能にもとづく霊能開発をめざす修行が重視され、これを接心《せっしん》修行と呼ぶ。

**しんにょ-かん　真如観**　一巻。源信の著と伝えるが、源信に仮託した室町時代の

作であろう。真如観、即ち中道観を説いて決定往生を勧めたもの。速疾成仏を願い、必生極楽を期す者は我心即ち真如であると思えば、釈迦・阿弥陀・薬師などの諸仏、普賢・文殊・観音・弥勒などの諸菩薩もみな我が身を離れず、法華経などの一切の法門も、自行・化他も因行も果徳もすべてわが身に備わる。このように観ずれば万行を一心に具し、一念に一切法を知るという。仏全三三、恵信僧都全集一、国東叢一(法語) 〔写本〕竜谷大学蔵(明応二1493写)、大谷大学蔵(天文五1536写) 〔刊本〕元禄五1692刊

**しんにょーじ　真如寺**　京都市北区等持院北町。万年山と号し、臨済宗相国寺派。弘安九年1286無着如大尼が師の無学祖元の爪髪奉安のため一堂をおこし、正脈庵と号した。康永元年1342夢窓疎石の勧めによって高師直がさらに堂舎を建立し、現寺号を称した。暦応四年1341十刹の第八位に列せられるなどした。寛正二年1461焼失して長く再建されなかったが、明暦二年1656後水尾上皇が再興し、皇女宝鏡寺理昌の菩提所とした。〔参考〕仏光国師語録一・二、万年山真如禅寺開山仏光無学禅師正脈院碑、山城名勝志八

**しんにょーどう　真如堂**　⇩真正極楽寺《しんしょうごくらくじ》

**しんにょどう　えんぎ　真如堂縁起**　三巻。絵巻。真正極楽寺(真如堂)蔵。重要文化財。絵は掃部助久国。詞は法務前大僧正公助が草し、上巻は後柏原院、中巻は邦高親王・尊鎮法親王、下巻は三条西実隆・公助の清書。大永四年1524の作。京都の真如堂の創建以来の歴史、および本尊阿弥陀如来の霊験を記したもの。室町時代の浄土信仰を知る一資料である。詞書は仏全一一七、続群二七上、国東叢二(寺志) 〔複製〕社寺縁起絵 〔刊本〕元禄六1693刊 〔参考〕実隆公記、山城名勝志一三、考古画譜六

**じんね　神会**　(咸亨元670―宝応元762) 唐代中期の禅僧。姓は高氏。真宗大師と諡する。七祖とも称し、荷沢《かたく》宗の祖。襄陽(湖北省襄陽県)の人。六祖慧能の法を嗣ぎ、南陽(河南省南陽県)、および洛陽(同洛陽県)荷沢寺に師風を揚げ、王維・王琚《おうきょ》らの名儒と交わり、とくに開元二〇年732以後、しばしば滑台(河北省滑県)大雲寺で北宗派と宗論した。晩年には安禄山の乱に際し度牒を売って軍資金を調達するのに尽力した。没年については上元元年760説、乾元元年758説もあり、享寿についても七五歳の説がある。著書に顕宗記、壇語、語録(問答雑徴儀)があり、宗論を録した南宗定是非論《なんしゅうじようぜひろん》も現存する。〔参考〕円覚経大疏鈔三下、承襲図、祖堂集三、宋高僧伝八、景徳伝灯録五、胡適文存四、歴史語言研究集刊二九

**しんねんーしょうだい　信念唱題**　日蓮宗の教義。心に本門の本尊を信じうやまう信心(信念)と、口に南無妙法蓮華経と称える行為(唱題)と、相まって悟りをひらくこと。一般仏教では、知的理解と実践とが相応じて悟りに至るとするが、末法のものには信心が智慧の代りになるとする。

**しんのう　心王**　〔心所〕　心のはたらきの主体となる識を心王といい、心王にともなってはたらく従属的な心の作用を心所(心所有法《しんじょうほう》の略)という。心王は対象の全体(総相)をとらえ、心所は対象の全体および部分(別相)に対してはたらく。両者は必ず相応して起こり、その相応の関係を倶舎宗《くしゃしゅう》では五義平等をもって説く。心王は六識、八識などに、心所は大地法などにわけられる。有部の正義では心王および心所の一々に各別に体があるとするが、覚天は心所は心の分位に仮に名を立てたもので別に体はないとし、唯識宗では心王と心所とは非即非離とする。⇩心所《しんじょ》

**しんばい　信培**　(延宝元1673―寛保四1744)浄土宗の僧。字は湛慧、号は澄蓮社忍誉。姓は谷口氏。京都の人。江戸霊山寺廓瑩について宗戒両脈をうけ、荻生徂徠《そらい》に漢籍を学んだ。師の息庵のあとを継いで京都華開寺に住し、維摩・楞厳・倶舎・唯識などを講じた。その後浅草涼源寺・京都竜安寺などに住み、講義・著述を事とした。霊潭律師に沙弥戒をうけ、律を修め自誓受戒した。享保一二年1727洛西長持院を再興し、翌年、中御門天皇の皇后に菩薩戒を授けた。著書、倶舎論指要鈔一〇巻、一露滴一巻、因陀羅手一巻。〔参考〕湛慧和上伝

**しんぱん　真範**　(寛和二986―天喜二

1054）法相宗の僧。姓は平氏。はじめ定好・定照に法相を学び、清水寺清範に法をうけた。万寿三年1026維摩会の講師となり、のち一乗院に住して興福寺寺務を管し、元興寺・山階寺・長谷寺を兼務した。永承四年1049僧正に補されたが、近江滋賀郡に隠退した。〔参考〕興福寺寺務次第、撰集抄四、本朝高僧伝一一

**しんぷく-じ　真福寺**　⇩宝生院《ほうしょういん》

**しんぷ-せんちゃく-ほうおん-しゅう　新扶選択報恩集**　二巻。道光の著（元亨二1322）。浄土宗鎮西派の道光が新たに祖教を助け、明恵の摧邪輪・荘厳記を対破した書。覚性が扶選択論七巻、護源報恩論一巻を述作して摧邪輪を破したが、その義が多く天台宗によっているので、未だ京師の意を尽くさないとして、これを撰したもの。総扶祖師徳行章・別扶選択文義章の二門からなる。ちなみに道光には別に本書を要略した扶選択正輪通義がある。浄全八〔刊本〕宝暦一〇1760刊

**しんぷ-ちゅう　心賦註**　四巻。註心賦ともいう。北宋初の永明延寿の著。成立年不詳。楞伽経の「仏語心を宗と為し、無門を法門と為す」というのにちなんで、禅の立場から一心の当体を詠じた心賦をさらに自ら註釈したもの。種々の経論および祖録の説を引きつつ、巧みにこれを一心に帰入させている。㊫二・一六・一

**しんぶつ　真仏**　（承元三1209—正嘉二1258）親鸞の門弟二十四輩の一。下野の国司大輔判官国春の子と伝え、親鸞の高弟で、いわゆる高田門徒の指導者顕智はその女婿という。高田派専修寺の事実上の開基で、親鸞との交情はその消息に多くみえる。〔参考〕親鸞消息、親鸞聖人門侶交名牒、大谷本願寺通紀

**しんぶつ-しゅうごう　神仏習合**　わが国固有の神祇信仰と外来の仏教信仰とを融合調和させた宗教現象。神仏混淆ともいう。奈良時代の越前気比神宮寺、若狭比古神宮寺のように、神社に付属する神宮寺建立をもって具現化した。また天平宝字七年763僧満願の伊勢多度神宮での読経、神像安置などの例が知られ、いわゆる神前読経・納経、度者設置が行われてその現象は高揚した。さらに神に菩薩号を与えることもあり、延暦一七年798には豊前宇佐八幡に八幡大菩薩が贈られている。これから八幡宮の御神体は僧形の仏像となり、平安初期には各地で僧形八幡像が造られるようになった〈⇩僧形八幡《そうぎょうはちまん》〉。奈良薬師寺・東大寺、京都教王護国寺の僧形八幡像は有名。さらに平安時代には仏を本地、神を垂迹とする本地垂迹説《ほんじすいじゃくせつ》が生まれ〈⇩本地垂迹説〉、仏は権《かり》に神の姿となって現われたという権現思想ともなった。天照大神の本地は大日如来、八幡神の本地は阿弥陀如来と考えられ、熊野の本宮・新宮・那智三社もそれぞれ阿弥陀・千手観音・薬師が本地とされた。鎌倉時代にはその説が理論化され、密教の両部曼荼羅で日本の神々を説明する両部神道という神仏習合の神道説が生まれた。次いで一三世紀には蒙古襲来を契機に神国思想がおこり、一四世紀ごろには神が本地、仏が垂迹という反本地垂迹説が出現。このような神道の巻き返し運動は、江戸時代になって国学思想の隆盛を導き、さらに山崎闇斎の垂加神道、平田篤胤の復古神道へと結実し、神道から仏教的要素を排除して神道の優位性が主張された。明治1868—1912初期、維新政府は神仏分離政策をとってこの問題に終止符を打ち〈⇩神仏分離《しんぶつぶんり》〉、各地で排仏毀釈運動がおこるもとになった。⇩排仏《はいぶつ》

**しんぶつ-ぶんり　神仏分離**　明治初期、維新政府が仏教と神道とを分離させるために実施した宗教政策。新政府は明治元年1868三月一七日、神社に所属する別当、社僧の還俗を命じ、同二八日に権現・牛頭天王などの仏語を神号としている神社の由緒書提出、仏像の神体禁止、鰐口・梵鐘・仏具類の除去を伝達した。これを神仏分離令・神仏判然令と呼ぶ。その後も補足的に石清水や宇佐の八幡大菩薩などの称号廃止、別当・社僧の神主への転職を勧奨した。この政策は平田篤胤系国学者の排仏思想が強かったため、全国各地で仏像、経巻の焼却、寺院廃合、寺塔の売却など過激な排仏毀釈運動がおこった。特に信州松本・美濃苗木・薩

摩藩などでは厳しく実施された。また神仏混淆が著しい修験道の出羽羽黒山・伯耆大山・吉野金峯山などでは、寺院、神社の選択を強要されて神社となり、豊前彦山では旧本堂が神殿に使用された。従来の宗教観念や民間宗教家に大きな影響と打撃を与えた〈⇩排仏《はいぶつ》〉。〔参考〕神仏分離史料

**じんぶん　神分**　神にあてる分という意。密教で行法を修めるときに、悪神のさわりを除き善神のまもりを請うため、特に諸天や神祇に対して読経をして、それらに仏法を聞かせて楽しませる（法楽）ことをいう。一般に般若心経一巻を誦えるから、それを神分心経という。行法の初め、あるいは表白の後などに行う。

**しんべん　真弁**　生没年不詳。鎌倉中期の高野山の僧。紀伊の人。字は琳光。十輪院に住し、密教に通じた。正元元年1259、弘長二年1262に金剛峯寺検校に補されたが、事に触れて大衆に放逐された。〔参考〕高野春秋編年輯録九、本朝高僧伝一五

**じんぺん　神変**　古くは「じんべん」と読む。仏・菩薩《ぼさつ》などが衆生《しゅじょう》を教化するために、超人間的な不思議な力（神通力）によって外に種々のすがたや動作をあらわすこと。一般には身にあらわすことをいい、この場合には六神通の中の神足通を体とするが、広く身語意にわたっていうことがあり、大宝積経巻八六には説法（意）・教誡（語）・神通（身）の三種神変（三示現）を説く〈⇩三輪《さんりん》〉。神足通を体とするいわゆる神変について、震動から放大光明までの一八種を一八変、十八神変という（別の形の一八種をいう説もある）。

**しんぺん-ここん-おうじょうじょうど-ほうしゅ-しゅう　新編古今往生浄土宝珠集**　八巻（巻一のみ現存）。浄土宝珠集ともいう。成立年不詳。中国の浄土願生者の伝記をしるしたもの。長西録には往生浄土宝珠集と題し王古の著とするが、真宗教典志には新編古今往生宝珠集と題し宋の陸十寿（陸師寿）の著とする。おそらくは陸師寿が、王古の新修往生伝の続集を著わしたものに王古の序を転載したために誤られたものであろう。続浄全一六

**しんぺん-しょしゅう-きょうぞう-そうろく　新編諸宗教蔵総録**　三巻（又は二巻）。高麗の義天の編。世に義天録と呼ぶ。自序に有元八年歳次庚午（宣宗七1089）とある。北宋・遼・日本および朝鮮に伝わっていた経律論の章疏類をできるだけ集めて作った目録。義天は内外の諸典籍の諸収集に心がけ、その刊行に尽くした人で、この目録は学者たちに信頼され、章疏の有無を論ずる標準とされた。㊅五五

**しんぼう　心法**　⇩色法《しきほう》

**じんぼう　神昉**　生没年不詳。大乗昉という。新羅の人。唐の玄奘の弟子。訳経家。初め法海寺に住し、大小の経論に通じていた。貞観一九年645玄奘が弘福寺で訳経を始めたときに証義となり、以来師の訳場に列した。三階教を信じていたようである。著書には、地蔵十輪経疏三巻、成唯識論要集一〇巻、種性差別集三巻などがあったが現存しない。〔参考〕大慈恩寺三蔵法師伝六

**しんぼっち　新発意**　また「しんぼち」とも読む。①初発意、初発心、新発心ともいい、略して新発、初発ともいう。新たに菩提心《ぼだいしん》を発《おこ》して仏道に入ること。新発意の菩薩は五二位中の十信の位にあるもので、仏道修学の日が浅いから新学の菩薩ともいう。②真宗では得度した幼少の男子を「しんぼち」と呼ぶ。

**しんめい　神明**　神は思いはかることのできないこと。明は照らし見ること。①天地の神々。神々は善悪邪正を明らかに察知してあやまる所がないからいう。②衆生の神識（たましい、精神の主体）をいう（日本の古神道の神とは別である）。

**しんもん　真門**　⇩要門《ようもん》

**しんやくし-じ　新薬師寺**　奈良市高畑町。華厳宗。高薬寺ともいった。天平一九年747光明皇后が聖武天皇の病気平癒を祈願して創建し、七仏薬師を奉安したのに始まり、東大寺別院であったと伝える。宝亀一一年780雷火で西塔を焼失。平安時代には漸次衰退し、東大寺末から興福寺末となる。近世は幕府から寺領一〇〇石を寄進された。〔国宝〕本堂、木造薬師如来坐像、塑造十二神将立像〔重文〕鐘楼、四脚門（南門）、地蔵堂、東門、絹本著

色仏涅槃図、銅造薬師如来立像（昭和一八1943盗難）、木造千手観音立像、同不動明王二童子立像、同十一面観音立像、銅鐘、銅手錫杖　〔参考〕続日本紀一七・二二、大和志料

**じんやーじ　神野寺**　①奈良県山辺郡山添村伏拝。髪生山と号し、真言宗豊山派。「こうのでら」ともいう。天平一二年740行基が勅により鬼門鎮護のため開創し、法性寺と号したという。のち衰退したが、嵯峨天皇が再興、諱により寺号を改めた。もと興福寺末であったが、明治の神仏分離のとき長谷寺末となった。〔重文〕銅造菩薩半伽像　②千葉県君津市鹿野山《かのうさん》。鹿野山琳聖院と号し、真言宗智山派。日本武尊東征の旧跡に、推古天皇六年598聖徳太子の創建、あるいは承和年間834―48の創建ともいう。治承四年1180源頼朝が当寺で開運を祈り、元仁・嘉禄年間1224―27頃親鸞が教化のため留錫したと伝える。その後、南北朝の兵乱などで衰退したが、中世末期は領主里見氏の保護で栄えた。江戸初期、後水尾天皇の勅願所となる。なお飯縄権現の霊場としても知られる。〔重文〕表門　〔参考〕日本名勝地誌一

**しんよ　心誉**　（天禄二971―長元二1029、一説に天徳元957―寛徳二1045）天台宗の僧。藤原重輔の子。園城寺勧修・穆算《ぼくさん》に顕密を学び、慶祚《けいそ》に受法した。師勧修と共に藤原道長に重く用いられ、法成寺寺務となり、長元元年1028園城寺長吏に補され権僧正に任じられた。〔参考〕寺門伝記補録一三、元亨釈書二五

**しんよ　真誉**　（延久元1069―保延三1137）真言宗の僧。持明房という。高野山北室院良禅に師事し、仁和寺寛助より受法した。覚鑁《かくばん》と親交があり、大伝法院と金剛峯寺座主に補され、また検校職となった。開創の持明院によりその法流を持明院流といった。著書、持明院口伝二帖は事相研究の上で貴重である。〔参考〕東宝記七、結網集中、高野春秋編年輯録六、本朝高僧伝一二、伝灯広録正編七

**しんらぜんしんーどう　新羅善神堂**　滋賀県大津市園城寺五社鎮守の一つで、祭神は新羅明神。新羅明神は、円珍が天安二年858唐から帰朝の船中に現われて護法神となることを誓った神といい、当堂は貞観二年860円珍自刻の明神像を園城寺北院内に安置したのに始まるという。源頼義は深く信じ、三子義光を氏人とし新羅三郎と称した。現存の建物〔国宝〕は暦応三年1340足利尊氏の再建で、平安時代初期の本尊明神像〔国宝〕を安置している。〔参考〕近江名所図会二

**しんらん　親鸞**　（承安三1173―弘長二1262）真宗の開祖。綽空、善信とも称した。諡号は見真大師。日野有範の子という。養和元年1181青蓮院の慈円について得度して範宴と号したと伝え、やがて比叡山に登って堂僧をつとめた。建仁元年1201六角堂に参籠して聖徳太子の示現の文を感得し、源空（法然）の門に入って専修念仏に帰した。元久二年1205源空から選択集を付属され、源空の真影の図画を許される。建永二年1207専修念仏が停止され越後の国府に流された。建暦元年1211罪をゆるされたが、この頃すでに恵信尼と結婚しており、建保1213―19の頃、妻子を伴って関東に移住した。以後、下野・常陸・下総などの地にあって教化につとめ、また主著教行信証の執筆に従事した。文暦1234―35頃、京都に帰り、専ら著述につとめると共に、消息を通じて関東の門弟を導いた。末女覚信尼をのぞく妻子は越後にあり、関東に下った一子善鸞が異義をとなえたので義絶した。弘長二年1262三条富小路の弟尋有の善法院で九〇歳をもって没した。東山大谷のその廟所はやがて本願寺と号し本山となった〈⇩大谷本廟《おおたにほんびょう》　⇩本願寺《ほんがんじ》〉。著書、顕浄土真実教行証文類（教行信証）六巻、浄土文類聚鈔、愚禿鈔二巻、入出二門偈など漢文体のものや、三帖和讃（浄土和讃・高僧和讃・正像末和讃）、浄土三経往生文類、尊号真像銘文、一念多念文意、唯信鈔文意など和文体

(一)　(二)
親鸞花押

のものがあり、消息をあつめたものに末灯鈔、親鸞聖人御消息集、御消息集(善性本)、血脈文集などがある。自筆の現存するものも多い。著書は定本親鸞聖人全集、親鸞聖人真蹟集成、真宗史料集成などに収められている。〔参考〕教行信証後序、恵信尼消息、親鸞伝絵、親鸞聖人門侶交名牒、家永三郎編・親鸞聖人行実、人物叢書六五

**しんらんしょうにん-ごいんねん-ひでんしゅう　親鸞聖人御因縁秘伝集**　三巻。著者不詳(伝、存覚)。親鸞の出家および妻帯の因縁を述べたものであるが、完成本にはこれに選択集を付嘱されたこと、法然の真影の図画を許されたことが付加してある。多くの異本があり、最古の本は無題であるが、のち親鸞聖人御因縁といい、秘伝、秘伝鈔ともいって、永い年月にいろいろと加筆された。室町初期の作と認められている。親鸞の配偶者が九条兼実の第七子玉日の君であるとする伝説を記した最初のものといわれる。真宗仮名法典六、親鸞伝叢書、真宗史料集成七　〔刊本〕正徳六1716刊

**しんらんしょうにん-しょうみょうでん　親鸞聖人正明伝**　四巻。四巻伝、正明伝ともいう。著者不詳(伝、存覚)。親鸞の生誕から入寂までの事跡を編年体に記したもの。享保一八年1733高田正統伝の著者良空が開版した。その序に、存覚が撰述して高田専修寺へ贈ったとあるが、江戸期に高田派の僧が仮託したものであろう。真全六七、真宗史料集成七　〔刊本〕享保一八刊、元文三1738刊

**しんらんしょうにん-もんりょ-きょうみょうちょう　親鸞聖人門侶交名牒**　親鸞の直弟とその門弟の人名・系譜を記したもの。鎌倉幕府に注進したものと考えられているが、その写伝現存するものは本統の相承を示す意味が強く、いずれも後世の補筆・改竄のあとがある。現存のものに⑴妙源寺(現愛知県岡崎市)本・⑵光明寺(現茨城県下妻市)本・⑶光薗院(現京都市仏光寺山内)本・⑷光照寺(現滋賀県東浅井郡湖北町)本・⑸明照寺(現滋賀県東浅井郡びわ町)本・⑹万福寺(現山梨県東山梨郡勝沼町)本などがあるが、⑹が大谷本願寺通紀七(真全六六、真宗史料集成八)に掲載されるだけで、原本・写本などは不明。⑴―⑷は室町時代の写本で、⑴は康永三年1344書写の奥書があり、最も古い形をとどめている。⑸は内容に疑点がある。真宗史料集成一　〔刊本〕山田文昭・三本対照(真宗史之研究)

**しんらん-でんね　親鸞伝絵**　親鸞の伝記をまとめた絵巻物。覚如が永仁三年1295に詞書を草し、康楽寺浄賀に絵を描かせたのに始まるという。現存の諸本のうち、覚如の存世中に成立したと考えられるものに、善信聖人絵(永仁三年一〇月一二日、西本願寺琳阿本)、善信聖人親鸞伝絵(永仁三年一二月一三日、三重県専修寺本)、本願寺聖人伝絵(康永二年1343一一月二日、東本願寺康永本)、本願寺親鸞聖人伝絵(康永三年一一月一日、千葉県照願寺本)、本願寺聖人親鸞伝絵(貞和二年1346一〇月四日、東本願寺弘願本)がある。いずれも重文。東本願寺康永本(四巻)は出家学道・吉水入室・六角夢想・蓮位夢想(上ノ本)、選択付属・信行両座・信心諍論・入西鑑察(上ノ末)、師資遷謫・稲田興法・弁円済度(下ノ本)、箱根霊告・熊野霊告・洛陽遷化・廟堂建立(下ノ末)の一五段から成り、西本願寺琳阿本(一巻)は蓮位夢想、専修寺本(五巻)は蓮位夢想・入西鑑察の段を欠き内容にも相異がある。伝絵が流布してから絵だけを掛幅仕立てにしてその前で詞を絵解き風に読誦するようになり、俗に詞だけを「御伝鈔《ごでんしょう》」、絵幅を「御絵伝《ごえでん》」と呼ぶようになった。御伝鈔の現存最古のものは貞治二年1363書写の滋賀県明性寺蔵本である。御絵伝は広島県光照寺に法然上人絵伝三幅と共に四幅を形成する建武五年1338裏書の一幅本が最も古く、また南北朝を下らぬものに福井県浄得寺の二幅本、愛知県好意寺・願照寺・妙源寺の三幅本がある。一般に流布するものは四幅本で、蓮如上人治定と称するが、蓮如以前のものもある。なお近世には六幅、八幅などのものも行われた。詞書は(大)八三、続群九上、定本親鸞聖人全集四、真宗史料集成一　〔複製〕御伝鈔(東本願寺康永本・昭三六1961刊)、善信聖人絵(西本願寺琳阿本・同四八刊)、新修日本絵巻物全集二〇(西本願寺琳阿本)、本願寺親鸞聖人伝絵(照願寺本・昭和五四刊)、親鸞聖人伝絵(専修寺本・同五六刊)

**しんりゅう　真流**　生没年不詳。江戸中

期の叡山の僧。字は円耳。伊勢の人。横川禅定院智濤について学び、享保一五年1730同院の住持となる。顕密に通じ、円頓戒の復興をはかり、兼学律に反対した。安楽院に住し浄土院別当となったが、安永元年1772兼学律復興の命が下り、職を廃されて南禅寺の草庵に退いた。著書、顕戒論闡幽記四巻、学生式顕正解一巻、法華玄義釈籤助覧一〇巻、山家円戒往復書一〇巻、円戒詒謀三巻など。〔参考〕天台霞標六ノ四

**しんりょう　真梁**　（貞和元1345—応永三〇1423）曹洞宗の僧。字は石屋《せきおく》。薩摩の人。島津忠国の子。南禅寺の智明に師事し、和泉大雄寺の古剣智訥、丹波永沢寺の通幻寂霊らに参じ、大拙祖応の化をうけた。明徳元年1390島津氏に請われ薩摩妙円寺の開山となり、また同国福昌寺開山に迎えられた。のち総持寺、美作の西来寺に住し、丹波の永沢寺で没した。弟子に正猷・永宗らがいる。〔参考〕延宝伝灯録八、本朝高僧伝三九

**じんれい　深励**　（寛延二1749—文化一四1817）真宗大谷派の僧。香月院と諡す。字は子勗《しぎょく》。亀洲、垂天社と号した。越前蓑浦の大行寺に生まれ、金津の永臨寺に入った。同派講師慧琳・随慧に学び、諸宗を訪ねて性相・顕密の学を修めた。寛政六年1794講師となり、以来、安居本講は二四夏にわたった。高倉学寮の学風は彼によって大成されたといわれる。その門下は徳竜・霊曜・秀存・順芸・了祥など多い。著書、教行信証講義二〇巻、浄土三部経講義二四巻、安楽集講義九巻、歎異鈔講義二巻、ほか講録は真宗聖典のほとんどに及ぶ。〔参考〕碑銘、高倉学寮沿革略、香月院語録

**しんろう　真臘**　東南アジアのメコン河中・下流域、すなわち現在のカンボジアに存在したクメール族の国を中国から呼んだ名称。原名は明らかでない。この国ははじめ南方の扶南《ふなん》に属していたが、六世紀なかばに一国として独立した。七世紀はじめには逆に扶南を圧迫して南方へ駆逐し、ついにはこれを滅ぼした。このころ中国(隋)とはじめて交渉をもつようになった。その後七世紀末から九世紀初頭にかけては分裂状態にあり、中国の史書は水真臘・陸真臘の二国に分かれたと記し、また原地の碑文は多くの王朝が並立していたことを示している。八世紀には海沿いの一部地域がシュリーヴィジャヤ Śrīvijaya(室利仏逝《しっりぶっせい》)国の勢力下に入っていた。九世紀に入ってジャヤヴァルマン Jayavarman 二世により国内の再統一が行われた。これ以後一三世紀初め頃までがこの国の最盛期で、首都の名をとってアンコール期と呼ぶ。大・小乗の仏教とヒンドゥー教がともに行われ、文化的遺跡としては一二世紀前半にスールヤヴァルマンSūryavarman二世の建立したアンコール・ワットが知られる。一二世紀後半にはチャンパーの侵入を受け、一一七七年には首都アンコールを占領されるにいたったが、ジャヤヴァルマン Jayavarman 七世が出てこれを撃退し、逆にチャンパーを一七年間支配した。この王以後真臘国はタイ族の侵入を受けて次第に衰退し、一四三一年には首都アンコールから撤退するにいたった。〔参考〕真臘風土記

**じんろう　塵労**　煩悩《ぼんのう》の異名。心をけがし、つかれさすものの意。また塵は六境のことで、六境において煩悩が起こるから、煩悩を塵労という。

**しんろうふどき　真臘風土記**　一巻。元の周達観の撰。著者は一二九六年に元使にしたがって真臘(Chên-la)国におもむき、翌年帰国した。本書は帰国後その地に滞在中に見聞した気候、風土、民俗、社会、生産、国情などを四〇項目に分けて詳細にしるしたものである。カンボジアの最盛期であるクメールの文化と仏教の社会基盤を知るための重要資料の一つとされている。古今説海、歴代小史、古今逸史など。〔参考〕馮承鈞・真臘風土記箋註(「史地叢考續編」所収)

**しんろくじ　神勒寺**　韓国京畿道驪州郡北内面上橋洞。新羅時代の創建と推測される。高麗辛禑二年1375慧勤が当寺で入寂。同五年覚信・覚珠などが寺を拡張し、懶翁の浮屠を立てた。李朝世宗二一年1439再建、成宗四年1472報恩寺と改称。現在の寺名は神奇なる弥勒、或いは懶翁禅師が神奇なくつわで竜馬を止めたという伝説による。〔参考〕朝鮮寺刹史料

# す

**ずいえ**　**随慧**（　―天明二1782）真宗大谷派の学僧。香酔《こうすい》と号し、開轍院《かいてついん》という。播磨の人。慧琳に師事し、明和三年1766嗣講に任じられた。著書、観経四帖疏鑽仰記一一巻、起信論白解七巻、四教儀備検七巻など。

**ずいえん**　**随縁**〔**不変**〕　縁に随って生滅変化のあるのを随縁といい、永遠に変らないで存続するのを不変という。真如《しんにょ》にはこの二面があるとされ、真如そのものが現象して迷悟染浄の存在となるとする。また仏が縁に随って衆生を教化するのを随縁化物《ずいえんけもつ》という（物《もつ》は衆生の意）。

**すいかい-おうじょう-でん**　**遂懐往生伝**　三巻。説法往生伝ともいう。浄土宗西山派の竜淵（殊意癡）の著（享保一七1732自序）。道俗五一人の往生人の伝記を集録する。〔刊本〕享保一七刊

**ずいがん-じ**　**随願寺**　兵庫県姫路市白国。増位山と号し、天台宗。行基の草創と伝える。嘉祥年間848―51法勢が仁明天皇の勅により造建。のち鳥羽・土御門両天皇の帰依が厚く、たびたび最勝講が修された。元徳元年1329洪水のため白国山に移建、そののち姫路城西を経て天正一三年1585旧地に再建された。近世は姫路城主榊原氏の菩提所となって隆盛した。〔重文〕木造毘沙門天立像　〔参考〕峰相記など

**ずいがん-じ**　**瑞巌寺**　宮城県宮城郡松島町松島。青竜山と号し、臨済宗妙心寺派。承和五年838（一説に天長五年828）円仁の創建という。鎌倉時代、北条時頼が法身を住まわせ、禅院に改めて円福寺と号した。その後、蘭渓道隆・雲谷宗岫らの帰化僧が来住。慶長年間1596―615伊達政宗が堂宇を修造し、海晏《かいあん》を請して現寺号とし、以後、伊達家の菩提所となる。寛文一三年1673妙心寺雲居が来住し中興した。名勝松島にあって松島寺とも称される。〔国宝〕本堂（方丈）、庫裏及廊下　〔重文〕御成門、中門、五大堂、雲版、奥州御島頼賢碑ほか　〔参考〕延宝伝灯録一

**すいがん-びもう**　**翠巌眉毛**　禅宗の公案の一。翠巌夏末《げまつ》ともいう。雪峰義存の門下の翠巌令参・保福従展《じゅうてん》・長慶慧稜《えりょう》・雲門文偃《ぶんえん》の四人が、夏末に当たって、不可説の法を口で説くについて問答した故事で、なかでも雲門の「関」の一語が中心とされる。誤った法を説く者は、眉毛が脱落すると考えられていた俗説によるもの。〔原文〕碧巌録八則、従容録七一則、景徳伝灯録一八

**ずいき**　**随喜**　他人のなした善に随順し、これを歓喜すること。大智度論巻六一には、随喜の功徳は自作者（随喜される善を行う者）に勝るとする。滅罪の修行である五悔《けご》の一。

**すいさや-きょう**　**蕤呬耶経**　三巻。唐の不空の訳。チベット訳もある。蕤呬耶は瞿醯・玉呬耶などとも書かれ、(梵)グフヤ guhya（秘密の意）の音写。曼荼羅《まんだら》を建立して灌頂の法を行う作法を説く密教経典。(大)一八、国一密教部二

**ずいぎょうこう**　**随形好**　(梵)アヌヴィヤンジャナ anuvyañjana の訳。随好、小相、小好ともいう。仏・菩薩《ぼさつ》の身に具わる勝れた容貌形相のうちで、顕著で見やすいものを相、微細隠密で見にくいものを好といい、好は諸相の間にあり、相に随って仏・菩薩の身をかざることから、随好などと称する。⇩相好《そうごう》　⇩八十種好《はちじゅうしゅこう》

**すいきんらん**　**垂釣卵**　一二巻。浄土真宗本願寺派の曇竜の著（文化九1812）。江戸時代後期の仏教排斥論に反対し、排斥論の誤りを指摘した書。初篇七巻では三世因果の理を無視する立場を破斥し、後篇五巻では神仏一体説と神前念仏とを弁護している。なお著者はさきに念仏寿国論一巻、却焼編三巻を著わして、念仏に対する非難に反論している。真全六一　〔刊本〕天保一〇1839刊、同一二刊

**ずいぐ-だらに-きょう**　**随求陀羅尼経**　詳しくは普遍光明清浄熾盛如意宝印心無能勝大明王大随求陀羅尼経という。二巻。唐

の不空の訳。梵本はマハープラティサラー Mahāpratisarāの標題をもっており、チベット訳もある。異訳に唐の宝思惟の訳(嗣聖一〇693)の随求即得大自在陀羅尼神呪経があるが抄訳である。長大な大随求陀羅尼のほか八篇の陀羅尼およびその功徳、その書写の法などを説く。大随求陀羅尼は大仏頂陀羅尼と並び称されるもので、これを受持すれば無量の功徳があるとして、インド・西域・中国・日本を通じて尊崇された。㊅二〇

**すいけん　推撿**　おしはかりかんがえること。心には形はないが、おもいがうごくのについて、未起(まだ起こらない位)・欲念(まさに起ころうとする位)・念(まさしく起こっている位)・念已《ねんい》(起こりおわって滅した位)の四相があるから、これについて何度もおしはかりかんがえてついに無生《むしょう》のさとりに至る方法を四運推撿といい、摩訶止観巻二などに説かれている。

**ずいこう-じ　瑞光寺**　京都市伏見区深草坊町。深草山元政庵と号し、日蓮宗。明暦元年1655元政が、藤原基継建立の極楽寺薬師堂の遺跡に創建したという。〔重文〕大般若経(巻第二四六)、南蛮人蒔絵交椅　〔参考〕山城名勝志一六、元政上人行状、深草誌

**ずい-じい　随自意〔随他意〕**　仏が説法する場合、自らのさとりのままに説くのを随自意、随智、その説を随自意語といい、相手の考えに順応して説くのを随他意、随情、その説を随他意語といい、また相手の考えに順応して説くことが仏自身のさとりに反しない時、相手と同一の説き方をするのを随自他意、随情智、その説を随自他意語という。随自意・随他意・随自他意の説は南本涅槃経巻三二迦葉菩薩品に見え、智顗《ちぎ》は摩訶止観巻三上や法華玄義巻二下の中で、これらの三を随智・随情・随情智と名づけた。仏教の多くの教説を批判分類する場合、真実の教えと方便の教えとを区別する標準として用いられる。

**ずいしょう-じ　瑞聖寺**　東京都港区白金台。紫雲山と号し、黄檗宗系の単立寺院。寛文一一年1671青木瑞山が創建、木庵性瑫《しょうとう》を開山とする。江戸の地最初の黄檗宗寺院。〔参考〕江戸黄檗禅刹記一、江戸名所図会三

**ずいしん-いん　随心院**　京都市山科区小野御霊町。牛皮山と号し、真言宗善通寺派。俗に小野門跡と称する。はじめ曼荼羅寺《まんだらじ》の一塔頭で、同寺は正暦二年991仁海の創建と伝え、その法流を小野流と称した。のち五世増俊が中興して随心院を一山の名称とし、随心院流を創始した。寛喜元年1229天皇祈願所となり門跡号を賜り、その後代々摂関家から入山した。寺領も山城・播磨・紀伊・上野・越後などの各国に及んだ。なお塔頭の多くは承久の乱、応仁の乱で焼亡したが、慶長四年1599二四世増孝が曼荼羅寺旧跡に随心院を再建した。〔重文〕絹本著色愛染曼荼羅図、木造阿弥陀如来坐像、随心院文書ほか　〔参考〕諸門跡譜、山城名勝志一七

**ずいしんぎょう　随信行〔随法行〕**　十八有学《うがく》の一。二十七賢聖《げんじょう》の一。随信行とは仏の説いた教法を他人から聞いて信じ、これに随って修行する者のことであり、随法行とは他によらず自ら正しい教法に随って修行する者のこと。①倶舎宗《くしゃしゅう》では、利根のものが見道の位にあるのを随法行、鈍根《どんこん》のものが見道の位にあるのを随信行とする。②成実宗《じょうじつしゅう》では、随信行を三賢《さんげん》の位とし、随法行を四善根の位とする。

**ずいしんてん　随心転〔不随心転〕**　三種の律儀《りつぎ》〈⇩戒《かい》〉のうち、静慮《じょうりょ》律儀は静慮心の続くかぎり、無漏律儀は無漏の定心《じょうしん》の続くかぎり転じ起こり、静慮心や無漏の定心が滅する時とともに滅するから、心に随って転じ起こるという意味で随心転の無表という。この他、心所《しんじょ》と心所の四相と、さきの二種の律儀の四相も心随転の法といわれる。しかし別解脱律儀はひとたびこれを得《とく》すると、その無表が、その後の心の性質によって消滅することがないから、不随心転の無表と称される。

**すいせつ-げ　水説偈**　舎利弗の弟子の憍梵波提《きょうぼんはだい》が仏陀と師との入滅を知らされ、自らも涅槃に入ろうとして、水中から説いたと称される偈。「憍梵鉢提稽首して、妙衆第一の大徳僧に礼したてまつる。仏の滅度を聞きて我随って去らん。大象去れば象の子も随うが如し」(大智度論二)の四句をいう。ただし窺基の阿弥陀経通賛疏には別

の語句が伝えられている。

**ずいせん　瑞仙**　(永享二1430—延徳元1489)臨済宗の僧。字は桃源。号は蕉雨《しょうう》、亦庵《やくあん》、梅岑《ばいしん》、春雨庵《しゅんうあん》など。近江の人で、相国寺の明遠俊哲に参じてその法を嗣いだ。著書、百衲襖二五巻、史記抄一九巻など。〔参考〕日本洞上聯灯録、後鑑二三八

**ずいせん-じ　瑞泉寺**　①富山県南砺市井波。杉谷山と号し、真宗大谷派。井波別院という。明徳元年1390本願寺五世綽如が八乙女山麓に開創。天正九年1581佐々成政の来攻で焼失し、慶長一八年1613現地に再興された。現堂宇は明治一三年1880の再建。〔重文〕紙本墨書綽如上人勧進状、同後花園天皇宸翰御消息　〔参考〕大谷遺跡録二、瑞泉寺記、越中志　②新潟県上越市南本町。浄土真宗本願寺派。親鸞門下の善性が下総国河辺荘磯辺に創建し勝願寺と号したのに始まる。文明一六年1484一二世慶順が信濃国水内郡南条村に転じ、慶長一五年1610一七世善慶のとき、松平忠輝の高田築城に際し招かれて現地に移った。延宝五年1677一九世善珍の時、綽如の遺跡を相続、井波園瑞泉寺と改称した。③神奈川県鎌倉市二階堂。金屏山と号し、臨済宗円覚寺派。嘉暦二年1327夢窓疎石の開創。のち足利基氏が再興し、以後同氏の廟寺として尊崇をうけた。至徳年間1384—87関東十刹の一に数えられ、慶長1596—615以後は円覚寺末となった。〔重文〕木造夢窓国師坐像　〔参考〕夢窓国師年譜、和漢禅刹次第、鎌倉市史

**ずいそう　瑞相**　めでたいしるしのこと。例えば法華経が説かれる際には、まず無量義経を説いたが、その聴衆が後の法華経の説法を聞こうとして座を去らず、釈迦牟尼仏が無量義処三昧に入るなど六種のめでたいしるし(法華六瑞)があったといい(法華経序品)、無量寿経を説くときには、釈迦牟尼仏は大寂定に入って如来の五つの徳を特にあらわした(五徳現瑞)という(無量寿経巻上)。また、めでたいときには大地がゆれるという六種震動の説があって、六変震動、六返震動、六震、六動ともいう。新訳の華厳経巻一六には、ゆれる形とその時の音から動・起・涌・震・吼・撃の六種(それぞれを二種に細別して十八種震動相)にわけ、また大品般若経巻一には、東が涌きあがって西が没するなどの六種(東涌西没・西涌東没・南涌北没・北涌南没・辺涌中没・中涌辺没)の動相があるとし、長阿含経巻二などには、仏が託胎し、出生し、さとりをひらくなど八種の時にゆれるとする。また、地がゆれる原因に火動・竜動・金翅鳥動《こんじちょうどう》・四天王動の四種があるともいう。

**ずいぞう　随増**　随順増長《ぞうじょう》の意味。煩悩《ぼんのう》がその所縁(対境)および相応法(心・心所《しんじょ》法)と互いに順和しあい、互いに影響しあってますます相互に力を増し深めてゆくこと。前者を所縁随増といい、後者を相応随増という。有漏《うろ》の法とは、漏(煩悩)との間に随増の関係にあるもののことである。

**ずいそう-ろん　随相論**　一巻。徳慧(グナマティ Gunamati 求那摩底《ぐなまてい》)の造、陳の真諦の訳と伝えるが、実は徳慧の論は失われて、真諦の造った随相論中十六諦疏が誤って徳慧の随相論とされたものらしい。徳慧の随相論は倶舎論の註釈で、チベット訳に現存するプールナヴァルダナ Pūrṇavardhana の倶舎論註〈⇩倶舎論《くしゃろん》〉と何らかの関係があるかもしれないといわれるが確かではない。その随相論の一部を真諦が漢訳し、それに対して同じ真諦が註疏を造ったのが、誤って徳慧の随相論とされていると考えられる。㊅三二、国一論集部四

**ずい-たい　随他意**　⇩随自意《ずいじい》

**ずいてんりもん　随転理門**　⇩真実理門《しんじつりもん》

**ずいは　随波**　(永禄六1563—寛永一二1635)浄土宗の僧。号は了蓮社定誉。筑前の人。同国の長徳寺で出家し、のち関東に上り、幡随意《ばんずいい》に師事して円戒を受けた。また増上寺慈昌《じしょう》の会下に参じ、館林の善導寺や江戸の常泉寺・玄覚寺・伝通院などに住した。寛永一一年増上寺一八世となった。〔参考〕三縁山志九

**すいひん　箠擯**　禅宗の用語。箠は「むち」、擯は退ける。悪事を犯した者をむちうって擯斥すること。

**ずいほうぎょう　随法行**　⇩随信行《ずいしんぎょう》

**ずいほう-じ　瑞鳳寺**　宮城県仙台市青葉区霊屋下。正宗山と号し、臨済宗妙心寺派。寛永一一年1634伊達氏の創建。清岳宗拙を開山とする。伊達氏歴代の菩提所。

**ずいぼん-ずいさん　随犯随懺**　随犯随悔《け》ともいう。戒律によって禁じられている行為や煩悩《ぼんのう》などを起こすに随って、そのたびごとに一々懺悔《さんげ》することで、これによって罪障が消滅し、清浄になるという〔心地観経巻三〕。

**ずい-ぼんのう　随煩悩**　随惑ともいう。①心に随って有情《うじょう》を悩乱する一切の煩悩のこと。②枝末煩悩《しまつぼんのう》のこと。⇩根本煩悩《こんぽんぼんのう》〔枝末煩悩〕

**すいまつ-しょう　推末鈔**　一巻。著者・成立年不詳。異義集に編入されている。念仏の教義やその生活について制誡二一カ条を設け、冒頭に親鸞聖人二十一箇条推末鈔と題し、末尾には推末鈔全とあるが、後世の偽作。真系三六〔刊本〕享保二1717刊

**すいみん　睡眠**　「すいめん」とも読む。(梵)ミッダmiddhaの訳。心所《しんじょ》(心のはたらき)の名。倶舎宗《くしゃしゅう》では不定地法《ふじょうじほう》の一、唯識宗では四不定の一。眠ともいう。身体を不自在にし心を闇昧にして、われわれを睡眠に陥らせる精神作用のこと。大煩悩地法の一である惛沈《こんじん》と合わせて惛眠といわれ、この惛眠を五蓋《ごがい》の一に数えて惛眠蓋とも、睡眠蓋ともいう。

**ずいみん　随眠**　「ずいめん」とも読む。(梵)アヌシャヤanuśayaの訳。①煩悩《ぼんのう》の異名。煩悩はわれわれに随逐して身心を眠らせるものであり、それが活動する状態は微細で知り難く、対境や、相応の心・心所《しんじょ》と互いに影響しあってますます強くなり(随増)、われわれを縛りつける(随縛)から随眠といわれる。これに貪・瞋《しん》・慢・無明《むみょう》(癡)・見(悪見)・疑の六種があって、六随眠(六根本煩悩)という。このうちで貪を欲貪と有貪《うとん》に分けて七随眠といい、見を五見に分けて十随眠という。さらにこれを細分して九十八随眠とすることもある。②唯識宗では煩悩がそのまま随眠であるとは説かず、これを煩悩の習気《じっけ》即ち種子《しゅうじ》のこととし、煩悩の種子がわれわれに随逐して阿頼耶識《あらやしき》に眠伏し潜在するという。経量部でも煩悩が目覚め活動する位を纏《てん》とし、これに対して煩悩の眠っている状態である種子を随眠とする。

**ずいもんさしゃく　随文作釈**　経論を解釈するのに、総論の後に経論の文句に随って次第を追って解釈してゆくことをいう。⇩玄談《げんだん》　⇩科文《かもん》

**ずいよう-き　随要記**　二巻。皇慶(977—1049)の著。随要記はもと円仁の作で、両部三昧耶戒および胎金灌頂私記であるが、両部灌頂私記は現存していない。いま随要記といっているのは谷阿闍梨皇慶の随要私記のことである。皇慶のものの他にも二、三の私記があったが、いずれも散逸して伝わっていない。随要私記の上巻は三摩耶戒の授戒の式次第、下巻は胎金灌頂の伝法次第で、阿娑縛抄ほかの灌頂次第とほぼ同じ内容である。(大)七五〔写本〕叡山文庫図書館蔵

**すいりく-え　水陸会**　悲斎会、水陸斎ともいう。施餓鬼《せがき》の一種で、水陸に食物や飲水を散じて、苦しんでいる餓鬼を救う法会。梁の武帝が天監四年505に行ったのを始めとして、のち唐末期より宋・元・明にわたって修された。〔参考〕志磐・袾宏重訂・法界聖凡水陸勝会修斎儀軌

**ずいりゅう-じ　瑞竜寺**　①岐阜市寺町。金宝山と号し、臨済宗妙心寺派。応仁元年1467斎藤妙椿が土岐成頼の追福のために草創。悟渓宗頓を開山とし、成頼の法号を寺名とした。文明二年1470十刹に準じられた。〔参考〕岐阜市史　②京都市上京区竪門前町にあった日蓮宗の尼門跡寺院であったが、昭和三八年1963滋賀県近江八幡市へ移転した。村雲御所《むらくもごしょ》ともいう。文禄五年1596豊臣秀次の母瑞竜院日秀尼(秀吉の姉)が秀次の菩提のため村雲の地に創建。のち江戸幕府が寺領、堂宇を寄進した。二条家の息女が入寺して住持となり、その後、皇室および摂関家から入寺して法灯をついだ。天明八年1788焼失、天保年間1830—44再建された。〔参考〕本化別頭仏祖統記二三、山城名跡巡行志一　③富山県高岡市関町。高岡山と号し、曹洞宗。前田利長が高岡城の側に創建し法円寺と称したが、利長の没後、慶長年間1596—

1615弟利常が追福のため新たに堂宇を造営し、法円寺と合併して現寺号を称した。明暦1655—58の頃、中国万寿寺にならって伽藍を修営し、当地方における一大叢林となった。〔重文〕仏殿、法堂、総門、紙本墨書後陽成院宸翰御消息 〔参考〕日本洞上聯灯録一〇、和漢三才図会六八

**ずいりん-じ 瑞輪寺** 東京都台東区谷中。慈雲山と号し、日蓮宗。天正一九年1591日本橋馬喰町に身延久遠寺一七世日新を開山として創建。慶長六年1601神田橋外に移り、慶安二年1649現地に転じた。日蓮宗江戸触頭《ふれがしら》三カ寺の一つで、徳川家の帰依をうけて栄えたが、延享五年1748及び戊辰の役で焼失、その後復興した。

**ずいる 随流** (永禄元1558—寛永一三1636)浄土宗鎮西派白旗《しらはた》流の学僧。号は肇蓮社源誉一法《いっぽう》。京都山科の人。虎角《こかく》に学び、唱導に秀でた。はじめ上総に善勝寺を開き、のち同生実の大巌寺、鎌倉の光明寺、越前の運正寺などに歴住した。著書、三部経科註一〇巻、観経直談一〇巻、選択集序註一〇巻など。〔参考〕浄土宗総系譜

**ずいるい-おうどう 随類応同** 仏が衆生《しゅじょう》の性質や能力など不同の類に随って、それに相応し同調する教化を施すこと。

**ずいれん 随蓮** 生没年不詳。鎌倉初期の浄土宗の僧。世に随蓮沙弥という。法然に師事して浄土教を受け、法然の配流に随行した。師の没後、京都で浄土教を弘めた。〔参考〕浄土伝灯録、拾遺古徳伝九

**すう 数** (梵)サンキヤー saṃkhyā の訳。唯識宗では二十四不相応行法《ふそうおうぎょうほう》の一とし、勝論《かつろん》((梵)ヴァイシェーシカ Vaiśeṣika)学派でも二十四徳の一とする。存在の数量を表示するもの。インドではこれに単数(一数)・両数(双数、二数)・複数(多数)の三種がある。一から無数(阿僧祇《あそうぎ》)に至るまでは通常次のような一〇進法の五十二数で示される。一、十、百、千、万、洛叉《らくしゃ》((梵)ラクシャ lakṣa)、度洛叉((梵)アティラクシャ atilakṣa)、倶胝《くてい》((梵)コーティ koṭi)、末陀《まだ》((梵)マドヤ madhya)、阿由多《あゆた》((梵)アユタ ayuta)、大阿由多、那由多((梵)ナユタ nayuta)、大那由多、鉢羅由多《はらゆた》、大鉢羅由多、矜羯羅《こんがら》、大矜羯羅、頻跋羅《びんばら》、大頻跋羅、阿芻婆《あしゅば》、大阿芻婆、毘婆訶《びばか》、大毘婆訶、嗢蹲伽《うつそんぎゃ》、大嗢蹲伽、婆喝那《ばかな》、大婆喝那、地致婆《じちば》、大地致婆、醯都《けいず》、大醯都、羯臘婆《かろうば》、大羯臘婆、印達羅《いんだら》((梵)インドラ indra)、大印達羅、三磨鉢耽《さんまはつたん》、大三磨鉢耽、揭底《がてい》、大揭底、拈筏羅闍《ねんばらじゃ》、大拈筏羅闍、姥達羅《もだら》、大姥達羅、跋藍《ばらん》、大跋藍、珊若《さんにゃ》((梵)サンジュニャー saṃjñā)、大珊若、毘歩多《びぶた》、大毘歩多、跋羅攙《ばらさん》、大跋羅攙、阿僧祇《あそうぎ》((梵)アサンキヤ asaṃkhya)。阿僧祇は阿僧祇耶、阿僧企耶《あそうぎや》、阿僧、僧祇とも書き、無数、無央数《むおうしゅ》と訳す。「数えられない」の意。ただし初めは阿僧祇まで六〇数あったが、後に八を忘失して五二数となったともいう。翻訳名義大集にはその八数を加えて六一数として表現している。また極大の数を譬喩的に表現して微塵数ともいう。一以下の分数では極めて小である数(あるいは一六分の一ともいう)を歌羅分《からぶん》といい、最極微小の分数を鄔波尼殺曇分《うはにせつどんぶん》((梵)ウパニシャッド upaniṣad 優波尼沙陀分)という。新訳の華厳経巻四五には阿僧祇から始めて無量、無辺、無等、不可数、不可称、不可思、不可量、不可説、不可説不可説の一〇数を挙げている。これを十大数という。この算定法は阿僧祇を阿僧祇倍したものを阿僧祇転といい、阿僧祇転を阿僧祇転倍して無量という。無辺以下もこれに準じる。この場合、阿僧祇の算定法は、阿由多以上の数を一〇二個掲げて、順次にそれぞれ自乗して得た最後の数が至であって、至を至倍したのが阿僧祇であるとする。この一〇二個の数の次に前の阿僧祇などの一九(十大数の一々の間にそれぞれの転が入る)を加えるとすべてで一二〇数あるから(実は新訳では一二一数)、これを百二十転という。また兆載永劫《ちょうさいようこう》という場合の兆も載も極めて大きな数の名である。

**スヴァティシュリーシャーンティ Svatiśrīśānti** ランダルマ Glaṅ-dar-ma 王の破仏ののち、再び迎えられてインドからチベットに入った多くの梵語学者の一人。一〇世紀初頭カシミールからチベットへ入り、

チベット人には「大カシミール梵語学者」として知られている。

**すう-ざん　嵩山**　中国河南省河南府登封県の北にある山。嵩高山、嵩岳、外方山ともいい、古来、五岳の一で、中岳ともいう。太室・少室の二山を中心に万羊山、箕山などの諸山が山脈を形成し、太室山には黄蓋峰などの二四峰が、少室山には朝岳などの三六峰がそびえる。上古からその名が現われ、歴代の皇帝がしばしば行幸して多くの仏寺、道観、楼閣が建立された。少林寺・法王寺・嵩岳寺・会善寺・永泰寺・盧巌寺・竜潭寺・清涼寺・道場寺・封禅寺などがあり、少室山北麓の少林寺は北魏の太和二〇年496仏陀禅師の建立にかかわり、菩提達磨・慧可らが住して禅法を興隆した地として有名である。太室山南麓の法王寺は後漢明帝(57—75在位)の頃の開創と伝え、寺後に一五層塼塔を遺す。なお山中には嵩陽宮・嵩福宮などの道教宮観も建立されている。

**すうふく-じ　崇福寺**　⇩そうふくじ

**すえ-ばこ　居箱**　据え置く箱の意。居宮《すえばこ》、据函、接僧匣《せっすばこ》ともいい、三衣を入れる筥の意で三衣筥、論義の題目を書いたふだ(算題)を入れるから説相箱ともいうことがある。主に密教で法会に用いる三衣、法具、次第や説草などを入れるのに用い、近代では他の諸宗でも用いる。法会のとき阿闍梨は十弟子に居箱、香炉箱、如意などをもたせて随行させ、着座したとき左の脇机、あるいは正面の机上に置く。長方形の木箱で金板を張り、あるいは蒔絵などで装飾してある。

**すがわら-でら　菅原寺**　⇩喜光寺《きこうじ》

**すぎもと-でら　杉本寺**　神奈川県鎌倉市二階堂。大蔵山観音院と号し、天台宗。大倉(蔵)観音・杉本観音と俗称。坂東三十三カ所霊場第一番札所。天平六年734行基の開創と伝え、円仁・源信がそれぞれ観音像を造立したという。文治五年1189炎上したが、建久二年1191参詣した源頼朝が伽藍の修理料として准布二〇〇端を寄進。以後、頼朝は娘大姫の病気平癒祈願のため参詣するなど数回当寺に参拝した。建暦二年1212源実朝が参詣。その後の沿革については不詳であるが、永禄年間1558—70に弁栄が中興したと伝える。江戸初期頃、妻帯修験から清僧修験の寺になったという。〔重文〕木造十一面観音立像二軀　〔参考〕吾妻鏡、鎌倉志、杉本寺縁起、坂東三十三所順礼縁起、新編相模国風土記稿九一

**すぎょう-じ　宗鏡寺**　兵庫県豊岡市出石町。円覚山と号し、臨済宗大徳寺派。応安元年1368山名氏清が創建。七世の孫祐豊が現地に移したという。天正1573—92以降衰退していたのを、元和年間1615—24沢庵宗彭が領主小出氏に復興させた。

**すぎょう-ろく　宗鏡録**　一〇〇巻。心鏡録、宗鑑録ともいう。北宋の永明延寿の編(建隆二961)。教禅一致の立場から諸宗の教義を融合した仏教汎論で、標宗章・問答章・引証章の三章から成る。まず一心の体を標して心外無法触目是道の理を明らかにし、次いで問答形式によってここに悟入する方便を示して、およそ八〇〇条の課題を提起し、広く経論祖釈の語を引証している。はじめ呉越王銭俶が序を付して室中に秘蔵したが、元祐年間1086—94楊傑の序を付して開板し、北宋以後の大蔵経に入蔵して仏教各宗および宋学に大きな影響を与えた。降って清の雍正帝の重刊本があるほか、早くから朝鮮に伝わり、高麗版大蔵経の補版として開板され現存している。また別に紹聖三年1096年に黄竜派の晦堂祖心が本書を抜粋して編した冥枢会要や明の陶奭齢《とうせきれい》の宗鏡録具体のほか、朝鮮で作られた宗鏡録撮要および、日本で作られた宗鏡録要義条目など、多くの鈔本、目録がある。㊅四八

**ずし　厨子**　仏像、仏画を安置するための容器で、経巻をおさめるものもあった。普通には木製漆塗の屋形または筒形で扉をつける。形も大小あり、舎利厨子・春日厨子・九厨子・扁平厨子・帽額形厨子・置物厨子などの種類がある。法隆寺の玉虫厨子が最古のもので〈⇩玉虫厨子《たまむしのずし》〉、また橘夫人念持仏厨子・浄瑠璃寺吉祥天像厨子が著名。当麻寺曼荼羅堂の厨子は最も大きく、法隆寺献納旧御物の竹厨子のようなものもある。古くは、後世の本箱や置戸棚もまた厨子と呼ばれ(棚厨子)、正倉院の墨書両面厨子・柿

厨子がそれで、扉がなく、書籍・楽器・御杖刀などが納められていたといわれる。

**スジャーター**　㊵㊴Sujātā　須闍多《しゅじゃた》と音写し、善生と訳す。①仏陀が六年間の苦行を中止して尼連禅河《にれんぜんが》(ネーランジャラー Nerañjarā)に沐浴をしたとき乳粥をささげた女。〔参考〕本行集経二五　②給孤独長者(アナータピンディカ Anāthapiṇḍika)の子の妻。仏陀の教誡によって素行を改めた玉耶女《ぎょくやにょ》のこと。〔参考〕玉耶経

**すずき-だいせつ**　**鈴木大拙**　(明治三1870—昭和四一1966)名は貞太郎。石川県金沢市の人。第四高等中学校予科を中退し、東京専門学校・東京帝国大学選科に学び、この間、今北洪川・釈宗演のもとに参禅した。明治三〇年渡米してポール・ケーラスのもとで雑誌の編集や翻訳に従事する。同四二年帰国して学習院講師、ついで教授となり、東京帝大の講師を兼ねた。同四四年ビアトリス・レーンと結婚。大正一〇年1921大谷大学教授となり、英文仏教雑誌「イースタン・ブディスト」を創刊。昭和一一年、外務省嘱託の交換教授として英米で「禅と日本文化」を講じた。昭和二一年鎌倉に松ケ岡文庫を設立し、「カルチュラル・イースト」を発刊。同二四年日本学士院会員となる。同年ハワイに赴き、ついでアメリカ各地の大学で仏教哲学を講じた。海外に仏教思想を伝えた功績には偉大なものがある。同二四年文化勲章受章。著書は大乗仏教概論、楞伽経の研究、禅思想史研究、浄土系思想論、仏教の大意など和文約一〇〇冊、英文約三〇冊があるが、これらは鈴木大拙選集(正・続・追二六巻)、鈴木大拙全集(三〇巻、別巻二)に収められている。

**すずき-むねただ**　**鈴木宗忠**　(明治一四1881—昭和三八1963)宗教哲学者、仏教学者。愛知県の人。幼名は泰次郎。明治四〇年東京帝国大学哲学科卒業。大正二年1913郷里の東観音寺の住職となり、その後、東北帝国大学・立正大学・駒沢大学教授を歴任。昭和二八年自ら臨済宗妙心寺派の僧籍を脱籍し、同三〇年日本大学教授となった。大乗仏教の宗教学的研究を専門とし、大乗仏教を宗教体験・哲学の二面から研究した。著書、原始華厳哲学の研究、親鸞の生涯とその体験、鈴木宗忠著作集(八巻)ほか。

**すずりわり**　**硯破**　御伽草子。作者・絵師とも不詳。室町時代の成立。物語の概要は、主人の宝器である硯を従者が誤って割ってしまったことから、若君が罪をきて殺される。そのため主人公の従者は出家するというものである。諸本は大別して今昔物語集巻一九ノ九と、撰集抄第六から出た二系統に分類される。前者は主人公を師伊の侍者とし、明応四年1495源義高(足利義澄)の奥書がある絵巻の絵詞が属する。後者は主人公を仲太とし、のち出家して書写山の性空となるが、内閣文庫本や広島大学本などが属する。国東叢一(文芸上)、室町時代物語大成七、梅津次郎・絵巻物叢誌

**ずぞう-しょう**　**図像抄**　⇩十巻抄《じっかんじょう》

**すそく-かん**　**数息観**　㊵アーナーパーナ・スムリティ ānāpāna-smṛti の意訳。念出入息と直訳し、持息念とも意訳する。アーナーパーナは安那般那《あなはな》、阿那波那《あなはな》と音写する。念出入息と直訳略して安般《あんぱん》と音写する。念出入息と直訳し、持息念と意訳する。五停心観《ごじょうしんかん》の一。出入の息の数をかぞえて心をしずめる観法で、正定《しょうじょう》に入るためにこれを修める。これをさらに多種類に細分して拡充したものが十六特勝である。

**ずだ**　**頭陀**　㊵ドゥータ dhūta の音写。杜荼《とだ》、杜多《とだ》、投多とも書き、抖擻《とそう》、斗藪《とそう》、修治、棄除と訳す。衣・食・住に対する貪著を棄てて身心を修錬すること。抖擻、斗藪の訳語は煩悩《ぼんのう》の塵垢を振り払う意(抖も擻も挙げる、払い捨てるの意)。この生活規律について一二条項を立てて十二頭陀行という。即ち(1)在阿蘭若《あらんにゃ》処(人家を離れた静かな場所に住む)、(2)常行乞食《じょうぎょうこつじき》(乞食するのに家の貧富を選ばない)、(3)次第乞食(乞食するのに家の貧富を選ばない)、(4)受一食法(一日一食)、(5)節量食(過食しない)、(6)中後不得飲漿《おんじょう》(中食以後は漿を飲まない)、(7)著弊衲衣《じゃくへいのうえ》(廃物の襤褸で作った衣を着る)、(8)但三衣《たんさんね》(三衣以外を所有しない)、(9)塚間住《ちょうげんじゅう》(墓場に住む)、(10)樹下止、(11)露地坐(空地に坐る)、(12)但坐不臥(常に坐る)である。南方仏教では、(13)処坐(どこでも与えられた座

に坐る)を加えて十三頭陀支とする。頭陀を行うとき、または諸方を巡遊するとき、大乗の比丘《びく》が常に携帯しなくてはならない一八種の道具類などを頭陀の十八物《もつ》、または単に十八物という。後世、頭陀の語は山野を巡歴してつぶさに辛酸に耐える行脚《あんぎゃ》修行の意に用いられ、その際衣を汚さないために携行する袋を頭陀袋《ずだぶくろ》という。後には死者を葬るとき、胸に掛けて死出の旅路の用具入れとする袋をも頭陀袋という。

**スタイン Stein, Sir Aurel** (1862―1943)イギリスの中央アジア探検家・考古学者。ハンガリーのブダペストに生まれ、一九〇四年イギリスに帰化した。一八八〇年インドに渡り、一八八八年ラホール東洋大学の校長となる。一九〇〇―〇一年、一九〇六―〇八年、一九一三―一六年の三回にわたって中国新疆省タリム盆地・甘粛省西辺・敦煌千仏洞・蒙古西部・パミール高原・アフガニスタンなどを探検調査し、多数の蒐集品を得、非常な成果をあげた。とくに東トルキスタンの古代文化を解明し、トルコ系民族がこの地に入る以前にアーリヤ系民族が文化形成の中心となり、さらに漢民族の移住によって中国系文化が栄えたことを実証した功績は大きい。その探検調査の成果は Sandburied ruins of Khotan(埋もれたコータン遺跡・二巻1903)、Ancient Khotan(古代コータン・二巻1907)、Ruins of Desert Cathay(カタイ砂漠の廃趾・二巻1912)、Serindia(セリンディア・五巻1921)、The Thousand Buddhas(千仏洞1921)、Innermost Asia(最奥アジア・四巻1928)、On Alexander's track to the Indus(アレクサンダー大王のインダスへの行路 1929)、Old Routes of Western Iran(西イランの古道1940)などの著書に結実している。梵語学者としてもすぐれ、カルハナ Kalhaṇa のラージャタランギニー Rājataraṅgiṇī(カシミール王統史)の校訂(1892)および英訳(二巻1900)を刊行した。一九四三年アフガニスタンの組織的発掘を行おうとしたときに同地で客死した。

**ずだ-じ 頭陀寺** 静岡県浜松市頭陀寺町。青林山と号し、高野山真言宗。大宝年間701―04円空の草創と伝える。貞観五年863定額寺に列せられた。初め西富塚郷にあったが、天正年間1573―92当地に移る。

**スチェルバツキー Stcherbatsky, Theodore** ⇩シチェルバツコイ

**スッタ・ニパータ Sutta-nipāta** 経集とよぶ。南方上座部のパーリ語経蔵のクッダカ・ニカーヤ Khuddaka-nikāya(小部)に含まれる一五経の中の一つ。一一〇〇あまりの韻文詩を蛇品(一二経)・小品(一四経)・大品(一二経)・義足品(一六経)・彼岸道品の五章に分けておさめ、間に若干の散文による説明をまじえる。詩の部分はアショーカ王(268B.C.頃即位)以前に成立していたものと推定され、それが紀元前三―二世紀頃に散文を加えて現在の形に編纂されたものとみられる。原始経典のなかでも最古のもので、最初期の仏教思想を明らかにするうえできわめて重要な資料である。同じクッダカ・ニカーヤの中のニッデーサ Niddesa(義釈)はこのスッタ・ニパータの一部に対する註釈である。また後世の註釈としてはブッダゴーサ Buddhaghosa(仏音《ぶっとん》)によるパラマッタ・ジョーティカー Paramattha-jotikā(五世紀)がある。なお漢訳の義足経(二巻。呉の支謙の訳。(大)四)は第四章義足品の訳であるが、詩のほかに散文の因縁物語を付加している。パーリ語原典はファウスベル V. Fausbøll による英訳(1881)、ノイマン K. E. Neumann(1905)およびニャーナティローカ Nyāṇatiloka(1923)によるドイツ語訳などがある。日本語訳には中村元(岩波文庫・ブッダのことば)、渡辺照宏(同著作集第五巻)によるものがある。南伝二四

**スッタ・ピタカ Sutta-piṭaka** パーリ語三蔵の経蔵。南方上座部所伝のものが完全な形で保存されており、五部すなわち五つのニカーヤ nikāya より成る。すなわち(1)ディーガ・ニカーヤ Dīgha-nikāya(長部)、(2)マッジマ・ニカーヤ Majjhima-nikāya(中部)、(3)サンユッタ・ニカーヤ Saṃyutta-nikāya(相応部)、(4)アングッタラ・ニカーヤ Aṅguttara-nikāya(増支部)、(5)

クッダカ・ニカーヤ Khuddaka-nikāya(小部)の五部で、このうち(1)—(4)はそれぞれ漢訳の長阿含経、中阿含経、雑阿含経、増一阿含経にほぼ対応する。各ニカーヤはそれぞれ多数の単経をまとめた文献群で、紀元前四—三世紀にはその原型が成立していたと推定される。長部は長文の経典三四経を集め三篇に分類したもので、この中には梵網経、沙門果経、涅槃経、六方礼経などの重要な経典も含まれている。中部は中程度の長さの経典を一五二経収め、三篇一五品に分類する。相応部は短い経典二千八七五経を集めたもので、内容に従って五品に分け、それをさらに五六の相応(サンユッタ saṃyutta)に分類する。増支部は短い経典二千一九八経を四諦、八正道などの法数にしたがって一から一一までに分類している。小部はパーリ経蔵独特の集成で膨大な本生話(ジャータカ Jātaka)をはじめとする一五部門より成り、法句経(ダンマ・パダ Dhamma-pada)や経集(スッタ・ニパータ Sutta-nipāta)のような最古層に属する聖典から義釈(ニッデーサ Niddesa)、無礙解道(パティサンビダー・マッガ Paṭisambhidā-magga)のような註釈・論書の類をも含む。これらパーリ五部の原典はリス・デヴィズ T. W. Rhys Davidsの設立したパーリ聖典協会 Pali Text Society によって組織的な刊行がなされている。〈⇩阿含経《あごんぎょう》〉 南伝六—四四

**スティラマティ　Sthiramati**　⇩安慧《あんね》①

**すてごもんどう　捨子問答**　二巻。隆寛(1148—1227)の著。成立年不詳。浄土宗多念義の祖、長楽寺隆寛が捨子と修行者との問答に擬して一流の念仏往生の要義を述べたもの。上下二巻一六の問答より成る。多念義の要義を特に顕彰している。続浄全四〔刊本〕貞享二1685刊

**スナール　Senart, Emile Charles Marie**　(1847—1928)フランスの東洋学者。ミュンヘン、ゲッチンゲン大学に学び、ビュルヌフ E. Burnouf に師事した。長期にわたり、フランスアジア委員会・アジア協会を統裁し、フランス極東学院の創設・育成に力を尽くし、ギメ博物館長となるなど、永くフランス東洋学の指導者の位置を占めた。マハーヴァストゥ Mahāvastu の梵本を校訂出版した(1882—97)ほか、バガヴァッド・ギーターおよびブリハド・アーラニヤカ・ウパニシャッドの翻訳を行い、また Essai sur la légende du Bouddha(仏伝論1875)で仏陀非実在説を提唱して問題を提供した。その他 Grammaire Palie, Kaccāyana et la littérature gramaticale du Pali(カッチャーヤナおよびパーリ語の文法文献1871)、Les inscriptions de Piyadasi(ピヤダシの碑文1881—86)、Le castes dans l'Inde(インドの社会階級1902)などの著作がある。

**ずねん　頭燃**　頭髪が燃えること。他の一切の事を棄てて、その対策を講じなければならないこと。何よりもまず急いで真剣におもいを致さねばならないことの例として用いられる。

**スブーティ　Subhūti**　①⇩須菩提《しゅぼだい》　②Subhūti, Waskaduwē　生没年不詳。セイロンの僧。パーリ語彙集アビダーナッパディーピカー Abhidhānappadīpikā の刊行(1865)、パーリ文法書ナーママーラー Nāmamālā の刊行(1873)などの業績があり、ヨーロッパの初期パーリ語学界に大きな貢献をした。

**ずほくめんさい　頭北面西**　頭を北にし、顔を西に向け、従って右脇を下にし足を重ねて臥する体位。仏陀はこの姿勢で入滅(死去)したと伝えることから、中国・日本で、特に西方の浄土を願生《がんしょう》する浄土教にあっては諸高僧が臨終にこの儀を用い、また一般にも死者を北枕に臥させる風習が生じた。

**すまなけ　須摩那華**　蘇摩那華《そまなけ》、修摩那華、蘇曼那華とも書く。須摩那は(梵)スマナー sumanā またはスマナス sumanas の音写で、悦意、好意、好喜と訳す。黄白の花を咲かせる香気のある灌木。

**スミス　Smith, Vincent Arthur**　(1848—1920)イギリスのインド学者。アイルランドのダブリンに生まれ、一八七一年よりインド政庁に奉職、連合州 United Provinces(現在のウッタル・プラデーシュ

州)の諸官職を歴任、一八九八年同州の地方長官となる。在職中よりインド古代史を研究し、その成果を専門誌上に発表したが、一九〇〇年退官して研究に専念するとともにオクスフォード大学でインド史を講じ、また王立アジア協会 Royal Asiatic Society の副会長となる。この間いわゆるオクスフォード・インド史(The Oxford history of India, 1920)を監修した。その著 Early history of India(インド古代史1904)はそれまでのインド学の主要な研究成果を総合整理したもので、インド古代史の権威ある概説書である。その他 Asoka, the buddhist emperor of India(アショーカ王伝1901)、History of fine art in India and Ceylon(インド・セイロンの美術史1911)、Akbar, the great Mogur(ムガール王アクバル1917)などの著書がある。

**すみだ-ちけん　住田智見**　(明治元1868—昭和一三1938)真宗大谷派の学僧。名古屋祐誓寺の住職。明治二八年真宗大学研究科卒業。尾張中学寮、真宗大学、真宗専門学校、大谷大学の教授を経て昭和一一年大谷大学長に就任。真宗学・浄土異流の研究に詳しい。学階は講師。著書、浄土源流章講録、異義史之研究など多い(没後、遺稿を四巻にして刊行)。〔参考〕住田智見追悼(大谷学報二〇ノ一)、大谷派学事史(続真系二〇)

**すみのぼう-べついん　角坊別院**　京都市右京区山ノ内御堂殿町。浄土真宗本願寺派の別院。親鸞示寂の旧跡といい、もと親鸞の弟尋有の善法院のあった地と伝える。安政四年1857本願派二〇世広如が堂宇を建立。親鸞の草庵の号という角坊の名が命名の起源。〔参考〕大谷遺跡録一、山城名勝志七、山城名跡巡行志一

**スムパ・ケンポ　Sum-pa mkhan-po**　(1704—1774)チベットの学僧。本名をイェーシェーペンジョル Ye-śes dpal-ḥbyor という。のち蒙古に入った。八八点の著作が伝えられるが、中でもパクサム・ジョンサン Dpag-bsam ljon-bzaṅ(如意宝樹史1748)はインド・チベットの他モンゴル・中国をも含む仏教通史として有名である。

**スムリティジュニャーナキールティ　Smṛtijñānakīrti**　(1000頃)インドの密教者。チベットに入り、ジュニャーナパーダ Jñānapāda流の密教を伝えている。秘密集会タントラに対する註釈がチベット訳で残っている。

**スメーダ　Sumedha**　仏の前生の一つ。燃灯仏在世時に仏がバラモンとして生まれた時の名。燃灯仏に蓮華を供養し、また泥土の道に自分の頭髪をしいて仏にその上を渡るよう乞うなどして、仏より記別を受けた。この物語は多くの経典に伝えられているが、所伝により名前が異なり、須摩提(スマティ Sumati)、善慧(スマティ Sumati あるいはスメーダ Sumedha)、弥却あるいは雲(メーガ Megha)などの名が伝えられている。〔参考〕Jātaka I, 四分律三一、修行本起経上、因果経一、本行集経三、大智度論三〇

**ずんなん　童行**　禅宗の寺院で、未得度の年少者を童行といい、その居室を童行堂、または行《あん》堂《どう》という。童行を教訓することを訓童行という。住持が毎月一日、一五日などに各寮の行《あん》者《じゃ》を寝堂(住持の寝室)に集めて訓誨するのを例とする。

# せ

**せいいん-じ　聖因寺**　中国浙江省杭州府銭塘県。西湖錦帯橋の西にあたり、孤山の景勝の地にある。清の雍正五年1727康熙帝の行宮を寺としたことに始まる。禅月大師筆の石刻十八羅漢図は有名。

**せいおん-じ　清音寺**　茨城県東茨城郡城里町下古内。太古山獅子院と号し、臨済宗南禅寺派。承和四年837真雅の創建と伝え、嘉禎三年1237焼失。文和二年1253佐竹義篤が元より帰朝した復庵宗己を迎えて中興。大いに禅風をあげたが、近世衰微した。

**せいか　西夏**　中国の西北部、現在の寧夏回族自治区を中心として、甘粛省・陝西省の一帯を一一―一三世紀にかけて支配し

た国の名。単に夏ともいい、大夏と自称した。チベット系の羌《きょう》族の系統をひく党項《とうこう》(タングート)族に属する拓跋《たくばつ》氏の建てた国。拓跋氏は、唐初期のころから他のタングート系諸部族とともに割拠していたが、唐末に拓跋思恭《たくばつしきょう》が黄巣の乱を討伐した功により夏国公に封ぜられてから、その子孫があいついで夏州に住した。宋の国内統一に際し、一族の李継遷は宋の支配下に入ることを拒み、オルドス地方に入って独立をとなえ、遼とむすんで宋に対抗した。その孫の李元昊《げんこう》(1031—48在位)の時代になって勢力を拡大し、付近の諸州を攻略して、宋の宝元元年1038李元昊は皇帝を称し、国号を大夏と名づけて興慶府(現在の銀川市)を都とした。以後宋・遼についで南宋・金などとも交渉して文化を高めたが、南宋の宝慶三年1227チンギス・ハン(成吉思汗)に滅ぼされた。仏教は古くから行われ、しばしば宋に大蔵経を求め、また回鶻《かいこつ》(ウイグル)僧を請じて経典を西夏語に訳させたり、経を講じさせたりした。西夏文字を作り、西夏語の三蔵も刊行した。黒城(カラホト Kara Khoto)などの遺跡から多くの西夏文字の仏典(大宝積経、華厳経、法華経、仏頂尊勝陀羅尼経など)や字典が発見されている。西夏語はチベット・ビルマ語族に属する言語であると考えられている。〔参考〕西夏紀事、西夏紀、宋史列伝二四四・二四五、遼史列伝四五、金史列伝七二

**せいかい　清海**　(　—寛仁元1017)「しょうかい」とも読む。法相宗の僧。常陸の人。出家して奈良興福寺に住したが、正暦年間990—95に夢告により同超昇寺に移り、寺内に念仏堂を建立し、もっぱら一行三昧を修した。また不断念仏を修し、超昇寺大念仏を始めた。なお当麻曼荼羅を見て自らも浄土変相、両界曼荼羅を作ることを企てた。これは清海曼荼羅と称し、当麻・智光とともに浄土三曼荼羅の一とされる。〈⇩清海曼荼羅《せいかいまんだら》〉〔参考〕拾遺往生伝上、元亨釈書一一

**せいかい-まんだら　清海曼荼羅**　「しょうかいまんだら」とも読む。超昇寺清海(—1017)の描いた浄土曼荼羅。当麻・智光とともに浄土三曼荼羅の一に数える。この曼荼羅は、当麻曼荼羅より著しく簡略であるが、外縁に蓮華形を廻して観無量寿経の十六想観の偈文を記すなど特色がある。原本はもと奈良超昇寺に蔵し、天正年間1573—92に兵火を避けて京都聖光寺に、更に奈良極楽寺に移したというが、現存しない。現存の聖光寺本、奈良国立博物館本(旧極楽寺旧蔵本)、仙台成覚寺本は後補本。

**せいかく　聖覚**　(仁安二1167—文暦二1235)「しょうかく」とも読む。天台宗の僧。藤原通憲の孫で、父は澄憲《ちょうけん》。出家して叡山の静厳《じょうごん》に師事し、のち竹林院の里坊である安居院《あぐい》に住して唱導を以て称され、安居院法印《あぐいのほういん》の名があった。また法然に師事し、浄土教に帰依した。ただし嘉禄の法難では念仏停止を進言した。著書、唯信鈔一巻は念仏往生における信の立場を明示したもの。〔参考〕大日本史料五ノ九、安居院唱導集、明月記、百練抄一四、法然上人行状絵図三二

**せいか-じ　棲霞寺**　中国江蘇省南京の東北、摂山の麓にある。劉宋の末から斉初にかけて処士、明僧紹がこの山に住み、ここで法度と親交をもった。法度は僧紹の没後、その宅を寺とし、第二子仲璋が法度の協力を得て、西峰の石壁に龕窟を穿ち仏像を造ったという(開創には異説もある)。ついで梁の天監年間502—19の頃までに、歴代の諸王のたすけにより千仏巌が成った。法度の弟子僧朗が住して江南三論宗を興し、門下の僧詮は山中の止観寺(棲霞寺との同異については異説がある)にあって三論を弘めた。歴朝の尊信があつく、功徳寺・妙因寺・普雲寺などと号されたこともあるが、明初に棲霞寺の名に復した。千仏巌は大同・竜門の石窟にくらべると小規模ではあるが、南朝のものとしては貴重な遺跡。

**せいかん　清韓**　(　—元和七1621) 臨済宗の僧。文英《ぶんえい》と号し、世に韓長老《かんちょうろう》といわれた。伊勢の人。文禄の役で加藤清正の祐筆となった。慶長五年1600東福寺に住し、ついで南禅寺に住した。同一九年片桐且元の請により方広寺《ほうこうじ》の鐘銘を撰して物議をかもした。〔参考〕本光国師日記、東福寺文書、本妙寺文書

**せいがん　誓願**　願をおこして、なしとげようと誓うこと。仏や菩薩《ぼさつ》には、共通した願である総願〈⇩四弘誓願《しぐぜいがん》〉と、仏・菩薩個々の願である別願〈⇩本願《ほんがん》〉とがある。浄土教では、特に阿弥陀仏の本願をさして誓願という。それは弘くすべてのものを救おうとする願い、誓いであるから、弘願《ぐがん》、弘誓《ぐぜい》といい、あわれみの心が深く重いから重願といい、また不捨の誓約、本誓などともいう。誓願の救済力を誓願力といい、そのはたらきが凡夫の考えの及ばないものであるから誓願不思議という。親鸞の門下で、誓願の力で救われるか、名号の力で救われるかという論争をするものがあったが、親鸞は誓願と名号とは同一であるとした〈御消息集〉。ただし存覚の名号不思議誓願不思議問答には、誓願不思議を他力中の他力、名号不思議を他力中の自力であるという。⇩願《がん》

**せいかん-じ　清閑寺**　京都市東山区清閑寺山ノ内町。歌中山と号し、真言宗智山派。延暦二一年802紹継が創建したと伝えるが、一条天皇在位(986—1011)のとき佐伯公行が建立したとの説もある。はじめ天台宗に属し、長徳二年996勅願所となった。大治四年1129焼失。再建後、六条・高倉両天皇を寺内に葬る。慶長年間1596—1615根来寺の性盛が復興して真言宗に改めた。〔参考〕洛陽名所集、山城名所寺社物語二

**せいがん-じ　青巌寺**　⇩金剛峯寺《こんごうぶじ》

**せいがん-じ　誓願寺**　①京都市中京区新京極通三条下ル桜之町。深草山と号し、浄土宗西山深草派本山。法然上人二十五霊場の一。もと奈良にあり、天智天皇の御願による創建と伝える。平安遷都のとき山城国乙訓郡に移転、さらに中世には上京一条通小川(元誓願寺町)に移った。派祖証空の法孫寿覚が当寺に入ってより当派の本寺となる。応仁元年1467兵火にあって焼失したが、文明九年1477沙門十穀が再興。そののちも再三炎上。天正一九年1591現地に移り、豊臣秀吉側室松丸殿および京極氏が堂舎を寄進して寺観は壮麗を極めた。元和五年1619当寺五五世の安楽庵策伝が紫衣の勅許を得、「希世の咄上手」として説教で知られた。天明1781—89以後しだいに規模は縮小し、現在は繁華街の中心になり、昭和四〇年1965本堂は鉄筋で再建された。〔重文〕木造毘沙門天立像、絹本著色誓願寺縁起　〔参考〕洛陽誓願寺縁起、山城名勝志四　②東京都府中市紅葉丘。田島山快楽院と号し、浄土宗。江戸四カ寺の一。天正一八年1590東誉が相模小田原に開創したが、文禄元年1592徳川家康の命によって江戸白銀町に移り、寛文元年1661浅草田島町に移った。さらに大正一二年1923関東大震災後、現地に移転した。浄土宗。③秋田市旭南。正覚山如幻院と号し、浄土宗。慶長一〇年1605藩主佐竹義宣が創建、文岡を開山とした。佐竹氏の菩提所で浄土宗の触頭《ふれがしら》であった。〔参考〕佐竹家中総系図

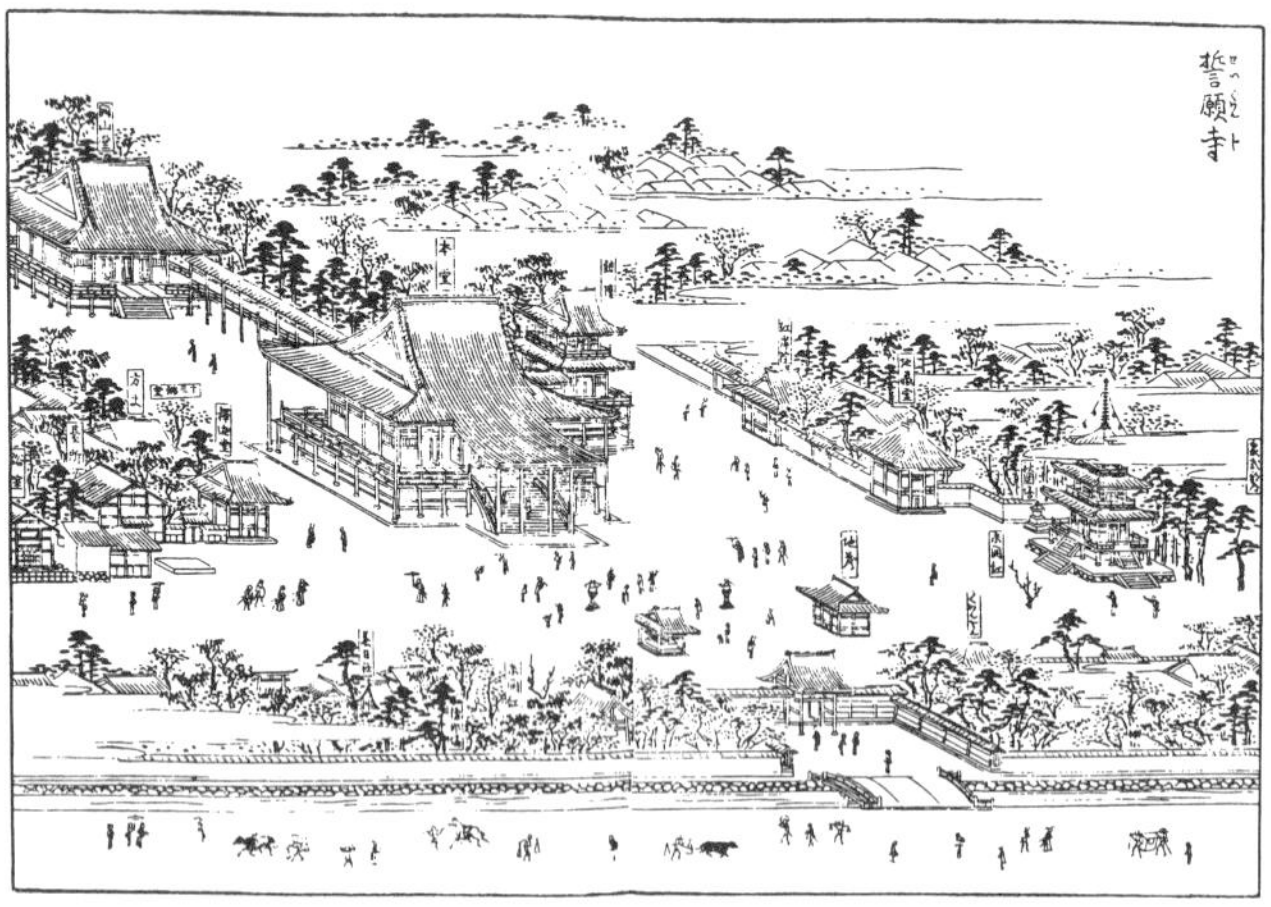

誓願寺（都名所図会）

**せいがんじ-の-ほんじ　誓願寺の本地**　二冊。作者不詳。京都誓願寺の丈六の阿弥陀仏像を正角とその子が完成するまでの経緯を六段に組んだ古浄瑠璃。〔刊本〕寛文八1668刊

**せいがんと-じ　青岸渡寺**　和歌山県東牟婁郡那智勝浦町那智山。那智山と号し、天台宗。西国三十三カ所第一番所。往古は如意輪堂といって那智権現(熊野那智大社)

の供僧寺であった。仁徳天皇のとき那智山を開いたという裸形上人が、如意輪観音を感得して堂を結び那智権現に奉仕したのに始まるという。天仁二年1109頃は当観音が霊験あらたかであったことが知られ、応保元年1161の三十三所巡礼記〈寺門高僧記六〉には一番札所と記している。正安元年1299の一遍聖絵に堂舎が見える。享禄四年1531と天正九年1581に焼失するが、同一八年豊臣秀吉により再建された。近世には西国巡礼者の参詣でにぎわった。明治初年の排仏毀釈で廃されるが、同七年1874復興、翌年天台宗の青岸渡寺となり現在に至る。〔重文〕本堂、宝篋印塔、銅造如来立像など那智山経塚出土金銅仏八点　〔参考〕紀伊続風土記七九、中右記、寺門高僧記六、那智山日記

**せいきょう　制教**　⇩化教《けきょう》

**せいけい　清啓**　生没年不詳。室町中期の臨済宗の僧。字は天与。号は海樵《かいしょう》、老人、万里叟《ばんりそう》。幕命により寛正四年1463と応仁二年1468に明にわたり、帰国後は建仁寺の禅居庵《ぜんごあん》に住した。著書、戊子入明記一巻。〔参考〕延宝伝灯録三三、五山文学小史

**せいげん　成賢**　（応保二1162―寛喜三1231）真言宗の僧。世に宰相僧正という。藤原成範の子で、勝賢について出家し、文治元年1185醍醐寺三宝院に入って伝法灌頂を受けた。建仁三年1203醍醐寺座主となり、承元四年1210東寺三長者になった。門弟のうち道教・深賢・憲深・意教の四人を四傑という。著書、両界略次第二巻、護摩次第二巻など。〔参考〕密宗血脈鈔、本朝高僧伝五四

**せいげん-ざん　青原山**　中国江西省吉安府廬陵県にある山。山上に静居寺があり、唐代に六祖慧能の弟子行思が住した所である。同じく慧能の弟子南岳懐譲の系統から区別して彼の法系を青原下と称し、この系統から曹洞宗・雲門宗・法眼宗が出た。

**せいけん-じ　清見寺**　静岡市清水区興津清見寺町。正称は巨鼇山求王院清見興国禅寺で、俗に「きよみでら」ともいう。臨済宗妙心寺派。白鳳年間673―86清見関設置に当たりその鎮護のため創建、唐の教叟を住させたと伝える。弘長元年1261無伝聖禅が中興。康永年間1342―45足利尊氏が再興、清見興国寺と号し、駿河国利生塔を建立し十刹の一に加えた。天文八年1539妙心寺太原宗孚が来住し、その一族今川氏の外護を得て繁栄した。天正年間1573―92兵火にかかったが、豊臣秀吉・徳川家康の帰依を得て再建された。風光絶佳で詩文に歌われる。〔重文〕宋版石林先生尚書伝　〔参考〕東海道名所図会四、清見寺略記

**せいこくしょうにん-さんじっかじょう-くでん　西谷上人三十箇条口伝**　一巻。浄音（1202―71）の著。成立年不詳。浄土宗西山派の教義口伝三〇カ条を録したもの。西山口決鈔、西山口伝密鈔三十箇条、西山口伝御書、また単に三十箇条口決ともいう。観経および観経疏の解釈に関するものが多い。廃立・傍正・助正三重の教相分別や仏体仏語の法門、即便往生・当得往生に関する口伝など、独自の説がみられる。㊅八三

**せいさん　清三**　生没年不詳。室町末期の臨済宗の僧。号は笑雲。伊勢の人。はじめ、同国阿弥陀寺の湖月信鏡に師事し、のち京都東福寺の一韓智翊に参じた。著書、四河入海一〇〇巻、古文真宝抄一〇巻。〔参考〕延宝伝灯録、五山文学小史

**せいざん-くけつ-じっかじょう　西山口決十箇条**　一巻。証空（1177―1247）著と伝える。成立年不詳。浄土宗西山派の数種の口決のうち最もすぐれ、秘決集注記などの秘鈔を理解する上で重視される。十一門口決、密要決口決、能譬所譬名目口決、十八願文配当観経口決、三八巻御疏造作の事、弘法大師十念口決、浄土宗教外名目の事、定散文中等口決、伝説直説の口決、明観上人夢想のことなどを詳しく述べる。〔刊本〕浄土西山流秘要蔵四

**せいざんしょうにん-えんぎ　西山上人縁起**　六巻。三鈷寺一一世、実導仁空の著（至徳三1386）。浄土宗西山派の祖、善慧房証空の伝記。その一四〇年忌にあたり詞書を草し、当時の貴紳に筆を乞い、絵師に図を描かせて、三鈷寺の吉祥蔵に納めたもの。本文は六巻二四段、絵相二一段から成るが、一巻の序と本文四段は青蓮院尊道、二巻の三段は後大乗院道円、三巻の七段は成音院関白一条経嗣、四巻の四段は一条中納言公

勝、五巻の二段と六巻の一段は禅林寺中将有孝の筆。国東叢一〈伝記上〉〔原本〕三鈷寺蔵〔刊本〕正保四1647刊、万治二1659刊、文化一三1816刊〔註釈〕是湛・西山上人伝報恩八巻

**せいざん-ふっこ-へん　西山復古篇**　一巻　俊鳳の著(天明四1784)。浄土宗西山派の綱要書の一。当時の西山派の宗学を安心・相承次第・現世祈禱・教学史などの点において厳しく批判し、教学の法然への復古を唱えている。その主張のために西山派の一部から異端視された。㊅八三

**せいざん-やわ　西山夜話**　一巻。春屋妙葩《みょうは》(1311—88)の編。成立年不詳。夢窓疎石とその弟子との問答、教誡を妙葩が筆記して六篇としたもの。⑴夢窓が叢林を出て二〇年間余、居所の定まらなかったことについて、⑵臨済系であるのに夢窓が経論を講ずる理由について、⑶語録に対する初学者の注意、⑷鈍根の者でも参究につとめれば来世には必ず悟りが得られること、⑸博識を誇るよりは、言句を越えた本分の境界に志を向けるべきこと、⑹仏祖の教説の真意を知るには、学解機智をすて、一則の公案を徹底すれば教義と禅家の宗旨に通達できると説く。㊅八〇、続群九下、夢窓国師語録下〔原本〕天竜寺蔵〔刊本〕元禄一三1700刊

**せいし-じ　制旨寺**　中国広東省広東城光孝街にある。制止道場とも呼ばれ、のちに光孝寺と称した。三国時代に呉の虞翻が謫居した地に、東晋の頃、罽賓《けいひん》の僧が寺を建て、劉宋の元嘉年間424—53初年に求那跋摩《ぐなばつま》が住したという。陳の天嘉三年562真諦三蔵がとどまり、訳経に従った。唐の儀鳳元年676六祖慧能がこの寺で宗法師と問答し、法性寺智光から受戒した。北宋の初めに乾明禅院・法性寺と称したことがあり、南宋の高宗(1127—62在位)の時、報恩広孝寺と号したが、明の憲宗(1464—87在位)の時、現寺名に改めた。

**せいし-ぼさつ　勢至菩薩**　勢至は㊵マハースターマプラープタ Mahāsthāma-prāptaの訳。摩訶薩駄摩鉢羅鉢路と音写する。大勢至菩薩、得大勢至菩薩ともいう。智慧の光によって一切を照らし、三塗をはなれ無上の力を得させるとされる菩薩。観世音菩薩とともに阿弥陀仏の脇侍となり、阿弥陀の右に位置する。これは観無量寿経の説によるもので、観世音が慈悲を象徴するのに対し、勢至は智慧を象徴するとされる。観世音菩薩に次いで仏になるともいわれたが、観世音ほどには単独尊としての信仰を集めなかった。また、かつて一二の如来によって念仏三昧の教えを受けたので、今この世界では念仏の人を摂して浄土に帰させるともいわれている。密教では八大菩薩の一とし、胎蔵曼荼羅の蓮華部院に配する。〔参考〕観無量寿経、思益梵天所問経、観音授記経、首楞厳経五

大勢至菩薩(御室版胎蔵曼荼羅)

**せいじゅん-に　清順尼**　(　—永禄九1566)戦国時代の尼僧。伊勢慶光院三世。紀伊熊野(一説に近江浅井郡)の人という。天文一八年1549勧進によって、伊勢神宮五十鈴川の宇治橋を造替。後奈良天皇は同二〇年この造替の功と、この度の伊勢神宮式年遷宮を企てたことに対し、清順の居室を慶光院と称することを勅許した〈⇩慶光院《けいこういん》〉。永享六年1434以降、約一三〇年にわたって中絶していた式年遷宮が行われた。さらに清順尼は内宮の正遷宮をも企てたが、遂行半ばにして病によって慶光院で没した。〔参考〕慶光院文書

**せいじょう　栖城**　(寛政五1793—文久元1861)浄土真宗本願寺派の僧。肥前の人。華厳・天台を学んだが、のち曇竜《どんりゅう》に師事し、推されて若狭の妙寿寺(現福井県三方郡美浜町)に住した。安政元年1854勧学職に進んだ。著書、教行信証聴記一〇巻、華厳経探玄記筆記三巻、阿弥陀経聴記三巻など。〔参考〕本願寺派学事史

**せいしょう―じ　青松寺**　東京都港区愛宕。万年山と号し、曹洞宗。文明八年1476太田道灌が武蔵国貝塚に雲岡舜徳を開山として創建。徳川家康の帰依をうけ、慶長五年1600現地に移された。浅野・山内・毛利など諸侯の菩提寺として栄え、江戸曹洞三カ寺の一とされた。

**せいじん　西浄**〔東浄《とうじん》〕　便所のこと。禅宗で西序（首座《しゅそ》など）の人のゆく厠を西浄《しいじん・せいちん》・、西司《せいす》といい、東序（都寺《つうす》など）の人のゆく厠を東浄、東司《とうす》という。雪隠《せっちん》の語は「せいじん」の訛ともいわれる。禅宗では浴室と僧堂と西浄との三カ所で語笑を禁じられているのでこれを三黙堂という。

**せいそく　勢速**　(梵)ジャヴァjavaの訳。変化あるいは動作が迅速であること。瑜伽論巻五六ではこれに三種があるとする。(1)諸行勢速（有為法《ういほう》の生滅無常が迅速であること）。(2)士用勢速《じゅうせいそく》（人間の身口意《しんくい》の三業《さんごう》のはたらきが迅速であること）。(3)神通勢速《じんづうせいそく》（神通のはたらきが迅速であること）。

**せいぞん　成尊**　（長和元1012―承保元1074）「じょうそん」とも読む。真言宗の僧。京都山科の小野曼荼羅寺二世。小野僧都と号する。はじめ興福寺真喜の侍童、ついで仁盛威儀師の養子となる。長じて仁海《にんがい》について出家し、外典・密教を学ぶ。長暦三年1039仁海から伝法灌頂を受け、以後両部儀軌、請雨経などを受学。仁海はその法器たるを愛し、大阿闍梨位を授け、八祖相承の舎利宝珠を与え、曼荼羅寺を付嘱した。天喜二年1054義範に伝法灌頂を授けて瀉瓶《しゃびょう》とし、同八年詔により請雨法を修し法験を示した。また後三条天皇が東宮であった治暦年間1065―69の初め、愛染明王法を修してその即位を祈ったところ間もなくして即位できたことから尊信が厚く、延久元年1069権律師に補され、同三年二月東寺二長者、同六月権少僧都、同一〇月二長者。同四年には第三〇世東寺長者となった。一方、同三年七月範俊に伝法灌頂を授けて正嫡としたことから義範と範俊に法流が分かれ、のち小野・醍醐におのおの三流が生まれた。同四年一二月には高野山の明算に付法し、帰山後明算は中院流の祖となるなど、事相上における成尊の功績は大きい。享年六三歳（一説に五九歳）。付法弟子は義範・範俊など八名。著書、真言付法纂要鈔一巻、徒師灌頂決義抄四巻など一七部がある。〔参考〕東寺長者次第、元亨釈書九、本朝高僧伝一一

**せいちょう―の―いえ　生長の家**　本部、東京都渋谷区神宮前。昭和五年1930、谷口雅春が開始した諸教系の新宗教団体。同一〇年教化団体生長の家と称し、同二二年生長の家と改称。同二七年宗教法人。「人間神の子」「天地一切のものと和解せよ」をスローガンに伝道が開始され、雑誌「生長の家」を創刊。宗教の百貨店と呼ばれるようにさまざまな教義が導入され、その教勢は外国にも伸び北米・ブラジルを中心に南米全土に発展している。

**せいてん　成典**　（天徳二958―寛徳元1044）真言宗の僧。仁海《にんがい》の弟子。仁和寺の円堂を司ったので円堂僧正といわれる。治安三年1023東寺三長者に加えられ、東宮の護持僧となった。長暦二年1038権僧正に任じられ、のち勅により皇子（のちの後三条天皇）の誕生を祈って効験があり、円教寺を賜った。長久四年1043東寺二長者となる。〔参考〕密宗血脈鈔、元亨釈書一〇、本朝高僧伝四九

**せいてん　盛典**　（寛文三1663―　）真言宗の僧。寛保年間1741―44下野佐野の大聖院二八世を継いだ。著書、悉曇字記指南鈔七巻、韻鏡易解新増大全五巻、入定冥祥録五巻など。

**せいどう　西堂**〔東堂〕　他の寺院で以前に住持をつとめたものを西堂、西庵といい、その寺院の前住を東堂、東庵という。それぞれ僧堂の西堂・東堂に居住するからである。東は主位、西は賓位（客位）にあたる。日本では、室町時代に春屋妙葩、義堂周信などがその序列や衣、坐具などの色を定めてから、禅宗寺院の一種の階級となり、東堂に次ぐのを西堂とした。現今では住持を東堂になぞらえ、住持を補佐して大衆を指導する長老を西堂という。甲刹《かっさつ》（五山十刹に次ぐ寺院）の住持であった名徳でも、住

持をやめて他の寺院にゆけば西堂と呼ばれるのであり、また西堂の中で名誉徳行のあるものを名徳西堂と呼ぶ。

**せいはん　清範**　(応和二962―長保元999)「しょうはん」とも読む。法相宗の僧。清水寺上綱ともいわれる。播磨の人。興福寺の守朝から唯識を学びのち京都清水寺に住して盛んに法相を講じた。説教の大家。著書、五心義私記二巻、般若理趣分註一巻、諸寺縁起集一巻。〔参考〕枕草紙、本朝高僧伝一〇

**せいばん　清播**　(文中元1372―文安元1444)臨済宗の僧。字は心田《しんでん》。号は春耕《しゅんこう》。清祖柏庭《はくてい》の侍童となり、建仁寺・南禅寺に参じ、諸庵西肇が建仁寺を領した時、その第一座となる。伊勢の正興寺・京都宝幢寺に住し、また南禅寺・建仁寺に歴住し、建仁寺大統院で没した。著書、四会語録、聴雨集、春耕集など。〔参考〕本朝高僧伝四〇

**せいびょうーえ　青苗会**　禅宗で、農家の青苗を植える時にその成熟をいのる法会。五月五日の端午の節句に行うが、五月二八日より六月一日までの行事ともいう。〔参考〕百丈清規下月分須知

**せいほう　成宝**　(平治元1159―安貞元1227)真言宗の僧。藤原惟方の子。はじめ顕慧《けんえ》に従って三論を学び、雅宝《がほう》について密灌を受けた。治承三年1179三会の講師となり、法隆寺・東大寺・大安寺の別当を歴任。承久元年1219祈雨の効験によって大僧正に進み、同三年東寺長者となった。〔参考〕密宗血脈鈔、本朝高僧伝五四

**せいまい　靖邁**　生没年不詳。唐代の訳経家。梓潼(四川省)の人。玄奘が訳経事業をはじめたとき、証義大徳一一人の一人に選ばれた。本事経七巻などを訳し、また翻経院の堂に描かれている古来の伝訳者の像に題して古今訳経図紀四巻を著わした。〔参考〕開元録八、宋高僧伝四

**せいも　清茂**　(景定三1262―天暦二1329)宋末・元初の禅僧。号は古林《くりん》。書をよくし、詩文にすぐれ、茂古林の名で知られる。別に金剛幢・休居叟とも号した。姓は林氏。温州(浙江省)の人。天台の国清寺で出家し、諸方に歴参したが、一九歳のとき雁蕩の能仁寺の横川如珙のもとで嗣法した。平江府(江蘇省)の白雲寺に出世し、次いで開元・虎丘に移り、晩年に饒州永福寺に住し、建康の鳳台山保寧寺で没した。門下に、了庵清欲らがあり、日本に来朝した竺僊梵仙・別伝妙胤・月林道皎《どうこう》・石室善玖《ぜんくらや》、日本からの入元僧別源円旨・天岸慧広らはその室に投じた者で、わが国の室町時代の禅宗および五山文学などに大きな影響を与えた。著書、宗門統要続集二二巻、古林清茂禅師語録五巻(別名、扶宗普覚仏性禅師語録)、古林清茂禅師拾遺偈頌二巻など。〔参考〕増集伝灯録五

**せいよ　勢誉**　(天文一八1549―慶長一七1612)真言宗の僧。高野山興山寺第二世。字は宗淳。号は可中。和泉の人。俗姓は阿部氏。九歳で高野山に登り、永禄五年1562千手院谷祐尊に受戒。次いで京に上り、元亀元年1576仁和寺禅海より両部灌頂を受く。また天正元年1573木食応其《おうご》に受戒して以後、彼の愛顧を得、高野行人方を指導する。徳川家康の支援を得、慶長六年寺領二万石を行人方・学侶方に二分した朱印を受けた。同一三年興山寺を応昌に付嘱し、文殊院に隠居。〔参考〕高野春秋編年輯録一三、南紀風雅集

**せいよく　清欲**　(至元二五1288―至正二三1363)元末の禅僧。姓は朱氏。字は了庵。号は南堂。慈雲普済禅師と諡する。台州臨海(浙江省臨海県)の人。楊岐一一世の古林《くりん》清茂《せいも》の法を嗣ぎ、嘉興(同省嘉興県)の本覚寺、その他に住した。墨蹟にすぐれた。語録九巻がある。〔参考〕行道記、増続伝灯録六

**せいらいーじ　西来寺**　三重県津市乙部。竜宝山光明院と号し、天台真盛宗別格本山。延徳二年1490宗祖真盛が伊勢国を巡錫したとき、道俗の請により小丹の塩屋に創建したという。のち災害のため転々とし、慶長年間1596―1615現地に移った。天保頃1830―44真阿が住し、古書蒐集や著作、校刻に務めた。〔重文〕絹本著色聖徳太子勝鬘経講讃図、同阿弥陀来迎図、紙本墨書大般若経、注大般涅槃経、版本天台三大部　〔参考〕真盛上人別伝、西来寺歴代記、三国地誌三三

**せいりゅうーきだん　清流紀談**　二巻。竜護の著(天保四1833)。寛永年間1624―44

浄土真宗本願寺派の学寮の創設以来の学匠五〇人余の言行を記したもの。天保四年超然が校補して開板した。日本思想家史伝全集一八〔刊本〕天保四刊、明治一九1886刊

**せいりょう　清了**　（北宋の元祐三1088—南宋の紹興二一1151）南宋代初期の禅僧。姓は雍《よう》氏。号は真歇《しんけつ》。諡号は悟空禅師。左綿（四川省綿陽県）の人。曹洞九世の子淳の法を嗣ぎ、江浙福建に教えを弘めた。語録二巻があり、劫外録《こうげろく》とも称する。〔参考〕塔銘、普灯録九、五灯会元一四、蓮宗宝鑑三

**せいりょう-ごんげん　清滝権現**　「きよたきごんげん」ともいう。密教の守護神。娑掲羅《しゃかつら》竜王の女、如意輪観音の化身とされ、竜神信仰を取り入れたものであろう。唐の青竜寺の鎮守であったものを、空海が神護寺に勧請したといい、特に醍醐寺の鎮守として知られる。寛治三年1089同寺開山の聖宝が夢中に感得して勧請したものという。現在、上醍醐にある清滝宮拝殿（国宝）は永享六年1434の建築である。なお現在では弘長二年1262賛文の画像（畠山記念館蔵・重文）が最も古い。〔参考〕醍醐寺雑事記

**せいりょう-じ　清凉寺**　京都市右京区嵯峨釈迦堂藤ノ木町。五台山と号し、浄土宗。「しょうりょうじ」とも読み、俗に嵯峨釈迦堂という。寛平七年895源融の没後、その山荘棲霞観《せいかかん》を寺に改めて棲霞寺と号したのに始まるという。天慶八年945源重明が新堂を建立し、金色等身釈迦如来を安置した。寛和三年987宋から帰った東大寺の奝然《ちょうねん》が愛宕山を中国五台山になぞらえて伽藍を建立、大清凉寺と号し将来した栴檀の釈迦像を安置することを計画。しかし長和五年1016奝然が没したため、その意志を継いだ高弟の盛算は、棲霞寺内の釈迦堂に前記釈迦像を安置し、勅許を得て清凉寺と号し華厳宗の寺院とした。そののち釈迦信仰が隆盛し、天台・真言・念仏宗を兼ねた寺として発展、室町中期には融通念仏の大道場となって、清凉寺の名は棲霞寺より高まった。なお建久元年1190以来再々焼亡するが、貴賤の勧進で復興された。毎年四月・一〇月には境内の狂言堂で、弘安二年1279円覚十万上人道御の始行とされる嵯峨大念仏狂言が行われる。また三月一五日の夜にはお松明があるが、これは愛宕修験の春峰入行事にともなう験競《げんくら》べであったという説がある。〔国宝〕木造釈迦如来立像及び像内納入品一切、絹本著色十六羅漢像　〔重文〕紙本著色釈迦堂縁起（清凉寺縁起）、同融通念仏縁起ほか　〔参考〕清凉寺縁起

清凉寺（都名所図会）

**せいりょうじ-えんぎ　清凉寺縁起**　六巻。絵巻。紙本著色。清凉寺梅檀仏像縁起、清凉寺釈迦堂縁起ともいう。京都清凉寺蔵。重要文化財。永正一二年1515頃の作か。釈迦八相伝（一、二巻）にはじまり、優塡王《うてんおう》の作った釈迦像が西域（三巻）、中国（四巻）を経て、奝然《ちょうねん》によって日本の清凉寺本尊として安置されるまで（五巻）を描き、第六巻（この巻のみ絵欠）に本尊の霊験記を述べる。漢画の影響を受けた描写で、詞書は青蓮院尊応准后、絵は狩野元信というが確かでない。詞書は仏全一一七

**セイロン　錫蘭　Ceylon**　インドの南方にある島。梵名をシンハラ Siṃhala という。僧伽羅と音写し、師子と訳す。パーリ名をシーハフ Sīhaḷa チベット名をセンゲラ Seṅ-ge-la という。また㈹タームラ・パル

ニー Tāmra-parṇī(巴)タンバ・パンニ Tamba-paṇṇi 赤銅葉と訳す)、ラトナ・ドヴィーパ Ratna-dvīpa(宝洲と訳す)、ランカー Laṅkā(楞伽《りょうが》と音写する)ともいう。現在はコロンボ Colombo を首都とする独立国でスリランカと称する。紀元前六世紀頃、北インドからアーリヤ系に属すると思われるシンハラ族がこの島に移住し、先住民を征服して建国したと推定される。この国の起源についてはさまざまな伝説があり、獅子(シンハ Siṃha)を父とする王がこの国を建てたともいい、シンハラ Siṃhala またはシンハクマーラ Siṃhakumāra という王がこの国を建てたのでこの名があるともいう。仏教伝来は西暦前三世紀中葉、アショーカ王の王子(一説に弟)マヒンダ Mahinda の伝道によるといわれる。時の王天愛帝須(デーヴァーナンピヤ・ティッサ Devānampiya Tissa)はマヒンダのために大寺(マハーヴィハーラ Mahāvihāra)を建立し、仏教は次第に隆盛となり、上座部仏教が栄えた。のち西暦前一世紀のヴァッタガーマニー・アバヤ Vaṭṭagāmaṇī Abhaya 王の時代に三蔵が書写され、また無畏山寺(アバヤギリ・ヴィハーラ Abhayagiri-vihāra)が建立されて、これを契機に教団が大寺派と無畏山寺派とに分裂した。無畏山寺ではその後、大乗も学ばれ般若経などが流伝していた。五世紀のはじめに法顕が来島し、またブッダゴーサ Buddhaghosa(仏音《ぶっとん》)がマガダより来島して三蔵をパーリ語に翻訳し、またその註釈を数多く著わして現在のパーリ三蔵を整備した。中国との交渉もあり、中国僧も来島している。この地の上座部仏教はタイ・ビルマなどにも伝えられた。しかし以後しばしば対岸インド本土のドラヴィダ(タミール)族の侵入をうけ、一時はその支配に服した。仏教にも盛衰があり、一五〇五年にはじまるポルトガル人の来島などで法灯は一時断絶したが、ヴィマラダンマスリヤ Vimaladhamma-suriya 一世(1592—1604在位)の時以来、ビルマやタイから僧侶・経典・仏像などを招請して上座部仏教が復興し、以来現在にいたるまでセイロン仏教として栄えている。

**せいわ-いん　清和院**　京都市上京区七本松通一条上ル一観音町。真言宗智山派。一本寺と号す。もと染殿院(跡地は現上京区京都御苑の東北隅)に隣接した地に、文徳天皇が染殿后(清和天皇生母)のすすめで建立した仏心院に始まり、一演作の清和天皇を模した延命地蔵を安置したという。貞観一八年876染殿院で陽成天皇に譲位した清和天皇は同院に住するが、翌元慶元年877清和院で大斎会を行った。同三年上皇は粟田山荘(円覚寺)で剃髪し、のち清和院も寺院化していったとされる。応仁の乱で衰退し、明応元年1492当院地蔵堂再建の勧進が行われた。明暦年間1655—58河崎観音堂(跡地は現上京区梶井町)を合併し、その聖観音像も当院に移したと伝える。万治四年1661御所炎上で現地に移る。なお河崎観音堂の観音(第二次世界大戦後、売却)は平安時代以降広く崇敬され、洛陽七観音の一、洛陽三十三観音の最終番とされた。〔重文〕木造地蔵菩薩立像
〔参考〕山城名勝志三・七、清和院地蔵堂勧進帳

**せう　世友**　⇩婆沙の四大論師《ばしゃのしだいろんじ》

**ぜえい　是英**　(　—永和四1378)臨済宗の僧。字は傑翁《けつおう》。諡号は仏慧禅師。はじめ大慶寺の之庵道貫《どうかん》について得度し、円覚寺の大川道通・東峰通川《つうせん》に従った。正慶二年1333甲斐の心経寺に住し、ついで長谷・宝福の二寺を創建した。のち円覚寺五〇世となった。〔参考〕本朝高僧伝三三

**せかい　世界**　(梵)ローカ・ダートゥ loka-dhātu の訳。路迦駄覩《ろかだと》と音写する。壊れるべき場所の意。即ち時間的には生滅変化のうつりかわりがあり、空間的には方位などの限定がある場所の意味で、衆生《しゅじょう》が住んでいる場所をいう。このように本来の意味からいえば三界としての有為《うい》の世界を指すが、大乗仏教になると蓮華蔵世界(仏の境界、華厳宗《けごんしゅう》の説)とか阿弥陀仏の浄土のように、この相対の世界を超えた絶対の世界、無為の世界をも含めていう。また華厳宗で説く十世界(十重世界ともいう〈⇩国土海《こくどかい》〔世界海〕〉)も菩薩《ぼさつ》の境界であって、この三千世界の外にあるとされる。古代のインドでは宇宙の成立構造を須弥山《しゅみせん》説によって説く〈⇩須弥山〉。即ち須弥

山を中心にして九山八海《くせんはっかい》があり、さらに四洲(四天下《してんげ》)や日月などを合わせたものを単位として、これを一世界という。一世界を千個合わせたものを小千世界、小千世界を千個合わせたものを中千世界、中千世界を千個合わせたものを大千世界(大千界、大千)という。一大千世界の中には小中大の三種の千世界を含んでいるから、大千世界を三千大千世界(三千世界)ともいう。そして宇宙は無数の三千大千世界から成り立っているとする。一仏の教化が行きとどく範囲(一仏土)は一世界(四天下)であるとも、一三千大千世界であるとも、あるいはそれよりさらに大きいともする〈⇩一仏世界《いちぶっせかい》〉。「世界」の語は本来は「世間」の語と同様に有情《うじょう》世間をも含んでいたはずであるが、慣用としては主として器世間(山河大地)を指すようである。

**せかい-かい　世界海**　⇩国土海《こくどかい》

**せかい-きゅうせいきょう　世界救世教**　本部、静岡県熱海市桃山町。諸教系新宗教教団。昭和二五年1950岡田茂吉が開創。茂吉は大本教の信者であったが、昭和九年岡田式神霊指圧療法を開始すると共に、大本教を脱退。同一〇年大日本観音会として立教。終戦後の同二二年日本観音教団として再建し、弟子たちの諸教会を統一して当教を発足させた。地上天国の建設をスローガンとし、掌から霊光を発して相手の霊現を浄化するという浄霊法は有名。

**ぜがいぼう-えことば　是害房絵詞**　①二巻。絵巻。京都曼殊院蔵。重要文化財。紙本著色。奥書に本文と同筆で延慶元年1308、嘉暦四年1329、文和三年1354の年号があり、三回にわたって転写されたとする。原本の成立は延慶元年か。上巻は詞五段・絵五段、下巻は詞四段・絵三段からなり、詞書は漢字交じり片仮名文。康保三年966に中国から来た是害房という天狗が愛宕護山の人天狗日羅房に先達を依頼、叡山の僧と法力を争って敗れ、日羅房に助けられて賀茂の河原で湯治し帰国する話を描く。詞書は室町」時代物語大成八〔複製〕新修日本絵巻物全集二七　②一巻(残欠本)。住友家蔵。重要文化財。紙本著色。室町時代の作。詞三段・絵三段からなり、曼殊院本の下巻にあたる。絵は大和絵の正系を引く画風。詞書は漢字交じり平仮名文。詞は冷泉為重、絵は法眼永春の筆というが疑わしい。

**せがき-え　施餓鬼会**　施食会、施餓鬼食、冥陽会ともいう。悪道に落ちて飢餓に苦しんでいるもの(餓鬼)に食物を施す法会。救抜焔口餓鬼陀羅尼経(唐の不空訳)によれば、焔口餓鬼より三日後に命終して餓鬼道に堕するということを聞いた阿難が、仏から陀羅尼および施食の法を受けたのに基づく。日本では禅宗によって盛んになり、真言宗・浄土宗・曹洞宗などでは盂蘭盆会《うらぼんえ》の亡霊供養のために行われる。水死者のために川中で行い供物を水に流すのを川施餓鬼という。〔参考〕釈氏要覧上、百丈清規下

**せきがん-じ　石龕寺**　兵庫県丹波市山南町岩屋。高野山真言宗。俗に岩屋寺といい、聖徳太子の草創と伝える。村上天皇(946—67在位)の帰依があつく堂宇を造建し、のち足利義詮が小川荘三〇〇町を寄せた。天正年間1573—92兵火にかかったが、寛永年間1624—44再興。〔重文〕木造金剛力士立像

**せきぐち-かいち　関口嘉一**　(明治三〇1897—昭和三六1961)宗教家。仏所護念会教団の開設者。新潟県北蒲原郡水原町(現阿賀野市水原)に生まれる。妻トミノも同町出身。一五歳で上京。一時帰郷したが再び上京して自転車店を開業。長女の死亡、長男の病弱により妻と共に昭和八年霊友会に入信し、その後支部長に就任した。同二五年、霊友会の脱税問題で会長の小谷喜美に失望し、同支部長宮本ミツが妙智会を設立したのに続いて、仏所護念会教団を結成した。

**せきざん-ぜんいん　赤山禅院**　京都市左京区修学院開根坊町。赤山明神社、赤山明神ともいい、比叡山延暦寺の別院。円仁が入唐したとき、登州赤山法華院の神から冥助を蒙ったといわれ、仁和四年888弟子の安慧が円仁の遺誡により赤山明神(唐名は泰山府君)をもと大納言南淵年名の山荘であったこの地に勧請して祀ったという。比叡山東麓の日吉神社とともに天台の鎮守社として崇敬された。中世以降は陰陽道の泰山府君祭の隆盛で疫病・厄除けの神として、近

世は商売の神として信仰された。〔参考〕慈覚大師伝、山城名勝志一二、吾妻鏡、太平記一五

**せきしゅ-の-おんじょう　隻手音声**　隻手の声《こえ》ともいう。白隠が創作した公案で、参禅の最初の関門とされる。両手をたたけば音がするが、片手にどんな音があるかという問いを通して、本来の無を体得させようとするもの。〔原文〕藪柑子（白隠和尚全集四）

**せき-せいせつ　関精拙**　（明治一〇1877—昭和二〇1945）臨済宗の僧。号は青峨。兵庫県の人。二四歳で天隣寺の住職となる。峨山・竜淵両師につき、竜淵から印可を受けた。大正一一年1922天竜寺派管長となり、ひろく行化すると共に、漢詩・書画をよくした。〔参考〕峨翁録、峨翁遺薫

**せきそう-ざん　石霜山**　中国湖南省長沙府瀏陽県にある山。霜華山ともいう。唐の慶諸禅師の建てた石霜寺がある。北宋の頃、慈明禅師がこの山で臨済の法門を宣揚した。〔参考〕宋高僧伝一二

**せきてい　碩鼎**　（文明一三1481—　）一に碩昇という。臨済宗の僧。字は頤賢。号は湖心、三脚。一華碩由の法を嗣ぎ、筑前博多の新篁寺、聖福寺に住した。天文八年1539大内義隆の命をうけて策彦らと明に渡り、同一〇年帰朝した。同一四年南禅寺の住持の帖を賜る（但し不住）。著書、三脚稿。〔参考〕南禅寺住持籍

**せき-でら　関寺**　滋賀県大津市逢坂にあった寺院で、世喜寺とも書く。草創年代は不詳。荒廃していたのを源信が延鏡に再興させ、寛仁二年1018弥勒仏を造立、治安二年1022伽藍を造建した。その時迦葉仏の再来と夢感された霊牛が工を助けたと伝え、死後その供養塔（牛塔、または迦葉塔という）が建てられ現存している。慶長年間1596—1615兵火にかかって以後廃絶した。〔参考〕関寺縁起、寺門伝記補録九、近江輿地志略八

**せき-とう　石塔**　石卒塔婆のことで、古くは卒都婆、窣堵婆、浮図《とふ》（屠）または高顕と記される。層塔・宝塔・宝篋印塔・五輪塔など、すべて石塔で、それらにはそこにまつる本尊が、像容または種子であらわされており、かりに無地であっても本尊があると観念する。江戸時代以降の墓碑は墓の標識で古い伝統にたつ石塔とは区別される。起源はインドのストゥーパ stūpa にあるとされる。日本の仏塔は、はじめ朝鮮経由で中国仏教をうけいれたが、のち中国直輸入のものが多くなり、奈良時代南方仏教とも交渉をもつようになる。平安時代、密教の布教により塔の意味、形も変化する。とりわけ真言密教はインドの民間信仰をとりいれたことにより、宝塔・多宝塔・大塔・瑜祇塔にその投影をみることができる。藤原時代の終りに至り日本式仏塔が要求されるようになり、五輪塔・碑伝《ひで》・板碑《いたび》の発生をみる。一方、中国の儒教、道教に関係のある木主から発達した雲首塔《うずとう》、碑石に源流をもつ亀趺塔《きふとう》も禅宗に附随して日本仏塔の一部になった。従ってインド古来のものや、北方仏教、南方仏教、その中間的なもの、純粋に日本的なもの、あるいは中国的なものなどがまじりあって日本仏塔を形成し、それが石塔にもみられる。造立の目的は、死者の墓としてのほか、追善供養、存命中に死後の冥福・滅罪を願う逆修《ぎゃくしゅ》のためなどである。各石塔は時代に応じた特色がみられ、古い時代のものには素朴なかにも整った美しさがあるが、時代がさがるにつれ様式退化の現象があらわれる。石塔の最古の遺品は滋賀県蒲生郡蒲生町石塔寺の三重塔で、奈良時代前期の造。

**せき-どう　石幢**　石塔の一。重制と単制の二つの形式がみられる。重制は石灯籠に似ており、基礎・幢身（竿）・中台・龕部・笠・宝珠よりなり、単制は笠塔婆と同一形態で、基礎・幢身（竿）・笠・宝珠よりなる。幢身は六面または八面のものが多い。仏堂内にかける荘厳具の一である幢幡《どうばん》という旗に起源があるとされ、中国では隋の時代より造立され、幢身に仏頂尊勝陀羅尼を刻んだものが多い。わが国の初期のものは、経文を保存・埋納した施設や標識であることが特色である。また初期のものには単制が、室町時代近くになると重制のものが多出するようになる。とりわけ地蔵信仰と結びついて六地蔵を彫ったものが造られた。なお単制と重制の源流が一つであるか否か

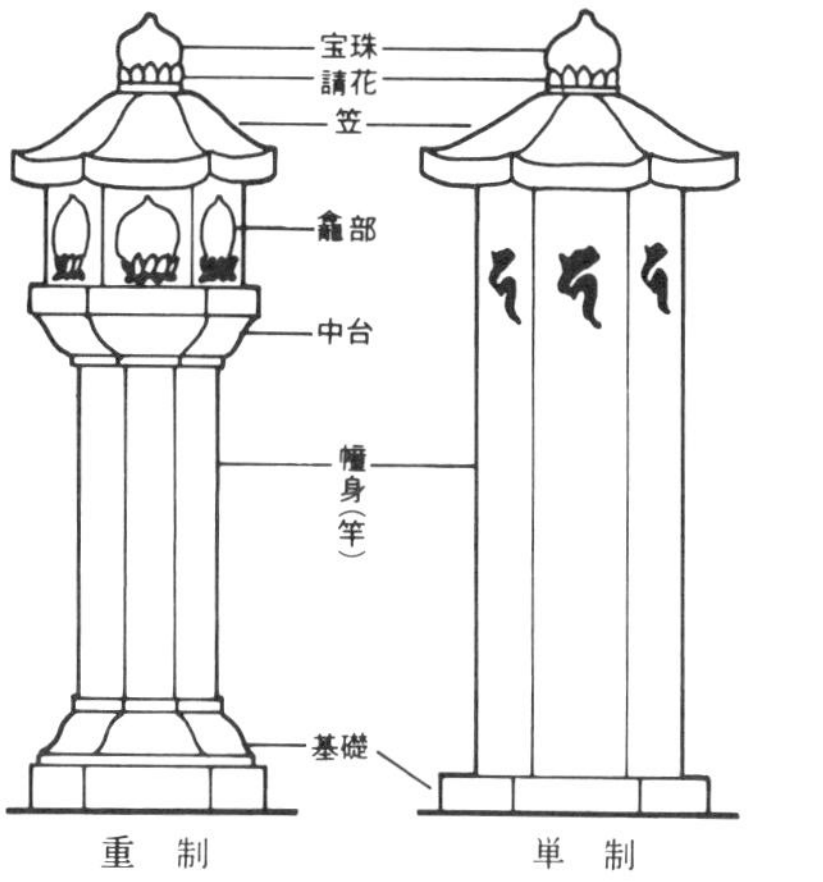


石　幢

は不明。岡山県高梁市有漢臍帯寺の嘉元四年1306六面石幢が従来最古とされていたが、近年、熊本県上益城郡御船町の永保元年1081八面石幢が確認された。

**せきなん-じ　石南寺**　韓国慶尚南道蔚州郡迦智山。碩南寺とも書く。新羅の憲徳王一六年824道義国師の創建。壬辰倭乱(李朝宣祖二六1592、日本では文禄の役という)の時焼失したが、李朝の顕宗一五年1673卓霊などが再建。〔参考〕韓国寺刹全書下

**せき-ぶつ　石仏**　石を素材として彫刻された仏像。インドでは一世紀頃よりアジャンター石窟寺院のように岩層に石仏を彫刻することがおこなわれ、この風習が西域さらに中国に伝わり、ついで朝鮮で石仏造立がみられるようになり、石窟仏や磨崖仏、独立した石仏が多く造られた。わが国へは敏達天皇　三年584九月、鹿深臣《こうがのおみ》が百済より弥勒石仏一体を将来したのが文献にみえる最古のものである。彫刻構造・形式により、普通の石仏、磨崖仏、石窟仏があり、手法として線刻・薄肉彫・半肉彫・厚肉彫・丸彫がある。造立された仏像の種類は一定していないが、如来・菩薩・天部など種々で、奈良時代以降古い伝統の上に立って作られた石仏も鎌倉時代より後は上記以外の種々の像も併せ作られた。とりわけ室町時代以降、庶民信仰としての石仏が出現するようになった。鎌倉時代説もあるが、最古と考えられる石仏は、奈良時代前期作とされる奈良県桜井市石位寺三尊石仏である。

**せきほう-じ　石峰寺**　京都市伏見区深草石峰寺山町。単立。宝永年間1704—11黄檗山第六世千呆《せんがい》性侒の開創という。山腹に寛政年間1789—1801頃、伊藤若冲の原図にかかる五百羅漢石像ほかの石仏群がある。〔参考〕都名所図会五

**せきもと-たいしょう　関本諦承**　(万延元1860—昭和一三1938)浄土宗西山派の僧。号は真空。紀州日高郡南部村の農家に生まれ、一四歳で同村超世寺に入って得度。八歳で和歌山梶取総持寺の然空冏学に学んだのち、高野山(密教)、奈良(唯識・華厳)、東京(哲学)に遊学。明治二三年1890梶取の宗学分校長、同四一年総持寺貫主となる。大正七年1918西山光明寺法主に進み、翌年西山派の三派分立とともに西山光明寺派管長となる。同年西山専門学寮(翌年西山専門学校と改称)を設立し、同一二年校長となり、西山派教学の独立と振興に尽瘁。また同年和歌山市に修徳高等女学校を、昭和二年京都府向日町に西山高等女学校を設立した。同八年法主及び管長を辞して紀伊田辺に隠栖し、願成寺を創めて住した。著書、西山国師御法語、西山両部相承考、信仰講話、粟生光明寺沿革誌、梶取総持寺沿革誌など。関本諦承全集(三巻)がある。

**せきゆ　碩由**　(文安四1447—永正四1507)臨済宗幻住派僧。俗姓は秦氏。字は一華。筑前の人。幼少より建徳寺の梅隠《ばいいん》に師事し、のち覚晶庵の碩圭《せきけい》に印可を受けた。諸派の口訣秘伝の兼受を認める特異な接化手段を説いた。文亀三年1503博多聖福寺に住し、晩年は覚晶庵に隠退した。〔参考〕延宝伝灯録

**せぎょう　施暁**　生没年不詳。平安初期の僧。桓武天皇が近江に梵釈寺を建立した時、請ぜられて住持となる。延暦一三年794律師となり、同一六年少僧都に補された。〔参考〕七大寺年表、元亨釈書

**せきらら　赤倮倮**　一巻。服部天游(1724—69)の著。富永仲基の出定後語に影響を受けて大乗非仏説を主張したもの。小乗の名目はみな正義であるが大乗は小乗の名目を仮に翻案したものに過ぎず、小乗があって大乗が起こったものだと論じ、維摩・法華などの諸大乗経典や歴代の仏家の説を批評し

ている。付録に仏法源流論がある。本書に対して江戸西教寺の潮音は金剛索一巻を著わして反論した。近古文芸温知叢書六、日本思想闘諍史料三

**せけん　世間**　(梵)ローカloka の訳。単に世ともいい、路迦《かろ》と音写する。壊れるべきもの、世のなかの意。世間に属するものをも世間((梵)ラウキカlaukika)という。この場合は世俗、凡俗の意。世のなかの事物、煩悩《ぼんのう》につなぎとめられて存在しているすべての現象を指す。「世」には、否定され滅ぼされねばならない(対治《たいじ》)、うつろいゆく(不静住《ふじょうじゅう》)、真理に背いたそらごとである(虚妄《こもう》)、の三つの意味があるとされる(仏性論巻二)。世間を分類して、有情世間《うじょうせけん》(生きもの。衆生《しゅじょう》世間、有情界ともいう)と器世間(有情を住まわせている山河大地など。物器《もっき》世間、器世界、器界、器ともいう)との二種世間(倶舎論巻八など)に分け、衆生世間(有情世間)と国土世間(器世間)と五陰世間《ごおんせけん》(前二者をかたちづくっている五蘊《ごうん》についていう。五衆世間《ごしゅせけん》、五蘊世間ともいう)との三種世間(摩訶止観巻五上)に分け、また衆生世間と器世間と智正覚世間(前二者は仏の教化の対象となるものであるから、これに対して教化する仏身をいう)との三種世間(華厳孔目章巻三)に分ける。三種世間は三世間ともいう。ただし華厳経探玄記巻一七では五蘊世間は衆生世間と同義とする。有情世間・器世間の分類は正報《しょうぼう》・依報の分類に等しいが、「世間」というときは迷界だけに通用し、「報」の語は迷悟両界に通用する。「世間に属する」の意味の「世間」(世俗)に対して、世間を超えはなれているものを出世間(出世)といい、菩薩《ぼさつ》の階位や智、禅定《ぜんじょう》などに世間と出世間との別を立てる。例えば一般的には迷界の因果(苦集二諦《くじゅうにたい》)は世間で、悟界の因果(滅道二諦)は出世間、見道(初地)に入るまでは世間で、見道以後は出世間とされる。けれども、華厳宗では普通の出世間(三乗教の出世)をさらに超えているという意味で、出出世(出出世間)を語る。

**せご　施護**　生没年不詳。北宋代の訳経家。インド北部の烏萇《うじょう》国の人。(梵)ダーナパーラ Dānapāla の訳。太平興国五年980迦湿弥羅《かしゅみら》国の天息災と共に中国に来て、太宗の勅により太平興国寺の西に新築された訳経院で、給孤長者女得度因縁経、仏説一切如来真実摂大乗現証三昧大教王経（初会金剛頂経の完訳）など一一五部二百数十巻を訳した。その功により顕教大師の号を賜り、朝請大夫試鴻臚少卿に任じられた。〔参考〕宋高僧伝三、仏祖統紀四三

**せじざいおう-ぶつ　世自在王仏**　(梵)ローケーシュヴァララージャ Lokeśvararāja の訳。楼夷亘羅と音写、世饒王仏《せにょうおうぶつ》、世間自在王とも訳す。阿弥陀仏の師仏。阿弥陀仏が成仏以前に法蔵比丘と名のっていた時、師事してその徳を歎じ、自ら成仏の願を発したといわれる古仏。〔参考〕無量寿経

**せしん　世親**　（四〇〇—四八〇頃）(梵)ヴァスバンドゥ Vasubandhu の訳。天親《てんじん》とも訳し、婆藪槃豆《ばすはんず》と音写する。インド瑜伽行唯識派の論師。唯識説の大成者。その生涯は漢訳の婆藪槃豆法師伝（陳の真諦〔パラマールタ Paramārtha〕の訳と伝えるが、真諦の創作である可能性がつよい）およびチベット語のターラナータ仏教史からその概略が知られる。世親はガンダーラ地方のプルシャプラ Puruṣapura（富婁沙富羅と音写。現在のパキスタンのペシャーワル）のバラモンの出身で、三人兄弟の次男であった。兄の無著《むじゃく》（アサンガ Asaṅga）も瑜伽行派の大論師で、弥勒《みろく》（マイトレーヤ Maitreya）の教えを受けて唯識説を発展させた。弟のヴィリンチヴァッサ Viliñcivatsa は説一切有部の僧で、阿羅漢の境地に達したという。世親もはじめ説一切有部において出家し、阿毘達磨を学んでこれに精通した。のちアヨードヤー Ayodhyā(阿踰闍《あゆじゃ》国)に移って、正勤日王《しょうごんにちおう》（ヴィクラマーディトヤ Vikramāditya）およびその子新日王（バーラーディトヤ Bālāditya）らの帰依をうけた。同地で大毘婆沙論を中心とする有部の教説をさらにきわめ、その概要を六〇〇余りの偈頌にまとめ、有部の本拠地であるカシミール地方に送って絶讃を博したという。その後この偈頌に散文の註釈を付したものが阿毘達磨倶

世親（三百尊像集）

舎論で、有部を中心とする北伝部派仏教のアビダルマ論書の最高峰とされる〈⇩倶舎論《くしゃろん》〉。なおターラナータ仏教史は、世親がカシミールで衆賢《しゅけん》（サンガバドラ Saṃghabhadra）に師事したと伝える。いずれにせよ世親は当初は部派仏教に属し、はじめは説一切有部の立場に立ちながら、のち次第に経量部的傾向を強めていったことが倶舎論の内容からうかがわれる。その後おそらくは兄無著の感化をうけて部派仏教から大乗仏教に転向するにいたり、弥勒―無著の唯識説をうけついでこれを大成した。著作には上述の阿毘達磨倶舎論のほか、唯識関係のものとして唯識二十論（Viṃśatikā Vijñaptimātratāsiddhi）、唯識三十頌（Triṃśatikā Vijñaptimātratāsiddhi）、大乗成業論、大乗五蘊論、トリスヴァバーヴァ・ニルデーシャ Trisvabhāva-nirdeśa（三自性偈）などがある。また仏性論および大乗百法明門論も世親の作と伝えられるが、真作を疑う説もある。その他、弥勒の著作に対する註釈として大乗荘厳経論・中辺分別論・法法性分別論、無著の著作に対する註釈として摂大乗論・顕揚聖教論・六門教授習定論がある。また経典の註釈として十地経論・妙法蓮華経憂波提舎（法華経論）・無量寿経優波提舎願生偈（浄土論）などが世親の著として伝えられる。とくに浄土論は中国・日本の浄土教で重視され、浄土真宗ではこの書によって世親を大親の名で真宗七祖の第二とする。世親の年代については四〇〇―四八〇年頃とする説のほか、三二〇―四〇〇年頃とする説にも強い支持があり、一九世紀末以来諸学者により活発な論争がつづけられてきた。さらに新旧二人の世親がいたとする世親二人説も一部で提起されている。なお付法蔵因縁伝に付法蔵の第二〇祖（景徳伝灯録では第二一祖）として婆修槃陀《ばしゅはんだ》をあげているが、これが世親をさすものか否かは明らかでない。

**せせつ-ろん　施設論**　⇩六足論《ろくそくろん》

**せぞく　世俗**　⇩勝義《しょうぎ》

**せそん　世尊**　㊵バガヴァット bhagavat の意訳。如来《にょらい》の十号の一で、仏の尊称。世界中で最も尊い者、また世間に尊重される者の意。まさしく「世尊」と訳すべき梵語はローカ・ナータ loka-nātha（世主）、ローカ・ジエーシュタ loka-jyeṣṭha（世の最尊者）であり、この他にも「世尊」と訳される梵語は多くある。しかし最も多く用いられるのはバガヴァット bhagavat で、これは婆伽婆《ばがば》、婆誐嚩帝《ばがばてい》、婆伽梵《ばがぼん》、薄伽梵《ばがぼん》と音写され、世尊という意訳の外に有徳、有名声とも直訳される。「衆徳、威徳、名声、尊貴を有する者」の意で、一般に尊貴の人に対する敬称であるが、仏教では特に仏の尊称とする。⇩釈迦牟尼仏《しゃかむにぶつ》

**せそん-じ　世尊寺**　①京都市上京区一条通大宮の西北辺にあった寺院。この地は古く桃園（由来は天皇供御の桃を栽培した御園）と称し、清和天皇第六子の貞純親王邸があったが、のちその邸を藤原行成が外祖父源保光より伝領し、長保三年1001邸宅を寺院化して世尊寺と号した。落慶供養は一〇〇人以上の請僧で盛大なものであった。藤原道長も寛弘元年1004六月をはじめとしてたびたび訪れた。しかし保元二年1157後白河帝行幸以後の沿革、廃絶の年代は不詳。〔参考〕百練抄、権記、御堂関白記、雍州府志八、菟芸泥赴一　②奈良県吉野郡大淀町比曽。霊鷲山と号し、曹洞宗。比蘇《ひそ》寺、吉野寺、放光寺、現光寺ともいう。日本書紀では欽明一四年553和泉の海辺に漂着した香木があり、画工に命じて仏像を刻ませここに安置したという。同じ話は日本霊異記にも見えるが敏達朝のこととする。奈良時代以来山林修行の山寺として知られ、神叡・道璿《どうせん》・護命ら

が修法。その後荒廃したが、弘安二年1279金峯山の僧が再興した。享保年間1716—36現宗・現寺名となる。〔参考〕日本書紀一九、日本霊異記上、和州旧跡幽考一一

**ぜたん　是堪**　（寛文六1666—寛延二1749）浄土宗西山派の僧。字は霊空。尾張熱田の人。炬範《こはん》に法を受け、洛西報国山の絶道《ぜつどう》に師事し、また聖来山の普及《ふきゅう》に大小乗・性相を学んだ。享保八年1723の飢饉の救助に尽くし、五八歳の時、京都禅林寺に入山した。〔参考〕霊空上人伝

**せっかい-ずいもん-き　説戒随聞記**　一巻。敬首の著（享保一八1733）。戒学の権威であった敬首が、平易に菩薩戒の大様を説いたもの。説戒の定義を説いて法然の説戒次第に順ずるとし、次に教起・戒名・戒体・戒の宗旨・雑料簡の五門に分別して説く。仏全七二、続浄全九〔刊本〕明和元1764刊

**せつがん　拙巌**　（寛政三1791—万延元1860）浄土真宗本願寺派の僧。号は全癡《ぜんち》。豊前の人。道隠《どういん》から宗学を学び月珠《げっしゅ》と並び称される。長崎の光源寺・平戸の光明寺に住した。安政四年1857安居に仏心印記を副講した。明治二四年1891勧学を追贈された。〔参考〕本願寺派学事史

**ぜっかん-ろん　絶観論**　一巻。敦煌出土の達摩論の一。入理円門論、菩薩心境相融一合論、達摩和尚絶観論、三蔵法師菩提達摩絶観論、観行法為有縁無名上士集ともいう。著者、撰述年代とも不詳で異論が多い。入理先生と弟子縁門との対話の形式で説く。主張する内容は絶観や無心にあり、禅思想が溌溂たる対話のなかに生き生きと展開される。きわめて実践的側面の濃厚な書であるが、本書のなかには如来蔵思想や草木成仏の思想なども表われている。敦煌写本は、石井積翠旧蔵本・P二七三二・P二〇七四・P二八八五・P二〇四五・北京本閏字八四の六種である。

**せっきょう　石経**　石に彫った経。詳しくは石刻経といい、石蔵ともいう。法滅にそなえて永く後世まで伝えるために、石面に経を彫りつけたもので、後漢時代に儒教の経典を石刻することが行われたため、これを模倣して仏教でも北魏以来各地で作られた。その形式は、磨崖に刻するもの、壁面に刻するもの、碑板に刻するもの、幢柱に刻するものなどがあって、なかでも中国河南省涿州房山の石経は現存遺物中、規模が大きいものとして著名。河北省居庸関《きょようかん》の過街塔の拱壁のものは、梵・漢・蒙古・回鶻《かいこつ》（ウイグル）・チベット・西夏《せいか》文字で刻出され、珍らしい。朝鮮や日本でも作られた。なお滑石に経文を線刻したものを滑石経《かっせききょう》といい、経文を墨または朱で石に書いたものを経石《きょうせき》という。これらは平瓦の両面に経文を彫りつけた瓦経《かわらきょう》と同様、祖先の冥福を祈ったり自己の現世及び来世の幸福を祈るために作って地中に埋めたものである。経石には一つの石に一字ずつ書いたもの（一字一石経）と一つの石に二字以上を書いたもの（多字一石経）とがあり、その他、貝に経文を書いた経貝の遺品も現存するが、これらの方法はおそらくわが国だけで行われたものと思われる。

**せっきょう　説教**　仏法を演説し人々につたえ教化すること。説法、説経、法談、談義、讃嘆、勧化、唱導などともいう。思益梵天所問経巻二には五種説法をとき、優婆塞戒経巻二には清浄・不浄説法を示している。中国、梁の慧皎の高僧伝（梁高僧伝）には「唱導」の科をもうけて、僧伝とともにその歴史・方法を論じ、声・弁・才・博の必要を述べる。日本でも古くよりなされたことが日本霊異記・今昔物語集などの仏教説話や、東大寺諷誦文稿・法華修法一百座聞書抄・打聞集などの実際の唱導の聞書などよりうかがえる。その概観が鎌倉末期の元亨釈書巻二九「音芸志」にみえる。そこでは唱導が詐偽俳優の伎となったことを憂うとともに、中古の名説教僧、慶意・縁賀に続けて鎌倉期、山門の澄憲・寺門の定円の二家によって大成されたことを述べる。とくに澄憲とその子聖覚によってきずかれた安居院《あぐい》流は、唱導の歴史を画するものであった。その唱導の様は、玉葉・明月記などの日記や、言泉集・澄憲作文集などの唱導文集によって知られる。またその方法は信承の選になる法則集や聖徳太子作と伝承された説法明眼論などによっても窺える。仏教がもっと

広く庶民にまで浸透した江戸時代は、各宗派の教学の深まりとともに唱導も盛んにおこなわれ、各派とも能弁の僧侶を輩出した。浄土宗では牛秀・必夢・盤察など、浄土真宗では了意・玄貞・義圭・智洞があり、日蓮宗では日審・日硫・日善が、さらに真言宗では蓮体・超海などと各派多士済々であった。またその膨大な著述も残されており、近世仏教集説、説教学全書、真言宗安心全書などによって、その一端をみることができる。

**せっきょう-かるかや　説教かるかや**　三巻。説経与七郎正本か。善光寺親子地蔵の由来をといた説経浄瑠璃。宗教的な色彩が濃い。のちの石童丸苅萱《いしどうまるかるかや》道心物語などは本曲の改作であろう。説経節正本集二、東洋文庫二四三〔刊本〕寛永八1631刊

**せつぎん　雪岑**　（世宗一七1435—成宗二四1493）李朝初期の僧。俗名は金時習。字は悦卿。号は東峯、清寒子、碧山清隠、贅世翁、梅月堂。生六臣の一人であったが、後に沙門となり、鴻山無量寺で生涯を終えた。著書、華厳一乗法界図註一巻、曹洞五位要解一冊、十玄談要解一巻、法華経別讃一巻など多数。〔参考〕誌状輯略

**せっくつ-じ　石窟寺**　中国河南省鞏県。北魏の景明年間500—03から唐の咸亨年間670—73の頃にかけて、次第に大小の石窟仏龕が造られ、浄土寺と号した。唐の徳宗(779—805在位)の頃には明演が住したが、のち一時廃絶したのを北宋の仁宗(1022—63在位)が復興し、ついで恵深の努力によって堂舎が整えられた。明の孝宗(1487—1505在位)、清の世祖(1643—61在位)の時、重修されて現在に至る。現在、仏殿の後方の断崖に五の石窟があり、仏像には北魏時代の手法を遺すものもある。

**せっけ　摂化**　仏や菩薩《ぼさつ》が迷えるものをおさめとり、ひきうけて(これを摂取という)、化益《けやく》(みちびきめぐむ)すること。衆生《しゅじょう》のためをはかりめぐみを垂れる(利益《りやく》する)から摂化利生といい、性質やゆかりの相異にしたがい、種々の方法で摂化するから摂化随縁《せっけずいえん》という。

**ぜつげ　質礙**　色法《しきほう》(物質)の有する性質で、質量があり相互に障礙すること。⇨色《しき》

**せっけい-じ　雪蹊寺**　高知市長浜。小林山と号し、臨済宗妙心寺派。四国八十八カ所第三三番札所。初め真言宗で高福寺と号し、延暦年間782—806空海の開創と伝えるが、嘉禄元年1225右近将監定光なる者の建立と考えられる。天正一六年1588頃には慶雲寺と改称されている。慶長四年1599長宗我部元親の没後、同氏の菩提所となり、元親の法号にちなんで雪蹊寺と改め、月峰を中興開山として臨済宗に改宗した。明治三年1870廃寺となるが、同一二年再興された。〔重文〕木造薬師如来及両脇侍像、同十二神将立像、同毘沙門天及脇侍立像〔参考〕編年紀事略、古文叢、長宗我部地検帳

**せっしゅ　摂取**　おさめとること。①観無量寿経に阿弥陀仏の光明が十方世界を照らして念仏する者を摂《おさ》め取って捨て給わずとある。これを摂取不捨、摂取照護、摂護ともいい、そのめぐみを摂取の光益《こうやく》という。善導の観経疏定善義には摂取の三縁として、⑴親縁《しんえん》(仏と衆生との意志や行為即ち三業《さんごう》が相応する)、⑵近縁《ごんえん》(仏は衆生のおもいに応じて目前に姿をあらわす)、⑶増上縁《ぞうじょうえん》(念仏する者の罪を滅ぼし臨終に浄土に迎えとる)を説く。②えらびとることの意。⇨選択《せんじゃく》

**せっしゅう　雪舟**　（応永二七1420—永正三1506）室町後期の禅僧画家。諱は等楊《とうよう》。雪舟は字。備渓斎《びけいさい》、米元山主人《べいげんさんしゅじん》、楊智客《ようちきゃく》、雲谷軒《うんこくけん》と号する。備中赤浜の人。姓は小田氏。一二歳のとき井山の宝福寺で剃度したが、経巻をかえりみず専ら絵画にふける。のち京都相国寺の洪徳《こうとく》の弟子となり、さらに鎌倉に遊んで建長寺に玉隠永璵《えいよ》に師事した。のち周文《しゅうぶん》・如拙《じょせつ》について水墨の画法を学ぶ。寛正年間1460—66頃、大内氏を頼って山口に下り、雲谷庵(跡地は現山口市)に住した。応仁元年1467明に渡って画技を磨き、文明元年1469に帰国した。多く雲谷庵(雲谷寺とも)に住したので、この派を雲谷派と呼び、日本絵画史に一新生面を開いた。なお庭園にも雪舟作と伝えるものがある。雪舟の代表的な

遺作として山水長巻(防府毛利報公会蔵)、秋冬山水図(東京国立博物館蔵)、天橋立図(京都国立博物館蔵)などがある。〔参考〕本朝画史、扶桑画人伝

**せっしゅ-もん　摂取門**　⇩抑止門《おくしもん》

**せっしょう　殺生**　十悪の第一。生物の生命を断つこと。特に人命を奪うことは四波羅夷《しはらい》(追放罪)の一とされ、また五戒の第一において厳しく誡められている。この場合、自ら手を下して殺すのも、自殺を勧めて自殺させるのも同罪である。これに対して畜生を殺すのは波逸提《はいつだい》(懺悔罪)である。これらによって死後は地獄・餓鬼・畜生の三悪道に生まれ、それから人間に生まれても多病短命であるとされる。

**せつじょう　説浄**　浄施ともいう。仏教僧団において比丘《びく》が持たねばならない三衣一鉢《さんねいっぱつ》など以外の余分のもの(長物《じょうもつ》)は、一旦これを他人に施し、再び還付を受けてはじめて所有が許されること。貪著の心を浄めるためである。

**せっしょう-せき　殺生石**　栃木県那須野温泉付近、福島県会津磐梯山、愛知県松子島などに伝説として存在する怪石。那須野の殺生石の物語は、崇徳天皇の頃、狐狸の変化である玉藻前(天皇の寵姫)が那須野で三浦介義明らに射殺され、のち石と化して行人を害するのを、禅僧源翁心昭(または玄翁玄妙)が説服破砕したというもので、他の殺生石の物語も同工異曲である。この物語は謡曲・浄瑠璃や式亭三馬作の玉藻前三国伝記・玉藻前旭袂などにより広まった。〔参考〕源翁禅師伝(続群九上)、新撰陸奥風土記一〇

**せっしん　摂心**　①心を一つの対象に専注させて散らさないこと。②接心とも書く。禅宗で、一定の期間夜昼を通じて、心を一点に集注する修行に専念することをいう。

**せっせん　雪山**　㊵ヒマーラヤ Himālayaの訳。雪を蔵するものの意。同じ意味でヒマヴァット Himavatともいう。瞻部洲《せんぶしゅう》の北方にある山〈⇩瞻部洲〉で、つねに雪をいただいているためこう名づけられた。現在のヒマラヤ山脈の名の起源である。ヒマラヤ山脈はインド亜大陸とチベット高原とを隔てる大山脈で、アッサム地方からカシミール地方まで東西三千キロ余りにわたり、世界の最高峰エヴェレストをはじめとする七、八千メートル級の山を多数擁しており、世界の屋根ともよばれる。ヒンドゥー教では古来、神々のすむ山として神聖視し、仏教でも上述のように須弥山《しゅみせん》説にとり入れられて瞻部洲中の大山となった。ヒマラヤ山脈には多くの川によって峡谷が形成されており、峡谷沿いに隊商路が通じてインドからチベット、さらに中国へと仏教をはじめとする諸文化が伝播する経路となった。伝承ではアショーカ Aśoka (阿育) 王の時代にマッジマ Majjhima (末示摩《まつじま》) が伝道師として派遣されてはじめてこの地方に仏教が弘まったといわれ、雪山上座部と称する部派の存在も伝えられている。

**せっせん-どうじ　雪山童子**　仏陀の本生の一つ。雪山婆羅門、雪山大士ともいう。雪山で一童子が菩薩行を修していた時、帝釈天が童子を試みようとして羅刹《らせつ》となり、童子のもとにきて「諸行無常、是生滅法」と半偈を唱えた。童子はその偈の後半を説くように乞うたが、羅刹は「多日食わないために説くことができない。人の暖肉と熱血とを食せば説くことができる」と答えたので、童子は後半を聞けば身を捨てて奉施しようと羅刹に約した。羅刹は「生滅滅已、寂滅為楽」と後半の偈を唱え、童子は約束を守って樹上より羅刹に向かって身を投じたが、羅刹は変じて帝釈天の姿にもどり、童子の身を接取して平地に安置した。この童子が後の釈迦牟尼仏であるという。法隆寺の玉虫厨子の施身問偈図はこのありさまをあらわす。〔参考〕涅槃経一四、大智度論一二

**せっそう-きしょう　摂相帰性**　詳しくは摂相帰性体という。相を摂して性に帰すること。即ち現象界の差別ある事相を一まとめとして、その本体である真如の理に帰結し、一真如の他に万法の実体はないとすること〈⇩出体《しゅったい》〉。摂相帰性唯識。⇩十重唯識《じゅうじゅうゆいしき》

**せっそう-そうさい　雪窓宗崔**　(天正一七1589—慶安二1649)禅宗の僧。多福寺(現大分県臼杵市)第二世。豊後の人。俗姓は池田

氏。慶長四年1599豊後国浄土真宗本願寺派の真正寺で出家、次いで同派の善正寺に移る。同一八年臼杵の妙心寺派多福寺の了室密和尚に投じて禅宗に転じた。元和元年1615駿河の清見寺に列し、同七年江戸で鈴木正三らと交遊して禅宗復興のための盟約を結ぶ。その後も江戸にあって修行、寛永八年1631に藩主稲葉一通に招かれて豊後国多福寺に入った。同一〇年には妙心寺第一座となり、同一七年後水尾天皇に説法。正保二年1645再び江戸に下向、同三年に紫衣勅許を受けて妙心寺に住した。翌年長崎の興福寺で説法をなし、排耶僧として頭角をあらわした。慶安元年の主著、対治邪執論は排耶書として有名で、江戸初期の排耶書として知られる。〔参考〕雪窓和尚行状、多福行由、善鳴録

**せっそん　雪村**　①(正応三1290―貞和二1346)臨済宗の僧。友梅、幻空と号した。姓は源氏。越後の人。建長寺一山一寧に仕え、ついで建仁寺に参禅し、かたわら外典を修め、荘子に通じた。徳治二年1307入元し、元叟端・虚谷陵らに参じ、道場山の叔平隆に侍して経蔵主となった。時に故あって処刑されようとしたが、許されて諸国を歴遊して声望があり、文宗より宝覚真空禅師の号を贈られた。元徳元年1329に帰朝、建長寺・信州慈雲寺に住し、徳雲寺の開山に迎えられた。ついで京都西禅寺・豊後万寿寺を経て上京、栂尾に隠棲し、また赤松円心に請われ播磨法雲寺開山となり、康永二年1343足利尊氏に招かれて京都万寿寺に住持した。著書、岷峨集四巻、語録など。〔参考〕雪村大和尚行道記、延宝伝灯録二二、五山文学小史　②生没年不詳。室町末期の画僧。周継と称し、如圭、倹籥斎《けんやくさい》、鶴仙老と号する。常陸太田の人。佐竹の一族。生来画を好み、洞雪に学ぶ。のち周文・雪舟の筆意を慕って自ら周継雪村と称した。晩年には宋・元の名匠牧谿《もっけい》・顔輝《がんき》らの画風を学んで別に一機軸を出した。〔参考〕本朝画史

**ぜつだいみょう　絶待妙**　⇩相待妙《そうだいみょう》

**せっちょう-ざん　雪竇山**　中国浙江省寧波府奉化県の西にあり、四明山の別峰。宋の理宗が夢でこの山に遊んだので、応夢山とも称する。奇勝に富み、晋代創建の雪竇寺がある。延寿・重顕・義懐・祖瑛ら禅門の高僧が歴住した。

**せっちょう-じゅこ　雪竇頌古**　一巻。詳しくは雪竇和尚百則頌古という。北宋の雪竇重顕の著。北宋の天禧五年1021明州雪竇山に入った頃の作といわれる。景徳伝灯録のなかから古則一〇〇項目を選んで頌をつけたものを、門人の遠塵が編集し、曇玉が巻首に序を付した。雪竇七部の書の一とされ、のち圜悟克勤の有名な碧巌録の本文となったが、碧巌録以外に本書を提唱したものとしては、明の茪絶老人天奇本瑞の直註、日本では面山瑞方の称提などがよく知られる。㊫二・二二・三

**せってぃり　刹帝利**　㊵クシャトリヤkṣatriyaの音写で、刹利《せつり》とも略し、田主と訳す。また王種ともいう。インドにおける四つの社会階級(四姓《ししょう》)の中で婆羅門族に次ぐ土族・貴族・士族の階級のこと。軍事・政治に従事する〔仏陀はこの階級の出身である〕。⇩四姓《ししょう》

**せつな　刹那**　㊵クシャナkṣaṇaの音写。叉拏《しゃな》とも書き、念頃《ねんぎょう》(一つの心を起こす間)と訳す。発意頃《ほっちきょう》というのも同義。時間の最小単位。①倶舎論巻一二では、一二〇刹那を一怛刹那《たせつな》(㊵タット・クシャナtat-kṣaṇa)、六〇怛刹那を一臘縛《ろうばく》(㊵ラヴァlava羅預《らよ》・羅預ともいう)、三〇臘縛を一牟呼栗多《むこりった》(㊵ムフールタmuhūrta 須臾《しゅゆ》と訳す)、三〇牟呼栗多を一昼夜とする(一刹那は今の〇・〇一三秒強に当たる)。②摩訶僧祇律巻一七では、二〇念を一瞬、二〇瞬を一弾指《だんじ》(指をはじき鳴らすこと)、二〇弾指を一羅予(臘縛)、二〇羅予を一須臾、三〇須臾を一昼夜とする(一念は今の〇・〇一八秒に当たる)。③一刹那と一念とは異なるとする説もある。浄土論註巻上では六〇刹那を一念、仁王般若経巻上では九〇刹那を一念とする。④大智度論巻三〇および巻八三では六〇念を一弾指、倶舎論巻一二では六五刹那を一弾指とする。⑤大般若経巻三四七に説く一日夜、一日、半日、一時、食頃《じききょう》、須臾、俄爾、瞬息頃の順序によれば、一食頃(一前食の間、即ち

朝食の前または朝食の間の意)の大体の時間の長さがわかる。⑥すべてのものが刹那に生じては滅し、滅しては生じながら続いてゆくことを刹那生滅《せつなしようめつ》という。ものが無常であることの窮極的な相で、一期生滅《いちごしようめつ》に対する。⑦現在の一刹那を現在とし、前刹那を過去、後刹那を未来とするのを刹那の三世《せつなのさんぜ》という。⑧仁王般若経巻上には一刹那に九〇〇の生滅があるといい、浄土論註巻上には一刹那に一〇一の生滅があるという。⇩時《じ》

**せっぽう　説法**　仏の道を人々にのべ伝えること。説教、説経、演説、法施、法読、法談、談義、讃歎、勧化、唱導なども同じ意味に用いる。仏は、時や相手の能力・性質などに応じ、それぞれに適した教え方を用いて教化の効果が完全にあがるように説法した。また仏は一つのことばで説法しても、聞き手の程度によって理解の深さが異なる。思益梵天所問経巻二には、仏は⑴真理にかなったことばにより(言説)、⑵相手の能力性質に応じて(随宜)、⑶さとりに至らせるためにてだてを設け(方便)、⑷すぐれた法を説いてさとりの道を示し(法門)、⑸衆生を救うために大きないつくしみあわれみの心をあらわす(大悲)と述べ、説法がこの五つのはたらきによってなされることを五種説法という。経論その他を説く者には五種類があり(これを五説あるいは五種説人という)、大智度論巻二では仏・仏弟子・仙人・諸天・化人(本当の姿をかくして仮に異なった身をあらわすもの)の五、善導の観経疏玄義分では仏・聖弟子・天仙・鬼神・変化の五とする。また澄観の華厳経疏巻一には華厳経の中の教えを説く者に仏・菩薩・声聞・衆生・器界(山河大地など)の五があるといい(これを五類説あるいは五類説法という)、一行の大日経疏巻七には真言《しんごん》を説く者に、如来・菩薩金剛・二乗・諸天・地居天《じごてん》の五があるとする。説法は法施といって出家のものの行う布施《ふせ》の行為であり、また五分律巻二六には自恣《じし》の終った夜に説法・経唄《きようばい》(経文に節をつけて歌詠すること)を行うと定めているように、教団の行事ともされた。説法をする場合の心得としては、法華経巻四法師品には、如来の室(大慈悲)に入り、如来の衣(柔和忍辱《にゆうわにんにく》)を着け、如来の座(諸法空)に坐ってしなければならないといい、優婆塞戒経巻二や十住毘婆沙論巻七にもそれぞれ心得が説いてある。説法の儀式については、仏本行集経巻四九説法儀式品に詳しく説いてある。また説法を聴く聴者の心得についても諸経論に説かれ、これら説法の説者および聴者の心得ねばならない事項を説聴の方軌という。なお優婆塞戒経巻二には、説法に清浄・不浄の二種説法があることを説き、利己心や他人との競争心からする説法を不浄説法とする。中国では斎会《さいえ》などの時に説法するのを唱導といい、高僧伝巻一三には唱導に巧みであった僧の伝記を伝えている。日本では平安後期から唱導を専門にしてその技術を家業として伝えるものもあり、一部には次第に俗化して説経祭文《せつきようさいもん》(初めは仏寺の縁起などを節に合わせて語ったが、後には三絃などを用いて人情を歌う)などというものもできた。

**せっぽう-ざん　雪峰山**　中国福建省福州府にある山。もと象骨山と称したが、義存が入山してから、閩王によって雪峰山と改称された。山中の崇聖禅寺は義存のために藍文卿が建てたもので、初め応天雪峰禅院と称し、太平興国年間976—84改名した。

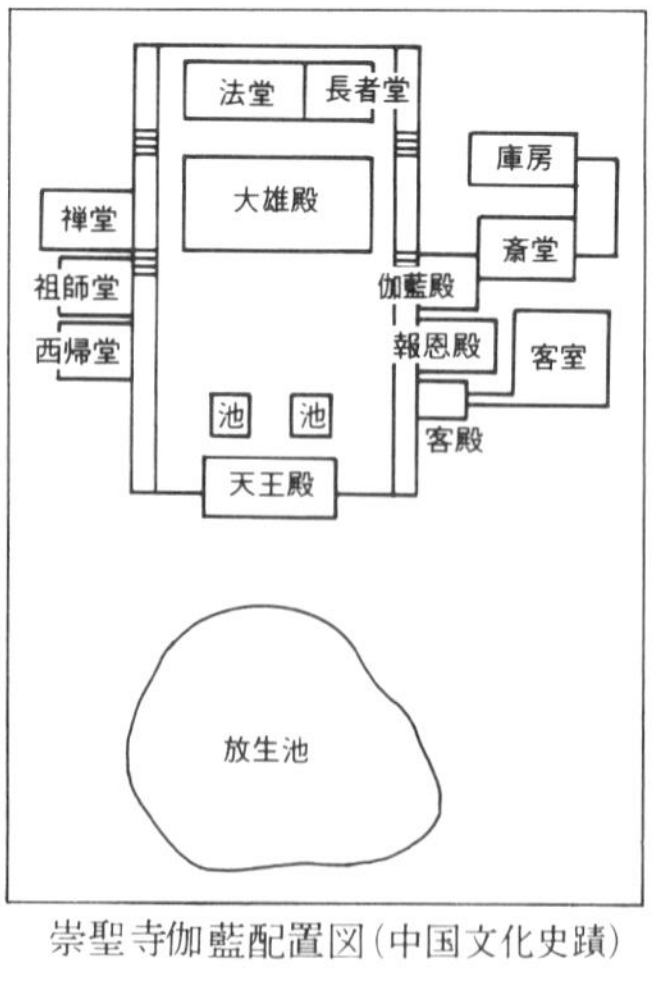

崇聖寺伽藍配置図(中国文化史蹟)

**せっぽう-じんだいち　雪峰尽大地**　禅宗の公案の一。雪峰粟粒《ぞくりゆう》ともいう。雪峰義存が説法して「大地全体をつまみ上げてみれば、粟粒ほどにすぎず、目前に投げ出せば目にも入らぬ、諸君よくよく探してみよ」と言ったのにもとづき、大小広狭の対立を絶した境地を知らせようとするもの。

〔原文〕碧巌録五則、雪峰語録下、五灯会元七

**せっぽう-じんも　雪峰甚麼**　禅宗の公案の一。雪峰是什麼ともいう。雪峰義存が、修行時代および初めて住庵した頃に、自から深く「是れ甚麼《なんぞ》」という実存的な問題に苦しみ、同門の巌頭がこれを見守って開悟させた故事で、別に二人に参じた修行僧の、開悟につながる話を含んでいる。巌頭が「只這是《ただこれこれ》」という、末後の一句を秘したことから、雪峰末後の句とも、雪峰住庵ともいわれる。〔原文〕碧巌録五一則、従容録五〇則、雪峰語録上

**せっぽう-ぞくりゅう　雪峰粟粒**　⇩雪峰尽大地《せっぽうじんだいち》

**せっぽう-べつびじゃ　雪峰鼈鼻蛇**　禅宗の公案の一。雪峰義存とその弟子の長慶慧稜・玄沙師備《びし》・雲門文偃《ぶんえん》らが、各自の真性の思議を超えた怖るべきはたらきを「南山一条の鼈鼻蛇」に譬えて論じ合う問答にもとづくもの。鼈蛇はあずき蛇と呼ばれ、見ただけで生命を失うとされる毒蛇。〔原文〕碧巌録二二則、従容録二四則、景徳伝灯録一八

**せっぽう-みょうげん-ろん　説法明眼論**　一巻。著者・成立年不詳。聖徳太子の作であるといい、円通なる人の作ともいうが、いずれも伝説に富んでいて疑わしい。仏教の儀式作法について述べたもの。法衣・焼香・梵唄・散華・錫杖・表白など一五章にわたる。〔写本〕高野山大学蔵（永享六1434）〔刊本〕慶安四1651刊、寛文五1665刊　〔註釈〕良定・端書一巻、亮典・沙三巻

**せっぽう-ようか-しゅう　説法用歌集**　一〇巻。湛澄（1651—1712）の編。成立年不詳。撰集、家集や物語などから釈教・哀傷などに関する和歌を抄出して、説教者の便に供したもの。〔註釈〕真頼・諺註一〇巻

**せつまだった　設摩達多**　㊵シャルマダッタ Śarmadatta の音写か。説一切有部の論師。その学説は阿毘達磨大毘婆沙論の諸処に見える。

**せつもく-にっか　説黙日課**　鶴城叢書ともいう。二巻。日講の著。著者が日蓮宗の不受不施の義を力説抗争した罪で、日向佐土原に配流されてから没するまでの日記。寛文六年1666江戸出発から元禄一一年1698七三歳で没する直前まで続いている。不受不施派の史料として重要。日蓮宗宗学全書（不受不施講門派部）

**せつもん　摂門**　（天明元1781—天保八1837）浄土宗の僧。名は次春、字は子竜、常誉察阿と号した。武蔵品川の人。一二歳の時、伊勢深野で得度し、文化四年1807嵯峨の清涼寺で学び、かたわら芝山大納言に従って歌道をきわめた。同一〇年増上寺に入り境内の巾谷学舎《きんこくがくしゃ》で学徒を教導したが、文政四年1821還俗し湯島に隠棲して覚斎と号した。和漢の学に通じ、幕府の侍読にもなる。著書、原人論義解三巻、三縁山志一二巻、進学日札三巻、旧考余録五巻など。

**せつりゅう　雪柳**　白紙をきって柳の枝葉にかたどったもの。人と別れる時に柳を折って送る風習があったので、これにならい、葬式のとき仏名を唱えて棺上に投げ、死者と別れを惜しむ意を表わすことが中国宋代に行われた。禅宗で用いられる。

**せとう-くどく-きょう　施灯功徳経**　一巻。燃灯経ともいう。北斉の那連提耶舎の訳（天保九558）。チベット訳もある。仏が舎利弗に対して、灯を施すことの意義を説く。㊅一六、国経集部一四

**せのお-ぎろう　妹尾義郎**　（明治二二1889—昭和三六1961）仏教運動家。広島県比婆郡東城村（現庄原市東城町）に生まれる。第一高等学校在学中に結核にかかり、以後、闘病生活を送る。そのころ法華経信仰に入り、大正七年1918顕本法華宗の本多日生に師事。同九年日蓮主義青年団を発足させ「仏陀を背負いて街頭へ」をモットーに各地を伝道。昭和六年新興仏教青年同盟を結成。戦後も仏教社会主義同盟を結成し、同三五年共産党へ入党。ひたすら反戦平和に活躍した革新的仏教者として知られる。著書、妹尾義郎宗教論集、妹尾義郎日記（七巻）。

**せふく-じ　施福寺**　大阪府和泉市槇尾山町。槇尾山仙薬院と号し、天台宗。西国三十三カ所霊場第四番札所。俗に槇尾寺といい、欽明天皇御願、行満の開創と伝える。延暦年間782—806勤操《ごんぞう》が当山で法華八講を修し、延暦一二年空海はここで勤操について求聞持法を修したという。以後真言秘密

の道場となり、歴朝の尊崇を得て栄えた。天正九年1581織田信長の兵火で焼失し、豊臣秀吉がその一部を再建、徳川氏は朱印地を寄せ、漸次復興した。寛文年間1661―73高野山と争い、天台宗に転向し、延暦寺末となった。〔重文〕紙本墨書槇尾山大縁起〔参考〕拾芥抄下、和田文書二、和泉名所図会三、和泉志三

**せむい 施無畏** 無畏を施すこと。施には財施と法施と無畏施の三種があるといわれる。そのうちの一で、種々の怖畏を取り去って救うのをいう。観世音菩薩を施無畏者というのは、この菩薩が無畏施をなす威力を持つためである。また密教で右手の掌をのべて挙げ、五指を立てて肩のところに当て掌を外側に向ける印を施無畏印という。これは一切の衆生に安楽無畏を施すことを象徴する印である。

**せやく-いん 施薬院** ⇩四天王寺《してんのうじ》

**セラ-じ Sera寺** 色拉と音写する。チベット仏教黄帽派の四大寺の一。チベットの首都ラサの北方のクリプ山麓にある寺。一四一九年にツォンカパ Tsoṅ-kha-pa(宗喀巴)の高弟チャンチェンチェージェ・シャーキャイーシー Byams-chen chos-rje Śā-kya ye-śes が開いた。大伽藍を構え、什宝として永楽版大蔵経、金剛杵などを蔵する。

**ぜん 善〔不善〕** 無記(善でも不善でもないもの)を加えて三性《さんしょう》という。現在、未来にわたって自他に利益を与える白浄《びゃくじょう》の法を善といい、これに反するものを不善(悪)という。前者を白、後者を黒とも称する〈⇩黒法《こくほう》(白法)〉。①二善。(イ)有漏善《うろぜん》と無漏善《むろぜん》との称。有漏善とは煩悩《ぼんのう》のけがれと密接に結びついている世間の善で、これによって未来に楽の果報を招く。有漏善は法性《ほっしょう》の理にかなわず、差別的な相を取って修める有相善《うそうぜん》であるから、その意味で相善ともいう。無漏善とは煩悩のけがれとの関係がすっかり断ち切られた出世間の善で、これによって未来の果報を招くことはない。なお無漏善は涅槃《ねはん》(これも同じく無漏善である)のさとりを得るのに役立つ善である。(ロ)止善《しぜん》(消極的に不善をしりぞけ制止すること)と行善《ぎょうぜん》(積極的に善を行うこと)との称。(ハ)定善《じょうぜん》(心を一点に定め集中し妄念を止めて、即ち定心によって修める善)と散善(散乱の心、即ち平常の心のままで悪を廃し善を修めること)との称。②世福・戒福・行福《ぎょうふく》の三福をそれぞれ世善(世俗善)・戒善・行善ともいう〈⇩福《ふく》〉。③三善。初善・中善・後善《ごぜん》の称。種々の解釈があるが、法華経の序分・正宗分《しょうじゅうぶん》・流通分《るづうぶん》の三分(三段)が善であることともする。④四種善。勝義善(涅槃)と自性善《じしょうぜん》(本質的にそれ自体善であるもの、即ち無貪・無瞋・無癡の三善根と慚・愧の二)と相応善(自性善と相応することによって善となれる心・心所《しんじょ》)と等起善(自性善と相応した善から引き起こされて善となる身語の二業《にごう》および得《とく》・四相・二無心定)との称。⑤四種不善。四種善の反対。勝義不善・自性不善・相応不善・等起不善の称。⑥七種善。生得善《しょうとくぜん》(先天的にもっている善)と聞善《もんぜん》と思善と修善《しゅぜん》(以上の三は聞法《もんぼう》と思惟《しゆい》と禅定との努力の結果として得られたいわゆる加行得善《けぎょうとくぜん》)と学善(有学《うがく》位に起こす善)と無学善(無学位に起こす善)と勝義善(涅槃)との称。このうち、前四は見道(初めて無漏智が生じる位)より前の凡夫《ぼんぶ》の起こす善で、有漏善であり、後三は見道以後の聖者が起こす善で、無漏善である(倶舎論光記巻二)。⑦七善。頓教《とんぎょう》のもつ七種の善。時善(時節善ともいう。前出の三善と同じもので、序分・正宗分・流通分が善であること)・義善(意味が深遠)・語善(言語が巧妙)・独一善(純一無雑の教え)・円満善(完全円満の教え)・調柔善《じょうにゅうぜん》(極端にかたよったけがれがない)・無縁慈善(清浄である無縁の慈悲の相がある)(法華文句巻七)。⑧十一善。唯識宗で立てる一一種類の善の心所。信・慚・愧・無貪・無瞋・無癡・勤《ごん》・軽安《きょうあん》・不放逸《ふほういつ》・行捨《ぎょうしゃ》・不害の称。⑨その他、雑善《ぞうぜん》(他力念仏に対する自力の諸善)、雑毒の善(三毒即ち貪・瞋・癡の煩悩を雑えた凡夫の善)、世善(世俗善ともいう。有為《うい》である善、また有漏善、また世福のこと)などがある。

**ぜん 禅** ㊵ドヤーナdhyānaの音略。禅那、駄衍那、持阿那などと音写し、静慮《じょうりょ》、思惟修習、棄悪、功徳叢林などと訳

す。心を一つの対象に専注してつまびらかに思惟することをいい、定と慧とが均等なのをいう。禅は大乗・小乗・外道《げどう》・凡夫のすべてにわたって修められるが、その目的や思惟の対象はそれぞれ異なる。禅および他の定を広く禅定《ぜんじょう》といい、あるいは禅は定の一種であるから禅を修めて沈思するのを禅思という〈⇩定《じょう》 ⇩四禅《しぜん》〉。①阿含や部派仏教などで禅を尋伺喜楽などの有無によって四種にわけて四禅とする。色界《しきかい》の四禅天は四禅を修める者が生まれる場所とされ、四禅天に生まれるために修める四禅を定静慮、生まれて先天的に四禅を得るのを生静慮という。また、有漏《うろ》と無漏《むろ》との静慮をまじえて修めるのを雑修静慮《ざつじゅじょうりょ》といい、倶舎論巻二四には阿羅漢または不還果の人に限って修めるとする。②大乗では六波羅蜜《ろっぱらみつ》あるいは十波羅蜜の一に禅波羅蜜(禅定波羅蜜、静慮波羅蜜)を数え、菩薩が般若《はんにゃ》の実智を獲、また神通《じんづう》を得るために修めるとする。菩薩地持経巻六や瑜伽師地論巻四三などには禅波羅蜜には(1)自性禅(自性静慮ともいい、静慮の自性、即ち心を一つの対象にとどめる心一境性のこと。また心の自性を観じることによって得られる禅)、(2)一切禅(一切静慮ともいい、自行化他のすべての法を摂《おさ》めつくした禅の意)、(3)難禅(難行静慮ともいい、修め難い禅の意で、衆生《しゅじょう》のためをはかりめぐみを与えるために、禅定の楽しみを捨てて欲界に生まれ、しかもこの禅によって種々の三昧を引きおこし、無上菩提をさとる)、(4)一切門禅(一切門静慮ともいい、門とは出入の意で、すべての禅定がこの四禅を門としてこれから出、これに入るのをいう)、(5)善人禅(善士静慮ともいい、禅定の楽しみに愛著せず、四無量心とともにおこす禅。すぐれた善根《ぜんごん》の衆生が修めることからいう)、(6)一切行禅(一切種静慮ともいい、大乗のすべての行を摂めつくしているから一切行という。これに善禅・無記化化禅・止分禅・観分禅・自他利禅・正念禅・出生神通力功徳禅・名縁禅・義縁禅・止相縁禅・挙相縁禅・捨相縁禅・現法楽住第一義禅の一三種がある)、(7)除煩悩禅(遂求静慮ともいい、衆生の種々の苦悩を除く禅)、(8)此世他世楽禅(此世他世楽静慮ともいい、衆生に現在・未来のすべての楽しみを得させる禅)、(9)清浄浄禅(清浄静慮ともいい、すべての惑・業を断ちつくし、大菩提の果を得るから清浄という。これを世間清浄不味不染汚禅から煩悩智障断清浄浄禅までの一〇種に分ける)の九種の相があるとし、これは菩薩のみの修めるすぐれた禅であるから九種大禅という。法華玄義巻四上には世間禅・出世間禅・出世間上上禅の三種禅を説き、そのうち、出世間上上禅を九種に分けたものが九種大禅であるとし、これに対して出世間禅を観禅(境の相を観じる禅で、九想など)・練禅(有漏の禅を鍛錬して清浄にする無漏禅で、九次第定のこと)・熏禅(諸禅を熏熟して、ことごとく通達無礙転変自在にさせる師子奮迅三昧のこと)・修禅(順逆自在に超入超出する超越三昧のことで頂禅ともいう)の四種(略して観練熏修と称する)に分けて後のものほど勝れているとする。また同じように根本旧禅・練禅・熏禅・修禅・九大禅を乳から醍醐《だいご》までの五味に喩え、四禅・四無量・四無色の三種の禅定を十二門禅と称する(天台宗では味等至のみを十二門禅とする)。この十二門禅は世間禅の中の根本味禅であって、これに対して天台宗では六妙門・十六特勝・通明禅《つうみょうぜん》(通明観、通明観禅ともいい、息・色・心の三を通観して明浄であり、また六通と三明とを得る四禅・四無色・滅尽定の九)を世間の根本浄禅とする。また大乗入楞伽経巻三には、禅を(1)声聞が人無我の理を知って修める愚夫所行禅《ぐふしょぎょうぜん》、(2)菩薩が法無我の理をも知り、その意味を考える観察義禅《かんざつぎぜん》、(3)思慮や分別を超え、心のはたらきを起こさずただちにありのままに真如をさとる攀縁真如禅《はんえんしんにょぜん》、(4)如来のさとりに入って衆生のために不思議なはたらきをあらわす諸如来禅の四種禅に分け、また宗密の禅源諸詮集都序巻上には、外道禅・凡夫禅・小乗禅・大乗禅・最上上禅の五種に分ける。③中国では、各宗がそれぞれの教理に基づき禅定を修めたが、これとは別に菩提達磨《ぼだいだるま》が伝えた禅が行われた〈⇩禅宗《ぜんしゅう》〉。この禅は入楞伽経などの思想に源を発するようであるが、教外別伝不立文字《きょうげべつでんふりゅうもんじ》即ち経典以外に釈迦以来心から心へ伝えられた法であるとされ、経典の文字に捉われず専ら坐禅《ざぜん》や棒〈⇩三十棒《さんじゅうぼう》〉、喝などの方法を用いて衆生の本来の面目をさとらせる。唐代には牛頭禅《ごずぜん》・北宗禅・南宗禅などの流派があり、後には南宗禅のみさかんになって臨済・曹洞などの宗がそれぞれ独自な宗風をもったが、宗密は唐代の禅宗を三にわけて、⑴息妄修心宗(外の対象と内の心とを分けて、対象に背き心を観じて妄念を滅しようとする宗)、⑵泯絶無寄宗(凡聖などのすべての法は夢幻のようであり、無に達する智も不可得であるから、心に寄る所がなく本来無であると体達する宗)、⑶直顕心性宗(すべての現象的な相は空《くう》も有《う》もことごとくが真如の本性に他ならないと体得する宗)とした。また宗密は教禅一致の立場から菩提達磨の伝えた禅を最上上禅、あるいは如来清浄禅と名づけたが、これに対して教外別伝の立場を力説する人々の間から、達磨の伝えた禅を如来禅というのは不適当であるとの説が行われ、中唐以後、達磨の伝えた禅を祖師から祖師へ伝えた禅であるという意で祖師禅、また純粋の禅という意で一味禅と呼び、宗密の立場を軽蔑して如来禅、五味禅といった。なお、祖師禅の徒は諸善万行をことごとく有相と斥けたが、その反動として事理双修・禅浄共行の立場が生じ、禅と共に浄土教の念仏を修める者も出てきた。④禅宗では互いにその宗風を批評することがあり、臨済の大慧宗杲《そうこう》は曹洞の天童宏智《わんし》の禅風を評して黙念不動に固著し潑剌とした鋭いはたらきを欠く黙照禅《もくしょうぜん》であるとし、逆に宏智は宗杲の禅風を評して公案《こうあん》の工夫《くふう》に滞る看話禅《かんなぜん》であるとした。また宋末には証を期待して坐禅する待悟禅《たいごぜん》の風習が流行したが、宏智や道元はこの風習を戒め、坐禅そのことが仏行であり第一義であるとした。また木杭のように空しく空に坐禅するものを痴禅《ちぜん》、痴室と評することがある〈⇩坐禅《ざぜん》〉。⑤律には、禅定を修める際に静坐に便利で腹部を冷さないため腰にまく禅帯《ぜんたい》や、睡眠を警めるために木片を紐で頭につける禅鎮《ぜんちん》などのさだめがある。

**ぜんい　善偉**　(元徳二1330—応永二1395)浄土宗西山派の僧。字は尭慧《ぎょうえ》。京都の人。京都円福寺の暢空頓乗《とんじょう》について浄土教を学ぶ。延文元年1356同寺を領し、足利義満や藤原良基らの崇信を受けた。著書、阿弥陀経私集鈔二巻、無量寿経論註私集鈔七巻など。〔参考〕浄土宗総系譜

**ぜんい　善意**　(元禄一一1698—安永四1775)浄土真宗本願寺派の僧。自牽《じけん》ともいい、字は芳山。尺伸堂《しゃくしんどう》、無人閣と号する。越中の人。氷見の西光寺安貞《あんてい》について学び、西光寺の第七世を継ぐ。のち京都に上り法霖《ほうりん》から教えを受けた。諡号は明達院。著書、唾面録一巻、評偽弁一巻、慧日霜露篇三巻など。〔参考〕本願寺派学事史

**ぜんえ　染衣**　⇩ぜんね

**ぜんおう　詮雄**　(慶長一二1607—貞享四1687)詮翁とも書く。浄土宗の僧。深蓮社広誉《こうよ》と号し、直心蓮阿良海という。出家して熊谷寺に入り、のち母のため小石川に智願寺を創建した。慶安四年1651浅草の誓願寺に住し、延宝三年1675増上寺二八世となる。〔参考〕三縁山志

**せんか　遷可**　生没年不詳。室町末期の画僧。号は巣雪。雪舟の門人で墨絵の山水画をよくし、筆風は師に似て清雅である。古来、僊可の印のある画を能阿弥、啓書記、元信の作と鑑記するものもあるが、巣雪僊可はこれらとは別人。遺品中、猿猴図・鷺の図・雪嶺斎図などが有名。〔参考〕扶桑名画伝

**せんが　暹賀**　(延喜一四914—長徳四998)天台宗の僧。弟の聖救《しょうぐ》と共に比叡山に登り、座主良源について出家し、顕密二教を学び、本覚院を創して住した。正暦元年990延暦寺座主となる。〔参考〕天台座主記

**せんかい　詮海**　(天明六1786—万延元1860)融通念仏宗の学僧。字は幡光《ばんこう》。戒珠院と号し、また四徳、坊主墨海、天竺老人ともいう。大和筑紫村の人。同国西念寺東海に随って得度し、寛政一一年1799大念仏寺で法脈並びに円戒を受け、翌年添上郡の常楽寺に住した。のち歴遊して禅・律・密を修め、外典並びに漢詩・書法をも学んだ。著書、融通念仏験得伝二巻、円門章大意二巻、

入道初門一巻、融通他力解一巻など。〔参考〕戒珠放光録

**せんがい　仙崖**　(宝暦元1751—天保八1837)臨済宗の僧。諱は義梵。円通、天民、百堂、虚白とも称する。美濃武儀郡の人。初め本覚浄妙に参じ、のち月船禅慧の法を嗣いで、さらに聖福寺盤谷適に師事した。晩年は虚白院に退いた。かつて観音の黄金像を感得したので、普門円通禅師と呼ばれた。なお、五〇歳代から最晩年に至るまで独特の書画をよくし、その絵は白隠の絵とともに近世禅画を代表する。落款は六十余種の多きに及ぶ。著書、仙厓和尚語録五冊、捨子舟(歌集)など。法嗣、湛元など。〔参考〕続日本高僧伝、円通禅師墨画書(近世禅林言行録)

**せんがい　栴崖**　⇩諸嶽奕堂《もろたけえきどう》

**ぜんかい-けつ　禅戒訣**　一巻。道白(1635—1714)の述、白竜の編。月舟宗胡の法嗣として禅戒の口訣を伝承した卍山《まんざん》道白が、菩薩大戒は禅門の一大事であって、諸仏の大戒には五戒・十戒・五十八戒・二百五十戒など諸種あるうち、禅家は十六条戒を達磨所伝の一乗戒とするといい、達磨の一乗戒と最澄の円頓戒とは共に但受菩薩三聚羯磨五十八戒の大僧戒であると述べ、諸経論を引用して禅戒の要を説いている。㊅八二　〔刊本〕元文五1740刊、大正元1912刊　〔註釈〕宗珊・禅戒訣註解二巻(禅学大系戒法部)

**ぜんかい-じっちん　禅海十珍**　一巻。清の為霖道霈《いりんどうはい》の編(康熙二六1687)。初学者のために、古来の禅書のなかから、簡潔にして意義深く、学道の指針とすべき文章一〇篇を選び、解説と批評を加えたもの。七仏偈・初祖菩提達磨大師入道四行・三祖僧璨大師信心銘・六祖大鑑禅師二種三昧・永嘉真覚禅師証道歌・石頭希遷禅師参同契・鎮州臨済義玄和尚法語・洞山良价禅師宝鏡三昧・同安常察禅師十玄談・浮山法遠禅師九帯の一〇種を収める。㊔一・三一・一

**ぜんかい-しょう　禅戒鈔**　一巻。詳しくは仏祖正伝禅戒鈔という。道坦の著(宝暦八1758自序)。禅戒について註釈したもので、教授戒文を中心として三帰三聚十重禁戒のいわゆる正伝の一乗戒である一六条戒を仮名まじりの平易な文章で詳釈している。禅学大系(戒法部)　〔刊本〕宝暦八刊、明治一四1881刊、同一九刊　〔註釈〕墐英・講話一巻

**ぜんかい-へん　禅戒篇**　一巻。慧印の著(享保二〇1735)。指月慧印が、禅戒について の事理一切を戒源・後戒・伝持・戒次・戒伝・戒義・勧戒・受法・修懺・戒蔵の一〇条にわたって簡潔に説いたもので、特に戒義の項では禅門の一大事と称される三帰三聚十重禁戒の戒相の一々について詳説している。禅学大系(戒法部)、曹全三　〔刊本〕元文二1737刊

**ぜんかい-ほんぎ　禅戒本義**　一巻。道坦の著(安永二1773)。禅門戒義の本質を示したもので、経豪の教授戒文抄を詳釈している。禅学大系(戒法部)、曹全三　〔刊本〕安永三刊

**せんがく　仙覚**　(建仁三1203—文永九1272には生存)天台宗の学僧。常陸の人。初め鎌倉の新釈迦堂に住し、権律師に任じられ、のち武蔵比企郡に住した。万葉集を研究し、後代の万葉学は多くこれに基づく。仙覚が新たに施した万葉集の点を新点という。著書、万葉集仙覚抄。〔参考〕仙覚全集

**ぜんかく-おう　善覚王**　㊵スプラブッダ Suprabuddha ㊁スッパブッダ Suppabuddha の訳。善悟とも訳す。仏陀の叔父。拘利《くり》(コーリヤ Koliya)族の天臂城(デーヴァダハ Devadaha)の王で、仏陀の生母摩耶《まや》(マーヤー Māyā)および養母摩訶波闍波提《まかはじゃはだい》(マハーパジャーパティー Mahāpajāpatī)の兄。師子頬王(シーハハヌ Sihahanu)の娘の甘露(アミター Amitā)を娶り、提婆達多《だいばだった》(デーヴァダッタ Devadatta)をもうけたと伝える。ただし、善覚王を摩耶の父とする経典、また提婆達多を甘露飯王(アミトーダナ Amitodana)あるいは斛飯王《こくぼんのう》(ドートーダナ Dhotodana)の子とする経典もあるなど、諸経典の記述は一定していない。〔参考〕Mahāvaṃsa XI, 本行集経五

**せんがく-じ　泉岳寺**　東京都港区高輪。万松山と号し、曹洞宗。昔の関府六カ寺、曹洞宗江戸三カ寺の一。慶長一七年1612徳川家康が門庵宗関に命じて外桜田に創建。寛永一八年1641類焼して現地に移る。もと播州赤穂藩主浅野氏の菩提所で、四十七士の墓所の所在地として名高い。〔参考〕江戸名所図会三

**せんがく-しゅうじょう　先覚宗乗**　五巻。明の語風円信(1571—1647)と郭凝之(—1628— )の共編。成立年不詳。もと明の陶明潜が編した先覚集二巻を改修増補したもの。禅宗居士伝の一で、維摩、傅大士《ふだいし》、龐蘊《ほううん》など禅に関係ある居士一八四人の伝とその機縁の語句を録する。先覚は孟子の語で聖人の意であり、儒教の理想的人格である。なお同系統のものとして、明の朱時恩の居士分灯録、清の彭際清の居士伝などがある。㊫二乙・二一・三

**せんかりん　旋火輪**　火転、火聚《かじゅ》ともいう。火をすばやく旋回するときに見える火の輪のこと。あらゆるものが実体がなく幻のような仮のものであり、永久的なものでないことに喩える。

**せんかん　宣鑑**　(建中三782一説に建中元—咸通六865)唐代中期の禅僧。姓は周氏。見性禅師と諡する。剣南(四川省成都県)の人。天皇下の竜潭崇信《りゅうたんすうしん》の法を嗣ぎ、朗州(湖南省常徳県)徳山に住した。棒で弟子を導き、臨済の喝とならび称される。〔参考〕祖堂集五、宋高僧伝一二、景徳伝灯録一五

**せんかん　千観**　(延喜一八918—永観元983、一説に延喜一九—永観二)天台宗の僧。橘敏貞の子。園城寺で出家し、顕密の教を学んだが、浄土教に帰し、極楽国弥陀和讃を作って人々を結縁させた。また日想観に便ある勝地として摂津安満に至り、金竜寺を創して住した。内供奉として仕えたので、千観内供《せんかんないぐ》とも呼ばれる。著書、三宗相対抄五〇巻、十願発心記一巻、十二因縁私記一巻。〔参考〕日本往生極楽記、今昔物語集、発心集

**ぜんかん-さくしん　禅関策進**　一巻。明の雲棲袾宏《しゅこう》の著(万暦二八1600)。禅を学ぶ者のための入門書で、前後二集に分かれている。第一集は、諸祖法語節要、および諸祖苦功節略と称して、古来の祖師の語録中から、参禅実践の指針となる垂示、普説および機縁語句などを選び、第二集は、諸経引証節略と称して、大蔵経中より、前者の根拠となる要文を抜萃し、全篇にわたって、特に重要なところに批評と解説を加える。日本の白隠慧鶴が修行時代に、特に座右の書としたもので、その弟子東嶺円慈が宝暦一二年1762に重刻した。㊅四八、㊀諸宗部九

**せんがん-じ　仙巌寺**　韓国全羅南道昇州郡双岩面曹渓山。三十一本山の一。新羅の憲康王元年875道詵の建立とも、さらに古く六世紀前半の阿度の開創ともいう。高麗の宣宗(1083—94在位)の時、義天が中興して以来、しばしば再建された。〔参考〕朝鮮寺刹史料上

**ぜんぎ　善議**　(天平元729—弘仁三812)三論宗の僧。姓は慧賀氏。河内錦織郡の人。大安寺の道慈より三論を学んだ。のち唐に渡り名徳を尋ね、帰国後は奈良大安寺に住した。〔参考〕元亨釈書二、本朝高僧伝五

**ぜんきく　禅毱**　毛をまるめてまりの形にしたもので、坐禅の時眠るものになげつけて目を醒まさせるのに用いる。

**ぜんぎょう　善巧**　衆生《しゅじょう》を教化するのにその方法手段が巧みであることをいう。仏・菩薩《ぼさつ》が衆生の能力素質に応じて種々の方便を用い、巧みに教化摂取するのを善巧摂化《ぜんぎょうせつけ》といい、衆生に適応した種々の方法を巧みに用いて救うのを善巧方便《ぜんぎょうほうべん》(梵)ウパーヤ・カウシャルヤ upāya-kauśalya 漚和倶舎羅)という。⇩方便《ほうべん》

**ぜんぎょう　漸教**　⇩頓教《とんぎょう》

**ぜんきょうぼう-ものがたり-えまき　善教房物語絵巻**　一巻。鎌倉末の作。サントリー美術館蔵。重要文化財。善教房という僧と俗人との浄土教の問答を描く。詞書が一般絵巻の形式と異なり、対話体で画中に書き入れて番号をつけ、会話の順序を示している。後光厳院の筆と伝えるが明らかでない。

**ぜんぐ　善救**　(貞和元1345—応永一三1406)曹洞宗の僧。字は普済《ふさい》。加賀の人。一三歳で浄住寺寂室の下で得度し、のち永沢寺通幻寂霊《じゃくれい》の侍司となる。康応元年1389印可を受けて分座し、加賀の聖興寺に住した。また越前に願勝寺を創した。〔参考〕日本洞上聯灯録三、本朝高僧伝三九

**せんくう　専空**　(正応五1292—康永二1343)真宗高田派の僧。下野真岡の城主大内国行の三男と伝える。顕智《けんち》に従って法門

を受け、延慶三年1310真宗高田派本山専修寺四世となる。しばしば大谷本廟のために力を尽くし、また高田派の発展につとめた。〔参考〕専修寺史要

**ぜんくぎょう-きょう　善恭敬経**　一巻。隋の闍那崛多《じゃなくった》の訳(六世紀後半)。仏が阿難に向かって師に対する尊重敬愛の心を説き、最後に師をもこのように敬わねばならぬから、まして法を敬わねばならぬことはいうまでもないと結ぶ。㊅二四、国一律部一二

**せんげ　遷化**　もとは教化し救うことを他方へ移すという意味。高僧の死をいう。

**せんけい　先啓**　(享保五1720―寛政九1797)真宗大谷派の僧。字は了雅。象山、禿子《とくし》、朝露子、玄亀山人などと号する。美濃不破郡の安福寺に生まれ、父了孝の後を継いだ。一七歳で親鸞の伝記研究を志し、元文二年1737から三度その旧跡を調査して、御伝絵指示記・御遺跡記・二十四輩巡拝記などを撰し、明和八年1771大谷遺跡録四巻を重校して刊行した。なお大谷遺法纂彙、真宗遺文纂要その他を編纂した。

**ぜんけい　善啓**　(洪武二1369―正統八1443)明代の学僧。長州(江蘇省)の人。姓は楊氏。字は東白、暁菴と号した。若くして出家し、各種の仏典はもとより、広く諸子百家の学を修めた。永楽年間1403―24蘇州の延慶寺に住持し、成祖の命によって永楽大典の編纂に参画し、また大蔵経の校訂に従事した。〔参考〕続稽古略三、明高僧伝三

**ぜんげ-きかん　禅家亀鑑**　一巻。朝鮮の清虚休静の撰(宣祖一一1578)。古来の経論祖録五〇部の中から、参禅工夫のための重要な語句を選び、禅学・教学一致の立場から各条ごとに自ら註解を加えたもので、弟子魯願・義大・浄源・大常・法融らが共編し、松雲惟政が跋を付している。㊄二・一七・五

**ぜんけつ　禅傑**　(応永二六1419―永正三1505)臨済宗の僧。字は特芳。諡号は人寂常照禅師。尾張熱田の人。幼くして京都の妙喜院瑞嵓《ずいがん》に教えを受け、さらに彗峰・義天・雲谷・桃隠などに従い、文明一〇年1478勅を奉じて大徳寺に住持した。のち妙心寺や尾張瑞泉寺を歴住し、晩年は京都竜安寺に入り、西源院を建ててここで没した。〔参考〕本朝高僧伝四三

**ぜんげつ　善月**　(紹興一九1149―淳祐元1241)南宋代の杭州上天竺寺の学僧。字は光遠《こうおん》。号は柏庭。四明定海(浙江省寧波府鎮海県)の人。正覚寺道弁《どうへい》の弟子となり、師の没後、草庵道田・梓庵有倫に学び、月堂慧詢から如来は性悪を断ぜずという説を聞いて悟った。南湖に住し、その後、寿聖寺において天台学を一三年間講じた。次いで嘉泰四年1204より衍慶寺に住み、嘉定六年1213勅により上天竺寺に住し、左街僧録となったが、晩年は東庵に退居した。著書、金剛経会解二巻、楞伽経通義六巻、大部格言五巻、台宗十類因革論四巻、山家緒余集三巻、円覚略説など。〔参考〕仏祖統紀一八・二五、補続高僧伝三

**ぜんげん-しょせん-しゅう-とじょ　禅源諸詮集都序**　二巻または四巻。唐の圭峰宗密の著。禅源諸詮集(禅那理行諸詮集ともいい、初期の禅宗資料を集めたもので、もと一〇〇巻または一六〇巻あったというが早くより失われて現存しない)の総序に当たる部分で、達磨系統の禅と教家の主張とを融合統一した一種の教判論。一代仏教を密意依性説相教(小乗教および唯識)・密意破相顕性教(般若空観系統)・顕示真心即性教(如来蔵系統)の三教に分け、禅を息妄修心宗(北宗禅)・泯絶無寄宗(牛頭禅《ごずぜん》および石頭の系統)・直顕心性宗(馬祖系統および荷沢宗《かたくしゅう》)の三宗と見て、両者をそれぞれ相対応させ互いに一致することを明らかにし、最後のものを自らの立場としてこれらを融合し、仏語としての教えと仏意である禅は一味であると主張する。巻尾に一心真如の随縁生滅の次第を一〇段階に分け、黒白の円をもって図示したものがあるが、これが宋儒の大極図説などの先例となったものと見られ、本書が一般思想界に与えた力は大きい。巻首に裴休の序があるほか、現存のものは無外惟大・鄧文原・賈汝舟などの元代重刊の三序をそなえるが、さらに明代に天台の居頂玄極が重刊したものや、朝鮮開版のもの、その他種々の版本が現存する。㊅四八

**せんげん-せんぴ-かんぜおんぼさつだらにじんしゅ-きょう　千眼千臂観世音菩薩陀羅尼神呪経**　二巻。略して千眼千臂経・千手経という。唐の智通の訳(七世紀前半)。チベット訳では千手千眼観世音菩薩広大円満無礙大悲心陀羅尼経と合わせて一経となっている。異訳に唐の菩提流志《ぼだいるし》の訳の千手千眼観世音菩薩姥陀羅尼身経(一巻)がある。千眼千臂観世音菩薩の陀羅尼とその陀羅尼の功徳と種々の印(さとりの内容などを手指の形であらわすこと)と曼荼羅や図像の画法・供養などを説く。(大)二〇

**ぜんけんりつ-びばしゃ　善見律毘婆沙**　一八巻。南斉の僧伽跋陀羅が僧禕(あるいは僧猗)とともに訳(永明七489)。善見律、善見論、毘婆沙律ともいう。南方上座部の伝えるパーリ文律蔵(ヴィナヤ・ピタカ Vinaya-piṭaka)に対してブッダゴーサ Buddhaghosa(仏音《ぶっとん》)が著わした註釈書サマンタ・パーサーディカー Samantapāsādikā の漢訳。忠実な完訳ではなく、前半は比較的忠実に訳しているが、後になるほど抄訳になっていて、全体としては半分以下の抄訳になっている。また四分律の影響を受けて文章の改変された箇所もある。漢巴両書の比較研究は高楠順次郎、ついで長井真琴によって行われた。なおパーリ語の原典は、高楠・長井および水野弘元の校訂により、パーリ聖典協会から刊行されている(1924—47)。(大)二四、[国]律部一八、南伝六五〔参考〕出三蔵記集一一、歴代三宝紀一一

**ぜんご　漸悟**　⇩頓悟《とんご》

**せんごう　撰号**　書籍のはじめに記された著者名をいい、名の他に地名・寺名などをも併せ書くことがあり、自分で記す場合と後の人が書き入れる場合とがある。多くの場合、インドで作られたものには某造、または作と書き、中国で作られたものには某述、集、撰などと書いてあるが、述、集、撰とは古徳の説を述べ伝えるだけで、新たに私意をもって創作したものではないとの意をあらわす。某説某記と併せて書いて、師の説を弟子が記述したことをあらわす撰号もある。

**せんこう-じ　千光寺**　①広島県尾道市東土堂町。大宝山権現院と号し、真言宗系の単立寺院。創建年代不詳。多田満仲の中興と伝える。当寺は権現堂ともいわれて備後の熊野信仰の中心の一で、室町前期頃には熊野参詣の先達をつとめている。のち衰微したが、貞享年間1684—88に再興。景勝をもって知られ、文人墨客の来住も多く、詩歌にもよまれた。〔参考〕芸藩通志、熊野那智大社文書　②兵庫県洲本市上内膳。先山清浄皇院と号し、高野山真言宗。延喜元年901播磨の猟夫が猪を追って当地に来て観音の霊異を感じ、出家して寂忍と号し、一宇を創建したと伝える。天正年間1573—92豊臣秀吉が寺領を寄せ、蜂須賀氏の祈願所となった。近世に寺観が整う。弘安六年1283銘の梵鐘(重文)がある。③福岡県久留米市山本町豊田。竜護山と号し、曹洞宗。建久三年1192領主草野永平の創建。栄西を開山とし、初め臨済宗に属した。正平一三年1358征西将軍懐良親王が当寺で没したという。のち焼亡して衰退したが、文亀二年1502草野重永が再興、周防の黙巌為契を請じて中興開山とし現宗とした。天正一五年1587毛利氏の菩提所となる。④岐阜県高山市丹生川町下保。袈裟山と号し、高野山真言宗。創建年代は不詳。草創の時一石櫃を得たが、中に袈裟一帖、千手観音一体があったことから山寺号としたという。永禄七年1564武田氏が攻め入ったとき兵火にかかったが、万治三年1660亮輝が再興した。〔参考〕千光寺記、斐太後風土記

**せんこう-じ　専光寺**　①愛知県額田郡幸田町野場。浄土真宗本願寺派。創建年代は不詳であるが、源氏の郎党加藤左衛門唯重が寿永の乱に戦没した父の追福のため霊地巡拝の途次、当地で親鸞の教化を受けて帰依、専慧と号し、当寺を創建したと伝える。②石川県金沢市本町。真宗大谷派。本願寺三世覚如の弟子志念が加賀に下り、元応二年1320石川郡大糠郷に寺基をさだめた。二世志栄の時、本願寺五世綽如により専光寺の寺号を付され、五世康寂の代に同郡吉藤に移転した。八世康元の時、国守前田利家の請によって金沢に再転し、慶長七年1602本願寺東西分派の際は一時東本願寺の

別院になった。ついで藩は加越能三国の一宗総録所としたが、慶安二年1649以後は越中・能登・加賀能美郡をその中より除いた。

〔参考〕吉藤専光寺史

**ぜんこうじ　善光寺**　①長野市元善町。定額山と号し、天台宗（大勧進《だいかんじん》）および浄土宗（大本願《だいほんがん》）の別格本山。古来、四門四額と称し、東門を定額山善光寺、南門を南命山無量寿寺《むりょうじゅじ》、北門を北空山雲上寺《うんじょうじ》、西門を不捨山浄土寺《じょうどじ》とする。本尊は中尊が阿弥陀如来、脇侍が観音・勢至両菩薩で、三尊がともに臼形蓮台に立って一つの舟形光背に納まっており、善光寺式阿弥陀三尊あるいは善光寺一光三尊と呼ばれる。草創年代は不詳であるが、欽明天皇一三年552百済国より渡来した阿弥陀三尊を、推古天皇一〇年602信濃国へ移し、さらに皇極天皇元年642同国水内《みのち》の地に移し祀ったのに始まると伝える。しかし境内出土の布目瓦が、一般に法隆寺式といわれる白鳳期のものに比定されることから、寺の創建は七世紀後半と推定される。大同四年809には炎上したことを伝える。平安後期の永久二年1114には別当に関する記事が見え、早くから寺内組織も整っていたことが窺える。その後記録の上では治承三年1179の火災をはじめとし、以降、十余度焼失する。なかでも治承三年焼失後の再建は、源頼朝が文治三年1187信濃の御家人・目代に対し、勧進上人に助力すべきことを命じている。その結果建久二年1191本堂が完成、嘉禎三年1237には五重塔婆の落慶供養が本寺近江三井寺の別当勝舜出席のもとで営まれた。この頼朝による善光寺再建への助成が、善光寺信仰を全国的に広める契機となるが、その背後には勧進上人、すなわち善光寺聖の勧進活動の成果を認めなければならない。各地を遊行して勧進教化に努めた彼らの活動のなかで注目されるのは、善光寺如来と聖徳太子との間で消息の往返があったとの説話を持って、如来と太子が共同で念仏者を往生させると唱導したことである。この説話成立は、善光寺と四天王寺、それに高野山や太子廟を結ぶ勧進聖の交流ルートがあって、実際彼らが盛んに往来していたことを物語る。このような善光寺聖の活躍とそのほか中世以降の浄土教の庶民化などの要因で、これまで一地方霊場であった善光寺は生身弥陀の浄土ともいわれ、そして高野山と並び称される全国的霊場へと急速に発展、納骨・納経・塔婆供養などの死者追善儀礼が盛んに行われるようになった。善光寺周辺から大峯山中腹の花岡平に至る広範囲な地区で、数千基にもおよぶ中世の小型五輪石塔が発見されたことはその盛況さを示す。こうして善光寺が念仏信仰の一大中心地となったことは、重源・明遍・証空・生仏・然阿・良慶・良山・親鸞・一遍などの高僧知識をはじめ、多くの念仏者の参詣からも明らかで、女人高野といわれるほど千越長者の娘・虎御前・玉鶴姫など多数の女性の参詣も伝える。それに北条一族による寄進や保護もあって、善光寺の念仏は全盛をきわめたが、その念仏は融通念仏《ゆうづうねんぶつ》の系統に属する踊を伴った念仏であった。現在、善光寺には江戸時代の融通念仏名帳や融通念仏縁起があり、今も信者に融通念仏血脈が配布される。またこのような善光寺信仰は他宗派にも強く影響を及ぼした。それは鎌倉期に成

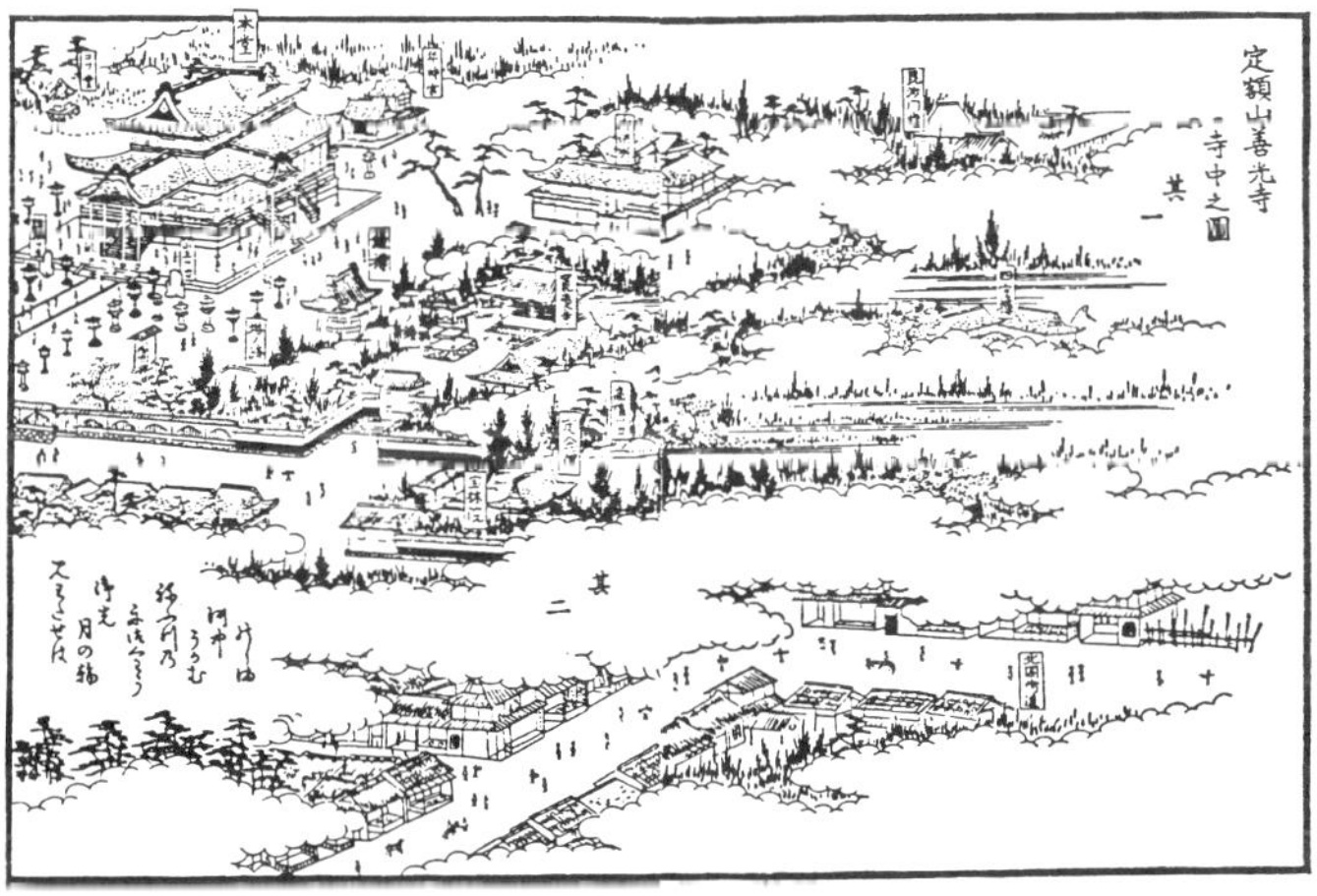


善光寺（善光寺道名所図会）

立した浄土宗名越《なごえ》派や真宗高田派、あるいは時宗の徒が善光寺信仰を基盤として各々の教線拡大をはかったことである。なかでも一遍は善光寺系の踊念仏を自らの行法に取り入れるなど、その影響が強い。善光寺内でも一遍や真教の因縁で時衆の一部が、念仏衆と堂衆を兼ねながら当寺に留まり、ひいては妻戸衆《つまどしゅう》の時宗化がなされた。なお善光寺如来模造仏が中世初頭より流行し、建久六年尾張国熱田の定尊が勧進により等身大の模造仏を鋳造したのがその初めといわれ、これが現甲斐善光寺〈⇩②〉の本尊と伝える。模造仏は鎌倉時代在銘の二十数体を含め、総数二百余体が現存する。多くは銅製であるが、なかには広島安国寺のような大型の木造仏もある。また鎌倉時代には各地に新善光寺の名称をもつ寺も建立され、全国に二百余カ寺が数えられる。戦国時代になると、善光寺は武田信玄と上杉謙信による数度の川中島合戦で荒廃し、本尊をはじめ寺宝の大多数が信玄によって甲斐国甲府に移された。本尊はその後も岐阜・岡崎・吉田・甲府、さらに慶長二年1597には豊臣秀吉によって京都大仏殿方広寺に移されるなどして流転、そして翌年四二年ぶりに信州にもどった。荒れはてていた善光寺も同五年豊臣秀頼の寄進で如来堂が再建され、翌年には徳川家康も寺領千石を安堵した。その後も炎上と再建がくりかえされ、現本堂(国宝)は元禄五年1692に計画され、同一三年松代藩真田家が普請方に命じられ、江戸谷中感応寺住持慶運が大勧進職に任じられた。慶運は翌年から五年間、江戸をはじめ全国各地で出開帳《でがいちょう》を行って再建の費用を集め、宝永四年1707本堂は総工費二万四千五七七両を費やして完成した。なお江戸時代、三都開帳あるいは回国の開帳が数度にわたって行われている。善光寺には天台宗の大勧進(清僧)と浄土宗の大本願(比丘尼)とがあるが、前者は元来勧進聖の元締めとも、金堂勧進の勧進上人の称からくるともいわれ、以前は妙観院と称して権別当職にあり、経衆の首班であった。後者は尼寺で開山を尊光上人と伝え、初め三論宗であったが六五世称誉智誓上人の代に浄土宗に改宗したという。寺内は三寺中《さんじちゅう》と称し、大勧進配下に天台宗清僧の衆徒二一院、それに貞享二年1685より時宗の妻帯僧一〇坊(現五坊)が改宗して加わり、また大本願には中衆《なかしゅう》と称する浄土宗妻帯僧一五坊(現一四坊)が属する。御越年式《ごえつねんしき》をはじめとする年末年始の年中行事は、善光寺創建者の若麻績東人(本田善光)の子孫と伝える中衆一五坊が、年輪番に務める堂童子を中心に行うが、民俗学研究上重要である。〔国宝〕本堂 〔重文〕三門、経蔵、金銅阿弥陀如来及両脇侍立像 〔参考〕扶桑略記、伊呂波字類抄、善光寺縁起、本朝高僧伝、一遍聖絵、吾妻鏡、善光年代略記、芋井三宝記

②山梨県甲府市善光寺町。定額山と号し、浄土宗。俗に甲斐善光寺あるいは甲府善光寺と呼ばれる。本尊は善光寺式阿弥陀三尊(重文)で、定尊作と伝える建久六年1195刻銘の等身大尊像。開山は信州善光寺大本願三七代鏡空、開基は武田信玄という。信玄は川中島での上杉謙信との決戦を前に、弘治元年1555信州善光寺の本尊を同国小県郡禰津村に移し、ついで永禄元年1558甲州上条村田輪法城寺を経て同二年現在地の板垣の仮屋に移し、如来堂の造営にかかった。この造営には遠州巌水寺の源瑜が大勧進、大本願には鏡空、勧進聖として浄雲・道空・道賀の名が永禄七年の本堂上棟の際の棟札に見え、多くの勧進聖の活躍が窺える。翌年に金堂入仏落慶供養を営み、元亀三年1572には、本坊・三院・一五庵・八三坊がことごとく完成し、信州善光寺から別当栗田氏、大勧進、大本願および経衆や中衆の僧も甲府に移り、さらに寺宝や大梵鐘まで移し終わって供飯大法会が催された。なお、永禄一一年には武田家より不断灯明は堂妙・堂照二坊で管理すること、堂内の札銭は経衆と中衆に配分することの二カ条の定が出されている。武田氏滅亡後、本尊は各地を転遷しながら四二年ぶりに信州へ帰ったが、甲斐善光寺は江戸時代にも領主の保護を受け、貞享二年1685に一国門中の触頭となり、寛保年間1741—44には金堂への葵紋が許された。享保年間1716—36に大破した金堂は、柳沢吉保の命で修復されたが、この頃の境内は一

万三千坪、塔頭四軒、番僧一五軒、平坊主七二軒、寺領三〇石余を有した。〔重文〕本堂、義門、銅造阿弥陀如来及両脇侍立像(建久六年刻名)ほか　〔参考〕御還座縁起、甲陽善光寺建立記

③北海道伊達市有珠町。大臼山道場院と号し、浄土宗。天長年間824—34円仁の創建というが、不詳。元亀・天正年間1570—92の頃より信州善光寺如来の分身を安置する小堂があったといい(一説に長禄三年1459嘉峰が大館に堂舎を建て善光寺如来を安置したとも)、慶長一八年1613松前二代藩主が改築したと伝える。寛文六年1666修験僧円空が再興したといい、円空は洞爺湖《とうやこ》中島観音堂とともに当寺の奥之院といわれた礼文華《れぶんげ》の窟で仏像(円空仏)を彫刻し、当寺にも五体があったことが知られている。文化元年1804幕府は北辺警備のため蝦夷の地に三つの官寺を設けるが、当寺はその一カ寺にあてられた。第三世弁瑞はアイヌ人に仮名を教え、念仏子引歌をアイヌ語に訳して教化したことで知られる。〔参考〕大臼山善光寺縁起、菅江真澄・蝦夷廼天布利

**ぜんこう-じ　禅興寺**　神奈川県鎌倉市建長寺境内にあった臨済宗寺院。康元元年1256北条時頼が蘭渓道隆を請じて建長寺山内に創建し、はじめ最明寺と号した。文永年間1264—75北条時宗が再興し、禅興寺と改称したという。一時は鎌倉十刹の一に挙げられ隆盛を極めたが後世衰退して明治の初めに廃寺となり、今は塔頭明月院を遺すにすぎない。〔参考〕鎌倉五山記、新編相模国風土記稿八一

**ぜんこう-じ-えんぎ　善光寺縁起**　四巻。信州善光寺の縁起。著者不詳。応安三年1370から応永三四年1427の間に成立か。(1)天竺百済利益、(2)日本王臣順逆利益、(3)善光善佐因縁、(4)善光寺種々霊異の四段四巻からなる。本師阿弥陀如来が応身仏として、インドの月蓋《がっがい》長者の門に立ち、悪世の群徒を救ったことから始まって、一光三尊の仏像が中国・日本に伝来し、浄土教を弘伝したという霊験を説いている。巻四のうち「聖徳太子御書」に記される太子と如来が消息を交した話は有名。続群二八上、仏全一二〇〔写本〕高野山大学蔵、上野図書館蔵、大谷大学蔵(寛文八1668写)〔刊本〕元禄五1692刊

**ぜんこう-じ-みどう-くよう　善光寺御堂供養**　一冊。善光寺開創の本田善光の伝記を中心とした信仰霊験物語を五段に組んだ古浄瑠璃。これは古浄瑠璃「善光寺」に手を加えたもので、「善光寺の本地」と題しても上演された。〔刊本〕貞享元1684

**せん-こうしゅく　銭弘俶**　(天成四929—端拱元938)五代十国の一、呉越国第五主。名は俶。字は文徳。慈化定慧禅師と称し、忠懿王《ちゅういおう》と諡する。杭州臨安(浙江省銭塘県)の人。後漢の乾祐元年948に即位、太平興国三年978に北宋に降った。仏教に帰依し、永明道潜《ようみょうどうせん》に菩薩戒を受けた。阿育王の故事に学び、宝篋印塔《ほうきょういんとう》八万四千を造建し、日本にも遺品がある。〔参考〕旧五代史一三三、新五代史六七、宋史四八〇、宗鏡録序

**せんごひゃくじょう-だんだんかい　千五百条弾憚改**　一〇巻。義教の著(寛延二1749)浄土真宗本願寺派の著者が先に著わした輪駁行蔵録に対し、日蓮宗の日芳が訶責謗法鈔を刊行してこれに応じたが、義教がこれに対しさらに反論したもの。糺弾の条項が多いので千五百条と冠した。これに対し、日顕は経王金湯篇一〇巻、日暁は妙義論一〇巻、要敬は続種論一〇巻を作って弾憚改に反論している。真全六〇

**ぜんごん　善根　〔不善根〕**　善根は(梵)クシャラ・ムーラ kuśala-mūla の訳。善本、徳本とも訳す。それが根となって諸善を生じるもののこと。無貪・無瞋・無癡を三善根と称する。不善根は(梵)アクシャラ・ムーラ akuśala-mūla の訳。善根の反対で、貪・瞋・癡を三不善根(三毒)という。⇩断善根《だんぜんごん》〔続善根〕

**せんさい　瞻西**　生没年不詳。平安末期の僧。京都雲居寺《うんごじ》の開山。比叡山の住僧であったが、洛東に移り、もっぱら止観を修めた。天治年間1124—26雲居寺を興し、金色八丈の阿弥陀仏像を造って安置し、永治元年1141開眼慶讃を行った。〔参考〕本朝無題詩、本朝高僧伝五一

**ぜんざい　善哉**　(梵)サードゥ sādhu の訳。娑度《しゃど》と音写し、好善、善成とも訳す。わが意にかなったのを称歎することば。また

戒律の作法のときなどに用いる挨拶のことば。「よきかな」「然り」の意。

**ぜんざい　禅材**　(寛文七1667—宝暦元1751)臨済宗の僧。字は古月《こげつ》。姓は金丸氏。日向の人。はじめ阿波慈光寺の湛梁に参じ、豊後多福寺の賢巌禅悦の法を嗣いだ。四〇歳で島津惟久の命で薩摩の大光寺に住した。門下に月船禅慧らがあり、のちにその流派を古月派と称した。〔参考〕近世禅林僧宝伝

**ぜんざい-どうじ　善財童子**　㊵スダナシュレーシュティ・ダーラカ Sudhana-śreṣṭhi-dāraka の訳。華厳経入法界品に説かれる求道の菩薩。文殊菩薩の教えによって発心し、南方に五三人(初めの文殊と遍友童子を加えると五五人)の善知識(正法を教え仏道に導く聖者)を歴訪して、最後に普賢菩薩の十大願を聴いた。仏法修道の段階を教えたもので、偈讃や絵画・彫刻・文学の題材として多く用いられている。ボロブドゥルの入法界品の浮彫はとくに有名である。東海道五十三次もこれに由来するという。⇩華厳五十五所絵巻《けごんごじゅうごしょえまき》

**せんざつ-きょう　占察経**　二巻。詳しくは占察善悪業報経という。隋の菩提灯の訳とされるが、中国でできた偽経らしい。地蔵菩薩が末法の衆生のために、業報を樹木の年輪によって占う法と、二種の観法とを説くのをその内容とする。唐代にこの経は流行し、天台宗の荊渓湛然《たんねん》の書に引かれて名高い。明代の末頃、智旭《ちぎょく》はこの経の註釈を著わした。地蔵菩薩の信仰と密接な関係があり、地蔵信仰の隆盛に伴ってこの経も流布した。㊅一七、国一経集部一五

**ぜんじ　禅師**　禅(禅定)に通達している師。法師、律師に対する語。敬称として用い、また称号としても用いる〈⇩大師号《だいしごう》〉。禅を修める僧を禅僧、禅侶、禅襟《ぜんきん》などという。禅襟は禅衣を着る者という意で、禅僧が自分を呼ぶ時の名としても用いる。禅侶は一般に僧をさすこともあり、また特に禅宗の僧侶をさすこともある。なお叡山東塔の法華堂や常行堂で交代して修行する僧のことをも禅侶または禅衆《ぜんしゅ》という。⇩禅門〔禅尼〕

**せんじ-しょう　撰時抄**　日蓮の著(建治元1275)。身延山での著作。日蓮遺文の五大部の一。仏法を学ぶには時を知らねばならぬとし、法華経流布の時節を論じたもの。末法の初めの五〇〇年にあたる今こそ法華経流布の時であると説き、真言宗などの諸宗や円仁などの諸師を批判し、折伏を加えた。そして日本国に法華経を弘める者は日蓮のほかにないと説く。時代と教えとの関係が強調されており、日蓮教学の立場を知ることができる。㊅八四、昭和定本日蓮聖人遺文、日本思想大系一四ほか〔自筆本〕静岡県妙法華寺蔵(二カ所闕失、その一部は京都立本寺蔵)〔註釈〕日朝・私見聞二巻、日輝・略要一巻

**ぜんじぶ-じ　禅師峯寺**　高知県南国市十市。八葉山求聞持院と号し、真言宗豊山派。四国八十八カ所第三二番札所。俗に峯寺《みねんでら》と称す。天長二年825空海の創建で、以後しばしば火災にあったという。以後の沿革は不詳であるが、近世には船魂観音ともいわれ、藩主出帆には必ず航海安全を祈った。当寺の補陀落天俊(金剛福寺の補陀落海雲弟子)は、明治四二年1909眼下の海で入水往生、補陀落渡海をしたとされている。〔重文〕木造金剛力士立像〔参考〕南路志、高知県史

**せんしゃ　旃遮**　㊵㊁チンチャー Ciñcā の音写。栴闍、戦遮とも音写し、旃遮摩那ともいう。外道にそそのかされて、腹中に木盆を入れ公衆の前で仏陀に懐妊させられたと誹謗した女。謀計が露見して無間地獄に堕したという。〔参考〕六度集経五、有部薬事一六、智度論二

**せんじゃく　選択**　よいもの、すぐれたものをとり、よくないもの、劣ったものをすてること。真宗では択を濁音に読むが、浄土宗や浄土宗西山派では「せんちゃく」と発音する。源空の選択集には、念仏は阿弥陀仏が選んだ修めやすいすぐれた行(選択の易行)であることを説き、その根拠を⑴選択本願(法蔵菩薩の本願は諸仏の浄土の中からすぐれたものをえらびとって起こした本願)、⑵選択讃歎(念仏の行は釈迦が他の行よりえらびとってほめたたえた行)、⑶選択留教(念仏の教えは釈迦が特に後世にのこした教え)、⑷選択摂取(阿弥陀の光明

は特に念仏する者をおさめとって救う)、(5)選択化讃(阿弥陀の化仏が念仏を特にすすめる)、(6)選択付属(釈迦は特にえらんで念仏を阿難に付託した)、(7)選択証誠(念仏の教えが真実であることは諸仏によって特に証言された)、(8)選択我名(念仏は往生の行として阿弥陀によって特に選ばれた)の八撰択で示す。真宗では、衆生《しゅじょう》のおこす信心は如来の選択の願心からの賜りものであるとして、選択廻向《えこう》の直心《じきしん》という。

**せんじゃく-ほんがん-ねんぶつ-しゅう　選択本願念仏集**　二巻。略して選択集という。「択」は浄土宗では「ちゃく」と読む。源空(法然)の著(建久九1198)。阿弥陀仏の本願の奥義を述べ、念仏が末代相応の法門であることを説く。巻頭に「南無阿弥陀仏、往生之業、念仏為本(先)」の宗要をかかげ、教相・二行・本願・三輩・念仏利益・特留・摂取・三心・四修・化讃・約対・付属・多善・証誠・護念・慇属の一六章を設ける。第一章では聖道門をさしおいて浄土門に入れとすすめ、第二章では雑行をなげすてて正行に帰せよとおしえ、第三章以下にその意義をさらに詳しく説き、最後に一六章の大意をまとめている。この書は九条兼実の請により作られたもので、当初は上足の門弟数名に見写を許しただけであった。世に行われてから は、公胤の浄土決疑鈔、明慧の摧邪輪および荘厳記、定照の弾選択などの反論書が出され、また本書を弁護するものに隆寛の顕選択、証大の扶選択などがあった。本書には稿本・刪本・正本・広本の四種があるといわれ、末註はきわめて多い。㊅八三、浄全七、国一諸宗部二二、昭和新修法然上人全集、日本思想大系一〇　〔写本〕京都廬山寺蔵(鎌倉初期、遵西・感西など筆、草稿本か、重文)、当麻往生院蔵(元久元1204写)、大谷大学蔵(承元二1208以前写)、竜谷大学蔵(南北朝時代写)など　〔刊本〕藤堂祐範・選択集大観に二十余種を挙げる　〔註釈〕聖光・徹選択本願念仏集、源智(或いは信寂)・選択要決、証空・選択密要決、静遍・続選択、良忠・選択伝弘決疑鈔、同選択疑問答、深励・講義など

**せんじゃ-ふだ　千社札**　千社参拝の記念に、自分の生地・姓名・年月などを書いて社殿堂宇に貼付する小紙片の札をいう。江戸では安永1772―81頃に、出雲松平氏の家臣荻野喜内(鳩谷)が「鳩谷天愚孔平」と記した札を四方の社寺に貼付したのに始まるといわれ、同じころ麹町の五吉も詣でるまに札を貼り歩いたという。これが次第に流行し、のちには遊楽として職人層にもてはやされた。札も初めは墨で書いたが、のち木版刷から色摺となって札の意匠や印刷の巧妙を競うようになったので、天保の改革で禁止された。明治になって復活したが、昭和初年にはすたれた。⇩千社参《せんじゃまいり》

**せんじゃ-まいり　千社参**　多くの神社仏閣に順次に参拝すること。江戸中期頃より行われ、小さな紙片に自分の住所氏名などを書いて、参拝記念に門などに貼って巡礼して行く。この紙片を千社札という〈⇩千社札《せんじゃふだ》〉。日蓮宗では追善または罪障消滅を願って身延山を初め同宗寺院一千カ寺に参る、千カ寺参が行われる。

**せんじゅ　専修**　〔雑修《ざっしゅ》〕　もっぱら一事を修めるのを専修、他のことをまじえて修めるのを雑修という。浄土教で、極楽に生まれようとして、その原因となる行為を修めるのについていう語。専修とは、行為の内容や心の持ち方が浄土に生まれるための正しい道にかなって、ひたすらに進むことで、阿弥陀仏のみにつかえる行為(読誦・観察・礼拝・称名・讃歎供養の五正行)、あるいは五正行のうちの称名を正しい信心で修めるのをいう。雑修とはこれに対して、他の仏・菩薩につかえる雑行《ぞうぎょう》、あるいは五正行のうちの正定業《しょうじょうごう》である称名以外の行為(助業《じょごう》)を往生の因として称名と共に修める(助正兼行)のをいう。専修や雑修を執《と》りたもつ心を専雑の執心、助正兼行の心を助正間雑心《じょしょうけんぞうしん》という。善導の往生礼讃には専修と雑修との長所短所(専雑の得失《せんぞうのとくしつ》)を論じて、専修の四得、雑修の十三失をあげ、専修のものは往生が確定的であることを千無一失、雑修のものは往生が不可能なことを千中無一、万不一生とする。

**ぜんじゅ　全珠**　(天正一六1588―寛永一九1642)曹洞宗の僧。字は奪叟《だつそう》。俗姓は紀氏。勅号は仏証古心禅師。薩摩の人。同

国福昌寺の大麟《だいりん》全索に師事し、さらに上野泉通寺の応朔《おうさく》について学び、寛永年間1624—44島津家久の請で妙円寺に住した。〔参考〕日本洞上聯灯録一二

**ぜんじゅ　善珠**　(養老七723—延暦一六797)奈良秋篠寺《あきしのでら》の僧。姓は阿刀氏。大和の人。興福寺で玄昉《げんぼう》に師事して法相を学んだ。三蔵に通じ、特に唯識・因明にくわしく、秋篠寺を開いて住した。最澄が比叡山に根本中堂を創めるにあたり、招かれて導師を勤めた。延暦一六年宮中で般若経を講じ、皇子の治病を祈った功により僧正に任じられた。著書、因明論疏明灯鈔一二巻、唯識了義灯増明記四巻、無量寿経賛鈔一巻、疏肝心記八巻、心経幽賛記六巻、法苑義鏡六巻、法苑義林章記一巻など。〔参考〕元亨釈書二、日本逸史六、本朝高僧伝四

**ぜんしゅう　全宗**　(享禄元1528—慶長元1596)比叡山の復興者。施薬院、徳運軒と号し、近江甲賀郡の人。比叡山横川で得度した。元亀二年1571織田信長の兵火で一山の堂塔が焼亡した後、医業をもって豊臣秀吉の信任を受け、秀吉の援助により叡山の再興に尽くした。〔参考〕続日本高僧伝一一

**ぜん-しゅう　禅宗**　仏心宗ともいい、禅を修して自己の本源を見きわめ、仏心をさとる宗派。禅は(梵)ディヤーナ dhyāna (巴)ジャーナ jhāna の音写。禅那の略で、精神を統一し心をしずめる修行を意味し、仏教一般で用いられる修行の方法であるが〈⇩禅《ぜん》〉、一般諸宗の禅が経論の説を根拠にした教禅一致の禅であるのに対して、菩提達磨《ぼだいだるま》が中国に伝えた禅は、教外別伝、不立文字といわれるように経の文字理論にとらわれず、無念無想の体験を通して直接に人生の真相に触れようとする。この達磨を祖師とする禅が禅宗であり、これを祖師禅と称して一般諸宗の禅(如来禅と呼ぶ)から区別する。伝説では、釈迦仏が霊鷲山で華を拈じて無言の中に大衆に示したとき、摩訶迦葉《まかかしょう》だけがその真意をさとって微笑したので、迦葉に正法を伝えたといわれ、この法を迦葉から阿難・商那和修と順次に西天二十八祖が伝持し、第二八祖の菩提達磨が中国にもたらしたという。達磨から慧可・僧璨《そうさん》・道信・弘忍《こうにん》と伝えられ、弘忍の門下には、漸悟を主張した神秀《じんしゅう》と頓悟を主張した慧能とが出て、前者の系統は北地に行われて北宗禅と呼ばれ、後者は南方に弘まって南宗禅といわれた。その後、唐から五代にかけては南宗禅がもっぱら栄え、慧能の門下の南岳懐譲の法系には馬祖道一・百丈懐海があり、百丈の下に二派が生じた。黄檗希運《おうばくきうん》の弟子である臨済義玄の臨済宗と、潙山霊祐およびその弟子仰山慧寂の潙仰宗《いぎょうしゅう》である。また同じく慧能門下の青原行思の法系には、のちに洞山良价・曹山本寂の曹洞宗、雲門文偃《ぶんえん》の雲門宗、法眼文益の法眼宗が出たが、以上の五宗を五家《ごけ》と称し、臨済宗の分派である楊岐派と黄竜派《おうりょうは》を加えて五家七宗という。宋代には、教禅一致の思想が顕著となり、禅と諸宗の融合が行われて、天台禅・華厳禅・念仏禅などが流行し、また儒学とも結びついた。日本では、最澄が入唐して牛頭禅《ごずぜん》(四祖道信の弟子法融に始まる)を伝えたというが、一宗として独立するには至らなかった。鎌倉時代に、栄西が入宋して虚庵懐敞《こあんえしょう》から臨済宗の黄竜派の法脈を伝えて以来、道元が天童如浄の法を嗣いで曹洞宗を伝え、円爾弁円《えんにべんねん》や蘭渓道隆・無学祖元らが臨済宗の楊岐派の法系を伝えた。虎関師錬の五家弁には、建久二年1191栄西の初伝以後、約一六〇年間に二十四流が伝わったとしている。二十四流とは、千光派・道元派・聖一派・法灯派・大覚派・兀庵派・大休派・法海派・無学派(仏光派)・一山派・大応派・西磵派・鏡堂派・仏慧派・東明派・清拙派・明極派・愚中派・竺仙派・別伝派・古先派・大拙派・中巌派・東陵派をいう。臨済宗は、鎌倉・室町時代を通じて幕府の外護を受けて栄え、五山文学を生むなど文化に貢献するところが多かった。江戸時代に白隠慧鶴(その系統を鵠林派という)が出て大いに宗風を興し、現在ではその法系を嗣ぐ者が殆んどである。臨済宗は開山の法系により、天竜寺派・相国寺派・建仁寺派・南禅寺派・妙心寺派・建長寺派・東福寺派・大徳寺派・円覚寺派・永源寺派・方広寺派・国泰寺派・仏通寺派・向岳寺派の一四派に分かれている。曹洞

宗は道元が永平寺を開いてから、孤雲懐奘・徹通義介の二代を経て第四祖瑩山紹瑾《けいざんじょうきん》に至り、その法孫が全国に栄えた。永平寺の道元(承陽大師)と総持寺の紹瑾(常済大師)とを曹洞宗の両祖という。なお、江戸時代には隠元隆琦《りゅうき》が明から来朝して黄檗山万福寺を建て、黄檗宗を開いた。その所伝は臨済禅であるが、禅に念仏を合わせた明末の中国仏教の教風を伝えている。

**ぜんしゅう-けつぎ-しゅう　禅宗決疑集**　一巻。元の智徹(1310—　、大慧宗杲下五世、雪峰妙高の嗣)の著。成立年不詳。初心者のために自らの参禅修行の道程をかえりみ、趙州無字の公案によって、疑惑を打破するに至るまでの工夫のしかたと心得とを述べたもの。源湛流清門より復懲懈惰止境息迷に至る二一門に分けて説く。(大)四八

**ぜんじゅう-さんぞう-ぎゅう-ぞうぞう-でん　撰集三蔵及雑蔵伝**　一巻。東晋時代317—420の訳。訳者不詳。仏滅の後、大迦葉《だいかしょう》と阿難とが三蔵および雑蔵を撰集した物語を伝える。まず諸経(四阿含)を集めて一蔵とし、律を第二蔵とし、「大法」を第三蔵とした。(大)四九

**ぜんしゅう-じきし　禅宗直指**　一巻。詳しくは伝家宝禅宗直指という。清の石成金の著(康熙四一1702)。伝家宝四集の一で、初学者のために参禅の用心と工夫を説いたもの。はじめに密伝参禅要法と題して堅志以下四六条の仏法工夫の方法を述べ、次に密伝仏法通旨と題して疑難一〇条をあげてこれに答える。なお石成金は揚州の人で字を天基、号を惺斉といい、乾隆年間1736—95の初め八十余歳で没した居士。他に著書として続菜根譚がある。(続)二・一七・五

**ぜんしゅう-ししょう　禅宗指掌**　一巻。清の行海の著(乾隆五二1787)。初心者のために、参禅の工夫と用心について述べたもの。断・常の二見を破して中庸の道を失わないことが般若の根本智にかなうことであると、八章に分けて説く。(続)二・一九・五

**ぜんしゅう-じゅこ-れんじゅ-つうしゅう　禅宗頌古聯珠通集**　四〇巻。元の魯庵普会の著(延祐五1318)。南宋の法応宝鑑が、淳熙二年1175に編した禅宗頌古聯珠集(公案三二五則と頌古一二〇〇首を収める)を、普会が増集して、公案四九三則と頌古三〇五〇首を加えたもので、釈迦仏より東十六祖以下二　世までの公案と頌古を集めている。現存のものは、杭州霊隠の淳朋の跋・虚谷希陵の題語・普会の自序・馮子振の序・雲外雲岫《うんがいうんしゅう》の題語を付し、さらに明の洪武二五年1392重刻の跋がある。(続)二・二〇・一—三

**ぜんじゅう-しょう　撰集抄**　九巻(広本)。仏教説話集。古来、西行の作というが疑わしく、西行仮託の書といわれる。成立年も諸説があるが、建長二年1250前後一〇から二〇年の間とする説が有力。神仏の霊験譚・発心遁世譚・寺院建立縁起説話など一二一の説話を収める。本朝法華験記・続本朝往生伝などによるところも多いが、独自の説話も多い。謡曲やお伽草子・読本などに影響をおよぼしている。続群三二下、仏全一四七、西行全集、岩波文庫、古典文庫(写本)内閣文庫蔵、橋本准吉旧蔵ほか

**ぜんしゅう-しょうみゃく　禅宗正脈**　一〇巻または二〇巻。禅宗正脈法または叙古啓明読禅宗正脈法ともいう。明の真如寺の如巹《じょきん》(空谷景隆の嗣)の編(弘治二1489)。禅宗の史伝を簡修し、合わせて公案・頌古を付載したもの。五灯会元を改修抜萃して、仏祖の機縁語句を集め、圜悟の碧巌録、および普会の禅宗頌古聯珠通集によって、評唱および頌を付し、五灯会元に載せない機縁の語句を増収する。(続)二乙・一九・一—二

**ぜんしゅう-ぞうどっかい　禅宗雑毒海**　①二巻。大慧禅師禅宗雑毒海ともいう。宋の大慧宗杲《そうこう》の著。成立年不詳。普覚宗杲禅師語録のことで、大慧の評唱を侍者の法宏・道謙らが編録したもの。「参禅も得ざれば多くは是れ雑毒心に入る」の語によって雑毒海と呼んだ。(続)二・二六・一　②八巻。清の柏林性音の重編(康熙五三1714)。宋・元代の禅宗の頌古を集成したもの。はじめ元の竜山祖闡《りゅうざんそせん》(元叟行端《げんそうぎょうたん》の法嗣)が、古来の偈頌を集めて一〇巻としたものを、洪武一七年1384に恕中無慍《じょちゅうむおん》が序を付して刊行し、のちに順治一四年1657に南礀行悦《なんかんぎょうえつ》がこれを増補改修し、性音がさら

に重編したもの。書名は、禅宗偈頌はあたかも鴆毒《ちんどく》の如く、殺活はこれを用いる人の心の如何によるという意で、仏讃・雑讃・投機・鈔化・雑偈・道号・山居の七編より成る。㊔二・一九・一

**せんじゅう-ひゃくえん-ぎょう　撰集百縁経**　一〇巻。呉の支謙の訳（三世紀半ば頃）。種々の仏教説話一〇〇篇の集成。梵文のアヴァダーナ・シャタカ Avadāna-śataka の内容とほぼ合致する。チベット訳もある。仏・辟支仏《びゃくしぶつ》・声聞《しょうもん》その他の本生説語、因縁物語、未来の授記（予言）などを含む。㊅四、国一本縁部五　〔参考〕Avadānaśaka, ed. by J. S. Speyer, St. Petersburg, 1909. Avadāna-śataka（フランス語訳）L. Feer, 1891.

**ぜんしゅう-ようが-しゅう　禅宗永嘉集**　一巻。永嘉禅集、永嘉集ともいう。唐の永嘉玄覚の説、魏静の編。成立年不詳。玄覚が修禅の根本精神と順次次第などを説いたものを、慶州刺史魏静が編集し序を付した。慕道志儀第一より発願文第一〇に至る一〇章より成る。とくに第四、五章に止観の行相を説き、第九章に左渓玄朗との往復書簡を載せ、天台宗の円旨と南宗祖師禅との巧みな融和を示し、のちに宋代呉越地方における天台宗復興の端をなした。㊅四八〔註釈〕宋行靖・註二巻、明伝灯・註二巻など

**せんじゅ-かんのん　千手観音**　詳しくは千手千眼観世音菩薩あるいは千臂千眼観世音菩薩といい、大悲観音ともいう。六観音・七観音の一つ。千の手を持ち、それぞれの手に各一眼がある。変化《へんげ》観音の一つで、十一面観音とともに早くから信仰された。観音の大悲が広大であることを強調したもので、千は無量円満を意味し、手は慈悲による救済のはたらきを、眼は化導《けどう》の智慧を象徴するといわれる。中国では唐・宋の時代に多数の作品が造られ、敦煌壁画にも十数種がある。日本でも奈良時代以降多数の彫刻・絵画が制作された。実際に千手を具えた作例もあるが、通常は中央の二手の他に四〇手を具えた、合計四二手のものが多く、四二手の各々に持物を持つ。この場合、四〇手のそれぞれがよく二十五有界の衆生を救うので千手であるとされる。一面・一一面・二七面などの像がある。わが国に現存する主要な作品には、彫像に大阪府葛井寺（旧称、剛琳寺）蔵（奈良末期）、奈良県唐招提寺蔵（奈良末期ないし平安初期）、京都市広隆寺蔵（平安初期）、同妙法院（蓮華王院安置）蔵（鎌倉時代）などがあり、絵画には東京国立博物館蔵の絹本著色図（鎌倉時代）があり、以上いずれも国宝。密教では胎蔵曼荼羅の虚空蔵院に配し、千手観音を本尊とした千手観音曼荼羅も描かれる。なお、千手観音の眷属として二十八部衆が説かれる。

**せんしゅ-こく　戦主国**　戦主はユダパティ Yudhapati の訳。インド中部のベナレスの東方にあった古国。玄奘が訪れたとき都城は恒河《ごうが》（ガンジス河）に臨み、十余の寺と一千人の僧があって小乗仏教が行われていたという。阿育王の建てた塔があり、阿避陀羯剌拏僧伽藍《あひだかつらなそうがらん》（アヴィッダカルナ・サンガーラーマ Aviddhakarṇa-saṃghārāma）もこの国にあった。都城は現在のガジプル Ghazipur であると考えられる。〔参考〕西域記七

**せんじゅ-じ　専修寺**　三重県津市一身田町。高田山と号し、真宗高田派本山。嘉禄元年1225親鸞が信濃善光寺で感得した一光三尊仏を、下野国大内荘高田（現栃木県芳賀郡二宮町）に一寺を建立して安置したことに始まると伝える。しかし室町時代の諸文献では親鸞の直弟子真仏を開基としていることから、真仏が善光寺如来を安置する堂を建立し、親鸞をしばしば招いて、専修念仏を教化する道場としたのであろうとされている。なおこの道場はもと大内氏一族の菩提寺的な仏堂で、これを真仏が継承していたものという説もある。親鸞の帰洛後の関東真宗教団は、ここを中心とした高田門徒が指導的立場となっていった。その後、東海・北陸方面にも教線を弘めて親鸞門徒の本寺として崇敬され、大谷本廟が本願寺として本寺化すると、これを牽制する動きも示す。室町時代になると、一〇世真慧は蓮如の本願寺教団と対抗しようとして、三河・伊勢・越前・加賀方面へ精力的に布教し、文明年間1469—87伊勢一身田に無量寿寺

（または無量寺）を建立した。ところが永正九年1512真慧が没すると、実子応真と養子真智とが継職をめぐって対立し、門末も分裂して抗争し荒廃したことから、無量寿寺に住していた真智は同寺を高田派の中心とするように計るが、在地勢力の支持を得た高田門徒主流派により一身田を退去し、越前国の熊坂に専修寺を別立した。結局、応真の跡を継いだ一二世堯慧が天文一七年1548その跡へ入って以来、無量寿寺が高田専修寺住持の住房となり、次第に教団の中心は一身田へ移り、寺名も専修寺と称されるようになった。のち豊臣秀吉、藤堂高次らの外護を得て栄えた。現在の堂宇は正保二年1645焼失後の再建である。親鸞とその門下の自筆本を多く所蔵する。なお、下野の旧寺は現在も本寺専修寺と称されて崇敬され、如来堂・御影堂・楼門・総門は重文。〔国宝〕三帖和讃、西方指南抄（いずれも親鸞自筆）〔重文〕親鸞聖人消息、紙本著色善信上人絵詞伝、御影堂、如来堂ほか〔参考〕専修寺史要

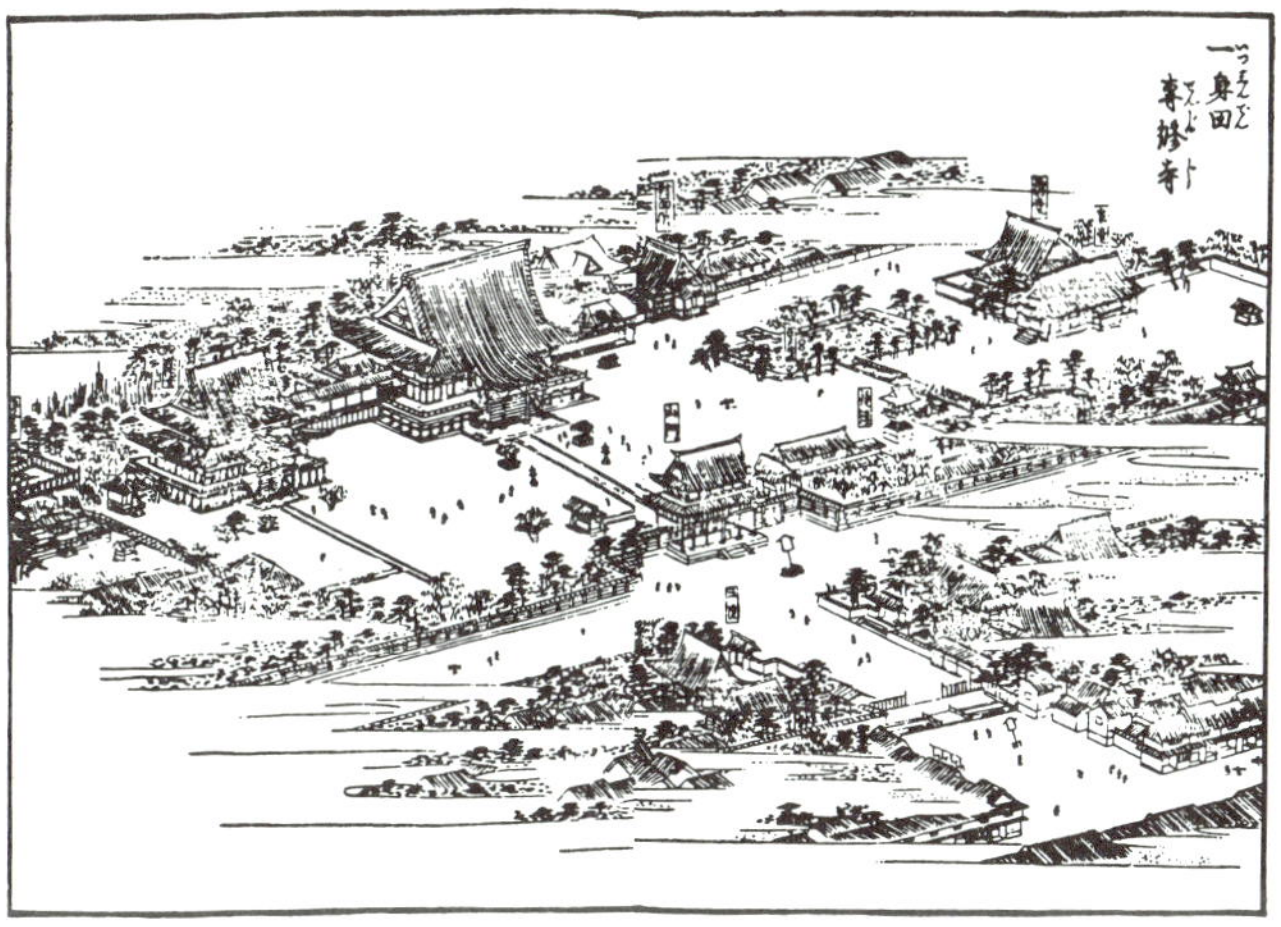

一身田専修寺（二十四輩順拝図会）

**せんしゅん　詮舜**　（天文九1540—慶長五1600）天台宗比叡山の再興者。近江の人。比叡山正教坊の詮運《せんうん》に学んだ。織田信長による元亀の兵火の後、叡山の再興を志し、豊臣秀吉の援助を得てほぼ旧観に復した。文禄元年1592秀吉の朝鮮侵略に際し、召されて軍事に参与した。〔参考〕叡山西塔碑文

**ぜんじょ　禅助**　（宝治元1247—元徳二1330）真言宗の僧。源通成の子。文永二年1265仁和寺の法助より伝法灌頂を受けて真乗院に住した。永仁元年1293大僧正に、翌年東寺一長者法務に補せられ、護持僧となった。〔参考〕東寺長者補任、本朝高僧伝五六

**ぜんしょう　善性**　（平治元1159—文永五1268）親鸞の直弟。信濃の人。俗姓は井上氏。下総蕗田《ふきだ》に住した。蕗田は飯沼《いいぬま》の畔であるので飯沼の善性ともいい、その門徒集団を井上門徒という。下総石下の東弘寺及び磯部の勝願寺の開創と伝える。親鸞の消息を書写した、御消息集（善性本）の編者といわれる。〔参考〕大谷遺跡録二

**ぜんしょう　善星**　㊵スナクシャトラ Sunakṣatra ㊴スナッカッタ Sunakkhatta の訳。修那利邏、須那帝刹羅などと音写し、善宿とも訳す。比丘。離車（リッチャヴィ Licchavi）族のクシャトリヤの出身で、ある期間、仏陀の侍者となったが、苦行をこととする外教を信じて還俗し、仏陀の法には超人の法なしと誹謗した。〔参考〕Majjhima-nikāya 12, 105, 身毛喜竪経上

**ぜんしょう　禅勝**　（嘉応二1170—正嘉二1258）法然の弟子。遠江の人。天台宗蓮華寺に住したが、京都吉水に法然を訪れて浄土教に帰した。のち郷里に帰り市井の人として一生を送った。〔参考〕法然上人行状絵図四五、本朝高僧伝七一

**せんしょうじ　専称寺**　①山形市緑町。真宗大谷派。文明五年1473本願寺八世蓮如の弟子願正が、出羽国村山郡高瑜の地に一宇を創建したのにはじまるという。天文六年1537四世教証のとき本願寺一〇世証如から現寺号を受けた。文禄年間1592—96五世乗念の時、現地に別に一宇を建立。のち領主最上義光が帰信して堂舎を造建、専称寺号を本寺にのみ用いさせた。②福島県いわき市平山崎。梅福山と号し、浄土宗。応永二年1395良就証賢が石城郡松峰の良山妙観に投じ、石森観音堂の夢告を得て開創した

という。六世良大仰観のとき勅願所となり、奥州における一宗の総本山となった。また名越檀林所として栄えた。〔参考〕磐城風土記、浄土本朝高僧伝四、磐城志

**ぜんしょう-じ　専照寺**　福井市みのり。真宗三門徒派本山。正応三年1290三河の和田円善の弟子如導が、足羽郡大町に道場を興し専修寺と号したのに由来する。のち四世浄一になって異解のため本願寺から排斥され、応永三年1396寺を弟浄光に譲り、別に蕗野保中野に一寺を建立、現寺号を称した。足利義教が帰依して寺領を寄せ、鯖江・山元の各門徒と共に栄えたので、世に三門徒拝まず衆といわれた。天正一〇年1582一一世善連が北庄堀小路に移建、同一三年勅願所となり、享保九年1724現地に移った。江戸時代、一時天台宗に属したが、明治に大谷派に転じ、のち別派独立した。〔参考〕大谷本願寺通紀六、真宗三門徒派専照寺略縁起

**ぜんしょう-じ　善正寺**　①静岡県浜松市紺屋町。普法山と号し、真宗大谷派。親鸞の弟子専信が当地名古里に創建したという。元亀年間1570—73現地に移った。②京都市左京区岡崎東福ノ川町。妙恵山と号し、日蓮宗。慶長元年1596豊臣秀次の母日秀尼が秀次菩提のため、洛西嵯峨亀山に創建。日鋭を開山とした。慶長五年1600現地に移り、寛永元年1624第四世日演の時、京都六檀林の一に列した。〔参考〕雍州府志四、近畿歴覧記、山城名跡巡行志二

**ぜんしょう-じ　善証寺**　秋田県仙北郡美郷町六郷。吉水山と号し、浄土真宗本願寺派。寛喜年間1229—32親鸞弟子二十四輩の第一〇、是信房の開創といい、本浄寺と号した。九世明言のとき、堂宇を重修、蓮如より現寺号をうけた。

**ぜんしょう-じ　禅昌寺**　山口市下小鯖。宝幢山と号し、曹洞宗。応永三年1396領主大内義弘が創建し、慶屋定紹を開山とする。同七年伽藍が成り、世に西国高野山と称し隆盛を極めたが、やがて衰退した。

**ぜんじょう-じ　禅定寺**　①中国陝西省西安府城(長安)にあった寺。隋の仁寿年間601—04僧定の門人保恭を寺主とし僧尼を検校させた。のち大荘厳寺と改称、神廻・道哲・智興・慧詮らが住し法門を顕揚した。②京都府綴喜郡宇治田原町禅定寺。補陀落山観音妙智院と号し、曹洞宗。永延元年987東大寺の平崇が摂関家の援助をうけて創建。東大寺末寺であったが、延久三年1071宇治平等院末となる。戦国時代に衰微したが、延宝八年1680月舟宗胡が再興し、現宗に改めた。〔重文〕木造十一面観音立像、同日光月光菩薩立像、同四天王立像、同文殊菩薩騎獅像、同地蔵菩薩半跏像、紙本墨書禅定寺田畠注文、同流記帳追記、同禅定寺文書　〔参考〕禅定寺文書

**ぜんしょう-たいし　善生太子**　善生は㊵㊥スジャーティSujātiの訳。須闍提《すじゃだい》と音写する。仏陀の前生の一。特叉尸利《とくしゃしり》(㊵タクシャシラー Takṣaśilā 現在のタキシラ)の王の孫として生まれた時の名。逆臣のために祖父の王が殺され、父母は善生を連れて逃れたが、食が尽き、ついに父は母を殺そうとした。善生太子は自らの肉を割いて父母にささげてその飢えを救ったという。〔参考〕賢愚経一

**せんしん　潜真**　(開元六718—貞元四788)唐代の律僧。字は義璋《ぎしょう》。姓は王氏。律乗を学び大興善寺に住した。不空から密教を受け、勅により大暦六年771不空によって新たに訳された文殊師利菩薩仏刹荘厳経の疏三巻を作った。その他の著書、菩提心義、発菩提心戒、三聚浄戒、十善法戒各一巻など。〔参考〕宋高僧伝五

**ぜんしん-に　善信尼**　日本最初の比丘尼。鞍部村主司馬《しば》達等《たつと》の女。はじめ嶋《しま》といい、敏達天皇一三年584一一歳で、高句麗の帰化僧恵便《えべん》に随って出家した。このとき漢人夜菩《あやびとやほ》の女豊《とよ》・錦織壺《にしごりのつぼ》の女石《いし》も同時に出家して善信尼に仕えた。この年、善信尼らは蘇我馬子に請ぜられ新羅よりもたらされた仏像の前で大斎会を行う。同一四年物部守屋・中臣勝海らの奏により仏教が廃されたとき捕えられたが、後ゆるされて馬子に付せられた。崇峻天皇元年588百済に渡り、同三年帰朝し、桜井寺に住したという。〔参考〕日本書紀二〇・二一

**ぜんすい-じ　善水寺**　滋賀県湖南市岩根。天台宗。岩根山医王院という。和銅年間708—15元明天皇の勅願により和銅寺と

号したが、最澄が薬師仏を感得して桓武天皇の病気平癒を祈り香水を献じて験があったので、善水寺の勅号を賜ったという。勅願所として、また将軍の祈願所として栄えたが、織田信長の兵火で大半を失った。江戸時代に復興した。〔国宝〕本堂(貞治三1364)〔重文〕木造薬師如来坐像ほか

**せんずい-びょうぶ　山水屛風**　密教で灌頂《かんじょう》または曼荼羅供《まんだらく》のとき、集会所の大阿闍梨の座所の後に立てる山水を描いた屛風。灌頂はもと野外の浄らかな場所に壇を築いて行ったから、そのインドの古制を想い起こすために用いるという。本来は一〇世紀頃から宮中や貴族の邸宅で一般的な調度として用いられていた唐絵屛風であったが、のち真言寺院の灌頂儀式等で用いられ、大和絵屛風も使われた。灌頂法具として固定化するのは一四世紀。遺品のうち、唐絵屛風の京都国立博物館蔵の一隻(一一世紀後半、東寺旧蔵、国宝)とやまと絵屛風の神護寺蔵の一隻(一二世紀末―一三世紀初、国宝)は、もと宮中などで用いたもの。当初から灌頂法具として使用されたものに、堂本家蔵の高野山水屛風一隻(重文)、金剛峯寺蔵の一隻(重文)などがある。

**ぜんせき-し　禅籍志**　二巻。義諦(妙諦)の著。成立年不詳。和漢の禅籍二四四部を列挙し略解したもの。上巻に単録禅要類(二九部)・把断公案類(八部)・宗門全史類(三三部)・宗門略史類(五部)・叢林礼範類(七部)、下巻に禅教総史類(九部)・宗門随筆類(一八部)・禅教雑説類(一五部)・宗師註経類(五八部)・禅籍志拾遺(六二部)を収め、このうち一五〇部余に簡単な解題を施している。この種の撰著としては禅門唯一のもの。仏全一一(刊本)正徳六1716

**せんせん　千泉**　西域のパミール Pamir 高原の北部地域にあったオアシス。今のイシッククル Issyk-kul 湖の西方の平野にあるメルケ Merke にあたる。千余りの泉池があるのでこの名が起こったという。慈恩寺三蔵伝巻二には屛聿《びょういつ》(古代トルコ語Bingghynl の音写で、千泉の意)と見え る。玄奘が西遊の途にこの地で突厥の葉護可汗の保護を受けたという。〔参考〕西域記一

**ぜんぜん　鄯善**　西域の東トルキスタンにあった古国。タリム盆地の東南端ロプ・ノール Lop-nor の地でチャルフリクのオアシスとミーラン遺跡を含めた地域。天山南路の東端の東西交通の要衝であった。前漢は元鳳四年(77B.C.)楼蘭王を殺し国号を鄯善と改めさせ、扜泥城(ミーラーン)を首都とした。のち後漢・西晋・北魏などに貢したが吐谷渾に併合され、隋代に鄯善鎮が置かれ、唐はこれを石城鎮と改称して沙州に属させた。玄奘はここを納縛波《なふは》国と称している。仏教も行われ多くの遺品が発見されている。〈⇩ミーラーン〉〔参考〕漢書西域伝六六上、法顕伝、洛陽伽藍記五、西域記一二

**せんぞう-く　千僧供**　千僧供養、千僧斎ともいう。一千人の僧を請じて食事を供養し法要を営むこと。中国では古くから行われ、広弘明集巻二八梁の沈約の千僧会願文、隋天台智者大師別伝などにみえる。日本では天慶九年946朱雀上皇が東西の凶乱を鎮めるために、延暦寺講堂で行ったのが早い例。豊臣秀吉の方広寺千僧供養への出仕命令をめぐって、日蓮宗が不受不施派と受不施派に分裂したことは有名。なお現滋賀県近江八幡市の千僧供の地名は、空也が当地で営んだためとも、惟喬親王を葬ったためとも刑死した住蓮・安楽のため千僧供養したのにちなむためともいう。〔参考〕智度論二・三、仏祖統紀三九・四二、近江輿地志略八〇

**せんそう-じ　浅草寺**　東京都台東区浅草。金竜山と号し、聖観音宗総本山。俗に浅草観音と称する。推古天皇三六年623土師臣中知《なかとも》らが、宮戸川(隅田川)から一寸八分の黄金観音像を得て奉安したのに始まるという。大化年間645―50勝海が開山となり、天安年間857―59円仁が堂塔を増建して中興したという。天慶年間938―47平将門の乱で焼失したので、平国香の弟公雅が現地に移し再興した。長久二年1041震災で崩壊したが永承年間1046―53寂円が重興。源頼朝、北条・足利各氏の外護をうけ、焼失のたびに再建され、江戸時代には家康を始め徳川氏歴代によって修造された。明治以降境内の大半を公園にあてられ歓楽街となった。〔国宝〕法華経(一〇巻)〔重文〕二天門、大蔵経(元

浅草寺（江戸名所図会）

版）〔参考〕江戸名所図会六、浅草寺志

**せんぞん**　**宣存**　（寛永一六1639―宝永五1708）天台宗の僧。号は黙堂。上野の人。石塔寺の長清に師事し、のち東叡山円珠院の宣海の弟子となった。寛文四年1664比叡山教王坊に住し、同一二年東叡山東漸院に転じ、元禄元年1688権僧正に任じられ浅草寺に住した。著書、顕戒論鈔三巻、詩文集一巻。〔参考〕天台霞標六ノ三

**せんたい**　**扇搋**　「せんた」「せんち」とも読む。㊵シャンダṣaṇḍhaの音写。男子であって生殖器をもたない者。これに先天的のもの（本性《ほんしょう》の扇搋）と後天的のもの（損壊《そんえ》の扇搋）とがあって、五種不能男《なんのう》のうちの生《しょう》不能男と病不能男とに当たる。

**せんたい-ぶつ**　**千体仏**　同じ形に造って安置した多数の彫像または画像をいう。おそらく賢劫千仏の説に基づいて造られたものであろう。すでにインド・西域・中国で盛んに千仏洞が造られ、インドのアジャンター第七号窟や、中国の天竜山・竜門・雲岡などの石窟の千仏浮彫、アジャンター第二号窟や、敦煌千仏洞の千仏壁画など、多くの遺例が見られる。日本では、白雉元年650に詔を奉じて漢山口直大口が千仏像を刻んだと日本書紀に記すのが文献上の初見で、現存の古いものに法隆寺蔵玉虫厨子内部の鎚鍱銅板や長谷寺蔵千仏多宝塔銅板がある。平安末期には千体弥陀・千体観音などの彫像・絵像が盛んに造立描写されるようになった。遺品は京都蓮華王院（三十三間堂）に長寛二年1164及び建長三―文永三年1251―66造立の千体千手観音が、奈良興福寺三重塔に康治二年1143作の薬師（東壁）・釈迦（南壁）・弥陀（西壁）・弥勒（北壁）の千体仏がある。また中世には勧進聖によって多数の木彫板絵の千体阿弥陀像・観音像・地蔵像が造られて庶民信仰化し、その遺品は奈良元興寺極楽坊で多数発見されている。現在小像の千体仏を安置する堂を有する寺院は全国に見られ、この信仰が広範囲にわたっていることが知られる。

**せんだち**　**先達**　広くは修学・修行などの先輩の意であるが、日本では特に修験道において大峯山・熊野三山などの霊山に峰入りし修行の回数を重ねた山伏を称した。中世以降は先達の間に階層が生じ、一般に入峰四度を新先達、五度を先達、四度以上で正灌頂《かんじょう》をうけた者を正先達（手束《たば》ね先達ともいう）、正先達以後入峰九度を大越家《だいおっけ》、一六度を大先達、四二度を大大先達などと称した。また入峰の時の配役により小木先達・柴灯《さいとう》先達・宿先達・閼伽《あか》先達・峰先達などに分かれた。近世の醍醐寺当山派修験では伊勢・大和・近江・紀伊などに一二カ院の正大先達を配置し山伏を掌握した。また先達は地方の信者を講衆として師檀関係を結び、一山の霊験宣伝を行い、寄進奉納の取次ぎをつとめ、御師《おし》宿坊に信者を誘導したが、その配下の檀家は株として売買譲渡されることがあった。

**せんだら**　**旃陀羅**　㊵チャンダーラcaṇḍālaの音写。旃荼羅、栴荼羅とも書き、厳熾、暴厲、執悪、険悪人、執暴悪人、主殺人、治狗人と訳す。インドの社会階級制度において、四姓の最下級である首陀羅（シュードラ śūdra）のさらに下に位置する賤民階級で、屠殺者、獄卒などに従事するもの。マヌ法典には、首陀羅を父とし婆羅門

を母とした混血とする。⇩四姓《ししょう》

**せんだん　栴檀**　㊵チャンダナcandanaの音写。栴陀那、栴弾那、真檀とも書き、与薬と意訳する。インドなどに産する香木の名。赤檀《しゃくだん》・白檀《びゃくだん》・紫檀などの種類があり、南インドの摩羅耶山に産する赤銅色の牛頭栴檀《ごずせんだん》が最も香気が高いといわれる。また烏洛迦《うらくか》栴檀は蛇心檀ともいい、毒蛇の毒を消すともいわれる。栴檀は高さ数メートルにも及ぶ巨木で、その木材や根を粉末にしたものを栴檀香、檀香という。貴重な香料で薬用にも供する。また木材は、仏像などの彫刻の材料ともする。なお、今日わが国でセンダンと呼んでいる樹木はこれとは異なる。

**ぜん-ちしき　善知識**〔**悪知識**〕　正しい道理を教えるものを善知識(善友《ぜんぬ》、親友《しんぬ》、勝友、善親友)、誤った道に導くものを悪知識(悪友《あくう》、悪師)といい、単に知識というときは善知識の意とする。例えば、華厳経入法界品には善財童子の求道の過程に五五の善知識(一般に五十三善知識という)に遇うことを説くように、どんな姿のものでも仏道に導くものは善知識であり、四分律巻四一には善親友は与え難いものを与えるなど七つの条件を具えている(善友七事)とし、智顗《ちぎ》の摩訶止観巻四下には、外護《げご》(外から見つめてまもる)、同行《どうぎょう》(行動を共にする)・教授《きょうじゅ》(教え導く)の三善知識を説き、円暉《えんぎ》の倶舎論頌疏巻二九には法を与えるものを上の親友、財と法とを与えるものを中の親友、財のみを与えるものを下の親友とする(三友)。真宗では念仏の教えをすすめるものを善知識というが、その人をただちに如来になぞらえて善知識は如来であるから善知識のみを頼め、と主張する異計(異安心)は、「善知識だのみ」「知識帰命《ちしききみょう》」といって排撃する。また法主を、正しく法灯を継承した人として善知識ということもある。

**ぜんちゅう　善仲**　(和銅元708―神護景雲二768)摂津勝尾寺の僧。藤原致房の子。双生児の兄弟の善算と共に九歳の時、天王寺栄湛に師事し、一七歳で菩薩戒を受けた。広く内外の学に通じたが、のち二人して世事を避け、勝尾に草庵を結んで浄業に専念した。〔参考〕拾遺往生伝上、元亨釈書一五、本朝高僧伝六八

**ぜんつう-じ　善通寺**　香川県善通寺市善通寺町。五岳山と号し、真言宗善通寺派本山。四国八十八カ所霊場第七五番札所。空海生誕の地。大同年間806―10空海が唐から帰朝後、一門の氏寺として唐の青竜寺を模して創建。寺号は父の法名にちなんだという。承和年間834―48以来、東寺長者が兼住したが、寛喜元年1229京都随心院の管下におかれた。寛元元年1243高野山道範が配流され、当寺で講席を開き道範方の一流をたてた。南北朝の頃、宥範が復興、のちしばしば焼失しては再興された。南海随一の名刹として東寺・高野山と共に密乗三迹の名がある。〔国宝〕一字一仏法華経序品、金銅錫杖頭〔重文〕木造地蔵菩薩立像、同吉祥天立像、善通寺伽藍并寺領絵図　〔参考〕善通寺文書、善通寺史、全讃史

善通寺（中国名所図会）

**せんてい　筌蹄**　魚をとる「うえ」(竹を編んで作った漁具)と兎をとる「わな」。荘子外物篇に基づき、転じて目的を達する方便、てびきをいう。言葉は理をあらわすための方便であるから、理があきらかになった上では言葉にとらわれてはならないとい

う意味に用いられる。

**せんてき**　**泉滴**　（永禄四1561—寛永一八1641）曹洞宗の僧。字は巨山《こざん》。武蔵の人。安房長安寺の嫡宗《てきそう》に帰事し首座に上った。徳川秀忠の招きで説法して信任され、前田利常が金沢に天徳院を創立したとき、請ぜられ開山となる。〔参考〕日本洞上聯灯録一一

**ぜんとう**　**禅榻**　坐禅に用いる腰掛。

**ぜんどう**　**善導**　（大業九613—永隆二681）善道とも書く。唐代の浄土教の僧。泗州（安徽省）の人とも、臨淄（山東省）の人ともいう。姓は朱氏。浄土五祖の第三祖、真宗七祖の第五祖。善導大師、終南大師、光明寺の和尚などと呼ばれる。はじめ明勝について出家し、法華・維摩を学んだが、観無量寿経に接して西方往生を願うようになったという。のち并州（山西省）に道綽をたずねて、曇鸞・道綽と相伝する浄土教を受けた。道綽の没後、終南山に籠り、善導流の浄土教を大成した。ついで長安に赴いて、光明寺・慈恩寺・実際寺などでひろく念仏の実践をすすめた。阿弥陀経一〇万巻を書写し、浄土変相図三百余を描き、多くの堂塔を修復した。また大盧舎那仏の造営に際して検校をつとめたともいう。入寂については六九歳で病没したとも、光明寺で柳樹に上り西方に向かって捨身往生したとも伝える。その伝記は、善導（善道）二人説を含めて諸伝によって錯綜し一致していない。日本浄土教ではとくに尊崇され、とりわけ源空は善導十徳をあげてその徳をたたえている。著書、観経疏四巻、法事讃二巻、観念法門、往生礼讃偈、般舟讃など。〔参考〕続高僧伝二七会通伝、往生西方浄土瑞応刪伝、浄土往生伝、新修往生伝、類聚浄土五祖伝（漢語灯録）

善導（仏祖道影）

**ぜんどう-き**　**善どう記**　一冊。作者不詳。善導が長安の滝から現われて浄土の教えを説き、仏となるまでの奇瑞霊験を六段に組んだ古浄瑠璃。〔刊本〕寛文一〇1670刊

**ぜんどう-じ**　**善導寺**　①福岡県久留米市善導寺町飯田。井上山光明院と号し、浄土宗。建久二年1191聖光房弁長（鎮西流の祖）の開創。当初は光明寺と号したが、建暦二年1212宋伝来の善導大師像を安置してより、善導寺と呼ばれた。以後鎮西流の本山として栄えたが、たびたび炎上し、現在の諸堂は天明六年1786愍海の再興。〔重文〕木造善導大師坐像、同大紹正宗国師坐像、紺紙金泥観普賢経　〔参考〕筑後志三、筑後善導寺志、浄土宗史　②群馬県館林市本町。終南山見生院と号し、浄土宗。建治二年1276良暁（寂恵）によって法師村に創建。天正の兵火で荒廃したが、幡随意白道が現地に移し再興した。慶長年間1596—615関東十八檀林の一に列し、伝灯付法の道場であった。〔参考〕館林善導寺志

**ぜんとう-せふ**　**禅灯世譜**　九巻。明の木陳道忞《どうもん》・弟子呉侗《ごとう》の共編（崇禎四1631）。禅宗の伝灯相承の次第を図に表わし、簡単な註を付したもの。釈迦仏より三三祖慧能に至り、さらに南岳石頭以降三七世、黄檗隆琦の嗣に至っているが、天皇道悟を馬祖の嗣とし、曹洞系を二〇世にとどめて、寿昌慧経・雲門円澄の法系を嗣法未詳としているのは、費隠通容《ひいんつうよう》の五灯厳統の説を承けたものである。(続)二乙・二〇・三—四

**ぜんどう-たいい**　**善導大意**　一巻。良遍の著（寛元四1246）。一念義・西山義は善導の宗意に異なるとし、善導宗意の要目を挙示してその大意を顕彰したもの。三心・四修・専雑・正雑・本願・念仏・制悪・本師・礼讃・経宗・報化・私尋の一二の編目から成る。良遍は法相宗の僧であることから、他流の人の見た善導宗意を窺うのによい資料である。浄全一五　〔刊本〕正徳三1713刊

**ぜんとうば-まんだん**　**前東坡漫談**　霊空の著（享保九1724）。霊空の講話の筆録で、禅や安楽律などについて語り、即心念仏義を説く。国東叢一（随筆）

**ぜんとく-じ**　**善徳寺**　⇩城端別院《じょうはなべついん》

**せんとく-ずぞう**　**先徳図像**　一巻。高

野山月上院主の玄証(1146—　)の筆。重要文化財。東京国立博物館蔵。インド・中国・日本の高僧の肖像を白描でえがいたもの。

**せんとく-ほうご-しゅう　先徳法語集**　二巻。法道(1804—63)の編。成立年不詳。浄土門の要言を集めたもの。上巻には真迢《しんちょう》の破邪顕正記から要文を抜き出し、真迢の伝記および撰述書目を添え、下巻には和漢両朝における人師の念仏を記し、終りに真盛《しんぜい》化導の概要を掲げる。〔刊本〕天保一三1842刊、嘉永二1849刊

**せんとく-みょうしょう-き　先徳明匠記**　一巻。詳しくは日本大師先徳明匠記という。定珍の著(天正八1580)。日本天台宗の祖師たちの流派・相承の次第および事跡に関する故実を録したもの。続々群一二

**せんな　千那**　(慶安四1651—享保八1723)俳人。名は明式。号は蒲萄坊。近江の人。堅田本福寺一一世。浄土真宗本願寺一四世寂如に仕えた。俳諧は初め談林を学び、やがて蕉風に帰した。著書、白馬紀行二巻、芭蕉翁発句拾遺。〔参考〕許六・風俗文選

**ぜんなく-いんが-きょう　善悪因果経**　一巻。菩薩発願修行経とも呼ぶ。訳者不明。中国撰述の偽経とも見られる。この世で善悪・好醜・貧富の差別があるのは前世における業の結果であることを説く。中国・日本を通じて広く読まれた。㊅八五　〔註釈〕了意・直解六巻、覚深・要解二巻(共に日蔵八)

**ぜんに　禅尼**　⇩禅門《ぜんもん》

**ぜんに　禅爾**　(建長三1251—正中二1325)律僧。字は円戒。京都の人。八幡大乗院の琳海《りんかい》について出家、凝然《ぎょうねん》に戒律と華厳を学び円照より具足戒をうけた。のち奈良真言院の聖守について密教を学び、灌頂を受け、また紀伊の由良興国寺の心地覚心に参禅した。弘安六年1283和泉久米田寺の顕尊の招きによりその後を継ぎ禅堂を構えるとともに、華厳・律の章疏を講じた。のち凝然のあとを継いで戒壇住持になった。〔参考〕招提千歳伝記、律苑僧宝伝一四、本朝高僧伝一七

**せんにち-もうで　千日詣**　千日参ともいう。千日の間神社仏閣に参り、その願のかなうのを祈ること。平安末期頃から行われた(賀茂皇太神宮記)。後世はある特定の日に一度参れば千日の参詣と功徳が等しいと称してその日に限って参るのをいう。七月三一日夜半から八月一日未明の京都愛宕神社の千日詣、六月三〇日の近江唐崎神社の千日詣などが有名。またこれと共に千度詣(社寺を一周する、またある距離を往復する)を一度とし千周すること(お千度ともいう)も多く行われている。

**せんにゅう-じ　泉涌寺**　京都市東山区泉涌寺山内町。泉山と号し、真言宗泉涌寺派本山。斉衡二年855藤原緒嗣が僧神修のため建立。法輪寺と号し、のち仙遊寺と改めたという。建保六年1218俊芿《しゅんじょう》が帰朝して後鳥羽上皇の庇護のもとに再興した。時に清泉涌出の瑞があったので現寺号に改め、台・密・禅・浄の四宗兼学の道場とし、合せて律義を宣揚した。貞応三年1224勅願所となり、仁治三年1242四条天皇を葬して以後歴代の山陵が多く境内に設けられ、皇室の廟所として特に尊崇をうけた。応仁の兵火で焼失し、寛文九年1669再建。明治四年1871宮中の仏儀はすべて当寺に移され、翌年兼学を廃止して現宗となる。塔頭として雲竜

泉涌寺(都名所図会)

院・善能寺・来迎院・観音寺・悲田院・新善光寺・戒光寺・法音院・即成院などがある。〔国宝〕附法状(俊芿筆)、泉涌寺勧縁疏(同)〔重文〕仏殿、無縫塔、絹本著色道宣・元照律師像、同俊芿律師像ほか 〔参考〕泉涌寺史、山城名勝志一五

**せんにょ　宣如**　(慶長九1604—万治元1658)真宗大谷派本願寺一三世。諱は光従。愚渓《ぐけい》と号する。一二世教如の子。慶長一九年法灯をつぎ、寛永七年1630大僧正に任じられ、同一六年将軍徳川家光から七条以北、東洞院以東の地を与えられて東本願寺の寺域を拡めた。承応元年1652御影堂改築の工事を起こし、翌年別邸渉成園《しょうせいえん》(枳殻邸《きこくてい》)をいとなみ、ここに隠退し東泰院と号した。〔参考〕本願寺誌要

**ぜんにょ　善如**　(正慶二1333—康応元1389)真宗本願寺四世。諱は俊玄。従覚の子。青蓮院で学び、三世覚如の死亡により法灯を継いだ。親鸞を鑽仰して歎徳文の述作を存覚に請うた。応安八年1375職を子の綽如に譲って南柳庵に閑居した。〔参考〕本願寺史、善如譲状

**ぜんにょにん-でん　善女人伝**　二巻。清の彭際清《ほうさいせい》の著。成立年不詳。在俗の婦女で深く仏法に帰依し、善行をのこした者の行状を叙述したもの。上巻に八〇人、下巻に五八人を収める。居士伝に対応する書。㊫二乙・二三・一

**せんにん　仙人**　㊵リシ ṛṣi の訳。利師と音写し、僊人とも書き、神仙、大仙、仙聖、仙ともいう。外道《げどう》のさとりを得たもので、世間をはなれた山河森林などに住み、木の実を食い、水を飲み、長寿を保ち、神変自在の術を行って空中を飛行したりする者のこと。中国においても古くから神仙の説がある(仏を仙人の中の最尊者の意で大仙ということがある)。

**ぜんにん　禅仁**　(康平五1062—保延五1139)園城寺の僧。源基行の子。禎範《ていはん》に顕密を学び、康和五年1103尊勝院の初阿闍梨となり、ついで最勝会の講師となる。大治三年1128権大僧都に進み、同五年法印に叙せられた。特に問答に秀れたという。園城四王の一に数えられる。〔参考〕寺門伝記補録、本朝高僧伝一一

**せんね　詮慧**　生没年不詳。鎌倉時代の曹洞宗の僧。近江の人。幼くして出家し比叡山横川《よかわ》で顕密の教えを学んだ。道元が宋から帰国すると、会って論難しようとしたが、かえって説諭され彼に帰依した。晩年は京都に永興寺を開いて住んだ。〔参考〕延宝伝灯録、日本洞上聯灯録一

**ぜんね　染衣**　出家者の衣。出家したものは美しくない濁った色に染めた衣服、即ち袈裟《けさ》を着るのによる(俗人は白衣を着るのに対する)。また出家して俗衣を改めて法衣をつけることをも染衣といい、出家に際して髪や鬚を剃り染衣をつけるから、僧尼になることを落髪染衣、剃髪《ていはつ》染衣などという。

**ぜんね　善会**　(永貞元805—中和元881)唐代末期の禅僧。姓は廖《りょう》氏。夾山《かっさん》和尚と称し、伝明大師と諡する。広州峴亭《けんてい》(広東省番禺県)の人。青原四世の船子徳誠《せんすとくせい》の法を嗣ぎ、咸通一一年870澧州《れいしゅう》(湖南省澧県)の夾山に住した。〔参考〕祖堂集七、景徳伝灯録一五

**ぜんね　禅慧**　①生没年不詳。平安時代の醍醐寺の僧。字は教王房、心一ともいう。はじめ義覚といい、興福寺で法相宗を学び論議に長じた。のち醍醐山に登り、頼照に従って真言宗に帰し、事相を修して定海の法嗣となった。晩年、鎌倉極楽寺二世となる。〔参考〕続伝灯広録　②(元禄一五1702—天明元1781)臨済宗の僧。字は月船。奥州田村郡の人。郡の高乾院北禅済《ほくぜんさい》に師事し、のち古月禅材の法嗣となる。晩年は江戸東輝庵に隠居した。著書、武渓集。〔参考〕続日本高僧伝八

**せんねん　専念**　おもいを一つのことにそそぐことで、浄土教ではもっぱら阿弥陀仏の名をとなえることをいう。

**ぜんねん　前念**〔後念〕　瞬間瞬間につっつてゆく心の動きについて、過ぎ去ったおもいを前念、それに続くおもいを後念という。善導の往生礼讃には、前念に命が終って後念に浄土に生まれる(前念命終後念即生)とあり、臨終のときに間をおかずただちに往生できることを述べているが、これを親鸞は信心を獲るときに往生が定まる

(平生業成《へいぜいごうじょう》)と解する。

**せんねん-おうじょう-でん　専念往生伝**　三巻。音空の著。尾張の藪田草庵超山上人をはじめとして、道俗六七人の往生伝を筆録した書。〔刊本〕文久三1863刊、明治元1868刊

**せんねん-じ　専念寺**　山口県下関市南部町。長楽山と号し、時宗。初め福生寺と号し天台宗であったが、弘長年間1261―64住持顕忍が一遍に帰依して改宗し現寺号に改めた。応永七年1400尊観法親王が当寺で没し、その廟が営まれた。〔重文〕木造薬師如来立像

**ぜんねん-しんぎ　禅苑清規**　一〇巻。崇寧清規ともいう。北宋の宗賾《そうさく》の編(元符1098―1100始、崇寧二1103完)。禅宗の清規の書のなかで現存最古のもの。百丈の古清規の精神に則りながら、時代の推移に随い、広く諸方の叢林の現状に即して、新たに禅院の行事、制度などについて規定したもので、受戒・上堂・監院・知客・化主など七七項に分けて説く。とくに巻一〇に、百丈規縄の頌と題して景徳伝灯録付載の禅門規式を頌し、さらに濾水法並頌を付載している。巻八の坐禅儀、亀鏡文は宗賾の自撰として、のちの清規書に継承されているが、また別行して、五味禅、四部録などにも収められる。㊫二・一六・五

**ぜんねん-もうぎゅう　禅苑蒙求**　①三巻。禅苑瑤林《ようりん》ともいう。中国、金の錯庵志明の編(正大二1225)。禅宗の公案集の一。初学者のために、禅宗の公案五〇〇則余を選び、李瀚の蒙求にならって四字対句の韻語によって分類したもの。のちに宝祐三年1255に玉渓が刊行するに際して、燕京大万寿寺の雪堂徳諫が、一則ごとに註を加えて、出典やその意義などを解説する。巻首に樗軒居士・閑居士・竜山居士らの序がある。㊫二・乙・二一・二　②禅苑蒙求拾遺一巻。同じ形式で一四〇則余の公案を収めているが、編者・成立年代ともに不詳。

**ぜん-の-つな　善の綱**　①仏像の手などにつないで引く綱で、多くは五色の糸であり、開帳、常念仏、万日供養などに用いて、仏にすがる意を示すもの。②葬式に棺につないで引く綱で、多く赤白を用いる。

**せんぱ　瞻波**　梵巴チャンパー Campā の音写。中インドにあった都城の名。摩竭陀《まかだ》(マガダ Magadha)国の東方、十六大国の一つ鴦伽《おうが》(アンガ Aṅga)国の首都で、仏在世当時の六大都城の一とされた。仏陀もしばしば遊化し、多くの経の説所となっている。またジャイナ教も行われ、その聖地としても知られている。パトナより更にガンジス河を下って南岸にある現在のバガプル Bhagapur の地であろうと考えられているが、同名の都市はカシミール地方およびヴェトナム南部にもあったという。玄奘はこれを無勝国と称している。〔参考〕Rāmāyaṇa, 長阿含経三・五・九・一四、中阿含経九・二九、十誦律二・四、西域記一〇

**ぜんぱん　禅板**　坐禅のとき、疲労を除くために手をおき身を寄せるのに用いる板。倚板《いはん》ともいう。長さ約五〇センチ、巾六センチ、厚さ約一ヤンチを普通とする。

**せんぴ-せんぱつ-まんじゅしり-きょう　千臂千鉢曼殊師利経**　一〇巻。詳しくは大乗瑜伽金剛性海曼殊室利千臂千鉢大教王経という。唐の不空の訳。梵原本は八世紀初めにインドに渡った新羅の慧超がセイロンよりもたらしたもの。無生門・無動門・平等門・浄土門・解脱門の五に分けて、根本秘密の教を説き、曼殊室利(文殊師利)菩薩の不思議力を説く。㊅二〇

**ぜん-ひようほう-きょう　禅秘要法経**　三巻。後秦の鳩摩羅什《くまらじゅう》の訳。白骨観・膖脹血観・白骨流光観・四大観・観仏三昧・数息観など三〇種の観法と忍辱鎧《にんにくがい》人子の成仏に関する説話とを説く。㊅一五、国一経集部四

**せんぶ-え　千部会**　千部経、千僧読経ともいう。追善祈願などのために千部の経典を読誦する法会。平安朝頃より始められ、その経典は観音経・法華経・仁王経・薬師経など一定していない。江戸時代は主に追善のために行われ、さらに万部会また二百部会も行われた。〔参考〕扶桑略記一九、中右記、法然上人行状絵図一九

**せんぷく-じ　千福寺**　中国の長安(陝西省長安府)にあった寺。唐の咸亨四年673

章懐太子の宅を寺としたと伝え、浄土教を信奉した懐感《えかん》や飛錫が住したという。開元年間713—41の末には楚金が法華経を誦した徳によって多宝塔の額を賜り、天宝三年744多宝塔が造られた。会昌の破仏によって破壊されたのを、宣宗の大中六年852再建したがのち廃絶したという。〔参考〕大清一統志一八〇、景徳伝灯録五

**せんぷく-じ　泉福寺**　埼玉県桶川市川田谷。東叡山と号し、天台宗。天長年間824—34円仁の開創という。のち比叡山の信尊が中興。その嗣法譜を河田谷十九通といい、関東天台の起源となる。〔重文〕木造阿弥陀如来坐像　〔参考〕新編武蔵風土記稿一五一

**ぜんぷく-じ　善福寺**　①東京都港区元麻布。亀子山と号し、浄土真宗本願寺派。真宗関東七カ寺の一。空海が天長年間824—34関東巡錫の時に草創という。貞永元年1232住僧了海が親鸞の教化に浴して改宗し、いわゆる阿佐布門徒の中心道場となる。安政六年1859アメリカからハリスら来朝のときの宿所となり、以来明治六年1873までアメリカ公使館にあてられた。②神奈川県中郡大磯町大磯。竜頭山華水院と号し、浄土真宗本願寺派。曾我十郎祐成の子祐若が父祖二代追福のため出家、平塚の了源と号したが、文暦元年1234親鸞に帰し、母の遺跡花水の地に当寺を建立したという。

**せんぷく-じゅ　瞻蔔樹**　また「せんぷくじゅ」「せんぶじゅ」とも読む。瞻蔔は(梵)チャンパカcampakaの音写。瞻波《せんば》、占婆、瞻婆、占博迦とも書き、金色花樹、黄花樹と訳す。香木の名。巨木でその花を瞻蔔花《せんぷくけ》（金色華、黄色花とも訳す）といい、黄色でかおりがよい。樹皮・葉・花から、薬料・香料を製する。

**せんぶ-しゅう　瞻部洲**　瞻部は(梵)ジャンブJambuの音写、洲は(梵)ドヴィーパdvīpa（島の意）の訳。ジャンブ・ドヴィーパを音写して閻浮提《えんぶだい》ともいう。古代インドの宇宙論である須弥山《しゅみせん》説にいう須弥四洲〈⇩須弥山〉の一つで、人間が住む国土とされる。須弥山の南方にあるので南瞻部洲ともいう。地形はほとんど三角形に近い台形で、北に広く南に狭い。島の北寄りに雪山《せっせん》（(梵)ヒマヴァットHimavat）が東西に走っており、その南には九黒山が三つずつ三列に並んでいる。雪山の北には無熱悩池（(梵)アナヴァタプタAnavatapta阿耨達池《あのくだっち》と音写）がある。この池の周辺には瞻部樹《せんぶじゅ》（(梵)ジャンブ）が茂っていて、これが瞻部洲という名の由来となっている。またこの池を源として四つの大河が流れ出している〈⇩四大河《しだいか》〉。無熱悩池のさらに北には香酔山《こうすいせん》（(梵)ガンダマーダナGandhamādana）があって、乾闥婆《けんだつば》（(梵)ガンダルヴァgandharva）神の住居であるという。以上のような瞻部洲のありさまは、明らかに現実のインドにもとづいて構想されたもので、島の形はインド亜大陸の形状にそのまま合致する。また雪山はヒマラヤ山脈に、四大河はそれぞれ、ガンジス、インダス、アム・ダリヤ、シル・ダリヤの四つの川に比定される。無熱悩池および香酔山は、チベットのマナサロワル湖およびカイラーサ山にあたると考えられているが、無熱悩池については、砂漠のオアシスを神話化したものとする説もある。なお瞻部洲の南方東西に遮末羅《しゃまつら》（(梵)チャーマラCāmara）・筏羅遮末羅《ばつらしゃまつら》（(梵)アヴァラ・チャーマラAvara-cāmara）の二つの島があり、東側の遮末羅島は明らかにセイロン島（現在のスリランカ）に相当する。筏羅遮末羅島には対応するものがないが、均斉を重んずる意味で遮末羅島と左右対称の位置に配したものと思われる。諸仏はこの瞻部洲にのみ出現するといわれ、瞻部洲の住民が受ける楽しみは東、北の二洲に劣るが、仏

瞻部州（単位：由旬）

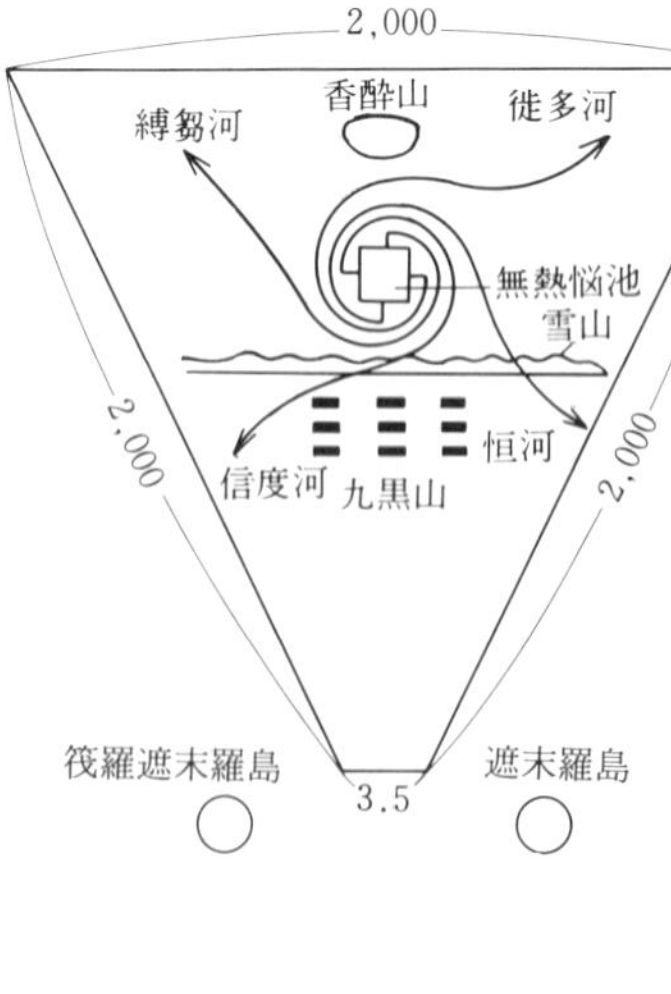

に遇い法を聞くことができる点ですぐれているとされる。閻浮樹の林を流れる河からとれる砂金を閻浮檀金《えんぶだんごん》(梵)ジャーンブナダ・スヴァルナJāmbunada-suvarṇa)といい、金の中で最上質のものとされる。この金を産出するため閻浮提を勝金洲、好金土ともいう。

**せんぶつ-いんねん-きょう　千仏因縁経**　一巻。後秦の鳩摩羅什《くまらじゅう》の訳(五世紀初頭)。はるかな過去に宝灯焰如来によって教えが説かれたのち、その像法の世に光徳王のもとに千人の童子があって仏・法・僧の何たるかを聞いたが、その善根の力によってのちの世、賢劫《げんごう》の時に拘留孫《くるそん》仏から楼至《るし》仏にいたる千仏として出世したと説き、三宝の名を聞くことの功徳を嘆じたもの。㊅二四、国一経集部一二

**せんぶつどう　千仏洞**　東トルキスタンではミンオイMing Öiとも呼ばれ、多くの仏洞の意味に解されている。もっとも有名なものは敦煌《とんこう》(中国甘粛省)の莫高窟《ばっこうくつ》で、スタインA. Steinはこれを千仏洞と固有名詞として命名している〈⇩敦煌〉。これらの仏洞はほとんどが内部を多くの極彩色の仏像(塑像)や壁画で装飾され、壁画中にも千仏図や浄土変相図が多く用いられている点からみて、千仏洞を「千仏のいます洞」の意味に解することも可能である。仏洞の数が千に達しなくても、千仏の洞という意味から千仏洞と呼びうるであろう。

**せんぽ-いんとん-しょう　杣保隠遁鈔**　二〇巻。杣保鈔ともいう。印融の著(永正一一1514—一二)。真言宗の宗義に関する論義決択の書。高野山の二大学派である宝門、宝性院相伝)の宗義決択集に対して、寿門、無量寿院相伝)の説に基づくもので一〇〇条からなる。武蔵の杣保明王院で起稿された。真言全二〇

**せんぼう　懺法**　懺悔《さんげ》をする方法の意で、広い意味にも用いるが、普通には懺儀《せんぎ》(諸経の説によって罪過を懺悔する儀式的な法則)をいい、またその作法書をもいう。懺法を行うことを修懺《しゅせん》という。(1)懺悔をする方法に、道宣の四分律羯磨疏巻一には制教懺と化教懺とがあるとし、前者は戒律に基づく罪、後者は一般に業道《ごうどう》による罪の懺悔の仕方で、前者には衆法懺(四人以上の僧中で懺悔する)・対首懺(師一人に対して懺悔する)・心念懺(本尊に対して心に念じて懺悔する)がある。また、智顗の摩訶止観巻二上には事懺《じさん》と理懺《りさん》があるとし、礼拝や讃歎や誦経などによって懺悔するのが事懺であり、実相の理を観じて懺悔するのが理懺である。また作法懺悔(仏前に向かって自分の罪をのべて懺悔する)・取相懺悔(仏の相好などを観じて懺悔する)・無生懺悔(実相を観じて懺悔する)の三を三種懺法といい、前二は事懺、後の一は理懺にあたる。②懺儀は所依の経や本尊の別によって種々あるが、中国では梁代以来さかんに行われ、日本では古くは悔過《けか》といい、法華・観音・阿弥陀・吉祥などの懺法が多く行われたが、特に法華経を読んで行う法華懺法《ほっけせんぼう》がさかんで、懺法講(「おせんぼう」ともいう)が行われるようになってからは、懺法は法華懺法の略称ともなった。③懺儀は中国で多く作られ、前に礼讃を付した礼懺儀、発願を加えた懺願儀などがある。⇩懺悔《さんげ》

**ぜんぽう　禅峰**　(貞享三1686—享保一七1732)浄土宗鎮西派の僧。字は待定《だいじょう》。出羽の人。富豪の家に生まれたが、二三歳で出家し、出羽三山を初め諸国の霊山に登り、断食称名し苦行を続けた。享保五年瑞峰《ほうずい》について得度受戒し、作善供養・高声念仏につとめた。〔参考〕続日本高僧伝一〇

**ぜんぽう-じ　善宝寺**　山形県鶴岡市下川。竜沢山と号し、曹洞宗。天慶年間938—47の頃妙達が開創し、竜華寺と号したという。延慶年間1308—11峨山紹碩《がさんじょうせき》がこれを中興し、七世太年浄椿の時、現時号を称した。大明年間1781—89有栖川宮家の祈願所となる。寺内の竜神祠は海上安穏の祈願のため参詣者が多く、愛知県の妙厳寺・神奈川県の最乗寺と共に同宗三大霊場と称される。〔参考〕善宝寺略縁起

**ぜんぽう-ようげ　禅法要解**　二巻。後秦の鳩摩羅什の訳。六種の欲を離れて初禅に入り、やがて第四禅に進むまでの過程、四無量心・八背捨・九次第定などを説く。前

半の部分に相当するものに、訳者不明の禅要経(一巻。後漢代の訳)がある。㊅一五

**ぜんぽん　善本〔徳本〕**　本を因の意と解する時は、勝れた果を得るための原因となる善根や功徳を善本、徳本とする。また本を根本の意と解する時は、功徳の根源となる善法を善本、徳本とする。真宗では弥陀の名号がそれにあたるとする。善本と徳本とを区別する説もあり、二者は一であるとする説もある。

**ぜんま　染汚〔不染汚〕**　〔汚の音は「わ」、ここでは染の尾音の影響で「ま」と読む〕。染汚は㊵クリシュタkliṣṭaの、不染汚は㊵アクリシュタakliṣṭaの訳。染汚とは煩悩《ぼんのう》のにごりに染んで汚れている意。また雑染、染ともいう。有漏法《うろほう》のうち、さとりへの道を妨げるもの、即ち不善と有覆《うふく》無記とを染汚といい、善と無覆無記とを不染汚という(倶舎論巻七)。成唯識論述記巻二末には、雑染《ぞうぜん》という場合は、染法(不善と有覆無記)だけでなく、有漏法のすべてを指すという。大乗荘厳経論巻三には染汚(雑染)に、煩悩染汚(煩悩をいう)・業染汚(煩悩によって起こされる業をいう)・生《しょう》染汚(その結果としての苦の生存をいう)の三種の染汚(三雑染)があるとするが、これは順次に惑・業・苦の三道にあたる〈⇩雑染《ぞうぜん》〉。大乗起信論には、心体はもともと清浄であるが不覚によって無明《むみょう》を起こして煩悩に汚されるから、染心となると説き、その染心の相に六種(六染心)があると説く。即ち、執相応染(我執)・不断相応染(分別起の法執)・分別智相応染(倶生起《くしょうき》の法執)・現色不相応染(所取の境界を現じる妄心)・能見心不相応染(能取の妄心)・根本業不相応染(迷妄な染汚心の自体)で、これらは修行によって順次に断たれるとする。

**せんみょう　宣明**　(寛延三1750—文政四1821)　真宗大谷派の僧。巴陵《はりょう》、恵山子《けいざんし》と号した。加賀の人。院号は円乗院。高倉学寮に入って慧琳・随慧から宗学をうけ、のち南都・長谷に行って諸宗の学を学び、特に倶舎に通じた。安永九年1780教行信証御自釈を刊行。文化八年1811講師に任じられた。著書、観経疏講義一二巻、往生論註聞書六巻、安楽集講義六巻、教行信証顕真録六巻など。〔参考〕大谷講者列伝

**せんみょう-じ　千妙寺**　茨城県筑西市黒子。東睿山金剛寿院と号し、天台宗に属する。観応二年1351椎尾寺亮守の創建。三昧院流法脈を継承。同宗伝法灌頂執行三カ寺の一として関東において上野寛永寺と併称された。

**ぜんみょう-じ　善妙寺**　京都市右京区梅ケ畑にあった高山寺末の尼寺。初め西園寺公経入道が古堂を移して一寺を造立した。のち承久の乱で忠死した中御門宗行の後室が尼となって戒光と号し、夫の菩提のためにこれを申し請けて当地に移し、高山寺明恵の庇護のもとに、貞応二年1223栂尾本仏半丈六釈迦像を本尊として供養した。現在、高山寺に尼経と称して蔵する戒光尼以下諸尼の写経はここで行われた。〔参考〕高山寺縁起、雍州府志五、高山寺史料

**ぜんむい　善無畏**　(貞観一一637—開元二三735)　㊵シュバカラシンハ Śubhakarasiṃha の意訳で戍婆掲羅僧訶、輸波迦羅と音写し、浄師子と訳す。無畏三蔵ともいう。唐代に密教を伝えた大日経の訳者。インド東部の烏茶国の人。一三歳で王位をついだが、出家して那爛陀寺《ならんだじ》に行き、達摩掬多《だつまきくた》から密教をうけた。開元四年梵筴をもって長安へきた。玄宗皇帝は彼を国師として遇し、勅により訳経に従事させた。開元一二年洛陽の大福先寺で大日経(大毘盧遮那《びるしゃな》成仏神変加持経)七巻を初めとし、虚空蔵求聞持法一巻、蘇婆呼童子経三巻、蘇悉地羯囉経三巻などを翻訳した。弟子に宝思・温古・一行・玄超らがある。〔参考〕玄宗朝

善無畏（三国祖師影）

翻経三蔵善無畏贈鴻臚卿行状、碑銘并序、貞元録一四、宋高僧伝二

**せんもう　箭毛**　㊵シャクルーダーイ Saklūdāyi ㊁サクルーダーイ Sakulūdāyi の訳。仏陀時代王舎城にいた外道。しばしば仏陀に質問を呈し、その教化を受けて仏教に帰依したが、比丘にはならなかったらしい。〔参考〕中阿含二〇七・二〇八、箭毛経（Majjhimanikāya 77.79）

**ぜんもん　禅門〔禅尼〕**　①禅門とは禅定の法門の意。三学のうちの定学。六波羅蜜《ろっぱらみつ》のうちの禅波羅蜜。②禅宗のこと。③禅定の門侶の意。仏門に入って剃髪しながら家庭にいる男子を禅定門、略して禅門といい、女子を禅定尼、略して禅尼という。髪を剃って仏門に入った天皇を禅定法皇といい、摂政や関白で剃髪したものを禅定殿下または禅閤《ぜんこう》という。

**ぜんもん-しし-しょうしゅう-ず　禅門師資承襲図**　一巻。詳しくは中華伝心地禅門師資承襲図といい、圭峰後集、宗趣状、餞要などともいう。唐の圭峰宗密の著。成立年不詳。裴休《はいきゅう》の質問に答えて、初唐から中唐代におよぶ禅宗の分派の次第を図示し、さらに各派の宗旨を概説し、批評を加えたもの。牛頭《ごず》宗・北宗・南宗・荷沢宗・洪州宗の五宗について述べ、荷沢宗を達磨の正系とする。早く朝鮮に伝わり、普照国師知訥《ちとつ》がこれを改修して、法集別行録節要并入私記を著わしている。㊫二・一五・五

**ぜんもん-じゅぼさつかい-き　禅門授菩薩戒規**　一巻。禅戒規と略称する。虎関師錬の著（正中二1325）。初めに戒師受者の入場着座の次第位置などを示し、次に羯磨師の敬白文を掲げ、演唱、問遮、発心、懺悔、請聖、三帰、三聚、十重、軽戒、廻向、奉送から成る。栄西の一心戒文和解と共に臨済宗授戒式に関する名著といわれ、現在の授戒法はこれによるところが多い。禅学大系（戒法部）〔参考〕海蔵和尚紀年録二、東福寺誌

**ぜんもん-しょう　禅門章**　一巻。隋の智顗《ちぎ》(538—97)の著。成立年不詳。漸次・不定・円頓の三種止観を次第・非次第・赴縁不定と称してその大意を略説し、さらに一〇科に分けて禅を説いているが、順序よく説明したものでなく、また完結もしていない。記述は六妙門・次第禅門・摩訶止観などと異なっており、次第法門の解説か、法慎のまとめた次第禅門の第一、二巻の別行本であると推定される。㊫一・四・一〔参考〕仏祖統紀二五

**ぜんもん-しょそし-げじゅ　禅門諸祖師偈頌**　四巻。宋の子昇・如祐の共編。成立年不詳。三山開元寺の道永が増補(三人とも伝歴不詳、恐らく南宋頃の人であろう)。禅宗諸祖の偈頌および銘などを主として集めたもの。過去七仏より南岳・馬祖に至る仏祖の伝法偈・三祖の信心銘、洞山の玄中銘・円悟の臨済正宗記など、唐より宋末におよぶ作品八四編を収める。㊫二・二一・五

**ぜんもん-ぞくとう-ろく　禅門続灯録**　⇨建中靖国続灯録《けんちゅうせいこくぞくとうろく》

**ぜんもん-たんれん-せつ　禅門鍛錬説**　一巻。明の雲居《うんご》山真如寺の晦山戒顕(密雲円悟下四世)の著(永暦一五1661)。参禅の心得と工夫のしかたを述べて、禅はあたかも孫武の兵法のように、鍛錬によってはじめて見性に到り得るものであるにもかかわらず、元・明の時代に至ってこの鍛錬法が次第にすたれたのでこの書を作ったという。密雲円悟や、三峰法蔵らの厳しい禅風を賞揚している。堅誓忍苦より謹厳付授に至る一三章に分ける。㊫二・一七・五

**ぜんもん-ほうぞう-ろく　禅門宝蔵録**　三巻。高麗の天頙《てんしゃく》(真覚国師慧堪の嗣)の編(忠烈王一九1293)か。中国と朝鮮の古今の禅書中から、特に教外別伝の道理を説いた章句八五則を選んで、禅宗と教宗との関係を明らかにしたもの。禅教対弁門・諸講帰伏門・君臣崇信門の三編に分け、巻尾に蒙庵居士李混の跋を付している。㊫二・一八・五

**ぜんもん-ようりゃく　禅門要略**　一巻。隋の智顗《ちぎ》(538—97)の著。成立年不詳。初学者のために修禅学慧の次第順序を述べたもの。方便と止観の二門に分け、禅定を修めるのに先立つ二十五方便を示し、道の通塞と心の邪正を論じて十非心を挙げ、次いで正修止観に入って中道の正観を示し、最後に一心三観の礼仏を説く。㊫二・四・一

**ぜんゆ　禅愉**　(—永禄四1561)臨済宗の僧。字は亀年《きねん》。勅号は照天祖鑑国師。

京都の人。幼時、特芳禅傑について得度受戒し、諸山を遍歴した。特に建仁寺の雪領永瑾と月舟寿柱に従い、大休宗休のもとで法を得て妙心寺に住した。〔参考〕本朝高僧伝四四

**せんゆう-じ　仙遊寺**　愛媛県今治市玉川町別所。佐礼山と号し、高野山真言宗。四国八十八カ所第五八番札所。初め千光院と称したと伝える。天智朝662—71に伊予の越智守興が百済救援に従軍して唐軍に捕えられたが、観音の霊威によって帰還し得たのでその報賽として建立したという。長く越智氏の菩提所として栄えたが、次第に衰退した。近世今治藩主によって復興された。

**せんよ　専誉**　(享禄三1530—慶長九1604)真言宗豊山派の派祖。字は宮賢《きゅうけん》。和泉大鳥郡の人。九歳で紀州根来山《ねごろざん》に登り玄誉に師事した。のち退学して唯識・華厳・天台などを学んだ。天正一二年1584玄誉の席を継いで根来山に住したが、翌年豊臣秀吉の来襲によって和泉の国分寺に逃れた。同一五年大和の国守豊臣秀長の請によって長谷寺に住し、小池坊中性院と号し、以後、長谷寺を真言宗新義派の根本道場とした。〔参考〕豊山伝通記

**せんよ-おう　仙予王**　仏陀が前生において王であったときの名。大乗を誹訪した五〇〇人のバラモンを殺したために地獄に生まれたが、大乗の信を発して甘露鼓如来世界に生まれたという。〔参考〕涅槃経一二・一六

**せんら　暹羅**　中国におけるシャム Siam の呼称。インドシナ半島のほぼ中央部にあるタイ王国 Thailand の旧称である。タイ族はもと中国の雲貴高原地域に居住していたが、漢民族に追われて南下し、メナム河、メコン河などの流域に定住、一部の有力なものは、一三世紀にスコータイ Sukhothai 王国を建設した。王朝の第三代ラーマカムヘング Rāmakamheng 大王はスリランカの僧を招請し、上座部仏教の普及につとめた。一四世紀中頃にアユタヤー Ayuthaya 王朝が、一八世紀後半にトンブリ王朝が、一八世紀後半以後にラタナコーシン王朝が出現して現在にいたっている。中国では元時代に暹《せん》はスコータイを、羅斛《らこく》ははじめはロッブリーを、後にはアユタヤーを指す語として知られているが、アユタヤーがスコータイを支配し併合したために暹羅斛《せんらこく》とよばれ、これを略して暹羅《せんら》と称せられ、シャムが一九三九年に国名をタイと改めるときまで、日本でもこの呼び名が用いられた。かの山田長政が活躍したのは、暹羅すなわちアユタヤー時代のソンタム Songtam(1610—28)王の治世である。なおタイ族が国家を建設する以前に、シャムの地にあってはモーン族(Mon)によって七世紀ごろにドヴァーラヴァティー(堕羅鉢底)国が、八世紀ごろにハリプンチャイ国がたてられてインド文化ないし仏教がおこなわれていた。このころシャムの南部を中心にシュリーヴィジャヤ(室利仏逝)国の勢力がおよび大乗仏教が伝播した。また一一、二世紀ごろ東北地区にはクメールの仏教がおこなわれた。しかしながらスコータイ時代以後には、もっぱらパーリ語の三蔵にもとづく上座部仏教が普及し、国王をはじめとして国民の大半は敬虔な仏教徒である。仏教は国家の庇護をうけ、教団の組織は東南アジアのいずれの国におけるよりも整っているといわれている。〔参考〕旧唐書列伝一四七、明史外国伝、満鉄東亜経済調査局編・シャム

**ぜんらい　善来**　㊵スヴァーガタ svāgata の訳。沙竭陀、娑婆掲多と音写する。「よくいらっしゃいました」の意で、歓迎に用いる挨拶の語。南海寄帰伝巻三によれば、主僧が客に対してまず善来といい、客はこれに答えて極善来《ごくぜんらい》(㊵スヴァーガタ susvāgata の訳)というのがさだめであるという。また耶舎《やしゃ》(ヤサ Yasa)の場合、仏が「来たれ比丘《びく》よ(善来比丘)」と言ったことによって具足戒を授けたことになったのでこれを善来得といい(この場合の善来はスヴァーガタの訳ではなく、「来たれ」という意の㊵エーヒ ehi の訳)、十種得戒の縁の一に数える。

**ぜんらい　善来**　仏陀の弟子。㊵スヴァーガタ Svāgata ㊢サーガタ Sāgata の訳。娑竭陀、莎伽多などと音写する。憍賞弥《きょうしょうみ》(コーサンビー Kosambī)国の大長者の

子。不幸にして家産を傾けたが、仏陀の説法を聞き出家した。〔参考〕有部毘奈耶四二

**ぜんらん　善鸞**　（建暦二1212―　）親鸞の嫡男。慈信房と号した。親鸞の帰洛後、関東の同行の間に有念無念や一念多念の論争や造悪無碍・本願誇りの邪義が起こったので、親鸞は善鸞を派遣してこれを正させようとしたが、かえって本願を「しぼめる花」にたとえて異義を主張したので、親鸞は建長八年1256に義絶した。〔参考〕義絶状（専修寺蔵）、血脈文集、御消息集、慕帰絵詞、最須敬重絵詞

**せんりゅうじ　仙竜寺**　愛媛県四国中央市新宮町馬立。真言宗大覚寺派。金光山遍照院と号し、俗に作《さく》大師《だいし》、また三角寺の奥の院ともいう。法道仙人の草創と伝え、空海修行の遺跡という。空海の自作と伝える尊像を安置する。寺号は寛永一五年1638尊性法親王から賜った。

**せんりゅうじ　泉竜寺**　群馬県伊勢崎市柴町。万松山と号し、臨済宗円覚寺派。応永元年1394那波城主大江宗広がもと玉泉寺（真言宗）と称した旧寺を復興し、白崖宝生を請じて現宗に改めた。以来白崖流の本寺となる。

**せんりょう　暹亮**　（貞享三1686―寛延四1751）天台宗園城寺の学頭。字は雲照。諡号は聖無動院。越前の人。一四歳で実照院の暹雄《せんゆう》について得度し、享保二年1717宥盛《ゆうせい》に悉曇《しったん》を学び、舜定を拝して伝法阿闍梨となった。のち円宗院・善法院に住し、寛延二年大僧正に任じられた。〔参考〕聖無動院略譜

**ぜんりんーくしゅう　禅林句集**　二巻。禅林雑句、禅林集句、句双紙ともいう。東陽英朝（1428―1504）の編。経典・祖録をはじめ儒典・詩文などから禅宗で慣用される言辞対句を類従したもの。貞享年間1684―88の頃、阜己が刊行に際し、英朝の集めた五千余句に五百余句を増補し、典拠を註した。〔刊本〕貞享五刊

**ぜんりんーこくほうーき　善隣国宝記**　三巻。瑞渓周鳳の著。日本と中国、朝鮮との交通の記事、および禅教名師の往来の年月、その往返の文書を年次順に集めたもの。上巻には日本の開闢および国名の由来と、垂仁天皇八八年より後小松天皇の明徳二年1392に至る日本と漢・魏・呉・隋・唐・宋・元・百済・新羅・高麗との交通に関する文献を国史や中国の史書から抄録する。中巻は応永五年1398の諭朝鮮書から文明七年1475の遣大明表に至るまでの、日本と明および朝鮮との往復文書を収める。下巻には明から寄贈された財物布帛などの目録および日本から送った刀剣その他の目録を記している。製作年時については、周鳳の没（文明五1473）以後の年時を持つ文書が中巻に収録されており、著者は文正元年1466に脱稿、文明二年追加補筆し、それに後人が増補したもの。続編とみられるものに、作者未詳の続善隣国宝記一巻、続善隣国宝外記一巻、善隣国宝別記一巻がある。続群三〇上、改訂増補史籍集覧二一　〔参考〕日本禅林撰述書目、本朝高僧伝四二、興宗明教禅師行状

**ぜんりんーじ　禅林寺**　①京都市左京区永観堂町。浄土宗西山禅林寺派の総本山。聖衆来迎山無量寿院と号し、俗に、永観堂《えいかんどう》という。斉衡二年855空海の弟子真紹が藤原関雄の山荘を改めて寺とし、河内観心

禅林寺〈永観堂〉（都名所図会）

寺の像を移したのに始まり、貞観五年863定額寺に列して禅林寺の号を賜った。承暦年間1077—81永観が中興し、東南院を建てて長坐念仏を修して以来、念仏の道場となり、文永年間1264—75証空の弟子浄音が住したので、西山派西谷流の本寺となった。応仁の乱で焼失したが明応六年1497勅によって復興され、また元亀三年1572には学席檀林の綸旨を賜って勧学院と号し、後世、東山《とうざん》と称されて、智山・豊山と共に日本三学席といわれた。本尊は「見返りの弥陀」として名高い。〔国宝〕絹本著色山越阿弥陀図、金銅蓮花文磬〔重文〕紙本著色融通念仏縁起、絹本金彩阿弥陀二十五菩薩来迎図、紙本墨書波濤図ほか〔参考〕禅林寺誌　②当麻寺の旧称。⇩当麻寺《たいまでら》

**ぜんりんじ-しゅうえい-そうじょうもくろく　禅林寺宗叡僧正目録**　一巻。成立年不詳。宗叡僧正請来の聖典のうち、常瞿毒女陀羅尼経一巻以下二七部を記しているが、その多くは新書写請来法門など目録中に記されているものと一致する。宗叡請来のすべてを記した目録が別にあって、本目録はそれより抄記したものと思われる。㊅五五、仏全二

**ぜんりん-しょうき-せん　禅林象器箋**　二〇巻。無著道忠の著(寛保元1741自序)。禅宗で用いる用語を典拠をあげながら解説した一種の辞書。語類の広汎なことと解釈の精細なことでほかに例がない。区界・殿堂・坐位・節時・霊像・称呼・職位・身肢・叢軌・礼則・垂説・参請・執務・雑行・罪責・報禱・諷唱・祭供・喪薦・言語・経録・文疏・簿券・図牌・飲啖・服章・唄器・器物・餞財の二九門に分け、掲げる名目は千七百余におよんでいる。巻首に総目・援書目録を収めている。〔自筆本〕京都妙心寺蔵〔刊本〕明治四二1909刊

**ぜんりん-しょくい　禅林職位**　禅宗の寺院では、一寺の主管者を法を持って永住する者という意味で住持《じゅうじ》といい、方丈、堂頭和尚《どうじゅうおしょう》などと呼ぶ。住持の下には諸役僧があって寺務に従い、住持の身辺には侍者《じしゃ》がある。中国では、後秦の頃から寺務を執る役僧として上座(比丘大衆中の最長老)・寺主(堂宇の造営管理などを司る)・維那《いのう》(寺規によって日常の諸事を指図する)の三綱《さんごう》が置かれたが、禅宗の寺院では職務が多般なので六知事・六頭首《ちょうしゅ》などを設ける。知事は法堂《はっとう》の東側に序列する職位の総称で、法堂の西側に序列する職位は総称して頭首という。知事とは事務を執る者の意で、主事、執事ともいい、都寺《つうす》・監寺《かんす》・副寺《ふうす》・維那・典座《てんぞ》・直歳《しっすい》を六知事、都寺を除いて五知事、また監寺・維那・典座・直歳を主事の四員という。都寺《つうす》は都総《つうそう》、都監寺《つうかんす》、都管《つうかん》、庫司《くす》(司は居室を指すが転じてその人をいう。以下同じ)とも呼び、事務を統轄する最上位の人。監寺《かんす》は監院、院主、寺主、院宰、主首、権管とも呼び、都寺の次にあって事務全般を監督する人。副寺は庫頭《くじゅう》、知庫、櫃頭《きじゅう》、財帛、掌財とも呼び、会計出納などを掌る人で、維那の上位にあるのを上副寺、下位にあるのを下副寺と称する。維那は、綱維の維と羯磨陀那《こんまだな》(梵)カルマ・ダーナ karma-dāna授事と訳す)の略である那とを合わせてできた名で、都維那《ついな》ともいう。悦衆と訳され、僧衆の威儀進退を掌る役である。典座は食事や牀座の事を掌り、直歳は営繕耕作などすべての作務《さむ》に関することを掌り、「一年間当番にあたる人」の意であるが、別に任期を一年に限るわけではない。この他、都寺の上位、または都寺の下で監寺の上に都文《つうぶん》(都聞)が置かれることがあり、また庫司、知事以外で会計出納に従う者を提点《ていてん》という。次に頭首とは、かしらだつものの意で、首座《しゅそ》・書記《しょき》・蔵主《ぞうす》・知客《しか》・知浴《ちよく》・知殿《ちでん》を六頭首、知殿を除いて五頭首、また前堂首座・後堂首座・東蔵主・西蔵主・書記は住持に代って小参を行うことがあるから秉払《ひんぽつ》(払子《ほっす》を手にもつ意)の五頭首という。首座は第一座、座元、禅頭《ぜんちょう》、首衆とも呼び、上座と同じ意で、大衆の首位にすわり儀表となる人のこと。僧堂において出入板(僧堂の中央に設けてある聖僧の像の龕《がん》の左右をいう)より以前の大衆を領するのを前堂首座、以後の大衆を領するのを後堂首座といい、前堂首座を最上位とする。日本では、徳川時代以後、前堂首座を前堂、単寮、座元と呼び、後堂

首座を単に首座といったようである。また前堂首座中で名誉徳行のある人を選んで名徳首座、首座頭首以外にすぐれた人を迎えて大衆の指導者にあてるのを立僧首座、他山の住持などの尊宿を迎えて首座にするのを却来《きゃらい》首座という。書記は文書を掌る人で、書状侍者を内史、内記というのに対して、外史、外記ともいい、記室とも呼ぶ。蔵主は知蔵、蔵司、経蔵堂主とも呼んで経蔵に蔵する図書を掌り、知客は典客、典賓、客司とも呼んで外来者に関する事を掌り、知浴は浴主とも呼んで浴室を掌り(浴頭《よくじゅう》はこれに従う行者《あんじゃ》の称)、知殿は殿主とも呼んで仏殿・法堂の香灯などを掌る。以上の六知事、六頭首は仏殿法堂などで法式を修める際に、住持を中央にして左右に並ぶことから、文武両班になぞらえて六知事を東序、六頭首を西序とし、合わせて両序または両班という。ただし黄檗清規には首座・西堂・後堂・堂主・書記・知蔵・知客・知浴・丈侍・監収を西序、都寺・監寺・維那・副寺・典座・直歳・悦衆・客堂・耆旧《ききゅう》・居士《こじ》を東序とする。侍者には、僧堂に安置する聖僧《しょうそう》に仕える聖僧侍者、住持の身辺に仕える方丈侍者があり、方丈侍者のうち、住持の上堂、小参、普説、開室、念誦などに随侍して法語の記録に当たるのを焼香侍者(侍香)、住持の書翰・文書に関する事に当たるのを書状侍者(侍状、内史、内記)、住持の賓客を応接するのを請客《しんか》侍者(侍客)、住持の食事などの世話をするのを湯薬侍者(侍薬)、住持の所有する資財を掌るのを衣鉢《いほ》侍者(侍衣)といい、この五を五侍者、また焼香・書状・請客の三侍者を山門の三大侍者と呼ぶ(一説には巾瓶・応客・書録・衣鉢・茶飯《さけん》・幹弁《かんべん》の六侍者があるともする)。焼香・書状・請客・湯薬の各侍者は法式を修める際に西序の頭首の次に並ぶから立班の小頭首と呼び、また堂頭侍者(方丈侍者)・聖僧侍者・延寿堂主・炉頭・衆寮寮主などを院中の小頭首ということがある。その他、侍者寮(侍司、択木寮)にあって定まった職務に当たらないものを不釐務侍者《ふりんむじしゃ》といい、また秉払侍者《ひんぽつじしゃ》(聖僧侍者が兼ねる)、侍真侍者(亡くなった尊宿の霊に仕える)などもある。以上の諸役のうち、都寺・維那・焼香侍者は要職であるので山門の三大禅師と称する。知事の退職したもの、および時には侍者や蔵主や書状の退職したものをも勤旧《きんきゅう・ごんきゅう》・と呼ぶ。次に寮元をはじめ種々の雑務に従事するものを一般に弁事《ばんず》と呼び、飯頭《はんじゅう》・菜頭《さいじゅう》などを十務という。寮元は衆寮を掌る者で、この下に寮長・寮主(知寮)・副寮・望寮があり、また寮主に属する者を洞脚という。弁事は担当する業務によって、般に何何主、何何頭などといわれ、閣主・塔主(侍真)・延寿堂主(堂主、涅槃堂頭)・飯頭・粥頭・湯頭・茶頭・菜頭・薑頭・醤頭・米頭・麦頭・麻頭・穀頭・園頭(園主ともいい、菜園を掌る。その下に働く人夫を園夫という)・磨頭(磨主)・小頭・火頭・柴頭・炭頭《たんじゅう・とんじゅう》・炉頭・鍋頭・灯頭《てんじゅう》・桶頭・樹頭《じゅじゅう》・鐘頭・浄頭《じんじゅう》(持浄。便所掃除の役)・荘主《しょうす》(都荘《つしょう》ともいい、寺領の管理者。副役を副荘《ふくしょう》、耕作の人夫頭を甲幹・荘甲、人夫を荘佃・荘客・地客という)・監収・都場・都倉・廨院主《げいんしゅ》(購売、接待、官庁の事務に当たる)・街坊《がぼう》化主《けしゅ》(街坊、化主、供養主ともいう。市中に托鉢するもの。粥街坊、米麦街坊、菜街坊、醤街坊など)などがある。また種々の営繕などの作業を担当する所を修造局といい、監作・作頭《さじゅう》がある。また第二座にあって僧衆の被位や衣鉢を看守するのを直堂《じきどう・しっとう》、その月、その日の当番を直月《じきげつ》、直日という。また告香普説の際に新参者の首位にあってこれを率い、儀式の代行などをする儀礼に明るい者を四来の参頭《さんじゅう》、または単に参頭といい、大衆一同が参加する儀式の際には首座がこれにあたる。参頭を輔佐するのを副参、その補欠を望参といい、また三人を一組にしてその首位を小参頭という。なお行者《あんじゃ》の参頭(参頭行者)は行者の首位にあって指揮する者の称で、これとは別である。また、楞厳会に呪を誦える役を楞厳頭《れんげんじゅう》というように、般若頭、華厳頭、経頭《きんじゅう》、弥陀頭などがあり、また官人などが来寺して住持の説法を請うた際に、大衆を代表して住持と問答する者を禅客《ぜんかく》、臨時に問答する者を放禅客《はなちぜんかく》という。また庁事に当たるのを直庁《じきちょう》、夜まわりを巡更、外へ使いするのを専使、かまどの火を掌るのを火客《かかく・こかく》、火佃、火伴《こば》、かごをかくのを轎番《きょうばん》と呼ぶ。また寺院にあって諸役の給仕に従事するものに行者があり、その居所を行堂《あんどう》、行堂の主首を行堂主《あんどうす》、または単に堂主ともいう。行者には得度した者もあるが、まだ得度しない妻帯者もある。その種類はすこぶる多く、参頭行者・副参行者・執局行者(方丈行者、六局行者などの総称)・庫司行者(都寺に従う)・堂司行者《どうすあんじゃ》(維那に従う)・庫子(副寺寮《ふうずりょう》の行者)・客頭行者《かじゅうあんじゃ》・茶頭行者《さじゅうあんじゃ》・喝食行者《かっしきあんじゃ》(食事の時に喫食とその湯・香・飯などの名を唱えて知らせる者。喝は唱の意)・供頭行者《きょうじゅうあんじゃ》(食事を配る者、供過行者)・直殿行者・衆寮行者・門頭行者《もんじゅうあんじゃ》などがあり、また年少の行者を童行《ずんなん》、道者、童侍、僧童などと呼び、あるいは駆烏沙弥《くうしゃみ》、沙喝《しゃかつ》(食事の時の案内役、すなわち喝食の任にあたる沙弥の意)、聴叫《ちんきょう》などとも称する。また、行者に類する者に浄人(苦行)があり、剃髪しないままで僧に給使する者をいう。

**ぜんりん-しょご-こうしょう　禅林疏語考証**　四巻。明の永覚元賢の著。成立年不詳。元賢が長く書記の職にある間に作った禅林疏語を、超然が逐語的に考証し、註解を加えたもの。疏とは禅林で用いる書状のことで、中国の俗礼に応じて歳時の行事に際して書かれ、内外の学問・文章に通じた者でなければ読解が不可能であったので、この書はいわば疏語の手本として集められたものである。㊇二・一七・五

**ぜんりん-そうぼう-でん　禅林僧宝伝**　三〇巻。北宋の覚範慧洪の著(宣和五1123)。禅宗の史伝の一。達観曇頴《どんえい》の五家伝の後を受けて、唐末より北宋にかけての禅僧、曹山本寂・雲門文偃《ぶんえん》以下八一人を選んで、略伝と機縁の語句を収録し、司馬遷の史記にならって、一章ごとに賛を付したもの(石門文字禅二三に自序がある)。一説に、はじめ百禅師伝と名づけて一〇〇人の伝を収めたが、大慧がその中から一九人を除いて八一人に減じたともいう(山庵雑録上)。現存のものは巻首に、宣和六年の長沙侯延慶の禅林僧宝伝引があり、次いで南宋の宝慶三年1227の臨川張宏の重刻の序、明の洪武六年1373の戴良の重刊序を載せ、また巻末に舟峰庵慶老(大慧の嗣で南宋の紹興一三年1143没)が、五祖法演ほか三師の伝を補い、さらに虚堂《きどう》智愚と偃渓広聞《えんけいこうもん》の付跋、わが国の永仁三年1295の鏡堂覚円の重刊跋などを添える。本書の立伝態度を批判是正しようとしたものに、南宋の祖琇の僧宝正続伝七巻があり、本書を継承して後の時代におよんだものに清の自融の南宋元明禅林僧宝伝一五巻がある。㊇二乙・一〇・三

**ぜんりん-ほうくん　禅林宝訓**　四巻。禅門宝訓ともいう。南宋の大慧宗杲《そうこう》と竹庵士珪《しけい》の編。のちに沙門浄善が増補改修した(淳熙年間1174—89)。禅学の入門書の一で古来の先哲の遺著のなかから、参禅修道者の訓戒となる垂示の語句や機縁など三百余篇を選び、一々その出拠を明記する。刊本の相違によって内容に多少の異同がある。㊅四八

**ぜんりん-るいじゅう　禅林類聚**　二〇巻。元の天寧万寿寺善俊・智境・道泰の共編(大徳一一1307)。禅宗の公案と拈頌《ねんじゅ》(宗旨の真意を簡潔にあらわす詩)の最も総合的な集大成の書。五灯録および各種の語録中より則を選び、一々原典によって本文を刪定し、その内容によってこれを帝王・宰臣・儒士以下一〇二門に分類し、検索の便を計る(但し内に九〇一則は重出)。刊本としては、わが国の延宝三年1675に卍元《まんげん》師蛮が全篇にわたって校訂と訓点を付したものが最も流布した。別に禅林抜類聚四巻があるが、本書の抄略本である。この抜類聚に基づいて註釈を加えたものに、撮要鈔(一名は則鈔)四巻がある。㊇二・二二・一

# そ

**そあん　素安**　(正応五1292—延文五

1360)臨済宗の僧。字は了堂。諡号は本覚禅師。筑前博多の人。一三歳で同国の保寧寺に参禅し、畠山国清らの帰依をうけ、相模の法泉寺や伊豆の吉祥寺を開創。のち建長寺・寿福寺に歴住した。〔参考〕延宝伝灯録一六、本朝高僧伝二六

**そいち　祖一**　（文永一一 1274—延文二 1357)臨済宗の僧。字は峰翁《ぶおう》。諡号は正宗大暁禅師。二四歳の時、南浦紹明に参じ、さらに京都に上って宗峰妙超に謁した。のち美濃大覚寺の開山となった。〔参考〕延宝伝灯録二〇、本朝高僧伝二五

**そう　相**　㊵ラクシャナ lakṣaṇa の訳。しるし、特徴、特性、または状態、様相、形相などの意。時には後者の意味で、体(本体)・用《ゆう》(はたらき、作用)に対して、見られたり識られたりするもののすがたを意味する。そのもの自体だけが有する相を自相、他にも共通する相を共相《ぐうそう》という(自相はまた自性《じしょう》即ち体と同義にも用いられる)。その他、総相(総括的総体的な大体の相)と別相(差別された部分的特殊的な相)、同相と異相などの二相に分け、因明《いんみょう》(論理学)では因の三相を説く。有為法《ういほう》の相を有為相といい、これに生《しょう》・住・異・滅の四相の別があり、華厳宗では六相円融の説を立てる。

**そう　想**　㊵サンジュニャー saṃjñā の訳。僧若と音写する。心所《しんじょ》(心のはたらき)の名。五蘊の一。倶舎宗《くしゃしゅう》では十大地法の一。唯識宗では五遍行《へんぎょう》の一。対境のすがた(像)を心の上にとり込んで構画する精神作用。表象または知覚にあたり、受(印象感覚)の次に起こるとされる。これを、所依の根に眼《げん》・耳《に》・鼻・舌・身・意の六があるのに随って眼触所生《げんそくしょしょう》の想から意触所生の想までの六想(六想身ともいう。身は複数を表わす)とし、また、所縁の境に小・大・無量の別があるのによって小想・大想・無量想の三想とする。欲想(貪欲想)・瞋想《しんそう》(瞋恚想)・害想(殺害想)の三想は、三不善想、三悪想とも称し、貪・瞋(怒ること)・害(危害を加えようとすること)の三種の煩悩《ぼんのう》と相応する想である。出離想・不恚想《ふいそう》・不害想の三想は三善想とも称し、三不善想の逆である。また想を観想の意味に用いて、人品般若経巻一などには無常想などの十想を説き、往生要集巻中には念仏を修めるときに帰命想《きみょうそう》(仏に帰依するおもい)・引摂想《いんじょうそう》(仏に引かれ導かれるおもい)・往生想(浄土に往生したおもい)の三想に住することを説く。

**そう　葬**　屍をかくしおさめる意。死者をほうむることをいい、その儀式を葬式、葬儀、葬送、葬礼、送終、送亡、「とむらい」などという。①インドでは古来、土葬・棄葬・火葬・曝葬などの方法を用いたことはアタルヴァ・ヴェーダ(Atharva-veda)巻一八に見え、仏教では、有部毘奈耶雑事巻一八に、比丘が死んだ場合は火葬〈⇩茶毘《だび》〉にするが、もしできないときは水葬(河に流す)・土葬(土に埋める)・野葬(山野に置く)にせよとあり、この四を四葬という。このうち野葬は林葬ともいい、また林葬を別に数えて五葬とする。儀礼については、長阿含経巻三などには仏の遺骸を転輪聖王の葬法にならって荼毘したことを伝え、浄飯王般涅槃経には仏が自ら香炉を手にして浄飯王の遺骸の前にすすんだことを伝えるなど、これを重視したようであり、西域記巻二、南海寄帰伝巻二などにも比丘の葬法を伝えている。②中国ではもと主として土葬を行い、儒教では冠婚葬祭を大礼としたところからその儀礼を厚くし、棺槨(ひつぎ)に屍をいれて埋め、遺族は一定期間喪《も》に服する(服喪、服忌)のを常とし、法律によってその儀礼を定めたり、あるいは厚葬を禁じたりしたこともある。仏教の影響などにより火葬も行われたようで、禅宗の葬法には荼毘(火葬)と全身入塔(土葬)との両方を伝えるが、儒教からは火葬は孝に背く非礼であるとされた。僧侶の葬法については釈氏要覧巻下や勅修清規巻三などにその儀礼を伝えており、また一般の風習としては死後の世界を司るものに財物を贈って死者の苦しみを軽くする意から紙銭《しせん》(陰銭、寓銭)を焚き、哀悼の意を表する意から人を雇って泣きさけばせるなどのことが行われた。③日本では古来主として土葬が行われたようで、殉死などの風習もあったが、仏教の伝来と共に火葬も行われるようになった。平安時代

には火葬場が設けられて三昧場《さんまいじょう》(三昧所、三昧)と呼ばれ、畿内に五三昧場を設けたことを伝えるが、時代によって場所なども異動し、また一の三昧場を五三昧といったこともある〈⇩三昧《さんまい》⑥〉。儀式については時代と共に変遷があり、鎌倉時代に禅宗が伝わってからは旧来の葬法の他にその風習にならうことも行われ、室町時代には一般士庶の間においても、墓所などに葬場殿を設け、青竹や枝などで四方を囲みめぐらし、四面には発心《ほっしん》(東)・修行《しゅぎょう》(南)・菩提《ぼだい》(西)・涅槃《ねはん》(北)の四門、中央の火屋の東西には等覚・妙覚の二門を設けて、僧衆は棺と共に発心門から入って修行門へ出て、まわりを一めぐりし、次に修行門から入って菩提門へ出るというように三めぐりし、終って涅槃門から入り、最後に火屋の等覚門から入って棺を中央の台上に置き、下炬して火葬に付する意をあらわす。現今ではあこ(下火《あこ》・秉炬《ひんこ》ともいい、導師が炬を持っさがらを炬になぞらえる)、念誦などを修めるのを例とし、後世には略して四角の屋形を造り、四方に門を設けて額を懸け、中に棺を置いて、葬所まで運ぶようになった。禅宗の葬法は僧堂清規巻五によると、一寺の住持が亡くなれば、法縁または隣山の尊宿を主喪とし、その他種々の役を定めて、入龕《にゅうがん》・移龕《いがん》・銷龕《きがん》・掛真《かしん》・対霊小参《たいれいしょうさん》・起龕《きがん》・奠茶《てんちゃ》・奠湯《てんとう》・秉炬《ひんこ》の九仏事を行うが、掛真と小参とを略して七仏事、さらに入龕と銷龕とを略して五仏事とすることもあり、平僧・檀越などの場合は適宜省略する。また檀越の葬儀には下炬の際に引導《いんどう》(死者を済度するために導師が棺の前に立って法語を唱える)を授け、土葬の場合は下炬の代りに撒土の儀式があって、鋤になぞらえた形のものを用いて引導を渡す。江戸時代には宗教政策上、特定のもの以外はすべて仏式により葬儀を行うように定められ、明治以後は各宗教でそれぞれ儀式が行われた。現今の葬法の一例をあげると、死者があるとただちに僧を迎えて枕前で読経を請い(枕経《まくらぎょう》)、近親が集まって鬚髪を剃って身を洗い(湯灌《ゆかん》)、経帷子《きょうかたびら》(仏名・経文・陀羅尼などを書いて屍骸に着せる衣服)を着せ、生前愛好の器物などを添えて棺に納め、祭檀を設けて棺を安置し、香華灯燭や供物を供え、華には仏陀入滅のときの沙羅双樹の四枯四栄になぞらえて紙で作った紙華《しか》(沙羅華《しゃらけ》)を用い、夜を徹して棺前に集まり読経する(通夜《つや》・夜伽《よとぎ》)。喪日には棺を輿に載せ、出棺の際に門前で門経《かどぎょう》を読んで戸外に出て、輿を中心に前列には提灯、幡、華籠、銘旗、僧侶、供物、閼伽《あか》、霊供など、後列には喪主、近親、会葬者などが加わって葬場に赴く。葬場では四門をめぐるなど前述のことを行って火葬または土葬にする。なお葬場に赴く際に路次念仏をとなえ、或いは途中で白扇、草鞋などを捨てる風習もあり、また葬後三日目に墓参するのを覆墓という。

**ぞう　蔵**　(梵)ピタカpiṭakaの訳で、容器、穀倉、籠、暗記されたものなどを意味する。従って仏教経典を類別して収蔵する意味から、経・律・論の三蔵が分けられ、また四蔵・五蔵・八蔵などに分けることもある。経量部は経蔵と律蔵との二蔵を立てたとされるが、また教相判釈の一つとして声聞蔵《しょうもんぞう》(小乗教・半字教)・菩薩蔵《ぼさつぞう》(大乗教・満字教)の二蔵を立てることがある。

**ぞう-あびどんしん-ろん　雑阿毘曇心論**　一一巻。雑心論と略称する。法救(ダルマトラータ Dharmatrāta)の造。劉宋の僧伽跋摩《そうぎゃばつま》らの訳(元嘉一一〔434〕頃)。大毘婆沙論の綱要書として法勝(ダルマシュリ－Dharmaśrī)の造った阿毘曇心論を増補したもの。六〇〇偈の本頌に釈論を付し、序・界・行・業・使・賢聖・智・定・修多羅・雑・択・論の一一品に分けて、説一切有部の教説のほぼ全体にわたって組織的に説き、倶舎論の先駆となったとされる。中国においては、玄奘以前の毘曇宗の中心的論書であった。中国で多くの釈疏がつくられたが、すべて散失した。(大)二八、国一 毘曇部二〇・二一

**そうあみ　相阿弥**　(　—大永五〔1525〕)室町時代の絵師。名は真相。別号に鑑岳、松雪斎がある。祖父能阿弥・父芸阿弥とあいついで足利義政に仕え同朋衆となった。画は山水人物花鳥をよくし、その法を周文にうけ、牧谿《もっけい》の筆意を慕い、墨色の濃淡を

もって筆をふるったというが、画家としての実体は不明な点が多い。作庭にも通じ、大徳寺大仙院の枯山水庭園ほかの庭を作ったと伝える。詩・和歌・香・茶にも通じ、香では相阿弥流の祖といわれる。また古今の書画器物の鑑定にすぐれていた。〔参考〕野史、鑒定便覧、茶人系伝全集、扶桑画人伝、本朝画史

**そうあん-しゅう　草庵集**　一〇巻。頓阿(1289—1372)の家集。延文四年1359頃の成立か。頓阿は、兼好らと共に当時の和歌四天王の一人に数えられた。歌は平明流暢でよく二条派の特色を示している。本書には続集(貞治五1366成立か)が五巻あって、その雑体の部には連歌百韻をのせてある。正続合わせて歌は約二千首。国歌大系一四〔刊本〕承応二1653刊、寛文四1664刊〔参考〕香川宣阿・草庵集蒙諺求解、桜井元茂・草庵集難註、本居宣長・草庵集玉篇

**そうい　宗頤**　(永和二1376—長禄二1458)臨済宗の僧。字は養叟《ようそう》。京都の人。幼くして東福寺に入り、のち諸方を遊歴して、近江禅興庵の華叟《かそう》宗曇《そうどん》の法を嗣いだ。文安二年1445大徳寺を董し、のち徳禅院に住したが、再び大徳寺の主となり、享徳二年1453和泉陽春庵に隠居した。長禄元年1457後花園天皇に召されて禅要を説き、宗慧大照禅師の号を賜った。〔参考〕特賜宗慧大照禅師行状、延宝伝灯録二九、本朝高僧伝四一

**そうい　僧位**　僧尼の位階。日本にだけある制度で、智徳や年臈によって叙する。すでに奈良時代以前の文献に大法師・法師位などの名が見えるが、奈良時代に入って体系化され、天平宝字四年760良弁・慈訓らが四位十三階の制定を奏したのに対し、朝廷は大法師位・伝灯法師位・伝灯満位・伝灯住位・伝灯入位・修行法師位・修行満位・修行住位・修行入位の二色九階をさだめ、のち一般の官位に準じて、大法師位を三位相当、法師位を四位相当というように対配した(延暦一七798治部省解)。平安時代初期以後、修行により位を授けられる者が少なかったので修行位は廃絶し伝灯位だけが残ったが、これは僧綱と凡僧との区別なく授けられたので、貞観六年864東寺真雅の奏により僧綱のための僧位として新たに三階を加え、法印大和上位(僧正位)・法眼和上位(僧都位)・法橋上人位(律師位)・伝灯大法師位・伝灯法師位・伝灯満位・伝灯住位・伝灯入位の八位とし、元慶八年884法印大和尚位を従二位に相当させた。僧位の授与は延喜式の僧綱位記式・僧尼位記式のさだめに従い厳重に行われたが、のちには専ら宣旨によって叙任され、また位階だけで職掌のない官吏を散位と称したので、僧綱以外の者が法印・法眼・法橋に叙せられた場合を散位の僧綱といった。仏師や絵師にも僧位が授けられるようになり、江戸時代には各宗で叙位奏請の規定が異なり、また医師や連歌師にまで与えられた。明治六年1873僧位の制が廃されたが、各宗でこの称を残す所もある。なお称徳天皇が天平神護二年766に道鏡らを法王・法臣・法参議に叙したが、これは僧位か否か詳かでない。⇩僧綱《そうごう》

**そういん　宗因**　①(嘉暦元1326—応永一七1410)臨済宗の僧。字は無因。尾張の人。初め可翁宗然に従い、一七歳で人僧となる。授翁宗弼が妙心寺の主となった時、随って同寺に住した。のち出雲の太守波多野重通が妙心寺内に退蔵院を建てて彼をその第一世とした。〔参考〕妙心寺六祖伝、本朝高僧伝三八　②(慶長一〇1605—天和二1682)連歌師・俳人。一幽、西翁、梅翁などと号する。俗称は西山豊一。肥後の人。同国松江城の城代加藤正方の臣。主の失脚により京都に出て、連歌を里村昌琢に学び、剃髪して仏門に入った。俳諧は談林の新風を樹立、その総帥と仰がれた。門人に高政・西鶴らがいる。晩年、俳諧の乱脈をなげき、連歌を専らにしたとも伝える。著書、天満千句、釈教百韻、梅翁宗因発句集一巻。

**そううん　宋雲**　北魏代の入竺者。敦煌(甘粛省)の人。神亀元年518(或いは熙平元年516)慧生と共に西域に赴き、インドに入って仏跡を巡拝した。正光三年521(或いは同三年)大乗経典の梵本一七〇部余を洛陽にもたらしたという。なお、景徳伝灯録巻三には、宋雲が葱嶺《そうれい》(パミール)で菩提達磨《ぼだいだるま》に会ったという伝説を伝えている。〔参考〕北魏僧恵生使西域記、洛陽伽藍記五

**ぞううん　増吽**　(貞治五1366—享徳元

1452）真言宗の僧。讃岐大内郡与田郷の安芸盛正の子。薬師院（与田寺、現香川県東かがわ市大内）の増恵の弟子となり得度。竜得坊増吽と号す。高野山・京都で宗乗を修めたが、増恵の病により帰郷。師の没後、薬師院の住職となる。後小松天皇の信任が厚く、元永一九年1412権僧正に任じられ、住寺に虚空蔵院の院号と勅願所の宣旨を賜る。その後、四国・山陽の古寺の復興に尽力し、讃岐仁尾の覚成院、小豆島の吉祥寺、備前の瑜伽山蓮台寺などを中興した。絵画・彫刻に長じ、四国・山陽に遺作が多いが、なかでも十二天版木（与田寺蔵）、大般若経（現香川県東かがわ市白鳥の若王寺蔵）などが著名。臨終地には与田寺裏山の三社遙拝所で昇天したという説と、備前玉野の無動院で入定したという説などがある。

**そううん-じ　早雲寺**　神奈川県足柄下郡箱根町湯本。金湯山と号し、臨済宗大徳寺派。大永元年1521北条氏綱が亡父早雲の遺命により、真覚寺跡に大徳寺を模して創建、大徳寺宗清以天を開山とした。天文一一年1542勅願寺となったが、その後、北条氏の滅亡とともに衰退。慶安元年1648徳川家光により再建された。〔重文〕絹本淡彩北条早雲像、織物張文台及硯箱　〔参考〕新編相模風土記稿二二

**そうえい　僧叡**　①生没年不詳。後秦代の鳩摩羅什《くまらじゅう》の弟子。魏郡長楽の人。一八歳のとき僧賢の弟子となり、道安にも師事したが、のちに羅什の門に入り三論を学び、関中四聖の一に数えられ、僧肇《そうじょう》らと共に羅什の訳経に参与した。六七歳で没した。以上は高僧伝によるが、出三蔵記集に収める僧叡作の多くの経序によれば初め釈道安の弟子であったことは明らかである。また高僧伝七のなかで慧叡と言われている者も、実は僧叡と同一人でないかとの疑問があり、それに従えば、北宋の元嘉一三年436に八五歳で没したことになる。〔参考〕高僧伝六、出三蔵記集五　②（宝暦一二1762―文政九1826）浄土真宗本願寺派の学僧。石泉、鷹城《たかじょう》と号する。安芸真教寺に生まれ、従兄大瀛《だいえい》と共に慧雲に師事し、二八歳で聖人伝絵を講じた。特に行信論において一機軸を発揮し、その学系を石泉派という。明治四四年1911勝解院の号、並びに勧学を追贈された。著書、聖人伝絵私記一巻、本典随聞記六三巻、文類述聞八巻、三帖和讃観海篇八巻など。〔参考〕本願寺派学事史

**そうえん　僧淵**　（東晋の義熙一〇414―北魏の太和五481）北魏の僧。姓は趙氏。潁州の人。白塔寺で鳩摩羅什の弟子の僧嵩より成実・毘曇を学んだ。弟子に曇度・慧記・道登などこの時代の著名な学者がある。〔参考〕高僧伝八

**ぞうえん　雑縁**　①四念処観で、身受心法の四つのうち二つ以上をまじえて対象とすること。②浄土教で、念仏をさまたげるさわりのこと。

**そうおう　相応**　(梵)サンプラユクタsamprayuktaの訳。等しく和合する意。法と法とが相互にあい和し離れない関係にあること。特に心と心所《しんじょ》との間の関係についていうことが多い。六因のうちの相応因はこれであり、倶舎論巻六に五義平等を相応と名づけるとするのもこれである。雑集論巻五には、あい離れない（不相離）、和合する（和合）、あつまる（聚集）、同時に生じ同時に滅する（倶有《くう》）、目的を同じくする（所作）、心と心所とが一つの対象に対してひとしくはたらく（同行）の六種相応を説く。このうちで前の五は主として色法《しきほう》（物質）についていうもの。この外、函《はこ》と蓋《ふた》と一致するのを函蓋相応、教えを受ける者（機）と教えとが一致するのを機教相応という。

**そうおう　相応**　（天長八831―延喜一八918）近江の人。姓は櫟井氏。世に建立《こんりゅう》大師と呼ぶ。承和一二年845鎮操に師事して叡山に登り、円仁から教観を学んだ。しばしば宮中で修法を行じ、貞観五年863等身の不動明王像を彫り、同七年これを安置して葛川《かずらがわ》に無動寺（明王院）をひらいた。翌年朝廷に奏して最澄・円仁に伝教・慈覚大師号を賜る。のち相応は内供奉に任じられた。宇多・醍醐両帝の信任があつかった。叡山の回峰行の創始者といわれる。〔参考〕日本高僧伝要文抄二、天台南山無動寺建立和尚伝、拾遺往生伝下、本朝高僧伝四七

**そうおう-じ　相応寺**　福島県安達郡大玉村玉井。安達太良山遍明院と号し、新義

真言宗。大同二年807徳一の創建と伝え、もと眉岳《びがく》にあったが炎上し、宝徳四年1452亀山里に移し、さらに永禄三年1560実弁が現地に移した。寺内に嘉元三年1305建立の古碑がある。

**そうおう-しん　相応心〔不相応心〕**　煩悩《ぼんのう》と密接に結びついてはたらく心を相応心といい、そうでない心を不相応心という。般若流支訳の唯識論では、迷妄の識は相応心であり、真如《しんにょ》(宇宙の根本理体)そのものである自性清浄心《じしょうしょうじょうしん》(根本識)は不相応心であるとする。大乗起信論では妄執分別《もうしゅうふんべつ》の粗雑な心は相応心であり、阿梨耶識《ありやしき》は自性清浄心と無明《むみょう》とが和合して一つになってしまっているから、二つが相応するということがなく、従って不相応心であるとする。⇩相応《そうおう》

**そうおん　僧音**　(宝暦九1759—天保一三1842)浄土真宗本願寺派の学僧。字は響流《こうる》のちに興隆。諱は恵音のちに僧音と改めた。越後の人。文政一一年1828司教、次いで勧学職に任じられた。行信論に詳しく僧叡と並び称された。著書、大無量寿経文天録一〇巻、大無量寿経四十八願聴記二巻、教行信証徴決一八巻など。

**そうおん　僧温**　(天明八1788—明治二1869)浄土真宗本願寺派の学僧。字は慧麟《えりん》。舟阜老人と号し、等寿院と諡された。越後の人。文政六年1823正念寺に入り僧朗の法を嗣ぐ。学林に学び天保一二年1841勧学職にすすむ。当時、正念寺には僧音(興隆)・僧朗・僧温(慧麟)の三人の勧学がいたので三葉勧学と称した。多くの講録がある。〔参考〕三葉勧学事蹟、学苑談叢

**そうおん　僧遠**　(東晋の義熙一〇414—南斉の永明二484)劉宋代の僧。渤海重合(山東省臨淄県)の人。道慧に師事し、劉宋の大明年間457—64南に渡って彭城寺に住したが、のち小山の法瑤らと共に新安寺に迎えられ、南斉の文恵太子・文宣王らに重んじられた。上定林寺で没した。〔参考〕高僧伝八

**ぞうが　増賀**　(延喜一七917—長保五1003)参議橘恒平の子。一〇歳で比叡山に上って良源の侍童となる。得度受戒して一二年間籠山の制を守り修行の功を積んだが、あるとき母を訪ねて名利を戒められてから、奇行を演じて世俗に迎合するのを避けた。応和三年963大和の多武峯《とうのみね》に隠棲し、専ら止観の行につとめ宗典を講じ、四季に法華三昧を修した。徳を慕って集まるものが多く、如覚・仁賀らはその弟子である。〔参考〕増賀上人行業記、多武峯縁起、私聚百因縁集八、本朝高僧伝九

**そうか-がっかい　創価学会**　本部、東京都新宿区信濃町。日蓮正宗所属の宗教団体。昭和五年1930牧口常三郎が創価教育学会として創設、同二一年戸田城聖(城外・城正)が継承し現名に改名。同三〇年代に他宗教を邪教とする折伏戦と政教一致路線によって急激に発展。同三九年三代会長池田大作により宗教的政党の公明党を結成した。政界進出と行動力を発揮し、現在は国内最大の新宗教団体に成長した。

**そうかふら-こく　僧訶補羅国**　(梵)シンハプラ Siṃhapura の音写。北インドにあった古国。玄奘が訪れた時には迦湿弥羅《かしみら》(カーシュミーラ Kāśmīra)国に属していた。都城の近くに阿育(アショーカ Aśoka)王が建てたといわれる塔や、ジャイナ教の教祖が成道後はじめて説法したという旧跡があったと伝える。また薩埵《さった》王子が飢えた虎に自分の体を与えたという本生話の遺跡もあり、多くの塔や伽藍があって大乗仏教が学ばれていたという。〔参考〕西域記三

**そうかん　宗関**　(天文一五1546—元和七1621)曹洞宗の僧。字は門庵。駿河の人。出家して朴堂《ぼくどう》・韓嶺《かんれい》・建全寅に参じ、永平寺に出世した。のち江戸泉岳寺の開山となる。〔参考〕日本洞上聯灯録一

**そうかん　宗鑑**　(寛正六1465?—天文二二1553)連歌師・俳人。近江の人。幼年より足利義尚に仕えて恩顧をうけたが、義尚の陣没を機に剃髪、山城の山崎に隠棲、のち讃岐に遊び、留まること二十余年、同地で没した。連歌の余興であった俳諧を重んじ、新撰犬筑波集をえらんだ。内容に放縦卑猥にわたるところもあるが、俳諧独立に大いに寄与した。

**そうかん-そうふく-き　僧官僧服記**　一巻。実観の述、孝周の録。成立年不詳。

僧官・僧位・僧綱・凡僧・内職・非職の別・初任例・官位相当などを記している。仏全七四

**そうかん-ぶにん　僧官補任**　一巻。著者不詳。僧官補任の次第を類聚配列したもの。即ち天台座主・宝幢院検校・楞厳院検校・無動寺検校・天王寺別当・熊野三山検校・園城寺長吏・平等院法務・興福寺別当の叙任年月と没年代を記し、往々にして在職年間および本所在の寺名をも併記して、巻末には大師号・菩薩号・諡号・和尚号などの初例を記している。現存本は、永正年間1504―21の初め頃までに一応とととのっていたものに補筆したもの。補筆者は現存本を筆写した禅慶らしい。群書四

**そうき　宗規**　(弘安八 1285―康安元 1361)臨済宗の僧。字は月堂。号は水月老人。筑前大宰府の人。初め律および密教を学んだが、のち京都に上り禅宗に帰して、万寿寺に住した。崇福寺・聖福寺に歴住した。〔参考〕延宝伝灯録二〇、本朝高僧伝二九

**そうき　宗熙**　①生没年不詳。室町時代の臨済宗の僧。釣船《ちょうせん》と号した。美濃鵜沼の人。妙心寺義天に師事し、のち竜安寺に請じられたが寺を出て郷里に草庵を営み、般若房と名づけた。晩年、竜安寺特芳禅傑に招かれ、多福庵に住した。②(応永一六 1409―明応五 1496)臨済宗の僧。字は春浦《しゅんぽ》ん。播磨の人。乾心《かんしん》について得度し、大徳寺の養叟宗頤に参じて衣鉢を嗣ぐ。寛正二年1461大徳寺に出世し、ついで妙雲院(のちの養徳院)に住した。応仁の乱を避けて摂津・和泉に赴き、乱後請われて大徳寺を復興した。文明一三年1481伏見に清泉精舎を建て、ついで大徳寺山内に松源院を構えた。後土御門天皇から正続大宗禅師の号を賜る。〔参考〕本朝高僧伝四二、大宗禅師行状(続群九下)

**そうぎ　宗祇**　(応永二八 1421―文亀二 1502)連歌師。自然斎、見外斎、種玉庵と号した。紀伊の人(一説に近江の人とも)。若くして律僧となったが、三〇歳頃から連歌に志して宗砌《そうぜい》・心敬・専順らに師事し、東常縁《とうのつねのり》から和歌古典を、僧竜統正宗から漢詩を、吉田兼倶から神道を学んだ。全国各地を歴遊し、長享二年1488水無瀬三吟百韻を出して北野会所花下宗匠となり、明応四年1495には新撰莵玖波《つくば》集を編んで勅撰に準ぜられた。連歌論に吾妻問答《あづまもんどう》、長六文《ちょうろくぶみ》、連歌集に竹林抄、自選の句集に萱草《わすれぐさ》、老葉《わくらば》、下草、紀行文集に白河紀行、筑紫道記があり、また自然斎発句集、宗祇法師歌集もある。古典の註釈には古今集再度聞書、古今集古聞、伊勢物語肖聞抄、山口抄、源氏物語一葉抄、源氏物語弄花抄、万葉抄、百人一首聞書などの著書がある。〔参考〕後鑑二六六、野史二六一、扶桑隠逸伝下

**ぞうき　増基**　①(天暦年間947―57頃)歌僧。比叡に住んだともいわれる。歌は後撰集・後拾遺集など九の勅撰集にみえている。紀行文「いほぬし」一巻がある。しかしこれは同名異人の作ともいわれる。②(弘安五 1282―観応三 1352)関白鷹司基忠の子。実相院の法主。覚助・浄雅に教えを受ける。花園・後醍醐・光厳・光明・崇光五代の護持僧。大僧正に至る。〔参考〕常楽記、諸門跡譜

**そうぎ-もつ　僧祇物**　僧祇は㈵サーンギカ sāṃghika の音写。また僧伽物《そうぎやもつ》、僧物ともいう。僧伽、即ち比丘《びく》・比丘尼の集団(出家教団、僧団)に属するすべての物質のこと。これに、四方僧物(招提《しょうだい》僧物、十方僧物、常住僧物ともいい、すべての比丘・比丘尼が共に用いるべき教団の共有物。寺舎・田園など)と現前僧物(現実に目の前に見える比丘・比丘尼の集団、すなわち生活共同体をなしている特定の僧団(現前僧)が用いるべきもの。すなわち施主から現前僧に施与された衣食や、亡比丘の遺物など)の二種僧物があり、四方僧物を現前僧が勝手に処分することは許されない。また常住常住物(寺舎・田園など)・十方常住物(大衆に供するための餅飯など)・現前現前物(現前僧に施与されたもの、各自の私物)・十方現前物(十方の僧に分けるべき亡比丘の遺物)の四種僧物に分けることもある。(四分律行事鈔巻中)

**そうぎゃ　僧伽**　㈵サンガ saṃgha の音写。略して僧といい、和、衆《しゅ》と訳す。和合の意。それ故に和合衆、和合僧、海衆(衆僧が和合することを海水が一味であることに喩えて海という)ともいい、また梵語と漢

語とを並べて僧侶ともいう。三宝の一で、仏法を信じて仏道を行う人々の集団をいう。普通は出家の比丘《びく》・比丘尼・沙弥《しゃみ》・沙弥尼についていい、これを四衆《ししゅ》と称するが、広義においては在家をも含めた仏教教団の全体(七衆)を指すと考えてもよい。また比丘僧伽と比丘尼僧伽とを合わせて両僧伽といい、二部衆、二衆ともいう。この場合、観念的に四方の一切の比丘・比丘尼を含めて考えればこれを四方僧伽といい、現実に目の前に見る比丘・比丘尼の集団を指して現前僧伽という。現前僧伽は必ず四人以上とされる。これは羯磨《こんま》(戒律の作法)を行い得る最小数であって、それ以下は単に群と呼ぶ。中国や日本では一人の比丘・比丘尼をも僧、僧侶といい、特に比丘のみを僧といって比丘尼と合わせて僧尼とも称する。また声聞僧《しょうもんぞう》の他に菩薩《ぼさつ》も僧と称されることがある。大智度論巻三には、唖羊僧《あようそう》(愚かで善悪さえわきまえない僧)・無羞僧《むしゅうそう》(無慚愧僧、無恥僧ともいう。恥じない破戒僧)・有羞僧(戒律を持ち道を修め犯した罪を悔いる僧)・真実僧(見道以上の聖者)の四種の僧を説き、顕宗論巻二〇には、無恥僧・唖羊僧・朋党僧(党を組んで他と争う僧)・世俗僧(有羞僧に当たる。善である凡夫《ぼんぷ》)・真実僧の五種の僧を説く。唖羊僧を略して羊僧《ようそう》ともいい、比丘が自分のことをへり下っていうときに用いる。

**そうぎゃ 僧伽** (貞観二 628—景竜四 710)唐代初期の神異僧。泗州大聖と称し、澄聖大師と諡する。姓は何氏。何国《かこく》(中央アジア康居付近)の人。竜朔元年 661 泗州臨淮《ししゅうりんわい》(安徽省泗県東南)で、普光王仏を祭って俗信を集め、観音の化身・治水の神とされた。〔参考〕普光王寺碑(全唐文二六三)、宋高僧伝一八、景徳伝灯録二七、神僧伝七

**そうぎゃしな 僧伽斯那** サンガセーナ Saṅghasena の音写。僧伽欺那とも書き、衆軍と訳す。①インド中部の大乗の論師。百喩経の撰者で、その訳者求那毘地《ぐなびじ》の師。②グナヴリッディ Guṇavṛddhi)の師。②菩薩本縁経の撰者。

**そうぎゃせこく 僧伽施国** (梵)サーンカーシャ Sāṃkāśya (巴)サンカッサ Saṅkassa の音写。僧迦舎、僧迦尸などとも音写し、光明と訳す。インド中部にあった古国。仏陀が忉利天《とうりてん》上の説法を終えたとき、三道の宝階を化作してこの国の優曇波羅《うどんばら》(ウドゥンバラ Udumbara) 樹の下におりたと伝えられ、その説話に関する多くの旧跡があった。ガンジス河岸アトランジ Atranji とカノジ Kanoj との中間にあるサンキサ Sankisa がその地であると比定されている。〔参考〕Dhammapadatthakathā III, Jātaka IV, Avadānaśataka II, 増一阿含経二八、阿育王経三、法顕伝、西域記四

**そうぎゃだいば 僧伽提婆** 生没年不詳。東晋代の訳経家。(梵)サンガデーヴァ Saṃghadeva の音写。衆天と訳す。インド北部の罽賓《けいひん》国(カシミール)の人。前秦の建元年間 365—384 長安に来て、竺仏念・道安らと訳業に従事し、ついで洛陽に遊び、のち慧遠に迎えられて廬山に登った。東晋の隆安元年 397 建業で阿毘曇を講じ、中阿含経を訳した。訳出の経論は中阿含経・八犍度論・阿毘曇心論・三法度論など六部一一六巻(または五部一一八巻)という。〔参考〕出三蔵記集九・一〇・一三、高僧伝一、歴代三宝紀七

**そうぎゃなんだい 僧伽難提** (紀元前一世紀)禅のインド付法相承第一七祖(または第一六祖)。(梵)サンガナンディ Saṃghanandi の音写か。僧迦那提、僧佉難提とも書く。法を一六祖羅睺羅《らごら》より受けて一八祖僧伽耶舎《そうぎゃやしゃ》に付したという。〔参考〕付法蔵因縁伝六、摩訶止観一上、達磨大師付法相承血脈譜

**そうぎゃばっそ 僧伽筏蘇** (梵)サンガヴァルシャ Saṃghavarṣa の音写か。説一切有部の論師。その学説は阿毘達磨大毘婆沙論の諸処に見える。

**そうぎゃばっだら 僧伽跋陀羅** ①生没年不詳。南斉代の訳経家。(梵)サンガバドラ Saṃghabhadra の音写。衆賢、僧賢と訳す。西域の人。南斉の永明七年 489 広州竹林寺で僧猗と共に善見律毘婆沙一八巻を訳した。パーリ三蔵の大註釈家ブッダゴーサ Buddhaghoṣa (仏音《ぶっとん》) の直弟という説もある。〔参考〕出三蔵記集二・一一、歴代三宝紀一一
②順正理論、顕宗論の著者衆賢の梵名サン

ガバドラの音写。⇩衆賢《しゅげん》

**そうぎゃばっちょう　僧伽跋澄**　生没年不詳。(梵)サンガブーティ Saṃghabhūti の音写。僧伽跋橙とも書き、衆現と訳す。インド北部の罽賓《けいひん》国の人。前秦の建元一九年383長安に来て鞞婆沙論《びばしゃろん》を誦出し、翌年には尊婆須蜜菩薩所集論、僧伽羅刹《らせつ》所集経を訳出して、後秦の皇初五年398竺仏念と共に出曜経を訳した。〔参考〕出三蔵記集二・一〇・一三、高僧伝一、歴代三宝紀八

**そうぎゃばつま　僧伽跋摩**　生没年不詳。(梵)サンガヴァルマン Saṃghavarman の音写。僧鎧・衆鎧と訳す。インドの人。劉宋の元嘉一〇年433流沙を通って建業に至り、僧尼数百人に戒を授け、雑阿毘曇心論・薩婆多毘尼摩得勒伽など五部二七巻を訳出して、同一九年西域の商船で帰国した。〔参考〕出三蔵記集二・一〇・一一・一四、高僧伝三、歴代三宝紀一〇、四分律行事鈔資持記中

**そうぎゃばら　僧伽婆羅**　(460—梁の普通五524)(梵)サンガヴァルマン Saṃgha-varman の音写。僧養・衆鎧と訳す。扶南《ふなん》国(メコン河下流域)の人。中国に渡航し、楊州正観寺で求那跋陀羅に師事した。梁の天監二年503曼陀羅仙が扶南国から来朝した際、勅を奉じて訳経に従事し、その後も翻訳をつづけて、阿育王経など一一部三八巻を訳出した。〔参考〕高僧伝三、続高僧伝一、歴代三宝紀一一、開元録六

**そうぎゃやま　僧伽摩**　(梵)(巴)サンガラーマ Saṃghārāma の音写。僧伽羅摩・僧伽藍などとも音写する。(梵)サルヴァカーマ Sarvakāma (巴)サッバカーマ Sabbakāma (薩婆鉗と音写)と同一人。毘舎離《びしゃり》(ヴェーサーリー Vesālī)のクシャトリヤ出身の比丘。仏陀の入滅後に生まれ、阿難の弟子となったと伝える。〔参考〕雑阿含経三八

**そうぎゃみった　僧伽蜜多**　(紀元前三世紀)(梵)サンガミトラー Saṃghamitrā (巴)サンガミッター Saṃghamittā の音写。阿育(アショーカ Aśoka)王の娘。一八歳のとき兄の摩哂陀《ましんだ》(マヒンダ Mahinda)とともに出家。のち菩提樹の枝を携えてセイロン島に渡り、セイロンの王妃に授戒するなどの布教活動を行って、五九歳のとき同地で没したと伝える。〔参考〕Mahāvaṃsa V, XII, XV, 善見律毘婆沙一・二・三

**そうぎゃらせつ　僧伽羅刹**　(梵)サンガラクシャ Saṃgharakṣa の音写。僧伽羅叉とも音写し、衆護と訳す。須頼国の人。禅観の法に長じ、のち甄陀膩貳王(迦膩色迦〔カニシカ Kaniṣka〕王のことか)の師となる。僧伽羅刹所集経などの撰者。僧伽羅刹所集経序によれば、仏滅七〇〇年の出世とされる。〔参考〕出三蔵記二・一〇・一二

**そうぎゃらせつ-しょしゅう-きょう　僧伽羅刹所集経**　三巻(または五巻)。前秦の僧伽跋澄《そうぎゃばっちょう》らの訳(建元二〇384)。一種の仏伝。仏陀の過去世における菩薩としての修行、この世に生まれてから入滅までの事跡、入滅後阿育(アショーカ Aśoka)王の出生の因縁とその行跡の三部に分かれる。成道後四五年の説法地を一々挙げ示しているので名高い。迦膩色迦(カニシカ Kaniṣka)王の師とされる僧伽羅刹(サンガラクシャ Saṃgharakṣa)が編纂したと伝えられる。(大)四、国一本縁部九

**そうきゅう　宗休**　(応仁二1468—天文一八1549)臨済宗の僧。字は大休。東福寺の永明庵《えいめいあん》で出家し、竜安寺の特芳禅傑に参じて、妙心寺に出世した。今川義元の帰依をうけて駿河の臨済寺を開き、後奈良天皇に進講して、円満本光国師の号を賜った。著書、見桃録四巻。〔参考〕本朝高僧伝四四

**そうきょ　僧璩**　生没年不詳。劉宋代の僧。呉国の人。姓は来氏。僧業の弟子で十誦律《じゅうじゅりつ》に明るく、孝武帝に重んじられた。律行に欠点がなく、初め虎丘山に住し、次いで京の中興寺にあって僧正悦衆となる。晩年、荘厳寺に住した。五八歳で没した。著書、僧尼要事。〔参考〕高僧伝一一

**そうきょう　僧鏡**　(　—劉宋の元徽年間473—77)劉宋代の僧。姓は焦氏。隴西の人。出家して呉県の華山・上虞の徐山に住し、のち京師に出て定林下寺にあって法を弘めた。宋の世祖や文人謝霊運に重んじられた。法華・維摩などの義疏や毘曇玄論を著わしたというが、今は伝わっていない。六七歳で没した。〔参考〕高僧伝七

**ぞうぎょう　雑行**　⇩正行《しょうぎょう》

**そうぎょう-はちまん-ぞう　僧形八幡像**　神仏習合によって成立した僧形の八幡神の像。固有の神道では神像を造る風習はなかったが、平安時代になると、仏像彫刻の影響をうけて神像が造られるようになった。普通、神像は衣冠束帯の俗体で表現されたが、神仏習合の先端をゆく八幡神の像は、早くから比丘形で表わされるようになった。僧形八幡像の遺例として古いものに、東寺蔵の木造僧形八幡神坐像(国宝)、薬師寺蔵の木造僧形八幡神坐像(同)があり、いずれも九世紀末の作と推定される。現存しないが、神護寺蔵の画像は老比丘の姿で、衲衣の上に袈裟を着し、左手に念珠、右手に錫杖をもち、蓮華座に坐し、頭上に日輪をいただく。院政期には弘法大師の真筆と称されて有名であった。東大寺蔵の木造僧形八幡像(国宝)は、建仁元年1201、当時、鳥羽の勝光明院の宝蔵にあった神護寺像を描本として快慶が作ったものである。

**そうきん　僧瑾**　(　—劉宋の元徽年間473—77)劉宋代の僧。沛国の人。老荘をよくし、曇因に従って出家した。広く三蔵を学び、治城寺に住したが、のち京師に至り、湘東王が践祚して明帝となった時、天下僧主となる。周顒と共に明帝の忌諱を正す所が多かった。七九歳で没した。〔参考〕高僧伝七

**そうく　宗九**　(文明一三1481—弘治三1557)臨済宗の僧。「そうきゅう」「しゅうく」とも読む。字は徹岫《てっしゅう》。近江石山の人。出家して、小渓紹付《しょうふ》に師事し、その法を嗣いで大徳寺の主となる。宮中に召されて後奈良天皇に禅要を説き、普応大満国師の号を賜った。〔参考〕延宝伝灯録三二

**そうくた-こく　漕矩吒国**　アフガニスタンにあった古国。隋の時代には漕国と呼ばれ、唐のはじめにはその東北部が独立して迦畢試《かぴし》国となり、それに臣属していた。農産物が豊かで鬱金香を産した。漕矩吒の国名は鬱金香を意味する㊵ジャーグダ jāguda の音写であるとする説もある。仏教は盛んであったが順天神など異教の信仰も行われた。近隣の国から貢を受けて富み、唐朝にしばしば朝貢している。〔参考〕隋書西域列伝四八、唐書西域列伝一四二、西域記一・一二

**そうくん-にっき　僧訓日記**　一巻。明の雲棲袾宏《うんせいしゅこう》の著。成立年不詳。大蔵経および先賢の著述のなかから、僧侶としての日常生活の教訓となるべき要文を集めたもの。雲棲法彙第一四巻に収められている。〔刊本〕万治三1660刊〔註釈〕能仁義道・尋枝録二巻

**そうけい-じ　双渓寺**　韓国慶尚南道河東郡智異山。旧名は玉泉寺。新羅の聖徳王二二年723三法の創建。中国の慧能の頭像を奉安したという塔と崔致遠著の真鑑国師碑がある。〔参考〕韓国寺刹全書下

**そうけい-じ　曹渓寺**　韓国ソウル鍾路区寿松洞。韓国仏教の中央機関。創建は一九二九年日本政府が仏教教団を統一するために禅教両宗の宗憲を制定、中央教務院を設置したことによる。そして一九三七年当寺は仏教総本山となり、太古寺と称した。その後、一九五五年仏教浄化運動によって曹渓寺と改称、曹渓宗の総務院となって現在に至る。

**そうけいだいし-べつでん　曹渓大師別伝**　一巻。原名は唐韶州曹渓宝林山国寧寺六祖慧能大師伝法宗旨、並高宗大帝勅書、兼賜物改寺額、及大師印可門人、並滅度時六種瑞相、及智薬三蔵懸記等伝という。中国禅宗の第六祖慧能の伝法宗旨および史伝を中心とし、曹渓宝林寺の由来に関する資料を集めたもので、唐の建中二年781頃の編集と思われる。日本の最澄が貞元二一年805(原本の巻尾には「貞元一九年二月一三日畢」とあるが、今は伝教大師将来越州録による)帰朝の際に将来して以来、叡山の宝庫に伝承され、宝暦一二年1762に祖芳が上梓するにおよんで一般に知られるに至った。慧能の没後、韶州の曹渓に住って祖塔を守っていた弟子行瑫《ぎょうとう》、恵象および韋利らの行状、六祖没後の異聞、高宗皇帝以後の歴代帝王の尊崇事跡や下賜勅書などについても集録し、六祖壇経および禅宗史伝の欠を補うのに足る根本資料。㊇二乙・一九・五

**そうけ-の-びく　草繋の比丘**　多くの比丘《びく》が盗賊にあい、その身を草に繋がれたが、比丘たちは草の生命を絶つことをおそれて、その縛を解かなかったという。禁戒を守ることの厳正な例喩とされる(賢愚経巻

五)。

**そうげん　宗源**　①⇩しゅうげん　②（弘長三1263―建武二1335）臨済宗の僧。筑前の人。字は逢源。双峰《そうほう》と号する。幼くして東福寺円爾弁円の門に入り、のち鎌倉に遊んで無学祖元・大休正念・西礀子曇・一山一寧・寂庵上昭らに参禅した。筑前崇福寺、京都東福寺・南禅寺の主となり、正中二年1325洛東に大聖寺を開き、二年ののち東福寺に再住した。後宇多上皇に禅要を説いて双峰禅師の号を賜り、没後、双峰国師と諡された。語録一巻がある。〔参考〕双峰国師年譜略、五山伝、延宝伝灯録一〇、本朝高僧伝二五

**そうげん　僧衒**（　―貞観一六642）唐代の僧。并州汶水の人。迦才の浄土論に僧衍《そうえん》とある人と同一人か。もと涅槃・摂論・十地・地持を学び、兜率を願生したが、九六歳で道綽の観無量寿経の講義につらなり、浄土教に帰して、日夜、阿弥陀仏を千拝し、念仏を七、八万遍したという。〔参考〕宋高僧伝二四、迦才浄土論下

**ぞうげん　造玄**　生没年不詳。唐代の僧。造玄阿闍梨付属師資血脈の作者。長安慈恩寺に住し青竜寺法全《はっせん》から智満・円仁・円珍らと共に胎蔵界法をうけ、円仁と共に大興善寺翻経院元政について金剛界法をうけ、咸通六年865胎金両界血脈を著わした。この血脈は台密で用いられる。〔参考〕智証・胎金血脈図、大日経疏指心鈔二

**そうけん-じ　摠見寺**　滋賀県蒲生郡安土町下豊浦。臨済宗妙心寺派。遠景山と号する。天正年間1573―92織田信長の本願により従弟の正仲剛下が開創した。〔重文〕三重塔、二王門、木造金剛二力士立像、鉄鐔　〔参考〕近江国輿地志略五八、摠見寺（滋賀県史跡名勝天然記念物調査報告一二）

**そうけん-じ　総見寺**　愛知県名古屋市中区大須。臨済宗妙心寺派。景陽山と号する。天正一一年1583織田信雄が父信長の追善のため伊勢国安国寺を清州の北市場へ移して現寺号に改称、忠岳を住持に迎えた。慶長一五年1610更に現地に移転した。〔参考〕尾張名所図会

**そうげん-じ　崇元寺**　沖縄県那覇市にあった臨済宗妙心寺派の寺院。霊徳山という。尚真王、或いは尚円王の創建と伝え、琉球国王尚氏の家廟であった。

**そうげん-じ　曹源寺**　岡山市円山。臨済宗妙心寺派。護国山と号する。池田綱政がその祖信輝の追善のために元禄一一年1698永昌庵（もと児島郡にあった）を移し、絶外宗純を開山とした。旧蔵（現京都国立博物館蔵）の紙本著色餓鬼草紙（重文）は有名。

**そうげん-じ　藻原寺**　千葉県茂原市茂原。日蓮宗四十四本山の一。常在山妙光寺と号し、「もはらでら」とも呼ばれ、俗に東身延という。日蓮に帰依した斎藤兼綱が建治二年1276邸宅を改めて寺とし、日向を開山に請じたのに始まる。五世日悟（寂忍）が異義を唱え、ために寺内が二分したことがある。現在の堂宇は、元禄―正徳年間1688―1716の再建。〔参考〕上総国志六

**そうこ　宗胡**　（元和四1618―元禄九1696）曹洞宗の僧。肥前の人。字は月舟。号は可憩斎《かけいさい》。一二歳の時、円応寺花岳《かがく》について得度し、諸国を巡り、三一歳の時に加賀大乗寺の白峰玄滴《げんてき》に参じ、のち同寺に住持する。門弟に卍山《まんざん》道白・徳翁良高・雲山愚白・祖道宗心などがある。〔参考〕日本洞上聯灯録一一、続日本高僧伝一

**そうこう　宗光**　（嘉暦元1326―康応元1389）臨済宗の僧。美濃の人。字は月庵。諡号は正続大祖禅師。幼時、大円寺の峰翁祖一に投じ、次いで古先印元・夢窓疎石《そせき》に参じた。中国（元）に遊ぼうとしたが峰翁の訓誡を受けて中止し、のち伊予宗昌寺の大蟲宗岑より印可を受けた。貞治六年1367但馬黒川に庵居し、大明寺を開創。山名時義・時熈父子の帰依をうけた。月庵和尚語録がある。〔参考〕延宝伝灯録二一、本朝高僧伝三五

**そうこう　宗亘**　（寛正六1465―天文一七1548）臨済宗の僧。近江の人。字は古岳《こがく》。八歳で岩間寺の義済《ぎさい》に従い、ついで建仁寺の喜足に侍した。二三歳で大徳寺の春浦宗熙に参じ、さらに実伝宗真に謁して二〇年余ののち印可を得た。永正六年1509大徳寺に出世し、のち同寺塔頭の大仙院の開山となった。後柏原天皇から仏心正禅統師、後奈良天皇から正法大聖国師の号を賜る。〔参考〕本朝高僧伝四四、素巌略譜

**そうこう　宗杲**　(元祐四1089—隆興元1163)南宋初期の禅僧。姓は奚《けい》氏。妙喜と号する。仏日、大慧の号を賜り、普覚禅師と諡された。宣州寧国(安徽省宣城県)の人。楊岐派四世の克勤《こくごん》の法を嗣ぎ、宋室の帰依をうけて杭州径山《きんざん》(浙江省余杭県西北)などに住した。宰相張九成と交わり、政変で一時梅州(広東省梅県)に移った。黙照を排して看話《かんな》を主張し、曹洞下の宏智正覚《わんししょうがく》と対比される。墨蹟にすぐれていた。著書、広録三〇巻、正法眼蔵六巻、禅宗雑毒海二巻、宗門武庫一巻。〔参考〕塔銘、年譜、僧宝正続伝六、大光明蔵下、普灯録一五

**そうごう　相好**　仏の肉身に具わる勝れた容貌、形相。そのなかで顕著で見わけやすいものを三十二相(三十二大人相)に分け、微細で見わけにくいものを八十種好(八十随形好《ずいぎょうこう》)に分け、両者を合わせて相好という。三十二相は転輪聖王もまたこれを有し、八十種好は菩薩《ぼさつ》にもある。仏は過去世において百大劫《だいこう》の間とくに相好業《そうごうごう》を修めたから、今生においてこの相好を成就できたという。ただし、大乗仏教になると仏の相好は無量であると説くものもある。

**そうごう　僧綱**　僧尼の綱維をたもつ者の意。僧尼を取締るために、政府から任命される職官で、僧官ともいう。(イ)インド。国家権力が直接に教団を支配することはなく、教団は律の規定に従い自治的に過非を防いだが、諸大寺では自治制度として毘訶羅莎弭《びからしゃみ》(vihāra-svāmin寺主)・毘訶羅波羅《びかはら》(vihāra-pāla護寺)・羯磨陀那《こんまだな》(karma-dāna授事)の三綱を設けることもあった。(ロ)中国。後漢・魏・晋の時代には僧綱を設けず、僧尼のことは外国人の事務を扱う鴻臚卿《こうろけい》が管した。(1)北魏では皇始年間396—97に道人統を、後秦では弘始年間399—415に僧主一人・悦衆一人・僧録二人を置いて僧尼を監督させ、その制度がそれぞれ北朝および南朝に伝えられた。北魏では後に道人統を沙門統と改め、太和一七年493には監福曹(後に昭玄と改めた)という役所を設けて、殺人以上の重罪を除く僧尼の犯罪は昭玄都統が内律に従って処断し、永平二年509には諸州鎮郡に上座・寺主・維那《いの》の三綱を置き、孝明帝(515—28在位)の頃には国統・国僧都の制があった。西魏や北斉では大統などの官を設け、僧尼を管掌する官衙を昭玄寺と称し、かつ北斉には十統の制があってその筆頭を大統(昭大統)、余を通統と名づけ、また十統にそれぞれ副を設けて正を統、副を都と称したとも伝え、国統・国都・沙門統・沙門都の名もあった。その他、僧尼の訟事を司る断事沙門があり、また都州郡県には沙門曹を管するために功曹文簿員を置いた。北周では官制を改めて仏道二教を管し、仏教のためには司寂上士・僧主などがあった。(2)南朝は後秦の制を伝え、劉宋には僧正《そうじょう》(僧主)・都維那《ついな》があって都邑僧主《とゆうそうしゅ》、天下僧正などと称し、比丘尼のために都邑尼僧正・都邑尼都維那が置かれた。南斉や梁では僧尼を管する役所を同文寺と称し、梁代に初めて大僧正が設けられ、陳代に至って大僧正・僧正・大僧都《だいそうず》・僧都の四官が備わり、大僧正は大僧統とも呼ばれたようである。(3)隋では北朝の制にならい、統を正、都を副とし、別に平等沙門の官を設けた。(4)唐代になると俗官に僧尼を管掌させることも行われ、また僧録の制が設けられた。唐代初期には僧尼を鴻臚寺の所轄とし、のち祠部で管理したが、中期以後は僧尼の名籍および功役を管掌する功徳使を設け、左右両街の功徳使の下に両街の僧録・副僧録を置いた。(5)五代および北宋・南宋では唐の制にならい、北宋初期には出家試業は功徳使が、度牒は祠部が管理した。(6)元代には僧徒および吐蕃《とばん》(チベット)の境を管する宣政院があり、僧統・僧録・正副都綱を置き、至順二年1331国内一六カ所に広教総管府を設けて僧政を掌った。(7)明代には、京師に僧録司、府に僧綱司、州に僧正司、県に僧会司を設け、僧録司に左右の善世・闡教《せんきょう》・講経・覚義を、僧綱司に都綱・副都綱を、僧正司に僧正を、僧会司に僧会を置き、清朝もおおむねこれにならった。(ハ)朝鮮。(1)新羅では元聖王元年785に国統(寺主ともいう)を置き、のち都唯那娘・阿尼大都唯那・大書省・少年書省・州統・郡統などを設り、また非常設の官に大国統があった。(2)高麗では僧統・僧録の制があり、(3)李

朝では世宗六年1424僧録司を廃したが、宣祖二六年1592僧統を置いて都総摂・副総摂の役を設けた。㈡日本。推古天皇三二年624初めて僧正・僧都・法頭を設け、文武朝には僧尼令を制定して全国の僧尼を治部省玄蕃《げんば》寮の所管とし、僧綱は僧衆の推挙によって勅任することと定め、僧正・大僧都・少僧都・律師を置いた。天平一七年745行基を初めて大僧正に任じ、弘仁一〇年819僧綱の定員を僧正・大僧都・少僧都各一名、律師四名としたが、その後次第に定員を増し、権僧正などの権官《ごんかん》が置かれ、遂には一種の称号化し、定員の制も行われなくなった。貞観六年864法印大和尚位などの僧位が設けられ、僧正以下に対配されたが、のちには僧綱でない法印なども生じた。僧綱の補任は僧尼令の規定はあったが、貞観元年859南京の三会の講師歴任者をこれに任ずる三会定一の法がさだまり、のち天台宗では北京の円宗寺の二会の講師を終える事を任命資格とし、これらの勅会の講師をつとめずに任じられることを閑道の昇進という。のちには尊勝寺・東寺・延暦寺・園城寺で灌頂《かんじょう》を修したものが僧綱に任じられ、また宿徳によって補任されるのと門閥によって補任されるのとの二つの道筋が生じ、永宣旨と称して特定寺院には寺格により上奏を経ずに一定の僧官に任ずることも行われた。昇進の順序を経ずに直ちに僧正になる場合もあり、これを一階僧正という。鎌倉時代以後、僧綱は有名無実となり、僧尼寺院のことは寺社奉行で扱い、室町幕府は康暦元年1379僧録司を置いて、主として禅宗寺院の行政を監掌させた。江戸時代には各宗門跡の推挙により朝廷が補任し、明治五年1872その制が廃されてからは、各宗でおおむね僧階の名称として用いている。⇩僧位《そうい》　⇩僧綱所《そうごうしょ》

**そう-こうかん　荘広還**　生没年不詳。明代の居士。浄土資糧全集の著者。嘉興桐郷の人。字は復真。儒生となり、兼ねて医術を学ぶ。四〇歳余で世事を厭い、養生術を学んだが、病気をしてから無常を感じ、杭州に遊んで袾宏《しゅこう》に念仏の法を授けられ、五戒を受けた。八〇歳で再び雲棲山に詣で菩薩戒を受け、家に遷って浄土資糧全集を著わした。〔参考〕浄土聖賢録八(浄全一八)

**そうこう-じ　宗光寺**　①栃木県芳賀郡二宮町長沼。新御堂山円頓止観院と号し、天台宗。嘉祥元年848円仁の開創と伝え、建久四年1193源頼朝が堂宇を再興した。弘安九年1286城主長沼宗光が叡山無動寺盛海を請して中興。慶長一九年1614住持天海が幕府の援助を得て堂宇を造築した。明治五年1872炎上し、同一四年再興。〔参考〕慈眼大師縁起、下野志　②広島県三原市本町。泰雲山と号し、曹洞宗。天正四年1576小早川隆景が新高山城(跡地は現三原市本郷町)の南麓に臨済宗匡真寺を建立したのに始まる。慶長五年1600現在地に移り、現宗派・寺名に改めた。〔重文〕山門(新高山城の本門と伝える)〔参考〕三原志稿

**そうごう-しょ　僧綱所**　綱所ともいい、僧綱が執務した所。養老六年722薬師寺に設けられたのに始まり、平安遷都以後は東寺または西寺に置き、のち仁和寺に移った。綱所の出仕者を綱所衆と称し、受戒・法会などの儀式に参仕する法務・威儀師・従儀師の職があった。うち法務は諸寺の法事や僧尼度縁の事を掌る最高の僧職で、もと僧正の兼任であったが、僧都や律師が兼ねることもあり、綱所が東寺に移ってからは、東寺の一の長者を正法務、その他の長者または他寺の僧を権法務とし、重職であるから適任者がなければ欠員とし、仁安二年1167総法務の職を置いて仁和寺の覚性法親王をこれに任じた。

**そう-こうそう-でん　宋高僧伝**　三〇巻。宋伝と略称する。北宋の賛寧《さんねい》の編(大平興国七982開始、端拱元988完成)。梁・唐高僧伝に次いで、唐の貞観年間627—49より北宋の太宗(976—97在位)時代までの高僧の伝記を集めたもの。梁高僧伝以来の伝統に基づいて訳経・義解・習禅・明律・護法・感通・遺身・読誦・興福・雑科の一〇科に分け、正伝五三一人、付伝一二五人、各篇末に史論を載せる。多少の錯誤はあるが、史料は該博で叙述も優れている。㊅五〇、国一史伝部一二—一三〔参考〕仏祖統紀四三、仏祖歴代通載二六、釈氏稽古略四

**そうごう-ぶにん　僧綱補任**　①六巻。編者・成立年とも不詳。僧綱が制を設けられた推古天皇三二年624より永治二年1142に至る僧綱の補任を編年体に列記したもの。人名の下に各々その任官・昇進月日・簡単な伝記・入滅などを註し、年号の下に年号の由来・主な法会・寺院の建立・重要な事件・改元・即位・南北講師・灌頂などを記述し、裏書には平安期の重要な事件、造寺造塔造仏およびその供養、八幡・熊野・金峯山の別当検校、仏師などの僧綱を録出している。僧伝、南都諸大寺および各法会などを知る根本史料。仏全一二三　〔原本〕興福寺蔵(国宝)　②一二巻。東大寺東南院旧蔵。恵珍の編。成立年不詳。今は抄略本と残欠本の二種を伝える。前者は僧綱補任抄出二巻で醍醐寺深賢の抄記、後者は七大寺年表(真福寺蔵)で抄記者不明である。仏全一一一

**そうこく-じ　相国寺**　⇩しょうこくじ

**そうごん　僧含**　生没年不詳。劉宋代の僧。大般涅槃経の講説を得意とした。元嘉七年430新興の太守陶仲祖が霊味寺を立てて迎えた。のち歴陽(安徽省和県)・南方九江(江西省)に遊んで道俗を教化した。任城の彭丞の作った無三世論に対して神不滅論を作り、また法華宗論などを著わした。〔参考〕高僧伝七

**そうこん-しゅう　草根集**　一五巻。正広の編(文明五1473)。正徹の歌を大体年次順にならべたもので、総歌数は二万余首。詞書も多いので、正徹を知る好資料であり、のちの歌人におよぼした影響も少なくない。〈⇩正徹《しょうてつ》〉私家集大成(中世Ⅲ)、丹鶴叢書四・五、中世文芸叢書三

**そうさん　宗璨**　(嘉慶二1388—長禄元1457)曹洞宗の僧。字は吾宝《ごほう》。山城の人。永享元年1429相模最乗寺の大綱明宗《みょうしゅう》から法を受り、上杉憲清の請に応じて伊豆の最勝院の開山となる。〔参考〕日本洞上聯灯録五

**そうさん　僧璨**　(　—大業二1606)北斉・隋初の禅僧。鏡(鑑)智禅師と諡する。中国禅宗三祖。鄴城《ぎょうじょう》(河南省安陽県西)で二祖慧可に師事し、北周の破仏を避けて舒州皖公山《かんこうざん》(安徽省懐寧県)に入り、四祖道信に付法した。信心銘一編の作がある。〔参考〕舒州山谷寺鏡智禅師碑銘(全唐文三九〇)、続高僧伝二五、伝法宝紀、楞伽師資記、宝林伝八、祖堂集二、景徳伝灯録三

**そうざん　宋山**　(天文一二1543—寛永一二1635)曹洞宗の僧。字は士峰《しほう》。伊勢篠島の人。等膳《とうぜん》に随侍し、師の没後、一柱禅易から法を受けた。慶長三年1598幕命を受けて可睡斎に住し僧録司に任じられ、徳川家康・秀忠の殊遇を受けた。〔参考〕日本洞上聯灯録一一

**そうざん-しゅう　草山集**　①三〇巻。目録一巻。深草元政の著(寛文三1663序)。詩文集。文は叙・書・記・伝・賦などの諸体を備え、詩には五七言古体・五七言律詩・雑体がある。元政は日蓮宗の僧で山城深草に住み、能沢番山・北村季吟らと交わり、詩は石川丈山と併称された。明の陳元と贇持詩の贈答をした元々唱和集がある。〔刊本〕延宝二1674刊　②一巻。歌集。元政(1623—68)の没後に編集刊行したもの。国歌大系一四　〔刊本〕寛文一一1671刊

**そうじ-いん　総持院**　⇩慈受院《じじゅいん》

**そうじ-じ　総持寺**　①神奈川県横浜市鶴見区鶴見。曹洞宗大本山。諸岳山と号する。もと能登の鳳至郡櫛比(現石川県門前町)にあった。櫛比には、行基の開創と伝える諸岳寺があった。元亨元年1321定賢から同寺を譲られた瑩山紹瑾《じょうきん》は、律院を禅院に改めて総持寺と号した。翌年、官寺に列せられ、曹洞宗出世道場となった。紹瑾は嗣法門人輪番住持の制を定めて席を峨山紹碩《じょうせき》に譲り、紹碩門下の五哲はそれぞれ境内に一院を建てた(太源宗真—普蔵院、通幻寂霊—妙高庵、無端祖環—洞川庵、大徹宗令—伝法庵、実峰良秀—如意庵)。その後は五院の住持が輪番で本寺を管するのが例となり、明治三年1870まで続けられた。同三一年諸堂が炎上したので、同四〇年現地に移り、旧地に別院を置いた。なお永平寺としばしば本山の地位を争い、その確執は天文九年1540以来、幕末にまでおよんだ。昭和四〇年1965主殿の大祖堂が完成。〔重文〕紙本著色提婆達多像、絹本著色紹瑾和尚像、同前田利家夫人像、紙本墨書観音堂縁起(紹瑾筆)ほか　〔参考〕総持寺文書、大本山総持寺要覧、孤峰智

璨・日本禅宗史要　②大阪府茨木市総持寺。高野山真言宗。補陀洛山と号する。西国三十三カ所霊場第二二番札所。寛平二年890藤原山蔭の創建という。白河・鳥羽天皇などの勅願寺となり、京都浄土寺の末寺となる。元亀二年1571兵火にかかり、慶長八年1603豊臣秀頼が片桐且元に命じて再建。〔参考〕茨木市史　③群馬県太田市世良田町。真言宗豊山派。上野三談林の一。威徳山陀羅尼院と号する。仁安三年1168新田義重の建てた館之坊を同義貞が再興して真光寺と名づけ、のちに現寺号を称した。④滋賀県長浜市宮司町。真言宗豊山派。医王山と号し、俗に大寺という。永享二年1430実済の開創。同五年勅願所となり、総持院の号を賜った。実済が意教流を伝えたので、意教方事相の本山とされた。天正一三年1585から慶長一七年1612まで長谷寺小池坊と共に新義派の許状を発行した。のち近江・美濃の常法談林所となる。〔重文〕絹本著色愛染明王像、木造聖観音立像　⑤東京都足立区西新井。真言宗豊山派。五智山遍照院と号し、俗に西新井大師という。空海の開創で、もと千住にあったと伝える。本尊の弘法大師像は空海の自作といい、またもと真間の弘法寺にあったのを、同寺が日蓮宗に転じた際、当寺に移したとも伝える。厄除の信仰で名高い。〔国宝〕鋳銅刻画蔵王権現像〔重文〕銅鐘　〔参考〕新編武蔵風土記稿三一六　⑥和歌山市梶取。西山浄土宗。受陽山知足院と号し、俗に梶取本山《かんどりほんざん》という。西山派七檀林の一。宝徳二年1450明秀光雲の開創という。後奈良・正親町天皇の勅願所。二二世大江南楚は学に秀で、以来梶取学寮の名は大いにあがった。〔重文〕絹本著色釈迦三尊像　〔参考〕紀伊続風土記七、梶取総持寺沿革誌

**ぞうじ-し　造寺司**　寺院造営のためにその寺ごとに設けられた官庁。多くは奈良時代に設置された。平安時代以後は廃止または縮小され、のちには造東大寺長官のみが形式的に常置された。造寺司の官制は四等官組織をとり、その下に大工を始め諸種の土木工・金属工・技芸工などが従属し、各寺院の建立・営繕・造仏・写経などを行い、その仕事により木工所・鋳所・造瓦所・写経所・造仏所などの支所に配属され、全構成員は約千人に近いものと推定されている。なお造寺司の経済は封戸《こふ》の収納物と若干の喜捨とによった。

**そうじ-しょう　総持抄**　一〇巻。（うち巻九は欠本）。澄豪（1259―1350）の著（建武四1337）。台密における事相の口伝を集成したもの。仏・菩薩・明王などの種子・印・真言・図像・曼荼羅などについて詳記している。㊅七七　〔写本〕比叡山天海蔵（明暦元1655写）

**そうじつ　相実**　（天元四981―永万元1165）比叡山の学僧。法曼院と号する。法曼流の祖。桂林房良祐・円陽房陽宴・相豪から事相の秘奥を受けた。長寛二年1164法印に叙せられる。著書、息心鈔、相実私記、審印信謬譜。〔参考〕台密血脈譜

**そうじつ-じ　桑実寺**　⇩くわのみでら

**そうしゅう　相宗**　⇩性宗《しょうしゅう》

**そうしゅん　宗舜**　（応安元1368―文安五1448）京都妙心寺の中興。山城の人。号は日峰《にっぽう》。無因宗因から印可を受け、美濃の無著庵に住した。尾張に瑞泉寺を開き、永享年間1429―41妙心寺に請ぜられて同寺を再興した。文安四年勅によって大徳寺に住した。諡号は禅源大清禅師。〔参考〕正法山誌、延宝伝灯録二八

**そうじゅん　宗純**　（明徳五1394―文明一三1481）臨済宗の僧。字は一休。狂雲子、夢閨《むけい》と号した。父は後小松天皇という。六歳で安国寺の像外集鑑に侍し、慕哲樊《ぼてつはん》や清叟仁から詩文や経書を学んだ。謙翁宗為に参じ、その没後は華叟宗曇に謁して印可を得たが、印書を捨てて顧みなかったという。後小松上皇・後花園天皇の尊信を受け、如意庵・尸陀寺・酬恩庵などに住し、文明六年大徳寺を董した。奇行に富み、書画をよくし、好んで狂歌を詠んだ。著書、一休骸骨、仏鬼軍、狂雲集、自戒集など。〔参考〕一休和尚行実、一休和尚年譜、本朝高僧伝四二

**ぞうしゅん　増俊**　（応徳元1084―長寛二1164）堀川中納言国俊の子。中納言阿闍梨と称される。厳覚（1056―1121）に師事して小野流の密教を伝え、随心院流を開いた。〔参考〕後伝灯広録五

**ぞうしゅん　蔵俊**　（長治元1104―治承

四1180)興福寺の僧。姓は県中氏。大和の人。教明房と号した。覚晴らに法相を学び、安元二年1176院宣により注進法相宗章疏を製した。同三年元興寺別当となり、治承二年権少僧都に進み、翌年興福寺権別当となった。僧正法印大和尚位を追贈されたので世に菩提院贈僧正と称し、また弁舌が巧みであったので八舌僧正という。著書、唯識論第六巻菩提院鈔、唯量鈔、大乗法相宗名目などがあり、因明の註釈も作った。〔参考〕本朝高僧伝一二

**ぞうしゅん-いん　蔵春院**　静岡県伊豆の国市田京。曹洞宗。長谷山と号する。上杉憲実が、永享一一年1439に足利持氏の追善のために開創。初代住持の実山永秀は大綱明秀・春屋宗能を開山・二世とした。

**そうじょう　相承**　師より弟子へと相次いで法を伝承することで、くわしくは師資相承、付法相承などという。律や教法などの伝持相承はインド以来行われたもので、経典によってはその相承次第を記しているものがある。中国・日本に及んで各宗派がみな列祖を立て相承を重んじるに至った。例えば、天台宗では三種相承や四種相承を説く。三種相承とは、金口相承《こんくそうじょう》(如来が口ずから予め説いた相承の意で、摩訶迦葉から師子比丘までの二三祖)・今師相承《こんしそうじょう》(竜樹・慧文・慧思・智顗の四祖)・九祖相承(竜樹から湛然までの九祖)の三種をいい、四種相承とは日本の最澄が入唐してわが国へ伝えたもので、円頓戒相承《えんどんかいそうじょう》(大乗菩薩戒の伝承)・止観業相承(天台宗の伝承)・遮那業相承《しゃなごうそうじょう》(密教の伝承)・達磨禅相承(禅宗の伝承)の四種をいう。日蓮宗では内外二相承を立て、内相承(本門付属相承、神力付属相承)は本門内証が中間の祖師を超えて本師釈迦仏から本化上行菩薩を経て日蓮大菩薩へと直接に相承することをいい、外相承(迹門付属相承)は迹門の釈迦から薬王菩薩・智顗・最澄・日蓮という順序で法華経の教旨を伝承したことをいう。真言宗では大日如来・金剛薩埵《さった》・竜猛・竜智・金剛智(以上インド)・不空・恵果(以上中国)・空海(日本)と伝える付法八祖と、竜猛・竜智・金剛智・善無畏・不空・一行・恵果・空海と次第する伝持八祖との二種の相承を立てる。真宗では竜樹・天親(以上インド)・曇鸞・道綽・善導(以上中国)・源信・源空(以上日本)の七祖相承を立てる。また時宗では円戒相承(これは毘盧遮那仏から一遍に至る大乗戒の相承)と伝法相承(これに三国相承と神勅相承との二がある)との二種の相承を説く。その他、華厳宗の十祖相承、浄土宗の五祖相承、六祖相承、八祖相承など、各宗それぞれ独自の相承説がある。これらの諸説は大別すれば、師資が親しく逢って口に伝え血脈譜または衣鉢などを伝承するものと、面授親聞によらず経巻あるいは夢告などによって法義を相承するものとの二種になり、前者を師資相承、嫡嫡相承《ちゃくちゃくそうじょう》、口決相承《くけつそうじょう》などと呼び、後者を依用相承《えようそうじょう》、経巻相承などという。禅宗の二十八祖説などは前者に属し、真宗の七祖相承、日蓮宗の内相承などは後者に属する。

**そうじょう　僧正**　⇨僧綱《そうごう》

**そうじょう　僧肇**　(東晋の太元九384―義熙一〇414)後秦の学僧。鳩摩羅什の門下。京兆の人。初め老荘を学んだが、のち維摩経を見て出家し、羅什が中国に来たのでこれに従い、羅什の訳経を助けた。大品般若経が訳出されてから般若無知論を著わし、廬山の隠士劉遺民、慧遠らの称讃をえた。道生・道融・僧叡と共に関中の四聖と称され、一世に重んじられた。不真空論・物不遷論・般若無知論・涅槃無名論などの著書があり、肇論としてまとめられている。他に維摩経を註釈したものが鳩摩羅什および道生の説と合わせて、注維摩経の名で行われている。〔参考〕高僧伝六

**ぞうじょう　増上**　㊵アディパティ adhipati の訳。増勝上進、または増進増加の意。力が加わり、はたらきが助長進展されて、強大であること。勝れた強い力を増上力《りき》といい、他のもののはたらきを増勝にする縁を増上縁という。

**ぞうじょう-じ　増上寺**　東京都港区芝公園。浄土宗大本山。三縁山広度院と号し、略して縁山という。明徳四年1393(一説に至徳二1385)武蔵国貝塚(現千代田区平河町付近)の真言宗光明寺を、聖聡が浄土宗に改め増

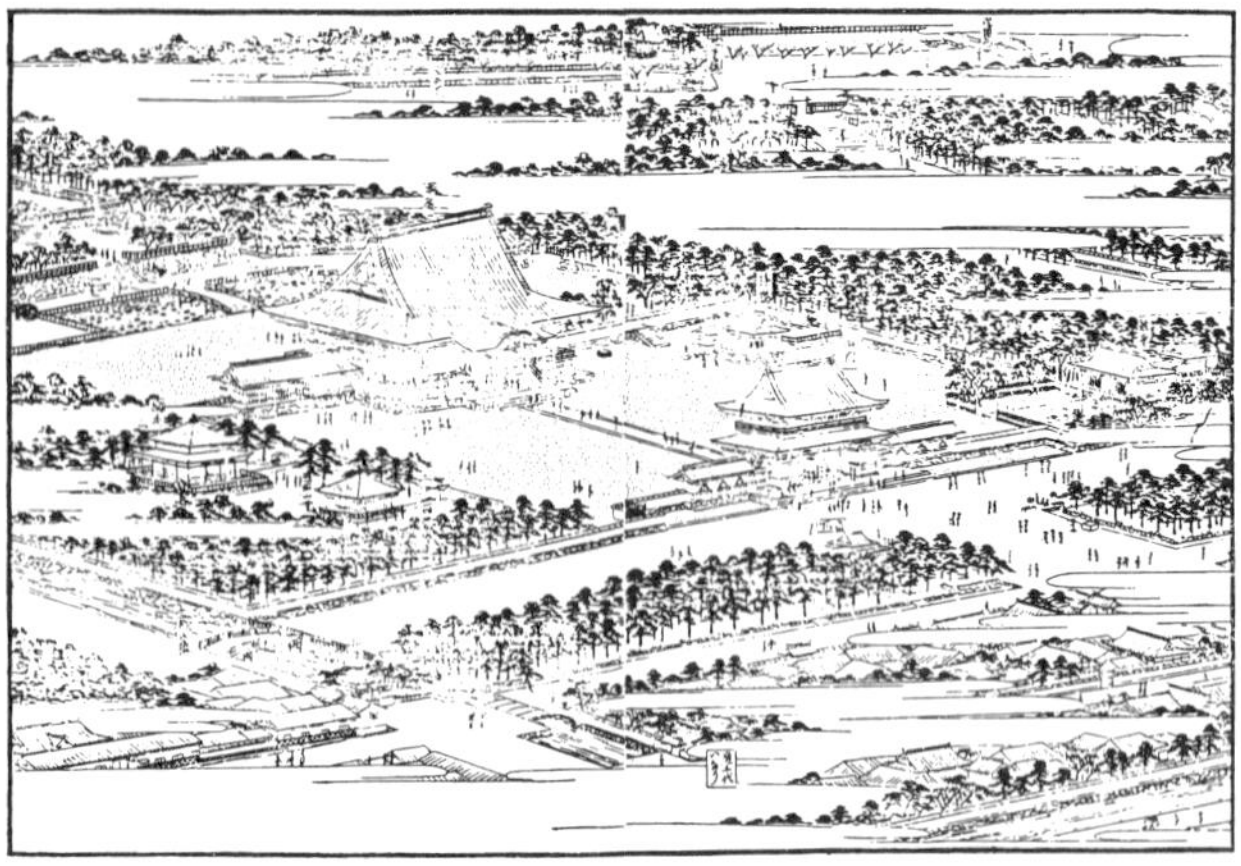

増上寺（江戸名所図会）

上寺と号したのに始まる。のち徳川家康が一二世存応慈昌に帰依して、慶長三年1598寺基を現地に移し、徳川家の菩提所とした。同一三年勅願所となる。江戸時代には、関東僧録所として宗政の権を握り、また関東十八檀林の筆頭として学事に貢献した。境内には徳川家歴代の霊廟があったが、多く戦災で焼失した。そのなかの家康の霊廟を安国殿と称したが、明治維新の際、神社に列して東照宮となった。〔重文〕三解脱門、紙本著色法然上人伝、宋版・元版・高麗版各大蔵経ほか
〔参考〕三縁山志、続三縁山志

**そうしょく　僧職**　日本の寺院・僧侶の管理や法会などを掌ることを目的として設けられた僧侶の官職。多種多様であるが、国家関係のもの、大寺特有のもの、一般的僧職に関するものに大別できる。①国家関係。(イ)大宝二年702諸国に駐在して寺院を監督し誦経法務に関与する国師が置かれた(のち各国分寺に置く)。延暦一四年795講師と改め、また国講師と称した。この講師と共に各国に読師が置かれた。(ロ)勅会の南京三会(宮中御斎会・興福寺維摩会・薬師寺最勝会)、北京三会(円宗寺法華会・同最勝会・法勝寺大乗会)における講経者を講師と呼び、とくに三会講師と称した。三会講師の請をうけてから勤仕までの一年間を特に擬講といい、勤仕以後を已講《いこう》と号し、已講から僧綱に任じられる例があった。(ハ)宮中の御斎会などの時、内道場に奉仕し仏事を勤める僧を内供奉といい、十禅師の兼職であったから、内供奉十禅師と称し、内供・供奉・十禅師・十師などと略称した(宝亀三年772設置)。(ニ)十禅師は、もと戒を厳持しまた加持に功のあった者の中から補任された一〇人の僧で、のちには東寺・延暦寺・園城寺などの譜代の職となった。十禅師は別に、近江国の梵釈寺・延暦寺定心院・同総持院・楞厳院などの特定寺院で鎮護国家の修法を行う僧を称することがあり、十師とも呼んだ。また十禅師は座主一人・三綱三人・供僧六人の定額僧一〇人を称することもあった。十師は、授戒の時の三師七証(戒和上・羯磨師・教授師・尊証師七名)をも称し、十僧とも呼んだ。(ホ)平安時代初期から宮中清涼殿の二間に夜居し玉体安穏を祈る護持僧が置かれた。夜居僧《よいのそう》とも呼び員数は三―八、九名で、毎夜交互に伺候して長日不断の祈禱をした。②大寺。諸大寺の僧尼を統轄するため三綱(上座・寺主・都維那)が置かれたが、多くの大寺には各々独特の主管者が置かれた。(イ)座主《ざす》(学徳が高く一座中の主たる者の意)は延暦寺・貞観寺・金剛峯寺・大伝法院・醍醐寺・日光山・法性寺その他の寺院に補任された。特に延暦寺では第一代義真以来継続し、仁寿四年854円仁以後は勅補され、天台座主・山の座主と称し、明治四年1871まで存続したが、同一七年以後私称することとなった。(ロ)別当(他に本職があり、兼ねて別にその任に当たる者の意)は奈良時代以来諸大寺に置かれ、東大・興福・元興・大安・薬師・西大・法隆などの諸寺をはじめ六勝・神護・善光寺などにも任じられた。延喜式で別当補任の職制が示されたが、特に興福寺別当は諸大寺の例によらず氏人の簡定により補し、のち一乗院・大乗院などの門跡が任じられた。同じく東大寺別当も東南院・尊勝院の両院主および仁和寺・醍醐寺門跡などが補せられることとなった。別当に

は大・小・権の別、在俗の俗別当・修理別当などの種類がある。また熊野・白山・箱根・鶴岡・石清水・祇園などの諸寺社にも置かれ、羽黒には女別当を設けて諸国巫女の神託勘弁を司った。鎮も別当と同一職務を司り、奈良時代以来、法華・東大・新薬師寺などに置かれ、大中小の別があったが、平安中期以後廃止されたようである。(ハ)長吏《ちょうり》は園城寺・勧修寺に置かれ、園城寺長吏は三井長吏・寺門長吏とも称し、円珍以来現在におよび、勧修寺長吏は別当とも呼び、平安時代初期から法親王を任じるのを例として近世末に及んだ。その他、横川楞厳院・加賀の白山神宮寺にも設けられた。(ニ)長者《ちょうじゃ》は東寺の長官の特称で承和三年836実慧以来継続し、一長者から四長者まであった。のちには仁和寺・大覚寺・勧修寺・三宝院諸門跡から勅補された。(ホ)検校《けんぎょう》(点検し、くらべあわせて監査する者の意)は当初臨時に設けられたが、平安中期から、熊野三山・弘福寺・首楞厳院・無動寺・高野山などや石清水・春日・鶴岡・北野などの神宮寺に常置し、一山の棟梁として寺務を司った。(ヘ)長老は一寺の首座で唐招提寺・西大寺などに置かれた。また中世以来、臨済宗では京都・鎌倉各五山の住持、および西堂より上位者を長老と呼んだようであり、曹洞宗でも一夏の首座を勤めまだ転衣出世しない者を長老と称した。以上の諸大寺の長は寺内の事務の掌理にも任じるから、寺務ともよばれる。また別に寺務を置くところもあった。(ト)執行《しゅぎょう》は諸大寺の実際の事務や法会を管掌するためにあり、東寺・叡山・醍醐寺・清水寺・高野山などに置かれ、多くの神宮寺でも社務を行う社僧を執行と呼んだ。③一般僧職。(イ)住持・院主は寺院の主長として諸務を統理し、年預《ねんよ》はその年内の事務を担当した。公文《くもん》は寺領の経済などを司る役で、興福寺・高野山などでは公文目代と呼び、その役所を公文所といった。勾当《こうとう》・専当は雑事をあつかい、行事は法会や雑事を司り、大小の別、会行事《えぎょうじ》・月行事などの種類があった。また南都諸大寺には五師があり、五人の僧を選んで世事を勤めさせた。(ロ)阿闍梨《あじゃり》は平安時代以来諸寺に置かれて修法・灌頂《かんじょう》・授戒・試業・検封・声明《しょうみょう》などを司り、大小の別があり、伝法阿闍梨などと呼ばれた。勅願の結縁灌頂の小阿闍梨の役を勤め終った者を已灌頂と呼び、勤仕以前一年間の者を擬灌頂と称した。(ハ)導師は法会の上首で大・小・権の別があった。法会のとき会行事の下で堂内の事を指揮するのを堂達《どうたつ》と呼び、堂内の清掃・荘厳・点灯・拈香などに従事する者を承仕《じょうじ》と称した。(ニ)門跡寺院には坊官・殿上法師と称して法体の在俗者が奉仕した。坊官の長を執当《しっとう》と呼んだ。(ホ)諸大寺には学事を統領させるため学頭が置かれた。薬師寺には大学頭・鎮守頭・少学頭があり、叡山では東塔正覚院・西塔正観院・横川恵心院の住職を三学頭と呼び、高野山の無量寿院・宝性院および根来山《ねごろざん》の十輪院・妙音院の住職をいずれも両学頭と称した。(ヘ)堂宇建立、落慶法会などに呪願文を読む僧を呪願師《じゅがんじ》という。(ト)勅会の竪義《りゅうぎ》に論題を選び論義させ判定する役を探題・題者・探題博士などと呼んだ。南都諸大寺では所定の階業を終えた者を得業と称したが、とくに南京三大勅会の竪義を順次に遂業した者を呼ぶ場合が多かった。勅会の論義に義をたて学業得略の試問を受ける者を竪者《りっしゃ》・竪義者・竪義などと呼ぶ。また講会に際して主宰し、講経の時、問を発し講者の意義を明瞭にさせる役を都講《とこう》と呼んだ。(チ)以上の他に、綱掌・堂童子・駈使・職掌・散所・鎰取《かいとり》・出納《しつのう》・庫主・所守などがあり、禅宗では別に蔵主《ぞうす》・首座・単寮・西堂・東堂などが置かれ、社僧にも御殿司・脇堂・執事・宮仕などが設けられた。〔参考〕驤驢嘶余(群書二八)、諸宗階級(続々群一二)

**そうしょく‐ぎょう　装飾経**　仏教経典が紙に書写され、印刷されるようになると、写経本来の意味が変化して写経供養の思想が起こり、経典に装飾が行われることとなった。はじめは紺紙などの色紙や金銀泥・軸・表紙などに珍種を使用する程度であったが、これを普遍化すると、経典の料紙・見返しの意匠や見返絵・下絵などに仏教思想を主題として描いたものが盛んに行われた。中国では経の見返しなどに絵解き風の絵画が主体となり、この形式は日本の中尊寺経

（永久五1117）・荒川経・神護寺経などに見られる。七世紀以来、供養として栄えた写経は、藤原時代の貴族達が物語絵や歌集と同様な贅をつくし、法華経などの見返しに仏画や世俗画を扱った久能寺経（永治二1142）、平家納経（長寛二1164）、慈光寺経、浅草寺経などが制作された。また冊子形式の料紙に下絵を配した冊子経（観普賢経など）、扇面に写経した扇面古写経（四天王寺納経など）は、ほとんど経典と関係がない風俗画が描かれた。また下絵に白描で物語絵を扱った目無し経（安元元1175頃）、伊勢物語下絵の梵字経などがあり、装飾経は平安から鎌倉にかけて盛んに行われ、総合的芸術効果を示した。⇩写経《しゃきょう》

**そうしん　宗真**　①（　—応永三1370）曹洞宗の僧。字は太源。峨山五哲の一。加賀の人。「しゅうしん」とも読む。峨山紹碩の法を嗣ぎ、貞和五年1349総持寺に住した。永光寺に移り、仏陀寺の開山となった。〔参考〕延宝伝灯録七、本朝高僧伝三二　②⇩しゅうしん

**そうしん　崇信**　（寛文一一1671—享保一四1729）浄土真宗本願寺派の学僧。字は月笙《げっせん》。笛阜道人、難思議弗知と号した。大坂定専坊の住持。宗学に心を寄せ、所住の華蔵閣《けぞうかく》にちなんで華蔵会を設けて道俗を教化した。著書に称讃浄土経駕説四巻など多い。〔参考〕本願寺通紀、清流紀談

**そうしん　宗震**　（天文元1532—慶長七1602）臨済宗の僧。美濃の人。号は東漸。以安智察に参じて印可を受け、妙心寺の前堂となり、のち妙心寺を董し、長慶院の開基となった。〔参考〕宗統八祖伝

**そうじん　宗深**　（応永一五1408—文明一八1486）臨済宗の僧。摂津の人。号は雪江《せっこう》。諡号は仏日真照禅師。京都洛東の五葉庵の文瑛法瑛《ぶんえいほうよ》につき、尾張瑞泉寺の日峰宗舜に参禅し、義天玄承の法を嗣いだ。細川勝元の尊崇を受け、竜安寺を継ぎ、さらに摂津の海清寺・河内の観音寺などに歴住した。寛正三年1462勅を奉じて大徳寺の主となり、文明九年妙心寺の再興に従事した。〔参考〕紫巌譜略、延宝伝灯録二八

**そうしん-ほうご　奏進法語**　一巻。真盛の著。明応元年1492後土御門天皇の勅により念仏安心の要旨を記したもの。初めに法語の縁起を叙し、次に念仏往生に対する凡人の心得が真の念仏と異なることを明らかにし、次に真の念仏の義を心得た上の行こそ妙行であるから益々これに励むべきことを勧め、結語を加えている。その要旨は他力本願の安心の正意を示し、念仏即往生即得正覚の義を説き、信行一致の本願念仏を高唱している。㊅七七、国東叢一（法語）

**そうず　僧都**　⇩僧綱《そうごう》

**そうず　澡豆**　身や衣服などのよごれをすすぎ洗うときに用いるもので、大豆・小豆・豌豆・迦提婆羅草《かだいばらそう》・梨頻陀子《りびんだし》を粉末にして作ったもの。豆屑ともいう。梵網経巻下には、大乗比丘の常に所持すべき十八物の一に数え、手を洗うときに用いるとする。

**そうせい　宗清**　①（文明四1472—天文三1534）臨済宗の僧。京都の人。字は以天（伊天）。機雪とも称した。諡号は正宗大隆禅師。南禅寺で出家し、大徳寺の東海宗朝に参じて印可をうけ、大徳寺の八四世を継いだ。大永元年1521北条氏綱に請われて相模の早雲寺の開山となった。〔参考〕紫巌譜略、延宝伝灯録三二、本朝高僧伝四四　②（寛永八1631—宝永元1704）臨済宗の僧。字は拙堂。諡号は恵日定光禅師。京都の人。無隠宗喜の法を嗣ぎ、延宝八年1680大徳寺に出世した。天和二年1682東海寺の輪番となる。〔参考〕紫巌譜略、大徳寺世譜

**そうぜい　宗砌**　（　—康正元1455）連歌師。但馬の人とも大和の人ともいう。和歌を正徹に学び、連歌を梵灯庵主に学んだ。文安五年1448北野会所の奉行となる。心敬《しんけい》・智蘊《ちうん》らと共に連歌の七賢に数えられる。特に付句は比類のない名匠と称され、茶道にも造詣が深かったという。連歌に関する多くの撰著がある。著書、田舎への状、宗砌抄、花能万賀喜《はなのまがき》、式目掟歌、初心求詠集など。

**そうせい-じ　総世寺**　神奈川県小田原市久野。阿育王山と号し、曹洞宗。文安年間1444—49小田原城主大森氏頼が伯父の安叟宗楞《あそうそうりよう》を請じて創建したといい、戦国

諸将の崇信を得た。天正一八年1590豊臣秀次寄進の応永1394—428鋳造の梵鐘が世に知られている。

**そうせん　僧詮**　生没年不詳。梁代の三論宗の学僧。摂山止観寺で僧朗について三論を学び、大いに三論の学風を興した。止観寺僧詮または山中僧詮と呼ばれる。門下に法朗・慧布・智弁・慧勇があり、詮公の四友と称される。〔参考〕続高僧伝七法朗伝

**ぞうぜん　雑染**　㊵サンクレーシャsaṃkleśaの訳で、僧吉隷爍と音写する。有漏《うろ》のこと。清浄《しょうじょう》に対する。雑は間雑、和雑などの義。染は染汚《ぜんま》法で、即ち不善および有覆《うふく》無記《むき》の法のこと。雑染は染汚(㊵クリシュタkliṣṭa)と同じ意味にも用いるが、成唯識論述記巻二末には、単に染、染汚というときは染法即ち煩悩《ぼんのう》を指すのに対して、雑染というときは善・悪・無記の三性に通じて、すべての有漏法を総称すると説く。雑染を三類に分け三雑染という。即ち⑴煩悩雑染(惑雑染ともいい、一切の煩悩および随煩悩に名づける。またこれを見所断・修所断の二、或いは欲界繋・色界繋《しきかいけ》・無色界繋の三、或いは根本煩悩の一〇に分ける)、⑵業《ごう》雑染(煩悩から生じ、或いは煩悩に助けられて、身・語・意の三に造作《ぞうさ》する業をいう)、⑶生《しょう》雑染(苦雑染ともいい、煩悩および業によって三界に生まれ苦を受けるのをいう)。以上の三は順次に惑・業・苦の三道に相当する(顕揚聖教論巻一二)(なお三雑染に障雑染を加えて四種とする説もある)。⇩染汚《ぜんま》

**そうせんーじ　総泉寺**　東京都板橋区小豆沢。妙亀山と号し、曹洞宗。江戸時代は関府六カ寺、府内三カ寺の一。創建年代は不明であるが、噩叟宗俊の開創にかかり、千葉氏の香華所(菩提所)であった。謡曲「隅田川」の梅若丸の伝説で知られる。関東大震災で浅草橋場から現地に移転した。

**そうぜんーじ　崇禅寺**　大阪市東淀川区東中島。凌雲山と号し、曹洞宗。嘉吉一年1442、細川持賢が非業の死を遂げた足利義教の追善のため、その首塚の地に創建したといい、徳叟亨隣を開山とした。門前は崇禅寺馬場といわれ、正徳五年1715大和郡山藩士の遠城兄弟が生田伝八郎の返討ちにあった地として有名。〔参考〕応仁記

**そうそう　総相〔別相〕**　①総括的、普遍的なすがたかたちを総相、個別的、特殊的なすがたかたちを別相という。例えばすべての有為法に通じる無常、無我などの相が総相であり、水だけにある湿相のようなのが別相である。また仏のすがたを観じるのに、全体を観じるのが総相観、部分的に々を観じるのが別相観である。②⇩六相円融《ろくそうえんにゅう》

**ぞうぞうーきょう　雑蔵経**　一巻。東晋の法顕《ほっけん》の訳。目連が餓鬼を見た話、天女を見た話、舎利弗《しゃりほつ》の衣を洗って天に生まれた人の話などの説話を集めたもの。翻訳は完結していない。㊀一七、国一経集部一四

**ぞうぞうーくどくーきょう　造像功徳経**　詳しくは大乗造像功徳経という。二巻。唐の提雲《だいうん》般若《はんにゃ》の訳(嗣聖八691)。チベット訳もある。仏陀が忉利天《とうりてん》に昇って母のために説法していたとき地上では優陀延王が仏の像を造ったこと、天上の生活にも退堕があること、造像に功徳があることなどを説く。㊀一六

**ぞうぞうーりょうどーきょう　造像量度経**　一巻。大部分が偈文から成る短経で、仏像の図像学的な解説を内容とする。清の工布査布がチベット訳より重訳(乾隆七1742頃)し、詳しい註釈を付加して造像量度経解一巻とした。原梵本は榊亮三郎が校訂し和訳した。酒井真典はチベット訳からの和訳を行った。㊁一・三六・一

**そうそくーそうにゅう　相即相入**　華厳宗《けごんしゅう》の教義。相即と相入との併称。相即相容ともいい、略して即入ということもある。宇宙の万象が対立せず、互いに融けあい作用しあって、無限に密接な関係を保っているのをいう。十玄門でいえば、一多相容不同門(相入)と諸法相即自在門(相即)とにあたり、華厳宗教義の骨子である(華厳五教章巻四、華厳経探玄記巻四など)。①相即とは、すべての現象の体について、互いに一方が空であれば他方は必ず有であるとし、同時に空または有となることがないから、常に両者は互いに融けあい一体化して礙げ

ることがないことをいう。例えば、一がなければ多は成り立たないから、一があれば即ち一切(すべて)があることになる。この場合、一切という空の側についていえば、自らの一切はなくなって他の一に融けあって一体化し、同時に一という有の側についていえば、他の一切は自らの一に摂まって融けあって一体化する。故に一切即一である。逆に一が空、一切が有とすれば、同様の意味で一即一切となる。このような関係を相即という。②相入とは、すべての現象は縁のはたらきによってあり、その用(はたらき)は互いに一方が有力であれば他方は必ず無力であるとし、同時に有力または無力となることがないから、常に両者は互いに作用しあって対立することがなく、互いに和し合うことをいう。即ち縁によって起こるということは、各々の縁がそれぞれ少しずつの力をもっていて、それらの縁が集まってはじめて生じるというのではなく、各々の縁のうち、一縁(一)を欠いても現象は全く起こらず、他のすべての縁(多)は役立たないことになる。故に、縁のはたらきは、一は有力であってよく多を容れ、多は無力であって潜んで一に入るから多即一となる。また逆に、一を無力、多を有力と見れば一即多となる。このような関係を相入という。③待縁・不待縁〈⇩因の六義《いんのろくぎ》〉によって異体門・同体門を立て、異体相即・同体相即・異体相入・同体相入の説を立てる。即ち、諸現象をあい望ませて相即相入を語るのと、一現象そのことにおいて相即相入を語るのとである。④相即と相入との関係は、体と用とによって分けたのであるが、用としてはたらかない体はないから、体を用に収めれば相入のみであり、用は体のはたらきであるから、用を体に収めれば相即のみであるということができる。

**そうそく-べつみょう　総即別名**　全体の名称をもってその一部分のものの名とすること。たとえば、色法《しきほう》の中で眼根《げんこん》の対象を特に色処《しきしょ》と名づけたり、開山といえば真宗の開祖、大師といえば弘法大師を指すようなものである。

**そうたい-いん　崇泰院**　京都市東山区新橋通大和大路東入三丁目林下町。浄土宗。元大谷という。もと真宗本願寺草創の地で、宗祖親鸞の墳墓があった。慶長八年1603知恩院の再建拡張に際し、幕命により墳墓を延年寺山に移したが、再建普請奉行の竹村九兵衛(のちの丹波守道清)が親鸞の旧跡の廃滅を恐れて跡地に当院を建立した。

**そうだいみょう　相待妙**　〔**絶待妙**《ぜつだいみょう》〕　相待妙には、他と比較し麁《そ》(妙でないもの)に対して妙であるという意味があって、これを相待妙といい、麁に対するまでもなく対立比較をこえて妙であるという意味があって、これを絶待妙という。この二者を略して待妙・絶妙ともいい、また待絶二妙ともいう。法華経の経題である妙法蓮華経の妙の字を解釈する際に、智顗《ちぎ》が用いた解釈法で、法華経は大乗の実教(真実の教え)であって、大乗であるから小乗よりこえすぐれているといい、また、大乗の中でも他の諸経が権教《ごんきょう》(方便の教え、てだてとして仮に説かれた教え)と実教とを兼ねているのに対し、法華経はただちに実教のみを説くものであるから超えすぐれているという。このような比較の上ですぐれているという意義を相待妙といい、法華経の終局的立場からすれば、大乗・小乗の区別も方便と真実との区別もなくなって、すべてが大乗であり真実であるから、相対的な思惟や表現を超えたものであるという意義を絶待妙という。天台宗で仏教の教義を四教に分け、経の部類を五部五味に分けるが、蔵・通・別の三教は麁であり、円教《えんぎょう》は妙であると批判し(約教判)、また華厳部乳味、阿含部酪味、方等部生酥味、般若部熟酥味《じゅくそみ》の四部四味はいずれも円教でないもの(麁)、もしくはそれと円教(妙)との合説されたものであり、ただ法華部醍醐味が純粋に円教(妙)のみであると批判する(約部判)。このように、相待妙は他を批判して他より超えすぐれていることを表わすもので、絶待妙はあらゆる対立差別に執著する心がとりのぞかれた上では、すべてが超えすぐれた絶対的な一のものとなって真実であることを表わすものであるから〈⇩開会《かいえ》〉、このことを相待判、絶待開という(法華玄義巻二末)。相待判は衆生を教化するはたらきについていい、絶待開は教えそのものの本質からいったものである。相待判・絶待開を略して判開ともいう。

**そうたん**　**宗湛**　（応永二〇1413―文明一三1481）室町時代の画僧。姓は小栗氏。自牧、酬翁という。天章周文に水墨画を学んだ。京都の諸寺の襖絵などを描いたというが、確証のある遺作はない。なお大徳寺養徳院襖絵の蘆雁図（京都国立博物館蔵）は、宗湛の描き残したのを子の宗継《そうけい》北房が描いたものという。

**ぞうち**　**増智**　（承暦二1078―保延元1135）天台宗の僧。世に白河僧正と呼ばれる。公尹《こういん》法印に入壇灌頂を受け、保安二年1121法印に叙せられた。護持僧・権僧正を歴任して平等院の執行にすすんだ。〔参考〕寺門伝記補録一六、本朝高僧伝五三

**そうちょう**　**宗長**　（文安五1448―享禄五1532）連歌師。駿河の人。一六歳で宗祇の弟子となり、一休宗純に参禅した。連歌句集を壁草といい、また紀行連歌書など多くの著書がある。〔参考〕宗長日記（岩波文庫）

**ぞうちょう-てん**　**増長天**　⇩四天王《してんのう》

**そうちん**　**宗珍**　（　―寛永九1632）曹洞宗の僧。対馬の人。字は国嵬《こくげ》。国分寺で得度受戒ののち諸国を歴遊し、長門の大寧寺で嶺宝禅鷲《ぜんじゅ》に師事しその法を嗣ぐ。寛永三年総持寺に住しのち大寧寺を領し、晩年加賀に宝珠寺・長福寺を開いた。本照禅一禅師の号を賜る。〔参考〕日本洞上聯灯録一二

**そうちん**　**宗陳**　（天文元1532―慶長二1597）臨済宗の僧。越前の人。字は古渓《こけい》。号は蒲庵《ほあん》。驢雪覇《ろせつは》について得度し、足利学校に学んだ。江隠宗顕に参じ、笑嶺宗訢の法を嗣ぎ、天正元年1573大徳寺の主となる。石田三成によって太宰府に配流されたが、間もなく許された。大慈広照禅師の号を賜る。著書、蒲庵稿二巻。〔参考〕続日本高僧伝一一

**そうてつ**　**僧徹**　（東晋の太元八383―宋の元嘉二九452）劉宋代の僧。盧山の慧遠《えおん》の門人。姓は王氏。晋陽（山西省太原県）の人。慧遠の没後に荊州に遊び、江陵城の五層寺に住し、のち琵琶寺に移った。彭城王義康らに敬重された。〔参考〕高僧伝七

**そうでん-はいいん**　**僧伝排韻**　一〇八巻。堯恕の著（延宝元1673―同八）。中国撰述の各種僧伝の索引書。いわば中国の仏家人名辞典。初めの一〇三巻は主として中国高僧の諱・号および字の下字を韻会の順位に標出し、諱の下に略伝とその出典を掲げ、第一〇四巻には梵語と題して中国に到来したインド西域僧の音写原名についてこれを時代順に列ね、第一〇五巻以下の四巻は亡名と顕して、中国僧であってその名が判明せず、ただ居住の地名などの伝えられるものについてその上字を取って韻順に記載している。その全体は四朝高僧伝より浄土晨鐘に至る四八部の史伝を整理したもの。仏全九九・一〇〇〔刊本〕延宝八刊、貞享五1688刊

**そうど**　**相土〔性土〕**　華池・宝閣・宮殿・楼閣などの荘厳の相のある浄土、或いは荊棘・瓦礫などの穢土《えど》など、衆生の心量に応じて現われる広狭浄穢の差別ある世界を相土という。これに対して、色もなく形もない真如法性《しんにょほっしょう》そのままの世界を性土という。

**そうとう**　**宗套**　（長享二1488―永禄一一1568）臨済宗の僧。字は大林。京都の人。天竜寺大源院の粛元厳《しゅくげんげん》について得度し、東渓・玉英に参じてのち、古岳宗亘の法を嗣ぎ、天文七年1538大徳寺の主となる。弘治三年1557堺の南宗庵を改めて南宗寺とし、開山となる。仏印円証禅師、正覚普通国師の号を賜った。〔参考〕紫巌譜略、延宝伝灯録三二、本朝高僧伝四四

**そうとう**　**層塔**　多層塔、多重塔ともいわれ、三重塔とか五重塔とかよばれるように層数が奇数であることが原則。平面方形が普通であるが、多角形のものもあり、頂上に相輪を立てる。形の起源は、インドのストゥーパ stūpa が中国に入り木造で建築されるようになり、従来から中国で発達し

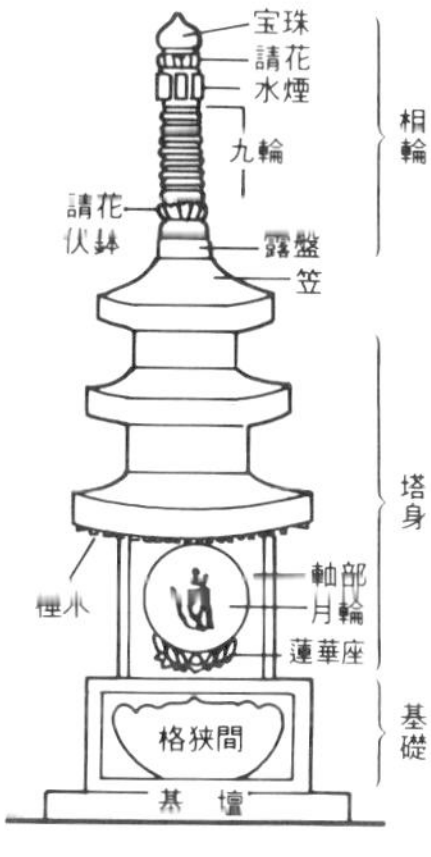

層　塔

ていた楼閣建築と、伏鉢上に傘蓋をたてるインドの仏塔とが結びついて寺院建築としての塔ができた。この形が日本の木造塔の形式にうけいれられ、主流となって近世に至るまで多く作られたが、石造のものもこれにならった。第一重軸部には種子を刻んだもの、仏の像容を彫ったもの、両方あわせ用いたものがある。この四方仏には顕教四仏と、密教四仏との二系統がある。奈良時代のものは少ないが時代が下るとともに多く作られるようになった。最古の遺品は百済系の滋賀県蒲生郡蒲生町石塔寺の奈良時代前期の三重塔である。

**そうどう　僧堂**　禅宗で、僧が常に修禅し起臥する堂で、禅堂、雲堂、坐堂、選仏場、聖僧堂、枯木堂などともいい、七堂伽藍の一とする。禅宗では最も重視する場所で、僧堂の座席の順序や立居振舞《たちいふるまい》につ いては清規《しんぎ》にきびしく定めている。日本ではおおむね方丈の右前方、或いは仏殿の右方などに東面して建てられ、堂内は石畳または「たたき」になっていて、堂の広さに応じて、四板、八板、十二板などの牀《ゆか》を設けてある。中央に文殊菩薩などの像が安置してあって、これを聖僧《しょうそう》という。

**そうどう　僧導**　生没年不詳。劉宋代の三論宗の学僧。長安の人。僧叡の門人。鳩摩羅什の訳場に列し、経論の詳定をつとめた。成実論および三論の註釈を作り、空有二諦論を著わし、劉宋武帝が寿春(安徽省寿県)に建てた東山寺に住し、孝武帝のとき詔によって京師中興寺に出たこともある。九六歳で寿春の石磵寺で没した。〔参考〕高僧伝七

**そうとうきょうかい-しゅしょう-ぎ　曹洞教会修証義**　一巻。略して修証義という。滝谷琢宗《たきたにたくしゅう》・畔上楳仙《あぜがみばいせん》の共著(明治三三1900)。曹洞宗の僧侶および檀信徒に対する宗意の標準として、道元の正法眼蔵九五巻のなかからその主旨にあう語句を採録編集したもの。承陽大師聖教全集三〔註釈〕滝谷琢宗・修証義筌蹄一巻、福山默童・典嚢一巻、大内青巒・聞解一巻

**ぞうとう-くどく-きょう　造塔功徳経**　一巻。唐の地婆訶羅《じばから》の訳(永隆元680)。造塔の功徳を説き、塔の大小よりも塔中に収める仏舎利および諸法因縁生の四句偈(即ち仏の法身)の意義が大きいことを説く。㊅一六

**そうとう-ごい-けんけつ　曹洞五位顕訣**　三巻。詳しくは五位顕訣並先曹山揀出語要という。南宋の慧霞・広輝の編。晦然の増補改訂(元の中統元年1260)。唐の洞山良价が悟道の過程を説明するために作った五位の頌に、曹山本寂が解釈を加えたが、これをその門人の慧霞と、広輝が編集した。のちに朝鮮の晦然が改訂し、さらに五位に関する列祖の文章を加えて一書とし、曹洞系の宗旨の綱格を示した。現存のものはその後、日本で何人かが更に改修を加えたものらしい。㊦二・一六・二〔参考〕明の永覚元賢・洞上古轍二巻、日本の天桂伝尊・報恩編三巻など

**そうとう-ざん　走湯山**　⇩般若院《はんにゃいん》

**そうどう-じ　草堂寺**　①中国の長安(陝西省西安府)の西南、終南山の北麓にある。後秦の鳩摩羅什《くまらじゅう》の訳経の地というが詳かでない。伝説に、弘始三年401羅什のために逍遙園の中央に草堂を設け、世に大寺と呼んだが、のち草堂・常住・京兆王・大乗の四寺に分かれたという。唐の乾寧三年896昭宗が再建。明代に棲禅寺と改称。大清一統志一八〇、大明一統志三二　②もと中国江蘇省の鍾山にあり、のち江寧府城(南京)外に移された寺。南斉の周顒《しゅうぎょう》の建立(周顒は鍾山に山茨・草堂の二寺を建てたとも、またその両寺は同一であるともいう。一説に僧朗が草堂寺に住して周顒に三論宗を伝えたというが疑わしい)。唐の会昌年間841―46廃されたのを南宋代に復興し、ついで宝華寺と改称。明の洪武七年1374城外に移されたが、のち廃絶した。

**そうとう-しゅう　曹洞宗**　⇩禅宗《ぜんしゅう》

**そうどう-しんぎ　僧堂清規**　五巻。詳しくは洞上僧堂清規行法鈔という。瑞方面山の著(宝暦元1751自序)。曹洞宗の僧堂における清衆の行法規矩を明らかにしたもの。曹洞宗には永平・瑩山の二清規があるが、未だ詳細を記したものがなかったので多くの古規を参酌して、平易な仮名文で禅門威儀の規則を詳細に記述する。巻尾に寛保元年1741瞎堂普観の跋がある。のちまた別に考

訂三巻(宝暦二年刊)、拾遺一巻を撰して、これを補っている。〔刊本〕宝暦三刊

**ぞうどう-そんしょう　増道損生**　中道の智慧を増進して変易生死《へんにゃくしょうじ》を損減する意。天台宗で、円教の初住の位から妙覚仏果に至るまでの間に、中道の智がいよいよ明らかとなってゆくのを増進といい、智によって無明《むみょう》が断たれ変易生死がなくなってゆくのを損生と名づけたもの。

**そうとん　宗頓**　(応永二三1416—明応九1500)臨済宗の僧。字は悟渓《ごけい》。諡号は大興心宗禅師。尾張の人。瑞泉寺日峰宗舜・大樹寺桃隠玄朔らに歴参し、竜安寺雪江宗深によって大悟した。美濃瑞竜寺の開山となり、のち大徳寺を領した。〔参考〕紫巌譜略、延宝伝灯録二八

**そうどん　宗曇**　(文和元1352—正長元1428)臨済宗の僧。字は華《か》叟《そう》。諡号は大機弘宗禅師。播磨の人。大徳寺の徹翁義亨《ぎこう》に侍し、雪翁盛に参じて後、祥山仁禎《しょうざんにんてい》の室に入り、さらに言外宗忠に参じて印可を受けた。近江堅田の祥瑞寺《しょうずいじ》の開山となる。〔参考〕弘宗禅師行状、延宝伝灯録二九、本朝高僧伝四〇

**そうにゅう　僧柔**　(劉宋の元嘉八431—南斉の延興元494)南斉代の僧。姓は陶氏。丹陽の人。出家して弘称に師事し、大小乗の諸経を学び禅戒を修した。二〇歳を過ぎて各地で経論を講じ、文宣王の招請により建業の定林寺に住した。安養往生を願い、六四歳で没した。劉勰が文を製し僧祐が碑を立てた。〔参考〕高僧伝八、出三蔵記集五・一二

**そうに-りょう　僧尼令**　日本古代の僧尼取締りの法令。大宝元年701制定の大宝令第二巻に収められ一七条から成る(大宝令は現存しないが、養老令により大部分が復元できる)。唐の道士・僧尼を取締るために制定された道僧格に基づいて作成された。私に園宅財物を貯え、興販(商売)・出息(高利貸)することを禁じ、私に檀越を定めて巷間に出入りするを止め、寺院以外に別に道場を建て衆を教化するを許さず、その他乞食の時間、僧寺尼寺の区別、飲酒・食肉・音楽・博戯・焚身捨身などを禁ずるなど、土として僧尼に対する禁制事項とその罰則を規定する。なお古代の僧尼取締令はこのほかにも大宝律・三代格などの中に収められており、いずれも平安時代中期頃まで効力をもった。

**そうねい-じ　総寧寺**　千葉県市川市国府台。曹洞宗。同宗関東三刹の一。安国山と号する。永徳三年1383佐々木氏頼が通幻寂霊を開山として、近江国新庄樫原郷に寺を建てたのに始まる。のち兵火により遠江の垂安寺、常陸の玄勝院に移り、天正三年1575北条氏政によって下総国関宿に再建された。徳川秀忠によって内町に、同家綱によって現地に移された。武蔵竜穏寺・下野大中寺と共に関東僧録司として、宗内に権力を振るった。〔参考〕新編武蔵風土記稿一七五

**そうねん　宗然**　(　—貞和元1345)臨済宗の僧。可翁と号した。筑前の人。南浦紹明に師事して印可を受ける。文保—嘉暦1317—29の間寂室元光とともに渡元し、帰国後崇福寺に住し、万寿寺・建仁寺・禅通寺に歴住した。のち南禅寺一八世を継いだ。勅諡は普済大聖禅師。絵筆に秀れていたと伝える。〔参考〕大日本史料六ノ八、本朝高僧伝二七、扶桑画人伝

**そうのう　宗能**　(永徳一1382—康正二1456)曹洞宗の僧。字は春屋《しょうおく》。陸奥の人。相模最乗寺の大綱明宗に参じて法をうけ、遠江に勝地を求めて庵居したが、その庵はのちに曹渓山法泉寺となる。総持寺・竜泉寺・永沢寺・最乗寺に歴住した。〔参考〕日本洞上聯灯録五

**そうは-そうじょう　相破相成**　相互に他をうち破ることと、相互に他を成立させること。空と有《う》とはそれぞれその一面だけからいえば、相互に他をうちやぶって両立しないが、空と有とがとけあって相互に他方を自己の中におさめあう面からいえば、かえってまた互いに成立させあうものであるということ。唐の法蔵が華厳五教章巻四に依他起性の縁起法について有空の関係を論じた際、清弁が空を説くのは有に異ならない空、護法が有を説くのは空に異ならない有であるから、相破の二者はかえって相成であると説明している。

**そうばん-ねんぶつ　双盤念仏**　鉦鼓を

径四〇センチくらいの大形にして台に吊り下げた双盤を打ちながら節をつけて念仏をとなえる儀式。十夜法要の引声念仏《いんぜいねんぶつ》が民間に弘まったものと考えられる〈⇩十夜法要《じゅうやほうよう》〉。主に浄土宗の信徒らが行うが、西山派や時宗系統のものもある。

**そうひつ　宗弼**　（永仁四1296―康暦二1380）臨済宗の僧。字は授翁《じゅおう》。神光寂照禅師、円鑑国師と謚された。一説に藤原宣房の子、藤房とする。はじめ後醍醐天皇に仕えたが、のち明極楚俊《みんきそしゅん》・宗峰妙超に参じ、建武元年1334不二大徳について剃髪し、のち関山慧玄の印可を受けて妙心寺第二世となったと伝える。〔参考〕正法山誌、六祖伝、延宝伝灯録二八、本朝高僧伝三二、大日本史一六三

**そうひつ　僧弼**　（東晋の興寧三365―劉宋の元嘉一九442）中国南北朝時代の僧。鳩摩羅什《くまらじゅう》の門人。羅什の訳経に参加ののち、南下して建康の彭城寺に住し、宋の文帝に重んじられた。しかし文帝が道生の頓悟説を支持するのに対し、その非理なるを主張した。〔参考〕高僧伝七

**ぞう-ひゆ-きょう　雑譬喩経**　①一巻。後漢の支婁迦讖《しるかせん》の訳（二世紀中期）。一一の譬喩教訓説話と、この世で仏に会うことの難など一七難を説く。㊅四　②二巻。後漢時代の訳。訳者不明。三九の譬喩教訓説話を含む。㊅四　③一巻。鳩摩羅什《くまらじゅう》の訳、道略の編集と伝える。三九の求道説話を集め、その内容には大智度論・大荘厳論経などに見えるものと同一のものが多い。㊅四

**そうびん　僧旻**　（劉宋の泰始三467―梁の普通八527）成実論の学者。「そうみん」とも読む。姓は孫氏。呉郡富春（浙江省富陽県）の人。僧廻に師事し、一六歳で建業の荘厳寺に入って曇景に学び、また法雲らと共に僧柔・慧次・僧達・宝亮などに教えをうけた。成実論・般若経・勝鬘経などを講じて名声を挙げ、勅によって劉勰《りゅうきょう》ら三〇人と共に衆経要抄八八巻を撰した。講教誦経の風習を興し、弥勒仏を礼拝した。光宅寺法雲・開善寺智蔵と共に梁の三大法師と称される。荘厳寺で没した。〔参考〕続高僧伝五

**そうびん　僧敏**　（安永五1776―嘉永四1851）天台宗の学僧。字は密成《みつじょう》。讃岐の人。叡山で天台を学び、摂津勝尾寺徳本から浄土教を受け、瑞幢から安祥寺流の密教を伝えた。広島の教禅院で四教儀・三教指帰などを講じ、専修念仏をすすめた。文政一二年1829建仁寺で高麗版大蔵経を補輯し、晩年備中甘露庵に住した。著書、神国決疑編考証、念仏追福編、散心持名往生編、六字名号呼法弁など。〔参考〕続日本高僧伝九

**そうふ-かんじ-いんるい　僧譜冠字韻類**　一五〇巻。晃全の著（延宝四1676開始、貞享二1685成立）。中国における古来の高僧を冠字の韻によって配列し略伝を叙したもの。堯恕の僧伝排韻と同類のもので、僧伝排韻は脚字を取り、本書は冠字によっている。付録として序・凡例および引用書目一六二部を列ねたもの一巻、他に七仏例略・世雄年表惑問一巻、巻次統名三巻、府州沿革四巻、僧譜年表五巻の著がある。〔刊本〕元禄元1688刊

**そうふく-じ　崇福寺**　「すうふくじ」とも読む。①滋賀県大津市滋賀里にあった寺。天智天皇の勅願により、その七年668佐々名実長等山《ささなみながらのやま》に建立された。天平元年729官寺に列し、歴代の朝廷の尊崇をうけたが、たびたび火災にあい、平安末期には山門と寺門の抗争に巻き込まれて衰微し、鎌倉中期に廃絶した。なお古代の文献史料にみえる志賀寺・志賀山寺などは、当寺の別称とされる。遺跡は山中の三つの尾根上にあるが、南の尾根の遺跡は梵釈寺跡との説もある。塔の心礎から舎利容器（近江神宮蔵）が発見されている。〔参考〕扶桑略記五、新修大津市史一　②福岡市博多区千代。臨済宗大徳寺派。横岳山と号する。仁治二年1241湛慧が創建し、宋から帰朝した円爾弁円《えんにべんねん》を迎えて開堂した。寛元元年1243勅願寺に列した。のち大友宗麟の帰依をうけたが、天正一四年1586焼失。慶長六年1601春屋宗園が黒田長政の帰依をうけて中興し、以後黒田家の菩提所となった。〔参考〕筑前国風土記五・八、太宰管内志上　③長崎市鍛冶屋町。黄檗宗。聖寿山と号し、俗に福州寺という。寛永年間1624―44在留の中国人によって建てられ、明暦元年1655隠元が住し、即非如一が嗣いだ。

戦災前は異国風の建物で知られていた。〔国宝〕大雄宝殿、第一峰門〔重文〕三門(楼門)、護法堂、鐘鼓楼、媽姐門 〔参考〕日本名勝地誌一〇

**そうふくーしょうけん　僧服正検**　二巻。光国の著(享保一五1730)。僧侶の服制を記した書。巻上に三法衣、巻下に尼師壇・祇支覆肩・厥修羅衣・泥洹僧・浴衣・覆瘡衣・助身諸衣の諸項を収めている。主として旧律の本文にもとづき、諸師の解釈を引用して論述している。仏全七三

**そうへい　宗炳**　(東晋の寧康三375―宋の元嘉二〇443)劉宋代の隠士。廬山十八賢の一人。南陽の人。字は少文。劉宋の武帝から主簿にあげられたが、辞して廬山に入り慧遠に学んだ。画・音楽をよくし、のち江陵三湖に遊び、山水を楽しんだ。著書としては、弘明集の中に明仏論や何承天と問答した難白黒論が現存する。〔参考〕宋書九三、南史七五

**そうへい　僧兵**　僧侶の兵士の意で、法師武者ともよばれ、特に日本の古代中世における諸大寺の衆徒が裹頭《かとう》姿に兵器をとり闘争を事としたものに名づける。①中国。北魏世祖太武帝(423―52在位)は、長安の武器を蔵する寺院の僧を誅し仏像を焚いたという記録がある。②朝鮮。高麗恭愍王(1351―74在位)・辛禑(1374―88在位)、および李朝宣祖(1567―1608在位)・仁祖(1623―49在位)の時などに官兵として僧兵を集め、外敵を防戦させた。③日本。(1)古代における僧兵発生の原因は、大寺所有の奴婢の私宙化の傾向に求められ、天平宝字八年764恵美押勝の乱で諸寺の奴が官軍を助け、嘉祥一年850東大寺などの雑役が武装して明詮を強迫したことなどがそれである。そののち律令制の無力化と寺領荘園の増大に伴い、私度僧の濫造や荘園から壮丁徴発を行って自衛する傾向が進み、諸大寺に僧兵の成長を促した。(2)平安時代中期以後、東大寺・興福寺・延暦寺・園城寺・金峯山などの僧兵の闘争が続き、興福寺僧兵は奈良法師とよばれ、その意に反する藤原氏の公卿を排斥して放氏《ほうし》するなどのこともあり、その主張は山階《やましな》道理として通り、また延暦寺僧兵は山法師、園城寺僧兵は寺法師とよばれ、両者はしばしば対立抗争した。なお延暦寺僧兵は良源に始まるとされるが、彼の時代は既にその成長期で、良源はむしろその鎮圧に意を用いた。延喜901―23以来、政府はしばしば荘園の整理を行ったが、その整理策が強化される院政期に入ると、寺領荘園の利害を中心として僧兵の横行はその極に達した。以上の諸寺のほか、薬師寺・醍醐寺・鞍馬寺・清水寺・太山寺(播磨)・大山寺(伯耆)・高野山・根来寺《ねごろじ》・熊野山・笠置山・白山・彦山・多武峯などの地方大寺でも盛んとなった。この頃から僧兵の入京強訴が頻繁となり、興福寺僧徒は春日社神木を、延暦寺僧徒は神輿振《みこしぶり》と称して日吉・祇園・北野・白山などの神輿を、熊野山大衆は新宮・那智の神輿をそれぞれ奉じて入洛するなどのことが行われ、断続的に室町時代末期まで続いた。(3)平安時代末の源平の争乱には園城寺・延暦寺・興福寺・東大寺などの衆徒は源氏に組し、また平宗盛は延暦寺を氏寺として僧兵の力を借ろうとするなど、僧兵は政治的色彩を濃厚にした。(4)そののち鎌倉幕府はしばしば諸山寺僧徒の武器を探査焼却し、所持を禁ずるなどしたが、なお僧兵の横行は止まず、延暦寺・興福寺などの衆徒は栄西や源空(法然)などを訴え、そのほか智山寺(筑前)・阿曾山(伊勢)の徒の蜂起などが続いた。(5)南北朝時代には延暦寺・鞍馬寺・吉野山・笠置山などは南朝に組し、園城寺などは北朝につき、その他諸山寺の去就がしばしば勝敗の鍵となった。(6)室町時代から戦国時代にかけても春日神木・日吉神輿の入洛などがあったが、この時代の僧兵は諸大名抗争の間にあって自衛策を取り、或いは諸侯と結び或いは対抗した。また興福寺衆徒が独立して豪族化し古市・筒井氏となるなど武士化するものも現われた。そして諸大名との抗争の結果、永禄一〇年1567五月三好衆による多聞山諸寺焼打、同一〇月松永久秀の東大寺焼払、元亀二年1571九月織田信長による比叡山焼打、天正元年1573三月北条氏友による飯沼弘経寺焼打、豊臣秀吉による同一三年三月根来寺攻撃・同四月高野山刀狩・文禄四年1595園城寺破毀などが行われ、寺領荘園の組織が解体

すると共に、僧兵も根絶した。

**そうほう　宗彭**　⇩沢庵《たくあん》

**そうほう　僧苞**　（　—元嘉年間424—53）劉宋代の僧。京兆(長安)の人。鳩摩羅什の門人。劉宋の永初年間420—22北徐の黄山寺で普賢斎懺を修し、のち京師の祇洹寺へ招かれ衆経を講じた。観音を念ずることを人に勧めたという。〔参考〕高僧伝七

**ぞうぼう　像法**　⇩末法《まっぽう》

**ぞうぼう-けつぎ-きょう　像法決疑経**　一巻。仏滅後一千年の像法の時代に仏法が衰廃するありさまを述べ、大慈大悲の布施行が重要であることを説く。隋の智顗《ぎち》はこの経を涅槃経の結経として重視しており、また信行・吉蔵・窺基なども諸書に依用している。しかし伝訳の史実は明らかでなく、歴代三宝紀一三にはこれを大乗失訳経とし、隋の法経録以下の諸録はこれを疑偽経典とみなしている。〔参考〕法華文句九下、三階仏法三、法華玄論八、開玄録一八

**そうぼう-しょうぞく-でん　僧宝正続伝**　七巻。南宋の石室祖琇《せきしつそしゅう》(五祖法演下四世)著。成立年不詳。禅宗史伝の書の一で、覚範慧洪《かくばんえこう》の禅林僧宝伝の所論を批判・補訂し、その後の時代におよんでいる。宋代の代表的禅僧として、羅漢系南《けいなん》以下二八人の略伝と賛を収め、巻末に徳山木上座・臨済金剛王の伝と古禅師に代って洪覚範に与える書の三篇を添え、戯文の形式によって覚範に反論している。(続)二乙・一〇・四

**ぞう-ほうぞう-きょう　雑宝蔵経**　一〇巻。北魏の吉迦夜《きっかや》と曇曜との共訳(延興二472)。一二一の因縁物語や譬喩物語を含む。その多くは仏陀に関しているが、中には叙事詩ラーマーヤナ Rāmāyaṇa中の物語とほぼ同内容の説話や、ミリンダ Milinda 王・カニシカ Kaniṣka 王についての物語なども見える。(大)四、国一本縁部一

**そうぼく　僧樸**　（享保四1719—宝暦一二1762）浄土真宗本願寺派の学僧。姓は高橋氏。初めの名は関樸《かんぼく》。字は抱質《ほうしつ》。休々子または昨夢廬主と号する。越中の人。一八歳で上洛して法霖《ほうりん》に師事し、安芸・畿内に遊んでのち、本山で宗典を講じた。宏山寺に閑居し、道粋・泰巌らと真宗法要の校定に従事したが途中で病没した。陳善院と諡する。著書、法事讃甄解七巻、文類聚鈔蹄涔記講録七巻、往生礼讃甄解五巻、安楽集講録四巻、正信偈五部評林三巻など多い。〔参考〕本願寺通紀八、古徳事蹟伝、真宗僧宝伝三

**そうほん　宗本**　（天禧四1020—元符二1099）華厳禅を唱えた僧。諡号は円照禅師。常州無錫(江蘇省常州府無錫県)の人。一九歳で蘇州承天寺の永安道昇の門に入り、のち遊方し池陽の天衣義懐に教えを受け瑞光寺・承天寺・浄慈寺などに歴住した。元豊五年1082詔により相国寺慧林院の開祖となる。晩年は平光の霊光寺に退いた。著書、帰元直指集二巻、別録一巻。〔参考〕禅林僧宝伝一四、芝園集下、続伝灯録八

**ぞうみょう　増命**　（承和一〇843—延長五927）天台宗の僧。桑内安岑の子。比叡山に登り西塔院の延最《えんさい》に師事し、円仁について天台教義を学んだ。仁和元年885座主円珍より三部の灌頂を受け、昌泰二年899園城寺の長吏に補せられた。延喜六年906天台座主となる。延長五年僧正に任じられた。加持の霊験をもって聞こえた。〔参考〕日本往生極楽記、元亨釈書一〇、本朝高僧伝四七

**そうみん　僧旻**　①⇩そうびん　②（　—白雉四653）入唐学問僧。推古天皇の末に唐に渡り、舒明天皇四年632に帰国した。大化645—50の初め、勅により国博士に挙げられ、また十師に任じられて衆僧の教導に任じた。大化五年高向玄理《たかむくのくろまろ》と共に八省百官の制度を設けた。白雉四年病により阿曇寺《あどじ》に臥し、天皇の慰問を受けたという。〔参考〕日本書紀二五、元亨釈書一六

**そうもく-こくど-しっかいじょうぶつ　草木国土悉皆成仏**　草木や国土のように、心を有しないもの(非情、無情)もことごとくすべてが仏になるの意。草木成仏、非情成仏、無情成仏などともいう。三論宗の吉蔵の大乗玄論巻三には、依報《えほう》と正報、即ち環境と自己とは一体のものであるから、この点からいえば、衆生《しゅじょう》に仏性があるように草木にも仏性があって成仏するが、これに反して衆生と区別していえば、草木には心がないから迷うことがなく、従って

成仏するということもないという。華厳宗では法蔵の華厳経探玄記巻一六に、三乗教よりすれば真如の性は有情《うじょう》と非情とに通じるが、仏性をさとることは有情に限る。しかし円教よりすれば仏性および性起《しょうき》は依正二報に通じるから、草木にもまた仏性があって実に成仏するという。天台宗では、一色一香無非中道《いっしきいっこうむひちゅうどう》の説に立って、いかなるものもことごとく中道の理を具えているから、非情にも仏性のないはずはない、として湛然の止観輔行伝弘決巻一の二にその根拠を一〇カ条掲げ、真言宗では空海の吽字義などに草木国土はすべて大日如来の法身であるとして六大を仏性とし、非情成仏を説く。

**そうもく-ほっしん-しゅぎょう-じょうぶつ-き　草木発心修行成仏記**　一巻。天台宗の仏性義に関し、覚運(953―1007)と良源(912―85)との問答を記したもの。問答の大要は、草木のように心を有しないもの(非情・無情)も天台宗に説く中道の理からすれば観心によって成仏しないはずはないことを論ずる。主として唐の六祖湛然の金剛錍論によりつつ、真言宗における成仏義を批判して、天台宗の非情成仏義を顕揚している。仏全二四

**そうもん　瘡門**　不浄を漏らす門孔。眼《げん》・耳《に》・鼻・口・および大小便道を六瘡門といい、また両眼・両耳・両鼻孔と数えると九瘡門となる。区別しては大小便道を二瘡門という。六根は煩悩《ぼんのう》を漏らす門であるという点で六根を六瘡門ということもある。

**ぞうやく-きょう　象腋経**　一巻。劉宋の曇摩蜜多《どんまみった》の訳(五世紀前半)。異訳に西晋の竺法護の訳の無希望経《むけもうきょう》があり、チベット訳もある。諸法が空・不可得であること、邪見がそのまま正行であることなどを説く。㊅一七、国一経集部一二

**そうゆう　宗宥**　生没年不詳。室町時代の曹洞宗の僧。字は在中《ざいちゅう》。春屋宗能《しゅんおくそうのう》の法を嗣いで総持寺に住持し、永沢寺・最乗寺に歴住した。寛正年間1460―66六角氏頼に請われて美濃関の天徳寺の開山となる。〔参考〕日本洞上聯灯録六

**そうゆう　宗融**　(慶長一四1609―寛文四1664)曹洞宗の僧。字は松雲。肥前の人。肥前円応寺の華岳《けがく》について得度し、京都および関東に遊んで曹洞・臨済の諸師を訪ね、承応三年1654隠元にも謁した。明暦三年1657円応寺に住した。著書、従容事略一五巻、語録二巻、詩集一巻など。〔参考〕続日本高僧伝六

**そうゆう　僧祐**　(劉元嘉二二445―天監一七518)南斉・梁代の僧。姓は兪《ゆ》氏。建康の人。幼くして建初寺に入り僧範に師事し、のち法頴《ほうえい》に従って律典に精通した。梁の武帝は深く敬重し、僧事に関する疑いはすべて彼に審決させたという。晩年脚を疾むにおよび輿に乗って内殿に入ることを許された。とくに十誦律を宗とし、十誦義記一〇巻を著わしたが今伝わっていない。仏教史家としての功績が大きい。著書、出三蔵記集一五巻、弘明集一四巻、釈迦譜五巻など。〔参考〕高僧伝一一

**ぞうよ　増誉**　(長元五1032―永久四1116)天台宗の僧。藤原経輔の子。一乗坊と号する。園城寺の行円について出家し、顕密・修験を学んだが、特に修験道に秀で、白河・堀河両天皇の護持僧となり、寛治四年1090白河上皇の熊野御幸の先達をつとめて熊野三山の検校に任じられた。聖護院を創建し、四天王別当・園城寺長吏・天台座主を歴任して大僧正にすすんだ。〔参考〕寺門伝記補録一三、本朝高僧伝五一

**そうよう　僧鎔**　(享保八1723―天明三1783)浄土真宗本願寺派の学僧。姓は渡辺氏。字は子練《しれん》。空華、雪山と号する。越中の人。一一歳で明光寺の霊潭《れいたん》について出家し、善巧寺の嗣となり、京都に出て宗学を究め僧樸《そうぼく》門下の上首となった。諡は明教院。門下に人材が多く、その学派を空華轍《くうげてつ》といい、僧鎔・桑述・道隠の三名を空華三師という。著書、教行信証一渧録一六巻、二帖和讃集義方軌一二巻、無量寿如来会随聞記並同続編一〇巻、末灯鈔管窺録六巻など。〔参考〕本願寺通紀八、真宗僧宝伝四、本願寺派学事史、竜谷大学三百年史

**そうり-しゅきょう-もくろく　綜理衆経目録**　⇩衆経目録《しゅきょうもくろく》

**そうりゃく　僧䂮**　(　―後秦の弘始年

間399—415末)僧略とも書く。姓は傅氏。泥陽(陝西省耀州東南)の人。幼くして長安大寺弘覚に師事して三論に通じ、道安・法和と増一阿含経の考証に参加した。姚興に厚く敬重され、国内僧主に任じられた(中国における僧正の始まり)。僧肇・僧叡と共に鳩摩羅什の訳場に参じ、長安大寺で没した。年寿七〇或いは七三。〔参考〕晋書姚戴記一七、魏書釈老志二〇、出三蔵記集一四、高僧伝六

**そうりゅう　宗隆**　(応永三二1425—明応九1500)臨済宗の僧。字は景川。本如実姓禅師と勅諡された。伊勢の人。各地に師を求め、竜安寺の雪江宗深に謁してついに大悟した。大和興雲寺の開山に請じられ、文明七年1475大徳寺に住持し、次いで妙心寺・竜安寺などに歴住、細川政元に招かれて京都の大心寺を開いた。〔参考〕延宝伝灯録二八、本朝高僧伝四三

**そうりん-こうろん　叢林公論**　一巻。宋の者庵《しゃあん》恵彬《えひん》の著(淳熙一六1189)。北宋初期から当時までの禅門の古老および諸儒の逸話、遺訓などを集めて記録した随筆集。㊐二・一八・五

**そうりん-じ　双林寺**　①京都市東山区下河原鷲尾町。天台宗。金玉山と号する。延暦二四年805唐より帰朝した最澄が将来の天台密教疏五〇〇巻などを桓武天皇に献上したので、最澄のために天皇が尾張連定鑑に命じて創建させたと伝える。至徳元年1384国阿が時宗に改め、東山道場といったが、付近の霊山正法寺と国阿派の本寺を争い明治初年天台宗に復した。〔重文〕木造薬師如来坐像　〔参考〕雍州府志四・八　②群馬県北群馬郡子持村中郷。曹洞宗。最大山と号する。宝徳四年1452月江正文を開山として長尾景信が創建。上野・信濃・越後・佐渡などの曹洞宗寺院を統轄した。〔参考〕双林寺伝記

**そうりん-しゅう　叢林集**　九巻。恵空の著(元禄四1691、同一一再治)。真宗の教義・歴史・儀式など、全般にわたる綱要を記したもの。他宗の教義に注意をはらう者は多いが、真宗の法義に詳しい人が宗門内にかえって少ない時流を憂えてこの書を編纂したという。前六巻は義集と称して、三経の大綱・真宗の定義・本願・仏土・往生成仏・念仏・自力他力・現世利益・廻向・出世本懐など教義に関する四八項について詳論し、後三巻は事集と題し、本尊・寺院道場・荘厳・法衣・法事・葬儀などの具体的な問題、親鸞の事跡・法然・聖徳太子・七祖の相承などの宗学史、親鸞の墳墓・本願寺・仏光寺・専修寺・二十四輩などの教団史に関するもの合わせて三〇項を収めている。真全六三、真宗史料集成八　〔写本〕大谷大学蔵　〔刊本〕享保三1718刊、明治一四1881刊

**そうりん-せいじ　叢林盛事**　二巻。南宋の古月道融の著(慶元五1199)。見聞した禅家の道人賢者の善言善行や機縁の語を集めた書。㊐二乙・二一・一　〔刊本〕元禄四1691刊

**そうりん-りょうじょ-しゅち　叢林両序須知**　一巻。明の費隠通容の著(崇禎一二1639)。禅宗の清規の一。唐の百丈清規以後、禅林の規則が混乱をきたしたので、改めて細事に及ぶ条項を規定し、禅林の運営にたずさわる役職にあるもの(両序・両班)が心得ておくべき必須の事項を詳らかにする。㊐二・一七・一

**そうれい　葱嶺**　インド北部にあるパミール(Pamir)高原を指し、葱山・雪山ともいう。ヒンドゥークシュ・ヒマラヤ・崑崙・天山などの山脈が合し、アジアの屋根・世界の屋根と称されている。前漢の張騫の旅行(紀元前二世紀)以来、中国・西域と西方諸国やインドなどとの交通路となり、すでに漢書(一世紀)に葱嶺の名が見えている。中国とインドとの間の旅行者はほとんどここを通っている。多くの小国があったらしく、一時は唐に属して葱嶺鎮と呼ばれていた。ここに源を発しているパミール河は播蜜川と書かれ、パミールはまた波謎羅と音写されている。〔参考〕漢書西域伝六六上、法顕伝、西域記一二、洛陽伽藍記五、唐書西域列伝一四六上

**そうれん　宋濂**　(至大三1310—洪武一四1381)元末・明初の儒者。字は景濂《けいれん》。号は無相居士。文憲公と諡する。潜渓《せんけい》(浙江省金華県)の人。明の太祖に仕えて翰林学士となり、元史を編纂した。高僧と交わって諸宗の学に通じ、仏書の序や塔銘の作が多い。著書、護法録一巻のほか、宋学士全集四二巻に収める。〔参考〕明史一二八、居士伝三

七、金陵梵刹志一六

**そうろう　僧朗**　①生没年不詳。中国梁代の三論学者。大朗ともいう。朝鮮高句麗遼東城の人。南斉のとき摂山の法度に学び棲霞寺に住して華厳三論をひろめた。その奥義を僧詮《そうせん》(新三論の祖)に伝えた。南方に三論の興ったのはその力によるという。また宋末・斉初に敦煌で曇慶に三論を学んだこともあるという。〔参考〕高僧伝八　②(明和六1769—嘉永四1851)浄土真宗本願寺派の学僧。越後の人。異母兄興隆の嗣となり、天保二年1831勧学職にすすむ。著書、教行信証丙申記一五巻、観経四帖疏記一〇巻、華厳経探玄記丙戌録一〇巻、文類聚鈔記二巻など。〔参考〕学苑談叢後編

**そうろく　宗泐**　(延祐五1318—洪武二四1391)元末・明初の禅僧。姓は周氏。字は季潭《きたん》。号は全室。台州臨海(浙江省臨海県)の人。楊岐派一〇世の大訢《だいきん》の法を嗣ぎ、江浙の各地に化を振い、明の太祖に召されて金陵(江蘇省江寧県)天界寺に住した。洪武一一年西域に赴いて梵本を将来した。著書、般若心経・楞伽経・金剛経の三註のほか、詩文を収めた全室外集一〇巻がある。〔参考〕塔銘、増続伝灯録五、列朝詩集小伝閏集、金陵梵刹志一六

**そうろく-し　僧録司**　⇩宗教行政《しゅうきょうぎょうせい》

**そえん　祖円**　(弘長元1261—正和二1313)臨済宗の僧。字は規庵《きあん》。信濃の人。諡号は南院国師。鎌倉の無学祖元に参じてその法を嗣いだ。上洛して東福寺の無関普門に謁し、南禅寺の開創を助けた。正応四年1291南禅寺の二世となり、亀山上皇の帰依をうけて同寺の基礎を確立した。〔参考〕規庵和尚行状、延宝伝灯録九、本朝高僧伝二三

**そえん　楚円**　(雍熙三986—宝元二1039)北宋初期の禅僧。姓は李氏。石霜楚円と称し、慈明《じみょう》禅師と諡する。全州(広西省)清湘の人。臨済六世の汾陽善昭の法を嗣ぎ、潭州(湖南省長沙県)石霜山そのほかに住した。門下に黄竜慧南《おうりょうえなん》と楊岐方会《ようぎほうえ》がある。儒官の楊億《ようおく》、李遵勗《りじゅんきょく》も参禅した。語録一巻(二種)がある。生没年に異説がある。〔参考〕行実、広灯録一八、続灯録四、僧宝伝二一

**そおう　祖雄**　(弘安九1286—康永三1344)臨済宗の僧。字は遠渓《えんけい》。丹波の人。一九歳で得度受戒し、徳治元年1306元に渡って中峰明本に侍してその法を嗣いだ。正和五年1315帰国し、丹波へ帰って高源寺を開き幻住派の本寺とした。〔参考〕行実、延宝伝灯録五、続扶桑隠逸伝中

**そが-りょうじん　曾我量深**　(明治八1875—昭和四六1971)仏教学者。真宗大谷派の学僧。新潟県西蒲原郡味方村(現新潟市)円徳寺に誕生。旧姓は富岡氏。明治三二年真宗大学卒業。同年現新潟県見附市浄恩寺の養子(曾我姓)となる。同三六年疑謗による逆縁と称し、清沢満之の浩々洞に入る。翌年真宗大学研究院を経て、四四年まで同大学教授。大正五年1916から同一三年東洋大学教授。同一四年大谷大学教授に就任。昭和五年「如来表現の範疇としての三心観」が異安心書とされ教授を辞任。同一六年復帰して二四年まで同大学教授。同二六年大谷大学名誉教授。同三六から四二年同大学学長。法蔵菩薩は架空の存在ではなく、他力信仰の根源的主体であるとして、生涯法蔵菩薩の問題を探究した。また浄土真宗は親鸞の仏教史観であるといい、原始仏教から大乗仏教へ発展したとする近代の発展的仏教史観を批判したことで知られる。著書、救済と自証、親鸞の仏教史観、法蔵菩薩、教行信証「行の巻」聴記、曾我量深選集全一二巻、曾我量深説教集一〇巻、曾我量深講義集(現在一三巻刊行、続刊中)ほか多数。

**そかん　祖環**　生没年不詳。南北朝時代の曹洞宗の僧。字は無端《むたん》。能登の人。大乗寺の瑩山紹瑾《けいざんじょうきん》について得度し、明峰素哲・無外円照に参じてのち、峨山紹碩《がさんじょうせき》の法を嗣いだ。総持寺に出世し、越前祥園寺の開山となる。〔参考〕日本洞上聯灯録一一

**そき　祖輝**　(　—建武二1335)臨済宗の僧。字は独照。真覚禅師と勅諡された。京都の人。義翁紹仁の法を嗣ぎ、奥州の松島寺、筑前の聖福寺、相模の浄妙寺、京都の建仁寺、鎌倉の建長寺に歴住した。〔参考〕大日本史料六ノ二、本朝高僧伝二九

**そきょ-きょうしょう　沮渠京声**　生没

年不詳。北涼王蒙遜の従弟で安陽侯と称する。于闐国《うてんこく》で仏陀斯那から禅要秘密治病経を受け、高昌郡で弥勒上生経などを得て、北涼の永和年間433—39に禅要を漢訳した。涼の滅亡と共に劉宋に入り、居士として仏典の普及につとめ、その行儀は僧のようであった。訳経の部数については諸伝があるが、現蔵中にその署名のあるものが一六部一七巻ある。〔参考〕出三蔵記集二、居士伝四

**そきん　祖欽**　(南宋の嘉定一〇1217—蒙古の至元二四1287)南宋末期の禅僧。法欽ともいい、雪巌と号する。慧明禅師と諡する。婺州《ぶしゅう》(浙江省金華県)の人。楊岐九世の師範の法を嗣ぎ、江西湖南に化を振う。語録四巻がある。出身地に異説がある。〔参考〕増続伝灯録四、続稽古略一、続灯存稿四

**そく　即**　二つの事実がとけあって無差別一体となっていること。相即ともいう。例えば煩悩即菩提、生死即涅槃、娑婆即寂光などと用いられ、その意味は種々に理解される。吉蔵の大乗玄論巻一には、即には二つの事象が全く一体で不二の関係にあることを示す即是の即と、二つの事象の体は別ではあるが相離れない関係にあることを示す不相離の即との二種の意味があるとし、知礼の十不二門指要鈔巻上には、即に、二物相合《にもつそうごう》の即と背面相翻《はいめんそうほん》の即と当体全是《とうたいぜんぜ》の即との三種の意味があるとする。二物相合の即とは、別のものでありながら相離れない関係にあること。背面相翻の即とは、現象的な相《そう》(すがたかたち)は異なるが本質的な性《しょう》(本体、実体)においては一である関係にあること。当体全是の即とは、二物が一見、別のように見えてもそのもの自体においては別でなく、二であってしかも同時に一である関係にあること。また、即を時間的な関係から理解して、光が来るそのときに暗が去るような同時即と、悪い行為をすれば後に苦果を招くというような異時即とをわける。一乗仏教では、「即」は教理の骨子であって諸宗で種々に解釈される。①華厳宗では、現象的世界の事事物物はその体は互いに融けあって一体化し(相即)、そのはたらき(用)は互いに作用しあい、和しあって、さまたげがなく(相入)、そのままに絶対的世界のあらわれであるとして相即相入《そうそくそうにゅう》を説き、同体門・異体門についてそれぞれ同体相即・同体相入・異体相即・異体相入の説(一現象そのものの上において相即・相入を語るのと、諸現象相互の間においてこれを語るのと)を立てて、体の空・有について、一即十・十即一、一即多・多即一を説く。②天台宗では、すべての存在は本来的に三千の諸法(あらゆるものごと)を足らないものなく具えているので、体そのものからいえば仏も衆生も同等であるが、修行の階位からいえば差異があるという点で六即の説を立てる。即ち⑴すべての衆生はことごとく三千三諦の理を具えて、欠けることのないのを理即、⑵仏法を聞いて三千三諦の理を概念(名字)として理解し、仏教を疑わないのを名字即、⑶三千三諦の理を念々に観じつづけてゆくのを観行即(外凡《げぼん》五品弟子位)、⑷それによって三界のうちで起こす見思《けんじ》の惑が尽き、六根がきよらかになって真のさとりに相似するのを相似即《そうじそく》(内凡《ないぼん》六根清浄位)、⑸三千三諦の観が徹底して無明《むみょう》の惑がようやく晴れ、真如《しんにょ》の一部分が身にあらわれたのを分証即(分真即ともいう、初住から等覚までの四一位)、⑹完全にさとりつくして真如のすべてがあらわれたのを究竟即《くきょうそく》(妙覚位)とし、これによっていたずらに自己が仏と同等であると考える増上慢(おもいあがり)に陥ることなく、また自己は仏になり得ないと考える卑屈から免れるという。③真言宗では、即身成仏を説き、その即の意味について覚鑁《かくばん》は当体即・無礙即・常住即・相応即・輪円即・不離即・速疾即の七種の解釈をする。

**そく　触**　①㊵スパルシャ sparśa の訳。心所《しんじょ》(心のはたらき)の名。倶舎宗《くしゃしゅう》では十大地法の一、唯識宗では五遍行《ごへんぎょう》の一に数える。根(感官またはその機能)と境(対象)と識(認識する心)との三が遭遇する(和合する)ところに生じる精神作用で、主観と客観との接触感覚である。この場合、根・境・識はそれぞれ六種に分けられるから、従って触もまた六触(六触身、身は複数を表わす)に分けられる。即ち眼根《げんこん》と色境《しききょう》と

眼識《げんしき》との三が遭遇して生じた触は眼触で、耳《に》・鼻・舌・身・意の触もまた同様である。このうちで、前五触は所依の根が有対(二物がさまたげ合う性質、即ち対礙の性質を持っている)であるから有対触《うたいそく》といい、第六の意は名《みょう》即ち増語(「増」は増上の義で力が強く勝れていること、「名」は勝れた強いことばであるから増語といわれる)を対象として起こるから増語触という。次に述べる②の触が身根の対象としての所触であるのに対して、これは能触である。この触から次に受(印象感覚)を生じるが、この受に三受の区別があるから、従って触にも三種あるとされる。即ち楽受を生じる触は順楽受触で、苦受・不苦不楽受を生じる触は、それぞれ順苦受触・順不苦不楽受触である。また十二縁起の第六支は触で、有部《ぶう》ではこれを嬰児期と解釈する。②(梵)スプラシュタヴヤspraṣṭavyaの訳で、触れられるべきものの意。そのために、所触とも訳す。即ち身根(触覚を司る感官、即ち皮膚またはその機能)によって感覚される対象としての触れられるべき対境をいい、五境、六境の一に数えて触境という。これに十一触の種類がある。地・水・火・風の四大種(能造の触)と滑・渋(ざらっぽい)・重・軽・冷・饑・渇(所造の触)である。

**ぞく-いっさいきょう-おんぎ**　**続一切経音義**　⇩一切経音義《いっさいきょうおんぎ》

**ぞく-けごんぎょうりゃくしょ-かんじょう-き**　**続華厳経略疏刊定記**　一五巻。唐の慧苑《えおん》(生没年不詳)の著。成立年不詳。華厳刊定記、刊定記とも略称する。法蔵の弟子である静法寺慧苑が新訳華厳経八〇巻を註釈したもの。冒頭で慧苑自らが述べているように、師の法蔵が最晩年に新訳華厳経の略疏の撰述を志し、中途で没したため、弟子の慧苑がこれを承け継ぎ刊定記として完成させたものである。内容は(1)教起所因、(2)蔵部所摂、(3)顕教差別、(4)簡所被機、(5)能詮教体、(6)所詮宗趣、(7)顕義分斉、(8)部類伝訳、(9)具釈題目、(10)依文正釈の一〇門に開いて経を釈している。本書のなかで師の五教判を否定して新しい四種教を立てたり、十玄説に変更を加えたりしたので、後の澄観の華厳経疏で指弾された。しかし華厳宗内の人々が慧苑を背師背流として扱うのは妥当ではなく、法蔵の教学をむしろよく継承したというべき点も多い。日本にも本書は早く伝えられ、天平年間729—49以来凝然(1240—1321)以前は、新訳華厳経の講説に本書が指南の役割を果たしていた。(続)一・五・一—二

**ぞく-こうそう-でん**　**続高僧伝**　三〇巻。唐高僧伝、唐伝ともいう。唐の道宣の著(貞観一九645)。梁の慧皎《えこう》の高僧伝(梁高僧伝)に続いて、梁初から唐の貞観一九年まで一四四年間の高僧三四〇人、付伝六〇人の伝記。訳経・義解・習禅・明律・護法・感通・遺身・読誦・興福・雑科の一〇科に分け、各科の末に史論を挙げる。巻数および載録人数に異同があるが、玄奘の伝など貞観一九年完成以後の記事があることから、その後もしばしば追補されたものであろう。梁高僧伝が江南は詳しく北地は粗略であるのに反し、本書は南北の統 以後の作で、北地に詳しく特に政権との関係に深い注意を払っているのが特徴である。(大)五〇、国一史伝部八—一〇〔参考〕大唐内典録

**ぞくじ-にしん**　**即事而真**　事に即してしかも真という意。触事而真とも書く。生滅し差別のある現象の事物がそのまま常住平等の真理であり、真理は現実の事象をはなれて別にあるものではないという意味をあらわす語。即事の真《そくじのしん》ともいう。三論宗・天台宗・華厳宗などの顕教でも、真言宗即ち密教でも説くが、その差異について、真言宗では顕教の説は現象(相)するものの本体(性)は絶対平等の真如《しんにょ》であるという点から、相を性におさめる摂相帰性の立場であるのに対して、密教の説は現象自体がそのままただちに真理そのものであることをいう性相法爾《しょうそうほうに》の立場であるとする。なお、天台宗では即事而真の語を通教で説く空《くう》の意味をあらわすのに用いる。

**ぞくじゅう**　**賊住**　賊盗住、賊心入道ともいう。賊心をもって住むの意。即ち利得や生活のため、または教えを盗むために出家して教団(僧伽《そうぎゃ》)の中にある者のこと。或いは年が二〇歳に満たず正式には具足戒

を受けない者が、受けた者の中に伍していることをいう。

**そくしん-じょうぶつ　即身成仏**　現身成仏、現生成仏ともいう。菩提心《ぼだいしん》を発してから三大阿僧祇劫《あそうぎこう》などの長い修行歴程を経て仏になるのではなくて、現在のこの身のままでただちに仏になること。一乗仏教では、心と仏と衆生との三は別のものでなく、その本性は真如《しんにょ》であるから、迷いと悟り、凡夫《ぼんぶ》と聖者という区別はもの自体にはないと説く。これを具体的に現実のこの身についていったのが即身成仏である。①法華経巻四提婆達多品には、八歳の竜女《りゅうにょ》が現身のままで仏になったと説き、このことを聞いた多くの衆生は必ずさとりの果に至ることに定まった不退転の位に上り、また未来に仏になるとの記莂《きべつ》を受けることができたとする。天台宗では、この説に拠ってすべての衆生が法華経の経力によって即身成仏することを説く（最澄の法華秀句巻下）。なお円教の菩薩《ぼさつ》の階位を六即として説くが、このうち、第一の理即（理即仏の意）はすべてのものが本来的に本性として真如を具えている点から即ち仏であるというのであって、ここでは成仏・不成仏を論じないとし、第二の名字即以上について即身成仏を語る。②華厳宗《けごんしゅう》では、孔目章巻四に、五種の疾得成仏《しっとくじょうぶつ》（すみやかに仏になることを得る）を挙げる。即ち、⑴勝身《しょうしん》（転輪聖王の子や兜率天子《とそつてんし》のように生まれつき勝れた身をうけた者が現身に成仏する）・⑵見聞《けんもん》（すぐれた教えを見聞して信が定まり、仏の十力を証してさとりを得る）・⑶一時（善財童子が善知識の処で一時に普賢法《ふげんほう》を得たような場合をいう）・⑷一念（俗諦《ぞくたい》の念によっても普賢法にかなえば一念に成仏する）・⑸無念（すべてのものが不生不滅であることを理解して真仏を見る）をいう。このようにして華厳経には勝身のものの現身成仏をも説くが、また分段生死《ぶんだんしょうじ》の果報について、見聞・解行《げぎょう》・証入の三生を経て仏になるという三生成仏をも説く。しかしこれは迷悟・因果の次第を明らかにしたものであって、実をいえば衆生は唯一の法性身《ほっしょうしん》中に成仏するのであって、即ち瞬間瞬間の一おもいの心ごとに成仏するというのが正しく、また衆生は本来成仏しているのであるとする。華厳経探玄記巻三には三種成仏を説き、⑴位成仏（初住の位に入れば成仏する）、⑵行成仏（一々の行が完成する時に成仏する）、⑶理成仏（衆生は本来的に仏である）とする。なお初住の位〈⇩菩薩の階位《ぼさつのかいい》〉は十信の満位に相当するから、この位で成仏することは菩薩の階位からいえば信満成仏と結局同一であるが、円教はもとより無位であり解行（智解と行業）であるから、信満成仏は位成仏ではなくて行成仏であるとする。また日本の高弁は法蔵および李通玄の説をうけて、凡夫が現在のこの一生に成仏することをとくに強調した。③真言宗では、とくに即身成仏を強調し、父母から生まれた肉身のままで仏の究極的なさとりの位に上る（父母所生身即証大覚位）とする。即ち、密教では宇宙を構成する物的・心的な要素としての六大が法界《ほっかい》の体性であり、仏も衆生《しゅじょう》もその住む環境もことごとくはこの六大から造られたものとして、互いにさまたげずに和しあい入りこみあって、共に四種曼荼羅《まんだら》（四曼）の相を具えており、また仏にも衆生にも身・語・意の三つの不思議なはたらき即ち三密《さんみつ》があるとする。この六大・四曼・三密を体・相・用《ゆう》の三大と称し、仏と衆生との三大は互いに区別がなく、その三密もまた互いに融けあってさまたげないから、仏と衆生とは平等であるとして、これを即身といい、衆生はこの意義をよく観察して、手に印を結び、口に真言をとなえ、心を三摩地《さんまじ》に住まわせれば、仏と衆生とは全く一体になり、衆生の肉身において衆生が本来的に有する仏の法身《ほっしん》を証して成仏するとする（空海の即身成仏義）。なお、即身成仏の意味について、⑴理具成仏（すべてのものに理として本来的に法身のさとりが具わっている）・⑵加持成仏《かじじょうぶつ》（三密加持によって自身に本来ある仏をあらわし出す）・⑶顕得成仏（修行が完成して円満なさとりを得る）の三種即身成仏を分ける。④日蓮宗では、即身成仏には、⑴当体即成（衆生のそのままの本性がただちに仏である)、(2)受持即成(妙法蓮華経の五字の題目を身に受け持《たも》って苦行の力をかりずにおのずから究極的なさとりを完成する)・(3)修得顕現(修行が完成して円満なさとりをあらわす)の三義があるとし、このうち、受持即成を宗の正意としてこれを受持成仏といい、またこれは信のみで慧がない名字即《みようじそく》の位で即身成仏するものであるから名字成仏とも称する。なお迹門《しやくもん》の即身成仏は単に理としての理具の即身成仏であるが、本門の即身成仏は具体的な事の即身成仏であるという。

**そくしん-じょうぶつ-ぎ　即身成仏義**　一巻。空海(774—835)の著。成立年不詳。即身義ともいう。真言密教の根本教義である即身成仏の義を説いたもの。他宗の宗義はいずれも、三劫成仏(歴劫《りやっこう》成仏)の説をとるのに対して、肉身そのままで仏と平等なさとりが得られるとする。まず金剛頂経・大日経・菩提心論から即身成仏に関する八箇の証文を引いてその根拠を明らかにし、次に大日如来・金剛薩埵・竜猛・竜智・金剛智・不空・恵果・空海と次第して相承された二頌八句(八祖相承の偈)を挙げ、そこに説かれる六大・四種曼荼羅・三密をそれぞれ体・相・用に配し、それぞれが互いに凝げなく融けあっているから即身成仏の理があるとする。この理によって、衆生は手に印を結び、口に真言を唱え、心を三昧に住まわせれば仏と一体となり、衆生が本具する法身を証して成仏すると説く。本書は声字実相義・吽字義とともに三部書と称され、また十巻章の一に数えられる。真言宗の基本祖書として重んじられ、多くの註釈が作られた。高野山に空海の真筆本を伝えるが、一説には直弟子真雅の筆ともいう。また他に六種の異本があるが、いずれも空海の真筆とは認められない。弘法大師全集三、㊅七七、国一諸宗部二〇　〔伝真筆〕高野山御影堂蔵　〔写本〕高山寺蔵、大谷大学蔵(仁平三1153写、奥書)　〔刊本〕建長三1251刊、永禄五1562刊、元和二1616刊、享保一七1732刊　〔註釈〕覚鑁・章一巻、道範・鈔一巻、頼瑜・顕得鈔三巻、性心・鈔四巻、杲宝・東聞記一〇巻、同・伝宝記六巻、宥快・鈔一〇巻、覚眼・撮義鈔二巻、曇寂・私記五巻

**そくしんねんぶつ-あんじんけつじょう-だんぎ-ぼん　即心念仏安心決定談義本**　一巻。天台宗の霊空光謙の著(享保一二1727)。自心に即して阿弥陀仏、極楽浄土を観じ、念仏することを説いた説教本。即心成仏について(1)起源、(2)四字の義理、(3)念仏のしかた、(4)往生は無生であること、(5)末世の要行は即心念仏であること、(6)功徳利益、(7)廻向発願のことを説き、理観の念仏を修し唯心の浄土往生を期すべきことを勧めて法然を批判した。そのため大きな反響をよび、特に宗内の義瑞、浄土宗の殊意癡・無名子・竜空、華厳の鳳潭などから強い反論を受けた。仏全九八、続浄全一三　〔刊本〕享保一三刊

**ぞくぜんごん　続善根**　⇩断善根《だんぜんごん》

**ぞくたい-じょうじゅう　俗諦常住**　俗諦不生不滅《ぞくたいふしょうふめつ》、世法常住、世間相常住ともいい、世俗のものごとも真諦と同じく生じたり滅したりするものでなく、永遠不滅であるという意味〈⇩二諦《にたい》〉。これは真諦と俗諦とは別のものでないから、真諦が不生不滅であると同様、俗諦もまた常住であるというのであって、法華経巻一方便品に、世間相常住の語があり、真俗不二を説く天台宗でこの趣旨が論じられ、日本の中古天台では俗諦常住が重要な論議題目としてとりあげられた。

**そくでん　即伝**　室町時代の豊前彦山の修験者。不莫法印阿吸房《あきゅうぼう》と号す。筑前の人。永正六年1509下野日光山から豊前彦山に来て、華蔵院の承運から彦山累代正先達を拝受。その後大永四年1524から五年にかけて信州戸隠山や加賀国那谷寺を遍歴し、大和国吉野郡金剛山寺西蔵院にも住した。各地霊山の入峰儀礼を採用し、彦山流の修験道儀軌の整備に尽力、その編述は大永年間1521—28から永禄元年1558に及んでいる。著書、三峰相承法則密記、柱源秘底記三巻、修験修要秘決集三巻、修験三十三通記二巻、彦山修験秘訣印信口決集、修験頓覚速証集二巻。

**ぞく-でんとう-ろく　続伝灯録**　①三六巻。別に目録三巻。明の円極居頂《えんごくこちょう》(—1404)の編。成立年不詳。禅宗の史伝書の

一で、明版南蔵の完成を機として勅によって編し、洪武二四年1391に直ちに入蔵された。景徳伝灯録のあとを継ぎ、北宋初期より南宋末に至る伝灯相承の次第を記し、入道の機縁、垂示の語句などを記録したもの。大鑑下一〇世の汾陽善昭・雪竇重顕《せっちょうじゅうけん》・梁山縁観などより二〇世天目文礼に至る三千一一〇人の祖師を挙げる(但し、史伝および機縁語句の無いもの一九〇七人)。編集の目的は、景徳伝灯録以後の五灯録および五灯会元などの灯史類の分類が、各宗派別にまとめられているために、検出に不便であるのを改め、すべて分派によらず大鑑下何世として、これを統一しようとしたものである。自序は明蔵本にはないが、円庵文集に収められ続蔵本の巻首に転載されている。(大)五一 ②増集続伝灯録。六巻。明の南石文琇の著(永楽一五1417)。続伝灯録のあとを継承し、大鑑下一八世より二五世に至り、宋末より明初に及ぶ史伝書。(続)二乙・一五・四―五

**ぞくとう-しょうとう　続灯正統**　四二巻。別に目録一巻。清の別庵性統の編(康熙三〇1691)。禅宗の史伝書の一で、五灯会元のあとを継いで、南宋より清におよんでいる。当時、同種の史伝の編集が多くなされたが、それぞれの属する法系に偏しているのを批判し、各派を通じて公平に立伝しようとした。臨済下では大慧宗杲《だいえそうこう》および虎丘紹隆《こきゅうしょうりゅう》以降、曹洞下では雪竇智鑑《せっちょうちかん》以後、編者の時代までの二宗の歴代祖師約二千三〇〇名の伝灯相承と機縁の語句を収める。(続)二乙・一七・三―五

**ぞくとう-ろく　続灯録**　⇩建中靖国続灯録《けんちゅうせいこくぞくとうろく》

**ぞくとく-こく　粟特国**　西域の古国の名でパミールの西、アム・ダリヤ河とシル・ダリヤ河との中間のソグディアナ Sogdiana 地方をいう。現在のソヴィエト連邦のウズベク・タジク両共和国の南部にあたる。米・麦などの穀物をはじめ農産物が多く、ブドウ酒の産地としても古くから知られていた。サマルカンド Samarkand がその中心である。もとペルシア帝国の一州であったが、アレクサンダー大王の東征によりその版図に入り、ついでバクトリア王国の一部となった。前漢の時代には康居国に属し、その後は大月氏、エフタル、クシャーナ王朝、ササン朝ペルシア、突厥《とっけつ》に相次いで支配された。南北朝時代にはこの地を胡と称したこともあり、玄奘は窣利と称している。古来、東西交易の中心地の一つで、住民はイラン系で、ソグド語を用い、ゾロアスター教を奉じていたが、八世紀以降アラビア人の侵入によりイスラム教に転向した。一三世紀にチンギス・ハンの侵略で一時荒廃したが、一三六九年ティムールによって復興され、イスラム文化が発達した。一八六八年ロシア軍に占領され、以来ロシア―ソヴィエト連邦に所属する。ソグド語は中期イラン語の東方方言の一つであるが、商業などを媒介として一種の国際語となり、東西両トルキスタン地方に広く用いられた。近年中央アジアから多くの文献が発見された。ソグド語の仏典もスタイン A. Stein やペリオ P. Pelliot によって敦煌などから発見されている。〔参考〕後漢書西域伝七八、北史西域列伝八五、西域記一

**ソグド-ご　ソグド語**　ソグド(粟特《ぞくとく》)人の言語。中期イラン語の東方方言の一つで、古代から一二世紀頃まで、主として西トルキスタンのソグディアナ地方(粟特国)で用いられた。最盛期にはイラン系住民の交易の広がりに伴って、東西トルキスタン一帯で一種の国際語として使用された。書写にはペルシアのアラム文字に起源するソグド文字が用いられた。ソグド文字は、子音字のみの表音文字で、数種類の書体が残されているが、いずれも右から横書きする。敦煌からソグド語の仏典が多数出土しており、これらはすべて大乗経典で、漢訳からの重訳も多い。また書簡・碑文・貨幣銘文なども各地で発見されている。一三世紀のチンギス・ハンのソグディアナ侵略によりソグド語は急速に衰退した。現在その系統をひく言語はソヴィエト連邦タジク共和国のヤグノーブ地方に残るのみである。

**ぞく-にほん-こうそう-でん　続日本高僧伝**　一一巻。道契《どうけい》の著(慶応三1867)。師蛮の本朝高僧伝に続いて、近代における

諸宗の高僧二四三人の伝記を集めたもの。仏全一〇四　〔刊本〕明治一二1879刊、同一七刊

**そくひ　即非**　⇩如一《にょいち》

**ぞく-ふそう-いんいつ-でん　続扶桑隠逸伝**　三巻。義堂の著(宝永四1707自序)。元政の扶桑隠逸伝に続いて、古今の隠士九三人の事跡を記述したもので、その多くは僧侶である。宝永七年の法弟月潤の跋がある。〔刊本〕正徳二1712刊

**ぞくほう　続法**　(崇禎一四1641―雍正六1728)清代の華厳宗の学僧。成法とも呼ぶ。字は柏亭。号は灌頂。杭州慈雲寺の明源の付嘱を受けて雲棲袾宏五世の法孫となった。華厳宗の教観だけでなく諸宗の学に通じ、慈雲・崇寿などの諸寺に歴住して著作に専念した。著書には、華厳・金剛・楞伽などの経疏二六部一五〇巻がある。〔参考〕阿弥陀経略註自序、般若経事観解序

**ぞく-ほんちょう-おうじょう-でん　続本朝往生伝**　続日本往生伝ともいう。一巻。大江匡房の著(康和年間1099―1104)。慶滋保胤の日本往生極楽記にもれたものと、それ以後康和年間までの僧俗四二人の往生伝を記したもの。群書五、仏全一〇七、続浄全六、日本往生全伝六、日本思想大系七　〔刊本〕万治二1659刊、延宝二1674刊

**そくもく　足目**　⇩アクシャパーダ

**そくりょ-ぎょうしん　息慮凝心**　禅定を修めること。思慮分別をやめ(息慮)、心を散らさず一つの対象に専注する(凝心)こと。

**そげん　祖元**　(南宋の宝慶二1226―日本の弘安九1286)南宋の禅僧。字は子元。号は無学。諡号は仏光禅師、また円満常照国師と追諡された。明州慶元府の人。杭州浄慈寺の北磵について出家し、径山《きんざん》の無準師範に参じてさとる所があり、石渓心月・偃渓広聞に参じてのち物初大観に謁して大悟した。台州の真如寺に住したが、元の進攻に対して難を温州の能仁寺に避け、剣をつけつけられても動ぜずに偈を説いた逸話が伝えられる。祥興二年1279（同三とも）北条時宗に招かれて来朝し、鎌倉の建長寺に住し、弘安五年円覚寺を開いた。語録に仏光録一〇巻がある。〔参考〕無学禅師行状、元亨釈書八、本朝高僧伝二二

**そごうこう　蘇合香**　㊵トゥルシュカ turuṣka の訳。都盧瑟迦《とろしか》、突縮迦と音写し、酥合香、合諸香草とも訳す。諸種の香を混和して製した一種の香汁。

**そこん　楚金**　(聖暦元698―乾元二759)唐代中期の僧。姓は程氏。大円禅師と諡する。盩厔《ちゅうしつ》(陝西省盩厔県)の人。天台を慕い法華三昧を行じて、しばしば多宝塔を感見し、玄宗の帰依で長安の千福寺に多宝塔院を創建した。西安に現存する多宝塔感応碑は、表が真卿の書、裏が飛錫《ひしゃく》の文として知られる。〔参考〕宋高僧伝二四

**そし　祖師**　一宗一派を開いた人(開祖)、およびその教えの系統を伝えた人(列祖)をいう。開祖には、宗祖・派祖の別があり、例えば源空は浄土宗の宗祖、証空は浄土宗西山派の派祖である。また浄土宗では善導を高祖、源空を元祖《がんそ》、真宗では源空を元祖、親鸞を宗祖または高祖とよびならわし、日蓮宗でも日蓮を高祖と敬称する。また、五祖、七祖、九祖などとその教系の主な祖師をえらんで特に尊崇することがある。⇩相承《そうじょう》

**そし-え　祖師会**　宗派の開祖の忌日に行う法会の総称。禅宗において、列祖の画像を陳列して供養するものをいい、中世、東福寺などで盛んに行われた。

**そし-せいらい-い　祖師西来意**　西来祖師意、西来意ともいう。禅宗の公案の一。禅問答の代表的なもので、「祖師菩提達磨が西天より中国に来て禅法を伝えた意図、目的は何か」の意。その意義を究めることが仏祖悟道の根本精神をあきらかにすることになるので、五祖弘忍の弟子の慧安の時以来さとりの機縁になる語としてさかんに問題とされ、その答話も各人各様であるが、とくに馬祖四句百非・趙州《じょうしゅう》柏樹子《はくじゅし》・香厳《きょうげん》上樹《じょうじゅ》・臨済無意・香林坐久成労などの公案が共にこれに関連している。〔原典〕禅林類聚四

**そしつじ　蘇悉地**　㊵スシッディ susiddhi の音写。訳して妙成就という。密教で、真言などを誦持することによって完成される極めて勝れた妙果のこと。蘇悉地羯囉経

に基づいて修める秘法を蘇悉地法といい、またこの経に基づいて修める灌頂《かんじょう》を蘇悉地灌頂という。⇩悉地《しっじ》

**そしつじ-から-きょう　蘇悉地羯囉経**　三巻。蘇悉地経と略称する。唐の輸波迦羅《しゅばから》(善無畏)の訳。高麗本・宋本・和本の三版があって多少異同が見られる。チベット訳もあり、ほぼ麗本に合致する。蘇悉地羯囉は(梵)スシッディカラ susiddhikara(妙成就作業と訳す)の音写。五部秘経の一、また三部秘経の一として重んじられる密教の経典。三七品(宋本・和本は三四品)に分けて、仏部・蓮華部・金剛部の三部にわたって種々の成就法を説く。大日経・金剛頂経に先立ち、その成立に大きな役目を果たしたと考えられている。この経に基づき三部についての供養法を説くものに善無畏訳の蘇悉地羯羅供養法三巻がある。(大)一八、[国一]密教部五〔註疏〕円仁・略疏七巻(大)六一)

**そしつじ-たいじゅ-き　蘇悉地対受記**　一巻。成立年不詳。台密三部の大意を記し、次に受触印以下八三印と著衣真言と臂釧法と腰線法とを一々諸師の説を引用して解説したもの。撰者は安然(841―89)とする説もあるが不詳。(大)七五

**そしつじ-ほう　蘇悉地法**　金剛界法・胎蔵界法と並んで台密で三部大法といわれるものの一で、蘇悉地羯囉経《そしつじからきょう》によって修する法。台密では東密と異なって金・胎両部は而二であり、別に両部不二を示す最深の法があるとし、この蘇悉地法がそれであるという。東密ではこの法を胎蔵界に合わせるから両部大法となり、蘇悉地法を別立するのが台密の特色である。

**そしゅん　楚俊**　(元の中統三1262―日本の延元元1336)臨済宗の僧。字は明極《みんき》。元の明州慶元府の人。径山・霊隠・天山・浄慈の諸寺の第一座となる。至順元年1330六九歳で日本に渡り、後醍醐天皇に召されて仏日焔慧禅師の号を賜った。摂津に広厳寺《こうごんじ》を開き、北条高時に招かれて建長寺に住した。のち南禅・建仁の両寺に歴住し、延元元年再び広厳寺に帰った。楠木正成に禅要を示したと伝えるが疑わしい。〔参考〕大日本史料六ノ三、塔銘、本朝高僧伝二六

**そしょく　蘇軾**　(景祐三1036―建中靖国元1101)北宋中期の文人官僚。字は子瞻《しせん》。東坡《とうば》と号する。諡は文忠公。眉山(四川省眉山県)の人。嘉祐二年1057の進士。英宗・神宗らに仕えた。廬山の常総や了元らの禅僧と交わり、詩文と書にすぐれた。東坡全集一一五巻があり、仏教関係の著書に東坡禅喜集九巻がある。〔参考〕宋史三三八、宋人軼事彙編一二、普灯録二三、居士伝二六

**そしょ-こうよう　祖書綱要**　二三巻。日導の著(天明五1785)。日蓮の観心本尊抄を中心とし、その他の諸種の遺文を抜粋してこれを類従し、所見を加えて本化別頭の教観を宣揚したもの。六四章に分け、各章下に大意を挙げ、その中に数百の小条目を設けて宗義を論究する。草山集・峨眉集と合わせて日蓮宗の三大宝策と称される。のち越後妙光寺日寿が寛政一三年1801刪略して七巻とし、祖書綱要刪略と名づけ、翌享和二年1802に刊行した。〔刊本〕明治三五1902年刊

**そしん　祖心**　(天聖三1025―元符三1100)北宋中期の禅僧。姓は鄔《う》氏。宝覚禅師と諡する。晦堂《かいどう》と号する。南雄始興(広東省始興県)の人。黄竜山《おうりょうざん》(江西省南昌県西)の慧南に参じ、師席を嗣いだ。詩人黄山谷と交わる。語録一巻がある。〔参考〕続灯録一二、僧宝伝二三

**そせい　素性**　生没年不詳。延喜九年909一〇月までは生存。平安時代の歌僧。良岑宗貞(僧正遍昭)の子。清和天皇に仕えて左近衛将監に任じられたが、父の勧めにより兄と共に出家し、雲林院および石上良因院に住した。和歌をよくし、その詠歌は多く古今集に入集し、後世三十六歌仙の一人に数える。素性法師集一巻がある。〔参考〕三十六歌仙伝

**そせき　疎石**　(建治元1275―観応二1351)臨済宗の僧。字は夢窓《むそう》(夢牕)。伊勢の人。九歳で甲斐平塩山の空阿の室に入る。奈良に遊学の後、禅に心を寄せて永仁二年1294建仁寺の無隠円範を訪ねた。鎌倉に諸師を歴訪し、のち一山一寧に侍し、高峰顕日の法を嗣いだ。正中二年1325後醍醐天皇に召されて南禅寺に住し、ついで鎌倉の浄

夢窓疎石花押

智寺・円覚寺を董し、甲斐に恵林寺を開いた。元弘三年1333勅により京都の臨川寺に住し、翌年南禅寺に再住した。延元四年1339後醍醐天皇が没したので、足利尊氏が追善のために天竜寺を建て、疎石を開山にむかえた。その他、等持院・真如寺・西芳寺などを開いている。北朝の光明院から夢窓正覚心宗国師の号を特賜され、没後に普済・玄猷・仏統・大円の国師号を追諡された。著書、語録五巻、夢中問答三巻、臨川家訓など。〔参考〕大日本史料六ノ一五、国師年譜、本朝高僧伝二七

**そせん　祖先**　（紹興六1136—嘉定四1211）南宋中期の禅僧。姓は王氏。破庵《はあん》と号する。広安（四川省広安県）の人。楊岐七世の密庵咸傑《みったんかんけつ》の法を嗣ぎ、蜀および江浙の六所に法を弘めた。門下に無準師範《ぶじゅんしはん》がある。語録一巻がある。〔参考〕行状、仏祖歴代通載二〇、増続伝灯録二

**そぜん　祖禅**　（永仁六1298—応安七1374）臨済宗の僧。字は定山。諡号は普応円融禅師。相模の人。出家して東福寺の双峰源に師事し、京都の大聖寺・筑前の承天寺、更に東福寺・南禅寺に歴住した。貞治六年1367続正法論を著わして山門寺門を非難したため、山門の強訴をうけ、祖禅は流罪となり南禅寺楼門が破却された。〔参考〕延宝伝灯録一三、本朝高僧伝三二

**そぞう　祖像**　一宗一派の開山とその宗派の系統に列する高僧を、彫刻や絵画にあらわしたもの。祖師像、祖影ともいう。中国の唐代以来盛んに行われた。日本に現存する古い彫刻では、天平時代作の法隆寺蔵の行信像（国宝）、唐招提寺蔵の鑑真像（同）、藤原時代初期作の岡寺蔵の義淵像（同）などが有名である。絵画では教王護国寺（東寺）に真言七祖像が現存し（国宝）、その中の竜猛と竜智の二画像は弘仁一二年821日本で図写されたもので、金剛智以下の五祖像は、伝来の確実な中国唐代の絵画として貴重。そのほか祖像といわれるものに、法相六祖像・浄土五祖像・真宗七高祖像・禅宗八祖像・禅宗四十祖像などがある。

**そていじえん　祖庭事苑**　八巻。北宋の睦庵善卿《ぼくあんぜんきょう》の著（大観二1108）。禅宗の事典の一種で、当時の修行者が参禅弁道に際して問答の語に通じていないのを歎き、雲門文偃《ぶんえん》・雪竇重顕《せっちょうじゅうけん》・天衣義懐・風穴延沼・法眼文益・天台徳韶などの語録、および池陽百問・八方珠玉集・証道歌・十玄談などからおよそ二千四百余の事項を選んで、一語ごとに詳細な解説を加えたもの。巻首に四明法英の序があり、現行本は巻尾に師鑑と紫雲との紹興二四年1154重刊の跋がある。別に桂洲道倫の続祖庭事苑があり、山崖漫録・円悟心要・霊源筆語などの註を収めているが、編者の伝歴や年代などは不詳。(続)二・一八・一〔参考〕積翠軒文庫所蔵禅籍善本目録

**そていしなん　祖庭指南**　一巻。詳しくは祖庭嫡伝指南という。徐昌治の著（清の順治九1652）。禅宗の史伝書の一。過去七仏より、西天の二八祖、東土の六祖以下、三五世費隠通容に至る列祖の伝灯相承の次第と、略伝および機語を記録したもの。著者は費隠通容の法嗣で、別に高僧摘要、無依道人録などの著書がある。(続)二乙・二一・三

**そてつ　素哲**　（建治三1277—観応元1350）曹洞宗の僧。字は明峰。加賀の人。叡山に学び、のち加賀の大乗寺で瑩山紹瑾《けいざんじょうきん》に参じた。諸方に遊化し、元亨1321—24の頃能登の永光寺に瑩山を請じて第一座となる。越中に光禅寺を開いた。〔参考〕日本洞上聯灯録一

**そどうしゅう　祖堂集**　二〇巻。南唐の静・筠の共著（南唐の元宗一〇（後周の広順二）952）。静と筠の師である浄修文僜が序文を付している。初期禅宗史伝の書の一で、唐代の宝林伝の伝法説を継承し、過去七仏より初祖大迦葉・三三祖を経て、南岳下七世臨済の孫弟子、青原下八世雪峰の孫弟子におよぶ二五七人（内に機語のないもの一四人）の祖師の伝灯相承の次第と機縁の語句を載録し、景徳伝灯録以後の史伝に見られない多くの偈頌歌行や朝鮮禅教史に関する資料を含む。編集以来、不幸にして中国で散逸していたが、朝鮮の高麗高宗の三二年1245に開版された麗蔵補版のなかに遺存し、

大正初年に発見された。〔刊本〕昭和三五1960刊(花園大学祖録研究会覆印)

**ソナム・ギャムツォ　Bsod-nams rgya-mtsho**　(1543—1588)　第三代のダライ・ラマ。蒙古のアルタン・カーンに招かれて内蒙古に入り(1578)、黄帽派の仏教を広くその地に浸潤させ王を教化した。この時アルタンより持金剛ダライ・ラマの称号を得、ここに称号としてのダライ・ラマが生まれた。〔参考〕聖武記

**そのう　祖能**　(正和二1313—永和三1377)臨済宗の僧。字は大拙。鎌倉の人。比叡山で得度受戒、ついで諸寺の禅師を歴訪し、康永元年1342同志と共に元に渡った。延文三年1358帰国、肥後の永徳寺で教化に尽くし、のち常陸楞厳寺《りょうごんじ》に住した。その法流を大拙派という。諡号は広円明鑑禅師。〔参考〕延宝伝灯録六、本朝高僧伝三三

**そのだ-しゅうえ　薗田宗恵**　(文久三1863—大正一一1922)仏教学者。浄土真宗本願寺派の僧。泉州小島教円寺に生まれ、和歌山妙慶寺の嗣となる。明治二五年1892東京帝国大学卒業。同三二年布教のため北米サンフランシスコ駐在を命じられ、ついで欧米に留学して哲学・梵語学・宗教制度を研究し、同三八年仏教大学(現竜谷大学)学長となる。とくに本願寺派の学校制度、学事に尽くした。著書、聖徳太子、仏教通観、仏教と歴史など。〔参考〕薗田宗恵・米国開教日誌

**そばか　蘇婆訶**　⇩そわか

**そはく　祖柏**　生没年不詳。元代の禅僧画家。字は子庭。姓は史氏。鄞県(浙江州寧波)の人。好んで乞食を常としたが、至正年間1341—67の初年頃、嘉定に寓居した。水墨画をよくし、同時代の雪窓普明と並び称される。作品は石菖蒲図(東京梅沢記念館蔵)などがあり、詩文集に不繫舟集がある。

**そばこどうじ-しょうもん-ぎょう　蘇婆呼童子請問経**　①三巻。唐の輸波迦羅《しゅばから》(善無畏)の訳(開元一四726)。蘇婆呼は㊵スバーフ Subāhu の音写で妙臂と訳す。異訳として宋の法天の訳の妙臂菩薩所問経(四巻)があり、チベット訳もある。蘇婆呼童子の問いに執金剛大薬叉将が答えて、七八の問題について解説する形をとって、密教行者の則るべき行儀を説く。②二巻。訳者不詳。①と同様な構成で、真言法の成就するすがたを明らかにする。ともに㊅一八、国密教部二

**そま　蘇摩**　㊵ソーマ soma の音写で、素摩とも書く。古代インドのバラモン教の祭式で神々に捧げられる興奮性の飲料。またその原料となる植物の名。ソーマおよびこれを捧げるソーマ祭はヴェーダ聖典においてきわめて重要視された。後世では月を天上のソーマの容器と見たてて月をもソーマと呼び、仏教では月天のこととともする。

**そまつ-こく　沮末国**　西域の古国の名。中央アジアのロプ・ノールLop-norの西南の地方にあって、鄯善《ぜんぜん》の西にあった天山南路の南道に沿っていた国。〔参考〕漢書西域伝六六上、洛陽伽藍記五、西域記一二

**そもさん　怎麽生**　做麽生、似麽生、作麽生とも書く。唐・北宋代以後の俗語で、「如何」という疑問の意をあらわし、禅宗の語録中にしばしば用いられる。

**そもん-くじ-き　祖門旧事紀**　五巻(現存巻第二)。玄智の著(天明三1783)。天正一九年1591以後の本願寺の年中行事、諸法会の差定、旁門並びに諸末寺、諸国の別院、歴世の条例などに関する旧記を抄録したもの。実悟記や反故裏書を継ぐための作であるという。原本は五巻あり写本で伝わっていたが、散逸して三巻となり、現存は第二巻一冊と祖門旧事紀残篇一巻の二巻のみである。真全六四

**そゆ　酥油**　牛乳を煮つめて作った油で蘇油とも書き、また単に酥とも蘇ともいう。病僧に対して薬として服用することが許されており、また護摩を修する際に五穀にまぜて焼くのに用いる。

**そら　窣羅**　㊵スラー surā の音写。蘇羅、窣利とも書き、酒、米酒、穀酒と訳す。穀物から製造した酒。

**そらた　涑羅多**　㊵㊁ソーラタ Sorata の音写。修羅他・修陀羅などとも音写する。仏法が滅びる時、最後の阿羅漢として香山という山にいると予言された比丘。仏滅後一千年、三蔵を受持した比丘失沙(シシュイ

カ Śisyika?)が、「われすら戒律を保っていない、誰か戒律を具備した者があるか」と大衆に問うた時、涑羅多が「われこそ戒を具足している」と言ったため、失沙の弟子が怒って涑羅多を打ち殺し、ここに仏法は滅びたという。〔参考〕雑阿含経二五

**ゾロアスター-きょう　ゾロアスター教　Zoroastrianism**　古代イランの民族宗教。紀元前七―六世紀頃にゾロアスター(ザラトゥシュトラ Zarathushtra)が創始した。アフラ・マズダを主神とするのでマズダ教ともいい、またその儀礼において火を神聖視するので拝火教ともいう。その経典はアヴェスター Avestāである。善―悪・光明―闇黒の二元論に立ち、最終的には善神アフラ・マズダが悪神アンラ・マイニュ(アーリマン)を打倒して神の王国が到来すると説く。ササン朝ペルシア226―651の時代には国教となったが、七世紀以降のイスラム教侵入とともに迫害を受けてごく少数の教徒が残存するのみとなった。イスラム教の迫害を受けた教徒の一部はインドに移ってパールシー教徒とよばれ、現在もボンベイ周辺に約一〇万人の教徒が存在する。中国へもイラン系の西域人を通じて五世紀頃に伝えられ、祆教《けんきょう》と呼ばれた。長安・洛陽などには寺院も建てられたが、八四五年に唐の武宗が行った仏教弾圧(会昌の法難)の余波をうけて仏教とともに禁教となり、勢力を失った。

**そろく-こく　疏勒国**　西域のカシュガル Kashgar 地方にあり、天山南路北道に位置していた古国の名。現在は中華人民共和国の新疆ウイグル自治区に属する。疏勒の原名については明らかでないが、一名をカーサ Khāsa ともいい、佉沙《きゃしゃ》などと音写する。チベットではシュリクShu-ligと呼ぶ。紀元前二世紀に前漢と交渉をもって以来、千年にわたり中国の史書では疎勒あるいは踈勒と記される。タリム盆地の北西を占め、パミール高原をこえてアム・ダリヤおよびシル・ダリヤ両河方面への基地として重視された。北魏・突厥などに属していたこともあり、中国にもしばしば朝貢している。唐の初め頃から仏教が興隆し、小乗仏教が行われていたという。大乗仏教の経典に多くこの地名を出し、梵文法華経の断簡なども発見されている。〔参考〕前漢書西域伝六六上、後漢書西域伝七八、西域記一二、慧苑音義三

**そろくごんな-こく　窣禄勤那国**　(梵)シュルグナ Śrughna の音写。インド中部にあった古国の名。玄奘の訪れた時には都城がヤムナー河に臨み、伽藍や仏・仏弟子の塔などがあったという。〔参考〕西域記四

**そわか　蘇婆訶**　密教の用語。(梵)スヴァーハー svāhā の音写で、莎縛訶、薩婆訶、娑嚩賀、沙訶などとも書く。良い供物という意で、神に物を供える時に用いた挨拶の感歎詞、また供物そのものをも意味するという。普通には呪文《じゅもん》の終りにつけて成就、吉祥《きちじょう》、円寂、息災、増益《ぞうやく》、無住、憶念持などの意味をあらわす。大日経疏巻六、仁王経念誦儀軌巻下にその語の説明がある。

**そんい　尊意**　(貞観八866―天慶三940)天台宗の僧。京都の人。俗姓は丹生貞人。比叡山に登って増善・玄昭に師事し、円珍から具足戒を受けた。のち伝法阿闍梨位にすすみ、延長四年926延暦寺一三世の座主となる。修法にすぐれ、兜率往生を願った。著書、胎蔵界別記、金剛界私記、胎蔵界私記。〔参考〕尊意贈僧正伝、元亨釈書一〇、天台霞標三ノ一

**ぞんい　存易**　(天文八1539―慶長一九1614)浄土宗の僧。陸奥国岩代の人。字は以八《いはち》。号は専求西《せんぐさい》。行蓮社信誉と称する。袋中良定の兄。浄土宗に帰して各地に布教し、安芸厳島に光明院を建立した。〔参考〕浄土本朝高僧伝五

**そんえん　尊円**　(永仁六1298―延文元1356)天台宗の僧。伏見天皇の皇子で、俗諱は尊彦。大乗院宮と号する。一三歳で親王宣下をうけ、翌年出家して青蓮院門主となる。元弘元年1331以降、四度天台座主に任じられ、四天王寺の別当となる。書をよくし和歌にも秀でた。書は世尊寺行房とその弟の行尹に学び、これに上代の書法をとり入れて、粟田流《あわたりゅう》または御家流《おいえりゅう》を始めた。著書、往生至要抄二巻、釈家官班記二巻。〔参考〕天台座主記、門跡伝、門葉記

**ぞんおう　存応**　(天文一五1546―元和

六1620)「ぞんのう」とも読む。浄土宗の僧。武蔵の人。諱は慈昌。貞蓮社源誉と号し、普光観智国師と諡する。時宗宝台寺の蓮阿について出家し、のち大長寺感誉の弟子となり白旗流を伝えた。天正二年1574長伝寺を創建し教化に専念した。また同年増上寺一二世となり、豊臣秀吉・徳川家康と交わり同寺を復興し、慶長三年1598寺地を貝塚より現在地に移した。同一三年家康の執奏により永紫衣・増上寺勅願寺の綸旨をうけた。〔参考〕三縁山志

**ぞんおう　存雄**　(　—天正一三1585)曹洞宗の僧。字は独峰。諡号は大光仏国禅師。駿河の人。各地を歴遊してのち、駿河の多宝寺に住して上下の尊崇をあつめた。〔参考〕日本洞上聯灯録

**そんかい　尊海**　①(建長五1253—正慶元1332)天台宗の僧。武蔵の人。字は円頓《えんどん》。泉福寺信尊について出家し、武蔵の慈光寺に住した。のち比叡山で心賀僧正に従い、帰国して仏地院を創した。関東天台興隆の基礎をきずいた。著書、円頓章見聞一巻、七箇法門口決抄二帖。〔参考〕本朝高僧伝一六　②(寛永二1625—元禄八1695)真言宗の僧。字は秀伝。備後の人。高野山に登って真言を学び、のち随心院に入る。元禄五年高野山の遍照光院を領し、翌年無量寿院の主席に補せられた。著書、往生兜率密記二巻など。〔参考〕無量寿院尊海伝

**ぞんかい　存海**　①生没年不詳。室町時代後期の天台宗の学僧。比叡山東谷の神蔵寺に住して禅観を修め、西谷の行光房に入って阿字観を学び、また口称念仏を制立した。著書、観心類聚九巻、直顕集一巻、三重鈔三巻、正因果鈔二巻など。〔参考〕本朝高僧伝一七、山家篇目集下　②(天正五1577—元和四1618)真宗仏光寺一七世。諱は尭昭《ぎょうしょう》。諡号は大慈心院。前住経範《きょうはん》の長子。天正一三年天台座主尭尊について得度し、翌年法統を継ぐ。〔参考〕本願寺通紀

**ぞんかく　存覚**　(正応三1290—応安六1373)真宗常楽台の開基。諱は光玄。本願寺三世覚如の長子。興福寺で出家、東大寺で受戒し、興親と号したが、のち親恵と改め比叡山に登り尊勝院玄智《げんち》に師事した。徳治二年1307十楽院の講師に選ばれたが、祖父覚恵の示寂にあい辞退。延慶三年1310嗣法となり、応長元年1311父に従って越前に行き大町如導《にょどう》の請によって教行信証を伝授した。正和三年1314事情があって、覚如より本願寺留守職をゆずられたが、父と意見の衝突があり、元亨二年1322・康永元年1342の再度にわたり義絶され、仏光寺に寓居した。文和二年1353大谷の北辺今小路に常楽台を移し、著作に専念する一方、本願寺の発展に尽くした。著書、六要鈔一〇巻、歎徳文一巻、顕名鈔二巻、諸神本懐集一巻(または二巻)など。〔参考〕存覚一期記、存覚袖日記、本願寺史一

**そんかん　尊観**　①(　—正和五1316)浄土宗鎮西派名越流の祖。字は良弁《ろうべん》。良忠に宗学を学び、鎌倉の名越に善導寺を創め、同所の安養院に住して盛んに教義を弘通した。著書、十六疑問答一巻、大経口筆鈔。〔参考〕浄土総系譜上、浄土本朝高僧伝三　②(正平四1349—応永七1400)時宗の僧。亀山天皇の皇孫恒明親王の王子。初め後村上天皇の春宮であったが、時宗に帰依し、応安二年1369渡船《とせん》について剃髪し、摂津兵庫の真光寺に住した。時宗一二代となり、時宗の中興と称される。〔参考〕清浄光寺記録

**ぞんぎゅう　存牛**　(文明元1469—天文一八1549)浄土宗の僧。三河の人。尊蓮社超誉と号し、松平親忠の子。釈誉存冏《ぞんけい》に師事して法を嗣いだ。初め三河の信光明寺に住し、大永元年1521知恩院二五世となった。〔参考〕浄土総系譜

**そんきょう　尊敬**　生没年不詳。平安時代の僧。もと橘在列《ありつら》といい、弾正弼に進んだが、世をいとい、天慶七年944比叡山に登って僧となり、道行の余暇に詩文を楽しんだ。〔参考〕本朝文粋、日本詩史

**そんきょう　尊慶**　(天正八1580—承応元1652)真言宗の僧。字は頼心。俗姓は会田氏。武蔵の人。尊阿について出家し、京都・奈良に遊学し、賢尊・尊性から広沢流の奥義を伝えられ、越後高田の毘沙門堂に住した。金剛院の主となり、寛永一八年1641長谷寺を董し修復につとめた。〔参考〕豊山伝通記

**そんじゃ　尊者**　㈵アーユシュマット

āyuṣmat の訳。直訳して具寿ともいう〈⇩慧命《えみょう》〉。また㊵スタヴィラsthaviraの訳でもあり、この方は上座、長老とも訳す。尊い有徳者の意で、仏弟子に対する敬称。賢者ともいう。後世は祖師先徳にも用いる。

**そんしゅん　尊舜**　（宝徳三1451―永正一一1514）天台宗の僧。常陸の人。月山寺の尊叡に天台を学び、法印に叙せられた。明応年間1492―1501同寺で摩訶止観を講じ止観見聞二帖を著わしたが、この著は学徒に尊重され、寛永年間1624―44に高観が註を付して刊行した。〔参考〕止観見聞註

**そんしょう　尊照**　（永禄五1562―元和六1620）浄土宗知恩院の中興。行蓮社満誉と号する。京都の人。元亀三年1572盧山寺で得度し、安誉虎角から白旗流の法を伝えた。徳川家康の養子となり、文禄四年1595知恩院二九世となる。〔参考〕浄土本朝高僧伝五、浄土総系譜中

**ぞんしょう　存奨**　（太和四830―文徳元888）唐代末期の禅僧。臨済二世。姓は孔氏。興化と称し、広済大師と諡する。薊門《けいもん》（河北省北京西北）の人。臨済義玄の法を嗣ぎ、魏府（河北省大名県）の興化寺に住して大いに臨済の禅風を宣揚した。語録一巻がある。〔参考〕魏州故禅大徳奨公塔碑（全唐文八一三）、祖堂集一九、景徳伝灯録一二、宗統編年一四―六

**そんしょう-じ　尊勝寺**　京都市左京区岡崎にあった、いわゆる六勝寺の一。康和四年1102堀河天皇の勅願により建立。長治元年1104結縁灌頂が修され、以後南北の三会二会に准じて已灌頂者は僧綱に補された。のちしばしば災禍にあい、元弘三年1333の羅災以降再建されずに廃絶した。〔参考〕尊勝寺供養記、山城名勝志一四

**そんしょう-だらに　尊勝陀羅尼**　仏頂尊勝陀羅尼、延寿陀羅尼、善吉祥陀羅尼ともいう。尊勝陀羅尼経（一巻。唐の仏陀波利の訳）にその因縁が説かれ、尊勝仏頂尊の功徳などを説いた八七句の陀羅尼をいう。この陀羅尼には罪障消滅・寿命増長などの多くの功徳があって、これを書写し読誦し、または率都婆《そとば》・高幢・楼閣の上に安置すれば功徳があると信仰され、インド・西域・チベット・中国・日本にわたって流行し、霊験談が多い。現在も亡者得脱のために廻向のときに唱えられる。この陀羅尼は九種類の尊勝陀羅尼経および瑜伽集要焔口施食儀《ゆがしゅうようえんくせじきぎ》などに説かれ異本も多い。現在真言宗では唐の善無畏の訳（開元一〇722）の尊勝仏頂修瑜伽法軌儀（一巻）が用いられている。また法隆寺には遣隋使などが将来した古貝葉の梵本があり、仁和寺には不空筆と伝える悉曇本残欠がある。願海撰の仏頂尊勝陀羅尼明験録三巻は、この陀羅尼の霊験に関する記事一〇話を集めている。

**そんしょう-ぶっちょう　尊勝仏頂**　除障仏頂・除一切蓋障仏頂輪王ともいう。㊵ヴィキールノーシュニーシャ Vikirṇoṣṇīṣa の訳。胎蔵曼荼羅釈迦院の第五位。八仏頂の一。尊勝とは一切仏頂の最勝であり、除障とは一切の害障を除くこと。尊勝曼荼羅を本尊として息災・除病などのために修する法を尊勝法という。

**そんしょう-ほう　尊勝法**　如法尊勝法、尊勝陀羅尼法ともいう。仏頂尊勝陀羅尼念誦儀軌（不空訳）・尊勝仏頂修瑜伽法軌儀（善無畏訳）によって、釈迦如来の仏頂から現出したとされている八大仏頂中の最勝尊の尊勝仏頂を本尊として、息災・除病・増益・滅罪・安産などをいのるために修する法。真雅がこの法を修して皇子（のちの清和天皇）の誕生をみたといわれる。また尊勝仏頂を本尊とする護摩を尊勝護摩といい、尊勝仏頂の徳をあらわすために大日如来を中心にえがいた曼荼羅を尊勝曼荼羅という。これに善無畏の儀軌によるものと不空の儀軌によるものとがある。

**そんしん　尊信**　①（嘉禄二1226―弘安六1283）法相宗の僧。太政大臣藤原教実の子。円実・専英に師事して法相を学び、大乗院に住し、興福寺を領した。〔参考〕本朝高僧伝一四　②（正中元1324―康暦二1380）真言宗の僧。常盤井一品親王恒明の子。恒胤といい、一徳公と称した。貞和四年1348寛胤について伝法灌頂を受け、俊然に従って慈尊院流を伝えた。応安六年1373勧修寺長吏および東大寺別当となった。〔参考〕後伝灯広録

**そんだり　孫陀利**　㊵㊹スンダリー

Sundarī の音写。須陀利とも音写し、好首または可愛と訳す。仏を誹謗するために外道に利用され殺された婬女。外道が仏の名声を嫉み、孫陀利をしばしば仏所に至らせ、仏陀と関係があるごとくに言いふらさせ、遂には殺してその死屍を仏の精舎に埋め、仏の教団の持戒徳行を疑わせたという。〔参考〕興起行経上、孫陀利宿縁経

**そんち　尊智**　生没年不詳。鎌倉初期の絵仏師。興福寺絵所座の一である松南院《しょうなみ》座の祖。大輔房と称し、法眼に叙せられた。弟に尊蓮、子に快智がいる。推定される遺作として法隆寺の聖徳太子講讃図（承久四1222、重文）があり、元仁元年1224四天王寺絵堂に九品往生図と聖徳太子絵伝を描いたと伝える。

**そんつう　尊通**　（応永三四1427—永正一三1516）園城寺の僧。号は拓庵《たくあん》。園城寺の南泉坊・北林坊に歴住し、永正七年大学頭となる。著書、科註養愚七巻、授決集音義一巻、童稚鈔二巻、智証大師年譜一巻、北林名目集一巻など。

**ソンツェン・ガンポ　Sroṅ-btsan sgam-po**　（581—649）チベットの王。本名をティソンツェン Khri sroṅ-btsan という。チベット高原に分散していた諸部族を統一して吐蕃王朝を建設し、ラサ Lha-sa を都とした。唐王室より文成公主を、またネパールよりアンシュヴァルマン王の王女ブリクティ Bhṛkuṭi を迎えて妃とし、これによって中国・インドの文化がチベットに流入したという。仏教がチベットに公伝したのも王の時代といわれ、王自身も仏教に深く帰依し、またインド文化の受容につとめてトンミ・サンボータ Thon-mi Saṃbhoṭa をインドに派遣し、梵語にならってチベットの文字・文法を制定させたと伝えられる。これによって梵語仏典の翻訳が可能となり、以後のチベット仏教独自の発展の基礎がきずかれた。なお王の生没年については諸説があり必ずしも一定していない。

**ぞんてい　存貞**　（大永二1522—天正二1574）浄土宗の僧。鎮蓮社感誉《かんよ》と称し、願故という。増上寺の杲誉天啓《てんけい》に師事し、また飯沼の鎮誉祖洞について学ぶ。のち武蔵川越に蓮馨寺《れんけいじ》を開いて住し、永禄六年1563増上寺一〇世となった。〔参考〕浄土本朝高僧伝五、浄土総系譜中、三縁山志一〇

**そんどう　尊道**　（正慶元1332—応永一〇1403）天台宗の僧。後伏見天皇の皇子。青竜院宮と号する。名は尊省。青蓮院に入り、尊円について剃髪受戒し、弁静・静範に学んだ。文和四年1355より四度天台座主に任じられ、一品親王に叙された。花園妙心寺で没した。〔参考〕大日本史料七ノ六、天台座主記、本朝高僧伝五六

**ぞんとう　存統**　（　—天保一三1842）浄土宗の僧。初めの名は専法。号は輪蓮社転誉覚阿十故。江戸霊巌寺の秀存に学び、円通窟を領して学頭職に昇った。文政一三年1830三河の松応寺の主となる。倶舎・唯識ならびに地理・天文にくわしく、閻浮提日宮図、世界大相図、天竺輿地図を製し、須弥説百巻を著わした。

**そんにょ　尊如**　（元和八1622—貞享元1684）真言宗の僧。字は俊良。土佐の人。一八歳で長谷寺に登り尊慶に随侍した。奈良で華厳・唯識を学び、醍醐寺の寛済、東寺の真源から密教の秘奥を伝えた。延宝八年1680長谷寺の主となる。〔参考〕豊山伝通記

**ぞんにょ　存如**　（応永三1396—長禄元1457）真宗本願寺七世。諱は円兼。巧如《ぎょうにょ》の長子。永享八年1436本願寺の寺務を継ぐ。当時、本願寺は衰微の極に達していたが、徐々に北陸及び近江南部地方に教線を固める一方、長子蓮如《れんにょ》に聖教の書写を命じ本願寺再興の準備を整えた。〔参考〕本願寺通記一

**そんにん　尊任**　（寛永二1625—元禄四1691）時宗の四二祖。佐渡の人。霊元天皇から南門の称を許された。日輪寺・清浄光寺に住し、清浄光寺の復興に努めた。〔参考〕遊行系譜

**そん-ばしゅみつ-ぼさつ-しょしゅう-ろん　尊婆須蜜菩薩所集論**　一〇巻。尊婆須蜜の造。前秦の僧伽跋澄《そうぎゃばっちょう》らの訳（建元二〇384）。一四犍度に分けて説一切有部の教学全般を論述する。発智《ほっち》論が八蘊（八犍度）に分け、雑阿毘曇心論が一一品に分ける仕方と相通じるものがある。説一切有部の正統説を述べるが、教説の細部では相違

している点も多少見られる。婆須蜜(ヴァスミトラ Vasumitra)が婆沙の四大論師の一人である世友《しょう》と同一人であるかは明らかでない。㊅二八、国一毘曇部六

**そんもん-ぐとう-き　尊問愚答記**　一巻。道光の著(永仁五1297)。著者が永仁五年花山天皇の問に対して浄土宗の要義を答えたもので四八の問答より成っている。続浄全四〔刊本〕承応四1655刊、元禄七1694刊

**そんゆう　尊祐**　(正保二1645—享保二1717)真言宗の僧。字は教算。下野の人。一二歳で竜栄寺の尊精について剃髪し、のち智山の運敞《うんしょう》・豊山の尊如らに学び、喜多坊・宝仙寺などに住した。宝永四年1707長谷寺の主となり、のち護国寺に転じた。著書、起信論専釈鈔蒙引一〇巻、三論玄義科註七巻など。〔参考〕豊山伝通記

# た

**たい　退**　⇩不退《ふたい》

**たい　諦**　㊵サトヤ satya の訳。真実で誤りがなく、永遠に変らない事実。真理。唯一の真理を一諦といい、また、真俗の二諦、空仮中の三諦、苦集滅道《くじゅうめつどう》の四諦、その他七諦、十諦、十六諦、二十五諦などの語がある。瑜伽師地論巻四六には四諦を細分して七諦、十諦とし、これにより迷悟因果の理を明らかにしている。七諦と四諦との関係は次のようである。愛味諦(集)・過患諦《かげんたい》(苦)・出離諦(道)・法性諦《ほっしょうたい》(滅)・勝解諦《しょうげたい》(道)・聖諦《しょうたい》(滅)・非聖諦(苦集)。十諦のうち初めの遍切苦諦などの五は八苦を示して苦諦を表わし、次の業諦《ごうたい》と煩悩諦《ぼんのうたい》とは集諦《じったい》、次の聴聞正法如理作意諦《ちょうもんしょうぼうにょりさいたい》と正見諦《しょうけんたい》とは道諦、最後の正見果諦は滅諦に当たる。旧訳の華厳経巻二五には、第五地の菩薩《ぼさつ》が衆生《しゅじょう》を教化する手段方法として知るべき真理に世諦・第一義諦・相諦・差別諦《しゃべつたい》・説成諦《せつじょうたい》・事諦・生諦《しょうたい》・尽無生智諦《じんむしょうちたい》・令入道智諦《りょうにゅうどうちたい》・一切菩薩次第成就諸地起如来智諦の十諦があることを説き、瓔珞本業経巻上にはこれを細分して十六諦とする。また七処善を七諦ともいう。いわゆる六派哲学のうちの正理《しょうり》学派が立てる十六諦とは、認識及び推理論証の方式を一六種に分類したもので、また十六句義ともいう。即ち量(真智を得るための手段方法)・所量(知識の対象)・疑・用(動機のこと、疑いを解決しようとする作用)・喩(実例、例証)・悉壇《しつだん》(立論者の主張)・支分(論証の形式即ち五支作法)・思択《しちゃく》(熟慮推理)・決(断定)・論議・紛義・壊議・似因《じいん》(立論の根拠であって誤謬を含んでいるもの)・難難(相手の非難攻撃を故意に曲解しての非難)・諍論《じょうろん》・十四過類に当たる)・堕負《だぶ》(論諍における敗北)の一六である。⇩一諦《いったい》　⇩二諦《にたい》　⇩三諦《さんたい》　⇩四諦《したい》　⇩二十五諦《にじゅうごたい》

**だいあいどう-びくに-きょう　大愛道比丘尼経**　二巻。訳者不詳。仏陀の叔母で養母である大愛道(マハープラジャーパティー Mahāprajāpatī 摩訶波闍波提《まかはじゃはだい》)が出家を希望したことから、仏教において女子出家教団の成立する事情、女子出家者(比丘尼)の作法・行儀などを説く。㊅二四〔参考〕出三蔵記集三、新集安公涼土異経録

**だい-あみだ-きょう　大阿弥陀経**　⇩無量寿経《むりょうじゅきょう》

**だい-あらかん-なんだいみったら-しょせつ-ほうじゅう-き　大阿羅漢難提蜜多羅所説法住記**　⇩法住記《ほうじゅうき》

**だいあん-じ　大安寺**　①中国江西省南昌府洪州。唐の宣宗(846—859在位)の時黄檗希運が禅風を挙揚した。〔大清一統志一八〇〕②奈良市大安寺町。高野山真言宗。もと三論・成実・華厳・律などの諸宗を兼ね、とくに三論においては元興寺流《がんごうじりゅう》に対して、当寺の所伝を大安寺流という。南都七大寺の一。南大寺ともいう。聖徳太子の遺嘱によって熊凝の地に建てられた熊凝精舎《くまごりしょうじゃ》に始まる。舒明天皇一一年639これを百済川のほとりに移して百済大寺《くだらのおおてら》(跡地は現橿原市、一説に高市郡明日香村)と称し、ついで天武天皇二年673高市郡夜部村に移して高市

大寺《たけちのおおてら》、同六年改めて大官大寺（跡地は現明日香村）と号したが、平城遷都に伴って現地に移された（唐から帰った道慈が造営に従事したという）。朝野の尊崇が篤く、天長六年829には空海が別当に補されている。伽藍配置は大安寺式といわれるが、しばしば災害にあって、天正1573―92の頃にはわずかに金堂を残すのみで、次第に廃退し、大正元年1912以降、復興が企てられた。なお東西塔跡が残り、大安寺旧境内として国の史跡に指定されている。〔重文〕木造千手観音立像、同不空羂索観音立像、同四天王立像ほか〔参考〕大安寺縁起幷流記資財帳

**だい-あんぱん-しゅい-きょう　大安般守意経**　二巻。後漢の安世高の訳（二世紀）。小乗系の禅経の一。仏道修行の初めに修する五種の観法《かんぽう》の中の数息観《すそくかん》（呼吸を数えて散乱した心を整える方法）を説き、さらに広く三十七道品《どうほん》即ち四念処・四正勤・四如意足・五根・五力・七覚支・八聖道などについて説く。安般は㊵アーナ・アパーナ ānā-pāna（出す息と吸う息）の音写である。中国では古くから注目され、前秦の道安などは熱心に研鑽し流布させた。㊅一五

**だいい　提謂**　㊵トラプシャ Trapuṣa ㊁タプッサ Tapussa の音略。帝梨富沙と音写し、三果などと訳す。弟の波利《りは》（㊵バッリカ Bhallika ㊁バッリヤ Bhalliya）とともに成道後の仏陀に最初に食物を献じた商人。兄弟で最初の優婆塞《うばそく》となったが、弟の波利はのちに出家して比丘となった。〔参考〕Mahāvagga I，提謂波利経、太子瑞応本起経下、仏本行集経三二

**だいいちぎ　第一義**　㊵パラマールタ paramārtha の訳。勝義、真実とも訳し、最勝真実の道理のこと。世俗（世間通俗の慣用）に対する。勝義諦《しょうぎたい》を第一義諦ともいい、勝義空《しょうぎくう》を第一義空ともいう。第一義空とは、第一義の涅槃《ねはん》（さとり）や実相（あるがままの真実のすがた）も空であること、または第一義諦においてはあらゆるものが空であることをいう。⇩勝義《しょうぎ》〔世俗〕

**だいいちぎ-ほっしょう-きょう　第一義法勝経**　一巻。東魏の瞿曇般若流支《くどんはんにゃるし》の訳（興和四542）。異訳に隋の闍那崛多の訳（開皇六586）の大威灯光仙人問疑経があり、チベット訳もある。衆生はどこから生まれるか、世界が破滅するとき世界を焼く火はどうして生ずるか、前生と今生との関係はどうか、衆生の意義は何であるかの四項について解説する。㊅一七、国一経集部一五

**たいいち-きもく-しょう　太一卉木章**　一巻。凝然《ぎょうねん》の撰（正応四1291）。南山律宗の要義を一六条にわたって解説したもの。内容は、律宗が大乗に属する理由（一条）、インドの律史（二―七条）、律蔵の本質や意義（八―一二条）、律宗が法華一乗の立場に立っていること（一三条）、大乗律と小乗律との比較（一四条）、曇無徳部の仏土論（一五条）、四分律の仏身観（一六条）について述べる。㊅日蔵三五〔刊本〕元禄一五1702刊

**だいいとく-だらに-きょう　大威徳陀羅尼経**　二〇巻。隋の闍那崛多《じゃなくった》らの訳（開皇一六596）。四諦・八聖道および種々の名字の陀羅尼を説く。初期の陀羅尼経典の代表的なもの。㊅二一

**だいいとく-みょうおう　大威徳明王**　大威徳は㊵ヤマ・アンタカ Yamāntaka の訳で、閻曼徳迦と音写する。五大明王の一。無量寿仏の教令輪身とされる。水牛に乗り背後に火焔を背負う。頭・臂・足がそれぞれ六あるので六足尊ともいう。わが国では藤原時代以降にこの明王を本尊とする勝軍法がさかんであった。〔参考〕広大儀軌中

大威徳明王
（御室版胎蔵曼荼羅）

**だいい-はり-きょう　提謂波利経**　二巻。北魏の曇靖《どんせい》の著。成立年不詳。仏陀成道後、四七日（二八日）に麨蜜を施して仏陀の弟子となった提謂《だいい》（タプッサ Tapussa）と波利《はり》（バッリヤ Bhalliya）の兄弟の物語を題材にして、排仏以後の民衆教化を目的として撰述されたといわれる偽経。

三帰五戒の受持や、斎戒修善といった仏教規範と並行して、五行説や道教に関する記述なども散見される。敦煌写本が現存するほか、中国・日本の諸師の章疏にも多くの引用を見ることができる。

**だいうん　大雲**　(文化一四1817—明治九1876)浄土宗の僧。京都の人。興蓮社法誉仁阿と号する。洛東西光律院の義聞に随侍し、のち無量覚院に住した。護法の念に篤く、徳川斉昭の明君一斑抄《めいくんいっぱんしょう》に対抗して無名抄一巻を作り、仏教の擁護に努めた。著書、啓蒙随録、仏道問答、訓蒙小字彙、三経字音考など。

**だいうん-いん　大雲院**　京都市東山区四条通大和大路東入ル祇園町南側。浄土宗系の単立寺院。竜池山と号する。本能寺の変による織田信長・信忠父子の死を悼み、正親町天皇は天正一四年1586貞安を請じて二条御池御所を寺とした。寺号は信忠の法名にちなむ。同一八年豊臣秀吉が堂舎を四条京極に移建し、後陽成天皇より勅願所の綸旨を賜り、翌年勅額を下賜された。天明八年1788焼失し、のち復旧したが、昭和四七年1972現地に移った。〔重文〕絹本著色前田玄以像、紙本墨書正親町天皇宸翰御消息　〔参考〕大雲院文書、雍州府志四

**だいうん-こうみょう-じ　大雲光明寺**　摩尼《まに》教の寺院。唐の大暦三年768代宗が勅して荆・洪・越などの諸州に置いた。〔参考〕仏祖統紀四一

**だいうん-じ　大雲寺**　①則天武后が武周の天授元年690、中国の各州に設けた寺。大雲経寺ともいう。武后の革命を意義づけた偽経(大雲経、懐義らの偽撰)を天下に頒ち、諸州に大雲寺を置き、一千人の僧を得度させたと伝える。〔参考〕旧唐書六、長安志一〇、金石萃編六四・六九　②京都市左京区岩倉上蔵町。天台宗寺門宗系の単立寺院。紫雲山と号し、俗に岩倉観音という。天禄二年971日野中納言文範が真覚を開山として創建したといい、園城寺の別院であった。天元三年980円融天皇の御願寺となった。のち叡山の智証門徒一千余人が来住し大いに栄えた。戦国時代に兵火で焼かれたが、寛永一〇年1633実相院門跡義尊が再興し、その兼帯所とした。〔国宝〕銅鐘(天安二年853銘)〔参考〕山城名勝志一二、大雲寺縁起、小右記目録、寺門伝記補録

大雲寺（都名所図会）

**だいうんはんにゃ　提雲般若**　生没年不詳。㊵デーヴァプラジュニャ Deva-prajña の音写。提雲陀若那ともいい、天智と訳す。于闐《うてん》国(コータン)の人。武周の永昌元年689洛陽に来て、魏国東寺(のちの大周東寺)で訳経に従事し、華厳経不思議仏境界分・同脩慈分・造像功徳経・大乗法界無差別論などを翻訳した。〔参考〕大周刊定衆経目録一・二、開元録九、宋高僧伝二

**だいえ　大慧**　(寛喜元1229—正和元1312)臨済宗の僧。字は痴兀《ちこつ》。伊勢の人。比叡山に登り天台を学び、諸宗にも通じた。のち円爾弁円《べんねん》の禅化を聞き、東福寺に赴いて論議したが、かえって教化され弟子となった。応長元年1311東福寺の寺主となった。没後三二年、仏通禅師と諡号された。〔参考〕延宝伝灯録一〇、本朝高僧伝二三

**だいえい　大瀛**　(宝暦九1759—文化元1804)浄土真宗本願寺派の学僧。安芸の人。字は子容。芿園《せいえん》と号し、真実院と諡された。安芸報専坊の慧雲に宗学を学び、のち上京して学林に籍を置いた。各地で宗典を講じ、備後正満寺・安芸勝円寺・石見浄土寺に歴住したが、職を弟子に譲って広島に隠棲した。当時、第七代能化智洞が三業帰命の邪義を主張したのに対して、十六尋問・真宗安心十諭・横超直道金剛錍を草して批判し、幕命によって江戸に上り正邪を決した。著書は右記の他、多くの講録がある。〔参考〕碑文、清流紀談、反正紀略、真宗僧宝伝五、本願寺派学事史

**だいえ-しょもん 大慧書問** 二巻。大慧普覚禅師書、大慧書、書状ともいう。南宋初期の大慧宗杲《そうこう》の著。大慧が門下の居士や儒臣などの質問に答えて、禅の要旨を説いた書簡文六二篇を、弟子慧然と黄文昌(浄智)居士が南宋の乾道二年1166に編集し、跋を付して開版したもの。書簡形式の禅の宗要書として黄竜尺牘と並び称される。早く朝鮮に伝わり、智訥がこれを愛読して六祖壇経と共に心要としたといい、朝鮮・日本で数回の開版があるほか、大慧広録巻二五—三〇に収める。㊅四七

**だいえん 大衍** 生没年不詳。日本の古鈔録に青丘沙門とあることから(「青丘」は昔の新羅の別称)、新羅の僧であることが知られる。著書は大方等如来蔵経疏二巻、起信論疏一巻、大乗義章一六巻、大乗起信論記一巻などがあったというが、現存しない。

**だいえんがく-じ 大円覚寺** 韓国ソウル慶幸坊にあった寺。李朝の世祖が、太祖の建てた興福寺の再興を図り、その九年1463諸堂を営んだ。ついで同一一年(一説に一二年)十三層塔を建て、仏舎利および自ら口述して翻訳させた円覚経一一巻を安置した。燕山君(1494—1506在位)の時、寺は廃され、中宗七年1512壊された。現在は十三層塔および大円覚寺碑を遺すのみである。

**だいおう-こくし 大応国師** ⇩紹明《じょうみょう》

**だいおん-じ 大音寺** 長崎市鍛冶屋町。正覚山と号し、浄土宗。元和二年1616伝誉《でんよ》観徹が江戸幕府より本博多町坂上にあった切支丹寺の遺跡を下付され創建。寛永一五年1638現地に移った。〔参考〕長崎縁起略記

**たいが 大我** (宝永六1709—天明二1782)浄土宗の学僧。字は孤立《こりゅう》、白蓮社天誉と称する。幼くして真言宗の霊雲寺に入り慧光より戒を受けたが、のち浄土宗に帰し、鎌倉光明寺の真察に随侍して諸宗の教義をきわめた。寛延三年1750山城正法寺の二二世を継いだ。著書、鼎足論四巻、唯称問津決二巻、楠公論二巻、弥陀経略纂二巻など。〔参考〕大我上人小伝

**だいかい 大界** 僧衆の団体生活において、作法《さほう》(目に見える儀式)によって一定の区域を限定し、その区域内の僧衆は布薩説戒などの行事を共にするが、その際に、大界と戒場と小界との区別がある。大界はその範囲の大きな一種で、距離には異説があり、四分律行事鈔巻上二には三由旬《ゆじゅん》即ち百二十里以内とする。⇩結界《けっかい》

**だいかい 大海** 「大海」という語は仏・菩薩の徳の深広、その他種々のことの譬喩としてしばしば経論中に用いられる。旧訳の華厳経巻二七には菩薩行の一〇種の形容として次のような大海の十相を挙げている。(1)漸次に深く、(2)死屍を受けず、(3)どんな川でもその中へ注げばもとの名がなくなり、(4)同じ鹹味で、(5)かぎりなく多い宝物を有し、(6)底をきわめることができず、(7)広大無量で、(8)鯨などの大きな生物が住み、(9)干潮満潮があらゆる岸辺へ正しく時間どおりに訪れ、(10)いかなる大雨を受けても満ちあふれることがない。また同経巻四六には海雲比丘が大海の十相を観じるとして、前にあげた(1)(5)(6)(7)(8)の五相のほかに、水量が無限で、水の色が種々不可思議であり、あらゆる生物がその中に住み、大雲に覆われることのできるものであり、増減することがないとの五相を加えて十相としている。また北本涅槃経巻三二には大海に八不思議があるとして、前にあげた一〇種のうちから(8)と(7)とを除いた八相を挙げており、海八徳経にも巨海に八美徳があるといって一々詳説している。これらを大海の八徳という。

**だいかい-けつ 大戒訣** 三巻。詳しくは仏祖正伝大戒訣という。面山の著(享保九1724)。禅門に相承する禅戒は仏祖正伝の菩薩の大戒であることを明らかにし、その意義を顕揚したもの。上巻は総論として曹洞・臨済の諸祖師伝承の禅戒の由来を説き、中下二巻には声聞と菩薩との差別・声聞と菩薩の二戒の勝劣・共声聞漸修の菩薩・不共声聞直往の菩薩・直往菩薩戒の大綱・直往菩薩の十六条戒・授受の軌則・持犯の要義・懺悔の大意・菩提の行願の一〇項目を掲げて、諸経論を引証論述し、各項目の要訣を要約して説示している。これに対して摂津鳳林寺七世の髻珠秀岳が大戒訣の要項について三二条の質疑を出し、面山がこれに答えたのが大戒訣或問である。禅学大系(戒法部)〔刊

本〕延享五1748刊

**たいかく　泰覚**　（享保一七1732—文化八1811）曹洞宗の僧。字は是山《ぜさん》。出羽の人。竜門寺の義天について得度し、安永七年1778郷里に長谷寺を建てたのをはじめ、生涯に建立・修理した堂舎は一三六に及んだという。籠山修行してしばしば霊異をあらわした。〔参考〕是山泰覚大和尚行状記

**だいかく-じ　大覚寺**　京都市右京区嵯峨大沢町。真言宗大覚寺派本山。門跡寺院で嵯峨御所ともいう。もと嵯峨上皇の仙洞御所であったのを、貞観一八年876淳和天皇の皇后正子内親王が寺とし、第二皇子恒寂法親王に賜ったのに始まる。延喜一八918宇多法皇により当寺で両部灌頂が行われたという。天元年間978—83以後、文永五年1268後嵯峨上皇の入寺までは興福寺一乗院の兼帯所とされた。ついで亀山上皇・後宇多法皇が住し、いわゆる大覚寺統がここにはじまるが、特に後宇多法皇は元亨元年1321諸堂を造営したので中興の祖と仰がれる。そののち、代々法親王が住持し、門跡としての権威を保った。応仁の乱で焼失したが、桃山・江戸時代にわたって復興された（ちなみに後深草天皇の持明院統に対し、亀山天皇の皇統を大覚寺統という）。華道嵯峨未生御流の総司所でもある。〔国宝〕後宇多天皇宸翰御手印遺告、後宇多天皇宸翰弘法大師伝〔重文〕客殿、宸殿、絹本著色五大虚空蔵像、紙本著色後宇多天皇宸影、紙本金地著色牡丹図、木造五大明王像ほか多数　〔参考〕大覚寺門跡略記

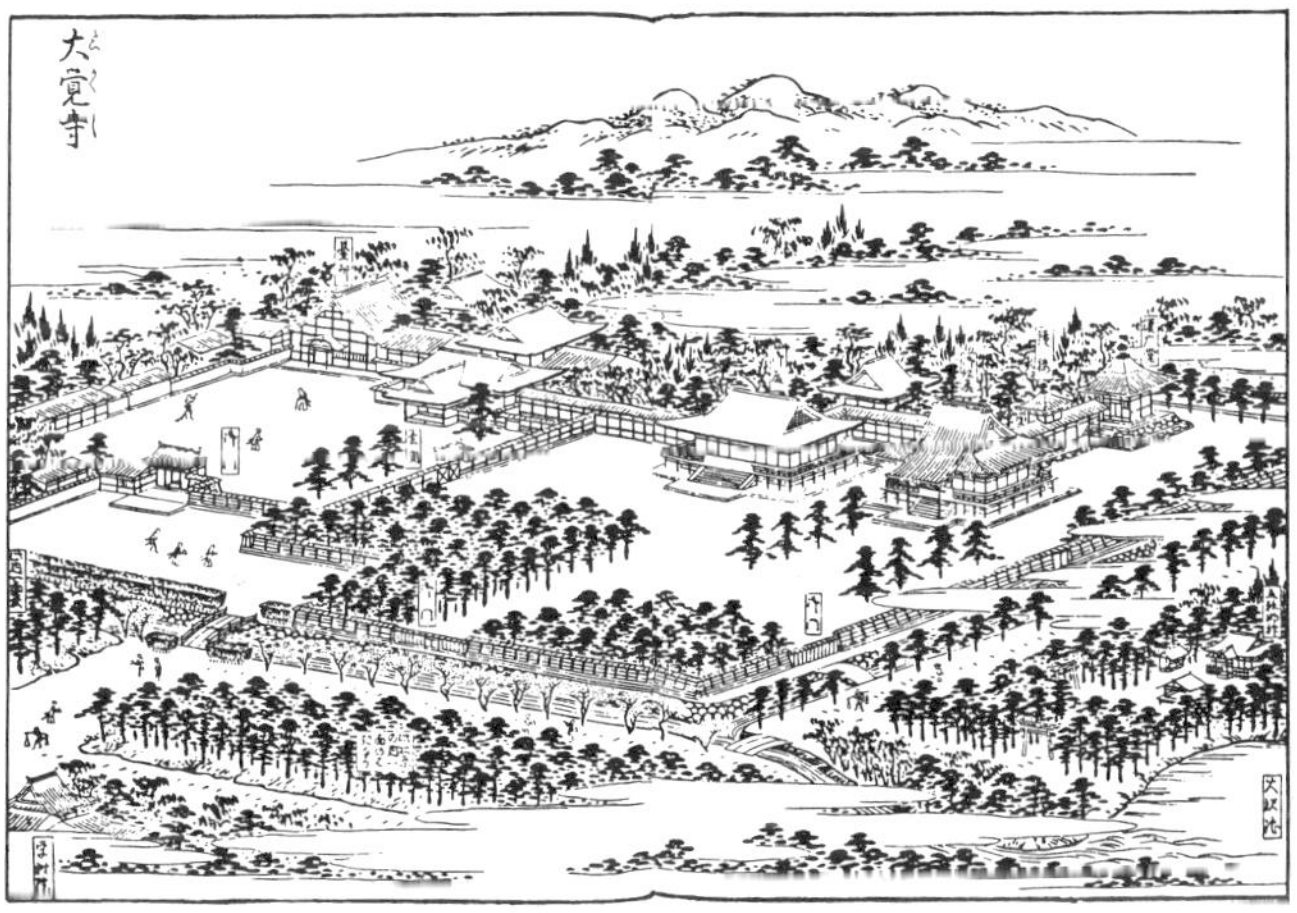

大覚寺（拾遺都名所図会）

**だい-かしょう　大迦葉**　⇩摩訶迦葉《まかかしょう》

**だい-かせんねん　大迦旃延**　⇩摩訶迦旃延《まかかせんねん》

**たいかん　諦観**　（　—開寶四971）朝鮮高麗朝の僧で、天台四教儀の著者。幼くして国王の外護のもとに天台の教観を究めた。時に中国では唐末五代の戦乱で多くの仏典が失われたが、北宋の建隆二年961呉越の忠懿王が使者を遣わして天台の典籍を求めてきたので、王命により諦観は教籍を奉じて中国に入った。国王は大智度論疏・仁王経疏・華厳骨目・五百門論などは伝えることを禁じ、また中国において諸師に問難して答える者がない時は教典をもち帰るよう誡めたという。しかし螺渓《らけい》の義寂に会って心服し、その弟子となり、一〇年間留まってその地で没した。〔参考〕仏祖統紀一〇・二三・四二

**だいがん　大含**　（安永二1773—嘉永三1850）真宗大谷派の学僧。雲華《うんげ》、鴻雪、染香人、枳東（園）と号する。諡を雲華院という。豊後満徳寺に生まれ、豊前正行寺の鳳嶺《ほうれい》の嗣子となった。高倉学寮に入り、文政二年1819擬講になり、天保五年1834講師に補せられた。書画をよくし、頼山陽・篠崎小竹・貫名海屋・田能村竹田らと親交があった。著書、浄土論註庚寅録、文類聚鈔講義、選択集講義など講録が多い。〔参考〕雲華講師年譜、豊絵詩史、高倉大学寮沿革

**だいがん-ごうりき　大願業力**　曇鸞・道綽・善導などの著書にある語で、浄土教では種々に解釈する。①大願の業因力の意。浄土の荘厳《しょうごん》も衆生《しゅじょう》をめぐむ功徳《くどく》もすべてが阿弥陀仏の本願のはたらきであるという。②大願力と大業力の意。法蔵菩薩の発願《ほつがん》と修行とのこと。③大願と大業と大力の意。法蔵菩薩の発願と修行とおよびその結果としてなしとげられた阿弥陀仏の救済力とのこと。

**だいがん-じ　大巌寺**　千葉市中央区大

巌寺町。浄土宗。竜沢山玄忠院と号し、生実《おゆみ》大巌寺という。関東十八檀林の一。道誉流の根本道場。天文二〇年1551頃、道誉貞把の開創で学林として栄え、江戸幕府の外護が篤かった。〔参考〕三録山志九、大巌寺文書

**だいかん-しんぎ　大鑑清規**　一巻。元の正澄の著。著者が嘉暦元年1326来朝以後、折々に示した臨済宗叢林の規矩を後に集録したもの。内容は、両班出班拈香之法・坐具礼拝之法・維那須知法・月中毎日粥時念文・施食・僧堂衆僧須知・侍者寮牓・相盾求掛塔礼・四節日巡堂礼・四節僧堂茶礼・蔵主寮牓・秉払提綱法・精進勧などの一三項から成り、百丈清規に基づき、諸清規をも参照して、ややもすれば正軌を逸していた当時の日本禅林の欠点を改め、不足を補った。本書を大鑑小清規ともいうが、他に広清規の著があったらしく日本禅林選述書目中に大鑑広清規の名を掲げている。㊅八一　〔刊本〕元禄一〇1697刊　〔参考〕禅籍志上、日本禅林選述書

**たいき　戴逵**　(咸康元335―太元二〇395)東晋初期の居士。字は安道。譙国《しょうこく》(安徽省亳県《はくけん》)の人。隠士范宣《はんせん》に師事し、盧山慧遠《えおん》と交わって仏教に通じ、仏画・彫像・琴書をよくした。会稽剡県《えんけん》(浙江省嵊県《しょうけん》)、および武丘山(江蘇省呉県)などに隠棲した。子の勃・顒《ぎょう》も父の学風を嗣いだ。著書に、かつて竹林七賢論二巻、文集九巻があり、ともに逸しているが、釈疑論その他の短篇が現存する。生没年に異説がある。〔参考〕晋書九四、広弘明集二〇、歴代名画記五、全晋文一三七、居士伝一

**たいき-せっぽう　対機説法**　教えをうける相手(機)の性質や能力に応じて、それぞれにふさわしい方法で教えを説くこと。主として仏についていう。随機説法、随機散説、随機説、応機接物《もつ》ともいい、これを譬喩的に表わして応病与薬ともいう。また機にかなうことを逗機《とうき》(逗は投合の意)といい、機に応じて時宜に適した教化利益《きょうけりやく》を施すことを当機益物《とうきやくもつ》(物は衆生《しゅじょう》の意)。天台宗では五時のうち前四時における方便的な教化利益をさす)という。

**だいきちぎ-じんしゅ-きょう　大吉義神呪経**　四巻(または二巻)。北魏の曇曜の訳(五世紀)。仏が憂波難陀《うはなんだ》山において呪法を説き、摩醯首羅《まけいしゅら》(梵)マヘーシュヴァラ Maheśvara 大自在天)など多くの天神が種々の呪を説いたことを述べる。秘密部の経典の中に護摩《ごま》のことが記される最初のものとして、密教経典発達史の上で重要視される。㊅二一

**たいきゅう-じ　退休寺**　鳥取県西伯郡大山町退休寺。曹洞宗。金竜山と号する。延文二年1357源翁心昭を開山とし、箆津《のづ》敦忠が創建した。寛永一〇年1633松平忠雄が再興。〔参考〕鳥取県史

**だいぎょう　大行**　生没年不詳。唐代の浄土教の僧。姓氏不詳。斉州(山東省済南府)の人。戒珠の浄土往生伝には、唐末の僖宗(873―88在位)朝の人とする。道鏡・善導の念仏鏡や、澄観の華厳経随疏演義鈔に、その教義が見える。泰山に籠って法華普賢懺法を修し、浄土教に帰してからは阿弥陀仏の奇瑞を感じてもっぱら道俗に念仏をすすめた。磁州の罔極寺に住し、三階教徒を説得して浄土教に転入させたようである。僖宗の召に応じて宮中で法を説き、常精進菩薩の号と開国公の爵を賜った。なお仏祖統紀巻二七には大行、同巻二二には妙行として伝記を掲げ、僖宗朝の人としている。〔参考〕仏祖統紀二二・二七

**だいきょう-いん　大教院**　明治五年1872政府は神祇省を廃して教部省を置き、神官・僧侶を教導職に任じて敬神愛国・天理人道・皇上奉戴朝旨遵守の三条教則にもとづき国民を教化しようとした。同年九月仏教各宗本山連名の建白により、教導職養成の機関として、大教院が設けられた。しかし大教院は神道を優先し、政治と宗教との混同が強かったので、島地黙雷らは東京で、石川舜台らは京都で、信教自由の運動を起こし、明治八年一月に真宗各派は大教院から分離したので、同年四月政府は大教院を廃し、一〇年には教部省を廃して内務省に社寺局を置き、一七年には教導職も廃棄した。⇩宗教行政《しゅうきょうぎょうせい》

**だいきょう-じ　題経寺**　東京都葛飾区柴又。日蓮宗。経栄山と号し、俗に柴又帝釈天《しばまたたいしゃくてん》という。寛永六年1629中山法華

経寺の日忠の創建。本尊の帝釈天は日蓮の自刻と伝え、民間の信仰をあつめている。縁日は庚申の日。〔参考〕新編武蔵風土記稿一二七

**だいきん　大訢**　（至元二一1284—至正四1344）元代初期の禅僧。姓は陳氏。笑隠と号し、広智全悟大禅師と諡号する。九江義門（安徽省亳県東）の人。楊岐九世の晦機元熙《かいきげんき》の法を嗣ぎ、文宗の勅で金陵（江蘇省江寧県）に大竜翔集慶寺を開創し、釈教宗主となり、勅修百丈清規《しんぎ》を校正した。語録四巻、蒲室集《ほしっしゅう》一五巻があり、墨蹟もある。〔参考〕行道記、塔銘、僧続伝灯録四

**たいくうがん　体空観**　⇩析空観《しゃっくうがん》

**たいげ　対礙**　二つの物質がさまたげ合って同時に同一の空間を占有することができないこと、及び心などが対象によって拘束されて無軌道的にはたらくことができないことをいう。倶舎論巻二では前者の場合を障礙有対《うたい》といい、後者の場合を境界《きょうがい》有対および所縁有対という。ここにいう有対とは対礙の性質を有するもののことで、この性質をもたないものを無対という。この三種の有対の中で、障礙有対は五根・五境の一〇の色法《しきほう》（物質）についていい、すべて極微《ごくみ》（分子）から成り立っているものである。境界有対は六根・六識とこれに伴う心所《しんじょ》（心のはたらき）とについていい、所縁有対は心（六識と意根）とこれに伴う心所についていう。境界有対と所縁有対との区別は、前者は感覚的認識を主とするから広く、後者は悟性の判断的認識を主とするから狭い。

**たいげ-の-ごい　胎外の五位**　⇩胎内の五位《たいないのごい》

**たいげん　太賢**　生没年不詳。新羅時代の人で、法相宗の学者。号は青丘沙門。海東瑜伽の祖といわれる。南山の茸長寺《じちょうじ》に住して唯識を究めた。著書、華厳経古迹記、成唯識論古迹記各一〇巻、涅槃経記八巻、法華経古迹記、金光明経述記、瑜伽論古迹記各四巻など多い。〔参考〕三国遺事四、義天録

**たいげん　体元**　生没年不詳。高麗忠粛王（1313—30、1332—39在位）代の華厳系の僧。号は木庵。著書、白花道場発願文略解一巻（第五・七張欠）、華厳経観自在菩薩所説法門別行疏二巻、華厳経観音知識品一巻（後半部のみ現存）。

**だいげん　大玄**　（延宝八1680—宝暦六1756）浄土宗の僧。速蓮社成誉と号し、信阿と称する。下野の人。法然の伝記を読んで出家を志し、飯沼弘経寺《ぐきょうじ》の祐天に師事し、宝暦二年幕命を受けて増上寺四五世となった。著書、哀弘弁三巻、宗戒啓蒙一巻など。〔参考〕大玄大和尚行状、三縁山志一〇

**たいげん-じ　太原寺**　唐代初期に長安、洛陽、太原、荊州、揚州に置かれた寺。唐の王室が太原（山西省）の地から興ったので、これを記念して設けたと伝える。長安の太原寺は咸亨元年670楊恭仁の旧宅を寺としたもの。のち魏国西寺・崇福寺と改称。地婆訶羅《じばから》（日照）・菩提流志《ぼだいるし》・般若三蔵らが当寺で訳経に従い、また懐素・智昇・法蔵らも住した。洛陽の太原寺は、のち魏国東寺・大周東寺・大福先寺と改称。義浄・善無畏・日照・宝思惟・菩提流志らが当寺で訳経に従い、また一行が論場を設けたことがある。他の三寺もそれぞれの仏教の中心として栄えたという。

**だいげん-しゅり-ぼさつ　大権修利菩薩**　略して大権菩薩といい、招宝七郎とも称する。中国浙江省の招宝山にまつられた航海守護の神。唐の大中元年847宣宗が釈提桓因《しゃくだいかんいん》（帝釈天《たいしゃくてん》）を招宝山に祀ったのに始まる。同地の阿育王山広利寺の伽藍神でもある。道元が入宋の帰途、この神があらわれたので日本へ招いたと伝え、曹洞宗の寺院では伽藍守護神として安置する。また平戸では七郎権現、長崎では紹法媽姐《しょうほうまそ》として祀られ、海上の安全を祈る。〔参考〕月江正印禅師語録、道元禅師和尚行録、禅林象器箋霊像門、清拙正澄・大権賛

**たいげん-の-ほう　太元帥法**　口伝では「帥」は読まない。毎年正月八日より七日間、宮中（後世は醍醐理性院）で阿吒薄倶元帥大将上仏陀羅尼経修行儀軌などによって太元帥明王を本尊として、聖寿無窮・鎮護国家のために修する法。古来、最大の秘法とされた。日本へは小栗栖《おぐるす》法琳寺の常暁が将来し、承和七年840勅を奉じて厳修したのに始まるという。奈良秋篠寺《あきしのでら》の閼伽

井《い》の水を用いるのが例とされ、今では天皇即位のときに、東寺灌頂院で行われる。

**たいげんほう-えんぎ-そうじょう　太元帥法縁起奏状**　一巻。寵寿（　—886）の著。著者は太元帥法伝受第二祖と伝える人。先師常暁が入唐して、この法を伝受したときから、貞観一九年877までの縁起霊験を註した奏状文を掲げ、次に法琳寺奏状として⑴年分度者三人を置くこと、⑵十僧を定めた太元帥法の勅修、⑶太元帥曼荼羅の改図と仏帳檀具などの修補、⑷真言院に准じて治部省内の太元帥法堂の建立修法、⑸天賜によって法琳寺諸堂の修理に関する五つの請状を集録し、最後に延喜式第三五大炊寮などの条に記された諸法会の用途料物についての記事を抄録している。仏全一一六〔写本〕東京宝菩提院蔵、京都高山寺蔵

**たいげん-みょうおう　太元帥明王**　口伝では「帥」は読まない。「たいげんすいみょうおう」とも読むが、大元帥明王とも書く。㊵アータヴァカ Āṭavaka が起源で阿吒婆狗《あたばく》、阿吒薄倶などと音写し、曠野神、曠野鬼神とも訳す。アータヴァカは森に棲む者の意で、もとインドの非アーリヤ系の神が仏教にとり入れられ、密教の明王として尊崇されたものと考えられる。諸天衆の王として曠野に住し、悪獣兵火などの難を除いて仏弟子および国土を守護するという。十六善神、毘沙門天八大夜叉の一に数えられることもある。この尊を本尊として息災降伏などのために修される法を太元帥法《たいげんのほう》という。六面八臂、四面八臂、一面四臂などの形像があり、奈良県秋篠寺の木像、醍醐理性院の画像（重文）などがある。〔参考〕阿吒婆狗鬼神大将上仏陀羅尼神呪経、同修行儀軌、宝積経三一、南本涅槃経一五、太元帥法縁起奏状

太元帥明王（別尊雑記）

**たいこ　大己**　禅宗の用語。戒臘《かいろう》（具足戒を受けて以来の年数）が自分より五夏《げご》（五年）以上長い僧に対して用いる尊称。

**だいこう　大江**　（文禄元1592—寛文一一1671）浄土宗西山派の学僧。字は南楚。紀伊の人。同国総持寺の長感応沾《ちょうかんおうでん》について西山派の宗義を受け、上洛して各宗の教義をあわせ学んだ。寛永二年1625総持寺の主となる。五祖同轍の義を唱え善導のみを祖述する学弊を改めた。著書、観経疏重笠鈔一二巻、倶疏記八巻。無量寿経義苑七巻など。〔参考〕浄土総系譜下、総持寺沿革誌

**だいごう　題号**　経・論・釈などの内容をあらわす題目。巻首にあるのを首題（首題名字）、巻末にあるのを尾題、表紙にあるのを外題《げだい》、開巻の初めにあるのを内題といい、首尾内外の題号が異なる場合もある。経典などを解釈するに当たって題目を解釈するのを釈名《しゃくみょう》といい、智顗《ちぎ》は五重玄義の第一とする。また智顗はすべての経題は人・法・譬の三つの組み合わせによってつけられてあるとし、単人立題（阿弥陀経）・単法立題（大般涅槃経）・単譬立題（梵網経）・人法立題（文殊問般若経）・法譬立題（妙法蓮華経）・人譬立題（如来師子吼経）・具足立題（大方広仏華厳経）の七種立題《しちしゅりゅうだい》とする。

**だいこう-いん　大光院**　群馬県太田市金山町。浄土宗。義重山新田寺と号し、俗に太田の呑竜という。関東十八檀林の一。慶長一八年1613徳川家康がその祖、新田義重の旧跡に建てた寺。建立には増上寺の存応慈昌が参画し、その弟子然誉呑竜が開山となった。開山堂に安置する呑竜の像は子育《こそだて》呑竜《どんりゅう》と称して俗信をあつめている。〔参考〕新田大光院志

**だいこうこく-じ　大興国寺**　隋代に、文帝（581—604在位）がかつて経過した長安はじめ四五州に設けた寺。同州（陝西省同州府大茘県）の大興国寺はその一で、文帝が幼少の頃、その地の般若尼寺に住した智仙尼に育てられた因縁により、開皇四年584尼寺の故址に造建したという。〔参考〕弁正論三、隋書

**だいこう-じ　大興寺**　韓国全羅南道海南郡三山面頭輪山。もと大芚寺《だいとんじ》とも称した。三十一本山の一。百済久爾辛王（420

—27在位）の頃の開創と伝えるが、新羅の末に道詵が創めたともいう。高麗の高宗（1213—59在位）の時、真静天因が住した。李朝の宣祖三〇年1597兵火で焼けたのを、同三六年青蓮が再興した。清虚休静（宣祖三八没。教禅兼修を唱えて、教禅両宗を統一した人）の遺言により、その衣鉢を当寺に収めて弟子明照に管させて以来、西山派の中心として重んじられ、その法系を嗣ぐ楓潭義諶らの十二宗師、万花円悟などの十二禅師が輩出した。

**たいごう-しゅ　対告衆**　相対して告げられる衆の意。対告人《たいごうにん》、対告者ともいう。仏が説法するとき、聴衆の中から特に選ばれてその対手として呼びかけられる者のこと。

**だいこうぜん-じ　大興善寺**　中国陝西省西安府城永寧門外にある。開皇二年582隋の文帝が長安の東南、竜首山下に大興城を設けたとき、霊蔵に勅して陟岵寺《ちょっこじ》を移させ、大興善寺と名づけて、彼を寺主とした〈⇩陟岵寺〉。また僧猛を住まわせ、隋国大統に任じて国内の仏教行政を司らせ、那連提黎耶舎《なれんだいれいやしゃ》を迎えて、寺を訳経道場とした。ついで闍那崛多《じゃなくった》が翻訳専主となり、多くの高僧をあつめて訳業に従い、また僧璨《そうさん》・霊裕・考琮などすぐれた僧が住した。唐代中宗（683—710在位）の時、文帝に鄷王《ほうおう》の号を贈って鄷国寺と改称したが、景雲元年710旧名に復した。天宝742—56末年、不空三蔵が来て方等戒壇を築き、密教弘宣の道場となった。のち会昌の排仏にあって荒廃したが、明・清代に再興重修された。〔参考〕続高僧伝二・八・一九、仏祖統紀三八・三九

**だいこうみょう-おう　大光明王**　大光明は㊵マハープラバーサ Mahāprabhāsa の訳。仏陀の前生の一つ。仏陀が前生において国王となって菩薩行を修めた時の名。すぐれた調教師が調教した象に乗って行く途中、その象が牝の象を見て荒れ狂ったために、王は危難に遭い、真に有情の身心を調順できるのはただ仏のみであると悟って、菩提心をおこし、みずから仏となって一切有情を調順しようという誓願をたてた。〔参考〕賢愚経三・一〇、経律異相二五・二六

**だいこく-てん　大黒天**　㊵マハーカーラ Mahākāla の訳、摩訶迦羅と音写する。三宝を守護する武神、飲食を司る神、戦闘の神、暗夜を司る神などとされる。インド神話ではシヴァ Śiva神の別名の一つで、仏教でも大自在天の化身といい、毘盧遮那仏の化身ともいう。日本では最澄が初めて三面六臂の大黒天を祭ったという。当初は黒色忿怒像であったがのちに七福神の一として諸願をかなえ、福を授ける神となった。また大国と同音であることから大国主命になぞらえられることもあった。飲食を司る神から転じて僧侶の妻をさす隠語になった。〔参考〕大日経疏一〇、仁王護国般若波羅蜜多経疏下、南海寄帰伝一

摩訶迦羅（大黒天）
（御室版胎蔵曼荼羅）

**だいご-じ　醍醐寺**　京都市伏見区醍醐伽藍町。深雪山と号し、真言宗醍醐派総本山。真言宗小野派の根本道場で、古来、事相本山の称がある。醍醐山上・山下（上醍醐と下醍醐）の諸堂の総称。一宝院を主院とする。聖宝が貞観年間859—77に山上に草庵を結んで准胝・如意輪の二観音を安置したのに始まると伝え、醍醐天皇が諸堂を建て定額寺《じょうがくじ》とした。延喜一九年919勅して座主（初代観賢）・三綱および定額僧六人を置き、欠員は必ず聖宝の門徒から補うべきことを定めた。ついで朱雀・村上両天皇が堂塔を増築し、上下の寺観が整った。永久三年1115一四世勝覚が灌頂院（のちの三宝院）を建立、その弟子賢覚が理性院を、同じく聖賢が金剛王院を創建して、各一派を立てた（醍醐の三流）。のち一六世元海が無量寿院（松橋流の本寺）を、さらに二四世成賢の弟子憲深が報恩院を、同じく深賢が地蔵院を建てて、

各一流を開いたので、前の三流に加えて世に醍醐六流という。このうち地蔵院を除く五院から多く座主職が選ばれたので、五院を醍醐の五門跡と称したが、応永三年1396三宝院の満済が七四世座主となってからは、専ら三宝院が一山を領するに至った。応仁元年1467三宝院が、また文明二年1470一山の大半が兵火で焼けたが、八〇世義演の代に豊臣秀吉によって再興された。江戸時代には朱印四千石を領した。なお当寺の山上の准胝堂は西国三十三カ所霊場第一一番札所で、安産の信仰がある。現在、塔頭として三宝院・理性院・金剛王院・報恩院・成身院・光台院・岳両院・菩提院がある。〔国宝〕五重塔、金堂、清滝宮拝殿、薬師堂、絹本著色五大尊像、同閻魔天像、木造薬師如来及両脇侍像、狸毛筆奉献表ほか 〔重文〕清滝宮本殿、開山堂、如意輪堂、紙本墨画密教図像、紙本墨書醍醐雑事記、同諸寺縁起、同江談抄、本朝文粋、弘法大師廿五箇条遺告、醍醐根本僧正略伝、性霊集、東大寺要録二巻ほか多数 〔参考〕醍醐寺略史

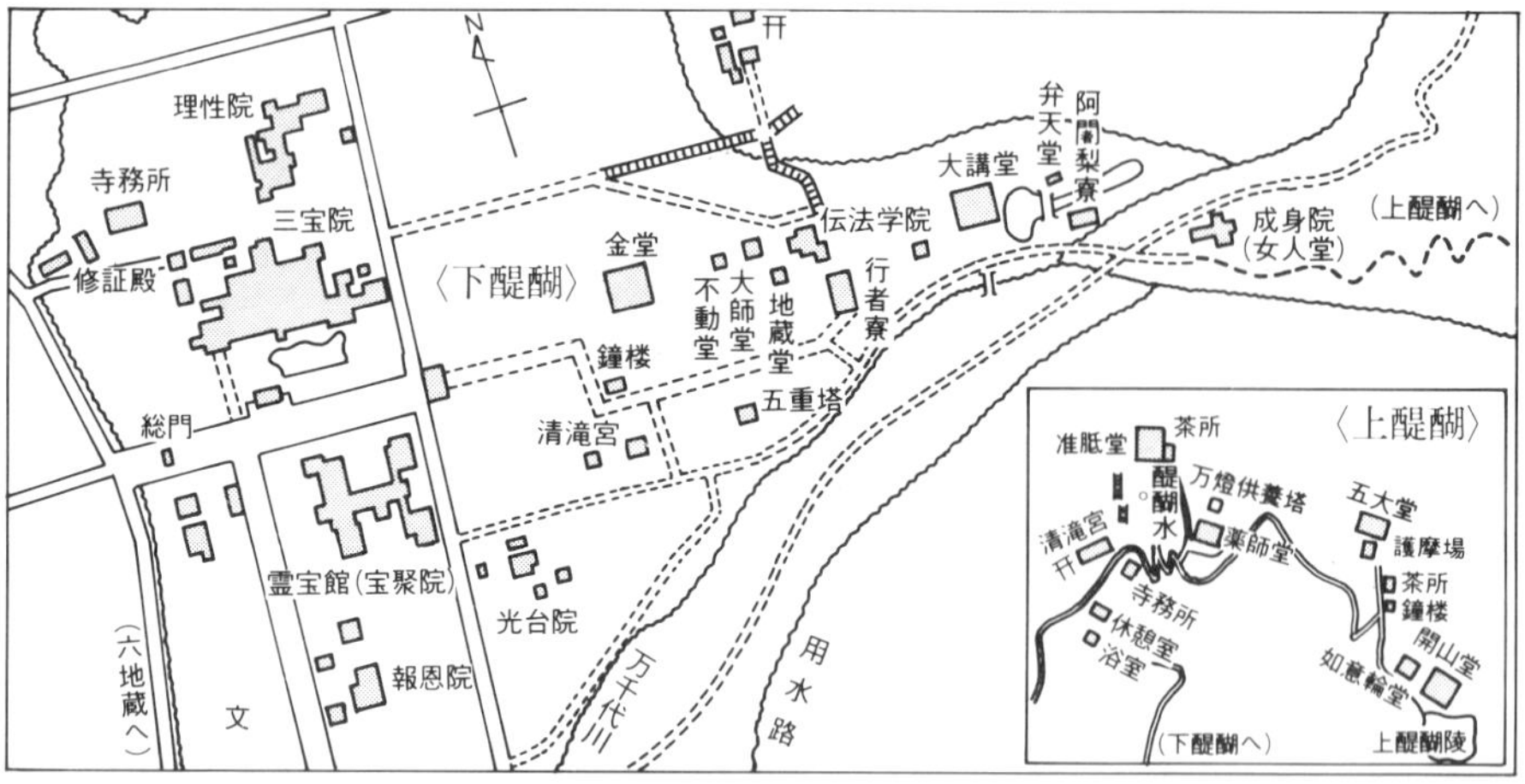

醍醐寺略配地図

**だいごじゅう-せんじょう-りゃくしょう　大五重選定略鈔**　一巻。在禅(1739—1820)の著。成立年不詳。大五重、総五重とも略称する。浄土宗では、聖冏《しょうげい》が宗義の秘奥を五段階にわけて聖聡に伝えて以来、五重相伝が伝法の儀則とされたが、のち次第に形式化し、浅学の者に道誉流では五通切紙伝、感誉流では五通五箇伝などの浅学相承を行うようになった。これに対して諸檀林では碩学衆のために三年に一度、古式にのった伝法が七日間にわたって行われたが、本書はこの古式の伝法(大五重)について述べ、これに用いる三巻七書に註釈をほどこしたもので、奥義の口訣を知る上の参考となる。三巻七書とは、源空の著と伝える往生記、弁長の末代念仏授手印、良忠の領解末代念仏授手印鈔の三巻書と、良忠の決答授手印疑問鈔およびこれらに対する聖冏の註釈書の五部七巻をいい、初重から三重には順次に三巻書を、第四重には良忠の決答授手印疑問鈔を、第五重には往生論註に説く十念の法を伝える。〔参考〕伝灯輯要下

**たいこんまんだら-しょそん-しゅじ-しゅう　胎金曼荼羅諸尊種子集**　一巻。安然の撰(元慶八884)。胎蔵界諸尊の種子と金剛界諸尊の種子を大日経・同義釈・胎蔵四部儀軌・天竺曼荼羅などから探抽し、各尊位の種子の出没同異を示したもの。各尊の配列も種子も現図曼荼羅の尊位および種子と比較すると相違が多く、各書によって異なる点を細註している。日蔵四一

**だいさっしゃにけんじ-しょせつ-きょう　大薩遮尼乾子所説経**　一〇巻。北魏の菩提留支の訳(六世紀初め)。異訳に劉宋の求那跋陀羅の訳(五世紀前半)の菩薩行方便境界神通変化経(三巻)があり、チベット訳もある。仏が文殊菩薩の請いに応じて発菩提心と六度の行を説き、諸仏国土には三乗の差別がないとして一乗の義を説く。また大薩遮尼乾子が厳熾王に十善業道・布施の功徳などの法を説くが、尼乾子は仏の応現の姿であるとして、尼乾子に成仏の予言が与

えられることなどを内容とする。とくにこの経の一乗義は法華経序品・方便品の説に類似していることが注目される。㊅九

**たい-ざん　泰山**　中国山東省泰安府にある山。岱宗、岱山、太山、岱岳、泰岳ともいい、また五岳の一として東岳、東岱とも呼ばれる。古来帝王は五年に一度、この山からはじめて順次に五岳をめぐり、祭典を行うのを例とした。その鬼児峪は、死後に魂魄の帰する所と信じられ、司命司禄の神である泰山府君(太山府君)が支配するとされた。道教の霊場として信仰をあつめ、泰山府君や碧霞元君などを祀る廟祀が多い。仏教寺院も少なくなく、神通・天封・竹林・丹霞・普照・冥福などの諸寺があるが、とりわけ神通寺は前秦の末に僧朗が創めたと伝えられ、もと朗公谷山寺(朗公寺)と呼ばれたが、隋代に重修して神通寺と改められた。中腹に北斉の金剛経の磨崖石経があるが、古来泰山の石経として知られる。麓の岱岳廟には秦始皇帝(246—210B.C.在位)の無字碑がある。

**たいさん-じ　大山寺**　神奈川県伊勢原市大山。真言宗大覚寺派。雨降山《あふりさん》と号し、修験道の霊場。本尊は不動明王で、石尊大権現と称する。俗に石尊権現、大山不動という。明治までは「おおやまでら」とよばれた。寺伝では天平勝宝七年755良弁《ろうべん》の開創といい、のち元慶三年879安然《あんねん》が重興したという。文永年間1264—75鎌倉長楽寺の願行が中興し、足利氏、小田原北条氏、徳川氏などの外護をうけて栄えた。明治維新の際に大山祇命《おおやまつみのみこと》を祀り阿夫利《あふり》(雨降)神社と称し、本尊の不動明王は別堂に安置して明王寺と称したが、大正五年1916大山寺の旧称に復した。〔重文〕鉄造不動明王及二童子像　〔参考〕大山縁起、大山不動霊験記、日本名勝地誌二

**たいさん-じ　太山寺**　①愛媛県松山市太山寺町。滝雲山護持院と号し、真言宗智山派。四国八十八カ所第五二番札所。用明天皇二年537豊後大野郡真名村の長者が渡航中暴風にあい、観音の霊験によって救われたためにこの地に一宇を創建したという。天平勝宝元年749聖武天皇が行基に勅して十一面観音・四天王を奉納してから、歴代朝廷の寄進がつづいたという。〔国宝〕本堂〔重文〕八脚門、木造十一面観音立像　〔参考〕伊予国太山寺縁起　②兵庫県神戸市西区伊川谷町前開。三身山と号し、天台宗。霊亀二年716藤原宇合《うまかい》が開いたと伝える七仏薬師の霊場の一で、藤原鎌足の子定慧を開山とするという。年中行事の一に現在一月七日、追儺会《ついなえ》と称して修正会がある。〔国宝〕本堂〔重文〕仁王門、絹本著色不動四童子像、同両界曼荼羅図、同釈迦三尊像、同法華曼荼羅図、同愛染曼荼羅図、木造阿弥陀如来坐像、紙本墨書大塔宮令旨及注進状ほか　〔参考〕華頂要略八〇

**だいさんほうもん　第三法門**　日蓮宗で、自宗のみが教相の三意(三種教相)のうちの第三、師弟遠近不遠近の相(法華経は説く者も聴衆も久遠の昔から覚っている本門の仏・菩薩《ぼさつ》であって他の諸経の師弟関係とは異なる)に立脚して、特に本門の深い意味を解明したと誇って自宗の教義を第三法門と称する。なお、日蓮によれば、天台宗は教相の三意を主張して法華経の優位を論じているが、まだその第三の本門に立脚していないから迹門法華宗であり、日蓮宗は本門法華宗であるとする。

**たいじ　対治**　㊵プラティパクシャ pratipakṣa の訳。道《どう》によって煩悩《ぼんのう》などを断つこと。この場合、道は能対治で煩悩などは所対治である。倶舎論巻二一によれば、修《しゅ》所断の煩悩を断つのに四種の対治があって、順次に加行道《けぎょうどう》・無間道《むけんどう》・解脱道《げだつどう》・勝進道の四道にあたる。即ち(1)厭患《えんげん》対治。また厭壊《えんえ》対治ともいう。われわれの住んでいるこの欲界の煩悩と苦の生存(苦集諦)をまず厭い嫌うこと。(2)断対治。次に四諦《したい》(仏教の真理)を観じてまさしく煩悩を断つこと。(3)持対治。次に択滅《ちゃくめつ》の得《とく》を保持して失わないこと。(4)遠分《おんぶん》対治。次に四諦を観じて、さきに断った煩悩の得をさらに遠ざけること。

**だいし　大史**　⇩マハーヴァンサ

**だいし　大姉**　①帰女(とくに比丘尼または尊貴な在家の女)に対するていねいな呼称。②禅宗などで女子の戒名に用いる称号、男子の大居士《だいこじ》、居士などに対する。

**だいし　大師**　大導師の意。仏、菩薩、及び高徳の僧の尊称。なお朝廷から有徳の僧に賜る称号に大師号がある。

**だいじ　大寺**　⇩マハーヴィハーラ

**だいじ　大事**　⇩マハーヴァストゥ

**たいし-え　太子会**　上宮太子会ともいう。聖徳太子の忌日に行う法会。太子に関係の深い京都の広隆寺（現二月二二日）、播磨の鶴林寺（現三月二一—二三日）や真宗諸本山などで行う。法隆寺（現三月二二—二四日）、四天王寺（現四月二二日）では聖霊会《しょうりょうえ》という。⇩四天王寺《してんのうじ》

四天王寺聖霊会（摂津名所図会）

**だいじおん-じ　大慈恩寺**　中国長安（陝西省西安府）の南、曲江の北にあった寺。その故址に大雁塔が遺る。唐の貞観二二年648皇太子治（後の高宗）が、母文徳皇后の慈恩に報いるため、進昌坊無漏寺（一説に覚浄寺）の旧跡に建立。落慶に際して僧三〇〇人を度し、別に五〇人の大徳を迎えて玄奘を上座とした。寺の西北に訳経院を設けて玄奘がもたらした経像舎利を納め、訳経の道場とした。永徽三年652高宗は玄奘の請により高さ五四《メートル》の五級磚塔（いわゆる大雁塔）を造らせて、訳経院の梵夾などをこれに移させた。塔の後壁には褚遂良の書にかかる太宗の大唐三蔵聖教序および皇太子（即ち高宗）の序記（いずれも貞観二二撰）の石刻がある。顕慶元年656高宗の文による大慈恩寺碑が建てられた。玄奘が西明寺に移って後、弟子の窺基《きき》が住持した。世に玄奘を大慈恩寺三蔵、窺基を慈恩大師と称するのはこれによる。開元年間713—41には義福が住し、貞元年間785—805にはインドの牟尼室利三蔵が来住したが、会昌の破仏によって衰亡した。〔参考〕大慈恩寺三蔵法師伝

**だいじおんじ-さんぞうほっし-でん　大慈恩寺三蔵法師伝**　一〇巻。詳しくは大唐大慈恩寺三蔵法師伝、略して三蔵法師伝、慈恩伝という。唐の慧立の撰述に基づき、彦悰《げんそう》の刪補。玄奘の死後二四年を経た垂拱四年688に成立した玄奘の伝記。初めの五巻は玄奘の誕生から西域を出発しインドを経て帰国するまで、後の五巻は貞観一九年645の帰国より遷化に至る間の講経・訳経などの事跡を記録する。内容は、大唐西域記、大唐故三蔵法師行状とおおむね符合するが、時に相異する所説もある。㊅五〇、国一史伝部一一〔刊本〕享保四1719刊、東方文化学院京都研究所影印本1932刊、St. Stanislas Julien の仏訳1853刊、Samuel Beal の英訳1888刊〔註釈〕護命・解節記四巻

**たいじき-げ　対食偈**　食事の時の偈文。禅宗では唱食《しょうじき》また施食ともいう。早粥には「粥有十利《しゅうゆうじゅうり》云々」、午斎には「三徳六味云々」の四句を唱え、浄土宗・真宗では往生礼讃の中夜偈の一文を、とくに本願寺派では法霖の作った六字二二句を唱える。近年は「食前のことば」の平易なものが用いられている。

**だいし-ごう　大師号**　徳が高く、国家の師表として尊敬される僧侶に対して、朝廷から与える称号の一種。これに類似したものに国師・禅師《ぜんじ》及び菩薩などの号がある。生前に賜るのを特賜で、死後贈られるのを諡号《しごう》、勅諡《ちょくし》といい、重ねて贈られるのを重諡、加諡という（徽号《きごう》というときは通常は生前の特賜を指す）。

**だいじざい-てん　大自在天**　㊵マヘーシュヴァラ Maheśvara の訳。摩醯首羅《まけいしゅら》と音写し、略して自在天ともいう。伊舎那

天《いしゃなてん》(イーシャーナ Īśāna 司配者)、商羯羅天《しょうからてん》(シャンカラ Śaṃkara 成福)・嚕捺羅《るだら》(ルドラ Rudra 荒神)などの異名がある。インド古来の神であるヒンドゥー教のシヴァ Śiva(湿婆)神が仏教にとりいれられたもの。色究竟天《しきくきょうてん》に住するとし、第十地より菩薩は仏果を証して三千大千世界の化主となるから、これを大自在天になぞらえ、摩醯首羅天宮を第十地の菩薩の住処とする。但し、第十地の菩薩を浄居摩醯首羅とし、外道の自在天を毘舎闍摩醯首羅(毘舎闍《びしゃじゃ》すなわち㊵ピシャーチャ piśāca は鬼の一種)という。密教では伊舎那天を十二天の一にかぞえ、また大自在天は普賢菩薩と一如一相であるとし、あるいは摩醯首羅は金剛薩埵をあらわすともする。なお烏摩妃《うまひ》(㊵ウマー Umā)はその妃である。〔参考〕外道小乗涅槃論、倶舎論光記七、晋訳華厳経二七、図像抄九、十二天供儀軌

(御室版胎蔵曼荼羅)

**だいし-ざいとうじ-き　大師在唐時記**　一巻。円珍の著(円仁・最澄の著とも)。成立年不詳。初めに成身会などの六会について青竜大師(法全か)の口決を記し、次に胎蔵法と蘇悉地と金剛界とについての問答と和尚(法全か)の筆語とを載せている。初めの部分は雑私記の一節であり、次の問右於胎蔵印契以下は円仁の在唐記とほぼ同じ。著者については異説があるが、円珍であろう。日蔵四一、仏全二八

**たいし-じ　太子寺**　⇩如来寺《にょらいじ》③

**だいじ-じ　大慈寺**　①熊本市野田。大梁山と号し、曹洞宗。寒巌義尹《ぎいん》が宋より帰朝して、河尻泰明の妹素明尼の帰依を受け、弘安元年1278大渡《おおわたり》に創建。元禄九年1696永平寺の末寺となり、同一五年僧録司となる。〔重文〕寒巌義尹文書　〔参考〕肥後国志三　②岩手県遠野市大工町。福聚山と号し、曹洞宗。応永一八年1411南部長経の創建という。宗家南部守行の秋田攻めの際の恵伝恵金の援助を謝して松月庵として建立、恵金を開山とした。のち堂塔を加え現寺号を称し、奥羽二州の玉窓派の派頭となった。檀越南部氏の異動とともに寺地も三転して現地に至る。

**だいしじょうこう-ほう　大熾盛光法**　⇩熾盛光法《しじょうこうほう》

**たいし-ずいおう-ほんぎ-きょう　太子瑞応本起経**　瑞応本起経と略す。二巻。呉の支謙の訳(三世紀前半)。仏陀の前生物語から始まり、誕生・出家・成道から三迦葉《かしょう》の帰仏までを含む仏伝。修行本起経と類似し、過去現在因果経・普曜経などの前駆をなすと見られる。(大)三

**だいじっ-きょう　大集経**　六〇巻(高麗蔵)、或いは三〇巻(宋・元・明蔵)。詳しくは大方等大集経という。隋の僧就の編(開皇六586)。仏陀が成道後一六年目に、広く十方の仏土の仏・菩薩を集めて大乗の法を説いたとされる経で、法相・法数に関する記述が多い。また般若系の空思想と密教的な要素とが濃厚に認められる。六〇巻本は一七分よりなり、各品(分)の名は次の通りである。(1)瓔珞品=巻一前半、(2)陀羅尼自在王菩薩品=巻一後半-四、(3)宝女品=巻五-六、(4)不眴菩薩品=巻七、(5)海慧菩薩品=巻八-一一、(6)無言菩薩品=巻一二、(7)不可説菩薩品=巻一三、(8)虚空蔵菩薩品=巻一四-一八、(9)宝幢分=一三品・巻一九-二〇、(10)虚空目分=一〇品・巻二一-二四、(11)宝髻菩薩品=巻二五-二六、(12)無尽意菩薩品=巻二七-三〇、(13)日密分=六品または五品・巻三一-三三、(14)日蔵分=一三品・巻三四-四五、(15)月蔵分=二〇品・巻四六-五六、(16)須弥蔵分=四品・巻五七-五八、(17)十方菩薩品=巻五九-六〇。このうち(1)-(11)および(13)は北涼の曇無讖の訳、(12)は劉宋の智厳・宝雲の訳、(14)-(17)は隋の那連提耶舎の訳である。異訳には(1)-(2)の異訳に西晋の竺法護の訳の大哀経八巻、(3)の異訳に同じく竺法護の訳の宝女所問経四巻、

(5)の異訳に北宋の惟浄らの訳の海意菩薩所問浄印法門経一八巻、(6)の異訳に竺法護の訳の無言童子経二巻、(8)の異訳に唐の不空の訳の大集大虚空蔵菩薩所問経八巻、(9)の異訳に唐の波羅頗蜜多羅の訳の宝星陀羅尼経一〇巻、(12)の異訳に竺法護の訳の阿差末菩薩経七巻がある。なお(12)は無尽意菩薩経六巻として、(14)—(16)はそれぞれ大乗大方等日蔵経一〇巻・大方等大集月蔵経一〇巻・大乗大集須弥蔵経二巻として別行する。また(17)は後漢の安世高の訳の明度五十校計経二巻として別行する。大方等大集経は以上の別出および支派の経とともに一括して大集部に属し、般若部などと並んで古来五大部の一をなした。㊅一三、国一大集部一—三

**だいじゃく　大寂**（寛延元1748—文政二1819）真言宗智山派の学僧。出生地・俗姓など不詳。高野山・京都智積院などで事教二相を学んだが、晩年は武蔵竜華院に住して悉曇研究に没頭したという。著書、梵漢名句考一二〇巻、梵漢標目三〇巻、八囀声自鏡録三巻、悉曇反音例一巻など。

**だいじゃく-じょう　大寂定**　大涅槃《だいねはん》をいう。①北本涅槃経巻三〇に「われ此の間の娑羅双樹に於て大寂定に入る、大寂定をば大涅槃に名づく」とある。②大宝積経無量寿如来会《にょらいえ》によれば、釈迦牟尼仏が無量寿経を説こうとしたときにこの定に入ったという。定とは心を一点に集注して散らさない状態である。

**たいしゃく-てん　帝釈天**　仏教守護の神。インド神話の神インドラ Indra（因陀羅）がその起源で、別名をシャクラ Śakra（釈迦羅）という。帝釈の帝はインドラの訳、釈はシャクラの音写の略である。詳しくはシャクラ・デーヴァーナーム・インドラ Śakra devānām indra（諸天の中の王の意）ともいい、釈迦提桓因陀羅と音写し、略して釈提桓因《しゃくだいかんいん》という。インドラはリグ・ヴェーダの神々の中でもっとも崇敬を集めた神で、武勇神・英雄神の性格をもっており、本来の起源は雷神とされている。仏教には梵天とともに早くからとり入れられて護法の善神とされ、仏陀説法の会座にもしばしば名を列ねている。地居天《じごてん》の主で天帝ともいい、須弥山《しゅみせん》（梵スメール Sumeru）頂上の忉利《とうり》天の善見城に住し、四天王を配下とする。また十二天の筆頭で東方を守護する。梵天とあわせて釈梵とよばれ、図像にも梵天・帝釈天を一対としたものが多い。東大寺法華堂蔵・唐招提寺蔵・東寺蔵（以上いずれも国宝）のものがその代表例である。なお図像に金剛杵《こんごうしょ》を持つものの、千眼をもつものがあるのは、いずれもリグ・ヴェーダのインドラ神の伝説に起源をもつ。〔参考〕雑阿含経四〇、慧琳音義巻二五、長阿含経二七・一〇、大宝積経一二〇、大智度論五六

帝釈天（別尊雑記）

**たいしゃくてん-まんだら　帝釈天曼荼羅**　奈良県室生寺金堂の内陣来迎壁に描かれている板絵（三八九×一九二センチ）。著色。国宝。当寺の創建由来に結びつけて竜王曼荼羅または請雨経曼荼羅とも呼ばれたことがある。帝釈天が中央に趺坐して左手に独鈷杵を持ち、左右に二脇侍が立ち、これをめぐって一五段八列に一二〇天を配している。こうした図様は一般の密教義軌にない。当寺は興福寺の系統に属していたから法相系の雑密信仰に基づいて描かれたと考えられている。堂と共に平安時代初期の作。

**たいしゃく-びょう　帝釈瓶**　帝釈天の用いる宝瓶のこと。心の欲する物を意のままに出し得るという。⇩賢瓶《けんびょう》

**だいしゃもん-ひゃくいちこんま-ほう　大沙門百一羯磨法**　一巻。百一羯磨法、大沙門羯磨法ともいう。出家者の教団の羯磨《こんま》（行事作法）を規定した書。律は戒本と羯磨文とから成るが、その後者の部分であり、系統としては十誦律《じゅうじゅりつ》に属する。㊅二三

**だいしゅ　大殊**　（元亨元1321―応永九1402）臨済宗の僧。別峰と号する。周防の人。義南・観道・霊岳に参じ、和泉の興聖寺・伊勢の清水寺・播磨の臨済寺・備前の定林寺・河内の光通寺・紀伊の西光寺に歴住した。後亀山天皇の殊遇をうけて大珠円光国師の号を賜った。〔参考〕延宝伝灯録一四、本朝高僧伝三六

**たいじゅう　諦住**　（　―寛政一一1799）真宗大谷派の僧。世に粟津《あわづ》義圭《ぎけい》と呼ぶ（粟津は地名、義圭は字）。近江膳所《ぜぜ》響忍寺の僧。著書の唱導談義本は後生の布教の好資料とされた。本願寺派の能化功存の願生帰命弁を批判して徹照西方義を著わしている。その他、講録や真宗閑論、真宗安心消息などの著書がある。〔参考〕大学寮講者鏡

**だいしゅう-かんじょう-しゅきょうもくろく　大周刊定衆経目録**　⇩衆経目録《しゅきょうもくろく》

**たいしゅう-こうよう　台宗綱要**　一巻。霊空（1652―1738）の著。成立年不詳。天台宗所説の法門を略述した書。凝然の律宗綱要にならったもの。〔刊本〕元文四1739刊

**だいしゅうじ-げんもん-ほんろん　大宗地玄文本論**　二〇巻。陳の真諦の訳とするが、おそらく中国で作られたものであろう。成立年不詳。転迷開悟の道としての五位五十一道路を説く。本編中に仏教用語もまれにはあらわれるが、主に道教に属すべきものである。(大)三二

**たいしゅう-しょうえい-しゅう　台宗精英集**　原本巻数不詳（巻二、三、四、五のみ現存）。宋の普容の編。成立年不詳。中国天台教学の重要問題を集録した書。教相観心両門にわたる諸種の論題を掲げ、その論題の出来を示し古来の異説をあげて批判して自家の所見を述べるなど、古来異論の多い問題について論断を試みている。(続)二・六・三〔刊本〕正徳五1715刊、享保四1719刊

**たいしゅう-にひゃくだい　台宗二百題**　一五巻。智周（1659―1743）の著。天台教義の要論二〇〇条余を選定し、問答体にその要領を述べた書。宗要・義科・問要の三篇に分け、宗要には二仏並出から四位対判に至る九四条（七巻）、義科には三身成道から十行円無作に至るまで四三条（三巻）、問要には西方已心から開示悟入に至る七〇条（五巻）を収める。〔刊本〕享保八1723刊、寛保二1742刊、寛政七1795刊、明治二八1895刊

**たいしゅう-ろんぎ-じしょ　台宗論義示処**　三巻。貞節の著。成立年不詳。天台宗の論目一〇〇題余について天台章疏の出処を明らかにした書。続集二巻は正徳元年1711刊行された。〔刊本〕宝永五1708刊

**だいじゅ-きんならおう-しょもんぎょう　大樹緊那羅王所問経**　四巻。後秦の鳩摩羅什《くまらじゅう》の訳（五世紀初）。異訳に後漢の支婁迦讖《しるかせん》の訳（二世紀半）の伅真陀羅所問如来三昧経三巻がある。チベット訳もある。緊那羅（キンナラ kiṃnara 八部衆の一つである半神半人族）王の問いに応じて、空の思想・般若波羅蜜《はんにゃはらみつ》・菩薩行などを説く。(大)一五、国経集部六

**だいしゅく　大俶**　（　―文明一九1487）大叔とも書く。臨済宗の僧。字は季弘、蔗庵《しょあん》と号する。備前の人。建仁寺の竹庵大縁に参じ、文明一二年東福寺に入り、一七四世を継いだ。〔参考〕延宝伝灯録三三

**だいじゅ-く　代受苦**　詳しくは大悲代受苦といい、また大悲代苦、大悲受苦ともいう。菩薩が衆生の苦を除くために、大悲心から進んで衆生の代りに苦を受けること。これについて天台宗では、菩薩は表面的には衆生に代って苦を受けるが内心には苦を受けることはないとする説と、菩薩自らの業道の因縁からすれば代受苦はあり得ないが、衆生に感応して現われる点からいえば外形上だけでなく内心にもその苦を受け、そして大悲の故に、代受苦によって逆にその悲願が満足するのを喜ぶという説とがある。真言宗古義派では、菩薩は代受苦において衆生と同じく実苦を受けるとする。

**だいじゅ-じ　大樹寺**　愛知県岡崎市鴨田町。成道山松安院と号し、浄土宗。文明七年1475松平親忠が勢誉愚底の念仏教化に感じ、　寺を創建して愚底を開山とした。以後松平家・徳川家歴代の菩提所、祈願所となり栄えたが、安政二年1855罹災し衰微。三河浄土宗の中心寺であった。〔重文〕多宝塔、大方丈障壁画、絹本墨画淡彩如意輪観音図

〔参考〕大樹寺旧記、大樹寺草創略記

**だいしゅ-せんぎ　大衆僉議**　寺院の衆徒が寄合い群議することで、満寺(山)集会ともいう。平安末期から中世を通じての衆議の方法として、しばしば全山の衆徒が会合し訴訟の趣を僉議したが、とくに各寺の僧兵が強訴する場合は大衆僉議によって決議した事項を差出した。その決議書を事書《ことがき》・衆議事書・衆会事書・衆議評定事書などと称した。⇩僧兵《そうへい》

**だいじゅん　大順**　(正徳元1711—安永八1779)浄土宗の学僧。字は専阿。玉蓮社信誉と号する。伊勢の阿弥陀寺および天然寺に歴住した。著書、当麻曼荼羅捜玄疏七巻、勢州緇素往生験記三巻など。〔参考〕蓮門経籍録

**だいじょう　大乗　〔小乗〕**　大乗は㊵マハーヤーナ mahāyāna の訳。摩訶衍那《まかえんな》、摩訶衍《まかえん》と音写し、上衍《じょうえん》、上乗ともいう。小乗は㊵ヒーナヤーナ hīnayāna の訳。乗(yāna)はのりものの意、迷いの此岸からさとりの彼岸に至らせる教法を指す。①阿含経では、仏の教えを尊んで大乗という。②大乗・小乗の語は、仏陀の滅後、その言行の伝承を中心とした仏教(原始仏教)からその註釈的研究の仏教(部派仏教)が展開すると共に、別に菩薩道《ぼさつどう》を説く仏教(大乗仏教)が発達して、後者の教徒が自らの奉じている教えを勝れたものであるとして大乗とよび、前者をおとしめて小乗と名づけたのに始まる。なお、前者の教徒からは、大乗は仏の説いた教えではないと非難した大乗非仏説の主張がなされている。しかし思想史的にいえば、小乗は大乗教学の基礎あるいは前駆としての意義を持つ。③小乗は自己の解脱だけを目的とする自調自度《じちょうじど》(調は煩悩をおさえ滅ぼすこと、度はさとりに至ること)の声聞《しょうもん》縁覚《えんがく》の道であり、大乗は涅槃《ねはん》に積極的な意義を認めて自利・利他の両面をみたす菩薩の道であるとする。④小乗には、阿含経、四分律・五分律などの律、婆沙論・六足論・発智論・倶舎論・成実論などの論があり、大乗には、般若経・法華経・華厳経などの経や中論・摂大乗論などの論がある。⑤大乗が勝れている理由として、菩薩善戒経巻七などには七、世親の摂大乗論釈巻六には一一をあげているが、菩薩善戒経にいう七大乗とは、十二部経のうちで最上である毘仏略《びぶつりゃく》(㊵ヴァイプリヤ vaipulya 方等)の教えに基づき(法大)、菩提心を発して(心大)、その教えを解し(解大)、浄らかな心になって(浄大)、菩薩の福徳と智慧を身につけ(荘厳大)、三大阿僧祇劫の修行をして(時大)、相好《そうごう》が具わり無上菩提が得られる(具足大)ことをいう。⑥インドの大乗には、大約して中観・瑜伽の二系統と密教とがある。⑦中国には、大乗の諸経論に基づく多くの教派(三論・涅槃・地論・浄土・禅・摂論・天台・華厳・法相・真言などの諸宗)があり、それぞれ自宗のすぐれたことをあらわすために大乗について種々の区別を立てた〈⇩教相判釈《きょうそうはんじゃく》〉。例えば、真言宗では顕教・密教、華厳宗や天台宗などでは権大乗《ごんだいじょう》(大乗の中の方便の教え。五性各別の説に立つ教え)・実大乗《じつだいじょう》(大乗のうちの真実の教え。すべてのものが成仏できるとする教え)などに分ける。また有相大乗・無相大乗の二種大乗、或いは法相・破相・法性の三大乗に分ける説もある。⑧日本に現行する仏教はすべて大乗に属する。⑨ビルマ、タイなどにある仏教は大乗教徒から古来小乗といわれた系統であり、チベット、モンゴルに行われるいわゆるラマ教は大乗の系統に属する。⑩天台宗では、小乗には経律論の三蔵がはっきり区別されて具わっているというので、小乗教のことを三蔵教(蔵教)と称する(華厳宗では小乗教と名づける)。また天台宗では小乗のうちに有門(発智論・六足論など)と空門(成実論)と亦有亦空門(蜫勒論。この論は中国に渡らなかった)と非有非空門(迦旃延経。雑阿含経中の一経)との四門があるとし、これを小乗教の四門または小乗の四分という〈⇩蜫勒門《こんろくもん》(阿毘曇門)(空門)〉。⑪智顗《ちぎ》の金光明玄義には、理乗(すべての存在の本質である真如《しんにょ》理性《りしょう》)・随乗(対象に応じてはたらく智慧)・得乗(自ら悟りを得ると共に、他を悟りに至らせる証果)の三大乗を説くが、これは順次に真性《しんしょう》・観照・資成《しじょう》の三軌にあたる。また大乗起信論には大乗の本体は衆生心であるという。

**だいじょう-あびだつま-じゅう-ろん　大乗阿毘達磨集論**　七巻。集論と略称する。無著(アサンガ Asaṅga)の造。唐の玄奘の訳(永徽三652)。チベット訳もある。全体を本事分と決択分に分け、本事分に三法・摂・相応・成就、決択分に諦・法・得・論議の計八品を分けて、瑜伽師地論に説く唯識の教説を再組織してアビダルマ的に分類・分列して記述する。梵語原本アビダルマ・サムッチャヤ Abhidharmasamuccaya はゴーカレーV. V. Gokhale及びプラダンP. Pradhanによってそれぞれ個別に校訂出版されている。註釈として、チベット大蔵経中に二本があるが、その中の一つは漢訳の大乗阿毘達磨雑集論に当たる。(大)三一

**だいじょう-あびだつま-ぞうじゅうろん　大乗阿毘達磨雑集論**　一六巻。雑集論と略称する。漢訳は安慧(スティラマティ Sthiramati)の造とするが、チベット訳ではジナプトラ Jinaputra(最勝子)の作となっている。唐の玄奘の訳(貞観二〇646)。梵文写本も発見され、タティアN. Tatiaによって刊行された。大乗阿毘達磨集論に対する註釈書。主として瑜伽師地論に基づいて集論本文の文句について詳しく註釈している。中国・日本において法相宗の正依の論書の一、また瑜伽十支論〈⇩瑜伽師地論《ゆがしじろん》〉の一とされた。その註疏として中国においては窺基《きき》の大乗阿毘達磨雑集論述記、日本においては堪慧信培の述記貫練篇がある。(大)三一、国一瑜伽部一〇

**だいしょう-いん　大照院**　山口県萩市椿。霊椿山と号し、臨済宗南禅寺派。もと観音寺と称し天台宗に属したが、南北朝の頃に建長寺の義翁が臨済宗に改め歓喜寺と号した。慶安四年1651領主毛利秀就(大照院殿)を葬り、南禅寺の円遵を中興開山とし大照院と改めた。明治元年1868瑞応寺と改称、同二六年旧寺号に復した。〔重文〕木造赤童子立像

**だいじょう-いん　大乗院**　奈良市の奈良公園内荒池の南、高畑町にあった興福寺の門跡寺。飛鳥御殿、摂家門跡とも称した。寛治元年1087藤原政兼の子隆禅の創建にかかる。三代院主に関白藤原師実の子尋範が入って、一乗院と共に門跡号を称し、交替で興福寺別当に補せられ、その勢力はきわめて強大であった。はじめ一乗院東隣の竜華樹寺跡にあったが、治承四年1180の兵火以後、元興寺別院の禅定院(現在地)に移された。江戸時代には一乗院との間にしばしば位次の高下を争って紛糾したが、明治維新の際、一乗院と共に廃止された。多くの大乗院文書が残されていることは有名。〔参考〕南都七大寺巡礼記、大乗院寺社雑事記

**だいじょういん-じしゃ-ぞうじ-き　大乗院寺社雑事記**　二五八巻。尋尊、政覚、経尋の記(宝徳二1450—大永七1527)。興福寺大乗院で、興福寺および春日神社関係の事件を記録した約八〇年間におよぶ日記の総称。寺務方諸廻請(尋尊筆)、尋尊大僧正記、政覚大僧正記、経尋記の四部からなる。年代別では宝徳二年—永正五年1508 一九八巻(尋尊)、文明一五年1483—明応三年1494三七巻(政覚)、永正一五年1518—大永七年二三巻(経尋)。応仁の乱を中心とした畿内における政治・経済・宗教・芸能など中世史研究の重要な史料である。昭和九年1934の刊本には同種の記録約七〇冊が収録された。増補続史料大成二六—三七〔原本〕内閣文庫蔵〔刊本〕昭和九刊(辻善之助校訂・補遺一九巻、大乗院目録四巻を含む)

**だいじょう-え　大乗会**　法勝寺大乗会ともいう。京都岡崎にあった法勝寺《ほっしょうじ》で釈迦如来・普賢・文殊菩薩をまつって、華厳部・方等部・般若部・法華部・涅槃部の経を五日間それぞれ講ずることをいう。これは天台の五時教判によって仏一代の諸大乗を講賛したことになる。白河天皇の承暦二年1078に始まる。天台三会の一。

**だいじょう-かい-きょう　大乗戒経**　一巻。北宋の施護の訳(一〇世紀末)。単に規定的な条律を守る小乗的な立場を越えて、解脱を求める信念に立った戒のあり方とそれを尊重すべきことを説く短経。(大)二四、国一律部一二

**だいじょう-かんそう-まんだら-じょうしょあくしゅ-きょう　大乗観想曼拏羅浄諸悪趣経**　二巻。北宋の法賢の訳。観想浄諸悪趣大曼拏羅という曼荼羅の作法、それ

に対する印相・曼荼羅の図画の仕方、供養の仕方、その功徳などを解説する。(大)一九

**だいじょう-ぎしょう　大乗義章**　二〇巻。隋の慧遠(523—92)の著。成立年不詳。仏教の教義を組織的に評釈した仏教概論ともいうべきもの。(1)教法聚・(2)義法聚・(3)染法聚・(4)浄法聚・(5)雑法聚に分ける。(1)は経典論で、衆経教迹義・三蔵義・十二部経義の三門に分ける。(2)は教理論で、仏性義・二諦義・空義などの二六門より成る。(3)(4)は迷悟染浄に関する教義の解釈で、(3)には煩悩義・諸業義・十八界義などの六〇門、(4)は発菩提心義・廻向義・五分法身などの六〇門をかかげる。(5)雑法聚は闕く。現存本は二〇巻二六冊であるが、義天録三によると大乗義記二八巻としているから、雑法聚は八巻あったものと思われる。本書は毘曇・成実・摂論・三論などの諸教義を織りこみ、大小顕密の多くの経論を引用し、総括的に仏教の教義を論述する。北魏・北斉・北周では義章という形式の著作が道弁・曇無最・慧光・法上以下多くの学者によって作られたが、それらの中でこれのみが伝わっているのは問題が網羅され、よく整理されているためであろう。(大)四四、[国一]諸宗部一〇—一三

**だいじょう-きしん-ろん　大乗起信論**　一巻。馬鳴《めみょう》(アシュヴァゴーシャ Aśvaghoṣa)の造と伝える。梁の真諦の訳(承聖二〔553〕)とされるもの(一巻)と、唐の実叉難陀《じつしゃなんだ》の訳(700頃)とされるもの(二巻)との二本があるが、普通は前者が用いられる。小論ながら全体を(1)因縁(論を造った理由)・(2)立義・(3)解釈・(4)修行信心・(5)勧修利益の五項に分けて、如来蔵縁起の思想に基づき大乗仏教の理論と実践とを整然と論述する。即ち(2)(3)において理論としての一心(衆生心即ち如来蔵心が大乗の法であること)と、二門(心の真如の相と心の生滅の相)と、三大(心の真如相は大乗の「体」であり、心の生滅相はその「相」即ちすがたと「用」即ちはたらきであること)とを説き、(4)において実践の行としての四信(真如・仏・法・僧の四に対する信)と五行(施・戒・忍・精進・止観)とを説く。古来、作者・訳者ともに疑問がもたれ、仏所行讃などで知られる馬鳴(一—二世紀頃)の作とする説は今日ではほぼ否定されているが、同名異人の馬鳴の作とするなどのインド撰述説と、中国で作られたとする説とがあり、確定的な結論をみていない。論が簡明整然であるため中国・日本で盛んに学習され、疏も多い。代表的なものに唐の法蔵の義記および義記別記、新羅の元暁《がんぎょう》の別記および疏などがあり、法蔵の義記を抄出して解釈を加えたものは多い〈⇩大乗起信論義記《だいじょうきしんろんぎき》〉。隋の慧遠《えおん》に帰せられる大乗起信論義疏、梁の智愷《ちがい》に帰せられる大乗起信論一心二門大意も有名であるが、ともに作者については疑問とする説がある〈⇩大乗起信論義疏《だいじょうきしんろんぎしょ》〉。鈴木大拙の英訳(1900)、T・リチャードの英訳(1907)、Y・ハケダの英訳(1967)がある。望月信亨の訳解が冨山房文庫に、宇井伯寿の校訂解読が岩波文庫に収められている。(大)三二、[国一]論集部五

**だいじょうきしんろん-ぎき　大乗起信論義記**　三巻または五巻。唐の法蔵(643—712)の著。真諦訳の大乗起信論に対する賢首大師法蔵の註釈書。全体は、まず自序に始まり、(1)教起の所因を弁ず、(2)諸蔵の所摂、(3)教の分斉を顕わす、(4)教所被の機、(5)能詮の教体、(6)所詮の宗趣、(7)論の題目を釈す、(8)造論の時節、(9)翻訳の年代、(10)随文解釈の一〇門に分けて論の玄旨を解釈する。うち第(3)門では、四宗判を述べて玄奘所伝の新訳仏教を唯識法相と位置づけ、ともにそれより一段高次の如来蔵縁起宗に起信論を楞伽経・密厳経及び宝性論などと摂することによって華厳教学の基礎的な枠組みを明らかにする。また本書に説かれる真如の不変・随縁の二義は、以後の起信論理解の流れに非常に大きな影響を及ぼした。慧遠の義疏と元暁の疏と本書とを合わせて起信の三疏と称し、起信論研究に必須の註釈書である。法蔵には、起信論の註釈として本書の他に大乗起信論義記別記一巻があるが、別記に関しては法蔵の真撰を否定する見解もある。(大)四四、[国一]諸宗部四　〔註釈〕宗密・疏四巻、元朗・集釈記六巻、順高・聴集記二九巻、湛睿・教理抄一九巻、鳳潭・幻虎録五巻、覚洲・講録五巻、普寂・要決四巻など

**だいじょうきしんろん-ぎしょ　大乗起信論義疏**　四巻。隋の浄影寺慧遠(523—92)の著。真諦訳の大乗起信論に対する註釈書。著者の慧遠は、大乗義章二〇巻、十地経論義記七巻などの数多くの著作をもって知られる地論宗南道派の中心的存在である。本書の特徴は、著者自身が本論を評して「八識の理を体とし行法を宗となす」というように主として心識説に立脚した解釈がなされる点にある。下巻に「遠法師解」の語があることなどから慧遠の真撰を否定する見解もあるが、思想的には慧遠の他の著作を離れたものではないと考えられる。元暁の疏、法蔵の義記と本書とを合わせて起信の三疏と称し、起信論研究には欠くことのできないものである。(大)四四

**だいじょうきしんろん-れつもう-しょ　大乗起信論裂網疏**　六巻。明の藕益大師智旭の著(永暦七1653)。実叉難陀訳の大乗起信論に対する現存唯一の註釈書。初めに唯識説を立相と執することと中観説を破相と執することの誤りを正して、それらを一体と見るところに起信論の所説の真意があることを明らかにし、さらに起信論の所説も唯識教学も二旨あるものではないと主張する。このように本書は、天台の円旨に立って華厳を融摂統一しようとする著者の思想を良く伝える。(大)四四

**だいじょう-げんろん　大乗玄論**　五巻。隋の吉蔵(549—623)の著。成立年不詳。大乗玄義、大乗玄章、大乗玄ともいう。三論に立脚して大乗の要義を論究したもの。(1)二諦義・(2)八不義・(3)仏性義・(4)一乗義・(5)涅槃義・(6)二智義・(7)教迹義・(8)論迹義の八章に分ける。(1)は真俗二諦の義を論じて同じ著者の二諦章と対照されるべきものである。(2)は不一・不異・不常・不断・不来・不去・不生・不滅の八不の義を論ずるが、著者は吉蔵ではなく慧均であるとする説がある。(3)は三因仏性の義を、(4)は法華経などの一乗の義を、(5)は涅槃の義を説き、(6)は権実の二智を論ずるが、これらは唐の慧均の四論玄義中の仏性義・三乗義・涅槃義(佚)・二智義と対照されるべきものである。(7)は仏の教化の体系を、(8)は三論の大要を論じ、法華玄論や三論玄義と共通する所説が多い。涅槃経・維摩経・中論・大智度論などの諸経論を引用し、羅什・僧肇・興皇法朗などの説をあげ、開善智蔵・荘厳僧旻・光宅法雲など梁代の成実宗・涅槃宗の諸種の異論に批判を加えており、中国南北朝時代の仏教の教理を窺い知ることができる。本書は、吉蔵の晩年の作と推定され、前述の構成および内容は四論玄義と対照して検討されるべきものである。(大)四五、[国一]諸宗部一〔註釈〕珍海・大乗玄問答一二巻

**だいじょう-ごうん-ろん　大乗五蘊論**　一巻。世親(ヴァスバンドゥ Vasubandhu)の作。唐の玄奘の訳(顕慶二1657)。チベット訳もあり、梵語原名がパンチャ・スカンダカ Pañca-skandhaka であることがこれによって知られる。瑜伽十支論〈⇩瑜伽師地論《ゆがしじろん》〉の一つ。瑜伽唯識説に近い立場から、五蘊および十二処・十八界に分類される諸法を定義・解釈したもの。大乗広五蘊論(一巻。唐の地婆訶羅《じばから》の訳)は安慧(スティラマティ Sthiramati)によるこの論の釈論であるが、チベット訳に残る安慧釈とは内容が異なる。他に二つの註釈がチベット訳にある。(大)三一

**だいしょうごん-ほうもん-ぎょう　大荘厳法門経**　二巻。隋の那連提耶舎《なれんだいやしや》の訳(開皇二1582頃)。異訳に西晋の竺法護の大浄法門経があり、チベット訳には文殊師利神通力経の名で伝えられる。王舎城の遊女勝金色《しょうこんじき》を文殊師利菩薩が神通力を示して教化したことや、勝金色がおのれの情人に死者のすがたを示してこれを教化したことを説く。(大)一七、[国一]経集部一一

**だいしょうごん-ろんぎょう　大荘厳論経**　一五巻。大荘厳経論ともいう。馬鳴《めみょう》(アシュヴァゴーシャ Aśvaghoṣa)造と伝え、後秦の鳩摩羅什《くまらじゅう》の訳。本生・因縁・譬喩などの説話九〇種を集めて求道に資したもの。他の諸経論と共通の説話も多い。この書の内容の約三分の二に相当する梵文写本カルパナー・マンディティカー Kalpanā-maṇḍitikā が発見され、一九二六年リューデルス H. Lüders によって刊行された。リューデルスはこの書をクマーララータ

Kumāralātaの作としたが、これに対してレヴィ S. Lévi はカルパナー・マンディティカーを馬鳴作大荘厳論経のクマーララータによる改作であると主張するなど、作者について学界の議論を呼んだ。ユベール H. Hubertに漢訳からのフランス語訳がある。(大)四、[国]本縁部八

**だいじょう-さんじゅさんげ-きょう　大乗三聚懺悔経**　一巻。隋の闍那崛多《じゃなくった》と笈多《ぎゅうた》らの共訳(開皇年間581—600)。チベット訳もある。おのれの過去の業を懺悔することから生ずる喜びと、その喜びから如来の教えを聞きたいと願うことと、その願いの功徳を他の人々に施すこととを説く。(大)二四、[国]律部一二

**だいしょう-じ　大聖寺**　京都市上京区烏丸通上立売下ル御所八幡町。岳松山と号し、臨済宗系の単立尼寺。御寺御所という。足利義満が貞治七年1368に出家した光厳天皇の妃無相定円禅尼を室町御所の岡松殿に迎えたのを始まりとする。のちに尼寺五山の首位景愛寺の塔頭となったが、後円融天皇皇女の入寺以来、景愛寺を兼管することとなり、正親町天皇皇女の入室と共に、尼寺第一位の綸旨を賜った。歴代皇女を住持とし、門跡寺院として聞こえた。寺地は三転して元禄九年1696現地に移る。〔重文〕絹本著色一翁院豪像、無外如大自筆譲状

**だいじょう-じ　大乗寺**　①兵庫県美方郡香美町香住区森。亀居山と号し、高野山真言宗。天平一七年745行基の開創と伝え、天明年間1781—89密英が現地に移して再興した。密英と応挙との交誼による応挙・蘆雪・呉春など円山一門の障壁画があり、応挙寺ともいわれる。〔重文〕紙本金地墨画山水図、紙本金地著色郭子儀図、紙本金地墨画松孔雀図(以上応挙筆)、木造聖観音立像、同十一面観音立像、同観音立像ほか　〔参考〕亀居山大乗寺略記　②石川県金沢市長坂町。野田山或いは東香山と号し、曹洞宗。弘長三年1263富樫家尚が澄海を請じ加賀国野々市村に創建。弘安六年1283永平寺の徹通義介が入って真言宗から現宗に改めた。暦応三年1340足利氏の祈願所となり、永正一四年1517勅願寺となる。瑩山派の中心として栄えた。寺地は三転して元禄七年1694現地に移る。〔重文〕紙本支那禅刹図式、韶州曹渓山六祖師壇経、仏果碧巌破関撃節、三代嗣法書ほか　〔参考〕永平三祖行業記、大乗寺文書

**だいじょう-しかん-ほうもん　大乗止観法門**　四巻。大乗止観ともいう。陳の慧思の著とされているが、大乗起信論の思想が混入しているので後代の作とみられる。大乗の立場から仏道の実践である止観の方法を説いた止観概論ともいうべきもの。止観の基本原理を説いた(1)止観の依止、止観をさらに種々の立場から分析した(2)止観の境界、(3)止観の体状、(4)止観の断得、(5)止観の作用を述べた五章より成る。(大)四六〔註釈〕了然・宗円記五巻、智旭・釈要四巻

**だいじょう-しほう-きょう　大乗四法経**　①一巻。唐の地婆訶羅《じばから》の訳(永隆元680)。異訳に同じ訳者の菩薩修行四法経(一巻。永隆二訳)がある。菩薩の修行すべき四法(さとりを求める心を発し、善い友と交わり、忍耐し心楽しみ、人里離れて住むこと)を説く。(大)一七〔註釈〕作者不詳・釈一巻(大)二六)、作者不詳・釈抄一巻(大)八五)　②一巻。唐の実叉難陀の訳(長安四704)。菩薩の実践道を豊富に雑多に説く。①よりも新しいと見られる。(大)一七

**だいじょう-じゅうぼさつがく-ろん　大乗集菩薩学論**　二五巻。北宋の法護(963—1058)らの訳。チベット訳もある。梵語原本シクシャー・サムッチャヤ Śikṣā-samuccaya はベンドール C. Bendallによって刊行された(1897—1902)。作者は漢訳によれば法称(ダルマキールティ Dharmakīrti)、チベット訳によればシャーンティデーヴァ Śāntideva(寂天)となっている。梵本には作者名を欠くが、現在では寂天の作とするのが定説である。大乗仏教に志す者(菩薩)の学ぶべき教説をまとめた金言集。内容を要約した二七偈の本頌と、それに応ずる諸経典類の引用と、簡単な説明から成り、全体として六波羅蜜の徳目に準拠した配列となっている。引用される経典の数は一〇二におよび、この論の引用によってのみその梵文が知られる経も少なくない。梵文からの英訳がローズW. H. D. Rouseによってなされた(1922)。(大)三二、[国]瑜伽部一二

**だいじょう-しゅぎょう-ぼさつぎょうもん-しょきょう-ようしゅう　大乗修行菩薩行門諸経要集**　三巻。経要集と略称する。唐の智厳の訳(開元九721)。四二部の経より要文を採り集めて菩薩道の修行を解明したもの。引用される経は般若経・維摩経・華厳経・宝積経などから解深密経までにわたり、ここの引用以外には全く知られていない経も含まれる。㊅一七

**だいじょう-じょうごう-ろん　大乗成業論**　一巻。世親(ヴァスバンドゥ Vasubandhu)の造。唐の玄奘の訳(永徽二651)。異訳に東魏の毘目智仙の訳(興和三541)の業成就論がある。チベット訳もある。業の問題を論ずる小論。同じ世親の倶舎論第四章における業論よりもさらに説一切有部の立場を離れて唯識説の立場に近づき、阿頼耶識の存在を認めることによって身・口・意の三業の現象が説明されうることを論証する。玄奘訳が題号にかかげているようにはっきりと大乗教説と認めることは難しく、経量部《きょうりょうぶ》の立場に立つと見るべきであるとする説もある。スマティシーラ Sumatiśīlaの註釈がチベット訳にある。寛政一〇年1798日本の隆山による大乗成業論文林鈔が出された。ラモートÉ. Lamotteによるフランス語訳と、山口益によるチベット訳からの和訳とがなされている。㊅三一、国一論集部二

**だいじょう-しょうごん-きょう-ろん　大乗荘厳経論**　一三巻。唐の波羅頗蜜多羅の訳。略して荘厳論ともいう。梵語原本はマハーヤーナ・スートラ・アランカーラ Mahāyāna-sūtrālaṃkāra と題する。大乗仏教を宣揚し、大乗思想にもとづく菩薩の実践論を組織的に述べた論書。七〇〇偈に近い偈頌(梵文・チベット訳では八〇〇偈をこえる)に散文の註釈を付しており、偈は瑜伽行派の祖・弥勒《みろく》(マイトレーヤ Maitreya)の作とされ、いわゆる弥勒の五部論の一つに数えられる。註釈は世親(ヴァスバンドゥ Vasubandhu)が弥勒から偈を授けられた兄の無著(アサンガ Asaṅga)の教えを受けて著わしたものと考えられる。ただし漢訳はこれを無著の作とする。全体は一四品(梵本・チベット訳では二一品)に分かれ、虚妄分別によって能取・所取(主観と客観)が顕現するという唯識説の立場から諸種の法門を説く。瑜伽師地論菩薩地にもとづいて著述されたものと見られるが、より発達した大乗思想を含み、とくに如来蔵思想の影響が顕著である。中国・日本の法相宗では瑜伽十支論〈⇩瑜伽師地論《ゆがしじろん》〉の一つに数え、正依の論とした。チベット訳には無性《むしょう》(アスヴァバーヴァ Asvabhāva)及び安慧《あんね》(スティラマティ Sthiramati)による註釈がある。梵語原本はレヴィ S. Lévi によってネパールで発見され、校訂出版された(-1907)。同じくレヴィによるフランス語訳(-1911)、宇井伯寿による和訳(1951)がある。また長尾雅人がこの論の梵蔵漢対照索引を作成している(1958)。㊅三一、国一瑜伽部一二

**だいじょう-しょうごん-ほうおうきょう　大乗荘厳宝王経**　四巻。北宋の天息災(―1000)の訳。除蓋障菩薩の問いに応じて、観自在(観世音)菩薩の威神・功徳が説かれ、観自在菩薩の六字の大明陀羅尼の功徳が説かれる。㊅二〇、国一密教部五

**だいじょう-しょうちん-ろん　大乗掌珍論**　二巻。掌珍論と略称する。中観派自立論証派(スヴァータントリカ)の立場から空を解釈した論書。清弁《しょうべん》(バーヴァヴィヴェーカ Bhāvaviveka)の作。唐の玄奘の訳(貞観二三649)。世俗諦からいえば有為の諸法は有であるが、勝義諦からすれば衆縁所生で幻のように空であること、無為法もまた空華のように実のないものであることを説いて、外教・異部の難を論破する。そして空の理を観じ無分別智をさとって菩提に入るべきことを勧める。アイヤスワーミ・シャーストリ I. Shastri はこの論の梵語還元を試み、カラタララトナ Karatalaratna (掌中の宝玉)として発表した。㊅三〇、国一中観部三

**だいじょう-だいぎしょう　大乗大義章**　三巻。鳩摩羅什《くまらじゅう》法師大義、遠什大乗要義問答、法門大義ともいう。東晋の慧遠問・羅什答。大乗の教義一八カ条について、長安にいた羅什が廬山の慧遠から寄せられた

質問に答えたもの。中国古来の思想と仏教思想との交流を明らかにし、また鳩摩羅什自身の思想および中国仏教初期の課題を窺い知ることができる。㊅四五

**だいじょう－たいーくしゃーしょう　大乗対倶舎鈔**　一四巻。源信の著（寛弘二1005自序）。倶舎論三十頌が小乗教義を説き尽くしているのに対し、大乗論にはこれに対比するものがないのをうらみ、倶舎論六百頌を基本としてこれと対比すべき大乗教義を多くの経論疏鈔より引き、大小両乗所説の異同を示したもの。初めの一二巻は小乗所立を主題とし、それに対する大乗所説を引援対説し、後の二巻は大乗所立、特に唯識論・摂大乗論の説を採録して小乗と異なる点を明らかにした。いわば煩瑣な倶舎教学と尨大な瑜伽系教学との比較総覧である。仏全八五、恵心僧都全集四〔刊本〕元禄一五1702刊

**だいじょう－ちゅうしゅう－けんげ　大乗中宗見解**　一巻。北宋の呉法師の著。成立年不詳。仏教の諸種の教義を問答体で解説したもの。敦煌出土の古写本で、漢文の原文とともにチベット文字による発音が記される。

**だいじょう－でんづう－ようろく　大乗伝通要録**　⇩応理大乗伝通要録《おうりだいじょうでんづうようろく》

**だいじょう－どうしょう－きょう　大乗同性経**　二巻または四巻。宇文周の闍那耶舎《じゃなやしゃ》の訳（天和五570）。異訳に唐の地婆訶羅《じばから》の訳（永隆元680）の証契大乗経（二巻）がある。楞伽《りょうが》（ランカー Laṅkā 即ちセイロン島）の王毘毘沙那（ヴィビーシャナ Vibhīṣaṇa）が仏に来詣したことを発端とし、種々の説話によって大乗仏教の教理が縦横に説かれる。後期の大乗経典で入楞伽経とも関係がある。㊅一六、国一経集部一

**だいじょう－にじゅうじゅ－ろん　大乗二十頌論**　一巻。竜樹（ナーガールジュナ Nāgārjuna）の造。宋の施護の訳（太平興国五980頃）。チベット訳もある。梵語原本マハーヤーナ・ヴィンシャカ Mahāyānaviṃśaka はトゥッチG. Tucciによって校刊された（1956）。二〇偈のみから成る小篇であるが、諸法が無自性であることを説き、華厳経に見られるような唯心の思想を述べる。㊅三〇、国一中観部三

**だいじょう－はう－ろん　大乗破有論**　一巻。竜樹（ナーガールジュナ Nāgārjuna）の造と伝える。北宋の施護の訳（太平興国五980頃）。チベット訳もある。一切法が空であることを説いて外教や異部派の有の見解を破する小論。㊅三〇、国一中観部三

**だいじょう－ひゃっぷくそう－きょう　大乗百福相経**　一巻。百福相経と略称する。唐の地婆訶羅《じばから》の訳（永淳二683）。同じ訳者の大乗百福荘厳相経（一巻）はこの経の再訳である。異訳と見なされるものに北宋の法賢の訳の妙吉祥菩薩所問大乗法螺経（㊅一四）があり、そのチベット訳もある。如来の八〇種の変化身・三十二相・八十随形好《ずいぎょうこう》を説く。㊅一六、国一経集部一五

**だいじょう－ひゃっぽう－みょうもんろん　大乗百法明門論**　一巻。世親（ヴァスバンドゥ Vasubandhu）の造と伝えるが、真偽不明。唐の玄奘の訳（貞観二二648）。一切は無我であると示し、一切法とは五位百法を言うのであるとして、百法の名を挙げ、最後に無我とは人無我・法無我の二であると説く。百法・二無我の名目を列挙した小篇に過ぎないが、五位百法を一所にまとめて示したものとして他に例がないので、中国・日本で瑜伽十支論の一に数え〈⇩瑜伽師地論《ゆがしじろん》〉、法相宗の入門書として用いられ、また註疏も多く作られた。㊅三一〔註釈〕窮基・解二巻、普光・疏二巻、従芳・顕幽鈔一〇巻、徳清・論義一巻、広益・纂一巻、明昱・贅言一巻、智旭・直解一巻

**だいじょう－ふしぎ－じんづう－きょうがい－きょう　大乗不思議神通境界経**　三巻。北宋の施護の訳（太平興国五980頃）。東方世界からこの世界の釈迦牟尼仏の説法を聴きに来た妙吉祥菩薩の神通の威力、その前生に関する説話、さらに釈迦牟尼仏にかわって四念処・八正道などについて説法することなどを説く。㊅一七、国一経集部一五

**だいじょうぶ－ろん　大丈夫論**　二巻。提婆羅の造。北涼の道泰の訳。二九品に分けて、慈悲心よりする布施の功徳を説いてその実行を勧める。「大丈夫」とはこの論によれば「福を修し悲を修し智を修する」も

のをいう。(大)三〇、[国一]中観部三

**だいじょう-ほうおん-ぎりん-しょう　大乗法苑義林章**　七巻。法苑義林章、義林章ともいう。唐の窺基《きき》の著。成立年不詳。法相宗の教義のなかで重要な諸問題二九項目につき詳細に研究し論述したもの。総料簡・五心・唯識・諸乗(巻一)、諸蔵・十二分・断障・二諦(巻二)、大種造色・五根・表無表(巻三)、帰敬・四食・六十二見・八解脱・二執(巻四)、二十七賢・三科・極微・勝定果色・十因・五果・法処色(巻五)、三宝・破魔羅・三慧・三輪(巻六)、三身・仏土(巻七)の二九章がある。このなかで総料簡章には三時教判、唯識章には五重唯識観、諸乗章には一乗三乗など、断障章には煩悩障・所知障、二諦章には四重の二諦、二執章には我法二執、三科章には大乗の五蘊・十二処・十八界と三性分別などの説があり、その他、仏身仏土などに至るまですべて重要な課題である。本書に対して義寂が補遺して一二巻としたが現存せず、慧沼は補闕(三巻のみ現存)を作り、また智周は決択記四巻を作って現存する。従って一二巻の義林章は義寂の作、一〇巻の義林章は窺基のものと慧沼のものとを合わせたもの。また決択記には仏土章が入っていないので二八章だけである。(大)四五、[国一]諸宗部二　〔註釈〕智周・決択記四巻(続)二・三・二、慧沼・補闕(第四・七・八の三巻現存、(続)二・三・二)、善珠・義鏡六巻(大)七一、普寂・纂註七巻、快道・要述二巻、基弁・師子吼鈔二二巻(大)七一　〔刊本〕元禄一五1702刊、安永九1780刊

**だいじょう-ほうもん-しょう　大乗法門章**　四巻(うち巻二、三が現存)。願暁(—864)の著。主として隋の慧遠の大乗義章二六巻によって項目を選択し、多くの文献を引用して三論宗の要義を問答体に説明したもの。日蔵二二

**だいじょう-ほう-ようぎ-ろん　大乗宝要義論**　一〇巻。北宋の法護らの訳。チベット訳ではスートラ・サムッチャヤ Sūtra-samuccaya の標題で伝えられ、竜樹(ナーガールジュナ Nāgārjuna)の作とされる。七〇種の経典からの一三〇余りの引用文から成り、信・菩提心・大悲・毀法大罪・魔事・在家菩薩行その他を説く。(大)三二、[国一]論集部二

**だいじょう-ほっかい-むしゃべつろん　大乗法界無差別論**　①一巻。堅慧《けんね》(サーラマティ Sāramati)の作と伝える。唐(武周)の提雲般若の訳(天授二691)。菩提心の意義を一二項目に分けて解説した小論。註釈には華厳宗の法蔵に疏一巻など数編がある。(大)三一、[国一]論集部二　②一巻。如来蔵論とも別称する。提雲般若の訳と伝えるがおそらく誤りである。①の異訳で、ただ二〇偈の本頌を巻頭に出している形式が異なるだけである。(大)三一

**だいじょう-ほっそう-けんじん-しょう　大乗法相研神章**　五巻。護命の撰(弘仁一三822頃)。略して研神章ともいう。問答体で法相宗の要義を録した書。天長勅撰六本宗書の一。序に天長七年830勅命により上進することの旨を記す。法相唯識の教理を各方面から論述するだけでなく、華厳・律・三論・天台・成実・倶舎の各宗の教義をも批判的に論じている。撰者の護命は、秋篠善珠とともに平安初期を代表する学者であったが、善珠が北寺の学系に属したのに対し、護命は南寺の学問の正系を伝持している。(大)七一、仏全八〇　〔写本〕東寺観智院蔵、薬師寺蔵(初三巻のみ)

**だいじょう-みつごん-きょう　大乗密厳経**　三巻。唐の地婆訶羅《じばから》の訳(垂拱四688)。異訳に唐の不空の訳(永泰元765)の同名の経(三巻)がある。チベット訳もある。仏が現世の三界を離れた密厳国に在り、金剛蔵菩薩が如来の本性を問う。答えて、如来の本性は不生不滅であるとし、如来蔵・阿頼耶・密厳(妙智)などの教理を説く。その説は楞伽経に通じ、大乗経典として比較的後期のもので、六〇〇年頃の成立とする説もある。(大)一六、[国一]経集部一六　〔註釈〕法蔵・疏四巻(続)一・三四・二　〔参考〕覚鑁・密厳浄土略観

**だいじょう-むりょうじゅ-しゅうようきょう　大乗無量寿宗要経**　一巻。略して無量寿宗要経・大乗無量寿経ともいう。唐代の訳らしいが訳者不詳。異訳に北宋の法天の訳の大乗聖無量寿決定光明如来陀羅尼経(一巻)がある。梵本も現存し、その他チベット訳・コータン語訳・ウイグル文字トルコ語訳などもある。一〇八字より成る無

量寿智決定王如来の陀羅尼《だら に》を挙げその功徳を説く。一時きわめてもてはやされた経典らしく、種々の言語に訳出され、敦煌地方からは一千部に余る古写本が出ている。㊅一九 〔参考〕Manuscript Remains of Buddhist Literature found in Eastern Turkestan（梵本）

**だいじょう-りしゅ-ろっぱらみった-きょう　大乗理趣六波羅蜜多経**　一〇巻。唐の般若の訳（貞元四788）。密教の立場から菩薩の行である六波羅蜜とその功徳を詳説する。智通・超悟・道弘らによって註釈が書かれたがいずれも散逸している。㊅八

**だいじょう-りもんじ-ふこうみょうぞう-きょう　大乗離文字普光明蔵経**　一巻。唐の地婆訶羅《じば から》の訳（永淳二683）。異訳に元魏の菩提流支《ぼだい るし》の無字宝篋経（一巻）、地婆訶羅の再訳（垂拱四688）である大乗遍照光明蔵無字法門経（一巻）があり、チベット訳もある。仏陀が勝思惟菩薩の質問に答えて、離れるべき煩悩・護るべき戒・如来の現に覚った法について解説し、如来の覚りの内景は一切法の不生不滅であり、不可説であるとする。㊅一七、国一経集部一五

**だいじょう-ろくじょう-さんげ　大乗六情懺悔**　一巻。新羅の元暁《がん ぎょう》（617—86）著。成立年不詳。日常にやむことのない罪業を懺悔して正道に入る実践法を説いたもの。衆生の罪業は無明顛倒から生じ、この邪念は六情により、六塵を縁としておこすものであるから、菩提心をおこし罪業の本質は如幻如夢であると観じ、深く実相に達することをすすめる。㊅四五

**だいしょ-ひゃくじょう-だいさんじゅう　大疏百条第三重**　一一巻。聖憲（1307—92）の著。大疏第三重、または疏第三重と略称する。大日経疏住心品の疑義百条を出し、真言宗新義派の見解に基づいて論難答釈したもの。各条に三度の論難答釈を重ねることから第三重という。根来山新義派の論義は従来主として頼瑜の大日経疏愚草と釈論愚草によっていたが、論題が多く初学に不便であったので、撰者は疏および釈論から各一〇〇条を選んで本書と釈論百条第三重一〇巻を選述した。これによって新義真言宗の教理は大成され、両書をもって教相談議の典拠とする。㊅七九、仏教大系二七（刊本）寛永一〇1633刊（智積院開版）

**たいしん-こく　大秦国**　中国の史書にみえるアジアの西端、地中海の東岸にあった古国の名。後漢の永元九年97、西域都護の班超が西方に使者を派遣したのが機縁となって安息（パルティア）、条支の西にあるこの国の存在が中国に知られた。多くの都城を有して織物などの多くの産物があり、中国と交易を行っていたという。この国の原名には諸説があるが、後漢の延熹九年166に大秦国の王安敦《あん とん》の使者が中国に渡来したという記述があり、安敦はローマ皇帝マルクス・アウレリウス・アントニヌス Marcus Aurelius Antoninus（161—80在位）にあたると思われるので、大秦国はローマ帝国をさすという説がもっとも有力である。ただしアレクサンドリアを中心とするローマ領東方あるいはアラビア半島をさすという説もある。南方朝時代以降大秦国は理想化され、一方ビザンティン帝国すなわち東ローマ帝国は払菻《ふつ りん》国と呼ばれた。唐代になると景教すなわちネストリウス派キリスト教の流入とともに、大秦国はキリスト生誕の地として重視された。宋代になると大秦はアッバース朝ペルシアの都バグダッドをさすようになった。〔参考〕後漢書西域伝七八、那先比丘経上、大秦景教流行中国碑頌並序、西域記一一、仏祖統記三九

**たいしん-じ　大秦寺**　唐代に長安その他に建てられた景教の寺院。景寺、波斯寺とも呼ばれた（大秦はローマ、波斯はペルシアのこと。当時は両地を混同していたらしく、天宝四年745勅により波斯寺の名を大秦寺と改めた）。景教（東ローマ教会の異端派であるネストリウス派）は、貞観九年635阿羅本 Olopon によって長安に伝えられ、同一二年長安義寧坊に大秦寺が建てられ、のち高宗（618—26在位）・玄宗（712—56在位）・粛宗（756—62在位）の頃、中国諸州にも大秦寺が設けられた（明の天啓年間1621—27初年義寧坊の遺址から発掘された景浄の大秦景教流行中国碑頌並序による）。なお、儀鳳二年677ペルシア人三畢路斯 Sapphiras の奏請により、長安の醴泉に波斯胡寺が建てら

れたとも伝える。会昌の破仏の際、各地の大秦寺はいずれも破却された。

**だいしん-じ　大信寺**　⇩八尾別院《やおべついん》

**だいずいぐ-だらに　大随求陀羅尼**　唐の不空(705—74)の訳の普遍光明清浄熾盛如意宝印心無能勝大明王大随求陀羅尼経二巻に出る随求菩薩の八印言の第一で、その内証を説いた陀羅尼。大仏頂陀羅尼とともに陀羅尼の中では最も長篇。その功徳は無量であるというので三国にわたって道俗が尊崇読誦した。空海は三業度人の官符の中に、声明業度者《しょうみょうごうどしゃ》の必須学習と決め、これを重要視した。その霊験を記したものに随求菩薩感応伝三巻がある。(大)二〇

**だいずい-ごうか　大隋劫火**　禅宗の公案の一。百丈懐海《ひゃくじょうえかい》の第三世に当たる大隋法真に一僧が、「劫末《ごうまつ》の大火によって這箇《しゃこ》もまた壊滅するか」と問い、大隋が「壊す」と答えた故事によるもので、現実の一切が滅尽してのち、本来の真空が顕現すべきことを教えたもの。這箇は唐代の俗語で、「これ」の意であり、第一義的な絶対性を指していう言葉。劫火は仁王経の護国品に見える、世界壊滅の大火である。〔原文〕碧巌録二九則、大隋語録、景徳伝灯録一一

**たいせいしょうぐん-じ　大聖勝軍寺**　大阪府八尾市太子堂。椋樹山と号し、高野山真言宗。単に勝軍寺ともいう。俗に磯長叡福寺を「上の太子」というのに対して、「下の太子」と呼ぶ。聖徳太子が物部守屋討滅ののち創建され、聖武天皇より大聖勝軍鎮護国家寺の号を賜ったという。

大聖勝軍寺（河内名所図会）

**だいせき-じ　大石寺**　静岡県富士宮市上条。大日蓮華山と号し、日蓮正宗の総本山。日興の創建。日蓮の遺骨を収めた身延山は高弟の輪番制で管理されたが、波木井実長の意見によって日向を二世とさだめたので、日興はこれを不服として下山し、正応二年1289(一説に同三年)南条時光に迎えられて大石ケ原に大石寺《おおいしでら》を建てたのにはじまる。今川・武田・徳川諸氏の外護をうけ、とくに徳川家宣の室天英院によって堂塔が興された。日興の門流である興門派には八箇本山があり、明治三二年1899に本門宗と称したが、翌年他の七本山から独立して富士派と号し、同四五年日蓮正宗と改称した。信徒団体の創価学会によって殿堂がととのえられ、昭和四七年1972正本堂を建立。日蓮の真蹟を多く蔵する。〔重文〕日蓮自筆遺文、吉用在銘太刀、五重塔　〔参考〕大石寺文書、本化別頭仏祖統記、富士山本門寺由緒、日蓮宗宗学全書

**だいせ-たいし　大施太子**　大施は(梵)マハーダーナ Mahādāna の訳と思われる。本生説話にあらわれる仏陀前生の一つ。国王の子に生まれ、貧窮の人をあわれんで大いに施しを行い、そのために財宝を得ようと海に出て、ついに竜宮に至って竜王から不異議な力をもった珠を得、それによって盲目になっていた父母を療し、財宝や衣食を天から降らせて人民に施したという。〔参考〕賢愚経八、六度集経一、大智度論四・一二

**だいせん　大闡**　生没年不詳。南北朝期の臨済宗の僧。字は大法。武蔵の人。仏範宗通禅師と諡された。はじめ夢窓疎石《そせき》に参じ、応安元年1368相模の浄智寺に住し、ついで円覚寺・天竜寺の主となる。〔参考〕本朝高僧伝三六

**だいぜんけん-おう　大善見王**　(梵)マハースダルシャナ Mahāsudarśana(巴)マハースダッサナ Mahāsudassana の訳。①マハーサンマタ土 Mahāsammata に始まるこの世界の王の系譜の第二五世(パーリ伝による)。他の諸伝では同じく第一六・一九・二三・二六世などとする。〔参考〕Dīpavaṃsa III, Mahāvaṃsa II, 長阿含経三〇、大楼炭経六、起世経一〇、衆許摩訶帝経一　②クシナーラ Kusinārā (拘尸那掲羅《くしながら》)の町が昔クサーヴァティー Kusāvatī (拘舎婆提《くしゃばだい》)と名づけられていた頃、その地を都とした転輪聖王

の名。仏陀がクシナーラで入滅したのは大善見王が仏の前身であった因縁によるという。〔参考〕大善見王経（中阿含経一四）、長阿含経二、大般涅槃経中

**だいせん-じ　大山寺**　鳥取県西伯郡大山町大山。角盤山と号し、天台宗。大智明権現（本地は地蔵菩薩）を祀る霊山として尊崇される。寺伝や撰集抄には養老年間717—24金蓮が開創したと伝えるが、大山寺縁起は知積、伊呂波字類抄は行基の開創とする。貞観年間859—77円仁が入山して常行三昧を修し阿弥陀堂を建てた。平治年間1159—60栄西が当寺の基好から密教を学び、承安元年1171炎上したのち基好らが復興した。元弘二年1332別当信濃坊源盛（名和長年の弟）は衆徒をひきいて後醍醐天皇に従い王事につくした。毛利氏、吉川氏などの外護をうけて栄え、文禄三年1594叡山の豪円（円智）が一山の僧坊伽藍を重興した。盛時には坊舎一六〇、衆徒三千が住したといわれ、三谷にわかれ中門院座主（本坊は西楽院）、西明院主、南光院別当が一山を管掌した。のち日光輪王寺門跡の支配下に入り寺務は三学頭代がとったが、明治維新に際して山徒が二派にわかれて争い、その機に乗じた山麓の大神山神社の神人が寺を廃し智明権現堂を同社の奥院とした。明治三六年1903大山寺の旧号に復し、次第に復興した。〔重文〕阿弥陀堂、銅造十一面観音立像、同観世音菩薩立像（三軀）、木造阿弥陀如来及両脇侍像、鉄製厨子〔参考〕大山寺縁起、大山雑記、下山善神縁起

**だいせん-じ　大泉寺**　京都市下京区万寿寺通西洞院東入月見町。浄土宗。花降山《はなふりざん》という。文禄四年1595公賢が藤原兼実の別邸花園殿の地に創建したとも伝え、親鸞の五条西洞院の寓居の旧跡ともいう。本尊を花降如来と呼び、民間の信仰を集めた。

**だいぜん-じ　大善寺**　①山梨県東山梨郡勝沼町勝沼。真言宗智山派。柏尾山《はくびざん》と号する。天平年間729—49行基の開創といい、聖武天皇の勅願所と伝える。寺運は隆盛を極めたが、同郡菩提山と争って一時衰退した。高倉天皇の時、平氏が再興し、建久八年1197源頼朝も寺地を寄進して鎌倉幕府の祈禱所となる。以後しばしば火災にあったが、北条・武田氏など歴代の帰崇を得て再興された。〔国宝〕本堂〔重文〕木造薬師如来及両脇侍像〔参考〕廻国雑記、甲斐国志七五　②東京都八王子市大谷町。浄土宗系の単立寺院。観池山往生院と号する。浄土宗関東十八檀林の一。永禄五年1562北条氏照が、讃誉牛秀《さんよごじゅう》を請じて滝山城下に創建し、菩提所とした。のち慈根寺《じごじ》村に移り、天正一八年1590慈根寺城陥落と共に堂宇も炎上、のち現地に再建された。〔参考〕滝山大善寺志、新篇武蔵風土記稿一〇一

**だいせんぷく-じ　大薦福寺**　中国長安（陝西省西安府）永寧門外にあった寺。則天武后（624—705）が唐の高宗の追福のために創建した。初め大献福寺と号したが、武周の天授元年690大薦福寺と改称。唐の神竜二年706翻経院が置かれ、義浄三蔵、ついで金剛智が住して訳経に従事した。景竜年間707—10に創建され、宋・元・明・清の歴朝に重修された一五級の塼塔があり、世に大慈恩寺の大雁塔に対して小雁塔と呼ばれる。

**だいぞう-いちらん-しゅう　大蔵一覧集**　一〇巻および目録一巻。明の陳実の編。成立年不詳。大蔵経および蔵外の註釈などから仏教の要義を組織的にひろいあつめた書。八門六〇品千一七二則から成る。昭和法宝目録三〔刊本〕慶長1596—1615版、寛永一九1642版

**たいぞう-えんぎ　胎蔵縁起**　一巻。最澄（767—822）の著。成立年不詳。開元録所載の善無畏伝並びに訳経事跡と釈氏要録所載の一行伝とを転記したもの。内証仏法血脈譜の文と一致しているので、その草稿本の一編だったものと思われる。㊅図像部一、伝教大師全集四

**たいぞうかい　胎蔵界**　⇩金剛界《こんごうかい》

**たいぞうかい-こしん-き　胎蔵界虚心記**　二巻。円仁（794—864）の著。成立年不詳。胎蔵法の密印秘記である。円仁が在唐中に法全から面受した口決を集記したもの。虚心とは護身法の虚心合掌の口決から起筆したところからいう。印契口決の次第を示すと、まず護身法の初めに虚心合掌を述べて護身法印の総説とし、以下、護身印・浄三業・蓮華部三昧耶印・金剛部三昧耶印・護身

印陀羅尼・九方便印・三昧耶印・浄法界印・金剛輪印・金剛甲冑などの印を述べている。㊅七五

**たいぞうかい‐さんぶ‐ひしゃく　胎蔵界三部秘釈**　一巻。元杲《げんごう》(911—95)の著。成立年不詳。師(淳祐か)から伝受した両界の奥義を、師の没後数年ののち成文化したものが、本書と金剛界九会密記である。本書には金剛界が五部を立てるのに対し、胎蔵界が三部を立てる意趣、九識を転じて五智となす方、胎蔵の諸院を三部に摂属する方および摂属の意趣、観自在菩薩は観音院の上首として蓮華部であるが八葉中にあるから仏部にも属すべきか、持明院忿怒尊中に五大尊を具せざる意、勝三世は何仏の忿怒であるかなどの諸問題を解説している。㊅七八〔写本〕高山寺蔵(建久五1194写)

**たいぞうかい‐たいじゅ‐き　胎蔵界対受記**　七巻。詳しくは胎蔵界大法対受記という。安然の著。胎蔵界大法のうち、供養方便会と秘密曼荼羅品の中に明らかにする印契二五三および六月修法・相承並びに胎蔵次第法六種・儀軌一種を記し、巻初に諸師に胎蔵法を対受した由来を述べている。胎蔵法を実修する者に益する点が多く、また安然が伝法を受けた年月ならびに師の名を記している。五大院安然伝の研究に重要な資料でもある。元慶八年884の伝法の時に遍昭に対受して記し、仁和四年888に教授阿闍梨となって修訂、最円に講伝したものであろうといわれる。㊅七五〔参考〕阿娑縛抄密宗書籍

**たいぞうかい‐ねんじゅ‐しだい　胎蔵界念誦次第**　一巻。五輪投地次第、作礼次第ともいう。空海(774—835)の説、宗叡(809—84)の撰。成立年不詳。胎蔵界大法の念誦次第を説いたもの。同種の書に、(1)胎蔵梵字次第の別名をもつもの一巻、(2)空海の胎蔵普礼五十三次第一巻の他、実慧、観賢、淳祐、元杲、成賢のものなど四、五〇種におよぶ。これらの大部分は、青竜寺儀軌など胎蔵四部儀軌のいずれかによっているが、(1)のように直接大日経に基づいて作ったものもある。日蔵四四、弘法大師全集六(1)(2)も所収)〔写本〕高野山大学蔵(建長八1256写、文応元1260写、正和四1315写)、大谷大学蔵(嘉元二1304写)

**たいぞうかい‐まんだら　胎蔵界曼荼羅**　⇩曼荼羅《まんだら》

**たいぞうかい‐まんだら‐しょう　胎蔵界曼荼羅鈔**　二巻。信日(　—1307)の著。成立年不詳。胎蔵界曼荼羅に関する種々の解説書。金剛界曼荼羅鈔の姉妹篇。仏全四四〔刊本〕明暦四1658刊

**だいぞうきょう　大蔵経**　一定の組織と内容をもった権威ある仏教典籍の集大成のこと。衆経・一切衆経・一切経・蔵経・一代蔵経・大蔵などともいう。「蔵」は(梵)(巴)ピタカ pitaka の訳語で、ものをのせる籠、いれものを意味し、インドで経(梵)スートラ sūtra (巴)スッタ sutta)・律(梵)(巴)ヴィナヤ vinaya)・論(梵)アビダルマ abhidharma (巴)アビダンマ abhidhamma)の集大成を三蔵(梵)トリピタカ tripiṭaka (巴)ティピタカ tipiṭaka)と称したのにもとづく語。「経」はこの場合、経律論その他を含む意味で用いられる。大蔵経という名称は、もと中国で伝訳された仏教聖典の組織的な集大成に名づけられたもので、経・律・論だけでなく高僧の著書などをも含み、大蔵経への編入は勅許欽定をまたねばならなかった。しかし、現在では単に漢訳のそれだけではなく、南方諸地域に伝わるパーリ語の聖典の集成を南伝大蔵経と称し、またチベットに伝わるチベット訳の聖典の集成を西蔵大蔵経と呼ぶ。さらに拡張した意味では日本で著わされた註釈・章疏類の叢書に日本大蔵経と名づけている例もある。①仏陀の滅後、その教説(ダンマ dhamma 法)と教団の規則(ヴィナヤ vinaya 律)とは弟子たちによって集められ、結集《けつじゅう》を経て確定承認された。これらは当初もっぱら口伝によって継承され、記憶のみによって保持された。この間に次第に整理されて、およそ仏滅一〇〇年後の頃に経蔵と律蔵とが成立したとみられる。その後、教法についての研究や解釈学が発達し、多くの論書が作られるにいたった。これらを集めて論蔵(阿毘達磨蔵)が成立する。これらの三蔵は紀元前一世紀頃から貝葉《ばいよう》などに文字で記されるように

なり、書物の形になっていった。このようにして成立したのはいわゆる小乗の三乗であるが、紀元後に大乗仏教が興起すると大乗の経・律・論も続々と製作された。インドにおける仏教聖典の用語は必ずしも一定せず、当初はプラークリットPrākrit(梵)プラークリタ prākṛta）と呼ばれる種々の民衆語によって伝承された。この中で最も重要なものがパーリ語である。後世とくに大乗仏教以後は、古代インドの規範的文章語・学術用語であるサンスクリット Sanskrit（梵サンスクリタ saṃskṛta 梵語）が用いられるようになる。このうち、大乗経典の韻文部にみられるような俗語的要素をまじえた梵語を仏教梵語 Buddhist Sanskrit または仏教混淆梵語 Buddhist Hybrid Sanskrit という。梵語による大蔵経の集大成は今日にいたるまで存在しないが、パーリ語三蔵はスリランカ・タイ・ビルマなどの南方諸地域にほぼ完全な形で保存されている。漢訳・チベット訳の大蔵経は主として梵語原典から翻訳されたものであるが、チベット訳の一部には漢訳からの重訳もある。またチベット訳からの重訳としてモンゴル(蒙古)語訳・満州語訳の大蔵経がある。これらの大蔵経はいずれもほぼ完全な形で現存する。わが国では梵語・パーリ語原典や漢訳からの現代日本語訳が次第に拡充されつつあり、欧米では部分的ながら英訳・ドイツ語訳・フランス語訳などが逐次行われている。②パーリ語大蔵経。南方上座部に伝承された三蔵で、パーリ語で書かれており、今日もセイロン（現スリランカ）・タイ・ビルマ・カンボジアなどで聖典としての権威を保持している。経蔵（スッタ・ピタカSutta-piṭaka）・律蔵（ヴィナヤ・ピタカ Vinaya-piṭaka）・論蔵（アビダンマ・ピタカAbhidhamma-piṭaka）の三蔵からなり、その他に蔵外文献として註釈（アッタカター aṭṭhakathā）・史伝などの諸書を含む。経蔵は五部よりなり、律蔵は経分別・犍度部・付随を収め、論蔵は七論より成る〈⇩スッタ・ピタカ　⇩ヴィナヤ・ピタカ　⇩アビダンマ・ピタカ〉。刊本としてはセイロン文字・ビルマ文字・タイ文字・デーヴァナーガリー文字による表記のものがある。また三蔵のすべてと蔵外文献の多くのローマ字による校訂本がロンドンのパーリ聖典協会 Pali Text Society より組織的に刊行されており、現在もその事業は続行されている。わが国ではパーリ語三蔵のすべてが南伝大蔵経全六五巻七〇冊として和訳されている(1935—41)。また完訳ではないが英訳・ドイツ語訳・フランス語訳も多数行われている。③漢訳大蔵経。二世紀の頃に安世高《あんせいこう》や支婁迦讖《しるかせん》らによって小乗や大乗の経典が伝訳されてから、その訳経の数が増すにつれてこれを収集整理して正しく伝持するために経録作成の必要にせまられ、前秦の道安(314—85)がはじめて「綜理衆経目録」を作ったという。この道安の録を基礎としたものに僧祐(445—518)の「出三蔵記集」一五巻があり、現存の経録としては最古のものである。欽定の経録としては、梁の武帝の勅による僧紹の「華林円仏教衆経目録」四巻(天監一四515)や宝唱の「梁世衆経目録」四巻(天監一七)が最初といわれ、魏の永熙年間532—34には李廓《りかく》が、また北斉の武平年間570—76には法上《ほうじょう》が、いずれも勅を奉じて経録をつくった。こうして仏典の収集整理と経録の製作は、訳経事業とともに歴代王室の国家的事業となった。隋代には法経らの「衆経目録」七巻(法経録、開皇一四594)、費長房らの「歴代三宝紀」一五巻(開皇一七)、彦琮《げんそう》の「衆経目録」五巻(仁寿録、仁寿二602)などがあり、唐の道宣はこれらを参考に、西明寺の大蔵経整理の経験を加えて「大唐内典録」一〇巻(麟徳元664)を著わした。唐の静泰は洛陽の大敬愛寺の経蔵を整理して「大唐東京大敬愛寺一切経論目録」を出しており、また西明寺の入蔵録も伝わっているので、これらによって当時の大蔵経の規模を知ることができる。則天武后は明佺らに命じて「大周刊定衆経目録」一五巻(武周の天冊万歳元695)をつくらせ、玄宗は智昇に勅して「開元釈教録」二〇巻(開元一八730)をまとめさせた。この「開元録」はその後の欽定大蔵経の基本目録となったもので、大乗の三蔵、小乗の三蔵、賢聖集伝の三に大別し、大乗の経は般若・宝積・大集・華厳・涅槃の五大部およびそれ以外の諸大乗経の順に配列し、賢聖集伝には梵本からの翻訳だけでなく、中国高僧の著作をも収めて、入蔵（公認の仏典として大蔵経に編入すること）の経論を一〇七六部五〇四八巻とさだめている。その後、徳宗のとき円照が「大唐貞元続開元釈教録」三巻（貞元一〇794）と「貞元新定釈教目録」三〇巻（貞元一五）を作って開元録を補った。北宋代には太祖が開宝四年971張従信を益州（蜀の成都）につかわしてはじめて大蔵経の出版を企て、太宗がその業をついだ。これが北宋勅版で一紙が二三行一四字詰の巻子本形式であり、世に蜀版という。太宗はまた太平興国寺に訳経院を設けて、唐の徳宗以来絶えていた訳経事業を復活し、印経院で刊行した。この事業は真宗・仁宗にうけつがれ、新出の経論は「大中祥符法宝録」や「景祐新修法宝録」などに録されている。北宋勅版は高麗成宗の一〇年991から顕宗の二年1011にかけて高麗で覆刻されたが、これが高麗の初雕版で、高麗版（麗蔵）は文宗のときに続雕されている。契丹においては北宋勅版とは異なった大蔵経が雕刻されたようで、これを契丹大蔵経といい、また金代には北宋勅版を底本とした私版が崔法珍比丘尼の発願で出され、これを金刻大蔵経と称する。北宋勅版の系統の大蔵経が北地に伝わったのに対して、江南ではいくつかの私版が刊行された。福州版、閩本《びんぽん》、越本と呼ばれる福州東禅寺版（崇寧万寿蔵。北宋の元豊三1080—崇寧三1104）や福州開元寺版（毘盧蔵。北宋の政和二1112—南宋の紹興一六1146）、いわゆる宋版と称する思渓版（紹興二頃）、思渓版の系統をひく磧砂版（南宋の紹定四1231頃）や杭州普寧寺版（南宋の咸淳五1269—元の至元二二1285）で、いずれも一紙が三〇行一七字詰の折帖形式をとっており、元の欽定大経蔵（元蔵）である北京弘法寺版（至元一四—同三一）も宋版を模している。なおこの弘法寺版とチベット大蔵経とを対照して具欠を示し梵名を音写した「至元法宝勘同総録」一〇巻が慶吉祥らによって至元二六年編集された。明代には、一紙三〇行一七字詰の大明南蔵、同じく二五行一七字詰の大明北蔵、また一紙二〇行二〇字詰の方冊本蔵経（いわゆる明版《みんぱん》で、万暦版、嘉興版、楞厳寺《りょうごんじ》版とも称する。方冊本としてはこれ以前に武林蔵があったというが伝わらない）が刊行され、清朝には雍正・乾隆年間1723—95に大清三蔵（竜蔵）が開版された。日本には早くから大蔵経が将来され、一切経書写が天武天皇二年673に川原寺で行われている。日本での開版は鎌倉時代からいくたびも企てられ、江戸時代には宗存、天海、鉄眼が印行した。宗存版は高麗蔵により、天海版（寛永寺本、東叡山版、倭蔵《わぞう》ともいう）は思渓資福寺本と普寧寺本により、また鉄眼版（黄檗版）は明の方冊本によっている。明治時代には、島田蕃根の発願による「大日本校訂縮刻大蔵経」（縮刷蔵経）や蔵経書院の「大日本校訂訓点大蔵経」（卍字蔵経）があり、ついで「大日本続蔵経」（卍字続蔵）も出され、大正から昭和にかけて高楠順次郎らによる「大正新脩大蔵経」が刊行された。大蔵経を訓読したものには「国訳大蔵経」「国訳一切経」などがある。大蔵経の目録的な解説書には、宋の惟白の「大蔵経綱目指要録」一三巻、王古の「大蔵聖教法宝標目」一〇巻、明の陳実の「大蔵一覧集」一一巻、智旭《ちぎょく》の「閲蔵知津」四八巻などがある。なお南条文雄が明治一六年1883オクスフォード大学から出版した大明三蔵聖教目録は黄檗版目録の英訳である。音義《おんぎ》（難解の文字や音訳の梵語の解説辞書）には唐の玄応の「一切経音義」二五巻、慧琳の「一切経音義」一〇〇巻、希麟の「続一切経音義」一〇巻のほか、可洪の「新集蔵経音義随函録」三〇巻、処観の「大蔵音」三巻、遼の行均の「竜龕手鑑《りゅうがんしゅかん》」四巻などがある。なお、「大正新脩大蔵経」の索引も刊行されている。④チベット大蔵経（西蔵大蔵経）。チベット語に訳された仏典の集大成で、梵本からの翻訳を主とし、若干のパーリ聖典からの翻訳や漢訳・于闐語《うてんご》（コータン語）訳・モンゴル（蒙古）語訳からの重訳と、チベット撰述のものを含む。仏典のチベット語訳は七世紀のソンツェン・ガンポ Sroṅ-btsan sgam-po 王のときインドに派遣したトンミ・サンボータ

Thon-mi Sambhoṭa にチベット文字と文法をさだめさせ、訳経を行わせたのにはじまる。訳経事業はその後、九世紀のランダルマ Glaṅ-dar-ma 王の排仏をはさみながらも一七世紀にいたるまで継続された。インド僧の渡来あるいはチベット僧の入竺にともなって多くの仏典がもたらされ、インド僧とチベット人翻訳官との共同作業で次々と翻訳された。この間、九世紀の初めにレパチェン Ral-pa-can 王が出て新たに多くの経典を翻訳させると共にすでに翻訳されていたものを改訂し、マハーヴィウトパッティ Mahāvyutpatti（翻訳名義大集）をつくって訳語を統一した。八世紀末から経典の目録がつくられ、やがてパンタン目録やデンカルマができ、これらに増訂を加えたものを基礎として大蔵経が編集された。大蔵経の組織は、カンギュル（Bkaḥ-ḥgyur 甘珠《かんじ》爾《ゆうる》 Kanjur）とテンギュル（Bstan-ḥgyur 丹珠《たんじ》爾《ゆうる》 Tanjur）からなる。甘珠爾は仏説部で、律・般若・華厳・宝積・諸経・秘密の六部（順序は版によって異なり、諸経部から涅槃部を別立することもある）を収め、丹珠爾は論疏部で、讃頌・秘密・般若・中観・経疏・唯識・阿毘達磨・律疏・本生・書翰・因明・声明・医方明・工巧明・修身・雑の諸部（版によって異同がある）を収め、続編としてチベット撰述部がある。三蔵と対比すると、経蔵はカンギュル、論蔵がテンギュルにあたる。律蔵は基本的典籍がカンギュルに収められ、註釈類はテンギュルに属する。大蔵経の開版は一三世紀のナルタン Snar-thaṅ 古版にはじまる。同版は木版で、一四一〇年、一六〇二年にも復刊されたが現存しない。その後一七三〇年にダライ・ラマ七世ケサン・ギャムツォ Bskal-bzaṅ rgya-mtsho の命でナルタン旧版の改訂増広が行われ、ナルタン新版が開版された。今日ナルタン版という場合には、通常はナルタン新版を意味する。ナルタン新版とほぼ同じ頃、デルゲ Sde-dge 版がカンジュルはリタン Li-thaṅ 版、テンジュルはシャル・サルカン蔵本にもとづいて開版された。このデルゲ版のカンジュルを復刻したものとしてクーロン（庫倫）版がある。また中国では唐以来チベットと交渉があり、当初は漢訳経典がチベット語に重訳されていたが、元代にはチベット仏教（ラマ教）が中国に流入するようになり、漢訳仏典とチベット訳（蕃本）とを対照した至元法宝勘同総録が作成された。明の永楽八年1410には中国最初のチベット大蔵経として永楽版が開版され、万暦三〇年1602には永楽版を底本として万暦版が開版された。その後清代に入って康熙二二年1683から雍正二年1724にかけて康熙版が開版され、同版は乾隆二年1737にさらに増補された。現在これを北京版と呼んでいる。これらのほか、チョーネ版・プナカ版・チャムド版などが知られる。また今世紀に入って一九二〇年ダライ・ラマ一三世のトゥプテン・ギャムツォ Grub-bstan rgya-mtsho によりラサ Lha-sa 版が開版されたが、同ラマの逝去によりカンギュル部のみで中断した。これらの諸版の版本は河口慧海・多田等観らによって日本へも多数もたらされ、大学その他の研究機関に所蔵されている。これらのうち大谷大学所蔵の北京版大蔵経の影印本が刊行されており（1954—59）、また東京大学所蔵のデルゲ版大蔵経（テンギュルのみ）の影印本が一部刊行されている。なお目録としては、漢文の如来大蔵経総目録、またチョーマ、フィール、シュミットらの編集によるものの他、わが国では河口慧海（ナルタン版カンギュル1928）、大谷大学（北京版カンギュル1932）、東北大学（デルゲ版1934）などによるものが刊行されている。

**だいぞうきょう-こうもく-しょう-ろく　大蔵経綱目指要録**　一三巻。北宋の惟白の編（崇寧三1104）。大蔵経指要録ともいう。主として開元録の分類順序により大蔵経に収められた仏典の一々について要義を概説する。昭和法宝目録二、国目録部一・二

**たいぞう-さんみつ-しょう　胎蔵三密鈔**　五巻。胎三密鈔、胎蔵鈔と略す。覚超（960—1034）著。成立年不詳。胎蔵大法における一々の印・真言についてその所伝と異説を検討する。玄法軌を大系とし、大日経および義釈・青竜軌・摂大軌・広大軌などの本経本軌をはじめ、あらゆる諸祖先徳の所

伝を示している。著者には別に金剛三密鈔がある。古来台密の事相を学ぶものに安然の対受記と共に重要視されている。(大)七五

**たいぞう-しぶ-ぎき　胎蔵四部儀軌**　⑴輸婆迦羅《しゅばから》訳の摂大毘盧遮那成仏神変加持経入蓮華胎蔵海会悲生曼荼攞広大念誦儀軌供養方便会三巻、⑵善無畏訳の大毘盧遮那経広大儀軌三巻、⑶玄法寺法全撰の大毘盧遮那成仏神変加持経蓮華胎蔵悲生曼荼羅広大成就儀軌供養方便会二巻(玄法寺儀軌)、⑷大毘盧遮那成仏神変加持経蓮華胎蔵菩提幢標幟普通真言蔵広大成就瑜伽三巻(青竜寺儀軌)の総称。⑴⑵はすべての仏が大日如来の法界曼荼羅に入ったことを示し、⑶⑷は釈迦牟尼如来が大日如来の法界曼荼羅中において法の座を開いたさまを示すという。いずれも大日経の説を要略して胎蔵界供養法を明らかにする。四部を合わせて刊行した最初は康熙五二年1713慧光による。(大)一八、国一密教部三　〔註釈〕円仁・胎蔵界虚心記二巻、安然・胎蔵界大法対受記七巻など

**だいぞう-しょうぎょう-けつぼん-きょう　大蔵正教血盆経**　一巻。略して血盆経。明らかに偽経であるが、日本では禅宗の授戒会に用いられる。女子が血で大地などを汚濁する罪によって死後血盆池地獄に堕ちること、その地獄より出るためには三宝を重んじ血盆斎を持すべきこと、またこの経を書写受持すべきことなどを説く。(続)一・八七・四　〔註釈〕松誉巌的・和解七巻

**だいぞう-しょうぎょう-ほうぼう-ひょうもく　大蔵聖教法宝標目**　一〇巻。北宋の王古の編。成立年不詳。開元録の分類順序により大蔵経に収められた仏典の一々について解題をほどこした書。現行のものは元代に管主八が続集補訂した。昭和法宝目録二

**たいぞう-ずぞう　胎蔵図像**　二巻。詳しくは大毘盧遮那成仏神変加持経中訳出大悲胎蔵生秘密曼荼羅主画像図という。上・下両巻の末によれば、善無畏(637―735)が大日経を翻訳するに際して、同経中より特に大悲胎蔵秘密曼荼羅の主要諸尊の形像を描いたもので、もと一巻であったものを円珍(814―91)が唐にあって筆写の際これを分けて二巻としたという。胎蔵界の古様の、しかも異系統の曼荼羅として、インド的要素を残す。内容的には菩提流志訳の不空羂索神変真言経などに近いという。(大)図像部二、仏教図像集

**だいぞう-ぜんじゅ　大蔵全呪**　八〇巻および目録八巻。清の章嘉の編(乾隆三八1773)。詳しくは御製満漢蒙古西番合璧大蔵全呪という。満州語訳、漢訳、蒙古語訳、チベット訳の各大蔵経にある陀羅尼呪を抄出して、四訳を対照する。同文韻統八巻と共に乾隆帝が開版した。

**だいぞう-そうしりゃく　大宋僧史略**　三巻。僧史略ともいう。北宋の賛寧の著(咸平二999重修)。著者が宋高僧伝編纂の傍ら、仏教東伝の経緯・仏教の事跡・来歴・紀綱・制度などを五九項にわたって記したもの。(大)五四、国一史伝部一三　〔刊本〕慶安四1651刊、延宝八1680刊

**だいぞう-ほっすう　大蔵法数**　七〇巻。明の寂照の編。成立年不詳。大蔵経のなかにある数字のついた語を拾いだし解説した辞書的索引で、一心から八万四千法門までの四六八五項を収め、外典の名数をも付載する。〔刊本〕万治元1658版

**だいたか　提多迦**　(梵)ディーティカ Dhītika の音写。有媿と訳す。付法蔵の第五祖。インド摩突羅(マトゥラー)国の人という。優波毱多《うばきくた》より法を受け、弥遮迦《みしゃか》に法を付嘱した。〔参考〕付法蔵因縁伝五、阿育王伝五・六

**だいち　大智**　(正応三1290―正平二一1366)曹洞宗の僧。祖継または素渓と称した(別人との異説もある)。肥後の人。七歳で大慈寺の寒巌義尹《ぎいん》について得度し、鎌倉建長寺の南浦紹明や加賀大乗寺の瑩山紹瑾に参じ、明峰素哲の法を嗣いだ。正和三年1314元に渡り、正中元年1324帰国した。加賀吉野郷に祇陀寺《ぎだじ》を創建し、のち肥後に帰り聖護寺に居したが、菊池武重の帰依を受けて広福寺の開山となった。〔参考〕日域洞上諸祖伝上、日本洞上聯灯録二

**だい-ちど-ろん　大智度論**　一〇〇巻。竜樹(ナーガールジュナ Nāgārjuna)の造とされる。

後秦の鳩摩羅什《くまらじゅう》の訳（弘始七405）。大品般若経（摩訶般若波羅蜜経）に対する註釈書。最初の三四巻は経の第一序品について詳説している。この部分は完訳であるが、以下は訳者が繁雑になるのをおそれて抄訳し、残りの八九品に対する釈を六六巻に収めたものと伝える。般若・空を説き、諸法実相を明らかにする論であるが、論中に部派仏教の論書から法華経・華厳経などにいたるきわめて多くの経論からの引用を含み、仏教語彙の説明の間にさまざまの説話を挿入し、一種の仏教百科辞典の趣きを有する。中国では中論・百論・十二門論と共に四論の一つとしてさかんに講読された。註疏として、慧影の疏二四巻があり、僧侃・長法師らにもそれぞれ疏の著述があり、また僧肇らの抄もあったというが伝わらない。ラモート É. Lamotte によってこの論のフランス訳が発表されている。この論をすべて竜樹に帰すべきかどうかについては議論があるが、ラモートの研究により、竜樹とは別人の作とする説が今日の学界では受け入れられつつある。(大)二五、〔国一〕釈経論部一―一五

**たいちゅう　袋中**　（天文一三1544、一説に同二一―寛永一六1639）浄土宗の僧。字は良定といい、弁蓮社入観と号する。賀茂李兵衛の子。陸奥磐城郡の人。永禄八年1565同国能満寺の存洞について得度し、会津の円性・福島の月空に学んだ後、奈良・京都に遊学した。五二歳の時、明に渡ろうとしたが拒まれたので琉球に赴き桂林寺を開いた。慶長一六年1611帰国して京都の法林寺を中興し、晩年は東山の袋中庵に隠居し、西方寺で没した。以八と共に浄土宗名越流の二大徳といわれた。著書、浄土血脈論一巻、当麻曼荼羅白記一二巻、琉球神道記五巻など多い。〔参考〕袋中上人伝、浄土本朝高僧伝六

**だいちゅうじ　大中寺**　栃木県下都賀郡大平町西山田。太平山と号し、曹洞宗。武蔵竜穏寺（現埼玉県入間郡越生町）・下総総寧寺（現千葉県市川市）とともに、同宗の関三刹の一。延徳元年1489小野重長が培芝正悦に帰依して創建し、正悦の師快庵妙慶を開山とした。慶長一七年1612僧録司となる。〔参考〕日域洞上諸祖伝下、下野国志六

**たいちょう　泰澄**　（天武一一682―神護景雲元767）加賀白山を開創した修験者（ただし、伝説上の修験者という説もある）。俗姓は三神氏。越前麻生津の人という。世に越大徳《こしのたいとく》と称する。越前の越知山で十一面観音を本尊として修行し、養老二年718白山を開いたという。同六年宮中に召されて供奉となり、神融《じんゆう》禅師の号を賜った。越後・越中・越前には泰澄の開創伝説をもつ修験道の山が多い。〔参考〕本朝神仙伝、元亨釈書一五、本朝高僧伝四六

**たいつう　胎通**　（享保五1720―寛政一〇1798）真言宗の僧。字は意純。天明七年1787智積院二四世能化となる。寛政六年館林の忠善らが能化以下二〇人余の非行を官に訴え、逆に忠善らの罪があらわれて紛糾したが、胎通は動じなかった。

**だいつうじ　大通寺**　⇩長浜別院《ながはまべついん》

**だいつうちしょうぶつ　大通智勝仏**　(梵)マハービジュニャージュニャーナービブー Mahābhijñājñānābhibhū の訳。法華経化城喩品で説かれる仏。三千塵点劫の昔に出現し、八千劫の間法華経を説いた仏で、その一六王子も出家してその法を聞き、また父の仏に代って八万四千劫の間法華経を説いたので、みな成仏して、現在十方の国土にあって説法しているという。東方の阿閦仏・西方の阿弥陀仏・東北方の釈迦牟尼仏はその一六王子の中の王子であるといわれている。法華経三（化城喩品）

**だいつうほうこうきょう　大通方広経**　三巻。詳しくは大通方広懺悔滅罪荘厳成仏経という。十方・三世の諸仏に敬礼することによって、懺悔滅罪を得ることを説く偽経。(大)八五

**たいてん　退転**　すでに得た位からもとの位に退堕すること。不退転に対する。⇩不退《ふたい》〔退〕

**だいてん　大天**　(梵)(巴)マハーデーヴァ Mahādeva の訳。摩訶提婆と音写する。大衆部の祖とされる比丘。末土羅（マトゥラー Mathurā）国の商人の子であったが、父の旅行中に母と姦通し、父が帰還するにいたって事の露見するのをおそれて母と共謀して父を殺して母とともに逃亡した。のち故

国で供養したことのある比丘と出会い、旧悪の露見するのを恐れてこの比丘を殺し、さらに母が他の男と通じたので母をも殺し、ついに五逆罪のうちの三逆(殺父・殺母・殺阿羅漢)を犯すにいたった。その後前非を悔いて鶏園寺で出家し、生まれつき聡明であったのでたちまち三蔵に通じて多数の帰依をうけたという。この大天が阿羅漢の証果について五項目の主張を行い、それを長老たちが斥けたのを契機として僧団が上座部と大衆部とに分裂した(根本分裂)とも伝える〈⇩大天五事《だいてんのごじ》〉。また、阿育(アショーカAśoka)王の子マヒンダMahindaの師、または目犍連子帝須《もっけんれんしていしゅ》(モッガリプッタ・テイッサMoggaliputta Tissa)に派遣されて摩醯婆慢陀羅《まけいしゃまんだら》(マヒシャマンダラMahiṣamaṇḍala)国に渡った伝道師としてマハーデーヴァ(大天)という名の人物がいたと伝えられるが、前記の大天とは別人と考えられる。なお、三逆罪を犯したなどの伝説は上座部の伝承によるもので、他の諸伝承の中には大天を高徳の僧であると賞讃し、三逆の事件は大天を貶しめるための捏造であると主張するものも多い。〔参考〕異部宗輪論、大毘婆沙論

**だいてん　大典**　⇩顕常《けんじょう》

**だいてん-の-ごじ　大天五事**　阿育(アショーカ Aśoka)王の時代に大天(マハーデーヴァ Mahādeva)が主張したと伝えられる五つの事項で、説一切有部系の伝承ではこれについての意見の相違によって上座部・大衆部の根本二部が分裂したという。それは阿羅漢の証果に関するもので、⑴餘に誘われる(天魔に誘われて夢中に不浄を漏失することがある)、⑵不染汚《ふぜんま》無知がある(仏の境界については知らないことがあっても煩悩ではない)、⑶猶予がある(疑いの心を持っていても煩悩ではない)、⑷他によって入らされる(他人の力によって悟りに入ることもある)、⑸道は声によって起こる(苦であると声を出すことによって聖道が起こる)の五である。ただし有部の伝承でも比較的古い発智論ではこの五事が根本分裂に関係するものとはみていない。また南方上座部の論書ではカターヴァットゥ Kathāvatthu(論事)などにこの五事をあげるが、根本分裂の原因は大天の五事ではなく十事の非法であるとし、大天の五事は枝末分裂の後期における南インドの諸派の異説であるとしている。〔参考〕大毘婆沙論九九、異部宗輪論、Kathāvatthu, 同上註、Mahāvaṃsa 分別功徳論一、瑜伽師地論略纂一

**だいでんぼう-いん　大伝法院**　⇩根来寺《ねごろじ》

**だいどう　大同**　①(元和一四819―乾化四914)唐末・五代の禅僧。姓は劉氏。諡号は慈済大師。舒州懐寧(安徽省懐寧県)の人。青原四世の翠微無学の法を嗣ぎ、桐城(同省桐城県)投子山《とうすざん》に住した。語録一巻がある。〔参考〕祖堂集六、宋高僧伝一三、景徳伝灯録一五　②(至元二六1289―洪武三1370)元末・明初の僧。姓は王氏。字は一雲。別峰と号した。越州上虞《じょうぐ》(浙江省上虞県)の人。華厳と禅に通じ、紹興(同省紹興県)の宝林寺に住した。明の太祖に帰依され、慈済妙弁禅師と号する。著書、天柱稿、宝林類編など。〔参考〕護法録一下、明高僧伝三、続稽古略二

**たいとう-いもく-じんみつ-しょう　台当異目深密鈔**　一巻。日朝(1394―1466)の著。成立年不詳。日蓮宗の八品派の立場から、天台宗と日蓮宗との宗義上における重要な相違点を選び出し論述する。日蓮宗学全書(本門法華宗部二)

**だいどう-いん　大洞院**　静岡県周智郡森町橘。橘谷山と号し、曹洞宗。応永一八年1411如仲天誾《じょちゅうてんぎん》が開創し、師の梅山聞本を開山とした。大洞院六派による三ケ輪番制をとったが、のちに一年とし明治五年1872独住となる。現堂宇は同九年の焼失後の建立。〔参考〕日域洞上聯灯録

**だいとう-さいいき-き　大唐西域記**　一二巻。略して西域記という。唐の玄奘の記、弁機の撰(貞観二〇646)。玄奘が貞観三年長安を出発、西域・インドの諸国をめぐり、同一九年帰唐するまで、遊歴し伝聞した一三八国、付記一六国の仏教霊跡・風俗・生活などの記録を太宗の勅を受け編集したもの。その内一一〇国は玄奘自ら経過した所で玄奘の紀行に従い、弁機が編集した。西域の

仏教事情をよく伝え、物の大きさや距離・位置も正確であり、地理・言語・伝説まで詳しく、仏教のみでなくひろく文化史上の重要史料。ジュリアン St. Julien の仏訳、ビール S. Beal およびワッタース T. Watters の英訳、水谷真成などの和訳がある。(大)五一、国一史伝部一六 〔参考〕堀謙徳・解説西域記

**だいどう-せっくつ　大同石窟**　⇩雲岡石窟《うんこうせっくつ》

**だいとう-ないてん-ろく　大唐内典録**　一〇巻。唐の道宣の編(麟徳元664)。略して内典録という。従来の経録には一長一短があるので、主として隋代の三大経録である法経録・歴代三宝紀・仁寿録を参考にして、西明寺における大蔵経整理の際の著者の経験を加えて作った経録。第一巻から第五巻までは歴代衆経伝訳所従録(編年史的な方法による経録)、第六、七巻は歴代衆経翻本単重伝訳有無録(異訳の有無や訳者の明らかなものと不明のものによる経録)、第八巻は歴代衆経見入蔵録(西明寺蔵経の整理上から作られた検出目録)、第九巻は歴代衆経挙要転読録(テキストを批判的に整理して正本とすべきものをまとめた経録)で、第一〇巻には歴代衆経有目闕本録・歴代道俗述作注解録・歴代諸経支流陳化録・歴代所出疑偽経論録・歴代衆経録目終始序・歴代衆経応感興敬録を収める。なお、続大唐内典録一巻が道宣の撰として現存しているが、これはおそらくは大唐内典録の経編ではなく、内典録の未定稿本のようである。また開元釈教録の編者である智昇に続大唐内典録一巻があったことが知られるが、現存のそれではないと思われる。(大)五五

**だいとく　大徳**　(梵)バダンタ bhadanta の訳。婆檀陀と音写する。大いに徳行ある者の意。比丘《びく》のうちの長老、また仏・菩薩《ぼさつ》に対する敬称。中国でも高僧の敬称として用いるが、隋・唐の時代には訳経に従事する者を特に大徳と称し、これを勅補した。また中国では僧尼を統監する職名でもある。わが国では高僧の敬称として用いるが、平安朝以後には僧侶に対する二人称、三人称の敬称としても用いる。

**だいとく-じ　大徳寺**　京都市北区紫野大徳寺町。臨済宗大徳寺派大本山。竜宝山と号する。元応元年1319(あるいは正和四年1315)宗峰妙超(大灯国師)がこの地に住したのに始まり、嘉暦元年1326伽藍が整い開堂されて勅願寺になった。元弘三年1333後醍醐天皇は本朝無双禅林の宸翰を発し、妙超一流相承の寺として五山の第一位とした。花園上皇も一流相承の宸翰を発したが、足利尊氏は妙超一門と対立する夢窓疎石派を保護したため、大徳寺は五山からはずされ、至徳三年1386には十刹の第一三位に落ちた。そこで永享三年1431大徳寺は十刹の寺格を放棄して在野の禅寺となった。時に華叟宗曇《かそうそうどん》の門下から養叟宗頤《ようそうそうい》と一休宗純が出て寺を興し、とくに一休は堺の豪商の援助を得て応仁の乱で焼失した寺を再建した。のち養叟の門流が住持し、古岳宗亘や大林宗套らによって茶道との関係が深くなり、千利休も帰依した。諸大名の帰依があつく多くの塔頭が建てられ、現在も多くの文化財を遺している。江戸時代の初め沢庵宗彭《たくあんそうほう》らが幕府の法度に抗して流罪となったが〈⇩紫衣事件《しえじけん》〉、のち将軍徳川家光の帰依を得て寺を興した。伽藍および勅使門・鐘楼は重文に指定され、とくに方丈および玄関と唐門は国宝である。方丈の障壁画八三面をはじめ、大灯国師像などの頂相、牧谿《もっけい》の観音・猿鶴図や南宋の五百羅漢八二幅、墨蹟、仏画など国宝・重文が多い。別院に竜翔寺《りゅうしょうじ》(開山は南浦紹明、以下括弧内の人名は開山)、徳禅寺(徹翁義亨)があり、塔頭には真珠庵(一休宗純、方丈、通僊院は重文)・養徳院(春浦宗熙)・竜源院(東渓

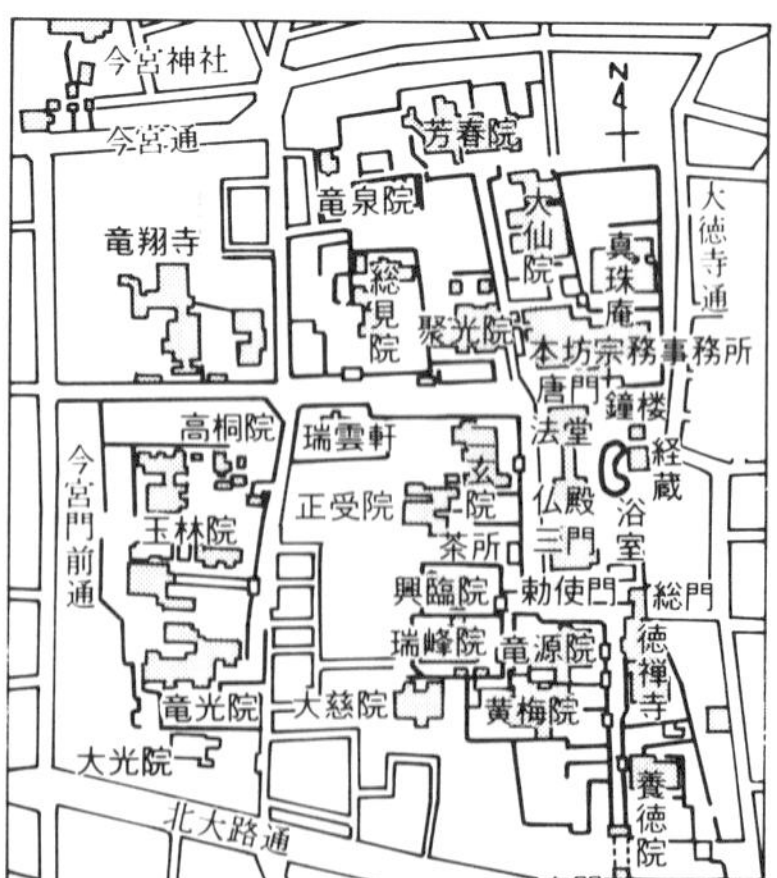

大徳寺略配置図

宗牧)・大仙院(古岳宗亘、本堂は国宝)・興臨院(小渓紹忸)・瑞峰院(徹岫宗九)・聚光院(笑嶺宗訢、茶室は重文)・総見院(古渓宗陳)・黄梅院(春林宗俶、本堂は重文)・三玄院(春屋宗園)・正受院(清庵宗胄)・大慈院(天叔宗眼)・高桐院(玉甫紹琮)・玉林院(月岑宗印、南明庵および茶室は重文)・大光院(古渓宗陳)・竜光院(春屋宗園、本堂、書院、盤桓廊、兜門は重文)・芳春院(玉室宗珀)・孤篷庵(江月宗玩、本堂、書院、忘筌は重文)があり、茶席・茶庭や書画などのすぐれたものを有している。〔国宝〕絹本著色大灯国師像、絹本墨画淡彩観音図、同猿鶴図、後醍醐天皇宸翰御置文、虚堂智愚墨蹟、唐門、方丈及び玄関　〔重文〕絹本著色楊柳観音像、同五百羅漢像ほか多数　〔参考〕竜宝山志、竜宝山大徳寺志、大徳寺文書

**たいない-の-ごい　胎内の五位〔胎外《げたい》の五位〕**　胎児の二六六日間の生長の次第を五つの段階に分けて胎内の五位という。即ち⑴羯刺藍《かららん・かつららん・こんらん》(梵)カララ kalala の音写。歌羅羅、羯羅藍とも書き、凝滑、雑穢《ぞうえ》と訳す。受胎直後の七日間。⑵頞部曇《あんぶどん》(梵)アルブダ arbuda の音写。阿部曇とも書き、皰《ほう》、皰結と訳す。第二の七日間)。⑶閉尸《へいし》(梵)ペーシー peśī の音写。蔽尸、蓖尸とも書き、凝結、肉段と訳す。第三の七日間)。⑷鍵南《けんなん》(梵)ガナ ghana の音写。健男、羯南とも書き、凝厚、硬肉と訳す。第四の七日間)。⑸鉢羅奢佉《はらしやきや》(梵)プラシャーカー praśākhā の音写。支節、枝枝と訳す。手足が形成される位。出産までの二三八日間)。また出生以後の一生涯を五つの期間に分けて胎外の五位という。即ち⑴嬰孩《ようがい》(出生―六歳)。⑵童子(七歳―一五歳)。⑶少年(一六歳―三〇歳)。⑷中年(三一歳―四〇歳)。⑸老年(四一歳以後)(倶舎論巻一五など)。

**だいにち-きょう　大日経**　七巻。詳しくは大毘盧遮那《だいびるしゃな》成仏神変《じんぺん》加持経という。大毘盧遮那経ともいう。七世紀頃の成立と推定される。唐の善無畏《ぜんむい》・一行の共訳(開元一三〔725〕)。密教の根本聖典で真言三部経の一。また両部大経の一で胎蔵界の法門を説く。三六品からなり、前六巻(三一品)は唐の無行がインドから将来した梵本を翻訳したものという。第一品は入真言門住心品と題して教相を、第二品以下は事相を明らかにする。第七巻(五品)は供養次第法といい、善無畏が将来した行法次第の部分である。梵本は現存せず、チベット訳がある。註釈には一行の大毘盧遮那成仏経疏二〇巻(義釈一四巻は再治本)、唐の不可思議の大毘盧遮那経供養次第法疏二巻(第七巻の註釈)、空海の大日経開題一巻、円珍の大毘盧遮那成道経心目一巻、円爾弁円の大日経見聞一〇巻、円珍の大日経指帰一巻などがあり、また大日経の諸品の意をとって胎蔵界の供養法および諸尊の印明を解説したものに、善無畏訳の大毘盧遮那経広大儀軌(略して広大儀軌)三巻がある。なおチベット大蔵経テンギュルの中にも若干の註釈書がある。(大)一八、国一密教部一　〔参考〕開元釈録一二

**だいにちきょう-ぎしゃく　大日経義釈**　一四巻。善無畏《ぜんむい》の説、一行の記。唐の善無畏が大日経を解釈したのを一行が筆録し刪補したもので、一行は経の梵文について、なお不審な点があり、智儼に再治を委嘱したもの。温古の序がある。円仁・円珍が将来し、台密で重んじる。大日経の善無畏の註釈には空海が伝えた大日経疏二〇巻があり、台密では「疏」は空海が再訂したものという。また、一行が筆受したものを「疏」といい、智儼・温古の再治のものを「義釈」とも称する。(続)一・三六・三―五　〔註釈〕遼の覚苑・演密鈔、円珍・批記、同・更問鈔、同・雑抄、同・爛脱文、仁空・捜決抄

**だいにちきょう-しょ　大日経疏**　二〇巻。詳しくは大毘盧遮那成仏経疏、略して大疏ともいう。善無畏の説、一行の記。開元一三年725善無畏が大日経を訳してのち、弟子の一行のために経の深義を講義したもの。大日経七巻三六品の中の前六巻三一品を解釈している。その中で、初めの住心品の註釈を「口の疏《くちのしょ》」と名づけて密教を理論的に説明し(初心者に講義されるもの)、具縁品以下三〇品の註解は「奥の疏」と称して、密教の実践的な方法行儀を具体的に説いたもので、事相の秘密相承である(灌頂を受けないものには講義しない)。空海の将来本であるから真言宗ではとくに重んじる。

空海の大日経開題は大部分本書の解釈に従い、東密ではもっぱらこの疏による。㊅三九、国一経疏部一四・一五　〔註釈〕空海・大疏文次第一巻、信堅・鈔三八巻、信日・勘文三一巻、観賢・鈔四巻、済暹・住心品私記一六巻、杲宝・口筆鈔二〇巻、同・演奥抄五六巻、頼瑜・指心抄一六巻、宥快・鈔三一巻、道範・鈔六巻

**だいにち-じ　大日寺**　①大阪府大淀区（現北区）中津にあった寺。中台山遍照院と号し、真言宗御室派。俗に三番《さんば》の萩寺と称した。弘仁年間810―24嵯峨天皇の勅願により空海の開創と伝える。延喜式にその名がみえ、当時は摂津随一の古刹であったという。その後、火災により衰微し、文禄三年1594には敷地のみとなった。寛永年間1624―44恵円が再興し、江戸時代には境内の聖天堂が歓喜天信仰として賑わった。昭和四〇年代に奈良県生駒市に移転。②兵庫県姫路市勝原区。朝日山と号し、真言宗御室派。俗に朝日山観音という。大化元年645法道仙人が開創したと伝える。鎌倉時代、法然の弟子信寂房が住して、浄土宗義を唱導し、この一派は播磨義とよばれた。天文年間1532―55兵火にかかり衰微した。〔参考〕峰相記、日本名勝地誌六　③奈良県吉野郡吉野町。日雄山と号し、真言宗醍醐派。創立年代不詳。もと金峯山寺満堂派の一院。本尊五智如来像は平安後期の作で、もと日雄《ひのお》寺にあったものという。〔重文〕木造五智如来坐像　④和歌山県那賀郡岩出町水栖《みずす》。二乗山小伝法院と号し、真言宗豊山派。根来寺僧覚鑁《かくばん》の母(妙海尼)が九州から訪れたが、根来山は女人禁制のため登山できず、そこで庵を作って母を住まわせたのに始まるという。天正年間1573―92兵火衰退した。当寺の近くには妙海尼伝説が多く、火葬場という泉水塚がある。⑤鳥取県倉吉市桜。天台宗。胎金山と号す。源信の開創という。古来、上院・中院・安養院の三院に分かれた大伽藍を有したが次第に衰退した。元禄二年1689再興という。〔重文〕木造阿弥陀如来坐像　⑥徳島市一宮町。大栗山《おおぐりさん》花蔵院と号し、真言宗大覚寺派。四国八十八カ所第一三番札所。空海の開創といい、一宮寺と称した。空海自刻という大日如来を安置する。⑦徳島県板野郡板野町黒谷。黒巌山《こくがんさん》遍照院と号し、東寺真言宗。四国八十八カ所第四番札所。俗に黒谷寺という。創建年代不詳。空海自刻という大日如来を安置する。応永年間1394―1428再興。⑧高知県香美郡野市町母代寺。法界山高照院と号し、真言宗智山派。四国八十八カ所第二八番札所。天平年間729―49行基の創建といい、弘仁年間810―24空海再興と伝える。明治四年1871廃寺となったが同一七年再興された。〔重文〕木造大日如来坐像、同聖観音立像

**だいにち-にょらい　大日如来**　大日は㊵マハーヴァイローチャナ Mahāvairocana の訳。摩訶毘盧遮那《まかびるしゃな》と音写し、大遍照とも訳す。真言密教の教主である仏で、一切の諸仏菩薩の本地。智慧の光が日光のようにあらゆる所にゆきわたるのでこの名がある。この仏の智徳の面を示したのが金剛界の大日如来であり、智拳印《ちけんいん》を結んでいる。その周囲に阿閦《あしゅく》・宝生・阿弥陀・不空成就の四仏を置き、合わせてこれを金剛界の五仏という。理徳の面を示したのが胎

胎蔵界大日如来
（御室版胎蔵界曼荼羅）

金剛界大日如来
（御室版金剛界曼荼羅）

蔵界の大日如来であり、中台八葉院の中央に位して、法界定印《ほっかいじょういん》を結んでいる。東密では顕教《けんぎょう》の釈迦と大日は別体としているが、台密では同体としている。〔参考〕大日経疏一、金剛頂経義訣上

**だいにほんこく-ほけきょう-げんき　大日本国法華経験記**　⇩法華験記《ほっけげんき》③

**だいにん　大任**　生没年不詳。江戸時代の浄土宗の僧。号は墨庵。詩文に秀でた。寛政一一年1799三月、江戸を出発し東海道を経て五畿内を歴遊、六月に帰って、雲遊文蔚五巻を著わす。その他、著書に元亨釈書輔砧一二巻など。〔参考〕雲遊文蔚

**たいねい-じ　大寧寺**　山口県長門市深川湯本。瑞雲山あるいは盧山と号し、曹洞宗。応永一七年1410大内氏の一族鷲頭教弘の創建。石屋真梁《せきおくしんりょう》の開山という。同三〇年同族の弘忠が真梁の弟子智翁永宗を請じて創めた瑞雲山康福寺をこの地に移したとき現寺号になったという。永宗の法兄竹居正猷が中興、のち毛利家の香華院となる。当地、湯本温泉の泉源は当寺が支配した。〔参考〕日本洞上聯灯録

**だいねん-じ　大念寺**　茨城県稲敷市江戸崎。浄土宗。関東十八檀林の一。正定山知光院と号する。天正一八年1590源誉慶巌を開山とし、城主蘆名盛重が創建した。慶長五年1600類焼し、のち拡張して再興、幕府より寺領を寄せられ檀林となる。〔参考〕浄土伝灯総系譜、江戸崎大念寺誌

**だい-ねんぶつ　大念仏**　太鼓・鉦・笛などの楽器を用いて斉唱する民俗儀礼。良忍の融通念仏の系譜をひくもののようである。現在、全国各地で行われるが、その伝承は一様ではない。京都では、清涼寺釈迦堂の大念仏、千本引接寺閻魔堂および壬生寺の大念仏狂言が著名である。

壬生狂言（都名所図会）

**だいねんぶつ-じ　大念仏寺**　大阪市平野区平野上町。大源山諸仏護念院と号し、融通念仏宗総本山。宗祖の良忍が大治二年1127四天王寺で聖徳太子の夢告をうけ、当地で念仏をすすめ、鳥羽上皇の勅により開創したと伝える。元亨元年1321七世良尊法明が中興し、この頃には良尊の融通念仏は摂津・河内・和泉・大和に広がっていた。元和元年1615頃現在地に寺地が定まり、それまでは挽道場といって寺地は固定化されていなかったとされる。四三世良恵舜空のとき山城大原の来迎院南之坊との間に本末紛争が起こったが、寛文元年1661当寺を本寺とすることになった。四六世融観大通は諸堂を整えるとともに宗門を再興し、元禄九年1696檀林の勅許を得た。ちなみに融通念仏宗が宗派として体制を整えるのはこの元禄年間といわれ、末寺約四〇〇カ寺があった。明治三一年1898火災にあい、のち順次諸堂が整備された。主な年中行事は、五月一日—五日の間に阿弥陀経万部会（二十五菩薩来迎会と阿弥陀経一万部の読誦）と、

大念仏寺（摂津名所図会）

秋に御廻在《ごかいざい》がある。〈⇩融通念仏宗《ゆうづうねんぶつしゅう》〉〔国宝〕毛詩鄭箋残巻　〔重文〕後小松天皇宸翰融通念仏勧進帳、浄土論巻中、版画融通念仏縁起〈明徳版〉〔参考〕大念仏寺四十五代記録幷末寺帳、大念仏寺由緒覚書、大念仏寺誌

**たいのう　太能**　（明宗一七1562―仁祖二七1649）朝鮮の僧。俗姓は呉氏。号は逍遙。一三歳で出家して浮休禅師に経典を学び、西山大師の会下で話頭を受けて法を得た。著書、逍遙堂集一巻。〔参考〕逍遙堂行状、逍遙碑文

**だいのうはくだ　提納薄多**　⇩指空《しくう》

**だいば　提婆**　①（170―270頃）㊵デーヴァ Deva の音写。アーリヤデーヴァ Āryadeva ともいい、聖天、聖提婆などと訳す。インド初期中観派の論師で竜樹（ナーガールジュナ Nāgārjuna）の後継者。片眼であったので迦那提婆《かなだいば》（カーナデーヴァ Kāṇadeva カーナは片眼の意）とも呼ぶ。南インドのバラモンの出身とする伝承、セイロン国の王子とする伝承もある。竜樹の弟子となり、一切の学問と仏教・外道のすべての説に通暁した。大乗仏教を宣揚して小乗および外教の論師たちと対論してことごとく論破し、このために怨みを買って殺されたという。弟子に羅睺羅跋陀羅《らごらばつだら》（ラーフラバドラ Rāhulabhadra）がいる。著作として百論、四百論、百字論があるが、このうち百字論はチベット訳では竜樹の作とする。著作中には外教のサーンキヤ（数論《すろん》）学派やヴァイシェーシカ（勝論《かつろん》）学派などの諸学派に対する批判が多く、それら諸学派の初期の思想を知るうえで重要な資料となっている。なお付法蔵因縁伝では付法蔵の第一四祖にかぞえる。〔参考〕提婆菩薩伝、西域記四、般若灯論第四（観六根品）、付法蔵因縁伝六

提婆（三百尊像集）

②⇩提婆達多《だいばだった》

**だいばせつま　提婆設摩**　㊵デーヴァシャルマン Devaśarman の音写。天寂と訳す。①説一切有部の古祖の一人。阿毘達磨識身足論の著者とされる。〔参考〕西域記五　②竜樹の中論の八大註釈家の一人。〔参考〕チベット訳観誓著般若灯論疏

**だいばだった　提婆達多**　㊵㊫デーヴァダッタ Devadatta の音写。天授・天与と訳し、調達《じょうだつ》とも呼ぶ。略して提婆とも称する。阿難（アーナンダ Ānanda）の弟（または兄）で仏陀の従弟。南伝では仏陀の妃耶輸陀羅（ヤソーダラー Yasodharā）の兄弟。幼時より仏陀に対抗し、仏陀の弟子となってからも敵対心を捨てず、阿闍世王（アジャータサットゥ Ajātasattu）に父王頻婆娑羅《びんばしゃら》（ビンビサーラ Bimbisāra）を殺して新王になることを勧め、みずからは仏陀に代って教法の王になろうとする野心をいだいた。五〇〇人の比丘をひきいて教団の分裂をはかったり、種々の手段で仏陀を殺害しようと企てたりしたが、いずれも失敗に終り、無間《むけん》地獄に堕ちたという。初期仏教教団における最大の悪人とされるが、教団内で実力をもっていたらしく、法顕伝や西域記には提婆達多の説を奉ずる教団が存続していたことを記している。〔参考〕中阿含経二七、増一阿含経五、仏本行集経一三

**だいーはつねはんーぎょう　大般涅槃経**　⇩涅槃経《ねはんぎょう》

**たいはん　泰範**　（宝亀九778―　）近江の人か。最澄の弟子であったが、のち空海に師事した。弘仁三年812高雄山で最澄らと共に空海から灌頂を受けてのち、空海の下にとどまり、最澄の帰山のすすめに応じなかった。同七年実慧と共に空海の高野山開創をたすけ、承和四年837東寺の定額僧に加えられて上首となった。〔参考〕弘法大師弟子伝上、弘法大師弟子譜、本朝高僧伝五

**だいはんにゃーえ　大般若会**　大般若経会、般若会ともいう。鎮護国家・除災招福の

ために大般若経を転読または講讃する法会。大般若経は唐の玄奘の訳で六〇〇巻あり、般若は智慧であるから仏母と称され、また巻数が多いために一切経の首位におかれ、これを供養すれば無上の功徳が与えられるとされるようになった。日本では大宝三年703三月に大安・薬師・元興《がんごう》・興福の四大寺で転読したのを初例とし、宮中、大寺でしばしば行われ、また大安寺・興福寺・東大寺・薬師寺の大般若会は毎年の恒例とされ、延喜年間901―23の頃から勅会になった。後世、真言宗・禅宗・浄土宗の諸宗でも行われるようになり、大般若講式がつくられた。

**だい‐はんにゃ‐ぎょう　大般若経**　⇩般若経《はんにゃぎょう》④

**だいひ‐がん‐じ　大悲願寺**　東京都あきる野市横沢。金色山吉祥院と号し、真言宗豊山派。建久二年1191平山季重が澄秀を請じて開創。もと醍醐三宝院に属したが、明治二九年1896現派となる。〔重文〕木造阿弥陀如来及脇侍(千手観音菩薩・勢至菩薩)坐像　〔参考〕新編武蔵風土記稿一〇九

**だいひ‐きょう　大悲経**　五巻。北斉の那連提耶舎《なれんだいやしゃ》の訳(北斉の天保九558)。チベット訳もある。仏が入滅の直前、法を梵天・帝釈《たいしゃく》・迦葉《かしょう》・阿難に付属し、未来に法を弘める人を予言し、舎利(遺骨)の功徳を説き、滅後、法を結集する方法を示す。シャーンティデーヴァ Śāntideva(寂天)作のシクシャー・サムッチャヤ Śikṣā-samuccaya(大乗集菩薩学論)にはこの経の引用が見られる。(大)一二

**だいひ‐くうち‐こんごう‐だいきょうおう‐ぎき‐きょう　大悲空智金剛大教王儀軌経**　⇩ヘーヴァジュラ・タントラ

**だいびく‐さんぜん‐いぎ　大比丘三千威儀**　二巻。後漢の安世高《あんせいこう》の訳(二世紀)。大比丘三千威儀経・大僧威儀経・三千威儀などとも称する。比丘の日常生活の詳細な規範を示したもの。註釈には唐の道宣の教誡新学比丘行護律儀(一巻。(大)四五)があり、類書に沙弥や沙弥尼の生活を規定した沙弥威儀(一巻)、沙弥十戒法並威儀(一巻)、沙弥尼離戒文(一巻。以上いずれも(大)二四)がある。(大)二四

**だいひしん‐だらに　大悲心陀羅尼**　詳しくは千手千眼観世音大悲心陀羅尼といい、略して大悲呪《だいひしゅ》という。観世音菩薩が千光王静住如来よりうけた陀羅尼で、これを誦すると命終のとき自己の欲する仏土にゆき一切の願求がみたされ、一切の罪障が消滅する功徳があるといわれる。唐の伽梵達摩《かぼんだつま》の訳の千手千眼観世音菩薩広大円満無礙大悲心陀羅尼経に出ている。八二句より成るものを略本とし、これは真言宗や禅宗で用いられる。別に唐の金剛智の訳の千手千眼観自在菩薩広大円満無礙大悲心陀羅尼呪本にでているものがあって、これは真言宗だけで用いられる。

**だい‐びばしゃ‐ろん　大毘婆沙論**　二〇〇巻。詳しくは阿毘達磨大毘婆沙論という。略して婆沙論ともいう。唐の玄奘の訳(顕慶元656―四)。異訳に北涼の浮陀跋摩・道泰の共訳による阿毘曇《あびどん》毘婆沙論六〇巻があるが、前半のみの訳である。説一切有部の根本論書である発智論《ほっちろん》に対する精細な註釈書。漢訳のみが現存する。多くの部派・論師らの異説を引用し、アビダルマ的論議の集大成の観がある。六因四縁説、十二縁起の解釈、煩悩の分類など、発智論以後の説一切有部の教学の発展を詳しく示している。カニシカ Kaniṣka 王の保護の下に脇《きょう》(パールシュヴァ Pārśva)尊者を座長とする五〇〇人の大阿羅漢たちが一二年を費して編集したものと伝える(これを第四結集とする)が、本文研究の結果からみて一〇〇―一五〇年ごろカシミール地方で集成されたものと推定されている。のちに、この論があまり大部なのでその抄論を造る傾向が生じ、尸陀槃尼《しだはんに》の鞞婆沙論《びばしゃろん》(一四巻。(大)二八)などはその一つと考えられる。また一面、阿毘曇《あびどん》心論などのような宗義の綱要書というべきものが造られることともなった。説一切有部の論師を毘婆沙師と呼ぶのはこの論の研究家という意味である。(大)二七、[国]毘曇部七―一六

**だいびるしゃな‐じんぺん‐かじ‐きょう‐だいきょう‐そうじょう‐でんぼう‐しだい‐き　大毘盧遮那神変加持経大教相承伝法次第記**　一巻または二巻。両部大法相承師

資付法記ともいう。唐の海雲の著。成立年不詳。金胎両部の大経の内容を概説して、その相承の次第を記した書で、台密はこれにより両部各別の相承説をとっている。これに対して東密は空海の著わした付法伝によって両部不二の説をとるから、杲宝《ごうほう》の玉印鈔などにおいてはこの説を採用していない。㊅五一

**だいふく-じ　大福寺**　静岡県浜松市三ケ日町福長。瑠璃山と号し、高野山真言宗。俗に浜名薬師という。貞観一七年875園城寺教待が鳳来山に創建した一寺(幡教寺)を、承元三年1209大中臣時定が現地に移し、翌年土御門天皇より大福寺の勅額を賜った。古来納豆(浜名納豆)の製造で知られる。〔重文〕絹本著色普賢十羅刹女画像、金銅装笈、紙本墨書瑠璃山年録残篇　〔参考〕瑠璃山年録残篇

**だいふくでん-じ　大福田寺**　三重県桑名市東方。神宝山法皇院と号し、高野山真言宗。俗に桑名の大寺という。聖徳太子の草創といい、初め度会郡山田村にあって大神宮寺と号し、神宮奉拝の時、歴朝の行幸をみたという。弘安元年1278火災にかかり、忍性が同郡矢田の南大福に再建し福田寺とした。のち足利尊氏により現寺号が定まり、万治三年1660に現地に移る。〔重文〕絹本著色釈迦八相成道図、紙本墨書勧進状ほか　〔参考〕三国地誌一〇

**だいぶっちょう-しゅりょうごん-ぎょう　大仏頂首楞厳経**　一〇巻。詳しくは大仏頂如来密因修証了義諸菩薩万行首楞厳経という。略して大仏頂経・首楞厳経ともいう。唐の般刺蜜帝の訳。修禅・耳根円通・五陰魔境などについて禅法の要義を説き、根塵同源縛脱無二の理を明らかにし、三摩提の法と菩薩の階位などを説く。チベット訳もある。第五巻には大勢至菩薩が念仏の法によって円通の境に証入したことを説くので、浄土教でも重んじられるが、多く禅宗で重視された。しかしこの経の真偽については古来諸説が多く、唐代に製作された偽経というのがほぼ定説となっている。唐・宋以来百余りの註釈書がある。㊅一九　〔註釈〕子璿・義疏注経二〇巻、懐遠・義疏釈要鈔六巻、咸輝・義海三〇巻、思坦・集註一〇巻、戒環・要解二〇巻、惟則・会解二〇巻、徳清・懸鏡一巻、智旭・玄義二巻、通潤・合轍一〇巻、乗旹・講録一〇巻、霊耀・観心定解一〇巻、通理・指掌疏一〇巻、空海・開題一巻、鳳沢・千百年眼髄五巻、普寂・略疏四巻、道忠・義疏決通一〇巻など　〔参考〕開元釈教録九、玄叡・三論大義抄三、普寂・首楞厳経略疏一

**だいぶっちょう-だらに　大仏頂陀羅尼**　大仏頂如来放光悉怛多鉢怛囉陀羅尼、または大仏頂如来頂髻白蓋陀羅尼、大仏頂真言とも楞厳呪《りょうごんじゅ・れんげんじゅ》とも称する。大仏頂如来の内証の徳を説いた陀羅尼で、大仏頂首楞厳経第七に見え、四三九句より成る。この陀羅尼は誦持すれば無量の功徳があると称され、読誦し、また経幢(経文を刻した石柱)に刻写されることも少なくなかった。日本へは空海・恵運が将来している。大随求陀羅尼とともに真言宗で読誦する最も長い陀羅尼である。

**だいぶっちょう-ほう　大仏頂法**　大仏頂首楞厳経・大妙金剛経・大仏頂広衆陀羅尼経などによって、如来の三十二相の中の一である無見頂相(肉髻相)の功徳を仏格化して大仏頂尊とし、これを諸尊中の最勝尊であると信じて供養する法。日本では永保三年1083源尊が始修した。その本尊については諸説がある。大仏頂を中尊とした曼荼羅を大仏頂曼荼羅という。〔参考〕覚禅鈔

**たいへいこうこく-じ　太平興国寺**　①中国河南省開封にあった寺。太平興国二年977北宋の太宗が、後周の世宗の顕徳二年955に廃された竜興寺を復興し、太平興国寺と名づけた。同五年天息災らが来朝したので、同七年当寺に訳経院を設け、天息災・施護・法天らを訳経に従事させた。建隆二年961訳経院を伝法院と改め、かつ印経院を置いて新経を印刻させた。真宗(997—1022在位)の頃には天竺僧覚称が仏舎利・梵本などを携えて来住し、神宗(1067—85在位)の時には日本の僧成尋らが当寺を訪ねている。徽宗の宣和元年1119破却された。②北宋の太平興国三年978各地の無名寺院に額を賜り、太平興国寺と称させた。山西省平陽府翼城県、同大原府五台山、江西省袁州、江蘇省楊州府、安徽省泗州などにある。〔参考〕宋史本紀、仏祖統紀四三

**だいほうおん-じ　大報恩寺**　京都市上京区五辻通六軒町西入溝前町。瑞応山と号し、真言宗智山派。俗に千本釈迦堂という。承久三年1221義空の開創。文永年間1264—75如琳が中興して釈迦念仏を始修し、貞治二年1363足利尊氏の命により涅槃講（遺教経会）が行われ、以後恒例となった。元和五年1619智積院の元寿が入寺してから智山能化の隠居寺となり、天台宗から改宗。本堂には安貞元年1227銘の棟木がある。年中行事として、三月二二日の千本釈迦念仏、一二月七、八日の大根焚きなどは有名。〔国宝〕本堂、厨子　〔重文〕木造釈迦如来坐像、同十大弟子立像、同千手観音立像、同六観音菩薩像、銅造誕生釈迦仏立像ほか　〔参考〕半陶藁、大報恩寺文書

**だいほうこう-にょらいぞう-きょう　大方広如来蔵経**　一巻。略して如来蔵経という。唐の不空（705—74）の訳。異訳に東晋の仏陀跋陀羅《ぶつだばつだら》の訳（元熙二420）の大方等如来蔵経（一巻）がある。チベット訳もある。金剛慧菩薩の問いに対してすべての衆生に常恒不変の如来蔵があることが九種の譬喩によって説かれる。内容から見て如来蔵を説く経論の中でも最古層に属し、また現存はしないが西晋の法炬《ほうこ》による訳（290—312頃）が初訳であると伝えられているので、三世紀前半には成立していたものと推定される。梵文の究竟一乗宝性論（ラトナ・ゴートラ・ヴィバーガ　Ratna-gotra-vibhāga）にタターガタ・ガルバ・スートラ　Tathāgata-garbha-sūtra　の名で引用が見える。㊅一六、国一経集部六

**だいほうこう-にょらい-ひみつぞう-きょう　大方広如来秘密蔵経**　二巻。四、五世紀の頃の訳。訳者不詳。無量志荘厳《むりょう》王《ししょうごん》菩薩に対して無自性空の立場に立つ秘密蔵法が説かれ、さらに迦葉《かしょう》の問いによってそれが詳説される。大乗集菩薩学論（シクシャー・サムッチャヤ　Śikṣā-samuccaya）の梵本の中にタターガタ・コーシャ　Tathāgata-kośa　の名で引かれる。㊅一七、国一経集部一二

**だいほうこう-ぶつけごん-ぎょう　大方広仏華厳経**　⇩華厳経《けごんぎょう》

**だいほうこう-ほうきょう-ぎょう　大方広宝篋経**　三巻。劉宋の求那跋陀羅《ぐなばつだら》の訳（元嘉二〇443）。異訳に西晋の竺法護《じくほうご》の訳（泰始六270）の文殊師利現宝蔵経（二巻）があり、チベット訳もある。文殊師利菩薩が般若・空の教えを説き、須菩提・舎利弗などの仏弟子が文殊の徳をえ、仏がこれを讃える。㊅一四

**だいほうこ-だらに-きょう　大法炬陀羅尼経**　二〇巻。隋の闍那崛多の訳（開皇一〇600）。大法炬と名づける陀羅尼の意義と功徳とを詳説する。㊅二一

**だいほう-じ　大宝寺**　①愛媛県上浮穴郡久万高原町菅生。真言宗豊山派。菅生山大覚院と号する。四国八十八カ所第四四番札所。大宝元年701豊後国の猟師明神右京・隼人の兄弟（安芸国の猟師、あるいは百済僧とも）の創建と伝える。弘仁六年815空海が岩屋寺（現同郡同町、四国八十八カ所第四五番札所）を創建して当寺の奥院としたという。文永一〇年1273一遍が来訪して奥院岩屋寺に参籠した。当寺はのち退席したが、元禄年間1688—1704雲秀により再興された。〔参考〕一遍聖絵、和漢三才図会七九　②愛媛県松山市南江戸。真言宗豊山派。古照山薬王院と号し、俗に乳母薬師という。大宝元年701角乃木長者、或いは豪族越智玉興の草創と伝える。本堂は鎌倉時代の単層寄棟造で国宝。〔重文〕木造阿弥陀如来坐像、同釈迦如来坐像

**だいほう-じ　大法寺**　長野県小県郡青木村当郷。一乗山観音院と号し、天台宗。大宝元年701定恵が文武天皇の勅願によって創建、大宝寺と称したと伝える。元禄一〇年1697現寺号に改めた。〔国宝〕三重塔〔重文〕観音堂厨子及須弥壇、木造十一面観音及脇侍普賢菩薩立像

**だいほうしゃっ-きょう　大宝積経**　一二〇巻。唐の菩提流志《ぼだいるし》の訳および編。四九篇の独立の経典を集大成した経典。それぞれの経典はそれぞれ独自の内容をもち、各経典の間に有機的な脈絡は見られない。したがって、どのような意図・方針のもとに四九篇の経典を集大成したかは明らかでない。菩提流志は唐朝廷の庇護のもとに、神竜元年705から翻訳・編集を行い、開元元年713に完了した。四九篇の経典それぞれを

一会として全四九会より成り、このうち一〇会は菩提流志が初めて訳したもの、一六会は既に漢訳が存在したものを菩提流志が再訳したもので、残る二三会は既に漢訳で存在するものをそのまま編入したものである。四九会のそれぞれは以下の通りである。⑴三律儀会(三巻)。菩提流志の訳。北涼の曇無讖の訳の大方広三戒経(三巻)の異訳。⑵無辺荘厳会(四巻)。菩提流志の初訳。⑶密迹金剛力士会(七巻)。西晋の竺法護の訳の密迹金剛力士経を編入。異訳に北宋の法護の訳の如来不思議秘密大乗経(二〇巻)がある。⑷浄居天子会(二巻)。竺法護の訳の菩薩説夢経を編入。⑸無量寿如来会(二巻)。菩提流志の訳。無量寿経の異訳〈⇩無量寿経《むりようじゆきよう》〉。⑹不動如来会(二巻)。菩提流志の訳。後漢の支婁迦讖の訳の阿閦仏国経(二巻)の異訳。⑺被甲荘厳会(五巻)。菩提流志の初訳。⑻法界体性無分別会(二巻)。梁の曼陀羅の訳の法界体性無分別経を編入。⑼大乗十法会(一巻)。北魏の仏陀扇多の訳の十法経を編入。梁の僧伽婆羅の訳の大乗十法経(一巻)の異訳。⑽文殊師利普門会(一巻)。菩提流志の訳。西晋の竺法護の訳の普門品経(一巻)の異訳。⑾出現光明会(五巻)。菩提流志の初訳。⑿菩薩蔵会(二〇巻)唐の玄奘の訳の大菩薩蔵経を編入。異訳に北宋の法護らの訳の大乗菩薩蔵正法経(四〇巻)がある。⒀仏為阿難説処胎会(一巻)。菩提流志の訳。西晋の竺法護の訳の胞胎経(一巻)の異訳。⒁仏説入胎蔵会(二巻)。唐の義浄の訳の仏為難陀説出家入胎経を編入。⒂文殊師利授記会(三巻)。唐の実叉難陀の訳の文殊師利授記経を編入。西晋の竺法護の訳の文殊師利仏土厳浄経(二巻)の異訳。さらに異訳として唐の不空の訳の大聖文殊師利菩薩仏刹功徳荘厳経(三巻)がある。⒃菩薩見実会(一六巻)。北斉の那連提耶舎の訳の菩薩見実三昧経を編入。異訳に北宋の日称らの訳の父子合集経(二〇巻)がある。⒄富楼那会(三巻)。後秦の鳩摩羅什の訳の菩薩蔵経を編入。⒅護国菩薩会(二巻)。隋の闍那崛多の訳の護国菩薩経を編入。異訳に北宋の施護の訳の護国尊者所問大乗経(四巻)がある。これには梵文原本も存在する〈⇩護国尊者所問大乗経《ごこくそんじやしよもんだいじようきよう》〉。⒆郁伽長者会(一巻)。魏の康僧鎧の訳の郁伽長者所問経を編入。後漢の安玄の訳の法鏡経(一巻)、西晋の竺法護の訳の郁伽羅越問菩薩行経(一巻)の異訳。⒇無尽伏蔵会(二巻)。菩提流志の初訳。㉑授幻師跋陀羅記会(一巻)。菩提流志の訳。西晋の竺法護の訳の幻士仁賢経(一巻)の異訳。㉒大神変会(二巻)。菩提流志の初訳。㉓摩訶迦葉会(二巻)。東魏の月婆首那の訳の摩訶迦葉経を編入。㉔優波離会(一巻)。菩提流志の訳。西晋の燉煌三蔵の訳の決定毘尼経(一巻)の異訳。さらに異訳として唐の不空の訳の三十五仏名礼懺文(一巻)がある。㉕発勝志楽会(二巻)。菩提流志の訳。隋の闍那崛多の訳の発覚浄心経(二巻)の異訳。㉖善臂菩薩会(二巻)。後秦の鳩摩羅什の訳の善臂菩薩経を編入。㉗善順菩薩会(一巻)。菩提流志の訳。三国魏の白延の訳の須頼経(一巻)、東晋の支施崙の訳の須頼経(一巻)の異訳。㉘勤授長者会(一巻)。菩提流志の訳。西晋の白法祖の訳の菩薩修行経(一巻)、北宋の施護らの訳の無畏授所問大乗経(三巻)の異訳。㉙優陀延王会(一巻)。菩提流志の訳。西晋の法炬の訳の優塡王経(一巻)、北宋の法天の訳の大乗日子王所問経(一巻)の異訳。㉚妙慧童女会(一巻)。菩提流志の訳。須摩提菩薩経の異訳〈⇩須摩提菩薩経《しゆまだいぼさつきよう》〉。㉛恒河上優婆夷会(一巻)。菩提流志の初訳。㉜無畏徳菩薩会(一巻)。北魏の仏陀扇多の訳の無畏徳菩薩経を編入。西晋の竺法護の訳の阿闍貰王女阿術達菩薩経(一巻)の異訳。㉝無垢施菩薩応弁会(一巻)。西晋の聶道真の訳の無垢施菩薩分別応弁経を編入。西晋の竺法護の訳の離垢施女経(一巻)、北魏の瞿曇般若流支の訳の得無垢女経(一巻)の異訳。㉞功徳宝花数菩薩会(一巻)。菩提流志の初訳。㉟善徳天子会(一巻)。菩提流志の訳。同人の訳の文殊師利所説不思議仏境界経(一巻)の改訳。㊱善住意天子会(四巻)。隋の達摩笈多の訳の大方等善住意天子所問経を編入。北魏の毘目智仙・般若流支の訳の聖善住意天子所問経(三巻)、西晋の竺法護の訳の如幻三昧経(二巻)の異訳。㊲阿闍世王子会(一巻)。菩提流志の訳。西晋の竺法護の訳の太子刷護経(一巻)、訳者不詳の太子和休経(一巻)の異訳。(38)大乗方便会(三巻)。東晋の竺難提の訳の大乗方便経を編入。西晋の竺法護の訳の慧上菩薩大善権経(二巻)、北宋の施護の訳の大方広善巧方便経(四巻)の異訳。(39)賢護長者会(二巻)。隋の闍那崛多の訳の移識経を編入。異訳に唐の地婆訶羅の訳の大乗顕識経(二巻)がある。(40)浄信童女会(一巻)。菩提流志の初訳。(41)弥勒菩薩問八法会(一巻)。北魏の菩提流支の訳の弥勒菩薩所問経を編入。後漢の安世高の訳の大乗方等要慧経(一巻)の異訳。(42)弥勒菩薩所問会(一巻)。菩提流志の訳。西晋の竺法護の訳の弥勒菩薩所問本願経(一巻)の異訳。(43)普明菩薩会(一巻)。訳者不詳の大宝積経を編入。後漢の支婁迦讖の訳の遺日摩尼宝経(一巻)、訳者不詳の摩訶衍宝厳経(一巻)、北宋の施護の訳の大迦葉問大宝積正法経(五巻)の異訳。梵語原本もある(後述)。(44)宝梁聚会(二巻)。北涼の釈道龔の訳の宝梁経を編入。梵語原本ラトナラーシ Ratnarāśi の断片が残っている。(45)無尽意菩薩会(一巻)。菩提流志の初訳。(46)文殊説般若会(二巻)。梁の曼陀羅仙の訳の文殊師利所説摩訶般若波羅蜜経を編入。唐の玄奘の訳の大般若経第七会曼殊室利分に相当し、梵語原本もある〈⇩般若経《はんにゃぎょう》④〉。(47)宝髻菩薩会(二巻)。西晋の竺法護の訳の宝髻菩薩所問経を編入。大方等大集経の宝髻菩薩品(北涼の曇無讖の訳)の異訳。(48)勝鬘夫人会(一巻)。菩提流志の訳。勝鬘経の異訳〈⇩勝鬘経《しょうまんぎょう》〉。(49)広博仙人会(一巻)。菩提流志の訳。北魏の瞿曇般若流支の訳の毘耶娑問経(二巻)の異訳。以上の四九篇は成立年代もさまざまで、二世紀以前の成立と見られるものから五世紀以降に成立したと推定されるものまである。四九篇の集成が従来から存在したものか、菩提流志の構想によるものかは明らかでない。ターラナータ仏教史ではカニシカ王の時代に多くの経典をあわせて現在のような構成に集大成したと伝えている。チベット訳でもまったく同じ構成となっているが、四九会のうち七会は漢訳からの重訳とみられ、漢訳にならって編集されたものと思われる。宝積経と名づける経典は古くから存在したが、それは上記の第四三会普明菩薩会に相当するもので、当初はカーシャパ・パリプリッチャー Kāśyapa-paripṛcchā(迦葉所問経)と呼ばれていたらしい。その梵語原本はカーシャパ・パリヴァルタという表題で、シュタール・ホルスタイン A. von Staël-Holstein によって刊行された(1926)。これに対しては安慧に帰せられる註釈書の大宝積経論(四巻。後魏の菩提流支の訳。チベット訳もある。(大)二六)がある。この元来の宝積経を核として、次々と経典を新作あるいは編入していった結果、現在の大宝積経が形成されたと想像される。(大)一一、[国]宝積部一—六

**だいほうどう-だらに-きょう　大方等陀羅尼経**　四巻。北涼の法衆の訳(永安年間401—12)。密教経典としては訳出された最古のものに属する。摩訶袒持《まかたんじ》と名づける陀羅尼の意趣・功徳・行法を述べる。菩薩の二十四重戒・声聞の授記作仏を説くので名高い。隋代の慧思・智顗らに重んじられた。天台四種三昧の中、第三半行半坐三昧として説かれる方等三昧はこの経によっている。(大)二一

**だいほうどう-ちょうおう-きょう　大方等頂王経**　一巻。西晋の竺法護《じくほうご》(266—313)の訳。異訳に東魏の月婆首那《がつばしゅな》の訳(六世紀)の大乗頂王経(一巻)および隋の闍那崛多《じゃなくった》の訳(開皇一一 591)の善思童子経(一巻)がある。維摩の子(異訳では毘舎離《びしゃり》の一童子とする)が仏を讃え、仏が般若・空の教えを説く。(大)一四、[国]経集部二

**だいほうどう-むそう-きょう　大方等無想経**　六巻。北涼の曇無讖《どんむしん》の訳(玄始一五 426)。チベット訳もあり、大雲経の名で伝えられる。大雲密蔵菩薩の問いに応じて、一切衆生悉有仏性と如来常住とが説かれる。(大)一二

**だいほうべん-ぶつほうおん-ぎょう　大方便仏報恩経**　七巻。訳者不明。後漢時代(220以前)の訳とされる。チベット訳もある。仏陀は出家して親を棄て、親に苦悩を与える忘恩の徒だという非難に対して、真の報恩は大悲心をもってすべての衆生を棄てないことだと説き、種々の因縁物語を述

べる。(大)三

**だい-ほっく-きょう　大法鼓経**　二巻。劉宋の求那跋陀羅《ぐなばつだら》の訳(元嘉二〇 443)。チベット訳もある。如来常住と一乗真実を説き、法華経および涅槃経に深い関係がある。(大)九、[国]法華部

**だい-ぼん-てん　大梵天**　(梵)マハーブラフマン Mahā-brahman の訳。色界の初禅の天。また十二天の一で上方を守護する。大梵天王・梵天王・梵王などとも称する。ブラフマンを音写して婆羅賀磨天《ばらがまてん》ともいい、娑婆世界主(梵)サハーンパティ Sahāmpati)ともいう。自在にしてよく一切衆生を生ずるという。梵天すなわちブラフマン神は、インドのバラモン教においてはブラーフマナ時代から次第にプラジャーパティ Prajāpati(生主神)に代って世界創造の原理となり、ヒンドゥー教においてはヴィシュヌ Viṣṇu, シヴァ Śiva とならぶ三主神の一つとして世界創造の神とされたが、仏教にとり入れられて色界初禅の天とされた。経典中には仏の説法を勧請し、法を聴き、仏に教化され、帝釈天などとともに仏法を護持することなどが多く説かれている。帝釈天《たいしゃくてん》とともに釈迦三尊を形成するなど、しばしば帝釈天と一対としてとり扱われ、図像にもこの形式のものが多い〈⇩帝釈天〉。形像は一面二臂のほか、密教では四面四臂、三面四臂のものなどがある。〔参考〕長阿含経一四・一六・二〇、雑阿含経四四、増一阿含経一〇、法華経一

梵天（別尊雑記）

**だいぼんてんのう-もんぶつ-けつぎ-きょう　大梵天王問仏決疑経**　二巻。大梵天が仏に質問して疑念を解決するという内容の経典、その中で、仏が花を拈じ迦葉《かしょう》がその意をさとって微笑した(拈華微笑《ねんげみしょう》)ので、仏は迦葉に法を付与したと述べている個所が、禅宗の伝統の起源であるとされて、きわめて名高い。しかし、この経は偽経と見られている。(続)一・八七・四

**だい-ぼん-はんにゃ-ぎょう　大品般若経**　⇩般若経《はんにゃぎょう》

**たいま-でら　当麻寺**　奈良県葛城市當麻。高野山真言宗・浄土宗を兼帯。中将姫伝説と当麻曼荼羅で有名。用明天皇の皇子麻呂子親王が創建した万法蔵院(旧地は河内国山田郷)を天武天皇(673—86在位)の時この地に移して禅林寺と称し、のち現寺号に改めたと伝えるが、当地にいた当麻氏の氏寺として奈良中期頃に創立されたと考えられる。治承年間 1177—81 兵火によって焼失(塔を除く)したが、鎌倉時代、源頼朝が復興した。同時代には当麻曼荼羅の説話や信仰が広まり、浄土の霊場として尊崇されるようになった。年中行事の聖衆来迎練供養会式は五月一四日に行われるが、これは中将姫が当寺で現身のまま成仏したという伝説にちなむという。〔国宝〕東塔、西塔、本堂(曼荼羅堂)、塑造弥勒仏坐像、梵鐘、綴織当麻曼荼羅図、当麻曼荼羅厨子　〔重文〕金堂、浄土曼荼羅絹本著色掛幅、絹本著色当麻曼荼羅縁起、木造阿弥陀如来坐像、同十一面観音立像ほか

**たいま-まんだら　当麻曼荼羅**　奈良県当麻寺蔵の織成(綴織)本(根本曼荼羅という)およびこれと同構成の観経浄土変相図をいう。浄土三曼荼羅(当麻曼荼羅・智光曼荼羅・清海曼荼羅)の一。天平宝字七年 763 に藤原豊成のむすめ法如(中将姫)の願によって化人が蓮糸で織ったという伝説が鎌倉時代からあることから、日本で作られたとする説もあるが、織技から盛唐期に中国で作られて奈良時代後期に伝来したという説が有力。織成本は縦横約三・九五メートルの掛幅装であるが、破損して断片のみを残す。現在当麻寺曼荼羅堂安置のものは、慶舜と専舜が原本を模写した図に、文亀年間 1501—04、後柏原天皇宸筆の銘文のある文亀本であるが、図様は内陣下陣に分かれ、内陣には極楽浄土の荘厳を描き、虚空会（会は段とも

いう）・宝楼会・三尊会・宝樹会（樹下会とも、左右）・宝池会・父子相迎会（左右）・舞楽会からなり、外陣には向かって左縁に霊山集会などの十一面、向かって右縁には日想などの十三観、下縁には九品来迎の相が描かれる。この図様は観無量寿経に基づく浄土変相図であるから正しくは曼荼羅と呼ぶべきではない。鎌倉時代以後、転写がさかんになり、図相も解説も多く行われた。京都禅林寺蔵当麻曼荼羅図（鎌倉初期）、当麻曼荼羅織成の由来を記する鎌倉光明寺蔵当麻曼荼羅縁起（絵巻二巻、鎌倉中期の作）、図相の解説書では当麻曼荼羅疏（当麻変相鈔ともいう）、当麻曼荼羅捜玄疏（捜玄疏ともいう）、当麻曼荼羅注、当麻曼荼羅綱日秘決図彙正記があり、曼荼羅絵解きが盛んに行われた。

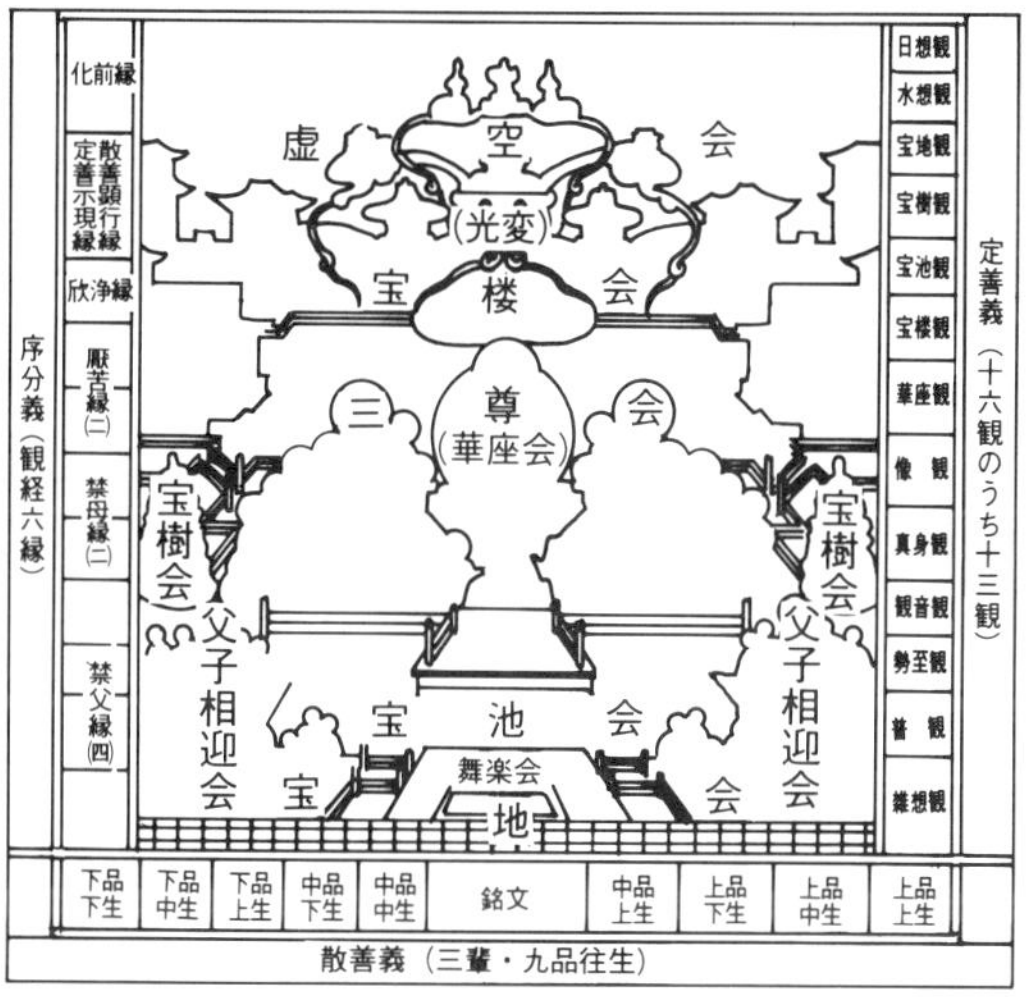

当麻曼荼羅略図

**たいみつ　台密**　天台宗の密教。空海が伝えた真言宗の密教を東密（東寺の密教の意）というのに対して、天台宗の最澄や円仁・円珍が伝え、安然《あんねん》がその教相を大成した密教をいう。天台教学の立場から円密一致を説いて、大日如来と釈迦如来との二伝は一体不二であるとし、東密が金剛界と胎蔵界の両部を立てるのに対して、両部のほかにその不二を説く深秘な経典として蘇悉地経を重視するのが特色である。最澄が入唐して順暁らから受法し、比叡山で学徒に遮那業の修学を勧めたのに始まり（根本大師流）、その後入唐した円仁は義真や元政・法全から受け（慈覚大師流）、また円珍は般若恒羅や法全・智慧輪から（智証大師流）密教を伝えた。以上を台密三流（根本三流）といい、これに円仁の室に入り安慧・円珍から受法した華山の遍昭の法系を加えた三聖四系が台密の主な系統である。長和・寛仁1012―21の頃に慈覚大師流から横川の覚超の川流と、東塔南谷の皇慶の谷流とが分かれた。皇慶は台密事相の大成者で、その法系からは長宴の大原流、良祐の三昧流、相実の法曼流などが生まれた。皇慶の系統をひく院尊流・三昧流・仏頂流・蓮華流・味岡流・智泉流・穴太《あのう》流・法曼流・功徳流・梨本流の十流と根本三流とを合わせて台密十三流と称し、また三昧流・法曼流・穴太流・西山流・葉上流（西山・葉上は穴太の分流）と智証大師流とを山寺六流と称することがある。南北朝の頃には法曼流の系統をひく盧山流と穴太流の系統をひく黒谷流が教相の面ですぐれていたが、室町中期以降台密は振わなかった。

**たいみつ-くりゅう-そうじょう　台密九流相承**　一巻。天海（1535―1643）の著。成立年不詳。台密十三流相承印信によって、九流の各相承師資の名のみ抄出し系図を作ったもの。台密九流とは、谷流・三昧流・双厳房流・穴太流・西山流・大原流・石泉流・蓮華流・法曼流である。慈眼大師全集上

**たいみつ-りゃく-もくろく　台密略目録**　一巻。著者・成立年ともに不詳。台密諸師の撰述を年代順に配列した略目録。伝教大師・慈覚大師・智証大師・五大院安然・慈恵大師・都率覚超・五大院門人水尾玄静などの撰述を略記し、次に十八道記録・胎蔵私記類・金剛記類・護摩記類を記し、最後に次第法私記などは別記にあるとしている。この他に天台宗密書目録抜書が付してある。伝教大師全集別巻

**だいみょう-こんごう-きょう　大妙金剛経**　一巻。詳しくは大妙金剛大甘露軍拏利《ぐんだり》焔鬘《えんまん》熾盛《しじょう》仏頂経、略して大妙経という。唐の達摩栖那の訳。八仏頂（仏の頭部の頂。無量の威徳と功徳を有するとされる）を

念誦し供養する儀式方軌を説く。㊅一九

**だいみょう-じ　大明寺**　中国江蘇省揚州の西北、蜀岡にある。劉宋の孝武帝大明年間457—64に創建されたために大明寺と称した。かつては法浄寺とも呼ばれた。隋代には九層の塔が建てられ棲霊寺《せいれいじ》と称した。唐代には鑑真(688—763)が住した。鑑真が当寺において律を講じつつあった時、入唐留学僧の普照・栄睿が訪ね東渡を請うた。歴世の間に廃絶したが、北宋の景徳元年1004に僧可数が七層の多宝塔を再建し、慶暦八年1048に欧陽修《おうようしゅう》がこの地に平山堂を建立した。また北宋の詩人蘇軾《そしょく》(蘇東坡)は寺内に谷林堂を建てた。明代には景泰年間1450—57に僧滄冥福智《そうめいふくち》が当寺の遺跡の古井から大明禅寺の名を刻んだ残碑を発見し、寺字を再興した。清代には乾隆帝より勅額を賜り寺名を法浄寺と改めた。常盤大定は、大正一一年1922、法浄寺前に唐鑑真和尚遺址碑を建立した。一九六三年、鑑真没後一二〇〇年記念として寺内に鑑真記念堂が建立され、一九八〇年に至って鑑真在唐時の寺名である大明寺に改められた。〔参考〕平山堂図志、唐大和上東征伝、中国文化史蹟(解説下)

**だい-みょうもく　大名目**　一巻。顕智の著。成立年不詳。観無量寿経および善導の観経疏にみられる浄土門の大綱を図解したもの。まず浄土門と聖道門の区別を明らかにし、次いで浄土門について経・疏の名数を列挙し、それぞれ細目を詳説している。〔原本〕栃木県専修寺蔵　〔註釈〕慧弁・集註三巻　〔参考〕浄土真宗教典志二

**だいみん-こうそう-でん　大明高僧伝**　八巻。明の如惺《にょしょう》の著(万暦四五1617)。宋高僧伝に継ぎ、南宋の初めより明の万暦年間に至る高僧の伝記を集めたもの。訳経・解義・習禅の三科に分け、正伝一一二人、付見六八人、計一八〇人の事跡を載せる。高僧伝(梁伝)、続高僧伝(唐伝)、宋高僧伝と合わせて四朝高僧伝と呼ぶ。㊅五〇、国一史伝部一〇　〔刊本〕慶安四1651刊

**だいみん-さんぞう-ほっすう　大明三蔵法数**　五〇巻。三蔵法数ともいう。明の一如の編(永楽一七1419)。大蔵経の中から法数に関係ある名目を、一心より増数して八万四千に至るまで類別配置し、それぞれ簡単な解釈をしたもので、初めの三巻は総目録で一々の項目に出典を載せ、第四巻より以下名目をあげて約一六〇〇項目を収める。卍三六・乙・一—三

**だい-むりょうじゅ-きょう　大無量寿経**　⇩無量寿経《むりょうじゅきょう》

**だいもく　題目**　①経の題号。経の題号を受持したり読誦することは大きな功徳があると諸大乗経に説かれているので、中国や日本で古くから行われた。②日蓮宗では特に法華経の題号である妙法蓮華経の五字、または南無の二字を冠した南無妙法蓮華経の七字を題目、首題、玄題などと呼び、三大秘法の一としてこれらを尊び、この題目を唱えれば末法の衆生は成仏できると説く〈⇩三大秘法《さんだいひほう》〉。また題目を唱えるだけでなくこれを本尊とし、或いは碑に書き或いは刻む。その文字はおおむね筆端が鋭く延びて、あたかも光明が放出するようであるから鬚題目《ひげだいもく》の俗称がある。③日蓮宗で法要の時、大鼓や鉦《かね》に合わせて法華の題目を唱えながら踊るものを題目踊《だいもくおどり》といい、また題目のほかに和讃などをまじえて歌うのを歌題目《うただいもく》という。

京都松ケ崎題目踊（花洛物見図）

**だい-もっけんれん　大目犍連**　⇩摩訶目犍連《まかもっけんれん》

**だいもんじ-やま　大文字山**　京都市左京区の南東にある標高約四六六メートルの山。正しくは浄土寺山という。旧暦七月一六日(現在は八月一六日)夜に盆の聖霊送りの行事として「大」の文字に並べた薪に点火される大文字の送り火は有名。同夜には松ケ崎の「妙法」の文字、西賀茂正伝寺の舟形、北山

(俗に左大文字山という)の「大」の文字、西山の鳥居形なども点火され、五山送り火と称される。民俗行事の盆の送り火が室町期以降に整えられたと考えられ、文献的には万治元年1658の洛陽名所集に見えるのが早い。〔参考〕諸国年中行事、扶桑紀勝

**たいや　逮夜**　明日に逮《およ》ぶの夜という意で、元来は前夜のことであるが、荼毘《だび》(火葬)の前夜、もしくは年忌、月忌などの忌日の前夜をいう。太夜、大夜、迨夜とも書き、宿夜、伴夜、贈別夜ともいう。逮も迨も「およぶ」で、逮夜は明日の荼毘におよぶの意。大夜は大行(死のこと)の夜の意という説があり、また逮夜というのは、一昼夜を六時に分けるうちの日没時であるともいう。

**だいゆう　大佑**　(　—永楽五1407)明代の僧。姑蘇(江蘇省呉県)の人。字は啓宗。蘧庵《きょあん》と号した。天台宗の蒙潤《むにん》の学説を奉じ、また念仏三昧を修習した。洪武二六年1393僧録司右善世、さらに左善世となった。著書、浄土指帰三巻、阿弥陀経略解、金剛経略解、校勘天台授受祖円撰、法華撮要図、浄土解行図、浄土真如礼文、華厳灯科、浄土九蓮灯科各一巻など。〔参考〕続仏祖統紀二

**たいゆう-じ　太融寺**　大阪市北区太融寺町。佳木山と号し、高野山真言宗。弘仁年間810—24空海の草創と伝える。清和天皇より寺号を賜り、勅願所となる。境内に淀君の墳墓がある。

**だいゆう-れい　大庾嶺**　中国広東省にある山。梅嶺ともいう。六祖慧能が道明と問答したと伝えるところ。

**だいらく-こんごうさった-しゅぎょう-じょうじゅ-ぎき　大楽金剛薩埵修行成就儀軌**　一巻。略して大楽軌という。唐の不空の訳。金剛薩埵に対する儀軌(念誦し供養する儀式方軌)を説くもの。㊅二〇

**たいりゅう-じ　太竜寺**　徳島県阿南市加茂町竜山。舎心(身)山常住院と号し、高野山真言宗。準別格本山。俗に西高野山という。四国八十八カ所霊場二一番札所。延暦年間782—806空海修行の地で、同一七年国司藤原氏が勅により創建したと伝える。嘉保年間1094—96に長範が再興し、中世末以降、三好・蜂須賀歴代領主の崇敬をうけた。〔参考〕三教指帰上、阿波徴古雑抄、四国霊場記

**だいりゅうしょうしゅうけい-じ　大竜翔集慶寺**　中国江蘇省江寧府南京聚宝門外にあり、現在は天界寺と呼ばれる。天暦二年1329元の文宗が邸宅を寺に改め、笑隠大訢を開山とした。順帝(1333—68在位)の勅により大天界寺と改称し、洪武元年1368明の太祖は寺内に善世院を設けて、慧曇に国内の仏教を管理させた。そののち寺号が天下善世禅寺・善世法門・善世院としばしば改められ、洪武一六年には僧録司が置かれた。同二一年炎上したので現地に移され、天界善世禅院と称した。永楽年間1403—24北京に都を遷すにあたり、僧録司は大興隆寺に移された。

**だいりょう-けんご-ほっしん　大竜堅固法身**　禅宗の公案の一。徳山宣鑑の四世に当たる大竜智洪《ちこう》が一僧に「色身は壊滅するが、何が堅固法身か」と問われて、「山の花は錦のように咲き、谷の水は藍の如く湛えて美しい」と答えた故事で、眼前に刻々と移り変るありのままが、そのまま不変の法身であることを示したもの。〔原文〕碧巌録八二則、五灯会元八

**だいりん-じ　大林寺**　愛知県岡崎市魚町。拾玉山旱光院と号し、浄土宗西山深草派。三州深草義十二本山の一。暦応元年1338後村上天皇の勅願によって建立、光林寺と号したという。嘉吉二年1442松平信貞が当寺を先代頼嗣の墓址に移して造営し、天盈良倪を開山とした。

**だいりん-しょうじゃ　大林精舎**　大林は(梵)(巴)マハーヴァナ Mahāvana の訳。音写して摩訶伐那《まかばつな》ともいう。大林とは毘舎離(ヴェーサーリー Vesālī)の郊外にあった林。中に獼猴池《みこうち》(マルカタ・フラダ Markaṭa-hrada)という池があったから獼猴林とも呼ぶ。池のほとりに重閣講堂(クーターガーラサーラ Kūṭāgārasālā 尖塔のある建物の意)をもった精舎があった。仏陀はしばしばここに留まって説法した。跋耆(ヴァッジ Vajji)の比丘らが十事の非法を唱えた時、耶舎(ヤサ・カーカンダカプッタ Yasa Kākaṇḍakaputta)はここでそれに対して

反対を唱えたといわれ、また第二結集の行われたのもここであるという。〔参考〕Digha-nikāya 6, Mahāvaṃsa IV, 12, 善見律毘婆沙一〇、中阿含経二一、大智度論二、西域記七

**たかい　他界**　①自己の属していない他の世界。②人の死をいう。この娑婆《しゃば》世界を去って他の世界に行くという俗語で、昔は貴賤に通じて用いたが、後には貴人にのみ限ってこれを用いるようになった。

**たかおか-ぞうりゅう　高岡増隆**　（文政六1823―明治二六1893）真言宗の僧。字は智瑞。号は不背。大坂の人。高野山で密教を研究し、あわせて神道学に精通し、キリスト教にも造詣が深かった。明治維新には仏教各宗同盟主となり、護法に活躍した。明治一九年高野山の大学林創設にあたって副総理となる。著書、三条教憲和解など。

**たかおか-りゅうしん　高岡隆心**　（文久三1863―昭和一四1939）真言宗の僧。越後の人。高野山の高岡増隆の弟子となり、高野山古義大学林に学ぶ。大正一三年1924高野山大学初代学長に就任し、その間、高野山修道院長・勧学寮阿闍梨・宝寿院門主・明王院住職をつとめ、昭和九年管長・金剛峯寺座主になった。仏教・神道・事相にすぐれ、真言宗全書の刊行に力を入れた。

**たかお-くけつ　高雄口訣**　一巻。空海の口訣、真済の録（天長年間824―34）。金剛界曼荼羅次第法ともいう。密教の事相並びに教相に関する口訣を集録した書。六二条からなる。天長七年一〇月一五、一六の両日に温室洗浴法以下月輪観幷四種三昧義に至る四五条を、ついで同九年二月一一日から二三日に至る間に明妃明王等分別義以下置供物方処義に至る一〇条を、のちさらに残りの四種曼荼羅以下橛牆網幷焼香表示義に至る七条を受けて記す。本書は実慧の檜尾口訣と共に空海の口訣を筆録したものとして密教で尊重されている。(大)七八、日蔵四四　〔写本〕京都高山寺蔵（仁安二1167写）、高野山金剛三昧院蔵（文亀三1503写）

**たかがみ-かくしょう　高神覚昇**　（明治二七1894―昭和二三1948）仏教学者。真言宗の僧。愛知県に生まれる。農業斎藤増造の長男。二歳の時に三重県林光寺の高神覚名の養子となる。大正五年1916智山勧学院卒業。のち大谷大学、東大寺勧学院で研究し、同一二年智山勧学院教授。同一八年大正大学合併に伴い同大学教授。昭和九年から般若心経の講義をラジオ放送、同年友松円諦と共に真理運動を起こした。マスコミを通して仏教の大衆化に尽力した。著書、般若心経講義、仏教概論、高神覚昇選集一〇巻ほか。

**たかくす-じゅんじろう　高楠順次郎**　（慶応二1866―昭和二〇1945）インド学仏教学者、教育家。広島県篝村（現三原市）の沢井家に生まれ、神戸市の高楠家の養嗣子となる。西本願寺の普通教校を経て明治二三から三〇年1890―97オクスフォード大学でマックス・ミュラー Max Müllerなどに師事。同三二年東京帝国大学教授。三四年同大学に創設された梵語学講座の教授。大正一二年1923から、渡辺海旭らと共に大正新脩大蔵経を出版し、昭和一〇年から南伝大蔵経の和訳を刊行した。また武蔵野女子学院を創設、東京外国語学校長・東洋大学長・千代田女子専門学校長を歴任。英国王立学士院会員、帝国学士院会員。文化勲章受章。また「反省会雑誌」（「中央公論」の前身）・「現代仏教」・「あかつき」などの雑誌創刊に参画した。著書、釈尊伝、初期仏教年代学、仏教の根本思想など多い。

**たかしま-へいざぶろう　高島平三郎**　（慶応元1865―昭和二一1946）心理学者、教育者。号は蜻洲。東京本郷に生まれる。備前福山藩の誠之館に学ぶ。学習院・東京女子大学・立正大学に勤務し、東洋大学教授になった。田中智学の日蓮主義に共鳴し、また禅にも通じた。著書、心理学上より観たる日蓮上人など。

**たかしま-べいほう　高島米峰**　（明治八1875―昭和二四1949）仏教運動家。号は八十八峰道人。新潟県の人。浄土真宗本願寺派真照寺に生まれ、文学寮（現竜谷大学）・哲学館（現東洋大学）を卒業。明治三一年境野黄洋・安藤弘らと仏教清徒同志会（のち新仏教徒同志会と改称）を結成、雑誌「新仏教」を創刊。宗教法案成立阻止や、廃娼・禁酒運動を起こし、上宮教会理事をつとめた。自由

な立場から仏教の原理を追求、講演・著述・出版により仏教界に新運動を起こし、社会の改革につとめた。著書、般若心経講話、一休和尚伝など。〔参考〕高島米峰自叙伝

**たかだかいさん-しんらんしょうにん-しょうとう-でん　高田開山親鸞聖人正統伝**　六巻。良空の撰(正徳五年1715)。略して高田親鸞聖人正統伝、高田正統伝、正統伝ともいう。真宗高田派の所伝によって親鸞の事跡を編年体に記述したもの。俗姓系図から入寂・廟堂建立までを記し、終りに真宗本寺に関する余論および朝鮮の専修寺の項を付す。当時専修寺に秘蔵されていたという真仏・顕智らの顕智伝六巻を中心に順信の下野縁起二巻・信正の正中記三巻・良学の至徳記三巻・光円の五代記二巻・存覚の作と伝える四巻伝などを素材にしたという。本書は大谷派恵空の叢林集九巻を論破して高田派血脈の正統を明らかにしようとしたものであるが、学問的には信憑性に乏しい。真全六七、親鸞伝叢書、真宗史料集成一〇〔刊本〕享保二1717刊〔註釈〕弁要一〇巻、寂玄・私評弁要一巻、或問一巻、弁談一巻、良空・鈔七巻〔参考〕玄智・非正統伝一巻(真全六七)

**たかだ-さんそ-でん　高田三祖伝**　一巻。円遵(専修寺一八世)の撰(明和二1765)。第一祖高田聖人(親鸞)伝・第二祖真壁上人(真仏)伝・第三祖井東上人(顕智)伝の三章からなり、各章末に賛辞をつける。当時の流布説を取っており、史実と異なる点もみられる。真全六八〔刊本〕明和二刊〔註釈〕真淳・集成記八巻、同・序科解一巻、同・講述記二巻、俊識・序分科註一巻、泰寿・年譜吟一巻

**たかはし-てきもん　高橋的門**　(文化五1808—明治二二1889)浄土宗の僧。越中富山の人。即蓮社得誉忍阿と称し、法厳、水月庵と号す。九歳のとき母を失い、同国極楽寺の的山のもとで出家、一五歳のとき江戸増上寺に遊学し、顕了から宗戒両脈を受く。三四歳のとき京都大雲院に住してこれを復興した。著書、浄宗勧祈顕正篇二巻、信法要決弁釈三巻など多い。的門上人全集がある。〔参考〕的門上人略伝(的門上人全集)

**たかみや-しょうぎょう-もくろく　高宮聖教目録**　一巻。性海(1644—1727)の著。真宗における宗祖以下の著作で聖教とすべきものの目録書。親鸞二六部・如信三部・覚如一六部・存覚二二部・従覚など八部、信証院法語など二七部を収め、それぞれに略解題を付し、作者の真偽などについて論じている。また高田派の説や知空の説などを紹介し、著者の所見が加えてある。なお性海は近江高宮(現滋賀県彦根市)の西本願寺末円照寺の住職であった。真全七四

**たがら-こう　多伽羅香**　多伽羅は(梵)タガラ tagara の音写。多掲羅、多伽楼とも書き、根、不没、木香と訳す。多伽羅香樹から製した香の名。この樹はキョウチクトウ科に属し、熱帯地方などに生育する。これを零陵《れいりょう》山谷に生じる薫草から製した香、即ち零陵香と同視する説もあり、また伽羅《きゃら》香と混同されることもある。

**たから-でら　宝寺**　⇒宝積寺《ほうしゃくじ》

**たきぎ-のう　薪能**　薪猿楽、薪の神事ともいう。室町時代以後、毎年二月六日より七日間(現在は五月一一、一二日)、興福寺南大門の芝生で演じられる能楽をいう。国家安泰を祈るため平安時代に興福寺で修二会《しゅにえ》が行われていたが、のち夜に薪を焚いて暖をとりながら法楽として神事猿楽を行ったのが起源とされる。

**たきぎ-の-ぎょうどう　薪の行道**　法華八講の第三日目に、衆僧が薪と水桶を下人に担わせて列の末につらね、法華讃嘆「法華経を我が得しことは薪こり菜つみ水汲み仕へてぞ得し」を歌いながら本尊の回りを歩きめぐる行事をいう。法華経八巻を朝夕一巻ずつ読誦すれば、第三日目の朝は第五巻(この巻の提婆達多品には、釈迦牟尼仏が前生で、阿私仙人に薪水の労をとって給仕し法華経を聴聞したことがみえる)となり、これにちなんで、行うという。

**たきたに-たくしゅう　滝谷琢宗**　(天保七1836—明治三〇1897)曹洞宗の僧。字は魯山。号は蘇翁。越後の人。江戸吉祥寺の学寮に入り、さらに奕堂《えきどう》に参じて法を嗣ぐ。明治維新以後、曹洞宗宗務総監となり、学林を設け、宗制を定めるなど、宗門復興に尽くした。明治一八年永平寺六三世を継いだ。著書、真晃断際禅師遺録、正法眼蔵

顕開事考など。

**だき に-てん　荼枳尼天**　㊵ダーキニー Ḍākinī の音写。荼吉尼、吒祇尼とも音写する。人の心臓を食う女性の夜叉神。人の死を六カ月前に予知する能力をもつが、殺害しないでおのずから命終するのを待つという。大黒天(摩訶迦羅)に所属する。密教では胎蔵界曼荼羅外金剛部院にある三天鬼と一偃臥鬼の総称。左道密教で崇拝され、その快楽的な立場はチベットに弘まった。なお日本では稲荷の神体と同一であるとし、豊川稲荷などはこれを祀る。〔参考〕大日経疏一〇、古今著聞集六

**たくあん　沢庵**　(天正元1573―正保二1645)臨済宗の僧。諱は宗彭《そうほう》。沢庵は字。東海、暮翁、冥子と号した。但馬の人。大徳寺の春屋宗園の下で修行し、堺に赴き文西洞仁らから学芸を学び、一凍紹滴の法を嗣いだ。慶長一二年1607大徳寺の第一座となり、ついで南宗寺・大徳寺に住持した。寛永五年1628正隠宗知の大徳寺出世をめぐって幕府が元和の法度を楯にとり後水尾天皇の勅許を無視したので、沢庵は大徳寺の玉室宗珀や妙心寺の単伝士印らと共にこれを批判して幕府に訴え出た。このため出羽に流されたが〈⇩紫衣事件《しえじけん》〉、のち許されて後水尾上皇をはじめ徳川家光や柳生宗矩の帰依をうけ、江戸品川に東海寺を開いた。書画詩歌をよくした。著書、沢庵法語、明暗双双集一〇巻、玲瓏随筆、不動智神妙録各一巻など。沢庵和尚全集がある。〔参考〕沢庵大和尚行状、沢庵和尚紀年録、本朝高僧伝四四

**たくが　託何**　(弘安八1285―文和三1354)時宗第七祖。号は宿阿。上総の人。二四歳のとき中聖《ちゅうしょう》知得に師事、主として東国で伝道活動にあたり、やがて相模当麻の無量光寺に帰住する。元亨元年1321京都七条の金光寺に移った。暦応元年1338時宗七祖となり、以後中国・四国・九州方面で活動する。この間、器朴論三巻などを著わして時宗の教理を明らかにした。また文才に秀で、宝蓮讃・荘厳讃・光陰讃・大利讃などの和讃を作った。その他の著書、葵州和伝要一巻、条条行儀法則一巻など。〔参考〕器朴論要解、清浄光寺記録、浄共和讃

**たくか-こく　磔迦国**　㊵タッカ Takka の音写。インド北部(現在のパキスタンのパンジャーブ地方)にあった古国の名。現在のビアース Biās 河とインダス Indus 河との間一帯の平原を指す。メナンドロス Menandros 王(㊴ミリンダ Milinda 弥蘭陀《みらんだ》と音写)の都である奢羯羅《しゃかつら》(シャーガラ Śāgala)のあったところである。〔参考〕西域記四、大慈恩寺三蔵法師伝二

**たくげん　卓玄**　(寛永九1632―宝永元1704)真言宗豊山派の僧。字は淳亮《じゅんりょう》。薩摩の人。初め海蔵寺の覚有・安養寺の秀瑜《しゅうゆ》に教えを受けたが、明暦元年1655豊山に登り無量寿院一流の奥義を究めた。貞享元年1684長谷寺一三世能化となり、僧正に任じられた。〔参考〕豊山伝通記、新義真言宗史

**たく-しょう　沢鈔**　一〇巻。十巻鈔ともいう。覚成(1126―98)の記、守覚(1150―1202)の集。沢見鈔と同様に東密広沢流の通用聖教。保寿院流祖永厳に受けた諸尊法などを覚成が折紙に抄記して、守覚がこれを部類別にし、北院御室守覚法親王に授け、守覚がこれを部類別にし、傍注裏書などを加えて集録したもの。仁和御流の口伝を加えており、沢見鈔と比較して沢鈔は諸作法を入れている点で、前者よりも古来重視されている〈⇩沢見鈔《たっけんしょう》〉。㊅七八　〔写本〕仁和寺蔵、高野山大学蔵(平安末期写)　〔註釈〕禅覚・計注五巻、頼瑜・口訣一巻、聞書一巻

**たくたい　託胎**　生を母胎に寄託すること。託生《たくしょう》とも入胎《にったい》ともいう。即ち胎生《たいしょう》(母胎から生まれること)の有情《うじょう》が母胎中に宿って、この世においてはじめて生を受けること。仏陀は六牙《ろくげ》の白象《びゃくぞう》に乗って兜率天《とそつてん》から降下し、摩耶夫人《まやぶにん》の右脇からその胎内に入って宿ったと伝え、託胎を八相の一に数える。⇩八相成道《はっそうじょうどう》

**たくにょ　琢如**　(寛永二1625―寛文一一1671)真宗大谷派本願寺一四世。諱は光瑛《こうえい》。号は愚玄。宣如の第二子。承応二年1653職を継ぎ、同年将軍徳川家綱から東山大谷の地一万坪の寄進を受け祖廟の造営に着手した。寛文四年渉成園《しょうせいえん》(枳殻邸《きこくてい》)に退き、翌年同地に学寮を創設、淳寧院と号

した。〔参考〕本願寺誌要

**たくはつ　托鉢**　鉢をもって町などをめぐりあるき、ほどこしの食を貰うこと。乞食《こつじき》、行乞《ぎょうこつ》、分衛《ぶんね》、団堕（団食《だんじき》が鉢中に堕ちる意）、持鉢、捧鉢ともいい、禅宗では羅斎《さいろ》ともいう。出家者が食を得る方法であって、その作法には厳重な規律が定められてある。そして十二頭陀行《ずだぎょう》の中には常行《じょうぎょう》乞食、次第乞食の二を数える。後世の乞食《こじき》はこれから転化した語。

**たくま‐しょうが　託磨勝賀**　⇩勝賀《しょうが》

**たくま‐えいが　託磨栄賀**　生没年不詳。南北朝時代に活躍した託磨派最後の絵仏師。画風の特色は新様の宋画様式を和風化したところにある。遺品は応永二年1395性海霊見賛の柿本人麻呂像（常盤山文庫蔵）など。

**たくりゅう　託竜**　（享保一三1728―宝暦一一1761）浄土宗の僧。字は性雲。周防の人。同国八正寺で剃度し、江戸増上寺で宗戒両脈を受けた。宝暦五年尾張八事山の諦忍から菩薩戒および八斎戒を受け、翌年八正寺に帰り教化に努めた。〔参考〕続日本高僧伝一一

**たけじざい‐てん　他化自在天**　㊵パラニルミタ・ヴァシャヴァルティン Paranirmita-vaśa-vartin の訳。波羅維摩婆奢などと音写し、波羅尼蜜《はらにみつ》天・婆舎跋提《ばしゃばつだい》天と略称し、他化楽天・化応声天ともいう。欲界六天（六欲天）の一つ。他のものがこしらえた楽境を奪って、それを自在に享楽するのでこの名がある。欲界六天の最高に位するので第六天ともいい、魔王の住所であるため魔天という。密教では胎蔵曼荼羅の外金剛部院に安置し、帝釈天の眷属とする。〔参考〕倶舎論一一、大智度論一〇

**たけだ‐ぎょうちゅう　武田行忠**　（文化一四1817―明治二三1890）真宗大谷派の学僧。香涼院と号する。越後の人。叔父の徳竜に学びその嗣となる。明治二二年大谷派講師に就任。宗学をはじめ性相学にすぐれた。著書、往生礼讃講義三巻、真宗要義五十題五巻など。〔参考〕大谷派学事史（続真系二〇）

**たけだ‐もくらい　竹田黙雷**　（安政元1854―昭和四1929）臨済宗の僧。諱は宗淵。東山左辺亭と号する。壱岐（現長崎県）の人。七歳で仏門に入り独園・無学・大徹などに歴参し、明治二五年1892建仁寺管長となった。この間とくに禅学振興につとめ茶禅一味に精進し、隷書・白描画をよくした。著書、暗号密令、黙雷禅話など。〔参考〕暗号密令付録年譜、続禅林僧宝伝第二輯追補

**たこ‐やくし　蛸薬師**　⇩妙心寺《みょうしんじ》②

**ダーサカ**　㊵㊴Dāsaka　駄索迦、大象拘と音写し、苦と訳す。比丘の名。①ケーマ Khema 比丘の病気を見舞い五蘊無常の問答をした。また、パラカ Palaka 比丘の看病をして、その不節制を責めたのでパラカは毒を呑んで没したという。②優波離《うぱり》（ウパーリ Upāli）の弟子。律を弟子ソーナカ Sonaka に伝えた。

**たし‐とう　多子塔**　㊴バフプッタカ・チェーティヤ Bahuputtaka Cetiya の訳。インド中部の毘舎離（ヴェーサーリー Vesālī）城の周辺にあった六塔（四塔ともいう）の一。多子塔は城の北にあったという。むかし仙人が鹿を孕ませて女子が生まれた。彼女は毘舎離の王に嫁して一蓮華を生んだ。華の中に千人の子があり、烏仗那（ウッディヤーナ Uḍḍiyāna）の王に貰われた。成人ののち、彼らは烏仗那王に率いられて毘舎離を攻めようとした。母である鹿の娘はこの塔に上って、事の由を千人の子に告げ城を攻めることを止めるように乞い、乳をしぼって滴らすと、その乳は千人の子の口に入って、ついに両国は和解したと伝える。〔参考〕西域記七

**たしゃしら‐こく　呾叉始羅国**　㊵タクシャシラー Takṣaśilā　㊴タッカシラー Takkasilā の音写。徳叉尸羅とも音写し、石室・截頭などと訳す。ギリシア名をタキシラ Taxila という。西北インドの古代都市。仏陀在世前後にはいわゆる十六大国の一つガンダーラ Gandhāra 国（犍駄羅）の首都とされた。パキスタンの西パンジャーブ州・西北辺境州の一帯で三つの都市遺跡が発掘されており、紀元前六世紀から紀元六世紀頃にかけて繁栄したと見られている。紀元前三二六年にはアレクサンダー大王の侵入を受け、紀元前三世紀にはマウルヤ王

朝の支配下に入った。同王朝のアショーカ(阿育)王は太子時代にこの地方の総督となったと伝える。このアショーカ王の頃に仏教が伝えられたらしい。その後、バクトリア、サカ、パルティアなどの諸民族があいついでこの地域を支配し、ついでクシャーナ Kuṣāṇa(貴霜)王朝が支配するにいたった。この間に仏教文化が大いに栄え、多くの伽藍が建造されたほか、いわゆるガンダーラ様式の仏教美術がおこった。三世紀に一時ササン朝ペルシアの支配を受けて仏教文化が中断したが、四世紀末に侵入した別のクシャーナ族によって仏教文化が再興された。この頃法顕がこの地を訪れている。しかし五世紀にいたってエフタル族の侵入により都市は壊滅し、七世紀に玄奘が訪れた頃にはまったく荒廃していたという。現在ダルマラージカー伽藍をはじめとする多くの仏教遺跡が発掘されており、ガンダーラ様式の美術品も多数出土している。〔参考〕西域記三、法顕伝、阿育王伝一・三

**たじゅゆう　他受用**　⇩自受用《じじゅゆう》

**タシルンポ　Bkra-śis lhun-po**　札什倫布と音写する。チベット西部のシガツェの南西ドルモ山の麓にある黄帽派ラマ教の寺。一四四七年ツォンカパ Tsoṅ-kha-pa の弟子ゲンドゥン・ドゥパ Dge-ḥdun grub-pa すなわちダライ・ラマ一世が創建した。のちパンチェン・ラマの居住する所となり、このためパンチェン・ラマはタシ・ラマとも呼ばれた。

**たた　多多**〔阿摩《まぁ》〕　㊵ターター tāta の音写。父の意。母は㊵アンバー ambā、㊁アンマー ammā(阿摩)という。

**ただ-いん　多田院**　兵庫県川西市多田院。もと天台宗。鷹尾山法華三昧寺と号した。天禄元年970源満仲の創建。万代守護権現、多田権現ともいう。中世、忍性が中興し律宗となったが、明治維新の神仏分離で神社(多田宮)となる。蔵する古文書が多く、多田院文書という。

**ただ-かなえ　多田鼎**　(明治八1875―昭和一二1937)真宗大谷派の学僧。愛知県蒲郡市常円寺の住職。三河教校、真宗中学寮を経て真宗大学を卒業。清沢満之の浩々洞で薫陶をうけ、千葉市に千葉教院を開いて教化。自坊に帰って雑誌「みどりご」を発刊、三河同朋会を組織した。講師の学階を追贈された。著書、正信偈講話、大無量寿経の宗教、扉を開いてなど。〔参考〕安藤州一・多田鼎君小伝、大谷派先輩著述目録補遺(続真系二〇)

**ただ-とうかん　多田等観**　(明治二三1890―昭和四二1967)チベット・ラマ教学者。秋田県に生まれる。明治四五年ダライ・ラマ一三世の使者としてインドに渡航。大正二年1913外国人として初めてラマ教団に入る。同一二年帰国。同一四年東北・東京帝国大学、慶応大学講師を歴任。昭和二六年サンフランシスコのアメリカ・アジア研究所教授。同三〇年日本学士院賞受賞。チベット語、ラマ教研究の権威。著者、西蔵大蔵経総目録・索引(共著)、西蔵撰述仏典目録(共著)など。

**たたばわ　多跢婆和**　幼児が歩行を習う有様を多跢といい、語を習う有様を婆和という。極めて初歩的で問題にする程のことではない、との意を譬喩的に示す用語(法華玄義巻一上)。

**ダタラッタ**　㊁Dhataraṭṭha　仏陀の前生の一つ。白鳥の王。一猟師がその国の王妃のもとめによってダタラッタを捕えたが、猟師は白鳥どうしの間の友情に感じてこれを放してやろうとした。ダタラッタは猟師が王の怒りに触れるのを慮り、進んで王宮の池に入った。〔参考〕Jātaka IV

**たちかわ-りゅう　立川流**　真言宗から派生した流派。男女の愛欲の交会をもって仏道の成就と説く。醍醐三宝院勝覚の弟子である仁寛《にんかん》が永久元年1113伊豆に流罪になったが、その後、武蔵の立川の陰陽師と結んで密教と陰陽道とを混ぜた一流をひろめた。南北朝の頃、文観《もんかん》上人弘真(1278―1357、醍醐寺座主・四天王寺別当・東寺長者を歴任)がこれを大成したという。天台宗の玄旨帰命壇《げんしきみょうだん》と共に邪教とされ、浄土教の相続開会《えかい》の一念義門・秘事法門にも影響を及ぼした。

**たちばな-でら　橘寺**　奈良県高市郡明日香村橘。正式には仏頂山上宮皇院菩提寺と号し、天台宗。用明天皇上宮の旧跡で聖

徳太子の生誕地という。推古天皇一四年606聖徳太子が勝鬘経講讃の時、蓮華が雨降り、千個の仏頭が山上に出現した奇瑞に感じて、創建したという。寺名は日本書紀の天武天皇九年680四月条に見えるのが早い。天平勝宝八歳756光明皇后は釈迦三尊を、天長四年827淳和天皇は薬師三尊をそれぞれ造立施入した。永正三年1506多武峯僧兵に襲われて炎上、衰退したが、元治元年1864になって再興された。昭和二八年1953以降数回の発掘調査で、四天王寺式伽藍配置であったことが明らかになり、塔の心礎も発掘された。〔重文〕木造如意輪観音坐像、同日羅立像、同聖徳太子坐像、同地蔵菩薩立像、絹本著色太子絵伝ほか　〔参考〕橘寺縁起

**たつがん　達観**　（端拱二989—嘉祐五1060）北宋代初期の禅僧。姓は丘氏。諱は曇顗《どんえい》。杭州銭塘（浙江省杭県）の人。臨済六世の谷隠蘊聡《こくいんうんそう》の法を嗣ぎ、金山（江蘇省鎮江県）竜游寺などに住した。儒者欧陽修《おうようしゅう》・李端愿《りたんげん》らと交わる。著書、五家宗派、登門集（失）。〔参考〕続灯録四、僧宝伝二七

**ダッキナーギリ**　㊣Dakkhiṇāgiri　㊵Dakṣiṇāgiri　特櫬那祇梨と音写する。南の山の意で、南方とも南山国とも訳す。王舎城（ラージャグリハ Rājagṛha）の南にあった山とも、またその山々の南にあった国ともいう。仏陀および仏弟子などはよくここに上り、或いはこの地方に遊化した。仏陀はここにあったマハーヴィハーラ Mahāvihāra（大寺）に止住したと伝える。〔参考〕Majjhima-nikāya II, Saṃyutta-nikāya II, Vinayapiṭaka Mahāvagga, Aṅguttara-nikāya IV

**たっけん-しょう　沢見鈔**　六巻。略して沢見という。覚成（1126—98）の著。東密広沢流の所伝に基づき諸尊法の密号・金剛号・種子・三形・道場観・印契・真言などを類聚したもの。もと覚成が折紙に書いたものを、のちに守覚法親王が類聚して六巻とした。沢鈔一〇巻と共に大伝法院流・広沢流の通用聖教として相承されている。覚成は高野御室覚法法親王に従って灌頂を受け、さらに保寿院永厳法印に受法した。守覚法親王は覚成の付法である。国訳密教（事相部）〔写本〕大谷大学蔵、金剛三昧院蔵

**だっしゅ　達須**　達首とも書く。無頼の徒。浅薄な仏教徒で下賤野鄙な蛮族のこと。インドで葱嶺《そうれい》より東の国の人を軽蔑してこのように呼ぶ（瑜伽師地論巻二〇）。

**だっしん　達嚫**　㊵ダクシナー dakṣiṇā の音写。達親、檀櫬、大櫬、嚫ともいい、財施、施頌と訳す。食などのほどこし（布施）を受けて後、施主のために法を説くこと、また布施物のこと。梵漢を合わせて嚫施、嚫銭ともいう。

**たっちゅう　塔頭**　禅宗寺院の寺域内にある子院。塔中とも書く。五山などの禅宗寺院では、高僧が没すると、山内にあるもとの住房に塔所（墓）をいとなみ、弟子が相伝して奉仕した。塔の中で首座にあるところから塔頭と呼んだとも、あるいは塔の頭《ほとり》でこれを守ったことから塔頭と呼んだともいう。室町時代に五山では、山内に庵居する風習が盛んとなって多く設立された。塔頭は独立した一寺ではないが、院号・庵号・軒号などを称して独自の所領や末寺をもち、一派の門徒の拠点として発展した。戦国時代以降には檀越の大名の墓所を設け、檀越家の菩提寺的機能を兼ねることも多くなった。近世には、禅宗以外でも寺域内にある子院を塔頭と呼ぶようになった。〔参考〕禅林象器箋

**タットヴァ・サングラハ　Tattva-saṃgraha**　インド後期中観派の論師で瑜伽行中観派の創始者とされるシャーンタラクシタ Śāntarakṣita（寂護725—83頃）の著。摂真実論ともいう。三四章約三六〇〇頌より成り、仏教の立場から仏教以外のインド哲学諸派を批判する。シャーンタラクシタの豊富な学殖を示すものとして有名で、とくに本書以外ではほとんど知られていない学者の説も多数紹介しており、当時のインド思想全般を理解するうえでも重要である。またダルマキールティ Dharmakīrti（法称）からの引用が多く、法称の論理学・認識論への入門書の性格をもあわせ持っている。寂護の弟子カマラシーラ Kamalaśīla（蓮華戒）による註釈がある。梵文原本は蓮華戒の釈とともに刊行されており、チベット訳

もある。

**たつにょ　達如**　（安永九1780—慶応元1865）真宗大谷派本願寺二〇世。諱は光朗《こうろう》。号は愚泉。乗如の第五子。寛政四年1792職を継ぐ。天明八年1788の大火で焼失した本堂の再建を企てたが、文政六年1823、安政五年1853などたびたび火災にあい、東本願寺の困難な時代に一山を指導した。無上覚院と称する。〔参考〕本願寺法要

**たつやま-じえい　竜山慈影**　（天保八1837—大正一〇1921）真宗大谷派の学僧。天香と号する。諡は香温院。越後の人。宗学を徳竜・竜温に学び、また長崎でキリスト教の研究にも従事した。明治維新に際しては宗門の擁護に活躍し、のち石川県の願成寺に住した。明治三四年1901大谷派講師に任じられた。著書、安楽集講録二巻、観念法門講録二巻、玄義分講録二巻など。〔参考〕大谷派学事史（続真系二〇）

**たつらびだ-こく　達羅毘荼国**　㊵ドラヴィダ **Draviḍa** の音写。インドの古国名。現在のタミルナードゥ州タミル地方の都市カーンチープラム **Kanchipuram** 市を中心とした地方。カーンチープラムはもとカーンチー **Kāñchi** といい、古くからの大都市で、パッラヴァ **Pallava** 王朝（三—九世紀）の首都であった。玄奘が訪れた頃（七世紀中期）はナラシンハヴァルマン **Narasiṃhavarman** 一世の治世でこの王朝の最盛期であった。都の周囲には大伽藍・大塔があったというが、現在は仏教の遺跡は知られず、八世紀初頭に建てられたヒンドゥー教シヴァ派の寺院が有名である。カーンチーはまたパーリ語仏典の註釈者として知られるダンマパーラ **Dhammapāla** の生誕地と伝えられる。〔参考〕西域記一〇

**たてやま　立山**　富山県東南の中新川郡にそびえる高山。主峰は大汝《おおなんじ》山（標高三〇一五メートル）といい、雄山《おやま》・別山・剣岳・浄土山・薬師岳などの高山があり、世に立山七十二峰と呼ばれた。日本三霊山（富士山・白山・立山）の一。また日本九峰といわれた著名な修験道の霊場で、立山修験として栄えた。雄山の山頂に上宮として雄山神社本社、山麓の芦峅寺《あしくらじ》の地に中宮として雄山神社（旧仲宮寺・芦峅寺とも）、同岩峅寺《いわくらじ》の地に下宮として雄山神社前立社壇（旧立山寺・岩峅寺とも）がある。立山修験は九世紀末から一〇世紀初めに、佐伯有若あるいはその子有頼（いずれかが慈興上人）、または天台僧康済律師が開創したとされるが、大宝年間701—04以前に無名の狩人が開創したとする説が妥当であろう。九世紀末には天台系修験が入ったらしい。立山信仰の中心は地獄谷で死者供養をすることで、その結果平安中期には立山地獄の話が世に知られた。そして平安末期の浄土教信仰の高まりで、山中他界としての立山信仰が確立された。中世には代表的な修験霊場となった。近世は加賀藩前田氏が社領を寄進した。立山に登山修行することを立山禅定《たてやまぜんじょう》といい、その基地は山麓の仲宮寺（芦峅寺）と立山寺（岩峅寺）で、そこには衆徒・社人・別当などの修験集団がいた。とくに仲宮寺は開山堂をはじめ、講堂・媼堂《うばどう》・閻魔堂などの諸堂があって立山修験一山の中心であった。なかでも媼堂で毎年の秋彼岸に行われた布橋大灌頂《ぬのはしだいかんじょう》という擬死再生儀礼は多くの信仰を集め、芦峅寺修験の主たる財源となった。その他立山修験は諸国配札檀那廻り、出開帳、万人講などを行った。明治の神仏分離で芦峅寺は雄山神社となり、明治五年1872立山登山の女人禁制も解かれた。〔重文〕木造慈興上人坐像（芦峅寺雄山神社蔵）、雄山神社前立社壇本殿　〔参考〕立山略縁起、法華験記、類聚既験抄、今昔物語集、立山町史上

**ダートゥ・カター　Dhātu-kathā**　陀兜迦他と音写し、界論と訳す。南方上座部の伝えるパーリ論蔵（アビダンマ・ピタカ）七論の一つ。さまざまの存在法を蘊・処・界の三範疇に配当し、問題の提供とその解答を繰り返す問答形式によって諸法の摂不摂、相応不相応の関係を論ずる。南伝四七

**だと-の-ほう　駄都法**　舎利法また米粒法ともいう（米粒を舎利というによる）。駄都㊵ダートゥ dhātu は如来の舎利をいい、この修法は道場の中央に仏舎利を安置し、舎利を如意宝珠として観ずる密教の最極秘法。空海の遺言により師資の口伝によって相承される。この法は末法の衆生を利

益するために行うといい、大治二年1127醍醐勝覚が鳥羽上皇の、建久二年1191実賢が後白河法皇の、貞応二年1223定範が後鳥羽法皇の息災のために修したことが伝えられている。なお駄都法と如意宝珠法との異同について、三宝院流と勧修寺流との間に説が分かれている。

**ターナー Turnour, George, Earl of Winterton**(1799—1843)イギリスの官吏で、セイロン史・パーリ語研究者。一八三七年パーリ語のマハーヴァンサ Mahāvaṃsa(大史)に長文の序文と英訳を付して出版した。パーリ語原典の学術的な校刊・翻訳としては最初の業績とされる。

**たなか-ちがく 田中智学** (文久元1861—昭和一四1939)仏教運動家。幼名は巴之助、号は巴雷、師子王道人。江戸の人。日蓮宗大教院に学び、のち宗派を脱し、在家仏教運動をおこした。明治二四年1891立正安国会(のちの国柱会)を創して折伏的な日蓮主義運動を展開し、法華思想による日本国体学を創唱した。彼の活動は国家主義と融合し、高山樗牛・姉崎正治などに影響を与えた。その間、妙宗・日蓮主義・毒鼓・天業民報などを発刊。著書、宗門之維新、大国聖日蓮上人など。

**だなかつたくか-こく 駄那羯磔迦国** (梵)ダナカタカ Dhanakaṭaka の音写。インド南部にあった国。安達羅(アーンドラ Āndhra)王国の首都で、大安達邏国とも称した。大衆部の仏教の中心地であり、都城の東の弗婆勢羅僧伽藍《ふつばせいらそうがらん》(梵)プールヴァシャイラ・サンガーラーマ Pūrvaśaila-saṃghārāma)は東山住部の、西の阿伐羅勢羅僧伽藍《あばつらせいらそうがらん》(梵)アヴァラシャイラ・サンガーラーマ Avaraśaila-saṃghārāma)は西山住部の根拠地であったようである。現在のダーラニコータに比定されるが異説もある。〔参考〕西域記一〇

**ダーナンジャーニ** (梵)(巴)**Dhānañjāni** 陀然と音写する。王舎城の近くに住んだ在家信者。妻に導かれて仏教に帰した。その妻の死後、再婚したが後妻は不信な女であったので、みずからも不信に堕したが、友人であった舎利弗《しゃりほつ》(サーリプッタ Sāriputta)の教化で再び正信に戻ったという。〔参考〕梵志陀然経(中阿含経)

**ダーナンジャーニー** (梵)(巴)**Dhānañjānī** すぐれた家柄のバラモンの妻であったが、深く仏陀に帰依し、常に三帰依の歌を唱え、僧伽に布施した。その夫は怒って仏陀を論破しようとして竹林精舎に赴き、かえって仏に教化されて比丘となったという。なお同種の逸話をヴァーセッター Vāseṭṭhā(婆肆吒《ばした》)という名の婦人にまつわる物語とする伝承もある。〔参考〕Saṃyutta Nikāya 71, 雑阿含経四二

**ダナンジャヤ Dhanañjaya** アンガ Aṅga(鴦伽)国バッディヤ Bhaddiya 市の長者。のちに波斯匿《はしのく》(パセーナディ Pasenadi)王の求めによりその治下のサーケータ Sāketa 市に移った。その娘が美女として聞こえたヴィサーカー Visākhā(毘舎佉《びしゃきゃ》)で、舎衛城の長者ミガーラ Migāra の子プンナヴァッダナ Puṇṇavaddhana に嫁した。〈⇩鹿子母《ろくしも》〉〔参考〕Dhammapadatthakathā I, III

**たねま-でら 種間寺** 高知県吾川郡春野町秋山。本尾山朱雀院と号し、真言宗豊山派。四国八十八カ所第三十四番札所。創建年代は不詳であるが、難波四天王寺草創時の百済国仏工が帰途遭難漂着し、薬師坐像を刻して当寺に安置したのに始まり、のち空海持参の唐土伝来の種子をこの地にまいたのにちなみ、種間寺と号したという。天暦年間947—57村上天皇は勅願所とし、関白藤原道兼の子信衡が中興したと伝える。古事談や十訓抄に「胤間寺」とみえる。近世、藩主山内忠義が堂宇を改修。〔重文〕木造薬師如来坐像 〔参考〕南路志

**たぱな 怛鉢那** 「たんぱつな」とも読む。(梵)タルパナ tarpaṇa の音写。歎波那とも書き、餅、麨《しょう》、乳粥と訳す。麨とは穀類を粉末にしたもの。

**だび 荼毘** (巴)ジャーペーティ jhāpeti の音写。闍維、闍毘、耶維、耶旬とも書き、焼燃、焼身、焚焼、焼と訳す。火葬のこと。荼毘を行う火葬場を荼毘所《だびしょ》という。

**たほう-とう 多宝塔** 一般に宝塔の形に裳階《もこし》(庇《ひさし》屋根)を架けた二重の塔をい

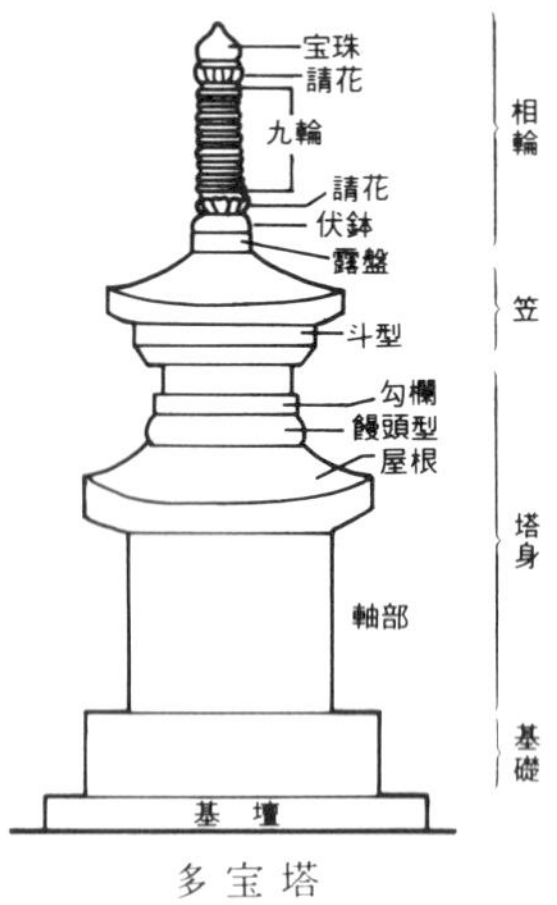

多宝塔

う〈⇩宝塔《ほうとう》〉。重層宝塔の意から多宝と称し、法華経見宝塔品に説く多宝如来と説者釈迦如来との二仏並坐の意味から多宝塔と解釈されている。大和長谷寺蔵の銅板法華説相図(白鳳期、国宝)がその古例。木造建築物としては滋賀県石山寺(国宝)・高野山金剛三昧院(同)・尾道浄土寺(同)などの鎌倉時代の遺構が有名。石塔は密教系の塔として平安後期以降作られたが、遺品は各時代とも宝塔に比べて少ない。うち無銘最古のものでは平安後期の奈良県大和高田市の天満神社塔、在銘のものでは滋賀県甲賀郡甲西町(現湖南市)にある菩提寺塔(仁治二1241銘)が一番古い。

**たほう-ぶつ　多宝仏**　㊵プラブータラトナ Prabhūta-ratna の訳。法華経見宝塔品などに登場する仏。過去世の東方宝浄世界の仏で、その在世の時からの誓願により、滅後は塔廟の中に坐したまま法華経の説かれる所に涌出して、法華経の教えが真実であることを証明する。釈迦牟尼仏が法華経を説いた時も地から涌出し、半座を釈迦仏に与えて塔中に二仏が並んで坐したという。これを二仏並坐《にぶつびょうざ》といい、日蓮宗ではこの一塔両尊の像を本尊としている。奈良県の長谷寺にある金銅法華説相図(国宝)はこの宝塔涌出をあらわしたものである。〔参考〕法華経四・六

**たま-まつり　魂祭**　⇩盂蘭盆《うらぼん》

**たまむし-の-ずし　玉虫厨子**　法隆寺蔵。国宝。飛鳥時代の厨子。推古天皇の御物とも伝えるが、時代はやや下り、邸内に小型の念持仏を安置するための仏殿として作られたものと推定されている。厨子の総高は二三三・三センチで、上部の宮殿部と下部の須弥座《しゅみざ》(台座)部から成る。木口・柱・桁《けた》・框《かまち》などに忍冬唐草紋の透彫り金銅金具を張り、とくに宮殿部の金具の下に玉虫の羽を伏せているので玉虫厨子という。全体は檜造りで、宮殿部は単層入母屋造り、屋根は錏葺《しころぶき》で、鴟尾《しび》を付し、飛鳥時代の特色を示す雲形肘木《くもがたひじき》を用いる。宮殿はすべて金銅押出《おしだし》千体仏を張り、正面内部扉には二天王像、左右扉には菩薩像、後壁には多宝塔(霊山図ともいう)を描いている。厨子内部にはもと金銅阿弥陀三尊像を安置したというが、今は失って不明である。須弥座の四面腰羽目には、正面に舎利供養図、右側面に釈迦本生譚の捨身飼虎図、左側面に同じく本生譚の施身聞偈図、後面に須弥山図が描かれている。須弥座の下部は大きな三重の框の上に反花《かえりばな》を置いて立ち、最下部の四隅は特殊な刳形《くりがた》の脚により支えられている。絵画の顔料は朱の部分が漆絵で、他の緑・黄の部分は、もと顔料を油で溶き密陀僧(一酸化鉛)を加えて描く密陀絵といわれ、最近では漆絵の技法を併用した油画《ゆが》とする説が有力である。当厨子は飛鳥時代の建築・絵画・木工・金工・漆工などの総合的な技術工芸品として評価され、捨身飼虎図は時間的推移を示す三枚の構図を一面に描き、後世絵巻物の手法の源流として注目されている。なお大陸からの伝来とみる説もある。

**たまむろ-たいじょう　圭室諦成**　(明治三五1902—昭和四一1966)日本史・仏教史学者。熊本県の人。昭和三年東京帝国大学国史学科卒。辻善之助に師事し仏教史研究に専念。その後史料編纂官補、駒沢大学講師を経て、昭和一〇年同大学教授。同二五年熊本女子大学教授、同三五年明治大学教授に就任。革新的な史論で知られ、社会経済史の立場から日本仏教史を研究。また郷里の肥後史にも尽力した。著書、道元、日本仏教論、葬式仏教、熊本の歴史など。

**たもん　多聞**　仏の教説を多く聴聞して博学多識なこと。優れた仏弟子を形容する語。特に阿難《あなん》は多聞第一と称される。

**たもん-てん　多聞天**　⇩毘沙門天《びしゃもんてん》

**たら　多羅**　①㊵ターラ tāla の音写。多羅樹のこと。インド、ビルマ、スリランカ、

マドラスなどの海岸に近い砂地に繁茂し、樹高約二〇メートル、シュロ科の喬木で熱帯植物である。葉は長広であるから古来経文などをこれに書写する。これを貝多羅葉《ばいたらよう》という〈⇩貝多羅〉。②㊵ターラー tārā の音写。多羅菩薩《ぼさつ》のこと。③㊵パートラ pātra（鉢多羅）の音略で鉢のこと。とくに釈尊降誕会《ごうたんえ》の時、誕生仏をその中央に安置する偏平の鉢を指す。

**ダライ・ラマ　Dalai Lama**　⇩ラマ　⇩ラマ教

**ターラナータ　Tāranātha**　（1573―1615?）チベットの学僧。チベット名をクンガー・ニンポ Kun-dgaḥ sñiṅ-po という。サキャ派 Sa-skya-pa の支派ジョナン派 Jo-naṅ-pa に属する。若くしてインドに留学、帰国後の一六〇八年詳細なインド仏教史 Rgya-gar chos-ḥbyuṅ（ターラナータ仏教史と通称する）を著わした。晩年、蒙古におもむき清朝皇帝の外護により諸寺を開き、その地で没した。没後ジェツン・ダンパ Rje-btsun dam-pa の称号をおくられ、以後その転生者がクーロン（庫倫、現在のウランバートル）の活仏となった。

**ターラナータ-ぶっきょうし　ターラナータ仏教史**　チベットの僧ターラナータ Tāranātha（チベット名クンガー・ニンポ Kun-dgaḥ sñiṅ-po）の著わしたインド仏教の通史。一六〇八年の著作とされる。原題は Dam-paḥi chos rin-po-che ḥphags-paḥi yul-du ji-ltar dar-baḥi tshul gsal-bar bston-pa dgos-ḥdod kun-ḥbyuṅ といい、通称をギャガルチュエジュン Rgya-gar chos-ḥbyuṅ という。阿闍世（アジャータシャトル Ajātaśatru）王の時代にはじまり、ヴィクラマシラー Vikramaśilā 寺の興廃にいたるまでを記述し、南方やチベットへの仏教流伝の模様をも付記する。チベット語原本はシーフナー A. Schiefuner によってドイツ語訳とともに一八六九年刊行された。この刊本は一九六三年にわが国で再版されている。その他ヴァシーリエフ V. P. Vasiliev によるロシア語訳、寺本婉雅による和訳がある。

**だらに　陀羅尼**　㊵ダーラニー dhāraṇī の音写。陀憐尼、陀隣尼とも書き、総持、能持、能遮と訳す。よくすべてのものごとを摂め持《たも》って忘れ失わない念慧の力をいう。即ち、一種の記憶術であって、一つのことがらを記憶することによってあらゆることがらを連想して忘れないようにすることをいい、それは種々の善法をよく持つから能持、種々の悪法をよく遮するから能遮と称する。菩薩《ぼさつ》が他を教化するためには必ず陀羅尼を得なければならず、これを得れば無量の仏法を忘れることがないから大衆の中にいても畏れがなく、また自由自在にたくみに教えを説くことができるとする。諸経論には菩薩の得る陀羅尼に関して説く所がきわめて多い。後世ではこの記憶術としての陀羅尼の形式が誦呪に類するため呪と混同されて、呪をすべて陀羅尼と呼ぶようになった。ただし、普通には長句のものを陀羅尼、数句からなる短いものを真言《しんごん》、一字二字などのものを種子《しゅじ》というのを例とする。①大智度論巻五には、陀羅尼の種類を⑴この陀羅尼を得る者がすべて耳に聞いた事柄を忘れない聞持陀羅尼《もんじだらに》、⑵あらゆる事柄について大小好醜などの見分けがはっきりつく分別知陀羅尼《ふんべつちだらに》、⑶すべての言語を聞いても喜んだり瞋《いか》ったりしない入音声陀羅尼《にゅうおんじょうだらに》など（以上の三を三陀羅尼という）、略説すれば五百陀羅尼門、広説すれば無量の陀羅尼門があるとし、同巻二八にも同様の説があるが、初めの三には分別知陀羅尼を除いて字入門陀羅尼（悉曇四十二字門《しったんしじゅうにじもん》はすべての言語を摂めているからその一字一字を聞くことにより諸法実相《しょほうじっそう》のうちに入り得る）を加える。②瑜伽師地論巻四五には四陀羅尼を挙げ、⑴法陀羅尼（経の文句を記憶して忘れない）・⑵義陀羅尼（経の意味を理解して忘れない）・⑶呪陀羅尼（禅定《ぜんじょう》の力によって呪術を起こし衆生の災厄を除く）・⑷能得菩薩忍陀羅尼（忍陀羅尼。ものごとの実相に達してその本性をはっきり認める）とし、人乗義章巻一一にはこの四陀羅尼を得る方法を詳しく説いてある。③天台宗では法華経巻八普賢勧発品の説により、旋陀羅尼・百千万億旋陀羅尼・法音方便陀羅尼の三陀羅尼を立て、空・仮・中の三観にあてる。④呪を陀羅尼と名づけるから、経・律・論の三蔵に対して、呪を集めたものを陀羅尼蔵、明呪蔵、秘蔵などといい、五蔵の一とする。この意味での陀羅尼には、例えば大随求陀羅尼《だいずいぐだらに》、仏頂尊勝陀羅尼《ぶっちょうそんしょうだらに》などと、それぞれの諸尊に応じた特殊なものがあり、修法《しゅほう》の目的によってそれに応じた陀羅尼を誦える。なお密教で、祖師を供養したり亡くなった者の冥福を祈るために尊勝陀羅尼を誦える法会を陀羅尼会《だらにえ》という。

**だらに-え　陀羅尼会**　真言宗で祖師の法楽のためや先祖の冥福を祈って尊勝陀羅尼を読誦する法会。高野山では早くから行われ、旧新義真言宗系では覚鑁《かくばん》の忌日一二月一二日に修している。〈⇩尊勝陀羅尼《そんしょうだらに》〉〔参考〕高野春秋編年輯録五(承徳元年1097条)

**だらに-ぎ　陀羅尼義**　一巻。四種曼荼羅義問答ともいう。空海(774―835)の著と伝える。成立年不詳。列名・通別相・出体・断惑・修行証果の五門に分けて、陀羅尼の意義・功徳について説く。弘法大師全集一二(刊本)元禄一〇1697刊

**だらに-ぎさん　陀羅尼義讃**　一巻。詳しくは総釈陀羅尼義讃という。総陀羅尼義経ともいう。唐の不空の訳。陀羅尼(ダーラニー dhāraṇī)という言葉の意味を四義に分けて説明する。㊅一八

**だらに-じっ-きょう　陀羅尼集経**　一二巻、または一三巻。唐の阿地瞿多《あじくた》の訳(永徽四653―五)。雑部密教経典に属し、種々の陀羅尼を集めたもの。㊅一八

**だらに-ぞうじゅう　陀羅尼雑集**　一〇巻。陀羅尼集、陀羅尼品集、雑呪集ともいう。撰者不詳。諸経中の陀羅尼とその功徳に関する記述を集録したもの。隋の彦琮の衆経目録第二、賢聖集伝の項や歴代三宝紀にその名が見え、隋の開皇年間581―600以前の成立。㊅二一〔参考〕開元録六、貞元録九

**だらはってい-こく　堕羅鉢底国**　玄奘の記す南方の国名。義浄は杜和鉢底あるいは杜和羅と書き、新唐書では独和羅と書く。シャヴァンヌ E. Chavannes および高楠順次郎はこれをドヴァラパティ Dvarapati (Dvaravati)の音写と想定し、シャムの古都アユタヤー Ayutthaya の古名であると考えた。アユタヤーとすればタイ国のバンコックの北方六五㌔、メナム河に臨む街である。〔参考〕西域記一三、南海寄帰伝一

**だらひょう-まらし　陀羅驃摩羅子**　㊁ダッバ・マッラプッタ Dabba Mallaputta ㊵ドラヴヤ・マッラプトラ Dravya Mallaputra の音写と訳。マッラ(末羅)族の子ダッバの意。陀驃摩羅子、陀驃力士子、駝驃大力王、実力子などともいう。仏弟子。マッラ族の王家に生まれ、七歳のとき仏陀にまみえ、一四歳で出家、一六歳で阿羅漢果をえたという。二〇歳で具足戒を受け、僧伽における坐臥具・食事などの分配の役を受けもった。〔参考〕雑阿含経一六、三六

**たらよう-き　多羅葉記**　三巻。心覚(一一一七―80)の著。成立年不詳。多羅要鈔ともいう。各種の梵語を五十音順に分類した字典。漢語対訳字で訳語を註し、時には悉曇《しったん》文字をも訳してその出所を明らかにする。全真の千字文・梵唐文字、信行の梵語雑名・梵語集、義浄の梵語千字文・翻梵語集・小阿弥陀経梵文などにより集めたもの。現存するわが国最古の梵語字書。㊅八四〔写本〕文暦二1235刊(巻上・中)、建保三1215刊(巻下)

**たりき　他力**　⇩自力《じりき》

**タリム-ぼんち　Tarim盆地**　西域の東トルキスタンの中央部に位置する盆地。現在の中国新疆ウイグル自治区の南部地域にあたり、北は天山山脈、南は崑崙《こんろん》山脈によって囲まれている。盆地の大部分はタクラマカン砂漠であるので、交通路は盆地の東端にあたるロプ・ノール湖から二つに分かれて砂漠の南北を通る。この南道・北道はいずれも古代における東西交通の幹線で、仏教も主としてここを経由してインドから中国へ伝播した。北道には庫車(クチャ)・焉耆《えんぎ》(カラシャール)・吐魯番(トルファン)など、南道には于闐《うてん》(コータン)などのオアシス都市があり、東西文化の混合した独特の国際文化を生み出した。現在もこの地域には仏教遺跡が数多く存在し、また、さまざまな言語による仏典などの写本が多数発掘されている。

**たりた-の-じんぎ　他利利他の深義**　曇鸞の浄土論註巻下に、世親の浄土論の「菩薩は是の如く五念門の行を修し、自利利他して、速かに阿耨多羅三藐三菩提《あのくたらさんみゃくさんぼだい》を成就する」とある文を解釈して、文に「自利他利」といわず「自利利他」といったのは、「他利」は衆生からいうことで、他の衆生がめぐみをうけるということにすぎないが、「利他」は他の衆生をめぐみすくうという仏力が示されているという。親鸞はこれに深い意味を見出して、衆生の自信教人信のはたらきも実は如来の利他の大用《だいゆう》(大いなるはたらき)に他ならないのであり、願生者の修める五念門の行が他の衆生にめぐみを与えるというのではなく、衆生からいえば他が利する、即ち阿弥陀仏がめぐみを与えると解釈した(教行信証の証巻)。

**タルカ・ジュヴァーラー　Tarka-jvālā**　インド中期中観派の論師清弁《しょうべん》(バーヴァヴィヴェーカ Bhāvaviveka 500—70頃)が自著のマドヤマカ・フリダヤ・カーリカー Madhyamaka-hṛdaya-kārikā(中観心論頌)に対して著わした自註。思択炎《しちゃくえん》ともいう。一一章より成り、中観派の空の立場から大乗仏教を宣揚し、小乗を批判する。とくに注目されるのは第六—九章においてサーンキヤ、ヴァイシェーシカ、ヴェーダーンタ、ミーマーンサーなど仏教外のインド哲学諸派の思想を紹介しながら批判を加えている点で、これらインド哲学各派の思想の歴史的発展を知るうえでも重要である。中国にはその名称とわずかな断簡が伝わったのみで、完全な形で現存するのはチベット訳のみである。

**タルカ・バーシャー　Tarka-bhāṣā**　仏教論理学の綱要書。モークシャーカラグプタ Mokṣākaragupta(一一—一二世紀頃)の著。現量・為自比量・為他比量の三章から成る。法称(ダルマキールティ Dharmakīrti)によって大成されたインドの仏教論理学はその後さらに発展したが、本書はその最終段階を示す綱要書で、法称以降の仏教論理学の発展を知るうえで重要である。梵文原本が刊行されており、チベット訳もある。梶山雄一によって日本語訳が行われた(論理のことば・中公文庫)。

**ダールケ　Dahlke**　Paul Wilhelm (1865—1928)ドイツの医師。仏教学者・仏教実践家。みずからその家を「仏の家」と称し、熱心な仏教修行者であった。仏典の翻訳や著述が多い。著書にAufsätze zum Verständnis des Buddhismus(仏教理解のための論1903)、Buddhismus als Weltanschauung(世界観としての仏教1912)、Buddhismus als Religion und Moral(宗教及び道徳としての仏教1914)などがある。

**だるま　達磨**　⇩菩提達磨《ぼだいだるま》

**だるま-き　達磨忌**　菩提達磨は北魏の孝荘帝の永安元年528一〇月五日に没したと伝えられ、この日に中国・日本の禅宗で修する法会をいう。〔参考〕百丈清規尊祖章四

**だるまきくた　達摩掬多**　(梵)ダルマグプタ Dharmagupta の音写。法護と訳す。インド中部の那爛陀寺(ナーランダー Nālandā)の密教僧。善無畏(シュバカラシンハ Śubhakarasiṃha)の師と伝える。東密では竜智と達摩掬多とを同人となし、台密では別人であるという。〔参考〕善無畏三蔵和尚碑銘並序、宋高僧伝二

**だるまぎゅうた　達摩笈多**　(—唐の武徳二(619)(梵)ダルマグプタ Dharmagupta の音写。達摩崛多とも書き、略して笈多ともいい、法密・法蔵と訳す。訳経家。インド南部の羅囉国の人。インド中部の鞬拏究撥闍城(Kanyākubja)にある究牟地僧伽藍で出家して普照に師事し、師に随侍して吒迦国に赴いた。のち有志と共に中央アジアの諸国を歴遊し、隋の開皇一〇年590単身長安に到った。大興善寺に住して闍那崛多《じゃなくった》と共に訳経に従い、大業二年606洛陽上林園に翻経館が建てられたときこれに移り、大集菩薩念仏三昧経、大方等善住意天子所問経、薬師如来本願経、起世因本経、摂大乗論釈論などを訳出した。彦琮《げんそう》は彼の旅行中の見聞を記録して大隋西国伝(大唐内典録五の西域志)を著わした。〔参考〕続高僧伝二、開元録七・一九・一〇、縁生初勝分法本経序

**ダルマキールティ　Dharmakīrti**　⇩法称《ほっしょう》

**だるま-じ　達磨寺**　奈良県北葛城郡王寺町本町。片岡山と号し、臨済宗南禅寺派。聖徳太子が片岡山で歌の贈答をした飢人は達磨であるとし、鎌倉時代、その墓所跡に小堂が建てられ、達磨寺と号したのに由来する。嘉元三年1305興福寺衆徒のために焼かれ、以後荒廃したが、のち足利義教が寺領を寄せて再興、南峰祖応を請じて住持とした。〔重文〕木造達磨坐像、同聖徳太子坐像、絹本著色涅槃図、石造達磨寺中興記幢　〔参考〕達磨禅寺興衰伝略記

**だるまだいし-けつみゃく-ろん　達磨大師血脈論**　⇩少室六門集《しょうしつろくもんしゅう》

**だるまだいし-ごしょう-ろん　達磨大師悟性論**　⇩少室六門集《しょうしつろくもんしゅう》

**だるまだいな　達摩提那**　(梵)ダルマディンナー Dharmadinnā (巴)ダンマディンナー Dhammadinnā の音写。法楽と訳す。比丘尼。王舎城の出身。ヴィサーカ Visākha に嫁したが、夫が優婆塞となったのを契機にみずから出家して比丘尼となった。悟りをひらいてのち、前夫ヴィサーカに対して仏教を説き、また多くの婦人を教化した。〔参考〕Paramattha-dīpanī (Therī-gāthā 12 偈註)、中阿含経五八、Majjhima-nikāya I, 鼻奈耶六

**だるまたら　達摩多羅**　(梵)ダルマトラータ Dharmatrāta の音写。法救と訳す。①(一世紀頃)⇩婆沙の四大論師《ばしゃのしだいろんじ》 ②⇩法救《ほっく》② ③説一切有部の論師で禅教の伝持者。東晋の隆安年間(397—401)の頃、罽賓《けいひん》(カシミール)地方で禅法を弘伝したと推定される。

**だるまたら-ぜん-きょう　達摩多羅禅経**　二巻。修道行経、不浄観経などともいう。東晋の仏陀跋陀羅《ぶっだばつだら》(359—429)の訳。禅定三昧に入る方法として数息観・不浄観・界観・四無量観・五蘊観・六入観・十二因縁観などの観法を説く。数息観については最も詳しく、それを方便道と勝道とに分けて、観法進展の心理状態を説き、それを有部の教義組織の上に跡づけている。この経の撰者を達磨多羅(ダルマトラータ Dharmatrāta)であるとし、その名を冠して達磨多羅禅経と題したとするのはおそらく誤りで、その師の仏大先(ブッダセーナ Buddhasena)の撰と考えられる。仏大先はインドに生まれ、五世紀の頃に活動した説一切有部の論師。(大)一五、国一経集部四

**ダルマパーラ　Dharmapāla**　⇩護法《ごほう》

**だるまるし　達摩流支**　(梵)ダルマルチ Dharmaruci の音写。法希と訳す。摩勒国の人。後周の北和年間566—72、婆羅門天文を訳した。〔参考〕続高僧伝一

**ダールマン　Dahlmann, Joseph**(1861—1930)ドイツの宣教師。一九〇八年インドを訪れ、宣教のかたわら、東洋文化の研究に従事した。著書に Idealismus der indischen Religionsphilosophie(インド宗教哲学の観念論1901)、Indische Fahrten(インド遍歴1908)などがある。

**ダルモーッタラ　Dharmottara**　(750—810頃)インドの仏教論理学者。法上ともよぶ。八〇〇年前後にカシミール地方で活躍したと伝えられる。ダルマキールティ Dharmakīrti(法称)の論理学書プラマーナ・ヴィニシュチャヤ Pramāṇa-viniścaya(量決択)およびニヤーヤ・ビンドゥ Nyāya-bindu(正理一滴)に対する註釈書を著わしたことで知られ、とくに後者は早くから梵語原本が刊行されたこともあって、法称の論理学への入門書として重視された。チベットの論理学にも大きな影響を与えた。

**だれき-こく　陀歴国**　陀歴は(梵)ダラダ Darada あるいはダローダ Daroda の音写。インドの最北部地方の古国名。いにしえのウッディヤーナ Uḍḍiyāna 国の北東の地に当たる。国中にけわしい山が多く(正法念処経巻六八)、その民は独特の文字を有し(方広大荘厳経巻四)、小乗仏教を習学し(法顕伝)、有名な弥勒菩薩の木像があって人々の尊信をあつめていた(宝雲伝・法顕伝・西域記など)と伝える。

**たん　単**　禅宗の用語。文書を記した紙片のこと。①名単。単ともいい、紙片に各自の名を書いた札で、僧堂内の各人の席の牀上または壁に貼る名札。もと紅色の小紙片を用いたが、現在、日本では黒塗の木札に白で書いたのを用いる。②単位。単ともいい、また掛搭単《かたたん》ともいう。名単の貼っ

てある場所のこと。即ち、僧堂内の各人の坐位をいい、各単の直前の長さ六尺(一・八メートル)幅三尺(〇・九メートル)の場所をいう。坐臥したり食事したりする自己の座席である。またこの牀前にある幅八寸(約二五センチ)の板を単板ということがある。僧堂の坐位を「三条椽下七尺単前」というのは、頭上は椽《たるき》三本の広さに当たり、単位の牀の長さ六尺(一・八メートル)に牀前の単板の一尺(三〇センチ)を加え合わせて七尺の広さがあるのをいう。なお両隣の単位を隣単といい、また、その寺院を辞して他に赴くのを単位を起《た》つという意から起単という。起単のことをまた抽単《ちゅうたん》ともいう。一般に安居《あんご》が終ってから、その師家によって指導をうけても効果がないと思うときに起単するが、また成績の不良なものに対して師家《しけ》が起単を命じることがある。また僧がしばらく暇を請うて外出してから一五日以上を過ぎれば起単したものとして取扱うところから、起単を暫暇《ざんか》(暫仮)ということもある〈⇩請仮《しんか》〉。③眠単。ねる時に用いる寝具をいい、かけ蒲団を被単ということがある。④種々の書札や帳簿を単という。法要を修める際、読誦する経典の名を大衆に知らせるため黄紙に書き記したのを経単《きんたん》、目録を書きならべたのを簿単、配役を示した掲示を差単(選定して名単に表示する意で、差帳または差定《さじょう》ともいう)、安居に用いる戒臘簿《かいろうぼ》(僧籍簿)を草単(受戒以後の年次の多少によって僧の席次を示す戒臘牌《かいろうはい》の草槁の意)などといい、金銭の出納簿を単帳、日々の出納を記した紙片を日単、同じく一〇日ごとにまとめたのを旬単、一カ月ごとにまとめたものを月単という。

**だん　壇**　曼荼羅《まんだら》(梵)マンダラ maṇḍala)の意訳。修法《しゅほう》に用いる壇を修法壇ともいい、ここに仏・菩薩《ぼさつ》などを安置し、また供物や供具《くぐ》をならべる。これに、一定の地を区切って七日作壇法《しちにちさだんほう》にもとづいて土を築いて作る土壇、木で作る木壇、簡単に灑水《しゃすい》によってその場所を清めて立てる水壇などがあり、密教で用いる。主壇である本尊の壇を大壇、護摩《ごま》を焚くのに用いるのを護摩壇、灌頂《かんじょう》に用いるのを灌頂壇という。転じて、授戒の式場を戒壇、仏像を安置する所を仏壇という(須弥山《しゅみせん》を象った壇を須弥壇といい、仏像を安置する)。⇩曼荼羅

**たんえい　湛睿**　(文永八1271—貞和元1345)律宗の僧。字は本如。東大寺の禅爾・凝然《ぎょうねん》に師事して律・華厳を学び、永仁三年1295戒壇院の学頭に補せられた。のち北条氏の請に応じて相模金沢の称名寺に住し、金沢文庫の充実に力を尽くした。著書、起信論教理鈔一九巻、五教章纂釈三二巻など。〔参考〕招提千歳伝記中、本朝高僧伝一七、律苑僧宝伝一四

**たんかい　湛海**　①(寛永六1629—正徳六1716)真言宗の僧。字は宝山。伊勢の人。江戸永代寺の周光に従い、高野山の頼仙に密教を学ぶ。常に役小角《えんのおづぬ》・泰澄《たいちょう》を偲んで苦行を重ねた。大和生駒山に宝山寺を建てて住した。〔参考〕湛海律師行状、続日本高僧伝一一　②生没年不詳。鎌倉時代の京都泉涌寺の律僧。字は聞陽。奈良で戒律を学び、次いで俊芿《しゅんじょう》に従った。嘉禎年間1235—38に南宋に入り、南宋の淳祐四年1244泰山の白蓮教寺に寄寓し、同年秋に経論数千巻を持って帰国した。のち再び南宋に渡り仏舎利を奉じて帰った。〔参考〕本朝高僧伝五八

**たんかい‐おうじょう‐でん　淡海往生伝**　一五巻。隆円の著(文政1818—30頃)。近江における念仏往生の現瑞があった近世の人二三人の伝を集めたもの。日野の隠士称阿が当時見聞した往生人の伝を録して贈ったものと、隆円みずから得たものとを合わせる。〔刊本〕文政八刊

**たんか‐さっぱんやみ　丹霞喫飯也未**　禅宗の公案の一。丹霞問甚処来《もんじんしょらい》ともいう。丹霞天然が一僧に「どこから来たのか」、「飯を喫《た》べたか」、「汝に飯を喫せしめた人は眼があったか」と問うた故事によるもので、自分自身の本来の面目に気付かせようとするもの。喫飯也未とは、中国の日常挨拶の言葉。趙州洗鉢の公案にも見える。〔原文〕碧巌録七六則、祖堂集四、景徳伝灯録一四

**たんか‐しょうぶつ　丹霞焼仏**　禅宗の

公案の一。丹霞焼木仏ともいう。石頭希遷につぐ丹霞天然が、冬の寒さをしのぐために、木の仏像を焼き、これをとがめた院主の眉鬚が落ちた、という故事にもとづくもので、木仏に即して真仏を見るべきことを示したもの。眉鬚が落ちたのは、仏を誤った罰である〈⇩翠巌眉毛《すいがんびもう》〉。〔原文〕祖堂集四、景徳伝灯録一四、空谷集二五則

**たんか-もんじんしょらい　丹霞問甚処来**　⇩丹霞喫飯也未《たんかきっぱんやみ》

**たんがりょう　旦過寮**　禅宗で行脚《あんぎゃ》の僧を宿泊させるための寮舎。旦過ともいう。止宿者が夕に来て旦《あさ》に過ぎ去る寮の意。

**たんくう　但空〔不但空〕**　すべてのものごとについて空の道理があるのを知るけれども、その反面において同時に不空の意義道理があるのを知らないのを但空または偏空といい、空と同時に不空の理があるのをさとるのを不但空または不可得空という。空に執われるのが但空で、空もまた不可得であるとして空に固執しないのが不但空である。但空と不可得空の名は大智度論巻三七に見え、中国では三論宗の吉蔵が但空・不但空をもって小乗と大乗との教義上の一区別とした。天台宗でも、空を観じる空観《くうがん》に但空観と不但空観の別があるとする。

**たんくう　湛空**　（安元二1176—建長五1253）法然の門弟。字は正信。徳大寺実能の孫。比叡山の実全に師事し、法然に帰依して浄土教を学んだ。法然の遠流に従い、師の没後は嵯峨に二尊院を建立した。いわゆる嵯峨門徒の中心人物である。〔参考〕法然上人行状絵図四三、浄土本朝高僧伝三、浄土総系譜上

**たんけい　湛慶**　（承安三1173—建長八1256）鎌倉前期の七条仏所の仏師。運慶の長男。尾張法印とも呼ばれる。建久・正治1190—1201ころの播磨浄土寺阿弥陀三尊をはじめ、東大寺・興福寺・教王護国寺・高山寺・高野山などの諸大寺の造仏に従事した。遺作は少なくない。雪蹊寺（現高知市）の毘沙門三尊像（重文）、蓮華王院（現京都市）の中尊千手観音像（建長六年、国宝）及び脇侍千体仏（重文）のうち九体などが現存する。作風は洗練された温和な表現で慶派の特色をよく受けついでいる。〔参考〕東宝記、仏工系図

**だんけい-じ　檀渓寺**　中国湖北省襄陽府にあった寺。東晋の寧康元年373道安が建てた寺。五層塔・四〇〇の僧舎があって、襄陽の寺院中の首位にあったと伝えられる。

**だんざん-じんじゃ　談山神社**　奈良県桜井市多武峰《とうのみね》。御破裂《ごはれつ》山（標高六〇七・七メートル）南腹に鎮座し、江戸時代までは多武峯寺と一体のもので、同寺は単に多武峯とも呼ばれた。天武天皇七年678（異説もある）唐から帰朝した定慧が、父藤原鎌足の遺骸を摂津阿威山（現大阪府茨木市）から当山に改葬し、唐の五言山宝池院の塔に模して十三重塔を建立、堂舎を造営して妙楽寺と号したのに始まる。藤原氏の氏寺として興福寺が建てられてからは同寺の支配を受けたが、天暦元年947比叡山無動寺の別院となり、その後しばしば興福寺と争った。天正一三年1585豊臣秀長が当寺を郡山城下に移そうとして破却したが、のち徳川家康が復興した。明治維新に際して衆徒一同が還俗し、明治二年1869談山神社と改称、諸堂のうち聖霊院は本殿、護国院は拝殿となるなど仏教色が除かれた。〔国宝〕大和国粟原寺三重塔伏鉢〔重文〕十三重塔、権殿（旧常行堂）、摩尼輪塔、絹本著色大威徳明王像ほか〔参考〕多武峯縁起、日本名勝地誌一

**たんじ　弾指**　(梵)アッチャター acchaṭā の訳。拇指と食指との指頭を強く摩擦し弾いて音をたてさせることで、インドでは敬虔の意をあらわしたり、警告や許可の合図をするのに用いた。この弾指に要する短い時間を一弾指、一弾指頃《いったんじきょう》という。⇩刹那《せつな》

**たんじえ　耽嗜依〔出離依〕**　染汚《ぜんま》すなわち不善と有覆無記《うふくむき》との喜受・憂受《うじゅ》・捨受を耽嗜依といい、同じく善の三受を出離依という。前者は六境に執着する煩悩《ぼんのう》のために依りどころとなり、後者は迷いの生存を出離するために依りどころとなるから、このように名づける。六境に従って分けると両方とも六喜受・六憂受・六捨受の十八受となり、あわせて三十六師句といい、両方を併称して十八意近行《いごんぎょう》という。

**だんじき　断食**　修行または祈願のた

め、一定の日数をきめて食事を絶つこと。インドでは古くから外道の行法(苦行の一種)として行われ、仏教にも用いられるようになった。ことに真言宗では、秘法を修めるのに身体を清浄に保たねばならないので、断食をして大小便をふせぐのである。断食の一種に塩分を断つ塩断《しおだち》、穀物を食べない穀断《こくだち》、木の実ばかりを食べる木食《もくじき》などがある。

**たんしょう　湛照**　(寛喜三1231—正応四1291)臨済宗の僧。字は東山。諡号は宝覚禅師。備中の人。はじめ浄土教を学んだが、円爾弁円《えんにべんえん》に師事して禅宗に帰し、東福寺二世となり三聖寺を開いた。〔参考〕元亨釈書八、延宝伝灯録一〇、本朝高僧伝二一

**たんじょう-いん　誕生院**　佐賀県鹿島市納富分。密厳山と号し、新義真言宗系の単立寺院。新義真言宗の開祖覚鑁《かくばん》の誕生の地。明徳年間1390—94足利義満の発願により、応永一二年1405定成が造営し、大伝法院の末寺とした。永禄元年1558大友宗麟の兵火にかかり、堂舎を焼亡。大正二年1913頃より漸次復興した。〔参考〕密厳山誕生院略縁起

**だんしょう-けつじょう-しゅう　断証決定集**　一巻。円仁(794—864)の著と伝える。成立年不詳。煩悩と証智との関係およびその不同の種々相をはじめ、中国天台の教判である化法の四教および五時教判の一々について説明し、こののち日本天台特有の昔迹本観の四重興廃の教判によって一念三千一心三観の観智と断証の煩悩の相を詳説する。伝教大師全集五

**たんじょう-じ　誕生寺**　①岡山県久米郡久米南町里方。栃社山と号し、浄土宗。法然(源空)誕生の地。建久四年1193熊谷蓮生房の創建と伝える。天正元年1573領主浮田直家が念仏を忌み日蓮宗徒と共に諸堂を破壊した。慶長五年1600本山知恩院の支援を受けて修営。元禄九年1696さらに堂宇を増建した。〔参考〕円光大師行状画図翼賛四〇、作陽誌、誕生寺文書　②千葉県鴨川市小湊。小湊山と号し、日蓮宗。同宗四十四カ本山の一。日蓮誕生の旧跡。建治二年1276に日蓮の弟子日家が創建。明応八年1499津波をうけて妙の浦に再興。徳川氏の帰依が篤く、宝永年間1704—11徳川光圀の外護で現地に移った。〔参考〕房総志料二

**たんじょう-ぶつ　誕生仏**　釈迦誕生のときの姿。母の摩耶夫人の右脇から生まれ、四方に七歩あゆみ右手で天、左手で地をさし「天上天下唯我独尊」と誕生偈をとなえたと伝えられている姿を模してつくった仏像。多くは金銅仏で、灌仏会《かんぶつえ》の本尊である〈⇩灌仏会〉。東大寺の奈良時代の銅造仏(国宝)は有名。

**たんせい　弾誓**　(天文二一1552—慶長一八1613)浄土宗捨世派の僧。尾張国海部郡の人。幼名は弥釈丸か。九歳で出家、放浪し、美濃国塚尾の観音堂、同国武儀郡に参籠、籠居すともいう。天正一八年1590佐渡に渡り檀特山にて六年の苦行を果たす。慶長二年阿弥陀如来の化現により、仏頭伝授の「十方西清王法国光明満正弾誓阿弥陀仏」の称号と、弾誓経六巻の啓示を受く。その後信濃を巡回、上諏訪唐沢の阿弥陀寺を開創。同五年後江戸に赴き幡随意《ばんずいい》より白旗流を受く。同八年相模国箱根塔之峰の阿弥陀寺の岩屋に籠り、この間、同国日向《ひなた》一之沢の浄発願寺を開創。同一三年(一説に一四年)上洛し、大原古知谷の阿弥陀寺に入り、同一八年同寺にて入寂。「乱髪の異相」といわれた長髪の木食僧で、その系統から木食但唱(信濃の帰命山弾誓寺開基)、山居、および木食長音(信濃の光明山念来寺開基)、清眼、音阿が出た。〔参考〕弾誓上人絵詞伝(古知谷・塔之峰・浄発願寺本)、弾誓上人略伝(上諏訪正願寺本)

**だんぜんごん　断善根**　〔続善根〕　(梵)クシャラ・ムーラ・サムッチェーダ　kuśala-mūla-samuccheda　の訳。略して断善ともいう。上品《じょうぼん》(高程度)の邪見によって因果を撥無《はつむ》(否定)して善根(根となって諸々の善を生じる因)を断つこと。倶舎論巻一七によれば、欲界の生得《しょうとく》(先天的に具えている所)の善根のみを断ち、また九品《くほん》(九段階)の善根を順次に断つ(漸断《ぜんだん》)のであって、一時に断つ(頓断)のではない。須弥《しゅみ》四洲のうち北倶盧洲《ほっくるしゅう》を除く三洲の人間にのみある。このようにして善根を断っ

ても、その後、因果の道理があるのではなかろうかと疑い、或いは正見《しょうけん》(正しい見解)を起こして因果の道理を肯定すれば、また善根を得るようになる。これを続善根《ぞくぜんごん》(続善)という。また瑜伽師地論巻一には断善根は現行《げんぎょう》の善根を断つのみであって、善根の種子《しゅうじ》を断つのではないとする。なお、大乗では一闡提《いっせんだい》は因果を否定するものであるから、断善根と名づける。

**たんだい　探題**　⇩僧職《そうしょく》

**たんちょう　湛澄**　(慶安四1651—正徳二1712)浄土宗の僧。京都報恩寺一四世。字は染問《ぜんもん》、向西子《こうさいし》と号する。特に国文・和歌にくわしかった。著書、三部仮名鈔諺註一四巻、標註増補一言芳談鈔三巻、説法用歌集一〇巻、桑葉和歌集三巻など。〔参考〕近世往生伝、続日本高僧伝四

**たんでん　丹田**　へその下の一寸(約三センチ)のところをいう。坐禅のとき体気をここにあつめると心が散らず、また治病の効果があるという。へその下二寸半(約七・五センチ)ともいう。またへその下を下丹田というのに対して両眉の間を上丹田ともいう。

**たんでん　単伝**　禅宗で、さとりは一人の心から一人の心へ伝え、文字言語によらないのをいう。「心印を単伝す」などという。

**たんどく　嘆徳**　仏・菩薩《ぼさつ》・仏弟子・祖師などの徳を讃嘆すること。諷誦するためにそれを記した文を嘆徳文という。経典の初めにはたいてい、その席に列した菩薩や声聞《しょうもん》(仏弟子)の徳が讃嘆してある。

**だんどく-せん　檀特山**　㊵ダンダカ Daṇḍaka の音写。檀陀柯、弾多落迦(ダンダ・ローカ Daṇḍa-loka)ともいう。仏陀が前生に須大拏(スダーナ Sudāna)太子であった時、出家苦行したと伝える山。無制限に布施し、王や人民の怒りによって太子の位を追われ、出家入山した地。ガンダーラ地方にあったという。有名なこの本生物語は多くの経論や美術遺品の上にあらわれている。また別の諸経論には、仙人の怒りによって山林が空寂になったことを述べ、その林の名の一をダンダカ林と伝え、その所在をインド南部のデカン地方としているが、両者の間に関係があるかどうか明らかでない。わが国には古く聖地としての檀特山崇拝が行われ、新潟県佐渡市や兵庫県揖保郡にその名を称する山がある。〔参考〕西域記二、六度集経二

**タントラ　tantra**　怛特羅と音写する。原意は「織機」「糸」であるが派生した意味が多い。インドでは非仏教の論書等において「知識を広めるもの」「多くの者を利するもの」と解釈され、「巻」「章」「論書」「学説」「真理・真言についての深遠な事柄を扱うもの」との定義がなされるようになった。仏教のタントラ、たとえばグフヤサマージャ・タントラは、相続 (prabandha) のことであり因・果・方便の三種にまとめられる、と定義する。仏教・ヒンドゥー教双方において八世紀ごろよりさかんに「〜タントラ」の名をもつ聖典が作成された。仏教では密教の後期にあたる。神秘主義、象徴主義、性力崇拝、性的瑜伽や生理学的行法・悪食などの秘教的実践といったタントラ文献を特徴づける諸要素はヴェーダ時代さらにはインダス文明にまでその起源をさかのぼるものもあり、インド宗教文化の重要な底流をなしていたと考えられる。従来の経（スートラ sūtra）にかわりこれらタントラ聖典に依拠する後期の密教をタントラ仏教 Tantric Buddhism と言う。金剛乗あるいは左道密教の呼称は必ずしも妥当ではない。チベット大蔵経では密教経典全体をタントラ部 (rgyud) に収めている。仏教タントラの分類法には、ブッダグフヤ Buddhaguhya（八世紀）の二分法、「智金剛集タントラ」Vajrajñānasamuccayatantra（一〇世紀ごろ）の五分法、シュラッダーカラヴァルマン Śraddhākaravarman（一一世紀ごろ）の四分法、アティーシャ Atīśa（一〇一一一世紀）の七分法などがあるが、通例、一四世紀に活躍したチベットの学匠プトン (Bu-ston) の四分法を用いる。それは、⑴所作 (bya ba ㊵kriyā) タントラ。陀羅尼類、供養法、「蘇悉地経」、「蘇婆呼童子請問経」など。⑵行 (spyod pa, ㊵caryā) タントラ。「大日経」。⑶瑜伽 (rnal ḥbyor ㊵yoga) タントラ。「初会金剛頂経」「理趣経」など。

⑷無上瑜伽（rnal ḥbyor bla na med pa,㊵anuttara-yoga)タントラはさらに三種に区分される。(i)方便・父系―「秘密集会タントラ」など。(ii)般若・母系―「ヘーヴァジュラ・タントラ」、「最勝楽出現タントラ」など。(iii)双入・不二―「カーラチャクラ・タントラ」。この分類法は論疏類にも適用され、密教文献の歴史的展開にある程度対応するものである。重要な論書としては、インドラブーティ Indrabhūti著の智成就Jñānasiddhiなどの七部成就書、また、ドーハーコーシャDohākośa、チャルヤーギーティ Caryāgītiといった非サンスクリットの文献が挙げられる。また主要なタントラ実践者は八十四（もしくは八十五）成就者として伝えられている。インドにおいてタントラ仏教は、変容を遂げつつ一三世紀のインド仏教の滅亡まで続いた。チベットでは、仏教伝来初期より密教行者の活躍があり、多くのタントラ文献が伝えられ、チベット大蔵経中に遺っている。プトンはカーラチャクラ・タントラを最重視したのに対し、一四―五世紀の高僧ツォンカパTsoṅ-kha-paはグフヤサマージャ・タントラを最上位に置いた。中国では、内容に対する忌避のため、無上瑜伽タントラはわずかな例外を除いて翻訳されておらず、日本にも組織的には伝わっていない。タントラ仏教の研究は、それを仏教の堕落形態とみなす傾向が根強かったために立ちおくれていたが、一九二〇年代以後、特に第二次世界大戦後、原典研究を中心にある程度の進展をみせている。また近年、マンダラなどの図像学的見地からの研究も進んでいる。しかしながら、現存する梵文写本の多さに比して、根本資料たる原典の校訂出版すら今なお不十分な状態にある。

**だんな　檀那**　㊵ダーナ dāna の音写。旦那、柁那とも書き、略して檀ともいう。布施、施と訳し、与えること、ほどこすことの意。檀波羅蜜《だんはらみつ》として六波羅蜜の一に数える。転じて中国や日本では檀越《だんおつ》（㊵ダーナパティ dānapati）即ち施主《せしゅ》（施しをする人）の略語としても用いる。日本では信徒がその所属寺院を檀那寺《だんなでら》といい、所属信徒を檀家《だんか》、檀徒という（ただし真宗では檀那寺のことを手次寺《てつぎでら》という）。なお檀越の意味から転じて、檀那を単に経済的保証をしてくれる人の意味に用い、再転して有福な家の主人を指すようにもなった。

**だんなく　断惑**　有漏《うろ》・無漏の道《どう》の力によって煩悩《ぼんのう》即ち惑を除いて、惑が生じないようにすること。断結、断障、離染《りぜん》ともいう。無間道《むけんどう》によって煩悩を断ち、解脱道《げだつどう》によって涅槃《ねはん》（さとり）の真理を証《さと》るから、両方合わせて断惑証理と称する。①部派（小乗）仏教では煩悩を断ちつくして阿羅漢果《あらかんか》をさとるのを目的とし、見道において思想上の誤りである知的なまよい即ち迷理の惑（見惑《けんなく》）を断ち、修道《しゅどう》において人間性に根ざした悪徳である情意的なまよい即ち迷事の惑（修惑《しゅわく》）を断つとする。この場合、見惑は短い時間ですぐに断たれるが、修惑は長い期間にわたる修行によって次第次第に断たれる。前者のようなものを頓断といい、後者のようなものを漸断《ぜんだん》という。煩悩を断つのに聖者になって無漏智を起こして徹底的に断つ（或いは種子《しゅうじ》までも断つ）場合と凡夫《ぼんぶ》が有漏の六行観《ろくぎょうかん》を修めて上地と下地とを相対的に観じて下地の煩悩を断つ（或いは煩悩の現行《げんぎょう》をおさえる）場合とがあり、前者を無漏断（畢竟断《ひっきょうだん》）といい、後者を有漏断（損伏断《そんぷくだん》）という。倶舎論巻二には、すべての存在するもの（十八界）を断惑という立場から見所断（見道で断つもの、見道所断、見断ともいう）・修《しゅ》所断（修道で断つもの、修道所断、修断ともいう）・非所断（無漏法のように断たなくてよいもの、非断、不断ともいう）の三断に分ける。また煩悩はいかにすれば断たれるかというと、これに四つの場合があって、これを断惑の四因という。即ち、⑴見惑のうち苦集二諦《くじゅうにたい》〈⇩四諦《したい》〉下の自界縁の惑（自己が住む境界のみを対象としておこす惑）と滅道二諦〈⇩四諦《したい》〉下の無漏縁の惑（無漏法である滅道二諦を対象としておこす惑）とは、いずれも四諦の道理に迷うものであるから、所縁（迷いの対象）である道理を遍知すれば従って惑も断たれる。これを遍知所縁断という。⑵苦集二諦下の他界縁の惑(例えば欲界にある者が色界などを対象としておこす惑)は自界縁の惑の対象(所縁)となるものであるから、能縁である自界縁の惑を断てば所縁である他界縁の惑はおのずから断たれる。これを能縁断という。⑶滅道二諦下の有漏《ろう》縁の惑は、無漏縁の惑を対象(所縁)としておこるものであるから、所縁である無漏縁の惑を断てばおのずから断たれる。これを所縁断という。⑷修惑はただ対治《たいじ》道を起こして対症療法的な方法でのみ断たれる。これを対治断という。また断惑をその性質によって二断にわける。即ち煩悩そのもののようにその性質が汚れている(染汚《ぜんま》の)ものは、それ自体を再び起こらないように断つから、これを自性断《じしょうだん》といい、有漏の善や色法《しきほう》のように他の煩悩の対象となることによってその煩悩に縛られているものは、そのもの自体を断つのではなく、それを縛っている煩悩を断って解放する。これを縁縛断(所縁断、離縛断)という。②唯識宗では、邪師・邪教・邪思惟によって起こしたいわゆる分別起《ふんべつき》の煩悩を見所断とし、持って生まれた先天的本能的な煩悩即ち倶生起《くしょうき》の煩悩を修所断とする。そして見所断の煩悩の種子《しゅうじ》までも断つのは初地入見道の時、修所断の煩悩の種子までも断つのは金剛喩定《こんごうゆじょう》の時とする。倶舎宗では有漏智による断惑を認めたが、経部や唯識宗では、有漏智によっては煩悩の現行《げんぎょう》を調伏するのみであって、その種子までも断つのではないとして区別し、倶舎宗が、有漏・無漏の無間道《むけんどう》はともに惑を断つから断道であるとするのに対して、唯識宗では加行智《けぎょうち》と有漏道は伏道《ぶくどう》であって断道ではなく、根本智・後得智《ごとくち》と無漏道は伏道でも断道でもあるとする(断道とは対治道のことで、煩悩を断つ道のことである)。また成唯識論巻八には、自性断・離縛断・不生断の三断を説き、それぞれ順次に染汚と、有漏の善や無覆無記と、諸々の悪趣や無想定《むそうじょう》を断つことにあてる。また、自性断・相応断(それ自体は染汚でないが煩悩と相応することによって染汚となった有漏の八識などは、相応の煩悩を断つとき煩悩の繫縛から解放される)・縁縛断・不生断の四断とすることもある。③三論宗・華厳宗・天台宗などでは、すべての存在がその真実のあり方ではさとりそのものであり、煩悩を断つといっても窮極的には不断であるとする。④真言宗《しんごんしゅう》では、顕教《けんぎょう》の断惑はすべての煩悩を過患《かげん》(わざわい)と見て、道をおさめて始覚の智で断ついわゆる過患断であるが、密教の断惑は煩悩も本覚の徳にほかならないと見て、その本無(本来は無であること)を悟るいわゆる功徳断《くどくだん》であるとする。

**だんにか 檀尼迦** (巴)ダニヤ Dhaniya の音写。達膩伽などとも音写。王舎城の陶師。のちに出家してイシギリ Isigiri 山中に住した。ある時、頻婆娑羅(ビンビサーラ Bimbisāra)王の材木商より材木を盗み木屋を作り、ために王に招喚された。よって仏は四波羅夷法の第二不与取を制定したという。〔参考〕Theragāthā 228—230, 四分律一

**たんに-しょう 歎異抄** 一巻。常陸河和田の唯円(生没年不詳)の撰と推定される。著者は親鸞から直接に教えを受けた人。成立は鎌倉中期頃、親鸞没(1262)後三〇年頃か。親鸞の没後、門弟の間に親鸞の教えといいながら実は異なる説が生じたので、これを歎いて直接に聞いた親鸞の教えの肝要を書きつけたもの。初めに親鸞の法語九章を掲げ、次に異義九章を出し、一々その正しくない理由を解明し、終りに将来異説に迷わされることがあるならば、故親鸞が推奨した聖教(唯信鈔、一念多念分別事など)を正しく見て疑惑を解いて欲しいといい、信仰の標幟として大切な証文を少し抜き出して添えておくといって、親鸞の持言二条を記している。㊅八三、真宗聖教全書二、定本親鸞聖人全集四、岩波文庫、鑑賞日本古典文学二〇、真宗史料集成一ほか 〔写本〕西本願寺蔵(蓮如自筆本)、大谷大学蔵(永正一六1519写) 〔刊本〕元禄四1691刊 〔註釈〕円智・私記、首書、深励・講林記(真系二三)・了詳・聞記

**たんねん 湛然** (景雲二1711—建中三1782) 唐代の天台宗中興の学僧。荊渓尊者、妙楽大師、毘陵尊者、記主法師などと呼ぶ。追

諡は円通尊者。天台宗では六祖とされる。常州晋陵県荊渓(江蘇省常州府荊渓県)の人。家は代々儒家。二〇歳で玄朗に師事して、天台の教観を習い、天宝七年748三八歳で出家した。ついで会稽に行き曇一から律を学び、呉郡の開元寺で摩訶止観を敷講した。師玄朗の没後、華厳・法相・禅に対して天台宗義の顕揚に努力し、多くの書物を著わした。天台山国清寺で晩年をすごし、仏隴道場で没した。門人梁粛が碑銘を撰した。門人に道邃・行満・元皓・智度らがある。著書、法華玄義釈籤一〇巻、法華文句記一〇巻、止観輔行伝弘決一〇巻、止観義例一巻、金剛錍論一巻、十不二門一巻など数多い。〔参考〕宋高僧伝六、仏祖統紀七

**たんねん-こじ　湛然居士**　⇩耶律楚材《やりつそざい》

**だんのう-ほうりん-じ　檀王法林寺**　京都市左京区川端通三条上ル法林寺門前町。朝陽山と号し、浄土宗。古くは蓮華蔵院と号し天台宗に属して、現聖護院蓮華蔵町にあった。文永五年1268亀山天皇の勅により了慧道光が住して念仏を弘通し悟真寺と号して、現在地に移転。以来浄土宗三条派の根本道場として栄えた。のち応仁の兵火にあって衰退したが慶長一六年1611良定袋中が再興し、現寺号に改めた。〔重文〕紙本金地著色日吉山王祭礼図、紙本著色熊野権現影向図、紙本墨書七知経　〔参考〕京都坊目誌三、檀王法林寺史

**タンバダティカ**　㊁Tambadaṭhika　㊵タームラダンシュトリカ Tāmradaṃṣṭrika 優婆塞。名前は「赤ひげ」の意味。盗人の仲間にいたが、捕われて首斬役人にされた。老いて舎利弗《しゃりほつ》の感化で仏に帰依し、預流果を得た。牝牛に刺されて死んだが、その牛は前生で彼によって殺された女であったという。〔参考〕Dhammapadaṭṭhakathā II

**たんぱんかん　担板漢**　禅宗で、偏見者、一面のみを見て全体を見る事のできないものを軽蔑していう語。板を肩に担うものは一方しか見る事ができないのに由る。

**たんぶつ-げ　歎仏偈**　⇩讃仏偈《さんぶつげ》

**たんぷら　耽餔羅**　㊵ターンブーラ tāmbūla の音写。擔歩羅《たんぷら》、贍歩羅とも書く。コショウ科に属する一種のつるくさ。葉に芳香があり、比丘《びく》は葉を口に入れてかむ。消化剤。

**ダンマ・パダ　Dhamma-pada**　⇩法句経《ほっくきょう》

**ダンマ・サンガニ　Dhamma-saṅgaṇi**　法集論と訳す。南方上座部の伝えるパーリ論蔵七論のうち、第一番目に置かれており、諸論書の中ではヴィバンガ Vibhaṅga(分別論)と共に成立が古い方に属する。内容は諸ニカーヤ経典中の専門語系列(法数名目)を集聚・説明したもの。はじめに法数名目を目次としてあげ、つぎに心生起品・色品・概説品・義釈品の四品に分けて、項目別に一切の精神作用及びその対象の分類に関して論述している。註釈としてブッダゴーサ Buddhaghosa(仏音《ぶっとん》)のアッタサーリニー Atthasālinī がある。

**だんまつま　断末摩**　末摩は㊵マルマン marman の音写で、死穴、死節と訳し、身中の(或いは舌根ともいう)特殊な極少部位で、これを傷害すると死ぬ(或いは発狂する)とされる。従って断末摩とは末摩を断つことで、臨終の苦を形容する語として用いられる。

**ダンマパーラ　Dhammapāla**　①(五・六世紀)ブッダゴーサ Buddhaghosa(仏音《ぶっとん》)とほぼ同時代のセイロン上座部の学僧。ブッダゴーサの大著ヴィスッディ・マッガ Visuddhi-magga(清浄道論)に対する註釈書パラマッタ・マンジューサー Paramattha-mañjūsā を著わしたほか、四ニカーヤ、ウダーナ、イティヴッタカ、ネッティパカラナなどの註釈を著わした。②(1865—1933)セイロン〈現スリランカ〉の人。生涯をインドにおける仏教復興運動につくした。晩年にはみずから出家して比丘となった。早くから諸国を往来して各地の仏教者と交わり、日本にも四度訪れた。一八九一年インドにマハーボーディ協会 Mahābodhi Society(大菩提会)を創立し、ロンドンやニューヨークにもその支部を設けた。初転法輪の地サールナートに仏教寺院を建て、さらに成道の地ブッダガヤーの聖地を仏教徒の手にとりもどそうとしたが、彼の在世中

には実現しなかった。

**たんまりってぃ-こく　耽摩栗底国**　(巴)ターマリッティ Tāmalitti (梵)タームラリプティ Tāmralipti の音写。多摩梨帝とも音写する。インド東部にあった国。ガンジス河口三角洲に位置し、その都城は古来海港として名高く、阿育(アショーカ Aśoka)王時代から既にセイロンとの交通が開けていた。法顕以後中国から渡った多くの求法僧がこの港を通過した。古くから仏教が行われ、阿育王の建てた塔もあったというが、玄奘の頃すでに衰えていたらしい。〔参考〕西域記一〇、法顕伝

**だんりん　檀林**　仏や仏弟子の住所を香木の林にたとえて梅檀林《せんだんりん》と称したのにもとづき、室町時代の末頃から学徒の養成機関を檀林と名づけるようになった。談義所・談所の称もあり、談林・譚林とも書く。江戸時代には諸宗でその制がととのった。浄土宗では増上寺の存応が徳川家康の命をうけて関東十八檀林をさだめた。即ち、⑴鎌倉の光明寺、⑵江戸芝の増上寺、⑶小石川の伝通院、⑷下谷の幡随院、⑸深川の霊巌寺、⑹武蔵鴻巣の勝願寺、⑺常陸瓜連の常福寺、⑻下総飯沼の弘経寺《ぐきょうじ》、⑼下総生実の大巌寺、⑽武蔵川越の蓮馨寺《れんけいじ》、⑾下総結城の弘経寺、⑿下総小金の東漸寺《とうぜんじ》、⒀武蔵岩槻の浄国寺、⒁武蔵滝山の大善寺、⒂常陸江戸崎の大念寺、⒃上野新田の大光院、⒄上野館林の善導寺、⒅江戸本所の霊山寺である。また同宗の名越流や西山流にも檀林の制があった。日蓮宗では、天正1573―92の頃に日生が下総に飯高檀林(日統が下総の飯塚で開講したのに始まる)、京都に松ケ崎檀林を開いたが、これを関東および関西の根本檀林と称する。その後、上総の小西檀林、京都の求法院檀林(六条檀林)、下総の中村檀林、身延の西谷檀林などができ、元和1615―24から寛文1661―73の間に関東には大沼田・宮谷《みやさく》・細草・南谷《なんこく》・玉造・野呂・碑文谷檀林、京都に東山・鷹ケ峰・山科・大亀谷《おおかめだに》・鶏冠井《かいで》檀林などが建てられた。天台宗には関東に十檀林があり、新義真言宗でも地方に檀林を設けた。曹洞宗では、元禄元年1688駿河台に梅檀林を設け、のち駒込に移った。なお、学徒の養成機関を学寮(例えば東本願寺の高倉学寮)、学林(西本願寺)と称するものもある。〔参考〕檀林志(浄土宗)、諸檀林並精貞法類(日蓮宗)

**だんりん-こうごう　檀林皇后**　(延暦五786―嘉祥三850)嵯峨天皇の皇后橘嘉智子《たちばなのかちこ》。深く仏法に帰依し、慧蕚《えがく》を唐に遣わし、京都嵯峨に檀林寺《だんりんじ》を建て、唐僧の義空を請じて開山とした。

**だんりん-じ　檀林寺**　京都市右京区嵯峨天龍竜寺芒ノ馬場町にあった。承和年間834―48檀林皇后(嵯峨天皇の皇后)の御願により、唐僧義空を開山とした。日本の禅林のはじめとして栄えたが、延長六年928火災ののち廃絶した。後嵯峨上皇はここに仙洞御所を営み、境内に浄金剛院を建てた。のち元亨元年1321檀林寺を復興、一時西禅寺と号し、京都尼寺五山の一に加えられたが再び廃絶した。旧地に天竜寺が建てられた。〔参考〕文徳実録、山城名勝志九

**だんわく　断惑**　⇩だんなく

# ち

**ち　智**　(梵)ジュニャーナ jñāna の訳で、若那《にゃくな》、闍那《じゃな》と音写する。一切の事象道理に対して、きっぱりと是非正邪を決定し断定し、よく弁別了知して、ひいては煩悩《ぼんのう》を断つ主因となる精神作用のこと。厳密に区別すれば、智は慧(梵)プラジュニャー prajñā)の作用の中に含まれるが、智と慧とは一般には同義にも用いられ、或いは合わせて智慧ともいう。また見も忍《にん》も慧の作用であるが、見はおしはかること(推求《すいぐ》、推度《すいたく》)、忍は認めてよいと許すこと(忍可)であるのに対して、智はさらに進んで疑いなく明瞭に断定することを意味する。①智を分類して有漏智《うろち》(煩悩と密接に結びついている智)と無漏智(煩悩との関係の絶たれた智)との二智に分ける。説一切有部など

の部派仏教では無漏智の中に法智《ほっち》・類智の二を立てる。法智とは欲界の四諦《したい》を観察する智、類智とは法智に類似する智で上二界(色界《しきかい》・無色界)の四諦を観察する智のことで、四諦の一々にこの二智があるから合計八智となる。また法智と類智との区別を立てずに、四諦の一々についてこれをいえば、苦智・集智《じっち》・滅智・道智の四種となる。見道においては、これら八智の中の前七智を起こすとされ、第八智(道類智)は修道《しゅどう》に属する。無学の聖者の八智を尽智、無生智《むしょうち》という。尽智とは、われは四諦を体現し尽くしたと知る智で、即ち「われは已に苦を知り、集を断ち、滅を証し、道を修めおわった」と知る智、無生智は「われは已に四諦を体現しおわったから、さらに体現すべきものはない」と知る智で、即ち「われは已に苦を知った、さらに知るべき苦はない」などと知る智である。世俗智は多く世俗(世間通俗)のことを対象として起こす智で有漏智であり、他心智は他人の現在の心・心所《しんじょ》(こころのはたらき)を知る智で有漏智と無漏智とである。以上の世俗智・法智・類智・苦智・集智・滅智・道智・他心智・尽智・無生智を十智という。般若経では、仏の有する智ですべてありのまま(如実)の相を知る如実智《にょじっち》または如説智《にょせっち》をこの十智に加えて十一智ともする。また十住中の第十灌頂住《かんじょうじゅう》の菩薩が成就する悉能震動無量世界智などの十智、同じくその勝進分(さらに向上して次の階位に進む分位)において学ぶ二世智などの十智がある。②有漏智と無漏智との二智の他に種々の二智がある。(イ)実智と権智《ごんち》。実智は真実智、如実智ともいい、絶対真実平等無差別の道理(真如《しんにょ》)を照見する智で、真智、如理智《にょりち》、根本智、無分別智《むふんべつち》というに同じ。これに対して権智は方便智ともいい、相対差別の方便の教えや現象界に関する智で、俗智、如量智《にょりょうち》というに同じく、後得智はこの智が根本智の後に再び起こって世間通俗の事象の世界をかえって反照する場合の智である。(ロ)根本智(無分別智)と後得智(また加行智《けぎょうち》(準備的階位における智)と根本智と後得智を三智という)。(ハ)如理智と如量智。(ニ)真智と俗智。(ホ)尽智と無生智。(ヘ)一切智と道種智(これに一切種智を加えて三智という)。③唯識宗では四智を立てる。四智とは仏果に至って有漏の心即ち八識を転回して(即ち転依《てんね》して)得る四種の無漏智である。即ち有漏の第八阿頼耶識《あらやしき》を転回して得る無漏智は、鏡に像が映るようにすべてのものの相を如実に現わし出すから大円鏡智《だいえんきょうち》、略して鏡智といい、有漏の第七末那識《まなしき》を転じて得る無漏智は、我他彼此の平等を悟って大慈悲と相応するから平等性智《びょうどうしょうち》、略して平等智といい、有漏の第六意識を転じて得る無漏智は、一切の対境をさわりなく観察して自在に説法し疑いを断つから妙観察智《みょうかんざっち》、略して観智といい、有漏の前五識を転じて得る無漏智は、諸々の衆生《しゅじょう》を利益《りやく》するために種々の変化《へんげ》の事業動作を成就するから成所作智《じょうしょさち》、略して作事智という。以上の四智のうちで大円鏡智は、あたかも金剛が堅固で、どんな物をも砕く力があるように、どんな頑迷な煩悩でも破るから、密教ではまたこれを金剛智と名づける。密教ではまた法界体性智《ほっかいたいしょうち》にこの四智を加えて五智といい、大日如来の円満な智を分類したものとし、また衆生の九識を転じて得られるものとする。この場合、第九阿摩羅識《あまらしき》を転じて得るのが法界体性智で、これを五智の第一に数える。この五智を五人(空・地・火・水・風)・五仏(大日・阿閦・宝生・阿弥陀・不空成就)・五部(仏部・金剛部・宝部・蓮華部・羯磨部)に配する。また無量寿経巻下には仏の智に仏智・不思議智・不可称智・大乗広智・無等無倫最上勝智の五種があるといい、これを五智という。これらのうち、仏智は全体に共通する総名で、他の四は特殊性をあらわす別名である。この四智を順次に成所作・妙観察・平等性・大円鏡の四智に配することがある。

**ち　癡**〔無癡《むち》〕　癡は(梵)セーハ moha またはムーダ mūḍha の訳。痴とも書き、愚癡ともいう。心所《しんじょ》(心のはたらき)の名。倶舎宗《くしゃしゅう》では大煩悩地法の一、唯識宗では煩悩位の心所の一に数える。現象や道理に関して心が暗くて的確な判断が下せず、迷い惑う心理作用のこと。無明《むみょう》、無智に同じ。三不善根（三種の根本悪徳、三毒、三火）の一。また六根本煩悩の一。十随眠の一〈⇩無明《むみょう》〉。心に癡がない状態、或いは癡と反対の精神作用を無癡といい、三善根の一に数える。倶舎宗では無癡を独立の心所としないが、唯識宗では善の心所の一に数える。また成唯識論巻九によれば、菩薩《ぼさつ》の十地と仏地においてそれぞれ断たれるべき愚癡に二種ずつあり、これを二十二種の愚癡、または二十二愚という。

**ちい　智威**　（　―永隆元680）唐代の僧。天台宗の三祖。呉越王の追諡は玄達尊者。法華尊者ともいう。弟子の天宮尊者慧威に対し大威ともいわれる。処州縉雲（浙江省処州府）の人。儒教の家に生まれ、一八歳のとき郡の学堂長となったが、妻を娶るために生家に帰る途中、一梵僧にあって出家の志をおこしたという。天台山国清寺の章安灌頂の弟子となって法華三昧を証した。上元元年674以後は蒼嶺の普通山、軒轅の錬丹山に入って衆徒を教化した。著書、六門陀羅尼経論広釈一巻（敦煌出土本）。〔参考〕宋高僧伝六、仏祖統紀七

**ちうん　智蘊**　（　―文安五1448）連歌師。俗名は蜷川親当《ちかまさ》。室町幕府に仕えた武臣で、のち一休に参禅した。和歌は正徹に学び、連歌では宗砌《そうぜい》らと共に七賢のうちに数えられた。優艶・温雅な作風で、特に風景の句にすぐれる。新撰菟玖波集に六六句が入集。壬生寺縁起の詞書はその手になるという。

**ちえい　智永**　生没年不詳。中国、南朝末期（六世紀後半）の書僧。諱は法極。姓は王氏。永禅師ともいう。王羲之の後裔。浙江省会稽の人。永欣寺に住しもっぱら書によって知られ、家伝の書法を伝えた。永欣寺の閣上に三〇年間こもり真草千字文を八〇〇本余も書写して浙東の諸寺に各一本を施入したという。

**ちえりん　智慧輪**　生没年不詳。唐代の訳経家。(梵)プラジュニャーチャクラ Prajñācakra の訳。般若斫迦・般若惹羯羅・般若斫羯羅などと音写する。西域の人。中国に来て、般若波羅蜜多心経などを訳した。唐の大中九年855日本の入唐僧円珍のために大興善寺で両部大曼荼羅の秘旨、新訳持念経法を授けた。円珍の帰国後、新経法などを送付し、円珍は決疑表を呈した。〔参考〕宋高僧伝三満月伝、上智慧輪三蔵決疑表、請弘伝真言止観両宗官牒款状、智証大師伝

**ちえん　智円**　①（太平興国元976―乾興元1022）北宋代の天台宗山外派の僧。姓は徐氏。号は潜夫。また病夫、孤夫とも号した。諡は法慧大師。銭塘（浙江省杭州府銭塘県）の人。八歳のとき出家し銭塘の竜興寺に入り、二一歳で周孔の道を志したが、病を得てより仏法を求め、奉先寺の源清の弟子となって天台の教観を習った。師の没後は西湖の孤山に屏居して学徒を教えたので通常、孤山の智円と称される。山家山外の論諍がおこると慶昭とともに四明知礼の山家派に対抗した。浄土門を欣び詩文にも長じ、儒仏道三教調和を試みた。著書、維摩経略疏垂裕記一〇巻、涅槃経疏三徳指帰二〇巻、首楞厳経疏一〇巻、文殊説般若経疏二巻、遺教経疏二巻、般若心経疏一巻、無量義経疏一巻、阿弥陀経疏一巻、十不二門正義一巻、金剛錍顕性録四巻、閑居編六〇巻などがある。〔参考〕仏祖統紀一〇・二五、閑居編序　②生没年不詳。奈良の元興寺《がんごうじ》の僧。姓は鞍部氏。推古天皇の末に唐に渡り、嘉祥寺吉蔵のもとで三論の学を修め、帰国後、元興寺に住した。天武天皇二年674僧正に任じられた。〔参考〕僧綱補任、本朝高僧伝七二

**ちえん　智琰**　（陳の天嘉五564―唐の貞観八634）隋・唐初期の僧。姓は朱氏。字は明璨《みょうさん》。呉郡（江蘇省呉県）の人。法華経・成実論に通じ、隋の煬帝《ようだい》の帰依をうけ、晩年は郷里の武丘山に隠れて、浄業を修した。〔参考〕続高僧伝一四、仏祖統紀二二

**ちおん-いん　知恩院**　京都市東山区新橋通大和大路東入林下町。浄土宗総本山。華頂山大谷寺と号する。源空（法然）が住した大谷禅房（現勢至堂の地）の側に、没後その遺骸を葬り廟堂を建てたが、嘉禄三年1227叡山の衆徒がこれを破却したので、文暦元年1234源智が朝廷に奏請して仏殿・影堂などを営み、大谷寺と号したのに始まる。永享三年1431火災にあい数年で復旧されたが、

応仁二年1468兵火にかかり祖像を近江の伊香立に移した(今この地に新知恩院がある)。文明一四年1482祖像を旧地に戻し、諸堂を復興したが、永正一四年1517再び炎上した。再建ののち、朝廷や武将の庇護により寺運は次第に興ったが、特に慶長七年1602徳川家康が当寺で生母伝通院を葬し、当寺の大拡張に努め、上段のみであった寺域を中・下段にまでひろめて現在の寺観を整えた。同一二年宮門跡を置くことを奏請して、元和五年1619良純法親王が初代の門主となった。寛永一〇年1633失火で大半を焼いたが

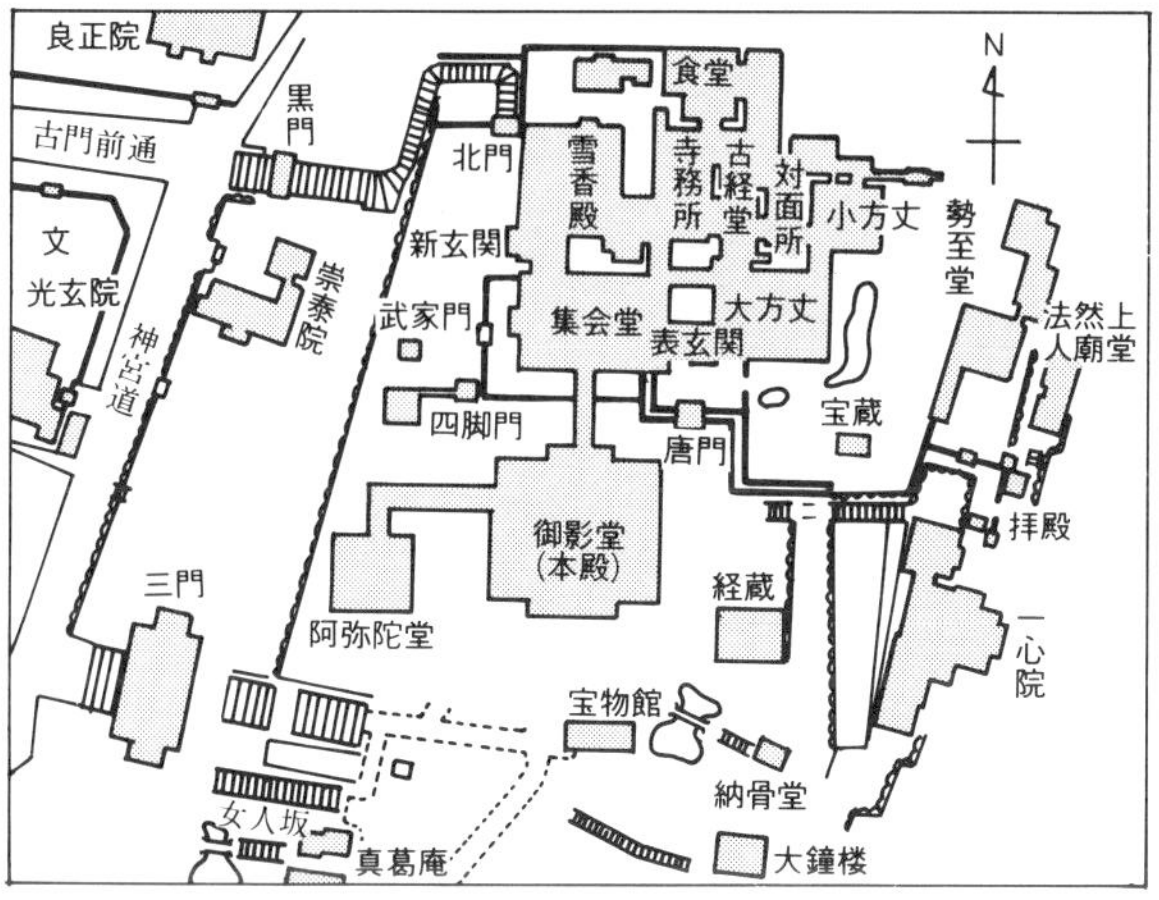

知恩院略配置図

徳川家光が再建した。明治維新には宮門跡が廃され寺領を失って窮乏したが漸次復興され、明治二〇年1887当山門主が浄土宗管長となる制が定まった。第二次世界大戦後、浄土宗の分裂により本派浄土宗と称したことがある。〔国宝〕紙本著色法然上人絵伝、絹本著色阿弥陀二十五菩薩来迎図、菩薩処胎経、大楼炭経、上宮聖徳法王帝説〔重文〕勢至堂、経蔵、三門、本堂(御影堂)、大方丈、小方丈、唐門、絹本著色観経曼荼羅図、木造阿弥陀如来立像、同善導大師立像、紺紙金字後奈良天皇宸翰阿弥陀経ほか多数〔参考〕法然上人行状絵図、知恩院文書、華頂誌要

**ちおん-じ　知恩寺**　京都市左京区田中門前町。長徳山功徳院と号し、百万遍と俗称。浄土宗四大本山の一。もと今出川北小路加茂河原(現相国寺の地)にあり、源空(法然)の高弟源智が、師の影堂を建立して知恩寺を号したのにはじまる。元弘元年1331疫病流行の時、八世善阿は勅を奉じて宮中に七日の百万遍念仏を修し効験あったことから、百万遍の寺号を受けたという。当寺の百万遍会式はここに由来する。のち一条川西、寺町と再転し、寛文二年1662現地に移った。その間しばしば知恩院と浄土一宗の総本山を争ったが、天正三年1575知恩院を総本山とする正親町天皇の綸旨が出されて一応結着した。〔重文〕絹本著色善導大師像、同蝦蟆鉄拐図、同十体阿弥陀像、同仏涅槃図、同浄土曼荼羅図〔参考〕知恩寺文書、知恩寺歴志略、百万遍知恩寺誌要

**ちおん-じ　智恩寺**　京都府宮津市文珠。五台山と号し、臨済宗妙心寺派。俗に切戸《きれと》文殊堂、九世戸《くせど》文殊堂という。大同三年808平城天皇の勅願により創建、現寺号は醍醐天皇の勅号であると伝える。初め真言宗であったが、嘉暦年間1326—29嵩山《すうざん》が住してのち、禅宗となった。明応九年1500府中城主延永修理進春信が多宝塔を造立、寛永年間1624—44別源が住持し、以後妙心寺派に属した。〔重文〕多宝塔、木造文殊菩薩脇侍善財童子優闐王像(三軀)、金鼓〔参考〕智恩寺文書、丹後州宮津府志二

**ちがい　智鎧**　(仁寿元851—延喜一八918)奈良東大寺の学僧。俗姓は内蔵氏。京都の人。道雄より教えを受け伝灯大法師位についた。延喜一〇年維摩会の講師となり、ついで法華・最勝二会の講士となり、同一二年東大寺に住した。〔参考〕東大寺別当次第、東大寺要録五、本朝高僧伝八

**ちかずみ-じょうかん　近角常観**　(明治三1870—昭和一六1941)真宗大谷派の僧。滋賀県東浅井郡湖北町の西源寺に生まれた。明治三一年東京帝国大学哲学科卒。同三三年ヨーロッパへ宗教視察。同三五年東京に求道学舎を設立し「求道」を発刊する。歎異抄を中心に真宗の宣布に努め、清沢満之らとも交わり、もっぱら学生のために親鸞の教えを説いた。著書、信仰問題、人生と信仰など。

**ちがつ　智月**　(六世紀頃)㊵ジュニャ

ーナチャンドラ Jñānacandraの訳。若那戦達羅と音写する。唯識十大論師の一人。インドの那爛陀《ならんだ》(ナーランダー Nālandā)の学僧で、護法(ダルマパーラ Dharmapāla)の弟子とされる。唯識三十頌の釈論を著わしたというが、現存しない。〔参考〕西域記九、成唯識論述記一本

**ちかん　智侃**　(寛元三1245—元亨二1322)臨済宗の僧。上野の人。足利泰氏の子。字は直翁《じきおう》。謚名は仏印禅師。初め天台・真言を学んだが、のち鎌倉建長寺で蘭渓道隆に謁して禅に帰した。入宋して諸大徳を訪れ、帰国後、東福寺に入って円爾弁円に参じた。徳治元年1306大友親平に請ぜられて豊後万寿寺の開山となり、東福寺一〇世を継いだ。直翁和尚語録一巻が現存する。〔参考〕東福寺第十世勅賜仏印禅師直翁和尚塔銘、延宝伝灯録一〇、本朝高僧伝二四

**ちかん　智閑**　生没年・姓氏不詳。唐代末期の禅僧。香厳、白崖大師と称し、襲灯と謚する。青州(山東省益都県)の人。潙山霊祐の法を嗣ぎ、慧忠国師を慕って鄧州(河南省鄧県)白崖山香厳寺《きょうげんじ》に住した。詩偈にすぐれていた。〔参考〕祖堂集一九、宋高僧伝一三、景徳伝灯録一一・二九

**ちかん　智鑑**　(　—延宝六1678)浄土宗の僧。遠江の人。字は寂照。信蓮社玄誉忠阿と号する。登誉智童について学び、のち川越の蓮馨寺・飯沼の弘経寺・鎌倉の光明寺に歴住し、知恩院三七世を継いだ。〔参考〕知恩院史、続日本高僧伝二

**ちぎ　智顗**　(大同四538—開皇一七597)天台大師、智者大師ともいう。天台宗の開祖。荊州華容県(湖南省岳州府)の人。八歳のとき法緒について出家し、慧曠に律を習い、兼ねて方等の経典を学んだ。天嘉元年560光州大蘇山の慧思の許へ行って、法華経薬王品の文によって開悟した。慧思が南岳に去ったのち師の付嘱をうけて光大元年567金陵(南京)に行き、瓦官寺に七年住して諸経論を講義し禅法を指導した。のち天台山から金陵に出て光宅寺で法華文句を講説した。陳末の乱を廬山に避け、開皇一一年晋王広(後の煬帝)に菩薩戒を授け、智者の号を贈られた。さらに当陽県に玉泉寺を開いて法華玄義・摩訶止観を講じた。同一五年晋王の請により金陵で維摩経疏を撰した。ついで天台山に帰り死期を知って観心論を口授した。生前、寺塔を三六カ所建立したという。その教説は教義と実践の二面を兼ねそなえ、中国仏教史上、一つの頂点に達したといわれる。嗣法の弟子に灌頂《かんじょう》・智越・智璪ら三二人がある。著書はその講義を灌頂が筆録整理した法華玄義・文句・摩訶止観(これを後世、天台三大部という)を始め、観音玄義・義疏・金光明経玄義・文句・観経疏(これを天台五小部という)・維摩経玄疏・文疏など多数がある。また智顗の紀伝を伝えるものとしては、弟子の灌頂が著わした隋天台智者大師別伝一巻と灌頂が智顗関係の往復文書を集録した国清百録とがある。〔参考〕天台智者大師別伝、続高僧伝一七

智顗（仏祖道影）

**ち-きっしょう　智吉祥**　生没年不詳。北宋代の訳経家。㊵ジュニャーナシュリー Jñānaśrī の訳。インドの人。皇祐五年1053中国に来て、西夏《せいか》沙門金総持らと訳経に従い、大乗智印経などを訳し、宝法大師の号を賜る。〔参考〕仏祖統紀四五、至元法宝勘同総録四

**ちきょう　智鏡**　鎌倉時代の律僧。字は明観。月翁と号する。俊芿《しゅんじょう》・定舜《じょうしゅん》に師事して律を学んだ。暦仁元年1238宋に渡り天童山の蘭渓道隆と親交を結び、帰国して泉涌寺四世を継いだ。〔参考〕律苑僧宝伝一一、本朝高僧伝五八

**ちぎょく　智旭**　(万暦二七1599—永暦九1655)明代末期の僧。霊峰派の祖。姓は鍾氏。名は際月。字は振之。藕益、八不道人と号し、始日大師と謚する。呉県木瀆《ぼくとく》(江蘇省呉県)の人。雲棲袾宏《うんせいしゅこう》、憨山徳清

《ざんとくせい》の学を嗣ぎ、西湖(浙江省杭県西)の霊峰寺を中心に宣教し、諸宗一貫、儒仏一致を説いた。三蔵各部の註釈を始め、閲蔵知津四八巻、浄土十要一〇巻、霊峰宗論一〇巻など編著が多く、天主教を批評したものに天学初徴と天学再徴がある。〔参考〕八不道人伝、浄土聖賢録六

**ちぐ　智愚**　(淳熙一二1185—咸淳五1269)南宋末期の禅僧。姓は陳氏。虚堂《きどう》、息耕《そっこう》と号する。四明象山(浙江省象山県)の人。楊岐九世の運庵普巌《うんなんふがん》の法を嗣ぎ、径山(同省余杭県西北)、その他の十刹に住した。南浦紹明《なんぽじょうみょう》の師である。語録一〇巻があり、墨蹟も存する。〔参考〕行状、増続伝灯録四、続灯存稿四

**ちくう　知空**　①(寛永一一1634—享保三1718)浄土真宗本願寺派の僧。姓は渡辺氏。京都の人。字は性応。大可子、臥雲叟《がうんそう》と号し、演慈院と諡する。西吟に師事し、寛文三年1663本願寺派二代能化職に補せられた。著書、安楽集鑰聞七巻、論註翼解九巻、御伝照蒙記九巻、正信偈要解首書四巻など。〔参考〕本願寺学事史　②(元和二1616—延宝八1680)浄土宗の僧。字は唯称。京都の人。良澄に師事し、ついで法隆寺の了性や観音院の高栄に学んだ。禁戒を守り日課念仏三万遍を行じ、晩年は壬生寺《みぶでら》の近くに安養院をつくり布教につとめた。〔参考〕緇白往生伝中、続日本高僧伝三

**ちくう　癡空**　(安永九1780—文久二1862)天台宗の僧。近江の人。字は慧澄。号は愚谷。一〇歳で比叡山安楽律院の覚忍に随侍し、大雲律師の法を嗣いだ。海忍・性潭・性脱・行海に教学を学び、文化九年1812江戸東叡山浄名院で法華玄義・法華文句を講じ、文政六年1823比叡山麓の世尊寺で摩訶止観を講じた。天保元年1830紀伊十禅院の開山となり、さらに東叡山浄名院に転住した。著書、法華文句講義一五巻、法華玄義講義一〇巻、摩訶止観講義一〇巻、四教儀集註半字談五巻など。〔参考〕慧澄和上行業記、和漢高僧伝

**ちくき‐の‐まっきょう　逐機の末教**　⇩称法の本教《しょうほうのほんぎょう》

**ちくしょう　畜生**　(梵)ティルヤンチュ tiryañc の訳で、傍生《ぼうしょう》とも訳し、底栗車と音写する。畜養される生類の意で、鳥獣虫魚などのすべての動物を指す。衆生《しゅじょう》の生存の状態を五道(五趣)、六道(六趣)とするうちで、畜生道(畜生の世界)は地獄道・餓鬼道とともに、三悪道(三悪趣)の一に数える。無智闇鈍で互いに殺しあい、そのために苦が多くて楽の少ない世界である。愚癡の者が悪い行為のむくいとしてここに生まれるとされる。畜生の中で馬・牛・羊・犬・豚・鶏を六畜という。また六衆生を六畜という。

**ちくそう‐ずいひつ　竹窓随筆**　三巻。明の雲棲袾宏(1535—1615)の著。晩年の十余年間に著者が折にふれ感じたこと見たことを、南宋の洪邁《こうまい》(1123—1202)の容斎随筆にならって記述した随筆。初筆一四七篇・二筆一三〇篇・三筆一一二篇の三部あわせて三八九篇から成る。その中には多方面にわたる話題を収め、自らが見聞した身近な事柄・修行者の心構え・宗教界批判から教学論・禅浄の優劣論・儒仏融合論などに至るまで、随所に著者の円熟した思想が表われている。またこの広範囲な話題のなかには、万暦年間1573—1620の思想動向を伝える記述もある。袾宏の没後、門弟の編集になる雲棲法彙に所収。〔刊本〕承応二1653刊

**ちくぶ‐しま　竹生島**　⇩宝厳寺《ほうごんじ》②

**ちくりん‐じ　竹林寺**　①中国湖北省荊州府江陵県にあった寺。東晋代に南蛮校尉劉遵が建立し、慧遠の弟子曇順を迎えたのにはじまる。荊州における義学の道場として栄え、曇邕・僧慧・慧敞・慧球らが住した。②中国山西省代州五台山にある。大暦五年770法照禅師が文殊菩薩の霊告によって建て、その般舟道場において念仏につとめたという。清涼山志　③高知市五台山。真言宗智山派。五台山金色教院と号し、俗に土佐文殊という。四国八十八カ所三一番札所。神亀元年724行基が勅を奉じて開創し、文殊像を安置したと伝え、ついで空海が再興して自像を残したという。江戸時代には藩主山内氏の崇敬があった。本堂(文殊堂)は室町時代の再建(重文)。〔重文〕木造文殊菩薩及侍者像、同大威徳明王像ほか　〔参考〕土佐五台山竹林寺略縁起、四国霊場記　④奈良県生駒市有里

町。文殊山と号し、律宗。行基の墓があり、国指定史跡。天平二一年749行基が菅原寺で没すると、その遺命でこの地に葬ったが、文暦二年1235行基の舎利瓶が発見され、明観らによって土壇を修築して舎利を収め、文殊菩薩像を安置した。大聖竹林寺と号して一時は栄えたがのち漸次衰退した。〔参考〕生駒山竹林寺縁起、竹林寺略録、大僧正舎利瓶記

**ちくりん-しょう　竹林鈔**　二巻。詳しくは浄土竹林鈔という。顕意(1238—1304)の著。成立年不詳。浄土宗深草流の立場から、多くの経論・祖釈を引用して、浄土宗の教義を解説する。嵯峨の竹林寺で作られたのでこの名がある。(大)八三、国東叢一(宗義)〔刊本〕正徳三1713刊、寛政一〇1798刊

**ちくりん-しょうじゃ　竹林精舎**　⇩迦蘭陀竹園《からんだちくおん》

**ちげ　智礙**　⇩煩悩礙《ぼんのうげ》

**ちけい　智慶**　生没年不詳。鎌倉時代の浄土教の僧。字は南無。東国から京都へ上り長楽寺の隆寛に師事し、のち東国に帰って鎌倉に長楽寺を開き、隆寛流の念仏の弘通につとめた。〔参考〕浄土伝灯録、浄土総系譜

**ちげん　知玄**　(元和四809—広明二881)唐代末期の僧。姓は陳氏。字は後覚。悟達国師と諡する。眉州洪雅(四川省洪雅県)の人。武宗の排仏に抗して一時隠棲したが、宣宗に召されて長安に法乾寺を創建した。諸宗の教義に通じ、三教首座となり、裴休《はいきゅう》とも交わった。著書、慈悲水懺法三巻の他、諸経の註がある。没年を中和三883とする異説もある。〔参考〕宋高僧伝六、編年通論二七、神僧伝八

**ちこう　智光**　①(六・七世紀)(梵)ジュニャーナプラバ Jñānaprabha の訳。インド中部のマガダ国の人。玄奘がインドへ行った頃那爛陀寺(ナーランダー Nālandā)に住した論師。大慈恩寺三蔵法師伝第七によると戒賢(シーラバドラ Śīlabhadra)の門下の唯識の学匠といわれるが、同書第四には、戒賢門下にありながら中論・百論などを講じ、中観の立場から瑜伽唯識の説を批判したという。②生没年不詳。奈良時代の三論宗の僧。河内の人。姓は鋤田連《すきたのむらじ》(のち上村主)。出家して鋤田寺に住し、のち元興寺の智蔵に師事して三論宗を学んだが、親友頼光《らいこう》の没後、その導きに依って西方浄土の相を拝見し、これを図画した。これを智光曼荼羅という。以後智光は浄土往生を願った。没年は宝亀年間770—81というが明らかでない。著書、大般若経疏二〇巻、浄名玄論略述五巻、無量寿経論釈五巻、安養賦一巻、般若心経述義一巻など。〔参考〕般若心経述義序、日本霊異記巻中、日本往生極楽記、今昔物語集一五、私聚百因縁集七、本朝高僧伝四

智光曼荼羅（覚禅抄）

**ちこう　智好**　(正徳元1711—安永九1780)新義真言宗の学僧。字は法山。武蔵の人。一一歳で同国三宝寺の日盛《にちじょう》について得度し、京都智積院で学び、寛延四年1751帰国して三宝寺に住した。著書、通用念誦次第私記聞書六巻。

**ちこく-りみん-ひほう-そうじょう-けいふ　治国利民秘法相承系譜**　天海(1536—1643)の著。成立年不詳。山王一実神道の相承系譜。後陽成天皇・徳川家康・同家光らに一実神道を伝授した時、本書が用いられた。真俗一貫、王仏不二の相承をもって奥旨とするもので、天海により大成された一実神道の根本資料である。慈眼大師全集上

**ちごん　智厳**　(永和六350—元嘉四427)東晋・劉宋代の求法訳経者。甘粛省西涼州(甘粛省武威県)の人。仏典を求めて罽賓《けいひん》へ行き、仏馱跋陀羅《ぶっだばっだら》を請じて帰った。のち山東へ行き楊都の始興寺に入り、ついで東郊の枳園寺に移ったが、再びインドへ行き、帰途、罽賓で没した。普曜経、広博厳浄経などの翻訳がある。〔参考〕出三蔵記集一五、高僧伝三

**ちごん　智儼**　(隋の仁寿二602―唐の総章元668)華厳宗の二祖。至相大師、雲華尊者という。姓は趙氏。天水(甘粛省秦州西南)の人。一二歳で杜順の門に入り、法常に摂大乗論を学び、さらに四分律・毘曇・成実・十地・地持・涅槃などを学んだ。のち至相寺の智正に華厳を学び、慧光の経疏により無尽縁起を悟った。外国僧の教えで六相円融の旨を解し、二七歳のとき捜玄記を撰述した。以後至相寺・雲華寺に住して華厳の宣布に努めた。弟子に法蔵・義湘らがいる。著書、孔目章四巻、五十要問答二巻、一乗十玄門一巻、金剛般若波羅蜜経略疏二巻など。〔参考〕華厳経伝記三、続高僧伝二五、法順体

智儼（仏祖道影）

**ちしき　知識**　もともと仏教用語で知人・朋友を意味するが、転じて人を仏道に導く識者の意となり、さらに仏道に結縁して、造寺・造仏・写経・法会などのために財物などを寄進する行為、もしくはそうした行為を行う人々を意味するようになった。また寄進される財物を知識物といい、集団的に知識を行うことを知識結《ちしきゆい》といった。知識による造寺・造仏は、すでに飛鳥時代から行われているが、奈良時代にさかんになり、民間仏教の展開の契機となった。有名な行基の社会事業も、広い意味での知識と見なすことができる。東大寺や国分寺などの官寺の造営に当たっても、知識による財物の寄進を仰ぐようになった。中世には、勧進・普請《ふしん》などの語が用いられるようになった。なお浄土真宗では、歴代の門主をさして知識とよぶことがある。

**ちしき-え　知識会**　華厳経入法界品のなかにでてくる善財童子が、求道のために尋ねた五十三善知識を供養する法会をいう。

**ちしき-じ　智識寺**　①大阪府柏原市太平寺にあった寺院。知識寺とも書く。寺名は知識(同信者集団)の財物などを寄進して建立されたことによる。創建時代は不詳であるが、出土瓦から奈良前期とされている。聖武・孝謙(称徳)天皇の行幸・参詣があるなどして栄え、なかでも聖武天皇が智識寺大仏(盧舎那仏)をモデルとして、天平一五年743に東大寺大仏造立発願の契機としたことは有名。これより以前の天平一一年、勧進聖の頭目であったという万福法師なるものが、当寺で架橋(橋は大和川の河内大橋と推定)と大般若写経を発願したことが知られる。貞観五年863清和天皇が修理料を寄進、同八年河内守菅野朝臣豊持が別当となり仏像を修理する。天承二年1132菅野氏は、前記大般若経の補写にかかわる。しかし当寺は応徳三年1086倒壊して大仏も壊れ、中世以降荒廃した。なお智識寺は太平寺(戦国時代に廃されたか)と同一寺院であったともいわれ、両寺の関係は不明であるが、後鳥羽上皇のとき両寺を合わせたとも伝える。〔参考〕続日本紀、三代実録、紀州花園村大般若経奥書、扶桑略記、拾芥抄　②長野県千曲市上山田。俗に大御堂という。清源山と号し、真言宗智山派。天平一二年740の創建と伝えるが、建久八年1197源頼朝が堂舎を再建した。現堂宇は慶長一四年1609広雅の重興にかかる。〔重文〕大御堂、木造十一面観音立像

**ちしゃく-いん　智積院**　京都市東山区塩小路通大和大路東入四丁目東瓦町。五百仏頂山と号し、真言宗智山派総本山。もと紀州根来の大伝法院境内にあった二学頭寺の一。天正一三年1585豊臣秀吉の根来攻めで灰燼に帰した際、当院学頭の玄宥は神護寺に逃れたが、慶長三年1598根来寺再興を徳川家康に願い出て、京都北野に寺地を与えられた。さらに同五年家康が豊国神社の坊舎の一部と寺領二〇〇石を寄せたので、根来寺智積院と号して中興し、新義真言宗智山派を確立した。豊臣氏が滅亡した元和元年1615徳川氏は寺領と秀吉建立の祥雲寺を与え、茶臼山の陣舎も移して学寮としたため一山の構えも完備し、各地より学僧が集まった。明治五年1872豊山長谷寺と共に

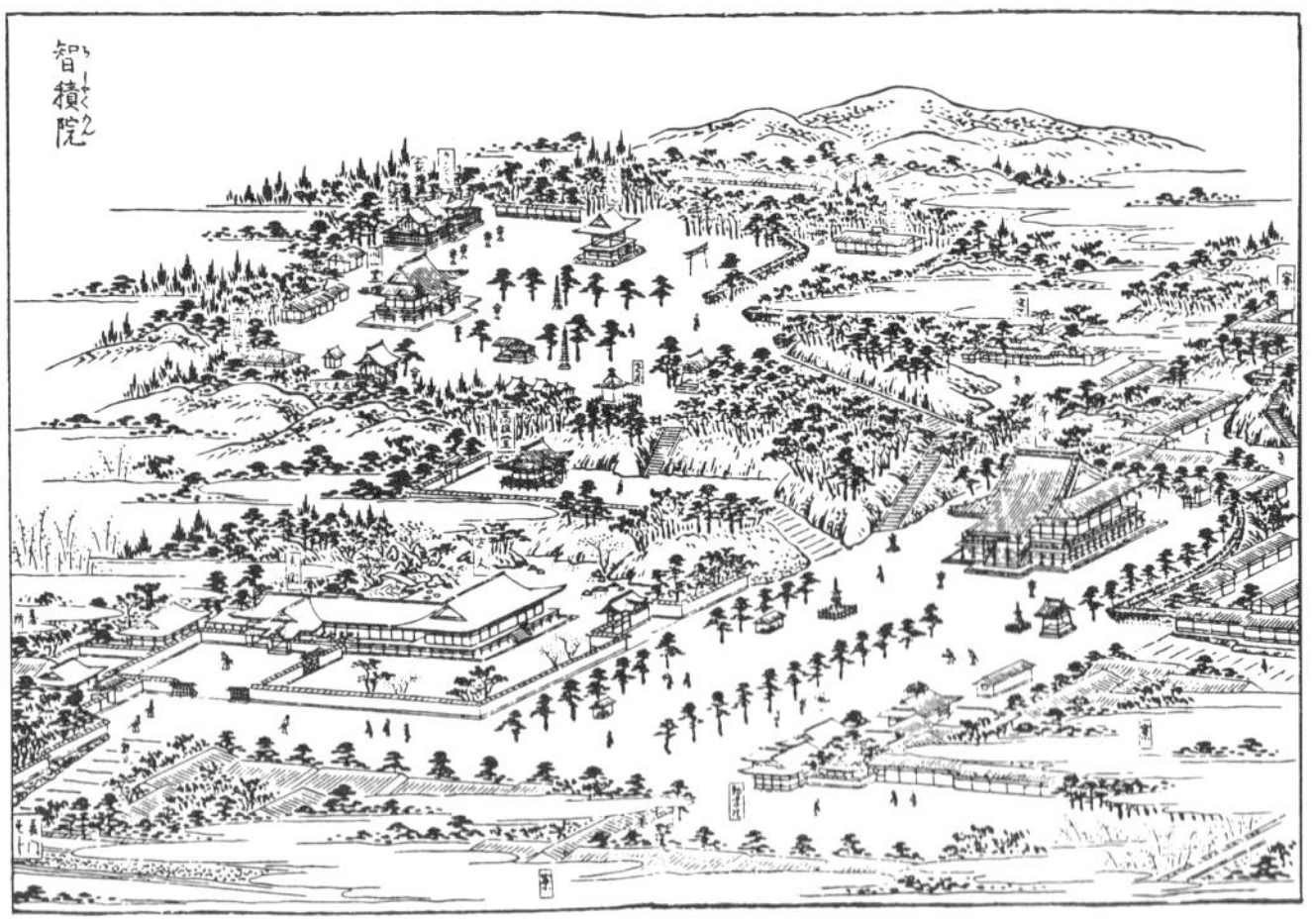

智積院（捨遺都名所図会）

新義真言宗総本山となり、高野山と交番に真言宗管長上任の制を定め、同一八年豊山と合わせて真言宗新義派を公称。同三三年豊山と分離して智山派を公称した。〔国宝〕紙本金地著色松に草花図、同桜楓図、同松に梅図、同松に黄蜀葵及菊図、同松に草花図（屏風）、金剛経〔重文〕絹本著色孔雀明王像、絹本墨画滝図、金地著色松に梅図（屏風）、増一阿含経ほか　〔参考〕智積院文書、智積院誌、智山通志

**ちしゅ　智首**　（北周の天和二567—唐の貞観九635）唐代初期の四分律の研究者。姓は皇甫氏。漳浜（福建省）の人。相州雲門寺の智旻に律を学び、長安の大禅定道場で講義のかたわら律典を校して五部区分鈔二一巻を撰し、また四分律疏二〇巻（巻九のみ現存）を製した。貞観元年波羅頗迦羅蜜多羅の梵本翻訳に参加して律典の証義に当たり、同八年弘福寺の上座となった。弟子に道宣・道世らがいる。〔参考〕続高僧伝二二、律苑僧宝伝四、唐書芸文志四九

**ちしゅう　智周**　（儀鳳三678—開元二一733）唐代の法相宗の第三祖。濮陽大師と称する。姓は徐氏。淄州《ししゅう》の慧沼の門に入り唯識法相を学び、濮陽（山東省濮県）の報城寺に住した。弟子に新羅の智鳳・智鸞・智雄、日本の玄昉らがいる。著書、成唯識論演秘七巻、法華玄賛摂釈四巻、義林章決択記四巻など。〔参考〕新編諸宗教蔵総録三、法相宗章疏、三国仏法伝通縁起中

**ちじゅん　智順**　生没年不詳。平安末期の絵仏師。天承元年1131鳥羽泉殿跡の九品寺阿弥陀堂供養の時、九品曼荼羅を描いた。康治二年1143法眼、久寿元年1154法印になり、頼助・頼源と並び称された。仁安二年1167頃まで生存していたと考えられる。〔参考〕長秋記

**ちしょう　智昇**　生没年不詳。唐代の律僧。仏教史家。開元一八年730長安西崇福寺で開元釈教録二〇巻を著わし、さらに開元釈教録略出・続大唐内典録・続古今訳経図紀・続集古今仏道論衡・集諸経礼懺儀などを製した。開元録は古今の経録を整理補訂した権威あるもので、欽定大蔵経の書目はこれを基準とする。〔参考〕開元録九、貞元録一四、宋高僧伝五、仏祖歴代通載一六、釈氏稽古略三、六学僧伝二三

**ちしん　智真**　⇩一遍《いっぺん》

**ちせん　智泉**　（延暦八789—天長二825）真言宗の僧。山城報恩院（岩船寺）の開山。姓は菅原氏。讃岐の人。大安寺で勤操《ごんぞう》に学び、のちに空海の侍者として入唐した。大同年間806—10河内高貴寺に住し、空海に従って高雄山に移った。空海の十大弟子の一に数えられ、絵画にも秀でていた。〔参考〕弘法大師弟子伝上、弟子譜、本朝高僧伝四七

**ちせん　智暹**　（元禄一五1702—明和五1768）浄土真宗本願寺派の学僧。遊心斎と号する。姓は井村氏。播磨の人。若霖《じゃくりん》に宗学を学び、義教と共に名声を博した。明和元年1764真宗本尊義を著わして法霖の本尊論を批判し、学林との間に論戦を展開した。漢文祖典の校刻を志し、教行信証を校訂した。著書、真宗本尊義一巻、御文章諺解一五巻、正像末和讃正説一二巻など。〔参考〕本願寺派学事史、本願寺通記

**ちぞう　智増〔悲増〕**　法相宗の教義。八地以前の菩薩《ぼさつ》の分類。頓悟（直往《じきおう》）の菩薩についていえば、初地において倶生起の

煩悩障の現行《げんぎょう》を伏し尽くして、ただちに変易身《へんにゃくしん》を受けるのを智増(上)の菩薩、第七地の満心までこれを伏し尽くさず分段身を受けて衆生を救おうとするのを悲増(上)の菩薩(大悲菩薩)という。前者は煩悩を断って涅槃に至ろうとする智慧においてすぐれ、後者は生死に住して衆生を救おうとする慈悲においてすぐれているからこういう。漸悟(廻心)の菩薩についてもこの二種があり、また、他に悲智平等の菩薩があるともする(成唯識論巻七)。なお、法蔵は華厳五教章巻下にこの説を論難している。

**ちぞう　智蔵**　①(大明二458―普通三522)法雲・僧旻とともに梁の三大法師と称され、開善寺に住したので開善とも呼ばれる。姓は顧氏。初名は浄蔵という。呉郡(江蘇省呉県)の人。一六歳のとき劉宋の明帝に代って出家し、僧遠・僧祐・弘宗に師事し、また僧柔・慧次にも学んだ。斉の文宣王に選ばれて浄名経を講説し、また梁の武帝の厚遇をうけて成実論・般若経を講じ、晩年は武帝が建てた鍾山の開善寺に住して道俗を教化した。武帝が自ら僧官を統御しようとした時にこれを抑えて断念させたり、武帝に菩薩戒を授け、皇太子の師傅となるなど徳望が高かった。著書は般若・涅槃・法華・成実などの義疏を製したというが、現在は伝わっていない。〔参考〕続高僧伝五　②生没年不詳。日本へ三論宗を伝えた人(第二伝)。呉国よりの帰化人と伝え、一説に福亮在俗時の子という。元興寺の慧灌に師事して三論の奥義をうけ、帰朝後、法隆寺に住した。大和の川原寺で一切経の書写を行い、その功によって天武天皇二年673僧正に任じられた。道慈・智光・礼光はその弟子という。〔参考〕僧綱補任上、扶桑略記五、本朝高僧伝一

**ちそく-いん　知足院**　奈良市雑司町。華厳宗。東大寺の塔頭。寛平二年890昇蔵の創建。のち荒廃したが、建長二年1250東大寺別当定親が再興してから、東大寺に属した。一時、唐招提寺や西大寺に属して律院となったこともある。天保三年1832火災にあい、文久年間1861―64に再建された。〔参考〕東大寺要録四、同続要録諸院編、招提千歳伝記中

**ちたく　知濯**　(英祖二六1749―憲宗五1838)李氏朝鮮の僧。俗姓は韓氏。号は華岳、三峯。涵月・玩月両師について学んだが、玩月門下の漢巌の後を継いだ。著書、三峯集一巻、風使録二巻。〔参考〕知濯行状

**ちたつ　智達**　生没年不詳。法相宗の僧。斉明天皇四年658智通と共に入唐し、玄奘とその門弟窺基《きき》に法相宗を学んだ。智通とともにわが国法相宗第二伝という。帰国後、奈良元興寺に住して法相宗を弘めた。〔参考〕日本書紀二六、三国仏法伝通縁起

**ちつう　智通**　①生没年不詳。法相宗の僧。斉明天皇四年658智達と共に入唐し、玄奘と窺基に師事して法相宗を学び、これを我が国に伝来した(法相宗第二伝)。帰国ののち、大和に観音寺を建てて同宗を弘通した。白鳳二年僧正に任じられる。〔参考〕日本書紀二六、僧綱補任一、三国仏法伝通縁起中、本朝高僧伝一　②(正和三1314―応永一〇1403)浄土宗西山派の僧。字は光居《こうご》。石見の人。因幡の永覚に学び、のち東国に遊化して、文和四年1355美濃の市橋荘に立政寺《りっしょうじ》を建てた。明徳三年1392常紫衣の勅許を得、応永八年1401菩薩の尊号を受けた。著書、観経疏口筆鈔一六巻、往生論注鈔など。〔参考〕光居菩薩伝

**ちっき-の-まっきょう　逐機の末教**　⇩称法の本教《しょうほうのほんぎょう》

**ちどう　智洞**　(元文元1736―文化二1805)浄土真宗本願寺派の学僧。桃花坊《とうかぼう》と号する。京都の人。僧樸に師事し、寛政九年1797功存《こうぞん》の後を継いで第七代の能化となる。功存の学説を継承して三業帰命の説を主張し、いわゆる三業惑乱《さんごうわくらん》の大法難をひき起こした。文化元年幕府の手によって裁断され、遠島に処されたが、翌二年出発前に獄中で病死した。著書、般舟讃講林一〇巻、阿弥陀経講林四巻、正信偈講林二巻など多い。〔参考〕真宗僧宝伝二、反正紀略、清流紀談二、本願寺派学事史

**ちどう　智幢**　(安永九1780―天保四1833)真宗高田派の学僧。字は光顕《こうけん》。本定院と諡する。尾張の人。一身田の常照院で真淳《しんじゅん》に師事し、天保三年講師に補せら

れた。

**ちとく　智得**　(弘長元1261―元応二1320)時宗の僧。中聖量阿と号する。加賀の人。他阿真教に師事して、嘉元二年1304時宗第三祖を継いだ。遊行廻国すること一六年、真教の没後、相模無量光寺第三世となる。著書、知心修要記、念仏往生綱要、三心料簡義、和讃(弘願讃・称揚讃・六道讃)。〔参考〕他阿上人法語一、時宗要義集下、遊行系譜

**ちとつ　知訥**　(毅宗一一1157―熙宗六1209)高麗の僧。俗姓は鄭氏。自号は牧牛子。諡号は仏日普照国師。八歳で出家して二五歳で僧選に合格。その後、何人かの同志と公山の居祖寺で定慧結社を結び定慧を磨いたが、四一歳のとき定慧社を松広山吉祥寺に移し、その地で没するまで独創的な曹渓禅の宣揚に献身した。著書、定慧結社文一巻、真心直説一巻、華厳論節要三巻、修心訣一巻、円頓成仏論一巻など多数。〔参考〕東文選、朝鮮仏教通史下

**ちとつ　智訥**　生没年不詳。南北朝時代の臨済宗の僧。字は古剣《こけん》。諡号は仏心慧灯国師。出家して出雲雲樹寺の孤峰覚明に参じ、のち和泉の大雄寺に出世した。〔参考〕延宝伝灯録一五、本朝高僧伝三五

**ちば-でら　千葉寺**　千葉市中央区千葉寺町。真言宗豊山派。行基の草創、建久三年1192千葉常胤の再興と伝える。徳川家康は朱印地を寄せ、元禄二年1689の火災後、徳川綱吉の母桂昌院が再建した。現堂宇は天保年間1830―44に修復したものである。

**ちはら-でら　茅原寺**　⇩吉祥草寺《きちじょうそうじ》

**チベット　Tibet**　西蔵と書く。アジアの中央部、ヒマラヤ山脈と崑崙《こんろん》山脈にはさまれ、西はパミール高原、東は中国の陝西省・青海省・四川省に接する高原地方をいう。チベット人はこれをウ Dbus(蔵、中央チベット)、ツァン Gtsaṅ(衛、西チベット)、カム Khams(喀木、東チベット)、アムド Am-do(東チベット)に四分するが、現在はカムは四州省および昌都地区に編入され、アムドは青海省に含まれるので、ウおよびツァンのみがチベットと総称され、中華人民共和国の西蔵自治区を形成している。この地方の遊牧民は古く漢代から氐《てい》あるいは羌《きょう》の名で中国に知られていたが、七世紀はじめにソンツェン・ガンポ Sroṅ-btsan sgam-po 王が出て統一国をつくった。中国ではこれを吐蕃《とばん》と称したが、チベット人みずからは、八世紀以来自国をポエ Bod と呼んでいる。吐蕃は雲南、東西トルキスタン、パミールなどにも勢力をおよぼし、一時は安史の乱に乗じて唐の都長安をも占拠した。ソンツェンガンポ王は仏教に帰依し、梵語仏典翻訳のためにトンミ・サンボータ Thon-mi Saṃbhoṭa をインドに遣わしてチベット文字およびチベット文法を制定させたといわれる。これをうけついでティソン・デツェン Khri-sroṅ lde-brtsan 王およびレパチェン Ral-pa-can(ティツク・デツェン Khri-gtsug lde-brtsan)王も仏教を擁護し、とくにレパチェン王はマハーヴィウトパッティ Mahāvyutpatti(翻訳名義大集)を制定させて仏典をチベット語に翻訳するための訳語を統一させるなどして、チベット大蔵経の基礎をきづいた。ティソン・デツェン王のころにシャーンタラクシタ Śāntarakṣita(寂護)、カマラシーラ Kamalaśīla(蓮華戒)、パドマサンバヴァ Padmasaṃbhava(蓮華生)らのインド僧があいついで入蔵、前二者はサムイェー Bsam-yas 寺を建立、またパドマサンバヴァは当時インドで流行していたタントラ仏教を伝え、ニンマ Rñiṅ-ma 派の祖となった。レパチェン王につづくランダルマ Glaṅ-dar-ma 王の破仏により仏教は一時衰微し、また王も暗殺されて統一国家の時代は終り、分裂と抗争の時代が続いた。しかし仏教はしだいに復興し、一一世紀初頭に入蔵したアティーシャ Atīśa がチベット仏教の改革をおこない、その弟子ドムトゥン Ḥbrom-ston によってカーダム派 Bkaḥ-gdams-pa がはじめられた。その他アティーシャの影響のもとにカーギュ派 Bkaḥ-brgyud-pa, カルマ派 Kar-ma-pa, サキャ派 Sa-skya-pa などの諸派が生じた。一三世紀後半にはモンゴルがチベットを征服したが、サキャ派のパクパ Ḥphags-pa は元の世祖(フビライ)の帰依を受け、チベットの統治権を委任された。元につづく明

朝もラマ僧を尊崇し、ラマ僧の横暴と堕落を招く結果となった。これに対して一四世紀の末にツォンカパ Tsoṅ-kha-pa が出て厳格な戒律主義による仏教の改新をはかり、ゲルク派 Dge-lugs-pa（またの名を黄帽派 Shwa-ser-pa）を創始した。黄帽派はその後大いに発展し、ツォンカパの弟子ゲンドゥン・ドゥパ Dge-hdun grub-pa からダライ・ラマの系統が、ケードゥプジェ Mkhas-grub-rje からパンチェン・ラマの系統が生じた。一七世紀にはダライ・ラマ五世は青海のグシ・ハンの後援によりウ Dbus すなわち中央チベットの政教権を掌握し、同じくパンチェン・ラマはツァン（西チベット）を支配するようになった。その後ジュンガル部のガダンがモンゴルとチベットとの統一をくわだて、グシ・ハンの孫ラツァン・ハンと対立した。その後ガダンの孫ツェワン・アラプタンはチベットに侵入してラサを平定したが、清の康熙帝（1661—1722在位）はこれを征圧し、その後はダライ・ラマが清朝の保護のもとにチベットを統治した。一八世紀後半にいたってイギリスがチベットに影響を及ぼすようになったが、一九世紀後半にロシアも活発なチベット工作を行うようになると、ダライ・ラマ一三世はロシアと結んでイギリスを排除しようと企てた。しかし一九〇三年のラサ条約でイギリスのチベットにおける優越的地位が確立された。この間ダライ・ラマ一三世ははじめ清朝に援助を求めたが、清朝が冷淡であったためチベットに戻り、清朝がチベットに軍をすすめたためインドに亡命した。このインド行によりダライ・ラマ一三世は完全に親英主義に転じた。辛亥革命を契機に一九一三年のシムラ会議では中国の宗主権を否認した。第二次世界大戦後、蔣介石の国民政府はチベットの自治権を認めたが、中華人民共和国政府は一九五一年チベットに解放軍を送り、チベットの和平解放に関する協定を結んで中国の宗主権・チベットの自治・現行制度の維持などを確定した。しかし中国の指導力の強化は従来のチベット支配階級の不満を高め、一九五九年反中国暴動が起きた。このときダライ・ラマ一四世はインドに亡命、以後パンチェン・ラマ一〇世を中心にチベット自治委員会が権力を代行している。

**チベット-だいぞうきょう**　**西蔵大蔵経**　⇩大蔵経④

**ちほう**　**智鳳**　生没年不詳。新羅の僧。早くから来朝し、大宝三年703文武天皇の勅によって入唐し、濮揚の智周に法相を学び、帰国後これを義淵に伝えた。日本における法相宗入唐得法の第三伝。元興寺に住し、慶雲二年704維摩会の講師を勤めた。〔参考〕元亨釈書一六、東国高僧伝一、本朝高僧伝六七、三国仏法伝通縁起中

**ちみょう**　**智明**　（正応五1292—貞治五1366）臨済宗の僧。蒙山と号する。摂津卡造の人。一六歳で南禅寺の規庵祖円の門に入り、規庵の没後、一山一寧に学んだ。暦応1338—42の初め、足利尊氏によって筑前聖福寺に迎えられた。また足利直義・義詮の帰依を受け、建仁寺・南禅寺に歴住し、南禅寺に上乗院を開いて隠退した。幼少時から法華経一部読誦を日課とし毎夏、首楞厳経を講じた。〔参考〕延宝伝灯録一九、本朝高僧伝三〇

**ちみょう**　**智猛**　（　—劉宋の元嘉年間424—53末）後秦時代の入竺僧。雍州京兆郡新豊（陝西省臨潼県）の人。弘始六年404に同志の沙門一五人とともに長安を発して涼州からパミールを越えてインドに入り、仏跡を歴訪し、泥洹経《ないおんぎょう》、僧祇律の梵本を得、涼州に帰って泥洹経二〇巻を訳出した。元嘉一四年蜀に入り、同一六年鍾山定林寺で外国伝を作り、遊歴した国々のことを記述した。〔参考〕出三蔵記集二・八（二十巻泥洹記）・一五（智猛伝）、高僧伝三

**ちもく-ぎょうそく**　**智目行足**　さとりに至るためには、智と行とが兼ね具わらなければ到達できないのを、大智度論巻八三にある「清涼の池へは目があり足があって入ることができる」という譬えにあわせたもの。天台宗では教門を智目とし観門を行足と名づけ、教観双修即ち理論的研究と実践修行とが相待って初めて涅槃のさとりに至るとしている。

**ちもん-れんげ-かよう**　**智門蓮華荷葉**　禅宗の公案の一。雲門文偃《ぶんえん》の第三世に当

たる智門光祚《こうそ》とある僧が、水中の蓮が華や葉を出す譬えについて交わした問答で、蓮華と荷葉の分別を払い、法性の根源に気づかせようとするもの。水中の蓮華の説は、法華玄賛の句による。〔原文〕碧巌録二一則、智門語録、五灯会元一五

**ちゃくえい　択瑛**　（慶暦五1045―元符二1099）北宋代の僧。姓は兪氏。字は韞之《うんし》。桐江法師、瑛法師などといわれる。桐江（浙江省）の人。杭州の寿寧寺で出家し、宝閣寺の処謙に天台を学んだ（元照と同門である）。杭州祥符寺で没した。著書に注心経・三珠論・浄土修証義二巻があり、楽邦文類にも遺文が見える。その弁横竪二出の文は、親鸞の教行信証に引用されて二双四重の説の典拠となっている。〔参考〕芝園集上、釈門正統六、仏祖統紀一四

**ちゃくじ　択地**　密教で供養法を修めるとき、その壇を造るために適当な土地を選択して定めること。修せられる秘法の種類によって場所が異なる。

**ちゃくとう-じょうびょう　擢倒浄瓶**　浄瓶は「じんびん」とも読む。禅宗の公案の一。百丈懐海《えかい》と潙山霊祐《いさんれいゆう》との故事で、百丈が浄瓶（飲料水を入れる器）をとり上げ、「此を浄瓶と喚んではならぬと言ったら、何と喚ぶか」と問うたとき、他の僧が分別的な返答をしたのに対し、潙山がすぐさま浄瓶を蹴とばし、百丈の真意に契った話。霊祐はこの問答で、潙山の主人となる。〔原文〕無門関四〇則、潙山語録、景徳伝灯録九

**ちゃくめつ　択滅**　㊵プラティサンキヤー・ニローダ pratisaṃkhyā-nirodha の訳で、数滅、智縁滅とも訳す。涅槃《ねはん》（さとり）の異名。智慧の力（簡択力《けんちゃくりき》正しい判断力）によって得られた滅の意。ここにいう滅とは、生死《しょうじ》（迷いの生存）を滅した心やすらかなさとりの境地のこと。これはまた煩悩《ぼんのう》（特に貪以外の九結）を断つから「断界」、繋縛《けばく》（束縛、特に貪結）を離れるから「離界」、生死（特に煩悩と密接不離な関係にある諸々の事象、即ち煩悩の所随増の事）を断滅するから「滅界」と呼ばれ、合わせて三界という。択滅は無為法であって、三無為または六無為の一に数える。倶舎宗《くしゃしゅう》では択滅は有漏法《うろほう》の数だけあるとする。それは煩悩によって、すべての有漏法が繋縛されているとき、煩悩を断って離繋を得るのが択滅だからである。唯識宗では煩悩障を断って得る滅縛得と、所知障などを断って得る滅障得との二種の択滅を立てる。

**ちゃせん　茶筅**　茶筌とも書く。わが国の中世以降の念仏集団から派生した下層民で、空也《くうや》の末流と称するものが多い。主に中国地方に分布し、地方により鉢屋《はちや》・隠坊《おんぼう》・アゼチ・ササラなどと呼ばれた。その起源は不詳であるが、空也によって教化された平定盛あるいは平将門の残党が空也僧となって妻帯し、茶筅を製して売り歩いたことによると伝える。天正年間1573―92安芸の多治比に「茶せん」がいたことが記録に見え、近世には小規模の集落を形成したが、卑賤視された。生業は農業を主とし、竹細工、団扇・草履作り、門付《かどづけ》、埋葬、牢番など。⇩聖《ひじり》

**チャンダ・パッジョータ**　㊤Caṇḍa-pajjota　㊵チャンダ・プラディヨータ Caṇḍa-pradyota　猛光・悪生などと訳す。王の名。ウッジェーニー Ujjenī 国の王で性暴悪であったが大迦旃延《だいかせんねん》（マハーカッチャーナ Mahākaccāna）に依って仏道に入った。前生の善業の功徳によって勝れた従僕・象・馬などの五勝物を有していたという。〔参考〕Jātaka V, Dhammapadatthakathā I, 有部毘奈耶雑事二〇、出曜経一、雑宝蔵経九

**チャンドラキールティ　Candrakīrti**　（600―650頃）月称ともいう。インド中期中観派の論師。帰謬論証派（プラーサンギカ Prāsaṅgika）の派祖とされる。南インドの出身といわれる。ブッダパーリタ Buddhapālita（仏護）の学説をうけて、自立論証派（スヴァータントリカ Svātantrika）のバーヴァヴィヴェーカ Bhāvaviveka（清弁《しょうべん》）の説を批判し、帰謬論証法による空の論証を確立した。最も重要な著作は竜樹（ナーガールジュナ Nāgārjuna）の中論頌に対する註釈書プラサンナ・パダー Prasannapadā である。これは中論頌の諸註釈のうち梵文原本が現存する唯一のものであり、しかも中論頌そのものの梵文原本もこれに

チャンドラキールティ（三百尊像集）

よって知られるためきわめて重視され、早くから研究・翻訳が行われている。その他竜樹の空七十論、六十頌如理論、および提婆《ばだい》(アーリヤデーヴァ Āryadeva)の四百論に対する註釈がある。また独立の著作としてマドヤマカ・アヴァターラ Madhyamakāvatāra(入中論)およびその自註があり、これらはいずれもチベット訳で現存する。なお九―一〇世紀頃の密教学者に同じチャンドラキールティという名の人物がいたらしく、チベットの伝承はしばしば両者を混同しており、チャンドラキールティが三〇〇年間在世したという伝説も生じている。

**チャンドラグプタ　Candragupta**　①(317―293B.C.頃在位)インド・マウルヤ Maurya 王朝の始祖。アショーカ Aśoka 王(阿育王)の祖父にあたる。卑賤の出身から身をおこして挙兵し、マガダ国のナンダ王朝を倒してマウルヤ王朝を創始した。その後近隣諸国を併合し、インド西北部からギリシア人勢力を一掃するなどして、インド初の統一帝国を建設、パータリプトラ Pāṭaliputra(現在のパトナ)を都とした。その家臣に名宰相として知られるカウティルヤ Kauṭilya(別名チャーナキヤ Cāṇakya)がいた。②チャンドラグプタ一世(320―335頃在位)インド・グプタ王朝の始祖。マガダ地方の一小王であったが、リッチャヴィ Licchavi 族と姻戚関係を結んで勢力を拡大し、ガンジス河中流地域を領有して、のちの大帝国の基礎をきづいた。かれの即位した三二〇年にはじまるグプタ紀元はインドの年代学上重要である。③チャンドラグプタ二世。グプタ王朝第三代の王。サムドラグプタ Samudragupta の子で、②の孫にあたる。ヴィクラマーディトヤ Vikramāditya(超日王《ちょうにちおう》)の称号で知られる。⇩超日王

**チャンドラゴーミン　Candragomin**　(620―680頃)仏教の文法家。著作としてチャンドラ・ヴィヤーカラナ・スートラ Candra-vyākaraṇa-sūtra(チャンドラ文法経)および四篇の付属文献がチベット訳に残る。思想的には瑜伽行唯識派に属し、アサンガ Asaṅga(無著)の説を奉じたと伝える。

**チャンドラ・ダース　Chandra Das, Sarat**　(1848―1917)インドのチベット学者。北京からチベットに入って古史料の蒐集研究に従事、とくにツォンカパ、ミラレパ、パドマサンバヴァなどの伝記を研究し、Indian pandits in the land of snow(雪の国におけるインド学僧たち1893)、Journey to Lhasa and Central Tibet(ラサおよび中央チベットへの旅1902)を著わした。またパクサム・ジョンサン Dpag-bsam ljon-bzaṅを刊行し(1903)、A Tibetan-English Dictionary with Sanskrit synonyms(蔵英辞典1902)およびAn introduction to the grammar of the Tibetan language with the text of Situ Sumtag(チベット語文法1915)を著わすなど、チベット語・チベット仏教史の研究に大きな貢献をした。

**ちゆう　智幽**　(元和五1619―宝暦二1752)天台宗の僧。字は玄門。伊勢安濃津の人。一四歳で観心院珍舜について得度し天和二年1682比叡山に登り、妙立慈山・霊空光謙に従って法を受け、宝永三年1706安楽院三世となる。もっぱら安楽律の弘伝に努め、律規の完成を計り、五十余の律院を創したという。著書、霊空和尚年譜一巻。〔参考〕玄門大和尚年譜、続日本高僧伝九

**ちゅう　籌**　竹・木・銅・鉄・牙・角・骨などで作った細板で、布薩《ふさつ》の時参集した僧の数を数えたり、或いは正説か邪説かを多数決で決する場合の投票、その他、単

にものを数えるときに、僧団において使用されたもの（厠で用いる籌とは別）。

**ちゅうう　中有**　㊵アンタラー・バヴァ antarā-bhava の訳で、中陰《ちゅういん》、中蘊《ちゅううん》とも訳す。有情《うじょう》が生死《しょうじ》（迷いの世界）に流転する過程を四有《しう》即ち四種の生存に分けるうちで、前世の死の瞬間（死有）から次の世に生を受ける刹那（生有）までの中間の時期における霊魂身とでもいうべきもの。次の生存を希求するから求生《ぐしょう》、次の生までの間、暫時起こるものであるから起《き》、血肉により保持される身でなくもっぱら香を食とするから乾闥婆《けんだつば》（㊵ガンダルヴァ gandharva の音写。食香、尋香と訳す）とも称され、意から生じ意から成り立っている化生《けしょう》の身即ち意生身《いしょうしん》（意成身《いじょうしん》ともいう）であって、精血などから生じたものではない。中有の身が往って生を受けるべき処が一たん決定すると、不思議なはたらきのある定力・通力・借識力・大願力・法威徳力の五力《ごりき》（唯識宗の教義で判断決定のできない五種の力）をもってしてもこれを変更することが不可能である。これを五力不可到という。

**ちゅうえん　忠延**　生没年不詳。弘法大師十大弟子の一人。仲延とも書く。藤原良房の子とも伝える。天長824—34初年東大寺戒壇院で受戒し、はじめ倶舎・唯識を学んだが、のち空海に師事して両部の秘法をうけ、京都神護寺の定額二十一僧の一員となった。〔参考〕弘法大師弟子伝、南都高僧伝、本朝高僧伝七二

**ちゅうかい　忠快**　（永暦元1160—　）天台宗の僧。中納言平教盛の子。真乗房また大教房と号する。比叡山で覚快法親王、慈円に師事し、ついで常寂房契仲に台密穴太《あのう》流を学んだ。父の旧邸東山三条小川に殿舎（小川殿、宝菩提院）を営み、小川法印、中納言法印などと呼ばれ、その法派を小川派という。著書、密談鈔六三帖、船中鈔三巻など。〔参考〕阿娑縛抄伝法灌頂日記下、同三国明匠略記、同当流代々書籍事、増補諸宗章疏録、台密血脈譜

**ちゅうかい　抽解**　抽脱《ちゅうだつ》ともいう。禅宗の用語。元来は袈裟《けさ》を抽き解くの意。即ち袈裟、法衣をぬぐことで、坐禅の中途で、休息または用事のため僧堂を出ることをいう。転じて大小便することをもいう。

**ちゅうがん-しょうごん-ろん　中観荘厳論**　原題はマドヤマカ・アランカーラ・シャーストラ Madhyamakālaṃkāra-śāstra という。瑜伽行中観派の祖とされるシャーンタラクシタ Śāntarakṣita（寂護725—83頃）の著。清弁《しょうべん》（バーヴァヴィヴェーカ Bhāvaviveka）にはじまる自立論証派の中観思想を継承し、中観思想と瑜伽行派の唯識説との総合化をはかる論書。寂護による自註、及びその弟子のカマラシーラ Kamalaśīla（蓮華戒）による細疏があり、本論とともにチベット訳で伝わる。漢訳は存在しない。梵語原本も現存しないが、若干の論書に引用されており、その断片が知られる。

**ちゅうがん-は　中観派**　㊵マドヤマカ Madhyamaka あるいはマードヤミカ Mādhyamika の訳。瑜伽行派（唯識派）とならぶインド大乗仏教の二大学派の一つ。竜樹（ナーガールジュナ Nāgārjuna150—250頃）の中論頌にもとづく学派で、一切法は因縁生にして無自性・空であるとし、八不中道を主張した。竜樹の後、提婆《だいば》（アーリヤデーヴァ Āryadeva）が百論などを著わし、羅睺羅跋陀羅《らごらばつだら》（ラーフラバドラ Rāhula-bhadra）、青目《しょうもく》（ピンガラ Piṅgala）らがこれにつづいた。学派としての中観派が明確な形で形成されたのは六世紀のはじめ頃で、ブッダパーリタ Buddhapālita（仏護）、バーヴァヴィヴェーカ Bhāvaviveka（清弁《しょうべん》）が出ていずれも中論頌に対する註釈書を著わした。仏護と清弁とは空の論証方法について意見を異にし、仏護の系統をプラーサンギカ Prāsaṅgika（帰謬論証派）と呼び、チャンドラキールティ Candrakīrti（月称）などによって継承された。いっぽう清弁の系統をスヴァータントリカ Svātantrika（自立論証派）といい、アヴァローキタヴラタ Avalokitavrata（観誓《かんぜい》）、シャーンタラクシタ Śāntarakṣita（寂護）らがこの系統に属する。清弁は瑜伽行派の護法（ダルマパーラ Dharmapāla）と空有の論争をしたと伝えられる。中観派の思想は主としてチ

ベットに伝わって大いにひろまり、当初は瑜伽唯識派との論争をくり返したが、のちには瑜伽派と合流する傾向をしめし、シャーンタラクシタやその弟子のカマラシーラKamalaśīla(蓮華戒)などは中観瑜伽派とも呼ばれるにいたった。中国・日本の三論宗も中観派の系統に属する。〔参考〕南海寄帰伝、了義灯一本、成唯識論述記一

**ちゅうがんろん-しょ　中観論疏**　二〇巻。隋の吉蔵の著。中論疏ともいう。撰述の年代は明確ではないが、本書中の記載によって隋の大業四年608頃に完成したものと考えられる。竜樹造・青目釈の中論(鳩摩羅什訳)を註釈したもの。著者は三論宗の大成者であり、その解釈方法は僧朗・僧詮・法朗のいわゆる摂山相承の三論学の伝統に従っている。まず、僧叡の中論序について詳しく註釈し、次いで中論二七品を逐次細釈する。とくに第一観因縁品の釈は詳しく、そこでは中論二七品のうち、前二五品は大乗の迷失を破し、大乗の観行を明かしたもので、後の二品は小乗の迷失を破し、小乗の観行について弁じたものとしている。以下、極めて多数の経論典籍や当時の学説などを援引しながら論の文を註釈している。同著者の十二門論疏六巻、百論疏九巻および三論玄義一巻とともに三論宗の宗義の根本書である。中国や日本で盛んに研究され、安澄の中論疏記など、多くの末註が著わされた。(大)四二、[国一]論疏部六・七

**ちゅうぐう-じ　中宮寺**　奈良県生駒郡斑鳩町法隆寺。聖徳宗。法興尼寺、鵤尼《いかるがに》寺、斑鳩御所《いかるがごしょ》などともいい、門跡尼寺。聖徳太子建立と伝える七カ寺の一。草創は聖徳太子が母の穴穂部間人皇女(用明天皇皇后)の宮所を皇后在世中に改めたという説、皇后の没後に寺とした説などがある。寺地は初め現在地の東方にあったが、文永年間1264—75河内西琳寺の日浄が今の地に再興し、叡尊が興隆して、信如尼を住まわせてから尼寺となった。天文年間1532—55伏見宮王女高祐尊智尼の来住以後、皇女入室が例となって、比丘尼御所となった。かつては法相宗、真言宗泉涌寺派に属した。〔国宝〕木造伝如意輪観音菩薩半跏像、天寿国繡帳残闕　〔重文〕紙製文殊菩薩立像、紙本墨書瑜伽師地論　〔参考〕日本書紀二二、法隆寺伽藍縁起并流記資財帳、聖徳太子伝暦、上宮聖徳太子補闕記、中宮寺縁起略

**ちゅうけ　中悔**　一度得た信仰が動揺し、中途でその所信を後悔し破棄すること。

**ちゅうけい　中啓**　親骨を外へそらした扇をいい、末広《すえひろ》、蝙蝠《かわほり》、鳳扇《ほうせん》、折腰扇《おりこしおおぎ》ともいう。もと宮中で公卿が夏季だけに用いたものであるが、僧侶も儀式のとき携えるようになった。中啓に似て先がわずかにひらいたのを雪洞《ぼんぼり》という。中啓の略式のものである。

**ちゅうごく　中国**　①古代民族の間では、しばしばその民族の住地を、文化の中心と考え、中国と呼んだ例が多い。インド・アーリヤ民族が、自国を末睇提捨(Madhya-deśa 中国)と呼び、仏の出世はその地にかぎるとして、中国に生まれることができないのを八難(仏道修行をさまたげる八つの障碍)の一に数える。或いは漢民族がその中華思想によって、自国を中国・中華などと称し、また大和民族が、日本を豊葦原中ツ国といっているのもその一例である。なお中国はインドが中国と称することをよろこばず、それについてしばしば論議がかもされてきた。〔参考〕弘明集七、弁正論六、釈迦方志上、南海寄帰伝三　②戒律を守るについて、中国(majjhima-janapada)と辺国とでは地方事情が異なるから、律制に緩急の別が認められているが、その中国とは、薩婆多部律摂巻五によれば、インドでは東は奔荼林《ほんだりん》(Puṇḍra-vardhana)、西は二窣吐奴村《にそつとぬそん》(Sthūnopasthūnaka)、南は摂伐羅伐底河《しょうばらばっていが》(Śarāvatī-nadī)、北は温尸羅山《うんしらせん》(Usīragiri)の範囲であるとする。③漢民族のいう中国は、古くは黄河流域の南北の地方に限られたが、秦の統一後には長城以南を広く指すようになった。⇩支那

**ちゅう-こくし-むほう-とう　忠国師無縫塔**　禅宗の公案の一。国師塔様ともいう。唐の代宗が、南陽慧忠国師の死に際して無縫塔の建立を約し、その形容を問うたとき、国師が沈黙によって示した意味を悟らず、

没後その弟子の耽源応真を召して尋ねた故事で、仏陀の身塔の制をうける仏弟子の無縫塔に譬えて、天地に遍満する真理にめざめさせようとするもの。原文には耽源の頌がある。〔原文〕碧巌録一八則、従容録八五則、景徳伝灯録五

**ちゅうさい　忠済**　生没年不詳。鎌倉時代の天台宗の僧。尾張春日井郡味岡の人。栄西から台密葉上流を、仁弁から蓮華流を、聖昭から穴太流を受法した。その法流は味岡流と呼ばれ台密十三流の一。尾張の密蔵院はその遺跡。〔参考〕密門雑抄、自在金剛集九、三国伝記八

**ちゅうさん　仲算**　（承平五935―貞元元976、一説に昌泰二899―安和二969）法相宗の学僧。松室先徳あるいは貞松房先徳という。幼時から興福寺に住し、内外典を究めとくに論義に長じた。応和宗論（応和三963）にあたって叡山の寿肇と聖救を論破した。康保三年966維摩会の竪義《りゅうぎ》を勤め、また西大寺別当にもなった。著書、法華経釈文三巻、四分義極略私記二巻など。〔参考〕応和宗論日記（仏全一二四）、元亨釈書四、本朝高僧伝九

**ちゅうし　冲止**　（高宗一二1225―忠烈王一八1291）高麗の僧。曹溪山修禅社の第六世。俗姓は魏氏。諱は法桓、冲止。自号は宓庵。堂号は宓菴。諡号は円鑑国師。著書、海東曹渓第六世円鑑国師歌頌、曹渓円鑑国師語録、海東曹渓宓庵和尚雑著など。〔参考〕朝鮮金石総覧下、朝鮮仏教通史下、朝鮮禅教史

**ちゅうじゃく　鍮石**　銅を主とする合金の一種で、仏像、仏具などを作るに用いる。真鍮であるともいう。

**ちゅうしん　中津**　（建武三1336―応永一二1405）臨済宗の僧。土佐高岡郡津野の人。号は絶海。自称は蕉堅道人。仏智広照国師、浄印翊聖国師と諡する。幼時から夢窓疎石に師事し、建仁・建長・円覚の諸寺に参じ、応安元年1368入明した。永和二年1376帰国し、細川頼之の帰依を受け、至徳二年1385阿波宝冠寺の開山となる。また京都等持寺に住し、応永八年（一説に明徳三1392）相国寺六世となり、同寺を五山の第一位とするなど大いに門風を興した。詩文をよくし五山文学の雄と称される。著書、四会語録三巻、蕉堅稿一巻。〔参考〕翊聖国師年譜、勝定国師年譜、本朝高僧伝三七、絶海和尚年譜

**ちゅうじん　忠尋**　（治暦元1065―保延四1138）天台宗の僧。佐渡の人。東陽房と号する。源忠季の子。幼くして比叡山に登り、顕教を長豪・覚尋に学び、密灌を良祐から受けた。京都曼殊院に住して教化し、保安元年1120勝蓮華院の別当、大治四年1129北野別当、翌年天台座主となり、大谷座主と称される。保延三年大僧正に任じられた。天台宗学の恵心流を伝え、その流を東陽流という。著書、漢光類聚鈔（一名、止観心要鈔）四巻、雑雑集三〇巻など多い。〔参考〕天台座主記、元亨釈書二六、本朝高僧伝一一

**ちゅうぜんーじ　中禅寺**　①長野県上田市前山。竜王山と号し、真言宗智山派。もと塩田神社の別当寺で、天長年間824―34空海が請雨法を修した霊跡と伝える。平安末期に堂舎再興。のち二度炎上したが、享保五年1720祐清が再建した。〔重文〕薬師堂、木造薬師如来坐像　②栃木県日光市中宮祠。日光山と号し、天台宗。輪王寺の一堂。俗に立木観音堂と呼ばれ、坂東三十三カ所第一八

中禅寺（日光山志）

番札所。寺伝によると、延暦三年784勝道上人が二荒山《ふたらさん》の山腹に立木観音を手刻、これを堂に安置したのに始まるという。以後、輪王寺の元称の満願寺または四本竜寺の支坊、小坊の一つとして栄えた。もと中禅寺湖北岸にあったが、明治三五年1902山崩れに伴い、大正二年1913現地に移った。⇩輪王寺《りんのうじ》

**ちゅうそん-じ　中尊寺**　岩手県西磐井郡平泉町平泉。天台宗。関山と号し、平泉寺とも称する。寺伝では、嘉祥三年850円仁の開基で、当初は弘台寿院と号したが、貞観元年859清和天皇の勅により中尊寺とあらためたという。天喜五年1057源頼義が安倍貞任討伐の勝利を祈って寺領を寄せ、長治二年1105藤原清衡が再興を企て、天治三年1126落慶の供養を行った。その後、藤原基衡や秀衡が造営をつづけ、堂塔四十余、僧房三百余があったという。近隣の毛越寺《もおつじ》と共に、藤原氏が財を惜しまずに造営し、京都文化の移入を図った。泰衡のとき、藤原氏は源頼朝に滅ぼされたが、当寺は保護をうけた。建武四年1337野火のために大半が焼失し、わずかに金色堂と経蔵その他数坊が残った。金色堂は清衡が葬堂として建てたものとも、当初は普通の阿弥陀堂として建てたのを葬堂に転用したものともいわれ、方三間の小堂であるが内外ともに布を貼り漆をかけて金箔を押し、柱などには華麗な装飾を加え、阿弥陀三尊と六地蔵・二天を安置している。中央須弥壇《しゅみだん》下には清衡の遺体を、また左右の両壇下には基衡・秀衡の遺体を葬っており、遺体はいずれもミイラ化して現存する。正応元年1288征夷大将軍惟康親王が修復し、覆堂がつくられた。経蔵は建武四年の火災で上層部を失ったものに修理を加えて単層宝形造にしたもので、いわゆる中尊寺経と宋版一切経九〇巻を蔵する。中尊寺経は紺紙金銀字交書一切経（清衡の願経で清衡経と称し、大部分は高野山や河内観心寺などに流出し、現存は一五巻）、紺紙金字一切経（基衡経といわれるが秀衡の奉納か）、紺紙金字千部一日経（基衡発願のものと秀衡発願のものとがある）の三類の装飾経で計二千七百三十九巻があり、漆塗経箱二七五合におさめられている。〔国宝〕（金色院）金色堂・金色堂内具、（大長寿院）紺紙金字一切経・経蔵堂内具・螺鈿八角須弥壇、（地蔵院）孔雀文磬　〔重文〕（大長寿院）経蔵、紺紙著色金光最勝王経金字宝塔曼荼羅図ほか

**ちゅうたい　中諦**　（康永元1342―応永一三1406）臨済宗の僧。阿波の人。字は観中。諡号は性真円智禅師。夢窓疎石に師事し、その没後、入元。紅巾の乱にあって帰国し、天竜寺の春屋《しゅんおく》妙葩の法を嗣ぐ。阿波の宝陀寺・京都の等持院・相国寺に住持した。著書、三会語録、青嶂集。〔参考〕五山伝、本朝高僧伝三七

**ちゅうとう　偸盗**　与えられないものを取ることで、新訳では不与取《ふよしゅ》という。他人の財物などをひそかに或いは脅迫して盗むこと。身・口・意による一〇種の悪行為（十悪）のうち、殺生・邪婬とともに身業《しんごう》に属する。これを犯すことは戒律によって厳しく禁じられており、これを犯せば波羅夷罪《はらいざい》（追放罪）になる。十悪でも五戒でも、殺生についでこれを第二に数える。

**ちゅうどう　中道**　(梵)マドヤマー・プラティパッド madhyamā pratipad の訳。二辺すなわち両極端を離れることによって得られる、かたよっていない中正な道の意。中路、或いは単に中ともいう。中道は仏教の根本的立場であるから、大乗・小乗にわたって広く重んじられており、従ってその意味にも浅深があるが、各宗がこの語でその教理の核心を表わす点では一致する。中道の意義を中道義、中道の真理を中道の理、中道の教説を中道教（三時教の一）、中道を旨とする立場を中道宗（法相宗では唯識中道を説くから自らを中道宗とも称する）、中道を観じるのを中道観（詳しくは中道第一義諦観《だいいちぎたいかん》といい、三観の一）という。また中道は宇宙万有の真実の相を表わすから、中道は即ち実相であるとの意で中道実相という。①阿含《あごん》の仏教では八聖道《はっしょうどう》の実践は快楽主義と苦行主義との偏《かたよ》った生活態度を離れ、それによって智慧を完成して涅槃《ねはん》のさとりに趣く道であるから、八聖道を中道といい（中阿含経巻五六など）、また十二縁起《えんぎ》の真理を正しく理解するこ

とは、常見(衆生の生命の主体である我《が》は永遠に存続するという考え)と断見(死後は全く滅無に帰するという考え)、また有見《うけん》(自然的立場、世間の常識)と無見(虚無主義)などのように偏ったものの見方を離れることであるから、十二縁起を正しく観察することが中道の正見《しょうけん》に住することであると説く(雑阿含経巻一二など)。前者は初転法輪において仏陀が説き、いわば実践上の中道であり、後者は思想上の中道である。②部派仏教では、大毘婆沙論巻四九や成実論巻一一などに阿含の教説を承けて中道は断・常の二見を離れた立場であると説く。③大乗の中観派では、般若波羅蜜《はんにゃはらみつ》を根本的立場とし、すべての執著や分別のはからいを離れた無所得の在り方にあるのを中道とする。中論巻一観因縁品には、縁起の理法は生《しょう》・滅・断・常・一・異・去《こ》・来の八の誤った見解(八邪、八迷、八過、八計、八謬、八事、八迷の戯論《けろん》)を打破して空《くう》の真理を明らかにするものであり、万有はこの縁起の道理に従って存在するものであるから、もとより八邪を離れていて実体がなく執著の対象とはならないことを明らかにする。このように八邪を離れて無得正観《しょうかん》(無所得の正しい見方)に住するのを中道とし、これを八不中道《はっぷちゅうどう》、八不正観、無得中道、八不中観という。ここでいう八不とは、生・滅などの八邪を否定した不生《ふしょう》・不滅・不断・不常・不一・不異・不去《こふ》・不来のことで、これによりすべての邪執が破られて、あらゆるもの(諸法)のありのままのすがた(実相)が表わされている。八不のうちで不生・不滅がその根本であり、特に八不はすべて究極的には不生におさまるという。吉蔵の中論疏巻二によれば不生は嬰児闡提《ようにせんだい》、不滅は邪見闡提、不断は断見の声聞《しょうもん》、不常は常見の声聞、不一・不異は外道《げどう》、不来・不去は独覚および初発心《しょほっしん》の菩薩《ぼさつ》のそれぞれの邪執を破るとされる。三論宗はこの八不中道の説に基づいて三種の中道を説く。即ち中論疏巻一には、八不中道を二諦に関係させて説き、(1)因縁によって仮に存在する現象面からいえば、すべてのものは実体がなく空でありつつ、しかも仮に現象として存在するから、無生滅の生滅であって生とも不生ともいうことができないとして、これを俗諦中道、世諦中道と名づけ、(2)ものの真実のあり方即ち本体面からいえば、すべてのものは仮に現象として存在しつつしかも本体は空であるから、生滅の無生滅であって不生とも非不生ともいうことができないとして、これを真諦中道と名づけ、これら二を二諦各論の中道という。(3)ところが無生滅の生滅、生滅の無生滅ということは実は生滅でも無生滅でもなく、言語思慮を絶した究極的な空であるとして、これを二諦合明《ごうみょう》の中道、非俗非真の中道と名づける。また三論玄義巻下には中道に一中から四中までの区別があるとする。即ち中道が唯一の清浄な道であるのを一中、中道を二諦について論じ「世諦の中」と「真諦の中」とに分けるのを二中、その「二諦の中」に「非真非俗の中」を加えて三中とする。四中とは次の四である。(1)対偏中。断・常の偏見に対して説かれた中。(2)尽偏中《じんべんちゅう》。それらの偏見が滅尽されて中道の意義が現われたこと。(3)絶対中。そこに表わされた中は言語思慮を超えた不偏不中のものであるが、強いて名づけて中という。(4)成仮中《じょうけちゅう》。非有非無《ひうひむ》である絶対中によってかえって現象としての仮の存在(有無)を成立させ、衆生を教え導くてだて(方便)となるのをいう。④天台宗では、空仮中の三諦《さんたい》の説を立て、すべての存在は一面的に考えられるような空・仮《け》を超えて絶対なものであり、その本体は言説思慮の対象ではないことを中諦とする。この中諦は化法《けほう》の四教のうち別・円の二教で説かれるが別教では三諦を各独立した真理と考え(隔歴《きゃくりゃく》三諦)、空・仮の二諦は現象面、中諦は本体面についていうものとするから但中《たんちゅう》といい、円教では三諦は相互に個別的でなく一諦のうちに三諦を具えて三者が区別なく融けあっていると考え(円融《えんにゅう》の三諦)、即空・即仮・即中としての中諦であるから不但中という。なお通教では三諦の説はないが、そこに説かれている空理のうちに中道が含まれて説かれているとし、通教を含中の教ということがある。また天台宗では中道の理は宇宙の真実のすがたであり、この理をさとれば自由自在に仏から地獄までの十界に向かって、教化される対者に応じた姿をあらわすことができるから、応化《おうげ》の本源は中道の理であるとの意で中道の応本という。蔵教と通教との菩薩はこれをもたないから、前者は本惑を断たないで残しておいて三界に留まり(伏惑行因)、後者は誓いをもって煩悩の習気《じっけ》を扶《たす》けて三界に生まれ、衆生を教化せねばならないとする(誓扶習生)。⑤唯識宗では有空中の三時教の教判を立てて、解深密経などの説のように、有《う》・空の二辺(両極端)を離れて非有非空の中道の真理を完全に顕わした教えを中道了義教とし、有・空に偏る教えを不了義教とする。その中道とはいわゆる唯識中道であって、即ち、⑴凡夫が実在と見なしている有情《うじょう》の実体的生命としての我《が》や万有の構成要素としての法は、迷情の執われにおいてのみ存在するものであるから情有理無《じょううりむ》として非有であり、⑵万有は因縁が仮に和合するところに阿頼耶識《あらやしき》が変じて現われたものであるから、即ち識は理有情無として非無であり、⑶また万有には固定した本性(自性《じしょう》)がなく空《くう》であるから自由自在に現象しうるのであって、即ち空は真空妙有として非無であるとする。このように宇宙の真相は非有非無(非有非空)の中道として把握されるが、これを説くのが中道了義教であるという。三性の説でいえば、ここにいう我と法とは遍計所執性《へんげしゅうしょう》であり、識は依他起性《えたきしょう》、空は円成実性《えんじょうじつしょう》を意味する(成唯識論巻七)。これについて日本では、執空説をとる南寺伝にあっては三性対望《さんしょうたいもう》の中道(三性相対の中道、言詮中道《ごんせんちゅうどう》)の説を立てる。即ち真如《しんにょ》である円成実性(真有)によって依他起性(仮有)としての現象があり、その現象の相を実有として執著するのが遍計所執性(理無)であるから、遍計所執は非有、依他起と円成実は非無であり、かつ三性は一法(一つのものがら)の上での三性であるから、三性を相対して見るとき、ここに非有非無である一個の中道があるとする。これに対して、体空説をとる北寺伝では、一法中道(離言中道《りごんちゅうどう》)の説を立てる。例えば遍計所執性は情有であるから非無、理無であるから非有であって、即ち中道を具えているというように、三性の各々がそれぞれ中道を具えていることを説き、さらに情有といっても単なる有ではないなどとして多くの一法中道を立てる。ただし一法中道説のうちにも、遍計所執性は凡夫の迷情であるから中道を立てるのを不可とする説もある。三性を相対して中道を説くのは言説に説きあらわされた中道であるから言詮中道といわれ、一法中道は、すべての存在がその本来的な真実の相においては言語思慮を絶した非有非空の中道として絶対的なものであることを説く中道であるから離言中道といわれ、合わせて二重の中道という。これは中道に二つのものがあるのではなく、前者は他に教えるための中道、後者は自らのさとりの内容としての中道である。なお中道の語は、能観の智を指す場合にも所観の理を指す場合にも用いる。

**ちゅうへん-ふんべつ-ろん　中辺分別論**　⇩弁中辺論《べんちゅうべんろん》

**ちゅうほんぎ-きょう　中本起経**　二巻。後漢の曇果と康孟詳との共訳(建安一二〈207〉)と伝えるが、西晋代の訳ともいわれる。修行本起経と一連をなすと見られる仏伝。仏陀成道より入滅直前までの物語を一五品に分けて述べる。仏伝文学として成立の古いものとされている。㊅四、国一本縁部六

**ちゅう-ゆいまきつきょう　注維摩詰経**　一〇巻。維摩詰経註、注維摩などともいう。鳩摩羅什訳の維摩詰経を註釈したもの。訳者の鳩摩羅什の註とその門下の僧肇・道生らの註釈を合糅し編集している。巻頭に僧肇の序文を付すところから古来より彼の編纂と伝えられているが、後世(編者不明)の編である。維摩経の註釈としては現存最古のものであり、しかも訳者自身の註釈を採録している点で中国・日本の維摩経研究に影響を与えた。本書の末註としては知空の日講左券一〇巻や鳳潭の会要発曚鈔五巻などがある。㊅三八

**ちゅうらんなんだ　偸蘭難陀**　㊁トゥッラナンダー Thullanandā ㊇ストゥーラ

ナンダー Sthūlanandā の音写。吐羅難陀などとも音写する。愚かなるナンダーの意。釈迦族のクシャトリヤ出身の比丘尼。しばしば人をそしったり、戒律に背く行為があった。〔参考〕阿含経四一、十誦経一二、賢愚経三

**ちゅう-ろん　中論**　四巻。姚秦の鳩摩羅什の訳(弘始一一409)。竜樹(ナーガールジュナ Nāgārjuna)の根本中頌(ムーラ・マドヤマカ・カーリカー Mūla-madhyamaka-kārikā 中頌・中論頌ともいう)に青目(ピンガラ Piṅgala)の註釈を付したもの。梵語原名はマードヤミカ・シャーストラ Mādhyamika-śāstra と推定される。根本中頌は二七章四百五十余偈から成り、般若経の空思想にもとづいて仏教の伝統思想である縁起説を再解釈する。冒頭帰敬頌の八不(八つの否定)に始まって、あらゆるものに独立の実体ないしは本質がないとする縁起・空・無自性の説を展開する。空の言語表現にあたっては第一義諦(勝義諦)と世俗諦の二諦を立てて、真理に二段階のあることを主張する。この二諦の立場の根底となるのが中道の思想である。また論証にあたっては帰謬論法(プラサンガ prasaṅga)を駆使していることが特徴として挙げられる。中頌は以後の大乗仏教の思想展開に大きな影響を与えた。中頌を中心とする竜樹の学説を継承する学派として中観派がおこり、瑜伽行派(唯識派)とならんで大乗仏教の二大潮流の一つを形成した。中頌に対する註釈としては表記の⑴青目註・羅什訳の中論のほか、⑵註釈者不明(竜樹の自註と伝える)のアクトーバヤー Akutobhayā(無畏註)、⑶ブッダパーリタ Buddhapālita(仏護)の釈(以上⑵⑶はチベット訳のみ現存)、⑷バーヴァヴィヴェーカ Bhāvaviveka の註釈プラジュニャー・プラディーパ Prajñā-pradīpa(唐の波羅頗蜜多羅《はらばみったら》の訳の般若灯論釈一五巻。チベット訳もある)、⑸安慧《あんね》(スティラマティ Sthiramati)の註釈の大乗中観釈論(九巻。北宋の惟浄・法護の訳。漢訳のみ現存)、⑹チャンドラキールティ Candrakīrti(月称)の註釈プラサンナ・パダー Prasanna-padā(梵語原本およびチベット訳が現存)がある。このうち⑹は諸註釈の中でただ一つ梵語原本が存在し、それを通じて中頌それ自体の原文も知られるのでとくに重視される。なお部分的な註釈としては無著(アサンガ Asaṅga)の順中論義入大般若波羅蜜経初品法門(二巻。北魏の瞿曇般若流支《くどんはんにゃるし》の訳。順中論と略称する)がある。中国・日本ではもっぱら青目釈・羅什訳の中論が重んじられ、同じ竜樹の十二門論およびその弟子提婆《だいば》(アーリヤデーヴァ Āryadeva)の百論とともに三論と称され、羅什の門下でさかんに研究された。のちにはこの三論を所依の論書とする三論宗が成立した。中国では三論宗の大成者吉蔵による中観論疏二〇巻が著わされ、日本では安澄の中論疏記八巻、快憲の中観論二十七論別釈一巻(以上いずれも㊅四二)がある。また中国天台宗の祖・天台智顗は、中論にもとづいて空・仮・中の三諦説を立て、天台教学の基本とした。㊅三〇

**チューラ・ヴァンサ　Cūḷa-vaṃsa**　⇩マハーヴァンサ

**ちょうあん　長安**　中国陝西省。渭水の上流、関中盆地にあった古都。現在の西安。南山・北嶺の二山脈が周囲をめぐる要衝で、前漢・前趙・前秦・後秦・西魏・北周・隋・唐などの都として、洛陽と並び称されてきた。東晋の太元四年379道安が五重寺に住して仏教を興し、後秦の弘始三年401鳩摩羅什《くまらじゅう》が西域から来て逍遙園で訳経に従事するなど、多くの高僧や訳経僧がこの地に集まって中国仏教の基礎を築いた。北魏の太武帝(423—52在位)が仏教を排斥したので一時は長安の仏教も打撃を受けたが、隋の文帝(581—604在位)が大興善寺などの諸寺を建てて仏教を栄えさせ、唐代には、玄奘や菩提流志・義浄・不空らがこの地で多くの経典を翻訳し、窺基・円測・道宣・法蔵・善導・慧日・神秀・普寂らがそれぞれの教学を弘めたので、再び仏教の中心地となった。会昌五年845武宗の排仏によってほとんどの寺院が破壊され、その後次第に衰えて、現在では玄奘の慈恩寺の大塼塔《だいせんとう》(歴塔)、義浄の訳場であった大薦福寺の小雁塔、興教寺の玄奘墓塔が塔として遺されているにすぎず、わずかに不空の寺としては多くが荒廃し、

住した大興善寺がある。

**ちょうい　長意**　（承和三836—延喜六906)天台宗の僧。姓は紀氏。露地和尚と号する。和泉大鳥の人。円仁から顕密を学び、安慧から灌頂を受け、二〇歳で円澄から菩薩戒を受けた。昌泰二年899天台座主となり、翌年内供奉十禅師に補せられた。〔参考〕扶桑略記二三、釈家初例抄上、天台座主記、本朝高僧伝八

**ちょういん　倀因**　（　—天正一九1591)曹洞宗の僧。甲斐山梨郡の人。字は拈橋。広厳寺の箇学光真のもとで曹洞禅を修め、武田信玄・徳川家康の帰依を受け甲斐景徳院を開いた。〔参考〕日本洞上聯灯録一〇

**ちょうえん　長円**　（　—久安六1150)平安後期の三条仏所(円派)の仏師。円勢の長男。京都の人。永久二年1114法眼、長承元年1132法印となる。大治四年1129には清水寺別当となり、親子二代仏教界に力を尽くし、円派の繁栄をもたらした。康和五年1103円勢とともに白檀薬師像を造ったほか、久安元年鳥羽院の丈六阿弥陀九体などその制作は数多いといわれる。〔参考〕外記日記、長秋記

**ちょうえん　長宴**　（長和五1016—永保元1081)天台宗の僧。京都の人。伊賀守守経の子。大原阿闍梨、大原僧都といわれる。比叡山の慶命・寛円・皇慶に台密を学んだ。治暦三年1067元慶寺別当、承保三年1076権少僧都に任じられた。大原の勝林院に住したため、その法流を大原流と呼ぶ。著書、四十帖決一五巻、十波羅蜜鈔一〇巻など。〔参考〕阿娑縛抄一九五・一九七、金剛頂無上正宗伝灯広録三

**ちょうえん　澄円**　（弘安六1283—応安五1372)浄土宗の僧。和泉大鳥郡の人とも、宋の人ともいう。字は智演。円雅・承遍・観豪・虎関師錬らについて教禅顕密を修め、さらに浄土教の西山・九品流を学び、鎌倉光明寺で白旗《しらはた》流を相承した。文保元年1317入元して廬山に登り禅浄を究め、元亨元年1321帰国、和泉の堺に旭蓮社を創めて般舟念仏を修した。著書、浄土十勝節箋論一四巻、同輔助儀四巻、獅子伏象論六巻など多い。〔参考〕浄土本朝高僧伝四、本朝高僧伝一七

**ちょうおつ-しょう　超越証**　⇩次第証《しだいしょう》

**ちょうおん　潮音**　（寛永五1628—元禄八1695)黄檗宗の僧。肥前小城郡の人。号は道海また南牧樵夫。承応三年1654長崎で隠元に会い、寛文元年1661黄檗山にいたり、隠元・木庵に師事した。上野館林の藩主の帰依を受け、万徳山広済寺を開いて第二世となる。儒典を究め神道を学び、開山となること二十余カ寺、受戒者一〇万人余と伝える。著書、指月夜話七巻、霧海南針　巻など。〔参考〕潮音禅師年譜、続日本高僧伝五

**ちょうおん-じ　長遠寺**　①兵庫県尼崎市寺町。大堯山と号し、日蓮宗。観応元年1350永存院日恩の開創。初め同地巽町の地にあったが、元和三年1617戸田左門が現地に移して再興した。〔重文〕本堂、多宝塔　②山梨県南アルプス市鏡中條。日蓮宗。もと真言宗で、住僧日心(大心房)が日蓮に帰依して改宗、寺を日蓮にささげたのに始まる。戸田村にあったが、のち現地に移った。〔参考〕別頭流記

**ちょうかい　澄海**　①生没年不詳。平安時代の東大寺の僧。俗姓は清海氏。摂津の人。漁師の子として生まれた。出家して願暁律師に従い、三論を学んだ。貞観一六年874維摩会の講師となり、大いに名声を博したという。晩年は極楽往生を願った。〔参考〕日本往生極楽記　②生没年不詳。鎌倉時代の僧。字は本心。山城の人。はじめ比叡山で学んだが、のち東大寺の円照から戒律を受け東福寺の円爾弁円に参じた。晩年は大和の菩提山に入って密印を受けた。〔参考〕本朝高僧伝一六、円照上人行状中　③生没年不詳。鎌倉時代の浄土宗の僧。号は総信房。はじめ比叡山で天台を学んだが、のち隆寛の弟子の敬日房円海に師事して、長楽寺流の浄土教を受けた。京都で弘教につとめたが、師説に相違し一義を立てたという。文永一一年1274本願寺の覚如に相伝の初心集五帖をさずけた。〔参考〕浄土伝灯録、最須敬重絵詞二

**ちょうかく　長覚**　（暦応三1340—応永二三1416)真言宗の僧。出羽国の人。安達時重の子。字は本智。高野山に登り密教を究め、禅を古先印元に、浄土教を澄円に、日

蓮宗を日経に学んだ。応永一〇年高野山無量寿院の主となり一流をとなえた。その流を高野山寿門方という。著書、釈論十二鈔私記一〇巻、大疏指南鈔九巻。〔参考〕長覚尊師伝記、本朝高僧伝一七

**ちょうがく-じ　長岳寺**　奈良県天理市柳本町。釜口山と号し、高野山真言宗。釜口寺とも称する。天長元年824空海が勅を奉じて堂舎を建立したと伝える。中世には興福寺大乗院の末寺として栄えたが、のちたびたびの火災にあい衰退した。しかし寛文1661―73の頃にはまだ房舎一〇宇があった。〔重文〕楼門、五智堂、旧地蔵院、木造阿弥陀如来及両脇侍像、同増長天・多聞天立像　〔参考〕和州旧跡幽考一三

**ちょうか-ぜんじ　鳥窠禅師**　⇩道林《どうりん》

**ちょうかん　澄観**　（唐の開元二五737一説に同二六―元和年間806―20一説に開成三838また同四）華厳宗第四祖。姓は夏侯氏。清涼大師、華厳菩薩ともいい、元和五年810国師統に任じられたので清涼国師ともいう。越州山陰（浙江省紹興府）の人。一一歳で出家し、律・三論・大乗起信論・華厳経を曇一、玄璧、淮南の法蔵、法詵にそれぞれ学び、さらに湛然に天台を、道欽・惟忠・慧雲らから南宗禅を学んだ。大暦一一年776五台山に登り、諸寺を巡拝し、のち大華厳寺に住して華厳経を講じ著作に努めた。興元元年784から三年を費して、新訳華厳経疏二〇巻（大疏という。現行本は六〇巻）を製し、のち随疏演義鈔四〇巻（現行本は九〇巻）を作った。ほかに註釈は多く、華厳経略策一巻、華厳法界玄鏡二巻、普賢行願品疏一〇巻、華厳経綱要一巻など四百余巻がある。長安で般若による四十華厳の翻訳にも参与した。弟子の宗密・僧叡・宝印・寂光を門下の四哲という。〔参考〕宋高僧伝五、編年通論一八―二一・二五、仏祖統紀二九・四一・四二

**ちょうかん-じ　長干寺**　中国建康（江蘇省江寧府）にあった寺。東晋の簡文帝（371―72在位）が建てた塔の下を、寧康三年375慧達が発掘して仏舎利を得たので、その地が阿育王の建てた八万四千塔の遺跡であることを知り、別に一刹を立ててこれを奉安した。太元一六年391孝武帝が修築して三層の塔とし、二塔が並立することになった。竺法曠・僧伽跋摩・僧佉吒・曇頴・玄暢などが歴住し、また梁の武帝（502―49在位）がしばしば行幸して、無遮大会を行い、塔を重修した。唐代に一旦廃されたが、北宋の天禧二年1018再建され天禧寺と改め、塔を聖感と名づけたと伝える。〔参考〕高僧伝三・五

**ちょうきゅう-じ　長久寺**　①埼玉県行田市桜町。応球山擁護院と号し、真言宗智山派。応永年間1394―1428忍《おし》の城主成田家時（一説に顕泰）が通伝を請じて開創したという。城の鬼門に位置していたので、代々鎮護の祈願所とした。②愛知県名古屋市東区白壁。東岳山一乗院と号し、真言宗智山派。慶長六年1601徳川忠吉が尾張に移封の時、旧領武蔵国忍《おし》（現埼玉県行田市）の長久寺重儌を招き清須に創建。同一五年徳川義直が名古屋城に移った時、宝弁がまた現地に移し、以来、尾張徳川家代々の祈願所として栄えた。尾張における智山方の談林所であった。〔参考〕尾張志二、豊山伝通記中

**ちょうくう　澄空**　生没年不詳。鎌倉時代の浄土宗の僧。関白藤原師家の子。如輪（如琳）、明院律師とも号する。長西に師事し浄土宗九品寺流を学び、京都大報恩寺に住して定覚の主唱した釈迦堂念仏を再興した。〔参考〕浄土伝灯総系譜、塵塚物語、古今著聞集

**ちょうけい　兆渓**　生没年不詳。江戸時代の画僧。江戸弘福寺の鉄牛に師事して黄檗禅を学ぶ。画をよくし兆殿司の五百羅漢を模し弘福寺に寄せた（木庵題賛）。その描いた阿弥陀三尊像が明国に伝わり、王永明が激賞したという。〔参考〕譚海

**ちょうけい-うさんどく　長慶有三毒**　禅宗の公案の一。長慶二種語ともいう。雪峰義存の弟子の長慶慧稜《えりょう》と保福従展《ほふくじゅうてん》が「寧ろ阿羅漢に三毒煩悩があるとしても、如来に真実と方便との二種の語があると思わぬ」という説について交わした問答で、二見の分別を超えて、直ちに真実の語を悟れと教えたもの。〔原文〕碧巌録九五則、祖堂集一一、景徳伝灯録一九

**ちょうげつ　澄月**　（正徳五1715―寛政一〇1798）歌僧。備中の人と伝える。酔夢庵、翠雲軒と号する。俗姓は西山氏。一三

歳で比叡山に登り、念仏して諸国を行脚した。和歌をよくし小沢蘆庵・伴蒿蹊・僧慈延と共に平安和歌の四天王といわれた。著書、澄月法師千首(寛政二刊)、和歌為隣抄二巻(同九刊)、垂雲和歌集(天保二1831刊)。〔参考〕本下幸文・歌僧澄月仏(ささやき草子)

**ちょうけん　澄憲**　(大治元1126—建仁三1203)天台宗の僧。藤原通憲(信西)の子。号は蓮行房。京都安居院《あぐい》に住し、安居院法印と呼ばれた。珍兼から天台宗檀那流の法門を受け、平治元年1159父に連座して下野へ配流されたが、のち許されて帰洛した。学才に富み、唱導をよくして園城寺定円と並んで唱導二家と呼ばれた。妻帯し、聖覚ら数人の子がいる。著書、法華三十講品釈、無量寿経四十八願釈、往生要集疑問、言泉集、澄憲作文集、源氏表白文。〔参考〕大日本史料四ノ七、元亨釈書二九、平家物語

**ちょうげん　重源**　(保安二1121—建永元年1206)紀季重の子。俊乗房、南無阿弥陀仏と号する。醍醐寺で密教を、源空(法然)から浄土教を学んだ。仁安二年1167以後三度宋に渡り、宋風の天竺様建築の技術を修得し、浄土五祖像図などを持って帰国した。治承四年1180平重衡の兵火で焼けた東大寺を再建するため大勧進職となり、一〇年余諸国を勧進して完成した。また各地に別所を設けて不断念仏を始修し、民衆を教化、南都仏教の復興に努めた。著書、南無阿弥陀仏作善集一巻。〔参考〕俊乗房重源史料集成、本朝高僧伝六五

重源花押

**ちょうごう　澄豪**　①(永承四1049—長承二1133)天台宗の僧。慧光房また大律師《おおりっし》ともいう。清朝から天台を学び、隆範に師事して檀那流を継いだ。大治四年1129権律師に任じられた。著書、紅葉赤山影響秘奥記など。〔参考〕本朝高僧伝一一、恵檀両流脈図　②(正元元1259—貞和六1350)天台宗の僧。冷泉顕成(一説に明持)の子。法円と号する。承澄について台密穴太《あのう》流を究め、徳治二年1307大阿闍梨となった。西山上人と称し、その法流を西山流という。著書、総持抄一〇巻、伝受記二二帖。〔参考〕山内穴太流受法次第(仏全二)

**ちょうこうえ　長講会**　長期にわたって経を講ずる法会。延暦寺では大同二年807最澄が法華経の長講を初めて修し、同五年から護国三部(法華・仁王・金光明の三経)の長講が行われた。これは鎮護国家を目的とするもので、最澄は長講会式を作っている。もと日々不断に行われたが、のちには一定期間を限って修せられるようになり、最澄が没した翌年(弘仁一四823)からはその忌日に行い、六月会《みなづきえ》(伝教会、山家会)と称する。興福寺では承和一三年846藤原良房が父母の追善のために初めて修し、当初は涅槃経のみであったが、のちには広く諸経論にわたり、期間もはじめは三〇日間であったが、のちには四〇日余(十月二四日—九月四日)になった。〔参考〕天台法華宗年分学生式、叡山大師伝、釈家官班記、興福寺縁起

**ちょうこうじ　朝光寺**　兵庫県加東郡社町畑。鹿野山と号し、高野山真言宗。白雉二年651法道仙人が鹿野山上に創建し勅願によって僧房六宇を造営したと伝える。元暦年間1184—85堂舎を現地に移建し、文治五年1189本堂を修造、永正六年1509には赤松義村が二十八部衆を安置、また鐘楼を寄進した。〔国宝〕本堂　〔重文〕鐘楼　〔参考〕播磨鑑、峰相記、加東郡誌、播陽事始考

**ちょうこうどう　長講堂**　京都市下京区富小路通五条下ル本塩竈町。西山浄土宗。もと後白河法皇の持仏堂。法皇は嘉応元年1169落飾ののち、七条殿内に阿弥陀三尊を安置し、叡聞に達した亡者の名を尊卑に関係なく過去帳に記して、長時不断に法華経を講讃したので、長講堂と称したと伝え、一に法華三昧堂と呼んだ。寿永二年1183六条西洞院の平業(成)忠の邸に遷幸の際、堂を移して六条長講堂と称したが、文治四年1188炎上。ついで源頼朝が同地に御所を再興し、苑内に方一八間の堂舎を建てて法華長講弥陀三昧堂の額を掲げ、諸国百八十余カ所の荘園を寄せた(長講堂領という)。のち持明院統の所属となる)。建久三年1192法皇は長講堂起請五箇条を作って厳しい遺詔を

残し、ついで後事を宣陽門院覲子内親王に託して死去。その後、宗派は天台宗を律宗に改めた。数度の火災にかかり、寺域も土御門油小路に移されたが、応永八年1401炎上ののち再び六条の旧地に移建して、准三后道仁がこれを管した。嘉吉・応仁の乱によっていちじるしく衰微したが、天正一八年1590豊臣秀吉が現地に移し、のち現宗に転じた。〔重文〕木造阿弥陀如来及両脇侍像、同後白河法皇御像　〔参考〕百錬抄、島田文書、玉葉二四、梅松論上、雍州府志四

**ちょうごん　澄儼**　（宣宗七1089—仁宗一九1140）高麗の僧。高麗粛宗の四子で、本名は澄佶《ちょうきつ》。福世と号し、円明国師と諡する。国師義天に華厳を学び、円応学一に禅を承け、開城興王寺に住し、都僧統となった。〔参考〕円明国師墓誌銘（朝鮮金石総覧上）

**ちょうさい　長西**　（元暦元1184—弘長元1261—　）浄土宗の僧。讃岐の人。藤原国明の子。覚明房と号する。建仁二年1202源空（法然）について出家し、師の没後、俊芿《しゅんじょう》・道元・証空からそれぞれ止観・禅・浄土教を学んだ。浄土教では覚瑜の影響をうけて諸行本願義を唱え、京都に九品寺《くほんじ》を建てて弘通に努めた。その流を九品寺流という。著書、浄土依憑《えひょう》経論章疏目録一巻（長西録という）、念仏本願義一巻など。〔参考〕浄土源流章、法然上人行状絵図四八、同翼賛五八

**ちょうさ-じ　長沙寺**　中国湖北省荆州府江陵県にあった寺。東晋の永和二年346長沙の太守滕含之が自宅を寺とし、曇翼を寺主に迎えたことに始まる。太元四年379道安の弟子法遇が当寺で衆経を講じたとき数百の徒が集まったという。同一九年曇翼は阿育王像を安置したが、その像がしばしば霊異を顕わしたので、篤く信仰をあつめた。劉宋代には曇摩蜜多《どんまみった》が禅閣を建て、隋代に智顗が霊像を拝して出家を誓ったという。〔参考〕大清一統志二六九

**ちょうじゃ　長者**　⇩僧職《そうしょく》

**ちょうしゃ-ほうそう-らっか　長沙芳草落花**　禅宗の公案の一。長沙遊山ともいう。南泉普願の弟子の長沙景岑《けいじん》が、遊山にちなんで天地に同化する遊戯三昧の心境を示したもの。「始めは芳草に随って去り、また落花を逐うて回る」と詠じたのによる。〔原文〕碧巌録三六則、五灯会元四

**ちょうじゅ　聴衆**　①説法を聴聞する人々。②法華八講などにおいて一座に列する僧衆のうち、講師・問者を除いて他の聴聞者をいう。

**ちょうじゅ-おう　長寿王**　（巴）ディーギーティ Dighiti あるいはディーガティ Dighati の訳。仏陀（或いは浄飯王《じょうぼんのう》）の本生の一つ。敵と闘争することの罪悪を感じ、妻と共に城を去り、敵に斬殺されたが、子に忍辱を教え、報復の念を捨てさせたという。〔参考〕中阿含経一七

**ちょうじゅ-じ　長寿寺**　①滋賀県湖南市東寺。天台宗。阿星山と号する。同町の常楽寺を西寺というのに対し、東寺《ひがしでら》と俗称する。寺伝に、聖武天皇の信楽宮遷都の時、勅を奉じて金鐘菩薩（良弁）が鬼門鎮護として創建したという。のち清和天皇の勅願所となり、染殿皇后が阿弥陀仏像を造立。源・北条・足利氏らが寺領を寄せて栄えたが、江戸時代には、わずかに地蔵堂一宇を残すのみとなった。〔国宝〕本堂（地蔵堂）〔重文〕弁天堂、木造阿弥陀如来坐像（二軀）、同釈迦如来坐像、絹本著色十六羅漢像　〔参考〕近江国輿地志略五〇　②神奈川県鎌倉市山ノ内。臨済宗建長寺派。宝亀山と号し、延文三年1358足利基氏が亡父尊氏のために創建、古先印元を開山としたという。康応元年1389僧堂を造営し寺運隆盛であったが、文安五年1448罹災し漸次衰退した。〔参考〕新編鎌倉志三、鎌倉市史

**ちょうしょう　調声**　法会《ほうえ》の際に、経または偈などのはじめの一句を唱えて、大衆に唱和させるための調子をととのえること。経頭、句頭ともいう。

**ちょう-しょうえい　張商英**　（慶暦三1043—宣和三1121）北宋代末期の儒者。字は天覚。号は無尽居士。文忠公と諡する。蜀の新津（四川省新津県）の人。徽宗朝の宰相。黄竜派の常総・克文・従悦、楊岐派の円悟・大慧らの学僧と交わった。生没年に異説がある。著書に護法論一巻がある。〔参考〕宋史三五一、宋人軼事彙編一四、普灯録二三、居士伝二八

**ちょうしょう-おう　頂生王**　（梵）ムール

ダガタ Mūrdhagataの訳。文陀竭と音写し、我持、最勝とも訳す。インド太古の王で、仏陀の本生とされる。閻浮洲《えんぶしゅう》を刀杖によって統治せず法によって統治したが、忉利《とうり》天まで昇って王になろうとしたために閻浮洲に墜落したという。〔参考〕頂生王経

**ちょうしょうおう-きょう　頂生王経**　①詳しくは頂生王因縁経という。六巻。北宋の施護の訳。本生経（ジャータカ）の一。仏陀の前生である頂生王が、人間界から天界まですべてを領有し欲望の頂上を極めると、にわかに人界に堕して老死に迫られ、一切に貪欲を捨てるべきことを説く。同じ説話がディヴヤ・アヴァダーナ Divyāvadānaやチベット訳の律事（ヴィナヤ・ヴァストゥ Vinaya-vastu）に見られる。(大)三　②詳しくは頂生王故事経という。西晋の法炬《ほうこ》の訳。異訳に中阿含経の第六〇経四洲経や北涼の曇無讖《どんむしん》の訳の文陀竭王経および増一阿含経の第一七品第七経などがある。内容はほぼ①と同じであるが、単に頂生王の故事として語られ、本生経の形をとっていない。(大)一

**ちょうしょう-じ　長勝寺**　青森県弘前市西茂森。太平山と号し、曹洞宗。享禄元年1528大浦（津軽）盛信が父光信のために創建したという。菊仙梵寿を開山とし、津軽家の菩提所となる。初め大浦種里村にあったが、のち賀田《よした》村に移り、慶長一六年1611弘前城築造に際して現地に転じ、藩主津軽信枚《のぶひら》が諸堂を建造した。藩内曹洞寺院の僧録所であった。〔重文〕三門、銅鐘　〔参考〕太平山長勝寺略記、津軽志留遍

**ちょうしょう-じ　超昇寺**　奈良市佐紀町にあった寺。超勝寺とも書く。承和二年835真如法親王の創建という。正暦年間990—95清海が浄土変相図（いわゆる清海曼荼羅で、浄土三曼羅の　）と金胎両部の曼荼羅を安置し、また念仏堂を建立して七箇日念仏法を修した（超昇寺大念仏の起源）。長禄三年1459兵火で焼けてから衰え、宝永六年1709護持院隆光が復興を企てたが、明治維新のとき廃絶した。〔参考〕超昇寺縁起、超昇寺大念仏

**ちょうしょう-じ　超勝寺**　①福井市藤島町。常光台と号し、真宗大谷派。俗に東超勝寺という。本覚寺（現福井県吉田郡永平寺町）の祖信性の嫡男長松丸が家督争いで当地に退出するが、急死したので、応永年間1394—1423本願寺六世巧如の弟頓円（鸞芸）を迎えて創建したという。当寺四世超勝のとき一家衆の寺格を得たと伝えるが、一向一揆で永正三年1506朝倉氏に追われ、大永五年1525寺基を加賀粟津に移す。享禄四年1531大小一揆（享禄の錯乱）で加賀三カ寺を打倒し、加賀教団での中心寺院となった。永禄一一年1568本願寺と朝倉氏との和睦後、旧地に帰った。江戸初期の本願寺の東西分派にあたり超勝寺も東西に分立。東超勝寺は超勝寺八世准照の兄頓慧が継いで松岡城主を檀越とし、東本願寺末となった。寺家に遍超寺がある。②福井市藤島町。白藤山と号し、浄土真宗本願寺派。俗に西超勝寺という。応永年間建立という浄光台超勝寺に始まるが〈⇩①〉、江戸初期の本願寺の東西分派にあたり超勝寺も東西に分立し、西本願寺末となった。当寺は明治一五年1882西本願寺別格寺となるが、昭和七年1932四井に長松寺を分立。寺家に大光寺・厳浄寺がある。〔参考〕反古裏、本願寺通紀

**ちょうす　鑷子**　「にょうし」とも読む。また略して鑷ともいう。大乗の比丘が常に所持すべき道具である十八物の一で、毛抜きのこと。

**ちょうぜん　頂禅**　最高の禅の意（大智度論巻一七に出ている）。天台宗ではこれを超越三昧《ちょうおつざんまい》のこととする。また辺際定《へんざいじょう》のこととする。

**ちょうぜん　澄禅**　①（安貞元1227—徳治二1307）律宗の僧。京都小栗栖の人。字は中観。建長三年1251西大寺叡尊から受戒し、東南院智舜に三論を、醍醐寺親快に密教を学んだ。京都太秦桂宮院に住して、堂宇を修営し戒律を説き、弘律の祖と崇められた。その流を桂宮院派という。著書、三論玄義検幽集七巻（日蔵三二）、秘鈔伝秘決五巻など。〔参考〕律苑僧宝伝一三、本朝高僧伝五九　②（—延宝八1680）新義真言宗の僧。肥後球摩の人。字は悔焉。号は知寺庵。智積院運敞に師事して事教二相を修め、梵学に通じ、

画をよくした。晩年、肥後愛宕山地蔵院に住した。著書、種子集二巻、悉曇字記初心鈔一巻、無常記一巻、四国遍路日記など。〔参考〕続日本高僧伝二、瑞林集、近世仏家著作目録稿本

**ちょうせん-じ　長泉寺**　福井県鯖江市長泉寺町にあった寺。文武天皇(697—707在位)の頃泰澄の創建といい、のち延暦寺座主良源が中興、平泉寺末に属し天台寺院であったが、天正二年1574真宗門徒のため焼却され荒廃した。

**ちょうそう-ぼんじ　長爪梵志**　長爪は㊵ディールガナカ Dīrghanakha ㊷ディーガナカ Dīghanakha の訳。梵志はバラモンの意。仏弟子。舎利弗《しゃりほつ》(サーリプッタ Sāriputta)の叔父。南天竺でバラモンの修行中は爪を切らなかったのでこの名がある。舎利弗が仏陀に帰依したことを聞いて怒り、仏に論争を挑むが、逆に教化されて仏に帰依し、出家したという。有部毘奈耶出家事第一ではその名を倶瑟恥羅《くしっちら》(カウシュテイラ Kauṣṭhila)とし、大智度論第一では摩訶倶絺羅《まかくぎら》(マハーカウシュティラ Mahā-kauṣṭhila)と同一人とするが、雑阿含経三四などではこれを別人とする。〔参考〕大毘婆沙論九八・九九

**ちょうだ　頂堕**　①頂位より堕するの意。頂退ともいう。声聞《しょうもん》の四善根位のうちで、第二の頂善根位から退堕して悪道に生まれることをいう（第三の忍位以後は悪道に退堕することがない）〈⇩四善根位《しぜんごんい》〉。②智顗《ちぎ》は頂堕をもって、頂位に堕在する意と解釈し、上らず退かない境地のこととする。即ち円教十信の位で相似《そうじ》の法に愛著した者は、進んで初住の位に入ることもできず、見思《けんじ》の惑を断っているから、そこから退堕することもないのをいう。

**ちょう-だいてい　張大帝**　禅林にまつられる伽藍や守護神の一。祠山《しざん》張大帝と称する。もと武陵竜陽の人で水火の道をよくしたという。〔参考〕広捜神記、塩尻六八、禅林象器箋(霊像門)

**ちょうにち-おう　超日王**　㊵ヴィクラマーディトヤ Vikramāditya の訳。毘訖羅摩阿迭多《びきつらまあいつた》と音写する。ヴィクラマーディトヤは王者の称号の一つで、インドのグプタ王朝の第三代の王チャンドラグプタ Candragupta 二世(376—414頃在位)を指すと推定される。クマーラグプタ Kumāra-gupta 一世に王位を譲るまでおよそ三〇年間王位にあって領土を拡張し、インド南部を除くインドの大部分を領有して、その治世下にグプタ王朝の版図は最大に達した。ヨーロッパとも交通し、詩人カーリダーサ Kālidāsa を宮廷に召すなど、大いにインド文化を興隆した。中国僧法顕がインドを訪れたのはこの王の時代にあたる。なお、同じグプタ王朝の第五代スカンダグプタ Skandagupta 王(455—70頃在位)もヴィクラマ・アーディトヤの称号で呼ばれる。〔参考〕西域記二

**ちょうねん　奝然**　(　—長和五1016)東大寺の僧。藤原真連の子。京都の人。幼くして東大寺で梵学を修め、東南院観理から三論を、石山寺元杲《げんごう》から密教を受けた。永観元年983入宋し五台山に詣で、インド優塡《うてん》王の刻したという梅檀釈迦像の模刻・十六羅漢画像・摺本一切経五千余巻などを携えて帰国した。奏請して大清涼寺を建て将来の梅檀像を安置しようとしたが果たさなかった。永延三年989東大寺別当となる。梅檀像は弟子盛算により嵯峨の清涼寺に安置され、三国伝来仏として信仰をあつめた。同像胎内納入品により、造立経緯などが明らかとなっている。著書、入宋日記四巻(不伝)。〔参考〕嵯峨清涼寺釈迦像胎内文書、本朝高僧伝六七

**ちょうはん　長版**　禅宗寺院で食事の合図に雲版を三六声連打することをいう。日本で誤って雲版を長版と呼ぶ習わしがある。

**ちょうふく-じ　長福寺**　①福島県いわき市小川町下小川。小川山と号し、真言律宗。元亨二年1322小川義綱が鎌倉極楽寺了俊の弟子慈雲を請じて開創。慶長年間1596—1615に三度の火災にあい、堯雄・梁雄らが復興し、正保年間1644—48清胤が小川隆忠の助力を得て再興した。〔参考〕長福寺縁起　②愛知県名古屋市中区大須。稲園山と号し、真言宗智山派。七寺《ななつでら》ともいう。天平七

年735尾張国萱津里に行基が創し正覚院と号したが、延暦六年787秋田城介維広が七堂伽藍を建立して七寺と号したという。仁安二年1167尾張権守安長が再興して現寺号を称する。天正一九年1591豊臣秀吉の命を受けて堂舎を清須に移し、ついで慶長一五年1610には徳川義直が名古屋移城の際現地に移転させ、以後尾張藩主代々の祈願所として栄えた。〔重文〕木造観音菩薩坐像及勢至菩薩坐像、一切経、黒漆一切経唐櫃　〔参考〕尾張志二　③京都市右京区梅津中村町。大梅山と号し、臨済宗南禅寺派。仁安三年1168梅津惟隆一四世の孫、真理尼が開創。もと天台を奉じたが暦応二年1339梅津清景が堂宇を再興し月林道皎《どうこう》を請じて禅宗に転じた。道皎は花園法皇の帰依を受け、当寺はその勅願所となった。室町時代には禅寺十刹の一に列し、江戸時代には南禅寺金地院の兼帯所となった。〔国宝〕紙本著色花園天皇像、古林清茂墨蹟　〔重文〕宝塔、絹本著色仏涅槃図、紙本墨書長福寺縁起、同月林道皎禅師送行文、同花園天皇宸翰御消息ほか　〔参考〕長福寺縁起、長福寺文書、月林皎禅師行実　④奈良県生駒市俵口町。真言律宗。推古天皇二五年617聖徳太子の草創と伝える。神亀元年724金竜昇天の奇瑞にちなみ金竜山と号したという。建長七年1255に叡尊が再興したが、のちしばしば火災にあった。〔国宝〕金銅能作生塔　〔重文〕本堂　〔参考〕金竜山長福寺縁起　⑤奈良県北葛城郡広陵町三吉。真宗大谷派新家別院。元亀年間1570—73顕如に帰依剃髪した慶秀が教如の時、本願寺内七条堀川の長福寺を与えられ堂衆に列した。慶長七年1602本願寺東西分派の際、慶秀は徳川家康より当地新家の山林を与えられたが晩年にいたり当地赤部に草庵を構え、長福寺と号した。第三世斉円の時、家康より拝領の地に堂宇を興し、これもまた長福寺と称した。元禄一〇年1697新家の寺は本山の掛所となり、以後これを新家御坊と称し、赤部長福寺の住持が寺務を輪番とした。明治以後、別院と改称する。⑥京都市山科区西野今屋敷町。真宗大谷派本願寺の山科別院。文明一〇年1478蓮如は山科小野庄村西中路に本願寺を再興したが、天文元年1532日蓮宗徒に焼かれ大坂に移った。寛文年間1661—73に至り東西両本願寺で旧地に関し紛議を生じたが、東本願寺真如は旧地の一部にあたる現地に本山内にあった長福寺を移転し、元文元年1736諸堂落成して別院にした。天明七年1787仏殿など再建。〔参考〕大谷本願寺通紀二、山科実記

**ちょうほうじ　頂法寺**　京都市中京区六角通東洞院西入堂之前町。堂の形から俗に六角堂という。紫雲山と号し、天台宗系の単立寺院。西国三十三カ所第一八番札所。六角堂縁起によると、聖徳太子が四天王寺建立のための材を得ようとしてこの地に来て、念持仏の如意輪観音を安置したのにはじまるという。弘仁一三年822嵯峨天皇の勅願所となり、朝野の尊崇をあつめた。建久元年1190親鸞が一〇〇日間参籠して聖徳太子から夢告をうけ、法然に謁した。たびたび火災にあい、現在の堂宇は明治一〇年1877の再建。本寺の執行所を池之坊と称す。当寺第二〇世専慶の創建で、専慶は立花《りっか》をよくし、その技を代々伝え、第二七世専鎮のとき足利義政から花道(池之坊流)家元の称を許された。〔重文〕木造毘沙門大立像　〔参考〕六角堂縁起、恵信尼消息、雍州府志四、山城名

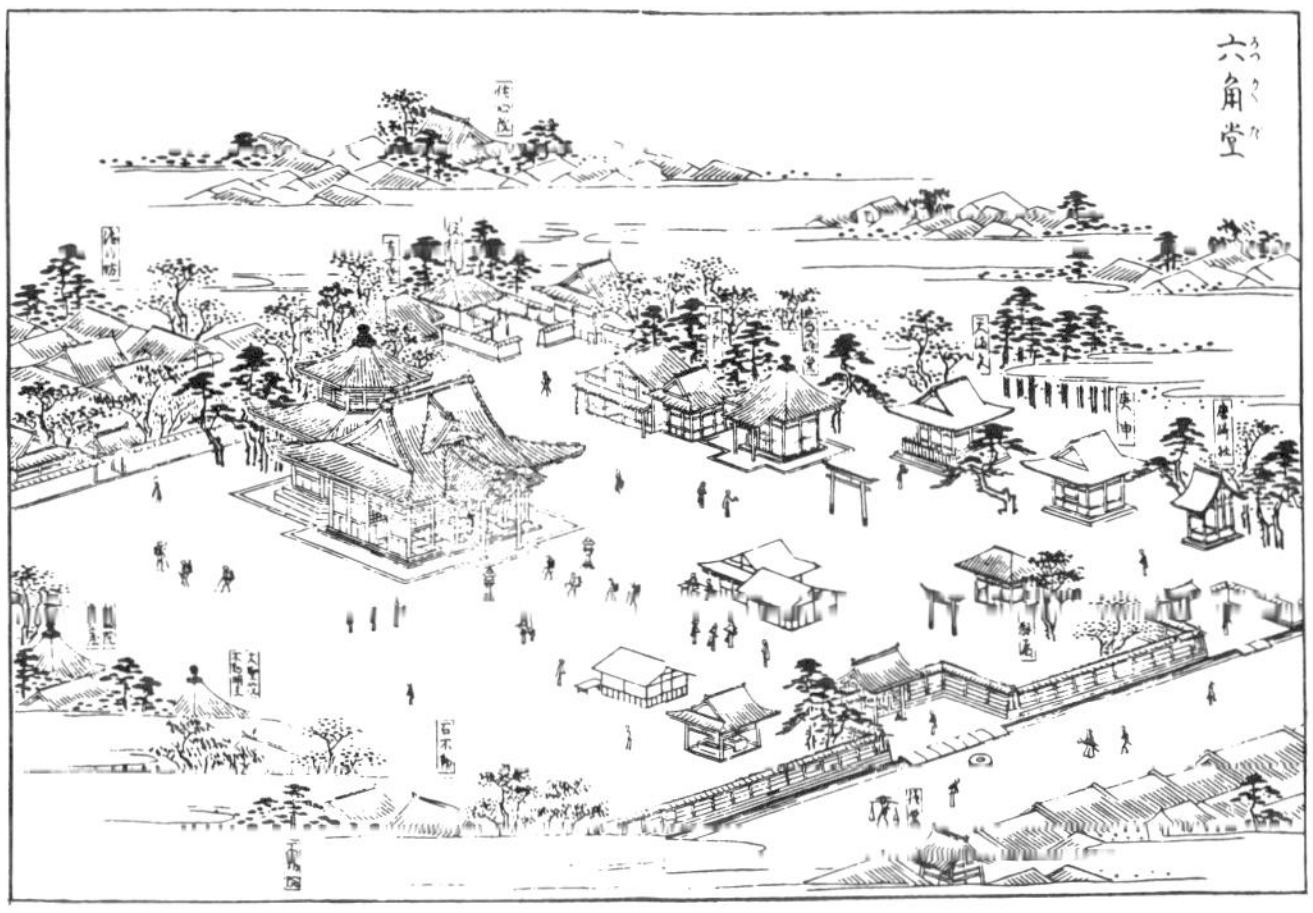

頂法寺〈六角堂〉(都名所図会)

勝志四

**ちょうほうじ　長保寺**　和歌山県海南市下津町上。慶徳山と号し、天台宗。長保二年1000一条天皇の勅願により性空の開創という。寛文年間1661―73紀州藩主徳川頼宣の帰依を得てより同家の菩提所として栄えた。〔国宝〕本堂、多宝塔、大門　〔重文〕鎮守堂、絹本著色仏涅槃図　〔参考〕紀伊続風土記二五

**ちょうみょうじ　頂妙寺**　京都市左京区仁王門通新麩屋町西入大菊町。聞法山と号し、日蓮宗一致派の本山。文明五年1473細川勝益が日祝を開基として京都四条北柳馬場に創建。のち三度移転し、寛文一三年1673現地に移った。三世日珖は安土宗論《あづちしゅうろん》の日蓮宗側の代表者として知られる。〔重文〕紙本墨画牛図　〔参考〕雍州府志四、本化別頭仏祖統紀一九

**ちょうむ　蝶夢**　（享保一七1732―寛政七1795）浄土宗阿弥陀寺の僧。京都の人。俳諧をよくし京都岡崎に五升庵・泊庵を営んだ。諸国を行脚して詠作し、芭蕉の旧跡を復興した。俳書数部を再刻流布する。編著、芭蕉翁絵詞伝、芭蕉翁俳諧集、芭蕉翁文集、蝶夢和尚文集（俳諧叢書五）。〔参考〕近世畸人伝、俳諧名誉談

**ちょうめいじ　長命寺**　①滋賀県近江八幡市長命寺町。姨綺耶《いきや》山と号し、もと天台宗であったが、現在は単立寺院。西国三十三カ所第三一番札所。聖徳太子の建立と伝える。承和年間834―48園城寺頼智法橋により、元暦年間1184―85には佐々木定綱によって復興修営された。将軍足利家は祈願所として庇護したが、元亀四年1573織田信長の兵火にかかって焼失、天正一〇年1582一山僧衆の勧進により再建された。〔重文〕本堂、塔婆（三重塔）、絹本著色釈迦三尊像、同涅槃図、木造千手観音立像、同毘沙門天立像ほか　〔参考〕伊綺耶山長命寺縁起　②長野市南堀。浄土真宗本願寺派。親鸞の門弟西念が武蔵国野田に一寺を起こし、正応三年1290覚如より現寺号を受けたと伝える。三世西祐のとき当国に移り、元禄一三年1700現地に移った。〔参考〕二十四輩記

**ちょうよう　長耀**　生没年不詳。鎌倉時代の天台宗の僧。号は乗明房。叡山の澄豪から止観を学んだ。東塔北谷の竹林房に住し、天台宗檀那流を鼓揚し、長寛二年1164法橋に叙せられた。その所伝を竹林房流、または安居院《あぐい》流（檀那四流の一）と呼ぶ。〔参考〕玄義私類聚四（仏全一七）

**ちょうらくじ　長楽寺**　①京都市東山区八坂鳥居前東入円山町。黄台山と号し、時宗。延暦年間782―806最澄が天台宗延暦寺別院として建立したと伝えるなど、創建は諸説があって不詳。平安時代から南北時代までは天台宗山門派に属した。寿永年間1182―85慈円の弟子隆寛が当寺総門内の来迎坊に住し、やがて源空（法然）に帰依して浄土念仏を唱導した。これを多念義（長楽寺流あるいは小坂義派とも）という。文治元年1185五月建礼門院が当寺中興の阿証房印西について出家し、のち大原の寂光院へ移ったという（建礼門院の戒師は大原来迎院の本成房湛斅とも）。至徳二年1385住持栄尊は寺を国阿（時宗七祖託何の弟子）に譲ってその弟子となり、時宗に改めた。文化年間1804―18には浄土宗になったこともあったが、のち時宗に復した。その後荒廃したが、明治二六年1893西賀茂正伝寺の法堂（伝伏見城遺構）を移築して本堂とし、同四一年本山七条道場金光寺を合併した。境内東に頼山陽・三樹三郎父子などの墓がある。寺宝に七条道場金光寺旧蔵の時宗祖師像一〇軀、近世末での歴代遊行上人の消息法語をまとめた他阿書状類二四通などがあり、とくに後者は時宗史研究上、重要。〔重文〕木造呑海上人像、同時宗祖師（真教上人）像（建武元1334墨書銘）、同一遍上人像（応永二七1420墨書銘）、歴代他阿書状類二四通ほか　〔参考〕平家物語（覚一本）、吉記、山州名跡志二、長楽寺千年　②群馬県太田市世良田町。世良田山真言院と号し、天台宗。承久三年1221新田義季の創建で、栄西の弟子栄朝を開山とする。栄朝は台・密・禅三学に通じ、蓮華流灌頂をはじめ大いに寺門を張った。暦応四年1341鎌倉十刹の一となる。その後荒廃し永正年間1504―21真言宗に転じたが、徳川家康は当寺を祖先の氏寺として天海に復興させ、天台宗に改めた。〔重文〕宝塔、紙本墨書長楽寺文書（一一五通）ほか　〔参考〕新編武蔵風土記稿一九一

**ちょうり　長吏**　⇩僧職《そうしょく》

**ちょうりゅう-じ　長滝寺**　岐阜県郡上市白鳥町長滝。天台宗。養老年間717—24泰澄の開創と伝え、もと法相宗であったが、天長824—34以降天台宗に転じた。のち加賀白山権現の別当となり、いわゆる白山三箇馬場の一であった。盛時には六谷六院、神祠仏堂三十余、僧房二六〇を数えたが、明治維新の神仏分離で衰えた。〔重文〕宋版一切経(白山神社管理)　〔参考〕美濃国史料、郡上郡史

**ちょうりん　張掄**　生没年不詳。南宋代の居士。高宗(1127—62在位)のとき均州(湖北省襄陽道)の防禦使となり、両浙西路副都総管となった。晩年、自宅の東隅に道場を建て、慧遠《えおん》の白蓮社の遺風にならった。その遺文は楽邦文類に見える。〔参考〕居士伝二四

**ちょうろう　長老**　①上座ともいい、また上首、首座、耆《ぎ》年《ねん》、耆宿、老宿ともいう。学徳が高く、仏道に入ってから年を経た僧の通称。目上の僧を呼ぶのに用いる。耆年長老(仏道に入ってから年を経た僧)・法長老(教法にくわしく徳の高い僧)・作《さ》長老(仮に長老と号するもの)の三種の長老がある(長阿含経巻八)。②禅宗では師家《けし》の尊称として用い、また一種の身分を表わすことがある。

**ちょうろう-げ　長老偈**　⇩テーラ・ガーター

**ちょうろう-に-げ　長老尼偈**　⇩テーラ・ガーター

**ちょくがん-じ　勅願寺**　天皇の願によ り勅命で建てられた寺をいう。勅願所ともいい、古くは御願寺《ごがんじ》ともいった。後世一種の寺格となる。勅願寺には本尊の脇に先帝の御位牌、天皇の御寿牌《ごじゅはい》を安置して、聖寿無疆、天下泰平をいのる。御寿牌とは、今の天皇の位牌で、「今上皇帝聖躬万歳」と書いてある。

**ちょくがん-しょ　勅願所**　⇩祈願所《きがんしょ》

**ちょくしゅう-ひゃくじょう-しんぎ　勅修百丈清規**　⇩百丈清規《ひゃくじょうしんぎ》

**ちょっこう-じ　陟岵寺**　中国西魏の文帝(535—51在位)の頃勅によって建立されたが、北周武帝(560—78在位)の排仏にあい、次の宣帝の大象元年579仏教復興と共に建てられた官設の寺。京師の長安と洛陽とに各同名の　寺を建て、一二〇人の菩薩僧(剃髪せず、俗形俗服のままの僧)が置かれた。その翌年580次の静帝の時に大丞相楊堅が出家剃髪を許可し、長安の陟岵寺は遵善寺と改称された。隋文帝の開皇二年582長安の新都経営と同時に新しい都に移して大興善寺と名を改め、朱雀門を中央にはさんで道教の玄都観と相対して置かれることになった〈⇩大興善寺《だいこうぜんじ》〉。陟岵とは詩経の篇名で、孝子が山に登って父母を思うという儒教の礼教思想にもとづく。〔参考〕続高僧伝八・一九・二二

**チョーマ　Csoma de Körös, Alexander**　(1798—1842)ハンガリーの言語学者。チベット学の開拓者。一八二〇年自分の属するマジャール種族の故地を探ろうと東への旅に上り、ラダック、カシミール地方を巡歴したが、その間サトレジ河畔カノムのラマ教寺院でチベット語および仏典を学んだ。その後ベンガルに出てアジア協会図書館で A Tibetan-English dictionary(蔵英辞典1834)、A grammar of the Tibetan language(チベット語文典1834)などを刊行し、アジア協会誌にしばしば論文を寄せ、チベット大蔵経カンギュル Bkaḥ-ḥgyur (甘殊爾《かんじゅる》)の内容を紹介したりした。再びチベットに入ろうとする途次、ダージリンで客死した。

**チョーラ**　㊁**Coḷa**　チョーダ Coḍa ともいう。㊵チョーラ Cola　インド南部の東海岸、現在のタンジョール Tañjora 地方に住んでいた種族の名。アショーカ Aśoka 王(阿育王)の病院がここにも建てられた。この種族は一時セイロンを支配したこともあり、西域記に珠利耶《しゅりや》とあるのはこの国を指すという。〔参考〕Mahāvaṃsa, 阿育王刻文、西域記一〇

**ちり-さんまや-ふどうそん-いぬおう-ししゃ-ねんじゅ-ほう　底哩三昧耶不動尊威怒王使者念誦法**　一巻。略して底哩三昧耶経という。唐の不空の訳。不動明王の儀軌を説くもの。これに大日経疏の一部を加えて編纂したものに底哩三昧耶不動尊聖

者念誦秘密法三巻(不空の訳)がある。㊅二一

**ちりぶくろ　塵袋**　⇩塵添壒嚢鈔《じんでんあいのうしょう》

**ちりゅう　智隆**　(文化一三1816―慶応元1865)真言宗の僧。土佐の人。諡号は祐円法師。須崎の発生寺、多ノ郷の観音寺に住し、堕胎の風習を矯めることに努力した。のち京都に出て維新の志士と交わり攘夷に奔走した。晩年、豊後正徳寺に隠退した。〔参考〕南海義烈伝

**ちりょう　智了**　①(　―享保一二1727)浄土宗の僧。姫路の人。字は解空、随心と号する。網干の大覚寺存空について出家し、京都禅林寺で約三〇年、浄土宗西山派の宗義を学び、のち大覚寺に住し、紀伊総持寺二九世となる。〔参考〕総持寺沿革誌　②(宝永七1710―安永九1780)浄土宗の僧。但馬の人。字は明覚。了海に師事し、一五歳で江戸増上寺に入り浄土宗を学ぶ。そののち羽後本庄常念寺、京都法然院に住した。晩年岡崎法春庵、一乗寺の清賢院に隠退した。〔参考〕続日本高僧伝一〇

**チルダース　Childers, Robert Caesar**　(1838―1876)セイロン(現スリランカ)に在勤したイギリスの官吏。パーリ語学者。帰国して一八七三年ロンドン大学教授となる。有名な巴英辞典(A dictionary of the Pāli language, 1872―75)の編者。その他、パーリ文小誦(クッダカ・パータ　Khuddaka-pāṭha)の校訂出版と翻訳(1870)、同大般涅槃経の校刊(1878)などの業績がある。

**ちれい　知礼**　(建隆元960―天聖六1028)北宋代の天台宗山家派《さんげは》の僧。姓は金氏。四明尊者、法智尊者ともいう。四明(浙江省寧波府)の人。二〇歳で義通について天台を学び、天台山より来た遵式《じゅんしき》と親交を結ぶ。淳化二年991乾符寺に住し、至道元年995保恩院に移って講経に努めた。銭塘の晤恩・源清・洪敏らが金光明玄義広本の観心釈を後人の加筆と主張したのに対し、宝山善信のすすめにより、広本を否認できないことを主張した。これによって咸平三年1000以来七年にわたる山家山外論争がおこり、趙宋代は天台学が再び盛んとなった〈⇩四明十義書《しめいじゅうぎしょ》〉。同六年日本の源信の天台宗疑問二十七条に答釈し、また景徳元年1004十不二門指要鈔を製して別理随縁の説を主張した。大中祥符六年1013念仏施戒会を建て、天禧元年1017法華懺を修め、天聖六年光明懺を修めた。天台観心の正義をあくまで主張追求し、その教学は観経疏妙宗鈔六巻によって知ることができる。著書、以上の他に金光明文句記六巻、金光明玄義拾遺記一巻、四明十義書二巻など多数。〔参考〕仏祖統紀八・二五

**ちれん　知蓮**　(長禄三1459―永正一〇1513)時宗の僧。上野新田郷の人。如象に師事し、明応六年1497時宗第二一祖を継ぐ。諸国を遊行し、駿河長善寺で没した。著書、時宗要法記一巻、神宣遊行念仏記一巻。〔参考〕遊行上人濫觴記、時宗要義集(仏全六三)

**ちんかい　珍海**　(寛治五1091―仁平二1152又は永万元1165)「ちんがい」とも読む。南都三論系の浄土願生者。春日絵所の祖藤原基光の子。名は良深。号は理法房。東大寺、醍醐寺で三論・真言を学び、東大寺已講となる。のち浄土教にも強い関心を示し、源信・永観とともにわが国念仏三先達の一。また図像と画技をよくし、仁王経法息災曼荼羅など珍海筆といわれるものは多い。著書、決定往生集二巻、菩提心集二巻、浄土義私記二巻など。〔参考〕禅林寺歴代記、蓮門類聚経籍録

**ちんかい　琛海**　(寛喜三1231―延慶元1308)臨済宗の僧。字は月船。諡号は法照禅師。播磨の人。姓は菅原氏。はじめ書写山に登り、奈良・京都に遊学して各宗の教義を学んだ。のち上野の長楽寺で一翁院豪の教えを受け禅宗に帰し、さらに東福寺の弁円の教えを受けた。弘安五年1282長楽寺の師席をつぎ、徳治二年1307東福寺八世となった。〔参考〕延宝伝灯録一〇、本朝高僧伝二三

**ちんかん　陳瓘**　(嘉祐五1060―宣和六1124)北宋代の僧。字は瑩中。号は了翁。諡は忠粛。南剣州沙県(福建省沙県)の人。徽宗の時、左司諫となったが、直道にすぎて容れられなかった。初め禅宗を学んだが、のち華厳経をよみ、明智から天台の宗義をきき、台州で念仏三昧を修し、天台十疑論の後序などを作った。著書、両漢議論八〇

巻、尊堯集一二巻。〔参考〕東都事略、仏祖統紀一五

**ちんこう-じ　珍皇寺**　京都市東山区大和大路通四条下ル四丁目小松町。大椿山と号し、臨済宗建仁寺派。珍篁寺とも記し、愛宕寺《おたぎでら》とも称した。開基は大安寺慶俊説、空海説、小野篁説などがあるが、承和三年836山代淡海などが国家鎮護のため創建したとされる。平安・鎌倉期は東寺一長者が管領し、正平年間1346―70建仁寺四五世聞渓良聡が再興し、真言宗から現宗派に改宗した。当寺門前は六道の辻といわれて鳥辺野《とりべの》の葬場の入口にあたったことから、六道寺または鳥辺寺ともよばれ、現在も毎年八月七日から一〇日の間は六道詣りでにぎわう。〔重文〕木造薬師如来坐像　〔参考〕東寺百合文書、雍州府志四、都名所図会二

**ちんこく-じ　鎮国寺**　福岡県宗像市吉田。屏風山と号し、真言宗御室派。弘仁年間810―24皇鑑の開創という。宗像社の神宮寺であった。二八世仁秀以後は修験者が住したが、慶安三年1650昌伝が再興して現宗に帰した。〔重文〕木造不動明王立像（長宮院旧蔵）〔参考〕筑前国続風土記、太宰管内志一一・一四・一五

**ちんご-こっか　鎮護国家**　教法によって国家を鎮めること。国難を止め、国家を安泰にするために修法すること。仁王般若経や金光明経に、国王や人民がこの経を受持し講読すれば七難を消滅して国家を鎮護すると説かれているので、中国では南北朝頃からそれらの経に基づいて読誦講演する法会《ほっえ》がさかんに行われた。日本では法華経と金光明経と仁王経とを鎮護国家の三部経または護国の三部といい、仁王会・最勝会・法華会などが恒例の勅会《ちょくえ》として行われた。

**ちんじゅ　鎮守**　しずめまもる意。鎮主とも書く。王城、まち、むら、氏、寺院などをまもりしずめるために祀る神。その社を鎮守社という。中国では、寺院の建物や土地をまもるために、伽藍守護神、土地神を祀ってその堂を伽藍堂、土地堂などといったが、その風習が日本に伝えられ、やがて本地垂迹説と結合した。興福寺の春日明神、比叡山の山王権現《さんのうごんげん》、高野山の丹生明神《にうみょうじん》などは有名である。諸大寺にはそれぞれ鎮守をまつる法儀があり、真言宗では伝法灌頂の際にこれを行って鎮守読経と称し、禅宗では土地神のために経を読むのを土地諷経《とちふぎん》という。

**ちんしょうしょ-かんしふく　陳尚書看資福**　禅宗の公案の一。陳操尚書（睦州道縦下の居士）が、資福如宝（潙山霊祐下三世）に参禅したとき、資福が一円相を描いて応じたのを、陳操は「私が来たことすら手もつけられぬのに、まして円相を描くとは」と批判した故事で、真実の出合いに方便は無用であることを言ったもの。円相はこの場合は、本来空なる法性身を表わす。〔原文〕碧巌録三三則、宗門統要続集一一

**ちんしょう-やしゃ-ほう　鎮将夜叉法**　北方毘沙門天王随軍護法儀軌（唐の不空の訳）により、鎮将夜叉軍天王（毘沙門天王）を本尊として、国家安穏・怨敵退散を祈るために修する法。これは毘沙門天王が不善の者を懲らし、仏法を護持し、国王大臣などを守護することを誓っているのによる。台密の山門五箇大法の一で最澄が修したのが初めという。〔参考〕鎮将夜叉次第一、阿娑縛抄一三六

**ちんすう　珍嵩**　生没年不詳。新羅の僧。著書、一乗法界図記（現金沢文庫蔵）。他に華厳孔目記六巻があったというが現存しない。

**ちんずか　鎮頭迦**　(梵)ティンドゥカ tinduka の音写。鎮杜迦、沾牟、斤提、斤茎とも音写し、柿と訳す。柿樹科の植物。セイロンの南部、インド西海岸、インド東部に多い。幹は建築や造船に用い、果汁は粘質のため製本、船底の塗料、漁網の浸液に用いる。

**ちんせき-じ　枕石寺**　茨城県常陸太田市上河合町。真宗大谷派。二十四輩の第一五。建暦二年1212親鸞行化の際、枕石の日野左衛門尉頼秋はその宿泊を拒んだが奇夢を感じて弟子となり、入西房道円と改め自宅を寺としたという。その後、内田村を経て天文一〇年1541現在地に移った。〔参考〕大谷遺跡録三、二十四輩次第記録

**ちんぞう　頂相**　真影ともいう。頂髻の

相という意味から転じて禅僧上半身の肖像をいう。曲彔《きょくろく》(椅子の一種)にすわった全身像もある。像の形式は、東方は賓位であるので避け、その面を西方に向かせる。頂相を描く風習は中国におこり、鎌倉・室町時代に盛行し、師の頂相を受けることを嗣法の印とするようになった。なお肖像を描くことを写照ともいう。〔参考〕禅林象器箋霊像門

**ちんだん-ぐ　鎮壇具**　寺院の建築にあたって、寺地を清浄にするため地下に埋納する器。鎮壇として後世は、五宝・五葉・五香・輪宝・橛を埋めるが、古代は実質的な珍宝を埋めたらしい。興福寺・東大寺・元興寺・法華寺などから発見され遺品がある。

**ちんちょう　珍重**　自重を加えよという意。禅宗で僧が別れる時にかわす挨拶の語。

**ちんぼう-かしょく　鎮防火燭**　火燭を鎮防する意。火災の難を防ぐためのいましめとして、ふだにこの語を書いて屋内に貼る。中国宋代の風俗であったらしい。道元が帰朝してこの風習を伝え、主として曹洞宗の寺院、檀家で用いる。

**ちん-わけい　陳和卿**　生没年不詳。「ちんなけい」とも読む。鎌倉時代初期の宋の仏工。弟の陳仏寿と共に寿永元年1182来朝。同二年東大寺大勧進重源《ちょうげん》と共に大仏再鋳に従事し、功により後白河法皇から二荘園を賜った。建保四年1216鎌倉に下向して、源実朝に渡宋を勧めて唐船を造ったが進水できず失敗。のち南宋能仁寺の仏牙を奉迎して、鎌倉円覚寺舎利殿に安置した。〔参考〕山槐記、東大寺要録二、東大寺造立供養記、吾妻鏡一五・二二・二三

# つ

**ついぜん　追善**　追善供養、追薦《ついせん》、追福ともいう。人の死後、亡者の苦を除き冥福をいのるために善根福徳を修めて、その功徳をたむけるのをいう。一般に死後七日目ごとに七七日(中陰《ちゅういん》)まで、百カ日、一周忌などに追善供養の法会を催し、或いは仏像堂塔を造り、財物法具を施入し、読経、写経、講説、施斎などを営むが、浄土宗ではすべての行に勝れた念仏を追善の法とする。ただし、真宗の場合は他力往生が建前であるから自力の追善を必要とせず、年忌法事などを営むのはただ聞法と報謝(仏や祖師の恩に報い徳を感謝する)のためとし、追善とはいわない。

**ついちん　槌砧**　椎砧とも書き、略して槌、椎《つい》ともいう。槌には短い柄がつけられ、これで砧をうつ。共に木で作られ八角形である。律院や禅堂で、食事の時などにこれを打って、大衆を静まらせるのに用いる道具。

**つい-な　追儺**　鬼遣《おにやら》いともいう。節分の夜、疫鬼を追い払うために行う儀礼。もと邪鬼悪魔を駆逐するため中国の古式に行われた儀式が仏教内にとり入れられたもので、宮中では文武天皇(697―707在位)の頃から一二月晦日に行われていたが、後世、寺社や民間で豆を撒き鬼を打つ行事がなされるようになった。〔参考〕延喜式一二・一六

**つうくつ　通局**　通とは一般に広くゆきわたることをいい、局とは一部に狭く限定することをいう。即ち、ある問題を論じるのに、一般的に(通じて)いうのと、限定して(局《かぎ》って)いうのとの区別。

**つうけん　通肩**　通両肩の略で通披《つうひ》とも称する。袈裟《けさ》を着る場合、右肩をあらわにする偏袒右肩《へんだんうけん》に対し、両肩とも袈裟をもって覆う作法をいう。前者は対者に恭敬の意を示すときされるが、通肩は福田の相を示すもので、乞食《こつじき》、坐禅、誦経《ずきょう》、経行《きょうぎょう》などの場合に用いる。

**つうげん　通元**　生没年不詳。真宗大谷派長福寺の僧。豊後日田の人。通玄とも書く。号は易行庵。大蔵経を通覧すること数十回、十住毘婆沙論易行品の註解につくした。宝永1704―11の初め、本願寺学問所を設置しようとしたが幕府が許さなかったので、恵空らとはかり、太宰府観世音寺の学寮を移し、高倉学寮を創設した。著書、伝

絵津梁材、読易行品三巻。

**つうげん　通玄**　①生没年不詳。南北朝時代の禅僧。字は一峰。東福寺天柱宗昊に禅を学び、京都普門寺・出雲安国寺に住した。延文1356—61の初め、勅により元亨釈書が入蔵するに当たり、その跋を記した。〔参考〕延宝伝灯録一二、本朝高僧伝三四　②（—享保一六1731）。真言宗の僧。讃岐多度津の人。高野山に学び事教二相に通じ、河内蓮光寺に住した。著書、梵網古迹資講鈔五巻、三教指帰簡註二巻。

**つうじゅ-きそく-うなん-つうえ-しょう　通受軌則有難通会鈔**　一巻。良遍の著（建長二1250）。菩薩戒を受けるのについて、小乗と同じ方法による通受だけでよいとする南都の説と、必ず別受の軌則によるべきだとする北嶺の説とが対立していたが、覚盛は菩薩戒通別二受鈔を著わして通受軌則による受戒者は七衆の性を成ずるとし、さらに遺疑鈔を著わして南北の説を通会したが、本書はこの通受説の立場を一そう明らかにした。日蔵三五

**つうじゅ-さんげ-きそく-しょう　通受懺悔軌則抄**　一巻。覚盛（1194—1249）の作。成立年不詳。良遍の抄録。宝治二年1248覚盛は律宗新学作持要文一巻を撰して一家の通則としたが、その通受比丘懺悔法において覚盛と叡尊との間に不同があったので良遍は要文を抄録して一家懺悔の軌則とした。本書は通受軌則による受戒者の犯戒懺悔法摂律儀戒門の比丘懺悔法によらず菩薩懺悔法によるべきことなどを明らかにしたもの。日蔵三五〔刊本〕天和四1684刊（通受懺悔両寺不同記の巻末に全文を添付）

**つうじゅ-びく-さんげ-りょうじ-ふどうき　通受比丘懺悔両寺不同記**　一巻。凝然の著（嘉元四1306と伝える）。唐招提寺覚盛と、西大寺叡尊の所立の懺悔をそれぞれ明らかにし、両者の懺悔の方軌には不同のあることを示したもの。これは両派分立の根本儀であり、鎌倉仏教戒律史の重要な史料。(大)七四〔刊本〕元和四1618刊

**つうしん　通申〔別申〕**　総括的に全体にゆきわたって述べるのを通申、特殊なことにかぎって述べるのを別申という。通じて諸経の教義を集め顕わした論を通申論といい、特に一経の教義を顕わした論を別申論という。例えば中論や摂大乗論は大乗経一般に通じる説をのべたものであるから通申論であるが、大智度論は般若経のみを解釈したものであるから別申論である。吉蔵は三論玄義の中で、論には通論と別論とがあって、総括して大乗・小乗の迷いを破り大乗・小乗の教えを申しのべるのが通論、個別的に大乗・小乗の迷いを破り大乗・小乗の教えを申しのべるのが別論であるとした。智顗《ぎ》は四教義巻六に、通申大乗経論・通申小乗経論・別申大乗経論・別申小乗経論の区別があることを説いている。また浄土教では、世親の浄土論が三経通申（無量寿経・観無量寿経・阿弥陀経の浄土三部経の教えを全体にわたって述べたもの）であるか、無量寿経別申（無量寿経の教えのみを述べたもの）であるかを古来問題としている。

**つうしん-ぜ-しゅげん　通身是手眼**　禅宗の公案の一。雲巌曇晟《うんがんどんじょう》とその法弟道吾円智が、千手観音の応現について論じた問答で、夜半に手さぐりで枕を探すとき、全身が手眼となるのにたとえて、千手観音の自在のはたらきを示したもの。〔原文〕碧巌録八九則、従容録五四則、景徳伝灯録一四

**つうず　通途〔別途〕**　一般仏教に共通な説を通途（常途、通仏教）の教義といい、特定の宗派のみにかぎられた説を別途の教義という。別途の教義はその宗の独特な説であるから、強調して重んじられる。例えば、凡夫が報土へ往生するということなどは浄土教別途の説である（通途は「世間通途の義」などともいい共通、一般の義に用いることもある）。

**つうてつ　通徹**　（正安二1300—至徳二1385）臨済宗の僧。相模の人。字は清渓、天遊と号する。寿福寺寒潭恵雲について得度受戒し、入元すること三〇年余、帰国後、夢窓疎石の印可を得た。のち京都臨川寺・天竜寺を歴住し、南禅寺の主となる。晩年、丹波常照寺に住した。著書、語録。〔参考〕延宝伝灯録一三、本朝高僧伝三四、清渓和尚行実

**つうど-じ　通度寺**　韓国慶尚南道梁山郡霊鷲山。二十一本山の一。新羅の善徳女

王一五年646慈蔵律師によって開かれ、金剛戒壇が築かれた（慈蔵は善徳王五年入唐、仏舎利などをもたらして同一一年帰国）。李朝の宣祖二六年1592頃、兵火に焼かれたが、松雲維政らにより復興が企てられ、のち李朝の歴代により再建された。〔参考〕朝鮮寺刹史料上、続高僧伝二四

**つうよう　通容**　（万暦二一1593―永暦一五1661）明代末期の禅僧。姓は何《か》氏。費隠《ひいん》と号する。福州福清（福建省福清県）の人。楊岐二三世の円悟の法を嗣ぎ、福建・江浙の各地を行化した。門下に隠元隆琦《いんげんりゅうき》がいる。著書、五灯厳統二五巻、語録一四巻、別集五巻があり、また利瑪竇《りまとう》の天主実義を批判した原道闢邪説（破邪集に収録）という論文がある。〔参考〕径山費隠和尚紀年録、宗統編年三二

**ツォンカパ　Tsoṅ-kha-pa**　（1357―1419）チベット仏教の改革者で黄帽派 Shwa-ser-pa の祖。宗喀巴と音写する。七歳で出家して僧名をロサン・タクパ Blo-bzaṅ grags-pa と称した。各派の教義を学んで顕密の奥義をきわめ、独自の教学をうち立てた。その教説はアティーシャ Atīśa にはじまるカーダム派 Bkaḥ-gdams-pa の伝統を吸収しつつ中観思想と密教との融合をはかるもので、チャンドラキールティ Candrakīrti（月称）の中観学派帰謬論証派（プラーサンギカ Prāsaṅgika）の教理を中核として空性の理を悟ることを説き、その顕教の究極に達したうえで無上瑜伽タントラを修習すれば現生において仏陀と同じ地位にいたることができるとした。タントラの中ではグフヤサマージャ（秘密集会）タントラを最高のものとする。厳格な独身主義をはじめとする戒律の遵守を説き、堕落的傾向にあった当時のチベット仏教各派を批判して大衆の歓迎をうけた。ガンデン Dgaḥ-ldan 寺を建立し、そこを拠点としたので、かれの教団はガンデン派と呼ばれ、のちにはゲルク派 Dge-lugs-pa とも呼ばれた。また黄帽をもちいたので、ボン教の黒帽 Shwa-nag, 従来の仏教の紅帽 Shwa-dwar に対して黄帽派ともいう。著書に菩提道次第論 Byaṅ-chub lam-rim, 真言道次第論 Sṅags-rim をはじめ二百余篇があり、のちにツォンカパ全書一七（または一八）帙としてまとめられた。その弟子のゲンドゥン・ドゥパ Dge-ḥdun grub-pa はのちにダライ・ラマ一世とされ、またケードゥプジェ Mkhas-grub-rje はパンチェン・ラマ一世とされた。

ツォンカパ（三百尊像集）

**つきじ-べついん　築地別院**　東京都中央区築地。浄土真宗本願寺派別院。元和三年1617（一説に同七）本願寺一二世准如が浅草浜町に一寺を建立し、以後関東一三州の門末を管したが、明暦三年1657江戸大火に遭い、一三世良如の時現地に移った。規模が雄大で寛永寺・増上寺・浅草別院と共に両山両寺と呼ばれ、輪番・加番は本山幕府間の公務を司った。以後大正時代1912―26までに八回罹災、昭和九年1934インド様式の鉄筋造りで完成した。〔参考〕江戸名所図会一、本派本願寺名所図会

**つくば-さん　筑波山**　茨城県新治郡八郷町・真壁郡真壁町・つくば市の境にそびえる、標高八七五・九《メートル》の山。山頂は東峰（筑波女神）と西峰（筑波男神）とに分かれ、男女二神を奉祀して二柱神・筑波大明神と称した。延暦年間782―806徳一が二柱神の本地として千手観音を安置し中禅寺（筑波山寺）を開いたと伝え、霊山として発展した。後世、二神に四座を加えて筑波六所大明神と呼び、別当を知足院と号した。中世は修験霊場として隆盛し、山内六六カ所の岩屋巡りは筑波山禅定と称された。宥俊が徳川家康の外護をうけて中興し、幕府の祈

願所となり、光誉のとき江戸に別院を賜った。ついで隆光が徳川綱吉の厚遇を得て別院を護持院と改称し、享保二年1717の火災以後、護国寺に合併したが、護国寺を護持院と改め、筑波山を管することになった。明治維新のとき寺号を廃し筑波山神社が独立した。のち再建され、千手観音を安置する中禅寺大御堂（筑波大御堂）は坂東三十三カ所第二五番札所である。〔重文〕太刀（吉宗作、筑波山神社蔵）〔参考〕延喜式、常陸国風土記、万葉集、元亨釈書四、日本名勝地誌二

**つごもり-ごねんじゅ　晦御念誦**　密教における修法。真言院晦御念誦、晦念誦ともいう。毎月末の三カ日に宮中真言院で宝生尊を本尊として、天皇の安穏宝祚無窮をいのるために修する法。承和元年834正月空海が宮中真言院で後七日御修法を修し、さらに毎月晦三カ日の天皇のための祈禱を奏請してこの制度を設けたのに始まる。〔参考〕大師御行状集記真言院晦御念誦、東要記中、沢鈔一〇

**つじ-ぜんのすけ　辻善之助**　（明治一〇1877―昭和三〇1955）仏教史学者。兵庫県姫路に生まれる。明治三三年東京帝国大学国史科卒。同三八年史料編纂官。同四二年文学博士。その後東大助教授を経て、大正一二年1923同大学教授。昭和四年史料編纂所初代所長に就任し、同所の整備に尽力。同一〇年「日本仏教史の研究」により学士院恩賜賞。同二七年文化勲章受章。戦前の研究段階を踏まえ、壮大な日本仏教史大系を作りあげた一連の業績は、戦後の仏教史研究の基盤となっている。著書、日本仏教史一〇巻、日本文化史、海外交通史話、明治維新神仏分離史料（共編）など多数。

**つぼさか-でら　壺阪寺**　奈良県高市郡高取町壺阪。壺阪山平等王院と号し、真言宗豊山派。江戸時代までは「坂」の字を用いた。西国三十三カ所第六番札所。奈良前期の開創とされ、添上郡の法華寺に対し南法華寺と呼ぶ。承和一四年847定額寺となった。もと法相宗であったが、永観元年983真興が来住してから東密壺坂流の根本道場として栄えた。本尊千手観音は壺阪観音としてその霊験をうたわれ、お里・沢市の壺坂霊験記で有名。〔重文〕絹本著色一字金輪曼荼羅図、三重塔、礼堂ほか　〔参考〕和州旧跡幽考一六、西国三十三所名所図会六

**つま-かがみ　妻鏡**　一巻。無住一円（1226―1312）の著。成立年不詳。女性に仏道修行を勧めた仮名法語。人間に生まれたからには人生の無常に驚き、これを越えて無始本有の心蓮（仏性）を開かなければならない。それには心地修行と口称念仏の二つの道がある。前者は妄雲を払って本有の心月（心蓮）を見出すこと、後者は仏の本願を信じて一心に称念することであると説く。日本古典文学大系八三、国東叢一（法語）、禅門法語集上　〔刊本〕寛永一八1641刊、慶安元1648刊

**つむら-べついん　津村別院**　大阪市中央区本町。浄土真宗本願寺派別院。北御堂と呼ぶ。天正八年1580本願寺顕如は織田信長と講和後、石山本願寺を出て諸地に移ったが、同一九年、大坂の門徒がその一旧跡の楼岸に一寺を建てたのに始まる。慶長二年1597第一二世准如がこれを現地に移し、一四世寂如の時、寺域を拡げ再興した。江戸時代本願寺派法主の親修法会ならびに地方巡化の総本所であった。〔参考〕本派本願寺名所図会、摂津名所図会三

**つれづれぐさ　徒然草**　二巻。兼好の著（元徳二1330頃）。序段を入れて約二四四段からなる随筆集。人生百般にわたっているが、大体古典的趣味を根底とする自然・人事の描写評論と儒仏老、とくに仏教の思想を基調として現実生活に対する批判、教訓を含んでいる。古来名文として定評があり、広く愛読され英訳・独訳も出ている。日本古典文学大系三〇、岩波文庫

# て

**ていあん　貞安**　（天文八1539―元和元1615）浄土宗の僧。相模黒沼郷の人（一説に京都の人）。号は教蓮社聖誉、退魯とも称す

る。小田原大蓮寺の尭誉文宗や善悦に師事して浄土宗を学んだ。織田信長・島津以久・徳川家康らの帰依を受け、近江八幡西光寺・伏見勝念寺・大雲院などを開いた。天正七年1579浄厳院での安土宗論では、玉念とともに日蓮宗の日珖・日諦らを論破し名声を得た。〔参考〕貞安上人伝、浄土本朝高僧伝五

**ディーガ・ニカーヤ　Dīgha-nikāya**　⇩スッタ・ピタカ

**ていき　禎喜**　(康和元1099—寿永二1183)真言宗の僧。藤原宗信の子。貞喜とも書く。世豪から密灌を受ける。応保1161—63、仁安年間1166—69の神泉苑における祈雨に験があったという。仁安元年東寺一長者となり、治承元年1177東大寺別当となる。〔参考〕本朝高僧伝五三

**ディグナーガ　Dignāga**　⇩陳那《じんな》

**ていげ　底下**　極めて下賤のもの。また罪深くさわり多いもの。「底下の凡夫」などという。

**ていこ　貞固**　生没年不詳。唐代の律僧。鄭地滎川《けいせん》(河南省滎沢県)の人。姓は孟氏。汜水《はんすい》(河南省)等慈寺の遠法師について出家、のち相州・安州・荊州などの諸師を歴訪し、襄州で善導に師事し、去って峴山恢覚寺の澄禅師に律を学んだ。永昌元年689義浄とともに南海に渡航して室利仏逝《しりぶっせい》国(スマトラ)に赴き、広州へ還って律をひろめた。〔参考〕求法高僧伝下

**ていごく　貞極**　(延宝五1677—宝暦六1756)浄土宗の僧。京都室町の人。一蓮社立誉と号し、離文と称する。二七歳で岡崎の厭求について得度し、江戸伝通院の門周から浄土宗の宗戒両脈を受けた。楞厳経を読むこと三年、忽然として自得し、諸国を歴遊し、のち江戸三河島通津庵・根岸の四休庵に住した。著書、鎚砧鈔一〇巻、六波羅蜜宝林鈔四巻など多い。〔参考〕四休庵貞極全集、貞極大徳伝(浄全一八)

**ていしゃーぶつ　底沙仏**　(梵)ティシュヤTisya (巴)ティッサ Tissa の音写。仏陀が百劫相好業を修行していた因位の時、たまたまこの仏に会ってその威光を讃嘆したため、九劫を超越して九一劫で正覚を成じたといわれる。〔参考〕仏本行集経四、智度論四、倶舎論光記一八

**ていじゅん　貞準**　(寛永四1627—貞享二1685)浄土宗の僧。京都の人。字は寰空。号は一中。京都禅林寺慶善から浄土宗を学ぶ。慶善のあとをうけ伊勢桑名の浄土寺・尾張飛保の曼陀羅寺に住し、さらに禅林寺に移って法を布いた。著書、観経疏新記一六巻、安楽集新鈔五巻、往生拾因新鈔三巻。〔参考〕浄土伝灯総系譜下、蓮門類聚経籍録、禅林寺誌

**ていしょう　提唱**　提要、提綱ともいう。禅宗で学徒に向かって、宗旨の綱要をかかげて、意義を説明すること。一般の講義講釈にあたるが、禅宗では教文の外に仏法の大意を明らかにしようとするから、綱要を提示するといって講義とはいわないのである。

**ていしんーに　貞心尼**　(寛政一〇1798—明治五1872)歌人。医師の妻。夫亡きあと、良寛に師事してその老をよく看護した。歌は宗教的な心情をよんだものが多い。良寛没後、良寛との贈答歌を集めて「蓮の露」を編んだ。〔参考〕大島清作・良寛全集

**ていぜい　提撕**　ひっさげる意で、後進の人をおしえ導くこと。禅宗で師家《けし》が学人(被指導者)を指導することをいう。

**ていそう　貞崇**　(貞観八866—天慶七944)真言宗の僧。姓は三善氏。京都の人。鳥栖《すと》の僧都と称する。貞観寺の恵宿に密教を学び、醍醐寺聖宝から灌頂法を受け、三論をも修した。醍醐寺座主・東寺長者・高野山座主などを歴任した。〔参考〕僧綱補任、本朝高僧伝四七

**ティソン・デツェン　Khri-sroṅ lde-brtsan**　(754—97在位)チベットの吐蕃王朝第五代の王。ソンツェン・ガンポ Sroṅ-btsan sgam-po 王の四代の孫。その治世にインドからシャーンタラクシタ Śāntarakṣita(寂護)が来朝し、ついでパドマサンバヴァ Padmasaṃbhava(蓮華生《れんげしょう》)が来て、チベット仏教史上、前期の最盛時代を到来させた。当時のチベットでは、インドのタントラ系仏教と中国の禅宗系仏教とが対立していたが、サムイェー Bsam-yas 寺において王の面前でインド僧カマラシーラ Kamalaśīla (蓮華戒)と中国僧摩訶衍《まかえん》と

の論争が行われ、インド側の勝利に終ったため、当時唐と敵対関係にあった王の政策上の考慮もあって、中国系の仏教が一掃され、チベットにおけるインド系仏教の優位が確立した〈⇩サムイエーの宗論《しゅうろん》〉。王はまた武威をふるい、安史の乱に乗じて一時は唐の都長安を陥れ、唐蕃会盟碑に残る条約を結んでいる(建中四783)。

**ティッサ** ㊁Tissa ㊵ティシュヤ Tiṣya 底沙、帝須、提舎などと音写する。①迦毘羅衛《かびらえ》城(カピラヴァットゥ Kapilavatthu)のクシャトリヤ出身の比丘。仏陀の従弟。その種姓を誇ったり、他人の言葉を気にかけたりして、しばしば仏陀や長老らの教誡を受けた。〔参考〕Theragathā 三九偈の註、雑阿含経三八 ②南インドのバラモン。舎利弗《しゃりほつ》(サーリプッタ Sāriputta)の父。舎利弗の祖父とする伝説もある。また舎利弗の父をヴァンガタ Vaṅgata とする説もあって一定していない。〔参考〕撰集百縁経一〇、有部出家事一 ③梵天の名。目犍連(モッガラーナ Moggallāna)が天界に上って、この梵天と問答したことが伝えられている。〔参考〕大毘婆沙論四〇 ④過去二十四仏の中の第一七仏。この仏の出世の時、仏陀はスジャータ Sujāta という苦行者であったという。〔参考〕Mahāvastu, パーリ文仏種性経

**でいとうーく 泥塔供** 泥塔供作法、泥塔供養ともいう。造塔延命功徳経(唐の般若の訳)によって、延命その他の祈願成就のために泥土で小形の塔を作り供養する法。この法は古くからあるが、寛信は崇徳天皇の長寿を願って大治二年1127二月二八日より同四年一月一五日にいたる三七一日間、毎日一〇〇基、計三万七一〇〇基を造立したという。〔参考〕阿娑縛抄七七、覚禅鈔、吾妻鏡一七

**ていは 貞把** (永正一二1515―天正二1574)浄土宗の僧。和泉日根郡の人。摩蓮社道誉《どんれんしゃ》と号する。鎮誉魯耕から浄土宗の宗戒両脈を受けた。下総生実《おゆみ》大巌寺、同国臼井長源寺、京都称名寺などの開山となり、江戸増上寺九世となる。五重伝法に就き伝目八ヵ条を定めた。〔参考〕浄土列祖伝二、生実大巌寺志

**ディーパ・ヴァンサ Dīpa-vaṃsa** 島史ともいう。セイロン(現スリランカ)における編年史的叙事詩。著者は不詳。おそらく長い期間にわたり多数の詩人の手を経て製作され、四世紀後半から五世紀初頭にかけての頃に現在の形ができあがったものと推定される。内容は二二章に分かれ、仏陀の生涯にはじまってマハーセーナ Mahāsena 王(334―62在位)の治世で終る。セイロン史・セイロン仏教史のみならずインドの初期仏教史の研究にも重要な文献である。パーリ語原本はオルデンベルク H. Oldenberg の校訂により英訳とともに刊行された。

**ていはつ 剃髪** 剃頭、落髪、浄髪、荘髪、祝髪、「かみそり」、「かしらおろし」などという。出家するものが、頭髪や鬚をそりおとすこと。出家は憍慢や誘惑に陥るのを防止するために髪を剃る。出家して剃髪した時には必ず染衣《ぜんね》(袈裟《けさ》のこと)を着るから剃髪染衣、また剃髪の時に得度《とくど》するから剃髪得度といい、略して剃染、剃度ともいう。剃髪得度の儀式を剃度式(得度式)といい、浄土宗や真宗では在家の信者の頭上に剃刀をあてて剃髪に擬し、その際に法名(浄土宗では戒名)を授与する。これは仏に帰依敬礼の意を表わす式であるから帰敬式《ききょうしき》ともいい、俗に「おかみそり」という。なお剃髪は仏教徒特有の風習であるから、インドにおいて比丘《びく》などをそしって禿頭沙門、禿沙門などといったことがあり、中国でも髪を剃るのは孝道に反するといってしばしば非難された。

**ていめいぎら 低迷宜羅** ㊵ティミンギラ timiṅgila の音写で、帝弥祇羅、提迷、抵弥とも書き、闍、呑魚と訳す。他の魚を呑食する大魚。実在するものではないらしい。

**ていりーさんまやーふどうそんーいぬおうーししゃーねんじゅーほう 底哩三昧耶不動尊威怒王使者念誦法** ⇩ちりさんまやふどうそんいぬおうししゃねんじゅほう

**ティローパ Ti-lo-pa, Tilli-pa, Te-lo-pa** (一〇世紀頃)チベット仏教カーギュ派 Bkaḥ-brgyud-pa の祖マルパ Mar-pa

の師ナーローパ Nāropa の師として伝えられ、カーギュ派の教義を執金剛より直接霊感によって継承したといわれている。

**デーヴァ**　**Deva**　⇩提婆《だいば》

**デーヴァダッタ**　**Devadatta**　⇩提婆達多《だいばだった》

**デーヴァダハ**　㊃巴 **Devadaha**　天臂、天指、天邑、天現と訳す。釈迦族中の拘利《くり》(コーリヤ Koliya)族の都城の名。仏陀の生母摩耶《まや》(マーヤー Māyā)夫人はここにある生家へ帰る途中、ルンビニー園で仏陀を生んだ。また仏陀がここで尼乾子《にけんじ》(ジャイナ教の教祖ニガンタ・ナータブッタ)の業論について説いたことがある。〔参考〕Majjhima-nikāya II, Saṃyutta-nikāya III, Jātaka I

**デーヴェーンドラブッディ**　**Devendrabuddhi**　(630—690頃)インドの仏教論理学者。ダルマキールティ Dharmakīrti(法称《ほっしょう》)の弟子。ダルマキールティの著作プラマーナ・ヴァールッティカ Pramāṇavārttika(量評釈)の第三章を除く残りの三章に註釈を著した。思想的には唯識派の立場に立っていたとされる。

**てきもん**　**的門**　⇩高橋的門《たかはしてきもん》

**てつおう**　**鉄翁**　(寛政三1791—明治四1871)臨済宗の僧。長崎の人。祖門と号する。臨済禅を修め、また絵をよくした。常に無住一円の遺風を慕い沙石集を愛読したという。著書、鉄翁画談一巻(煌園編)。

**てつげん**　**鉄眼**　①⇩道光《どうこう》②　②⇩天田愚庵《あまだぐあん》

**てっしゅう-じ**　**鉄舟寺**　静岡市清水区船越。補陀落山と号し、臨済宗妙心寺派。藤原久能が創建し行基が再興したと伝える。もと久能寺と称し久能山東照宮の地にあり、天台宗に属した。今川氏の保護により栄えたが、天正三年1575ごろ武田勝頼が久能山城を築くため、本寺を現地に移した。盛時は坊舎三百余を数えたが、明治初年廃寺となった。同一六年1883山岡鉄舟がこれを復興し現宗、現寺号に改めた。〔国宝〕法華経(久能寺経)〔重文〕錫杖　〔参考〕久能寺縁起

**てっち-せん**　**鉄囲山**　⇩須弥山《しゅみせん》

**てってい**　**徹底**　底までとおること。徹地ともいい、大悟徹底などという。禅宗で、さとりの奥底まで至りつくすことをいう。

**てってき-とうすい**　**鉄笛倒吹**　二巻。奥竜の著(天明三1783奥書)。碧巌録などにならって公案百則を選集し、これに評唱および頌古を付したもの。著者の法嗣である本高風外が、碧巌集・従容録にならってこの本則・評唱・頌古の各々に著語を加えた。〔刊本〕天明三刊、明治八1875刊　〔註釈〕風外・弁解一巻、接觜二巻(亡名)、日置黙仙・地上文僊・講話二巻　〔参考〕国一諸宗部二三

**てっぺき-うんぺん**　**鉄壁雲片**　三巻。碧巌集考ともいう。鳳潭の撰(享保四1719)。碧巌録の百則を一々評論したもの。〔刊本〕享保四刊

**てつま-ろうじぎゅう**　**鉄磨老牸牛**　禅宗の公案の一。鉄磨到潙山ともいう。潙山霊祐とその尼弟子の劉鉄磨とが、五台山の大会斎について交わした問答で、両者の本心の自在無礙なやりとりを示したもの。鉄磨は機鋒のするどさを譬え、老牸牛は子を育てる牝牛の老練さに譬えたもの。〔原文〕碧巌録二四則、潙山語録、五灯会元九

**デプテル・ゴンポ**　**Deb-ther sṅon-po**　青冊あるいは青冊史ともいう。チベットの仏教史書。ションヌペー Gshon-nu-dpal(1392—1481)著。一四七六—八年の間に著述された。一五巻より成り、インドおよびチベットの仏教史の概略を述べたのち、チベット仏教各派の歴史を宗派別に著者の時代にいたるまで記述する。若干の誤りや矛盾が指摘されているが、おおむね記述は正確で、とくにチベット仏教史の年代をほぼ確定した点で資料価値が大きい。

**デプン**　**Depung**　別蚌と書く。またレプン Hbras-spuṅs ともいう。チベットの首都ラサの西方約六㌔にある寺。ラマ教黄帽派の四大寺院の一。一四一七年頃ツォンカパの高弟ジャムヤン・チョエジェ Hjam-dbyaṅs chos-rje によって創建された。約七千人の僧徒を擁し、特にモンゴル人の留学が多かった。

**てらうけ-しょうもん**　**寺請証文**　⇩宗門改《しゅうもんあらため》

**テーラ・ガーター**　**Thera-gāthā**　長老偈ともいう。パーリ語にのみ伝えられる古

い韻文の経典。パーリ文経蔵の中のクッダカ・ニカーヤ Khuddaka-nikāya（小部）の第八経。原始仏教教団の長老の比丘たちの作った偈（詩）を集めたものとされ、同じく長老比丘尼たちのものをテーリー・ガーター Therī-gāthā（長老尼偈）といい、一対をなす。テーリー・ガーターはクッダカ・ニカーヤの第九経にあたる。テーラ・ガーターは序偈三偈と二一章一二七九偈よりなり、テーリー・ガーターは一六章五二二偈よりなる。双方ともに高い宗教的理想と倫理的教説とに貫かれ、文学的にも思想的にも高い評価を受けている。パーリ語原文はオルデンベルク H. Oldenberg およびピシェル R. Pischel の校訂によりパーリ聖典協会より刊行された(1883)。ノイマン K. E. Neumann のドイツ語訳(1899)およびリス・デヴィズ夫人C. A. F. Rhys Davids による英訳(1909, 1913)、ノーマン K. R. Norman による英訳(1969)がある。和訳としては立花俊道(国訳大蔵経一二)、増永霊鳳(南伝二五)のものがあり、また近年では中村元による訳(「仏弟子の告白」「尼僧の告白」岩波文庫)も刊行されている。

**てらこや　寺子屋**　寺小屋とも記し、寺屋、寺などともいう。江戸時代の庶民の子弟教育機関。中世、児童が教育を受けるため寺に入ることを「寺入り」といい、子弟を「寺子」といった。寺子屋の経営者・師匠は僧侶のみならず、神官・医者・浪人など種々であった。寺子屋の数は近世中期から幕末にかけて急増し、庶民経営のものが増加した。教科内容は読み・書き・そろばんで、教科書には、往来物と総称される消息・教訓・地暦書・理数関係の手習本や千字文・実語教・童子教・四書五経が用いられた。明治五年1872学制が発布されて自然消滅した。

**てらもと-えんが　寺本婉雅**　（明治五1872—昭和一五1940）北京版チベット大蔵経を日本にもたらしたチベット学者・仏教学者。滋賀県蒲生郡の真宗大谷派仏厳寺の学僧。明治三一年真宗大学を中退。同年チベットに入ろうとしたが失敗、同三四年目的を達し、拉薩《らさ》のレプン寺の札什倫布《たしるんぽ》の僧院で修学、同三八年帰朝。同三九年三度チベットに行ってラマ教を研究、四一年帰国。大正四年1915大谷大学教授、京都大学講師。チベット語による仏教研究の門を開いた。著書、西蔵語文法、于闐国史（訳）、西蔵古代神話十万白竜など。

**テーリー・ガーター　Therī-gāthā**　長老尼偈ともいう。⇨テーラ・ガーター

**でわ-さんざん　出羽三山**　山形県中央部にある修験道の霊山で、月山《がっさん》（標高一九八〇メートル）を主峰とする羽黒山《はぐろさん》（同四二六メートル）・湯殿山《ゆどのさん》（同一五〇〇メートル）の総称。推古天皇元年593崇峻天皇の皇子である蜂子皇子（能除太子・照見大菩薩）が、三山を月山大権現（本地は阿弥陀）・羽黒大権現（同、観音）・湯殿山大権現（同、大日）として敬い、そして羽黒山に三山権現の総社を創建、羽黒山三所大権現と号したのに始まると伝える。しかし三山信仰の発祥地は羽黒山の阿久谷《あくや》（阿久屋）という聖地で、開祖は蜂子皇子を山神として祭った弘俊阿闍梨（蜂子皇子の弟子とされるが）とする説などあって、創建には異説も多い。文献上は貞観六年864に月山神（三代実録）、延喜式神名帳に「伊底波神社」（出羽神社）と見えるのが早い。東国における修験道の中心となり、平安中期ごろは熊野修験の支配下となるが、中世になると羽黒修験を中心として全国的勢力となった。室町末期には一時衰えたが、慶長一二年1607最上義光が社殿堂塔を修築。羽黒山は天台方と真言方とにわかれ無本寺の一山となっていたが、寛永七年1630天宥が羽黒山別当となると、同一八年天台宗輪王寺支配下に置いた。天宥は羽黒修験の一山統一と檀那場（霞場）の支配権を確立するなど多くの事績を残すが、その独裁ぶりが真言宗にとどまった湯殿山注連寺などの反感をかい、寛文八年1668伊豆新島に流罪となった。なお出羽三山の中心は主峰の月山であるが、その登拝路は羽黒山側からの荒沢《あらさわ》口、湯殿山側の七五三掛《しめかけ》口・大網口など八方七口があって、それぞれ先達山伏がいた。なかでも羽黒山寂光寺の山伏集団が大きく、山上に清僧修験三一カ院、山麓に妻帯修験三一六坊があった。明治維新で、三山は月山神社・出羽神社・湯殿山神社となり、羽黒山北麓の羽黒三所権現は三山合祭

殿(現出羽三山神社)と改められ、大半の修験は神主となった。しかし正善院・金剛寿院(以上天台宗)、注連寺(真言宗智山派)、大日坊(同豊山派)の四カ院が修験として残り、現在、正善院は羽黒修験本宗を称して羽黒修験の伝統を守る。羽黒修験本宗の秋の峰入りでは現在、わが国唯一の峰中十種修行を行い、出羽三山神社の松例祭(松聖行事)は修験道時代の行事として貴重。また大日坊には真如海上人の即身仏(ミイラ)などがあって、真言宗の即身成仏という実践を誇ったものとされる。〔参考〕拾塊集、羽黒山三山古実集覧記ほか 〔重文〕銅鏡(一九〇面)、梵鐘、銅灯籠竿(いずれも月山・出羽・湯殿山神社蔵)

**てん　天**　㊵デーヴァdevaの訳で、提婆《だいば》と音写する。天上、天有《てんぬ》、天趣、天道、天界、天上界というのも同じ意味である。迷界である五趣や六趣(六道)のうちで最高最勝な有情《うじょう》の生存、或いはその有情の生存する世界のこと。有情自体を指すときは天人、天部(複数)、天衆《てんじゅ》(複数)ともいい、ほぼ「神」の語に当たる。死後、天に生まれるための因である勝れた十善、四禅八定《はちじょう》を説く教えを天乗という。①天の世界はこの地上から遥か上方にあると考えられ、下から順次に、四大王衆天(四王天ともいい、持国天・増長《ぞうじょう》天・広目天・多聞《たもん》天の四天王およびその眷属が住む)・三十三天(忉利《とうり》天ともいう。この天の主を釈提桓因《しゃくだいかんにん》即ち帝釈天《たいしゃくてん》という)・夜摩天《やまてん》(焰摩天、第三焰天)・観史多天《としたてん》(兜率天《とそつてん》)・楽変化天《らくへんげてん》(化楽天)・他化自在天《たけじざいてん》(第六天、魔天)があって、六欲天と称する。六欲天とは「欲界に属する六つの天」の意である。次いで色界に属する天があるが、それは四禅天に大別され、全部で十七天(或いは十六天、十八天)から成る。即ち初禅天に梵衆天《ぼんしゅてん》・梵輔天《ぼんぽてん》・大梵天の三天があり、第二禅天に少光天・無量光天・極光浄天の三天、第三禅天に少浄天・無量浄天・遍浄天の三天、第四禅天に無雲天・福生天《ふくしょうてん》・広果天・無煩天《むぼんてん》・無熱天・善現天・善見天・色究竟天《しきくきょうてん》(阿迦尼吒天《あかにたてん》)の八天がある。十六天説では大梵天を梵輔天の中へ含め、十八天説では広果天の上に別に無想天を立てる。初禅天、第二禅天、第三禅天に属する九天は、いずれも楽を生じ楽を受ける天であるから楽生天《らくしょうてん》といわれる。大梵天は梵天、大梵天王ともいわれ、帝釈天とあわせて釈梵と称される。これにさらに四天王を加えて釈梵四王といい、仏法守護の善神の中に数えられる。また四天王や帝釈天や大梵天のように多くの天衆を率いている天を天王《てんのう》という。以上諸天のうちで四大王衆天と三十三天とは須弥山《しゅみせん》の上部に住むから地居天《じごてん》といい、夜摩天以上は空中に層をなして住むから空居天《くうごてん》という。それらが住む宮殿を天宮《てんぐう》、天堂という。これらの諸天は上方になるに従ってその天衆の身体の大きさも寿命も次第に増大し、肉体的な条件もすぐれたものとなる。さらに無色界《むしきかい》に属する諸天があって、空無辺処天・識無辺処天・無所有処《むしょうしょ》天・非想非非想処天(有頂天)の四無色天から成る。これらはすべて無色(物質を超えている)の天であるから住処をもたない。四大王衆天または三十三天にある者(異説もある)で、いきどおりの心を起こすことによって、および遊戯の楽しみに耽って正念《しょうねん》を失うことによって、自ら天界より去る者があり、前者を意憤天《いふんてん》(意憤恚天《いふんにてん》)といい、後者を戯忘天《けもうてん》(戯忘念天《けもうねんてん》)という。②天人の命が終ろうとするとき身体に五つの衰えがあらわれる。これを五衰(天人の五衰)という。異説もあるが代表的なものは⑴衣服が垢でよごれる、⑵頭にかむっている花の冠がしおれる、⑶身体が臭くなる、⑷わきの下から汗が流れる、⑸自らの位置を楽しまなくなる、の五である。また六欲天が婬事をなすのには、四大王衆天と三十三天とでは人間と等しく肉体を交え、夜摩天ではただ相抱くのみ、観史多天では手をとり、楽変化天ではあい笑み、他化自在天ではあい視るのみであるという。これを欲天の五婬と名づける。③天でない者をも、仮に天と称して諸天を分類することがある。即ち名天《みょうてん》(世間天、世天ともいい、国王をかりに天となづけたもの、人中の天の意)・生天《しょうてん》(有情の生ずべきいわゆる天)・浄天(煩悩《ぼんのう》を断った清浄な者のことで、阿羅漢《あらかん》・独覚・仏をいう）の三種天、名天の代りに挙天《こてん》（転輪聖王は衆に推挙されて王となったから挙天という）を加えた三種天、世間天・生天・浄天（預流果《よるか》から独覚まで）・義天（十住の菩薩）の四（種）天などに分け、四天に第一義天即ち仏を加えて五（種）天ともいう。仏は浄天中の尊とされ、天中天、天中の最勝尊、天人師とも称される。また地天・水天・火天・風天・伊舎那天・帝釈天・焔摩天・梵天・毘沙門天・羅刹天《らせつてん》・日天・月天《がってん》を十二天（世界を護る護世の天部）といい、密教では金剛面天などを二十天という。

**てん　諂**　(梵)シャートヤ śāṭhya の訳。心所《しんじょ》（心のはたらき）の名。倶舎宗《くしゃしゅう》では小煩悩地法《しょうぼんのうじほう》の一、六煩悩垢《く》の一とし、唯識宗では随煩悩の一とする。曲った心で、他人に対して自己の本心を現わさずに包み隠し、故意に従順を装う精神作用。おもねり、へつらい、阿曲、諂曲《てんごく》というに同じ。この諂によって生じる身・口《く》・意の業《ごう》を曲業《ごくごう》と名づける。誑《おう》と意味内容が似ており、両者の間に混乱も見られる。

**てん　纏**　心を纏縛して善を修めるのを妨げるもののことで、煩悩《ぼんのう》、特に随煩悩の異名とする。無慚・無愧・嫉・慳《けん》・悔《け》・睡眠・掉挙《じょうこ》・惛沈《こんじん》の八の随煩悩を八纏といい、これに忿《ふん》と覆《ふく》とを加えて十纏という。また経部では煩悩の種子《しゅうじ》（潜勢位）を随眠と称するのに対して、煩悩の現行《げんぎょう》（顕勢位）を纏という。

**てんあい　天愛**　(梵)デーヴァーナーム・プリヤ devānāṃ priya の訳で、諸天の愛する者の意。マウルヤ王朝時代には王者の威厳を表わす呼称として用いられ、阿育王の碑文にも見えている。後には意味が変化して、愚かな人を罵っていう場合に用いる。

**てんいちしん-の-じゅ　天一神頌**　禅宗でいう、「迷故三界城、悟故十方空、本来無東西、奈所有南北」の四句の頌。方角違いの時か鬼門除けのとき、難を払うため称える。〔参考〕拾芥抄上

**てんいん　天因**　（熙宗元1204―高宗三五1247）高麗の僧。万徳山白蓮社第二世。俗姓は朴氏。諱は天因。諡号は静明国師。白蓮社の了世に参学得度し、松広山修禅社の慧諶から曹渓禅の要領を習得した後、さらに智異山・毘瑟山などに移り精進したが、了世の没後院門を継承。著書、万徳山白蓮社第二代静明国師後集一巻、静明国師詩集二巻。〔参考〕東文選八三、朝鮮仏教通史下、補閑集下

**てんえ　転衣**　⇩てんね

**てんえ　転依**　⇩てんね

**でんえ　伝衣**　⇩でんね

**てんかい　天海**　（天文五1536―寛永一〇1643）天台宗の僧。陸奥会津の人。世系・生年などに異説が多い。随風、南光坊、智楽院と号する。宇都宮粉河寺・延暦寺・園城寺・興福寺・足利学校などを廻り、天台学をはじめ内外典を学んだ。慶長一二年1607比叡山南光坊に入り、のち武蔵仙波の喜多院を再興。寛永二年江戸東叡山寛永寺を開いて第一世となる。同一四年寛永寺で木活字版一切経の刊行を企て一二年を経て完成した。天海版または寛永寺版という。徳川家康・秀忠・家光の帰依を受け、常に幕府に出入して崇伝などと共に幕政に参画した。慶安元年1648慈眼大師と諡された。著書、東照宮縁起。慈眼大師全集二巻がある。〔参考〕慈眼大師縁起、本朝高僧伝五

**てんがい-え　転害会**　碾磑会とも書き、手掻会《てがいえ》ともいう。奈良東大寺鎮守社であった手向山《たむけやま》八幡宮で一〇月五日（もと九月三日）に行われる祭礼。東大寺の転害門（佐保路門）が御旅所となったことからこの名がある。八幡神を豊前宇佐から勧請したときの行列を再現したもので、寛平年中日記に見えるのが早く、天文八年1539までは勅祭であった。田楽や舞楽なども行われるなど南都祭礼では最も古い部類に属した。〔参考〕東大寺雑集録一

**でんかい-しょうはん　伝戒正範**　四巻。詳しくは三壇伝戒正範という。清の華山読体の著（順治一七1660戒顕の序）。沙弥・比丘・菩薩の三壇授戒作法の次第を説いたもの。はじめに授戒前における請戒懺悔儀などの前方便を示し、次に戒牒・律典などの要文を引いて三壇伝戒の法式を具体的に説く。(続)二・一二・一

**デンカルマ-もくろく　デンカルマ目録**

Dkar-chag Ldan-dkar-ma　チベットで作成された経論目録。ペルツェク Dpal-brtsegs, ルイ・ワンポ Kluḥi dbaṅ-po ら数人の編者が勅命によりデンカル Ldan-dkar(あるいはレンカル Lhan-dkar)宮殿において作成したと伝える。作成年代については、ランダルマ Glaṅ-dar-ma 王(841—42頃在位)以前の辰の年ということが確認されており、七八八年説から八三六年説までの諸説があるが、八二四年とする説が有力である。内容は、当時までに訳出された経論、および当時訳出中のもの、あわせて七三四部の題目を二七項に分類して収録したものである。のちのチベット大蔵経編成の基礎となる目録類の一つとして重要であるとともに、今日梵語原本はもとよりチベット訳・漢訳も伝わらない典籍名も含まれており、示唆するところが多い。

**てんぎょう　転経**　「てんぎん」とも読む。①経典を読経すること。諷経《ふぎん》と同じ。②大般若経のような大部な経巻の初中後の数行を読み、他はただ紙を繰って読経になぞらえること。転読ともいう。転経《てんぎん》する法会《えほう》を転経会《てんぎんえ》という。大蔵経を転経するのを転蔵という。

**でんぎょう-だいし　伝教大師**　⇩最澄《さいちょう》

**てんぎん　天誾**　(貞治四1365—永享九1437)曹洞宗の僧。信濃上田の人。字は如仲。梅山聞本に参じて曹洞禅を学び、印可を受ける。近江塩津の洞春庵・遠江の崇信寺を開き、同国大洞院二世となる。総持寺に住し、また越前の竜沢寺を復興した。〔参考〕日域洞上諸祖伝下、日本洞上聯灯録四

**てんぐ　伝供**　奠供とも書き、逓供《ていぐ》ともいう。中国では逓上または供逓といった。法会《えほう》のとき、仏祖に供物を捧げるのに、数人が次々に伝送するのをいい、大法会の際に行われる。

**てんくう　天空**　(寛永一五1638—享保元1716)浄土宗の僧。上野の人。字は月西。増上寺で浄土宗を学び、京都浄花院の天誉に師事した。晩年、佐渡に渡り小木の念仏堂に籠り念仏に専念した。〔参考〕続日本高僧伝一〇

**てんぐう-じ　天宮寺**　中国河南省河南府洛陽にあった寺。唐の貞観六年632太宗の旧宅を寺とし、同一二年法護を主とした。長寿二年693宝思惟が住して諸経を訳出し、神秀が止宿して北宗禅をひろめた。ついで道氤《どういん》・広済らが歴住し、五代の頃には従隠が来住して性相の学で知られたが、のち廃絶した。〔参考〕続高僧伝一三・二二、宋高僧伝三・五・七・八

**てんぐ-ぞうし-えまき　天狗草紙絵巻**　七巻(現存、原本五巻)。絵巻。七ケ寺絵詞ともいう。重要文化財。作者不詳(永仁四1296頃)。当時の南都・北嶺以下の諸大寺や遁世僧の驕慢・乱脈ぶりを天狗にたとえて諷刺したもの。なお天狗を扱った絵巻には魔仏一如絵(内田家旧蔵)、是害房絵詞(曼殊院蔵)などが知られる。〔原本〕延暦寺巻(東京国立博物館蔵)、園城寺巻(石川県・宮本家蔵)、伝三井寺巻(東京都・中村家蔵)、伝三井寺巻(根津美術館蔵)〔模本〕興福寺巻・東大寺巻(東京国立博物館蔵)〔複製〕新修日本絵巻物全集二七

**てんこう-じ　天皇寺**　中国湖北省荊州府江陵県にある。「てんのうじ」とも読む。梁代の建立で、法論が住した。北周の武帝(560—78在位)の破仏後、唐の徳宗(779—805在位)の頃に石頭希遷門下の道悟が修復した。宋代に太平興国寺・乾明寺などと改められ、明の洪武年間1368—98に重建された。

**でんこう-じ　伝香寺**　奈良市小川町。律宗。宝亀年間770—80鑑真の弟子思託の開創で実円寺と称したという。天正一三年1585筒井順慶の母芳秀宗英が順慶の菩提のため再興し、唐招提寺寛順泉奘を中興開山とする。以後筒井氏の菩提寺となった。〔重文〕本堂、木造地蔵菩薩立像及び像内納入品〔参考〕大和志料上

**でんこう-ろく　伝光録**　二巻。瑩山紹瑾の述(正安年間1299—1302)。釈迦・摩訶迦葉から達磨、さらに六祖大鑑慧能・如浄から道元・懐奘《えじょう》までの洞家相承一仏五十二祖の教語を掲げ、和語でその意義を説いたもの。正安二年正月以来の垂示を弟子にまとめさせたもので、正法眼蔵とともに曹洞宗で尊重する。㊅八二、曹全二(宗源下)、禅学大系祖録部三〔刊本〕安永六1777刊〔註釈〕石川素

堂・伝光録白字弁一巻(新井石禅補)

**てんさい　転斉〔転滅〕**　唯識宗の種子《しゅうじ》説に関する術語。劣性(たとえば下品《げぼん》)の種子がその劣性をかえて、先天的に有る(即ち本有の)勝れた性質(たとえば中品)の種子と同等になるのを転斉といい(斉は「ひとし」の意)、劣性の種子がその劣性を滅失して勝れた性質の種子となるのを転滅という。唯識論者の中で、種子の起源についてただ先天的にのみあるとする唯本有説《ゆいほんぬせつ》と、後天的なもののみとする唯新熏説と、両説を折衷して併用する新古合生説との三説があるが、このうちで新古合生説の派は、種子に下中上の三品《さんぼん》(三種類)の区別があるといって転斉説をとり、これに対し唯新熏説と唯本有説との二派は種子はただ一種類のみとして転滅説をとる。

**でんし　殿試**　中国の官吏登用試験(進士の試業)の一として朝廷で試験するのを殿試といったのになぞらえて、僧の学業を朝廷で試みたのを殿試という。浄土真宗本願寺派では学階を授与するために学林で行う饗試《こうし》の他に、本山で安心《あんじん》に関する理解を試みる殿試を行う。

**てんじき-とくち　転識得智**　唯識宗の術語。仏果に到ったとき有漏の八識(阿頼耶識《あらやしき》など)を転回させて無漏の四智(大円鏡智など)をうること。⇩智《ち》

**てんじき-ろん　転識論**　一巻。陳の真諦の訳(太建元569)。古来、無相論の一部とされてきたが、世親(ヴァスバンドゥ Vasu-bandhu)の唯識三十頌の異訳で、真諦が諸所に釈文を加えたものと考えられている。成唯識論《じょうゆいしきろん》の説とは相当のちがいがあり、古唯識研究上重要な資料とされる。㊅三一、国瑜伽部一二

**てんじく-おうじょう-げんき　天竺往生験記**　一巻。インドにおける西方浄土往生人として九名を挙げその伝を記したもの。世親の造、鳩摩羅什の訳と伝えるが、後代の偽作と推定される。続浄全一六〔註釈〕良定・天竺往生験記端書

**てんじく-じ　天竺寺**　中国浙江省杭州府銭塘県にある。上・中・下の三寺があり、いずれも観音を本尊とするが、とりわけ上天竺寺の広大霊感観音は俗信をあつめた。①下天竺寺(法鏡寺)。霊隠山の麓にある。東晋代に天竺僧慧理が霊鷲寺《りょうじゅじ》を建てたのに始まり、隋の開皇一五年595真観が修築して南天竺寺と名づけ、唐代に天竺霊山寺と称した。華厳を弘めた道詵《どうせん》や詩文で名があった道標(西嶺和尚)らが住したが、唐末に兵火にあったのを呉越王銭鏐《せんりゅう》(907—32在位)が再興して五百羅漢院を建てた。北宋代には霊山寺・天竺寺と号し、遵式《じゅんしき》(慈雲懺主)が住して天台の教学を講じ、寺内に日観庵を建てた(天聖六1028)。南宋の頃、時思薦福寺《せんぷくじ》と称したことがある。元代に蒙潤・子儀、明代に子実・良玉らが住し、清の高宗(1735—96在位)から法鏡寺の額を賜った。②中天竺寺(法浄寺)。稽留峰の北にある。隋の開皇一七年597天竺僧峰宝の創建と伝え、呉越王銭弘俶(948—78在位)が再興して崇寿院と名づけ、のち天寧永祚《えいそ》禅寺と称した。禅院として名高く、元代に天歴永祚禅寺、明代に中天竺法浄寺と称した。③上天竺寺(法喜寺)。北高峰の麓にある。後晋の天福四年939道翊《どうよく》が観音像を刻んで草庵を営み、呉越王銭弘俶が一寺を興して天竺看経院と名づけた。北宋の仁宗(1022—63在位)から大蔵経を賜り、英宗(1063—67在位)から天竺霊感観音院の額を賜るなど、歴朝の尊信があつく、南宋の高宗(1127—62在位)は勅して御前道場とし、孝宗(1162—89在位)は寺主若訥《にゃくとつ》に天下の禅・教・律の三宗を支配させた(淳熙二1175)。元の順帝(1333—68在位)の時、兵火にかかったのを慧日が再興。明代には、寺内に僧道衙門が置かれ杭州一帯の宗教行政を司った。清代に二度炎上し、その都度再建された。

**てんじく-じげん　天竺字源**　七巻。北宋の惟浄らの編。詳しくは景祐天竺字源という。梵字を類別して漢字で音写し、字義を解いたもの。景祐二年1035の勅板の模刻が伝わる。

**てんしゃく　天頙**　生没年不詳。高麗の僧。万徳山白蓮社八国師の第四世。俗姓は申氏。字は天因(静明国師大因とは別人)。号は内願堂。諡号は真静国師。万徳山白蓮

社の蓮律について落髪し、了世より衣鉢を伝受した。著書、神門宝蔵録三巻、禅門綱要集一巻、海東伝弘録四巻など。〔参考〕東師列伝巻一

**てんしゅ-きょう　天主教**　明代に中国に伝わったカトリック・ジェスイット派(Jesuit イエズス派ともいう)のことで、のちに日本にも紹介された。中国へのキリスト教の伝来はすでに唐の貞観九年635ネストリウス派(Nestorius)が景教として行われたのにはじまるが、これは唐室の滅亡(907)とともにあとを絶ち、また元の至元二九年1292に伝来して也里可温《えりかおん》と呼ばれたドミニコ派(Dominicans)、フランシスコ派(Franciscans)も一四世紀中ごろまでにはほとんど消滅していた。ヨーロッパでの宗教改革以後、ジェスイット派の結成とその東アジアへの積極的な進出に伴い、明の万暦一一年1583イタリア人宣教師マテオ・リッチ(Matteo Ricci 利瑪竇《りまとう》 1552―1610)やルッジェーリ(Michele Ruggieri 羅明堅1543―1607)らが渡来して、広東省の肇慶・韶州、江西省の南昌などの各地に教勢を張るにいたった。これが天主教の中国への初伝である。利瑪竇・羅明堅らは、ジェスイット派インド管区長ヴァリニャーノ(Alessandro Valignano 范礼安1539―1606)の指導のもとに、西洋の科学とくに数学・天文学・地理学などを輸入紹介して知識人の注目をあつめた。一方、中国への伝道には、中国の古典に精通して読書人の信望をあつめることの重要性に着目し、鋭意儒教の経典を研究して、キリスト教の説く天主は儒教でいう上帝であると強調し、儒教と空を説く仏教や無を説く老子の教えとの一致説は誤りであると指摘した。利瑪竇は天主実義、羅明堅は天主聖教実録など、中国としては最初の教義書を発表してこの主張を徹底させた。仏徒側から雲棲袾宏《しゅこう》や藕益智旭《ちぎょく》らを中心とする反抗運動も起こったが、仏教界はすでに衰微の途をたどっていたので、常に守勢にまわり、わずかに儒教との合致に論陣の維持を図ったに過ぎない。天主教宣教師はやがて徐光啓(1562―1633)・李之藻(　―1630)らの知識階級を信仰に導くことに成功し、また多数の高官の知遇を得て、万暦二九年1601には北京定住を認められた。その後、沈漼《ちんかく》らが反教の上奏を行う(万暦四三1615)などの迫害も受けたが、ヴァニョーニ(Alfonso Vagnoni 王豊粛また高一志1566―1640)・フェルビースト(Ferdinand Verbiest 南懐仁1623―88)らの活躍で布教は順調に進んだ。とくに南懐仁の努力により、清の康熙三一年1692中国人のキリスト教信奉の公許を得た。その後フランスやスペインから、ドミニコ派・フランシスコ派・アウグスティヌス派などの宣教師団が次々と渡来したが、ジェスイット派とこれらの宣教師団との間に布教方法に異義が生じ、教皇使節よりジェスイット派が黙認していた中国の孔子崇拝や祖先崇拝の典礼は、すべて迷信的なものと判定された。これを機として典礼否認派が追放され、さらに雍正二年1724世宗はついに禁教の詔を下した。以後その禁止令は道光二四年1844フランス公使ラグルネが黄埔条約の締結を機にカトリック教信仰を全面的に承認させるまで続いた。

**てんじゅこく-しゅうちょう　天寿国繡帳**　奈良県の中宮寺蔵。国宝。縦八八・八センチ、横八二・七センチ。絹地。天寿国曼荼羅、中宮寺曼荼羅とも呼ぶ。聖徳太子の妃橘大郎女《たちばなのおおいらつめ》が太子の死を悼み、その往生した天寿国のありさまをぬいとりにした、飛鳥時代の刺繡作品で、日本最古の刺繡。もと二帳あったが、現在は三段二列の六区に区分した残欠(建治元年1275の模作部を含む)のみ残る。下絵は東漢末賢《やまとのあやのまけん》、高麗加西溢《こまのかせいつ》、漢奴己利《あやのぬかこり》が描き、椋部秦久麻《くらべのはたのくま》が監督して、采女たちが紫羅に色糸で刺繡した。亀甲文の中に四字ずつ繡出した銘文があるが、この全文は上宮聖徳法王帝説にある。なお天寿国については経論にその説がなく、単に天という程度であるとも、無量寿国、霊山浄土または兜率天をさすともいう。

**でんじゅ-しゅう　伝受集**　四巻。寛信(1084―1153)の著。成立年不詳。勧修寺流の祖、寛信が口伝に基づいて諸尊法の秘伝を集めたもの。巻一は薬師・弥陀・無垢・浄

光・大仏頂などの諸尊秘伝と、巻二は仁王経法・法華経・愛染王・八字文殊など（以上頼照阿闍梨の口伝という）、巻三は薬師・阿弥陀・釈迦など（大谷阿闍梨の口伝という）、巻四は瑜祇経事・薬師・大仏頂・金輪など（大教院僧都覚意の口伝という）を収める。㊅七八〔写本〕金剛三昧院蔵（文永五1268写）、高山寺蔵（永享一〇1438写）

**でんじゅつ-いっしん-かいもん　伝述一心戒文**　三巻。略して一心戒文という。光定の著。成立年不詳。最澄によって比叡山大乗戒壇の建立が企てられた時、弟子として朝廷に奔走した著者が、その経緯を記したもの。大同五年810光定が試業得度してから、最澄の学生式ならびに顕戒論の上表、最澄没後における大乗戒壇の建立、承和元年834著者が円澄を推して延暦寺座主にした事跡などを記述する。㊅七四、伝教大師全集一〔写本〕延暦寺蔵（応徳元1084、良祐写本）〔刊本〕寛永一五1638刊、寛文四1664刊

**てんしゅぼだい　天須菩提**　㊵デーヴアサルヴァ Devasarva ㊶デーヴァサッバ Devasabba をデーヴァスブーティ Deva-subhūti とみて天須菩提と音写したと考えられるが確かではない。仏弟子の一人。行業が清浄で常に好衣を着て得道したので、着好衣第一と称される。〔参考〕増一阿含経三、分別功徳論五

**てんしょう-こうとう-ろく　天聖広灯録**　三〇巻。北宋の李遵勗（　―1038）編。禅宗広灯録ともいう。景徳伝灯録の後をうけた禅宗の祖師の伝記集。㊦二乙・八・四―五

**てんじん　天神〔地祇〕**　天の神を神、地の神を祇、合わせて神祇《じんぎ》という。梵天や帝釈《たいしゃく》など天を住居とする神を天神とし、堅牢地祇（堅牢地神）や八大竜王など地を住居とする神を地祇《じぎ》とする。或いは色界以下の諸天衆の属隷、欲界の夜叉《やしゃ》などを総称して天神地祇という。また日本の「あまつかみ」、「くにつかみ」をこれに当てる。

**てんじん　天親**　⇩世親《せしん》

**てんじん　点心**　食をもって空心《すきばら》に点じるの意。空腹の際に一時しのぎにとる少量の食のことで「むなやすめ」と訓じる。禅宗で斎食《さいじき》（昼食）以前にとる小食をいい、一般に間食を点心というが、昼食をさすこともある。

**でんしん　伝心**　（慶安元1648―宝永五1708）曹洞宗の僧。三河黒瀬の人。字は凝絶《ちせつ》。美濃竜泰寺鰲山《ごうざん》をはじめ諸師を歴訪して曹洞禅を修め、仙寿寺明山から印可をえた。長門大寧寺・天徳寺などに住した。〔参考〕日本洞上聯灯録一二、続日本高僧伝六

**てんしん-どくろう　天真独朗**　本来のありのままのすがたであって、さとりがまどかにかがやいていること。天台宗で止観の全きありさまをさす語として重んじ、禅宗でも用いることがある。

**てんそくさい　天息災**　（　―咸平三1000）北宋の訳経僧。インド迦湿弥羅《かしみら》国の人。闍爛達羅《じゃらんだら》国の密林寺に住し、北宋の太平興国五年980施護と共に汴京（開封）に来て、太平興国寺の訳経院で訳経に従事した。訳業の廃絶をおそれて、惟浄らに梵文を学ばせ、陝西諸道の道俗が所蔵する梵典をあつめて翻訳に資した。聖仏母小字般若波羅蜜多経など多くを訳している。明教大師の号を賜り、慧弁法師と諡された。〔参考〕仏祖統紀四三・四四、仏祖歴代通載一八、釈氏稽古略四、補続高僧伝一

**でんそん　伝尊**　（慶安元1648―享保二〇1735）曹洞宗の僧。紀伊の人。号は天桂。遠江可睡斎の衝天について曹洞禅を学び、京都興聖寺の竜蟠松雲、摂津瑞竜寺鉄眼道光、慈光寺玄忍らを訪れて禅および戒律を学び、さらに駿河島田静居寺の五峰海音に面授嗣法した。また盤珪・明僧心越などと交わり学んだ。静居寺に住して堂宇を復興し、近江彦根大雲寺、摂津北豊島郡の退蔵峰などに移り住した。著書、正法眼蔵弁註二〇巻、海水一滴一巻。〔参考〕天桂和尚年譜、日本洞上聯灯録一一、続日本高僧伝七

**てんだい-かひょう　天台霞標**　二八巻。敬雄の録（明和八1771序）、慈本の追補（文久二1862）。日本天台宗諸師の撰述にかかる序跋などの小篇・疏・願文・表白・銘・詩・賦・偈・和讃・書牘および宣旨・官符・牒・位記・公験・印信・仏賛・撰目などを集録したもの。初編に武蔵吉祥寺金竜敬雄の序と東叡山羅渓慈本の凡例がある。これによると、明和八年

宗祖最澄の九五〇回忌に当たって敬雄が伝教・義真・慈覚・光定ら二五師に関するものを集録して、初篇三巻を出版。のち九〇年を経て慈本が増補して四巻とし、さらに第二篇以下六篇二四巻を追補、合計七篇二八巻に一四〇人余の記文を収めた。仏全一二五・一二六 〔刊本〕明和八初篇刊

**てんだい-くそ-でん 天台九祖伝** 一巻。南宋の士衡の著(嘉定元1208)。インドの竜樹、中国北斉の慧文から慧思・智顗《ぎ》・灌頂《かんじょう》・智威・慧威・玄朗・湛然《たんねん》と天台宗は相承されたとして、この九人を天台の九祖とし、その略伝を記したもの。㊅五一

**てんだい-ざす-き 天台座主記** 延暦寺天台座主の歴名を記したもの。二本ある。⑴一巻本は第一代義真から一六七代尊朝法親王までを載録する。群書四 ⑵五巻本は最澄誕生から八七代澄覚までの補任を記す。続群四下 特に⑵は一山衆徒の動静を記し、僧兵の実態を知る好資料。他に建治二年1276八八代道玄の補任以後のことを録した新撰座主伝三巻(進藤為善編・続々群二)がある。〔刊本〕⑵は天保三1832刊

**てんだい-さん 天台山** 中国浙江省台州府天台県にある山。仙霞嶺山脈中の一高峰。また、それを中心とする桐柏・赤城などの群峰をいう。天梯山とも書き、台岳とも称する。古くから神仙、隠士、道士が住むことが多かったが、三国呉から東晋の頃には仏寺も建てられるようになり、東晋の曇猷《どんゆう》は赤城山に中巌寺を創め、劉宋の法順は瀑布峰に瀑布寺を建てたと伝える。陳の太建七年575天台宗の祖智顗が入山し、仏隴山の北に一宇を建てた。修禅寺(太建一〇宣帝の命名。のち大慈寺)がこれである。ついで彼の弟子灌頂《かんじょう》らが天台山寺を創め、当寺は隋の大業元年605国清寺と号した。以後、王公の尊信があつく、天台宗の根本道場として永く栄えた。盛時には山中に七〇寺余があったと伝え、唐中期以後、禅宗の興隆にともない、禅僧が多く来住した。日本からも当山を訪ねる者が多く、唐代には最澄・円珍・円載らが、宋代には成尋・重源・栄西・俊芿らが入山した。なお円珍は日本国大徳院を遺した。現在も国清・真覚・高明・方広・万年などの諸寺がある。

**てんだい-じ 天台寺** 岩手県二戸郡浄法寺町御山久保。八葉山と号し、天台宗。天平年間729—49行基の開創で、坂上田村麻呂が修築し、円仁も留錫したと伝える。中世以来南部氏の帰依をうけて栄えた。〔重文〕木造聖観音立像、同十一面観音立像 〔参考〕桂清水観音記

**てんだい-しきょう-ぎ 天台四教儀** 一巻。諦観録ともいう。高麗の諦観(—971)の著。成立年不詳。呉越王銭弘俶(948—78在位)が永嘉集《ようがしゅう》を読んで、その中に引用されている法華玄義の文「同除四住」の意味が判らず、これを天台の徳韶と義寂に質問した。時に唐末・五代の兵乱で書籍が散逸して不明なので、二人は王に勧めて高麗国に教籍を求めた。高麗国から使者として教籍を持って来た諦観は、義寂の弟子となって天台宗を学び、その要綱をまとめてこの書を作った。智顗の三大部と浄名玄義によって天台の五時八教判と止観法門の二十五方便および十乗観法との大意を概論的に述べる。天台の教観二門の入門第一の書として、後世初学者必須の書とされた。註釈書の天台四教儀集解《しゅうげ》三巻は、北宋の従義が後山外《ごさんがい》の教門中心主義の立場より註釈したもの。天台四教儀集註《しっちゅう》三巻は、元の蒙潤《むにん》が山家の正統説に立脚して註釈したもので釈義が精密で最も多く参照された。同備釈二巻は、宋の古雲元粋の作であるが、極めて簡単である。日本では良光の略解二巻、性慶の直解三巻などがある。㊅四六、〔国〕諸宗部一四

**てんだい-しゅう 天台宗** 天台法華宗、法華宗、円宗、台宗とも称する。隋の智顗(538—97)が開き、最澄(767—822)が入唐して日本に伝えた宗派。日本の天台宗は、円密禅戒および浄土の五宗を兼学し、中国の天台宗とは異なった独自の宗風をもつ。五時八教の教判を立てて仏教を分類批判して体系化し、法華経こそが仏陀の出世の真の目的を明らかにしたものであるとする。万法の理体と現象の事界とが差別がなく、現象がそのまま真如の実相であるという三諦円融の妙理を説き、この妙理を一心に達観

して仏果を証しようとするもので、教相門で妙解を得たならば同時に妙行を起こして教観が兼ね備わるという。観心門には漸次・不定・円頓の三種の止観があるが、一心三観・一念三千の円頓止観を基とし、行法を総括して四種三昧を立てる。(イ)中国。竜樹—慧文—慧思—智顗という法系をたどって智顗が大成した宗で、智顗は大蘇山で慧思について学んだが、のちに天台山で大悟し天台山で没した。後世その一派の人々は彼を尊んで天台大師といい、その派の教義を天台宗というようになった。智顗の没後はその所説をまとめて法華玄義・法華文句・摩訶止観のいわゆる天台の三大部の著書をととのえた章安灌頂《かんじょう》を第二祖に数える。灌頂の死後一〇〇年余は教勢がふるわなかったが、智威—慧威—玄朗と伝わり、第六祖の荊渓湛然《たんねん》(711—82)が出て三大部の註釈を著わして中興した。その後、会昌の破仏や唐末・五代の乱などによって衰えたが、典籍を高麗や日本に求め第一一祖の清竦《しょうしょう》の門下に義寂や志因が出て復興の機運が生まれた。趙宋天台といわれるのがこれであり、義寂の法系を山家派《さんげは》、志因の法系を山外派《さんがいは》と称する。なかでも山家派の四明知礼(960—1028)はすぐれた著書を遺して山外派と争い、その門下から南屛梵臻・神照本如・広智尚賢の三派が分かれ、後世はもっぱら山家派だけが栄えた。しかし明末の智旭が出て以後は衰微の一途をたどる。

(ロ)朝鮮。唐の開元一八年730法融らが新羅に伝え、後唐の清泰二年935子麟が高麗に伝えたという。高麗の義天(1055—1101)が中興したが、一四世紀末に禅宗に統合された。

(ハ)日本。最澄は入唐して湛然の弟子の道邃《どうずい》や行満から天台宗を学び、帰国後、比叡山で一宗を開き、延暦二五年806初めて年分度者二人を許された。彼は密教や牛頭禅《ごずぜん》や大乗戒をも修めたので、円・密・禅・戒の四宗合一の立場をとり、山家学生式《がくしょうしき》では天台法華宗の僧は止観業《しかんごう》(天台学)か遮那業《しゃなごう》(密教学)のいずれかを学ぶことをさだめる。大乗円頓戒壇の建立を企て、その没後についに勅許を得て一宗の基礎が確立された。弟子の義真・円仁・円珍らがあいついで座主《ざす》となり宗門を統率したが、のちに円仁の法系と円珍の法系とが争うようになり、円珍の徒は山を下って園城寺《おんじょうじ》を根拠としたので山門(延暦寺)と寺門(園城寺)とが分立した。最澄は円密一致の立場から密教を重んじたが、円仁・円珍が入唐して密教を伝えたので一層密教化し、安然《あんねん》が出て五教判、四一教判を立てて密教を全上のものとした〈⇩台密《たいみつ》〉。そののち、座主良源(912—85)の頃から天台教学の研究が盛んになり、弟子に源信や覚運が出た。源信が観心に重きを置き本覚門を主としたのに対して、覚運は教相に重きを置き始覚門を主としたといわれ、前者の法系を恵心流、後者の法系を檀那流と称して、合わせて恵檀二流という。これらは口伝《くでん》を重んじ、いわゆる口伝法門は中古天台の特色となり、恵心流に椙生《すぎう》流・行泉房流・土御門《つちみかど》流・宝地房流の四流を、檀那流に慧光房流・毘沙門堂流・竹林房流・猪熊《いのくま》流の四流を数え、恵檀八流といわれ、なかには玄旨帰命壇《げんしきみょうだん》のような邪教も生まれた。源信はまた浄土教の信奉者でもあり、源空(法然)の浄土宗開創に大きな影響を与えた。また鎌倉新仏教の祖師たちはほとんど本宗を母胎として生まれている。室町時代には真盛《しんぜい》が出て戒称二門を説き一派(真盛派)を立てた。織田信長によって比叡山が焼打され、宗勢が衰えたが、のち徳川氏の外護のもとに復興し、関東には東叡山《とうえいざん》寛永寺や日光山が開創され、教学の研究も盛んになった。のち円頓戒と四分律との関係について意見が分かれ、妙立や霊空のように四分兼学をとなえ、安楽律院でこれを実践するものも出た。第一次世界大戦後には和宗(四天王寺)・聖観音宗(浅草寺)・鞍馬弘教(鞍馬寺)などが独立し、現在は天台宗(延暦寺)・天台寺門宗(園城寺)・天台真盛宗(西教寺)などがある。天台教学に基礎を置く神道に山王一実神道があり、天台系の修験には聖護院を本山とする本山修験宗や無動寺を根拠とする回峰行《かいほうぎょう》がある。

**てんだいしゅう-しょうしょ　天台宗章疏**　一巻。玄日の撰(延喜一四914)。天台宗の宗義書を列挙し記録した天台宗最初の書籍目録。醍醐天皇の勅によって延暦寺の玄日が、華厳宗の円超・三輪宗の安遠・法相宗の平祚・律宗の栄穏らと共に各自宗の章疏目録を製したものの一。一八一部六四二巻の書目をあげるが、うち密教部は金剛頂経疏七巻と蘇悉地経疏七巻のみ収めていることが注目される。法華・勝鬘・維摩を宗典として記録している三輪・法相・華厳などの目録が聖徳太子の三経疏を記録せず、玄日のみが記録していることも注意される。(大)五五

**てんだい-しゅうぎ-しゅう　天台宗義集**　一巻。詳しくは天台法華宗義集という。義真の撰(天長年間824—34)。天台法華宗の教観二門の要義を略述したもの。淳和天皇の勅により撰述した六本宗書の一。教門には四教義・五味義・一乗義・十如是義・十二因縁義・二諦義の六章、観門には四種三昧義・四惑義の二章を設けているが、簡明にその宗意を説く。この類書では最も古い。(大)七四、仏全二四、[国一]諸宗部一六　〔刊本〕慶安五1652刊

**てんだい-しょうしかん　天台小止観**　⇩修習止観坐禅法要《しゅじゅうしかんざぜんほうよう》

**てんだい-しょうぶ-しゅうしゃく　天台小部集釈**　一九巻。天台小部集ともいう。天台教敬光(1740—95)の編。成立年不詳。天台教義に関する小部の典籍数十部を集めたもの。三種の刊本があり、収める典籍は多少異なる。安永本(敬光とその門人敬猷《けいゆう》の校訂)は、山家余雋三巻、華厳芳遺篇二巻、台密要集四巻、山家雑詮一一巻から成り、そのなかに円仁・円珍・安然・良源・千観・源信・覚運・覚超・尊海・源空・証真・覚阿などの著作合計六〇部を収める。仏全二四　〔刊本〕寛文五1665刊(一五巻)、安永七1778刊(一九巻)、文政一一1828刊(二二巻)

**てんだい-しんごん-にしゅう-どうい-しょう　天台真言二宗同異章**　一巻。証真の撰(文治四1188)。天台・真言両宗の同異に関する論争を天台宗の立場から論断したもの。⑴立文理と、⑵遮外難の二段から成る。⑴は教・行・人・理の四点から二宗不別の義を論証する。⑵は問答体で、東密系の真言宗を破し、天台密教の義を宣揚する。当時東密・浄土・禅などの興隆によって動揺していた天台教学が自ら省察して再検討を行ったものとして意義深い。(大)七四、[国一]諸宗部一八　〔刊本〕元禄一〇1697刊、弘化五1848刊

**てんだい-だいし-わさん　天台大師和讃**　源信(942—1017)の著。成立年不詳。天台智顗の生涯の事跡を智者大師別伝に基づいて和讃にしたもの。初め総括的に智顗の徳を鑚仰し、ついでその幼少年時代の霊異・出家修学・天台山入り・宣帝の帰依・示寂・その他の奇瑞と、生涯を年代順に記し、最後に智顗の造寺・写経などの行業を述べて、二二八句からなる。文学的にはあまり高く評価されていないが、高僧の伝を讃した和讃としては最古のもので、一部分は梁塵秘抄に入る。また江戸時代の刊本がある。恵心僧都全集二、日本歌謡集成四　〔参考〕天台霞標

**てんだい-ちしゃだいし-べつでん　天台智者大師別伝**　一巻。隋天台大師別伝、智者大師別伝ともいう。隋の灌頂《かんじょう》(561—632)の著。成立年不詳。天台智顗《ぎ》の伝記を年代順に編したもの。終りに瑞跡十条・撰述書について記している。国清百録の序に渚宮の法論、会稽の智果らも別伝を作ったとあるが現存していない。著者は智顗の最も近い弟子であるので資料価値は高い。智者とは晋王広(後の隋の煬帝)が贈った名。別伝とは高僧伝と異なって一師の道跡を記録したものという意。(大)五〇、[国一]史伝部一〇　〔註釈〕曇照・註二巻、如海・紀念録詳解二巻、忍鎧・考証三巻

**てんだいでん-ぶっしんいん-き　天台伝仏心印記**　一巻。仏心印記ともいう。元の懐則《えそく》の著(至大年間1308—12)。仏の正しい心印を伝印したのは、禅宗や華厳宗・法相宗でなく天台の止観であるとし、他宗の教義を批判し、教観双修の天台性悪法門の優位を主張した書。元代に盛んであった禅に対抗して、天台宗の四明知礼派の学を復興しようとしている。(大)四六　〔註釈〕伝灯・註二巻、英泉・評釈二巻、恵澄・饒舌談二巻、光謙・籛要一巻、同・講録一巻、大宝・籛要講述一巻

**てんだい-はっきょう-たいい　天台八教大意**　一巻。八教大意ともいう。唐の灌頂

《かんじょう》の著というが、六祖湛然の弟子明曠の作とするのが妥当といわれる。成立年不詳。中国天台の教観二門の概要を、化儀四教・化法四教の八教を主として述べたもの。天台初学の入門書として諦観の四教儀などと並び称される。㊅四六　〔註釈〕秀存・講述四巻、常観・講録二巻など

**てんだいぶっぽう-わがくに-に-るふする-の-こと　天台仏法流布吾国事**　一巻。大伴国道の撰(天長二825)。山家《げさん》要略に収める延暦寺俗別当参議大伴国道の書状である。この頃、延暦寺僧徒は法臈座次問題の紛糾によって、俗別当大伴国道が、伝法座主である義真と上座円澄とに対し伝教大師が設けた仮受小式制度の変更案を提示したもの。天台霞標に収める。仏全一二五、日蔵四〇

**てんだい-ほうもん-ぎ　天台法門議**　一巻。天台智者大師伝論ともいう。唐の梁粛《りょうしゅく》の著。智顗の教学は慧文・慧思より相継ぎ三種止観を用いて一事の因縁となしたのであるが、在世の時には帝王の師範となりながら没後には正信の者が少なく衰微していた。湛然(天台宗の六祖)に至って今その道を中興したといい、天台の徳をたたえ湛然の復興を随喜している。なお、本書は仏祖統紀四九の名文光教志一八の一に収める。㊅四九

**てんだい-ほっけしゅう-ごずほうもん-ようさん　天台法華宗牛頭法門要纂**　一巻。牛頭法門要纂、牛頭要纂、牛頭決ともいう。最澄の撰(唐の貞元二一805、日本の延暦二四)と伝える。最澄が入唐して受承したと伝える牛頭法門の要義を記述したもの。五双要法門十条(鏡像円融・十界互具・仏界不増・俗諦常住・三惑頓断・分段不捨・煩悩菩提・無明即明・生死涅槃・即身成仏)がある。本書は文証を挙げて顕密融会の思想を詮示し、修善寺相伝私注と共に本覚法門を説くものとして尊重されているが、引用した経典には偽経が多く、また心地観経のように貞元二一年以後の訳出もあるので、最澄の真撰ではなく平安時代末期の口伝法門発達期における叡山学匠の撰であろうとされている。日蔵三九、伝教大師全集五　〔写本〕滋賀県西教寺蔵(寿永元1182顕真写)、栃木県慈眼堂蔵(天正四1576写)　〔刊本〕寛永二1625刊、慶安三1650刊　〔参考〕可透・伝教大師撰集録、竜童・山家祖徳撰述篇目集下

**てんだい-ほっけしゅう-でんぼう-げ　天台法華宗伝法偈**　一巻。最澄の作とされるが、真偽両説があって不詳。成立年不詳。天台宗成立の由来を偈頌文で説く。釈迦・迦葉・阿難から竜樹に、鳩摩羅什・慧文から道邃・行満を経て最澄に至る伝法の事跡を述べ、五字、句一三七四句からなる。日蔵三九、伝教大師全集五　〔写本〕栃木県輪王寺天海蔵(承安四1174写)　〔刊本〕天和二1682刊

**てんだい-ほっけしゅう-ねんぶん-えんぎ　天台法華宗年分縁起**　一巻。最澄の撰(弘仁九818頃)。南都諸宗のほかに天台年分度者二人を設けることを奏上した縁起。延暦二五年806正月に奏上した請続将絶諸宗更加法華宗表・賀内裏所問定諸宗年分一十二人表・更加法華宗年分二人定諸宗度者数官符・天台年分得度学生名帳請先帝御願天台分度者随法華経為菩薩出家表、及び天台法華宗年分学生式の六首を収めている。現存する最澄自筆の一巻には第一とあり、第二以下の執筆が予定されていたらしいが、現存しない。日本天台宗開創の事項を述べる重要史料。伝教大師全集一、国一諸宗部一六　〔自筆本〕飯室松禅院蔵、延暦寺蔵(自筆残本)　〔刊本〕明治四四1911刊

**てんだい-めいしょう-くけつ-しょう　天台明匠口決抄**　六巻。著者不詳。室町時代の作。顕密戒の各方面に関する日本天台の教義と口伝と実修について記述する。仏全一八　〔刊本〕延宝七1679刊

**てんだい-れいおう-ず-ほんでん-しゅう　天台霊応図本伝集**　一〇巻(現存巻一、二)。最澄の写(唐の貞元二〇804、日本の延暦二三)。最澄が入唐の際、天台智顗の霊応図を国清寺の蔵本によって模写し、図像を略画して伝えたもの。巻一には孫興公の遊天台山賦・灌頂の天台山国清寺智者大師別伝、巻二には顔真卿の智者大師伝・道澄の智者大師述讃・天台大師略伝(亡名)・曇翠の智者大師影堂記を収める。伝教大師全集四

**てんちゃ　点茶〔点湯〕**　奠茶(奠湯)と

もいい、あわせて点茶湯という。茶・湯をそそぎ入れて供することで、禅宗寺院では茶湯を仏や祖師或いは大衆に供するならわしがある。また仏祖に茶湯を供することから転じて、送葬の際に霊前に茶湯を供するのを奠茶湯、奠茶奠湯という。住持などが大衆などに茶または湯を供して互いに挨拶をかわす礼式を茶礼《されい》または湯礼、併せ行う場合を茶湯礼《ちゃとうれい》といい、新たに役職に就いた時とか、新たに僧堂に弟子入りした時、或いは四大節などに行うもので、禅宗寺院の重要行事とされる。特にある人のために茶礼、湯礼を設けるのを特為茶《とくいちゃ》、特為湯《とくいとう》といい、茶礼などの案内状を茶状《さじょう》という。茶礼などの時に鳴らす鼓を茶鼓《さく》といい、法堂《はっとう》に二鼓があるうち、東北角のを法鼓、西北角のを茶鼓とする。

**てんちょう　恬澄**　（　―文政一一1828一説に同一〇）浄土宗の僧。号は浄空。京都の人。禅林寺学寮で浄土宗を修め、同寺泰準から法脈を受け、さらに広く諸宗を学び、東山学寮の衆頭職となった。文政九年紀伊の総持寺四五世を継いだ。証空の観門義鈔四三巻を研究傍註し、観経疏大意などの古書を上梓するなどもっぱら祖風を弘めた。〔参考〕梶取総持寺沿革誌

**てんち―れいき―き　天地麗気記**　一八巻。空海の著と伝えるが、鎌倉後期の成立と推定される。真言密教の両部曼荼羅の理論で伊勢神宮の本質、由緒と神仏習合思想を説いたもの。天地麗気記・二所太神宮麗気記・天照太神宮鎮座次第・豊受皇太神鎮座次第・降臨次第・神梵語麗気記・仏法神道麗気記などの記文および神体図を記している。日本思想大系一九、続群三上、弘法大師全集五〔参考〕了誉聖冏・麗気記私鈔、同・麗気記拾遺鈔、良遍・麗気聞書

**でんづう―いん　伝通院**　東京都文京区小石川。無量山寿経寺と号し、浄土宗。応永年間1394―1428了誉聖冏《しょうげい》が小石川の地に一寺を建てたが、慶長七年1602徳川家康の生母お大の方を当院に葬り、その法名をとって伝通院とした。当時、増上寺存応が兼領し、のちその弟子廓山を迎え中興第一祖とした。江戸幕府の外護が厚く、浄土宗関東十八檀林の一となり、歴代住持は多く増上寺、知恩院に転進した。〔参考〕小石川伝通院志、江戸名所図会一三

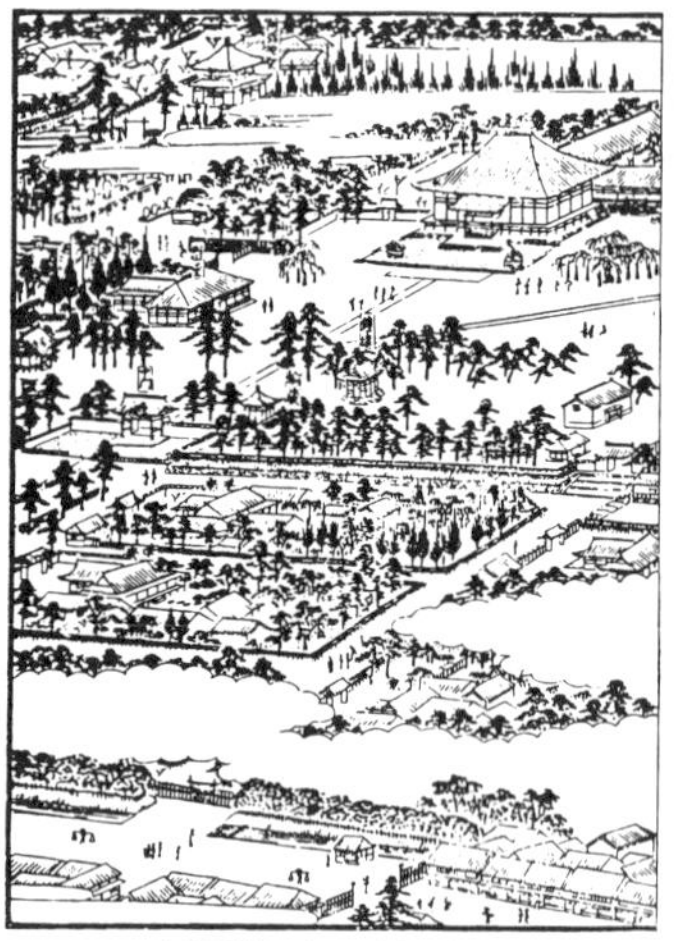
伝通院（江戸名所図会）

**てんでん　展転**　法相宗では「ちんでん」と読む。転転とも書く。㊵パランパラー paramparā またはアヌプールヴァ anupūrva の訳。順次に連続すること。順次に対照することを展転相対、展転相望《そうもう》といい、相互に他から生じることを展転相生《そうしょう》という。

**てんとう　点湯**　⇩点茶《てんちゃ》

**てんどう　天童**　仏法を守護する天が童子の形をして人界に現われ、人に給侍するもの。

**てんどう　顚倒**　倒ともいう。道理にそむいて誤っていること。①二顚倒。衆生《しゅじょう》は真理を知らず煩悩《ぼんのう》にまよわされており（衆生顚倒）、衆生の住む世界もまよいの世界である（世界顚倒）こと。②三顚倒。三倒ともいう。対象に対して誤ったうけとり方をし（想顚倒）、誤った見解にとらわれ（見顚倒）、そうした心自体がいつわりである（心顚倒）こと。③四顚倒。四倒ともいう。(イ)有為《うい》の四顚倒。凡夫《ぼんぶ》がこの世（迷いの世界）の真のすがたを知らず、無常なものを常であると、苦であるものを楽であると、不浄なものを浄であると、無我であるものを我《が》であるとしてとらわれていること。(ロ)無為の四顚倒。声聞《しょうもん》や縁覚《えんがく》は有為の四顚倒に対しては正しい見解をもっているが、さとりの境地はすべてが滅びつくした世界であると考えるから、さとりの世界（涅槃《ねはん》）が常・楽・我（それ自体として存在していること）・浄であることを知らないで、

無常・苦・無我・不浄であるとすること。㈧有為・無為の四顛倒を合わせて八顛倒、八倒という。

**でんとう　伝灯**　伝法と同じ。灯が次々にともされて消えないように、法(教え)を承け伝えて絶えさせないこと。法を承け伝える儀式を伝灯式といい、法の相承《そうじょう》した順序を記録した書に、伝灯録、伝灯総系譜などという名を有するものがある。

**でんとう　伝灯**　生没年不詳。明代の天台の僧。姓は葉氏。号は無尽。衢州浙江省(衢州府西安県)の人。幼時に映庵《えいあん》禅師に随い、のち百松より天台を学び、万暦一五年1587以来天台山幽渓高明寺に住し、天台を中心に禅・浄土を究めた。法華、大悲、弥陀、光明、楞厳などの懺法にも意を用いた。著書、楞厳経玄義四巻、天台山方外志三〇巻、性善悪論六巻、維摩経無我疏一二巻など。〔参考〕法華持験記下、浄土賢聖録五

**てんどう-じ　天童寺**　中国浙江省寧波府四明天童山にある。西晋の永康年間300—01義興が建てた天童寺の廃趾に、唐の開元二〇年732法瑢《ほうえい》が太白精舎を建て、ついで至徳二年757宗弼らが現地に移した。乾元二年759天童玲瓏寺の額を賜り、咸通一〇年869天寿寺と改め、北宋の景徳四年1007景徳禅寺と号した。宋代以降、禅が盛んになるに伴い、叢林の重鎮となり、南宋の建炎三年1129宏智正覚《わんしようがく》が来住して諸堂を建て、五山の一に加えられた。のち曇華・了派・如浄らが歴住し、日本の栄西・道元も当寺に参禅している。明の洪武二五年1392天童禅寺と改め、天下禅宗五山の第二に列し、清の順治一六年(明の永暦一三1659)弘法寺の額を賜った。〔参考〕五灯会元一三―一六・一八・二〇

**でんとう-じ　伝灯寺**　①韓国京畿道江華郡吉祥面。三十一本山の一。新羅の阿度の創建と伝える。もと真宗寺と号したが、高麗忠烈工妃貞和宮主が真王の灯盞を寄進したので寺名を伝灯と改めたという。当寺の大雄宝殿は忠粛王復位六年1337に重修されたが、李朝光海君七年1614焼失。現在のものは仁祖三年1625の再建である。〔参考〕伝灯寺重創記　②石川県金沢市仏燈寺町。臨済宗妙心寺派。宝亀山と号し、延慶元年1308恭翁運良が創建し、のち十刹に列せられた。延徳三年1491炎上したのを、後柏原天皇が勅願所として復興。承応年間1652—55加賀藩主前田利常が堂宇を再建し、千岳を請じて中興とした。

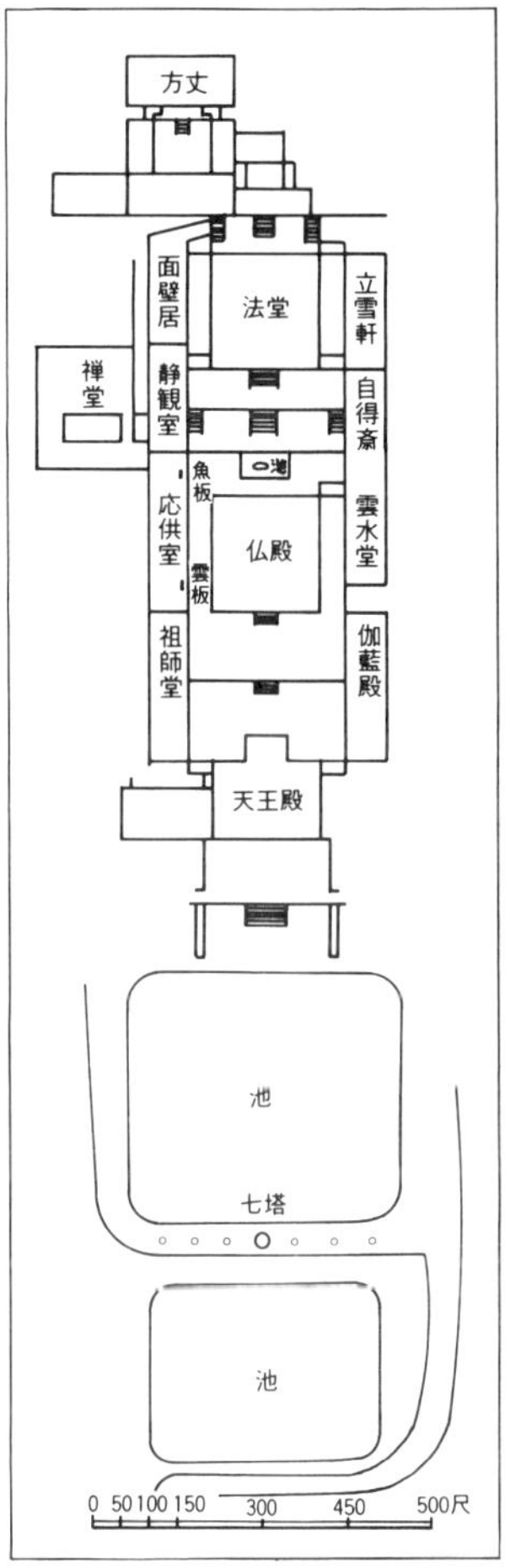

天童寺伽藍配置図
(中国文化史蹟)

**てんとく-いん　天徳院**　石川県金沢市小立野。金竜山と号し、曹洞宗。元和九年1623加賀藩主前田利常が内室天徳院の菩提のため建立し、巨山泉滴を開山とした。以後前田家の香華院となる。天明五年1785諸堂は焼失したが翌年再興された。〔参考〕日本名勝地誌七

**てんとく-じ　天徳寺**　①東京都港区虎ノ門。光明山和合院と号し、浄土宗。天文二年1533縁誉称念が紅葉山に創建し、慶長一六年1611現地に移った。浅草誓願寺と共に檀林貫首の転住の寺とされ、引込檀林と呼ばれた。〔参考〕江戸名所図会一　②秋田市泉三嶽根。万古山と号し、曹洞宗。佐竹義人が、独童を開山として常陸太田に創建し、佐竹氏の菩提寺となったが、慶長七年1602佐竹義宣の秋田への移封に随って移った。七世瑞鳳の頃は藩内三〇カ寺の録所となり、重んじられた。

**てんとく-にょらい　天得如来**　感得如来ともいう。融通念仏宗の本尊で、阿弥陀仏を中央とし、その周囲に観音・勢至などの

一〇菩薩を描いた一一尊よりなる曼荼羅。永久五年二一七良忍が京都大原で法華三昧を修したときに感得したという。なお融通念仏宗では現在も御廻在《ごかいざい》と称して、この本尊が毎年定期的に末寺や壇家をめぐる行事があり、各家の先祖供養・祓・祈禱をする。これは古代社会に神がめぐり歩いたという遊幸神信仰を背景としたという説もある。

**てんにょじょうなん　転女成男**　女性の身のままでは仏になれない〈⇩五障《ごしょう》〉ので、身を男性に変えること。変成男子《へんじょうなんし》ともいう。女人成仏《にょにんじょうぶつ》や女人往生《にょにんおうじょう》を説く例には、無量寿経巻上に阿弥陀仏が転女成男の願(第三十五願)をたてて女性を救おうと誓ったこと、法華経巻五提婆達多品に、八歳の竜女が男身になって南方世界に往生し成仏したということ(竜女成仏)などがある。インドでは古来女性の地位を低く見たので、女性は仏になれない、浄土に女性はいない、などという考え方を生じたのであるが、これと大乗仏教のすべてのものが仏になれるとする教説との矛盾を、変成男子ということで解決したようである。

**てんね　転衣**　禅宗で大寺の住職に任じられ、黒衣を色衣《しきえ》(黒衣以外の色彩ある法衣)にあらためること。更衣《こうえ》、瑞世《ずいせ》、参内《さんだい》などともいう。曹洞宗では、僧侶の身分を、得度・立身・伝法・転衣・結制の五とし、伝法以上の僧侶で永平寺または総持寺のいずれかに詣でて、色衣を着て晋山《しんざん》(寺院の住持になって新たに寺に入ること)の式を行ったものをいう。

**てんね　転依**　依とは染浄迷悟の法を成立させている依り所の意。即ち劣った法の依り所を捨て、転じてすぐれた法の依り所を得ることを意味し、それによって得た果をいう。所依已転、変住ともいう。法相宗では聖道によって煩悩障・所知障を断って順次に涅槃《ねはん》・菩提《ぼだい》の果を得るから、この二果を二転依の果または二転依の妙果という。成唯識論巻九には転依の解釈に二説をあげ、(1)依とは染浄の法の依り所である依他起性《えたきしょう》〈⇩三性《さんしょう》〉のことで、転とは依他起の上の遍計所執《へんげしょしゅう》を捨て依他起のうちの円成実性《えんじょうじつしょう》を得ることをいうとし、或いは(2)依とは生死《しょうじ》と涅槃との依り所である唯識真如をいい、転とは如に依る生死をなくし如に依る涅槃を得ることをいうとする。また同巻一〇には転依を四にわけて解釈する。即ち(1)能転道。転依をさとる智。これに煩悩障・所知障の二障の種子《しゅうじ》と、種子を断つ能断道とがある。(2)所転依。転依する際の依り所。これに染浄の種子をたもつ持種依である根本識と、迷悟の法の依り所としての迷悟依である真如とがある。(3)所転捨。転捨されるべきもの。これに所断捨である二障の種子と、所棄捨である余他の有漏法並びに劣無漏の種子とがある。(4)所転得。転得すべきもの。これに所顕得である涅槃と、所生得である菩提とがある。仏地経論巻七には、このうちの所転得の意味から転依を解釈して、転依は法身《ほっしん》の相であるとする。また摂大乗論本巻下には、転依を、さとる位によって六種にわけ、(1)資糧・加行《けぎょう》の二位〈⇩五位《ごい》〉で、染法の種子の勢力をおさえ浄法の種子の勢力を増させるのを損力益能転《そんりきやくのうてん》、(2)通達位で分別起《ふんべつき》の二障を断つのを通達転《つうだつてん》、(3)修習位で、何度も無分別智を修習して倶生起《くしょうき》の二障を断つのを修習転《しゅじゅうてん》、(4)究竟位で、すべての惑障を永く断ち、菩提・涅槃を証得するのを果円満転、(5)二乗が人無我の真理のみをさとり、煩悩障を断つのを下劣転、(6)菩薩が人法二無我の真理をさとり、生死と涅槃とのいずれを厭い、いずれを欣《ねが》うということがなく、衆生を利益《りやく》するのを広大転として、以上の六転依を説く。三無性論巻下では、(1)一分転依(二乗)、(2)具分転依(初地の菩薩)、(3)有動転依《うどうてんね》(七地以前)、(4)有用転依《うゆうてんね》(十地以前)、(5)究竟転依《くきょうてんね》(如来地)の五にわける。

**でんね　伝衣**　禅宗の用語。門下のすぐれたものをえらんで教えを伝え、そのしるしとして与える衣。また、教えを伝えることをいう。衣と鉢は僧尼が必ず携帯しなければならない法具であるから、法を伝えることを「衣鉢《えはつ》を伝える」などともいう。

**てんねい-じ　天寧寺**　①中国直隷省北京城広寧門外にある。北魏の孝文帝(471―

99在位)の創建と伝える。もと光林寺と称したのを、隋の仁寿年間601—04十三重塔を造って弘業寺と改称。唐代に天王寺、金代に大万安寺と呼ばれ、明代以後は天寧寺と号した。清の乾隆二〇年1755重修し、御製碑をたてた。現存の塔は遼代以後のもの。②京都府福知山市大呂。紫金山と号し、臨済宗妙心寺派。草創については不詳だが、貞治四年1365那珂宗泰が再建。愚中周及が中興開山。のち足利義持の祈願所となる。寛永年間1624—44万休慧重が入って中興、以後愚中派より妙心寺派となる。〔重文〕絹本著色十六羅漢像、同即休契了像　③広島県尾道市東土堂町。海雲山と号し、曹洞宗。貞治六年1367足利義詮の創建、春屋妙葩《しゅんおくみょうは》の開山で、臨済宗であった。永禄年間1558—70一雲椿堂が再興し現宗となる。〔重文〕三重塔(嘉慶二1388建立)

**てんねん　天然**　(開元二七739—長慶四824)唐代中期の禅僧。馬祖道一に参じ、石頭希遷《きせん》の法を嗣ぎ、鄧州(河南省鄧県)丹霞山《たんかざん》に住した。詩偈にすぐれ、龐《ほう》居士と交わった。没年に異説がある。〔参考〕祖堂集四、宋高僧伝一一、景徳伝灯録一四・三〇

**てんのうじ　天王寺**　①東京都台東区谷中。護国山護法院と号し、天台宗。応永年間1394—1428日源の開基で日蓮宗であったが、元禄年間1688—1704寺僧が罪により流刑に処せられ、以後天台宗となった。寛永寺につぐ大寺であったが、明治の戊辰の兵火を蒙り寺観を改めた。　②⇩四大十寺《してんのうじ》

**てんぺん　転変**　転化変異の意。①(梵)パリナーマpariṇāmaの訳で、転異とも転ともいう。説一切有部では、有為法《ういほう》が相続する中において、前の瞬間から後の瞬間へと体が改変すること(自体転変)は許さないが、作用が起こらないのと、起こるのと、起こったのと、この未来・現在・過去の変化の上には転変(作用転変)を認める。唯識宗では(イ)第八識中におさめられている種子《しゅうじ》から諸法を変生し〈⇩因能変《いんのうへん》〉、或いは、現行《げんぎょう》の八識の上に見分・相分の二分を変現することを転変という。(ロ)またこの二つを特に区別して、後者を変現または縁変《えんぺん》というのに対し、前者を転変または生変という。②仏・菩薩《ぼさつ》が定《じょう》自在力によって自在に諸法を変質させること。③有為転変などと一般の用語としても用いられる。このときは「てんぺん」と読む(「てんべん」は古い読み方である)。

**でんぼう　伝法**　「でんぽう」とも読む。法を授け伝えること。日本の密教では伝法阿闍梨という職位を設け、また秘法を伝える灌頂を伝法灌頂という。浄土宗では、五重相伝を授けるのを伝法といって、そのしるしとして血脈《けちみゃく》などを与え、禅宗では正法伝授のしるしとして袈裟を授け、古来「伝衣」といって尊重している。

**でんぼうえ　伝法会**　伝法大会ともいう。真言宗で教義の根拠とする経論疏などを講論する法会。承和一四年847東寺で実慧が行ったのを初めとし、以来毎年四月に行われるのが例となり、のちには東寺のほか仁和寺・高野・根来・豊山などでも行われるようになった。明治以後断絶していたが昭和元年1926に再興された。〔参考〕東宝記六・一〇、仁和寺御伝、初例抄下、高野春秋編年輯録二一・六・七

**でんぼうき　伝宝記**　六巻。杲宝《ごうほう》(1306—62)の著。成立年不詳。空海の即身成仏義を中心に宗義一三〇条を選んで問答論議した決択書。東寺三宝の学風をよく示す。〔写本〕宝亀院蔵(大永五1525写)〔刊本〕明暦元1655刊

**でんぼうしょうじゅうき　伝法正宗記**　九巻。北宋の契嵩《かいすう》の著(嘉祐六1061)。仁宗に上進して、入蔵を勅許されている。禅宗史伝および史論書の一。景徳伝灯録所説の過去七仏より西天二八祖を経て、東土六祖に至る禅宗の伝灯相承説を論定し、出三蔵記集、宝林伝、続法記などを根拠として、付法蔵因縁伝、続高僧伝および宋高僧伝などの説を破し、教家の攻撃に応酬したもの。六祖慧能以後の分派については、その法系ごとに祖師の名を列ねるにとどめているが、別に旁出略伝、および宗証略伝を作って、前記の資料に関する解説と価値批判を加える。なお契嵩は他に、伝法正宗論一巻を撰してこれを傍証し、ま

た輔教編三巻を上進して禅の立場より三教一致の主旨を論じる。(大)五一

**てん-ぼうりん　転法輪**　法輪を転じること。転梵輪ともいう。仏が説法して衆生を得道させること。八相成道《じょうどう》の一。仏が教法を説いてあやまった信仰や煩悩《ぼんのう》をうちくだくのを、転輪聖王《てんりんじょうおう》が武器としての輪宝《りんぼう》をもって全世界を降伏させるのにたとえたもの。仏陀が成道の後、初めて憍陳如《きょうじんにょ》などの五比丘のために鹿野苑《ろくやおん》で四諦《したい》の法を説いたのを初転法輪といい、この初転法輪を略して単に転法輪ともいう。のちに大乗経典では鹿野苑の初転法輪に対し、自経を第二もしくは第三の転法輪であったという。⇩三転法輪《さんてんぼうりん》

**てんぼうりん-ぎょう　転法輪経**　一巻。後漢の安世高の訳。同類の経典に⑴雑阿含経の第三七九経、⑵唐の義浄の訳の三転法輪経(一巻)、⑶パーリ語相応部五六・一一、一二、⑷チベット訳の法輪経、⑸チベット訳の転法輪経などがある。安世高訳には⑸が最も近く、⑴⑵と⑷とが対同する。なおこの経とほぼ同じ内容はパーリ語律蔵、漢訳四分律・五分律などの中にも収められている。仏陀が成道ののち、鹿野苑《ろくやおん》において五人の比丘のためにはじめて行った説法を内容とする。二辺を離れた中道によって仏は成道したこと、中道とは八聖道であること、および四諦の三転十二行相について説かれ、阿若憍陳如《あにゃきょうじんにょ》(アンニャー・コンダンニャ Aññā Koṇḍañña)を始め比丘らが漏尽し、天地は震動したと述べる。(大)二〔註釈〕世親・憂波提舎(大)二六)

**てんぼうりん-ほう　転法輪法**　車水輪法ともいう。密教における修法の一。転法輪菩薩を本尊として怨敵退散・国家安穏を祈る修法。本尊の前に壇を設け十大薬叉・三大竜王・三大天后のいわゆる十六大護の形像を安置する。万寿二年1025仁海が初めて修した。〔参考〕転法輪菩薩摧魔怨敵法

**てんめい-かいご　転迷開悟**　生死《しょうじ》の迷いを転回させて涅槃《ねはん》のさとりを開くこと。

**てんめつ　転滅**　⇩転斉《てんさい》

**てんもん-にっき　天文日記**　二〇巻。天文御日記、証如上人日記、本願寺日記ともいう。真宗本願寺一〇世証如が著わした、天文五年1536正月から同二三年八月までの一九年間の日記。証如の私生活を日常茶飯事にいたるまで細大もらさず記し、本願寺と他家との交渉、本願寺の行事、坊主衆・門徒の動向、石山寺内六町の商いの模様、対明貿易の状況を知る貴重な史料である。〈⇩石山本願寺日記《いしやまほんがんじにっき》〉　石山本願寺日記上、真宗史料集成三〔自筆本〕西本願寺蔵

**てんもん-ほっけ-の-らん　天文法華の乱**　叡山と洛中法華宗寺院門徒との戦闘。京都の日蓮宗は室町時代、次第に勢力を得て二十一本山を擁していたが、天文五年1536春、上総茂原の妙光寺の門徒松本久吉が京都一条烏丸の観音堂で法談中の叡山西塔の華王房と問答し、これを論破した(松本問答)ので、山門衆徒が怒って、七月に洛中の日蓮宗の諸大寺を襲撃した。有力町衆を中心とする法華門徒は防戦につとめたが、多数の死傷者を出し洛中家屋の過半数が焼亡した。二十一本山は堺にのがれたが、天文一一年洛中に還ることを勅許されて、同一五年頃には十五カ本山が再建された。宗内ではこれを天文の法難という。法華一揆は、天文元年から盛んだったが、その多くは細川晴元の要請により門徒を動員して一向一揆と戦ったものである。

**てんゆう　天祐**　①(応安三1370—長享元1487)浄土宗の僧。播磨の赤松円心の孫で師範の八男。字は竜山。光誉と号する。京都円福寺堯慧について浄土宗西山流を学び、播磨法福寺に住し、のち三河崇福寺の中興開山となった。②⇩思順《しじゅん》

**てんよう-じ　天曜寺**　和歌山市和歌浦にあった寺。雲蓋院《うんがいいん》と称し、天台宗。元和七年1621徳川頼宣の創建。天海を開山とし、当地東照宮の供僧坊として栄えたが、明治維新の際、本寺および塔頭などすべて廃絶した。

**てんらん　典攬**　経典の要義を選び取って説明すること。

**てんり-きょう　天理教**　本部、奈良県天理市三島町。天保九年1838中山みきによって創唱。その親神の神意による「このよ

のごくらく」の到来を約束するとして、幕末維新期の民衆の心を捉えた代表的新宗教の一。慶応三年1867神祇管領吉田家より公認。明治四一年1908独立の教派神道となる。主神は当初仏教系の転輪王と称したが、記紀神を統合して天理王命（教祖中山みき）とする。教祖の和歌集「御神楽歌《みかぐらうた》」「御筆先《おふでさき》」を作って宣教され、維新期には全国的な組織を確立、現在は信者二六〇万人の大教団。教祖の鎮まる所を「じば（地場）」「おやさと（親里）」と呼び、真の平和の天地「かんろだい（甘露台）」を現世に建設するのを教義とする。

**でんりつ-ずげん-げしゅう　伝律図源解集**　二巻。亮然《りょうねん》の撰（貞享元1684）。上巻にインド・中国の伝律を、下巻では日本における戒律弘通の由来を説く。中国については、凝然《ぎょうねん》の撰述により、律宗の裁判・円融三学の行相・三聚円融の行などから律宗の要旨を述べ、小乗律に説く戒行も三聚円頓の大戒であると説く。日本については、鑑真《がんじん》の初期伝律から東大寺戒壇院建立、中川実範の中興、覚盛と叡尊の自誓受戒について説き、最澄の奏請した延暦寺戒壇で出家の戒を受けるのは聖教の誠説でないことを主張し、南都戒壇こそは真の戒壇であると説く。仏全一〇五〔写本〕大谷大学蔵（異本、享保一三1728写）

**てんりゅうざん-せっくつ　天竜山石窟**　中国山西省太原県の天竜山にある石窟。北斉の文宣帝（550—59在位）の創設といわれ、隋・唐にかけて約二〇〇年間に及んで造営された。主要なものはおよそ二一窟があり、現在、東峰の石窟を第一窟—第八窟、西峰の石窟を第九窟—第二一窟と呼んでいる。うち、第一から第四の四窟は北斉代の彫造と見られ、その建築・彫刻の様式はわが国の飛鳥時代のそれと通ずるものがある。第八窟は隋の開皇四年584の銘文を遺し、諸窟のなかで最も完備している。第一〇、第一六の二窟も隋代の造営と考えられ、その他の

天竜山石窟平面図（中国文化史蹟）

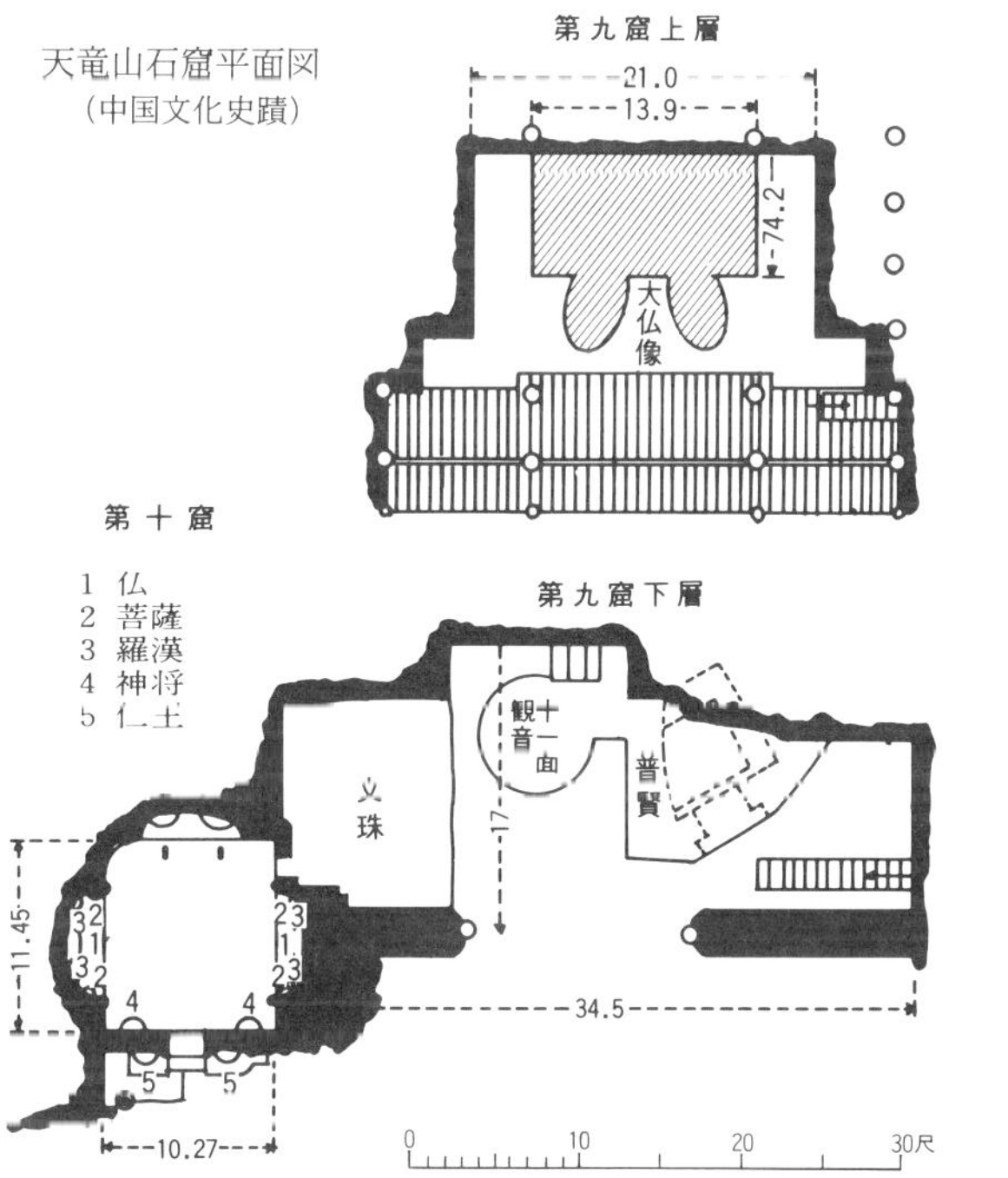


天竜山石窟略配置図（中国文化史蹟）

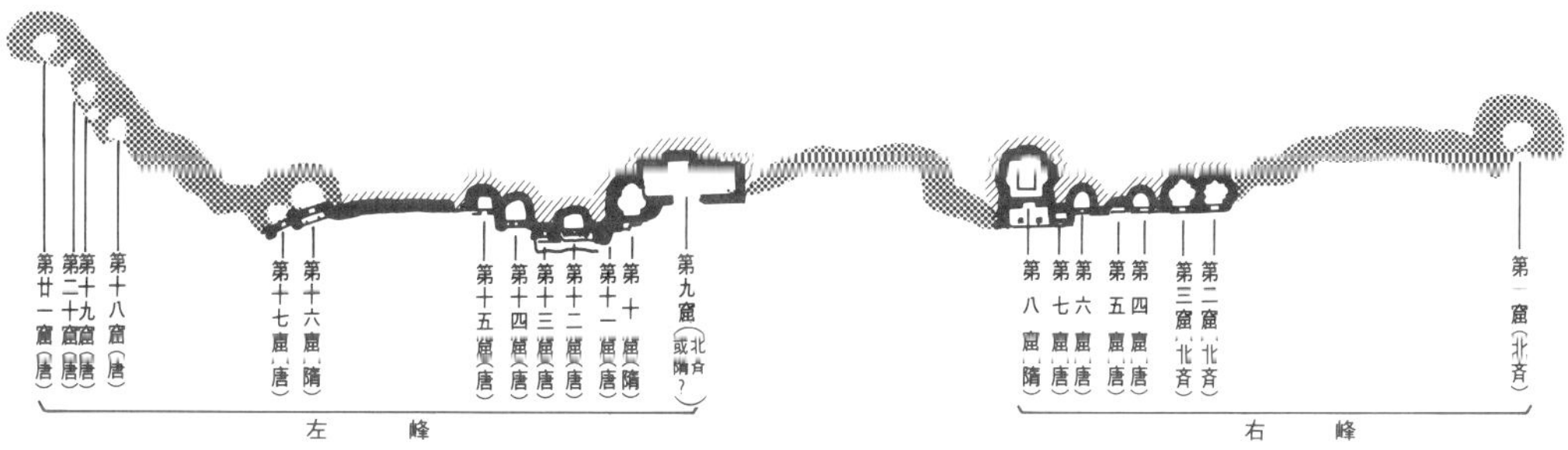

窟は唐代初期のもののようである。一般に竜門の石窟のものに比して立体感を加え豊麗さを加えている。現状は奸商のためほとんど破壊されて見る影もない。

**てんりゅう-じ**　**天竜寺**　京都市右京区嵯峨天龍寺芒ノ馬場町。臨済宗天竜寺派本山。この地にはもと後嵯峨上皇が造営した離宮があり、亀山・後醍醐天皇へと祖伝された。暦応二年1339後醍醐天皇が吉野で没したので、その菩提を弔うため、足利尊氏と直義が夢窓疎石《そせき》を開山として離宮跡に開創。造営の資金を得るため、尊氏は元《げん》との通商を再開し天竜寺船を派遣した。康永元年1342五山の第二となり、貞和元年1345八月諸堂宇が成り、光厳院の臨幸のもとに落慶供養法会を修した。そののち近年まで再三火災や兵火にかかり、貞治年間1362―68の春屋妙葩《しゅんおくみょうは》による再建をはじめ度々修興した。現在のものは明治以後、滴水・峨山が再建。嵐山の勝景と相対し、方丈の裏に疎石作庭の林泉があり、名園として知られる。〔重文〕絹本著色夢窓国師像三幅など多数　〔参考〕天竜寺供養記、天竜寺造営記録

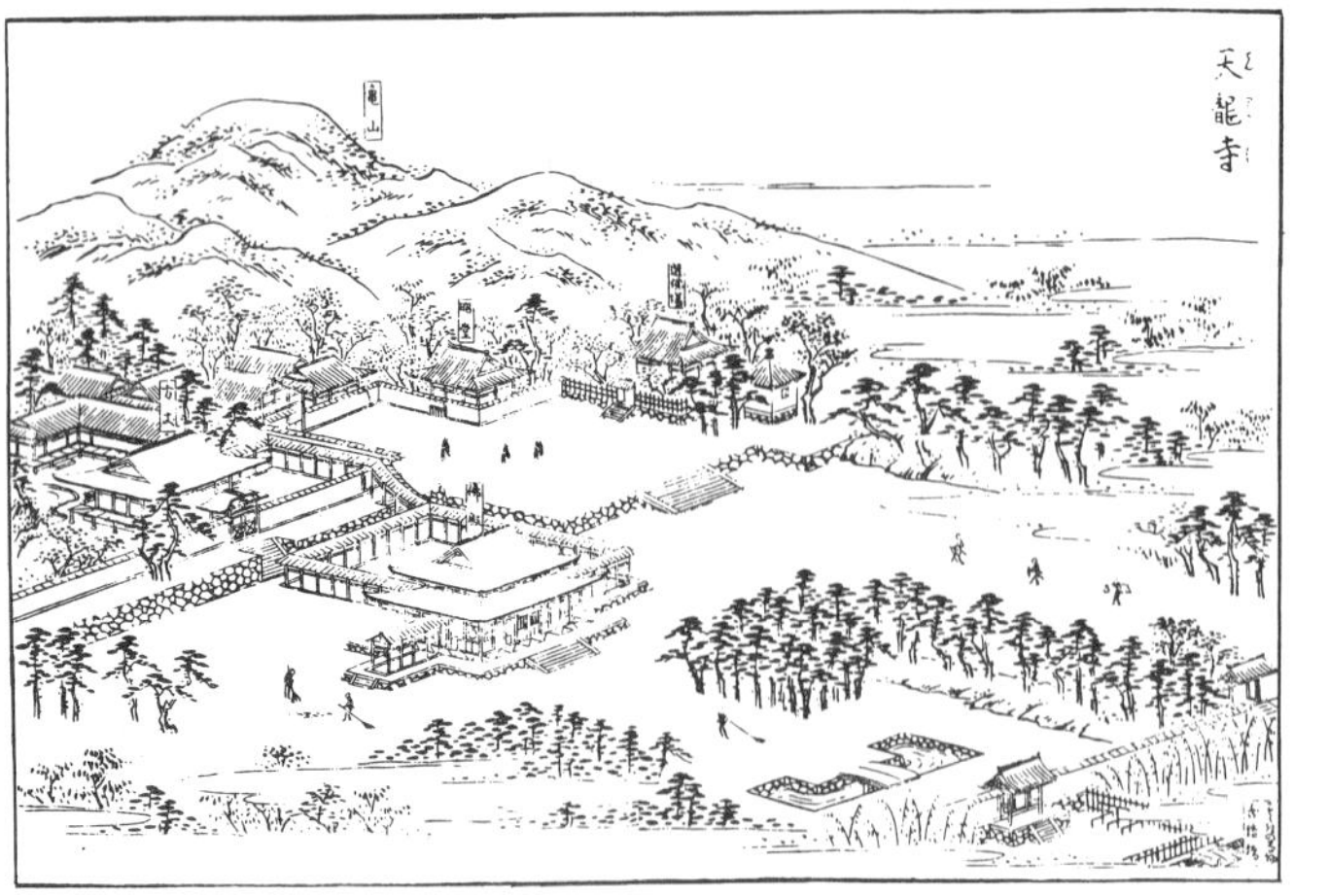


天竜寺（都名所図会）

**てんりん-じょうおう**　**転輪聖王**　㊵チャクラ・ヴァルティ・ラージャン　cakra-varti-rājan の訳。輪・象・馬・珠・女・居士・主兵臣《しゅびょうしん》の七宝を有し、長寿・無患・顔貌端正・宝蔵盈満の四徳をそなえ、正法をもって世を治めると考えられた神話的な王。政治的な意味での国王の理想化であって、阿含経典などの中では法の王としての仏陀とよく対比される。仏陀の誕生の時、阿私陀《あしだ》（アシタ　Asita）仙人が、家に在れば転輪聖王となり、出家すれば仏陀となるであろうと占ったという有名な伝説がある。須弥四洲《しゅみしししゅう》の四洲の王であるか三洲の王であるかなどによって、その輪宝は金輪宝であるとか銀輪宝・銅輪宝・鉄輪宝であるとかいい、また過去には大善見王・頂生王など、未来には蠰伽王・無量浄王などの転輪聖王があるという。〔参考〕長阿含経六・一五・一八、中阿含経一一・四一、大智度論二五、大毘婆沙論三〇

**てんりんぞう**　**転輪蔵**　転関経蔵、または略して輪蔵ともいう。大蔵経を納めておく庫で、経を納める棚を八角形に作り、下に車をつけ中央に一本の柱を立て、棚を回転して、所要の経を取り出せるようにしてある。

# と

**ど**　**度**　わたる、またはわたすの意。①生死《しょうじ》（迷いの生存）の海を渡り、迷いの世界（此岸）から悟りの世界（彼岸）に達すること。それ故に度世とは出世間、出世というに同じ。②迷いの世界に沈む衆生《しゅじょう》に生死の海をわたらせ悟りの世界に至らせること。度衆生の意、略して度生《どしょう》といい、また度世ともいう。

**ドイッセン**　**Deussen, Paul**　（1845―1919）ドイツの哲学者・インド哲学者。キール大学教授。ショーペンハウアーの哲学を継承し、その影響によりインド哲学の研究に入った。Das System des Vedānta（ヴ

ェーダーンタの体系1883)、Allgemeine Geschichte der Philosophie (一般哲学史・二巻1894—99)、Sechzig Upanischad des Veda (六十ウパニシャッド1897)、Outline of Indian philosophy (インド哲学の概略1907)、Die Geheimlehre des Veda (ヴェーダの秘説1907—09)などの著書がある。

**とう 塔** ①㊵ストゥーパstūpaの音略。ストゥーパは窣堵婆《そとば》、藪斗婆と音写し、略して塔婆《とうば》、仏図、浮図《ふと》、浮屠《ふと》とも書く。廟、塚、円塚《えんちょう》、高顕処、方墳、墳陵と訳し、塔廟ともいう。頂または堆土の義で、遺骨(仏舎利)などを安置して供養するために堆土、石、塼《せん》、木などで高く造られた独特の築造物をいう。支提《しだい》との同異について、舎利があるものが塔で、舎利のないものが支提であるとして、区別することもあるが、後世は混同して両方とも塔と称する。②塔の起源は古く仏陀時代にさかのぼるが、時代・地域・種別によって様式は種々である。即ち五重の塔や三重の塔のように階層を重ねる重層塔、後世わが国のいわゆる多宝塔(法華経の見宝塔品に説かれた多宝仏の塔に由来する)のように単層で裳層《もこし》(ひさし屋根のようなもの)をつけた塔、僧侶の墓石碑でただ一塊の碑石を立てる無縫塔、その一種で卵形の一石を立てる卵塔《らんとう》、方形の塔身の上に蓋がありその蓋の四方に方立《ほうだて》があり、そして宝篋印陀羅尼《ほうきょういんだらに》を蔵する宝篋印塔《ほうきょういんとう》、中央と屋根の四隅に五つの相輪を立てその各々に五輪を具する瑜祇塔《ゆぎとう》(瑜祇経の説に基づく)、五大にかたどった五個の石を重ねる五輪塔などがある。また仏舎利を蔵《おさ》めたものが仏塔、仏を荼毘《だび》(火葬)に付した後、その遺灰を集めて立てたのが炭塔または灰炭塔《けたんとう》、仏舎利の分配に用いた瓶を蔵めた塔が瓶塔《びょうとう》、仏髪供養のために立てた塔が髪塔《ほっとう》、衆僧の遺骨を収納する塔が海会塔《かいえとう》(衆流が海に会合するように衆僧の骨を一か所に合祀する意。或いは普同塔、普通塔ともいう)、五穀豊穣を祈るために中に籾を収めたのが籾塔《もみとう》といわれる。また石を用いたものを石塔といい、石塔の一種で板形の石の中央に仏像・仏名などを刻しその下に造立の因縁・年月・造立者名などを記したものを板碑《いたび》という。これらの塔のあるもの(重層塔など)は頂上に通常九個の輪形を重ねた尖塔を有するが、この部分を九輪或いは相輪、輪相、空輪という。その構造は方形の基台即ち露盤《ろばん》(古くは相輪と同意義に用いられた)の上に覆鉢《ふせばち》を置きその上に刹柱《さっちゅう》(刹、擦、心柱)を立て、上方に火焔状のかざり即ち水煙(古匠が火災を忌み嫌って名をつけた)を付す。この相輪を地上に立てて塔の代用としたものが相輪橖《そうりんとう》(相輪橖、相輪塔とも書き無垢浄光陀羅尼経の説に基づく)である。また寿塔とは予め生前に造っておく墓碑のこと。俗にいう窣堵婆(卒塔婆、塔婆)は墓地に立てて死没者の冥福を祈る板塔婆で、細長い板の上部が五輪塔の形に刻んである。角塔婆も五輪塔の変形で四角柱に梵字、経文を記載し、堂舎落成供養の際などに常前に立てるもの、一字一石塔とは法華経などの経文を一小石に一字ずつ刻写して地中に埋め、その上に建立した塔のことである。

**どう 道** ㊵マールガmārgaの訳。末伽と音写する。目的地に至らせる通路。踏み行わなければならない道(軌路)。倶舎論巻二五には、道とは涅槃《ねはん》(さとり)に往く路であり、涅槃の果を求めるためのよりどころ(所依)であるとする。このように、主として仏教の究極目的を達成させるための修行の道程を意味するが、また広く果に趣かせる通路の意ともする。例えば大智度論巻八四には人天《にんでん》・声聞《しょうもん》・縁覚《えんがく》・菩薩《ぼさつ》の四種の道があり、人や天は十善や布施を道として世間的な福楽を求め、二乗は三十七道品《どうぼん》を道として涅槃を求め、菩薩は三十七道品や六波羅蜜《ろっぱらみつ》を道として仏果を求めると説く。以上のような意味の道とは別に惑・業《ごう》・苦を三道と称するのは、惑は業を、業は苦を、苦は惑をもたらす通路であり(通入、能通)、この三つは互いに輪のように循環する(輪転)からである。また三悪道《さんまくどう》、五道、六道というときの道は㊵ガティgatiの訳で、趣とも訳す〈⇨趣《しゅ》〉。善悪の業《ごう》によって地獄などの果に通じ、むくいが別々で(道別)、循環する(輪転)から道ともいうのである。また菩提《ぼだい》（さとりの智慧）を道と訳することがあるので、区別して菩提を果道、いまの道を因道と呼ぶこともある。①涅槃に至るために煩悩を制伏し、或いはこれを断つ道のうちに有漏道《うろどう》と無漏道との二道がある。有漏道は世間道、世俗道ともいわれ、さきの人天の道もそうであるが、また三界九地のうちで有頂地《うちょうじ》を除く下八地の修惑を断つために見道の前の加行位《けぎょうい》（加行道）において有漏智によって六行観《ろくぎょうかん》を実践するなどもこれである。倶舎宗《くしゃしゅう》では、このように有漏道によっても煩悩《ぼんのう》を断つことができる（有漏断）として有漏道も断道であるとするが、唯識宗では、有漏道は煩悩の現行《げんぎょう》（顕勢位）を伏するだけで煩悩の種子《しゅうじ》（潜勢位）までも断つことはできないとし、これを伏道《ぶくどう》（能伏道）とする。無漏道は出世間道、聖道《しょうどう》ともいわれ、未至・中間《ちゅうげん》・四根本・下三無色の九地〈⇩定《じょう》〔散〕〉を所依として、無漏智によって煩悩を断つ（無漏断）の道で、唯識宗ではこれを、断道でも伏道でもあるとする。ここにいう断道とは能断道の意で対治《たいじ》道、能治道ともいわれる。この有漏・無漏の道を見・修・無学の三道に配すると、見道と無学道とは必ず無漏道で、修道《しゅどう》には無漏道も有漏道もある。②煩悩を断って解脱《げだつ》の真理を証する過程を、倶舎宗や唯識宗では四道（四種道）に分ける。⑴加行道《けぎょうどう》。方便道ともいい、煩悩を断つための準備的実践（加行位をまた加行道と称するのとは異なる）。⑵無間道《むけんどう》。無礙道ともいい、まさしく煩悩を断つ道で、さきに言う断道とはこれである。この道の直後（無間）に煩悩は断たれるから、無間隔の意味で無間という。⑶解脱道《げだつどう》。煩悩を断って解脱の真理を証《さと》る道。⑷勝進道《しょうしんどう》。勝道ともいい、さらに進んで他の煩悩を断とうとし（このときは勝進道は次の煩悩を断つための加行道となる）、或いは満足してすでに断たれたのを観察する道。③この他、教道・証道、難行《なんぎょう》道・易行《いぎょう》道などと熟語にするが、また聖道または無上道（仏のさとり）を得ることを得道（得度）といい、禅宗では道をわきまえるという意から参禅して心眼を開くのを弁道という。④また菩提《ぼだい》の訳。

**どう　幢〔幡《ばん》〕**　幢は(梵)ドヴァジャ dhvaja（駄縛若《だばにゃ》と音写する）、ケートゥ ketu またはパターカー patākā の訳。後の二語はまた幡とも訳す。ともに標幟となるようなのぼりばたで、幢は「はたぼこ」といい、幡は「はた」という。幢は旗の一種で多く絹布で作り、旗に種々の糸帛（絹糸と絹織物）をつけ、もと王者の儀衛・指揮に用いたもの。幡は旗の総称で平絹で作った平幡、糸を束ねて作った糸幡《いとはた》、金属玉石を連結した玉幡《たまばた》などがある。幢も幡も蓋《がい》とともに仏前の荘厳《しょうごん》に用いられる。両者を合わせて幢幡といい、また幢形の幡を幢幡という。頂上に宝珠を飾った幢を宝幢といい、幡と天蓋とを合わせて幡蓋という。仏の教法を幢にたとえて法幢といい、説法することを「法幢を建てる」という。これは仏は法王で一切の魔軍を降伏するからである。

**どうあん　道安**　①（西晋の永嘉六312一説に西晋の建興二314―前秦の建元二一385）姓は衛氏。常山扶柳（河北省冀州西南）の人。弥天の道安、釈道安とも称される。鄴城（河南省臨漳県西）の中寺で仏図澄《ぶっとちょう》に師事したが、師の没後、世の乱を避けて飛竜山・太行恒山・王屋女林山などを転々とし、小乗の禅観を修した。のち同学の竺法汰を江南の楊州へ遣わし、法和を蜀へ入らせ、みずからは弟子の慧遠《えおん》らを率いて襄陽に入り、檀渓寺に住した。襄陽に一五年在し、その間もっぱら般若経の研究に専心したが、建元一五年前秦王苻堅に迎えられて長安に入り、そこで晩年を僧伽跋澄・僧伽提婆・曇摩難提らの訳経を助ける事業の中に過ごした。中国の仏教学は、彼が格義を斥け、経典解釈に分科法を採用し、経典目録（綜理衆経目録）を編纂し、大乗の般若経と小乗の経律論とを併せ学んだこと、及び僧尼の日常生活に軌範を定めたことなどにより、学問的にも実践的にも飛躍的に進歩する基礎を得た。彼の著作目録及び書いた多くの経序類は、現在は出三蔵記集によって知ることができる。〔参考〕出三蔵記集五・一五、高僧伝五　②生没年不詳。姓は姚氏。馮翊胡城(陝西省)の人。太白山に隠れ仏道を修し、また大陟岵寺《だいちょっこじ》に住して涅槃経および大智度論を宣説した。北周の武帝に崇敬され、天和四年569甄鸞《びんらん》の笑道論によって議論が沸騰したとき二教論を作って武帝に献じた。しかし建徳三年574仏・道二教が廃止されるにおよんで林沢に逃れ、門人の教化にあたった。弟子に慧影・宝貴・栄法師らがある。曇延と共に玄門の二傑といわれる。〔参考〕歴代三宝紀一一、続高僧伝二三、集古今仏道論衡二

**とういき-でんとう-もくろく　東域伝灯目録**　一巻。永超の撰(寛治八1094)。永超録ともいう。日本で流布する仏典の書目を集録したもの。⑴弘経録(華厳・般若・法華・衆経)、⑵伝律録(大小乗律部)、⑶講論録(大乗釈経論・大乗集義論末釈・小乗論疏記)、⑷雑述録(大乗義章以外の章疏紀伝・西域諸賢の著述)、⑸伝記録に分け、のちの追補とされる梵釈寺蔵書一四部・護命僧正撰述二七部を合わせて、一五八二部を掲げる。各項の下に巻数・撰者名を記し、随所に考証を註記している。著者が八一歳の時に編録し、青蓮院に献じたという。古来写伝されてきたため誤字脱字が多く、⑷と⑸が混同しているなどの難点もあるが、最古の目録の一として重視される。(大)五五、仏全一〔写本〕高山寺蔵本(鎌倉初期)、南都本〔刊本〕享保一〇1725刊

**とうい-そく-みょう　当位即妙**　当分の地位のまま妙であること。凡夫《ぼんぷ》の位のままでただちに真理にかなっているのをいう。たとえば日蓮の波木井三郎殿御返事に「法華経の心は当位即妙不改本位と申して、罪業を捨てずして仏道を成ずるなり」とある。

**どういつ　道一**　(景竜三709—貞元四788)唐代中期の禅僧。姓は馬氏。大寂禅師と諡する。漢州什放《じゅうほう》(四川省什放県)の人。南岳懐譲《えじょう》の法を嗣ぎ、洪州(江西省南昌県)開元寺に化を振るった。門下は八四人といい、湖南の石頭希遷《きせん》に比して、江西馬祖《ばそ》と呼ぶ。語録一巻。没年に異説がある。〔参考〕石門一禅師塔銘(全唐文五〇一)、宋高僧伝一〇、景徳伝灯録六

**どういん　道因**　(元祐五1090—乾道二1167)南宋代初期の天台の学者。姓は薛氏。号は草庵。四明(浙江省寧波府)の人。初め延慶寺に住し、のち宝雲寺の祖韶より天台宗を学び、十不二門指要鈔をよんで悟入するところがあった。また真歇・宏智に禅要を習い、永明・宝雲・広寿・治平の諸寺に住し、晩年は延慶寺に移り教化に努力した。著書、草庵録一〇巻、観経疏輔正解など。〔参考〕仏祖統紀二一、楽邦文類四・五、釈氏稽古略四

**どういん　道印**　(文禄二1593—延宝八1680)曹洞宗の僧。伯耆国河邨郡の人。字は鉄心。関東の諸禅寺を歴訪したのち播州仙寿寺の天外に印可をうけた。信濃大昌寺・美濃全久寺・三河竜渓寺・加賀天徳寺に住し、さらに等覚・桑山両寺、和泉蔭涼寺などを開いた。〔参考〕続日域洞上諸祖伝四、日本洞上聯灯録一二

**とううん-ろくじ　踏雲録事**　一巻。当山派修験の行智の撰(天保七1836)。修験山伏道の来歴を准三宮御所の命によって注進したもの。天保三年に著わした木葉衣《このはころも》の姉妹篇で、共に教派修験道の研究資料である。修験山伏名義事より令帯持刀剣兵杖事に至る八項から成り、役行者の生没年代、当山派・本山派の起源およびその伝統血脈などをその伝承によって記載する。日蔵四八、続々群一二、東洋文庫二七三

**とうえい　東瀛**　(文化四1807—明治四1871)真宗大谷派の僧。山城西方寺の住持。京都の人。初名は義澄。字は空覚。瀛洲と号し、闡彰院《せんしょういん》と称する。慶応元年1865嗣講職につき、本願寺の行政制度改革を計って明治四年一〇月暗殺された。没後、講師職をおくられた。著書、玄義分庚午記、散善義聴記、神国決疑編記。

**どうおん　道隠**　(　—正中二1325また同元また元応二1320)臨済宗の僧。中国浙江省杭州府の人。号は霊山。仏慧禅師と諡する。仰山の雪巌祖欽の印可を受け、元応元年に来朝。建長寺一九世を継ぎ、夢窓疎石と往復酬唱し、のち建長寺内に正受庵を開いて隠退した。その門流を仏慧派と呼び、日本禅宗二十四流の一。〔参考〕鎌倉五山記並同考異、延宝伝灯録四、本朝高僧伝二四

**どうかい　道楷**　(慶暦三1043—政和八

1118）北宋代末期の禅僧。姓は崔《さい》氏。沂州沂水（山東省沂水県）の人。曹洞七世の義青然法を嗣ぎ、郢州《えいしゅう》（湖北省鍾祥県）大陽山、東京（河南省開封県）浄因寺に化を振った。晩年に定照禅師の勅賜号を辞し、淄州《ししゅう》（山東省淄川県）芙蓉湖に退いて、芙蓉道楷と称した。語要一巻がある。〔参考〕続灯録二六、僧宝伝一七

**とうかいーじ　東海寺**　東京都品川区北品川。臨済宗大徳寺派。万松山と号する。寛永一五年1638徳川家光の創建で、沢庵宗彭を開山とする。堂宇は壮麗を極めたが、元禄、明治両度の火災で旧観を失った。〔参考〕江戸名所図会二、新編武蔵風土記稿五六

**とうがく　等覚**　①等正覚（等正である覚の意）のこと。仏をいう。あまねく真理をさとり、諸仏のさとりの内容が等しいという意〈⇩阿耨多羅三藐三菩提《あのくたらさんみゃくさんぼだい》〉。②内容的に仏のさとりと等しく、実際には仏の一歩手前にあるもの。菩薩修行の階位に五二位あるうちの第五一位、六種性の第五。等正覚（正覚に等しい覚）、有上士（妙覚の仏陀を無上士とするに対して、なお上位があるからいう）、一生補処《いっしょうふしょ》（現在の一生の後には仏の処を補って仏となる）、金剛心（金剛のように堅固な心であらゆる煩悩をうち破る）ともいう。等覚の菩薩が仏になる前に、再び重ねて凡夫《ぼんぶ》であったとき以来の修行を真理に照らして修めるのを入重玄門という。③真宗では、他力の信心を得たものは必ず往生して仏となることができるから、その信心を弥勒菩薩が起こす等覚の金剛心（仏になる直前に最後のまよいを滅ぼすかたい心）になぞらえて横超の金剛心といい、この世で弥勒と等しい（便同弥勒）等覚の位に入るとする。

**どうかく　道覚**　⇩元覚《げんかく》

**とうかくーじ　東鶴寺**　韓国忠清南道公州郡鶏竜山。旧名は東鶏寺。百済の懐義の創建。新羅の末期に道詵国師が再建。李氏朝鮮太祖三年1394吉再がここで高麗の王族と鄭圃隠のために祈り、世祖元年1455金時習も端宗・安平大君・金宗瑞・死六臣などのために祈った。〔参考〕韓国寺刹全書上

**とうがくーじ　等覚寺**　福岡県京都郡苅田町山口にあった寺。天平年間729—49恵空の開創と伝え、天長七年830涅槃が再興したが、天暦年間947—57には谷坊覚心が修験法を修し衆徒一千におよんだという。天正年間1573—92大友氏の兵火にあい衰退、廃絶した。

**どうがくーじ　童学寺**　徳島県名西郡石井町石井城の内。真言宗善通寺派。東明山大谷院と号す。弘仁年間810—24空海が幼童時の修学の因縁により建立したという。正和元年1312津茂・松家両氏が再興したが、天正年間1573—92長宗我部氏の兵火にかかり焼失、衰退した。〔重文〕木造薬師如来坐像

**どうかーじ　桐華寺**　韓国慶尚北道達城郡八公山。新羅炤知王一五年493極達が創建して、瑜伽寺と称する。興徳王七年832心地が再興して桐華寺と改称。李氏朝鮮英祖八年1731重創して現在に至る。〔参考〕韓国寺刹全書上

**どうかん　道侃**　（寛文二1662—享保三1718）黄檗宗の僧。近江野洲の人。字は直翁。洛北直指庵の独照およびその法嗣竹岩について黄檗禅を修めた。独照の印可を受けたが辞して嗣法せず、故郷に草庵を結び門を閉ざして暮した。伽陀（偈）をよく作った。晩年にはもっぱら西方浄土を願求して命終した。

**とうかんーきょう　稲𦼮経**　一巻。詳しくは慈氏菩薩所説大乗縁生稲𦼮喩経という。唐の不空の訳。同類の経典に⑴訳者不詳の大乗稲芋経（一巻）、⑵北宋の施護の訳の大乗舎黎娑担摩経（一巻）、⑶訳者不詳の稲芋経（一巻）、⑷三国呉の支謙の訳の了本生死経（一巻）、⑸チベット訳大乗稲芋経がある。この経と⑴⑵⑸はほぼ合致し、⑵と⑷とは異同が多い。梵語原本シャーリスタンバ・スートラ Śālistambha-sūtra も現存する。仏陀が稲の茎を見ながら、「縁起を見るものは法を見る、法を見るものは仏を見る」と説くが、舎利弗《しゃりほつ》はその意を解しかねて弥勒菩薩に尋ねる。弥勒がこれにこたえて稲の生長にたとえて十二縁起の教説を説くのを内容とする。縁起説を簡潔にまとめた経典で、中観派系統の論書にしばしば引用されている。㊅一六、国一経集部一二

**とうがん-こじ　東岸居士**　⇩玄寿《げんじゅ》

**どうかん-そうる　道観双流**　道は他を教化する化道《けどう》、観は自ら空理を観じる観法《かんぽう》。利他の化道と自利の観法とが同時にならび行われること、天台宗で通教第九地の菩薩の修行のありさまについていう。

**とうかんのん-じ　東観音寺**　愛知県豊橋市小松原町。小松原山と号し、臨済宗妙心寺派。行基の開創と伝える。文永八年1271安達泰盛が本尊馬頭観音を寄進。真言宗であったが、天正一一年1583玉岫宗与によって再興され現宗に転じた。三河三十三霊場第一番札所。〔重文〕多宝塔、金銅馬頭観音御正体、木造阿弥陀如来坐像など　〔参考〕参河志二七・三六

**とうき　等起**　㊵サムッターナsamut-thānaの訳。等しくともに起こすこと、または起こすもので、縁起《えんぎ》とも訳する。即ち意業《いごう》などによって身表業・語表業を起こすこと、また起こさせるものをいう。これに二種ある。因となって身語の表業を起こさせる心・心所《しんじょ》(心のはたらき)を因等起または転(㊵プラヴァルタカ pravartaka)といい、業がなされつつある刹那に業とともにあって、しかも業の所依となるような心・心所を刹那《せつな》等起または随転(㊵アヌヴァルタカ anuvartaka)という。身語の表業の善悪はそれらを等起するもの(因等起)の善悪によって決定され、このようにして決定された善悪を等起善・等起不善という(倶舎論巻一三)。

**とうき　等熙**　(応永三1396—寛正三1462)浄土宗の僧。京都の人。内大臣万里小路嗣房の子。諡号は仏立恵照国師。敬法・定玄に師事して浄土宗を学び、叡山・南都で諸宗を究めた。のち清浄華院一〇世となり、永享二年1430金戒光明寺を再建した。後円融・後小松・称光の三代の戒師となり、世に三朝の戒師という。〔参考〕浄土本朝高僧伝四、浄土伝灯総系譜上

**どうき　道基**　(陳の太建一〇578頃—唐の貞観一一637)摂論宗の学者。姓は呂氏。河南東平(山東省鄆城県)の人。俊秀を認められ隋の大業五年609に慧日道場に住し、隋末に南鄭西岷に巡錫し摂大乗論を弘めた。その著、摂論義章は凝然の華厳孔目章発悟記第二などに引用される。〔参考〕続高僧伝一四

**どうき　道機**　(寛永六1629—元禄一三1700)黄檗宗の僧。石見の人。字は鉄牛。慧覚、自牧子と号する。諡号は大慈普応国師。京都・大坂・江戸などの諸寺を遍歴して禅を学ぶ。隠元に師事し木庵性瑫《しょうとう》の心印を受ける。相模小田原紹太寺・江戸弘福寺・陸奥仙台大年寺などを開いた。延宝六年1678稲葉正則と謀り下総椿沼に八万石の新田の開発をした。著書、七会語録一〇巻、自牧摘稿一〇巻。〔参考〕鉄牛禅師年譜

**どうぎ　道義**　①生没年不詳。唐代中期の江東衢州《くしゅう》(浙江省衢県)の僧。開元二四年736五台山に上って文殊を感見し、代宗の時、不空《ふくう》の上奏で五台山に金閣を建立した。〔参考〕宋高僧伝二一、仏祖歴代通載一四　②生没年不詳。新羅時代の禅僧。朝鮮禅門九山の一、迦智山派の祖。姓は王氏。北漢郡の人。宣徳王五年784に入唐し、曹渓の祖塔を礼し、洪州(江西省南昌県)で馬祖下の智蔵・懐海《えかい》に参じ、初めて南宗禅を伝え、溟州雪岳陳田寺に化を振るった。元寂禅師と諡する。〔参考〕朝鮮金石総覧上、祖堂集一七、禅門宝蔵録中　③(承和四837—延喜二902一説に同五)道雄・平仁二師から華厳・真言を兼学し、博く経論を読み伝灯大法師位につき、昌泰元年898東大寺に住した。〔参考〕東大寺要録五、本朝高僧伝八

**どうぎょ　導御**　(貞応二1223—応長元1311)律僧。大和の人。修広と号す。幼いとき母に捨てられ、のち東大寺で出家。唐招提寺で受戒し、法隆寺・京都霊山院に学んだ。洛西の法金剛院や嵯峨の清涼寺で念仏会を営み、一〇万人を化度したので、十万上人と呼ばれ、後宇多天皇から円覚上人の号を賜った。播磨の印南野で母に会ったと伝える。〔参考〕律苑僧宝伝一三、本朝高僧伝六一

**どうきょう　道教**　①仏陀によって説かれた教え。仏道、仏教のこと。②中国の老子・荘子の思想を中心に、神仙の教えをつけ加えて、さらに民間信仰や儒教・仏教の影響をうけて集大成した宗教。老子を玄元皇帝とあがめて初祖とし、長寿・養生の法を講

じて呪咀祈禱をおこなうという通俗性に富んでいる。後漢の張陵によって始められ、張衡・張魯に至って大成された。さらに北魏の寇謙之《こうけんし》のとき組織化が完成し、信者も上層階級におよんだ。宋代には仏教の大蔵経にならって道蔵の編集や寺院に対応する道観の設置もおこなわれた。またこの時代の儒教に大きな影響を与えた。道教の立場は反儒教的・反仏教的であったが、隋・唐・宋と時代を経るとともに儒仏の教理を受け入れて自己の思想の深化をはかった。江西省竜虎山の正一教と金朝に革新運動として起こった王重陽の全真教が二大流派をなす。

**どうきょう　道教**　（建久九1198―嘉禎二1236）真言宗の僧。京都の人。源雅親の子。遍知院僧都と呼ぶ。醍醐寺成賢について密教を学び二三歳で具支灌頂を受け、宗の大事口訣などを授かり三宝院流を継いだ。その法流を道教方という。著書、遍口鈔六巻、秘鈔口決一四帖、暦仁記一巻、伝法灌頂作法三帖など。〔参考〕本朝高僧伝一四、密宗血脈鈔下、野沢血脈集二

**どうきょう　道鏡**　（　―宝亀三772）法相宗の僧。河内弓削の人。姓は弓削氏。義淵に師事して法相を学び、しばしば大和葛城山に籠って如意輪法を修した。孝謙上皇の病を治して信任を得、天平神護元年765太政大臣禅師となる。翌二年法王の位を受け、法王宮を置き僧尼度牒にその印を用いるなど政界に進出した。神護景雲三年769道鏡を即位させよという宇佐八幡の神託事件がおこったが、和気清麻呂を中心とする貴族の妨害にあって野心をはたさず、宝亀元年称徳天皇（孝謙重祚）の没後、下野の薬師寺に左遷されここで没した。

**どうきょう　道龔**　生没年不詳。北涼代の訳経僧。永安年間401―11に涼州で沮渠蒙遜のために宝梁経二巻を訳した。〔参考〕出三蔵記集二、歴代三宝紀九、開元録四

**どうぎょう　同行**　心を同じくして仏道を行うもの。同伴、同朋《どうぼう》ともいい、「どうあん」とも読む。西国巡礼者が「同行二人」と書いた笠をもつのは弘法大師と同行するの意。真宗では門徒のことをもいう。

**どうぎょう　道行**　生没年不詳。八世紀ごろの修行僧。天平宝字二年758神風仙大神、伊勢大神のために、知識《ちしき》（同信者集団）を結んで大般若経六〇〇巻を書写した。この知識経（重文）は、現三重県伊賀市の常楽寺に現存するが、もと和泉国坂本郷仏性寺にあったものという。道行のもとに集った知識は、現大阪府和泉市、および岸和田市山直《やまだい》地域の人々であったといわれ、付近には雷神信仰と結びついた道行の伝説が多い。

**とうきょう-ほんがん-じ　東京本願寺**　東京都台東区西浅草。単立寺院。もと真宗大谷派別院。天正一九年1591教如が江戸神田西福寺前の地に一字を建てたのに始まり、明暦三年1657の大火ののち、安永五年1776現地に移る。地名により浅草別院と称してきたが、昭和四〇年1965現寺号に改称した。〔参考〕江戸砂子二、江戸名所図会六

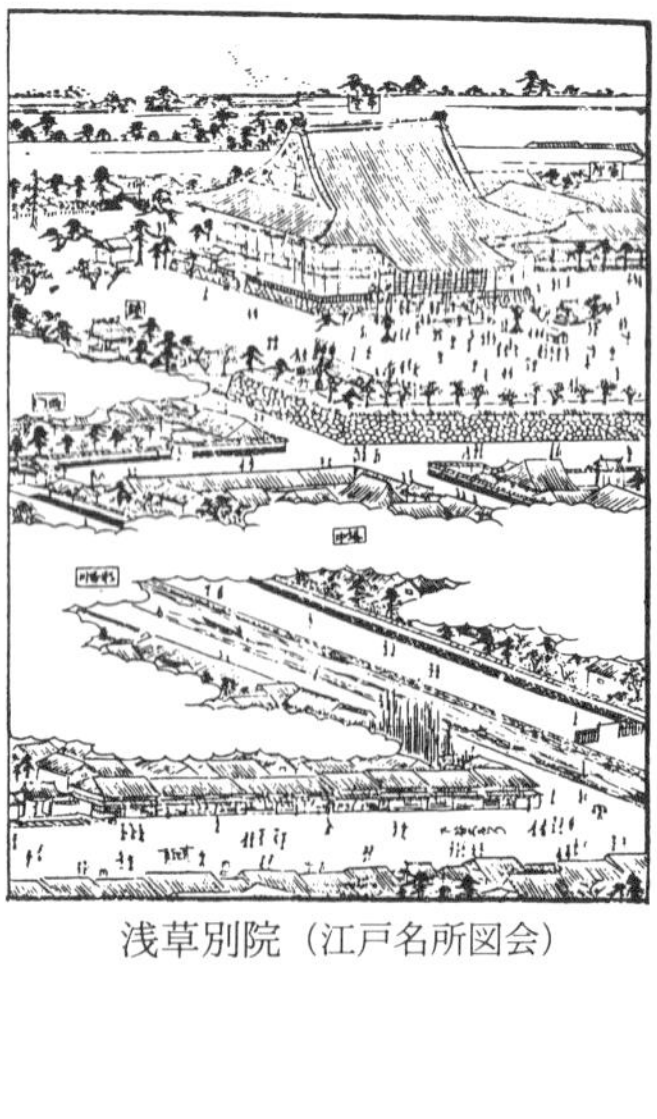
浅草別院（江戸名所図会）

**どうきん　道欽**　（開元二714―貞元八792）唐代中期の禅僧。法欽ともいう。姓は失氏。呉那崑山（江蘇省崑山県）の人。牛頭《ごず》六世の鶴林玄素の法を嗣ぎ、杭州径山《きんざん》（浙江省余杭県西北）を創した。代宗の帰依で入内し、国一大師と賜号し、大覚禅師と諡する。〔参考〕径山大覚禅師碑銘（全唐文五一二）、祖堂集三、宋高僧伝九、景徳伝灯録四、太平広記九六

**どうぐ　道具**　修道の用具の意で、仏道を修めるために必要な衣鉢その他のもの。三衣、六物、百一物など種々の必携品が数えられる。密教では、特に修法に必要な用具を道具という。後世一般に調度器具をすべて道具と呼ぶのはこの語が転用されたものである。

**とうくう　等空**　(延享二1745―文化一三1816)真言宗の僧。丹後の人。字は寛秀のち本瑞と改め、浄菩提心庵と号する。高野山で密教を学び、顕密の経論を講じ、丹後松尾寺の住職となり、有部律の興隆につとめた。若狭の浄菩提心庵に隠退した。著書、大日経疏校正二巻、二教論稗蒙四巻。〔参考〕等空尊者略伝

**どうくう　道空**　①(　―正和四1315)浄土宗の僧。陸奥の人。東福寺の円爾弁円から天台・禅を学び、鵜木の観智について浄土宗西山派の宗学を修めた。京都安養ケ谷の東善寺を復興し、烏丸の常行院に住した。六斎念仏の開祖とされる。花園天皇から法如の追諡があった。〔参考〕浄土伝灯総系譜下、六斎念仏縁起　②(応安六1373―宝徳元1449)曹洞宗の僧。河内の人。字は真巌。牧渓と号する。初め密教を修め、のち如仲天誾から曹洞禅を学び印可を受けて近江桐寿院二世となる。晩年養浩庵に退いた。〔参考〕日本洞上聯灯録五

**どうけい　道契**　(文化一三1816―明治九1876)真言宗の僧。備後の人。字は天霊。号は甑瓦《しょうが》。幼少より顕密諸経を学び、のち智積院に入り海応から密教を受けた。弘化三年1846美作香々美の円通寺に住した。明治初年の排仏毀釈に際し、真言宗の擁護に努め、諸宗合同の津山中教院の学頭となって各宗の学徒を教導した。著書、続日本高僧伝一一巻(仏全一〇四)、保国篇並続編、闢邪大義護法談各一巻。〔参考〕竺道契和尚伝、続日本高僧伝跋

**とうけいーじ　東慶寺**　神奈川県鎌倉市山ノ内。臨済宗円覚寺派。正しくは松岡山東慶総持禅寺という。弘安八年1285北条時宗の夫人覚山尼の開創。尼は不遇な婦人の救済保護を寺法とし、勅許を得て縁切寺と呼ばれた。後醍醐天皇の皇女用堂尼が五世となってから、松岡御所という。元和年間1615―24豊臣秀頼の娘天秀尼が二〇世を継ぎ徳川氏との関係が生じて幕府の優遇を受け、江戸期を通じて栄えた。〈⇩縁切寺《えんきりでら》〉〔重文〕木造聖観音立像ほか〔参考〕松岡東慶寺考

**どうけいーじ　同慶寺**　中国湖南省長沙府大潙山の麓にある。唐の大中年間847―60百丈懐海の弟子霊祐が禅室を開き、同慶寺の額を賜った。

**とうけーしゅうしーみょうもく　当家宗旨名目**　二巻。日実の撰(寛正二年1461)。詳しくは当家宗旨教機時国名目という。日蓮宗における日蓮の字義、上行化身の由来及び家系、法華宗の名義、三大秘法を弁じ、あわせて宗祖の御書について解説し、宗祖没後の状況異義などを論じる。中山開流の口決によるものが多いが、宗義に関する著述の最古のものの一。〔刊本〕元禄八1695刊

**とうけつ　唐決**　天台宗に関する日本の最澄以下諸学匠の質疑、及びこれに対する中国の高僧の決答をいう。唐決集二巻(編者不詳)は⑴在唐決(唐貞元二一年805最澄の問に道邃《どうすい》が答えたもの)、⑵光唐決(光定の問、宗頴《そうえい》の答)、⑶慧唐決(源信が寂昭に託した問、四明知礼の答)、⑷徳唐決(徳円の問、宗頴の答)、⑸円唐決(円澄が円載に託した問、広脩の答)、⑹澄唐決(⑸と同じ問、維蠲《ゆいけん》の答)、⑺答修禅院問(修禅院義真の問に対する答、答者の名を欠く)の七篇からなる。この他、最澄の問、道邃の決と伝える天台法華宗生知妙悟決、円珍が大興善寺智慧輪に送った上智慧輪三蔵決疑表、円仁の在唐記および円珍の山王院在唐記なども唐決ということができる。平安時代における天台教学の諸問題、および中国唐・宋代における天台諸学者の見解を見ることができる。㊕一・五・五、日蔵三九・四〇(⑶のみ欠)、伝教大師全集(⑴のみ)〔刊本〕寛永三1626刊、正保三1646刊〔参考〕仏祖統紀八、入唐求法巡礼行記一・三

**とうけーとくぶつ　投華得仏**　真言宗で、灌頂《かんじょう》の時、花を曼荼羅《まんだら》の上に投げて、そのおちた所によって、自分にゆかりのある仏を求め、それを自分のつかえる本尊と定めること。大日経疏巻八の説に基づく。

**どうけん　道顕**　①(宝蔵王二一〇662―霊亀元715頃)大安寺の学僧。高句麗の人。著書、日本世記(不伝)。〔参考〕日本書紀　六、元亨釈書一六　②生没年不詳。室町時代の和泉堺真宗寺の僧。文明二年1470本堂を再建し、同八年境内に信証院を構え、これを本願寺蓮如に献じた。〔参考〕真宗寺蔵親鸞伝絵、道祐肖

像裏書、泉州志　③(寛文三1663—享保一四1729)曹洞宗の僧。加賀金沢の人。字は隠之。木下順庵に儒学を、摂津の月舟に曹洞禅を学んだ。正泉寺良高から印可を受け、さらに真言・天台を学び、武蔵瑞光寺の中興開山となった。著書、語録一〇巻。〔参考〕続日本高僧伝七　④(承応元1652—元文元1736)曹洞宗の僧。近江の人。字は密山。朽木子と号する。越前永建寺の海翁によって得度、加賀の大乗寺月舟、黄檗の円通に参じ、元禄一二年1699大乗寺を継いだ。正徳元年1711河内摩尼峰に隠退した。著書、天童剰語。〔参考〕続日本高僧伝八

**どうげん　道元**　(正治二1200—建長五1253)日本曹洞禅の祖。道玄とも書く。山城宇治木幡の人。久我通親の子。希玄また仏法房と号する。幼くして父母を失い、建保元年1213天台座主公円について得度し、建仁寺の栄西、明全に師事して禅を修めた。貞応二年1223明全とともに入宋し、天童山の長翁如浄のもとで証悟し、仏祖正伝の大戒を受けて安貞元年1227帰国した。天福元年1233深草極楽寺の旧趾に興聖宝林寺を興し、学道用心集を撰して弘通につとめた。寛元元年1243波多野義重の帰依を得て越前に永平寺を創建した。また北条時頼の招により禅を説き菩薩大戒を授け、後嵯峨上皇から仏法禅師の号を賜った。嘉永七年1854仏性伝東国師、明治一二年1879承陽大師と追諡。公武の権威をきらい、理論より実践を重んじて、弟子の育成にあたった。著書、正法眼蔵九五巻、永平広録一〇巻、永平清規二巻など。道元禅師全集がある。〔参考〕人物叢書九六

道元花押

**どうげん　道玄**　(　—嘉元二1304)天台宗の僧。関白二条良実の息。最守法師に天台の宗義を受け、延暦寺座主となること二度、准三后に登った。〔参考〕天台座主記、諸門跡譜

**どうご　道悟**　(天宝七748—元和二807)唐代中期の禅僧。天皇派の祖。姓は張氏。天皇道悟と称する。婺州東陽(浙江省東陽県)の人。石頭希遷《せきせん》の法を嗣ぎ、荊州(湖北省江陵県)天皇寺に住した。後にその法系より雲門・法眼の二宗が出た。別に馬祖の弟子に天王道悟があり、雲門・法眼はこの法系に属するとする説を、宋の達観曇頴が邱玄素撰の天王道悟禅師碑(全唐文七一三)を根拠として主張した。〔参考〕符載撰天皇道悟禅師碑(全唐文六九一)、祖堂集四、宋高僧伝一〇、景徳伝灯録一四

**どうこう　道光**　①(建長三1251—元徳二1330か)浄土宗の僧。字は了慧。暢角、望西楼、蓮華堂と号した。鎌倉の人。宍戸常重の子。はじめ叡山に登り尊慧に天台を学んだが、のちに良忠に従い浄土教をきわめ、華蔵寺慈明、万寿寺覚空から所伝の円戒を承けた。文永九年1272京都五条坊門に悟真寺(のち三条に移転)を建てて布教し、その門流を三条流といった。源空の正意を伝えるため法語を集めて黒谷上人語灯録(漢語灯録一〇巻、拾遺一巻、和語灯録五巻、拾遺二巻)を編した。著書、新扶選択報恩集二巻、扶選択正論通義一巻、菩薩戒義疏見聞七巻、無量寿経鈔七巻、知恩伝、聖光上人伝、然阿上人伝など。〔参考〕法水分流記、浄土伝灯総系譜上、浄土本朝高僧伝三　②(寛永七1630—天和二1682)黄檗宗の僧。肥後益城郡の人。号は鉄眼。一三歳で海雲について仏門に入り、諸宗を学んだ。明暦元年1655来朝した隠元隆琦の門に入り、その高弟木庵性瑫の弟子となった。大蔵経開版を企てて一〇年余、延宝六年1678完成し、黄檗山内宝蔵院に納めた。鉄眼版または黄檗版大蔵経と呼ぶ。また貧民を救済し、寺を創建すること瑞竜・宝蔵・三宝など八カ寺におよんだ。著書、鉄眼禅師遺録二巻、仮名法語一巻。〔参考〕鉄眼禅師行状、鉄眼禅師碑銘

**どうこう　道皎**　(永仁元1293—観応二1351)臨済宗の僧。久我具房の子。字は月林。独歩叟、円明叟と号し西山暮翁ともいう。建長寺高峰顕日に師事して臨済禅を修め、宗峰妙超と交わった。元亨二年1322入元して古林《くりん》清茂の印可を得、元徳二年1330帰国し、花園上皇らの帰依を得た。〔参考〕大梅山開

山月林皎禅師行状、延宝伝灯録五、本朝高僧伝二八

**どうこう　道興**　（永享二1430—大永七1527）天台宗の僧。近衛房嗣の第三子。顕密両教に通じ、聖護院二四世となり、園城寺長吏三山検校となる。のち諸国をめぐって吟詠を楽しんだ。著書、回国雑記。〔参考〕諸門跡譜

**どうごう　道業**　道行《どうぎょう》ともいう。道を学んで修行すること。とくに仏道の修行。

**とうこう-いん　東光院**　福岡市博多区吉塚にあった真言宗御室派の寺院。瑠璃光山薬王寺と号した。大同元年806最澄の建立と伝える。初め薬王寺といい天台宗であったが、応永二〇年1413足利義持が再興し禅寺とした。正保四年1647黒田忠之が再興し、栄仙を招じて東光院と改め、真言宗に属した。昭和五六年1981に廃された。〔重文〕木造薬師如来立像、同坐像、同十二神将立像、同阿弥陀如来立像、同日光菩薩立像（いずれも現福岡市蔵で、福岡市美術館保管）〔参考〕太宰管内志上（筑前志七）

**とうこう-じ　東弘寺**　茨城県結城郡石下町大房。高柳山信順院と号し、真宗大谷派。親鸞門弟二十四輩の一人飯沼の善性の遺跡。建長二年1250善性が大高山あるいは長高野の地に創建したといわれ、天正三年1575現在地に移った。〔参考〕二十四輩記

**とうこう-じ　東光寺**　山口県萩市椿東。護国山と号し、黄檗宗。もと厚狭郡松谷村にあったが、元禄四年1691毛利吉就が現地に移し慧極道明を中興開山とした。以来同氏累代の廟所となり、陸前大年寺・因幡興禅寺と共に黄檗三叢林と呼ばれた。〔重文〕総門、三門、大雄宝殿、鐘楼

**とうこう-じ　東向寺**　熊本県本渡市本町新休。松栄山と号し、曹洞宗。島原の乱の戦没者供養のため時の代官鈴木重成が兄正三を開基、中華珪法を開山として、慶安元年1648に建立した。天草における仏法初開の道場という。

**とうこう-じょう　灯光城**　(梵)ディーパヴァティー Dīpavatī の訳。仏陀が前生において錠光仏から未来に仏になるという証明をうけた地とされ、阿摩羅跋提《あまらばつだい》城（アマラヴァティー Amaravatī）とも蓮華城ともいう。カブール河の南岸ジャラーラーバード Jalālābād にあたるという。〔参考〕大毘婆沙論一八三、法顕伝、大慈恩伝

**どうこう-ほうしんのう　道晃法親王**　（慶長一七1612—延宝七1679）後陽成天皇の第一一子。道勝法親王の門に入り、のち園城寺の長吏、三山検校に補せられる。茶道に通じ絵をよくした。〔参考〕野史、続本朝画史

**とうごく-こうそう-でん　東国高僧伝**　一〇巻。高泉性潡の撰（貞享四1687）。日本の高僧の伝記。正伝には元興寺の道昭から寛永寺の天海までの二八七人を収め、付伝四六人を加えて、巻首に聖徳太子伝を記している。著者は寛文元年1661日本に帰化して黄檗山第五世となったが、日本の高僧の伝記が中国に知られていないのを歎じて元亨釈書を中心に他の書をも参照して、扶桑禅林僧宝伝一〇巻と本書とを著わした。記述には史実を誤るものも少なくない。仏全一〇四〔刊本〕貞享五刊

**とうごく-そうに-ろく　東国僧尼録**　一巻。撰者不詳。新羅から李氏朝鮮中期までの六八名の僧尼の伝記。名僧・尼姑・詩僧・逆僧・奸僧などの項目に分ける。李朝正祖王（1776—1800在位）以降の成立。(続)二乙・二三・三

**どうさい　道済**　（明の崇禎一五1642—清の康熙四六1707）画僧。字は石濤。清湘老人、大滌、苦瓜和尚などの号がある。山水蘭竹が得意であった。明末・清初に四王呉惲がでて画壇は文人画が盛んとなったが、のち画僧の一派が出て、八大山人・石谿・弘仁と共に四大名僧といわれた。この派の特徴は、自由な構図・筆法を用い、個性的な詩情を直感的に表現する主観主義で、文人画壇の新しい様式であった。代表作は十六応真図巻（米国メトロポリタン美術館蔵）、黄山八勝画冊（京都泉屋博古館蔵）など。

**どうざん　道残**　（天文八1539—文禄二1593）浄土宗の僧。越前（一説に東国）の人。諱は源立。然蓮社愚同良智と号し、世に山荒道残とも称する。下野円通寺の良迦性海について浄土宗名越流を修める。敦賀の西福寺を継ぎ、ついで京都清浄華院に住し、金戒光明寺に転じて寺門を中興した。著書、

和風安心書二巻、金戒光明寺縁起一巻。〔参考〕浄土本朝高僧伝五、清浄華院誌要、黒谷誌要

**とうざん-かもくきょう　洞山過木橋**　禅宗の公案の一。単に過木橋ともいう。洞山良价《りょうかい》と神山僧密が、丸木橋を渡るに際して交わした問答で、此の岸と彼の岸の別を超えた立場、分別の世界に即して直ちに無分別の生活があることを示したもの。〔原文〕景徳伝灯録一五、虚堂録二〇則、洞山語録、五灯会元五

**とうざん-ごい　洞山五位**　洞山良价《りょうかい》が、禅の悟境を五段階に体系づけたもので、⑴正中偏《しょうちゅうへん》、⑵偏中正《へんちゅうしょう》、⑶正中来《しょうちゅうらい》、⑷偏中至《へんちゅうし》、⑸兼中到《けんちゅうとう》の五を指す。正は、絶対平等の理、偏は相対差別のことを意味し、⑴は偏中に正を収め、⑵は正中に偏を収め、⑶は正偏を超えた偏、⑷は正偏を超えた正、⑸は正偏交徹、事理不二の位とされる。もと宝鏡三昧に、「重離六爻偏正回互《じゅうりろっこうへんしょうえご》、畳んで三となり、変尽《へんじん》して五となる」とある句によるもので、易の説にもとづく思想とされる。五位はのち、弟子の曹山本寂《そうざんほんじゃく》が註を付して組織づけたため、曹洞五位、または洞上五位ともいう。曹洞宗の独自な家風とされるが、別にこれを修行と見た功勲五位・君臣五位・王子五位などもある。これらの五位説は、それぞれの各自を起句とする五連章の頌によって示されており、のちにこれに和頌した作品も多い。日本では、道元が正法眼蔵春秋の巻に修行者が五位を誤って解することを誡め、白隠は参禅修行の最後の公案として重んじた。〔原文〕人天眼目三、曹山語録、曹洞五位顕訣、洞上古轍、五家参詳要路門

**とうざん-さんろ　洞山三路**　禅宗の公案の一。洞山良价《りょうかい》が、禅の悟境を「鳥道《ちょうどう》、玄路《げんろ》、展手《てんしゅ》」の三句で示したもの。鳥が空を飛んで迹をとどめぬように、悟りに裏づけられた自由なはたらきが、空に堕ちないのをいう。玄路は太陽ののる車、展手は手をひろげて、多くの来者に応ずる意。〔原文〕虚堂録一九則、人天眼目三、洞山語録

**とうざん-じ　東山寺**　中国蘄州双峰山（湖北省黄州府）にある。塔山寺ともいう。禅宗四祖道信が住して、唐の太宗（626―49在位）の尊崇を受け、ついで五祖弘忍が住した。

**とうざん-しく　洞山四句**　禅宗の公案の一。雲門文偃《ぶんえん》の弟子の洞山守初《しゅそ》の説で「言は事を展ぶる無く、語は機に投ぜず、言を承くるものは喪し、句に滞るものは迷う」とあり、分別の四句はみな非であることをいい、修行者が言句に執することを誡め、本分をもって行うべきことを教えたもの。〔原文〕禅門拈頌集二七、五灯会元一五

**とうざん-ふあん　洞山不安**　禅宗の公案の一。洞山良价《りょうかい》が病に際して、病人と看病人の関係に譬えて、病を超えた境地を示したもの。馬祖不安の公案に対する。不生不滅の法性身の意。〔原文〕従容録九四則、景徳伝灯録一五、洞山語録

**とうざん-まさんぎん　洞山麻三斤**　禅宗の公案の一。雲門文偃《ぶんえん》の弟子の洞山守初《しゅそ》が一僧に「仏とは何か」と問われて、「麻三斤」と答えた故事。麻三斤は胡麻の重さ三斤の意で、唐代の税の単位であり、衣服一枚分の麻を指す。〔原文〕碧巌録一二則、無門関一八則、五灯会元一五

**とうざん-むかんしょ　洞山無寒暑**　禅宗の公案の一。洞山良价《りょうかい》が一僧に「夏と冬の寒暑をどう避けたらよいか」と問われて、「無寒暑のところにゆけ」と答え、「無寒暑のところはどこか」と問われて、「寒時は君を冷えあがらせ、暑時は君を熱しあげる処」と教えた故事で、眼前の寒暑に寄せて無生死底の生き方を教えたもの。〔原文〕碧巌録四三則、五灯会元一三、洞山語録

**とうざん-もんげん-き　当山門源記**　一巻。当山源起問弁ともいう。俊堅の著（前半は寛保二1742、後半は以後の加筆）。当山派修験の起源・沿革および当山・本山両派の分派異同、大峯先達宗門不同のことを論じた書。当山派総触頭《そうふれがしら》である著者が、ある人の質問に応じて撰したもの。前半は⑴当山高祖理源大師聖宝尊師の事、⑵当本両派分別、これを開基差別・入峰異義・峰中指揮・遺法伝灯・当本各定に分けて論じ、後半には当山・本山格別之御裁断の下知状二種・大峯先達宗門不同之弁・行者誕生の事・大先達称号之事・同行と称する事など、当山派所説の

伝承に基づき、当山派の勝れていること説く。日蔵四八

**とう-し　島史**　⇩ディーパ・ヴァンサ

**とう-じ　東寺**　⇩教王護国寺《きょうおうごこくじ》

**どうし　道士**　道人《どうにん》、道者ともいう。仏教と外道《げどう》とを問わず、すべて道を行う人のこと。さとりを得た人にも、まだ得ていない人にも用いる。中国でも古くは出家して道を学ぶ者一般を指したが、後にはとくに道教の徒を指すようになった。後世、わが国では山に籠って荒行《あらぎょう》をなす者を道者という。

**どうし　導師**　導首ともいう。衆生《しゅじょう》を導いて仏道に入らせる師の意。特に釈迦牟尼仏或いは諸仏、大菩薩《ぼさつ》などを指す。また法会《ほうえ》のとき願文《がんもん》、表白などをのべて儀式の主導をなす僧のこと。

**どうじ　道慈**　（　—天平一六 744）三論宗の僧。俗姓は額田氏。大和添下郡の人。法隆寺智蔵に三論を、竜門寺義淵に法相を学んだ。大宝二年702入唐して吉蔵の法孫元康に三論を、善無畏《ぜんむい》に密教を受け、養老二年718帰国した。大安寺に住し、さかんに三論を講じ、本朝三論宗の第三伝とされる。天平元年より平城京大安寺の造営に携わった。同九年宮中で金光明最勝王経の講会が催された際、その講師となった。著書、愚志一巻(不伝)。〔参考〕続日本紀一〇・一二・一五、懐風藻、元亨釈書二、本朝高僧伝四

**どうじ　童子**〔**童女**《どうにょ》〕①㊵クマーラ kumāraの訳で、鳩摩羅《くまら》と音写する。四歳または八歳以上二〇歳未満でまだ剃髪得度《ていはつとくど》していない男子を童子といい、女子を童女という。童子は童児、童真、童男とも称す。②菩薩《ぼさつ》のこと。菩薩は如来の王子であり、また婬欲の念がないことが世間の童子のようであるから。③仏・菩薩・諸大などに随侍するものを童子ということがある。④日本では古来諸種の法会《ほうえ》庭儀などの際に、幼童を随伴して種々の用をさせた。南都諸大寺の勅会などには、堂童子(花籠を運び、綱所に使いし、探題を迎えるなどの役)・大童了(法会の前に出仕者の装束を点検する役)・仲間(上座のつきそい)・退紅(上臈のつきそい)・小結(衆僧のつきそい)・上童(貴僧に従う貴族の子息)・中童子(沓《くつ》の世話役)・大童子(五師・三綱などに従い、行列が到着したときに主僧の名を唱える役)・御童了(夜間に高張挑灯《たかはりちょうちん》を持つ役)などを伴い、北京(京都)の顕密の勅会・灌頂《かんじょう》・曼荼羅供《まんだらく》・落慶庭儀などにも、堂童子・上童・持幡童(幡《はた》を持つ役)・小童子・中童子・大童子などの諸役があり、それぞれ役務に応じて童真衣、狩衣《かりぎぬ》、水干などを着、天冠などをかぶらせた。現今、庭儀の際に稚児《ちご》(天童子)・大童子などを参加させるのはこの風習による。

**とうじ-いん　等持院**　京都市北区等持院北町。万年山と号し、臨済宗天竜寺派。もと仁和寺の一院であったが、暦応四年1341足利尊氏が中興し、夢窓疎石を開山とする。延文三年1358に尊氏を本院に葬って以後、足利氏累代の廟所となり、等持寺と共に足利歴代将軍が参詣した。のち等持寺を併合し京都十刹の一となった。慶長一一年1606豊臣秀吉が再興。文久三年1863尊皇派の志士が本院を襲い、尊氏らの木像の首を三条河原にさらした。〔重文〕紙本淡彩等持寺絵図〔参考〕等持院文書、等持院御八講記(続群二六下)

**とうし-いんねん-きょう　灯指因縁経**　一巻。後秦の鳩摩羅什の訳。長者の了灯指が盗賊に家財を奪われ、屍体を墓場へ運ぶ人夫になりさがった。ある日背負った屍体が実は黄金であったため、再び長者に立ち帰り繁栄するに至ったが、このことから人生の虚しいことを知って出家したことを説く。㊇一六

**どうじ-きょう　童子教**　一巻。安然《あんねん》の著と伝えるが不詳。室町時代から明治までの児童の教訓書。実語教に類似し、五言一八〇句からなる。広く仏典の要義を集め格言を盛込んで平易に説いている。明治維新前は実語教と共に寺小屋で盛んに使用された。続群三二下〔註釈〕恵空・諺解三巻

**どうじきょう-ぼう　童子経法**　十五童子法ともいう。護諸童子陀羅尼経(北魏の菩提流支の訳)によって幼児の病気を治すために修し、また安産のためにも修する法。童子経曼荼羅は乾闥婆王を中央に、その右

方に十五童子、左方に十五鬼(幼児の病気の原因となっている)を配しているものなど数種がある。〔参考〕地獄草紙

**とうじ-じ　等持寺**　京都市中京区二条万里小路西にあった寺。暦応1338―42頃、夢窓疎《そ》石《せき》を開山とし、足利尊氏により創建された。以後足利歴代将軍の崇敬を受け、至徳三年1386京都十刹の第一位となったが、文安三年1446罹災し、のち等持院(現北区)に合併された〈⇩等持院《とうじいん》〉。〔参考〕等持寺絵図、和漢禅刹次第

**どうしゃく　道綽**　(河清元562―貞観一九645)隋・唐代の浄土教の僧。并州汶永(あるいは并州晋陽、いまの山西省太原府)の人。俗姓は衛氏。世に西河禅師、綽和尚という。一四歳で出家、のち太原開化寺の慧瓚に師事し、とくに涅槃経に精通していた。隋の大業五年609に玄中寺で曇鸞の碑文を見てその遺徳を慕い浄土教に帰し、みずから日に七万遍の念仏をとなえた。晋陽・太原・汶水の道俗を教化して、観無量寿経を講ずること二百余回、また念仏をすすめて小豆や数珠で数を計らせたという。弟子に善導・道撫・僧《そう》衍《えん》・道誾などがある。著書は、安楽集二巻が現存し、唐書芸文志第四九には浄土論二巻、行図一巻があったという。〔参考〕続高僧伝二〇

**どうしゅ　道𢄙**　生没年不詳。中国遼代の学僧。雲中の人。諱は法幢。博達多聞にして禅に参じ、また道教を学ぶ。内には華厳の教宗を極め、外には俗塵を嫌って五台山金河寺に住して、華厳と密教の止揚を意図した顕密円通成仏心要集二巻(㊅四六)を著わした。

**どうじゅ　童受**　⇩鳩摩羅多《くまらた》

**とうじゅ-いん　等澍院**　北海道様似郡様似町本町。天台宗。美濃の修験僧円空の開創という。文化元年1804江戸幕府は北辺警備のために蝦夷の地に三官寺を設けるが、有珠の善光寺(浄土宗)、厚岸の国泰寺(臨済宗)とともに、その一寺に指定された。

**どうしゅう　堂衆**　堂方などともいい、大寺の諸堂に奉仕する下級僧侶で、古代寺院が擁した奴婢の後裔と考えられ、学侶に召使われた童子や中間法師であった者が、長じて金堂衆・講堂衆などと呼ばれて本尊の供花や堂内の雑役・警備などにたずさわった。平安中期以後、寺院の武力化が進むと共に、堂衆は武装して僧兵の中核をなし、その権力も強くなって寺内の学侶とも対立した。源平争乱期の延暦寺における学侶衆徒と堂衆の抗争は激しく、また高野山でも堂衆は行人方を形成して近世末期まで学侶方と争った。⇩僧兵《そうへい》 ⇩行人《ぎょうにん》

**どうしゅう　道秀**　(元徳二年1330―応永二四1417)臨済宗の僧。武蔵川越の人。字は松嶺。円明証智禅師と諡する。夢窓疎石をはじめ、実翁・復庵などの諸師に参じ永源寺の寂室元光の印可を受けた。備後手欄庵、備中貞徳寺、伊豆虎杖原《いたどりはら》の臨済庵を開き、永源寺に住した。〔参考〕本朝高僧伝三九

**どうしゅ-ち　道種智**　⇩一切智《いっさいち》

**どうじゅ-ろく　道樹録**　一巻。天地庵百則評頌ともいう。天地庵道樹の評頌、退歩の編(明和八1771)。曹洞宗で公案の評頌として用いるもの。本則を挙げ、これを評し、終りに甘贄設粥から曹山不知に至る一〇〇則を頌している。　禅学大系祖録部六〔刊本〕明和八刊

**とうしゅん-じ　洞春寺**　山口市水の上町。正宗山と号し、臨済宗建仁寺派。元亀四年1573毛利輝元が祖父元就《もとなり》(法名は日頼洞春大禅定門)の菩提を弔うため、嘯岳鼎虎禅師を開山として安芸吉田(現広島県安芸高田市吉田町)に建立。天正一五年1587十刹に列す。のち広島・山口を経て、慶長一一年1606萩(現山口県萩市)城内に移り、末寺二一カ寺を擁した。文久三年1863山口へ再転して当地の大通院を洞春寺とするが、間もなく万年寺と改称。明治四年1871現在地の旧毛利隆元菩提寺常栄寺(国清寺)跡へ移転し、同三一年旧号洞春寺に復した。〔重文〕観音堂、山門、絹本著色維摩居士像

**とうしょう　踏牀**　椅子の前に置いて足をのせる台、脚凳《きゃくとう》、脚踏《きゃくとう》、凳《とう》子《し》、承足牀《しょうそくしょう》などともいう。禅宗で多く用いる。

**どうしょう　道生**　①(　―劉宋の元嘉一一434)　年寿は詳かではないが、一説に年寿八〇という。それに従えば生年は東晋の

永和一一355ということになる。羅什門下の四哲の一。本姓は魏氏。竺法汰に師事して竺道生といった。鉅鹿(河北省鉅鹿県)の人。初め建業の竜光寺に住し、のち廬山の慧遠に学び、羅什が長安に来るとその門に入った。義熙五年409建業に還ったが、法顕訳の泥洹経六巻を見て経の現文にはないのにかかわらず一闡提の成仏を主張したので、衆僧にのけ者にされ、元嘉七年再び廬山に入った。しかしその後、曇無讖訳の大般涅槃経四〇巻が建業に伝わって一闡提成仏の文があることがわかり、衆は皆その卓識を歎じたという。また善不受報・仏無浄土などの説を唱えたほか、頓悟成仏を主張してそののちの学界に頓悟・漸悟の両説を分かれさせた。現存する著書に法華経疏二巻がある他、僧肇筆の注維摩経や宝亮の大般涅槃経集解などに彼の説を載せている。〔参考〕出三蔵記集一五、高僧伝七　②(弘長二1262―天徳三1331)臨済宗の僧。出羽の人。鉄庵と号する。諡は本源禅師。正念に学び、諸方に歴遊し、出羽の資福寺に住した。筑前聖福寺・京都建仁寺・相模寿福寺に歴住した。〔参考〕延宝伝灯録一八、本朝高僧伝二四

**どうしょう　道昌**　(延暦一七798―一説に同一八年―貞観一七875)真言宗の僧。讃岐香河郡の人。俗姓は秦氏。元興寺明澄から三論を学び、のち空海から金胎両部の大法を受けた。承和三年836太秦《うずまさ》広隆寺の別当となり在任二七年、同寺が弘仁九年818の焼亡のあとを復興した。のち隆城寺・元興寺に住し、嵯峨葛井寺を修理して法輪寺と改めた。〔参考〕三代実録二七、本朝高僧伝七

**どうしょう　道昭**　(舒明天皇元629―文武天皇四700)法相宗の僧。河内丹比郡の人。俗姓は船氏。出家して元興寺に入り持戒堅固であった。白雉四年653入唐し玄奘に法相を、慧満に禅要を学ぶ。斉明天皇六年660(一説に天智天皇五年666)帰国した。日本法相宗の初伝である。元興寺の東南隅に禅院を建て請来の経論を置いた。晩年、諸国を廻り穿井架橋などを計った。その没後荼毘《だび》に付されたのが、日本における火葬の初めといわれる。〔参考〕続日本紀一、扶桑略記四・五

**どうしょう　道勝**　(建保六1218―文永一〇1273)真言宗の僧。西園寺実氏の子。道守に従って出家し、仁和寺の道助に秘密灌頂を受け、勝宝院に住した。弘長二年1262大僧正に任じられ東寺一長者法務・護持僧となる。文永五年蒙古調伏のため東寺で仁王経法を修した。〔参考〕本朝高僧伝五五

**どうしょう　道証**　生没年不詳。唐代の唯識学者。新羅の人。長安へ行って円測《えんじき》の門に入り、瑜伽唯識の学を修め、唐の中宗嗣聖九年692新羅へ帰った。著書は伝わらず、ただ成唯識論要集一四巻が慧沼の成唯識論了義灯の中に引用されている。〔参考〕三国史記八、起信論同異略集上

**どうじょう　道定**　(寛永一一1634―正徳三1713)曹洞宗の僧。美濃関郷の人。字は惟慧。隠元隆琦・鉄心・独木らに学び、木庵から大戒を、長霊から印可を受けた。曹洞宗永平寺に出世し、尾張万松寺に住した。〔参考〕日本洞上聯灯録一二(拾遺)、重続日域洞上諸祖伝四

**どうじょう　道場**　①(梵)ボーディ・マンダ bodhi-maṇḍa の訳。菩提道場、菩提場ともいう。仏陀成道の場所。②仏道修行のための区域。堂宇の有無にかかわらず仏事密行を修める所をいう。③菩提を成じるためのよりどころとなる発心・修行などをいう。④密教では、瑜伽《ゆが》の妙行を修めるとき、まず結界をして、次に本尊の道場を建立するための道場観を修める。その目的は、他方の世界にいる仏の身土を観じて、それを本尊として建立標示するためであるとも、或いはまず自己の心に本来もっている本尊の身土を観じて、次に他方世界にいる本尊を迎えて自心のそれと一体化させるためであるともする。これに広中略の観法がある。広観では器界(国土の構造)、宝楼閣(国土の中央の妙高山頂の宮殿楼閣)、曼荼羅《まんだら》(その宮殿にいる本尊および眷属の状況)を観じ、中観では初めの器界観を略し、略観ではさらに宝楼閣観をも略してただちに曼荼羅を観じる。⑤中国や日本では、道場は修行のための別堂の意に用いられ、また寺院の別名ともされた(隋の煬帝《ようだい》が勅命で天下の寺を道場と改称させたことがある。宮

中にある仏事を行う場所は内道場といい、また内寺とも称する。なお日本ではしばしば七堂伽藍を完備しない祠堂の名称として用いられ、中世の遁世者や居士が自宅を庵室とし、或いは道場を設けて修道にいそしんだことが伝えられる。真宗寺院の中には道場が寺院化したものも多く、現今でも北陸地方などには寺院化しない道場がなお存在する（なお後世、武芸の稽古場をも道場という）。

**どうじょう　道場**　生没年不詳。北魏代の僧。初め慧光について出家し、のち菩提流支《ぼだいるし》が十地経論を訳出した時、その門に投じた。たまたま流支の怒りにふれたので嵩山に入って一〇年間大智度論を研究し、ついで洛陽に出て、また鄴都大集寺にあって大いにその義を講説した。〔参考〕智度論疏二四、続高僧伝八法上伝、同一一志念伝、安楽集下

**とうじょうげん-の-そう　当情現の相**　凡夫のまよいの情（こころ）の前にのみ現われる、理としては実在しないすがた。唯識三性のうちの遍計所執性《へんげしょしゅうしょう》に当たる。⇩三性《さんしょう》

**とうじょう-こてつ　洞上古轍**　二巻。明末の永覚元賢の著を、弟子道霈《どうはい》が重編（崇禎一七1644）。当時の曹洞下の宗風の混乱と衰退を嘆いて、古道挽回を期して著わしたもので、石頭の参同契《さんどうかい》、洞山の五位、その他曹洞系の列祖の遺訓を集めて註解を付し、祖風の淵源を示している。永覚元賢禅師広録巻二七、二八に収める。㊫二・三〇・四

**とうしょう-じ　東勝寺**　千葉県成田市宗吾。鳴鐘山と号し、真言宗豊山派。延暦年間782―806坂上田村麻呂の創建という。中世には千葉氏代々の祈願所であったが、明和四年1767智積院の談林所となる。境内には承応年間1652―55領主堀田正信の暴政を直訴し、磔刑にされた木内（佐倉）宗吾の霊堂がある。〔参考〕日本名勝地誌二

**どうじょう-じ　道成寺**　和歌山県日高郡日高川町鐘巻。天音山千手院と号し、天台宗。俗に日高寺、鐘巻寺という。大宝元年701紀道成が文武天皇の勅願によって、法相宗の義淵を開山として創建したという。古来、安珍・清姫の物語で有名で、これは平安中期の法華験記（第一二九話）をはじめ、その後の今昔物語集や元亨釈書にも見え、さらに謡曲にも伝えられた。この説話の流布は当寺が熊野詣の順路にあったことから、それらの人々に説教されたことによるとされる。なお現在縁起堂で毎日、安珍・清姫の物語が絵解きされている。中世以後は漸次衰退。宗旨も初めの法相宗から真言宗となり、承応元年1652現宗派に転じたという。昭和五三年1978からの発掘調査の結果、複廊をめぐらした奈良時代の伽藍跡が明らかになった。〈⇩道成寺縁起《どうじょうじえんぎ》〉〔重文〕本堂、楼門（仁王門）、紙本著色道成寺縁起、木造菩薩立像、同千手観音立像、同毘沙門天立像、同十一面観音立像、同四天王立像、色紙墨書千手千眼陀羅尼経〔参考〕紀伊続風土記六四、日高郡誌

**どうじょう-じ　道場寺**　中国建業（現南京）にあった寺。東晋の司空謝石の創建。東晋末に仏陀跋陀羅《ぶつだばつだら》や法顕《ほっけん》が住して訳経の一中心地となった。仏陀跋陀羅は法顕と共に摩訶僧祇律・泥洹経をここで訳し、ついで法業・慧義・慧厳らの協力を得て華厳経を訳した。慧観・宝雲もこれらの訳業を助けている。劉宋の元嘉年間424―53の頃には僧馥《そうぶく》・法荘らが当寺で経を講じ、また北周の排仏を逃れた曇遷も来住して唯識を談じた。〔参考〕高僧伝二・三、出三蔵記集二・三・一五

**どうじょうじ-えんぎ　道成寺縁起**　二巻。絵巻。和歌山県道成寺蔵。重文。紙本著色。室町時代の成立。奥州から熊野詣にきた若僧を慕った宿の女が僧を追って大蛇となり、道成寺の釣鐘のなかに隠れた僧を焼き殺したが、寺僧の供養で二人は天人になったという物語を描く。道成寺本の巻末には天正元年1573足利義昭が披見した旨を記す奥書と義昭の花押がある。道成寺ではこの絵巻で絵解きを行っていた。道成寺本のほか数本が流布しているが、うち内貴家旧蔵本は道成寺本同様の古態を呈しているとされ、異本として酒井家旧蔵本・根津美術館蔵本ほかがある。これらは年代・内容ともほとんど変わりない。〈⇩道成寺《どうじょうじ》〉　詞書は続群二八上、室町時代物語大成一〇〔複製〕新修日本絵巻物全集一八、続日本絵巻大成一三

**とうしょうだい-じ　唐招提寺**　奈良市五条町。律宗本山。南都七大寺の一。天平勝宝六年754唐の鑑真が来朝し、はじめて律宗を伝えたが、やがて聖武天皇より新田部親王の旧地を賜って律寺を営み、律の中心道場とした。天平宝字三年759完成し、淳仁天皇から唐招提寺の勅額を賜り、以後、歴朝から厚く外護されて栄えた。平安中期頃から衰退したが、寛元二年1244覚盛が寺規を改めて復興した。室町末期に再び衰退したが、江戸時代以後逐次修理され、古い伽藍がよく保存されている。寺宝には本尊盧舎那仏以下のいわゆる唐招提寺様といわれる仏像群や経巻など数多い。〔国宝〕金堂、講堂、鼓楼、経蔵、宝蔵、乾漆盧舎那仏坐像、同鑑真和上坐像、木心乾漆薬師如来立像、同千手観音立像、木造梵天・帝釈天立像、同四天王立像〔重文〕宝蔵、礼堂、紙本著色東征絵巻(蓮行筆)、絹本著色大威徳明王像、紙本墨書法華経(覚盛筆)、唐招提寺文書その他多数

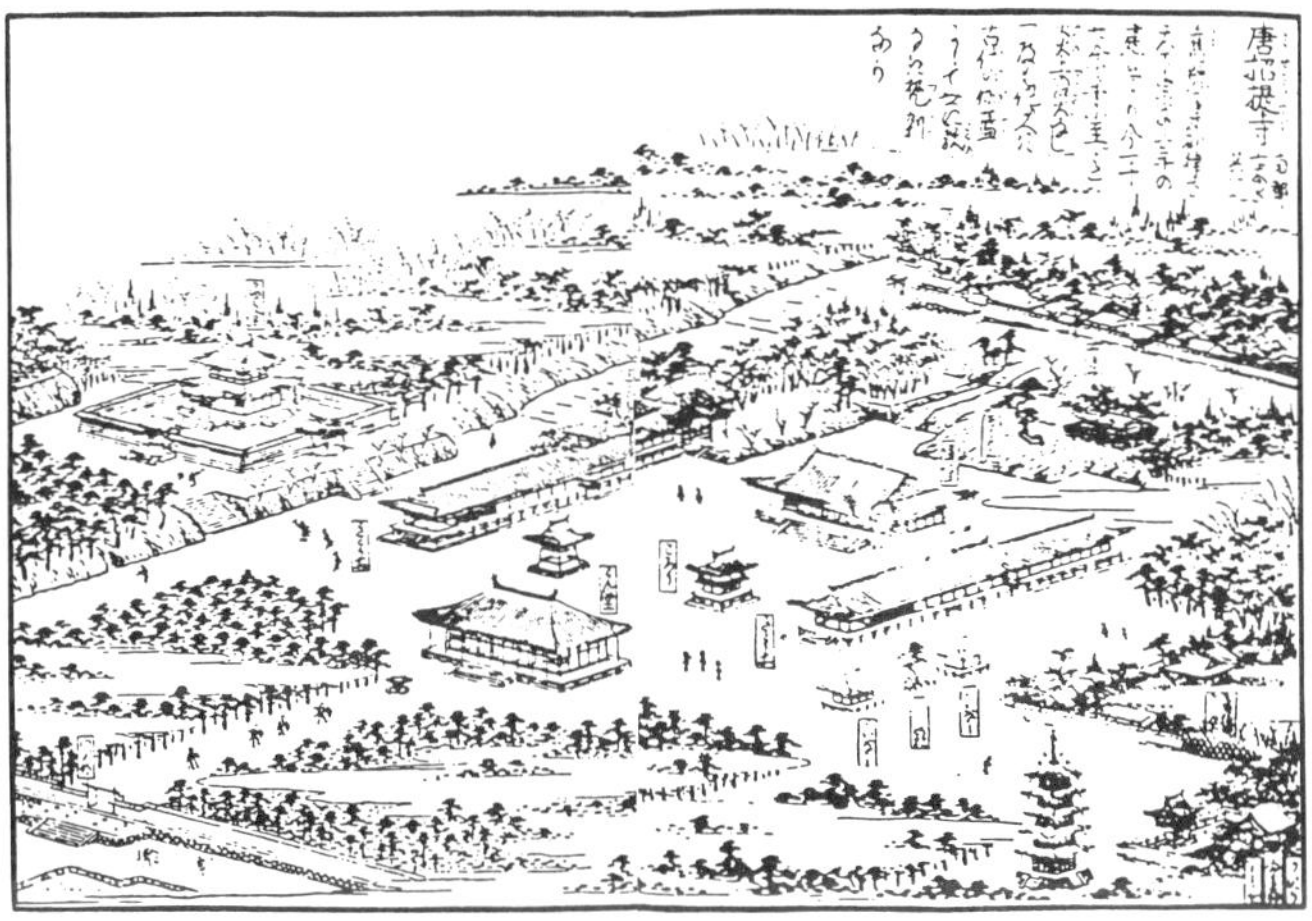
唐招提寺（大和名所図会）

**とうしょく　東寔**　(天正七1579―寛文元1661)臨済宗の僧。美濃伊目良郷の人。字は愚堂。諡は大円宝鑑国師。庸山景庸の印可を受け、東陽英朝の法灯を継いだ。後水尾上皇・徳川家光などの帰依を受け、江戸竜翔寺・正灯寺、豊後養徳寺、伊勢中山寺、美濃高井寺などの開山となった。〔参考〕臨済宗妙心寺派本山妙心寺記、正法山誌六、本朝高僧伝四四

**とうじん　東浄**　⇩西浄《せいじん》

**どうしん　道信**　(陳の太建一二580―唐の永徽二651)中国禅宗の第四祖。姓は司馬氏。大医禅師と諡する。蘄州広済《きしゅうこうさい》(湖北省広済県)の人。三祖僧璨《そうさん》の法を嗣ぎ、刺史崔義玄の帰依で、蘄州黄梅(同省黄梅県)の東山に住した。門人は五祖弘忍・法融をはじめ五〇〇人におよび、また太宗の崇信を得た。著書、菩薩戒法、入道安心法。〔参考〕続高僧伝二〇、伝法宝紀、楞伽師資記、歴代法宝記、祖堂集二、景徳伝灯録三

**どうしん　道振**　(安永二1773―文政七1824)浄土真宗本願寺派の僧。安芸豊田郡の人。字は高山。豊水と号する。本願寺学林で真宗学を修め、大瀛に師事してその所説の芸州轍を祖述した。明治一九年1886勧学職を追贈された。著書、選択集顧命録五巻、玄義分専想録四巻など多い。〔参考〕清流紀談二、真宗僧宝伝五

**とうしん-しがこ-きょう　投身飴餓虎経**　一巻。詳しくは菩薩投身飴餓虎起塔因縁経という。北涼の法盛の訳。本生経(ジャータカ)の一。仏陀の前生である福徳太子が布施を好み、出家して山に入り、餓えた虎の母子にわが身を投じて与えた。そこで王および夫人が太子のために塔をたてて供養したことを説く。㊅三

**とうす　刀子**　「とうし」とも読む。戒刀ともいい、大乗の比丘《びく》が常に所持すべき道具である十八物《もつ》の一。裁縫、剃髪、剪爪などに用いる半月形の小刀のこと。

**とうすい　桃水**　(慶長一五1610頃―天和三1683)曹洞宗の僧。筑後国柳河の人。法諱を雲渓という。字を桃水、洞水という。流長院の囲巌鉄《いがんてつ》に師事し、のち島原の向東寺に住し、ついで肥後の河尻に庵居し、さらに同国法巌寺に移った。徳を慕って集まるものが多かったので煩しさを避けて去り、伊勢・京都・大津などをさまよった。のち京都鷹ケ峰に住し、酢屋道全《すやどうぜん》、または

通念と自称した。乞食桃水といわれて逸話が多い。〔参考〕日本洞上聯灯録一二、近世畸人伝一

**どうすい　道粋**　（正徳三1713―明和元1764）浄土真宗本願寺派の僧。羽前酒田大信寺の住持。字は純叟《じゅんそう》。号は鷲峰《じゅほう》。諡号は本立院。法霖・桃渓から学をうけ、僧樸らと交わる。宝暦七年1757本願寺学林の監護となった。著書、安楽集正錯録一巻、正像末和讃私考一巻。〔参考〕清流紀談、大谷本願寺通紀八、本願寺派学事史

**どうずい　道邃**　①（　―貞元二一805）唐代の天台宗の僧で、最澄の師。興道尊者、止観和尚ともいう。長安（陝西省西安府）の人。二四歳で具足戒をうけ、もっぱら戒律を学び、大暦年間766―79常州妙楽寺湛然《たんねん》の弟子となり、天台山国清寺に入り、同二一年竜興寺で日本の最澄に天台止観を伝授した。著書、大般涅槃経疏私記一〇巻、摩訶止観記中異義一巻など。〔参考〕天台九祖伝附録、道邃和上行迹、宋高僧伝二九　②（　―保元二1157）天台宗の学僧。大江匡房の子。号は正覚。嘉承二年1107出家し教観密乗を修め、康治二年1143播磨姫路山に称名寺（のち正明寺）を開き、ついで増位山随願寺の長吏となった。仁平三年1153播州七大山大衆と共に酒見神前で祈雨して験があり、時の神前論義の探題に選ばれた。著書、宗要集姫路抄三巻、釈籤要決一〇巻など。〔参考〕本朝高僧伝一四、峰相記

**とうす-いっさい-ぶっしょう　投子一切仏声**　禅宗の公案の一。投子一切声ともいう。投子大同と一僧とが「麁言および軟語、皆、第一義に帰す」という、涅槃経梵行品の一句にちなんで交わした問答で、すべての音声が仏の説法であることを示し、言葉の荒々しさと美しさとの分別を捨てさせようとしたもの。〔原文〕碧巌録七九則、五灯会元五

**どうせい　道世**　（　―弘道元683）唐代初期の僧。姓は韓氏。諱は玄惲《げんき》。長安（陝西省長安県）の人。広く三蔵に通じ、高宗の勅により玄奘《げんじょう》の訳場に参じ、また道宣とともに西明寺で律学を宣揚した。著書、諸経要集二〇巻、法苑珠林一〇〇巻、毘尼討要三巻など。〔参考〕大唐内典録五、宋高僧伝四、編年通論一四

**とうせい-えでん　東征絵伝**　五巻。絵巻。奈良市唐招提寺蔵。重要文化財。紙本著色。永仁六年1298の奥書。鑑真《がんじん》が天平勝宝六年754唐から日本に渡来して戒律宗を弘める次第を描く。鎌倉極楽寺の忍性が施入した。絵は六郎兵衛蓮行、詞は美作前司藤原宣方（巻一）・大炊助入道見性（巻三）・足利伊予守後室（巻四）・嶋田民部大夫行兼（巻五）で巻二は不明。画風は宋画の影響をうけ従来の大和画とはかなり趣が違う。〔複製〕新修日本絵巻物全集二一、日本絵巻大成一六

**どうせい-の-ごし　同世五師**　同じ世に出世していた五人の師。異世の五師を竪《たて》の五師というのに対して横の五師ともいう。阿育（アショーカ Aśoka）王の時代に出世した優波毱多《うはきくた》（ウパグプタ Upagupta）の五人の上足の弟子すなわち⑴曇無徳《どんむとく》、⑵薩婆多《さつばた》または摩訶僧祇《まかそうぎ》、⑶弥沙塞《みしゃそく》、⑷迦葉遺《かしょうい》、⑸婆麄富羅《しゃそふら》をいう。この五人が律についての異執を生じ、四分律・十誦律など五部の別が生じたという。⑴法蔵部、⑵説一切有部または大衆部、⑶化地部、⑷飲光部、⑸犢子部の五部である。〔参考〕三論玄義、律宗綱要下、異部宗輪論

**とうぜん　等膳**　（　―天正一八1590）曹洞宗の僧。伊勢篠島の人。字は鳳山。諡号は鳳山仙麟禅師。遠江の可睡斎天叟善長について曹洞禅を修め、諸方に歴遊し、篠島に帰った。徳川家康の帰依をうけ、元亀三年1572師の後を継いで可睡斎に住し、駿河・遠江・三河・伊豆の四カ国の僧録に任じられた。〔参考〕日本洞上聯灯録一〇

**どうせん　道宣**　（隋の開皇一六596―唐の乾封二667）唐代初期の仏教史家でまた南山律宗の祖。姓は銭氏。南山律師、南山大師ともいい、追諡は澄照律師。呉南（浙江省湖州府烏程県）の人。一説では潤州丹徒県（江蘇省鎮江府）ともいう。一五歳のとき長安日厳寺の智頵に投じさらに弘福寺智首に従って具足戒をうけた。のち禅法を修するために終南山に隠れ、武徳九年626四分律行事鈔三巻（現本一二巻）を著わした。それより戒疏四巻、業疏四巻、拾毘尼義鈔三巻、比丘尼鈔三巻の律の五大部を完成し南山律

道宣（仏祖道影）

宗の基礎を確立した。貞観一九年645玄奘が帰朝し弘福寺で訳経を始めた時、筆受潤文に当たり、顕慶三年658西明寺が造営され勅により上座となった。乾封二年浄業寺に戒壇を築き同年律相感通伝一巻、祇洹寺図経二巻を著わして中国における戒壇の造営に大きな影響を与えた。著書は律の註釈以外に続高僧伝・広弘明集各三〇巻・釈迦方志二巻・仏道論衡四巻・大唐内典録一〇巻など仏教の歴史および護法の書が多く、梁の僧祐と並んで中国における屈指の仏教史家である。〔参考〕大慈恩寺三蔵法師伝六、開元録八、貞元録一二、宋高僧伝一四

**どうせん　道詵**　（興徳王三828―孝恭王二898）新羅の禅僧。諡は了空禅師。新羅国霊巌（韓国全羅南道）の人。月遊山華厳寺に学び、二〇歳のとき唐より帰国した。桐裏山（全羅南道武州谷城郡）の恵徹禅師に参じて開悟し、のち白鶏山玉竜寺（全羅南道曦陽県）に三五年間住し、世人から玉竜子と称された。憲康王は禁中に迎えたが、まもなく本寺に帰った。陰陽五行説に通じ、彼の風水説は後世盛んに行われた。高麗の顕宗より大禅師、粛宗より王師、仁宗より先覚国師の号を追贈された。〔参考〕高麗史二、東国通鑑一二、朝鮮寺刹史料上

**どうせん　道詮**　（延暦一六797?―貞観一八876）三論宗の僧。武蔵の人。東大寺玄燿に三論を学ぶ。法隆寺に住し、同寺夢殿を修復し、大和国に福（富）貴寺を創建した。求聞持法を行じて自然智を得たという。釈摩訶衍論の真偽に関して、箴誨《しんかい》迷方記を著わして竜樹の真撰であるとした。〔参考〕福貴寺道詮伝、元亨釈書一六、本朝高僧伝七

**どうせん　道璿**　（唐の嗣聖一九702―日本の天平宝字四760）中国河南省許州の人。姓は衛氏。大福先寺定賓から律を、華厳寺普寂から禅・華厳を学ぶ。天平八年736遣唐使に随い来朝して大安寺西唐院に住し、梵網経・四分律行事鈔を講じて律蔵を弘め、天平勝宝四年752東大寺大仏開眼供養会の呪願師をつとめた。晩年吉野比蘇寺に退隠した。華厳宗初伝、禅宗第二伝とされる。著書、梵網経疏三巻。〔参考〕道璿和上纂（内証仏法血脈譜）、本朝高僧伝二、律苑僧宝伝一〇

**とうぜん‐じ　東禅寺**　東京都港区高輪。仏日山と号し、臨済宗妙心寺派。慶長一五年1610日向飫肥《びお》城主伊東祐慶の建立で、嶺南崇六を開山とする。のち仙台・岡山・宇和島など二二藩主の菩提所となり、堂宇は壮麗を極めた。安政・万延1854―61頃、本寺を外人宿所にし英国公使館が設置された。文久元年1861水戸藩士が英国公使オールコックを襲撃するという東禅寺事件がおこった。〔参考〕江戸名所図会一

**とうぜん‐じ　東漸寺**　①神奈川県横浜市磯子区杉田。霊桐山と号し、臨済宗建長寺派。正安三年1301北条宗長の創建で、桃渓徳悟を開山とする。至徳年間1384―87鎌倉十刹の一となった。天正年間1573―92兵火にあったが、寛永年間1624―44間宮敦信によって再興された。明治初年真楽庵を残して塔頭は廃絶し、同庵が東漸寺となった。〔重文〕梵鐘（永仁六年1298銘）〔参考〕鎌倉五山記、新編武蔵風土記稿七九　②千葉県松戸市小金。仏法山一乗院と号し、浄土宗。文明一三年1481経誉正運が創建し、小金城主高木氏の帰依を得て発展した。初め根木内にあったが、天文一二年1544五世行誉元禿のとき現地に移り中興された。慶長年間1596―1615関東十八檀林の一となる。〔参考〕下総国旧事考七、小金東漸寺志

**どうせん‐じ　道詵寺**　韓国ソウル城北区三角山。新羅景文王二年862道詵国師の創建。一八八七年東湖任準が五層塔を立てる。一名、道詵庵。

**どうそ　道祖**　（永和四348―元熙元419）東晋代の僧。竺道祖と称する。呉国（江蘇省）の人。支法済について出家し、廬山の慧遠に学ぶ。道流が編纂を志して果たさなかっ

た衆経目録四巻を完成。のち瓦官寺・台寺に住した。生没年に異説がある。〔参考〕高僧伝六、歴代三宝紀七・一五

**どうそう　堂僧**　諸堂に奉仕する僧の意であるが、特に比叡山の法華堂・常行《じょうぎょう》堂で法華懺法《せんぼう》または不断念仏を修する僧を指し、さらに平安時代末期には主として常行堂の念仏僧を呼ぶこととなった。またこの頃、京都の諸大寺をはじめ園城寺・多武峯《とうのみね》・石清水《いわしみず》などにも常行堂(阿弥陀堂)が建てられ、不断念仏会が修されると、しばしば叡山の常行堂の堂僧が招かれた。⇨学侶《がくりょ》

**どうぞう　道蔵**　生没年不詳。成実宗の僧。百済の人。天武天皇(673—686在位)の白鳳年間に来朝して成実宗を伝え、盛んに成実論を講じ、しばしば雨を祈って験があった。著書、成実論疏一六巻(不伝)。〔参考〕日本書紀二九・三〇、本朝高僧伝一

**どうそ-じん　道祖神**　サエノカミと呼ばれ、塞《さや》大神・道陸神《どうろくじん》などともいう。もと村境や峠・辻などで外敵や疫病を防いだり、冥界との境をつかさどる神とされたが、中国の影響をうけて旅の神である道祖の信仰や、疫神を祀る道饗《みちあえ》祭が行われるようになり、複雑な内容をもつようになった。また仏教とも結びつき、六道の信仰がおこり、六観音・六地蔵が案出された。

**どうそん　道尊**　(安元元1175—安貞二1228)真言宗の僧。以仁王の第二子。叔父の仁和寺守覚法親王について出家、両部の秘法を受けた。蓮華光院を草創し、建永元年1206東大寺別当に任じられ翌年東寺一長者・仁和寺別当になった。土御門・順徳両天皇の護持僧となり、しばしば雨を祈って験があった。安井宮、宮僧正と呼ばれた。その流を安井御流という。〔参考〕本朝高僧伝四五、高野春秋編年輯録八

**とうたいぎ-しょう　当体義抄**　一巻。日蓮の撰(文永一〇1273)。一切衆生、依正満法はみな妙法の当体蓮華仏であることを明らかにし、釈迦牟尼仏は当体蓮華最初証得の師、凡夫の肉身もまた然るべしと教え、転じて日蓮の弟子・檀那のみ真の当体蓮華仏であると説き、法華経の信唱行者となることをすすめている。昭和定本日蓮聖人御遺文〔参考〕録内啓蒙三〇、御書鈔一八

**とうだい-じ　東大寺**　奈良市雑司町。華厳宗総本山。南都七大寺の一。天平一二年740聖武天皇は河内智識寺で毘盧《びる》舎那仏《しゃなぶつ》を拝してより大仏造立の志があり、同一五年近江紫香楽宮に遷都し一〇月一六日大仏造営の詔を発し広く庶民の助成が促された。翌一六年甲賀寺で仏像の骨柱が建てられたが、成らずして一七年平城京に還幸した。一九年九月平城東山で大仏鋳造に着手し、天平勝宝元年749成就した。同年二月には陸奥国百済王敬福よりわが国初出の黄金を進め、新像に塗箔すべき料としたと伝えられる。天平勝宝四年四月開眼供養が行われ、天皇以下文武百官が参列し斎会は盛大を極めた。導師は天竺僧菩提僊那《ぼだいせんな》で、後世本願の聖武天皇、開基の良弁《ろうべん》、勧進の行基《ぎょうき》とをあわせて建立の四聖と呼んだ。大仏を一般に奈良の大仏という。当時諸国に建立されつつあった国分寺に対し総国分寺とされた。治承四年1180平重衡《しげひら》の兵火にかかり大仏殿、東塔以下諸堂大半を焼失し、大仏の頭は焼け落ちたので、翌年藤原行隆が造寺官となり、俊乗房重源《ちょうげん》が宣旨を奉じ諸国に勧進して再興を計り、やがて諸堂を再建、仏頭を鋳造して文治元年1185開眼供養した。永禄一〇年1567松永久秀の兵火によって諸堂など再び烏有に帰し、一一〇年余を経て、元禄四年1691竜松院公慶が仏頭などを修造し、五年三月開眼供養をした。明治五年1872一時浄土宗知恩院の所轄となったが、同一六年独立。この間、明治一二年から大仏修理を始めて大正四年1915落慶供養、そして昭和四八年1973から五五年にかけて大仏殿昭和大修理が行われ、同年一〇月に落慶供養が行われた。当寺境内の三月堂は東大寺建立の前、天平五年良弁が開創して金鐘寺《こんしょうじ》といったが、東大寺建立の後、それに包含された。同一二年審祥は天皇満四〇歳の賀のため日本ではじめて華厳経を講じた。同一八年三月一六日良弁は奏して聖武・孝謙両帝および光明皇后のために初めて法華会を行ったが、延喜年間901—23には当堂を法華堂と称した。な

お三月に法会をするので近代以降俗に三月堂とも呼ぶ〈⇩金鐘寺《こんしようじ》〉。二月堂は天平勝宝四年に実忠が建立して十一面悔過法を行った所といい、毎年二月一日から二週間(現在三月一日から一四日まで)修二会を行うので、二月堂と呼ばれる。またこの修二会は、近くの閼伽井《あかい》から二月一二日深夜(現在三月一二日)に香水を汲むので奈良のお水取りの名で親しまれている。鎮守社であった八幡社(手向山八幡・東大寺八幡)は東大寺建立の時に神勅によって東大寺守護のために、九州の宇佐八幡宮を勧請して建立されたもので、神仏習合の最も早い時代のものである。〔国宝〕南大門、法華堂、金堂(大仏殿)、転害門、鐘楼、開山堂、本坊経庫、絹本著色倶舎曼荼羅図、乾漆不空羂索観音立像、同四天王立像、同金剛力士立像、塑造執金剛神立像、同日光仏・月光仏立像、木造良弁僧正坐像、同俊乗上人坐像、同僧形八幡神坐像、銅造盧舎那仏坐像、金銅八角灯籠、金堂鎮壇具その他〔重文〕中門、廻廊、法華堂経庫、二月堂、石造五輪塔、木造弥勒菩薩坐像、同伎楽面、同舞楽面、同鑑真和尚坐像、紙本墨書東大寺要録、同続録、同元久二年重源上人勧進状、高僧伝六種(宗性筆)その他多数〔参考〕東大寺縁起、東大寺大鏡、東大寺叢書

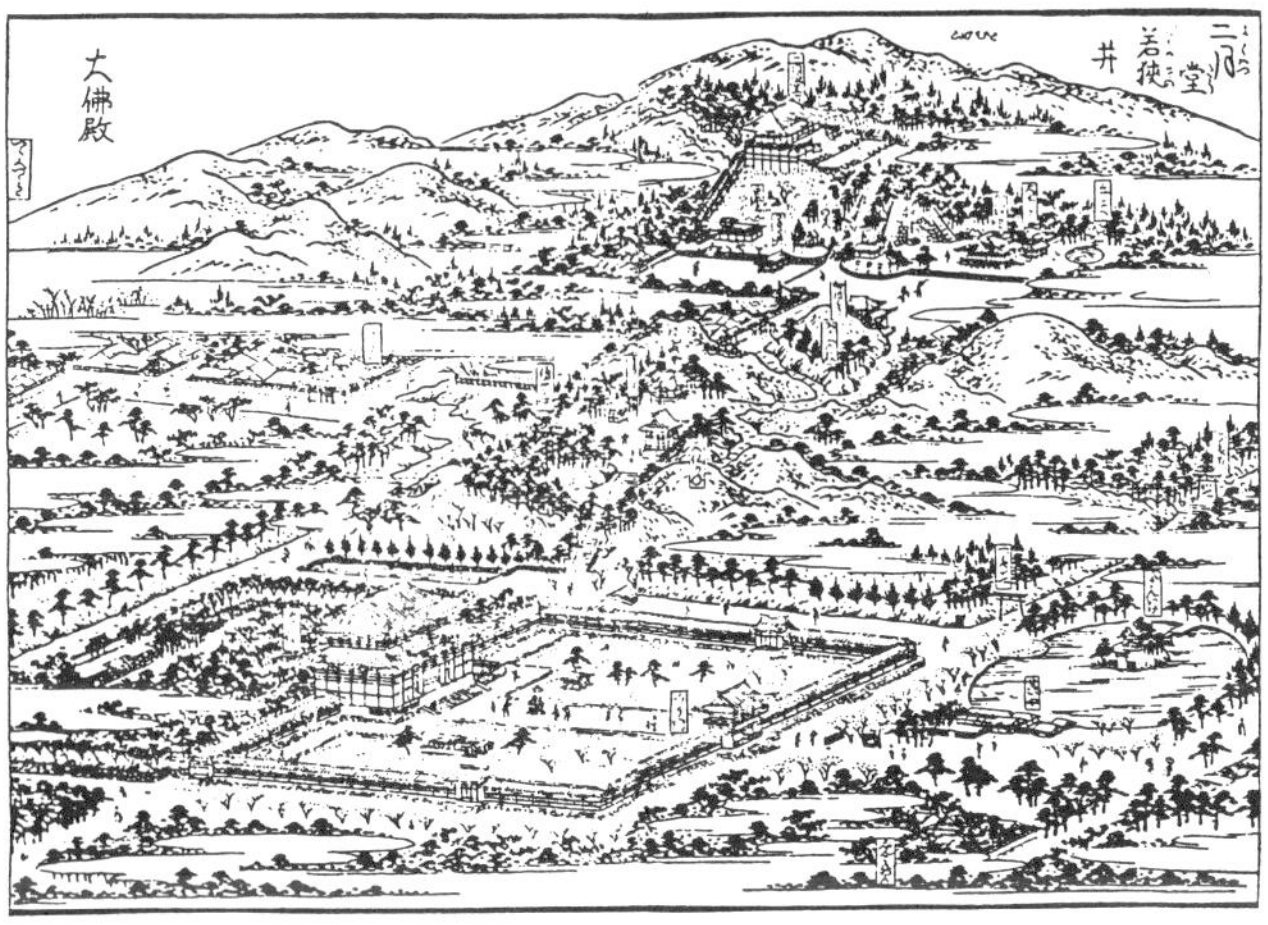

東大寺(大和名所図会)

**どうたい-じ　同泰寺**　中国江蘇省江寧府(南京)の東北にあった寺。梁の普通二年521武帝が起工し、大通元年527竣工した。翌年帝みずから当寺で捨身を行い、翌中大通元年529道俗五万人に四部の無遮大会を設けた。後しばしば盛大な無遮大会を行い、大同四年538には盂蘭盆会、中大同元年546・翌大清元年547に再度の清浄大斎を行った。陳代に漸次衰退。その後鶏鳴寺と改称された。〔参考〕仏祖統紀三八

**とうだいじ-けんもつちょう　東大寺献物帳**　五巻。聖武天皇の七七日忌に当たる天平勝宝八歳756六月二一日から数回にわたって、光明皇后が天皇の遺愛品を東大寺に献納した目録の総称。国家珍宝帳・種々薬帳・屏風花氈《かせん》帳・大小真蹟帳・藤原公真蹟屏風帳の五巻をいい、正倉院宝物研究の重要史料。仏全一二一、寧楽遺文中〔原本〕正倉院蔵〔参考〕東大寺献物帳考証(黒川真頼全書五)

**とうだいじ-だいぶつでん-えんぎ　東大寺大仏殿縁起**　三巻。祐全の編(天文五1536奥書)。東大寺蔵。紙本著色。重要文化財。良弁が東大寺を起こす由来、大仏開眼、のちの変遷など東大寺の古記を要約した絵巻。絵は芝琳賢で南都絵仏師の特色を示す。詞は上巻が後奈良天皇、中巻が尊鎮親王、下巻が寺務公順の筆。

**どうたい-もん　同体門〔異体門〕**　華厳宗で、すべての現象的存在はそれ自体に固有の本性がないから、因と縁とは相互に矛盾する存在ではなく因中の縁、縁中の因となって、一現象中に互いにすべての現象を具えているとする面を同体門といい、すべての現象がそれぞれ異なった因縁によって生じ、一つ一つが異なっている面を異体門という。因の六義のうち、同体門は不待縁、異体門は待縁の意であり、また同体門・異体門の各々に相即相入《そうそくそうにゅう》を説く。

**どうたつ　堂達**　法会七僧の一で、法会のとき願文などを伝達する役。浄土真宗本願寺派では宗学・記録監理・別院輪番・宗主使僧などの諸役に任じる御堂衆《みどうしゅう》を江戸時代に堂達と改称し、特に宗主死没の際には堂達の上首を荼毘の導師に任じたのが、近代以後は堂達・御堂衆の名を廃し侍真・讃

衆・侍僧を置き、職務を分掌させた。真宗大谷派では近世・近代を通じて御堂衆（または堂衆）とよんだが、近代以後は本堂の勤式《ごんしき》作法などのことのみに携わる。〔参考〕玄智・考信録二

**どうちゅう　道沖**　（乾道五1169―淳祐一〇1250）南宋代末期の禅僧。姓は荀（一に苟）氏。字は癡絶《ちぜつ》。長江（四川省蓬渓県西）の人。楊岐八世の曹源道生の法を嗣ぎ、浙江福建の十大刹に住した。語録二巻があり、墨蹟もある。〔参考〕行状、増続伝灯録三、明高僧伝八

**どうちゅう　道忠**　①（　―弘安四1281）浄土宗の僧。乗円と号する。聡恵に天台・倶舎を、蓮乗から法相を学んだ。のち浄土宗鎮西派良忠について浄土宗を学んで、その教えを弘めた。著書、釈浄土群疑論探要記一四巻（浄全六）。〔参考〕浄土伝灯総系譜上、浄土本朝高僧伝三　②（承応二1653―延享元1744）臨済宗の僧。但馬の人。初名は祖忠。字は無著。葆雨堂、照氷堂と号する。妙心寺竜華院で得度し、越前大安寺の黙印をはじめ諸師に参禅し、竜華院二世となった。さらに常陸板久《いたま》長勝寺の太岳本山に曹洞禅を、仁和寺の真乗に悉曇を学び、三たび妙心寺に住した。はじめ和歌・儒学を修め、のち宗学をもっぱらにし仏教学にも通じた。禅籍の正しい解読のために文字の正確な理解を重視して、その究明につとめ葛藤語箋などを撰した。著書、禅林象器箋二〇巻、臨済録疏瀹五巻、勅修清規佐觿二一巻、虎堂語録犂耕三〇巻、仏祖歴代通載略釈二二巻など多い。〔参考〕無着道忠禅師（禅林象器巻末）、久多羅木儀一郎・泉福寺開山無著和尚事歴（大分県史跡報告一一）

**どうちょう　動潮**　（宝永六1709―寛政七1795）真言宗の僧。武蔵忍郷《おしごう》の人。字は通照。湛慧から倶舎・唯識を学び、実雅・寛順・宥証から幸心院・広沢・伝法院諸流の事相を学んだ。明和六年1769江戸真福寺二三世となり、安永二年1773智積院二二世となった。著書、事相手鏡一五帖。〔参考〕真福寺世代

**どうちょう　道寵**　生没年不詳。北魏の僧。北道地論派の学者。姓は張氏。初め国学大儒雄安の門に入りその嗣となったが、のち帰仏し、菩提流支が十地経論を訳出したとき教えを受け、大いにその義を講説した。〔参考〕続高僧伝七

**とうちょうじ　東長寺**　福岡市博多区御供所町。南岳山と号し、真言宗九州教団。もと真言宗御室派。大同元年806空海が唐から帰朝の際、博多津に留まり本寺を創建したといい、日本密教最初の旧刹と称する。はじめ大水道（現呉服町）にあって寺域は広大であったが、永禄年間1558―70兵火にかかり現地に移った。〔重文〕木造千手観音立像

**どうちん　道珍**　生没年不詳。平安時代の真言宗の僧。下野の人。日光中禅寺開創の勝道に師事し、弘仁一一年820空海を下野に迎えて諸秘要を伝えられ、般若理趣三昧を受けた。同国滝尾寺二世。〔参考〕弘法大師弟子譜

**どうちん　道琛**　（北宋の元祐元1086―南宋の紹興二三1153）天台僧。号は円弁。温州楽清（浙江省楽清県）の人。一八歳で具足戒をうけ、法明寺の道淵に学び四明延慶寺の梵光の門下となった。故郷に帰って広済寺・広慈寺・資福院などを領したが、紹興一二年師のあとをついで延慶寺主となった。唯心浄土説を唱え、法華三昧を行じ浄土繋念会を興した。著書、指南集二巻。〔参考〕釈門正統七、仏祖統紀一六・二七

**ドゥッタガーマニー　Duṭṭhagāmaṇī**　（101―77B.C.頃在位）木扠伽摩尼と音写する。セイロンの王。仏教に深く帰依し、大塔を建立し仏舎利を迎えて奉安したのをはじめ、教団に対する寄進を数多く行った。〔参考〕Mahāvaṃsa XV, XXII, XXIV, XXIX, XXX―XXXII, 善見律三

**どうと　道登**　生没年不詳。七世紀の民間僧。もと高麗の学生で、元興寺僧ともいう。山背国恵満《えま》（僧名か）家の出身で、大化元年645僧十師の一人にあげられた。翌年宇治橋を架設し（一説に道昭）社会事業に尽くした。その宇治橋断碑は、寛政三年1791橋寺放生院（常光寺）境内近くから発見され、わが国最古の石碑〈⇩宇治橋碑《うじばしのひ》〉。〔参考〕日本書紀二五、日本霊異記上、宇治橋断碑銘、扶桑略記

**とうどう　東堂**　⇩西堂《せいどう》

**とうと-しょそ-でん　東渡諸祖伝**　二巻。高泉(1633—95)の著。中国から日本に渡来した禅僧義空・普寧・祖元ら一六人の伝記。〔刊本〕延宝四1676刊

**とうなん-いん　東南院**　奈良市東大寺境内にある旧門跡寺院。貞観一七年875聖宝の開創にかかり、延喜年間901—23東大寺別当道義がこの地に大安寺の香積《こうじゃく》院を移した。勅により本院を三論宗の本拠と定め、三論・真言兼学者を院主とし、延久三年1071当院主を三論宗長者とすべき宣旨を賜った。後白河・後醍醐両天皇の行在所となったこともある。数度兵火にあったが、その都度再建され、今は東大寺の本坊となっている。〔参考〕東大寺要録四、東南院務次第、和州旧跡幽考二

**どうにょ　童女**　⇩童子《どうじ》

**どうにん　道人**　仏道を修行する人。道者ともいう。禅宗では特に童行《ずんなん》(出家しようと志し寺に入りながら、まだ正式に得度していないもの)を指すことがあり、また神社仏閣に巡礼するものをいうこともある。出家の人即ち道を求め専ら道を修める人を「道」とし、在家の人即ち世俗の生活に従事している人を「俗」とし、合わせて道俗という。修道の上の友を道友といい、旧い道友を道旧という。また仏道修行に対する志を道心(道念)、仏道を体得して身口意《しんくい》三業《さんごう》の上に現われるのを道業《どうぎょう》という。

**どうにん　道壬**　(正和年間1312—17頃)生没年不詳。鎌倉末期の臨済宗の僧。字は虎渓。宗峰妙超の法を嗣ぎ、文才があった。入元して諸禅師に参じ、帰国後、大徳寺に住した。〔参考〕延宝伝灯録二一、本朝高僧伝三三

**どうねん　同念**　(永正一〇1513—天正一五1587)時宗の三一祖。元亀四年1573常陸国顕声寺で遊行を相続、天正六年から伊豆・伊勢・尾張・美濃・近江・京・大和を巡錫、その間、織田信長から廻国の許可を受け、同九年には正親町天皇に拝顔。翌年には本能寺の変の戦乱を逃れて九州薩摩に赴き、同一五年日向国光照寺で没した。墓が同寺に現存する。〔参考〕遊行・藤沢両上人御歴代系譜、遊行三一祖京畿御修行記

**どうねん　道然**　(承久元1219—正安三1301)臨済宗の僧。信濃の人。字は葦航。諡号は人興禅師。蘭渓道隆門下四傑の一人。弘安四年1281建長寺の第一座となる。のち六世を継ぎ、晩年は正受庵に退隠した。〔参考〕延宝伝灯録一六、本朝高僧伝二二

**とうのみね　多武峯**　⇩談山神社《だんざんじんじゃ》

**どうはい　道霈**　(万暦四三1615—康熙四一1702)清代初期の禅僧。姓は丁氏。字は為霖《いりん》。遊行を好み、旅泊または非家叟と号する。建安(福建省建甌県)の人。曹洞二七世の元賢の法を嗣ぎ、福州鼓山(同省閩侯県)に住した。著書、為霖道霈禅師秉払《ひんぽ》語録二巻、同餐香《さんこう》録二巻、還山録四巻、雲山法会録一巻、旅泊庵稿四巻があり、その他諸経に註するものは極めて多い。〔参考〕旅泊幻蹟、正源略集三、新続高僧伝六三

**どうはく　道白**　(寛永一二1635—正徳四1714)曹洞宗の僧。備後の人。姓は藤井氏。字は卍山《まんざん》。随時子と号する。同国竜興寺一線道播によって得度。高秀寺文春に参禅し、加賀大乗寺月舟宗胡の法を嗣いだ。永平寺に出世し、大乗寺に住した。禅寺を開くこと八カ寺、つねに曹洞宗法系嗣承の乱れを正すために幕府に訴えるなど力をつくした。著書、禅戒訣註解二巻、鷹峰卍山和尚広録四八巻、宗統復古志二巻など。〔参考〕続日本高僧伝六、日本洞上聯灯録一一

**トゥーパーラーマ　Thūpārāma**　塔精舎の意。セイロンのアヌラーダプラ Anurādhapura(阿㝹羅陀補羅)にあった精舎。デーヴァーナンピヤ・ティッサ Devānampiya Tissa 王(天愛帝須)が阿育(アショーカ Aśoka)王の好意でここに塔を建てて、仏陀の遺骨を安置し、その塔のまわりに精舎を建立した。〔参考〕Mahāvaṃsa I, XVII

**どうはん　堂班**　堂内の班位。即ち、堂に坐るときの位置についての身分格式を定めたもので、真宗各派で寺院僧侶の階級を示すのに内陣、余間《よま》などの名称を用いるのをいう。

**どうはん　道範**　(寿永三1184—建長四1252)真言宗の僧。和泉船尾の人。字は本覚。一四歳で高野山に登り、正智院明任について得度し、宝光院を継ぐ。禅林寺静遍

から伝法し、仁和寺守覚法親王から広沢流を受ける。のち正智院に住した。その流れを道範方という。仁治四年1243大伝法院との抗争に関係し讃岐に流され、建長元年許されて再び宝光院に住した。著書、大日経疏遍明鈔二一巻、秘密念仏抄三巻、南海流浪記一巻など多い。〔参考〕密宗血脈鈔下、本朝高僧伝一四

**どうばん‐ぎょう　銅板経**　銅板に経典を刻したもの。インドで金属に写経したことは小品般若経巻一〇や大唐西域記にも見え、怛叉始羅 Takṣaśilā（パンジャーブ地方）の出土品もあるが、中国ではその遺品は発見されていない。日本では、国玉神社（現福岡県豊前市）所蔵の法華経三三枚（康治元1142銘、国宝）がある。藤原時代には末法の世に経典の消滅を恐れ、また弥勒再生の時にそなえて製作し、経塚に埋納した。小規模なことは近世まで行われていた。

**とうふう　刀風**　また風刀ともいう。人が死に臨んだ時の苦しみで、身体を分解させる刀のようにきびしい風気をいう。⇩断末魔《だんまつま》

**とうふく‐じ　東福寺**　京都市東山区本町。臨済宗東福寺派本山。関白九条道家の発願によって、延応元年1239大仏殿を上棟をし、円爾弁円《べんねん》を開山とした。道家の子一条実経が遺業を継ぎ、建長七年1255に諸堂が竣工した。天台・真言・禅を兼修し、本尊釈迦仏は奈良の大仏に対して新大仏と呼ばれた。元応1319—21・正中1324—26年間の二度火災にかかったが共に再建された。建武年間1334—38五山の三位となり、至徳三年1386には京都五山の四位になった。享保年間1716—36、象海慧湛は応仁の乱後中絶していた五山の風儀を再興し、一七〇〇人の雲衲を率いて結制した。「東福の千人統制」と呼ばれる。明治一四年1881の失火で焼け、大釈迦も片手を残して焼失した。昭和になって漸次復旧した。当寺は文応元年1260に兀庵普寧《ごったんふねい》が来朝して住し、無関普門・虎関師錬など多くの碩徳が住した。また室町初期、南明院の明兆（兆殿司《ちょうでんす》）は仏画に一家をなした。塔頭として万寿寺・退耕庵・盛光院・霊源院・竜眠庵・海蔵院・勝林寺・栗棘庵・善慧院・大機院・同聚院・霊雲院・一華院・天得院ほかがある。〔国宝〕三門、絹本著色無準師範像、宋版太平御覧、宋刊本義楚六帖、無準師範墨蹟、禅院額字幷牌字、竜吟庵方丈〔重文〕禅堂、東司、浴室、月下門、絹本著色釈迦三尊像（三幅）ほか多数　〔参考〕東福寺記

東福寺略配置図

**とうぶん　当分〔跨節《かせつ》〕**　天台宗の用語。経典の内容を批判し解釈する場合に用いる語で、化法の四教のうち、蔵・通・別の三教を、それに固有の立場から解釈するのを当分《とうぶん》、固有の立場をこえて三教の意義を円教の立場にひきよせて解釈するのを跨節という。跨は越の意、節は四教それぞれの限界を意味する。

**どうぶん　同分〔彼同分《ひどうぶん》〕**　①同分は㊵サバーガ sabhāga の訳で、有分《うぶん》、等分とも訳す。根（感官またはその機能）と境（対象）と識（認識主観）との三が互いに交渉しあって、それぞれ自己の作用を実現し、自己の役目を果たすことを同分という。従って同分眼《げん》とは、いつの時にか色《しき》を見ることのある眼のこと。同分色とは、いつの時にか眼識の対象となる色のことである。これに反して、単なる可能性に止まって自己の作用を実現することのない根・境・識を彼

同分(彼は梵タットtat)または余有分、非等分という。つまり彼(同分)と種類が同じもの、という意である。②衆同分《しゅどうぶん》を略して同分ともいう。

**どうへい　道昞**　(東晋の興寧三365―宋の元嘉一二435)盧山の慧遠の門人。潁川の人。姓は陳氏。盧山一八賢の一。老荘の道にも通じ、ことに念仏三昧を修した。〔参考〕仏祖統紀二六

**どうほう　道宝**　(建保二1214―弘安四1281)真言宗の僧。藤原良輔の子。勧修寺成宝に灌頂を受け、山城安祥寺に住し勧修寺長吏となる。建治三年1277東寺長者法務、護持僧となり、さらに大安寺にも住し、弘安四年には東大寺別当に補せられた。〔参考〕東大寺別当次第、本朝高僧伝五五

**どうほう　道法**　(仁安元1166―建保二1214)真言宗の僧。後白河天皇の第八子。仁和寺守覚法親王に師事して灌頂を受け、元暦二年1185法親王・六勝寺検校となった。建久九年1198仁和寺の主となり、建仁二年1202総法務になった。勅により修法すること四二度に及び霊験があった。のち金剛峯寺検校となる。〔参考〕本朝高僧伝五四

**とうぼう-き　東宝記**　八巻。杲宝《ごうほう》撰(観応三1352)。賢宝の加筆。京都東寺(教王護国寺)の寺誌。仏法僧の三篇に分け、⑴仏宝篇に草創縁起・真言宗規・寺号の興由及び諸堂舎・相承の道具・安置の仏像について記し、⑵法宝篇に灌頂・御影供・安居講・諸堂法会・講説論義・安置聖教を論じ、⑶僧宝篇に長者・法務・別当・定額僧・年分度者・諸堂阿闍梨職・永宣旨権律師などの補任及び人数などを記述。その援引の旧記も数多く、東要記・東寺要集・東長儀などと共に東寺研究の根本史料。続々群一二〔原本〕東寺蔵(国宝)〔複製〕国宝東宝記原本影印、同紙背文書影印

**とうぼう-さいしょう-とうおう-にょらい-きょう　東方最勝灯王如来経**　一巻。隋の闍那崛多《じゃなくった》の訳(開皇二〇600)。同じ訳者の東方最勝灯王陀羅尼経(チベット訳もある)もほぼ同類の経であるが、この経より簡略になっている。呉の支謙の訳の持句神呪経、東晋の竺曇無蘭の訳の陀隣尼鉢経、訳者不詳の安宅陀羅尼呪経なども同じ内容である。東方無辺華世界の最勝灯王如来の陀羅尼の功徳を説く。㊅二一

**とうぼん-りょうご-そうたい-しゅう　唐梵両語双対集**　一巻。唐の僧怛多蘖多・波羅・瞿那弥捨沙の編。日常の用語について梵語と漢語とを対照させた語彙集。梵語雑名と内容がほぼ一致する。㊅五四

**とう-まんだら-しょう　東曼荼羅抄**　三巻。覚超(960―1034)の著。成立年不詳。大日経を正所依とし、義釈・演奥抄・玄法軌・青竜軌などの本経本軌をはじめ、安然の具支灌頂・持誦不同などによって、伝法人阿闍梨造曼荼羅灌頂の法則を叙述したもの。上巻と下巻の前半とは曼荼羅法、下巻の後半は六月成就法を述べる。本書の姉妹篇に同著者の西曼荼羅抄一巻がある。これは教王経・六巻本略出経・摂真実経及び教王経疏(金剛頂経疏)対受記などによって金剛界曼荼羅図並びに壇場の解釈をし、さらに三七尊種子曼荼羅、九会尊位種子曼荼羅、一印曼荼羅様などを一々掲げてその異説、出所を示し、誤りを正している。両書ともに台密における曼荼羅解釈に権威がある。㊅七五〔参考〕大村西崖・密教発達史

**とうみつ　東密**　⇩真言宗《しんごんしゅう》

**とうみょう　灯明**　梵ディーパdipaの訳。灯とも称し、「あかし」「ともしび」ともいう。仏前などに灯明をともして献じ、また室内にあかりをとるためにも用いる。四分律巻五〇などに僧房の照明用具として灯火の使用を許し、その設備や使用法について定めているのは後の例である。前者については諸経典に多く説かれており、施灯功徳経には、仏法僧を信じて少しの灯明をそなえても、それによってうけるめぐみはかぎりがなく、また仏滅後に塔寺に灯明をそなえれば、この世では三種の浄らかな心を得、命が終るときには善いことを心にとめて失うことがないなどの三種の智慧を得、死後には三十三天に生まれることができると説く。法華経巻七には薬王菩薩の故事をのべて、一指を燃やして仏塔に供養するものは他の財宝をささげるよりも優るとし、賢愚経巻三には、貧乏な女が心をこめて献じた一灯だけは王がそなえた他の多数の灯が消

えても消えなかった(貧者の一灯・長者の万灯)として、まごころの大切なことを説く。灯明には燃料の別によって酥灯《そとう》、油灯、香油灯などの種類があり、燭台、灯籠《とうろう》などを用いてともし、また昼夜の別なくともすのを常灯(夜どおしともすから常夜灯ともいう)、常灯明、長明灯などといい、多くの灯をつけて仏を供養する法会《ほうえ》に万灯会《まんどうえ》がある。灯明は闇を明るくするから智慧などにたとえられ、無明長夜の灯炬《むみょうじょうやのとうこ》などといい、法脈を法灯となづけて、師から弟子に教えを伝えるのを伝灯という。密教では灯を人格化して外の四供養《げのしくよう》の一である金剛灯菩薩とし、また閼伽《あか》などの六種供養を六波羅蜜《ろっぱらみつ》に配して、灯明を智波羅蜜とする。

**どうみょう　道命**　①(　—寛仁四1020)天台宗の僧。藤原道綱の子。幼くして比叡山で慈恵に学び、法華経の読誦によって世に知られた。金峯山の蔵王・熊野の権現・住吉の明神らも道命の法華経を聴くために参詣したという。法輪寺に住し、また四天王寺の別当にもなった。著書、道命阿闍梨集(歌集)。〔参考〕本朝法華験記下、今昔物語集一二、元亨釈書一九、宇治拾遺物語一、本朝高僧伝六八 ②(明和八1771—文化九1812)浄土真宗本願寺派徳正寺の僧。安芸の人。芿園《じょうえん》門下第一の高弟で、石泉の弘願助正説を駁した。著書、行信義助正箋一巻、入出二門偈相忘編四巻など。

**どうみょう　道明**　①(　—享保六1721)黄檗宗の僧。江戸瑞聖寺三世。長門の人。字は慧極。木庵に師事して黄檗禅を修め、三傑の一と称される。②生没年不詳。江戸時代前期の曹洞宗の僧。武蔵の人。出家して加賀大乗寺の隠之道顕に師事し、曹洞禅を修めてその法を伝え、ついで廓門、妙喜などの諸禅師に参じた。晩年武蔵に野雲庵を営んで隠居した。著書、野雲随筆二巻、洞上宗旨。〔参考〕続日本高僧伝七

**どうみょう　道猛**　(東晋の義熙七411—劉宋の元徽三475)西涼州(甘粛省武威)の人。成実論に精通し、元嘉二六年449に帝京(南京)に遊び東安寺に住して講席を開いて、劉宋の太宗の尊崇をえた。泰始465—71の初めに建陽門外に興皇寺を創建し綱領となった。〔参考〕高僧伝七

**とうみょう-じ　東妙寺**　佐賀県神埼郡三田川町田手。宝珠山と号し、真言律宗。弘安年間1278—88西大寺叡尊の高弟唯円が異敵降伏のために建立したと伝え、のち足利尊氏によって再興された。元亀元年1570焼失しその後再建されたが、現本堂は昭和四一年1966の建造。〔重文〕木造釈迦如来坐像、同聖観音立像、紙本墨書梵網経(懐良親王筆)〔参考〕史徴墨宝考証、太宰管内志下、東妙寺由緒、東妙寺文書

**どうみょう-じ　道明寺**　大阪府藤井寺市道明寺。蓮土山と号し、真言宗御室派の尼寺。明治初年の神仏分離までは現道明寺天満宮の境内にあって、天満宮と一体であった。当寺は推古朝593—628土師連《はじのむらじ》八島が土師寺として建立したのに始まるという。土師氏を先祖とする菅原道真が活躍して平安前期頃、その姨覚寿尼が住持であった。一〇世紀中頃京都北野神社をはじめ、各地に天神信仰による天満宮ができると、当寺境内にも天満宮が創建され、寺名も道明寺と改めたという。中世は寺運は隆盛であったが、元亀三年1572兵火にかかり、織田信長・豊臣秀吉により再興されたと伝える。当寺住尼の作る道明寺糒《ほしい》は土師氏祖乾飯根命に因由するといい有名であった。〔国宝〕木造十一面観音立像〔重文〕木造十一面観音立像、同聖徳太子立像〔参考〕道明寺伽藍開基記、国花万葉記、河内名所図会四、謡面大観三

**どうもう-かいらん-しゅう　童朦懐覧集**　二巻。日求の著(寛永八1631)。日蓮宗の陣門流の宗義入門書。初心者のために流祖の日陣や教義の大成者である日覚らの著書にもとづいて本迹体別、本因妙下種など当流の要義を述べたもの。日蓮宗宗学全書(法華宗部)

**とうもん-いん　東門院**　滋賀県守山市守山町。比叡山守山寺と号し、天台宗。俗に守山観音という。最澄が比叡山開創の時、ここに東門を設けたのに始まるといい、坂上田村麻呂が伽藍を建立したと伝える。歴朝の尊崇を受けた。〔重文〕五重塔、木造十一面観音立像、同不動明王坐像、同毘沙門天立像〔参考〕

近江名所図会四

**どうゆ　道瑜**　(応永二九1422—　)真言宗の僧。字は玄音。文明1469—87の頃、大和十輪院に住し学名高く、頼誉とともに両能化と称された。また紀伊の大伝法院に住し、新義真言宗を究めた。著書、大疏尋求鈔八巻、五教章見聞一〇巻など。〔参考〕結網集、本朝高僧伝一七

**どうゆう　道祐**　生没年不詳(一説に興国六年1345九〇歳余で没)。室町時代の真宗の僧。足利義氏の子と伝える。初め天台を学び、のち本願寺覚如に帰して一向専修の念仏者となる。和泉の堺に真宗寺(真宗大谷派)を開いた。正平一九年1364に古本論語を翻刻したという(正平版論語)。〔参考〕泉州誌

**どうゆう　道雄**　(　—仁寿元851)真言宗の僧。俗姓は佐伯氏。讃岐の人。慈勝に唯識を、東大寺正進の上足長歳に華厳を学び、のち空海に師事し、十大弟子の一人とされた。弘仁一〇年819山城海印寺を創建。日本の華厳宗第七祖。〔参考〕文徳実録三、東大寺要録六、元亨釈書二、密宗血脈鈔上、本朝高僧伝六

**どうゆう　道猷**　①(弘安二1279—延文三1358)近江園城寺の学僧。正安二年1300受戒得度し、長乗・乗師の二師に師事し、多くの私記を作った。〔参考〕三井続灯記　②(寛政八1796—嘉永六1853)真言宗の学僧。備後福山の人。字は大含。一一歳で高野山に登り正智院の乗如に師事した。宗学特に真言宗史を究め、弘法大師弟子譜四巻などを刊行。著書、高野山風土記七〇巻、弘法大師撰書目録、高野僧伝、真言宗年代記など。

**どうゆう　道融**　生没年不詳。後秦時代、鳩摩羅什門下の四哲(道生・僧肇・道融・僧叡)の一。汲郡林慮(河南省汲県)の人。初め外学を習い、のち羅什の門に入って訳場に参じた。彭城(江蘇省銅山県)において没した。享年七四。著書、般若・法華・金光明・十地・維摩などの疏があったが現存しない。吉蔵の法華玄論一によれば、法華経を講ずる時、九轍に科を分けたので時の人から九轍法師と称されたという。〔参考〕高僧伝六、弘賛法華伝三

**とうよう　等楊**　⇩雪舟《せっしゅう》

**どうよう　道膺**　(太和九835—天復二902)唐代末期の禅僧。曹洞二世。姓は王氏。薊門《けいもん》玉田(河北省玉田県)の人。洞山良价の法を嗣ぎ、洪州雲居山《うんごさん》(江西省永修県西南)に住した。雲居と称し、弘覚禅師と諡する。〔参考〕祖堂集九、宋高僧伝一二、景徳伝灯録一七

**どうよう　道耀**　(文暦元1234—嘉元二1304)真言宗の僧。藤原実氏の子。号は華華園。道勝ならびに法助親王から受法し勝宝院に住した。弘安七年1284大僧正・東寺長者法務に補され護持僧となる。〔参考〕本朝高僧伝五五、伝灯広録七

**どうり　道理**　単に理ともいう。正しいことわり。ものごとが存在し変化してゆく上に必ず準拠している法則。瑜伽師地論巻三〇では以下の四種の道理を分ける。⑴観待道理(相待道理ともいう。真と俗とのように相待的に考えられる道理)、⑵作用道理(因果の関係において存在する作用についての道理)、⑶証成道理《しょうじょうどうり》(成就道理ともいう。確認するしかたについての道理)、⑷法爾道理《ほうにどうり》(法然道理ともいう。火に熱さがあるように、あるがままのすがたで不変の本性を完成しているという道理)。

**とうり-てん　忉利天**　忉利は㊵トラーヤストリンシャ Trāyastriṃśa の音略。三十三天と訳す。欲界六天の第二で、須弥山《しゅみせん》(スメール Sumeru)の頂にあり、帝釈天《たいしゃくてん》が住する。帝釈天の住所は善見城と呼ばれ、城の四方に各八天があるから合計三三となる。天人の寿命は一千年という。欲界六天のうち四王天とこの忉利天とをあわせて地居天《じごてん》という。仏母摩耶(マーヤー Māyā)夫人が没後この天に生まれたので、仏陀は母のために上天して説法したという。〔参考〕長阿含経二〇、正法念処経二五、倶舎論一一

**とうりてんじょう-じ　忉利天上寺**　兵庫県神戸市灘区摩耶山《まやさん》。仏母摩耶山と号し、高野山真言宗。大化二年646法道仙人が来朝して開創し、白鳳年間弟子の印海によって興隆したと伝える。大同元年806空海が帰朝の際、摩耶夫人像をもたらし当寺に安置してから仏母摩耶山と号したという。元弘年間1331—34赤松則村が山上に摩耶城を築いて六波羅軍に抗したことがあった。

〔参考〕摂津名所図会

**どうりゅう　道竜**　①（寛永一一1634―享保五1720）黄檗宗の僧。筑後の人。字は化霖。諸国を歴遊し、隠元・木庵らに参じ、江戸の海福寺独湛についてその法を嗣いだ。肥前に竜津寺を開く。著書、楮襖集。〔参考〕黄檗宗鑑録、続日本高僧伝六　②⇩北畠道竜《きたばたけどうりゅう》

**どうりゅう　道隆**　（南宋の嘉定六1213―日本の弘安元1278）臨済宗の僧。中国宋の西蜀涪江（四川省重慶府涪州）の人。字は蘭渓。無準師範・癡絶道冲・北礀居簡などに参禅し、陽山の無明慧性のもとで証悟した。寛元四年1246に弟子義翁紹仁らと来朝し、建長五年1253建長寺を建て開山となる。京都建仁寺・鎌倉禅興寺・寿福寺などに住し、後嵯峨上皇に禅要を説き、ことに北条時頼・時宗父子から厚く帰依された。諡は大覚禅師（わが国の禅師号の始源という）。その流を大覚派、建長寺門徒と呼び禅宗二十四流の一。著書、大覚禅師語録三巻（仏全九五）、大覚拾遺録一巻（同）。〔参考〕塔銘、巨福山建長禅寺開山蘭渓和尚行実（続群九上）、元亨釈書六、本朝高僧伝一九

蘭渓道隆花押

**どうりょう-さった　道了薩埵**　神奈川県南足柄市の曹洞宗最乗寺に祀る神で、道了権現ともいい、当寺の守護神。開山了庵慧明が当寺創建にあたり、弟子の妙覚道了が怪力を以て土木事業に従い、また師の化益を助けたが、応永一八年1411了庵の没時、道了は天狗の身を現じ、白狐に乗り、当寺の守護、衆生の利済を誓って雲中に入ったという。境内に、道了薩埵を祀る妙覚宝殿がある。関東を中心として諸方にその講中がある。〔参考〕新編相模国風土記稿二〇、大雄山誌

**どうりん　道林**　（開元二九741―長慶四824）唐代中期の禅僧。姓は潘《はん》氏。諱は道林。諡号は円修禅師。鵲巣《じゃくそう》和尚と呼ばれる。杭州富陽（浙江省富陽県）の人。牛頭《ごず》二世の道欽の法を嗣ぎ、故郷の秦望山（浙江省杭県西南）に住した。常に松樹の上に坐禅し、これより鳥窠・鵲巣の名がある。白楽天との問答で知られる。年齢・出身地・師承に異説がある。〔参考〕祖堂集三、景徳伝灯録四

**とうりん-きょうめい-しゅう　東林更鳴集**　五巻。淳応の撰（享保元1716）という。親鸞の墓地、大谷の由緒変遷、本山に安置する祖像の由来、東西両派の本支などを論じ、叢林集・本願寺由緒通鑑などの説に反論している。〔刊本〕享保二刊

**とうりん-じ　東林寺**　⇩廬山《ろざん》

**とうる　等流**　(梵)ニシュヤンダ nisyanda の訳。等同流出の義で、因と種類の等しいもののこと。時間的に先のものと後のものとが因果の関係をもって結ばれていて、しかも二つが同じ性質をもっているとき、先のものに対して後のものを等流という。即ち前者は同類因または遍行《へんぎょう》因であり、後者は等流果である。等流性《とうるしょう》（等流の性質のもの）は五類の一。またあるものがその性質をかえないで等しい種類のものとして持続することを、等流相続という。

**とうろう　灯籠**　灯明をともすのに用いる籠。灯楼、灯炉、灯呂とも書く。石や金属で作り、材質によって石灯籠、金灯籠などといい、五分律巻一八などに製法が説かれている。日本では神仏の献灯に使用され、堂の内外に吊り（釣灯籠）、或いは据え置き、また多数の灯籠を置くために灯籠堂が設けられることがある。盂蘭盆会《うらぼんえ》には、木や金属の骨組に紙を張った切子灯籠《きりこどうろう》や高灯籠（盆灯籠）が用いられ、盆会の終りに供物と共に川に流すのを灯籠流しという。

**どうろう　道朗**　生没年不詳。北涼の僧。河西道朗と呼ばれる。玄始一〇年421曇無讖《どんむしん》が大般涅槃経を翻訳した時、その訳場に参じて「序」を作り、また永和五年437浮陀跋摩《ふだばつま》が阿毘曇毘婆沙論を訳出する時、その文義考正の任にあたった。〔参考〕高僧伝二曇無讖伝、同三浮陀跋摩伝

**とかく　兎角**　⇩亀毛《きもう》

**とがくし-やま　戸隠山**　長野県上水内郡にある山（標高一九一一メートル）。修験道の霊場で飯綱・黒姫・妙高などの諸峰につらなる。

戸隠山は裾花《すそばな》川の水源にあたり、古くから九頭竜神(水分神)の聖地として信仰された。伝承によると白鳳年間役行者が登山、九頭竜を窟に封じ込め、奥院として祀ったという。嘉祥三年850学門行者が登拝、九頭竜神の霊告をうけて手力雄命・天思兼命・天表春命の三神を勧請、九頭竜神とともに奥院に祀った。別当として顕光寺が建てられた。康平元年1058天表春命が福岡宝光院へ、寛治元年1087天思兼命が富岡中院へ別祀され、手力雄命が奥院、九頭竜神が奥院岩窟で祀られることとなり、これを戸隠四所権現と称した。その後、修験道の行場も整備され栄えたが、天正年間1573—93兵火にかかり諸堂宇を焼失した。慶長一七年1612徳川家康がこれを再興、従来の神領二〇〇石に新たに八〇〇石を寄進、別当五〇〇石、社僧三〇〇石、社家二〇〇石とした。江戸時代中期、第五五代別当乗因(一実道士)が神道を提唱、修験一実霊宗神道と名づけそれまでの天台宗の法式をも廃した。しかし、修験道の霊場としてその後も続いたが、明治初年の神仏分離で別当をはじめ社僧などは還俗し、戸隠神社となった。山中には現在も修験道の行場がのこる。なお戸隠の名は九頭竜神を岩窟に封じ、大磐石の戸をたてて隠したことにちなむとも、祭神手力雄命にちなみ天岩戸を隠しておいた地であるからとの説もある。〔参考〕日本名勝地誌四、神仏分離史料続編

**とがのお-おんものがたり　栂尾御物語**　三巻。撰者・成立年不詳。明恵上人の折々の講説を筆録したもの。大日経疏の事・三密三平等・入我我入の事・陀羅尼・護身法・布字観・浄三業・浄土・金剛界大法・大仏頂・加持・法華経などのことを述べ、簡明で、華厳一家の密教に対する所見を容易に伺える。仏全四二

**とがのお-しょううん　栂尾祥雲**　(明治一四1881—昭和二八1953)仏教学者。真言宗の僧。香川県に生まれ、栂尾本元について得度。のち高野山大学教授・宿老となった。またインド・ヨーロッパへ留学し、梵語・チベット語の密教聖典と秘密仏像の研究に専念した。著書、曼荼羅の研究、理趣経の研究、秘密仏教史、秘密事相の研究など。〔参考〕密教文化二四・二五合併号(栂尾博士追悼号)

**とがのお-しょうぎょう-もくろく　栂尾聖教目録**　七巻。京都栂尾の高山寺に蔵する聖教類の目録。方便智院聖教目録・高山寺経蔵聖教内真言書目録・法鼓台聖教目録などを添えている。方便智院・法鼓台とは高山寺境内の堂宇の称である。一寺の蔵書目録ではあるが多数の良書を網羅し、古来これの写伝がさかんに行われた。巻一の高山寺聖教目録の終りに「右一巻以古目録写之云々、寛永十年(1633)十一月廿一日」とある。昭和法宝目録三、高山寺資料叢書〔原本〕高山寺蔵

**とから-ご　トカラ語　Tokharian, Tocharisch**　トハラ語ともいう。インド・ヨーロッパ語族のいわゆるケントゥム語群に属する言語で、東トルキスタンのクチャからトルファンの間の各地からのみその書写断片が出土している。これらの写本断片は、一九世紀末から二〇世紀初頭にかけて各国の探険隊により出土され、その言語的性格はドイツのジーク E. Sieg およびジークリング W. Siegling によって明らかにされた。この言語をトカラ語の名で呼ぶことが慣例となっているが、西トルキスタンのトゥカーリスターン(覩貨羅《とから》)とは関係がないことが明らかにされている。二種の方言を含み、トルファン(吐魯番)—カラシャール(焉耆《えんぎ》)から出土した仏典にのみ用いられているトカラ語A(アグニ語)と、トルファン—クチャ(庫車)に用いられたトカラ語B(クチャ語)とに分かれる。トカラ語Bは仏典の他、各種の文書類にも用いられている。共にブラーフミー文字を少し変形したいわゆる中央アジア・斜体グプタ文字で書かれている。書写年代は大体六—八世紀と考えられている。インド・ヨーロッパ語族の最東部にあって孤立したケントゥム方言のトカラ語が存在したことはどのような歴史的事情によるのかは全く判明していない。この語を用いた仏典はすべて説一切有部系のものと思われ、大乗仏典は含まれていない。

**とから-こく　覩貨羅国**　㊵トゥカーラ Tukhāra の音写。兜佉羅、吐火羅なども

音写する。トゥカーリスターン Tukhāris-tānともいう。中央アジアの地域名。またそこに居住した民族名としても用いられる。アム・ダリヤ河流域を中心とし、アフガニスタン北部およびソヴィエト連邦タジク共和国にまたがる一帯で、東はパミール高原から西はイラン国境にまでわたる。古くはアケメネス朝ペルシアの一州であり、その後バクトリア王国・大月氏・クシャーナ王朝以降、インド・中国・西アジア・中央アジアをむすぶ交易路の中心地として政治的・文化的にも重要視された。唐の玄奘の頃には二七の国が分立していたという。四、五世紀の頃には小乗仏教が伝わっていたと見られ、また大乗経典がこの地方の言語に訳された記録も残っている。〔参考〕西域記

**ときーたねつぐ　富木胤継**　（建保四1216—正安元1299）日蓮の有力な檀越。因幡の人。字は常忍。下総守護千葉氏の有力被官で、下総葛飾郡八幡荘若宮に在住。建長五年1253ころ日蓮を知り檀越となる。中山に法華堂を建て、さらにこの宅を寺とした（法華経寺）。建治二年1276入道して日常と称し、橋場長昌寺を開いた。著書、観心本尊抄私見聞一巻。〔参考〕本化別頭仏祖統紀一〇、法華経寺旧記、本化高祖年譜攷異上

**ときわいーぎょうき　常磐井堯熙**　（弘化元1844—大正八1919）真宗高田派専修寺二一世。初名は円禔。金剛心院宮と称する。有栖川宮幟仁親王の第二子。一一歳で入室し、文久元年1861専修寺住持職を継ぐ。幕末の安心惑乱に際し教諭書を下して鎮定した。明治維新時には勤王護法につくし、教化のため各地に赴いた。和歌を好み多くの吟詠をのこす。〔参考〕専修寺史要

**ときわいーぎょうゆう　常磐井堯猷**　（明治五1872—昭和二六1951）真宗高田派専修寺二二世。大応供院といい、号は雪山。近衛忠房の第三子。一四歳で入室し、明治二二年から一〇年間ヨーロッパへ留学。大正二年1913専修寺を継ぐ。梵語にすぐれた。梵文原典校訂として The Atharva-Veda-Saṃhitā（アタルヴァ・ヴェーダ）など。〔参考〕高田学報四二（堯猷上人特集）

**ときわうばーものがたり　常磐嫗物語**　一冊。御伽草子。著者不詳。室町時代の成立で、永正年間1504—21以前か。大和国に常磐嫗という人があり、家は富み栄えていたが、夫に死別してからは数ある子供も嫗の意に従わず、九〇歳余の長命を保っていたが後世を願って常に阿弥陀如来を念じ、念仏を唱えて、往生の本懐を遂げるという物語。群書二八、新編御伽草子上、国東叢一（文芸上）、室町時代物語大成一〇

**ときわーだいじょう　常盤大定**　（明治三1870—昭和二〇1945）中国仏教学者。真宗大谷派の僧。宮城県伊具郡の順忍寺に生まれ、仙台市道仁寺をついだ。東京帝国大学哲学科卒業後、仏教各宗の大学に出講し、のち東京帝国大学教授。同大学退官後、昭和一四年大谷派浅草本願寺輪番兼東京宗務出張所長。同一七年日本仏学院を創設。大正九年1920から昭和三年の間、中国仏教研究のため渡中五回。学階は講師。著書、支那仏教の研究三巻、釈迦牟尼伝、支那文化史蹟一二巻（中国文化史蹟一二巻・増補一巻・解説二冊）など多い。〔参考〕道仁寺の顕彰碑文

**ときん　頭襟**　修験道《しゅげんどう》で用いるもの。頭衿、頭巾、兜巾とも書く。これに、大日如来の五智の宝冠をかたどったものと、不動明王の頂上の八葉蓮華をあらわすものとがあり、前者を頭襟、または小頭襟といって、径二寸五分（約七・五センチ）、六角黒漆塗で、長さ一尺八寸（約五五センチ）の紐を用いて額上八分（約二・五センチ）につけ、後者を長頭襟または裏《つつみ》頭襟《ときん》といって、螺髪形と満字形との二種がある。この他、折頭襟（折襟）があり、これには捲《まき》頭襟と下《おろし》頭襟の二種がある。

**とく　得〔非得〕**　得とは㊵プラープティ prāpti の訳で、有情《うじょう》がおのれに得たものをわが身に引きつけつなぎとめておく力をいい、非得とは㊵アプラープティ aprāpti の訳で、わが身からそれらを離れさせ遠ざける力をいう。①俱舎論巻四には得・非得を、ともに十四心不相応行法の一に数えて実体があるものとし、得によって得《とく》されるものは、その有情自身の身や心に属するもの（自相続の有情法）、および無為法のう

ちの択滅《ちゃくめつ》と非択滅《ひちゃくめつ》とであるとする。得に獲《ぎゃく》と成就《じょうじゅ》、非得に不獲と不成就、の二つのあり方がある。獲とはまだ得していないもの、或いはすでに失っていたものを今得することで、得が未来生相位《みらいしょうそうい》まで来て、まさに現在位に入ってはたらきを実現しようとしているときの別名であり、成就とはすでに得《とく》しおわって今なお失わずに続けてたもっていることで、得が現在位に入りおわったときの別名である。不獲、不成就も同様の意味でいわれる。得と、得によって得《とく》されるもの(所得の法)との時間的前後の関係から、法前得(得が所得の法より前の場合をいい、牛が車を引くのに喩えて牛王引前得《ごおういんぜんとく》という)、法後得(得が後の場合をいい、仔牛が親牛にしたがうのに喩えて犢子随後得《とくしずいごとく》という)、法倶得《ほっくとく》(両者が同時の場合をいい、影が形にそうのに喩えて如影随形得《にょようずいぎょうとく》という)、非前後倶得(無為法が得される場合は、得される法が時間にかかわりがないから、このようにいう)の四種の得に分け、特に前三を三種の得という。非得の場合は、法が現在にあるときは必ず法倶得が起こっていて、非得ははたらいていないから、法と非得とが同時にあることはないので法倶非得はなく、従って法前非得、法後非得、非前後非得の三種がある。また得である有為法《ういほう》を得させる得を得得といい、得得は還って得によって得されるとする。得得を小得または随得というのに対して、得を大得ともいう。②成唯識論巻一には、得を二十四心不相応行法の一に数えて、これを仮の存在とし、種子《しゅうじ》成就、自在成就、現行《げんぎょう》成就の三種があると説く。また非得は心不相応行法に数えない。

**とく　徳**　正しい道を行って、それによってすでに得る所がある意。転じて、めぐみ、さいわいなどの意ともする。功徳《くどく》、福徳、道徳などの熟語で用いられる。道徳とは、正しい道理(道)を自分に得て失わない(徳)こと、または自分の得(徳)を他に及ぼす(道)こと。仏果の功徳を分けて智徳(菩提《ぼだい》即ち智を完成してものごとを明らかに知る)と断徳(涅槃《ねはん》即ち煩悩を完全に絶滅する)との二徳、或いは智・断・恩(願力によって衆生《しゅじょう》を救う)の三徳とし、仏菩薩《ぼさつ》の徳性を分けて悲徳(利他)と智徳(自利)との二徳とし、また、先天的に具えている真実の本性を性徳《しょうとく》というのに対して、後天的な修行によって得られる徳を修徳《しゅとく》といい、これを二徳と称する。また、涅槃には法身・般若・解脱の三徳があるという〈⇩三徳《さんとく》〉。なお、勝論《かつろん》学派では十句義の第二に徳句義(存在の属性についての範疇)を立て、二十四徳を数え、数論《すろん》学派には三徳の説がある。

**とくいつ　徳一**　生没年不詳。奈良時代の法相宗の僧。藤原仲麻呂の子と伝える。徳溢、得一ともいう。興福寺修円に法相を学び東大寺に住した。のち事にふれて東国に配流されたが、常陸筑波山中禅寺(現筑波神社)、会津慧日寺を開き、地方文化の発展に影響を与えた。最澄の法華一乗説に対し三乗真実説を唱え、仏性抄、慧日羽足、中辺義鏡などを著わして応酬した。著書、真言宗未決文一巻(日蔵三二)、その他不伝(最澄の著述に多く引用)。〔参考〕元亨釈書四、本朝高僧伝五

**とくえ　徳慧**　(五―六世紀頃)(梵)グナマティ Guṇamati の音写。瞿那末底《ぐなまてい》と音写する。インド中期唯識派の論師で、いわゆる唯識十大論師の一人。安慧《あんね》(スティラマティ Sthiramati)の師とされる。南インドの出身で那爛陀寺《ならんだじ》(ナーランダー Nālandā)で活躍した。世親(ヴァスバンドゥ Vasubandhu)の唯識三十頌に対する註釈を著わしたと伝えるが、現存しない。倶舎論に対する註釈書随相論が、徳慧の作として陳の真諦の訳により現存するが、これは本来の徳慧の随相論の一部に真諦が註釈を加えたものと今日ではみられている。チベット訳には世親の縁起経釈に対する註釈などが徳慧の作として存在する。また竜樹(ナーガールジュナ Nāgārjuna)の中論頌にも註釈を著わしたことが伝えられている。

**とくえん　徳円**　(延暦四 785―　)天台宗の僧。俗姓は刑部氏。下総猿島郡の人。初名は安証。勤操《ごんぞう》の門弟広円に師事し、のち最澄・義真・円澄につき義真から菩薩大

戒を受け、円澄の法を嗣ぐ。天長二年825梵釈寺十禅師となる。円珍に付法し、大法師位に叙せられた。著書、唐決二巻(日蔵四〇)。〔参考〕叡山大師伝、天台霞標二四

**とくおん-いん　徳音院**　静岡市久能山。天台宗。僧仙忠の開基。久能山東照宮の別当八坊の一でその学頭房であったが、明治初年に他の七坊と共に廃絶して、いま大師堂のみが残る。〔参考〕東海道名所図会四

**とくがん　得巌**　生没年不詳。室町時代の臨済宗の僧。備前の人。字は惟肖。号は双桂。草堂得芳に参禅し、足利義持の帰依を受け、摂津の棲賢寺、京都の真如寺・万寿寺・天竜寺を歴住し、南禅寺九八世となる。著書、荘子膚斎口義鈔一〇巻、東海瓊華集。〔参考〕延宝伝灯録二七、本朝高僧伝四〇

**とくぐう-りゅうげ-しゅしょう-さんぎ　得遇竜華修証懺儀**　四巻。単に竜華懺儀ともいう。明の如惺の撰(万暦三四1606跋文)。将来兜率天の竜華樹の下で成仏すると信じられている弥勒仏に会うため、弥勒上生経などによって懺悔法を説いたもの。(続)二乙・二・一

**とくけん　徳見**　(弘安七1284―延文三1358)臨済宗の僧。下総香取郡の人。字は竜山。諡号は真源大照禅師。寂庵上昭の印可を受けた。二二歳で入元して天童山東巌浄日などに会い兜率寺などに住し、貞和五年1349帰国。建仁寺に住し、また南禅・天竜両寺の主となった。〔参考〕真源大照禅師竜山和尚行状(続群九下)、本朝高僧伝二九

**とくげん-りん　得眼林**　(巴)(梵)アンダヴァナ Andhavana の異名。安陀林と音写し、闇林と訳す。舎衛城(サーヴァッティー Sāvatthī)の近くにあった密林で、盗賊の住処ともなっていたが、仏弟子たちはしばしばここに行って禅定を修した。仏陀が羅睺羅《らごら》をここにいざなって、無常の理を教えて開悟させたことから、得眼林、開眼林などと呼ばれるようになった。〔参考〕西域記六

**とくご　得吾**　(永享一一1439―大永二1522)曹洞宗の僧。甲斐巨麻郡の人。字は自山。身延山で得度し、叡山で具足戒を受けた。のち曹洞禅に転じて甲斐の広厳寺雲岫《うんしゅう》に参じ、一華文英のもとで証悟した。のち広厳寺の主となった。〔参考〕日本洞上聯灯録八

**とくご　徳悟**　(仁治元1240―嘉元四1306)臨済宗の僧。鎮西の人。字は桃渓。諡号は宏覚禅師。真言宗で密教を修めたが、のち臨済禅に転じ蘭渓道隆の法を嗣ぐ。入宋して育王山頑極に学び、弘安二年1279帰国。筑前聖福寺・鎌倉円覚寺に住し、晩年、武蔵東漸寺に住んだ。〔参考〕延宝伝灯録一六、本朝高僧伝二二

**とくこう　徳光**　(五―六世紀頃)(梵)グナプラバ Guṇaprabha の訳。瞿拏鉢刺婆《ぐなはつらば》と音写する。インドの小乗の論師。秣底補羅《まっていふら》(マティプラ Matipura)国の出身で、はじめ大乗を学んだがその奥義をきわめることができず、大毘婆沙論を読んで小乗に転向し、数十部の論書を著わして大乗を論破したという。玄奘は徳光の弟子の蜜多斯那《みったしな》(ミトラセーナ Mitrasena か)のもとで徳光の著作の弁真論を学んだと記している。以上は西域記など中国資料の伝えるところであるが、チベットの伝承は説一切有部の系統に属する律の学者としてのグナプラバの存在を伝える。このグナプラバはマトゥラーの出身、世親《せしん》(ヴァスバンドゥ Vasubandhu)の弟子で、ヴィナヤ・スートラ Vinayasūtra(律経)など数点の著作が知られ、チベットではシャーキャプラバ Śākyaprabha(釈迦光)とともに律の最上師とされる。このグナプラバが中国資料の伝える徳光と同一人物であるかどうかは確かではないが、その可能性は高いとみられている。なお徳光を唯識十大論師の一人徳慧《とくえ》と同一人物とする説もある。〔参考〕西域記四、慈恩伝二

**とくご-ちょうじゃ-きょう　徳護長者経**　二巻。隋の那連提耶舎《なれんだいやしゃ》の訳(開皇三583)。王舎城の長者徳護が外道の勧めによって仏陀を殺そうと謀り、かえって教化を受けたことを述べる。チベット訳に同名の経があるが内容はかなり相違する。(大)一四

**とくさい　徳斉**　生没年不詳。飛鳥時代の僧。司馬達等の子。俗姓は鞍作多須那《くらつくりのたすな》。用明天皇二年587天皇の病気平癒を願

って出家を誓い、崇峻天皇三年590出家して徳斉と号した。南淵の坂田寺を興し丈六の仏像脇侍菩薩を安置し、天皇の冥福を祈った。日本での出家の最初という。〔参考〕日本書紀二一、聖徳太子伝暦

**とくし　読師**　安居《ごあん》や法会《えほう》などに経論を読誦する者で、法会の七僧の一に数える。⇩僧職《そうしょく》

**どくじゅ　読誦**　経典を文字を見ながら読み(読)、或いは暗記してとなえる(誦)こと。読経、転経、諷経《ふぎん》、誦経《じゅきょう・ずきょう》、諷誦、看経《かんきん》、念経《ねんきん》などともいい、これらの語は意味を区別して用いる場合もあるが、広く区別せずにも用いられる。諸経典には経典を誦え身にたもつ(誦持)ことによって得る功徳の大きいことを説き、特に大乗経典を読誦するのを読誦大乗といい、浄土教では浄土三部経を読むのを読誦正行《しょうぎょう》とする。それ以外の経典を読むのを読誦雑行《ぞうぎょう》とする。経典を読誦することはインド以来行われ、もと主として経典の意味内容を理解し実践するために読んだのであるが、後には読誦すること自体が一つの修行法とされ、仏前に読経して仏の徳をたたえ、ねがいごとをかなえようと祈り、死者に読経の徳をさしむけて死後のしあわせをいのるなどのために行われた。経典を始めから終りまで通読するのを真読(信読)、単に経題などを読んで経巻をくるのを転読(略読)、心の中で黙読するのを心読、身をもって実践するのを身読(色読)という。ただし転読の転とは翻転の意で、もとは経巻を手にとってくりながら全部を読む意である。また禅宗などで仏徳をたたえるために経を読誦するのを誦経または諷経、祈願のために大部の経を読むのを転読、意味を理解するために読むのを看経として、区別することがある。日本では一般に呉音、まれに漢音で音読し、また日本文になおして訓読し、読み方においては音声の緩急粗細によって真読、行読、草読などをわける。古来、読経にあたっては身をきよめ、かたちをととのえねばならないとされ、読経の調子をととのえるために磬《けい》、引磬《いんきん》、沙張《さはり》、磬子、鈴《りん》、覆鐘、木魚《もくぎょ》、音木、太鼓、犍槌《かんち》などを用いる。なお、禅宗で、朝食後・昼食後・晩刻の三時に日課として仏前で経を諷誦するのを三時諷経《さんじふぎん》という。

**とくじゅう　得住**　(寛政五1793—明治七1874)　真宗大谷派常得寺の僧。能登羽咋郡の人。獅子窟と号し、賢殊院と称する。霊晖の門人。天保六年1835以降、高倉学寮で講じ、文久元年1861講師職に進んだ。著書、四帖疏講義一七巻、具疏講義一五巻など。〔参考〕大谷派先輩著述目録、学寮講義年鑑

**とくし-ゆうしょう　禿氏祐祥**　(明治一二1879—昭和三五1960)仏教学者。浄土真宗本願寺派の僧。福井県の人。本願寺文学寮・東京高輪仏教大学を卒業。仏教大学(現竜谷大学)講師をへて、仏教大辞彙の編纂に専従する。のち竜谷大学教授となり、中国へも留学した。昭和元年、明如上人伝を編纂。日下《くさか》無倫《むりん》と雑誌「日本仏教史学」を発行。仏教史・真宗史・日本美術史に造詣が深く、和紙の研究家としても知られた。著書、東洋印刷史序説、仏教と美術、蓮如上人御文全集。〔参考〕禿氏祐祥・七十七年回顧録(竜谷史壇四〇)

**とくしょう　得勝**　(嘉暦二1327—嘉慶元1387)臨済宗向岳寺派の祖。相模中村の人。字は抜隊《ばっすい》。諡号は慧光大円禅師。同国治福寺の応衡から業を受け、関東の諸師を歴訪し、出雲雲樹寺の孤峰覚明から印可を受けた。さらに諸国を廻って近江永源寺の寂室元光などに参じた。伊豆・相模の間に教化すること数年、康暦二年1380甲斐塩山・向岳寺の開山となった。著書、塩山和泥合水集三巻、抜隊和尚語録、塩山仮名法語。〔参考〕甲州塩山向岳庵開山抜隊和尚行実(続群九下)、本朝高僧伝三四、扶桑禅林僧宝伝九

**とくしょう　徳昌**　(　—明応八1499)臨済宗の僧。字は桂林。号は葬庵、青松。伯耆安国寺の和甫斎忍に参じてその法を嗣いだ。延徳元年1489建仁寺二三一世となる。著書、史学提要抄、桂林録など。〔参考〕建仁寺住持位次簿、本朝高僧伝四四

**とくしょう　徳韶**　(唐の大順二891—北宋の開宝五972)五代・北宋初の禅僧。姓は陳氏。処州竜泉(貴州省石阡府)の人。縉雲、余杭の人ともいう。投子山の大同を初めと

して五四師を歴訪したが機縁を得ず、臨川で法眼文益にあって開悟し、その法嗣となった。法眼宗の第二祖である。ついで天台山に登り白沙寺に住した。五代後漢乾祐元年948呉越王銭弘俶より国師として迎えられた。天台山の螺渓義寂が中国で散逸した天台宗の書籍を高麗から求めたいと望んだので、そのことを忠懿王に取次ぎ、使を高麗に遣わしてとりよせた。のち天台山の般若寺に遷り、智顗の遺跡を復興することにつとめた。門弟百余人のうち永明延寿が最も知られる。〔参考〕宋高僧伝一三、景徳伝灯録二五

**どくしょーにじゅうにそく　読書二十二則**　一巻。戒定(　―1805)の著。成立年不詳。書を読む学則二二則を述べたもの。前文に今までの空海・真済・済進・観賢らの密教僧その他の学的態度をあげ、これを一々批判して、よりよき読み方を求めている。㊅七九

**とくせい　徳清**　(嘉靖二五1546―天啓三1623)明代末期の僧。姓は蔡氏。字は澄印。憨山《かんざん》と号する。全椒《ぜんしょう》(安徽省全椒県)の人。内外の学に通じ、特に禅と華厳を宗として、各地に遊歴して五台山・韶州曹渓(広東省曲江県)に住した。達観真可と交わり、大蔵経の出版を助けた。華厳・楞伽などの註疏の作が多く、別に憨山大師夢遊集五五巻がある。〔参考〕自序年譜、五灯厳統一六、浄土聖賢録五

**どくたん　独湛**　(明の崇禎元1628―日本の宝永三1706)黄檗宗の僧。中国福建省莆田の人。号は性瑩。一六歳で衣珠について出家し禅を修めた。承応二年1653隠元に随って来朝。遠江宝林寺の開山となり上野に国瑞寺を開き、天和二年1682黄檗山四世を継いだ。また兼ねて浄土に帰依した。著書、語録三〇巻、扶桑寄帰往生伝二巻。〔参考〕続日本高僧伝五、随聞往生伝二、黄檗譜略(仏全一)

**とくちょうじゅーいん　得長寿院**　京都市左京区岡崎徳成町にあった寺院。長承元年1132平忠盛(清盛の父)が鳥羽上皇の御願寺として創建し、堂の中央に丈六の観音像、その左右に等身の正観音像五〇〇体を安置、各々の像の胎内には千体の小仏を納めたという。堂は三三間の構造で、現東山区の蓮華王院(三十三間堂)と同規模であったとされる。元暦二年1185地震で崩壊し、以後廃寺となった。〔参考〕中右記、山槐記、吾妻鏡

**とくど　得度**　出家し剃髪して仏門に入ることをいう。①インド。もとは所定の年齢に達し父母の許しを得て諸種の疾病のないものの得度を許したようである。②中国。北魏の延興二年472、太和一〇年486、同一六年などに無籍の私度僧の取締りや僧尼員数の定めなどを令し、ついで試験を行って得度させることとなり、この法は宋・元・明代までつづいたようである。また隋・唐代には特恩度僧・進納度僧と称して試験によらず、皇帝の勅旨により一度に多数の僧を度し、また有力者などからの香水銭などの進納を代償として得度の公験としての度牒を与えるなどのことも行われた。③日本。敏達天皇一三年584司馬達等の娘嶋《しま》(善信尼)を度したのが得度の初見である。のち機会あるごとに一時に多数の僧尼を度することが行われ、また私度の沙弥が続出するに至ったので、養老四年720度僧に公験を授けることとした。公験は度縁・度牒・告牒とも呼び、治部省・玄蕃寮・僧綱の三者連署で下付する厳格なもので、僧尼が還俗・死亡したときは収公破毀させた。得度には誦経などの試験を課し、たびたび私度僧を厳禁した。平安時代初期から中期にかけて毎年各宗とも数を限って得度を許す制〈⇩年分度者《ねんぶんどしゃ》〉が行われた。中世以後、官制の弛廃により得度の制(いわゆる官度制)も弛み、私度が一般化した。江戸時代には各宗本山で剃髪するのを普通とした。現在では真宗各派では得度を門首・管長の権限とし、他の諸宗では一寺住職またはある僧階以上の者は弟子を度すことを許すなど、各宗派により規則を異にしている。

**とくどう　徳道**　(斉明天皇二656―　)法相宗の僧。俗姓は辛矢田部氏。播磨揖保郡の人。大和弘福寺の道明に師事した。養老・神亀717―29の頃同国に長谷寺を創建し、のち興福寺に住した。〔参考〕三代実録二八、三宝絵詞下、扶桑略記六、今昔物語集一一、長谷寺縁起、伴信友・長谷寺縁起剡偽(伴信友全集二)、本朝高僧伝六四

**とくにん　禿人**　外形は頭を剃った出家者のすがたをしているが、実際には戒を破り教えをまもらないもの、或いは生活のための手段として僧になったものを罵る語。禿、禿居士《とくこじ》、禿奴《とくど》、禿婢などともいい、愚かものであるから禿屢生《とくるせい》、愚禿《ぐとく》などと呼ぶ。まれに僧侶の自称にも用いる。⇩剃髪《ていはつ》

**とくにん　得仁**　（明和八1771―天保一四1843）高野山無量寿院の学僧。阿波徳島の人。俗姓は小野氏。天明二年1782徳島城下徳善寺の法幢の許で出家し学霊と名づけ、四度加行後得仁と改名。一七歳で荘厳院諦道から伝法灌頂を受け、以来高野山をはじめ諸方に顕密の学を求め、とくに華厳の奥旨を究めた。享和二年1802四月関東に遊歴し、伊豆三島観法寺に華厳章疏を、九月江戸に入り秘蔵宝鑰を講じた。同年冬高野山に帰り、同三年・文化元年1804と勧学会を勤め、同年万福院に住した。同一二年随心院に移り、文政元年1818集議となる。同二―三年江戸に在番し、同七年幕命により碩学。同八年随心院にて無量寿院門首陳実から庭儀灌頂を受け、翌年浄応前官の推挙により無量寿院門首となる。天保四年仁和寺済仁親王に二教論を講じた。同五年江戸で弘法大師入定一千年遠忌を記念して弘法大師年譜の稿を起こし、同九年半身不随となり、同一〇年無量寿院が焼失するなどしたが、同一一年完成（一二巻）、従来の大師伝が集大成された。同年一〇月高野山に帰山、同一三年金剛頂経開題抄を講じるなど、無量寿院の復興と講経に努めた。弟子は得勇。著書は続弘法大師年譜九巻など九部がある。〔参考〕諸院家析負輯

**とくほん　徳本**　⇩善本《ぜんぽん》

**とくほん　徳本**　（宝暦八1758―文政元1818）浄土宗の僧。名蓮社号誉と号する。紀伊国日高郡志賀村の人。幼名は三之丞、徳太郎か。幼少より念仏に励み、天明1781―89の頃（一説に同四または六年）同国往生寺住職の大円について出家。大和国十津川に草庵を営み念仏苦行六年に及ぶ。次いで同国萩原・塩津に閑居して法然の漢語灯録を読解。寛政五年1793上洛して法然の遺跡を巡拝。一旦帰郷したが江戸に下向し、文化元年1304から下野日光山・越前大原山を巡拝、同年紀伊藩主に招かれて帰依を受けた。同一一年再び江戸に下向、次いで伊豆・信濃・加賀を巡回、同一四年江戸小石川一行院の中興開山となる。平生木食草衣、長髪長爪であったといい、各地に「南無阿弥陀仏徳本」の名号碑を多数建てたことは有名。世に徳本行者と称す。著書、徳本行者法語（浄全一八）、勧誡三巻など。〔参考〕徳本行者伝（浄全一八）、続日本高僧伝一、徳本上人伝、紀伊国日高山念仏行者徳本道人略由来記（東北大狩野文庫）

**とくりゅう　徳竜**　（安永元1772―安政五1858）真宗大谷派無為信寺の僧。越後北蒲原郡の人。字は召雲、不争室と号し、香樹院と称する。高倉学寮で深励《じんれい》について真宗を修め、しばしば学寮で講義。弘化四年1847講師職に昇った。この頃、能登の頓成が機法二種深信の異解を唱えたので、これをさばいて弁破した。学解の香月院（深励）に対し、香樹院は徳行をもって有名。著書、選択集聞記八巻、諸神本懐集講義七巻など。〔参考〕碑銘、真宗僧宝伝六

**どくりゅう　独立**　（明の万暦二四1596―日本の寛文一二1672）黄檗宗の僧。中国杭州仁和県の人。幼名は現胤。号は性易。天下一閑人という。五〇歳で明国の滅亡を慨して承応二年1653長崎に来る。翌年隠元隆琦について得度し、寛文五年即非が豊前広寿山を開くに当たり法化を助けた。また書をよくし医術にも通じた。著書、永陵伝言録、就庵独語など。〔参考〕碑銘、名家略伝、先哲叢談続編、坤斉日抄

**としとく―じん　歳徳神**　恵方神、年神《としがみ》ともいう。その年の徳の方角すなわち恵方にいる神といい、これを祭れば一年の福を得るという。家の内で恵方に歳徳棚を設けて祭り、また恵方の社寺に参詣する正月の恵方詣が江戸時代に盛んに行われた。古い民俗信仰の歳神とはもとは別のもので、歳徳神は陰陽道に基づくが、両者はすでに融合している。

**とじゅん　杜順**　⇩法順《ほうじゅん》

**とそつ―ききょう―しゅう　兜率亀鏡集**　三巻。清の弘賛の編（康熙　〇1671）。弥勒

信仰において、とくに兜率往生に関する諸経論をあつめ、願生者の伝記を記したもの。上巻には応化垂迹としてインド・中国の二五人の行業をかかげ、中巻には上生内院として四六人をえらんで往生者とし、下巻には経呪願文として一一の経論の文をあつめている。(続)二乙・二二・三

**とそつ-さんかん　兜率三関**　禅宗の公案の一。黄竜慧南《おうりょうえなん》の三世に当たる兜率従悦《じゅうえつ》が、常に弟子に与えた根元的な難問で、「即今の汝の生命はどこにあるか」、「如何に生死を脱するか」、「死後はどこへゆくか」の三つをいう〈⇩黄竜三関《おうりょうさんかん》〉。〔原文〕無門関四七則、五灯会元一七

**とそつ-てん　兜率天**　兜率は(梵)トゥシタ Tuṣita の音写。知足、喜楽などと訳し、都史多《とした》天、都率天、知足天とも称する。欲界六天中の第四で、ここの天衆は足るを知って喜楽を集めるという。この天は一生補処の菩薩の住処とされ、釈迦牟尼仏もかつてここで修行したとされる。また現在は未来仏である弥勒菩薩が住して常に説法をなしているといわれ、そのために荘厳《しょうごん》も勝れ、他の仏土の荘厳を述べる時によく引用される。この天は密教では胎蔵曼荼羅外金剛部院に配置されているが、兜率天の荘厳の様相を描いた変相図を俗に弥勒浄土変・兜率曼荼羅と称することもある。兜率往生思想は弥勒信仰と共に中国では東晋の時代から盛んになり、日本でも飛鳥時代から平安中期までは浄土教よりもさかんであった。兜率天の寿命を五六億七千万年というが、これは兜率天の平均寿命は四千年で、その一昼夜は人間世界の四〇〇年に相当するという。従って一年を三六〇日として人間の時間に換算すると五七億六千万年になる。〔参考〕観弥勒上生兜率天経、同宗要、西域記五、慧苑音義上

**とそつ-まんだら　兜率曼荼羅**　弥勒《みろく》浄土変、弥勒浄土図、弥勒天宮観ともいう。観弥勒菩薩上生兜率天経によって、弥勒の住処である兜率天宮を描いたもの（もともと兜率天は浄土ではないが、阿弥陀仏の浄土などから誤って類推して、弥勒の浄土と俗にいう）。中国では唐代に盛んに製作された。日本では飛鳥時代から造られ、現存するものとしては、法隆寺五重塔の和銅四年711の作と考えられる塑像の弥勒浄土変がある。絵画では大阪延命寺所蔵（鎌倉時代作）がある。

**とだ-じょうせい　戸田城聖**　（明治三三1900—昭和三三1958）宗教家。創価教育学会創設者の一。石川県江沼郡塩屋村（現加賀市塩屋町）の人。幼名は甚一。のち城外・城正・城聖と改名。日蓮正宗に入信し、昭和五年牧口常三郎と共に創価教育学会を創設。学会の機関紙・新聞創刊に尽力、昭和二六年創価学会二代会長に就任した。同時に日蓮正宗の板本尊下賜運動と折伏攻勢を全国的に展開し、同三〇年政教一致路線によって学会を政界に進出させた。

**とち-じん　土地神**　禅宗で張大帝・大権修利（招宝七郎）・掌簿判官感応使者などの像を土地または伽藍の守護神として祀る神。これを祀る堂宇を土地堂という。日本の鎮守と同じ類。

**とちょう　斗帳**　戸帳とも書き「とばり」と訓読する。仏像や死骸などを覆うために前面にかける桝《ます》をふせた形の布。日本では主として仏像を覆うために用い、綾や錦などで作り、一般に左右二枚からできていて、上部に同心結《どうしんけつ》の紐または華鬘《けまん》を懸ける。両片に揚巻という組紐を添えることがあり、内側をくりぬいて斗帳をあげないで仏像を拝することができるようにしたものもある。斗帳を開くのを開帳、閉ざすのを閉帳という。

**どちょう　度牒〔戒牒〕**　中国や日本で、官が与えた僧侶の証明書。明治以後は各宗派の管長が与える。出家得度したものに与えるのを度牒（尚書省の祠部司から出されたので祠部牒ともいい、また日本では度縁《どえん》ともいう）、さらに受戒したものに与えるのを戒牒という。度牒をもたない僧を私度《しど》の僧といい、公には僧であることが認められない。度牒は、通常は試経《しきん》（得度の際の読経や経論の解釈の試験）に合格したものに与えられるのであるが、その他に、特恩（勅による場合）、納金（香水銭といって金子を納めて度牒を購う場合）などによっ

ても下付される。

**とっけん　徳倹**　(寛元三1245—元応二1320)臨済宗の僧。相模鎌倉の人。字は約翁。諡号は仏灯大光国師。幼少から蘭渓道隆に師事し、入宋して育王山の寂窓有照・天竜寺石帆衍・径山寺蔵叟善珍らの諸師に参じ、呉越の間を往来すること八年、帰国後、大休正念・無学祖元らに愛重され、東勝・浄妙・禅興諸寺を歴住し、建長寺・南禅寺の主となった。著書、七会語録。〔参考〕大日本国特賜仏灯国師約翁和尚無相塔銘幷序(続群九上)、本朝高僧伝二四

**とっこう　徳光**　(北宋の宣和三1121—南宋の嘉泰三1203)南宋初期の禅僧。姓は彭氏。拙庵《せったん》と号する。臨江新喩《しんゆ》(江西省新喩県)の人。楊岐五世の大慧宋杲《そうこう》の法を嗣ぎ、孝宗の勅で入内し、臨安府(浙江省杭県)霊隠寺《れいいんじ》に住した。仏照と賜号し、普慧宋覚大禅師と諡する。語要一巻、入内奏対録一巻があり、墨蹟もある。〔参考〕聯灯会要一八、仏祖歴代通載二〇

**とっこう-たいし-きょう　徳光太子経**　一巻。西晋の竺法護の訳(泰始六270)。仏陀が頼吒和羅《らいたわら》(ラッタパーラ Raṭṭhapāla)のために、菩薩の清浄の四事法と、なすべからざる四事法とを説き、ついで徳光太子に関する本生譚を説く。(大)三

**どとう-え　土塔会**　大阪四天王寺で四月一五日に行われる法会。四天王寺建立の時、荒池があって青竜が住み、それを鎮めるために南大門の外に、牛頭《ごず》天王とその本地の薬師・地蔵・聖徳太子の三尊を安置した土塔の宮をつくったという。その土塔の宮の祭礼。宮跡は大阪天王寺南門の土塔町にある。〔参考〕摂津名所図会二

**ととう-てんじん　渡唐天神**　菅原道真(天神)が円爾《えんに》弁円《べんねん》のすすめで入宋し、無準師範に参禅したという伝説に基づくもので、渡宋天神ともいう。中世以来その画像が多く描かれ、とくに禅僧の間では唐服をつけ梅花を手にする天神像が盛んに作られた。

**とぶ-だらに-もく　都部陀羅尼目**　一巻。諸部要目、陀羅尼門諸部要目ともいう。唐の不空の訳。金剛頂経・大日経・蘇悉地経など諸経典から密教として重要な種々の名目を集めたもの。(大)一八、[国]密教部一

**トーマス　Thomas, Frederick William**　(1867—1950)イギリスのインド学者。ケンブリッジ大学でカウエル E. B. Cowell に学ぶ。インド省図書館副館長・館長をへて一九二七—三八年オクスフォード大学教授。梵語学・梵文学・チベット語学・中央アジア諸言語研究の権威で、王立アジア協会の雑誌 Journal of the Royal Asiatic Society を中心に多数の本文校訂・翻訳・研究を発表した。アショーカ王碑文の研究やカニシカ王の年代論に造詣が深く、また一方スタイン A. Stein 発掘のチベット語文書の研究にも従事して数々の論文を発表し、とくにチベット語系の地方語ナム語を発見した功績は大きい。一九一五—二二年には Epigraphia Indica(インド碑文集)一三—一六巻の編集に従事、また目録学にもくわしく Catalogue of Two Collections of Sanskrit Manuscripts Preserved in India Office Library(インド省図書館所蔵の二種の梵文写本集成の目録)などを編纂した。

**とみた-こうじゅん　富田斅純**　(明治八1875—昭和三〇1955)仏教学者。真言宗豊山派の僧。長野県の人。豊山大学学長・大正大学教授、豊山派管長を歴任し、昭和二六年宝仙学園短大学長となった。著書、秘密辞林、真言宗史綱、新義真言宗史など。

**とみなが-なかもと　富永仲基**　(正徳五1715—延享三1746)江戸時代の儒学者。初め徳基という。字は仲子または子仲。大坂の人。父と共に三宅石庵に学んだが、説蔽を著わし儒教を批評して破門されたという。のち儒学の田中桐江に師事した。黄檗版大蔵経の刊行に加わったと伝えられる。大乗非仏説論を主張した出定後語(延享二1745)は仏典を考証批評し、仏教に対する近代的研究の最初のものとされる。翌年には翁の文を出版した。

**とみょう　都名**　都《すべ》てのものに共通した名称。

**ドムトゥン　Hbrom-ston**　(1004—1063)チベット仏教のカーダム派 Bkaḥ-gdams-pa の優婆塞。アティーシャ Atīśa

ドムトゥン（三百尊像集）

の弟子のうち最も傑出し、一〇五七年中央チベットにラデン Rwa-sgreṅ寺を建てた。カーダム派はアティーシャを祖とし、古派であるニンマ派Rñiṅ-ma-pa が密教を偏重するのに対して顕教的性格をも併せもった宗派であるが、ドムトゥンはこの派の事実上の始祖と見られている。

**ともまつ-えんたい　友松円諦**　（明治二八1895―昭和四八1973）仏教学者。愛知県名古屋市に生まれる。幼名は春太郎。叔父の安民寺住職の友松諦常について得度、浄土宗僧侶となる。大正八年1919宗教大学、同一三年慶応義塾大学卒業。昭和二年大正大学講師、同年渡欧してハイデルベルク、ソルボンヌ大学に学んだ。同六年帰国、同七年仏教法政経済研究所、同八年明治仏教編纂所設立。同年法句経講義をラジオ放送、高神覚昇と共に全日本真理運動を起こした。同二〇年大正大学教授。同二二年神田寺を開堂、真理運動に専念した。同二九年全日本仏教会初代事務総長となり、仏教普及と近代化に尽力した。著書、法句経講義、仏教に於ける分配の理論と実際、明治仏教史編纂所蔵目録（編著）ほか。

**とよあしはら-しんぷう-わき　豊葦原神風和記**　三巻。略して神風和記という。慈遍の撰（興国元1340）。卜部家《うらべけ》神道の大要を記したもの。神道大意・天地開闢・天神七代・地神五代・両宮鎮座・祖神大分・神態忌物・尊神霊験・仏神同異・神仏誓別の一〇段に分け、要文の諸項を挙げて説く。僧家の神道論として注目される。続々群一〔写本〕高野山宝亀院蔵（応永一三1406写）など

**とよだ-どくたん　豊田毒湛**　（天保一〇1839―大正六1917）臨済宗の僧。美濃の人。諱は匝三《そうさん》。号は高源室。九歳で東光寺晙桑《しゅんそう》に侍した。一五歳のとき新加納少林寺に赴き、のち各地を遊歴。文久二年1862晙桑より東光寺を託され、ついで妙心寺第一座となる。明治五年1872濃州門派取締となり、同八年東光寺を退いて大森高源庵に寓した。同一一年潭海より印可を受けた。濃尾地震で壊滅した虎渓山を復興。同二九年南禅寺派管長、同四二年妙心寺派管長を歴任した。著書、毒湛和尚語録。

**とよはら-でら　豊原寺**　福井県坂井郡丸岡町豊原にあった寺。天台宗。大宝二年702泰澄の開創と伝える。天長年間824―34昌滝《しょうろう》が再興し、白山神社の別当寺として栄えた。寛喜元年1229天台宗延暦寺末になったといい、室町時代以降は真言宗醍醐寺三宝院末となり、越前における修験道の中心となった。文明年間1469―87本願寺蓮如が吉崎に坊舎を建て念仏弘通をはかった際、本寺ならびに平泉寺の徒で帰依する者が多く、このため寺僧が横難を加えることがあった。天正三年1575織田信長の攻撃で焼失した。慶長八年1603再興され、江戸時代は再び天台宗となった。明治初年の神仏分離で別当の華蔵院と白山神社に分かれ、のち華蔵院は廃されて白山神社のみとなった。

**どら　銅鑼**　銅鑼鼓ともいい、法会《ほうえ》に使用する楽器。唐金で作った丸い盆形のもの。縁の一部に紐をつけて吊し、中央を撃ち鳴らす。

**とらめん　兜羅綿**　兜羅は(梵)トーラtūlaの音写。妬羅、堵羅とも音写し、綿、細綿と訳し、兜羅綿ともいう。白楊樹、楊柳など数種の草木の花の中の柔らかい綿のこと。また一説に兜羅はある特定の樹の名で、その花の中から出る綿をいう。

**とりい　鳥居**　鶏栖とも書き、神門、華表などともいう。わが国の神社をはじめ寺院などで神や浄界に対する門として建てられるもの。二本または数本の柱を建て、上に貫《きぬ》と笠木を置く。インドの城門の前の

華表や塔門、中国の塚前の華表などとの関連が推察されているが明らかでない。寺院では古く東大寺・四天王寺などにあり、また密教では護摩壇上の正面の小門を鳥居・表木などと呼ぶ。また古来葬場や棺廓の四方に鳥居を立てた。神社では必ず鳥居が建てられ、その種類には神明鳥居(二柱鳥居ともいう、伊勢神宮形式)・黒木鳥居(皮付用材のもの、京都の野宮形式)・鹿島鳥居(茨城県の鹿島神社形式)・春日鳥居(島木《しまき》鳥居ともいう、奈良の春日神社形式)・三輪鳥居(奈良の三輪神社形式)・明神鳥居(京都八坂神社形式)・両部鳥居(四足鳥居ともいう、広島の厳島神社形式)・三柱鳥居(京都広隆寺にあった形式)・山王鳥居(総合鳥居ともいう、滋賀県の日吉神社形式)などがある。また神社のものはその建立の場所で一ノ鳥居・二ノ鳥居などと呼び、また稲荷神社のように信者が寄進して参道に林立するものもある。

**とりお-とくあん　鳥尾得庵**　(弘化四1847—明治三八1905)政治家。名は小弥太。得庵は号。長州萩の人。軍人として活躍したが、のち母の死により仏教に帰依し、とくに伊達千広の指導をうけ、仏教外護の一居士として王法論および無神論を公にした。

**とりべ-の　鳥辺野**　現在は京都市東山区の清水寺西南から大谷本廟(西大谷)の丘陵地をいうが、昔は阿弥陀ケ峰(鳥辺山)北麓の五条坂付近から南麓の今熊野あたりまでの丘陵地一帯をさした。鳥部野・鳥戸野とも書く。平安時代から葬送地として知られ、葬地としての鳥辺野は天長三年826の文献にみえるのが早く(「日本紀略」同年五月一〇日条)、栄花物語や徒然草などにもみえる。近世以後、墓域が狭少となって阿弥陀ケ峰の北麓に移るが、これは豊国廟造営で付近での火葬が禁止されたこと、親鸞の大谷本廟(西大谷)建立も影響したといわれる。〔参考〕性霊集、今昔物語集、山城名跡志三、扶桑高華志一、都名所図会三

**トルキスタン　Turkistan**　トルコ人の住む地域の意。ユーラシア大陸の最奥部地域を指し、今日では中央アジアあるいは内陸アジアという。パミール高原をはさんで東トルキスタン・西トルキスタンに分かれる。東トルキスタンは、現在の中国・新疆ウイグル自治区にほぼ相当する。北に天山山脈、南に崑崙山脈がそれぞれ東西に走り、中間がタリム盆地で、その大部分をタクラマカン砂漠が占める。天山山脈南麓沿いのオアシス伝いの交通路を西域北道、崑崙山脈北麓の交通路を西域南道と呼び、漢末(紀元前一世紀)頃から元代(一三—一四世紀にかけて、仏教がインドから中国へ伝わったもっとも重要な経路であった。西トルキスタンは現在のソヴィエト連邦トルクメン・タジク・ウズベク・カザフ・キルギスの五共和国にほぼ相当する。東西トルキスタンとも古くはアーリヤ系の民族が主に居住していたが、現在はイスラム教徒のトルコ系民族の大半を占めている。

**とるば　兜楼婆**　「とろば」とも読む。斗楼婆、尖婆、窣堵魯迦とも書き、白茅香、茅香、香草と訳す。香の名。もし梵トゥルシュカturuṣkaの音写とすれば蘇合香のこと。

**トレンクナー　Trenckner, V.**　(1824—1891)デンマークの東洋学者。パーリ語学者。ファウスベルM. V. Fausbøllに学ぶ。ミリンダ・パンハMilinda pañha(1880)およびマッジマ・ニカーヤMajjhima-nikāya(中部)第一巻(1887)の校訂出版を行った。著書にPali Miscellany(パーリ語雑記)がある。またA Critical Pali Dictionaryの編集に着手した。

**とん　貪〔無貪〕**　貪は貪欲とも貪愛ともいい、一般に自分の好む対象に向かってむさぼり求める心を起こすのをいい、煩悩《ぼんのう》の根本的なものの一とする。①梵ローバlobhaの訳で、三不善根(三種の根本悪徳、三毒)の一。これに対して心にむさぼりがないこと、またはむさぼりの反対を無貪(梵アローバalobha)といい、心所《しんじょ》(心のはたらき)の名で、倶舎宗《くしゃしゅう》では十大善地法の一とし、唯識宗では善の心所の一とする。三善根の一。②梵ラーガrāgaの訳。心所の名で、倶舎宗では不定地法の一とし、唯識宗では煩悩の心所の一とする。また六根本煩悩の一、五鈍使の一。一般に貪を対治するには不浄観を修めることを要する。欲界の

貪を欲貪といい、色界《しきかい》・無色界の貪を有貪《うとん》という。また有貪を二つに分け、これに欲貪を加えて、欲貪・色貪・無色貪の三とする。このうちで前一は五下分結《ごげぶんけつ》の一、後の二はともに五上分結の一である。欲界の貪は五蓋の一。また顕色貪《けんじきとん》（色彩に執着する貪）・形色貪《ぎょうしきとん》（姿、形、容貌などに執着する貪）・妙触貪《みょうそくとん》（肌に触れたりする触覚に執着する貪）・供奉貪《くぶとん》（起居動作に執着する貪）の四種の貪に分ける。貪によって生まれた身・口《く》・意の業を濁業《じょくごう》という。③㊵アビドヤーabhidhyāの訳。十悪の一。とくに他人の財物に対して不正な欲望を起こすことをいう。無貪は十善の一。④しかし、以上三種の梵語の区別は必ずしも明確でない。セイロン上座部の法集論ではこれらの語を同義語に用いている。

**どんえん**　**曇延**　（北魏の熙平元516—隋の開皇八588）姓は王氏。蒲州桑泉（山西省臨晋県）の人。北周の文帝に尊崇され国統となった。のち武帝の排仏により一時太行山に隠れたが、隋の世となり文帝に信任され、僧を度し、那連提黎耶舎《なれんだいりやしや》、闍那崛多《じゃなくった》の翻訳事業に参加するなど大いに仏教を宣揚した。開皇四年延衆寺を改めて延興寺とする。玄琬・道生・童真など門人が多い。著書に涅槃義疏一五巻、宝性論疏、勝鬘経疏などがあったというが、現在では涅槃義疏の断片と起信論義疏の上巻のみが伝わる。〔参考〕続高僧伝八

**どんかい**　**呑海**　（文永二1265—嘉暦二1327）時宗の僧。相模俣野郷の人。号ははじめ有阿、のち他阿と称した。時宗二祖真教について時宗を学び、智得に嗣法する。のち京都七条金光寺に住し、元応元年1319時宗四祖となる。諸国を遊行し、諸処に道場を設け、正中二年1325藤沢清浄光寺を創建した。著書、四代上人法語。〔参考〕藤沢山由来記、新編相模国風土記稿六八・一〇三

**とんぎょう**　**頓教**　〔**漸教**《ぜんきょう》〕　①説法の内容上からいって、長い間修行して後にさとりに到達する教法を漸教といい、すみやかに仏果をさとることができる教法を頓教という。或いは順序を踏んで漸進的に証果に到る教法を漸教といい、一躍してただちに仏果に到る教法を頓教という。②説法の形式上から言って、浅い内容の教えから深い内容の教えへと漸次に法を説き進める説き方を漸教といい、はじめからいきなり深い内容の教えを説く説き方を頓教という。③源空は、天台宗や真言宗などはみな頓教と言っても煩悩《ぼんのう》を断って理をさとるから漸教であり、煩悩を断たないで凡夫がただちに迷いの世界をはなれる法を説く無量寿経の教えは純粋の頓教であり、頓中の頓であるという。

**どんげ**　**曇華**　（崇寧二1103—隆興元1163）南宋代初期の禅僧。姓は江氏。応庵と号する。蘄州黄梅（湖北省黄梅県）の人。楊岐五世の紹隆《じょうりゅう》の法を嗣ぎ、江浙の大刹一二所に住した。語録一〇巻がある。〔参考〕塔銘、聯灯会要一八、普灯録一九、仏祖歴代通載二〇

**どんげ‐いん**　**曇華院**　京都市右京区嵯峨北堀町。瑞雲山と号し、臨済宗天竜寺派の尼寺。もと暦応年間1338—42天竜寺二世無極志玄の妹智泉尼が、三条東洞院の高倉宮跡に創建した通玄寺に始まる。足利義満のとき尼寺五山の一となった。その後智泉尼が通玄寺内に曇華庵を建立するが、応仁の乱で荒廃し、のち通玄寺と合せて曇華院と改めた。延宝年間1673—81に後西天皇皇女大成が中興。代々皇女が出家して住し、文化四年1807竹の御所という勅号をうけた。明治九年1876現地に移った。〔参考〕雍州府志四、山城名勝志四

**とんご**　**頓悟**　〔**漸悟**《ぜんご》〕　一足とびに究極の悟りに至るのを頓悟、漸々に順序次第を経て悟りに進むのを漸悟という。法相宗では、菩薩定性《ぼさつじょうしょう》〈⇩五姓《ごしょう》〉の者が、声聞や縁覚の過程を経ずに、ただちに菩薩の位に入るのを頓悟の菩薩（直往《じきおう》の菩薩、頓大の菩薩ともいう）、不定種性〈⇩五姓〉の者が、一旦は必ず声聞や縁覚の過程を通り、そののち心をひるがえして菩薩道に入るのを漸悟の菩薩（廻心《えしん》の菩薩）という。中国では、南宗禅（南方に弘まった慧能系の禅宗）、北宗禅（北方に弘まった神秀系の禅宗）の宗風が、教義の手段をかるとからないとの相違で、それぞれ頓悟的、漸悟的であったから、それを評して南頓北漸という。

**とんこう　敦煌**　燉煌とも書き、中国甘粛省の西北隅にある県。瓜州、沙州と呼ばれたこともある。漢の武帝(141—87B.C.在位)が敦煌郡を置いて以来、中国の版図に入れられたが、八世紀には一時、吐蕃《とばん》(チベット)の支配をうけた。北・中・南の、いわゆる三つの「絹の道」がこの地で会していたので、古くから東西交通の要衝であり、一、二世紀頃には、西域からこの地を経て、中国に仏教が伝えられた。西晋末には、敦煌生まれの月氏人竺法護が長安で活躍しており、世に敦煌菩薩と敬われ、またその弟子竺法乗は、敦煌に寺を建てて教化につとめたという。于法蘭に従って西域に赴いた于道邃《うどうずい》もまたこの地の出身と伝える。五世紀には、曇無讖《どんむしん》や曇摩蜜多《どんまみつた》が西域から来て、しばらくこの地で伝道したという。中国からインド・西域に求法する者も、多くこの地を経由しており、東晋の法顕《ほっけん》や唐の玄奘も経由している。これらの記録や敦煌出土の文書によれば、十八大寺ともいわれる仏寺に僧尼が多数居住していた。敦煌は七八〇年頃より約七〇年間吐蕃の支配下にあったため、この期間にチベット仏教と中国仏教が直接影響しあう場所となった。現在郊外には多くの石窟寺院が遺されており、なかでも、この地の東南、鳴沙山東麓の千仏洞は四六九窟を数える大石窟群であって、敦煌千仏洞・莫高窟の名で知られ、千仏巌・雷音寺とも呼ばれたという。前秦の建元二年366僧楽傳が一窟を開いたのに始まり、ついで法良禅師がその側に一窟を造り、のち刺史建平公、東陽王の手で造営され、千余窟に達したという(則天武后の頃の李君重修莫高窟仏龕碑文)。また東晋の永和九年353の開創とも伝える(ペリオ収集の沙州地誌断簡)。歴朝に新鑿補修されており、敦煌文物研究所の報告では、元魏二〇、魏八八、唐一七七、五代二九、元七、清二の窟が認められるという。なお西南の党河北岸の西千仏洞には一九窟、東の踏実河南岸の楡林窟には四〇窟、その東水峡窟(スタインのいわゆる小千仏洞)には六窟が現存している。洞内には仏像を安置し、壁面には壁画があるものも多い。清朝の光緒年間1875—1908に、一部の文書・絵画が発見され、二〇世紀初頭にはスタイン A. Stein, ペリオ P. Pelliot らが訪れて探査した。これらの遺品のおもな所蔵機関は大英博物館、大英図書館、フランス国立図書館、ギメ美術館、北京図書館、レニングラードの東洋学研究所である。文献の多くは仏典で、うち漢文とチベット語写本が大部分を占めるが、ほかにウイグル語、ウテン語、ソグド語など中央アジア言語の写本が混じり、儒教・道教・摩尼教・景教などの諸宗教・政治・経済・文芸・地誌におよぶ。また仏画・幡・繡仏・板画・種々の染織品にわたる貴重な資料がふくまれている。〔参考〕敦煌石室遺書

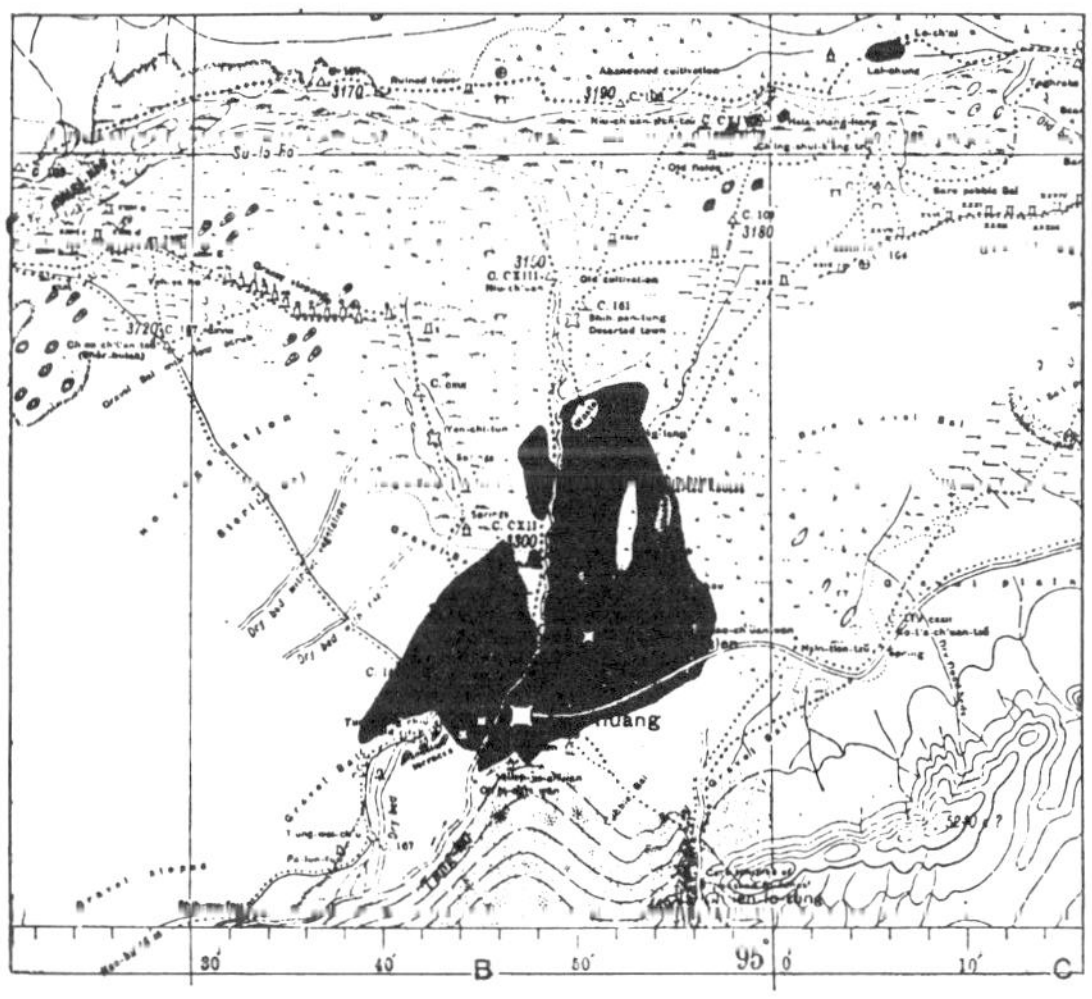

スタイン作成の敦煌付近地図

**どんこう　曇曠**　生没年不詳。唐代の僧。建康の人。倶舎・唯識を学び、長安・河西・涼城・敦煌などに歴遊し、大乗起信論広釈および略述二巻、大乗百法明門論義記一巻、大乗入道次第開決一巻などを著わした。散逸していたこれらの書は敦煌石窟から発見された。〔参考〕鳴沙余韻解説

**どんさい　曇済**　(東晋の義熙七411—劉宋の元徽三475)劉宋代の三論宗の学者。僧導の門に入って寿春東山寺に居り成実論および涅槃経を学ぶ。のち師と共に建業の中興寺に出て劉宋の大明八年464薬薗に荘厳寺を造って住した。内典塵露章などには

道生の門人とされている。著書の七宗論は早く散逸したが、般若に関する諸説を論評したものとして知られ、吉蔵の中論疏二末などに引用されている。弟子に僧宗がある。〔参考〕高僧伝七曇斌伝・八僧宗伝

**どんじゃく　曇寂**　(延宝二1674—寛保二1742)真言宗の僧。備後福山の人。字は慧旭。号は達摩扇底。同国草戸明王院の宥翁について得度し、京都五智山蓮華峰寺の禅杲《ぜんごう》に東密地蔵院流を受け、宝永四年1707五智山の主となる。のち明王院を兼務した。著書、大日経疏私記八五巻、金剛頂大教王経私記一九巻など。〔参考〕続日本高僧伝四

**とんじょう　頓成**　①(寛政七1795—明治二〇1887)真宗大谷派長光寺の僧。能登の人。字は了雄。姓は霊崎氏。高倉学寮で霊暀《れいおう》に師事して真宗学を修め、機の深信自力説を唱え、本山の聞糺をうけたが翻意せず、弘化四年1847みずから本山に対し安心不審調理方を要請した。大含、徳竜などが聞糺役となり頓成をさとし、一たん回心状を呈して正義に復したが、のち再び自説を主張し、嘉永五年1852幕府に捕えられ、豊前四日市に流された。明治元年大赦にあったが自説を曲げず、本山より処罰されること二回におよんだ。著書、笑調理論三巻、深信問答二巻など。〔参考〕頓成弘化御糺、頓成御調理　②(寛政二1790—　)真宗大谷派西方寺の僧。越後頸城郡の人。英巌と号し、一輒叟と称する。信機自力の異義を唱えて東本願寺のさばきを受け、嘉永二年1849住職を剝奪された。著書、馬鹿権勢折伏論一巻、師資啐啄篇、二種深信決択義一巻、講者安心異職論一巻など。〔参考〕調理書

**どんじょう　曇晟**　(建中三782—会昌元841)唐代中期の禅僧。姓は王氏。雲巌と称し、無住(一説に無相)大師と諡する。建昌(江西省永修県)の人。青原三世の惟儼《いげん》の法を嗣ぎ、潭州雲巌山(湖南省攸県)に住した。門下に洞山良价がいる。生没年に異説がある。〔参考〕祖堂集五、宋高僧伝一一、景徳伝灯録一四

**とんせ　遁世**　①隠居、隠遁ともいう。②世俗からのがれて仏道を修行すること。出家入道するのはみな遁世を目的とするのであるが、日本では中年になって出家するのを特に遁世といった。

**どんせん　曇遷**　(東魏の興和四542—隋の大業三607)隋代の摂論宗の学者。姓は王氏。博陵(河北省饒陽県)の人。二一歳のとき定州の曇静に従って出家し、五台山や鄴都を歴訪したが、林慮山(河南省林県)において華厳・維摩・楞伽などを研究し講説した。北周の廃仏のとき江南に逃れ、楊都の道場寺で摂大乗論を得、隋が興って仏教復興に当たり、建業を去って彭城で摂大乗論を弘めた。摂論が北方で行われるようになった最初である。闍那崛多《じゃなくった》や達摩笈多《だるまぎゅうた》の訳経を監し、文帝が仁寿元年601三〇道に宝塔を建て、翌年五十余州に廟を立てたが、これらは曇遷の力に負う所が大きい。文献皇后のために建てられた禅定寺の寺主となり、その寺で没した。摂論疏一〇巻などがあったが今伝わっていない。慧思撰の大乗止観法門は実は曇遷の作ではないかといわれている。〔参考〕続高僧伝一八

**どんたい　曇諦**　(東晋の永和三347—義熙七411一説に劉宋の元嘉424—53末)姓は康氏。支曇諦ともいう。父は康居国の人。僧䂮《そうりゃく》に師事し、呉の虎丘山寺に入って外典と並んで法華・大品・維摩などを講じたが、そののち呉興崐崙山に入って没した。〔参考〕出三蔵記集一二法論目録、高僧伝七

**どんちょう　曇徴**　(平原王二一579—栄留王一四631)高句麗の僧・画家。五経に詳しく彩画に堪能であったという。嬰陽王二一年610に僧法定と共に渡日して、五経・彩画・工芸及び紙・墨・漆・碾磑などの作り方を教えた。古くは法隆寺金堂壁画の作者を曇徴にあてた説もあった。〔参考〕日本書紀二二

**どんてい　曇貞**　生没年不詳。唐代の密教僧。不空三蔵の弟子の一人。大照禅師ともいう。八世紀の中頃、内道場持念賜紫沙門となり、青竜寺聖仏院に住した。修法に専念していたので、弟子恵果の処遇を不空に託した。大暦九年774以後しばしば雨を祈り、霊験を現わしたという。〔参考〕代宗朝贈司空大弁正広智三蔵和上表製集五

**とんな　頓阿**　(正応二1289—応安六1373)歌僧。京都の人。二階堂光貞の子。

はじめ貞宗という。叡山で得度し、高野山に登り感空と改名、のち京都四条道場金蓮寺に入り頓阿(頓阿弥)と改めた。和歌をよくし、藤原為世に師事した。兼好・浄弁・慶運と共に和歌四天王といわれる。貞和四年1348小倉山下に庵を結んだ。また三室・蔡花園などに移り、西行を慕って東山双林寺に住した。著書、草庵集一巻、続草庵集五巻、井蛙抄六巻、水蛙眼目、高野日記、十楽庵記。〔参考〕愚問賢註(続群一六下)、扶桑隠逸伝下、後鑑二六・五四・六五・六九・七五

**どんまから**　**曇摩迦羅**　㊵ダルマカーラ Dharmakāla の音写。曇柯迦羅とも音写し、法時と訳す。三国時代の訳経家。インド中部の出身。中国に来て、魏の嘉平年間249—54に僧祇律戒本一巻を訳した。これは中国における戒律の最初とされる。〔参考〕高僧伝一、歴代三宝紀三、僧史略上

**どんまじ**　**曇摩侍**　原名不詳。曇摩持とも書き、法慧、法海と訳す。西域出身の僧。前秦の建元一五年379長安で十誦律比丘戒本を誦出した。〔参考〕鼻奈耶序、出三蔵記集二・一一

**どんまなんだい**　**曇摩難提**　㊵ダルマナンディ Dharmanandi の音写。法喜と訳す。覩貨羅(トカラ)国出身の訳経僧。前秦の建元二〇年384長安に来て、竺仏念と共に中阿含経・増一阿含経を誦出した。〔参考〕僧一阿含経序、阿育王子法益壊目因縁経序、出三蔵記集二・七・九・一〇・一三、高僧伝一

**どんまび**　**曇摩蜱**　㊵ダルマプリヤ Dharmapriya の音写。法愛と訳す。インドまたは罽賓《けいひん》国出身の僧。前秦の建元一八年382正車師前部王の国師鳩摩羅跋提が長安へ来て大品般若経の梵本を献じたので、曇摩蜱が梵本を執って誦出し、仏護がこれを訳した。〔参考〕出三蔵記集二・八(摩訶鉢羅若波羅蜜経抄序)・一〇(八揵度阿毘曇根揵度後別記)、歴代三宝紀八

**どんまみった**　**曇摩蜜多**　(356—劉宋の元嘉一九442)　㊵ダルマミトラ Dharmamitra の音写。法秀と訳す。中国・南北朝時代の訳経家。罽賓《けいひん》国(カシミール)の人。東遊を志し、亀茲《じき》に数年滞在して後、敦煌、涼州に寺を興し、元嘉元年424蜀に入る。荊州を経て建業(南京)に赴き、中興寺・祇洹寺に住して講説訳経に従事した。のち鐘山の定林下寺に入り、上定林寺を創した。とくに禅法にくわしく、五門禅経要用法・観普賢菩薩行法経などを訳出した。〔参考〕出三蔵記集二・一四、高僧伝三、神僧伝三、歴代三宝紀一〇

**どんまやしゃ**　**曇摩耶舎**　㊵ダルマヤシャス Dharmayaśas の音写。法称、法明と訳す。中国南北朝時代の訳経家。罽賓《けいひん》国(カシミール)の人。弗若多羅《ふにゃたら》に師事し経律に精通した。三〇歳近くで諸国巡遊を志し、東晋の隆安年間397—401、八九歳で広州の白沙寺に来た。義熙年間405—18長安に入り、舎利弗阿毘曇論を訳した。のち江陵の辛寺で大いに禅法を広めたが、元嘉424—53の頃、西域に帰った。〔参考〕舎利弗阿毘曇論序、高僧伝一、歴代三宝紀八

**どんまるし**　**曇摩流支**　㊵ダルマルチ Dharmaruci の音写。法希、法楽と訳す。①西域出身の訳経家。律蔵に精通した。後秦の弘始七年405長安に入る。さきに弗若多羅《ふつにやたら》三蔵が十誦律を誦出したが中途で没したので、その残りを誦し、鳩摩羅什がこれを訳した。中国における広律伝訳の初めである。のち律教のない地に遊化を志し、行方がわからなくなった。〔参考〕出三蔵記集三・一二、高僧伝一・六　②インド南部出身の訳経家。北魏の景明年間500—03洛陽に来て、如来荘厳智慧光明入一切仏境界経などを訳した。〔参考〕歴代三宝紀三・九

**トンミ・サンボータ**　**Thon-mi Sambhota**　(七世紀前半)チベットの学者。ソンツェン・ガンポ Sroṅ-btsan sgam-po 王(581—649)によってインドに派遣され、仏典を翻訳するために梵語文法を学んだ。帰国後カシミールの文字を模してチベット文字およびその綴字法を考案した。またチベット語文法をつくって八部の著作を著わしたとされるが、このうち文法論 Luṅ-du ston-pa rtags-kyi hjug-pa と文法論根本三十頌 Luṅ-du ston-pahi rtsa-ba sum-cu-pa とが現存し、今日でもチベット語文法の基本書となっている。

**どんむかつ**　**曇無竭**　生没年不詳。劉宋

代の入竺僧。姓は李氏。幽州黄竜(河北省北平)の人。本名の法勇を梵語に訳して曇無竭という。法顕のあとを継いで同志の沙門僧猛・曇朗ら二五人と共に、永初元年420中国を出発しインドに入った。往路は流沙をわたって北より中天竺に入り、南天竺より海路広州(広東)に帰った。途中で同侶二〇人を失ったという。観世音菩薩授記経を得てこれを訳出した。また歴国伝(外国伝ともいう)五巻の著があったというが今伝わらない。〔参考〕高僧伝三、出三蔵記集一五

**どんむかつ-ぼさつ　曇無竭菩薩**　⇩法上菩薩《ほうじょうぼさつ》

**どんむさい　曇無最**　生没年不詳。北魏代の僧。姓は董氏。武安(河南省)の人。初め邯鄲の崇尊寺で戒典を講じたが、のち洛都の融覚寺で涅槃・華厳を講じ、菩提流支《ぼだいるし》より東土の菩薩と号された。正光元年520道士姜斌と対論し、これを伏した。大乗義章の著書があったというが今は伝わらない。〔参考〕洛陽伽藍記四、続高僧伝二三

**どんむじょう　曇無成**　(　―元嘉年間424―53)劉宋代の僧。姓は馬氏。扶風(陝西省扶風県)の人。一三歳で出家し、羅什の弟子となり、のち淮南中寺に住し、涅槃・大品などの経を講説した。実相論・明漸論などを著わしたというが今は伝わっていない。六四歳で没した。〔参考〕高僧伝七

**どんむしん　曇無讖**　(385―北涼の義和三433)「どんむせん」とも読む。㊵ダルマラクシャ Dharmarakṣa の音写。曇摩讖ともいい、法豊と訳す。中国南北朝時代の訳経家。インド中部の出身。はじめ小乗を学んだが、白頭禅師に会い、涅槃経を読んで大乗に帰した。道術にすぐれ、大呪師と呼ばれて王の寵を受けたが東遊を志し、罽賓・亀茲・鄯善・敦煌を経て、北涼の玄始元年412姑臧(甘粛省武威県)に達し、河西王蒙遜の殊遇を得て訳経に従い、国事にあずかった。慧嵩《えすう》・道朗らの協力により、涅槃・大集・大雲・虚空蔵・海竜王・金光明・悲華・地持・菩薩戒・優婆塞戒などの諸経を訳したが、とくに涅槃経を翻訳するに当たっては、中途で原典の欠けた部分を求めるためにみずから故国へ帰り、また使者を于闐《うてん》につかわすなどの苦心をした。義和三年涅槃経の後分を求めるために旅に出たのを、北魏に赴くと疑われて、蒙遜の刺客に殺された。〔参考〕出三蔵記集八・一四、高僧伝二

**どんよう　曇曜**　生没年不詳。北魏代の僧。太平真君七年446武帝が排仏を行ったとき還俗せず仏法を護持し、文成帝が即位して仏法を復興したのち厚く敬遇された。和平元年460沙門統に任じられ、僧尼の取締りに当たった。帝に奏請して大同雲岡石窟を開鑿させ、また僧祇戸・僧祇粟および仏図戸の制を設けさせた。大同石窟通楽寺に住して、和平三年付法蔵伝四巻などを訳出した。〔参考〕魏書釈老志二〇、歴代三宝紀九、広弘明集二、続高僧伝一

**どんらん　曇鸞**　(北魏の承明元476―東魏の興和四542、北斉の天保五554以後まで生存したとの説もある)東魏代の浄土教の僧。雁門(山西省代県)の人。曇巒とも書く。五台山に出家し四論の宗義に通じた。大集経の註釈を試みて中途で病になり、短命では仏教が弘められないと考えて、長生不死の法を求めて江南の句容山に仙士陶弘景を訪ね仙経一〇巻を得た。その帰途、洛陽で菩提流支《ぼだいるし》に会い、真の長生の法は浄土教にあることを教えられ、観無量寿経を授けられたので、仙経を焼き棄てて浄土教に帰したと伝えられる。なお江南にあるとき、梁の武帝に謁し、尊敬をうけたという。北地に帰って、東魏の孝静帝から神鸞と崇められ、勅によって并州の大寺或いは大巌寺に住し、晩年に汾州の石壁玄中寺に移った。また介山の陰(後に鸞公巌といわれた)に往き、多くの人々をあつめて称名念仏したという。著書に浄土論註二巻、讃阿弥陀仏偈一巻、略論安楽浄土義一巻があり、また隋書・旧唐書・新唐書・宋史には、調気方・療百病雑丸方・論気治療方・服気要訣など医方調気に関する著述があったことを伝える。〔参考〕続高僧伝六

**どんりゅう　呑竜**　(弘治二1556―元和九1623)浄土宗の僧。武蔵の人。源蓮社然誉といい、大阿故信と号する。同国林西寺岌弁《きゅうべん》について得度。江戸増上寺存貞および円也から宗戒両脈を受け、同寺存応に教

えを受けた。林西寺の主となる。相模矢部の来迎寺、武蔵国八幡山の長福寺を開き、徳川家康の殊遇を受けて上野太田大光院の開山となった。貧者の子を養育し、子育呑竜《こそだてどんりゅう》と称された。〔参考〕浄土列祖伝二、呑竜上人伝(浄全一七)

**どんりゅう　曇竜**　(明和六1769―天保一二1841)浄土真宗本願寺派の僧。字は子雲。姓は小田氏。号は竜華。安芸山県郡阿那村の人。本願寺派学林で真宗学を修め、慧雲・大瀛《だいえい》に師事し、行信論において一説をたてた。竜華派という。筑前博多万行寺の住職となり、文政一一年1828勧学職に任じられた。大行院と諡される。著書、垂釣卵一二巻(真全六二)、七釈唯信義一巻など。〔参考〕真宗僧宝伝五、学苑談叢、本願寺派学事史

**とんりん　遁倫**　生没年不詳。新羅の僧。「とりん」とも読み、道倫《どうりん》ともいう。彼の瑜伽論記に「海東　興輪寺沙門　道倫集撰」とあることによって、新羅の僧であったことが知られるのみ。著書は大般若経略記、法華経疏、勝鬘経疏など多いが、うち瑜伽論記四八巻のみ現存。

# な

**ないかんりょうねん　内鑑冷然**　内鑑冷然外適時宜《げちゃくじぎ》ともいう。内にさとったさとりは鏡のように澄んで冷やかで異なるところはないが、外に説きあらわして人を導く場合にはその時に応じて適当な方法を設けて示すから異なることをいう。智顗《ちぎ》の摩訶止観巻五上や空海の十住心論巻八などには、竜樹と天親とについて、内証は同じであるが表現に空と有との別があることを指していい、また日蓮宗では、慧思・智顗・最澄などは内心には本門の題目をさとっていたが、時が至らなかったので秘して語らなかったことを指していう。

**ないぐぶ　内供奉**　⇩僧職《そうしょく》

**ないし　乃至**　中間を省略することを表わす語。また、極限を表わす語。無量寿経には乃至十念、乃至一念という語があり、浄土教ではその解釈を重視する。①乃至十念は無量寿経巻上の第十八願にある語で、浄土教では念とは仏の名を口にとなえることであって、しかもその数の多少を問わない意であるとする。②乃至一念は無量寿経巻下にある語で、本願成就文に見える。これを源空は称名の一声と解するが、親鸞は信心の一念とする。

**ないしょう　内証**　〔外用《げゆう》〕　自己心内のさとり、或いはさとられた真理を内証または自内証といい、内証に基づいて外部に現われたはたらきを外用という。内証の類語に己証《こしょう》がある。内証が特に人に依らないで得られた場合、または自己独得のものである場合に己証という。

**ないしょう-ぶっぽう-そうじょうけちみゃく-ふ　内証仏法相承血脈譜**　一巻。最澄の撰(弘仁一〇819)。最澄が入唐相承した円・密・禅・戒の四種法門の系譜を記述した書。翌年著わした顕戒論と共に嵯峨天皇に上進したもので、円頓戒壇建立の根拠を明らかにする。⑴達磨大師付法相承師師血脈譜、⑵天台法華宗相承師師血脈譜、⑶天台円教菩薩戒相承師師血脈譜、⑷胎蔵金剛両曼荼羅相承師師血脈譜、⑸雑曼荼羅相承師師血脈譜の五首からなる。日蔵三九、伝教大師全集一　〔写本〕東京国立博物館蔵(平安時代写)　〔刊本〕享保四1719刊、同　七刊

**ないじん　内陣**　〔外陣《げじん》〕　仏殿の内部で仏像や祖師像などを安置した場所を内陣といい、その前面の参詣者の席を外陣という。

**ないてん　内典**　〔外典《げてん》〕　仏教者が仏教以外の書籍を外典と呼ぶのに対して、仏教の書籍を内典という。

**ないてん-じんろ-しょう　内典塵露章**　一巻。凝然《ぎょうねん》(1240—1321)の著。成立年不詳。日本における倶舎・成実・律・法相・三論・天台・華厳・真言・禅・浄土の一〇宗の来歴と教義とを略述した書。八宗綱要とともに初学者の入門書として珍重された。仏全三〔刊本〕天明二1782刊　〔参考〕伝律図源解下

**ない-どうじょう　内道場**　内寺ともいう。宮中に設置された仏事修行の道場。中国では東晋時代からその例があり、唐代から南宋代にかけて歴代の帝室が多くの名僧を内道場に集め、仏典の翻訳、講経、護摩、祈禱、灌頂などを盛んに行わせた。召された僧として神秀・義浄・不空・善無畏などが知られる。日本では、天智天皇(668—71在位)のころすでに内道場が設けられ、奈良時代には玄昉《げんぼう》や道鏡が内道場に入り皇室の尊崇を受けた。承和元年834空海は唐の内道場に準じて宮中に真言院を置くことを奏請して許された。〔参考〕晋書帝紀九、大宋僧史略中、宋高僧伝二・八、開元釈教録九、貞元新定釈教目録一六、続日本紀一六・三二、釈門事始考、性霊集四

**ないもんてん　内門転〔外門転《げもんてん》〕**　識のはたらき方についていう語。識が向外的に対象にむかって作用するのを外門転といい、内面にむかって自証的、内省的にはたらくのを内門転という。成唯識論巻七には、眼《げん》・耳《に》・鼻・舌・身の五識は外門転、意識は内外両門転、末那識《まなしき》・阿頼耶識《あらやしき》は内門転であるという。

**なかがわ-しゅだつ　中川守脱**　(文化元1804—明治一七1884)天台宗の僧。字は大宝、清浄金剛と号した。伊勢の人。真宗大谷派の寺に生まれた。一六歳で比叡山に登り横川安楽律院の守良に師事した。ついで寛永寺浄名院において慧澄癡空の講席に列なり天台三大部五小部を学び、また伝法灌頂を受けた。のち癡空の学風に従わず山門を去って寺門派に転じ、園城寺日光院に住して盛んに講筵を張った。また招かれて西本願寺大教校に出講したこともある。天台の学にとどまらず儒学、音韻学にも精通した。著書、法華玄義釈籤講述一五巻、摩訶止観輔行講述六巻など。

**ながしま-いっき　長島一揆**　安土桃山時代に尾張長島(現三重県桑名市長島町)を中心として起こった一向一揆。元亀元年1570本願寺顕如が諸国に織田信長に対抗する命を下すと、当地の門徒は願証寺を中心として蜂起した。同年一一月、信長の弟信興を尾張小木江城に破り自殺させた。信長は翌年五月、天正元年1573九月、同二年六月の三度にわたり攻撃し、同年九月末に願証寺佐堯以下皆殺しにして、一揆は終結した。

**ナーガセーナ　Nāgasena**　⇩那先比丘《なせんびく》

**ながたき-でら　長滝寺**　⇩ちょうりゅうじ

**ながぬま-みょうこう　長沼妙佼**　(明治二二1889—昭和三二1957)宗教家。立正佼成会開設者の一人。埼玉県北埼玉郡志多見村(現加須市)の人。本名マサ。東京で再婚し夫と共に氷屋と焼芋屋を開業。そのころ霊友会の支部長であった庭野日敬の勧めで霊友会に入信。昭和一三年庭野と共に霊友会を脱退し大日本立正交成会を結成、マサから妙佼に改名した。立正交成会が妙佼の追慕として「佼」をとり立正佼成会と改称したことは有名。

**なかの-たつえ　中野達慧**　(明治四1871—昭和九1934)浄土真宗本願寺派の僧。奈良県の人。西本願寺大学林を卒業後、東京の新教神学校でドイツ神学と宗教哲学を学んだ。のちに卍字蔵経、続蔵経、日本大蔵経の編纂刊行に従事した。インド・中国・朝鮮・日本の四カ国にわたる仏教総合著作目録の作製を生涯の念願として、中国や日本の古刹の仏書を探訪し、高野山諸院の蔵書目録、貴重古書目録を作った。編著、興教大師全集、興教大師伝。

**ながはま-べついん　長浜別院**　滋賀県長浜市元浜町。真宗大谷派。大通寺と称する。天正年間1573—92坂田・浅井・伊香の三郡の門徒が豊臣秀吉の旧長浜城址に総坊を建て、のち東本願寺一三世宣如が三男の霊瑞院宣澄をその開基と定めた。慶安二年1649徳川家の老女寿林尼(彦根藩士川村宗右衛門二女)の斡旋により現地を得、本願寺旧御影堂(伏見城遺構)を移して大通寺と号

した。以後歴代本山の連枝を住職とした(第六世明達院のみは井伊直孝の三男)。〔重文〕本堂(阿弥陀堂)、広間、客室(含山軒・蘭亭)〔参考〕近江国輿地志略八〇、本願寺誌要、中沢南水・長浜御坊三百年誌

**ながまつ-せいふう**　**長松清風**　⇩日扇《にっせん》

**なかやま-でら**　**中山寺**　兵庫県宝塚市中山寺。紫雲山と号し、真言宗中山寺派。西国三十三カ所第二四番札所。もと仲哀天皇妃大仲姫《おおなかつひめ》の葬所で、聖徳太子の建立と伝える。法相・三論兼学の道場であったが、宇多天皇の帰依を得て真言宗に転じた。霊刹として比叡山・高野山と並び称された。〔重文〕木造十一面観音立像、同薬師如来坐像、同聖徳太子坐像、同大日如来坐像〔参考〕紫雲山中山寺誌、摂津志八

**なかやま-みき**　**中山みき**　(寛政一〇1798—明治二〇1887)宗教家。天理教教祖。大和国山辺郡山昧田村(現奈良県天理市)の人。文化七年1810中山善兵衛に嫁したが、病気・家事・農作業などの辛苦が続いた。天保九年1838長男の病気加持祈禱中に突如神がかりとなり、「天の将軍」と名乗り霊感を得た。この年を天理教の立教年とする。夫の没後、安産と病気救済を中心に布教を開始し、しだいに神として尊崇されるに至った。著書、「みかぐらうた(御神楽歌)」、「おふでさき(御筆先)」など。

**ながらかつ-こく**　**那揭羅曷国**　(梵)ナガラハーラ Nagarahāra の音写。那迦羅訶などとも音写する。今のアフガニスタンの東北部、ジャラーラーバード付近にあった古国。城外に仏塔があり、そこは仏陀がその前生において燃灯仏の下で将来、仏になることを授記された故地であるという。城内には仏歯・仏髪などを安置した精舎があったと伝える。近傍には仏影窟、仏頂骨精舎などがあり、またビーマラーン、スルターンプル、ヒッダなどガンダーラ美術の古跡が知られている。〔参考〕大唐西域記二

**ナーガールジュナ**　**Nāgārjuna**　⇩竜樹《りゅうじゅ》

**ながれ-かんじょう**　**流灌頂**　流水灌頂、流旗灌頂ともいう。水中の魚貝類に仏縁を結ばせ、また無縁の亡者や水死者、あるいは産死した婦人に功徳を廻向するために修する行事。光明真言・陀羅尼・地蔵の尊像・弥陀の名号などを書いた塔婆を立て、それに白布の幡《ばん》(旗)を付け読経修法ののち河水に流す。起源は不明であるが、儀則は各流派で異なる。地蔵流しや灯籠流しなどもこれに類する。〔参考〕谷響集五、真俗仏事編五

**なきふどう-えんぎ**　**泣不動縁起**　一巻。不動利益縁起、証空絵詞ともいう。京都清浄華院蔵。重要文化財。室町時代の成立。紙本著色。不動明王の霊験を描いた絵巻(絵のみで詞はない)。三井寺の僧智興が重病にかかったとき、弟子の証空(聖空)が身を捨てて師の命に代えたいと祈願したところ、不動明王像がその志を憐んで涙を流し、明王が証空の身代わりになるであろうと告げた。智興の病苦は消え、師弟ともに長寿を得たという。〔参考〕発心集六

**なくごんな**　**諾健那**　(梵)ナグナ nagna の音写。露形神と訳す。大力を有するとされている神の名。〔参考〕倶舎論一一・一二七

**ナクツォ**　**Nag-tsho**　(一一世紀)チベットの僧。詳しくはナクツォ・ツルティム・ゲーワ Nag-tsho tshul-khrim rgyal-ba という。西チベット・ガリ Mnaḥ-ris のチャンチュブオェ Byaṅ-chub-ḥod 王の命をうけてインドのヴィクラマシラー寺に赴き、一〇四二年同寺の学匠アティーシャ Atīśa をチベットに迎え入れ、チベット仏教改革への道を開いた。

**なくら-ちょうじゃ**　**那拘羅長者**　那拘羅は(巴)ナクラピターNakulapitā (梵)ナクラピトリ Nakulapitṛ の音写の略。ナクラピターはナクフの父の意で、那憂羅父、諾酤羅父ともいう。バッガの商人で、妻の名を(巴)ナクラマーターNakulamātā (梵)ナクラマートリ Nakulamātṛ という(ナクラの母の意)。夫妻ともに篤信の在家の仏弟子として称讃され、過去世において仏の父母、祖父母、叔父母であったとさえいわれている。ハッタカ・アーラヴァカ Hatthaka Āḷavaka(手長者)は夫妻の子であるとする所伝もある。〔参考〕雑阿含経五、阿羅漢具徳経

**なこ-でら**　**那古寺**　千葉県館山市那古。

補陀落山千寺院と号し、真言宗智山派。坂東三十三所の最終札所。養老元年717行基が創建し、のち円仁が止住したと伝える。建久年間1190—99源頼朝によって再興された。寺宝、源氏系図など。〔参考〕安房志三

**なごや-べついん　名古屋別院**　①愛知県名古屋市中区門前町。浄土真宗本願寺派。伊勢桑名郡杉江村(現三重県桑名市長島町)にあった法泉寺に始まる。同寺はのち願証寺と改め永正年間1504—21本願寺八世蓮如の子蓮淳が入寺して栄えるが、天正二年1574の長島一向一揆で退転、同一四、五年頃再び伊勢国桑名郡の本願寺村(現三重県桑名市)に移転したことから、清洲の寺は通所となった。慶長年間1596—1615通所は現在地に移り享保二年1717桑名願証寺を離れて西本願寺末となった〈⇩願証寺《がんしょうじ》〉。翌年西本願寺直轄として輪番が置かれ、西本願坊(西本願寺懸所・西別院などとも)と称された。明治九年1876現在の名称となった。〔参考〕府城志、大谷本願寺通紀二、本派名古屋別院誌　②愛知県名古屋市中区橘。真宗大谷派。名古屋御坊、東本願寺本坊ともいう。天正九年1581京都二条泉竜寺の祐堅が、尾張国海東郡蟹江(現愛知県海部郡蟹江町)に支坊を建立したのに始まる。慶長一〇年1605袋町に移転し、元禄三年1690東本願寺の掛所となった。同年藩主徳川光友から北原新田(古渡城跡地)を寄進され、同一五年落慶。文化二年1805本堂再建の斧始式が行われた。第二次世界大戦で焼失したが、昭和四〇年1965本堂を復興した。〔参考〕尾張志、金鱗九十九之塵、尾張名所図会二、本願寺誌要

**ナコーン・パトム　Nakhon Pathom**　タイ国の首都バンコックの西北約五〇キロにある古都で、タイにおける最も古い都市。七—一一世紀に栄えたモーン族のドヴァーラヴァティー Dvāravatī(堕羅鉢底《だらはってい》)王国の都として知られる。プラパトム・チェディー Phrapathom Cedī(最初の塔)と呼ばれる高さ一一四メートルのタイ最大の仏塔があり、付近にも仏教の遺跡が多い。

**ナーシク　Nāsik**　インドのボンベイ市の近くにある都市。古代インドの伝説的な英雄ラーマ Rāma にちなんでヒンドゥー教の聖地とされる。近傍には二四窟よりなる仏教石窟がある。石窟は紀元前一世紀から紀元二世紀にかけて、主としてアーンドラ王朝の治下に造られたものと考えられ、美術史上重視されている。

**なせん-びく　那先比丘**　(紀元前二世紀)那先は㊵㊯ナーガセーナ Nāgasena の音写の略。那伽犀那《なかさいな》と音写し、竜軍と訳す。インドの僧。雪山《せっせん》(ヒマーラヤ Himālaya)山麓のバラモンの家に生まれ、楼漢(ローハナ Rohaṇa)尊者について出家し、三蔵を修めた。ギリシア人のミリンダ Milinda 王(ギリシア名メナンドロス Menandros)と問答をかわして仏教に帰依させた。その記録が那先比丘経として残っている〈⇩那先比丘経《なせんびくきょう》〉。

**なせんびく-きょう　那先比丘経**　二巻本・三巻本の二本がある。訳者不詳。東晋時代の訳とされる。パーリ語の蔵外文献のミリンダ・パンハ Milinda-pañhā(ミリンダ王の問い)に相当し、弥蘭王問経ともいう。那先比丘(ナーガセーナ Nāgasena)が弥蘭陀《みらんだ》王(ミリンダ Milinda)の問いに答えて仏教の教理を解説し、王を仏教に帰依させるにいたる経緯を対話形式で記す。ミリンダ王は紀元前二世紀後半頃にサーガラ Sāgala(奢羯羅《しゃかつら》)を都としてインド西北部を支配したギリシア人の王で、ギリシア名をメナンドロス Menandros という。内容は個我・霊魂・輪廻・仏陀・涅槃など仏教の根本問題がほぼ網羅され、煩瑣な論証によらず、たくみな譬喩によって解答を与えている。思想的立場としては上座部の系統に属し、大乗仏教の影響は認められない。インド的思惟とギリシア的思惟の対比を示す文献としても重要視される。なお漢訳とパーリ文とでは若干趣きを異にする点があるので、伝承の系統が別であると思われる。原形の成立は紀元一世紀、あるいは遅くとも紀元一世紀前半と推定されている。パーリ語のミリンダ・パンハはトレンクナー V. Trenckner により校訂出版された(1880)。パーリ文からの翻訳にはリス・デヴィズ T. W. RhysDavids(1890—94)、ホ

ーナー I. B. Horner (1963—64) の英訳、ニャーナティローカ Nyānatiloka のドイツ語訳(1924)などがある。また漢訳からの翻訳には高楠順次郎の英訳(1896)がある。和訳としては漢訳からの訳に干潟龍祥の訳〔国一〕論集部二)、パーリ語からの訳に金森正俊の訳(南伝五九)および中村元・早島鏡正の訳(ミリンダ王の問い・平凡社東洋文庫)がある。なおパーリ語の註釈書ミリンダ・ティーカー Milinda-ṭīkā がカンボジアで発見され、一九六一年ジャイニ P. S. Jaini によって校訂出版されている。

**なだい　那提**　㊵ナディー Nadī の音写。インド中部の人。唐の永徽六年655仏典千五百余部を携えて長安に来て大慈恩寺に住した。当時、玄奘が同寺で訳経を行っていたが、これに参加できず、顕慶元年656勅により異薬を求めて崑崙《こんろん》に赴き、南海に旅した。竜朔三年663長安に帰ったが、さきに携えてきた仏典はすべて玄奘に帰し、わずかに師子荘厳王菩薩請問経など三部を訳して同年再び南海に赴いた。〔参考〕続高僧伝四

**なだい-かしょう　那提迦葉**　⇩三迦葉《さんかしょう》

**なた-でら　那谷寺**　石川県小松市那谷町。自生山と号し、高野山真言宗。古くは岩屋寺と称した。養老元年717泰澄が開創し、のち花山法皇の御幸に際して、西国三十三所第一番の那智山と最終の第三三番谷汲寺にちなんで寺号を賜り勅願所となったと伝える。天正八年1580兵火にあって焼失したが、正保元年1644藩主前田利常によって再興された。本尊千手観音は本堂大悲閣の岩窟中にあり、一〇年ごとの開帳で知られる。〔重文〕本堂、三重塔、護摩堂、鐘楼、書院、庫裏　〔参考〕三州志来因概覧六、日本名勝地誌七

**なち-さん　那智山**　和歌山県東牟婁郡那智勝浦町の東北部に位置し、烏帽子山・光ケ峯・妙法山などに囲まれた山地一帯をさすが、同地に建立された熊野十二所権現(熊野那智大社)をはじめとする一山霊場を、単に那智山ともいう。現在山内には那智大社・青岸渡寺〈⇩青岸渡寺《せいがんとじ》〉のほか、多くの堂舎跡がある。熊野三山の一〈⇩熊野権現《くまのごんげん》〉。俗に那智四十八滝といわれ、山中には那智大滝(一の滝)をはじめ多くの滝がある。那智山が往古より一大霊場であったことは、平安時代以前の金銅仏など多数出土した那智山経塚があることで知られるが、その始源は大滝を神聖視した原始信仰にあるという。一説として、大滝は那智山の奥院とされる妙法山に登るための禊ぎの地で、のち聖地化して夫須美神(那智大社の主神)を勧請、その後多くの堂舎ができて一山霊場ができたという。永保三年1083頃以前に熊野三山の一となるが、これにより熊野詣としての那智山参詣が盛んとなった。平安末期頃には観音浄土として修験者などの聖が多く集住した。鎌倉時代に入っても後鳥羽上皇の参詣などあってにぎわったが、貞応二年1223那智一山は焼失。再建後の様子は一遍聖絵にみえる。室町時代になると、経済的基盤は神領荘園などの変質で後退し、もっぱら御師・先達の活動や、熊野山伏・比丘尼などの勧進活動にたよった。この頃の一山の様子は絵解きに用いられた那智参詣曼荼羅で知られる。慶長六年1601和歌山藩主浅野氏より社領三〇〇石を与えられ保護された。なお熊野十二所権現は明治六年1873

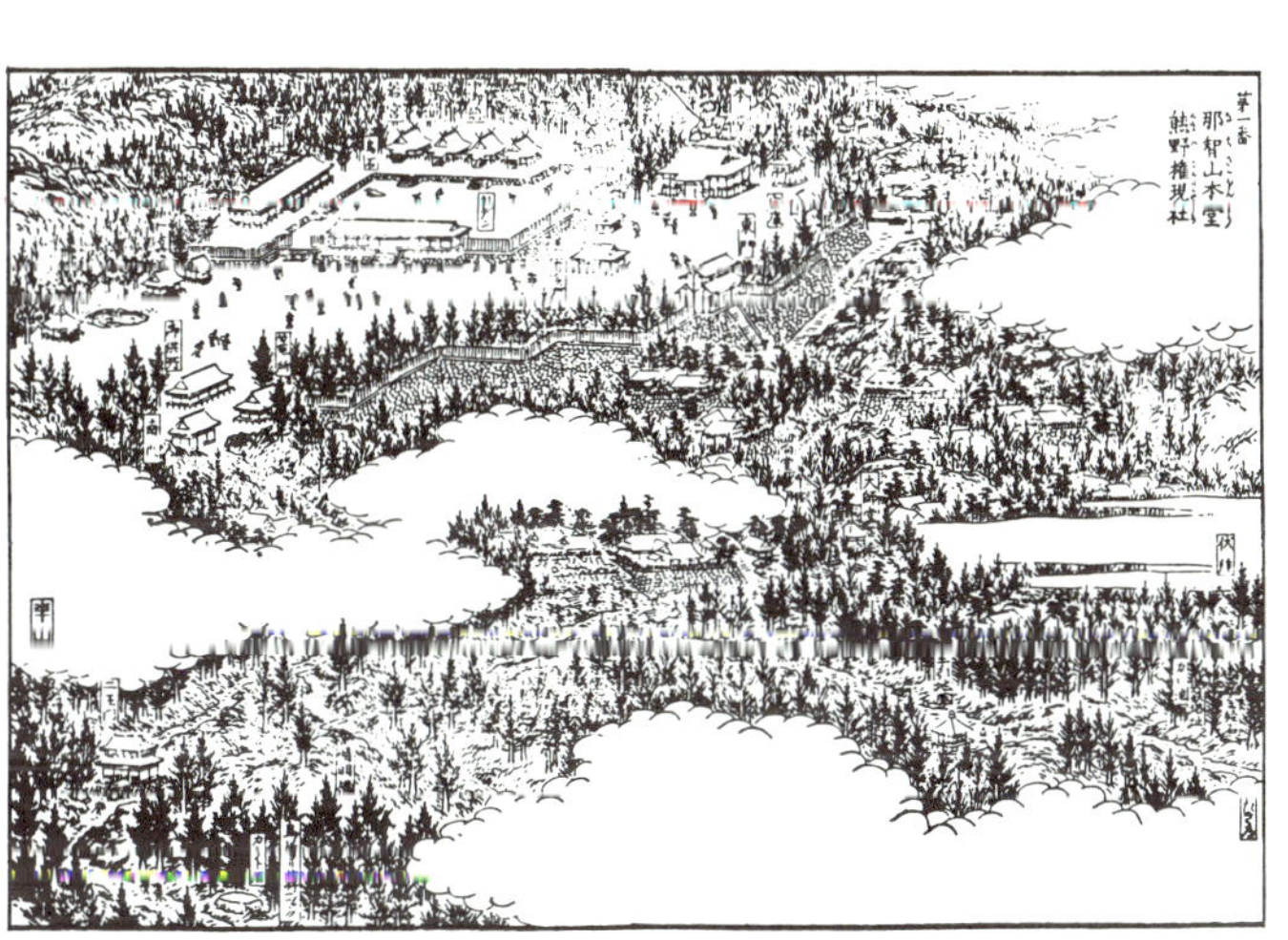

那智山（西国三十三所名所図会）

那智大社と改め、その後の改称も経て昭和三八年1963現社名となった。同社の年中行事として、七月一四日(もと六月一四日・一八日)に那智の火祭で知られる扇会式例祭(扇祭)があり、そのなかで行われる田楽は国指定重要民俗文化財。〔参考〕梁塵秘抄、熊野御幸略記、後鳥羽院熊野御幸記、百錬抄、米良文書、紀伊続風土記

**なっしょ　納所**　⇩のうしょ

**ななつ-でら　七寺**　⇩長福寺《ちょうふくじ》②

**なばまり　那婆摩利**　㊵ナヴァマーリカー navamālikā の音写で、如次第華《にょしだいけ》と訳し、新摩利迦ともいう。素馨(ジャスミン)の一種で、フジのように蔓を延ばして他の樹にまつわりつく植物。その花から香油、香水を採る。摩利迦《まりか》(㊵マッリカー mallikā またはマーリカー mālikā)は摩魯迦とも書き、次第華、藤と訳し、同種の植物。

**なみきり-ふどう　波切不動**　和歌山県高野山南院本尊の木造不動明王立像。像高八六・二センチ。平安時代中期の作。重要文化財。空海が師の恵果の命により唐から帰国の前に刻んだ像で、これにより帰途時の海上の怒濤を切り鎮めたと伝える。初め高雄山寺にあり、のち醍醐寺・熱田神宮を経て延久二年1070高野山王院に安置、その後南院に遷座された。弘安の役には筑前まで担ぎ出されたという。

**なむ　南無**　「なも」とも読む。㊵ナマス namas(文章の間では多くナモー namo となる)の音写。南牟、那謨《なも》、南謨、那摩、曩莫《のうまく》、納莫《のうまく》とも書き、帰命《きみょう》、敬礼《きょうらい》、帰礼《きらい》、信従と訳す。本来「礼する」の意味の名詞であるが、多くは敬礼の対象とともに用いて、その対象に帰依《きえ》信順する意を表わす。例えば、南無三宝(㊵ナモー・ラトナ・トラヤーヤ namo ratna-trayāya の音写と訳)は南無喝囉怛那哆囉夜野《なむからたんのうとらやや》、那謨囉怛那怛囉夜野《なもらたなたらやや》と音写し、仏法僧に帰依すること(後世、日本で驚怖して三宝の救いを請う意味から、転じて不意の出来事に驚いて発する語にもなった)。また南無阿弥陀仏〈⇩名号《みょうごう》〉、南無妙法蓮華経〈⇩題目《だいもく》〉などと、仏名や経名に冠してそれらに帰依することを表わす。

**ならえ-ほん　奈良絵本**　室町末期から江戸前期につくられた肉筆の絵入本冊子のことで、同種の絵巻物もこの名称でよぶことがある。なおその名称は明治中期以降に使用された言葉。内容は御伽草子を中心に、幸若・物語・謡曲など多岐に及ぶ。初期の画風は素朴で稚拙な趣をもち、中後期になると泥絵風の素朴なものから金銀箔を用いた細密豪華な土佐風のものまであり、全体的に優雅さはないが野趣がある。製作者は、奈良興福寺・東大寺の絵仏師が大量に描いたとされてきたが、奈良絵本といわれた名称とともに根拠はなく、奈良の絵仏師に限定することはできないといわれる。これまでの文学・絵画などが上流階級の独占物だったのが、奈良絵本の出現で庶民化した意義は大きく、江戸時代の絵入刊本に先行した。なお浮世絵と同じく明治以降、優れた奈良絵本は海外へ流出した。

**ならえん-てん　那羅延天**　那羅延は㊵ナーラーヤナ Nārāyaṇa の音写。那羅延那とも書く。仏教では堅固力士、金剛力士などとも称する。インド神話においてはブラフマー Brahmā 神(大梵天)あるいはヴィシュヌ Viṣṇu 神(毘紐《びちゅう》天)の異名とされる。仏教の守護神。仏典では大力を有する神とし、しばしばその大力が仏・菩薩の大力に譬えられ、また大自在天の分身、仏の化身などとも考えられている。のちに密迹金剛とともに二王尊と称し、伽藍の守護神とされた。密教では胎蔵曼荼羅外金剛部に列ねる。形像は一面二臂、三面二臂などがあり、迦楼羅《かるら》(㊵ガルダ Garuḍa 金翅鳥《こんじちょう》)に乗る。〔参考〕外道小乗涅槃論、大毘婆沙論三〇、大日経疏一〇、塩尻三一

那羅延天
(御室版胎蔵曼荼羅)

**ならだ　那羅陀**　ナーラダ Nālada, ナ

ーラカ Nālaka, ナランダ Nalanda, ナーランダ Nālandaなど種々に呼ばれる。マガダ国の一村。舎利弗(サーリプッタ Sāriputta)の生地であり、また入寂の地。

**なら-の-だいぶつ　奈良大仏**　⇩東大寺《とうだいじ》

**ならんだ-じ　那爛陀寺**　㊵ナーランダー・サンガーラーマ Nālandā-saṃghārāma の音写と訳。那爛陀僧伽藍とも音写する。インド中部の王舎城(㊵ラージャグリハ Rājagṛha　現在のビハール州ラージギル)の北方にあった大規模な学問寺。五世紀の前半、グプタ王朝のシャクラーディートヤ Śakrāditya 王が創建した。中国から玄奘・義浄もここに留学しており、玄奘が訪れた七世紀の頃には戒日王(シュリーハルシャ Śrīharṣa)の保護のもとにインド随一の大寺院となり、僧徒一万人を数えたという。この寺院に住した学匠としてはダルマパーラ　Dharmapāla(護法)、グナマティ Guṇamati(徳慧)、シュバカラシンハ Śubhakarasiṃha(善無畏《ぜんむい》)、ヴァジュラボーディ Vajrabodhi(金剛智)、シャーンタラクシタ Śāntarakṣita(寂護)、カマラシーラ Kamalaśīla(蓮華戒)などが有名である。一三世紀のはじめにイスラム教徒の攻撃をうけてヴィクラマシラー Vikramaśīlā寺などの大学問寺とともに壊滅した。一八六一年ラージギルの北方約一〇〇キロ余りのバラガオン Baragaon でカニンガム A. Cunningham によって遺跡が発掘され、大規模な発掘調査が行われた。

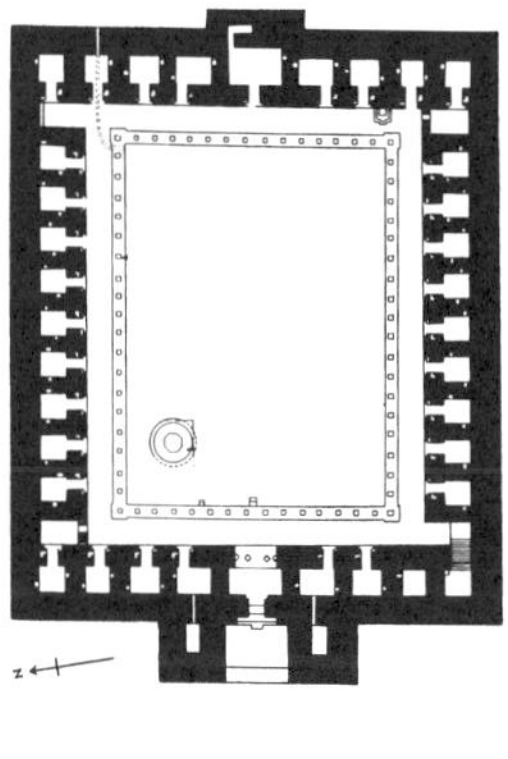

第八僧院平面図

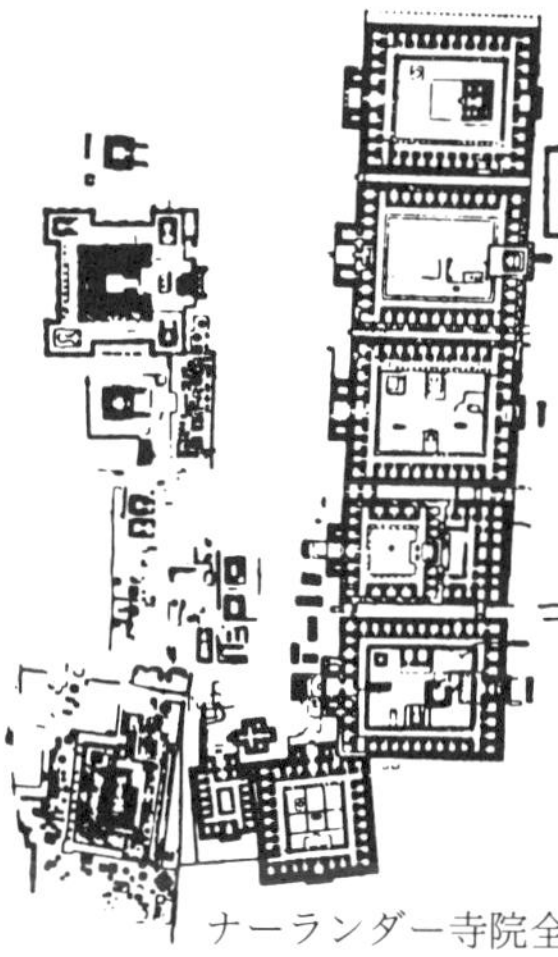

ナーランダー寺院全体図

**なりあい-じ　成相寺**　京都府宮津市成相寺。成相山(もと世野山)と号し、高野山真言宗。西国三十三所第二八番札所。俗に橋立の観音という。聖徳太子の開創とも、慶雲元年704応真の草創ともいう。再三焼亡し、寛永年間1624—44憲祐により中興された。寺地は天橋立を見下ろす景勝の地にある。〔重文〕絹本著色紅玻璃阿弥陀像、紙本墨書丹後諸庄郷保総田数帳目録　〔参考〕伊呂波字類抄、今昔物語集一六、和漢三才図会し七、日本名勝地誌七

**なれんだいれいやしゃ　那連提黎耶舎**　(490—隋の開皇九589)㊵ナレーンドラヤシャ Narendrayaśa の音写。那連提耶舎とも音写する。訳経家。インド北部の烏仗那《うじょうな》(ウドゥヤーナカ Uḍuyānaka)国の人。出家して諸国の仏跡を巡歴し、のち北斉の天保七年556中国に来遊した。文宣帝の厚遇を受けて大平寺において月灯三昧経などを翻訳、隋の天下統一後は大興善寺に住して訳経に従事した。〔参考〕続高僧伝二、法経録一、歴代三宝紀九

**ナーローパ　Nāropa**　(一一一二世紀頃)インドの後期密教学者。ナーローパはチベットでの通称で、インド名としてはナーロー Nāro が正しい。ヴィクラマシラー Vikramaśīlā 寺に住し、ラトナーカラシャーンティ Ratnākaraśānti とアドヴァヤヴァジュラ Advayavajra(別名マイトリーパ Maitrīpa) にタントラを教授したといわれる。またアティーシャ Atīśa の師の一人にも数えられる。チベットのカーギュ派 Bkaḥ-brgyud-pa の祖マルパ Mar-pa (1012—97)はインドでナーローパからヘーヴァジュラ・タントラなどを学んだと伝えられており、マルパによるナーローパの著作のチベット訳が多数チベット大蔵経に収録されている。

**なん　難**　むつかしいこと。特に仏道修

行の障碍になるものをいう。長阿含経巻九などには、きよらかな行を修めてさとりに向かうのをさまたげる難所が八つあるとし、八難、八難処、八難解法、八無暇、八不閑《はちふげん》、八非時、八悪、八不聞時節などという。即ち⑴地獄⑵餓鬼⑶畜生の三塗《さんず》のものは聖者に会えず苦に逼《せま》られて修行ができない、⑷長寿天⑸辺地《へんじ》即ち色界・無色界の諸天や北倶盧洲《ほっくるしゅう》(須弥山の北側にある世界)の人はたのしみに耽って仏法を求めず、⑹盲聾瘖瘂《もうりょうおんな》即ち視聴覚に障害のある者は中国に生まれても教えをうけられず、⑺世智弁聡《せちべんそう》即ち世俗的な智慧はあっても邪見におちいるものは正しい教えを求めることができず、⑻仏前仏後(二仏中間)は教えを説いて導く仏がこの世にいないから仏法に遇いがたいとする。北本涅槃経巻二三高貴徳王品には⑴仏の世に遇い難く、⑵正しい教えを聞き難く、⑶善心を生じ難く、⑷中国に生まれ難く、⑸人間に生まれ難く、⑹眼や耳などの諸根を具え難いとの六難を挙げるが、これは八難と内容的にはほとんど同じである。また曇鸞の浄土論註巻上には大乗を修めて仏になることをさまたげる難として、⑴外道《げどう》の相善《しょうぜん》(かたちに執われた有相善、或いは善に似て非な相似善の意)、⑵声聞《しょうもん》の自利、⑶無顧(反省することのない)の悪人、⑷顚倒の善果(人・天などの果報)、⑸自力《じりき》の五難を説く。その他、仏法に遇いがたく、仏果の得がたいことの条件が種々説かれている。また七難などのように災難を数える場合もある。⇩七難《しちなん》

**なんかい-きき-でん　南海寄帰伝**　四巻。南海寄帰内法伝ともいう。唐の義浄(635—713)の著。義浄がインド・南海諸国で見聞した説一切有部の所伝による仏教僧徒の日常の威儀・戒行・僧院生活の規範などを詳細に記述して正範の弘通を願ったもの。戒律に関する記事が中心で教義を主とするものではないが、当時のインド・南海諸国の教界の事情をよく伝える。義浄がインドからの帰途、シュリーヴィジャヤ Śrivijaya (室利仏逝《しつりぶつせい》、七—一一世紀ころスマトラに栄えた王国)に滞在し、ここで大唐西域求法高僧伝などと共にこの書を著わし、武周の天授二年691長安へ託送した。㊅五四、国一史伝部一六、英訳 J. Takakusu : A Record of the Buddhist Religions as Practised in India and the Malay Archipelago by I-tsing(1895)〔註釈〕飲光・解纜鈔八巻(仏全一一四)、撰者不明・私記四巻、脇谷撝謙・講義四巻

**なんがくしだいぜんじ-りっせいがんもん　南岳思大禅師立誓願文**　一巻。陳の慧思の著(永定二1558)。慧思がみずからの求道の過程における内的な苦悩と障害を克服するために堅固な菩提心を発し、末世における自利利他の行を完成しようとした願文。末法思想が顕著に現われていることで著名。ただし歴史的には若干疑問とすべき点がある。㊅四六〔参考〕続高僧伝一七

**なんがく-たんでん-き　南岳単伝記**　一巻。清の弘儲(1605—72)の編。成立年不詳。中国禅宗の南宗の一派である南岳より分派した臨済系の立場から、禅の伝灯の次第を記したもの。釈迦牟尼仏より第六九祖南岳般若寺の弘儲までのインド・中国にわたる各祖の略伝を述べ、各伝に南潜の評を付している。㊮二乙・一九・五

**なんが-ほうご　南柯法語**　二巻。超然の著(文政九1826)。老若数人が問答しているのを夢にみたという構想のもとに、真宗の宗義上の主要な論点を詳述した書。大谷派で行われた安心説を非難しており、幕末の東・西両本願寺の宗学の上に相違点があったことを示している。真全五四

**なんぎょう　難行**〔易行《いぎょう》〕　宗教上の実践のむつかしい行為を難行、たやすい行為を易行という。竜樹の十住毘婆沙論巻五易行品には、「菩薩が不退の位に至るための方法に難行道と易行道とがあり、前者は陸上を歩いてゆくように苦しく、後者は海上を船でゆくように楽である」とある。浄土教ではこの説に基づいて仏教を難易二道に分け、難行道は自力聖道門であり、易行道は他力浄土門であるとする。

**なんけ　難化**　化とは教化。おしえみちびき、仏道を証《さと》らせることのむつかしいこと。なお、欲界の諸天は上妙の五欲にとらわれ、色界の諸天は世間禅定の楽にとら

われているので教化が難しいことを二難化という。

**なんけい　南渓**　(寛政二年1790または天明三1783―明治六1873)浄土真宗本願寺派の僧。筑前の人。字は伝灯。淮水または覚音房と号した。光円寺の大乗の門に入って宗学を学び、また諸方で天台・華厳・法相の学を修めた。儒者中井積善をはじめ神道、キリスト教などからの排仏論に反論し、また宗義の顕揚につとめた。護法の論著が多い。安政三年1856勧学となり、元治元年1864円成院の号を授けられた。著書、角毛偶語五巻、杞憂小言二巻、教行信証講録二〇巻など。〔参考〕学苑談叢、本願寺学事史

**なんけ-の-さんき　難化の三機**　教化しにくい三種類の者。北本涅槃経巻一一現病品に、謗大乗(大乗の教えをそしるもの)、五逆(五逆罪を犯したもの)、一闡提《いっせんだい》(正しい教えを聞いても信じる心のおこらぬもの)の三者を、治しにくい病気に喩えて「難治の三病《なんじのさんびょう》」といい、声聞《しょうもん》・縁覚《えんがく》・菩薩《ぼさつ》の三乗の教えでは救うことができず、一乗の教え(親鸞は阿弥陀仏の本願)によってのみ救いうると説く。難治の機ともいう。

**なんこん　男根**　⇩女根《にょこん》

**なんしゅう-じ　南宗寺**　大阪府堺市南旅籠町東。臨済宗大徳寺派。竜興山と号する。大永六年1526古岳宗亘の開創。もと南庄紬松にあり南宗庵と称したが、弘治三年1557三好長慶が亡父元長の菩提所として宗亘門下の大林宗套を開山とし、現地に移して現称に改めた。天正元年1573足利義昭によって十刹に加えられた。慶長二〇年1615大坂夏の陣の前哨戦で焼けたが、元和九年1619までに沢庵宗彭により中興された。寺宝、天文版論語版木など。〔参考〕堺鑑中、和泉名所図会一、日本名勝地誌一、東海和尚紀年録

**なんじょう-じんこう　南条神興**　(文化一一1814―明治二〇1887)福井県南条郡南越前町金粕、真宗大谷派憶念寺の僧。大含について宗学を修め、また根来寺《ねごろじ》の大幢に倶舎・唯識を学んだ。是海の異安心問題の解決につとめ、またキリスト教を破斥し護法に努力した。明治一六年講師となる。著書、無量寿経講弁六巻、広文類玄譚分科論草五巻、釈教正謬弁駁一巻など多い。〔参考〕大谷派学事史、大谷派先輩著述目録

**なんじょう-ぶんゆう　南条文雄**　(嘉永二1849―昭和二1927)梵語学者。真宗大谷派の僧。美濃大垣の誓運寺に生まれ、明治四年1871福井県金粕の憶念寺南条神興の養嗣となった。明治元年二〇歳で高倉学寮に学び、同九年笠原研寿と共にイギリスに留学、マックス・ミュラー Max Müller などに梵語学を学んで一七年に帰朝した。留学中、大明三蔵聖教目録の訳補(A Catalogue of the Chinese Translation of the Buddhist Tripitaka, Oxford, 1883. 一般に南条目録 Nanjio Catalogue の名で知られる)を刊行し、梵文の大無量寿経、阿弥陀経を校訂出版した。東京大学講師、真宗大学教授などを歴任、明治三九年帝国学士院会員となった。大正三年1914から同一二年まで大谷大学学長。サンスクリット仏典研究の業績が多く、前記の他、オランダのケルン H. Kern と共編の梵文法華経をロシアで刊行し(1912)、梵文入楞伽経を日本で刊行した(1923)。〔参考〕南条文雄・懐旧録、南条文雄自叙伝、Max Müller：Bunyiu Nanjio(太宰訳・大谷学報九ノ一)

**なんぜん-いん　南禅院**　京都市左京区南禅寺福地町。臨済宗南禅寺派。南禅寺の別院。もと亀山上皇の離宮の上宮。のち上皇の廟殿となった。応仁の乱で荒廃したが、元禄一五年1702徳川綱吉の母桂昌院によって再興された。〔重文〕木造亀山天皇坐像

**なんせん-かくいちえんそう　南泉画一円相**　禅宗の公案の一。南泉拝忠国師ともいう。馬祖道一に嗣ぐ南泉普願(748―834)・帰宗智常・麻谷宝徹の三人が南陽慧忠国師(　―775)を訪ねて行く途中、南泉が路上に一つの円を描いて、各自の悟境を問うた故事。帰宗は直ちに円相の中に坐し、麻谷は円相に対してうやうやしく礼拝したので、南泉は、もうすでに慧忠国師を拝したとってこ人を叱り、慧忠を訪ねるのをやめたというもの。円相はここでは禅の当体を示し、帰宗がその中に坐したのは、本来それが各自に完全に具わっている意。〔原文〕碧巌

録六九則、景徳伝灯録八、五灯会元三

**なんせん-ざんみょう　南泉斬猫**　禅宗の公案の一。南泉普願(748—834)の門弟たちが、一匹の猫について争っていたので、南泉は猫を真二つに切って対立の根を絶つべきことを教えた故事。その晩、南泉は同じく門下の趙州従諗《じょうしゅうじゅうしん》(778—897)に「君ならどうしたか」と問うたところ、趙州は履いていた草鞋を頭上に戴いて立ち去った。南泉は「君が居合わせたら猫の生命は助かったであろうに」といって、趙州を賞したという。〔原文〕碧巌録六三・六四則、無門関一四則、景徳伝灯録八、趙州録上

**なんぜん-じ　南禅寺**　京都市左京区南禅寺福地町。瑞竜山と号し、臨済宗南禅寺派本山。正応四年1291亀山上皇が離宮(禅林寺殿)を改めて寺とし、無関普門を開山に請じたのに始まる。その後、諸堂・子院が逐次造営され、寺領も付せられた。応安二年1369延暦寺との紛争により楼門が破却されたが、至徳三年1386には京都・鎌倉の五山十刹の制により、当寺は天下第一、五山之上とされた。応仁の兵火にかかって荒廃したが、二六六世の玄圃霊三は豊臣秀吉に遇されて再建を進め、二七〇世の以心崇伝は徳川家康の信任が厚く、特に山内の金地院が僧録司に任じられるなど寺門の繁栄をみた。歴代住持には一山一寧・夢窓疎石・虎関師錬・竺仙梵僊・義堂周信など多くの碩徳が輩出し、歴朝の帰依を受けた。境内には別院の南禅院、塔頭の天授庵・帰雲庵・金地院・聴松院ほかがある。〔国宝〕方丈、亀山天皇宸翰禅林御起願文案　〔重文〕三門、勅使門、絹本著色大明国師像、同釈迦十六善神像ほか多数　〔参考〕天下南禅寺記、南禅寺誌稿、桜井景雄・南禅寺史

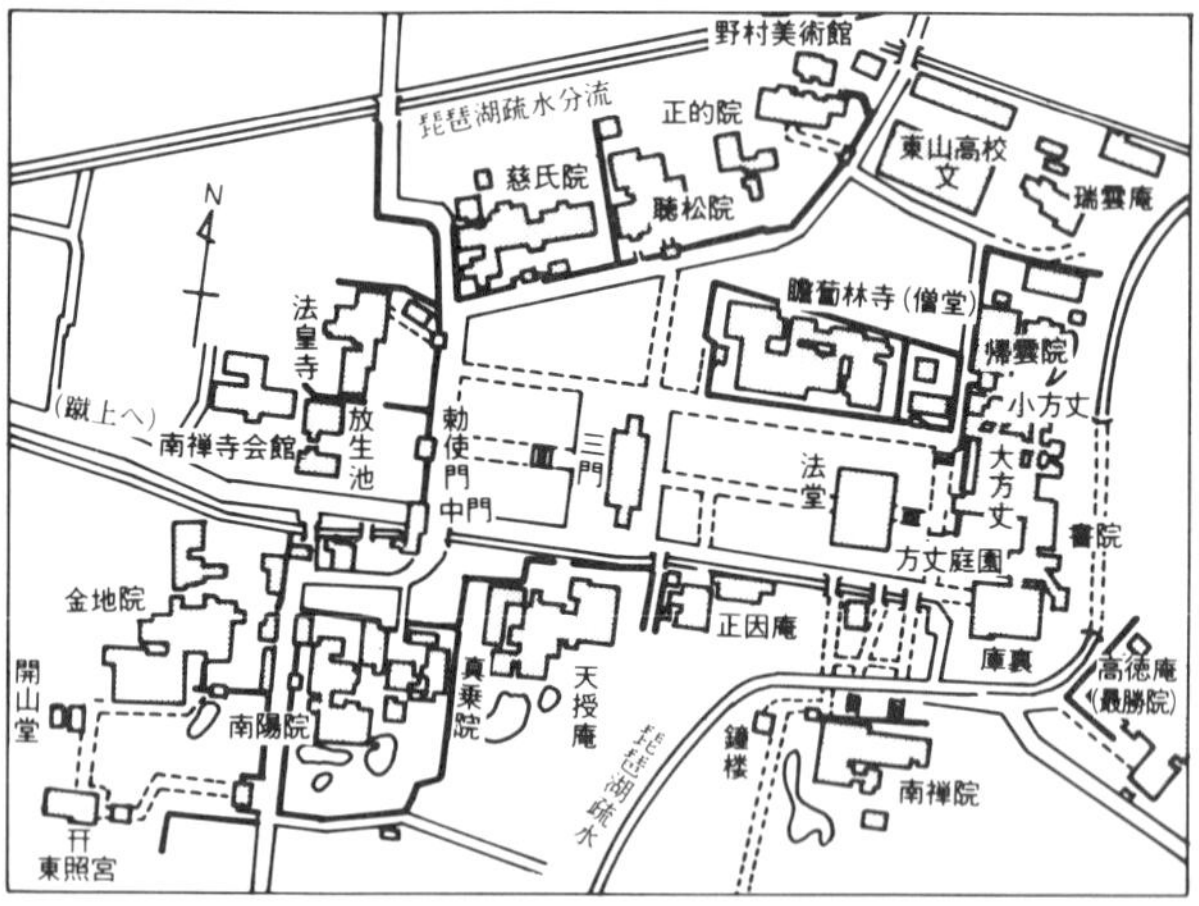


南禅寺略配置図

**なんせん-はい-ちゅうこくし　南泉拝忠国師**　⇩南泉画一円相《なんせんかくいちえんそう》

**なんせん-ふせってい-の-ほう　南泉不説底法**　禅宗の公案の一。不是心仏ともいう。南泉普願(748—834)と百丈惟政との問答。百丈が「曾て一度も説かれなかった法は何か」と問うたのに対して南泉が「心でも、仏でも、物でもない」と答えた故事。物は衆生を意味し、心と仏と衆生との三を越えたところに法を見よと教えたもの。百丈惟政は涅槃和尚とも呼ばれ、百丈懐海の嗣に当たる。〔原文〕碧巌録二八則、無門関二七則、景徳伝灯録九

**なんだ　難陀**　㊵ナンダ Nanda の音写。歓喜と訳す。①仏弟子。スンダラー・ナンダ Sundarā-nanda ともいう。仏陀の父の浄飯王《じょうぼんのう》(スッドーダナ Suddhodana)とその後妻の摩訶波闍波提《まかはじゃはだい》(マハーパジャーパティー Mahāpajāpatī)との子で、仏陀の異母弟。はじめは妻の愛にひかれて出家することを欲しなかったが、のち仏陀の勧めにより出家し、阿羅漢果を得た。のちに二世紀頃の仏教詩人馬鳴《めみょう》(アシュヴァゴーシャ Aśvaghoṣa)が、彼の出家を主題とする叙事詩サウンダラ・ナンダ Saundara-nanda を作った。〔参考〕雑宝蔵経八、仏五百弟子自説本起経、増一阿含経七　②(六世紀頃)唯識十大論師の一。安慧(スティラマティ Sthiramati)や浄月(シュッダチャンドラ Śuddhacandra)と同時代の人で、勝軍(ジャヤセーナ Jayasena)の師。識のはたらきに関して見相二分の説を立てて二分家と称され、種子はみな新熏すなわち経験によって新たに形成されるものであるとして新熏家と称された。〔参考〕成唯識論一・二

**なんだい　難提**　㊁㊵ナンディヤ Nandiya の音写。①釈迦族出身の比丘。阿那律

（アヌルッダ Anuruddha）、金毘羅（キンビラ Kimbila）とともに出家し、三人はよく助け合って道を修めたという。仏陀・阿難・阿那律らと従兄弟の間柄とも伝える。〔参考〕中阿含経第七二経　②釈迦族出身の在家の信者。迦毘羅衛《かびらえ》城（カピラヴァットゥ Kapilavatthu）に住した。仏陀が城外へ去って遊行に出るのを悲しんだので、仏陀は彼のために六念の法を説いたという。〔参考〕雑阿含経第三〇経

**なんだか　難陀迦**　㊁㊵ナンダカ Nandaka の音写。難鐸迦《なんたくか》とも音写する。舎衛城（サーヴァッティー Sāvatthi）のクシャトリヤ出身の比丘。比丘尼に対して法を説くことに巧みであったので比丘尼教誡第一の者と称された。〔参考〕Theragātha 279―282, 有部毘那耶三二

**なんてん-の-てっとう　南天の鉄塔**　南天竺（インド南部）にあったと伝える鉄塔。仏陀の滅後八〇〇年の間は開かれなかったが、竜樹（竜猛）菩薩が塔内に入って金剛薩埵から灌頂を受け、塔中に秘蔵されていた金剛頂経・大日経を授けられたという。密教ではこれを鉄塔相承と称して重んじるが、東密では鉄塔を仏の自内証の道場である理塔と考えて塔内相承を主張するのに対して、台密では事塔とみなして塔外相承の説を立てる。なお、鉄塔に法華経などを蔵したという類似の伝説もある。〔参考〕教王経開題、渓嵐拾葉集九三・九四

**なんど　難度**　度は済度《さいど》、救済の意。まよいの此岸（現実）から仏果の彼岸（理想）にわたることの困難なこと。生死《しょうじ》をくりかえして脱れ出ることのできない迷いの世界を、海が深く広くて渡ることの困難なのにたとえて、難度海といい、仏の教えはしばしば海を渡る船にたとえられる。

**なんと-しちだいじ-じゅんれいき　南都七大寺巡礼記**　一巻。著者不詳。古写本の奥書に、享徳元年1452古記をもって書写したとあるので、室町初期の成立であることが知られる。南都における東大寺・大安寺・西大寺・興福寺・元興寺《がんごうじ》・薬師寺・法隆寺の七大寺、および大和国の諸寺、また延暦寺・京都鎌倉の五山、それぞれの寺院の堂宇・安置仏・法会などの状態や由来を記したもの。七大寺に関する記述は大江親通の七大寺巡礼私記によったところが多い。なお私記は親通が保延六年1140三月に南都を巡礼した際の紀行文。またこれよりさき同人が嘉承元年1106に巡礼したときの紀行文もあり、七大寺日記と称する。いずれも平安末期の南都諸寺院の状態を知る資料である。仏全一二〇、続々群一

**なんば-べついん　難波別院**　大阪市中央区久太郎町。真宗大谷派。南御堂とも称する。本願寺教如が文禄二年1593職を弟の准如に譲り、同四年摂津西成郡渡辺に石山本願寺の旧縁を復して大谷本願寺を建立したのに始まる。慶長三年1598豊臣秀吉の大坂町整備により現地に移転。同七年教如が京都烏丸に東本願寺を興したのに伴って、大谷本願寺は大坂御坊と称し、別院として長泉寺明寂を留守職に任じた。以後、明誓らが職を継いだが、寛文一一年1671改めて輪番制とした。第二次世界大戦で全焼、昭和三六年1961再建した。〔参考〕本願寺誌要、難波鑑四・六

**なんばん-じ　南蛮寺**　京都市中京区蛸薬師通室町西入姥柳町にあったキリシタン聖堂。永禄二年1559ポルトガルの宣教師ガスパル・ヴィレラ G. Vilela が京都で伝道を開始し、同四年に仮の天主堂を建てたが、のち織田信長の保護をうけて天正四年1576四条坊門に和風三階建の会堂を建立して、珊太満利亜《さんたまりあ》御上人寺あるいはサンタ・マリア御昇天の寺と号し、俗に南蛮寺と称した。同一五年豊臣秀吉による宣教師追放に際して本寺も破壊された。現在、妙心寺塔頭春光院に本寺の鐘を伝えている。なお、各地のキリシタン寺院を一般に南蛮寺と称することもある。〔参考〕フロイス・日本史、岩松堂文書

**なんぼう-そうけい　南坊宗啓**　生没年不詳。安土桃山時代の禅僧、茶人。南宗寺集雲庵の住職。慶首座ともいう。茶湯を千利休に学び、茶道の奥義を伝授された。文禄二年1593二月利休の三周忌をおえて、いずこともなく立ち去ったという。著書、南坊録七巻。

**なんよう　南要**　（嘉慶元1387—文明二1470）時宗の僧。弥阿と号した。京都（一説に美濃）の人。時宗一三祖尊明の門に入り、のち一六祖を嗣いだ。また藤沢の清浄光寺の第九世を継いで同寺を復興し、さらに美濃国垂井に金蓮寺を開いた。著書、四国廻巡記一巻。〔参考〕新編相模風土記稿一〇三、清浄光寺記録、遊行系譜

# に

**にい-でら　二井寺**　⇩極楽寺《ごくらくじ》②

**にえこう-しがん　二廻向四願**　浄土真宗教義の大綱を示す語。教行信証に「謹んで浄土真宗を按ずるに二種の廻向あり。一には往相、二には還相《げんそう》なり。往相の廻向に就て真実の教行信証あり」と説く。即ち、衆生が極楽に往生する因果（教行信証の四法）も、極楽に往生した後に再びこの世に還って他の衆生を救う能力も、共に阿弥陀仏が衆生に与えるものであることを二廻向とし、このうち往相廻向に第十七（行〈または教をも含む〉）・第十八（信）・第十一（証）の三願を配し〈⇩四法三願《しほうさんがん》〉、還相廻向に第二十二願を配するから、二廻向四願という〈⇩本願《ほんがん》〉。なお、教を往相廻向におさめるか否かについては異説がある（文類聚鈔に教を除いて行信証を往相廻向とし、本願力の廻向に二種ありと示すのによる）。

**に-おう　二王**　寺院の建物を守るために寺門の左右両側に安置してある金剛力士の像。二王尊、二天ともいう。一は開口し、一は閉口しているが、これは阿と吽《うん》との二字によって万物の始終を表わしているといわれ、二像を密迹金剛（左）と那羅延金剛（右）、密迹と金剛、金剛と力士などに分けて名づけることがあるが、これは密迹金剛力士と呼ばれる一体の名を分けたのにすぎない。この二王尊を安置してある門を二王門（仁王門）という。〔参考〕大宝積経密迹金剛力士会、仏入涅槃密迹金剛力士哀恋経、大日経三、南都七大寺巡礼記（元興寺の条）、秘蔵記私本抄三、和漢三才図会一九、塩尻三一

二王（覚禅鈔）

**にがつ-どう　二月堂**　⇩東大寺《とうだいじ》

**にがびゃくどう-ず　二河白道図**　善導の観経疏散善義に説かれる二河白道の譬喩を描いた絵画。群賊悪獣に追われた人が西に向かって逃げてゆき、水と火に挟まれた幅の狭い白道に出会って進退両難に陥ったとき、東岸からは白道を進んで難を逃れよと勧められ、西岸からは白道を渡り来たれと招かれ、遂に心を決めて白道を渡って西岸に至り福を受けたという。水・火の二河は衆生の貪愛と瞋恚に、白道は清浄な信心に喩え、東岸の釈迦の勧めと西岸の阿弥陀の招きとによって、人は願心を生じ浄土に往生することを示す。図絵では下方の前景に東岸の娑婆世界、中景には願生者がゆく細い白道、上方の遠景には西岸の極楽浄土が描かれている。京都光明寺蔵の絹本著色二河白道図（鎌倉中期、重文）が有名。

**ニガンタ・ナータプッタ　Nigaṇṭha Nātaputta**　⇩尼乾陀若提子《にけんだにゃくだいし》

**にきょう　二教**　①仏教を二種に分類したもの。教説の意味内容、実践の方法、説法形式、教えを説く者（教主）、教えを受ける対象などの差異によって分けられ、多種の説がある。即ち㈠小乗教と大乗教。㈡半字教（声聞蔵《しょうもんぞう》）と満字教（菩薩蔵《ぼさつぞう》）。㈢生空教《しょうくうきょう》（人無我のみを説いた教え）と法空教《ほっくうきょう》（人法二無我を説いた教え）（㈠㈡㈢はほぼ同じ意味）。㈣頓教《とんぎょう》と漸教《ぜんぎょう》。

(ホ)三乗教と一乗教。(ヘ)権教《ごんきょう》と実教。(ト)称法の本教と逐機《ちっき》の末教。(チ)同教一乗と別教一乗。(リ)有相《うそう》大乗教と無相大乗教。(ヌ)化教《けきょう》と制教。(ル)教と禅。(ヲ)顕教《けんぎょう》と密教。(ワ)屈曲教《くつごくきょう》(衆生の性質能力に応じて釈迦仏が説いた経)と平道教《びょうどうきょう》(法性《ほっしょう》に順じて自在に毘盧舎那仏《びるしゃなぶつ》が説いた経)(唐の印法師の説)。(カ)聖道教《しょうどうきょう》(聖道門)と浄土教(浄土門)。(ヨ)釈迦教と弥陀教〈⇩二尊《にそん》〉。(タ)要門教(定散自力《じょうさんじりき》の教え)と弘願教《ぐがんきょう》(他力念仏の教え)などである。②北周の道安の二教論には内教(精神を救う教え、仏教)と外教(形体を救う教え、儒教)とを分けている。また中国では仏教と道教とを二教ということがある。

**に-ぎょう　二形**　男女二つの性器を併せもつ者。扇搋《せんだ》、半択迦《はんちゃか》と同様に出家受戒を許されず、また律儀《りつぎ》も不律儀もないとする。

**にきょう-ろん　二教論**　一巻。北周の道安の著。仏教と道教の優劣同異を論じ、仏教の立場から道教を排撃し、兼ねて儒教をも批判したもの。一二篇より成り、東都の逸俊童子と西京の通方先生とによる問答の形式をとる。北周の天和四年569勅により儒仏道三教の討論が行われたが決着がつかず、武帝は司隷大夫甄鸞に勅して道仏二教の一致点を見出させようとした。しかし翌年甄鸞が上書した笑道論三巻は仏教を擁護し道教の堕落ぶりを批判したので、武帝はこれを廃棄した。そこで道安が二教論を著わして更に仏教の優越性を説いたところ、二教の諍論はしばらく止んだという。広弘明集(道宣編)巻八に収める。㊅五二、国一護教部二

**にくじき-さいたい　肉食妻帯**　持妻食肉、蓄妻噉肉ともいう。出家の比丘《びく》が妻をめとり肉類を食べること。出家者が妻を娶り肉類(浄肉を除く)を食べることは戒律に禁じられているが、大品般若経巻一などには在家の菩薩《ぼさつ》が妻子をもつことを説いてある。或いは諸法実相を悟れば婬欲もまた道にかなったものであるとし、或いは末世には僧が子の手をひいて酒屋を呑み歩くことがあるけれどもその酒を因縁としてさとりを開く、などと説く経典(大悲経巻三)もある。また鳩摩羅什《くまらじゅう》や窺基《きき》は妻を持つように強要されたといわれる。中国や日本において、一般の僧侶には禁じられていたが、一部には妻を持つ風習が行われ、また認められていたものもあるようである。浄土真宗や修験道《しゅげんどう》では早くから肉食妻帯を許している。

**にくだこうは　尼瞿陀劫波**　⇩婆耆舎《ばぎしゃ》

**にくだ-ぼんじ　尼拘陀梵志**　尼拘陀は(梵)ニヤグローダ Nyagrodha (巴)ニグローダ Nigrodha の音写。尼倶陀、尼拘律陀などとも音写し、無恚または不瞋と訳す。梵志はバラモンの意。仏を誹謗して逆にその教化を受けた外道苦行者の名。ジャイナ教徒であったと考えられる。〔参考〕長阿含経八、尼拘陀梵志経

**にくりつ-おん　尼拘律苑**　(梵)ニヤグローダ・アーラーマ Nyagrodhārāma (巴)ニグローダ・アーラーマ Nigrodhārāma の音訳。無節園と訳す。迦毘羅衛《かぴら》城(カピラヴァットゥ Kapilavatthu)外にあった園林。仏陀が成道ののちはじめて迦毘羅衛を訪れたとき、まずこの園林に入って、空中を歩きつつ説法したと伝える。その後もしばしば仏陀説法の会処となった。〔参考〕大唐西域記六

**にくりつじゅ　尼拘律樹**　尼拘律は(梵)ニヤグローダ nyagrodha の音写。また尼拘陀樹《にくだじゅ》、尼拘類樹《にくるいじゅ》、尼倶盧陀樹《にくるだじゅ》、諾瞿陀樹《だくくだじゅ》ともいい、無節、縦広、多根と訳す。榕樹に似たクワ科に属する樹の名。南方の熱帯地に産し、高さ一〇《メートル》から一五《メートル》、葉は長楕円形で先端は尖っている。枝から垂れさがった気根が地に達して根を生じ、次第に四方にひろがってよく繁茂する。種子は小さい。小さい因から大きな果報を得ることの喩え、また物を覆うことの喩えとする。

**にけんじ-もん-むがぎ-きょう　尼乾子問無我義経**　一巻。馬鳴《めみょう》(アシュヴァゴーシャ Aśvaghoṣa)の編集と伝える。北宋の日称らの訳。尼乾子(ジャイナ教徒)と大乗者との問答の形をとる。尼乾子が最上の我の存在を主張するのに対して、大乗仏教の

立場から勝義においては我もなく無我もなく空であると説く。㊅三二、国一論集部一

**にけんだ-にゃくだいし　尼乾陀若提子**　㊵ニルグランタ・ジュニャータプトラ　Nirgrantha Jñātaputra ㊁ニガンタ・ナータプッタ Nigaṇṭha Nātaputta の音写。ナータ族出身のニガンタ派教徒の意。略して尼乾子《にけんじ》・尼犍子などと書く。六師外道の一人。ジャイナ Jaina(耆那)教の開祖。本名をヴァルダマーナ Vardhamānaという。仏陀より二〇歳年少で、仏滅の一〇年後に没したとされる。ヴェーサーリー Vesālī の王族の出身といわれ、三〇歳のとき出家して沙門となり、一二年間の苦行を経て大悟しジナ Jina(勝者)となり、マハーヴィーラ Mahāvīra(大雄)と名のった。因襲的なバラモン教の教権に対抗し、ニガンタ派を基礎として新しくジャイナ教を起こした。ただしジャイナ教の伝承では彼以前に二三人の祖師がいたとして彼を第二四祖とする。彼の教説は、この世の生存を業にもとづく苦の生存であるとする認識から出発して、輪廻から解脱への理論と実践とを説くなどの点で、仏教と類似点が多い。また教団形成や聖典編集の過程などにおいてもジャイナ教と仏教とは共通するところが多い。仏教との接触がしばしばあったらしく、仏典には、サッチャカ・ニガンタプッタ　Saccaka　Nigaṇṭhaputta(薩遮尼乾子)と仏弟子のアッサジ Assaji(阿説示、馬勝《めしょう》)との対論が伝えられている〈⇩ジャイナ教〉。〔参考〕雑阿含経五、中阿含経三〇、大薩遮尼乾子所説経、注維摩詰経三

**にこう　日向**　(建長五1253—正和三1314)日蓮門下の六老僧の一。安立院と号し、佐渡阿闍梨、民部阿闍梨と称する。安房国男金の人。比叡山で出家したが、一三歳のときから日蓮に随侍した。師命により駿河の滝泉寺で化導し、日蓮の没後、上総藻原に妙光寺(現藻原寺)を開き、正応元年1288身延山の祖廟輪番制の廃止後、身延山の二世となった。著書、高祖大聖人御講聞書一巻(日蓮述・日向記)、金綱集一〇巻、高祖一期行状日記一巻など。〔参考〕本化別頭仏祖統紀一〇、三国高祖略伝下など

日向花押

**にじ　二字**　中国や日本において通常、僧侶の名には漢字を二字使用するところから、僧侶の名のことを二字とも称する。

**にしあり-ぼくざん　西有穆山**　(文政四1821—明治四三1910)曹洞宗の僧。諱は瑾英。陸奥の人。二一歳で江戸駒込の吉祥寺梅檀林、牛込の鳳林寺に参学し、のち相模海蔵寺の月潭に師事した。明治初年、排仏毀釈の論に抗し、護法用心集・山陰閑話などを著わして反論した。また札幌に中央寺を建て、北海道開教に尽くした。明治三四年総持寺に住持し、同三五年曹洞宗管長になったが、同三八年横浜の西有寺《さいゆうじ》に退いた。著書、前記のほかに正法眼蔵啓迪、洞上信徒安心訣など。

**にしだ-てんこう　西田天香**　(明治五1872—昭和四三1968)宗教・教育家。一灯園の開設者。本名は市多郎。滋賀県坂田郡長浜町(現長浜市)の人。生家は真宗大谷派の檀家。青年期の宗教体験に基づき、無我・離欲・懺悔に徹する精神運動を起こし、その道場である一灯園を開設した。その精神は大正時代1912—26の宗教・文化界に影響を与え、倉田百三、谷口雅春ら多くの共鳴者を生んだ。ガンジーのスワラジ(完全自治運動)から名をとって「すわらじ劇団」を発足させるなど文化・出版・教育事業にも挺身した。

**にしたに-みょうもく　西谷名目**　一巻。詳しくは天台円宗四教五時西谷名目という。天台宗の四教(蔵教・通教・別教・円教)、五時(華厳時・阿含時・方等時・般若時・法華涅槃時)などの教義を初学者の理解のために問答体によって平易に解説した綱要書。末尾に法相・三論・華厳・天台・真言・倶舎・成実・律の八宗の大綱を概説する。著者・成立年代は不明であるが、標題から比叡山東塔西谷の学匠の手になったものと推定される。㊅七四(刊本)正保四1647刊、慶安三1650刊、万治元1658刊、延宝三1675刊、元禄八1695刊、安政五1858刊、明治九1876刊　〔註釈〕真迢・鈔六巻、了達・句解七巻、日邏・標条四巻、守元・啓蒙九巻、観応・頭書

四巻など

**にじってん　二十天**　密教で金剛界曼荼羅外金剛部に配される諸天。東南西北の四方に五天ずつ配される。(1)那羅延《ならえん》天、(2)倶摩羅《くまら》天、(3)金剛摧《こんごうさい》天（傘蓋毘那夜迦《さんがいびなやか》天）、(4)梵天、(5)帝釈天の東方五天、(6)日天、(7)月天、(8)金剛飲食《こんごうおんじき》天（華鬘毘那夜迦《けまんびなやか》天）、(9)彗星天（羅刹《らせつ》天）、(10)熒惑《けいわく》天の南方五天、(11)羅刹《らせつ》天（太白天）、(12)風天、(13)金剛衣《こんごうえ》天（弓箭毘那夜迦《きゅうせんびなやか》天）、(14)火天、(15)毘沙門《びしゃもん》天の西方五天、(16)金剛面天、(17)閻魔《えんま》天、(18)調伏《じょうふく》天（抱刀毘那夜迦《ほうとうびなやか》天）、(19)毘那夜迦《びなやか》天（歓喜天）、(20)水天の北方五天、以上の二〇をいう。二〇天を上界天・飛行《ひぎょう》天・虚空天・地居天・水居大の五類に分けることもある。これらはいずれもバラモン教・ヒンドゥー教の神が仏教にとり入れられたものである。〔参考〕一切如来真実摂大乗現証三昧大教王経、秘蔵記

二十天のうち西方五天（御室版金剛界曼荼羅）

**にしほんがんじ　西本願寺**　⇩本願寺《ほんがんじ》

**にじゅういっかじ　二十一箇寺**　①平安・鎌倉時代に朝廷のために恒例の御読経《みどきょう》を行った京都の二一寺。広隆寺、上出雲寺、常住寺、珍皇寺、清水寺、法観寺、聖神寺、東寺、西寺、延暦寺、法性寺、貞観寺、極楽寺、元慶寺、仁和寺、下出雲寺、祇園寺、法成寺、鴨神宮寺、頂法寺、佐井寺をいう。〔参考〕拾芥抄下　②享禄・天文1528—55頃の京都の日蓮宗の諸大寺をいう。本国（圀）寺、妙顕寺、立本寺、本満寺、頂妙寺、妙伝寺、本法寺、妙覚寺、妙満寺、妙泉寺、本能寺、住本寺・上行院（のちの要法寺）、妙蓮寺、本禅寺、本隆寺、本覚寺、宝国寺、学養寺、弘経寺、大妙寺で、各寺は天文五年1536の天文法華の乱で比叡山衆徒のために焼かれ、一時堺に移った。〔参考〕天文法乱記　③江戸時代の著名な諸宗本山をいう。また扶桑二十一本寺とも称する。東大寺（三論・華厳）、興福寺（法相）、唐招提寺（律）、西大寺（律）、延暦寺（天台）、教王護国寺（真言）、園城寺（天台）、南禅寺（臨済）、泉涌寺（律）、大谷寺（浄土）、光明寺（浄土）、西本願寺（真宗）、東本願寺（真宗）、仏光寺（真宗）、専修寺（真宗）、永平寺（曹洞）、久遠寺（日蓮）、清浄光寺（浄土）、大徳寺（臨済）、妙心寺（臨済）、万福寺（黄檗）をさす。〔参考〕扶桑伽藍紀要、本願寺通紀一五

**にじゅうおくに　二十億耳**　㊁ソーナ・コーティヴィーサ Soṇa-koṭivīsa あるいはソーナ・コーリヴィーサ Soṇa-koḷivīsa ㊵シュローナ・コーティヴィンシャ Śroṇa-koṭiviṃśa の訳。聴聡、明聴などとも訳す。仏弟子。インド中部の伊爛拏鉢伐多《いらんなはつばつた》（イーリナパルヴァタ Īriṇaparvata）国の長者の子。仏弟子となり刻苦精励したが、仏陀より琴の弦の比喩によって過度の精進も不精進もともに無益であると教えられ、やがて阿羅漢果を得たという。〔参考〕雑阿含経九、中阿含経二九、増一阿含経一三

**にじゅうごさんまいしき　二十五三昧式**　一巻。二十五三昧講式ともいい、詳しくは横川首楞厳院《よかわしゅりょうごんいん》二十五三昧式という。伝源信の編（寛和二986）。極楽往生を期して二五名からなる同志が結集する念仏三昧の講会（毎月一五日夜）の趣旨と、そこで不断念仏を実修する際の作法次第をのべる。発願文に「寛和二年五月廿二日」と記す。なおこれとは別に慶滋保胤の著（寛和二年九月一五日）で、八カ条から成る横川首楞厳院

二十五三昧起請(大七一、仏全七〇)と、源信撰(永延二1988)で一二カ条から成る横川首楞厳院二十五三昧式(大八四)がある。本文を簡略化したものが六道講式《ろくどうこうしき》〈⇩六道講式〉。仏全三一、恵心僧都全集一、日本歌謡集成四

**にじゅうご-たい　二十五諦**　インドの数論《すろん》(梵)サーンキヤ Sāṃkhya)派の哲学において、宇宙万有を神我《じんが》(梵)プルシャ puruṣa)という精神的原理と自性《じしょう》(梵)プラクリティ prakṛti)という物質的原理との二元に分け、世界展開(転変《てんぺん》)の順序を二五の数にまとめたもの。これらは真実の理であるから諦という。自性から覚(梵)ブッディ buddhi の訳。大ともいう。身体内に存在する覚知の機関)を生じ、覚から自意識(我執)である我慢(梵)アハンカーラ ahaṃkāra)を生ずる。さらにこの我慢から地・水・火・風・空の五大を生ずる。以上の八は他のものを生ずるものであるから根本自性という。さらに五大から色・声・香・味・触の五唯《ごゆい》と、眼・耳・鼻・舌・身(皮)の五知根と、語・手・足・生殖器・排泄器の五作根《ごさこん》と、意識に相当する意根(以上一六は他より生じるものであるから十六変異という)とがあらわれるとする(以上は古説でこれには異説もある)。このように未顕現である自性から覚などの二三種があらわれるのは、自性が純質(喜。(梵)サットヴァ sattva 薩埵《さった》)・激質(憂。(梵)ラジャス rajas 羅闍《らじゃ》)・翳質(闇。(梵)タマス tamas 多磨)の三要素(三徳)から構成されていて、この三要素の平衡状態が破られるからで、それは神我の作用による。それ故に神我と自性との関係をよく考察して内の智を完全にすれば、無形不滅の精神原理である神我は有形可滅の物質の束縛を脱して解脱《げだつ》に到達する。即ち神我は自性を離れて独存となり本来の純浄を発揮する、と考えられている(金七十論巻上)。

**にじゅうご-ぼさつ　二十五菩薩**　念仏の衆生を守護する二五の菩薩。観世音・大勢至・薬王・薬上・普賢・法自在・師子吼・陀羅尼・虚空蔵・宝蔵・徳蔵・金蔵・金剛蔵・山海慧・光明王・華厳王・衆宝王・月光王・日照王・三昧王・定自在王・大自在王・白象王・大威徳王・無辺身の諸菩薩である。日本では、この二十五菩薩が阿弥陀如来に従って臨終の念仏行者を迎えに来ると信じられ、その相を図に描いたものを二十五菩薩迎接《ごうしょう》図、または聖衆来迎《しょうじゅらいこう》図という。また源信の作と伝えられる二十五菩薩和讃がある。〔参考〕十往生阿弥陀仏国経

**にじゅうご-ぼさつ-わさん　二十五菩薩和讃**　二十五菩薩の来迎を讃し、一々の菩薩の儀相を説いたもの。源信の作というが疑わしく、おそらく室町時代の作であろう。恵心僧都全集、日本歌謡集成四

**にじゅうご-れいじょう　二十五霊場**　浄土宗の祖法然の遺跡二五カ所をいう。宝暦年間1751—64に如東寺廓誉の門人の霊沢順阿がこの二五カ所を選定して宗徒の巡拝所としたと伝えられ、法然生誕の誕生寺を第一番とし示寂の知恩院を第二五番として、それぞれの霊場に法然の自詠または後人による歎徳の和歌がある。二五の数は、法然の本地とされる大勢至菩薩に因縁ある首楞厳経の二十五円通、法然入寂の正月二五日、来迎の聖衆である二十五菩薩などに由来するといわれるが、不詳。宝暦年間創設の霊場は以下のとおりである。⑴誕生寺(現岡山県久米南町)、⑵法然寺(現香川県高松市)、⑶十輪寺(現兵庫県高砂市)、⑷如来院(同尼崎市)、⑸勝尾寺二階堂(現大阪府箕面市)、⑹四天王寺念仏堂(現大阪市)、⑺一心寺(同)、⑻報恩講寺(現和歌山市)、⑼往生院(当麻寺の奥の院、現奈良県葛城市)、⑽法然寺(現奈良県橿原市)、⑾東大寺竜松院(現奈良市)、⑿欣浄寺(現三重県伊勢市)、⒀滝山寺(清水寺阿弥陀堂、以下現京都府)、⒁正林寺(小松谷御坊)、⒂源空寺、⒃光明寺、⒄二尊院、⒅月輪寺、⒆法然寺、⒇誓願寺、(21)勝林院、(22)百万遍知恩寺、(23)清浄華院、(24)金戒光明寺、(25)知恩院。大正一三年1924旧来の霊場に更改が加えられ、⑶を浄運寺(現兵庫県御津町)、⑹を元祖庵(名号石、現兵庫県)、⑻を高野山円光大師御廟(現和歌山県高野町)、⑾を東大寺大仏殿、⒄を嵯峨釈迦堂(現京都市)、⒅を西光寺(同)、⒆を法然院(同)、⒇を比叡山報恩蔵(現滋賀県大津市)に改めた。しかし昭和三四年1959には再び宝暦年間の霊場にもどした。〔参考〕円光大師二十五霊場御詠歌、元祖大師二十五

霊場めぐり、円光大師開宗記念新撰二十五霊場御詠歌

**にじゅうに‐しゃ　二十二社**　古代、延喜式による官社制度とは別に、国家の重大事、天変地異の起きたときに朝廷から遣使され奉幣を受けた神社。その起源は不詳であるが、古代における朝廷崇祀の神社という。はじめ二二の数も定められず、平安時代になり次第に固定していった。康保二年965に伊勢神宮(現三重県伊勢市)、石清水八幡宮(現京都府八幡市)、下鴨・上賀茂両社(現京都市)、松尾社(同)、平野社(同)、稲荷社(同)、春日社(現奈良市)、大原野社(現京都市)、三大神《おおみわ》社(現奈良県桜井市)、石上《いそのかみ》社(同天理市)、大和社(同)、広瀬社(現奈良県河合町)、竜田社(同三郷町)、住吉社(現大阪市)、丹生《にう》社(現奈良県吉野郡)、貴布禰《きぶね》社(現京都市)の一六社、正暦二年991には吉田社(現京都市)、広田社(現大阪市)、北野社(現京都市)の三社を加えて一九社とし、同五年には梅宮社(現京都市)を加えて二〇社、長徳元年995祇園社を加えて二一社となり、そして長暦三年1039日吉社(現滋賀県大津市)を加えて二二社となった。二二社にはそれぞれに本地仏がある。〔参考〕二十二社註式、二十二社並本地、日本庶民生活史料集成二六

**にじゅうはちぶ‐しゅ　二十八部衆**　千手観音の眷属。それぞれ五〇〇の眷属を従えて千手観音に帰依する者を守護するという。その名称は千手千眼観世音菩薩広大円満無礙大悲心陀羅尼経(唐の伽梵達摩の訳)に列挙され、千手観音造次第法儀軌(唐の善無畏の訳)にもそれぞれの名称・形像・真言が説かれる。中国および日本で画像・彫像の作例がいくつかみられるが、構成および形像は一定しない。京都妙法院の蓮華王院(三十三間堂)蔵の鎌倉期の木造彫像(国宝)では次の構成となっている。⑴密迹金剛《みつじゃくこんごう》力士、⑵摩醯首羅《まけいしゅら》王(大自在天)、⑶那羅延堅固《ならえんけんご》王、⑷金毘羅《こんぴら》王、⑸満善車王、⑹摩和羅女《まわらにょ》、⑺畢婆迦羅《ひつばから》王、⑻五部浄居天《ごぶじょうごてん》、⑼帝釈天、⑽大弁功徳天(吉祥天)、⑾東方天(持国天)、⑿神母天《じんもてん》(鬼子母神《きしもじん》)、⒀毘楼勒叉《びるろくしゃ》天王、増長天)、⒁毘楼博叉《びるばくしゃ》天王(広目天)、⒂毘沙門《びしゃもん》天王(多聞天)、⒃金色孔雀《こんじきくじゃく》王、⒄婆藪《ばすう》仙人、⒅散脂《さんし》大将、⒆難陀竜王、⒇沙羯羅《しゃかつら》竜王、(21)阿修羅《あしゅら》王、(22)乾闥婆《けんだつば》王、(23)迦楼羅《かるら》王、(24)緊那羅《きんなら》王、(25)摩睺羅伽《まごらか》王、(26)大梵天王、(27)金大王、(28)満天王。以上の二八尊に風神・雷神を加えて三〇尊で構成される。

**にじゅうはっ‐しゅく　二十八宿**　宿は星座の意味。月が新月の初めから満月を経て新月にいたるまでの一周の軌道を二八の区域に分りて、天体の位置を示すためにもちいた二八の星座。月は約二七・三日でその軌道を一周するので、一日に一宿の割合で運行すると考えたもの。また黄道十二宮〈⇩十二宮《じゅうにきゅう》〉と対比すれば、一宮の九分の四が一宿に相当するので、二七宿で一周することになるが、牛宿を吉祥の宿として加えて二十八宿としたという。月の運行に関して二七ないし二八の宿を設定することは、紀元前七―前六世紀頃のバビロニアのカルデア文化に起源を発し、インドを経由して中国に伝えられたとするのが一般の通説となっている。中国では遅くとも前漢の頃には二十八宿の説が行われていたようである。宿曜経などに記される二十八宿それぞれの名称は以下の通りである(括弧内は梵名および和名)。⑴昴《ぼう》宿(Kṛttikā すばる)、⑵

二十八宿のうち東方七宿（御室版胎蔵曼荼羅）

畢《ひつ》宿(Rohiṇī あけりとろき)、(3)觜《し》宿(Mṛgaśira からすき)、(5)井《せい》宿(Punarvasū ちちりたまおの)、(4)参《しん》宿(Ārdrā からすき)、(6)鬼《き》宿(Puṣya ぬりこ)〔以上東方七宿〕、(7)柳《りゅう》宿(Aśleṣā ぬりこ)、(8)星《せい》宿(Maghā ほとおり)、(9)張《ちょう》宿(Pūrva-phalguṇī ちりこ)、(10)翼《よく》宿(Uttara-phalguṇī たすき)、(11)軫《しん》宿(Hastā みつかけ)、(12)角《かく》宿(Citrā すぼし)、(13)亢《こう》宿(Svātī あみぼし)、(14)氐《てい》宿(Viśākhā とも)〔以上南方七宿〕、(15)房《ぼう》宿(Anurādhā そい)、(16)心《しん》宿(Jyeṣṭhā なかご)、(17)尾《び》宿(Mūla あしたれ)、(18)箕《き》宿(Pūrva-ṣāḍhā み)、(19)斗《と》宿(Uttara-ṣāḍhā ひきつ)、(20)牛《ぎゅう》宿(Abhijit いなみ)、(21)女《じょ》宿(Śravaṇā うるき)〔以上西方七宿〕、(22)虚《きょ》宿(Dhaniṣṭhā とみて)、(23)危《き》宿(Śatabhiṣā うめやみ)、(24)室《しつ》宿(Pūrvabhadrapadā はつい)、(25)壁《へき》宿(Uttarabhadrapadā なまめ)、(26)奎《けい》宿(Revatī とかき)、(27)婁《ろう》宿(Aśvinī たたみ)、(28)胃《い》宿(Bharaṇī へきえ)〔以上北方七宿〕。インドと中国とでは、各宿の方位・星数に若干の相違がみられる。二十八宿は、天体位置の基準として用いられるほか暦日にも用いられ、とくに陰陽道などでは二十八宿を年・月・日に配当して吉凶禍福を占うようになった。密教では胎蔵曼荼羅外金剛部院の四方にそれぞれ七宿を配し、形像は天女形で表現する。〔参考〕摩登伽経、舎頭諌太子二十八宿経、大方等大集経二三・四一、仏母大孔雀明王経下、史記天官書、前漢喜律暦志

**にしゅ-じんしん　二種深信**　善導の観経疏散善義にある信仰告白。自己の真相は、罪深く、かぎりない昔からまよいの世界にさまようおろかものであると深く信じ(機の深信、信機)、このようなものが阿弥陀仏の本願によって必ず救済されることを深く信ずる(法の深信、信法)ことをいう。真宗では二種深信とは信心に二種があるのではなくて、仏の本願を信じさせられた自己の現実相、即ち他力信心の相に両面があることとし、二種深信は一具であるという。

**にしょう-ぎ　二障義**　一巻。新羅の元暁(617—86)の著。成立年不詳。二障章ともいう。二障の義を一に釈名義、二に出体相、三に弁功能、四に摂諸門、五に明治断、六に摠決択の六門に分けて詳説する。横超慧日・校注本

**にぜん　爾前**　その前という意味。爾前教の略として用い、天台宗や日蓮宗では法華経以前の仏陀の説法をいい、隋の智顗《ちぎ》の五時教判では、まだ真実と方便とが区別されていた前四時のころの教えをさしていう。

**に-ぞう　二蔵**　二種の法蔵の意味で、声聞蔵と、菩薩蔵。声聞《しょうもん》と縁覚《えんがく》の二乗の道を説く声聞蔵と、菩薩《ぼさつ》の道を説く菩薩蔵。前者は狭く浅くて劣った小乗の教え、後者は広く深くて円満した大乗の教えとされる。中国の慧遠や吉蔵などはこれを基準として教判を立て、仏教を二つに大別した。

**にそう-しじゅう　二双四重**　①浄土真宗の教判。相対的教判といわれ、親鸞が教行信証化身土巻や愚禿鈔巻上などに説いた説。聖道門を竪《じゅ》、浄土門を横《おう》とし、それぞれに出・超を開く。即ち竪・横は自力・他力をあらわし、出・超は、一々の階位をへて順次にさとりを得る教えと、即座にさとりを得る教えとを示す。従って竪出とは自力の漸教《ぜんぎょう》(小乗と、及び大乗の中で、法相宗などのように長い間修行して仏になることを説く権《ごん》大乗)、竪超とは自力の頓教《とんぎょう》(実大乗、即ち天台宗や華厳宗などのようにこの身のままで仏となる教え)、横出とは他力の漸教(要門と真門。即ち観無量寿経や阿弥陀経に説かれた定善・散善や自力の念仏を修めて辺地に往生する教え)、横超とは他力の頓教(弘願《ぐがん》即ち無量寿経に説かれた阿弥陀仏の本願を信じて報土へ往生する教え)である。阿弥陀仏の本願(また本願を説く他力の教え)は、他力によって速やかにさとりに至らせるまっすぐな一本道であるから、これを横超の直道《じきどう》といい、第十八願を横超の大誓願、真実信心を横超の金剛心という。横超の語は無量寿経巻上に「横截五悪趣」といい、善導の観経疏玄義分に「横超断四流」とあるのに基づき、また竪出、横出の語は楽邦文類巻四にある択瑛《ちゃくえい》の説によったもの。②⇩十住心《じゅうじゅうしん》

**にそ-さんぶつ-き　二祖三仏忌**　禅宗寺院で行う法会。達磨忌(一〇月一五日)と

百丈忌(一月一七日)またはその寺の開山忌とを二祖忌、涅槃会(二月一五日)・誕生会(四月八日)・成道会(一二月八日)を三仏忌という。〔参考〕禅林象器箋報禱門

**に-そん　二尊**　浄土教で、釈迦仏と阿弥陀仏とをいう。善導の観経疏玄義分に要門と弘願《ぐがん》とをあげ、同じく散善義に発遣《はっけん》と招喚《しょうかん》とをあげて、それぞれ前者は釈迦教、後者は弥陀教であるとして、二尊の教説(二尊教)を示している。この二尊教の同異について、浄土宗鎮西派では、念仏を散善の中の一として、弘願を要門の中に含ませて見る二尊一致の立場をとり、浄土宗西山派では、西谷流は二尊一教と称して、要門は説き手の釈迦仏の語であって往生行でなく、その仏語によってあらわされた阿弥陀仏の弘願が往生行であるとし、深草流は二尊二教と称して、要門にあらわす定散の行は釈迦教であり、弘願の念仏は弥陀教であるとする。浄土真宗では、観無量寿経の正宗分《しょうじゅうぶん》は、表からいえば釈迦が要門を説いており、阿弥陀仏の本意である弘願の念仏は裏にかくされているので二尊二教であるが、同経の流通分《るづうぶん》からすれば、釈迦は念仏一行を阿難に附属したのであるから、二尊の遺喚(発遣と招喚、即ち釈迦のすすめと阿弥陀のまねき)が一致して二尊一教であるとする。

**にそん-いん　二尊院**　京都市右京区嵯峨二尊院門前長神町。天台宗。小倉山華台寺と号する。承和年間834—48嵯峨上皇の創建にかかり、釈迦・弥陀の二尊を安置したのに始まるという。のち堂宇は廃絶したが、法然がここに草庵を結び、次いで門弟の湛空が堂舎を営建し、天台・真言・律・浄土兼学の道場とした。応仁の乱の兵火で焼失したが、後奈良天皇・三条西実隆などの外護によって再興した。中興後は天台宗に属する。明治以後はもっぱら浄土宗を奉じ、〔重文〕絹本著色浄土五祖像、同逍遥院実隆像、同称名院公条像、同十王像、同釈迦三尊像、同法然上人像、木造釈迦如来立像、同阿弥陀如来立像、法然上人七ヶ条制法(元久元1204)、法門名義　〔参考〕二尊院縁起、法然上人行状絵図四二—四三、和漢三才図会七二

**にたい　二諦**　真諦と俗諦とをいい、あわせて真俗二諦という。真諦は㊵パラマールタ・サトヤ paramārtha-satya の訳で、勝義諦、第一義諦ともいい、出世間的真理を指し、俗諦は㊵サンヴリティ・サトヤ saṃvṛti-satya の訳で、世俗諦、世諦ともいい、世間的真理を指すが、その意味は諸経論において種々である。なお南海寄帰伝巻四には、世俗の事《じ》は出世間的な真理を覆うものであるから、梵語を直訳して覆俗諦《ふくぞくたい》、覆諦《ふくたい》と訳すべきであるとする。①中阿含経巻七に真諦の語があるが、これは単独に用いられたものであり、また増一阿含経巻三に二諦の語があるがその内容は明らかでない。②倶舎論巻二二には、瓶や衣はその形が壊れてしまえばそのように名づけられるべきものがなく、また水や火は慧によってこれを分析して見れば色《しき》などの要素に分けられてしまって、そのように名づけられるべきものがないけれども、仮に世間ではそれらのものに名を与えて「瓶がある」とか「水がある」という、このように世間一般の常識において「誤りのない真実」とされることを世俗諦とし、これに対して、いわゆる五位七十五法として説かれる存在の構成要素としての法は、出世間的な即ち仏教の真理として存在を認められるものであるから、「これらの法がある」と説くことを勝義諦とする。成実論巻一一にも色《しき》などの法と涅槃《ねはん》とを真諦とし、仮に「瓶」「水」などの名が与えられるだけで実体のないものを俗諦とする。また経部では、無漏《むろ》の出世間智および後得《ごとく》の世間正智によって認められるものを勝義諦、有漏智によって認められるものを世俗諦とする。なお、大毘婆沙論巻七七には、世間で常識的に知られている事柄や世間で便宜的に約束としてきめている道理などを世俗諦とし、無漏の聖智《しょうち》によって見とおされた真実の真理を勝義諦としている。そして四諦《したい》と二諦との関係については、四諦の一々に世俗と勝義とがあるとするのが、大毘婆沙論の正義である。③大乗仏教では、北本涅槃経巻一三聖行品に、世間一般の人が知っている事柄を世諦とし、仏教の真理に目ざめた出世間の人のみが知っている事柄(例えば四

諦など)を第一義諦とする。また、中論巻四の観四諦品には、すべてのものには固定不変な本性(実体、自性《じしょう》)がなく、無生《むしょう》無滅で空《くう》であると知るのを第一義諦とし、またすべてのものは、その空性(空なること)が空性としてのはたらき(空のあり得るいわれ、空の目的)をもつために、仮に現実的な物の相において顕われ、相依相待的に存立すると認めるのを世俗諦とする。そしてわれわれの言語や思想の世界は世俗諦においてのみ許されるのであり、しかもこの世俗諦によらなければ言語思慮を超えた第一義諦を衆生《しゅじょう》に説くことができず、第一義が得られなければ涅槃《ねはん》のさとりを得ることができないとする。また仁王般若経巻上二諦品には、理からいえば二諦の別があるが、真実の智慧によって観照すれば二諦は不二であるとする。④中国では二諦について種々な解釈が行われ、三論宗の吉蔵の二諦章巻下には古来一四の異説があるとし、その中で代表的な説は⑴二諦の体は一である、⑵二諦の体は各別である、⑶二諦の体は中道であるの三説とする。三論宗には於教の二諦、四重二諦の説がある。於教の二諦とは於の二諦(於諦《おたい》)と教の二諦(教諦《きょうたい》)とであり、於とは所依の義で仏の説法の依り所となる六塵の境界(現実的世界)を指し、六塵の境界を凡夫が有と見なすのを於の俗諦、聖者が空と知るのを於の真諦とする。なお於諦を本末の二種に分けて、仏が出世しない前からありそれに依って仏が説法した於諦を所依の於諦(本)、衆生が仏の説法を聴いて理解した於諦を迷教の於諦(末)とする。次に教とは六塵の境界を依り所として説かれた教説を指し、真空妙有《しんくうみょうう》と説くのを教の俗諦、言語思慮を超えて無所得《むしょとく》の理を説くのを教の真諦とする。以上本末二種の於の二諦に教の二諦を加えて三種の二諦という。次に毘曇《びどん》・成実《じょうじつ》および大乗(二種)の四種の二諦を明らかにして四重二諦とする。図示すれば上図のようになる。また、吉蔵は古来の二諦説を評して鼠嘍栗《そるりつ》の二諦(鼠が栗を食べてその肉の部分を食べ尽くし皮を残すように、真諦は空であるが俗諦は仮有であるとする説)と案苽《あんか》の二諦(手で瓜を水中から出し、また同じ瓜をそのまま水中に沈めるように、俗諦を仮有としながら、その仮有がそのまま空であるのを真諦とする説)との二種とする。⑤法相宗では義林章巻二に、瑜伽師地論巻六四の四世俗一真、成唯識論巻九の四種勝義の説をまとめて四真四俗(四勝義四世俗)の四重二諦を説く。図示すれば左図のようになる。即ち瓶や我などは実体のないもので、ただ凡夫《ぼんぶ》の迷情によって実在するように思っているだけであり、仮に世間一般にならって名を与えたにすぎないものであるから、世間世俗諦といわれる。これに対

| | | 俗 | 真 | 俗 | 真 |
|---|---|---|---|---|---|
| 第一重 | 〔毘曇〕 | (俗)事 | (真)理 | (俗)有 | (真)空 |
| 第二重 | 〔成実〕 | (俗)有 | (真)空 | (俗)有空 | (真)非有 |
| 第三重 | 〔地論摂論等〕 | (俗)依他・分別 | (真)依他無生 分別無相 | (俗)二・不二 | (真)非二・非不二 |
| 第四重 | 〔地論摂論等〕 | (俗)三性 | (真)三無性 | (俗)二不二・非二非不二 | (真)言亡慮絶 |

四重二諦

| 〔瑜伽論〕 | | 〔成唯識論〕 |
|---|---|---|
| 世間世俗諦(有名無実諦《うみょうむじったい》) | 家、瓶、我、有情など | |
| 道理世俗諦(随事差別諦《ずいじしゃべつたい》) | 五蘊、十二処、十八界 | 世間勝義諦(体用顕現諦《たいゆうけんげんたい》) |
| 証得世俗諦(方便安立諦《ほうべんあんりゅうたい》) | 聖果、四諦 | 道理勝義諦(因果差別諦《いんがしゃべつたい》) |
| 勝義世俗諦(仮名非安立諦《けみょうひあんりゅうたい》) | 二空の真如 | 証得勝義諦(依門顕実諦《えもんけんじったい》) |
| (真諦) | 非安立の真法界 | 勝義勝義諦(廃詮談旨諦《はいせんだんしたい》) |

七種二諦〔法華玄義二下〕

| （四教三被接） | （俗諦） | （真諦） | 〔釈籤二下〕 | 〔涅槃経疏十二〕 |
|---|---|---|---|---|
| 一 三蔵教 | 実有 | 実有滅 | 生滅二諦 | 名無名二諦 |
| 二 通教 | 幻有 | 幻有即空 | 無生二諦 | 実不実二諦 |
| 三 別接通 | 幻有 | 〔幻有即空 不空〕 | 単俗複真二諦（含中二諦） | 定不定二諦 |
| 四 円接通 | 幻有 | 〔幻有即空不空 一切法趣空不空〕 | 単俗複真二諦（含中二諦） | 法不法二諦 |
| 五 別教 | 〔幻有 幻有即空〕 | 不有不空 | 複俗単中二諦 | 焼不焼二諦 |
| 六 円接別 | 〔幻有 幻有即空〕 | 〔不有不空 一切法趣不有不空〕 | 複俗単中二諦 | 苦不苦二諦 |
| 七 円教 | 〔幻有 幻有即空〕 | 〔一切法趣有趣空 趣不有不空〕 | 複俗複中二諦 | 和合二諦 |

して五蘊《ごうん》などは因縁によって生じたものであるから壊れるべきものではあるが(それ故に世間といわれるが)、実体と作用とのあるもので、聖者の後得智《ごとくち》によって知られるから、世間勝義諦といわれる。これは体の無と有とによって二諦の区別を立てたのであるから、この二諦を名事《みょうじ》の二諦という。即ち名とは有名無実の幻化の如き存在のこと、事《じ》とは有名有実の現象的存在のことである。次に五蘊などの事《じ》は本来の道理として差別があり、その相は判然と区別ができるから、道理世俗諦といわれる。これに対して四諦の道理は迷悟因果の差別があり、ただ無漏智によって知られるから、道理勝義諦といわれる。これは事と理とによって二諦の区別を立てたのであるから、この二諦を事理の二諦という。次に四諦の理は、修行者をさとりに趣かせるために言説をかりて迷悟因果の差別を説き、その相を知ることができるから、証得世俗諦といわれる。これに対して我空と法空との二空の真如《しんにょ》は、聖者《しょうじゃ》の智慧に照らされてはじめて真実の理を顕わすものであり、凡夫のはかり知る所でないから、証得勝義諦といわれる。これは道理の浅と深とによって二諦の区別を立てたのであるから、浅深《せんじん》の二諦という。次に二空の真如は、一切の有為法《ういほう》を超えており聖者の智慧によってのみ知られるが、仮に二空と名づけて言語に表わしたから、勝義世俗諦といわれる。これに対して非安立《ひあんりゅう》の一真法界は言語思慮を超えた絶対であり、ただ聖者の根本無分別智《こんぽんむふんべつち》のさとる所であるから、勝義勝義諦といわれる。これは言語に顕わすのと言語を超えているのとの別によって二諦の区別を立てたのであるから、詮旨の二諦という。四世俗のうち世間世俗は唯俗非真、四勝義のうち勝義勝義は唯真非俗であるが、他の三世俗、三勝義は同一のものを見方をかえて真俗の両面から見たものである。⑥地論宗では大乗義章巻一に立性《りっしょう》・破性《はしょう》・破相・顕実の四宗の別に従って二諦の意味に浅深の不同があることを説く。即ち説一切有部などの立性宗では五蘊・十二処・十八界の事《じ》を世諦、無常・苦などの理を真諦とし、成実《じょうじつ》などの破性宗では因縁によって生じた仮有《けう》を世諦、無自性《むじしょう》の空を真諦とし、三論などの破相宗では一切法が妄相の有であるのを世諦、無相の空を真諦とし、地論などの顕実宗ではこれに依持《じえ》と縁起との二つの意味があるとして、依持の意味からは(真如を依り所としてある)妄相の法が妄有理無であるのを世諦、(妄相の法の所依である)真如がその相は空でありつつしかも有体の実在であるのを真諦とし、縁起の意味からは真如それ自体を真諦、それが縁起して迷悟の世界をあらわし出すのを世諦とする。⑦天台宗では、法華玄義巻二下に化法《けほう》の四教および三種の被接《ひしょう》に立って七種の二諦を説く。即ち、⑴実有《じつう》を俗とし実有の滅を真とするのを蔵教の二諦、⑵幻有《げんう》を俗とし幻有即空を真とするのを通教《つうぎょう》の二諦、⑶幻有を俗とし幻有即空・不空を真とするのを別接通《べっせっつう》の二諦、⑷幻有を俗とし、幻有即空不空、一切法空不空に趣くのを真とするのを円接

通《えんせつう》の二諦、⑸幻有・幻有即空を俗とし、不有不空を真とするのを別教の二諦、⑹幻有・幻有即空を俗とし、不有不空・一切法不有不空に趣くのを真とするのを円接別《えんせつべつ》の二諦、⑺幻有・幻有即空を俗とし、一切法有に趣き空に趣き不有不空に趣くのを真とするのを円教《えんぎょう》の二諦とし、円教の二諦は不思議の二諦であって、真諦と俗諦とは互いに一体化し融けあって不二であり、その体は中道《ちゅうどう》であるとする。これを図示すれば前頁図のようになる。⑧末法灯明記には、二諦の意味を転用して、仏法を真諦、王法《おうぼう》を俗諦とする。浄土真宗ではこの説をうけて、宗教的信仰（安心《あんじん》）の面を真諦、世間的道徳の面を俗諦とし、この二は相依り相資《たすけ》けあうとする。

**にだな　尼陀那**　(梵)(巴)ニダーナnidāna の音写。因縁、縁起と訳す。十二部経（原始仏教経典の基本的な諸型式）の一。原由の意で、仏が経や律を説いたその由来縁由を明らかにしたもの。また義林章巻二の解釈によれば、⑴請願によって教えを説き、⑵罪を犯した者があるので戒を制定し、⑶これの縁由によって教えを説いたということを明らかにしたもの、ともいう。

**にちい　日位**　（　—文保二1318）日蓮門下の十八中老僧の一人。法部卿と称する。幼くして日蓮の弟子となり、駿河の海上寺（もと天台宗）を改宗させてここに住し、また同国に本覚寺を開いた。〔参考〕本化別頭仏祖統紀一一

**にちい　日意**　①（応永二八1421—文明五1473）日蓮宗の僧。字は秀鏡。下総市川の人。本土寺の日福に師事し、ついで身延山の日朝から観心本尊鈔の口決を受けた。のち本土寺を継ぎ、また妙高山正法寺（後の小西檀林）をはじめ上総・下総の国に一〇カ寺を開創した。著書、本尊抄相伝見聞一巻、御本尊口伝一巻。〔参考〕平賀本土寺継図次第、本化別頭仏祖統紀一八・一九　②（　—永正一六1519）日蓮宗の僧。字は法鏡、円教院と号する。はじめ天台宗の僧であったが、身延山の日朝との三昼夜にわたる法戦の末、その説に服して日蓮宗に転じた。のち日朝に次いで身延山一二世となった。〔参考〕本化別頭仏祖統紀一四

**にちいき-とうじょう-しょそ-でん　日域洞上諸祖伝**　二巻。自澄の編（元禄六1693）。道元（1200—53）以後三百余年の間に輩出した曹洞宗の祖師七〇人の伝記を録したもの。のち良高が続日域洞上諸祖伝四巻を撰し（宝永五1708）、鎌倉末期より江戸中期にいたる曹洞宗の高僧八八人の伝記を録した。良高はさらに脱漏の補正に努めたが、なかばにして没したので弟子の良機が遺志を継いで九十余人の伝を集めた重続洞上諸祖伝四巻を完成させた（享保二1717）。仏全一一〇　〔刊本〕元禄七刊

**にちいん　日印**　（文永元1264—嘉暦三1328）日蓮宗本成寺派の祖。越後寺泊の人。摩訶一阿闍梨と称された。はじめ天台宗に属したが、永仁二年1294鎌倉で日朗の摩訶止観第一巻の講義を聴いて日蓮宗に転じたという。越後に青蓮華寺（のち本成寺と改称）、妙蓮寺を、鎌倉に本圀寺を開いた。後世、日朗門下の九老僧の一人に数える。著書、奉造立供養本尊日記。〔参考〕本成寺記録、本化別頭仏祖統紀一三

**にちえい　日栄**　（　—延慶元1308）日蓮宗の僧。日浄ともいう。字は最蓮。京都の人。はじめ天台宗に属したが、故あって佐渡に流されたとき日蓮に会って改宗した。甲斐の本国寺の開山となった。〔参考〕本化別頭仏祖統紀一二

**にちえい　日叡**　①（建武元1334—応永四1397）日蓮宗の僧。字は楞厳房。護良親王の王子と伝え、親王の没後、難を逃れて鎌倉に下り、本国寺の日静のもとで出家したという。のちに同地に妙法寺を開いた。〔参考〕本化別頭仏祖統紀一四　②（文保二1318—応永七1400）日蓮宗の僧。上行院と号する。一三歳で日進の門に入り、のち日善・日輪などに歴参した。応安六年1373身延山久遠寺の第七世を継いだ。〔参考〕本化別頭仏祖統紀一四

**にちえん　日円**　（永禄一〇1567—慶長一〇1605）日蓮宗の僧。号は慧雲院。下総飯高の人。身延山日賢について出家し、飯高檀林において日生に師事した。のち下総日本寺の開山となってそこに中村檀林を開き、慶長八年飯高檀林の第四世を継いだ。著書、

顕性録私要文一巻、金錍論私記一巻。〔参考〕檀林開基日円上人伝、本化別頭仏祖統紀一九

**にちえん　日淵**　(享禄二1529―慶長一四1609)日蓮宗の僧。字は底玄、久遠院と号する。天正五年1577京都妙満寺の二六世となり、翌年寂光寺を開いた。同七年安土問答《あづちもんどう》に参加した。著書、安土問答実録一巻、略述大蔵経一〇〇巻。〔参考〕雍州府志四、寂光寺歴代譜

**にちおう　日奥**　(永禄八1565―寛永七1630)日蓮宗不受不施派の祖。字は教英。仏性院と号し、のち安国院と改めた。京都の豪商、辻藤兵衛の子。妙覚寺の日典に師事し、天正二〇年1592師の後を継いで同寺二一世となった。文禄四年1595豊臣秀吉が営んだ大仏開眼の千僧供養会に日蓮宗の諸師が出仕したが、日奥だけは不受不施の説を主張して出仕せず、丹波小泉に隠退した。宗内の受不施派の上訴、徳川家康の裁決により慶長五年1600から同一七年まで対馬に流されたが、遂に自説を曲げなかった。主書は著作全集である万代亀鏡録一〇巻に収められる。〔参考〕奥師行業記備考

**にちおん　日遠**　(元亀三1572―寛永一九1642)日蓮宗の僧。字は堯順、心性院と号し、また一道と称した。京都の人。本満寺日重に師事し、のち日重に代って飯高檀林の第三世となり、慶長九年1604身延山二二世を継ぎ、西谷檀林を開いた。同一三年日経とともに江戸城での浄土宗との対論に敗れ、大野に隠居した。のちの本遠寺がこれである。受不受の論争に際しては、日暹・日乾らとともに日樹などの不受不施派の鎮圧に努め、その功によって池上本門寺を下賜された。著書、止観随聞記一六巻、法華文句随聞記一三巻など。〔参考〕本化別頭仏祖統紀一四、草山集六

**にちがつとうみょう-ぶつ　日月灯明仏**　(梵)チャンドラ・スールヤ・プラディーパ Candra-sūrya-pradīpa の訳。過去世に出現して法華経を説いた仏。無量無辺阿僧祇劫のむかしに日月灯明仏があり、その後、同名の仏が二万仏つづいて出た。最後の日月灯明仏の出家の前に八人の王子があったが、その王子たちも、のちにみな出家して父の日月灯明仏の弟子となり、仏の滅後は妙光菩薩を師として法華経を学んでみな仏となった。その八仏の中の一仏が燃灯仏であり、妙光菩薩は文殊菩薩の前身であったという。〔参考〕法華経序品

**にちぎ　日義**　(享保一四1729―明和二1765)日蓮宗の学僧。字は旨広、黄華院と号した。越後新潟の人。中村檀林に学び、宗学の組織大成に努め、著作によって祖意を顕揚した。著書、蒭蕘集七巻。〔参考〕蒭蕘集序および跋

**にちぎょう　日行**　(文永六1269―元徳二1330)日蓮宗の僧。妙音阿闍梨と称し、松林院と号する。日朗・日像に師事した。のち日蓮の苦行の跡を慕って佐渡に渡り、本光寺を開いた。〔参考〕本化別頭仏祖統紀一三

**にちぎょう　日堯**　(寛永一一1634―正徳四1714)日蓮宗の僧。字は孝弁、一妙院と号した。紀伊の人。感応寺日真に師事し、さらに飯高・小西の両檀林に歴遊した。小西檀林の化主となって法華玄義・法華文句を講じ、のち甲斐の本遠寺に退いてその第七世を継いだ。元禄四年1691悲田派(不受不施派の異流)を論難する書を著わして、幕府の悲田派禁止の制に協力した。のちにこの書は徳川光圀の称賛するところとなったという。〔参考〕本化別頭仏祖統紀二二

**にちぐ　日求**　(天正四1576―明暦元1655)日蓮宗の僧。字は速治、智門院と号し、了因坊と称した。越中の人。越後本成寺の日芸に従って宗学を修め、元和六年1620京都本禅寺一〇世を継いで同寺を興隆させた。晩年、寺内の智門院に退隠した。陣門流教学の大成者で、本成寺九世の日覚、越中本法寺一七世日相と共に陣門の三傑と呼ばれる。著書、童蒙懐覧集二巻、本迹顕異記一巻など。〔参考〕陣徒系譜

**にちぐ　日具**　(応永三〇1423―明応一〇1501)日蓮宗の僧。字は瞻山。安芸厳島の人。京都妙本寺(のち妙顕寺)月明に師事し、同寺六世を継ぎ、のち備中の野山境智寺に住した。明応六年吉田社の神職卜部兼倶が三十番神(国家を守護する三〇の善神)の種性について妙本・妙蓮・本圀の三寺に問難したのに対して答釈を与え、兼倶を感嘆させ

たという。著書、番神問答記一巻など。〔参考〕本化別頭仏祖統紀一六

**にちげん　日源**（　—正和四1315）日蓮門下の十八中老僧の一。字は智海。はじめ駿河富士郡の天台宗実相寺の学頭をつとめたが、日蓮の摩訶止観の講義を聴いたのを機として同寺を日蓮宗に改め、その開山となった。さらに駿河に東光寺・正法寺、武蔵の雑司ケ谷に法明寺・碑文谷に法華寺などを開いた。〔参考〕本化別頭仏祖統紀一一

**にちご　日護**（天正八1580—慶安二1649）日蓮宗の僧。字は順性、中正院と号する。丹波の人。京都本満寺の日重・飯高檀林の日遠らに師事し、また三井・比叡・南都の諸寺にも遊学した。京都鳴滝の三宝寺を開き、のち徳川家の帰依を受けて紀伊養珠寺の二世に推された。とくに彫刻にすぐれ、刻した仏像は一万余軀に達したという。また録外日蓮遺文二二巻(三宝寺御書という)を纂訂した。〔参考〕本化別頭仏祖統紀二〇、昭和新修日蓮聖人遺文全集別巻

**にちこう　日向**　⇩にこう

**にちこう　日亨**（正保三1646—享保六1721）日蓮宗の僧。字は顗海。遠理院、遠沾院と号した。越中富山(一説に京都)の人。本法寺日禅・寂遠院日通に師事し、山科・鷹峰・飯高の各檀林に学んだ。山科・飯高の両檀林の化主となり、京都妙伝寺二三世、立本寺二五世を継ぎ、身延山三三世となった。のち江戸谷中の領玄寺に退隠した。著書、法華経校正、般若部抄、止観撮要録各一〇巻、巨水遠沾記二巻など。〔参考〕本化別頭仏祖統紀一四

**にちこう　日航**（　—寛文三1663）日蓮宗の僧。慈光院と号する。相模大明寺の一八世。天台宗の真迢《しんちょう》の破邪顕正記に対して破魔正理集を著わしてこれを破し、さらに真迢の弟子真陽の禁断日蓮義に対し摧邪真迢記三巻を著わした。また寛文二年受不施法理之返答を著わし不受不施派の立場から日奠の受不受法理抄を論破している。著書、理契記一巻など。〔参考〕日宗著述目録

**にちこう　日興**（寛元四1246—正慶二1333）日蓮門下の六老僧の一。字は白蓮、伯耆阿闍梨と称する。甲斐の人。八歳のとき天台宗の駿河実相寺の厳誉について出家し、園城寺にも遊学したが、正元元年1259実相寺に来遊した日蓮の摩訶止観の講義を聴いて改宗したという。以後常に日蓮の側近につかえ、伊豆および佐渡の配所にも随侍した。弘安元年1278日蓮の身延山の法華経の講述を筆記して御義口伝二巻を製し、また立正安国論などしばしば日蓮の著作の草稿を作った。日蓮の没後、遺骨を身延山に奉じ、六老僧より毎月輪番して守塔する制を設けた。しかしこの制度をめぐって檀越の波木井《はきい》実長《さねなが》らと対立したために身延を退き、駿河に大石寺・本門寺を開いて、身延山の本迹一致説を批判して本迹勝劣の説を主張するなど独自の立場をとった。その門流を興門派・富士門流・勝劣派などと称する。著書、三時弘経次第、安国論問答、五人所破抄各一巻など。〔参考〕日興上人御縁起、本化別頭仏祖統紀九、三国高僧略伝下

日興花押

**にちこう　日講**（寛永三1626—元禄一一1698）日蓮宗不受不施講門派の開祖。字は慧雄、安国院と号した。京都の人。妙覚寺日習(不受不施派日奥の弟子)について出家し、のち関東の諸檀林を歴訪し、下総野呂の妙興寺檀林の能化職を継いだ。日奥の主唱した不受不施義を堅持し、破奠記二巻を著わして受不施義に立つ身延山日奠の受不受法理抄を批判した。また守正護国章を著わして幕府の不受不施派禁制を難詰し、そのために寛文六年1666日向佐土原に配流され、終生赦免されなかった。配所にあっても主張を曲げず、また恩田説を唱えて不受不施派中の新受悲田派と厳しく対決した。晩年は島津家の帰依を受けて祖書の註釈に専念した。著書、録内啓蒙三六巻、録内啓蒙条箇六巻、悲田十箇過失、三田問答詰難、破鳥鼠論各一巻など。〔参考〕日講上人略年譜

**にちごう　日合**（　—永仁元1293）日蓮門下の十八中老僧の一。筑前阿闍梨という。幼少より日蓮に帰依し、下総野呂の妙興寺を開いた。〔参考〕本化別頭仏祖統紀一一

**にちじ　日持**　（建長二1250—　）日蓮門下六老僧の一人。本応院と号し、蓮華阿闍梨と称した。駿河の人。はじめ天台宗に属したが、日蓮に帰依し常に随侍した。日蓮の没後、身延山に本応院を構えて祖塔を守り、また請われて郷里に蓮永寺を開いたが、永仁二年1294日蓮の一三回忌を修めたのを機として海外布教を志し、翌年奥州を経て北海道に入り、更に北方の外域に渡ったと伝え、没した所は知られていない。〔参考〕本化別頭仏祖統紀一〇、三国高僧略伝下

**にちじつ　日実**　①（　—正和三1314）日蓮門下の十八中老僧の一人。但馬阿闍梨と称する。日蓮の没後、鎌倉に留まって同門の日昭の教化を助け、晩年に駿河の妙海寺を開いた。〔参考〕本化別頭仏祖統紀一一　②（文保二1318—永和四1378）日蓮宗の僧。字は通覚。紀伊の人。光明禅寺で出家したが、四八歳のとき日蓮宗に転じ、京都妙顕寺の朗源に師事した。朗源の命により西国弘教のために備前に赴き、真言宗福輪寺を改宗させて妙善寺と名づけるなど、教化の実をあげた。朗源の没後、妙顕寺の後席を日霽と争ったが敗れ、別に妙覚寺を開き、日像を開山、朗源を第三世とし、自らはその第四世を称した。〔参考〕本化別頭仏祖統紀一八　③（　—長禄二1458）日蓮宗の僧。字は玄式。京都妙顕寺日霽の門人。妙顕寺の移転前の故地、四条櫛笥の地に立本寺を開き、日霽を第四世とし、自ら第五世となった。〔参考〕本化別頭仏祖統紀一八

**にちじゅ　日受**　（元禄五1692—安永五1776）日蓮宗の僧。字は立円、永昌院と号し、合掌阿闍梨という。江戸の人。下総の宮谷檀林に学び、のち同檀林の化主に進んだ。また浅草の常林寺・品川の本光寺などに歴住、ついで京都妙満寺の九二世を継いだ。日乗・日達らと共に顕本法華宗学の人成者とされる。著書、本迹異論傍観書五巻など。〔参考〕如実我此土安穏義序

**にちじゅ　日樹**　（天正二1574—寛永八1631）日蓮宗の僧。長遠院と号した。池上本門寺の日詔に師事し、のち飯高・中村檀林の化主となり、本門寺一六世を継いだ。日奥の不受不施義に唱和し、徳川秀忠夫人の中陰供養の出仕を拒否し、中村檀林の日充・中山法華経寺の日賢・碑文谷法華寺の日進・平賀本土寺の日弘・小西檀林の日領らと共に関東に不受不施義を立てた。ために身延山の日乾・日遠・日暹らと対決し、寛永七年信濃飯田に配流、本門寺歴代から除かれ、配所で没した。著書、留意要三巻、不受不施言上、宗旨之立義不受不施之事、身池対論記録各一巻など。〔参考〕本化別頭仏祖統紀二八

**にちじゅう　日什**　（正和三1314—明徳三1392）日蓮宗の僧。字は賢明、玄妙阿闍梨と称した。会津の人。比叡山横川上智院の慈遍について天台を学び、羽黒山東光寺に住して天台三大部を講じたが、日蓮の開目鈔・如説修行鈔を読んで日蓮宗に転じ、名を日什と改めた。下総弘法寺の日宗、中山法華経寺の日祐などを歴訪して宗義の研鑽に励んだ。のち中山門流と決別し、日蓮の遺文による直授日蓮・経巻相承をたて、本勝迹劣の義を唱えた。しばしば諫暁を行い、遠江に玄妙寺・妙立寺、武蔵に本光寺、相模に本興寺、京都に妙満寺、会津に妙法寺を開いた。弟子に日金・日妙・日修・日全・日義・日仁があり、什門の六老僧と称し、その法流を日什門流・妙満寺派（顕本法華宗）と呼ぶ。著書、治国策、前諷誦文、後諷誦文など。〔参考〕日什上人集、日什名相本地之口決、本化別頭仏祖統紀一八、三国高僧略伝下

**にちじゅう　日重**　（天文一八1549—元和九1623）日蓮宗の僧。一如院と号した。若狭の人。本圀寺で出家し、堺の妙国寺に赴いて日珖・日諦・日詮らの三光勝会に学んだ。また南都に遊学して唯識・因明などを兼学した。のち京都本満寺を董し、本圀寺求法院に天台三大部を講じ、また門下の日乾・日遠らとともに、日奥らの不受不施義の糾弾に当たった。身延山の招請を受け、辞退して高弟の日乾に代行させたが、身延山二〇世に列された。著書、見聞愚案記二四巻、峴玉集一〇巻など。〔参考〕草山集、三国高僧略伝、本化別頭仏祖統紀一四

**にちじょう　日成**　（　—永禄二1559）日蓮宗の僧。大泉房と号した。京都妙覚寺の日護の門弟。日蓮の旧跡各地を巡拝するうちに、佐渡塚原に根本寺を建て、日蓮を

開祖、日朗を二祖に仰ぎ、自ら三世となった。〔参考〕本化別頭仏祖統紀一九

**にちじょう　日乗**　①生没年不詳。戦国時代の天台宗の僧。もと出雲朝山の城主で朝山義茂と称したが、京都三千院で出家し名を日乗と改めた。近衛竜山・聖護院の道澄・百万遍の笈州らとともに皇室の復興を図り、織田信長を説得して元亀二年1571禁裡を造営した。信長の没後、百万遍に報恩庵を建ててその追福を祈った。②(慶長五1600—正保二1645)日蓮宗の僧。字は乾竜、養徳院と号した。上総の人。本漸寺日信の門人。妙満寺日純による宮谷檀林の開創を助け、ついでその講主となり、のち京都妙満寺三二世を継いだ。学匠として知られ、林羅山と交友があったと伝える。著書、法華玄義考拾記一〇巻、受不受記一巻など多い。〔参考〕妙満寺志

**にちじょう　日常**　⇩富木胤継《ときたねつぐ》

**にちじょう　日静**　①(永仁六1298—応安二1369)日蓮宗の僧。妙竜院と号し、法性房と称した。駿河の人。本覚寺日位について出家、日印・日朗に師事した。足利尊氏の外護により鎌倉松葉ケ谷に本国寺を建て、のちこれを京都六条に移し、日蓮を開山、日朗を二世、日印を三世に仰ぎ、自ら四世となった。著書、六条要文六巻など。〔参考〕本化別頭仏祖統紀一七、本圀寺志　②(　—正安三1301)日蓮の門人。字は学乗、一位阿闍梨と称した。佐渡雑田の人。もと一族とともに真言宗を奉じたが、配流されてきた日蓮に随従し、この地に妙照寺を開いて日蓮を開山とし自ら二世となり、また実相寺を開いて日蓮の旧跡を保存した。〔参考〕本化別頭仏祖統紀一七

**にちしん　日審**　(慶長四1599—寛文六1666)日蓮宗の僧。字は文嘉。号は霊鷲院。京都の人。恵光寺日玄に師事し、松崎・六条・飯高の各檀林に遊学した。若狭の長源寺に住し、六条檀林の化主となり、のち立本寺の主となった。全国に巡教して説法に励み、多くの曼荼羅を図絵したという。著書、口演鈔など。〔参考〕草山集二六、三国高僧伝

**にちじん　日陣**　(暦応二1339—応永二六1419)日蓮宗の僧。円光坊と号し、門一阿闍梨と称した。越後の人。越前本成寺の日竜について出家し、のち上洛して本国寺日静の門に入った。やがて本成寺三世を継ぎ、また京都本禅寺を開いた。本成寺開山の日印を派祖に仰いで本勝迹劣の説を強調し、その法系は本成寺派・日陣門流と称される。著書、本迹同異決一巻など。〔参考〕陣徒系譜

**にちぜん　日善**　(弘長三1263—正慶元1332)日蓮宗の僧。大法阿闍梨という。北条義澄の孫浜名光成の子。相模比企谷の日朗の門人。常陸に大法寺を開き、日源のすすめにより碑文谷法華寺二世を継いだ。日朗門下の九老僧の一に数える。〔参考〕本化別頭仏祖統紀一三

**にちぞう　日像**　(文永六1269—康永元1342)日蓮宗の僧。竜華院と号し、肥後阿闍梨と称した。下総の人。日朗の実弟。幼少にして日蓮に随侍し、その没後は日朗に師事した。京都開教を志して日蓮の遺跡を巡拝し、入洛して町衆の帰依を得たが、追放されること三度に及んだ(竜華の三黜三赦《さんちつさんしゃ》という)。嘉暦元年1326妙顕寺(京都最初の日蓮宗寺院)を創建し、建武元年1334後醍醐天皇から一宗弘通の公許と勅願寺の綸旨を得た。この他、京都に妙泉寺・霊光寺、能登に本土寺・妙成寺、越前に妙顕寺、若狭に妙興寺などを開いた。著書、秘蔵集三巻など。〔参考〕本化別頭仏祖統紀一〇

日像花押

**にちぞう　日蔵**　(　—寛和元985)平安時代の山伏。三善清行の弟。一二歳で大和金峯山椿山寺に入り、六年間の断塩断穀の行を行い、大峯修行者として知られた。また東寺長隣について密教を学び、金峯山に往来すること二六年、もっぱら大日如来を尊崇した。別名を道賢上人といい、頓死して金峯山の浄土と地獄に行き菅原道真が大政威徳天として雷になったのをみて蘇生したという話は、有名。〔参考〕本朝高僧伝四八、伝灯広録三、元亨釈書九、道賢上人冥途記(「扶桑略記」天慶四941条)

**にちぞん　日尊**　(文永二1265—貞和二

1346）日蓮宗の僧。上行院、久成房と号し、大夫阿闍梨という。陸奥玉野の人。日興およびその弟子日目について日蓮宗を究め、東西に遊化して三六カ寺を建て、京都上行院（現要法寺）を開き、宗門天奏を遂げて二位法印に叙された。

**にちだい　日題**　（寛永一〇1633―正徳四1714）日蓮宗の学僧。蓮華院と号する。越中の大法寺・京都白川の心性寺に住した。著書、中正論二〇巻、同添略六巻など。〔参考〕日宗著述目録

**にちだつ　日脱**　（寛永三1626―元禄一一1698）日蓮宗の僧。字は空雅、一円院と号する。加賀石川の人。飯高檀林で日蓮宗を究め、同檀林一八世、山科檀林五世の化主となり、立本寺二二世を継いだ。また身延山三一世となり、塔頭三六坊を増築し大いに復興し、同宗悲田派を糺明した功により紫衣を賜った。著書、一円記一巻など。〔参考〕本化別頭仏祖統紀一四、三国高僧略伝下

**にちでん　日伝**　①（貞応元1222―乾元元1302）日蓮宗の僧。肥前阿闍梨という。もと真言宗の学僧であったが、日蓮に帰依し、身延山に茅庵（現醍醐谷志摩坊）を結んで住した。日蓮門下の十八中老僧の一人。〔参考〕本化別頭仏祖統紀一一　②（宝治元1247―暦応四1341）日蓮宗の僧。本覚坊、大円阿闍梨という。越後の人。柏崎天台寺で出家し、法華玄義の講師となったが、日朗に会って日蓮宗に転じ、日蓮に師事した。常に日朗に随い鎌倉妙本寺に住した。下総本土寺二世となり、同国岩部安興寺を創建した。朗門九老僧の一人。著書、別頭三五記二巻など。〔参考〕本化別頭仏祖統紀一三

**にちどう　日導**　（享保九1724―寛政元1789）日蓮宗の僧。字は智渓。一妙院と号する。肥後の人。京都鷹峰檀林日禅について日蓮宗を究め、下総妙興寺・江戸市ケ谷慧光寺にし、中村檀林化主となり、熊本本妙寺二一世を継いだ。祖書を究め宗学復興に努力した。著書、祖書綱要二三巻など。〔参考〕三国高僧略伝

**にちにん　日忍**　（　―応長元1311）日蓮宗の僧。下野阿闍梨《しもつけあじゃり》と号する。日蓮に師事し、相模長福寺・妙経寺・千代蓮花寺・風祠妙覚寺を開き、実兄日弁の乞いにより下総妙興寺二世を継いだ。〔参考〕本化別頭仏祖統紀一一

**にちねん　日念**　（　―建武元1334）日蓮宗の僧。松本房という。はじめ天台宗を奉じたが、のち日蓮に帰依し、安房妙福寺二世となった。また河西蓮昌寺・結城妙国寺・福井妙国寺・高田妙国寺を開いた。〔参考〕本化別頭仏祖統紀一八

**にちはん　日範**　（　―元応二1320）日蓮宗の僧。大善阿闍梨と号する。初め真言宗を奉じ、のち日朗について日蓮宗を究め、丹波福智山常照寺をはじめ伊豆船田本敬寺・相模国教寺などを開いた。朗門九老僧の一とされる。〔参考〕本化別頭仏祖統紀一三

**にちべん　日弁**　（延応元1239―応長元1311）日蓮宗の僧。乗観房、越後阿闍梨と号する。駿河富士郡の人。真言宗滝泉寺の学頭であったが、日蓮に帰依し、上総鷲巣鷲山寺、常陸赤浜願成寺・妙法寺、磐城神谷本行寺・岡小名安立寺などを開いた。著書、本尊抄聞書五巻など。〔参考〕本化別頭仏祖統紀一一

**にちまん　日満**　（建長七1255―康永二1343）日蓮宗の僧。豊後阿闍梨《ぶんごあじゃり》と号する。日得（遠藤為盛）の子。父と共に日蓮に師事し、故国佐渡に妙宣寺を開き、父を一世とし自ら二世となった。日蓮門下の十八中老僧の一人。〔参考〕本化別頭仏祖統紀一一

**にちみょう　日明**　（寛保三1743―文化一一1814）日蓮宗の僧。字は智英。尾張海東郡の人。同国妙勝寺日登について日蓮宗を究め、同国妙法寺に住し、京都六条檀林の能化となった。諸国に日蓮の真蹟を求めて遺書を編纂した。著書、新撰祖書五〇巻。〔参考〕高祖遺文録序

**にちめんぶつ―がちめんぶつ　日面仏月面仏**　禅宗の公案の一。馬祖道一《ばそどういつ》が病気のとき、院主に容態を問われて「日面仏月面仏」と答えた故事によるもので、生老病死を越えた永遠の生命を知らせようとするもの。馬祖不安の公案ともいう。日面仏月面仏とは仏名経の七に説く仏で、前者は寿命一千八百歳、後者は一日一夜の一生という。〔原文〕碧巌録三則、祖堂集四、馬祖語録

**にちもく　日目**　（文応元1260―正慶二

1333)日蓮宗の僧。蓮蔵房と号する。伊豆畠郷の人。走湯山で修学したが、のち日興につき日蓮に常随した。陸前本源寺・上行寺、駿河および甲斐の東漸寺を建て、駿河上野大石寺二世となった。〔参考〕本化別頭仏祖統紀二二

**にちもん　日門**　（　―永仁四1296)日蓮宗の僧。一乗阿闍梨と号する。日蓮に師事し、常陸筑地妙光寺、陸前宮城郡大仙寺を開いた。日蓮門下の十八中老僧の一人。〔参考〕本化別頭仏祖統紀二二

**にちゆう　日友**　（　―元和五1619)日蓮宗の僧。号は中正院。上総武射湯坂村の人。飯高檀林で日蓮宗を究め、同檀林の玄義講主・文句講主となり、池上本門寺一五世を継いだ。著書、法華玄義捃釈一〇巻など。〔参考〕本化別頭仏祖統紀一五

**にちゆう　日勇**　（　―宝暦一〇1760)日蓮宗の僧。字は存道、本義院と号する。尾張名古屋の人。同地常徳寺日貴に師事し、宮谷檀林で日蓮宗を究め、江戸下谷蓮華寺一一世、上総本松寺一七世、京都妙満寺一〇九世を継いだ。著書、二教合譬論五巻、儒仏心性論衡三巻など。〔参考〕野口義禅・日勇上人略伝

**にちゆう　日祐**　①生没年不詳。鎌倉時代の日蓮宗の僧。大輔公と称する。日蓮に師事し、日蓮門下の十八中老僧の一人。〔参考〕本化別頭仏祖統紀一一　②(正応三1290―応安七1374)日蓮宗の僧。号は浄行院。下総の千葉胤貞の子。下総中山法華経寺日高について日蓮宗を究め、同寺四世を継ぎ、諸国に遊化し、しばしば諫暁を行った。肥前光勝寺を開いて勅願所とされた。〔参考〕本化別頭仏祖統紀八　③(慶長一五1610―寛文四1664)日蓮宗の僧。字は玄首、寿量院と号する。大坂の人。日遠に師事し、飯高檀林で日蓮宗を究め、同檀林化主となり、下総弘法寺一六世を継いだ。著書、玄義祐記五巻など。〔参考〕本化別頭仏祖統紀一九　④　⇩日誉《にちよ》

**にちゆう　日裕**　（　―慶長一一1606)日蓮宗の僧。字は慧沢、通王院と号する。日生に師事して日蓮宗を究め、上総小西檀林の開祖となり、京都立本寺の主となった。〔参考〕本化別頭仏祖統紀一九

**にちよ　日誉**　(弘治二1556―寛永一七1640)真言宗の僧。字は正純、日祐ともいう。武蔵西光院日雄、根来山の日秀・頼玄らについて新義真言宗を究め、西光院および近江総持寺に住し、京都智積院三世を継ぎ、僧正に任じられ、京都大報恩寺に退隠した。著書、根嶺破滅記一巻など。〔参考〕続日本高僧伝三

**にちよう　日耀**　①(　―明暦元1655)日蓮宗の僧。字は住心、円是院と号する。上総武射郡埴谷村の人。日友・日遠について日蓮宗を究め、飯高檀林一二世、池上本門寺一八世を継いだ。著書、玄義解一〇巻など。〔参考〕本化別頭仏祖統紀一五　②(寛永一三1636―元禄一〇1697)日蓮宗の僧。字は勝光、のち字を号とする。日允の門人。身延山日暹の法孫。中村檀林で日蓮宗を究め、鷹峰檀林・中村檀林の化主となり、京都本法寺・中山法華経寺に歴住し、京都妙顕寺一八世となり、晩年鷹峰体真庵に隠退した。〔参考〕本化別頭仏祖統紀一六

**にちりゅう　日隆**　(至徳二1385―寛正五1464)日蓮宗の僧。始め日立と称し、字は深円、精進院と号する。越中浅井郷の人。京都妙顕寺日霽に師事して日蓮宗を究め、京都本応寺（本能寺）、尼崎本興寺を開いた。但信口称を成仏正因とする説を立て、その流を尼崎流あるいは八品派《はちぼんは》という。著書、本門弘経抄一一七巻、四帖抄四巻など多数。〔参考〕本化別頭仏祖統紀一八

**にちりょう　日領**　（　―慶安元1648)日蓮宗の学僧。字は通如、守玄院と号する。上総小西檀林六世の化主となり、安房小湊誕生寺一六世を継ぎ、寛永七年1630不受不施義を主張して陸奥相馬に流された。著書、日蓮格言二巻、日蓮本地義二巻など。

**にちりん　日輪**　(文永九1272―延文四1359)日蓮宗の僧。大経阿闍梨と号する。下総風早庄平賀郷の人。日朗に師事して日蓮宗を究め、池上本門寺、比企谷妙本寺三世を継ぎ、下野宇都宮妙勝寺、相模大磯妙輪寺、下総光明寺、安房栄泉寺などを開いた。〔参考〕本化別頭仏祖統紀一三

**にちりん　日臨**　(寛政五1793―文政六

1823)日蓮宗の僧。字は本妙。江戸青山の人。下谷宗延寺日実について得度し、身延山にのぼって日蓮宗を究め、深草元政《げんせい》に私淑した。甲斐波木井に醒悟園を結び、水戸三昧堂で学徒を教化した。著書、仏海微瀾一巻、題目和談抄三巻など。〔参考〕三国高僧略伝

**にちりん-じ　日輪寺**　東京都台東区西浅草。神田山と号し、時宗。嘉元三年1305一遍の弟子真教の開創。もと豊島郡芝崎にあり芝崎道場といったが、明暦三年1657の大火後、現地に移る。江戸時代は下総佐倉、江州宮川両堀田氏の香華所であった。当宗三檀林の一。

**にちれん　日蓮**　(貞応元1222—弘安五1282)日蓮宗の開祖。安房国長狭郡東条郷小湊の人。幼名は薬王丸と伝える。一二歳で同国の清澄寺に入り、一六歳で道善房を師として得度し、是聖房蓮長と号した。鎌倉、京都、叡山、三井、南都、四天王寺に遊学し、建長五年1253清澄寺に帰り、道善房の持仏堂で法華信仰の弘通を始め、浄土教を

(一)　(二)
日蓮花押

批判して法華経こそ成仏の法であるとの所信を説き、名を日蓮と改めた。念仏者である地頭の東条景信に追われ、鎌倉松葉ケ谷《まつばがやつ》に草庵を構えて伝道をはじめた。文応元年1260立正安国論を著わして北条時頼に呈したがかえりみられず(第一回の諫暁)。また念仏者が松葉谷草庵を襲撃した(松葉ケ谷の法難)ので、下総の富木氏を頼った。弘長元年1261幕府によって伊東に流され(伊豆の法難)、同三年赦されて郷里に帰ったが、東条松原で東条景信の襲撃をうけ(東条の法難、小松原の法難)、鎌倉にもどった。たび重なる法難によって法華行者としての確信をかため、文永五年1268蒙古の国書の来牒は安国論の予言の的中であるとしていっそう他宗の折伏につとめた。同八年、忍性・良忠・行敏らの訴えにより平頼綱の問註をうけ(第二回の諫暁)、竜口で斬首されようとしたが免れて(竜口の法難)、佐渡に流された。佐渡では塚原の三昧堂や一谷《いちのさわ》に居り、開目抄や観心本尊抄を著わした。文永一一年赦されて鎌倉に帰り、平頼綱と会見して蒙古問題を論じたが容れられず(第三回の諫暁)、檀越南部実長(波木井《はきい》氏)の所領である身延山に隠退した。身延では隠者の生活を送ろうとしたが、随従する弟子が増え、門弟の訪問も多かった。身延山の滞在は九年にわたり、この間、遠隔地の門弟のために多くの書状を送り本尊曼荼羅を書き与えて信仰生活を指導した。健康を害したので弘安五年下山し、武蔵池上郷の池上宗仲の邸で本弟子六人(六老僧=日昭・日朗・日興・日向・日持・日頂)を定めて後事を託し、没した。著書、立正安国論、開目抄、観心本尊抄、撰時抄、報恩抄(以上を五大部という)をはじめきわめて多い。昭和定本日蓮聖人遺文・日蓮聖人真蹟集成などに収める。〔参考〕人物叢書六

**にちれん-き　にちれん記**　上下合一冊。作者不詳。日蓮の生涯を脚色して六段に組んだ古浄瑠璃。後の日蓮上人記・日蓮聖人御法海などに多くの影響をおよぼした。古浄瑠璃正本集二　〔刊本〕承応二1654刊

**にちれん-しゅう　日蓮宗**　日蓮が法華経にもとづいて開いた宗派。天台宗が法華経迹門《しゃくもん》の方便品に重きをおくのに対して、この宗は本門の寿量品を中心とする。法華宗ともいうが、現在では身延山久遠寺を祖山とし本迹一致を立場とする系統を日蓮宗と称し、本迹勝劣を主張する系統は、それぞれ法華宗、日蓮正宗などと号する。〔教理と実践〕法華経本門の寿量品を、経の中心と定め、仏教の真髄は妙法蓮華経の五字におさまるとし、唱題成仏を説く。教相の上では五綱の教判をたて、法華経は釈迦一代の教法中で最も勝れ(教)、仏種をうえつけられていない本未有善のひとを対象に(機)、末法の時代に適し(時)、日本国に弘まるのにふさわしく(国)、小乗から大乗へという教法の流布する順序にかなったもの

である(序)とする。また実践の上では三大秘法をたて、十界曼荼羅として具象化される久遠の本仏(本門の本尊)を念じて、南無妙法蓮華経(本門の題目)と唱えるその処に即身成仏の益を得るとし、法華経を受持し実践することが戒律であり、国家・社会が実践の場(本門の戒壇)であるという。そして、教えを弘めるには折伏《しゃくぶく》の方法を用いる。〔相承〕法華経が伝えられた系譜について、釈迦—天台大師—伝教大師—日蓮と次第するのを外相承《げそうじょう》・迹門相承といい、日蓮自身を上行菩薩の化身であるとして、釈迦—上行菩薩—日蓮と次第するのを内相承・本門相承と称し後者を重んずる。〔歴史〕日蓮が建長五年1253四月二八日に安房(現千葉県)の清澄山で初めて題目を唱えた時を開宗の日とする。そののち鎌倉幕府の弾圧にもめげず、他宗を排撃して戦闘的に布教した。死にあたって日昭・日朗・日興・日向・日頂・日持に後事を託し、この六老僧が身延山の祖廟を交替で管したが、やがて日向がもっぱらその任に当たった。日昭は鎌倉浜の法華寺に拠り、日朗は池上の本門寺や鎌倉比企谷《ひきがやつ》の妙本寺に拠って布教し、日常は下総の中山に法華経寺(現中山妙宗)を開いて伝道して、宗門の基礎をかためた。日興は日向の専任に反対し、教義の上では本迹一致の説を批判して本迹勝劣の義を主張し、富士の大石寺(日蓮正宗の本山)や北山の本門寺(本門宗の本山の一。本門宗は今は日蓮宗に合併)を開いた。これが本宗分派の最初であり、その門流を興門派と称した。日朗の弟子の日像は京都に妙顕寺を建て関西布教の端緒をつくり、同門の日印は越後に本成寺を創し、本迹勝劣を主張して法華宗(日陣が大成したので陣門流という)を開いた。その他、本迹勝劣を説くものに日什(顕本法華宗と称したが、今は日蓮宗に合併。本山は妙満寺)や日隆(本門法華宗と称したが、今は法華宗と号し本門流という。本山は本能寺など。ただし妙蓮寺の系統のみ独立していまも本門法華宗と称する)、日真(本妙法華宗と称したが、今は法華宗と号し真門流という。本山本隆寺)の門流がある。室町時代には、関東では身延・池上・中山を中心に教勢が栄え、京都では二一本山を数えるに至った。しかし天文五年1536天文法華の乱で叡山と争って亡び、のち日助らが十六本寺を再興した。この頃から講学が盛んになり、江戸時代には飯高檀林、松ケ崎檀林、六条檀林など一九檀林を数えるに至った。織田信長の時、安土《あづち》宗論に敗れて弾圧を受け、豊臣秀吉の大仏供養会に際しては、日奥が信者以外のものから財施を受けたり、またこれに法を施したりしてはならないという不受不施の説を唱えて物議をかもした。徳川秀忠の時にこの派は禁ぜられたがひそかに伝わり、明治九年1876に日蓮宗不受不施派(派祖日奥。本山は妙覚寺)、不受不施講門派(派祖日講。現在は日蓮講門宗と称する。本山は本覚寺)として公認された。なお、不受不施に関連して、日明が悲田供養の説を立て、一時は公認されたがのちに禁じられた。この派を悲田派・新受派という。江戸末期には、法華宗の系統から長松清風の本門仏立講(現本門仏立宗)が起こり、明治以後には国柱会・霊友会・立正佼成会・創価学会など民間の信仰団体を生んだ。〔参考〕日蓮教団全史

**にちれん-しょうにん-ちゅうがさん**

**日蓮上人註画讃**　五巻。絵巻。円明院日澄(1441—1510)著。日蓮の伝記を註し、画を加えてその徳を讃したもので、日蓮の誕生から入滅まで一代の聖跡を三二段に分けている。原本は伝わらないが、天文五年1536若狭遠敷郡後瀬山麓の長源寺で、安立院権大僧都日政が勧進し、画工洛陽絵所窪田統泰に描かせたものが、京都本圀寺に現存する。絵師窪田統泰の経歴は詳らかでない。画風は土佐派の末派に漢画の手法を交え、描写は綿密、彩色は華やかである。近世の日蓮伝に大きな影響を与えた。日全(日蓮上人伝記集)、続群九上、国東叢一(伝記上)など〔複製〕続日本絵巻物集成六・七

**にちろう　日朗**　(寛元元1243—元応二1320)日蓮門下の六老僧の一。字は大国、正法院筑後房と号する。下総の人。平賀有国の子。幼少より日昭につき、日蓮に随侍した。文永元年1264日蓮と共に小松原の法難に遭い、同八年竜口の法難で日蓮に殉ぜん

日朗花押

ことを願い、日心らと共に入牢した。日蓮の佐渡配流中、往訪数度におよび同一一年赦免状を携えて迎えに行き、共に鎌倉に帰った。日蓮の没後、遺骨安置の身延輪番守塔の制を設け、正法院に住して輪番した。鎌倉妙本寺・下総本土寺の開山となり、鎌倉妙本寺、池上本門寺を兼監した。門弟中、日像・日輪・日善・日伝・日範・日印・日澄・日行・朗慶を朗門の九鳳という。著書、本迹見聞一巻、如天甘露抄一巻など。〔参考〕本化別頭仏祖統紀九

**にっか　日可**　(天正一二1584―寛文元1661)日蓮宗の僧。字は宜翁、号は竹庵。はじめ禅を学んだが、深草の元政に会って日蓮宗に帰し、その行学を称された。著書、竹庵遺稿三巻(門人編)。〔参考〕宜翁行実、野史二八〇

**にっかい　日海**　(弘治元1555―元和四1618一説に同九)日蓮宗の僧、また碁家本因坊の初祖。字は算砂、本行院、信行院と号し、本因坊と称した。京都の人。久遠院日淵について出家し、のち京都寂光寺二世を継いだ。囲碁をよくし、織田信長・豊臣秀吉・徳川家康に召されて碁道を指南し、また後水尾天皇の天覧に供して法印権大僧都に叙せられた。〔参考〕棋家譜、雍州府志四、新編法華霊場記四

**にっかく　日覚**　(寛正三1462―天文一二1543、一説に文明一八1486―天文一九)日蓮宗の僧。字は智秀、菩提心院と号し、題目坊と称した。尾張の人。妙本寺日昭の門に入り、日蓮・天台の宗義を学んだ。越後本成寺の九世となり、天文九年京都に上り、本禅寺を再興した。後奈良天皇に法華経を講じて大僧正に任じられた。陣門三傑の一。著書、発心共轍一〇巻など数篇。〔参考〕本成寺歴代系譜、陣徒系図

**にっかん　日寛**　(寛文五1665―享保一一1726)日蓮宗の僧。字は覚真、大弐阿闍梨と称し、堅樹院と号した。上野館林の人。江戸常在寺の日精・日永らに師事した。会津実成寺蓮蔵坊で祖書を講じ、のち駿河大石寺二六世となった。著書、安国論記二巻、玄義草鶏記一〇巻、六巻鈔一巻など多い。なお大正年間1912―26、日寛が著わした註釈書の要文を抄録した堀慈琳編の寛記撮要二巻がある。〔参考〕日寛上人伝、日蓮正宗綱要

**にっかん　日感**　(　―慶安二1649)日蓮宗の僧。号は一性院。「にちかん」とも読む。長崎本蓮寺開山の日恵の門に学んだ。同寺の第二世となり、師の遺志を継いで耶蘇教を破却し、幕府からその功を称された。〔参考〕本化別頭仏祖統紀一七、日感上人略伝

**にっかん　日鑑**　①(文化三1806―明治二1869)日蓮宗の僧。字は通義、永昌院と号し、遊方、如猿と称した。「にちかん」とも読む。越前の人。善隆寺日常・本行寺日頒らに師事した。富山の正顕寺・越前の妙経寺・加賀の本長寺・備前の本行寺などに歴住し、京都寂光寺の二二世を継いだ。著書、示正篇三巻、心遂醒悟論二巻など多い。〔参考〕日鑑上人略伝、心遂醒悟論巻末　②(文政一〇1827―明治一九1886)日蓮宗の僧。字は誠研、清兮と号し、のちに自厚院と称した。土佐高知の人。飯高などの諸檀林に学び、のち池上檀林で日輝に師事した。下総妙広寺を復興し、飯高・中村両檀林で宗義を講じ、また身延山七四世を継いで寺門の復興に努めた。日蓮宗管長となること二度、大教正にも叙せられた。漢詩および書をよくした。著書、熱海唱和集一巻、宝塔偈講義一巻など。〔参考〕三国高僧伝下

**にっき　日亀**　(天保一二1841―明治四四1911)日蓮宗の僧。字は戒静、霊亀と号し、妙地院という。駿河清水の人。飯高檀林・南谷檀林などに学んだ。東京谷中の仏心寺・京都の本満寺・中山法華経寺・池上本門寺などに歴住し、身延山七九世となった。明治三六年には日蓮宗管長に任じられ、翌年日蓮宗大学を開創した。〔参考〕日亀大僧正略歴

**にっき　日輝**　(寛政一二1800―安政六1859)日蓮宗の僧。字は堯山、優陀那《うだな》院と号した。加賀金沢の人。「にちき」とも読む。京都山科檀林に学び、深草の本妙日臨をはじめ関東の諸師をたずねて宗学をきわめ、金沢の立像寺に充洽園《じゅうごうえん》を設けて学

徒を養成した。台学を準則とする従来の宗学の風を改めて祖書の訓詁を重んじ、近世の宗学を大成した。門下には日薩・日鑑・日修・日昇・日阜など明治初期の偉才が多い。久昌寺檀林を復興し、また池上檀林でも講じた。著書、宗義抄一二巻、一念三千論六巻など約一〇〇部に及ぶ。大正一四年1925、九三篇を充洽園全集五巻に収めた。〔参考〕日輝和上遺徳碑銘(立像寺)、三国高僧略伝

**にっきょう　日経**　(永禄三1560―元和六1620)日蓮宗の僧。字は善海、号は常楽院。上総の人。京都妙満寺二七世。「にちきょう」とも読む。折伏に長じ、諸国を巡歴してしばしば他宗と法戦を交えて屈伏させた(山崎問答・宇都宮問答など)。慶長一三年1608江戸城で法論を開いて浄土宗と対決したが、謀略にかかって敗れ、公然と徳川家康を罵倒したために弟子ともども耳鼻を削がれた。また宗門の講師が幕府や他宗に対して妥協的態度をとったのを強く排撃したために、永く流浪を重ねることとなった。のちに加賀本覚寺・富山正顕寺などを開いた。著書、本迹問答用心記一巻、日経法難記一巻など。〔参考〕訓蒙常楽篇

**にっきょう　日境**　(慶長七1602―万治二1659)日蓮宗の僧。字は叡長、通心院と号した。下総の正東檀林の化主となり、慶安元年1648身延山二七世を継いだ。碑文谷法華寺の日晴・谷中感応寺の日誠・平賀本土寺の日述・小湊誕生寺の日運らの不受不施義に対抗し、池上の日豊らと共に幕府に訴えて邪義の糺明につとめた。〔参考〕本化別頭仏祖統紀一四

**にっきょう　日鏡**　(永正四1507―永禄二1559)日蓮宗の僧。号は善学院。「にちきょう」とも読む。はじめ日意の門に入り、師の没後は、その弟子日伝に師事した。日伝の後を継いで身延山一四世となり、また信濃に蓮乗寺、甲斐に法久寺を開いた。開運のために小曼荼羅を贈ったのを機として徳川家康の帰依を受けたと伝える。〔参考〕本化別頭仏祖統紀一四

**にっけ　日家**　(正嘉二1258―正和四1315)日蓮門下の十八中老僧の一。寂日房と号した。上総奥津の人。七歳のとき長兄の子(のちの日保)とともに日蓮に従って出家した。日蓮生誕の地を記念して安房小湊に高光山日蓮誕生寺を開き、日蓮を開山として自らはその第二世となった。〔参考〕本化別頭仏祖統紀一一

**にっけん　日乾**　(永禄三1560―寛永一二1635)日蓮宗の僧。字は孝順、寂照院と号した。若狭小浜の人。「にちけん」とも読む。同国長源寺日欽・京都本満寺日重らに師事し、また園城寺で倶舎論を、南都で瑜伽唯識および律を学んだ。天正一八年1590本満寺を継ぎ、慶長七年1602身延山二一世となった。寛永四年京都鷹ケ峰《たかがみね》檀林(常照寺)を開き門下の育成に当たり、破奥記を著わして日奥の禁断謗施論を論駁し、日暹・日遠らと共に日奥門下の日樹らに対抗して不受不施義の鎮圧に努めた。著書、宗旨雑記二巻、宗門綱格二巻、三日講論義一〇巻、法華和註大意八巻、西谷名目条箇三巻、謗施受用論一巻など。〔参考〕草山集六、本化別頭仏祖統紀一四、三国高僧略伝下

**にっけん　日賢**　①(寛元元1243―暦応元1338)日蓮門下の十八中老僧の一人。淡路阿闍梨と称した。駿河安東の人。「にちけん」とも読む。日蓮の没後、その祖塔を守っていたが同門の日源のすすめにより碑文谷の法華寺に住し、続いて天台宗の教勢の強い駿河の海上寺に移り、教化の実をあげた。〔参考〕本化別頭仏祖統紀一一　②(永禄一二1569―寛永二一1644)日蓮宗の僧。字は春甫。号は寂静院。「にちけん」とも読む。玉造檀林・飯高檀林の化主となり、のち下総中山の法華経寺の一九世を継いだが、寛永五年池上本門寺の日樹らとともに不受不施義を唱え、同七年遠江に配流され法華経寺歴代から除かれた。同一四年天台宗の真迢《しんじょう》(もと日蓮宗に属したが改宗した)が破邪顕正記を著わして論難したのに対し、論迷復宗決ならびに別記各一巻を著わして応酬した。晩年遠江に本源寺を開いた。著書、止観綱要五巻など。③(享保二〇1735―文化一三1816)日蓮宗の僧。字は智朗、玄収院と号した。江戸の人。「にちけん」とも読む。京都本圀寺の日達に師事し、のち中村檀林の化主、京都頂妙寺二九世、中山法華経寺八〇

世、同じく八三世を継いだ。著書、光揚義前編四巻、同後編七巻、宗教要解一二巻など。

**にっこう　日好**　（明暦元1655―享保一九1734）日蓮宗の僧。姓は本阿弥氏。字は唯妙、禅智院と号し、扶老好師とも呼ばれた。京都の人。「にちこう」とも読む。叔父の日允（京都妙覚寺二四世）について出家し、鷹峰・中村両檀林に学んだ。京都六条檀林の化主となり、伊豆玉沢の妙法華寺二七世を継ぎ、のち江戸牛込の久成寺に隠退した。再び世に出て中村檀林の化主となったが、元禄一四年1701同檀林の講堂などを焼失したので再興をはかったのち、江戸青山の本通庵（日允の旧跡）に隠居した。詩文にすぐれ、また祖書の註釈を志し、録内拾遺八巻・録内扶老一五巻を編纂した。〔参考〕本化別頭仏祖統紀二一、扶老撰主日好師伝（録内扶老所収）

**にっこう　日孝**　（寛永一九1642―宝永五1708）日蓮宗の僧。字は慈忍、大中院と号した。京都の人。「にちこう」とも読む。幼時から深草の元政に随侍し、のち飯高檀林で学んだ。西谷檀林・飯高檀林の化主となり、安房の誕生寺二二世を継いだ。とくに漢文に長じ、宗旨の海外流通を願って、日蓮の遺文から教機時国抄・開目抄・撰時抄・本尊抄・法華題目鈔・法華取要抄・本門戒体鈔の七篇を漢訳し、宗旨漢語六巻とした。著書、別頭四十二章六巻、釈氏蒙求三巻、水雲集二巻など。〔参考〕宗旨漢語縁起、本化別頭仏祖統紀二〇

**にっこう　日珖**　（天文元1532―慶長三1598）日蓮宗の僧。「にちこう」とも読む。仏心院と号した。和泉堺の人。同地の頂源寺日沾に師事し、のち三井・南都・比叡・南禅寺などで諸宗の学を修め、また卜部兼右について神道をも兼学した。弘治元年1555京都頂妙寺に住持し、ついで堺に妙国寺を開いた。永禄一一年1568山光院日詮・常光院日諦とともに妙国寺に学舎を設けて天台三大部を講じ（三光勝会と称された）、その会下から一如院日重らの英才を輩出している。天正七年1579安土宗論に参加して敗れ、同一二年豊臣秀吉の許可を得るまで堺に隠棲した。文禄年間1592―96かねて対立のあった中山法華経寺の日典（不受不施派の日奥の師）を幕府に訴えて長州に追放し、代って同寺の主となった。著書、神道同一鹹味抄六巻、宗門真秘要路一巻など。〔参考〕本化別頭仏祖統紀一九、正中山法華経寺縁起、安土問答実録

**にっこう　日高**　（正嘉元1257―正和三1314）日蓮門下の十八中老僧の一。字は最日、帥阿闍梨という。下総中山の人。日蓮の檀越である父、大田乗明のすすめにより日蓮について出家した。永仁七年1299日常の委嘱をうけて中山法華経寺の三世となり、晩年下総金原妙大寺・山崎妙福寺・大田妙本寺・常陸加倉井妙徳寺などを開創した。〔参考〕本化別頭仏祖統紀一一、正中山法華経寺縁起

**にっこう-さん　日光山**　栃木県にある修験道の霊山で、男体山（標高二四八四《メートル》）を主峰とする。古くは補陀落《ふだらく》山・二荒《ふたら・にこう》山とよばれた。天応二年782勝道が古峯ケ原《こぶがはら》の巴《ともえ》ノ宿（深山《じんぜん》巴宿）から二荒山に登頂、三度目に成功して開かれたという。おそらくこれまでは山頂を踏むことはタブーとされていたからであろうとされている。また二荒山が早くから開かれていたことは、男体山頂修験道遺跡発掘品（重文、二荒山神社蔵）が奈良時代から平安初期にさかのぼるものが少なくないということでも確認される。勝道は四本竜寺、中禅寺、二荒権現社を建立したと伝え、のち空海や円仁がこれを興し、円仁以後天台宗に属したという。弘仁元年810満願寺の号を賜り、同八年教旻が初代座主となった。嘉祥年間848―51昌禅が三六坊を開いて四本竜寺を本院とし、新宮大権現（日光大権現・満願大権現）・本宮大権現（太郎山大権現）・滝尾社女体中宮の日光三社大権現を整えた。鎌倉時代に第二三世座主弁覚が光明院を建てて一山の本院とし、第二五世の尊家が鎌倉に宿院を建て同地の勝長寿院を兼帯したので、以後は座主を勝長寿院とも称した。応永二七年1420慈玄が退職してから光明院座主職は断絶し、座禅院が法務を司った。慶長一八年1613天海が座禅院に住して一山を興し、元和三年1617徳川家康の遺骸を久能山から改葬して東照大権現の号を賜り、徳川家光が祖廟を修築した。承応三年1654寛永寺の守澄法親

王が当山の門主を兼帯して以後例となり、明暦元年1655後水尾上皇から輪王寺の号を賜り、明治維新に至るまで比叡・東叡の両山と共に天台宗三山として栄えた。しかしこのため日光修験は衰退し、明治維新後は有名な強飯式《ごうはんしき》と延年舞を残して、三峰五禅頂などの回峰行もなくなった。この間、庶民の信仰は天狗信仰で知られる古峯ケ原信仰へ集中した。明治の神仏分離に際して新宮権現を二荒山神社とし、本宮権現・中禅寺・滝尾権現・寂光権現・清滝権現を同社に属させ、東照権現を東照宮とし、輪王寺の号を廃して満願寺と称した。明治一六年1883輪王寺と復称して寛永寺兼帯を改めた〈⇩輪王寺《りんのうじ》〉。〔国宝〕(東照宮)本殿・陽明門・太刀ほか、(二荒山神社)大太刀ほか〔重文〕(東照宮)紙本著色東照宮縁起ほか、(二荒山神社)本殿・唐門・下野国男体山頂出土品ほか

**にっしつ　入室**　①開室ともいう。師匠の室の中に入って親しく法門を受け嗣ぐこと。②禅宗で弟子が師家の室に入って道を参問すること。③貴族が門跡となって寺院に入ること。④真言宗で灌頂室《かんじょうしつ》に入って受法灌頂した人を入室の弟子という。

**にっしゅう　日秀**　①(文永元1264―建武元1334)日蓮門下の十八中老僧の一人。丹波阿闍梨という。上総の人。父高橋時忠のすすめにより日蓮に参じ、日蓮の没後、身延山に入って輪番守塔した。のち日向の後を継いで藻原山妙光寺に住し、晩年、郷里に妙福寺を、相模に実相寺を開創した。〔参考〕本化別頭仏祖統紀一一　②(永徳三1383―宝徳二1450)日蓮宗の僧。字は観随、玉洞妙院と号した。近衛道嗣の子。本国寺日伝に師事し、のち父の別荘を改めて本満寺を開創し、法華経を講じて名声を得た。〔参考〕本化別頭仏祖統紀一八　③(明応四1495―天正五1577)真言宗の僧。字は玄紹。紀伊大伝法院の学僧。顕密二教に通じ、弘治二年1556京都智積院の化主となり、翌年、醍醐寺源雅から報恩院の事相を受けた。〔参考〕結網集、続日本高僧伝二　④(永禄九1566―元和七1621)日蓮宗の僧。字は純志。甲斐の人。身延山一八世の日賢に参じた。とくに和歌をよくし、幽斎・紹巴と親交をもち、豊臣秀吉の知遇を受けて京都墨染の地を与えられ、墨染寺を開創して大僧都に補せられた。〔参考〕本化別頭仏祖統紀二一　⑤(　―天正五1557?・)真言宗の僧。字は照海。加賀の人、一説に上野の人という。一九歳の時に出家し高野山で修行。のち補陀落渡海《ふだらくとかい》して沖縄に漂着、当地に波上山護国寺を建立した。沖縄の真言宗はこれより始まるという。その後、薩摩坊ノ津に移って一乗院を建立、天文二四年1555同寺多宝塔に金剛界五仏を安置した。次いで同国国分に移住、正八幡宮を修復し、また正護寺を創建して護摩所とした。さらに大隅の金峯山神照寺三光院の開山となり、当寺で入定した。〔参考〕日秀上人伝記、三国名勝図会四〇、流球国志略

**にっしゅう-に　日秀尼**　(天文三1534―寛永二1625)字は妙慧。号は瑞竜院。豊臣秀吉の姉、三好一路の妻。身延山一八世日賢に帰依して身延の諸堂宇を増築し、夫の死後日乾について比丘尼となった。没後京都の旧跡は幕命により尼寺となり瑞竜寺(村雲御所、現在滋賀県近江八幡市へ移建)と呼んだ。〔参考〕本化別頭仏祖統紀二三

**にっしゅく　日祝**　(応永三四1427―永正一〇1513)日蓮宗の僧。号は妙国院。下総安房の人。中山法華経寺日薩に師事した。のち京都に上って細川家一族の帰依を得て頂妙寺の開山となり、晩年は堺に隠退して頂源寺を開いた。〔参考〕本化別頭仏祖統紀一九

**にっしゅつ　日出**　(永徳元1381―長禄三1459)日蓮宗の僧。字は是生、一乗院と号した。武蔵の人。身延山一〇世の日延(一説に九世日学)の実弟。はじめ正信と称して天台宗を奉じ、仙波檀林の能化職をつとめたが、兄の感化により日蓮宗に改めた。伊豆三島で折伏教化に努めてしばしば危難をおかし、同地に本覚寺を建立、また日蓮の旧跡鎌倉夷堂に本覚寺を開創した。著書、永享問答記一巻、頓成菩提要一巻など。〔参考〕本化別頭仏祖統紀一九、日出上人行状、伝灯鈔

**にっしゅつ-たいいんき　日出台隠記**　一巻。日蓮宗の日澄の著(明応三1494)。天台宗の円信が破日蓮義二巻を撰して六二カ条の難を加えたのに対し、一々その難条を挙げてこれを論破したもの。〔刊本〕寛永九

1632刊

**にっしょう　日生**　（天文二二1553―文禄四1595）日蓮宗の僧。字は慧教、春陽ともいい、教蔵院と号した。播磨の人。京都立本寺の日経に日蓮宗を、また比叡山に遊学して天台学を修めた。下総に飯高檀林、京都に松ケ崎檀林を開創し、比叡山で天台学を修めた後に宗学を学ぶという日蓮宗徒の通例を改め、宗内の檀林で天台教学をも講習することを定めた。のち岡山の蓮昌寺を董し、また立本寺九世を継いだ。著書、諸部私訣など。〔参考〕三国高僧略伝下、本化別頭仏祖統紀一九

**にっしょう　日尚**　生没年不詳。江戸時代中期の日蓮宗の僧。凌雲院と号した。京都本圀寺の日達に師事、越後金城の高岸寺に住した。明和七年1770浄土宗の定月が師子絃を著わして日蓮宗を非難したのに対し、如来師子円絃一五巻を撰して反論した。著書、上記のほか、犀浦沙弥訓四巻。

**にっしょう　日性**　（天文二三1554―慶長一九1614）日蓮宗の僧。字は世雄、本地院と号する。京都の人。京都要法寺日辰の甥。建仁寺の経蔵に入って一切経を閲覧し、大蔵纂要一〇〇巻を撰し、のち更にこれを抄出して大蔵柿之葉六巻とした。要法寺一五世を継ぎ、晩年、後陽成上皇に外典を講じて円智の号を賜った。著書、上記のほか、御書註一六巻（円註と称する）、法華伝記一〇巻、五重玄義抄六巻、興門奥義六巻、御書難字抄二巻、太平記抄八巻など。〔参考〕日性上人伝

**にっしょう　日昭**　（承久三1221また嘉禎二1236―元亨三1323）日蓮門下の六老僧の一。字は弁または大成弁といい、常不軽院と号し、大和阿闍梨、弁阿闍梨と称した。近衛兼経の養子。下総の人。比叡山で俊範らに師事したが、日蓮の教説を伝聞し、建長五年1253その門に入った。鎌倉浜土の法華寺・相模那瀬の妙法寺を開いた。著書、本門円頓戒相承血脈譜。〔参考〕本化別頭仏祖統紀九

**にっしょう　日祥**　（慶長一一1606―寛文一一1671）日蓮宗の僧。字は梅山、通明院と号した。京都の人。鷹峰檀林で日蓮宗を学び、また南都で唯識および律を兼学した。鷹峰檀林の化主となり、洛西鶏冠井《かいで》の北真経寺を復興し、檀林を開いて講学につとめた。のち紀伊感応寺に隠退した。〔参考〕本化別頭仏祖統紀一九・二〇

**にっしょう　日称**　生没年不詳。インドの僧。訳経家。北宋の慶暦六年1046開封に来て訳経に従事し、大乗集菩薩学論・十不善業道経・諸法集要経など八部七二巻を訳出して、宣梵大師の号を賜った。日本から入宋した成尋と親交があった。〔参考〕参天台五台山記、至元録四・九・一〇

**にっしょう　日唱**　（　―安永七1778）日蓮宗の僧。字は守慎。下総の人。飯高檀林に学び、同檀林の化主となり、のち江戸谷中の善性寺に住持し、身延山四六世を継いだ。身延で宗義の革新を計って、西谷檀林の日遵らと対立、幕府に訴えられて対論したが、未決のうちに獄死した。没後、不受不施派と判定されて、身延山の歴代から除名され、その門徒も重刑に処せられた。〔参考〕邪正対決録、身延山史

**にっしょう　日紹**　（天文一一1542―元和八1622）日蓮宗の僧。字は星陽、はじめ日詔と称した。備前の人。下総の飯塚檀林で宗学を修め、備前に帰って蓮昌寺に住したが、日堯にゆずられて京都妙顕寺一一世を継ぎ、大僧都に任じられた。慶長四年1599徳川家康の命により、不受不施派の妙覚寺日奥と大坂城で対論し、受不施を主張した。〔参考〕本化別頭仏祖統紀一六

**にっしょう　日証**　（　―延慶三1310）日蓮の門人。寂仙房と号し、兵部阿闍梨と称された。下総弘法寺日頂の弟。父のゆかりの地である駿河富士郡重須に一庵を営み、母妙常、妹妙国尼とともに住し、またここに日頂も来住した。のちにこの地に常林寺が建立され、日頂を開山、日証を第二代とされた。〔参考〕本化別頭仏祖統紀一二

**にっしょう　日詔**　（永禄一二1569―元和三1617）日蓮宗の僧。字は無問、自証院と号した。はじめ飯高檀林に学び、ついで池上本門寺の日尊に師事した。のち日裕が小西檀林を開創したとき招かれて法華文句を講じ、やがてその二世となり、日尊の没後、

本門寺一四世を継いだ。晩年には大峯の法性寺を中興している。著書、集解要文八巻など。〔参考〕本化別頭仏祖統紀一五

**にっしん　日辰**　(永正五1508―天正元1573)日蓮宗の僧。広蔵院と号する。京都の人。住本寺日法・日在らの諸師に師事し、京都要法寺一三世を継いだ。本迹論に独自の地歩を占め、興門派日尊門流の中興とされる。著書、大蔵抜萃五〇巻、御書抄二〇巻、本迹問答抄一巻など多い。〔参考〕要法寺祖師伝、釈日辰伝

**にっしん　日真**　①(文安元1444―享禄元1528)日蓮宗の僧。字は慧光、常不軽院と号した。但馬城崎の人。中山親通の子。妙境寺日全・妙本寺日具に師事し、京都本隆寺・若狭本境寺・摂津久成寺などを開いた。本勝迹劣説を唱え、その流を真門流または本隆寺派という。著書、天台三大部科註三〇巻など。〔参考〕本隆寺略歴　②(永禄八1565また同元―寛永三1626)日蓮宗の僧。字は慧性、また慶伝、東光院と号した。身延山日乾の門人。京都妙伝寺一二世を継ぎ、加藤清正の帰依を得て肥後本妙寺を開き、また同地に妙永寺・本覚寺などを建てた。文禄元年1592の朝鮮出兵に従軍した。〔参考〕本化別頭仏祖統紀二〇、肥後国志三

**にっしん　日進**　(正元元1259―建武元1334)日蓮門下の十八中老僧の一。はじめ日心と名づけられ、ついで日真、晩年に日進と改めた。三位阿闍梨と称する。父の日元とともに幼少より日蓮に随侍し、文永八年1271日蓮の竜口の法難に際しては、日朗らとともに投獄された。駿河に正法寺を開き、正和二年1313日向の後を継いで身延山三世の主となった。生没年代に異説がある。〔参考〕本化別頭仏祖統紀一一

**にっしん　日新**　(天文四1535―文禄元1592)日蓮宗の僧。字は純慧、慈雲院と号した。甲斐の人。日伝・日鏡らに師事、京都妙法華寺に住持し、身延山一七世を継ぎ、徳川家康の帰依を受け、江戸瑞輪寺を開いた。〔参考〕本化別頭仏祖統紀一四

**にっしん　日親**　(応永一四1407―長享二1488)日蓮宗の僧。久遠成院と号した。上総の人。中山法華経寺の日暹について出家、若くして西海総導師職に任じられ肥前光勝寺をはじめ、京都・西国・北国に巡教した。永享一一年1439立正安国論にならって立正治国論一巻を撰し、将軍足利義教に呈して諫言し、将軍の激怒をかって刑を受けた。このとき熱鍋を冠せられるなどの責苦を受けたので世に鍋冠り上人と称された。その後も公武を諫暁し、他宗との対論を重ね、しばしば危難にあった。京都本法寺をはじめ博多の法性寺・出雲の大慶寺・松坂の開久寺など三六カ寺を開創したという。著書、立正治国論、本尊口決、折伏正義抄、不可受謗法供養事、本迹一致文証事各一巻など。〔参考〕日親上人徳行記、本化別頭仏祖統紀一九

**にっせい　日政**　⇩元政《げんせい》

**にっせい　日惺**　(天文一九1550―慶長三1598)日蓮宗の僧。号は仏乗院。備前福岡の人。諸国を歴遊して日蓮宗を究め、池上本門寺一二世を継ぎ、徳川家康の帰依を受けて朗惺寺・善国寺・蓮久寺などを開いた。〔参考〕本化別頭仏祖統紀一五

**にっせい　日霽**　(貞和五1349―応永一二1405)日蓮宗の僧。字は道源。鎌倉の人。京都妙顕寺の妙実・朗源に師事、のち妙顕寺四世を継いだ。天台宗の迫害にあって寺地を変え、また法華宗の宗号について比叡山の僧徒と対論して功を奏した。著書、祈禱経奥書二巻など。〔参考〕本化別頭仏祖統紀一六

**にっせん　日扇**　(文化一四1817―明治二三1890)本門仏立講(のち本門仏立宗)の開祖。姓は長松氏。号は清風また無貪。字は士竜。諱は延禎。京都の人。はじめ書道・国学・歌道を修めて一家をなしたが、日耀について剃髪し日蓮宗を究めた。安政四年1857京都新町蛸薬師に本門仏立講を開き、同六年大津仏立講を創め、同地の追分に仏立寺を建てた。明治元年同地六四カ寺の讒訴にあい入獄したがやがて赦され、出家布教の公許を受け、漸次各地に布教して大阪・神戸に親会場を設けた。没後、宥清寺に葬られた。著書、無題四巻、諸宗堕獄抄三巻など多い。⇩本門仏立宗《ほんもんぶつりゅうしゅう》

**にっせん　日詮**　(　―天正七1579)日蓮宗の学僧。山光院と号した。初め南都北嶺に遊学して唯識および天台を学び、のち

和泉堺で日諦・日珖と共に三光勝会を結んで宗学の興隆をはかった。著書、四教義詳解。〔参考〕本化別頭仏祖統紀一九

**にっせん　日暹**　(天正一四1586—慶安元1648)日蓮宗の僧。はじめ日際と名乗った。字は隆恕、智見院と号する。身延山の日遠に師事し、京都鷹峰檀林・上総小西檀林の化主となり、京都本満寺一六世、身延山二六世を継ぎ、また甲斐大広寺・駿河常境寺の開山となった。日遠・日乾らとともに、不受不施派の日樹・日賢らを指弾した。著書、西谷名目標条四巻、拾要鈔三巻など。〔参考〕本化別頭仏祖統紀一四、日蓮宗宗学章疏目録

**にっそん　日尊**　(永禄元1558—慶長八1603)日蓮宗の僧。字は文甫、蓮成院と号する。京都の人。本圀寺日禛に師事、飯高に講堂を建てて檀林の基を成し、池上本門寺・鎌倉中山妙本寺の主となった。著書、集解要文八巻、開目鈔註釈一巻など。〔参考〕本化別頭仏祖統紀一五・一九

**にったい　日諦**　①(　—天正一三1585)日蓮宗の学僧。号は常光院。唯識教観を究め、斎藤道三に請じられて尾張犬山に安居し、のち堺で日珖・日詮と道交し三光勝会と呼ばれた。〔参考〕本化別頭仏祖統紀一九　②生没年不詳。江戸時代中期の日蓮宗の僧。号は観具院。山城鳴滝に住して日蓮宗を究め、享保1716—36頃に華厳宗鳳潭・天台宗霊空と共に著名となり、京都妙顕寺の主となった。著書、窓灯塵壺一巻など。〔参考〕日宗著述目録　③(　—天明元1781)日蓮宗の僧。字は健立。号は円行院。常陸多賀郡赤浜村の人。京都で日蓮宗を究め、下総中村檀林で玄義講主となり、水戸三昧堂の化主となった。著書、高祖年譜一巻(日耆と共著)、同攷異三巻など。〔参考〕日宗著述目録

**にったいじ　日泰寺**　名古屋市千種区法王町。山号は覚王山。もと日暹寺《にっせんじ》と称した。一八九八年に英人ペッペ W.C. Peppé が北インドのピプラワーで発掘した仏舎利を英国が暹羅《せんら》国(現タイ)に贈り、明治三三年1900同国からわが国に分骨された。このため各宗連合して大菩提会を組織し、同三七年当寺を造営して舎利を奉安し、各宗輪番で住持した。戦後、単立寺院となる。〔参考〕覚王山日暹寺略記、釈尊遺形奉迎記

**にったつ　日達**　(延宝二1674—延享四1747)日蓮宗の僧。字は運智、智鳩。号は了義院。岩代福島の人。京都妙顕寺日耀について日蓮宗を究め、鷹峰・六条・中村三檀林の能化となり、大僧都法印に叙せられ、本圀寺二六世を継いだ。華厳宗鳳潭・天台宗霊空と共に教界三傑と称された。著書、高祖御譲状註釈一巻、本迹雪謗五巻などきわめて多い。〔参考〕日蓮宗宗学章疏目録

**にっち　日智**　(文政二1819—安政元1854)日蓮宗の僧。字は桓叡、本通院と号する。駿河原の人。中村檀林に入り、また優陀那院日輝について日蓮宗を究め、伊豆玉沢覚林院に住し、のち下総中村浄妙寺の主となった。著書、槐堂遺稿一〇巻など多い。

**にっちゅう　日忠**　①(天正一二1584—万治三1660)日蓮宗の僧。字は通心、禅那院と号する。甲斐三子沢の人。身延山日新・日遠などに師事し、飯高檀林で日蓮宗を究めた。京都頂妙寺に住し、中山法華経寺二〇世を継ぎ、飯高檀林の化主となった。日賢ら不受不施派との親交を問われて幽居した。没後、徳川光圀は水戸に久昌寺を建て師を開山とした。著書、西谷名目解六巻など。〔参考〕本化別頭仏祖統紀二〇　②生没年不詳。江戸時代初期の日蓮宗の僧。備前の人。唯心院と号する。日吏について日蓮宗を究め、京都妙覚寺に住し、慶長八年1603筑前妙典寺の博多移転に際し請じられて盛んに説法して切支丹を折伏した。黒田長政より福岡橋口町に地を与えられ勝立寺を開いた。〔参考〕石城志五・一一

**にっちょう　日頂**　(建長四1252—文保元1317または嘉暦三1328)日蓮宗の僧。号は本国院、伊予阿闍梨という。駿河重須郷の人。日蓮に師事し、下総真間弘法寺を開いた。日蓮門下の六老僧の一。著書、本尊抄得意抄一巻など。〔参考〕伝灯鈔、本化別頭仏祖統紀一〇

**にっちょう　日朝**　(応永二九1422—明応九1500)日蓮宗の僧。字は鏡澄。行学院と号し、加賀阿闍梨という。伊豆宇佐美郷の人。三島本覚寺日出について日蓮宗を学び、一五歳で同寺の主となり、南都北嶺に遊学

して諸教を究め、のち鎌倉本覚寺を兼ねた。また身延山第一一世を嗣ぎ、寺基を現地に移し、大いに堂宇楼閣を造営した。また駿府感応寺をはじめ、開創した寺院十余カ寺におよんだ。著書、補施集一七九巻、元祖化導記二巻、三日講会一二三巻など多い。〔参考〕本化別頭仏祖統紀一四、三国高僧略伝下

**にっちょう　日澄**　①(延応元1239―嘉暦元1326)日蓮宗の僧。大乗阿闍梨という。相模小田原の人。日蓮に師事し、また日朗に随い朗門九老僧の一人とされる。天津日澄寺・比企谷大巧寺・小田原蓮昌寺を始め、池上大坊本行寺に住し、また示寂地尾張に本遠寺を建て開山に推された。〔参考〕本化別頭仏祖統紀一三　②(嘉吉元1441―永正七1510)日蓮宗の学僧。字は啓運、円明院(円妙院)と号し、一如房という。鎌倉妙法寺に住し、啓運寺を創し、また伊豆韮山本立寺の開山となった。著書、啓運抄五五巻、日出台隠記二巻など。〔参考〕本化別頭仏祖統紀一九

**にっちょう　日潮**　(延宝二1674―寛延元1748)日蓮宗の僧。字は海音。六牙院と号し、瑞松堂、松岩ともいう。京都の人。深草瑞光寺日灯について剃髪し、飯高檀林に入り日蓮宗を究め、宝永五年1708同檀林首座となり、翌年松ケ崎檀林に法華文句を講じ、また仙台孝勝寺に住し、身延山三六世を継ぎ寺門の経営に努めた。著書、本化別頭仏祖統紀三八巻、蒙古退治旗曼荼羅記一巻など。〔参考〕本化別頭仏祖統紀巻首、三国高僧略伝下

**にっつう　日通**　(元禄一五1702―安永五1776)日蓮宗の僧。字は普明、境持院と号する。下総神崎村の人。伊豆の妙法華寺日宗について出家、中村檀林で日蓮宗を究め、浅草本蔵寺に住し、中村檀林講主となり、妙法華寺三三世を継ぎ、のち鎌倉境妙庵に退隠した。著書、御書問答証議論一〇巻、本化血脈図解三巻など。

**にってん　日奠**　(慶長六1601―寛文六1666)日蓮宗の僧。字は義道、妙心院と号する。正東檀林の化主、能登妙成寺主となり、身延山二八世を継ぐ。加賀泉野常楽寺・印辰三宝寺・蓮華寺、越中新川の妙輪寺などを開いた。著書、西谷名目解五巻など。〔参考〕本化別頭仏祖統紀一四

**にっとう　日灯**　(寛永一九1642―享保二1717)日蓮宗の僧。字は慧明、波羅蜜と号する。初め律宗慈任について出家したが、のち深草瑞光寺元政に帰して日蓮宗を究め、寵遇されて同寺二世を継ぎ、斎戒堅固で修懺一万三千座、転経六千部におよんだ。著書、草山集抄三〇巻、宗門緊要一巻など。〔参考〕本化別頭仏祖統紀二二

**にっとう　日東**　(　―文政七1824)日蓮宗の僧。字は了道、唯妙院と号する。播磨斑鳩村の人。同国本行寺で出家し、寛政四年1792京都本隆寺三〇世を継ぎ、要法寺日住と宗義の論諍を重ねた。また生花をよくして日東流を開いた。著書、文底義一巻、大蔵開一巻など。

**にっとう　日透**　(承応二1653―享保二1717)日蓮宗の僧。字は恵照(のち堯弁)、観如院と号する。京都の人。小栗栖檀林・下総小西檀林に入り、また本隆寺日透らについて日蓮宗を究め、飯高檀林玄義講主、身延西谷檀林化主となり、伊豆韮山立本寺・会津若松浄光寺の主となった。著書、方便品講草五巻、西渓檀林由来記一巻など。〔参考〕三国高僧略伝下

**にっとう-ぐほう-じゅんれい-こうき　入唐求法巡礼行記**　四巻。入唐巡礼記、五台山巡礼記ともいう。円仁の著。承和五年838勅を奉じて唐に渡り、同一四年帰国するまで、九年間に見聞したことを記録した旅行記。日記体により、当時の海上及び陸上交通・中国各地の社会情勢・風俗・制度・仏教界の様子、仏教遺跡などについての詳細を伝えている。仏教史ばかりでなく、日唐交通の研究の上にも貴重な史料。〈⇩円仁《えんにん》〉　東寺観智院蔵(正応四1291写)　〔写本〕　続々群一二、仏全一一三、〔国〕史伝部二五

**にっとう-ごけ-でん　入唐五家伝**　一巻。著者・成立年とも不詳。平安初期に入唐求法した恵運・宗叡・常暁・真如親王・円行の五人の僧の略伝およびその入唐次第を記した書。続群八上、仏全一一三

**にっとう-しんぐ-しょうぎょうもくろく　入唐新求聖教目録**　一巻。円仁の撰(承和一四847)。撰者が承和五年から同一四

年までの九年間の在唐中に求めて将来した聖教の目録。帰国の年ただちに本目録を製して奏進した。長安城・五台山・揚州大都府などで求めた経論念誦法門および章疏・伝記など合わせて五八四部八〇二巻、胎金両界曼荼羅および諸尊壇像、舎利並びに高僧真影など四七種。とくに注意されることは不空の新訳密教聖典が多くあること、六妙門文句釈上宮疏、勝鬘経疏義私抄明空述釈上宮疏など聖徳太子の疏を唐人が釈したものがあり、また六祖壇経、証道歌などの禅籍数部をも含んでいることである。(大)五五、仏全二〔写本〕京都高山寺蔵

**にっとう-はっけ　入唐八家**　唐に留学し、密教を伝えひろめた平安時代の八人の僧。⑴比叡山の最澄（延暦二三804—同二四在唐）、⑵高野山の空海（延暦二三—大同元806）、⑶小栗栖常暁（承和五838—同六）、⑷霊巌寺の円行（同）、⑸比叡山の円仁（承和五—同一四）、⑹安祥寺の恵運（承和九—同一四）、⑺比叡山の円珍（仁寿三853—天安二858）、⑻円覚寺の宗叡（貞観四862—同七）を指す。その請来した教学や多くの書籍は後世の仏教発展の基礎となった。この請来目録を八家請来目録、八家目録などという。〔参考〕入唐諸家伝考

**にっとく　日得**　（文治五1189—弘安二1279）日蓮宗の僧。阿仏房という。遠藤盛遠（文覚）の曾孫で為盛と称する。順徳天皇に仕えて佐渡に渡り、出家して同地で日蓮に師事し得度した。〔参考〕本化別頭仏祖統紀一一

**にっぽう　日法**　（建長四1252または正元元1259—暦応四1341）日蓮宗の僧。円性房、和泉阿闍梨と号する。日蓮に師事し、日興の伝道を助け加島の法難にあった。また彫刻の技に秀でていた。著書、連々御法門聞書二巻など。〔参考〕本化別頭仏祖統紀一一

**にっぽう　日豊**　（慶長五1600—寛文九1669）日蓮宗の僧。字は唯遠、鷲峰院と号する。能登七尾の人。飯高檀林で日蓮宗を究め、中村・身延西谷両檀林の講主となり、京都妙顕寺一四世、池上本門寺・鎌倉妙本寺の一九世を継いで、権大僧都に叙せられた。著書、本迹要文一巻など。〔参考〕本化別頭仏祖統紀一五・一六

**ににゅうしぎょう-ろん　二入四行論**　一巻。菩提達摩四行論ともいう。禅宗の初祖菩提達摩の直説とされる二入四行説を中心に、その言行を集めたもの。二入四行とは理入・行入の二つの立場と、報冤行・随縁行・無所求行・称法行の四つの実践のこと。また菩提達摩の他に初期禅宗に関わった人々の言行も集録する。なお、従来より二入四行説は金剛三昧経入実際品にもとづくものと見られていたが、実はこの達摩の説が偽経である金剛三昧経に影響を与えたものと考えられる。朝鮮本（菩提達摩四行論）、敦煌本などの諸本がある。

**ににん-びくに　二人比丘尼**　二巻。鈴木正三《しょうさん》（1579—1655）著。外題は「念仏安心二人ひく尼」。二人の未亡人をかりて、有為転変・無常迅速の世相をうつし、煩悩即菩提の仏理をといた仮名草子。元隣の二人比丘尼抄は本書による。鈴木正三道人全集、近世文芸叢書三、国東叢二（文芸）

**にはら　尼波羅**　(梵)ネーパーラ Nepāla の音写。ネパールのこと。インドとチベットとの間、ヒマラヤ山脈の南麓にある王国。住民はチベット系のネーワル族を主とする。カトマンドゥ Kathmandu を首都とする。仏陀生誕の地ルンビニー Lumbinī（嵐毘尼園《らんびにおん》）はこの国の現在のルンミンデーイーにあたり、アショーカ Aśoka 王（阿育王）が参拝を記念して建てた石柱が現存する。同王の時代にカーサパゴータ Kāsapagota 長老によってこの国に仏教が伝道されたと伝えられる。同国はインド・グプタ王朝の最盛期にはその勢力下に入り、その後七—九世紀の頃にはチベットの吐蕃《とばん》王朝に服属した。インド・チベットとの間の交流がさかんで、仏教僧も多数往来し、仏教は大いに栄えた。仏教の隆盛は五世紀リッチャヴィ王朝時代の碑文によっても確かめられ、また玄奘はこの国に仏教寺院とヒンドゥー教寺院が並存していて、二千人余りの僧徒が大・小乗を奉じていたと記している。同国には仏典の梵文写本が多数保存されており、一九世紀以来ホジソン、ライト、レヴィ、ミナーエフ、ベンドール、河口慧海、

高楠順次郎らの諸学者によって収集され、仏教の近代的文献研究に多くの重要な資料を提供した。

**に-へん　二辺**　中《ちゅう》道《どう》を離れた両極端をいう。中論巻四には、有《う》・無、或いは常・無常を、順中論巻下には、常・断を、玄奘訳の摂大乗論世親釈巻一には、増《ぞう》益《やく》・損減を、止観輔行巻三には、空・仮をそれぞれ二辺としてあげている。

**にほ　日保**　(正嘉二1258—暦応三1340)日蓮宗の僧。郷公または帥《そつ》の法師という。上総夷隅郡奥津村の人。小湊日家の甥で、共に日蓮に帰依し、奥津妙覚寺・小湊誕生寺を開き、日蓮を開山として日保は妙覚寺二世、誕生寺三世を、日家は同寺三世、二世を継いだ。日蓮門下の十八中老僧の一に数える。〔参考〕本化別頭仏祖統紀一一

**にほん-おうじょうごくらく-き　日本往生極楽記**　一巻。慶滋《よししげの》保胤《やすたね》の編(寛和年間985—87、一説に永観983—寛和元985)。日本往生記、日本往生伝ともいう。唐の迦才の浄土論ならびに浄土往生瑞応删伝にならって、国史や各種の伝記類から往生者の伝記を収集したもの。聖徳太子・行基・善謝・円仁など四五人の伝を収める。日本における往生伝の最初とされ、平安時代後期の浄土思想研究の根本史料とされる。日本思想大系七、群書五、仏全一〇七、続浄全六、国一史伝部二四　〔刊本〕寛文九1669刊、延宝二1674刊

**にほん-こうそうでん-しじしょう　日本高僧伝指事抄**　一巻。宗性の撰(建長元1249)。撰者が東大寺知足院の別所信願の庵室で日本高僧の諸伝記を披見したとき、その行実の綱目を列記したもの。空海・宗叡・性空・増弁・浄蔵・陽勝・最澄・円仁・円珍・相応・尊意・良海・皇慶・明詮・増利の一五名を収め、同じ編者による日本高僧伝要文抄と共に貴重な史料とされる。仏全一〇一　〔自筆本〕東大寺図書館蔵

**にほん-こうそうでん-ようもんしょう　日本高僧伝要文抄**　三巻。宗性の編(建長元1249—同三)。婆羅門僧正伝、弘法大師伝、禅林寺僧正伝、静観僧正伝、浄蔵伝を始めとする諸高僧伝の要文を抄出したもの。(1)婆羅門僧正以下八人、(2)伝教大師以下七人、(3)護命僧正以下二七人の伝を三巻に分ける。唐僧思託の延暦僧録(延暦七788撰)は日本最古の僧伝であるが、その第一・第二・第五が本書の巻三に抄出保存されている。仏全一〇一、新訂増補国史大系三一　〔自筆本〕東大寺図書館蔵

**にほんこく-みらいき　日本国未来記**　一巻。著者・成立年とも未詳。聖徳太子に仮託して時宗・真宗・日蓮宗を非難した書。一遍・日蓮・親鸞の三魔王が日域を奪領して鬼国にするため、眷属を遣わして、邪法・魔業を授け、衆生を惑わせ三悪道に堕とそうとしていると述べ、これら三宗の所説に非難を加えている。〔刊本〕慶安二1649刊

**にほんざん-みょうほうじ-だいさんが　日本山妙法寺大僧伽**　本部、東京都渋谷区神泉町。大正六年1917藤井日達(行勝)が開創。昭和二二年1947妙法宗、のち現名称となる。日本国内のみならず広くアジア全土に至る西天開教をめざす教団で、大正七年中国の遼陽に最初の日本山妙法寺を開創、同一三年富士山麓に日本最初の妙法寺を開創した。題目を撃鼓宣令していく唱題修行を根本とし、教義よりも実践行を重んじ現在も仏舎利塔建立活動を推進している。

**にほん-じ　日本寺**　①千葉県安房郡鋸南町元名。乾坤山と号し、曹洞宗。神亀年間724—29行基の開創で、良《ろう》弁《べん》・空海・円仁らが住したという。養和年間1181—82源頼朝によって再建されたが、中世の戦乱のため荒廃。安永三年1774愚伝が復興し、天明年間1781—89石工甚五郎が岩壁に羅漢・観音などの諸像千余体を刻んだ。〔重文〕梵鐘〔参考〕安房国志、日本名勝地誌　②千葉県香取郡多古町南中。正東山と号し、日蓮宗。永仁年間1293—99中山法華経寺の開基日常が当地に隠栖して瑞光寺を起こしたのにはじまる。三世日祐の時、領主千葉氏によって諸堂が造営され、天正年間1573—92、四世日円の時に学林として大いに栄え、現寺号に改めた。学林は正東学庠、中村檀林などと呼ばれたが、明治維新後は東京に移された。〔参考〕檀林遺芳、下総国旧事考一三

**にほん-とうじょう-れんとう-ろく　日**

**本洞上聯灯録**　一二巻。岳南秀恕の撰(享保一二1727自序)。日本曹洞宗の祖師七四三人の伝記。元亨釈書や扶桑僧宝伝、延宝伝灯録、洞上諸祖伝、続洞上諸祖伝、重続諸祖伝などに資料の典拠を求めながらも、諸資料を批判的態度で吟味している。仏全一一〇、曹全一六〔刊本〕寛保二1742刊

**にほん-りょういき　日本霊異記**　三巻。詳しくは日本国現報善悪霊異記、単に霊異記ともいう。薬師寺僧景戒の著(弘仁年間810—24)。中国の冥報記や般若験記にならって、日本における因果応報の霊異談を集めたもの。一一六篇にのぼる奈良時代の説話を集録し、和臭のある漢文で書かれている。仏教思想が民間に浸透してきた当時の世態をよく伝え、後の三宝絵詞・今昔物語集・扶桑略記などに及ぼした影響は大きいとされる。群書二五、日本古典全集、日本古典文学大系七〇、角川文庫

**ニャーナティローカ　Nyānatiloka**　(1878—1957)ドイツ人の仏教僧。セイロンでパーリ仏教を研究するうちに、みずから比丘となった。パーリ文の人施設論(Das Buch der Charakter, 1909)、ミリンダ王問経(Die Fragen des Milindo, 1919—24)、経集(Das Wort des Buddha, 1923)、増支部の一部(Die Reden des Buddha : aus dem Angereihten Sammlung, 1911—23)など多数のドイツ語訳があり、また Kleine systematische Pāli Grammatik (パーリ語小文典、1910)、Pāli Anthologie und Wörterbuch (パーリ語文章選および辞彙1928)などの著作がある。大正年間に日本に来て、大正大学で教鞭をとったこともある。

**ニヤーヤ・ビンドゥ　Nyāya-bindu**　正理一滴ともいう。インド仏教論理学の大成者ダルマキールティ Dharmakīrti(法称)の著。その主著であるプラマーナ・ヴァールッティカ Pramāṇa-vārttika の内容を簡潔にまとめたもの。二百余りの偈頌からなり、現量(直接知覚)・為自比量(自身のための推論)・為他比量(他者のための推論)の三章に分かれる。ダルモーッタラ Dharmottara(法上)およびヴィニータデーヴァ Vinītadeva(調伏天)による註釈があり、前者の梵語原本および双方のチベット訳が現存する。中国には伝わらなかった。近・現代においてはダルマキールティの理論を簡潔に示すものとして注目され、シチェルバツキー Th. Stcherbatsky による英訳をはじめ翻訳・研究がきわめて多い。

**にゅうあ　入阿**　(　—弘安八1285)浄土宗の僧。敬蓮社と号し、入西とも称した。長門の人。はじめ幸西について一念義を学んだが、のち鎮西派の弁長に師事して鎮西義を唱え、また別に三心全菩提心の一義を立てたという。〔参考〕浄土伝灯総系譜上、浄土本朝高僧伝四

**にゅう-あびだつま-ろん　入阿毘達磨論**　二巻。塞建陀羅《そくけんだら》(スカンディラ Skandhila ?)の作と伝える。唐の玄奘の訳(顕慶三658)。チベット訳もある。チベット訳は作者名を示していない。説一切有部の論書。色・受・想・行・識・虚空・択滅・非択滅の八項に分けて諸法を解説し、諸法の分類を七七法としている。有部教学の入門書として古来重視され、註釈も少なくない。なお、作者不明の註疏がチベット訳にある。桜部建による和訳がある。㊅二八、国一論集部二〔註釈〕慈光・顕宗記二巻など

**にゅうおん　柔遠**　(寛保二1742—寛政一〇1798)浄土真宗本願寺派の学僧。字は子帰、柳渓と号する。越中新川郡高柳明楽寺の住職。同国善巧寺僧鎔(空華)について真宗を学び、処々で開講した。著書、錐指録五巻、六要鈔指玄録一一巻など。〔参考〕清流紀談二、本願寺派学事史

**にゅうが-がにゅう　入我我入**　密教における観法の用語。本尊仏の加持力《かじりき》によって、如来と自己とが一体の境地になること。即ち如来の身・口・意《しんくい》のはたらき(三密)がわが身に入り、自己の身・口・意のはたらき(三業《さんごう》)がまた如来に入りこんで、三密と三業とがたがいに相応し相入して無二平等であると観得すること。

**にゅうじ　入寺**　①入院、晋山《しんざん》と同じ。寺へ入って住持となること。②浄土宗で、徒弟がはじめて檀林《だんりん》(僧徒を養成する学校)へ入学すること。入寺掛錫《かしゃく》ともいう。③日本で神宮寺にいて仏事を行う僧を

社僧というが、社僧の中の一階級に入寺僧があって、一〇人を定員とする。

**にゅう-じゅう-げんもん　入重玄門**　重玄門に入る意。菩薩《ぼさつ》が仏となる直前の等覚の位において、今一度(重ねて)凡夫《ぼんぶ》のとき以来なしてきた事を修習して一々理に称《かな》うようにする(玄妙にする)こと。天台宗の説では、別教の菩薩は等覚位において元品《がんぽん》の無明が断ちにくいので、かえって凡夫となって一切衆生と交わり、重玄門に入ることによって、この行力によって元品の無明を断つ(教道の重玄)とし、円教の菩薩はあまねくあらゆる世界に身を現ずるのを入重玄門とする(証道の重玄)。

**にゅうしゅつ-にもん-げじゅ　入出二門偈頌**　一巻。二門偈または往還偈ともいう。親鸞の撰(建長八1256)。七言一四八句の偈頌によって他力往生の要義を顕彰した書。四段に分けることができるが、初めの二段は正明で、天親の浄土論および曇鸞の浄土論註によって一心五念・入出二門を挙げて他力の徳義を開顕し、後の二段は助顕で、まず道綽の安楽集によって聖浄二門を自力他力に対配して造悪の凡夫は三信相応の一心によって往生するのが易行道であることを明らかにし、次に善導によって他力摂生の念仏成仏是真宗は最上の教えであり、この真実信心を得た人は妙好・上上人であると説く。㊅八三、真宗聖教全書二、親鸞聖人全集四、定本親鸞聖人全集二、真宗史料集成一〔写本〕越前法雲寺蔵(伝親鸞真蹟)、下総聖徳寺蔵(同)、高田専修寺蔵(真慧書写本)、西本願寺蔵(蓮如写)〔刊本〕寛永一三1636刊、安永九1780刊、嘉永七1854刊、天保一四1843刊、同一五刊　〔註釈〕円智・分釈一巻、了空・参考二巻、智暹・流清記三巻、法霖・窺斑録三巻、智洞・講林三巻、宣明・講録二巻(真系一八)、慧然・大意一巻、道振・略解一巻(真全三七)、環中・温故録二巻

**にゅう-だいじょう-ろん　入大乗論**　二巻。堅意の作と伝える。北涼の道泰らの訳(425―40頃)。三品に分けて大乗仏教の概要を説く。(1)大乗こそは真の三蔵・真の仏説であるとし、竜樹の偈を引用するなどして縁起・空の原理を説く(義品)。(2)菩薩の修行の階程である十地と、その各地における果報を説き、十地の煩悩の断滅との関係などを明らかにする(議論空品)。(3)仏はこの世に現われてはじめて仏になるのではなく、仏の法身は不生不滅であること、仏の肉身よりも法身を重んずべきこと、菩提心を起こす利益などを説く(順修諸行品)。㊅三二

**にゅう-ちゅう-ろん　入中論**　梵語原題はマドヤマカ・アヴァターラ Madhyama-kāvatāra という。インド中観派帰謬論証派の大成者とされるチャンドラキールティ Candrakīrti(月称)の著。三二九偈の頌とそれに対する自註とから成る。中観派の祖竜樹(ナーガールジュナ Nāgārjuna)の教説を如実に説き示すことを目的とした一種の中観思想の入門書で、十波羅蜜・菩薩地の功徳・仏地の功徳の全一二章に分かれる。般若波羅蜜を説く第六章が最大の章で、哲学的議論にとみ、インド哲学諸派の批判にも及ぶ。中論・十地経など三〇種をこえる経論を引用する。この論書が、後世、とくにチベット仏教に与えた影響は大きく、チベット仏教の改革者ツォンカパ Tsoṅ-kha-pa もこれを重要な典拠として引用している。梵語原本は伝わらず、チベット訳のみが現存する。

**にゅうどう　入道**　①無漏《むろ》の聖道にさとり入る意。②転じて出家して仏道に入った人をいい、入道人、入道者とも称する。日本では剃髪染衣して(出家の姿をして)在俗生活をする者を指すことが多く、一種の敬称として用いられる。身分の高い人の場合を入道、身分の卑しい人の場合を新発意《しんぼち》というとの説もあるが、必ずしもそうとは限らない。③親王であって仏門に入った人を入道親王という(出家の後に親王に成った人を法親王《ほうしんのう》という〈⇨法親王〉)。

**にゅうなん-しん　柔輭心**　止と観とを均等に行じて、驕《かた》ぶることもなく沈むこともなく、諸法実相をあるがままに了知する心。人生のまことのすがたのままに随順して逆らうことがないから柔輭という。真宗では、他力の信心にこの柔輭の徳が具わっているとし、これを柔輭心という。

**にゅうぶつ　入仏**　新たに仏像を迎え入れて安置すること。その儀式を入仏式、

入仏供養という。菩薩《ぼさつ》や高僧の像の場合は入座といい、単に場所をうつしかえるときは遷仏《せんぶつ》、遷座という。

**にゅう-ふにほうもん　入不二法門**　相対的な差別を超えた絶対平等の境地に入ること、またその境地。維摩経巻中の入不二法門品には、文殊師利などの三二菩薩と維摩詰居士《ゆいまきつこじ》との入不二法門についての問答を説いて、諸菩薩は生滅とか善悪などの相対する原理についてそれを超えた絶対の理を見出したのが入不二法門であるとし、文殊師利は表現することも識ることもできないそのこと(無言無説無示無識)が入不二法門であるとしたのに対して、維摩詰は沈黙によって入不二法門をあらわした(黙不二)とする。この三つの意味については諸説があり、僧肇《そうじょう》は維摩の境地を最高のものとし(註維摩詰経巻八)、慧遠は遣相門(相対の否定によって高次な絶対をあらわす諸菩薩の立場)と融相門(相対そのことが絶対であるとする文殊および維摩の立場)にわけて論じている(維摩経義記巻三末)。

**にゅう-りょうが-きょう　入楞伽経**　⇩楞伽経《りょうがきょう》

**にゅう-りょうがしん-げんぎ　入楞伽心玄義**　一巻。唐の法蔵(643—712)の著。成立年は不詳であるが、大乗入楞伽経の訳出と相前後して著わされたと考えられ法蔵の著作中、晩年の作である。実叉難陀《じっしゃなんだ》訳の大乗入楞伽経七巻の綱要書。法蔵は楞伽経を次の一〇門に分別する。⑴教起所因、⑵蔵部所摂、⑶顕教差別、⑷教所被機、⑸能詮教体、⑹所詮宗趣、⑺釈経題目、⑻部類伝訳、⑼義理分斉、⑽随文解釈である。しかし⑼の実際には義理分斉までの玄談のみで、⑽の随文解釈は省略された形になっている。本書は法蔵の著作のなかでは密厳経疏・起信論義記・法界無差別論疏とともに如来蔵経論への註釈書類に属する。⑶の顕教差別には有相宗・無相宗・法相宗・実相宗という四宗判が掲げられる。㊅三九〔註釈〕探遂・纂要鈔七巻(日蔵一・一二)

**にょ　如**　①梵タターtathāあるいはタタターtathatāの訳。如如、真如、如実ともいう。あらゆるものごとについての真実にしてかわることのない本性。楞伽経の五法の中で、魏訳巻七には真如といい、宋訳巻四、唐訳巻五では如如という〈⇩真如《しんにょ》〉。②平等にして無差別なること。③天台宗で、法華経方便品の十如是(十如)の文に基づいて、十界が相互に十界を具えているから百界となり、その百界が各十如を有するから合わせて千如となるという。⇩十如是《じゅうにょぜ》

**にょい　如意**　①ものごとが自分の意のようになること。②説法のときや法会《ほうえ》などの際に講師が所持する道具。骨・角・竹・木などで手のような形に造り、もとは背中などの痒《ゆか》い所を掻くのに用いたので如意と名づけられたが、中国や日本では一般に一種の持物として用いられた。

**にょい-じ　如意寺**　①京都市左京区の如意ケ岳を中心として東西一帯にあった、如意輪寺ともいった。叡山三十坊の一で、園城寺別院で円珍(智証大師814—91)の開創というが、創建年代など不詳。建保年間1213—19の公胤を初代とし、六代隆弁(—1283)を門跡初代と伝える。鹿ケ谷から長等山(現滋賀県大津市)まで二十余の坊舎ほかがあったが、建武三年1336焼失し、以後廃寺となった。〔参考〕伊呂波字類抄、天台宗如意寺門跡歴代、園城寺蔵古絵図、雍州府志四　②愛知県豊田市力石町黒見。楽命山と号し、真宗大谷派。承久元年1219親鸞門侶関東六老僧の一人である荒木の源海が開創した、武蔵国満福寺に始まるという。正中二年1325三河国花本(現豊田市)に、貞和年間1345—50枝下(同)へ、慶長六年1601現地へ移ったと伝える。永正一五年1518には現寺号が見える。〔重文〕絹本著色親鸞上人絵伝(文和三1354銘)

**にょいち　如一**　(明の万暦四四1616—日本の寛文一一1671)黄檗宗の僧。字は即非。如一は諱。姓は林氏。中国明の福州福清県の人。清の崇禎一〇年1637黄檗山の隠元に師事し、十余年を経て印可をうけた。隠元が日本に来てから四年後の順治一四年1657に招かれて来朝し、明暦三年1657長崎の崇福寺に住した。寛文三年1663宇治の黄檗山で隠元に謁し、翌年中国に帰ろうとしたが、豊前小倉に留まって福聚寺を開き、のち崇福寺に退隠した。〔参考〕即非和尚年鑑、続

日本高僧伝九

**にょいりん-じ　如意輪寺**　奈良県吉野郡吉野町吉野山。塔尾山と号し、浄土宗。延喜年間901—23日蔵道賢の草創と伝え、金峯山の山麓にある。南北朝の頃、この地は南朝方の拠点となり、延元元年1336後醍醐天皇が金峯山寺に行在所を定めて本寺を勅願所とした。正平二年1347一二月楠木正行と一族郎党が本堂に氏名を記し、河内四条畷で戦死したことは有名。慶安三年1650文誉鉄牛によって再興され、真言宗を改めて現宗とした。〔重文〕木造厨子入蔵王権現立像〔参考〕如意輪寺略史、大和名所図会

**にょいりん-だらに-きょう　如意輪陀羅尼経**　一巻。唐の菩提流志《ぼだいるし》の訳(景竜三709)。異訳に唐の実叉難陀《じっしゃなんだ》の訳の観世音菩薩秘密蔵如意輪陀羅尼神呪経(一巻)、唐の宝思惟の訳の観世音菩薩如意摩尼陀羅尼経(一巻)、唐の義浄の訳(景竜四)の観自在菩薩如意心陀羅尼呪経があり、チベット訳もある。秘密経典中の雑部如意輪法に属する。大蓮華峯金剛秘密無障礙如意輪陀羅尼の功徳を説く経典。註釈は、義浄訳に対して清の続法の同略疏二巻(続一・三七・三)がある。㊅二〇

**にょいりん-ほう　如意輪法**　詳しくは如意輪観自在菩薩念誦法という。観自在菩薩如意輪念誦儀軌などによって、如意輪観音を本尊として罪障消滅・意願満足を請うて修する法。後三条天皇の延久年間1069—74の頃から行われた。如意輪観音の内証をあらわした曼荼羅を如意輪曼荼羅という。

**にょうはち　鐃鈸**　銅鈸《どうはち》、銅鈸子《どうはつし》、鈸《はち》ともいう。法会《ほうえ》に用いる楽器。銅などの金属で造った円盤形のもの二個を擦り合わせて鳴らす。もと鐃と鈸とは別であり、いまいう鐃鈸は鈸に属するが、鐃の中の銅鐃は、鈸の小形のものをいうので混同されるようになったらしい。

**にょえ　如会**　(天宝三744—長慶三823)唐代中期の禅僧。伝明大師と諡する。韶州始興(広東省始興県)の人。大暦八年773径山法欽に謁し、のち馬祖道一の法を嗣ぎ、長沙(湖南省長沙県)の東寺に住した。門下が多く、僧堂の牀《ゆか》が折れたことから、その法座を東寺の折牀会《せつしようえ》と称する。〔参考〕祖堂集一五、宋高僧伝一一、景徳伝灯録七

**にょえん　如淵**　(　—天正八1580)土佐の人。吉良宣義の甥で、幼少より出家し京都東福寺(一説妙心寺)で臨済禅を究め、南村梅軒に儒学を学び、長宗我部元親に厚遇された。異父弟吉良親実の事に連坐して殺害された。著書、吉良物語。

**にょえん　如琰**　生没年不詳。南宋代中期の禅僧。姓は周氏。字は浙翁《せつとう》。台州(浙江省臨海県)の人。大慧下の徳光の法を嗣ぎ、杭州径山《きんざん》(同省余杭県西北)に住した。〔参考〕増続伝灯録一、五灯厳統二〇

**にょかく　如覚**　(建長二1250—応長元1311)真宗誠照寺派三世。二世道性の長子で、親鸞に面授し宗義を相承したと伝える。〔参考〕三田村清・誠照寺史要

**にょがん　如願**　(元暦元1184—仁治元1240)歌僧。俗姓は藤原秀能という。河内守秀宗の子。建仁元年1201和歌所設置で寄人に加えられた。建暦二年1212院宣御使として九州に赴き、のち出羽守となる。承久の乱に関係し、乱後、熊野で出家、高野山へ入った。歌は、新古今集、新勅撰集、続後撰集などにみえる。

**にょくう　如空**　(弘長二1262—元亨元1321)浄土宗の僧。京都の人。大江家光の子。諡号は仏元真応如一国師。知恩寺道意について宗学を究め、また木幡慈心・良忠に師事した。知恩寺六世、知恩院八世を継ぎ、洛西智慧光院を開いた。また和歌をよくした。〔参考〕浄土本朝高僧伝四、浄土伝灯総系譜一、華頂誌要

**にょげん　如幻**　(寛永一一1634—元禄七1694)真宗の学僧。字は明春、往還老人という。摂津茨木の人。高田の専修寺で親鸞の真蹟を謄写すること二十数年、また諸国を歴遊して教化した。著書、安心詮要鈔、新発意用心集など。〔参考〕近世往生伝

**にょこう　如光**　(　—応仁元1467)真宗の僧。姓は佐々木氏。三河上宮寺の住持。本願寺八世蓮如に師事し、その留錫を求め、また蓮如に勧めて同国土呂本宗寺の開創を助けた。〔参考〕蓮如上人縁起(真全六九)、蓮如上人御隠棲実記(真全六九)

**にょこう　如珙**　〔南宋の嘉定一五1222―元の至元二六1289〕南宋末・元初の禅僧。行珙ともいう。姓は林氏。字は横川《わんせん》。永嘉（浙江省永嘉県）の人。楊岐九世の滅翁文礼《めつとうもんらい》の法を嗣ぎ、江浙の各地に化を振るった。語録二巻があり、墨蹟もある。〔参考〕増続伝灯録四、五灯厳統二一

**にょこん　女根**　〔**男根**《なんこん》〕　二十二根のうちの二。合わせて二根という。女根・男根とはそれぞれ女・男の生殖器官または生殖機能をいう。女・男を女・男らしくすることに勝れた力（増上の義）があるから根と称される。

**にょし-しゅつじょう　女子出定**　禅宗の公案の一。もと諸仏要集経にある故事で、一人の女が世尊の前で禅定に入っているのを、文殊が起たせようとして神通力を尽くしてもだめで、世尊の命で罔明《もうみょう》菩薩が地下より涌出し、一度指を鳴らすと、直ちに女を定より起たせたといい、文殊が象徴する根本智と罔明に代表される後得智の同異を知らせようとするもの。〔原文〕無門関四二則、大愚芝和尚語録、五灯会元一

**にょじつ　如実**　①実はまこと、如はかなう。実相のようになり、真実にかなうこと。②如は平等《びょうどう》、実は真実。ありのままということ。③真如実相《しんにょじっそう》ということ。真如の理体をいう。

**にょじつ-しゅぎょう-そうおう　如実修行相応**　信じ、修めるところが法の実義にかなうこと。曇鸞の浄土論註には、念仏について三種の不相応を示し、念仏しても信心が淳《あつ》くなく、一でなく、相続しないのを不相応とするのに対して、信心が淳く、一で、相続するのを相応とする。⇩三不三信《さんぷさんしん》

**にょじつ-ろん　如実論**　一巻。世親（ヴァスバンドゥ Vasubandhu）の造と伝える。陳の真諦の訳。もと大部の論であったといわれるが、現存するのは後半六分の一ほどと見られる。無道理難品・道理難品・堕負処品の三品から成る。ニヤーヤ Nyāya（正理《しょうり》）学派の十六諦説に則って仏教論理学を解説したものと思われるが、その説はニヤーヤ学派の根本論書であるニヤーヤ・スートラ Nyāya-sūtra（三―四世紀）の説よりも進んでいる。しかし新因明を創始した仏教論理学者陳那《じんな》（ディグナーガ Dignāga）らの説とも異なり、両者の中間にあると見られる。世親の真作か否かは確かではない。㊅三二、国一論集部一

**にょしゅう　如周**　〔文禄三1594―正保四1647〕律僧。字は正尊。俗姓は伴氏。山城八幡の人。幼少のころ京都泉涌寺《せんにゅうじ》に人り、一九歳で具足戒を受け、以後、興福寺空慶に唯識を、醍醐寺堯円より密教松橋流を、東福寺丹岳に禅道を学んだ。宮中でしばしば講経し、正保元年上皇および東福門院の戒師となり、公卿などが多く受戒した。没するに臨み勅により泉涌寺主となった。〔参考〕律苑僧宝伝一五、本朝高僧伝六三

**にょじょう　如浄**　〔隆興元1163―紹定元1228〕南宋代末期の禅僧。姓は俞氏。字は長翁《じょうおう》。明州葦江（浙江省鄞県）の人。曹洞一二世の雪竇智鑑《せっちょうちかん》の法を嗣ぎ、江南各地に化を振い、晩年に天童山景徳寺に住した。日本の道元の師である。著書、語録二巻、続録一巻。〔参考〕枯崖漫録、五灯会元続略一、宝慶記、伝光録下

**にょしん　如信**　〔嘉禎元1235―正安二1300〕親鸞の孫、慈信房善鸞の子。本願寺二世。幼時から親鸞に随侍して法義を学び、のち奥州白川郷の願入寺に隠れ、また常陸金沢に行化した。〔参考〕本願寺通紀一

**にょぜ　如是**　①かくのごとき。経の初めにある語。「かくの如くわれ聞く」という時の如是の語は、「これは仏の説いた教えである」と信じて疑わないことを示すものであるから、その意味で六成就の中の信成就と名づけられる。②あらゆるものごとのありのままのすがたを示す語〈⇩十如是《じゅうにょぜ》〉。③そのとおりであるといって相手に対して許し認める語。

**にょせつ　如説**　仏説にかない、法に違わないこと。

**にょたん　如湛**　〔―紹興一〇1140〕南宋代初期の天台宗の僧。字は従遠。仮名と号する。永嘉の人。初め車渓の択卿について、のち横山の慧覚斉玉に従って天台教観の奥旨を究め、寿聖寺に住して浄業を励み

門人を教化した。著書、仮名集一〇巻、観経疏浄業記、光明玄義護国記各四巻など。〔参考〕仏祖統紀一五

**にょどう　如導**　①（建長五1253―暦応三1340）真宗の僧。如道とも記され、大町如導とも呼ばれた。親鸞について出家し、三河国和田の円善について真宗を学び、正応三年1290越前足羽郡大町に専修寺（跡地は現福井市）を創してこの地に法を弘めた。応長元年1311本願寺覚如の来化に際してその化導を受けた。越前の真宗三本山（専照寺・証誠寺・誠照寺）はこの系統から出た。②（弘安七1284―延文二1357）律宗の僧。字は見蓮、無人と号した。俗姓は藤原氏。知恩院に投じて出家し、のち筑後の安養寺に移って浄土教を学び、また京都に戻って泉涌寺の知元に満分戒を受け、法光明院の良智に律を学び、肥田院の明玄に小野流密教を、天竜寺の夢窓疎石に禅を学んだ。晩年は京都永園寺に住した。生涯に十余カ寺に住持し、一五カ寺を創建または復興したという。〔参考〕律苑僧宝伝一四、本朝高僧伝六二

**にょほう　如法**　①仏の説いた教えに順い、そむかないこと。②正しい道理にかなうこと。

**にょほう　如宝**　（　―弘仁五814、一説に同六）唐の人。鑑真に随って来朝し、下野の薬師寺、大和の唐招提寺に住し、戒律の明師として聞こえた。桓武天皇および后妃、皇太子に戒を授けた。〔参考〕日本後紀二四、元亨釈書一三、律苑僧宝伝

**にょほう‐きょう　如法経**　一定のさだめによって経文を書写することで、法華経または法華三部経などの経を書写、供養し、これを名山または墓のほとりなどに埋める行事。また転じてその法会や書写された経巻をいうこともある。中国では南岳思大師立誓願文に、金字の般若経、法華経が衡山に埋められたことが記されており、日本では円仁が比叡山横川で行った行事が最初である。次いで覚超らは法滅に備えて書写した法華経を横川に埋め、のち源空は浄土三部経について如法に書写する儀式を定めた。法華経法師品の説によって、如法経を書写する時、一〇種の供養（華・香・瓔珞・抹香・塗香・焼香・旛蓋・衣服・伎楽・合掌）を行うので、十種供養の経ともいう。〔参考〕漢語灯録三、浄土三部経如法経次第

**にょらい　如来**　（梵）タターガタ tathāgata の訳。多陀阿伽度《ただあかど》、怛薩阿竭、怛他誐多、多阿竭と音写し、如去《にょこ》とも訳す。真理（如）に随って来た、真如より現われ出た者、即ち仏陀のこと。この上なき尊い者という意味で無上の無上、即ち無上上《むじょうじょう》ともいわれる。如来には一〇の別名があって、如来の十号または十号と呼ばれる。即ち、(1)応供《おうぐ》。（梵）アルハト arhat の訳。阿羅漢と音写する。ふさわしい（相応）者の意で、人《にん》・天から尊敬され、供養《くよう》される資格のある者。(2)正遍知《しょうへんち》。（梵）サムヤクサンブッダ samyaksaṃbuddha の訳。ただしく完全に真理を覚った者。等正覚、正等覚とも訳す。(3)明行足《みょうぎょうそく》。（梵）ヴィドヤー・チャラナ・サンパンナ vidyā-caraṇa-saṃpanna の訳。天眼《てんげん》・宿命《しゅくみょう》・漏尽の三明《さんみょう》の智慧と、身体、言語のおこないとがともに完全である者。(4)善逝《ぜんぜい》。（梵）スガタ sugata の訳。善く逝ける者の意で、迷いの世界をよく超えて出て、再び迷いに還らないもの。(5)世間解《せけんげ》。（梵）ローカ・ヴィッド loka-vid の訳。世間・出世間のことをことごとく知る者。(6)無上士《むじょうし》。（梵）アヌッタラ anuttara の訳。世間において最も尊い者、同じ意味で三界の独尊、三界の尊ともいう。(7)調御丈夫《じょうごじょうぶ》。（梵）プルシャ・ダムヤ・サーラティ puruṣa-damya-sārathi の訳。衆生《しゅじょう》をよく調伏《じょうぶく》制御して涅槃《ねはん》に導く者。(8)天人師《てんにんし》。（梵）シャースター・デーヴァーナーム・チャ・マヌシャーナーム・チャ śāstā devānāṃ ca manuṣyāṇāṃ ca の訳。天と人との師匠。地獄・餓鬼・畜生などを含めた迷いの世界にあるものをすべて教え導くが、天と人とを導くことが最も多いから天人師という。(9)仏《ぶつ》。仏陀（（梵）ブッダ buddha）の略称。さとれる者、目ざめたもの。(10)世尊《せそん》。（梵）バガヴァット bhagavat の訳。多くの徳を具えて世間から尊ばれる者。以上の十号であるが、如来の語を含めると十一号となる。ただし如来は総名で、応供以下の十号はその徳を表わす徳名とすべきもののようである。また

別に「如来」には「衆生《しゅじょう》」の意味があり、そのときには区別して如去《にょこ》と訳すべきであるともいう。即ち十四無記の中で如来の死後の有無を問題とする場合などである。

**にょらい-きょう　如来教**　本部、愛知県名古屋市熱田区旗屋。曹洞系の新宗教教団。享和二年1802尾張の農民、一尊如来きの(喜之)が開宗したもので、幕末維新期の創唱宗教の先駆をなした。当時の教名は「このたび」と称し、明治維新後は曹洞宗に属した。第二次世界大戦後に独立して如来宗、昭和三七年1962如来教と改称。金毘羅信仰と日蓮教学の影響が強く、きのの説教を集録した「お経様」は有名。本山は青大悲寺(名古屋市)。

**にょらい-じ　如来寺**　①茨城県新治郡八郷町柿岡。帰命山無量寿院と号し、真宗大谷派。安貞元年1227親鸞が信田の浮島(稲敷郡)に一寺を建立し、門下二十四輩の一人南庄乗然を住持させたのに始まるという。のち一時天台宗に転じたが、明応七年1498現地に再興され真宗に復した。〔参考〕二十四輩順拝　②福島県いわき市平山崎。松峰山と号し、浄土宗。元亨二年1322名越尊観の法孫良山妙観の開創という。良山は当寺で名越一流を宣布し、当寺は奥州名越流本山檀林と称されたが、一七世以後寺運は振わなかった。〔重文〕絹本著色阿弥陀三尊像、銅造阿弥陀如来及両脇侍立像　〔参考〕磐城風土記、日本名勝地誌五　③三重県鈴鹿市三日市。光明山無量寿院と号し、真宗高田派。創建年代は不詳であるが、聖徳太子が一光三尊の金銅仏を本尊として安置し創建したと伝える。嘉禎元年1235親鸞門下の顕智(真宗高田派第三世)、善然が留錫し布教、当寺は伊勢における真宗発祥の地となった。寛正六年1465真宗高田派の本山専修寺が一身田に移ると、当寺を中心とする門徒との間に対立・摩擦を生じたが、永正一一年1514頃の真宗高田派一世応真による当寺再興を機に本山兼帯所となった。なお古くは隣接する現在の上宮王院転輪山太子寺(真宗高田派本山兼帯所)とは同一寺で、太子山如来寺と称し、聖徳太子を本尊とする太子堂と、一光三尊仏を本尊とする如来堂とを有する両堂形式の寺であったが、のち二寺に分かれたもので、原始真宗教団の姿をとどめている。現在、当寺および隣接の太子寺を中心に「おんない」(顕智踊とも)と呼ばれる行道念仏がのこっており、毎年八月四日(旧七月四日)に行われる。

**にょらい-ししく-きょう　如来師子吼経**　一巻。北魏の仏陀扇多《ぶつだせんた》の訳(正光六525)。異訳に唐の地婆訶羅《じばから》の訳(永隆元680)の大方広師子吼経(一巻)がある。チベット訳もある。勝積菩薩が法上如来のもとに詣り、如来から「何処より来たか」と問われて無言であったことを機縁として、一切法が言説の境を超えていることを説く。㊅一七、国一経集部一五

**にょらいぞう　如来蔵**　㊵タターガタ・ガルバ tathāgata-garbha の訳。①すべての衆生《しゅじょう》の煩悩《ぼんのう》の中に覆われ蔵されている、本来清らかな(自性清浄なる)如来法身《ほっしん》のこと。如来蔵は煩悩中にあっても煩悩に汚されることがなく、本来絶対に清浄で永遠に不変なさとりの本性である。染浄《ぜんじょう》(けがれたのと、きよらかなのと)のすべての現象が如来蔵から縁起《えんぎ》したと説くのを如来蔵縁起という。勝鬘経法身章には「如来の法身の煩悩蔵を離れざるを如来蔵と名づく」とあり、如来蔵経には九喩を挙げて解説している〈⇩譬喩《ひゆ》〉。仏性論巻二には蔵に三義があり、⑴すべての衆生はことごとく如来の智の内に摂められ(所摂《しょしょう》)、⑵如来の法身は因位・果位を通じて変らないが衆生にあっては煩悩に覆いかくされており(隠覆《おんぷく》)、⑶如来の果徳はことごとく凡夫《ぼんぶ》の心中に摂まっている(能摂《のうしょう》)から如来蔵というとし、また同所に蔵には自性《じしょう》・因・至得・真実・秘密の五義があり、⑴万有は如来の自性に他ならないという自性の義から如来蔵と名づけ、⑵この蔵は聖人が行じて正法を生ずる対境、境界となるという因の義から正法蔵(法界蔵)、⑶この蔵を信ずることによって如来法身の果徳を得るという至得の義から法身蔵、⑷この蔵は世間の虚偽を超えた真実であるとの義から出世蔵(出世間上上蔵)、⑸一切法がこの蔵に順ずれば清浄となり、違すれば染濁《ぜんじょく》と

なるという秘密の義から自性清浄蔵《じしょうしょうじょうぞう》と名づけるとし、以上の五名(括弧内は勝鬘経自性清浄章の名目)を五種蔵という。なお大乗止観法門巻一には能蔵・所蔵・能生の三義、円覚経略疏巻上には隠覆《おんぷく》・含摂《がんしょう》・出生の三義を挙げて三種如来蔵という。如来蔵には、それが煩悩を超え離れ、煩悩と別異であって、煩悩が空《くう》であるという面、即ち空如来蔵と、それが一切法を具えて煩悩と不離不脱不異であるという面、即ち不空如来蔵との二如来蔵があり(勝鬘経空義隠覆真実章)、また煩悩にまつわられた在纏《ざいてん》の位態(空と不空との二如来蔵を含む)と、煩悩から離脱した出纏《しゅってん》の位態とがある(同経法身章)。大乗起信論に、真如に如実空と如実不空との二面があるとし、覚の体相を四鏡に喩えて、如実空鏡(空如来蔵)・因熏習鏡《いんくんじっきょう》(不空如来蔵)〔以上在纏〕・法出離鏡・縁熏習鏡〔以上出纏〕とするのもこの説である。なお、釈摩訶衍論巻二には以上の諸説をまとめて十種如来蔵を立てている。即ち大総持如来蔵・遠転遠縛如来蔵・与行与相如来蔵・真如真如如来蔵・生滅真如如来蔵・空如来蔵・不空如来蔵・能摂如来蔵・所摂如来蔵・隠覆如来蔵の一〇。如来蔵は阿頼耶識《あらやしき》、または阿摩羅識《あまらしき》と同一視されることがあり、例えば入楞伽経巻七に「阿梨耶識《ありやしき》をば如来蔵と名づく、而も無明七識と共に倶なり」といい、また同経巻七に「如来蔵識は阿頼耶識中に在らず、是の故に七種の識は生あり滅あり、如来蔵識は不生不滅なり」(この場合の如来蔵識は阿摩羅識)と説くようなものである。如来蔵思想は、インドにおいて唯識説に少し先立つ時期に成立したもののようで、中観・唯識の思想とは別系であるが、後には唯識説と別立せず、その領域内で行われていたらしい。中国にあっては地論宗がこの説を究極のよりどころとして浄識縁起説を立てている。なお、天台宗では如来蔵がそのまま実相であり、不可思議の妙法であるとし、華厳宗では法蔵の起信論義記巻上に四宗を立て第四を如来蔵縁起宗と名づけて、楞伽・密厳などの経、起信・宝性などの論をこれにあて、五教判における終教と見なしている。また密教の胎蔵界曼荼羅の説は如来蔵思想から来たもののようである。②如来が説いた教法のこと。如来所説の法蔵の意。

**にょらいぞう-きょう　如来蔵経**　⇩大方広如来蔵経《だいほうこうにょらいぞうきょう》

**にょり-し　如理師**　仏の尊称。真理にかなった教えを説いて衆生《しゅじょう》を救う人。

**にょりゅう　如隆**　(寛政五1793―明治元1868)黄檗宗の僧。字は良忠、松寿と号する。近江の人。西照寺観令を始め、華頂・妙峰・早洲らに参禅し、のち黄檗山三三世を継ぎ、摂津富田慶瑞寺に住し、因幡顕巧寺に退隠した。

**にょろう-にょあ　如聾如啞**　大菩薩《ぼさつ》のための教えである華厳経が説かれた時に、舎利弗などの声聞《しょうもん》は列席していたけれども、その高遠な教説を了解しさとることが出来なかったのは、耳が聞こえない者や言葉を話せない者のようであったというのであって、大乗菩薩に対する円教《えんぎょう》の教説は声聞・縁覚《えんがく》の二乗の人には全く理解しがたいものであることを意味する語。

**にれんぜん-が　尼連禅河**　尼連禅は㊁ネーランジャラー Nerañjarā ㊵ナイランジャナー Nairañjanā の音写。仏陀が出家してその辺りで苦行をつんだ河の名。仏陀伽耶《ぶつだがや》(ブッダガヤー Buddhagayā)の南、優婁頻螺《うるびんら》(ウルヴェーラー Uruvelā)村のかたわらを流れる。仏陀は六年の苦行ののち、苦行が正覚に導くものでないことをさとってこれを止め、スジャーター Sujātā の捧げた牛乳を飲んで元気を回復し、この河に浴してのち、河の東岸ピッパラ樹(菩提樹)の下に座を占め、ついに正覚に達した。成道ののち、この河岸の樹下に三週間留まり、梵天の請いによって説法教化の道に上ることを決心し、五比丘の住する鹿野苑《ろくやおん》に向かった。

**にん　人**　㊵マヌシュヤ manuṣya の訳。摩奴沙《まぬしゃ》、末奴沙《まぬしゃ》、摩奴闍、摩㝹史也と音写する。五趣の一。六道の一。十界の一。人間、人趣、人道、人界ともいう。この地上における人間としての有情《うじょう》の生存、或いは人間として生存している有情、或いは人間としての有情の世界をいう。

**にん　忍**　㊵クシャーンティ kṣāntiの訳。忍辱《にんにく》、忍耐、堪忍《かんにん》、忍許《にんこ》、忍可《にんか》、安忍などの意。他の侮辱悩害などを受けてもたえしのんで瞋《いか》らず、自らの苦しみに遇っても心を動かされず、真理をさとって認証し、理の上に心を安んじること〈⇩忍辱《にんにく》〉。倶舎論光記巻二六には、忍には無瞋《むしん》・精進《しょうじん》・信・慧の各心所《しんじょ》(心のはたらき)を体とする四種があるとする。①二忍。(イ)生忍《しょうにん》と法忍。大智度論巻六には、衆生《しゅじょう》の迫害や優遇を受けても、それらの違順の境(心にそむく対象と心にかなう対象)に執われずに忍び、また衆生そのものについて初・中・後がないと観じ、衆生の上に空理を認めて邪見に陥らないのを生忍(衆生忍)、あらゆるものが空であり実相であるという真理の上に心を安んじて動かさないのを法忍(無生法忍)とする。ただし同論巻一四以下では意味が少し異なり、衆生の迫害や優遇に対して忍耐するのを生忍、心法(瞋恚《しんに》)や憂愁など心に属するもの)・非心法(寒暑風雨や飢渇老病死など心に属さないもの)において忍耐するのを法忍とする。(ロ)世間忍(初心の菩薩《ぼさつ》が世間の苦楽違順の事に遭って忍耐する有相《うそう》・有漏《うろ》の安忍)と出世間忍(大菩薩が法性の理に安住して自在に種々なはたらきをあらわし、しかも何ら執われる所がない無相・無漏の安忍)(地蔵十輪経巻九福田相品)。(ハ)安受苦忍と観察法忍(大明三蔵法数巻五)。②三忍。(イ)忍辱波羅蜜《にんにくはらみつ》の三種。耐怨害忍《たいおんがいにん》(他の怨憎《おんぞう》悩害などを受けても堪忍する)・安受苦忍《あんじゅくにん》(病気や天災などの苦に逼られても忍受する)・諦察法忍《たいさつほうにん》(観察法忍ともいう。諸法が不生不滅であるという真理をあきらかに認めて心に妄動がない)をいい、後の一は前の二の拠り所となるものである(世親の摂大乗論釈巻七)。(ロ)三法忍。法理をさとって認証し、心を安んじることの三種。音響忍《おんこうにん》(随順音声忍《ずいじゅんおんじょうにん》ともいう。仏の説法の音声を聞き、諸法の道理を知って法に安住すること)・柔順忍《にゅうじゅんにん》(思惟随順忍ともいう。自ら思惟をめぐらし、諸法の真理にすなおに順って法に安住すること)・無生法忍《むしょうぼうにん》(修習無生忍ともいう。相を離れてただちに法の真理にかなって安住すること)をいう(無量寿経巻上、月灯三昧経巻一)。この三法忍を得るのを菩薩の階位に配するにあたって古来諸説がある。即ち、法位は仁王経の五忍(後に述べる)のうち前三忍に配し、慧遠《えおん》は同じく中間の三忍に配し、憬興《きょうごう》は同じく第一伏忍《ふくにん》の三位とするなどである。なお憬興は、無量寿経の三法忍は極楽の見樹の益について説くものであるから、それは空にたがわない有、有にたがわない空、四句を絶するもの、という三の法理に安住することであるとする。(ハ)喜・悟・信の三忍。阿弥陀仏を観じ、あるいはその本願を信じて得る利益である無生法忍の三名。善導の観経疏序分義に、経に説く「得無生法忍」を解して三忍の名を挙げ、十信位の菩薩が得る忍であって、解行《げぎょう》以上の忍ではないとする。これについて良忠は十信位で得るから喜忍・悟忍・信忍と名づけるとし、証空は他力観門を領解するのを無生忍として、それは本願を信じて得る益であるから信忍と名づけるとし、親鸞は他力の信の一念を得る時の益とする。(ニ)天台宗では、通教《つうぎょう》の三乗共の十地《さんじょうぐうのじゅうじ》の第一乾慧地《けんねじ》の菩薩を伏忍、第二性地の菩薩を柔順忍《にゅうじゅんにん》、第三八人地・第四見地の菩薩を無生忍《むしょうにん》と名づけ三忍とする。③四忍。無生法忍(諸法の自性が空寂で本来無生であると忍可する)・無滅忍(諸法が本来不生で無滅であると忍可する)・因縁忍(諸法は因縁によって生じたもので本来無自性であると忍可する)・無住忍(諸法は本来心をとどめ執著すべきものでないと忍可する)(思益梵天所問経巻二)。④五忍。菩薩が法理を認めて心を安んじる程度によって立てた階位。伏忍(煩悩をおさえてはたらかせないがまだ断滅しない地前《じぜん》の三賢位《さんげんい》すなわち十住・十行・十廻向)・信忍(無漏《むろ》の信を得た初・二・三地)・順忍(理に順い無生の果に向かう四・五・六地)・無生忍《むしょうにん》(諸法不生の理を認めて安住した七・八・九地)・寂滅忍《じゃくめつにん》(諸惑を断って寂静に安住した第一〇地及び仏果)(仁王般若経巻上)。なお前の四忍にそれぞれ上中下、後の一忍に上下があるから十四忍とする。⑤六忍。六忍法ともいう。菩薩の階位に応じた六種の法忍。信忍(一切法の空を信じた忍)・法忍(一切法の仮を認めた忍)・修忍(中観を修めて一切法の事《じ》と理とが融けあうのを知った忍)・正忍(正しく中道の理を認めた忍)・無垢忍《むくにん》(煩悩の汚れない清浄心を信証した忍)・一切智忍(一切智を得て中道の法を忍可《にんか》した最上の忍)(瓔珞本業経巻上)。⑥十忍。(イ)菩薩が真理を忍受して得る一〇種の安住心。随順音声忍《ずいじゅんおんじょうにん》・順忍・無生法忍《むしょうほうにん》・如幻忍《にょけにん》・如焔忍・如夢忍・如響忍・如電忍・如化忍・如虚空忍(旧訳華厳経巻二八十忍品)。(ロ)菩薩の一〇種の忍受行。内忍・外忍《げにん》・法忍・随仏教忍・無方所忍・修処処忍・非所為忍・不逼悩忍・非心忍・誓願忍(宝雲経巻二)。

**にんあ　忍阿**　⇩にんな

**にんうん　任運**　心をはたらかせてことさらに努力しなくても、ひとりでに事のできること。無功用《むくゆう》というに同じ。任運無功用、任運無作《むさ》、自然《じねん》任運などという。

**にんが　仁賀**　生没年不詳。平安時代の僧。大和の人。初め興福寺にあり英才の名があったが名聞を好まず、大和多武峯増賀に師事して一生念仏を事とした。〔参考〕続本朝往生伝、本朝高僧伝九

**にんかい　忍海**　(元禄八1695—宝暦一〇1760)浄土宗の僧。字は海雲。宝蓮社曇誉と号する。江戸の人。増上寺鉄船について浄土宗を学びのち敬首上人に随侍し諸師を歴訪、律を学び十八契印および諸尊の印明を伝えた。その後、増上寺山内宝松院に住し、また平素絵画・篆書をよくし、服部南郭・曇海・耆山らと掃塵会を開いて清談した。〔参考〕続日本高僧伝四

**にんがい　仁海**　(天暦五951一説に同九—永承元1046)真言宗の僧。千心ともいう。和泉の人。宮道惟平の子。高野山の雅真に師事し、のち上洛して元杲《げんこう》に伝法灌頂を受け、諸方に遊学して深義を極め、山城小野に曼荼羅寺を創建した。東寺一の長者・東大寺別当・高野山座主を歴任し、僧正に任じられた。その流を小野流と呼び寛朝の広沢流と併称された。ことにしばしば雨を祈って験があり、雨の僧正と呼ばれ、また小野僧正といった。著書、後七日記二巻、護摩鈔三巻など多い。〔参考〕元亨釈書四、本朝高僧伝四九、続伝灯広録五

**にんがく　仁岳**　(北宋の淳化三992—治平元1064)「じんがく」とも読む。字は寂静。潜夫と号し、浄覚と勅賜された。開元寺の行先に師事し、律を銭塘の択悟《ちゃくご》に学んで後、四明知礼の門に入り十余年天台の教観を究めた。当時は天台教学において山家・山外の論争が盛んで、仁岳は知礼を助けて山家派の説を主張したが、のちに知礼の学説に不満をいだき、遵式の門に投じて、知礼を論難した。世に後山外、雑伝派という。昭慶・石壁・霊芝・慧安・清修などの諸寺に歴住し、永嘉に移って世人の教化につとめ、浄土教をすすめ戒律をきびしくたもった。晩年は郷里の祥符寺に住した。著書、十不二門文心解、楞厳経集解熏聞記など五十余巻がある。〔参考〕仏祖統紀八・二一・二五、釈門正統五、四明仁岳異説叢書、浄土聖賢録

**にんがく　任覚**　(天仁元1108—養和元1181一説に治承四1180)真言宗の僧。藤原行宗の子。西院信証に伝法灌頂を受け、東寺長者に補せられ権大僧都に任じられた。その流を任覚方という。著書、印義訣。〔参考〕本朝高僧伝五二、伝灯広録七、東寺長者補任二

**にんかん　仁寛**　生没年不詳。平安末期の真言宗の僧。任寛とも書く。東院阿闍梨と号する。源俊房の子。三宝院勝覚の弟で輔仁親王(白河天皇の弟)の護持僧となり、親王のために大逆を企てて露見し、蓮念と改名、永久元年1113伊豆に流された。配所で、武蔵立川の陰陽師見蓮に真言教義を授けたと伝え、見蓮が密教と陰陽道などを混ぜた一流を弘めた。これを立川流と呼び、仁寛はその祖とされる〈⇩立川流《たちかわりゅう》〉。〔参考〕宝鏡鈔、百練抄五、続伝灯広録七

**にんこう　忍向**　(文化一〇1813—安政五1858)　法相宗の僧。初名は忍鎧《にんがい》。字は月照、松間亭・無隠庵・菩提樹園と号す。大坂の人。父は医者玉井宗江(鼎斎)。一五歳で京都清水寺成就院の蔵海　(宗江の弟)について出家し、二三歳で成就院の住持となる。嘉永六年1853アメリカ東インド艦隊

ペリーの浦賀来航で尊王攘夷論が高まり、青蓮院宮や近衛隊に出入りするうち運動に入った。翌安政元年1854住持を弟の信海に譲って各地で尊王攘夷を説いた。同五年安政の大獄で同志が弾圧され身に危険が迫ると、西郷隆盛などの勧めで京都を脱出、薩摩に逃れた。しかし頼りとする藩主島津斉彬は没した後で薩摩藩の保護を得られず、同年一一月一五日、西郷とともに錦江湾に投身し、西郷のみ助けられた。墓は清水寺と鹿児島の南洲寺にある。〔参考〕人物叢書六四、月照（友松園諦遺稿刊行会編）

**にんごん　仁厳**　（永保二1082一説に応徳元1084—仁平二1152）真言宗の僧。号は真乗（浄）房。仁和寺大教院覚真に密教を学び、安祥寺宗意に付法し、成就院寛助に伝法灌頂を受け、また西院信証から密灌を伝えた。のち大教院に住し、康治元年1142東寺御影供導師を勤め権律師に任じられた。その流を仁厳方という。〔参考〕東寺長者補任二、野沢血脈集三

**にんし　人師**　仏や菩薩《ぼさつ》などの聖者《しょうじゃ》でなく、凡夫《ぼんぶ》であって他を教化する能力をもつ人格者。

**にんしょう　忍性**　（建保五1217—嘉元元1303）律僧。大和磯城の人。字は良観。一七歳で東大寺で受戒し、二四歳で叡尊を師として出家。文殊信仰をいだき非人供養をおこなう。戒学を修め、鎌倉光泉寺・極楽寺の開山となり、極楽寺で初めて戒壇を結び別受法を行じた。東大寺大勧進、四天王寺別当に任じられ、悲田・敬田二院を再興した。終生東西に奔走して律鈔を講じ、病者医療・橋梁架設・道路修築・殺生禁断・祈雨祈禱・寺院の創立・修造につとめ、世に医王如来と称した。文永八年1271日蓮と対立し幕府に告訴した（竜口の法難）。嘉暦三年1328菩薩号を追諡された。〔参考〕元亨釈書一三、本朝高僧伝六一、人物叢書二〇

忍性花押

**にんじょう　潤生**　植物の種子が雨露によってうるおされて発芽するように、煩悩《ぼんのう》によって業《ごう》を起こし現在の生を引きおこすこと。発業《ほつごう》潤生ともいう。

**にんせい　仁済**　（　—元久元1204）真言宗の僧。初名は尊海。号は地蔵房。安祥寺念範に密教を学びその印可を得、また寛信に伝法を受けた。のち高野山蓮華谷真別所に隠退し、もっぱら密灌修定を事とした。その流を仁済方という。著書、仁済鈔一〇巻など。〔参考〕野沢血脈集一、紀伊続風土記三五

**にんちょう　忍澂**　（正保二1645—正徳元1711）浄土宗の僧。字は信阿、白蓮社宜誉と号する。江戸の人。増上寺直伝について得度し、万無・林冏らに浄土教を学び、江の島・竹生島などで修行した。延宝四年1676八斎戒を自誓自受し八誓願を発した。また京都の鹿ケ谷の祖跡復興を計り法然院万無寺を興し、寺規一七条を定めた。公卿・官吏紳など師を慕う者が多く、諸方に書を講じた。また現行大蔵経の誤脱を訂正しようとして大蔵対校録を編集の途中で病死した。寛政三年1791音澂ら完成、一〇〇巻。著書、観無量寿経疏四巻、光明大師別伝纂註　巻など。〔参考〕続日本高僧伝一、蓮門類聚経籍録下

**にんでん-がんもく　人天眼目**　六巻。南宋の晦巌智昭の編（淳熙一五1188）。禅の宗旨の綱要書で、五家の宗風と、学人接化の機関語句などを録したもの。臨済・雲門・曹洞・潙仰《いぎょう》・法眼の順に宗派ごとに分類し、初めに各派の宗祖の略伝を掲げ、その派の祖師の語句・偈頌などの重要なものをまとめ、最後に宗門雑録の題下に、禅宗史伝の考証その他の補遺事項を集め、巻尾に慧昭可光の跋を付している。(大)四八、国一諸宗部六（刊本）宝祐六1258物初大観が重修、元の延祐四1317再刊、日本では乾元元1302刊

**にんでん-きょう　人天教**　五戒をたもって人間に生まれ、十善を行って天上界に生まれることを説く世間教《せけんきょう》（宗教的解脱を説かない世俗的な教え）。これは仏教に入らせるための方便の教説で人天乗ともいう。

**にんでん-ほうかん　人天宝鑑**　巻。宋の曇秀の編（紹定三1230）。禅教律の三学にわたって、学道者の亀鑑とすべき先哲の言行およそ一〇〇条を選び録したもの。曇

秀は黄竜慧南の嗣で、虔州廉泉院に住した。その自序に、大慧の正法眼蔵にならったといい、資料は広く碑伝・実録・遺録より集め、各条下に出典を記している。巻首に蘭庭の劉棐の序、巻尾に万寿寺師賛、霊隠寺妙堪の跋がある。㊔二乙・二一・一

**にんな　忍阿**　（天明七1787—安政五1858）真宗高田派の学僧。字は常寂。玄亀と号する。伊勢国河芸郡柳村金光寺の住職。延暦寺正脱に華厳・天台を、大和の叡弁から倶舎・唯識を、伊勢専照寺法定から宗学を受けた。天保四年1833以降本山に出仕し講師職に補せられた。著書、論註随聞記九巻、御書講義四巻など。

**にんな-じ　仁和寺**　京都市右京区御室大内。真言宗御室派本山。仁和二年886八月光孝天皇の勅願により当地大内山の麓に鎮護国家の道場を建立したが、未完成のまま没したため、宇多天皇が遺志を継いで同四年八月落慶供養を行った。天皇は延喜元年901一一月落飾して東寺の益信《やくしん》に灌頂を受け、仁和寺の南に一室を構えて住んだ。これを御室という。以来累世法親王が入寺して相承し、御室門跡と呼ばれた。二世性信法親王の時に栄え、五世覚性法親王は仁安二年1167日本総法務に任じられて、当時は諸宗の最上位を占め威権を振るった。盛時の境内は二里四方、子院六十余宇を数えたが、応仁・文明の乱で一山を焼失した。のち寛永一一年1634徳川家光によって復興。明治二〇年1887失火により二十余宇を焼いたが、以後漸次復興された。大正一四年1925大覚寺・高野山と合わせて古義真言宗となるが、昭和二一年1946御室派本山となった。〔国宝〕金堂、絹本著色孔雀明王像、木造阿弥陀如来及両脇侍像、宝相華蒔絵宝珠箱、三十帖冊子・宝相華迦陵頻伽蒔絵塞冊子箱、新修本草、黄帝内経明堂巻第一・黄帝内経太素、医心方、後嵯峨天皇宸翰御消息、高倉天皇宸翰御消息、御室相承記　〔重文〕五重塔、御影堂、二王門、遼廓亭、飛濤亭、絹本著色聖徳太子像、紙本墨書別尊雑記、そのほか宸翰、経巻、什器など多い　〔参考〕仁和寺御室系譜、仁和寺諸堂記、雍州府志五

**にんにく　忍辱**　㊵クシャーンティ kṣānti の訳。羼提《せんだい》、羼底、乞叉底と音写し、忍、安忍とも訳す。忍耐すること。心を安らかにおちつけて、他の侮辱悩害などを堪忍すること。六波羅蜜《ろっぱらみつ》および十波羅蜜の一として、忍波羅蜜、忍辱波羅蜜という。⇩忍《にん》

**にんにく-せん　忍辱仙**　㊵クシャーンティヴァーディルシ Kṣāntivādirṣi の訳。仏陀が因位の菩薩の時の名。忍辱を行じていた時一王四大臣から手脚などを断たれたがよく耐えたという。この時の王および大臣が後の阿若憍陳如《あにゃきょうじんにょ》（アンニャー・コンダンニャ Aññā Koṇḍañña）らの五比丘であるという。〔参考〕賢愚経二、六度集経五、出曜経二三、大方便仏報恩経三

**にんにく-そう　忍辱草**　忍辱ともいう。インドのヒマラヤ山に生育するといわれる草の名。牛がこの草を食べると牛乳として最もよい味（醍醐味《だいごみ》）を出すという。念仏から善を生ずることの喩えにもする。

**にんぬん　任運**　⇩にんうん

**にんねん　仁然**　（嘉禎三1237—文保二1318）真言宗の僧。顕真房あるいは順真房と号する。高野山浄菩提院賢定より伝法灌頂を受けて中院流の法義を伝え、また心南院尚祚について事相を学び、のち同院に住した。その流を心南院方、略して心方と呼ぶ。〔参考〕本朝高僧伝一五、野沢血脈集二、紀伊続風土記三五

**にんのう-え　仁王会**　仁王般若会、仁王道場、百座道場、百座会ともいう。仁王般若経の説にもとづき、一〇〇の高座を設け一〇〇の法師を請じて同経を講讃し、国家の安穏と万民の豊楽を祈り、天変地異や諸難をふせぐ法会。中国では陳の武帝が永定三年559に仁王大斎を設けたのに始まり、高麗では歴代の諸王がさかんに修した。日本では斉明天皇六年660に初めて行われ、のち宮中・諸大寺・国分寺などで営まれた。仁王会には毎年行う春秋二季仁王会、臨時に行う臨時仁王会、天皇の即位に際して行う一代一（講大）仁王会とがある。〔参考〕初例抄、延喜式二一

**にんのう-きょう　仁王経**　二巻。詳しくは仁王般若波羅蜜経といい、仁王般若経とも略称する。後秦の鳩摩羅什の訳と伝え

るが、中国で成立した経典とも見られている。異訳として、唐の不空の訳と伝える仁王護国般若波羅蜜多経(二巻)がある。仏が波斯匿《はしのく》(プラセーナジット Prasenajit)王のために説いた教えで、般若波羅蜜の法を誦持することによって、国家を守護し繁栄させることができると説かれる。政権による教団支配を非難するなど、中国での史実の反映が見られ、既に梁代から疑経と見られていた。古くから護国のための経典として尊重され、この経を講讃して鎮護国家を祈願する仁王会が中国・高麗・日本を通じてさかんに行われた。奈良時代から、法華経、金光明経と合わせて護国三部経の一つに数えられる。(大)八〔註釈〕智顗・仁王護国般若経疏五巻、吉蔵・仁王般若経疏六巻、円測・仁王経疏六巻、良賁・仁王護国般若波羅蜜多経疏七巻、浄源・仁王経疏四巻、空海・仁王経開題一巻などがあり、末疏も多い。

**にんのうきょう-ほう　仁王経法**　不空の訳と伝える仁王護国般若波羅蜜多経および仁王護国般若波羅蜜多経道場念誦儀軌などにより鎮護国家のために修する秘法。孔雀経法・守護経法とともに真言密教の三箇大法の一に数える。空海は弘仁元年810高雄山寺でこの法を行い、天長二年825東寺講堂が創建されてからはここで修せられるようになった。この修法に用いられる曼荼羅を仁王経曼荼羅という。〔参考〕東宝記五、仁王経修法問答

**にんば-じゅ　絍婆樹**　絍婆は(梵)ニンバ nimbaの音写で、任婆、賃婆とも音写する。インドに産する喬木で苦楝子《くれんし》(あふち)に似ており、樹皮、小枝、花、葉、果実に苦味がある。薬用とする。

**にんぼう　人法**　人と法。①教えを説く人または教えを受け学ぶ人と、説かれた教えまたは学ばれる教え。②心のはたらきをもつものを人といい、心のはたらきをもたないものを法という。例えば、五蘊《ごうん》の和合によって成立している衆生を人といい、衆生構成の要素である五蘊を法という。大乗仏教の立場では、それらは共に空《くう》であるから、人法二空という。

**にんぽん-よくしょう-きょう　人本欲生経**　一巻。後漢の安世高《あんせいこう》の訳。異訳に北宋の施護の訳の大生義経(一巻)、長阿含経第一三大縁方便経、中阿含経第九七大因経があり、パーリ語経蔵の長部第一五マハーニダーナ Mahānidāna(大因経)に相当する。縁起の教説を説いてそれに註釈的な説明を付した経典。(大)一〇〔註釈〕道安・註一巻(大)三三)

## ぬ

**ぬかりや-かいてん　忽滑谷快天**　(慶応三1867―昭和九1934)曹洞宗の学僧。東京北多摩に生まれ、一〇歳で得度。曹洞宗大学林(現駒沢大学)を卒業し、忽滑谷亮童について伝法した。明治二七年1894東京曹洞宗中学林長に就任し、ついで曹洞宗大学林、慶応義塾の講師をつとめた。明治四四年宗命により宗教および学術視察のため二年間ヨーロッパ・アメリカを歴訪。大正九年1920曹洞宗大学学長となった。昭和九年大学を辞してより、もっぱら布教伝道に活躍した。著書、禅学新論、禅学思想史、朝鮮禅教史など多い。

## ね

**ねごろ-じ　根来寺**　和歌山県那賀郡岩

出町。新義真言宗本山。一乗山大伝法院という。長承元年1132覚鑁《かくばん》が高野山に一寺を創建し大伝法院といい、伝法院流をたてたのに始まる。のち金剛峯寺と対立、正応元年1288現地に移る。頼瑜・聖憲の時代に新義派の学説が大成された。戦国時代には根来僧兵と称して強豪を誇ったが、天正一三年1585豊臣秀吉のため襲撃され、宗徒は大和長谷と京都東山にのがれて、豊・智両山に分流することとなった。現地の復興は寛政九年1797から文政七年1824の間で、以後、豊・智両山の能化が交替で大伝法院座主を務めた。昭和二六年1951両派より分離、翌年新義真言宗として独立した。山腹斜面を利用して造った庭園は国指定の名勝。なお室町時代頃まで根来寺やその近辺で、飲食器や仏器などが作られ、根来塗として著名であった。また昭和五一年からの遺跡の発掘調査で、広範囲にわたり建物遺構などが検出された。〔国宝〕多宝塔(大塔)〔重文〕大師堂〔参考〕高野春秋編年輯録六・一二、紀伊続風土記二九

**ねごろ-じ　根香寺**　香川県高松市中山町。青峰山千手院と号し、天台宗寺門派系の単立寺院。四国八十八カ所第八二番札所。天長九年832円珍の開創といい、盛時は寺域五〇町四方にわたったという。永正年間1504―21兵火にかかって衰退したが、生駒氏、松平氏などにより漸次復興された。〔重文〕木造千手観音立像

**ネパール　Nepal**　⇩尼波羅《にはら》

**ねはん　涅槃**　㊵ニルヴァーナ nirvāṇa の音写。泥洹《ないおん》、泥曰、涅槃那、涅隷槃那、抳縛南、涅婆南、曬縛喃とも書き、滅、寂滅《じゃくめつ》、滅度《めつど》、寂と訳す。択滅《ちゃくめつ》、離繋《りけ》、解脱《げだつ》などと同意義で、また般涅槃《はつねはん》(般は㊵パリ pari の音写で、完全の意。円寂と訳す)、大般涅槃(大は勝れているの意。大円寂)ともいう。元来は吹き消すこと、吹き消した状態をあらわし、燃えさかる煩悩《ぼんのう》の火を滅尽して、さとりの智慧即ち菩提《ぼだい》を完成した境地をいう。これは生死《しょうじ》(迷いの世界)を超えたさとりの世界で、仏教の究極的な実践目的であり、それ故に仏教の特徴をあらわす旗印(法印)の一として涅槃寂静《じゃくじょう》を数える。仏教以外の外道でも涅槃を説くが、仏教の涅槃とは異なる。仏教の中でも大乗・小乗でそれぞれの解釈には異説が多い。①部派(小乗)仏教では、涅槃とは煩悩を滅しつくした状態であるとし、これに有余(依)涅槃と無余(依)涅槃との二涅槃をわける。前者は煩悩は断ったが肉体(「残余の依身」の意味で「余依」または「余」という)はなお残存する場合、後者は灰身滅智《けしんめっち》の状態で、すべてが滅無に帰した場合を指す。有部《うぶ》などでは涅槃を一つの存在のあり方として実体的に考え、経量部などでは涅槃は煩悩の滅した状態をかりに名づけたもので、実体のあるものではないとする。②大乗では、涅槃を積極的なものと考え、常・楽・我・浄の四徳を具えない小乗の涅槃を有為《うい》涅槃とするのに対して、この四徳をもつ涅槃を無為涅槃と称し、これを最上のものとする。また南本涅槃経巻三には、常・恒・安・清浄《しょうじょう》・不老・不死・無垢《むく》・快楽《けらく》の八味が涅槃には具わっているとし、これを涅槃の八味という。常・恒は常に、安・快楽は楽に、不老・不死は我に、清浄・無垢は浄にあてて、これを四徳に配することもある。唯識宗では本来自性清浄《じしょうしょうじょう》涅槃と有余依涅槃と無余依涅槃と無住処涅槃との四種涅槃をわける。本来自性清浄涅槃はまた本来清浄涅槃とも性浄涅槃ともいい、すべてのものが本来の相においては真如《しんにょ》寂滅《じゃくめつ》の理体そのものであるとして、真如を指してこのようにいう。無住処涅槃とは、智慧によって煩悩障と所知障とを離れているから生死(迷いの世界)にも停滞せず、しかも大悲をもって衆生《しゅじょう》を救済するために迷いの世界の中で活動するから涅槃の境地にもとどまらないことをいい、大乗仏教の涅槃の特色をよくあらわしている。地論宗や摂論宗では性浄涅槃・方便浄涅槃(道を修めることによって煩悩のけがれを除いて得る涅槃)の二涅槃、天台宗では性浄涅槃・円浄涅槃(地論宗などの方便浄涅槃に当たる)・方便浄涅槃(仏が衆生を救うために仮に姿を現わしたが、縁が尽きて入る涅槃で、応化涅槃《おうげねはん》ともいう)の三涅槃をわける。③小乗の声聞《しょうもん》や縁覚が無余涅槃に入ってから再び心をひるがえして大乗の教

えに転向するのを無余還生《むよげんしょう》という。また涅槃はすべての差別的なすがた(有為《うい》の相)を超え離れていて、これを離相という。浄土教では仏の浄土を涅槃之城《ねはんのみやこ》とも無為涅槃界ともいう。④この世に人としてあらわれた仏(特に釈迦牟尼仏)の肉体の死を涅槃、般涅槃、大般涅槃といい、涅槃に入ることを入涅槃、入滅、薪尽火滅(薪は仏身または機縁、火は智慧または仏身に喩える)という。本来は仏陀の成道《じょうどう》を涅槃というべきであるが、恐らく無余依涅槃の意味でこのようにいうのであろう。釈尊の入涅槃の姿をかたどった画像または彫像を涅槃像、その日(二月一五日)に釈尊を追慕してつとめる法会《ほうえ》を涅槃会《ねはんえ》、涅槃忌、常楽会などという。また僧侶の死を円寂《えんじゃく》、帰寂、示寂、入寂などという。

**ねはん-え　涅槃会**　涅槃忌、仏忌、常楽会ともいう。大乗の大般涅槃経に釈迦牟尼仏の入滅は二月一五日であったと説かれているので、その日を期して追慕するために修する法会。この日は無余涅槃に入った日であるから涅槃会ともいい、涅槃像を拝する。涅槃経によれば仏は入滅したといっても、実は常楽我浄が真実の徳であるといわれているので、無常と見ないで常楽会ともいう。中国では梁・陳以後に行われたようで、広弘明集二八に陳の文帝の娑羅斎懺文《さらさいせんもん》がある。北宋の浄覚仁岳に釈迦如来涅槃礼讃文があり、百丈清規《ひゃくじょうしんぎ》上には法会の次第が定められる。日本では南都興福寺の涅槃会が有名で、後世になると各宗で行われ、享保二年1717の諸国年中行事大成には、京都東福寺で兆殿司の涅槃図をかけ、報恩寺では肉付の牙舎利開帳、大雲院では涅槃会の練供養などが行われたと記される。涅槃像では金剛峯寺や、東福寺、泉涌寺《せんにゅうじ》のものが著名。

**ねはん-ぎょう　涅槃経**　詳しくは大般涅槃経《だいはつねはんきょう》という。①三巻。東晋の法顕の訳。方等泥洹経《ないおんきょう》ともいい、②と区別するために小乗の涅槃経ともいう。パーリ語経蔵長部(ディーガ・ニカーヤ Dīgha-nikāya)の第一六経マハー・パリニッバーナ・スッタンタ Mahā-parinibbāna-suttanta に相当し、異訳として⑴長阿含経第二経の遊行経《ゆぎょうぎょう》、⑵西晋の白法祖の訳の仏般泥洹経(二巻)、⑶訳者不詳の般泥洹経(二巻)がある。仏陀の晩年、王舎城(ラージャガハ Rājagaha)から入滅の地拘尸那掲羅《くしながら》(クシナーラ Kusināra)にいたる道程とその途次における事跡と説法、入滅から荼毘・分骨にいたるまでを記す。入滅前後の仏陀の事跡を示すものとして最も重要な資料である。パーリ語原文は、リス・デヴィズ T. W. Rhys Davids らにより校訂出版されたディーガ・ニカーヤ第二巻(1903)に収録されている。パーリ文からの翻訳には、リス・デヴィズによる英訳(1899)、フランケ O. Franke によるドイツ語訳(1913)などがある。わが国では中村元による和訳(ブッダ最後の旅・岩波文庫)が刊行されている。㊅一、南伝四　②四〇巻。北涼の曇無讖《どんむしん》の訳(玄始一〇421)。大涅槃経、大品涅槃経ともいい、大乗涅槃経と通称する。如来蔵思想を説く経典で、原始仏典である①が肉身の仏陀の入滅を記すのに対して、大乗涅槃経は、仏陀の本質を常住不滅の法身《ほっしん》としてとらえ、この法身が衆生の成仏を可能にする仏性《ぶっしょう》としてはたらくことを説く。とくに一切衆生悉有仏性という句によって有名である。また闡提《せんだい》成仏を説く点でも注目される。本経の部分訳に東晋の法顕・仏陀跋陀羅の訳(義熙一四418)の大般泥洹経(六巻)があり、曇無讖訳四〇巻本の冒頭一〇巻の部分に相当する。この部分訳を参照して劉宋の慧観・慧厳・謝霊運が四〇巻本を改編した三六巻の大般涅槃経があり、劉宋の都建康で成立したのでこれを南本涅槃経といい、これに対して四〇巻本を北本涅槃経というが、内容は実質的には同一である。その他末尾部分の異訳として唐の若那跋陀羅の訳の大般涅槃経後分(二巻)がある。梵語原本マハー・パリニルヴァーナ・スートラ Mahā-parinirvāna-sūtra の成立は三〇〇—四〇〇年頃と推定されるが、わずかな断片しか現存しない。チベット訳には梵本からの訳と曇無讖訳からの重訳との二本があり、前者は大般泥洹経六巻に相当する部分訳である。中国・日本でさかんに研究され、中国では本経を所依の経典とする涅槃宗が成立した。㊅二四（註釈）伝世親・涅槃論一巻、宝亮・大般涅槃経集解七一巻、慧遠・義記一〇巻、灌頂・玄義二巻、同・疏三三巻、吉蔵・遊意一巻、新羅元暁・宗要一巻

**ねはんぎょう-げんぎ　涅槃経玄義**　二巻。隋の灌頂の撰。成立年不詳。詳しくは大般涅槃経玄義という。大乗の涅槃経に説かれている奥深い教理を解明したもの。師の天台智顗《ぎち》の独特な解釈方法である五重玄義に則って、釈名・釈体・釈宗・釈用・釈教の五段に分けて論述する。即ち、釈名では経題である涅槃について種々の面から釈し、釈体では諸師の説を引きながら涅槃の本体について、釈宗では修行の因果について、釈用では涅槃の用《はたらき》について論じ、最後の釈教では教判上における涅槃経の位置を明らかにする。一々の経文解釈については同じ撰者の涅槃経疏三三巻によっている。本書の註釈書としては智円の涅槃玄義発源機要四巻がある。㊅三八、国一経疏部一一

**ねはんぎょう-しゅうげ　涅槃経集解**　七一巻。梁の宝亮らの集。成立年不詳。詳しくは大般涅槃経集解という。南本の涅槃経に対する諸家の註釈を集録したもの。第一巻に梁の武帝の義疏序および竺道生・僧亮・法瑤・曇済・僧宗・宝亮・智秀・法智・法安・曇准の一〇師の序文を挙げ、次いで涅槃経の経題解釈や科文などに関する諸家の見解を出している。第二巻以下には序品より憍陳如品までの経文について逐次に註釈する。経文解釈では竺道生・宝亮ら右の一〇師をはじめ諸師の名を挙げ、その註釈を引いて合糅し編集する。編者については異説がある。本書は涅槃経に関する現存最古の註釈書である。㊅三七

**ねはんぎょう-しょ　涅槃経疏**　三三巻。隋の灌頂の撰。戦乱の中で各地を移りながら五カ年を費し、隋の大業一〇年614ごろの成立。南本涅槃経の経文を逐次に註釈した書。師の天台智顗の釈義を窺いながら南本の涅槃経を釈し、同じ撰者の涅槃経玄義と一具をなす。智顗に涅槃経の註釈がないので天台宗の立場から涅槃経に対する見解を示す根本のものである。その撰述の経緯については涅槃経玄義巻下に述べる。㊅三八、国一経疏部一二・一三

**ねはん-ぎょう-ほんぬこんむ-げ-ろん　涅槃経本有今無偈論**　一巻。天親（ヴァスバンドゥ Vasubandhu 世親）の造と伝える。梁・陳の真諦の訳(550)。大般涅槃経の中に見える「本有今無、本無今有、三世有法、無有是処」という偈を解釈して、仏身常住の思想を述べる。㊅二六、国一釈経論部八

**ねはん-しゅう　涅槃宗**　常修多羅宗ともいう。中国十三宗の一。大般涅槃経をよりどころとして、法身常住・一切衆生悉有仏性の教義を研究する学派。鳩摩羅什《くまらじゅう》の弟子の劉宋の竺道生の闡提《せんだい》成仏説・劉宋の慧観の二教五時判などによって、涅槃経が仏陀一代の説法の帰結とされて以後、代表的な学者に南斉の僧宗、梁の宝亮、法雲らがあり、隋代までは南北各地で講究されたが、隋の智顗が法華・涅槃は同等であるが、涅槃は捃拾教《くんじゅうきょう》であると主張して以来その学派は主として天台宗の中へ吸収され、唐代に三論・法相・華厳の三宗がさかんになるにつれて衰えた。日本では奈良時代に、元興寺《がんごうじ》・大安寺などに常修多羅宗として伝えられたが、他の諸宗のように、年分度者を定められる公認の宗とはなるに至らなかった。

**ねはん-ぞう　涅槃像**　仏陀の入涅槃の有様を彫刻や絵画にあらわしたもの。臥仏像ともいう。涅槃図において普通とりあつかわれる構図は、娑羅双樹《さらそうじゅ》間の床上に横臥する涅槃仏を中心に、囲繞する仏弟子や禽獣がなげき悲しむ情景であり、天界から摩耶《まや》夫人が降下して来た姿を描く。インドを初め仏教の信仰された諸地方で多くつくられた。現在もインドのカシア Kasia の西南涅槃堂(即ち仏入滅の地)には、五世紀の彫造にかかる臥仏石像を安置している。またアジャンター Ajantā 第二六窟にはグプタ Gupta 王朝時代の涅槃伝が彫出してあって有名である。中国では雲岡第六窟東壁に浮彫の像があり、敦煌千仏窟一四八洞にも大臥像を刻出している。共に唐代の作として有名である。また敦煌千仏洞一四六窟、同一二六窟には涅槃図が描かれ、六世

紀末か七世紀初期の作とされている。日本では、和銅四年711の作と考えられる塑像の涅槃像が法隆寺五重塔内に現存している。絵画としては高野山金剛峯寺の応徳三年1086の年記のある涅槃図が最も古いと認められている。藤原時代の作である京都長法寺旧蔵の金棺出現図のような仏再生図も遺されている。二月一五日釈尊入滅の忌日にこの図をかかげ釈尊の徳を追慕する法会を涅槃会《ねはんえ》という〈⇩涅槃会〉。

**ねはんぞう-こうもん-しょう　涅槃像考文抄**　一巻。袋中(1544—1639)の著。成立年不詳。著者は浄土宗、京都法林寺の僧。涅槃像について考証を試みた書。涅槃経・泥洹経・摩訶摩耶経・法苑珠林・仏本行経などから要文を抄出して、釈迦入滅の情景を叙述している。

**ねはん-ろん　涅槃論**　一巻。詳しくは大般涅槃経論という。婆藪槃豆《ばすばんず》(ヴァスバンドゥ Vasubandhu 世親)の作、北魏の達磨菩提の訳と伝えるが、中国で作られたものと考えられる。大乗の大般涅槃経巻三に見える偈文を解釈し、涅槃経全体の綱要を述べようとしている。中に教判の思想がうかがわれる点が注目される。(大)二六、[国一]釈経論部八

**ねん　念**　①(梵)スムリティ smṛti の訳で、憶、憶念とも訳す。心所《しんじょ》(心のはたらき)の名。かつて経験したことを明らかに記憶して忘れないこと(明記不忘《みょうきふもう》の義)。倶舎宗《くしゃしゅう》では十大地法の一とし、唯識宗では五別境の一とする。勝れた力をもっているから五根、五力《ごりき》の一に数えて、念根、念力ともいう。念の反対を失念という。また単に「思い」「想い」の意味に「念」の語を用いる。②十念とは一〇種の観想、思念で、一〇の対象に向かって想を留め、他の想をやめて心を動乱させないこと。詳しくは十随念という。即ち念仏・念法《ねんぽう》・念僧・念戒・念施(念捨ともいう)・念天・念休息《ねんくそく》(念滅ともいう)・念安般《ねんあんぱん》(念出入息ともいう)・念身非常(念身ともいう)・念死の一〇である。このうち、初めの三を三念といい、初めの六を六念、六随念、六念処《ろくねんじょ》といい、初めの八を八念という。一〇の中で初めの三は仏と法と僧との三宝を念ずること、次の三は戒律と布施《ふせ》と天界《てんがい》とを念ずること、念休息は心の静けさを念ずること、念安般は出入する息を数え長短を覚知して妄想を除くこと、最後の二は肉身の無常と死とを念ずることである。浄土教でいう十念については異説があり、或いは仏のすがたを念じ、または称名《しょうみょう》念仏するのに他想をまじえないでおもいをこらして一〇の憶念を続けることとし、或いは十声の称名念仏を指すとする。後の説は善導の主張する説で、源空や親鸞が受けついだもの。特に浄土宗ではこれを強調する〈⇩十念《じゅうねん》〉。③また極めて短い時間を念と称することがあり、一刹那《せつな》或いは六〇刹那或いは九〇刹那などを一念とする。⇩一念《いちねん》

**ねんあ　念阿**　(保元二 1157—建長三 1251)　嵯峨念仏房という。初め天台宗を奉じ、のち法然に師事して深く浄土教に帰した。清涼寺を再興し、西隣に往生院を建てて住した。〔参考〕浄土伝灯総系譜上

**ねん-え　拈衣**　禅宗の用語。袈裟《けさ》をつまんで着用すること。師から法衣を受けて法を嗣ぐ際の作法で、自己の信をあらわすものとされる。

**ねんかい　念海**　(—文化九1812)　浄土宗の僧。超蓮社倫誉と号し、恵学という。信濃の人。桑名正源寺の可梁や増上寺祐月に師事して浄土宗を究め、武蔵滝山大善寺・常陸瓜連常福寺・鎌倉光明寺などに住した。増上寺五四世を継ぎ、大僧正に任じられた。著書、因果小子訓、蓮門士女訓など。〔参考〕三縁山志一〇

**ねんくう　然空**　(—永仁五1297)　浄土宗の僧。号は礼阿。初め比叡山の永存に天台を学び、のち良忠について浄土宗を修めた。仁和寺西谷法光明院に住して所承を弘通し、また一条清浄華院四世を継いだ。その流を良忠門下六派の一に数え、一条流・西谷派などと呼ぶ。著書、心行雑決一巻、無量寿経聞書四巻など。〔参考〕浄土伝灯総系譜上、浄土本朝高僧伝三

**ねんげ-みしょう　拈華微笑**　禅宗の起源を説く寓話、公案の一。唐代にその萌芽がみられ、宋代以後喧伝された。釈迦が霊

鷲山で華を拈じてみせたところ、会座の衆は誰一人としてその意味を察することができなかったが、摩訶迦葉《まかかしょう》のみがその真意を了解し微笑したという。悟りは文字理論によって伝わるものでないという不立文字の意味を示したもので、釈迦が迦葉にのみ正法を授けたという伝灯の起原ともなった。この寓話の根拠は大梵天王問仏決疑経(偽経)であるという。〔参考〕五灯会元一、無門関

**ねんこ　拈古**　拈は手にとってひねる意。禅宗で、古人がさとりをひらかせるために与えた問題(古則)をとらえて、それに評を加え自己の見解を示すことをいう。拈提《ねんてい》ともいう。

**ねんじぶつ　念持仏**　私室に安置し、或いは身につけて常に崇敬する仏像のこと。持仏、内仏ともいい、それを安置する堂を持仏堂という。

**ねんじゅ　念誦**　心に念じ、口に仏名・経文などをとなえること。①密教では、本尊の真言《しんごん》を観じてとなえ、本尊と自己の身・口・意《しん・く・い》のはたらきが一体となって成仏しようとすることをいう。これに、正念誦(念誦、次第念誦)と、散念誦(随意念誦、諸雑念誦)との二種がある。正念誦は、正しく本尊の真言を念誦し、散念誦は本尊のみに限らず、本尊や自己に関係のある諸尊の真言を念誦する。この二種の別は東密でいうことで、台密では、正念誦という名称を用いずまた散念誦を修しない。正念誦には、数珠を焼香に薫じ浄珠の真言によって加持《かじ》し、次に千転明(旋転明の真言)を誦して加持し、次に本尊と自己との心月輪《しんがちりん》(心のこと)の中に秘密真言があると観念して(字輪観)、陀羅尼を誦する、という三段階に分けられる。散念誦の場合は、最初に仏眼《ぶつげん》の真言を誦し、最後に一字金輪《いちじきんりん》の真言を誦することになっている。②禅宗では「清浄法身毘盧舎那仏、円満報身盧舎那仏云々」という十仏名をとなえることを念誦という。これに毎月三の日(三念誦)と八の日(八念誦)に十仏名をとなえて大衆が巡堂(僧堂の中を巡る)する三八念誦と、結夏《けつげ》(夏安居《げあんご》の開始)・解夏《げげ》(夏安居の終了)・冬至《とうじ》・年頭(年の始め)の四大節に念誦して巡堂する四節念誦とがある。なおそのほかに不定期なものとして、亡僧や病僧のためにも念誦する。

**ねんじゅ-けつごほう-ふつうしょぶ　念誦結護法普通諸部**　一巻。唐の金剛智の述。仏・菩薩などを念持し供養する儀式・方軌を集録したもの。蘇悉地《そしつじ》経・八大菩薩曼荼羅経などと関係が深い。(大)一八、[国]一密教部二

**ねんじょ　念処**　(梵)スムリティ・ウパスターナ smṛty-upasthāna の訳。念住とも訳す。智慧によって対境をよく観察してそこにおもいを留めることで、その代表的な型は四念住(四念処)である〈⇩四念住《しねんじゅう》〉。三念住(三念処)は三意止ともいわれ、仏の十八不共法《ふぐうほう》の一部ともされて、仏にのみ特有な功徳である。即ち如来《にょらい》は弟子などが熱心に法を聞き正しく教えを行っても、むやみに歓喜して平静な心を失うことなく(第一念住)、逆の場合でも憂愁の心を起こして平静な心を失うことなく(第二念住)、両様の弟子があっても歓喜したり愁憂の心を起こしたりして平静な心を失うことがない(第三念住)のをいう。また仏・法・僧・戒・施・天を念ずる六念のことを六念処ともいう。

**ねんじょう　念常**　(至元一九1282―至正三1343?)元代の禅僧。姓は黄氏。梅屋と号した。華亭(江蘇省松江県)の人。楊岐九世の晦機元熙《まいきげんき》の法を嗣ぎ、嘉興(浙江省嘉興県)の大中祥符寺に住した。至正元年仏祖通載二二巻を編した。〔参考〕補続高僧伝一八、五灯厳統二二

**ねんとう-ぶつ　燃灯仏**　(梵)ディーパンカラ Dīpaṃkara の訳。錠光《じょうこう》如来、定光如来とも訳し、提和竭羅《ていわかつら》、提洹竭《ていおんかつ》と音写する。過去の世に出て、成仏の記別を釈迦菩薩にさずけた仏。無量寿経巻上には過去久遠劫に錠光如来が世に出て、これより五三仏が出現し、最後の世自在王如来のとき修行して成道したのが阿弥陀如来であると説かれている。また法華経の序品には燃灯仏は昔の日月灯明仏に八子あった中の一人であったと説く。〔参考〕過去現在因果経、大智度論九、阿閦仏国経上

**ねん‐はっぽう‐しゅぎょくしゅう　拈八方珠玉集**　三巻。詳しくは仏鑑仏果正覚仏海拈八方珠玉集という。北宋代の仏鑑以下三師の古則拈提集で、はじめ仏鑑慧懃が拈提した古則を集めて、禅門八方珠玉集と称した。その後、法弟の圜悟克勤《えんごこくごん》が継承し、北宋の宣和七年1125に編して一書となし、ついで南宋の紹興六年1136に正覚宗顕が再拈増集す。そしてさらに仏海石渓が随後に著語したものを、その侍者祖慶が宝祐五年1257に前の三師の拈古と合わせて一書としたものである。巻首に圜悟克勤の序、正覚宗顕の題語、祖慶の自序を載せ、三一九則の公案を収める。(続)二・二四・二

**ねんぱん　念範**　（寛治二1088―　）真言宗の僧。字は大進。山城安祥寺宗意に密灌を受け、また性相・天台を学び、厳覚に受法し、勧修寺寛信から伝法灌頂を受け、安祥・勧修両寺の間を往復して密教を弘通した。その流派を念範方という。〔参考〕野沢血脈集一

**ねんぶつ　念仏**　仏を念ずること。念仏は一般に仏道修行の基本的行法の一とされるが、これには理法としての仏を念ずる法身の念仏と、仏の功徳や仏の相を心に思い浮かべてみる観念の念仏と、仏の名を口に称える称名の念仏《しょうみょうのねんぶつ》（口称念仏《くしょうねんぶつ》）とがある。①阿含経では、三念、六念、十念の一に数え、梵語ではブッダ・アヌスムリティ buddhānusmṛti という。仏陀に対する帰敬、礼拝、讃嘆、憶念などの意。念仏によって煩悩を起こさないようになり、天に生まれたり涅槃《ねはん》を得たりすることができるという。②大乗では、三昧に入って念仏する念仏三昧の法を説き、これによって罪を滅ぼし定中に仏を見るといい、また仏国に生まれたいと願って仏を念ずると仏国に生まれる（念仏往生）という。梵文の阿弥陀経の中にある念仏・念法・念僧の「念仏」は、初めの原語はブッダ・マナシカーラ buddha-manasikāra, 後の方はブッダ・アヌスムリティ buddhānusmṛti で、前者は作意《さい》（心をおこす）、後者は憶念《おくねん》（思いうかべる）の意味である。また執持名号の原語もマナシカーラ manasikāra であって、浄土教ではこれを称名と解するが、原語からはその意は見出しにくい。③中国では諸師が種々に念仏を分類したが、その中で懐感《えかん》の釈浄土群疑論巻七には念仏三昧に有相・無相があるとし、宗密の華厳経行願品別行疏鈔巻四には、称名念・観像念・観相念・実相念（四種念仏）があるとする。④諸仏に通じて念ずる通《つう》の念仏と、特定の仏にかぎって念ずる別の念仏とがある。浄土教では念声是一《ねんしょうぜいち》（乃至十念の念と下至十声の声とを同じ意味と見る）といって、観念（観相の念仏）よりも称念（称名の念仏）を重んじ、阿弥陀仏の相を観ずるのを観仏、その名を称えるのを念仏とする。阿弥陀仏は念仏するものを極楽に生まれさせるのを本願とするから、本願を信じて称える念仏を本願の念仏といい、これは仏の智慧によって起こされたものであるから智慧の念仏といわれ、愚かなものは本願の念仏によってのみ浄土に生まれることができるから愚鈍念仏という。他の行法をまじえずひたすら称名して浄土を願うのを専修念仏《せんじゅねんぶつ》、称名を自己の力でつとめ励まねばならないとするのを自力念仏、仏から与えられた信心の必然的なもよおしとするのを他力念仏という。また称念と観念とをあわせて行うのを事理双修念仏という。⑤源信の往生要集巻下末には、念仏する方法に尋常・別時・臨終の三があるとし、尋常念仏は日常の念仏、別時念仏は特定の時期・場所をきめてする念仏、臨終念仏は死をひかえて仏の来迎をまつためにする念仏をいう。浄土真宗では平生業成《へいぜいごうじょう》を説くから、別時や臨終の念仏を説かない。⑥静まった心でおもいを凝《こ》らしてする念仏を定心念仏《じょうしんねんぶつ》、日常の乱れた心でする念仏を散心念仏、毎日のつとめとしてする念仏を日課念仏、日常に時・所をえらばずにする念仏を長時の念仏《じょうじのねんぶつ》といい、数多く称えるのを多念、一声称えるのを一念、一声一声の称名によって罪を滅ぼすのを念念滅罪という。また大集経日蔵分の説によって、大念は大仏を見、小念は小仏を見るという信仰に基づき、大声に称名するのを高声念仏《こうしょうねんぶつ》、大念仏といい、融通念仏宗などで行う。⑦称名を音楽的に行う仕

方には中国の法照によって始められた五会念仏《ごえねんぶつ》(五音の曲調に寄せて音楽的に五会に分けて念仏する)があり、叡山では五台山の法道から伝えられたという声を引いて称える引声念仏《いんぜいねんぶつ》があり、民間では踊りながら念仏する踊念仏(空也念仏、六斎念仏など)や、念仏や歌曲を節をつけて唱う歌念仏(浮世念仏)があり、時宗でも踊念仏をする。⑧日本では、比叡山に般舟三昧経に基づく常行三昧の不断念仏(常念仏ともいい、一定の日時を定めて昼夜休みなく弥陀の名号《みょうごう》を称える)が円仁の頃から行われ、山の念仏といわれた。源空は善導の教えに基づき浄土宗を立てて、阿弥陀仏の本願力によって浄土に往生するには念仏の一行が根本であるとした。これを念仏為先、念仏為本、念仏為宗などという。浄土教のことを念仏門、念仏宗などという。⑨源空門下の鎮西派は念仏を称名の行と解し、通・別の念仏をわけて、通の念仏とはすべての善い行為、或いは仏と常に離れずにいることとし、別の念仏とは本願の行である称名念仏とする。また念仏を摩訶止観の念仏・往生要集の念仏・善導勧化の念仏、また諸師所立の念仏・本願の念仏・選択本願の念仏の三つにわける(三重念仏)。西山派は来迎・念仏・定散といって、仏の救済力を来迎、衆生《しゅじょう》を定散、来迎が定散の上に来てあらわれたのを念仏とする。時宗では名号にうちまかせる端的の一念を念仏とし、これを当体の念仏、三業《さんごう》のほかの念仏、離三業の念仏などという。真宗では、念仏を信心とも、称名とも、名号とも解釈するが、称名と解釈するのが普通である。即ち阿弥陀をたのむ信の一念、信後の報恩行としての称名、衆生に信じさせ称えさせるはたらきの根源である名号そのものを、それぞれ念仏とする。⑩高弁の摧邪輪荘厳記には観念などの念仏を自性念仏、称名などを資糧念仏とする。中古の叡山では約心観仏の説に基づき、覚運などがわが心が即ち仏であるとする観心念仏を説き、享保年間1716—36には天台宗の霊空がほぼ同じような考えから即心念仏を説いて、仏を念じ三諦三観の理を観じて称名念仏することをすすめた。

**ねんぶつ-おうじょう-ぎ　念仏往生義**　①一巻。源空(1133—1212)の著。成立年不詳。三心具足の念仏により必ず往生をとげることを略説したもの。浄全九(黒谷上人語灯録)、㊅八三、法然上人全集〔刊本〕文永一一1274刊　②一巻。著者・成立年とも不詳。南無阿弥陀仏と称する最初の一念によって往生し、如来と一味一体となることを強調している。これが他力自然の理法であるとし、この理によれば、煩悩即菩提、娑婆即浄土となると説く。奥書にはこれを蓮如の書と記しているが、秘事者の偽作とみなされ、古来の学匠から非難を蒙ってきた。真宗史料集成五、真宗法要十種聖教下、異義集一（真系三六など）〔刊本〕元禄三1690刊

**ねんぶつおうじょう-けっしんき　念仏往生決心記**　一巻。良遍の著(建長三1251)。往生の要行はただ念仏にあることを明らかにし、教文・道理・現証を挙げ、一切の行の中に称名念仏の一行のみ成就し易き旨を弁じている。浄全一五〔刊本〕寛永八1631刊、元禄一〇1697刊

**ねんぶつおうじょう-めいどうさつ　念仏往生明導劄**　二巻。鳳潭《ほうたん》の著(享保一五1730)。天台宗の霊空が即心念仏安心決定談義本を著わして観称双運・事理並行を主張したのに対して、華厳宗の著者がこれを評破したもの。巻上の初めに即心念仏を評して、天台大師・四明知礼の即心念仏を誤認し、他宗の進み方を誤り、廻向発願、経の名を誤っているとあざけり、同時に観経天台疏および妙宗鈔を駁して、智顗《ちぎ》の作と称される阿弥陀仏十疑論が偽作であることを論じ、巻下には往生論註解および善導の観経疏を駁している。本書が出ると多くの反論書が生まれ、特に浄土真宗本願寺派の法霖《ほうりん》は浄土折衝篇《じょうどせっしょうへん》を著わして明導劄を駁し、鳳潭はまた雷斧《らいふ》を著わしてこれに応じた。法霖はさらに笑螂臂《しょうろうひ》を作って雷斧を破し、鳳潭はさらに却螂臂《きゃくろうひ》を作ってこれに答えるなど活発な論争が行われた。仏全九八、続浄全一三〔刊本〕享保一五刊

**ねんぶつおうじょう-ようぎ-しょう　念仏往生要義抄**　一巻。源空(1133—1212)の著。成立年不詳。無量寿経の第十八願の意

によって他力念仏の要義を述べ、一二の問答を設けて往生の疑難を通釈する。浄全九(黒谷上人語灯録)、㊅八三、法然上人全集

**ねんぶつ-おどり　念仏踊**　⇩踊念仏《おどりねんぶつ》

**ねんぶつ-きょう　念仏鏡**　二巻。詳しくは求生西方浄土念仏鏡という。唐の道鏡・善道の共編。二人の編者は共に、唐の僖宗(873―88在位)の帰依を受けた大行の弟子とする説もあるが明らかではない。また善道については古来、光明寺善導との異同をめぐって諸説あるが、二人を別人とみる説(良忠の伝通記など)が有力である。念仏の名義や利益などを一一門にわたって説き、行者が疑惑を断ずるための鏡としたもの。しばしば善導、大行、懐感などの説を引き、念仏の立場から坐禅を批判しており、禅浄融合思想は全く含まず、純粋に称名念仏を宣揚している。㊅四七、浄全六

**ねんぶつ-きょうさく　念仏警策**　二巻。清の彭際清(1740―96)の著。成立年不詳。諸経論や古人の著述の中から要文を抄録して念仏の根本義を述べ、その正統な実践法を勧めたもの。禅・浄の一方に偏することを批判し、二教の融合を主張する。㊫二・一四・四

**ねんぶつ-きんぜい　念仏禁制**　法然が専修念仏を説いたのに対して、南都北嶺の仏教徒や為政者がこれを禁止しようとしてたびたび弾圧を加えた。浄土教が弘まってからは、念仏禁制の動きはほとんどなくなったが、後世の薩摩藩の真宗禁教は特異な例である。(イ)鎌倉時代。(1)念仏禁制の初見は正治二年1200五月一二日の鎌倉幕府の黒衣の念仏僧一四人に対する禁断である。(2)ついで承元(建永)の法難とよばれる大弾圧が行われた。元久元年1204一一月七日法然は一九〇人の門弟の連署による七箇条起請文《きしょうもん》を叡山に送って念仏徒の自粛を示したが、これはその頃山門から法然の専修念仏停止を朝廷に訴えたためであった。興福寺も解脱房貞慶起草の九箇条の奏状を呈し新宗建立の失、霊神に背くの失、国土を乱すの失をあげて、法然及び門人を罪科に処すよう請うた。朝廷は同三年二月三〇日門弟行空・安楽の配流を決めたが、興福寺衆徒はさらに法然はじめ主要門下の処罰を要求した。そのため建永二年1207二月、法然・親鸞などが流罪に、安楽・住蓮などが死罪に処せられた。しかし法然は同年一二月八日赦免され、建暦元年1211一一月一七日帰洛の宣下を得て帰京し、親鸞もこのとき勅免された。(3)承元五年1211三月四日及び翌年八月二八日、朝廷は四天王寺の念仏を停止した。(4)建保五年1217三月空阿弥陀仏が九条大宮相国堂で念仏会を開いたが、山門が襲撃。五月には延暦寺が解状を呈して成覚・空阿弥陀仏の流罪を要求した。(5)建保七年閏二月四日朝廷は嵯峨清涼寺に院宣を下し専修念仏を禁止させ、同月八日官宣旨を僧綱に下して諸寺の念仏の輩を糺弾させた。(6)貞応三年1224五月一七日延暦寺大衆が六箇条の専修念仏停止の奏状を奉ったので、朝廷は八月五日念仏禁止の宣旨を下した。(7)元仁二年1225の選択集をめぐる定照と隆寛の論争が契機となって、嘉禄三年1227六月延暦寺は専修念仏停止を奏聞し法然の墓所を破却した。朝廷は七月隆寛・成覚・空阿を流罪にし、五畿七道に専修念仏停止を宣下し、幕府もそれに協力した。さらに一二月朝廷は選択集の板木を山門に送り焼却させた。これを嘉禄の法難という。(8)天福二年1234六月三〇日、朝廷は専修念仏を禁じ教雅法師を追放した。(9)翌文暦二年1235七月幕府は黒衣の念仏者を鎌倉から追放するとともに、その禁圧を朝廷に申し入れた。(10)延応二年1240五月一四日山門は祇園犬神人に京都内諸所の専修念仏を停止させ、地方の別院末寺荘園などにおける念仏を禁断させた。(11)建長七1255―八年頃、善鸞の誣告により親鸞の関東門弟の間に幕府で念仏停止の訴訟が起こったが、間もなく落着した。(ロ)南北朝時代。(1)元徳二年1330六月叡山政所の集会で専修念仏徒の踊躍叫喚する者を追放しようとしたが、朝廷は穏やかに奏聞を経るべき綸旨の論旨を下した。その結果は不詳である。(2)京都渋谷の真宗仏光寺は暦応年間1338―42山門から破却されようとして叡山東西両塔学頭から赦免連判状を得て事なきを得、観応三年1352閏二月二日に

も延暦寺は寺家公人祇園犬神人などに破却させようとしたが、暦応の先例により免れた。(3)貞治六年1367八月西大寺は城内の一向念仏衆を殺盗に等しく取締ることを令している。(ハ)江戸時代。(1)薩摩の念仏禁制。薩摩藩は明治九年1876九月まで終始一向宗を禁止した。日新菩薩記によればすでに島津忠良(日新、永禄一一年1568没)の時に禁断されている。しかし真宗教徒はお番役とか講頭などと呼ばれる俗人を中心に講社を結んで伝道した。この秘密の伝道は間々露顕して法難崩れと称して藩吏の苛酷な処罰をうけた。(2)なお直接念仏禁制との関係はないが、真宗の一向性や門徒との強い結合形態は池田光政など大名や中井竹山・同履軒・正司考祺・会沢正志斎・平田篤胤などの諸学者により警戒されていた。

**ねんぶつさんまい-ほうおう-ろん 念仏三昧宝王論** 三巻。唐の飛錫の著(天宝元742)。念仏三昧が諸三昧のうち最勝のものであることを論じたもの。上巻には、すべての衆生は未来に成仏するものであるからこれを念ぜよといい、中巻には、現在仏である阿弥陀一仏を念じて心を専注せよと教え、下巻には、通じて三世にわたり諸仏も因果の理は同じであることを説く。理事双修の行法を説いて、慧日や承遠らの思想を継いだものと考えられる。序によれば、著者は法華三昧とを併せ行じ、その融合をはかったようで、信行の三階教の説に関連する点があるとされる。明の智旭は浄土十要の中に収めた。㊅四七、浄全六 〔註釈〕知空・語鉗三巻など

**ねんぶつ-じ 念仏寺** ①京都市右京区嵯峨鳥居本深谷町。等覚山愛宕院と号し、天台宗。大正一四年1925現東山区松原通東大路西入から移転。旧地が愛宕郷の地にあたることから、愛宕寺《おたぎでら》・愛宕念仏寺ともいう。延喜一一年911醍醐天皇の勅願で創建され、叡山の僧千観(空也の弟子)の開基と伝える。あるいは空海の創建、千観の中興ともいう。以後の推移は不明であるが、葬送の地であった鳥辺野《とりべの》にあったことから、念仏の寺として庶民の信仰を集めたとされる。近くにある珍皇《ちんこう》寺の別称が愛宕寺であったことから、近世の地誌類ではしばしば混乱がみられる。〔重文〕本堂、木造千観内供坐像 〔参考〕日本往生極楽記、山城名勝志五 ②京都市右京区嵯峨鳥居本化野町。華西山東漸院と号し、浄土宗。化野《あだしの》念仏寺と称する。空海が弘仁年間810—24五智如来を安置して開創したと伝え、五智山如来寺と号し、真言宗であった。中世法然が念仏道場として再興し、浄土宗となった。正徳二年1712寂道尼によって現在の本堂が営まれた。この地は古くより京都の三昧所(墓地)の一であり、本寺はその墓寺であった。境内に多数の小石仏・小石塔が群立しており、八月二四日の千灯供養は有名。〈⇩化野《あだしの》〉〔参考〕雍州府志五

**ねんぶつしゅじょう-せっしゅふしゃ 念仏衆生摂取不捨** 観無量寿経の語。阿弥陀仏の光明が十方世界(すべての世の中)を照らし、念仏する者をことごとくおさめとって救い、見捨てておかないということ。弥陀の光明の照らす範囲とおさめ救う範囲とについて、共に念仏と諸行との両方に通ずるとする説と、照らすのは両方に通じ、救うのは念仏にかぎるとする説と、共に念仏にかぎるとする説とがある。

**ねんぶつ-ず 念仏図** 念仏の数を記入する版図。即ち紙面に小圏を連写して連珠帯とし、念仏一千遍ごとに一圏を黒く塗り、それによって念仏の数を計算する。中国においては南宋の寧宗嘉泰1201—04の頃に念仏図が製作され流布していた。日本では、黄檗独湛性瑩《しょうけい》が伝来して宝永元年1704に初めて印行し、同三年以後、京都法然院忍澂《にんちょう》が盛んにこれを印行した。

**ねんぶつ-みょうぎ-しゅう 念仏名義集** 三巻。聖光房弁長(1162—1238)の著。成立年不詳。法然の没後、念仏に関する異義が続出したのに対し、法然相承の念仏の義を示したもの。五正行・三心・四修・五念門・三種行儀などを略述し、念仏の名義を釈している。浄全一〇 〔刊本〕寛文八1668刊、寛延四1751刊

**ねんぶんどしゃ 年分度者** 年分学生、年分者、年分とも称し、諸宗・諸大寺で毎年試験を行って得度を許す一定数の人をいう。

持統天皇一〇年696、毎年一〇人を一二月晦日に出家させることとされ、天平六年734には得度の条件が定められたが、年分の得度が恒例として行われるようになるのは平安時代初期と考えられ、政府は延暦一二年793、同一七年、同二〇年などに年分度者の年齢や試験の条件などを定めている。とくに大同元年806に華厳宗・天台宗・律宗に各二名、法相宗(倶舎宗を含む)・三論宗(成実宗を含む)に各三名としてこの制が定まった。その後、真言宗にも三名が許され、次第に諸寺にも行われたが、平安中期以後は衰退した。⇨得度《とくど》

**ねんぽう-しんきょう　念法真教**　本部、大阪市鶴見区緑。天台・浄土系の新宗教教団。大正一四年1925小倉霊現が開創。当初天台宗に属し、昭和二二年1947に独立、同二七年宗教法人。霊現は本名を庄太郎という。久遠実成の阿弥陀如来の応現による衆生済度の夢告を感得して立宗。「貪・瞋・痴の三毒を取り除き仏性を開顕させ、此の地上に極楽をつくる」ことを教旨とする。教団に身体でもって奉仕する「禊奉仕」は有名。

**ねんよ　然誉**　（　―永禄七1564）浄土宗の僧。禅芳といい、法蓮社と号する。法誉智聡に師事して浄土教を究め、品川願行寺三世、鎌倉光明寺一七世を継ぎ、相模の芹沢来迎寺・三浦長安寺・金沢天然寺の開山となった。[参考]浄土伝灯総系譜上、鎌倉光明寺誌(浄全一九)

## の

**ノイマン　Neumann, Karl Eugen**　(1865—1915)オーストリアの仏教学者。パーリ語学者として名高く、また仏教信者でもあった。パーリ語仏典翻訳の業績として法句経(Der Wahrheitspfad, 1893)、中部経典(Die Reden Gotamo Buddhos, aus der Mittleren Sammlung, 1896—902)、長老偈及び長老尼偈(Die Lieder der Mönche und Nonnen Gotamo Buddhos, 1899)、長部経典(Die Reden Gotamo Buddhos, aus der Längeren Sammlung 1907—27)などのドイツ語訳があり、その流麗な訳文によって多くの読者を得た。

**のう　悩**　①心が悩み騒乱して落ちつかないこと。愁・悲・苦・憂などと共に迷いの世界の苦しみなどを表現する語。②梵プラダーサpradāsaの訳。心所《しんじょ》(心のはたらき)の名。倶舎宗《くしゃしゅう》ではこれを小煩悩地法《しょうぼんのうじほう》の一、六煩悩垢《ぼんのうく》の一とし、唯識宗では二十随煩悩の一とする。自分の罪や過失を知ってそれにこだわり、他人のいさめをきき入れないで悩むこと(倶舎宗の解釈)。またはさきにいかりやうらみを起こしたことを追想し、或いは現在の不快な事物によって心が悩むこと(唯識宗の解釈)。

**のうあみ　能阿弥**　（応永四1397―文明三1471）画家、連歌師。京都の人。本名は中尾真能。号は春鷗斎。子の真芸(芸阿弥)、孫の真相(相阿弥)と合わせて三阿弥と称される。時宗六条道場の奉行であったが、のち足利義教につかえて同朋衆となった。水墨画にはその筆と伝えるものが多いが、白衣観音図(応仁二1468)が名高く、昭和五六年1981花鳥図屏風(応仁三)が発見された。また連歌では宗砌・智蘊らと共に七賢に数えられ、新撰菟玖波集には四三句が採られている。

**のういん　能因**　（永延二988―　）中古三十六歌仙の一人。歌僧。橘忠望の子(一説に孫)。初名は永愷《ながやす》、肥後進士と号する。古曾部入道の別号がある。京都の人。初め文章生となり、のち出家して摂津古曾部に住した。藤原長能について歌道を究め、その詠歌は後拾遺集・金葉集・千載集・新古今集などに入集する。著書、玄々集一巻、能因歌枕、能因題林抄、八十島記、能因法師集。

**のうえほうし-え-ことば　能恵法師絵詞**　残欠一巻。重要文化財。広隆寺蔵の残巻。東大寺雑録巻二によって説話のほぼ全容が知られる。高山寺の能恵法師得業が大般若経書写のなかばで冥途に旅立ち、閻魔庁に

行ったが、大般若経の不足の書写を果たすため、現世に帰ることを許され、蘇生しこれを完成した説話である。絵は人物を主とし淡彩で、絵の様式より見て鎌倉時代中期の作とされる。〔複製〕新修日本絵巻物全集三〇、日本絵巻大成二五

**のう-えん　能縁〔所縁〕**　認識主観を能縁、客観を所縁という。縁はたより、よりかかる(攀縁《はんえん》)の意で、心識はひとりで起こるものでなく、必ず対象としての境によりかからなければ生起しないことを示す。

**のうけん-ちゅうへん-えにち-ろん　能顕中辺慧日論**　四巻。唐の慧沼(649—714)の著。慧日論ともいう。法相宗の主張する五姓各別・三乗真実一乗方便などの説を宣揚したもの。玄奘が新たに唯識法相の教義を伝えたために、中国の仏教界に一乗三乗・仏性などの問題をめぐって激しい論争がしばしば起こったが、本書は、唐の法宝が一乗仏性究竟論を著わして本相宗の仏性説を非議したのに対して、法相宗の立場から応酬したものである。法相宗の仏性説は本書によって確立したとされ、日本の最澄と徳一との三一権実においても徳一の重要な論拠となった。註釈に徳一の中辺義鏡三巻など教篇あったがいずれも現存しない。㊅四五

**のうこう　能光**（　—後唐の長興年間930—33)曹洞宗の僧。字は瓦屋。若くして出家して入唐し、洞上良价に師事した。唐の天復901—04の初め蜀で永泰軍節度使禄虔扆の帰依を受け、その碧鶏坊《へきけいぼう》の邸宅を禅院として住しその地で没した。〔参考〕延宝伝灯録一、日本洞上聯灯録一二

**のうしょ　納所**　「なっしょ」とも読む。①禅宗の寺院で金銭・米穀などの出納を司る所。②転じてこれを司る僧をいう。③寺院にて寺務を取扱う所。④寺務をとる役僧。俗人がこれに当たるとき俗納所《ぞくなっしょ》という。

**のう-じょ　能所**　能と所。ある動作の主体となるのを能、その動作の客体(目的)となるものを所という。例えば依り手を能依、依り所となるもの(依られ手)を所依、物を見る眼は能見、見られる物は所見、行ずるものは能行、行われる内容は所行、帰依する者は能帰、帰依されるものは所帰というようなものである。

**のうしょう　能勝**　(観応二1351—応永三〇1423)曹洞宗の僧。字は傑堂。河内の人。初め武人として勇名があったが、高瀬大雄寺の古剣訥《こけんとつ》について出家し、また永沢寺通幻寂霊・竜沢寺梅山聞本らにも参じた。応永元年越後杜沢に耕雲寺を建て梅山を請じて開山とした。〔参考〕日本洞上聯灯録四、本朝高僧伝四〇

**のう-せん　能詮〔所詮〕**　詮はあらわすこと。語句や文章などのように教法などをあらわす側を能詮といい、それによってあらわされた意義内容を所詮という。

**のうにん　能忍**　生没年不詳。鎌倉初期の僧。字は大日。筑前博多の人。出家ののち自ら工夫して禅を修したが、伝統がないため、使者を南宋に遣わして大慧宗杲の嗣・拙庵徳光に嗣法し日本達磨宗《だるましゅう》の旗幟を掲げたが、建久五年1194山門に弾圧された。摂津水田に三宝寺を開く。甥の悪七兵衛景清のため刺殺された。〔参考〕本朝高僧伝一三・一九、百練抄

**のうふく-じ　能福寺**　兵庫県神戸市兵庫区北逆瀬川町。宝積山と号し、天台宗。俗に福原寺、岡の薬師寺ともいう。延暦二四年805最澄の草創と伝える。治承四年1180平清盛の福原遷都以来、平氏一門の帰依を受けて栄えた。平家滅亡ののち衰微し、一時は廃絶したが近世に至って復興された。明治二四年1891膝上一一・五メートルの大仏を鋳造し、兵庫大仏と呼ばれていたが、第二次世界大戦のため昭和一八年1943供出された。〔重文〕木造十一面観音立像　〔参考〕兵庫名所記下、福原西国巡礼記

**のうれん　暖簾**　「なんれん」ともよみ、俗に「のれん」という。禅宗で風を防ぎ暖を取るために僧堂の入口に垂らす綿布の幕をいい、冬季には暖簾、夏季には涼簾を用いる。後世商家の店頭などに吊す「のれん」はこれから転じたものである。

**ののむら-なおたろう　野々村直太郎**　(明治四1871—昭和二一1946)鳥取県に生まれる。第一高等学校を経て東京帝国大学哲学科卒業。仏教大学(現竜谷大学)教授。大正

一二年1923刊「浄土教批判」の中で往生思想の神話性を批判、信仰を宗教心理学の立場で論じた。その著は内外の関心をあつめ賛否両論にわたったが、宗義に背反するとして僧籍を剥奪された。著書、宗教学要論など。

**のむら-ぼうとう-に　野村望東尼**　（文化三1806—慶応三1867）歌人・勤皇家。「もとに」ともいう。号は招月、俗名はもと。筑前福岡藩士の女。野村貞貫の後妻となり、五四歳で夫に死別して尼となり、博多明光寺元善について曹洞禅を修めた。大隈言道に歌を習い、蓮月尼とも交わった。平野国臣・高杉晋作ら尊皇攘夷派の士に協力したために姫島に流されたが、赦されて周防に居住した。姫島日記、歌集の向陵集などがある。

**のんりょう　暖寮**　寮中の人を暖める意。「なんりょう」とも訓み、暖席《のんせき》ともいう。禅宗で、新たに僧堂に入ったものが以前からいる人に茶菓などを饗応するのをいう。また、法会《ほうえ》などのために他の寺院の部屋などを借りた際に納める貸席料を暖席銭《のんせきせん》という。

# は

**はい　牌**　禅宗で大衆に種々のことを告知するために用いる札。通常長さ約四五《センチ》、幅約三六《センチ》のものを用いる。知らせる事項によって戒臘牌《かいろうはい》（授戒以来の年数の順に列挙する名札）、唱衣牌《しょうえはい》（亡僧の遺物を競売にする時に知らせる札）などがある。

**はいあく-しゅぜん-ろく　廃悪修善録**　三巻。江戸時代中期の巌的《がんてき》松誉の著。成立年不詳。浄土宗の立場から日蓮宗の断邪顕正論に反論したもの。三五条の破文を掲げる。〔刊本〕正徳三1713刊

**はいきゅう　裴休**　（貞元一三797—咸通一一870）唐代末期の儒者。字は公美。河東聞喜（山西省聞喜県）の人。長慶年間821—24の進士。累官して吏部尚書に至る。圭峰宗密・黄檗希運《おうばくきうん》らに参じて禅に帰依し、勧発菩提心集一巻の他、仏教関係の序や塔銘の作が多い（全唐文七四三）。出身地・年寿に異説がある。〔参考〕旧唐書一七七、新唐書八二、景徳伝灯録一二、編年通論一五—一七、居士伝一三

**はいきょう-しょう　孛経抄**　一巻。字経、孛抄経ともいう。三国呉の支謙の訳。法鏡録によれば仏滅後西方の諸賢聖が撰集したものという。祇園精舎の作られた因縁を述べ、それにちなんで仏陀が昔、字という名の王子であった時の本生譚を説く。㊅一七　国一経集部一五

**はいせん-だんし　廃詮談旨**　⇩依詮談旨《えせんだんし》

**ばいたじゅげ-しゆい-じゅうに-いんねん-きょう　貝多樹下思惟十二因縁経**　一巻。三国呉の支謙の訳。異訳に唐の玄奘の訳の縁起聖道経（一巻）、および北宋の法賢の訳の仏説旧城喩経（一巻）があり、チベット訳ではヴィナヤ・ヴァストゥ Vinayavastu（律事）の中に含まれる。仏が成道以前に十二縁起を観察したことを説く。㊅一六〔参考〕国一経集部一四（縁起聖道経）

**ばいたら　貝多羅**　㊵パットラ pattra（樹葉の意）の音写で、貝多羅葉《ばいたらよう》、貝葉《ばいよう》・貝多《ばいた》ともいう。紙のなかった時代に（一部の南方仏教圏では現今でも）用いられた書写用の樹葉のこと。主として多羅樹の葉を用いる。即ち、まず乾燥させて幅約六《センチ》、長さ約三〇《センチ》から六〇《センチ》に裁断し、二個の小穴を左右に作り、両面に錐《きり》などによって字を刻み墨を流して拭い取ったもので、中には筆で書写したものもある。写し終ったものは重ねて小穴に紐を通し、同形でやや大形の夾板で両端を押えて保存に便利なようにした。紙が使用されるようになってからも経巻の書写刊行にこの形式が一部で

採用された。チベット語経典類はその好例である。このように夾板で挟んだ貝葉経本や或いはこの形式を採った書冊を梵夾《ぼんきょう》と称する。

**はいぶつ　排仏**　廃仏とも書く。仏教を排斥し廃止すること。〔中国〕固有の思想である儒教・道教と外来思想である仏教との異質性、中国人の伝統的な中華自尊の意識、社会経済、政治軍事などの現実的理由などからしばしば仏教教団に対する排斥弾圧が行われたが、その最も顕著なものが四回あって、初めの三回はいずれも武の字のつく皇帝の治世においてなされたので合わせて古来これを三武一宗の法難と称している。(1)北魏の排仏。北魏の太武帝が道士寇謙之《こうけんし》、宰相崔浩《さいこう》の勧めにより仏教徒に反乱の嫌疑があるとの理由で、太平真君七年446に仏教に大弾圧を加えた。〔参考〕梁高僧伝一一、広弘明集二・八、魏書釈老志二〇　(2)周武の法難。北周の武帝は北斉討伐にあたり、戦力の増強と思想の統一を図るため蜀僧衛元嵩《えいげんすう》の建策によって建徳三年574隆盛をきわめていた仏教・道教教団や民間祠堂を廃して長安に通道観を置いた。〔参考〕広弘明集六・八・一〇、歴代三宝紀三、北周書五・七・八　(3)会昌《かいしょう》の法難。唐の武帝は道士趙帰真《ちょうきしん》を妄信し、徭役免除の僧尼、仏寺領有の土地、仏教行事のための国費負担などが激増したため会昌四年844に二六万余人の僧尼の還俗、無額寺院の破却没収を敢行した。日本僧円仁の旅行記にその悲惨な様子が伝えられる。〔参考〕旧唐書一八、宋高僧伝六・一二、大宋僧史略中・下　(4)後周の法難。後周の世宗は顕徳二年955勅額のない寺を止め、私度僧を禁じ仏教教団を淘汰した。〔参考〕仏祖統紀四二・四六、古今仏道論衡一　以上は政治的に行われた排仏事跡であるが、仏教排斥の議論は南北朝の初めからしばしば繰り返され、中でも唐の傅奕《ふえき》をはじめ、南宋以後の朱子学では激しい議論が提出された。〔日本〕全般的な排仏は古代において仏教伝来当初の崇仏・排仏両派の争いと、近代初頭における排仏毀釈の問題がある。部分的なかたちでは中世・近世にも排仏が行われ、近世には儒者・国学者などの排仏思想が広く行われた。①古代。日本書紀によれば欽明天皇一三年552百済国《くだらのくに》の聖明王が仏像経論を朝廷に献じ信奉をすすめたが(公伝年次は諸書により異同がある)、外交問題その他で対立していた親百済派の蘇我・大伴氏と親新羅《しらぎ》派の物部・中臣氏とは受容について意見を異にした。蘇我稲目は諸外国の例に従い崇仏を説き、物部尾輿らは蕃神《となりのくにのかみ》を拝すれば国神の怒りがあるとして排仏を主張した。天皇は稲目に仏像を与えて礼拝を試みさせたので、稲目は豊御食炊屋姫《とよみけかしきやひめ》(後の推古天皇)の宮殿向原《むくはら》宮を得て寺とし仏像を安置した。間もなく疫病が流行したが尾輿らは拝仏の罪によると奏したので、仏像を焼き像を難波の堀江に流した(元興寺伽藍縁起幷流記資財帳などではこの排仏を向原精舎仏像安置後三十余年のこととする。また向原寺は焼かれなかったという)。敏達天皇一三年584蘇我馬子は司馬達等《しばたっと》の娘嶋《しま》など三尼を出家させ(前記元興寺縁起では一二年)、翌年大野丘の北に塔をたて大会を設けたが、再び疫病が流行したため物部守屋・中臣勝海のすすめで再び寺を焼き仏像を難波堀江に捨て三尼を放逐した。②中世。南都・北嶺の旧仏教からの宗派的対立やまたは政治権力による圧迫として主として新興仏教に対して行われ、また室町期から戦国期にかけては武将による寺院攻撃のかたちで行われたが、いずれも全面的な排仏ではなかった。(イ)鎌倉期には南都・北嶺や幕府・朝廷から専修念仏に対する弾圧があった〈⇩念仏禁制《ねんぶつきんぜい》〉。(ロ)日蓮宗に対する圧迫も間歇的に継続した。まず日蓮に対しては鎌倉松葉ケ谷《まつばがやつ》草庵焼打、伊豆国伊東配流、安房国東条松原の難、鎌倉竜口の法難、佐渡配流などの圧迫が加えられている〈⇩日蓮《にちれん》〉。ついで弘安二年1279には駿河国富士郡の教徒に対しいわゆる加島の法難があった〈⇩加島の法難《かしまのほうなん》〉。下って応永二〇年1413には延暦寺は月明が僧正に任ぜられたのを怒り京都妙本寺を破却した。永享―文明1429―87の頃、日親は不受不施を説いて激しい折伏を行い、室町幕府から再三禁獄され、その寺京都本法寺を破却された。文明二1470―三年には興福寺衆徒が奈良の法華宗徒を撃ち、大永四年1524には延暦寺衆徒が近江国坂本の日蓮教徒を追放し舎宅を破壊し、その僧正の位を召返すべきことを朝廷に求めた。天文五年1536には叡山の僧某と法華宗徒の在家松本某との宗論が直接原因となり、山門衆徒・近江国六角定頼の軍と法華宗徒といわゆる天文法華の乱が起こり、京都の日蓮宗二十一大寺は全て焼かれ、その多くは堺の末寺に移った。幕府もまた同年閏一〇月京都日蓮宗寺院再興を禁止した。(ハ)禅宗に対しても圧迫が加えられた。建久五年1194朝廷は延暦寺衆徒の訴により栄西の禅宗弘通を停止した〈⇩栄西《えいさい》〉。文永五年1268東巌慧安は延暦寺衆徒の怨をかい、その寺京都正伝寺を破却された。嘉元三年1305後宇多上皇は南浦紹明を開山とし京都に嘉元寺を建立しようとしたが山門の抗議により中止された。同年三月興福寺六方衆徒が大和国片岡達磨寺を焼き払い、幕府に訴え同寺建立の勧進仙海を三河国に配流させた。貞治六年1367南禅寺は新楼門建立のため関を設け関銭をとったが、そのため三井寺衆徒と殺傷事件を起こし、南禅寺僧定山祖禅は続正法論を著わし延暦寺・三井寺を誹謗した。翌応安元年1368延暦寺は大和多武峯《とうのみね》などの神輿を入洛させて強訴したので、朝廷は一一月祖禅を遠江国に流し翌年七月南禅寺楼門を破却させた。(ニ)真宗に対する圧迫も再三行われた〈⇩念仏禁制《ねんぶつきんぜい》〉。寛正六年1465一月叡山西塔衆徒およそ一五〇人が京都東山大谷の本願寺を襲い、無礙光流を立て神明を軽蔑するとして破却した。いわゆる寛正の法難で、蓮如は親鸞の祖像を奉じて大津に避難したが、延暦寺は三月二一日再び本願寺を襲い完全に破壊した〈⇩蓮如《れんによ》〉。この後文明六年1474頃から戦国末期にかけて百余年間、北陸・東海・近畿などの諸地方にいわゆる一向一揆が継続する〈⇩一向一揆《いっこういっき》〉。(ホ)織田信長はその征覇の途上で戦略上の必要からしばしば諸寺を焼き打ちした。元亀二年1571浅井・朝倉の軍と結んだ叡山を攻め、根本中堂・山王二十一社・東塔・西塔・無動寺谷など十二谷の堂塔を焼き払った。天正元年1573六角承禎を助けた近江国百済寺を焼いた。同三年越前国一向一揆の宿営となった豊原寺を焼いた。同八年には荒木村重の余党を匿った高野山に対し、諸国廻国の高野聖《ひじり》千三百余人を殺し神戸信孝などに山麓を焼き払わせた。同九年検地を拒んだ和泉国槇尾寺に対し堀秀政をして堂塔僧坊悉くを焼き払わせた。同一〇年六角義弼《よしすけ》を匿った甲斐国恵林寺を攻め住持快川紹喜以下百数十人を延暦寺に逐上げ焼き殺した。(ヘ)豊臣秀吉も当初は信長の跡をうけて有力寺院を攻略した。天正一三年三月長宗我部元親などと結んだ紀伊国の根来寺を攻め伽藍堂宇を焼き尽くした。同時に近くの粉河寺も焼いた。同年閏八月大和国多武峯に蔵する武器をすべて出させ、ために衆徒は皆退散した。同年一〇月高野山衆徒の武具も差出させた。③近世。江戸時代の排仏としては思想家の間に盛行した排仏論と、幕府諸藩における禁止令や寺院整理などがある。(イ)思想家の排仏論は儒者・国学者の二類に分けられる。儒者の排仏論は仏教は人倫の道に反するという考え方などを中心とするが、朱子学派の藤原惺窩「千代もと草」、林羅山「羅山文集」「本朝神社考」、山崎闇斎「闢異《びゃくい》」、藤井懶斎「閑際筆記」、佐藤剛斎「排釈録」、五井蘭州「承聖篇」、蟠養斎「治邦要旨」や陽明学派の中江藤樹《とうじゅ》「翁問答」、熊沢蕃山「集義和書」「集義外書」「宇佐問答」「三輪物語」などがその主な排仏書である。中期以降の儒者は主に経世論的立場から仏教を有害としたが、荻生徂徠《そらい》「政談」、大月履斎「燕居偶筆」、中井竹山「草茅危言《そうぼうきげん》」、中井履軒「年成録」、武陽隠士「世事見聞録」、山片蟠桃「夢之代」、帆足万里《ばんり》「東潜夫論」、高野昌碩「富強六略」、会沢正志斎《あいざわせいしさい》「下学邇言《かがくじげん》」、正司考祺《しょうじこうき》「経済問答秘録」などが代表的著述である。また富永仲基「出定後語」は大乗仏教は仏陀の直説ではなく後代に増補されたものであると主張し、仏教学者に衝撃を与えた。服部天游「赤倮倮」も同じ立場の論説である。頼山陽「日本政記」などは歴史的立場から仏教を批判している。(ロ)国学者は仏教を非国家的、非人情的であるとして排した。戸田茂睡「梨本書」、松下郡高「神武権衡録」、松本鹿々「日本仏法穴捜」、本居宣長「玉勝間」、平田篤胤「出定笑語」「神敵二宗論」「古今妖魅考」「印度蔵志」などがその主要なものであるが、篤胤の説いた復古神道は実は古神道ではなかった。篤胤は漢訳のキリスト教の神学をひそかに手に入れ、キリスト教の聖書を取り入れて神道学説をこしらえたのであって、エホバの概念を以って天御中主神に当て、アダムとイブを伊弉諾・伊弉冉に当てるというようにし、従来は神社もなかった造化の神を神の中心にした。このような立場から仏教排撃を行ったので、復古神道による排仏論は最も力強いものであった。なお末期にはキリスト教の漢文で書かれた排仏書も輸入された。Joseph Edkins「釈教正謬」、J.L. Nevius「祖先弁謬」などで、いずれも仏教界に波紋をなげた。(ハ)一般的な排仏書ではないが、幕府は日蓮宗の強い折伏主義を警戒し、寛文五年1665及び元禄四年1691以後はその一派である不受不施派及び悲田宗を邪宗として禁止した。(ニ)薩摩藩では一向宗禁令が明治維新まで続いた〈⇩念仏禁制〉。また同藩では慶応元年1865以後数年、経済的立場から排仏毀釈を行った。水戸藩では寛文六年に寺院整理を行い新地寺院九九七カ寺を壊し三四四カ寺の破戒僧を還俗させ、天保三年1832から弘化元年1844にかけて一九〇カ寺を廃合し、度牒制を定めて弟子所化の還俗令を出して僧侶の増加を防いだ。またこの頃寺請制を無視して神葬祭を奨励し火葬を禁じ、天保一四年には諸社の神仏混淆を廃した。岡山藩では前に不受不施派寺院三一三カ寺を破却し、僧侶五八五名を追放したが、寛文六年寺請制を神職請制に切換え、一一五〇カ寺・僧侶二六二名を整理した。会津藩でも寛文六年に二〇年以来の新建寺院堂舎を破却し、廃寺の再興を禁じて悪行の僧を追放した。津和野藩でも慶応三年1867に神葬祭を強制した。④近代。明治初年に全国的な排仏毀釈が行われた。その遠因には右のような近世の排仏思想、各藩の排仏の前例、とくに神官の仏教に対する不満鬱積などを指摘できるが、直接の原因は明治維新政府の神仏分離令に基づいた。維新政府は平田流の復古神道を中心とする祭政一致を治政方針にたて、明治元年1868三月諸社の別当・社僧などを還俗させ、諸社の菩薩・権現などの仏教的な神名を廃し仏像を神体とすることを禁じ、鰐口・梵鐘などの仏具を取除くなど、神仏分離を令した。(イ)このため近江国坂本の日吉山王社・石清水八幡・筑前国筥崎八幡・信濃国諏訪神社・日光山など諸大社以下で強力に分離が実行された。(ロ)また江戸増上寺・寛永寺などの寺院では逆に神社関係の建築物が撤去された。(ハ)羽前の羽黒権現・山城の愛宕山・大和国金峯山《きんぷせん》・相模の大山《おおやま》・遠江秋葉山・伯耆の大山《だいせん》・越前の石徹白社《いとしろしゃ》・近江の竹生島《ちくぶしま》・讃岐の金毘羅大権現などの霊山で神仏の区別不明確のものはみな神社に改めた。(ニ)以上の神仏分離強行に継続して地方諸藩で排仏毀釈が熾烈化した。信濃国松本藩では明治四年に浄土宗三〇カ寺中二七カ寺・曹洞宗四〇カ寺中三一カ寺・真言宗一〇カ寺・日蓮宗四カ寺・真宗八カ寺中一カ寺が廃された。伊勢国山田の神領では明治初年仏葬を禁じ浄土宗七九カ寺・禅宗六十余カ寺・真言天台十余カ寺を廃寺とした。土佐藩でも寺院総数六一五カ寺中四三九カ寺を廃した。薩摩藩では幕末に引続き明治二年一一月領内に排仏令を下し、すべての寺院を廃し僧侶を悉く帰俗させた。美濃国苗木藩も領内の観音・地蔵などの小堂を全廃し、諸宗寺院一七カ寺を廃寺とした。隠岐では明治二年島後の四六カ寺を全廃し、同四年一月全島民を神道に帰依させ全僧侶を還俗させた。富山藩では同三年閏一〇月真宗千三百二十余カ寺・曹洞宗二百カ寺以下浄土・天台・真言・臨済等総数千六百三十余カ寺を一派一寺に合寺させた。佐渡でも明治元年一一月五百余カ寺を八〇カ寺に合寺させ、翌年三月廃寺の梵鐘仏具で大砲・天保銭を鋳造した。(ホ)このような排仏毀釈の強行に抗し、僧侶・農民などは護法運動を起こした。明治四年の三河国大浜における、同五年の信越の間における、同六年の越前国大野今立坂井三郡における、それぞれ一揆活動は排仏に対する抵抗の直接的なものであるが、右の廃合寺を断行した諸藩でも各々強い復興運動が行われた。その結果、地方差はあるがおおむね明治五年頃から徐々に寺院の復活がなされた。

**はいぶつ-きしゃく　排仏毀釈**　⇩排仏《はいぶつ》

**はい-りゅう　廃立**　仮のもの（権《ごん》）を廃し捨てて、真実（実）を立てあらわすこと。権は実を導くためのてだてとしては意味があるが、実に至れば不用であるから捨てることを当然とする。天台宗では権教と実教との関係を、教えの体からいえば権即実で、実におさまり別なものとはしないが、衆生《しゅじょう》を導くはたらきからいえば権を廃して実を立てるとし〈⇩開廃会《かいはいえ》〉、浄土教では諸善を廃して念仏を立てる。

**ばいりん-じ　梅林寺**　福岡県久留米市京町。江南山と号し、臨済宗妙心寺派。創建時代は不詳であるが、湘山の草創、禹門を開山とする。もと丹波福知山にあり瑞巌寺といったが、元和六年1620有馬豊氏が久留米に移封されるに際し、ともに移り大竜寺と改め有馬氏の菩提所となった。のち豊氏の父則頼の法号により梅林寺と改め、寺領三五〇石を得た。寺域は古来梅花の名所として知られる。〔重文〕絹本著色釈迦三尊像

**パーヴァー　Pāvā**　波婆、波旬などと音写する。末羅（マッラ Malla）国の町の名。舎衛城（サーヴァッティー Sāvatthī）と王舎城（ラージャガハ Rājagaha）との間にあって、仏陀もよくここを通った。仏陀はここのマンゴーの園林に滞在しチュンダ Cunda（純陀）に説法した。仏陀の入滅の直接の原因となったのはこの純陀の供養した食事であるといわれる。この末羅国の人々は仏舎利の分配をうけてこれをまつった。〔参考〕長阿含経二遊行経

**バーヴァヴィヴェーカ　Bhāvaviveka**　⇩清弁《しょうべん》

**バーヴァリ　Bāvari**　跋婆犁、波那梨と音写する。仏陀当時の博学のバラモンで多くの弟子を有した。仏陀の出現を聞き、一六人の弟子を仏陀のもとに遣わして、仏陀が幾相好を具しているかなどを問わせたのがスッタ・ニパータ Sutta-nipāta（経集）第五章のパーラーヤナ・ヴァッガ Pārāyaṇa-vagga（彼岸道品）である。〔参考〕大智度論二九、賢愚経一二

**バヴィヤ　Bhavya**　⇩清弁《しょうべん》

**はか　墓**　遺骸・遺骨などをほうむった場所。インドでは、例えば尸陀林《しだりん》（梵シータ・ヴァナ Śīta-vana）のように死屍を棄てる一定の場所が設けられ、また帝王などの高貴な人の墓所には塔を立てることが行われた。西域記巻六には仏陀の滅後その舎利《しゃり》を八分して各地に塔を建てたと伝える。中国では遺骸を棺に収めて石棺中に入れ、土で覆って側に松柏などを植える風習があったが、仏教の伝来と共に塔を立てることが行われ、また墓銘、墓誌などを造って埋め、または墓上に立てることもなされた。覆土した丘墳の大小によって陵墓・墳墓・丘墓・冢墓（塚墓）などの別があり、また官あるものの墓碑を墓表、無官のものを墓碣という。日本では、古くから高貴の人の墓所には広大な丘墳が築かれたが、大化二年646には墓制を定めて殉死や人馬宝物などを埋めることを禁じた。仏教の伝来と共に墓上に十三重などの層塔・宝塔・五輪塔・宝篋印塔《ほうきょういんとう》・卵塔など種々の石塔を建てることも行われ、鎌倉時代以後、板碑《いたび》なども用いられ、その他種々な形式の墓碑が生じた。墓は通常死後に設けるが生前に営むこともあり、これを寿陵、寿蔵などと称し、死後の墓と区別するために法名などを朱書するのを例とする。諸霊をいっしょに納めたのを総墓《そうばか》、普同塔といい、遺物や宝物のみを蔵めたのを清墓という。⇩塔《とう》

**バガヴァッド・ギーター　Bhagavad-gītā**　古代インドの宗教書。大叙事詩マハーバーラタ Mahābhārata 第六巻の一部を構成する。一八章七〇〇頌より成り、アルジュナ Arjuna 王子に対してその馭者であるクリシュナ Kṛṣṇa（実はヴィシュヌ Viṣṇu の化身）が種々の教義を説くという構成になっている。ここに含まれる教説は多岐にわたり必ずしも一貫していないが、唯一神に対する献身的愛（バクティ bhakti）が最も強調されている。紀元前一世紀前後の成立と推定される。本書はインド思想全般に大きな影響を与えたが、とくにヴェ

ーダーンタ学派に重視され、同派のシャンカラ Śaṅkara, ラーマーヌジャ Rāmānuja らによって多くの註釈が著わされた。西洋にも早くから紹介されて注目され、ウィルキンス C. Wilkins による英訳(1785)、シュレーゲル W. A. von Schlegel によるラテン語訳(1822)などが刊行された。また近・現代のインド思想家の精神的支柱ともなり、とくにガーンディー Gāndhī(1869—1948)が本書を愛読したことは有名である。わが国では辻直四郎などによる和訳がある。

**はかせ　墨譜**　梵《ぼん》唄《ばい》の音譜を記入したもの。博士とも書く。五音の区別を明らかにするから五音墨譜、朱で記入したのを朱墨譜などという。

**はが-でら　羽賀寺**　福井県小浜市羽賀。鳳聚山と号し、高野山真言宗。霊亀年間715—17行基の開創という。天暦二年948雲居寺浄蔵が再興、勅願所となった。延文四年1359沙弥朝仏によって堂宇が修覆され、勅使の下向があった。当時天台宗延暦寺末であったが、宝徳二年1450定乗は東寺の流を伝え、真言宗となった。〔重文〕木造十一面観音立像、同千手観音立像、同毘沙門天立像(治承二1178銘)、紙本墨書羽賀寺縁起　〔参考〕羽賀寺縁起、越前若狭古文書選、若狭郡県志五

**ばかり　婆迦梨**　㊵㊁ヴァッカリ Vakkali の音写。跋迦梨とも音写する。仏弟子。舎衛城(サーヴァッティー Sāvatthī)のバラモンの出身。仏陀の肉身を見たいと願ったことから、かえって仏陀に他行を命ぜられ、悲嘆して自殺しようとして、仏陀の教化を受けて覚りを得、信解第一と称された。〔参考〕智度論一四、有部毘奈耶薬事

**パガン　Pagan**　ビルマのイラワディ河中流の古都で、ビルマ人によって建てられた最初の王国パガン王朝(1044—1287)の都。中国の文献では蒲甘、普幹などと記す。パガン王朝の祖アノーラータ Anawrahta 王は、熱心な仏教信者として知られており、パガンの周辺にはこの頃に建立されたおびただしい数の仏塔・寺院が遺跡として残っている。

**はきい-さねなが　波木井実長**　(貞応元1222—永仁五1297)日蓮の外護者。甲斐波木井郷の領主。南部光行の三男。正嘉年間1257—59に鎌倉で日蓮に帰依し、文永一一年1274日蓮を波木井(現山梨県身延町)の館に迎えた。日蓮の身延入山に際し仏殿を寄せ、その後九年の間、日蓮につかえた。日蓮没後、日興ら六老僧が身延山久遠寺の輪番守護制を主張したのに対し、日向を久遠寺二世とし輪番制を廃した。〔参考〕本化別頭仏祖統紀二四

**ばきか　婆呬迦**　㊵㊁バーヒヤ Bāhiya の音写。婆醯《ばけい》とも書く。また着樹皮衣(ダールチーリヤ Dārucīriya 樹皮を着ている人という意)ともいう。インド西部から舎衛城(サーヴァッティー Sāvatthī)に仏陀を訪ねて法を聞き、のち具足戒を受ける前に牛に突かれて死んだという。〔参考〕有部毘奈耶薬事

**ばぎし　跋耆子**　㊵ヴリジプトラ Vṛjiputra ㊁ヴァッジプッタ Vajjiputta の音訳。金剛子と訳す。毘舎離《びしゃり》(ヴェーサーリー Vesālī)の貴族出身の比丘。仏陀の滅後、阿難(アーナンダ Ānanda)がなおさとりを得られずに、しかも他のために法を説くのを見て叱責し、阿難にさとりを得させたという。〔参考〕Theragāthā 一一九偈註、中阿含経三三、大智度論三

**ばぎしゃ　婆耆舎**　㊵㊁ヴァンギーサ Vaṅgīsa の音写。取善と訳す。舎衛城(あるいは王舎城)出身の比丘。もとはバラモンで三ヴェーダに通じていた。のちニグローダ・カッパ Nigrodha Kappa 比丘の弟子となり頓弁第一と称された。多くの讃歌や詠嘆の偈頌を歌ったことで有名である。

**はぎわら-でら　萩原寺**　香川県三豊郡大野原町萩原。巃山と号し、真言宗大覚寺派。萩原地蔵院ともいう。大同二年807空海の開創と伝える。室町時代には細川勝元(1430—73)の帰依を受け、その祈願所となり、伊予・阿波・讃岐に多くの末寺を有した。また六方憲深方の本山として栄えた。なお雲辺寺(現徳島県三好郡池田町、四国八十八カ所第六六番札所)と密接な関係にある。〔重文〕彩絹墨書急就章一巻(伝空海筆)、絹本著色観経曼荼羅図、同法華曼荼羅図　〔参考〕和漢三才図会七九、日本名勝地誌八

**ばく　縛**　㊵バンダナ bandhana の訳で煩悩《ぼんのう》の異名。衆生《しゅじょう》の心を束縛して自在にさせない意。①貪・瞋・癡を三縛という。②二縛。(イ)相縁縛と所縁縛。有部《うぶ》宗の教義。前者は煩悩が同時の心・心所《しんじょ》(心のはたらき)を拘束することで、後者は煩悩がその対象を束縛すること。後者を四分して、合わせて五縛という。(ロ)相縛《そうばく》と麁重縛《そじゅうばく》。唯識宗の教義。前者は相惑ともいい、客観の対象が主観の心を束縛する意で、実際には存在しない遍計所執《へんげしょしゅう》の自性《じしょう》を誤って妄りに執着すること。後者は麁重惑ともいい、重い煩悩そのものに束縛される意で、因縁によって成り立っている依他起《えたき》の自性を執すること。この場合の煩悩は、因縁から生じたものとしてまさしく存在するからである。(ハ)子縛と果縛。③四縛。四身繫のこと。⇩繫《け》

**はくいん　白隠**　(貞享二1685―明和五1768)臨済宗の僧。駿河の人。諱は慧鶴《えかく》。白隠は字。鵠林と号し、神機独妙禅師、正宗国師と諡された。一五歳で郷里の松蔭寺で単嶺について得度し、沼津大聖寺の息道に侍した。美濃瑞雲寺の馬翁、伊予正宗寺の逸伝、越後英巌寺の性徹に参じ、性徹の下でさとりを得たと自負したが、信濃飯山正受庵の道鏡慧端(正受老人、的翁)にその慢心をくじかれ、ついに悟得して松蔭寺に帰った。二六歳で病におかされて洛東白河の白幽子から内観修養の秘訣を受けてこれを癒し、享保三年1718妙心寺第一座となり透麟の法を嗣いだ。名利を望まず生涯を黒衣の前堂で終り、清貧に甘んじて松蔭寺で民衆の教化につとめた。また東海・東山・山陽などの諸道をめぐって禅要を説き、妙智山観音寺、新無量寺、伊豆竜沢寺の開山となった。門下には遂翁元盧・東嶺円慈・提洲・斯経慧梁(四天王という)や峨山慈棹・人霊(二甘露という)などすぐれた者が多く、その法系は日本臨済宗の大半を占めるようになり、臨済中興の祖と仰がれる。著書は荊叢毒蘂《けいそうどくずい》、槐安国語、息耕録、毒語心経、遠羅天釜《おらてかま》、夜船閑話、壁生草《いつまでぐさ》、語録、仮名法語など多数あり、辻談義、施行歌、主心お婆々粉引歌、安心法興利多々記など通俗平易なものも多い。また書画にもすぐれた遺作がある。白隠和尚全集がある。〔参考〕神機独妙禅師年鑑、近世禅林僧宝伝上、続日本高僧伝八

**はくうん-しゅう　白雲宗**　中国禅宗の一派。北宋の徽宗《きそう》の時代に白雲庵清覚のたてた一宗で、その門下を白雲菜《はくうんさい》・十地菜《じゅうじさい》という。禅を斥け四果十地の別を説いて大乗と小乗とを区別する。宗祖の清覚は字を本然といい白雲と号した。彼はその著書証宗論の説が邪教と認められ恩州(広東)に流され、宣和三年1121に没したが、その後彼を葬った余杭南山の白雲山普安寺(のちに普寧寺と改める)を中心に徒衆の勢力が発展し元代まで盛んであった。俗人中心の民間宗教で、反乱を興し、官の弾圧を受けて滅んだ。〔参考〕釈門正統四、仏祖統紀四四、釈氏稽古略四

**はくえん　白延**　生没年不詳。亀茲(庫車、クチャ)国の人。帛延とも書く。三国魏の廃帝髦の時、洛陽に来て白馬寺に留まり、正始240―49の末から訳経に従事したともいい、また甘露三年258洛陽に来てから訳経に従事したともいう。訳出経典についても経録によって相違があるが、首楞厳経二巻など数部を訳出した。〔参考〕出三蔵記集二・七・一三、高僧伝一曇柯迦羅伝、釈教録一・四

**はくおん　帛遠**　生没年不詳。四世紀西晋の訳経家。白遠とも書き、帛法祖とも呼ぶ。河内(河南省沁陽)の人。姓は萬氏。字は法祖。長安に精舎を建てて仏典を講じ、よく胡語に通じて推逮菩薩経や仏般泥洹経など一六部一八巻(一説に二三部二五巻)を訳し、首楞厳経《しゅりょうごんきょう》の註疏を作った。道士王浮を論難し、浮に老子化胡経を作らせる動機を与えたこともある。恵帝(290―306在位)の頃、太宰河間王顒の崇敬をうけ、のち秦州刺史張輔から僚佐になることを請われたが拒んだので害された。〔参考〕出三蔵記集二・一五、高僧伝一、歴代三宝紀六

**はくきょい　白居易**　(大暦七772―会昌六846)唐代中期の詩人。字は楽天、香山居士と号す。太原(山西省太原県西北)の人。貞元一六年800の道士。累官して刑部尚書に至る。興善惟寛《いかん》・仏光如満・鳥窠道林など

に禅を学び、兼ねて浄業を修す。著書、白氏文集七五巻があり、仏教関係の作が多い。〔参考〕酔吟先生伝(文集七〇)、旧唐書一六六、新唐書一一九、祖堂集三、編年通論二二―六、居士伝一九

**パクサム・ジョンサン** Dpag-bsam ljon-bzaṅ スムパ・ケンポ Sum-pa mkhan-po の著(1748)。チベット語で書かれた仏教史書。全四篇より成り、第一篇でインド仏教史、第二篇でチベットの王統史および著者当時までの仏教史を詳細に記述し、第三・第四篇でそれぞれ中国・蒙古の仏教史および王統史を簡略に記す。原本は主要部分である第二篇までがダス S. C. Das によって刊行された(1908)。近年わが国でその復刻版が出版されている。

**はくさん 白山** 石川・福井・岐阜県境にある山で、富士・立山と共に日本三山の一に数え、修験道の霊場として知られる。養老元年717泰澄が開いたと伝え、主峰の御前岳《ごぜんだけ》(標高二七〇二《メートル》)には白山妙理大菩薩(妙理大権現。白山比咩《ひめ》神で、本地は十一面観音)を、大汝《おおなんじ》峯には越南地大権現(大己貴命で、本地は阿弥陀如来)を、別山には大行事小白山権現(大山祇命で、本地は聖観音)をまつり、これを白山三所権現と称する。山麓には白山中宮などの中宮三社や白山比咩神社(下白山という)などの本宮四社などがあり(中宮三社と本宮四社を合わせて下山七社という)、また加賀の白山本宮と越前の平泉寺と美濃の長滝寺とを白山の三箇馬場(三馬場)といい、白山登拝の基地であった。中古以来、比叡山の支配をうけ、長吏職が管したが、白山衆徒の勢威はたかかった。明治維新に際して白山神社と称し、仏堂・仏像などは神官に引き渡された。白山神は比叡山(客人権現と称し山王七社の一)や中尊寺など各地に勧請され、また白山に登山するのを白山禅定といった。〈⇩平泉寺《へいせんじ》 ⇩長滝寺《ちょうりゅうじ》〉〔参考〕白山縁起、三宮古記、白山記、白山史、日本名勝地誌七、明治維新神仏分離史料下

**はくざん-さんぜん-けいご 博山参禅警語** 二巻。博山警語、禅警語ともいう。明の博山無異元来の著。初学者のために説いた参禅工夫の垂語約百四十余項を、弟子成正が編集し(万暦三九1611)、劉崇慶が序を付したもの。知解をいましめて通身の疑団と大勇猛心と正念を強調し、江戸時代の公案禅に与えた影響力は大きい。六条に分け、巻尾に参禅者に示す偈一〇首を掲げる。(続)二・一七・五

**はくしょう 拍掌** 両方の掌をうちならすこと。密教で修法の際に聖衆をよろこばせるために行う。両掌をひとしくうつのを斉指拍掌、右の指頭で左掌をうつのを参差拍掌という。

**はくしりみったら 帛尸梨蜜多羅** (―東晋の咸康年間335―42)(梵)シュリーミトラ Śrīmitra の音写。尸黎蜜多羅とも書き、吉友と訳す。帛の字は亀茲《きじ》国王の姓。西域の王子であったが、西晋の永嘉年間307―12に中国へ来て建康の建初寺に住した。呪法・梵唄をよくし灌頂経九巻などを訳出したという。享年八十余歳。〔参考〕出三蔵記集一三、高僧伝一、歴代三宝紀七、開元録三

**ばくすう-が 縛芻河** (梵)ヴァクシュ Vakṣu の音写。婆叉河ともいう。四大河の一つで、現在のアム・ダリヤ Amu-darya 河のことと推定されている。ギリシア・ラテン文献ではオクサス Oxus 河の名で呼ばれ、中国でも烏滸《こう》水と呼ぶことがある。ヒンドゥークシュ山脈およびパミール高原から出て、アフガニスタンとソヴィエト連邦タジク共和国との境を流れ、カラ・クム砂漠とキジル・クム砂漠との間を西方に流れてアラル海にそそぐ。⇩四大河《しだいが》

**はくとう-じ 白塔寺** ①中国の秣陵(江蘇省江寧府)三井里にあった寺。劉宋の求那跋陀羅《ぐなばつだら》が秣陵の鳳凰楼の西に創建したもので、当時は毎夜奇怪な声が聞こえたのを求那跋陀羅が焼香呪願して去らせたという伝説がある。のち僧栄・法侃・慧達らが住した。〔参考〕高僧伝三 ②中国江蘇省徐州府にあった寺。鳩摩羅什の弟子僧嵩が当寺で成実論を講じ、ついで僧淵・道登が住した。北魏の孝文帝(471―99在位)は篤く尊崇し、自ら当寺に行幸して道登から成実論を学んだ。〔参考〕仏祖統紀三九

**パクパ** Ḥphags-pa (1235―80)詳しくはドーゴン・チョエギャル・パクパ Ḥgro-mgon chos-rgyal hphags-pa という。パクパは聖人の意で、発思八・八思巴・八合思八・発合思巴などと音写する。チベット仏教サキャ派 Sa-skya-pa の僧。本名をロートェ・ギェルツェン Blo-gros rgyal-mtshan という。父(あるいは叔父)のクンガーギェルツェン Kun-dgaḥ rgyal-mtshan に師事して三蔵に通じた。憲宗三年1253迎えられて蒙古に入り、元朝のフビライ・ハン(世祖)の尊崇をうけて全ラマ教の王として遇された。中統元年1260世祖の即位とともにその帝師となり、チベット・モンゴルにおける仏教の主権者となった。また世祖の依頼を受けてチベット文字をもとに蒙古文字を考案した。これをパクパ文字という。のちにチベット全土に対する主権を委任され、以後チベットの政教両権を歴代のサキャ派教主(サキャ・パンチェン Sa-skya paṇ-chen)が掌握することとなり、いわゆるサキャ王朝が成立した。彰所知論の著作がある。〔参考〕元史釈老伝、元史列伝八九、仏祖統記四八、仏祖通載三一・三二

**はくば-じ　白馬寺**　中国河南省洛陽の東郊、義井舗にある。中国最初の寺院と伝えられ、その開創に関しては種々の伝説があるが、後漢の明帝(57—75在位)のとき、西域に使した蔡愔《さいいん》らが、迦葉摩騰《かしょうまとう》・竺法蘭《じくほうらん》の二僧を伴って洛陽に帰り、西雍門外に住させたのに始まるという。三国魏代に曇柯迦羅《どんかから》・康僧鎧《こうそうがい》・曇諦・白延らが住したと伝え、西晋代には竺法護、東晋代には支遁、北魏代には菩提流支《ぼだいるし》・仏陀扇多《ぶつだせんた》ら、また唐代には懐義・慧沼らがあって訳経あるいは講経に従事した。歴世、重修を加えて現在に至る。なお、長安・建康・荊州などにも同名の寺院があり、長安の白馬寺は西晋の愍帝(313—15在位)の頃の造営という。これらはいずれも廃絶した。〔参考〕出三蔵記集八、洛陽伽藍記四・五

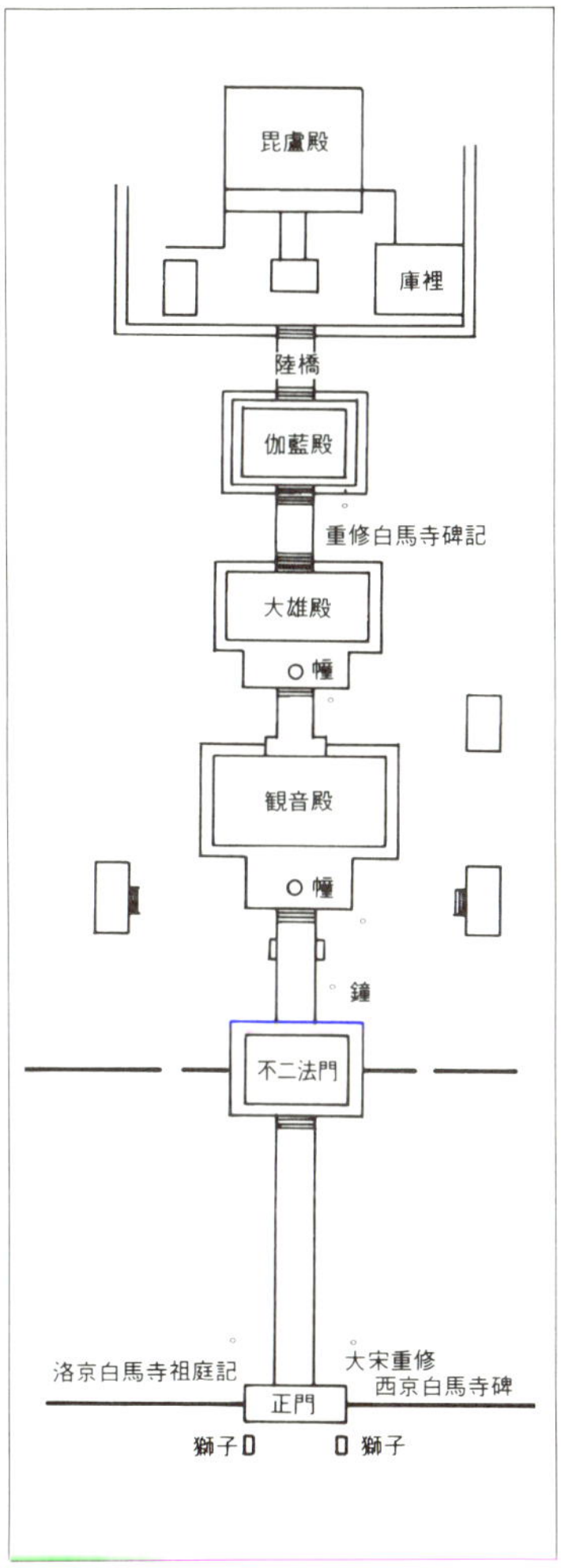

白馬寺伽藍配置図
（中国文化史蹟）

**パクモドゥパ　Phag-mo gru-pa**　(1110—7C)チベット仏教カーギュ派Bkah-brgyud-pa の僧。ガンポワ(1079—1153)の弟子。彼以後カーギュ派はカルマ派 Karma-pa、ディグン派 Hbri-guṅ-pa など多くの支派に分裂した。

**はくゆうし　白幽子**　(　—宝永六1709)幼少より石川丈山に仕え、病のため辞して養生の術を求め、一所に住せず、のち京都白河の山中に庵居し、時に白隠に養生法を授けた。著書、謹志箴一篇。〔参考〕白隠禅師年譜、続近世畸人伝

**はくよう-じ　白羊寺**　韓国全羅南道長城郡北下面。三十一本山の一。もと白厳寺と称し、百済武王三三年632如幻の創建。高麗徳宗三年1033中延が再興して浄土寺と号し盛んに浄土教を弘めた。のち覚儼が再興して大禅堂とした。朝鮮宣祖のとき、喚醒志安の開堂説法に際して白羊来聴の瑞があったので今の名に改めたという。

**はくら　薄拘羅**　㊁バックラ Bakkula またはヴァックラ Vakkula ㊵ドゥヴァークラ Dvākula の音写。婆拘羅、波拘盧などとも音写し、善容と訳す。仏弟子。幼い頃沐浴をしていて大魚に呑まれたが、その魚を買ったベナレスの長者の妻に救われた。のち仏に帰依し、阿羅漢果を得た。少欲にし

て無病でよく長寿を保ち長寿第一という。〔参考〕賢愚経五、智度論二二・二四、中阿含経八

**はくりゅう　白竜**　（寛文九1669―宝暦一〇1760）曹洞宗の僧。字は三洲。武蔵の人。卍山道白について剃髪し、瑞竜寺央山・黒滝山潮音らに参究し、卍山の印可を受け、加賀国大乗寺に住し、京都心性寺・妙玄寺の開山となった。〔参考〕近世禅林言行録

**はぐろ-さん　羽黒山**　⇩出羽三山《でわさんざん》

**はこね-やま　箱根山**　神奈川県の南西にある峰々の総称で、最高峰は中央火口丘にある標高一四三八・二㍍の神山。中央火口丘の西に芦ノ湖があり、その東北端に箱根神社がある。古代から山岳霊場として尊崇され、天平宝字元年757満願（万巻）が登山して、比丘・宰官・婦女の三容で現われた神を一社に合祀し箱根三所権現と号したと伝える。伊豆の走湯権現と共に鎌倉幕府の帰依が篤かった。天正一八年1590兵火で焼けたが、のち徳川家康が寺領を寄進し、慶長一七年1612社殿を再建した。明治維新に際して別当金剛王院（東福寺）は廃され、箱根神社と改められた。〔参考〕箱根山縁起幷序、東海道名所図会五、日本名勝地誌二

**ばさくたら　婆蹉衢多羅**　（巴）ヴァッチャゴッタ Vacchagotta （梵）ヴァッサゴートラ Vatsagotra の音写。略して婆蹉といい、犢子梵志と訳す。①王舎城の付近に住んだ外道の論師。しばしば仏陀や仏弟子にまみえて論議を行った。〔参考〕大毘婆沙論一、智度論三・三七　②王舎城の長者の子。はじめバラモンの学を学んだが、のちに仏陀に帰依してさとりを得た。〔参考〕Theragāthā112

**バージェス　Burgess, James**　（1832―1917）イギリスの考古学者・インド学者。一八五五年インドに渡り、カルカッタ・ボンベイ大学教授となる。西インド考古学調査会会長、全インド考古学調査会総裁などを歴任し、Epigraphia Indica（インド碑文集）を創刊した（1889）。Indian Antiquary（インド古代学1872―84）、Archaeological Survey of Western India（西インドの考古学的研究・五巻1875―83）、Mohammedan Architecture of Gujarat（グジャラート地方のイスラム教建築1897）、The Ancient Temples and Sculpture of India（インドの古代寺院および彫刻1897―1910）、その他考古学に関する論文・報告が多数あり、インド考古学・古代学研究に多大の功績を遺した。

**はしかわ-ただす　橋川正**　（明治二七1894―昭和六1931）仏教史学者。京都市下京区の人。大正六年1917真宗大谷大学専修科卒。同九年同大学研究科および京都帝国大学国史科委託生修了。真宗大谷大学嘱託教授を経て、同一二年教授に就任。昭和二年1927同大学に国史研究会（国史学会）を発足させ、研究・教育に専念。日本仏教史に文化史的研究を導入し、かたわら三浦周行に師事して郡史・寺史を開拓した。未完の著「総合日本仏教史」は鎌倉時代までで、三八歳の若さで他界した。著書、概説日本仏教史、広隆寺史、鞍馬寺史、野州郡史、葛野郡史など。

**はしくら-でら　箸蔵寺**　徳島県三好郡池田町州津。宝珠山真光院と号し、真言宗御室派別格本山。天長五年828空海の草創と伝え、讃岐金毘羅権現の奥の院という。数度の火災にかかったが、のち諸堂宇の復興をみた。

**はじごく-ぎき　破地獄儀軌**　一巻。詳しくは仏頂尊勝心破地獄転業障出三界秘密三身仏果三種悉地真言儀軌という。善無畏の訳。題号の意は、仏の頭頂にも比すべき最も尊い真言の心髄であって、八大地獄に堕すべき業障を除き捨て、欲・色・無色の三界を出で、法身・報身・応身の三身のはたらきをその上に具えた一仏身をもつ仏果を得ることを成就する三種の明呪ということ。上・中・下品の三種の呪を説く。㊅一八、国一密教部四

**ばした　婆私吒**　（梵）ヴァシシュタ Vasiṣṭha（巴）ヴァーセッタ Vāseṭṭha の音写。①仏弟子。憍薩羅国（コーサラ Kosala）のバラモンの出身。仏典では同じバラモン出身の婆羅豆婆遮《はらずばしゃ》（バーラドヴァージャ Bhāradvāja）とともに登場することが多い。婆羅豆婆遮とバラモンとは何かについて議論し、仏陀の判定を仰いで仏陀に帰依した。別の経典では、婆羅豆婆遮とともに

仏陀から三明の正しい解釈を聞いて帰依したと伝える。また仏陀がこの両人に対し四姓平等を説いた教えが伝わっている。〔参考〕長阿含経五・二六、Majjhima-nikāya 98　②十古仙人の一人。インドのバラモン教ではヴェーダおよび叙事詩における代表的仙人の一人で、リグ・ヴェーダ第七巻の作者とされる。仏教では二十八部衆の一人に数えられる婆藪《うばす》仙と同一視されることもある。〔参考〕大日経五、同疏一六、大智度論三

**はしでら-ほうじょう-いん　橋寺放生院**　京都府宇治市東内。正称は雨宝山放生院常光寺。真言律宗。推古天皇一二年604聖徳太子の本願により秦河勝が宇治橋を架橋したとき創建されたとも、大化二年646道登(一説に道昭)が架橋したとき建立されたとも伝える。のち衰退したが、弘安四年1281西大寺の叡尊が再興し、当寺で宇治川放生会を行った。文明一一年1479焼失するが、間もなく勧進などで再建された。寛永八年1631にも類焼したという。往古より宇治橋の管理にあたったといわれ、江戸時代、近くで発見された宇治橋断碑〔重文〕が境内に立てられ、大化の架橋を語る古碑として有名〈⇩宇治橋碑《うじばしのひ》〉。〔重文〕木造不動明王立像、同地蔵菩薩立像〔参考〕帝王編年記、古京遺文、城州宇治川橋寺之縁起、感身学生記、大乗院寺社雑事記

**はしのく-おう　波斯匿王**　(梵)プラセーナジット Prasenajit (巴)パセーナディ Pasenadi の音写。鉢羅犀那逝多《はつらさいなぜいた》などとも音写し、勝軍と訳す。中インド憍薩羅(コーサラ Kosala)・迦尸(カーシー Kāsī)両国の王で舎衛城(サーヴァッティー Sāvatthī)の城主。はじめ粗暴無信であったが、末利夫人(マッリカー Mallikā)のすすめに従って仏陀に帰依し、最も有力な優婆塞として経典中にしばしば登場する。釈迦族を滅ぼした毘瑠璃《びるり》王(ヴィドゥーダバ Viḍūḍabha)や勝鬘夫人(シュリーマーラー Śrīmālā)の父である。〔参考〕増一阿含経二一、二六・四三、中阿含経六〇

**はしもと-がざん　橋本峨山**　(嘉永六1853—明治三三1900)臨済宗の僧。号は息耕。京都の人。五歳で鹿王院に入り義堂に師事した。明治二年美濃正眼寺の泰竜に学んで鹿王院に帰り義堂のあとを嗣いだが、さらに天竜寺の滴水に参謁し、のち天竜寺に住し再建に尽くした。

**はしもと-どくざん　橋本独山**　(明治二1869—昭和一三1938)臨済宗の僧。諱は玄義。号は対雲窟。新潟県の人。明治一七年鹿王院峨山に従い落髪ののち、天竜寺僧堂に住し、竜淵・嵯山に歴参した。峨山の没後鹿王院を嗣ぎ橋本と改姓し、明治四三年相国寺派管長となった。昭和二年南苑寺《なんえんじ》を創建した。〔参考〕続禅林僧宝伝二

**はじゃ　破邪〔顕正《けんしょう》〕**　誤った執われをうち破るのを破邪、正しい道理を顕わすのを顕正といい、あわせて破邪顕正、破邪申正、除邪顕正、摧邪顕正など、略して破顕、破申などという。諸論は多く破邪顕正を目的として造られたものであるが、これについて三論宗では、他の諸論は邪執を破って別に正理を立てて説くから、正理とするものに執われることになって有所得《うしょとく》の心を増すが、竜樹の中論と十二門論および提婆の百論の三論は破邪即顕正、立破同時《りゅうはどうじ》の法門であって、執われの心を破る以外には別に正とするものを立てない。破情そのことにおいてついにすべての破顕を超えて、絶対的な空《くう》の理に達するものであるとし、吉蔵の三論玄義には破邪顕正を破不収・収不破・亦破亦収・不破不収の四にわけて説明し、第四の不破不収をもって破顕の極致であるとする。

**はじゃ-けんしょう-き　破邪顕正記**　五巻。真迢《しんじょう》撰(寛永一四1637)。日蓮の説を邪見としこれを論破して正法を顕揚しようとした書。真迢は日源から日蓮宗義を相承したが満足せず、天台宗に帰して四年後に著わした。はじめに改宗の理由を述べ、日蓮の所立が法華の正義に背くこと、四十余年未顕真実の文旨の僻見であること、末代円頓の行者所期の浄土は西方安楽世界であること、日蓮の諸宗折伏は謗法であることなど六七カ条を挙げて説いている。彼の転宗は日蓮宗に大きな打撃を与え、彼を反逆僧としてその改宗を誹謗した書が相次い

で出た。即ち日賢の諭迷復宗決一巻、同別記、日領の日蓮本地義二巻・法華格言一巻、日遵の諫迷論一〇巻、日般の摧邪真陽記五巻などである。仏全九七 〔刊本〕寛永一四刊、同一六刊

**はじゃ-けんしょう-しょう　破邪顕正鈔**　三巻。存覚の著(元亨四1324)。聖道門の僧や山伏・巫女・陰陽師などの念仏非難に、真宗の立場から一七カ条にわたって反論した書で、訴願状の形式をとる。真宗聖教全書三、真宗史料集成一 〔写本〕兵庫県豪摂寺蔵(乗専写)、竜谷大学蔵(存如写)、西本願寺蔵(実如写)

**はじゃ-しゅう　破邪集**　八巻。明朝破邪集ともいう。徐昌治の著(明の崇禎一三1640)。天主教(ジェスイット)に対する論難の書。明末、万暦1573—1619の頃中国に来朝した天主教の宣教師・利瑪竇《りまとう》(Matteo Ricci)をはじめ竜華氏・龐廸我・羅如望・費奇規・王豊粛などが天主教を宣布した経緯およびこれに対する朝廷の意見、諸匠の上奏・諸儒の議論などを集めて天主教を論駁しようとしたもの。〔刊本〕安政二1855刊

**ばしゃ-の-しだいろんじ　婆沙の四大論師**　婆沙の四評家ともいう。大毘婆沙論の製作に重要な役割を果たした法救《ほっく》・妙音・世友・覚天の四人の論師。婆沙論巻七七にはこの四大論師が三世の成立について各々異なった見解を有していたことをあげている。法救(ダルマトラータ Dharmatrāta)は婆沙論・倶舎論などに大徳法救・尊者法救、または単に大徳(バダンタ Bhadanta 婆檀陀)としてその所説が引用されている。法句経の撰者の大徳法救とは別人のようである。妙音(ゴーシャ Ghoṣa 瞿沙)は阿毘曇甘露味論の著者でもあると考えられる。世友(ヴァスミトラ Vasumitra)は四大論師のうち、最も重要な人で、説一切有部に関係する諸論その他で世友造とされるものは多い。しかし同名異人が多くいたのか、それらの書が世友に仮託されたのかは明らかでない。覚天(ブッダデーヴァ Buddhadeva)については、その事跡が知られていない。

**はじゃ-ろん　破邪論**　二巻。唐の法琳の著(武徳五622)。道士傅奕《ふえき》が高祖に対して仏教の弊害を上奏したのに反論した書。道教の経典はみな仏教を模倣したことを論じ、ことに三張(張陵・張衡・張魯)の法を攻撃して老荘におよび、道教こそ国家を破壊するものと非難する。広く流布した護法論である。㊅五二

**はじゅう-ほうぎょう　把住放行**　禅宗の用語。修道者を指導するのに、捉えてとどまらせる向上の方法を把住、放って自由にする向下《こうげ》の方法を放行という。把定放行、一収一放などともいう。

**はじゅん　波旬**　㊵パーピーヤス pāpīyas の音写。より悪しき者の意。極悪・悪者・殺者と訳す。また魔(マーラ māra)と併称して魔波旬、天魔波旬ともいう。仏や仏弟子たちにつきまとい仏道修行、解脱の妨げをする魔王。欲界の第六、他化自在天に住するという。ヒンドゥー教の破壊の神シヴァ Śiva の性格を魔王としてあらわしたものという説もある。〔参考〕雑阿含経三九、大智度論五六

**はしりゆ-やま　走湯山**　⇩般若院《はんにゃいん》

**ハース　Haas, Hans**　(1886—1935)ドイツのプロテスタント神学者。宣教師として東京に滞在(1898—1908)し、かたわら仏教とキリシタン史を研究し、Die Wahrheit誌を刊行。帰国後ライプチヒ大学神学部教授・同学部長となる。著書に Der japanische Buddhismus(日本仏教1906)、訳書に Amidafuddha(阿弥陀仏1910)などがある。

**はすい-うんけい　蓮井雲渓**　(　—明治一八1885)真宗大谷派の僧。大分県光蓮寺の住職。秀存に師事して、真宗学および華厳学に通ずる。竜華院と号し、講師を贈られた。著書、浄土論註甲戌録、安楽集講義、正信偈甲由記など多くの講録がある。〔参考〕大谷派学事史略年表

**バスティアン　Bastian, Adolf**　(1826—1905)ドイツの民族学者。はじめ法律、医学、生物学を学び、のち世界各地を旅行して諸民族の風俗、習慣などの研究資料をあつめた。ベルリン大学教授、ベルリン民族学博物館長を歴任。ビルマの仏教についての記述がその著 Die Völker der östlichen Asien(東アジアの諸民族・六巻1866—71)

の第二巻に見られる。

**はせ-でら　長谷寺**　「ちょうこくじ」とも読む。①奈良県桜井市初瀬。豊山《ぶざん》神楽院と号する。泊瀬寺《はっせでら》、初瀬寺、豊山寺、長谷山寺の称もある。真言宗豊山派総本山。西国三十三カ所第八番札所。天武天皇の時、道明が山の西岡に三重塔・釈迦堂を建てたと伝え、これを本《もと》長谷寺という。ついで元正天皇の時、徳道が十一面観音の造像を企て東岡に伽藍を建てた。これが現在の寺で、後《のち》長谷寺、新長谷寺と呼び、その創建年代については、養老三年719、同五年、神亀二年725、同四年の諸説がある。東大寺の末寺であったが、正暦990―95の頃から興福寺に属した。観音の霊場として信仰をあつめ、幾度か火災にあったがその都度再建された。永禄・天正1558―92の頃には兵乱のため衰微したが、豊臣秀吉の根来攻めのとき根来寺から専誉が難をのがれ、天正一五年1587妙音院を移して小池坊中性院と改め、豊臣秀長の外護をうけて当寺を再興し、新義真言宗の根本道場とした。のち徳川家康をはじめ、徳川家歴代将軍の尊崇が篤く大いに栄えた。当寺の本尊十一面観音は霊験で知られ、全国各地にその分身を祀った長谷寺・新長谷寺があり、また中国や朝鮮にも霊験が聞こえた。〔国宝〕法華経など三四巻、銅板法華説相図(千仏多宝仏塔)〔重文〕本堂(慶安三1650棟札)、絹本著色阿弥陀来迎図、同浄土曼荼羅図ほか〔参考〕長谷寺縁起、長谷寺霊験記、豊山伝通記　②神奈川県鎌倉市長谷。海光山慈照院と号し、浄土宗系の単立寺院。大和長谷寺に対して新長谷寺と称したが、俗に長谷観音と呼ばれる。坂東三十三カ所霊場第四番札所。寺伝には元正天皇の時、徳道が二体の観音を作り、一体は大和長谷寺に、一体は有縁の地に奉安させようとして海中へ投じたが、天平八年736相模国三浦郡長井村に漂着したので、勅により一寺を創建安置したという。これは大和長谷寺の縁起によったもので、明確な創建年代は不詳。鎌倉末期には成立していたことが知られる。その後、足利尊氏・義満が修造を加え、北条氏もまた帰信が篤く、徳川氏も寺領をよせた。〔重文〕銅造十一面観音懸仏、梵鐘〔参考〕鎌倉市史、新編相模風土記　③山梨県南アルプス市榎原。八田《はった》山と号し、真言宗智山派。八田観音と称する。〔重文〕本堂

**ばだい　婆提**　㈵バドリカ Bhadrika ㈶バッディヤ Bhaddiya の音写。跋提梨迦、跋提とも音写し、有賢と訳す。①仏弟子。鹿野苑の初転法輪の時の五比丘の一人で、阿若憍陳如《あにゃきょうじんにょ》(アンニャー・コンダンニャ Aññā Koṇḍañña)に次いで得道した。〔参考〕中阿含経八、四分律四　②舎衛城の長者。慳貪で施すことを知らず、死後、子がいないために財産を没収された。〔参考〕増一阿含経二三、雑阿含経四六

**バーダラーヤナ　Bādarāyaṇa**　(紀元前一世紀)インド六派哲学の一つヴェーダーンタ Vedānta 学派の開祖とされる思想家。同派の根本教典であるブラフマ・スートラ Brahma-sūtra の作者とされるが、実際には同スートラは五世紀前半頃の成立と推定されている。

**ばだり-おん　跋陀利園**　㈵㈶バダリカーラーマ Badarikārāma の音訳。跋陀利園《ばつだ、りおん》、婆耆羅僧房とも書く。憍賞弥《きょうしょうみ》(コーサンビー Kosambī)にあった僧院。仏陀が止住したこともある。〔参考〕雑阿含経五・一

**はたりし-じょう　波吒釐子城**　㈵パータリプトラ Pāṭaliputra ㈶パータリプッタ Pāṭaliputta の音訳。波羅利弗多羅、巴連弗《はれんほつ》などと音写し、華子城《けしじょう》、華氏城と訳す。古代インドの都市で、現在のビハール州パトナにあたる。別名をクスマプラ Kusumapura あるいはプシュパプラ Puṣpapura という。この付近は仏陀時代にすでにインド東部における南北交通の要衝であったが、マガダ国王アジャータシャトル Ajātaśatru(阿闍世)が城塞をきずき、その子(あるいは孫)のウダーイバドラ Udāyibhadra がラージャグリハ Rājagṛha(王舎城)よりこの地に遷都した。のちマウルヤ王朝・グプタ王朝の都として栄えた。アショーカ Aśoka(阿育)王はここに大伽藍(阿育伽藍)を建て、そこでモッガリプッタ・ティッサ Moggaliputta Tissa(目犍連子帝須)を中心として第三結集が行われたというが、その史実性は疑われている。五世紀に法顕

が訪れたときには都城は栄え、仏教が隆盛であったが、グプタ王朝の没落とともに急激に衰え、七世紀に玄奘が訪れたときにはほとんど廃墟と化していたという。二〇世紀になって都城趾の一部と考えられる遺跡が発掘された。〔参考〕西域記八

**はたり-じゅ　波吒釐樹**　波吒釐は㈵パータリー pāṭalī の音写で、波吒羅、波波羅、波羅利、波羅とも書き、重葉樹、重生華、青桐と訳す。ヒサギまたはノウゼンカズラに似た喬木で、春期に紫色の花を開き芳香を有する。

**パタンジャリ　Patañjali**　①(紀元前二世紀)インドの文法学者。現存最古の梵語文法綱要書であるパーニニ Pāṇini のアシュタ・アディヤーイー Aṣṭādhyāyī に対する詳細な註釈書マハーバーシヤ Mahābhāṣya を著わし、梵語の古典文法を完成させた。②インド六派哲学の一つヨーガ学派の根本教典ヨーガ・スートラ Yoga-sūtra の編纂者とされ、同学派の開祖と見なされている思想家。年代・事績などの詳細はまったく不明であり、実在の人物かどうかもさだかではない。

**はちおん　八音**　⇩はっとん

**はち-きちじょう-じんしゅ-きょう　八吉祥神呪経**　一巻。三国呉の支謙の訳と伝えられるが、劉宋の求那跋陀羅の訳ともいわれる。異訳に西晋の竺法護訳の八陽神呪経(一巻)、北魏の瞿曇般若流支訳の八部仏名経(一巻)、梁の僧伽婆羅訳の八吉祥経(一巻)、隋の闍那崛多訳の八仏名号経(一巻)がある。チベット訳は八仏経(アシュタブッダカ Aṣṭabuddhaka)の名で伝わる。仏が東方の八仏の名号を説き、その名号を受持して他のために説く者は種々の功徳を受けると示す。㊅一四、国一経集部一二

**はち-くどくすい　八功徳水**　⇩はっくどくすい

**はち-げだつ　八解脱**　八種の定《じょう》の力によって貪著《とんじゃく》の心を捨てること。また八背捨《はちはいしゃ》ともいう。背はそむく意。⑴いろやかたちの想(色想《しきそう》)が内心にあるのを除くために、外境のいろやかたちについて不浄観を修めること。⑵内心の色想はなくなったが、さらにこれを確実にするために、不浄観を続けること。⑶前の不浄観の心を捨て、外境のいろやかたちについて清らかな面を観じても貪りを起こさないで、浄解脱を身に証し具足して安住すること。⑷物質的な想をすべて滅して、空無辺処定に入ること。⑸空無辺の心を捨てて、識無辺処定に入ること。⑹識無辺の心を捨てて無所有処定《むしょうしょじょう》に入ること。⑺無所有の心を捨てて非想非非想処定に入ること。⑻受・想などを捨てて、滅尽定に入ること。このうち⑴⑵はともに初禅と第二禅とにより、⑶は第四禅、⑷⑸⑹⑺は順次四無色定による。また⑴と⑵とをそれぞれ二分し、⑻を四分したものが八勝処である。

**はちじもんじゅ-ほう　八字文殊法**　唵《おん》・阿《あ》・味《み》・羅《ら》・吽《うん》・佉《きゃ》・左《さ》・洛《らく》の八字は文殊菩薩の真言であるから、これによって異国侵境・疫病流行などの災禍を除くために文殊菩薩を本尊として修する法。円仁の門流では最極の秘法としている。この文殊菩薩を中尊として建立する曼荼羅を八字文殊曼荼羅という。

**はちじゅう-しゅこう　八十種好**　八十随形好《ずいぎょうこう》、八十随好、八十微妙《みみょう》種好、八十種小相ともいう。仏・菩薩《ぼさつ》の身に具わる勝れた容貌形相の中で、顕著で見わけやすいもの三二を三十二相といい、微細隠密で見わけにくいもの八〇を八十種好という。両者を合わせて相好《そうごう》とも称する。八十種好の順序名称には異説が多い。三十二相は転輪聖王《てんりんじょうおう》にもあるが、八十種好は仏と菩薩とのみがもつ。大般若経巻三八一には八十種好を説いて、⑴仏の指の爪は狭長で薄くて潤いがあり、光りかがやいてきよらかである、……⑻手足および胸にはいずれも吉祥喜旋の相(卍字《まんじ》)がある、とある。

**はちじゅうはっそ-どうえいでん-さん　八十八祖道影伝賛**　四巻。別に巻首および付録一巻。禅宗の祖師八八人の伝と祖像の賛を集めたもの。紫柏大師達観が、明の万暦一二年1584に将来、金陵の大内の祖堂に伝写安置されていた阿若憍陳如および西天二十七祖をはじめ、中国の各宗各派にわた

る八八人の祖師像を画工丁雲鵬に臨写させて、各山に送ったもののうち、南岳に安置されたものに基づいて、同四八年に憨山《かんざん》徳清が伝と賛を作った。崇禎一七年1644にさらに高承挺が増補し、明代の高僧雲棲・紫柏・憨山の三師および雪嶠円信の伝賛を加え、その子高佑釲が再び重編して、清の康熙六年1667より一一年に至って完成した。八十八祖の中の大半は禅宗の祖師であるが、その伝賛はすべて教禅一致の旨を主張し、明代仏教の性格を示す。㊎二乙・二〇・五

**はち-しょうしょ**　**八勝処**　⇩はっしょうしょ

**はち-しょうどう**　**八聖道**　⇩はっしょうどう

**はち-しん**　**八心**　⇩はっしん

**はち-ぞう**　**八蔵**　①仏が説いた聖教《しょうぎょう》を八種に分類したもの。胎化蔵《たいけぞう》（仏の胎中化現《けげん》などを説く経）、中陰蔵《ちゅういんぞう》（死んでから次の生に至るまでの中有《ちゅうう》〔中陰〕の間のことを説く経）、摩訶衍方等蔵《まかえんほうどうぞう》（大乗経）、戒律蔵（律典）、十住菩薩蔵（菩薩の修因証果を説く大乗の経）、雑蔵《ぞうぞう》（三乗及び人天の修因証果などを雑説した大乗、小乗の経）、金剛蔵（等覚《とうがく》の菩薩の修因証果を説く経）、仏蔵（諸仏の説いた法、神通変現、衆生《しゅじょう》を導くことなどを説く大乗の経）の八（菩薩《ぼさつ》所胎経巻七）。②小乗と大乗との各々に経・律・論・雑の四蔵があって合わせて八蔵となる。

**はちそうじょうどう**　**八相成道**　⇩はっそうじょうどう

**はち-だいじんしょう**　**八大神将**　転輪蔵（車で回転する経蔵）を運転する八の神将。天竜などの八部衆は仏教を受持し守護するので八大神将とされ輪蔵の周囲に安置される。また密迹・金剛の二力士、梵天・帝釈天と持国・増長・広目・多聞の四天王を八大神将とすることもある。〔参考〕釈門正統三、象器箋四

**はち-だいどうじ**　**八大童子**　八の人童子の意。菩薩・諸天などに随従して種々の使役をなすものをいう。不動明王には矜羯羅《こんがら》、制吒迦《せいたか》などの八大童子があり、文殊《もんじゅ》菩薩には不思議慧、無垢光などの八人童子がある。〔参考〕聖無動尊一字出生八大童子秘要法品

**はち-だいにんかく**　**八大人覚**　八大人念ともいう。声聞《しょうもん》や縁覚《えんがく》や菩薩《ぼさつ》などのすぐれた人が、さとりへの道として覚知し思念する八種の教え。即ち少欲・知足・遠離《おんり》・精進《しょうじん》・正念《しょうねん》・正定《しょうじょう》・正慧《しょうえ》・不戯論《ふけろん》の八覚。

**はちだい-にんがく-きょう**　**八大人覚経**　一巻。後漢の安世高（二世紀）の訳と伝える。菩薩の観察し覚るべき項目として、世の無常・人の多欲など八項を説く。㊅一七、国一経集部一五〔註釈〕智旭・略解

**はちだい-ぼさつ**　**八大菩薩**　衆生を擁護し、正法を護持する八人の大菩薩。八菩薩の名を挙げる経典は種々あるが、その趣旨や名称はそれぞれ異なる。たとえば灌頂経巻一二には文殊師利・観世音・得大勢・無尽意・宝壇華・薬王・薬上・弥勒の八を挙げて、薬師仏の本願功徳を聞く者が命終るとき、八菩薩がこれを迎えると説き、理趣釈巻上には、理趣経《りしゅきょう》の会座の上首である金剛手などの八菩薩はすべての仏教をおさめつくしていることをあらわすと釈するなどである。その他、七仏八菩薩経、八大菩薩曼荼羅経、般舟三昧経、舎利弗陀羅尼経などに、さまざまな八大菩薩をあげている。

**はちだい-りゅうおう**　**八大竜王**　法華経の会座に聴衆として列した八の竜王をいう。⑴難陀《なんだ》（ナンダ Nanda 歓喜と訳す）、⑵跋難陀《ばつなんだ》（ウパナンダ Upananda 優波難陀《うはなんだ》とも音写し、賢喜と訳す）、⑶娑伽羅《しゃがら》（サーガラ Sāgara 海と訳す）、⑷和脩吉《わしゅきつ》（ヴァースキ Vāsuki 九頭と訳す）、⑸徳叉迦《とくしゃか》（タクシャカ Takṣaka 視毒と訳す）、⑹阿那婆達多《あなばだった》（アナヴァタプタ Anavatapta 阿耨達《あのくだつ》とも音写し、無熱悩と訳す）、⑺摩那斯《まなし》（マナスヴィン Manasvin 大力・慈心と訳す）、⑻優鉢羅《うはつら》（ウトパラカ Utpalaka 青蓮華と訳す）の八をいう。法華曼荼羅には⑴のみを、胎蔵曼荼羅には外金剛部院に⑴⑵を出す。⑶は請雨の本尊、⑹は雪山の阿耨達池（アナヴァタプタ Anavatapta）に住して四大河を分出し、竜王中徳が最もすぐれているという。

竜は八部衆の一で、(1)(2)(3)を二十八部衆の一とすることもある。

**はちだい-れいとう　八大霊塔**　仏陀にゆかりのある場所八カ所に建立された塔。(1)誕生の地・迦毘羅衛《かびらえ》国(カピラヴァットゥ Kapilavatthu)の藍毘尼《らんびに》園(ルンビニー Lumbinī)、(2)成道の地・摩伽陀《まがだ》国(マガダ Magadha)の尼連禅河《にれんぜんが》(ネーランジャラー Nerañjarā)、(3)初転法輪の地・波羅奈《はらな》国(バーラーナシー Bārāṇasī)の鹿野苑《ろくやおん》、(4)神通をあらわした地・舎衛城(サーヴァッティー Sāvatthī)の給孤独園、(5)忉利天より降下した地・僧伽施《そうがせ》国(サンカッサ Saṅkassa)の曲女《ごくにょ》城(カンナクッジャ Kaṇṇakujja)、(6)提婆達多《だいばだった》(デーヴァダッタ Devadatta)のために分裂した教団を和合させた地・王舎城(ラージャガハ Rājagaha)、(7)最後の説法の地・広博城(ヴェーサーリー Vesālī)、(8)入滅の地・拘尸那城(クシナーラ Kusinārā)の八カ所をいうが、異なる所伝もある。これらは阿育王伝第二の四処(1)(2)(3)(8)に当たる)が拡大されたものと考えられる。中インドの戒日王(シーラーディトヤ Śīlāditya ハルシャヴァルダナ Harṣavardhana ともいう。606—47在位)は八大霊塔梵讃㊅三二)を著わした。また竜樹の著に帰せられる八大聖地制多讃がある。蘇悉地掲囉経巻下には八塔を巡礼恭敬すべきことを説いている。

**はちたたき　鉢叩**　鉢敲、鉢扣とも書か

鉢叩（七十一番歌合）

れた。空也流の念仏を勧める聖《ひじり》をいうが、托鉢に用いる鉄鉢や瓢簞をたたいて拍子をとり念仏を唱えたことから、雑芸能者の一にも数えられた。呼称もそれにちなむ。門付の勧進を行ったり、墓地・葬所などで死者供養や鎮魂の念仏を行い庶民の信仰を集めた。日常は茶筅《ちゃせん》を作り、これを売り歩き生計をたてる者も多く、茶筅・鉢屋の称でも呼ばれた。⇩聖《ひじり》　⇩鉢屋《はちや》

**はち-てんじょう　八転声**　⇩はってんじょう

**はち-ふう　八風**　⇩はっぷう

**はち-ぶしゅ　八部衆**　①仏の説法の会座に列して法を聴聞し、また法を護持するという八部の異類。天竜八部ともいう。(1)天(デーヴァ deva)、(2)竜(ナーガ nāga)、(3)夜叉(ヤクシャ yakṣa)、(4)乾闥婆《けんだつば》(ガンダルヴァ gandharva)、(5)阿修羅《あしゅら》(アスラ asura)、(6)迦楼羅《かるら》(ガルダ garuḍa)、(7)緊那羅《きんなら》(キンナラ kiṃnara)、(8)摩睺羅伽《まごらか》(マホーラガ mahoraga)をさすのが通例であるが、構成については異説もある。〔参考〕法華経巻二、大乗本生心地観経巻八　②四天王に所属する八の部衆。持国天に乾闥婆・毘舎闍《びしゃじゃ》(ピシャーチャ piśāca)、増長天に鳩槃茶《くはんだ》(クンバーンダ kumbhāṇḍa)、薜茘多《へいれいた》(プレータ preta)、広目天に竜・富単那《ふたんな》(プータナー pūtanā)、多聞天に夜叉・羅刹《らせつ》(ラークシャサ rākṣasa)がそれぞれ所属してともに仏法を守護するという。〔参考〕仁王護国般若経疏二

**はち-ふじょうもつ　八不浄物**　比丘《びく》が貯えてはならない八種のもので、田宅、田園、穀粟米麦、奴婢、群畜、金銀財宝、象牙刻鏤、釜鍋の八をいう。異説もある。

**はちまん　八幡**　大分県宇佐市にある宇佐八幡を本源として全国に祀られる神で、武士の興隆に伴い中世以降武神としての性格を強めた。また地方郷村の氏神・産土神として各地に勧請され崇敬をうけた。八幡神の本性は明確ではないが、豊前宇佐地方の豪族の氏神ではなかったかとされる。八幡神の初見は天平九年737と早く(続日本紀)、同一二年九月には伊勢神宮や八幡などに新羅の無礼の状を告げさせている。また同一三年閏三月、八幡神宮に金字最勝王経・法華経各一部を納め、度者一八人を置き、三重塔一基を造らせるなど早くから神仏習合がみられる。この頃の八幡宮の主神は大神・比売神《ひめがみ》の二柱である。天平二〇年ごろ、宇佐八幡神は東大寺の大仏鋳造を援助する旨の託宣をするなど託宣神として活躍する。

東大寺の大仏鋳造の終った天平勝宝元年749二月、宇佐八幡神は勧請され、大和国平群《へぐり》郡梨原宮に神宮として祀られた(東大寺鎮守手向山八幡宮)。同月朝廷は八幡大神に一品を、八幡比咩《めひ》大神に二品を授けた。神護景雲三年769九月には道鏡の事につき和気清麻呂を宇佐八幡宮に遣わし神意を伺わせることがあり、八幡神は中央に進出し始めた。平安時代初頭には八幡神は仏教との習合を深め、大自在王菩薩・護国霊験威力神通大菩薩・護国霊験威力神通大自在王菩薩などと菩薩号を持ち、八幡大菩薩と呼ばれた。この頃から祭神は大神・比売神の他に大帯《おおたらし》命を加え、大神は応神天皇、大帯命は神功皇后、比売神は玉依《たまより》姫・宗像《むなかた》三神(市杵島姫命・多岐理姫命・多岐津姫命)・応神天皇の皇后または姫宮などに当てられるようになった。やがて宇佐八幡は応神天皇の御霊で、欽明天皇三二年571同地に顕現したとの縁起を生み出した。貞観二年860大安寺僧行教が京都南郊男山に宇佐八幡を勧請して石清水八幡宮を建てた。同宮は王城鎮護の神として尊ばれ、また伊勢神宮につぐ本朝第二宗廟とされ、八幡信仰をさらに広めることとなった。石清水の神宮寺は護国寺というが、宮と寺とは一体で宮寺と称した。その別当(法体)には行教の俗縁の紀氏が世襲し、一山を検校した〈⇩石清水八幡宮寺《いわしみずはちまんぐうじ》〉。平安時代中期以後の本地垂迹説の発展に伴い、八幡神も大神は阿弥陀仏または釈迦仏を本地仏に、大帯命・比売神は観音・勢至などを本地とした。八幡社では仏教的行事として放生会《ほうじょうえ》を行うことを例とし、特に石清水八幡宮の放生会は平安中期から勅祭とされた。その他八幡社の年中行事には多くの仏教的法会が行われた。源義家は石清水八幡宮の社頭で元服して八幡太郎を称し、源頼朝により鎌倉に鶴岡八幡宮が営まれ、以来八幡神は源氏の氏神として、また武家の守護神として全国的に勧請され祭祀されるに至った。この内には筑前国筥崎八幡宮のように外寇防禦の神や、その他神功皇后の故事にちなむ安産の神とされるものもある。なお八幡神は仏教と習合した結果、独特の僧形八幡像が製作された〈⇩僧形八幡像《そうぎょうはちまんぞう》〉。その形相は比丘形で衲衣を着し、右手に六輪錫杖、左手に念珠を持つ姿が多い。木像では奈良薬師寺(平安時代・国宝)・教王護国寺(平安時代・国宝)・東大寺(快慶作、鎌倉時代・国宝)などがあり、絵像では京都神護寺(鎌倉時代)・神奈川県浄光明寺(同)のものなどがある。男山八幡曼荼羅図・八幡神影向図・鶴岡八幡廻御影・石清水八幡社頭曼荼羅図など八幡信仰を語る垂迹画も多く遺存する。建築の上では現存の宇佐神宮・石清水八幡宮など独特の八幡造《はちまんづくり》と呼ばれる様式を生み出した。⇩本地垂迹説《ほんじすいじゃくせつ》

**はちまん-ぐどう-くん　八幡愚童訓**　①二巻。著者不詳であるが鎌倉末、石清水八幡宮の祠官の著という。国初以来の異国襲来が八幡大菩薩の霊験によって降伏されてきたことを説いたもの。特に蒙古襲来と叡尊の石清水での異国降伏の祈禱について詳述する。蒙古襲来後、巷間に流布・盛行した神仏霊験記の一つ。群書一、日本思想大系二〇　②二巻。垂迹・名号・遷座・本地・王位など一四章に分けて八幡大菩薩の霊験を説いたもの。一四世紀初頭、石清水八幡祠官の著という。八幡宮寺巡拝記(古典文庫三八)と重なる記事が多い。続群一上、日本思想大系二〇

**はちまんしせん　八万四千**　数多いものすべてをあらわす語。八万ともいう。煩悩《ぼんのう》の種類が多いのを八万四千の煩悩、八万四千の塵労などといい、仏の説いた教え及びその意味が数多いのを八万四千の法門(八万の法門)、八万四千の法蔵(八万の法蔵)、八万四千の法蘊(八万の法蘊)などという。観無量寿経には阿弥陀仏のうるわしいすがたかたち(相好)の一つ一つから八万四千の光明を放つとある。また無間地獄《むけんじごく》は縦も広さも八万由旬《ゆじゅん》で、その苦(苦を生じさせるもの)もそれぞれ八万四千あるから、八万地獄という〈往生要集巻上〉。

**はちや　鉢屋**　八屋とも書く。中世から近世にかけての念仏聖の一で、名称は鉢叩《はちたたき》から出たといわれる。元日の祝言、盆の念仏廻向を行うほか、神事警護、債務取立て、他国者取締り、牢番などに従事した。

また茶筅《ちゃせん》を作り勧進の時に売り歩く者も多かった。このため「長吏」「警護」「茶筅」などの称でも呼ばれた。戦国時代、出雲の尼子氏が彼らを組織して十阿弥と名づけ、兵士・警吏として用いたことはよく知られる。⇩聖《ひじり》 ⇩鉢叩《はちたたき》

**はちよう-じ　八葉寺**　福島県河沼郡河東町広野。諸陵山と号し、真言宗室生寺派。俗に会津高野《あいづこうや》とも呼ばれる。康保年間964―68空也の開創という。天正一七年1589伊達氏の兵火で焼けたがのち再興された。盆に行われる空也念仏踊は著名。また、死者供養のための納骨・納髪の風習があり、それに用いられた木製五輪塔は重要民俗資料に指定されている。〔重文〕阿弥陀堂 〔参考〕会津風土記、会津旧事雑考

**は-ちょうそ-ろん　破鳥鼠論**　一巻。日講(1626―98)の著。成立年不詳。幕府が日蓮宗に、寺領朱印を布施物として受領したという手形を提出させようとしたのを機として不受不施派の中に、新たに悲田新受の徒があらわれた。それに対して、日講が不受不施の本義を主張し、手形の提出を拒否して、悲田新受の徒を鳥や鼠になぞらえて彼らの所論を破斥したもの。日蓮宗学全書(不受不施講門派部)

**はつ　鉢**　「はち」とも読む。㊵パートラ pātra を音写した鉢多羅《はったら》、鉢和羅の略で、鉢盂《はちう》とも称する。比丘《びく》が常に所持すべき道具(比丘六物《ろくもつ》)の一で、食器のこと。材料、色、量ともに規定の法にかなうという意味から、応器、応量器と訳し、鉄製のものを鉄鉢、陶土製のものを瓦鉢《がはつ》、泥鉢、土鉢と称する。鉢を携行する場合に用いる袋を鉢囊《はつのう》、鉢袋《はったい》といい、鉢が倒れないための鉢台を鉢支といい、仏陀が使用した鉢を仏鉢《ぶっぱつ》という。石鉢は仏にのみ許される。後世には木鉢や漆塗りの鉢も用いられるが、本来の制定ではない。破損した鉢を補修するのに五種の方法があること、或いは五綴(一綴とは両指間の幅で約六センチ)の長さ以下の補修であれば新鉢を求めることなく修理して用いるべきことを五綴鉢《ごてつは》っと称する。

**はつい　鉢位**　⇩被位《ひい》

**ばつ-いっさい-ごっしょう-こんぽん-とくしょう-じょうど-じんしゅ　抜一切業障根本得生浄土神呪**　一巻。劉宋の求那跋陀羅《ぐなばつだら》の訳と伝えるが疑わしい。チベット訳は無量功徳称讃陀羅尼の名で伝える。同類のものに阿弥陀仏説呪・仏説無量功徳陀羅尼・甘露陀羅尼がある。阿弥陀仏に帰依することを示す短い陀羅尼。㊅一二、〔国一〕宝積部七

**はっかい-がんぞう　八海含蔵**　一巻。虎関師錬(1278―1346)の著。成立年不詳。倶舎・成実・律・華厳・三論・法相・真言・天台・禅・浄土の一〇宗の綱要書。凝然の八宗綱要に類するもので、円爾弁円《えんにべんねん》の十宗要道記と共に鎌倉期禅僧の諸宗綱要書として、初学者のために著わしたもの。仏全三

**ばっかば-せん　跋伽婆仙**　㊵バールガヴァ Bhārgava、㊁バッガヴァ Bhaggava の音写。瓦師と訳す。毘舎離《びしやり》国(ヴェーサーリー Vesālī)の苦行林で苦行をしていた仙人。仏陀が出家の後ここに一宿して道をたずねたという。〔参考〕過去現在因果経二、仏本行経二、本行集経二〇

**ばっぎ　跋祇**　㊵ヴリジ Vṛji ㊁ヴァッジ Vajji の音写。跋闍、跋耆、弗栗恃ともの音写する。古代インドの十六大国の一つ。中インドの北部、ガンジス河の北にあり、ネパールの丘陵地帯にまでひろがっていた。ヴィデーハ Videha 族(毘提訶)、リッチャヴィ Licchavi 族(離車)、ヴァッジ族など八つの部族から成り、ヴィデーハ族はヴェーサーリー Vesālī(毘舎離)、リッチャヴィ族はミティラー Mithilā(蜜希羅)を都としていた。共和政治を行い、商工業もさかんであった。〔参考〕善見律毘婆沙一〇、大唐西域記七

**はっ-くどくすい　八功徳水**　八支徳水、八味水、八定《じょう》水ともいい、八種の勝れた特質(功徳《くどく》)のある水のこと。仏の浄土にある池はこの水で満たされており、澄浄・清冷《しょうりょう》・甘美《かんみ》・軽輭《きょうなん》・潤沢・安和・除饑渇・長養諸根《じょうようしょこん》の八特質があるという。また須弥山《しゅみせん》をとりまく七内海もこのような水で満たされており、甘・冷・輭《なん》・軽《きょう》・清浄《しょうじょう》・無臭・飲むとき喉をいためず・飲みおわって腹を傷めないという八特質がある

とされる。

**はっけん　法眷**　法親ともいう。同法の眷属の意で、同じ法を学んでいる兄弟弟子をいう。

**はっけん　発遣〔招喚《しょうかん》〕**　釈迦仏が浄土に往生せよと勧めるのを発遣、阿弥陀仏が浄土に来たれと招きよぶのを招喚という。善導の観経疏散善義の二河譬《にがひ》にある語。親鸞の教行信証の行巻には帰命《きみょう》ということは、阿弥陀仏が浄土へ来たれとの仰せつけの意であるとして、本願招喚の勅命《ほんがんしょうかんのちょくめい》と解釈している（密教でいう発遣については〈⇩撥遣《はっけん》〉）。

**はっけん　撥遣**　発遣とも書く。密教で、供養《くよう》し念誦《ねんじゅ》するために迎えた（勧請《かんじょう》した）仏・菩薩《ぼさつ》などを、それが済んでから本土に奉送することをいう。撥遣のための印や真言《しんごん》などは修法《しゅほう》の種類によって異なる。仏像を修覆《しゅふく》（修繕）するときにもこの法を用い、修覆が終ってから再び迎える（浄土教でいう発遣については〈⇩発遣《はっけん》〔招喚〕〉）。

**はっさいかい-さほう　八斎戒作法**　一巻。叡尊（1201―90）の著。成立年不詳。詳しくは斎別受八戒作法という。在家の信者が一日一夜を期して持つべき八斎戒の作法を記した書。戒儀・勧請・懺悔・三帰羯磨・戒相・発願廻向の六節に分け、八斎戒の相や三帰依の作法などを説く。日蔵三五　〔刊本〕寛文一一1671刊　〔註釈〕寛深・八斎戒作法要解二巻、通玄・同得道鈔二巻、洞空・同連珠記一巻

**はっしき-きく-ほちゅう　八識規矩補註**　二巻。明の普泰の著。成立年不詳。八識規矩は成唯識論に従って八識の概要を略頌したもので、前五識・六識・七識・八識の四章に分け、一二頌四八句を収める。これは明・清代の法相学者によって盛んに研究されたが、中でも普泰の補註は比較的簡明で適切な註解である。〔参考〕智旭・八識規矩直解

**はっしゅう-こうよう　八宗綱要**　一巻。凝然《ぎょうねん》の撰（文永五1268）。南都六宗と平安二宗の歴史・教学を略記した入門書。インド・中国・日本における仏法伝流の歴史および大小二乗の教理・発達の史的考察と、倶舎・成実・律（上巻）・法相・三論・天台・華厳・真言の各宗の史伝および教義の大要を記し、最後に禅・浄土二宗を付記している（下巻）。文章は問答体を用いる。凝然には別に諸宗の綱要を記した内典塵露章《ないてんじんろしょう》もある。仏全三、国一諸宗部二五　〔刊本〕元亀二1571刊、承応二1653刊

**はっ-しょうしょ　八勝処**　八除入、八除処ともいう。欲界の色処《しきしょ》（見られる対象、即ちいろとかたち）を観察してこれを克服し、貪心を除く八階程をいう。⑴いろやかたちの想（色想《しきそう》）が内心にあるのを除くために色処の少分を観察してこれを克服し、欲貪を滅する。⑵さらに同様に色処の多分をも克服する。⑶内心に色想がなくなったが、さらに色処の少分を観察してこれを克服する。⑷さらに同様の色処の多分をも克服する。⑸同様に内心に色想がなくさらに対象の色彩の青・⑹黄・⑺赤・⑻白を観察してこれを克服する。このうち、前の四はすべて初禅と第二禅とに依り、後の四はすべて第四禅による。⑴と⑵とは八解脱《はちげだつ》の第一、⑶⑷は第二、⑸⑹⑺⑻は第三にあたり、また八解脱は貪心を捨てるだけでまだ自在を得ていないのに対して、八勝処は対境を制伏して自在を得ているという相違がある。

**はっ-しょうどう　八聖道**　八正道《はっしょうどう》、八支正道、八聖道分、八正ともいう。神聖な八種の正道の意。三十七道品《どうほん》中に含まれている仏教の代表的な実践道。仏陀が初転法輪（最初の説法）において、楽欲と苦行との二辺《にへん》（両極端）を離れた中道として説いたものもこれである。即ち八とは⑴正見《しょうけん》。仏教の真理（四諦《したい》）を自覚した正しい見解、思想。これは以下の七聖道がめざす目的である。⑵正思惟《しょうしゆい》。正思、正志ともいい、正しい意業《いごう》。心のおこないを正しくすること。⑶正語。正しい語業《ごごう》。正しい言葉を語ること。⑷正業《しょうごう》。正しい身業。身体のおこないを正しくすること。⑸正命《しょうみょう》。正しい生活、または生活方法のことで、以上の二⑵―⑷を統合したもの。以上⑵―⑸の四は正しい現実生活をあらわす。⑹正精進《しょうしょうじん》。正方便ともいい、正しい努力。⑺正念。正精進の意識的な方面で、正

見という目的を常に心に留めて忘れないこと。⑻正定《しょうじょう》。正しい禅定《ぜんじょう》の宗教生活。この八聖道は、衆生《しゅじょう》を迷界の此岸《しがん》から悟界の彼岸《ひがん》へ渡す力をもっているから、船や筏に譬えて、八道の船、八筏《はちばつ》といい、また車輪の輻《や》と轂《こしき》と輞《たが》とが相互に助けあって車を転ずるのに譬えて八輪ともいう。これに反して、邪見・邪思・邪語・邪業・邪命・邪精進・邪念・邪定の八を八邪(支)、八邪行《はちじゃぎょう》という。

**はっ-しん　八心**　善心が次第に醇熟する八種の段階(大日経巻二)。⑴種子心。凡夫《ぼんぶ》が節食持斎の念を生じて修行し、はじめて善業《ぜんごう》の種子を起こす位。⑵芽種心《げしゅしん》。善業の父母親戚などに対する布施の心が、芽がふく種子から芽ばえる位。⑶疱種心。芽がふくれて大きくなるように、布施の心がさらに親族でない人々にもおよぶ位。⑷葉種心。芽から葉が生ずるように、特にえらんで徳行のある人々に供養する位。⑸敷華心《ふけしん》。華が開くように布施の心が特にえらんで伎楽の人や世の師範とする尊い人にもおよぶ位。⑹成果心《じょうかしん》。果実が成熟するように、親愛の心によって布施が行われる位。⑺受用《じゅゆう》種子心。果実が実用に供されるように、戒を守って利益《りやく》を得、死後は天に生まれる位。⑻嬰童心《ようどうしん》。迷いの世界にありながら畏れなきよりどころを得た最上の心の位。

**はっ-せん　法全**　生没年不詳。唐代末期の密教僧。長安青竜寺の義操・法潤より密教を学び、会昌841—46の初め頃、玄法寺に住し、のち青竜寺に移った。日本の入唐僧円仁・円珍・円載らに法を授けた。著書、玄法寺儀軌二巻、青竜寺儀軌三巻。

**はっそう-じょうどう　八相成道**　八相示現、八相作仏《さぶつ》、釈迦八相、八相ともいう。釈迦牟尼仏が衆生《しゅじょう》を救うためにこの世界において八種のすがたを示したこと。成道は八相の一であるが、さとりを開くということが八相の中心であるから、八相成道という。これに種々の説がある。①下天《げてん》(兜率天《とそつてん》から白象に乗ってこの世に降下)、託胎(入胎ともいう。白象に乗って摩耶《まや》夫人の右脇から胎内に入った)、降誕《ごうたん》(出胎ともいう。摩耶夫人の右脇から出生)、出家、降魔《ごうま》(菩提樹《ぼだいじゅ》の下に坐って悪魔を降伏した)、成道(さとりを得た)、転法輪《てんぼうりん》(説法、教化)、入涅槃《にゅうねはん》(入滅ともいう。クシナガラでの命終)。これを通常、小乗の八相というが恐らく中国において起こった説であろう。②降魔を除いて住胎(母胎中にあって諸天のために説法)を加える。この説は大乗起信論に出ており、通常大乗の八相といわれる。

**ばつだい　抜提**　㊵バドリカ Bhadrika ㊴バッディヤ Bhaddiya の音写。詳しくは㊵バドリカ・カーリゴーダープトリカ Bhadrika Kāligodhāputrika ㊴バッディヤ・カーリーゴーダープッタ Bhaddiya Kāḷigodhāputta という。カーリーゴーダーの子の意。賢王と訳す。仏弟子。釈迦族の王族の出身で、難陀(ナンダ Nanda)が出家したのち迦毘羅《かびら》城(カピラヴァットゥ Kapilavatthu)の王となったが、のち阿那律(アヌルッダ Anuruddha)らとともに帰仏出家して阿羅漢果を得た。〔参考〕Theragāthā 八四二—八六五偈註、有部破僧事一

**ハッタカ・アーラヴァカ**　㊴ Hatthaka Āḷavaka　梵名はハスタカ・アーラヴァカ Hastaka Āḷavaka 呵多阿羅婆《かたあらば》などと音写し、手阿羅婆、曠野手と訳す。手長者ともいう。仏陀時代の在家信者。インドの阿臘毘《あろうび》(アーラヴィー Āḷavī)国では年々小児を夜叉に捧げる風習があったが、ある年、仏陀は夜叉を教化して夜叉に捧げられていた幼児を救った。夜叉は幼児を仏陀に奉ったが、仏陀は生長してから再び受けようと言って、その子を王の使いに手渡した。それによってハッタカ・アーラヴァカ(手から手へ渡されたアーラヴィー人)の名を得た。のち仏に帰依し、優婆塞の中の鏡と賞讃される信者となった。〔参考〕Sāratthapakāsinī, 有部毘奈耶四七、出曜経一二

**ばっだかびら　抜陀迦毘羅**　㊵バドラー・カピラーニー Bhadrā Kapilānī ㊴バッダー・カピラーニー Bhaddā Kapilānī の音写。妙賢と訳す。比丘尼。大迦葉《だいかしょう》(マハーカッサパ Mahākassapa)の出家以前の妻であったが、共に出家し、抜陀迦毘羅は摩訶波闍波提《まかはじゃはだい》(マハーパジャーパテ

イー Mahāpajāpatī)の下で具足戒を受けた。〔参考〕Therīgāthā 六三―六六偈註、有部苾芻尼一・二

**バッダー・クンダラケーサー**　(巴) **Bhaddā Kuṇḍalakesā**　梵名をバドラー・クンダラケーシャー Bhadrā Kuṇḍalakeśā という。比丘尼。王舎城の長者の娘。はじめ尼乾子《にけんじ》(ジャイナ教)の教団に入ったが舎利弗(サーリプッタ Sāriputta)に論破されて帰仏した。〔参考〕Therīgāthā 一〇七―一一一偈註

**パッターナ　Paṭṭhāna**　発趣論と訳す。南方上座部の伝えるパーリ論蔵(アビダンマ・ピタカ)七書の内の一。アビダルマ仏教において設定される専門語系列について二二種の三法・一〇〇種の二法を立て、それら一々を相縁分・倶生分・縁依分・依止分・相雑分・相応分・問分の七分とし、その各分を二四縁に組合わせ、さらに順・逆・順逆・逆順と細分して論ずる複雑煩瑣な論書。

**はっ-てんじょう　八転声**　八転、八声《はっしょう》、八例ともいう。梵語の名詞・代名詞・形容詞の語尾が八種類に変化すること。即ち⑴主格。体声《たいしょう》、直指陳声《じきしちんじょう》ともいい、「……は」の意。⑵業格《ごうかく》。所作業声《しょさごうしょう》ともいい、「……を」の意。⑶具格。能作具声《のうさぐしょう》ともいい、「……によって」の意。⑷為格。所為声ともいい、「……のために」の意。⑸従格。所因声ともいい、「……より」の意。⑹属格。所属声ともいい、「……の」の意。⑺於格。所依声ともいい、「……において」の意。⑻呼格。呼召声ともいい、「……よ」の意。このような名詞語尾の格例変化を蘇漫多声《そまんたじょう》という。蘇漫多は(梵)スバンタ subanta の音写で、蘇盤多とも書く。ス su という語尾を有するものの意。この蘇漫多声は、動詞の活用変化である底彦多声《ていげんたじょう》に相対する。底彦多は(梵)ティガンタ tiṅanta の音写で、丁岸哆とも書く。ティ ti という語尾を有するものの意。動詞には為自言(反射態)と為他言(能動態)とがあり、それぞれに一人称・二人称・三人称、またそれぞれに単数・両数・複数があって活用するから、二つの九転声、合わせて一八転声(十八転、一八韻)となる。

**はっ-とん　八音**　八種清浄《しょうじょう》音、八種梵音声《ぼんのんじょう》ともいい、仏の声に八種の勝れた特質(功徳《くどく》)があること。⑴極好音。最好声、悦耳声《えつにしょう》ともいい、聞くものをあかせずに道を入らせる声。⑵柔輭音。濡軟声《じゅなんしょう》、発喜声《ほっきしょう》ともいい、やさしく愛らしい声。⑶和適音《わちゃくおん》。和調声、和雅声《わげしょう》ともいい、適度に調和して聞く者の心を快適にやわらげる声。⑷尊慧声。入心声ともいい、聞く者の智慧を開く声。⑸不女音《ふにょおん》。無厭声ともいい、男性的に明朗活発で人を畏敬させる声。⑹不誤音。分明声《ふんみょうしょう》ともいい、聞く者に正見《しょうけん》を得させる過誤のない声。⑺深遠音《じんのんおん》。深妙声ともいい、深奥の理を悟らせる甚深なる声。⑻不竭音《ふかつおん》。易了声ともいい、明了で尽きることのない果を得させる声。

**はつばった-こく　鉢伐多国**　(梵)パルヴァタ Parvata、(巴)パッバタ Pabbata の音写。北インドの国境地方にあった国。七世紀に玄奘が訪れた時には磔迦国《たくかこく》に属し、農業を産業として栄え、伽藍が十余カ所あって大乗・小乗ともに行われていた。唯識十大論師に数えられる最勝子(ジナミトラ Jinamitra)・徳光(グナプラバ Guṇaprabha)などがこの地に出たと伝える。〔参考〕大唐西域記一一

**はっぴゃく-びくに　八百比丘尼**　八〇〇歳まで長生し、諸国を廻国したという伝説上の比丘尼。または巫女伝説の一。白《しろ・しら》比丘尼とも、八百《おや》比丘尼とも呼ばれ、その説話は若狭国を中心として全国の一二〇カ所以上に分布する。「康富記」文安六年1449五月二六日条に、若狭国から入洛した二〇〇歳の白比丘尼が二条東洞院北頬大地蔵で人々から金銭を取って見世物になったとか、翌日にも東国から上洛した二〇人余の比丘尼集団が法華経を談義したとあり、中世にはこの不思議な比丘尼が大評判であった。臥雲日件録・唐橋綱光卿記にも八百比丘尼を自称する比丘尼入洛の記事がある。その後、林羅山も本朝神社考にこの説話を挙げ、その他、江戸時代の随筆類にも記載がある。その説話の基本型は、ある長者の娘が人魚の肉(一説に九穴の鮑)を食べた故

に八〇〇歳まで長寿を保ったというもので、また白椿の枝を持って廻国したとも説かれる。話の中心が若狭国にあるのは、不老長寿の若さと結びついたようで、現福井県小浜市空印寺にはこの比丘尼の入定洞があり、同市青井の神明社にも八百比丘尼像が安置される。その正体は不明で定説はないが、白比丘尼とも呼ばれたことは白山の巫女であったとか、白髪で白肌を保っていたからともいわれる。総じて八百比丘尼を自称する比丘尼や、この説話を語る廻国比丘尼があったことを物語っている。〔参考〕若狭国伝記、拾遺雑話、笈埃随筆、柳田国男・女性と民間伝承など

**はっぷう　八風**　利(利得のこと)・衰(損失のこと)・毀(かげでそしること)・誉(かげでほめること)・称(面前でほめること)・譏(面前でそしること)・苦・楽の八。これらは人の心を煽動するから風という(仏地経論巻五)。

**はっぽう-てん　八方天**　八方に位する天部の意で略して八天ともいう。護世八方天とも称する。⇩十二天《じゅうにてん》

**はつらば　鉢羅婆**　(梵)パッラヴァ Pallava の音写。鉢牢とも音写する。三悪王の一。インド西部にあって塔寺を破壊し比丘を殺害したという。〔参考〕阿育王伝六、雑阿含経二五

**はつらやか-こく　鉢邏耶伽国**　(梵)プラヤーガ Prayāga の音写。インド中部の古国。ガンジス河の南、ヤムナー河の北に位置し、現在のアラーハーバード Allāhābād 市にあたる。グプタ王朝以後ハルシャ王(戒日王)の時代まで政治文化の中心として栄えた。七世紀、玄奘が訪れた頃はヒンドゥー教がきわめて隆盛で、仏教伽藍は二カ所、僧徒は少なく小乗を学習していたという。〔参考〕西域記五

**ばつろうび-こく　伐臘毘国**　(梵)ヴァラビー Valabhī(或いはバラビー Balabhī, バラバドラ Balabhadra)の音写。インド西部にあった国。今のカーティアーワール半島の東岸地方。この地方はマウルヤ王朝、サーハ王朝、グプタ王朝の頃にはそれぞれの属領であり、一時は匈奴の支配下にあったが、五世紀後半にヴァラビー王朝(マイトラカ王朝)が興り、最盛期にはインド西部第一の強国となった。この王朝の頃には仏教がさかえ、那爛陀寺(ナーランダー Nālandā)に匹敵する学林があったという。ヴァラビー王朝は八世紀にアラビア人の侵入により衰退し、チャールキヤ朝、プラティハーラ朝、ラーシュトラクータ朝の勃興による圧迫をうけて滅亡した。〔参考〕大唐西域記一一、南海寄帰伝四

**ばつろくかっちょば-こく　跋録羯呫婆国**　(巴)バールカッチャ Bhārukacca (梵)バルカッチャパ Bharukacchapa の音写。婆尭迦車とも音写する。インド西部の海港。現在のバルチ Bharuch にあたる。古来西方に通じる港として栄えたが、七世紀に玄奘が訪れた頃は、土地はやせ草木は少なく、人の気風も酷薄であったという。伽藍十余りがあり、僧徒三〇〇人ほどが大乗・上座部を学習していたという。〔参考〕西域記一一

**はつろら-こく　鉢露羅国**　(梵)ボーローラ Bolora の音写。勃律などとも音写する。インド西北端の山中にあった国。今のバルチスターンおよびギルギット渓谷地方に当たる。玄奘によれば、金銀を産したので豊かであったが住民の性質は荒々しく、僧は戒行がはなはだ乱れていたという。〔参考〕大唐西域記一一

**ハーディ　Hardy**　①Edmund Hardy(1852—1904)ドイツの宗教学者、インド学者。特にパーリ語学者として名高い。著書に Der Buddhismus(仏教1890)、Die vedisch-brahmanische Periode der Religion des alten Indies(古代インドのヴェーダ・ブラーフマナ時代の宗教1893)、König Asoka(アショーカ王1902)などがある。②Robert Spence Hardy(1803—1868)セイロンに滞在したイギリスの宣教師。著書に Eastern monachism(東方の僧院生活1850)、Manual Buddhism, in its modern development(仏教綱要1853)などがある。

**パドマサンバヴァ　Padmasaṃbhava**　(八世紀頃)インドの密教者。チベット仏教ニンマ Rñiṅ-ma 派の祖。チベット名をペマ・ジュンネ Pad-ma ḥbyuṅ-nas といい、

パドマサンバヴァ（三百尊像集）

一般にはグル・リンポチェ Guru rin-po-che(宝師)の尊称で知られる。蓮華生と訳す。インド北部のウッディヤーナ Uḍḍiyāna の出身で、ベンガルでタントラ仏教を学んだ。ティソン・デツェン Khri-sroṅ lde-brtsan 王の招きでチベットに入り、先に入蔵していたシャーンタラクシタ Śāntarakṣita(寂護)をたすけてサムイェー Bsam-yas 寺を建立した。チベットの伝承では、寂護の仏教布教がボン教徒などの反仏教勢力の圧迫により失敗したため、パドマサンバヴァの呪力によってボン教の神々や悪魔を調伏させるために招かれたという。パドマサンバヴァはその期待にこたえてチベットの悪神を呪力で調伏し、寂護とともに仏教普及につとめたが、数々の奇跡を示したためにかえって危険視され、のちにはチベットから追放されたと伝える。後世パドマサンバヴァをめぐる逸話・伝説は数多い。その教義は、普賢法身所説の無上秘密乗を最勝とし、大喜楽禅定と名づける瑜伽観法を説くもので、ニンマ派にとどまらずひろくチベット仏教各派からも尊崇されている。

**はなしゃ-じゅ　波那沙樹**　波那沙は㊵パナサ panasa の音写。大菓と訳す。果樹の名で、ジャック樹とパンの樹との併称。前者を中国では波羅蜜樹《はらみつじゅ》とも称する。ともにクワ科の大木で、果実がとても大きく食用にする。

**はなぞの-せっしん　華園摂信**　(文化五1808―明治一〇1877)真宗興正派興正寺二七世。号は本寂または葵山。大慶喜心院と称する。鷹司政通の子。一一歳で興正寺を継ぎ、明治元年東海鎮撫総督を助け門末と大津に出陣、また他宗派と諸宗同徳会盟を結び護法につとめた。同八年真宗四派の大教院分離運動に対し分離不可論を主張し、翌年西本願寺から独立して興正派をたてた。

**はなだ-りょううん　花田凌雲**　(明治六1873―昭和二七1952)浄土真宗本願寺派の学僧。広島県覚法寺の住職。明治二九年仏教大学(現竜谷大学)講師補、大正三年1914同講師となる。同一三年勧学にすすみ、昭和六年から一四年まで竜谷大学学長。著書、仏教提要、仏教倫理学概論など。

**ばなばし　伐那婆斯**　㊵ヴァナヴァーシン Vanavāsin の音写。森に住むものの意。十六羅漢の一。一四〇〇人の阿羅漢らと共に山中に住し、正法を護り人々を利益したという。その像は多く巌窟内に坐している。

**ばなばし-こく　婆那婆私国**　㊵ヴァナヴァーリ Vanavāsa の音写。インド南部の一地方といわれ、また一説には北方のヒマラヤ山麓にある町で近世のバナヴァーシ Banavāsi に当たるともいわれる。パーリの伝説では、第三結集ののち、ラッキタ Rakkhita 比丘がここで教えをひろめたという。〔参考〕Mahāvaṃsa XII, Samantapāsādikā I, 善見律毘婆沙二

**パーニニ　Pāṇini**　(紀元前五世紀頃)古代インドの文法家。アシュターディヤーイー Aṣṭādhyāyī を著わして梵語文法の諸規則を簡潔にまとめ、梵語文法をはじめて精細に体系化した。かれの文法学はカートヤーヤナ Kātyāyana およびパタンジャリ Patañjali によって大成され、のちのいわゆる文法学派に継承された。いくつかの伝記が伝えられ、玄奘の大唐西域記二にも記述があるが、生地・事績など正確なことは知られない。

**ばふ　波敷**　㊵ヴァーシュパ Vāṣpa ㊁ヴァッパ Vappa の音写。婆沙波とも音写し、涙出と訳す。①仏陀の最初の弟子である五比丘《ごびく》の一人。バラモンの出身〈→五比丘〉。〔参考〕Theragāthā 62, 四分律三二、有部毘奈耶二七　②迦毘羅衛《かびらえ》城(カピラヴァッ

トゥ Kapilavatthu）の釈迦族の人で、もと尼乾子の弟子すなわちジャイナ教徒であったが、目連（モッガラーナ Moggallāna）および仏陀と論議してのち、帰依して優婆塞となった。〔参考〕中阿含経一二

**パーフェクト・リバティーきょうだん　パーフェクト・リバティ教団**　本部、大阪府富田林市新堂。諸教系の新宗教団体。略称、PL教団。大正一三年1924御木徳一が開設した「ひとのみち教団」が前身。昭和二一年1946に徳一の子、徳近がPL（完全な自由）教団として再組織。ひとのみち時代は天照大神信仰の神道色が強く、実利的な生活訓を説いて発展。戦後、徳近の「人生は芸術である」をスローガンに個人・理想主義の生活訓を展開し、西日本を中心に組織が確立。教育事業にも力を注いでいる。

**バーミヤーン**　Bāmiyān　アフガニスターンの北部にある一村。苑陽・望衍・梵衍那・犯引などと音写する。ヒンドゥークシュ山脈の南に沿った峡谷で、バクトラとペシャーワルの中間にあって古来より中央アジアとインドとを結ぶ街道の要点であった。玄奘や慧超らの旅行記によると、七世紀頃には仏教寺院が多数あったという。一九二〇年から約一〇年にわたるフランスのアフガニスタン探検隊によって、三—五世紀頃の遺跡・遺品が発見された。峡谷北側の大岩壁にはガンダーラ様式の五三メートルと三五メートルの大石仏を中心に多くの石窟寺院があり、その壁画はインド・ガンダーラ仏教美術とイラン的な要素の多い中央アジア仏教美術との中間に立つものとして重要視される。〔参考〕大唐西域記六、大慈恩寺三蔵法師伝二、慧超往五天竺国伝

**パーヤーシ**　㊵㊅Pāyāsi　蜱肆と音写し、弊宿、大正句と訳す。はじめ「善悪の報なし」とする邪見をいだいていたが、仏陀の滅後、鳩摩羅迦葉《くまらかしょう》に教化されて在家の信者となる。布施を行じて死後四王天に生まれたという。〔参考〕長阿含経七弊宿経

**はやし-げんみょう　林彦明**　（明治元1868—昭和二〇1945）浄土宗の学僧。号は香誉。字は棋樹《ばいじゅ》、帰堂。知恩寺六九世。滋賀県の人。宗政や教化事業、日中仏教の交流に努めると共に、日本浄土宗史の研究に従事し、また浄土宗伝法秘書の三巻七書に厳密な校訂本を作った。著書、昭和新訂選択集、昭和新訂末代念仏授手印など。

**はらぐち-しんすい　原口針水**　（文化五1808—明治二六1893）浄土真宗本願寺派の僧。肥後光照寺の住持。号は鬱潭。曇竜の門下。文久三年1863の頃長崎の外人宣教師にキリスト教を学び、のち破邪につとめた。明治六年勧学職。著書、今家王法一致論、他経護国文拠など多い。

**はらさい-け　波羅塞戯**　「はらそくげ」とも読む。波羅塞は㊵プラセーナ prasena の音写。兵と訳し、象馬闘ともいう。兵戦を模した一種の遊戯で、わが国の将棋に当たる。

**はらし-こく　波剌斯国**　㊵パールサ Pārsa の音写か。都貨邏《とから》（トカラ）の西にあった国。現在のアフガニスタン東部地方か。玄奘によれば、仏陀の持っていた鉢がこの地に伝えられていたというが、玄奘の訪れた頃は仏教以外の教えが盛んで、わずかの僧徒が説一切有部の教説を奉じていたという。〔参考〕大唐西域記一一

**はらしゃな　波羅遮那**　㊵㊅パターチャーラー Paṭācārā の音写。微妙と訳す。比丘尼。舎衛城の長者の娘として生まれた。父の下男と結婚し他郷で暮らしているうち、一夜に夫と二子を失って心狂い、仏陀の導きを受けて出家した。持律第一と称され、七大比丘尼の一人とされる。〔参考〕Therīgāthā112—116, 119—120, 雑阿含経一一、四分律一二

**はら-たんざん　原坦山**　（文政二1819—明治二五1892）仏教学者。曹洞宗の僧。磐城（現福島県）の人。名は良作。諱は覚仙。号は鶴巣。一五歳で昌平黌（幕府の学問所）に入って儒学を修し、医術も学んだのち栄禅、京璨《きょうさん》などに師事し、仏仙社を創設。安政二年1855永平寺に入り、洛北心性寺から相模最勝寺に移住。明治五年小教正となり、東京帝国大学印度哲学科講師、同二五年曹洞宗管長となる。とくに仏教学の研究に医学・物理・化学などの科学的方法の導入につとめた。著書、大乗起信論両訳勝義、覚仙

証道釈、惑病同源論、仏法実験録、鶴巣集など。〔参考〕坦山和尚全書、近世禅林言行録

**ハラッパー　Harappā**　パキスタンのパンジャーブ地方、インダス河の支流ラヴィ河の流域にあるインダス文明の都市遺跡で、モヘンジョ・ダロと並び称せられる。1921年以降数次にわたって本格的な発掘調査が行われ、この調査およびこれと時を同じくして行われたモヘンジョ・ダロ遺跡の調査によってインダス文明の性格が明らかになった。遺跡は周囲約五・五キロにおよび、城塞と市街地とからなる、舗装道路・下水道なども整備されているほか、各種の道具・印章などが出土している。⇩インダス文明

**はらなし　波羅捺斯**　㊵ヴァーラーナシー　Vārāṇasī（またはバーラーナシー Bārāṇasī）の音写。波羅捺、婆羅痆斯とも音写する。中インド・ガンジス河中流の都市。ガンジス河の左岸に位置し、ヴァールナ Vāruṇa 河（金河。現在のバルナ Barna 河）が市の北東を流れてガンジスに注ぎ、アシー Asī 河の小流が市の南西を流れる。二河にはさまれているところからヴァーラーナシーの名がある。古代のカーシー Kāśī（迦尸）国の首都で、カーシプラ Kāsipura あるいは単にカーシとも呼ばれ、近世ではベナレスの名で知られる。古代より商工業・交通の中心として栄え、シュラーヴァスティー Śrāvastī（舎衛城）、タクシャシラー Takṣaśilā（呾叉始羅）などと交易があった。しンドゥー教徒の最も神聖とする七聖地の一つで、とくに北インドにおけるシヴァ神信仰の中心地である。また仏陀が成道後はじめてこの地の鹿野苑で説法し（初転法輪）、教団を組織したところとしても知られ、その遺跡が郊外のサールナートに残っていて仏教徒の巡礼でにぎわう。七世紀に玄奘が訪れた頃には市街は栄えていたが、住民の多くは仏教以外の教えを奉じて仏教徒は一部であった。しかし伽藍が三十余りあり、僧侶も三千人余りいて、正量部の教えを学んでいたという。一一世紀以降イスラム教徒のためにヒンドゥー教・仏教の遺跡の多くが破壊された。〔参考〕西域記七

**はらはからみたら　波羅頗迦羅蜜多羅**（565—唐の貞観七〈633〉）㊵プラバーカラミトラ Prabhākaramitra の音写。波羅頗蜜多羅、波頗蜜多羅、波頗とも略称し、作明知識・明友・光智と訳す。訳経家。インド中部の摩掲陀国《まかだこく》の人。ナーランダー寺で戒賢に師事する。のち北方に旅行して西面可汗葉護を教化し、さらに東遊して唐の貞観元年長安に達した。太宗および太子の帰依をうけ、大興善寺・勝光寺に住し、宝星陀羅尼経、般若灯論、大乗荘厳経論を訳した。仏教を分類批判して四諦・無相・観行・安養・守護の五教に分けたという（波頗の五教）。〔参考〕宝星陀羅尼経序、般若灯論序、大乗荘厳経論序、弁正論四、続高僧伝三

**パラマールタ　Paramārtha**　⇩真諦《しんだい》

**はらみつ　波羅蜜**　㊵パーラミターpāramitā の音写。波羅蜜多とも書く。到彼岸、度無極《どむごく》、度と訳す。迷いの此岸からさとりの彼岸に到る意味で、通常は菩薩《ぼさつ》がそのために修する行《ぎょう》のこと。①六波羅蜜《ろっぱらみつ》。六度と訳す。大乗の菩薩が実践修行しなくてはならない六種の行で、六度の行といわれる。布施波羅蜜（檀那《だんな》波羅蜜、檀波羅蜜。完全な恵みほどこし）・持戒波羅蜜（尸羅《しら》〔戒と訳す〕波羅蜜。教団の掟〔戒〕を完全に守ること）・忍辱波羅蜜《にんにくはらみつ》（羼提《せんだい》波羅蜜。完全な忍耐）・精進波羅蜜《しょうじんはらみつ》（毘梨耶《びりや》波羅蜜。完全な努力）・禅定波羅蜜《ぜんじょうはらみつ》（禅那〔静慮《じょうりょ》と訳す〕波羅蜜。完全な心の統一）・智慧波羅蜜（般若《はんにゃ》波羅蜜、慧波羅蜜、明度《みょうど》、明度無極。完全な智慧、すなわち、人間的理性を超えた無分別《むふんべつ》の智慧。これは布施が布施波羅蜜となり、乃至、禅定が禅定波羅蜜となる所以のもの。即ち五波羅蜜の根拠となるもので、それゆえに諸仏の母と称される）。②十波羅蜜《じっぱらみつ》。十度と訳し、十勝行《じっしょうぎょう》ともいう。六波羅蜜を得るための助けとなる次の四波羅蜜を六波羅蜜に加えたもの。方便波羅蜜（漚波耶〈㊵ウパーヤ upāya の音写〉波羅蜜。衆生《しゅじょう》を救済するための完全な手段方法）・願波羅蜜（鉢羅尼陀那〈㊵プラニダーナ praṇidhāna の音写〉波羅蜜。さとりの智慧

〔菩提《ぼだい》〕を得て、衆生を救済しようとする勝れた願)・力波羅蜜《りきはらみつ》(波羅〔梵〕バラ bala の音写〕波羅蜜。正しく判断し修行する完全な力)・智波羅蜜(若那〔梵〕ジュニャーナ jñāna の音写〕波羅蜜。さとりのたのしみを受け、また衆生をさとりに導く完全な智慧)。③四波羅蜜とは、常波羅蜜(完全な永遠性)・楽波羅蜜(完全な安穏性)・我波羅蜜《がはらみつ》(完全な主体性)・浄波羅蜜(完全な清純性)の四で、涅槃《ねはん》(さとり)に具わる四つの勝れた特質(四徳)。④密教では、金剛界曼荼羅《まんだら》の大日如来を中心とする金剛波羅蜜(東方)・宝波羅蜜(南方)・法波羅蜜(西方)・業波羅蜜《ごうはらみつ》(北方)の四菩薩を四波羅蜜(菩薩)という。

**ばらもん　婆羅門**　㊵ブラーフマナ brāhmaṇa の音写。浄行《じょうぎょう》、梵行《ぼんぎょう》と訳し、梵志ともいう。インドの社会階級制度即ち四姓《ししょう》の最高に位する婆羅門教の司祭者及び学者の階級。⇩四姓《ししょう》

**バラモン-きょう　バラモン教**　古代インド・アーリヤ人の民族宗教。バラモン教という語は、西欧語ブラフマニズムBrahmanismの訳語で、近代になってからの造語である。明確な教義体系と教団とを具えた宗教ではなく、古代インドの宗教現象全般をさしてバラモン教とよぶ。バラモン教はヴェーダ Vedaを聖典とし、ヴェーダの権威を絶対視する〈⇩ヴェーダ〉。宗教的実践としては、ヴェーダ聖典に規定する各種の祭式の実行を説き、祭式の果報として現世でのさまざまな願望がかなえられ、あるいは死後天界に生まれることができるとした。祭式の重要性は時代を追うごとにます強調されて祭式万能の風潮を生じ、その結果、祭式を執行する司祭階級であるバラモン(ブラーフマナ brāhmaṇa 婆羅門)階級が社会的優越性を獲得するにいたり、バラモン・クシャトリヤ(士族)・ヴァイシュヤ(平民)・シュードラ(奴隷)より成る四姓制度が確立した。宗教思想的には、バラモン教は本来多神教であるが、リグ・ヴェーダ後期あたりから次第に唯一の絶対者を定立しようとする傾向が強まり、ウパニシャッドにおける梵我一如の一元論哲学にいたってその頂点に達した〈⇩ウパニシャッド〉。紀元前六―五世紀ころから仏教・ジャイナ教・六師外道などに代表される非バラモン教的な宗教および思想が輩出するが、これらはいずれもバラモン教の根幹ともいうべきヴェーダの権威とバラモン階級の優越性とを否定するものであった。これに対抗して、バラモンたちはヴェーダの補助学であるヴェーダーンガ Vedāṅgaを確立するなど自らの教学の整備につとめ、この気運の中から紀元前後には六派哲学などのさまざまなバラモン教系哲学体系が成立するにいたった。なお、バラモン教は土着の民間信仰としだいに融合し、紀元五世紀前後にはヒンドゥー教へと変容していった。⇩ヒンドゥー教

**はり　波利**　⇩提謂《だいい》

**ハリヴァルマン　Harivarman**　⇩訶梨跋摩《かりばつま》

**パーリ-ご　パーリ語**　巴利語とも書く。セイロン(現スリランカ)・ビルマ・タイ・カンボジアなどに伝わるいわゆる南方仏教の聖典に使用されている言語。パーリ Pāli とは聖典を意味する。言語学的にはインド・アーリヤン語すなわち一般にプラークリット Prākrit と総称される諸言語の古層の一つで、梵語すなわちサンスクリット Sanskrit

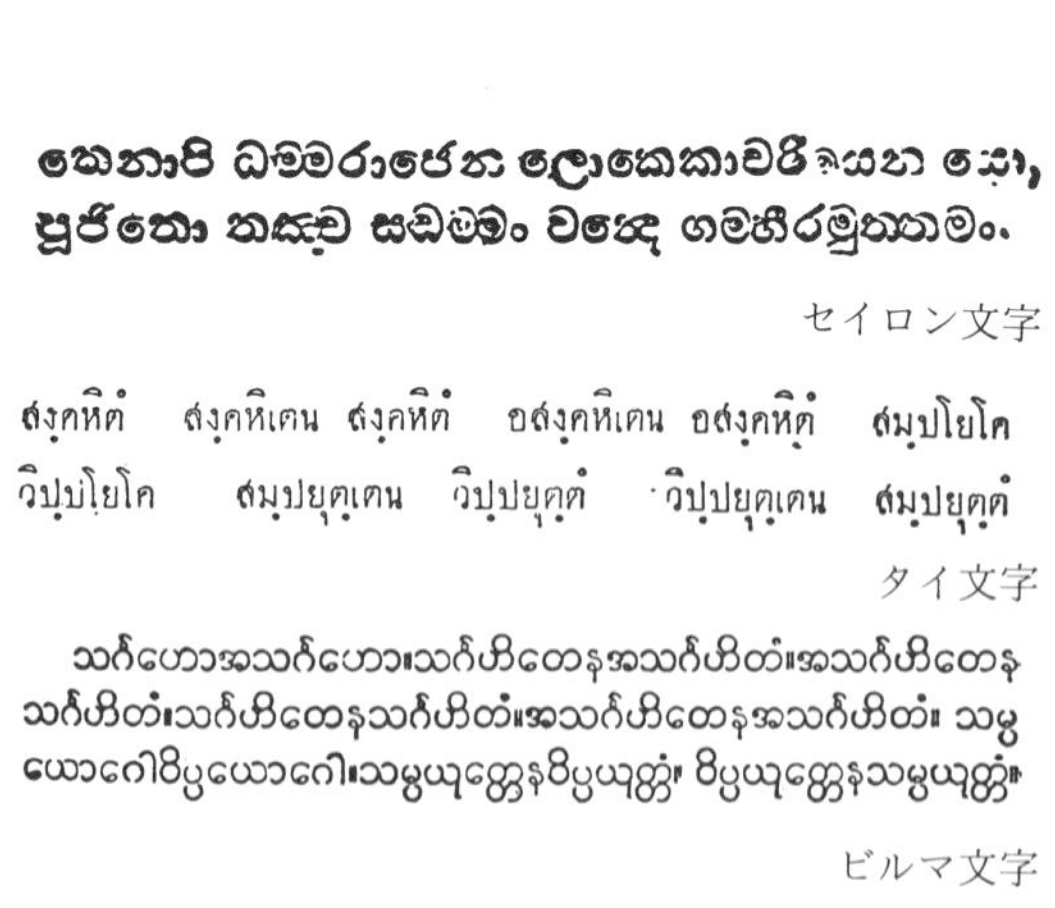

パーリ語を書写する各種の文字

と同じ系統の言語である。パーリ語の起源についてはマガダ語説・コーサラ語説・カリンガ語説・西方インド語説など諸説があって定説をみていないが、ほぼ紀元前三世紀頃には現在伝わる語形の根幹が成立していたものと推定される。原始仏教聖典は上座部の伝承によるものがパーリ語三蔵としてこの言語によってほぼ完全な形で保存されており、一九世紀後半以来英国のパーリ聖典協会 Pali Text Society によって組織的に刊行されている。原始仏教を研究するうえで不可欠の言語である。なおパーリ語は固有の文字を持たず、南方仏教を伝える各国それぞれの文字、すなわちセイロン文字・タイ文字・ビルマ文字・カンボジア文字などによって書かれている。

**ばりしかーじゅ　婆利師迦樹**　婆利師迦は㊵ヴァールシカ vārṣika の音写。婆利師、婆師迦、靺師迦とも書き、雨時生、夏生、夏至、雨と訳す。樹の名。モクセイ科に属し、素馨(ジャスミン)の一種。

**はりしったーじゅ　波利質多樹**　波利質多は㊵パーリジャータ pārijāta の音写。波羅闍多、波利耶多、波利夜多羅とも書き、円生《えんしょう》、香遍、園生と訳す。和名サンゴ樹か。この樹は忉利天《とうりてん》にあるという。

**ハリバドラ　Haribhadra**　①(800頃)インド後期中観派の論師。師子賢と訳す。弥勒(マイトレーヤ Maitreya)の作とされる般若経の綱要書・現観荘厳論頌（アビサマヤ・アランカーラ・カーリカー Abhisamayālaṃkāra-kārikā）に対して二種の註釈書を著わした。その思想的立場については、中観派の思想と瑜伽行唯識派の思想との総合をはかったとする見方がとくにチベットでは一般的で、シャーンタラクシタ Śāntarakṣita（寂護）との類似性も指摘されており、瑜伽行中観派に含められることが多い。②(九世紀頃)ジャイナ教白衣派の学者。商羯羅主（シャンカラスヴァーミン Śaṃkarasvāmin の因明入正理論(ニャーヤ・プラヴェーシャ Nyāya-praveśa)に対する註釈を書き、またシャッダルシャナ・サムッチャヤ Ṣaḍdarśanasamuccaya(六派哲学集。この場合の六派はジャイナ教・仏教・サーンキヤ・ニヤーヤ・ヴァイシェーシカ・ミーマーンサーをさす)を著わした。

**はりょうーすいもうーのーけん　巴陵吹毛剣**　禅宗の公案の一。吹毛剣ともいう。雲門文偃《ぶんえん》の弟子の巴陵顥鑑《こうかん》が一僧に、「吹毛剣とはどんなものか」と問われて、「珊瑚枝枝月を撐著す」と答えた故事で、毛を吹き切るという、古代の名刀に譬えて、一切を切断し尽くした清澄無垢の心境を示したもの。巴陵三転語の一。答語は禅月貫休の詩句で、海水が引き去ったのち、珊瑚の枝の一つ一つが美しい明月を宿して、すみ切っているさまを詠じたもの。〔原文〕碧巌録百則、五灯会元一五

**ハルシャ　Harṣa**　⇩戒日王《かいにちおう》

**バルトリハリ　Bhartṛhari**　（五世紀後半）伐撥呵利《ばちかり》と音写する。インドの文法家。パタンジャリ Patañjali のマハーバーシャ Mahābhāṣya に対する註釈を書き、また言語哲学論書のヴァーキャパディーヤ Vākyapadīya を著わした。同じバルトリハリの著作として、恋愛・処世・離欲の三篇からなる詞華集シャタカ・トラヤム Śataka-trayam があるが、現在では文法家のバルトリハリと詩人のバルトリハリとを同名異人とするのが妥当とみられている。〔参考〕南海寄帰伝四

**バールフトーとう　Bhārhut 塔**　インド中部のアラーハーバード Allahabad にあった廃塔。一八七三年カニンガム A. Cunningham によって発見された。その欄楯《らんじゅん》(塔をとり囲む玉垣)や塔門などにはジャータカや仏伝物語を題材にした多数の浮彫が見られる。シュンガ王朝期の建造という

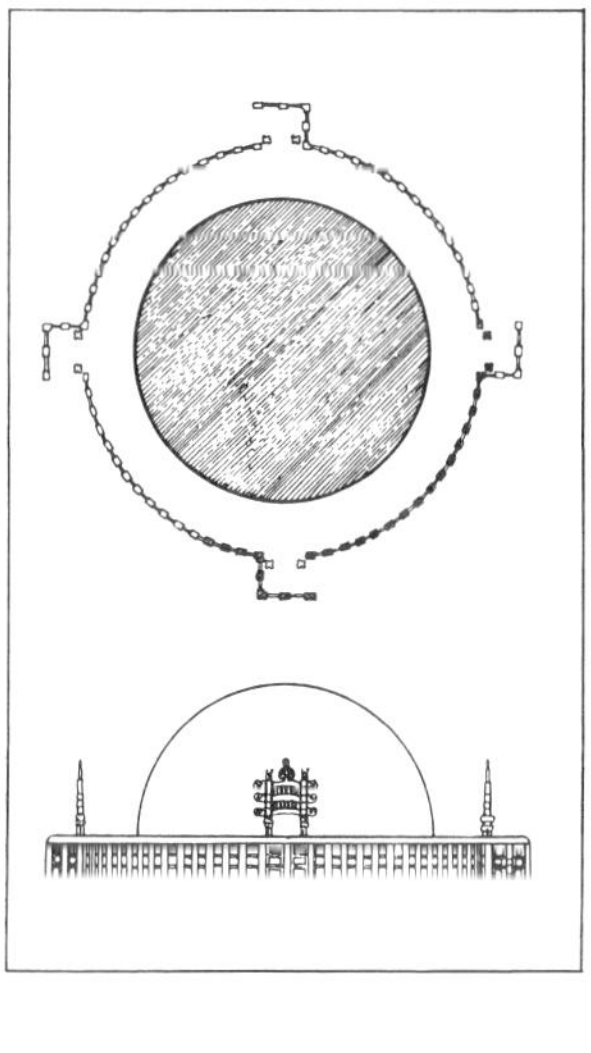
バールフー塔平面図・側面図（カニンガムによる）

銘があり、紀元前二世紀中頃の造営と推定され、仏教美術最古の遺品の一である。欄楯と東門はカルカッタ博物館に移され復原して収蔵されている。

**バワー　Bower, Sir Hamilton**　(1858—　)イギリスの軍人。一八九〇年西域のクチャ(庫車)で樺皮に書かれたきわめて古い梵文写経を発見した。それはのちにヘルンレ A. R. F. Hoernle によって写真版として英訳を付して公刊された(The Bower Manuscripts, 1893—1912)。

**はん　判**〔開〕　あれとこれとくらべあわせて明瞭に区別し比較するのを判といい、差別してみられていたものについて、その差別観をなくすることを開という。

**はん　板**　①版、鈑とも書く。寺院内で一定の場所にかけておき、時刻・集会などを知らせるために打ち鳴らす器具。多くは木製で、板面に「生死事大」などの偈が書かれている。まれには青銅製のものもある。その形によって雲板・魚板などの名がある。②禅宗の寺で僧堂の中に設けられた大衆の牀座をも板という。僧堂の大小により四板・六板・十二板などの区別があり、その位置により、前板・後板・出入板・首座板《しゅそばん》(東北牀)・西堂板《せいどうばん》(東南牀)・後堂板《ごどうばん》(西北牀)・立僧板《りっそうばん》(西南牀)などの名がある〈⇩僧堂《そうどう》〉。③坐禅の時、つかれをやすめるためうしろによりかかる板を禅板《ぜんぱん》または倚板《いはん》という。

**ばん　幡**　⇩幢《どう》

**ハーン　Hearn, Lafcadio**　(1850—1904)日本名は小泉八雲。ギリシア駐屯の英軍軍医とギリシア婦人の間に生まれた。英国で教育をうけ、米国に渡ってジャーナリストとなり、仏領西インド諸島で七年間を過ごし、明治二三年1890日本に来た。松江中学の教師となり、日本に帰化した。第五高等学校、東京帝国大学、早稲田大学などで英文学を講じ、日本の風俗や文化を海外に紹介した。仏教に関する著書には Gleanings from Buddhafield などがある。

**ばんあかい-ひじ　𑖪𑖽𑖀界秘事**　一巻。覚鑁(1095—1143)の著。成立年不詳。𑖪𑖽は金剛界大日如来、𑖀は胎蔵界大日如来の種子《しゅじ》である。即ち金胎両部の秘密理法を対比して詳しく説明したもの。興教大師全集上

**ばんあ-じ　鑁阿寺**　⇩ばんなじ

**はんえん　攀縁**　㊵アーランバナ ālambana の訳。心が対象によりかかってはたらきを起こすことで、煩悩《ぼんのう》や妄想の始元であり根本であるとされる。

**はんおん-しょう　反音鈔**　一巻。詳しくは阿娑縛抄反音鈔という。阿娑縛抄第七に抄録。撰者・成立年不詳。声字実相の極理は即身頓覚の軌範であって諸仏出化の本懐は真実の義を述べるにあるとして、声宗反音の義を説く台密所伝の悉曇五音の要義を伝えたもの。仏全四一

**はんかい　範海**　生没年不詳。幕末の天台宗の僧。竜王院純海に師事し、江戸寛永寺凌雲院に住して大僧正に昇った。幕末の江戸上野彰義隊戦争に際し、一山の僧徒は彰義隊に味方したものとして帰山を許されなかったが、明治元年1868大総督府に請い輪王寺宮門主を迎えて復学した。

**はんきゅう-じ　斑鳩寺**　①⇩法隆寺《ほうりゅうじ》　②兵庫県揖保郡太子町鵤。天台宗。鵤寺《いかるがでら》ともいい、太子寺と俗称。推古天皇一四年606聖徳太子の創建と伝えるが、当地域は古くから法隆寺の寺領(播磨国水田)があり、その管理のための別院として設けられたものであろう。天文一〇年1541兵火に焼け、弘治年間1555—58僧昌仙が再興、現宗に属した。以後豊臣・池田諸氏の庇護を受けた。〔重文〕塔婆(三重塔)、紺紙金泥釈迦三尊十六羅漢像、絹本著色聖徳太子勝鬘経講讃図、木造釈迦如来坐像、同薬師如来坐像、同如意輪観音坐像、同日光月光菩薩立像、同十二神将立像(八軀)〔参考〕斑鳩寺雑記

**ばんけい　盤珪**　(元和八1622—元禄六1693)臨済宗の僧。播磨揖西郡浜田の人。諱は永琢。赤穂随鷗寺の雲甫全祥について得度し、了堂・愚堂などに学び、長崎崇福寺で道者超元に参じた。美濃日立に王竜庵を結び、また伊予大洲如法寺・江戸光林寺・備前三友寺などを開創。寛文元年1661播磨浜田に開創した竜門寺は盤珪派の本寺となり、彼はここで不生禅を提唱した。同九年勅により妙心寺に住した。元禄三年仏智弘済禅

師、正眼国師の号を賜った。著書、仮名法語二巻、語録一巻など。〔参考〕盤珪和尚行業記、盤珪禅師語録(岩波文庫)、続日本高僧伝五

**ばんこく　盤谷**　(嘉泰二1202?―咸淳八1272)南宋代末期の僧。号は麗水。海塩(浙江省)の人。杭州(同省)慧因寺に華厳を講じ浄土を説く。遊山を好み詩文をよくし、游山詩集三巻があった。〔参考〕明高僧伝一、続稽古略一

**ばんざん-さんがい-むほう　盤山三界無法**　禅宗の公案の一。馬祖道一の弟子の盤山宝積《ほうしゃく》の説法の一つで「三界無法、何処にか心を求めん」といい、三界唯心の当相を示したもの。〔原文〕碧巌録三七則、祖堂集一五、景徳伝灯録七

**はんじ-きょう　半字教〔満字教〕**　仏教を二大別して半満二教とする。大小二乗というのにほぼ同じ。もと北本涅槃経巻五、同巻八にある譬喩に基づく語で、中国ではこれを教相判釈《きょうそうはんじゃく》に用いた。即ち涅槃経には、子弟の教育にあたり、まず半字を教えて後に満字を教えるように、仏はまず小乗の九部経を説いてのちに大乗方等経典を説くとあり、半字・満字の意味については種々の解釈があるが、字体について字母を半字、字母によって構成された成語を満字とし、あらわす意味について世間のことを説き煩悩を生じさせるのを半字、出世間のことを説き善を生じさせるのを満字とする。また教判としては、北涼の曇無讖《どんむしん》や隋の慧遠《えおん》が小乗声聞蔵《しょうもんぞう》を半字教、大乗菩薩蔵《ぼさつぞう》を満字教としたと伝え(或いは北魏の菩提流支《ぼだいるし》の説であるともいう)、また智顗《ちぎ》や窺基《きき》は半満二教を大小二乗の意とした。その他、この二教を漸教《ぜんぎょう》と頓教《とんぎょう》とに配する説もある。なお、すべての仏教は半満二教、権実二教《ごんじつにきょう》(仮の教えと真実の教え)におさまるから、全仏教を半満権実と総称することがある。

**はんしゃ-うしつ-え　般遮于瑟会**　㈵パンチャ・ヴァールシカ Pañca-vārṣika の音写。五年大会、無遮大会《むしゃだいえ》、五年功徳会ともいう。五年に一度国王が自ら施主となって賢聖・道俗・貴賤・上下を区別することなくすべての人に解放して財法二施がなされる大会で、比丘衆と国内の孤独者を集めて供養する法会。インド・西域地方で行われ、多くは春季がえらばれ、長い時には三カ月におよんだという。中国では梁の武帝が大通元年527同泰寺で行ったのが著名で、日本では推古天皇四年596一月法興寺の落慶の時に行われた。〔参考〕大唐西域記一・五、阿毘曇毘婆沙論一四、阿育王経五、法顕伝〈竭叉国〉、広弘明集、梁書〈武帝記〉

**はんじゃら-こく　般闍羅国**　㈵パンチャーラ Pañcāla の音写。般遮羅、半闍とも音写する。古代インドの種族名または国名。仏陀時代の一六大国の一つで、ローヒルカンドおよびドアーブ地方にあたる。その西方のクル Kuru 族とともにクル・パンチャーラと併称される。紀元前後の頃に南北に分裂し、南はカーンピルヤ Kāmpilya, 北はアヒッチャットラ Ahicchattra に都した。パンチャーラ王の名はジャータカやアヴァダーナなどに見える。またウパニシャッドの思想家の一人で五火二道説を説いたプラヴァーハナ Pravāhaṇa 王は、この国の王とされている。

**はんじゅ　般舟**　㈵プラティウトパンナ・ブッダ・サンムカ・アヴァスティタ pratyutpanna-buddha-saṃmukhāva-sthita の音略。現在仏在前立と訳し、仏立、常行という。それを修めることによって現在の一切の諸仏があらわれる(現前する)三昧《さんまい》を般舟三昧という。天台宗では常行三昧《じょうぎょうざんまい》と称する。

**ばんしゅう-もんどう　播州問答**　二巻。一遍(1239―89)が説き、持阿(　―1323)が筆記したという。成立年不詳。一遍が播州へ遊行した際の持阿との問答と伝えるが、内容からみて一遍上人語録によったものと考えられる。聖道二門の分別、安心・起行・作業の相、一念十念の往生、念仏諸行の来迎・不来迎など三二条の問答で一宗の要義をよくあらわしている。高僧名著全集一八、定本時宗宗典上　〔刊本〕貞享五1688刊　〔註釈〕量光・廓竜・領解鈔一二巻、賞山・私考鈔五巻

**はんじゅ-さん　般舟讃**　一巻。詳しくは依観経等明般舟三昧行道往生讃という。善導の著。観経、阿弥陀経、無量寿経、般

舟三昧経により、願生浄土の実践法として般舟三昧行道の法を明らかにしたもの。般舟三昧(pratyutpannasamādhi)は七日から九〇日の間つねに仏のまわりを歩きめぐって現在にまのあたりに諸仏を見る三昧である。この常行の法を加えて、念仏三昧、特に弥陀本願口称の念仏を勧め、この三昧を修するとき口業讃嘆すべき浄土の依正二報の讃偈、七言三七篇二八一行半を列ねている。日本へは承和六年839に円行が将来したが、広く流布するようになったのは法然没後の建保五年1217に発見された以後のことといわれる。発見者については建保五年に禅林寺静遍が宝金剛院の経蔵から発見したとする説(良栄・般舟讃私記見聞)、同年西山証空が仁和寺の経蔵から発見したとする説(本朝高僧伝一四)がある。㊅四七、浄全四、真宗聖教全書一 〔註釈〕証空・要義釈観門義鈔七巻、良忠・私記一巻、僧叡・懐愧録四巻など

**はんじゅ-ざんまい-いん 般舟三昧院** 京都市上京区今出川通千本東入般舟院前町。指月山と号し、天台宗。般舟院ともいう。もと伏見にあり、文明一一年1479建立の地引事始め、同一八年上棟。二尊院一三代善空慧篤が開山。後土御門天皇は善空より受戒し、当寺は勅願寺となる。以来、泉涌寺《せんにゅうじ》と並び歴代天皇の尊牌を安置し皇室の帰依をうける。住持は歴代二尊院住持と兼帯。文禄四年1595豊臣秀吉の伏見築城の時、現地に移転した。〔重文〕木造不動明王坐像、同阿弥陀如来坐像 〔参考〕御湯殿上日記、洛陽般舟三昧院記(群書一六)、雍州府志四

**はんじゅ-ざんまい-きょう 般舟三昧経** 三巻。十方現在仏悉在前定立経ともいう。後漢の支婁迦讖の訳(光和二179)。賢護菩薩の請にこたえて仏陀が説法する形式で、般舟三昧を得ることによって、十方の仏が眼前に立つのを見ることができると説く。漢訳は七訳あったと伝えるが、現存するのは支婁迦讖の三巻本のほか、訳者不詳の抜被菩薩経(一巻)、支婁迦讖の訳と伝えるが実際には訳者不詳の般舟三昧経(一巻)、隋の闍那崛多の訳の大方等大集経賢護分(五巻)の計四本である。梵本原本は散逸して伝わらないが、東トルキスタンから出土した若干の写本断簡がある。チベット訳があり、梵語原題がプラスティウトパンナ・ブッダ・サンムカ・アヴァスティタ・サマーディ・スートラ Pratyutpanna-buddha-saṃmukhāvasthita-samādhi-sūtra であったことが知られる。般舟はプラティウトパンナの音写の略である。大乗経典の中で最も初期に成立した経典の一つで、紀元前一世紀から紀元後一世紀にかけての頃に成立したものとみられる。経典中に阿弥陀仏を念じてこれを見ることが説かれており、阿弥陀仏を説く最古の経典として注目され、浄土経典の先駆とされる。隋の智顗《ちぎ》は摩訶止観の巻二上に四種三昧を説くなかでこの経によって常行三昧を説いた。また唐の善導は般舟讃をつくり、以来慧日・承遠・法照などの浄土教の諸家がこの教によって修行見仏することを説いた。㊅一三、国一大集部四

**はんしゅん 範俊** (長暦二1038—天永三1112)真言宗の僧。大和の人。興福寺威儀師仁盛の子。世に鳥羽僧正(覚猷《かくゆう》とは別人)、後小野僧正という。叔父の京都小野の曼荼羅寺成尊について得度し、やがて伝法灌頂を受けて正嫡となる。承暦二年1078同門の義範に代って曼荼羅寺を管し、ついで興福寺権別当、東寺一長者となり法務を兼ねる。権僧正にのぼり、覚法法親王に秘法を伝えた。〔参考〕元亨釈書一〇・二六、本朝高僧伝五〇

**はんしょう-きりゃく 反正紀略** 一三巻。超然の撰(嘉永三1850)。浄土真宗本願寺派の宗義安心に関する論争、三業惑乱の始末を詳述した書。天保一三年1842以来、讃岐西光寺等観の白狐通、摂津片山村照儀坊玄諄の日次記・巻舒自在、新義徒の享和癸亥の変を録する冊子などを材料として、私評加筆など再三の訂正を経て完成した。真全七一

**ばんしょう-じ 万松寺** 愛知県名古屋市中区大須。亀岳山と号し、曹洞宗。天文九年1540織田信秀が名古屋村に叔父大雲永瑞を開山として創建。慶長一五年1610現在地へ移る。一時衰微したが、元文年間1736—41百津吾拙により再興された。

**ばんじん-もんどうき　番神問答記**　一巻。明応六年1497吉田兼倶が京都の本国寺・妙顕寺・八品派妙蓮寺に書を寄せて、日蓮宗三十番神勧請の義を問い、妙顕寺の日芳がこれを解釈して反答した。その問答を集めたもの。〔刊本〕承応二1653刊、万治三1660刊

**ばんずいい　幡随意**　(天文一一1542—元和元1615)浄土宗の僧。字は白道、号は演蓮社智誉向阿。相模藤沢の人。鎌倉光明寺の法誉智聡・奉誉聖伝や川越蓮馨寺の感誉存貞などについて浄土宗を究め、京都知恩寺三三世を嗣いだ。また江戸神田幡随院をはじめ、館林善導寺・山田入門寺・日向延岡白道寺・和歌山万松寺などの開山となる。また徳川家康の命を受けて九州の切支丹の説服に努力した。〔参考〕続日本高僧伝一一、幡随意上人伝、幡随意上人諸国行化伝、幡随意上人行状(浄全一七)

**ばんずい-いん　幡随院**　東京都小金井市前原町。浄土宗系の単立寺院。慶長八年1603京都知恩寺の幡随意白道が徳川家康に迎えられ、神田駿河台に神田山幡随院新知恩寺と号して開創。浄土宗関東十八檀林の一。のち下谷湯島天神坂下に移り、万治二年1659浅草神吉町に移った。明和年間1764—72、関通の援助を得て寺門を修営したが、のち再三火災にかかる。昭和七年1932現在地に移る。〔参考〕幡随意上人行状(浄全一七)、下谷幡随院志(浄全二〇)

**ばんそう　伴僧**　①番僧とも書き、助修ともいう。修法《しゅほう》などの際に導師に随伴して勤修する僧をいう。②真宗では住職の読経法務などの手助けをする僧をいう(役僧ともいう)。

**はんそう-ぼう　半僧坊**　⇩方広寺《ほうこうじ》②

**はんそく-おう　斑足王**　(巴)カンマーサパーダ Kammāsapāda (梵)カルマーシャパーダ Kalmāṣapāda の訳。却磨沙波陀と音写し、駮足王とも訳す。本生譚に出てくる伝説上の王。足に斑があったのでこの名がある。仙人の呪いを受けて人間の肉を食べる羅刹《らせつ》となって多くの人肉を食ったが、一千人目の須陀素弥王《しゅだそみおう》(シュルタソーマ Śrutasoma)から教誡をうけて悔悟した。斑足王は央掘魔羅《おうくつまら》(アングリマーラ Aṅgulimāla)の前身、須陀素弥王は仏陀の前身という。この説話は仏教以外のインド説話にもひろく流布している。またアジャンター、ボロブドゥルなどの壁画に彫出されており、日本にも流伝された。〔参考〕賢愚経一一、六度集経四

**ばんだい-ききょう-ろく　万代亀鏡録**　一〇巻。日蓮宗不受不施派の祖日奥(1565—1630)の著述を集録したもの。法華宗奏状附禁中奏聞由来一巻、法華宗諫状一巻、一箇条尊答一巻、諫暁神明記一巻、断悪生善二巻、円珠真偽決二巻、御縁起一巻、守護正義論一巻、御難記一巻、宗義制法論三巻、禁断謗施論一巻、門流清濁決疑集一巻、奥聖鑑抜萃一巻などを八巻に収め、一巻は付録。〔刊本〕明治二三1891刊

**はんたか　半託迦**　(梵)(巴)パンタカ Panthaka の音写。①十六羅漢の一。一三〇〇人の阿羅漢とともに三十一天に住し、正法を護持するという。②莫訶半託迦の略。(梵)(巴)マハーパンタカ Mahāpanthaka の音写。①はこれが十六羅漢にとり入れられたものとも考えられる。⇩摩訶槃陀《まかはんだ》

**パンチェン・ラマ　Paṇ-chen Bla-ma**　⇩ラマ　⇩ラマ教

**はんちゃか　半択迦**　(梵)パンダカ paṇḍaka 或いはカンダーカ kaṇḍāka の音写。般荼迦とも書き、黄門《おうもん》、不男《ふなん》と訳す。男根の満足でない者のこと。広義の黄門(パンダカ paṇḍaka)を分類して扇搋《せんだ》((梵)シャンダ ṣaṇḍha 男根を全く欠いているもの)と半択迦((梵)カンダーカ kaṇḍāka 男根はあるが不完全なもの。狭義の黄門)との二種とし、また前者を先天的なもの(本性《ほんしょう》)と後天的なもの(損壊《そんえ》)とに分け、後者を嫉妬・半月《はんがつ》・灌灑《かんしゃ》の三種に分ける。これは半択迦を生《しょう》(先天的根欠)・半月(半月間不能)・妬(嫉妬によらなくしは不能)・精《しょう》(婬を行うときに当たって不能)・病(後天的根欠)の五種に分けて五種不能男《ごしゅふのうなん》(五種不男、五種黄門)と称するものにあたる。半択迦は扇搋、二形生《にぎょうしょう》と共に出家、受戒することを許されない。

**はんどう-じ　飯道寺**　滋賀県甲賀市水

口町三大寺。遐齢《かれい》山(餉山)または金寄山と号し、天台宗。和銅七年714斎宮介《いつきのすけ》が飯道山に熊野権現を勧請、飯道《いいみち》権現として祀った。天平一五年743奈良興福寺の僧安皎《あんこう》が勅命によって同山に登り、伽藍を造立して飯道権現の別当寺としたのに始まるという。はじめ法相宗であったが、飯道山を行場とする修験を管する寺院として発展した。当寺岩本坊・梅本坊が醍醐寺聖宝に従って大和大峯山に入峰修行をして以降、両坊は当山派の入峰の際、即身成仏を印可する正灌頂の阿闍梨をつとめる正大先達職寺院となり、江戸時代には「十二箇院先達」と称された。天正五年1577織田信長が大和信貴山城主松永久秀を攻略する時当寺衆徒は信長に加勢、その功によって信長の念持仏弁才天が下賜され、山内金剛院に安置された。〔重文〕木造阿弥陀如来坐像、同十一面観音立像、同地蔵菩薩立像 〔参考〕近江国輿地志略四九

**ばんなーじ　鑁阿寺**　栃木県足利市家富町。金剛山仁王院法華坊と号し、真言宗大日派の本山。俗に大日堂、堀内大御堂とも呼ばれる。建久七年1196城主足利義康の子義兼(のち法華坊鑁阿と号す)の創建。中世を通じ足利氏一族をはじめ、花園天皇・後光厳天皇などの崇敬をうけた。天正一八年1590豊臣秀吉に寺領を没収されたが、のち徳川氏によって再興された。北関東随一の名刹。また寺域東南には中世唯一の学校施設であった足利学校の跡地がある。〔重文〕本堂、鐘楼、紙本墨書仮名法華経ほか 〔参考〕鑁阿寺文書(重文)、足利鑁阿寺縁起(仏全一二〇)、鑁阿寺小史

**はんにゃ　般若**　㊵プラジュニャー prajñā の音写。波若、般羅若、鉢剌若とも書き、慧、智慧、明《みょう》、黠慧《かつえ》と訳す。すべての事物や道理を明らかに見抜く深い智慧のこと。菩薩《ぼさつ》がさとり(彼岸)に到達するために修める六種の行、即ち六波羅蜜《ろっぱらみつ》の中で、般若波羅蜜《はんにゃはらみつ》(智慧波羅蜜)は諸仏の母と称され、他の五波羅蜜を成り立たせる根拠として最も重要な位置を占める。①般若を二種に分ける。(イ)共般若《ぐはんにゃ》(声聞《しょうもん》・縁覚《えんがく》・菩薩《ぼさつ》のために共通して説かれた般若)と不共般若《ふぐうはんにゃ》(ただ菩薩のみのために説かれた般若)。(ロ)実相般若《じっそうはんにゃ》(般若の智慧によって観照された対境としての一切法の真実絶対のすがた。これは般若ではないが、般若を起こす根源であるから般若と呼ぶ)と観照般若(一切法の真実絶対のすがた〔実相〕を観照して知りぬく智慧)。(ハ)世間般若(世俗的相対的な般若)と出世間般若(超世俗的絶対的な般若)。②実相般若と観照般若との二に方便般若《ほうべんはんにゃ》(推理判断をはたらかせて諸法の差別を了解する相対智)を加え、或いは文字般若《もんじはんにゃ》(実相・観照の般若を内包する般若の諸経典)を加えて三般若《さんぱんにゃ》といい、この実相・観照・文字の三般若に境界般若《きょうがいはんにゃ》(般若の智慧の対象としての客観の一切諸法)・眷属般若《けんぞくはんにゃ》(諸法の実相を知る観照智としての般若に随伴してこれを助ける六波羅蜜などの諸種の修行)の二を加えて五種般若と称する。⇩慧《え》

**はんにゃ　般若**　(734—　)㊵プラジュニャー Prajñā の音写、般剌若とも称し、智慧と訳す。唐代の訳経家。北インド迦畢試《かひつし》国の人。調伏軍から小乗を学び、那爛陀寺《ならんだじ》で智護・進友・智友について唯識などの諸論や五明を究め、双林八塔を巡歴して、烏茶王寺《うだおうじ》で法称から密灌を受けた。のち南海諸国を経て唐に渡航し、建中二年781広州に達した。翌年長安に入り、西明寺で訳経に従事したが、貞元六年790迦湿弥羅《かしみら》国に使した。同八年長安に帰り、五台山を巡礼してのち、烏茶国王が献じた普賢行願品を崇福寺で訳出した(いわゆる四十華厳である)。訳出した経典には、右のほか六波羅蜜経、心地観経、般若心経などがある。〔参考〕六波羅蜜経序、心地観経序、普賢行願品後記、宋高僧伝二、仏祖統紀四一、仏祖歴代通載一九

**はんにゃーいん　般若院**　静岡県熱海市伊豆山。走湯山と号し、高野山真言宗。もと密厳院東明寺と呼んだ伊豆山神社の別当寺。創建年代は不詳であるが、空海が留錫し、桓舜が中興したと伝える。本社伊豆山神社は伊豆山権現・走湯《そうとうはしりゆ》権現と呼ばれ、源頼朝、北条政子が崇敬し、以後、歴代の鎌倉将軍家は箱根神社と共に毎年奉幣、参詣した。これを二所詣りと称した。また北条氏、足利氏の信仰も厚く、特に北条氏綱

は天文一〇年1541走湯山法度を定めた。徳川家康も朱印地三〇〇石を寄せ、江戸時代は関八州真言宗古義派の取締触頭となった。明治初期に伊豆山権現から分離した。〔重文〕木造伊豆山権現立像 〔参考〕走湯山縁起、吾妻鏡、太平記、東海道名所図会五

**はんにゃ-きょう 般若経** ①般若経典。般若波羅蜜《はんにゃはらみつ》(梵)プラジュニャー・パーラミター)の理論と実践とを説く諸経典の総称。般若とは分別をはなれてものごとを全体的・直観的に把握するさとりの智慧で、この智慧によってあらゆる事物は空・不可得である(すなわち固定的な本質あるいは実体をもたない)とものごとのありのままのあり方(真如《しんにょ》・実相《じっそう》・法性《ほっしょう》)を観察し、何ものにも執着せずに利他行を実践すべきことを説くのが各種の般若経典を一貫する主題である。般若経は大乗経典の中で最初に成立した経典と推定されており、大乗思想をはじめて明確に宣言し、その後の大乗仏教の発展の出発点となった経典として、そのもつ意義はきわめて大きい。とくに般若経の空思想はのちの竜樹(ナーガールジュナ Nāgārjuna)にはじまる中観思想の先駆として重要である。般若経典の最初の成立は紀元前一世紀頃と推定され、その後数世紀にわたって各種の般若経が次々と製作され、次第に増広されていったものと思われる。これらの般若経典類を集大成したものが玄奘訳の大般若経〈⇩④〉である。梵本も数種が現存しており、分量に応じて十万頌般若、二万五千頌般若、八千頌般若などと呼ぶ。また金剛般若経・理趣経・般若心経の原本も現存し、これらの中では八千頌般若および金剛般若経が最も古い時期の成立と見られている。チベット訳にも各種がある。漢訳には前述の大般若経のほか、大品般若経〈⇩②〉・小品般若経〈⇩③〉・金剛般若経・理趣経・般若心経などが著名である。また中国撰述の可能性が強いとみられる仁王般若経も漢訳では般若経典に含まれる〈⇩般若心経《はんにゃしんぎょう》 ⇩仁王経《にんのうぎょう》 ⇩理趣経《りしゅきょう》〉。②大品般若経。二七巻。後秦の鳩摩羅什の訳。詳しくは摩訶般若波羅蜜経という。二七巻。後秦の鳩摩羅什の訳(弘始六404)。異訳に西晋の無叉羅の訳(永平元291)の放光般若波羅蜜経(二〇巻)および西晋の竺法護の訳(太康七286)の光讃般若波羅蜜経(一〇巻)がある。玄奘訳大般若経の第二会に相当し、同経第三会もこの系統に属すると見られる。梵語原本は二万五千頌般若(パンチャヴィンシャティサーハスリカー・プラジュニャー・パーラミター Pañcaviṃśatisāhasrikā Prajñāpāramitā)といい、その一部がダット N. Dutt によって刊行されている(1934)。ナベット訳もある。竜樹に帰せられる大智度論および弥勒《みろく》(マイトレーヤ Maitreya)の現観荘厳論頌(アビサマヤ・アランカーラ・カーリカー Abhisamayālaṃkāra-kārikā)はこれに対する註釈書とされる。中国の註釈には吉蔵の大品経義疏(一〇巻)および大品経遊意(一巻)がある。(大)八 ③小品般若経。詳しくは小品般若波羅蜜経という。一〇巻。後秦の鳩摩羅什の訳(弘始一〇408)。異訳に後漢の支婁迦讖の訳(179)の道行般若経(一〇巻)、三国呉の支謙の訳(黄武年間222—29)の大明度経(六巻)、西晋の竺法護の訳(265—72)の摩訶般若波羅蜜鈔経(五巻)、北宋の施護の訳(太平興国七982)の仏母出生三法蔵般若波羅蜜多経(二五巻)がある。玄奘訳大般若経の第四会に相当し、同第五会もこの系統とみられる。梵本の八千頌般若(アシュタサーハスリカー・プラジュニャー・パーラミター Aṣṭasāhasrikā Prajñāpāramitā)にあたり、チベット訳もある。梵語原本はミトラ R. Mitra (1884)および荻原雲来(1932)らによって刊行されている。八千頌般若は大品般若経すなわち二万五千頌般若の先行経典とみられ、八千頌般若を増広して二万五千頌般若が成立したとする見方が有力である。二万五千頌般若と比べて八千頌般若が約一〇〇年早く中国に伝わっているという事実もこの見方を支持する。この小品般若経は大品般若経および大般若経の影にかくれて中国・日本ではあまり重視されなかったか、中国の道安(312—35)や支道林(314—66)によって研究されていたことが出三蔵記集によって知られる。インドではこれにもとづき大域竜(ディグナーガ Dignāga 陳那)の仏母般若波羅

蜜多円集要義論(一巻)および三宝尊の仏母般若波羅蜜多円集要義釈論(四巻)が作られ、ともに北宋の施護らの訳で伝わり、前者には梵本も現存する。また八千頌般若の要旨を偈の形でまとめ、華厳経の十地と対応させたラトナ・グナ・サンチャヤ・ガーター Ratna-guṇa-saṃcaya-gāthā があり、北宋の法賢により仏母宝徳蔵般若波羅蜜蔵般若波羅蜜経(三巻)として漢訳されている。㊅八 ④大般若経。詳しくは大般若波羅蜜多経という。六〇〇巻。唐の玄奘の訳(顕慶五660—竜朔三663)。般若部に属する諸経典を集大成した経典で、諸種の般若経典のほとんどすべてを網羅しており、一六種の経典を一六会として収録する。一六会のそれぞれは以下の通りである。(1)初会(巻一—四〇〇)。梵文十万頌般若に相当し、チベット訳もある。梵本は一部がゴーシャ P. Ghosa によって刊行されている(1902—14)。(2)第二会(巻四〇一—四七八)。羅什訳の大品般若経〈⇩②〉に相当する。(3)第三会(巻四七九—五三七)。梵本の一万八千頌般若に相当し、チベット訳もある。大品般若経の系統とみられる。(4)第四会(巻五三八—五五五)。羅什訳の小品般若経〈⇩③〉に相当する。(5)第五会(巻五五六—五六五)。梵本は四千頌であったと開元録などに伝える。小品般若経の系統に蔵する。(6)第六会(巻五六六—五七三)。異訳に陳の月婆首那の訳(天嘉六565)の勝天王般若波羅蜜経(七巻)がある。梵本は四〇〇頌と伝える。チベット訳がある。(7)第七会曼殊室利分(巻五七四—五七五)。異訳に梁の曼陀羅仙の訳(天監五506)の文殊師利所説摩訶般若波羅蜜経(二巻。大宝積経第四六会文殊説般若会も同じ)および梁の僧伽婆羅の訳(普通元520)の文殊師利所説般若波羅蜜経(一巻)がある。梵文の七百頌般若に相当し、チベット訳もある。梵本はトゥッチ G. Tucci によって刊行されている。(8)第八会那伽室利分(巻五七六)。異訳に劉宋の翔公の訳の仏説濡首菩薩無上清浄分衛経(二巻)がある。梵本は四〇〇頌と伝える。(9)第九会能断金剛分(巻五七七)〈⇩金剛般若経〉(10)第一〇会般若理趣分(巻五七八)〈⇩理趣経〉。(11)第一一会布施波羅蜜多分(巻五七九—五八三)。(12)第一二会戒波羅蜜多分(巻五八四—五八八)。(13)第一三会忍波羅蜜多分(巻五八九)。(14)第一四会勤波羅蜜多分(巻五九〇)。(15)第一五会静慮波羅蜜多分(巻五九一—五九二)。以上の(11)—(15)についてはこれを合わせて一本としたチベット語訳がある。開元録などでは梵本を(11)二千頌、(12)二千頌、(13)四〇〇頌、(15)八〇〇頌と伝える。(16)般若波羅蜜多分(巻五九三—六〇〇)。梵本の二千五百頌般若に相当し、チベット訳もある。以上の一六会のうち、第一—五会は、分量は異なるものの、叙述の順序や章の立て方に明らかな平行関係が認められ、一群をなしていて第六会以下と区別される。また初会ならびに第一一会以下は、玄奘が新たに将来したものである。大般若経に対する註疏類は、中国・日本を通じてほとんど見られない。なお日本では、鎮護国家・除災招福のために般若経を転読あるいは真読する慣例があり、今日も真言宗や禅宗などでは恒例として大般若会が行われる。㊅五—七、国一般若部

**はんにゃ-じ 般若寺** 奈良市般若寺町。法性山と号し、真言律宗。舒明天皇元年629高句麗僧慧灌の創建とか、白雉五年654蘇我日向臣が孝徳天皇の病気平癒を祈って創建したなど創建伝承に諸説がある。寛平七年895頃、醍醐寺聖宝の弟子観賢によって中興され、隆盛した。治承四年1180平重衡の南都攻めの兵火にかかったが、建久六年1195再建された。さらに正嘉年間1257—59にも火災にあったが、西大寺の叡尊・忍性によって再建され、この時、現宗派となった。その後も火災にあったが叡尊などによって建てられた楼門・経蔵は難をのがれ現在にいたる。現本堂は寛文七年1667の上棟。明治初年の排仏毀釈で一時廃寺となったが、まもなく旧に復した。〔国宝〕楼門 〔重文〕経蔵、十三重石塔、銅造薬師如来立像、紙本墨書叡尊願文ほか 〔参考〕和州旧跡幽考三

**はんにゃ-しん-ぎょう 般若心経** 一巻。詳しくは般若波羅蜜多心経という。心経とも略称する。唐の玄奘の訳(貞観二三649)。絶対的な智慧によって存在のすべてを全体的に把握し、すべての現象が空であ

ることを明らかにしたもので、厖大な般若経典の精髄を一巻にまとめた経。梵本はプラジュニャー・パーラミター・フリダヤ・スートラ Prajñā-pāramitāhṛdayasūtra というが、大本と小本とがあり、大本は長谷寺に、小本は法隆寺に伝わり、玄奘の訳は小本にあたる。両本の校訂および英訳はミュラー M. Müller と南条文雄によって刊行された(1884)。漢訳の異訳に、⑴姚秦の鳩摩羅什の訳の摩訶般若波羅蜜大明呪経(一巻)、⑵唐の法月の訳(開元二六738)の普遍智蔵般若波羅蜜多心経(一巻)、⑶唐の般若・利言らの訳(貞元六790)の般若波羅蜜多心経(一巻)、⑷唐の智慧輪の訳(　—大中一三859)の般若波羅蜜多心経(一巻)、⑸唐の法成の訳の般若波羅蜜多心経(一巻)、⑹北宋の施護の訳(太平興国七982—　)の聖仏母般若波羅蜜多心経(一巻)などがあり、チベット訳もある。註釈もきわめて多い。窺基の般若波羅蜜多心経幽賛(二巻)は玄奘訳に対する最初の註釈で、法相宗の立場から解釈しており、末註もいくつかある。日本では最澄の摩訶般若心経釈(一巻)、空海の般若心経秘鍵(一巻)、白隠慧鶴頌・円慈註の般若心経毒語注などが知られる。現在わが国でもっとも有名な経で、とくに禅宗・真言宗で重用され、大衆的解説書も多い。現代語訳としては中村元・紀野一義によるもの(岩波文庫)がある。〔註釈〕窺基・幽賛、円測・賛、法蔵・略疏、空海・秘鍵、最澄・釈など

**はんにゃーたら　般若多羅**　㊵プニヤターラ Punyatāra の音写か。禅家の西天第二七祖。不如蜜多《ふにょみった》(第二六祖)から正法眼蔵を付嘱され、これを菩提達磨《ぼだいだるま》(第二八祖)に付した。十誦律の訳者の弗若多羅《ふつにゃたら》および薩婆多《さっぱた》部(説一切有部)相承の第五一祖とされる不若多羅《ふにゃたら》と同一視されることもある。〔参考〕景徳伝灯録二・三、出三蔵記集九・一二

**はんにゃーとう　般若湯**　酒の隠語。比丘《びく》は不飲酒戒《ふおんじゅかい》を持するから、禅宗などでは酒をひそかに用いる場合に般若湯という。

**はんにゃーとうろんーしゃく　般若灯論釈**　一五巻。分別明(バーヴァヴィヴェーカ Bhāvaviveka 清弁《しょうべん》のこと)の著。唐の波羅頗蜜多羅の訳。原名をプラジュニャー・プラディーパ Prajñā-pradīpa という。梵本は現存しないが、チベット訳がある。竜樹(ナーガールジュナ Nāgārjuna)の根本中頌に対する註釈で、清弁の主著の一つ。いわゆる自立論証派(スヴァータントリカ Svātantrika)の立場を明確に打ち出した註釈で、ブッダパーリタ Buddhapālita(仏護)の帰謬論証による空の論証を痛烈に批判する。この立場はのちにチャンドラキールティ Candrakīrti(月称)による再批判を受け、中観派に自立論証派・帰謬論証派の二系統を生み出すことになった。アヴァローキタヴラタ Avalokitavrata(観誓《かんぜい》)による詳細な複註がチベット訳にある。

**はんにゃーぼさつ　般若菩薩**　㊵アーリヤ・プラジュニャー・パーラミター Ārya-prajñā-pāramitā の訳。大般若菩薩、般若波羅蜜菩薩ともいう。大般若経の本尊。胎蔵曼荼羅では持明院の中尊に安置されており、胎蔵法を修する時、行者はこの尊の座位につく。宝冠をいただく六臂の形像。この菩薩の周囲に十六神王を置くのが十六善神図のよりどころとなった。〔参考〕陀羅尼集経三

**はんにゃるし　般若流支**　(六世紀)㊵プラジュニャールチ Prajñāruci の音写。般若留支とも書き、智希と訳す。姓を瞿曇と称したので、瞿曇般若流支、瞿曇流支ともいう。訳経家。南インド波羅奈《はらな》国の人。北魏の熙平元年516毘目智仙と共に洛陽に来た。元象元年538から武定元年543の間に鄴都で正法念処経七〇巻、順中論二巻などを訳出した。〔参考〕続高僧伝一、菩提流支伝

# ひ

**ひ　悲**　⇩慈《じ》

**ひあんりゅう　非安立**　⇩安立《あんりゅう》

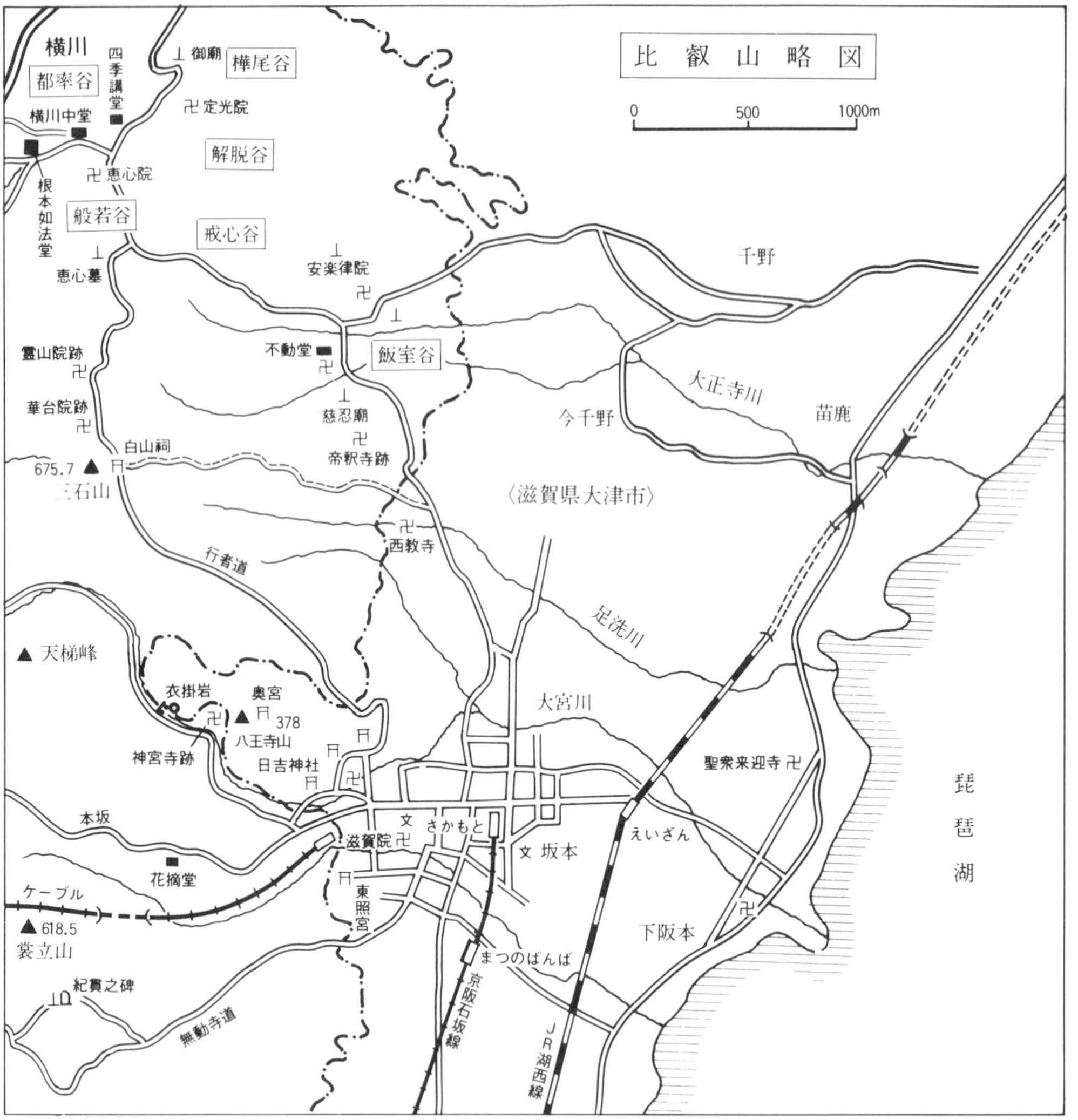


**ひい**　**被位〔鉢位《はっい》〕**　禅宗で、僧堂における大衆の座位を被位、食事の座位を鉢位という。被は被単、眠単の意で、ねる時に用いるかけぶとんのこと。鉢は食器の意。坐禅の際は被位で行う。

**ひうじょうしゅ**　**非有情数**　⇩有情数《じょうしゅ》

**ひえい-ざん**　**比叡山**　京都市左京区と滋賀県大津市との境にある山。本朝七高山の一。日枝山《ひえのやま》・日吉山《ひえのやま》などともいい、略して叡山・叡岳・叡峰とも呼び、また天台山・台嶺・北嶺・艮岳などとも称する。大比叡ケ岳（標高八四八・三《メートル》、大岳《おおだけ》・叡南岳《えなみがたけ》・大比叡《おおびえ》ともいう）を主峰とし、その西に四明ケ岳《しめがだけ》（標高八四八・八《メートル》、四明《しめい》山・四明峰《しみょうのみね》ともいう）があり、また横川《よかわ》の南尾波母山を小比叡《おびえ》という。古く大山咋神《おおやまくいのかみ》（小比叡神）が鎮座し、のち大和三輪明神《みわみょうじん》（大比叡神）が勧請された。延暦四年785最澄が庵居し、同七年比叡山寺（一乗止観院）を建ててから、天台宗の本拠、鎮護国家の道場として栄え、弘仁一四年823その寺に延暦寺《えんりゃくじ》の号を勅賜された。延暦寺は一山の総称で、寺界は四方二四《キロ》、東限は比叡社並びに天槌、南限は登美渓、西限は大比叡小比叡南峰、北限は三津浜横川谷とし、古来、三塔十六谷にわけられる。即ち、東塔（東・西・南・北・無動寺の五谷）、西塔《さいとう》（東・北・南・南尾・北尾の五谷）、横川（般若・解脱・兜率《とそつ》・樺尾《かぼう》〔香芳〕・戒心・飯

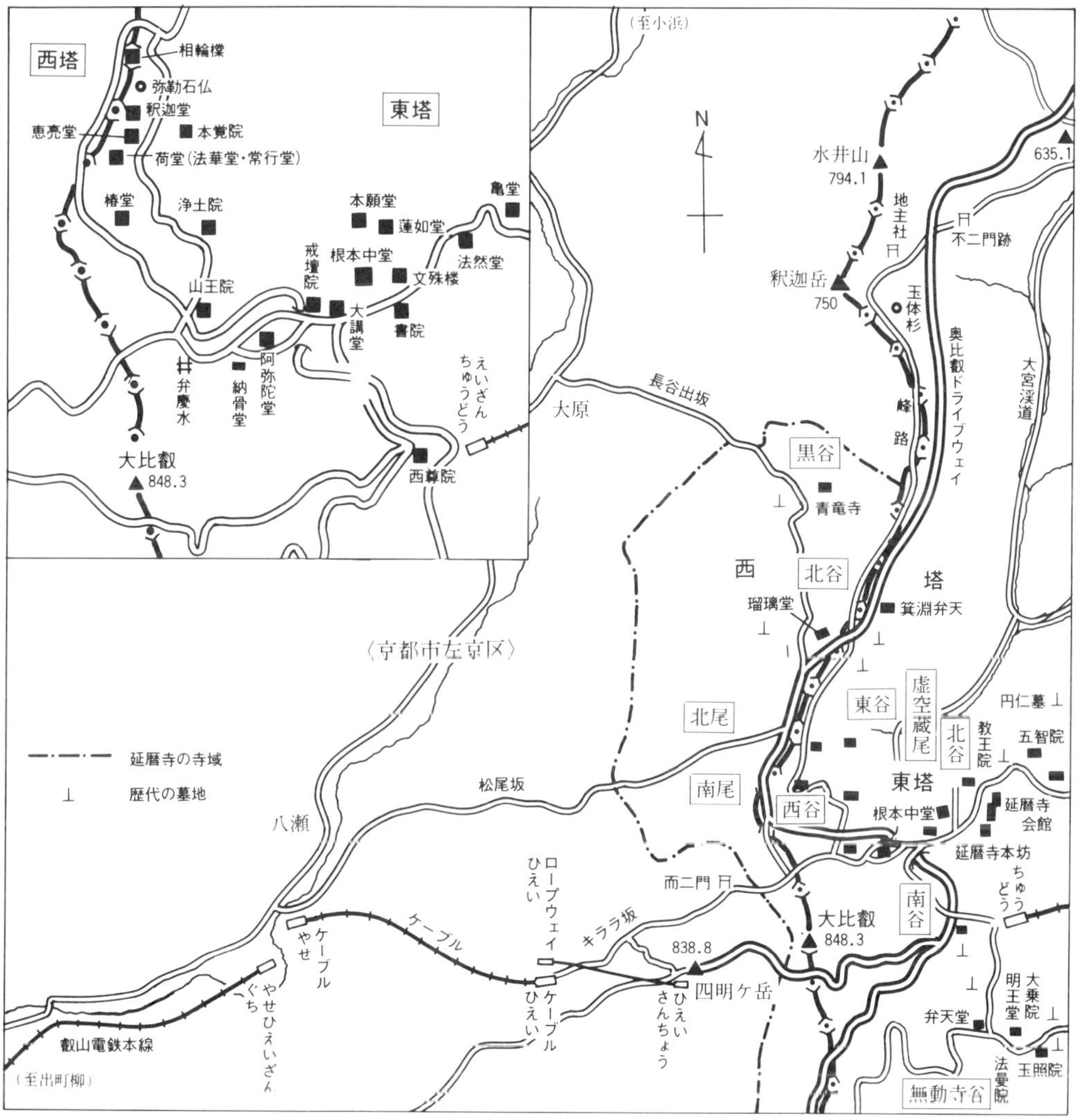


室《いいむろ》の六谷）であり、この他、西塔北谷に別所黒谷、横川飯室に別所安楽谷がある。その堂塔には、九院・十六院などの称があり、九院とは止観院・定心院・総持院・四王院・戒壇院・八部院・山王院・西塔院・浄土院をいう。(イ)東塔には、根本中堂（一乗止観院。最澄の創建。はじめ薬師堂・文殊堂・経蔵の三宇があり、薬師堂を中堂と称したが、元慶六年882合築。現存の堂は江戸初期再建で、寛永一九年1642に完成し、昭和二九年1954に大修理された）、大講堂（義真の創建。六月会・十一月会の広学竪義が行われる）、戒壇院（一乗戒壇院・大乗戒壇院・法華戒壇院。円頓戒を授ける壇場）、浄土院（最澄の廟所）、前唐院（円仁が唐から伝えた密教法具などを収めた跡。園城寺にある円珍の後唐院に対する称）などがある。別所無動寺明王堂は貞観七年865相応の開創。元慶六年882天台別院となり、回峰行《かいほうぎょう》で有名。(ロ)西塔には、釈迦堂（転法輪堂ともいい、西塔の中堂）、相輪橖（弘仁一一820最澄の創建。明治二八1895改造）、法華堂・常行堂（この両堂は橋廊で接続されているので俗に荷堂《にないどう》という）、椿堂《つばきどう》（聖徳太子の遺跡と伝える）などがあり、別所黒谷青竜寺は良源の開創で、源空の遺跡。(ハ)横川には、横川中堂（首楞厳院《しゅりょうごんいん》）、四季講堂（もと定心房といい、良源の住房。俗に大師堂といい、その北に良源の墓（御廟《みみょう》）がある）、恵心院などがあり〈⇩恵心院《えしんいん》〉、別所安楽谷の

安楽律院は安楽律の本処。⇩延暦寺《えんりやくじ》

**ひえいさんのうりしょうき　日吉山王利生記**　山門僧伝、山王絵詞、山王権現利生記の別名もある。九巻。寂済の著。成立年不詳。日吉山王社の縁起を略述し、延暦四年785から文永元年1264までの叡山歴代座主または高僧などを中心とした山王社の霊験物語を記述したもの。もと図絵を挿んでいたが、今は絵を欠く。なお、続編日吉山王利生記一巻は、文永二年1265から正和二年1313までを記述し、文化元年1804比叡山無動寺真超書写の奥書と寛保二年1742の絵巻物詞書がある。古典文庫、続群二下(巻五欠)

**ひえしゃしんとうひみつき　日吉社神道秘密記**　一巻。祝部行丸の撰(天正三1575—五)。日吉山王社および末社の由緒、社家の来歴などを記したもの。元亀二年1571叡山が織田信長に焼かれ、日吉社および古記録が焼失したので、禰宜祝部行丸が日吉社再建の参考にするため日吉明神の垂迹をはじめ、末社、祝部氏の略系図、大宮方・二宮方・八王子・十禅師などの故事来歴を蒐録し、図を載せて説く。群書二一

**ひえん　飛檐**　仏堂の内陣に接する両側の室。脇間《わきのま》ともいう。宮中には上壇の間、二の間についで、天井のない飛檐の間があり、将軍や無位の武士などが拝謁する場所とされ、本願寺ではこれを模して飛檐の間を設け、本山の法要の際にこの位置に席を占めるものを飛檐衆《ひえんしゅ》或いは絹袈裟衆《きぬげさしゅ》などと名づけた。

**ひおきもくせん　日置黙仙**　(弘化四1847—大正九1920)曹洞宗の僧。号は維室。伯者(現鳥取県)の人。中興寺黙中について出家ののち、加賀天徳院の奕堂に随侍、慶応四年1868黙中に嗣法ののち中興寺を継ぎ丹波円通寺、遠江可睡斎の住職を経て総持寺東京出張所執事となり、末派総代議員として活躍した。満州・朝鮮・台湾・アメリカなどに赴き仏教の海外交流にも努めた。大正五年永平寺管主、同六年曹洞宗管長となる。著書、現代生活と禅ほか。〔参考〕日置黙仙禅師伝

**ひがしほんがんじ　東本願寺**　⇩本願寺《ほんがんじ》①

**びからろん　毘伽羅論**　古代インドの梵語文法学のこと。毘伽羅は㈵ヴィヤーカラナ vyākaraṇa の訛音。仏教では外道の十八大経の中の六論の一に数える。大慈恩寺三蔵法師伝三には、毘伽羅論は正しくは毘耶羯剌諵《びやからなん》といい、声明記論《しょうみょうきろん》と訳すべきもので、もと梵天王の所説で一〇〇万頌であったが、帝釈が一〇万頌に略し、さらに波膩尼仙《はににせん》(パーニニ Pāṇini)が八千頌としたと述べる。また南海寄帰内法伝四には、毘何羯喇拏に五章があり、その第二の蘇呾羅《そたら》(スートラ sūtra)は声明の根本経で波尼儞(パーニニ)の所造であり一千頌から成るとし、鉢顛社攞(パタンジャリ Patañjali)などの文法学派の学統にもふれている。インドの文法学は、ヴェーダ聖典の解釈学から発展したもので、ムンダカ・ウパニシャッド Muṇḍaka-Upaniṣad などにはヴェーダーンガ vedāṅga(ヴェーダの補助文献)の一つにヴィヤーカラナを数えているが、これは現在伝わっていない。紀元前五〇〇年頃にはヤースカ Yāska がニルクタ Nirukta を著わして言語の範疇と語原を論じ、紀元前四〇〇年頃にはパーニニ Pāṇini によって現存最古の文典であるアシュタ・アディヤーイー Aṣṭādhyāyī が著わされた。紀元前三〇〇年頃にカートヤーヤナ Kātyāyana はパーニニの文典に評釈を加え、ついで紀元前一五〇年頃にはパタンジャリ Patañjali がマハーバーシャ Mahābhāṣya を書き、ここにインド古典文法学の基礎がつくられた。なお、仏教徒の手になる文法書としては、チャンドラゴーミン Candragomin のチャンドラ・ヴィヤーカラナ Candra-vyākaraṇa があり、パーニニの文法書と共にチベット大蔵経に収められている。

**ひがん　彼岸**　①迷いの生存を此方の岸即ち此岸《しがん》といい、これに対してさとりの世界を彼方の岸即ち彼岸という。②㈵パーラミター pāramitā(波羅蜜多)の訳。詳しくは到彼岸と訳す。迷いの此岸から悟りの彼岸に到ること。わが国で行われる春分・秋分の二季の彼岸会《ひがんえ》は彼岸に到る法会の意。⇩彼岸会《ひがんえ》

**ひがん-え　彼岸会**　春分・秋分の前後七日間に行う法会。日本でのみ行われるもので、もとは農耕の開始時期に穀物の豊穣を祈る儀礼と仏教の法会とが合わさったものとされる。大同元年806春秋の彼岸に諸国の国分寺で金剛般若経を転読し法談を行ったのに始まるという。彼岸とは波羅蜜多(パーラミター pāramitā)の訳語の到彼岸を略したもので、迷いの此岸から悟りの彼岸にいたることをいう。観無量寿経の日想観によって西方十万億土の阿弥陀仏の浄土(彼岸)を観ずるのは、太陽が真西に沈む時が最もよいとされ、その時に当たる春分・秋分にこの信仰が結びついて成立したとされる。平安時代以降、難波の海の彼方、真西に沈む太陽が拝める聖地として四天王寺はその第一に数えられる。その時行われる大念仏会は西門念仏とも称され著名。なお、わが国の民族信仰としての太陽崇拝、即ち太陽にその恵みと豊作を祈る「日願」に、仏教の彼岸を当てはめたとする説もある。

**ビガンデ　Bigandet, P.**　一九世紀の中葉ビルマに滞在し、開教総監であったカトリックの伝道者。もとパーリ語で書かれ一八世紀末にビルマ語に翻訳されたマーラーランカーラ・ヴァットゥ Mālālaṅkāra-vatthu を英訳し、それにビルマ仏教についての研究論文を付して The Life, or Legend of Gautama(ゴータマの生涯、あるいはその物語1858)として出版した。〔参考〕赤沼智善訳・緬甸仏伝

**びく　比丘〔比丘尼〕**　比丘は㊵ビクシュ bhikṣu の音写。苾蒭《ひっしゅ》、苾芻《ひっしゅ》、煏芻《ひっしゅ》、備芻《びしゅ》、比呼《ひこ》とも書き、乞士《こっし》、士男、除士、薫士、破煩悩、除饉《じょきん》、怖魔《ふま》などと訳す。男子で出家して具足戒をうけたものをいう。比丘尼《びくに》は㊵ビクシュニー bhikṣuṇī の音写。苾蒭尼、苾芻尼、煏芻尼、備芻尼、比呼尼とも書き、乞士女、除女、薫女などと訳し、沙門尼とも名づけ、尼《に》、「あま」(尼)ともいう。女子で出家して具足戒をうけたものをいう。いずれも七衆の一に数える。原語は「乞い求める(bhikṣ)」から来た名詞であるが、bhinna-kleśa と解すれば煩悩を破る者の意となる。大智度論巻三には比丘の語義に、乞士(乞食《こつじき》による生活者)・破煩悩・出家人・浄持戒・怖魔の五つの意味があるとし、このうち破悪(破煩悩)・怖魔・乞士を比丘の三義といい、阿羅漢《あらかん》の語義のうちの殺賊・応供・無生と合わせて因果の六義(比丘は因で阿羅漢は果)という。比丘の種類に関して、十誦律巻一や倶舎論巻五には名字(名想)比丘(名のみで実の伴わぬもの)・自言(自称)比丘(自ら比丘と称しているだけのもの)・為乞(乞匃)比丘(乞食による生活者)・破煩悩(破惑)比丘(真の比丘)の四種比丘、四分律巻一には名字・相似・自称・善来・乞求・著割截衣《じゃくかつさいえ》・破結使の七種比丘を挙げる。比丘・比丘尼の持つべき戒は諸律によってその数が異なるが、四分戒本には比丘二五〇戒、比丘尼三四八戒とし、また比丘尼は比丘を敬うべきであるとして八敬法《はっきょうほう》(八敬戒、八尊重法、八不可越法)を定める。これらは女性の出家によって正しい教えが乱れることを防ぐ目的からであり、八敬法とは、⑴比丘尼は半月ごとに比丘の指導をうけよ、⑵比丘に従って安居《あんご》をせよ、⑶安居が終れば自恣《じし》の人を比丘の中に求めよ、⑷比丘に従って具足戒を受けよ、⑸比丘を罵ってはならぬ、⑹比丘の罪を挙げ過ちを説いてはならぬ、⑺軽罪を犯した時は比丘に従って懺悔せよ、⑻出家受戒して一〇〇年たった比丘尼といえども新受戒の比丘を礼せよ、の八である。なお日本では皇族・貴族の息女が出家して住んだ寺を比丘尼御所《びくにごしょ》といい、江戸時代には一種の寺格となって、皇族のを御宮室《おんみやしつ》、貴族のを御禅室《ごぜんしつ》と称した(⇩門跡《もんぜき》)。また中世以降、歌比丘尼(もと仏法を勧め歩いたから勧進《かんじん》比丘尼と称したが、また熊野へ詣るので、熊野比丘尼ともいう)といわれるものがあり、音曲や絵解《えと》きなどをして諸国をめぐったが、後には俗化して遊女のようなものとなった。⇩熊野比丘尼《くまのびくに》　⇩絵解《えと》き

**ひぐち-りゅうおん　樋口竜温**　(寛政一二1800—明治一八1885)真宗大谷派の僧。陸奥会津(現福島県)の人。号は雲解、香山院。浄土真宗本願寺派西光寺に生まれ、三九歳で京都御幸町の円光寺(真宗大谷派)を

継ぐ。大谷派本願寺学寮で徳竜に学び、のち学寮で講義をつづけ、慶応元年1865講師職につく。慶応四年八月大谷派本願寺で新設の護法場の主管となる。とくにキリスト教や儒学・国学の排仏論を批判し、強い護法論を展開した。著書、倶舎論講義、闢邪護法策、禦謗慨譚。〔参考〕大谷派学事史、明治仏教全集・護法篇(解題)

**びくに　比丘尼**　⇩比丘《びく》

**びくに-ごしょ　比丘尼御所**　⇩門跡《もんぜき》

**びくに-でん　比丘尼伝**　四巻。梁の宝唱の著(天監一五516)。名僧伝を著わした宝唱が東晋の升平年間357—61より梁の天監一五年まで約一六〇年間の比丘尼六五人の伝記を集録したもの。巻一に東晋の浄検以下一三人、巻二に劉宋の慧果以下二三人、巻三に南斉の法縁以下一五人、巻四に梁の浄秀以下一四人の伝を収める。㊀五〇　〔参考〕開元釈教録六

**ひけ-きょう　悲華経**　一〇巻。北涼の曇無讖《どんむしん》の訳(玄始八419)。異訳に訳者不詳(東晋代末頃の訳)の大乗悲分陀利経(八巻)がある。釈迦如来の穢土成仏の大慈悲を讃嘆する経典。穢土成仏と対比するため阿弥陀仏などの諸仏の浄土成仏をとりあげ、それぞれの本生・本願を説く。経中に無諍念王が浄土成仏の本願を立て、将来に阿弥陀仏となる授記を受けたという本生話が述べられている。本願思想の展開の上で重要な経典である。大乗経典として比較的後期のものとみられ、三—四世紀頃の成立と推定される。梵語原本はカルナ・プンダリーカKaruṇa-puṇḍarīkaといい、ダスŚ. C. DasとシャーストリŚ. C. Śāstri(1898)および山田一止(1968)によって刊行された。チベット訳もある。㊀三、国一経集部五

**ひけつ　碑碣**　中国において、廟や寺のいわれ、また個人の事跡などを後世に残すために、それを刻した立石をいう。碣は特立の石をいうから碑形をなさない立石はみな碣ということができる。しかし石鼓のように丈の低いものは碣というのに適切でない。碑の起源については二系統があり、一は礼記《らいき》の祭義にみえる宗廟の門内にある碑であり、二は礼記の喪服大記にある碑で墓に立てる柱である。この両者とも木とも石ともわからない。廟門の碑、墓上の碑が石になり文章が刻されると石碑となる。それは後漢からで、山東省清寧にある漢安二年143北海相景君碑は、今日みる一番古いもの。この碑には誄《るい》を刻し、末尾にのちの墓誌銘にあたる辞を刻し、碑額には「漢故益州太守北海相景君銘」とあり、また碑陰にはこの碑を立てた五四人の名を列ねている。隋・唐時代になると碑は盛んにつくられ、今日のこっているものも多く、碑文・碑銘は書道の上でも重要視される。

**ひこさん　彦山**　福岡県と大分県にまたがる山で、標高一二〇〇《メートル》。英彦山、日子山とも書く。もと修験道彦山派の本山で、本山派(天台修験)に属した。頂上は三峰からなり、中岳に女体権現(伊弉冉尊、本地は千手観音)、南岳に俗体権現(伊弉諾尊、本地は釈迦)、北岳に法体権現(忍骨《おしほね》尊、本地は阿弥陀)の三社権現を祀る。古くから霊仙寺があり、村上天皇(946—67在位)の頃、増慶が住して中興した。元徳二年1330助有法親王が俗体で座主となって以来、座主は代々妻帯するのを例とした。中古以来彦山衆徒の名はたかく、江戸時代には細川氏など諸大名が帰依して栄えた。幕末には勤王党に加わり活躍したが、明治維新に際して英彦山神社となり、禰宜三井八郎によって仏堂仏具が破却された。〔重文〕奉幣殿(もと講堂、元和二1616造)、銅鳥居　〔参考〕豊前国志二、彦山修験伝法嗣譜、彦山峰中記

**ひじ　非時**　⇩斎《さい》

**びしぬ-てん　毘瑟笯天**　(梵)ヴィシュヌViṣṇuの音写。毘紐天《びちゅうてん》、韋紐《いちゅう》天とも書く。ヴィシュヌはブラフマンBrahman(梵天)、シヴァŚiva(湿婆、仏教の大自在天)とならんでバラモン教・ヒンドゥー教の三主神の一つに数えられる神。リグ・ヴェーダ神話では太陽神の一に数えられているがあまり重要視されず、ブラーフマナ時代から次第にその地位を高め、叙事詩・プラーナ時代以降最高神の位置を占めるようになり、ヴィシュヌ派の主神として宗派的支持を受けるにいたった。ナーラーヤナNārāyaṇa(那羅延)などの別称がある。ブラフマンが

世界の創造を、シヴァが世界の破壊をつかさどるのに対して、ヴィシュヌは世界の維持発展をつかさどり、一〇種のすがたで世にあらわれて慈愛と恩恵を与えるというアヴァターラ avatāra(権化)神話が発達した。上記の三主神は一体三身で唯一実在の顕現であるとの説もある。仏教にもとり入れられ、梵天の母で世界創造の神とする。〔参考〕雑譬喩経、金光明最王経九、仏母大孔雀明王経中、大日経一

**ひじ-ほうもん　秘事法門**　真宗の異端派をさす。起源については、法然門下の一念義系統の思想が密教の影響をうけたものとも、親鸞の息善鸞《ぜんらん》の思想に基づくとも、また越前国大町の如導《にょどう》を祖とする三門徒流の所説によるともされる。とくにこの派の思想には真言宗立川流の阿字観《あじかん》・呼吸観の影響があって、仏教を拝まぬ不拝《おがまず》秘事、教導者中心の知識帰命《ちしききみょう》などの異義に類するといわれている。文明1469—87頃には越前・三河その他諸国に秘事が行われ、本願寺存如・蓮如はしばしばこれを教誡した。天文1532—55の頃には武家の間に秘事衆とよばれる一団を生み、戦国時代末期には本願寺内部にまでこれが潜行した。江戸時代になるとその秘密の布教手段はさらに巧妙となり全国的に蔓延し、中期以後に諸地方で発覚し、いずれも罰せられた。その著名なものに、宝暦年間1751—64の京都におけるもの、明和年間1764—72の江戸におけるもの、天明・寛政年間1781—1801の河内国における浄土宗・真宗に類似した融通念仏宗・天台宗などの僧侶によるものなどがある。近代以後も大阪の住江観玉系統のもの、名古屋の空也派などが知られる。秘事法門の外形的特徴としては、秘密裡に伝播すること、密室で儀礼作法を行うこと、既成教団や教権を認めないこと、俗知識(教導者)を立てて僧侶を軽侮すること、入信の験証を説くことなどであり、教義的特徴としては、真言宗の影響をうけて秘密相伝・即身成仏を説き、禅宗の影響により印可証明・現身成仏を説くなど、非真宗的ないわゆる一益法門《いちやくほうもん》、現世浄土の異義を中心とし、その他時宗・両部神道・陰陽道などの思想も混入し、とくに真言宗立川流の影響が強い。秘事法門はまたその外形により種々に呼ばれる。即ち、(1)多く土蔵などで秘密裡に行われるため御蔵門徒《おくらもんと》・御蔵法門・土蔵秘事・十蔵法門・庫裡法門など、(2)夜中秘かに相伝するため夜中法門・丑の時法門・暗法門・くらがり法門など、(3)経典の牽強付会や杓子定規の解釈を行うため御杓子講・なま講など、(4)秘事の次第や法門の内容を厳秘するため鍵かけ法門・内法・内証講・内証法門・不言講《いわずこう》・かくし念仏など、(5)往々入信の儀式に布団を被せるため布団被り安心、(6)行者が入信の験証に如来の光明をみるというため光明秘事、(7)まま卑猥にわたるため帯解き法門など、といわれる。秘事法門の依拠する典籍の古いものに他力信心聞書・高田十箇条秘事・心血脈抄・真答信問鈔・本願帰命十箇条などがあり、この他江戸時代以後のものははなはだ多い。

**びしゃ　毘舎**　㊵ヴァイシュヤ vaiśya の音写。吠舎《べいしゃ》、吠奢とも書く。インドの社会階級の第三に位し、農工商業などに従事する平民階級。⇩四姓

**びしゃきゃはんじゃりー　毘舎佉般闍**　㊁ヴィサーカ・パンチャーリープッタ Visākha Pañcāliputta の音写。比丘。パンチャーリー Pañcālī というバラモンの子とも、パンチャーラ Pañcāla の工の娘の子とも伝える。懇切丁寧な説法者であったという。〔参考〕Saṃyutta-nikāya 21. 7, 雑阿含経三八

**ひしゃく　飛錫**　生没年不詳。唐代の僧。律および天台を学び、また浄土教を信じた。天宝年間742—56の初め、長安に遊んで終南山紫閣峰の草堂寺に住し、ついで長安千福寺法華道場にいること三〇年におよんだ。上元二年761日本の遣唐副使石上宅嗣に念仏五更讃一巻を著わして贈り、広徳二年764大興善寺の大徳に選ばれ、翌永泰元年765には不空三蔵の訳場に列して仁王護国般若経などの訳を助けた。千福・安国両塔院法華道場や温国寺の検校をつとめたという。著書に念仏三昧宝王論三巻があり、また王古の新修往生伝巻末によれば往生浄土伝五巻を著わしたという。〔参考〕宋高僧伝三、仏祖統

紀二二

**びしゃじゃ　毘舎闍**　㊵ピシャーチャ piśāca の音写。食血肉鬼などと訳す。人の血肉を食するという鬼類。これらの姿を見た者は九カ月以内に死ぬといわれる。〔参考〕慧琳音義一八、慧苑音義下

**びしゃもん-てん　毘沙門天**　㊵ヴァイシュラヴァナ Vaiśravaṇa の訛略。鞞舎囉婆拏《びしゃらばな》、吠室羅摩拏などと音写し、多聞《たもん》、遍聞、普聞などと訳す。多聞天とも呼び、また倶肥羅天(㊵クベーラ Kubera または クヴェーラ Kuvera 倶吠羅とも音写する)と称する。四天王の一、十二天の一で、北方の守護神。富貴財宝をつかさどる。また単独でも尊崇され、戦勝の神ともする。夜叉および羅刹《らせつ》の王で、多数の眷属を有し、夜叉八大将や二十八使者があり、最勝・独健・那吒・常見・禅弍師の五太子や九一子をもつ。須弥山の第四層に住し、常にその説法を聞いているから仏の道場を守護し、常にその説法を聞いているからヴァイシュラヴァナ(多聞天)であるともいわれる。密教では胎蔵曼荼羅の外金剛部院の北門に位置する。一般には二鬼を踏み、左手に宝塔を、右手に宝棒を持った神王像であるが、異形のものもあり、東寺には兜跋《とばっ》毘沙門と称する像がある。日本では一般民衆の信仰の一つとして、福徳をさずける七福神の一つにも数えられる。〔参考〕長阿含経二〇、増一阿含経九、兜抜蔵王経、那拏天経上、大日経疏五、秘鈔問答一二

毘沙門天（別尊雑記）

**びしゃもん-てんのう-きょう　毘沙門天王経**　①一巻。唐の不空の訳。毘沙門天王が真言《しんごん》を説き、またその真言を唱える者のために財宝など種々の福を与えることを説く。㊅二一　②一巻。北宋の法天の訳。チベット訳ではアーターナーティーヤ Āṭānāṭiya(遊行非遊行経)の名で伝わる。毘沙門天王が仏の許しをうけて、多種の有情《うじょう》のためにさまざまな真言を説き、またその功徳を説く。㊅二一

**びしゃもん-どう　毘沙門堂**　京都市山科区安朱稲荷山町。護法山安国院出雲寺と号し、天台宗の門跡寺。大宝三年703あるいは延暦年間782―806に創建されたとの伝えがあるが、鎌倉時代の初め、平親範が平家ゆかりの平等寺・尊重寺・護法寺の三カ寺を合わせて一堂とし、出雲路(現上京区)の地に再建したのに始まる。堂中央を護法寺にあて、その本尊が多聞天(毘沙門天)であったことから毘沙門堂といわれた。中世は桜の名所として知られたが、暦応二年1339の火災やその後の戦乱などで廃絶。慶長一六年1611天海が安祥寺の境域であった現在地に復興を企て、その高弟公海が志をつぎ寛文五年1665に完成した。のち後西天皇皇子公弁法親王が入寺して以後、門跡寺院となった。正月の初寅詣は参詣者でにぎわう。〔重文〕紙本墨書洞院公定日記、同篆隷文体、注大般涅槃経巻　〔参考〕洞院部類記、毘沙門堂棟板記、山城名勝志一二・八・一七ほか

**ひしゅう-きょうそう-しょう　秘宗教相鈔**　一〇巻。重誉の撰(保延五1139)。真言密教の教学上の重要問題四八条を出して、その要義を問答体で説述した書。真言宗の教相上の著述としては比較的初期に属する。㊅七七　〔写本〕宝菩提院蔵(安元二1176写)　〔刊本〕延宝三1675刊

**びしゅかつま　毘首羯磨**　㊵ヴィシュヴァカルマン Viśvakarman の音写。一切を造るという意で、妙匠と訳す。天地創造の力を神格化した神で、リグ・ヴェーダに起源をもつ。帝釈《たいしゃく》の命をうけて建築工芸のことを司るとされる神。〔参考〕大般涅槃経中、大智度論四・三五

**ひしょう　被接**　天台宗の教義。通教或いは別教〈⇩五時八教《ごじはっきょう》〉の修行者の中で性質能力のすぐれた利根のものが、仏の点示(ここぞといわんばかりの説きしめし)に

よって、過去以来身につけてきた智慧をおこして、その教説中に含まれている中道《ちゅうどう》の真理を見出すことにより、それまでの行が、よりすぐれた別教または円教の行にひきつがれ、ひき入れられること。受接《じゅしょう》ともいい、これに別接通《べっせつつう》(別入通)・円接通《えんせつつう》(円入通)・円接別《えんしょうべつ》(円入別)の三被接がある。すなわち、通教の修行者が見道に至って空《くう》をさとった後、通教に説く空が単なる但空ではなくて不空をも兼ね含んだ不但空であると知って空を超えた中道の理を見出すとき、その理を空・仮から独立した但中と理解するものは別教にひきつがれ(別接通)、空・仮に即してまどかに融けあった不但中と理解するものは円教にひきつがれる(円接通)のである。また別教の修行者のうち初地以上のものは無明《むみょう》を断って中道の理をさとっているから円教のさとりと全く一致して被接の必要はないが、地前では中道の理を但中と理解しているから、そのものが中道の理を不但中と理解するときに円教にひきつがれる(円接別)のである。なおひきつがれて別教の十廻向、円教の十信の階位にあるものは、ただ中道の理がわかっただけでまだ無明を断っていないから似位の被接、按位接《あんいしょう》といい、別教の初地、円教の初住の階位にあるものは、中道の理をさとり無明を断っているから真位の被接、勝進接《しょうしんしょう》という。

**ひーしょう　秘鈔**　一五―一八巻など。守覚法親王(1150―1202)の著。成立年不詳。東密小野流所伝の諸尊法を集めたもの。およそ六〇尊法および付法五種をあげている。親王は初め広沢流を保寿院覚成に受けて沢見・沢鈔などを著わしたが、また醍醐の覚洞院勝賢に小野流を受けて野鈔(野月鈔)を作り、さらに勝賢に問うて口伝を集めて野決鈔とし、この野鈔と野決鈔とを合わせ類聚して勝賢の許に遣わし、印可を求めた。以来醍醐では秘鈔と呼び、広沢方では白表紙また広蓋《ひろぶた》鈔と呼ぶ。⑴一五巻本は仁和寺で再治本とし、野月鈔と称し、三宝院では初重本とする。⑵一七巻本に第二重本と第三重本(成賢の裏書)の二種があり、⑶一八巻本は第三重本で裏書がある。調巻の不同は秘本・裏書などが加わったために生じた。㊅七八〔写本〕高野山大学蔵(鎌倉時代写)、大谷大学蔵・高野山宝亀院蔵(寛政八1796写)〔註釈〕亮尊・白宝口訣一六七巻、頼瑜・秘鈔問答二二巻、教舜・口決二八巻、曇寂・私記一七巻、道教・口訣四巻、道快・口訣二六巻など

**ひじょう　非情**　⇩有情《うじょう》

**ひじり　聖**　半僧半俗の民間宗教者の総称。語源は原始宗教者の「日知り」(日の吉凶を知るなど神意に通達した人)とも、あるいは「火治り」(神聖な火を管理した人)ともいわれる。その特徴は山林に隠遁する隠遁性、苦修練行の苦行性、諸国を遍歴する遊行(廻国)性、これらによってえられた験力《げんりき》で病気平癒・怨霊鎮魂などを行う呪術性、妻帯など世俗生活をいとなむ世俗性、集団で宗教的善行(作善)をする集団性、造寺・造塔・土木工事などのために金品をあつめる勧進性、勧進の手段として説経や絵解きなどをおこなう唱導性があるとされる。聖の早期の姿は奈良時代の役行者や行基など律令国家の秩序の枠を超えたいわゆる私度僧(私に得度した僧)で、民間の呪術宗教者として日本霊異記などの説話に頻出する〈⇩私度僧《しどそう》〉。平安時代には阿弥陀信仰の隆盛とともに阿弥陀聖とも称される念仏聖が多くなり、これらの聖はやがて比叡山横川《よかわ》の常行堂の不断念仏衆や源信の二十五三昧講のように結集した。また京都・奈良など大寺院の近傍には融通念仏創唱の地ともいわれる京都大原のような別所も営まれた。平安時代末期の著名な聖の住所として、大峯・葛城・石鎚・箕尾《みのお》・鰐淵《わにぶち》・日御前《ひのみさき》・書写山・熊野などがあり、歌にも詠まれた(梁塵秘抄)。聖は念仏や法華経などの仏教信仰の他に、民衆の宗教的要求から雑多な民俗信仰を取り入れ、複雑な行業を呈するようになった。その行業の特色から革聖《かわひじり》(行円)・市聖《いちひじり》(空也)・六万部聖(善法)・香聖(経助)・一宿聖(行空)・楪聖(法縁)・万灯聖などの呼称で呼ばれる聖も出現した。平安末期ごろから造寺・造塔・写経・彫像などに結縁を勧め募財する勧進聖の活躍が盛んになった。なかでも高野聖や、眉間寺の聖、興福寺の十三重塔聖・宝塔聖・庭聖・堂聖、東

大寺の鐘撞聖、長谷寺の公坊小聖、吉野愛染の宝塔聖などは著しく、彼らは有力寺院や道場に属して活躍した。一方、聖から職人などへの分化も進んだようで中世末の職人尽歌合に示される連歌師・塗師の助手・筆結・弦売・賽磨り・鎧細工・轆轤師・草履作り・足駄作り・唐紙師・一服一銭・煎じ物売・琵琶法師・仏師・経師・薄打・念珠挽・いたか・豆腐売・玉磨・硯士・枕売・鞍細工・田楽・葛籠《つづら》造・箙細工・てうさい(饅頭売)などの職人の僧形姿は聖との関連が考えられている。中世末期から近世にかけて聖の民間への定着が進み、呼称も変化する中で聖名で呼びつづけられた人がいた。以下主なものをあげる。㋑三昧聖。平安時代の叡山をはじめ醍醐寺・棲霞寺・施無畏寺・法興院・石清水八幡宮寺・法性寺・高山寺・東大寺・高野山などの三昧堂に勤仕する三昧僧・三昧行僧・三昧衆などと呼ばれる住僧に源をもち、さらに墓所に法華三昧堂が建てられるに及んでそこで追善の三昧を行じ、後世には葬場や埋葬火葬の地を三昧と呼ぶに至り、その墓地に奉仕する者を三昧聖と称した。近世では御坊《おんぼう》(隠坊)などとも呼ばれて全国的に存在したが、行基系三昧聖・空也系三昧聖・時宗系三昧聖・高野山系三昧聖・その他の三昧聖に分類される。なかでも行基を祖とする行基系三昧聖は五畿内七カ国を中心として、東大寺大勧進職竜松院の配下に聖取締総代―各国聖惣代―聖組頭―末派聖の組織をもって統率されていた。㋺勧進聖。行基を祖と立て、諸寺の造塔・造像・写経・鋳鐘などの勧進をする者、またはそれを名目として遊行乞食する徒を呼んだ。㋩十穀聖。十穀を断ち修行する聖で、中世には多く勧進に従事した。㋥廻国聖。六十六部《ろくじゅうろくぶ》・六部《ろくぶ・りくぶ》とも呼び、法華経を書写し全国六六カ所の霊場を巡って奉納する行脚修行僧を指す。特に近世には仲間六部などと呼ばれ市中に居住し乞食するものも現れ、これらの人々を呼んだ。㋭高野聖。高野山における明遍の流れをくむ蓮花谷聖、覚心の末流の萱堂聖、一遍や他阿真教の流れをくむ千手院谷聖などを総称し、廻国・勧進で活躍した。しかし、やがて世俗化して宿坊を営むものや踊念仏・唱導・説経などを通じて芸能化するもの、呉服聖・商聖などとよばれる商売僧、鉱山の山師があらわれた。慶長一一年1606高野聖は学侶方・行人方と並んで聖方として高野山衆僧の三派の一に包摂され教団化した〈⇩高野山《こうやさん》〉。㋬馬聖。薦僧・梵論梵論・暮露・梵論字などと呼ばれる半僧半俗の俗ひじりの一種で中世に現われ、近世には虚無僧・普化僧と称し下総国一月寺・武蔵国鈴法寺を総本寺触頭《ふれがしら》とする一宗を構えた。なお近世、聖の系譜に属する宗教者として鉦打・鉢屋・鉢叩・茶筅・生団子などの念仏系のもの、説教(説経)・祭文・熊野比丘尼(歌比丘尼)・八打鐘などの宗教的遊芸民、夙(宿)・さんじょ・唱門師・陰陽師・あるき神子などの巫祝的陰陽師的なもの、里山伏・妻帯修験などの在俗山伏的なものなどがいた。また近世の浄土宗では捨世義・捨世派と呼ばれる専修念仏者たちの念仏昂揚運動が聖の系譜をうけているとする説がある。⇩鉦打《かねうち》 ⇩鉢屋《はちや》 ⇩鉢叩《はちたたき》 ⇩茶筅《ちゃせん》 ⇩説教《せっきょう》 ⇩熊野比丘尼《くまのびくに》

**ひしりょう　非思量**　思いはかることのない、分別思議《ふんべつしぎ》を越えた境地。禅宗では、「不思量底《てい》を思量せよ、その方法は非思量なり」といい、これを坐禅の極致としている。

**ひぞう　悲増**　⇩智増《ちぞう》

**ひぞうーき　秘蔵記**　二巻。空海の著。成立年不詳。密教の要義である両部曼荼羅・四種壇法・三部五部・道場観・三句五転・灌頂・本尊などについて約一〇〇条を挙げて解説したもの。著者については古来⑴不空の口説・恵果の記。⑵恵果の口説・空海の記の二説がある。⑴は不空の没後に来唐した般若三蔵の翻訳である守護・六度二経をあげ、その口訣が註してあるから、この説は信じることができない。杲宝の秘蔵私鈔第一には深賢の鈔を引いて⑵の説を用い、以後東密ではこの説を尊重している。しかし空海・杲隣などの口説を霊巌寺円行が記したものという説がある。本書には広略二本があり、略本は現行本で、広本は現行本に更に密教道場観、両部の尊位・形相を増補したもので増補者の名を付し、文秘の秘蔵記という。

(大)図像一、弘法大師全集五 〔写本〕高野山大学蔵(鎌倉時代写)、高野山宝亀院蔵(大永三1523写) 〔註釈〕杲宝・私鈔一〇巻、深賢・口決一巻、自性・聞書六巻、慧光・要訣一巻、賢宝・愚章五巻、隆瑜・拾要記九巻

**ひぞう-ほうやく　秘蔵宝鑰**　三巻。空海の著。成立年不詳。略して宝鑰、略論ともいう。真言宗の教判である十住心の各々の行相と典拠を説いたもの。淳和天皇が天長年間824―34諸宗の碩徳に勅して各々その宗要を録し奏進させたとき、空海は秘密曼荼羅十住心論一〇巻を撰して上奏したが、その文が広博であったので重ねて勅を蒙りこの書を奏進したものという。従って十住心論を広論といい、本論を略論という。巻首に大意・帰敬・発起の三序、本文には十住心の名数を列ね各条には引用経論を最小限に止めて簡略化している。(大)七七、弘法大師全集三、[国一]諸宗部一五 〔註釈〕済暹・顕実鈔四巻、慧曦・開宗記一〇巻、頼瑜・勘注八巻、頼瑜愚草一巻、敦光・勘文三巻、妙瑞・見光鈔三巻、亮海・講筵三巻、宥快・鈔四〇巻、道範・聞談鈔四巻

**ひぞう-ようもん-しゅう　秘蔵要文集**　一〇巻。杲宝《ごうほう》の編(貞和四1348)、賢宝の補刪(観応二1351―至徳三1386)。秘密伝灯要文集ともいう。密教の教・理・行・果に関する種々の問題について経論章疏の要文千余条を類聚したもの。また杲宝には本書と同じく密教教義に関する諸問題について要文を集めた秘蔵要門集一〇巻がある。〔写本〕東寺観智院蔵(応永二二1415写、文安二1445写)

**ひぞう-ようもん-しゅう　秘蔵要門集**　一〇巻。杲宝《ごうほう》(1306―62)の著。成立年不詳。秘蔵要文集と同じく密教教義に関する諸問題について経軌章疏の要文を集めた書。後人の添刪が多い。〔写本〕京都宝菩提院蔵・大谷大学蔵(明応二1493写) 〔刊本〕竜谷大学蔵(江戸初期刊)

**びだいか　毘提訶**　(梵)(巴)ヴィデーハ Videha の音写。現在のインド北東部、北ビハールにあったと推定される古代の国名。ミティラー Mithilā を都とした。本来は種族名であるが、離車《りしゃ》(リッチャヴィ Licchavi)族や跋耆《ばっぎ》(ヴァッジ Vajji)族などと連合して、十六大国の一つであるヴァッジ Vajji 国を構成した。韋提希《いだいけ》(ヴェーデーヒー Vedehī)夫人はこの国の王女で、マガダ Magadha 国王ビンビサーラ Bimbisāra に嫁してアジャータシャトル Ajātaśatru(阿闍世《あじゃせ》)を生んだが、ヴィデーハ国自体はのちにそのアジャータシャトルによってマガダ国に併合された。ジャイナ教の開祖ニガンタ・ナータプッタ Nigaṇṭha Nātaputta の母はこの国の出身であった。またブリハド・アーラニヤカ・ウパニシャッドやラーマーヤナに登場するジャナカ Janaka 王はこの国の王である。〔参考〕Dīgha-nikāya 19, 中阿含経六七

**びたゆ　毘多輸**　(巴)ヴィータソーカ Vītasoka (梵)ヴィータショーカ Vītaśoka の音写。除憂、善容などと訳す。阿育(アショーカ Aśoka)王の弟。比丘に対して邪見をいだき悪口をしたので、王の怒りにふれ、七日間王位につけたのち斬るべしと命ぜられた。そこで七日間逸楽を極めたが、死期が近づいて恐しくなって出家したと伝えられる。埋髪中自らの頭に白髪が生じたことを知らされ、出家したともいう。また阿育王の王子マヒンダ Mahinda と混伝されてもいる。〔参考〕出曜経六、智度論二〇

**ひち　悲智**　衆生を救おうとする慈悲と、さとりを求める智慧。仏・菩薩《ぼさつ》は必ずこの二つの徳を具えねばならないので、合わせて慈智二門という。阿弥陀仏の両脇士《きょうじ》のうち、左脇の観音は悲を、右脇の勢至は智を表わす菩薩である。この悲智二門を完全に実現充足することを悲智円満といい、ただ仏のみがこれをよくするという。

**ひちゃくめつ　非択滅**　非数滅、非智縁滅ともいう。(梵)アプラティサンキャー・ニローダ apratisaṃkhyā-nirodha の訳。三無為の一。有部《うぶ》の教義。択力《ちゃくりき》即ち智慧の力によらないで得られた滅の意。一切諸法はすべて因縁が和合することによって未来から現在に生じて来て、生じた刹那《せつな》にただちに滅して過去の分位に去る。もし生ずべき縁が欠けた時は、非択滅がその法の生ずることを妨げるから、その法は永久に未来の分位にとどまって絶対に生ずる(現在にあらわれて来る)ことがない。これを縁欠

不生《えんけつふしょう》といい、その場合その法は非択滅無為を得《とく》として、畢竟不生法《ひっきょうふしょうほう》となったという。

**ひちょうぼう　費長房**　生没年不詳。隋代の仏教史家。歴代三宝紀の著者。成都(四川省)の人。北周武帝が建徳三年574釈道二教を廃したとき還俗したが、隋が興ってから長安の大興善寺に入って翻訳学士となり、那連提黎耶舎や闍那崛多の訳場に筆受をつとめた。なお歴代三宝紀一五巻は開皇一七年597古今の訳経を集録して朝廷に奉ったものである。〔参考〕歴代三宝紀一二・一五、続高僧伝二闍那崛多伝、開元録七

**ひっきょう　畢竟**　㊵アティアンタatyanta の訳。究竟《くきょう》、至竟《しきょう》ともいう。究極、至極、最終の意。煩悩《ぼんのう》などのけがれを離れた絶対清浄な真理(涅槃《ねはん》、実相、空性《くうしょう》など)を畢竟浄という。仏は衆生《しゅじょう》にとって最後のよりどころであるから畢竟依といい、絶対の空《くう》を畢竟空という。

**ピッシェル　Pischel, Karl Richard**(1849—1908)ドイツのインド学者。キール大学・ハレ大学・ベルリン大学の教授を歴任。カーリダーサの戯曲シャクンタラー Śakuntalā を校訂出版した(Kālidāsa's Sakuntalā 1877)。プラークリットの研究にすぐれ、その包括的文法書(Grammatik der Prākrit-Sprachen, 1900)を著わし、ジャイナ教徒の学者ヘーマチャンドラによるプラークリット文典の校訂および研究(Hemacandras Grammatik der Prākrit Sprachen, 2Bde., 1877—80)を刊行した。またゲルトナー K. F. Geldner と共著で Vedische Studien(ヴェーダ研究・三巻1889—1901)を刊行した。仏教関係では、中央アジア出土の梵文中阿含経断簡を校訂出版(Bruchstücke des Sanskritkanon der Buddhisten aus Idykutsari, Chinesisch-Turkestan, 1904)し、Leben und Lehre des Buddha(仏陀の生涯と教説1904)を著わした。インドのマドラス大学に招かれ、同地で没した。

**ひっしゅ‐ごほう‐きょう　苾芻五法経**　一巻。北宋の法天の訳(開宝六973)。阿闍梨である比丘(苾芻)の守るべき五種の法を説く。即ち罪・非罪・軽罪・重罪を知ること、および受戒して五年以上を経ることである。㊅二四

**ひつじょう　必定**　必ず仏になることに定まった位で、正定聚《しょうじょうじゅ》、不退転のこと。

**ひっぱら‐くつ　畢鉢羅窟**　㊵ピッパリー・グハー Pippalī-guhā の音写と訳。中インドの王舎城(ラージャグリハ Rājagṛha)付近にあった石窟。仏陀はしばしばここで坐禅したと伝え、大迦葉(マハーカッサパ Mahākassapa)もまた好んでここに住した。仏滅後、教団の人々をここに集めて大迦葉を中心に経・律の結集が行われたという。しかしパーリ伝などではこの第一結集は王舎城郊外の七葉窟(サッタパンニ・グハー Sattapaṇṇi-guhā)で行われたとしている。〔参考〕大唐西域記九、阿育王経九、阿育王伝四

**ひつりょうがはしゃ　畢陵伽波蹉**　㊵ピリンダ・ヴァッサ Pilinda-vatsa ㊀ピリンダ・ヴァッチャ Pilinda-vaccha の音写。悪口と訳す。比丘の名。舎衛城のバラモン出身で性質は驕慢で人を軽んじ、言葉遣いが悪かったので悪口の名がある。呪術に長じていたが、仏陀に会って呪術を失い、出家した。〔参考〕Paramattha-dīpanī(Theragāthā 九偈註)、智度論二一、摩訶僧祇律二九・三〇、五分律五

**ひでん‐いん　悲田院**　聖徳太子の建立の四カ院の一と伝え、大阪四天王寺の仏堂である敬田院垣外東北角にあった。四天王寺御手印縁起によれば、悲田院は貧窮孤独単己無頼の者を寄住させ、飢渇から救い、元気になったとき、敬田・施薬・療病・悲田の四箇院の雑事に役仕させた。のち、養老七年723光明皇后が興福寺に悲田院をおき、平安京にも設けられた。〈⇩四天王寺《してんのうじ》〉〔参考〕四天王寺御手印縁起、興福寺流記

**ひどうぶん　彼同分**　⇩同分《どうぶん》

**ひとく　非得**　⇩得《とく》

**ひど‐とくしょう　彼土得生**〔此土入聖《しどにっしょう》〕　彼土得生は他土得生ともいい、この娑婆《しゃば》世界を捨てて他方にある仏の浄土(浄土教では西方にある阿弥陀仏の極楽浄

土とする）に生まれて、そこで仏果をさとることを意味する。これに対して、この娑婆世界で聖者となり阿羅漢果や辟支仏《びゃくしぶつ》果や仏果を証するのを此土入聖、または此土入聖得果という。

**びどん-しゅう**　**毘曇宗**　薩婆多宗《さつぱたしゅう》ともいう。毘曇は旧訳の阿毘曇の略で、新訳の阿毘達磨と同じく(梵)アビダルマ abhidharma の音写で論の意。薩婆多は梵語のサルヴァースティヴァーディン sarvāstivādin の音写で説一切有部のこと。法勝の阿毘曇心論、法救の雑阿毘曇心論など旧訳の阿毘曇（論蔵）の研究をする学派。阿毘曇は小乗二十部の中では薩婆多部において多く作られた。中国では南北朝時代に江南の成実宗とともに仏教教義の基礎知識を説くものとして大乗仏教の予備学のため河北の地で多く学ばれた。しかし陳の真諦が倶舎釈論を翻訳し、唐代に入り玄奘が倶舎論や大毘婆沙論をはじめ多くの論を訳出して以来は、主として倶舎《くしゃ》宗の名で呼ばれるようになった。日本では奈良時代の倶舎宗を毘曇宗とも呼ぶことがある。

**びなや-きょう**　**毘奈耶経**　一巻。訳者不詳。唐代の訳。唐の善無畏《ぜんむい》（637—735）の訳の蘇悉地羯羅供養法などと類似の経典。仏・執金剛・観自在菩薩・梵天・堅牢地神らの対話から成り、密教修法成就の種々の作法を説く。(大)一八、[国]密教部二

**びなや-りつ**　**鼻奈耶律**　一〇巻。前秦・後秦代の竺仏念の訳（382頃）。正しくは単に鼻奈耶という。鼻奈耶戒因縁経、鼻奈耶経などとも呼ばれる。説一切有部系のものと見られる広律であるが、犍度分《けんどぶん》を欠く。漢訳中にある広律としては最古の訳で、その戒本に当たるものが敦煌《とんこう》から出土した文書の中に発見され、鳴沙余韻《めいしゃよいん》に収められている。(大)二四

**ひに**　**肥膩**　雪山《せっせん》（ヒマラヤ山）に生育する草。牛がこれを食べると醍醐《だいご》を出すという。北本涅槃経巻八如来性品には、牛が肥膩を食べて醍醐を出すのを、衆生が仏性をさとって仏果を得ることの譬えとしている。

**びに-とうよう**　**毘尼討要**　三巻（或いは五巻、六巻）。唐の玄惲道世の撰。成立年不詳。続蔵経所収本は道世を宋の人とするが、この書の内容、法苑珠林巻一〇〇、大唐内典録巻五などによれば、明らかに唐の人。曇無徳部の四分律を正依とし、さらに諸部の伝承を参照して、律典の精要をまとめたもの。四〇章から成り、はじめ三〇章は比丘・比丘尼を、終りの五章は比丘尼を対象とする。古来律宗では、道宣の四分律行事鈔を鈔家というのに対し、道世の毘尼討要を要家と称して重視した。(続)一・七〇・二〔参考〕凝然・律宗瓊鑑章六、八宗綱要上

**びに-にちゆう-せつよう**　**毘尼日用切要**　一巻。清の読体の編。成立年不詳。明の性祇の毘尼日用録に基づいて僧尼の日常の行儀の要目をまとめ、簡潔な註釈を付けたもの。(続)一・一一・二〔註釈〕書玉・香乳記二巻

**びにも-きょう**　**毘尼母経**　八巻。訳者不詳。毘尼母論、毘尼母とも呼び、母経、母論と略称する。梵名はヴィナヤ・マートリカー・シャーストラ Vinaya-mātṛkā-śāstra か。律の註釈書。衆学法の中の若干の条文の犍度分（僧団の日常生活や行事作法の規定の部分）について述べている。所伝の部派は明らかでなく、薩婆多部（説一切有部）の十誦律の広釈といわれるが、曇無徳部（法蔵部）の四分律に近いようである。なお薩婆多部所伝にものには、薩婆多部毘尼摩得勒伽一〇巻（劉宋の僧伽跋摩《そうぎゃばつま》の訳）がある。(大)二四

**ひにん**　**非人**　①緊那羅《きんなら》〈⇩八部衆《はちぶしゅう》〉。②人に対して天・竜・八部・悪鬼などをいう。③日本では、中世の多様な被差別民を包括する身分的呼称、近世における賤民身分の呼称。

**ひのお-くけつ**　**檜尾口訣**　実慧（786—847、河内檜尾の観心寺の開山）が空海から伝えられたもので、真済の高尾口訣とならんで東密の根本口訣として重要視される。①二巻。仏眼法・金剛寿命法・五大尊位など一四項についての口訣で、檜尾雑記《ひのおぞうき》ともいう。(大)七八　②二巻。金剛界法の念誦次第についての口訣で、金剛頂瑜伽蓮華部大儀軌と称し、檜尾金口訣・金剛界檜尾口訣ともいう。日蔵四四

**びばしゃ　毘婆沙**　㊵ヴィバーシャー vibhāṣā の音写。毘婆娑、鞞婆沙、鞞頗沙、鼻婆沙とも書き、広解《こうげ》、広説、勝説、種種説と訳す。註釈書のこと。経の註釈書を優波提舎《うばだいしゃ》(㊵ウパデーシャ upadeśa)というのに対して主として律や論に対する註釈書をいう。

**ひふう-ひばん　非風非旛**　禅宗の公案の一。六祖慧能が広州法性寺で、説法の目印の旛をみて、印宗《いんじゅう》の弟子たちが、「風が動くのか、旛が動くのか」を論じ合っているのに、「風動くにあらず旛動くにあらず、汝等の心動くのみ」と教えた故事で、諸法無自性の境地を知らせようとするもの。〔原文〕無門関二九則、祖堂集二、景徳伝灯録五

**ひほう　秘法**　①広く密教で行う護摩《ごま》・念誦などの法をいう。あらわに人に示さないから秘という。修法《しゅほう》、密法というのと同じ。②修法を行法の結構から大法・秘法・普通法(通途法《つうずほう》)の三類に分ける中の第二で、狭義の秘法。密教諸流で何を秘法とするかは、派によってそれぞれ異なる。なお大法と秘法を兼ねるのを大秘法という。⇩修法《しゅほう》

**ひほう-しょうぼう　誹謗正法**　略して謗法《ほうぼう》、破法、または断法ともいい、仏の正法をそしること。邪見と不信によって仏法をそしる者は地獄におち、永久にさとりを得ることができないとされる。無量寿経巻上には、阿弥陀仏は念仏する衆生《しゅじょう》を救うが、ただ五逆罪を犯したものと正法をそしったものとは救済から除くと説く。⇩逆謗《ぎゃくほう》　⇩抑止門《おくしもん》〔摂取門〕

**ひぼんぎょう　非梵行**　㊵ア・ブラフマ・チャリヤ a-brahma-carya の訳。不浄行《ふじょうぎょう》ともいう。婬事(性交)を行うこと。四波羅夷《はらい》罪の一で比丘《びく》・比丘尼がこれを犯せば僧団から追放される。在家の婬戒を邪婬戒と称するのに対して、非梵行戒は出家の婬戒である。

**ひま-じょう　媲摩城**　㊵ビーマー Bhīmā の音写。コータン Khotan(現中国新疆省和闐)の東方にあった城。大唐西域記巻一二に、大仏像があって、病者が金箔を貼れば平癒するとの俗信があったと伝える。洛陽伽藍記巻五の、宋雲の行記に見える捍麼城と同じ。

**ひまち-つきまち　日待月待**　日祭・月祭、日天拝・月天拝ともいう。災いを除き、繁栄を願うため身体を潔斎して、日の出、月の出を拝む行事。特に修験道で重んじられ、日待・月待の大事の作法があった。日待の法は農家で行われ、酒をのみかわし一夜を明かして、朝の太陽を拝む。東北地方では路辺に二十三夜塔をたて、旧暦七月二三日の夜に供物をそなえて、月の出をおがみ五穀豊熟を祈る風習がある。

**ひまらしゃ　卑摩羅叉**　㊵ヴィマラークシャ Vimalākṣa の音写。無垢眼と訳す。青眼律師とも呼ぶ。罽賓《けいひん》の人。亀茲《じき》で律を弘め、鳩摩羅什《くまらじゅう》も彼に師事した。亀茲の乱を避けて烏纏《うてん》を経て、後秦の弘始八年406長安に羅什を訪ねた。のち寿春の石澗寺に住して、さきに羅什が訳した十誦律五八巻を重校し六一巻とし、また江陵の辛寺で律を講じ、慧観の問に応じて律要を説いた(雑問律事二巻)。〔参考〕出三蔵記集三、高僧伝二・一一慧猷伝、歴代三宝紀七、開元録三

**ひみつ　秘密**　①おくがふかくて容易に人に知られないこと。あらわでないこと。②直接説かないで、ある隠された心ぐみによって説きのべること。これに四種秘密(四秘密、四種合義、四節、四依)がある。⑴令入秘密(真実の智に入らせるために、まず世俗的な考えに随って説く)、⑵相秘密(一切法が無自性《むじしょう》無生《むしょう》無滅であることを示すために遍計所執性《へんげしょしゅうしょう》などの三性を説くなど)、⑶対治秘密(種々の過失をなおす〔対治する〕ため種々の法を説く)、⑷転変秘密(表面上の言葉や文字で述べられていることと全く別な〔転変する〕意義がその裏面に真意として明かされているような説き方をする)の四(摂大乗論本巻中)。③日本の空海や円仁・円珍などは、仏教の中に秘密の教え(密教)と顕露の教え(顕教《けんぎょう》)があるとする。④隋の智顗《ちぎ》は仏の説き方の中には、仏の同じ教えを聞きながら、相互に領解が不同でしかもそれを互いに知らせないような説き方があるとする(化儀四教の中の秘密教)。

**ひみつあんじん-おうじょうようしゅう　秘密安心往生要集**　二巻。蓮体の撰(享保四1719)。六十余年の生涯における栄枯盛衰を体験した老翁の懺悔を聞き、これを教化するために説いた法話を集めたもので四一章から成る。真言宗安心全書下、近世仏教集説〔刊本〕享保四刊

**ひみつあんじん-りゃくしょう　秘密安心略章**　一巻。法住(1723—1800)の著。成立年不詳。問答体で有相即無相の密宗安心を説いて、修行し進取する要義を垂示した書。真言宗安心全書上〔刊本〕明治九1876刊

**ひみつしょうごん-でんぼう-かんじょう-いちいぎ　秘密荘厳伝法灌頂一異義**　一巻。覚鑁《かくばん》(1095—1143)の著。成立年不詳。伝法灌頂は真言秘密の至極の法であるが、作法の観念と印相と真言の三種の区別によって、真言宗は十二流または三十六流に分派した。覚鑁は各流各派のすべてを相伝し、各派の総合を企ててこの灌頂一異義にその奥旨を述べたもの。両部各別・両界不二・一印二明・同明異印・両界互通・五部同秘・万行皆是・三密平等・秘奥最極・輪円具足の一〇門に分ける。㊅七九、興教大師全集〔刊本〕宝暦一〇1760刊

**ひみつどう-しだい-ろん　秘密道次第論**　チベット仏教黄帽派の祖ツォンカパ Tsoṅ-kha-pa(1357—1419)の著。チベットではガクリム Sṅags-rim という。菩提論次第論とならぶツォンカパの主著の一つで、黄帽派密教の教相・事相を詳説した指南書。チベットおよびモンゴルにおける密教の基本典籍となっている。

**ひみつねんぶつ-しょう　秘密念仏鈔**　三巻。道範の著(貞応二1223)。真言密教の立場から浄土教を解釈したもの。上巻に名号・称名本願・念仏三昧・十念、中巻に蓮華三昧・大悲三昧・極楽名号・西方・十万億仏土・四十八願・十六観想・来迎・二十五菩薩、下巻に九品蓮台・専修無間修・尋常行儀・臨終用心を述べている。のちの曇寂の秘密念仏私記一巻(享保一五1730撰)と共に密教念仏の本義を論述したもの。仏全七〇、真言宗安心全書下〔刊本〕正保二1645刊、貞享三1686刊

**ひみつまんだら-じゅうじゅうしんろん　秘密曼荼羅十住心論**　一〇巻。十住心論ともいう。空海の撰(天長七830頃)。大日経・菩提心論を正所依とし、顕密諸経論章疏・儀軌・外典などを広く引用して、一〇種の住心をたてて真言行者の心品転昇の次第を論じたもの。十住心とは⑴異生羝羊《いしょうていよう》心、⑵愚童持斎《ぐどうじさい》心(人乗)、⑶嬰童無畏《ようどうむい》心(天乗)〔以上三種、世論〕、⑷唯蘊《ゆいうん》無我心(声聞)、⑸抜業《ばつごう》因種心(縁覚)〔二種小乗〕、⑹他縁《たえん》大乗心(法相《ほっそう》宗)、⑺覚心不生《かくしんふしょう》心(三論宗)、⑻一道無為心(天台宗)、⑼極無自性《ごくむじしょう》心(華厳宗)〔以上⑹—⑼四種が菩薩乗〕〔⑴—⑼を顕教〕、⑽秘密荘厳《ひみつしょうごん》心(真言宗)〔⑶—⑽を出世間〕〔⑽だけが単独に、密教〕という。本書は初めに総説し、毎巻一住心を説き、各住心の行相を詳説して真言行者の浄菩提心展開の相を示し、兼ねて立教開宗の教判を明らかにするため、顕密二教、世間出世間の浅深優劣を述べている。護命の大乗法相研神章などと共に天長六本宗書の一つとして撰述奉進したもの。別に空海が十住心を略説した秘蔵宝鑰《ほうやく》三巻(弘法大師全集三)がある。㊇七七、弘法大師全集一、国一諸宗部二〇、日本思想大系五〔写本〕高野山大学蔵(平安時代写)、仁和寺蔵(承安二1172写)〔刊本〕正嘉三1259刊、慶安四1651刊、寛文元1661刊〔註釈〕重誉・肝要鈔三巻〔保延五1139著、㊅七七〕、頼瑜・愚草三八巻、同・衆毛鈔一五巻、同・末再治五巻、同・勘文一巻、道範・勘文一巻、済暹・第五巻、略問答一巻、覚鑁・論草一巻、宥快・義林二巻(延宝七1679刊、㊅七八)、政祝・私記一二巻、印融・広名目六巻説、十住心論のほか秘蔵宝鑰をも約

**ひゃくいちもつ　百一物**　百一衆具《しゅぐ》、百一供身《ひゃくいちくしん》ともいう。比丘が三衣《さんね》・六物《ろくもつ》・十八物その他生活に必要な種々のものを、それぞれただ一個ずつ蓄えることを許されていること。この場合、百とは実数でなく、すべてのものという意味。これに対して、必須以上の余分のものを長物《じょうもつ》という。例えば衣を三衣より多く持ち鉢を一つより多く持てば、それは長物である。長物を蓄えるについては、律の上で規定がある。

**びゃくえ　白衣**　㊵アヴァダータ・ヴァサナ avadāta-vasana の訳。在家の人のこ

と。インド人は一般に鮮白の衣を貴び、僧侶以外の人はすべて白衣を用いたことから在家の人を指して白衣といい、これに対して仏教沙門《しゃもん》を緇衣《しえ》、染衣《ぜんね》という。日本では僧侶が法衣の下に白衣を着るが(このときには「はくえ」とも読む)、それは公家や武家が式服として白衣を着たので、僧侶も俗に準じてその風習をまねたものと考えられる。

**ひゃくえい　百叡**　(天明七1787—明治四1871)浄土真宗本願寺派の僧。大乗院と称する。加賀の人。俗姓は荻生広智。越後の正念寺僧朗について真宗学を学び、また天台・性相を修め、生地《いくじ》願成寺の住職となり、本願寺派の勧学職に任じられた。著書、無量寿経聴記三巻、往生論聴記三巻など。〔参考〕学苑談叢初編、本願寺派学事史

**びゃくえ-げ　白衣解**　一巻。高麗の想永(1228—94)の著。成立年不詳。白衣観音菩薩に対する礼懺文であるが、本文と述解の両部分に分けられている。本文は帰命礼文・讃頌・誦呪・懺悔文、述解は本文に対する経文の引用と註釈からなる。韓国仏教全書六

**びゃくか-どうじょう-ほつがんもん　白花道場発願文**　一篇。新羅の義湘(625—702)の著。成立年不詳。義湘が唐から帰国して江原道洛山の海辺の観音聖窟で斎戒礼拝した時の発願文。三〇〇字未満の短文。韓国仏教全書二

**びゃくごう-じ　白毫寺**　奈良市白毫寺町。高円山と号し、真言律宗。天智天皇の皇子志貴親王の山荘の旧地に勤操が堂舎を建てたのが起源という。鎌倉時代に叡尊が再興し、その弟子道照が一切経の転読を発願しのち恒例化した。明応六年1497兵火にあったが、寛永年間1624—44に空慶が再興した。〔重文〕木造菩薩坐像、同地蔵菩薩立像、同閻魔王坐像、同太山王坐像(正元元1259銘)、同阿弥陀如来坐像ほか　〔参考〕南都白毫寺一切経縁起、大乗院寺社雑事記

**ひゃくさい-じ　百済寺**　⇩くだらじ

**びゃくしぶつ-いんねん-ろん　辟支仏因縁論**　二巻。訳者不詳。辟支仏となった人の名前と場所と機縁と因由とを物語風に説く。㊅三二、国一論集部六

**ひゃくじょう-きどくじ　百丈奇特事**　⇩百丈独坐大雄峰《ひゃくじょうどくざだいゆうほう》

**ひゃくじょう-しんぎ　百丈清規**　①二巻。百丈叢林清規また古清規ともいう。唐の百丈懐海《えかい》が、インド以来の律典の規定と、中国の儒礼および俗習などを折衷して、初めて制定した禅宗寺院および教団制度の集大成で、貞元年間785—805頃のものと思われるが、原本は散逸して見られない。そのおおよそは景徳伝灯録巻六付載の禅門規式や大宋僧史略上の別立禅居の条などに引用されているものによって知られる。北宋の禅苑清規《ぜんねんしんぎ》以下の後代編集の多くの禅宗清規はすべて本書を承けたものであるという。②勅修百丈清規。八巻(または四巻)。勅修清規ともいう。元の順宗の勅によって東陽徳輝《とっき》が編集し、笑隠大訢が校正したもの。至元二年1336から同三年の間に成る。最も完備した禅宗清規。前記①の精神に基づきつつ、時代の変遷に応じて後代の禅苑清規をはじめ、その他の諸清規を総合して新たに制定し直したもの。九章に分かれ、祝釐・報恩・報本・尊祖・住持・両序・大衆・節臘・法器の順序に、禅院の日常行事から、禅僧の参禅弁道における工夫用心などにわたるまで詳細に規定しているが、元代の国家主義的な色彩が強い。現存のものは、明の正統七年1442に重刊されたもので、巻首に礼部尚書胡濙の序を載せ、ついで元の元統三年1335の聖旨、至元二年1336の帝師の法旨、および行宣政院の咨劄《しとう》を掲げ、巻尾に唐の陳詡《ちんく》の唐洪州百丈山懐海禅師塔銘、元の黄溍百丈山大智寿聖禅寺天下師表閣記および古清規、崇寧清規、咸淳清規、至大清規の序を付録とし、編者徳輝の自序、欧陽玄の叙、百丈懐海への加祖号跋、一山禅師の書、杜本の識語などを付載。本書は文和五年1356に早くもわが国に伝わり、室町時代より江戸時代を通じて、多くの註釈書が作られたが、雲章一慶と桃源瑞仙の雲桃鈔および道忠の左觽《さけい》が最もすぐれている。また清の儀潤に百丈清規証義記がある。㊅四八、国一諸宗部九

**ひゃくじょう-どくざ-だいゆうほう　百丈独坐大雄峰**　禅宗の公案の一。百丈奇

特事ともいう。百丈懐海《えかい》が一僧に「何が最も有難いか」と問われて、「私は今独り大雄峰に坐している」と答えた故事で、絶対自由の心境を示したもの。大雄峰は懐海が住していた、百丈山の別名。〔原文〕碧巌録二六則、百丈語録、五灯会元三

**ひゃくじょう-やおうす　百丈野鴨子**　禅宗の公案の一。馬祖道一《ばそどういつ》と弟子の百丈懐海の故事。野鴨が飛び去るのにちなみ、馬祖が鴨に気をとられている百丈の鼻をひねり上げ、真の自己に気付かせたもの。〔原文〕碧巌録五三則、百丈語録、五灯会元三

**ひゃくじょう-やこ　百丈野狐**　禅宗の公案の一。百丈懐海の説法を聴きに来た一老人が、かつて因果の法を誤って説いた罪で、五〇〇生のあいだ野狐の身に堕していたのを、実はその後身である今の百丈が救った故事によせて、真の安心立命の境地を示したもの。誤った悟りを野狐禅というのは、この公案による。〔原文〕無門関二則、百丈語録、五灯会元三

**びゃくじょ-ぞくがい-じゅ-きょう　辟除賊害呪経**　一巻。訳者不詳（東晋時代317-420の訳）。仏法僧の三宝および黙利薛利鬼神王《もくりせつりきじんのう》に礼拝すれば賊による災害からのがれることができると説く。(大)二一

**ひゃくせんじゅ-だいじっきょう-じぞうぼさつ-しょうもん-ほっしん-さん　百千頌大集経地蔵菩薩請問法身讃**　一巻。地蔵本門法身讃、地蔵法身讃ともいう。唐の不空の訳。仏の法身を讃嘆しその法身より種々の秘密が顕われ出ることを説く密教経典。大集経・地蔵菩薩とは特に関係はない。(大)一三、[国]大集部五

**びゃくつい　白椎**　白槌とも書く。椎を打って事を告げしらせるという意味で、謹んで大衆に白《もう》すこと。白椎する人を白椎師といい、禅宗で祝国開堂《しっこくかいどう》（新たに住持となって寺に入ったものが、天皇の聖寿万歳を祈るために説法をする重大な儀式）の際、白椎師が椎をならして、「法筵竜象衆、当観第一義」などの偈を唱えて衆に告げる。椎（槌）はもと律院などで、大衆に告げる時に静粛にさせるために打つ器具。⇩槌砧《ついちん》

**ひゃくつう-きりがみ　百通切紙**　四巻。明伝の著（延宝九1681）。浄土顕要鈔ともいう。百余条の問答を設けて真宗の安心および行事を記したもの。なかには根拠のない間違った説もある。〔写本〕大谷大学蔵　〔刊本〕正徳三1713刊

**ひゃくはち-ぼんのう　百八煩悩**　煩悩の数を一〇八と数えるもの。その数え方には異説があって、(イ)十纏と九十八結。(ロ)六根が六塵の境を対象とするとき、それぞれに好・悪・平（非好非悪）の三があって一八となり、一々に染・浄の二つがあるから三六となる。これにそれぞれ過去・現在・未来の三種があって合わせて一〇八となる。(ハ)六根に苦・楽・捨の三受があって一八、また好・悪・平の三種があって一八、合わせて三六となり、これに過去・現在・未来の三を乗じて一〇八となる。寺院で朝夕百八の鐘（多くは略して一八）を撞くのは、この百八煩悩の睡りをさますことを意味するといわれる。除夜に一〇八を撞くのも同じ意による。その他、百八煩悩の数に随って百八念誦、百八の数珠、百八三昧、百八尊などという。

**びゃくほう　白法**　⇩黒法《こくほう》

**びゃくぼん-のう　白飯王**　(梵)シュクロークダナ Śuklodana (巴)スッコーダナ Sukkodana の訳。師子頬《ししきょう》（シーハハヌ Sīhahanu）王の二男または三男で、浄飯（スッドーダナ Suddhodana）王の弟。仏陀の叔父にあたる。跋提《ばつだい》・提沙《ていしゃ》の二子があったという。父名・子名などは文献によって多少異なる。〔参考〕大智度論三、起世経一〇、五分律一五

**ひゃくまんとう-だらに　百万塔陀羅尼**　奈良時代に造られた世界最古の印刷物。天平宝字八年764藤原仲麻呂の乱平定後、孝謙上皇の勅願により鎮護国家・滅罪のために一〇〇万基の木造三重小塔とその内部に納める相輪・根本等の陀羅尼の印刷物が造られ、宝亀元年770十大寺に分置された。その大半は失われたが法隆寺に数万基が残存し、現在調査が進められている。

**ひゃくまんべん-ねんぶつ　百万遍念仏**　浄土往生・死者追善・攘災招福などのために一〇〇万回念仏を唱えること。一人が七日あるいは一〇日と日を限って修する方法と、

多数の人々が大念珠をくりながら唱える方法とがある。念仏を一〇〇万回唱えることによって得る功徳を説いたものに木槵子経がある。この場合は仏陀・達摩・僧の名であるが、道綽禅師は念仏によって往生を願ったという。日本では平安時代中期以降、念仏の数量信仰が盛んとなり、貴庶の間に浸透した。三条天皇中宮藤原妍子が常に修していたこと(栄花物語)、後白河法皇が二百余度にわたって修したこと(法然上人行状絵図)など多くの文献に見える。京都の知恩寺は元弘元年1331後醍醐天皇の勅によって疫病を鎮めるために百万遍念仏を行って以来、たびたび勅命などによって修されたために百万遍を冠して称されるようになった。民間では彼岸・お盆・地蔵盆など年中行事の際、死者追善、また雨乞い、虫除けなどに行われている。

**ひゃくみ-の-おんじき　百味の飲食**　種種の美味な飲食物のこと。無量寿経巻上には極楽浄土には百味の飲食がおのずからにみちているとある。

**ひゃくゆ-きょう　百喩経**　四巻。南斉の求那毘地《ぐなびじ》(グナヴリッディ Gunavrddhi)の訳(永明一〇492)。教訓を含んだ譬え話九八話を大乗諸経典からぬき出して集めたもの。大部分が大衆のために説かれた笑話的な短い譬え話である。撰者は五世紀に中インドに住した大乗の論師僧伽斯那《そうぎゃしな》(サンガセーナ Saṅghasena)で訳者の師という。インドの説話集カター・サリット・サーガラ Kathā-sarit-sāgara(一一世紀)に本経と同種の説話がある。(大)四、国一本縁部七

**ひゃくり-くご　百利口語**　和讃。一遍の作と伝える。成立過程・年代ともに不詳。約一九〇句からなる長篇で、三悪道の苦悩、人生の無常をのべ、ついで念仏行者になったことに筆を転じ、その生活をのべ、最後に阿弥陀仏の悲願の広大なことを讃嘆したもので、時宗の教義を巧みにまとめている。一遍上人語録上巻、日本歌謡集成四〔註釈〕俊鳳・百利口語諺註

**ひゃく-ろん　百論**　二巻。提婆(アーリヤデーヴァ Āryadeva)の造、婆藪開士《ばすかいし》の釈。後秦の鳩摩羅什の訳(弘始六404)。竜樹(ナーガールジュナ Nāgārjuna)の弟子である提婆が、師の中論に則して無自性・空の教義を宣揚し、他の哲学・宗教諸派の説を論破する論書。漢訳のみが現存し、梵語原本およびチベット訳は伝わらない。同じ提婆の著に四百論があり、内容の綱格がこの百論とほぼ一致する。このため四百論の前半が百論に相当するという説あるいは四百論を要約して百論が成立したとする説、また逆に百論を増広して四百論ができたとする説などが生じたが、原典が存在しないこともあって両者の関係は確定できない。本書は批判の対象としてサーンキヤ、ヴァイシェーシカ、ニヤーヤなどの学説を数多く引用しているので、提婆の当時(三世紀頃)のインド哲学諸派の動向を知るうえでも重要である。中国では竜樹の中論・十二門論とともに三論宗の根本論書とされた。なお註釈著として名を掲げられている婆藪開士については、かつては世親(ヴァスバンドゥ Vasubandhu)と同一人物とする説もあったが今日では否定されている。(大)三〇、国一中観部一〔註釈〕吉蔵・疏三巻

**ひゃっぽう-みょうもん　百法明門**　菩薩が初地《じょじ》において得る法門。明は通達、門は入、差別の意。百法において明了に通達する智慧門という意である。その百法とは(イ)五位百法を指す。(ロ)種々の法門をいう。(ハ)十信にそれぞれ十信を具するから百法となる、など種々の解釈がある。

**ひゃっぽう-もんどう-しょう　百法問答抄**　九巻。著者・成立年とも不詳。法相宗の教義を述べた書。初学徒のために唯識論・百法論などの性相を平易に叙述する。著者については、興福寺香雲院勝超、同寺西室西座の法師小納言、薬師寺唯慧、菩提院蔵俊僧正など諸説がある。日蔵三三〔写本〕薬師寺蔵(室町時代写)、大谷大学蔵(長禄—文明年間1457—87写)〔刊本〕寛永九1632刊、慶安元1648刊、延宝二1674刊〔註釈〕印融・私図四巻、秀翁・拾捌要解一一巻、蓮阿・通考刪補九巻、聞証・私考九巻

**ひゆ　譬喩**　譬、或いは喩ともいう。教説の意味内容を理解しやすくするために、実例や寓話などを用いて説明すること。釈尊は説法に際して譬喩を巧みに用い、大乗・

小乗を通じて諸経論に多くの譬喩が説かれている。原始経典の分類法である十二部経には譬喩を説く一類を阿波陀那《あはだな》と称している。①譬喩には、一般には現在の事実を用いるが、時として仮設した事柄を用いることがある。また人の顔のうるわしさを満月に喩えるように眼前の小さいものを大きなものに比したり、或いは粗なるものによって細なるものに喩え、或いは一部または全体の類似から譬喩とするなど、種々の別がある。北本涅槃経巻二九師子吼菩薩品には、譬喩をその説き方から分類して八種に分ける。即ち、順喩(物の生起の順序にしたがって説く譬喩)・逆喩(順喩の逆)・現喩(現在の事実による譬喩)・非喩(仮設した事柄による譬喩)・先喩(喩えられる事項の先に喩を説く)・後喩(喩えられる事項の後に喩を説く)・先後喩(喩を先にも後にも説く)・遍喩(喩の全内容が喩えられる事項の全内容に契合する)の八である。②因明《いんみょう》(論理学)では命題(宗)の例証を喩という。即ち三支作法《さほう》においては、宗(すべてのSはPなり)、因(Mなるが故に)に次いで喩を立てる。これに「すべてのMはPなり、例えばeの如し」という同喩と、「すべての非Mは非Pなり、例えばe′の如し」という異喩とがある。③諸経論に見える著名な譬喩を挙げると次のようである。(イ)すべての現象的存在がことごとく実体のない空《くう》であることを示す譬喩。大品般若経巻一には十喩を説く(括弧内の説明は大智度論巻六)。即ち、(1)如幻喩《にょげんゆ》(魔術師が幻術であらわした種々の物のように、諸法は非実在ではあるが、しかも見聞してその相を識別できる。如幻仮有《にょげんけう》、如幻即空《にょげんそっくう》などの語もある)・(2)如焔喩(焔は陽焔、熱時焔、野馬ともいい、かげろうのこと。日光が照っている時、風に吹かれて塵埃が飛散し、曠野の中にかげろうがあらわれたのを見て水があるとするように、煩悩が諸行《しょぎょう》〔即ち因縁によって造られたもの〕に執着して、生死の曠野の中に男女などの相を起こし、人を愛着沈淪させる)・(3)如水中月喩《にょすいちゅうがつゆ》(水月喩ともいう。月は空にあって、ただその月影を水中に写すように、実相の月はさとりのそらにあるが、しかも凡夫の心中にはただ我・我所《がしょ》の相のみを現わす)・(4)如虚空喩《にょこくうゆ》(そらは名のみあって見ることのできないものであるにもかかわらず、われわれはそれは遠くに眺めて薄青色と見るように、凡夫は真実の智慧から遠ざかっているために実相を捨てて差別的な現象を見る)・(5)如響喩(やまびこのように諸法は空であるが、凡夫は実有とする)・(6)如犍闥婆城喩《にょけんだつばじょうゆ》(犍闥婆城は乾闥婆城とも書き、尋香城と訳す。蜃気楼のこと。無智の人は空《くう》である陰界入《おんかいにゅう》の中に我や諸法を見る)・(7)如夢喩(夢は覚めれば無であるように、煩悩《ぼんのう》の執われを離れ道を得れば諸法が空であることが知られる)・(8)如影喩《にょようゆ》(光影喩ともいう。我相や法相の影は煩悩が正見《しょうけん》の光を遮ることによってあらわれる)・(9)如鏡中像喩(鏡に写った顔の像は、鏡が作ったのでもなく、顔が作ったのでもなく、鏡に執われる者が作ったのでもなく、自然にできたものでもなく、因縁がなくてできたものでもないように、諸法は自作《じさ》・他作《たさ》・共作《ぐうさ》・無作《むさ》でなく空であるが凡夫を誑惑《おうわく》する)・⑽如化喩《にょけゆ》(諸天や仙人などが神通力《じんづうりき》により仮に変化《へんげ》して人間などの姿をあらわした者。即ち化人《けにん》には生滅苦楽がないように、諸法はみな空で生滅がない)。なお、大智度論巻六には、これは易解《いげ》の空によって難解の空を喩えたものであり、前の九喩は空を説いて諸法の有を破し、後の一喩は空不生不滅によって空を説くとする。十喩は諸種の般若部経典にも説かれるが若干の異同がある。また大日経巻一には幻・陽焔・夢・影・乾闥婆城・響・水月・浮泡・虚空華・旋火輪の十喩を説いて十縁生句と称し、これを観察するのを十縁生観、十喩観という。〈⇩十縁生句《じゅうえんしょうく》〉。(ロ)人間の肉体が空・無常であることを示す譬喩。維摩経巻上には十喩を説き、維摩経の十喩或いは十種喩身と称する。即ち、聚沫・泡・炎・芭蕉・幻・夢・影・響・浮雲・電の十喩で、古来その解釈は一様でなく、羅什は無常の喩とし、僧肇は空の喩とし、慧遠は前の五喩は別して五陰《ごおん》につき、後の五喩は通じて五陰について空を喩えたとする。なお諸経論には類似の譬喩を説くものが少なくない。旧訳の華厳経巻七には水沫・幻・野馬・水中月・夢・浮雲の六喩、羅什訳の金剛般若経には夢・幻・泡・影・露・電の六喩、菩提流支《ぼだいるし》訳の金剛般若経には星・翳・灯・幻・露・泡・夢・電・雲の九喩、摂大乗論本巻中には幻事・陽炎(陽焔)・所夢(夢境)・影像(鏡像)・光影・谷響・水月・変化の八喩(これは依他八喩という)などがある。依他起性《えたきしょう》を喩えたものであるから依他八喩という)などがある。また楞伽経巻二には、凡夫や外道《げどう》がものの真の相を知らずに迷うのを渇鹿陽焔《かつろくようえん》・乾闥婆城・夢中諸境・画像高下・翳目垂髪《えいもくすいほつ》・火輪非輪・水泡摩尼・水中樹影・明鏡色像・風水出声・日照洪浪・呪術機発の十二喩として説く。(ハ)仏陀一代の教化の次第を示す譬喩。旧訳の華厳経巻三四宝王如来性起品には、太陽が出て、まず諸大山王を照らし、順次に一切の大地にまで及ぶのを、仏が世に現われて、菩薩・縁覚・声聞と順次に素質能力の低いものにまで教化を及ぼすのに喩える〈⇩三照《さんしょう》〉。北本涅槃経巻一四聖行品には、牛から乳を出し、精製して順次に酪・生酥《しょうそ》・熟酥を得、ついに熟酥から諸薬の王である醍醐《だいご》を得るのを、仏から十二部経を出し、十二部経から修多羅《しゅたら》を出し、修多羅から方等経《ほうどうきょう》を出し、方等経から般若波羅蜜を出し、般若波羅蜜から大涅槃を出すのに喩える。本来この五味の喩は全仏教(十二部経)から漸次にその要をとり出して、涅槃経が要中の要であり、最も勝れた教えであることを示すものであるが、古来多く教化の次第を示すものとして、前の華厳経の三照の説と共に依用される。この場合、五味の解釈には異説が多いが、智顗《ちぎ》は五時に配当して、教えが説かれた順序、及びその教えをうける機(対象)が得る利益《りやく》、の二意から解釈して、華厳時(乳味)・阿含時《あごんじ》(酪味)・方等時(生酥味《しょうそみ》)・般若時(熟酥味)・法華涅槃時(醍醐味《だいごみ》)とし、法華経を前番五味中の後教後味、涅槃経を後番五味中の後教後味とする。また、化法の四教において、例えば蔵教では凡夫《ぼんぶ》は乳のようで須陀洹《しゅだおん》は酪のようで、斯陀含は生酥のようで、阿那含は熟酥のようで、阿羅漢と辟支仏《びゃくしぶつ》は醍醐のようであるように、蔵・通・別の三教におのおの五味があり、円教ではただ一味であるとする〈⇩五時八教《ごじはっきょう》〉。灌頂《かんじょう》は涅槃経会疏巻一三に種々な師の説を挙げ、また別に経によれば牛は涅槃経の教主、乳は戒聖行、酪は定聖行、生酥は四諦慧聖行、熟酥は二諦慧聖行、醍醐は一実諦慧聖行であるともしている。(ニ)三乗の断惑修行《だんなくしゅぎょう》(修行して煩悩をなくすること)に深浅があることの譬喩。優婆塞戒経巻一に、兎《と》・馬《め》・象《ぞう》の三獣が河を渡る喩を出している。これを三獣渡河、三獣渡水という。三獣は声聞・縁覚・菩薩の三乗、河水は十二因縁の理に喩え、兎は底に至らず、馬は底に至り或いは至らず、象は底を尽くすとする。なお法華玄義巻八下にはこれを通教の三乗になぞらえ、水は即空、底は不空を喩えるとする。(ホ)法華経に、仏陀は衆生の力に応じて種々不同な教えを説くが目的は同一の仏のさとりに至らせるためであることを示す譬喩と、法身《ほっしん》は不滅で普通であることを示す譬喩とが合わせて七つある。これを法華七喩という。(1)火宅喩。火宅三車の喩ともいう。譬喩品に見える。三界は五濁《ごじょく》・八苦などに悩まされて安住することができないのを、火災に遇っている家に喩え、三界(まよいの生活)に愛著している衆生《しゅじょう》を幼児に、長者を仏に喩える。宅中に遊ぶ幼児は苦や危険から脱出しようとしないから、長者は方便(てだて)を設けて、門外に子供らの望んでいた羊車(声聞乗)・鹿車《ろくしゃ》(縁覚乗)・牛車《ごしゃ》(菩薩乗)の三車(三乗)が待っているから屋外に出ようと誘い、門外に出て共に大白牛車《だいびゃくごしゃ》(一仏乗)に乗せて火宅をのがれさせたとする。なおこの譬喩で、方便の牛車と大白牛車とを同一のものと見なして三車とする三論宗や法相宗の立場を三車家《さんしゃけ》、方便の牛車とは別に大白牛車があるとして四車を数える天台宗や華厳宗の立場を四車家《ししゃけ》という〈⇩一乗《いちじょう》〔三乗〕〉。(2)窮子喩《ぐうじゅ》。長者窮子の喩ともいう。信解品に見える。長者の子でありながら幼くして流浪して自分の身分を知らず、卑賤であると信じている者を、父の長者が見つけて、あらゆる手段を講じて次第に嗣子であることを自覚させた。そのように、仏は自ら声聞と思っている者に種々に方便(てだて)を設けて菩薩としての自覚を持たせることを喩えたもの。⑶薬草喩。雲雨喩ともいう。薬草喩品に見える。薬草に大中小の不同があっても雲雨にうるおされるとすべて育って薬草としての効用をもつように、衆生に素質能力の差別があっても、如来《にょらい》の教化《きょうけ》をうければ等しくさとりに入り、大医王となってあまねくすべてのものを救い得るとの喩。天台宗では、如来の方便の法雨を受けるべき衆生を三草二木とし、小草を人天乗、中草を二乗、上草を蔵教の菩薩、小樹を通教の菩薩、大樹を別教の菩薩に配し五乗七方便人に喩えるとする。⑷化城喩。宝処化城の喩ともいう。化城喩品に見える。旅行者たちが五〇〇由旬《ゆじゅん》さきにある宝処(真実のさとりの世界)に到ろうとして中途で疲れてやめてしまった時に、すぐれた指導者が三〇〇由旬の所で仮に化城(方便のさとりの世界)をあらわして一たん憩わせ、その上でついに宝所に到らせるとの喩。⑸衣珠喩。繋珠喩ともいう。五百弟子受記品に見える。ある人が友人の所へ行って酒に酔って眠ったため、友人は旅行に出る時に宝珠をその人の衣の下に縫いつけてやった。その後、彼はそれに気づかないで貧苦に悩んだけれども、後日、友人に遇ってそのことを知り、その後はゆたかな生活をしたという喩。即ち二乗の人が過去世に大通智勝仏のもとで大乗の縁を結んだが、無明に覆われてさとることができず、いま如来の方便開示によって遂に一仏乗に入ることができたのに喩える。なお衆生が本来もっている仏性を喩えて衣裡の宝珠、衣内の明珠《えないのみょうじゅ》という。⑹髻珠喩《けいしゅゆ》。頂珠喩ともいう。安楽行品に見える。如来が法華経を説いて、すべての権教《ごんきょう》(方便の教え)を開会《かいえ》して一乗の実教を顕わし、二乗も必ず仏になれるとの証明を与えることを、転輪聖王《てんりんじょうおう》が髻《もとどり》にかくれて見えなかった珠を、解いて功臣に与えるのに喩えたもの。⑺医子喩。医師喩ともいう。如来寿量品に見える。二乗の人が、権教が方便であることを知らずに信じているのに対して、如来がてだてをめぐらして一乗に帰入させるのを、子供が知らずに毒薬を呑んで狂っているのに対して、父が妙薬を与えてその病を治すのに喩えたもの。(ヘ)法華開顕の趣旨を蓮華にことよせて説いた譬喩。智顗の法華玄義序王に説かれ、蓮華三喩、迹本三喩《しゃくほんさんゆ》という。即ち、法華経の迹門《しゃくもん》における施開廃、本門における垂開廃を、蓮の実(実と本とを喩える)とその華(権と迹とを喩える)とに喩えて、蓮の実のために華があり(為蓮故華)、華が開いて蓮の実が現われ(華開蓮現)、華が落ちて蓮の実ができる（華落蓮成）とする

| 迹門 | | 本門 |
|---|---|---|
| 為実施権 | 為蓮故華 | 従本垂迹 |
| 開権顕実 | 華開蓮現 | 開迹顕本 |
| 廃権立実 | 華落蓮成 | 廃迹立本 |

〈⇩開廃会《かいはいえ》〉。(ト)如来蔵の譬喩、如来蔵経には九喩を説く。⑴蕾の中に果実を結ぶはずの芯がかくされている。⑵蜜を守っている多くの蜂を追えば蜜が得られる。⑶籾殻を除けば精米が得られる。⑷不浄処に堕ちても純金はいつまでも変質しないから、その所在を知ればとり出して用いることができる。⑸貧家にある誰も知らない宝物は見つけるまでは役に立たない。⑹菴羅果《あんらか》の種は核の内にあって壊れず、地中に植えると大樹王となる。⑺純金で作った像をぼろにつつんで棄てておくと、知らない者は不浄と見る。⑻賤しい女が転輪聖王《てんりんじょうおう》を孕んでいても、自らは知らずに賤しい子だろうと思っている。⑼純金の像を鋳造して地上に倒して置けば、外面は黒くきたないが内質はかわらない。このようにすべての衆生は煩悩に覆われてはいるが本来きよらかな如来法身《にょらいほっしん》をもっているとする。なお北本涅槃経巻七如来性品の貧女宝蔵《ひんにょほうぞう》の喩は⑸に、四巻楞伽経巻一の大価宝垢衣《だいげほうくえ》の喩は⑺にあたり、前述の法華七喩のうち、衣珠喩《えしゅゆ》も如来蔵を喩えたもの⑴である。また北本涅槃経巻七には仏性《ぶっしょう》を喩えた額珠《がくしゅ》の喩がある。即ち力士が額に金剛珠をつけて相撲をしたところ、倒れたはずみに額に珠がくい入ったので、それに気づかず傷を治すために名医の診察を乞うた。しかし傷の原因が珠にあることを教えられ、鏡を見てはじめて珠のありかを知ったとい

う。このように、衆生自らは本来有する仏性を知らないが、仏に教えられてこれを知る。(チ)念仏三昧のすぐれていることの譬喩。観仏三昧海経巻一〇には、念仏三昧を長者の閻浮檀金《えんぶだんごん》、王の宝印、長者の如意珠、仙人の誦呪、力士の明珠、劫尽時の金剛山に喩える。(リ)人間の肉体の無常なことを示した譬喩。維摩経巻上に「この身は丘井の如し」とある。即ち、「王に罰されるのを怖れて逃げた人を、王は酔象に追わせた。その人は丘にある枯井戸に遁れ、中途にある腐草につかまった。下には悪竜が毒を吐き、そばには五匹の毒蛇が危害を加えようとしている。黒白二匹の鼠は腐草を噛みきりつつあり、上からは象がのぞきこんでいる。彼は非常に怖れたが、その時、頭上の樹から蜜が口中に滴り落ちたので、その甘さに酔い痴れて一時的に恐怖をまぎらわせた」という寓話は、丘井とは生死、酔象とは無常、悪竜とは悪道、五の毒蛇とは五陰、腐草とは命根、黒白二鼠とは黒月・白月、蜜滴とは五欲の楽に喩えたものとする（註維摩経巻二）。これを浄名経（維摩経）の七喩ということがある。なお他の諸経にもこの喩があり、二鼠嚙藤《にそふじをかむ》の喩ともいい、後世、絵画化される場合、多く象を虎に代えて描いて、無常の虎と称し、また二鼠を月日の鼠と称することがある。(ヌ)衆生の貪瞋煩悩中に清浄な願往生心が生まれる譬喩。善導の観経疏散善義に出ている。群賊悪獣に追われた人が西に向かって逃げてゆくと、たちまちに水火の二河の中間に幅が四・五寸の白道《びゃくどう》があるのに出会った。進むも止まるも退くも一つとして死を免れないことを知って、絶対絶命になったときに、東岸からは「心を決めて白道を往け」とすすめられ、西岸からは「一心に正念してただちに来たれ」と招く声を聞いた。彼は疑わずに白道を渡って西岸に至り幸福を受けたという。水河は衆生の貪愛《とんない》に、火河は衆生の瞋恚《しんに》に、白道は清浄な願往生心に喩え、東岸の釈迦牟尼仏のすすめ（発遣）、西岸の阿弥陀仏のまねき（招喚）によって、衆生は清浄な願往生心を生じて浄土に生まれることができることを示す。これを二河白道《にがびゃくどう》の喩、二河譬《にがひ》という。(ル)その他、しばしば用いる譬喩に、師子身中の虫（仁王経巻下に見える。略して師虫ともいう。獅子は猛獣であるから、死んでも他の獣はそれを食べないが、かえって自らの身中にわくうじ虫がその肉を食べることを、仏法の中に在りながら仏法を破滅する者の喩とする）、盲亀浮木《もうきふぼく》（雑阿含経巻一五をはじめ、諸経論に見える。大海中に無量歳の寿命をもつ片目の亀がいて、一〇〇年に一度しか頭を出さない。その亀が、海中にただよっていて、しかも孔が一つしかない浮木の、その孔にであうのは極めて稀なように、人間としてこの世に生を享け、また仏に遇って仏法を聞くことは極めて稀な、貴ぶべきことであるのをいう）などがある。

**ひゆ-きょう　譬喩経**　一巻。唐の義浄の訳（景竜四〔710〕）。仏が勝光王のために説いた譬喩。広野で狂象に追われた旅人が樹根にすがって空井戸《からいど》に隠れる。黒白の鼠が現われて樹根をかじり、井戸の周りには蛇、井戸の底には毒竜がこの人を狙っている。その中で旅人は樹根の蜂の巣から滴る蜜の味に心を奪われて身の危害を忘れているというもの。旅人は異生すなわち凡夫、象は無常、井戸は生死、樹根は命、二匹の鼠は昼夜、蛇は四大、竜は死、蜜は五欲をそれぞれたとえている。類似の譬喩は維摩経などにも見られる。（大）四

**ビュルヌフ　Burnouf, Eugène**　（1801—52）フランス東洋学初期の巨匠。言語学者ルイ・ビュルヌフの子。二六歳で Essai sur la Pali（パーリ語論1826）を著わした。エコル・ノルマル（1829—32）、コレジュ・ド・フランス（1832—52）の教授を歴任、またフランス・アジア協会を設立した。インド学の方面では主としてプラーナの研究に携わり、バーガヴァタ・プラーナの本文およびフランス語訳（Le Bhāgavata Purāṇa, un histoire poétique de Krishna 1844—44）を刊行して、ヨーロッパにおけるプラーナ研究の先鞭をつけた。仏教に関しては Introduction à l'histoire du Bouddhisme（インド仏教史序論）や梵文法華経のフランス語訳（Lotus de la bonne loi, 1852）を刊行して、

仏教研究の礎石をきずいた。特に後者は言語学的に厳密な梵語仏教文献の翻訳としてヨーロッパで最初のものである。またゼンド語を研究して Commentaire sur la Yaçna（ヤスナ註解1833―34）や Études sur la langue et sur les textes Zendes（ゼンド・アヴェスタの言語および原典の研究1840―50）を発表してゾロアスター教をヨーロッパに紹介した。門下にミュラーM. Müller, スナールÉ. Senart, レヴィ S. Lévi らが輩出した。

**びょう　瓶**　缾とも書く。陶器、または金属で作った容器。①㊵カラシャ kalaśa の訳。迦羅奢《からしゃ》と音写する。香水などを盛って仏・菩薩《ぼさつ》を供養するのに用いる。常に財宝を貯え、他の願いに応じてこれを分け与えて満足させるから徳瓶、如意瓶、満瓶などという〈⇩賢瓶《けんびょう》〉。②㊵クンディカー kuṇḍikā の訳。⇩軍持《ぐんじ》

**ひょうぎ-みょうごん　表義名言**　⇩顕境名言《けんきょうみょうごん》

**ひょうせん　表詮**　⇩遮詮《しゃせん》

**ひょうちゅう-じ　表忠寺**　韓国慶尚南道密陽郡載薬山。新羅興徳王四年829黄面の創建。李朝粛宗四一年1714坦英・道閑が再建。泗溟大師（1544―610）の忠勲を追慕するための祠堂がある。表忠寺青銅含銀香垸は最古の高麗の香爐である。〔参考〕韓国寺刹全書下

**びょうどう　平等**　差別のないこと。釈尊は階級的差別を否定して四姓《ししょう》平等を説き、また諸経論には、仏法僧の三宝や心・仏・衆生の三法などがその本質において差別のないことを説いて平等とし、或いは本体界の相貌を顕わして空《くう》平等、真如《しんにょ》平等などという。また仏を平等覚、自性法身《じしょうほっしん》を平等法身、一乗《いちじょう》の法のみがあると示す仏の智慧を平等の大慧、あまねくすべてに差別のない愛を平等の大悲、すべてのものが平等である真理をさとり、差別の見解を起こさない心を平等心などという。⇩差別《しゃべつ》

**びょうどう-いん　平等院**　京都府宇治市宇治蓮華。朝日山と号し、天台・浄土宗系の単立寺院。永承七年1052藤原頼通の創建で、三井円満院の明尊を開山とする。この地はもと源融《みなもとのとおる》の別荘で、のち藤原道長を経てその子頼通が譲りうけて寺とした。即ち天喜元年1053仏師定朝《じょうちょう》に本尊阿弥陀像を造らせ、同四年法華堂が、康平四年1061には藤原寛子の御願によって多宝塔が完成し、藤原氏の全盛と共に大いに栄えたが、治承四年1180源頼政がここで平氏と戦い、数回の兵火によって衰運に向かい、特に建武の兵火で諸堂の多くを焼失したが、幸いに鳳凰堂・鐘楼・釣殿は難を免れた。明応年間1492―1501浄土宗の栄久が入って以来天台・浄土両宗に属し、天台宗最勝院・浄土宗浄土院の両塔頭が交互に寺務を司った。〔国宝〕鳳凰堂、鳳凰堂中堂壁扉画（板絵著色）、木造阿弥陀如来坐像、同雲中供養菩薩像ほか〔重文〕観音堂ほか〔参考〕栄花物語四（、雍州府志五

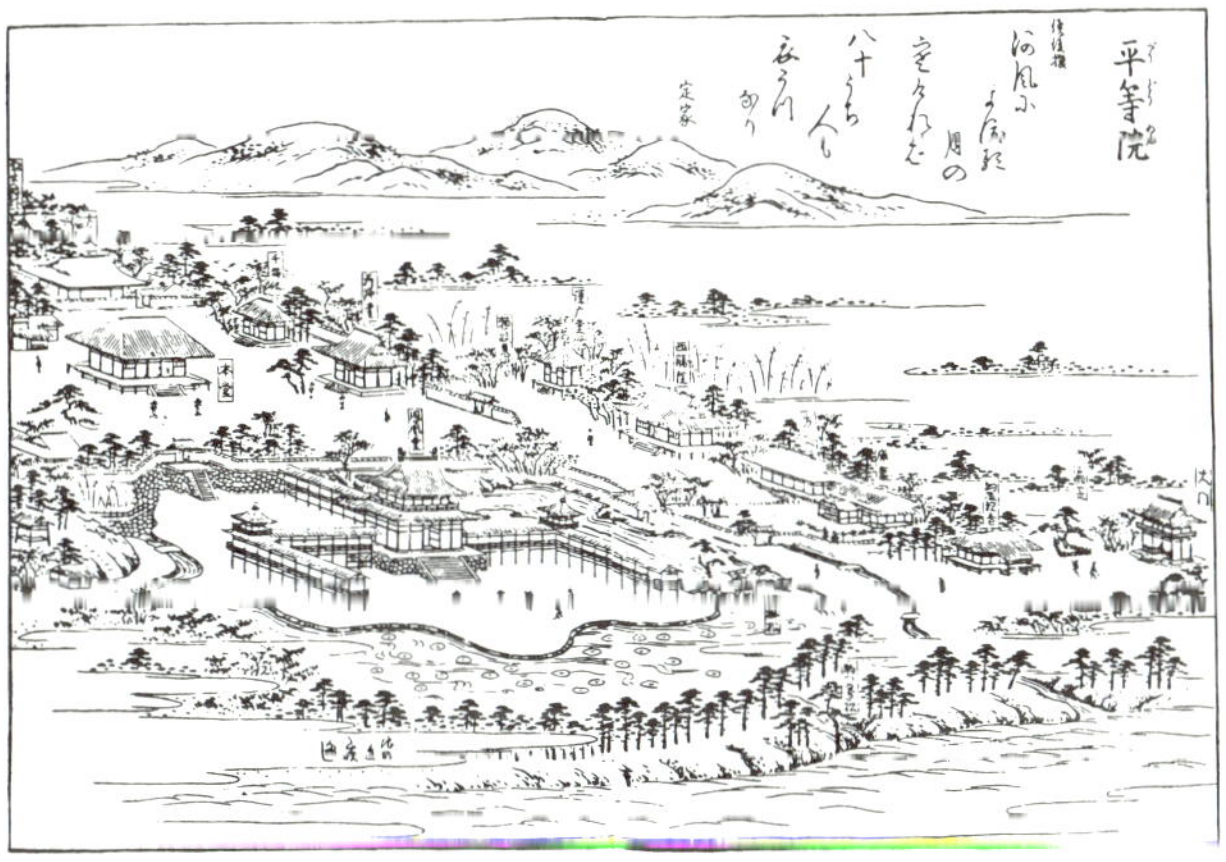

宇治平等院（都名所図会）

**びょうどう-がく-きょう　平等覚経**　⇩無量寿経《むりょうじゅきょう》

**びょうどう-じ　平等寺**　京都市下京区松原通烏丸東入因幡堂町。福聚山と号し、真言宗智山派。三国伝来日本三如来の一といい、俗に因幡堂《いなばどう》また因幡薬師と呼ばれる。長徳二年997国司橘行平が任地の因幡国賀露津の海中から薬師仏を得、長保五年1003私邸にその像を安置したのに始まると

いう。開基は子の光朝とし、承安元年1171高倉院の勅額を賜り、平等寺と称したという。現堂宇は元治の兵火後、明治一九年1886に再建。本尊の薬師仏は応仁の乱以前から七仏薬師の一として治病・安産などに効験があるとされ、乱後も薬師詣として六角堂詣と共に庶民の信仰を集めた。〔重文〕木造薬師如来立像、同如意輪観音坐像、同釈迦如来立像〔参考〕山城名勝志八

**ひょうとく　表徳**　⇩遮情《しゃじょう》

**ひょうびゃく　表白**　法会《ほうえ》や修法《しゅほう》の際にその趣旨やねがいなどを仏前に申しのべること。啓白《けいびゃく》ともいい、また法会の始まりに行うから開白《かいびゃく》、開啓などともいう。もとインドの呪願に由来するといわれ、古くは唱導と同じ意とされた。

**ひょうぼう　縹帽**　くわしくは縹帽子《はなだぼうし》といい、縹冒とも書く。俗に華帽子《はなのぼうし》、また単に帽子《もうす》ともいう。薄い水色(はなだ色)の帽子の意。もとインドで寒時に比丘《びく》が頭を包むことを許されたのに基づくようであるが、古来天台大師智顗《ちぎ》が隋の煬帝《ようだい》(楊広)に菩薩戒を授けたとき、厳寒であったので帝が自己の縹袖を解いて大師の頭を包んだのに由来すると伝え、日本では最澄または空海から始まるとする。後世には、天台・真言などの諸宗で装束の一とし、一定の資格のものに着用することを許した。現今では多くは純白のものを用い、また頭を包まず頸からかけて胸に垂らし、頸巻のような形式のものになった。複縫のものが正式でこれを本帽子、単縫のものを半帽子といい、また縹帽子を裏頭《かとう》ということもある。⇩帽子《もうす》

**ひょうり-もんどう　表裏問答**　三巻。甫顔の著。成立年不詳。東西両本願寺分派のことを叙述したもの。著者は西本願寺系の人で、表裏とは西本願寺と東本願寺とをいう。この他、両本願寺分派のことを西本願寺系から叙したものに知空の金鍮記《こんちゅうき》一巻、淳応の温泉名譚《おんせんめいたん》一巻と東林更鳴集《とうりんきょうめいしゅう》五巻、大谷本願寺嫡庶実記《ちゃくしょじつき》一巻などがある。これに対して東本願寺系でも翻迷集二巻、叢林集二巻(恵空)、本願寺由緒記五巻、七条鑑《しちじょうかがみ》一巻などを撰して、これらの所説に反論している。真全五六〔刊本〕寛永一五1638刊

**ひよし-たいしゃ　日吉大社**　滋賀県大津市坂本本町。全国日吉山王三千八百余社の本社。延喜式内の名神大社。古くは山王権現、日吉二十一社などとも呼ばれた。日吉は、比枝《ひえ》―比叡―日吉《ひえ》と変わり、文字に引かれて「ひえ」を「ひよし」ともいうようになった。古く比叡山の地主神を祀ったのに発すると考えられ、その後、天智天皇七年668大和国三輪神(大国主神)の降臨を得て、前者を小比叡《おびえ》神、後者を大比叡《おおびえ》神と称したという。また三輪神は最澄が勧請したものといわれている。平安時代初頭には大小比叡神が整い、延暦寺の建立とともにその鎮守神となり、この頃から山王と号した。平安中期には五社神を合祀して山王七社(大比叡神＝大宮・小比叡神＝二の宮・聖真子・八王子・客人《まろうど》・十禅師・三の宮)となり、同後期にはさらに二〇社(従来の七神を上七社とし、大行事・牛御子・新行事・下八王子・早尾・王子・聖女を中七社、小禅師・大宮竈殿・二宮竈殿・山末・巌滝・気比・剣宮を下七社とする)となって、いずれも本地仏が定められ神仏習合思想を発達させた。天台宗の発展と併行して日吉山王も隆盛を極め、長暦三年1039二十二社の列に加わり、永暦元年1160には京都に新日吉《いまひよし》社が勧請された。平安末期には荘園八〇カ所に及び、この頃から室町時代にかけて延暦寺の僧兵はしばしば山王の神輿を担いで朝廷に強訴した。中世、山王神道はさらに発達し、本地垂迹説を取り入れた山王曼荼羅図などが多く描かれ、特にその神道理論は鎌倉・南北朝の頃に耀天記・山家要略・渓嵐拾葉集などの著が出て急速に整備された。室町時代、日吉本記・厳神鈔・日吉山王利生記など多くの神道書があらわれるが、江戸時代に入り天海により山王一実神道を通称するに至る〈⇩山王一実神道《さんのういちじつしんとう》〉。なお、中世では山王信仰は、特に日吉社の神獣である猿との関わりで庚申信仰と習合して種々の縁起を生みつつ民間に浸透していった。社殿は元亀二年1571織田信長の叡山

焼打で全焼したが、のち豊臣秀吉により造営され今日に至る。その形式を日吉造或いは聖帝造《しょうだい》といっている。明治元年1868の神仏分離に際して神道者によって社内の仏像経巻のことごとくは焼却され、同四年天台宗を離れて官幣大社となった。現在の主神は東本宮に大山咋《おおやまぐい》神、西本宮に大己貴《おおなむち》神を祀る。〈⇩比叡山《ひえいざん》〉〔国宝〕東本宮本殿及び拝殿、西本宮本殿及び拝殿〔重文〕牛尾神社本殿、宇佐宮本殿及び拝殿ほか〔参考〕日吉山王利生記（続群二下）、日吉社神道秘密記（群書二）、官幣大社日吉神社大年表

**ひらの-ごがく　平野五岳**　（文化六1809－明治二六1893）真宗大谷派の僧。名は岳。法諱は聞恵。竹邨、古竹園と号す。五岳は字。豊後日田（現大分県）の人。広瀬淡窓の咸宜園に学び、詩文・南画・書に長じ、五岳の三絶といわれた。著書、五岳詩鈔、続五岳詩鈔など。〔参考〕五岳翁小伝

**ひらまつ-りえい　平松理英**　（安政二1855－大正五1916）明治維新の護法家。真宗大谷派の僧。東京正徳寺の住持。大正一三年擬講を追贈。著書、三河大浜廻瀾始末、教海美譚など。〔参考〕大谷派先輩著述目録補遺（続真系二〇）

**びらんにゃ　毘蘭若**　㊁ヴェーランジャー Verañjā ㊵ヴァイランジャー Vairañjā の音写。町の名。仏陀はここでバラモンたちに説法した。また阿耆達多《あぎだった》（アッギダッタ Aggidatta）というバラモンの招きでこの町を訪れたが、阿耆達多がそのことを忘れたため、仏陀は飢饉にあって三カ月間馬麦を食したという。〔参考〕Aṅguttara-nikāya IV, Vinaya-piṭaka Pārājika I, Dhammapadaṭṭhakathā II.

**びらんぷう　毘嵐風**　毘嵐は㊵ヴァイランバカ vairambhaka の音略を含めた訳で、また吠嵐婆《べいらんば》、毘藍婆、鞞嵐婆、毘藍とも書き、迅猛、恒起、旋と訳す。宇宙成立の始まり（劫初）と終り（劫末）とに起こるとされるはげしい大嵐。

**ビール　Beal, Samuel**　（1825－1889）イギリスの中国学者。海軍の布教師となって中国に渡り、帰国後ロンドン大学教授となる。著書に Catena of Buddhist scriptures from the Chinese（漢訳仏教聖典抄訳1871）、The Buddhist Tripitaka as it is known in China and Japan（明蔵一切経解題1876）、On Buddhist literature in China（中国の仏教文献1882）、Buddhism in China（中国の仏教1884）などがあり、その他、仏国記及び渡天記（1869）、法句経（1873）、仏所行讃（1883）、西域記（1884）、慈恩伝（1888）などの翻訳を行った。

**びる-じ　毘盧寺**　中国南京（江蘇省江寧府）にある。清の穆宗の同治年間1862－74、太平天国の乱の戦没者慰霊のために建立。

**びるしゃな-さんまじ-ほう　毘盧遮那三摩地法**　一巻。詳しくは金剛頂瑜伽修習毘盧遮那三摩地法という。唐の金剛智の訳（開元一九731－二四）。金剛界毘盧遮那如来の三摩地を修習する法を説く。金剛頂瑜伽中略出念誦経など同類の諸経とともに、もともと十万頌あったといわれる金剛頂経の中から、抄訳されたものらしい。㊅一八、国一密教部二

**びるしゃな-ぶつ　毘盧遮那仏**　㊵ヴァイローチャナ Vairocana の音写。毘盧舎那、盧舎那、遮那などとも音写し、光明遍照、広博厳浄、遍一切処と訳す。もとは太陽の意で、仏智の広大無辺なことを象徴した仏。華厳経の教主。華厳経によれば、この仏は無量劫海に功徳をおさめて正覚を成じ、蓮華蔵世界に住して千孔から化身の雲を出し、無量の経典を説いたといわれる。梵網経によれば、蓮華台世界に住して千葉百億の大小釈迦を化現して、菩提の心地法門を説くという。法相宗では、毘盧舎那・盧舎那・釈迦を自性身・受用身・変化身とし、天台宗では、法身・報身・応身の三身に配して毘盧舎那と盧舎と盧舎那を区別する。しかし華厳宗では、毘盧舎那と盧舎那とは具略の別だけでともに報身仏とする。真言宗でも三身を区別することがあるが、区別しないで理智不二の如来と同体とすることが多い〈⇩大日如来《だいにちにょらい》〉。〔参考〕旧華厳経四名宝品、新華厳経二如来現相品、大日経一住心品、法苑義林章七、法華文句二五、華厳探玄記三、理趣釈上

**ビルマ　Burma**　インドシナ半島の西部にあり、現在はミャンマー共和国。古く

は中国で驃、蒲甘と呼び、緬甸ともいった。ビルマ人をはじめシャン人・カレン人・タライン人など多様の民族からなる。仏教が伝来した年代は明らかでないが、アショーカ王が伝道師を派遣した金地《こんじ》国（スヴァンナブーミ Suvannabhūmi）はビルマ東南岸からマライ半島北部の西海岸を指すようである。古くからインド文化が伝わり、四—五世紀頃には説一切有部系の仏教や南方上座部系の仏教が行われ、ついで大乗仏教とくに密教が弘まり、一時は左道密教的な堕落した状態を示したが、パガン王朝を創めたアノーラータAnawrahta王（1044—77在位）は密教的仏教を排して南方上座部を公的に信奉した。その後二四〇年間にわたるパガン王朝では仏教がきわめてさかんで、寺院や仏塔（パゴダ）が多く造られ、全盛期には三千ないし五千のパゴダがあり、一万三千近くの僧侶がいたという。パガン王朝が中国の元軍のために滅ぼされて（1287）以後、短期の諸王朝が現われ、その間にダンマチェーティ Dhammaceti王（1472—92在位）はセイロンから大寺派の法灯の伝授をうけて教国の浄化と統一を図った。その後、ペグ王朝、アラウンパヤ王朝が興ったが、イギリスの侵略をうけて三次にわたるビルマ戦争の後、一八八六年英領インド帝国の州となった。一九三七年インドから離れ、一九四八年独立した。

**びるり-おう**　**毘瑠璃王**　(梵)ヴィルーダカ Virūḍhaka (巴)ヴィドゥーダバ Viḍūḍabha の音写。毘盧宅迦《びるたか》、毘盧釈迦とも音写し、瑠璃王、瑠璃太子、悪生王ともいう。波斯匿《はしのく》王の子。太子の時、母が釈迦族の下賤の出身であると罵られ、王位についてから釈迦族を滅ぼした。のち水死したという。〔参考〕増一阿含経二六、琉璃王経、賢愚経三・一二

**ヒレブラント**　**Hillebrandt, Alfred**（1853—1927）ドイツのインド学者。ブレスラウ大学教授。イギリス・インドに遊学して帰国、同大学総長に二度推された。ヴェーダ、サンスクリット学に関する研究論文が多く、ヴェーダ文献に属するシャーンカーヤナ・シュラウタスートラ Śāṅkhāyanāśrautasūtra（1885—99）、アーパスタンバ・グリヒヤスートラ Apastamba-gṛhya-sūtra（1882—97）、および戯曲ムドラーラークシャサ Mudrārākṣasa（1912）の原典を刊行したほか、Varuṇa und Mitra（ヴァルナとミトラ 1877）、Vedische Mythologie（ヴェーダ神話・三巻 1891—1902）などを著わした。

**ひろかわ-でら**　**弘川寺**　大阪府南河内郡河南町弘川。竜池山瑠璃光院と号し、真言宗醍醐派。天智天皇の勅願により役小角《えんのおづぬ》の開創という。葛城《かつらぎ》七坊の一。行基・空海などに関する種々の伝承があるが、西行が当寺で没した。寛正二年1461畠山氏の兵火にあい、諸堂を焼失。近世、似雲が西行の墓域を定め、堂舎を建立した。

**ひろさわ-りゅう**　**広沢流**　東密事相根本両流の一つで、小野流に対する。円成寺の益信を始祖とし、宇多法皇・寛空をへて寛朝が京都嵯峨の広沢に遍照寺を創建して法流を宣揚した。のち寛助の付法覚法・信証・永厳・聖慧・寛遍・覚鑁により仁和寺御流・西院流・保寿院流・華蔵院流・忍辱山流・大伝法院流の六派に分かれ、この六派を総じて広沢六流と称する。

**ピンガラ**　**Piṅgala**　⇩青目《しょうもく》

**ひんじゃ-の-いっとう**　**貧者の一灯**　貧女の一灯ともいい、貧者が誠心をもって捧げた一灯は、長者の万灯よりも功徳が大きいことをいう。阿闍世王授決経や賢愚経巻三貧女難陀品に出ている説話に基づき、供養は物の多少によらず一心にまごころをこめるのを貴ぶの意。⇩灯明《とうみょう》

**ひんずい**　**擯出**　(梵)プラヴラージャナ pravrājana またはナーシャナ nāśana の訳。滅擯、駆擯、駆出、駆道、擯治駆遣《ひんちくけん》、擯ともいう。戒を犯した比丘《びく》、沙弥《しゃみ》などの出家者に対する罰の一種で、教団から追放して僧衆と起居などを共にさせないこと。これに懺悔するまでこらしめのために一時的に追放する一時擯と、悔い改めないために生涯にわたって追放する尽形寿擯《じんぎょうじゅひん》とがある。重い罪に対する罰であり、擯出するとき及び解擯（追放を解く）の際には羯磨《こんま》を行う。比較的軽い罪に対する罰

は黙擯《もくひん》（梵檀《ぼんだん》）といわれ、犯した比丘は他の比丘から談語してもらえないだけにとどまる。⇩梵檀

**びんずる　賓頭盧**　詳しくは賓頭盧頗羅堕《びんずるはらだ》という。㊵㊴ピンドーラ・バーラドヴァージャ Piṇḍola Bhāradvāja の音写。十六羅漢の一。憍賞弥《きょうしょうみ》（コーサンビー Kosambī）国王の大臣の子で神通に長じていたが、その行為のために仏陀から叱責され退けられて閻浮提《えんぶだい》を去り、西牛貨洲《さいごけしゅう》にあって人々を教化したという。また別伝によれば、神通を不用意に用いたため仏陀の叱責をうけ、正法が隠没しない限り入涅槃しないよう命じられた。このため香酔山（ガンダマーダナ Gandhamādana）に住し、のちに阿育（アショーカ Aśoka）王の請により華氏城（パータリプトラ Pāṭaliputra）に現れたという。優婆塞《うばそく》となった国王や長者は彼によく食などの供養をし、中国ではその像を食堂に安置してまつった。日本ではその像を寺院の外陣《げじん》や回廊に安置し、病者が患部に相応する像の部位をなでると治癒するという俗信があった。〔参考〕賓頭盧突羅闍為優陀延王説法経、十誦律三七、三摩竭経、高僧伝五、法住記、阿育王経三、阿育王伝二

**びんずるとつらじゃーいうだえんおうせっぽうーきょう　賓頭盧突羅闍為優陀延王説法経**　一巻。劉宋の求那跋陀羅の訳（元嘉一二―二〇〈435―43〉）。優陀延王の大臣であった賓頭盧突羅闍が出家得道してのち、王のために五欲はすべて苦の本であるから速やかに欲を離れよと説く。㊅三二、国一論集部五

**ヒンドゥーきょう　ヒンドゥー教　Hinduism**　インドの民族宗教。バラモン教を基盤とし、さまざまな土着の民間信仰を融合して、紀元後数世紀の頃にほぼ成立した。狭義の宗教だけでなく、人間生活全般を規定する制度・習俗をも含めてヒンドゥー教とよぶ。教義・思想は多種多様で、明確な体系をもたず、きわめて混沌とした様相を呈する。神格としてはヴィシュヌ Viṣṇu, シヴァ Śiva, ブラフマー Brahmā の三神が重要であるが、この他にも多数の神々が崇拝される。これらの神格の多くは仏教にもとり入れられ、多くは護法神としての性格を与えられている。どの神を主神とするかにより多くの宗派が生じたが、ヴィシュヌ派とシヴァ派とに大別され、それぞれがさらに多数の宗派に細分される。バラモン教と同じくヴェーダ Veda の権威を絶対視するほか、マハーバーラタおよびラーマーヤナの二大叙事詩、プラーナ Purāṇa, マヌ法典などの法典類が聖典とされた。また各宗派でそれぞれの教義をまとめた聖典も編纂され、サンヒター saṃhitā, アーガマ āgama, タントラ tantra などの名で呼ばれる。現在インドの総人口の八〇《パーセント》以上がヒンドゥー教の信徒とされる。

**びんばーか　頻婆果**　頻婆は㊵ビンバー bimbā の音写で相思と訳す。鮮赤色のウリ状の果実を結ぶ樹の名。その果実を頻婆果といい、赤い色の喩えとされる。

**びんばしゃらーおう　頻婆沙羅王**　㊵㊴ビンビサーラ Bimbisāra の音写。略して萍沙《びょうしゃ》王ともいう。仏在世の頃の摩掲陀《まかだ》（マガダ Magadha）国王で王舎城の主。仏陀に帰依して仏教を保護し、経典中によく登場する。その子阿闍世《あじゃせ》（アジャータシャトル Ajātaśatru）に殺された。〔参考〕有部毘奈耶出家事一、修行本起経下、中阿含経一一・二五

**びんらーじゅ　頻螺樹**　頻螺は㊵ビルヴァ bilva の音写で毘羅婆《びらば》、毘利婆、比羅、避羅とも書き、莿と訳す。マルメロに似た植物で、ヒンドゥー教徒は聖樹として尊敬する。

## ふ

**ファウスベル　Fausbøll, Michael Viggo**　（1821―1908）デンマークの言語学者。コペンハーゲン大学教授。インド古代語学に秀で、とくに当時未開拓であったパーリ語聖典の研究に不朽の功績を残した。またマハーバーラタなどに精通してインド神話

についての研究、民俗学についての業績もある。主要な業績として、パーリ語法句経(ダンマパダDhamma-pada)の原文校訂にラテン語訳・註釈を付して刊行した(1885)ほか、ジャータカJātakaの本文校訂(七巻1877―97)、経集(スッタ・ニパータSutta-nipāta)の本文校訂(1884)・英訳(1881)・索引(1894)などがある。その門下にアンデルセンD. Andersen、トレンクナーV. Trenckner がいる。

**ファーガソン Fergusson, James** (1808―1886)イギリスの実業家、建築家。実業家としてインドに五十余年在住し、のちにインド考古学、建築史の研究を行う。Ancient architecture in Hindostan(インド古建築1848)、Tree and serpent worship(樹竜崇拝1866)など多くの著述がある。プーナに彼の名を冠したFergusson College がある。

**ふあん 普庵** (北宋の政和五1115―南宋の乾道五1169)南宋代初期の禅僧。姓は余氏。諱は印粛。袁州宜春(江西省宜春県)の人。楊岐五世の牧庵法忠の法を嗣ぎ、袁州慈化寺に住し、多くの神異があった。普庵寂感妙済真覚昭貺大徳恵慶禅師と諡し、俗に伽藍・除災・航路の守護神とされる。語録三巻がある。〔参考〕普庵年譜、仏祖歴代通載二〇、補続高僧伝一九、禅林象器箋霊像門

**ぶあん 豊安** (天平宝字八764―承和七840)唐招提寺の僧。三河の人。如宝律師について学び、弘仁六年815唐招提寺五世を継いだ。平城上皇に菩薩大戒を授け、その帰依を受けて同寺を復興し承和二年835大僧都に補された。また諸国に放生池を造って慈悲行を勧めた。著書、戒律伝来記三巻、招提本源流記三巻。〔参考〕本朝高僧伝五七、元亨釈書一三、律苑僧宝伝一〇

**ふい 怖畏** おそれること。旧訳の華厳経巻三四には、真理をさとらない衆生には不活畏(生活の不安)・悪名畏(名誉を損う不安)・死畏(命終畏)・悪道畏(悪趣畏。地獄などの悪趣に堕ちる不安)・大衆威徳畏(怯衆畏。自信がなく大衆の前に出るのを怖れる)の五怖畏(五恐怖《ごくふ》)があると説き、これを離れるのを五離怖畏という。有学・無学の聖者には小怖畏はあっても大怖畏はなく、仏に至ればこれを全く離れるとされる。また財物を施す心のうち、なくなることをおそれるより施した方がよいと考えて布施するのを怖畏施といい、八施の一に数える。

**フィノー Finot, Louis** (1864―1935)フランスの東洋学者。はじめ中世フランス史を研究したが、のちレヴィS. Léviのもとで梵語を学び、インド・東南アジアの研究に従事した。サンスクリット・パーリ語文献に関する研究のほかインドシナの研究にも多くの業績を残した。護国尊者所問大乗経の梵本校訂(Rāṣṭrapāla-paripṛcchā, sūtra du Mahāyāna, 1901)、パーリ文ミリンダパンハ Milindapañha のフランス語訳(Les questions de Milinda, 1923)、ボーディチャルヤ・アヴァターラ Bodhicaryāvatāra(菩提行経)のフランス語訳(La marche à la lumière, 1930)のほか、Inscriptions du Cambodge(カンボジアの碑文1926―31)などの著書がある。

**ふう 風** ①四大種の一。②一般に風《かぜ》のこと。例えば極楽の荘厳《しょうごん》の一として八種清風《しょうふう》が挙げられるが、これは自然に清らかな風が八方から起こること、或いは八種の勝れた物質をもった風のこと。③人の体内にあると考えられる一種の気息、活風、或いはエネルギーのようなもの。バラモン教や、数論《すろん》(サーンキヤ)学派などではこれに次の五風を数える。数論の解釈ではプラーナprāṇa(呼吸)・アパーナapāna(おそるべきを見て縮避する風)・ウダーナudāna(自分が他より勝れていると する風)・ヴィヤーナvyāna(身内にあまねく満ちて、それが身を離れれば死ぬ風)・サマーナsamāna(心身をたもちささえる風)。④譬喩として用いる。⇨八風《はっぷう》

**ふう 普雨** ( ―明宗二〇1564)李氏朝鮮の僧。号は懶庵。室号は虚応堂。明宗六年奉恩寺の住職となり、仏教教団の復興に貢献するところが大きかったが、同二〇年儒臣の讒訴によって済州島に流され、その地で没した。著書、虚応堂集三巻、水月道場空花仏事如幻賓主夢中問答一巻、勧念要録一巻など。〔参考〕明宗実録

**ふうじゅ**　**諷誦**　経文・偈頌などを声をあげて読むこと。仏事の際に諷誦する要文を諷誦文《ふうじゅもん》という。

**フェノロサ**　**Fenollosa, Ernest Francisco**　(1853―1908)アメリカの哲学者。御雇外人教師。ハーヴァード大学卒業後、一八七八年来日。東京大学で哲学などを講じ、傍ら日本美術の研究に没頭した。岡倉覚三(天心)と共に日本美術学校を創設、日本画の復興と日本美術の海外紹介に尽くした。帰国してボストン美術館東洋部長となり、再度来日して東京高等師範学校教授となる。のちロンドンで客死した。仏教に帰依し園城寺で受戒し、遺言により塔頭法明院の五輪塔の墓に葬られた。著書、美術真説(大森惟中訳1882)、東洋美術史綱(二冊、有賀長雄訳1913)。

**フェール**　**Feer, Henri Leon**　(1830―1902)フランスの東洋学者。コレジュ・ド・フランスでチベット語・モンゴル語を講ずる傍ら、ビブリオテック・ナショナール所蔵の東洋写本の整理刊行に従事した。チョーマ A. Csoma de Körösのチベット大蔵経解題をフランス語訳してこれに大増補を施し(Analyse du Kandjour et du Tanjour, 1881)、カンギュル中の一一種の小経典を抜粋してフランス語訳した(Fragments extraits du Kandjour, 1883)ほか、パーリ語相応部の校訂(Samyutta Nikāya 五巻 1884―98)、アヴァダーナ・シャタカのフランス語訳(Avadānaśataka, 1891)など多くの業績を残した。

**ふがい**　**不害**　⇩害《がい》

**ふかき**　**不可棄**　(仏滅後三〇〇年頃)化地部の開祖とされる。もと王位にあったが出家し、はじめ説一切有部を学んだが、のち別派の化地部を開いたという。化地部はその部主の名によって不可棄部ともいう。〔参考〕結集分派考、文殊師利問経、異部宗輪論述記

**ぶがく**　**舞楽**　舞踊を伴う音楽。雅楽ともいう。①〔インド〕例えば沙弥の十戒の第七に、歌舞倡妓したり、またそれを観聴することを禁じているように、出家者が舞楽を行ったり、見たりすることを戒めているが、のちには歌舞伎楽によって仏塔を供養し、また仏生日大会・菩提大会・転法輪大会・五年大会などの法会に舞楽を行ったようである。〔参考〕摩訶僧祇律三三、南海寄帰伝四　②〔中国〕その固有の礼楽以外に、インド・西域などの舞楽が伝えられているが、仏教に関係ある事項の二、三をあげると、劉宋の泰始元年465僧瑾に法技一部を賜ったと伝え、梁の武帝(502―49在位)は仏法を述べた一〇篇を正楽と定めて、法楽童子や伎童子によって無遮大会に舞楽を行ったといい、また玄奘(602―64)がその将来した経像を大慈恩寺におさめた際、寺庭で九部の楽、破陣の舞および諸戯が行われたとする。③〔日本〕久米舞《くめまい》や東遊《あずまあそび》など伝統的な楽があったが、飛鳥時代には高麗楽《こまがく》・百済楽《くだらがく》・新羅楽《しらぎがく》が伝わり、そののち、唐楽・度羅楽《とらがく》・林邑楽《りんゆうがく》なども伝わって、宮中の饗宴や、仏寺の法会で行われた。このうち、伎楽は呉楽《くれのがく》ともいわれ、推古朝に百済から伝えられた演劇的な舞楽であり、奈良時代に大いに栄えたが、のち舞楽が盛んになるにつれて滅んだ。ちなみに、天平勝宝四年752東大寺大仏開眼供養には、高麗楽・林邑楽と共に伎楽が行われており、また正倉院には一六四の伎楽面が現存する。平安時代初期には、前にあげた輸入音楽が次第に日本化されて雅楽《ががく》として完成し、このうち舞を伴わぬ演奏を管弦《かんげん》、舞を伴うものを舞楽と称し、はじめは寺院では旧来の大陸的な伎楽、宮廷では新しく日本化した舞楽が行われて、両立していたが、遂に舞楽は伎楽の一部をも吸収し、宮廷社寺を通じて行われるようになった。舞楽のうち、天竺楽・林邑楽・唐楽およびこれを模倣したものを左楽(左舞)、高麗楽・渤海楽およびこれを模倣したものを右楽(右舞)といい、またわが国古来の楽舞をも含めて舞楽ということがある。能などに影響を与えたが、舞楽そのものは室町中期に一度伝統が絶えた。その後、江戸幕府が再興し、現在では、宮内庁楽部・四天王寺・春日神社などで行われている。舞楽に用いる楽器には、横笛・篳篥《ひちりき》・笙《しょう》・太鼓・鉦鼓・羯鼓などがあり、舞人は装束をつけ、舞によっては仮面をつける。舞の姿法によって文武を分け、春鶯囀・喜春

楽・万歳楽などのように武器を手にしない文舞と、皇帝破陣楽・秦王破陣楽・倍臚破陣楽・太平楽などのように武器をもって舞う武舞とがあり、また必ず幼童が舞う童舞(迦陵頻・胡蝶など)、妓女が舞う女舞などもある。

**ふかしぎ　不可思議**　(梵)ア・チントヤ a-cintya の訳。不思議、難思議ともいう。ことばでいうことも心で思いはかることもできないこと。増一阿含経巻一八には世界と衆生《しゅじょう》と竜と仏土境界とを不可思議とし、大宝積経巻八六などには業《ごう》と竜と禅と仏との四種境界を不可思議としている(四不可思議)。大智度論巻三〇には衆生多少(衆生には増減がないこと)、業果報(あらゆるものの差別は業力によって生まれること)、坐禅人力(禅定の力によって神通などのはたらきをあらわすこと)、諸竜力(竜が一滴の水で大雨を降らすこと)、諸仏力(仏法によってさとりを得ること)の五不可思議を明らかにして、そのうち仏力が最も不可思議であるといい、旧訳の華厳経巻三〇の仏不可思議法品には、諸仏に、刹土・浄願・種姓・出世・法身・音声・智慧・神力自在・無礙住・解脱の十種不可思議があると説いている。これらはみな諸仏・菩薩《ぼさつ》の解脱《げだつ》・智慧・神力《じんりき》などの思いはかることのできないことを明らかにしたもの。また華厳経や維摩経を不思議解脱経と名づけ、阿弥陀仏を不可思議光如来といい、菩薩に不思議慧菩薩・難思議菩薩などの名がある。

**ふかしぎ　不可思議**　生没年不詳。唐代の人。善無畏三蔵から密教を受け、霊妙寺に住した。大日経第七巻を註釈した大毘盧遮那経供養次第法疏二巻を著わしたが、それは不可思議疏と称される。

**ふかとく　不可得**　(梵)アン・ウパランバ an-upalambha の訳。推察し求めても了得、認知することができないこと。すべてのものに固定不変な独自なすがたの得られないことを不可得空《くう》という。

**ふがん　普願**　(天宝七748—太和八834)唐代中期の禅僧。姓は王氏。南泉和尚と呼び、王老師と称した。新鄭《しんてい》(河南省新鄭県)の人。馬祖道一の法を嗣ぎ池州(安徽省貴池県)南泉山に住した。刺史陸亘《りくこう》と交わる。門下に趙州従諗《じょうしゅうじゅうしん》があり、語要一巻の著がある。〔参考〕祖堂集一六、宋高僧伝一一、景徳伝灯録八

**ぶかん　豊干**　生没年不詳。唐代の天台山国清寺(浙江省天台県北)の僧。封干とも書く。寒山・拾得《じっとく》と合わせて三隠と呼び、神異の言行が多かった。常に虎に乗って遊行したと伝え、水墨画の題とされる。詩若干首を寒山詩集に収める。〔参考〕宋高僧伝一九、景徳伝灯録一七

**ふかん-ざぜん-ぎ　普勧坐禅儀**　一巻。道元の著(嘉禄三1227)。道元が長翁如浄から印可を受けて嘉禄三年に帰国し、最初に著わしたもの。坐禅は悟るための手段ではなく、坐禅自体が目的であり、仏道修行のすべてであると主張する。(大)八二、道元禅師全集、国一諸宗部二三　〔自筆本〕永平寺蔵　〔写本〕駒沢大学蔵(天福元1233写)　〔刊本〕宝暦年間1751—64刊　〔註釈〕慧印・不能語一巻、面山・聞解一巻、青巒・詮要一巻、穆山・提耳録一巻、快天・講話一巻

**ふき-じ　富貴寺**　大分県豊後高田市蕗。蓮花山(万治山)と号し、天台宗。養老二年718仁聞《にんもん》の開創と伝える。もと阿弥陀寺と称したが、建久年間1190—99地頭曾根氏が寺領を寄進し堂宇を修営した。その後乱世のため荒廃したが、大原三千院の祐禅《ゆうぜん》が領主調宿禰行実とはかって修造した。〔国宝〕大堂　〔重文〕大堂壁画、木造阿弥陀如来坐像　〔参考〕豊後国志、西国東郡誌

**ふきゅう　傅翕**　(建武四497—太建元569)中国、南北朝時代の居士。善慧と号し、また傅大士、東陽大士、双林大士ともいう。東陽郡烏傷県(浙江省金華)の人。一六歳で結婚し普建・普成の二子を得たが、梁の普通元年520二四歳の時、胡僧嵩頭陀に会って教えを受けたのに感じ、松山に隠れ双林寺を建てて住した。梁の中大通六年534武帝に召されて法要を説き、また同安寺・定林寺などで当時の名僧と交わった。転輪蔵を発明した為経蔵に父子三人を祀る。著書、善慧大士語録四巻、心王銘一巻など。〔参考〕続高僧伝二六、弁正論三、景徳伝灯録二七、止観義例上

**ぶぎょう　奉行**　教えを奉じて行うこと。経の末尾に、すべてのものがその教え

を喜び信じて奉行したと記される例が多い。

**ふぎょうへん　輔教編**　「ほきょうへん」とも。三巻。北宋の契嵩《かいすう》の編（嘉祐三1058）。儒仏二教を調和して欧陽修をはじめ、当時の士大夫の排仏論に対して仏教の要諦を明示し、誤りない援証によって仏教を宣揚しようとしたもの。原教・勧書（三篇）・広原教・孝論（序と共に一三篇）・壇経賛の五篇から成る。仁宗に献上して大蔵に収められ、また欧陽修や李泰伯らの諸儒をも仏教に帰依させる機縁となった。なお、本書は鐔津文集の一―三巻に収められる。卍三二・三〔註釈〕冠注一〇巻、原教要義一〇巻、考三巻

**ふぎょく　浮玉**　（嘉元二1304―永徳三1383）臨済宗の僧。字は宝山、晩年は几山と号する。越中の人。興聖寺竺山について得度し、夢窓疎石らに歴事し、西禅寺嵩山居中に参究して嗣法した。丹後安国寺に住して寺基を拡張し、西林寺の開山となり、また幸泉寺を復興した。〔参考〕延宝伝灯録二二、本朝高僧伝三三

**ふく　福**　(梵)プニヤ puṇya の訳で、徳、功徳、福徳とも訳す。世間的な幸福をもたらす行為（業《ごう》）、またはその行為の余勢として行為者の上に残る徳を指すが、広く世間、出世間に通じていうこともある。阿含経では、善い行為を出世間的な無漏の梵行（清浄行）と世間的な有漏《うろ》の福徳とにわけ、福徳とは布施などの行為をいい、生天の因となる在家の行とする。部派仏教では衆生《しゅじょう》を三界（世間）に繋ぎとめる業を福・非福・不動の三業にわけて、福業を欲界の善果を招く因とする。これらは福を世間に限る例であり、大乗で六度の行を福智二業にわけて、智慧を体とする行為以外のすべてを福業と名づけ、成仏の因とするのは、福を出世間に通じるとする例である。観無量寿経には浄土に生まれる因となる行を定善（心を一事に集中して散乱させないで修める善）と散善（日常的な心で修める善）との二つに分け、散善をまた三福にわけ、これを、十六観の最後の三観に説く九品《ほん》の往生と関係させて、二善三福、三福九品などという。三福とは⑴世間的道徳（世福）、⑵仏の定めた戒律を守る（戒福）、⑶大乗の自行化他《じぎょうけた》の善根（行福）をいう。慧遠《えおん》などは十六観をすべて観（智業、定善）とし、三福を福業と見て、福智二業を修めて往生を得るとするのに対し、善導は三福を正因、九品を正行と見て、三福も九品もともに散善におさめ、三福は観を修められない劣機（能力素質の低劣なもの）が往生のために修める行であるとし、源空も三福と九品とは分け方のちがいに過ぎないとする。源空の門下では三福と九品との関係を種々に解する。福業を修めて幸福を得るのを福因福果という。布施をなすべき対象である僧伽《そうぎゃ》を指して、福徳を生ずる田の意で福田、また、旅人や貧窮者の使用に供する宿舎を福舎（(梵)プニヤ・シャーラー puṇya-śālā の訳で、弁擽舎羅と音写する）という。

**ふく　覆**　(梵)ムラクシャ mrakṣa の訳。心所《しんじょ》（心のはたらき）の名。倶舎宗《くしゃしゅう》では小煩悩地法《しょうぼんのうじほう》の一、十纏《じってん》の一とし、唯識宗では小随惑の一とする。自分のあやまちをおおいかくし、告白して悔い改めることをしないこと。

**ふくいべついん　福井別院**　①福井市松本。浄土真宗本願寺派。天正一三年1585堀秀政入府の時、柳町に方一〇〇間の地を得て創建。万治二年1659類焼の際、国主松平光通の旨をうけて現地に移る。〔参考〕本派本願寺名所図会　②福井市花月。真宗大谷派。本瑞寺と号し、慶長一〇年1605教如の開創。文明年間1459―87蓮如が越前吉崎に滞留の頃、北庄に一宇があり当地九カ寺の仕職が管理していた総坊であった。のち教如によって本瑞寺となり、以来連枝が入って住持する御坊となった。〔参考〕本願寺誌要

**ふくう　不空**　（神竜元705―大暦九774）唐代の密教僧で四大翻訳家の一。真言宗付法第六祖。(梵)アモーガヴァジラ Amoghavajra の訳の略。阿目佉跋折羅と音写し、不空金剛と訳す。インド南部の師子国の人。一四歳の時闍婆国で、金剛智の弟子となり、師に従い開元八年720海路で洛陽に来て訳経を行う。同二九年師の没後、遺命を奉じて帰国し密教の経論を求めた。天宝五年746に長安に帰った。竜智に法をうけ、玄宗・粛宗・代宗の三代の信任を得て帝師と

不空（仏祖道影）

なり、浄影寺・保寿寺・開元寺・大興善寺などに歴住し密教を興隆し、多数の密教経典を翻訳した。翻訳経典二一〇部一四三巻、その他一代の表制類を集めた不空表制集六巻がある。〔参考〕碑銘、宋高僧伝一、続開元録上、密教発達志四

**ふぐう　不共**　⇩共《ぐう》

**ふくうけんじゃく-じんぺん-しんごん-きょう　不空羂索神変真言経**　三〇巻。不空羂索経ともいう。唐の菩提流志の訳。チベット訳もある。不空羂索観音の真言陀羅尼・念誦法・曼陀羅・功徳を説く。十一面観世音神呪経の思想をもとにして、金剛頂経・金剛頂瑜伽中略出念誦経・大品般若経などによって増広したような内容をもつ。㊅二〇

**ふくうけんじゃく-だらに-じざいおう-じゅ-きょう　不空羂索陀羅尼自在王呪経**　三巻。唐の宝思惟の訳(長寿二〔693〕)。異訳に唐の李無詔の訳の不空羂索陀羅尼経(一巻)がある。不空羂索観音の根本呪の功徳とその成就法(悉地)を説く。㊅二〇、国一密教部五

**ふくうけんじゃく-ほう　不空羂索法**　不空羂索観音を本尊として修する修法。この観音の前で、不空羂索心王母陀羅尼真言を誦持すれば、現世に二〇種の功徳、臨終に八種の利益がえられるという。この修法は藤原氏一族が重んじたもので、弘仁四年813藤原冬嗣が興福寺南円堂でこの法を修したのがその初めという。

**ふくう-ひょうせい-しゅう　不空表制集**　六巻。詳しくは代宗朝贈司空大弁正広智三蔵和上表制集という。表制集ともいう。唐の円照の編。成立年不詳。不空およびその弟子慧朗などの表制・謝表・答批・祭文・碑文・遺書などを集めたもの。約一八〇首のうち不空の文は前三巻に収める。唐代の真言密教事情を知る文献として重要。㊅五二

**ふぐう-ほう　不共法**　「ふぐほう」とも読む。㊵アーヴェーニカ・ブッダ・ダルマ āveṇika-buddha-dharma の訳。くわしくは不共仏法という。共通でない功徳法《くどくほう》の意。仏や菩薩《ぼさつ》だけにそなわっていて凡夫や二乗にはそなわっていない勝れた特質のこと。普通には仏の十力と仏の四無所畏と仏の三念住と仏の大悲とを合わせて十八不共仏法という。

**ふくおう-じ　福王寺**　広島市安佐北区可部町綾ケ谷。真言宗御室派。金亀山事真院と号し、俗に安芸高野山という。天長五年828空海の開創と伝える。のち一時衰微したが、正和年間1312—17禅智の時、武田氏信が堂舎を再建し中興した。後醍醐天皇も勅して大勝金剛院の号を与え祈禱所と定めた。〔参考〕芸備国郡志

**ふくがい-しょうぎょう-しょしゅう-きょう　福蓋正行所集経**　一二巻。竜樹(ナーガールジュナ Nāgārjuna)の集と伝える。北宋の日称らの訳。福徳がその身を蓋うに至るような正しい行を説く文を集めたもの。種々の実話をもって説明している。㊅三二、国一瑜伽部二八

**ふくこう　覆講**　覆述ともいう。師の講義を聞いて後、弟子がその意味をさらにくり返して講義すること。

**ふくごん-じ　福厳寺**　兵庫県神戸市兵庫区門口町。巨鼇山と号し、臨済宗南禅寺派。鎌倉時代の末、当地の木下源太の本願で創建し、約翁徳倹を請じて開山とした。元弘三年1333後醍醐天皇が隠岐より還御の時、当寺を行在所にあてた。〔参考〕参考太平記一一、摂津名所図会

**ふくさい-じ　福済寺**　長崎市筑後町。分紫山と号し、黄檗宗。俗に唐寺という。寛永五年1628中国福建泉州の僧覚悔が長崎在留の中国商人の請に応じて来朝し、当時岩原郷と称した現地に堂舎を建て、海神天后聖母を奉安したのに由来する。慶安二年1649中国開元寺の蘊謙《うんけん》戒琬《かいえん》が渡来入寺し、翌三年寺域を拡張して円通殿その他の諸堂を建立した。〔参考〕長崎虫眼鏡

**ふくじゅ-じ　福聚寺**　福岡県北九州市

小倉北区寿山町。広寿山と号し、黄檗宗。寛文五年1665領主の小笠原忠真が創建し、即非如一を開山とする。延宝六年1678小笠原忠雄が寺領四〇〇石を寄付してから興隆した。

**ふくしょう-じ　福祥寺**　兵庫県神戸市須磨区須磨寺町。上野山と号し、真言宗須磨寺派。俗に須磨寺という。仁和二年886光孝天皇の勅願により、聞鏡《もんきょう》が海中出現の聖観音像を安置して創建したと伝える。慶長七年1602震災にあい、豊臣秀頼が堂宇を再興した。〔重文〕本堂内宮殿及仏壇、絹本著色普賢十羅刹女図、木造十一面観音立像　〔参考〕摂津名所図会、摂陽群談一五

**ふくす　複子**　うわづつみに用いる布。袱子とも書き、複包《ふくほう》、複帕《ふくは》、複帊《ふくは》ともいう。食器を包むために僧が携帯する袱紗《ふくさ》のこと。

**ふくぞう　伏蔵**　地中に埋蔵してある宝物のこと。古来、インドでも日本でも大寺院には伏蔵を設ける場合があった。

**ふくだ-ぎょうえい　福田堯頴**　（慶応三1867―昭和二九1954）仏教学者。天台宗の僧。父は美濃の藩士。東京の人。天王寺堯存について剃髪し、明治二八年1895天台宗大学林を卒業。天台宗大学教授・専修学院教授・大正大学教授・同学長・東京帝大講師・天台宗機顧問などを歴任し、この間、比叡山金勝寺住職・東京谷中天王寺貫首をつとめた。また天王寺に上善寮を建て、天台学研鑽の本拠とした。著書、天台学概論、同続編、戒密綱要など。〔参考〕戸羅上善院堯顓大和尚略

**ふくだ-ぎょうかい　福田行誡**　（文化三1805―明治二一1838）浄土宗の僧。建蓮社立誉晋阿と号する。江戸の人。六歳のとき伝通院で出家、同院の玄順、京都正定院立道、叡山の慧澄らに浄土・天台を学ぶ。伝通院学頭を経て清浄心院・回向院を歴住、明治二年には東京諸宗同盟の盟主として護法につとめ、政府の肉食妻帯令に反対、翌六年大教院の教頭となる。とくにキリスト教を破斥し、僧侶の自律反省を促して仏教復興につとめた。伝通院・増上寺などを歴住し、明治一八年東京本誓寺に隠退、同二〇年知恩院住職・浄土宗管長となる。著書、落葉集一巻遺稿、行誡上人全集。

**ふくち　福智**　福徳と智慧。菩薩《ぼさつ》が仏になるためには、智慧を磨いて自己のさとりを完成するための智行（智業）と、種々の善行によって他をめぐみ自らの徳を積む福行（福業）との両者が相またねばならず、この福智二行（福智二業）は仏になるための勝れた実践であるから二種勝行と名づける。菩薩の全行為はすべて福行でもあり智行でもあるが、区別すると、六度（布施・持戒・忍辱・精進・禅定・智慧）についていえば、前の五を福、後の一を智、或いはまた前の一を福、後の　を智、中間の精進と禅定とは両方に通じるなどとする。

**ふくでん　福田**　㊵プニャ・クシェートラ punya-ksetra の訳で、福徳を生みだす田の意。仏・僧・父母・苦しみなやむ者などに敬いつかえて施せば福徳、功徳《くどく》を得るから、これを田に喩えて福田といい、仏を大福田、最勝福田とし、また父母を三界内の最勝福田とする。仏や僧など敬うべきものを敬田《きょうでん》（恭敬福田《くぎょうふくでん》、功徳福田）、父母や師など恩に報いるべきものを恩田（報恩福田）、貧者や病者などあわれむべきものを悲田（憐愍福田《れんみんふくでん》、貧窮福田《びんぐうふくでん》）といい、これを三福田とする。またむくいを求めてするのを有作福田《うさふくでん》、求めずにするのを無作福田といい、これを二種福田とする。その他、学人田（修行中の聖者）・無学人田（究極のさとりを得た聖者）の二種、敬田・恩田の二種、悲田・敬田の二種、大徳田（敬田にあたる）・貧苦田（悲田にあたる）・大徳貧苦田の三種、趣田（畜生など）・苦田（貧者など）・恩田（父母など）・徳田（仏など）の四種などにわけ、仏田・聖人田・僧田・和尚田・阿闍梨田・父田・母田・病田の八を八福田という。また袈裟《けさ》を福田衣ということがある。

**ふぐほう　不愚法**　⇩愚法《ぐほう》

**ふくりょう　福亮**　生没年不詳。奈良時代の三論宗の僧で、維摩会最初の講師。呉国の人と伝える。日本に帰化し熊凝《くまごり》氏を名のる。慧灌について三論・法相を学び、元興寺・大安寺で講説した。大化元年645十師

に選ばれた。〔参考〕扶桑略記四、元亨釈書一六

**ふくりん-じ　福琳寺**　和歌山県那賀郡打田町豊田。金岡山後一条院と号し、真言宗山階派。宝亀年間770—80信行が弥勒像の霊異を感じ、一寺を建て慈氏寺《じしじ》と号したのに始まるという。寛仁二年1018後一条天皇によって再興されて勅願寺となる。この頃現寺名となる。天正一三年1585豊臣秀吉が根来《ねごろ》寺を攻めたとき兵火にあった。

**ふけ　普化**　生没年など不詳。唐代末期の禅僧。幽州盤山(河北省薊西北)で、馬祖下の宝積《ほうしゃく》の法を嗣ぎ、定住の所なく常に鐸《たく》を振って街市を乞食し、鎮州(同省正定県)で臨済義玄の化を助けた。のちに普化宗の祖とする。〔参考〕祖堂集一七、宋高僧伝二〇、景徳伝灯録一〇、臨済録、普化宗雑記上

**ふげき　巫覡**　巫覡《かんなぎ》、神子《みこ》などともいう。巫は女性、覡は男性で、いずれも神がかりして託宣を告げ、神に仕え、神楽を奏するなどする者で、東アジア諸地域にみられるシャーマン系統に属するが、日本では女性の巫女《みこ》が数も多く重要な機能を果たした。古くは魏志倭人伝の耶馬台国女王卑弥呼《ひみこ》のような巫女的君主があり、また祭神の司祭者である族長が一族中の処女を巫女として終身または婚期まで神に仕えさせ、神託の憑依に携わらせた。近世以後の神社の八乙女《やおとめ》・一殿《いちどの》・イチコなどと呼ばれる神楽《かぐら》や湯立《ゆたて》神事を扱う巫女はその残存形態とされている。また神社所属のもの以外に遊歴するアルキミコがあり、死者の口寄せをする梓神子《あずさみこ》や東北・会津地方に現存するイタコ・ワカサマなどはその類であり、またその一部は歌比丘尼や遊女とも化した。

**ふけ-しゅう　普化宗**　唐の普化和尚を祖とする禅の一派。普化禅宗ともいう。普化和尚は鐸《たく》を鳴らして「明頭来明頭打云々」の偈を称えつつ町をあるき、人々にその禅境を示した。この和尚の風を慕った張伯は入門を請うたが許されなかったので、竹管を吹奏して鐸の音を模し、その楽器を虚鐸《こたく》と名づけたのにはじまる。心地覚心が入宋してこの風を日本に伝え、建長六年1254帰朝して由良の興国寺に住し普化庵を建てた。弟子に宝伏居士(一に法普)がおり、金先(一に斬全《きんせん》)にこれを伝え、金先は下総の小金に一月寺を開いた。この法流を金先派(斬全派)と称して同寺を本寺とする。また覚心の弟子に寄竹了円(虚竹禅師)があり、その法系に天外明普が出て永仁年間1293—99に虚無宗《こむしゅう》を開き、洛東の白河に明暗寺《めいあんじ》を建てた。この一派を寄竹派という。のち尺八を吹奏して全国を行脚する風習がひろまり、その徒を普化僧・虚無僧《こむそう》・薦僧・暮露《ぼろ》などと呼び、浪人でこの姿をとる者が多かった。徳川家康は普化僧に特権を与えたと伝え、のち幕府は一月寺と青梅の鈴法寺を総触頭《ふれがしら》として一宗を統括させたが、宗徒の中に無軌道な行動をとるものもあるとして、弘化四年1847特権を奪って臨済禅の一派とした。明治四年1871普化宗を廃止し宗徒を民籍に編入したが、のち明暗・普化・法灯などの教会として再発足した。

**ふけしゅう-もんどう　普化宗問答**　一巻。岩山高康の撰(宝暦七1757)。普化宗の起源、日本への伝来、普化僧の故実作法などを問答した談話を筆録した書。江戸の一月寺の隠居某の問いに答え、高康が説明を加えたもの。国東叢一(宗義)

**ふけつ-いちじん　風穴一塵**　禅宗の公案の一。五代の乱中に生きた風穴延沼が、「一塵を立てるとき国家は盛え、一塵を立てぬとき国家は滅亡する」と説いたのによるもので、一塵を動かすにも天下の大事がその中にこもるという意。法界縁起の当相を言ったもの。〔原文〕碧巌録六一則、従容録三四則、五灯会元一一

**ふけつ-てつごき　風穴鉄牛機**　禅宗の公案の一。風穴延沼が祖師禅の極意を、鉄牛(黄河の守護神)の動きに譬えて説いたもので、去るも住するもきびしく印をつけて逃さぬ意。原文には盧陂《ろひ》長老が敢て「印を探すな」と応じたのを叱り、「手をゆるめると却って悔を残すぞ」と教えている。〔原文〕碧巌録三八則、景徳伝灯録一三、五灯会元一一

**ふげん　不閑**　⇩閑《げん》

**ふげん　普賢**　華厳宗では、すべての言語思慮を絶した仏のさとりの世界即ち性海

果分《しようかいかぶん》は、毘盧舎那仏《びるしゃなぶつ》の法門であるとするのに対して、衆生の機縁に応じて教えを説き起こした縁起因分《えんぎいんぶん》は普賢菩薩の法門であるとする。普賢菩薩は一人格としての等覚位の菩薩であるが、また理・定・行の象徴として諸仏の本源、諸法の体性であり、果に入れば性海と名づけられるべきものであるから、すべて普法を信じ、解し、行じ、証するものはみな、凡聖をえらばず普賢と名づけられるのであり、これら一乗普賢の大機がさとる境界を普賢の境界という。華厳孔目章巻四には三乗普賢・一乗普賢の二について人・解・行の三重を分けて六種の普賢とする。即ち三乗の普賢のうち、人《にん》とは法華経に説かれる普賢菩薩、解《げ》とは法華経に説かれる会三帰一《えさんきいち》などで一乗の正解に趣くこと、行とは法華経普賢品に明らかにする普賢の行をいい、一乗の普賢のうち、人とは華厳経入法界品に見える普賢菩薩、解とは華厳経普賢品の六十行門がみな普遍及び漸次十深で互いに入りこみあい融けあって不可思議であること、行とは華厳経離世間品の十種普賢心及び十種普賢願行の法をいうとする。また澄観の華厳大疏鈔巻一には、普賢を自体・諸位の普賢・当位の普賢・仏後の普賢・融摂《ゆうしょう》の五義について解し、五種の普賢とする。なお、普賢の行願とは、いわゆる十大願で、⑴常にすべての仏を敬い(礼敬諸仏《らいきょうしょぶつ》)、⑵常にすべての如来の徳をたたえ(称讃如来)、⑶常にすべての仏に仕えて最上の供養《くよう》をし(広修供養)、⑷常に無始以来の悪業を懺悔して浄戒をたもち(懺悔業障《ざんげごっしょう》)、⑸常に仏・菩薩から六趣四生《ろくしゅししょう》に至るまでのあらゆる功徳を随喜《ずいき》し(随喜功徳)、⑹常にすべての仏に教えを説くことを要請し(請転法輪《しょうてんぽうりん》)、⑺涅槃《ねはん》に入ろうとする仏・菩薩などに対してはこの世にとどまることを常に請い(請仏住世)、⑻常に毘盧舎那仏に随ってその仏が教化のために示す相をことごとく学びとり(常随仏学)、⑼すべての衆生の種別に応じて種々につかえ、種々に供養してめぐみ(恒順衆生《ごうじゅんしゅじょう》)、⑽以上のようなあらゆる功徳を一切の衆生にさしむけて、ことごとくが仏果を完成することを願う(普皆廻向《ふかいえこう》)、という一〇を念々に相続してきわまることがないのをいい、菩薩がこの行願を実践すれば普賢菩薩の諸々の行願海を完成することができ、人が深信の心をもってこの大願を受持し、読誦しあるいは書写すれば種々な功徳を得るとされる(華厳経普賢行願品)。

**ふげんえんめい-ほう　普賢延命法**　普賢延命陀羅尼経や金剛寿命陀羅尼経の説にもとづく修法で、普賢延命菩薩を本尊とし、除障延命のために修する。普賢延命菩薩像は二〇臂を有し、一身三頭、三身三頭、または四身四頭の象に乗るとされ、東密では四身四頭の像を用い、台密では一身三頭、或いは三身三頭の像を用いるという。延命法には、二臂の金剛薩埵(延命尊)を本尊とするものと、今の普賢延命法とがあり、前者は普通法、後者は大法である。なお別に金剛薩埵法、普賢法という修法があるが、これらは今の二種延命法とよく似ているので混同のおそれがあるという。台密では、普賢延命法は四種大法の一とされ、またこの法と諸仏集会陀羅尼経の説と合わせた二法合会《ごうえ》の法に如法延命法がある。普賢延命菩薩像には法隆寺(奈良)・常覚寺(同)に木造、松尾寺(京都)・報恩院(同)・青蓮院(同)・正智院(和歌山)などに絹本著色図がある。〈⇩四箇秘法《しかひほう》〉〔参考〕阿娑縛抄七四普賢延命、同二一五諸法要略抄、四十帖決八、沢鈔五、覚禅鈔普賢延命法

**ふげん-じ　普賢寺**　北朝鮮平安北道寧辺郡妙香山。三十一本山の一。高麗光宗一九年968探密が安心寺を創建。その弟子宏廓が堂宇を拡張して普賢寺と改称。一六世紀末には玄応休静・松雲惟政らが住して寺を護り、一七世紀後半には月渚道安が住して華厳を弘めた。当山は古来、普賢菩薩の住処として民衆の信仰をあつめ、一に太白山、峨眉山とも呼ばれる。〔参考〕朝鮮寺刹史料下

**ふげん-しきしん　普現色身**　あまねく種々なすがたかたちをもった身を示しあらわすこと。例えば法華経巻八観世音菩薩普門品には観音菩薩の三十三身応現を説き、同経巻七妙音菩薩品には妙音菩薩の現身摂化《げんしんせっけ》を説くなど、仏・菩薩が他を教化す

るために相手に応じてさまざまな身を現わすのをいう。天台宗では、普現色身のすぐれたはたらきは性悪不断の説によらねば徹底して理解できないとする。また密教の胎蔵曼荼羅《たいぞうまんだら》でいえば、外金剛部院《げこんごうぶいん》に列する八部衆などの鬼類もみな、大日如来の普現色身であると見なされる。

**ふげん-じっしゅ-がんおうか　普賢十種願往歌**　一一首。高麗の均如(923—73)の著。成立年不詳。普賢菩薩の十種大願を郷歌(詞脳歌)の形式で歌ったもの。一一首の内容は⑴礼敬諸仏歌、⑵称讃如来歌、⑶広修供養歌、⑷懺悔業障歌、⑸随喜功徳歌、⑹請転法輪歌、⑺請仏住世歌、⑻常随仏学歌、⑼恒順衆生歌、⑽普皆廻向歌、⑾総結無尽歌である。韓国仏教全書四

**ふげん-じゅうらせつ-にょ　普賢十羅刹女**　法華経を守護する一〇人の羅刹女。法華経勧発品に普賢菩薩みずから法華の修行を勧発すべきこと、また同経陀羅尼品に十羅刹女が法華経の受持者を擁護することが述べられている。法華経の信仰の隆盛と共に、普賢が藍婆《らんば》・毘藍婆《びらんば》・曲歯《こくし》・華歯《けし》・黒歯・多髪・無厭足・持瓔珞《じようらく》・皐諦《こうたい》・奪一切衆生精気の一〇の羅刹女を従えた像が造られた。儀軌には法華経十羅刹法(偽経)があり、わが国では天台宗・日蓮宗で信仰される。遺例に平安後期として兵庫県鶴林寺太子堂柱絵(天永三[1112]頃)、文化庁保管の経筒(線刻、保延七[1141]銘)、京都廬山寺本があり、鎌倉時代としては東京日野原家本をはじめ一〇点以上が知られる。なお十羅刹女には唐風と日本風(十二単衣)姿の二種があって鬼神らしくないのが特色で、廬山寺本は前者を、日野原家本は後者を代表する遺例である。

**ふげん-ぼさつ　普賢菩薩**　㊵サマンタバドラ Samantabhadra の訳。三曼陀跋陀羅、三曼陀颰陀、邲輸颰陀と音写し、遍吉とも訳す。文殊菩薩とならんで釈迦仏の脇士として知られる。この二菩薩は一切菩薩の上首とされ、文殊が仏の智・慧・証の徳を象徴するのに対して、普賢は仏の理・定・行の徳を象徴し、釈迦三尊では白象に乗り仏の右方に侍している。また単独でも信仰され、特に法華経の行者の前には白象王に乗って現われるといわれ、古来、法華経の信仰と関係が深い。華厳経の普賢行願品にはその十大願が説かれており、菩薩として衆生を救うのを普賢の徳、或いは普賢の行といい、阿弥陀の浄土教信仰においても重視される。密教ではこの菩薩は菩提心を象徴するものとし、金剛薩埵《こんごうさった》と同体と見ることがあり、普賢金剛薩埵ともいわれる。金剛界曼荼羅では賢劫十六尊の一として安置し、種子は𑖀𑖾(aḥ)、三昧耶形は剣、密号は善摂金剛である。胎蔵曼荼羅では中台八葉院と文殊院とにあり、中台八葉の普賢は種子は𑖀𑖽(aṃ)、三昧耶形は蓮上剣、密号は真如金剛で、文殊院の普賢は種子は𑖎(ka)、三昧耶形は蓮上三股杵、密号は真如金剛である。〔参考〕旧訳華厳経四九普賢行願品、同経六〇入法界品、法華経八普賢勧発品、観普賢経、大日経疏一

普賢菩薩（御室版胎蔵曼荼羅）

**ふげんぼさつ-ぎょうがん-さん　普賢菩薩行願讃**　一巻。唐の不空の訳。七言四句の偈六二頌より成り、普賢菩薩の十大願を讃嘆したもの。四十華厳普賢行願品の最後の偈頌の異訳。日本へは空海・円仁・円珍が請来した。一九〇二年渡辺海旭が慈雲手写の六種校合本、ネパール・チベットの写本を校合し出版した。㊅一〇〔参考〕開元録二〇

**フコー　Foucoux, Philippe Edward**　(1811—1894)フランスの梵語・チベット語学者。ビュルヌフ E. Burnouf の門下。コレジュ・ド・フランスでチベット語などを教授した。方広大荘厳経(ラリタヴィスタラ Lalitavistara)のチベット訳を校訂しフランス語訳を付して刊行(1847—48)、さらにその梵語原本からのフランス語訳を刊行した

(1884—92)。またジュリアン S. Julien と協力して翻訳名義大集（マハーヴィウトパッティ Mahāvyutpatti)を校訂出版(1856—57)、カーリダーサの戯曲シャクンタラー(1867)、マーラヴィカーとアグニミトラ(1887)、ヴィクラマ・ウルヴァシーヤ(1879)のフランス語訳、および Grammaire de la langue tibétaine(チベット語文法1858)などの業績がある。

**ふこう　普光**　①生没年不詳。唐代の倶舎学者。大乗光と称する。玄奘に師事し訳経筆受の任にあたり、特に玄奘が永徽五年654倶舎論を訳した時、倶舎論記三〇巻を著わして詳細に註釈した。神泰・法宝の疏と共に倶舎論の三大疏の一に数えられ、略して光記という。〔参考〕宋高僧伝四　②(天文一二1543—寛永三1626)時宗の僧。常陸の人。佐竹浄光寺に入門し、のち遊行三〇世有三について時宗を究め、天正一二年1584遊行三二世を継いだ。日向光照寺・藤沢清浄光寺の復興を企てた。〔参考〕遊行上人濫觴記、新編相模国風土記稿一〇三、遊行系譜

**ふこう　溥光**　元の寧宗(1332—33在位)・順帝(1333—67在位)朝の画僧。普光とも書く。姓は李氏。字は元(玄)暉。号は雪庵。大同(山西省大同県)の人。詩文にもすぐれ、昭文館大学士となり、元悟大師と賜号する。中峰明本の法孫と伝える。〔参考〕懐麓堂集、雪庵羅漢画冊跋、画史会要

**ふこう-じ　普光寺**　①新潟県南魚沼市浦佐。吉祥山多聞天王院と号し、真言宗豊山派。俗に浦佐毘沙門堂という。大同二年807の創建と伝える。承久年間1219—22地頭平繁基が寺領並びに山林を寄せ、更に天正三年1575にも領主上杉謙信が浦佐の地を寄進した。三月三日の押合祭が古くより知られている。②兵庫県加西市河内町。蓬萊山と号し、天台宗。神亀五年728藤原房前の本願により徳道が創建し、大和長谷寺の観音像の余材で十一面観音を造って奉安したという。徳治元年1306諸堂を焼失、貞和三年1347再建した。③島根県雲南市三刀屋町給下。中嶺山阿含院と号し、真言宗御室派。俗に峰寺という。役小角《えんのおづぬ》の開創という。出雲三十三カ所第九番札所。〔重文〕絹本著色聖観音図像

**ふさい　普済**　(淳熙六1179—宝祐元1253)南宋代末期の禅僧。姓は張氏。号は人川。明州奉化《ほうか》(浙江省奉化県)の人。楊岐七世の如琰《にょえん》の法を嗣ぎ、杭州(浙江省杭県)霊隠寺《れいいんじ》その他に住した。淳祐一二年1252五灯会元二〇巻を編した。別に語録一巻がある。〔参考〕行状、増続伝灯録二、五灯厳統二二

**ふざい　普在**　(永仁六1298—永和二1376)臨済宗の僧。字は在庵。阿波倉本の人。香谷宝覚に参禅し、秋澗・明極らに重んじられた。安房興源寺の開山となり、建仁・天竜・南禅・建長の諸寺に歴住し、晩年は亀谷勝国寺に隠退した。〔参考〕延宝伝灯録一五、本朝高僧伝三二、扶桑禅林僧宝伝八

**ふさい-じ　普済寺**　①東京都立川市柴崎町。玄武山と号し、臨済宗建長寺派。文和四年1355立川宗恒が物外可什《もつがいかじゅう》を開山として創建。その後、立川氏の香華所として栄えた。〔国宝〕石幢　〔重文〕木造物外和尚坐像　〔参考〕新編武蔵風土記稿一一九　②群馬県邑楽郡明和町江口甲。竜洞山と号し、曹洞宗。大永五年1525長尾景長の開基、大雲伊俊を開山とする。中興の花翁存柳の時徳川家康より朱印地を受けた。③静岡県浜松市広沢町。広沢山と号し、曹洞宗。正長元年1428引間城主吉良義鎮の開基、梅岸義東を開山とし、華蔵義曇が二世を継いだ。もと敷智郡寺島郷にあって随縁寺と号したが、永享四年1432現地に移り、現寺号に改めた。〔参考〕広沢山普済寺略縁起、日本禅宗史要

**ふさつ　布薩**　㊵ウポーシャダ uposadha ポーシャダ poṣadha ウパヴァサタ upavasatha ウパヴァーサ upavāsa の音写。布灑他《ふしゃた》、布沙他、布薩陀婆、褒灑陀、烏逋沙他とも書き、長浄、長養、浄住、近住、共住、斎と訳し、説戒ともいう。同一地域内の比丘《びく》たちが半月ごとに会合して過去半月の行為を自己反省し、罪があれば告白懺悔する行事で、毎月の満月と新月と(一五日・二〇日)になされたもの。このとき波羅提木叉《はらだいもくしゃ》即ち仏教教団の戒律の条項の全体を誦するのが本来の制度であるが、障害があれば略してその一部を誦すること

も許される。また在家の信者が六斎日などに八斎戒を受持するのをも布薩と称する。布薩の制度はもと外教にはじまる。律の典籍の中で布薩に関する規定を述べている章を説戒《せっかい》犍度《けんど》(布薩犍度)という。

**ふさん　賦算**　算木(数をかぞえるふだ)をくばる意で、時宗で念仏をすすめるために「南無阿弥陀仏決定往生六十万人」と書いた木の名号札(勅算)をくばること。後世では紙片を用い賦箋《ふせん》ともいう。

**プサン　Poussin, Louis de la Vallée**　(1869—1937)ベルギーのインド学・仏教学者。フランスに留学してレヴィ S. Lévi, バルト A. Barth, スナール E. Senart などの指導を受け、またライデンでケルン J. H. Kern の指導を受けた。一八九三年ベルギーのガン大学教授となり、当初は西洋古典学を講じたが、のちインド学・仏教学を専攻するにいたった。雑誌ミュゼオン Muséon を主宰(1905—　)し、一九二一年ベルギー東洋大学を創立、中国学仏教学雑誌 Mélanges chinois et bouddhiques を創刊、その後続々と研究を発表し量・質ともにヨーロッパ仏教学界をリードした。入菩提行論(ボーディチャルヤ・アヴァターラ Bodhicaryāvatāra)およびプラジュニャーカラマティ Prajñākaramati によるその註釈の校訂出版(1901—14)、竜樹の中論頌およびチャンドラキールティ Candrakīrti(月称)によるその註釈プラサンナ・パダーPrasannapadā の校訂出版(1903—13)、チベット訳入中論(マドヤマカ・アヴァターラ Madhyamakāvatāra)の校訂出版(1909—12)のほか、入菩提行論(1907)、倶舎論(1923—31)、成唯識論(1928—29)のフランス語訳、Bouddhisme : Études et matériaux(仏教—研究と資料1898—1918)、Nirvāṇa(涅槃論1925)、La morale bouddhique(仏教の道徳1929)、La dogme et la philosophie du Bouddhisme(仏教の教義と哲学1930)などの著書があり、仏教研究にすぐれた業績をのこした。またインド史関係でも L'Inde aux temps des Mauryas(マウルヤ王朝時代のインド1930)、Dynasties et Histoire de l'Inde depuis Kanishka jusqu'ans invasions musulmones(カニシカ王からイスラム侵入にいたるインドの王朝と歴史1935)の著作がある。その門下からラモート É. Lamotte が出た。

**ふじい-せんしょう　藤井宣正**　(安政六1859—明治三五1902)　仏教学者。浄土真宗本願寺派の僧、准司教。号は愛楳仙士《あいばいせんし》。越後の人。島地黙雷の門に入り仏典を学んだあと明治一四年本願寺留学生として慶応義塾に入り、同二四年東京帝国大学文科大学哲学科を卒業。のち本願寺文学寮教授・教頭として仏教学の研究と本願寺派学事の確立に専心した。同三三年教会制度などの研究のためロンドンに渡り、三五年には大谷光瑞に従いインド仏跡探検に参加し、また単独でもインド全土の古跡を調査した。著書、仏教小史二巻、大蔵経冠字目録一巻、仏教辞林など。愛楳全集がある。

**ふじい-でら　葛井寺**　大阪府藤井寺市葛井寺。真言宗御室派。紫雲山三宝院剛琳寺《ごうりんじ》と号する。西国三十三カ所第五番札所。聖武天皇の御願により行基が開創し、平城天皇の時、阿保親王が再興したという。永長元年1096藤井安基が荒廃していたものを修理復興、藤井の名をとって藤井寺とも称されるようになった。南北朝から室町時代にわたり兵火と震災によって衰退したが、豊臣秀頼によって再建された。〔国宝〕乾漆千手観音坐像　〔重文〕四脚門　〔参考〕河内志一五、河内名所図会四

**フーシェ　Foucher, Alfred**　(1865—1952)フランスの東洋学者・仏教美術研究家。とくにガンダーラ美術の権威。フランス高等研究院教授、パリ大学インド語学教授、ハノイのフランス極東学院長、東京日仏会館長などを歴任。一八九五—一九〇七年インド・インドシナ・タイ・ジャワを探検し多くの蒐集品をえた。一九一八—二一年インドでサーンチーその他の研究に従い、一九二二—二六年にはアッカン J. Hackin らと共にアフガニスタンに赴き、ハッダ、バーミヤーンなどで多くの収獲を得た。その帰途には日本にも立寄った。広範囲な実地踏査と精細な研究によって仏教美術研究、仏像図像学の権威と称される。著書に L' art gréco bouddhique du Gandhāra(ガンダーラのギリシア様式仏教美術・二巻1905—22)、Étude sur l'iconographie bouddhique(仏教図像学研究・二巻1900—05)、The beginnings of Buddhist art and other essays(仏教美術の始源1918)、La vie du Buddha(仏陀の生涯1949)などがある。

**ふじかわ-ゆう　富士川游**　(慶応元1865—昭和一五1940)医学・医史学者、宗教家。安芸国沼田郡(現広島市)の長楽寺に生まれる。幼名は充人《みつと》。旧姓藤川氏。明治二〇年1887広島医学校卒。同三一年渡欧、帰国後日本内科学会創立に伴い常任幹事に就任。大正四年1915「親鸞聖人」を発表。同五年親鸞聖人讃仰会を創立、のち正信協会と改称。前半生は医学史に没頭、後半は求道生活に専念した。明治三六年完成の日本医学史は医学史学界の白眉。著書、日本疾病史、医術と宗教、日本医史学綱要、宗教生活など多数。富士川游著作集一〇巻がある。

**ふじしま-りょうおん　藤島了穏**　(嘉永六1853—大正七1918)浄土真宗本願寺派の僧。近江の人。西山教校卒業後、明治一五年1882フランスに留学。のち執行に任じられ宗政に参与して教団の改革に努力し、明治四四年勧学となる。なお明治初年には特にキリスト教批判につとめた。著書、耶蘇教末路ほか。

**ふじゃく　普寂**　①(永徽二1651—開元二七739)唐代中期の禅僧。大照(一に慧)禅師と諡し、華厳和尚と呼ぶ。姓は憑《ふう》氏。長楽信都(河北省冀県)の人。北宗禅・神秀の法を嗣ぎ、玄宗の勅で入内し、嵩山(河南省登封県北)及び長安(陝西省長安県)興唐寺に住した。日本に律を伝えた道璿《どうせん》の師。出身地・姓氏に異説がある。〔参考〕大照禅師塔銘(全唐文二六二)、宋高僧伝九、編年通論一六、神僧伝六　②(宝永四1707—天明元1781)浄土宗の僧。字は徳門、号は道光。伊勢の人。初め真宗を奉じ、湛慧に唯識を、鳳潭に華厳を、真教に密教を学んだが、のち志を発して尾張八事の北山高麟に菩薩戒・八斎戒を受けてその西山に籠山し、さらに義灯に菩薩戒を、大厳寺良義に宗戒両脈を受け、近江守山浄土寺に参禅した。京都長時院で自誓受戒し、同寺に住して倶舎・唯識などを講じ、のち江戸長泉院に移った。各宗の学僧と交わり浄土・倶舎・天台・華厳・真言・律などに通じ、しばしば講席を張った。著書、香海一滴一巻、法華三大部復真鈔附分料三〇巻など多い。〔参考〕普寂和尚行状記、続日本高僧伝九

**ふじゃく-しんみょう　不惜身命**　さとりを求めるためや教えを護るために、自分の命を惜しまぬこと。

**ぶしゅ　部主〔部母〕**　密教で胎蔵界に三部、金剛界に五部を設け、各々その部の中心となる尊を部主といい、部主やその他の諸尊を出生する尊を部母という。即ち金剛界五部では、仏部の部主は毘盧遮那仏《びるしゃなぶつ》で、部母は立てない。毘盧遮那仏はあらゆるものの根源だからである。金剛部の部主は阿閦仏《あしゅくぶつ》で、部母は金剛波羅蜜菩薩、宝部の部主は宝生仏で、部母は宝波羅蜜菩薩、蓮華部の部主は阿弥陀仏で、部母は法波羅蜜菩薩、羯磨部《かつまぶ》の部主は不空成就仏で、部母は羯磨波羅蜜菩薩である。このうち、四波羅蜜菩薩は定《じょう》を表わし、四仏は智を表わすから、定によって智を生ずるという意味で、前者を部母、後者を部主としたのである。次に胎蔵界三部では、仏部の部主は金輪仏頂で、部母は仏眼菩薩、蓮華部の部主は馬頭観世音菩薩で、部母は白衣観世音菩薩、金剛部の部主は金剛手菩薩で、部母は忙麼鶏菩薩《もうまけいぼさつ》である。このときも、部主は智を表わし、部母は定を表わす。

**ふしゅう-にんじょう　扶習潤生**　「ぶしゅうにんじょう」とも読む。天台宗で三乗共《さんじょうぐう》の十地の第九地における通教の菩薩の修行のありさまを示す語。誓扶習生《せいふじゅうしょう》ともいう。仏になるためには三界の衆生を利益《りやく》する利他行を必要とするが、通教の第九地の菩薩は第七地においてすでに見思《けんじ》の惑を断っているため、三界に生まれる原因を失っているから、ことさらに誓いを立てて、その誓いの力によって見思の惑そのものを断っても残る慣習の気分(習気《じっけ》)をたすけ、それによって三界に生まれて衆生を救おうとすること。即ち習気を扶《たす》けて生を潤す(生を受ける)の意である。なお

蔵教の菩薩は見思の惑をおさえる(伏する)だけであるから三界に生まれる原因を持っており、また別円二教の菩薩は見思の惑を断っているが無明の惑の力によって三界に生まれることができるから、扶習潤生は通教の菩薩にかぎるのである。

**ふしょう　赴請**　計請とも書き、受請ともいう。僧が在家の請に応じて赴《おもむ》き供養《くよう》をうけること。四分律行事鈔巻下三にはその場合の規則が記されてある。

**ふしょう　浮生**　無常の世。あてにならぬ人の世のこと。⇩浮世《うきよ》

**ふしょう　普照**　生没年不詳。奈良時代の入唐僧。姓は白猪氏。はじめ大安寺に住し、天平五年733栄叡らと共に伝戒師招請の使命を帯びて入唐した。洛陽大福先寺定賓に具足戒を受け深く律部を学び、天平勝宝六年754鑑真に侍して帰国した。次いで東大寺に住し、維摩堂において法礪《ほうれい》の戒疏を講じた。天平宝字三年759彼の奏により平城京外の道路に果樹を植えさせたという。〈⇩鑑真《がんじん》〉〔参考〕唐大和上東征伝、類聚三代格七、日本高僧伝要文鈔三、元亨釈書一三、三国仏法伝通縁起下

**ふじょう-かん　不浄観**　(梵)ア・シュバー・スムリティ a-śubhā smṛti の訳。不浄想ともいう。五停心観《ごじょうしんかん》の一。人間の肉体がきたなくけがれたものであることを観想して、貪欲の煩悩《ぼんのう》を滅する観法。屍体が時とともに腐敗して醜悪なすがたに変じて行くのを九段階に分けて観想する九想はその一種。南伝仏教ではこれを一〇に数えて十不浄という。また五段階に分けて観想するとき五種不浄となる。即ち⑴種子《しゅうじ》不浄(肉体が形成されるための内外の種の不浄)・⑵住処不浄(十カ月間不浄な母胎中にあること)・⑶自体不浄(肉体そのものが不浄)・⑷外相《げそう》不浄(外観の不浄)・⑸究竟《くきょう》不浄(死んでからもなお永久に不浄)。

**ふしょうごん-どうじ　普荘厳童子**　華厳経(八十華厳巻一一、六十華厳では大威光太子として巻四)に出る仏陀の前身の一。過去世に出世した愛見善慧王の第二子。二仏(六十華厳では四仏)の出世に会い、次第に深く信と解脱との境地に進み入ってついに成仏する。

**ぶじょう-じ　峰定寺**　京都市左京区花背原地町。大悲山と号し、単立寺院。仁平四年1154二月観空西念が鳥羽法皇の勅願によって創建、本尊に十一面千手観音を安置した。平治元年1159平清盛は仏舎利一粒・唐羅漢像図一六鋪を奉納、堂舎・山門を造営した。のち山門(比叡山)・寺門(三井寺)の争いにまきこまれ、寺運はふるわなかったが、正平五1350には定智が、近世では元快がそれぞれ復興した。以来、聖護院末となったが、現在は単立。〔重文〕本堂及供水所、仁王門、木造十一面千手観音坐像、同不動明王及二童子立像、同毘沙門天立像、同釈迦如来立像(附、水晶舎利塔、紙本墨書宝篋印陀羅尼経、同結縁文ほか)、草花文磬　〔参考〕雍州府志四、山城名勝志一一

**ふじょう-じゅ　不定聚**　⇩正定聚《しょうじょうじゅ》

**ふしょう-ち　不正知**　(梵)ア・サンプラジャニヤ a-samprajanya の訳。心所《しんじょ》(心のはたらき)の名。唯識宗では大随惑の一とするが、倶舎宗《くしゃしゅう》では煩悩《ぼんのう》に汚された慧のことであるとして、独立の心所とはしない。ただしく対象を知見することをさまたげる心のはたらきをいう。

**ふじょう-にく　不浄肉**　⇩浄肉《じょうにく》

**ふしょう-の-とも　不請之友**　請わないのに向こうから親しみかけてくる友。仏菩薩《ぼさつ》が衆生《しゅじょう》を救うために進んではたらきかけるのを友になぞらえていう。

**ぶじょう-もんどう　武城問答**　慶長法論、江戸宗論などともいい、江戸城において法華宗と浄土宗との間で行われた法論。慶長一三年1608秋、尾張国熱田新本遠寺で法華宗不受不施派の常楽院日経が説法中、浄土宗正覚寺某僧が罵言を加えたため、日経は二三カ条公開状を作り論戦を求めた。その結果浄土宗から徳川家康に訴え、一一月一五日江戸城新殿で対論した。法華宗側は日経と日玄ら五名の門弟、浄土宗側は廓山(増山寺存応門下)・了的(同)が対決し、存応・幡随意らが列席し、高野山頼慶が判者となり、将軍徳川秀忠・浅野長政・上杉景勝をはじめ老中や諸宗僧侶も同席した。日経は一言も発し得ず直ちに法衣を剝ぎ取られ敗北を宣せられたが、この判決に服しなかっ

たため翌年二月二〇日京都六条河原において日経以下五名の門弟は鼻を斬られ、そのため日玄は死んだ。さらに池上日詔・京都法華本寺一六カ寺は詫証文を出した。日経は対論前に何者かに瀕死の打擲をうけていたという。家康は不受不施派の強硬意見を嫌ったとされる。

**プシルスキー　Przyluski, Jean**　（1885―1944）フランスの東洋学者。一九〇七年官吏としてインドシナに渡り、一九一三年帰国後高等学院教授、コレジュ・ド・フランス教授などを歴任。はじめインドシナ半島および中国南部の言語、宗教を研究したが、のち仏教研究に転じた。阿育王伝をフランス語訳した La Légende de l'Empereur Açoka（1923）などの著書がある。

**ふじわら-ゆうせつ　藤原猶雪**　（明治二四1891―昭和三三1958）仏教史学者。真宗大谷派の学僧。号は石汁。愛知県の人。真宗大谷大学を卒業し、東京帝国大学史料編纂所図書主任・帝国学士院皇室制度史調査部員をへて、東洋大学教授、同学長になった。史料の綿密な分析・考証により日本仏教史の研究に独自の分野を開いた。愛知県浄蓮寺・光西寺・善竜寺住職を兼任。大谷派講師となる。著書、日本仏教史の研究、真宗史の研究、親鸞聖人伝絵の研究など。

**ふしん　不信**　⇩信《しん》

**ふしん　普請**　禅宗の用語。あまねく大衆に請うて種々な労役作業に従事させる意。この語が転じて一般に家屋を建てるのを普請というようになった（建築には多人数のはたらきを要するから）。

**ふずいしんてん　不随心転**　⇩随心転《ずいしんてん》

**ふせ　布施**　㊵ダーナ dāna の訳。檀那《だんな》、柁那《だな》、檀と音写し、施ともいう。また、㊵ダクシナー dakṣiṇā は、達嚫《だっしん》（嚫は䞋とも書く）、大嚫、嚫などと音写し、財施、施頌などと訳し、嚫施ともいう。達嚫はもと食を受けた後、これに報いるために法を説くのをいい、今は一般に布施される財物のことをいう。また、財を施す者を檀越《だんおつ》（㊵ダーナパティ dānapati 布施主の意で、施主、檀那主などといい、略して檀那ともいう）、施す財物を嚫資、嚫財、嚫金、嚫銭、堂嚫《どうしん》（僧堂の僧に施す物の意）、俵嚫《ひょうしん》（分け与える施物の意）、信施（信者の施物の意）などといい、財を献上することを上嚫《じょうしん》、施されたものを仏前におくことを下嚫《あしん》という。また、日本では信者の所属寺院を檀那寺《だんなでら》、所属する信者を檀家、檀中、檀徒、檀方などという。布施は、六念の一（念施）、四摂法《ししょうほう》の一（布施摂）、六波羅蜜及び十波羅蜜の一（布施波羅蜜、檀波羅蜜）などに数えられ、貪の心を離れて、仏・僧・貧乏人などに衣食などの物資を施すことをいい（財施）、その行為によってしあわせな報いをうけるという。また教えを説き与えること（法施）、種々の恐怖から免れさせること（無畏施）をもいう。財施と法施との二を二種施、無畏施を加えて三種施といい、これらは菩薩《ぼさつ》が必ずしなければならぬ行為であるとし、また法施は財施にくらべてはなはだすぐれているとする。また布施を、貪の心をはなれて悟りを目的とする清らかな清浄施《しょうじょうせ》と、そうでない不清浄施とにわけ、或いは法施を、人や天などに生まれる行為を教える世間法施と、悟りに至る行為（三十七菩提分法及び三解脱門など）を教える出世法施とにわける。また、施と施波羅蜜とを区別して、施波羅蜜は第三阿僧祇劫〈⇩修行《しゅぎょう》〉の修行をしている菩薩の布施のこととする場合もある。また、菩薩善戒経巻一序品には、在家の菩薩は財施と法施を、出家の菩薩は筆施・墨施・経施・説法施の四施を行い、無生忍を得た菩薩は施・大施・無上施の三施を具えるとする。また、倶舎論巻一八には随至施・怖畏施・報恩施・求報施・習先施・希天施・要名施・為荘厳心等施の八種の布施を、旧訳の華厳経巻一二十無尽蔵品には、修習施・最後難施・内施・外施・内外施・一切施・過去施・未来施・現在施・究竟施の十施を説くなど、布施の行為の内容・態度・目的などによって種々の分類がある。また施す者（施者）も施される者（受者）も施しの内容となる物（施物《せもつ》）もすべてがもともと本質的には空なものであって、そこには何らのとらわれもないことを三輪体空、三輪清浄などといい、また布施は施す物についていうのでなく、施す心そのものについていうのであるとする。

**ふせき-じ　浮石寺**　韓国慶尚北道栄州郡浮石面。新羅の文武王一六年676義湘《ぎしょう》の創建。華厳の道場として栄えた。無量寿殿と祖師堂は高麗時代の建築で、とくに前者は韓国最古の木造建築物である。

**ふせつ　普説**　禅宗の用語。あまねく大衆を集めて説法すること。入室《にっしつ》、独参、小参に対する語。おおむね寝堂《しんどう》(大方丈)または法堂《はっとう》で行う。特に教えをうけたいものが香を焼いて普説を請うてするのを告香普説《こっこうふせつ》、普説をしらせるふだを普説牌《ふせっはい》という。

**ふせん　不遷**　(寛政七1795—慶応三1867)曹洞宗の僧。伊予松山の人。字は物外《もつがい》。号は泥仏庵。広島伝福寺円瑞について得度し、伊予竜泰寺で内外の学をきわめ、諸国を歴遊し、山城興聖寺磨甎《せんま》に参じ悟るところがあった。のち備後尾道の済法寺を継ぎ、勤王の士と交わった。武芸をよくし拳骨和尚とも呼ばれる。〔参考〕近世禅林言行録

**ふぜん　不善**　⇩善《ぜん》

**ふぜんごん　不善根**　⇩善根《ぜんごん》

**ぶせん-しょう　歩船鈔**　二巻。存覚の著。成立年不詳。法相・三論・華厳・天台・真言・律・倶舎・成実の八宗と、仏心・浄土の二宗の大意を略述し、浄土の一門のみが易行道であることを述べたもの。浄土真宗の立場より、通俗的に諸宗の批判を試みている。仏全三、真宗史料集成一〔刊本〕元禄三1690刊、正徳三1713刊、明和二1765刊、文化八1811刊〔註釈〕義譲・甲辰記二巻、徳竜・講義六巻、同・聴記三巻、僧朗・略解二巻

**ふぜんま　不染汚**　⇩染汚《ぜんま》

**ふそう-いんいつ-でん　扶桑隠逸伝**　三巻。元政(1623—68)の著。成立年不詳。隠者の伝記。文徳天皇の頃から室町時代まで役小角・伏見翁・徳一・勝尾勝如・千観ら七五人の伝図を挿入しながら漢文体で記した書。なお続篇三巻は、正徳二年1712義堂が著わした。〔刊本〕寛文四1664刊、文政一一1828刊

**ふそうおうぎょう-ほう　不相応行法**　心不相応行法の略で、心不相応行蘊《うん》、非色非心不相応行(法)、不相応行ともいう。色《しき》・心・心所《しんじょ》・無為とともに五位のうちの第四位に数える。心と相応しない行蘊《ぎょううん》の意。有為法《ういほう》の中で色(物質的存在)にも心・心所(精神及び精神作用)にも属しないもの。有部《うぶ》では実体的に理解した一種の勢力、能力などのこと。倶舎論巻四などでは、得・非得・衆同分《しゅどうぶん》・命根《みょうこん》・無想果・無想定《むそうじょう》・滅尽定《めつじんじょう》・生《しょう》・住・異・滅〔以上の四へ⇩四相《しそう》〕・名《みょう》・句・文《もん》の十四不相応行法を数える。瑜伽師地論巻三などでは諸法の間の関係や性質をも含めて理解し、上の一四から非得・異・滅の三を除き、異生性《いしょうしょう》・老・無常・流転《るてん》・定異《じょうい》・相応・勢速・次第・時・方・数《すう》・和合性《わごうしょう》・不和合性を加えた二十四不相応行法を立てる。前者は小乗系統に属する説で他に一六、一五、一四(非得の代りに凡夫性を加える)の法を立てる説もあり、後者は大乗系統に属する説で、二三法を立てる説もある。経部や大乗ではこれをかりの施設として仮有《けう》の法とするが、説一切有部では実有《じつう》の法とする。

**ふそう-おうじょう-ぜんでん　扶桑往生全伝**　三巻。珂然の著(正徳元1711序)。浄土宗鎮西派の著者が直接に見聞した三八人の往生伝。僧衆・尼衆・信士・童子・信女・童女の項に分ける。〔刊本〕正徳元刊

**ふそう-おうじょう-でん　扶桑往生伝**　二巻。勇大の撰(天和二1682)。聖徳太子から三善為康まで日本の一一七人の往生伝。比丘・比丘尼・優婆塞・優婆夷の四種に分けて、往生記・元亨釈書・黒谷伝・後拾遺往生伝・撰集抄・続往生伝などにより現に見聞したものをあわせて収める。〔刊本〕天和三刊

**ふそうおうしん　不相応心**　⇩相応心《そうおうしん》

**ふそう-きき-おうじょうでん　扶桑寄帰往生伝**　二巻。独湛性瑩の撰(延宝元1673)。推古朝から寛文年間1661—73にわたる一九六人の往生伝。沙門・皇帝・皇后・皇子・臣僚・尼僧・士庶・婦女に分ける。撰者は中国福建の人。隠元に従って来朝したところから寄帰の名がある。仏全一〇七、続浄全六〔刊本〕宝永三1706刊、同四刊

**ふそう-しょうめい-しゅう　扶桑鐘銘集**

四巻。岡崎信好の著(安永七1778)。畿内の鐘銘一七七首を当時現存した鐘からの記録や文献から集録したもの。自序によると多年わが国の金石銘を集めこれを鐘銘集・碑銘集の二部に分けて所蔵していたが、徳川光圀の文庫より出た佐々宗淳および僧師点らの鐘銘集の一稿本を入手し、自家のものを加え三巻とし刊行した。更に二十余篇を集め、それと深草瑞光寺で元政の集めた十数篇とを合わせて四巻とし増補した。〔刊本〕安永七刊

**ふそう-ぜんりん-しょもく　扶桑禅林書目**　一巻。主として室町時代の禅僧の撰述による書籍目録。臨済系がその主要部分を占め総書目一五五点。語録八一点・文集五一点・撰述二三点。撰述は、栄西の興禅護国論、道元の学道用心集、師錬の元亨釈書、無住の沙石集・雑談・聖財集など。仏全一

**ふそう-ぜんりん-そうぼう-でん　扶桑禅林僧宝伝**　一〇巻。高泉性潡の撰(延宝三1675)。日本禅宗の名徳の伝記。師錬の元亨釈書の後を続けるため先徳の行業・箴言などを集録し、扶桑僧宝伝二〇巻を撰述したが、釈書以外に詳伝の少ない禅門の大徳のみを摘録して本書を編み、朝廷に奏進した。栄西以下一一七人の伝を収める。仏全一〇九〔刊本〕元禄六1693刊

**ふぞう-ふげん-きょう　不増不減経**　一巻。北魏の菩提流支《ぼだいるし》の訳。如来蔵経をうけて、如来蔵思想をある程度教理的に組織立てて説く。のちの究竟一乗宝性論その他の如来蔵思想系の論書にしばしば引用される重要な経典。㊅一六、国一経集部六

**ふそう-りゃっき　扶桑略記**　三〇巻。皇円(　—1169)の編(寛治八1094—嘉承二1107問の成立か)。六国史以下の史書および僧伝・縁起・流記などから主要なものを編年体に編集した史書。清原業忠の本朝書籍目録には三〇巻とあるが、現存するのは巻二—六、巻二〇—三〇の一六巻である。本書とは別に神武天皇から平城天皇までの抄本が現存する。各条に一々その出典が明示されている。新訂増補国史大系一二、改訂史籍集覧一〔写本〕岩崎文庫蔵(貞永二1233写)、真福寺蔵(鎌倉時代写)〔刊本〕文政三1820刊

**ふぞく　付属**　付嘱とも書き、嘱累《しょくるい》ともいう。与え託すこと。付は物を与え、属は事を託し、嘱は意志を語によって託すこと。多く仏が教法を伝えることを託す意味に用いる。例えば無量寿経巻下には釈迦牟尼仏が弥勒菩薩に本願念仏を伝えることを託したと説き(弥勒付属)、法華経の如来神力品には、釈迦牟尼仏が上行菩薩《じょうぎょうぼさつ》などの本化の菩薩にこの経の肝要たる妙法五字(妙法蓮華経の五字)を付属することを説く。日蓮宗では、この法華経(題目)の付属は、末法の時代の最下等のものに対しての特別の要法を特別に選んで本化の菩薩に託したのであるとして別付属《べつふぞく》といい、法華経嘱累品で、仏がすべての菩薩に総括してこの経一部を付託したのは総付属という。また神力品は多宝塔中に釈迦・多宝二仏並坐しての付属であるから塔内の付属といい、嘱累品は釈迦仏が多宝塔を出た上での付属であるから塔外《とうげ》の付属という。

**ふたい　不退〔退〕**　不退は㊵ア・ヴィニヴァルタニーヤ a-vinivartanīya ア・ヴァイヴァルティカ a-vaivartika ア・ヴィヴァルティカ a-vivartika などの訳で、阿鞞跋致《あびばっち》、阿毘跋致、阿鞞抜致、阿惟越致《あゆいおっち》と音写し、不退転、無退とも訳し、また必定《ひつじょう》ともいう。退とは退歩、退堕《たいだ》の意で悪趣や二乗地(声聞《しょうもん》・縁覚《えんがく》の位)に退堕し、また証ったはずの菩薩《ぼさつ》の地位や証った法を失うこと。従って不退とはその逆である。不退の位を不退転地という。有部《うぶ》では四善根位の中の忍位に至れば再び悪趣に堕することはないから不退を得ると説き、大般若経巻四四九では見道に入れば無生法忍《むしょうぼうにん》を得て再び二乗地に堕せず、不退を得ると説く。また菩薩の階位を説くようになっては十住の第七を不退転住と名づけた。これらによって、諸種の不退説を生じた。①三不退。吉蔵の法華義疏巻二の説。これを解釈するのに四説が紹介されているうち、第一説によれば、⑴位不退とは十住位の第七住以上の菩薩が二乗地へ退転しないこと。⑵行《ぎょう》不退とは十地のうち、第七地の菩薩が修行した行から退転しないこと。⑶念不退とは第八地以上の菩薩が無功用《むくゆう》

(ことさらに努力を用いることなく自然に道に進むこと)の道に入り念が不動であること。②四不退。三不退に処不退(阿弥陀仏の浄土に生まれてそこから退転しないこと)を加えたもので、迦才《かさい》の浄土論巻上などの説。また窺基《きき》の法華玄賛巻二には別の四不退を説く。⑴信不退とは十信位のうち、第六心以上の菩薩が再び邪見を起こさないこと。⑵位不退とは十住位の第七住以上の菩薩が二乗地へ退転しないこと。⑶証不退とは初地以上の菩薩が証った法を退失しないこと。⑷行不退とは八地以上の菩薩が有為《うい》と無為との行をみなよく修めて退転しないこと。懐感《かんえ》の群疑論巻四も同意。なお智旭の阿弥陀経要解には、念・行・位・畢竟《ひっきょう》の四不退を、慈恩の四土図説には、願・行・智・位の四不退を説く。③五不退。信・位・証・行の四不退に煩悩不退(等覚位の菩薩が煩悩《ぼんのう》のために退転させられないこと)を加えたもの。④また浄土真宗では真実の信心を得た者は現生《げんしょう》(この世)において正定聚《しょうじょうじゅ》の位に住み、必ず仏果に至ることに定まると説き、これを現生不退《げんしょうふたい》とも現生正定聚《げんしょうしょうじょうじゅ》ともいう。

**ふたい-じ　不退寺**　奈良市法蓮町。金竜山と号し、真言律宗。在原寺《ありわらでら》、業平寺ともいい、もと平城上皇の離宮で萱御所と称した。上皇の皇子阿保親王とその子在原業平が住し、承和一四年847業平が詔を奉じて寺とし、不退転法輪寺と号したのに由来する。〔重文〕本堂、南門、多宝塔、木造聖観音立像、同五大明王像、金銅舎利塔(昭和二七1952盗難) 〔参考〕和州旧跡幽考四

**ふたいてん-ぼうりん-きょう　不退転法輪経**　四巻。訳者不詳。異訳に西晋の竺法護の訳の阿惟越致遮経《あゆいおっちしゃきょう》(三巻)、東晋・劉宋の智厳の訳の広博厳浄不退転輪経(六巻)があり、チベット訳もある。諸法実相に立脚しながら、小乗の四諦・八聖道・十二縁起の教法、声聞、縁覚の二乗、預流・一来・不還・羅漢の四果などを説き、結局それらがいずれも大乗菩薩行に包摂されることを示す。㊅九、国一法華部

**ふだ-さん　普陀山**　⇩補陀洛山《ふだらくさん》②

**ふだ-じ　補陀寺**　秋田市山内。亀像山と号し、曹洞宗。正平四年1349郡司秋田守季の創建、月泉良印を開山とする。二世の無等良雄は藤原藤房の後身と伝える。北海道布教の先駆として、奥羽・北海道に末寺百五十余を有した。

**ふだばつま　浮陀跋摩**　(五世紀)梵ブッダヴァルマン Buddhavarman の音写。訳経家。仏陀跋摩とも書き、覚鎧《かくがい》と訳す。西域の人。涼州に来て、北涼王哀王牧犍の命を奉じて阿毘曇毘婆沙論を訳した。訳出年時については永和五年437から同七年とも、玄始一四年425から同一六年ともいう。〔参考〕出三蔵記集二、高僧伝三、歴代三宝紀九、婆沙論序(道挺)

**ふだらくかい-え-き　補陀落海会軌**　一巻。詳しくは摂無礙大悲心大陀羅尼経計一法中出無量義南方満願補陀落海会五部諸尊等弘誓力《ぐぜいりき》方位及威儀形色《ぎょうしき》執持《しゅうじ》三摩耶幖幟曼荼羅儀軌という。唐の不空(705―74)の訳。手印の原理を説き、息災法・増益法・降伏法・愛敬法・鈎召法の五種の修法を説く。㊅二〇

**ふだらく-さん　補陀洛山**　①梵ポータラ(カ)Potala(ka)の音写。補陀落迦・補怛洛迦・布呾洛迦とも書き、白華・小白華・小花樹と訳し、光明・海島ともいう。インドの南海岸にあると伝説的に信じられている山で、観世音菩薩の住所と伝える。大唐西域記巻一〇には、南インドの秣羅矩吒《まらくた》国の秣刺耶山《まらやさん》の東にあると伝える。観音信仰の立場から補陀洛山変相(補陀洛浄土変)が描かれ、不空羂索《ふくうけんじゃく》神変真言経巻一五にはその変相の描き方を記し、阿弥陀浄土変と相対して彩画されることが多い。また観音の霊地や宮殿に補陀洛の名を冠するものが多く、中国浙江省の普陀山《ふださん》、チベットのラサのポタラ宮殿、日本の那智山などはその例である。②普陀山。中国浙江省寧波府定海県の東、舟山列島にある山。梅岑山、小白花山、補陀山、補陀洛迦山ともいう。観音の霊場として有名。普賢の峨眉山、文殊の五台山、地蔵の九華山と共に、古来、大霊山の一。とくに航海者の信仰があつい。白華頂を中心に多くの峰がそびえ、奇岩洞窟に富む。唐の大中一二年858日本の僧恵蕚

普陀山略図（中国文化史蹟）

（慧鍔）の開創と伝え、のち後梁の貞明二年916宝陀寺が建てられたという。北宋の神宗（1067—1085在位）の時、宝陀の勅額を賜り、南宋の紹興元年1131真歇清了が住して、律寺を禅院に改めた。明代には、倭寇や火災によって一時は荒廃したが、普陀寺（のちに普済寺と改称）のほか、数カ寺が建てられ、現在も普済寺・法雨寺・慧済寺などがある。

**ふだらくさん-じ　補陀洛山寺**　和歌山県東牟婁郡那智勝浦町浜ノ宮。天台宗。白華山と号し、補陀落寺ともいう。本尊は十一面千手観音。もと熊野九十九王子の一、浜宮《はまのみや》王子の供僧寺で、補陀落渡海の住僧を出した寺として有名。裸行（裸形）上人の開創とも、天福年間1233—34源頼朝の家人下河辺行秀（智定房）の開創ともいう。中世末期、熊野三山の一、那智山造営のための勧進権を有する那智七本願の一寺として熊野比丘尼・山伏を統率した。比丘尼などは那智参詣曼荼羅を絵解きし募財したようで、当寺にもその曼荼羅が伝えられている。近世中期、木願としての勧進権を失い、文化五年1308の大暴風雨によって破壊された堂宇の復興も進まない状態であった。明治一〇年1377頃、仮本堂が建立された。現在の本堂はそれに漸次修復を加えたもの。なお熊野年代記によると当寺歴代住職のうち一九名が補陀落渡海をし、裏山には渡海上人の墓がある〈⇩補陀落信仰《ふだらくしんこう》〉。〔参考〕紀伊続風土記七八、熊野速玉大社古文書古記録など

**ふだらく-じ　補陀落寺**　神奈川県鎌倉市材木座。南向山帰命院と号し、真言宗大覚寺派。養和元年1181源頼朝の創建、文覚の開基。のち衰退したが観応年間1350—52鶴岡の供僧頼基が中興した。

**ふだらく-しんこう　補陀落信仰**　観音の浄土とされる補陀洛山に対する信仰。補陀落は㊵ポータラ（カ）Potala(ka)の音写で、インドの南海岸にあると想像された。わが国では下野日光山、紀伊那智、土佐足摺岬などがその霊地として観念化され、信仰の実践行として船出することが行われた。これを補陀落渡海《ふだらくとかい》、補陀落渡りと呼ぶ。とくに那智浜ノ宮からは貞観一〇年868慶竜上人を始めとし、享保七年1722宥照上人まで二〇名の僧が渡海したという。その他、某僧（台記）、智定房も那智からの渡海僧として知られ（吾妻鏡）、平惟盛入水往生譚（平家物語）も補陀落信仰の影響がある。長保二年1000四国室土から船出した賀東上人も有名である（貞慶筆・観音講式、発心集）。また和泉堺付近、九州有明海にも痕跡があり、大阪府泉南市の林昌寺に永禄八年1565祐海上人、熊本県玉名市には同一一年弘円上人、天正四年1576夢賢上人の補陀落渡海碑が現存する。補陀落船の構造は、四門の鳥居の間に忌垣をめぐらした屋形船が那智参詣曼荼羅にみえ、船底に穴を開けたものもあった。また渡海僧は法華読誦、不動不眠の十日行を修し、それに結縁、勧進の任にある同行者が付属した。キリスト教の宣教師たちも実際に目撃しており、狂躁的な信仰表出として戦国社会の民衆の心を捉えた。補陀落渡海は一種の捨身行で、水葬の習俗を反映しているといわれる。〔参考〕熊野年代記、観音利益集、躑跎山縁起、イエズス会士日本通信など

**ふたんくう　不但空**　⇩但空《たんくう》

**ふたんな　富単那**　㊵プータナー pūtanā の音写。臭鬼などと訳す。インドの神話では悪魔バリ Bali の娘。子供に特殊な病をもたらすという女性の鬼類。身形醜穢で人畜に祟りをなすともいう。〔参考〕護諸童子陀羅尼経、慧琳音義一二・一八

**ふだん-りん　不断輪**　禅宗の用語。祈晴、祈雨などの際に、祈禱に参加する僧侶の一人一人、或いは幾組かにわけた各組が、順次に呪文を唱えて、終日、輪のようにつづけて断絶しないこと。

**ふちゃ　普茶**　禅宗の用語。茶をたててあまねく大衆に供する意。これに対し特定の人のためにたてる茶を特為茶《とくいちゃ》という。

**ぶちゅう-さほう　峰中作法**　一巻。著者・成立年不詳。大峯山峰中における本山派修験に相伝する諸作法を記した書。二本ある。⑴は吉野総遶堂次第・安禅入成次第・取現参駈列次第・山上負渡次第・小篠駈入並遶堂次第・閼伽並小木渡次第・神仙灌頂作法別記・玉置山出生笈伝次第を記し、⑵は吉野総遶堂次第・子守安禅尊者入成日勤行・小篠駈入幷遶堂次第・深山駈入作法を載せている。日蔵四七

**ぶちゅう-しゅぎょうき　峰中修行記**　一巻。行昭(1229—1302)の撰。道瑜(1333—99)の治定。成立年不詳。本山派修験における峰中修行の秘決を書いたもの。峰中灌頂の前行である十九執金剛供の観法、峰中秘決、ヲコミシラウケ之事、印信口決、不二大日法などを述べる。日蔵四七

**ふちょう-さんまい-ぎょう　普超三昧経**　三巻あるいは四巻。詳しくは文殊支利普超三昧経という。西晋の竺法護の訳(太康六 285)。異訳に北宋の法天の訳の未曾有正法経(六巻)、後漢の支婁迦讖《しるかせん》の訳の阿闍世王経(二巻)があり、チベット訳もある。文殊がその智慧・神通を示して説くと、阿闍世王が父を殺したことを悔いて教えを乞い、未来に仏になるであろうとの記別を受ける物語を述べて、空思想と心性本浄の思想を説いている。(大)一五、[国]一経集部二

**ぶつ　仏**　①(梵)ブッダ buddha の音略。仏陀《ぶっだ》、仏駄《ぶっだ》、浮陀《ふだ》、浮屠《ふと》、浮図《ふと》、浮頭《ふと》、没駄、勃陀《ぼっだ》、辞陀、歩他などと音写し、覚者、知者、覚と訳し、日本では「ほとけ」と訓じる。真理をさとった者の意で、自らさとり(自覚)、他をさとらせ(覚他)、さとりのはたらきが窮まり満ちている(覚行窮満《かくぎょうぐうまん》)の意があるとする。この自覚と覚他と覚行窮満とは、順次に凡夫《ぼんぶ》においては三が、二乗においては後の二が、菩薩《ぼさつ》には最後の一が欠けており、その点で仏の優越性を示したものとされる。また和語の「ほとけ」は浮図と関係があるといわれる。仏のさとりの内容については諸経論に種々に説かれ、仏身、仏土などについても各宗で異説があるが、ほぼ大乗では仏果に至るのを窮極の目的とする。②仏の徳をたたえて種々の異名がある。即ち如来の十号〈⇩如来《にょらい》〉をはじめ、一切知者、一切見者、知道者、開道者、説道者とか、世尊、世雄《せおう》(世間において一切の煩悩《ぼんのう》を断つのに雄猛、雄健である者)、世眼《せげん》(世間の眼となってこれを引導する者)、世英《せよう》(世に勝れて秀でている者)、天尊(五天の中で最も勝れている第一義天)とか、大覚世尊(略して大覚尊)、覚王(覚皇)、法王、大導師、大聖人《だいしょうにん》、大沙門、大仙(大僊《だいせん》、仙人の中の最尊)、大医王(病に応じて薬を与える名医のように、心の病に応じて法を説く者)、仏天(五天の中で最も勝れている第一義天)、仏日《ぶつにち》(仏を太陽にたとえた語)、両足尊、二足尊、両足仙、二足仙(これらの四つの名は、二本足の生類中で最も尊い者の意。また二足とは願と行、或いは福と慧で、これらを具えている者の意)、天中天(諸天の中の最勝者)、人中の牛王《にんちゅうのごおう》、人雄師子《にんのうしし》(人中の雄者であることが獣類中の獅子のようである者)などである。また仏を能化《のうけ》の人即ち教える者、導く者の意で能人《のうにん》と呼び、従って阿弥陀仏《あみだぶつ》を安楽の能人(安楽世界の能人の意)という。一説に能人とは能仁《のうにん》で、能仁は釈迦《しゃか》の訳。釈迦仏の名を借りて仏一般をあらわしたものともする。仏に特有なすぐれた徳として、身には三十二相・八十種好を具足し、また十力・四無所畏や十八不共法《ふぐうほう》などの勝れた能力を具有しているとされる。また仏の超越性を七項にまとめて、七勝事、七種最勝、七種無上などという。即ち身勝・如法住勝《にょほうじゅうしょう》・智勝・具足勝・行処勝《ぎょうしょしょう》・不可思議勝・解脱勝の七である。仏の定《じょう》と智と悲とはともに最勝であるから大定・大智・大悲といわれて断徳・智徳・恩徳の三徳に配され、合わせて大定智悲といわれる。③過去に世にあらわれた仏(過去七仏・燃灯仏《ねんとうぶつ》など)を過去仏、古仏といい、未来に娑婆《しゃば》世界にあらわれる仏(弥勒仏《みろくぶつ》など)を後仏《ごぶつ》、当来仏という。最初は仏といえば歴史上の仏である

釈迦牟尼仏だけであった。しかし間もなく過去七仏(釈迦仏はその第七番目)の思想を生じ、少しおくれて未来仏として弥勒仏を考えるようになり、現在は釈迦仏と弥勒仏との二仏の中間で無仏の世とされた。即ち小乗では現在世において二仏が並んで存在することはないとする。ところが、大乗の世界観は拡大されてきわめて悠大となり、東方の阿閦仏《あしゅくぶつ》や西方の阿弥陀仏のように現在他方世界に同時に無数(恒河《ごうが》の沙の数ほど)の仏が存在するとして、十方恒沙《ごうじゃ》の諸仏と称するようになった。それ故に一般的にいえば小乗は一仏説で、大乗は多仏説である。ただし小乗の中でも大衆部《だいしゅぶ》などは他の三千大千世界には同時に他の一仏が存在しうるとして、一界一仏多界多仏説をとり、有部《うぶ》などは多界一仏説をとる。この場合「界」とは三千大千世界のことである。また三世《さんぜ》の諸仏について過去の荘厳劫《しょうごんこう》に千仏、現在の賢劫《けんごう》に千仏、未来の星宿劫《しょうしゅくこう》に千仏、三劫合わせて三千仏があるとされ、その仏名《ぶつみょう》は三劫三千仏名経に出ている。仏名会《ぶつみょうえ》はこの経の説による法会《ほうえ》である。④来世に成仏《じょうぶつ》するための信仏などの因縁《いんねん》を仏因、仏縁、また仏道に入るための因縁を仏縁(例えば仏縁を結ぶなど)、仏恩《ぶっとん》に報いるのを仏恩報謝《ぶっとんほうしゃ》という。なお日本では死者を「ほとけ」、新たに死んだものを新仏《しんぼとけ》ということがある。⇩如来《にょらい》 ⇩仏身《ぶっしん》 ⇩仏土《ぶつど》

**ぶつい-きょう　仏医経**　一巻。三国呉の竺律炎・支越の共訳。仏医王経ともいう。人が病を得る場合、命数の尽きる場合を種々挙げ示し、食を貪ることから起こる罪を説き、布施と摂食とをすすめる。㊇七

**ぶついん　仏印**　①仏の印契《いんげい》。②小形の仏像を彫って紙におしたもの。寺の本尊や霊仏の像などを印にして、紙片におしたものを参拝者に頒けたり、祈禱文や納経帳などにおす。

**ふつう-こうしゃく　普通広釈**　三巻。詳しくは普通授菩薩戒広釈という。安然の撰(元慶六 882)。湛然の授菩薩戒儀に基づいて七衆通授の菩薩戒儀を解釈したもの。如来一乗菩薩戒を菩薩の七衆または仏の七衆に対して、一切の大衆を選ばず、普く通じて伝授する戒儀を広く釈するという。最澄の授菩薩戒儀および顕戒論、円仁の顕揚大戒論、円珍の朱註授菩薩戒儀などについて、南都の大乗戒と叡山の円頓戒との同異を論じ、日本天台円頓戒は小乗・通乗・別乗の菩薩戒ではなく円乗の菩薩戒であり、円乗の如来戒であることを明示し、授戒の当処に六即成仏すると談じる。さらに真言密乗の三摩耶戒を仏戒なりと論じて法華・止観・真言の円戒一致を説き、なお進んで草木成仏を授戒の当処において認めるに至っている。また現存していない戒本についても記述し、各種戒本の内容に関しても紹介している。(大)七四、天台宗叢書四、安然撰集三〔刊本〕慶安元 1648 刊

**ぶつえ-きよう　仏会紀要**　四巻。西本願寺の編。宮中や諸大寺で勅修された法会の由来・鋪設などを記述した書。巻首に古代の大極殿図・清涼殿年中行事と撰者の例言四則(明治二七 1894)を記している。〔刊本〕明治四二刊

**ぶっか　仏華**　仏前に供える華。供花《くげ》ともいう。インドでは多く散華《さんげ》(散布する華)、華鬘《けまん》(華を糸でつづって首や体につけるもの)の類を用いたが、後世、香・燭と共に必ず供えるべきものとされ、その器には華瓶《かびん》を用いる。金属などで製した造花を用いることもあり、これを常花というが、一定の方式に従う立花《りっか》を用いることが多い。

**ぶつ-が　仏画**　仏の画像の意。仏(如来)ならびに菩薩・明王・天部などの形像を紙絹などに描き、或いは織成し、若しくは布に刺繡したもの。仏画は仏像(彫刻)とその起源を同じくするようである。仏画には広狭の意があって、狭義では信仰の対象として描かれた絵画に限る(仏像の方はこの意が多い)。広義では更に広く、仏教的主題の絵画のすべてを含めていう。しかし普通には仏像彫刻に対立する語として、信仰の対象として描かれた尊像・尊像群・曼荼羅・変相図などに限定するのが慣例である。

**プッガラ・パンニャッティ　Puggala-**

**paññatti** 人施設論と通称する。南方上座部の伝えるパーリ論蔵七書の内の一。プッガラ puggala は人を意味し、一種より一〇種までのさまざまな条件を有する人格を設定して、その持つ条件・内容を類別論究(施設)した論書。モリス R. Morris によって原文が出版された(1883)。

**ぶっきぐん-えまき　仏鬼軍絵巻**　お伽草子を題材にした絵巻。京都十念寺蔵。重要文化財。画も詞も一休宗純作と伝えるが不詳。室町時代の作。浄土の諸仏諸菩薩が、軍勢を揃えて地獄の悪鬼を征伐し、苦しむ衆生を済度する物語。阿弥陀仏は西方、薬師如来は東方、宝生如来は南方、釈迦如来は北方の大将軍となって四方から地獄に迫ると、遂に地獄の釜から蓮花が咲き出で、亡者を助け、雲に乗せて往生させる。詞書は国東叢一(文芸上)、一休和尚全集〔写本〕元禄一〇1697写〔刊本〕文政六1823刊

**ぶっきょう　仏教**　仏陀の説いた教えの意。釈迦牟尼仏《しゃかむにぶつ》を教祖とする宗教のこと。説いた内容からいえば仏ということをあらわし、仏になるための道を示した教えであって、その面から仏法、仏道ともいう。釈迦牟尼仏によって説き示された真理を、経律論の三蔵を依りどころとして学び、戒定慧の三学を修め或いは念仏や唱題などによって迷いを転じて悟りを開き、煩悩《ぼんのう》を断って涅槃《ねはん》に至ろうとする教えであって、一法印、三法印、四法印〈⇩法印《ほういん》〉によってその特質が要約して示される。歴史的に見れば根本仏教、原始仏教、部派仏教、大乗仏教などがあり、伝播の地域からいえば、南伝仏教、北伝仏教、インド仏教、中国仏教、日本仏教、チベット仏教(ラマ教)などがあり、教義的には小乗仏教、大乗仏教、一乗仏教、三乗仏教、秘密仏教、聖道門、浄土門など種々に分けられる。

**ぶっきょう-かくしゅう-こうよう　仏教各宗綱要**　一二巻五冊。仏教各宗協会編。日本仏教十二宗の史伝とその宗儀の大綱を記した書。十二宗とは法相宗、華厳宗、天台宗および同寺門派、同真盛派、真言宗、融通念仏宗、浄土宗および同西山派、臨済宗、曹洞宗、黄檗宗、真宗、日蓮宗、時宗である。〔刊本〕明治二九1896刊

**ぶつぐ　仏具**　仏前を荘厳《しょうごん》(かざる)したり法会《ほうえ》修法《しゅほう》などの際に用いる器具。天蓋《てんがい》、幢幡《どうばん》、華鬘《けまん》、斗帳《とちょう》などをはじめ法螺、木魚、鐘、鼓、鈴、香炉、華瓶《けびょう・かびん》、燭台などを総称していう。また法具、仏器などともいい、僧尼の使用する衣《え》〈⇩法衣《ほうえ》〉、鉢《はつ》、数珠《じゅず》、如意《にょい》、払子《ほっす》、坐具などを僧具と称するのに対する。天蓋は蓋ともいい、仏像の上を覆うものと、導師の席の上を覆うものとがある。本来は日光の直射を避けるためのかさ。幢幡は「はた」。法会の時に堂の内外に懸ける。華鬘は「はなかずら」ともいい、法会の時堂内に懸ける布製のかざり。斗帳は小さな「まく」、「とばり」で、本尊を安置した厨子《ずし》の前にかける。磬は読経の際に打ちならす器で、鋺のように深形のものを「きん」といい、浅いものを「けい」という。磬の小さいものを鈴《りん》といい、振って内側の舌で鳴らす鈴を「れい」という。その他音を出すものに、木を魚形にくりぬいた木魚や、唐金を雲形に鋳て中央に穴をあけた雲板《うんぱん》、銅製の二個の大きな皿形のもので造り、打ち合わせて音を出す鐃《にょう》(どら)や鈸《はち》があり〈⇩鐃鈸《にょうはち》〉、金鼓《こんく》や鰐口《わにぐち》、梵鐘(かね、つりがね)〈⇩鐘《しょう》〉などもある。法螺も楽器として用いるが、特に修験道では必須の道具とする。仏前をかざるものとしては、宗派によって種々不同であるが、花瓶《かひん》、香炉、灯台を三物具足の意味で俗に三具足《みつぐそく》といい、諸宗一般に用いる(真宗では花瓶と灯台を各一対にしたのを五具足という)。真宗では中尊の上卓《うわじょく》に置き樒《しきみ》を挿す壺形の器を華瓶《けびょう》という。これは本来は水を供える器で、樒は水の腐敗を防ぐために挿す。前卓《まえじょく》に置き花を挿す器を花瓶《かひん》といい、角型と丸型とがある。香炉は火舎《かしゃ》ともいい、金属製のものを金香炉《きんごうろ》、陶製のものを土香炉《どごうろ》という。金香炉は焼香《しょうこう》(炭火を入れて香木を焼く)に用い、土香炉は燃香《ねんこう》(抹香《まっこう》を付茸《つけだけ》と称するものに火をつけて燃やす。今は一般にその代りとして線香を燃やす)に用いる(真宗では上卓に金香炉の一種である火舎香炉を置き、

前卓には土香炉を置く)。灯台には蠟燭を用いるのと油火を点ずるのとがある。蠟燭立に用いるのを燭台《しょくだい》、燭台で鶴が亀の背に乗って蓮軸をくわえた形をしているものを鶴亀《つるかめ》と称する。また天井から吊り下げる輪形の灯明用具を輪灯《りんとう》といい、菊の形をした台に棹を立てた灯明台を菊灯《きくとう》という、共に油火を点ずるのに用いる。卓は布で覆うことがある。卓の胴を巻く帛を卓囲(水引《みずひき》)といい、その上に三角形に覆いかける帛を打敷《うちしき》という。なお仏に供える飯(仏飯《ぶっぱん》)を盛る器をも仏器という。

**ぶつげい　仏猊**　(宝暦一二1762—寛政四1792)字は霊曄。号は空画。京都の人。園城寺顕道に学び、大同房から唯識・倶舎をきわめ、広橋伊光の養子となり、大僧正に任じられた。大日経疏鈔を校正重刊した。著書、空画遺芳(敬長編の詩文集)。〔参考〕顕道和尚行業記

**ぶつげ-じ　仏牙寺**　セイロン島(現スリランカ)カンディ Kandy 市にあるダラダ・マリガワ Dalada Maligawa 寺。仏陀の犬歯を安置してあるので仏牙寺または仏歯寺と呼ぶ。仏牙はアショーカ Aśoka 王(阿育王)の子マヒンダ Mahinda がはじめてセイロンに伝道したとき、それに従ったスマナ Sumana がデーヴァーナンピヤ・ティッサ Devānampiya Tissa (天愛帝須)王の請によってもたらしたという伝説があるが、四世紀の後半シリ・メーガヴァンナ Siri Meghavaṛṇa 王(362—409在位)のとき、南インド・カリンガの王女ヘーママーラー Hemamālā が髪の中に納めて渡来したという伝承もあり、後者が史実に近いと思われる。メーガヴァンナ王のとき以来、毎年盛大な仏歯祭が行われ、セイロン島のみならず諸外国の仏教徒の間でも評判となった。唐代には仏歯礼拝のためセイロン島に渡った中国僧も多く、法顕・義浄・玄奘の旅行記にも記されている。仏牙はセイロン島第一の宝とされて現在にいたるまで民衆の崇敬を集め、今日でも毎年八月に仏牙祭が行われ、スリランカにおける最大の祭となっている。

**ぶつげん-じ　仏現寺**　静岡県伊東市物見が丘。海光山と号し、日蓮宗本山。日蓮が三年間流寓した旧跡で、弟子日預《にちよ》が日蓮を開山として毘沙門堂を建立し、のちに寺とした。

**ぶつげん-ぶつも　仏眼仏母**　詳しくは一切仏眼大金剛吉祥一切仏母という。仏眼尊、虚空仏眼仏母ともいう。眼は仏の中道の眼を意味し、般若中道の妙智は、仏・菩薩を出生する母であるという意味から、これを仏眼仏母という。胎蔵界仏部の部母であるから仏眼仏母ともいう。また実相は大虚空のごとしと観ずるが故に虚空眼という。この尊を中尊とする曼荼羅を仏眼曼荼羅といい、息災延命・福寿増長を願って、本尊として修する修法を仏眼法という。〔参考〕大日経疏五

**ぶつご　仏語**　①仏の言葉、仏説、金口《こんく》ともいう。②仏教の専門語のこと。

**ふっこう　覆講**　⇩ふくこう

**ぶっこう-じ　仏光寺**　①京都市下京区高倉通仏光寺下ル新開町。汁谷山と号し、真宗仏光寺派の本山。寺伝に親鸞が越後流罪赦免ののち、建暦二年1212一度帰洛し、山科に一宇を創建、興正寺と名付け、その後真仏・源海・了海・誓海・明光と継がれて七世了源に至ったというが、存覚一期記《ぞんかくいちごき》および了源の草した山科興正寺建立の勧進状によって了源の時に創建されたことが明らかである。すなわち元応二年1320以後、了源によって山科の地に創建され、正中元年1324本願寺覚如が興正寺と命名した。その後、洛東渋谷に移り、嘉暦年間1326—29存覚によって仏光寺と改称。文明年間1469—87経豪《きょうごう》は仏光寺の末寺を多く率いて本願寺に帰入したため寺運は衰え、天正一四年1586豊臣秀吉による大仏殿建立のため現地に移転した。〔重文〕木造聖徳太子立像(湛幸作)〔参考〕存覚一期記、仏光寺小部集、仏光寺名所図会　②静岡県伊東市和山。海上山と号し、日蓮宗。日預《にちよ》の開山。日預は初め伊東朝高といい、ここの地頭であったが、日蓮に帰して仏現寺を建てたところ、その臣綾部正清も出家して日休《にっきゅう》と号し、仏現寺守護のため朝高の邸址に一宇を創めたのが本寺であるという〈⇩仏現寺《ぶつげんじ》〉。

**ぶっこう-じ　仏向寺**　山形県天童市天

童。浄土宗。弘安元年1278出羽按察使源頼直の開基、一向俊聖《いっこうしゅんしょう》を開山とする。頼直の後裔頼房が山形城主最上義光と戦った時、住持の鉄阿弥《てつあみ》が頼房に加勢したため諸堂を焼失したが、次第に復興、現在に至る。近世は時宗十二派のうち天童派の本山であり、明治以後、一向派に合流して中本寺となったが、昭和一七年1942本山蓮華寺と共に浄土宗に帰した。

**ぶつごきょう　仏語経**　一巻。北魏の菩提流支《ぼだいるし》の訳。仏が竜威徳上王菩薩に対して、何を仏語というかを説く。仏語とは非語であるとして、空思想を強調する。㊅一七、国一経集部一五

**ぶっこくじ　仏谷寺**　島根県松江市美保関町美保関。竜海山と号し、浄土宗。聖徳太子の開創と伝え、のち空海が伽藍を建てて三明院と称したという。後鳥羽上皇・後醍醐天皇の隠岐配流の行在所となった。永正年間1504—21知恩院より順慶が入って浄土宗に改める。のち、尼子・毛利両氏の兵火にあったが、仏像だけは難を免れた。〔重文〕木造薬師如来坐像、同聖観音立像、同菩薩形立像〔参考〕仏谷寺縁起

**ぶっこくじ　仏国寺**　韓国慶尚北道慶州市吐含山《とがんざん》。新羅法興王(514—40在位)の創建と伝え、景徳王一〇年751国宰金大城が再建した。のち新羅・高麗・李朝の歴朝にわたってしばしば再修されたが、二六年1592、日本軍の兵火で焼失。李朝宣祖英祖四三年1766道泰・賛弘らが大雄殿を重建した。大雄殿前の多宝・釈迦の二石塔は金大城の建立と伝え、極楽殿の阿弥陀仏像も新羅時代のものである。寺の後方、吐含山上に金大城が創建した石窟庵がある。すべて花崗岩から成り、中央に三メートル近い石刻の釈迦仏坐像を安置し、周壁を十一面観音・梵天・帝釈天・十大弟子を浮彫した板石で囲み、入口には力王神王像を浮彫にしている。容姿は唐風を示して流麗である。〔参考〕仏国寺歴代記、三国遺事五、朝鮮寺刹史料上

**ぶつごひゃくでしじせつほんぎきょう　仏五百弟子自説本起経**　一巻。西晋の竺法護《じくほうご》の訳(太安二303)。仏陀および大迦葉《だいかしょう》以下二九人の大弟子の本生譚を集録したもの。序分を除いて全篇偈頌より成る。パーリ経蔵のクッダカ・ニカーヤKhuddaka-nikāya(小部)中のアパダーナApadānaはこれと同類のものであるが、これよりは遥かに大部であり、この経の内容の約四割がその中に含まれている。㊅四、国一経集部六

**ぶつさんしんさん　仏三身讃**　一巻。北宋の法賢の訳。チベット訳もあり、そこでは竜樹(ナーガールジュナNāgārjuna)の著とされている。仏の三身、すなわち法身・報身・化身を説き仏を讃嘆したもの。同じ法賢の三身梵讃はこの讃歌の原梵文を漢字で音写したものである。チベット訳には同じく竜樹に帰せられた註釈がある。㊅三二、国一論集部五

**ぶっし　仏子**　仏の子。①菩薩《ぼさつ》は仏の教えに従ってその業をつぎ、自らも仏となろうとつとめて仏の種を断絶させないものであるから、仏子という。②大乗の菩薩戒をたもつ者。③仏弟子、仏教信者。④あらゆる衆生は常に仏によって、わが子のように慈愛の心で念じられており、またすべて仏となるべき本性をもつものであるから仏子という。

**ぶっし　仏師**　仏像を彫造し仏画を描く工匠。造仏師、造仏工、仏工ともいう。木仏を造る仏師を木仏師、仏像を描いたり彩色するものを絵仏師と呼ぶが、普通には前者を仏師という。中国では東晋の戴達・戴顒父子を始めとして史上にあらわれた仏工が多い。日本では敏達天皇六年577に百済王が造仏工・造寺工を貢進したことに始まり、のち飛鳥時代の鞍作鳥《くらつくりのとり》仏師、奈良時代の国中公麻呂などの著名な仏工が出た。奈良時代の仏師は造寺司に直属する造仏所に属して、鋳工・漆工などと分業により製作した。平安時代になると仏師は有力寺院に所属するようになった。平安中期には定朝が仏像彫刻に優れ、法眼に叙せられて仏師僧綱位の初めを開いた。そののち覚助・院助・長勢などが現われ、のちの仏所分立の因となった〈⇩仏所《ぶっしょ》〉。またこの時代以後の仏師は、監督・統制に任じる大仏師と数人の小仏師とから成り、おもに寄木造《よせぎづくり》による

共同作業によった。鎌倉時代には運慶・湛慶・康勝・快慶・定慶などの仏師が著名で、彼らは東大寺・東寺などの諸像造立修補に活躍した。鎌倉時代以後の仏師は東大寺大仏師職・東寺大仏師職・興福寺大仏師職などのように、大寺に属して仏師職《しき》をもった。室町時代には康祐・院信・寛慶など、江戸時代には康正・宗印・堯海・賢慶などが著名である。なお、江戸時代には円空、行道などのように個性的な仏像を刻む僧侶もあらわれた。絵仏師では平安時代中期に巨勢金岡があらわれ、その流に託磨勝賀が出て託磨派の祖となった。その他、春日基光の春日派、その流派に出た土佐経隆の土佐派があり、各仏画に流派をなした。また平安末期の教禅は法橋に任じられ、絵仏師僧綱の初例となった。

**ぶつじ　仏事**　仏の徳を発揚すること。立地《りゅうじ》ともいう。維摩経巻下には仏はあらゆることを仏事として仏の徳をあらわすと説く。②禅宗では事に託して仏法を開き示すのを仏事といい、開眼《かいげん》・安座《あんざ》(仏像を堂内に安置すること)・拈香《ねんこう》(香をひねって香炉でもやすこと)などを指す。③後世には仏前で行う儀式を仏事、法事という。

**ぶつじ-きょう　仏地経**　一巻。唐の玄奘の訳(貞観一九645)。チベット訳もある。仏が妙生菩薩のために大覚地の五種の法相、すなわち清浄法界と大円鏡智・平等性智《びょうどうしょうちょう》・妙観察智《みょうかんざっち》・成所作智《じょうしょさち》の四智とを説く。唯識的な立場から仏果について述べた経典として注目される。㊅一六、国一経集部一三〔註釈〕親光・仏地経論(仏地論ともいう)七巻(貞観二二649玄奘訳㊅二六)、戒賢・註釈(チベット訳)、靖邁・仏地経論疏七巻

**ふっしゃみったら-おう　弗沙蜜多羅王**　(紀元前二世紀頃)㊵プシュヤミトラ Pusyamitra の音写。ヒンドゥー教のプラーナ Purāṇa 聖典類によればマウルヤ Maurya 王朝のブリハドラタ Bṛhadratha 王の将軍であったが、王を倒して紀元前一八七年王位につき、シュンガ Śuṅga 王朝をひらいた。ただし雑阿含経等の仏典の伝承では、この王を阿育(アショーカ Aśoka)王の末裔すなわちマウルヤ王朝に属する王とする。バラモン教の復興につとめ、僧侶を殺し寺塔を焼くなど、仏教の迫害を行ったという。〔参考〕Divyāvadāna, 雑阿含経二五、阿育王経五、阿育王伝三

**ぶっしゃり-げんでん　仏舎利験伝**　一巻。義宥の著。成立年不詳。仏舎利の由来、三国における伝来、その神変霊験などを記したもの。聖武天皇・孝謙天皇・聖徳太子など僧俗数十人にまつわる舎利霊験を述べる。〔刊本〕文政四1821刊

**ぶっしゅ　仏種**　①仏の種姓。仏の系統。②仏となるための種子。仏性《ぶっしょう》。仏果を得るための因。これにおよそ四種を挙げることが出来る。⑴衆生が本来そなえもっている仏性。即ち縁起の理、中道無性の理など。⑵煩悩《ぼんのう》。維摩経巻中には煩悩の外に別にさとり(菩提《ぼだい》)があるとみるべきではないから、あらゆるまちがった見解や煩悩が仏種であるという。⑶菩提心。菩提心の因がなければ仏の果は得られないからである。⑷称名《しょうみょう》或いは聞名《もんみょう》。これらの因によって、ついに仏になれるからである。

**ぶつじゅき-じ　仏授記寺**　中国洛陽(河南省河南府)にあった寺。武周の垂拱年間685—88懐義が敬愛寺に別に殿宇を造って仏授記寺と改めたもの。宝思惟《ほうしゆい》(不空羂索陀羅尼自在王経、武周の長寿二693)・菩提流志《ぼだいるし》(宝雨経その他、同)・実叉難陀《じっしゃなんだ》(華厳経、聖暦二699)・李無諂《りむえん》(不空羂索陀羅尼経、同三)らが住して、それぞれ上記の経を訳出した。証聖元年695義浄がもたらした梵本・仏舎利などを当寺に安置した。天冊万歳元年695則天武后の勅により明佺が当寺で大周刊定衆経目録を編する。なお、法蔵が当寺で新訳の華厳経を講じたとき奇瑞があったと伝える。〔参考〕宋高僧伝一・五、開元釈教録七

**ぶっしょ　仏所**　仏像を造る仏師の集団およびその仏像を造る所をいう。奈良時代の造仏は造寺司に所属する造仏所で行われたが、その機構などは明らかでない。平安時代中期から仏師の世襲制が確立し、居住地に本拠を置いて作業するようになったので、七条仏所、三条仏所、七条大宮仏所

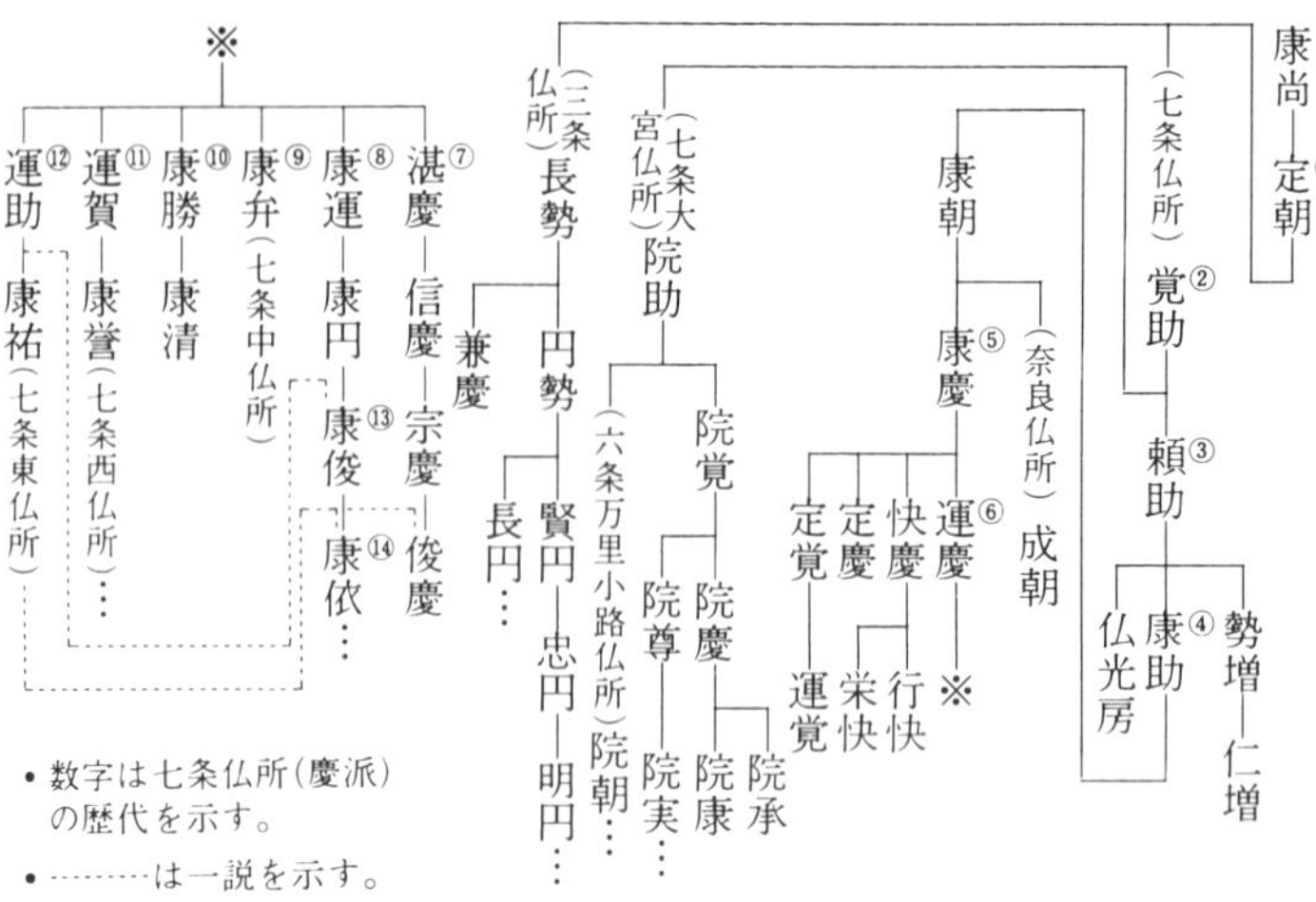

仏所・仏師の略系譜

などと居住地の地名を冠して呼んだ(臨時的な造仏所はその都度設けている)。七条仏所(この系統の仏師は「慶」の字を付すことが多く、慶派と呼ばれる)は初祖定朝以来、南都大仏師職に、また運慶の時から東寺大仏師職に任ぜられた。豊臣秀吉の時、四条烏丸に移されたが、七条仏所の名称は江戸時代末期まで存続した。また、七条仏所の仏師は奈良の諸寺の造仏にたずさわったので奈良仏師とも呼ばれ、その余流は椿井仏所、高間仏所、登大路仏所、宿院仏所などを形成し、そのうち椿井仏所は興福寺の大仏師職に任じられた。三条仏所(円派)、七条大宮仏所(院派)は京都の宮廷や貴族の需要に応じて政治的にも優位を占めたが、明円(　—1199)、院尊(　—1198)の没後いずれも次第に衰えた。⇩仏師《ぶっし》

**ぶっしょう　仏性**　㊵ブッダ・ダートゥ buddha-dhātu　ブッダ・ゴートラ　buddha-gotra の訳で如来性、覚性ともいう。仏陀の本性の意。仏になる可能性、因性、種子、或いは仏のさとりそのものの性質などの意に解され、如来蔵の異名ともする。北本涅槃経巻七には額上の珠(額珠《がくじゅ》)の喩え(力士が相撲によって眉間にあった珠を皮膚の中に見失っても、鏡に照らせば失っていないことを知る)を出して、すべてのものにもとより仏性はある(一切衆生悉有仏性《いっさいしゅじょうしつうぶっしょう》)けれども、凡夫にあっては煩悩《ぼんのう》に覆われていてわからない、もし煩悩を断てば仏性が顕われると説く。①阿含《あごん》や小乗では、仏・菩薩《ぼさつ》以外の者の成仏《じょうぶつ》を説かないから仏性はほとんど問題とされなかった。しかし世親の仏性論巻一によれば、有部《うぶ》などでは衆生《しゅじょう》には先天的な性得《しょうとく》仏性はないが、後天的に修行によって得る修得《しゅとく》仏性はあるとし、これについて決定無仏性《けつじょうむぶっしょう》・有無不定《うむふじょう》・決定有仏性の三種類の衆生を分け、これに対して分別部《ふんべつぶ》では空《くう》を仏性とし、すべての衆生は空を本とし空から生じたものであるから本性としてみな仏性があると説いたと伝える。②仏性論巻一には、一切衆生悉有仏性と説くのは、仏が衆生におのれは劣ったものであると思う心を離れさせるなど五つの過失を除き、つとめて仏道にはげむ心を起こすなど五つの功徳《くどく》を与えようとするためであるとし、同書巻二には仏性を自性住仏性《じしょうじゅうぶっしょう》(凡夫の位にあり、ただ理としてあるもの)・引出仏性(初発心から成仏直前の金剛心に至るまで漸次に修行して顕わすもの)・至得果仏性(仏果に至ってまどかに顕わすもの)の三位にわけている(三位仏性、三仏性)。③中国・日本では諸宗で種々の説があり、互いに論難した。(イ)天台宗では正因仏性(すべてのものに本来そなえている三諦三千の理)・了因仏性(理を照らしあらわす智慧)・縁因仏性(智慧を起こす縁となるすべての善行)の正了縁の三因仏性の説を立て、このうち前の一は性《しょう》(先天的)・後の二は修(後天的)ではあるが、性修不二であってそのまま融けあい、三仏性は非縦非横(前後継起するものでもなく並列同時的でもない)であるとする。またこの三因仏性に果性(菩提《ぼだい》の智徳)・果果性(涅槃《ねはん》の断徳)を加えて五仏性といい、因果不離であるから因位と果位とが互いに具えあうとする。(ロ)華厳宗では、衆生の仏性は因果性相のすべてをまどかに具えているとし、また有情

にそなわる成仏の可能性を仏性、覚性とし、非情にある真如の理を法性《ほっしょう》として区別し、成仏を有情にかぎるとすることもある。(ハ)真言宗では、森羅万象がそのまま大日如来の法身であるとして、その意味において悉有仏性を説く。(ニ)三論宗では、仏性に関する種々の論が因果を別説するのを迷執として廃し、非因非果の無所得中道を仏性とする。(ホ)法相宗では理仏性(すべてのものの本体である真如《しんにょ》の理)・行仏性(各人が阿頼耶識《あらやしき》中に蔵する成仏の因となる無漏種子)の二仏性説を説き、理仏性はあっても行仏性をもたないものは成仏できないとし、菩薩定姓と不定姓のもののみに行仏性があると説く〈⇩五姓《ごしょう》〉。(ヘ)禅宗では、衆生の本来の面目をさとるのであるが、仏性の有無などの問題にとらわれることを否定し、狗子仏性《くしぶっしょう》などの公案がある。(ト)浄土教では、理仏性を認める説や否定する説があって種々であるが、往生は阿弥陀仏の本願力によるとし、浄土真宗ではその意味から如来が衆生に与えた信心を仏性とする(信心仏性)。④諸経典には仏種、仏種性などの語があり、成仏の因となるものを意味するが、その内容は説く箇所によって種々であり、衆生が本来具えている仏性をいう場合もあれば、煩悩、菩提心、菩薩の修行、称名などを指す場合もある。⇩仏種《ぶっしゅ》

**ぶつじょう　仏定**　(享保一九1734—寛政一二1800)浄土宗の僧。字は蒙光、謙蓮社遊誉という。丹波の人。但馬来迎寺の智典について得度し、増上寺貞観・大雲・定月らに師事して浄土宗学を修め、来迎寺の住持となった。また京都智慧光院に住み、六都監となった。著書、観道記、投宿編などがあるが、未刊。〔参考〕仏定和尚業記

**ぶっしょう-かいぞう-ちえ-げだつ-はしんそう-きょう　仏性海蔵智慧解脱破心相経**　二巻。仏性海蔵経、智慧海蔵経などとも略す。訳者不詳。仏陀が入滅する直前に、除疑大士の問いに応じて、凡夫が解脱するのを得ないのは三毒の箭《や》に射られ四煩悩の蛇に嚙まれ、五煩悩の犬におかされ乃至八邪説にまどわされ万悪に引かれるからであるとして、それら三毒乃至万悪を細説する。㊅八五

**ぶつ-しょうとうりてん-いも-せっぽう-きょう　仏昇忉利天為母説法経**　三巻。西晋の竺法護の訳。異訳に西晋の安法欽の訳の道神足無極変化経(四巻)がある。仏陀が忉利天に昇ってその母を教化したという説話をもとにして成立した大乗経典で、摩訶摩耶《まかまや》経などと同類のもの。阿含経の諸処にも同種の説話が伝えられるが、本経では、仏の肉身の母は摩耶夫人であるが、真の仏母は般若波羅蜜《はんにゃはらみつ》であると説く。㊅一七、国一経集部一二

**ぶっしょう-ろん　仏性論**　四巻。世親(ヴァスバンドゥ Vasubandhu)の造と伝える。陳の真諦の訳。仏性・如来蔵の義を明らかにする論書。究竟一乗宝性《くきょういちじょうほうしょう》論と密接な関係があり、特にその如来蔵を説く第五—七品の部分を詳しく解釈したものが、そのままこの論の内容の主要な部分を成すといってよく、宝性論にもとづいて作られたものと考えられる。漢訳のみが現存し、梵語原本・チベット訳が伝わっていないので、作者および成立年代は判然としない。論は⑴縁起分、⑵破執分、⑶顕体分、⑷弁相分に分けられ、⑴で一切衆生にことごとく仏性があることを総論し、⑵で外教の我説・小乗の無我説・大乗の中の無に対する執着を論破し、⑶で仏性・如来蔵の本質を細説し、⑷ではさらに仏性・如来蔵の義を〇の観点から解釈している。㊅三一、国一瑜伽部一一〔註釈〕賢洲・節義四巻

**ぶつ-しょぎょう-さん　仏所行讃**　五巻。馬鳴《めみょう》(アシュヴァゴーシャ Aśvaghoṣa)の作。北涼の曇無讖《どんむしん》の訳。ただし今日では真の訳者を宝雲とする説が有力である。仏陀の生涯をうたった叙事詩で、降誕から入滅・舎利分配までを二八章に分けて述べる。梵語原本はブッダ・チャリタ Buddha-carita と題し、いわゆるカーヴィヤ kāvya 体文学の先駆として重視される。梵本ははじめレヴィ S. Lévi によってその第一章がフランス語訳とともに刊行され(1894)、またカウエル E. B. Cowell によって全篇が刊行され(1893)、かつ英訳された(1894)。この梵本は前半 七章を存する

のみで、しかも第一四章後半以降は一九世紀の補筆であることが明らかになったため、馬鳴の真作部分は第一四章前半までである。ただしやはり二八章から成るチベット訳があり、内容も漢訳と一致することから、馬鳴による梵文も当初は二八章より成る完全なものであったが、後半部分が散佚したと推定されている。現存する馬鳴の真作部分は、ジョンストン E. H.Johnston による厳密な校訂を経て刊行され(1935)、さらに同人による英訳が出版された(1936)。わが国では寺本婉雅によるチベット訳からの和訳(1924)、原実の和訳(大乗仏典一三・中央公論社1974)がある。㊀四、国一本縁部四

**ぶっしょごねんかい-きょうだん　仏所護念会教団**　本部、東京都港区白金台。日蓮系の新宗教教団。昭和二五年1950関口嘉一と同トミノが霊友会から分派独立して開創。教団名は法華経の「平等大慧・教菩薩法・仏所護念」からとったもの。法華経を釈迦出世の本懐とみなし、法華経の真実を社会生活に具現することを主旨とする。身延山、神宮への団体参拝をはじめ、天地自然への感謝、祖先供養を中心に活動している。

**ぶっしん　仏心**　①慈愛(大慈悲)に満ちた仏の心。②衆生《しゅじょう》の心の中に本来そなわっている仏性《ぶっしょう》。それが定まってい て改変のないことを印形《いんぎょう》にたとえて仏心印ともいう。また仏心印とは心印のことで、文字をもって法を伝えないで直接心をもって心に刻みつけること。この仏心をあらわし、心印を伝えるのが禅宗であるから、禅宗を仏心宗とも称する。

**ぶっしん　仏身**　㊵ブッダ・カーヤ bud-dha-kāya の訳。仏の身。①仏の身については仏教徒の間で種々の考察がなされた。これを仏身論という。既に釈迦仏在世の頃、或いは滅後間もない頃から、仏陀は通常の人間でなく、その仏身は通常人の身体を超えた円満さ、清浄さ(三十二相・八十種好)と、すぐれた能力(十力《じゅうりき》、四無所畏)とをもつものと考えられたが、部派仏教時代になると分別論者《ふんべつろんじゃ》や大衆部《だいしゅぶ》では仏身は無漏であると説き、その寿量や威力などは無限大であるとした。これは仏の肉身即ち生身《しょうじん》についていうものと思われるが、有部《うぶ》ではこのような考え方とは反対に、仏といえどもその生身はやはり煩悩《ぼんのう》の果であるから有漏《うろ》であると見た。しかし有部では他方において仏の成就した十力、四無所畏などの功徳法《くどくほう》、或いは仏の説いた教法は無漏であるとし、これを法身《ほっしん》(㊵ダルマ・カーヤ dharma-kāya)と名づけて有漏の生身と区別した。つまり、法身とは、仏の肉身の奥底に見出された、仏が仏である根拠としての、目に見えない理仏であって、このような法身と生身を二身という。有部などで戒・定《じょう》・慧・解脱《げだつ》・解脱知見の五を五分法身《ごぶんほっしん》と称するのは、このような功徳法としての法身である。②大乗仏教が興ってからは仏身論は急速な発展を見た。まず法身の内容が変って、法性《ほっしょう》・真如《しんにょ》をもって法身とした。無著《むじゃく》の金剛般若論に、経典は即ち言説法身《ごんせつほっしん》であるとし、これに対して修行によって証得してはじめて現われる法身を証得法身と名づけて二種法身を説いているのは、両様の法身を次第のように並べ示すものである。このように大乗になって初めて真如の理体を法身と呼んだが、さらに生身を応身《おうじん》(㊵ニルマーナ・カーヤ nirmāṇa-kāya)と名づけ、両者の間に報身《ほうじん》(㊵サンボーガ・カーヤ sam-bhoga-kāya)を立てるとき、ここに十地経論巻三、梁訳摂大乗論巻下などに説かれている法報応《ほっぽうおう》の三身説が成立する。法身はまた法仏、法身仏、法性身《ほっしょうしん》、自性身《じしょうしん》、如如仏《にょにょぶつ》、如如身、実仏、第一身ともいい、また真身《しんじん》ともいう。有部で説くような法身説は大乗仏教にもそのまま受けつがれてはいるが、大乗の説く法身説の特色はむしろ、常住真実普遍平等の理体である真如法性、或いは如来蔵を立てて法身としたところにある。報身はまた報仏、報身仏、受用身《じゅゆうしん》、受法楽仏、受楽報仏、食身《じきしん》、応身、第二身ともいう。菩薩《ぼさつ》として因位にあったときに立てた願と修めた行《ぎょう》との むくいとして、その結果あらわれた受楽の仏であって、例えば阿弥陀仏などをいう。報身は大慧と大定《だいじょう》と大悲とを体とし、無量の色相《しきそう》、功徳、楽相を具え、また仏の

浄土はこの報身を因として成り立ち、浄土において菩薩が法の楽しみを受けることも、またこれを因とするという。大智度論では、これを法性身、真身《じんしん》、法性生身とも名づけており、また梁訳摂大乗論巻上では応身とも称している。応身はまた応仏、応身仏、応身如来、応化身《おうげしん》、応化法身ともいう。衆生《しゅじょう》の根機(教えを受ける者としての先天的能力的性格)に応じてあらわれた仏であって、例えば釈迦牟尼仏などをいい、通常は身の丈が一丈六尺(丈六、約四・八メートル)であるとする。これら三身相互の関係はちょうど月の体と月の光と月の影とのようであるといわれ、これを一月三身《いちげつさんしん》という。即ち法身の理体が唯一常住不変であることを月の体にたとえ、報身の智慧が法身の理体から生じて一切を照了することを月の光にたとえ、応身が変化《へんげ》のはたらきであって機縁に従って現われることを、月の影が水に映ることにたとえたものである(念仏三昧宝王論巻中)。③二身。(イ)法身と生身。前述のように主として小乗で説くもの。また自性身と自受用身とを合わせて法身と名づけ、変化身と他受用身とを合わせて生身と名づけることもある〈⇩⑤(イ)〉。(ロ)法性身と父母生身。また法性生身と随世間身、法性生身仏と随衆生優劣現化仏、真身と化身、真身と応身という名称もある(大智度論巻九、巻三〇など)。前者はさきの報身で、後者はさきの生身(肉身)に当たる。それ故にこの場合の化身は応身と同じである。また法身と報身とが分けられる以前の両方の性質を具えた仏を真身、または果極法身《かごくほっしん》と名づけ、これに対して応身と化身とを合わせて応身、または応化法身、または方便法身と称することもある。④三身。(イ)法報応の三身(前述)。(ロ)法身と応身と化身《けしん》。合部金光明経巻一の説。さきの法身と報身とを合わせて法身とし、さらに別に化身(梵)ニルマーナ・カーヤ nirmāṇa-kāya の訳。仏が衆生の根機に応じて人・天・竜・鬼などの姿を現わし、仏の姿をとらない場合で、変化身ともいう)を加えたもの。(ハ)法身と解脱身と化身。解深密経巻五の説。法身は仏果、解脱身は五分法身、化身はさきの応身で、釈迦牟尼仏などを指す。⑤四身。(イ)自性身と自受用身と他受用身と変化身。仏地経論巻七の説。法報応の三身の中で報身即ち受用身《じゅゆうしん》(梵)サンボーガ・カーヤ saṃbhoga-kāya の訳で、純浄の仏土に住んで常に法楽を受用し、また受用させる仏)を、自受用身(自ら広大な法楽を受用する仏)と他受用身(十地の菩薩衆のために神通を現わし法を大乗の法楽を受用させる仏)との二に分けたもの。従ってこの場合の変化身は応身のことで、釈迦仏などを指す。(ロ)化仏《けぶつ》と報生仏《ほうしょうぶつ》と如如仏《にょにょぶつ》と智慧仏。また四仏ともいう。四巻楞伽経巻一の説。化仏とは化現の仏身で化身または応身にあたり、報生仏とは果報の身で応身または報身にあたり、如如仏とは理仏で法身のこと、智慧仏とは智身で報身をいうとされる。しかし異訳対照の結果は順次に等流身《とうるしん》・応化身・自性法身・受用報身にあたるもののようであり、もしそうとすればこれは法報応の三身の中で応身を等流身と応化身との二に分けたものである。密教ではこの四を四種法身と名づけて自性法身(これに真如の理体のままが法身であるとする理法身と、修行によって智慧が完成されたところに現われる智法身とがある)・受用法身(自受用身と他受用身とがある)・変化(法)身(初地の位より前の菩薩・二乗・凡夫などのために現われる丈六卑小の応身)・等流(法)身(九界の機類に応同して天・竜・鬼などの形を現わしたもので仏体ではない)というように次第する。(ハ)法身と報身と応身と化身。⑥天台宗でいわゆる化法の四教について、それぞれ説く能説の教主として四仏を立てる。即ち蔵教の教主は劣応身(丈六卑小の仏で凡聖同居土《ぼんしょうどうごど》に住む)であり、通教《つうぎょう》は勝応身(帯劣勝応身ともいい、丈六の仏ではあるが神通変現自在であり、方便有余土《ほうべんうよど》に住む)、別教は他受用身(報身で、実報土に住む)、円教は法身(寂光土《じゃっこうど》に住む)であるとし、これを四教四仏(四教四土)という。また天台宗では法華経の所説によって、伽耶《がや》城で成道《じょうどう》し、拘尸那羅《くしなら》城で八〇歳をもって入滅した仏陀は応身の釈迦であって、その実体である報身は、久遠《くおん》の昔に実に成仏し、未来永劫にわたって常に霊山《りょうぜん》の浄土に住むと説き、これを久遠実成《くおんじつじょう》、常在霊山《じょうざいりょうぜん》（常在霊鷲山《りょうじゅせん》）という。しかもこの久遠実成の釈迦は法身・報身・応身の三身相即《さんしんそうそく》の報身であり、因位《いんい》の修行によって初めて仏となったのではなく、本来自然のそのままでなんらの造作《ぞうさ》もからないで元より仏であるとして、これを無作の三身、本地無作の三身《むさのさんじん》（本有《ほんぬ》無作の三身）という。後に日蓮はさらにこの義を強調した。⑦「報身と応身とは色身《しきしん》即ち有色有形の相好身を具えているが、法身は無色無形の理仏であるから、報身や応身には説法があるが、法身には説法はない」とするのが普通の（即ち三乗教の）説である。ところが一乗教になると、たとえば天台宗や真言宗《しんごんしゅう》では法身説法の説を立てる。即ち天台宗では寂光土の法身に説法のあることを述べ、また丈六の仏が即ち法身であるともいう。しかし顕教《けんぎょう》においては法身説法はまだ明確には説かれていないが、真言密教では六大を大日法身とし、明瞭にこの大日法身に説法があると説く。そして空海は法身説法を説くか否かをもって密教と顕教との区別としている。また真言宗では、真言行者が三密加持《かじ》の修行をし三密相応して仏の三密と行者の三業《さんごう》とが融合して一体となったとき、その瑜伽《ゆが》の観法の中に現われてくる仏を加持身《かじしん》（衆生に加持感応する仏身の意）という。これに対して、たとえば大地が万物の所依となるように、一切万有のよりどころとなる根本の仏身を本地身《ほんじしん》（本地法身）といい、大日法身が即ちそれであるとする。この本地身にも説法があるとする説と、説法するのは大日の加持身であって本地身には説法はないとする説とがある。また法華経本門の授記を「法身仏の記別」の意味で法身記と称する。⑧五身。また五種法身ともいい、華厳宗《けごんしゅう》の説。即ち法性生身（法性より生じた仏身）・功徳法身（多くの行の功徳を因として生じた仏身）・変化法身（衆生の根機に応じて現われた仏身）・虚空法身（虚空に遍満する仏身）・実相法身（いろもなく形もなく不生不滅である仏身）をいう。また華厳円教《えんぎょう》の菩薩が観じる境界は、一切の存在がすべて仏に外ならないとして、これを解境《げきょう》の十仏にまとめ、同じくその菩薩の修行が完成することによって到達した境界に現われる仏を一〇種に分類して、行境《ぎょうきょう》の十仏という。⑨その体は無であるが、縁に応じて忽然として幻のように現われる仏を化仏（化身）といい、この化身に対して幻化《げんけ》でない報身仏（法身仏）を真仏という。阿弥陀経には、阿弥陀仏が無数の化仏とともに念仏の行者を迎接《ごうしょう》することを説き、また千手観音四十手のうち、左の一手は化仏を持物としている。法身と報身とを合わせて真身とし、これに応身と化身とを合わせて三身と称することがあるが、この場合の化身は応身によって幻化のように現われた仏であって、いまいう化仏のことである。一般的にいえば応身・化身を合わせて方便法身と称することは前に述べたが、真宗では一如《いちにょ》を体とする無色無形の法身を法性法身（また無為法身、無為法性身ともいう。無為とは因縁《いんねん》によって造られないもので、従って不生不滅の常住法をいう）とし、この法身から形を現わして衆生を済度《さいど》する仏（阿弥陀仏）を方便法身（報身にあたる）と称して、二種法身を説く。さらにこの報身である阿弥陀仏に報土の真身と化土の化身とを分け、真身は真実報土に往生した第十八願の機が見る仏であり、化身（方便化身）は方便化土に往生した第十九・第二十願の機が見る仏であるとする。

**ぶっしんきょうほんやくつう-だいずいぐ-だらに　仏心経品亦通大随求陀羅尼**　二巻。仏心経ともいう。唐の菩提流志《ぼだいるし》の訳。大随求陀羅尼の心中心呪の功力が広大なこと、およびこの呪を唱える際の種々の印契に不可思議な力のあることを説く。㊅一九、国一密教部三

**ぶっせい-びく-ろくもつ-ず　仏制比丘六物図**　二巻。北宋の元照の著（元豊三1080）。略して六物図ともいう。一説に元照の師慧鑑の著とする。律蔵中に比丘が必ず所持すべきものと定める六種の生活用具（三衣一鉢と坐具と漉水嚢《みずこし》）を図解したもの。また道宣の四分律行事鈔によって、制

定の意味、使用上の規則などを解説する。㊅四五(註釈)大江・採摘三巻、宗覚・纂註四巻、慧淑・依釈四巻、仙祐・私抄三巻

**ぶっそ　仏祖**　①仏陀と祖師。②禅宗では仏陀も祖師であり、祖師もまた古仏であるとみて、両者を特に区別しない。

**ぶつぞう　仏像**　仏の形像。広く菩薩・羅漢・明王・諸天などの諸像をも含めていうこともある。彫塑像・画像(絵像)の二種があり、前者のみを限って仏像といい、後者を図像と称することがある。インドでは、紀元前二世紀頃に仏教美術の萌芽が認められる。当初、仏陀は人物像としては表現されず、菩提樹、宝座、法輪、傘蓋、足跡、経行跡などにより、象徴的に表わされた。仏像が出現するのは紀元一世紀頃、ガンダーラ地方(現パキスタン、ペシャワール地方)において、仏陀像が製作されてからのちのことであり、それまでの時期を無仏像時代という。この時期の遺品は、仏塔の周囲に築かれた塔門、欄楯(玉垣)などに彫刻されたものが主流である。バールフト、サーンチー、ブッダガヤーなどに、その作例がある。これらの欄楯には、メダリオンが施され、本生図、仏伝図、人物図、草花図などが見られる。仏伝図は、仏陀の姿を先に記した象徴物で表わすために、「仏陀なき仏伝図」として分類される。インド北部では、ガンダーラ仏の出現と共に「仏陀なき仏伝図」は姿を消すが、インド南部では、四世紀頃まで無仏像時代の様式を踏襲する。紀元一世紀、ギリシア文化の影響により、ガンダーラ地方で仏像が製作され始める。これと時を同じくして、インド北部、マトゥラーでも仏像が造られる。仏像の起源に関しては、ガンダーラ起源説、マトゥラー起源説、あるいは両起源説など諸説があるが、現在では、ガンダーラを起源とする説が大勢を占める。その後、仏像はインド各地で造られるようになり、五世紀には、初転法輪の地サールナート(鹿野苑)でも造像活動が盛んとなった。サールナート博物館蔵の転法輪像はとりわけ逸品で、技術の高さを示している。仏教施設として、仏塔と共に造営されるのが石窟寺院である。石窟寺院は仏塔をまつるチャイティヤ窟と僧院のビハール窟の二種に分けられる。前二世紀頃から造られはじめるが、その最盛期はグプタ朝期(五—六世紀)で、アジャンター石窟寺院の壁画はこの時期描かれたものである。石窟寺院の様式及び仏画の技法は、セイロン島や西域、中国に多大な影響を与えた。南仏教においては、セイロン島にポロンナールワの大像(涅槃像とアーナンダ像)とシーギリヤの壁画がある。シーギリヤの壁画は、インド、アジャンターの技法を伝えたと見る向きもある。東南アジアでは、インドネシアのジャワ島のボロブドゥル寺院(八—九世紀)を見過ごすことはできない。本生図、仏伝図の彫刻、仏陀像などがあり、インド=ジャワ美術の最高傑作とされる。北伝仏教では、西域にアフガニスタンのバーミヤーンの大仏及び壁画、中国キジルの壁画(七世紀)などの遺品を伝え、敦煌へとつながる。敦煌莫高窟の仏像、壁画群は中国仏教美術の最高峰である。壁画には幾多の浄土変相図が描かれ、日本の浄土教美術の母胎をなしている。中国では、雲岡、竜門など多くの石窟寺院に仏像が彫刻され、日本の仏像様式に多大な影響を与えた。なお、密教美術に関しては、チベットのラマ教の文化が早くから知られる。しかし、インド北西部ラダック地方の調査が実施されたことにより、これまでにない図像の曼荼羅が発見されるなど、密教美術研究には無視できない存在となっている。日本の仏像様式を見ると以下の通りである。①彫塑像には鋳像(金仏《かなぶつ》)・鎚鍱像《ついちょうぞう》(押出像。金属板を母型によりたたき出す)・木像(木仏《きぶつ》)・石像・塑像(泥像)・夾紵像《きょうちょぞう》(乾漆像《かんしつぞう》。漆で麻布を固める)・紙泥像・磚像・蠟像などがあり、図像には絹本・紙本に描くものの他、壁画・刺繡(繡仏像《しゅうぶつぞう》)・織成などがある。鋳像には材料によって金像・銀像・金銅像・鍮石像・鉄像などの種類があり、木像には造法によって一木造《いちぼくづくり》と寄木造《よせぎづくり》とがあり、用材(御衣木《みそぎ》)は栴檀《せんだん》(香木の一種)を貴いとし、日本ではヒノキ、クスノキ、スギなどを用い、また石像には岩壁を利用した磨崖仏《まがいぶつ》や宝石を用いた宝石像

もあり、彫り方の手法には丸彫《まるぼり》・半丸彫(半肉彫)・浮彫・毛彫《けぼり》(筋彫)などがある。なお像を鍍金し、或いは金箔を押し、或いは金泥・彩色を施すことがある。②仏像はその威儀により立像・坐像・倚像・臥像・飛行像《ひぎょうぞう》などに類別され、その身量により丈六像(仏の身量は常人の倍で一丈六尺〔四・八《メートル》〕あるというのによる)・半丈六像(丈六の半分、即ち八尺の像)・大仏像(丈六以上の大像)・等身像(願主と同等の身長のある像)・胎内等身像(丈六像などの胎内に安置する一磔手《いっちゃくしゅ》半即ち三〇ないし四〇《センチ》程度の像)と称する。③如来像はおおむね出家の男形で袈裟《けさ》を着け、宝冠瓔珞《ようらく》などを着けないが、誕生仏(仏の降誕の時の右手は天を指し左手は地を指した形の仏像)のように裸形像《らぎょうぞう》のものもあり、菩薩像《ぼさつぞう》は崇高な丈夫または温和な女形で宝冠瓔珞などをまとう在家の居士形をかたどり、羅漢像は出家形で老比丘修練の相を表わし、明王像は忿怒形《ふんぬぎょう》、諸天像は武装形・女形・神形・鬼形・天人形・童子形などをなす。仏・菩薩像などの印契《いんげい》・持物・身色・衣色などはそれぞれ異なり、またチベットでは仏・菩薩などの顔の寸法の割合を定めて、仏満月面・菩薩雞子面《けいすめん》(鳥の卵に似て慈愛の相のある面)・仏母芝蔴面・明王四方面とする。④型によって金属板を打出した仏像を板仏《いたぼとけ》、円板の中央に半肉の仏像をとりつけ吊り下げるようにしたのを懸仏《かけぼとけ》、屋外にある露仏《ろぶつ》を濡仏《ぬれぼとけ》、仏の微笑の相をあらわしたのを笑仏《わらいぼとけ》などという。⑤斗帳《とちょう》によって秘してすがたを拝することのできないようにしたのを秘仏《ひぶつ》、同形の小仏像を無数に造って安置したのを千体仏、仏像の胎内におさめた小仏像を胎内仏という。⑥仏像を安置する牀座を台座といい、師子座(仏を人中師子というから、仏の坐所を師子座ということもある)・蓮華座・荷葉座《かようざ》(蓮の葉の台座)・須弥座《しゅみざ》(須弥山形の台座)などがある。⇩仏画《ぶつが》　⇩仏師《ぶっし》　⇩座《ざ》

**ぶつぞう-きょう　仏蔵経**　三巻または四巻。選択諸法経とも奉入竜華経ともいう。後秦の鳩摩羅什の訳(弘始七405)。チベット訳もある。諸法実相・無生無滅の理を解しない者は、たとえ二百五十戒を保っていても破戒者であり、戯論《けろん》分別を離れた者こそが持戒者であるとして、小乗的な戒律観に対して、大乗菩薩における戒律の意義と価値とを説く。㊅一五、国一経集部三

**ぶつぞう-ずい　仏像図彙**　四巻。義山(1646—1722)の著。諸仏・諸菩薩・諸鬼神から諸祖師までの妙相および所持の器物・法具の類の画を描き、説明を加えたもの。〔刊本〕元禄三1690刊、寛政八1796刊、明治一九1886刊

**ぶつぞう-ひょうしき-ぎ　仏像幖幟義**　一巻。聖冏《しょうげい》(1341—1420)の著。成立年不詳。僧侶の着る法衣法服の解説書。形服・三衣(三種の袈裟即ち安陀会・鬱多羅僧・僧伽梨)の截製・由来、着用方法をはじめ禅の絹衣や律の布衣について説く。浄全一二〔註釈〕義海・箋註三巻、同・図説二巻

**ぶっそく-せき　仏足石**　仏足跡、仏脚石ともいう。仏陀の足蹠《あしのうら》の形を石の上に彫りつけたもの。仏の足蹠を見てこれをうやまえば、生身の仏を拝むのと同じく、無量の罪障を滅するといわれ、インド・中国・日本を通じて、古来これを造って崇敬する。もとインドの初期の仏教では仏像を作ることを畏れて、法輪・菩提樹・塔・高座などと共に仏足石もまた、仏がそこに存在した標幟の一として用いたものである。これが中国を経て日本に伝わり、礼拝の対象にされた。千輻輪宝の印文のほか、金剛杵・双魚紋・三宝標などの図がある。現存中、最古のものは、バールフト塔欄楯浮彫(紀元前二世紀)の三道宝塔階図にみえる二つの仏足で、そのなかには法輪が刻まれる。インド南部のアマラーヴァティー出土の彫刻にも、幾人かの婦人が仏足を礼拝する図がある。日本では、奈良薬師寺の仏足石がその歌碑とともに最も古く、天平勝宝五年753の刻銘が

ラウカナンダ仏塔出土の仏足石

ある。その後、近世に至るまで盛んに制作され、奈良の岡寺、大阪の四天王寺、京都の法然院、東京の増上寺、長野の善光寺など各地に遺例がある。

**ぶっそくせき-か　仏足石歌**　文室真人智努《ふんやのまひとちぬ》の作(天平勝宝五753)。仏足石を讃嘆した歌。この仏足石は奈良薬師寺にあり、もと興福寺にあったとの説もある。仏陀の足跡を唐の王玄策が模写して中国へ持ち帰り、さらに写して日本へ将来し、岩に刻んだと伝える。「釈迦のみあと石に写しおき行きめぐり敬いまつり我が世は終へむこの世は終へむ」のように、五七五七七にさらに七音一句がついている特殊な形式(仏足石歌体という)の歌で二一首ある。全部一字一音式の漢字でかかれている。二一首のうち、一七首は仏足跡礼讃の歌であり、四首が生死無常をうたった歌である。日本語による仏教讃歌の最も古いもの。国東叢一(歌頌部)

**ぶっそ-けさ-こう　仏祖袈裟考**　一巻。徳巌の撰(元禄一五1702)。各宗僧尼の種々着用している袈裟は仏祖の所製ではないことを経律論の所説ならびに祖訓などを引証して述べ、袈裟は一切仏子の印信で、三乗賢聖の標幟であるから仏制にもとづいて用いるべきであると説く。仏全七四〔刊本〕元禄一六刊

**ぶっそ-こうもく　仏祖綱目**　四一巻。明の心空居士朱時恩の著(万暦三八1610起、崇禎六1633成)。釈迦仏の降誕より、明の洪武一四年1381万峰蔚の入寂までの、編年体の仏教通史。綱目は細大を含む意味で、通鑑綱目にならったもの。巻首に董其昌の序、宋濂の伝法正宗記の序、釈氏護教編後記その他の文を付載する。(続)二乙・一九・三―五

**ぶっそ-とうき　仏祖統紀**　五四巻。南宋の志磐の著(宝祐六1258起、咸淳五1269成、同六刊行)。宗鑑の釈門正統、景遷の宗源録に範をとり、正史の体裁をならって編集したもので中国天台宗の正統伝灯(知礼の山家《さんげ》派の立場をとる)を明らかにすると共に、仏祖歴代の紀伝を述べ、一般諸派の沿革史実にもおよぶ仏教の編年史。(1)本紀八巻、(2)世家二巻、(3)列伝一二巻、(4)表二巻、(5)志三〇巻の五編一九科に分かれる。(1)は釈迦牟尼本紀・西方二四祖紀・東方九祖紀・興道下八祖紀の四科、(2)は諸祖旁出世家の一科、(3)は諸師列伝・諸師雑伝・未詳承嗣の三科、(4)は歴代伝教表・仏祖世繋表の二科、(5)は山家教典志・浄土立教志・諸宗立教志・三世出興志・世界名体志・法門光顕志・法運通塞志・名文光教志・歴代会要志の九科より成る。天台のみならず、仏道二教の交渉・摩尼教《まにきょう》(ゾロアスター教の変型)・祆教《けんきょう》(ゾロアスター教)にもわたる史料を載録する。特に唐・宋仏教に関する第一の文献的史料である。なお大日本続蔵経所収本は五五巻より成り、法運通塞志の末尾に南宋理宗端平三年1236から元の順帝の至正二八年1368までの一三〇年間が続補され、さらに著者不明の続仏祖統紀二巻を集録する。(大)四九、国ー史伝部二―三・五〔参考〕閲蔵知津四三

**ぶっそ-れきだい-つうさい　仏祖歴代通載**　二二巻または三六巻。元の念常の著(至正元1341)。仏祖通載ともいう。中国古代から元の順帝の元統元年1333に至る間のインド・中国における仏教伝播の事跡を編年体に記したもの。特に禅宗諸師の伝に詳しい。これより前に南宋の祖琇が隆興釈教編年通論二九巻(続二乙・三・二―四)を著わしたが、本書の漢より五代に至る間の部分はその編年通論に負う所が最も多い。しかし改悪の点もあるが通論より流布した。もと二二巻(大四九)であるが、普通三六巻(続二乙・五・二―四)が用いられる。〔刊本〕慶長一七1612刊、慶安二1649刊〔参考〕釈鑑稽古略続集一

**ぶつだ-いせん　仏大先**　(五世紀)(梵)ブッダセーナ Buddhasena の音写。仏駄先、仏陀斯那《ぶつだしな》とも書き、覚将と訳す。インド罽賓《けいひん》国の人。説一切有部の論師で仏陀跋陀羅《ぶつだばつだら》や智厳に禅法を伝えた。〔参考〕出三蔵記集九・一二、達摩多羅禅経序

**ぶっだがや　仏陀伽耶**　(梵)ブッダガヤー Buddhagayā の音写。インド・ビハール州ガヤー市の南約六キロにある仏陀成道の聖地。仏教の四大聖地(誕生・成道・初転法輪・入涅槃)の一つとして古くより巡拝された。成道の聖域は菩提道場(ボーディマンダ

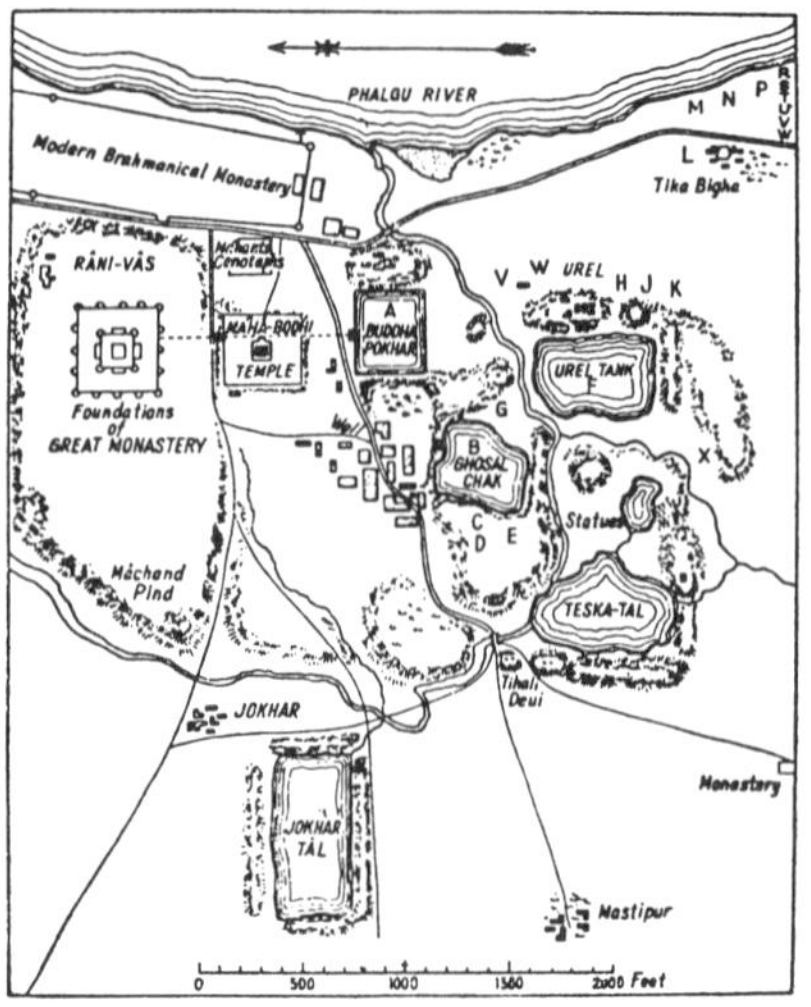

ブッダガヤー遺跡地図（カニンガムによる）

bodhimaṇḍa）と呼ばれ、仏陀がその下で成道したと伝える菩提樹と樹下の金剛宝座は、欄楯《らんじゅん》（阿育〔アショーカ Aśoka〕王の造と伝えるてすり）に囲まれている。阿育王は樹の東側に小さな精舎を建てたが、六世紀頃拡張されて現存の大塔が建てられた。玄奘《げんじょう》のおとずれた頃（七世紀前半）、樹の北側には四世紀にセイロン王が建てた大覚寺（マハーボーディ・サンガーラーマ Mahābodhi-saṃghārāma）があり、付近に多くの塔があったと伝えるが、いずれも現存しない。大塔は一八八一年イギリスのカニンガム A. Cunningham らが発見し、補修がなされ、幅広い年代にわたる彫刻や銘文が見られる。付近には多くの遺跡・遺物があり、東にはネーランジャラー Nerañjarā 河（尼連禅河《にれんぜんが》）が流れている。

**ブッダゴーサ**　Buddhaghosa　（五世紀）仏音《ぶっとん》、覚音ともいう。セイロン（現スリランカ）の南方上座部の論師。インド中部のマガダ Magadha 国のバラモンの家に生まれた。成人して仏教に帰依し、レーヴァタ Revata 比丘について学んだ。ついでセイロンに渡り、はじめアバヤギリ・ヴィハーラ Abhayagiri-vihāra（無畏山寺）に住したが、のちにはマハーヴィハーラ Mahāvihāra（大寺）に移った。大寺を中心として各地に伝わる、三蔵に対するシンハラ語による種々の古註を集成してサマンタ・パーサーディカー Samantapāsādikā（律蔵の註釈）、アッタサーリニー Atthasālinī（ダンマ・サンガニの註釈）、サンモーハ・ヴィノーダニー Sammoha-vinodanī（ヴィガンガの註釈）など数多くの註釈書を編纂した。ただし、これらの中には真作を疑われているものも少なくない。その間に南方上座部の教理を集大成した体系的論書ヴィスッディ・マッガ Visuddhi-magga（清浄道論）を著わし、大寺派上座部の教学を確立した。

**ぶっだじゅう**　**仏陀什**　（五世紀）㊵ブッダジーヴァ Buddhajīva の音写。仏駄什、仏大什とも書き、覚寿と訳す。訳経家。罽賓《けいひん》国の人。弥沙塞部《みしゃそくぶ》の律をきわめ、また禅要に達した。劉宋の景平元年423中国に来て、建業の竜光寺で道生・慧厳・智勝らと五分律を訳し、さらに戒本と羯磨を抄出した。〔参考〕五分律後記、出三蔵記集二・三、歴代三宝紀一〇、高僧伝三

**ぶっだせんた**　**仏陀扇多**　（五―六世紀）㊵ブッダシャーンタ Buddhaśānta の音写。伏陀扇多とも書き、覚定と訳す。訳経家。インド北部の人。北魏の永平四年511洛陽殿内で菩提流支《ぼだいるし》・勒那摩提《ろくなまだい》と共に十地経論を訳し、ついで白馬寺で如来師子吼経、摂大乗論を訳した。のち鄴都の金華寺に移り訳業を続けた。〔参考〕十地経論序、続高僧伝一菩提流支伝、歴代三宝紀九

**ぶっだなんだい**　**仏陀難提**　㊵ブッダナンディヤ Buddhanandiya の音写か。付法蔵の第七祖。第六祖弥遮迦《みしゃか》から法をうけ、これを第八祖仏陀蜜多《ぶっだみった》に付嘱した。〔参考〕付法蔵因縁伝五

**ぶっだばっだら**　**仏駄跋陀羅**　（359―劉宋の元嘉六429）ブッダバドラ Buddhabhadra の音写。仏陀跋陀羅、仏大跋陀などとも書き、覚賢、仏賢と訳す。訳経家。北インド那呵利城の人。出家して罽賓《けいひん》国に赴き、仏大先から禅法を受けた。師と共に東遊し、後秦の弘始八年406長安に来て鳩摩羅什《くまらじゅう》と親交を結んだ。故あって長安を去り、廬山の慧遠《えおん》に迎えられて達摩多羅禅経を訳した。のち、荊州を経て建業に赴き、道場寺に住して法顕と共に摩訶僧祇律、六巻泥洹《ないおん》経を訳し、また支法領が将来した華厳経六〇巻を訳出した。世に天竺禅師と呼ばれ、また廬山十八賢の一にかぞ

える。〔参考〕出三蔵記集二・三・八・九・一二・一四・一五、高僧伝二・三智厳伝、歴代三宝紀七

**ぶっだはり　仏陀波利**　（七世紀）㊵ブッダパーラ Buddhapāla の音写。覚護と訳す。罽賓《けいひん》国の人。唐の儀鳳元年676中国に来て清涼山で文殊を拝し、故国に帰って仏頂尊勝陀羅尼の梵本をもたらし、長安西明寺の順貞らと共訳した。〔参考〕開元録九、宋高僧伝二

**ブッダパーリタ　Buddhapālita**　（470—540頃）仏護ともいう。インド中期中観派の論師。竜樹（ナーガールジュナ Nāgārjuna）の空の論理をうけつぎ、空の証明を帰謬論法として定式化することを試みた。プラーサンギカ Prāsaṅgika（帰謬論証派）の祖とされる。その立場はチャンドラキールティ Candrakīrti（月称）にうけつがれた。竜樹の中論頌に対する註釈を著わしたが、そのチベット訳のみが現存する。

ブッダパーリタ（三百尊像集）

**ぶっだみった　仏陀蜜多**　㊵ブッダミトラ Buddhamitra の音写。伏駄蜜多とも書く。付法蔵の第八祖。第七祖仏陀難提《ぶっだなんだい》より付嘱をうけてこれを第九祖脇《きょう》比丘に付した。説一切有部の人で、四諦について大部の論を作ったという。〔参考〕付法蔵因縁伝五、四諦論一

**ぶっだみつたら　仏陀蜜多羅**　㊵ブッダミトラ Buddhamitra の音写。覚親と訳す。世親（ヴァスバンドゥ Vasubandhu）の師ともいわれ、五門禅経要用法の撰者。〔参考〕婆藪槃豆法師伝

**ぶっだやしゃ　仏陀耶舎**　（四—五世紀）㊵ブッダヤシャス Buddhayaśas の音写。覚名、覚明、覚称と訳す。訳経家。罽賓《けいひん》国の人。毘婆沙《びばしゃ》（律・論の註釈）にくわしかったので、赤髭毘婆沙ともいう。出家して大小乗を学び、沙勒《しゃろく》国に赴いて太子達摩弗多の厚遇を受け、鳩摩羅什を弟子にした。のち亀茲・姑臧に行き、後秦の弘始一〇年408羅什に請われて長安に来た。中寺に住して四分律、長阿含経を訳し、同一四年罽賓国に帰った。〔参考〕長阿含経序、四分律序、出三蔵記集二・三・九・一四、高僧伝二

**ぶつだん　仏壇**　仏像を安置するための壇。①本尊を安置するために、仏堂の内陣に築かれた高い基壇をいう。材料によって石壇・土壇・木壇などと称し、形状によって方壇・八角壇・円壇などという。インド以来、本尊を仏堂正面の壇上に安置する風習があり、もと多く石壇を用いた。日本では古くから石壇・土壇・木壇などが用いられたが、その基調をなすものは石壇であり、その構造は、軸部において地覆石の上に束石及び羽目石を立て、上に葛石を置き、内部を土でうめて、その上面に地敷として石または瓦を置き、勾欄《こうらん》をめぐらしたものである。中世以後、仏堂内を板張にするようになってから、木壇が多く用いられ、その形成も、はじめは石壇を模したが、後には須弥山《しゅみせん》をかたどった須弥壇を用いるようになった。②在家や寺院の内仏堂に設けられた仏像を安置するための厨子《ずし》をもいう。これは厨子が常に壇上に置かれたことから転じた語のようである。日本では古くから在家に仏壇を設けることが行われたようで、日本書紀の天武紀に見えている。

**ぶっちょう　仏頂**　密教において、仏の頂相には他の何人も見ることのできないというすぐれた相（無見頂相といい八十種好の一）があるので、この功徳《くどく》を表示した仏を仏頂尊という。この仏頂尊を表示内容の別によって、三仏頂（如来の胎蔵界三部の徳を表わす）・五仏頂（如来の五智を表わす）・八仏頂（三仏頂と五仏頂を総称したもの）・九仏頂・十仏頂などに分ける。

**ぶっちょうそんしょう-だらに-きょう　仏頂尊勝陀羅尼経**　一巻。唐の義浄の訳（景

竜四710)。異訳に北宋の法天の訳の一切如来烏瑟膩沙最勝総持経(一巻)があり、チベット訳もある。善住天子が歓楽にふけっていたのを帝釈天があわれんで、仏にその救済の法を問うたのに対して、仏が身体より光明を放ちつつ、仏頂尊勝と名づける陀羅尼とそれを受持する功徳を説くことを記し、最後にその陀羅尼を出す。杜行顗の訳(儀鳳四679)および仏陀波利の訳(儀鳳元)の同名の経も内容は義浄の訳とほぼ等しい。梵文で現存するウシュニーシャ・ヴィジャヤ・ダーラニー Uṣṇīṣa-vijaya-dhāraṇī は仏陀波利の訳に近い。尊勝陀羅尼を供養する法規を述べたものに、唐の不空の訳の仏頂尊勝陀羅尼念誦儀軌法一巻がある。㊅一九〔註釈〕仏陀波利訳に対して続法・釈一巻(続蔵一・九二)、法崇・疏一巻(㊅三九)など

**ぶっちょう-だいびゃくさんがい-だらに-きょう　仏頂大白傘蓋陀羅尼経**　一巻。元の沙囉巴の訳(延祐元1314)。仏陀が三十三天の善法堂にいて普観仏頂三昧に入った時、仏陀の頭頂から秘密微妙なる法が説き述べられた。これを仏頂大白傘蓋陀羅尼といい、その陀羅尼の持つ不思議な力、種々の功徳を説く。㊅一九

**ぶっつう-じ　仏通寺**　広島県三原市高坂町許山。御許山と号し、臨済宗仏通寺派本山。応永四年1397守護小早川春平が創建し、愚中周及を開山にしようとしたが、周及は嗣法の師中国金山寺即休契了《けいりょう》を勧請開山として自ら第二世になった。足利氏の祈願所となり隆盛を極めたが、一時福島正則によって寺領を没収された。のち領主浅野氏が寺領の安堵状を下し、諸堂修理が行われた。明治三八年1905妙心寺派より独立した。〔重文〕含暉院地蔵堂、絹本著色大通禅師像(付、紙本墨書大通禅師墨蹟、同消息)〔参考〕仏通寺文書、芸備国郡志上

**ぶってつ　仏哲**　生没年不詳。八世紀頃の林邑《りんゆう》国(安南)の人。幼くして仏教を学び、呪術に通じた。菩提僊那《ぼだいせんな》と中国に到り、さらに共に天平八年736来朝し、大安寺に住した。林邑楽などの舞楽を伝えたという。著書、悉曇章一巻。〔参考〕東大寺要録二、日本高僧伝要文抄一、元亨釈書一五、本朝高僧伝二

**ぶつど　仏土**　仏が在住し、支配し、教化する国土。仏国、仏界、仏刹《ぶっせつ》ともいう。仏身に対する解釈の相違により諸説がある〈⇩仏身《ぶっしん》　⇩浄土《じょうど》〉。①有部では、仏土とは釈迦仏の生誕した娑婆《しゃば》世界(この世)を意味する。②三論宗では、吉蔵の大乗玄論巻五に、土には不浄・不浄浄・浄不浄・雑・浄の五種があり、この五土は衆生の業《ごう》によって感受する点からいえば衆生土というべきであるが、いずれも仏の教化する国土であるから仏土と名づけるとし、これに凡聖同居土《ぼんしょうどうごど》(凡夫と聖者と共住する)・大小同居土(阿羅漢・独覚と大力菩薩とが共住する)・独菩薩所住土(菩薩のみ住む)・諸仏独居土(諸仏のみ住む)の四位があるとする。③法相宗では法性土・受用土《じゅゆうど》・変化土《へんげど》の三土、またそのうちの受用土を自受用土・他受用土に分けて四土を立て、自性身・受用身・変化身の所在する土とする。このうち法性土は法性の理を土といったもので身と別のものでない。自受用土は仏の無漏の第八識の上にあらわれた無限の境地で、仏以外のものには測り知ることができない。他受用土は十地の菩薩を教化するために、変化土は地前の菩薩・二乗・凡夫を教化するために、変じあらわされた土であって、衆生は仏によって変じあらわされた土を増上縁として自心変の仏土を見るわけで、仏によって変じあらわされた土自体は無漏であるが、衆生が見ると心のあり方によって有漏とも無漏ともなる。ただし自心によって変じあらわされた仏土は仏によって変じあらわされた土がなければ存在しないから、仏の変じあらわした土は衆生を教化する悲のはたらきがあるといえるのである。④天台宗では、⑴凡聖同居土・⑵方便有余土《ほうべんうよど》・⑶実報無障礙土(実報土)・⑷常寂光土(寂光土)の四土を立て、⑴凡夫と聖者が共に住む土、⑵方便道である空観と仮観を修めて三界に生まれる因である見思《けんじ》の惑は断った(絶無にした)が、無明の惑を断っていないために界外の変易生死《へんにゃくしょうじ》を受ける蔵教の二乗、通教の三乗、別教の三十心の菩薩などが生まれる土、⑶真実の法である中観を修めて無明を断った別教の初地、円教の初

住以上の菩薩が生まれる土、⑷仏果をさとった仏の存在する土で如々法界の理に外ならず身土不二である、とする〈⇩五時八教《ごじはっきょう》〉。⑤華厳宗では、別教一乗の立場では、因分可説の土を世界海、果分不可説の土を国土海とし、全宇宙は蓮華蔵世界《れんげぞうせかい》であり、十身具足の毘盧舎那如来《びるしゃなにょらい》の教化する国土であるとする。⑥真言宗では、密厳仏国・十方浄土・諸天修羅宮《しょてんしゅらぐう》の三種を立て、法身・報身・等流身《とうるしん》の住する所とし、上・中・下の三品《さんぽん》(三類)の悉地を得た人がそれぞれ受ける土とするが、その体は不可得で、凡夫の見る穢土《えど》そのままが密厳仏国であるとする。⑦浄土教では、阿弥陀仏の仏身に法・報・応の三身があるという点からすれば、土には法身土(法土)・報身土(報土)・応身土(応土)の三土があるといえるが、正統的見解よりすれば阿弥陀仏は報身仏であるから、その浄土である極楽は報土であるとする。また、浄土真宗では、報土について真実報土と方便化土を分け、化土は報土のはたらきである点において報土におさまるが、しかも衆生を導くための方便としてあるとする。

**ぶつどう　仏道**　①道は菩提《ぼだい》(さとり)の訳語。即ち、仏の果徳である無上菩提をいう。②仏が衆生のために教えた道。仏教。③仏になる道。即ち仏果である無上菩提に至るべき道。

**ぶっとちょう　仏図澄**　(232—後趙の建武四348)西域の人。仏図礎、浮図澄などとも書く。烏萇国(北インド)で出家して、罽賓《けいひん》国に遊学し、西晋の永嘉四年310(洛陽)に来て奇跡をあらわして仏教を弘めた。後趙の石勒を仏教に帰依させてその建国を助け、石虎が石弘を廃して自立してのちは、顧問として活躍した。寺院八九三カ寺を創建し、門下は道安・仏調ら一万人に達したという。〔参考〕晋書列伝六五、高僧伝九、魏書釈老志

**ぶつにちあん-こうもつもくろく　仏日庵公物目録**　一巻。法清の著(貞治二1363)。重要文化財。仏日庵(鎌倉円覚寺の塔頭で、北条時宗の開創)に所蔵の中国絵画を中心とする寺の公物の品名目録。元応二年1320にできた目録を基本に、同寺の法清が、その後の増減を付加したもので、日本における宋元画の最初の目録。〔原本〕円覚寺蔵

**ふつにゃたら　弗若多羅**　(四—五世紀)㊵プンニャターラ Puṇyatāra の音写。不若多羅とも書き、功徳華《くどくげ》と訳す。罽賓《けいひん》国(カシミール)の人。後秦の弘始年間399—416に中国に来て、羅什と共に十誦律を訳し、完成を見ずに没した。〔参考〕出三蔵記集三、高僧伝二、歴代三宝紀八

**ぶっぽう　仏法**　〔王法〕　①仏の説いた教えを仏法という〈⇩仏教《ぶっきょう》〉。成実論巻一には六種の同義語を挙げており、これを仏法六名という。即ち⑴善説(ありのままに説くから)。⑵現報(現世において果報を得させるから)。⑶無時(吉凶の時をえらばず行うことができるから)。⑷能将(正行でよく衆生をひきいてさとりの処に至らせるから)。⑸来嘗(自身にさとるべきであるから)。⑹智者自知(智慧ある人は自らよく信解するから)。②仏が衆生を教え導く教法、即ち出世間の法を仏法というのに対して、国王が人民を統治するために設けた国法を王法という。浄土真宗では王法為本・仁義為先といって、日常生活においては国法を重んじ倫理道徳を実践すべきであるとする〈⇩二諦《にたい》⑧〉。また、日蓮宗では王仏冥合《おうぶつみょうごう》といって、世間の王法と出世間の仏法が一致し王臣ともに三大秘法をたもち題目を唱えるとき、本門の戒壇がこの国土に建てられて、具体的な浄土が実現すると説く。③仏の得た法(縁起の道理や法界の真理など)、仏の知っている法(一切法)、仏の具える種々の功徳(十八不共法)を仏法と称することもある。

**ぶっぽう-きんとう-へん　仏法金湯編**　一六巻。明の心泰の著(洪武年間1368—98)。周の昭王の時代から元代に至るおよそ一七〇〇年間の帝王・宰臣・名儒・碩学など五九八人の護法者の伝歴と護教の言行を集録し、儒道二教に対し反論したもの。原本は一〇巻であったが、万暦二八年1600天台山慈雲禅寺の如惺が重刻して一六巻とした。㊙二乙・二一・五　〔刊本〕慶安五1652刊

**ぶつぼん-いったい　仏凡一体**　仏心《ぶっしん》と凡心《ぼんじん》とが一つになること。真宗では、

他力の信心を獲た人の心のありさまについていう。即ち、信心は仏から与えられた仏心で、それが凡夫の心中にみなぎるのが仏凡一体である。機法一体《きほういったい》が一般に名号《みょうごう》の上に救済のはたらきが完成していることをいうのに対して、仏凡一体はそれが衆生《しゅじょう》にはたらいてあらわれた相状からいう。信心のすがたとも、信心によって得た転悪成善《てんなくじょうぜん》の利益《りやく》ともする。

**ぶつ-ほんぎょう-きょう　仏本行経**　七巻。劉宋の宝雲の訳。仏陀の生涯の所行を讃えた作品で全体が流麗な韻文から成る。兜率天《とそってん》よりの降胎に始まり、仏舎利の分配に終る。仏所行讃と共に仏伝文学の双璧とされている。㊅四

**ぶつ-ほんぎょう-じっ-きょう　仏本行集経**　六〇巻。隋の闍那崛多《じゃなくった》の訳。法蔵部所伝の仏伝文学。大衆部のマハーヴァストゥ Mahāvastu(大事)や説一切有部の普曜経(ラリタヴィスタラ Lalitavistara)などに相当する。全巻はおよそ三部に分けられる。⑴序説に当たり、過去世の仏の系譜、仏陀の俗姓としての王統の系譜、兜率天に上生して託胎するまでの経過を述べ、⑵仏伝本文で、誕生より初転法輪にいたるまでを、⑶仏陀の伝道教化に関連して主な仏弟子の伝記物語を、いずれも豊富な修飾と本生文学をまじえ、異部の伝説をも参照しながら叙述している。仏伝文学中最も浩瀚なものである。㊅三、国一本縁部二―三

**ぶつみょう-え　仏名会**　仏名懺悔、御仏名《おぶつみょう》ともいう。懺悔滅罪のために仏名経を読誦して過去・現在・未来の諸仏の名をとなえる法会。中国では、西晋の竺法護《じくほうご》訳の賢劫経、東晋の竺曇無蘭《じくどんむらん》訳の賢劫千仏名経、北魏の菩提流支訳の仏名経(一二巻からなり、一万一〇九三の仏・菩薩名を列記する)など、種々な仏名経典が訳出され、これらの経典にもとづく行事が五、六世紀から盛んになった。日本では、宝亀五年774宮中で方広悔過を行ったのが始まりで、承和五年838清涼殿で一二月一五日から三昼夜にわたり一年間の懺悔滅罪のために仏名会を修したのが恒例となり、同一三年諸国に令してこれを修させた。仁寿三年853、期日を一二月一九日から二一日に改め、後には一日または一夜だけになり、宮中の仏名会は室町時代に衰えた。

**ぶつみょう-きょう　仏名経**　①一二巻。北魏の菩提流支《ぼだいるし》の訳(520頃)。過去・現在・未来の諸仏の名を称えれば大功徳があるとして、無数の三世諸仏の名とその功徳とを述べる。同類の経典に三千仏名経・百仏名経などがある。㊅一四　②三〇巻。偽経。①を増広し、仏名以外に経典名・菩薩名・声聞縁覚名をもあげ、三宝の名を称し敬礼して懺悔を成ずることを説く。㊅一四

**ぶつも　仏母**　仏の母。①仏陀の実母、摩訶摩耶《まかまや》(マハーマーヤー Mahāmāyā)、或いはその死後、代って仏陀を養育した叔母、摩訶波闍波提《まかはじゃはだい》(マハープラジャーパティー Mahāprajāpatī)。②般若波羅蜜。よく一切の仏を出生するから。③法。仏は法を師とし、法から生じるから。④密教では、諸仏・諸菩薩を生みだす母としての神格を立てて、これを仏母または仏母尊と称する。例えば、般若波羅蜜にはよく諸仏を生じ諸仏に一切智を与え世間の相を示すはたらきがあるから、これを神格化して仏眼仏母と名づけ、金胎両部の総母とする。

**ぶつもつ　仏物**　①仏に属する物。法物・僧物と共に三宝物の一。三宝物を互いに混同して使用することは堅く禁じられ、仏物はもっぱら仏像・堂塔の修理のみに用いられる。②仏からいただいた物。われわれの享受しているすべての物は仏の恵みによって与えられていると感謝の念を含めたことば。

**ぶつも-はつないおん-きょう　仏母般泥洹経**　一巻。劉宋の慧簡の訳。異訳に増一阿含経の第五二品第一経、西晋の白法祖の訳の大愛道般泥洹経(一巻)がある。仏陀の養母である大愛道(マハープラジャーパティー Mahāprajāpatī)、が仏陀の入滅を見るに忍びず、仏陀に先立って涅槃し、その遺骸を仏陀自ら茶毘《だび》に付したことを伝える。㊅二

**ぶつもん-えぶく-しょうぎ-へん　仏門衣服正儀編**　一巻。鳳譚の撰(享保一一1726)。僧の服制などを記した書。前半には

三衣のことを、後半には坐具・祇支・裙子などを述べている。日蔵三五、仏全七三(服具叢書二)〔刊本〕享保一一刊、同一七刊

**ぶつよう-くつ　仏影窟**　瞿波羅《らくは》窟ともいう。インド那掲羅《ながら》曷《かつ》国の西南にある石窟。仏陀が瞿波羅(ゴーパーラ Gopāla)竜王を調伏し、窟内に仏陀の影像を写したと伝える。影像は古来多く模され、盧山《ろざん》の龕室《がんしつ》も東晋の慧遠《えおん》がこれを模したものという。〔参考〕大唐西域記二

**ぶつりき　仏力**　⇩自力《じりき》

**ぶつ-りんねはん-き-ほうじゅう-きょう　仏臨涅槃記法住経**　一巻。略して法住経といい、無量寿供養儀軌ともいう。唐の玄奘の訳。チベット訳の題号は大般涅槃経となっている。仏陀の入滅に当たり、阿難が滅後の仏教がどのようになるかを問うたのに対して、正法が次第に衰えて滅後一千年にはついに隠没《おんもつ》するが、その時仏の本願力によって護法の菩薩が現われ衆生を利益するであろうと説く。(大)一二

**ふつわく-しゅうちゅう-さく　払惑袖中策**　二巻。最澄(767―822)の著。成立年不詳。袖中の疑惑を払却し、法華一乗を明らかにしようとした書。上下二巻各二〇章に問答体で説く。日蔵四〇、伝教大師全集三〔写本〕延暦寺蔵(永禄二1559定珍写)、安楽律院蔵(霊空加筆)〔刊本〕慶安五1652刊、寛文元1661刊、宝永七1710刊、文政四1821刊

**ぶ-てい　武帝**　(劉宋の大明八464―梁の大清三549)。梁の武帝。姓は蕭氏。諱は衍。字は叔達。南斉の中興二年502に国を梁と号し建康に都をおき、年号を天監と改元した。道教を捨てて仏教に帰し、秣陵県の自宅を寺として光宅寺と名づけ法雲を住まわせ、開善寺を創めて智蔵を住まわせた。荘厳寺僧旻《そうびん》などに衆経要抄八八巻、建元寺法朗に涅槃経子注七二巻などを撰述させ、涅槃経四相品の文により自ら酒肉を断つことを実行した。両親のために大愛敬寺と大智度寺を建て、同泰寺では無遮大会を行って捨身供養した。また自ら涅槃・大品・浄名などの経典を講説し義疏数百巻を作ったというが、今は出三蔵記集八に注解大品序、弘明集九に神明成仏義記など小篇が残っているに過ぎない。晩年は侯景の反逆により滅んだ。〔参考〕梁書本紀、高僧伝八(宝亮伝)、歴代三宝紀三・一一、続高僧伝一(宝唱伝)

**ふてん　普天**　①(天明七1787―嘉永四1851)　真宗大谷派最勝寺の住職。証玄といい、香雲院と号する。越前の人。香月院深励について真宗学を学び、のち近江人津の唯泉寺に住し、同寺を復興した。高倉学寮で講じ嗣講職に任じられ、頓成の異解の説得につとめた。のち講師職を追贈された。著書、浄土論註講義二巻など。〔参考〕大谷派学事史、大谷派先輩著述目録　②(　―嘉永六1853)浄土真宗本願寺派源光寺の住職。摂津の人。芳英に師事して真宗学を学び、本願寺の勧学職に任じられた。皆遵院と諡された。〔参考〕学苑談叢初編、本願寺派学事史

**ふと　浮図**　浮屠、仏図とも書く。①(梵)ブッダ buddha の音写。仏陀と同じ。中国で古くは、仏陀のことを浮屠氏、仏教のことを浮屠教といった〈⇩仏《ぶつ》〉。②(梵)ブッダ・ストゥーパ buddha-stūpa (俗語ブッダ・トゥーパ buddha-thūpa)の訛略。仏塔のこと。⇩塔《とう》

**ふど　普度**　①(淳熙一〇1183―至元元1264)南宋・元代の臨済宗の僧。維楊江都の人。字は虚舟。武林東堂院の祖信に従い、また鉄牛・無得・晦谷らに参禅した。金陵の半山に出世し、諸寺に歴住して径山寺《きんざんじ》で没した。〔参考〕増集続伝灯録四　②(　―至順元1330)元代の浄土教の僧。蓮宗中興の祖。丹陽(江蘇省鎮江府)の人。姓は蔣氏。元の仁宗から虎渓尊者の号を賜る。また世に優曇《うどん》宗主と称する。盧山《ろざん》の東林寺で出家し、のち丹陽の妙果に住した。蓮宗(浄土教)と称して邪法を行うものがあったので、大徳九年1305盧山蓮宗宝鑑一〇巻を著わし、浄土教の正統の教説を明らかにした。武宗が至大元年1308に蓮宗を禁止したので、復興を企てて蓮宗宝鑑を武宗に奉った。仁宗の時に蓮宗の再興を願いでて許され、皇慶元年1312に勅により蓮宗宝鑑を出版した。〔参考〕蓮宗宝鑑序、浄土晨鐘一〇

**フート　Huth, Geory**　(1867―1906)　ドイツのチベット学者。シベリア、東トルキスタンに旅行し、一九〇二年ドイツ第一

回中央アジア探検隊に参加した。帰国後ベルリン大学でチベット語を講じた。チベット文律蔵捨堕法の原文およびドイツ訳(Die tibetische Version der Naiḥsargikaprāyaścittika-dharmās, 1891)を刊行したほか、Geschichte des Buddhismus in der Mongolei(蒙古仏教史1893—96)、Die Zeit des Kālidāsa(カーリダーサの年代1890)などの著作がある。

**ふどう-いん　不動院**　①京都市伏見区竹田内畑町。天台系の単立寺院。俗に北向不動といわれ、大治五年1130鳥羽上皇の勅により、鳥羽離宮東殿内に創建された。新義真言宗祖の覚鑁《かくばん》を開山とし、自刻の不動明王が本尊。のち数度の火災にあい、寛永二年1625諸堂が修覆され、勅願所となった。②千葉県山武郡成東町成東。真言宗智山派。石塚山長勝寺と称する。寺伝では、行基が当地へ来た時、近くの海で舟が数多く沈没するのを憂い、浪切不動像を刻んで死者の菩提を弔ったことに始まるという。元禄二年1689九十九里浜の漁夫が海上で危難にあい、当寺の不動尊を祈ったところ忽ち感応があり、のち成東不動として有名になった。③茨城県稲敷市江戸崎。医王山東光寺と号し、天台宗系の単立寺院。文明二年1470土岐法英の開基、幸誉《こうよ》を開山とする。天文二四年1555不動院の宣旨を賜り、のち、一時衰退していたが、天海が中興し檀林となった。④広島市東区牛田新町。広島県真言宗教団。新日山安国寺と号す。暦応二年1339足利尊氏が諸国に建立した安国寺の一つで、のち空窻《くうそう》が利生塔を建て中興開山となった。大永年間1521—28兵火にあい、天正年間1573—92恵瓊《けいえ》が再建。〔国宝〕金堂　〔重文〕鐘楼、楼門、木造薬師如来坐像、銅製梵鐘　〔参考〕芸備国郡志上

**ふどう-じ　不動寺**　①群馬県甘楽郡南牧村大塩沢。黒滝山と号し、黄檗宗。行基の開創と伝える。延宝三年1675潮音《ちょうおん》道海が寺僧高源に請ぜられて隠栖して以来、学徒が雲集し、堂宇が増築されて一大叢林となった。のち黄檗宗黒滝派《こくりゅうは》の本寺となる。〔参考〕上野志　②群馬県碓氷郡松井田町松井田。竜本山松井田院と号し、真言宗豊山派。寛元元年1243慈猛の開創。元亀四年1573武田信玄から寺領を寄進された。元和年間1615—24、一五世秀算が徳川秀忠の帰依をうけ、推されて豊山第四世の能化職となってから栄えた。

**ふどう-ちょうれん-ぎ　不動頂蓮義**　一巻。安然《あんねん》(841—89)の著。成立年不詳。不動明王が頂上に白蓮華を戴く理由を問答一番・解一番・釈二番で解釈したもの。日蔵四三〔写本〕高野山大学蔵(寛延三1750写)

**ふどう-ほう　不動法**　不動明王を本尊として息災・増益を願って修する法。乳木八千枚をもって護摩を修するのを八千枚護摩供または八千枚供といい、家宅安鎮のために修する法を不動安鎮法という。また不動明王を中尊として建立した曼荼羅を不動曼荼羅という。これには大日経によるものと儀軌によるものとがある。延長七年929法性房尊意が悪疫を除くために豊楽院で修したのに始まるという。〔参考〕阿娑縛抄一一六、秘鈔口決二〇

**ふどう-みょうおう　不動明王**　不動は㊵アチャラ Acala の訳。阿遮羅《あしやら》などと音写する。アチャラナータ Acalanātha とも いい、阿遮羅嚢多《あしやらのうた》と音写する。詳しい起源は不明であるが、一種の山岳神のイメージを仏教がとり入れ、如来の使者としての性格を与えたものとも思われる。大日如来の教令《きょうりょう》輪身で忿怒《ふんぬ》の相を示す。五大明王、八大明王の主尊。右手に利剣を、左手に羂索《けんじゃく》を持ち、火生三昧に住する。不動とは菩提心大寂定の義であるといわれ、身から火焔を出すのは一切の障りや穢れを焼き魔敵を滅ぼして行者を守護し菩提を成就させる智を象徴する。一面二臂、一面四臂、四面四臂などの像があり、持物の異なる像もある。矜羯羅《こんがら》(キンカラ Kiṅkara)童子と制吒迦《せいたか》(チェータカ Ceṭaka)童子を脇侍とし、眷属には八大童子(慧光《えこう》童子・慧喜童子・阿耨達《あのくだつ》童子・指徳童子・烏倶婆伽《うくばか》童子・清浄比丘・矜羯羅童子・制吒迦童子)、三十六童子があり、また倶利迦羅《くりから》竜王など四十八使者があるとする。なお、利剣に倶利迦羅竜王のまとわりついた形が不動明王の象徴として作られることがある。

不動明王を中尊とする不動曼荼羅には仁王経曼荼羅・安鎮曼荼羅などがある。この明王を本尊として疫病を払い、或いは延寿のために修する法を不動法といい、とくに家宅を鎮めるために修するものに不動安鎮法がある。またこの明王の威徳によって身動きできなくする法を不動金縛法《かなしばりのほう》という。像の身色によって赤不動(高野山明王院蔵、重文)、青不動(京都青蓮院蔵、国宝)、黄不動(滋賀園城寺蔵、国宝。円珍が感得した異像で、これを模した京都曼殊院蔵も国宝)などがあり、いずれも絹本著色図である。その姿から帆不動(高野山蓮上院蔵、重文)、波切不動(高野山南院蔵、重文)の木彫像や走り不動(井上家旧蔵、重文)等が有名。また、東京都には目黒不動(目黒滝泉寺)・目白不動(目白新長谷寺)・目黄不動(小松川最勝寺)・目赤不動(駒込南谷寺)・目青不動(世田谷教学院)の五色不動がある。不動明王の信仰は成田山新勝寺をはじめとして現在も盛んであり、修験道ではとくに尊崇し、山伏の衣体は明王の尊像をかたどったものである。国宝の尊像には前記の絹本著色図のほか、京都の教王護国寺に木造坐像があり、重文も数多い。なお、高野山金剛峯寺には国宝の八大童子木像がある。〔参考〕不空羂索神変真言経九、大日経疏一〇、底哩三昧耶不動尊聖者念誦秘密法上、俱利伽羅大竜勝外道伏陀羅尼経、不動明王四十八使者秘密成就儀軌、聖不動尊安鎮家国等法、底哩三昧耶不動尊威怒王使者念誦法

不動明王（御室版胎蔵曼荼羅）

**ふどがら　補特伽羅**　また「ふどざやら」「ふとがら」「ほどぎゃら」とも読む。㊵プドガラ pudgala の音写。富特伽羅、弗伽羅、福伽羅とも書き、人《にん》、数取趣《さくしゅしゅ》、衆数者と訳す。生まれかわり死にかわる主体のこと。外道《げどう》の十六知見の一に数えて我《が》の異名ともする。また単に人の意に用いることもある。仏教では無我を説くから、一般に生死する主体としての実の補特伽羅(勝義の補特伽羅)が実在することは認めず、ただ便宜上、人を仮に補特伽羅(世俗の補特伽羅)と名づけるにすぎないとする。ただし、部派仏教において犢子部《とくしぶ》、正量部《しょうりょうぶ》、経量部などではこれを認める。

**プトン　Bu-ston**　(1290—1364)正しくはプトン・リンチェンドゥプ Bu-ston rin-chen-grub という。チベットの学僧。はじめカーギュ派 Bkaḥ-brgyud-pa のトプKhro-phu寺の住職であったが、のちにシャルSha-lu寺に移った。顕密二教に精通し、とくにタントラ仏教を教学的に整理してカーラチャクラ（時輪）タントラを全タントラ中の最上・究極のものとしたことで知られる。仏教教理をはじめ、論理・歴史・天文・医学などその著作は二〇六部をかぞえ、のちにダライ・ラマ一三世の時代にプトン全書二六帙に編集された。中でもいわゆるプトン仏教史(1322)は重要である。またナルタンSnar-thaṅ寺所蔵のチベット訳仏典を将来し、新訳の経論を増補して分類整理し、その目録を編纂したが、この業績はその後のチベット大蔵経成立の基礎となった。

プトン（三百尊像集）

**プトン-ぶっきょう-し　プトン仏教史**　チベット語で書かれた仏教史書。プトン・リンチェンドゥプ Bu-ston rin-chen-grub の著(1322)。インドおよびチベットの仏教史を述べ、末尾に大蔵経の目録をおさめる。チベット人による仏教史書としては最も古

いものである。

**ふなばしゅ　富那婆修**　(巴)プナッバス(カ) Punabbasu(ka) の音写。満宿と訳す。①夜叉の名。妹と共に母に連れられて食を求めて精舎に入り、涅槃に関する仏陀の説法に感じて母と共に偈を歌った。〔参考〕Saṃyutta-nikāya 10.7, 雑阿含経四九・一二九　②比丘の名。アッサジ Assaji(馬勝《めしょう》)と共に迦尸(カーシ Kāśi)国に住んだ。戒律をみだす行いがあってしばしば仏陀に教誡された。〔参考〕中阿含経一九五

**ふなやしゃ　富那夜奢**　(梵)プニヤヤシャス Puṇyayaśas の音写。付法蔵《ふほうぞう》の第一〇祖。第九祖脇《きょう》比丘から法を受け、のち二諦について馬鳴《めみょう》を破し、弟子として法を付嘱した。〔参考〕付法蔵因縁伝五

**ふなん　扶南**　メコン河下流域を中心に、インドシナ半島南部からマレー半島にかけてあったクメール人の国の名。西暦紀元前後南インドより海を渡ってきた植民者によって建国され、七世紀前半真臘《しんろう》に滅ぼされた。その間、中国の諸王朝に朝貢あるいは臣属し、インドの王朝ともよしみを通じた。文化的にはインドと関係が深い。⇩真臘《しんろう》

**ぶなん　無難**　(慶長八1603―延宝四1676)臨済宗の僧。字は至道。美濃関原の人。大仙愚堂について臨済禅を学び、江戸渋谷東北寺の開山となり、別に至道庵を営んで隠居した。著書、無難法語一巻。〔参考〕続日本高僧伝八、近世禅林僧宝伝上

**ふに-の-ほうもん　不二の法門**　相対的差別的なすべてを超えて絶対的平等的な真理を顕わす教え。⇩入不二法門《にゅうふにほうもん》

**ふに-まかえん　不二摩訶衍**　大乗起信論の註釈書である釈摩訶衍論の立義分のうちで三十三種の門法を説くうちの第一。教えを説く者と聴く者という関係を超えた絶対の境地。

**ふにょみった　不如蜜多**　(梵)プニヤミトラ Puṇyamitra の音写か。インド南部の人。禅家西天第二六祖で、第二七祖般若多羅に正法眼蔵を付嘱した。〔参考〕景徳伝灯録二

**ふねい　普寧**　(南宋の慶元三1197―景炎元1276)中国西蜀(四川省成都府)の人。号は兀庵《ごったん》。癖絶道冲《ちぜつどうちゅう》、無準師範《ぶじゅんしばん》らについて禅道をきわめ、文応元年1260日本に渡来した。京都東福寺・鎌倉建長寺に住し、円爾弁円・蘭渓道隆らと交わり、ことに北条時頼の帰依を受け印可を与えた。文永二年1265中国に帰国し、晩年温州江心の竜翔寺《りゅうしょうじ》の主となった。著書、兀庵普寧禅師語録(続二・二八)。〔参考〕元亨釈書六、本朝高僧伝二〇、延宝伝灯録二

**ぶは-ぶっきょう　部派仏教**　仏滅後一〇〇年頃(270B.C.頃)に原始仏教教団が上座・大衆《だいしゅ》の二部にわかれ(根本分裂)、その後も次第に分派を生じて(枝末分裂)、西暦紀元前後には約二〇の部派ができた(小乗二十部)。その後、大衆部系統の部派は大

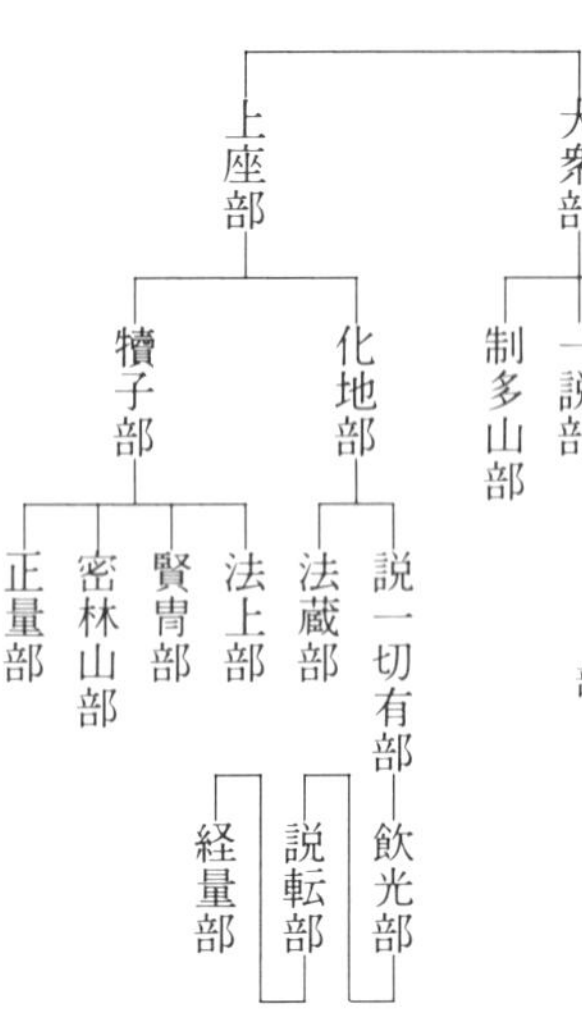


上座部の伝承(南伝)による部派分裂系統図

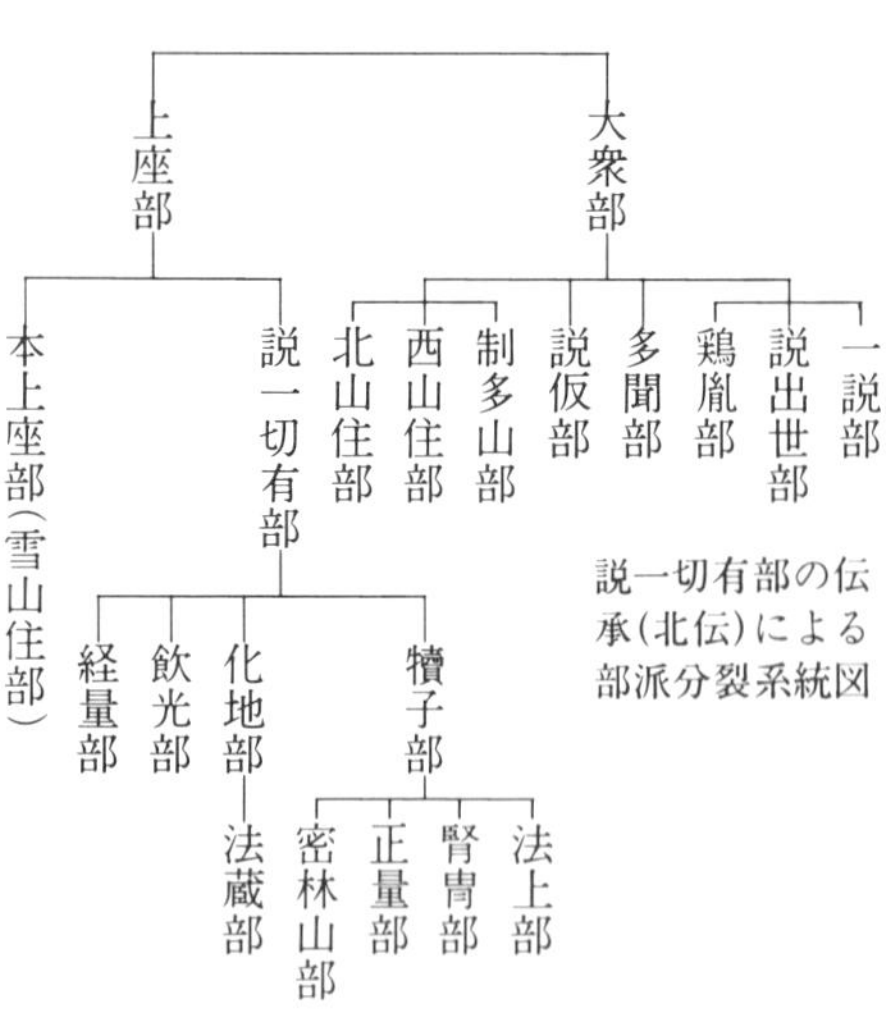


説一切有部の伝承(北伝)による部派分裂系統図

乗仏教の興起にともなって多くその中に解消したが、上座部系統はのちまでさかえ、現在もスリランカ(セイロン)・ビルマ・タイ・カンボジア・ラオスなどには南方上座部(分別上座部)の仏教が行われている。また、説一切有部や経量部などの教学は中国・日本などにも伝わり、毘曇《びどん》宗・俱舎《くしゃ》宗・成実《じょうじつ》宗などとして学ばれた。部派の分裂の事情や派名・派数などは南伝の資料(ディーパ・ヴァンサ Dīpa-vaṃsa など)と北伝の資料(異部宗輪論など)とで異なるが、南伝では戒律に関する一〇種の新説(十事の非法)をめぐって保守派(上座部)と進歩派(大衆部)がわかれたと伝え、北伝では大天《だいてん》が阿羅漢の証果について五種の新説をたてた(大天五事)のが原因で根本分裂がなされたという。分派を図示すると前頁の通りである。表のほか、雪山部・王山部・義成部・東山部・西山部・西王山部の名が伝えられる。〔参考〕Dīpavaṃsa, Mahāvaṃsa, Kathāvatthu, 異部宗輪論、部執異論、十八部論

**ふへん　不変**　⇩随縁《ずいえん》

**ふ-ほう　付法**　法門を付属するの意。附法とも書き、付衣、伝衣、伝法ともいう。人物をえらんで法を授け、維持し伝えさせること。法を伝え授けて次第にうけつぐことを付法相承という。仏教では個人的な独断は許されないから、仏陀以来の正法を誤りなく伝えていることを重んじ、各宗ともに付法相承を説くが、禅宗や真言宗では特にこれを尊び、そのしるしとして衣鉢《えはつ》を授けたり、印信《いんじん》(法を授けた証明書)を与えたりする。⇩伝法《でんぽう》　⇩付属《ふぞく》

**ふほう　普法〔別法《べっぽう》〕**　あまねくすべての衆生《しゅじょう》にゆきわたり、まどかで一即一切として融けあい差別のない教えを普法、これに対して対象をある特定のものに限った教えを別法という。華厳宗では華厳一乗の教えを普法、小乗や三乗の教えを別法とし、それぞれの教えをうける対象を普機・別機という。なお信行の三階教《さんがいきょう》では第一階・第二階の教えを別真別正法(別法)、第三階の教えを普真普正法(普法)とし、末法には普法でなければ救われないとする。

**ふほういつ　不放逸**　⇩放逸《ほういつ》

**ふほうぞう-いんねん-でん　付法蔵因縁伝**　六巻。付法伝、付法蔵経などともいう。北魏の吉迦夜《きつかや》・曇曜の訳(和平三〈462〉)。仏滅後、インドで仏法が相承された次第を説くもの。迦葉《かしょう》―阿難―商那和修《しょうなわしゅ》から第二三祖師子に至る二三人の行実を伝え、最後に師子が罽賓《けいひん》国(カシミール)で弥羅掘《みらくつ》(ミヒラクラ Mihirakula か)に斬られて付法が絶えたことを記す。中国において、天台宗がこの書によって西天二十三祖(二十四祖説もある)の存在を説いたのに対して、禅宗は迦葉より菩提達磨に至る西天二十八祖を主張して論争が生じた。㊅五〇〔参考〕摩訶止観一、景徳伝灯録一・二・三

**ふほう-でん　付法伝**　①秘密曼荼羅教付法伝。二巻。空海の著。成立年不詳。広付法伝と呼ぶ。真言密教の大意を述べてその由来を明らかにし、大日如来・金剛薩埵《こんごうさった》・竜猛《りゅうみょう》・竜智・金剛智・不空・恵果の付法の七祖の伝記をかかげて空海が伝えた密教の正統性を示し、南天の鉄塔相承に関する疑難に答えている。仏全一〇六、弘法大師全集一〔註釈〕運敞・纂解、泰音・纂解鈔など　②真言付法伝。一巻。空海の著。成立年不詳。略付法伝と呼ぶ。東寺蔵の真言七祖像(国宝)の賛銘として起草されたもの。広付法伝に挙げた付法の七祖の略伝に善無畏《ぜんむい》と一行《いちぎょう》の伝記を加え、空海が恵果の弟子六人中の一人であることを記している(付法の七祖のうち、大日如来と金剛薩埵を除いて善無畏と一行を加えたものを伝持の七祖というのは本書にもとづく)。仏全一〇六、弘法大師全集一

**ふみょう　普明**　(　―元の至正九 1349 頃)元代の禅僧画家。字は雪窓。俗姓は曹氏。華亭(上海)の人。雲巌寺・承天寺などの住持となった。水墨の蘭竹図に長じ、日本の室町時代の画壇に大きな影響を与えた。遺作は日本に多く伝わり、蘭竹図(宮内庁蔵)が有名。

**ぶも　部母**　⇩部主《ぶしゅ》

**ぶもおんじゅう-きょう　父母恩重経**　一巻。父母の深い恩愛に報いるために、仏法僧の三宝に帰依し、この父母恩重経の一句一偈を受持し読誦し書写しなければなら

ないことを説く。本経は、唐代初期に中国で製作された偽経であり、古来いくつかの異本があったようであるが、現在独立して伝わっているものは敦煌出土本である。また日本撰述の註釈がいくつか存在するが、それらの註釈の底本は現存の敦煌本とは異なる。㊅八五　〔註釈〕亮汰・鈔二巻、真賢・罔極鈔一巻など

**ふもん　普門**　㊵サマンタ・ムカ saman-ta-mukha の訳で、無量門とも訳す。①すべてにゆきわたって普遍的な門口、門戸の意。天台宗では、法華経に説く中道実相の理がすべてに通じて妥当することを普門とし、これを根拠として十普門を説く。即ち慈悲普・弘誓普・修行普・断惑普・入法門普・神通普・方便普・説法普・成就衆生普・供養諸仏普の一〇で、これらは諸仏・菩薩が一切に遍通する中道実相の理をよりどころとして無量の門を開き、順次に自行化他《じぎょうけた》の徳を完成することを示すものである（智顗の観音玄義巻下、法華文句巻一〇下）。華厳宗では、華厳経に説く一門の中にすべての門がおさめられていることを普門という（法蔵の華厳経探玄記巻二）。また、真言宗では総智総徳をすべおさめた大日如来を普門、阿弥陀如来や薬師如来など一智一徳をあらわす仏・菩薩を一門とし、一即一切の立場から、一門の法の修行によっても普門の法の万徳を得ると説く。ただしこれには異説もある。②仏・菩薩が種々の縁によってさまざまなかたちをあらわして衆生を救うのを普門示現という。

**ふもん　普門**　①（建暦二1212―正応四1291）臨済宗の僧。南禅寺の開山。字は無関。仏心禅師、大明国師と諡する。信濃の人。伯父の正円寺寂円に師事し、長楽寺の栄朝や円爾弁円に学んだ。建長三年1251入宋し如珏・妙倫らに参じた。帰国後、弁円に随侍し、また安楽寺・正円寺などに住した。弁円没後は東福寺に十余年住し、亀山上皇の帰依を得て南禅寺の開山となった。その門流を南禅寺派と呼ぶ。〔参考〕元亨釈書六、本朝高僧伝二一、延宝伝灯録一〇　②（寛永一三1636―元禄五1692）真宗高田派の僧。彰見寺の住職。伊勢の人。号は潮誉。関東に遊学し、増上寺で仏典を学び、のち自坊で著作に専念した。特に教行信証の研究は注目される。著書、高田親鸞聖人絵伝撮要三巻、教行信証師資発覆鈔二五〇巻など。

**ふもん-じ　普門寺**　①大阪府高槻市富田町。慈雲山と号し、臨済宗妙心寺派。明徳元年1390設巌《せつごん》の開創という。永禄年間1558―70領主細川晴元が一清《いっせい》と号し入寺して堂宇を再興した。承応三年1654に隠元が渡来すると本寺の竜渓はこれを請じて弟子の礼をとり黄檗宗に改宗、のち再び臨済宗に復した。②愛知県豊橋市雲谷町。雲谷山と号し、高野山真言宗。神亀四年727行基の開創と伝える。平安末、比叡山の山徒に焼かれたが、源頼朝が堂宇を造営、寺運の興隆に努めた。徳川氏により境内山林と寺領一〇〇石を付せられ、嵯峨御所（大覚寺）の院室となった。〔重文〕木造阿弥陀如来坐像、同釈迦如来坐像、同四天王立像、銅経筒　〔参考〕普門寺略縁起、参河志二一・二七・三六

**ぶらく-じ　豊楽寺**　高知県長岡郡大豊町寺内。大田山大願院と号し、真言宗智山派。古来、柴折薬師《しばおりやくし》の名で知られる。聖武天皇の勅願で、神亀元年724行基の開創と伝える。現本堂の薬師堂（国宝）は仁平元年1151の造立で、元亀三年1572大風により破損したが、長宗我部元親が修復した。慶長六年1601には寺領一町が給された。明治四年1871廃寺となったが、同一六年次第に復興され現在に至る。なお現在はないが、旧暦七月六日の例祭の夜は多くの参詣・参籠者でにぎわい、歌垣の遺風とされる男女の掛合が行われた。柴折薬師の由来もこのとき和合のため柴を敷いたという説があるが、薬師堂の始まりが柴をたむける手向の神であったからともいう。〔国宝〕薬師堂〔重文〕木造薬師如来坐像、同阿弥陀如来坐像、同釈迦如来坐像　〔参考〕土佐国編年紀事略、同蠹簡集ほか

**プラサンナ・パダー　Prasanna-padā**　チャンドラキールティ Candrakīrti（600―50頃）の著。中観派の祖である竜樹（ナーガールジュナ Nāgārjuna）の主著根本中頌（Mūla-madhyamaka-kārikā）に対する註釈書。ブッダパーリタ Buddhapālita（仏護）の中頌解釈をうけつぎ、バーヴィヴ

エーカ Bhāvaviveka(清弁《しょうべん》)を批判して帰謬論法による空性論証を宣揚する。本書は中頌の諸註釈のうち梵本が現存する唯一のものであり、またこれを通じて中頌の原本も知られるので、大乗仏教の根本思想の解明を促すものとして早くから注目を集め、多くの翻訳・研究が行われた。チベット訳もある。梵本はプサン L. de la Vallée Poussin によって出版された(1903—13)。翻訳はいずれも部分訳であるが、スチェルバツキー Th. Stcherbatsky, シャイエル S. Schayer, ドゥ・ヨング J. W. de Jong, メイ J. May, 荻原雲来, 山口益らによって行われている。

**プラシャスタパーダ**　**Praśastapāda**　(五世紀後半)インド六派哲学の一つヴァイシェーシカ Vaiśeṣika(勝論《かつろん》)学派の学者。パダールタ・ダルマ・サングラハ Padārtha-dharma-saṃgraha(プラシャスタパーダ・バーシャ Praśastapāda-bhāṣya ともいう)を著わし、ヴァイシェーシカ学派の学説を体系的に論述した。またニヤーヤ Nyāya(正理)学派の論理学にも関連が深く、因の三相、すなわち推論における正しい証因が具備すべき三条件を明らかにし、インド論理学の発展に寄与した。

**プラジュニャーカラグプタ**　**Prajñākaragupta**　(九世紀前半頃)インドの仏教論理学者。ベンガルの出身と伝える。ダルマキールティ Dharmakīrti のプラマーナ・ヴァールッティカ Pramāṇa-vārttika(量評釈)に対する註釈書プラマーナ・ヴァールッティカ・アランカーラ Pramāṇa-vārttikālaṃkāra を著わした。思想的には中観派に近いと見られている。

**プラジュニャーカラマティ**　**Prajñākaramati**　(950—1000頃)インド後期中観派の論師。ヴィクラマシラー寺に住した。シャーンティデーヴァ Śāntideva(寂天)のボーディチャルヤ・アヴァターラ Bodhicaryāvatāra(入菩提行論)に対する大部の註釈を著わした。この註釈は梵語原本も刊行されている。思想的にはチャンドラキールティ Candrakīrti(月称)の説を重視した。

**プラーナ**　**Purāṇa**　ヒンドゥー教の聖典。プラーナという語は古譚を意味する。現存するプラーナには大プラーナ一八部、副プラーナ一八部がある。ヴィシュヌ Viṣṇu 神あるいはシヴァ Śiva 神を中心とする神話・伝説および種々の宗教儀礼を述べるかたわら、王統史・宇宙論・哲学・政治・医学・詩論・音楽など多彩な内容を盛込み、一種の百科全書的外観を呈する。古代インドの文化を知る上で重要な資料である。伝統的にはヴィヤーサ Vyāsa 仙の著作とされているが、いずれも四—五世紀以降に成立したものである。

**プラバーカラ**　**Prabhākara**　(700頃)インド六派哲学の一つ、ミーマーンサー Mīmāṃsā学派の学者。ミーマーンサー・スートラ Mīmāṃsā-sūtra の註釈書シャバラ・バーシャ Śabara-bhāṣya に対して複註ブリハティー Bṛhatī を著わした。シャバラ・バーシャの解釈をめぐってクマーリラ・バッタ Kumārila Bhaṭṭa と対立し、以後ミーマーンサー学派はプラバーカラを祖とするグル Guru 派とクマーリラを祖とするバーッタ Bhāṭṭa 派とに分裂した。

**ブラーフマナ**　**Brāhmaṇa**　梵書ともいう。ヴェーダ聖典を構成する四部門の文献群の一つで、サンヒター saṃhitā(本集)に次ぐ第二の部門。バラモン教の祭式にかかわる文献で、内容はヴィディ vidhi(儀軌)すなわち祭式実行の規則を説く部分と、アルタ・ヴァーダ artha-vāda(釈義)すなわち祭式の起源や意義を説明する部分とに二分される。後者の中には多くの神話・伝説が含まれている。思想的にはリグ・ヴェーダ後期からの帰一思想をうけて、プラジャーパティ Prajāpati(生主)を最高神として立てている点に特徴がある。ブラーフマナ文献の成立は紀元前八〇〇年前後と推定され、今日一〇数篇が現存する。

**ブラーフミーもじ**　**ブラーフミー文字**　**Brāhmī**　古代インドの文字。四六の字母より成り、左から右に横書きする。インドにおける文字の使用は紀元前六—前五世紀にさかのぼるが、その起源はメソポタミアのフェニキア文字あるいはセム文字を借用してつくり変えたものといわれている。現

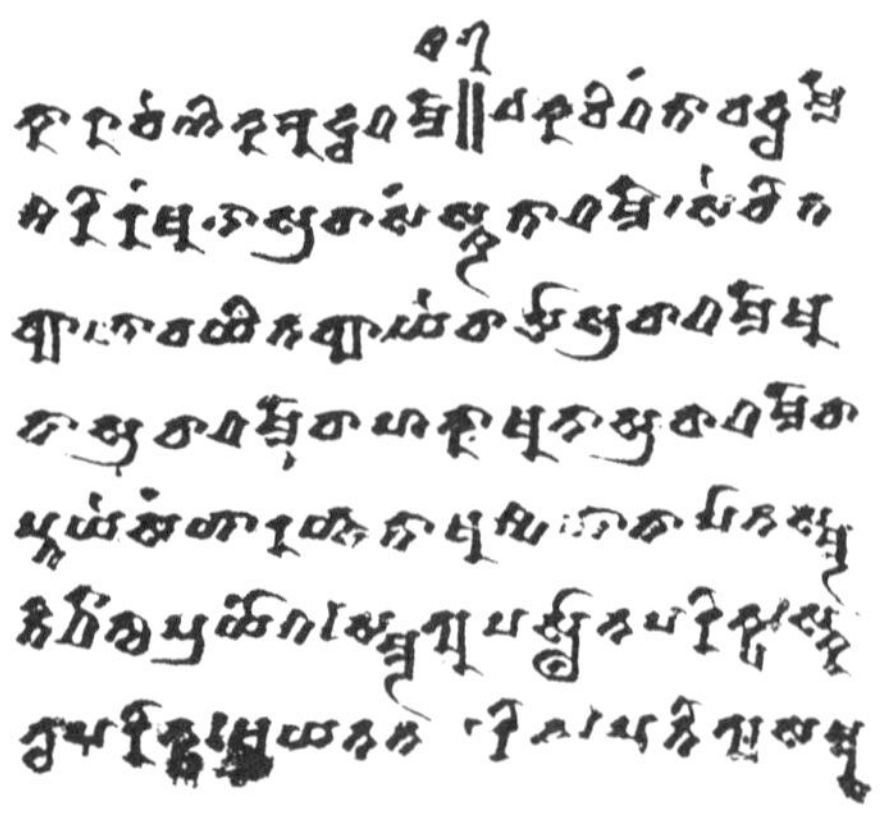

ブラーフミー文字写本

存する最古の使用例はアショーカ王碑文(紀元前三世紀)である。ブラーフミー文字は時代や地域によりさまざまに変形した。中世インドでひろく用いられたグプタ文字、現在も用いられているデーヴァナーガリー文字などもブラーフミー文字の系統に属する。インドのみならず南アジア・東南アジアへもインド文化とともに流出した。セイロン文字・ビルマ文字・タイ文字・カンボジア文字などもすべてブラーフミー文字の変形である。また中国を経てわが国に伝えられた悉曇《しったん》文字もその一種である。

**プラマーナ・ヴァールッティカ　Pramāṇa-vārttika**　量評釈ともいう。ダルマキールティ　Dharmakīrti(法称《ほっしょう》 600—660頃)の著。法称は陳那《じんな》(ディグナーガ Dignāga)の説を発展させて仏教論理学を大成したが、本書はその主著で、陳那のプラマーナ・サムッチャヤ　Pramāṇa-samuccaya(集量論)への註釈という形をとりながら自説を体系的に述べる。全篇韻文で一四五〇頌あまりから成り、量の証明・現量・為自比量・為他比量の四章に分かれている。量(正しい認識根拠)の定義・現量(直接知覚)および比量(推論)の吟味・因の三相(理由概念の三特質)・論証式の吟味などが主な内容である。梵本はラーフラ・サーンクリトヤーヤナ　Rāhula Sāṅkṛtyāyana によって刊行され(1938)、以来研究者の大きな関心を集めている。チベット訳もある。なお本書の註釈として、ダルマキールティの自註(ただし第三章のみ)のほか、プラジュニャーカラグプタ　Prajñākaragupta, デーヴェーンドラブッディ　Devendrabuddhi, およびシャーキャマティ　Śākyamati によるものがチベット訳で伝わっている。

**プラマーナ・サムッチャヤ　Pramāṇa-samuccaya**　集量論《じゅうりょうろん》と訳す。ディグナーガ Dignāga(陳那《じんな》)の著。ディグナーガは、従来のインド論理学を改革していわゆる新因明を創唱し、仏教論理学の確立者として知られるが、本論はその主著である。約二五〇頌の韻文詩句と散文による自註とから成る。(1)現量(直接知覚)、(2)為自比量(自己のための推論)、(3)為他比量(他者のための推論)、(4)観喩似喩(正しい比喩と似て非なる比喩との考察)、(5)観他遮詮(他者の排除〔アポーハ apoha〕の考察)、(6)観過類(誤謬の考察)の六章に分かれ、(1)が認識論、(5)が意味論、(2)—(4)・(6)が論理学に相当する。従来四種を数えていた量(プラマーナ pramāṇa)すなわち正しい認識根拠を現量(直接知覚)と比量(推論)の二種に限定するほか、九句因・三支作法など、ディグナーガの確立した新因明の体系が詳述される。また言語の意味対象が、分別により仮構された「他者の排除」にすぎないと説く、いわゆるアポーハ論(第五章)も注目される。梵本はわずかな断片が伝わるのみで、現存するのは二種のチベット訳だけである。中国へは義浄がその名を伝えているが、漢訳はされていない。チベットでは量経(tshad-maḥi mdo)とも呼ばれ、きわめて尊重された。

**フランケ　Franke, R. Otto**　生没年不詳。ドイツのパーリ語学者。Pāli und Sanskrit(パーリ語とサンスクリット 1902)、Die Sutta-nipāta-Gāthās mit ihren Parallelen(スッタ・ニパータの偈とその類似句 1912)を著わしたほか、ディーガ・ニカーヤのドイツ語部分訳(Das Buch der langen Texte des buddhistischen Kanon, 1913)、パーリ語法句経のドイツ語訳(Dhamma-worte, 1923)などの業績がある。

**ふらんな-かしょう　富蘭那迦葉**　⇩六師外道《ろくしげどう》

**ふりつ-だんじょう　扶律談常**　扶律説常ともいう。天台宗で涅槃経の教説を顕わす語。仏の滅後、時代がへだたると人々の素質能力が低下して戒律を破り、仏は無常で死ぬものであると考えるようになるから、仏はそういう者のため予め涅槃経で戒律を重んじなければならないことを説いて、戒律を守るように扶《たす》け、また仏の本性《ほんしょう》は常住不滅であることを説いて誤った見解に陥らないようにしたということ。

**フリート　Fleet, John Faithful**　(1847—1917)イギリスの官吏。インド古文書学者。Description of the early Gupta kings(初期グプタ王朝諸王の刻文1889)の著書がある。

**ふりゅう-もんじ　不立文字**　文字を立てないという意。即ち、達磨が伝えた祖師禅では、心から心へとただちに法を伝えて、経論の語句や文字に依らないことをいう。入楞伽経巻五に、仏は成道以後入滅の時まで、その中間に一字も説かなかったとあるのが根拠のようである。

**ふりょうぎ　不了義**　⇩了義《りょうぎ》

**プリンセプ　Prinsep, James**　(1800—1840)イギリスのインド学者。もと東インド会社に勤務した。主として考古学的研究に従い、碑銘・古銭貨の研究が多い。アショーカ王碑文が発見された時、その解読と年代考定に努力した。パーリ語研究の先駆者でもある。著書にEssays on Indian antiquities(古代インド研究1858)がある。

**ふるかわ-ろうせん　古河老川**　(明治四1871—同三二1899)仏教運動家。浄土真宗本願寺派の僧。和歌山県に生まれる。幼名は勇。和歌山中学、本願寺普通教校、国民英学会、明治学院、東京帝国大学選科卒業。明治二七年経緯会を設立。雑誌「仏教」の編集にもあたり、自由主義的立場で仏教界を評論した。また反省会の創立や仏教青年会活動に尽力し、明治期の新仏教運動の先駆者として知られる。〔参考〕老川遺稿

**プルジェヴァリスキー　Przhevaliski, Nicholai Mikhailovich**　(1839—1888)ロシアの軍人、探検家。中央アジアおよびチベットに探検を試みること四回、地形・気候・動植物の調査を行い、中央アジアの自然の解明に貢献した。Pyteshestvie v Ussurijskom krae(ウスリー紀行1867—69)、Mongoliya i strana Tangutov(モンゴルとタングート人の国1946)など五篇の報告書を記した。

**ふるな　富楼那**　(梵)プールナ Pūrṇa (巴)プンノ Puṇṇa の音写。富留那とも書く。満願と訳す。①⇩富楼那弥多羅尼子《ふるなみたらにし》　②スナーパランタ Sunāparanta 国のヴァイシヤ出身の比丘。説法にすぐれていた。仏陀の許しを得て、故郷スナーパランタに伝道し、その地に五〇〇の精舎を建立したという。〔参考〕Theragāthā 70, 有部薬事二

**ふるな-みたらにし　富楼那弥多羅尼子**　富楼那は(梵)プールナ Pūrṇa (巴)プンナ Puṇṇa の音写、弥多羅尼子は(梵)マイトラーヤニー・プトラ Maitrāyaṇī-putra (巴)マンターニ・プッタ Mantāni-putta の音写と訳で、マイトラーヤニーの子の意。満願子、満慈子とも訳す。仏十大弟子の一人。迦毘羅衛《かびらえ》(カピラヴァットゥ Kapilavatthu)の近くに生まれ、ヴェーダを学んだが、仏陀に帰依して阿羅漢果を得た。弁才に長じ、説法第一と称される。のちインド西部に布教し、その地で没した。〔参考〕仏本行集経三七、未曾有因縁経、増一阿含経三、満願子経

**ふれ-がしら　触頭**　⇩宗教行政《しゅうきょうぎょうせい》

**ふろしゃふら　布路沙布邏**　(梵)プルシャプラ Puruṣapura の音写。富婁沙富羅などとも書く。ガンダーラの中心をなす地域。現在のパキスタンのペシャワールにあたる。中央アジア・アフガニスタンとインドとの境界をなす地域で、古来政治的・文化的に重要な役割を果たした。カニシカ Kaniṣka 王(144—72頃在位)の居城に定められ、王は城外に大塔を建てた。その遺跡は一九〇八—一〇年に発掘されている。〔参考〕大唐西域記二

**ふわごう-しょう　不和合性**　(梵)ア・サーマグリー a-sāmagrī の訳。唯識宗で説く二十四不相応行法《ふそうおうぎょうほう》の一。多くの因縁が和合して諸法を生じる場合に、その和合をさまたげて諸法を生じさせないもの、或いはその能力、性質をいう。

**ふん　忿**　(梵)クローダ krodha の訳。心

所《じょ》(心のはたらき)の名。倶舎宗《くしゃしゅう》では、小煩悩地法の一、十纏の一とし、唯識宗では小随惑の一とする。欲界繫の煩悩《ぼんのう》で、修道《しゅどう》で断たれるべきもの。自分の心にかなわない対境に対していかりの情をいだくこと。瞋《しん》から生じる男性的ないかりで、猛烈であるが勢いは永続しない。

**ぶんえき　文益**　(唐の光啓元885—後周の顕徳五958)唐末・五代の禅僧。五家の一。法眼宗の祖。姓は魯氏。余杭(浙江省余杭県)の人。天皇六世の桂琛《けいちん》の法を嗣ぎ、南唐の李璟《りけい》に迎えられて、金陵(江蘇省江寧県)報恩院、及び清涼院に住した。浄慧、法眼禅師と諡し、大智蔵大導師と重諡する。著書、宗門十規論一巻、語録一巻。〔参考〕宋高僧伝一三、景徳伝灯録二四、僧宝伝四

**ぶんえん　文偃**　(唐の咸通五864—後漢の乾祐二949)俗に雲門文偃という。唐末・五代の禅僧。五家の一、雲門宗の祖。姓は張氏。蘇州嘉興(浙江省嘉興県)の人。天皇四世義存の法を嗣ぎ、韶州(広東省曲江県)に雲門山を創した。大慈雲匡聖弘明大師と諡する。広録三巻がある。〔参考〕宏明大師塔銘(全唐文八九二)、景徳伝灯録一九、僧宝伝二

**ぶんがん　文巌**　(慶長六1601—寛文一一1671)臨済宗の僧。字は如雪。阿波の人。はじめ高野山で密教を究め、更に律を学んだが、のち臨済禅に転じ、近江永源寺文守の印可を受け同寺を継いだ。また指雲寺・瑞泉寺の開山となり、京都法雲院の二世となった。〔参考〕続日本高僧伝五

**ぶんきょうひふ-ろん　文鏡秘府論**　六巻。空海の著(大同四804—弘仁一一820頃)。六朝および唐代の諸家の詩論文学説の要領を分類し、これに評論を加えたもの。漢詩・漢文の文学論やのちの歌学に多くの影響を与えた。なお引用書は、多くは今日伝わらない。〈⇩文筆眼心抄《ぶんぴつがんしんしょう》〉弘法大師全集八〔写本〕宮内庁書陵部蔵(平安後期写)、高野山三宝院蔵(同)、お茶の水図書館成簣堂文庫蔵(同)ほか〔複製〕東方文化叢書(書陵部本)、古典保存会複製書五期(成簣堂本)

**ぶんこう　文綱**　(貞観一〇636—開元一五727)唐代の律僧。会稽(浙江省紹興府)の人。道宣に四分律宗、長安で道成に相部宗を学び、二五歳で律を講義してのち、しばしば宮中に召されて授戒をなし、また景竜四年710義浄の訳場では証義をつとめた。律は南山宗(道宣)と相部宗(道成)との両宗を弘め、受戒した者は千人におよぶと称され、嗣法の弟子に道岸など五〇人があった。〔参考〕貞元録一三、宋高僧伝一四、律宗瓊鑑章六

**ふんこう-じ　芬皇寺**　韓国慶尚北道慶州市。芬篁寺とも書く。新羅善徳女王三年634の創建。景徳王一四年755薬師銅像(重さ三六万六七〇〇斤と伝える)を安置。のち衰微し、いまは創建当初の三層石塔をのみ残す。韓国に現存する建造物中で最古のものといわれる。〔参考〕三国遺事二一五

**ぶんさい　文才**　(南宋の淳祐元1241—元の大徳六1302)元代初期の人。字は仲華。姓は楊氏。清水(甘粛省渭川道)に生まれる。幼少より理学に長じ、また華厳の学に通じ、三教融合を立場としたという。元の世祖に召されて洛陽の白馬寺に住し、ついで成宗が五台山に万聖祐国寺を建てるにおよんで勅によって開山第一祖となり、真覚国師総釈源宗と称された。著書、慧灯集二巻、懸談詳略五巻、肇論新疏三巻、同游刃三巻など。〔参考〕仏祖歴代通載三五、明高僧伝二

**ぶんざい　分斉**　限界、差別。また差別された内容、範囲、程度。分位、くらい、身のほど、身分。後世では分際とも書く。

**ぶんしゅ　文守**　(慶長一三1608—正保三1646)「もんじゅ」とも読む。字は一糸。別号は桐江、丹山。岩倉具堯の第三子。一四歳で相国寺の雪岑梵崟《せっしんぼんきん》に、のち堺南崇寺《なんそうじ》の沢庵宗彭に参じ、槇尾山賢俊に得度受戒し、妙心寺愚堂東寔の印可を受けた。後水尾上皇の深い帰依を受け、左大臣近衛信尋などと交わり、寛永九年1632丹波に桐江庵を開き、同一五年京都霊源寺、同一八年丹波法常寺を開創、さらに同二〇年近江永源寺に住した。延宝六年1678定慧明光仏頂国師と追諡。著書、緇門宝蔵註乗誠、仏祖百首頌など。〔参考〕本朝高僧伝四五

**ぶん-しん　分身**　身を分けて化現すること、またその化身。諸々の仏や菩薩《ぼさつ》は慈悲のてだてをめぐらしてあらゆる場所の衆生を教化するために、身を十方に分けて

仏の姿を現わすという。分身はただ衆生を教化し摂取《せっしゅ》(救う)するためであるから分身《ぶんしん》摂化《せっけ》ともいう。

**ぶんそうもん　分相門**　⇩該摂門《がいしょうもん》

**ぶんどう　文幢**　(文政七1824—明治三八1905)臨済宗の僧。字は敬仲。号は済門または斗室。俗姓は河田氏。美濃の人。同国天沢寺雪潭に嗣法して臨済禅をきわめ、江戸済松寺・海禅寺、美濃瑞竜寺などを歴住し、京都東福寺二九一世となり新たに寺制を定めた。著書、斗室集一七巻、同続集一〇巻、同外集六巻など。〔参考〕斗室集自序

**ぶんぴつ-がんしん-しょう　文筆眼心抄**　一巻。空海の著(弘仁一一820)。文鏡秘府論六巻の抄出。但し内容に一致しないところがあり、伝自筆本は誤りが多い。弘法大師全集九

**ふんべつ　分別**　①㊵ヴィカルパ vikalpa の訳。思惟《しゆい》、計度《けたく》とも訳す。推量思惟すること。即ち心・心所《しんじょ》(精神作用)が対境に対してはたらきを起こし、その相を取って思いはかること。倶舎論巻二ではこれに三種類があるとする。⑴自性《じしょう》分別《ふんべつ》は尋・伺の心所を体とし、対境を直接に(なんらの比知推度をも加えずに)認識する直覚作用。⑵計度分別《けたくふんべつ》は意識と相応する慧の心所を体とする判断推理の作用。⑶随念分別は意識と相応する念の心所を体とし、過去のことを心に明記して忘れず想い起こす追想記憶の作用。六識のうち、意識は三分別のすべてを有しているから有分別《うふんべつ》といわれ、前五識は自性分別だけがあって、他の二分別がないから無分別といわれる。雑集論巻二ではこれら三分別をすべて意識のはたらきとし、自性分別は現在、随念分別は過去、計度分別は過去と未来とに共通すると説く。ところが、大乗仏教(ことに摂大乗論など)では、凡夫《ぼんぶ》の起こす分別は迷妄の所産で真如《しんにょ》の理に契《かな》わないから、このような分別によっては如実に真如の理をさとることはできないと説き、その意味で凡夫の分別は虚妄分別(略して妄分別)であるとする。真如にいたるには、そのような凡夫の分別智である有分別智をはなれた無分別智によらねばならないという。すなわち、菩薩《ぼさつ》は初地入見道の時、一切法の真如を縁じて、知るもの(能知)と知られるもの(所知)との対立を超えた平等な無分別智を得ると説く。この無分別智を加行《けぎょう》(準備的段階)と根本と後得《ごとく》との三段階に分けるとき、これらを順次に加行智・根本智・後得智という。②㊵ヴィバンガ vibhaṅga ヴィバジュヤ vibhajya の訳。区分、類別、分析などの意。また教法を分類分析して種々の立場から研究考察すること。

**ふんべつ-えんぎ-きょう　分別縁起経**　二巻。詳しくは分別縁起初勝法門経という。縁起法門経、初勝法門経などともいう。唐の玄奘の訳(永徽元650)。異訳に隋の達磨笈多《だるまぎゅうた》の訳の縁生初勝分法本経(二巻)がある。十二縁起の中で、無明が第一におかれている特殊点を挙げて無明を細説する。世親の縁起経釈の所依とされ、アーラヤ識に対する教証となっている。㊅一六、国一経集部一四

**ふんべつき　分別起**　⇩倶生起《くしょうき》

**ふんべつ-くどく-ろん　分別功徳論**　五巻。訳者不詳。後漢代25—220の訳出と伝えられているが疑問の余地が多い。東晋代317—420以後の訳とみる説もある。増一阿含経の冒頭四品の註釈書。仏弟子に関する説話を数多く含んでいる。小乗の論書であるが、六波羅蜜について述べ、般若経に類似した説を掲げるなど、大乗の影響が認められる。㊅二五

**ふんべつへん　分別変**　⇩因縁変《いんねんへん》

**ふんべつ-ゆが-ろん　分別瑜伽論**　瑜伽の十支論の一〈⇩瑜伽師地論《ゆがしじろん》〉。中国の伝承では弥勒の五部論の一とされるが、漢訳はなく、摂大乗論巻下・成唯識論第九などにその二頌が引用されているのみである。

**ふんべつ-りく-がっしゃく　分別六合釈**　一巻。法住の撰(寛政九1797)。窺基の撰した六離合釈の解釈書。生起・位次・宗趣・題額・文解の五門に分けて論じ、最後に薬師寺高範から相伝したことを記している。日蔵三〇、六離合釈章疏〔原本〕奈良長谷寺蔵

# へ

**へいけ-のうきょう**　**平家納経**　⇩厳島経巻《いつくしまきょうかん》

**へいげん-じ**　**平間寺**　神奈川県川崎市川崎区大師町。真言宗智山派。金剛山金乗密院といい、俗に川崎大師と称する。大治二年1127平間兼乗が海中から空海の像を得、尊賢を開山として創建、保延年間1135―41鳥羽上皇の皇后美福門院が尊賢に皇子誕生を祈らせて効があり、勅願所に列したという。天正一八年1590豊臣秀吉の小田原征伐で兵火にかかったが、徳川家光が寺領を寄進し、明和年間1764―72隆範《りゅうはん》が入寺して醍醐三宝院宮院家を兼帯してから隆盛に向かった。東京近辺では成田山新勝寺(智山派・本尊は不動明王)と共に江戸時代から初詣で賑う。〔参考〕新編武蔵風土記稿七一、江戸名所図会二

平間寺（江戸名所図会）

**べいしゃり**　**吠舎釐**　(梵)ヴァイシャーリー Vaiśālī (巴)ヴェーサーリー Vesālī の音写。毘舎離、維耶離とも書く。十六大国の一つであるヴァッジVajji(跋耆)国を構成する部族の一つリッチャヴィ Licchavi (離車)族の都。ガンジス河の支流ガンダキー河の東岸にあるベーサールBesārhがその旧趾といわれる。仏陀は成道後第五年の雨期をこの町の郊外のマハーヴァナ Mahāvana(大林)で過ごした。重閣講堂が建てられたのもこの地で、ここを説処とする経典も少なくない。仏陀は最後の雨期もこの近くで過ごし、そのとき遊女アンバパーリーAmbapālī(菴婆羅婆利《あんばらばり》)が寄進した菴没羅園《あんもらおん》はこの郊外にある。維摩居士(ヴィマラキールティ Vimalakīrti)もこの町の人とされ、この園林が維摩経の舞台となっている。仏滅後一〇〇年頃この地でヴァッジ族の比丘たちが十事非法(一〇項目の非違)を犯してそれを正当と主張したので、耶舎《やしゃ》(ヤサ Yasa)らが多くの長老をここに集めて会議をひらき、その誤りであることを決判したといい、これを第二結集《けつじゅう》と呼ぶ。またアショーカ王はこの地に仏陀の行化を記念する石柱を建てたといわれる。のち仏教は次第に衰え、六、七世紀の頃、法顕《ほっけん》や玄奘《げんじょう》が訪れた時にはすでに荒廃し、都城も荒れ果てていたが、付近の土地は豊沃で人の気風も淳朴であったと伝えている。〔参考〕大唐西域記七、法顕伝

**へいじょうしん-これ-どう**　**平常心是道**　日常に起こすはからいのない心が即ちそのままにさとりに他ならないという意。禅宗の公案の一で、南泉普願が趙州従諗《じゅうしん》にこれを示してさとらせたなどの例がある。

**へいぜい-ごうじょう**　**平生業成**　浄土に生まれるための原因が日常の間に完成すること。臨終業成《りんじゅうごうじょう》に対する。信ずる一おもい(信の一念)に往生の因が定まると説く真宗などの説をいう。⇩業事成弁《ごうじじょうべん》

**へいせん-じ**　**平泉寺**　福井県勝山市平泉寺町。霊応山と号し、天台宗。白山神社の別当寺として十一面観音(白山大御前の本地仏)をまつる。養老元年717越の大徳泰澄の開創という。古くから白山禅定道の越前側入口として多くの衆僧・山伏を擁し一

山を形成、美濃長滝寺、加賀白山寺とともに白山の三箇馬場として栄えた。平安末期、比叡山延暦寺末となり寺運は隆盛を極めた。寿永二年1183木曾義仲が平家追討のため北国の源氏勢力を結集した時、平泉寺衆徒は長吏斎明に率いられ、義仲方についたが途中で寝返った。結果、倶利加羅峠の戦いで義仲方に敗れ斎明は斬首された。しかし義仲は戦勝の願文を寄せるなど平泉寺を保護した。鎌倉時代、関東御家人などに濫妨され院に訴える事件もおきたが、南北朝時代、足利方の斯波高経に味方したことによってその後繁栄の一途をたどった。天正二年1574近くの村岡山《むろこやま》城に立てこもった七山家《ななやまが》をはじめとする一向一揆との戦いに敗れ、いっさいが灰燼に帰した。まもなく玄成院など一部堂塔が復興されたが、往時の面影はしのべなかったという。江戸時代初頭、福井藩主結城秀康の寄進をうけるなど江戸時代を通じて保護をうけた。寛永八年1631上野寛永寺末となった。明治四年1871排仏が行われ塔頭の一つ顕海寺のみをのこし、白山神社となり平泉寺の寺号は消えた。なお、明治三八年開山堂に付属されていた仏堂・仏具・仏像をもって一寺が建立され平泉寺と名づけられた。〔参考〕泰澄和尚伝記、白山記、平家物語、平泉寺文書

**へいりん-じ　平林寺**　埼玉県新座市野火止《のびとめ》。金鳳山と号し、臨済宗妙心寺派。永和元年1375岩槻城主太田道真(道灌の父)が創建し、石室善玖を請じて開山とした。天正一八年1590豊臣秀吉が岩槻城を攻めたとき罹災したが、同二〇年徳川家康が駿河臨済寺の鉄山宗鈍を請じて中興開山とした。〔参考〕新編武蔵風土記一三二

**へーヴァジュラ・タントラ　Hevajra-tantra**　二儀軌（kalpa）・二二章・約七五〇頌よりなる。八世紀末ごろの成立と推定される。仏教タントラの四分類法では無上瑜伽・母系に属しその中心となる聖典。一〇万頌あるいは三二儀軌・五〇万頌からなる広本よりの抜粋と伝承されるが、伝説の域をでない。般若・方便をそれぞれ女性・男性にあて、性的実践による両者の合一状態すなわち菩提の獲得を目指す。性的実践は、主尊ヘーヴァジュラ(ヘールカHeruka尊の異名)と彼をとり囲む一五名の瑜伽女（yoginī）とにより構成されるサークル(瑜伽女輪yoginīcakra）における、生起・究竟の二次第として整備される。行者はまず生起次第（utpattikrama）により自己と仏との本質的同一性を確認する。次いで究竟次第（utpannakrama）では、歓喜・最上歓喜・離喜歓喜・倶生歓喜の四歓喜の階梯をともなう瑜伽女との性的実践を行い、行者は主尊との同一化を達成する。最上究極の境地たる倶生歓喜(sahajānanda)は、二元性を完全に超越した、遍在的・生得的な真理と説明され、阿闍梨・秘密・般若（般若智）・第四の四灌頂の過程によっても獲得される。北宋の法護による漢訳、大悲空智金剛大教王儀軌経五巻(大一八)は梵文を意図的に改変した部分が多い。梵語原典はスネルグローヴD. L. Snellgroveにより一九五九年にチベット訳及び英訳並びに研究とともに発表されている。また、鈴関宥俊に東京大学所蔵梵文写本・蔵・漢訳の対照研究があり（1938—39)、ヴィルメンCh. Willemenは漢訳からの英訳を発表している(1983)。註釈書類は数多いが、クリシュナKṛṣṇa作の瑜伽宝鬘（ヨーガラトナマーラーYogaratnamālā）はスネルグローヴにより梵本が提出されている（1959)。

**へきうん-じ　碧雲寺**　中国河北省北京の城外香山にある寺。元の耶律阿利古《やりつありきつ》が自宅を寺として創建。明の正統年間1436—49太監丁経が再建したので、俗に于公寺ともいう。天啓三年1623魏忠賢が重建した。

**へきがん-ろく　碧巌録**　一〇巻。詳しくは仏果圜悟禅師碧巌録という。禅宗の最も代表的な公案評唱集で、圜悟克勤《こくごん》が雪竇頌古《せっちょうじゅこ》百則に基づき、その一則ごとに垂示・著語・評唱を加えたもの。四家評唱語録の一。内題に師澧州《せいしゅう》夾山霊泉禅院に住して雪竇重顕和尚の頌古を評唱する語要と記している。圜悟は北宋の政和年間1111—18に、張商英の請によって成都の昭覚寺から澧州夾山の霊泉院に移り、ついで湘南の道林寺に入ったが、この間に三たび雲竇頌古を評唱し、門人普照・関無党らがこれを

筆録して一書とし、唐の夾山善会《がっさんぜんえ》の、「猿は子を抱いて青嶂の後に帰り、鳥は花を啣《ふく》んで碧巌の前に落す」という句にちなんで、碧巌録と名づけた。当時の学徒の中に、この書によって禅話に熟するのみで実参を怠るものが多く、圜悟の弟子宗杲《そうこう》は憤慨して一炬に付したといわれ、しばらくその伝を絶ったが、元の大徳四年1300に蜀の張明遠が苦心して諸方にその残欠を集めて重刊したのが現在のもの。巻首に普照の原序と、方回万里・休休居士・三教老人らの重刊の序があり、巻尾に関無党の跋・重刊圜悟禅師碧巌集疏および浄日・希陵・馮子振などの後序を付している。別にわが国の道元が将来した一異本が加賀の大乗寺に伝えられ、一夜碧巌(道元が南宋より帰朝の前夜に、白山権現の助筆を得て一夜に完成したという。昭和一七年1942鈴木大拙が校訂出版)と称されるが、これは重刊以前の写本で、序跋など無く、本文にも多くの異同がある。碧巌録は、古来、宗門第一の書といわれて特に臨済下で重んじられ、曹洞下の従容録《しょうようろく》とならび称されるが、わが国では五山時代以降、多くの註釈書が作られ、その代表的なものに、大灯国師の古鈔、岐陽方秀の不二鈔、英種の夾山鈔、大智の種電鈔などがある。(大)四八、国一諸宗部八、岩波文庫(朝比奈宗源・訳註)

**へきざん-にちろく　碧山日録**　五巻。大泉大極の日記(長禄三1459—応仁二1468の間、ただし寛正五1464のみ欠)。大極は東福寺の僧で、題号は所住の碧玉山正覚庵の称による。室町期の五山僧侶の生活や当時の一般社会の断面を知る史料として貴重。改訂史籍集覧二五

**ベゼクリク　Bezeklik**　東トルキスタン(現在の中国新疆ウイグル自治区)のトルファン(吐魯番)の東南約四〇㌔、ムルトック河(木頭河)の右岸に構築された石窟寺院。ベゼクリクは、美しく飾られた場所を意味するといわれる。石窟は六世紀より一四世紀にかけて造られたもので、現在五十数窟が残存する。石窟の中には壁画をもつものも多いが、壁画の多くは二〇世紀初頭にドイツのル・コック A. von Le Coq およびロシアのオルデンブルク S. F. Oldenburg によってはぎ取られ、それぞれベルリンとレニングラードに持ち帰られたため、当地に現存するものはその残余にすぎない。これらの美麗な壁画は八世紀以降この地を支配したウイグル族の手になるもので、とくに仏立像を中心とするいわゆる誓願図は独特のものである。

**べつがん-わさん　別願和讃**　一遍の作。七〇句のものと、その末尾に一六句加わった八六句のものとがある。その一六句は後人の作。まず人生の無常をのべ、弥陀の本願を説き、そして最後に一心専念・弥陀の名を称えれば命終のとき聖衆が来迎することを説く。一遍上人語録、日本思想大系一〇〔註釈〕賞山・直談鈔、他阿一法・一遍上人別願和讃新註

**べつぎょう　別行**　①大きな典籍の一部分がぬき出されて独立的に別なものとして世に行われること。例えば法華経の中から普門品だけが独立して(観音経として)世に流布《ふる》しているのがその一例である。〈⇩大蔵経《だいぞうきょう》〉②特に別日を限って行う修行。尋常の行に対する。

**べっしょ　別所**　本寺を離れた僧や聖《ひじり》が居住した草庵およびそれらの集落化した一定の地域のこと。呼称の由来は多く雑役《ぞうやく》が免除されたことによる。一一世紀前半に現われ院政期に多く形成されたが、一三世紀には史料上姿を消す。西方願生の念仏聖が集まり自然発生的にできたものが多く、その他勧進聖によってできた別所、比叡山・南都・高野山などの特定寺院に財政的基盤をもち、その領域の周辺部にできた別所がある。これらの別所では不断念仏や迎講《むかえこう》、盂蘭盆講・湯屋施行などが行われた。

**べっしょう　別請**　在家の人が、僧衆の中から特に名ざして招き供養すること。施食《せじき》の請待《しょうだい》(まねき)を受けたときは、受戒以来の古参順(臈次《ろうじ》)にこれに赴く(別請に対してこれを僧次請という)のが正しく、別請を受けることは律の上で禁じられている。これを犯せば波逸提《はいつだい》である。

**べっしょ-えいごん　別所栄厳**　(文化一一1814—明治三三1900)　真言宗の僧。淡路の人。高野山に登り真別所の隆鎮に師事し、

野沢諸流の奥義を究めた。勧修寺・仁和寺の門跡を歴任し、明治二一年真言宗長者職となる。〔参考〕仁和寺要誌

**べっしん　別申**　⇩通申《つうしん》

**べっす　襪子**　韈子とも書き、単に襪ともいい、日本では「したぐつ(しとうず)」という。足袋のこと。インドでは寒中にだけ使用する。中国・日本で現今用いられるものは指の分かれていない靴足袋で、法式・仏事などには四季を問わず用いる。

**べつず　別途**　⇩通途《つうず》

**べっせん-しょぐ　別選所求**　釈迦仏が韋提希《いだいけ》のために諸仏の種々の浄土を見せたとき、韋提希がその中から阿弥陀仏の極楽世界を特に選んで、生まれたい浄土として願ったことをいう〔観無量寿経〕。

**べっそう　別相**　⇩総相《そうそう》

**べっそん-ざっき　別尊雑記**　五七巻または五〇巻。心覚の編(承安年間1171—75頃)。図像集。要尊雑記、五十巻書ともいう。東密所伝の諸尊法・諸経法および諸尊の形像や曼荼羅三百余を集めたもの。如来部・仏頂部・諸経部・観音部・菩薩部・忿怒部・天等部の七に分類する。先行の図像集の兼意の成蓮抄、寛助の別行抄、勝定房恵什の図像抄、実運の玄秘鈔、菩提院流の諸鈔などを集録し増補する。㊅図像三、仏教図像集古(図像のみ)〔自筆本〕仁和寺蔵

**ペッツォールド　Petzord, Brouno**　(1873—　)ドイツの哲学者。大正初年来日して第一高等学校に在職するかたわら仏教、特に天台の教学を研究、のちには受戒して天台宗の僧籍に入った。

**べつでん　別伝**　生没年不詳。中国、元の人。号は妙胤。徑山《きんざん》の虚谷に嗣法した。康永年間1342—45来朝し、建仁寺に住して布教、鎌倉大円庵に隠退した。〔参考〕延宝伝灯録五、本朝高僧伝二八

**べっとう　別当**　⇩僧職《そうしょく》

**べっぽう　別法**　⇩普法《ふほう》

**ペリオ　Pelliot, Paul**　(1878—1945)フランスの東洋学者・探険家。レヴィS. Léviらに学び、一八九八年サイゴン(現ホーチミン市)のインドシナ古跡調査部に入り、ついで一九〇〇年ハノイの極東フランス学院研究員となる。その後北京に行き、一九〇六—〇八年フランスの中央アジア探検隊をひきいて中国西辺地域・東トルキスタンを調査、敦煌千仏洞でおびただしい写本・絵画・彫刻などを発見した。この調査結果はのちにLa Mission Pelliot en Asie Centrale(ペリオ・中央アジア探検隊1923—)としてまとめられた。帰国後一九一一年にコレジュ・ド・フランスの教授となり、中央アジア歴史学・考古学・言語学の講座を担任した。この間フランス学士院会員・アジア協会会長などを歴任、また一九二五年以降はコルディエ H. Cordierのあとをうけて東洋学研究誌T'oung-pao(通報)を編集した。著書には前記の探検調査報告のほか、Les influences iraniennes en Asie Centrale et en Extrême-Orient(中央アジアおよび極東におけるイランの影響1912)、Les grottes de Touen-houang(敦煌図録・六巻1920—26)、M. Polo(マルコ・ポーロ・四巻1938—ムールA. C. Mouleと共著)、Histoire secrète des Mongols(元朝秘史1949)などがある。

**ヘルンレ　Hoernle, August Rudolf Frederic**　(1841—1918)イギリスのインド学者。インド・アーリヤ語の諸方言や、インド医学に関する研究が多い。ビブリオテカ・インディカ Bibliotheca Indica(インド叢書)の中に種々の原典を校刊した。その他、バワー写本の研究(1893—1912)、古代インド医学研究(1907)などの著がある。

**へん　変**　①あるものから他のものを生じ、或いは現わすことをいう。変作《へんさ》、変化《へんげ》、変現、転変、熟変、変成などと熟語にする。唯識宗ではすべての現象的存在は識から生じ、識が現わしだしたものである(唯識所変)と説き、変の意味に生変・縁変の二変があるとする。生変とは転変の意で、第八識の種子《しゅうじ》からすべての存在(諸法)を生ずることをいい、縁変とは変現の意で、諸八識がそれぞれ対象(諸法の本質《ほんぜつ》)にはたらいてその対象に似たすがた(影像《ようぞう》)を客観(識の相分《そうぶん》)として識内に現わすのをいう。また第八識が種子及び有根身《うこんじん》(身体)を執持し受けたもつのを執変といい、さきの二変に加えて三変とすることもある。

そして一分家の安慧は転変を変現または変異の意に解するが、法相宗では四分家の護法の説をとって転変を改転の意とする。また変ずる主体である能変の識について因能変(生変)・果能変(縁変)、変じた相分について因縁変・分別変をわける。②変相《へんそう》のこと。浄土や地獄などのすがたを絵画にあらわしたもの。変とは動の意で、動いている様相をうつすから変相というのであるともいい、変とは転変の意で、実物を転写するから変相というとも説く。また変絵と書くことがある。中国の唐朝においてさかんに用いられ、阿弥陀の浄土を描いた阿弥陀浄土変や弥勒の兜率天《とそつてん》を描いた弥勒《みろく》浄土変などの浄土変相、華厳経の七処八会または七処九会を描いた華厳変相、地獄の相を描いた地獄変相などがある。日本では浄土変相を浄土曼荼羅《まんだら》ということもあるが、本来、変相と曼荼羅とは趣旨が異なる。⇩浄土変相《じょうどへんそう》　⇩曼荼羅《まんだら》

**べんぎ-ろく　弁偽録**　五巻。元の祥邁《しょうまい》の著(至元二八1291)。南宋・理宗の宝祐三年1255道教が盛んになって仏寺を占領し、仏像を破壊するなど、道士による法難が絶えないため、元の世祖の勅を奉じて、仏教の理論をかすめとっている道教の説に反論して、老子八十一化説が邪説であることを弁じた書。㊅五二

**へんく　遍救**　生没年不詳。平安時代の天台僧。藤原仲平の子。叡山の覚運について学び、初め静慮院に住しのち曼殊院に移った。天元五年982朝廷から山門才学者に選出され、のち大僧都に任じられた。著書、異義蘭菊集。〔参考〕本朝高僧伝一〇

**へんげ　変化**　①㊵ニルマーナ nirmāṇa の訳。種々に形を変えてすがたをあらわすこと。変現、化作《けさ》、化現、化《け》ともいう。例えば仏が凡夫《ぼんぶ》などのために仏形或いは鬼・畜生などの身をあらわすのを変化身、化身といい、また凡夫などのためにその者に応じて適宜に国土を変現するのを変化土、化土という。凡夫または聖者が初禅から第四禅までの根本定《こんぽんじょう》を修めて六通の中の神足通《じんそくつう》即ち神境通《じんきょうつう》を得、これを所依として欲界と色界《しきかい》との種々の事《じ》(現象)を変化する場合、その心(能変化心)は自地と下地〈⇩九地《くじ》〉とに対してのみはたらきがあるから、合わせて十四心があり、これを十四変化心、十四変化、十四化心という。即ち初禅には初禅天の事を変化する心と欲界の事を変化する心との二心、第二禅にはさらに第二禅天の事を変化する心を合わせて三心、第三禅にはさらに第三禅天の事を変化する心を加えて四心、第四禅にはさらに第四禅天の事を変化する心を加えて五心があり、以上の全部を合算すると十四変化心となる(倶舎論巻二七)。②妖怪、ばけもの。⇩化《け》

**べん-けんみつ-にきょう-ろん　弁顕密二教論**　二巻。顕密二教論、二教論とも略称する。空海の著。成立年不詳。顕教(華厳・天台・法相・三論などの諸宗)と密教(真言宗)との浅深優劣を、能説の仏身、所説の教法、成仏の遅速、教益の勝劣という点から論じて、密教が最もすぐれていることを述べる。密教は自受用の法身が自内証の境地から即身成仏を説くため、顕教で救われないような罪障の深いものでも救われるという。空海の十住心論が真言行者の菩提心の展開過程に即して密教のすぐれたことを明らかにした竪の判教であるのに対して、本書は二教を比較した横の判教である。㊅七七、弘法大師全集三、国一諸宗部二〇〔刊本〕文永六1269刊、元応二1320刊、永禄年間1558—70刊、元和二1616刊、享保一七1732刊　〔註釈〕済暹・懸鏡抄六巻、杲宝・研覈抄一三巻、真空・探海記四巻、覚鑁・聴聞鈔一巻、道範・手鏡鈔三巻、賢清・鈔八巻、宥快・興国鈔五巻、同・鈔三〇巻、覚眼・撮義抄三巻、浄厳・指要鈔四巻

**へんごく　辺国**　⇩中国《ちゅうごく》

**べんざい　弁才**　弁説に巧妙なことで、単に弁とも称する。四無礙解《しむげげ》はまた四無礙弁、四弁ともいわれるように、広い意味で弁才に関する滞りのない自在の解智《げち》をいうのであるが、特にそのうちの第四、楽説《ぎょうぜつ》無礙解は弁無礙解、弁無礙弁ともいわれて、無礙自在に正しく弁説する智とされ、この弁無礙解を分類したのが次の七弁である。七弁とは仏・菩薩《ぼさつ》のもつ勝れた七種の弁才で、捷疾弁(一切法において無礙

自在である)・利弁(よく深く入って達する)・不尽弁(諸法の実相を説くことが無尽である)・不可断弁(問難のために断絶することがない)・随応弁(人々の要求どおりに説法する)・義弁(涅槃《ねはん》のさとりに達するという利益のあることを説く)・一切世間最上弁(一切世間第一の大乗を説く)の七であり、また捷弁・迅弁・応弁・無疎謬弁・無断尽弁・凡所演説豊義味弁・一切世間最上妙弁ともいう(大品般若経巻八など)。また不断喝弁才《ふしかつべんざい》などの八を八弁といい、無著弁才《むじゃくべんざい》などの九を九弁という。

**べんざいてん　弁才天**　(梵)サラスヴァティー Sarasvatī の訳。湖を有するもの、優美なものの意。薩囉薩伐底《さつらさつばってい》などと音写し、妙音天、美音天とも訳す。略して弁天といい、俗に弁財天とも書く。もとはインド神話の女神で、リグ・ヴェーダでは河の神であったが、のちに学問・智慧・弁舌・音楽などを司る神となり、ブラフマー神の妻ともされる。仏教に採り入れられて、図像は中国の天女形。八臂立像で十五童子を眷属とする。日本では財宝の神と解釈されて七福神の一。水との因縁を重んじて、水辺にまつられることが多い。江の島、琵琶湖の竹生島、安芸《あき》の宮島(厳島神社)の弁天を日本三弁天という。琵琶は弁天の象徴とされる。〔参考〕金光明最勝王経大弁才天女品

弁才天（御室版胎蔵曼荼羅）

**べんじゅつ-みょうたい-しょう　弁述名体鈔**　一巻。存覚の著。成立年不詳。了源の所望によって書かれたものといわれ、また偽撰とする説もあるが恐らくは真撰か。真宗の本尊について述べたもので、真宗の本尊には親鸞が在世の頃にさだめた名号本尊と後世に案出された光明本尊とがあるとして、それぞれについて解釈をほどこしている。真宗聖教全書五、真宗法要拾遺四、続真系一九(異義集三)、真宗帳外聖教三、真宗史料集成一

**へんじょう　遍昭**　(弘仁六815—寛平二890)天台宗の僧。歌人。遍照とも書き、花山僧正、中院僧正、良僧正とも呼ぶ。良岑安世の子。俗名を宗貞という。仁明天皇に登用され、左兵衛少将・蔵人頭《くろうどのとう》に任じられたが、嘉祥三年850同天皇の死を契機に出家して叡山の円仁・安慧に師事し、雲林院に住して法務となり、貞観一〇年868元慶《がんぎょう》寺の開山となり、僧正に補せられた。平安初期の六歌仙の一人で「僧正遍昭」。著書、華山私記。〔参考〕元亨釈書三、本朝高僧伝七

**べんしょう　弁正**　生没年不詳。奈良時代の僧。姓は秦氏。初め文学と名のり、のち大安寺で出家し、大宝年間701—04入唐して玄宗皇帝の殊遇を受け、留まること三〇年、帰国後の天平六年734僧正に任じられた。〔参考〕本朝高僧伝七二、懐風藻

**へんじょう-じ　遍照寺**　京都市右京区嵯峨広沢西裏町。広沢山と号し、真言宗御室派。天暦年間947—57宇多法皇の皇孫寛朝が寛空《かんくう》に随って両部灌頂を受け、のち花山天皇の勅願により永祚元年989創建された。東密を二分する広沢流の本寺であったが、のち衰退し、近世広沢池の南にあった小堂に名義を継がせた。〔重文〕木造十一面観音立像、同不動明王坐像　〔参考〕小右記、百練抄、山城名勝志八

遍照寺旧跡（都名所図会）

**べんしょう-ろん　弁正論**　八巻。唐の法琳(527—540)の著。成立年不詳。道教徒の排仏論に対して仏教の優位を説き、道教を論破する。唐の武徳(618—26在位)の初めより道士傅奕《ふえき》が盛んに献言して仏教を排

斥したので、先に法琳は破邪論で反論し、明概《みょうがい》の決対論、李師政の内徳論などが著わされて仏法を弁護した。さらに道士李仲卿が十異九迷論、劉進喜が顕正論で仏教をけなしたので、法琳が再び反論したもの。一二篇より成り、三教治道・十代奉仏・仏道先後・釈李師資・十喩・九箴・気為道本・信毀交報・品藻衆書・出道偽謬・歴世相承・帰心有地に分かれる。その一部は広弘明集に収められる。㊅五二〔註釈〕大含・弁正論記一巻

**へんしん　偏真**　小乗教の説く真理は空《くう》の一辺にかたよっているから偏真、偏空、単空または偏真の空理《へんしんのくうり》といい、大乗教の説く真理が空もまた空じて有無《うむ》いずれの相にも執著しないのに対比する。

**へんそう　変相**　⇩変《へん》へ

**へんだん-うけん　偏袒右肩**　偏露右肩、偏袒一肩、偏露一膊、略して偏袒ともいう。通肩に対する。袈裟《けさ》の着法の一で、右肩をはずして左肩だけを覆うこと。相手に敬意を表する着衣上の礼法。もと給仕などの執務に便利であるためであった。

**へんち　偏知**　遍知とも書く。㊵パリジュニャー **parijñā** の訳で、完全に知り尽くすことをいう。本来は四諦《したい》(四つの仏教的真理)の道理を余すところなく了知することを意味するが、後にはこのような偏知を智偏知と称して、これとは別に断偏知を立てる。断偏知とは智偏知を因として煩悩《ぼんのう》を断つことであって択滅《ちゃくめつ》を体とする。これは偏知の果であるが、この果にかりに因の名をつけて偏知といったのである。つまり阿含経にも「偏知とは貪・瞋・癡の滅である」と説かれているから、偏知という語には最初から実践的な意味が強かったと思われる。倶舎論巻二一などでは断偏知に九偏知を立てる。即ち四諦の中で苦・集と、滅と、道との三を見ることによって、それぞれ断たれる三類の煩悩に欲界繫と上二界繫(色界繫《しきかいけ》・無色界繫)との二種を分けて、これら六類の見道所断の煩悩の断に六偏知を立て、また欲界・色界・無色界の三界繫の修道《しゅどう》所断の煩悩の断に三偏知を立てて、合わせて九偏知とする。

**べん-ちゅうべん-ろん　弁中辺論**　三巻。唐の玄奘の訳。異訳に陳の真諦の訳(永定二558)の中辺分別論(二巻)がある。大乗の根本思想である中の思想にもとづいて瑜伽行派の教理を説く論書。韻文の偈頌と散文による註釈とから成り、偈は瑜伽行派の開祖とされる弥勒《みろく》(マイトレーヤ Maitreya)に帰せられ、註釈は世親(ヴァスバンドゥ Vasubandhu)の作。いわゆる弥勒の五部論に数えられる。七品に分けられ、空性と唯識説の理論、唯識説の立場から見た迷いの世界と悟りの世界の姿、悟りにすすむべき実践の行とその結果などを説く。梵語原本マドヤーンタ・ヴィバーガ Madhyānta-vibhāga には漢訳に対応する世親釈の他に安慧《あんね》(スティラマティ Sthiramati)の釈があり、チベット訳にも両者の釈がある。梵本・チベット訳は漢訳の第四―六品を一品として全五品の構成になっている。安慧釈梵本はレヴィ S. Lévi によって発見され、山口益によって校訂出版された(1933)。山口益はまた、その和訳を発表し、漢訳二本とチベット訳との対照本を刊行した。また世親釈梵本は長尾雅人によって刊行されている(1964)。本書は中国・日本の法相宗では瑜伽十支論の一つに数えた。漢訳に対する註釈書として窺基の弁中辺論述記(三巻。玄奘訳による)および新羅の元暁の中辺分別論疏(四巻。真諦訳による)がある。㊅三一、国一瑜伽部一二

**べんちょう　弁長**　(応保二1162―嘉禎四1238)浄土宗第二祖。筑前の人。字は弁阿(弁阿弥陀仏)。聖光房と号し、大紹正宗国師と諡された。二祖上人、鎮西上人、筑紫上人の称がある。比叡山で宝地房証真から天台を学び、郷里で講学したが、弟の死を機縁にして、建久八年1197法然の門に入った。元久元年1204帰国して念仏を弘め、善導寺など多くの寺を建てた。安貞二年1228肥後白河の往生院で別時念仏を修し、末代念仏授手印を著わして初めて浄土の血脈を立てた。その法流を鎮西

弁長花押

流と称する。著書、末代念仏授手印、念仏名義集三巻、浄土宗要集(西宗要)六巻、徹選択集三巻など。〔参考〕大日本史料五ノ一一、聖光上人伝、本朝高僧伝一三

**べんどうーしょもくーていよう　弁道書目提要**　一巻。養鸕徹定の編(明治二1869)。仏教と儒・道・基などの外教との同異論争を述べた漢和古今の書目をあげて、簡単な解題を付したもの。中国撰述は漢法本内伝など五九部、日本撰述は十七条憲法など五七部。真全七四

**ベンドール　Bendall, Cecil**　(1856—1907)イギリスのインド学者、仏教学者。ケンブリッジ大学でカウエル E. Cowellらに学び、大英博物館・ロンドン大学教授を歴任。ネパールに一八八四年、一八九八年の二回旅行し、多くの梵本を持ち帰った。その編纂による Catalogue of the Buddhist Sanskrit Manuscripts in the Cambridge University Library(ケンブリッジ大学図書館蔵梵文仏典写本目録1883)は、ネパール年代の推定・古体梵字の研究に大いに貢献した。またインドの説話集タントラ・アーキヤーナ Tantrākhyāna(1888)、およびシャーンティデーヴァ Śāntideva のシクシャー・サムッチャヤ Śikṣā-samuccaya の梵本を刊行した(1897—1907)。その他、ネパールに関する旅行記・研究書・歴史書などが多い。

**べんなくーしなん　弁惑指南**　四巻。浄厳の著(元禄四1691)。顕教と密教の相違を詳説する。巻一、二では密教教義のうち初心者の迷いやすいもの一七条をあげて釈し、巻三、四では覚鑁の顕密不同頌と五輪九字秘釈をとりあげ顕密不同の説を註している。のち禅宗の玄光(1630—98)は弁弁惑指南二巻を撰して本書を破斥し、また雲石堂寂本は弁弁惑通衡二巻で前記の二書を評破するなど、後世幾多の論争を生んだ。

**べんねん　弁円**　(建仁二1202—弘安三1280)臨済宗の僧。駿河安倍郡藁科の人。字は円爾《えんに》。東福寺の開山。久能山堯弁について倶舎・法華玄義などを学び、園城寺で得度、東大寺で具足戒を受け、上野世良田の長楽寺栄朝に禅を学んだ。嘉禎元年1235入宋し、律・大台などを学び径山《きんざん》の無準師範に参禅して印可を受け、仁治二年1241帰朝した。太宰府崇福寺、博多承天寺や京都の東福寺の開山となり、寿福寺に住した。正嘉二年1258建仁寺を復興し、東大寺人勧進職についた。朝野の帰依があつく後嵯峨・亀山両上皇を始め、九条道家、北条時頼らに戒を授けた。正和元年1312聖一国師と追諡された。禅宗に造詣が深かったばかりでなく広く中国の漢籍・拓本などを将来し、現在もなお東福寺に宋板本を保存する。著書、三教要略、聖一国師語録各一巻。〔参考〕聖一国師年譜(仏全九五)、元亨釈書七、本朝高僧伝二〇

# ほ

**ほう　方**　(梵)ディシュ diś の訳。唯識宗で説く二十四不相応行法《ふそうおうぎょうほう》の一。方位のこと。色法《しきほう》(物質的存在)と色法とが互いにあい対することによって、そこに生ずる空間的な分位関係で、東・西・南・北・四維《しゆい》(四隅)・上・下の十方がある。

**ほう　法**　(梵)ダルマ dharma の訳。達磨《だつま・だるま》、達摩、駄摩、曇摩、曇無、曇《どん》と音写する。任持(能持)自性《にんじじしょう》・軌生物解《きしょうもつげ》の二義をもつとされる。即ちそれ自体の自性(独自の本性)を保持して改変せず、よく軌範となって人に一定の事物を理解させる根拠となるものをいう。従って法は任持自性の意味からいえば、自性をもって存在している一切の「存在」をさし、軌生物解の意味からいえば、認識の標準となる規範、法《のり》、方則、道理、教説、真理、善行《ぜんぎょう》をさすことになる。①色法《しきほう》、心法《しんぼう》、一切諸法、方法などという法は、すべて存在を意味する。また諸法を有為《うい》・無為、色《しき》・心、染《ぜん》・浄などの二法に分け、或いは三法、四法などに分けるなどの場合の法の語も存在

を意味する。②仏の教えを仏法、教法、正法《しょうぼう》といい、外道《げどう》の教えを邪法と称するなど、法の語はすべての行為の規範、教説を意味する。つまり真理といわれるものは不変にして普遍なる真実の道理であるから、法と呼ばれるのにふさわしいが、この真理を説いているのが仏の教説だからである。また仏法を聞くことによって得た喜を法喜、法悦、仏法の味わいを法味、法味を喜び愛して楽しむことを法楽《ほうらく》(神仏の前で大乗の経論を読み講じ、また法会《ほうえ》の終りに伎楽《ぎがく》を行って本尊を供養することをも法楽という)、仏法を総括して集めて法聚《ほうじゅ》、法蘊《ほううん》、仏法の義理を法義、仏法の系統を同じくする者を世の親類眷属にたとえて法類、法眷《はっけん》といい、仏法を説いた経論などの文句を法文《ほうもん》、仏法の威力《いりき》、正法の力を法力《ほうりき》という。仏法は涅槃《ねはん》への門戸であるから法門、煩悩《ぼんのう》の魔軍を降すから法剣といわれ、仏の遺した教えを遺法《ゆいほう》、仏法を闇夜の灯火に喩えて法灯、法光、法炬《ほうこ》、すべての生ある者を潤すから慈雨に喩えて法雨という。その他、法海、法声、法道、法筵、法衣、法師など種々な熟語にする。このような法の意味から転じて、仏の教えを説き示した具体的な経典をも法といい、また道徳的軌範の意味で善行をも法と称する。③性質、属性の意味。因明《いんみょう》(論理学)においては宗(論証しようとする主張)の賓辞を法といい、主辞を有法《うほう》という。賓辞によって、主辞の表わす物体が有する性質が示されるからである。

**ほうあい　法愛**　①法を得た人が、いまだこれを得ないで迷っている者をあわれむこと。②自分がさとり得た善法に愛著《あいじゃく》すること。天台宗では十乗観法の第一〇を無法愛(離法愛、除法愛、法愛不生)といい、まだ真実のさとりでない相似の法に愛著することを斥ける。

**ほうい　法位**　生没年不詳。新羅の僧。他書に引用された彼の著述などを通じて、七世紀頃の人と推測される。著書、無量寿経義疏二巻が恵谷隆戒によって復元された(仏教大学研究紀要四〇、昭和三六1961)。

**ほういつ　放逸〔不放逸〕**　放逸は㊵プラマーダ pramāda の訳。心所《しんじょ》(心のはたらき)の名。放縦にして欲望の働くままに流され、善を励まない心の状態。倶舎宗《くしゃしゅう》ではすべての染汚心《ぜんましん》(不善心と有覆無記《うぶくむき》心)と相応して起こる心所の一として大煩悩地法《だいぼんのうじほう》に数え、唯識宗では大随惑の一とする。放逸とは逆に、悪を防ぎとどめ善に専注する精神作用を不放逸といい、倶舎宗ではすべての善心に通じて起こる心所の一として大善地法に数え、唯識宗でも善の心所の一とする。

**ほういん　法印**　①㊵ダルマ・ウッダーナ dharma-uddāna の訳。法本末、法本、相とも訳し、達磨憂檀那と音写する。また㊵ダルマ・ムドラー dharma-mudrā の訳ともする。「法」とは仏法、仏教のこと、「印」とは旗印で、従って法印とは仏教のはたじるし、標幟、特質、仏教であることを証明する規準をいう。また印とは真実で不動不変であり、王印のようにどこでも通用し、証明となるものの意。雑阿含経巻一〇には、一切行無常(すべての造られたものはうつり変る。諸行無常《しょぎょうむじょう》)・一切法無我(すべてのものには我体、実体はない。諸法無我)・涅槃寂静《ねはんじゃくじょう》(涅槃のさとりはすべての矛盾を超越したしずけさである)の三(後世これを三法印《さんぼういん》という)を説く。また一切行無常・一切行苦・一切法無我を三相ということもあり、これに涅槃寂静を加えて四法本末、四憂檀那(四法印)ということもある。この四に一切法空を加えて五法印という。法華玄義巻八上には、三法印は小乗の法印であり、大乗にはただ諸法実相(すべてがそのまま真実である)の一法印《いっぽういん》即ち一実相印のみあるとする。②僧位の一。⇩僧位《そうい》　⇩僧綱《そうごう》

**ほういん　宝印**　①本尊の種子《しゅじ》や真言などを刻んだ印。日本で普通用いられているものは宝珠・宝塔などの中に本尊の種子を書き、簡単なものは方形または円形の中に卍字または(室利śrī)字を入れてある(諸国の霊場で巡礼者のもとめに応じて捺し与える)。②仏・菩薩《ぼさつ》の印相《いんぞう》をいう。③宝印三昧は大品般若経巻五などに説かれている百八三昧の一。

**ほうう‐きょう　宝雨経**　一〇巻。唐の達摩流支《だつまるし》の訳(武周の長寿二693)。菩薩の正位はいかなるものかということに関して、除蓋障菩薩の問う一〇二条の問いに仏陀が答えたもの。異本として梁の曼陀羅仙《まんだらせん》の訳(天監二503)の宝雲経(七巻)、北宋の法護らの訳の除蓋障菩薩所問経(二〇巻)、曼荼羅仙・僧伽婆羅《そうぎゃばら》の訳の大乗宝雲経(七巻)がある。チベット訳にはラトナメーガ・スートラ Ratnamegha-sūtra(宝雲経)の名で伝わっている。㊅一六

**ほううん　宝雲**　①(東晋の咸安二372または太元元376—劉宋の元嘉二六449)訳経家。中国河北の人(一説に涼州の人)。出家して廬山に遊び、東晋の隆安元年397西域を経てインドに赴き仏跡を巡拝した。長安に帰って仏陀跋陀羅《ぶつだばつだら》から禅法を学び、のち揚都において新無量寿経を訳し、また智厳・僧伽跋摩・求那跋陀羅らの訳業を助けた。六合山寺に隠棲して仏所行讃を訳したが、慧観の没後、請われて道場寺の主となった。西域遊記を著わしたというが伝わらない。〔参考〕出三蔵記集二・一四・一五、歴代三宝紀一〇、高僧伝三、開元録五　②(寛政三1791—弘化四1847)浄土真宗本願寺派の僧。烏水と号する。本願寺勧学。筑前臼井長源寺の住職。大乗・曇竜に真宗を学ぶ。また、よく性相に通じていた。幕末の破邪顕正家南渓と同門で、その学才はしばしば南渓を驚嘆させたという。著書、易行品私記、本典好密など多い。〔参考〕学苑談叢、本願寺派学事史

**ほううん　法雲**　①(劉宋の泰始三467—梁の大通三529)法華経の学者。姓は周氏。義興陽羨(江蘇省宜興県)の人。鍾山定林寺の僧印について出家し、僧成・玄趣・宝亮・僧宗・僧達・僧柔に師事し、慧次に成実および三論を学び、慧集に毘曇を学んだ。また中書周顒・瑯琊の王融・彭城の劉絵・東莞の徐孝嗣らと交わった。梁の武帝に厚遇され天監三年504帝が建てた光宅寺に住し、僧旻《そうびん》・法竜・汝南・周捨などと共に勅を奉じて華林園において大いに経を講論した。普通六年525大僧正に任じられた(大僧正叙任の初め)。荘厳寺の僧旻・開善寺の智蔵と共に梁の三大法師と称され、後世は寺の名によって光宅と呼ばれる。のちの智顗や吉蔵に対して影響する所が大きかった。著書、法華経義記八巻。〔参考〕続高僧伝五八慧次伝、法華玄義一下、法華玄論一、広弘明集二一・二六　②(北宋の元祐二1087—南宋の紹興二八1158)翻訳名義集の撰者。普潤大師と賜号する。姓は才氏。長洲彩雲里(江蘇省長洲県)の人。通昭・敏法師に師事し、松江大覚寺に住して法華・金光明・涅槃・浄名などの諸経を講じ、また念仏をすすめた。紹興一三年諸経中の梵語の意味を解釈した翻訳名義集二〇巻を撰した。著書、金剛経註、心経疏鈔註など。〔参考〕普潤大師行業紀、仏祖統記一四

**ほううん　龐蘊**　(　—元和一〇815)唐代中期の居士。字は道玄。衡陽(湖南省衡陽県)の人。馬祖道一・石頭希遷に参じ、襄陽(湖北省襄陽県)で妻子とともに禅旨を宣し、東土の維摩《ゆいま》と称した。丹霞天然《たんかてんねん》と交わり、詩偈にすぐれた。刺史于頔《うてき》が編した語録三巻がある。〔参考〕祖堂集一五、景徳伝灯録八、居士伝一七

**ほううん‐じ　法雲寺**　①茨城県新治郡新治村高岡。大雄山と号し、臨済宗建長寺派。文和年間1352—56中峰普応を請じて開山とし復庵宗己《ふくあんしゅうき》が開創した。天正二年1574兵火にあって以来衰退していたが、獅琳碩億《しりんせきおく》が再興した。〔重文〕絹本著色高峰和尚像、同復庵和尚像　②福井県丹生郡越廼村大味。高田山と号し、真宗大谷派。高田派本山専修寺の一一世真智の遺跡で、もと同県あわら市熊坂にあり熊坂専修寺と称し、伊勢の専修寺と本寺を争って敗れた。のち現地に再興され、寛文一二年1672現称に改め転派した。〔重文〕尊号真像銘文(親鸞筆)

**ほううん‐そく‐ろん　法蘊足論**　⇒六足論《ろくそくろん》

**ほうえ　方会**　(至道二996 一説に淳化三992—皇祐元1049)北宋代中期の禅僧。五家七宗の一。楊岐派の祖。姓は冷氏。袁州宜春(江西省宜春県)の人。臨済七世の楚円《そえん》の法を嗣ぎ、楊岐山(同省萍郷県北)その他に化を振るう。語録一巻、後録一巻がある。〔参考〕続伝灯録七、僧宝伝二八

**ほうえ　法会**　法要、法事、仏事、斎会などともよび、一定の日時・場所および人で行

う仏教的儀式をいい、慶讃・施物や法門の演説談論などを行い、普通には道場を荘厳し香華・灯明を供え音楽などを用い、表白《ひょうびゃく》・願文・諷誦などがなされる。特に導師・読師・呪願《じゅがん》・礼師・唄師《ばいし》・散華《さんげ》・堂達《どうたつ》の七職衆の揃うものを七僧法会、梵唄《ぼんばい》・散華《さんげ》・梵音・錫杖の四職衆の揃うものを四箇法要とよび、また大会には庭儀などが行われる。〔インド〕諸経論などの所説によると、古来広く民衆に供養する無遮《むしゃ》大会が一般に行われ、また仏の降誕を祝福する仏生日大会(灌仏会《かんぶつえ》・仏生会《ぶっしょうえ》)、仏の鹿野苑《ろくやおん》における初転法輪を記念する転法輪大会、仏の菩提樹下における成道を慶讃する成道会、仏入涅槃を記念する涅槃会、仏が五歳で初めて頂髻を除いたのを記念する五歳大会(パンチャ・ヴァールシカ・マハ pañca-vārṣikamaha般闍波瑟)、仏が六歳で重ねて頂髻を立てたのを記念する六歳会(シャド・ヴァールシカ・マハ ṣaḍvārṣikamaha娑婆婆瑟会)、一般人が頂髻を剪る節会の二月会(チューダー・マハ cūḍāmaha頂髻会)、一般人の盛年式である入舎会(盛年会)、羅睺羅《らご》・阿難などの塔所でその供養を行う羅睺羅大会・阿難大会、その他、文殊・観音ないし経律論および般若波羅蜜など種々の供養法会が行われた。〔中国〕早く後漢の明帝の時、楚王英が浮屠《とふ》の仁祠を尊び潔斎三月神と誓したといわれ、霊帝は洛陽仏塔寺で諸僧に供養して法会を行ったという。のち後趙では毎年四月八日灌仏会があり、東晋では放光経講法会があり、南北朝時代に入り劉宋の灌仏会、南斉の八斎戒(八戒・八関斎)を受戒するにつき行う八関斎会、梁の無遮大会・千僧会・講経法会、北朝北魏の万僧会・皇帝誕節の法会などが行われ、また南朝諸方では盂蘭盆会《うらぼんえ》が設けられた。唐代では灌仏会・盂蘭盆会を始め、誕節や皇帝崩日の斎会としての国忌の法会や八関斎会・講経法会・仏牙(舎利)供養会および諸種の斎会が行われた。ついで宋代には禅院を中心に祝聖《しゅくしん》・降誕会《ごうたんえ》・成道会《じょうどうえ》・涅槃会《ねはんえ》・国忌・祈禱会・楞厳会《りょうごんえ》・達磨忌《だるまき》・百丈忌などが盛行した。〔朝鮮〕古くから講経法会の一種である仁王会《にんのうえ》が盛んで、また八関斎会なども行われた。〔日本〕敏達天皇一三年584蘇我馬子が仏殿を営み設斎したのを始めとし、推古天皇一四年606諸寺に四月八日・七月一五日に設斎させ(灌仏会・盂蘭盆会と推定される)、舒明天皇一二年640厩坂宮で設斎され、斉明天皇は盂蘭盆会および仁王般若経を講説する仁王会を行い、持統天皇元年687国忌が初めて行われた。奈良時代には、吉祥天を請じ罪を懺悔し招福を求める吉祥悔過《けか》、一二月中旬、三カ日懺悔滅罪の法を修する仏名会、大般若経を転読して攘災招福を求める季の御読経《きのみどきょう》などが勅修された。平安時代には朝廷で勅修されまたは諸寺で勅会とされる法会が多く、朝廷では一月八―一四日の間鎮護国家のため金光明最勝王経を講讃させる御斎会《ごさいえ》が行われ、その間宮中真言院での聖体安穏のための後七日御修法《ごしちにちのみしほ》、治部省庁での護国のための太元帥法《たいげんのほう》が修せられた。また御斎会と興福寺の維摩会《ゆいまえ》、薬師寺の最勝会をあわせ南京三会とよび、法勝寺の大乗会、円宗寺の法華会、同最勝会をあわせ北京三会(天台三会)とよび、共に勅会とされた。延喜式には、以上の他に、正月の延暦寺修法・定心院修法・諸国読経、以下各々の諸寺の法会を載せている。それらのいずれにも朝廷は法会のための料を支給した。また藤原氏関係の法会では、右の興福寺維摩会勅修の他、同寺の長講・淡海公忌(八月三日)・法華会に朝廷は会料・会米を給し、法成寺三十講・八講(共に法華経講讃)が非勅修ながら盛儀として著名である。また三宝絵詞巻下にも当時の諸寺の大会を各月ごとに掲げている。この他、雲図抄・年中行事秘抄・小野宮年中行事などにも仏事法会とその沿革をのべている。鎌倉時代以後は新仏教の興隆と旧仏教の衰退に伴い、右の諸種の法会にも自ら消長があり、江戸時代に各宗・各派の法会はほぼ定式化し、多少の加減があって現在に至るが、それらには降誕会・涅槃会・千部会・万部会・大蔵会・臨正会(追儺《ついな》)・修正会・節分会・彼岸会・立花会・盂蘭盆会・仏名会・祈禱会・施餓鬼会・大般若会・忠払法要・縁日などの一般的なもの、十夜会・山王講・本尊会・羅漢会・薬師会・観音会・

護摩供・布薩会・大悲講・舎利講・五重相伝・心経読誦会・大念仏会・引声会《いんぜいえ》・星祭・開帳・法楽・万灯会などの各寺に則したもの、報恩講・御忌《ぎょき》・開山忌・開基会・御影供《みえいく》・御会式《おえしき》・遠忌《えんき・おんき》・入定会・歴代祖忌・追善会(常楽会)などとよばれる各宗・各寺の開山・祖師・先徳などの法会や、仏殿・仏像など造立修補の慶讃会《ぎょうさんえ》・入仏供養など、きわめて種類が多い。

**ほうえ　法衣**　僧尼の着る衣服。仏のさだめにかなった衣服、即ち如法衣、応法衣の意。法服、僧服、僧衣などともいい、一般に「ころも」という。釈尊が定めた衣服には三衣、五衣などがあり、もとはこれらを指して法衣というのであるが、中国・日本などでは気候風土の関係から三衣は次第に形式化され、かつ三衣即ち袈裟《けさ》の下に「ころも」を着るようになったので、この「けさ」・「ころも」をあわせて法衣と称し、また特に「ころも」を指して法衣という。なお禅宗では法を伝えたしるしに与える金襴衣を特に法衣ということがある。①インドでは、比丘《びく》は僧伽梨《そうぎゃり》・鬱多羅僧《うったらそう》・安陀会《あんだえ》の三衣、比丘尼は以上のほかに僧祇支《そうぎし》、厥修羅《けっしゅら》を加えた五衣を用いるように定められ、その他、時に応じて襯衣《しんえ》(下着)を用いることを許された。三衣は支伐羅《しばら》(梵)チーヴァラ cīvara の音写で衣と訳す)と総称され、またその染色から袈裟《けさ》(梵)カーシャーヤ kāṣāya 不正色、壊色《えじき》。美しくない濁った色)と名づけられ、或いは福田衣、降邪衣、幢相衣(解脱幢相衣)、間色衣、離塵服、無垢衣、無相衣、勝幢衣、無上衣、解脱服、道服、出世服、阿耨多羅三藐三菩提衣、慈悲服、忍辱鎧、忍鎧衣、功徳衣、消瘦衣、蓮華衣、蓮華服、田相衣などともいわれる。三衣のうち僧伽梨(梵)リンガーティ saṅghāṭi)は大衣、重衣、雑砕衣《ぞうさいえ》、高勝衣、入王宮聚落衣などと呼ばれて街や王宮にゆくとき用い、九条から二五条の布をつぎあわせて作り、布の条数に九種類あるから九品《くほん》の大衣といい、鬱多羅僧(梵)ウッタラーサンガ uttarāsaṅga)は七条衣、上衣、中価衣(三衣の中位の価をもつから)、入衆衣などと呼ばれて、礼誦、聴講、布薩《ふさつ》などの際に用い、七条の布で作り、安陀会(梵)アンタルヴァーサ antarvāsa)は五条衣、内衣、中宿衣などと呼ばれて、日常の作業や就寝の際に用い、五条の布で作る。製法については十誦律巻二七や四分律巻四〇などに規定があって、初めに小布片に割截して、後でこれを縫い合わせて作る。つまり、これによって他に流用できないようにし、こうして衣に対する欲心を捨てさせ、また盗難をさけるためである。規定通りに裁った衣を割截衣《かっせつえ》(そうでないのは縵衣《まんえ》)といい、縦の縫い合わせを竪条《じゅじょう》、横の縫い合わせを横堤《おうてい》、それによって区切られた形が田のようであるから、これを田相という。縫い方にもさだめがあって直縫を禁じ、生地が薄い場合に重ねる枚数も定まっている。色は青・黄・赤・白・黒の五正色および緋・紅・紫・緑・碧の五間色を用いることを禁じ、茜《あかね》・泥・木蘭《もくらん》色の三を許し、これを三如法色《さんにょほうしき》という。ただし一説には青・黄・赤・黒・木蘭を五如法色とする。また着用法にもさだめがあり、通常は両端を左肩上と右腋下とから引いて紐で掛けるが、坐禅などの際には両肩を覆うこと(通肩相、福田相)を許し、礼仏などの際には右肩をあらわさねばならないとする(偏袒右肩《へんだんうけん》)。また着用しないで携行する場合には衣嚢《えのう》(三衣嚢、袈裟行李《けさこうり》、袈裟文庫)を用い、後世には三衣筥《さんねはこ》も用いた(現在、三衣筥というのは経巻などをいれる居箱《すえばこ》(接僧匣《せっすばこ》)を指す)。三衣のほか、三衣の下に着て左肩及び両腋を覆う僧祇支(梵)サンカクシカー saṃkakṣikā 僧脚崎、僧竭支、僧脚差なども書き、掩腋衣、覆肩衣などと訳す。通常略して祇支《しぎ》という。尼の五衣の一。比丘も用いることがある。腋を掩う長方形の下着で、胸や乳を覆うためのもの。左肩から腰下にまでとどく。一説には覆肩衣は右肩を覆うもので別とする)や、腰にまとう厥修羅《けっしゅら》(梵)クスーラカ kusūlaka 厥蘇洛迦とも書さ、篅衣《せんえ》、圌衣《せんえ》、下裙などと訳す。長方形の布片の両端を縫い合わせて両足を中に入れ、腰紐でしばる。尼の五衣の一。比丘は用いない)・涅槃僧《ねはんそう》(梵)ニヴァーサナ nivāsana 泥洹僧《ないおんそう》とも書き、裙《くん》、下裙、内衣などと訳す。長方形の布片で腰をまとい、ひだをとって腰紐でしばる。十三資具衣の一で、比丘が用いる)・舎勒《しゃろく》(梵)シャタカ śāṭaka 比丘の用いる下ばき、犢鼻褌のようなもの)などがある。また比丘の五衣として三衣と僧祇支と覆肩衣、または三衣と僧祇支と水浴衣を数えることがあり、三衣、五衣のように仏が制定した衣服を制衣《せいえ》というのに対して、仏が相手によって用いることをゆるした衣服を聴衣と名づけて、合わせて二衣とする。これらの衣服は通常棄てられたぼろ布を洗って作るから糞掃衣《ふんぞうえ》(梵)パーンス・クーラ pāṃsu-kūla の訳)、衲衣《のうえ》といわれ、これに、死人をつつんで墓に棄てた塚間衣《ちょうげんえ》、死人をつつんだ衣を施された出来衣《しゅつらいえ》、所有者がない無主衣、棄てておかれた汚れ布である土衣の四種(また一〇種に分ける)がある。(衲衣を着ているものとの意で、僧侶を衲《のう》、衲僧、衲子《のうず》、老衲、野衲、布衲、小衲など、僧衆を衲衆《のうしゅ》などという)。また五衲衣、百衲衣などというのは、五色或いは多くの色をまぜあわせた布片をつづりあわせた衣の意である(五種の糞掃衣、即ち有施主衣・無施主衣・往還衣・死人衣・糞掃衣を五衲衣〔五種衲衣〕というのは正しくない)。また衣服の材料(衣体《えたい》)について六種、七種、一〇種などが定められ、絹布の類については使用を禁じているが、異説もある。四分律巻三九には、拘舎衣(絹)・劫貝衣(綿)・欽婆羅衣(羊毛)・芻摩衣(麻)・叉摩衣(麻)・舎尭衣(樹皮)・麻衣・翅夷羅衣(樹皮)・拘摂羅衣(鳥毛)・嚫羅鉢尼衣(草)の十種衣を許している。②中国や日本では三衣を形式化した種々の袈裟が作られ、下に着る法衣にもさまざまなものが用いられるようになり、生地や色彩なども次第に華麗になった。袈裟には、安陀会の変形として現今諸宗で用いる五条袈裟、畳五条《たたみごじょう》(折五条)、頭陀袋《ずだぶくろ》(衣嚢)から変形した輪袈裟《わげさ》などを始め、絡子《らくす》(掛絡《から》、掛子《かす》ともいい、禅宗で用いる)、威儀細《いぎぼそ》(浄土宗で用いる)、種子袈裟《しゅじげさ》(呪字袈裟ともいい、主として真言宗で用いる)、結袈裟《ゆいげさ》(不動袈裟ともいい修験道で用いる)、三緒袈裟《みつおげさ》、小五条《こごじょう》などがあり、鬱多羅僧を七条、僧伽梨を九条などと称し、これに平袈裟《ひらげさ》、甲袈裟《こうげさ》、衲袈裟《のうげさ》、遠山袈裟《とうやまげさ》などの種類があり、また袈裟の色から赤袈裟、青袈裟、黄袈裟、墨袈裟などがある。また法衣には中国では北魏の慧光が始めたという僧祇支に覆肩衣を付けて両肩を覆うようにした褊衫《へんさん》(偏衫)や、これに裙子《くんず》(裳《も》)を合わせた直綴《じきとつ》があり、日本では褊衫や直綴のほか、袍服《ほうぶく》(袍裳《ほうも》)、鈍色《どんじき》、裘代《きゅうたい》、素絹《そけん》、裳附《もつけ》、裳無衣《もなしごろも》などを用い、また褊衫或いは直綴を簡略にしたものには道服《どうぶく》(直綴をいうこともある)、布袍、褊綴《へんてつ》、十徳《じっとく》などがあって、十徳は俗服としても用いられた。金襴で作った法衣を金襴衣、金色衣などといい、律にはさだめがないが、中阿含経巻一三などには仏の養母摩訶波闍波提《まかはじゃはだい》が仏に献じたと述べている。また中国や日本などでは、一般に法衣に灰色がかった黒色を用いたから、これを緇衣《しえ》、黒衣などと呼び、これを用いるものの意で僧侶を緇衣、緇流、緇門などという(僧俗をあわせて緇素《しそ》と称する。素は白衣の意)。また法衣に紫衣、香衣などの種々な色衣があるが、紫衣などは中国の官の服制に由来するもののようで、唐の則天武后は法朗などに紫袈裟を与え、粛宗は道平に紫袍を授けたことを伝え、以来中国や日本では賜紫、賜緋のことが行われた。香衣はもと仏の許した如法色の一種である乾陀樹の皮で染めたものを意味したが、後には紫緋以外の法衣は仏制にそむいた色をも含めて香衣と呼び、これに青・黄・赤・湘《もよき》などがあり、日本で中世以後綸旨をうけて着用する風習があった。また徳川時代には各宗でそれぞれ僧侶の階級に応じた服制を定め、これを衣体《えたい》と称した。現今の装束作法の一例を挙げると、白衣《はくえ》を着、白足袋《しろたび》(正式には指先を割らない襪子《べっす》)をはき、袴(これには表袴《おもてはかま》、差貫《さしぬき》〔指貫〕、切袴《きりばかま》などがあり、上に着る法衣によって異なる)をつけ、その上から儀式に応じた「ころも」(法衣)を着、袈裟をかける。宗派によっては帽子《もうす》をかぶることがある。

⇩衣体《えたい》

**ぼうえ　傍依**　⇩正依《しょうえ》

**ほうえん　法瑗**　（東晋の義熙五409—南斉の永明七489）中国南北朝初期の僧。隴西の人。初め梁州沙門竺慧開に従ったが、のち道場寺の慧観を師とし大小乗を学んだ。南平王・西陽王の帰依をうけ、勝鬘経および微密持経に註釈を作った。〔参考〕高僧伝八

**ほうえん　法演**　（天聖二1024？—崇寧三1104）北宋末の禅僧。姓は鄧《とう》氏。綿州巴西（四川省緜陽県）の人。楊岐二世の守端の法を嗣ぎ蘄州《きしゅう》黄梅《おうばい》の五祖山に住した。五祖法演と称し、門下に法演下の三仏と称される仏果克勤《こくごん》・仏鑑慧懃《えごん》・仏眼清遠を出す。語録三巻がある。〔参考〕続伝灯録二〇、僧宝伝三〇（続）、五灯会元一九

**ほうおう　法皇**　法の上皇の意。天皇が位を退いて後、出家したのをいう。禅定法皇、太上《だじょう》法皇《ほうおう》ともいう。ちなみに、親王が出家したのを入道親王、出家後に親王になったのを法親王といい、その住寺を宮門跡《みやもんぜき》という。また内親王の入道したのを尼宮《あまみや》、その住寺を比丘尼御所《びくにごしょ》という。

**ほうおうざんまい‐ねんぶつ‐じきし　宝王三昧念仏直指**　二巻。明の妙叶《みょうきょう》の著（洪武二八1395）。禅浄一致の立場から、念仏三昧を以て諸三昧の根本とし、その悟入の方法を明示したもの。智旭の浄土十要の第七に収められ、清の順治七年1650に智旭が序を付している。㊅四七

**ほうおう‐じ　法王寺**　中国河南省河南府登封県嵩山《すうざん》の南麓にある。後漢の永平一四年71の創建と伝える。何度か寺名を改め、唐の代宗（762—79在位）のとき重修して文殊師利広徳法王寺と号した。後唐に至って分かれて五院となり、それぞれ旧称の護国・法華・舎利・功徳・御容寺の名を用いたが、北宋の初めに再び合わせて嵩山大法王寺と称した。寺の背後に方形十五層塼塔があり、初唐の様式を残している。

**ほうおう‐じ　宝応寺**　中国河南省河南府にあった寺。唐の粛宗（756—62在位）の時、河南の真如尼が天から賜った宝珠を献じたので、帝はこれを太子（即ち代宗762—79在位）に与え、宝応と改元し、長安に宝応金輪寺を建てたと伝える。なお、代宗は他のいくつかの寺に宝応寺の名をさずけている。

**ほうおん　報恩**　（　—延暦一四795）備前津高の人。吉野山で修行し、孝謙天皇・桓武天皇の不豫に際して禱り、大和に子島寺を開いた。〔参考〕本朝高僧伝四六

**ほうおん‐こう　報恩講**　毎年祖師の忌日に報恩謝徳のために営む法会。新義真言宗では頼瑜のとき派祖の覚鑁の忌日に論義をおこない法門を談ずることを報恩講と称した。古来、智山・豊山および諸檀林でおこなわれた。浄土真宗では祖師親鸞の忌日におこなう仏事を御正忌《ごしょうき》または報恩講といい、七昼夜にわたって修する。なお末寺・門徒で期日を繰上げて修することを御引上《おひきあげ》または御取越《おとりこし》という。

浅草別院の報恩講（江戸名所図会）

**ほうおん‐こうしき　報恩講式**　一巻。覚如の撰（永仁二1294頃）。報恩講私記、報恩講式文ともいう。親鸞の報恩講に諷誦するため、聖人の行徳を讃嘆したもの。真宗聖教全書三

**ほうおん‐じ　法音寺**　①新潟県南魚沼市藤原。繁城山と号し、真言宗智山派。行基の開創とも藤原麻呂の創建とも伝える。

初めは密厳院と称した。弘仁年間810―24空海が当地へ行化した時、住僧覚真に法脈を伝えたという。中世末、上杉氏累代の帰依をうけた。②山形県米沢市御廟。八海山と号し、真言宗豊山派。①の法音寺の分寺で、慶長三年1598上杉景勝が米沢へ移封された時、本寺能海もこれに随い、以来上杉氏の菩提所とされた。明治維新後、寺基を米沢城二の丸より現地に移した。

**ほうおん-じ　法恩寺**　埼玉県入間郡越生町越生。松溪山と号し、真言宗智山派。行基の開創と伝える。建久四年1193後鳥羽天皇の勅願により源頼朝が再建したという。応永年間1394―1428栄曇の時、天台宗より現宗に転じた。〔重文〕絹本著色高野明神像、同丹生明神像、同釈迦三尊及阿難迦葉像　〔参考〕新編武蔵風土記稿一七四

**ほうおん-じ　奉恩寺**　韓国京畿道広州郡彦州面にある。三十一本山の一。李氏朝鮮の燕山君元年1494仁粋大后が成宗の菩提のために宣陵の東麓に堂宇を造営した。文定王后は明宗五年1549当寺を禅宗の本寺、奉先寺を教宗の本寺とし、のち朝鮮において首刹の地位を占めるようになった。同一七年禧陵を移すにあたり現地に移建。仁祖・顕宗の代に焼失したが、再建された。

**ほうおん-じ　報恩寺**　①東京都台東区東上野。高竜山謝徳院と号し、真宗大谷派。坂東報恩寺といわれる。親鸞の高弟で二十四輩の一、飯沼性信の開基で、もと下総国豊田荘横曾根（現茨城県水海道市）にあったが、天正年間1573―92結城晴朝の臣多賀谷が寺領を没収したため、慶長七年1602江戸桜田に移り、翌年の江戸幕府の開府と共に八丁堀三丁目に転じ、江戸の大火で文化三年1806現地に移転した。坂東本教行信証（現東本願寺蔵、国宝）は当寺に伝わっていた。〔参考〕二十四輩散在記、二十四輩巡拝図会後篇　②岩手県盛岡市名須川町。鳩峰山と号し、曹洞宗。正平年間1346―70領主南部守行により陸奥国三戸郡三戸に創建、通山長徹を請じて開山とした。慶長六年1601現地に移る。③和歌山市真砂丁。白雲山と号し、日蓮宗。通称は武士《しぶ》寺という。寛文一〇年1670二代藩主徳川光貞の創建、日順を開山とする。この地はもと要行寺の地であったが、光貞の母の瑤林院のために新たに伽藍を建てて現寺号に改めた。〔参考〕紀伊続風土記五

**ほうおん-じゅりん　法苑珠林**　一〇〇巻。唐の道世の編（総章元668）。法苑珠林集ともいう。仏教の教義・信仰・儀式などに関する解説や説話の一大集成で、仏教百科事典ともいうべきもの。内容の上から全体を次の一〇〇篇に類別する。(1)劫量篇（巻一、二）、(2)三界篇（巻二、三）、(3)日月篇（巻四）、(4)六道篇（巻五―七）、(5)千仏篇（巻八―一二）、(6)敬仏篇（巻一三―一七）、(7)敬法篇（巻一七、一八）、(8)敬僧篇（巻一九）、(9)致敬篇（巻二〇）、(10)福田篇・(11)帰信篇・(12)士女篇（巻二一）、(13)入道篇（巻二二）、(14)慚愧篇・(15)奨導篇（巻二三、二四）、(16)説聴篇（巻二三、二四）、(17)見解篇（巻二五）、(18)宿命篇（巻二六）、(19)至誠篇（巻二七）、(20)神異篇（巻二八）、(21)感通篇（巻二九）、(22)住持篇（巻三〇）、(23)潜遁篇・(24)妖怪篇（巻三一）、(25)変化篇・(26)眠夢篇（巻三二）、(27)興福篇（巻三三）、(28)摂念篇・(29)発願篇（巻三四）、(30)法服篇・(31)然灯篇（巻三五）、(32)懸幡篇・(33)華香篇・(34)唄讃篇（巻三六）、(35)敬塔篇（巻三七、三八）、(36)伽藍篇（巻三九）、(37)舎利篇（巻四〇）、(38)供養篇（巻四一）、(39)受請篇（巻四一、四二）、(40)輪王篇（巻四三）、(41)君臣篇（巻四四）、(42)納諫篇・(43)審察篇（巻四五）、(44)思慎篇・(45)倹約篇（巻四六）、(46)懲過篇・(47)和順篇（巻四七）、(48)誡勗篇（巻四八）、(49)忠孝篇・(50)不孝篇（巻四九）、(51)報恩篇・(52)背恩篇（巻五〇）、(53)善友篇・(54)悪友篇・(55)択交篇（巻五一）、(56)眷属篇・(57)校量篇（巻五二）、(58)機弁篇・(59)愚贛篇（巻五三）、(60)詐偽篇・(61)惰慢篇（巻五四）、(62)破邪篇（巻五五）、(63)富貴篇・(64)貧賤篇（巻五六）、(65)債負篇・(66)諍訟篇（巻五七）、(67)謀謗篇（巻五八、五九）、(68)呪術篇（巻六〇、六一）、(69)祭祠篇・(70)占相篇（巻六二）、(71)祈雨篇・(72)園菓篇（巻六三）、(73)漁猟篇・(74)慈悲篇（巻六四）、(75)放生篇・(76)救厄篇（巻六五）、(77)怨苦篇（巻六六、六七）、(78)業因篇（巻六八）、(79)受報篇（巻六九、七〇）、(80)罪福篇・(81)欲蓋篇（巻七一）、(82)四生篇・(83)十使篇（巻七二）、(84)十悪篇（巻七三―七九）、(85)六度篇（巻八〇―八五）、(86)懺悔篇（巻八六）、(87)受戒篇（巻八

七―八九)、(88)破戒篇(巻九〇)、(89)受斎篇・(90)破斎篇・(91)賞罰篇(巻九一)、(92)利害篇(巻九二)、(93)酒肉篇(巻九三、九四)、(94)穢濁篇(巻九四)、(95)病苦篇(巻九五)、(96)捨身篇(巻九六)、(97)送終篇(巻九七)、(98)法滅篇(巻九八)、(99)雑要篇(巻九九)、(100)伝記篇(巻一〇〇)。さらにこれを六六八項に細別して、各篇目を概説している。諸経論からの引用文によって解説の典拠を示し、また六三一種にわたる霊験の実例をあげている。引用された経・律・論・伝記の類は四〇〇種以上にも及び、中には現存しないものや、仏教以外の雑書、道教の諸書などをも含んでいる。その引用の方法は必ずしも厳密ではなく、多くは取意によるが、すべて前記の分類に従って収録しているので、同じ著者の諸経要集二〇巻とともに、中国仏教史上重要な資料である。巻首に蘭台侍郎李儼の都序を載せている。㊅五三

**ほうおん-しょう　報恩抄**　二巻。日蓮の撰(建治二1276)。真の報恩は法華経弘道であると述べた書。初めに父母・師匠・国主への真の報恩は仏法を究めてのち果たすべきといい、三国仏教の流伝、各宗教判をあげて批判し、法華経が最も勝れ、その真の弘通者は釈尊・天台・伝教の三師のみと論じ、真言諸師の修法霊験を難じている。旧師道善房の死に際して、日蓮が報恩のために作り、弟子日向に清澄山の墓前で披読させたもの。日蓮撰述五大部の一。㊅八四、昭和定本日蓮聖人遺文二、日本思想大系一四　〔写本〕京都本禅寺蔵　〔註釈〕日朝・私見聞二巻、日寛・文段四巻

**ほうが　奉加**　仏像や堂塔などを造立するとき金品を奉納して助けること。事業に力を加え奉るという意で、古くは知識といった。奉加をすすめ依頼して有縁の人の参加を募ることを募縁《ぼえん》、勧進《かんじん》といい、奉加を乞う趣旨を書いて配布する文書を奉加状、勧進に応じて奉加した人の名や金額品名などを記入する帳簿を奉加帳、奉加簿、縁簿などという。

**ほうかい　法海**　(明和五1768―天保五1834)真宗大谷派の僧。字は月蔵。号は易行院。豊後長徳寺の人。肥後八代の光徳寺の住職となった。東本願寺高倉学寮で真宗学、仏教学を究め、同学寮で講義し講師職に任じられた。また願成寺竜山の異義をさばいた。著書、往生要集講義一五巻、無量寿経記八巻など。〔参考〕大谷派先輩著述目録、大谷派学事史

**ぼうかい　房海**　生没年不詳。鎌倉中期の真言宗の僧。字は観想、中将学士という。源有房の子。醍醐無量寿院で伝法の職位を受け、高野山智慧門院に止住して苦修した。叡尊、信西、雅房と共に松橋流(無量寿流)の四天王に数えられる。〔参考〕続伝灯広録八

**ほうかい-じ　法界寺**　京都市伏見区日野西大道町。「ほっかいじ」とも読む。東光山と号し真言宗醍醐派。俗に日野薬師という。また乳薬師ともいわれ、授乳祈願の参詣者が多い。弘仁年間810―24日野家宗の創建と伝えるが、永承六年1051日野資業《すけなり》が諸堂を興し、文庫を境内に設けて諸経を収蔵した。天正年間1573―92織田信長の兵火にかかり、薬師堂を焼失したので阿弥陀堂を本堂とした。文化年間1804―18本願寺一八世文如《もんにょ》は、この地が宗祖親鸞誕生の地として境内に別堂を建てて記念した。明治三七年1904奈良県竜田伝灯寺の本堂を移し、薬師堂を復興した。毎年[illegible]月四日に行われる日野裸踊は有名。〔国宝〕阿弥陀堂、木造阿弥陀如来坐像　〔重文〕本堂(薬師堂)、阿弥陀堂内陣壁画、木造薬師如来立像、同十二神将立像　〔参考〕山城名勝志一七、雍州府志五

**ほうかい-じ　宝戒寺**　①大分市―野丘。金剛山と号し、高野山真言宗。行基が聖武天皇の勅を奉じて、付近の荏隈郷に創建し、大同元年806空海が唐より帰朝の際、白ら不動像を刻んで本寺に留めたという。長和年間1012―17仏師定朝《じょうちょう》が本寺で大日如来の巨像を刻し、永久二年1114には諸堂が修理された。のち兵火にかかり、徳治二年1307領主大友貞宗が現地に移して再興した。②神奈川県鎌倉市小町。金竜山釈満院と号し、天台宗。もと鎌倉葛西ケ谷に、北条泰時が行勇を開山として建てた東勝寺という禅寺があり、元弘三年1333新田義貞の鎌倉攻めの際、北条高時はこの寺で自害した。建武二年1335足利尊氏は高時の邸址に再建し、

開山として円観を請じて、現寺号に改め、北条氏の菩提を弔った。〔重文〕木造歓喜天立像、同地蔵菩薩坐像、同惟賢和尚坐像 〔参考〕宝戒寺縁起、新編鎌倉志七

**ぼうかく 房覚** （康和四1102―元暦元1184）天台宗の僧。俊智について顕密を学び、大峯・葛城・熊野などで修行し、高倉天皇・安徳天皇の護持僧となり、園城寺長吏となること二度、また六勝寺別当に補せられ、大僧正に任じられた。〔参考〕寺門伝記補録一四

**ほうかく-じ 鳳閣寺** 奈良県吉野郡黒滝村鳥住。真言宗鳳閣寺派の本山。百螺山真言院と号し、もと鳳岳寺といった。草創年代は不詳であるが、役行者の開山という。寛平七年895聖宝が金峯山の行場再興の拠点として当寺に真言院を創建した。昌泰二年899聖宝が伝法灌頂を多くの道俗に授けたことはよく知られる。のち勅願所に列せられ、真言極秘恵印灌頂の道場となった。元禄年間1688―1704当山派修験宗総触頭となる。昭和二八年1953真言宗醍醐派から現宗派へ分離独立した。〔重文〕廟塔（石造宝塔） 〔参考〕当山門源記

**ほうがつ 宝月** 生没年不詳。インド南部出身の入唐僧。九世紀中頃中国で活躍。会昌年間841―46には、長安の青竜寺に止住し、わが国の入唐僧円仁に悉曇とその発音を口授した。その後、帰国を願い出たが許されず、会昌の法難では捕えられた。会昌二年還俗放帰の勅旨で帰国した。〔参考〕入唐求法巡礼行記三

**ほうがつ-どうじ-もんぽう-きょう 宝月童子問法経** 四巻。詳しくは大乗宝月童子問法経という。北宋の施護の訳（太平興国五980）。頻婆娑羅《びんばしゃら》王の王子宝月童子の問いに対して、十方の如来の名号を信持することによって一切の悪業を滅して無上正等覚を得ると説き、それら如来の過去世の発願や供養行について述べ、その寿量の長遠なことを説く。チベット訳があり、勝鬘経のチベット訳と共に月輪賢隆によって校刊されている（1940）。㊅一四

**ほうがん 法岸** （延享元1744―文化一二1815）浄土宗の僧。字は性如。号は円蓮社光誉。周防の人。増上寺学寮で浄土宗を学び、定月に五重秘訣を受け、下総大巌寺の隆善から宗戒両脈を相承し、関通に一宗の奥義を学んだ。長門西園寺の主となった。著書、口称三昧感得記、専修要文集など。〔参考〕続日本高僧伝四、法岸和尚行業記

**ぼうかん 坊官** 房官とも書き、俗に殿上法師《てんじょうほうし》という。門跡《もんぜき》などに仕え、僧のかたちをしているが肉食妻帯し帯刀を許されたもので、多く貴族の子弟がなる。坊官は、もと春宮坊（皇太子に関する事務を掌る役所）の官人を指したが、これに準じて名づけられ、宇多法皇の時に始まると伝える。法皇の院庁にも置かれ、また比叡山脇門跡の坊官は単に官人といったという。坊官の他に門跡に仕えるものに出世（坊官の上に位し御持仏堂《ごじぶつどう》のことを司るもので院庁では庁務という）、侍法師（坊官の下位）、御承仕、御格勤《ごかくごん》などがある。

**ほうかん-じ 法観寺** 京都市東山区八坂通下河原東入八坂上町。霊応山と号し、臨済宗建仁寺派。俗に八坂寺《やさかでら》、八坂の塔ともいう。聖徳太子の開創と伝える。早く延喜式の七カ寺の一に数えられる。仁治元年1240建仁寺の証救によって禅寺となる。康永元年1342足利氏が全国に安国寺・利生塔を設けた際、本寺の塔を山城国利生塔にあてる。永享一二年1440足利義教が現存の東山中腹にある五重塔を再建した。〔重文〕五重塔（八坂塔）、紙本著色八坂塔絵図

**ほうきょういん-だらに 宝篋印陀羅尼** 詳しくは一切如来心秘密全身舎利宝篋印陀羅尼という。唐の不空の訳の同名の経に説かれる陀羅尼。一切如来の心内の秘密である全身舎利を全部一字一句におさめた宝篋印の陀羅尼で、梵名をダートゥカーランダムドラー・ダーラニー Dhātukāraṇḍamu-drā-dhāraṇī という。これを書写読誦し、またこの陀羅尼をおさめた宝篋印塔を礼拝すれば、寿命長遠で三途の苦しみをのがれ、無量の功徳が得られるという。真言宗では亡者廻向のため朝夕勤行し、寺域に宝篋印塔をたてて礼拝供養する。中国・日本でこの信仰はさかんである。また、現在、真言宗・天台宗などでは仏頂尊勝陀羅尼、阿弥陀如来根本陀羅尼とともに三陀羅尼として用い

る。

**ほうきょういんだらに-きょう　宝篋印陀羅尼経**　一巻。詳しくは一切如来心秘密全身舎利宝篋印陀羅尼経という。唐の不空の訳(この経は同名同訳者の二本が伝わっており、一方は他方を改訂したものらしい)。異本に北宋の施護の訳の一切如来正法秘密篋印心陀羅尼経(一巻)があり、チベット訳もある。仏陀が無垢光明婆羅門の家へ向かう途中、朽ち崩れた塔中から光明が現われるのを見て、心陀羅尼印法要がその中に納められていることを示し、その功徳を説いた宝篋印陀羅尼を口授したという内容を説く。(大)一九　〔註釈〕亮汰・鈔三巻、蓮体・和解秘略釈三巻、この経のわが国伝来の因由を記した道喜・伝来記一巻(仏全一一六)

**ほうきょういん-とう　宝篋印塔**　平面各部とも一重で、笠の上部は数段の段型を作り、四隅に隅飾、下部には二段または蓮弁をつくり出し頂上に相輪をおいた形式の塔。石造が多く、木・金・銅製は少ない。石塔は関西形式と関東形式とがある。五輪塔とならびわが国の石塔の二大主流をしめる。名称は、宝篋印陀羅尼経を納めることから出たが、他のものを納めても宝篋印塔という。密教系の塔として鎌倉中期に現われたが、それ以後後世まで宗派をこえて流行した。また鎌倉中期から墓碑・供養塔としても用いられた。隅飾が垂直に近いほど時代が古いとみられる。これに反し江戸時代から現代にかけてのものは隅飾が外方へ翼状に突出し釣り合いの悪いものが出てくる。石造宝篋印塔の最古は、鎌倉市某やぐら出土の宝治二年1248塔(現京都国立博物館蔵)で、この形式は銭弘俶の八万四千金塗塔を簡略化して出来た木製籾塔と酷似しており、印塔のもとになる。

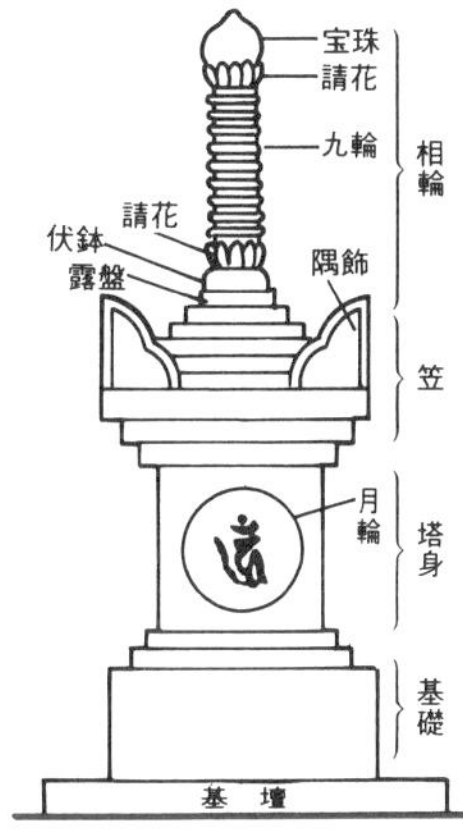

宝篋印塔

**ほうぎょう-おうしょう-ろん　宝行王正論**　一巻。陳の真諦の訳(557—69)。漢訳では作者を伝えないが、チベット訳では竜樹(ナーガールジュナ Nāgārjuna)に帰せられており、チベットの伝承では竜樹の五部の一つに数えられる。シャータヴァーハナ Śātavāhana王のために大乗仏教の立場から説いた政道論。梵名はラトナーヴァリー Ratnāvalī と標題され、トゥッチG. Tucciによって英訳と共に公刊された(1934, 36)が未完に終った。最近ではハーンM. Hahnが新たな校訂本を出している。(大)三二、[国一]論集部六

**ほうきょう-き　宝慶記**　一巻。道元(1200—53)の著。成立年不詳。道元が長翁如浄に参学した際に受けた垂誨と法門上・修道上の諸種の問答の要綱とを記録した書。日蔵四五、道元禅師全集下、曹全一(宗源下)〔写本〕愛知県全久院蔵(建長五1253懐奘写)〔刊本〕寛延三1750刊、明和八1771刊〔註釈〕面山・随聞記二巻、義道・摘葉集二巻、事林一巻(亡名)、西野石梁・講義一巻

**ほうきょう-ざんまい-か　宝鏡三昧歌**　詳しくは洞山良价禅師宝鏡三昧という。一篇。唐の洞山良价の作。成立年不詳。禅の悟道の内容を易の道理を援用して端的に歌った四言九四句の韻文詩。仏祖的伝の法である如是の道理は、あたかも宝鏡に臨んで形と影とが互いに相映ずるように正偏回互であり、迷悟の境を絶するものであるから、愚の如く魯の如き綿密な行事のうちに肯心自許されるものであるという。作者について、北宋の慧洪の智証伝などは、薬山あるいは雲巌の作としているが、今日ではほとんど問題とされない。本編は参同契と共に曹洞宗で重んじ、参禅伝法の印とされる。(大)四七　〔註釈〕北宋の雲軸・玄義、明の元賢・洞上古轍、清の行策・本義、浄訥・原宗弁謬説。日本では、面山・吹唱、天桂・報恩編、指月・不能語など多い。

**ほうきょう-じ　宝慶寺**　①中国陝西省西安城内安伝坊にある。俗に花塔寺と呼ぶ。隋の仁寿年間601—04の創建と伝え、隋の文帝(581—604在位)や唐の中宗(683—84, 705—10在位)が当寺に行幸したことがあり、文

宗(826―40在位)が五色塔を建てたという。現在、仏殿および塼塔があり、いずれも壁間に唐代初期の仏像刻石がある。これらの石刻は、もと城東光宅坊の光宅寺の七宝花台(則天武后の創立)にあったものといわれ、刻銘に長安701―05、開元713―41の年号を有するものがある。②福井県大野市宝慶寺。曹洞宗。薦福山と号する。弘長元年1261道元の弟子南宋僧寂円がここに庵を結び、藤原下野守(法名知円)の帰依を受けて、弘安元年1278堂宇を建立した。以後寺領五〇〇石を有して栄えたが、天正年間1573―92火災にあい、織田・明智・豊臣など諸氏の崇敬を受けて次第に復旧した。

**ほうきょう-じ　宝鏡寺**　①韓国慶尚北道迎日郡松羅面。泗溟の金堂記によれば、新羅脱解王一一年67に西域から伝えられた十二面鏡を現在の寺址に埋め、法堂を立てて宝鏡寺と称したというが、確実な創建年代は不明。円真国師碑(国宝二五二号)が保存されている。〔参考〕韓国寺刹全書上　②京都市上京区寺之内通堀川東入百々町。臨済宗系の尼門跡単立寺院。百々《どど》御所ともいう。もと福尼寺と称したが、応安年間1368―75後光厳院の皇女恵厳尼が中興して宝鏡寺と改めた。応仁の兵火にあって堂宇を焼失し、尼寺五山の一である景愛寺の塔頭《たっちゅう》となったが、後水尾院の皇女久厳尼《きゅうごんに》が入室して再び比丘尼御所に復し、百々御所といわれた。のち宝鏡・大聖二寺の住持は景愛寺を兼摂し、如大派《にょだいは》の法灯を伝えた。天保元年1830仁孝天皇の発願により現堂宇が再興された。

**ほうきょう-しょう　宝鏡鈔**　一巻。宥快の著(明応八1499)。立川流が邪義であることを説いた書。空海以後の真言宗十派の正統を図示し、三輪流の宝篋もこの流に混入されたものであると説く。真偽をただすために立河聖教目録を付している。㊅七七〔写本〕高野山宝亀院蔵(高野山大学保管・文安六1449写)〔刊本〕明暦三1657刊

**ほうきん-に　法均尼**　(天平元729―延暦一八799?-)備前の人。和気清麻呂の姉広虫。孝謙天皇に寵遇され、天皇の得度に従って出家した。飢饉の年に捨てられた多くの子供を、収容して養育した。神護景雲三年769清麻呂が道鏡の事件で失脚した時、尼もまた還俗して備後に配流されたが、のち召還されて正四位上に昇り典侍に補せられた。〔参考〕和気清麻呂伝、大日本史二二四

**ほうく　法鼓**　⇩ほっく

**ほうげ　放下**　①何ものにも心をひかれず、すべて身をかざらないこと。②鎌倉・室町時代に、出家の姿をして歌ったり舞ったりして、種々のたわむれなどをし、物を乞い歩いた人々を放下僧《ほうげそう・ほうかそう》という。事物に執着しないで洒脱なところから名づけたもの。

**ほうけい　宝景**　(延享三1746―文政一一1828)真宗大谷派の僧。字は順了。東海と号する。羽前酒田の人。江戸光円寺に住持した。真宗学および仏教学に精通し、東本願寺高倉学寮で講義、講師職に補せられた。安永三年1774東西本願寺が浄土真宗の宗名を公称しようとし、増上寺がこれを抗議した時に、幕府に対して大いに奔走した。また文化七年1810安養寺霊瑞などいわゆる尾張五人男の異解をさばいた。著書、正信偈戊子録八巻など。〔参考〕大谷本願寺通紀四、大谷派学事史、本願寺誌要

**ほうけいぎょう-しほう-うはだいしゃ　宝髻経四法憂波提舎**　一巻。天親(ヴァスバンドゥ Vasubandhu 世親)の造と伝える。毘目智仙《びもくちせん》の訳(西魏の大統七541)。大宝積経の第一一・七宝髻菩薩会、大方等大集経の第二五・宝髻菩薩品に説かれる満足一切衆生・満足一切仏法・究竟相好・浄仏国土の四項について註釈する。㊅二六、国一釈経論部八

**ほうげつ　法月**　(653―天宝二743)梵ダルマチャンドラ Dharmacandra の訳。達磨戦涅羅と音写する。唐代の訳経家。インド東部の出身。亀茲《きじ》国を経て、開元二〇年732長安に来た。普遍智蔵般若波羅蜜多経を訳し、大安国寺で経を講じた。于闐《うてん》に赴き、金輪寺で没した。〔参考〕貞元録一四

**ほうけん　法賢**　(　―北宋の咸平四1001)インド出身の訳経家。原名は不詳。中国に来て、端拱二年989から咸平二999の間に衆許摩訶帝経など七六部を訳した。明教

大師の号を賜り、朝散大夫試光禄卿に補せられ、玄覚法師と諡された。古来、法天と同一人とされるが誤りである。〔参考〕仏祖統紀四四

**ほうげん　法眼**　⇩僧位《そうい》

**ぼうげん　房玄**　（　―観応二1351）真言宗の僧。醍醐地蔵院親玄に師事して徳治二年1307伝法灌頂を受け、地蔵院流の嫡統を嗣いだ。醍醐清浄光院に住し、大僧都となった。のち鎌倉遺身院に移った。〔参考〕続伝灯広録一〇

**ほうげん-じ　法源寺**　①中国河北省北京城宣武門外の西南にある。貞観一九年645太宗（626―49在位）が高麗出兵の後、戦没者冥福のために建立。もと憫忠寺《びんちゅうじ》と称した。雍正一一年1733再建されて現寺号に改め、法界真源の勅額を掲ぐ。唐の史思明の碑がある。②北海道松前郡松前町字松城。曹洞宗。松前山と号する。文明元年1469随芳が渡航してオコスリ島に漂着し、一宇を建立して法源寺と称した。延徳二年1490松前信広の請により上国村勝山に移り、永正一一年1514現地に移転。元禄年間1688―1704以後、国清寺の末寺となる。〔参考〕福山誌

**ほうご　法語**　道理にかなって説かれた正法のことであるが、一般には仏教の教義、信仰などの問題について述べられた教語、教説、祖聖のことばなどをいう。

**ほうご　法護**　（963―北宋の嘉祐三1058）梵ダルマラクシャ Dharmarakṣa の訳。北宋代の訳経家。インド北部の人。北宋の景徳元年1004汴京（開封）に来て訳経院で翻訳に従事し、日称らと共に大乗集菩薩学論二五巻を、惟浄らと共に大乗菩薩蔵正法経など　三部一六二巻を訳し、また景祐二年1035惟浄と共に天竺字源七巻を著わした。普明慈覚伝梵大師の号を賜り、銀青光禄大夫試光禄卿に補せられ、演教三蔵と追諡された。〔参考〕宋高僧伝三、仏祖統紀四四・四五

**ほうごう　法業**　生没年不詳。東晋代の僧。仏陀跋陀羅《ぶつだばつだら》に従い、華厳経の訳場の筆受をつとめ、華厳旨帰二巻を撰し、曇斌らの尊崇をうけた。華厳経の講布の嚆矢といわれる。〔参考〕高僧伝七曇斌伝、華厳経伝記二

**ほうこう-いん　法興院**　京都市中京区の加茂川西側で二条の北辺にあった寺。「ほこいん」と称したらしい。正暦元年990太政大臣藤原兼家が出家後に二条京極邸を改めて寺としたもので、寺号はその法名による。同三年には院内に積善《しゃくぜん》寺が建てられるなど寺観が整えられていった。寛弘八年1011焼失するが、のち藤原道長により再建。以後たびたび火災にあいその都度再興されたが、久安四年1148の火災を最後として記録に見えず、以後衰退したらしい。〔参考〕拾芥抄、百練抄、栄花物語、台記、雍州府志八、京都坊目誌二

**ほうこう-じ　方広寺**　①京都市東山区正面通大和大路東入茶屋町。天台宗。京都の大仏ともいう。豊臣秀吉が現豊国神社の地（阿弥陀峰の麓）に、木食応其《もくじきおうご》を奉行として創建した。天正一四年1586起工し、木造漆箔黄金色の六丈三尺（約一九《メートル》）の大仏と壮大な大仏殿は、文禄四年1595に完成したが、同年の大地震で大破した。秀吉の没後、子の秀頼が金銅の大仏として復興し、慶長一九年1614大仏殿梵鐘も完成したが、徳川家康は梵鐘の銘文（南禅寺清韓撰文）にある「国家安康」の四字が関東不吉の文辞であるとして難をつけ、豊臣氏攻撃の口実と

方広寺（都名所図会）

した。大坂夏の陣後は妙法院（天台宗門跡）の所管としたが、寛文二年1662の地震で小破し、木像に造り替えられ、大仏の金銅は銅銭（大仏銭）に改鋳された。寛政一〇年1798落雷により焼亡。明治以降、豊国祭の復活で豊国神社が旧地に建造されたため現地に移ったが、昭和四八年1973、仮屋内の木造上半身像も焼失した。なお問題の梵鐘（重文）は現存する。〔参考〕徳川実紀、雍州府志四 ②静岡県引佐郡引佐町奥山。臨済宗方広寺派本山。奥山半僧坊といい、境内に祠る守護神半僧坊権現は庶民の信仰をあつめている。至徳元年1384地頭奥山朝藤の開創で、開山は無文元選。天正八年1580徳川家の祈願所となり、以来、徳川氏や皇室の崇敬をうけた。明治一四年1881山火事で焼失したが、次第に復興し、同三六年独立して方広寺派を称した。〔重文〕七尊菩薩堂〔参考〕方広寺文書、深奥山方広開基無文選禅師行実、和漢三才図会六九、遠江国風土記伝三

**ほうこう-じ　法興寺**　奈良県高市郡明日香村飛鳥にあった飛鳥・奈良時代の寺。飛鳥寺《あすかでら》、大法興寺とも称し、現在の元興寺に対して本元興寺とも呼ばれる。蘇我馬子が創建し、崇峻天皇元年588から推古天皇一七年609にかけて完成したという。百済の技術を採用したわが国最初の伽藍を持った。百済の技術を採用したわが国最初の伽藍を持った。当初、高句麗僧の慧慈、百済の僧慧聡が居住し、のち官寺となり、元興寺と称して大安寺・川原寺・薬師寺と共に飛鳥の四大寺と呼ばれた。入唐僧の道昭が当寺の東南隅に禅院を建てたことは有名で、養老二年718金堂・塔などを残して平城京に移転された。建久七年1196落雷で焼失したが、本尊の顔と手は残り、現在当地にある真言宗豊山派安居院《あんごいん》の銅造釈迦如来坐像（止利仏師作、重文）がそれで、飛鳥大仏として著名。なお昭和三一1956―三二年の発掘調査によって伽藍配置が明らかとなり、当時の遺物も出土した。〈⇩飛鳥大仏《あすかだいぶつ》　⇩元興寺《がんごうじ》〉〔参考〕日本書紀、続日本紀、新抄格勅符抄、古今目録抄ほか

**ほうこう-だいしょうごん-きょう　方広大荘厳経**　一二巻。唐の地婆訶羅《じばから》の訳（永淳二1683）。異訳に西晋の竺法護の訳（永嘉二1308）の普曜経（八巻）がある。大乗思想にもとづく仏陀の伝記。菩薩としての仏陀が兜率天に生じてから、この世に降誕し、出家し、成道後六年にして迦毘羅衛《かびらえ》城に帰って釈迦族を教化するまでの伝記を二七品に分けて説く。梵本ラリタヴィスタラ Lalitavistara とチベット訳も現存し、梵文はミトラ Mitra とレフマン S. Lefman によって、チベット訳はフコー P.E. Foucoux によって出版され、英・仏語などに訳されている。㊅三、国一本縁部九

**ほうこう-どうにん　方広道人**　方広とは方正広大の意で大乗を指し、道人とは道を学ぶ人の意。即ち、語義からすれば大乗の学者ということになるが、大智度論巻一には大乗の空《くう》の説を誤解して虚無主義を主張する一派に名づけている。補特伽羅《ふとがら》説を立てて我を実体的に認めようとする小乗の犢子部《とくしぶ》と、空の思想に執著して（悪取空）因果をみとめないこの大乗の方広道人とは、いずれも付仏法外道《げどう》即ち仏教内の非仏教的教派であるとされる。

**ほう-こじ　龐居士**　⇩龐蘊《ほううん》

**ほうこんごう-いん　法金剛院**　京都市右京区花園扇野町。律宗。五位山と号する。承和年間834―48清原夏野がその山荘を仏寺として双丘寺《そうきゅうじ》と称したのに始まる。天安二年858文徳天皇崩御の時、天皇のため法華三昧を修し、のち天安寺と改称した。以後荒廃したが、大治五年1130待賢門院が中興して現寺号に改めた。養和元年1181罹災し、唐招提寺円覚導御により弘安五年1282に完成した。さらに天正1573―92・慶長1596―1615の天災を受けたが、寛永二年1625に復興した。境内に仏足石がある。〔重文〕木造阿弥陀如来坐像、厨子入木造十一面観音坐像、木造地蔵菩薩立像、同僧形文殊坐像（寺伝賓頭盧尊者像）、蓮華式香炉（伝仁清製）ほか〔参考〕法金剛院古今伝記（近畿歴覧記）、雍州府志五

**ほうごん-じ　宝厳寺**　①愛媛県松山市道後湯月町。豊国山遍照院と号し、時宗。天智天皇四年665国司越智守興の創建と伝える。天長七年830法相宗を天台宗に改めた。のち河野通信の子得能通俊が友月台に一堂を建立。時宗の開祖一遍智真は河野通

広の二男としてこの別院で生まれたと伝える。建長年間1249—56一遍は当寺で剃髪したが、やがて一遍の弟子心阿が住してから時宗となり、時宗奥谷派の本山となる。文明七年1475河野通直が檀那となり、一遍の木像を造立し、本堂を再建した。〔重文〕木造一遍上人立像 〔参考〕宝厳寺縁起 ②滋賀県東浅井郡びわ町早崎。巌金山と号し、真言宗豊山派。西国三十三カ所第三〇番札所。俗に竹生島観音という。神亀元年724行基が開創し、天平勝宝五年753郡の大領直馬が金色の観音を安置したと伝える。平安中期天台座主良源が検校執行職となって中興。貞永元年1232・享徳三年1454・永禄元年1558と三度焼失し、慶長七年1602に豊臣秀頼が復興した。弁天堂は明治維新の際、延喜式に記された都久夫須麻《つくぶすま》神社を設けるために現都久夫須麻神社の本殿〔国宝〕として引き渡された。〔国宝〕宝厳寺唐門(桃山建築)、法華経序品(竹生島経) 〔重文〕空海請来目録、観音堂、五重塔、絹本著色十六羅漢図ほか 〔参考〕諸寺縁起、和漢三才図絵七一、近江名所図会二

**ほうざ 法座** ①説法する時に坐る高座。②仏法が説かれる会合の席。法席、法筵ともいう。

**ほうさい-おうじ 法才王子** 悪因縁によって菩薩十住位の第六正心住から退いたという王子。浄目天子・舎利弗《しゃりほつ》とならび説かれるが、みな同一人物で舎利弗を指すとする説もある。〔参考〕菩薩瓔珞本業経上、起信論疏下

**ほうさく-しょう 宝冊鈔** 一〇巻。杲宝《ごうほう》の述、賢宝の補(貞和六1350)。真言宗所依の経論儀軌の主要なものについて、その翻訳・相承次第・請来・説相などの大略を述べたもの。杲宝口説の観宝記のアキシャ鈔の第二および一一—二〇に相当し、これを改訂増補したもの。㊅七七 〔原本〕観智院蔵 〔刊本〕承応三1654刊、万治元1658刊

**ぼう-ざん 房山** 中国河北省順天府房山県の西南にある山。大房山ともいい、その一部を石経山、上方山などと称する。石経山は古くは白帯山ともいい、石経によって知られる。石経は隋の大業年間605—17に静琬がこの山の石室に一切経を刻造しようと企てたのに始まり、没後その事業は弟子の導公・儀公・暹公・法公らによって続けられ、正法念経・大涅槃経・大華厳経・大般若経を刻成した。遼代に至り大般若経の残部と大宝積経が刻まれ、太安一〇年1094道宗の発願と通理大師の努力によって八十余経が完成し、現存の石経では最も規模の大きなものである。石室の前には隋代に始まる雲居寺があり、明代に再修され、現在も一一層の塼塔(天慶七1117)をはじめ多くの堂塔が残されている。

**ほうざん-じ 宝山寺** 奈良県生駒市門前町。生駒山にある真言律宗の寺。生駒山と号する。役小角《えんのおづぬ》の修行の地と伝え、古来修験の霊場として栄えたが、延宝年間1673—81宝山律師湛海が入山し、自作の不動明王(元禄一四年1701銘)を安置して堂宇を興し、寺観をととのえた。境内の歓喜天(生駒の聖天)はひろく民間に信仰されている。〔重文〕獅子閣、絹本著色弥勒菩薩像、同愛染明王像、同春日曼荼羅図、厨子入木造五大明王像(湛海作)、能本(世阿弥筆) 〔参考〕宝山寺縁起、和漢三才図会七三

**ほうし 法子** ⇩ほっし

**ほうし 法師** ⇩ほっし

**ほうし 宝誌** (東晋の義熙一四418—梁の天監一三514)金城(陝西省、一説に金陵)の人。保誌とも書き、世に宝公、誌公とも呼ぶ。広済大師、妙覚大師など多くの諡号がある。建康の道林寺僧倹について禅を修めた。異相で街を放浪し不思議をあらわしたので、梁の武帝は衆を惑わすものとして投獄を命じた。釈放後、東宮後堂に住まわせたが、しばしば竜光・罽賓・興皇・浄名の諸寺に往来したので、たびたび拘束された。予言が適中することが多く、帝をはじめ士庶の尊信が厚く、没後、勅により墓のそばに開善寺を建てた。大乗讃十二時頌、文字釈訓などの著があったという。〔参考〕誌公法師墓誌銘、高僧伝一〇

**ほうじ-いん 宝慈院** 京都市上京区衣棚通寺之内上ル上木下町。樹下山と号し、臨済宗系の単立寺院。比丘尼御所の一。創建年代は不詳であるが、三世紀末に無外如大尼(金沢顕時室賢子)の開創という。初

め樹下山資樹院といったが、のち現名に改めた。千代の御所とも呼ばれ、光厳院皇女華林恵厳尼が当院に住し、如大尼の幼名をとって名づけたもの。〔重文〕木造阿弥陀如来坐像、同無外如大坐像

**ほうじ-さん　法事讃**　二巻。唐の善導の撰。成立年不詳。善導の著述五部九巻の一部で、上巻の首題には転経行道願往生浄土法事讃とし、尾題には西方浄土法事讃とし、下巻には首尾ともに安楽行道転経願生浄土法事讃とする。般舟《はんじゅ》三昧《ざんまい》の法に基づいて、阿弥陀経を読誦する儀則と讃文を明らかにしたもの。日本へは承和六年839に円行によって伝えられ、それよりのち浄土教の間で教義的にも行法的にも重視され、また依用された。㊅四七、浄全一、真宗聖教全書一〔註釈〕良忠・私記三巻、証空・観門要義鈔二巻、行観・秘鈔二巻、恵空・叢林記一巻、僧樸・甄解七巻

**ほうしゃ　報謝**　①仏恩《ぶっとん》または師恩に感謝し、報いること。②僧侶にささげる謝礼。③順礼などに出す布施。

**ほうしゃく-じ　宝積寺**　京都府乙訓郡大山崎町大山崎。銭原山と号し、真言宗智山派。宝寺《たからでら》といい、古くは山崎寺とも称した。聖武天皇の勅願により行基が開創したという。天正一〇年1582の山崎合戦に際し豊臣秀吉が当寺を陣所とした。元治元年1864禁門の変で、勤皇家の真木和泉守らは、京都所司代の会津勢と天王山で戦い、破れて一七名が当所で自刃したので、時の住僧探玄はこれを山内に葬った。三重塔は桃山期の遺構、また弘安九年1286四月の墨銘をもつ板絵神像四面は著名。〔重文〕三重塔、板絵著色神像、木造倶生神坐像、同闇黒童子坐像、同十一面観音立像、同閻魔王坐像、同司命・司録坐像、同金剛力士立像ほか　〔参考〕雍州府志五、山城名勝志一〇

**ほうしゃく-ぶつ　宝積仏**　㊵ラトナシキン Ratnaśikhin の訳。罽那尸棄《けいなしき》と音写し、宝髻仏《ほうけいぶつ》、宝頂仏とも訳す。釈迦牟尼仏がまだ菩薩行を修していた時、初阿僧祇劫の満時にこの仏に逢って供養したといわれる。〔参考〕大智度論四

**ほうしゅ　法主**　⇩ほっしゅ

**ほうじゅ　法聚**　（弘治五1492—嘉靖四二1563）明代中期の禅僧。姓は富氏。月泉と号し、玉芝《ぎょくし》和尚と称する。嘉禾《かか》（浙江省嘉興県）の人。王陽明に学び、楊岐一九世の夢顕の法を嗣ぎ、湖州（同省呉興県）天地寺に住した。語録一巻がある。〔参考〕続稽古略三、五灯厳統二三

**ほうしゆい　宝思惟**　⇩阿儞真那《あにしんな》

**ほうじゅ-いん　宝寿院**　和歌山県伊都郡高野町高野山。高野山真言宗。禅林寺（永観堂）深覚が創建した無量寿院に、法性の創建した宝性院を大正二年1913に合併してできた。無量寿院は応永年間1394—1428に学僧の長覚が中興して寿門（不二門）の本拠とし、宝性院には宥快が出て、而二門を唱える学徒の根拠（宝門）となった。この頃は高野山教学の最盛期で、高野八傑を出し、これを応永の大成と称する。江戸時代には両門に分かれて学門を競ったが、元治元年1864宝性院（大師教会の地）が焼け、そののち前記のように合併された。〔国宝〕文館詞林残巻〔重文〕日本法花験記巻上、往生瑞応伝、決定往生集（以上、平安時代写本）、絹本著色文殊菩薩像（伝珍海筆）、同七髻文殊像、同地蔵菩薩像（祐円筆）、同尊勝曼荼羅図、同六字尊像ほか

**ほうしゅう　方秀**　（貞治二1363—応永三一1424）臨済宗の僧。字は岐陽《ぎよう》。讃岐の人。俗名は佐伯氏。幼くして外祖父から儒学を学び、のち寿福寺・南禅寺・東福寺などで臨済禅を学ぶ。讃岐道福寺を領し、京都普門寺に住し、次いで東福寺・天竜寺・南禅寺などに歴住し、東福寺内に不二庵を築いて隠退した。五山詩文や朱子学に長じた。著書、琴川録、不二遺稿など。〔参考〕本朝高僧伝四〇、岐陽自讃

**ほうしゅう　法洲**　（明和二1765—天保一〇1839）浄土宗の僧。字は託阿。稟蓮社承誉と号する。長門の人。同国西円寺光誉（法岸）に師事し、江戸幡随院潤誉から浄土宗の五重秘訣を相伝し宗戒両脈及び布薩を受け、広く仏教学を学んだ。但馬来迎寺・大坂大乗寺に住し、長門の西円寺の主となった。文政八年1825讒訴により流罪となったが、翌年赦免された。著書、託事弁一九巻、正邪強会弁四巻など。〔参考〕法洲和尚行業記

**ほうしゅう　法執**　⇩我執《がしゅう》

**ほうじゅう　法住**　①(応永四1397—文明一一1479) 真宗の僧。近江堅田本福寺三世。本願寺存如・蓮如に師事し、応仁元年1467京都大谷の祖像を堅田に迎え、大津に供奉して守護した。また蓮如に従って越前吉崎、京都山科などに移り随侍した。〔参考〕本福寺跡書、本福寺由来記　②(享保八1723—寛政一二1800)新義真言宗豊山派の僧。字は智幢。大和の人。幼時から仏教を学び、一九歳で長谷寺の無等に両部灌頂と諸流の密法を学ぶなど、広く各派に学び豊山三二世となる。豊山の学風を起こし、新義真言宗の旧地、根来大伝法院を復興した。著書に管絃相成義二巻、大日経玉振鈔一〇巻、倶舎論聞持記二四巻など。③(文化三1806—明治七1874) 真宗大谷派の学僧。号は開華院。佐渡の人。了祥に師事して真宗学を学び、講師職に進み、江戸牛込伝久寺・名古屋守綱寺に住持した。著書、教行信証金剛録七巻、一念帰命義一冊など。〔参考〕大谷派学事史、大谷派先輩著述目録

**ほうじゅうき　法住記**　一巻。原名は梵ナンディミトラ・アヴァダーナ Nandi-mitrāvadāna といい、詳しくは大阿羅漢難提蜜多羅所説法住記という。唐の玄奘の訳。正法伝持の十六大阿羅漢をあげて、仏法流通の次第を記したもの。中国ではこの書に基づいて十六羅漢の形像を図写することが流行した。セイロン島(師子国)の仏教に関する史料として重視され、レヴィ S. Lévi およびシャヴァンヌ E. Chavannes がフランス語訳と評解を発表した(1916)。チベット訳があるが、漢訳本と対照すると相違する部分が少なくない。㊅四九

**ほうじゅうじ　法住寺**　①韓国忠清北道報恩郡俗離面俗離山。新羅真興王一四年553インドから帰った義信の開創と伝える(一説に新羅恵恭王〔765—80在位〕の頃、真表の創建という)。高麗太祖元年918証通国師(太祖の第五子)が王の命をうけて中興。高麗・朝鮮の歴朝の尊崇があつく、住僧としては慈静弥授・碧巌覚性らが有名。現在も四天王石灯・双獅子石灯など新羅統一時代初期の石造美術が残る。②京都市東山区三十三間堂廻り町付近にあった寺。永延二年988藤原為光が創建し、五間の本堂、東西に法華三昧堂と常行三昧堂があった。正暦三年992には封戸一〇〇戸が施入された。長元五年1032焼失したが、その後再建されなかった。しかし久寿三年1156当地には中納言入道(清隆か)により法住寺堂が営まれ、のち後白河院はこの地に後院を置き、これが法住寺殿といわれて後白河院政の中心となった。この院御所は十余町に及ぶ壮大な境域をもち、三御所が営まれた。うち南殿には懺法堂・不動堂ほかがあったが、寿永二年1183木曾義仲の兵火で焼失。西殿には念仏堂などがあったが、承安三年1173に焼亡した。後白河院没後、やがて廃絶した。昭和四〇年1965をはじめとする発掘調査の結果、鎌倉—室町期にかけての建物礎石などが発見された。〔参考〕日本紀略、扶桑略記、小右記、兵範記、百練抄、山城名勝志一五

**ほうしゅうみょうすうきょう　法集名数経**　一巻。北宋の施護の訳。三宝・三乗より始めて五一種の法数を列挙したもの。梵本ダルマサングラハ Dharmasaṃgraha は英国で笠原研寿が刊行した(1885)。㊅一七

**ほうしゅうようじゅきょう　法集要頌経**　四巻。北宋の天息災の訳(990—1000頃)。梵本ウダーナ・ヴァルガ Udāna-varga の漢訳とみなされる。ウダーナ・ヴァルガは法句経(ダンマ・パダ Dhamma-pada)に類した経典で、説一切有部の伝承によるものである。同じウダーナ・ヴァルガからの漢訳とされるものに出曜経があるが、法集要頌経が偈頌のみを収めるのに対し、出曜経は字句の解釈や因縁譚を付加している。⇩法句経《ほっくきょう》。㊅四

**ほうしゅん　法俊**　(暦応三1340—応永二三1416) 曹洞宗の僧。足利尊氏の末子。字は英仲。丹波永沢寺天真自性に師事して曹洞禅を学び、同国円通寺の開山となり、永沢寺・慈眼寺に住した。〔参考〕日本洞上聯灯録四、延宝伝灯録七、本朝高僧伝三九

**ほうじゅん　法順**　(陳の永定元557—唐の貞観一四640) 華厳宗第一祖。姓は杜氏。杜順ともいう。帝心尊者、敦煌菩薩ともいわれる。雍州万年(陝西省西安府)の人。僧珍に師事し禅を学び、のち終南山に住し

て華厳を宣揚し、種々の霊異を現じ、唐の太宗の帰敬をうけた。弟子に智儼がおり、智儼の下に法蔵が出た。著書に華厳法界観門一巻が現存するが、その真撰については現在疑問視されている。〔参考〕続高僧伝二五、華厳経伝記三・四

**ほうじょ　法助**　(安貞元1227—弘安七1284) 藤原道家の子。仁和寺道深法親王について得度しその法嗣となった。一身阿闍梨・准三后に叙せられ、仁和寺一〇世を継ぎ、のち山城乙訓郡の開田院に隠退した。著書、胎蔵界私註二巻、金剛界私註二巻など。〔参考〕本朝高僧伝一五、伝灯広録一八下

**ほうじょ　法序**　(　—永徳三1383) 臨済宗の僧。字は不遷。相模の人。諡号は仏照慈明禅師。夢窓疎石に学んで印可を受け、近江徳雲寺、京都天竜寺・南禅寺の主となった。〔参考〕延宝伝灯録二四、本朝高僧伝三五

**ほうしょう　宝生**　(康永二1343—応永二一1414) 臨済宗の僧。字は白崖。河内の人。近江永源寺寂室に学び、円覚寺大拙祖能の印可を受け、抜隊《ばっすい》得勝ら五五人の諸老に謁し、九州から関東に遊化した。興禅寺・円福寺に住し、上野国那波泉竜寺の開山となった。勅諡号は普覚円光禅師。〔参考〕本朝高僧伝三九、普覚円光禅師伝

**ほうしょう　宝唱**　生没年不詳。梁代の僧。姓は岑氏。呉郡(江蘇省蘇州府)の人。建初寺僧祐に学び、天監四年505勅によって新安寺に住し、僧旻《そうびん》・智蔵・蕭綱らの著作に参与した。著書、名僧伝、宝唱録など。〔参考〕続高僧伝一

**ほうしょう　報生**　生得、果報ともいう。自ら修習して得たのでなく果報として自然に生じたものという意。八地已上の菩薩が変易身《へんにゃくしん》を受ける時、生まれながらにして自然に得る定《じょう》を報生三昧という。この三昧に入れば心のはたらきによらなくてひとりでに(自然無功用《じねんむくゆう》)種々の身を示現して衆生《しゅじょう》を済度し、仏を供養することができるという。

**ほうじょう　方丈**　一丈(三メートル)四方の室の意で、方丈室、丈室ともいう。禅寺における住持の居室または客殿のこと。函丈《かんじょう》、正堂《しょうどう》、堂頭《どうちょう》とも称する。維摩《ゆいま》の禅室が方一丈であったとする説に由来する。転じて住持のことをも方丈、丈室という。

**ほうじょう　放生**　捕えられている魚や鳥を買い取って池沼・山野に放つこと。これを行う法会を放生会《ほうじょうえ》といい、放って逃がす池を放生池《ほうじょういけ》という。金光明経巻四流水長者子品に、流水長者《るすいちょうじゃ》が瀕死の魚を救って水と食とを与え、また経を聞かせたので後に魚がみな天に生まれたとある話や、梵網経巻下に、すべての生類はみなわが父母であるから殺したり食ったりすることなく放生せよ、と勧めているのに基づく。葬儀や法要などの時に鳥を放つのも同じ趣旨であり、これを放鳥《ほうちょう》という。⇩放生会《ほうじょうえ》

**ほうじょう　法上**　(北魏の太和一九495—北周の大象二580) 世に上統と称する。姓は劉氏。朝歌(河南省)の人。幼時で出家し、のち慧光(光統《こうず》律師)に具足戒をうけた。魏斉両朝の帰依をうけて後梁・明帝の天保元年562昭玄大統に任じられ、皇帝および后妃重臣に菩薩戒を授けた。北斉の武平七年576高句麗から仏滅以来の年数などを尋ねられた時、仏は入滅以来一四六五年を経ていると答えた。弟子は慧遠・法存・霊裕らがある。著者、大乗義章六巻、仏性論二巻などがあったという。〔参考〕続高僧伝八、歴代三宝紀一二

**ほうじょう　法常**　①(北斉の天統三567—唐貞観一九645) 隋・唐代の僧。姓は張氏。白水(河南省南陽県)の人。曇延《どんえん》に涅槃経・摂大乗論を受け、長安の大禅定寺に住し、唐の太宗の勅で波羅頗迦羅蜜多羅《はらばからみったら》の訳場に参じ、普光寺を創建する。著書、摂論義疏八巻、玄章五巻など。〔参考〕続高僧伝一五　②(天宝一一752—開成四839) 唐代中期の禅僧。姓は鄭氏。大梅和尚と称する。襄陽(湖北省襄陽県)の人。馬祖道一の法を嗣ぎ、明州(浙江省鄞県)大梅山に隠れる。語録一巻がある。〔参考〕祖堂集一五、宋高僧伝一一、景徳伝灯録七　③⇩牧谿《もっけい》

**ほうしょう-いん　宝生院**　愛知県名古屋市中区大須。北野山と号し、真言宗智山派。真福寺とも称し、俗に大須観音という。

建久年間1190—99伊勢神宮の神職度会行家の子能信が中島郡大須荘北野村（現岐阜県羽島市）に開創したと伝える。正平五年1350後村上天皇の勅願所となり、文和元年1352摂津四天王寺から観音像を移して本尊とし、任瑜法親王が第三世を継ぎ寺運隆昌となる。のち兵乱や水害で衰退し、慶長一七年1612現地に移転、次第に寺観を整えた。昭和二〇年1945戦災にあう。寺宝に、開山能信の蒐集古書が多数あり、世に大須本・真福寺本といわれ、稀覯本が多い。〔国宝〕古事記、漢書食貨志ほか　〔重文〕絹本著色仏涅槃図、日本霊異記、口遊、本朝文粋、空也誄、続本朝往生伝、宋刊本僧史略、紙本墨書扶桑略記、七大寺年表ほか　〔参考〕張州府志二、尾張志二、真福寺善本目録

宝生院（尾張名所図会）

**ほうじょう-いん　放生院**　⇩橋寺放生院《はしでらほうじょういん》

**ほうじょう-え　放生会**　功徳を積むために、捕えられた魚鳥などを贖い、山野や池沼に放つ法会。生命を尊び殺生を戒めることは諸経に説かれているが、中国で南北朝の頃から涅槃経などにもとづく断肉の思想が普及するにつれて不殺放生の法が盛んになった。梁の慧集が生類を贖って放ち、隋の智顗《ぎち》が放生池を作ったのもその例であり、その後、勅により放生池が作られ、四月八日の仏生日などに放生会が行われるようになった。日本では、敏達天皇の時、六斎日に放生を行うことを勅し、その後、諸国に放生池を設け、魚鳥を贖う資として放生田が設けられた。諸社寺の放生会のうち、石清水八幡宮の放生会は有名で、八月一五日を会日とさだめている。現在、諸寺で行われる放生会は、多く敬首の放生慈済羯磨儀軌による。〔参考〕梵網経下、金光明経四、智者大師別伝、石清水放生会記

**ほうじょう-き　方丈記**　一巻。鴨長明の著（建暦二1212）。はじめに人生の無常を説き、ついで著者が見聞した世の大火・大風・飢饉・大地震などの悲惨事を記し、最後に日野山に閑居した次第と、そこにおける閑居のさまとを記している。慶滋保胤の池亭記によるところが多いが、行文は流麗で鎌倉初期の随筆として特異なものである。日本古典文学大系三〇、鴨長明全集　〔写本〕大福光寺本（カタカナ本）

**ほうじょう-じ　法成寺**　京都市上京区河原町今出川南の一帯にあった寺。寛仁四年1020藤原道長が阿弥陀堂（無量寿院）を創建したのに始まる。京極御堂と呼ばれ、またこの寺に住したので道長は御堂関白と称された。治安二年1022法成寺と号し、堂宇の壮大美麗さを称されたが、康平元年1058焼失。嘉保二年1095頼通により再建されたが、その後もしばしば火災にあい、文保元年1317には金堂が倒壊した。こうした災難が相次ぎ、ついに廃絶した。〔参考〕栄華物語一六—一八、扶桑京華志三、山城名勝志三

**ほうじょう-じ　法常寺**　京都府亀岡市畑野町千ケ畑藤垣内。大梅山と号し、臨済宗妙心寺派。寛永九年1632後水尾上皇の帰依をうけた一糸文守が結んだ桐江《とうこう》庵が前身で、同一八年上皇が庵の隣接地に宮中旧殿の材を下賜し、方丈・食堂・庫裏を整え、当寺の正式な開創となった。その後勅願寺となり、皇室・公家の帰依をうけた。明治一〇年1877罹災したが、のち復興された。〔重文〕紙本墨書後水尾天皇宸翰（一糸和尚山居詩並御次韻和歌）　〔参考〕法常寺文書、雍州府志四、山城名勝志一五

**ほうじょう-じ　法盛寺**　三重県桑名市萱町。浄土真宗本願寺派。柳堂法盛寺と号する。親鸞が関東より帰洛の途次、三河矢作《やはぎ》の阿弥陀堂を真宗道場とし柳堂と改めたのに始まると伝える。六世慶祐が兵乱をさけ桑名益田に移して阿弥陀寺と称し、一〇世のとき現名に改めたという。慶長二年1597現地に移る。

**ほうじょう-ぼう　宝城坊**　神奈川県伊

勢原市日向。日向山と号し、高野山真言宗。俗に日向薬師《ひなたやくし》という。霊亀二年716行基の草創と伝える霊山寺の別当坊。建久五年1194に源頼朝が参詣して以後、武門の崇敬が厚く、とくに万治三年1660徳川氏が一山一二坊の堂宇に大修理を施したが、明治維新後一一坊が廃絶したので、本坊の薬師堂を管して現在に至る。本尊薬師三尊は平安中期の作で、日本三薬師の一。〔重文〕木造薬師如来両脇士像、同阿弥陀如来坐像、同薬師如来坐像、同日光・月光菩薩立像、同四天王立像、同十二神将立像、銅鐘 〔参考〕廻国雑記、新編相模風土記稿五一

**ほうじょう-ぼさつ　法上菩薩**　法上は㈵ダルモードガタ Dharmodgata の訳。法涌、法来などとも訳し、曇無竭《どんむかつ》と音写する。衆香城（ガンダヴァティー Gandha-vatī 犍陀越《けんだおつ》と音写）で般若を説いていた菩薩。これに従って法を聞いた常啼《じょうたい》菩薩（サダープラルディタ Sadāprarudita）とともに、釈迦如来あるいは般若菩薩の脇侍として般若十六善神図に描かれる〈⇩常啼菩薩《じょうたいぼさつ》〉。〔参考〕道行般若経九・一〇

**ほうしょうゆうづう　法性融通**　⇩縁起相由《えんぎそうゆ》

**ほうしょう-ろん　宝性論**　⇩究竟一乗宝性論《くきょういちじょうほうしょうろん》

**ほうしん　宝心**　（寛治六1092—承安四1174）　真言宗の僧。号は浄蓮房、上野阿闍梨と称される。醍醐理性院賢覚に伝法灌頂を受け、次いで理性院門跡となり院務を司り、のち高野山に隠遁した。その流を宝心方という。著書、タラマ鈔一〇〇巻。〔参考〕伝灯広録続編七

**ほうしん　法進**　（武周の聖暦元698—日本の宝亀九778）日本律宗の第二祖。中国申州（河南省信陽県）、一説に明州の人。鑑真に師事し、天平勝宝五年753共に来朝し、鑑真をたすけて東大寺戒壇院の建立を遂げ、鑑真が唐招提寺に移ってから戒壇院を管し、また大和仏国寺を開創して戒法を講授した。著書、沙弥十戒威儀経疏五巻、註梵網経六巻など。〔参考〕元亨釈書一三、本朝高僧伝五七、戒律伝来記

**ほうしんのう　法親王**　「ほっしんのう」とも読む。出家した皇族を国家のもとで、保障していく制度上の地位。本来、皇子らはみな親王であったが、親王宣下が始まってからは、宣下がなければ親王にはなれなくなった。以前は賜姓源氏という形態もあったが、この制は皇族の寺院進出という事態の中で、三条天皇の子性信の時から事実上はじまり、白河法皇の子覚行の頃から明確になる。後白河上皇の時には寺院支配をめざして特にその数がふえ、江戸時代には宮門跡ともいわれ、以後新井白石の時に少し改変されたが、明治四年1871まで存続した。出家の身でも品位が維持され、法親王庁を有し、時には年給等も与えられ、俗界への口入もした。延暦寺・園城寺などの有力院家の門跡となった。特に、仁和寺の法親王は法会による僧侶の昇進制度を通じて南都にまで影響を及ぼした六勝寺を統括し、また総法務にもなり、惣在庁を支配下に置いて、諸寺院の中まで目をきかした。

**ほうすう　法数**　⇩ほっすう

**ほうせん　法宣**　（寛政二1790—慶応三1867）　真宗大谷派の学僧。諱は祐玄、号は蘆洲、広説院と諡する。大坂天満善覚寺の住職。京都高倉学寮で宗学を学び、嗣講職に進み、学寮で講義した。著書、倶舎論義記一七巻。〔参考〕真宗高倉大学寮沿革略

**ほうぜん　法全**　⇩はっせん

**ほうせん-じ　奉先寺**　韓国京畿道楊州郡。三十一本山の一。高麗光宗（949—75在位）頃の創建で、雲岳寺と称したという。李朝の睿宗元年1468大妃尹氏の命で世祖の冥福を祈るため、仏殿、僧寮などを造営し奉先寺の額を賜った。燕山君（1494—1506在位）が排仏を行ったとき、奉恩寺と共に陵墓奉侍の寺として残され、ついで中宗三三年1538にも廃絶の難を免れた。明宗（1545—67在位）のとき、当寺を教宗本寺、奉恩寺を禅宗本寺と定め、一時栄えた。宣祖・仁祖のとき兵火にあったが、再建された。

**ほうぜん-じ　法善寺**　①山梨県南アルプス市加賀美。高野山真言宗。加賀美山と号し、もと加賀美寺といい、空海を開基とする。承久年間1219—22加賀美遠光が高野山の覚応を請うて中興した。のち、加賀美

遠経は寺地を村内寺部より現在地の遠光の館跡に移した。〔重文〕紙本墨書大般若経（源信長願主）五六一巻　②大阪市中央区難波一丁目。天竜山と号し、浄土宗。慶長年間1596—1615琴誉が京都伏見で開創。元和四年1618大坂安国寺坂に転じ、寛永一四年1637専誉が難波に移したという。千日念仏を行ったことから千日寺とも呼ばれた。場内の水かけ不動は庶民の信仰を集めている。

**ほうぜん-じ　逢善寺**　茨城県稲敷市小野。天台宗。慈雲山無量寿院と号する。文武天皇の勅により創建されたといい、天長三年826覚叡の開基とも伝える。古来天台檀林として栄え山内に六坊があり、常総二国の末寺百四十余寺を統轄した。

**ほうぞう　法蔵**　法を含蔵するの意。①仏によって説かれた教説、教法のこと。およびこれらの教説を含蔵する聖教《しょうぎょう》・経典を指す。法蔵を阿含《あごん》の訳語とするのはこの意味においてである。②多くの功徳《くどく》即ち法の集積のこと。転じて如来蔵《にょらいぞう》をいう。③すべての功徳を有する南無阿弥陀仏の名号《みょうごう》のこと。

**ほうぞう　法蔵**　（貞観一七643—先天元712）　唐代に華厳宗を大成した学者で、同宗の第三祖。賢首《げんじゅ》大師、賢首菩薩、康蔵法師、香象大師、華厳和尚と呼ばれ、国一法師の号を賜った。先祖は康居国の出身で、姓は康氏。長安で生まれ、一七歳で太白山に入って仏典を学びのち洛陽の雲華寺の智儼《ちごん》から華厳経の講義を受けた。咸亨元年670勅によって太原寺で初めて出家し、同寺や雲華寺で華厳経を講じた。永隆元年680には地婆訶羅《じばから》の訳場で入法界品の本を校勘し、六十華厳の闕文を補った。武周の証聖元年695実叉難陀《じっしゃなんだ》が新華厳経の翻訳をした時には、筆受の役を勤め、訳が完成したのち詔により仏授記寺でこれを講義した。ついで実叉難陀・義浄・日照・菩提流志らの翻訳に協力し、さらに東西両京など五カ所に華厳寺を創立した。大薦福寺で没する。中宗・睿宗の戒師となり則天武后に重んじられた。著書、華厳経探玄記二〇巻（大三五）、華厳伝記五巻（大五一）、華厳五教章四巻、華厳旨帰一巻、遊心法界記一巻、金獅子章一巻、妄尽還源観一巻（以上大四五）、起信論義記五巻（大四四）、十二門論宗致義記二巻（大四二）など甚だ多い。門人に慧苑《えおん》がいるが、師と意見を異にした。〔参考〕康蔵法師碑、華厳経伝記五、法蔵和尚伝、宋高僧伝五

法蔵（仏祖道影）

**ほうぞう-いん　宝蔵院**　⇩慈恩寺《じおんじ》②

**ほうそう-き　峰相記**　一巻。著者不詳（貞和四1348）。「ぶしょうき」「みねあいき」とも読む。著者が播州峰相山鶏足寺で旧知の老僧と行った問答を記したという。初めに日本の華厳・真言・天台・禅・涅槃・浄土・法相・三論・倶舎・成実・律の一二宗の各所依の経典・祖師・相承・宗義を略述し、出離生死の法門は浄土の他力念仏門であることを説き、次に当山鶏足寺・増位山随願寺・法花山一乗寺・八徳山八葉寺・妙徳山神積寺・蓬山普光寺・一宮伊和大明神・二宮荒田大明神・酒見大明神など当国の諸社寺の縁起を述べ、さらに古事、郡郷田地のことなどを収載する。〔写本〕斑鳩寺蔵ほか　〔刊本〕元禄年間1688—1704刊　仏全一一七、続群二八上、続史籍集覧一

**ほうぞう-じ　法蔵寺**　①愛知県岡崎市本宿町寺山。浄土宗西山深草派。大神光二村山国宝院と号する。大宝元年701行基が開創し、皇后の安産を祈禱したので出生寺と称したという。貞治元年1362教空竜芸が現宗に改め、徳川家康の祖松平親氏が堂宇を造営して現寺号を定めた。家康は七世教翁に受学したと伝える。②滋賀県野洲市六条。浄土宗。慶長年間1596—1615安土浄厳院清閑が開創。正徳三年1713堂宇を造営したが寛政七年1795に罹災、同一一年野洲村成満寺の本堂を移建した。〔重文〕木造毘沙門天立像

**ほうぞう-じ　宝蔵寺**　秋田県大仙市神

宮寺。曹洞宗。白宮山と号する。文和三年1354宝山宗珍を開山とし、富樫氏の創建。越中永安寺末であったが、のち加賀大乗寺末となる。地蔵堂本尊は関の地蔵と称され、民間に信仰を得ている。

**ほうぞう-ろん　宝蔵論**　一巻。後秦の僧肇《そうじょう》(374—414)の著と伝えるが、八世紀後半に牛頭禅または浄衆宗系の禅者によって偽作されたものといわれる。本書は華厳思想や老荘思想の影響がみられ、唐代中期以後の禅宗の語録の中に多く引用される。㊅四五

**ほうた　法汰**　(太興三320—太元一二387)東晋代の義学僧。竺法汰という。釈道安と同学。東莞(広東省東莞県)の人。道安と別れて南東に弘教し、沙門道恒の心無義を論破した。東晋簡文帝に厚遇され放光経を講じた。弟子に竺道生・曇一・曇二がある。〔参考〕高僧伝五

**ほうたい　法体**　⇩ほったい

**ほうだい-いん　宝台院**　静岡市葵区常磐町。浄土宗。金米山と号する。永正四年1507観誉祐崇が開創し、竜泉寺と号した。有渡郡豊田村にあったがのち紺屋町に移り、天正一七年1589徳川秀忠の母西郷局を葬る。寛永年間1624—44局の法号宝台院に因んで寺号とし現地に移った。〔重文〕木造阿弥陀如来立像　〔参考〕蓮門精舎旧詞一八、駿河新風土記

**ほうたい-しょうぞく-ざつじ　法体装束雑事**　一巻。著者不詳(文政年間1818—30頃の成立)。宣胤卿記・親長卿記・薩戒記・平戸記・近代装束抄・雅通卿抄・三光院内府抄などを引用し、特に宮中出入時の装束に関して詳しい。仏全七四

**ほうたく　宝鐸**　堂や塔の四隅ののきに懸ける大型の鈴。風鐸、簷鐸《えんたく》ともいう。

**ほうだ-じ　宝陀寺**　大分県西国東郡大田村沓掛。臨済宗東福寺派。幡竜山と号し、大同三年808良観が開創したという。正平年間1346—70地頭田原直平が寺僧良義と共に堂宇を再興し、臨済宗に改め悟庵を中興開山とした。のちしばしば罹災したが、その都度、大友氏・松平氏が再興した。現堂は明治一三年1880の罹災後の建築。

**ほうたん　鳳潭**　(万治二1659—元文三1738)華厳宗の学僧。越中埴生村の人(一説に摂津池田の人)。諱は僧濬《そうしゅん》。鳳潭は字で、芳潭とも書く。華嶺道人、幻虎道人と号した。瑞竜鉄眼に師事し、のち南都や叡山に学んだ。華厳宗の再興を志し、宝永1704の初め、江戸の大聖道場で華厳経を講じた。洛西の松尾に安照寺を創建し、正徳五年1715華厳寺と改称、享保八年1723寺を最福寺谷堂の故地に移した。諸宗の学匠としばしば論戦すると共に、多くの書を著わした。著書、華厳五教章匡真鈔一〇巻、起信論幻虎録五巻、念仏往生明導劄二巻、鉄壁雲片三巻など。

**ほうてん　法天**　生没年不詳。北宋代の訳経家。インド中部の人。那爛陀寺《ならんだじ》で学び、北宋の開宝六年973中国へ来て、法進らと共に訳経に従事した。太平興国五年980太宗に召されて開封に赴き、同七年太平興国寺に訳経院が設けられてからは天息災《てんそくさい》らと共に同院に住した。伝教大師の号を賜り、朝奉大夫試鴻臚少卿に補された。聖無量寿経、金剛針論など四十数部を訳している。雍熙二年985名を法賢と改め、咸平四年1001没したとの伝もあるが誤りである。〔参考〕宋高僧伝三、仏祖統紀四三・四四、補続高僧伝一

**ほう-とう　宝塔**　下に基礎をおき、その上に軸部と首部とよりなる塔身をのせ、その上に笠を、頂上に相輪をたてた塔。基礎は方形、塔身の平面は円形である。笠は四注状、たまに六角のものや八角のものがある。軸部の上、首部の下辺に縁板や勾欄に相当するものを作り出したもの、首部がなく軸部が笠にすぐ続く形もある。起源は法華経見宝塔品によるといわれるが、形式についての明示はない。なお宝塔はいかな

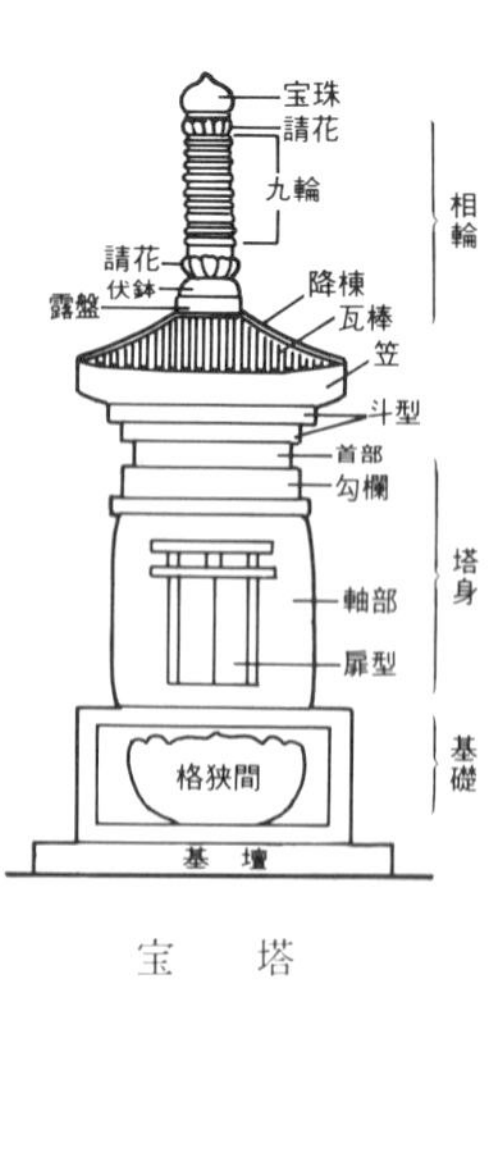

宝　塔

る形式にせよ塔の美称であって、特定の塔形をさすものではなく現行の名称に従ったもので、昔の記録にみえる宝塔を現今の宝塔の意に解すると誤りをおかすことがある。石造・木造・銅造・鉄造があり、その建立年代は奈良時代にさかのぼるが、平安時代から各地で作られた。うち石造の宝塔は密教系の塔として平安後期以降に作られた。最古の石造宝塔は、京都市左京区鞍馬寺の保安元年1120銘のもの。滋賀県には鎌倉時代の遺品が多い。また地方色豊かなものに、大分県の国東塔、鳥取県の赤崎塔がある。

**ほうどう 方等** ㈵ヴァイプルヤ vaipulya の訳で、毘仏略《びぶつりやく》、毘富羅、鞞仏略、斐肥儸、為頭羅と音写し、方広、広破、広大、広博、広解、広、無比とも訳し、また大方広、大方等ともいう。九部経・十二部経(即ち原始仏教経典の基本的な型)の一。広大甚深の義を広説詳説したものの意。ところが、大乗仏教では主として大乗経典を指す語であるとし、後には小乗の三蔵(仏教聖典)中には方等はないと説き、量的に広大であるよりはむしろ内容的に広大平等の理を説いたものが方等であると考えた。大乗経典の名称に大方等、大方広という語を冠せたものがあるのは、九部経・十二部経の一である方等と区別するためである。方等は大乗経典を意味するから大乗経典をまた大乗方等経典ともいう（方広道人の方広の語は大乗の意味）。

**ほうどう 法道** ①生没年不詳。インドの人で紫雲に乗って日本に来たという。播磨印南郡法華山に庵居し、法華経を読誦し密灌を修した。大化五年649天皇不豫に際し加持して験があり、法華山に大殿(現一乗妙行院)を建て、白雉二年651宮中で大蔵経会を行ったという。〔参考〕元亨釈書一八、本朝高僧伝七四 ②(文化元1804—文久三1863)浄土宗の僧。字は円如。徳蓮社元誉信阿と号する。長門萩の人。同国大日比西円寺法洲、増上寺弁信らについて浄土宗を学び、舜従から五重・宗戒両脈を伝え、知恩院聴誉から布薩伝戒を受けた。西円寺の主となり同国法船庵を中興した。〔参考〕法道和尚行業記(大日比三師伝)

**ほうどう 法幢** 生没年不詳。真宗大谷派の学僧。肥後光行寺の住職。真宗学について宗義安心儀式などに異義を主張し、文化三年1806講師深励《じんれい》らによって審理を受けた。

**ほうとう-じ 宝塔寺** 京都市伏見区深草宝塔寺山町。深草山と号し、日蓮宗。もと藤原基経の創建で極楽寺と称したが、延慶三年1310当寺の僧良桂が日像に論破されてから日蓮宗となった。のち造塔し、日蓮・日朗・日像の三師の遺骨を収めたので宝塔寺と改称したという。一時中絶したが天正年間1573—92妙顕寺日堯の弟子日銀が堂宇を再興し、以後妙顕寺末となる。〔重文〕多宝塔、四脚門(総門) 〔参考〕雍州府志一六、都名所図会五

**ほうどう-じ 法幢寺** 北海道松前郡松前町松城。曹洞宗。大洞山と号する。寺伝では延徳二年1490宗源が大館に創建し、永正一〇年1513蠣崎氏が現地に移して菩提所としたという。但し元禄三年1690の記録「寺号本末並年数之覚」では天文一五年1546の創建という。道内の総録司であった。

**ほうとく-じ 奉徳寺** 韓国慶尚北道慶州にあった寺。新羅聖徳王(702—37在位)の時の創建。恵恭王七年771に完成した奉徳寺鐘(一名は聖徳大王神鐘)があったが、現在は慶州博物館に保管されている。〔参考〕韓国寺刹全書上

**ほうなん 法難** 仏教教団のこうむった迫害。中国ではことに三武一宗の法難(北魏太武帝、北周武帝、唐武帝、後周世宗)が著しい例で、日本では各宗いずれにも政府や他宗の徒などから迫害された事件があったが、明治維新の際の排仏毀釈なども法難の一である。⇩排仏《はいぶつ》

**ほうに 法爾** 法然《ほうねん》、自然《じねん》ともいう。万象(諸法)が天然自然にそのような状態においてあること。あるがままのすがたをしていること。因力《いんりき》や業力《ごうりき》に対して法爾力といえば、説明することのできない天然自然の力を意味し、四種道理の第四、法爾道理は火の熱いこと、水の湿潤性のように、あるがままの相における天然の道理をいう。真宗では阿弥陀仏の願力にはから

われることを法爾とも自然《じねん》法爾ともいう。

**ほうにょ　法如**　（宝永四1707―寛政元1789）浄土真宗本願寺派本願寺一七世。諱は光闡《こうせん》。字は子武。播磨真宗本徳寺寂円の第二子。河内顕証寺の席を継ぎ、寛保三年1743本山主となり一七世を継いだ。〔参考〕大谷本願寺通紀三

**ほうにょ-に　法如尼**　（天平一九747―宝亀六775）右大臣藤原豊成の女とされる。伝によると禁中に箏を奏して賞され三位に叙せられ、中将の名を賜ったので中将姫という。世を厭い当麻寺《たいまでら》で得度、法如と号して同寺に住した。某年称讃浄土経一千巻を書写して寺内に納め、また藕絲（蓮の繊維の糸）を以て観無量寿経の曼荼羅を織ったのが当麻曼荼羅という〈⇩当麻曼荼羅《たいままんだら》〉。〔参考〕古今著聞集二、当麻曼荼羅縁起

**ほうねん　法然**　⇩源空《げんくう》

**ほうねん-いん　法然院**　京都市左京区鹿ケ谷御所ノ段町。浄土宗系単立寺院。善気山万無教寺という。法然上人二十五霊場の一。法然の門弟住蓮・安楽が、六時礼讃を修した故地といい、寛永年間1624―44知恩院霊岩が再興を企てたが完成せず、延宝八年1680万無がその弟子忍澂と堂宇を再興した。経蔵には忍澂およびその弟子十余名が校訂した大蔵経を収める。〔重文〕金地著色桐に竹図・若松図・槇に海棠図など一四面襖絵、同松図二曲屏風　〔参考〕円光大師行状画図翼賛四九、雍州府志四

**ほうねん-じ　法然寺**　①香川県高松市仏生山町。浄土宗。仏生山来迎院といい、法然上人二十五霊場の一。建永二年1207法然が当国に配流されたとき、逗留した子松庄生福寺を、寛文八年1668高松藩主松平頼重が現地に移し現号に改称した。同一〇年知恩院門跡尊光法親王に請うて準本山となる。〔重文〕絹本著色十王像、紙本著色観世音功徳図、同源氏図（初音巻・紅葉賀巻）、後深草天皇宸翰御消息　〔参考〕円光大師行状画図翼賛五一、全讃史四　②京都市右京区嵯峨天龍寺立石町。熊谷山極楽殿と号し、浄土宗。法然上人二十五霊場の一。寺伝によれば、法然の門弟熊谷蓮生房の草創で、もと錦小路東洞院にあり熊谷寺と号したという。天正年間1573―92寺基を仏光寺下ル中之町に移したが、昭和三九年1964現在地に移る。

**ほうねん-しょうにん-えでん　法然上人絵伝**　浄土宗の開祖法然（源空）の伝記を絵巻としたもの。法然の遺徳を顕彰し、その教えを伝えるために種々作られ、教線拡張に大きな効果を発揮した。法然の門下ははやくより分かれたために、自派の優越性を示す手段ともなっていた。派祖やその流れを汲む指導者が正統な後継者であることを示そうとして、生涯のなかで特定の人物との交わりがことさら強調されたり、付加されたりしている。最も古いものは嘉禎三年1237に願主である耽空が詞書を執筆し、絵を源光忠（観空）が描いた、原名「伝法絵流通」である。原本は伝わらないが室町時代の転写本（「本朝祖師伝記絵詞」全四巻）が久留米善導寺にある。法然の嵯峨廟塔建立の由来を詳しく説くことから、耽空を嵯峨門徒の有力者で二尊院を開いた正信房湛空と同人とする説があるが、年齢が一致しない。各地の浄土真宗の寺院には「伝法絵」系統の絵と近似した掛幅仕立の絵伝が伝蔵されており、終戦後紹介されたが、まもなく断簡となって分散した一本（上下二巻本の下巻）は、親鸞門流で絵解きされていたと推測できる。なかでも高田派本山専修寺蔵「法然上人伝法絵下巻」は、顕智が永仁四年1296筆写した詞書のみの冊子本であるが、前述初期「伝法絵」を増補・変改したもので、絵伝を絵解きする際に門流の特色を打ち出そうとしたものである。この顕智の詞書を底本として制作された絵巻が「法然聖人絵」である。もと五巻以上よりなる絵巻であるが、現在そのうちの四巻が知られている（知恩院蔵一巻・京都堂本四郎氏蔵三巻、いずれも重文）。巻末に所持者である弘願の署名があることにより「弘願本」と呼ばれる。「伝法絵」系統の絵巻や「弘願本」の影響下に聖光の門下（鎮西派）で制作された九巻本の絵巻の江戸時代の模本が東京芝の妙定院にある。題名はないが、巻初・巻末に「向福寺琳阿弥陀仏」の名が見えることより「琳阿本」と通称される。同系統のものとして、画風より鎌倉末期の成立と推定できる残欠二本があるが、三本間に直接の書写関係はない。弘

願と琳阿はともに本願寺との関係を持つ南北朝時代の人で、二人とも親鸞の絵巻の所持者でもあり、絵解き僧であった可能性もある〈⇩弘願《ぐがん》〉。次に「拾遺古徳伝《しゅういことくでん》」は真宗本願寺三世覚如が正安三年1301常陸国鹿島の門徒である道信の要請で制作した九巻本の絵巻である。題名は当時の法然の伝記に漏れていた親鸞を拾記するとの意味だといわれ、従来明らかでなかった親鸞の行実が法然を継ぐものとして分明に叙述されている。諸本第九巻の識語には、覚如が同年一一月一九日より一二月五日に至るわずか一七日間に草した旨が記されているが、絵は「琳阿本」と近似しており、その関係が注目される。また先行絵巻より継承されている法然の詞が意識的に改められている箇所がある。そして知恩院蔵「法然上人行状絵図」(勅修御伝、四十八巻伝ともいう。国宝)四八巻は、法然伝の集大成ともいうべき浩瀚な規模を誇る絵巻物で、一説では、後伏見上皇の勅命により、叡山功徳院の舜昌が旧伝を集めて編纂したもので、徳治二年1307より一〇年かかって完成したといわれる(忍澂「勅修吉水円光大師御伝縁起」)。全篇二三七段は、生涯の主要な事跡のほか、天皇・公家・高僧から庶民にいたる帰依と門弟列伝、法話・教説からなる。また、知恩院の名称が現われる最初の絵巻であり、法然と浄土宗(鎮西派)と知恩院の結びつきを誇示している。すなわち、法然尊崇の中心となるのは法然の廟堂より発展した知恩院であることを表明せんとした絵巻である。〔複製〕日本絵巻物集成一五・一六、新修日本絵巻物全集一四、続日本絵巻大成一―三

**ほうびん　法敏**　(陳の太建一一579―唐の貞観一九645)姓は孫氏。丹陽の人。英禅師に従って出家したが、陳が亡びたのち還俗し、二年ののち再び出家し、越の余姚(浙江省)梁安寺に住し、法華・三論を講じた。貞観元年ふたたび丹陽にかえり、華厳・涅槃を講じた。〔参考〕続高僧伝一七

**ほうふく-じ　宝福寺**　岡山県総社市井尻野。臨済宗東福寺派。井山と号する。貞永元年1232至鈍慧聡が創建し、弁円に師事して以後臨済宗となる。三層塔は寺伝では弘長二年1262北条時頼の建立という。永享年間1429―41雪舟が当寺で剃髪した。〔重文〕三重塔、絹本著色地蔵菩薩像、同十王像〔参考〕日本名勝地誌六、東福寺誌

**ほうふく-ずぎ　方服図儀**　二巻。慈雲飲光《おんこう》の著(寛延四1751)。袈裟《けさ》の由来・裁製などの工儀を詳述した書。勧誡・勝徳・名義・制縁・正儀・証文・斥非・問答の八章に分け、五章の正儀には裁製の方法および仏・菩薩・聖者の像を図示する。略本(本書)と別に広本(三巻本)があるという。日蔵三五、仏全七四、慈雲尊者全集一〔刊本〕宝暦二1752刊、明治四五1912刊〔註釈〕飲光・科一巻、玄談講解一巻、講解玄談一巻、講解一〇巻(以上、慈雲尊者全集一二)

**ほうぶつ-じ　報仏寺**　茨城県水戸市河和田町。法喜山と号し、真宗大谷派。建保六年1218親鸞の門弟唯円が、河和田の榎本に道場を開いたのに始まるという。古来、「歎異抄」はこの河和田の唯円の撰述とされている。天正一八年1590外護者の春秋氏の滅亡とともに衰退し、のち河和田の泉渓寺跡に再建されたという。承応二年1653(一説に同三年)水戸藩の排仏で破却されたが、元禄二年1689にいたって願入寺住持慧明院の口添えで徳川光圀の命により現在地に再興された。同三年本山より報仏寺の号を付される。

**ほうぶつ-しゅう　宝物集**　平康頼の著。平清盛によって鬼界ケ島に流された著者がゆるされて帰洛し、治承二1178、三年頃に書いた仏教説話集。形式は大鏡を模しており、嵯峨の釈迦堂に参籠する人と夜もすがら話しあい、世の中で仏法が無上の宝であるとして、三宝の霊異、六道輪廻、往生の方法などについて語る中に仏教説話をおさめている。説話の典拠は法華経・報恩経をはじめ、往生要集、日本霊異記、法華験記、今昔物語集など。現存本には一巻、二巻、三巻、六巻、七巻の諸本があって、説話や語句に異同がある。これは後世の改訂増補によるものであろう。仏全一四七、続群三二下、新型名著文庫一三(七巻本、再版本)〔写本〕宮内庁書陵部蔵(一巻本、自筆と伝える)、神奈川県最明寺蔵(零本、巻四のみ、鎌倉時代写)、本能寺蔵(六巻本)、静嘉堂文庫蔵(二巻本、寛永六1629写)〔刊

本)寛永二〇1643刊、元禄六1693刊など

**ほうべん　方便**　㊵ウパーヤ upāya の訳。近づく、到達するの意。即ち、たくみにはかりごとを設けて目標に近づくこと、またたくみになされたはかりごと、向上し進展するための手段としての行、ものごとのあつまって一体となっているありさまなどを意味する。種々の用例があり、慧遠の大乗義章巻一五や窺基の法華玄賛巻三には四種方便を挙げる。即ち、⑴進趣方便。方便道という場合のように、さとりに向かって近づく準備的な行(加行《けぎょう》)。⑵権巧方便《ごんぎょうほうべん》。方便智(権智。仏が衆生を導くためにはかりごとをめぐらす智)という場合のように、かりにたくみなてだて、はかりごとを設けること。⑶施造方便(施為方便)。十波羅蜜の一である方便波羅蜜のように、目的理想の達成のためになすことが、たくみでよくかなっていること。⑷集成方便《しゅうじょうほうべん》。十地経論の六相の説のように、すべての存在が、その本質は同じであり、一の中に一切を具え、一切の中に一を成じて、たくみに相集まり成立しているすがた。以上の四である。衆生を導くてだてとして世間にはたらくすぐれた智、即ち方便智のはたらきを善巧方便《ぜんぎょうほうべん》(㊵ウパーヤ・カウシャルヤ upāya-kauśalya)といい、以上の用例では⑵・⑶にあたり、四智のうち成所作智《じょうしょさち》を体とするとされ、方便善巧、善権方便、善方便、巧方便、権方便、勝方便、善巧、善権、巧便などともいう。すべての教説はそれが言語によって世間にあらわれている点からはことごとく方便施設《せせつ》にほかならないのであるが、その中でさとりそのものを直接的に説いて真実の意図をあらわしたのを真実教、真実に導くてだてとして相手に応じて種々に示したのを方便教(方便仮門《ほうべんけもん》、権門《ごんもん》)といい、そのてだてを化前方便《けぜんほうべん》、権仮方便《ごんけほうべん》などという。また別のてだてを異方便、仏果をさとって後の方便を果後の方便などといい、その他、法性法身《ほっしょうほっしん》或いは果極法身に対して方便法身、真実報土に対して方便化土、正乗に対して方便乗などの語がある。施造方便を教道方便(理論上の教義をたくみに修め習う)・証道方便(分別をすてて直接にさとりに入る)・不住方便(あらゆる相対差別の見解にとらわれない)の三にわけることがあり、また菩薩《ぼさつ》について十二巧方便(仏法を学ぶについての六種と衆生《しゅじょう》を教え導くについての六種)を数えることがある。即ち内には⑴すべての衆生におもいをかけ、⑵くまなく菩薩のなすべき行を知り、⑶この上ないさとりの智慧を求め、⑷衆生をおもうから生死《しょうじ》(迷)の世界を捨て離れず、⑸煩悩《ぼんのう》に染まらない心をもって生死の世界にとどまり、⑹さとりを求めてはげみ、外には⑺衆生の少しの善根でかぎりない果を起こさせ、⑻衆生の少しの努力でかぎりない善根を起こさせ、⑼仏教に反抗するものにはその暴害を除き、⑽どちらつかずのものを仏教に導き入れ、⑾すでに入ったものをそだて上げ、⑿そだて上げたものを解脱させることをいう。また⑼―⑿の四種の衆生を教化する方法として、(イ)相手の性質能力にしたがって次第に教え導き(随順巧方便)、(ロ)善行を行えばかならず何々を与えると約束を立てて導き(立要巧方便)、(ハ)教えに従わないものにはおそろしい相を示して悪をやめさせ(異相巧方便)、(ニ)悪事をする者をせまりうながして善につかせ(逼迫巧方便)、(ホ)衆生に徳を施して恩に報いる心を起こさせ(報恩巧方便)、(ヘ)身に仏果を得る手法を示して衆生を道に入らせて清らかにする(清浄巧方便)のを六種巧方便という。また地蔵十輪経巻一〇には、善巧方便に執われのある有所得《うしょとく》のものと、執われを離れた無所得のものとをわけて、世間善巧方便・出世間善巧方便の二方便とし、旧訳の華厳経巻四〇には二千の普賢行法《ふげんぎょうほう》のうち、地上《じじょう》の菩薩の行として布施・持戒・忍辱・精進・禅定・智慧・大慈・大悲・覚悟・転不退法輪の十種方便を説き、大乗起信論には信成就発心を説く所に行根本方便・能止方便・発起善根(増長)方便・大願平等方便の四種方便を説くなど、諸経論に種々の方便が説いてある。天台宗では智顗《ちぎ》の法華文句巻七には法用《ほうゆう》・能通・秘妙の三方便を挙げ、蔵・通・別の三教を相手に応じて与えるのを法用方便、方便が真実に通じる門であるの

を能通方便、法華以前の権教の秘が法華円教により開顕されて秘即妙であるのを秘妙方便とし、また体外《げたい》・同体の二方便を挙げて、真実に対するのを体外方便、方便即真実であるのを同体方便とし、それぞれ仏の随他意語・随自意語がそれであるとする。また浄名経疏巻三には自行・化他・自他の三方便を挙げ、仏および四十一位の菩薩がさとる不思議二諦の理を自行方便、蔵・通・別の三教および円教の有門《うもん》に明らかにする、諸菩薩が煩悩を断たずに界内・界外《げかい》の種々の教えを等しく照らすのを化他方便、両者を合わせたのを自他方便とする。また摩訶止観巻四には円頓止観《えんどんしかん》を修めるための準備として具五縁・呵五欲・棄五蓋・調五事・行五法の二十五方便（二十五便法）を説く。即ち、具五縁とは清らかに戒を持ち（持戒清浄）、衣食の準備を整え（衣食具足）、静かな場所に住み（閑居静処《げんごじょうしょ》）、生活の雑事をやめ（息諸縁務）、よい指導者を得ること（得善知識）。呵五欲《かごよく》とは修行者が色・声・香・味・触の五欲を起こさないようにいましめること。棄五蓋とは貪欲・瞋恚・睡眠・掉悔《じょうけ》・疑の五つの煩悩心を棄てること。調五事とは食・眠・身・息・心をととのえること。行五法とは善心をおこして欲・精進・念・巧慧・一心の五法を行うことをいう。また真宗では第十八願の真実の行信に対して第十九・第二十願に示すものを方便の行信とする。⇩三願《さんがん》

**ほうべんしん-ろん　方便心論**　一巻。竜樹（ナーガールジュナ Nāgārjuna）の造と伝える。北魏の吉迦夜《きつかや》・曇曜の共訳（延興二(472)）。論理的方法についての思想の集成・組織化を試みた書として、仏教者の手に成る最初のものとされる。カニシカ Kaniṣka 王時代（二世紀前半）の内科医と言われるチャラカ Caraka の著作チャラカ・サンヒター Caraka-saṃhitā の中に含まれる論理学についての記述を、この論が踏襲していることが宇井伯寿（印度哲学研究二）によって明らかにされた。㊅三二、国一論集部

**ほうぼう　法宝**　生没年不詳。唐代初期の人。玄奘の門人。玄奘が倶舎論を訳出した時、倶舎論疏三〇巻（㊅四二）を著わし倶舎の宝疏として知られる。また大般涅槃経疏を著わしたが一部分が現存するに過ぎない。義浄の訳場の証義の任にも当たった。九時八教の判を立て、一性皆成を論じたので玄奘・窺基とは主張を異にする。〔参考〕開元録九、宋高僧伝四

**ほうぼう-だんきょう　法宝壇経**　⇩六祖壇経《ろくそだんきょう》

**ほう-ほっしょう-ふんべつ-ろん　法法性分別論**　原題はダルマ・ダルマター・ヴィバンガ Dharma-dharmatā-vibhaṅga という。弥勒《みろく》（マイトレーヤ Maitreya）の著と伝えられ、チベットでは弥勒の五部論の一つに数える。唯識思想における法の観念を説く論書。法すなわち現象世界における事物一般は、虚妄分別された、実在性のないものであって、断ち切られるべきものであるのに対し、法性すなわち法の本来のあり方は、主客の分別を離れた真如であり、涅槃であることを説いて、法と法性とが対立する二極である一方で、法が法性を証するための不可欠の契機であることを論じ、法性を得るために瑜伽行の実践が必要であることを強調する。梵本は断片のみが伝わり、漢訳はなく、完本としてはチベット訳でのみ現存する。チベット訳には世親（ヴァスバンドゥ Vasubandhu）による註釈も伝わり、本論とともに山口益により和訳されている（1933）。

**ほうまん-ざん　宝満山**　福岡県太宰府市と筑紫野市との境にある山。標高八二九・六メートル。竈門《かまど》山、御笠山ともいい、修験道の霊場。宝満山神を祀り、天台宗本山派の修験に属し、彦山《ひこさん》の支配をうけた。天武天皇の時、心蓮が一寺を創したのに始まり、のち役小角《えんのおづぬ》が入山したという。盛時には衆徒方三〇〇坊、修験行者方七〇坊を数えたが、弘治三年1557大友宗麟が社領を没収したので衰えた。江戸時代には大先達を楞伽院《りょうがいん》と号し、行者方二五坊と一山の無常寺成道院のみとなった。明治初年の神仏分離に際して破壊され、現在は頂上に竈門神社上宮と太宰府側山麓に下宮が鎮座する。〔参考〕筑前国続風土記七、神仏分離史料続篇

**ほうみょう　法名**　仏教に帰依した者につける名。出家の儀を表わすもので、通常、僧侶は得度式の時につけ、在俗者は授戒会や帰敬式・結縁灌頂の際に授けられる。法名二字の上に「釈」の字をつけるのは、仏教に帰依する者はすべて釈迦の氏族（釈氏）であるとの意である。増一阿含経の説にもとづき中国の前秦の道安が主唱して以来、一般に仏教徒であることを表わす名として用いられ、現在、真宗ではこの風を伝えている。また宗派により、法名の下に男女老少の別に応じて、居士、禅定門、信士、大姉、禅定尼、信女、童子、童女などの文字を加えることがある。なお、法名とは別に道号をつける風習があるが、これは中国ではその人の諱《いみな》（本名）を呼ぶのを避ける習わしがあったところから、別によび名として嘉号を立て、或いは地名などで呼んだ（例えば慈恩は大慈恩寺の窺基、天台は天台山の智顗、百丈は百丈山の懐海）のにもとづくもので、禅宗で主として用いられ、庵の字や堂の字をつけるから庵堂の道号という（例えば破庵《はあん》祖先、晦堂《かいどう》祖心）。北宋代以後は道号は転じて字《あざな》となり師家から授ける風習も行われ、その後、この字のほかに別に号をたてて表徳号（その人の得たさとりの徳を表す号）とするようにもなった。日本では、道号は鎌倉時代以後、諸宗で用いられるようになった。浄土教系で阿弥陀仏号（例、重源—南無阿弥陀仏、弁長—弁阿弥陀仏、真教—他阿弥陀仏）を用い、また浄土宗の蓮社号（例、弁蓮社袋中）、誉号（例、酉誉聖聡）、阿号（例、然阿良忠）、同じく西山派の空号（例、円空立信）、真宗の如号（例、蓮如兼寿）なども道号に由来するようである。また真言宗では結縁灌頂の時に投華得仏で定められた有縁仏の密号を金剛名（例、遍照金剛）といい、日蓮宗には祖師の名にあやかる日号（例、日向）がある。なお、一般に高貴な人に法名の上に院号をつける風習があるが、これはもと天皇が譲位後の御所を院と称し、冷泉院以後は諡号（おくりな）を奉らずに院号を称したことにはじまるもので、後には皇后、親王などにも院号の宣下がなされ、更に摂家、将軍なども院号、院殿号《いんでんごう》を称するようになり、江戸時代には大名や士分の者にまでつけるようになった。その他、法名の上に居住の屋舎の名をとって、庵号、斎号などをつけることもある。また高徳な僧には、朝廷から生前又は死後に大師号、国師号、禅師号などの勅諡号《ちょくしごう》を賜ることがあり、墓碑に塔号を贈ることもある。大師号は、中国では唐の高宗が慧威らを四大師朝散大夫に封じ、ついで懿宗が雲顥らに三慧大師などの称号を与えたのにはじまり、日本では清和天皇が最澄に伝教大師、円仁に慈覚大師の号を諡ったのにはじまる。

**ほうみょう　法明**　生没年不詳。鎌倉時代の曹洞宗の僧。字は了然。高麗の人。若年に出家して南宋に行き、徑山《きんざん》の無準師範に参じ、宝治元年1247来朝し、出羽玉泉寺を開き、道元について法衣を付せられた。〔参考〕日本洞上聯灯録一

**ぼうみょう　傍明**　⇩正明《しょうみょう》

**ほうみょうじ　法明寺**　①東京都豊島区南池袋。威光山と号し、日蓮宗。弘仁年間810—24空海の開創とも（真言）、円仁の創建とも（天台）伝えるが不詳。正嘉元年1257日源が現宗に改め日賢を初祖とした。江戸時代武家の外護で寺観は大いに整ったが、文化七年1810、天保元年1830に類焼し間もなく復興。俗に雑司谷鬼子母神といい、江戸時代から民間信仰で有名。〔参考〕江戸名所記六、江戸砂子四、新編武蔵風土記稿一六　②大阪市平野区喜連。融通念仏宗。遍照山南源院と号し、俗に長者寺という。大念仏寺第七世法明良尊は宗祖良忍の遺風をしたい、摂津平野に大念仏寺を建て一宗を中興したが、貞和三年1347これを興善修観に譲って別に草創したのが当寺である。

**ほうめつ　法滅**　①正法の滅尽。仏法のほろぶこと。多くは末法の時期が終ったときに起こるとする。②有部《うぶ》では、有為法《ういほう》の法体は未来の位から現在の位に生じてきて、その刹那《せつな》にただちに滅して、過去の位に去る（落謝《らくしゃ》する）と説く。このように法体が滅することを法滅といい、法体が生じた刹那ただちに滅して一瞬も同じ状態

で持続しないことを刹那滅という。法が刹那に滅するのはいかなる因によるのでもなく、諸法の本来の性質として刹那滅であると説くのを法滅不待因《ほうめつふたいいん》（法が滅するのには因を待たない）と称する。これは正量部《しょうりょうぶ》、南伝上座部を除いて大乗小乗に共通する説である。ただし四相の中の滅相がそこに働くことは当然であり、この四相と先の法体が実有《じつう》であるか仮有《うけ》であるかについては異説がある。

**ほうもつ　法物**　仏教僧団において教理の伝統を維持するために用いる財物、資材のことで、主として経巻、帙、箱の類、及び法宝に対して供養されたものなどを指す。三宝物《さんぼうもつ》即ち仏物・法物・僧物の一。

**ほうもん　法門**　教えのこと。それに従って学べば聖者の智に入ることができるから門という。法文というときは、教法を説いた文章をいう。

**ほうもん-か　法文歌**　梁塵秘抄巻二にみえる仏教の法文を主としてうたった歌謡。二二〇首があり、法華経をよんだものが最も多い。和讃の系統をひくもので、中には極楽六時讃・天台大師和讃・舎利和讃などの句をそのまま取っているものもある。形式は七五調の四句からなる今様体を厳格に守っている。おそらく雑芸の中では最も古い由来をもっているものであろう。

**ほうもん-じ　法門寺**　中国陝西省岐山県にあった寺。俗に鳳翔法門寺という。創建年代は不明であるが、唐の貞観年間627—649再興の際に魏周の古碑二基と仏舎利を得て栄えた。しばしば当寺の仏骨を禁中に迎え、盛大な供養が行われた。韓退之の論仏骨表が上表されたのは憲宗の元和一四年819の入内供養に対してである。

**ほうもん-じょき　法門鋤宄**　一巻。清の白巌浄符の著（康熙六1667）。禅宗五家のうち、雲門・法眼両派の源流である天皇道悟の法系に関する古来の妄説を批判した、一種の禅宗史論。北宋の慧洪覚範や達観曇頴、明の費隠通容らが、丘玄素および符載の碑によって、天皇道悟を馬祖の嗣とし、雲門・法眼の両派がその下に出たとし、石頭下の天皇道悟を抹殺せんとした主張を、種々の根本資料を挙げて論破したものである。本書は元禄三年1690に、既に日本の徳巌養存が著わした五家弁正と共に重刊され、のちに指月慧印がこれに箋解を付している。(続)二乙・二〇・四

**ほうもん-ひゃくしゅ　法門百首**　一巻。寂然《じゃくねん》の著。成立年不詳。諸経論からとった句を題とし、その意をよんだ歌一〇〇首を一部一〇首、一〇部に分類してあつめたもの。一首ごとに歌意をのべた散文を付している。国東叢一（歌頌部）、群書二四

**ほうもん-みょうぎしゅう　法門名義集**　一巻。法門名相集、法門名義ともいう。唐の李師政の編（武徳元618）。多くの経典より法門に関する名目を集め、意義を略解する。身心・過患・功徳・理数・賢聖・因果・世界の七品に分ける。(大)五四

**ほうゆう　法融**　（開皇一四594—顕慶二657）隋・唐の禅僧で、牛頭《ごず》宗の祖。姓は韋《い》（一説に文）氏。潤州延陵（江蘇省丹陽県南）の人。茅山《ぼうざん》（同省句容県東南）で三論の炅《うきょ》法師に般若を学んで自得し、牛頭山幽棲寺（同省江寧県南）に住した。心銘・絶観論の作があり、金剛・維摩などの註もあった。禅宗では四祖道信の嗣とし、最初の分派とする。〔参考〕第一祖融大師新塔記（全唐文六〇六）、続高僧伝二六、弘賛法華伝三、祖堂集三、景徳伝灯録四

**ほうらい-じ　鳳来寺**　愛知県南設楽郡鳳来町。煙巌山と号し、真言宗五智教団の本寺。俗に峯薬師という。大宝年間701—04利修仙人の草創と伝える。建久年間1190—99源頼朝が再興し、引続き中世を通じて長篠、築手、田峯の各城主の保護をうけた。近世にはいって徳川氏が復旧に努め、新たに山下に東照廟を建てた。明治八年1875、大正三年1914と罹災し、同一四年薬師堂を再建。明治三九年一山真言となるまでは、山上の東照廟（輪王寺末、天台宗）と薬師堂（高野山末、真言宗）の抗争が絶えなかった。旧一月三日には、室町時代の田楽踊の古型を残すという鳳来寺田楽 国指定重要無形民俗文化財）がある。なお本堂西方の大岩壁を鏡岩といい、その崖下の平坦地から平安末期から室町初期にわたる、蔵骨器に使用さ

れたとされる常滑《とこなめ》壺などが発見された。そして室町以降には鏡岩の窪みに鏡や骨を塗りこむ風習、あるいは岩上から鏡を谷へ投げ入れる信仰があったとされる。また鳳来寺山（標高六六四・二㍍）はブッポウソウと鳴くコノハズクの棲息地として有名。〔重文〕仁王門　〔参考〕参河志二七

**ほうらく　法楽**　仏法を味わい楽しんで精神生活を養う意味であるが、日本では仏や神の前で大乗の経論を転読講論して供養することをいい、転じて法会の終りに仏神の前で伎楽を行い、詩歌を賦して供養することをいうようになった。東大寺造立供養記に、内宮・外宮の法楽として大般若経を書写し転読したことを記すのはその一例であり、百練抄巻八には阿弥陀講のとき管弦・朗詠・今様などを行ったことを述べる。能・狂言・芝居などを行うのを法楽の能、法楽の芝居などといい、また和歌や連歌を奉納するのを法楽和歌、法楽連歌という。後世では見世物を無料で興行する場合にも用いる。

**ほうらくーじ　法楽寺**　滋賀県大津市大石東。大石山延命院と号し、天台宗。仁寿年間851―54円仁の創建という。貞享三年1686澄養が再建。領主本多氏の外護を得て隆盛をきわめた。〔重文〕木造薬師如来坐像　〔参考〕貞享三年法楽寺勧進帳

**ほうりゅうーじ　法隆寺**　奈良県生駒郡斑鳩《いかるが》町。聖徳宗大本山（第二次世界大戦前は法相宗の本山）。南都七大寺の一。法隆学問寺と称し、斑鳩寺、鵤寺《いかるがでら》ともいう。用明天皇の遺願により、推古天皇一五年607聖徳太子が天皇の協力を得て寺を建て薬師三尊像を安置したのに始まる。同三〇年太子の病気平癒を祈って王妃らが釈迦三尊像の造立を企て、翌三一年鞍作鳥が制作してこれを安置した。日本書紀や七大寺年表によると、寺は天智天皇九年670に全焼し、のち再建されたようであるが、金堂・塔・中門及び歩廊の一部は創建当初のものであるとする説もあり、明治以後さかんに論争された。昭和一四年1939若草伽藍跡が発掘されてからこれを創建時の法隆寺跡とし〈⇩若草伽藍跡《わかくさがらんあと》〉、今の西院の伽藍はその後の再建であるとする説が決定的となった。天平一一年739僧行信が斑鳩宮の故地に八角円堂（上宮王院、夢殿）を営んで救世観音像を安置したが、のちにこの区域を東院と称し、金堂・塔の根本伽藍を西院と呼ぶようになり、奈良時代の中頃にはほぼ東西両院の諸堂舎が整った。延長三年925西院の講堂・北室などが雷火で焼け、正暦二年991仁階が講堂を再建した。その後、時には寺運の衰えたときもあったが、仏法興隆の聖地として朝野の尊崇をうけ、豊臣秀頼や徳川綱吉も諸堂を修理している。明治時代になって古社寺保存法により修理が加えられ、昭和九年には文部省に法隆寺国宝保存工事事業部が設けられて根本的大修理が長期計画で行われた。世界最古の木造建築物であり、伽藍配置はいわゆる百済式七堂伽藍と呼ばれる。国宝、重文がすこぶる多い。当寺は奈良時代から教学の中心寺院の一であり、とくに三論・唯識の道場として重んじられた。なお金堂の壁画は浄土図を図絵した大壁四面と諸菩薩を描いた小壁八面と天人を描いた内陣の小壁二〇面と羅漢を描いた外陣の小壁一八面とから成る。大壁四面の浄土図について所説は一様ではないが、東壁は釈迦、北壁東寄りは薬師、北壁西寄り

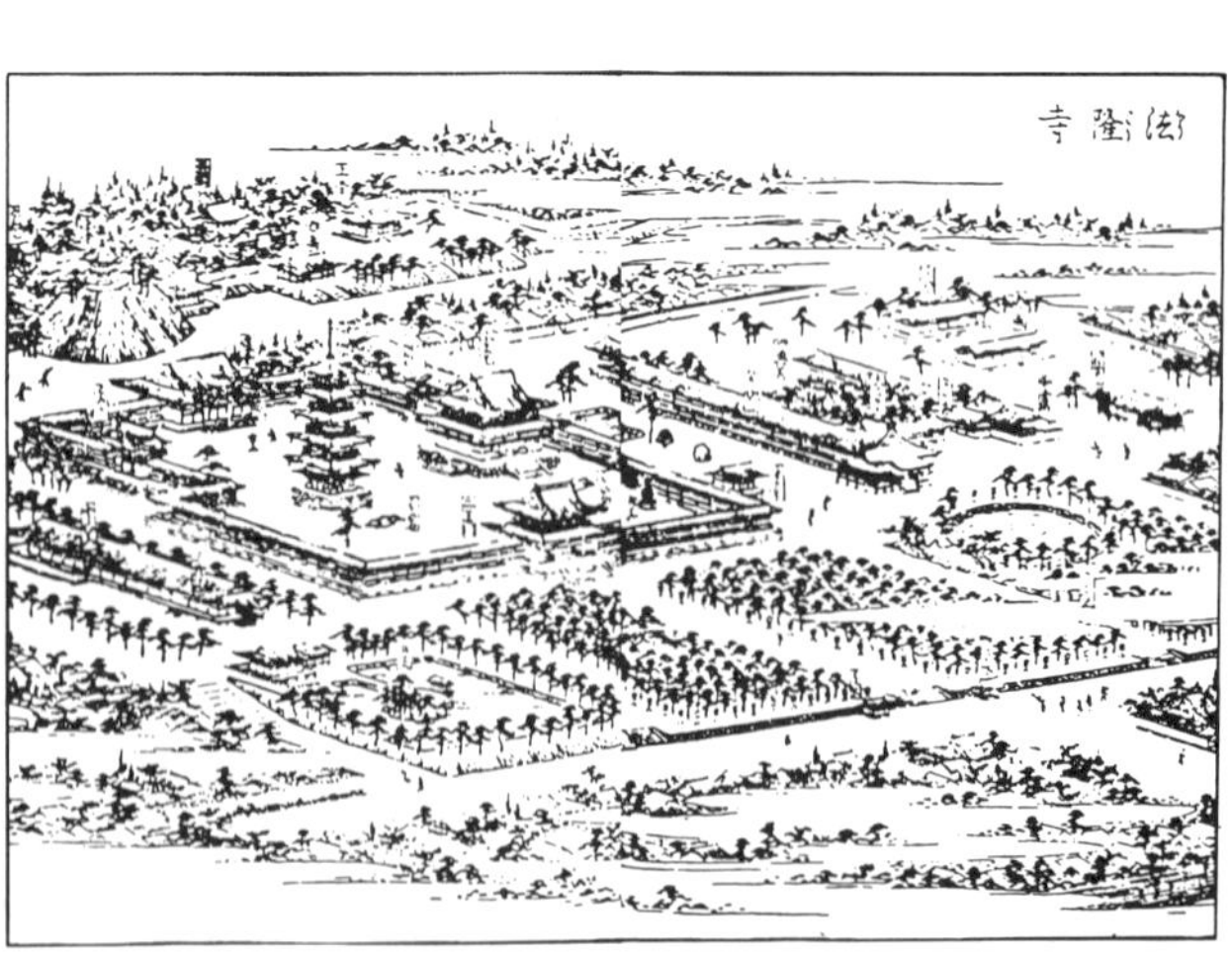

法隆寺（大和名所図会）

は弥勒、西壁は阿弥陀のそれぞれの浄土図であるとするのが穏当である。その筆者・制作年代は不明であるが、様式上和銅年間708—15を前後するものと推定されている。大壁および小壁の画は惜しくも昭和二四年一月二六日焼損したが(焼け残りの壁画は壁間から離して別に保存されている)、天人を描いた小壁二〇面は取り外されていたので災害を免れた。また五重塔の壁画は中古修繕の際に塗り潰されていたが、昭和一八年以後の同塔の解体修理により、八つの小壁にそれぞれ菩薩像が描かれていたことが判明した。この壁画の制作年代はほぼ金堂の壁画と同時代と推定される。〔国宝〕〈建造物〉金堂、中門、五重塔、東院夢殿、大講堂、鐘楼、経蔵、廻廊、東院鐘楼、東院伝法堂、南大門、西円堂、聖霊院、食堂、東大門、三経院及び西室、東室、綱封蔵〈彫刻〉銅造釈迦如来及両脇侍像、同薬師如来坐像、同観音菩薩立像(夢違観音)、同阿弥陀如来及両脇侍像(付、木造厨子)、木造観音菩薩立像(百済観音)、同観音菩薩立像(夢殿安置)、同四天王立像、同薬師如来及両脇侍坐像、同聖徳太子(山背王・殖栗王・卒末呂王・恵慈法師)坐像、同釈迦如来及両脇侍坐像、同地蔵菩薩立像、同観音菩薩立像(九面観音)、同毘沙門天・吉祥天立像、乾漆行信僧都坐像、同薬師如来坐像、塑造道詮律師坐像、同塔本四面〈工芸〉四騎獅子狩文錦、玉虫厨子、黒漆螺鈿卓〔重文〕金堂外陣旧壁画、木造百万塔(一〇二基)ほか多数〔参考〕法隆寺史料集成

**ほうりょう　宝亮**（劉宋の元嘉二一444—梁の天監八509）南斉・梁時代の涅槃学者。姓は徐氏。東莱掖(山東省)の人。青州の道明に師事し、南斉の竟陵文宣王および梁武帝の帰依を受け、霊味寺で涅槃経を講ずること八四遍。武帝の勅により天監八年涅槃集解を撰した。門人に僧旻《そうびん》・法雲・僧遷らがいる。〔参考〕高僧伝八、南史列伝六六

**ほうりん　法輪**　㊵ダルマ・チャクラ dharma-cakra の訳。仏の教えを転輪聖王《てんりんじょうおう》の持つ輪宝《りんぼう》に喩えたことば。仏が説法することを転法輪《てんぼうりん》という。よく衆生《しゅじょう》の煩悩《ぼんのう》をうちくだき、一人一所にとどまらず次々と教化《きょうけ》するからである。また梵輪ともいう。梵とは清浄《しょうじょう》の義、或いは仏は大梵であり、梵音で説法するから、或いは初転法輪《しょてんぼうりん》のときに梵大が教えをとくことを請うた(梵天勧請《ぼんてんかんじょう》)からとする。また有部《うぶ》では法輪とは特に八聖道《はっしょうどう》を指すとする。⇩転法輪《てんぼうりん》

**ほうりん　法琳**（陳の太建四572—唐の貞観一四640）隋・唐代の僧。姓は陳氏。頴川《えいせん》(河南省許昌県)の人。内外の学に通じ、終南山(陝西省長安県南)竜田寺に住した。武徳四年621、道士傅奕《ふえき》の排仏に抗し、護法の志を以て破邪論二巻、弁正論八巻を上進する。波羅頗迦羅蜜多羅の訳経にも関係し、文集三〇巻があった。〔参考〕法琳別伝、続高僧伝二四、大唐内典録五

**ほうりん　法霖**（元禄六1693—寛保元1741）浄土真宗本願寺派の学僧。姓は雑賀氏。紀伊海部郡関戸の人。号は日渓。同国鷺森《さぎのもり》御坊で得度し、西本願寺学林で若霖《じゃくりん》に師事して真宗学を究め、近江正崇寺の主となり、元文元年1736本願寺派第四代能化となった。天台の教旨によって宗乗を解説し、旧義に異なる点があって後日一益達解の誣を招いた。著書、笑螂臂六巻・浄土折衝編二巻は華厳宗鳳潭の念仏往生明導剳を破斥したもの。〔参考〕大谷本願寺通紀巻八、清流紀談巻一、本願寺派学事史

**ほうりん-じ　宝林寺**　①中国広東省韶州府の南、曹渓山にある。梁の天監元年502智薬三蔵が「この地に一七〇年後に肉身の菩薩(慧能)が出現する」と予言したのを、韶州牧侯敬中が上奏し、同三年堂舎を建て宝林の額を賜ったのにはじまるという。唐の竜朔年間661—63禅宗の六祖慧能が来住したが、悪徒に追われて懐会に避難し、儀鳳二年677帰山した。以来、禅の道場として栄え、神竜元年705に中興寺、同三年に法泉寺の号を中宗から賜った。先天二年713国恩寺で没した慧能の遺身をこの地に葬って塔を建て、元和一〇年815塔を霊照と号し、柳宗元の撰した碑を築いた。北宋の開宝年間968—76修築して南華寺と改称。②韓国全羅南道長興郡有治面。新羅憲安王三年859王命によって迦智山寺に住した体澄(804—80)は、翌四年金彦卿の助けを得て同寺に盧舎那仏像を鋳造し、のち次第に堂宇を拡張した。憲康王九年883勅して体澄に普照禅師と

謚し、塔を彰聖、寺を宝林と名づけた。普照禅師霊妙塔（彰聖塔）、および同塔碑は創建当時のものを今に伝える。

**ほうりん-じ　法輪寺**　①京都市西京区嵐山虚空蔵山町。真言宗五智教団（もと真言宗御室派）。智福山と号し、俗に嵯峨の虚空蔵という。もと木上山葛井寺といい、天平年間729—49行基の草創と伝える。天長六年829空海の弟子道昌が中興し虚空蔵像を安置し、貞観一六年874堂宇を再建し、現寺号に改めた。空也、良源門人道命がそれぞれ来住し、高倉天皇の時、当寺で出家し阿浄と号した滝口入道と横笛の物語は著名。慶長一一年1606前田利家を檀越として堂宇を再興。元和年間1615—24禅宥が入寺し、大広沢流を伝えた。元治元年1864罹災し、大正三年1914に復興。子供が一三歳になった春、智恵を授かるために参詣する十三詣りの風習があり（三月一三日から一カ月間）、桜の季節で賑う。〔重文〕木造持国天・多聞天立像　〔参考〕法輪寺文書、法輪寺縁起、雍州府志五　②奈良県生駒郡斑鳩町三井。妙見山と号し、聖徳宗。法琳寺、法林寺、三井寺ともいい、推古天皇三〇年622聖徳太子の病気平癒のため山背大兄王らが建立し、のち高橋朝臣が寺事を掌ったという。元暦二年1185源義経が長刀を奉納、天正一五年1587豊臣秀吉が下馬石を建てた。飛鳥時代の遺構の三重塔は昭和一九年1943に落雷で全焼したが、飛鳥様式で再建された。現在は金堂・講堂・妙見堂・宝蔵・庫裡などがある。〔重文〕木造薬師如来坐像、同十一面観音立像、同虚空蔵菩薩立像、同聖観音立像、同吉祥天立像、同地蔵菩薩立像、多宝塔文磬ほか　〔参考〕太子玉林抄、聖徳太子伝私記、諸寺縁起集

**ほうりん-そう　法輪僧**　沙門《しゃもん》（出家の僧）の本質即ち沙門の性《しょう》は諸の無漏《むろ》の聖道《しょうどう》であるが、有部《うぶ》では特に見道位に限ってこの聖道に法輪僧の名を付する。転輪聖王《てんりんじょうおう》の輪宝《りんぼう》に似て、すみやかに順次に転じて未伏を伏させるなどの相があるからである。ただし経部《きょうぶ》では見・修《しゅ》・無学の三道ともに法輪と名づける。提婆達多《だいばだった》のように仏に反逆して仏の権威を認めない別教団を立てることを破法輪僧といい、破羯磨僧《はこんまそう》（部派、宗派を分裂させること）と並べて二種の破和合僧とする。

**ほうりん-でん　宝林伝**　一〇巻（うち現在は七・九・一〇巻を欠く）。詳しくは大唐韶州双峯山曹渓宝林伝という。唐の朱陵の沙門智炬（慧炬ともいう）の編（貞元一七801）。初期禅宗史伝の書の一で、従来は景徳伝灯録、伝法正宗記、大蔵綱目指要録などによってその名を知られるのみであったが、日本の青蓮院《しょうれんいん》、および中国の山西省趙城県広勝寺所蔵の金版大蔵経中から発見されてその内容が紹介された。六祖慧能の南宗禅の法統として西天二十八祖、東土六祖の伝灯説を主張し、師資相承の法信として、従来の伝衣に代えて初めて仏祖伝法偈を掲げたもので、智炬はこれを持って曹渓に行き、西天の勝持三蔵と協力して編集したという。内容は史実と言いがたいが、当時の祖師禅が主張した一種の教判的なものとしては特色あるもので、唐代中期以後の仏教史に与えた影響は大きい。後梁の開平年間907—10惟勁《いきょう》（雪峯の嗣で、のち南岳般舟道場に住した）が続宝林伝を著わしたといい、祖堂集、景徳伝灯録以下の禅灯史類がすべて本書の説を受けている。なお前記の大蔵綱目指要録や、円仁の承和五年838入唐求法目録によると、原本には巻首に会稽沙門霊澈《れいてつ》（746—816）の序があったといい、霊澈は有名な当時の詩僧であった（全唐文六〇五、劉禹錫撰澈上人文集序）から、本書中の伝法偈の成立なども、歴史的にはそうした社会的背景から生まれたものであろう。また巻首の釈迦牟尼仏章に掲げられる四十二章経は、一般のものと極めて相違し、禅宗で用いられる仏祖三経中のものの原型となったもので、本書編集の当時、禅林で実際に行われていたものであろう。〈⇩祖堂集《そどうしゅう》〉　宋蔵遺珍上集二四

**ほうれい　法礪**　（北斉の天統五569—唐の貞観九635）唐代初期の律宗僧。冀州趙郡（河北省趙州）の人。霊祐に従って出家し、静洪・洪淵から四分律を、江南で十誦律を学び、鄴都に還って律を講じ、唐の武徳九年626四分律疏一〇巻㊫一・六五・三—五）を撰した。四分律宗の中で相部宗の祖とされ、

のちに懐素が法礪の疏を批判して四分律開宗記を作ったのでそれを東塔宗の祖とし、道宣の南山宗と対峙して四分律宗が三派に分かれることになった。〔参考〕続高僧伝二二、四分律含註戒本疏四下、律宗綱要上

**ほうれい　鳳嶺**　（寛延元1748—文化一三1816）真宗大谷派の僧。諱は頓慧、皆往院と号す。豊前正行寺の住持。高倉学寮で慧琳に真宗学を学び、嗣講職に登り、しばしば学寮で講義した。肥後光行寺法幢の異義を深励《じんれい》らと共にさばいた。文政四年1821講師職を追贈。著書、教行信証報恩記一三巻など。〔参考〕真宗高倉大学寮沿革略、大谷派講者列伝

**ほうれん　法蓮**　（寛政八1796—明治一七1884）浄土真宗本願寺派の僧。筑前長楽寺の住持。姓は川崎氏。護法の念が強く常に神仏二道相扶の論を唱え、権大講義になり、司教を追贈された。著書、羊狗弁三巻、皇国大道経緯考一巻など。

**ほうれん-じ　法蓮寺**　滋賀県東近江市五個荘木流町。紫耀山と号し、天台真盛宗。延徳元年1489領主佐々木高頼が真盛に帰依し、箕作山に建立して、箕作・観音寺両城の祈願所とした。永禄一一年1568織田信長の兵火にかかったが、慶長三年1598僧西方が雲光寺跡の現地に移して再興した。〔参考〕近江輿地志略七一

**ほうろう　法朗**　（梁の天監六507—陳の太建一三581）梁・陳時代の三論の学者。姓は周氏。徐州沛郡（江蘇省沛県）の人。宝誌、彖律師、仙師、靖公にそれぞれ禅・律・成実・毘曇を受け、のち僧詮から三論・華厳を学び、僧詮門下では慧勇・慧布・智弁とともに四哲と称された。陳の永定二年558以来二一余年興皇寺に住し、興皇とも呼ばれる。弟子に三論宗の祖吉蔵がいる。〔参考〕続高僧伝七

**ほうろう　法臘**　臘はまた臈《ろう》とも書く。年末の祭の義であるが、転じて僧侶の受戒以後の年数を数える助数詞として用い、戒臘（戒臈）、夏臘《げろう》、法歳、臘ともいう。具足戒を受けて完全な出家僧の生活に入ってから後の年数のこと。夏安居《げあんご》の満了する七月一五日を一年の終りすなわち受歳の日とし、一六日からを新歳とする。法臘の多少によって上臈・中臈・下臈の区別を立て、長幼の順序が定められる。最上位の者を一臈、極臈《ごくろう》、臈満という。また禅宗で出家得度の届出によって記載した僧籍簿を戒臘簿、戒臘による衆僧の席次を指示した木牌を戒臘牌《かいろうはい》、入寮茶礼《されい》を終えて寮元《りょうげん》に茶礼をなそうとするとき、人数が多い場合、戒臘順に日を逐って行うのを戒臘茶と称する。

**ほうろうかく-きょう　宝楼閣経**　二巻。詳しくは大宝広博楼閣善住秘密陀羅尼経という。唐の不空（705—74）の訳。異訳に唐の菩提流志《ぼだいるし》の訳の広大宝楼閣善住秘密陀羅尼経（三巻）および訳者不詳の牟梨曼荼羅呪経（一巻）がある。密教で須弥山《しゅみせん》上にある宝楼閣の功徳を讃嘆して供養する宝楼閣法を修するときの所依の経典。㊅九

**ほうろうかくきょう-ぼう　宝楼閣経法**　大宝楼閣法ともいう。唐の不空の訳の宝楼閣経に拠り、釈迦如来を本尊として堂塔供養や滅罪・息災・増益などのために修する修法。また不空訳の宝楼閣経の陀羅尼を持誦するのに用いる曼荼羅を宝楼閣曼荼羅という。〔参考〕阿娑婆抄八〇、薄草決四

**ぼき-えことば　慕帰絵詞**　慕帰絵ともいう。一〇巻。絵巻。絹本著色。西本願寺蔵。重要文化財。本願寺第三世覚如の二男従覚（慈俊）の作。観応二年1351正月覚如の没後、父の在世中を追慕して、その行状を藤原隆章《たかあき》と藤原隆昌《たかまさ》の両画家に描かせ、これに詞書を付したもの。詞書は三条公忠を初め数人の寄合書である。のち足利義政の懇望によりしばらく将軍家にあり、文明一三年1481に返却されたが、その間に第一巻と第七巻が紛失したので翌年両巻を藤原久信に描かせ、一〇巻を完備させた。詞書は真宗史料集成一〔複製〕新修日本絵巻物全集二〇、続日本絵巻大成四

**ほくぎそう-えしょう-さいいき-き　北魏僧慧生使西域記**　一巻。慧生の編。北魏崇立寺の僧慧生が宋雲らと共に西域に行ったときの旅行記。神亀元年518（一説に熙平元516、正光二1521）に洛陽を出発し、西域諸国を巡礼してガンダーラ地方に至り、正光二年（あるいは同三年、同四年）大乗経一

七〇部などを持って帰国した。法顕伝についで当時の西域事情を窺える史料。㊅五一〔参考〕洛陽伽藍記五、魏書一一四、歴代三宝紀三

**ぼくこし　墨胡子**　生没年不詳。新羅に仏教を伝えた最初の人。新羅の訥祇王(417—58在位)の時、高句麗より来て王女の病を治し、上下の尊崇をえて仏教を伝道した。一説に、墨胡子は炤知王(479—500)の時に、東晋から高句麗に入った阿道と同人であるともいう。〔参考〕三国遺事三、東海高僧伝一

**ほくざん-ろく　北山録**　一〇巻。北山参玄語録、北山語録ともいう。唐の神清(綿州昌明県の人。霊庾と号し北山とも称した。建中780—83の末年没)の著。儒道二教と仏教とが一致することを、中国社会の成り立ちや思想の変遷に即して、世界の形成、聖人の出世、法籍の出現などの一六項目について論じた書。本書では著者が師事した五祖弘忍下の剣南の浄衆寺無相を達磨の正系としているが、これについては契崇《かいすう》が鐔津文集一三で批判している。現存のものは北宋代の刊本で、民国初年に項氏の天籟閣および華亭の朱氏の文石山房の蔵書中から発見された二本を合冊影印したもので、巻首に北宋の熙寧元年1068の銭唐沈遼の序、巻尾に丘濬の後序があり、また全篇にわたって、西蜀の草玄亭沙門慧宝が註を付している。㊅五二

**ぼくしゅう-りゃっきょかん　睦州掠虚漢**　禅宗の公案の一。睦州問僧甚処ともいう。黄檗希運に学んだ睦州道明(蹤)が、むやみに喝する修行僧を打ち、「この掠虚頭の漢」(かいなで野郎めが)と叱った故事で、形だけの喝をいましめたもの。睦州は陳尊者ともいう。〔原文〕碧巌録一〇則、睦州語録、五灯会元五

**ぼくせき　墨蹟**　もともと筆跡のことをいうが、特に禅家においては、修行がある一定の段階に達したときに師から与えられる印可状・偈頌・法語・尺牘などをさす。中国の禅僧で尊ばれる筆者は圜悟克勤《えんごこくごん》以降で大慧宗杲《だいえそうこう》、古林清茂《くりんせいも》、月江正印《げっこうしょういん》、中峰明本《ちゅうほうみんぽん》、了庵清欲《りょうあんせいよく》など、来朝僧には蘭渓道隆《らんけいどうりゅう》、無学祖元《むがくそげん》、兀庵普寧《ごったんふねい》、大休正念《だいきゅうしょうねん》、一山一寧《いっさんいちねい》などがある。日本の禅僧では、栄西、道元、俊芿《しゅんじょう》、宗峰妙超《しゅうほうみょうちょう》、円爾弁円《えんにべんねん》、夢窓疎石、春屋妙葩《みょうは》、一休宗純、白隠慧鶴並びに隠元・木庵・即非如一の黄檗三筆などのものが尊ばれている。

**ぼくせき-そし-でん　墨蹟祖師伝**　二巻。藤野宗郁の著。成立年不詳。禅僧で墨蹟の勝れている二百二十余人の略伝。巻上には中国の部で、圜悟克勤から雲外雲岫《うんがいうんちゅう》に至る一一六人、補遺四人、巻下は日本の部で、栄西から天室宗竺に至る九三人、補遺一一人の伝を載せている。〔刊本〕文化二1805刊、安政二1855刊

**ほくと-ほう　北斗法**　北斗供ともいう。一字頂輪王を本尊として、息災延命特に天災・疫病などの災いを除くために北斗七星を供養する法。台密寺門では最大秘法とする。白河法皇の時、成就院寛助が修したのが初めで、中国の道教の影響を受けて発達したものである。〔参考〕北斗七星念誦儀軌、北斗七星護摩秘要儀軌、覚禅鈔

**ほくれい-きょうじ-ようぎ　北嶺教時要義**　一巻。敬光(1740—95)の著。台密の要義である四一十門(四一とは一仏・一時・一処・一経、十門とは教相について説・語・教・時・蔵・分・部・法・制・開に分けて説くのをいう)の綱要を安然の教時問答から抜出して詳述したもの。〔刊本〕万延元1860刊　〔註釈〕菊岡義譲・私記一巻

**ほくれい-ぎょうもん-き　北嶺行門記**　一巻。比叡山東塔善学院の回峰行者、幸運の編(寛永一一1634)。比叡山系修験道の由来・意義について記したもの。顕密修験の三門、三塔三部の関係、相応和尚回峰行の意趣、葛川《かつらがわ》赤山大明神参籠の大事、大満行者の意義、行門回峰の本拠などを説いている。日蔵四八　〔写本〕延暦寺蔵(寛永一一写)

**ほけ-きょう　法華経**　七巻(または八巻)。詳しくは妙法蓮華経といい、妙法華経ともいう。後秦の鳩摩羅什の訳(弘始八406)。大乗経典で、インド・中国・日本を通じてもっとも広く流通し研究・信仰されたものの一つ。梵語原題はサッダルマ・プンダリーカ・スートラ Saddharma-puṇḍarīka-sūtra といい、薩達摩奔荼利迦素胆攬《さつだつまほんだ》

《りかそたらん》と音写する。白蓮のようにすぐれた法という意味である。漢訳は開元録などによれば六本あったと伝えるが、現存するのは前記の羅什訳のほか、西晋の竺法護の訳(太康七286)の正法華経(一〇巻。正法華と通称)、および隋の闍那崛多《じゃなくった》・笈多《ぎゅうた》の訳(仁寿元601)の添品妙法蓮華経(七巻)の計三本である。また部分訳として、羅什訳の見宝塔品第一一の一部および提婆達多《だいばだった》品に相当する訳者不詳の薩曇分陀利《さつどんふんだり》経(一巻)がある。これらの諸本のうち、中国・日本では羅什訳がもっぱら流布している。羅什訳は、訳出当初二七品であったが、南斉代479—502に提婆達多品第一二が加えられ、さらに隋代581—618に観世音菩薩普門品の偈の部分が翻訳されて現行の形になった。チベット語訳もあるほか、ウイグル語訳・西夏語訳・蒙古語訳・満州語訳などがあり、この経がきわめて広い地域に流布したことを示している。内容は二八品(梵本では二七章)よりなるが、梵本と羅什訳とでは後半部の章の配列を若干異にしている。中国の天台智顗は、道生(　—439)、光宅寺法雲(467—529)の研究を受けついで、全体を迹門・本門の二門に分け、さらに序分・正宗分・流通分《るづうぶん》に分けて二経六段として組織づけた。中国・日本の伝統的解釈はこの智顗による科文を継承している。中に説かれる思想は種々であるが、宇宙の統一的真理を十如是によって説明してこれを一乗妙法とし、声聞・縁覚・菩薩の三乗は衆生をこの一仏乗に導き入れるための方便の教えであるとする三乗方便・一乗真実の思想(方便品第二)、および、釈氏の家に生まれ、成道し、入滅した肉身の仏陀(伽耶近成《がやごんじょう》の仏)は仮の姿であって、真の仏陀は五百塵点劫の昔にすでに成仏した永遠不滅のものである(久遠実成《くおんじつじょう》の仏)という久遠の本仏の思想(如来寿量品第一六)が特に重要である。その他、声聞・縁覚の二乗も最後には一仏乗に摂取されると説く二乗作仏(譬喩品第三)や、提婆達多の成仏を予言し、八歳の竜女の成仏を説く悪人成仏・女人成仏・畜生成仏の思想(提婆達多品第一二)も重要である。また、実践としての菩薩行を説き、とくに法華経を受持しかつ布教することの功徳を強調している点も注目され、この経典が大乗仏教の中でも革新的な信仰集団を背景として成立したことを示唆している。教えを説くにあたってさまざまな譬喩を用いており、その文学性は高く評価されている。とくに、譬喩品の火宅喩・信解品の窮子喩・薬草喩品の薬草喩・化城喩品の化城喩・五百弟子受記品の衣珠喩・安楽行品の髻珠喩・如来寿量品の医子喩は、古来法華七喩と称される。原典の成立は五〇—一五〇年頃と推定されているが、最初から現在のような大部の経典として成立したのではなく、中核にあたる八章ないし一〇章がまず成立し、何度かの増広を経て現在の形になったものと思われる。

インドでは竜樹(ナーガールジュナNāgār-juna)に帰せられる大智度論や大乗涅槃経に引用されている。註釈として世親(ヴァスバンドゥVasubandhu)の妙法蓮華経憂波提舎(二巻。法華経論と通称する。㊅二六)がある。中国では羅什の門下である劉宋の竺道生による妙法蓮華経疏(二巻)、梁の法雲による法華経義記(八巻。㊃三三)が著わされた。その後隋の智顗は法華玄義(二〇巻。㊅三三)、法華文句(二〇巻。㊅三四)を説き、法華経を正所依の経典として天台宗を創始した。法華玄義・法華文句に摩訶止観をあわせて天台三大部という。その他中国での註釈には隋の吉蔵の法華玄論(一〇巻)・法華義疏(一二巻)・法華遊意(一巻)、唐の窺基の妙法蓮華経玄賛(二〇巻)(以上㊅三四)などがある。日本の聖徳太子の法華義疏(四巻。㊅五六)は、主として法雲の法華経義記に準拠している。日本では最澄が天台宗をもたらして以来尊重され、とくに法華経の写経が盛行した。また今昔物語集などの説話集には法華経受持の功徳を述べる説話も多い。思想的には鎌倉時代の日蓮が法華経を正所依の経典として日蓮宗を創始したほか、道元・白隠なども法華経から深い影響を蒙ったことが知られる。また近代では高山樗牛・北一輝・田中智学・宮沢賢治などが法華信奉者あるいは日蓮主義者として有名である。なお現代の新興宗教教団のかなりの数が法華経を信奉する日蓮系の教団であることも注目される。無量義経を法華の開経、観普賢経を法華の結経とし、この二経と法華経とを合わせて法華三大部という。法華経の梵本は英国のネパール公使ホジソン B. H. Hodgson (1800—94) が発見した写本を最初として、断片を含めて多数の写本が発見されているが、ネパール系・中央アジア系に二大別され、中央アジア系の方が時代的に古い。梵文原典の出版は南条文雄およびケルン H. Kern によってはじめて行われた(1908—12)。その後荻原雲来・土田勝弥が上記の南条・ケルン本を補訂し、ローマ字化して出版した(1934)ほか、河口慧海(1925)、ダット N. Dutt (1953) によるものがある。また現在は、渡辺照宏によりギルギット本が(1975)、戸田宏文により中央アジア本が(1981)、それぞれ出版されている。翻訳にはビュルヌフ E. Burnouf がホジソンから贈られた写本をもとに行ったフランス語訳(1852)およびケルンの英訳(1909)がある。日本語訳は南条文雄・泉芳璟の訳(1913)、岡教邃の訳(1923)のほか、現代語訳に岩本裕の訳(坂本幸男による漢訳の訓読と対照・岩波文庫1967)、松濤誠廉・長尾雅人・円治昭義・桂紹隆の共訳(「大乗仏典4・5」中央公論社1975—76)などがある。(大)九、〔国一〕法華部

**ほけきょう-あんらくぎょう-ぎ　法華経安楽行義**　一巻。陳の慧思の説。成立年不詳。安楽行義ともいう。法華経における実践行または修行法を説いたもの。法華経の実践行とは法華三昧であり、それには有相行と無相行とがある。具体的に形にあらわれる有相行は法華経を読誦する散心の行で、普賢勧発品に説かれる。また無相行は心のはたらきを止め禅定の中で修行する行で、安楽行品に説かれるという。(大)四六

**ほけきょう-けんのう-ろく　法華経顕応録**　二巻。宗暁の著(南宋の慶元四1198)。法華経霊験記の一種。霊瑞集(著者不詳)や続霊瑞集(宋の呉興の元頴撰)を参考として、大明三蔵僧伝およびその他の内外の書を参照し、法華経を信仰し鑽仰した人達の霊験を、古賢・高僧・高尼・信男・信女に類別して述べる。(続)二乙・七・五

**ほけきょう-じ　法華経寺**　千葉県市川市中山。正中山と号し、中山妙宗(日蓮宗)の本山。日蓮は文応元年1260鎌倉の松葉ケ谷《まつばがやつ》の草庵を追われると、富木胤継《ときたねつぐ》の請により若宮の館に下向し、その傍らに法華堂を建て、釈迦立像を安置。ついで大田乗明の子日高が中山の館を改めて寺とし、正中山本妙寺と号した。のちこの二寺を合わせて本妙法華堂、あるいは略して法華経寺と称した。現在の法華経寺は本妙寺の後身で、奥院が法華堂の跡である。一世日常(胤継)、二世日高以来、その姻戚である千葉氏の外護を得て栄えた。応安二年1369四院家(法宣院・浄光院・安世院・本行院)を定め、寺内の要職を掌ったが、文禄年間1592—96に京都頂妙寺・本法寺、堺妙国寺の三寺輪番の制に改めた。しかし一二世日珖の時、徳川家康の援助を得て旧態に復した。慶長一九年1614幕府の命により三年を一期として再び輪番制にしたが、明治四年1871にこの制度は廃止された。昭和二一年1946一派独立し、中山妙宗を称した。日蓮の真蹟を多く所蔵する。〔国宝〕観心本尊抄(日蓮筆)、立正安国論(同)〔重文〕五重塔、法華堂、四足門、絹本著色十六羅漢像、日蓮自筆遺文　〔参考〕中山法華経寺古文書、日蓮宗各本山名所図会

**ほけきょう-じげん-き　法華経持験記**　二巻。歴朝法華持験記ともいう。清の周克復の著。成立年不詳。晋代から明末におよぶ一二五〇年間に法華経を受持・解説・講説・書写・供養などを行った僧俗について二二四の事跡を集めた霊験記。(続)二乙・七・五

**ほけきょう-ぼう　法華経法**　息災・増益・延命・滅罪のために法華経を修持する密教の修法。唐の不空訳の成就妙法蓮華経王瑜伽《ゆが》観智儀軌(法華儀軌)の説に基づいて修するもので、金胎両部合行の法である。台密・東密の諸流で行法に異同があるが、台密でとくに重んじ、法華一乗の実義を開顕するものとする。この法に用いる曼荼羅を法華曼荼羅といい、法華経宝塔品の意にもとづき釈迦・多宝の二仏同座の相を中心にして描かれる。〔参考〕法華曼荼羅威儀形色法経、阿娑縛抄七二

**ほけきょう-ろん　法華経論**　二巻あるいは一巻。詳しくは妙法蓮華経憂波提舎《うばだいしゃ》

という。婆藪槃豆《ばすはんず》（ヴァスバンドゥ Vasubandhu 世親）の造。北魏の菩提流支《ぼだいるし》・曇林等の訳。妙法蓮華経の序品を釈して七成就を説き、方便品を釈して五示現を説き、譬喩品を釈して七喩、三平等、十無上を説く。インドで造られた法華経の釈論として漢訳された唯一の論であるため、中国において智顗《ちぎ》・吉蔵・窺基《きき》らによって法華経研究の第一のよりどころとされた。(大)二六〔註釈〕吉蔵・疏三巻、円珍・記一〇巻（仏全二五）

**ほご‐の‐うらがき　反古裏書**　一巻。反古裏、真宗相承記ともいう。顕誓の著（永禄一〇 1567頃）。源空・親鸞から本願寺一一世顕如までの真宗の相承、諸師・歴代の行実や事跡・諸寺の沿革などについて記したもの。全体は五〇の項目にわかれるが、蓮如より顕如までの時代の記述が大半を占めて詳しい。真全六八（異本）、続真系一五、真宗史料集成二〔写本〕堺真宗寺蔵、竜谷大学蔵（ともに室町末期写）

**ぼさつ　菩薩**　(梵)ボーディ・サットヴァ bodhi-sattva の音略。菩提薩埵《ぼだいさった》、菩提索多《ぼだいさくた》、冒地薩怛縛《ぼうじさとば》、扶薩《ふさつ》とも音写し、道衆生、覚有情、道心衆生などと訳す。無上菩提《ぼだい》を求め、衆生を利益《りやく》し、諸波羅蜜《はらみつ》の行を修めて未来に仏のさとりを開こうとする者のこと。三乗の一。十界の一。菩薩には、さとりの智慧を求める有情《うじょう》（心識を有する者。衆生）という意や、或いは菩提（求める目的であるさとり）と薩埵（教化の対象としての衆生）とを対象として自利利他するもの、菩提を得ようとする勇猛な大心、などの意があり、声聞《しょうもん》や縁覚《えんがく》もそれぞれの菩提（覚知）を求める点からすれば菩薩と名づけることができるはずであるから、特に無上菩提を求める大乗の修行者を摩訶薩埵《まかさった》（(梵)マハー・サットヴァ mahā-sattva の音写。摩訶は大の意）、摩訶薩、または菩薩摩訶薩、菩提薩埵摩訶薩埵、摩訶菩提質帝薩埵などと名づけ、二乗から区別してこれを菩薩という。菩薩には開士（菩提薩埵）、大士（摩訶薩埵）、尊人（第一薩埵）、聖士（勝薩埵）、超士（最勝薩埵）、上人（上薩埵）、無上（無上薩埵）、力士（力薩埵）、無双（無等薩埵）、無思議（不思議薩埵）、また勇猛、無上、仏子、仏持、大師、大聖、大商主、大名称、大功徳、大自在、或いは正士、始士、高士、大道心成衆生、法臣、法王子など多くの異名がある。菩薩には、在家と出家、鞞跋致（退転）と阿鞞跋致《あびばっち》（不退）、生身《しょうじん》（煩悩を断たないもの）と法身《ほっしん》（煩悩を断って六神通を得たもの）、生死肉身と法性生身、大力と新発心、頓悟と漸悟、智増《ちぞう》と悲増《ひぞう》などの二種の菩薩があるとし、また悟解の浅深により五二位などの階位を立てる〈⇩菩薩の階位《ぼさつのかいい》〉。智増・悲増の説は法相宗で説くところで、八地以前の菩薩に関する分類であり、直往《じきおう》の菩薩（頓悟の菩薩）についていえば、初地においで倶生起《くしょうき》の煩悩障《ぼんのうしょう》の現行《げんぎょう》をおさえ（伏し）尽くしてただちに変易身《へんにゃくしん》を受けるのを智増の菩薩、第七地の満心までおさえ（伏し）尽くさず分段身《ぶんだんしん》を受けて衆生を救おうとするのを悲増の菩薩或いは大悲菩薩といい、廻心《えしん》の菩薩（漸悟の菩薩）についていえば、不還《ふげん》と阿羅漢《あらかん》とから廻心した者は欲界の煩悩を断っているから智増であり、預流《よる》と一来〈⇩四向四果《しこうしか》〉とから廻心した者は智増または悲増であるとする。この他、智悲平等の菩薩があるとする。また十信位の菩薩を新発意《しんぼっち》の菩薩、住前信相の菩薩、仮名《けみょう》の菩薩などという。菩薩の修める行を菩薩行、菩薩のなすべき法則儀式を菩薩の法式、仏果に至らせる教えを菩薩乗、その経典を菩薩蔵といい、梵網経などには菩薩のたもつべき菩薩戒を説く。諸経典には弥勒・文殊・観世音・大勢至をはじめ種々の菩薩の名を挙げている。また歴史上の人物としては竜樹、世親などを菩薩と呼んでいる（中国・日本などでは高僧に対し朝廷から菩薩号を賜うことがあった）。

**ぼさつかい‐ぎしょ　菩薩戒義疏**　①二巻。梵網菩薩戒経義疏、菩薩戒経義記、天台戒疏ともいう。隋の智顗《ちぎ》の説、灌頂《かんじょう》の記。成立年不詳。後秦の鳩摩羅什が梵網経の大本一一二巻六一品の中から第十菩薩心地品だけを訳して二巻としたと称されるが（但し、事実ではない）、その下巻が別に流布されて菩薩戒経とされているのに対し、天台教学の立場より註釈したもの。内容は玄談と入文解釈にわかれて、玄談では⑴釈名、⑵出体、⑶料簡の三重玄義をたて、入文解釈では初めに経の題号を解釈し、次に本文を序・正・流通の三段に分けて一々文の意味を簡略に説明する。日本の最澄は菩薩戒を小乗具足戒の十重禁戒に対し四十八軽戒を以て大乗の大僧戒と定めたので、その後の天台宗・浄土宗で伝えている大乗円頓戒の拠りどころとなっている。(大)四〇、[国一]律疏部二〔註釈〕宋の与咸・註八巻、明の袾宏・発隠五巻、光謙・集註八巻、普寂・弁要三巻、癡空・講義二巻 ②三巻。天台菩薩戒疏、菩薩戒経疏刪補ともいう。唐の明曠《みょうこう》の刪補。成立年不詳。智顗の疏を底本として慧威の梵網経疏および受戒法で説明の足らない点を補い、その他の説を参照して、名体・宗用・教摂・受法・伝訳・料簡・随文解釈の七章としたもの。日本の円頓戒思想の上で重視される。(大)四〇 〔参考〕仏祖統紀二五

**ぼさつかい-こんまもん　菩薩戒羯磨文**　一巻。弥勒《みろく》(マイトレーヤ Maitreya)の説と伝える。唐の玄奘の訳(貞観二三649)。弥勒の作とされる瑜伽師地論《ゆがしじろん》の中から菩薩戒を授ける行儀に関する記述を適宜にぬき出して、一部に編集したものと考えられる。受戒羯磨《こんま》・懺罪羯磨・得捨差別の三項に分けて説く。(大)二四、[国一]律部一二

**ぼさつかい-せんてい-しょう　菩薩戒潜底鈔**　一巻。著者不詳(延文三1358)。三聚浄戒の三門不同について大綱を示し、通受・別受七衆の戒相や律儀の要文三〇カ条を挙げて問答決疑したもの。小部ではあるが戒相の大要を知るのに便利である。日蔵三五

**ぼさつかい-つうじゅ-けんぎ-しょう　菩薩戒通受遣疑鈔**　一巻。覚盛の著(寛元四1246)。受戒するのに別受と通受との二つの法軌があるが、覚盛は如法の戒師が世にない時は通受による自誓受戒に基づくべきであるとして、自ら自誓受戒した。これに対し良遍・真空らは叡山の新義に属するものとして自誓受戒を認めようとしなかった。その非難に答えて覚盛が経律論を引いて自誓受戒の正当性を弁述したもの。(大)七四、日蔵三五 〔刊本〕貞享四1687刊

**ぼさつかい-つうべつ-にじゅ-しょう　菩薩戒通別二受鈔**　一巻。覚盛の著(嘉禎四1238)。通受法軌に基づく自誓受戒により戒を全うできるという立場から、七衆の性を成じるのは別受法軌に限り、通受によっては不可とする南都の疑難を道破すると共に、叡山の通受の義も偏見として批判し、経律論を引証して、通受・別受ともに七衆の性を成じることを弁明する。(大)七四

**ぼさつかい-べつじゅ-ぎょうひ-しょう　菩薩戒別受行否鈔**　一巻。良遍の著(建長二1250)。九条道家から、単に通受によって自誓受戒して、別受の受戒を行じうるか否かと問われたのに答えて、単に自誓通受の人はすでに別受の戒相をも兼ねて受けている。即ち、通受の法の中には、別受法が含まれているから白四羯磨もその中にあり、通受のみによって比丘となることを得ると説く。日蔵三五

**ぼさつ-かいほん　菩薩戒本**　一巻。菩薩戒本経、達摩戒本ともいう。慈氏菩薩の説と伝える。北涼の曇無讖《どんむしん》の訳。慈氏(弥勒《みろく》)菩薩の説とする大乗菩薩の個人的行儀規定を説くもの。同本異訳あるいは異本として唐の玄奘訳の菩薩戒本(一巻)、劉宋の求那跋摩《ぐなばつま》訳の優婆塞五戒威儀経(一巻)がある。(大)二四 〔註釈〕智旭・箋要一巻、元暁・持犯要記一巻

**ぼさつ-かいほん-じぼん-ようき　菩薩戒本持犯要記**　一巻。新羅の元暁(617—86)の著。成立年不詳。持犯の大要を詳説したもので、序文に次いで本文は軽重門・浅深門・究竟持犯門の三門からなる。(大)四五、(続)一・六一・三

**ぼさつ-じゅさい-きょう　菩薩受斎経**　一巻。西晋の聶道真《しょうどうしん》の訳(晋の太康280—89初—永嘉307—13末頃)。特定の斎日《さいにち》(身をつつしみ行にはげむ日)に、三宝に帰依し、六波羅蜜を行じ、西方を願生して十念・十戒を修すべきことを説く。中阿含経中の持斎経などの所説にくらべて大乗仏教思想が明らかである。(大)二四、[国一]律部一二

**ぼさつ-しょたい-きょう　菩薩処胎経**

五巻または七巻。詳しくは菩薩従兜術天降神母胎説広普経といい、略して処胎経ともいう。後秦の竺仏念の訳。仏陀が涅槃に入る前後を舞台にして空の思想を説く。経の主要部分は、仏が入滅前神通をもって母胎に入り、一〇カ月間胎中にあって諸菩薩のために法を説くことを述べる。末尾に仏舎利の分配・造塔・大迦葉を上首とする八蔵の結集などを説く。㊅一二

**ぼさつぞう　菩薩蔵**　⇩声聞蔵《しょうもんぞう》

**ぼさつ-ないかい-きょう　菩薩内戒経**　一巻。劉宋の求那跋摩《ぐなばつま》の訳(元嘉八〈431〉)と伝える。はじめて志をおこした菩薩が修すべき六波羅蜜の行を説き、それを内戒(外面にあらわれる戒律の遵守に対して内面的・精神的な戒という意味)となし、ついでそれの功徳としての十住の位を明らかにする。㊅二四、国一律部一二

**ぼさつ-ねんぶつ-さんまい-きょう　菩薩念仏三昧経**　五巻または六巻。劉宋の功徳直の訳(大明六〈462〉)。異訳に隋の達磨笈多《だるまぎゅうた》訳の大方等大集経菩薩念仏三昧分(一〇巻)がある。菩薩の重要な行業として念仏三昧を説く。ここに説く念仏三昧とは仏および仏の功徳を憶念し、般若の智慧によって仏身を観察するのをいう。㊅一三

**ぼさつ-の-かいい　菩薩の階位**　菩薩が初めに菩提心《ぼだいしん》を発《お》こしてから、修行の功を積み、仏果に至るまでの階位。諸経論に見える所は一様でなく、また例えば発心などの十住の説は古くは単独にそれだけで菩薩の全階位を示したもののようであるが、後には地前三賢《さんげん》の初位に当てているように、階位説に歴史的な発展が見られる。古来、瓔珞本業経の五十二位説が、名義も整い、位次も欠けていないとして、広く用いられている。即ち左図のとおりであり、これを他の諸経論の説に対配すれば次頁図のようになる。①唯識宗では四十一位説をとり、十信《じっしん》は初住に、等覚《とうがく》は第十地の満心(最終の時)に含める。また第十廻向の後心に四善根《しぜんごん》の位を分類して、地前《じぜん》三十心(十住・十行・十廻向)のうち第三十心(第十廻向)の少分までを大乗順解脱分《じゅんげだつぶん》(三賢)、第三十心の少分を大乗順決択分《じゅんけっちゃくぶん》(四善根)とする。なお円測《えんじき》は十信に関して異説を立て、位地の十信(初住に入るまでの十順名字の菩薩が行う十心)と行解《ぎょうげ》

五十二位

十信心(十信)
　信心・念心・精進心《しょうじんしん》・慧心・定心《じょうしん》・不退心・廻向心《えこうしん》・護心・戒心・願心
十心住(十住)(十解)
　発心住・治地(心)住・修行(心)住・生貴(心)住・方便(心)住・正心住・不退(心)住・童真(心)住・法王子(心)住・灌頂(心)住
　――習種性
十行心(十行)
　歓喜(心)行・饒益(心)行《にょうやくしんぎょう》・無瞋恨(心)行(無違逆行)・無尽(心)行(無屈撓行《むくつにょうぎょう》)・離癡乱(心)行(無癡乱行)・善現(心)行・無著(心)行・尊重(心)行(難得行)・善法(心)行・真実(心)行
　――性種性
十廻向心(十廻向)
　救護一切衆生離相廻向心・不壊廻向心《ふええこうしん》・等一切仏廻向心・至一切処廻向心・無尽功徳蔵廻向心・随順平等善根廻向心・随順等観一切衆生廻向心・如相廻向心・無縛解脱廻向心《むばくげだつえこうしん》・法界無量廻向心
　――道種性
十地心(十地)
　四無量心(歓喜地)・一善心(離垢地《りくじ》)・明光心(発光地《はっこうじ》)・焔慧心《えんねしん》(焔慧地)・大勝心(難勝地)・現前心(現前地)・無生心(遠行地《おんぎょうじ》)・不思議心(不動地)・慧光心(善慧地)・受位心(法雲地)
　――聖種性
等覚――入法界心――等覚性
妙覚――寂滅心――妙覚性

（以上）六種性

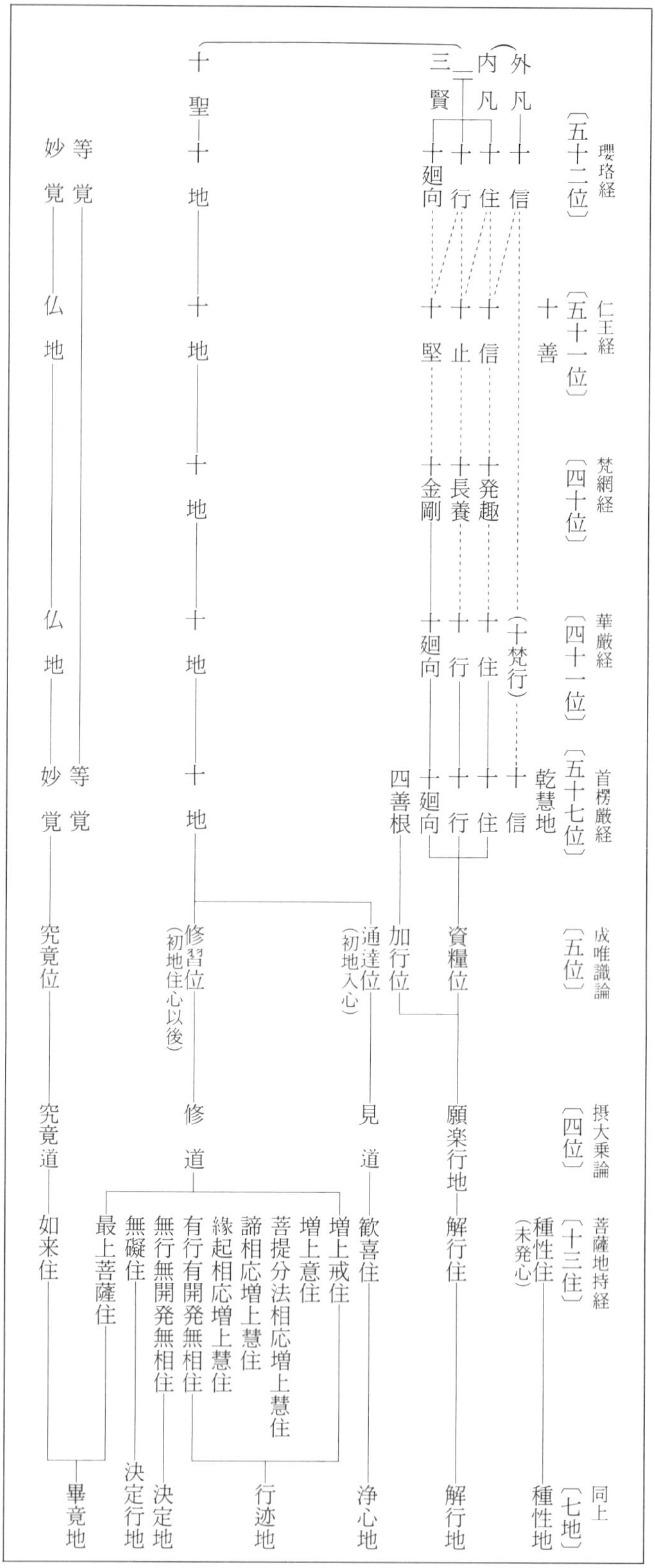

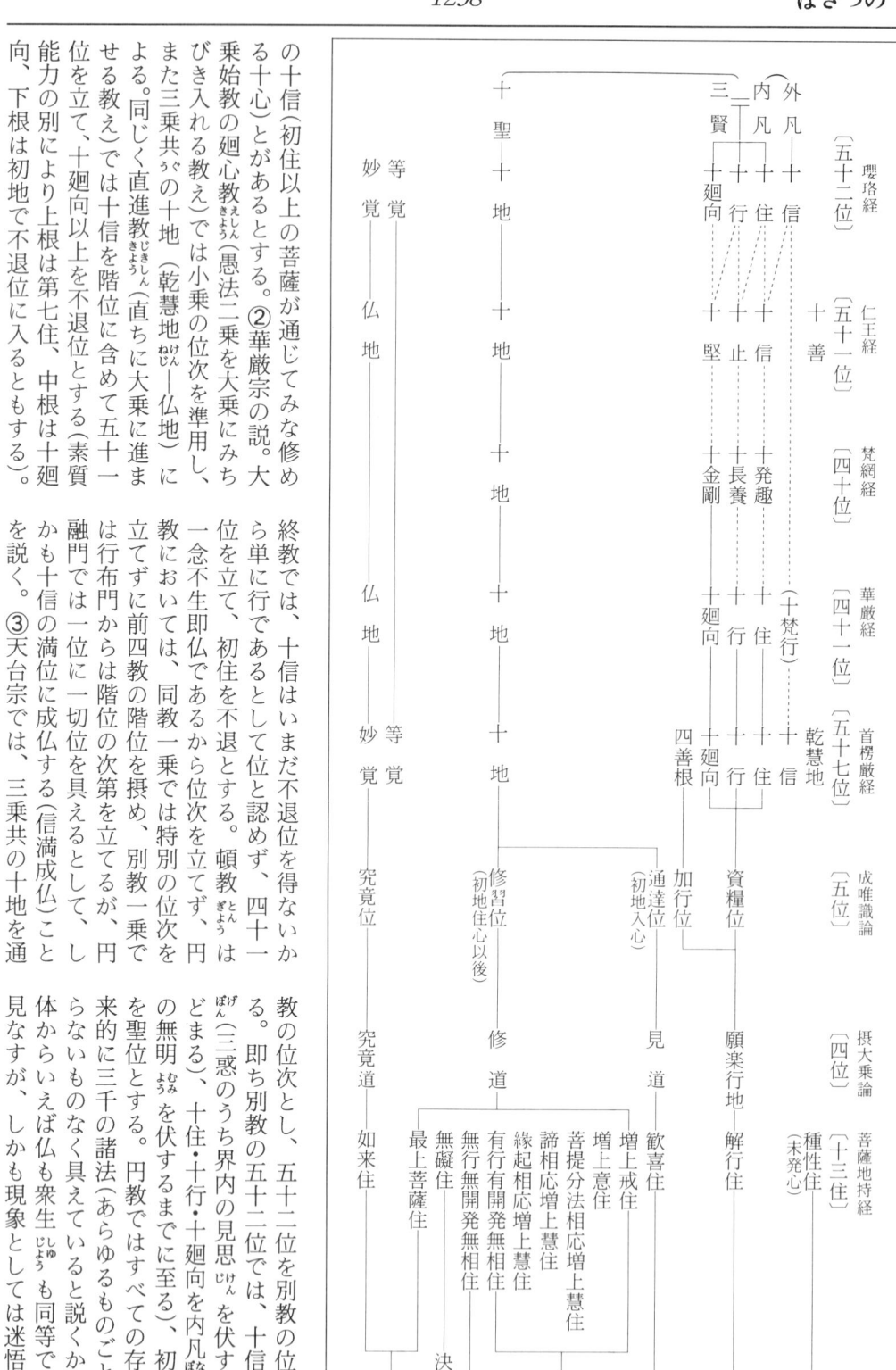

の十信(初住以上の菩薩が通じてみな修める十心)とがあるとする。②華厳宗の説。大乗始教の廻心教《えしんきょう》(愚法二乗を大乗にみちびき入れる教え)では小乗の位次を準用し、また三乗共《ぐ》の十地(乾慧地《けんねじ》—仏地)による。同じく直進教《じきしんきょう》(直ちに大乗に進ませる教え)では十信を階位に含めて五十一位を立て、十廻向以上を不退位とする(素質能力の別により上根は第七住、中根は十廻向、下根は初地で不退位に入るともする)。終教では、十信はいまだ不退位を得ないから単に行であるとして位と認めず、四十一位を立て、初住を不退とする。頓教《とんぎょう》は一念不生即仏であるから位次を立てず、円教においては、同教一乗では特別の位次を立てずに前四教の階位を摂め、別教一乗では行布門からは階位の次第を立てるが、円融門では一位に一切位を具えるとして、しかも十信の満位に成仏する(信満成仏)ことを説く。③天台宗では、三乗共の十地を通教の位次とし、五十二位を別教の位次とする。即ち別教の五十二位では、十信を外凡《げぼん》(三惑のうち界内の見思《けんじ》を伏するにとどまる)、十住・十行・十廻向を内凡《ないぼん》(界外の無明《むみょう》を伏するまでに至る)、初地以後を聖位とする。円教ではすべての存在が本来的に三千の諸法(あらゆるものごと)を足らないものなく具えていると説くから、本体からいえば仏も衆生《しゅじょう》も同等であると見なすが、しかも現象としては迷悟の差異

があるから修行の階位が立てられるとして六即の位次を定め、修行者に卑下や上慢の心を離れさせる〈⇩即《そく》〉。なお別教の五十二位の名をかりて円教の位次を説くこともあり、この場合は十信位(六根清浄位)の前に五品弟子位を置く。また円教の十住位は別教の十地位に相当するという。六即と五十二位の関係は左図のようである。また円教の菩薩の階位を鉄輪(十信)・銅輪(十住)・銀輪《ごんりん》(十行)・金輪《こんりん》(十廻向)・瑠璃輪《るりりん》(十地)・摩尼輪《まにりん》(等覚)の六輪(転輪聖王の輪宝がすべてのものをうちくだくように諸位が煩悩を断つのをいう)に配することもある。④十信位の菩薩といっても名だけであるからこれを名字《みょうじ》の菩薩、住前信相の菩薩ということがあり、また、初住以後は信根が成就して退失しないから地前《じぜん》三十心(十住・十行・十廻向)を信相応地ということがある。すべての衆生を子のように憐む菩薩の地位を一子地《いっしじ》といい、これを乾慧《けんね》

| 六即 | | | |
|---|---|---|---|
| 理即 | (仏法未聞) | | |
| 名字即 | (仏法已聞) | | |
| 観行即 | (外凡) | 五品弟子位 | 八位 |
| 相似即 | (内凡) | 十信位 | 五十二位 |
| 分証即(分真即) | (分証) | 十住位 | |
| | | 十行位 | |
| | | 十廻向位 | |
| | | 十地位 | |
| | | 等覚位 | |
| 究竟即 | (極証) | 妙覚位 | |

などの十地の第二性地、或いは歓喜などの十地の第八不動地以上または初歓喜地にあてる。真宗では一子地を初歓喜地にあてて信心の現益《げんやく》(この世での利益)とし、かねて当益(未来世での利益)ともする。また世親の浄土論に教化地《きょうけじ》の語があり、これを菩薩が教化する場所の意とも、菩薩の階位とも解し、階位とするときは第八地以上にあてる。⇩十地《じゅうじ》

**ぼさつ-ほんごう-きょう　菩薩本業経**　一巻。呉の支謙の訳。内容は華厳経の浄行品およびその前後の部分に相当する。十方仏国の如来の成就した行を讃嘆し、在家菩薩の理想を説き、菩薩修行の階位を明らかにする。㊅一〇、国一華厳部四

**ぼさつ-ほんじょうまん-ろん　菩薩本生鬘論**　一六巻。聖勇の造。北宋の紹徳・慧詢らの訳。前半は仏陀の本生物語など一四の物語を記し、後半はその註釈を述べる。訳は欠失があり、訳文も整っていない。梵語で書かれた本生物語集にアーリヤシューラĀryaśūra(聖勇《しょうゆう》)作のジャータカ・マーラーJātaka-mālāがあり、作者名と題名が本書と対応するので、本書をその漢訳とみなすこともあるが、内容は一致しない。㊅三

**ぼさつ-ほんねん-きょう　菩薩本縁経**　三巻。僧伽斯那《そうぎゃしな》の撰と伝える。三国呉の支謙の訳。八篇の本生話の集録。そのいずれも他の本縁部諸経中に対応するものがある。㊅三、国一本縁部八

**ぼさつ-ようらく-きょう　菩薩瓔珞経**　一三巻または一四巻。略して瓔珞経、大瓔珞経(菩薩瓔珞本業経に対する)という。現在報経ともいう。前秦の竺仏念の訳(建元元376)。菩薩の修道を説きつつ、種々の教説や説話を述べる。㊅一六、国一経集部一六

**ぼさつ-ようらく-ほんごう-きょう　菩薩瓔珞本業経**　二巻。前秦の竺仏念の訳(建元一二376—一四)と伝えるが、近年では五、六世紀頃に中国で撰述されたとする説が大勢を占めている。十信・十住・十行・十廻向・十地・等覚・妙覚という菩薩の階位を追って菩薩行の展開して行く道を明らかにする。その中、下巻において菩薩の戒について詳しく説く点が、智顗《ちぎ》・法蔵らに注目され、中国の仏教ではこの経を大乗律蔵の中に数えている。菩薩本業経・梵網経などと関係が深い。㊅二四〔註釈〕元暁・疏三巻(下巻のみ現存、㊫六一・三)

**ほし-く　星供**　除災招福のために、その人の当たり星を供養すること。人にはその生年による本命星、生月による本命宮、生日による本命宿・本命曜があり、北斗七星(貪狼・巨門・禄存・文曲・廉貞・武曲・破軍)の一を本命星(本命元神)に配する。また、その人の一生の運命を支配する当年属星があり、九曜(日月火水木金土の七曜と羅睺《ごら》・計都)をこれに配する。本命星を祀るのを本命星供、当年属星を祀るのを当年星供、属星供といい、多くの場合、本命星と当年星と

を同時に請じて供養する。朝廷では元旦四方拝に天皇が属星を唱えたと伝え、庶民の間にも元旦星供が行われた。また、節分や冬至の日に当年星供を行い、これを星祭《ほしまつり》ともいう。なお、星を供養する修法には、妙見菩薩（尊星王、北辰。北斗七星の軸星）を祀る妙見法（尊星供）、北斗七星を総じて供養する北斗法（北斗供）などもある。〔参考〕熾盛光大威徳消災吉祥陀羅尼経、阿娑縛抄一四三、真俗仏事編一

**ホジソン　Hodgson, Brian Houghton**（1800—1894）イギリスの東洋研究家。もと東インド会社社員。のちペルシア・ネパールの公使となる。ネパールで多数の大乗仏典を集め、梵語仏典を欧州学界にもたらした最初の人として知られる。著書に Essays on the language, literature and religion of Nepal and Tibet（ネパールおよびチベットの言語・文学・宗教1874）、Sketch of Buddhism, derived from Buddha scriptures of the Nepal（ネパールの仏教聖典による仏教概説1880）などがある。

**ほそかわ-せんがん　細川千巌**　（天保五1834—明治三〇1897）真宗大谷派の僧。美濃安八郡（現岐阜県）の人。筑後伯東寺を継いだ。明治初年キリスト教破斥、護法論を説く。明治二七年学寮の講師となる。主著、破斥釈教正謬、唯識論述記講義五巻など。

**ほ-ぞく-こう-そう-でん　補続高僧伝**　二六巻。明の明河の著（崇禎年間1628—44）。歴代高僧伝の欠を補うために碑文典籍の中から五代以後明までの四百余年間の僧伝約五〇〇名を集めたもの。一〇篇から成り、(1)訳経（巻一）は北宋の天息災から明の具生吉祥大師まで、(2)義解（巻二—五）は北宋の知礼から明の雲棲袾宏まで、(3)習禅（巻六—一六）は唐の亀浄忠から明の雲谷法会まで、(4)明律（巻一七）は北宋の柳律師から金の慧汶律師まで、その他、(5)護法（巻一八）、(6)感通（巻一九）、(7)遺身（巻二〇）、(8)読誦（巻二一）、(9)興福（巻二二）、(10)雑科（巻二三—二六）に分かれる。初めに范景文・黄端伯・中峰読徹・周永年などの序があり、末に跋が付いている。㊫二乙・七・一・二

**ぼだい　菩提**　㊵ボーディ bodhi の音写。覚、智、知、道と訳す。仏・縁覚《えんがく》・声聞《しょうもん》がそれぞれの果において得るさとりの智慧をいい、この三種の菩提のうち、仏の菩提はこの上ない究極のものであるから阿耨多羅三藐三菩提《あのくたらさんみゃくさんぼだい》と名づけ、訳して無上正等正覚、無上菩提などという。大智度論巻五三には、仏の菩提について、(1)菩薩がさとりを求める心を発《おこ》すのを、その心は菩提の果に至る因であるとの意から発心菩提、(2)煩悩をおさえて諸波羅蜜《はらみつ》を行うのを伏心菩提、(3)諸法実相《しょほうじっそう》をさとった般若波羅蜜《はんにゃはらみつ》の相を明心菩提、(4)般若波羅蜜において方便力《ほうべんりき》を得て、般若波羅蜜に捉われず煩悩を滅して、一切智（薩婆若）に到るのを出到菩提、(5)仏果の覚智を無上菩提と名づけて、合わせて五種菩提という。また法華経論巻下には、仏の法・報・応の三身について法仏菩提（法身菩提《ほっしんぼだい》）・報仏菩提（報身菩提《ほうじんぼだい》）・応仏菩提（応身菩提）の三種菩提を立て、大乗義章一八には、無上菩提に方便菩提と性浄菩提の二種があるとする。天台宗では十種の三法の一に三菩提を数えて、(1)実相の理をさとるのを真性菩提（実相菩提、無上菩提）、(2)その理にかなった智慧をさとるのを実智菩提（清浄菩提）、(3)自由自在に衆生を教化するはたらきをさとるのを方便菩提（究竟菩提）とし、これは法身・般若・解脱《げだつ》の三徳と別のものでなく、かつ三菩提即ち三軌であると説く。浄土論には、(1)自我にとらわれ、(2)すべての衆生を安らかにしようと欲せず、(3)自己にのみ仕える、という菩提にそむいた三種菩提門相違の法を遠く離れるのを三遠離心《さんおんりしん》、三種離菩提障、また(1)自身のために楽を求めず（無染清浄心）、(2)衆生の苦を除いて安らかにし（安清浄心）、(3)衆生をさとりに赴かせて永遠の楽を与える（楽清浄心）、という菩提にしたがった三種随順菩提門の法による心を三清浄心とし、これらは智慧・慈悲・方便の三門によって離れ、また起こすとする。無上菩提を求める衆生を菩提薩埵、略して菩薩、無上菩提を求める心を無上菩提心、無上道意、または菩提心などという。また後世では、祖先などの菩提を増進する、即ち成仏を祈り、冥福を

修めるのを増上菩提、或いは菩提を弔うなどといい、菩提を弔う寺の意で信徒がその所属の寺院を菩提寺、菩提所と呼ぶ。

**ぼだいぎょう-きょう　菩提行経**　四巻。北宋の天息災の訳(太平興国五980―咸平三1000)。菩提心をおこし、六波羅蜜の行によってさとりに至る実践的教訓を説く論書。梵本はボーディチャルヤ・アヴァターラ Bodhicaryāvatāra(入菩提行論)と題してシャーンティデーヴァ Śāntideva(寂天)の作。チベット訳もある。漢訳では竜樹(ナーガールジュナ Nāgārjuna)の作としているが誤りである。梵文の刊本としてはミナーエフ I. P. Minayeff(1889)、ハラプラサード・シャーストリ Haraprasād Śāstri(1894)、プサン L. de la Vallée Poussin(1901―14)によるものがある。梵本からの翻訳にはプサンのフランス語訳(1907)、バーネット L. D. Barnett の英訳(1909)、シュミット R. Schmidt のドイツ語訳(1923)、金倉圓照の日本語訳(1965)などがある。[国]一論集部六

**ぼだい-こう　菩提講**　後生の菩提を増進するために修する講会。京都紫野の雲林院《うりんいん》で毎月念仏会が修せられ、これを菩提講と称した。この風習は二尊院などにも伝えられたようで、おそらくは源信の二十五三昧式にもとづくもののようである。なお、菩提を勧めるために法華経を講讃することも行われた。〔参考〕大鏡一、平家物語四、今昔物語集一五

**ぼだいじゅ　菩提樹**　覚樹、思惟樹《しゆいじゆ》、道場樹、道樹ともいう。仏陀がその樹の下で成道《じょうどう》(さとりを得ること)した聖樹のこと。また一般に同種の樹の名。この樹はもと鉢多(梵)アシュヴァッタ aśvattha)と称し、阿説他《あせつた》、阿輸陀《あしゆだ》、阿湿波他、貝多《ばいた》と音写し、吉祥樹、元吉樹、無罪樹と訳される。その果実を畢鉢羅(梵)ピッパラ pippala 畢波羅、庳鉢羅)と称したところから畢鉢羅樹とも称する。イチジクに類似したクワ科の常緑樹。ヒンドゥー教徒も古くからこの樹を神聖視したという。仏陀成道の地にあるこの樹には守護神が宿っているといわれ、これを菩提樹神という。また釈迦仏以外の過去、未来などの諸仏にもそれぞれ異なる菩提樹があるとされ、弥勒仏《みろくぶつ》のそれを竜華樹《りゆうげじゆ》という。なお、日本で菩提樹と称して、果実を数珠を作るのに用いるものは阿説他樹とは別のものである。

**ぼだいじゅ-しん　菩提樹神**　菩提樹を守護する神。仏陀がその下で成道した菩提樹に破仏の悪王が害を加えようとした時、女身に変じて王軍を破り、これを守護したという。〔参考〕大毘婆沙論一二五、大智度論二、金光明経一〇

**ぼだい-しょ　菩提所**　先祖の位牌を安置し菩提《ぼだい》を祈る寺。菩提寺《ぼだいじ》、香華院《こうげいん》ともいう。

**ぼだいじょうきょう-ぼう　菩提場経法**　菩提場荘厳陀羅尼経一巻(唐の不空訳)により、釈迦如来を本尊として滅罪と求児を願って修する法。菩提場荘厳陀羅尼を持誦するのに用いる本尊の曼荼羅を菩提場曼荼羅という。〔参考〕薄草決、乳味鈔八

**ぼだいじょうしょせつ-いちじちょうりんのう-きょう　菩提場所説一字頂輪王経**　五巻。一字頂輪王経、菩提場経ともいう。唐の不空の訳(天宝一二753)。仏頂(仏の頭部の頂)。最上最尊のものとして無量の威徳と功徳を有するとされる)の功徳を説く秘密部経典。㊅一九

**ぼだい-しりょう-ろん　菩提資糧論**　六巻。隋の達磨笈多《だるまぎゅうた》の訳。竜樹の造とされる一六六偈の本頌に自在比丘が釈論を付したものと伝える。菩薩が菩提を得るための資糧としての六波羅蜜・四波羅蜜・四無量などの行を説き、多くの経論を引用している。㊅三二、[国]一論集部五

**ぼだい-しん　菩提心**　(梵)ボーディ・チッタ bodhi-citta の訳。つぶさには阿耨多羅三藐三菩提心《あのくたらさんみゃくさんぼだいしん》といい、無上正真道意と訳し、無上菩提心、無上道心、無上道意、略して道心、道意、道念、覚意ともいう。仏果に至り、さとりの智慧を得ようとする心のこと。この心を発《おこ》し、多くの行を修めて、仏果をさとるのであるから菩薩《ぼさつ》(菩提薩埵)は必ず最初にこの心を発さねばならない。菩提心を発すのを発菩提心《ほつぼだいしん》、発心《ほっしん》、発意《ほっち》などといい、初めて発すのを初発心、新発意という。一般に

菩提心の本体は、衆生が本来的に具えている清らかな心性《しんしょう》であるとされ、種々の縁によって発されるが、大別して具体的な事象によって発す場合(随事発心)と、普遍的な真理によって発す場合(順理発心)とがあり、また菩提心の内容は四弘誓願《しぐぜいがん》であるともいわれる。大乗義章巻九には、発心に三種の別を立てて(1)生死《しょうじ》と涅槃との相を見て生死を厭い涅槃を求めるのを相発心、(2)生死の本性は涅槃と異ならないと知って差別的な相を離れた平等の心が初めて起こるのを息相発心、(3)菩提の本性は自心であり、菩提即心、心即菩提であると知って、自己の本心に帰るのを真発心とし、摩訶止観巻一には、蔵教から円教にいたるまでの菩薩がそれぞれ生滅・無生・無量・無作の四諦の理をおしはかって発心するのを推理発心と説く。大乗起信論には信成就発心・解行発心《げぎょうほっしん》・証発心の三種発心を説き、また信成就発心において直心《じきしん》・深心《じんしん》・大悲心の三心を起こすことをも三種発心という。真言宗では、発心を阿字五転の一に数え、また菩提心論の行願・勝義・三摩地の三種菩提心の説にもとづいて四種発心を説く。即ち(1)信心。無上菩提を求めて疑惑の心のないこと。万行の基であるから白浄《びゃくじょう》信心という。(2)大悲心。白浄信心を発してのち四弘誓願を立てること。行願心、行願菩提心ともいう。(3)勝義心。諸教の中で勝れた真実をえらぶこと。深般若心、勝義菩提心ともいう。(4)大菩提心。劣を捨て勝をえらぶと決めたとき十方の諸仏がまのあたりにあらわれて証知し諸魔はこれを見ておそれおののくこと。三摩地菩提心ともいう。この四心は一応区別されるがもともと一具のものであり、仏果に至るまでの間、かたときも忘れてはならないとされ、これは自行《じぎょう》・化他《けた》、世間・出世間のために諸尊の三密を修めて得たものであるから有相《うそう》菩提心と名づけるが、これがそのまま有相即無相として、虚空のようにすべての相を離れた無相菩提心にかなうとする。浄土教では、源空の選択集には菩提心を雑行として排斥けている。その意味について浄土宗鎮西派では聖道門の菩提心と浄土門の菩提心とをわけ、かつ菩提心を総安心《そうあんじん》、三心を別安心として、必ずしも菩提心を発すことを拒否しないという立場をとり、浄土宗西山派では行門の菩提心と観門の菩提心とをわけて、前者を廃するが後者は三心に他ならないとし、真宗では自力の菩提心と他力の菩提心とをわけて、仏が本願に誓って衆生にあたえた信楽《しんぎょう》即ち真実の信心は願作仏心《がんさぶっしん》(仏になりたいと願う自利の心)、度衆生心《どしゅじょうしん》(一切の衆生を済度したいという利他の心)であるから他力の菩提心、浄土の大菩提心であるとする。

**ぼだい-しん-ぎ-しょう　菩提心義鈔**　五巻。詳しくは胎蔵金剛菩提心義略問答抄という。菩提心義ともいう。安然《あんねん》の編(仁和元885)。菩提心義所説の五門(釈名・体性・一異・相状・行願)の分別と、菩提心論所説の三門(行願・勝義・三摩地)の分別とによって菩提心の義を解釈したもの。著作の動機は法相宗の所立の義を論破することにあったと認められるが、真言宗教時問答と共に台密の教判を大成したものであり、安然の代表的著述の一。(大)七五、日蔵四三　〔写本〕西教寺正教坊蔵(天承元1131写)、東寺蔵(長承三1134写)、金沢文庫蔵(久安三1147写)、東寺蔵(弘長三1263写)　〔刊本〕寛文二1662刊、宝永六1709刊

**ぼだいしん-さん　菩提心讃**　珍海の作(大治三1128)。平安時代の和讃のなかで、唯一の作者・成立年代の明確なもの。この和讃は、菩提心集の末尾に付されたもので、文殊の力によって菩提心を発し、阿弥陀仏の浄土に往生すべきことを説く。教義を抽象的にのべたためか、文学としてはやや生気をかいている。浄全一五、日本歌謡集成四〔参考〕菩提心集夾註(元文元1736刊)。

**ぼだいしん-しゅう　菩提心集**　二巻。珍海の著(大治三1128)。問答体をとり、人身受け難く仏法遇い難きこと、往生浄土の行の易きこと、それにはまず菩提心を発《おこ》すべきこと、念仏が最もすぐれた行業であり、念仏行のうちに五念門の全てがおさめられると説く。問答の部分に出る設問は、総じて一貫した組織内容をもたず、言辞もまちまちで、通俗的なものも含まれていることから推して、道俗の間から折々に出された

疑問であろうといわれる。決定往生集と共に南都系浄土教の傾向と、時代的に永観と源空との中間に位するものとしてその思想を知る上に注目すべきものである。巻尾に和讃一篇が付してある。〈⇩菩提心讃《ぼだいしんさん》〉浄全一五〔刊本〕元文元1736刊

**ぼだいしん-べっき　菩提心別記**　一巻。栄西の著（治承三1179）。菩提心を得るために地蔵と不動との徳益を顕密・内外典にわたって述べたもの。日蔵四三

**ぼだいしん-りそうろん　菩提心離相論**　一巻。北宋の施護の訳。作者は竜樹（ナーガールジュナ Nāgārjuna）とする。菩提心の意義を説くと共に阿頼耶《あらや》識、空の大乗思想を強調する。㊅三二、国一論集部六

**ぼだいしん-ろん　菩提心論**　一巻。詳しくは金剛頂《こんごうちょう》瑜伽中発《ゆがちゅうほつ》阿耨多羅三藐《あのくたらさんみゃく》三菩提心論という。発菩提心論などともいう。竜猛（竜樹）の造、唐の不空の訳と伝える。菩提心をおこすことを勧め、密教の立場から菩提心を行願・勝義・三摩地の菩提心に分けて説く。空海が重要視し、そののち日本の真言宗でひろく学習された。十巻章、二十五巻書の一つである。天台密教の系統では、竜猛の造とせず不空の集という。㊅三二、国一論集部六

**ぼだいせんな　菩提僊那**　（　―天平宝字四760）インド南部の人。バラモンの出身で、中国五台山に至り、天平八年736（一説に同一八年また一九年）来朝した。大安寺に住し、僧正に任じられ、天平勝宝四年752東大寺大仏開眼供養の導師を勤めた。世に婆羅門僧正と呼び、東大寺の奈良大仏建立四聖の。〔参考〕南天竺婆羅門僧正碑（群書四）、大安寺菩提伝来記（東大寺要録二）、三宝絵詞中、今昔物語集一一、本朝高僧伝

**ぼだい-ぞう　菩提蔵**　一仏乗のこと。無上菩提である仏果をさとらせる経蔵の意。善導の般舟讃に、「観経弥陀経等の説は即ちこれ頓教《とんきょう》菩提蔵なり」とある。

**ぼだい-だるま　菩提達磨**　中国禅宗の初祖。達摩とも書く。インドの王族の出身で、劉宋末に来航し、北魏の洛陽（河南省洛陽県）で楞伽経による大乗の禅法を伝える。弟子の慧可と道育がこれを受け、他に曇林《どんりん》が師説を録して二入四行論一巻を編した。年齢一五〇で、没年は確かでない。後に禅宗では、達磨はインドで仏陀の心印を伝えた第二八祖で、梁の普通元年520に西来、金陵（江蘇省江寧県）で武帝と問答し、嵩山少林寺《すうざんしょうりんじ》（河南省登封県北）で慧可に法を伝えたという。また大通二年528に毒殺され、熊耳山（同省宜陽県西）の墓塔に隻履を残して西帰したとし、円覚大師と諡する。ただし、この説は史実に合わない点があり、或いは達摩多羅と同視し、或いは日本への渡来を説くなどの異説も多い。達磨に関する最古の資料は続高僧伝一六・二六、洛陽伽藍記一、及び略弁大乗入道四行（伝灯録三〇）の三種。禅宗の説としては、伝法宝紀、楞伽師資記、歴代法宝記、神会録、宝林伝八、円覚大疏三下、祖堂集二、伝灯録三、伝法正宗記、達磨三朝伝などがあり、少室六門、無心論、絶観論、達摩禅師論などがその禅法を伝えるものとされるが、極めて問題が多い。

菩提達磨（仏祖道影）

**ぼだいどうしだい-ろん　菩提道次第論**　原題はByaṅ-chub lam-gyi rim-paといい、ラムリム Lam-rimと通称する。チベット仏教の改革者ツォンカパ Tsoṅ-kha-pa（1357―1419）の著。秘密道次第論と並ぶ著者の二大主著の一つである。大乗菩薩道の実践を説く論書で、六波羅蜜・四摂法の修習を説き、とくに禅定（止）と般若（観）とについて詳説する。著者自らが冒頭に述べる通り、アティーシャ Atiśaの菩提道灯を正統説としてこれを継承している。中観派・瑜伽行派の諸経論をしばしば引用しており、両者を融合しようとする傾向が認められる。論末には、止観の修習の完成ののちに金剛乗

(密教)に進むべきことを述べ、秘密道次第論に続く。本書は黄帽派の根本聖典として必須の学習書とされ、多くの註釈書が作られた。

**ぼだいどう-とう　菩提道灯**　原題はボーディ・パタ・プラディーパ Bodhipatha-pradīpa という。アティーシャ(982－1054頃)の著。アティーシャがチベットに入った一〇四二年の著作と伝え、六八頌からなる小品であるが、アティーシャの主著とされる。題の示す通り菩提に至る道を明らかにしようとする論書で、六波羅蜜とくに般若波羅蜜の修習を強調する。内容にはカマラシーラ Kamalaśīla(蓮華戒)、シャーンティデーヴァ Śāntideva(寂天)などの影響が認められる。本論はチベット仏教教学の基本としてカーダム派 Bkaḥ-gdams-pa に継承され、のちのツォンカパ Tsoṅ-kha-pa にも大きな影響を与えた。

**ぼだいるし　菩提流支**　生没年不詳。㊵ボーディルチ Bodhiruci の音写。菩提留支とも書く。訳経家。インド北部の人。北魏の永平元年508洛陽に来て永寧寺に住し、七〇〇の梵僧を付されて勒那摩提《ろくなまだい》らと共に訳経に従事した。十地経論、入楞伽経《にゅうりょうがきょう》、金剛般若経など三九部一二七巻を訳し、地論宗(華厳経十地品の註釈である十地論にもとづく学派)の祖と仰がれ、その系統を北道派という。また曇鸞に観無量寿経を授け、世親の浄土論を訳したので、浄土教でも祖師の一人に数える。〔参考〕歴代三宝紀三・九、続高僧伝一、十地経論序、開元録六

**ぼだいるし　菩提流志**　(　－開元一五727)㊵ボーディルチ Bodhiruci の音写。訳経家。インド南部の人。姓を迦葉《かしょう》といい、初めの名を達磨流支《だるまるし》(Dharmaruci)と称した。バラモンの出身で、はじめ外道を学んだが、六〇歳で仏教に転向したという。唐の高宗に招かれ、その没後の長寿二年693長安に来た。洛陽の仏授記寺に住して訳経に従事し、神竜二年706長安の崇福寺に移り、開元一五年洛陽の長寿寺で没した。この間、義浄らとともに実叉難陀《じっしゃなんだ》の新訳華厳経の翻訳に協力した。また玄奘の遺業をついで方等部の経典を集大成した大宝積経一二〇巻を完成するなどの業績をあげ、五三部一一一巻を訳出した。玄宗から鴻臚大卿を追贈され、開元一切遍知三蔵と諡された。〔参考〕大宝積経序、開元録九、宋高僧伝三

**ポタラ　布達拉　Potala**　チベットの首都ラサ Lha-sa の西北、マルポリ Dmar po-ri(赤山)の南斜面より頂上にかけて築かれた高楼で、ダライ・ラマの居城。七世紀前半のソンツェン・ガンポ Sroṅ-btsan sgam-po 王の創建。ながくチベット王の住居であったが、一七世紀中頃、ダライ・ラマ五世のガワン・ロサン・ギャムツォ Ṅag-dbaṅ blo-bzaṅ rgya-mtsho が全チベットの政教両権を掌握すると、統一政府の中心としてサンゲー・ギャムツォ Saṅs-rgyas rgya-mtsho の協力を得て拡大修理し、ポタラ宮と号した。以後歴代ダライ・ラマの居城となる。ポタラは補陀落《ふだらく》(ポータラカ Potalaka)と同義で観世音菩薩の住地の意。

**ほっかい　法界**　㊵ダルマ・ダートゥ dharma-dhātu の訳。達磨駄都と音写する。①十八界の一。意識の対象となるすべてのものごと。倶舎論巻一には受・想・行の三蘊〈⇩五蘊《ごうん》〉と無表色《むひょうしき》と無為法《むいほう》とを法界と名づけ、十二処の中では法処とする。ただし、十八界の中の他の十七界も法と名づけられるから、広く有為・無為のすべての諸法を法界ということもある。語の意味について、「界」とは種族生本、即ち一つの山中に金銀などの種々の鉱脈があるように、一身の中に眼などの諸法があり、それぞれ自類を相続して生じる意、或いは種類各別、即ち諸法がそれぞれの自性《じしょう》を異にしている意とする。②華厳宗では華厳経探玄記巻一八に、⑴聖法を生じる因、⑵諸法の真実の体性、⑶諸法が各々の分斉《ぶんざい》をたもち、その相状が区別されること、の三義を挙げ、真如または一切諸法のことをいうとする。また普賢《ふげん》の行願によって入る法界に有為法界・無為法界・亦有為亦無為法界・非有為非無為法界・無障礙法界《むしょうげほっかい》の五門の意味があるとし、また法法界《ほうほっかい》・人法界・人法俱《にんぽうく》融法界《ゆうほっかい》・人法俱泯《みん》法界・無障礙法界の五重の別を立てる。なお法界の種類は多いがすべて一真法界におさまり、それは諸

仏衆生の本源である清浄心であるとし、一心法界、一真無礙法界ともいう。そして、このまのあたりにある法界の当相について、一切法が互いに一体化し(相即)、そのはたらきが互いに和しあって(相入)、事事無礙《じじむげ》重重無尽《じゅうじゅうむじん》の縁起《えんぎ》であると説くのを法界縁起といい、このような法界の構造を観じるのを法界観《ほっかいかん》という〈⇩四法界《しほっかい》 ⇩真如《しんにょ》〉。③密教では六大を法界の体性とし、これを大日如来の三摩耶《さんまや》身とし、その宮殿を法界宮、その定位《じょうい》を法界定、印を法界定印、加持力《かじりき》を法界加持と名づけ、また五智五仏を説いて、大日如来は法界体性智を表わすとする。また、万法がことごとく具わっているのを多法界、差別的な万法も理平等の立場から眺めれば無相全一に帰するのを一法界《いっぽっかい》といい、合わせて一多法界と称し、両部に配すると、金剛界は智差別の多法界、胎蔵界は理平等の一法界であり、修行からいえば修行してさとりに至る上転門は多法界、さとりの極果から衆生をおしえ導くためにはたらき出す化他の下転門は一法界であるとする。両部の大経(大日経と金剛頂経)はもとより上下両転を具えるから一多法界を兼ねるが、金剛頂経系の金剛智は多法界を表とし、大日経系の善無畏は一法界を表とするといい、しかも両師はともに竜智に師事して、同じ一多法界を伝承したから、内証は同一であるとする。空海は一多法界を相承したが、その門下では一法界は教相の上からは加持説《かじせつ》の本拠となり、事相の上では広沢方《ひろさわがた》で表とし、多法界は教相の上からは自証説の本拠となり、事相の上では小野方《おのがた》で表とする〈⇩本地身《ほんじしん》(加持身)〉。④天台宗では地獄・餓鬼《がき》・畜生《ちくしょう》・阿修羅《あしゅら》・人・天・声聞《しょうもん》・縁覚《えんがく》・菩薩・仏の十界《じっかい》を十法界《じっぽうかい》というが、これはそれぞれの相が差別している分斉《ぶんざい》の義からいう。

**ほっかい-あんりゅうず　法界安立図**　六巻。明の仁潮の著(万暦三五1607)。世界成立の次第を述べたもの。略明南洲・広歩大地・偏観三界・大千劫量・游諸仏刹・研窮法界・法界総論の七章よりなる。㊫二乙・二二・四―五

**ほっかい-ぎきょう　法界義鏡**　⇩華厳法界義鏡《けごんほっかいぎきょう》

**ほっかい-じ　法界寺**　⇩ほうかいじ

**ほっかい-しだいしょもん　法界次第初門**　六巻または三巻。隋の智顗の著。成立年不詳。法界次第ともいう。主として大品般若経と大智度論により天台観心の初学者のために数に従って類従された多くの教義を列挙し、合わせて観法の手引きとしたもの。㊇四六〔刊本〕寛永九1632刊〔註釈〕乾性・鈔三巻〔参考〕天台智者大師別伝

**ほっから-しゃれい　弗迦羅娑黎**　㊁プックリーティ Pukkusāti の音写。インドの咀叉始羅《たんしやしら》(タッカシラー Takkasilā)国のクシャトリヤ出身の比丘。同国の大王であったともいう。頻婆娑羅《びんばしゃら》(ビンビサーラ Bimbisāra)王のすすめで出家して王舎城に至り、バッガヴァ Bhaggava という陶師の家ではからずも仏陀に会い、教化されて帰仏した。出家後間もなく牝牛に突き殺されたと伝える。〔参考〕Theragāthā 一九二偈註、法句譬喩経、中阿含経一六二

**ほつがん　発願**　願をおこすこと。発願心、発志願、発無上願、発大願などという。まとめて仏果菩提《ぼだい》を求める心(即ち菩提心)や、区別して浄土を完成し衆生《しゅじょう》を救済しようとする心(即ち誓願)をおこすこと。浄土教では浄土に生まれたいと願うものが自己の修める善をさしむけて往生を願う心を廻向発願心《えこうほつがんしん》という。善導は観経疏玄義分に六字の名号(南無阿弥陀仏)を解釈して南無に発願廻向《ほつがんえこう》の意があるとし、親鸞はこれを、阿弥陀仏が衆生を救おうとの願を発《おこ》して救いの因を与えたという意味、或いは釈迦・弥陀二尊のめしにしたがって浄土に生まれようとする心の意味に解した。

**ほっき　発起**　おこすこと、おきること。一念発起は信心の一念がおこること。発起衆というときは、仏がその経を説く因縁をひきおこす衆という意味。

**ほっき-じ　法起寺**　奈良県生駒郡斑鳩町岡本。岡本山と号し、聖徳宗(もと法相宗)。地名により岡本寺、池畔にあるので池後寺《いけじりでら》(池尻寺)ともいわれた。聖徳太子建

立七カ寺の一と伝える。太子伝私記の本寺三重塔露盤銘文(「聖徳太子伝私記」所引)によると、太子の遺命により山背大兄王が岡本宮の所在地に寺塔を興し、舒明天皇一〇年638には福亮が弥勒像一軀を造って金堂を構え、天武一四年685恵施《えせ》が堂塔を修造し、慶雲三年706三重塔の露盤が完成したという。聖武天皇の時代には金銅仏一二軀があった。永保元年1081には官命により塔の露盤銘が写し取られ、弘長二年1262初めて塔が修理された。のち数度の火災にあったが、延宝六年1678堂塔の大修理が加えられた。昭和三五年1960の伽藍跡の発掘調査で、法隆寺と比べて塔と金堂の配置が反対にある、いわゆる法起寺式伽藍配置が明らかになった。なお三重塔は現存最古のもの。〔国宝〕三重塔、銅造菩薩立像(伝虚空蔵菩薩像)ほか 〔参考〕和州旧跡幽考六、大和志料

**ほっき-ぼさつ 法起菩薩** 法起は㊵ダルモードガタ Dharmodgata の訳。曇無竭《どんむかつ》と音写し、法生、法勇とも訳す。金剛山に住むという菩薩。法起菩薩が金剛山に住するという説は唐代以来中国で五台山文殊浄土の説とともに信じられ、朝鮮の金剛山がこれにあてられた。また日本では古来大和の金剛山(または葛城山《かつらぎさん》)がその住処とされている。なお修験道では役小角《えんのおづぬ》をその化身としている。〔参考〕新訳華厳経四五(諸菩薩住処品)

**ほっきょう 法橋** ⇩僧位《そうい》

**ほっく 法救** ㊵ダルマトラータ Dharmatrāta の訳。達摩多羅《だつまたら》と音写する。①⇩婆沙の四大論師《ばしゃのしだいろんじ》 ②(四世紀頃)説一切有部の論師。法勝《ほっしょう》の阿毘曇心論《あびどんしんろん》に対する註釈雑阿毘曇心論を著わしたとされる。この書は倶舎論にも大きな影響を与えた。〔参考〕雑阿毘曇心論一、出三蔵記集一〇、大域西唐記二

**ほっく 法鼓** ①仏の説法が衆生の煩悩《ぼんのう》をうちやぶることが、まるで軍隊が大鼓を打ち鳴らして進むようであるのに喩えて、仏の説法を法鼓といい、法鼓を叩き法螺《ほうら》を吹くなどという。②禅宗寺院で用いる太鼓の一。法堂《はっとう》内にあって法式のときにうって大衆に知らせる。

**ほっく-きょう 法句経** ㊁ダンマ・パダ Dhamma-pada の訳。真理の言葉を意味する。パーリ経蔵の小部(クッダカ・ニカーヤ)の第二経。四二三篇の詩を二六章に収めて収録する。仏教の宗教的・倫理的教訓を含んだ詩篇集で、上座部仏教を伝承する諸国でひろく愛誦された。原始仏教期にさまざまな形で伝えられていた詩を編集したもので、紀元前四―前三世紀頃の編集と推定されるが、一つ一つの詩篇はそれよりも早い時期にできあがっていたものであろう。原始経典の中でも最古のものとして重視される。パーリ語原本は一九一四年にパーリ聖典協会より刊行された。マクス・ミュラー Max Müller の英訳(1881)、ノイマン K. F. Neumann のドイツ語訳(1921)をはじめ、ひろく西洋の諸言語に訳されている。ダンマ・パダに相当するものとして、漢訳に法句経(二巻)がある。これは三国呉の維祇難《いぎなん》らの訳と伝えるが、実際には維祇難の将来した原本を黄武三年224に支謙・竺将炎が訳したものである。原本はパーリ語ダンマ・パダに近い系統のもので、二六章約五〇〇偈から成っていたが、訳出時に異本から一三章約二五〇偈を編入し、計三九章約七五〇偈としている。法句譬喩経(四巻)もこの系統に属するが、散文の譬喩物語が付加されている〈⇩法句譬喩経《ほっくひゆきょう》〉。なおパーリ語ダンマ・パダの註釈に、ブッダゴーサ Buddhaghosa(仏音《ぶっとん》)に帰せられるダンマパダッタカター Dhammapadaṭṭhakathā がある。ダンマ・パダに類した詩篇集には上述の(1)パーリ語ダンマ・パダの系統のほかに、いくつかの系統がある。説一切有部の伝承した(2)ウダーナ・ヴァルガ Udāna-varga もその一つで、一―二世紀頃ダルマトラータ Dharmatrāta(法救)の編と伝える。三三章より成り、詩篇の数はダンマ・パダより多い。詩篇の一部はダンマ・パダに対応するが、パーリ経蔵小部のウダーナ、スッタ・ニパータ、テーラ・ガーターなどの詩句と対応するものもある。ウダーナ・ヴァルガにはチベット訳およびクチャ語訳断片もある。漢訳の法集要頌経・出曜経もウダーナ・ヴァルガの系統に属する〈⇩法集要頌経《ほうしゅうようじゅきょう》 ⇩

出曜経《しゅつようきょう》〉。なおウダーナヴァルガの梵本はベルンハルトF. Bernhardによって校訂出版された(1965)。また、法蔵部の伝承したものと推定される⑶ガンダーラ語ダルマパダがコータンで発見されている。これはカローシュティー文字で書かれ、一—三世紀のものと推定される。この原本は英国のブラフJ. Broughにより刊行された(1962)。大衆部系の説出世部に属する、仏教梵語で書かれた⑷パトナ・ダルマパダもある。なお、同じ説出世部に属するマハーヴァストゥ Mahāvastu(大事)に法句経の一部が引用されており、説出世部に⑷とはまた異なった独立の異品があったことも知られる。パーリ文ダンマ・パダ及びウダーナヴァルガには、中村元による現代語訳がある(『真理のことば・感興のことば』岩波文庫1978)。㊅四、国一本縁部一一、南伝二三

**ほっく-ひゆ-きょう　法句譬喩経**　四巻。西晋の法炬・法立の共訳(290—306)。支謙・竺将炎の訳した法句経の七百五十余偈の中の約三百偈に対して、それらの説かれた因縁物語六八話を記したもの。パーリ語のダンマパダッタカター　Dhammapada-ṭṭhakathā(ダンマパダDhammapadaの註釈書)と同類のものであるが内容は同一ではない〈⇩法句経《ほっくきょう》〉。㊅四、国一本縁部一一

**ほっけ-え　法華会**　法華経を講讃する法会。法華経の講讃は中国以来盛んに行われ、日本では聖徳太子が推古天皇一四年606に岡本宮で講じたのが始まりとされる。良弁の奏によって天平一八年746東大寺で講讃され、それが勅会として毎年おこなわれるに至り、北京《ほっきょう》三会の一つとしての円宗寺の法華会は有名である。また藤氏法会の一つとして藤原内麻呂追福のため興福寺でも行われた。天台宗延暦寺では六月会《みなつきえ》として伝教大師最澄の御忌日に、また霜月会《しもつきえ》として天台大師智顗の忌日に行われ、これら毎年の法会のほかに五年目ごとには法華大会が盛大に営まれる。

**ほっけ-かいじしょう　法華開示鈔**　二八巻。貞慶の著(承元二1208)。笠置の貞慶が慈恩大師窺基の法華経玄賛について、逐次論題を設けて、論義風に問答決択したもの。五四歳の時の著作であるが、弟子良算の追奥から問の詞は良算、答が貞慶のものとみられる。鎌倉初期の法相宗再興に際して、一宗の生命である唯識・因明の研究と共に、法相宗の立場より当時広く庶民の間に流布していた法華経を解釈する必要からできたものである。㊅五六、日蔵一一、仏全一九・二〇　〔写本〕薬師寺蔵、興福寺蔵

**ほっけ-ぎき　法華義記**　八巻。法華光宅疏、法華義疏ともいう。梁の光宅寺法雲の述、門人の編。成立年不詳。法華経の註釈書としては劉宋の竺道生の疏について現存中最も古い。この経は如来出世の本意をのべたものだとし、経の題目を解釈し、さらに経宗を論じ、次に一経の分科をたてて序・正・流通の三重三段の詳細な分科を試み、序品以下普賢勧発品までの二七品の文義を解釈する。当時は羅什訳の法華経の中にまだ提婆達多品が加えられていなかったので、序品・方便品・譬喩品・信解品の四品に力を注ぎ、方便品の権実二智義、譬喩品の索車義などには詳しい論義を加える。天台宗の智顗や三論宗の吉蔵は、本書を越えようとした所に却って大きい影響がうかがわれ、日本の聖徳太子の法華義疏は本義と称して、大綱をその説に依っている。中国の法華教学史上影響力の大きかった書であるが、古来註釈書は全く作られていない。日本では鳳潭《ほうたん》が初めてこれを開版した。㊅三三〔刊本〕元禄一〇1697刊

**ほっけ-ぎしょ　法華義疏**　①一二巻。隋の吉蔵の著。成立年不詳。三論教学の立場で法華経の経文を註釈したもの。⑴部類不同(諸経の部類に七例あって、本経は具足本とする)、⑵品次差別(生起差別・明貝義多少・論品前後・明品有無〔提婆品の有無を論じている〕・別釈序品)、⑶科経分斉(経の分科についての異説と自己の説をのべる)、⑷入文解釈から成る。吉蔵には法華経の総論として、法華玄論および法華遊意があり、経文の釈としては本書と法華統略がある。本書は釈義が最も懇切で、後にできた統略はこれに改訂を加えた所が多い。南北朝時代および吉蔵と同時代の学者の説を引用する所が多く、それは他の学者の著作からは

見られず、重要な資料である。(大)三四、[国一]経疏部三・五　②四巻。上宮法華疏ともいう。聖徳太子の著。成立年不詳。梁の法雲の法華義記を本義と称して引用しながら、往々それを批判して自説をあげ妙法蓮華経の文義を註釈したもの。経の大意を述べ、次に経題を解釈し、さらに三分科経をあげて広く序品以下普賢勧発品にいたる(提婆達多品を除く)二七品の文について解釈する。太子の法華経講説のことは日本書紀に見え、また太子自筆の草本が御物として現存し、大正一五年1926、同四八年、影印された。(大)五六、仏全一四、[国一]経疏部一六　〔註釈〕宗性・法華上宮王義疏抄二巻(残欠一巻)、凝然・慧光記六〇巻(残欠一〇巻)　〔参考〕法隆寺伽藍縁起并流記資財帳、南都七大寺巡礼記、聖徳太子伝私記

**ほっけ-げんき　法華験記**　法華経に関する霊験についての伝記や伝説説話を集めた書で、数種があるが散逸したものが多い。①中国では、唐の義寂のものがあり、鎮源の法華験記はこれにならったという。②日本では、⑴薬恒の法華験記(扶桑略記の垂仁天皇、欽明天皇一三年552、敏達天皇六年577、宇多天皇の仁和四年888、醍醐天皇の延喜二年902、一条天皇の長保五年1003の条などに引用)、⑵智源の法華験記(扶桑略記の醍醐天皇の延長五年927、一条天皇の長保五年の条に引用)、⑶慶滋保胤の日本法華験記(上宮太子拾遺記一に引用)などがあったが、早く散逸した。〔参考〕本朝台祖撰述密部書目③大日本国法華経験記。三巻。鎮源の著(長久年間1040—44)。本朝法華験記ともいう。日本における法華経の霊験について、聖徳太子から著者の時代までにわたる一二九話を収め、当時の民間の持経者の様子が知られ、仏教説話集としても注目される。続群八上、日本思想大系七　〔刊本〕享保二1717刊

**ほっけ-げんぎ　法華玄義**　二〇巻または一〇巻。詳しくは妙法蓮華経玄義という。単に妙玄ともいう。隋の智顗の述、灌頂の記。法華経の深い趣旨は妙法蓮華経という経の題名中に包含されているという観点から、主として経の題名を解釈しつつ、この経の特にすぐれた理由などを明示しようとしたもの。法華経の経文を講じた法華文句と合わせて一具となるもので、合わせてこれを玄・文と称される。また智顗が法華経の根本精神に基づいて仏道修行の方軌を述べた摩訶止観《まかしかん》と合わせて、玄義・文句・止観を天台三大部と称し、天台教学の根本として重視されてきた。本書は、釈名(経名を解釈)・顕体(説示される真理如何を弁明)・明宗(教えの意図する要旨は何かを明らかにしようとする)・論用(断疑生信の力用あることを論じる)・判教(仏教全体の中で如何なる地位を占めるかを判定する)の五つの観点から詳述されている。これを五重玄義といい、初めに五重に分けて説明する理由に七カ条があるとした。即ち、標章・引証・生起・開合・料簡・観心・会異であり、これを七番共解という。以上は一巻下の半ばまでで終り、それより以下終りまでは、順次に名・体・宗・用・教の五章を解釈してゆくので、これを五重各説という。その中で、第一の釈名は一下の半ばから八上の半ばまで、第二の顕体は以下九下の半ばまで、第三の明宗と第四の論用は以下九下の終りまで、第五の判教は一〇上・一〇下にわたる。また第一の釈名の初めに、旧説四家を挙げて批判するが、中でも梁の光宅寺法雲の説に対しては、古来それが最もすぐれた説とされているので、「この難点を指摘すれば余は自然にその非なることが知られる」といって、光宅に対して二四の難を挙げている。ついで、妙法の二字について、三法十如是・相待妙・絶待妙を論じ、法華経は迹門(前一四品)にも、本門(後一四品)にもそれぞれ他経より勝れた各一〇種の妙義があるとして、いわゆる迹門十妙(境妙・智妙・行妙・位妙・三法妙・感応妙・神通妙・説法妙・眷属妙・功徳利益妙)、本門十妙(本因妙・本果妙・本国土妙・本感応妙・本神通妙・本説法妙・本眷属妙・本涅槃妙・本寿命妙・本利益妙)を詳論した。このうち、迹門十妙は二上の半ばより七上の半ばまでであり、本門十妙は七上の半ばより七下の半ばまでである。以下七下の終りまでに蓮華の字を釈し、八上の初めから半ばまでに経の字を釈す。これによって妙法の二字がいかに重視されているかがわかる。最後の判教は古来の教相判釈につ

いて南方の三説と北地の七説と(いわゆる南三北七)を合わせて一〇の異説を挙げて評破したのち、天台自身の見解は頓・漸・不定という三つの大綱によるものであることを明らかにした。本書は、末尾に筆録者である章安灌頂が自己のメモとして記録しておいた雑録があるが、これはもとより天台大師智顗の関知する所ではない。本文の中にも、明らかに灌頂の増補と見られる部分があり、全部を智顗の講説と見ることはできず、両者の区分を判別することは困難である。本書の冒頭にある私記縁起は、灌頂が師智顗の十徳を列ねて自ら伝述するに至った縁由を記したもので、その中に、「昔建業において始めて経文を聴き、ついで江陵に在って玄義を奉蒙し、晩に台領に還って仍ほ鶴林に値ふ」と述べており、本書が開皇一三年593荊州玉泉寺においての講義であることを知らしめる。第三に私序王と称して灌頂が経題を解釈した文があるが、第二にある序王は智顗自身が特に経の題名を解釈しつつ要義を論じたもので、最も重視されるべきものである。唐の湛然が天台の三大部に対して忠実詳密な註釈を加えたが、そのうち法華玄義に対する註釈書は釈籤(大三三)という。湛然の弟子普門の作った釈籤縁起序は唐の代宗の広徳元年763の作である。釈籤は科文を明示し、文旨と共に字義についても懇切で、主要な部分に対しては敷衍し補釈している。中でも迹門十妙釈と本門十妙釈との間に詳説された十不二門は特に重要なもので、のちに北宋・南宋時代これが別出して研究註釈され、異説競起の端ともなった。湛然は、智顗以後に興った三論宗の吉蔵、法相宗の窺基、華厳宗の法蔵、慧苑、澄観などの間にくみして、しかもなお天台の宗義はいささかも動揺するものでないことを発揮するのに努めた。よって後世、法華玄義を研究するには本書を指南とすることが必須とされ、明の万暦一一年1583天台山の真覚は玄義と釈籤とを誦習に便利なように対応して合刻した。いわゆる会本《えほん》であって、通常は法華玄義釈籤の名において会本となったものが用いられる。末註はほとんど釈籤を註したもので、中国では法照の読教記七巻、従義の補注三巻、善月の妙玄格言二巻、有厳の玄籤備検四巻などがあり、わが国では証真の玄義私記、本純の籤録、癡空の講義、守脱大宝の講述などが知られている。研究者には癡空の法華玄義釈籤傍注が便利で、仏教大系のなかに収められた法華玄義は、釈籤(湛然)と私記(証真)・講義(癡空)・講述(守脱)の諸本を合会している。大三三、国一経疏部一

**ほっけ-げんさん　法華玄賛**　二〇巻。詳しくは妙法蓮華経玄賛、単に玄賛ともいう。唐の窺基の著。成立年不詳。唐の法相宗祖である窺基が、法華経の説く一乗は主として不定姓という特殊なもののための教えであるとし、唯識教学の三乗思想から法華の一乗を会通した特色ある法華経の註釈書。末尾に自ら記す所によれば、博陵(河北省定県)へ旅行した時、道俗の請に応じて法華経を講じ、講ずるに従って註釈書を作っていったもので、旧説を参照することができず十分の研鑽を経たものでないようにいっているが、実は最も多く世親の法華経論に基づきつつ旧説をも念頭において唯識教学独自の法華経解釈を試みたもので、自らも最も苦心して撰述したものとみられる。(1)経起の意、(2)経の宗旨、(3)経品の得名、(4)経品の廃立、(5)品の次第、(6)経の本文を釈す、という六門の順序に由る。(1)ではこの経は因と請とにむくいるため、疑執を破するため、授記と菩薩行とを彰するため、仏の在世と滅後の者を利するため、仏の説法には三時の段階があり、それは機に応ずる必要に由ることを顕わすためであるという。この中で、摂大乗論の十義一乗説に根拠しながら法華は四種声聞の中では退菩提心と応化との二声聞のためで、趣寂と増上慢の二声聞のためではない。また二種菩薩の中では正しくは漸悟菩薩のためで兼ねては頓悟菩薩のためといってもよいという。また教えには頓漸があって漸に三時の別があるが、法華は漸教の第三時の教えであり、また頓教にも通じるという。また仏性に行性と理性を区別し、法華は行性の有種姓の者に拠って説いたもので無種姓の者は問題外であるとし、五姓各別説との会通に力を

用いている。⑵の宗旨を説く段では、三教八宗説を説き、法華は三教中の非有非空宗、八宗の中の応理円実宗であるとし、法華が正しく宗として明らかにする所は一乗であるという。⑹の経の本文を釈する段では、方便品以下の八品を正宗分とする説と、方便品以下十九品を正宗分とする説とを挙げ、十九品正宗説の中では、一乗について方便品以下十二品は境、次二品は行、次五品は果を明かすと主張する。釈義においては玄奘所伝の語学知識と地理歴史上の記述などを採用し、法華論を重視しながら漢字の訓詁にも深い注意を払っている。三乗教の唯識教学から法華一乗をいかに会釈するかは中国の玄奘門下に課せられた重大な歴史的任務であったが、その要請にこたえたのが本書で、特に一乗仏教の天台・華厳・三論などの諸宗と対立するので、その後の中国・日本の仏教界で激しい論争の焦点となった。日本の最澄の守護国界章はその最も著しい現われである。㊅三四、国一経疏部四・五〔註釈〕唐の慧沼・義決一巻㊅三四、唐の智周・摂釈四巻、唐の崇俊撰・法清集疏・決択記八巻(うち現存初二巻)、唐の栖復・要集三五巻、また法華玄賛の巻四方便品の釈の中にある一乗義だけを別出して解釈したものに、日本の真興の撰に成る一乗義私記三巻がある。

**ほっけ‐げんろん　法華玄論**　一〇巻。隋の吉蔵の著。成立年不詳。吉蔵が江南の会稽にいた時の作。三論教学の立場にたって法華経の大意とその要義を解釈したもの。⑴弘経の方法、⑵大意、⑶釈名、⑷立宗、⑸決疑、⑹随文釈義の六門に分かれている。⑴では経を弘めるについての諸問題を論じ、併せて翻訳の縁起・講経の縁起・所弘の経を説き、⑵では十六種の因縁を明らかにし、⑶の釈名で経の首題を詳説し、⑷で慧遠《えおん》などの十三家の説を批判して自己の立場を鮮明にしている。⑸では般若・浄名(維摩)などの諸経と法華経との同異を問題にしており、⑹では順次に法華経諸品中で問題になる諸点を論議する。吉蔵の法華観を知るだけではなく、先代もしくは同時代の学者の説を多数引用し批判しているから、それらの古い学説を知る上にも、重要な資料である。㊅三四〔註釈〕智光・略述五巻

**ほっけ‐ごひゃくもん‐ろん　法華五百問論**　⇩五百問論《ごひゃくもんろん》

**ほっけ‐さんまい‐きょう　法華三昧経**　一巻。東晋・劉宋の智厳《ちごん》の訳(元嘉四427)。耆闍崛山《ぎしゃくっせん》で王女利行のために法華三昧を説き、王女が得道した後に多数の女性を発心させ、羅閲王《らえつおう》も出家し授記を得たという内容である。㊅九

**ほっけさんまい‐どう　法華三昧堂**　半行半坐三昧堂、法華堂、三昧堂ともいい、法華三昧、即ち半行半坐三昧を修めるための堂のこと。普賢菩薩を本尊とする。天台宗では多く常行堂(常行三昧、即ち般舟三昧《はんじゅざんまい》を修める)と並んで設け、或いは廻廊で連結して俗に荷堂《にないどう》ともいう。中国にもあったが、日本では叡山東塔の法華三昧院を始め各地に多く設けられた。法華三昧は法華懺法《ほっけせんぼう》ともいうから、法華懺法堂を法華堂と呼ぶことがある。貴人の納骨堂を法華堂というのは法華懺法を修めて追善するからである。⇩四種三昧《ししゅざんまい》　⇩三昧《さんまい》⑦

**ほっけ‐じ　法華寺**　①奈良市法華寺町。真言律宗。平城宮の東、藤原不比等の旧地に、光明皇后が両親の追善のために建てた寺。東大寺が総国分寺であったのに対し、法華寺は総国分尼寺として、法華滅罪之寺と称し、同地に悲田院・施薬院が建てられた。中世には国分寺の制も弛緩し、藤原氏の氏寺としては興福寺が栄えて当寺は荒廃した。豊臣秀頼が現本堂を再建して比丘尼御所として復活した。氷室《ひむろ》御所の別名がある。〔国宝〕木造十一面観音立像、絹本著色阿弥陀三尊及童子像　〔重文〕本堂、南門、鐘楼、乾漆維摩居士坐像、木造仏頭、同二天頭(伝梵天帝釈天)〔参考〕和州旧跡幽考四、大和志料　②北海道松前郡松前町豊岡。妙光山と号し、日蓮宗。正応四年1291あるいは徳治元年1306、蝦夷(北海道)の原住民が檜山郡上ノ国小堀の地に日持(1250—　)が埋めた経石を感得して小堂を建てたのに始まると伝える。その後、康正年間1455—57小堂を改めて法華堂としたという。享禄二年1529京都本満寺の日尋が日持の遺跡を慕って蝦夷に渡り、法華堂を法華寺と改め、日持を開山として自らは

二世となった。のち松前氏が居城を福山に移したので、当寺も現地に移転した。

**ほっけ-しゅうく　法華秀句**　三巻。最澄の撰(弘仁一二 821)。法相宗の筑波徳一の謗難を破し、天台法華宗の教義が法相・三論・華厳の諸宗より勝れていることを論じた書。上下両巻に法華十勝(仏説已顕真実勝・仏説経名示義勝・無問自説果分勝・五仏道同帰一勝・仏説諸経校量勝・仏説十喩校量勝・即身六根互用勝・即身成仏化導勝・多宝分身属勝・普賢菩薩勧発勝)を論じ、中巻には別に決択仏性護咽喉と題する論文で天竺仏性諍・大唐仏性諍・日本仏性諍の三章を設けているが、日本仏性諍はその文を欠いている。現行本は五巻に分冊されているが、最澄撰述の当初は現行上巻本末両巻が、上巻中巻に分かれそれに下巻を加えた三巻であったらしく、現行の中巻は後人のものとされる。これは、日蓮の秀句十勝鈔に弘仁一二年の著作銘が中巻に見えると記しているが、現行本では上の末の本文に記されていることから知られる。日蔵三九、伝教大師全集三〔刊本〕承応二 1653刊〔註釈〕和訓雑々一巻、吉川英俊・科解一巻

**ほっけしゅう-ないしょう-ぶっぽう-けちみゃく　法華宗内証仏法血脈**　二巻。日蓮の撰(文永一〇 1273)。日蓮が佐渡で観心本尊抄を撰述するに先だって宗旨の血脈を明らかにした書。日蓮の内証は釈迦牟尼仏から直授相承した血脈であることを説き、釈迦—上行—日蓮と次第する内証相承と、釈迦—天台—伝教—日蓮と次第する外用相承との二種の血脈を明らかにしている。昭和定本日蓮聖人遺文一、高祖遺文録一四

**ほっけ-しゅよう-しょう　法華取要抄**　一巻。日蓮の撰(文永一一 1274、一説に同九)。法華経の題目の五字について明らかにしたもの。三国諸宗の権実を論じ、有縁・無縁の教主を分けて、一切の仏菩薩はすべて法華経寿量品の教主釈迦牟尼仏の所従であるとし、法華経本迹二門は滅後末法の衆生のために説かれたと論じ、最後に末法に流布すべき妙法は日蓮弘通の三大法門(本尊・題目・戒壇)であり、広略を捨て題目の要を示し、必ず流布すると結んでいる。後記を失っているので、撰述時については、身延入山後の文永一一年説と佐渡在島中の同九年説がある。㊅八四、昭和定本日蓮聖人遺文一、日本思想大系一四〔自筆本〕中山法華経寺蔵〔写本〕重須本門寺蔵(日興写)〔刊本〕宝暦六 1756刊

**ほっけ-しんとう-ひけつ　法華神道秘訣**　四巻。日歓の撰。成立年不詳。三十番神の霊威を説き、神仏は互いに助けて世を教化するという次第を述べた書。仏教の三身説によって神に法性神・有覚神・邪横神の三種があることを説き、また仏は地神第五代の末に出世したものであるから、前に出た神は本地、後に現われた仏は垂迹であるとする。日蓮宗の神道説を知る資料。〔刊本〕永禄一三 1570刊

**ほっけせっそう-ず　法華説相図**　既に敦煌壁画から描かれていた法華曼荼羅の一で、奈良県長谷寺蔵(国宝)は千体釈迦板仏・千仏多宝塔図とも称し、飛鳥・白鳳時代の浮彫鋳物銅板で、中央の三重塔下層にある釈迦・多宝仏の二仏並坐で法華説相図とわかる。下段の陰刻銘文は唐初の欧陽詢風の楷書で、強い直線の構成は王羲之書道に風靡された当時の日本書道界では珍しい。銘文の年次「降婁」は戌《ぬい》年の意で、朱鳥元年686丙戌に当てるのが通説となっているが、文武天皇二年698説、和銅三年710説、宝亀元年770説などもある。

**ほっけ-せんぼう　法華懺法**　法華経を読誦して罪障を懺悔する法。その仏事を懺法講という。陳の文帝が大極殿の無遮大会《むしゃだいえ》で修したという。行法・儀式は一般に智顗の法華三昧懺儀を用い、日本には円仁が伝えた。後白河天皇の頃から朝廷でも修された。

**ほっけ-だいもく-しょう　法華題目鈔**　一巻。日蓮の撰(文永五 1268)。法華経の題目即ち妙法蓮華経の五字の信唱を勧めた書。信心為本を説き、妙法五字は一経の肝要、一切経の王であると論じ、悪人の成仏も女人の成仏も妙法によってのみ可能であると教える。清澄山で作り、天台宗を信じ念仏を行う伯母に与えたものといわれるが、日蓮初期の

作で、佐渡以後の諸書に顕われた法門功徳を示さず、念仏に対しておだやかに題目の功徳を述べる。昭和定本日蓮聖人遺文一、日本思想大系一四、国東叢一(宗義)〔真蹟残欠〕身延山久遠寺蔵ほか

**ほっけ-でんき　法華伝記**　一〇巻。法華経伝記、唐法華伝ともいう。唐の僧祥の著。法華経の翻訳、分訳流伝または講解諷誦した人などの伝記・霊験を一二項にわけて述べる。即ち⑴部類増減、⑵隠顕時異、⑶伝訳年代、⑷支派別行、⑸論釈不同、⑹諸師序集、⑺講解感応、⑻諷誦勝利、⑼転読滅罪、⑽書写救苦、⑾聴聞利益、⑿依正供養である。著者の事跡・生没年代は不明であるが、⑺に天台宗八祖の玄朗について載せている点から開元713—41・天宝742—56の頃に成立か。㊅五一〔刊本〕日本・慶長五1600刊

**ほっけ-とうりゃく　法華統略**　六巻あるいは三巻。唐の吉蔵の著。成立年不詳。江南の会稽(浙江省紹興県)にいた時、法華経の玄論と義疏と合わせて二十余巻を著わし、長安へ移ってのちに要用を録して七軸の著作を作ったが、今さらに旧説を改訂してこの三巻の著述を作ると初めに書いており、その改訂の主要な部分を例示している。これによって法華経に対して終始深い関心を持ちつづけた吉蔵としては最も晩年に近い説と見るべきであるが、智顗の法華玄義や文句との関係において古来多く研究されたのは法華玄論や法華義疏であり、本書は一般にあまり注意されなかった。一端を挙げると、この経について序・正・流通の三分説を改めて、初めの六事を説く説経因縁分と、勧持品最後の数行である信受奉行分を除いて、中間の全部を正説分としていることや、法華経は四処七会の説であるが、初めの六会は果の仏法を明かし、のちの一会は因の菩薩法を明かすといっていることなどに見られ、最後まで研究心を失わなかった努力の跡がうかがわれる。㊫一・四三・一

**ほっけ-はっこう　法華八講**　御八講、八講ともいい、「はこう」とも読む。法華経八巻を八座に分けて、一巻を一座ごとに講讃供養する法会。開経の無量義経と結経の観普賢経との二経を加えて十講とすることもある。また法華経二八品に開結二経を加えて、これを三〇座に講讃するのを法華三十講という。法華経が釈尊八年間の説法と称されたことから唐の慧明が始めたといわれる。日本では延暦一五年796(一説に同一二年)大和石淵寺《いわぶちでら》の勤操《ごんぞう》が同学の栄好の母の供養のため七人とともに四日間、日に二座を設けて法華経を講じたのが始まりとされ、これを石淵八講という。なお四日八講のうち、第三日の朝座は第五巻提婆達多品の深義の講説に当たり、その時が最も荘厳であり、とくに五巻日《ごかんのひ》という。

**ほっけ-へんそう　法華変相**　法華経の説相を彫刻或いは絵画に現わしたもの。法華経の信仰は中国以来盛んであったので、法華経の一品、数品また二八品の全部にわたってその説相を彫刻絵画に現わしたものが少なくない。中国の大同雲岡《うんこう》および竜門などの石窟中に、六朝時代の釈迦・多宝二仏並坐《へいざ》の多宝塔があり、敦煌千仏洞中にも唐・宋時代の法華変相壁画がある。日本では奈良長谷寺蔵の法華説相図が有名〈⇩法華説相図《ほっけせっそうず》〉。現在、米国・ボストン美術館蔵(東大寺法華堂旧蔵)のものが法華経根本曼茶羅と呼ばれているが、釈迦仏の霊山浄土変で、図柄は、法隆寺金堂壁画に似て、釈迦三尊仏と天蓋の周辺は山水の風景に諸菩薩を描く。東大寺東南院の珍海が久安四年1148に修補したと伝える奈良時代の作か。

**ほっけ-ほんもんしゅう-けちみゃく-そうじょうの-こと　法華本門宗血脈相承事**　一巻。本因妙抄ともいう。日蓮の撰(弘安五1282)。最澄の三大章疏七面相承口決により、日蓮宗富士派の要義を述べた書。百六箇相承と共に富士門流に伝える秘伝書で、釈尊脱仏宗祖本仏説の起因となり、重用されるが、他流では日蓮の真作と認めず、日興から直授したと伝える日尊の門下にも真偽の論諍がある。日蓮宗宗学全書二〔註釈〕日順・本因妙抄口決一巻

**ほっけ-まんだら　法華曼茶羅**　密教の修法中、法華経法の本尊図。法華儀軌や威儀形式法経などの儀軌に従って描く。方形三重形式で、中央(内院)は八葉蓮華の中心宝塔中に釈迦・多宝の二仏並座《へいざ》、蓮弁に八

大菩薩と四隅に迦葉など四人の仏弟子、第二重には四摂菩薩と別の八菩薩、四隅に四供養菩薩、外院(第三重)には護法神の四明王、四天王、八天など。遺例として鎌倉時代の唐招提寺本(重文)がある。なお法華変相は顕教的な図柄であり、意味も目的も全く別である。

**ほっけ-もんぐ　法華文句**　二〇巻。詳しくは妙法蓮華経文句、単に文句ともいう。隋の智顗《ちぎ》の述、灌頂《かんじょう》の記。陳の禎明元年587智顗が金陵光宅寺で講じた法華経の講義を、唐の貞観三年629灌頂が国清寺で整理したもの。法華玄義とともに天台宗の教相を明らかにしたもので、妙法蓮華経の文段を追って、智顗独特の解釈法である因縁・約教・本迹・観心の四種釈により解釈する。科文には二説があり、(1)は序分を第一の序品、正宗分は第二の方便品より第一七の分別功徳品一九行偈の終りまで、流通分はそれ以下経の終りまでとする説。(2)は経全体を迹門(初一四品)と本門(後一四品)とに分け、その二門各々に序正流通の三分を分ける説である。すなわち初めの開権顕実を説く迹門の序分は第一の序品、正宗分は第二の方便品より第九の授学無学人記品まで、流通分は第一〇の法師品より第一四の安楽行品まで、次に廃迹顕本を説く本門では、序品は第一五の涌出品の前半、正宗分はそれより以下、第一七の分別功徳品の前半までで、流通分はそれより以下経の終りまでの一一品半ばとする。これを一経三段の科文および二門六段の科文という。智顗の講述であるが、弟子の灌頂が筆録したものであるから、例えば三車四車の論を詳述する譬喩品の釈などに三論宗の吉蔵の説を引用し、批判した跡が見られる。法華玄義・摩訶止観と共に天台三大部の一とされる天台宗の根本典籍。註釈書としては唐の湛然の法華文句記(妙楽記ともいう。(大)三四)が最も重要で、古来文句を読む上の必備の書。日本で法華経を読む場合、最も多く参照されたのは、本疏の註釈を抄出して経文の中へ組み入れた法華経科註(宋の守倫註、明の法済参訂)、法華経科注(元の徐行善註)、法華経新註(明の一如註)などであった。日本の日蓮宗の法華経解釈も一往は法華文句に立ち、さらにその上で新義を展開する。(大)三四、[国]一経疏部二　〔註釈〕湛然・記三〇巻、智度・法華疏義讃六巻、有厳・文句記箋難四巻、法照・同読教記七巻、従義・同補注七巻、道邃・同義決一〇巻、証真・同私記一〇巻、普寂・同復真鈔六巻、癡空・同講義一五巻、光謙・同講録五〇巻

**ほっけ-ゆうい　法華遊意**　一巻。法華経遊意という。隋の吉蔵の著(長安在住の開皇年間581—600の末以後の作)。三論教学の立場からみた一種の法華経概論。(1)人意、(2)旨帰、(3)釈名題(法華の経題について)、(4)弁教意(漸頓の教判を廃して三論教学の無所得の見解を主張)、(5)顕密、(6)三一義(三車家の立場を主張)、(7)功用、(8)弘経(末の世にこの経の弘まる方法)、(9)部党(翻訳について)、(10)縁起の一〇章よりなる。(大)三四　〔註釈〕中観真空・鈔四巻、明道・玄談一巻

**ほっけ-れいげんでん　法華霊験伝**　二巻。高麗の了円の著。成立年不詳。弘賛法華経一〇巻(唐の慧詳)、法華経顕応録四巻(宋の宗暁)・海東伝弘録四巻(高麗の真浄)の三本を主な資料として法華経を信仰した人たちの霊験記録一〇七件を集めたもの。(続)二乙・七・四

**ほっけん　法顕**　生没年不詳。平陽(山西省)の人。東晋の隆安三年399(六〇歳前後)、律の完本を求めるために慧景、道整らと長安を出発し、流沙を渡り葱嶺《そうれい》を越えて、六年後にインド中部の僧伽施国に達した。仏跡を巡拝し、巴連弗邑(パータリプトラ)に三年、摩梨帝国(カルカッタ付近)に二年、セイロン島に二年間滞在し、南海を経由して、義熙一〇年414建業にもどった。その旅行記が高僧法顕伝(法顕伝、仏国記、歴遊天竺記伝ともいう)である〈⇩法顕伝《ほっけんでん》〉。律、長阿含、雑阿含、涅槃経などの梵本を入手して帰り、義熙一二年建業の道場寺で仏駄跋陀羅《ぶっだばっだら》と共に摩訶僧祇律《まかそうぎりつ》を訳し、ついで大般泥洹《ないおん》経《ぎょう》、雑蔵経、摩訶僧祇比丘尼戒本などを訳出した。〔参考〕法顕伝、出三蔵記集一五、高僧伝三

**ほっけん-でん　法顕伝**　一巻。高僧法顕伝、仏国記、歴遊天竺記伝ともいう。東晋の法顕の者(義熙一二416)。インドに求法

遊歴したときの旅行記。完全に伝わっていない律蔵を尋ね求めるために、隆安三年399同志の慧景らと長安を発って、敦煌《とんこう》から流沙を渡り葱嶺《そうれい》を越え、インド北部・中部に三年、師子国(セイロン島)に二年在留し海路中国に帰着した。そこで見聞した三十余国の実情を叙述し報告したもの。特にインドに詳しく、当時の西域およびインドに関する貴重な文献。㊀五一、国一史伝部一六下 レミュザ A. Rêmusat の仏語訳、ビール S. Beal, ジャイルズ H.A. Jiles およびレッグ J. Legge の英訳がある。〔註釈〕足立喜六・法顕伝 〔参考〕出三蔵記集一五、高僧伝三

**ほつごうにんじょう　発業潤生**　発業と潤生との、惑(煩悩《ぼんのう》)の二つのはたらきで、業をひきおこすことと将来の有(生存)を潤し生長させること。十二縁起の中では、無明は発業の惑、愛と取は潤生の惑。

**ほっし　法子**　法から生じた子の意。即ち仏の説法教化によって生じた者。また仏道に随順し法にやしなわれ、たすけられる者。

**ほっし　法師**　「ほうし」とも読む。仏法に通じ、常に清浄な行を修め、人の師となって導く僧をいう。法華経法師品の説により受持法師《じゅじほっし》(教えを受持記憶する人)・読経法師(経巻を読む人)・誦経法師《ずきょうほっし》(経巻を見ずに暗誦する人)・解説法師《げせつほっし》(経の文句を解釈する人)・書写法師(経典を書写する人)の五種法師を立てることもある。

**ほっしゅ　法主**　「ほっす」とも読む。①諸法の主という意味で仏を指す。②中国で劉宋・南斉時代の僧官の一。③日本で法門の首長の意から一派の管長などの称。

**ほっしゅう　法執**　⇩我執《がしゅう》

**ほっしょう　法性**　㊵ダルマター dharmatā の訳。法の体性の意。宇宙のすべての現象が有している真実不変の本性のこと。真如法性、真法性、真性ともいい、真如の異名ともする。大智度論巻三二には、諸法に各各相(現象の差別的な相)と実相とがあり、各各相は、例えば蠟を火にあてれば溶けてしまって以前の相を失うように、固定的なものでないからそれを分別して求めようとすれば遂に不可得である。不可得であるから空であり、即ちその空であることが諸法の実相であると説き、空であることがすべての差別相についてみな同一であるからその意味で如《にょ》といい、すべての相が同じく空に帰するという意味で、空を法性と名づけるとし、また例えば黄石中に金の性があるように一切世間の法の中にみな涅槃《ねはん》の法性があって、この諸法本然の実性を法性とすると説く。一般には法性を如来蔵《にょらいぞう》と区別して広く、一切法の実性の意とするが、また如来蔵と同義とする説もある。

**ほっしょう　法性**　(　―寛元三1245)真言宗の僧。号は覚円房。高野山正智院明任に密灌を受け、宗要に通じ、法性院(宝性院)を開いた。仁治三年1242金剛峯寺・大伝法院の本末争いで讒訴により罪を蒙り、翌年出雲に配され、配所で没した。著書、顕密問答鈔二巻。〔参考〕東国高僧伝九、高野春秋編年輯録八、本朝高僧伝一四、伝灯広録続編六

**ほっしょう　法称**　(600―660頃)㊵ダルマキールティ Dharmakīrti の訳。インド仏教論理学の大成者。南インドのバラモンの出身と伝える。陳那《じんな》(ディグナーガ Dignāga)・護法(ダルマパーラ Dharmapāla)を代表とする有相唯識派の系統に属する。陳那にはじまる新因明(ナヴィヤ・ニヤーヤ Navya-nyāya)をうけつぎ、陳那の学説をより精密化した。著書としてプラマーナ・ヴァールッティカ Pramāṇa-vārttika(量評釈)、ニヤーヤ・ビンドゥ Nyāya-bindu(正理一滴)など七部がある。中国には義浄がその名を伝えるのみで学説は伝わらなか

法称（三百尊像集）

ったが、後期インド仏教およびチベット仏教では高く評価され、インドの仏教以外の諸学派にも影響を与えている。チベットの伝説では法称がミーマーンサー学派のクマーリラ Kumārila およびヴェーダーンタ学派のシャンカラ Śaṃkara を論破したことを伝える。なお、漢訳で大乗集菩薩学論(シクシャー・サムッチャヤ Śikṣā-samuccaya)および金剛針論（ヴァジュラ・スーチーVajrasūci）の二書を法称の著として伝えるが、前者はシャーンティデーヴァ Śāntideva(寂天)の著、後者は馬鳴《めみょう》(アシュヴアゴーシャ Aśvaghoṣa)の著である。

**ほっしょう　法勝**　(三世紀頃)(梵)ダルマシュリー Dharmaśrī あるいはダルマシュレーシュティン Dharmaśreṣṭhin の訳と推定される。説一切有部の論師。土火羅《とから》(トゥカーラ Tukhāra)の人と伝え、阿毘曇心論《あびどんしんろん》の著者とされる。〔参考〕出三蔵記集一〇、高僧伝一(曇柯迦羅伝)

**ほっしょう　法照**　生没年不詳。唐代の浄土教の僧。南梁(湖南省)または梁漢の人といわれるが明らかでない。大悟和上と諡され、五会念仏を弘めたから世に五会《えご》法師、善導の生まれかわりと伝えられたことから後善導といわれる。廬山に入って念仏三昧を修し、ついで衡山の承遠に師事した。大暦二年767衡州雲峯寺に住し、同四年衡州湖東寺(一に湘東寺)に念仏道場を開いて五会念仏を修した。同五年五台山に登って親しく文殊・普賢の両菩薩から念仏の要門を受けたといわれ、その霊異を大聖林寺記に記し、のちに竹林寺を創建した。幷州や長安に五会念仏を弘め、朝野の尊崇を受けた。円仁の入唐求法巡礼行記から換算すれば開成三年838に没したようで、仏祖統紀には大暦七年に没したとするが明らかでない。〔参考〕宋高僧伝二一

**ほっしょう-じ　法性寺**　京都市東山区今熊野一帯に広大な寺域をもっていた寺院。延長三年925藤原忠平(貞信公)が創建し、朱雀天皇のとき御願寺となり、承平四年934定額寺に列して栄えた。皇室や藤原氏の尊崇があつく、寛弘三年1006藤原道長が五大堂を建て、のち藤原忠通は寺域に邸宅を建てて法性寺殿と呼ばれた。その子兼実も当寺域に報恩院を建立して出家し、月輪殿・後の法性寺殿とも称された。延応元年1239九条(藤原)道家が当地近くに東福寺を創建したので寺域は次第に縮小、正慶二年1333には兵火にかかるなどして近世の初めに廃絶した。なお跡地付近には、旧法性寺の名を継ぐ浄土宗西山禅林寺派の尼寺、法性寺があるが、創建年代・開祖などは不詳。また当寺には旧法性寺の遺仏と伝える木造千手観音立像(国宝)がある。〔参考〕貞信公記、九暦、日本紀略、小右記、山州名跡志一二、山城名勝志一六

**ほっしょう-じ　法勝寺**　京都市左京区岡崎にあった六勝寺の一。白河天皇の御願により、承暦元年1077落慶した。広さは方二町、金堂・講堂をはじめとして諸堂塔が荘厳をきわめたという。元暦二年1185震災で倒壊したが復旧され、その後、九重塔や阿弥陀堂が焼失したが再建された。康永元年1342火災で堂塔のほとんどを失い、応仁の乱の兵火で焼滅。天正一八年1590近江坂本の西教寺に併合され、法勝寺の戒壇は西教寺に移された。〔参考〕法勝寺金堂造営記、法勝寺阿弥陀堂造立日時定記、法勝寺供養次第、法勝寺供養記

**ほっしん-きょう　法身経**　①一巻。北宋の法賢の訳。仏の身体について、父母から生まれた色蘊所摂《しきうんしょしょう》(肉体をもった)の化身と、無漏《むろ》・無為で不可思議・不可称量(はかり知ることのできない)の法身との差別があること、およびそれぞれの功徳を説く。(大)一七、国経集部一五　②宝積三昧文殊師利菩薩問法身経(一巻。後漢の安世高の訳)の略。

**ほっしん-しゅう　発心集**　三巻(本朝書籍目録)、五巻(神宮文庫本)、八巻(流布本)。鴨長明(1155—1216)著。成立年不詳。著者が発心出家後に見聞した出家者の動機、遁世者の奇行、往生人の事跡など短篇の説話、故事を集めて感想を付記したもの。自序によると、本書は座右に置き著者自らの道心と反省に資するためであったことが知られる。仏全一四七、鴨長明全集、角川文庫〔写本〕神宮文庫蔵本(異本)〔刊本〕慶安四1651刊、寛文一〇1670刊

**ほっしん-わかしゅう　発心和歌集**　一巻。選子内親王の著(寛弘九1012)。当時の法華信仰を基調にして、四弘誓願・華厳・転女成仏・阿弥陀・大般若・仁王・薬師・無量義・法華・普賢・涅槃など諸経の中の要文五〇を選び出して歌詠した五五首よりなる和歌集。漢文の序が付せられ、和歌によって仏道に結縁し、仏徳を讃歎し、また他を化益することを意図していたことが知られる。　群書二四、国東叢一(歌頌)

**ほっす　払子**　払、払塵ともいう。獣毛、麻などを束ねて柄をつけたもので、虫を払うために用いる。インドでは一般に用いられ、律には比丘が白払《びゃくほつ》など華美なもの以外を持つことを許している。白払とは、白犛牛《びゃくみょうご》(牛の一種)や白馬の尾でつくった払子をいい、貴重なものとされ、密教では観音などの持物の一とする。中国では、特に禅宗で装飾的に用いられ、住持または代理者が払子を手にして上堂して大衆に説法するのを秉払《ひんぽつ》といい、秉払の職を執ることができる五人(前堂首座・後堂首座・東蔵主・西蔵主・書記)を秉払の五頭首《ちょうしゅ》という。日本では真宗を除く諸宗で払子を用いる。

**ほっすう　法数**　例えば三界・四諦《したい》・五蘊《ごうん》・五位七十五法などのように、数字を含む教義上の名目のことで、また名数《みょうすう》ともいう。普通はこれらを列挙するのに一から順次に二・三・四というように進む増一の形式をとる。

**ほっそう　法相**　①万象(諸法)が有する本質の相状(体相)、またはその意味内容(義相)のこと。唯識宗は法相を分析的分類的に説くところに特徴があるから、法相宗といわれる。②教義上の分斉《ぶんさい》、区別、けじめ。

**ほっそう-いろは-もくろく　法相伊呂波目録**　四巻。恢麟(　—1824)の著。成立年不詳。法相宗における性相上の名目をいろは順に出し、釈義の出拠を明らかにする。〔刊本〕文政七1824刊、明治一二1879刊

**ほっそう-げんろん　法相玄論**　二巻。詳しくは大乗一切法相玄論という。基弁の撰(明和二1765)。法相の教義を説き、不即不離の中道義で華厳・天台の実大乗と調和しようと試みたもの。㊅七一〔刊本〕明和二刊

**ほっそう-しゅう　法相宗**　唯識宗、唯識中道宗、応理円実宗、慈恩宗、有相宗ともいう。唐の窺基《きき》が大成した学派で、六経・十一論をよりどころとし、中でも解深密経《げじんみっきょう》・成唯識論《じょうゆいしきろん》を重んじる。一切は唯だ識の所変であると説くもので、つまり根本的な生命の主体を阿頼耶識《あらやしき》と名づけ、あらゆるものごとはその中に蔵されている種子《しゅうじ》から転変したと見、すべてのものごとを五位百法に分類する。仏教の諸説を有・空・中の三段階に分けてこれを三時教判とし、五姓各別を主張し、他の諸宗とは違って三乗真実・一乗方便で人が成仏できるか否かは先天的に決定していると説く。唯識説は、インドでは弥勒の瑜伽師地論《ゆがしじろん》を中心とする瑜伽行派において大成されたもので、中でも無著の摂大乗論、世親の唯識三十頌、無性の摂大乗論釈、護法の成唯識論が主要である。唯識三十頌を解釈した十大論師の中で、種子の解釈について本有家《ほんぬけ》(護月の説)、新熏家(難陀《なんだ》・勝軍の説)、新旧合生家(護法の説)にわかれ、その中の第三説を正義としている。中国では南北朝時代から唯識思想の学問は伝来したが、唐の玄奘が戒賢からその学を伝えて成唯識論などの経論を翻訳したのが唯識宗の始まりで、その弟子で大慈恩寺に住し、のちに慈恩大師と称される窺基が大成したので慈恩宗とも称される。その系統の慧沼・智周が弘法につとめた。日本への伝来には四伝があり、第一伝は玄奘に学んだ道昭が斉明七年661に元興寺《がんごうじ》に伝え、第二伝は玄奘に学んだ智通らが観音寺などに伝え、第三伝は智鳳らが入唐して智周に学んで元興寺に伝え、第四伝は智周に学んだ玄昉が天平七年735興福寺に伝えたものである。のちにその教系は二流になり、第二伝は第一伝に合流してこれを南寺伝・元興寺伝・飛鳥伝と称し、第三伝は第四伝に合流してこれを北寺伝・興福寺伝・御笠伝と称した。南寺では智鳳の門下に義淵があり、その弟子行基は薬師寺で、法孫の泰演は西大寺でこれを弘め、北寺では玄昉の門下に善珠があり、その法系

は興福寺の喜多院・一乗院・大乗院などに弘まった。また法隆寺には道昭の門下の道賀がこれを弘めた。明治以後、法隆寺・興福寺・薬師寺を同宗の三本山と称したが、昭和二五年1950法隆寺は聖徳宗となり、またその後、清水寺が独立して北法相宗と称している。

**ほっそうしゅう-しょうしょ-もくろく　法相宗章疏目録**　一巻。注進法相宗章疏ともいう。蔵俊の撰(安元二1176)。法相宗関係の章疏三四二部一五一九巻の目録。著者が白河法皇の院宣に応じて編集奉献したところから「注進」の名がある。窺基の妙法蓮華経玄賛一〇巻外三部・恵沼の同経義決一巻・楪楊智周の同経摂釈四巻などのほか、元興寺護命・筑波徳一・興福寺善珠などの法華経に関する章疏、大般若経・仁王般若・心経などの各経・法華経論・仏地論・瑜伽論・成唯識論・大因明論・因明理門論・大毘婆沙論・倶舎論などの章疏を掲げる。㊅五五、仏全一

**ほっそうしゅう-しょしん-りゃくよう　法相宗初心略要**　二巻。貞慶(1155—1213)の著。唯識研究のための入門書。上巻には三時教・頓漸二教などの二五題、下巻には二四不相応以下の一〇題を収め各々平易に説く。また続集二巻があったが、巻上は散逸した。日蔵三二、仏全八〇〔写本〕高野山宝寿院蔵(応安七1374写)

**ほっそうしゅう-ひじ-えことば　法相宗秘事絵詞**　一二巻。絵巻。紙本著色。国宝。藤田美術館蔵。現在名は玄奘三蔵絵。筆者は不詳であるが鎌倉時代末期の作。もと奈良興福寺一乗院の什宝。法相宗の祖師である唐の玄奘三蔵《げんじょうさんぞう》の一代を記したもので、幼時からはじまり、西域を経てインドに入り、経典を持ち帰り、翻訳し、世の人々から尊信を受け、没するまでを描く。描写は精緻、色彩は極彩色で華麗、風俗などの変化に意を配り、異国情調を出すべく苦心のあとが見られる。〔複製〕新修日本絵巻物全集一五、続日本絵巻大成七―九

**ほっそうしゅう-みょうもく　法相宗名目**　①大乗法相名目。一六巻。古来、蔵俊(1104—80)の著とされるが、璋円の著ともいう(聖誉鈔下)。唯識学の名目を摘出し詳釈した　種の唯識研究の辞典。器界・三科・種姓・三乗名位・三乗所観・染法・浄法門・八識心王・心所法・雑法門・遷落法門の一一門を設け、合計四一四名目を解釈する。仏全八二〔写本〕興福寺蔵、薬師寺蔵(室町時代写)　②法相名目見聞随身鈔。三巻または六巻。政祝(東密の学僧、名古屋室生院四世、1366—1439)の著。成立年不詳。法相宗に関する名目を集記したもの。法相宗立名事から如来十地事に至る二百十余題を唯識の論疏によって解釈する。〔写本〕高野山宝亀院蔵(室町時代写)〔刊本〕明暦二1656刊、万治二1659刊

**ほっそう-ずいのう　法相髄脳**　一巻。慈蘊《じうん》の著(延暦年間782—806)。義林章・対法抄・二十唯識疏・中弁論釈・中弁論疏・唯識論疏・枢要・義灯・演秘・義縕の要文を抜萃し、延暦二三年に遣唐学生霊船に託して唐に送り疑問の解決を求めたもの。保元元年1156蔵俊が書写し、法相灯明記・掌珍量導と三部合巻にして壺坂の覚憲に相伝してから、南部古徳の間に相伝の秘書として珍重された。仏全八〇、日蔵三二

**ほっそう-とうみょうき　法相灯明記**　一巻。慚安《ぜんあん》の著(弘仁六815)。法相宗が日本に伝来してから弘仁六年に至る間の元興寺・興福寺二流の論諍を集録した書。即ち内明十義・因明六義の合計一六問に関して二流の異義を略述する。㊇七一、仏全八〇〔写本〕興福寺蔵(保元元1156蔵俊写)

**ほっそう-にかん-じょう　法相二巻鈔**　二巻。良遍(1194—1252)の著。成立年不詳。法相大意鈔、唯識大意鈔ともいう。唯識の教理を仮名文で平易に述べた書。著者がその母に送った書状ともいう。㊅七一、仏全八〇〔写本〕高野山宝亀院蔵(室町時代写)

**ほっそうほう　法相法**　⇩勝義法《しょうぎほう》

**ほったい　法体**　①諸法の体。体は㊵スヴァバーヴァ svabhāva の訳で、自性《じしょう》とも自体とも訳す。ものそのもの、ものの本体、ものそれ自体という意味〈⇩三世実有《さんぜじつう》法体恒有《ほったいごうう》〉。②浄土教では信や行《ぎょう》の対象である名号《みょうごう》や念仏のこと。③法衣を着用している出家の姿。

**ほったい-しょうぞく-の-こと　法体装束事**　一巻。藤原永行の撰(応永三1396)。

法体装束抄ともいう。童体装束事を付しており、当時の宮廷や貴族の法体・童体の風俗を知る貴重な資料である。法体装束事は鈍色著様・五帖袈裟懸様・椎鈍・裘袋・指狩・付衣・法服・平袈裟・衲袈裟・甲袈裟・入道衣袴の一一項について、法親王をはじめ貴顕出身の僧や入道した公卿の装束の種別・着用法などを故実にもとづき説明する。群書八、仏全七三

**ほっち-ろん　発智論**　二〇巻。詳しくは阿毘達磨発智論という。唐の玄奘《げんじょう》の訳。異訳には、前秦の僧伽提婆《そうぎゃだいば》と竺仏念との共訳の八犍度論《はちけんどろん》(詳しくは阿毘曇八犍度論〈三〇巻〉㊅二六)があるが、伝持の系統が異なる。説一切有部の根本論書で、西紀前二世紀頃、迦多衍尼子《かたえんにし》(カートヤーヤニー・プトラ Kātyāyanī-putra)が有部内で研究組織されつつあった阿毘達磨教義を雑・結・智・業・大種・根・定・見の八蘊にまとめて製作したもの。原始仏教より一歩進んだ新しい教学組織を示し、有部教学の基礎をきづいた論書である。原題はアビダルマ・ジュニャーナプラスターナ・シャーストラ Abhidharma-jñānaprasthāna-śāstra と推定されるが、現在では漢訳のみが伝わっている。これを身論とし、関連論書である法蘊足論《ほううんそくろん》・集異門足論などの六論を六足論、合わせて七論を発智六足と称する。本論書を基論として大毘婆沙論《だいびばしゃろん》・倶舎論など重要な阿毘達磨論書が数多く製作されてゆく。㊅二六　〔註釈〕阿毘達磨大毘婆沙論二〇〇巻(㊅二七)

**ほっぽう-きょうぎ　北峰教義**　一巻。南宋の宗印(1148—1213)の著。成立年不詳。趙宋の天台における四明三家のうち南屏の学風にもとづいて、浄覚(もと知礼の弟子で、のち山外派の知円の門に入った)の十不二門文心解および義学雑編の説を批判し、山家の正統である唐の湛然、北宋の知礼の学説を明らかにした書。元来は大部のものであったようであるが、第一、三千章のみが現存する。三千章は、出本文・弁三諦・明事理・簡権実・顕体用・述互具・譬喩・示別円・対四土・判六即の一〇科に分かれる。浄覚の義学雑編が現存していない現在では、本書によってわずかに浄覚の説を知り得る。㊫二・六・三

**ほつぼだいしん-きょうろん　発菩提心経論**　二巻。天親(ヴァスバンドゥ Vasubandhu 世親)の造と伝える。後秦の鳩摩羅什《くまらじゅう》の訳。菩薩の菩提心を起こすことを勧め、発心・誓願・六波羅蜜・空無相三昧・三忍(順忍・信忍・無生忍)などを説く。その中で多くの術語がこまかに註釈説明されている。㊅三二、国論集部六

**ほつみさき-でら　最御崎寺**　高知県室戸市室戸岬町。室戸山明星院と号し、真言宗豊山派。行当岬の金剛頂寺を西寺というのに対して俗に東寺という。四国八十八カ所第二四番札所。大同二年807空海が創建し、本尊虚空蔵菩薩を刻して安置したと伝える。建仁二年1202火災にかかったが、建武二年1335には領主の寺領安堵を得、以後寺運は隆盛した。暦応四年1341足利尊氏が諸国に安国寺を建立するに際し、当寺を土佐安国寺にあてたという。のち堂舎は退廃したが、元和年間1615—24藩主山内忠義が援助して再興。明治維新後荒廃し、大正年間1912—26多宝塔・仁王門・客殿などを再建し、その後、本堂・大師堂ほかが建てられた。〔重文〕木造薬師如来坐像、同月光菩薩立像、石造如意輪観音半跏像　〔参考〕南路志、蠹簡集拾遺

**ボーディバドラ　Bodhibhadra**　(1000頃)覚賢ともいう。インド後期中観派の論師。アティーシャ Atīśa の師の一人ともいう。提婆(アーリヤデーヴァ Āryadeva)に帰せられるジュニャーナ・サーラ・サムッチャヤ Jñāna-sāra-samuccaya(智心髄集)に註釈を著わしたことで知られる。

**ポトワ　Po-to-ba**　(1031—1105)チベット仏教カーダム派 Bkaḥ-gdams-pa の学僧。カーダム派はアティーシャ Atīśa を始祖とするが、事実上の始祖はドムトゥン Hbrom-ston であり、ポトワはドムトゥン門下の俊才として聞こえ、カーダム派の発展に寄与する所が多かった。彼の系統をシュン派 Gshuṅ-pa という。

**ぼはく-たいし　慕魄太子**　本生譚に説く、仏陀が前世に修行をしていた時の名。波羅捺《はらな》国(ヴァーラーナシー Vārāṇasī)

の太子であったが全く口をきかなかった。国王が占者の言に従って太子を山林の土中に埋めさせた時、太子ははじめて声を出し、のち王にその前生のことを語り、出家することを請い、沙門となった。〔参考〕六度集経四、太子慕魄経

**ホフマン**　**Hofman**, Ernst　（1880—　）ドイツの哲学者。仏教に帰依し、世界の仏教徒の団結を高唱した。著書に Die Grundgedanken des Budhismus und ihr Verhältniss zur Gottesidee, 1920(友松円諦訳・仏教の根本思想)がある。

**ホフマン**　**Hoffmann**, Helmut　（1912—　）ドイツのインド学・イラン学者。ミュンヘン大学教授。著書に Bruchstücke des Āṭānāṭikasūtra aus dem zentralasiatischen Sanskrit-Kanon der Buddhisten 1939)などがある。

**ほほやけあみだ-えんぎ**　**頬焼阿弥陀縁起**　二巻。絵巻。重要文化財。紙本淡彩。神奈川県光触寺蔵。同寺本尊阿弥陀如来の身代わり説話を図絵したもの。詞書は冷泉為相、絵は土佐光興と伝えるが確証はない。画風からして鎌倉末期の作。なお下巻奥書に文和四年1355光触寺に寄進されたことが記されている。万歳法師という者が妄語・偸盗の罪によって左頬に焼印を捺されたが、その頬は焼けず、代りに法師の信仰する運慶作の阿弥陀如来の左頬に焼痕ができ、幾度修理しても消えなかったという。〔複製〕新修日本絵巻物全集三〇

**ほら**　**法螺**　螺は㊵シャンカ śaṅkha の訳。商佉と音写する。珂貝《ほらがい》のこと。インドでは人を集める場合などにこの貝を吹いた。①仏の説法の堂々とさかんなようすを螺を吹くのに喩えて法螺という。②螺の通称として法螺といい、密教では千手観音の持物の一とする。③修験道《しゅげんどう》で重要な法具の一となっている。もとは峰を歩くとき猛獣などを追いはらう必要から用いられるようになったもので、法会《ほうえ》の際にも用いる。

**ボロブドゥル**　**Borobudur**　(Barabudur)　インドネシア・ジャワ島の中央部クドゥー平原にある石造の仏跡。シャイレーンドラ王朝の盛時の九世紀中頃に造成された。一八一四年イギリス人が地中より一部を発掘、一八五一—五四年の第二次発掘によって全容がほぼ明らかにされた。基壇はほぼ正方形で、一辺が一一一㍍、全高三一・五㍍に達する。九層に重なり頂上中央に六角形の大塔があり、上部三層の円壇に錐形の小塔があって仏像を安置し、側壁には約一六〇〇図の浮彫が現存する。その題材は仏伝・本生・譬喩物語などに取り、グプタ時代の円熟した手法を伝え、建築、彫刻とも大乗仏教美術中の一大傑作である。

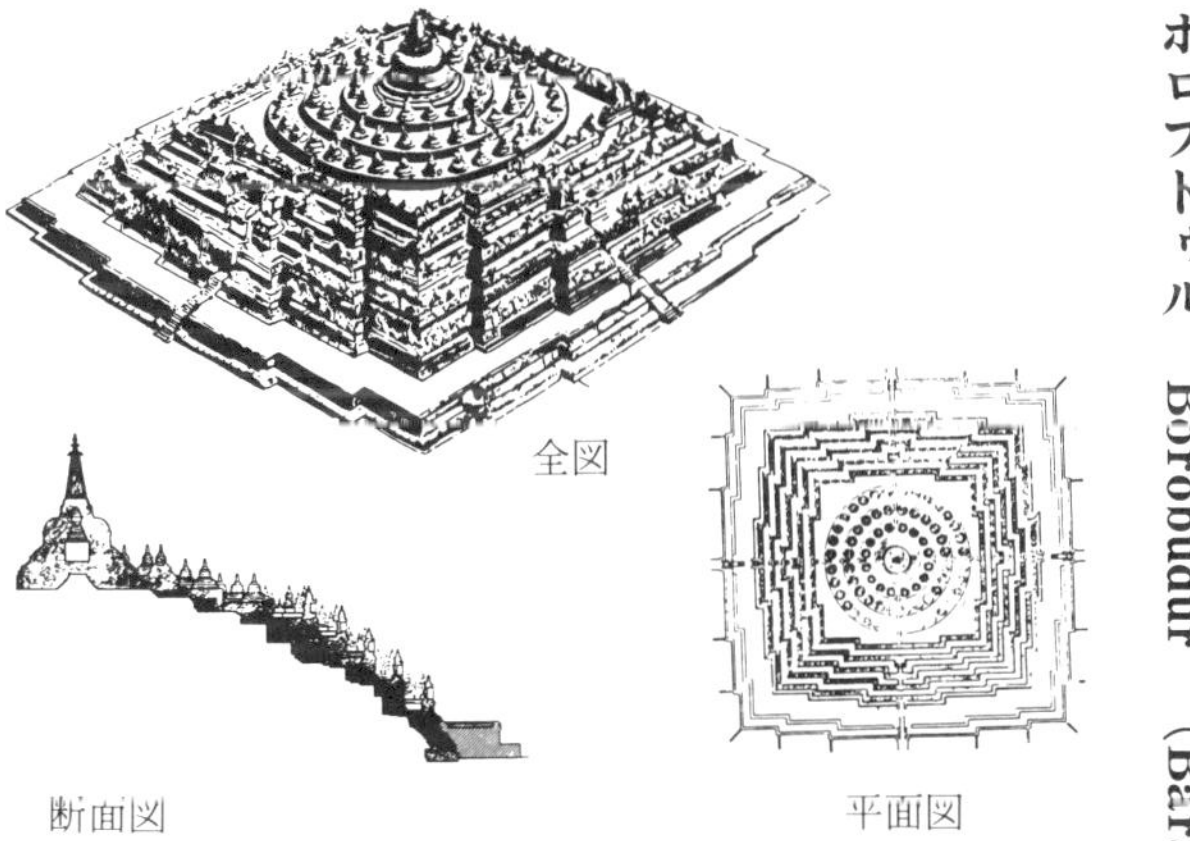

ボロブドゥル遺跡

**ぼろぼろ-の-そうし**　**暮露々々のさうし**　御伽草子。一巻。空花論、沖売りの草子ともいう。明恵の著という。室町時代の成立。ぼろ(暮露＝虚無僧のこと)の兄弟が問答論議する形で、仏教諸宗の要義を述べたもの。浄土宗や念仏について深く触れている。〔写本〕大谷大学蔵(元文四1739写)　国東叢(文芸上)

**ほん**　**品**　①㊵ヴァルガ varga の訳で、跋渠《ばっく》と音写する。文章を区切ってわけた、篇、章などにあたる語。例えば法華経が二八品からなりたっているのがその例である。品の数を品数、品につけた題目を経題に対して品題《ほんだい》という。②品類、品別などの意。種類の同じもの、程度の等しいものを一つに集め、程度や意味内容の異なったものか

ら区別して一かたまりにしたもの。例えば九品の惑、八十一品の惑、三品の懺悔《さんげ》といい、また法智品、類智品、心品などともいう。

**ぼん　梵**　(梵)ブラフマン brahman の音写で、梵摩《ぼんま》、梵覧摩、婆羅賀磨とも音写し、寂静《じゃくじょう》、清浄《しょうじょう》、浄潔、浄行《じょうぎょう》、高浄、離欲と訳す。①婆羅門教《ばらもんきょう》ことにウパニシャッド哲学において説く宇宙の根本原理。即ち一切の現象世界は梵が開展変化して生じたものであり、またこの梵は個人の中心生命である我《が》と本質的には同一であるとされる。これを梵我一如といい、この状態がこの教えにおける解脱である。このような原理としての梵は中性名詞であるが、同時にまた男性名詞として、梵の原理を神格化した宇宙創造の神としての梵天を意味する。梵天に生まれるための福徳(世間的な善行為)、或いは大梵天の有する福徳を梵福《ぼんぷく》と称する。②梵には清浄などの意義があるから、清浄な行、ことに婬欲を断つことを梵行《ぼんぎょう》、婬欲の法を行うことを非梵行、仏・菩薩のたえなる声を梵音声《ぼんのんじょう》、梵声《ぼんしょう》、梵音《ぼんのん》といい、その響きを梵響《ぼんこう》という。梵音相は仏の三十二相の一である。また寺院の仏堂伽藍《がらん》を梵刹《ぼんさつ》、寺院のつりがねを梵鐘と称する。③梵語を意味する。例えば梵語をもって書かれた典籍類を梵本《ぼんぽん》、それを貝葉《ばいよう》に書いて重ねたものを梵夾《ぼんきょう》と呼ぶ。

**ほんいん-ぼう　本因坊**　⇩寂光寺《じゃっこうじ》

**ほんう　本有**　⇩ほんぬ

**ぼんえんな-こく　梵衍那国**　⇩バーミヤーン

**ほんがく　本覚〔始覚〕**　無始の迷いを次第にうちやぶって徐々に心源を覚知するのを始覚といい、煩悩に汚れた迷いのすがたであるにも拘わらず、心の本性は本来的に清らかな覚体そのものであるのを本覚という。①大乗起信論では、万有は一心に摂まるとし、一心について心真如門《しんしんにょもん》と心生滅門《しんしょうめつもん》とを立てる。心真如門からいえば、心はあらゆる差別を超えた清らかな絶対であり、そこでは本覚・始覚の名すらないが、その心が無始の無明《むみょう》に汚されて動的な差別相をあらわす心生滅門において本覚・始覚の別を生じるとする。即ち、この区別は阿黎耶識《ありやしき》中の覚の区別であって、真如が無明の縁に遇って迷いの現象を起こすとき、その心は全く昧《くら》まされたさとりなき心であるから不覚であるが、しかもその本性は心の動き、即ち念を離れた浄らかなものであるから、これは本来的にさとりそのものであるとの意で本覚と呼ばれる。そして、不覚は本覚の内からのはたらき(内熏習力)と教法の外からの縁(外熏習力)とによって次第によびさまされ、ここに発心修行の段階に応じた智慧を得ることになる。これを始覚と名づける。即ち、始覚は修行者の段階に応じて、不覚(十信外凡の人が悪業の因によって苦果を招くことを知ってすでに悪業を離れたが、まだ煩悩を断つ智を起こさない位)・相似覚(二乗および三賢の菩薩《ぼさつ》が我執を離れて我空の理を覚知したが、まだ法執を離れていない位)・随分覚(初地以上の菩薩が法執を離れて、それぞれの地に応じて真如の一分をさとる位)・究竟覚《くきょうかく》(第一〇地の菩薩が因行を完成して、一念に相応した慧をもって心の初めて起こるのを覚る)の四位に分けられ、遂に仏果に至れば始本不二絶対平等の大覚を成じるとする。この四位は、始覚の四位とも反流《はんる》の四位とも称される。迷いの世界のさまよい(流転)は衆生心の生住異滅の相にほかならないが、この四相を逆次に覚知するのがこの四位だからである。即ち不覚は衆生心の滅相を覚知し、また究竟覚は衆生心の生相を覚知する。ここにいう反流とは、生死《しょうじ》の流れにさからってさとりの方向に向かう(還滅《げんめつ》)という意味である。また本覚を、作用の点から随染本覚、体徳の点から性浄本覚として説明する。即ち、随染本覚は煩悩の汚れに対して本覚の作用を明らかにするものでこれに二があり、始覚の智慧によって不覚の妄染を尽くして本来清浄な本覚の相に還るのを智浄相、始覚を全うして妄染を尽くし本覚の性徳があらわれて利他のはたらきを示すのを不思議業相《ふしぎごっそう》とする。また性浄本覚とは、本覚の体相が本来清浄で無限のはたらきのあることを示すもので、鏡に喩えて、如実空鏡・因熏習鏡《いんくんじっきょう》・法出離鏡・縁熏習鏡の四鏡とする。このうち前の二鏡は在纏《ざいてん》の本覚が煩悩にまとわれていてもその自性は浄らかであることを示すものであって、真如に如実空と如実不空との二義があるように、在纏の本覚にも空(相を離れている面)と不空(あらゆる功徳を具えている面)との二義があることを明らかにし、後の二鏡は出纏の本覚が煩悩の垢を離れて浄らかであることを示すものであって、随染本覚の智浄相と不思議業相との二と同じ意味を表わす。ここに、因熏・縁熏の二鏡を分けたのは、本覚がさとりに還るための内因・外縁を意味する。即ち本覚が内に浄熏をなしてそれが因となって始覚を起こし(因熏)、また本覚は始覚を起こすための外縁の熏力ともなる(縁熏)のである。②釈摩訶衍論《しゃくまかえんろん》巻三には、覚には本覚・始覚・真如・虚空の四つの意味があるとして四無為と名づけ、しかもこの四門のそれぞれを清浄と染浄との二に分けて説明する。空海は釈摩訶衍論の説を重く用いて諸著に引き、真言宗はすべてのものがそのまま本来的に仏であることを立場とする本有本覚門《ほんぬほんがくもん》の主張に立つものであると明らかにし、また胎蔵界を本覚、金剛界を始覚にあてて、金胎両部が二にして不二であるなどと説く。③日本天台宗では、法華経の本迹二門《ほんじゃくにもん》の説と結びつけて、本門は本覚下転(果より因へ)、迹門《しゃくもん》は始覚上転(因より果へ)の法門(おしえ)であるとする。最澄は入唐して道邃《どうすい》から本覚法門を、行満から始覚法門を承けたといわれ、中世以降では恵心流が本覚法門、檀那流《だんなりゅう》が始覚法門を伝えたとされる。

**ほんがく-さん　本覚讃**　註本覚讃ともいう。良源(912—85)の作と伝える。成立年不詳。初めに三摩耶経の自証偈《じしょうげ》(七言八句)をあげ、その内容を約六〇句に敷衍したもの。顕密一致の深遠な教理が直截な言葉で語られている。和讃のなかでは最古のものに属する。内容が深遠で、文学的表現に欠けるところがあったためか、他の和讃のようには弘まらなかった。天台霞標、天台小部集、日本歌謡集成四〔註釈〕源信・本覚讃釈

**ほんがく-じ　本覚寺**　①福井県吉田郡永平寺町東古市。和田山と号し、浄土真宗本願寺派。波多野義重の子義性が道元に帰依して道義と号し、建久三年1192越前国足羽郡和田に創建したが、のち親鸞の門弟となり真宗に転じたと伝える(一説に三河国和田の信性房の遺跡ともいう)。蓮如のとき、吉崎に多屋を有してこれに侍し、永正三年1506の加賀一揆の際には、領主の朝倉氏に抵抗して坊舎を破却され加賀にのがれた。現寺の再興については明らかでない。②石川県小松市寺町。真宗大谷派。福井県の本覚寺と同系と伝える。早くから加賀に進出していたようで、文明一三年1481河北郡の祇園社領を押領した事件の文書など、多くの記録が現存する。天文1532—55の頃には大いに栄え、慶長九年1604現地に寺基を定めた。元禄年間1688—1704に罹災し、安政年間1854—60に再興した。③神奈川県鎌倉市小町。妙厳山と号し、日蓮宗。文永一一1274日蓮が佐渡から帰った際に弟子たちが一室を構えた旧跡で、永享七年1435その地に三島本覚寺の日出が足利持氏の援助により造建。延徳年間1489—92日蓮の遺骨を分祀し、東身延《ひがしみのぶ》と呼ばれ大いに栄えた。大正一二年1923震災で倒壊し、のち復興された。〔参考〕本化別頭仏祖統紀六・一四・一九、相模国風土記稿八八　④岡山市御津鹿瀬。久遠山と号し、日蓮宗不受不施講門派の本山。不受不施義は江戸幕府により禁断されたが、その中で日講の法系は大坂東高津の秀妙庵を中心にひそかに伝えられた。天保年間1830—44の弾圧で同庵も廃されたので、またひそかに当地に一庵を構えて法灯を伝え、明治維新に際して日心が鹿瀬教院を設け、明治一五年1882別派独立を許され、同二一年伽藍を建て、同二九年久遠山本覚寺と公称した。⑤静岡市駿河区池田。正応二年1289日位の開創。もと庵原郡にあったが、のち安倍宮ケ崎に移り、延慶二年1309現地に移転した。

**ぼんがく-しんりょう　梵学津梁**　約一千巻。慈雲尊者飲光《おんこう》の編(明和三1766頃)。当時日本に伝来した梵語(悉曇)資料およびその参考資料を蒐集したもの。法隆寺蔵の

貝葉などの影印もあるが、大正新脩大蔵経所収書中単行書もあって集大成した著者の組織性、分類能力が高く評価されている。本詮・末詮・通詮・別詮・略詮・広詮・雑詮の七部門に分かれる。〔原本〕大阪府高貴寺蔵〔目録〕㊅八四、慈雲尊者全集九(六種)

**ほんがん　本願**　仏や菩薩《ぼさつ》が因位において起こす誓願で、くわしくは本弘誓願《ほんぐせいがん》、略して本誓、宿願ともいい、その願いごとが広いという意味で弘誓《ぐぜい》ともいう〈⇩願《がん》　⇩誓願《せいがん》〉。またそれぞれの仏や菩薩に固有な願を別願と称し、これに対して四弘誓願を総願とする。例えば阿弥陀仏(法蔵菩薩)の四十八願(梵本では四十六願、異訳の経典では三十六願や二十四願のものもある)、薬師仏の十二大願、釈迦仏の五百大願などは別願であり、その他、普賢菩薩の十大願や、旧訳の華厳経に説く初地の菩薩が起こす十大願などがある。浄土教では阿弥陀仏の四十八願、特にその第十八願を本願(王本願)という。四十八願は無量寿経に説かれ、六八の弘誓、六八の願などともいい、(1)無三悪趣、(2)不更悪趣、(3)悉皆金色、(4)無有好醜、(5)宿命智通、(6)天眼智通、(7)天耳智通、(8)他心智通、(9)神境智通、(10)無有我想(漏尽智通)、(11)住正定聚(必至滅度)、(12)光明無量、(13)寿命無量、(14)声聞無数、(15)人天長寿(眷属長寿)、(16)無諸不善、(17)諸仏称揚、(18)念仏往生、(19)来迎引接(修諸功徳)、(20)係念定生、(21)三十二相(具足諸相)、(22)必至補処(還相廻向)、(23)供養諸仏、(24)供具如意、(25)説一切智、(26)那羅延身(得那羅延力)、(27)所須厳浄(国土難思)、(28)見道場樹、(29)得弁才智(誦仏経法)、(30)智弁無窮、(31)国土清浄、(32)国土厳飾(万物厳飾)、(33)触光柔軟、(34)聞名得忍、(35)女人往生、(36)常修梵行、(37)人天致敬、(38)衣服随念、(39)受楽無染、(40)樹中見土(見諸仏土)、(41)諸根具足(具足諸根)、(42)住定供仏、(43)生尊貴家、(44)具足徳本、(45)住定見仏(得定見仏)、(46)随意聞法、(47)聞名不退、(48)得三法忍である。これを慧遠《えおん》は摂法身・摂浄土・摂衆生の三願に分類する。善導は、第十八願を、阿弥陀仏の名を称える(念仏)ものを浄土に生まれさせる願と解して、どんな悪人でも救われるとした。親鸞は四十八願のうちで重要な八願について真実のものと仮のものとを分け、十一、十二、十三、十七、十八、二十二の六願は真で、十九、二十の二願は仮であるとした。これを真仮八願という。また第十八願の中には念仏する衆生が若《も》し往生することができなければわれは仏とならない(不取正覚)と誓っているから、第十八願のことを若不生者の誓《にゃくふしょうじゃのちかい》ということもある。本願の救済の目標になるものを本願の実機、本願の正機《しょうき》といい、本願に誓われた行である念仏を本願の行といい、阿弥陀仏を讃えて本願功徳聚《ほんがんくどくじゅ》と名づける。

**ほんがん-じ　本願寺**　①真宗の本山。現在は浄土真宗本願寺派(西本願寺)と真宗大谷派(東本願寺)の二寺にわかれている。(イ)〔草創および初期〕親鸞の没後、遺骨を鳥辺野に葬ったが、文永九年1272末娘の覚信尼が親鸞の遺弟と計って祇園林東北の地(今の知恩院山内の崇泰院の後林)に墓を移し、堂舎を建てて影像を安置したのにはじまる。建治三年1277覚信尼は堂舎及び敷地を門徒の共有とし、その管理者(留守職《るすしき》)は尼の子孫が継ぐことに定め、弘安六年1283遺言置文して長子の覚恵を後継者とした。その後、山僧の源伊や唯善(覚恵の異父弟)が横領を企てたが成功せず、延慶三年1310覚如が留守職を継ぎ、一宗の中心としての寺院化につとめた(正和元年1312大谷御影堂を専修寺と号したが延暦寺の抗議で廃し、その後、本願寺と称したようで、文献上の本願寺は元亨元年1321に見えるのが早い。なお、伝説では亀山天皇から久遠実成阿弥陀本願寺の号を賜り、勅願所に列したという)。建武三年1336兵火で焼け、暦応元年1338高田の専空の斡旋で再建した。その後寺運は振わなかったが、第八世の蓮如が中興した。(ロ)〔山科本願寺〕寛正六年1465延暦寺の大衆により祖廟が破却されたので、蓮如は願知に墓所を守らせ、みずから祖像を奉じて近江にのがれ、三井寺の別所近松寺《きんしょうじ》のもとにこれを安置した(近松《ちかまつ》別院《べついん》顕証寺はその旧跡)。その後、蓮如は越前の吉崎を中心に北陸に布教し、また摂津・河内・和泉の三国に伝道したが、文明一二年

1480山城の山科《やましな》に堂宇を建てて松林山本願寺と号し、祖像を迎えた。(ハ)(石山本願寺)天文元年1532山科本願寺が六角定頼や日蓮宗徒によって焼かれたので、第一〇世証如は、さきに蓮如が明応五年1496大坂の石山に造営した坊舎に祖像を移して堂舎を整えた。この頃から本願寺の地位は向上し、第一一世顕如は永禄二年1559門跡に准ぜられた。元亀元年1570織田信長が築城のために

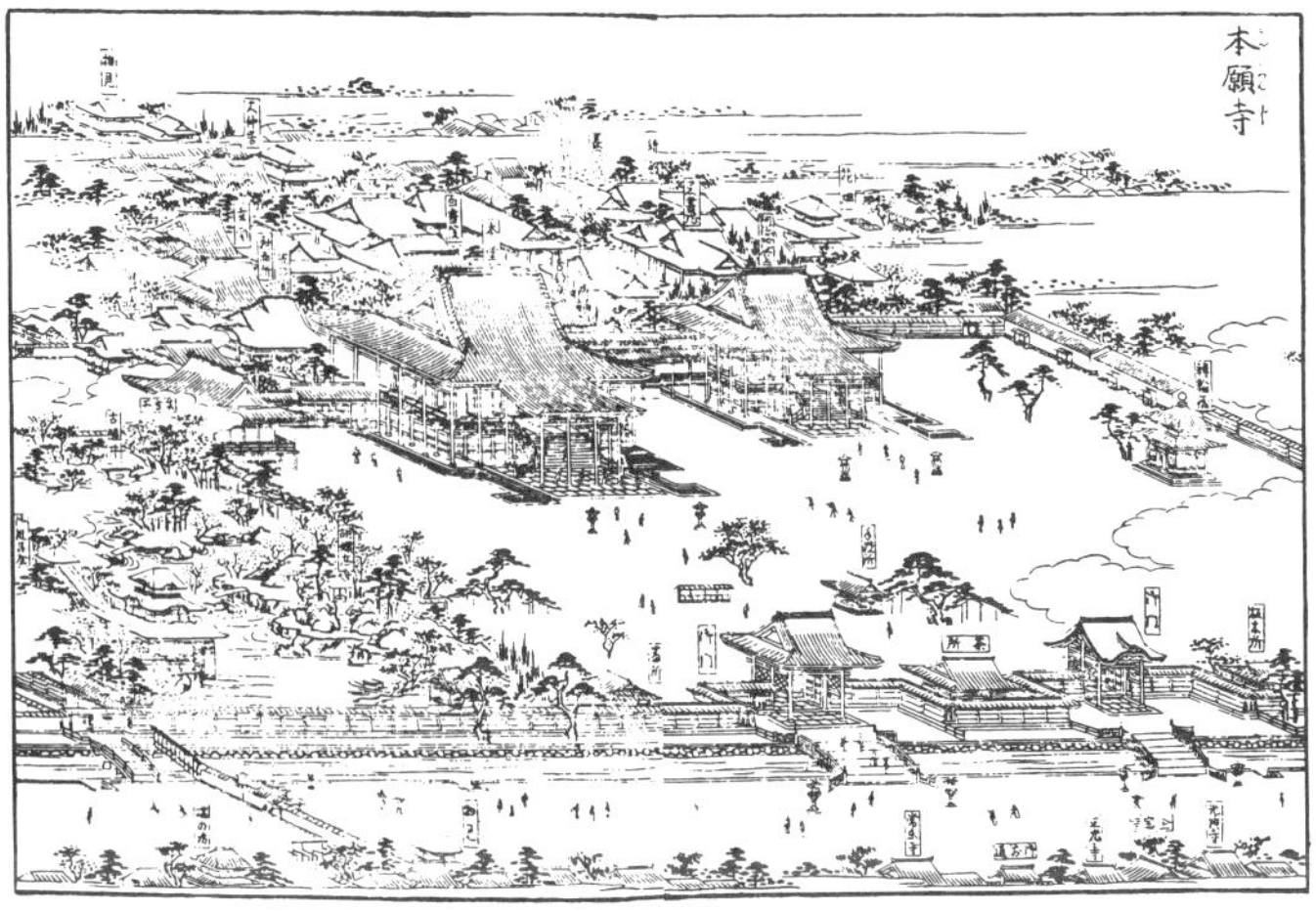

西本願寺（都名所図会）

石山からの立退きを命じたのを顕如が拒んだので合戦となり、一一年間にわたって戦ったが、天正八年1580正親町天皇の勅裁により講和し、顕如は祖像を奉じて紀伊の鷺《さぎの》森《もり》に移り、同一一年には和泉の貝塚へ、同一三年には摂津の天満へ転じた。(ニ)(堀地への移転と東西の分立)天正一九年豊臣秀吉が京都七条坊門堀川の地を寄進したので天満から移転し、翌文禄元年1592祖堂を落成した。同年、顕如が没したのでその長子教如が職を継いだが、顕如譲状を証拠として如春尼(顕如の室)が訴えたため隠退し、准如(顕如の三男)が第一二世を継いだ。ついで慶長七年1602徳川家康は七条烏丸の地を教如に授け、一寺(現東本願寺)を別立させた。(ホ)(西本願寺)竜谷山と号し、浄土真宗本願寺派の本山。通称は西本願寺。京都市下京区堀川通花屋町下ル門前町にある。准如が継いだ本願寺で、元和三年1617火災に罹ったが、翌年本堂と御影堂を再興した。現在の本堂は宝暦一〇年1760、御影堂は寛永一四年1637の造建で、いずれも重要文化財。〔国宝〕飛雲閣(伝聚楽第)、書院(伝伏見城)、唐門(伝伏見城)、北能舞台(天正九)、黒書院及び伝廊(明暦三1657)、紙本墨画親鸞聖人像(鏡御影、付

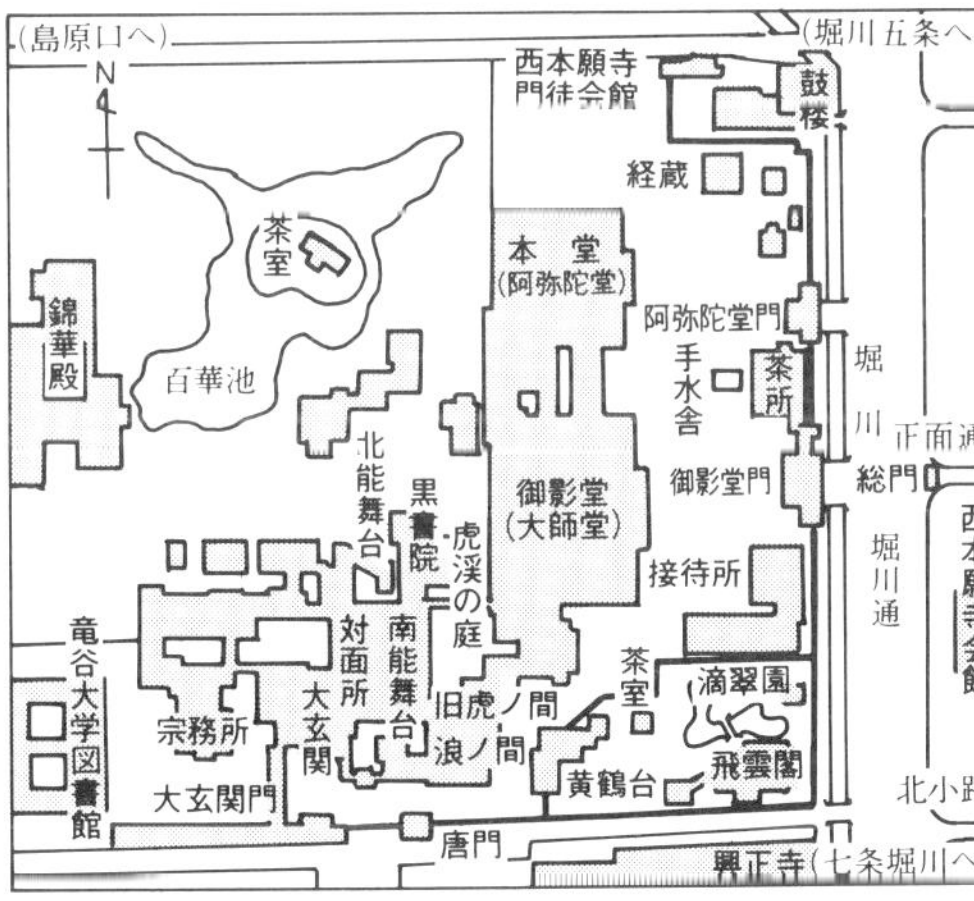


西本願寺略配置図

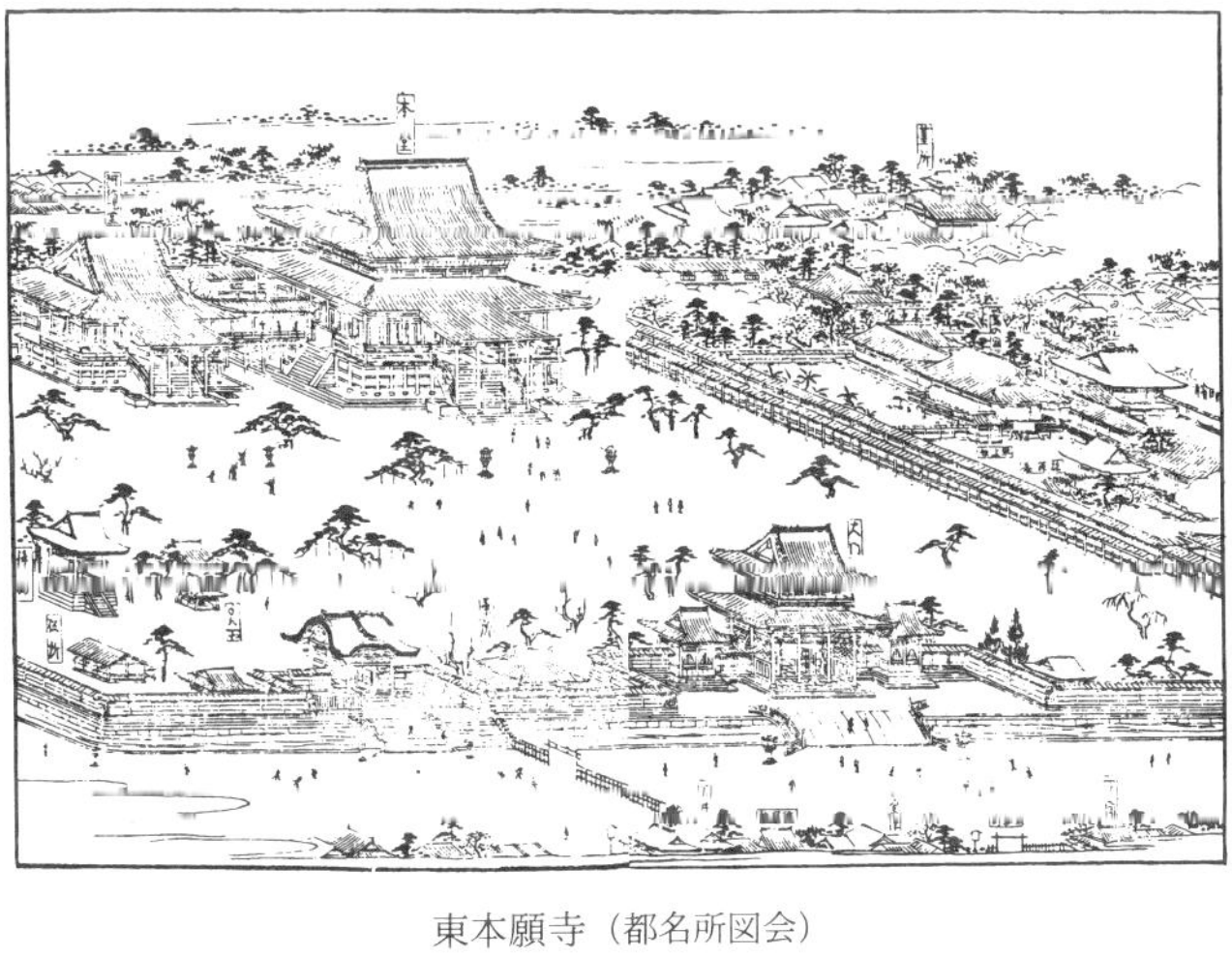

東本願寺（都名所図会）

安城御影)、観無量寿経註(親鸞筆)、阿弥陀経註(同)、能野懐紙、三十六人家集 〔重文〕玄関・浪之間・虎之間・太鼓之間(伝伏見城)、浴室(伝聚楽第)、鐘楼(元和六)、能舞台(桃山時代)、紙本著色善信聖人絵(琳阿本)、同慕帰絵詞、浄土三経往生文類(親鸞筆)、唯信抄(同)、恵信尼自筆書状類、教行信証、親鸞自筆書状類、天文日記、版本浄土論註ほか ㈠〔東本願寺〕真宗大谷派の本山。京都市下京区烏丸通七条上ル常葉町にある。教如が継いだ本願寺で、伽藍は天明八年1788、文政六年1823、安政五年1858、元治元年1864とたびたび罹災したがその都度復興され、現在の建築は明治一三年1880起工し本堂及び御影堂は同二八年落成、白書院・黒書院などは同四四年に竣工した。〔国宝〕教行信証(親鸞筆、坂東本)〔重文〕絹本著色親鸞聖人像(安城御影)、一念多念文意(親鸞筆)、紙本著色本願寺聖人伝絵(康永本)、同本願寺聖人親鸞伝絵(弘願本) ②京都府京丹後市久美浜町十楽。霊鳴山と号し、浄土宗。寺伝には円仁(一説に行基)が開創し、寛弘元年1004源信が中興したという。建久三年1192領主伊賀守某が白河法皇の菩提のため源空を請じて、一夏九旬の念仏会を修したと伝える。〔重文〕本堂 ③徳島市南島田町。寿法山光明院と号し、新真言宗。永禄年間1558—70に勢宥の創建と伝える。〔重文〕紙本墨書聖徳太子伝暦(上巻は乾元二1303、下巻は応永八1401奥書)

**ほんがんじ-つうき 本願寺通紀** 一五巻。詳しくは大谷本願寺通紀という。玄智(1734—94)の著。浄土真宗本願寺派を中心にして書かれた史書で、歴世宗主伝・伝灯旁附伝・支派諸伝・諸弟略伝・廟堂規制・法宝品数・別院縁由・仏事諸式・公私文書・僧階次序・諸山綱略・吉水門裔の一二門からなる。安永八年1779親鸞・覚如・蓮如の伝記を草したのに始まる。天明四年1784本願寺の命をうけて修史の任にあたり、同七年宗主伝を公刊した。全巻脱稿後もしばしば補訂されている。仏全一三二、真宗聖教全書六八、真宗史料集成八

**ほん-がん-しょう 本願鈔** 一巻。覚如の編(建武四1337)。本願寺覚如が門徒の所望により大経の第十八願成就文善導・源空の要文を出し、これに解釈を加えて往生浄土の正因を簡単に指示する。真宗法要六、真宗聖教大全上、真宗仮名聖教三、真宗聖教全書(列祖部)、真宗史料集成一 〔註釈〕随慧・本願鈔聆箋、霊晫・本願鈔講義 〔刊本〕貞享四1687刊

**ぼんき 梵琦** (元貞二1296—洪武三1370)元代末期の禅僧。姓は朱氏。本名は曇曜。楚石と号する。明州象山(浙江省象山県)の人。楊岐九世の元叟行端の法を嗣ぎ、嘉興(同省嘉県)の本覚寺に住した。順帝に帰依され、仏日普照慧弁禅師と賜号する。語録二〇巻、詩文集数巻があり、墨蹟もある。〔参考〕行状、塔銘、増続伝灯録四、続稽古略二

**ぼんぎょう 梵行** ㊵ブラフマ・チャリヤ brahma-carya の訳。浄行とも訳す。きよらかな行為のこと。梵天(色界に含まれる)は婬欲を断っているから、婬欲を離れることを梵行といい、反対に婬欲の法を行うのを非梵行という。また戒を守ること、さらに広義においては欲を離れる八聖道《はっしょうどう》などの修行をも梵行という。婆羅門《ばらもん》の生涯を四期に分ける中の第一期を梵行期というが、その生活は、不婬を守ってヴェーダなどを学ぶことである。

**ぼんぎょ-じ 梵魚寺** 韓国慶尚南道東莱郡北面の金井山麓にある。三十一本山の一。新羅武烈王二年655義湘《ぎしょう》の創建。当時は諸堂荘厳を極め、海印・通度両寺と共に本道三大寺と称される。壬辰倭乱(文禄の役)の戦火で災上し、李朝宣祖三五年1601再建されたが、間もなく再び焼失した。光海君一五年1622妙全が再興。翌年竣工したのが現在のものである。〔参考〕朝鮮仏教通史

**ぼんけい 梵桂** (応永一〇1403—延徳二1490)臨済宗の僧。字は惟馨。東蘆と号する。相国寺大智院の元容周頌に臨済禅を学んで嗣法し、相国寺に三度住持し、同寺を復興して南禅寺・洛北慶苑寺にも住した。著書、東蘆吟稿(不伝)。

**ほんげ-べっとう-ぶっそとうき 本化別頭仏祖統紀** 三八巻。日潮の編(享保一六1731)。中国の仏祖統紀にならって日蓮宗の高祖らの史伝や旧記を編集したもの。⑴本紀、⑵世家、⑶列伝、⑷別頭四十二章、⑸宗旨漢語、⑹扶宗明文志、⑺法運通別一覧志の七篇にわける。⑴から⑷までは史伝、⑸以

下は古記録を収録し、(7)に主要な史実を表示する。日全二一—二二 〔刊本〕寛政九1797刊

**ほんげん 本元** (弘安五1282—正慶元1332)臨済宗の僧。字は元翁。諡号は仏徳禅師。夢窓疎石に臨済禅を学び、美濃虎渓山永保寺・叡山・醍醐山などで修行し、相模万寿寺に出世し、南禅寺の主となる。のち正的庵を建てて隠退した。〔参考〕延宝伝灯録一九、本朝高僧伝二五

**ぼん-ご 梵語** 古代インドの文章語。㊵サンスクリタ saṃskṛta の訳。西洋ではサンスクリット Sanskrit とよぶ。梵語という名称は、この言語を梵天が造ったという伝説にもとづく。㊵サンスクリタは、ここでは「完成された、洗練された」を意味して、この言語がある意味では人工的な雅語・文語であることを示している。これに対して日常の社会生活で用いられる種々の言語を総称してプラークリット Prākrit(㊵プラークリタ prākṛta ここでは「自然のままの」の意)という。サンスクリットは、言語学的にはインド・ヨーロッパ語族のインド・イラン語派に属し、起源をバラモン教の聖典ヴェーダ Veda の言語、いわゆるヴェーダ語 Vedic に発する。古代インドではヴェーダの正しい理解のために古くから文法学(㊵ヴィヤーカラナ vyākaraṇa)が発達していたが、紀元前五世紀にパーニニ Pāṇini が現存最古の文法書を著わし、ついでカートヤーヤナ Kātyāyana およびパタンジャリ Patañjali が出るに及んで、文章語としてのサンスクリットの文法が確立した〈⇩毘伽羅論《びからろん》〉。これを古典サンスクリット Classical Sanskrit という。狭義で梵語というときはこの古典サンスクリットを指すが、広義にはヴェーダ語をも含めて梵語という。以後、古典サンスクリットは時代・地域による変化をこうむることなく、文学・学術の分野における標準語・共通語として用いられた。仏教関係の典籍も、当初は各種のプラークリットが用いられていたが、しだいに梵語が用いられるようになり、大乗の経典・論書はほとんどすべて梵語で書かれている。なお、経典の韻文部などにみられる、口語的な要素を多分に含んだ梵語を仏教梵語 Buddhist Sanskrit あるいは仏教混淆梵語 Buddhist Hybrid Sanskrit と呼ぶことがある。

**ほんこう 本高** (安永八1779—弘化四1847)曹洞宗の僧。字は風外。伊勢の人。宇治興聖寺の玄楼奥竜について曹洞禅を学び、印可を受けて大坂円通院に出世し、三河香積寺に転じ、のち大坂の烏鵲楼《うじゃくろう》に退院した。また書画に親しみ、とくに水墨画をよくした。著書、碧巌録耳林鈔三巻、風外禅師傑作集一巻ほか。〔参考〕近世禅林言行録

**ほんこう-いん 本光院** 京都市上京区今出川通七本松西入真盛町。天台真盛宗別格尼寺。旧比丘尼御所の一。創建年代不詳。乾元元年1302後二条天皇より菊花紋章および御所号を賜り、蔵人御所という。天正年間1573—92織田信長が堂宇を再建。もと京極通二階町にあったが、宝永年間1704—11堂宇が焼失して、現地に移建した。時の住持日心尼以来、華族(公家)の子女が出家してその法灯を継いだ。宝暦年間1751—64比丘尼御所の一に加えられ、明治一九年1886門跡号を公許された。昭和四三年1968西方寺境内の現在地に移転した。

**ほんこう-じ 本興寺** ①兵庫県尼崎市開明町。精進院と号し、本門法華宗五大本山の一。応永二七年1420領主細川満元が京都本応寺日隆に帰依して創建。のち朝廷の尊信を得、後奈良天皇の時に祈願所となった。八世日承は伏見宮貞敦親王の連枝であったため、以後同宮家の養子が継いだ。元和六年1620大物浦より現地に移転。文政五年1822類焼したが再興。〔重文〕開山堂、三光堂、方丈、木造日隆上人坐像ほか 〔参考〕尼崎本興寺旧記、本化別頭仏祖統紀一八、摂津志八 ②静岡県湖西市鷲津。法華宗(陣門流)。永徳三年1383越後本成寺日陣の教化により真言宗より転じた日乗が、薬師堂を仏殿として現寺号をたてた。以後、領主瀬名一秀、今川氏真らの帰依が厚く、徳川家康は一〇万石の格式に遇した。寛永一四年1637客殿、元禄一三年1700千仏堂・弁天堂、延享元年1744大黒堂、文政年間1818—30大書院を再建造営した。〔重文〕本堂、絹本著色法華経曼荼羅図(四幅)、紺紙金字法華経(二種) 〔参考〕富士歴覧記、遠

江風土記伝

**ほんこくーじ　本国寺**　千葉県山武郡大網白里町大網。法流山と号し、日蓮宗。もと善興寺と号し、真言宗であったが、文明三年1471品川本光寺日旰がこの地に巡錫し、本寺住僧を説伏して、顕本法華宗となった。のち寺運繁栄し、塔頭一二坊、末寺二二カ寺を有した。元和八年1622一〇世日純が将軍徳川秀忠の許可を得て勝劣派檀林を興し、学寮四十余房を建て、宮谷《みやさく》檀林と号した。のち、明治四年1871学寮が廃止されるまで、多くの明匠を輩出し、堂宇も漸次再興された。〔参考〕上総国志、法流山本国寺縁由及略歴

**ほんこくーじ　本圀寺**　京都市山科区御陵大岩。日蓮宗。大光山と号し、もと本国寺と書いた(国を圀と改めたのは徳川光圀が帰依したのによる)。寺伝では、鎌倉松葉ケ谷の草庵を日蓮が日朗に付嘱したのにはじまるという。日印がこれを伝え、日静のとき寺基を京都に移した。日静の帰依者を六条門徒という。足利氏の保護をうけ貴族の子弟の入寺も多かった。天文法華の乱で堺に逃れたが、天文一五年1546帰洛の勅許により再興された。一時、足利義昭の居館になったことがあり、天正一三年1585豊臣秀吉は朱印状を給し、徳川家康や光圀も崇敬した。一七世日桓は今出川家の出で、これによりその後の歴代の住持は同家の嫡子が当たった。昭和四六年1971寺地を下京区柿本町から現在地に移転した。〔重文〕経蔵(輪蔵)〔参考〕本圀寺文書、本圀寺年譜

**ぼんごーせんじもん　梵語千字文**　一巻。唐字千鬘聖語　Cīnākṣara-sahasra-mālā-ārya-bhāṣa-vṛtti ともいう。唐の義浄の著。成立年不詳。天地日月などの一千字に悉曇字《しったんじ》を対照したもの。十齣《せき》より成り、一齣に四言四句八〇字および五言四句の詩があり、齣毎に韻を改め連続した意義をもっている。翻梵語・梵語雑名・唐梵字文と共に、古来、梵学者に珍重される。㊅五四

**ぼんごーぞうーみょう　梵語雑名**　一巻。亀茲《じき》国の礼言の著。日常使用の身体各部・動作・方位・年時・鳥獣・薬物など、およそ一五〇〇の漢語の音写、および悉曇文字を註したもの。梵語千字文・唐梵文字と共に、古来、梵学者に愛好された。享保一七年1732叡山の真源が本書を校訂開版した。㊅五四

**ほんざい　本際**　①真際、実際ともいう。根本窮極の真実の辺際の意。真如《しんにょ》や涅槃《ねはん》をいう。②前際のこと。⇩三世《さんぜ》

**ほんざん　本山**　本寺ともいう。①本所住の山寺の意で、本来の居所である寺をいう。②根本の山寺の意。祖山ともいう。一宗の根本道場のこと。それに所属する寺院を末山、末寺といい、本寺の一部であるが別に一字を構えたのを別院という。日本では江戸時代に寺院の諸規則が調えられ、本山にも総本山、大本山、本山、別格本山、准別格本山などの別が分けられた。

**ぼんさん　梵讃**　梵語の讃の意。梵語を漢字で音写した讃文で、諸仏の功徳を讃歎する内容のもの。三身梵讃、四智梵讃などがある。

**ほんざんーじ　本山寺**　①岡山県久米郡美咲町定宗。天台宗。岩間山と号する。役小角《えんのおづぬ》の修行の地といい、大宝元年701頼観が今の奥院の地に一宇を創し、新山寺と号したのにはじまり、天平宝字年間757―65に鑑真が再興し現寺号に改めたと伝える。のち久しく荒廃したが、天永元年1110古道・真道の両僧が堂宇を建て、聖観音・十一面観音の両像を安置し、再興をはかった。長承元年1132漆間時国夫妻は本寺に参籠して嗣子の出生を祈り、源空をもうけたという。以後しばしば造営修補を経て、江戸時代には領主森氏の祈願所として栄えた。〔重文〕本堂、宝篋印塔〔参考〕岩間山本山寺縁起、円光大師行状画図翼賛　②大阪府高槻市原。霊雲院と号し、天台宗。俗に北山毘沙門天という。文武天皇元年697役小角が草創して自作の毘沙門天を安置し、宝亀五年774開成皇子が堂舎を造営して中興したと伝える。大治年間1126―31橘輔元父子が深く本尊を信仰して堂宇を修造し、京都大原の良忍について剃髪、寺内に草庵を結んで融通念仏を修した。慶長八年1603豊臣秀頼は堂舎を修復して祈願所とし、宝永年間1704―11住持慶円が桂昌院の援助で再興した。本尊毘沙門天像は鞍馬山・信貴山の本尊と共にわが国の三毘沙門という。〔重文〕木造毘沙門天立像、同聖観

音立像、本堂、宝篋印塔 〔参考〕北山本山寺縁起、北山寺文書、摂津志五

**ほんざんしゅげん-りゃくよう 本山修験略要** 一巻。聖護院門跡道晃《どうこう》(1612－79)の著か。成立年不詳。天台本山派修験の伝統と、宗規・宗法について記した概略書。本山修験は役小角《えんのおづぬ》の正統であること、顕密の修験を精究すべきこと、真言陀羅尼の音は正統な師について習うべきこと、入峰行者の心得など五項目からなっている。日蔵四八

**ほんじ 本事** ㊵イティ・ヴリッタカ Iti-vṛttaka の訳で、伊帝曰多伽《いていわったか》、伊帝目多伽《いていもくたか》、伊帝越多伽、一目多迦、一筑多と音写し、出因縁とも訳し、本事経、本事説ともいう。「かくのごときできごと」の意。またこれは㊵イティ・ウクタカ ity-uktaka の音写となすべきであるかも知れない。それならば「かくのごとき言説」の意であり、如是語経、此説過去如是と訳されるのがそれである。いずれにしても、九部経、十二部経(即ち原始仏教経典の基本的な型)の一。イティ・ヴリッタカは仏や仏弟子などの過去世における因縁行蹟物語を説いたものであり、イティ・ウクタカは「仏は是くの如く語りたまえり」という語をもって始まる経を集録したもので、パーリ小部中の如是語(イティ・ヴッタカ Iti-vuttaka)は後者にあたる。

**ぼんし 梵志** ㊵ブラーフマナ brāhmaṇa の訳。婆羅門と音写する。梵士とも書く。梵は清浄《しょうじょう》の意。婆羅門は清らかな行《ぎょう》を修め、梵天に生まれようと志す者であるから、梵志という。

**ぼんじ 梵字** 梵天が作った文字の意で、古代インドで行われた字母をいう。即ち梵書(ブラーフミー Brāhmī〔-lipi〕)と称される字母から発達した悉曇《しったん》などの文字をいう。インドの伝説では梵天がこれを作ったとし、一般にインド固有の文字であると考えられていたが、近代の研究では現今ヨーロッパに行われている文字の原形であるフェニキア文字と共にセミティック系に属し、西暦前八〇〇年頃にインドの商人がメソポタミア地方のアラメイック人と接触した結果、セミティックの二二字から成る字母をインドに伝え、これが婆羅門《ばらもん》などにより整備されて西暦前五〇〇年頃には四七字母が完成されたと推定されている。従ってインド・アーリヤ民族が文字を用いはじめたのは紀元前六世紀以後と推察される)。書法はもと右横書きであったものが左横書きに変り、また書体も時代や地方によって次第に異なるようになって、西暦一世紀頃には北方では四角形、南方では円形に書く傾向が生じて、ついに四世紀頃には両者の間にほぼはっきりとした区別を生じた。北方系からは四・五世紀にグプタ gupta 文字が発達し、さらに六世紀には悉曇文字が作られ、その他、種々な文字が生じて一一世紀には現今梵本の出版に用いられるデーヴァナーガリー文字が作られ、また六世紀以降、西域・チベットなどに伝えられ、それぞれ特種な文字となった。いずれも北方梵書(梵字)系に属する。南方系においても諸種の文字が発達し、現今写経や刊本に用いられるスリランカ・ビルマ・タイ・カンボジアなどの文字はいずれも南方梵書系に属する。なおこの梵書(梵字)以外の系統に属する文字も行われたようである。⇩悉曇《しったん》 ⇩ブラーフミー文字《もじ》

**ほんじ-きょう 本事経** 七巻。唐の玄奘の訳(永徽元650)。パーリ経蔵の小部(クッダカ・ニカーヤ)の第四経イティ・ヴッタカ Iti-vuttaka(如是語)に相当するが、漢訳の方がやや分量が多く、その中に含む単経の数も多い。漢訳は説一切有部所属の原本からの訳と思われる。「われ世尊よりかくの如く聞く」という語をもってはじまる短経を一法より三法まで法数の順序にならべて輯録したもの。それぞれの経の末尾にその経の義をまとめて述べる頌を付している。㊅一七

**ほんじ-しん 本地身〔加持身《かじしん》〕** 密教の仏身説。すべてのものの存在生成のために依り所となる根本的なものを本地身、本地法身といい、真言行者が三密の行を修めて仏と衆生との三密が相応したとき、その瑜伽《ゆが》観の中に現われる仏身を加持身という。本地身の説はもと法華経本門の説にも

とづくようで、大日経疏巻七には、本地身は妙法蓮華の寂深秘処《じゃくじんひしょ》であって法華の本門身と同じ意であると説き、同書巻三には妙法蓮華とは胎蔵曼荼羅《たいぞうまんだら》を意味し、その中台八葉院の大日如来を本地身とする。ただし本地身・加持身の体に関しては異説が多く、古義真言宗では、中台八葉院の大日如来を本地身、曼荼羅外三重の諸尊を加持身とし、四身の中、自性身を本地身、受用《じゅゆう》・変化《へんげ》・等流《とうる》の三身を加持身とし、新義真言宗では、本地身に即する加持身を立てて、中台八葉院の大日如来は加持身でもあるとする。即ち中台八葉院の大日如来の自証極位《じしょうごくい》を本地門(本地身)、大日経の教主である面を加持門(加持身)として、共にこれは自性身であるとする。なお本地身は四身の総体であるとすることもある。また台密では、安然は本地身は能加持の理法身《りほっしん》、加持身は所加持の智法身であると説く。このような異説は大日経の教主に対する見解の相違によるものであり、古義派では大日経はすがたかたちを具えた本地身の説いた教えであるとする本地説(自証説)をとるのに対して、新義派では自証極位の本地身は行者の視聴を絶するから説法をしないとし、大日経は中台八葉院の大日如来が加持門で説いたとする加持説をとる。この加持説は頼瑜《らいゆ》が創唱し聖憲が大成したもので、真言宗に古義・新義の二派が別れる根本点であり、古来両派の論争は絶えなかった。なお台密では加持身説法の説をとり、本地身説法というのはその功を本に帰していうに過ぎないとする。また、この大日本地の説から転じて、例えば観音の本地は阿弥陀であるというように、諸尊についても本地を説くようになって、仏神の本地垂迹説を生じた。⇩仏身《ぶっしん》

**ほんじ-すいじゃく　本地垂迹**　仏または菩薩(本地)が衆生を救うために仮に姿(迹)をかえてあらわれる(垂)こと。無漏の智光をやわらげ隠して俗塵に同じるという意味で、これを和光同塵《わこうどうじん》ともいうが、この語は本来は必ずしも本地垂迹のみを意味するものではなく、日本でこれを本地垂迹説に応用したのである。中国では、儒教の聖人や道教の諸神などについて本地垂迹がいわれたが、日本ではもっぱら神道の神について本地垂迹の説をたて、天台・真言などの諸宗で仏を本、神を迹(あと)とする説を用いた(後に唯一神道では逆の説をたてる)。これは教義的には法華経寿量品の本門・迹門《しゃくもん》の説や大日経の本地身・加持身の説と関係がある。⇩本地垂迹説《ほんじすいじゃくせつ》

**ほんじ-すいじゃく-せつ　本地垂迹説**　かり本地である仏が人々を救済するため、かりに神の姿となって現われるという説。仏教伝来当初から神仏の関係は問題となったが、やがて詳細な理論を生み、近世末期まで継続した。その浸透と共にいわゆる垂迹美術や垂迹文学を生み出し、広く民衆生活の内にも受容されていった。〔成立過程〕神仏の習合関係はすでに奈良時代以前からみられるが、それにはいくつかの素地があった。まず仏教伝来当初の受容のしかたに始まり、やがて政治関係と結びつき、氏族仏教、国家仏教として発展したため、名神大社と仏教との結合が容易に行われた。また奈良時代に盛行する僧侶の山林抖擻《とそう》の風習は、日本古来の呪術的山岳信仰と結合し、民間信仰と仏教との結びつきを促した。神仏習合の初見は文武天皇二年698伊勢国多気郡太神宮寺移遷の記事で、その後神宮寺は奈良時代に入り、気比・宇佐八幡比咩・鹿島・二荒山・熱田・賀茂などの大社に造立されていった。宇佐八幡は天平勝宝元年749一二月に東大寺大仏鋳造を援助するとの神託により、奈良に入京した。これらは、神は衆生の一として仏法を悦び僧の供養をうけ、仏法を護るものと考えられたからで、そのためまた神のための得度・納経・造寺・造塔などが行われた。平安時代になると同じく神のための得度などが行われたが、さらに神前読経や神への供養として写経・図仏などが盛行した。また神に菩薩号をつけることが行われ、延喜式では筑前国筥崎八幡・豊前国宇佐八幡・常陸国大洗磯前《いそざき》・同酒列磯前の各神に菩薩号が付せられる。前代以来の神宮寺も盛行したが、新たに寺院に付置される鎮守神が現われた。空海が稲荷神社を東寺

の鎮守とし、また高野山を開くに際し丹生・高野両明神の託宣を受けたこと、最澄が延暦寺建立に当たって大比叡神・小比叡神を守護神としたことなどは早い例で、貞観859—77頃から一般に普及した。本地垂迹思想は漸く延喜—承平901—38頃から現われるが、まだ特定の神に特定の本地仏を定めるまでには至らず、仏がただ権《かり》の姿をもって現われるとする権現《ごんげん》思想に基づいた。やがて権現思想の流行に伴い熱田権現・蔵王《ざおう》権現・熊野権現などが現われる。そして、神も衆生の一とする旧来の思想は消え、神仏は同格とされ、康和1099—1104頃から神にそれぞれ本地仏が定められ、平安末期から一般化する。例えば、天照大神は大日または阿弥陀、白山明神は大勢至または十一面観音、春日大明神の一宮は不空羂索観音、二宮は薬師、三宮は地蔵、四宮は十一面観音、若宮は文殊、熊野三所権現の家津御子神(本宮)は阿弥陀、夫須美神(那智宮)は千手観音、速玉大神(新宮)は薬師、日吉七社の大宮は釈迦、地主は薬師、聖真子は阿弥陀、八王子は千手観音、客人は十一面観音、十禅師は地蔵、三宮は普賢をそれぞれ本地とする。平安末期の浄土思想の発達と共に、山岳信仰の対象である金峯山が浄土とされ、熊野が補陀洛《ふだらく》浄土や阿弥陀浄土と信じられたように、他界思想と結びついた山岳信仰が浄土思想と結合して、神仏習合、本地垂迹説を一層発達させることになった。〔展開〕中世以後、いよいよ整備され、各社においてそれぞれ独特の理論づけが行われるようになった。その顕著なものが伊勢神道と山王神道である。伊勢神宮では外宮を中心として天地麗気記・神道五部書(宝基本紀・倭姫命世記)、神道八部書(五部書と古老口実伝・御鎮座伝記・御鎮座次第記・鎮座本紀・倭姫命世記)、神道八部書(五部書と古老口実伝・神皇実録・二所大神宮神名秘書)が出て習合神道理論を展開したが、それは度会《わたらい》家行の類聚神祇本源により整理統合されるに至った。日吉神社でもその山王の号に精細な仏教思想、特に密教教理により付会が加えられ、耀天記・山家要略記・渓嵐拾葉集(光宗の著)などにより山王神道の理論形成が急速に進められた。その後、日吉社神道秘密記・厳神鈔・日吉山王利生記などの書によりますます精緻を極め、山王一実神道原(慈等の著)、山王一実神道記(慈本の著)によりほとんど完成された。これらの他、熊野ではすでに平安末に熊野権現御垂迹縁起(長寛元年1163四月一六日勘文所引)により習合理論樹立の先駆を示し、一方、神仏習合・本地垂迹説は鎌倉時代の新仏教の間でも受容された。日蓮は諸著で日本国三千余社大小諸神はすべて釈迦の子息であり釈迦を本地とすると説いた。一遍も熊野に参詣して念仏弘通の開示をうけるとともに遊行の途次、多くの名社に参拝して神祇信仰との不離一体を示した。真宗では覚如の子存覚が諸神本懐集を著わし、本地垂迹説を説いて権化の神の尊崇を教えると共に、実社の神を邪神としてしりぞけた。蓮如も御文《おふみ》(御文章《ごぶんしょう》)で本地垂迹説を説いて門徒を教化した。禅宗でも鎌倉末から漸次習合思想が浸透し、曹洞宗の無著妙融のように神祇に諸仏菩薩と同様の功徳があると説くものが現われた。〔文化的発現〕中世になると新様式の美術や文芸を生みだし、古くから年中行事などの中にも浸透していった。(イ)彫像については奈良薬師寺蔵(平安時代。国宝)・同東大寺蔵(鎌倉時代。国宝)などの僧形八幡神像を始め、蔵王権現像・牛頭《ごず》天王像・伊豆山権現像・立山権現像・役行者《えんのぎょうじゃ》像や伊勢神宮と習合した雨宝童子像・金剛童子像などが現われ、また東京都総持寺蔵(平安後期・国宝)蔵王権現毛彫鏡像など、御正体《みしょうたい》として各神社の神体・本地仏を現わす目的で無数の鏡像や懸仏《かけぼとけ》が各々の習合思想に基づいて製作された。(ロ)絵画については多くの垂迹画が現われ、熊野曼荼羅図・春日曼荼羅図・山王本地仏曼荼羅図・山王神曼荼羅図・男山八幡曼荼羅図・富士曼荼羅図・熱田宮本地仏曼荼羅図・伊勢両宮曼荼羅図・吉野曼荼羅図・立山曼荼羅図・多武峯《とうのみね》曼荼羅図・北野曼荼羅図・多賀曼荼羅図など、各社特有の曼荼羅図が多く描かれ、その他僧形八幡像・高野四神明神像・新羅明神像・白山権現像・大織冠大明神像・箱根三社権現像・熊野神影・渡唐天神像・三十番神などの垂迹神像や神影などが描写され、山王霊験記・春日権現験記・若狭国鎮守一宮縁起絵・北野本地・北野天神縁起・松崎天神縁起・荏柄天神縁起・若狭彦絵系図等の絵巻物も製作された。㈧文芸の面では、安居院《あぐい》作、神道集に収められているような諸社の多くの習合縁起が作られ、それらはさらに発展して八幡本地・熊野本地・伊豆箱根の御本地・祇園の御本地・浅間御本地・浅間御本地由来記・上野国赤城御本地・諏訪本地兼家などの本地物とよばれる一連の作品を生み出した。また八幡講式・熱田講式・毘沙門講式・大黒天講式・白紙祭文・三宝荒神祭文・熱田講和讃・山王和讃・信州寒念仏和讃など、習合思想に基づく神社講式や和讃などが作られた。㈡年中行事については、平安時代から諸方面の行事に浸透していった。たとえば石清水八幡宮で修正会《しゅしょうえ》・心経会・春秋彼岸会・卒都婆会《そとばえ》・弥勒講《みろくこう》・盂蘭盆講《うらぼんこう》・放生会《ほうじょうえ》・天台大師供・仏名会などが行われ、恒例行事のほとんどが仏教的色彩の強いものであった。その他一般に行われている放生会・御霊会・盂蘭盆会・仏名会・追儺《ついな》などの諸行事も日本古来の神道的信仰と仏教との習合思潮に基づくものである。年中行事の面では有形無形に習合的形体をとるものが多い。〔南北朝以後の展開〕これらの本地垂迹説が仏本神迹を説くのに対し、南北朝以後になると新しく神本仏迹説（反本地垂迹説）が現われた。太平記巻一六の日本朝敵の事、舞曲百合若大臣、光宗の渓嵐拾葉集などがそれである。また、慈遍の豊葦原神風和記、同旧事玄義は神主仏従思想をすすめたが、吉田兼倶の著とされる唯一神道名法要集にいたり神道を根本とする根葉花実論を説き、反本地垂迹説を完成させた。江戸時代になると、比叡山の一実神道、高野山の御流《ごりゅう》神道、慈雲の雲伝神道などが発達して神仏習合をそれぞれの立場から説いたが、一方、儒者や国学者の間に排仏論が盛んとなり、ことに国学者は神仏習合、本地垂迹説に強く反対した。しかし実際の信仰の上では江戸時代末期までひろく行われ、これが完全に終焉するのは、明治元年1868の神仏分離令以後である。

**ほんじゃく　本寂**　（開成五840—天復元901）唐代末期の禅僧。五家の一、曹洞宗二祖。姓は黄氏。泉州莆田《ほでん》（福建省莆田県）の人。洞山良价《りょうかい》の法を嗣ぎ、鍾陵鍾伝《しょうでん》の帰依で撫州（江西省臨川県）に曹洞宗、及び荷玉《かぎょく》山（曹山）を創した。元証大師と諡する。語録一巻（又は二巻）があり、没年に異説がある。〔参考〕祖堂集八、宋高僧伝一三、景徳伝灯録一七、僧宝伝一

**ほんじゃくきしゅうろん　本迹帰宗論**　一巻。日輝（1800—59）の著。成立年不詳。日蓮宗の本迹一致の立場で、従来の一致論が日蓮の約宗・約教の二判と本門末顕・本門已顕の分別を忘れて天台の実相同体論をくりかえすのを論破して、約教・已顕の本迹に勝劣浅深はなく、本因と本果、始覚と本覚とは双立双用し、相即一致することを説く。近代の日蓮宗本迹一致論の代表的な説である。充治園全集四　〔刊本〕明治一二1879刊

**ほんじゃくけんもん　本迹見聞**　一巻。日朗（1243—1320）の著か。成立年不詳。日蓮宗の本迹二門論争の初期の書で、本迹未分の一致を結論としているが、勝劣派もまた依憑している。日蓮宗宗学全書（上聖部）

**ぼんしゃくじ　梵釈寺**　滋賀県大津市滋賀里の辺にあった寺。延暦五年786桓武天皇が曾祖父天智天皇追福のために草創したという。同一四年勅して十禅師を置き、水田一〇〇町、食封一〇〇戸を施入。同二二年当寺別当常騰が崇福寺検校を兼ね、弘仁六年815には嵯峨天皇が行幸した。平安中期には園城寺末となり、鎌倉末期に廃された。〔参考〕続日本紀、類聚国史、新修大津市史

**ほんじゃくせつぼう　本迹雪謗**　五巻。日達の著（寛保三1743）。著者が本迹一致の立場から高祖御譲状註釈を撰したのに対して、勝劣派の日相は御譲状註釈弁偽、撃大毒鼓論を著わして日達の論説を難じた。これに応えてさらに本迹一致の立場を論じ、本末関係にまで言及したため、勝劣派は陣門と提携して幕府に訴えて、物議をかもし、遂には原版を焼却するに及んだ。

**ほんしゅうじ　本宗寺**　①愛知県岡崎市美合町。竜登山と号し、浄土真宗本願寺派。平地《ひらち》御坊という。文明年間1469—87蓮如が三河国土呂《とろ》に創建したのにはじま

り、蓮如の帰洛後、実如の息実円が初代住職に任じた。永禄六年1563一向一揆の時、徳川家康の兵火で焼かれたが、天正一一年1583檀越妙春尼(家康の伯母)の懇請により家康は再興を許し、本願寺兼帯所となり、現地に移して光顔《こうげん》寺と号し、のち現寺号に復した。〔参考〕反古裏 ②三重県松阪市射和町。真宗大谷派五箇寺の一。①の三河本宗寺と同系で、寛永年間1624—44一三世宣如がこの地に本宗寺を再興し、真楽寺と号した。同一二年落慶、従意が宣如の命を奉じて入寺した。宝暦六年1756現寺号に改称。

**ほんじゅん　本純**　(元禄一五1702—明和六1769)天台宗の僧。字は守篤。号は庵園。駿河の人。同国智満寺の純庸について出家し、叡山に登り、安楽律院の霊空光謙に師事して天台宗を学び、仙波喜多院に留って天台宗を弘めた。著書、法華玄義釈籤々録一〇巻など。〔参考〕天台霞標七—三

**ぼんしゅん　梵舜**　(　—承応二1653)曹洞宗の僧。字は天外。鎌倉の人。上野全久寺の特雄専英について禅を学び、印可を受けた。尾張天沢寺に出世し、信濃全久寺・明石全久寺に歴住し、また美濃円成寺・尾張宗心寺・近江養源寺・冷泉寺などの開山となった。著書、梵舜日記一〇巻。〔参考〕日本洞上聯灯録一一

**ほんじょう　本生**　㈵ジャータカ jātaka の訳。闍多迦《じゃたか》、闍陀伽、闍陀と音写し、本起《ほんぎ》とも訳し、また本生譚《ほんじょうだん》、本生談、本生経、生《しょう》ともいう。九部経、十二部経(即ち原始仏教経典の基本的な型)の一。自らの述懐の形式により、仏が遠い過去世において鹿、兎、王など種々の生を受け、衆生《しゅじょう》のためにわが身を犠牲にして苦行《くぎょう》を修め、この苦しい菩薩行《ぼさつぎょう》が因となって今生《こんじょう》において仏となったことを説こうとする、仏の前生物語をいう。パーリ小部中の本生、漢訳の生経などがそれである。⇩ジャータカ

**ぼんしょう　凡聖**　凡夫《ぼんぶ》と聖者《しょうじゃ》のこと。聖者は聖人《しょうにん》ともいい、見道(はじめて無漏の智が起こって四諦《したい》の道理を見る位)以上の人で即ち小乗では預流向《よるこう》以上の人、大乗では初地以上の人をいう。それ以下の人は凡夫といわれる。凡夫も聖者も本来的な絶対のすがたとしては平等であって、なんらの差別もないことを凡聖一如《いちにょ》、凡聖不二《ふに》といい、大乗仏教で説く十界のうち、地獄・餓鬼・畜生・阿修羅《あしゅら》・人間・天上の六界を六凡といい、声聞《しょうもん》・縁覚・菩薩《ぼさつ》・仏の四界を四聖といい、合わせて六凡四聖《ろくぼんししょう》という。前者は有為《うい》の果報、後者は無為の聖果であるからである。

**ほんしょう-じ　本証寺**　愛知県安城市野寺町。雲竜山と号し、真宗大谷派。同県岡崎市上宮寺・勝鬘寺と共に真宗三河三カ寺という。慶円(教円、即ち小山新祐)の開基と伝える。慶円は出家してはじめ天台宗を奉じ、家を捨てて仏寺としたが、嘉禎元年1235親鸞がその帰洛の途次に矢作柳堂(現勝蓮寺)に逗留した際、弟子となり、寺を改めて真宗の道場としたという。永禄年間1558—70の三河一向一揆には、住持空誓が上宮寺に加勢して徳川家康に抗した。寺は一時廃絶したが、その後再建されて末寺三〇〇カ寺を数えた。所蔵の一向一揆関係の文書は貴重。〔重文〕絹本著色善光寺如来絵伝、同聖徳太子絵伝 〔参考〕三河風土記、三河志一一・一六・二七・二五

**ほんじょう-じ　本成寺**　新潟県三条市西本成寺。法華宗(陣門流)総本山。長久山と号する。永仁五年1297日印が当国蒲曾根村に開創、日朗を開山とし、青蓮華寺と号したが、のち大檀越三条城主山吉長久の諱にちなんで現寺号に改めた。嘉暦二年1327本門三大秘密の根本道場門下の棟梁と定められ、光明院から勅願所の綸旨をうけるなど、皇室の尊崇を得、さらに長尾氏・上杉氏の帰依が厚かった。三世日陣の時、本迹勝劣一致の諍〈⇩日蓮宗《にちれんしゅう》〉が起こって宗門が分裂し、日陣を流祖とする陣門流を形成した。文安1444—49、天文年間1532—55兵火で焼失して衰え、文禄年間1592—96に至り水害を避けて現地に再建された。〔参考〕本成寺文書、新編法華霊場記六

**ほんせい-じ　本誓寺**　①新潟県上越市寺町。真宗大谷派。笠原御坊という。空海が下総国相馬郡布川に開創したという。親鸞の東国教化に時の住僧が帰依し教念房即

信と号したが、のち信州高井郡笠原村に移し真宗寺と号した。五世性順の時蓮如が来寺し、現寺号に改めた。一〇世超賢の時豊丘村小山(信州)に移り、のち上杉氏の請によって直江津に、さらに堀忠俊の福島築城により高田へ、また松平氏が同地に築城のため現地に転じた。②岩手県盛岡市名須川町。石森山と号し、真宗大谷派。親鸞の弟子二十四輩の一人和賀是信が当地方に遊化し、文永三年1266没したので紫波郡彦部村石ケ森千本松に葬られた。天正二年1574一六世賢勝が墓を同郡郡山に移し、旧地に一寺を建立した。同一八年現地に移建。郡山の地にも同名寺を建立している。③石川県白山市東一番町。坂本山と号し、真宗大谷派。もと天台寺院であったが、住持円政が親鸞に帰依し改宗したと伝える。〔重文〕大般若経巻二四九 ④石川県鳳珠郡門前町南。真宗大谷派。寺伝によると、文永五年1268親鸞の門弟教念の系統、または開基善了が本願寺如信に帰依して開創したという。もと阿岸郷にあったが、天正一四年1586現在地に移転。能登鳳至郡の触頭として栄えた。⑤長野県長野市松代町。平林山新田院と号し、真宗大谷派。建保元年1213親鸞の弟子是信房が当国倉科村に開創。のち門弟親照房に付与したという。慶長一九年1614現地に移建。⑥東京都江東区清澄。当知山重願院と号し、浄土宗。文亀元年1501酉冏《ゆうげい》が相模国小田原に開創。文禄四年1595六世文賀が徳川家康から寺地を与えられて江戸八重洲岸に移した。のち馬喰町、さらに明暦の大火後現地に移転した。

**ほんぜつ　本質**　法相宗の教義。心・心所《しんじょ》(心のはたらき)が対象を認識するときにその認識の対象となるものを心内に変現して、これを直接の対象として認識が成り立つ。この直接の対象(親所縁)を影像《ようぞう》という。これに対して、この影像の実質、根拠、よりどころとなる物自体を本質という。本質もまた間接的には認識の対象(疎所縁)となるから、相分を二種に分けて本質相分・影像相分とする。

**ぼんせん　梵僊**　(元の至元二九1292―日本の貞和三1347)　字は竺仙《じくせん》。元の明州の人。杭州霊山の瑞雲に公牒を得て諸老に謁し、金陵保寧寺の古林清茂《くりんせいも》に印可を得、嘉暦四年1329来朝した。その後浄妙寺・浄智寺に住持し、楞伽院を建て、南禅寺・真如寺に転じ、建長寺の主となった。その流は竺僊流と呼ばれ日本禅宗二十四流の一。著書、竺僊和尚語録一巻など。〔参考〕竺仙和尚行道記(続群九下)、延宝伝灯録五、本朝高僧伝二七

**ほんせん-じ　本泉寺**　①石川県金沢市二俣町。松扉山と号し、真宗大谷派。俗に二俣御坊といわれる。嘉吉二年1442巧如の第三子である越中井波瑞泉寺二世如乗が足利氏から寺地の寄進を受けて開創。文明年間1469―87蓮如が北国巡化の時留錫し、息男の蓮乗、蓮悟がつづいて住した。天正年間1573―92兵火で焼失し衰えたが、元和二年1616領主前田利常が再興した。②大阪府四條畷市蔀屋本町。松扉山と号し、真宗大谷派五箇寺の一。加賀二俣の本泉寺三世蓮悟が別に加賀国若松に一寺を建立、清沢坊と称した。実悟があとを嗣ぎ、天文年間1532―55北陸錯乱のため能登府中に移ったが、文禄三年1594教恵の時摂津天満に再興し、のち現地に移った。

**ほんぜん-じ　本善寺**　奈良県吉野郡吉野町飯貝。六雄山と号し、浄土真宗本願寺派。文明年間1469―87蓮如の開創という。末子実孝を住持とした。宝暦八年1758鷹司家の祈願所となった。〔参考〕大谷本願寺通紀

**ほんぜん-じ　本禅寺**　京都市上京区寺町通広小路上ル北之辺町。法華宗(陣門流)。応永一三年1406日陣が弟子日登に四条堀川に創建させた。天文五年1536天文法華の乱で焼かれたが、同九年日覚が西陣桜井に再興し、後奈良天皇の勅願所となった。天正一九年1591豊臣秀吉の命によって現地に移った。のち度々の火災で衰えたが、嘉永二年1849三〇世日但が復興。〔重文〕紙本墨書伏見天皇宸翰御消息、同後深草天皇宸翰御消息、寛性親王御消息翻摺法華経八巻　〔参考〕雍州府志四

**ほんぞん　本尊**　崇敬の中心として祀られる仏・菩薩などの尊像。また挾侍《きょうじ》(中尊の左右や周囲にあって中尊のはたらきや功徳を表わす)や眷属《けんぞく》(親しみ従っているもの)などと区別して中尊を本尊といい、或

いは一堂・一寺などにある幾多の尊像の中で特に主要なものを本尊ということもある。一般に寺院などの本尊は、創立の趣旨や願主の信仰などによって安置され、諸寺によりさまざまであるが、例えば浄土宗・真宗では阿弥陀仏を本尊とするように、宗派によってほぼ一定している場合もある。①密教では、大日如来を普門の本尊、その他の諸仏・菩薩などを一門の本尊といい〈⇩普門《ふもん》〉、修法の目的や種類などにより本尊を異にする。本尊には、字・印・形《じいんぎょう》の三種があり、それぞれに有相《うそう》と無相とを分ける。有相の本尊とは自己のほかに別に本尊を立てるもので、諸尊の中で尊ぶもの、また自己と縁を結んでから以後ずっと崇敬している尊を意味する。無相の本尊とは、自己自身をもってただちに本尊とするもので、自身は生まれながらにさとりの徳を具え、世間・出世間《しゅっせけん》を通じて最上のものであるとするものである。密教は、仏と自己とが互いに渉入《しょうにゅう》(入我我入)して一体となるのを極致とし、修法において本尊の加被力《かびりき》と行者の功徳力《くどくりき》とが一体となるところで行う加持を本尊加持《かじ》、道場観の中で本尊を観じるのを本尊観という。②浄土教では、もっぱら阿弥陀仏に帰命《きみょう》するから、古来、阿弥陀仏または阿弥陀三尊(阿弥陀仏と観音・勢至の二菩薩)を本尊とする。真宗では、絵像や木像以外に名号《みょうごう》を本尊として用いる。これに六字(南無阿弥陀仏)・九字(南無不可思議光如来)・一〇字(帰命尽十方無礙光如来)の三種があり、蓮如は真宗では木像より絵像、絵像より名号を重んじるとした。なお、真宗には光明本尊というものがある。③日蓮宗では、もっぱら法華経を尊崇するから、題目(南無妙法蓮華経)を中心に諸仏諸神の名を列ねた十界勧請の大曼荼羅《じっかいかんじょうのだいまんだら》(日蓮の作)、または釈迦および本化の四菩薩像、或いは題目を本尊とする。またこの宗では、本尊・題目・戒壇を三大秘法と称し、本尊を人・法いずれと定めるかについて古くから論じられ、初期には仏像を人本尊、十界曼荼羅を法本尊とし、全く別体で、法本尊を主とするとしたが、日導が出てから、本尊に二種の別存を許さず、無作《むさ》三身の釈迦本仏を本尊とし、他はその一本尊の広略、木画の相違と理解するようになった。なお、木画の本尊は衆生の性質能力などにより適宜にあるもので、木本尊(木像など)は信行に便利であるから教門本尊、画本尊(十界曼荼羅など)は法行に便利であるから観心本尊ともいえるとする〈⇩教観本尊《きょうかんほんぞん》　⇩広略本尊《こうりゃくほんぞん》〉。④その人が一生涯、身のまもりとするのを守本尊《まもりほんぞん》という。⑤本尊を安置する堂を本堂といい、また、本尊の名をとって阿弥陀堂、薬師堂などという。

**ほんぞんぎ-じょうろん　本尊義諍論**　浄土真宗本願寺派における本尊についての宗学上の論争。明和の法論ともいう。学林の四代能化法霖《ほうりん》が方便法身義や方便法身尊形弁などの著において、真宗で本尊として安置している仏像は観無量寿経の住立空中尊の説にもとづくと述べたのに対して、播磨真浄寺の智暹《ちせん》が法霖没後に浄土真宗本尊義を著わして(明和元1764)、真宗の本尊は大無量寿経が説かれた際に阿難らが拝見した尽十方無礙光如来であると論じ、かつ法霖の学説は一益達解《いちやくたつげ》の邪義であるとした。この智暹の批判に対して学林の首座天倪《てんげい》が詰問の書を送ったので智暹は本尊義答釈を著わして答えたが、天倪は本尊義百八十難を書き重ねて反問した。また学林からも本尊義一〇〇問が出されて、遂に本山は学林の要請で本尊義の頒布をさしとめた。これを不服とした智暹は、明和三年上洛して学林側と対論したが、結末はつかぬ上、学林所化の暴挙などもあり、本山は双方に遠慮を申し付けた。なお、本尊義は明和六年内容を訂正し略述法身義と改題して刊行が許された。〔参考〕仰誓・明和法論次第

**ほんぞん-しき-しもん　本尊色紙文**　一巻。編者・成立年不詳。真宗初期教団において行われた光明本尊の讃銘を集めたもの。親鸞の門弟または覚如(1270—1351)の頃の作と見られる。真系三六(異義集二)〔刊本〕明治九1876刊、同一四刊

**ほんだ-ぎえい　本田義英**　(明治二一1888—昭和二八1953)仏教学者。日蓮宗の学僧。京都府の人。幼名は桐山伝次郎。本田

日周の養嗣子。京都帝国大学卒業。大正一四年1925から欧州に留学し昭和三年帰国。同一〇年京都大学教授、のち立正大学教授、稲沢女子短期大学長となる。京都慈雲院・宝塔寺に歴住した。著書、仏典の内相と外相、法華経論、西域出土梵本法華経ほか。

**ほんだ-にっしょう　本多日生**　（慶応二1866—昭和六1931）日蓮宗の僧。姫路の人。一四歳で出家し、明治三五年1902大僧正となり、顕本法華宗管長を同三八年から大正一五年1926まで二一年間つとめた。とくに明治時代には統一団を組織し、天晴会・地明会を結成して、日蓮主義を貴紳の間に普及させた。著書、法華経講義など。

**ぼんだん　梵檀**　㊵ブラフマ・ダンダ brahma-daṇḍa の音写で梵怛とも書き、黙擯《もくひん》、梵法と訳す。比丘《びく》・比丘尼が罪を犯したときこれをつぐなうための治罪法の一種で、共に語ることを許さない制法である。九種治罪法の一。⇩律《りつ》

**ほんちょう-こうそう-でん　本朝高僧伝**　七五巻。他に自序・総目録など一巻。師蛮の著（元禄一五1702）。元亨釈書が三〇巻五〇〇人に満たないのに対して、資料をひろく蒐集し、一六六二人の伝記を収録する。中国の梁・唐・宋の高僧伝にならい、法本・浄慧・浄禅・感進・浄律・檀興・浄忍・遠遊・読誦・願雑の一〇科に類別し、日本の古今・各宗の僧の伝記を載せる。資料の不備や誤写・誤刻などもみられるが、主な僧伝には出典を示し、その集録の数、組織など日本における最も組織の大きい僧伝。仏全一〇二・一〇三、国一史伝部二一—二三（刊本）宝永四1707刊

**ほんちょう-さんろんそし-でん　本朝三論祖師伝**　一巻。著者・成立年不詳。日本における三論宗諸祖師の伝記。第一祖元興寺観勒、第二祖同寺慧灌から醍醐寺座主政紹までの略伝を記す。仏全一一一

**ほんちょう-しょしゅう-ようしゅう　本朝諸宗要集**　五巻。義観の著。成立年不詳。日本の仏教諸宗の宗要を要領よく概説したもので、凝然の八宗綱要と共にわが国仏教諸宗の概要を知る上で便利な書。なお浄土宗、遊行宗、一向宗は般若部として巻四に載せる。仏全三

**ほんちょう-しんしゅう-おうじょう-でん　本朝新修往生伝**　一巻。藤原宗友の編（仁平元1151）。日本往生極楽記・続本朝往生伝などの先駆の往生伝のあとをうけて、往生人四一名の伝記を集録する。年代的に後拾遺往生伝と三外往生伝との中間に位置し、六往生伝の一として平安時代浄土教研究の重要史料である。記事の多くは著者生存中の事に属し、その史料的価値は高い。仏全一〇七、続浄全六、続群八上、改訂史籍集覧一九（刊本）元禄一〇1697刊

**ほんちょう-しんせん-でん　本朝神仙伝**　一巻。大江匡房《まさふさ》（1041—1111）の著。天永二年1111以前、承徳二年1098前後の成立と推定。中国の神仙伝にならって日本の神仙またはその類の伝を集録。役小角・泰澄・都藍尼・教待・空海・東寺給仕夜叉神・日蔵・円仁らの事跡を記す。続群八上、改訂史籍集覧一九、日本古典全書（写本）野村家旧蔵本（大東急記念文庫蔵）、宮内庁書陵部蔵巻子本

**ほんちょう-そうぼう-でん　本朝僧宝伝**　二巻。編者不詳。室町時代末期の成立か。日本の臨済宗に属する禅僧の伝記・行状・賛銘・語録を集めたもの。上巻は普門・師錬・弁円・慧暁・慧雲・順空・昭元・琛海・大慧・智侃・士雲など東福寺弁円門下の諸師とその法嗣の行成賛文、下巻は祖元・顕日・疎石・志玄・妙葩などのほか円覚寺祖元、疎石の法嗣の行実・年譜・賛銘などを収める。仏全一一一

**ほんちょう-だいそせんじゅつ-みつぶ-しょもく　本朝台祖撰述密部書目**　一巻。著者不詳（享保1716—36以後の編）。諸種の仏教書籍目録から日本天台宗の密教関係の書目を抽出し、最澄・円仁・円珍をはじめ、以下著者別に配列。仏全二

**ほんちょうでんらい-しゅうもん-りゃくれっそでん　本朝伝来宗門略列祖伝**　四巻。宗門略列祖伝ともいう。大冥の撰（文化五1808）。インド・中国・日本に流伝した禅の法流四六流の列祖の行実を和文で述べたもの。国東叢一（伝記下）（刊本）文化六刊、文久二1862刊

**ほんちょう-ほっけ-げんき　本朝法華験記**　⇩法華験記《ほっけげんき》③

**ほんちょう-ほっけでん　本朝法華伝**　三巻または五巻。元政の編(万治三1660)。法華経の弘通を発願・転読・持誦、以下流伝まで一〇科に分け、日蓮宗徒の事跡・逸事・小伝を集録したもの。〔刊本〕寛文元1661刊(漢文・三巻本)、享保四1719刊(和文・五巻本)

**ほんちょう-れきだいほうおう-げき　本朝歴代法皇外記**　一巻。元策(索)の編(寛文年間1661―73)。歴代の天皇の中で入道して法皇となった聖武天皇以下、後水尾天皇まで三〇人の仏教関係の事跡を記したもの。巻末に朝臣・貴族・武家の中で出家薙髪した人名を掲げてある。また元策には姉妹篇ともいうべき法皇外記緇門鴻宝一巻があり、歴代法皇の仏教尊崇の事情を明らかにしている。続々群二一

**ぼん-てん　梵天**　⇩大梵天《だいぼんてん》

**ぼんとうあん　梵灯庵**　(貞和五1349―　)連歌師。朝山小次郎師綱、勝部師綱ともいう。足利義満の同朋衆を勤め、四〇歳頃致仕して諸国を流浪、松島に庵を結んでいたところを将軍に召還された。応永二四年1417連歌の起源・沿革・付合・詞の善悪、あるいは自家の境遇をのべた梵灯庵主返答書二巻を著わした。また初心の者が連歌をするにあたって、心得るべきことを書いた梵灯庵袖下集《そでしたしゅう》一巻がある。三賢の後を受けて、当代の権威であった。

**ほんとう-じ　本統寺**　⇩桑名別院《くわなべついん》

**ほんとく-じ　本徳寺**　①兵庫県姫路市亀山。浄土真宗本願寺派。俗に亀山御坊という。明応年間1492―1501蓮如が播磨英賀《あが》の地に創建し、その子実玄が住したという。天正一〇年1582四世証専の室顕妙尼のとき、豊臣秀吉から寺領を寄せられて亀山の地に移った。慶長七年1602本願寺の東西分派に当たって東本願寺末となったが、同一四年五世教円のとき西本願寺末に転じた。代々連枝を住職にあてた。②兵庫県姫路市地内町。真宗大谷派。正称は姫路船場別院本徳寺、俗に船場御坊という。明応年間1492―1501蓮如が創建した①の亀山本徳寺に始まるが、元和四年1618姫路城主本多恵政の寄進により現地に東本願寺末の本徳寺を再興。教如(真宗大谷派一二世)の第六子寿継が五世をつぎ、寛文三年1663別院となって船場御坊と称した。同八年亀山本徳寺六世昭澄の室良春尼は東本願寺に帰し、当寺七世瑛白と親子の約を結んで当寺に隠棲。なお八世海澄は寺域拡張のため、墓所を飾磨郡済岡(現姫路市井ノ口)に移し支院(現在、御山廟所といい飛地境内)とした。〔参考〕大谷本願寺通紀一、本願寺誌要

**ほんど-じ　本土寺**　①石川県鹿島郡中能登町西馬場。常在山と号し、日蓮宗。正安二年1300乗純が、師の日像を守って死んだ加賀太郎・北左衛門兄弟の冥福のために開創、日像を開山とした。当国での同宗流布の初めとされる。天正年間1573―92領主長氏の祈願所となる。②千葉県松戸市平賀。長谷山と号し、日蓮宗。建治三年1277曾谷教信が当地にあった鼻和地蔵堂を移して寺院とし、日朗を開山に請じた。ついで日朗の弟子日伝が住み、日蓮から本土寺の号をうけた。延慶二年1309千葉貞胤が平賀六郷を寄進して堂舎を造営。妙本寺・本門寺と共に三長三本の一として栄えた。一七世紀後半、日弘以下五代の住僧が不受不施説を唱道したため、幕府の圧迫を受け衰えた。〔重文〕梵鐘、大学三郎御書(日蓮筆)、諸人御返事(同)〔参考〕本土寺過去帳

**ほんなばつだんな-こく　奔那伐弾那国**　㊵プンドラヴァルダナ Puṇḍravardhana の音写。満富城、福増城と訳す。現在のインド・ベンガル州ヴァレンドラ地方にあった古国。古くよりジャイナ教徒が多かったと伝える。仏教も行われ、玄奘の訪れた七世紀頃には大乗・小乗ともにかなり栄えていた。〔参考〕大唐西域記一〇

**ほんにょ　本如**　①(太平興国七982―皇祐三1051、一説に同二)北宋代の天台宗山家派の僧。号は神照。四明句章(浙江省鄞県)の人。景徳四年1007梵天慶昭の所に赴き山外派と論弁しようとしたことがある。大中祥符四年1011(一説に同八年)遵式が天竺寺へ移った時、後任として東掖山承天寺の住持となった。そこで三〇年間、法華・涅槃・金光明などを講義し、また丞相章郇公らと白蓮社を結び、李遵勗の奏により神照法師の号を賜った。弟子に処謙・有厳などがい

る。著書、仁王懺儀、普賢行法経疏二巻など。〔参考〕十義書序、四明教行録六、嘉泰普灯録二四、釈門正統二、仏祖統紀八・一二・二五・二七・四四・四五　②(安永七1778—文政九1826)浄土真宗本願寺派本願寺一九世。一八世文如の長子。諱は光摂。寛政四年1792得度し、同一一年一九世を継いだ。この頃能化智洞らの三業惑乱が起こり、文化二年1805安心裁判書及び法語を作って門徒に布告し、以後、能化職を廃し勧学職などを置いた。同七年に祖堂を修理し、翌年宗祖五五〇回忌を修した。〔参考〕本如上人行状記

**ほんぬ　本有**　①もとからそなえていること。性《しょう》という語であらわすこともある。修行によってはじめて生じ成り立つ修生《しゅしょう》または修成《しゅじょう》に対する。また本有種子と熟語化して新熏種子《しんくんしゅうじ》に対させる。本来有というときは、本来空に対する語として用い、すべてのものが仮象であって実在とすべきものがないという否定的な面を本来空、真如《しんにょ》があらわれた肯定的な面を本来有という。②四有の一。

**ぼんのう　煩悩**　㊵クレーシャ kleśa の訳。吉隷捨と音写し、惑《わく》とも訳す。衆生《しゅじょう》の身や心を煩わせ、悩ませ、かき乱し、惑わせ、汚す精神作用の総称。その性質は不善および有覆無記《うふくむき》である。衆生は煩悩によって業《ごう》を起こし、苦しみの報をうけて迷いの世界(生死《しょうじ》)につなぎとめられる。これを惑業苦の三道という。それ故に煩悩を断って涅槃《ねはん》のさとりを得るのが仏教の目的である。煩悩はその作用から種々の異名をもって呼ばれ、随眠《ずいみん・ずいめん》、惑(道理と現象との世界に対して心が迷い惑って解しないこと)、染《ぜん》、漏《ろ》、結、結使、縛、纏《てん》、軛《やく》、暴流《ぼる》、取、蓋、繋、使、垢《く》、株杌、焼害、箭、稠林《ちゅうりん》(煩悩の数の多いことを茂った森林にたとえたもの)、塵労、塵垢《じんく》、客塵、諍根《じょうこん》(諍の根本)などともいい、また煩悩の体そのものを正使(単に使ともいう)、体を滅してもなお残る慣習の気分を習気《じっけ》という。すべての煩悩は因力《いんりき》(いまだ煩悩が断たれていないこと)・境界力《きょうがいりき》(欲などに順応する対象があらわれること)・加行力《けぎょうりき》(対象に対して非理作意《ひりさい》を起こすこと)によって起こるとも(倶舎論巻二〇)、或いは境界力によってのみ起こるものもあるとも(入阿毘達磨論巻上)いわれる。①倶舎宗や唯識宗では煩悩を根本煩悩と枝末《しまつ》煩悩との二煩悩にわける。根本煩悩とは煩悩の体そのもので、諸煩悩の根本となるもののこと。本惑、根本惑、或いは単に煩悩とも呼び、有部《うぶ》では随眠ともいう。ただし経部《きょうぶ》では随眠を煩悩の種子《しゅうじ》のこととし、これに対して煩悩の現行《げんぎょう》(現在に起こってはたらくこと)を纏と名づけ、唯識宗でも随眠とは煩悩の種子を指していう。根本煩悩には貪・瞋《しん》・癡(無明《むみょう》)・慢・疑・見(悪見)の六煩悩(六随眠)があり、見を有身見《うしんけん》・辺執見《へんじゅけん》・邪見・見取見《けんじゅけん》・戒禁取見《かいごんじゅけん》の五見にわけて、貪などの五と合わせて十煩悩(十随眠、十使)という。このうち貪などの五は推察尋求《じんぐ》する性質のものでなくそのはたらきが遅くて鈍いから五鈍使(五惑)、五見は推察尋求する性質のものであってそのはたらきが早くて鋭いから五利使という。また六随眠のうち貪を欲界の貪と上二界(色界・無色界)の貪とにわけて、これをそれぞれ欲貪・有貪《うとん》といい、合わせて七随眠(七使)とし、或いは十随眠のうち貪を欲界・色界《しきかい》・無色界の三界にわけて欲貪・色貪《しきとん》・無色貪《むしきとん》として十二随眠(十二使)という。唯識宗では一〇種の根本煩悩の中で第七識と相応してつねに起こる我癡(無我の理に迷って我の相にくらい煩悩で無明《むみょう》のこと)・我見(我執のことで有身見の一部)・我慢(我に執着し我を恃《たの》んで心の高ぶること)・我愛(我に執着して我に貪著すること)の四を四煩悩(四根本煩悩、四惑)という。また、貪・瞋・癡は諸悪を生じる根本(即ち因)であり、代表的な煩悩であるから、三不善根、三毒、三垢《さんく》、三縛などという。枝末煩悩とは根本煩悩に伴って起こる従属的な煩悩で、随惑、枝末惑、随煩悩ともいう。ただし、随煩悩の語は「心王につきまとう煩悩」の意に解して根本煩悩を指す場合もある。枝末煩悩には、倶舎宗では放逸《ほういつ》・懈怠《けだい》・不信・惛沈《こんじん》・掉挙《じょうこ》・無慚・無愧・忿・覆《ふく》・慳・嫉・悩・害・恨《こん》・諂《てん》・誑《おう》・憍《きょう》・睡眠・悪作《あくさ》の一

九があるとし、唯識宗では睡眠・悪作を除き失念・散乱・不正知《ふしょうち》を加えて二〇とする。②倶舎宗などでは、迷理・迷事の二惑をわけて、仏教の普遍的な真理即ち四諦《したい》の理に迷う思想上の知的な煩悩を迷理の惑とし、具体的な個々の事象に迷う人間性に根ざした情意的な煩悩を迷事の惑とする。また、自相・共相《ぐうそう》の二惑をわけて、色《しき》・声《しょう》など各自個々の特殊な固有の相(自相)に迷って個々別々な法を対象として起こす煩悩を自相の惑とし、空《くう》・無我など三世のすべてのものに共通する相(共相)に迷って多くの法を対象として起こす煩悩を共相の惑とし、前者には貪・瞋・慢、または貪・瞋・慢・嫉・慳があり、後者には五見・疑・無明があるとする。唯識宗では、煩悩障・所知障の二障をわけて、我執によって起こり、衆生《しゅじょう》を迷いの世界(生死《しょうじ》)に流転《るてん》させて涅槃に至るのをさまたげる惑を煩悩障とし、法執によって起こり、知らなければならない対象である真理を覆って菩提《ぼだい》をさとるのをさまたげる惑を所知障とする。煩悩障は一切の煩悩を体とし、必ず所知障を伴う。煩悩障は所知障をよりどころとするからである。所知障も同じ煩悩を体とするが、必ずしも煩悩障を伴わない。また、業《ごう》をおこす原因となる惑を発業の惑《ほつごうのわく》(主として次に述べる分別起《ふんべつき》の惑で特に第六意識相応の無明がそれである)といい、これに対して迷界の生をうるおし三界に生を受けさせる惑を潤生の惑《にんじょうのわく》(次に述べる倶生起《くしょうき》の煩悩で特に第六意識相応の貪を主とする)という。また、いかにして煩悩が起こるかという点から分けると、二障ともにそれぞれ分別起と倶生起とがある。邪師・邪教・邪思惟《じゃしゅい》など、外からの縁によって引き起こされるのを分別起の惑といい、生まれながらにして自然に起こる本能的なものを倶生起の惑という。十根本煩悩の中で、疑と邪見と見取見と戒禁取見との四は分別起のみであり、他の六と二十随惑は両方に共通である。③煩悩を断たなければならない修行段階の相異によって煩悩を分けると、見惑《けんなく》と修惑《しゅわく》(思惑)との二惑となる。前者は見道によって断ち切られるべき煩悩(見道所断の惑)であり、後者は修道《しゅどう》によって断ち切られるべき煩悩(修道所断の惑)である。倶舎宗では迷理の惑を見惑、迷事の惑を修惑とし、唯識宗では分別起の惑を見惑、倶生起の惑を修惑とする。(イ)倶舎宗では、三界の四諦《したい》の各々を対象として起こす見惑に全部で八八あるとする。即ち欲界の苦諦に関しては貪などの十根本煩悩、集諦と滅諦とに関しては身見・辺見・戒禁取見を除く七根本煩悩、道諦に関しては戒禁取見を加えて八根本煩悩があって、合わせて欲界において三二、色界・無色界には瞋がないから四諦の一々に瞋を除いて各二八、計八八となる。これを見惑八十八使という。修惑は、欲界に貪・瞋・癡・慢の四、色界・無色界にそれぞれ貪・癡・慢の三があって、計一〇があるから、見修二惑を合わせて九十八随眠または九十八使という。ただし、修惑は性質が遅鈍曖昧ではっきり区別できないから、九地のおのおのにおいて強弱の程度によって九品《くほん》(上上品から下下品まで)の九種の階級)の別を立て、九地九品の思惑とか、修惑八十一品などという。この九十八使を遍行と非遍行とに分ける。遍行の惑とは、三界九地の中で自界自地の五部(見道における四諦の観行と、これを重ねて修める修道)にあまねく行きわたってはたらき五部の法を汚す惑という意味であり、これに対して、五部の中の自部にだけはたらく惑を非遍行の惑という。即ち九十八随眠の中で、遍く五部のすべての有漏法を対象として起こり、遍くそれらに随順しそれらによってますます増長《ぞうじょう》し(即ち随増し)、因となって遍く五部の染法《ぜんぼう》(煩悩などの染汚法《ぜんまほう》)を生じさせる力の強い惑が遍行の惑で、三界のそれぞれにおいて、苦諦の理に迷う五見・疑・無明と、集諦の理に迷う邪見・見取見・疑・無明との一一がある。これを十一遍行の惑という。このうち、身・辺の二見はただ自界のみを対象とするから自界縁の惑といわれるが、余他の九は自界をも、また他の上界をも対象とするから他界縁の惑といい、この九は上界上地をも縁ずるという意味で九上縁の惑ともいう。また、九十八使を有漏法《うろほう》を対象とする有漏縁の惑と、無漏法を対象とする無漏縁の惑とにわけると、滅道二諦の理に迷う邪見と疑と癡(邪見・疑に相応して起こる相応無明と独立で起こる不共《ふぐう》無明)との計六惑は無漏縁で、他は有漏縁である。(ロ)唯識宗では、見惑には、欲界の四諦のおのおのに一〇根本煩悩(欲界四〇)、色界・無色界に瞋を除く九根本煩悩(色界三六・無色界三六)、計一一二を数え、修惑には、欲界に疑・邪見・見取見・戒禁取見を除く六根本煩悩、色界・無色界にそれぞれさらに瞋を除く各五根本煩悩、計一六を数えるから、見修二惑を合わせて一二八煩悩となる。④知的な惑、即ち五利使や見惑などを見煩悩といい、情意的な惑即ち五鈍使や修惑などを愛煩悩といい、合わせて見愛(二)煩悩、見著二法、愛見という。その体は虚仮《けこ》(そらごと)であるから、また見仮・愛仮ともいう。勝鬘経には四住地煩悩の説がある。即ち見煩悩は見道において一時に断たれるから見一処住地(一切見住地)の惑と名づけ、愛煩悩はこれを三界にわけてそれぞれ欲愛住地の惑・色愛《しきあい》住地の惑・有愛《うあい》住地の惑と名づける。またこの四にさらに諸惑の根本となる無明(無明住地の惑)を加えて五住地煩悩、五住地の惑という。唯識宗では五住地煩悩のはじめの四は煩悩障の種子であり、後の一は所知障の種子であるとし、天台宗では前者を界内見思《けんじ》の惑、後者を界外《げかい》の惑とする。住地《じゅうじ》とは、他のすべての惑の起こるよりどころとなり(住)、よく惑を起こす因となる(地)、との意である。大智度論巻七には、自身に執著する煩悩を内著《ないじゃく》煩悩、外境に執著する煩悩を外著《げじゃく》煩悩とし、前者には五見・疑・慢など、後者には婬・瞋などが属するとする。⑤天台宗では見思《けんじ》・塵沙《じんじゃ》・無明《むみょう》の三惑《さんなく》(三障、三垢《さんく》)を説く。即ち、まず見惑と修惑(思惑)を見思の惑と名づけ、次に塵や沙にも譬えられるほどの無数の事物の一々の事理に迷う劣慧(煩悩の習気《じっけ》で不染汚無知《ふぜんまむち》ともいう)を体とし、他を化導《けどう》することを障える惑を塵沙の惑と名づけ、次に諸惑の根本で、中道第一義諦《だいいちぎたい》の道理に迷う最も微細な煩悩を無明の惑と名づけ、それぞれ空観《くうがん》・仮観《けかん》・中観によって断たれるとする。この三惑を煩悩障・所知障にあてれば、見思は煩悩障、塵沙・無明は所知障にあたる。また見思は三乗に共通する惑であるから通惑、塵沙・無明は特に菩薩のみが断つ惑であるから別惑と名づけ(通別二惑)、見思は三界の内で起こす惑であるから界内の惑、無明は三界を超えたものにもある惑であるから界外の惑、塵沙は両方に通じて界内界外の惑であるとする。また見思の惑は空の理を知らないでみだりにものの相を執取する煩悩であるから区別して取相の惑といわれるが、広義においては後の二惑もまた取相の惑といわれる。⑥煩悩には種々の分類がある。(イ)三縛。貪縛・瞋縛・癡縛。順次に楽・苦・捨の三受の対境に向かって起こる。(ロ)三漏。欲漏(癡を除く欲界繋の根本煩悩および十纏)・有漏(癡を除く上二界繋の根本煩悩で、この場合の有は有身《うしん》の意。身の存在をいう。無漏に対する有漏ではない)・無明漏(三界の癡)。(ハ)三結。有身見結《うしんけんけつ》・戒禁取結《かいごんじゅけつ》・疑結。五見および疑の六根本煩悩がこの中に含まれる。「三結が尽きたとき預流果《よるか》に至る」と説く経説によって、三結が尽きればそのとき見惑のすべてが断たれるともする。(ニ)四暴流《しぼる》(四流《しる》)。欲暴流・有暴流《うぼる》・見暴流・無明暴流。三漏の分類法から見を独立させたもの。(ホ)四軛《しやく》。四漏。欲・有・見・無明の四で、惑体は四暴流に同じ。(ヘ)四取。欲取・見取《けんじゅ》・戒禁取《かいごんじゅ》(戒取)・我語取。倶舎宗では欲界の五鈍使及び十纏を欲取、五利使のうち前四を見取、戒禁取見を戒(禁)取、上二界の貪・慢・癡・疑を我語取とする。我語とは内身(自己の身)のこと。内身によって我を説くからである。上二界の煩悩は多く内身を対象として起こるから我語取と名づける。(ト)四身繋(四身縛、四縛、四結ともいう)。貪欲身繋(貪欲身縛、欲愛身縛)・瞋恚身繋(瞋恚身縛)・戒禁取身繋(戒盗身縛)・此実執取身繋(我見身縛)。(チ)五蓋。欲貪蓋・瞋恚蓋・惛眠蓋《こんみんがい》・掉悔蓋《じょうけがい》・疑蓋。疑のまじらないのを疑蓋無雑《ぎがいむぞう》というのはこれに基づく。(リ)五(順)下分結。有身見・戒禁取見・疑・欲貪・瞋恚。下分とは欲界の意。(ヌ)五(順)上分結。色貪《しきとん》・無色貪《むしきとん》・掉挙《じょうこ》・慢・

無明。上分とは上二界の意。(ル)五結。貪・瞋・慢・嫉・慳。(ヲ)六垢(六煩悩垢)。悩・害・恨・諂・誑・憍。煩悩垢とは根本煩悩から流れ出てその相が汚れており粗である意。(ワ)七流《しちる》。見諦《けんたい》所滅流・数事《しゅじ》所滅流・修道《しゅどう》所滅流・遠離《おんり》所滅流・捨所滅流・護所滅流・制伏所滅流〈華厳孔目章巻三など〉。(カ)九結。愛結・恚結・慢結・無明結・見結・取結・疑結・嫉結・慳結。(ヨ)十纏《じってん》。無慚・無愧・嫉・慳・悪作・睡眠・掉挙・惛沈・忿・覆の一〇。忿・覆を除いて八纏ということがある。枝末煩悩のうち六垢は軽く、十纏は重い。九十八随眠に十纏を加えて百八煩悩といい、またまとめていえば八万四千の煩悩があるともいう。⑦煩悩を離れるのを離垢、煩悩がないのを無垢、煩悩がつきたのを漏尽《ろじん》といい、阿羅漢を漏尽比丘、また漏尽して心に真理を了解することを漏尽意解《ろじんいげ》という。

**ぼんのうーげ　煩悩礙〔智礙〕**　大乗起信論には枝末無明《しまつむみょう》の六染心を煩悩礙、根本無明を智礙《ちげ》という。⇩無明《むみょう》

**ほんのうーじ　本能寺**　京都市中京区寺町通御池下ル下本能寺前町。卯木山と号し、法華宗(本門流)五大本山の一。応永二二年1415日隆が五条坊門に開創、本応寺と号したが、永享五年1433如意王丸の寄付で六角大宮に移建、現寺号に改めた。天文五年1536延暦寺衆徒のために焼かれ、同一四年日承が油小路錦小路に再建したが、天正一〇年1582明智光秀が本寺に滞在中の織田信長を襲撃し、その時に全焼した。同一七年旧地に本堂上棟の日に、豊臣秀吉の京都区画方針で現地に移して再建したが、天明八年1788、元治元年1864の両度の火災があって、以後衰えた。子院として恵昇院・蓮承院・定性院など七カ院がある。〔国宝〕伝藤原行成筆書巻　〔重文〕銅鏡、紙本墨書花園天皇宸翰御賀札　〔参考〕山城名勝志四、雍州府志四

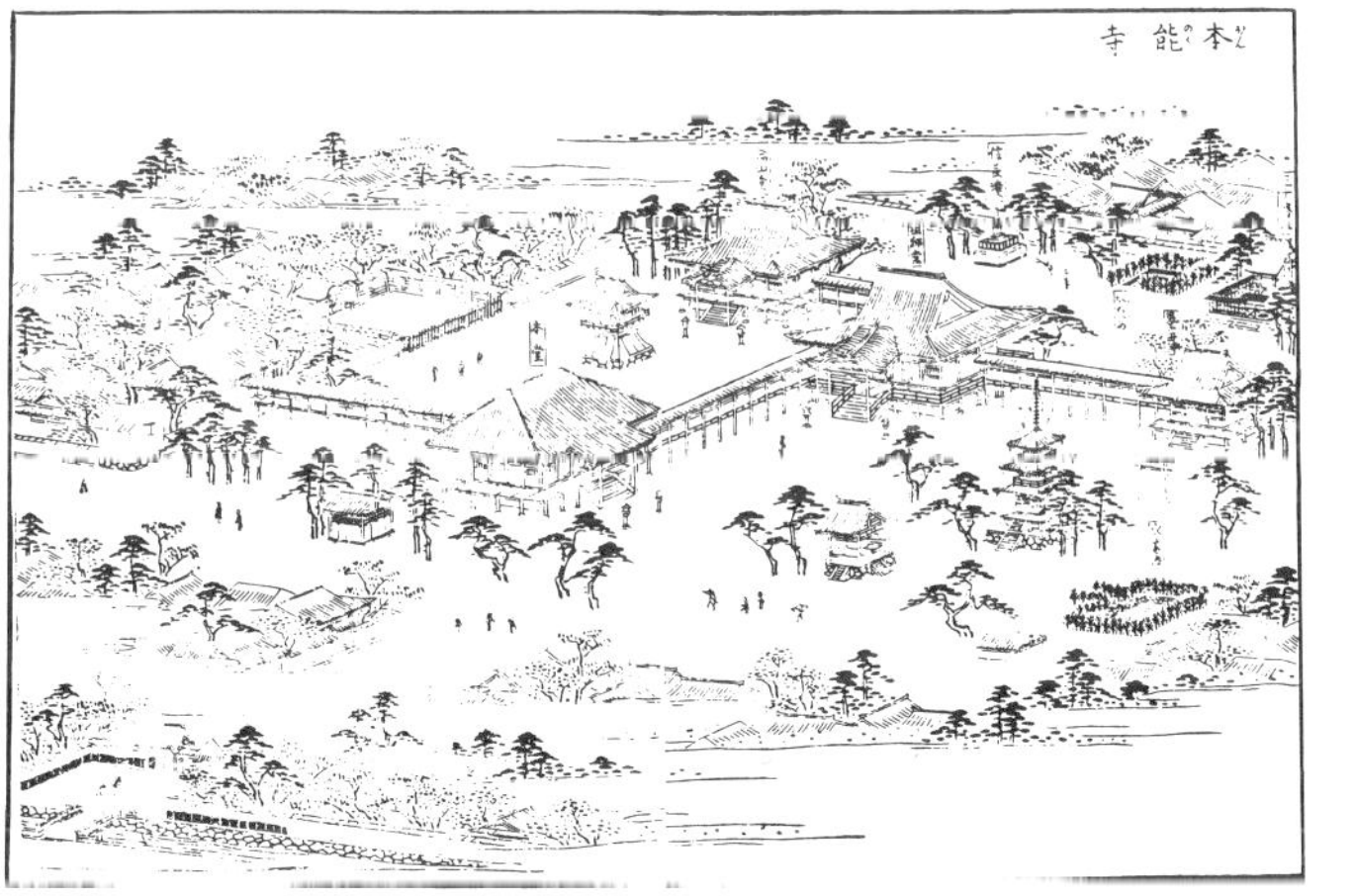

本能寺（都名所図会）

**ぼんのうーしょう　煩悩障〔所知障〕**　煩悩障は惑障ともいわれ、さとりに至る道、即ち聖道《しょうどう》をさまたげて涅槃《ねはん》を得させない煩悩のこと。①倶舎論巻一七、巻二五では、しばしば起こって(数行《さくぎょう》のもので)無漏の慧の生じるのをさまたげ慧解脱《えげだつ》を得させない煩悩を煩悩障といい、煩悩障を離れて慧解脱を得ても滅尽定《めつじんじょう》を得るのをさまたげて倶解脱《くげだつ》を得させない障礙を解脱障(定障《じょうしょう》)という。前者は染汚《ぜんま》無知を、後者は不染汚無知を体とすると見られる。大毘婆沙論巻一四一では、煩悩障は染汚無知、所知障《しょちしょう》は不染汚無知であると見なしているようで、それぞれ四正断《ししょうだん》の前二・後二で断たれるとする。②成唯識論巻九では、衆生《しゅじょう》の身心を乱し涅槃に至るのをさまたげるすべての煩悩を煩悩障、業《ごう》をおこし三界(迷いの世界)に生まれさせるはたらきはないけれども、知らなければならない対象を覆って正智《しょうち》が生じるのをさまたげるすべての煩悩を所知障(智障)とする。この二障はいずれも薩迦耶見《さつがやけん》をはじめ一二八の根本煩悩および二〇の随煩悩を体とする。そのうちで「実の人、実の衆生がある」として我《が》に執着する〔我執の〕面を煩悩障とし、「ものには実体がある」として法に執着する〔法執の〕面を所知障としたもので、同一の煩悩の二面である。それゆえに煩悩障は我執を根本とし、所知障は法執を根本とするといわれる。そのはたらきの特徴からいえば煩悩障は涅

槃《ねはん》を、所知障は菩提《ぼだい》を障《さ》える。即ち煩悩障は涅槃を障える正障であり、所知障はこの正障に力を与えて障えさせる兼障であるから、所知障だけでは涅槃を障える能力がない。また煩悩障を助縁として分段生死《ぶんだんしょうじ》を受け、所知障を助縁として変易生死《へんにゃくしょうじ》を受けるとされる。それ故に二乗は煩悩障のみを断った位を理想の果位とするが、菩薩《ぼさつ》は二障をともに断って仏果を得るのを理想とする。それは、菩薩にとっては所知障は三界の果報を引くことはないが、よく無漏業《むろごう》をたすけて変易生死を受けさせるからである。菩薩が二障を伏・断する段階を示せば左図のようである。

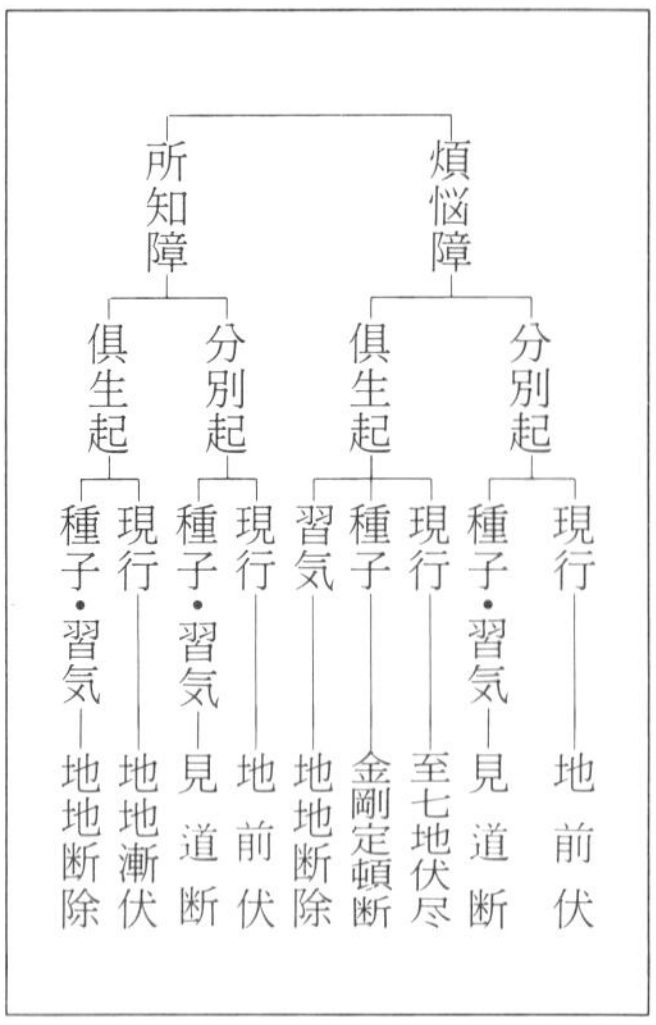


③大乗義章巻五には五住地の惑について、前の四住地の惑を煩悩障、最後の無明住地《むみょうじゅうじ》の惑を智障とする、などの三説を挙げている。④世親の金剛般若波羅蜜経論巻上には、見思《けんじ》の惑を煩悩障とし、これを断って得た無諍三昧《むじょうさんまい》に執着するのを三昧障とする。

**ほんのん-じ　本遠寺**　山梨県南巨摩郡身延町大野。日蓮宗四十四箇本山の一。慶長一四年1609死罪を許された身延山二二世日遠が当地に隠棲し草庵を構えたのに始まり、寛永一三年1636現寺号を称した。正保元年1644徳川頼宣の母養珠院が堂宇を造営し、翌年将軍徳川家光も七面堂を建立した。養珠院が没すると、遺命により寺内にその廟塔を営んだ。慶応三年1867火災にかかったが、漸次旧に復した。寺宝に日蓮御消息断簡、本阿弥光悦絶筆の法華十如是肝心抄その他がある。〔参考〕甲斐国志八七

**ぼん-ばい　梵唄**　微妙な音声で曲調をつけて偈頌などを諷誦吟詠して仏の徳をたたえるのをいう。唄は婆陟・唄匿などと音写される梵語のようで、ほめたたえるとか、とどめたつ(止断)とかを意味するといわれる。インドでは広く歌詠の法音を唄と称したのに対し、中国では経を詠ずるのを転読といい、歌讃のみを梵唄と称したようであり、日本では声明《しょうみょう》ともいう。仏陀は婆羅門《ばらもん》の声調で経文を読誦することを禁じたが、うたを唄うことは心身の疲労を癒し記憶を強めるなどの効果があるから許したと伝え、その滅後には一般に経文や偈頌を諷誦吟詠することが行われたようである。南海寄帰伝巻四には讃唄の風習を伝えており、また南伝仏教ではのち読誦品が編集され、現在タイなどではSvatt Tam-noṅgという声明風のものが行われている。中国では、三国魏の陳思王曹植《そうしょく》が魚山《ぎょざん》で梵天の音声を聞き、これを模して梵唄を始めたといわれ、その頃からインドの音律で漢訳の経文などを誦する風習があったようである。高僧伝巻一三には経師の一科を設けて、梵唄の由来を述べ、これをよくした帛法橋らの伝記を記している。なお、曹植は太子瑞応本起経によって太子頌を製し、また菩薩睒子頌を著わしたといわれ、後の梵唄はこれを模範にしたという。また出三蔵記集巻一二には梵唄に関する記事が見え、種々な漢語の讃があったことを記している。法苑珠林巻三六や諸経要集巻四には多くの梵唄を集録しており、その中の涅槃経による「云何得長寿…」(云何唄《うんがばい》)や勝鬘経による「如来妙色身…」などの唄は日本に古くから伝えられて用いられた。また得度の際に用いる梵唄に「毀形守志節…」というのがあり、出家唄あるいは毀形唄《きぎょうばい》といわれる。⇩声明《しょうみょう》

**ぼんぶ　凡夫**　(梵)プリタグ・ジャナ prthag-jana の訳。必栗託仡那《ひつりつたきつな》と音写し、異生《いしょう》と直訳する。また婆羅必栗託仡那(小児《しょうに》凡夫、嬰児《ように》凡夫、愚異生)ともいう。聖者《しょうじゃ》(聖人、聖)に対して、愚かで凡庸な士夫《じぶ》(人間)の意。異生の語は、種々の見解や煩悩《ぼんのう》によって種々の業《ごう》を起こし、種々の果をうけて種々の世界に生まれる者の意。修行の階位の上でいえば見道(は

じめて無漏の智が起こって四諦《したい》を見る位)に至る以前が凡夫であって、倶舎宗《くしゃしゅう》では四善根位《しぜんごんい》を内凡、三賢位《さんげんい》を外凡《げぼん》といい、大乗では初地以前を凡夫として、十住・十行・十廻向(三賢)を内凡、十信を外凡という。内凡・外凡をあわせて二凡という。外凡以下は底下《ていげ》の凡夫といわれる。また生まれたり死んだりして六道に輪廻《りんね》しつつある者を六凡という。即ち、地獄の有情《うじょう》から天までである。凡夫をして凡夫たらしめるそのもの自体を異生性《いしょうしょう》(凡夫性)という。犢子部《とくしぶ》ではその体は欲界の見惑であるとし、有部では聖道の非得を指す。経部では別に体を立てず聖法の相続の分位差別に名づけ、唯識宗では二十四不相応行法の一に数えて分別起《ふんべつき》の煩悩障・所知障の種子のはたらきに仮に名を立てたとする。

**ほんぷく-じ　本福寺**　滋賀県大津市本堅田。夕陽山と号し、浄土真宗本願寺派。もと野洲郡三上神社の神職であった善道が、正和年間1312—17本願寺三世覚如に帰依して創建。三世法住は深く蓮如に帰依し、寛正の法難に際しその収拾に奔走した。蓮如もここに一時難を避けたことがある。六世明誓もまた実如・証如両法主に仕え、天文年間1532—55山科本願寺の破却に当たり奮闘した。一一世明式(千那)は俳諧に優れ芭蕉の高弟としてきこえる。〔参考〕堅田本福寺日記

**ほんぽう-じ　本法寺**　①京都市上京区小川通寺之内上ル本法寺前町。叡昌山と号し、日蓮宗の本山。永享八年1436日親が四条高倉に創建。天文法華の乱で全焼し、一条戻橋に再建、天正一八年1590一〇世日通の時、現地に移った。天明八年1788火災にかかったが間もなく復旧した。本阿弥光悦の作「巴の庭」は有名。〔重文〕絹本著色蓮花図、紫紙金字法華経、法華題目抄、如説修行抄、長谷川等伯資料など〔参考〕雍州府志四　②東京都文京区水道二丁目。高源山と号し、真宗大谷派。文明年間1469—87蓮如が近江の堅田に開創。元亀年間1570—73兵火で焼亡したが、寛永四年1627大谷派本願寺宣如の命によって教映が三河国大塚村に、さらに延宝三年1675良秀が同所を支院として、江戸の牛込に移し、宝永二年1705現地に移転した。幕府より独礼、乗輿の格を与えられた。

**ほん-ぼんご　翻梵語**　一〇巻。撰者不詳(梁の宝唱か)。翻訳仏典および中国撰述の諸論の中の梵語を、仏号・仏・仏功徳などより衣服・飲食・名数に至るまで、およそ七三条に類別し略解したもの。語数約四七〇〇を収め、異なった音写もあげ、一々の語の出拠を示している。(大)五四

**ほんまん-じ　本満寺**　京都市上京区寺町通今出川上ル二丁目鶴山町。広布山と号し、日蓮宗の本山。応永一七年1410日秀が新町今出川にあった父近衛道嗣の別邸を改めて創建。天文五年1536天文法華の乱で焼かれ、同八年近衛尚通が現地に移して再興、後奈良天皇の勅願所となった。一三世日乾が後陽成天皇に講経して紫衣を許され、宝暦元年1751日鳳が八代将軍徳川吉宗の治病を祈って験があり、以後徳川氏の祈願所となった。〔重文〕紺紙金字一字宝塔法華経並観普賢経九巻〔参考〕雍州府志四

**ほんみょう-じ　本妙寺**　①熊本市花園。発星山と号し、日蓮宗。天正一三年1585加藤清正が大坂に創建、日真を開山とした。同一六年清正が肥後に移封され熊本に築城すると、日真も随伴し慶長五年1600に大坂の本寺を移した。清正没後、城西中尾山の廟側に移し香華院とした。寛永九年1632加藤忠広が配流され、細川忠利が領主となり寺領を減らされたが、以後細川家の保護をうけて栄えた。明治一〇年1877西南の役で焼失したが、漸次復旧。〔重文〕日本紀竟宴和歌、短刀〔参考〕本妙寺文書、肥後国志三　②東京都豊島区西巣鴨。俗に振袖寺という。徳栄山総持院と号し、法華宗陣門流。元亀二年1571日慶が駿河国駿東郡安東に創建。のち江戸に移建され、しばしば移転し寛永一三年1636本郷丸山菊坂に建立。明暦三年1657いわゆる振袖火事で類焼したが、以後再建され、明治になって現地に移った。

**ほんめい-しゅう　翻迷集**　二巻。真宗木辺派の行感の著(元禄年間1688—1704)。真宗の東西両派の分離問題について、本願寺派の甫顔が本願寺表裏問答を書いて本派の正嫡を主張したのに対して、大谷派の立

場からその主張の不当であることを論じて、大谷派の正統を弁明したもの。真全五六〔写本〕天保二1831写

**ぼんもう-きょう　梵網経**　①一巻。詳しくは梵網六十二見経といい、六十二見経ともいい、呉の支謙の訳。長阿含に属する一経で、漢訳の長阿含経第一四梵動経、パーリ語長部（ディーガ・ニカーヤ）の第一経ブラフマジャーラ・スッタンタ **Brahma-jāla-suttanta** に当たり、チベット訳もある。外道の六二種の見解を述べて、仏はこれらの見解のすべてを知り、しかもこれらの執着を断じて、因縁の法を説き涅槃に向かわせると説く。ここに説かれる六二種の見解は、仏陀時代に主張された思想のほとんどすべてを網羅したものと思われ、当時の一般思想界の状況を知るうえで重要である。㊅一　②二巻。詳しくは梵網経盧舎那仏説菩薩心地戒品第十という。菩薩戒経、梵網菩薩戒経などともいう。後秦の鳩摩羅什《くまらじゅう》の訳。上巻に菩薩の階位である四十法門（十発趣・十長養・十金剛・十地）を説き、下巻に菩薩の戒として十重禁戒・四十八軽戒を詳しく説く。古来、大乗菩薩戒の根本経典として尊ばれ、註疏がきわめて多い。㊅二四、国一律部一二〔註釈〕智顗・菩薩戒義疏二巻、明曠・天台菩薩戒疏三巻、法蔵・菩薩戒疏六巻、義寂・菩薩戒本疏三巻、太賢・古迹記三巻、智旭・玄義一巻、凝然・梵網戒本疏日珠抄五〇巻

**ほんもん　本門〔迹門《しゃくもん》〕**　本門とは、真の仏は久遠《くおん》の昔に成道したものとして本仏の本地《ほんじ》、根源、本体を顕わす面、迹門とは、近くこの世に形をあらわした仏はその根源仏が衆生を導くために本地より迹《あと》を垂れたものであるとして、応迹、影現《ようげん》を示す面をいい、合わせて本迹二門、本迹、本地垂迹などともいう。法華経巻五如来寿量品に釈迦牟尼仏の本迹を説いているのが典拠で、日本では阿弥陀仏についても論じられ、また本地垂迹説や密教の本地身・加持身の説もこの影響を受けているようである。①中国では羅什門下の僧肇《そうじょう》が維摩経について「本迹殊なりと雖も而も不思議一なり」といい、また僧叡（或いは道叡）は法華経をわけて九轍とした中で無生轍を立てて、法華経の宝塔品について本迹を説いたと伝えられるが、天台宗の祖である智顗《ちぎ》は特にこれを重視して、法華経の内容を二大別し、前半一四品は迹門、後半一四品は本門であるとし、本迹二門の意味を著述の随所に説き、また経典解釈の方法に因縁・約教・観心の釈と共に本迹釈を用いて四釈とした〈⇩解釈《げしゃく》〉。智顗によると、法華経の迹門においては、釈迦仏が仏陀伽耶《ぶつだがや》で初めてさとりを開いた近迹《ごんしゃく》のすがた（伽耶近成《がやごんじょう》）によって教えを説き、法華以前の蔵・通・別の三教はいずれも法華の円教に導くためのてだて（方便）であると示して、衆生がその方便に執われるこころを開き除いて円教を顕わし（迹門の開顕）、声聞や縁覚もことごとく仏になれる一乗の法を説き、本門においては、釈迦仏を近迹の仏（迹仏《しゃくぶつ》）と考えてそれに執われているこころを開き払って久遠の本仏であると顕わし（本門の開顕）、菩薩《ぼさつ》に中道の智慧を増させて変易生死《へんにゃくしょうじ》を減じさせる（増道損生）とする。そして本と迹とを対照すれば、一往は（一般的にいえば）本門は実、迹門は権《ごん》、本門は事円、迹門は理円（円は円教の意）となり、深浅、明昧、勝劣などの区別があるが、再往には（つきつめていえば）共に一実相の理を説くものであるとされる〈⇩五時八教《ごじはっきょう》〉。法華玄義には、経題（妙法蓮華経）の「妙」の字を解釈して本迹の十妙を立て、蓮華の三喩にも本迹の二意があるとし、また同書巻七下に本門の十妙を説く中、六重の本迹を示す。即ち、⑴すべてのものの本体である無住の理を本、それが現象したすべての事《じ》を迹（理事本迹）、⑵この本地根源の仏にさとられた事と理との二つの真理はことばを超えた絶対の真理であるのを本、それが相手に向かって昔の仏により教説としてあらわされているのを迹（理教本迹）、⑶この相手に向かって説かれた最初の昔の仏の教説をうけるのを本、その教説によって理をあらわし行を起こすのを迹（教行本迹）、⑷この昔の最初の修行によって理にかない法身《ほっしん》をさとるのを本、その法身の体から応身《おうじん》のはたらきを起こすのを迹（体用本迹）、⑸こうして最初久遠

の昔に実に法応二身を得るのを本、その後たびたび世にあらわれたりかくれたりして衆生を導くてだてを施す法応二身を迹(実権本迹)、(6)今の法華経(今経)に説く久遠の事理ないし権実を本、法華以前のすべての教え(已説)に説く事理ないし権実を迹(今已本迹)とし、この六重によって、今経に説く本が已説の迹と異なることを示すと共に、今経に説く久遠の本がなければ已説の迹を垂れることがなく、已説の迹によって今経の本が顕われるから本迹は不思議一であるとする。②日本天台宗では密教思想をとり入れて、本門は本覚下転(果より因へ)の法門、迹門は始覚上転(因より果へ)の法門であるとし、また本門を胎蔵界、迹門を金剛界とする。③日蓮宗では法華経寿量品に説く事《じ》の顕本(本門開顕)の真実義を本門教、その他のすべての教えを迹門教とし、四重興廃などの説によって本門のすぐれたことを顕わし、本門の本尊・本門の題目・本門の戒壇を三大秘法とする。そして、経に本迹を立てるのみならず、仏に本地・垂迹、菩薩に本化・迹化、宗に本門法華・迹門法華をわけ、天台宗の法華経のひろめ方は迹面本裏(迹が表面で本が裏面)の弘経であるが、日蓮宗のそれは本面迹裏の弘経であるとする。日蓮が本門を重視したところから、門下に本迹の一致・勝劣について論諍がなされ、日蓮は観心本尊抄得意抄に、「観心本尊鈔に未得道教云々と説いたことを、法華経の迹門はこれを読まないというように誤解している者があるが、私が迹門を捨てよといったのは我々が読む所の迹門を捨てよということではなくて、叡山天台宗の法華経の理解のしかたの誤りを破る意である」と示したが、後世これについての解釈の相違が分派の原因となって、日蓮正宗などの本迹勝劣派と、日蓮宗(単称)などの本迹一致派との区別を生じ、法華経の本文の上で本迹を問題にするだけでなく、文底《もんてい》・文上、或いは教相・観心についても勝劣・一致が論じられた。④叡山の覚運らは阿弥陀仏について本迹二門の別を立て、幸西や親鸞らはこれをうけて、十劫正覚の弥陀(今より十劫以前に成仏した有始無終の弥陀)に対して久遠実成《くおんじつじょう》の弥陀(久遠の昔に実に成仏した無始無終の弥陀)を立て、浄土宗西山派の証空は、一劫の弥陀は慈悲を表わし久遠の弥陀は智慧を表わすから共に真実である(十久両実《じっくりょうじつ》)と説いた。⇩十劫の弥陀《じっこうのみだ》〔久遠の弥陀〕

**ほんもん-じ　本門寺**　①東京都大田区池上。長栄山と号し、日蓮宗の大本山。建長年間1249—56池上宗仲が日蓮に帰依してその領地に創建、文永一一年1274開堂し日蓮より現寺号をうけた。弘安五年1282日蓮は当寺で没し、日朗が跡をつぎ文保元年1317諸堂宇を造建。のち徳川氏が大いに尊崇、家康は寺領を寄せ、秀忠は五重塔を造進、また加藤清正も深く崇敬し、祖師堂を建立。宝永年間1704—11焼亡したが再建された。〔重文〕五重塔、木造日蓮上人坐像、兄弟抄(日蓮筆)〔参考〕新編武蔵風土記稿四五、日蓮宗各本山名所図会、長栄山本門誌　②静岡県富士宮市北山。多宝富士山と号し、日蓮宗の大本山。日蓮の高弟日興が身延山を離山して大石寺を建立した後、さらに石河能忠の帰依をうけて永仁元年1293開創、同六年諸堂が整った。〔重文〕貞観政要第一(日蓮筆)、細字金字法華経(藍紙)〔参考〕駿国雑志四七　③静岡県富

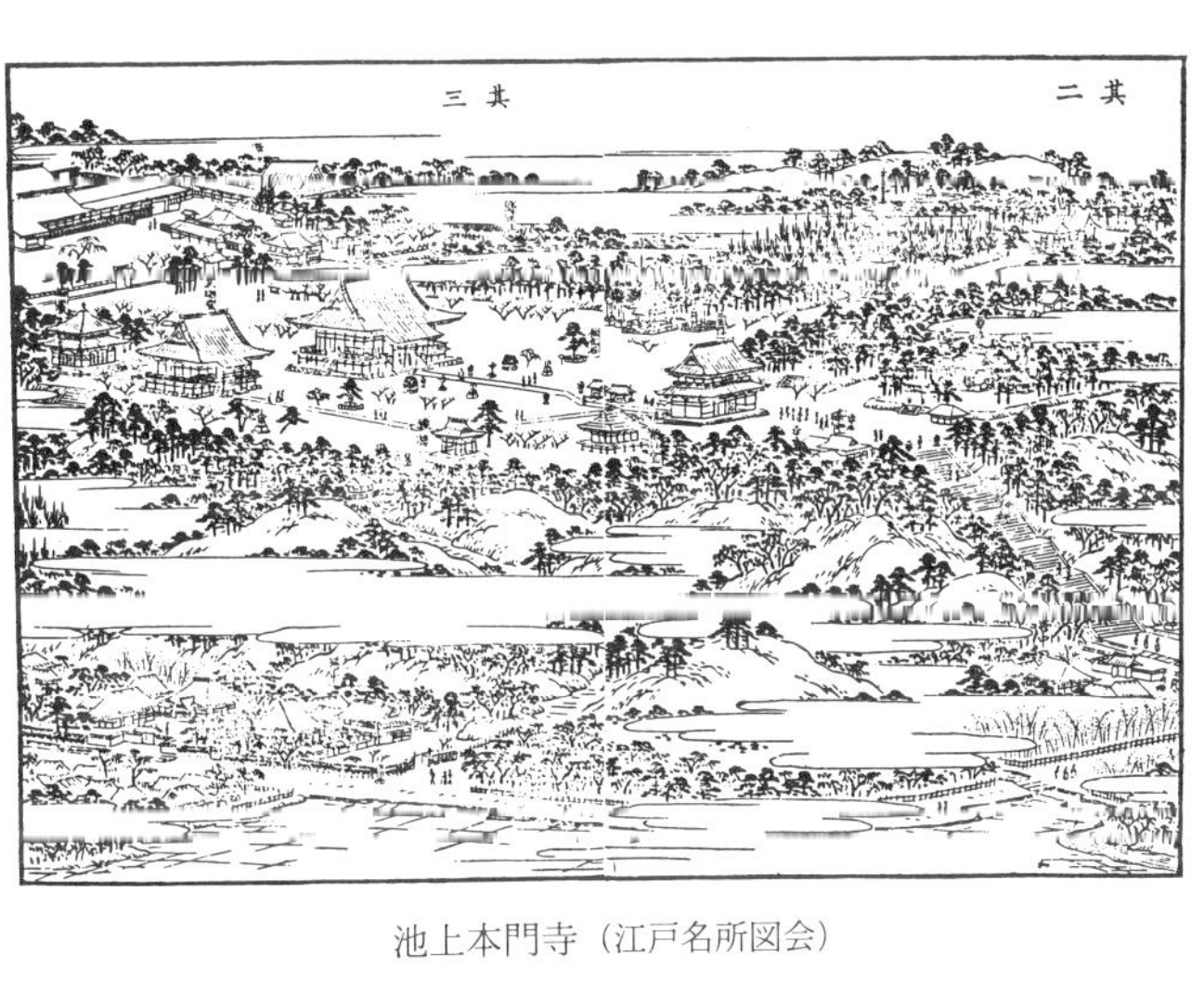


池上本門寺（江戸名所図会）

士郡芝川町西山。単立。もと興門派八本山の一。富士山と号す。北山本門寺二世日代が方便品読否の争いから擯出され、康永三年1344大内安清の帰依を得て、その領地に造建、別立した。以後両寺および大石寺との間に、互いに本門戒壇根本道場とする争いが永く続けられた。〔重文〕五重塔、紺紙金字法華経（開結共・保安二1121写）、法華経（常子内親王筆）、法華証明鈔（日蓮筆）、本門寺文書

**ほんもん-ぶつりゅう-しゅう　本門仏立宗**　本部、京都市上京区御前通一条上ル。法華系の在家教団。安政四年1857長松清風（日扇）が本門仏立講と称して開創。彼を開導・講有と呼ぶ〈⇩日扇《にっせん》〉。明治一五年1882第四世日教が東京に仏立講を組織し関東に進出、昭和二一年1946本門仏立宗と改称した。仏立とは仏の立てた教えの意で、他の仏教は人間の立てた人立《にんりゅう》とし、唱題を中心に現証利益を説く。教学的には八品流の新派。本山は宥清寺（京都市上京区）。

**ほんやく-みょうぎ-しゅう　翻訳名義集**　七巻または二〇巻。北宋の法雲の編。成立年不詳。仏教経論の梵語を類別し、経論の出拠を示してその語義を解説したもの。十種通号・諸仏別名・通別三身・釈尊別名・三乗通号などより、犍椎道具・沙門服相・斎法四食・篇聚名報に至るまで、およそ六四篇に分け、二千四十余語を収める。古来、釈氏要覧、教乗法数と共に仏学三書として重んじられた。㊅五四　〔参考〕大明三蔵聖教北蔵目録、閲蔵知津

**ほんらい-の-めんもく　本来の面目**　さとった境地にあらわれる、天然のままで少しも人為を加えない、人々がもとから具えている心性《しんしょう》をいう。禅宗の用語で、また本地の風光、本分の田地などともいう。

**ほんらい-むいちぶつ　本来無一物**　宇宙の真相はわれわれの妄想分別《もうぞうふんべつ》によって見るようなものではなくて、執著すべき一物もないことをいう。六祖慧能の偈に、「菩提本《もと》樹なく、明鏡亦台に非ず、本来無一物、何の処にか塵埃を惹かん」とあるので、知られている。

**ほんりゅう-じ　本立寺**　静岡県伊豆の国市韮山。大成山と号し、日蓮宗。韮山の江川英久は日蓮に帰依し日久と号したが、その子英方が邸内に大乗庵を建てて日蓮の像を奉安、永正三年1506英盛に至って一寺とし、日澄を開山とした。

**ほんりゅう-じ　本隆寺**　京都市上京区智恵光院通五辻上ル紋屋町。慧光無量山と号し、法華宗（真門流）総本山。長享二年1488に日真が妙顕寺より分立して六角西洞院に開創、本迹勝劣の義を唱道した。のち四条大宮の日像の遺跡に移ったが、天文五年1536天文法華の乱で焼かれ、同一一年日映が現地を得て再興した。明暦三年1657一〇世日薦が重修し、その後火災にかかったが復旧した。〔重文〕法花玄論、法華経（開結共・金銀箔散料紙）　〔参考〕本隆寺略歴、雍州府志四

**ほんるいそく-ろん　品類足論**　⇩六足論《ろくそくろん》

# ま

**ま　魔**　㊵マーラ māra の音略。魔羅と音写し、殺者、奪命、能奪命者、障礙と訳し、悪魔ともいう。人の生命を奪い、善事をさまたげる悪鬼神。古くは磨と書いたが、梁の武帝の時から魔の字に改めた。普曜経巻六には、仏陀が成道する時に魔王波旬《はじゅん》が四女を遣わしてなやませたと伝える。魔王は欲界の第六他化自在天《たけじざいてん》の高所に住み、正しい教えを破壊する神とされ、これを天子魔という。また魔の意味を内観的に解釈して、煩悩《ぼんのう》などすべて衆生《しゅじょう》をなやますものを魔と名づけ、自己の身心から生じる障礙を内魔、外界から加わる障礙を外魔とし、二魔という。大智度論巻五には諸法実相を除く他のすべてを魔とし、瑜伽師地論巻二九には死のはたらく対象となる五蘊《ごうん》を五陰魔《ごおんま》（陰魔、蘊魔、五衆魔、陰界入魔）、未来の生を感じさせ死に至らせる煩悩を煩悩魔、死そのものを死魔、死を超えようとする者をさまたげるのを天子

魔(天魔)と名づけ、四魔とする。また四魔に罪魔を加えて五魔、或いは四魔に無常・無我などの四顛倒《してんどう》の心を加えて八魔ということがあり、華厳経大疏鈔巻二九には蘊・煩悩・業・心・死・天・善根・三昧・善知識・菩提法智の十魔をあげる。義林章巻六本には分段・変易《へんにゃく》〈⇩生死《しょうじ》〉の二魔をわけて、前者は煩悩障が二乗を障えるのを、後者は所知障《しょちしょう》が菩薩を障えるのをいうとし、これにそれぞれ四魔があるから八魔と数える。そのほか摩訶止観巻八下には、修禅中に起こる魔について詳しく説く。魔を退治するためには三帰・五戒などを念じ、治魔呪を誦え、或いは念仏する。また密教では一定の地域を限って魔障を入れないために結界法を修する。⇩降魔《ごうま》

**まい-す　売僧**　僧でありながら商売をする者。転じて、こびへつらって名誉や利益のみを思い道心のない僧を罵る語。「まいす」は売僧の宋音。

**マイトレーヤ　Maitreya**　⇩弥勒《みろく》

⇩弥勒菩薩《みろくぼさつ》

**まいん　磨院**　磨司ともいう。禅宗で、米を搗き粉をひく「からうす」のある部屋をいう。磨院のことにあたる役を磨頭《まじゅう》という。

**まえだ-えうん　前田慧雲**　(安政四1857—昭和五1930)仏教学者。浄土真宗本願寺派の学僧。号は止舟斎、含潤。伊勢(現三重県)の人。明治八年1875西本願寺西山教授校に学び、のち大学林副総理などを経て東京文科大学講師となり天台学を講じ、大乗仏説論を主張して、大乗仏教史論で文学博士となる。高輪仏教大学学長、本山の勧学職、本山顧問、大日本続蔵経編纂長などを務め、大正一一年1922から竜谷大学学長に就任した。著書、天台宗綱要、本願寺派学事史など。前田慧雲全集八巻がある。

**まか　摩訶**　(梵)マハー mahā の音写。莫訶、摩賀、摩醯《まけい》とも音写し、大と訳す。大、多、勝、妙などの意。大・多・勝を大の三義という(大智度論巻三)。禅宗では「もこ」と読むことがある。

**まか-かしょう　摩訶迦葉**　(梵)マハーカーシャパ Mahākāśyapa (巴)マハーカッサパ Mahākassapa の音写。マハー(摩訶)を大と訳して大迦葉ともいう。大飲光《だいおんこう》と訳す。仏十大弟子の一。迦葉は姓で、名は畢鉢羅《ひっぱら》(ピッパラ Pippala)という。王舎城付近の人で、抜陀迦毘羅《ばつだかびら》(バッダー・カピラーニー Bhaddā Kapilānī)と結婚したが、のちに共に出家して仏弟子となり、摩訶迦葉は八日目に阿羅漢果を得たという。常に頭陀《ずだ》を行じて頭陀行第一と称された。仏陀の滅後、みずから上首となって第一結集《けつじゅう》を主宰した。禅宗では付法蔵の第一祖とされ、法を阿難に付して鶏足山《けいそくせん》に入り入滅したといい、拈華微笑《ねんげみしょう》の故事を伝える。〔参考〕有部苾芻尼毘奈耶一、仏本行集経四五、増一阿含経三、大般涅槃経二、四分律五四、付法蔵因縁伝一、西域記九、大智度論二・一

**まか-かせんねん　摩訶迦旃延**　(梵)マハーカートヤーヤナ Mahākātyāyana (巴)マハーカッチャーヤナ Mahākaccāyana あるいはマハーカッチャーナ Mahākaccāna の音写。マハー(摩訶)を大と訳して大迦旃延、略して迦旃延ともいう。仏十大弟子の一。インド西部のウッジェーニー Ujjenī の人で、王命を受けて仏をその国に迎えるために訪れ、帰依して出家したという。よく諸経の義を分別してその教えを敷衍する事に長じ、論義第一と称される。仏滅後もインド西部を教化したと伝える。〔参考〕雑阿含経一六・二〇、増一阿含経三、中阿含経四八、Saṃyutta-nikāya IV, Aṅguttara-nikāya V. 大智度論二、仏本行集経三七

**まか-くちら　摩訶倶絺羅**　(梵)マハーカウシュティラ Mahākauṣṭhila (巴)マハーコッティタ Mahākoṭṭhita あるいはマハーコッティカ Mahākoṭṭhika の音写。大倶絺羅《だいくちら》、倶絺羅ともいう。仏弟子。舎衛城のバラモン出身であるともいい、舎利弗《しゃりほつ》の叔父長爪梵志《ちょうそうぼんじ》(ディーガナカ Dīgha-nakha)と同一人であるとする説もある。経典にはよく舎利弗との問答によって法を説いており、仏弟子中特に答える事に長じていた。〔参考〕有部毘奈耶出家事　、大智度論一、雑阿含経一二、中阿含経七・五八、Saṃyutta-nikāya III, IV, Aṅguttara-nikāya II, II, IV, 増一阿含経三

**まか-こうひんな　摩訶劫賓那**　梵マハーカルピナ Mahākalpina 巴マハーカッピナ Mahākappina の音写。大劫賓那、劫賓那ともいい、房宿、大分別時と訳す。仏弟子。クックタKukkuṭaという町の王族に生まれ、父の跡を継いで王位についたが、善知識を求めて四門に人を出し、通行する諸師を連れて来させていたところ、ある商人より仏陀が祇園精舎にいると聞いて、仏陀に会うため旅に出、途中で仏に会うことをえて帰依したという。また一説には、金地(スヴァルナブーミ Suvarṇabhūmi)国の劫賓那王の子として生まれ、王位についてのち波斯匿《はしのく》(パセーナディ Pasenadi)王を降さんとして仏に教化され出家したともいう。直言して諸比丘をよく教誡したという。〔参考〕賢愚経七、雑阿含経二九、十誦律二二

**まかさんまた-おう　摩訶三摩多王**　梵巴マハーサンマタ Mahāsammata の音写。大平等、大人などと訳す。人々の合意によって立てられた王の意。世界で最初の王とされる伝説上の王。この世界の始め、人々は自然の食物を取って自由に暮らしていたが、次第に人が増え、欲心の強い者は己れ独り貪ろうとするようになったから、合議して一人のすぐれた人を選んで王とし、人々の間の秩序を保ってゆこうと考えた。そうして人類最初の王として選ばれたのがこの王で、種々の仏典にこの王に始まる長い王の系譜が記されている。仏陀の生まれた王家もこの王統に列なっているとされる。〔参考〕四分律三一、起世経一〇、長阿含経二二(世記経)

**まか-しかん　摩訶止観**　二〇巻。止観、天台止観ともいう。隋の智顗《ちぎ》の説、灌頂《かんじょう》の記(開皇一四〈594〉)。天台観門の極致である一念三千・円頓止観の法を詳述したもの。初めに止観法門に金口《こんく》相承と今師相承の別があることを明らかにし、一〇章に分ける。(1)大意章。五略に分かれて、発大心―菩提心の意義または四諦・四弘誓願・六即などを明らかにする。修大行―四種三昧の法を明らかにする。感大果―中道実相を実践した人のうけるすぐれた果報を述べる。裂大網―大果を感じて化他の慈悲行をおこし、五時八教を説いて衆生を教化することを明らかにする。帰大処―三徳秘蔵の大涅槃に自他共に帰することを明らかにする。(2)釈名章。止観の名を解釈する。(3)体相章。四教・三智五眼などにより円頓止観の体相を明らかにする。(4)摂法章。止観の体に理惑智行位教などの一切の諸法を摂することを明らかにする。(5)偏円章。爾前の四時三教と今教との止観を偏円に分け、偏を捨て円につくべきことを明らかにする。(6)方便章。円頓止観実修の準備条件として五縁を具し、五欲を訶し、五蓋を棄て、五事を調え、五法を行ずるという二十五方便を詳しく説く。(7)正観章。正しく一念三千の観法を説く部分でその所観の対境として、陰界入境《おんかいにゅうきょう》・煩悩境・病患境《びょうげんきょう》・業相境《ごっそうきょう》・魔事境・禅定境・諸見境・増上慢境・二乗境・菩薩境の十境をあげ、そのうち初めの陰界入境を観ずる下で有名な十乗観法を明らかにする。但し本書は以上の大綱を示しただけで十境の中の増上慢境以下と一〇章の中の末尾三章である(8)果報章、(9)起教章、(10)旨帰章は説かれないで終っている。しかし第一章の五略に大略が記してあるので、大旨は了解できる。十境を十乗に観ずるが、その十乗とは観不思議境・起慈悲心・善巧安心・破法偏・識通塞・道品調適・対治助開・知次位・能安忍・無法愛の一〇で、第二巻に説かれる四種三昧の段と共に、第五巻から第七巻にわたって説かれるこの十乗観法は摩訶止観の中で最も重要な部分である。天台三大部の一で天台開宗の根本聖典。なお本書の大意を叙し、またその文をけずり簡略にしたものに止観義例二巻(大四六)、止観大意一巻(大四六)(共に唐の湛然)、刪定《さくじょう》止観三巻(唐の梁粛)などがある。また湛然の止観輔行伝弘決《しかんふぎょうでんぐけつ》は略して止観輔行ともいわれ、忠実にしかも詳細に摩訶止観を解釈したもので、止観研究に古来不可欠の座右書とされる。彼はその中に儒学などの外典に関する豊富な知識を自在に駆使しているので、止観輔行中に引用された外典の出拠を明確にして註解したものが日本で作られた。具平親王撰の弘決外典鈔四巻がそれであって、現在はすでに散逸した古書が多く引用

されているので儒教の方からも重視されている。㊅四六、国一諸宗部三　〔註釈〕唐の湛然・止観輔行伝弘決四〇巻(㊅四六)、同・止観輔行捜要記一〇巻、尊舜談・高観添註・見聞添註一〇巻、光謙・講録二三巻、普寂・復真抄五巻、道邃・弘決纂義六巻、証真・私記一〇巻、癡空・講義一〇巻、守脱・講述六巻

**まかーしゅうな　摩訶周那**　(梵)マハーチュンダ Mahācunda の音写。摩訶注那などとも音写し、略して純陀、均提ともいう。マガダ国のバラモン出身の比丘。舎利弗《しゃりほつ》(サーリプッタ Sāriputta)の弟。八人兄弟の第三子という。その三人の兄弟、三人の姉妹が仏に随って出家した。七歳の時仏陀に随侍し、沙弥でありながら阿羅漢果を得たとも伝える。その説法が阿含経典の諸処に記されている。舎利弗が死んだ時、その衣鉢を持って舎衛城の仏陀のもとに至ったという。〔参考〕仏本行集経四七、賢愚経一三

**まかそうぎーりつ　摩訶僧祇律**　四〇巻。東晋の仏陀跋陀羅《ぶつだばつだら》と法顕との共訳。大衆部《だいしゅぶ》に伝承された律で、法顕がインド中部のパトナ付近の阿育王塔天王精舎で得たもの。上座部系の諸律と組織が異なり、雑然としている。戒本には仏陀跋陀羅の訳の摩訶僧祇律大比丘戒本(一巻)がある。㊅二二

**まかーだいば　摩訶提婆**　⇩大天《だいてん》

**まかだーこく　摩竭陀国**　(梵)(巴)マガダ Magadha の音写。摩揭陀、摩伽陀とも音写する。古代インドの国名で、現在のインド・ビハール州のガヤーおよびパトナを中心とするガンジス河南方の地域にあたる。古代インド文化の中心地で仏教・ジャイナ教の発生地。仏陀在世時代はビンビサーラ Bimbisāra(頻婆娑羅《びんばしゃら》)王およびその子アジャータシャトル Ajātaśatru(阿闍世《あじゃせ》)王の統治下にあり、ラージャグリハ Rājagṛha(王舎城。現在のラージギル Rājgir)を都として、いわゆる十六大国中随一の勢力を誇っていた。仏陀の教化活動の多くがこの範囲内で行われ、以後もこの地方は仏教文化の中心地の一つとなった。アジャータシャトルの子(あるいは孫)のウダーイバドラ Udāyibhadra のときにパータリプトラ Pāṭaliputra(華氏城《けしじょう》)に遷都した。その後ナンダ王朝を経てマウルヤ Maurya 王朝にいたって、ほとんど全インドを統一する大帝国となった。この王朝の第三代がアショーカ Aśoka(阿育)王である。マウルヤ王朝につづくシュンガ王朝以後はマガダの勢力はふるわず、一時はインド南部のアーンドラ王朝の支配下にも入ったが、四世紀にグプタ Gupta 王朝が興起して、マガダは再びインドの政治・文化の中心地としての位置を回復した。グプタ王朝の衰退とともに混乱状態がつづき、七世紀前半にはハルシャ Harṣa 王(戒日王《かいにちおう》)の支配下に入ったが、その後八世紀中葉にベンガルにおこったパーラ王朝の支配下に入り、ナーランダー Nālandā(那爛陀)寺を中心として密教が盛行した。一一九七年パーラ王朝はイスラム教徒のために滅亡し、マガダはかつての地位をまったく失うにいたった。ブッダガヤー、ナーランダーをはじめ仏教関係の遺跡が多い。

**まかつぎょ　摩竭魚**　摩竭は(梵)マカラ makara の音写。摩伽羅、摩迦羅とも音写し、鯨魚、大体と訳す。ワニ、イルカ、サメと同一視されるが、実在の動物ではないらしい。頭部と前肢はカモシカのようであり、体と尾は魚の形をしていて、船を呑むという。

**まかなん　摩訶男**　(梵)(巴)マハーナーマ Mahānāma の音写。摩訶那摩、摩訶摩男などとも音写し、大名と訳す。①初転法輪の時の五比丘の一。すみやかに神通を成じて誤ることがなく僧伽の長老として尊敬された。摩訶男拘隷《まかなんくり》と称することもある。〔参考〕四分律三二、Jātaka I, 増一阿含経三　②迦毘羅衛《かびらえ》城(カピラヴァットゥ Kapilavatthu)の釈迦族の出身で、釈種摩訶男ともいう。仏陀の従兄弟にあたり、阿那律《あなりつ》(アヌルッダ Anuruddha)の兄弟。優婆塞として経典中によく登場し、仏陀は彼に優婆塞に関する法や六念・預流支《よるし》などを説いている。僧伽に対して食物や湯薬をよく施与した。また波斯匿《はしのく》(パセーナディ Pasenadi)王を欺いて、釈迦族が毘瑠璃《びるり》(ヴィドゥーダバ Viḍūdabha)王から滅ぼされる直接の

原因を作り、その難に殉じた。〔参考〕五分律一五、Mahāvastu, 仏本行集経五八、雑阿含経三三・四一

**まか-はじゃはだい　摩訶波闍波提**　㊵マハープラジャーパティー Mahāprajāpatī　㊴マハーパジャーパティー Mahāpajāpatī の音写。摩訶鉢剌闍鉢底《まかはつらじゃはってい》とも音写し、大愛道、大勝生主などと訳す。ガウタマ Gautama 姓の女性という意味で、㊵ガウタミー Gautamī ㊴ゴータミー Gotamī とも呼び、憍曇弥《きょうどんみ》、瞿曇弥《くどんみ》と音写する。仏の生母摩耶（マーヤー Māyā）夫人の妹で仏陀の叔母にあたる。仏母の死後、浄飯王《じょうぼんのう》（スッドーダナ Suddhodana）の後妻となって仏陀の養育にあたり、難陀（ナンダ Nanda）を生んだ。王の死後、阿難の取りなしで出家することを許され、仏教教団ではじめて比丘尼となった。のち多数の比丘尼を出家させ、これを指導し上首として恭敬された。〔参考〕仏本行集経五、中阿含経二八・四七、大愛道比丘尼経、増一阿含経三・五〇・五一

**まか-はんだ　摩訶槃陀**　㊵㊴マハーパンタカ Mahāpanthaka の音写。摩訶槃毒、莫訶半託迦などとも音写し、大路辺生《だいろへんしょう》、大路などと訳す。仏弟子。舎衛城《しゃえじょう》のバラモンの子で、生まれた時に父が無事に成長することを願って、道ばたに置き、通りかかる沙門の祝福を得させたのでこの名があるという。仏陀に帰依してまもなく悟りを得た。周利槃特《しゅりはんどく》（チューラパンタカ Cūḷapanthaka）の兄で、弟を導いて仏陀に入門させたが、生来愚鈍な弟が一偈を記憶することもできないのをみて、教団から追い払おうとしたという〈⇩周利槃特〉。〔参考〕有部毘奈耶三一、善見律一六、Theragāthā 510—517偈註

**まか-はんにゃ-はらみつ-きょう　摩訶般若波羅蜜経**　⇩般若経《はんにゃきょう》②

**まかぼだい-そうがらん　摩訶菩提僧伽藍**　⇩仏陀伽耶《ぶつだがや》

**まか-まや　摩訶摩耶**　㊵㊴マハーマーヤー Mahāmāyā の音写。単にマーヤー Māyā ともいい、摩耶、摩耶夫人《まやぶにん》と称する。浄飯王（スッドーダナ Suddhodana）の妃で仏陀の生母。拘利《くり》（コーリヤ Koḷiya）族の天臂城（デーヴァダハ Devadaha）の須菩提《しゅぼだい》（スブーティ Subhūti）王の娘で、摩訶波闍波提《まかはじゃはだい》（マハーパジャーパティー Mahāpajāpatī）の姉。ただし親子・兄弟の関係については異なる伝承もある。六牙の白象が胎中に入る夢を見て懐妊し、天臂城への途次ルンビニー Lumbinī（藍毘尼《らんびに》）園で仏陀を生んだが、七日後に死んで忉利《とうり》天に上生したといわれ、仏陀は成道後母のために忉利天に昇って説法をしたと伝える。〔参考〕仏本行集経五・七・一一、方広大荘厳経一・二、三、雑阿含経一九、摩訶摩耶経

**まかまや-きょう　摩訶摩耶経**　二巻。蕭斉の曇景の訳。仏陀が忉利《とうり》天に昇り生母の摩耶（マーヤー Māyā）夫人のために説法すること、仏陀涅槃の際に摩耶夫人が忉利天より降って仏と訣別することを述べる。また巻下には仏の懸記として振旦《しんたん》国（中国）に仏教が伝わること、仏滅後一五〇〇年までの仏教教団に関する記録、馬鳴や竜樹などの出生年代、事跡などを説いている。㊅一二〔註釈〕宗性・要文抄一巻

**まか-もっけんれん　摩訶目犍連**　㊵マハーマウドガリヤーヤナ Mahāmaudgalyāyana ㊴マハーモッガラーナ Mahāmoggallāna の音写。マハー（摩訶）を大と訳して大目犍連ともいい、略して目連と称する。仏十大弟子の一。一名を拘律陀《くりだ》（コーリタ Kolita）とも称し、マガダ国の人。バラモンの出身で舎利弗《しゃりほつ》（サーリプッタ Sāriputta）と親交があり、一時はともに六師外道の一人であるサンジャヤ Saṃjaya の門下であったが、舎利弗の帰仏に際しともに帰仏した。神足《じんそく》第一（超自然的能力が最も秀れる）と称され、経典中の神足に関する説話によく登場する。また仏陀は母の餓鬼の苦を救おうとする目連のために盂蘭盆《うらぼん》経を説いた。執杖梵志に殺されたといい、サーンチー Sāñchī にある小塔は彼の舎利を安置すると伝えられる。法蘊足論または施設論《せせつろん》の著者と伝えるものもある。法蔵部の祖とする。異部宗輪論ではの著者と伝えるものもある。〔参考〕四分律四六、慧琳音義二七、仏本行集経四七、長阿含経一、増一阿含経三・一八、盂蘭盆経

**まからげい 摩訶羅倪** (梵)モーガラージャ Mogharāja の音写。痴王、面王などと訳す(面王は(梵)ムカラージャ Mukharāja とみたものであろう)。仏弟子。バラモンのバーヴァリ Bāvari の弟子であったが、一五人の同輩と共に仏陀と問答し、仏に帰依した。出家して仏弟子の中で粗衣をまとうこと第一と称された。〔参考〕Suttanipāta V, Milindapañha(那先比丘経)、増一阿含経四・六

**まからた-こく 摩訶刺佗国** (梵)マハーラーシュトラ Mahārāṣṭra (巴)マハーラッタ Mahāraṭṭha の音写。マラータ Marātha ともいう。インド南部の古国名。グジャラートとカルナータとの間で西ガート山脈を含む以東の台地。またはそこに住むドラヴィダ族系の種族。玄奘の訪れた頃(七世紀)はチャールクヤ Chālukya 王朝の盛時であり、のち八―一〇世紀にはラーシュトラクータ Rāṣṭrakūṭa 王朝が栄えた。仏教がここに伝えられたのは第三結集《けつじゅう》の後、長老ダンマグッタ Dhammagutta によってであるという。〔参考〕西域記一一

**まかりくしゃり 末伽梨拘舎梨** ⇩六師外道《ろくしげどう》

**まきぐち-つねさぶろう 牧口常三郎** (明治四1871―昭和一九1944)教育家。創価教育学会(現創価学会)創設者の一。新潟県刈羽郡荒牧村(現柏崎市)の人。幼名は長七。牧口善太夫の養子。北海道、東京で教員生活を転々とし、日蓮正宗に入信。昭和五年戸田城聖と共に創価教育学会を創設した。同一三年政府の日蓮宗と日蓮正宗との合同勧告に反対、神宮大麻拒否によって検挙され、同一九年東京拘置所で獄死した。著書、人生地理学、創価教育学大系など。

**まさやば 摩佉婆** (梵)マガ Magha あるいはマガヴァー Maghavā の音写。摩佉、摩伽とも音写する。マガダ国マカラ村のバラモンの子。種々の善業をなして、帝釈大《たいしゃくてん》に生まれ、阿修羅を天界から追い払ったという。

**マクガヴァン McGavern, W. M.** (1897―1964) イギリスの仏教研究家。著書に An introduction to Mahāyāna Buddhism(大乗仏教入門1912)、A manual of Buddhist philosophy, vol. 1. Cosmology (仏教哲学綱要第一巻・宇宙論1923)などがある。

**マクドネル Macdonell, Arthur Anthony** (1854―1931) イギリスの梵語学者。オクスフォード大学教授(1899―1927)。そのSanskrit-English dictionary (1892)は現在でも初心者向けの梵英辞典としてひろく用いられている。その他 Sanskrit grammar for student(梵語文法入門1886)、Vedic mythology(ヴェーダ神話1897)、A history of Sanskrit literature(梵語文学史1900)、Vedic grammar(ヴェーダ語文法1910)、A Vedic grammar for students(ヴェーダ語文法入門1917)などの著書がある。

**まくら-そうし 枕双紙** 一巻。書名は、昼は左右に夜は枕上に置き日常の指南とすべきものの意。一念三千の観法を中心に天台の宗要を明らかにし、法華と阿弥陀との融通、本覚の如来などについて説く。なお奥書に長保三年1001源信の撰述とあるのは疑わしく、おそらく後世その門流の手によってなったものであろう。仏全三二、恵心僧都全集三〔刊本〕元和七1621刊、正保四1647刊、明暦二1656刊

**まけんだい 摩犍提** (梵)(巴)マーガンディヤ Māgandiya の音写。摩因提、摩犍地迦などとも音写し、吉星などと訳す。拘留国の人。自分の娘を妻とするよう仏陀に乞い、逆に教化されて妻と共に出家した。その娘は仏陀に捨てられたことを恨み、のちに于闐《うてん》(ウデーナ Udena)の王妃となって、仏陀に復讐しようとしたが果たさなかったという。〔参考〕Dhammapadatthakathā I, 中阿含経(鬚閑提経)、大智度論一・三

**まこう-いんきょう 磨光韻鏡** 二巻。文雄《もんおう》の著(序は延享元1744、跋は同四年)。日本で初めて漢字の音韻を分類図表し説明したもの。漢字の音韻を記した「韻鏡」は鎌倉時代に中国から伝来したが、日本ではその性質もその利用法もわからなかった。なお文雄には他に磨光韻鏡続篇三巻、磨光韻鏡余論三巻がある。〔刊本〕延享四刊

**まこく-じ 麻谷寺** 韓国忠清南道公州郡寺谷面。朝鮮三十一本山の一。新羅興徳

王(826—36在位)の時に創建されたと伝え、高麗恭愍王八年1358懶翁慧勤が中興。大雄殿には大日如来像を安置し、五重石塔は元代のラマ塔の様式を用いている。

**まごらか　摩睺羅伽**　㊵マホーラガ mahoraga の音写。莫呼勒伽《まくころくか》、摩伏勒《まふくろく》とも音写し、大腹行《だいふくぎょう》、大蟒神《だいほんじん》などと訳す(マホーラガは大蛇の意)。八部衆の一。人身蛇首の楽神あるいは無足腹行の地竜とされる。

**ましゃ　磨灑**　㊵マーシャ māṣa の音写。磨沙、摩娑迦(マーシャカ māṣaka)とも書き、銭または銅銭と訳す。インド古代の通貨の名。八〇貝歯を一磨灑、一二〇(また一二、一六、四〇)磨灑を一迦利沙鉢那《かりしゃぱな》とし、律には五(また三、四、一〇)磨灑、即ち四分の一迦利沙鉢那以上の銭を盗めば波羅夷罪《はらいざい》とする。一磨灑は中国の銅銭八〇に当たるともいう。磨灑はもと菽豆《しゅくとう》(まめ)のことで、豆と同量の金属の価値をそう呼んだらしい。

**ましんだ　摩哂陀**　㊵マヘーンドラ Mahēndra ㊴マヒンダ Mahinda の音写。摩呻陀、摩醯因陀羅とも音写し、大帝と訳す。セイロン仏教の初祖。阿育(アショーカ Aśoka)王の子(弟という説もある)。二〇歳で目犍連子帝須《もっけんれんしていしゅ》(モッガリプッタ・ティッサ Moggaliputta Tissa)について出家し、阿育王の命をうけてセイロン島に伝道師として赴いた。セイロン王の天愛帝須《てんあいていしゅ》(デーヴァーナンピヤ・ティッサ Devānampiya Tissa)は彼のために大寺(マハーヴィハーラ Mahāvihāra)を建てたという。伝律第六祖に擬せられる。〔参考〕Mahāvaṃsa, 善見律毘婆沙一・二・三・四、Dīpavaṃsa, 阿育王伝二、西域記一一

**まず　摩頭**　㊵マドゥ madhu の音写。マドゥカ madhuka(末度迦《まどか》)、ムリドヴィーカー mṛdvīkā ともいい、美、美果、察と訳す。喬木の名で一五《メートル》にも達する。花は食用とし、乾燥すれば乾ブドウのようになる。極めて美味。種子からは食用の油をしぼる。

**まずはした　摩頭波斯咤**　㊵マドゥヴァーシシュタ Madhuvāsiṣṭha ㊴マドゥヴァーセッタ Madhuvāseṭṭha の音写。摩頭羅瑟質などとも音写し、最勝蜜などと訳す。仏弟子。前世には仏陀に蜂蜜を捧げた猿であったが、舎衛城(サーヴァッティー Sāvatthī)のバラモンの子に生まれ、仏陀と出会って出家した。樹や梁を伝うことが巧みで、鉢を空中に投げると蜜が自然にその中に満ちたという。〔参考〕大智度論二六・二七・三八・八四、賢愚経一二

**まだ　末陀**　①㊵マドヤ madhya の音写。数《すう》の単位の名称で倶胝《くてい》(一〇〇〇万)の一〇倍、即ち一億に当たる。②㊵マダ mada あるいはマドヤ madya の音写。末沱、末途、摩偸とも書き、酒と訳す。酔わせるものの意。ブドウ酒のこと。また酔わせる力の強い酒類の総称。

**マーダヴァ　Mādhava**　(一四世紀)ヴェーダーンタ学派不二一元論派の学者。別名をヴィドヤーラニヤ Vidyāraṇya という。シャンカラ Śaṃkara の不二一元論の立場から、仏教を含む一六の哲学体系を叙述した綱要書サルヴァダルシャナ・サングラハ Sarvadarśana-saṃgraha を著わした。

**まだな　摩陀那**　㊵マダナ madana の音写。末達那、摩達那、摩陀羅とも書き、酔、酔人果と訳す。一類の植物の通名。樹皮、種汁などに毒素があって、食べれば酔う。薬用とする。

**またに-しょうじゅん　真渓正遵**　(明治二1869—昭和三一1956)ジャーナリスト。号は涙骨《るいこつ》。越前敦賀の人。浄土真宗本願寺派興隆寺に生まれ、七里恒順に学び、西本願寺文学寮(現竜谷大学)を卒業した。明治三〇年1897新聞「中外日報」を創刊、以後社主として経営に当たり、不偏不党を標榜し、仏教・思想界の報道・論評を成し続けた。著書、人生日録、日誌など。

**またら-じん　摩多羅神**　摩怛羅神、摩怛利神、摩都羅神とも書く。天台宗で、円仁が唐からの帰途、船中で感得したものといい、常行三昧堂《じょうぎょうざんまいどう》の守護神とし、摩訶伽羅天《まかからてん》(大黒天)と同体で、人の精気を奪う荼枳尼《だきに》を降伏して臨終に正念を得させるとする。玄旨帰命壇では、この神と丁礼多・尼子多《にした》の二童子を本尊とし、定・仮・

中の三諦に配する。また、東密にも摩怛利神法がある。〔参考〕渓嵐拾葉集三九、羅山文集三七、空華談叢三、玄旨灌頂私記、玄旨帰命壇伝記、広隆寺来由記

**またりか　摩呾理迦**　㊵マートリカー mātṛkā の音写。摩怛理迦、摩窒里迦、摩帝利加、摩呾履迦、摩得勒伽、摩徳勒伽、摩夷とも書き、母、本母、智母、行母、論母、行境界と訳す。経や論の中で反復研鑽して真正に仏の教えの義を解釈したもののことで、十二部経の中の優波提舎《うぱだいしゃ》の論蔵などを総称する語。南伝の論ではその冒頭あるいは一章の最初に掲げる目次的標挙《ひょうこ》、即ち註釈されるべき基本的要項を摩呾理迦と名づけている。これを母と称するのは智や行を生じるもとという意である。

**またりじん-ぼう　摩怛利神法**　摩怛利神(夜叉の一種。大黒天の忿怒相とする〈⇩摩多羅神《またらじん》〉)の供養法で、疫病の害を除くために修する。供養法の次第を記したものには、修験聖典所収のもののほか、興然、聖憲などのものがある。

**まちりせいた　摩咥里制吒**　(二—三世紀)㊵マートリチェータ Mātṛceṭa の音写。マティチトラ Maticitra ともいい、母児と訳す。仏教詩人。インド中部の人。当初は外道で大自在天(シヴァ Śiva)の信奉者であったが、那爛陀《ならんだ》(ナーランダー Nālan-dā)寺において提婆《だいば》(アーリヤデーヴァ Āryadeva)により仏教に改宗させられたという。シャタパンチャーシャトカ・ストートラ Śatapañcāśatka-stotra(唐の義浄の訳の一百五十讃がある)およびチャトゥフシャタカ・ストートラ Catuḥśataka-stotra (四百讃)の二つの詩篇を作って、仏徳を讃歎し仏法に帰依することの功徳を宣揚した。両詩篇の内容からみて大乗仏教、それも中観派に近い人であったと思われる。チベットの伝承などにより馬鳴《めみょう》(アシュヴァゴーシャ Aśvaghoṣa)あるいは聖勇《しょうゆう》(アーリヤシューラ Āryaśūra)と同一視する説もあったが、今日では否定されている。〔参考〕ターラナータ仏教史、南海寄帰伝四

**まつお-でら　松尾寺**　①奈良県大和郡山市山田町。真言宗。補陀落山と号し、本尊は十手観音立像。養老二年718舎人親王の本願で永業が開創したという。〔重文〕本堂、絹本著色釈迦八大菩薩像、同阿弥陀聖衆来迎図、木造大黒天立像、同十一面観音立像　〔参考〕和州旧跡幽考五　②大阪府和泉市松尾寺町。天台宗。天阿弥陀山と号し、俗に松尾観音と呼ぶ。天武天皇元年672役小角の創建で、泰澄の中興と伝えるが、葛城修験の一霊場として開創されたと考えられている。承和六年839定額寺に列して栄え、南北朝時代に後醍醐天皇をはじめ諸帝の祈願所となり、のち足利直義・義満・義持らが深く帰依し、外護を加えた。天正年間1573—92に織田信長のため破却されたが、慶長七年1602豊臣秀頼が再建した。〔重文〕絹本著色孔雀経曼荼羅図、紙本墨書如意輪陀羅尼経、同宝篋印陀羅尼経　〔参考〕泉州松尾寺記、和泉名所図絵三　③香川県仲多度郡琴平町。高野山真言宗。象頭山と号する。草創年代は不詳。境内の金毘羅権現祠を一山の総鎮守としている。康安・貞治年間1361—68に不断香・釈迦堂・金毘羅堂免田が寄せられ、天正元年1573には祠堂を再建した。そののち金毘羅権現祠の霊験がきこえ、領主生駒氏が崇敬し社領を寄せた。明治の神仏

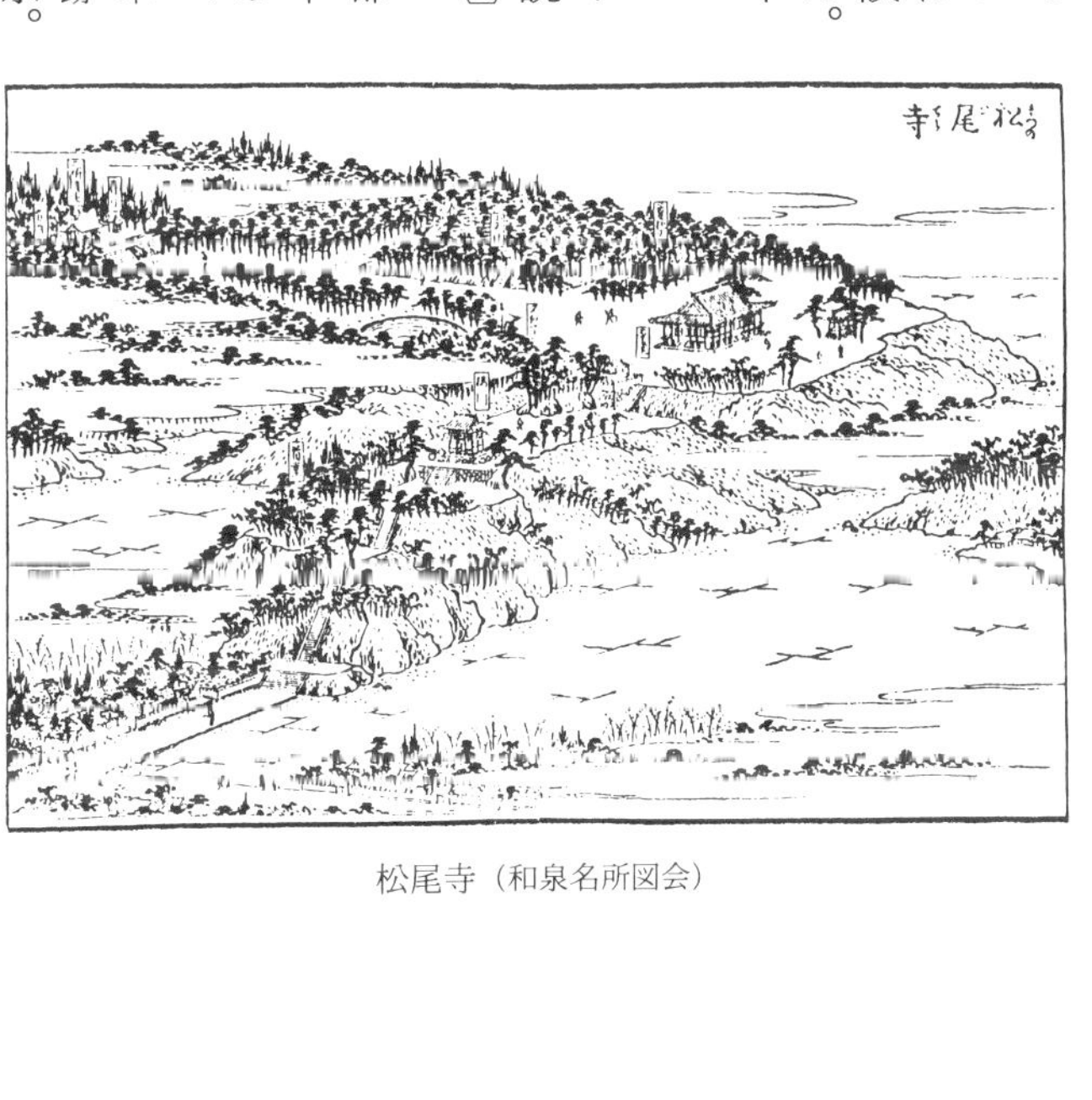

松尾寺（和泉名所図会）

分離の際、権現祠は金刀比羅宮として分立し、当寺は衰微して今はわずかに普門院一院のみが残る。〔参考〕金讃史、金毘羅名所図会

**マックス・ミュラー**　**Max Müller**　⇩ミュラー①

**まつさ**　**末蹉**　(梵)マツヤ matsya の音写。麼娑とも書く。魚類を総称した語。

**まつしま-ぜんじょう**　**松島善譲**　（文化三1806―明治一九1886）浄土真宗本願寺派の学僧。豊前の人。中津照雲寺に生まれ、京都で性海から宗学を学び、郷里に信昌閣を設けて学徒を導いた。本山の学林で講義し、文久二年1862勧学に補せられた。著書、教行信証敬信記一八巻、無量寿経録一一巻ほか多数。

**マッジマ・ニカーヤ**　**Majjhima-nikāya**　⇩スッタ・ピタカ

**まつだい-ねんぶつ-じゅしゅいん**　**末代念仏授手印**　一巻。略して授手印ともいう。聖光房弁長の著（安貞二1228）。源空の没後、その門弟の間に念仏について種々の了解の相違や異義が行われているのを嘆き、源空の念仏の真義を標榜し、その相承を明らかにして、後世のための証明として両手印を押したもの。肥後白川の往生院で衆徒と共に別時念仏を行った時に記録した。内容は五種正行・正助二行・三心・五念門・四修・三種行儀の六重にわけられ、なかでも三心について最も詳しく、観経や諸疏によって三心の義を明らかにして問答分別している。秘書として重く扱われ、後世の念仏衆徒に尊重された。現在浄土宗の根本宗典の一。㊅八三、浄全一〇、伝灯輯要上〔註釈〕良忠・領解末代念仏授手印鈔一巻、聖冏・伝心鈔一巻、良心・授手印授決鈔二巻

**まつでんじ**　**末田地**　⇩までんじ

**まっとう-しょう**　**末灯鈔**　一巻（或いは二巻）。従覚の編（正慶二1333）。親鸞が已証や門弟に与えた消息二二通を集め年代順に編集したもの。同類のものに親鸞聖人御消息集・血脈文集があるが、それらと比較して最も多く、且つ重要な消息が収められる。㊅八三、真宗法要三、真宗仮名聖教、親鸞聖人全集六、定本親鸞聖人全集三、日本古典文学大系八二、真宗史料集成一など〔写本〕慈教寺本・願得寺本（康永三1344写）、専光寺本・竜谷大学本（室町中期）、浄興寺本・勝興寺本・聞名寺本・安祥寺本・大谷大学本（室町末期）〔刊本〕承応三1654刊〔註釈〕法海・壬申記四巻、慧然・記一巻、吉谷覚寿・略述一巻

**まつのお-でら**　**松尾寺**　京都府舞鶴市松尾。青葉山と号し、真言宗醍醐派。西国三十三カ所第二九番札所。慶雲年間704―08威光が当地で馬頭観音（現本尊）を感得し、和銅五年712一宇を創建したのに始まると伝える。鳥羽法皇や美福門院の崇敬が厚く、元永年間1118―20七堂伽藍を再建し栄えた。平安末期には観音霊場として知られ、成《なり》相《あい》寺（現宮津市、西国三十三カ所第二八番札所）とともに丹後の観音霊場として庶民の参詣でにぎわった。寺蔵の松尾寺参詣曼荼羅により中世末から近世初期の当寺の様子がうかがえる。天正九年1581細川藤孝（幽斎）が本堂を改築するが、寛永七年1630、正徳六年1716の両度の火災で焼失。享保一五年1730牧野英成により再建されたという。現在、五月八日（もと四月八日）には仏舞が行われ、近郷からの参詣が盛んである。〔国宝〕絹本著色普賢延命像〔重文〕絹本著色孔雀明王像、同法華曼荼羅図、木造阿弥陀如来坐像〔参考〕青葉山松尾寺縁起（大永四1524）、寺門伝記補録、塵添壒嚢鈔、西国三十三所名所図会

**まっぽう-しそう**　**末法思想**　仏滅ののち時代が下るにつれて、仏の教えが教えのとおりに実行されなくなるという歴史観にもとづき、時代を正像末の三時すなわち正法・像法・末法に分け、末世における仏法のありさまを説く思想。正法・像法・末法の語は大乗同性経巻下などにあり、雑阿含経巻二三には正像二時の説がある。窺基の義林章巻六本によれば、正法の時期は教と行と証の三を満足し、像法の時期は教行があって証がなく、末法の時期は教だけがあって行証がすたれるとする。正法と像法の時期については、正像各五百年、正法五百年像法千年、正法千年像法五百年、正像各千年などの説がある。末法については、中国では一般に一万年とされ、日本でもこれを受けついだ。また大方等大集経巻五五に、仏滅後五百年を解脱堅固、次の五百年を禅定三昧堅固、次の五百年を読誦多聞堅固、

次の五百年を造塔寺堅固、次の五百年を闘諍堅固とする五つの五百年説があり、これが正像末の三時に配当されて各時期の仏教の実状の解釈とされた。末法に入る年次を起算する根拠となる仏滅の年次については五十数説があるが、中国では主として周の穆王五三年949B.C.、同匡王四年609B.C.などの説があり、日本では一般に前者により、正像各千年説を採用して永承七年1052に末法に入るとされた。中国では南北朝時代末から隋代にかけて末法思想が成立し、唐代に一般化した。信行の三階教、道綽・善導の浄土教などは自らの教義が末法にかなった教えであることを主張した。日本では奈良時代から次第に広まり、とくに永承七年を中心とする平安時代中期には当時の社会・政治情勢をも反映してひろく流布し、やがて浄土教の発達を促すことになった。鎌倉時代に入ると新仏教興起の基盤となり、法然・親鸞・日蓮などはいずれもこの末法思想に立脚してそれぞれ積極的に自己の教学をたてていった。

**まっぽうとうみょうき　末法灯明記**　一巻。最澄の撰といわれるが、平安末期の僧徒が自己の無戒を弁護するために最澄に仮託して作ったと推定する説もあって、真偽未決の書。真撰であれば延暦二〇年801、偽撰であれば九―一二世紀の成立。時の為政者の僧徒淘汰の沙汰に対して、正像末三時の時相とそれに相即した仏制を明らかにして、像末の時代においては破戒無戒の僧も国宝であり、庇護されるべきであると弁護し、すすんで破戒無戒と反省し、道心を高める者があるなら却って末法の宝であり、一乗法は無戒名字の僧を摂受し菩提の智慧を生む教法であり、末法の灯明であると説く。鎌倉初期に法然・栄西・親鸞・日蓮などが重視して、著書にも引用される。日蔵四〇、伝教大師全集一、真全五八　〔刊本〕元和五1619刊、貞享元1684刊、明治一四1881刊

**まつもとぶんざぶろう　松本文三郎**　(明治二1869―昭和一九1944)インド哲学・仏教学者。石川県金沢市の人。東京帝国大学哲学科卒業後、早稲田大学・立教大学・東京帝国大学などに出講した。明治三九年京都帝国大学文科大学の哲学史第二講座教授となりインド哲学・仏教学を講じ、のち文科学部長をつとめて竜谷大学・大谷大学などに出講した。また日本大蔵経編纂に従事、インドの遺跡調査などを行い、昭和一三年、東方文化研究所長となった。仏教学・仏教美術などの歴史的・科学的研究に尽くした。主著、仏典結集、極楽浄土論、宗教と哲学、弥勒浄土論、達磨、金剛経と六祖壇経の研究、仏典の研究、支那仏教遺物、印度の仏教芸術、仏教芸術とその人物、仏典批評論、仏教史雑考、仏教史の研究など。

**まつやまにんじょう　松山忍成**　(文政五1822―明治一五1882)真宗高田派の学僧。字は廓然。号は桃蹊。伊勢の人。家塾和敬寮をひらいて宗学興隆につとめ、明治初年宗門護教に奔走した。著書、四顚成就文講聞記二巻、二河譬向西録一巻ほか。

**まつら　末羅**　㊵マッラ Malla の音写。摩羅、満羅、跋羅、末牢、末利とも音写し、力士などと訳す。種族の名称。マッラ族の国の名でもあり、古代インド十六大国の一に数えられる。都城はクシナーラ Kusi-nāra(拘尸那掲羅)で、その他大きな都市としてパーヴァー Pāvā(波婆)があった。仏陀がクシナーラの北のサーラ双樹の林で入滅したとき、マッラ族五〇〇人が悲泣し、聖棺を天冠寺に安置して荼毘に付し、舎利の一部を得て塔を建てて供養したと伝える。〔参考〕雑阿含経三〇・三二、摩訶僧祇律二九、四分律四、有部毘奈耶雑事三八

**まつり　末利**　⇩まり

**まていふらこく　秣底補羅国**　㊵マティプラ Matipura の音写。インド中部の古国名。現在のどこに当たるか明らかでないが、おそらくガンジス河の上流地方であろう。玄奘の頃(七世紀中期)には外教と共に説一切有部が行われていたと伝えられる。〔参考〕西域記四

**までんじ　末田地**　㊵マディヤンティカ Madhyantika㊁マッジャンティカ Ma-jjhantika の音写。末闡提《ばせん》、末田底迦などとも音写する。付法蔵の第三祖。阿育王の伝道師としてカシミールおよびガンダーラ地方に派遣され、後世の説一切有部の基

礎をなしたという。阿難(アーナンダĀnanda)の弟子とされる。〔参考〕Mahāvaṃsa V, XII, 善見律毘婆沙一・二、阿育王伝四、付法蔵因縁伝二

**まとうぎゃ　摩登伽**　㊵マータンガ mātaṅga の音写。摩灯伽、摩鄧伽とも書き、有志、憍逸、悪作業と訳す。旃陀羅《せんだら》㊵チャンダーラ caṇḍāla)などの賤民階級(男子)の通称で、街路の清掃などを業とする。同じく女子をマータンギー mātaṅgī といい、摩登祇《まとうぎ》と音写する。

**まとうぎゃ-きょう　摩登伽経**　二巻。三国呉の竺律炎・支謙の共訳。異訳に西晋の竺法護の舎頭諌太子二十八宿経(一巻)がある。ディヴヤ・アヴァダーナDivyāvadānaの第三三シャールドゥーラカルナ・アヴァダーナŚārdūlakarṇāvadānaに当たり、チベット訳にも同じ標題で現存する。摩登伽《まとうぎゃ》(㊵マータンガ mātaṅga の音写。古代インドにおける身分の賤しい階級)の娘が阿難に恋したのを仏陀が教化すること、およびその本生譚を説く。㊅二一

**まとら-こく　秣菟羅国**　㊵マトゥラー Mathurā またはマドゥラー Madhurā の音写。摩偸羅、末土羅、摩頭羅、摩突羅とも書く。インド・デリーの南約一六〇キロにあるヤムナー河畔の古都。十六大国の一つシューラセーナ Śūrasena国の都。ヒンドゥー教の七大聖地の一つで、同教の伝説ではヤーダヴァ Yādava族の国として知られ、クリシュナ Kṛṣṇaの生誕地である。古くから栄えた都市で、仏陀もしばしばこの地を教化し、のちに優波毱多《うはきくた》(ウパグプタ Upagupta)が出て仏教はますますさかんになった。特にクシャーナ王朝の迦膩色迦《かにしか》(カニシカ Kaniṣka)王の時その大帝国の要地として繁栄し、主として説一切有部が栄え、いわゆるマトゥラー仏教美術を生んだ。〔参考〕西域記四

**マートリチェータ　Mātṛceṭa**　⇩摩咥里制吒《まちりせいた》

**まな-しき　末那識**　末那は㊵マナス manas の音写で、意と訳し、思量(おもいはかること)の義。末那識は八識の一で、第七識ともいう。末那即識であって、思量を本質とする識のこと。このために、第六意識(㊵マノー・ヴィジュニャーナ mano-vijñāna 意の識、末那による識)との混乱をさけて、特に梵語を音写して末那識と称する。この識は我癡・我見・我慢・我愛の四煩悩《ぼんのう》と相応し、第八阿頼耶識《あらやしき》の見分《けんぶん》を恒《つね》に審《つまびら》かに「我《が》なり、我所なり」と執著する恒審思量《ごうしんしりょう》を性格とし、我執の根本となるから染汚意《ぜんまい》といわれ、思量識、思量能変識ともいわれ、旧訳《くやく》では執著識の意味で、阿陀那識《あだなしき》ともいう。無始《むし》以来微細《みさい》に相続し、力を用いないで自然に起こり、その性質は有覆無記《うふくむき》であるとする。法相宗では修行の段階に応じて末那識に次のような三位を立て、これを末那の三位という。⑴補特伽羅《ふどがら》(または人《にん》)我見相応位。末那識が阿頼耶識に対し人我《にんが》の見を起こす位であって、凡夫・二乗の有学《うがく》・菩薩《ぼさつ》の七地以前の有漏心の位をいう。⑵法我見相応位。末那識が第八異熟識に法我の見を起こす位であって、凡夫・二乗及び法空智果の起こらない菩薩の位をいう。⑶平等性智《びょうどうしょうち》相応位。無漏の平等性智を起こす位であって、菩薩が法空観によって見道に入るのと、修道位において法空智果が起こるのと、及び仏果とをいう。成唯識論巻五によると末那識の存在は二つの教説と六つの道理とをもって証明される。これを二教六理という。二教とは入楞伽経巻九の「蔵識をば説いて心と名づけ、思量の性《しょう》をば意と名づけ、能く諸境の相を了する、是をば説いて名づけて識となす」という文と、解脱経の「染汚《ぜんま》の意は恒時《ごうじ》に諸惑と倶に生滅《しょうめつ》す」という文とを指す。六理とは、⑴不共無明証《ふぐうむみょうしょう》。第六識の作用には間断があるが、凡夫には不共無明がつねに間断なく相続するから末那識がなければならない。⑵六二縁証。前五識が前五根を所依とし前五境を所縁とするように、第六意識にも所依である意根、即ち末那識がなければならない。⑶意名証《いみょうしょう》。末那即ち意という名は恒審思量であるから末那識は恒存しなければならない。⑷二定差別証《にじょうしゃべつしょう》。聖者《しょうじゃ》の入る滅尽定《めつじんじょう》と外道《げどう》の入る無想定とが区別されるのは、滅尽定には末那識がないが無想定には末那識が存

在するからにほかならない。(5)無想有染証《むそううぜんしょう》。無想定を修めて得た無想天には、第六意識がないが我執があるから末那識がなければならない。(6)有情我不成証《うじょうがふじょうしょう》。凡夫は布施などの善をしても無漏とならずに我執を脱しえないのは、末那識があるからである。

**まに　摩尼**　㊵マニ maṇi の音写で、末尼とも書き、珠、宝珠と訳し、摩尼宝、摩尼珠《まにしゅ》ともいう。珠玉の総称。一般に摩尼には、不幸災難を除き濁水を清澄にし、水の色を変えるなどの徳があるとされる。特に意の欲するままに種々の珍宝を出す徳がある宝珠を如意宝珠と称する。如意宝珠は㊵チンターマニ cintā-maṇi の訳で、真陀摩尼、振多摩尼、震多摩尼と音写し、如意宝、如意珠とも訳し、如意摩尼、摩尼宝珠、末尼宝、無価《むげ》宝珠とも称する。摩竭魚《まかつぎょ》の脳中から出たとも、帝釈天《たいしゃくてん》の所有であったものが砕けて落ちてきたとも、仏舎利《ぶっしゃり》が変じたものともいう。また千手観音の四〇手の中、右の一手には日精摩尼《にっしょうまに》、左の一手には月精摩尼《がっしょうまに》を持っている。日精摩尼は日摩尼ともいい、自然に光熱を発して照らす摩尼のこと。一説に日宮殿《にっくうでん》即ち日輪の下面は火珠《かじゅ》(頗黎《はり》の一種)をもって構成されており、これを摩尼に喩えて日精摩尼というとし、或いは火珠そのものを意味するともいう。月精摩尼は月光摩尼《がっこうまに》、明月摩尼《みょうがつまに》、明月真珠、月愛珠《がつあいじゅ》ともいい、熱悩を除いて清涼を与えるなどの徳がある。

**マニ-きょう　摩尼教　Manichaeism**　波斯教ともいう。ペルシア人マニ Mani(216—76)によって創始された宗教。古代ペルシアのゾロアスター教(拝火教、祆教《けんきょう》)を母胎として発生し、ゾロアスター教と同じく善悪、明暗の二元論を説く。しかし、ゾロアスター教が究極的には善神による悪神服従という帰一思想を示すのに対し、マニ教においては二元論がさらに徹底され、善悪の相反は決して解消することなく、善悪混合のこの世において光明と暗黒とを分離し、光明にいたることによって人間の救済が得られると説く。実践としては厳格な禁欲主義をとった。伝説によればマニは一時は皇帝の帰依をうけ、インド・中央アジア・中国などにも布教したというが、のち正統ゾロアスター教の支持者たちによって捕えられて処刑され、マニ教はペルシア本国においては禁止された。しかし国外においては長くその勢力をたもち、中央アジア・ローマ帝国・インド・中国にまで伝播した。中国には唐(武周)の則天武后の延載元年694に伝えられ、トカラ地方から中国を訪れる伝道師も多く、マニ教寺院も建設された。二(三)世紀はじめの中央アジア探検により、トルファン地方などでパフラヴィー語・ソグド語・古代インド語・漢語で書かれた多数のマニ教教典が発見されている。

**まにこう-ぶっきょう-ほうぎりゃく　摩尼光仏教法儀略**　一巻。唐の払多誕の訳(開元一九731)。摩尼教の聖典。僧俗の威儀および法式を略述したもので、敦煌の石室より発見された。現在、イギリスのスタイン本とフランスのペリオ本を合して原型を知ることができる。託化国土名号宗教・形相儀・経図儀・五級儀・寺宇儀・出家儀の六篇から成る。㊅五四

**マヌ-ほうてん　マヌ法典**　原題を㊵マーナヴァ・ダルマ・シャーストラ Mānava-dharma-śāstra またはマヌ・スムリティ Manu-smṛti という。マヌ Manu は人・人類を意味する語で、人類の始祖をも意味し、人間の始祖マヌが人類社会の秩序・律法を定めたという考えから、マヌ法典という。古代インドの法典の先駆をなし、最も権威あるものと認められた法典。ただしこの場合の「法」は、現代的意味での法律・法規にとどまらず、宗教的・倫理的規定をも含む。マヌ法経(Mānava-dharma-sūtra 現存しない)を基礎にして修補されたもので、紀元前二世紀から紀元後二世紀の間に成立したと考えられる。前述の通り単に世俗的法律に関するだけでなく、宗教・道徳・慣習などについての規定をもさだめたもので、一二章、二六八五偈から成り、韻文で書かれている。第一章は宇宙の創造から説きおこして法典の意義や内容を略述し、第二章から第六章までは一生を通じてなすべき儀式、

梵行・家住・林棲・遊行の四生活期においてなすべき義務を述べる。第七章は王法すなわち行政・外交・軍事などについて述べ、第八、九章は司法に関することを規定し、第一〇章は四姓制度の名称と起源、各階級の権利・義務を説き、雑種階級についても述べる。第一一章は贖罪法、第一二章は輪廻転生および解脱について説く。インドにおける律法文献の起源は、ダルマ・スートラ dharma-sūtra (法経) にはじまる。ダルマ・スートラは、ヴェーダ聖典の補助文献として発達した六種のヴェーダーンガ vedāṅga (ヴェーダの支分) の一つであるカルパ・スートラ kalpa-sūtra に属する。ダルマ・シャーストラ dharma-śāstra すなわち法典文献は、これらのダルマ・スートラに改訂増広を加えた結果成立したものである。マヌ法典について知られるものに、ウパニシャッドの哲人ヤージュニャヴァルキヤ Yājñavalkya に帰せられるヤージュニャヴァルキヤ法典 Yājñavalkya-smṛti があり、マヌ法典と比べてはるかに整然とした構成を示していて、マヌ法典より後代の成立と見られる。マヌ法典は成立以来インド・アーリヤ人の社会生活・宗教生活の基準として重視され、現代にいたるまでその影響を及ぼしている。註釈書類もきわめて多い。インドの社会生活を知るうえで重要な資料である。またインドのみならずビルマ・タイ・ジャワ島・バリ島にも影響を与えた。ビルマの仏教法典はマヌ法典に準拠して作られたものである。なおマヌ法典には田辺繁子による和訳(「マヌの法典」岩波文庫)がある。

**まぬら**　**摩奴羅**　㊵マドゥラ Madhura の音写か。婆修槃陀《ばしゅはんだ》(ヴァスバンドゥ Vasubandhu) から法を嗣いだ付法蔵の第二一祖。よく三蔵に通じ、南天竺に大饒益を興したと伝えられる。鶴勒那夜奢《かくろくなやしゃ》に法を付嘱した。〔参考〕付法蔵因縁伝六

**まぬらた**　**摩㝹羅他**　㊵マノーラタ Manoratha の音写。如意、心願と訳す。健駄羅《けんだら》国(ガンダーラ Gandhāra) の人でよく三蔵に通じ学才が勝れていたが、室羅伐悉底《しつらばっしってい》国(シュラーヴァスティー Śrāvastī) の毘訖羅摩阿迭多《びきらまあいつた》王(ヴィクラマーディトヤ Vikramāditya) の憍慢を挫いて怨みをかい、一〇〇人の外道と対論させられて破れ、世親(ヴァスバンドゥ Vasubandhu) に後事を託し舌をかんで死んだという。また大毘婆沙論の作者とする所伝もある。摩奴羅との同異は明らかでない。〔参考〕西域記二、婆藪槃豆法師伝、付法蔵因縁伝六

**まのうば**　**摩納婆**　①㊵マーナヴァ māṇava またはマーナヴァカ māṇavaka の音写。摩納縛迦《まのうばか》、摩納、摩那婆とも書き、儒童、少年、仁童子、年少、青年と訳す。青年、特に婆羅門《ばらもん》の青年をいう。②㊵マーナヴァ mānava の音写で、勝我と訳す。毘紐天外道《びちゅうてんげどう》が有情《うじょう》の身中に存在すると主張する勝妙である我《が》のこと。

**マハーヴァストゥ**　Mahāvastu　正しくはマハーヴァストゥ・アヴァダーナ Mahāvastv-avadāna という。大事と通称する。説出世部の律蔵の中に含まれていた仏陀の伝記物語が別出されたもの。三部分に分かれ、第一篇は仏陀の前生譚を述べ、第二篇では兜率天に生まれてから菩提樹の下で悟りを開くまでの事跡を語り、第三篇は鹿野苑での初転法輪から教団成立にいたる教化の事跡、および仏弟子たちの前生物語を説く。非常に古い要素を含みながら、四―五世紀頃の記述と認められる部分もあるので、長い年月の間に多くの編著者の手を経て現在の形が成立したものと考えられる。漢訳およびチベット訳は存在しない。梵本はスナール É. Senart によって校訂出版された(1882―97)。

**マハーヴァンサ**　Mahāvaṃsa　大史、大王統史などともよぶ。パーリ語の蔵外文献で、仏教を中心とするセイロン(現スリランカ)の歴史書。セイロンの正統保守仏教を代表する大寺(マハーヴィハーラ Mahāvihāra)派の立場から書かれたセイロン王統の編年史的史詩で、セイロンの曙からシリ・ヴィッカマ・ラージャシーハ Siri Vikkama Rājasīha王(1798―1815在位)が英国によって追放され、王統が廃絶するまでを記述する。五世紀後半にマハーナーマ Mahānāma がディーパ・ヴァンサ Dīpavaṃsa (島史) に準拠しつつ、これに種々の

伝承を付加するなどの修飾を施して冒頭の部分（第三七章五〇偈まで）を編纂、その後一三世紀にダンマキッティ Dhammakitti が第七九章までを編纂、さらに長期間にわたって数人の手を経て現在の形ができあがった。現行のものは一〇一章より成るが、第四〇、第四三の二章を欠く。原典はガイガー W. Geiger により出版された（1908―28）。なおガイガーは、ダンマキッティ以降の増補の部分をチューラヴァンサ Cūḷavaṃsa（小史、小王統史）と名づけ、それ以前の、すなわちマハーナーマによるマハーヴァンサと区別している。同じくガイガーによる英訳がある（1912―30）。南伝六〇―六一

**マハーヴィハーラ　Mahāvihāra**　大寺の意。セイロン島（現スリランカ）の旧都アヌラーダプラ Anurādhapura にあり、古来セイロン仏教の中心となった精舎。アショーカ王の子（一説には弟ともいう）マヒンダ Mahinda がはじめてこの地に仏教を伝えたとき、時の国王デーヴァーナンピヤ・ティッサ Devānampiya Tissa（天愛帝須《てんあいていしゅ》）が房舎や数多くの施設を寄進したのがこの寺の起源で、のちに整備されてマハーヴィハーラと呼ばれるようになった。セイロン仏教はここを基地として次第に流布していったが、紀元前一世紀にヴァッタガーマニー・アバヤ Vaṭṭagāmaṇī Abhaya 王がこの寺のマハーティッサ Mahātissa 長老にアバヤギリ・ヴィハーラ Abhayagiri-vihāra（無畏山寺）を寄進したのを契機として上座部仏教は大寺派と無畏山寺派とに分裂した。四世紀には無畏山寺派に傾いたマハーセーナ Mahāsena 王によって破壊されたが、のち復興し、五世紀にはインドから訪れたブッダゴーサ Buddhaghosa（仏音《ぶっとん》）をはじめとする学僧たちが出て大いに教学が発達した。のち国運の衰えとともに次第に衰微し、一三世紀以降にはまったく廃墟となった。〔参考〕Mahāvaṃsa

**マハーカッサパ　Mahākassapa**　⇩摩訶迦葉《まかかしょう》

**マハーカッチャーヤナ　Mahākaccāyana**　⇩摩訶迦旃延《まかかせんねん》

**マハーカリヤーナカ　Mahākalyāṇaka**　ヴァラカリヤーナカ Varakalyāṇaka ともいい、婆羅迦黎耶那《ばらかれいやな》と音写する。マハーサンマタ（Mahāsaṃmata 摩訶三摩多）王に始まるこの世界の王統の第四世の王。〔参考〕長阿含経三〇（世記経）、起世経一〇

**マハーバーラタ　Mahābhārata**　古代インドの大叙事詩。ラーマーヤナ Rāmāyaṇa と並びインド二大叙事詩の一つである。叙事詩サンスクリットと呼ばれる特徴のある梵語の韻文で書かれ、一八篇一〇万頌より成る。バラタ Bharata 族の戦争物語がその主題で、互いに従兄弟にあたる、ユディシュティラ Yudhiṣṭhira を長子とする五兄弟（パーンダヴァ Pāṇḍava）と、ドゥルヨーダナ Duryodhana を長子とする百兄弟（カウラヴァ Kaurava）との間の、王位をめぐる抗争と、パーンダヴァ五兄弟の勝利とが物語の中核をなす。この戦争物語は、紀元前一〇世紀頃北インドで実際に行われた二部族の戦争をもとにして成立したものと見られ、関係ある人物の名はヴェーダ文献にも見られる。インドの伝説はマハーバーラタをヴィヤーサ Vyāsa 仙の著作とするが、この叙事詩が一人の作者によって一時代に作られたとは考えられない。戦争史話が長い期間にわたって伝承される間に、多数の手によって編集・改訂・増広され、四世紀頃に現行の形がほぼ成立したものと見られている。物語の根幹をなす史話は分量にして全体の約五分の一に過ぎず、その間におびただしい量の神話・伝説・説話、宗教的・哲学的教説、道徳的教訓などが挿入されており、また古代インドの法制・経済・社会制度についての著述も多く、一種の百科全書的外観をも呈している。これらの挿話の中で著名なものはナラ王物語、サーヴィトリー物語、バガヴァッド・ギーターなどで、なかでもバガヴァッド・ギーターはインド民族の至高の聖典として今日にいたるまで尊重されている〈⇩バガヴァッド・ギーター〉。また説話の中にはジャータカをはじめとする仏教文学やインドの説話文学一般と類似の内容をもつものも多く、インド説話文学を研究する上でも重要である。マハーバーラタはながく民衆の間に愛誦され、イ

ンドの精神生活に大きな影響を与えるとともに、後世のインドの文学作品にも多数の題材を提供した。またその影響はひろく東南アジア諸国の文学・芸術にも及んでいる。なお現行のマハーバーラタには、クリシュナ Kṛṣṇa の系譜とその武勇譚を記すハリ・ヴァンシャ Harivaṃśa が付録として添えられている。

**マハーモッガッラーナ　Mahāmoggallāna**　⇩摩訶目犍連《まかもっけんれん》

**まみや-えいそう　間宮英宗**　（明治四1871―昭和二〇1945）臨済宗の僧。諱は義雄。青竜道人、青竜窟と号す。愛知県の人。明治一二年出家ののち天眼・星定に師事し、群芳学林卒業後、橋本峨山・釈宗演に参禅、大正五年1916臨済宗方広寺派管長となった。著書、碧巌録講話ほか。

**まもり　守**　仏・菩薩《ぼさつ》・諸神・天などの像或いは陀羅尼を書いてこれを袋に入れて身に着ける。これを「おまもり」といい、その袋の中に入っている仏などを守本尊、袋を守袋といい、仏などの像や陀羅尼の書いてある札を守札という。

**まや-さん　摩耶山**　⇩忉利天上寺《とうりてんじょうじ》

**まや-ぶにん　摩耶夫人**　⇩摩訶摩耶《まかまや》

**まや-まいり　摩耶参**　初午《はつうま》の日に、摂津の摩耶山にある忉利天上寺（現兵庫県神戸市灘区）に、馬の飼育者が馬の息災・無病を祈願するために、馬を引いて参ること。

**まらくた-こく　秣羅矩吒国**　(梵)マラクタ Malakuṭa の音写。またマライナードゥ Malai-nāḍu ともティルマーラ Tiru-Māla（枳秣羅《きまら》）ともいう。インド半島南端部にあった古国名。七―九世紀頃栄えたパーンドヤ王朝の拠った地。この地の仏教は玄奘の頃（七世紀中期）すでに衰滅に瀕し、ジャイナ教が盛んであったという。南海岸近くに摩剌耶山《まらやせん》があり、その東にポータラカ Potalaka（布呾洛迦《ふたんらくか》・補陀洛《ふだらく》）山があって観世音菩薩の住処として知られている。〔参考〕西域記一〇

**まらや-せん　摩剌耶山**　(梵)マラヤ Malaya の音写。摩羅耶山とも書く。秣羅矩吒《まらくた》国の南海岸近くにある山の名。西ガート山脈の南端に当たると考えられる。古来香木栴檀《せんだん》の産地として名高い。なお入楞伽経によると、仏陀が大海の畔、摩羅耶山頂の楞伽城でこの経を説いたと記されるが、楞伽はまたセイロン島の古名と考えられるので〈⇩楞伽山《りょうがせん》〉、明らかでない。〔参考〕西域記一〇

**まり　末利**　(梵)(巴)マッリカー Mallikā の音写。摩利迦とも音写し、勝鬘《しょうまん》と訳す。末利夫人《まりぶにん》、摩利夫人と称し、波斯匿《はしのく》（パセーナディ Pasenadi）王の第一夫人。舎衛城（サーヴァッティー Sāvatthī）のバラモンの婢で醜かったが、王がその機智に感じて妃としたという。深く仏教を信じ、如来に供養する事第一の優婆夷《うばい》といわれ、波斯匿王の帰仏も彼女の力による。無闘城に嫁した勝鬘夫人の母にあたるといわれ、また釈迦族出身の毘瑠璃《びるり》（ヴィドゥーダバ Viḍūḍabha）王の母と同一人とする説もある。〔参考〕四分律一八、賢愚経二、Dhammapadaṭṭhakathā I, II, III, Saṃyutta-nikāya I, 増一阿含経二六、勝鬘師子吼経

**まりし-てん　摩利支天**　(梵)マリーチ marīci の音写。威光、陽焔と訳す。摩利支天菩薩ともいう。インド神話に起源をもち、マルト神軍の長で、ブラフマー（梵天）の子とされることもある。電光を伴う暴風雨を神格化したものといわれる。自らの姿は人に見せず、人々の難を除いて利益を施すという。わが国では中世に武士の守護神として信仰された。〔参考〕摩利支天菩薩陀羅尼経

**まりしてん-きょう　摩利支天経**　一巻。唐の不空の訳。同類の経典に不空訳の摩利支天菩薩陀羅尼経および末利支提婆華鬘経、訳者不詳（梁代の訳）の摩利支天陀羅尼呪経、チベット訳の摩利支天陀羅尼などがある。摩利支天の力と功徳とその陀羅尼を説く。(大)二一

**マルパ　Mar-pa**　（1012―1097）チベット仏教カーギュ派 Bkaḥ-brgyud-pa の祖。インドに留学し、ナーローパ Nāropa やマイトリーパ Maitripa らに学んで速道と称される密教的色彩の濃い瑜伽行を伝え、カーギュ派を立てた。ミラレパ Mi-la-ras-pa の師。

**マールンクヤ・プッタ　Māluṅkya-put-**

ta　摩羅迦舅《まらかきゅう》、摩羅鳩摩羅《まらくまら》などと音写し、鬘童子《まんどうじ》と訳す。舎衛城のヴァイシャ出身の比丘。中阿含経の中に収められる箭喩経・五下分結経などの対告衆。〔参考〕Theragāthā 399—404, 中阿含経二〇五・二二一

**まろうば-こく　摩臘婆国**　㊵マーラヴァ Mālava の音写。インド西部の古国名。ラージプターナの南、ヴィンドヤ山脈の北に当たり、インドで最も豊かな土地であった。古くは阿槃提《あはんだい》(アヴァンティ Avanti)と呼ばれ、十六大国の一つで、首都はウッジャイニー Ujjainī であった。仏教は早くから伝わったらしい。グプタ王朝時代(四—五世紀)には大いに繁盛し、ギリシアの影響を受けた天文学・占星学などが発達し、インド文学・科学史上重要な地である。〔参考〕西域記一一

**まん　慢**　㊵マーナ māna の訳。心所《しんじょ》(心のはたらき)の名。倶舎宗《くしゃしゅう》では不定地法《ふじょうじほう》の一に数え、唯識宗では六根本煩悩《ぼんのう》の一とする。自他を比較して他を軽蔑し、みずからを恃《たの》み心が高ぶり挙がること。凌蔑自負すること。これに種々の分類がある。倶舎論巻一九に説く七慢とは、⑴慢。自分より劣った者に対して自分の方が勝れていると自負し、同等の者に対しては同等であるとして心を高ぶらせる慢。⑵過慢。自分と同等の者に対して自分の方が勝れているとし、自分より勝れた者に対して自分を同等であるとする慢。⑶慢過慢。自分より勝れた者に対して逆に自分の方が勝れているとする慢。⑷我慢。五蘊《ごうん》仮和合《けわごう》の身に執着して、我《が》であり、我所であるとし、この我をたのんで起こす慢。⑸増上慢。いまだ証を得ないのにすでに証を得たとする慢。⑹卑慢。自分より多く勝れている者に対して、自分は少し劣っているだけであるとする慢。⑺邪慢。徳がないのにみずから徳があるとする慢。八慢とは、慢・大慢・慢慢・我慢・増上慢・不如慢《ふにょまん》・邪慢・傲慢をいう。九慢とは⑴我勝慢類・⑵我等慢類(この二は自分と同等の者に対して自分の方が勝れているとする慢と、同等であるとする慢)・⑶我劣慢類(自分より勝れた者に対して自分の方が劣っているとする慢)・⑷有《う》勝我慢類(自分より勝れた者に対してその者は自分より勝れていることがあるとする慢)・⑸有等我慢類・⑹有劣我慢類(この二は自分と同等の者に対してその者は自分と同等であることがあるとする慢と、自分より劣っていることがあるとする慢)・⑺無勝我慢類・⑻無等我慢類(この二は自分と同等の者に対してその者は自分より勝れていることはないとする慢と、自分と同等であることはなく劣っているとする慢)・⑼無劣我慢類(自分より勝れている者に対して、その者は自分より劣っていることはなく自分の方が劣っているとする慢)。

**まんい　満意**　生没年不詳。唐代の律僧。同門の東塔律師懐素《かいそ》に対して西塔律師ともいう。武徳年間618—26の末、鄴都の法礪の弟子となり、さらに長安恒済寺の道成に学び、その後長安の崇福寺に住し三十余年にわたり律を講じた。弟子に大亮・定賓らがある。〔参考〕宋高僧伝一四　律宗綱要下

**まんが-え　万花会**　①万灯会の異名。②一万の蓮華を仏・菩薩に供養して罪障の滅罪を願う法会。東大寺で一〇月一五日の万灯会と並んで六月一五日に年中行事として行われる〈⇩万灯会《まんどうえ》〉。

**まんがん-じ　満願寺**　①⇩輪王寺《りんのうじ》①　②栃木県栃木市出流町。出流《いづる》山と号し、真言宗智山派。天平勝宝二年750勝道の開創という。中世には国守の崇敬が厚く、江戸時代には開山勝道が日光山の開祖であるために徳川氏の尊信が深く、日光入峰修験者の修行道場とされた。坂東三十三カ所第一七番札所。③兵庫県川西市満願寺町。高野山真言宗。神秀山円覚院と号す。神亀年間724—29勝道の開創と伝える。のち、源満仲が当地に居住し本寺を厚く崇敬し、その子源賢が入寺して諸堂を造建中興した。以後多田源氏の祈願所となる。さらに北条泰時は三層塔を造進、同長時は楼門を造営するなど武家の尊崇が厚かった。正中二年1325勅願所となり、足利尊氏もまた祈禱所とした。のち焼失、衰退したが、慶安年間1648—52に再興された。〔重文〕石造九重塔　④熊本県阿蘇郡南小国町。立譜山と号し、高野山真言宗。文永一一年1274九州探題北条時

定が弟の定宗および子随時らと勅宣により蒙古降伏祈願のために建立、醍醐三宝院の経杲《きょうこう》を開山とした。正中一一年1356勅願所となった。のち加藤清正が領してから寺領は没収され衰退した。〔重文〕絹本著色伝北条時定・同時宗像

**まんぎん-しゅう　漫吟集**　一〇巻（異本によって巻数は一定していない）。契沖（1640—1701）の歌集。四季・釈教・哀傷・恋などに分類する。作風は旧套を脱していないが、特に抒情的な仏教の歌にすぐれたものがある。校註国歌大系一五、契沖全集七〔刊本〕天明七1787刊、文化一〇1813刊

**まんくう　満空**　（享保四1719—寛政八1796）浄土宗の僧。播磨の人。中蓮社現誉身阿と号す。同国阿弥陀の宿地蔵院で出家し、江戸増上寺で浄土宗および外典を学び、五重相承、宗脈を受けた。勝願寺に住し、天明三年1783増上寺五一世を継ぎ、のち同寺神明谷に隠退した。著書、現騰録六〇巻。〔参考〕三縁山志

**まんげつ-じ　満月寺**　滋賀県大津市本堅田。海門山と号し、臨済宗大徳寺派。俗に浮御堂《うきみどう》と呼ばれ、近江八景の一。長徳年間995—99に源信の開創と伝える。のち兵乱と風波のため衰退し、天和年間1681—84京都大徳寺の湘南宗沅が再興し満月寺と称した。その後、焼失したが宝暦年間1751—64桜町天皇の旧御殿を賜って再建した。〔重文〕木造聖観音坐像　〔参考〕近江名所図会二

**まんさい　満済**　（永和四1378—永享七1435）真言宗の僧。「まんぜい」ともいう。藤原師冬の子。足利義満の猶子。三宝院賢俊について得度し、応永二年1395伝法灌頂を受け、一八歳で醍醐山七四世を継いだ。ついで東寺一長者兼法務となり、正長元年1428准三后の宣下を受けた。朝廷をはじめ足利義持、義教らの帰依を得て大いに勢威を振い、将軍門跡あるいは黒衣の宰相とも称された。その日記、満済准后日記三八巻（続群補遺）は、当時の政治・社会情勢を知るうえの根本史料。

**まんさん　満散**　禅宗の用語。法会《ほうえ》の日数が満ち畢《おわ》って一同が散会する意で、法会の終了のこと。これに対し法会の最初の日またはその式を啓建《けいけん》という。

**まんじ　卍字**　万字、萬字、卐字とも書き、吉祥《きちじょう》海雲、吉祥喜旋ともいう。吉祥（好善嘉良）のしるし。三十二相の一として仏の胸にはこの徳相があり、また仏の手足頭髪腰間にあるとされる。これに相当する梵語は四種ほどあるがシュリー・ヴァトサ śrī-vatsa（室利靺蹉）がまさしくこれに当たると見られる。この梵語はもと毛髪が巻いて重なり合い海雲のようである状態を意味し、従って卍字とは吉祥万徳が集まる所を意味するとされる。

**まんじきょう　満字教**　⇨半字教《はんじきょう》

**まんしゅ-いん　曼殊院**　京都市左京区一乗寺竹ノ内町。天台宗。竹内《たけのうち》門跡ともいう。はじめ延暦年間782—806最澄が比叡山上に開創、天慶年間938—47是算が西塔北谷に移し東尾《とうび》坊と号した。天暦年間947—57北野天満宮が創立されると是算は別当に補せられ、以来本院が社務を掌った。永久年間1113—18慈順が洛北北山に移したが、足利義満の金閣造営の地に当たったので、禁裏付近に転じ、文明年間1469—87慈運法親王が入寺して宮門跡に列せられた。明暦二年1656良尚法親王の時、現地に移し、堂舎を造建し、庭園を築いて中興。〔国宝〕絹本著色不動明王像（黄不動）、古今和歌集（巻一七）〔重文〕本堂、書院、木造慈恵大師坐像、後柏原天皇宸翰・後土御門後柏原両天皇御詠草、花園天皇宸翰御消息、紙本墨書源氏物語、同慈円僧正筆消息、紺紙金泥般若心経（後奈良天皇宸翰）、論語総略ほか　〔参考〕諸門跡譜、山城名勝志一二

**まんじゅ-じ　万寿寺**　①中国北京城西直門外。明の万暦五年1577李太后が馮保に命じて創建。清の康熙五二年1713重修。乾隆一六年1751増建。寺背に石を積んで普陀・清涼・峨嵋三霊山をかたどり、堂宇は壮麗であった。②京都市東山区本町。臨済宗東福寺派。京城山と号す。永長二年1097白河上皇が郁芳門院藤原媞子の遺宮を寺とし、六条御堂と称した。正嘉年間1257—59東山湛照が円爾弁円に帰依して禅刹とし、現寺号とした。暦応三年1340先に住持紹臨が建立した報恩寺を合併。以来寺運は興隆し、至徳三年1386京都五山の五位に列せられた。

のち炎上衰退し、天正年間1573—92東福寺山内の三聖寺に移り、明治に至り東福寺末となった。〔重文〕絹本著色八相涅槃図、同聖一国師像、木造阿弥陀如来坐像、同金剛二力士立像 〔参考〕京城万寿禅寺記、雍州府志五、東福寺誌 ③大分市金池町。臨済宗妙心寺派。蔣山と号す。嘉元三年1305大友貞親が創建し、直翁智侃を開山とした。のち十刹の一に列せられたが、元亀元年1570には大友宗麟の、天正一四年1586には島津義久の兵火に焼かれた。寛永元年1624丹山和尚が復興した。〔参考〕万寿寺記、太宰管内志下

**まんじゅしゃ-げ　曼殊沙華**　曼殊沙は(梵)マンジューシャカ mañjūṣaka の音写。柔軟華《にゅうなんげ》、白円華《びゃくえんげ》、如意華、檻花と訳す。その大きいものを摩訶曼殊沙華《まかまんじゅしゃけ》といい、曼殊沙華とともに四華《しけ》即ち四種天華《てんげ》の中に含まれる。天上界の華の名。鮮白柔軟で、諸天は意のままにこれを雨ふらし、見る者に悪業《あくごう》を離れさせるという。わが国ではヒガンバナの一名とする。

**まんぜい　満誓**　生没年不詳。奈良時代初期の歌人。俗姓は笠朝臣麻呂。笠沙弥、沙弥満誓と号す。青年時代を地方官として過ごし、のちに名を満誓と改めて半僧半俗(沙弥)の生活をした。その歌は万葉集に七首収録される。「世の中を何にたとへむ朝びらき漕ぎいにし舟のあとなきがごと」(巻三・三五一)は有名。

**まんぜん-どうき-しゅう　万善同帰集**　三巻。北宋の延寿の著。禅浄一致の立場から書かれた一種の仏教概論で、仏法修行の道は各宗各様であるが、衆善はことごとく実相に終帰することを説いたもの。華厳経・大乗起信論などによって、性起と円具の説を展開しつつ、頓悟漸習の次第法門を設けて、大菩提心としての万善万行を包容し、一一四条の問答の形式によって巧みに諸宗の教義を調和させている。現行本は、熙寧五年1072に書かれ沈振の序があり、巻尾に明の宣徳四年1429の子徳儀の重刊の跋、および成化一四年1478の如巹《じょきん》の跋を載せ、さらに永明寿禅師垂誡一篇を付録している。(大)四八、浄全六、国一諸宗部九

**まんだた-おう　曼陀多王**　(梵)マーンダートリ Māndhātṛ (巴)マーンダーター Māndhātā の音写。持養、楽養と訳す。頂生《ちょうしょう》(ムールダガタ Mūrdhagata)の異名がある。伝説上の王。人界・天界に生まれて思うままに欲楽にふけったと伝える。また父王の頭頂に生じた肉疱から生まれ、父王の六万の夫人に愛されたという。摩訶三摩多(マハーサンマタ Mahāsammata)王から数えて七代の王といい、あるいは五代また六代と伝える。〔参考〕Aṅguttara-nikāya 4, 15, 有部破僧事一、倶舎論八、賢愚経一三

**まんだら　曼荼羅**　(梵)マンダラ maṇḍala の音写。曼陀羅、曼拏羅、曼吒羅、漫荼羅、曼拏攞、満荼邏、満拏囉とも書き、壇、壇場、輪円具足などと訳す。輪円の意で、インドで秘法を修める際に魔衆の侵入を防ぐため円形を画したところから、一般に円形、方形などに区画した地域を曼荼羅といい、律には不浄を避けるためなど種々の場合に曼拏攞を作ることを説く。①密教では、大日経疏巻四に、曼荼羅には種々の意があるとし、輪円具足の意から、諸尊が普門《ふもん》の大日如来を輪をなしてとりまき大日をたすけて衆生を普門に趣かせる意味があるとし、また発生の意から、仏種を育てて仏樹王(仏果)を生じる意味があるとし、或いは(梵)マンダ maṇḍa は牛乳を精製した醍醐《だいご》の意であるから、従って曼荼羅は、仏果の醇浄融妙なことを示して、極無比味、無過上味の意があるとする。しかし後世密教では主として聚集の意から、諸仏・菩薩などの聖衆が集まる所をいうとする。インドでは土壇を築いてその上に諸尊を図出し、事が終れば壊したが、中国や日本ではもっぱら紙帛に諸尊を図出するようになり、東密では金剛界《こんごうかい》を図出した金剛界曼荼羅、胎蔵界《たいぞうかい》を図出した胎蔵界曼荼羅の両部曼荼羅(両界曼荼羅)を用い、台密ではこの他に蘇悉地《そしつじ》法による雑《ぞう》曼荼羅をも用いる。なお両部曼荼羅の図様は経や儀軌によって一様でなく、現に流布されている図にあらわした曼荼羅を現図《げんず》曼荼羅という。また曼荼羅を四種にわけて四種曼荼羅、略して四曼という。金剛頂経の説によれば、(1)諸尊の相好《そうごう》を具えたすが

た、またこれを図するのを大曼荼羅(尊形《そんぎょう》曼荼羅)といい、金剛界曼荼羅の成身会《じょうじんえ》がこれに当たる。⑵諸尊の三昧耶《さんまや》、即ちその本誓をあらわす器杖刀剣などの持物、またこれを図し、或いは手に印契《いんげい》を結ぶのを三昧耶《さんまや》曼荼羅といい、同じく三昧耶会《さんまやえ》がこれに当たる。⑶諸尊の種子《しゅじ》や真言《しんごん》、またその種子の梵字を諸尊の本位に書くこと、また法身の三摩地《さんまじ》やすべての経論の文義などを法曼荼羅(種子曼荼羅)といい、同じく微細会《みさいえ》がこれに当たる。⑷諸尊の威儀事業、また像を捏鋳刻造するのを羯磨《かつま》曼荼羅といい、同じく供養会がこれに当たる。大日経の説によれば、三種の秘密身におさめて⑴字は法曼荼羅、⑵印は三昧耶曼荼羅、⑶形《ぎょう》は大曼荼羅とし、⑷この三身がおのおの威儀事業を具えるのを羯磨曼荼羅とする〈⇩字印形《じいんぎょう》〉。四曼について、万徳をまどかに具えるがしかも一におさまって相対を絶するのを体大曼荼羅、衆相の差別を具えるのを相大曼荼羅とし、四曼はすべての存在の相状を尽くすから六大体大・三密用大《さんみつゆうだい》に対して四曼相大という。また、三種の四曼の説があり、⑴過去世に約して法身大日如来の説法の席にあつまった聖衆を自性会《じしょうえ》の四曼、⑵未来世に約して影像や書画を世間住持の四曼、⑶現在世に約して瑜伽行者《ゆがぎょうじゃ》を行者修成《しゅじょう》の四曼とする。なお大智印・三昧耶智印・法智印・羯磨智印の四智印(四印)と四曼との異同について、体は同一で名が異なるとも、四曼は有情・非情に通じ四印は有情にかぎるとも、四曼は、本有《ほんぬ》の体に名づけ四印は修生《しゅしょう》の用に名づけるともする。

②金剛界曼荼羅(金剛界は㊵ヴァジュラ・ダートゥ vajra-dhātu の訳)。大日の智法身をあらわすもので、果曼荼羅、智曼荼羅、西曼荼羅、月輪曼荼羅《がちりんまんだら》などともいい、金剛頂経などによって図したもの。東密では九会《くえ》からなる金剛界九会曼荼羅を用いるが、台密では成身一会の曼荼羅を用い、九会曼荼羅は天竺随宜の説であるとする。九会曼荼羅は左図のとおりで、現図曼荼羅では一四六一尊をおさめる。羯磨会以下の六会は金剛頂経の金剛界品に説く金剛界大曼荼羅・陀羅尼曼荼羅・微細金剛曼荼羅・一切如来広大供養羯磨曼荼羅・四印曼荼羅・一印曼荼羅の六曼荼羅に当たるが、他の三会の典拠については確説がなく、金剛界曼荼羅はもと成身一会であって、九会は九種の曼荼羅を合集したもののようである。その図相の意味は、金剛とはさとりの智慧の体は堅固で壊れることがなく、しかもそのはたらきはものをよく摧き破るとの意であり、図を羯磨会以下降三世三昧耶会と順次するのは、如来が衆生を教え導く化他のはたらきとしての従果向因の下転門を示し、羯磨会以下供養会までは四曼のそれぞれを示し、四印会は四曼の不離を示し、一印会は四曼が絶対的な一実相として六大におさまることをあらわし、以上六会は三輪身《さんりんじん》中の自性輪身の曼荼羅である。理趣会は正法輪身である金剛薩埵の曼荼羅で、欲触愛慢の当相を示し、降三世羯磨会《ごうざんぜかつまえ》と降三世三昧耶会は、以上の二輪身によって教化しがたい衆生に教令輪身である降三世明王の忿怒《ふんぬ》の相を現わして折伏《しゃくぶく》するすがたを示す。また降三世三昧耶会以下羯磨会と逆次するのは菩薩の修生《しゅしょう》の順位を示す従因向果の上転門で、降三世三昧耶会は大悲の弓箭で無明《むみょう》の怨敵を射て上求菩提下化衆生《じょうぐぼだいげけしゅじょう》の誓願を起こすこと、ないし、羯磨会は威儀具足する大日如来即ち羯磨身を完成することを表わすとする。その他、上図において(ト)(チ)(リ)(ホ)(ニ)(ハ)(ヘ)(イ)(ロ)と次第して、これを自証より化他に出で化他また自証に帰る自証化他折伏摂受不二《しゃくぶくしょうじゅふに》の曼荼羅とするなど種々の解釈がある。九会のうち羯磨会(成身会)について図相を示

| | | |
|---|---|---|
| (ホ)四印会 | (ヘ)一印会 | (ト)理趣会(薩埵会)(普賢会) |
| (ニ)供養会(大供養会) | (イ)羯磨会(成身会)(根本会) | (チ)降三世羯磨会(降三世会) |
| (ハ)微細会(羯磨会) | (ロ)三昧耶会(羯磨会) | (リ)降三世三昧耶会 |

( )は別名を示す

すと、中央に一大円輪を画き、その中に五月輪を現わして、中央月輪には大日及び四波羅蜜菩薩、四方の月輪には四仏及びその四親近《しんごん》である一六大菩薩を安んじ、その外には八供養(内四供養・外四供養)・四摂・賢劫千仏・外金剛部二〇天・四大神の計一〇六一尊を画く。なお金剛界曼荼羅を仏部(理智具足覚道円満)・金剛部(智)・宝部(福徳)・蓮華部(理)・羯磨部(化他のはたらき)の五部にわけて、大日・阿閦《あしゅく》・宝生《ほうしょう》・阿弥陀・不空成就の五仏をその部主、大日以外の四仏は大日の四親近である四波羅蜜菩薩から出生したものであるから、この四菩薩を部母とする〈⇩部主《ぶしゅ》〔部母〕〉。③胎蔵曼荼羅(胎蔵は梵ガルバ garbha の訳)。大日の理法身をあらわすもので、因曼荼羅、理曼荼羅、東曼荼羅、大悲曼荼羅などともいう。仏の大悲を胎蔵に喩えて、この胎蔵から生じた曼荼羅の意。大日経により図したものである。その図様は一様でなく、経疏《きしょう》曼荼羅、阿闍梨《あじゃり》所伝の曼荼羅、胎蔵旧図様、胎蔵図像、現図曼荼羅などで、部院の廃立や所列の諸尊が異なる。恵果《けいか》の作と伝える現図曼荼羅では十三大院を立てるが、空海の秘蔵記には四大護院を略して十二大院とし、その他蘇悉地院をも略して十一大院とするものもある。日本で現行する現図曼荼羅は十二大院のもので、その配列は下の図のようになっていて、四一四尊をおさめている。その図相の意味は、衆生の本来有する因徳が開いてそのまま果徳の蓮華と等しく、即ち菩提心の仏種を大悲万行の母胎(即ち胎蔵)によって育てて仏果に至らせる意で、仏菩提の自証の徳から八葉中胎の大日の身をあらわし、その大日の徳から第一重から第四重までの諸尊(四重の聖衆)をあらわして、それぞれ大日の徳の一部分を象徴するとするものである。その中台八葉院《ちゅうだいはちよういん》の図相は、八葉の(八の花弁のある)蓮華の中央の花台に大日、東方の一葉には宝幢、南方には開敷華王《かいふけおう》、西方に無量寿、北方に天鼓雷音、東南方に普賢、西南方に文殊、西北方に観世音、東北方に弥勒を安んじ、大日は法界体性智、四仏は四智〈⇩智《ち》〉、四菩薩は四行(菩提・福徳・智慧・羯磨)を表わす。なお胎蔵界曼荼羅を仏部・金剛部・蓮華部の三部にわけて、衆生の心中の麁妄執《そもうじゅう》・細妄執・極細妄執の三妄執の実相をあらわす大定・大智・大悲の三徳を示し、中台院およびその東西の六院を仏部、北方の観音・地蔵の二院を蓮華部、南北の金剛手・除蓋障の二院を金剛部に当て、外金剛部院は三部に摂属させ、また通じて金剛部ともする。④雑曼荼羅《ぞうまんだら》。台密で、両部大日如来以外の諸尊を中尊とする曼荼羅(即ち金剛・胎蔵の両界曼荼羅以外の曼荼羅)をいい、諸尊曼荼羅、別尊曼荼羅とも称し、如来・仏頂・諸経・観音・菩薩・忿怒・天などの別がある。⑤台密で、胎蔵曼荼羅のように諸尊が本位にあってあまねく集まっているのを都会壇《とえだん》曼荼羅、普門曼荼羅といい、これに対して薬師・阿弥陀・観音などの諸尊を中心に建てた曼荼羅を都外別壇、別尊曼荼羅、一門曼荼羅などという。⑥尊勝法を修める時に作画するのを尊勝曼荼羅、不動明王を本尊とする曼荼羅を不動曼荼羅、阿弥陀・観音の通種子《つうしゅじ》である紇利倶《きりく》字を開敷蓮華《かいふれんげ》(開いた蓮華)の中台八葉においたのを九字曼荼羅といい、また法華経などの説会の聖衆を画いたのを経法曼荼羅、釈迦三尊及び倶舎論を伝えた諸祖を画いたのを倶舎曼荼羅という。⑦修法《しゅほう》の時、ただ観想によって諸尊の形像を観じるのを道場観の曼荼羅といい、観想によって自身を曼荼羅とし、四肢五体の上に曼荼羅の諸尊を布列するのを支分生《しぶんしょう》の曼荼羅(支分上の曼荼羅)という。支分生の曼荼羅には、胎蔵の中台八葉院を頭部、第一重の内眷属を咽から心臓まで、第二重の諸大菩薩を心臓

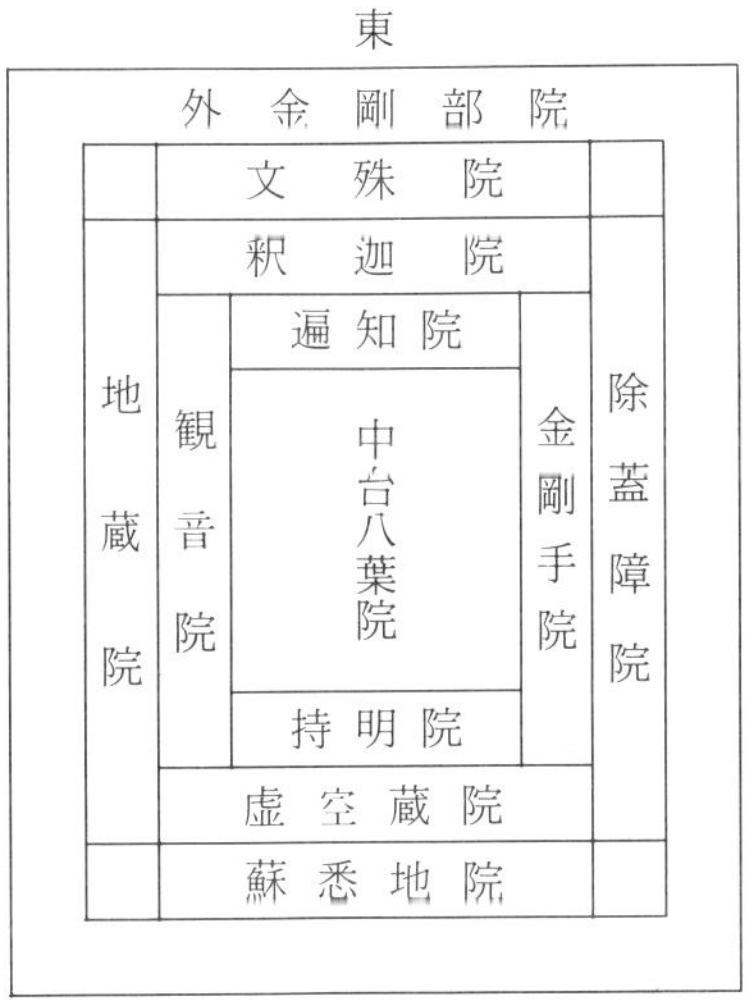

から臍まで、第三重の生身《しょうじん》の釈迦などを臍以下の部位に配する三重流現《るげん》の曼茶羅と、地・水・火・風・空の五輪を膝・腹・胸・面・頂に配する五輪成身《ごりんじょうしん》の曼茶羅とがあり、また金剛界の九会を肢体に配することもある。灌頂の時、壇上に敷いて行者に投華得仏《とうけとくぶつ》させるために用いるのを敷曼茶羅《しきまんだら》と称する。また一般に曼茶羅を礼拝供養するのを曼茶羅供《まんだらく》、略して曼供といい、諸堂新築の落慶供養などに多くこれを修める。⑧阿弥陀仏の浄土や弥勒の兜率天《とそってん》などの様相を描いたのを浄土曼茶羅・兜率曼茶羅などということがあるが、これは変相〈⇩変《へん》〉というべきものである。また法華経の教説の内容を図示した法華変相を法華曼茶羅ということがあるが、これとは別に密教で法華経法を修める時に用いる法華曼茶羅がある。⑨日蓮宗では、本門の本尊〈⇩三大秘法《さんだいひほう》〉の理を具象的に示した十界曼茶羅（十界勧請の大曼茶羅《じっかいかんじょうのだいまんだら》、十界の諸尊の来臨を勧請する曼茶羅の意）を本尊として用いる。即ち、中央に「南無妙法蓮華経」の題目を記し、両側に釈迦・多宝の二仏と無辺行・上行・浄行・安立行の四菩薩、四隅に四天王、両辺に不動・愛染の二明王やその他の仏・菩薩・天・竜・神祇・伝灯の諸祖などの名号を書いたものである。これは十界互具の理を表わすもので、久遠実成《くおんじつじょう》の本仏の全体、十界常住の当相を示し、また衆生の己心の顕現であるとされる。⑩中国からの将来図については、真寂の諸説不同記によると空海将来の東寺曼茶羅を現図《げんず》曼茶羅、宗叡の将来図を或図《あるず》、円珍の将来図を山図《さんず》として区別している。空海将来の両部曼茶羅は空海の在世時にすでに破損していたようで、空海は弘仁一二年821に金胎両部の曼茶羅を転写させている。また両部曼茶羅の平安時代の遺品には⑴高雄曼茶羅（神護寺蔵、天長六829か）、⑵真言院曼茶羅（東寺蔵、昌泰二899）、⑶醍醐寺五重塔壁画（天暦五951）、⑷子島曼茶羅（子島寺蔵、長保年間999—1004）、⑸敷曼茶羅（東寺蔵、天永三1112）、⑹血曼茶羅（金剛峯寺蔵、久安六1150）、⑺上杉神社蔵曼茶羅、⑻東寺残欠甲本二枚（建久二1191）があり、現在真言宗で基準としている図は東寺の灌頂院に安置する元禄六年1693書写のものである。

**まんだら-け**　**曼陀羅華**　曼陀羅は㊵マーンダーラ māndāra（またはマーンダーラヴァ māndārava, マーンダーラカ mandāraka など）の音写で曼陀勒、曼那羅、曼陀羅梵、曼陀羅帆とも書き、天妙、悦意、適意、雑色、円、柔軟声、聞、白と訳す。その大きいものを摩訶曼陀羅華《まかまんだらけ》といい、曼陀羅華とともに四華即ち四種天華《げてん》の中に含まれる。天上界の華の名。その色は赤色に似て美しく、見る者の心を悦ばせるという。この樹は波利質多樹《はりしったじゅ》と同種の樹である。またはトウワタ属の植物のこと。チョウセンアサガオをいうともするが、恐らくは誤りであろう。

**まんだら-じ**　**曼陀羅寺**　愛知県江南市前飛保。日輪山と号し、西山浄土宗。元徳元年1329天真乗運が開創。もと円福寺と号したが、寛正三年1462空光が現寺号に改称した。天文一一年1542後奈良天皇の勅願所となった。西山派六檀林の一。〔重文〕正堂、書院、絹本著色浄土五祖像、銅鐘　〔参考〕浄土伝灯総系譜下、尾張志一一、日本名勝地誌三

**まんだら-じ**　**曼茶羅寺**　香川県善通寺市吉原町。我拝師山《がはいしざん》延命院と号し、真言宗善通寺派別格本山。四国八十八カ所第七二番札所。推古天皇四年596空海の先祖である佐伯一族の氏寺として建立されたと伝え、世阪寺《よさかでら》と称した。永禄元年1558兵火にかかって衰退し、文禄年間1592—96に生駒氏が再興した。

**まんだらせん**　**曼陀羅仙**　㊵マンダラ Mandara の音写。弱声、弘声と訳す。訳経家。扶南国の人。梁の天監二年503中国の楊都に来て、僧伽婆羅《そうぎゃばら》と訳経に従事し、宝雲経七巻、法界体性無分別経一巻、文殊師利所説摩訶般若波羅蜜経一巻を訳出した。〔参考〕歴代三宝紀一一、仏祖統紀三七、開元録六

**まんどう-え**　**万灯会**　万灯供養ともいう。一万の灯火を点じて、罪障を懺悔するために仏・菩薩に供養する法会。長者の万灯、貧者の一灯の施行の功徳を説く阿闍世王授決経などにもとづいて行われる。東大

寺では六月一五日の万花会と並んで一〇月一五日に万灯会が年中行事として行われている。〔参考〕菩薩蔵経、東大寺要録四・五・一〇

**まんとくーじ　万徳寺**　愛知県稲沢市長野町。長沼山と号し、真言宗豊山派。神護景雲二年768称徳天皇の勅願で慈眼の開創という。のち空海が再興したが、天暦年間947—57火災にかかり、建長年間1249—56常円が堂塔を再建し、亀山天皇の勅願所となった。〔重文〕多宝塔、鎮守堂、紙胎漆彩絵華籠(附、曲物笥)、黒漆蒔絵経筥(附、法華経入金銅宝相華透彫経筒)　〔参考〕尾張志

**まんぷくーじ　万福寺**　①京都府宇治市五ケ庄三番割。黄檗宗本山。黄檗山《おうばくさん》と号する。寛文元年1661明の渡来僧隠元隆琦が将軍徳川家綱らの寄進を受けて開創。山号・寺号は隠元旧住の中国福建省福州府の黄檗山万福寺にちなむ。寺地はかつて後水尾天皇の生母中和門院(近衛前子)の別邸大和田御殿があった場所。諸堂は明の様式で漸次造建され、宝永五年1708には塔頭三三院を数えた。歴代の住持は中国僧によって継承されたが、元文五年1704竜統元棟が一四世を継承してから次第に和僧となった。また法式儀礼・言語なども中国の風習によった。現存の塔頭は万寿院など一八院。なお宝蔵院には、黄檗版大蔵経(鉄眼版大蔵経)版木四万八二七五枚(重文)が所蔵されている。〔重文〕大雄宝殿、法堂、天王殿、禅堂、三門、紙本著色隠元和尚像、絖本淡彩観音図、紙本淡彩西湖図・虎渓三笑図・五百羅漢図・瀑布図・波濤図ほか　〔参考〕黄檗宗本山万福寺記、山城名勝志一七　②山梨県東山梨郡勝沼町等々力。等力山と号し、浄土真宗本願寺派。俗に杉の御房と称する。もと源海が武蔵国埼玉郡荒木(現埼玉県)に開創したのが前身で、二世源誓の時に現地に移転した。建武元年1334後醍醐天皇から祈願厳修の綸旨を賜った。のち国守武田氏の崇敬が厚く、天正年間1573—92兵火により焼失したが間もなく復興した。慶安二年1649一〇世順能の没後、東本願寺末に転じようとしたため紛議が起こり、別に一寺を白川村に建立した。③島根県出雲市東林木町。護国山と号し、浄土宗。俗に大寺薬師といわれる。推古天皇の時に鰐淵寺開山智春が開創し、のち行基が来て薬師像を造り諸堂を建立したという。そののち衰退したが、永禄年間1558—70に平田の極楽寺心誉玄休が再興し浄土宗となった。慶安1648—52初年洪水のため堂舎が破損し現地に再建。〔重文〕木造薬師如来坐像及両脇士像、同観世音菩薩立像、同四天王立像　〔参考〕万福寺縁起、雲陽誌九　④島根県益田市東町。清滝山浄光院と号し、時宗。もと中州浦にあって安福寺と号し天台宗の寺院であったが、万寿三年1026津波のために流失。のち正和二年1313遊行四祖他阿呑海が当国遊行の時、住持の随音が帰依して改宗。応安七年1374月真の時、益田兼見が現地に移建造営、寺号を改め累代の香華所とした。〔重文〕本堂、絹本著色二河白道図　〔参考〕同寺縁起、日本名勝地誌七

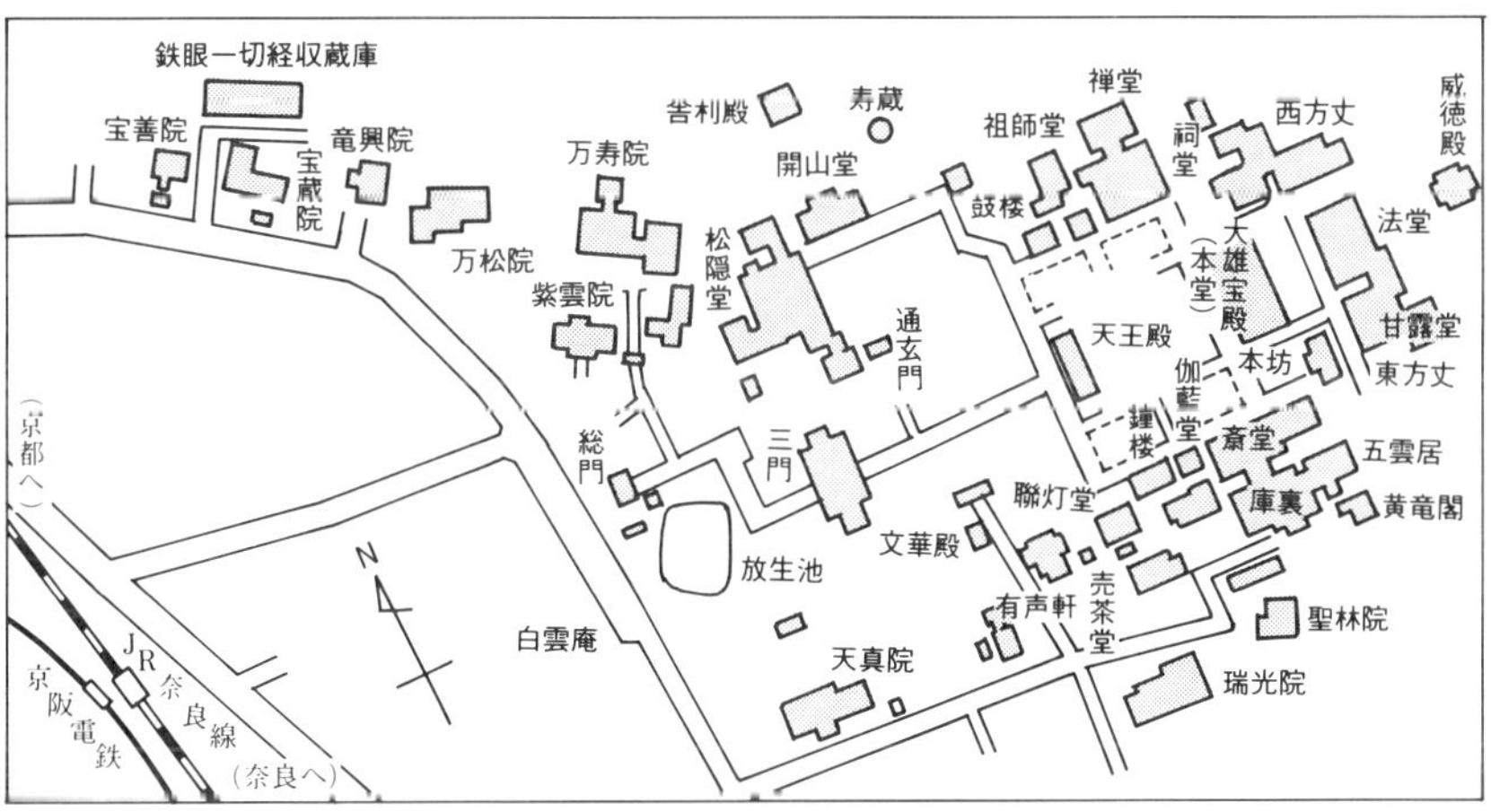

万福寺略配置図

**まんぼうーきしんーろく　万法帰心録**　三巻。清の超溟の著(康熙一五1676)、侍者の明貫の編。儒・仏・道三教は途を異にするが、

帰する所は一であることを説述したもの。㊕二・一九・五

**まんむ　万無**　(慶長一二1607—天和元1681)浄土宗の僧。字は心阿。号は直蓮社玄誉。伊勢国津の人。初め同地天然寺の真誉について剃髪し、のち増上寺業誉還無に師事して浄土教学を学んだ。岩槻浄国寺より、飯沼弘経寺・太田大光院・鎌倉光明寺に歴住。延宝二年1674知恩院三八世を継ぎ、鹿ケ谷に祖跡を復興し、法然院万無寺を開創して開山となった。〔参考〕浄土鎮流祖伝八、続日本高僧伝一〇

# み

**み　味**　㊵ラサ rasa の訳。感覚器官または感覚機能(五根)によって知られる対象(五境)の一で、舌根によって味わわれるあじわいをいう。また十二処・十八界の一。通常これを、甘(あまい)・醋《さく》(酢、酸ともいい、すっぱいこと)・鹹(しおからい)・辛(からい)・苦(にがい)・淡(あわい)の六味に分ける(倶舎論巻一)。淡のかわりに渋(しぶい)を数えることもある。六味に渋、不了を加えて八味といい、淡を除いて五味という。涅槃《ねはん》のさとりにそなわる四徳を分類して、常・恒・安・清浄《しょうじょう》・不老・不死・無垢《むく》・快楽《けらく》の八味とし、また八功徳水《はっくどくすい》を八味水ともいう。北本涅槃経巻一四には、仏陀の教説に順次に広説より要略に至る五段階があることを、牛乳を精製して酪などを生じる順序になぞらえて乳《にゅう》・酪《らく》・生酥《しょうそ》・熟酥《じゅくそ》・醍醐《だいご》の五味のようであると説く。天台宗では釈迦牟尼仏の一代の教説を、それが説かれた時期の上から五時〈⇩五時八教《ごじはっきょう》〉に分けて、五味をもって五時を説いたものとする。

**みいでら　三井寺**　⇩園城寺《おんじょうじ》

**みえいく　御影供**　神仏や故人の御影に供養すること。真言宗では毎年三月二一日の弘法大師空海の忌日に、その御影の前に供物を捧げて、報恩の誠をあらわす法会をいう。延喜一〇年910観賢が東寺灌頂院で行ったのに始まる。平安末期から、歌人の間で歌聖柿本人麻呂《かきのもとのひとまろ》の影像に供物をそなえて、和歌を講ずることも御影供といった。浄土宗の御忌《ぎょき》、真宗の報恩講、日蓮宗の御会式《おえしき》などに当たる。〔参考〕東要記下、初例抄下

**ミガシーサ**　㊵Migasisa　㊵ムリガシールシャ Mṛgaśīrṣa 鹿頭と訳す。比丘。憍薩羅《きょうさつら》(コーサラ Kosala)の人。舎衛城(サーヴァッティー Sāvatthī)において仏陀と術比べをして敗れ、帰仏出家したという。〔参考〕Theragāthā 181—2, 増一阿含経二八、大智度論一八

東寺御影供(都林泉名勝図会)

**みしゃか　弥遮迦**　付法蔵の第六祖。提多迦《だいたか》から法を受け仏陀難提《ぶつだなんだい》に伝えた。〔参考〕付法蔵因縁伝五

**みしゃそくぶ-わけい-ごぶん-りつ　弥沙塞部和醯五分律**　三〇巻。劉宋の仏陀什《ぶつだじゅう》・竺道生《じくどうしょう》らの共訳。化地部(弥沙塞部)に伝承された律で、弥沙塞律、弥沙塞五分律、五分律とも呼ぶ。法顕がセイロン島で入手した梵本から訳したものといい、全

篇を五部門に分けているので五分律といい、漢訳の四種律のうち最も南伝の律蔵に近似している。㊅二二

**みずま-でら　水間寺**　大阪府貝塚市水間。竜谷山と号し、天台宗。天平一六年744聖武天皇の勅により行基の開創と伝える。往古は寺観は整備され繁栄したが、天正年間1573—92豊臣氏の兵火で焼亡し、のち復旧した。毎年正月一日、二日は千本搗きという餅搗き行事が行われ、江戸時代には大いに盛行した。

**みずもと-こうおん　水原宏遠**　（文化五1808—明治二三1890）浄土真宗本願寺派の僧。近江の人。諱は慈空。円照寺の住職で、明治三年勧学に任じられた。著書、頌解文解一巻、真宗要義一巻、六字釈講苑一巻、略浄土論講苑二巻、原人論講苑二巻など。

**みぞう　未曾有**　㊵アドブタ・ダルマ adbhuta-dharma の訳。希法、勝法、希特法、未曾有法、未曾有経とも訳し、阿浮陀達磨《あぶだだつま》、阿浮多達磨、頞浮陀達磨、阿浮達磨と音写する。九部経、十二部経（即ち原始仏教経典の基本的な型）の一。経典のうちで、仏に関する（または一般的な）神秘不可思議な未曾有のことがらを記したもの、或いは仏の功徳の偉大さを讃歎した部分。

**みぞう-きょう　未曾有経**　①一巻。訳者不詳。後漢時代の訳。異本に唐の玄奘の訳の甚希有経《じんけうきょう》（一巻）があり、チベット訳にも希有法門経がある。如来を供養する功徳が広大無量であることを説く。㊅一六、国一経集部一四　②二巻。南斉の曇景の訳（479—502）。詳しくは未曾有因縁経という。仏陀がその子羅睺羅《らごら》を出家させ教化すること、波斯匿《はしのく》王とその夫人および祇陀《ぎだ》王子のために種々の法を説くことを記す。㊅一七

**みそぎ　御衣木**　仏像を作るための材木。御素木とも仏木とも書く。

**みそぎ-かじ　御衣木加持**　御素木加持とも書く。御衣木は仏像を彫刻するのに用いる木で、また仏像を描く材料となる絹を御衣絹《みそぎ》といい、これらの仏像を彫刻・図絵する材料の穢れを除くため、密教的呪法で行われる加持をいう。像の胸部となるところへ本仏の種子を書き、あるいは浄水をそそぎ、真言を誦し、そののち初めて仏師が斧を下し、あるいは筆をとる。

**みたけ-そうじ　御岳精進**　山伏が修験道の根本道場である大峯山（御岳）で修行するにあたって、一定の場所に籠って身をつつしむこと。千日の間、精進潔斎するのを千日の精進という。「そうじ」は「しょうじん」の音便である。

**みつい　密意**　⇩みっち

**みっきょう　密教**　顕教に対する語で、最も深遠な境地に到達したもの以外には窺うことができない秘密の教えを意味する。身に印を結び口に真言を唱え意に本尊を観じて、現実の事象そのものに宇宙の真相を見いだし、自己がそのままに仏であるという体験を得ることを説くもので、純正な密教は、法身の大日如来が自らの眷属のために説いた身口意三密の法門であるとして、これを純密といい、大日如来以外の諸尊の真言や修法を説くものを雑密《ぞうみつ》という。密教の萌芽は原始仏典のうちにも認められ、パーリ律蔵における守護呪や大会経（長阿含経所収）に説法の聴衆の名をつらねているのは、陀羅尼や曼荼羅の起源であるといわれる。そののち毘沙門天王経や孔雀明王経などの雑密経典が作られるようになり、孔雀王経や灌頂経は四世紀初めに東晋の帛尸梨蜜多羅《はくしりみったら》によって中国に伝訳された。七世紀後半に至り、ヒンドゥー教の影響下において、おそらくは華厳経の思想をうけて大日経が成立したが、この経は大日如来を中心として諸尊を位置づけ、胎蔵法として密教の理論的根拠を確立した。ややおくれて瑜伽行派の系統をひく金剛頂経が成立したが、この経は心識説を中心に五相成身《ごそうじょうじん》の観行を説き、金剛界として密教の実践的方法を組織化した。八世紀に、大日経は善無畏《ぜんむい》により、金剛頂経は不空によって、それぞれ中国に伝訳され、九世紀の初め空海が日本に伝えて、両経を根本聖典として真言宗を開いた〈⇩真言宗《しんごんしゅう》〉。インドでは、両経を一具とする思想はなく、大日経が金剛頂経に発展吸収される形となり、金

剛頂経の系統をひく後期密教が栄えた（日本真言宗の伝統教学で金剛乗という場合は純密を指し、これとは別である）。後期密教は、タントラ仏教ともいわれ、金剛頂経に見られる大楽思想に基づき、ヒンドゥー教の性力派（シャークタ派 Śākta）の説をとり入れて、人間の愛欲を肯定する傾向が強く、パーラ王朝の外護の下に、ナーランダー寺やヴィクラマシラー寺などを本拠にして栄えたが、一三世紀初頭にイスラム教徒のために滅ぼされた。この教はシャーンタラクシタ Śāntarakṣita（寂護）やパドマサンバヴァ Padmasaṃbhava（蓮華生）らによって八世紀の中頃にチベットに伝わり、ラマ教とも俗称されるチベット仏教の根幹となった〈⇨ラマ教〉。なおこの系統の経典の一部分は一〇、一一世紀に中国に伝訳されたが、大きな影響は与えていない。

**みつごう　密号**　①文字のあらわな意味によっては理解することのできない語。例えば、山はさとりをもとめる心のゆるがないことをあらわすというようなもの。②金剛名《こんごうみょう》のこと。

**みつごん-じょうど　密厳浄土**　密厳仏国、密厳浄刹などともいう。秘密荘厳されている浄土。三密無尽の万徳で荘厳された大日如来の浄土のこと。如来の住している自受用《じじゅゆう》の浄土であって、智慧と神通とを成就した観行者がこれに依住するという。これは最寂静であり、大涅槃、妙解脱であり、如来蔵無垢識即ち転依《てんね》の阿頼耶識《あらやしき》をその体とする。大日如来の住する浄土ともされる。〔参考〕大乗密厳経中・下、同疏三、密厳浄土略観

**みっしゃくりきし-だいごんじんのう-きょう-げじゅ　密跡力士大権神王経偈頌**　一巻。大権神王経偈頌ともいう。元の管主八の著（延祐年間1314—20）。もと北天竺の阿質達霰が唐代に訳出したとされる穢跡金剛説神通大満陀羅尼法術霊要門には流通分がなく、智彬がそれを補って仏入涅槃現身神王頂光化仏説大方広大円満大王遍知神通道力陀羅尼経を作り、さらにこれを管主八が増補集成したもの。仏陀の滅後、密跡力士大権神王が螺髻魔王を降伏し仏陀の金棺を守ったことを述べ、真言密教の呪文とその方法功徳を説く五字一句の偈頌。(大)三二、国一論集部五

**みっしゅう-けちみゃく-しょう　密宗血脈鈔**　三巻。静基の著（元和八1622）。恭畏の補。真言密教の血脈相承の次第・略譜・略伝を記したもので、特に三宝院流にくわしい。〔刊本〕寛永八1631刊

**みつぞう-いん　密蔵院**　愛知県春日井市熊野町。天台宗。医王山薬師寺と号する。嘉暦三年1328慈妙が創建。葉上流を伝法して学徒が来集し、別に篠木派と称して一派をなした。のち真盛が来寺したが戦国時代に衰退、元和年間1615—24珍祐が堂舎を再建した。なお名古屋東照宮別当職をも兼ねた。〔重文〕多宝塔、木造薬師如来立像〔参考〕尾張志八・九

**みつだえ　密陀絵**　油に少量の密陀僧（酸化鉛 litharge）を加えて煮沸した乾性油を密陀油と呼び、これに顔料を混ぜて描いた油絵（油画《ゆが》）、および普通の絵（膠絵《にかわえ》）にこの種の油をかけて光沢を出した絵（油色《ゆうしょく》）をいう。中国では唐代からこの描法が行われ、日本にも古くから伝来したと思われ、法隆寺玉虫厨子《たまむしのずし》や、橘夫人《たちばなふじん》厨子の絵は一般に油画といわれる。わが国で最も流行したのは安土桃山時代から江戸初期にかけてであり、膳や盆のなかには優品がある。漆で発色不能な白、その他鮮明な色が出るところから世人に歓迎された。

**みっち　密意**　かくされた意図のこと。仏の真意をいう。仏の真意は衆生《しゅじょう》の表面的な理解からはかくされているから密という。あからさまに真実のままを説いても理解できないもののために、仏が真実を裏にかくして表には仮に方便の教えを説くことがある。これを密意方便の教えという（顕了真実の教えに対する）。

**みつもん-ゆうはん　密門宥範**（天保一四1843—大正九1920）高野山真言宗の僧。大和の人。金剛峯寺復興四世。大僧正。明治三八年1905高野派管長に選ばれ、同四三年真言宗聯合長者となり宗門興隆に努めた。

**みていら-じょう　弥悌羅城**　(梵)(巴)ミティラー Mithilā の音写。弥夷国ともいう。

古代インド十六大国の一つヴァッジ Vajji(跋耆)国のヴィデーハ Videha(毘提訶)族の都。韋提希《いだけ》夫人の生地といわれる。ヒンドゥー教ではウパニシャッドやラーマーヤナに登場するジャナカJanaka王の治めた都として知られ、ネパールのジャナクプルJanakpurがそれにあたるといわれる。

**ミトラ**　**Mitra, Rājendralāla**　(1824—1891)インドの東洋学者。ベンガル・アジア協会の会頭として多方面に業績を遺したが、仏教に関したものとしては、方広大荘厳経の梵本ラリタヴィスタラ Lalitavistara(1977)および八千頌般若経梵本(1887—88)を校訂出版したほか、著書としてBuddha Gayā(ブッダガヤー1878)、The Sanskrit Buddhist literature of Nepal(ネパールの梵語仏教文献1882)などがある。最後のものはホジソンB. H. Hodgisonが発見してベンガル・アジア協会に納めた一四四部の梵文写本の詳細な目録・解題である。

**みとろとり**　**弥姤路刀利**　ミトラシュリー Mitraśrīの音写か。弥帝麗尸利《みていれいしり》ともいう。説一切有部の論師。罽賓《けいひん》(カシミール)の人。未来に兜率天《とそってん》に生まれて弥勒につかえ、光炎如来として賢劫の第七仏となるという。〔参考〕賢劫経七、智度論八八、婆須蜜菩薩所集論序、出三蔵記集一二

**ミナーエフ**　**Minaev, Ivan Pavlovich**　(1840—1890)ロシアの東洋学者。ヴァシーリエフ V. P. Vasilievの感化によりインド学の研究に従事し、ドイツのヴェーバーA. Weberに師事。ペテルブルグ大学教授。一八七四年にセイロン・インド、一八八六年にインド・ビルマを旅行し、仏典収集とパーリ語研究につとめた。パーリ語波羅提木叉(パーティモッカPātimokkha)(1869)、パーリ語詩文論(ヴットーダヤVuttodaya)(1869)、梵文入菩提行論(ボーディチャルヤ・アヴァターラ Bodhicaryāvatāra)(1889)などの校訂出版を行い、また主著のBuddizm, issledovaniya i matelialy(仏教・研究と資料1887)の中には翻訳名義大集(マハーヴィウトパッティ Mahāvyutpatti)の梵語・チベット語の部分の校訂本を収めている。その他Pali Grammar, a phonetic and morphological sketch of the Pali language(パーリ語文法1872)などの著書がある。

**みなづき-え**　**六月会**　山家会、伝教会ともいう。六月四日の伝教大師最澄の忌日に営まれる法会。最初は法華経の講義のみを行ったが、のちに広学竪義《こうがくりゅうぎ》の論義問答が加えられた。天台大師智顗《ちぎ》の忌日法会である霜月会(一一月二四日)と並んで天台宗の二大法会の一。

**みなみ-の-ぼう**　**南之坊**　大阪市中央区大和町。高野山真言宗。志宜山法案寺と号し、聖徳太子の草創と伝える。生国魂神社の別当寺であった。中世に入って衰微したが、応永年間1394—1428松永政広が再興。のち住持正教の時、本願寺蓮如に帰依し改宗、以来別当寺と二寺に分かれた。織田信長が石山本願寺を攻撃した時焼失したが、豊臣秀吉の大坂城築城に当たり馬場崎に地を得て再興した。〔重文〕木造聖観音立像

**みなみ-ほっけ-じ**　**南法華寺**　⇨壺阪寺《つぼさかでら》

**みなもと-の-ためのり**　**源為憲**　(—寛弘八1011)詩人、文人。三宝絵詞の著者。字は源澄か。源忠幹の子。三河権守より遠江・美濃の国司を歴任、晩年は伊賀守となる。文章生の出身で、橘正通と共に源順《したごう》の高弟であり、文章に秀で大江匡衡《まさひら》・紀斉名《きのただなら》と共に「天下之一物」と称された。著書、三宝絵詞、口遊《くちずさみ》、空也誄、円融院御受戒記、世俗諺文など。

**みねあい-き**　**峰相記**　⇨ほうそうき

**みねあい-でら**　**峰相寺**　兵庫県姫路市太市にあった寺。正しくは峰相山鶏足寺という。神功皇后に従って来朝した新羅の王子の住した草堂跡に、敏達朝572—85に本寺を創建したと伝える。奈良時代には隆盛であったがのち衰退、中古に再興されたが再び衰微、天正年間1573—92土民一揆により潰滅した。〔参考〕峰相記

**みねいり**　**峰入**　入峰《にゅうぶ》ともいう。修験道の儀式の代表的なもので、山伏が行場のある各地の霊山に入ることをいう。近世以後、全国の山伏は聖護院の本山派と醍醐寺三宝院の当山派とに分属することとなったが、本来、本山派は熊野から大峯山に入り

修行するので順峰《じゅんぶ》(順の峰入)とよび、当山派は大峯山から熊野へ出るので逆峰《ぎゃくぶ》(逆の峰入)といった。しかしこの区別は厳密でなく本山派も逆の峰入を行った。春秋二回行われ、春の峰入(春の峰)は四月晦日を大峯山の戸明けとして入峰し、蔵王堂に華を供えるもので華供《はなく》の峰ともいわれ、これは民間の田植の直前に山入りして花を摘み田の神を祭る春山の行事と関係あるものとされている。秋の峰入(秋の峰)は七月六日金峯山《きんぶせん》に入り一八日まで修法し、熊野へ抜けて九月に下山するもので、これも民間の盆の前後に山入りする習俗と関係あるものと推定されている。

**みのぶ-さん　身延山**　山梨県南巨摩郡にある標高一一五三《メートル》の山。白根山脈の支脈で七面山の東尾にあたり、山中に東・西・南・中・鷲・金剛・蓮華・醍醐の八谷がある。日蓮が文永一一年1274簑夫《みのぶ》の沢(西谷)に隠棲し、弘安四年1281波木井実長《はきいさねなが》が堂宇を寄進して久遠寺《くおんじ》と号した。日蓮が武蔵の池上で没した後、遺命により当山に葬り、門下の六老僧が輪番で祖廟を守ったが、のち日向が同寺の二世を嗣いだ。永仁五年1297日朗が七面山頂に七面明神を奉祀して一山の守護神とし、文明六年1474日朝が久遠寺を鷲谷に移した。⇩久遠寺《くおんじ》①

**ミヒラクラ　Mihirakula**　(六世紀頃) フーナ(エフタル族のこととされる)の王。トーラマーナ Toramāṇa の子。その事績は碑文などによって知られる。六世紀の初頭パンジャーブ方面から進出して北インドの西部を征服し、サーカラ Sākala を都として仏教徒を迫害したが、のちヤショーダルマン Yaśodharman らインドの連合軍に撃破されてカシミール地方に退いたという。大唐西域記などに、匈奴の王摩醯邏矩羅《まけいらく》(訳して大族)が寺塔を破壊し僧侶を殺害するなど仏教の大迫害を行ったという記述があり、摩醯邏矩羅がミヒラクラと同一人物であるとみられているが、確かではない。〔参考〕付法蔵因縁伝六、蓮華面経下、西域記四

**みぶ-きょうげん　壬生狂言**　壬生大念仏ともいう。京都の壬生寺で毎年四月二一日から二九日まで行われる宗教芸能。一〇月中旬にも行う。重要無形民俗文化財。同寺の中興である円覚十万上人導御が正安二年1300融通大念仏会を行ったのに始まるという。導御は正行念仏(融通念仏)のほかに乱行念仏(念仏狂言)を創案して、無言劇により人々を仏道に導き、攘災招福を計ったと伝え、のち次第に能狂言がとり入れられた。文政八年1825大念仏堂が建てられてからは、正行念仏は本堂で、乱行念仏は新堂で行われるようになったが、ついに正行念仏はすたれて、念仏狂言のみが残った。三〇種目が伝えられ、出演者は地蔵菩薩の化身という資格でこれを演じる。芸能の系統からは神事神楽の流れを汲み、鎮花祭の古式に連なるようである。⇩大念仏《だいねんぶつ》

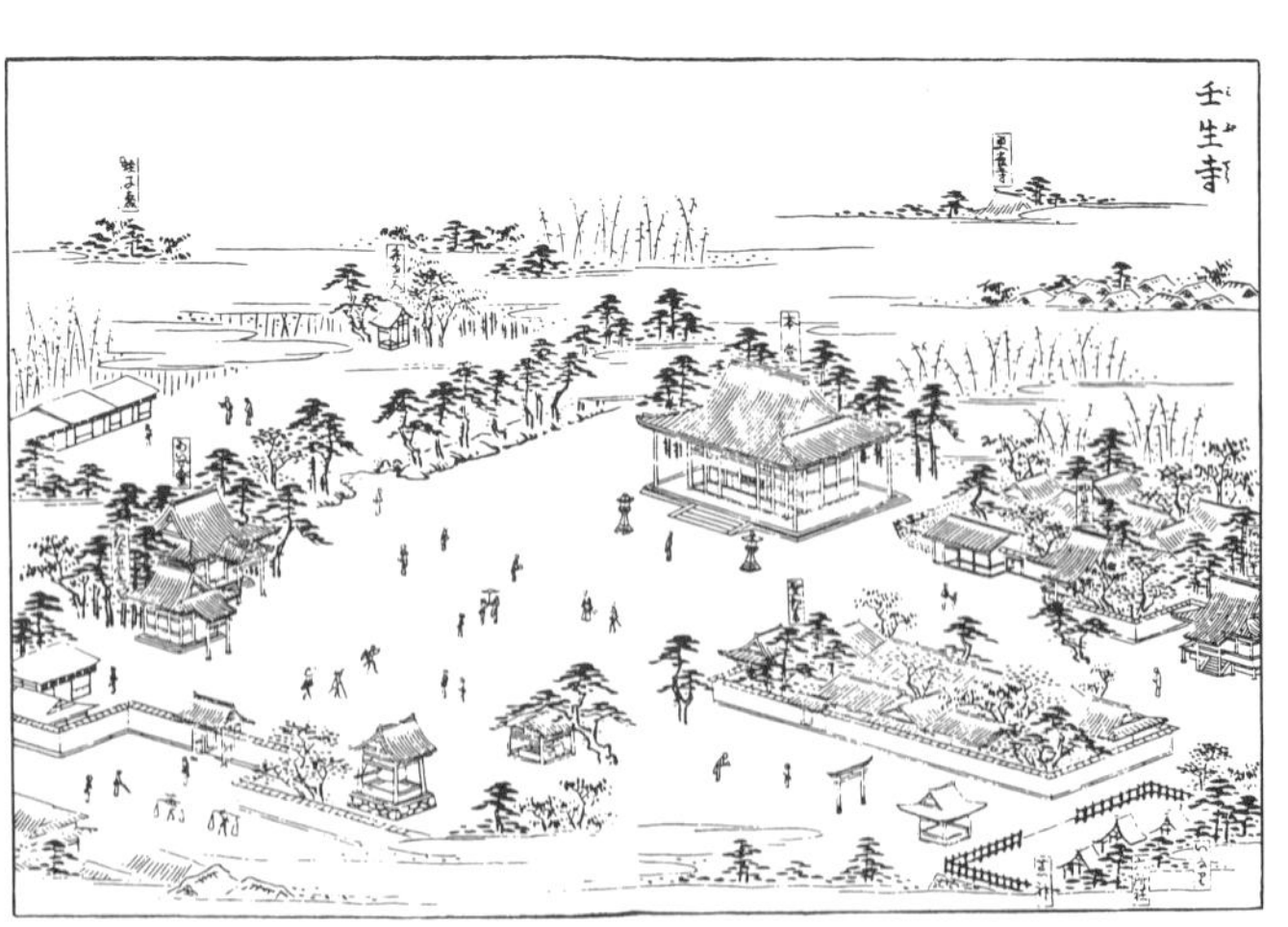

壬生寺（都名所図会）

**みぶ-でら　壬生寺**　京都市中京区壬生梛《なぎ》ノ宮町。律宗。壬生地蔵と称し、洛陽六地蔵の一。正暦二年991園城寺の快賢が地蔵菩薩を本尊とし、寛弘二年1005に堂供養をして小三井寺といわれたという。建保元年1213五条坊門坊城に移建したが、正嘉元年1257火災にかかり、正元元年1259に再興し、宝幢三昧院と号した。正安二年1300導御が融通大念仏会を修し壬生狂言の起源を

なしたという〈⇩壬生狂言《みぶきょうげん》〉。寛正五年1464足利義政が堂宇を修造し、慶長一六年1611後陽成天皇が諸堂宇を修理したが、天明八年1788洛中の大火で焼けた。文政八年1825以後に復旧したが、再建された本堂は昭和三七年1962火災で本尊地蔵菩薩坐像(重文)もろともに焼失した。なお現本尊(重文)は昭和四二年に奈良唐招提寺より移し安置したもの。〔重文〕木造地蔵菩薩立像、紙本墨画淡彩列仙図ほか　〔参考〕壬生寺縁起

**みみょう-けつ　御廟決**　二巻。源信(942—1017)著と伝える。成立年不詳。顕密二門鈔ともいう。良源から相伝の天台の要義を九〇項目にわたって示したもの。仏全三二、恵心僧都全集三(写本)三井寺柳田蔵(正中三1326写)、西教寺蔵(慶安三1650写)

**みむら-にっしゅう　三村日修**　(文政六1823—明治二四1891)日蓮宗の僧。字は円政または宴政。号は心妙院。備後福山の人。日蓮宗管長(身延山七五世)。一宗十二檀林の制を定め、明導協会の大師をつとめた。

**みむろど-じ　三室戸寺**　京都府宇治市菟道滋賀谷。本山修験宗。明星山と号す。西国三十三カ所第一〇番札所。宝亀年間770—80光仁天皇の勅命で志津川岸に創建されたと伝える。康和年間1099—1104三井寺の隆明が白河上皇・堀河天皇の帰依を得て伽藍をおこし中興開山となった。次いで後醍醐天皇が寺領を寄せ、文明年間1469—87勅によって寺基を現地に移したが、織田信長のために寺領は没収され衰えた。明和年間1764—72金蔵院忍興が再興し、以後漸次復旧した。〔重文〕木造阿弥陀如来及両脇侍坐像、同釈迦如来立像、同毘沙門天立像　〔参考〕太閤記、山城名勝志一七

**みやじ-ぎてん　宮地義天**　(文政一〇1827—明治二二1889)真宗大谷派の僧。一八世講師。号は孤竹、香華院と称す。越中の人。高倉寮で真宗を学び、安政六年1859より安居の講者をつとめた。著書、観経定善義聴記六巻ほか。

**ミュラー　Müller**　①Friedrich Max (1823—1900)マックス・ミュラーとして知られる。ドイツに生まれ、イギリスに帰化した東洋学・言語学者。詩人ヴィルヘルム・ミュラー Wilhelm Müler の子。ベルリン大学でボップ F. Bopp, シェリング F. W. J. Schelling に学び、パリでビュルヌフ E. Burnouf に学んだ。一八四六年イギリスに渡り、一八五〇年オクスフォード大学教授。印欧比較言語学の分野ではインドの言語とヨーロッパの諸言語が共通の祖語から出たことを論証したほか、比較宗教学・比較神話学の科学的方法論を確立した。リグ・ヴェーダの原典出版を行った(1849—75)ことでも知られる。また一八七五年以降 The sacred books of the East(東方聖書)全五一巻を編集・刊行した。著書に Comparative philology(比較文献学 1856)、History of ancient Sanskrit literature(古代梵語文学史1859)、Sanskrit grammar for beginners(初心者のための梵語文法1866)、Einleitung in die vergleichende Religionswissenschaft(比較宗教学入門1874)、The six systems of Indian philosophy(インド哲学の六体系1899)などがある。またヴェーダ(1891)、ウパニシャッド(1884)、ダンマ・パダ(法句経)(1881)、梵文の無量寿経・阿弥陀経(1883)、金剛般若経(1881)、般若心経(1884)の原典出版を行った。このうち無量寿経・阿弥陀経、般若心経は南条文雄との共同作業によるもので、日本人としては南条のほか高楠順次郎・笠原研寿・常磐井堯猷らがミュラーのもとで学んでいる。②Friedrich Wilhelm Karl(1863—1930)ドイツの東洋学者。ベルリン民俗博物館助手、副館長を経て、一九〇六年同館館長となった。グリュンヴェーデル A.Grünwedel, ル・コック A. von Le Coq がもたらした中央アジア出土文献を研究し、とくに中世ペルシア語や古代トルコ語で書かれたマニ教・仏教関係の典籍を解説した功績は大きい。著書に Handschriften Reste in Estangelo-Schrift aus Turfan, Chinesisch-Turkistan(1904), Ein iraniches Sprachdenkmal aus der nördlichen Mongolei(1909), Ein Doppelblatt aus einem manichäischen Hymnebuch (Mahrnāmag) (1913) などがある。③Edward 生没年不詳。スイスのパーリ語学者。セイロ

ンでパーリ語を研究した。ダンマ・サンガニDhamma-saṅgaṇi(法聚論)の校訂出版を行ったほか、Der Dialekt der Gathas des Lalitavistara(ラリタヴィスタラ韻文部における地方俗語1874)、Asimplified grammar of the Pali language(簡約パーリ語文法1884)などの著書がある。

**みょう　名〔句〕〔文〕**　名も句も文《もん》も心不相応行法《しんふそうおうぎょうほう》の一。文は㊵ヴィヤンジャナ vyañjana(便膳那)の訳で、「ア」とか「イ」とかいう個々の声音をいう。これは次に述べる名や句の所依(よりどころ)となるもので、それ自体は何の意味もあらわさない。名は㊵ナーマ nāma(那摩)の訳で、文の連続によって構成される事物の名称をいい、これによってはじめて個々の意味があらわされる。句は㊵パダ pada(鉢陀)の訳で、名を連結して一つの完全にまとまった意味をあらわす章句をいう。例えば「花は紅である」というようなもの。文でも名でも句でも、それぞれ二つ並列したものを文身・名身・句身といい、三つ以上並列したものを多文身・多名身・多句身という。この場合の身とは複数の意。例えば色・声は名身で、色・声・香は多名身である。有部《うぶ》では名・句・文の自体が声を離れて実有《じつう》であることを主張するが、経部《きょうぶ》や唯識派では仮有《けう》とする。

**みょう　妙**　㊵サット sat 薩の訳。不可思議、絶待でくらべるもののないのをいう。勝れた経典を妙典といい(特に法華経をいうこともある)、比較するものがなくすぐれて不可思議な法を妙法といい(法華経の美称とすることもある)、深妙不可思議の道理を妙理といい、不思議の対象を妙境といい、妙因妙行によって得た証果(仏果)を妙果という。⇩十妙《じゅうみょう》

**みょう　明**　㊵ヴィドャー vidyā の訳。愚かさの闇を破って真理をさとる聖なる智慧のこと。明は、よく闇を除くから慧を自性とするとも、無明の反対であるから無癡善根《むちぜんごん》を自性とするともいわれる(仏地経論巻二)。原始仏教では、八聖道《はっしょうどう》を修めて四諦《したい》の理を理解すれば、眼・智・明・覚(いずれも智慧をあらわす語)を成じて涅槃《ねはん》に趣くことができるとされ、大毘婆沙論巻一〇二には、善の有漏慧《うろえ》は、よく通達解了するけれども、四聖諦において決択《けっちゃく》(疑いを決して理を分別すること)し現観《げんかん》(まのあたりに四聖諦を覚知して観じること)することができないから明とは名づけないとして、無漏《むろ》の聖慧のみを明と名づけ、これに学(まだ学ぶべきものを残している聖者)・無学の二種の区別があるとする。また、無学の聖者のうちで素質能力のすぐれたものは、六神通《ろくじんづう》の中の宿住・生死・漏尽の三通において過去・未来・現在の三際の愚闇を破り除くから、これを無学の三明と名づけるが、このうち前の二を明というのは、無漏である真の明(第三の漏尽の明)に順じ、それを引き、わずかに明相があるから仮に名づけるのである。また、明は学問、知識を意味し、インドでは声明《しょうみょう》などの五種の学芸を、五明とする。また真言《しんごん》などにも癡闇を除き障難を払う力があるから、これを明といい、密教では印契《いんげい》と真言とを併称して印明という。仏は三明および身口の行業《しんくのぎょうごう》をまどかに具えているから、十号の一に明行足と尊称し、初地以上の菩薩《ぼさつ》は諸法の実相を観じてその心が明了であるから、五種菩提のうちの明心菩提を初地以上の菩薩のさとる菩提とする。なお旧訳華厳経巻二八の十明品には、十地《じゅうじ》の菩薩が具える十種の智明を説いて(1)他心智明、(2)天眼《てんげん》智明、(3)宿命《しゅくみょう》智明、(4)未来際智明、(5)天耳《てんに》智明、(6)神力《じんりき》智明、(7)分別言音智明、(8)色身荘厳《しょうごん》智明、(9)真実智明、(10)滅定智明の十明を挙げるが、新訳ではこれを神通《じんずう》と訳して十通とする。

**みょう　冥〔顕〕**　冥とは幽冥で見聞できないもの、顕とは顕現で見聞しうるもの。①凡人の眼には見えない仏神が常にわれらを見ていることを冥見といい、眼に見えない諸天善神を冥衆《みょうしゅ》という。仏神が人しれず暗々裡に方便をめぐらすことを冥権《みょうごん》、暗々裡に信者を常にみまもり加護することを冥護、力を添えて助け導くこと(加被《かび》)を冥助、冥祐、冥応或いは冥加《みょうが》、仏神が改心させるために悪人を罰することを冥罰、

仏神から与えられる利益を冥利という。冥加に対して、仏神があらわに力を与えて助け導くことを顕加《けんが》という。また後世には神仏がわれわれのすることを見ている(神仏照覧)という意味で、冥加ということがある。仏の冥加に感謝する心から仏教教団に献納する金を冥加金、略して冥加という。②地獄・餓鬼・畜生の三道、中でも閻魔王の住んでいる地獄道の世界を冥界《みょうかい・めいかい》といい、この眼に見える娑婆世界を顕界という。衆生《しゅじょう》は死後そこに行くというので死後の世界を冥界と名づけ、また冥土《めいど》、冥途《めいど》、黄泉《よみ》、冥府《みょうふ・めいふ》とも名づける。死後に得る幸福を冥福《めいふく》という。死後の生活を旅に喩えて冥土の旅(人生はついに冥土に至るという意味で人生行路をも冥土の旅ということもある)、衆生が仏法を聞信しないで冥《くら》い世界から冥い世界へと流転《るてん》することを従冥入冥《じゅうみょうにゅうみょう》という。また世俗に死後初七日目に冥途の秦広王《しんこうおう》(冥府の十王の第一)の庁舎に至るが、その間に死出の山《しでのやま》があり、その山は峻しく獄卒に鉄棒で打たれるという。また三途(三塗)の川《さんずのかわ》というのを渡らなければならないという。三途の川は三瀬川《みつせがわ》ともいう。それは山水瀬・江深淵・有橋渡の三つの渡る所があるからこの名があるともいう。三途の川は葬頭の河《そうずのかわ》ともいうが、葬頭は三途の音便である。三途の川とはもと、人は罪が重くて地獄・餓鬼・畜生の三途(三悪趣、三悪道)の苦しみを免れて浄土へ生まれることが容易でないことを、川の越えがたいことにたとえたもの。死出の山は死後の行程の第一歩を譬喩的に現わした語で「死」の意。冥界には閻魔王とそれに属する官僚(冥官《みょうかん》)がいるといい、また十王(閻魔王はその第五)がいるともする。なお閻魔王をはじめ天曹地府の冥衆を供養して、延寿攘災を祈る斎会《さいえ》があり、密教の修法《しゅほう》の一で、これを冥道供《めいどうぐ》という。

**みょうあん　妙安**　(文明一二1480—永禄一〇1567)臨済宗の僧。字は惟高《いこう》。近江の人。相国寺の光源院瀑岩等紳に嗣法し、文学に秀でた。光源院に住し相国寺九〇世を継ぎ、南禅寺・慈照寺・伯耆護国寺・海蔵寺などに歴住した。著書、詩淵一滴ほか。〔参考〕五山詩僧伝

**みょうあん‐じ　妙安寺**　①群馬県前橋市千代田町。一谷山最頂院と号し、真宗大谷派。推古天皇の勅願により聖徳太子が創建し、三論宗で最頂院葛城《かつらぎ》寺といったが、のち天台宗となり、廃寺となったという。天福元年1233親鸞の門弟二十四輩中の第六成然(正しくは常然)が、聖徳太子の夢告で最頂院を再興し、現寺号を称した。一五世成空は関宿城主板倉周防守の帰依を得て寺領を寄せられたが、天正八年1580板倉氏に従い武蔵川越に移り、のち現地に転じた。東本願寺創建に当たり、徳川家康は当寺の親鸞木像を本山に献上させた。②茨城県坂東市みむら。一谷山最頂院と号し、真宗大谷派。現群馬県前橋市妙安寺が、天正八年1580下総三村から武蔵川越を経てのち前橋へ移ったとき、三村の旧地に願正寺と称して建立され、前橋妙安寺の掛所となっていたが、のち分立。慶長一五年1610焼失し、貞享年間1684—88現寺号になったという。〔重文〕絹本著色聖徳太子絵伝　③茨城県猿島郡境町一ノ谷《いちのや》。一谷山大法院と号し、真宗大谷派。貞永元年1232親鸞の門弟二十四輩中の第六成然(常然)が、一ノ谷沼の辺に草庵を開創したのに始まるという。明応八年1499現在地に移転、一谷山妙安寺と号した。天和年間1681—84江戸の報恩寺末となり、西福寺と改める。その後、京都仏光寺を本寺とするが、元文五年1740東本願寺末となって旧寺号に復した。境内に成然の墓がある。〔参考〕二十四輩散在記、大谷遺跡録二

**みょうい　妙意**　(文永一一1274—貞和元1345)臨済宗の僧。号は慈雲。信濃の人。諡号は慧日聖光国師。越後五智山で得度し、紀伊由良興国寺の心地覚心に随って臨済禅を学び、孤峯覚明の印可を受けた。のち北越の山中で修すること二四年、越中に国泰寺を創建した。〔参考〕延宝伝灯録一五、清泉妙意禅師行録

**みょういつ　明逸**　(享保一二1727—寛政九1797)号は明月。幼時に伊予松山の真宗大谷派円光寺の法嗣となる。京都・堺などに遊び、江戸で服部南郭らと交わり、松山に

荻生徂徠《そらい》の儒学を伝えた。詩文を好み、書画をよくした。著書、明月道人什四巻、阿弥陀経妙徳讃一巻など。〔参考〕明月上人伝

**みょううん　明雲**　（永久三1115—寿永二1183）天台宗の僧。源顕通の子。慈雲房と号する。京都の人。比叡山の弁覚や相実から顕密の義を学び、最雲法親王の資となり、仁安二年1167天台座主に補された。治承元年1177西光の讒で伊豆に流される途中、延暦寺の衆徒が奪還し、許されて再び座主に復し、のち天王寺の寺務を領した。源義仲が後白河上皇を法住寺殿に襲った時、円慧法親王と共に流矢に当たって没した。〔参考〕平家物語、元亨釈書一六、本朝高僧伝五二

**みょうえ　明恵**　⇩高弁《こうべん》

**みょうえん　明円**　（　—正治元1199?・）平安後期の仏師。忠円の子で承安四1174年二月法眼となる。京都三条に住したいわゆる三条仏所の棟梁。数多く像を造ったが、京都大覚寺の五大明王像（安元二1176、重文）が現存。

**みょうおう　妙応**　（　—観応二1351）臨済宗の僧。字は真空。高峰顕日に師事して臨済禅を学び典座となり、のち下野興禅寺の開山となった。〔参考〕延宝伝灯録一九

**みょうおう　明王**　㊵ヴィドヤー・ラージャ vidyā-rāja の訳。明は愚闇を破る智慧の光明を意味し、真言《しんごん》のこと。これは文法上の男性名詞であり、女性名詞ヴィドヤー・ラージャー vidyā-rājā（またはヴィドヤー・ラージュニー vidyā-rājñī）は明妃《みょうひ》と称する。例えば仏頂一字真言は仏部の明王であるなどという場合は、真言中の王という意であり、降三世明王《ごうざんぜみょうおう》などの尊（神格）をいう場合の明王は、明を持し明の主である者を意味する。後者の意味での明王は、教化しがたい衆生を導くために忿怒《ふんぬ》の相をあらわした尊であり、持明王、忿怒尊、威怒王《いぬおう》とも称して、三種輪身《さんしゅりんしん》のうち、如来の大智からあらわれた教令輪身《きょうりょうりんしん》を指す。なお文法上の男性に属する真言がよく諸難を破る威力があるのを明王、同じく女性の真言がよく物を懐柔する功徳があるのを明妃とし、真言に文法上の男女二声があるから、従って明の主にもまた男女二神があるとして、これにより折伏《しゃくぶく》と摂受《しょうじゅ》との功を全うさせる。明王には五大明王・八大明王などがあり、馬頭明王《めずみょうおう》のように菩薩《ぼさつ》と名づけられるものもあるが、多くは夜叉《やしゃ》を指し、また明妃は女像で、仏眼明妃などがある。

**みょうおう　明応**　（嘉暦三1328—応永一四1407）臨済宗の僧。近江浅井郡の人。字は空谷。広済寺志徹の侍童となり、以来、夢窓疎石・無極志玄・高山慈照・中巌円月らに歴参し、美濃天福寺に住し、天寧寺・大光明寺の主となった。将軍足利義満の帰依を受け、また崇光院から常光国師の号を賜った。さらに相国寺に住して類焼の諸堂を復興し、応永一一年天竜寺の主となる。著書、常光国師語録二巻。〔参考〕常光国師行実、本朝高僧伝三七

**みょうおう-いん　明王院**　①広島県福山市草戸町。真言宗大覚寺派の別格本山。中道山円光寺と号し、俗に萩寺という。もと同市本庄町にあった西光山常福寺（大同二年807空海の開基）を復興するため、元和五年1619藩主水野勝成が当寺を現地に移転して現寺号となった。江戸時代には藩主の祈願所となる。五重塔（国宝）は全国五番目の古さ。〔国宝〕本堂、五重塔〔重文〕木造十一面観音立像（伝最澄作）〔参考〕明王院縁起、福山志料　②滋賀県大津市葛川坊村町。天台宗。貞観元年859清和天皇の勅によって相応が創立したと伝える。比良山西麓の葛川《かずらがわ》にあり、天台系山伏、葛川修験の道場として栄えた。〔重文〕木造千手観音立像、同不動明王立像、同毘沙門天立像、紙本著色光明真言功徳絵詞　③和歌山県伊都郡高野町高野山。高野山真言宗。弘仁七年816空海が金剛峯寺の開創に当たって、鬼門鎮護のため五大明王像を奉安したのにはじまる。〔重文〕絹本著色不動明王二童子像掛幅（赤不動）

**みょうおう-じ　妙応寺**　①中国北京城阜城門内。俗に白塔寺と称し、巨大なラマ塔を以って知られる。遼の寿昌二年1096塔が建てられ、元の至元一六年1350に至って大聖寿万年寺と称された。明の天順二年1458改称されて現寺号となる。清の康熙二七年1688重修され、さらに乾隆一八年1753

再建された。②岐阜県不破郡関ヶ原町今須。青坂山と号し、曹洞宗。延文五年1360能登総持寺二世峨山韶碩の法嗣、大徹宗令が殺生石退治のためこの地に来て、領主長江重景の帰依を受け、重景の館を寺としたという。当国における曹洞宗の総録所であった。③北海道函館市石崎町。日持山と号し、日蓮宗。正安元年1299日蓮門下六老僧の日持が創建して経石庵と号した。のち函館実行寺の末寺となり、同寺がこれを管理したが、移民の増加に伴い帰依者が多く、明治一二年1879に改築し現寺号に改めた。境内にある文化年間1804—18の日明の建立した経石塚は有名。

**みょうおん　妙音**　⇩婆沙の四大論師《ばしゃのしだいろんじ》

**みょうおん-じ　妙恩寺**　静岡県浜松市天龍川町。長光山と号し、日蓮宗。応長元年1311金原法橋左近(浄蓮)が開創し、日像を開山とした。三方原合戦の時(第一一世日豪)、徳川家康は当寺に逃れたが、それ以来深く帰依し、寺内に法雲寺を建立した。

**みょうおん-ぼさつ　妙音菩薩**　東方の一切浄光荘厳国から釈迦仏が法華経を説くのを聴くため耆闍崛山《ぎしゃくっせん》へやってきた菩薩。観世音菩薩のように種々の身を現じて処々で法を説くという。〔参考〕法華経七(妙音菩薩品第二四)

**みょうか　猛火**　(享保元1716—天明八1788)真宗高田派の学僧。字は明了。号は赤須真人。伊勢松坂真台寺の住持。専修寺の東海、巍堂《ぎどう》に師事し、詩文に長じ、篆書をよくした。著書、赤須真人詩集。〔参考〕赤須真人自伝

**みょうかい　妙快**　生没年不詳。南北朝時代の禅僧。古剣と号する。相模の人。夢窓疎石の弟子。入元して無慍、梵琦らに従った。貞治四年1365帰国し、東光寺・建仁寺・建長寺に歴住し、晩年天竜寺寿光庵で没した。詩文にすぐれ、詩集了幻集(五山文学全集三)がある。〔参考〕延宝伝灯録二四、本朝高僧伝三六

**みょうかい　妙誠**　生没年不詳。南北朝時代の禅僧。黙翁と号す。肥前の人。夢窓疎石の弟子。阿波の宝陀寺に住し、のち京都の臨川寺に住した。晩年、備中に華蔵院を開いて隠退した。〔参考〕延宝伝灯録二四、本朝高僧伝三五

**みょうかい　明快**　(寛和元985—延久二1070、一説に同三また治暦二1066)天台宗の僧。藤原俊宗(一説に俊家)の子。京都の人。梨本僧正。叡山で顕密二教を学び、谷流、慈覚大師流を伝え、のち東塔三千院円融房(梨本御所)に住して、自ら一流を唱え梨本流を開いた。天喜元年1053天台座主に補せられ、法成寺別当、恵心院検校などを兼ねた。康平三年1060大僧正。〔参考〕元亨釈書二五、本朝高僧伝一〇、天台霞標二・三

**みょうかく-じ　妙覚寺**　①千葉県勝浦市興津。広栄山と号し、日蓮宗。文永元年1264佐久間重貞が日蓮に帰依し、当地の釈迦堂を改めて開創。重貞の二子は共に出家して日保・日家と称し、第一、三世を継いだ。②京都市上京区新町通鞍馬口下ル下清蔵口町。北竜華具足山と号し、日蓮宗。四十四本山の一。永和四年1378日実が妙顕寺朗源の後席を争って寺を出て、小野妙覚の四条大宮邸に本寺を建立し、開山となった。のち二条衣棚に移り、天文法華の乱で焼亡、このとき一二世日兆は殉教した。天正一〇年1582本能寺の変では、織田信忠が当寺に宿したため兵火にあったが、同一一年豊臣秀吉により現地に再建された。文禄元年1592二一世となった日奥は不受不施義を主張し、慶長四年1599対馬に流され、当寺は身延山日乾に付された後、受不施派に転じた。〔重文〕盂蘭盆御書　〔参考〕妙覚寺文書、雍州府志四　③静岡県沼津市下河原町。万松山と号し、日蓮宗。平維盛の子六代が文覚の弟子となり妙覚と号したが、建久年間1190—99文覚に連座して処刑された。家臣斎藤六郎はその首を当国沼津郷馬門千本の浜に葬り、庵を結んで冥福を祈っていたが、のち日蓮に帰して日安と号し、庵に現寺号を称したのが始まりという。④岡山市御津金川。日蓮宗不受不施派本山。竜華山と号する。明治九年1876赤木日正が永く禁止されていた不受不施派の再興を出願し、許されて同派淵叢の京都妙覚寺を再興した。〔重文〕紙本著色花鳥図

**みょうかん　妙観**　（―康安元1361）浄土宗の僧。号は高蓮社良山。奥州の人。初め密教を学びのち浄土宗に帰し、善光寺名越流の伝灯を受けた。のち奥州に帰国して矢の目(現福島県いわき市)如来寺を開く。著書、略論安楽浄土義裏書一巻ほか。〔参考〕名越派嚢祖、浄土伝灯総系譜上、果分考文抄助証（後記）

**みょうかん‐じ　妙感寺**　滋賀県湖南市三雲。雷照山と号する。臨済宗妙心寺派に属する。延元年間1336―40妙心寺二世授翁宗弼の開創という。そののち一時退転したが、仏峰が再興。弘治元年1555石部城主三雲晴久が再建したが、永禄一一年1568兵火で焼かれ、のち寛文元年1661後水尾天皇中宮東福門院が再興した。〔参考〕甲賀郡誌、近江輿地志略五〇

**みょうぎ‐くでん‐しゅう　妙義口伝集**　一巻。妙義集ともいう。円仁に仮託された著で、実は後世のものと推定される。成立年不詳。顕密一致の立場から法華の妙義の大綱を述べたもの。日蔵四〇

**みょうき‐こく　妙喜国**　梵アビラティ Abhirati の訳。阿比羅提《あびらだい》と音写する。阿閦仏《あしゅくぶつ》の浄土で東方千の仏国を過ぎたところにあるという。〔参考〕阿閦仏国経上

**みょうぎ‐しんぎょう‐しゅう　明義進行集**　三巻（巻一は欠）。信瑞の著（弘安二1279）。天台や真言など諸宗の高僧のなかで源空の念仏の教えに帰依し、無観の称名を行じて往生した八名(静遍・明遍・隆寛・空阿・信空・覚瑜・聖覚・明禅)の略伝を掲げ、合わせて各人の著書を引用して各々の宗教思想を詳しく叙述する。仏教古典叢書六　〔写本〕大阪府金剛寺蔵(弘安六写)

**みょうきょう‐じ　妙教寺**　岡山市高松稲荷。竜王山または稲荷山と号し、最上稲荷教の総本山。俗に高松稲荷という。延暦四年785報恩大師が創建したと伝える。はじめ天台宗で神宮寺と称したが、豊臣秀吉の高松城水攻めのとき兵火にあい焼失。慶長六年1601日円が再興し、現寺号として日蓮宗となった。鎮守堂の荼枳尼天《だきにてん》がお稲荷様として隆盛をきわめ、享保年間1716―36宝鏡寺宮から扁額を賜り、祈願所とされた。現在では伏見、豊川と並ぶ日本三代稲荷の一。⇩最上稲荷教《さいじょういなりきょう》

**みょうぎょう‐じ　妙行寺**　新潟県柏崎市西本町。海岸山と号し、日蓮宗。もと大乗寺といい、真言宗の寺院であったが、文永一一年1274日蓮が流罪を赦免されて佐渡から当地に来た時、住僧の慈福が帰依し、名を日心として改宗、開山となった。

**みょうぎょう‐しんよう‐しゅう　妙行心要集**　三巻。源信(942―1017)の著。天台の眼目である観心の妙行について、その肝心である要義を一二〇条に分けて記述したもの。仏全三三、恵心僧都全集一(刊本)慶安三1650刊

**みょうぐ　明救**　（天慶九946―寛仁四1020）延暦寺二五世座主。有明親王の子。延昌に従い顕密を学び、霊験が高かった。浄土寺に住し、長和二年1013仁寿殿での修法の功により権僧正に任じられ、寛仁三年1019天台座主に補せられた。〔参考〕僧綱補任抄出、日本紀略後一三、本朝高僧伝四八

**みょうけい　妙慶**　（応永二九1422―明応二1493）曹洞宗の僧。字は快庵。薩摩の人。一五歳で出家し、美濃竜泰寺の華叟正蕚《しょうがく》から印可を受けた。その後文明年間1469―87越後顕聖寺を開創、次いで延徳二年1490下野大中寺の開山に迎えられた。〔参考〕日本洞上聯灯録七

**みょうけん　明見**　（建武四1337―応永一七1410）曹洞宗の僧。字は不見。出雲の人。初め高野山で出家し、後に永沢寺の通幻寂霊のもとに参禅した。出雲亀滝の総光寺の開山に招かれ、ついで越前竜泉寺・能登総持寺・丹波永沢寺などに歴住した。〔参考〕本朝高僧伝三八、日本洞上聯灯録三

**みょうけん　明顕**　（文安二1445―永正六1509）真宗本福寺の四世。近江堅田の人。父法住と共にいわゆる堅田門徒をひきいて本願寺蓮如・実如につかえ、その活動を助け、堅田新在家に坊舎を建立した(のち山科に移転)。本福寺が焼失して延徳四年1492谷口大恩庵を買得し、その再建に当たっては、蓮如より資金を下賜された。その子に明宗がある。〔参考〕本福寺由来記、本福寺跡書

**みょうけん‐じ　妙顕寺**　京都市上京区

寺之内通新町西入妙顕寺前町。具足山竜華院と号し、日蓮宗四大本山の一。元亨元年1321日像が京洛に布教し、三度追われたが遂に本寺を御溝《みかわみぞ》の傍ら、今小路（現上京区）に建立した。京都における同宗弘通の始まりである。嘉暦元年1326四条壬生の地へ移建。建武元年1334後醍醐天皇から法華宗の号ならびに勅願所の綸旨を受け大いに賑った。嘉慶元年1387延暦寺に破却され、堀川押小路に転じ妙本寺と改称したが、のち現寺号に復した。天文法華の乱（天文五年1536）で焼かれ、間もなく二条西洞院に再興、豊臣秀吉の市街整理で現地に移った。〔重文〕紙本墨書後小松天皇宸翰御消息・神国王書、強仁状御返事ほか　〔参考〕妙顕寺文書、山城名勝志二

**みょうげん-じ　妙源寺**　愛知県岡崎市大和町。桑子山華台院と号し、真宗高田派。文暦二年1235領主安藤信平が関東から帰洛途次の親鸞の教化に浴し、弟子となり念信房蓮慶と号し、正嘉二年1258桑子城地を割いて本寺を建立、明眼寺と称した。三河国真宗最初の道場という。永禄年間1558—70、当国一向一揆の際、徳川家康は本寺に逃れ、黒本尊といわれる阿弥陀像に祈念して験があったので、念持仏とした（この本尊は後に増上寺に奉安）。その頃、号を妙眼寺と改め、さらに現寺号に改めた。〔重文〕柳堂（太子堂）、絹本著色善光寺如来絵伝、同法然上人絵伝、同親鸞聖人絵伝　〔参考〕三河志、大谷遺跡録四

**みょうけん-ぼさつ　妙見菩薩**　災いを消し福を増し国土を守護する菩薩。北辰菩薩とも尊星王とも称し、北斗星（北極星）を神格化した道教の思想が仏教に混入したものといわれる。〔参考〕妙見陀羅尼経下、七仏八菩薩所説大陀羅尼神呪経一、覚禅抄

妙見菩薩（別尊雑記）

**みょうこう　明曠**　生没年不詳。唐代の天台学者。八教大意の著者。台州黄巌県（浙江省）の人。天台山国清寺で十余年学んだのち郷里の三童寺（一説に、三章寺）で著作に専心した。荊渓大師湛然の弟子とも、また密教を学んだとも伝えられる。著書は他に菩薩戒経疏刪補、般若心経疏、法華経人意など。〔参考〕伝教大師将来台州録、仏祖統紀二五、宋高僧伝六（元浩伝）

**みょう-ごう　名号**　主として仏・菩薩《ぼさつ》の名をいう。ほめたたえて宝号、尊号、徳号、嘉号などといい、仏のさとりの名であるから果名、果号、果上の名号などという。慧遠の大乗義章巻二〇末には、体をあらわすのを名、徳をあらわすのを称、名と称とが外にあらわれて天下になのられるのを号というとする。諸経典には聞名《もんみょう》、称名《しょうみょう》などの徳を説く。浄土教では専ら阿弥陀仏の名をいい、南無阿弥陀仏（六字の名号）を称えることにより、或いは名号のはたらきを身にうけることにより、浄土に生まれるとする。阿弥陀には無量寿（梵）アミターユス Amitāyus）、無量光（梵）アミターバ Amitābha）の意があるから、南無阿弥陀仏を訳して帰命無量寿如来、南無不可思議光如来（九字名号）、帰命尽十方無礙光如来（十字名号）などという。真宗では九字・十字の名号を六字名号と共に本尊として用いることがある。

**みょうこう-じ　妙光寺**　①京都市右京区宇多野上ノ谷町。正覚山と号し、臨済宗建仁寺派。弘安八年1285藤原師継がその子忠季の菩提のため山荘を改めて寺とした。寺号は忠季の幼名にちなんだもので、心地覚心を請じて開山とした。江戸時代には普化宗の一本寺として著名。〔参考〕正覚山志、雍州府志五、山城名勝志七　②新潟県西蒲原郡巻町角田浜。角田山と号し、日蓮宗。正和二年1313日印の開創という。日蓮が佐渡へ流された時の旧跡。

**みょうこう-じ　妙興寺**　①愛知県一宮市大和町妙興寺。長島山と号し、臨済宗妙

心寺派。貞治四年1365滅宗宗興の開創。後光厳天皇の勅願所となり、「国中無双禅刹」の額を賜った。応永1394—28以後、たびたび火災にあったが再建され、江戸時代には尾張徳川家の外護をうけ、当国一の禅刹とされた。〔重文〕勅使門、絹本著色仏涅槃図、紙本著色足利義教像、絹本墨画白衣観音図、木造大応国師坐像ほか 〔参考〕妙興報恩寺記、尾張志 ②千葉市若葉区野呂町。長崇山と号し、日蓮宗。建治二年1276曾野直秀が日合を請じて開創。一五世日観がいわゆる野呂檀林を開いて栄えたが、寛文六年1666二一世日講が不受不施説を唱えて配流され、以後は衰えた。

**みょうこう-にん　妙好人**　信行にすぐれた専修念仏者の総称。語源は、善導の観経疏散善義による。法然・親鸞などはひろく浄土願生者を妙好人と呼んだが、幕末に仰誓《ごうせい》の妙好人伝が出てから、とくに真宗の在俗の篤信者を指すようになった。著名な妙好人として、讃岐の庄松、因幡の源左、石見の善太郎や浅原才市などがいる。

**みょうこうにん-でん　妙好人伝**　一二巻。仰誓《ごうせい》、僧純、象王《ぞうおう》の編。初篇(天保一三1842刊)—第五篇(安政五1858刊)。真宗の篤信者の行状、逸事を集録したもの。初篇(二巻)は仰誓の編集で、安芸の喜兵衛・大和の清九郎など二一名を収録。第二篇から第五篇まで(八巻)は僧純の編。別に嘉永五年1852象王が続妙好人伝(二巻)を刊行。これらによって江戸中期の北海道から九州まで全国にわたる篤信者一五七名の信仰生活が記録された。なお近代以後も同類の書が編纂されている。

**みょうこう-ほうき-し　名公法喜志**　四巻。明の夏樹芳の著。成立年不詳。漢代より宋代に至るまでの在俗の信者で、参禅学道にすぐれた一〇八人の事跡を集録したもの。歴代の正史や諸家の文集、あるいは伝灯語録などから、諸名士と仏教に関する記事を抄出している。㊔二乙・二三・一

**みょうこく-じ　妙国寺**　①東京都品川区南品川。鳳凰山と号し、顕本法華宗。弘安八年1285日蓮の弟子天目が草庵を開き、のちその弟子日叡がこれを改めて寺とした。長禄年間1457—60領主鈴木充純は堂宇を造建し、上杉持氏は祈願所とした。のち徳川家光がとくに崇敬し、寛永一一年1634堂塔を重修。②大阪府堺市材木町。広晋山と号し、日蓮宗。永禄五年1562三好之康の菩提のため弟義長がその邸地を寄進し、豪商油屋常言が堂宇を造立、之康が帰依した日珖(常言の子)を開山とした。のち豊臣秀吉が寺田を給し、徳川家康も天正一〇年1582および大坂冬の陣の時に来寺して寺領を寄せた。境内に高麗から移植したと伝える大蘇鉄があり蘇鉄寺の名で有名。〔参考〕堺鑑中、和泉名所図絵二

**みょう-こん　命根**　㊵ジーヴィテーンドリヤ jīvitendriya の訳。倶舎宗《くしゃしゅう》や唯識宗では心不相応行法《しんふそうおうぎょうほう》の一(有部《うぶ》では実有《じつう》とするが、経部《きょうぶ》や大乗では仮有《うけ》とする)。過去の業《ごう》によって生じ、一期《いちご》(この世に生を受けてから死ぬまで)の間、有情《うじょう》の心身の相続において煖《なん》(体温)と識とを維持するもので、その体は寿である。これまた逆に煖と識とによって一期の間維持させられる。

**みょうごん-じ　妙厳寺**　愛知県豊川市豊川町。円福山または天眼山と号し、曹洞宗。俗に豊川稲荷という。嘉吉元年1441東海義易が開創し、今川義元が伽藍を造営した。寺伝では寒巌義尹が宋から将来した観音を本尊とし、荼枳尼天《だきにてん》を鎮守として奉安したという。のち九鬼嘉隆が文禄の役で荼枳尼天を舟中に安置して戦勝を祈り、徳川家康も関ケ原の戦に同じく戦勝を祈願し、それぞれ寺禄を寄せた。江戸時代、大岡越前守忠相は自らの邸内に分祀するなど、その霊験が称されて寺運が栄えた。〔重文〕木造地蔵菩薩立像 〔参考〕三河志二七、豊川閣妙厳寺略縁起

**みょう-しき　名色**　㊵ナーマ・ルーパ nāma-rūpa の訳。十二縁起《えんぎ》の第四支で種々に解釈される。語意からいえば名とは心的なもの、色とは物的なものを指す。即ち、五蘊《ごうん》のうち受想行《ぎょう》識の四蘊はただ名づけることによってのみ示しうるから名、色蘊は形があり壊れるから色という。①有部《ぶ》などでは、十二縁起を胎生学的に理解し、縁起の各支はいずれも五蘊を体とする

と説くが、そのうち母胎にやどった瞬間の位態を識、それ以後胎内にある間(胎内の五位)で六根(六処)がいまだ生じない位態を名色とする。②唯識宗では、未来世のむくいをまねく力をもった阿頼耶識《あらやしき》の名言種子《みょうごんしゅうじ》のうちで本識と六根と触《そく》と受との種子を除いたものを名色とし、或いは五蘊の種子を名色とする。③十二縁起を論理的条件関係において理解する説では、名色は識の対象となり六処の機能によって識に認知される一切法とする。

**みょうじつ　妙実**　(永仁五1297―貞治三1364)日蓮宗の僧。京都の人。近衛経忠の息で嵯峨大覚寺の修行僧であったが、日像に師事。和泉・美作・備中などに行化して妙光寺・大聖寺・慈眼寺を建てた。また備前に諸寺を開き、いわゆる備前法華の地盤を築いた。京都妙顕寺の日像の跡を継ぎ、延文三年1358祈雨の賞として日蓮・日朗・日像に菩薩号が下賜され、自らは大覚の称号を許された。また朝廷、幕府に請われて祈禱をよくし大僧正に任じられた。〔参考〕本化別頭仏祖統紀一六、竜華歴代師承伝

**みょうじつ　明実**　(―寛治七1093)比叡山の僧。藤原共方の弟。一七歳で受戒したのち、毎日文殊像を図絵供養し、根本中堂に二八〇〇日参籠して薬師仏に香花供養した。顕密の行業を練修し、文殊像に対坐して命終した。〔参考〕拾遺往生伝上、本朝高僧伝七〇

**みょうじゃく　明寂**　生没年不詳。平安時代の高野山の僧。覚俊という。隠岐守大江安成の子。小野の良雅に師事した。高野山の良禅に両部大法を受け西禅院に住し、覚鑁《かくばん》と道交があった。〔参考〕高野山往生伝、本朝高僧伝七〇、伝灯広録一

**みょうしゅう　明秀**　(応永一〇1403―長享元1487)浄土宗西山派の学僧。字は光雲。播磨の赤松義則の息。上野の善導寺の円光について西山義を学び、紀州に宣教して梶取の総持寺を建てた。著書、愚要鈔三巻、選択集私鈔三巻、当麻曼荼羅注記鈔一〇巻、浄土名目見聞三巻、四十八願鈔など。明秀上人全集がある。〔参考〕総持寺沿革誌

**みょうしゅう　明宗**　(―永享九1437)曹洞宗の僧。甲斐の人。号は大綱。抜隊得勝について得度し、了庵慧明の法を嗣ぐ。最乗寺・永沢寺・竜泉寺・総持寺の主となり、晩年は最乗寺山内に大慈院を開いて隠居した。弟子に吾宝宗璨《そうさん》、春屋宗能《しょうおくそうのう》がおり大綱一二派として関東に栄えた。〔参考〕日本洞上聯灯録四、本朝高僧伝四〇

**みょうしゅうほんぞんーべん　妙宗本尊弁**　一巻。日輝(1800―59)の著。成立年不詳。日蓮宗の本尊について述べたもの。本門本尊の体相を論じ、釈迦・曼荼羅の両本尊を別視する従来の法本尊論を弁駁して絶対的人本尊論を明らかにしたもので、本書によって日蓮宗の本尊論は統一された。なお、著者が本書を要約した妙宗本尊略弁に対して広弁とも呼ばれる。〔刊本〕明治一七1884刊

**みょうじゅんーじ　妙純寺**　神奈川県厚木市金田。明星山と号し、日蓮宗。文永年間1264―75本間重連が日蓮に帰依して自邸を寺とし、総堂と称し、さらにその南に本寺を建立。大文年間1532―55日位が総堂に本寺を合併、のち日養に至り堂宇が完備した。

**みょうじょう　妙静**　生没年不詳。室町時代の浄土宗西山派の僧。字は光融。上野善導寺の円光に師事し、同寺の第三世となる。のち京都の禅林寺に住して、よく学徒を導いた。〔参考〕浄土伝灯総系譜下

**みょうじょう　妙譲**　生没年不詳。室町時代の禅僧。字は南峯。真空妙応に師事して印可を得た。はじめ天竜寺の前堂で分座説法し、のちに鎌倉の寿福寺に住した。〔参考〕延宝伝灯録二五

**みょうしょうーじ　妙勝寺**　⇨酬恩庵《しゅうおんあん》

**みょうしょうーじ　妙照寺**　新潟県佐渡市市野沢。妙法華山と号し、日蓮宗に属する。文永八年1271日蓮は佐渡塚原に流されたが、翌九年近藤清久・本間重連の建てた草庵に入った。日蓮はここで開目抄、観心本尊抄などを撰して宗基を定めた。赦免ののち、弟子日静があとをうけて堂宇を建立し、建治元年1275現寺号を称した。〔参考〕佐渡志一一

**みょうじょうーじ　妙成寺**　石川県羽咋

市滝谷町。金栄山と号し、日蓮宗。真言宗満月寺の満蔵が日像に帰依して日乗と改名して滝谷寺を創し、檀越の柴原将監(日恵)が助けて堂宇を建て現寺号に改称、日像を開山としたという。寛永八年1631加越能三国の総録所となり栄えた。〔重文〕本堂、祖師堂(慶長一七1612)、五重塔(元和四1618)、二王門、書院、鐘楼、祈願堂(番神堂)、鎮守堂(三光堂)、経堂ほか　〔参考〕能登志徴、羽咋郡誌、妙成寺誌

**みょうしん-じ　妙心寺**　①京都市右京区花園妙心寺町。臨済宗妙心寺派大本山。正法山と号する。暦応年間1338―42に花園上皇が離宮を寺に改め、関山慧玄を開山に迎えて、自らは寺内の玉鳳院に住したのに始まる。応永五年1398足利義満は祈願所としたが、翌六年大内義弘の乱に関連して寺領を奪いこれを青蓮院に与えた。のち南禅寺の兼帯ともなり、一時衰微したが、永享四年1432日峰宗舜が入って復興につとめた。さらに応仁の乱で焼失したのを雪江宗深が再興し、その門下に景川宗隆・悟渓宗頓・特芳禅傑・東陽英朝があって、それぞれ竜泉庵・東海庵・霊雲庵・聖沢庵を開き、以後これらの四派本庵が一山の全権を握った。豊臣・徳川氏などの外護により寺運が栄え、また代々傑僧が輩出したので、臨済宗の最大の派となった。後柏原天皇のとき紫衣勅許のことから大徳寺と争い、江戸時代まで不和が続いた。現在の伽藍は桃山・江戸初期(小方丈は室町時代)のもので重要文化財に指定され、唐様建築として有名。現在、塔頭として玉鳳院・天授院・退蔵院・養源院・如是院・衡梅院・東海庵など三八カ院、境外塔頭として慧照院・竜華院など五カ院がある。〔国宝〕梵鐘、大灯国師墨蹟(二幅)〔重文〕仏殿、山門、花園天皇宸翰置文、紙本著色三酸及寒山拾得図(海北友松筆)など多数　〔参考〕妙心寺六百年史、妙心寺史、花園妙心寺略誌　②京都市中京区新京極通蛸薬師下ル東側町。浄土宗西山深草派。

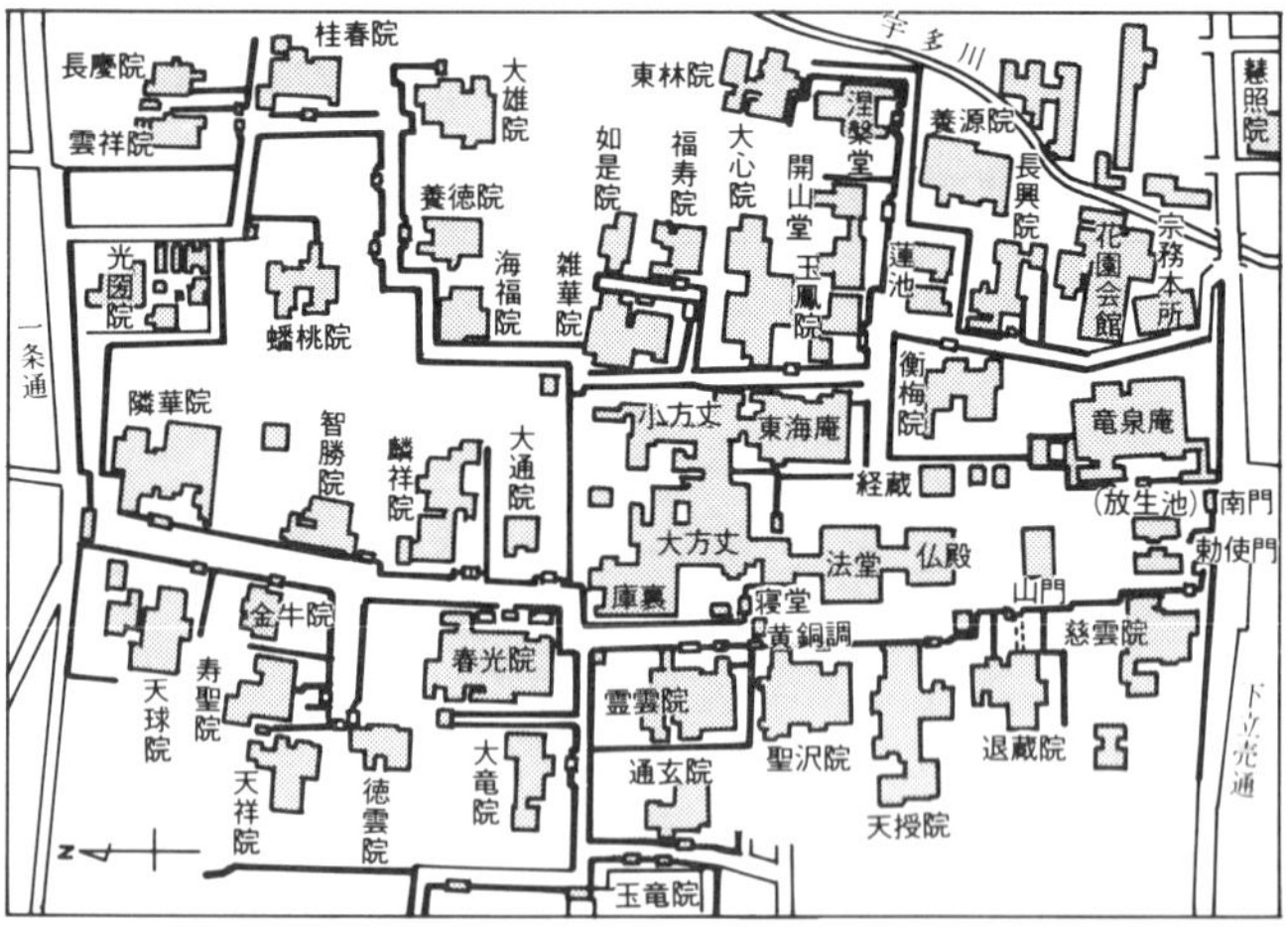

妙心寺略配置図

本尊の石像薬師如来は俗に蛸薬師《たこやくし》の名で知られ、当寺の通称ともなっている。建長三年1251円空立信が深草に建立した円福寺に始まるという。徳治二年1307五条坊門猪熊に移って真宗院と号し、その後室町姉小路の北をへて、天正一九年1591当地に移った。さらに明治一六年1883三河の岩津村(現愛知県岡崎市)に移り、同地の妙心寺(寛正二年1461岩津城主松平信光の建立という)が現地に移建した。なお本尊の薬師如来はもと室町通二条下ル蛸薬師町にあった永福寺の本尊で、同寺の本寺への合併は天正一九年というが、不詳。

**みょうずい　妙瑞**　(元禄九1696―明和元1764)真言宗の僧。恵深房という。讃岐の人。高野山宝厳院、大和如意輪寺を経て高野山円通寺に入り、また大和久米寺・河内通法寺を兼住した。顕密に通じ、安祥寺、小島寺、勧修寺などの諸流派の法を相伝した。著書、大日経疏覚華鈔五巻、同恒説義三巻、秘蔵宝鑰見光鈔三巻など。〔参考〕南山高僧行状記、紀伊続風土記一七、密宗書籍目録

**みょうせい　明星**　㈣サーラSāḷhaの訳。遮楼、沙蘭などと音写する。①毘提訶《びだいか》(ヴィデーハVideha)国の比丘。仏入滅の年、仏陀に先立って般涅槃した。〔参考〕Saṃyutta-nikāya 55, Dīgha-nikāya 16, 長阿含経二　②優婆塞。毘舎佉《びしゃきゃ》(ヴィサーカー Visākhā 鹿子母《ろくしも》)の孫で、舎衛城(サーヴァッティー Sāvatthī)の東園精舎において難陀迦(ナン

ダカ Nandaka)比丘より教化をうけた。〔参考〕Aṅguttara-nikāya III, 66　③比丘。十事の非法のとき耶舎(ヤサ・カーカンダカプッタ Yasa Kākaṇḍakaputta)をたすけて非法の排斥につとめた。〔参考〕Mahāvaṃsa IV

**みょうせい　明誓**　(延徳三1491—永禄三1560)　近江の浄土真宗本願寺派本福寺の六世。その父明宗とともに本願寺の実如・証如に仕えて、騒乱の世に処して宗門の護持に挺身した。著書、本福寺跡書、本福寺門徒記ほか。〔参考〕本福寺記録

**みょうせん　明詮**　(延暦八789—貞観一〇868)元興寺の僧。俗姓は大原氏。左京の人。元興寺の施厳、仲継に学ぶ。嘉祥二年849維摩会の講師を勤め、貞観六年大僧都に補せられた。玄奘の学風を慕い弥勒を信仰した。〔参考〕日本高僧伝要文抄三、元亨釈書二、本朝高僧伝六

**みょうせん　明瞻**　(北周の武成元559—唐の貞観二628)唐代の僧。恒州石邑の人。初め鄴都の大集寺で大論を研究していたが、北周武帝の排仏の後は相州法蔵寺に住し、内外・大小乗を修めた。隋の開皇三年583に召されて大興善寺に住して訳経に従事し、大業二年606には煬帝《ようだい》と僧徒の不拝王者のことについて議論した。唐の太宗に勧めて行陣の地七処に仏寺を建てて戦没者の追弔をさせた。〔参考〕続高僧伝二四

**みょうぜん　明全**　(元暦元1184—南宋の宝慶元1225)禅僧。道元の師。伊勢の人。字は仏樹。初め叡山に学び、のち栄西に師事し、後高倉上皇に召され授戒した。貞応二年1223道元らと共に入宋し天童山に無際了派を訪ね、その地で病死した。〔参考〕宝慶記、道元禅師行録、延宝伝灯録六、本朝高僧伝一八

**みょうぜん　明禅**　(仁安二1167—仁治三1242)天台宗の僧。俗に萩焼法印という。藤原成頼の息。叡山で顕信・智海・仙雲らに師事し、顕密に造詣が深かった。洛北毘沙門堂に住し法印になった。初め法然の専修念仏に批判的であったが、のちに帰依した。著書、述懐鈔一巻。〔参考〕本朝高僧伝一四、沙石集四、法然上人行状絵図四一、一言芳談

**みょうせん-じ　妙宣寺**　新潟県佐渡市真野。蓮華王山と号し、日蓮宗。承久三年1221遠藤為盛(阿仏房)の創建という。阿仏房は、初め念仏を奉じていたが、文永八年1271日蓮に帰依して弟子となり、日得と改名。その子日満のとき寺を日蓮宗に改宗。初め新保村にあったが、嘉暦年間1326—29本間泰昌が現地に移した。北陸道宗門の棟梁として栄えた。〔重文〕日蓮上人筆書状、細字法華経　〔参考〕阿仏房妙宣寺縁起、本化別頭仏祖統紀一一、佐渡志三

**みょう-そう　明相**　明け方にようやく天空が白々と明けはじめること。律ではこの時に初めて粥を食べることが許され、それ以前に食べるのは非時とする。

**みょうそん　明尊**　(天禄二971—康平六1063)天台宗の僧。姓は小野氏。号は真言房。智弁、慶祚、賀延らに師事し、長元三年1030園城寺長吏となり、次いで天台座主に任じられようとして山門徒の反対を受け、これ以降山門・寺門の確執が甚しくなった。寺門のために園城寺に戒壇の設置を請うたが果たされず、のち永承三年1048天台座主(第二九世)に勅任されたが、在任三日にして辞した。藤原頼通に厚遇されて、宇治平等院の執印に補せられた。〔参考〕元亨釈書四、寺門伝記補録一三、本朝高僧伝一〇

**みょうたい-ふに　名体不二**　真宗および浄土宗西山派で、南無阿弥陀仏という名号と阿弥陀仏の正覚の本質(体)とが相即不二であることをいう。名体相即とも名体不離ともいう。

**みょうたく　妙沢**　(延慶元1308—嘉慶二1388)　臨済宗の僧。諱は周沢。号は竜湫。甲斐の人。夢窓疎石の弟子で、美濃大興寺を開き、建仁寺・南禅寺・天竜寺などに歴住した。画をよくし、特に不動の図に巧みで妙沢不動と称して有名。嗣法に在中中淹、無伝正灯らがいる。著書、語録二巻、七会集、随得集。〔参考〕竜湫和尚行状、後鑑九一・九三、本朝高僧伝三五、本朝画史中

**みょうたつ　明達**　(元慶元877—天暦九955)天台宗の僧。土師氏の出身。摂津の人。薬師寺勝雲に随い出家受戒し、天王寺、叡山に学び尊意に師事した。平将門、藤原純友の乱に伏誅の修法を行って功があり、内供奉十禅師、権律師になった。著書、理

界私記二巻、智界私記二巻。〔参考〕元亨釈書一〇、僧綱補任二、寺門伝記補録一五、本朝高僧伝四七

**みょうちかい-きょうだん　妙智会教団**　日蓮系の新宗教教団。本部、東京都渋谷区代々木。昭和二五年1950宮本ミツと養子の武保が開創。ミツは霊友会の実力者であったが、会長小谷喜美との衝突によって脱会、当教を発足。本尊の曼荼羅の右側に総戒名、真下に先祖の戒名を網羅的に列挙した過去帳を祀り、徹底した先祖供養を推進する。この供養を法名修行と称し、その教義を日蓮の御遺文に求める。

**みょうちょう　名帳**　名簿。融通念仏宗の宗祖良忍は念仏をひろめるために勧進帳を作って人名を記したと伝え、覚如の改邪鈔には、真宗において名帳に署名したときに他力往生が定まるとする異義があったといい、また時宗の宗祖一遍智真も名帳を用いたと伝える。

**みょうちょう　妙超**　（弘安五1282—建武四1337）大徳寺の開山。字は宗峰《しゅうほう》。姓は紀氏。播磨の人。はじめ円教寺の戒信に天台を学ぶ。次いで鎌倉万寿寺の高峯顕日のもとに参禅し、南浦紹明に師事して印可を受けた。師に随って鎌倉建長寺に移り、紹明の没後、建長寺から帰洛して雲居寺に住した。正和四年1315、赤松義村が洛北紫野に法堂を寄進し、信徒の宗印も諸堂を造営し、ここに竜宝山大徳寺と号し開山となった。のち大友頼尚に招かれて筑前崇福寺に住したが、再び大徳寺に帰山した。花園・後醍醐天皇は興禅大灯国師、高照正灯国師の号を授与し、大徳寺を朝廷第一の祈禱所として南禅寺と同格にした。後世に大慈雲匡真国師と諡された。門弟に関山慧玄《かんざんえげん》（妙心寺開山）、徹翁義亨《てっとうぎこう》（大徳寺二世）、海岸了義らがいる。著書、大灯国師語録三巻（大八一）、大灯国師法語（国文東方仏教叢書二法語上）、夜話記一巻。〔参考〕大灯国師行状、竜宝山志三、竜宝山大徳寺誌上、扶桑禅林僧宝伝四、延宝伝灯録二〇、本朝高僧伝二五

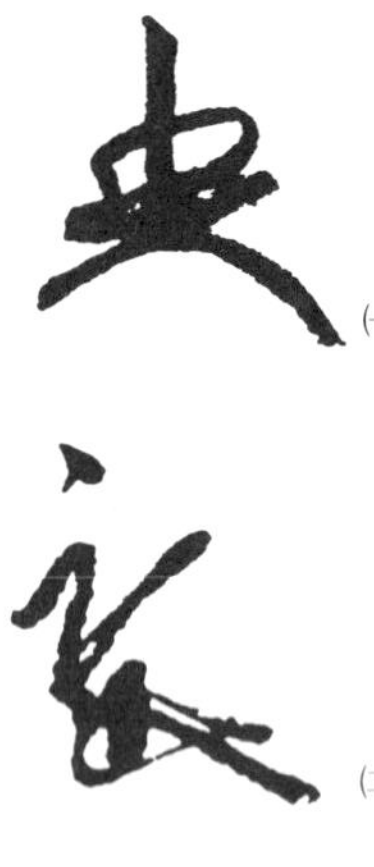

宗峰妙超花押

**みょうつう-じ　明通寺**　福井県小浜市門前。棡山《ゆずりさん》と号し、真言宗御室派。延暦二二年803坂上田村麻呂が霊夢を感じ、大同元年806棡樹《ゆずりぎ》で薬師如来像などを刻して安置し、棡山光明通寺と称したのに始まるという。建長五年1253頼禅が薬師堂・三重塔などを再建して中興した。以後将軍家・国司などが崇敬し、江戸時代には藩主の祈願所として栄えた。〔国宝〕本堂（正嘉二1258）、三重塔（文永七1270）〔重文〕木造薬師如来坐像、同降三世明王立像、同不動明王立像、同深沙大将立像

**みょうでん-じ　妙伝寺**　京都市左京区東大路通二条下ル北門前町。法鏡山と号し、日蓮宗。文明九年1477天台僧の日意が、身延山日朝に帰依し、日蓮の遺骨と七面明神を勧請して創建。もと一条尻切屋町にあったが、天文五年1536の天文法華の乱の後、西洞院四条南に再建。天正一九年1591には京極に、宝永五年1708には現地に移転した。東身延に対して西身延、関西身延山と称し、日蓮宗本山の一。〔参考〕山州名跡志二〇、新編法華霊場記六、本化別頭仏祖統紀一四・一九

**みょうどう　明道**　（宝暦一二1762—　）真言宗の僧。宜然房と号する。高野山正智院の覚道に随い、のち京都で経歴和尚に華厳を学び海印寺に住した。三論・華厳に精通した。著書、三論玄義玄談一巻、華厳五教章玄談一巻、同遊心法界記玄談一巻などがあり、合わせて海印懸譚と称される。

**みょうにん　明任**　（久安四1148—寛喜元1229）高野山正智院の僧。字は勝光。紀伊の人。定兼に伝法灌頂を受け、また小野・広沢の両流を学んだ。嘉禄二年1226検校に補せられた。門下に法性・道範らがいる。〔参考〕本朝高僧伝一三、高野春秋編年輯録七・八、続伝灯広録五

**みょうにん　明忍**　（天正四1576—慶長一五1610）律僧。字は俊正。少内記中原康雄の子。家業を継ぎ少外記まで昇ったが二四

歳で出家し、山城高山寺の晋海に師事して瑜伽真言の法を受け四度加行を修した。戒律の復興を志して慧雲とともに南都西大寺で開遮持犯の法を学び、寺僧の友尊を加えて高山寺に移った。通受の法により自誓受戒し、行事鈔を講じたが、別受相承の遂げられないのを遺憾として入明を企てたが、国禁のため果たせなかった。〔参考〕律苑僧宝伝一五、本朝高僧伝六二

**みょうは　妙葩**　(応長元1311—嘉慶二1388)臨済宗の僧。号は不軽子。字は春屋《しゅんおく》。諡は普明国師。甲斐の人。夢窓疎石に随侍して声望があり、後光厳院、後円融院、足利尊氏・義満に重んじられて、無学祖元、高峯顕日に国師号の追諡を請い、天竜寺・等持院・臨川寺などの再建復興に従事した。また阿波の光勝院、西山景徳寺、宝幢寺(鹿王院)などの開山に迎えられた。康暦元年1379南禅寺に住持し初代の僧録となって禅林の規制を新たにした。のち相国寺の創建に参与して、夢窓疎石を初代とし、自らを二世とした。著書、語録六巻、無窓国師年譜。〔参考〕普明国師行業実録、後鑑、本朝高僧伝二五、鹿王院文書、愚管記

春屋妙葩花押

**みょうふく　明福**　(宝亀九778—嘉祥元848)　興福寺の僧。姓は津守氏。京都の人。賢璟《けんよう》に師事して唯識をきわめた。維摩会講師となり、承和一〇年843大僧都。〔参考〕続日本後紀一八、元亨釈書三、本朝高僧伝五

**みょうへん　明遍**　(康治元1142—貞応三1224)高野山の僧。入仏と号し、後に空阿と改めた。俗に蓮華谷の僧都ともいう。藤原通憲(信西)の息。南都東大寺の東南院で三論・密教を学び、維摩会講師となり、律師に任じられたが、大和の光明山に遁世。ついで高野山蓮華谷に庵を結んで蓮華三昧院を創め、覚海・意教に密教を、浄土の法門を源空に学んだ。高野山念仏聖の先達といわれる。著書、往生論五念門略作法、念仏往生得失義名一巻など。〔参考〕明義進行集二、法然上人行状絵図一六、一言芳談、元亨釈書五

**みょうほう　明宝**　(享和二1802—明治七1874)融通念仏宗の僧。慈海ともいう。号は蓮成院。肥後の人。初め天台を学び、のち漢籍を修め能書で知られる。天保一〇年1839河内浄雲寺に留まり、融通念仏宗に帰依し、大念仏寺にあっては宗派のために尽力した。著書、融通大念仏宗綱要一巻など。〔参考〕大源山記録

**みょうほう-いん　妙法院**　京都市東山区妙法院前側町。南叡山と号し、天台宗。新日吉《いまひえ》門跡という。もと比叡山にあり、延暦年間782—806最澄の草創と伝える。長寛二年1164後白河法皇が法住寺内に蓮華王院を建立し、さらに日吉山王をその境内に勧請して新日吉と号し、本寺の住持昌雲を法住寺離宮の側に移して住まわせ、法住寺・蓮華王院・新日吉をも管掌させた。ついで昌雲は嗣の実全に本寺を付し、妙法院と号した。のち高倉天皇の第二皇子尊性法親王の入室があり、当院を綾小路小坂に移転。以来法親王が相ついで住し、宮門跡寺となった。その後しばしば罹災したが、元和元年1615徳川家康が常胤法親王を迎えて寺を現地に移し、方広寺および蓮華王院(三十三間堂)などを管領させた。〔国宝〕庫裏、ポルトガル国印度副王信書(羊皮紙)〔重文〕大書院、玄関、絹本著色後白河法皇御像、紙本墨書後小松天皇宸翰御消息、内証仏法相承血脈譜、堂供養記(春記、大記)ほか〔参考〕山城名勝志一五

**みょうほう-じ　妙法寺**　①山梨県南巨摩郡増穂町小室。徳永山と号し、日蓮宗。地名にちなんで小室山、小身延ともいう。文永一一年1274真言宗の僧善智が日蓮に帰依して名を日伝と改め、寺も現宗に改めた。〔参考〕甲斐国志八五　②東京都杉並区堀ノ内。日円山と号し、日蓮宗。もと真言宗の寺であったが、元和七年1621日円が現宗に改めた。安置する日蓮像は日朗の作と伝えられ、碑文谷の法華寺が不受不施派の弾圧で天台宗に転じた時、当寺五世日性が移したもの

で、俗に厄除祖師と称する。〔重文〕鉄門

**みょうほう-れんげ-きょう　妙法蓮華経**　⇩法華経《ほけきょう》

**みょうほっけ-じ　妙法華寺**　静岡県三島市玉沢。経王山と号し、日蓮宗。弘安七年1284日昭の開創。もと鎌倉の伊東朝高の邸内にあったが、天文七年1538兵火にあった。文禄三年1594一四世日苞が修善寺町加殿の地に再興し、ついで元和七年1621日亮が現地に移した。のち養珠院(徳川頼宣の母)の外護で栄えた。〔重文〕絹本著色日蓮上人像(水鏡生御影)、同十界勧請大曼荼羅図、注法華経(日蓮自注)、撰時抄(日蓮筆)

**みょうほん　明本**　(景定四1263—至治三1323)南宋末・元初の禅僧。姓は孫氏。中峰と号し、仏慈円照広慧禅師と賜号し、智覚智応国師と諡号する。杭州銭塘(浙江省)の人。楊岐派一一世の高峰原妙の法を嗣ぎ、天目山(同省臨安県西)に住した。念仏をすすめ、好んで跡を隠し、自ら幻住道人と称した。山房夜話、東語西語などの法語があり、広録三〇巻に収め、別録二巻、懐浄土詩の他、墨蹟もある。〔参考〕塔銘、仏祖歴代通載三六、増続伝灯録六

**みょうほん-じ　妙本寺**　①神奈川県鎌倉市大町。長興山と号し、日蓮宗四十四箇本山の一。文永一一年1274日蓮が許されて佐渡から鎌倉に帰った時、比企能本が日蓮に帰依して日学と改名し、その邸を改めて寺としたものという。のち日朗の遺命により、住持は池上本門寺を兼摂した。〔重文〕雲版〔参考〕妙本寺縁起、新編鎌倉志七　②千葉県安房郡鋸南町吉浜。中谷山と号し、日蓮宗。康永年間1342—45日興の法孫日郷に帰依した吉浜の笹生重信が寺地を献じ、一宇を創建したのに始まる。〔重文〕愛染不動感見記(日蓮筆)〔参考〕妙本寺文書、安房志三

**みょうほん-しょう　明本鈔**　一三巻。貞慶(1155—1213)の著。因明で最も難解とされる因明四相違段を究明したもの。論別に研究し、六八論題からなる。同著者の明要抄五巻と共に、因明に関する多くの論釈の中で重要なものの一。㊅六九、仏全八四〔自筆本〕興福寺蔵

**みょうまん-じ　妙満寺**　京都市左京区岩倉幡枝町。妙塔山と号し、顕本法華宗本山。永徳三年1383日什の創建。中山法華経寺の日什が永徳元年1381上洛して撰述した治国策一篇を二条良基を介し訴陳、京都弘通を聴許され、通妙の宅(室町六条坊内)を改めて一寺を創した。その後たびたび移り、天正一一年1583寺町二条下ルに移建したが、昭和四三年1968現地に移った。〔重文〕法華経要文和歌懐紙〔参考〕日什奏聞記録

**みょうもんりよう　名聞利養**　略して名利ともいう。名誉を求め財を欲すること。

**みょうゆう　妙融**　(正慶二1333—明徳四1393)曹洞宗の僧。号は無著。諡号は真空禅師。薩摩の人。無外円照に師事し、日向皇徳寺に住した。のち各地に遊化して日向の大平山、豊後の永泉寺、肥前の玉林寺などを開き、永和二年1376豊後泉福寺の開山となった。〔参考〕延宝伝灯録七、本朝高僧伝三四

**みょうゆう　明祐**　(元慶二878—応和元961)東大寺の僧。加賀の人。戒律に精通し、合わせて華厳を観宿に学び、東大寺戒壇和尚となる。生涯持戒堅固で天徳元年957律師に補せられ、晩年は阿弥陀仏を信仰した。〔参考〕日本往生極楽記、僧綱補任二、元亨釈書一三、本朝高僧伝五七

**みょうよ　明誉**　(承応二1653—享保二1717)浄土宗の画僧。字は古礀、虚舟と号す。初め狩野永納に画を学び、雪舟を慕い、人物山水画に長じた。大黒天の像が多く伝わる。増上寺で修学してのち京都法恩寺に住し、晩年西岩倉に籠った。著書、浄土十六祖図伝一巻、当麻曼荼羅白記撮要二巻。

**みょうよう-しょう　明要鈔**　五巻。貞慶の著(建暦二1212)。明本鈔の姉妹篇で、明本鈔で述べ尽くされなかった部分や異義・別の考察などを簡潔に説明したもの。論題は三三からなる。著者晩年の門弟である良算が筆受した。㊅六九、仏全八四〔写本〕興福寺蔵(弘安八1285写〔巻一、五のみ現存〕、貞和五1349写、観応二1351写)

**みょうりゅう　妙立**　(寛永一四1637—元禄三1690)天台宗の僧。名は慈山。号は唯忍子。美作の人。はじめ禅を修めたがのち天台宗を奉じ自誓受戒して比丘になり、五分律の戒を受具し天台三大部を研究した。

天台宗の大乗円頓戒に小乗の四分兼学の律儀を唱え、四明知礼の学系を受け中古天台以来の説を批判し、僧風の匡正と天台教学の刷新をはかったが、衆徒に異義者として放逐され、摂津・山城の間に流寓、洛東有門庵に住した。没後その弟子霊空光謙は安楽律院を開き、妙立を安楽律院中興第一祖とした。著書、大乗止観頌註一巻、円頓章句解一巻、野山艸集一巻など。〔参考〕妙立和尚行業記、続日本高僧伝一

**みょうりゅう　妙竜**　（宝永二1705―天明六1786）真言宗の僧。字は諦忍。雲蓮社空華と称す。美濃の人。尾張興正寺の点阿の弟子となり、同寺五世を継いだ。密律浄の三教を宣揚した。著書、空華随筆二巻、空華談叢四巻、西方浄土十楽手鏡二巻、弥陀如来和讃、弥陀如来和讃集註三巻、梵網経要解一〇巻、大光普照集一巻ほか多数。〔参考〕諦忍和尚略年譜

**みょうりゅう-じ　妙立寺**　京都府宮津市中野。栄昌山と号し、日蓮宗。創建およびその経緯は諸説があって確定しがたいが、一説によれば、はじめ真言宗で万福寺（大同三年808空海の創建と伝える）と号したが、嘉吉三年1443身延山日呷が留錫して日蓮宗の妙隆寺と改め、丹後最初の法華道場となった。そして元和五年1619妙立寺と改めたという。また貞和年間1345―50以前は真言宗、以後天文年間1532―55頃までは時宗遊行派の橋立道場で、寛永年間1624―44に日蓮宗に改宗したという。また妙立寺の前身は真言宗与《よ》内《ない》寺であったという説もある。〔重文〕髹漆厨子　〔参考〕与謝郡誌、宮津府志ほか

**みょうれん-じ　妙蓮寺**　①京都市上京区寺之内通大宮東入妙蓮寺前町。卯木山と号し、本門法華宗本山。永仁年間1293―99日像の創建で、柳堂と称した。のち荒廃したのを日存・日道・日隆が再興を計り、四条綾小路に移して伽藍を興した。天文法華の乱で堺に退いたが、天文一三年1544大宮の西北小路に帰り、天正一五年1587現地に移った。〔重文〕紙本墨書伏見天皇宸翰法華経、立正安国論（本阿弥光悦筆）、始聞仏乗義（同上筆）ほか〔参考〕妙蓮寺祖師記、雍州府志四　②千葉県鴨川市小湊。妙日山と号し、日蓮宗に属する。正嘉二年1258日蓮の父妙日が没した時、日蓮が帰国して追善のために一代大意鈔を撰した。母妙蓮尼の死に当たって、二人の廟とし両親の法諱をとって妙日山妙蓮寺と号したという。

**みょうれん-に　妙蓮尼**　生没年不詳。平安時代の尼僧。姓は秦氏。京都の人。もと官女であったが四二歳で落髪、朝夕に聞法念仏をもっぱらにした。小豆を以って念仏の数をかぞえて多年に及んだ。のち阿弥陀仏の像を造り、その小豆を胎内に納めた。〔参考〕後拾遺往生伝下

**みよし-ためやす　三善為康**　（永承五1050―保延五1139）算博士。少内記といい、本姓は射水氏。越中の人。算博士三善為長に師事して算道を修め、文人として知られる。若年より仏教を信仰し、のち阿弥陀仏に帰依して念仏修道にはげんだ。著書、拾遺往生伝三巻、後拾遺往生伝三巻、朝野群載三〇巻、童蒙頌韻一巻、続千字文一巻ほか。〔参考〕本朝新修往生伝

ミラレパ（三百尊像集）

**ミラレパ　Mi-la-ras-pa**　（1040―1123）チベット仏教の一派であるカーギュ派 B-kaḥ-brgyud-pa の祖マルパ Mar-pa の弟子で、瑜伽自在者・詩聖として知られる。はじめ呪術を学んだが回心してマルパの門に入り、苦行のすえ師より秘義を伝授された。晩年は岩窟に住して厳しい禁欲生活を送り、カーギュ派の宗風を弘めた。また吟遊詩人としてあらゆる教義を詩歌に託して説き、民衆教化に努めた。チベットでは最高の詩聖として、また理想的人格として尊崇され

る。かれの詩を集めて伝記風にまとめたグルブム Mgur-ḥbum(十万歌謡、詳しくは Rje-btsun Mi-la-ras-paḥi rnam-thar rgyas-par phye-ba mgur-ḥbum)、およびその求道生活を記したミラレパ伝 Rje-btsun Mi-la-ras-paḥi rnam-tharは、現在にいたるまでひろく愛誦されている。

**ミーラーン　Mīrān**　西域の都城址。ロプ砂漠の南辺にあり、鄯善《ぜんぜん》国の首都であった。漢民族には扜泥城《うでいじょう》の名で知られ、南道の出発点として中国と西方諸国との交通上の要衝であった。四世紀前後に滅びたらしい。現在出土文書にはカローシュティー文字やブラーフミー文字で書かれたインド西北方言のもの、また古代チベット語や古代トルコ語のものもあり、文化史上注目される。なお、楼蘭と同一視されることもあるが、楼蘭はロプ・ノール湖をへだてた北道の要衝である。

**みらんだ-おう　弥蘭陀王**　㊁ミリンダ Milinda の音写。略して弥蘭王という。ギリシア系植民地大夏《たいか》(バクトリア)国の王統に属する王で、ギリシア名はメナンドロス Menandros という。紀元前二世紀の中頃、アフガニスタンのカブール地方を支配していたが、インドに侵入し、パンジャーブ地方の奢羯羅《しゃかつら》(サーガラ Sāgara 現在のパキスタンのシアールコート)に都してインド西北部を治め、弗沙蜜多羅《ふっしゃみったら》(プシュヤミトラ Puṣyamitra)王を破って一時はインド中部をも攻略したが、間もなく撃退された。那先《なせん》(ナーガセーナ Nāgasena)比丘と問答して仏教信者となったと伝え、その経緯は那先比丘経(ミリンダ・パンハ Milinda-pañha)に記されている。その発行した貨幣には法輪を印したものがある。

〔参考〕雑宝蔵経

**みりよく-しゃ　未離欲者〔已離欲者《いりよくしゃ》〕**　いまだ欲界の修惑《しゅわく》を離れない者を未離欲者、未離欲人《みりよくにん》といい、すでに欲界の修惑を離れえた者を已離欲者、已離欲人という。未離欲者のうちで、すでに欲界の見惑だけは断ち尽くした者を未離欲の聖者《しょうじゃ》といい、具体的には預流果《よるか》・一来果《いちらいか》の聖者がこれに当たる。已離欲者には凡夫《ぼんぶ》と聖者との二種があって、前者は凡夫位で有漏《うろ》の六行観《ろくぎょうかん》を修めてすでに欲界の修惑を断った者。この者は見道に入って不還向《ふげんこう》となる。後者は見道に入って以後に欲界の修惑を断った不還果以上の聖者である。

**ミリンダ・パンハ　Milinda-pañha**　⇩那先比丘経《なせんびくきょう》

**みれいしゃ　弥戻車**　㊵ムレーッチャ mleccha の音写で、弥離車、弥黎車、篾戻車、篾隷車、蜜利車、蜜列車、宜例車とも音写し、辺地、辺夷無所知者、卑賤、下賤種、垢濁種、悪中悪、奴中奴とも訳す。もと「その言語が分明でない者」の意。頑愚卑賤で仏法を憎む種族を意味し、インド西方或いは北方に住するとされる。

**みろく　弥勒**　①⇩弥勒菩薩《みろくぼさつ》　②インドの瑜伽行派《ゆがぎょうは》の祖で、無著《むじゃく》の師とされる論師。㊵マイトレーヤMaitreya の音写。古来、将来仏である弥勒菩薩と混同され、実在の人物であるのか否かについては定説をみるにいたってない。実在の人物とみる説では、その年代を三五〇―四三〇年頃と設定するのが有力である。その著作としていわゆる弥勒の五部論が伝えられるが、中国とチベットとでは内容が異なる。中国では⑴瑜伽師地論、⑵分別瑜伽論(現存しない)、⑶大乗荘厳経論頌、⑷弁中辺論頌、⑸金剛般若波羅蜜経論頌の五を、チベットでは⑴大乗荘厳経論頌、⑵弁中辺論頌、⑶法法性分別論頌、⑷現観荘厳論頌、⑸究竟一乗宝性論頌の五をそれぞれ挙げる。弥勒と無著との関係については、中国・チベットの伝承ともに、無著が兜率天《とそってん》に昇って弥勒から大乗経の意義を学んだことを伝えており、弥勒を弥勒菩薩のこととしている。これに従えば弥勒は、虚構の存在か、あるいは無著に神秘的啓示を与えた信仰上の存在という可能性が強く、ひいては弥勒の著とされる諸論書の真の著者は無著ということになる。これに対して、弥勒の歴史的実在説を主張した代表として宇井伯寿が挙げられる。宇井説によれば、弥勒は実在の論師で無著の師であったが、後世これを将来仏である弥勒菩薩と同一視する伝説が成立したとするが、これを確証するにたる証拠は現在のところ提示されていない。ただし、宇井説において、弥勒に帰せられる諸論書が無著の著作と区別されることを論証した点は妥当と考えられている。従って、無著に先行するおそらくは複数の論師の手になる諸論書を、瑜伽行派の権威づけのために、弥勒菩薩に仮託したとみるのが、現在のところもっとも妥当かもしれない。〔参考〕婆藪槃豆法師伝、プトン仏教史

**みろく-え　弥勒会**　弥勒菩薩を勧請して行う法会。天智天皇の御願所であった近江の崇福寺では毎年三月にこの法会が行われた。天平勝宝八歳756兵部卿橘奈良麻呂が行ったのに始まる。

**みろくきょう-ゆうい　弥勒経遊意**　一巻。隋の吉蔵の著。成立年不詳。三論教学の立場に立って後秦の鳩摩羅什の訳の弥勒大成仏経によりつつ他経をも参照し、弥勒菩薩の出世などに関して詳説したもの。㊅三八

**みろく-げしょう-きょう　弥勒下生経**　①一巻。西晋の竺法護の訳(太安二303)と伝えられる。阿難に対して未来仏弥勒の出世・教化のありさまを説き、大迦葉《だいかしょう》が未来に弥勒の下に出世して弥勒を助けて勧化につとめるであろうことを述べる。㊅一四〔註釈〕述賛(亡名)　②一巻。詳しくは弥勒下生成仏経という。弥勒成仏経、弥勒受決経などともいう。後秦の鳩摩羅什の訳。舎利弗《しゃりほつ》の問いに対して未来仏弥勒の出世・成道・説法およびその国土のありさまを説く。㊅一四、国一経集部二　③一巻。詳しくは弥勒下生成仏経という。唐の義浄の訳(大足元701)。②とほぼ同じ内容であるが細部の説き方はかなり違う。チベット訳がある。㊅一四

**みろく-じ　弥勒寺**　①韓国全羅北道益山郡金馬面にあった寺。王興寺とも称したという。百済武王が創建し、新羅真平王が工を助けて、武王三五年634に竣成した。東塔・中塔・西塔の三院からなり、きわめて荘大であったが、新羅聖徳王一八年719地震で損壊してから衰微した。旧跡の礎石はほぼ原形のまま残っていて、百済式伽藍配置の典型を示し、現存する西塔は韓国石塔中最大の遺構といわれる。〔参考〕三国遺事二・三、三国史記二七　②東京都墨田区立川。万徳山金剛院と号し、新義真言宗。本尊薬師如来は俗に川上薬師という。慶長年間1596―1615(一説に元和年間1615―24)、宥鑁《ゆうばん》が徳川家康の帰依を受けて日本橋馬喰町に創建。ついで本所柳島に移り、天和二年1682現在地に移転。徳川家の帰依を受け宗内四カ寺の一として栄えた。

**みろく-じゅけつ-きょう　弥勒受決経**　⇩弥勒下生経《みろくげしょうきょう》②

**みろく-じょうしょう-きょう　弥勒上生経**　一巻。詳しくは観弥勒菩薩上生兜率天経という。劉宋の沮渠《そきょ》京声の訳(孝建二455)。いわゆる弥勒六部経の一で、弥勒信仰を鼓吹する経典。優波離《うはり》が仏陀に向かって、世尊はかつて阿逸多《あいった》(アジタ Ajita 弥勒の別名)が世尊について仏になるであろうと記別されたが、彼は命終してどこに生まれるであろうか、と問うたのに対して、仏は、彼は命終ののち兜率天に往生するであろうと説示し、ついでこの一生補処の菩薩を念ずる功徳を説き、会中の人々は随喜してかの天に生まれようと願ったと述べる。デルゲ版のチベット大蔵経中にこの経のチベット語重訳が収められている。㊅一四、国一経集部二〔註釈〕吉蔵・遊意一巻、窺基・賛二巻、元暁・宗要一巻

**みろく-だいじょうぶつ-きょう　弥勒大成仏経**　一巻。後秦の鳩摩羅什の訳(弘始四402)。多くの弥勒経典の中で最もよく整ったものの一。舎利弗《しゃりほつ》に対して、未来仏弥勒の出世のありさまとその国土とを説く。㊅一四、国一経集部二

**みろく-ぼさつ　弥勒菩薩**　㊵マイトレーヤ Maitreya の音写。梅怛儷耶《まいたんれいや》、妹怛隷耶、弥帝隷《みていれい》なども音写し、慈氏と訳す。別名をアジタ Ajita といい、阿逸多《あいった》と音写する。弥勒下生経(三本がある)や観弥勒菩薩上生兜率天経などに、弥勒菩薩は現在は兜率天《とそつてん》の内院にあって衆生を教化し、釈迦牟尼仏の入滅から五六億七千万年の後に娑婆世界に下生して、華林園の竜華樹の下で仏陀のさとりを開き、釈迦

弥勒菩薩（御室版胎蔵曼荼羅）

牟尼仏の説法に洩れた衆生のために三回の説法の会座をもつという(竜華三会)。釈迦牟尼仏のあとを補う未来仏であり、補処《ふしょ》の弥勒と呼ばれ、弥勒仏とも称する。インド以来、弥勒菩薩に対する信仰として、兜率天に生まれて下生の時まで弥勒菩薩のもとで修行しようと願う兜率願生や、入定して弥勒の下生の時を待とうとするものがある。日本では敏達天皇一三年584蘇我馬子が百済から献上された弥勒仏を石川宅にまつり、推古天皇一一年603秦河勝が聖徳太子から拝受した弥勒像を蜂岡寺(広隆寺)を創建して安置したと伝える。また行基の四十九院建立の伝説や、とくに法相宗では瑜伽行派の祖である弥勒と同一であるとして尊崇するなど、早くから弥勒信仰があり、弥勒来迎図(神奈川県称名寺壁画、東京芸術大学蔵図)や兜率天曼荼羅(大阪府延命寺蔵)の遺品も伝えられている。尊像としては広隆寺、野中寺の半伽思惟像や当麻寺、慈尊院の本尊が有名。なお、観弥勒菩薩上生兜率天経・弥勒下生経・弥勒大成仏経を総称して弥勒三部経、また下生経の三本と大成仏経・弥勒来時経・上生経をあわせて弥勒六部経という。⇩弥勒《みろく》

**みろくぼさつしょもん-ほんがん-きょう　弥勒菩薩所問本願経**　一巻。弥勒菩薩本願経、弥勒本願経などともいう。西晋の竺法護の訳(太安二303)。異訳に唐の菩提流志の訳の大宝積経第四二弥勒菩薩所問会(大一一)およびそれに相当するチベット訳がある。まず弥勒菩薩に対して一法から一〇法までの菩薩の行が説かれ、ついで阿難に対して弥勒の本生といまだ仏とならない理由が説かれ、未来、人民に煩悩が少なく十善を行う世に至って弥勒が成仏することを予言する。(大)一二、[国]宝積部七　〔註釈〕掲菩提流支訳所問会に対して作者未詳の弥勒菩薩所問経論九巻(菩提流支訳、(大)二六)

**みんちょう　明兆**　(文和元1352―永享三1431)画僧。字は吉山。淡路の人。東福寺に入り大道一以に師事し、殿司を勤めたので兆殿司と呼ばれた。元の顔輝の画風を学んだといわれ、人物・山水を描く。東福寺の五百羅漢図四五幅、達磨蝦蟇鉄拐像三幅、聖一国師像、四十祖像四〇幅(いずれも重文)はその代表作。

**みんゆ-べんわく-しょう　愍諭弁惑章**　一巻。安慧の著(承和一四847)。法相宗の徳一が三乗の立場から法華一乗を非難したのに対して、天台一乗の側からそれを僻見として破斥し、宗義を弁明したもの。伝教大師全集三　〔刊本〕貞享二1685刊

# む

**む　無**　非存在を意味し、有《う》に対する矛盾概念である。仏教では有無の二辺といって、一方的に有にかたより或いは無にかたよった極端な考え方は誤りであるとする。またその有無を超えた絶対的なものは、否定的にしかあらわし得ないとして真如《しんにょ》を無相という。また禅宗では「無」の語によって、ありのままのさとりの世界をあらわすことがある。また勝論《かつろん》(梵)ヴァイシェーシカVaiśeṣika)学派では未生無《みしょうむ》・已滅無《いめつむ》・更互無《きょうごむ》・不会無《ふえむ》・畢竟無《ひっきょうむ》の五種無を説く。

**む　夢**　睡眠中に心・心所《しんじょ》(心のはたらき)が対象を映写して、種々のことをあたかも現実のように見ることをいう。ゆめ。大毘婆沙論巻三七には、目醒めてからおぼえていて他人に語りうるのが完全な夢であるとし、その自性《じしょう》(それ自身の本質)については意、念、五取蘊《ごしゅうん》、心・心所法とす

るなどの種々の説があるとし、また夢を見る理由についても五縁、七縁などヴェーダ以来の諸説を挙げている。夢は欲界にのみあって色界《しきかい》・無色界にはなく、また仏には睡夢はない。唯識宗では睡眠が深いときは全く意識はないが、浅いときには夢中の意識があってその作用によって夢を見るとする。有部《うぶ》では夢中のできごとをすべて実事とするが、譬喩師はこれを否定し、大智度論巻六にも夢は実事ではなく妄見であるとする。けれども夢は未来のことを予見する場合もあるとされ、インドでは早くから占夢術が行われた。仏伝によれば、仏陀が託胎《たくたい》する際に摩耶夫人《まやぶにん》は菩薩《ぼさつ》が白象に乗って胎内に入る夢を見たと伝え、また波斯匿王《はしのくおう》が見た十夢は将来の社会情勢を、訖栗枳王《きりきおう》が見た十夢は仏滅後の仏教情勢を暗示するものとされる。なお般舟三昧経《はんじゅざんまいぎょう》には夢中見仏を説く。夢を類別して⑴四大不和夢(身体の不調和から起こる夢)、⑵先見夢(先に経験したことを夢に見る場合)、⑶天人夢《てんにんむ》(人に善悪の行為をさせるために天人が人に見させる夢)、⑷想夢(過去の行為の善悪に応じてそれぞれ善悪の想によって善悪のことを夢に見る場合)、の四夢とする(善見律毘婆沙巻一二)。大方等陀羅尼経巻二には、陀羅尼経の守護者として祖荼羅《たんだら》などの十二夢王を立て、陀羅尼を求める者の得証としている。

**むい　無為**　㈵ア・サンスクリタ a-saṃskṛta の訳。有為《うい》に対する。因縁《いんねん》によって造られたものでなく、生滅《しょうめつ》変化を離れた常住絶対の法をいい、詳しくは無為法という。本来は涅槃《ねはん》(さとり)の異名であったが、のちには涅槃以外にも種々の無為を立てて、三無為、六無為、九無為などの説を生じた。三無為は有部《うぶ》などの説で、択滅《ちゃくめつ》・非択滅・虚空をいう。六無為は唯識宗の説で、三無為に不動無為・想受滅無為・真如《しんにょ》無為を加えたもの。ただし六種の無為法が別々に存在するというのではなく、一の真如法性《ほっしょう》に対して、種々の位の差別によって仮に六種の名を立てたに過ぎないとする。例えば真如が無障礙であることを虚空に喩えて虚空無為といい、本来自性清浄《じしょうしょうじょう》で無漏智によってはじめて清浄となるのではないから非択滅無為といい、第四静慮《じょうりょ》と滅尽定《めつじんじょう》とにおいてあらわれる真如を不動無為、想受滅無為というなどである。真如は言葉や思慮を越えたものであり、しかも有為法の他に別に存在するものでなくこの意味において仮設《けせつ》であるが、しばらく真如に依って真如の義の上にこのように六無為を立てるのを依如《えにょ》の六無為といい、また六無為のことをしばしば聞いて考えたりしたことによって心内に六無為に似た相分の生じるのを識変の六無為という。大衆部《だいしゅぶ》では三無為に四無色処《しむしきしょ》(無色界の五蘊《ごうん》のよりどころ)と縁起支性《えんぎししょう》(十二縁起の理)と聖道支性《しょうどうししょう》(八聖道の理)との無為を加えて九無為とし、化地部《けじぶ》では、四無色処のかわりに不動・善法真如・不善法真如・無記法真如を加えて九無為とする。

**むい　無畏**　㈵ヴァイシャーラドヤ vaiśāradya の訳。無所畏とも訳す。仏・菩薩《ぼさつ》の徳の一で、何事にも怖畏することなく十全の自信をもって安心してしかも勇敢に法を説くこと。通常これに四種を数えて四無畏、四無所畏という。また密教では真言行者《しんごんぎょうじゃ》の修行の過程において無畏を得る六の位処があるとし、これを⑴善無畏(十善を行って十悪をはなれる意。三密の行によって本尊を供養する位)・⑵身無畏(四念処観によって身の不浄を観じて貪愛をすて、身の厄縛をはなれる意。有相の観行によって本尊の衆相が現前する位)・⑶無我無畏(人無我を覚して人我の厄縛をはなれる意。心不可得を観じて愛慢を生じない位)・⑷法無畏(諸蘊の即空を観じて五蘊の厄縛をはなれる意。瑜伽の境界が無生・無性であることを覚する位)・⑸法無我無畏(法無我を観じ心の本不生《ほんぷしょう》を覚して法の厄縛をはなれる意。瑜伽道において心自在を得る位)・⑹一切法自性《じしょう》平等無畏(一切法の自性は無性であって同一平等であると覚り、有為・無為の厄縛をはなれる意。心の実際を観じてその本性としての無垢菩提心に住する位)の六無畏とするが、この場合の無畏は衆生《しゅじょう》が煩悩《ぼんのう》の厄縛を離れて生きかえり蘇生する「蘇息」の意味である(梵)アーシュヴァーサ āśvāsa)。

**むいさん-じ　無畏山寺**　⇩阿跋耶祇釐《あばやぎり》

**むいさんぞう-ぜんよう　無畏三蔵禅要**　一巻。無畏三蔵受戒懺悔文及禅門要法、無畏禅要、禅要ともいう。唐の善無畏の述、慧警の編。成立年不詳。受戒懺悔と密教禅とから成り真言密教における受戒(三摩耶戒を受けること)のあり方と禅の修習について説く。わが国の東密事相根本両流の一、小野流では本書を三昧耶戒受戒法の本拠とする。小野大六帖の一。㊅一八、国一密教部三〔註釈〕恵照・安心抄三巻、曇寂・私記二巻

**むい-じ　無為寺**　韓国全羅南道康津郡城田面。新羅真平王一九年597元暁の創建。もと観音寺と称したが、憲康王元年875道詵が再興して葛屋寺と改め、さらに高麗定宗元年946詵覚が再興して茅屋寺と称した。李朝明宗一〇年1555太甘が堂舎を造営して現寺号に改めた。〔参考〕東国輿地勝覧三七

**むいしん-じ　無為信寺**　新潟県阿賀野市水原。仏性山金剛院と号し、真宗大谷派。親鸞門侶二十四輩の第一一無為信房の遺跡。はじめ陸奥国(岩代国)会津郡大房に創建されたが、江戸時代に檀越内藤氏の転封とともに寺地は三転して現地に移った。

**むいちもつ-ちゅう-むじんぞう　無一物中無尽蔵**　さとりの境地には生死《しょうじ》と涅槃《ねはん》の区別がなく、迷悟・凡聖の差もなく、取捨して執着すべきものもないのを無一物といい、しかも人生におけるあらゆる差別変化に対処しうる自在なはたらきを持っているのを、無一物中無尽蔵という。⇩本来無一物《ほんらいむいちぶつ》

**むえん　無縁**　①ゆかりのないこと。即ち、仏に遇い、法を聞く機縁がないことをいい、有縁《うえん》に対する。見仏聞法の機縁のない者はさとりに至らせにくいことを「無縁の衆生は度し難し」という。後世、転じて親戚血族などのゆかりのないものを無縁と称し、祭祀すべき縁者のない霊を無縁仏《むえんぼとけ》、その墓を無縁墓《むえんばか》、無縁塚《むえんづか》、義塚《ぎちょう》という。②対象のないこと。仏は特定の人を対象とせず、すべては空であると観じるから、仏の慈悲を無縁の慈悲といい、そのいつくしみはあまねくあらゆるものに及び、慈悲の中で最も尊いものとされる。⇩慈《じ》〔悲〕

**むえん-じひ-しゅう　無縁慈悲集**　一巻。報誉の著(正保四1647)と伝える。浄土宗の葬送儀礼に関する故実・法具・作法などを記したもの。〔刊本〕万治三1660刊

**むえん-ぞうし　無縁双紙**　八巻。詳しくは増補分類無縁双紙という。著者・成立年不詳。禅宗の仏事・行事・作法の万端にわたって必須事項を集めて分類したもの。〔刊本〕寛文七1667刊

**むおん　無慍**　(至大二1309—洪武一九1386)元末・明初の禅僧。姓は陳氏。字は恕中《じょちゅう》空室と号す。臨海(浙江省)の人。楊岐一一世然竺原妙道の法を嗣ぎ、浙江各地に化を振う。弟子に天台居頂《こちょう》がいる。著書、語録六巻、山庵雑録二巻、浄土詩一巻。〔参考〕増続伝灯録六、続稽古略二

**むが　無我**　(梵)アナートマン anātman またはニル・アートマン nir-ātman の訳。非我とも訳す。我とは、永遠に変らず(常)、独立的に自存し(一)、中心的な所有主として(主)、支配能力がある(宰)と考えられる霊魂的或いは本体的実在を意味する。すべてのものにはこのような我がなく、我ではないと説くのを諸法無我という。無我を観じるのを無我観という。無我は仏教の根本教条であって三法印の一に無我印を説く。無我には人法《にんぼう》二無我の説があり、有情《うじょう》(生きもの)は五取蘊《ごしゅうん》(凡夫《ぼんぶ》としての生存を構成する物心両面にわたる五要素)が仮に和合したものに他ならないから、別に実体的な生命の主体というようなものはないとするのを人無我《にんむが》といい、あらゆるものは因縁(種々さまざまな条件)によって生じたもの(仮に成り立っているもの)であるから、そのものに本来的に固有な独自の本性《ほんしょう》(自性《じしょう》)はないとするのを法無我《ほうむが》という。①阿含《あごん》では、すべてのものは条件に依存し、従ってうつろい滅びる無常なものであり、おもいのままにならない苦のものであるから無我であると説く。②有部《うぶ》では我空法有《がくうほうう》といって、人無我を説く

が、存在を構成する要素はそれぞれ自性《じしょう》があるとし、法無我を説かない。③成実論では、五蘊《ごうん》のうちに実の自我はないと見て人無我を観じるのを空観《くうがん》、五蘊の法はみな無常で実の自性がないと見て法無我を観じるのを無我観とする。④大乗では一般に二無我即ち我法二空（人法二空）を説くが、なかんずく、唯識宗では三性《さんしょう》説に基づき三無我の説を立てる。即ち遍計所執《へんげしょしゅう》の実我実法は情有理無《じょううりむ》で実には我の相はないから無相無我、依他起《えたき》の似我似法は如幻仮有《にょげんけう》で執着された我の相と異なるから異相無我、円成実《えんじょうじつ》は識の実性《じっしょう》で無我によりあらわされた真如《しんにょ》を自相とするから自相無我であるとする。

**むかえ-こう　迎講**　念仏者が臨終のとき阿弥陀仏と二十五菩薩が来迎する儀式を行う法会。迎接会《ごうしょうえ》、来迎会《らいごうえ》ともいう。源信の創案と伝える。現在の奈良当麻寺、岡山誕生寺、大阪平野の大念仏寺などの二十五菩薩練供養は有名。〔参考〕古事談三、今昔物語集一五、栄華物語一五ほか

**むがく　無学**　⇩有学《うがく》

**むがくどう　無学道**　⇩見道《けんどう》

**むき　無記**　㊵ア・ヴィヤークリタ a-vyākṛta の訳。①善でもなく不善でもないもの。記して善・不善となすことができないからである。ただし「無記なるものは異熟果（善悪のむくい）を引かないから異熟果を記することがなく、それ故に無記と称される」という説もあるが、これは有漏法《うろほう》についてのみ妥当する解釈で、一般的ではない。無記である法を無記法といい、これに対して善または不善である法を有記法《うきほう》という。無記を有覆《うふく》・無覆の二無記に分ける。有覆無記とは無記であるから異熟果を引くことはないが、しかし聖道《しょうどう》を覆いさまたげ心を蔽って不浄にするもので、例えば上二界の煩悩や欲界の煩悩でも身見、辺見などはこれであり、不善とともに染汚性《ぜんましょう》とされる。無覆無記は浄無記ともいう。純粋な無記で、聖道を覆ったりさまたげたり心を不浄にしたりすることのないもの。欲界の無覆無記の心を分けて四無記とする。(1)異熟無記は異熟生心《いじゅくしょうしん》、報生心のこと。前世の業因によって招いた果報としての心をいう。(2)威儀（威儀路《いぎろ》）無記は威儀心、威儀路心のこと。行・住・坐・臥の威儀動作を起こし或いはそれを縁ずる心をいう。(3)工巧（工巧処《くぎょうしょ》）無記は工巧心、工巧処心のこと。身・語の工巧（工作・絵画、詩歌など）をなし、或いはそれを縁ずる心をいう。(4)通果《つうが》無記は変化《へんげ》無記ともいい、能変化心、変化心、通果心のこと。定《じょう》に入った結果として得られる神通自在な作用を起こす心をいう。さらにこれに自性《じしょう》無記（山河大地のような色・香・味・触）と勝義《しょうぎ》無記（虚空および非択滅の二無為法）とを加え、有覆無記と合わせて七無記ともいう。また唯識宗ではすべての無記法を能変無記（心・心所《しんじょ》）・所変無記（色法《しきほう》と種子《しゅうじ》）・分位無記（不相応行法《ふそうおうぎょうほう》）・勝義無記の四に分けて四無記ということもある。成実論巻八では無記性の煩悩《ぼんのう》のことを隠没《おんもつ》無記といっている。②問いに対して、是とも非とも答を与えないこと。外道《げどう》からの一四の問詰、問難、即ち十四難に対して、仏陀は、それに答えることは意味がないとして、是とも非とも答えなかった。これを十四無記（十四不可記）といい、四記答のうちでは捨置記《しゃちき》にあたる。十四の問難とは(1)世界（および我）は常（時間的に無限）であるか、(2)無常（時間的に有限）であるか、(3)常にして無常であるか、(4)常でも無常でもないか、(5)有辺《うへん》（空間的に有限）であるか、(6)無辺（空間的に無限）であるか、(7)有辺にして無辺であるか、(8)有辺でも無辺でもないか、(9)如来（ここでは衆生《しゅじょう》を意味する）は死後に有であるか、(10)無であるか、(11)有にして無であるが、(12)有でも無でもないか、(13)命（霊魂）と身とは同一であるか、(14)異なるか、である。以上の中で(3)(4)(7)(8)を除いて四類十問に数える場合もある。

**むき　夢記**　「ゆめのき」ともいい、夢中に仏菩薩などの告示をえて感得したこと、その他夢にみた事項を記した文をいう。①一巻。円珍の著という。成立年不詳。感夢記、感夢記密記ともいう。円珍が入唐中の大中一〇年856五月一〇日斎後の夢を記したもの。右大臣藤原良房が円仁を天台座主

につけようと相談すること、良房宅に持念道場を造ることなどを述べる。中国城州の開元寺の良諝座主に就学中のこととしているが、円珍に託した偽書で、最澄没後の直弟子と義真系の人々との不和を背景として作られたともいわれる。仏全二八・一一三〔参考〕本朝台祖撰述密部書目 ②一巻。最澄の著と伝える。成立年不詳。〔参考〕本朝台祖撰述密部書目、山家祖徳撰述篇目集上 ③一巻。貞慶の著。夢中秘記ともいう。建久二年1191二月上旬、貞慶が春日神社に通夜し霊夢を感じて著わしたもの。④五帖。高弁の著。夢之記、明恵上人夢之記ともいう。高山寺高弁が建久二年1191から寛喜二年1230に至るほとんどの生涯を通じて、その夢に感得した数多くの事項を克明に記録したもの。諸神諸仏の霊告として修道上の用意とし、その一部は明恵上人夢之記切として世間に伝えられている。高山寺資料叢書七、岩波文庫(明恵上人集) ⑤一巻。源空の著。夢感聖相記ともいう。成立年不詳。建久九年1198五月二日、夢に下半身金色の善導に面し、専修念仏往生を問うことなどを記したもの。昭和新修法然上人全集(雑篇)、浄全九、(大)八三、真宗聖教全書四 ⑥一幅。真仏の筆。成立年不詳。親鸞夢記ともいう。親鸞が建仁三年1203四月五日夜、六角堂で救世菩薩の示現により得た告命の偈文を、門弟の真仏が親鸞の在世中に筆写したもの。定本親鸞聖人全集四

**むくう　無空**　(　―延喜一八918) 平安初期の真言宗の僧。高野山座主。出自・生年不詳。真然に師事して大法を受ける。寛平六年894寿長の跡を受けて高野山座主に就任。同七年聖宝より具支灌頂を受ける。昌泰三年900寛平法皇の高野登山の前導を勤める。延喜一二年観賢から三十帖策子の東寺への返還を求められたが、先師相承の秘宝を理由に応ぜず、同一五年院宣を以って観賢から再度督促されるに及び、同一六年遂に策子を携身して門徒と共に山城囲提寺に退き、更に伊賀蓮台寺に移って、同一八年同寺で没した。この事件が高野山の最初の荒廃を招いた。

**むくじょうこう-だいだらに-きょう　無垢浄光大陀羅尼経**　一巻。略して無垢浄光経ともいう。唐の弥陀山の訳(嗣聖二一704)。チベット訳がある。寿命を延ばすためには、古い塔を修理し小塔を建てて供養し種々の陀羅尼を念ずべきであることを説く。(大)一九

**むくせ　無垢施**　(梵)ヴィマラダッターVimaladattāの訳。維摩羅達《ゆいまらだつ》と音写し、無垢女離垢施《むくにょりくせ》、得無垢とも訳す。波斯匿《はしのく》(プラセーナジット Prasenajit)王の女。舎衛城(シュラーヴァスティー Śrāvasti)に舎利弗《しゃりほつ》(シャーリプトラ Śāriputra)などの八大声聞と文殊などの八大菩薩とが来た時、バラモンなどに向かって三宝の功徳をたたえ、声聞・菩薩たちに智慧は有為《うい》であるか無為であるかなどをたずねた。さらに彼らと共に仏に菩薩の行についてたずねた。仏はそこで一八種の四法を説き、五万のバラモンたちと共に彼女に授記した。〔参考〕得無垢女経、離垢施経

**むく-てき　無孔笛**　禅宗の用語。悟りの境地を表わす語。孔のない笛は吹くことができないように、さとりの境地は心に思いはかることも言葉でいいあらわすこともできないのをいう。

**むくにょ　無垢女**　⇩無垢施《むくせ》

**むくのてっつい　無孔の鉄槌**　禅宗の用語。孔がなくて柄のつけようがない鉄槌。導こうとしても導く方法のないものに喩える。

**むくゆう　無功用**　⇩有功用《うくゆう》

**むげ　無価**　ねうちをはかることのできないほどの貴重なものを無価といい、無価衣、無価宝珠などと熟字として用いる。

**むげ　無礙**　さわりのないこと。無閡、無碍とも書き、無障礙、無罣礙《むけげ》、無所罣礙ともいう。無礙には、心無礙・色無礙・解無礙・弁無礙などの区別があり、品類足論巻五には四無礙解、大宝積経巻一四には三無礙(総持無所罣礙・弁才無所罣礙・道法無所罣礙)などの説がある〈⇩四無礙解《しむげげ》〉。そのうち、⑴総持無所罣礙は総持無礙ともいい、菩薩《ぼさつ》が大総持(大陀羅尼)を得て善法を失わず悪法を生じず、一切の言語諸法を分別知悉して無礙であること、⑵弁才無所罣礙は弁才無礙ともいい、菩薩が大弁才を得て、

よく機に随って大乗小乗の法を説き、ことごとく通達させること、⑶道法無所罣礙は道法無礙ともいい、菩薩が大智慧を得て、よく大小乗の法と世間の語言文字に通達すること、をいう。新訳の華厳経巻五六には如相廻向位(十廻向の第八)の菩薩には衆生無礙用から力無礙用までの一〇種の自在なはたらき(十無礙用)があるとし、同経巻四六には諸仏に十種の無障礙住があることを説くなど、種々の説があり、華厳経疏巻一に毘盧遮那《びるしやな》の仏身には、用周無礙・相偏無礙・寂用無礙・依起無礙・真応無礙・分円無礙・因果無礙・依正無礙・潜入無礙・円通無礙の十無礙を具えるとし、華厳経探玄記巻三には、蓮華蔵世界に、情事無礙・理事無礙・相入無礙・相即無礙・重現無礙・主伴無礙・体用無礙・隠顕無礙・時処無礙・成壊無礙の十無礙を具えるとする。その他、華厳法界玄境巻上には、四法界の説があり、理事無礙法界・事事無礙法界の相をくわしく説いている。また、無礙には、すべてのものが融けあって互いにさまたげない円融無礙と、すべての障礙を自在にやぶる自在無礙の意があるともある。また仏の智慧を無礙智、阿弥陀仏の光明を無礙光(十二光の一)、仏を無礙人、一乗法を無礙道などという。

**むげん　無絃**　(　—寛永一七1640)　浄土宗の学僧。生蓮社往誉といい、厭公と号した。伊勢の人。了聞について出家し、はじめ上野館林の善導寺に住し、ついで同国新田の大光院で教化につとめた。外典に通じ、また詩文をよくした。門下に詮雄・輪超・祖山らがいる。著書、大原談義纂述鈔一巻(浄全一四)、十八通枢要二巻、五教要義一巻。〔参考〕浄土伝灯総系譜上、浄土本朝高僧伝上

**むけんどう　無間道〔解脱道〕**　煩悩《ぼんのう》を断ち真理を体得する段階について、加行道《けぎょうどう》・無間道《むけんどう》・解脱道《げだつどう》・勝進道の四道を立てる〈⇩道《どう》〉。無間道は無礙道《むげどう》ともいい、「煩悩をわが身に引きつけて関係づけている力、即ち煩悩の得《とく》を断つのにへだたりやさまたげがなく、また解脱道のために縁となることをさまたげへだてるような同類の道がない」という意味から無間、無礙といわれる。まさしく煩悩を断って択滅《ちゃくめつ》即ちさとりを身に引き起こそうとする段階である。これに対して無間道の直後に煩悩を断ち終って、煩悩の障から解脱し、まさしく択滅を証して離繋得《りけとく》を現在させるのが解脱道である(倶舎論巻二三、二五)。ちょうど煩悩の賊を追い出して(無間道)、次に戸を閉める(解脱道)ようなものであるという。有部《うぶ》では、無間道は煩悩を断ちつつある位であるからそこにはなお煩悩の得がある、それ故に煩悩の得と相違する解脱道を起こす必要があるとするが、唯識宗では無間道のときにすでに煩悩の種子《しゅうじ》を断つとし、それ故にさらに解脱道を起こすのは目的とする心が異なるからであるともする。即ち一説によれば、無間道は断惑(煩悩の種子を断つ)を目的とし、解脱道は証滅(択滅を証する)を目的とするからであるというが、正義は無間道で断惑してもなお残る煩悩の習気《じっけ》(無堪任性)を捨てねばならないから、解脱道はそれを捨てるのと択滅を証するのとを目的とするといい、これを無間道断、解脱道捨証と称する(成唯識論巻九)。見道では八忍が無間道、八智が解脱道に属し、修道《しゅどう》では九地のそれぞれにおいて九品《くほん》の煩悩を断たなくてはならないから、各地に九の無間道・解脱道があるとして、これを九無間道(九無間、九無礙)・九解脱道(九解脱)という。

**むげんにん　無眼人〔無耳人〕**　信仰のないものをいう。仏のすがたを見ても仏の真意を見ることができず(無眼人)、説法の声を聞いてもその真意をうけとることができない(無耳人《むににん》)からいう(安楽集に引用する目連所問経)。

**むさん　無参**　(享保一七1732—文化三1806)曹洞宗。諱は円心。姓は野口氏。上野の人。北海道から九州に至る全国を遊化し、集めた浄財を済生利民の資とし、上野国では殖産開発や橋の架設を行い、天明三年1783浅間山爆発に際して、吾妻川沿岸の災害救助に力をつくした。晩年、曹洞宗上野応永寺の末庵竜徳寺を興して住した。

**むしえ　無師絵**　三光無師会ともいう。日蓮宗の講会。天文法華の乱をうけて日蓮宗義の衰えた時、永禄一一年1568仏心院日

珖・山光院日詮・常光院日諦の三人が協力して法華文句を講学研究した。その講録を文句無師(二〇巻)といい、これ以後日蓮教学の覚醒が促進された。

**むしき-かい　無色界**　㊵アールーピャ・ダートゥ ārūpya-dhātu の訳で、無色天、無色行天《むしきぎょうてん》ともいい、欲界・色界とともに三界の一に数えられる。つまり物質を超えた世界で、物質的なおもい(色相)を厭い離れて四無色定《しむしきじょう》を修めた者が死後に生まれる天界、またそのような有情《うじょう》の生存をいう。物質がないから場所をもたず、従って空間的な高下の差別はないが、果報(むくい)の勝劣によって四階級に分ける。即ち修められた四無色定に応じてこれを空無辺処・識無辺処・無所有処《むしょうしょ》・非想非非想処の四無色界とし、三界を九地に分けるときは後半の四地に数えられる。このときは、「空無辺処地」などと一々に「地」の字を付加して呼ぶ。また天界に属するから「空無辺処天」などと一々に「天」の字を付加して呼ぶこともある。非想非非想処天は世界(有情の生存)の最高に位するから有頂《うちょう》天と称される。無色界の有情には男根《なんこん》はないがみな男であり、その寿量は順次に二・四・六・八万劫《こう》であるとされる。なお分別論者《ふんべつろんじゃ》は無色界にも細色があると説く。

**むじゃく　無著**　①(395―470頃)㊵アサンガ Asaṅga の訳。無障礙《むしょうげ》とも訳し、阿僧伽《あそうぎゃ》と音写する。インド初期瑜伽行派の論師で、唯識説の大成者。インド北部の健駄羅《けんだら》(ガンダーラ Gandhāra)の富婁沙富羅《ふるしゃふら》(プルシャプラ Puruṣapura 現在のパキスタンのペシャワール)のバラモンの出身。三人兄弟の長子で、次弟がやはり瑜伽行派の大論師の世親《せしん》(ヴァスバンドゥ Vasubandhu)である。無著ははじめ説一切有部(一説には化地部)で出家したが、弥勒《みろく》(マイトレーヤ Maitreya)から大乗の空思想や大乗経の教義を学んで大乗仏教に転向し、のちにはやはり小乗に属して大乗を誹謗していた弟の世親を教化して大乗仏教に帰依させたと伝える〈⇩弥勒《みろく》　⇩世親《せしん》〉。無著は主として阿踰闍《あゆじゃ》(アヨードヤー Ayodhyā)で活躍し、晩年には那爛陀《ならんだ》(ナーランダー Nālandā)に住したという。

無著（三百尊像集）

著作には、⑴摂大乗論、⑵大乗阿毘達磨集論、⑶顕揚聖教論、⑷順中論、⑸六門教授習定論頌、⑹金剛般若波羅蜜経論頌、およびチベット訳で現存する⑺解深密経註釈が伝えられる。チベットでは瑜伽師地論をも無著の著とするが、漢訳ではこれを弥勒の著としている。ただしこの瑜伽師地論については、一人の論師の単独の著作ではないとする見方が現在では有力である。なお無著の生存年代は、弟である世親の年代と連動しており、世親の年代を四〇〇―四八〇年頃におく説が今日では有力であるため、無著は三九五―四七〇年頃の人とされる。ただし、世親の年代を三二〇―四〇〇年頃とする説もあり、それに伴って無著の年代を三一〇―三九〇年とする説も今なお有力で、確定的な結論をみていない。〔参考〕婆藪槃豆法師伝、西域記五　②⇩道忠《どうちゅう》②

**むじゃく-に　無著尼**　(貞応二1223―永仁六1298)無外ともいう。字は如大。陸奥守城泰成の女で千代野といい、金沢顕時(一説に実時)に嫁したが、死別後、無学祖元について得度、のち美濃松見寺でその印可を受けた。上京して円爾弁円《えんにべんねん》に参禅し、景愛寺(京都尼五山の一)を開いて住した。〔参考〕無著尼伝、仏光禅師語録、延宝伝灯録一九

**むじゅう　無住**　住は所住の意で、住する所を意味する。従って無住とは固定的な状態を否定する語で、「一切諸法は無自性《むじしょう》であるから無住である」と説かれる。ま

た菩薩《ぼさつ》は智慧によって生死《しょうじ》に住しない、慈悲によって涅槃《ねはん》に住しない(無住処涅槃)、といわれる。

**むしゅうじゅ　無執受**　⇩有執受《うしゅうじゅ》

**むしゅもつ　無主物**　⇩有主物《うしゅもつ》

**むしょう　無生**　①生じるということのないこと。生じることがなければ従って滅することもないから、無生滅または無生無滅といい、あらゆるものごとがその本質において実体がなく空であるから、生じたり滅したりして変化することのないのをいう。②阿羅漢《あらかん》または涅槃《ねはん》の意訳。阿弥陀仏の本願によって浄土へ生まれるのは、阿弥陀の本願が無生である涅槃の理にかなったものであるからであり、凡夫が考えているいつわりのむなしい生とは異なるとし、浄土論註の中で曇鸞《どんらん》はこれを無生之生《むしょうのしょう》と名づけた。涅槃には生滅がないという点から、涅槃をさとることをまた無生身を証するともいい、極楽は涅槃にかなった世界という意味で無生界ということもある。

**むしょう　無性**　(450―530頃)　(梵)アスヴァバーヴァ Asvabhāva の訳。インド中期唯識派の論師。陳那(ディグナーガ Dignāga)―無性―護法(ダルマパーラ Dharmapāla)と次第するいわゆる有相唯識派の系統に属するとされるが、無相唯識派といわれる安慧《あんね》(スティラマティ Sthiramati)との親密な思想的関係も指摘されている。著書として無著(アサンガ Asaṅga)の摂大乗論および世親(ヴァスバンドゥ Vasubandhu)の大乗荘厳経論への註釈書がある。両者ともチベット訳が現存するほか、前者には玄奘の訳による摂大乗論釈がある。

**むじょう　無常**　⇩常《じょう》

**むじょう　無諍**　(梵)アラナー araṇā の訳で、阿蘭那と音写する。諍とはあらそいで、煩悩《ぼんのう》の異名。①自分に対して、諸々の有情《うじょう》に貪、瞋《しん》などの煩悩を生じさせない智をいう。他人の煩悩を息めさせる力であるから、仏および阿羅漢《あらかん》だけが有するもので、他の者の及ばない勝れた徳の力の一(倶舎論巻二七)。②無漏のこと。有漏《うろ》を有諍というのに対する。

**むじょうえきょう　無上依経**　二巻。梁の真諦の訳(永定元557)。その第一品の異訳に唐の玄奘の訳の甚希有経《じんけうきょう》(一巻)、訳者不明の未曾有経(一巻)およびそのチベット訳がある。涅槃経・勝鬘経などの如来蔵思想を承けて、如来蔵・法性・真如について詳しく述べる。仏性論・究竟一乗宝性論などと密接な関係をもち、宝性論の異訳と考えることもできる。如来蔵思想・仏性論などの思想的発展の跡をたどる重要な経典である。(大)一六、[国一]経集部六

**むじょうきょう　無常経**　一巻。唐の義浄の訳(大足元701)。チベット訳もある。一切のものが無常であることを説く。葬送の際に比丘をまねいて読誦させる経典とされていた短い経典。大部の経典の一部が別出したものとも考えられる。(大)一七、[国一]経集部一〔註釈〕法蔵・疏一巻

**むしょうこく　無勝国**　⇩瞻波《せんぱ》

**むじょうせっぽう　無情説法**　禅宗の用語。説法は情識を有する有情《うじょう》(生物)のみがなすものでなく、山川草木のような情識をもたない無情の存在(非情物、無生物)もまた、心の耳をすまして聞けば声なき説法をしていることを表現することば。

**むじょうどう　無常堂**　重病者を療養させる堂。無常院、涅槃堂、延寿堂、省行堂、重病閣、将息寮などともいう。四分律行事鈔巻下四には無常院の結構や心得について述べ、禅宗の諸清規《しんぎ》にも規定がある。

**むしょとく　無所得**　⇩有所得《うしょとく》

**むしん　無心**　⇩有心《うしん》

**むしん　無瞋**　⇩瞋《しん》

**むじん　無尽**　尽きることがないこと。とけあって互いにさまたげとならないこと(円融無礙)。華厳宗では、あらゆるものがそれ自身で主体ともなり客体ともなって、主体であることと客体であることとが矛盾せず融通無礙であるとする。これを主伴無尽といい、これによって一切法の相即相入して重重無尽であることを説く法界縁起《ほっかいえんぎ》をまた無尽縁起ともいう。尽きることのない財宝を有する蔵を無尽蔵といい、無限の功徳《くどく》を有することの比喩として用いられる。例えば新訳華厳経巻一八には、菩薩《ぼさつ》が善見諸仏などの十無尽蔵を得ることを

説き、同巻二一には同じく信蔵などの十無尽蔵を、同巻二五には同じく見仏などの十無尽蔵を得ると説いている。また寺中に金銭を蓄えて、人に貸し、複利法に依って利息から利息を生み出し、それによって三宝の用に供するものを無尽財といい、中国では長生銭或いは庫質銭《くちせん》といった。日本で一般に行われている無尽、無尽講もこれに由来する。また一人が法を聞いてその法によって多数の他人を開導すれば、その多数の他人がまたそれぞれ多数の人を開導するから、それはちょうど一個の灯火が次々と移されて無数の灯となるようなものであるというので、維摩経巻上菩薩品にはこれを無尽灯と名づけている。後世は長明灯《ちょうみょうとう》(昼夜不断に燃やしておく灯火)のことを無尽灯という。

**むそう　無相**　⇩有相《うそう》

**むそう　無相**　(　—文政八1825)新義真言宗の僧。字は無動。号は白雲堂。上野の人。武蔵浦和の玉蔵院から江戸根生院に迎えられた。因明に長じ、連歌をよくした。著書、因明科註一巻、因明三十三過本作法纂解正誤一巻、連歌六句選一巻、四季二百題一巻など。

**むそう-そせき　夢窓疎石**　⇩疎石《そせき》

**むそう-じょう　無想定**　㊵ア・サンジュニャー・サマーパッティ a-saṃjñā-samā-patti の訳。心不相応行法の一。心と心所《しんじょ》(心のはたらき)とをすべて滅し尽くした定で、滅尽定《めつじんじょう》とともに二無心定の一に数えられる。色界《しきかい》第四禅の無想天の果報を真の悟境であると誤信する外道《げどう》および凡夫《ぼんぶ》が修するもの。この定を修することによって得られる無想天の果報を無想果とも無想事《むそうじ》ともいう。これも同じく心不相応行法の一で、これによって、五〇〇大劫の間、心・心所が滅せられるとする。説一切有部は無想定、無想果を別の実体のあるものと主張するが、経部や唯識宗では、かりのものとする。

**むち　無知**　㊵ア・ジュニャーナ a-jñā-na の訳。知らないこと。これを染汚《ぜんま》無知《むち》と不染汚無知との二無知に分ける。染汚無知は染無知ともいい、その性質が染汚(不善と有覆無記《うふくむき》)である無知のこと。即ち真理を覆い智慧をさまたげる煩悩《ぼんのう》としての無知をいい、無明《むみょう》を体とする。不染汚無知は不染無知、不染愚ともいい、煩悩の汚れを離れた無知のこと。対境に執着することはないが、杌(木のきりかぶ)を見て人と思うようにいろいろのことを明らかに知ることのできない劣慧で、有漏《うろ》ではあるが、善または無覆無記であり、無明とは相応しない。これは所知障に相当するもので、大乗では無明を体とすると説く。有部《うぶ》では「声聞《しょうもん》の阿羅漢《あらかん》や縁覚《えんがく》は染汚無知は断ち尽くしているが、不染汚無知は断ってもなお起こす(現行《げんぎょう》する)ことがある、ただ仏だけは二無知を完全に断ち尽くして起こすことがない」と説く。

**むち　無癡**　⇩癡《ち》

**むちゅう-もんどう-しゅう　夢中問答集**　三巻。夢窓疎石(1275—1351)の著。夢中問答ともいう。足利直義が疎石に参禅して、禅の要諦・修道の用心について質問したのに対する答を集録したもの。片仮名まじりで俗語を用い平易に禅要をつくし、疎石の禅風を表出する。参禅の指針として高く評価されると共に禅宗思想史上にも重く位置づけられる。なお浄土教を小乗浅劣の教えと評して浄土宗徒と対立して論義が交わされた。禅学大系(祖録部四)、岩波文庫〔刊本〕古刊本(上野図書館・竜谷大学蔵)、寛永一一1634刊、正保四1647刊〔参考〕夢中松風論、警覚論、谷響集

**むとう　無等**　(　—明和元1764)新義真言宗の僧。字は本寂。姓は佐藤氏。武蔵の人。元禄一二年1699に出家し、豊山に学び事相家として知られた。能化信恕の命をうけて武蔵宝仙寺に住持し、結縁灌頂を修して活躍した。著書、大疏探頤録一八巻、護摩口訣二巻、真言行者四度別行随筆一巻など。

**むとくどう-ろん　無得道論**　一巻。日遠の著(慶長年間1596—1615)。法然の選択本願念仏集の所説について非難し、念仏の教えを論難したもの。選択集は堕地獄の書であり、偽って引文して諸人を惑わすと難詰する。本書に反論したものに岸了の弁無得道論二巻(浄全八)、真迢の破邪顕正記五巻

がある。浄全八〔刊本〕文政四1821刊、明治一五1882刊

**むとん　無貪**　⇩貪《とん》

**むに　牟尼**　㊵ムニ muni の音写。文尼、茂泥とも書き、寂黙《じゃくもく》（煩悩《ぼんのう》を静めること）、寂、賢人、仁、仙と訳す。尊い勝れた聖者、また仙人を意味する。釈尊とは釈迦牟尼の略で、釈迦族の聖者ということ。⇩三寂黙《さんじゃくもく》

**むににん　無耳人**　⇩無眼人《むげんにん》

**むにん　蒙潤**　（南宋の徳祐元1275―元の至正二1342）天台四教儀集註の著者。号は玉岡。姓は顧氏。嘉禾海塩（浙江省）の人。一四歳で白蓮華寺で出家し、古源や竹堂などに天台の教観を学ぶ。のち南天竺演福寺・当湖徳蔵寺・下天竺霊山寺などを歴住し、講経や懺法を修した。晩年は風篁嶺白蓮庵で過ごした。著書の天台四教儀集註は後世天台学の入門書として広く行われた。〔参考〕続仏祖統紀上、明高僧伝一

**むねん　無念**　⇩有念《うねん》

**むのう　無能**　（天和三1683―享保四1719）浄土宗の念仏行者。字は守一、興蓮社良崇という。陸奥（磐城）の人。飯沼弘経寺、芝増上寺に学び宗脈、大戒を受けてのち諸地で行をはげみ、日課念仏一万遍から一〇万遍に達した。著書、念仏勧化現益集二三巻、伊呂波和讃、発願和讃（勧進詠歌集）、一期修行略記各一巻、往生至要決略解、勧化奇特集など。〔参考〕無能和尚行業記（浄全一八）、続日本高僧伝一〇

**むほう-とう　無縫塔**　卵形の石塔であるところから卵塔《らんとう》、また僧侶専用の墓であるのと頂部が丸いことから坊主墓ともよばれる。形式に二種ある。一は複雑な台座の上に背の低い卵形塔身をおくもので単制。もう一つは簡単な低い基礎の上に長い卵形の塔身をおくもので単制。起源として唐の代宗皇帝の帰依が厚かった慧忠国師が臨終に際し、帝に望んだ「死後一個の無縫塔云々」より生まれたとされ、禅宗独特の思考で起こったものといえよう。古くは禅宗の開山級の墓塔であったが、近代では宗派をこえて多くの僧の墓塔として用いられている。無縫は塔身に縫目のないものという意味。最古の遺品として、重制のものは京都市東山区泉涌寺開山塔（鎌倉時代前期）、単制のものは京都市北区大徳寺開山塔（南北朝時代前期）がある。

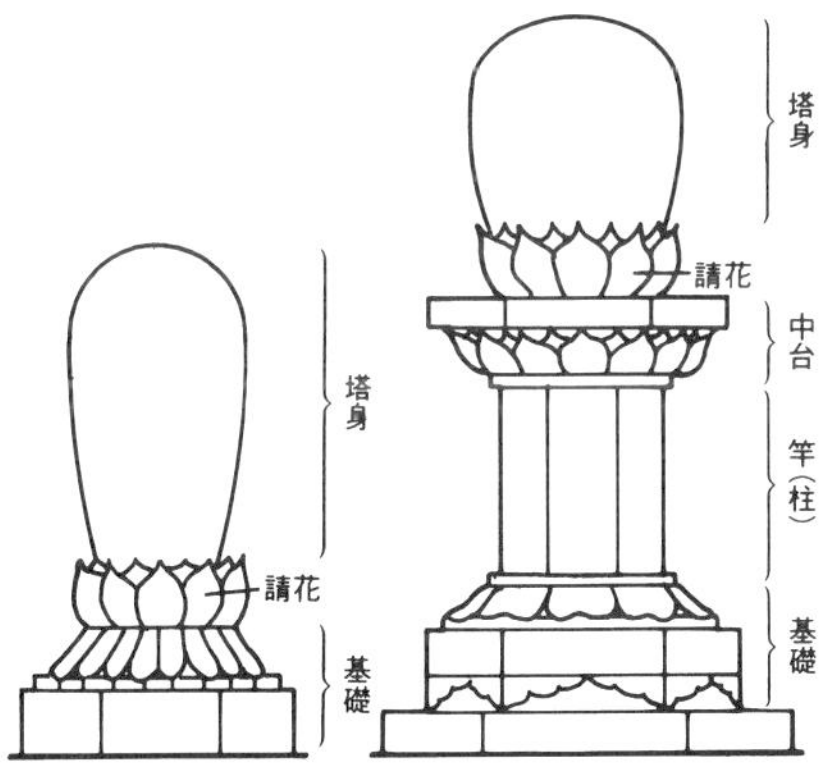


無　縫　塔

**むみょう　無明**　㊵ア・ウィドヤー a-vidyā の訳。ものごとをありのままに見ない不如実智見《ふにょじつちけん》のこと。即ち真理にくらくてものごとに通達せず、事象や道理をはっきりと理解できない（不達不解不了の）精神状態で、愚癡をそのすがたとする。十二縁起《えんぎ》の第一支は無明支であり、また倶舎宗《くしゃしゅう》や唯識宗では無明を心所《しんじょ》（心のはたらき）の一に数えて癡《ち》という。①十二縁起の無明支を解釈して、阿含経では仏教の真理（四諦《したい》）に対する無智であるとし、渇愛と表裏の関係にあるものと見る。有部《うぶ》では十二縁起を三世両重の因果を説くものと見て、無明をもって過去の煩悩《ぼんのう》の位における五蘊《ごうん》を指すとし、その位の諸煩悩中で無明のはたらきが最もすぐれているから無明と名づけるという。唯識宗では二世一重の因果で解釈し、無明と行《ぎょう》とは識などの五果の種子《しゅうじ》を引く能引支であって、そのうちで第六意識と相応する癡で善悪の業《ごう》をおこすものを無明とする。②有部や唯識宗では無明を相応無明と不共無明《ふぐうむみょう》との二無明にわける。前者は貪などの根本煩悩と相応して共に起こるもの、後者は相応しないで起こるものである。不共無明はひとりで起こるから独頭《どくず》無明ともいう。ただし、唯識宗では不共無明をさらに恒行《ごうぎょう》不

共無明と独行《どくぎょう》不共無明とにわける。前者は第七末那識《まなしき》と相応する無明で、貪などの根本煩悩と相応して起こるものではあるが、すべての凡夫《ぼんぶ》の心につねにたえまなくはたらく点で第六意識と相応する無明と異なるから、それ故に不共と称するとし、後者は第六意識と相応する無明で、他の根本煩悩と相応しないでひとりで起こるから不共と称するとする。この独行不共無明を、随煩悩と倶に起こらないで独り起こるか否かによって、さらに主独行無明と非主独行無明とにわける。また唯識宗では無明を種子《しゅうじ》と現行《げんぎょう》とにわけ、常に衆生《しゅじょう》につき随い、第八阿頼耶識《あらやしき》の中にかくれ眠っている無明の種子を随眠《ずいみん》無明といい、これに対してあらわれて現在にはたらく無明の現行を、衆生にまといつき衆生を縛りつけて、生死《しょうじ》(迷いの世界)につなぎとめる意味から纏《てん》無明という。この纏無明には相応と不共とがあるから、随眠・纏・相応・不共の四種となり、これを四種無明(四無明)と名づける。また根本と枝末と、共と不共と、相応と不相応と、迷理と迷事と、独頭と倶行《くぎょう》と、覆業《ふくごう》と発業《ほつごう》と、種子子時と行業果《ぎょうごうか》と惑との十五種の無明に分けることもある。③勝鬘経には、見惑《けんなく》および三界の修惑《しゅわく》である貪などと相応する相応無明を四住地の惑(見一切住地・欲愛住地・色愛《しきあい》住地・有愛《うあい》住地の四で、はじめの一は見惑、あとの三は三界の修惑を意味する)と名づけ、独行不共の無明を無始無明住地の惑とし(合わせて五住地の惑)、この無明住地はすべての煩悩の起こる根本で、ただ如来《にょらい》の菩提智《ぼだいち》だけがこれを断ちうるとする。④大乗起信論では無明は不覚であるとし、この不覚を根本無明と枝末《まっし》無明との二無明にわける。根本無明は根本不覚、無始の無明、元品《がんぽん》の無明、忽然念起《こつねんねんき》の無明ともいわれ、また元初の一念ともいう。即ち真如平等の理に了達しないが故に、忽然として差別対立の念が起動するその元初であって、諸々の煩悩の元始であり、迷妄のはじめであるから、他の煩悩に由って生じたものではない。それ故に「忽然」という。極めて微細《みさい》であり、そのために心王《しんのう》(こころ)と心所《しんじょ》(心のはたらき)とを区別することのできない状態である。これは即ち無始無明住地の惑にほかならないと見られる。枝末無明は枝末不覚ともいわれ、根本無明によって起こされた末梢的な染汚《ぜんま》心で、三細六麁《さんさいろくそ》の惑業である。⑤天台宗では、空《くう》・仮《け》・中《ちゅう》の三観によって、それぞれ見思《けんじ》・塵沙《じんじゃ》・無明の三惑を断つとし、無明とは非有非空の理に迷い、中道を障えるものとする。この無明を断つのに、別教では十廻向《えこう》で伏し、初地以上の十二階位で十二品《ほん》の無明(まとめて十二品の無明があるとする)を断ちおわるとする。この場合、十廻向の最後の第十廻向で初めの無明を断って初地に入るが、この初めの無明をまた三品《さんぽん》に分けて断つから、これを三品の無明という。円教では初住以上の四十二階位で四十二品の無明(まとめて四十二品の無明があるとする)を断ちおわるが、この場合第五十一位である等覚の最後心で妙覚智があらわれ、それによって断たれる最後の無明を、元品の無明、無始の無明、最後品の無明という。ただしこれは一往の説で、実は円教では三観には順序次第を立てず、一心をもって観じるのであるから、三惑は同体で同時に断たれるという。

**むみょう　無明**　(慶長一二1607—延宝四1676)　臨済宗の僧。字は梅天。姓は源氏。豊後の人。五〇歳で出家し愚堂東寔《とうしょく》の印可をうけた。万治三年1660山城の白河寺の開山に迎えられ、のち伊勢慈眼寺に住した。著書、長養用心記、十魔記、梅天禅師法語ほか。〔参考〕続日本高僧伝五

**むみょう-むじつ　無名無実**　真実の意義をわきまえないこと。名と実とが一致しない間違った見解をいう。

**むみょうらせつ-しゅう　無明羅刹集**　三巻。無明羅刹経ともいう。訳者不詳(四世紀後半の訳)。王が国内に悪疫を流行させる鬼を責め、その鬼の背後にあって鬼をあやつるものを次々に追求して、最後に無明羅刹に至る。それに譬えて、衆生の生死の苦の根源を次々にたずねて無明に至る過程を説く。㊅一六

ともいう。南宋の無門慧開の著、宗紹の編（紹定元年1228）。慧開が東嘉の竜翔寺（温州永嘉県）にあって、学徒の請に応じ、古仏の公案中から四八則を選び、評唱と頌とを加えたもの。巻首に習庵陳塤《ちんけん》の序と、慧開の上表文および自序があり、巻尾に総結の語がある他、現存のものは紹定三年に慧開が無量宗寿に与えた禅箴および黄竜《おうりょう》三関の頌と、宗寿の謝偈を付載し、次いで淳祐五年1245重版の際の、孟珙《もうきょう》の跋、安晩居士の四九則語を加えている。本書は臨済下で常に碧巌録とならび称せられるが、慧開が言辞を飾らず、平易な口語で簡明直截に禅旨を説き、特に参禅工夫のための具体的な指針を示し、主体的な疑団を強調している点で、看話禅《かんなぜん》の歴史上に影響が大きい。㊅四八、国一諸宗部六

**むよ　無余**　有余《ょう》に対する。完全に窮極に達して、遺された残余のないこと。特に無余依の略。この場合、依はよりどころの意で依身ともいい、肉身を意味する。煩悩《ぼんのう》も肉身もともに完全に滅し尽くした状態を無余依涅槃《ねはん》という。

**むらかみ-せんしょう　村上専精**　（嘉永四1851―昭和四1929）仏教史学者。真宗大谷派の学僧。丹波の教覚寺（現兵庫県丹波市春日町）に生まれ、愛知県宝飯郡御津町御馬の入覚寺を継ぐ。無為信寺行忠・雲英晃耀に真宗学を受け、明治二〇年1887曹洞宗大学林講師、同二四年東京帝国大学講師などを経て同二七年「仏教史林」を創刊。同二九年清沢満之らと本願寺改革に参画し、近代仏教学の樹立につとめ歴史的研究を導入したが、その大乗非仏説論は仏教界に波紋を投げ一時僧籍を奪われたこともあった。同二二年文学博士。大正八年1917東京帝国大学の印度哲学科の開設に当たり、初代の教授となる。同九年帝国学士会員、同一三年大谷派講師となり、同一五年大谷大学学長。新しい仏教史研究法を樹立し、門下に鷲尾順敬・境野黄洋がいる。主著、仏教統一論、真宗全史、大日本仏教史綱、仏教論理学など。

**むらた-じゃくじゅん　村田寂順**　（大保九1838―明治三八1905）天台座主（二一六世）。字は慈修。恋西子と号した。出雲の人。明治九年京都妙法院門跡となり、のち善光寺大勧進職を兼ね、延暦寺座主となった。明治維新には神仏一体論や宮門跡存続を建言し、護法につとめた。〔参考〕随縁迹

**むりょうぎ-きょう　無量義経**　一巻。南斉の曇摩伽陀耶舎《どんまかだやしや》の訳（建元三481）。劉宋代の求那跋摩《ぐなばつま》の訳があったというが伝わらない。劉虬の序がある。法華三部経の一。無相の一法から無量の義が生ずることを明らかにし、法華経の序説となるもので法華三部経の開経と呼ばれるが、中国撰述と見られる。㊅九、国一法華部　〔註釈〕劉虬あるいは慧表・疏一巻、円測・疏三巻、智円・疏二巻、最澄・註三巻

**むりょうこう-じ　無量光寺**　神奈川県相模原市当麻。時宗。当麻山金光院と号し、当麻道場ともいう。嘉元二年1304他阿真教の開創と伝える。時宗の二祖真教・三祖智得が独住し、元応二年1320智得の没後、呑海が帰住しようとしたが、内阿真光はこれを拒否して自ら他阿と号し当麻派の祖となった。呑海が宗祖以来の往古過去帳を所持していたので、当麻派では遊行を廃止して賦算のみをおこなうようになり、呑海の法系（遊行派）とは明治に至るまで正統を争った。上級武士層の支持を得て栄え、徳川氏は祖先のゆかりの地としてあつく外護した。〈⇩清浄光寺《しょうじょうこうじ》〉〔参考〕新編相模風土記稿六八

**むりょうじゅ-いん　無量寿院**　①藤原道長が建てた法成寺阿弥陀堂のこと〈⇩法成寺《ほうじょうじ》〉。②藤原頼通が建てた平等院鳳凰堂の通称〈⇩平等院《びょうどういん》〉。③福岡県八女市福島。若泰山光明院と号し、浄土宗。はじめ同郡酒井田にあった天台宗寺院で、天福寺・地福寺・円福寺の三末寺を有した。のち次第に衰微したが、建保年間1213―19聖光房弁長が再興して現宗に改めたという。

**むりょうじゅ-きょう　無量寿経**　二巻。三国魏の康僧鎧《こうそうがい》の訳と伝える。大無量寿経、双巻ともいう。阿弥陀仏と極楽浄土を説く経典で、中国・日本の浄土教では観無量寿経（観経）・阿弥陀経（小経）とともに浄土三部経の一つにかぞえ、大経とも呼ぶ。

むかし、ある国王が世自在王仏のもとで出家して法蔵(ダルマーカラ Dharmākara)比丘と名のり、諸仏の国王を見たうえで、五劫の間思惟して、もっともすぐれた浄土を荘厳する清浄の行を選びとり、四十八願をおこして兆載永劫《ちょうざいようごう》の修行をした結果、今から一〇劫の昔に成仏して無量寿仏となり、現在も西方一〇万億の国土をへだてた安楽国土にいて衆生を教化すると説く。そしてその国土のすぐれたありさまを述べて浄土往生を勧め、阿弥陀仏の救いの慈悲を信じることを強調する。現行の無量寿経を康僧鎧の訳とする伝承は、今日では疑問視されており、西晋の竺法護の訳とする説が有力である。漢訳にはこの(1)無量寿経のほか、(2)後漢の支婁迦讖の訳の無量清浄平等覚経(四巻)、(3)三周呉の支謙の訳の阿弥陀三耶三仏薩楼仏檀過度人道経(二巻。大阿弥陀経と略称する)、(4)唐の菩提流志の訳の大宝積経第五会無量寿如来会(二巻)、(5)北宋の法賢の訳の大乗無量寿荘厳経(三巻)の計五本があり、順次に魏訳・漢訳・呉訳・唐訳・宋訳と通称する。このうち(2)(3)にも訳者に関して諸説がある。現存の五本の間には内容にかなりの相違・変化が認められる。とくに(2)(3)と(1)(4)(5)との間にいちじるしい相違がみとめられるので、今日では前者を初期無量寿経、後者を後期無量寿経として類別することがある。五本それぞれの原本・相互関係について諸説が提出されており定説をみるに至っていない。たとえば魏訳で四十八願とされる阿弥陀仏の本願についても、漢訳と呉訳では二四、唐訳で四八、宋訳で三六と一様でない(なお梵本では四六、チベット訳では四九となっている)。梵本と比較的よく内容が一致するのは唐訳といわれる。古くから五存七欠と称して、現存の五本の他に七本がかつてはあったとして合計一二回の翻訳が行われたことを伝えるが、その史実性は疑問視されている。南宋の王日休は現存五本のうち唐訳を除く四本を参照して大阿弥陀経(二巻)を編纂した(紹興三〇 1160)。梵本はスカーヴァティー・ヴィユーハ Sukhāvatī-vyūha と題し、一九世紀以来今日までに二〇部をこえる写本がネパールで発見されている。原本の出版はマックス・ミュラー Max Müller と南条文雄が最初に行い(1883)、その後荻原雲来(1930)、足利惇氏(1965)の校訂によるものも刊行されている。チベット訳には大小二本が現存する。英訳はマックス・ミュラーによる梵本からの英訳があるほか、和訳には梵本からの訳に南条文雄(1908)、荻原雲来(1917)の訳、チベット訳からの訳に寺本婉雅(1923)、河口慧海(1930)、青木文教(1928)の訳がある。近年の訳としては中村元・早島鏡正・紀野一義によるものがある(「浄土三部経・上」岩波文庫1963〔漢訳の書き下しと対照〕)。天親(ヴァスバンドゥ Vasubandhu 世親)の作と伝えられる無量寿経優波提舎願生偈はこの経にもとづき浄土往生を願う意を述べたもので、浄土論・往生論・無量寿経論ともいう。中国におけるこの経の註釈書には、隋の慧遠の義疏(二巻)、隋の吉蔵の義疏(一巻)、新羅の元暁の宗要(一巻)、新羅の璟興の連義述文賛(三巻)などがある。(大)一二

**むりょうじゅきょう-ぎしょ　無量寿経義疏**　二巻。隋の慧遠の著。成立年不詳。大無量寿経義疏、大経浄影疏ともいう。大無量寿経の註釈書としては最古のものであり、後世の註釈者がしばしば依用するものであるが、法蔵の二重発心説・五劫略修行説など独特な見解を示すために批判される対象ともなった。なお、慧遠が本書及び観経疏を著わしたのは、師の慧光が晩年に阿弥陀仏に帰依した影響からといわれている。(大)三七、浄全五

**むりょうじゅきょう-れんぎ-じゅつもんさん　無量寿経連義述文賛**　三巻。新羅の璟興の撰。成立年不詳。無量寿経を註釈したもの。諸家の釈義を連ねて経の文意を述べ、この経を賛じる意味で連義述文賛と称したものと考えられる。本書は来意・釈名・本文解釈の三門から成る。来意ではこの経と観無量寿経との関係を論じ、釈名では経の題目について解釈しているが、その詳細は同撰者の観無量寿経疏(散逸)に譲っている。本文解釈では極めて詳細な科文を設けて註釈をしている。本書の中には法位や義寂ら今日では散逸して伝わらない諸家の

説を多く引用している点で注目される。㊅三七

**むりょうじゅーじ　無量寿寺**　①茨城県鹿島郡鉾田町鳥栖。光明山と号し、浄土真宗本願寺派。親鸞の東国巡錫の際、帰依した、もと鹿島の神官順信(親鸞門下二十四輩の第三)の遺跡で、鹿島門徒の中心道場。〔重文〕紙本著色拾遺古徳伝(残闕)〔参考〕大谷遺跡録三、二十四輩記　②愛知県半田市成岩本町。真宗大谷派。矢作の柳堂で親鸞の門弟となった了善が、幡豆郡平坂村(現西尾市平坂町)に一寺を創したのに始まり、三河五カ寺の随一となったが、のち現地に移った。〔参考〕大谷遺跡録四

**むりょうじゅーにょらい　無量寿如来**　⇩阿弥陀仏《あみだぶつ》

**むりょうじゅぶつーみょうごうーりやくだいじーいんねんーきょう　無量寿仏名号利益大事因縁経**　一巻。三国魏の康僧鎧の訳。無量寿経の重要な問題である十劫久遠・聞信功徳・現生正定などが明らかにされ、曾婆羅頻陀羅地獄のことがでている。比叡山檀那院に秘蔵されてあったというが、偽経の一種か。㊗一・一・四

**むろ　無漏**　⇩有漏《うろ》

**むろうーじ　室生寺**　奈良県宇陀郡室生村。室生山悉地院あるいは宀一山《べんいちざん》(宀一は室生の略)と号し、真言宗室生寺派大本山。寺伝では天武天皇の勅願により役小角《えんのおづぬ》が創建し、空海が再興したというが、宝亀年間770―80興福寺の賢璟《けんよう》の開創と考えられる。古くから祈雨神の信仰があって竜穴神社の神宮寺であったといい、貞観九年867当寺を竜王寺と称したと伝える。江戸時代まで興福寺の末寺であったが、元禄二年1698護持院隆光の活動により興福寺から分離し新義真言宗豊山派となった。やがて弘法大師信仰が高まり女人高野《にょにんこうや》(高野山が女子の登山を許さなかったのに対する)と呼ばれるようになった。〔国宝〕五重塔、金堂、本堂(灌頂堂)、木造釈迦如来立像、同十一面観音立像、同釈迦如来坐像(弥勒堂安置、平安初期翻波式)、板絵著色伝帝釈天曼荼羅図〔重文〕御影堂、木造如意輪観音坐像、同弥勒菩薩立像、同薬師如来立像、同文殊菩薩立像、同十二神将立像、金銅密教法具ほか

室生寺(南都名所集)

# め

**めい　迷〔悟〕**　ものごとの真実を覚知しないであやまったことに執着するのを迷といい、迷から目ざめて明らかに真実に体達するのを悟という。いつわりの相に執着してそれを実とし妄念の絶えない心を迷情、迷心といい、迷情にとらわれてものごとの真実を知らない境地、即ち三界を迷界、迷境という。また迷悟の領域を渡し場(津)に譬えて、迷の此岸即ち迷界を迷津《めいしん》ともいう。これに対して真実の知見を開き証の道を得ることを悟道《ごどう》という。

**めいあんーじ　明暗寺**　京都市東山区本町。虚霊山と号し、江戸時代には虚無僧寺と呼ばれた普化宗の寺。妙安寺ともいう。鎌倉時代に明普が師の虚竹朗庵を開山として北白川に創建。次いで江戸時代の初期、現東山区今熊野池田町付近に移転した。明治四年1871臨済宗東福寺の塔頭である善慧院《ぜんねいん》に合併され、現在、善慧院は普化尺八明暗流の寺として有名。

**めいかく　明覚**　生没年不詳。平安末期の天台宗の僧。伝灯大法師位についたが、

のちに加賀の温泉寺に隠棲し、悉曇《しったん》を研究した。著書、悉曇要決四巻(大八四)、梵字形音義四巻など。〔参考〕梵学津梁、悉曇系図、諸宗章疏録二

**めいこう　明光**　(弘安九1286—文和二1353)真宗仏光寺派仏光寺六世。諱は了円。鎌倉甘縄の人。甘縄の了円として知られる。親鸞に師事した武蔵阿佐市の了海の門弟で、仏光寺了源の師にあたる。本願寺覚如・存覚の教えをうけ、存覚は明光の請により顕名鈔を書いた。鎌倉の最宝寺、備後の光照寺を創した。〔参考〕渋谷歴世略伝、顕名抄奥書

**めいざん　明算**　(治安元1021—嘉承元1106)真言宗の僧。紀州の人。俗姓は佐藤氏。高野山で習学後小野の成尊に従い修行し、帰山して寛治四年1090に検校に補せられ、堂宇を興した。中院流を開いたので高野中院阿闍梨と称される。〔参考〕伝灯広録続篇六、高野春秋編年輯録五

**めいそうでん　名僧伝**　三〇巻、序録一巻。梁の宝唱の著(天監一三1514)。後漢から梁代に至る間の高僧四二五人の事跡を八科に分けて集録したもの。即ち、⑴訳経三蔵の外国法師一七人(巻一—三)および神通弘教の外国法師仏図澄(巻四)、⑵中国法師一六三人(巻五—一七)、⑶律師二〇人(巻一八)、⑷禅師四〇人(巻一九、二〇)、⑸神力一五人(巻二一)、⑹兼学苦節以下苦節者として一三九人(巻二二—二八)、⑺導師一三人(巻二九)、⑻経師一七人(巻三〇)。しかし間もなく慧皎の高僧伝が編纂され、本書は散逸した。かつて日本国見在書目に収められたが、現在は完本がなく宗性の名僧伝抄一巻(続)二乙・七・一)のみがある。〔参考〕歴代三宝紀三一、開元録六・一〇、東城伝灯目録下、続高僧伝一

**めいど　冥土**　冥途・冥界ともいい、死後の幽冥の世界をいう。六道の中の三悪道、特に地獄道に通ずる。十王経によって中国から日本(鎌倉時代以降)で広まった俗信では、人は死後に死出《しで》の山を越えて三途《さんず》の川を渡らなければならないという。三途の川とは、地獄・餓鬼・畜生の三塗(三悪道)を渡ることが困難な大河に譬えた語であるが、それが実在の「川」のように誤解され、さらにその河岸の樹の下に奪衣婆・懸衣翁の二鬼があって婆鬼は亡者の衣を脱がせ翁鬼がこれを樹の枝にかけ、その枝のたわみによってその罪をはかるという俗説が生じた。亡者はやがて閻魔王の処に至り泰山府君・五道神などの冥官の前で罪の裁きをうける。そこには浄玻璃《じょうはり》の鏡があって亡者生前の善悪業が残らずうつるという。また賽《さい》の河原もこの冥土にあるとされ、ここは死んだ幼児の行く所で、地蔵菩薩が現われるという。〔参考〕十王経、十王讃歎鈔、賽の河原地蔵和讃

**めいどうーく　冥道供**　冥道無遮祭法、祭霊法ともいう。冥道を供養する法会。冥道無遮斎法に準じて除病・延寿・攘災・招福を願うために行われる。唐の不空が毎月宮中で行ったと伝え、日本では長久五年1044天台の長宴が大原勝林院で修したのが初めという。〔参考〕阿娑縛抄一六六

**めいどうーしゅうせつ　鳴道集説**　五巻。諸儒鳴道集説ともいう。金の李純甫(号は屏山、1115—1234)の著。成立年不詳。華厳・楞厳・円覚など諸経の教旨をもとにして、北宋代諸儒の主張を是正しつつ、二一七篇にまとめて儒仏道三教の調和を論じたもの。本書には⑴赤松本(明治二八1895赤松連城刊)、⑵天和本(天和三1683刊)、⑶北京図書館本があり、仏祖歴代通載巻第一九(大四九)には一部が抄録されている。

**めいほうーき　冥報記**　三巻。唐の唐臨の撰(永徽二1651か)。仏教の因果応報が空説でないことを述べ、苻堅・李雄らの諸人が冥報によって生死を得た事実を叙述したもの。新旧唐書に二巻とあるが、宋史以下に見えず、早く佚書となった。ただ法苑珠林・太平広記などには多く引用されており、また、京都高山寺に奈良朝古鈔本、前田尊経閣に平安朝鈔本があり、またペリオが敦煌より残巻を発見した。本書は日本霊異記や今昔物語集など、わが国の説話文学に大きな影響を与えた。(大)五一、(続)二乙・二三・一

**めいようーえ　冥陽会**　施食会《せじきえ》のこと。冥は冥界の餓鬼《がき》、陽は陽界の一切衆生、即ち冥陽二界一切のものにあまねく供養するから冥陽会という。⇩施餓鬼会《せがきえ》

**めいれいや　迷麗耶**　㊵マイレーヤ maireya の音写で、迷隷耶、味娜也とも書く。木酒と訳し、根・茎・花・果から製造した酒をいう。窣《そ》羅《ら》(穀物から製造した酒)に対する。

**めいわ-ほうろん-しだい　明和法論次第**　一巻。仰誓(1721—94)著。成立年不詳。明和年間1764—72に浄土真宗本願寺派において、播磨真浄寺の智暹《ちせん》の浄土真宗本尊義に端を発し、智暹一派と学林の天倪《てんげい》・僧鎔《そうよう》らとの本尊義をめぐる論争の顚末を、学林側の立場から記したもの。真全五〇

**メーセー　Maisey, F.C.**　生没年不詳。イギリスの軍人。一八五一年カニンガム A. Cunningham と協力して、サーンチー仏塔の学術的発掘を行い、その報告として Sānchi and its Remain(サーンチーおよびその遺跡1892)を著わした。

**めつ　滅**　①涅槃《ねはん》のこと。従って涅槃に入ることが入滅であるが、釈迦牟尼仏は死によって無余涅槃に入ったから、釈迦牟尼仏の場合その死を特に入滅という。②滅尽すること。また四相の一である。滅相を略して滅ともいう。③毘奈耶《びなや》即ち律の訳語。

**めつざい　滅罪**　除罪ともいい、観仏、称名《しょうみょう》、呪《しゅ》を唱えること、または懺悔《さんげ》などの宗教的行為によって、罪や業障《ごっしょう》を滅ぼすこと。

**めつじんじょう　滅尽定**　㊵ニローダ・サマーパッティ nirodha-samāpatti の訳。滅受想定・想受滅定ともいい、滅尽三昧と称することもある。心不相応行法の一。心と心所《しんじょ》(心のはたらき)とをすべて滅し尽くした定《じょう》で、無想定とともに二無心定の一に数えられる。無所有処《むしょうしょ》の煩悩《ぼんのう》を離れた聖者が、その定の境地を無余涅槃《むよねはん》の静けさになぞらえて無心の寂静境を楽しむために入るもので、この定を修めることによって無色界の第四有頂天《うちょうてん》に生まれる。有部《うぶ》はこの定を別の実体のあるものと主張するが、経部や唯識宗では仮のものとし、また唯識宗ではこの定中にも阿頼耶識《あらやしき》は断たないと説く。分別論者《ふんべつろんじゃ》も想と受とだけが滅するのであって細心は滅しないと主張する。もとは涅槃《ねはん》の境地を定という形で示したものであるらしい。

**めみょう　馬鳴**　(100頃)㊵アシュヴァゴーシャ Aśvaghoṣa の訳。インドの仏教詩人。インド中部の沙枳多《しゃきた》(サーケータ Sāketa)の出身で、バラモンの論客であったが、脇《きょう》(パールシュヴァ Pārśva)尊者に論破されて仏教に帰依したと伝える。すぐれた詩人として名高く、カーヴィヤ文学(梵語の美文体文学)の先駆者とされる。クシャーナ王朝のカニシカ Kaniṣka 王の尊崇を受けた。作品としては仏陀の生涯をつづったブッダ・チャリタ Buddha-carita, および仏陀の従兄弟にあたるナンダ Nanda (難陀)が美しい妻への愛着を断って出家する経緯を描いたサウンダラ・ナンダ Saundarananda の二篇の叙事詩がとくに有名で、前者は仏所行讃として漢訳されている。またガンディー・ストートラ Gaṇḍī-stotra という小詩篇があり、揵稚梵讃《けんちぼんさん》として漢訳されている(ただし漢訳といっても梵語音を音写しただけのもの)が、これについては馬鳴の作であることを否定する説もある。その他、舎利弗《しゃりほつ》(シャーリプトラ Śāriputra)の仏教への改宗を内容とする戯曲シャーリプトラ・プラカラナ Śāriputra-prakaraṇa の写本断片も一〇世紀初頭に中央アジアから発見され、馬鳴の作であることが判明している。なお、仏弟子ラーシュトラパーラ Rāṣṭrapāla (頼吒和羅《らいたわら》)を主人公とする戯曲(妙伎楽頼吒和羅)を馬鳴が作り、これを上演したところ出家する者が続出したという伝説があるが、この作品は現在のところ発見されていない。馬鳴の作としては以上のほか金剛針論(ヴァジュラ・スーチー Vajrasūcī)・大荘厳論経の二篇が伝えられるが、この二篇については馬鳴の真作を否定する説も強く、定説をみるにいたってない。また大乗起信論が馬鳴の真作であるか否かについて大論争が行われたことは有名であるが、今日では仏教詩人である馬鳴の作とする説は否定され、インドの馬鳴の作と認めるにしても四〇〇—五〇〇年頃の同名異人の作とするのが通説となっている。馬鳴には古くから同名異人がいたことが伝えられ、出三蔵記集では二人、釈

摩訶衍論では六人の馬鳴がいたと伝えている。チベットの伝承では馬鳴と聖勇《しょうゆう》(アーリヤシューラ Āryaśūra) および摩咥里制吒《まちりせいた》(マートリチェータ Mātṛceṭa)を混同し、この三者を同一人物の別名とすることもあるが、今日ではこの説は否定されている。チベットではまた竜樹・提婆・童受・馬鳴をインドを照らす四つの太陽のごとき論師であったとすることもあり、また中観派の論師の馬鳴がいたことも伝えている。〔参考〕付法蔵因縁伝五、婆藪槃豆法師伝、歴代三宝記一、出三蔵記集九・一二、大唐西域記八、ターラナータ・インド仏教史

**めろうふ　馬郎婦**　馬氏の婦に化現した観音の意。美女の形相をなして、唐の憲宗皇帝の元和年間806―20に出現したといわれる。北宋代以後馬郎婦観音と称し、信仰されたようである。伝李竜眠筆の絵(重文、前田育徳会蔵)が有名。江戸時代成立の三十三観音の一。〔参考〕法華経顕応録下、隆興仏教編年通論

**めんざん　面山**　(天和三1683―明和六1769)曹洞宗の学僧。名は瑞方。姓は今村氏。肥後の人。同国の泰勝寺性天、湛堂元丈に学び、江戸の卍山道白、損翁宗益に参じ、道山良高の教えをうけ、常陸東昌寺隠之、江戸霊雲寺慧光に法を受けた。東昌寺で蔵経を閲読し、肥後禅定寺・若狭空印寺などに住持して宗風をあげ、曹洞宗中興と称される。門弟に慧観・慧苗・慧中・慧恩・祖量らがいる。著書、正法眼蔵渉典録一一巻、釈氏法衣訓一巻、大般若経逐巻係讃六巻、損翁見聞宝永記一巻、洞上夜明簾一巻、自受用三昧一巻、洞上僧堂清規考訂別録八巻、仏祖正伝大戒訣三巻、永福面山広録二六巻など多い。〔参考〕永福開山面山和尚年譜、続日本高僧伝七、近代名家著述目録五

**めんじゅ-くけつ　面授口訣**　単に面授ともいう。師が弟子に面とむかって言葉で秘要を伝えること。

**メーンダカ　Meṇḍaka**　蜜荼哥、文荼などと音写する。鴦伽(アンガ Aṅga)国バッディヤ Bhaddiya 市の長者。仏陀に帰依し、在家の信者としてよく慈悲行を行じた。鹿子母《ろくしも》(ミガーラ・マーター Migāra-mātā)すなわち毘舎佉《びしゃきゃ》(ヴィサーカー Visākhā)はその孫にあたる。〔参考〕Dhammapadatthakathā I, III, IV, 阿羅漢具徳経

**めんちんせん　免丁銭**　中国において南宋以後僧侶が官の賦役を免除されるかわりに納める銭財をいう。これは僧侶が出家したときに官に納める料金であるから、従ってこれを納めた時に官から賜る証文である度牒《どちょう》を免丁由《めんちんゆ》ともいう。

# も

**もうご　妄語**　故妄語、虚妄語、虚誑語《こおうご》、妄舌、欺ともいう。ことさらに人を欺く目的で、うそをつくこと。十悪の一。妄語戒は五戒、十戒の一。四分律巻一一には、妄語を波逸提《はいっだい》(衆僧にむかって懺悔すべき罪)に数え、また同書巻二には、さとりに至らないものがいつわって、さとり(即ち上人法)を得たと妄語するのを、波羅夷《はらい》(教団から追放される大罪)とする。前者を小妄語、後者を大妄語という。大智度論巻一三には、妄語をする人は心に慚愧《ざんぎ》がなく、涅槃《ねはん》および天に至る道が閉ざされているとし、しかも、その人には⑴口気が臭く、⑵善神は遠ざかる、など一〇種の罪過があるといい、これを妄語の十罪という。

**もうじん　妄心**　⇩真心《しんじん》

**もうじんかん　妄心観**　⇩真心観《しんじんかん》

**もうじん-げんげん-かん　妄尽還源観**　一巻。修華厳奥旨妄尽還源観、還源観ともいう。唐の法蔵の著。成立年不詳。華厳宗の観法を説いたもの。「京大薦福寺翻経沙門法蔵述」と撰号に書いている点と八十華厳

経が多く引用されていることより法蔵の晩年の著作。杜順の法界観門の思想をうけつぎ、迷いがなくなり衆生が心中に本来持っている自性清浄の本源に還るという、華厳円教の絶待の観門を明示する。体・用・徧・徳・止・観の六門にわけて観行の方法を述べ、最後に円珠の六孔の譬えを以て六重は一貫の観門であることを示している。㊅四五、国一諸宗部四　〔註釈〕北宋の浄源・疏鈔補解一巻、湛睿・纂釈五巻、芳英・癸亥録三巻

**もうす　帽子**　単に帽ともいう。僧侶が頭にかぶるもの。四分律巻四〇によれば、仏は比丘《びく》に対し冬の寒い時に頭をつつむことを許した。中国では南斉時代に宝誌が初めて布帽をつけたといわれ、後世誌公帽子と称して諸宗の間に広く行われている。その外に水冠《すいかん》（冠帽の一種で主として禅宗で用いる。前額部に「水」字がある）、日蓮宗の角帽子《かくもうす》、禅宗の立帽子《たてもうす》、真言宗の燕尾帽、修験道《しゅげんどう》の折頭襟《おりときん》などがある。⇩縹帽《ひょうぼう》

**もう‐そう　盲僧**　①琵琶を弾奏し、平家物語などの軍記物語を語る琵琶法師。平安時代中期には現われ、寺社の縁起を語ったり、経典の功徳を説いた。平家物語を語った文献上の最古は永仁五年1297で（普通唱導集）、以後平曲として盛んに行った。絵巻物などでは弟子の小法師を連れており、諸方を流浪した姿が見える。鎌倉・室町時代には同業の座である当道座を結成し、検校《けんぎょう》・別当・勾当《こうとう》・座頭の僧階を設けた。平曲としては、生仏《しょうぶつ》を祖とし、それから一方《いちかた》流（坂東流ともいう）、城方《じょうかた》流（八坂流ともいう）に分かれ、一方流の明石覚一が平家物語覚一本を残したことは有名。江戸時代には当道の祖天夜尊《あまよのみこと》（人康親王）の弔いとして、京都鴨河原で毎年二月六日に積塔会《しゃくとうえ》を、六月　九日には納涼会《すずみえ》を催した。②地神経・般若心経を読誦し、民間を徘徊して竈祓いや荒神祓いを行う地神盲僧。起源は明らかでないが、大和、長門、筑前、肥後、薩摩、日向に分布していた。特に北九州の盲僧を玄清流、南九州の盲僧を常楽院流と呼ぶ。いずれも欽明朝の祐教礼子《れいし》を祖とし、日向鵜戸神宮の宇渡窟を発祥とするが確証はない。江戸時代には比叡山天台宗に属し、院号・袈裟を補任されてきたが、天明五年1785には京都青蓮院の支配下に入った。彼らは本来の宗教活動のほかに、説経（くずれ）や端歌《はうた》を語り、民間宗教文芸に果した役割は大きい。東北地方のイタコ、ボサマや瞽女《ごぜ》と類似性がある。〔参考〕平家勘文録、当道要集、盲僧由来、成就院玄清芳蹤記、薩摩琵琶淵源録など

琵琶法師（七十一番歌合）

**もうぞう　妄想**　㊵ヴィカルパ vikalpa の訳。分別《ふんべつ》とも訳し、妄想分別、虚妄分別《こもうふんべつ》、妄想顛倒《もうぞうてんどう》などともいい、妄念、妄執《もうしゅう》などの語もほぼ同じ意味に用いられる。心の執われによってものの正しいすがたをみわけることができず、誤ってみだりにはからうこと。宋訳楞伽経巻二には、言説・所説事・相・利・自性・因・見・成・生・不生・相続・縛不縛の十二妄想を挙げ、菩薩地持経巻一真実義品には自性・差別・摂受積聚《しょうじゅしゃくじゅ》・我・我所・念・不念・倶相違の八妄想を説く。

**もうどう　毛道**　①㊵ヴァーラパタ vāla-patha の訳。また毛端、毛頭ともいう。極めて小さい場所の形容。②毛道凡夫とは菩提流支訳の金剛般若経などに出る訳語であるが、これは嬰愚凡夫㊵バーラ・プリタグ・ジャナ bāla-pṛthag-jana の前半が①の vāla-patha と誤伝されていたことから生じた訳であると見られる。随ってその意味は金剛経の異訳における小児凡夫

(笈多訳)または嬰児凡夫(真諦訳)の意と理解するべきである。

**もうどう　蒙堂**　禅宗寺院で都寺《つうず》以下の知事の職にあったものが退職以後に安息する堂をいい、また蒙堂に居住する人々を指していうこともある。蒙は静養の意。蒙堂の管理者を蒙堂寮主という。蒙堂は大覚の璉禅師《れんぜんじ》が作ったのが始まりで、その後これにならって作ったが、阿育王山広利禅寺でさらに一つの蒙堂を作って下蒙堂《あもうどう》といった。

**もうねん　妄念**　一切法の真実を知らない凡夫《ぼんぶ》の迷心、誤った考え。無明《むみょう》のこと。また迷妄の執念。

**もおつ-じ　毛越寺**　岩手県西磐井郡平泉町。天台宗。医王山金剛王院と号する。嘉祥三年850円仁の開創。長治・嘉承年間1104—08藤原清衡・基衡が再興し、一時は中尊寺もしのぐ壮観さであった。また文治五年1189源頼朝は祈願所とし、中尊寺と共に東北文化の中心となった。嘉禄二年1226、天正元年1573の火災で焼失し次第に退廃した。もと園城寺に属したが、寛文五年1665には輪王寺末となり、明治八年1875以後延暦寺に属する。田楽・延年など当時の古舞楽を伝える。また、当時の庭園は平安期の浄土式庭園として有名。〔参考〕平泉志

**もくあん　木庵**　(明の万暦三九1611—日本の貞享元1684)黄檗山万福寺第二代。名は性瑫《しょうとう》、中国泉州晋江の人。鼓山《くさん》の永覚元賢、天童山の密雲、金粟山の費隠通容に参禅し、中国福建省黄檗山で隠元隆琦の下に首座を勤めた。隠元来朝後、招かれて渡航し、長崎崇福寺を経て宇治万福寺の席を継ぎ、将軍徳川家綱の殊遇を得て堂宇を整えた。のち江戸白金の瑞聖寺の開山になる。門弟に鉄牛道機・慧極道明・潮音道海などがいる。主著、木庵禅師語録、東来集ほか。〔参考〕続本朝高僧伝五、木庵禅師年譜

**もくあん-れいえん　黙庵霊淵**　生没年不詳。鎌倉末・南北朝時代の画僧。君台観左右帳記には元人とあるが実は日本人。もと河内金剛寺の僧で、嘉暦年間1326—29元に渡り、天童景徳禅寺・阿育王山広利禅寺などを歴遊、広利禅寺では月江正印・了庵清欲らの知遇を受け、中国至正元年1341頃に彼地で客死。日本人として最も初期の水墨画家で牧谿の再来といわれた。遺作、四睡図(重文、前田育徳会蔵)、布袋図(重文、住友家蔵)、白衣観音像(東京国立博物館蔵)、柳に五位鷺図(西宮・松下家蔵)など。

**もくぎょ　木魚**　古くは魚鼓《ぎょく》、魚板《ぎょばん》ともいった。木で作った魚形の鳴り物で、元来は寺院内で大衆を集める合図に打ち鳴らしたが、今日では誦経の時に用いるのを木魚といって、二首一身の竜が向かいあって一枚の珠をふくむような団円形に作り、衆を集める時に用いるのは魚梆《ぎょほう》(飯梆《はんほう》、梆《ほう》)といって、長い魚形に作り食堂《じきどう》・庫裡《くり》などの長廊にかけ食事の時に打つ。魚形にするのは、晋の張華が桐魚を作って石鼓を攻めた時の故実に依るといい、一説には魚は昼夜目をさましているので、木にその形を彫り撃って修行者の心が緩むのを警めたためであるという。また後に魚を竜に改めたのは、魚化して竜となるというに起因し、凡夫から聖者になる意味をあらわすという。

**もくげんじ　木槵子**　植物の名。木患子とも書き、「もっかんす」とも読む。或いは木欒子《もくらんし》、無患子《むげんし》ともいう。落葉の亜喬木で、その種子は黒く堅いから数珠を作るのに用いる。木槵子経に、煩悩《ぼんのう》や業報《ごうほう》の障を滅しようと思うならば、木槵子百八を貫いて常に携帯せよと説かれている。日本で「むくろじ」というのは今の「もくげんじ」とは別種の植物であるが、日本ではこれもその種子を数珠を作るのに用いることがある。

**もくげんし-きょう　木槵子経**　一巻。訳者未詳(東晋時代の訳)。異訳に唐の不空の訳の木槵経(一巻)がある。仏が毘舎離王の問いに答えて、むくろじの実で作った数珠をもって仏法僧の三宝の名を繰返し唱えることの功徳を説く。㊅一七

**もくじき-ごぎょう-みょうまん　木喰五行明満**　⇩行道《ぎょうどう》

**モークシャーカラグプタ　Mokṣākara-gupta**　(一一—一二世紀頃)インドの仏教論理学者。ダルマキールティ Dharmakīrti

（法性）によって大成された仏教論理学の綱要書タルカ・バーシャー Tarka-bhāṣā を著わした。

**もくしょう-めい　黙照銘**　一篇。南宋初期の宏智《わんし》正覚（1091—1157）の作。曹洞禅の立場から禅の奥旨を歌った韻文で、四言七二句よりなる。黙は唯だ至言、照は唯だ普応といい、言句分別や差別対立を絶した寂黙に徹する修証不二の打坐を勧める。同時代の臨済の大慧宗杲が正智正見を主張して看話を説き、曹洞の禅風を黙照であると評したのに対したものである。宏智広録巻八㊅四八〔註釈〕面山・黙照銘拈古、同・聞解

**もくぼ-じ　木母寺**　東京都墨田区堤通。もと梅柳山隅田院と号する天台宗寺院。もと梅若寺《うめわかでら》と呼んだ。平安時代中期に、出羽国羽黒山の忠円が、当地で横死した吉田惟房の子梅若丸の菩提を弔って創建したという。のち太田道灌が堂宇を再興し、慶長一二年1607木母寺と改めた。なお梅若丸の伝説は秋夜長物語、謡曲「隅田川」「桜川」で知られる。〔参考〕新編武蔵風土記稿二二

**もくよく　沐浴**　沐澡、澡浴、洗浴ともいい、水や湯や香水などで身体を洗浄すること。インドでは河や池に入って沐浴することが多いが、特に衛生的効果を目的とする温浴や香水浴も行われた。

**もくれん　目連**　⇩摩訶目犍連《まかもっけんれん》

**もくれん-しょもん-きょう　目連所問経**　一巻。北宋の法天の訳。目連の問いに対して仏が戒律を犯して反省のないものが地獄に堕ちる歳年を示す。同類の経典に後漢の安世高の訳と伝える犯戒罪報軽重経（一巻）があるが、内容は目連所問経よりやや簡単である。㊅二四

**もくれんもん-かいりつちゅう-ごひゃくきょうじゅうじ　目連問戒律中五百軽重事**　一巻。五百問事経ともいう。訳者不詳。別本に同じく訳者不詳の目連問戒律中五百軽重経（二巻）がある。戒律上の仏事・法事・三衣事など数多くの目連の質問について一つ一つ仏が説明したという形式をとり、戒律を犯した罪報の軽重について説く。㊅二四

**もしお-しゅう　藻塩集**　一巻。白隠（1685—1768）の著。白隠の歌約四〇首を集めたもの。力強い調べで禅的境地をよんだものが多い。白隠和尚全集六〔刊本〕宝暦九1759刊

**もちづき-しんこう　望月信亨**　（明治二1869—昭和二三1948）仏教学者。浄土宗の僧。幼名は勝治郎。福井県の人。一一歳で得度し信亨と改名、明治二六年望月有成の養嗣子となった。同二八年浄土宗学本校卒業後、浄土宗内地留学生として天台宗を研究。同三二年東京浄土宗高等学院教授に就任し、一方で雑誌「宗粋」「宗教界」を、同三九年法然上人全集を刊行。のち鈴木暢幸らの助力をえて仏教大辞典の編纂に着手し、明治四二年第一巻を刊行。大正四年1915続刊不能となったが同一五年再開し、昭和一二年全七巻を完成。その間南条文雄らと仏書刊行会を設立して「大日本仏教全書」を、岩崎敲玄らと宗書保存会を結成し続浄土宗全書一九巻の刊行にあたった。また浄土宗執綱として宗務も統轄し、宗教大学学長、大正大学教授、同学長などを歴任して学術・教育の振興にも努力した。その後、浄土宗大本山金戒光明寺の後董として晋山、山内に望月仏教文化研究所を創設。昭和二一年浄土宗管長、浄土宗総本山知恩院門跡となり、祖山中心一宗一元化運動を提唱実践し、本派浄土宗を創建した。著書、浄土教の研究、仏教経典成立史論、仏教史の諸研究、中国浄土教史ほか多数。

**もつがい　物外**　（　—中和五885）唐代の天台宗の僧。正定尊者ともいう。姓は楊氏。閩の候官（福建省閩侯県）の人。広修に師事して止観を習い、講経と修行に専念した。弟子に元琇・敬休・慧凝らがいる。〔参考〕釈門正統二、仏祖統紀八

**もっけい　牧谿**　（　—至元三一1294以前）南宋の度宗帝（1265—74在位）の頃の画僧。蜀の人。諱は法常。出家して西湖畔の六通寺に住した。水墨画風は穏健な筆致で、本国よりもむしろ日本で第一流の絶品と評価され盛んに輸入された。室町絵画界への影響が大きい。観音・猿・鶴図（三幅対、京都大徳寺蔵、国宝）や瀟湘八景図巻（断簡となり、根津美術館ほか蔵）など遺品が多い。〔参考〕君台観左右帳記、図絵宝鑑四

**もっけんれんし-ていしゅ　目犍連子帝須**　（紀元前三世紀頃）　モッガリプッタ・ティッサ Moggaliputta Tissa の音訳。南方上座部の伝承で阿育王（アショーカ Aśoka）の師とされる長老。一説には仏滅二一八年の生まれと伝える。バラモンの家に生まれたが、出家して私伽婆《しがば》（シッガヴァ Siggava）に律を、旃陀跋闍《せんだばつじゃ》（チャンダヴァッジ Caṇḍavajji）に律・論を学び、多くの外道を説得して仏教を宣揚した。のち阿育王の師となってその王子（一説に弟）の摩哂陀《まひんだ》（マヒンダ Mahinda）に授戒した。摩哂陀に教団を託して自らは七年間隠遁生活を送ったが、この間に教団内部に異端説が数多く生じて混乱を来たしたため、阿育王の請により再び教団に復帰し、阿育精舎に一千人の阿羅漢を集めて第三結集を主宰し、カターヴァットゥ Kathāvatthu（論事）を編纂したと伝える。ただし、この第三結集の史実性は今日では疑問視されている。のち多くの伝道師をインド各地に派遣するとともに、摩哂陀をセイロン島に派遣した。セイロンへの仏教伝来はこれに由来するという。なお、説一切有部の伝承では阿育王の師を優波毱多《うはきくた》（ウパグプタ Upagupta）とする。〔参考〕Dīpavaṃsa V, VII, VIII, Mahāvaṃsa V, Samantapāsādikā I, 善見律毘婆沙二

**もっそう　物相**　盛糟とも書く。一定量の飯を盛りかためて配分する器具。また仏飯を盛る器具。

**もとやま-じ　本山寺**　香川県三豊郡豊中町本山。七宝山持宝院と号し、高野山真言宗。四国八十八カ所第七〇番札所。大同二年807空海の草創という。はじめ長福寺と称し、享保年間1716—36に現寺号に改めた。平安末期の建造物を残している。〔国宝〕本堂並厨子　〔重文〕八脚門（二王門）　〔参考〕全讃志

**モニエル・ウィリアムズ　Monier-Williams, Sir Monier**　（1819—1899）イギリスの梵語学者。ボンベイに生まれイギリスに学ぶ。一八六〇年よりオクスフォード大学教授。有名な Sanskrit-English dictionary（梵英辞典1872）は今日でも最も信頼すべき梵語辞典の一つとして、英語圏ではもとよりわが国でも用いられている。カーリダーサの戯曲シャクンタラー Śakuntalā の原文と英訳とを刊行した（Sakoontala, or the lost ring, 1853）ほか、Practical Sanskrit grammar（梵語文法1846）、Story of Nala（ナラ王物語1860）、Indian wisdom（インドの智慧1875）、The Holy Bible and the sacred books of the East（東洋の聖典1887）、Buddhism（仏教1890）、Brahmanism and Hinduism（バラモン教とヒンドゥー教1891）、Hinduism（ヒンドゥー教1897）などの著書がある。

**ものいみ　物忌**　「ぶっき」ということもある。時処行事などを忌み憚ること。もと仏神に仕えるため身心を潔くし、飲食を慎み、諸々の穢れに近づかないことをいうが、多くは迷信的な所作に堕した。

**もはら-でら　藻原寺**　⇩そうげんじ

**モヘンジョ・ダロ　Mohenjo-daro**　インダス文明の都市遺跡。死の丘を意味する。インダス河の下流、パキスタンのシンド州に存在し、一九二一—三一年の大発掘によって全容が明らかになった。高くそびえる城塞と、縦横に走る大路・小路によって整然と区画された住居地とからなり、大浴場・穀物倉庫・下水道などの遺構もあって、高度な都市文明が栄えていたことをうかがわせる。⇩インダス文明

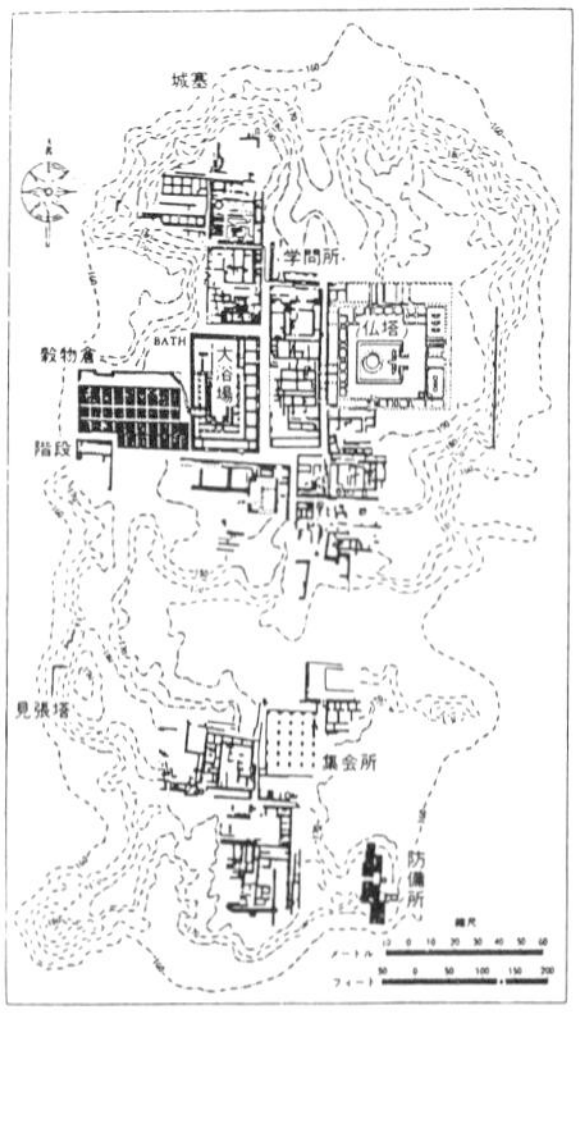

モヘンジョ・ダロ遺跡城塞復原図

**モリス　Moriss, Richard**　（1832—1894）イギリスの僧で言語学者。パーリ文増一阿含（Aṅguttara-nikāya）の巻一（1885）・巻二（1888）、チャリヤーピタカ Cariyāpiṭaka（1882）、ブッダヴァンサ Buddhavaṃsa（1882）、人施設論（プッガラパンニャッティ Puggalapaññatti, 1883）などを

校訂した。

**もりた-ごゆう　森田悟由**　（天保五1834—大正四1915）曹洞宗の僧。号は大休、六湛。悟由は諱。尾張の人。天保一一年大元寺泰門に師事して剃髪ののち、安政元年1854江戸の学寮に入り内外の典籍を学んだ。同三年諸嶽奕堂に師事して総持寺に止住した。その後、竜徳寺・玉竜寺・天徳院に住し、明治二四年1891永平寺六四世となり、のち曹洞宗管長、総持寺貫主および管長をつとめ、一派の教学振興、宗規法式改革に努力した。賜号、性海慈船禅師。著書、永平悟由禅師法話集。〔参考〕明治仏教史

**もりん-じ　茂林寺**　群馬県館林市堀工町。青竜山と号し、曹洞宗。応仁二年1468上野国青柳城主赤井正光が相模最乗寺大林正通を開山に迎え創建。世に文福茶釜の伝説で知られる。〔参考〕上野名跡志、一話一言四一

**もろたけ-えきどう　諸嶽奕堂**　（文化二1805—明治一二1879）曹洞宗の僧。号は栴崖。尾張の人。俗姓は平野氏、のち諸嶽と称した。諡号は弘済慈徳禅師。一四歳で出家し、天保一二年1841風外に従って京都に入り、印証を受けた。ついで大悲山に住し、竜海院に転じ、のち加賀の天徳院を董した。明治元年永平・総持両山が争った時、調停に奔走し、同三年総持寺独住第一世となった。著書、懶眠余稿。〔参考〕大本山総持寺御由来抄、近世禅林言行録

**もん　文**　⇩名《みょう》

**もん　門**　①王宮・社寺・居宅などの出入口に設けられた建造物。百済式・唐式などの寺院建築では南正面に中門を開くのを通常とする。②事物を区別して分類する語。例えば、平等門と差別門、有門・空門・亦有亦空門・非有非空門の四門、聖道門・浄土門の二門などというようなもの。仏教のおしえは対象によって種々の差別があり、また人をさとりに趣かせる入口となるから法門という。③一つの法門によって宗旨を立てた一宗一派を宗門といい、その宗門に属するものを門下の徒弟という意味で門徒・門弟、枝葉にたとえて門葉《もんにょう》・門末《もんまつ》などという。後世、真宗を門徒宗《もんとしゅう》と称することがあり、また真宗では檀家を門徒と呼ぶならわしもある。

**もん　聞**　耳にきく。思、修に対する。経典などによって教説をうけ信じることをいい、聞法《もんぽう》、聞信などと熟語にする。北本涅槃経巻三六迦葉菩薩品には、仏の教説の一半のみを信じるもの、他人に解説できぬもの、議論のためや名誉や利益を得るために教説を身にたもつものを聞不具足(聞いても本当には聞いていない)とする、とある。無量寿経巻下には、阿弥陀仏の名号を聞いて信じよろこぶ一念で浄土に生まれ不退の位に住することができる(聞其名号信心歓喜乃至一念即得往生住不退転)とあり、これを真宗では、聞とは本願の趣意を聞きわけて疑いのないこと、即ち信と同じ意であるとする。また仏の光明が衆生をおさめとって救うはたらきがあると信じることを聞光力という。

**もんおう　文雄**　（元禄一三1700—宝暦一三1763）浄土宗の僧。字は僧谿、無相と号した。丹波の人。京都了蓮寺誓誉に随侍して、のち江戸伝通院に学んだ。太宰春台について中国音を学び、韻鏡《いんきょう》(音韻学の書物)の源をきわめて磨光韻鏡二巻を著わした。朝鮮音韻にも通じ暦学にも及んだ。著書、蓮門類聚経籍録二巻(仏全一)、磨光韻鏡後篇五巻、同余論二巻、和字大観抄二巻。〔参考〕続日本高僧伝四、近代名家著述目録五

**もんが　文雅**　（安永三1774—天保六1835）臨済宗の僧。字は象匏。姓は森田氏。伊豆の人。諡号は神鑑独照禅師。行応玄節に参じ大哀の法を嗣いだ。樹林寺に住し、妙心寺第一座に転じ、伊豆の国清寺・玉鳳院、常陸の常光寺などに歴住した。〔参考〕近世禅林僧宝伝

**もんがく　文覚**　生没年不詳。平安末・鎌倉初期の真言宗の僧。もと遠藤盛遠といい、上西門院の北面の武士で、院の武者所に参仕した。源渡の妻袈裟を誤って殺害し、出家して、盛阿と改名、のち文覚と号した。神護寺再興のため勧進を行い、後白河法皇に奉加を強要して伊豆に流された。彼地で源頼朝に親近して活躍。頼朝の助力を得て神護寺・東寺を再興。のち佐渡、鎮西に配流され、八〇歳で没したという。〔参考〕神護寺文

書、平家物語九・一〇・二〇、元亨釈書一四

**もんかん　文観**　（弘安元1278―正平一二1357）真言宗の僧。弘真ともいう。天台・法相を修め、のち真言宗に転じ、醍醐寺で伝法灌頂を受け、立川流の秘契印信で後醍醐天皇に親近して信任を得た。北条高時を討つため調伏法を修し露顕して元弘元年1331硫黄島に流されたが、建武新政により召還され、醍醐寺座主、天王寺別当、東寺長者法務・高野山座主に補せられた。その後、後醍醐天皇に従い吉野、河内天野山の行宮に随侍し、南朝の回復をはかった。〔参考〕続史愚抄一八・二〇・二三・二四、本朝高僧伝五八、伝灯広録一一

**モンクット-おう　Mongkut王**　（1851―1869在位）タイ王国チャクリー朝ラーマRāma四世の通称。即位前に二九年間僧侶として出家生活をした。仏教教団の粛正をはかって改革運動をおこし、戒律にきわめて厳格なタンマユット派Thammayuti-kanikāiを出現させた。政治的には、西欧帝国主義の進出に対抗して西欧化による近代化をはかったことで知られる。

**もんごう　聞号**　（明和八1771―天保二1831）浄土真宗本願寺派の僧。正受、石園と号した。大和の人。大瀛《だいえい》、興情に真宗を学び、また仏教学に通じた。三業惑乱ののち廃されていた学階を新たに制し、勧学に補せられた。諡号は深妙院。著書、天台菩薩戒疏講演義三巻、般舟讃記二巻、ほか講録多数。〔参考〕学苑談叢一・二、本願寺派学事史

**もんじゅ-え　文殊会**　仏道に縁を結ばせるために文殊菩薩の宝号一〇〇遍をとなえさせる法会。例年七月八日に行われる。平安初期勤操や泰善らが文殊師利般涅槃経の説により始めたもの。天長五年828勅により京都の東寺・西寺や諸国の寺院で行わせたが次第に衰え、東西二寺のみ会料が官給されて続けられた。〔参考〕延喜式

**もんじゅ-しなんず-さん　文殊指南図讃**　一巻。仏国禅師文殊指南図讃ともいう。北宋の惟白の作。華厳経入法界品に説かれている善財童子の求道物語を図で表し、これに讃文を加えたもの。㊅四五

**もんじゅしりぎょう-きょう　文殊尸利行経**　一巻。唐の豆那掘多《ずなくった》の訳（開皇六586）。異訳に北魏の菩提流支の訳の文殊師利巡行経（一巻）があり、チベット訳もある。文殊と舎利弗《しゃりほつ》との間に空についての問答が交わされ、それを聞いていた五〇〇人の比丘が一たびは文殊の説は受け入れ難いとして座を立つが、再び帰って文殊の説を聞き、四〇〇人はついに解脱を得、一〇〇人は理解しえないで文殊をそしったため地獄に堕ちたことを説く。㊅一四、国一経集部一四

**もんじゅしり-はつねはん-きょう　文殊師利般涅槃経**　一巻。西晋の聶道真《しょうどうしん》の訳と伝える。文殊が仏滅後四五〇年に雪山《せっせん》（ヒマラヤ）に入って五〇〇人の仙人のために経を説き、五〇〇の化仏・化菩薩を示現することを説き、未来の衆生がこのような威神力ある文殊の像を念ずることの功徳を種々に説く。㊅一四、国一経集部一五

**もんじゅしり-ぼさつ　文殊師利菩薩**　㊵マンジュシュリー Mañjuśrī の音写。文殊と略す。曼殊室利、溥首とも音写し、妙徳・妙吉祥と訳す。また法王子ともいう。普賢菩薩と並んで釈迦仏の脇侍の菩薩で、普賢の行に対して文殊は智を表わす。智慧の威力を象徴するためその像は獅子に乗っていることが多い。三人寄れば文殊の智慧という俗諺もこれに基づき、過去に既に成仏して樹種上尊王仏になったとも信じられている。故に大乗経典の中では、未来仏の弥勒が問者の地位に立つのに対し、文殊は答者の地位におかれることが多い。密教では胎蔵曼荼羅の文殊院と金剛界曼荼羅の賢劫十六尊の中にでており、その真言によって一字・五字・八字文殊などの別がある。一般には五字五髻文殊をいう。文殊の使者に髻

八字文殊（別尊雑記）

設尼・優波髻設尼・質多羅・地慧・請召の五使者や、光網・地慧・無垢光・不思議・請召・髻設尼・救護慧・鄔波髻設尼の八童子がある。華厳経巻二九にその住所を東北方清涼山とするため、中国の五台山や日本の葛城山《かつらぎさん》がその霊地とされるに至った。また敦煌千仏洞には多数の文殊維摩変・千臂千鉢文殊師利などの壁画および絹本画が現存している。文殊は菩薩であるから本来在家の形であるが、僧形の文殊を作って禅宗では僧堂に安置する。文殊はまた大乗経典の結集者と信じられ、日本の円頓戒では受戒の三師として釈迦・文殊・弥勒の三聖を請ずる。〔参考〕旧訳華厳経二九、首楞厳三昧経、文殊師利般涅槃経、大智度論一〇〇、顕戒論

**もんじゅしり‐もん‐きょう　文殊師利問経**　二経。梁の僧伽婆羅《そうぎやばら》の訳(天監一七〈518〉)。文殊師利の問いに対して、仏が種々の問題を解明する。⑴世間の菩薩戒、⑵仏のすぐれた力とはたらき、⑶無我・涅槃・般若などの意味、⑷種々の煩悩や犯戒、⑸大乗に相応した三帰依と十戒、⑹悉曇《しったん》の字母の解説、⑺仏滅後の教団の分裂その他が説かれる。⑹の部分は文殊問経字母品第一四として、唐の不空によっても別訳されている。⑺の部分は異部宗輪論の異訳である十八部論の最初とほとんど同じである。㊅一四

**もんじゅ‐ぼさつ　文殊菩薩**　⇩文殊師利菩薩《もんじゅしりぼさつ》

**もんじゅろう‐けつ　文殊楼決**　一巻。宗要深義集ともいう。源信の著と伝える。成立年不詳。天台宗の要義を八八条にわたって説明するもので、問答体をとり、設問に文殊が解答し、決択するようになっている。おそらく後世の作で源信に仮託されたものであろう。恵心僧都全集三

**もんしょう　聞証**　(寛永一一〈1634〉—元禄元〈1588〉)浄土宗の僧。字は良光。京都の人。宗学をはじめ仏教学にも精通し、近畿、関東の諸寺で講義した。学僧としてまた行人としても知られる。弟子に義山・円智・良証らがいる。著書、略述法相義三巻、人原問答弁釈一巻、百法問答抄私考一二巻、成唯識論略解一〇巻、大台四教義略解三巻など。〔参考〕聞証和尚行状記、蓮門類聚経籍録下、続日本高僧伝三

**もんじょう　文上**　⇩文底《もんてい》

**もんじん　問訊**　インドにおける挨拶の一。師長、尊上に向かって合掌低頭してその起居安否を訊《たず》ねること。禅宗ではこれを作法として用い、多くの種類がある。㈠三巡問訊《さんじゅんもんじん》。小座湯(方丈で衆僧が座をなし、これに湯をすすめること)のとき、揖坐・揖香・揖湯(揖《ゆう》はえしゃくすること)の三回に問訊を行うもの。㈡四処問訊。僧堂の四板頭《しはんとう》(四板の頭首)に対して焼香問訊するもの。㈢七処問訊。僧堂内にある七か所の炉に就いて焼香問訊するもの。㈣座前問訊。法堂《はっとう》の正座の前で問訊し請法するもの。㈤座下問訊。法堂の須弥座《しゅみざ》の前で問訊するもの。㈥借香問訊。出班上香《しゅつばんじょうこう》(仏祖の忌日に修する法式の名で鈸《はち》を鳴らして班より出て焼香する)に住持の香を借りるとき、まず住持に向かって問訊するもの。また焼香後、住持に向かって行うのを謝香問訊という。㈦趺坐問訊《ふざもんじん》。秉払人《ひんぽつにん》(払子をとり住持にかわって法座に上り大衆に向かって開示説法する人)が住持の趺坐《ふざ》を請い、侍者に問訊させるもの。㈧請座問訊《しんぞもんじん》。方丈で茶礼を行うとき、まず侍者が住持の前へ行って問訊するもの。㈨普同問訊(普問訊、普通問訊)。あまねく大衆を問訊するもの、或いは大衆が一時に問訊するもの。㈩略問訊(小問訊)。合掌し僅かに低頭するもの。

**もんぜき　門跡**　もと門・一山の祖跡の意に用いたが、昌泰二年〈899〉宇多上皇が落飾して仁和寺に入寺し、以後法親王が住持し、やがて鎌倉時代初期頃から門跡号を称するに至り、この頃から皇族・摂家子息などの出家入寺する寺院を門跡と呼び、最高の寺格とされるようになった。中世以後は各宗諸大寺やその配下有力寺院に門跡寺院が輩出し、仁和寺・聖護院・青蓮院などの宮門跡(親王門跡)、大覚寺・大乗院などの摂家門跡、勧修寺などの清華門跡、林丘寺・中宮寺・宝鏡寺などの尼門跡(比丘尼御所)、真宗各本山の准門跡(脇門跡)、一乗院・円満院などの公方《くぼう》門跡(武家門跡)などがあった。ま

た門跡号はのち転じてその寺職の呼称ともなった。明治四年1871門跡の制度を廃したが、同一八年旧門跡寺院に限り復称が認められた。〔参考〕華頂要略門主伝

**もんぜき-でん　門跡伝**　二巻。著者・成立年不詳。門跡寺院(下記一九寺)歴代の出自・師承・補任・没年などを記したもの。輪王寺・青蓮院・曼殊院・妙法院・梶井(三千院)・聖護院・円満院・実相院・照高院・毘沙門堂・仁和寺・大覚寺・勧修寺・三宝院・随心院・蓮華光院・一乗院・大乗院・知恩院。〔刊本〕弘化二1845刊

**もんせん　文詮**　(宝暦一一1761—文政一一1828)浄土真宗本願寺派の準連枝。字は暉真。抱一、鶯村、屠竜、庭柏子、軽挙道人などの号がある。俗名は酒井忠因。姫路城主酒井忠仰の息で、同派法主文如光暉の養子となり、江戸唯心寺に住した。性来画技に秀れ特に尾形光琳の画風を好み、琳派の掉尾を飾った。また諸名士と交わり広く芸能に巧みであった。著書、尾形流印譜、俳諧句集、屠竜一技。〔参考〕扶桑名画伝、近世絵画史、香亭雅談

**もんぜん-まち　門前町**　寺院・神社の社会的活動に伴ってその周辺に形成された都市を一般にいうが、中世後期真宗門徒や法華門徒によって建設された寺内町《じないちょう》とは区別される〈⇩寺内町〉。門前町といえる都市的な空間が形成されるのは中世にはいってからである。中世の寺社は数多くの僧侶・神官を擁していたので、門前町は一次的には彼等の住坊・屋敷などとその消費を支える手工業者や市庭《いち》商人の集住によって形成された。中世では「門前」と呼ばれた他、「境内」あるいは山岳寺院の場合「坂本」と称する場合も多かった。山城の石清水八幡宮、奈良の東大寺や興福寺、近江の坂本、伊勢の宇治・山田などはその例である。民衆による寺社参詣も中世から発達し、伊勢神宮の御師や熊野の先達のように参詣者の宿泊など便宜を図って生計をたてる人々も現れた。近世になると寺社の社会的・経済的実力は全く衰退したが、社会の安定と交通路の発達によって、門前町はもっぱら参詣客を相手にした都市として再生したものが多い。とくに伊勢神宮は最盛期で年間五〇万人の参詣客があり、これと並んで信濃の善光寺、安芸の厳島、出雲大社などが多数の参詣客を集めて賑った。

**もんぞう　捫象**　摸象《もぞう》とも衆盲(群盲)象を評すともいい、象を捫摸《もんも》(なでさぐる)すること。パーリ文ウダーナ、長阿含経巻一九に出ている譬喩。多数の盲人が象の本当のすがたを知らないで、ただ象の身体の一部を捫して、「象とはこのようなものである」と考えるのと同じように、外道《げどう》の徒は一切法の実義を知らないでそれぞれ異説を立てるが、いずれも間違っているという譬喩。後世、書名に捫象記、摸象記の語を付加したものがあるのは、管見などというのと同じく、著者の謙遜したことば。

**もんてい　文底〔文上《もんじょう》〕**　日蓮宗の教義。法華経巻六如来寿量品には文字の上(文上)にあらわれた意味の他に、文字の奥(文底)にかくされた深い意味があるとし、これを文底秘沈《もんていひちん》という。即ち、日蓮は開目抄巻上に一念三千の教えは寿量品の文底にかくされていて、竜樹や天親は知っていながらひろい出さず、天台智者だけがこれを見出して自分のものにした、と説く。その文とは、釈迦牟尼仏が自分は実は五百億塵点劫《ごひゃくおくじんでんごう》の昔に仏になったのである、と述べた語を指し、文上からいえば、釈迦牟尼仏は永遠の昔に仏に成ったとはいっても、なお始めのある仏であるが、文底からすると始めもなく終りもない絶対的な無作常住《むさじょうじゅう》の三身として本仏を意味するとするものである。ここにいう文底の一念三千とは、天台宗でいう理の一念三千ではなくて本門の事の一念三千であって、その正体は妙法蓮華経の五字に他ならないとし、この五字は末法のものに仏になる種をうえつける大切な法であり、寿量品の文底に留められているとする(文底留種《もんていりゅうしゅ》)。また、この文底・文上の区別を教相の解釈に応用して、文底の意味があらわされていないときには本門と迹門《しゃくもん》とに勝劣があり、文底の意味があらわれれば本門と迹門とは相即して一致するという。

**もんどう　問答**　①質問者と解答者と

に分かれ、相対して議論を交えること。経は多く他者の請問にこたえて仏が説いたという形式になっており、論や註釈または釈義の書が問答体を採用することが多いのは、それが論旨を明確に示す利点を持つからである。②論義や宗派間の論争は問答と名づけられることが多い。③禅宗では、弟子が問い師家が答えるという方法を門弟教育の重要な手段としたので、問答は禅宗独持の家風となった。

**もんぽん　聞本**　（　—応永二四1417）曹洞宗の僧。字は梅山。美濃の人。はじめ律を志したが、禅に帰して加賀仏陀寺の大源宗真の印可をうけた。越前竜沢寺の開山に招置され、のち加賀の金剛寺を開き、総持寺に出世した。〔参考〕日本洞上聯灯録三、本朝高僧伝三九

**もんみょうじ　聞名寺**　富山県富山市八尾町今町。桐野山と号し、浄土真宗本願寺派。願智坊覚淳が正応年間1288—93本願寺覚如に帰依して美濃国各務郡大御所村に道場を開いたのにはじまる。元亨三年1323飛騨国益田郡武原に移り新たに一宇を創建し、さらに同国吉城郡吉田村（現岐阜県飛騨市神岡町吉田）に移転し、嘉暦元年1326覚如から現寺号を付せられた。四世覚証の時、越中に来住、寺地は三転して六世覚照のとき現地に移した。

**もんようき　門葉記**　一八四巻。尊円（1298—1356）の編。青蓮院門跡歴代の記録や伝承を集録したもの。当時一三〇巻であったが、若干散逸し、後人が新写・補充した。青蓮院ばかりでなく、院政末期から南北朝にわたる天台宗の動静を詳しく伝えている。本書をもととして記録を増補・編纂したものに華頂要略二〇九巻がある。㊅図像部一一・一二　〔原本〕青蓮院蔵　〔写本〕内閣文庫蔵（文化七1810写）ほか

**もんりゅう　文竜**　（　—元和三1617）曹洞宗の僧。字は大雲。武蔵の人。同国国昌寺の心巌宗智の弟子となり、諸方に遊歴。光徳寺・永年寺などに住して後、国昌寺に宗智の席を継いだ。一時、守光院・常泉寺を領し、また上野の清巌寺・長昌寺、武蔵の安竜寺などの初代とされた。晩年妙昌寺を開き、仏日金蓮禅師の号を受けた。〔参考〕日本洞上聯灯録一一

**もんるい　文類**　経・論・釈の重要な文章をあつめ、整理したもの。例えば、南宋の宗暁の編纂した楽邦文類や日本の親鸞が集めた教行信証（くわしくは顕浄土真実教行証文類）などがそれである。自説を説かないで、権威ある経・論・釈の文を編集して、その中に自己の信仰を披瀝するのは、敬虔な信順の態度によるもので、集や抄の名を付けた書も同様の趣意による。

## や

**やおべついん　八尾別院**　大阪府八尾市本町。真宗大谷派。八尾御坊ともいう。慶長一二年1607本願寺教如が徳川家康より河内国若江郡八尾荘（現八尾市）の一部を寄せられ、一寺を創建して大信寺と称し、東本願寺掛所とした。以後、連枝が住持し輪番を置いて寺務を執らせた。万治三年1660二世宣縁が寺基を現地に移転。天明八年1788東本願寺が類焼したとき本院を京都に移して本山の本堂としたが、寛政一一年1799還付された。〔参考〕本願寺法要

**やく　約**　①簡約、要約の意。②「について」、「において」、「として」などの意味に用いる。例えば廃立《はいりゅう》を論じる場合に、根機（教えの受け手の素質能力）を標準として根機についてこれを定めるのを約機廃立（機に約する廃立）、法の勝劣などについて定めるのを約法廃立（法に約する廃立）というように用いる。

**やくおういん　薬王院**　東京都八王子市高尾町。真言宗智山派。有喜寺と号し、俗に高尾山という。天平一六年744行基の創

建と伝える。永和年間1375―79醍醐寺の俊源が再興し、不動明王を勧請して、飯縄権現と称し本院の守護神とした。安永1772―81の頃秀興が住持して寺運隆盛となり、明治二八年1895別格本山となる。川崎大師(川崎平間寺)・成田山(成田新勝寺)とともに当派関東三山の一とされる。〔参考〕新編武蔵風土記稿一〇二下

**やくおう-じ　薬王寺**　①福島県いわき市四倉町。延寿山と号し、真言宗智山派。大同年間806―10法相宗の徳一の草創と伝える。明徳年間1390―94隆忠が住持して真言宗に転じた。戊辰の役で官軍の陣営となり兵火のため全焼したが、その後復興した。〔重文〕絹本著色弥勒菩薩像、木造文殊菩薩騎獅像、厨子入金銅宝篋印舎利塔　②山梨県西八代郡三珠町上野。河浦山多聞院と号し、高野山真言宗。甲斐巡礼札所の第一。天平年間729―49聖武天皇の勅願により行基の草創と伝える。その後一時衰退したが、尊澄が再興し現宗に改宗。時に武田氏が帰依し、その祈願所とした。③徳島県海部郡日和佐町奥河内。医王山無量寿院と号し、高野山真言宗別格本山。四国八十八カ所第二三番札所。弘仁六年815空海が当山に逗留した時、薬師如来像を刻んで伽藍を建立したのに始まるという。その後たびたび火災にあったが、文治四年1188の火災後、新たに本尊薬師如来像が作られた。男女厄除けの寺院として知られる。

**やくおう-ぼさつ　薬王菩薩**　(梵)バイシャジャラージャ Bhaiṣajyarāja の訳。衆生に良薬を与えて身心の苦を除く菩薩。在俗の名を星宿光《しょうしゅくこう》長者と称し、未来世に成仏して浄眼《じょうげん》如来となるとされている。法華経薬王菩薩本事品では、かつてこの菩薩が一切衆生憙見菩薩という名であったとき、身を焼いて仏恩に報いたという。同経妙荘厳王《みょうしょうごんのう》本事品では邪見不信であった父の妙荘厳王を導いて仏道に帰依させた浄蔵・浄眼の二王子が、いまの薬王菩薩と薬上菩薩であると説かれている。薬王・薬上の二菩薩は釈迦如来の脇侍ともなり、また阿弥陀仏の二十五菩薩のうちにも数えられている。〔参考〕法華経薬王菩薩本事品、同妙荘厳王本事品、観薬王薬上二菩薩経

**やくきょう　訳経**　⇩やっきょう

**やくし-じ　薬師寺**　①奈良市西ノ京町。西京寺ともいう。法相宗大本山。南都七大寺の一。天武九年680天皇が皇后(後の持統天皇)の病気平癒を祈って薬師如来像を造立。持統天皇が遺志を継いで完成し藤原宮岡本に堂宇を建てて奉安したのに始まる。文武天皇は大宝元年701造薬師寺司を置いて経営につとめたが、平城遷都にともない、養老二年718現地に寺基を移した。堂塔が次第に完備して大伽藍となり、天平勝宝元年749には墾田一千町が給された。当寺の最勝会は天長七年830に始まり、宮中御斎会《みさいえ》・興福寺維摩会《ゆいまえ》と共に南京三大会の一となった。天延元年973失火で大半を失ったが、詔により大和国など一〇国が復興に当たった。その後もしばしば災禍にあい、享禄元年1528兵火で金堂・講堂・西塔などを失って衰微した。現在の堂宇はほとんど江戸時代以降のものであるが、東塔(国宝)は奈良時代前期の遺構を伝える唯一のもので、昭和五一年1976には金堂が、同五六年には西塔が再建され、創建当時の偉容が整った。現

薬師寺(大和名所図会)

在三月三〇日から七日間行われる金堂での花会式《はなえしき》(修二会)は有名で、また僧形八幡像(国宝、現薬師寺蔵)があった休岡八幡《やすみがおかはちまん》神社が南大門の南に鎮座する。〔国宝〕東塔、東院堂、麻布著色吉祥天像、絹本著色慈恩大師像、銅造薬師如来及両脇侍像、同観音菩薩立像、木造僧形八幡神・神功皇后・仲津姫命坐像、仏足石、仏足跡歌碑　〔重文〕東院堂、板絵著色神像、木造十一面観音立像ほか多数　〔参考〕薬師寺縁起、黒草紙、薬師寺志　②栃木県河内郡南河内町にあった寺。奈良時代における大和東大寺、筑紫観世音寺と並び称された日本三戒壇の一。創建年代は天智天皇九年670、天武天皇二年673、同三年、大宝三年703の諸説があり不詳。天平勝宝元年749墾田五〇〇町が定められた記事が初見で、天平宝字五年761勅によって戒壇が設けられ東国僧尼の受戒所となった。天平勝宝六年に行信、宝亀元年770に道鏡が当寺に左遷されたことは有名。古代東国の有数の寺であったが、荒廃が激しく、宝治・建長年間1247―56に良遍の弟子密厳が中興し、足利尊氏は当寺を下野国の安国寺にあてた。現在、土塁の一部が残る。〔参考〕続日本紀一九・三〇、元亨釈書二一・二三、日本名勝地誌四

**やくし-にょらい　薬師如来**　㊵バイシャジヤグル Bhaiṣajyaguru の訳。薬師瑠璃光如来とも称し、大医王仏ともいう。かつて菩薩であったとき一二の大願を発して成仏した仏で、現在は日光・月光の二菩薩を脇士とし(薬師三尊)、護法神の十二神将を眷属として東方の浄瑠璃《じょうるり》世界に住するとされる。この仏を礼拝供養すれば病人も病気が平癒し長命を得るということから、中国では劉宋時代から、日本では飛鳥時代からその信仰が盛んになり、各種の薬師像・薬師浄土変が造られた。密教では、金剛界曼荼羅の阿閦仏《あしゅくぶつ》、胎蔵曼荼羅の宝幢如来と同体と考えられている。また分身仏として七仏薬師があり、この七仏を本尊として、息災・安産を祈る修法を七仏薬師法・七壇薬師法という。七仏薬師とは、善名称吉祥王如来・宝月智厳光音自在王如来・金色宝光妙行成就如来・無憂最勝吉祥如来・法海雷音如来・法海勝慧遊戯神通如来・薬師瑠璃光如来をいう。〔参考〕薬師如来本願経、抜除過罪生死経、薬師七仏本願経

薬師如来（別尊雑記）

**やくじょう-ぼさつ　薬上菩薩**　㊵バイシャジヤサムドガタ Bhaiṣajyasamudgata の訳。星宿光《しょうしゅくこう》長者(薬王菩薩)の弟で雷光明《らいこうみょう》と号し、醍醐の良薬を施して無上菩提心を発し未来世に成仏して浄蔵如来となるという〈⇩薬王菩薩《やくおうぼさつ》〉。〔参考〕薬師如来本願経、観薬王薬上二菩薩経

**やくしるりこうにょらい-ほんがんくどく-きょう　薬師琉璃光如来本願功徳経**　一巻。略して薬師経という。唐の玄奘の訳(永徽元650)。別訳に隋の達摩笈多《だるまぎゅうた》の訳(大業一一615)の薬師如来本願経(一巻)、東晋の帛尸梨蜜多羅《はくしりみったら》の訳の灌頂抜除過罪生死得度経(仏説灌頂経の第一二巻)があり、チベット訳にも二訳ある。唐の義浄の訳(神竜三707)の薬師琉璃光七仏本願功徳経二巻(略して薬師七仏経)はこの経から増広されたものと認められる。薬師瑠璃光如来の浄土(浄瑠璃世界)の荘厳、その仏名を唱えることによって得られる利益、薬師如来を供養することにより死者を死後の苦からのがれさせる功徳があることなどを説く。西域地方で成った偽経という見方もある。㊅一四、国一経集部一二〔註釈〕窺基・疏一巻など

**やくしん　益信**　(天長四827―延喜六906)真言宗広沢流の祖。諡号は本覚大師。備後の人。俗姓は紀氏。大安寺で出家し、元興寺明詮に法相を学び、のち東寺の源仁・宗叡について密教を受けた。仁和二年886伝法阿闍梨に、また寛平二年890東寺長者となる。昌泰二年899宇多上皇の戒師となり密灌を授け、翌三年僧正に任じられた。尚侍藤原淑子の帰依をうけ、京都東山の山荘を寄

せられ円城寺として居住したので、円城寺僧正と呼ばれた。著書、金剛頂蓮華部心持念次第四巻、三摩耶戒文一巻、寛平法皇御灌頂記一巻など。〔参考〕血脈類聚記二、元亨釈書四、本朝高僧伝八

**やくせき　薬石**　①薬と砭《いしばり》。医薬と医療器具。②律では午後に食事することを禁じているので、禅宗寺院で午後の食事を薬石と称した。すなわち晩食の隠語である。食事を飢渇の病を治す薬石として用いるの意。

**やくそう　役僧**　①法会《ほうえ》の行事などに関し役務を持つ者をいい、役者ともいう。後には寺院で雑役に服する者を指すようになった。②伴僧《ばんそう》のこと。

**やこぜん　野狐禅**　野狐は野狐（きつね）の精魅の意。禅宗で悟らないものがすでに悟ったふりをして人を欺くのをいう。百丈野狐の話に由来し、増上慢《ぞうじょうまん》の野狐禅などという。百丈野狐はまた禅宗の公案ともなっている〈⇩百丈野狐《ひゃくじょうやこ》〉。

**ヤコービ　Jacobi, Hermann Georg**（1850―1937）ドイツのインド学者。ミュンスター・キール・ボン各大学の教授を歴任。研究範囲は印欧語からインド学全般と広範囲にわたるが、とくにジャイナ教文献の校訂・翻訳・研究で知られる。ジャイナ教聖典を翻訳したJaina Sūtras（二巻 1884―95）のほか、De astrologiae Indicae（インドの天文学1872）、Das Rāmāyana（ラーマーヤナ1893）、Das Mahābhārata（マハーバーラタ1903）、The metaphysics and ethics of the Jainas（ジャイナ教の形而上学と倫理1908）、Jainismus（ジャイナ教 1915）、Bhāmaha und Daṇḍin（バーマハとダンディン1922）、Die Entwicklung des Gottes-idee bei den Indern（インドの神観念1923）などの著書がある。

**やさかーじんじゃ　八坂神社**　⇩祇園感神院《ぎおんかんじんいん》

**やさかーのーとう　八坂の塔**　⇩法観寺《ほうかんじ》

**やしまーでら　屋島寺**　香川県高松市屋島東町。南面山千光院と号し、真言宗御室派。四国八十八カ所第八四番札所。天平勝宝年間749―57鑑真とその弟子慧雲の創建と伝える。弘仁元年810空海が伽藍を現在の地に移し、自刻の千手観音を安置して中興開山となった。寿永二年1183平宗盛が安徳天皇を奉じ屋島に逃れた際、天皇の行宮にあてられたという。のち衰退したが明治に至って堂宇が修復された。寺宝に梵鐘（貞応二1223の銘、重文）などがある。〔重文〕本堂、木造千手観音坐像　〔参考〕全讃史

**やしゃ　夜叉**　(梵)ヤクシャ yakṣa の音写。薬叉、悦叉などとも音写し、捷疾、威徳などと訳す。八部衆の一。インド神話では富の神クヴェーラ Kuvera の従者とされる。仏教にとり入れられても毘沙門天（すなわちインド神話のクヴェーラ）の眷属で、正法を護持する鬼神とされる。或いは羅刹（ラークシャサ rākṣasa）と併称され、人を悩害する鬼類ともいい、曠野神・鬼子母神《きしもじん》などがこれに入る。〔参考〕大智度論一二、大吉義神呪経三、薬師如来本願経

**やしゃ　耶舎**　①(巴)ヤサ Yasa (梵)ヤシャス Yaśas あるいはヤショーダ Yaśoda の音写。耶輸陀《やしゅだ》、夜輸《やしゅ》などとも書き、名聞《みょうもん》、名称《みょうしょう》などと訳す。仏弟子。ヴァーラーナシー Vārāṇasī（ベナレス）の長者の子。歓楽の生活を厭離して家を出、鹿野苑に至って仏陀と出会い、五比丘につぐ六番目の比丘となった。このとき父母および妻も仏陀に帰依して在家の信者となった。耶舎の四人の友人ヴィマラ Vimala, スバーフ Subāhu, プンナカ Puṇṇaka, ガヴァンパティ Gavampati も耶舎の出家を聞いて共に出家したというが、この四人の名は伝承によって一定していない。〔参考〕Theragāthā 117偈註、四分律三二、十誦律一一、中阿含経八
②耶舎迦蘭陀子（ヤサ・カーカンダカプッタ Yasa Kākaṇḍakaputta）のこと。憍賞弥《きょうしょうみ》（コーサンビー Kosambī）の比丘。仏滅後一〇〇年、毘舎離（ヴェーサーリー Vesālī）の跋耆子《ばっぎし》（ヴァッジプッタ Vajjiputta）が戒律に関して十カ条の進歩的解釈〈⇩十事非法《じゅうじのひほう》〉をしたのに対してこれを非となし、離婆多（レーヴァタ Revata）らとともに七〇〇人の比丘を集めて毘舎離において第二結集を行った。〔参考〕Mahāvaṃsa

IV, Divyāvadāna, 四分律五四 ③阿育王(アショーカ Aśoka)在位当時の鶏園寺(ククタ・アーラーマ Kukkuṭārāma)の長老。王に優波崛多(ウパグプタ Upagupta)を紹介した。②と同一視されることもある。〔参考〕Divyāvadāna, 阿育王伝二、阿育王経二

**やしゃ-たいしょう　夜叉大将**　夜叉の軍を率いて仏法を守護する夜叉の将をいう。毘沙門天の眷属に八夜叉大将、薬師如来の眷属に十二神将があり、また般若経を護持する十六夜叉大将、すなわち十六善神などがある。〔参考〕薬師如来本願経、大日経疏五

**ヤショーミトラ　Yaśomitra**　(五、六世紀頃) 称友《しょうう》と通称する。経量部の論師。倶舎論の註釈書スプタールターSphuṭārthā を著わした。これは倶舎論の諸註釈の中で、ただ一つ梵語の原文が現存するものとして重要である。

**やた-でら　矢田寺**　⇩金剛山寺《こんごうせんじ》

**やちゅう-じ　野中寺**　大阪府羽曳野市野々上。青竜山徳蓮院と号し、高野山真言宗。境内に法隆寺式伽藍配置の旧伽藍跡(国指定史跡)が残ることから、奈良前期の創建とされる。聖徳太子建立四十八院の一で、俗に中太子《なかのたいし》といわれる。野中《のなか》郷を本貫とした渡来系氏族船氏の氏寺ともいう。以後の沿革は不明であるが、南北朝期に焼失したと伝え、寛永—寛文年間1624—73に戒律道場として再建された。明治二〇年代以降に現宗派に転じた。〔重文〕金銅弥勒菩薩半伽像(天智天皇五666造)、木造地蔵菩薩立像〔参考〕河内名所図会四、河内国名所鑑二

**やっきょう　訳経**　経典を翻訳すること。翻経《はんぎょう》ともいう。ただし広義に解釈すれば、経典だけでなく律・論を翻訳することをも訳経と称しうる。もとインドの方言によって伝えられた仏典(経・律・論の三蔵)はのちにサンスクリット語・パーリ語などによる原典として整えられ、仏教が東洋諸国に伝えられるとともに各国語に訳された〈⇩大蔵経《だいぞうきょう》〉。現今の漢訳仏典には、直接梵本から訳されたものや、西域地方のいわゆる胡語《ここ》から重訳されたものなどがある。中国では、朝廷が保護して翻経院などを設けて訳業を完成させた例がきわめて多く、この場合を奉詔訳《ぶしょうやく》という。語学に精通して訳経に従事する法師を訳経三蔵、または単に三蔵、或いは三蔵法師といい、その下には多くの補助者があって訳業を助け、また訳業のために種々の官制が設けられたこともあった。仏祖統記巻四三によれば、正面に坐して梵文を宣述する者を訳主、その左に坐して訳主とともに梵文を評量(批判調査)する者を証義(訳文の正・不正を判別する役をいうこともある)、訳主の右に坐して訳主の読む梵文に誤りがないかをしらべる者を証文《しょうもん》、梵文を聴いて梵音のままを漢字に写す梵学僧を書写、梵音を漢文に翻訳する者を筆受、文字を綴って句とする者を綴文《てつもん》、梵文と漢文とをくらべて誤りのないようにする者も参訳(証梵語ともいう)、冗長の文を削って句の意味を定める者を刊定《かんじょう》、南面して訳文を潤色する者を潤文《じゅんもん》といい、以上九種の役を定めている。訳経のうち、単に一回限り訳出されたものを単訳または一訳、二回以上訳出されたものを重訳、異訳、同本異訳と称し、また訳者名の不明なものを失訳経という。なお唐の玄奘《げんじょう》およびそれ以後の訳を新訳と称し、その前の訳をすべて旧訳《くやく》と称する。また後秦の鳩摩羅什《くまらじゅう》以前の訳を古訳ということもある。晋の道安は経典を漢訳する場合に、五種の原意を失う条件と三種の翻訳の難しい条件、即ち五失三不易《ごしつさんふい》(五失本の略)とがあるとする。五失は、⑴文法の相違から原語と漢語とでは文辞が転倒している、⑵原典は修飾語が少なくて質素な文体であるが漢語は文をかざることを好む、⑶原典では幾度も同じ語句を反復して繁をいとわないのを翻訳では省略する、⑷原典では文中に、その中の語句などの註解を加えている箇所があって乱詞のように見えるので、文体上から翻訳では省略する、⑸原典では一つの事を説き終って次の事へ移ろうとする場合に、前に説いた文辞を再説してから説くが、翻訳では重複の部分を省略する、以上の五種の場合には原意を失うようになるから注意を要するという。三不易とは、⑴聖典はその時代の言語・風俗などによっているが、時俗には変遷

があり、そのために現在に適するようにしなければならない、⑵聖人と凡夫との隔りはきわめて大きいのにもかかわらず、遠い昔に説かれた聖人の微妙な言葉をはるか後世の凡愚の風俗に合うようにしなければならない。⑶阿難が経を誦出したのは仏が亡くなってから間もない時であり、しかも多くの聖者が互いに十分しらべた上で書かれたものであるが、それを後世の人が浅薄な見識に従って翻訳することは慎まねばならない、以上の三の場合は翻訳が容易でない。また玄奘には五種不翻《ごしゅふほん》の説があり、⑴陀羅《だら》尼《に》のように秘密のもの、⑵婆伽梵《ばがぼん》のように多くの意味を含むもの、⑶閻浮樹《えんぶじゅ》のように中国には存在しないもの、⑷阿耨多羅三藐三菩提《あのくたらさんみゃくさんぼだい》のように以前の訳者が音写して一般に意味が知られているもの、⑸般若《はんにゃ》のように智慧と訳すれば軽薄になるから尊重して訳さないもの、以上の五種は原語のまま残して訳さないとする。その他、隋の彦琮《げんそう》の弁正論には八備十条の説、賛寧の宋高僧伝巻三には六例の説がある。

**やば　野馬**　㊵マリーチ marici の訳。陽焔または焔とも訳す。かげろう。熱気や塵埃のために曠野などの遠方に見える幻影。そのために泉があるように見えるのを野馬泉という。野馬は相はあっても実体がないから、物の自性《じしょう》がなく空《くう》であることの比喩として用いられる。

**やぶ　野巫**　まだ一つの法術だけしか知らない田舎の巫師《ふし》。学行の少ない禅人の比喩として用いられる〔未熟の医者のことをやぶ医者というのはこの語から起こる〕。

**やぶき-けいき　矢吹慶輝**　〔明治一二1879—昭和一四1939〕仏教学者。浄土宗の僧。号は隈渓。福島県の人。明治四二年東京帝国大学文科大学を卒業後、宗教大学教授などをつとめた。大正二年1913から同四年まで、浄土宗外国留学生としてハーヴァード大学などに学び、またイギリスに渡って敦煌本仏典の調査研究などに従事。のち東京帝国大学助教授、東京市社会局長、三輪学院院長、大正大学教授などを歴任。なお大正一四年1925三階教之研究で、文学博士号、学士院恩賜賞を受けた。著書、鳴沙余韻、同解説、阿弥陀仏の研究、近代思想と仏教、近代思想論考など多数。

**やほう-めいとく-でん　野峰名徳伝**　二巻。寂本〔1631—1701〕の著。成立年不詳。高野山の高僧の伝記集。初代の高野山座主寿長〔　—896〕から印融〔1435—1519〕に至る約六〇〇年間に輩出した七四人の高僧の伝記を収録。元亨釈書や東国高僧伝などには高野山の僧を載せることが少ないのを遺憾として、高野山の立場からその高僧の事績を顕彰しようとしている。仏全一〇六〔刊本〕貞享四1687刊

**やまい-の-そうし　病草紙**　一巻。絵巻。国宝。紙本著色。愛知県名古屋市関戸家ほかに分蔵。詞は寂蓮、絵は土佐光長の子吉光と伝えられるが不詳。平安末から鎌倉初期の成立と推定。もと一五段あったが、今は詞絵各九段を残す。各段の詞と絵を同じ台紙に貼り、このほか残欠数図が分蔵されている。人間の厭わしい現実を描いた一種の風俗画ともみられるが、また人間の病相を六道や三世因果の思想によって見ていることから、地獄草紙、餓鬼草紙とともに六道絵とする説もある。色彩よりも描線本位で醜悪な対象を巧みに処理し不快卑俗の感を与えない。〔複製〕新修日本絵巻物全集七、日本絵巻大成七

**やまおか-てっしゅう　山岡鉄舟**　〔天保七1836—明治二一1888〕剣術者、政治家。名は高歩。字は猛虎。鉄太郎と称した。江戸本所の人。剣術に長じ無刀流をひらいた。明治初年、茨城県参事、伊万里県知事侍従、宮内少輔などを歴任したが、かたわら居士として、今北洪川・竜沢寺星定・天竜寺滴水に参禅し、明治六年、神・儒・仏三教をまとめて国粋主義に基づく日本国教大道社を創設した。同一六年久能寺を鉄舟寺として再興し、同一九年増上寺高麗本により一切経書写を発願し、一日一枚の書写を没前まで続けたという。著書、鉄舟遺稿。

**ヤマカ　Yamaka**　双論と訳す。南伝パーリ語論蔵の七書の一。根本・蘊・処・界・諦・行・随眠・心・法・根の一〇品から構成され、

存在法の複雑多様な相互の関連を摂不摂・起滅など一対のテーマに従って論究する形式をとる。セイロン分別上座部の独特の論書。

**やまかわ-ちおう　山川智応**　（明治一〇1877—昭和三一1956）日蓮宗の研究者。大阪の人。幼名は伝之助。小学校を中退してコークス会社などに勤務の後、田中智学に師事して日蓮主義の運動に入り、雑誌「妙宗」編集主任・国柱会総務・天業民報社社長を歴任した。昭和九年論文「法華思想史上の日蓮上人」を書いて学位を受け、立正大学教授となる。著書、日蓮上人研究第一、第二、開目抄講話など。

**やまぐち-すすむ　山口益**　（明治二八1895—昭和五一1976）仏教学者。京都市願照寺（真宗大谷派）に生まれる。大正七年1918真宗大谷大学専修科を経て、同一一年同大学研究科卒。同一三年同大学助教授。昭和二年よりフランスに留学し、ソルボンヌ大学教授シルヴァン・レヴィS. Lévi に師事。同九年大谷大学教授。同一八年文学博士。同二五—三二年大谷大学学長。同三九年文化功労者。中観・唯識系の大乗諸論の翻訳・論述による文献学的研究や、その文献の包蔵する思想内容を思想史上に位置づけし、近代仏教学研究を前進させた。著書、仏教に於ける無と有との対論、中観仏教論攷、般若思想史、世親の浄土論、仏教思想入門、仏教聖典（共編）など多数。

**やまぐち-の-あたえ-おおぐち　山口直大口**　生没年不詳。飛鳥時代の彫刻家。白雉元年650勅により千仏像を彫刻した。法隆寺金堂の木造広目天像の光背銘にその名が見え、その作者であることが知られる。〔参考〕日本書紀二五、元亨釈書二〇

**やまざき-べんねい　山崎弁栄**　（安政六1859—大正九1920）仏教思想家。浄土宗の僧。仏陀禅師、無所得子、不可知童子と号した。下総相馬郡（現千葉県柏市）の人。二一歳で出家、大康・実弁らに師事し、明治一五年1882筑波山に籠り念仏三昧を修して奇瑞を得たという。のち千葉県下の伝道に従事し、明治二七年インドの仏跡を巡拝、帰国後は全国各地に如来光明主義を唱導し、光明会を創始、口称三昧による弥陀合一を説いた。著書、宗祖の皮髄、道詠集、弁栄聖者遺稿要集（田中木叉編）など。

**やました-げんゆう　山下現有**　（天保三1832—昭和九1934）浄土宗の僧。号は謙蓮社孝誉真善妙阿葵堂。尾張丹波郡（現愛知県一宮市）の人。京都知恩寺・御室転法輪寺・増上寺の住職をつとめ、浄土宗管長、第七九代知恩院住職となった。著書、桜寧邨吉詩二巻。〔参考〕知恩院史、考誉現有上人略伝

**やましな-ほんがん-じ　山科本願寺**　①京都市山科区西野。浄土真宗本願寺派別院の遺跡。②京都市山科区竹鼻。真宗大谷派別院の遺跡。寛正六年1465京都東山の大谷御影堂（本願寺）が比叡山門徒により破壊されたので、本願寺第八世蓮如はひとまず北国に逃れ、その後山科の地に本願寺の再興を計った。文明一二年1480に祖堂を、同一四年に阿弥陀堂を完成し松林山本願寺と号した。以来、真宗の本山として発展したが、天文元年1532六角定頼や法華宗徒らに焼打されたので、第一〇世証如は寺基を大坂石山の地に移した。その後荒廃したが、享保一七年1732本願寺派住如、大谷派真如がそれぞれ堂宇を再建し、両派の山科別院とし、現在に至る。〈⇩本願寺《ほんがんじ》　⇩石山本願寺《いしやまほんがんじ》〉〔参考〕大谷本願寺通紀二・九・一〇、本派本願寺名所図会

**やましな-れんしょ-き　山科連署記**　二巻。編者・成立年不詳。蓮如の日常の言行を記録したもの。蓮如の門弟八名の連署があるところから書名がつけられた。内容は蓮如上人御一代聞書と同類のものであるが、親鸞没のことから起筆し、歴代の宗主に関することを記して実如や証如の時代にまでおよんでいる。蓮如上人御若年砌之事や空善日記その他の記録を補綴して作られたものと考えられる。真宗仮名法典七、真宗法要拾遺五、真宗聖教大全下、蓮如上人全書ほか

**やまだ-でら　山田寺**　奈良県桜井市山田。大化山と号し、法相宗。浄土寺、華厳寺ともいう。舒明天皇一三年641蘇我倉山田石川麻呂の発願により、皇極天皇二年643金堂を造建、その後、石川麻呂の孫娘鸕野皇女（後の持統天皇）らにより諸堂を完備した。

当時は壮大な規模を誇ったと伝えるが、建久1190—99の頃には荒廃し、明治維新のとき廃寺となったが、明治二五年1892講堂跡に本堂が再興された。昭和一二年1937講堂の本尊であった薬師如来の頭部が興福寺で発見され、さらに昭和五一年より発掘調査が進められ、同五七年には東回廊が転倒したままの姿で発見された。〔参考〕上宮聖徳法王帝説裏書、諸寺縁起集、和州旧跡幽考一五

**やまだ-ぶんしょう　山田文昭**　(明治一〇1877—昭和八1933)日本仏教史学者。真宗大谷派の僧。愛知県岡崎市矢作町の人。明治三九年真宗大学(現大谷大学)研究院卒業。のち同大学図書館長、教授、名古屋真宗専門学校教授、京都帝国大学講師、本願寺宗史編修所長等を歴任。学階は講師。根本史料に基づく真宗史学を樹立。著書、遺篇、真宗史稿、真宗史之研究、日本仏教史之研究など。〔参考〕大谷派学事史(続真系二〇)

**やま-てん　夜摩天**　夜摩は㊵ヤマ Yama の音写。焔摩天《えんまてん》とも音写し、欲界の六天中第三の天であるから第三焔天《だいさんえんてん》ともいう。ヴェーダのヤマ Yama 神が仏教に取り入れられたもので閻魔王とも関係がある。この天はスヤーマ Suyāma(須夜摩《しゅやま》)ともいい、善時天とも訳す。光明常にあかくして昼夜なく随時に楽を受けるという。〈⇩閻魔王《えんまおう》〉〔参考〕慧苑音義上、正法念処経三六

**やまのうえ-の-おくら　山上憶良**　(斉明天皇六660—天平五733?・)奈良初期の歌人。没年は不明であるが七四歳以上の生存が知られる。大宝二年702遣唐使に従って渡唐、二年間滞在した。帰国後、伯耆守を経て筑前守となった。このとき大宰帥であった大伴旅人と交渉をもったという。万葉歌人のうち、最も仏教に理解を示し、また儒教や老荘思想にも通じていたといわれる。人生的な悩みや妻子への恩愛の情を歌ったものに傑作がある。編著に、類聚歌林一〇巻があったが伝わらない。

**やまぶし　山伏**　修験道《しゅげんどう》の行者。山臥とも書き、修験者《しゅげんざ》、験者《げんざ》、行者《ぎょうざ》、「そみかくだ」などともいう。入峰《にゅうぶ》の度数や修行の深浅によって、大先達《だいせんだつ》・正先達・三僧祇《さんそうぎ》・二僧祇・一僧祇などの階級がある。また、有髪で妻帯した僧と、剃髪の清僧とがあり、外形から俗人のままの優婆塞形《うばそくぎょう》を下山伏、或いは法身形の山伏、髪を一寸八分(約五・五センチ)に摘んだ摘髪形を摘山伏、或いは報身形の山伏、剃髪した比丘形を剃山伏、或いは応身形の山伏という。江戸時代以後は服装などもほぼ一定し、所持品にもさだめがある。所持品の主要なものは、頭巾《ときん》・班蓋《はんがい》・鈴繫《すずかけ》(法衣の一種)・結《ゆい》袈裟《げさ》・法螺《ほら》・念珠《ねんじゅ》・錫杖《しゃくじょう》・笈《おい》・肩箱《かたばこ》・金剛杖《こんごうづえ》・引敷《ひっしき》・脚半《きゃはん》でこれを十二道具という。

**やまぶし-にじ-ぎ　山伏二字義**　一巻。宥鑁(　—1645—　)の著。成立年不詳。「山伏」の二字の意義を真言密教の要義によって解釈説明を加え、修験道を教理的に組織づけたもの。日蔵四八〔刊本〕寛文一三1673刊

**やまべ-しゅうがく　山辺習学**　(明治一五1882—昭和一九1944)仏教学者。真宗大谷派の学僧。新潟県に生まれ、山形県正応寺を継いだ。大正三年1914大谷大学研究科卒業。翌年から五年間インド・イギリスに留学、帰朝後、大谷大学教授兼図書館長をつとめた。昭和六年にも欧米を視察し、同八年仏教普及運動と人材の養成機関として仏教文化協会を設立した。同一八年大谷大学学長に就任。学階は講師。主著、仏弟子伝、教行信証講義三巻(共著)、わが親鸞、仏教に於ける地獄の新研究、人生修行の旅など。

**ヤマーリ　Yamāri**　(一〇—一一世紀頃)ジャマーリ Jamāri ともいう。インドの仏教論理学者。ベンガル地方で活躍したらしい。ダルマキールティ Dharmakīrti (法称《ほっしょう》)のプラマーナ・ヴァールッティカ Pramāṇa-vārttika へのプラジュニャーカラグプタ Prajñākaragupta による註釈に、浩瀚な複註を著わした。

**やりつそざい　耶律楚材**　(紹熙元1190—淳祐四1244)金末・元初の儒者。移剌《いらつ》ともいう。字は晋卿《しんけい》、諡号は文正公。湛然居士と号する。遼の人。金の章宗に仕え、元の太祖に侍して西域遠征に従った。曹洞一五世の行秀に参じ、従容録《しょうようろく》を付嘱されて出版し、同門の季屏山と交わる。著書、

湛然居士文集一四巻、西遊録一巻。〔参考〕耶律公神道碑、元史一四六、新元史一二七、居士伝三六

**やれことんとう-えまき　破来頓等絵巻**　一巻。紙本著色。徳川黎明会蔵。重要文化財。筆者は飛驒守惟久《これひさ》と伝えるが明らかでない。南北朝時代の作。詞書の中に「破来頓等」なる言葉をしきりに繰り返しているが、「やれことんとう」は中世流行した囃子《はやし》の言葉であるという。不留房という僧侶に仮託して、厭離穢土・往生極楽の思想を説いている。

# ゆ

**ゆいえん　唯円**　①親鸞の門弟。常陸鳥喰《とりばみ》の唯円といい、二十四輩の一人。現茨城県常陸太田市の西光寺はその遺跡という。〔参考〕二十四輩牒、遺徳法輪集三　②親鸞の門弟。常陸河和田《かわだ》の唯円として知られ、歎異抄の撰者に比定される。親鸞の没後おそくまで在世し、正応元年1288本願寺覚如に会し法門を伝えた。親鸞面授の遺弟として如信らと共に真宗初期教団において活躍したとみられる。現茨城県水戸市河和田町の報仏寺はその遺跡という。〔参考〕歎異抄、慕帰絵詞三

**ゆいえん　惟琰**　（宝暦四1754―文化一四1817）臨済宗の僧。越前の人。隠山と号し、天沢庵と称した。諡号は正灯円照禅師。美濃興徳寺の禅規に従って出家、越前瑞昌寺の万国、陸前高乾寺の月船に参じ、また関西の諸師を歴訪した。のち美濃の梅泉寺に住し、また江戸永田寺に白隠下の峨山慈棹を訪ねて師事、その法を嗣いだ。寛政一二年1300請われて美濃梅竜寺に住したが、間もなく退き、播磨の鹿谷山、美濃の金宝山に庵住した。会下に俊秀が輩出し、この惟琰の系統は隠山派と称され、同門の卓洲胡僊の卓洲派と並んで白隠禅の二大潮流をなした。〔参考〕近世禅林僧宝伝一

**ゆいかい　遺誡**　一般に御遺告《ごゆいごう》という。空海の著（承和元834）。空海が弟子らに仏法の修行護持や弟子の和合のことなどについて教誡した文。弘仁四年813と承和四年日付の二篇が真撰とされている。弘法大師全集七〔写本〕京都東寺蔵（平安初期、重文）

**ゆいきょう　遺教**　仏や祖師などが後人のために遺した教法、または特に臨終の時に説き残した教え。遺法、遺誡、遺訓、遺告《ゆいごう》などともいう。仏教はすべて釈迦仏が説き遺した教えであるから、仏教全体を釈迦の遺教ということがあるが、また仏垂般涅槃略説教誡経は仏が入滅に臨んで後世のために説いた最後の教えであるから、この経を特に仏遺教経という。臨終の時に偈頌の形で訓誡や感懐を述べたものを遺偈《げゆい》といい、詩や歌で永別の情をあらわしたものを辞世《じせい》という。

**ゆいきょう-ぎょう　遺教経**　一巻。詳しくは仏垂般涅槃略説教誡経といい、仏遺教経ともいう。後秦の鳩摩羅什の訳。仏陀が死に臨んで弟子らに与えた最後の教誡として、戒を守り感官的欲望を制し、心を静め怠りなく励むようにと、具体的な実践項目を示している。きわめて短い経典であるが、流麗な羅什の訳文によって多くの人々に愛誦味読され、多くの註釈が作られた。㊅一二、国経集部三〔註釈〕世親或いは馬鳴・仏遺教経論一巻、智円・疏一巻、仁岳・助宣記一巻、浄源・論疏節要　巻、元照・論住法記一巻、観復・論記三巻、智旭・解一巻

**ゆいしき　唯識**　㊵ヴィジュニャプティ・マートラ vijñapti-mātra の訳。識即ち心の本体の転変《てんぺん》を離れて、それ以外にいかなる実在もないとの意。即ち、われわれが自己の心外にあるとしている物心の諸現象は、われわれの八識〈⇩識《しき》②〉それ自体が主観（見分）と客観（相分）とに変じあらわれて、認識の対象に似たすがたを心内の影像《ようぞう》として映し浮かべて実在であるかのように認めているに過ぎず、しかも認識の対象となる物自体（本質《ほんぜつ》）は阿頼耶識《あらやしき》中におさめもつ種子《しゅうじ》から変じて生じたのであるから、識以外には実在はないとする。これを唯識無境といい、また万有は識から変じたという意味で唯識所変であるという。

この理論を、成唯識論巻二には⑴因能変(因変《いんぺん》、生変ともいい、あらゆるものは阿頼耶識の中におさめたもたれている種子から変生する)と、⑵果能変(果変、縁変《えんぺん》ともいい、その結果八識の上に主観客観の区別ができて対象に向かうはたらきをする)とにわけ、観心覚夢鈔巻下には⑴熏習道理《くんじゅうどうり》(種子はみずからの心のはたらきによって識に植えつけられたものであること)と、⑵転変道理《てんぺんどうり》(識が見相二分に変ずること)とに分けて説く。①法相宗の根本的教義であり、同宗では、唯識の相を説くのに、五位百法がすべて識を離れないと示すのを総門の唯識、不離門の唯識といい、五位のうち心王《しんのう》は識の自相、心所《しんじょ》は心王に応じてはたらく相応、色法《しきほう》は識が変じた所変、不相応法は以上の三位の分位《ぶんい》に仮に立てたもの、無為法《むいほう》は以上の四位の実性であるとし、このような理由によって唯識であると示すのを別門の唯識という。別門唯識の説は愚かな者のために能所《のうじょ》を分別して説明したものであるから虚妄唯識《こもうゆいしき》、不浄品唯識《ふじょうほんゆいしき》、方便唯識と名づけ、これに対して初地以上の菩薩が唯識の理をさとって唯識無塵智を証し真識を存するのを真実唯識、浄品唯識、正観唯識と名づける。なお成唯識論巻九には唯識の教理に対する九種の疑難(唯識九難)を挙げて答釈している。即ち唯識九難とは、⑴いかなる教理により立論したのか(唯識所因の難)。⑵世間の事実からいえば心外に実在があるではないか(世事乖宗《せじけしゅう》の難)。⑶経典に色《しき》などの十二処があると説くのにそむくではないか(聖教相違の難)。⑷諸法が空であると知らせるためならば識も空無でないか(唯識成空《じょうくう》の難)。⑸物的なものは形状があるのになぜ唯識といえるか(色相非心の難)。⑹外界の実在がないならば、どうして直接に外界の事象を知る現量智によって色などを知ることができるのか(現量為宗の難)。⑺夢の中で見る対象は覚めれば妄境であると知られるが、覚めている時のことについてはその例を用いえないのではないか(夢覚相違の難)。⑻他人の心は自己の心の外にあるから、他心智によってそれを知ろうとして心がはたらくのであるとすれば、他人の心は心外の境ではないか(外取他心《げしゅたしん》の難)。⑼前問について、もし自心の中に他心の影像を映してその影像についてはからうから唯識無境であるとするならば、それでも自心・他心の別があるから唯識といえないではないか(異境非唯の難)。以上の九をいう。また義林章巻一末には諸経論の唯識説を分類して境唯識・教唯識・理唯識・行唯識・果唯識の五種唯識としている。なお同宗の修行として五重唯識観がある。②華厳宗では三界《さんがい》はすべて一心から作られたものであるとして、これを説明するのに⑴相見倶存《そうけんくぞん》の唯識・⑵摂相帰見《せっそうきけん》の唯識・⑶摂数帰王《せっしゅきおう》の唯識・⑷以末帰本の唯識・⑸摂相帰性《せっそうきしょう》の唯識・⑹転真成事《てんしんじょうじ》の唯識・⑺理事倶融《りじくゆう》の唯識・⑻融事相入《ゆうじそうにゅう》の唯識・⑼全事相即《ぜんじそうそく》の唯識・⑽帝網無礙《たいもうむげ》の唯識、の十重唯識を説き、究極的には帝釈宮の網珠(因陀羅網)のように一の中に一切があり、その一切中にまたそれぞれ一切があってきわまりなく、重重無尽事事無礙〈⇩重重無尽《じゅうじゅうむじん》〉であるのが唯識であるとし、五教に当てて、はじめの三は始教、次の四は終教および頓教、後の三は円教の説とする(華厳経探玄記巻一三)。ただし華厳経大疏鈔巻三七にははじめに仮説《けせつ》の唯識を加えて小乗の説とし、⑹を除く。

**ゆいしきぎ-しょう　唯識義章**　一二巻。唯識義私記、唯識章私記ともいう。真興(934—1004)の著。成立年不詳。大乗法苑義林章(大四五)の中の唯識章を解釈したもの。大七一、仏全八一〔写本〕高野山大学蔵(寛治二1088写)、高野山宝亀院蔵(南北朝末写)〔刊本〕明暦四1658刊

**ゆいしき-さんじゅう-ろんじゅ　唯識三十論頌**　一巻。世親(ヴァスバンドゥ Vasubandhu)の造、唐の玄奘の訳(貞観二二648あるいは同二三)。三〇の偈頌から成る小篇であるが、唯識派の根本論書であり、中国に入っても法相宗《ほっそうしゅう》の正所依の論典として瑜伽十支論の一に数える〈⇩瑜伽師地論《ゆがしじろん》〉。世間はすべて仮のもので、実には存在しないのだが、識のはたらきで仮に顕現する。その識のはたらきに阿頼耶《あらや》識・

末那識《なま》・六識の三種があり、それらによって妄分別される一切はただ識であるのみである。そのように識がただ識であることの中に住する無心・無所得の境において所取・能取のとらわれは滅して、解脱に至らしめられる、と説く。一〇人の論師がこの論頌に対する註釈を書いたといい、これを唯識十大論師という。このうち安慧《あんね》(スティラマティ Sthiramati)による釈論 Triṃśikā Vijñaptimātratāsiddhi は梵語原本とチベット訳とが現存する。また護法(ダルマパーラ Dharmapāla)の釈論を中心として他の論師の釈をもあわせて編集したものが、玄奘によって漢訳された成唯識論《じょうゆいしきろん》である。陳の真諦《しんだい》の訳した転識論《てんじきろん》も三十論頌に対する釈論の一つであると見られる。三十論頌及び安慧釈の梵文とフランス語訳とはレヴィ S. Lévi によって刊行された(1925)。ドイツ語訳はヤコービ H. Jacobi およびフラウヴァルナー E. Frauwallner により、和訳は荻原雲来、宇井伯寿らによって公にされている。㊅三一

**ゆいしき-さんるいきょう-せんよう　唯識三類境選要**　一巻。鳳潭(1659—1738)の著か。成立年不詳。三類境を初学者のために伝統の章疏によって述べたもの。〔刊本〕享保二(1717)刊、同一八刊

**ゆいしき-じゅうだいろんじ　唯識十大論師**　単に十大論師とも十論師ともいう。世親の唯識三十頌に対する釈論を作った一〇人の大論師をいう。⑴護法(ダルマパーラ Dharmapāla)、⑵徳慧(グナマティ Guṇamati)、⑶安慧(スティラマティ Sthiramati)、⑷親勝(バンドゥシュリー Bandhuśrī)、⑸難陀(ナンダ Nanda)、⑹浄月(シュッダチャンドラ Śuddhacandra)、⑺火弁(チトラバーナ Citrabhāna)、⑻勝友(ヴィシェーシャミトラ Viśeṣamitra)、⑼最勝子(ジナプトラ Jinaputra)、⑽智月(ジュニャーナチャンドラ Jñānacandra)の一〇人である。その内で⑻—⑽の三人は護法の弟子というだけで何も伝えられていない。親勝と火弁は世親と同時代の人で、初めて三十頌の釈論を作ったといわれる。徳慧は陳那(ディグナーガ Dignāga)と同時代の人で前者の弟子が安慧、後者の弟子が護法である。徳慧・安慧の系統を無相唯識派、陳那・護法の系統を有相唯識派という。難陀と浄月は安慧と同時代の人で護法の門人であるという。彼らの唯識説については三つの系統があるといわれるが、種子論では難陀は新熏説、護月が本有説、護法は本有新熏合生の説を立て、また護法の四分説に対して陳那と火弁は三分説、難陀・浄月・親勝・徳慧は二分説、安慧は一分説をとる。このうち安慧と護法が最も重要で前者の三十頌釈論だけが梵文・チベット訳とともに伝えられ、また一論師の説を合糅して作られたといわれる成唯識論は主として護法の説を採用し、他の諸論師の説を取捨選択したものである。この一〇人は唯識宗全般の主な十論師というのではなく、成唯識論製作の時に素材となった多くの三十頌釈論の一〇人の著者というにすぎないと思われる。〔参考〕唯識論述記一、唯識論枢要上本、印度哲学史、安慧護法唯識三十頌釈論

**ゆいしき-にじゅうろん　唯識二十論**　一巻。世親(ヴァスバンドゥ Vasubandhu)の造。唐の玄奘の訳(竜朔元 661)。異訳に後魏の瞿曇般若流支《くどんはんにゃるし》の訳の唯識論(一巻)、陳の真諦の訳(天嘉四 563)の大乗唯識論(一巻)がある。梵本 Viṃśatikā Vijñaptimātratāsiddhi はレヴィ S. Lévi によって校訂出版された(1925)。二十余偈の本頌に釈論を付した小論であるが、仏教外の諸学派や小乗の立場からの唯識説に対する批判や疑問に反論することを通じて唯識無境の説を明らかにする重要な論書である。中国・日本では瑜伽十支論〈⇒瑜伽師地論《ゆがしじろん》〉の一に数え、法相宗の正依とした。その註釈書としては、チベット訳にヴィニータデーヴァ Vinitadeva(調伏天《じょうぶくてん》)のものが伝えられ、漢訳に護法(ダルマパーラ Dharmapāla)の造、唐の義浄の訳の成唯識宝生論(五巻)がある。中国で作られた註釈では窺基の唯識二十論述記などがある。近代日本における研究の成果は多く、佐々木月樵「唯識二十論の対訳研究」、山口益「世親唯識の原典解明」、宇井伯寿「四訳対照唯識二十論研究」などが主要なものである。海外

では、レヴィ S. Lévi による梵文からのフランス語訳、フラウヴァルナー E. Frauwallner による梵文からのドイツ語訳、ハミルトン Hamilton による玄奘訳からの英訳などがある。㊅三一、国一瑜伽部七

**ゆいしき-は　唯識派**　⇩瑜伽行派《ゆがぎょうは》

**ゆいしゃく-こう　遺跡講**　仏の遺跡を慕って仏足石などを供養する講会。涅槃講・舎利講・羅漢講とともに四座講の一に数える。高弁(明恵)が自ら遺跡講式を制し、栂尾高山寺を聖跡に擬して遺跡を供養したのに始まるという。のち寛永年間1624—44に奈良薬師寺に仏足石が安置されてから、同寺で二月一五日の涅槃の日に涅槃講と合わせ行われることになった。〔参考〕四座講式(㊅八四)、高山寺縁起、薬師寺縁起

**ゆいしゅ　惟首**　(天長三826—寛平五893)法興房といい、俗に虚空蔵和尚と呼ばれた。姓は御船氏。近江の人。円珍・遍昭について灌頂をうけ、徳円・法勢に教学を学んだ。最勝会の講師となり、安然と共に元慶寺の阿闍梨に補せられ、寛平三年円珍の席を継いで園城寺長吏となり、ついで天台座主に任じられた。〔参考〕寺門伝記補録一三、本朝高僧伝八

**ゆいじょう　惟浄**　生没年不詳。北宋代の訳経家。光梵大師の号を賜り、明教三蔵と諡された。江南の李煜《りいく》王の甥。太平興国八年983天息災らの奏により選ばれて梵学を学び訳経に従事した。大中祥符法宝録・天聖釈教総録・景祐新修法宝録などの大蔵経を編纂し、夏竦らと新訳経音義七〇巻を、法護と共に天竺字源七巻を著わした。また法護と共に大乗菩薩蔵正法経など、十余部を訳している。〔参考〕仏祖統紀四三—四五、参天台五台山記四・六

**ゆいしん　唯心**　宇宙のあらゆる存在は心から変現したもので心をはなれて存在するものはなく、心は万有の本体として唯一の実在であるということ。旧訳の華厳経巻二五の十地品には「三界は虚妄《こもう》にしてただ是れ一心の作《さ》なり」とある。即ち有情《うじょう》の生存する迷いの世界(三界)はことごとく一心の変作したものであるから、心外《しんげ》に実在する何物かがあると認めるのは妄想であり、「三界唯一心《さんがいゆいいっしん》、心外無別法《しんげむべっぽう》」(三界唯心)とする。この一心の意味について法相宗ではこれを阿頼耶識《あらやしき》と解して、万法唯識《まんぽうゆいしき》の意味とするが、華厳宗ではこれを如来蔵自性清浄心《にょらいぞうじしょうしょうじょうしん》と解して真如が縁に随って諸法を作る意味とする。澄観の華厳経大疏巻四〇には、三界唯心を二乗の人は心外にある境を実在と見なしてそれは心の転変に由るという意味に解し、大乗においても唯心の「心」を頼耶《らや》(阿頼耶識)とするものと如来蔵とするものとの二類があることを説き、かつ広く十門を立てて詳説している(また、知礼の十不二門指要鈔巻上には唯心・由心の語によって大乗と小乗との縁起説を区別している)。また旧訳の華厳経巻一〇夜摩天宮《やまてんぐう》菩薩説偈品の如来林菩薩の偈には、「心はたくみな画師のようで種々の五陰《ごおん》を画く。一切世界の中で一つとして心が造らないものはない。心のように仏もそうであり、仏のように衆生もそうである。心と仏と衆生との三法は全く区別すべきでない」と心仏及衆生是三無差別《しんぶつぎゅうしゅじょうぜさんむしゃべつ》(三法無差《さんぼうむしゃ》)を説く。これを、華厳宗では心を能造(造る者)、仏・衆生を所造(造られるもの)と見て、如来蔵心が悟るのを仏、迷うのを衆生とし、縁起《えんぎ》には染浄《せんじょう》(けがれたのときよらかなのと)の別があっても心それ自体は同じものであるから三法無差であるとするのに対して、天台宗山家派《さんげは》では心・仏・衆生の三法は共に同一の三千の法であるから心のみが能造・能具(具有する者)でなくて、仏・衆生も能造・能具であり、また仏・衆生のみが所造・所具(具有されるもの)ではなくて、心もまた所造所具であるとして三法無差を説く。ただし天台宗でも山外派《さんがいは》では心を能造、仏・衆生を所造とする異説を主張する。なお法相宗ではこれを唯識無境の意味と解し、真言宗では仏と衆生との三密が平等であることの証文とする。

**ゆいしん　唯信**　①生没年不詳。親鸞の門弟二十四輩の第二二に数える。常陸西茨城郡戸森(守)の人。戸森の唯信として知られる。唯信寺(現茨城県西茨城郡友部町)はその遺跡という。〔参考〕二十四輩牒　②生没年不詳。

親鸞門弟二十四輩の第二三に数える。常陸西茨城郡畑屋(畠谷)の人。畠谷の唯信として知られる。水戸の信願寺、金沢の覚念寺はその遺跡という。〔参考〕二十四輩牒、親鸞聖人門侶交名牒

**ゆいしん-しょう　唯信鈔**　一巻。聖覚の著(承久三1221)。法然の没後その教団において一念・多念などの論争が行われたのに対して、法然からの相承の念仏往生の正義を明らかにして偏執を排しようとして記述されたもの。親鸞は本書を深く信頼し、しばしば書写して門弟に送って読解を奨め、また、自ら唯信鈔文意を著わした〈⇩唯信鈔文意《ゆいしんしょうもんい》〉。㊅八三、続浄全四、真宗聖教全書二、親鸞聖人全集一二、真宗史料集成一〔刊本〕承応二1653刊、天保一三1842刊〔複製〕親鸞聖人真蹟集成八

**ゆいしんしょう-もんい　唯信鈔文意**　一巻。親鸞の撰。成立年代は不詳であるが、親鸞晩年の作。聖覚の唯信鈔の要文を解釈したもので、当時の一般門信徒に他力念仏往生の内容がわかるように平易に記す。真宗高田派本山専修寺に康元二年1257奥書の親鸞自筆本二本がある。㊅八三、親鸞聖人全集五、真宗聖教全書二、真宗史料集成一、定本親鸞聖人全集三〔古写本〕盛岡本誓寺蔵(建長二1250写)、大阪光徳寺蔵(同八写)、群馬妙安寺蔵(正嘉元1257)ほか〔刊本〕承応二1653〔複製〕親鸞聖人真蹟集成八

**ゆいしんのじょうど　唯心の浄土**　⇩己心の弥陀《こしんのみだ》

**ゆいしんぼう-しゅう　唯心房集**　一巻。唯心房寂然(藤原頼業)の著。寂然本師集ともいう。平安時代の和歌・歌謡集。短歌三〇首、今様五〇首を収める。短歌は多く仏法を詠じたもので、今様には世の無常を歌ったものもあるが、自然や人情を詠じたものが多い。所収の今様には、著者の自作以外のものも含まれているようであるが、平安末の今様を知る上に貴重な資料とされている。国東叢一(歌頌)、日本歌謡集成二、群書一五〔複製〕日本古典文学影印叢刊・平安私家集

**ゆいせん　惟僊**　生没年不詳。鎌倉時代の臨済宗の僧。字は樵谷。建長1249—56の末年に渡宋し、南浦紹明・約翁徳倹らと共に諸老に参じ、天童山の別山祖智の法をついだ。帰国後、信濃安楽寺の開山になった。〔参考〕延宝伝灯録三、扶桑五山記二、本朝高僧伝二一

**ゆいぜん　唯善**　(文永三1266—文保元1317)親鸞の末女覚信尼の子、覚恵の異父弟。はじめに仁和寺に入り修験道に属した。のち奥州河和田に下り親鸞の遺弟唯円のもとにあったが、覚恵に招かれて、京都東山大谷に居住した。やがて親鸞の墓所大谷本廟の横領を意図し謀略をめぐらしたが、失敗して大谷の親鸞の影像・遺骨を奪取し鎌倉常葉に逐電した。〔参考〕慕帰絵詞五、本願寺文書、存覚上人一期記、本願寺史一

**ゆいぶつよぶつ-の-ちけん　唯仏与仏の知見**　ただ仏と仏とのみが互いに知るところの智。仏のさとりの境地は仏のみが知り、因位《いんに》の菩薩《ぼさつ》などは知りえないということ。また、果仏と因仏、即ち仏果をさとった仏とその究極的なさとりには少し欠けている菩薩とのみが知るところで、二乗や凡夫《ぼんぷ》の知るところでないとの意とする場合もある。

**ゆいま-え　維摩会**　毎年一〇月一六日の藤原鎌足の忌日の前一週間(一〇—一六日)、奈良の興福寺で維摩経を講じ勤修される法会。斉明天皇二年656鎌足が山階の邸で病気になった時、法明尼が維摩経を転読して病が癒えたので、その翌年自邸を寄付して山階寺を建立し、同四年に呉僧の元興寺福亮をまねいて維摩経を講じさせたのが起源であるという。御斎会《みさいえ》・最勝会《さいしょうえ》と共に南京三大会の一。〔参考〕扶桑略記

**ゆいまきつ　維摩詰**　㊵ヴィマラキールティ Vimalakīrti の音写。略して維摩といい、毘摩羅詰《びまらきつ》とも音写する。無垢称《むくしょう》、浄名《じょうみょう》と訳す。維摩経の中心人物である在家の居士。経には中インドの毘舎離《びしゃり》城(ヴェーサーリー Vesālī)の富豪で、大乗仏教の奥義をきわめた菩薩とされる。維摩経はこの維摩と文殊菩薩との問答によって展開し、空・無相などの大乗思想を説く。恐らくは実在の人物ではなく、阿含経の質多羅《しったら》(㊵チトラ Citra ㊁ナッタ Citta)長者をモデルにしたものともいわれる。

**ゆいま-ぎょう　維摩経**　詳しくは維摩

詰所説経という。後秦の鳩摩羅什の訳。維摩《ゆいま》詰《きつ》(梵)ヴィマラキールティ Vimalakīrti)という在家居士を主人公として空思想にもとづく大乗菩薩道の実践を説く経典。羅什訳がもっとも広く流布しているが別訳に三国呉の支謙の訳の維摩詰経(二巻)、唐の玄奘の訳の説無垢称経(六巻)がある。原題はヴィマラキールティ・ニルデーシャ Vimalakīrti-nirdeśa といい、梵本は伝わらないがチベット訳が現存する。毘耶離《びゃり》城(ヴァイシャーリー Vaiśālī)の長者維摩詰が病気になり、仏陀が弟子・菩薩のうちの誰かを見舞いに遣わそうとするところから経ははじまる。ただし、維摩詰の病は通常の病ではなく、衆生病むが故にわれもまた病むという、菩薩の方便によるものである。仏から見舞いに行くことを要請された舎利《しゃり》弗《ほつ》以下の声聞および諸菩薩は、いずれもかつて維摩と問答してやりこめられた話をして辞退し、結局文殊師利《もんじゅしり》菩薩が遣わされることになる。この維摩と文殊との問答が本経の中心部分で、不思議解脱に住する菩薩の自在のはたらきと、分別心を離れることのできない小乗声聞の執着とが、きわめて対照的に、すぐれた文学的構想によって叙述される。空・般若に立脚した大乗菩薩の実践道の強調と、在家主義の宣揚とがその思想的中核をなしており、在家居士である維摩が舎利弗などの大弟子に代表される小乗の仏教観を痛撃している点で、とくに中国では在家仏教徒の間に歓迎された。入不二法門品における「維摩の一黙」は本経の中でも有名な箇所で、のちの禅宗に影響するところが大きい。註釈書として隋の慧遠の維摩義記(八巻)、隋の智顗の維摩経玄疏(六巻)、隋の吉蔵の浄名玄論(八巻)および維摩経義疏(六巻)、唐の窺基の説無垢称経疏(一二巻)などが有名であるが、訳者の羅什およびその弟子竺道生・僧肇の説を僧肇がまとめた注維摩詰経(一〇巻)がもっとも重要である(以上(大)三八)。日本では聖徳太子による維摩経義疏(五巻、(大)五八)が三経義疏の一つとして伝えられるが、太子の真撰か否かについては疑問視する説もある。長尾雅人によるチベット訳からの和訳がある。(大)一四、[国一]経集部六

**ゆう　用**　作用《さゆう》の略。力用《りきゆう》ともいう。ものに具わるはたらきのこと。無為法には作用がなく、また有為《うい》法でも現在法にのみ作用があって、過去、未来の法には作用はない。

**ゆういち　有一**　(粛宗四六1719—正祖二三1798)李氏朝鮮の僧。字は無二。号は蓮潭。俗姓は千氏。一八歳で出家して以来、霊虚・雪坡・影海などの大法師に学ぶ。とくに虎巌(体浄)の法を継いだ。著書、都序科目幷入私記一巻、法集別行録節要科目幷入私記一巻、円覚私記二巻一冊など多数。〔参考〕蓮潭大師自譜行業

**ゆうかい　宥快**　(貞和元1345—応永二三1416)高野山宝性院の僧。野山教相学の大成者として知られる。字は性厳。藤原実光の息。宝性院信弘に師事、応安七年1374宝性院主となる。また安祥寺の興雅に学び、安祥寺を兼帯した。宮中に招かれて秘法を修し、また足利義満の帰依を受けた。顕密に博達した。その門流を宝門という。著書、大日経口之疏鈔八五巻((大)六〇)、宗義決択集二〇巻(明和八1771刊)、宝鏡鈔一巻((大)七七)ほか多数。〔参考〕野峯名徳伝

**ゆうかく　祐覚**　生没年不詳。南北朝時代の天台宗の僧。南朝方に味方して比叡山の僧兵を率いて、新田義貞、北畠顕家と共に足利尊氏・直義と戦った。尊氏の軍が入京したため、叡山に逃れた後醍醐天皇を衆徒と共に擁したが、のち尊氏のために殺された。〔参考〕大日本史一六八

**ゆうかん　遊観**　(　—永仁二1294)浄土宗の僧。栖空房といい、浄土宗西山派の祖証空に師事してその教義を学び、のち京都西山の三鈷寺に住して西山義を説いた。玄観・性円・浄円らの門弟がいる。〔参考〕浄土伝灯総系譜下、法水分流記

**ゆうかん　融観**　(慶安二1649—享保元1716)融通念仏宗の僧。忍光、大通と号した。姓は徳田氏。摂津の人。慈山妙立、鉄眼道光、高泉性潡について天台・禅を修めてのち大念仏寺良観覚意に仕え、覚意を助けて宗風の刷新をはかった。元禄二年1689大坂大念仏寺四六世を継ぎ、融通念仏宗の再

興の祖といわれる。忍通融海はその門下。一宗の制規を定め学寮を設けた。主著、融通円門章一巻(大八四)、融通念仏信解章二巻。〔参考〕融通念仏宗三祖略伝、再興尊者編年略、大念仏寺記

**ゆうぎ　宥義**　(天文一五1546―元和四1618)真言宗の僧。字は玄音。姓は佐竹氏。常陸水戸の人。根来の日秀・頼玄、醍醐の堯雅、平等寺の性盛らに受業し、また法隆寺に学んだ。のち水戸に迎えられて講席を開き、慶長一五年1610、小池房空鏡と西蔵院秀盛両派の紛争の後をうけ、徳川家康の命により大和長谷寺の第三世を継ぎ、智積院祐宜と共に宗派の制度を定めた。〔参考〕豊山伝通記中、新義真言宗史

**ゆうぎ　祐宜**　(天文五1536―慶長一七1612)真言宗の僧。字は長善。姓は深沢氏。下野の人。根来寺、智積院、醍醐寺に修学し、秘訣をうけ、また南都・北嶺に学んだ。帰国して桑島金剛定寺に講筵を開き、他家山に退隠した。その後磐城薬王寺、宇都宮正福寺、皆川持明院に転住し、慶長九年上洛し智積院脇能化に推された。院主玄宥の没後、継席をめぐって越州滝谷寺恵伝との間に党派の対立が生じたが、徳川家康の裁決により能化に補された。著書、般若理趣経秘伝鈔三巻、因明三十三過本作法直談鈔五巻、九条錫杖経鈔二巻、舎利礼私記一巻ほか。〔参考〕台徳院御実紀一九、結網集下、智積集下、高野春秋編年輯録一三、諸宗章疏録三、続日本高僧伝三

**ゆうけい　有慶**　(宝永六1709―安永四1775)真言宗の僧。字は真良。姓は桜井氏。大和の人。豊山良興院竜岳に随侍、河内の通法寺、筑波山金剛院に住し、のち豊山、近江北野寺、江戸根生院・護持院などに転住し、安永二年豊山長谷寺の能化に補せられた。〔参考〕新義真言宗史

**ゆうけん　勇健**　(元徳三1331―永徳二1383)臨済宗の僧。字は大歇、姓は藤原氏。信濃の人。同国澄心寺、紀伊大慈寺を経て建仁寺に入り、東海竺源・雪村友梅・別伝妙胤に随侍し、関東の歴遊から帰っては竜山徳見・中巌円月に参じた。一時は伊予にあって大虫宗岑を訪ね、ついで和泉大雄寺の孤峯覚明に法をうけ、その後紀伊大慈寺・鷲峯山・信濃安養寺に住した。正眼智鑑禅師の号を贈られた。〔参考〕延宝伝灯録一五、本朝高僧伝三二、正眼智鑑禅師年鑑

**ゆうけん　猷憲**　(天長四827―寛平六894)延暦寺座主。下野の人。円珍・徳円に灌頂を受けて、最勝会の問者となった。持念堂に住し、寛平五年座主に任じられた。〔参考〕扶桑略記二二、天台座主記、本朝高僧伝八

**ゆうげん　融源**　生没年不詳。平安時代後期の真言宗の僧。五智房と称した。姓は平氏。肥前の人で覚鑁《かくばん》の親族。高野山で得度受戒し覚鑁に師事した。智徳がすぐれ、山中に籠って修行し衆と交わらなかったという。〔参考〕結網集、沙石集、本朝高僧伝五一

**ゆうこう　酉仰**　(応永二五1418―長禄三1459)浄土宗の僧。明蓮社聡誉という。姓は千葉氏。下総の人。酉誉聖総に師事して席を継ぎ、増上寺二世となった。武蔵橋場の保元寺址を興して法源寺となし、浄土変相図を安置した。門下に音誉・讃誉・香誉らがいる。著書、伝籍末抄、深義集。〔参考〕浄土本朝高僧伝四、浄土伝灯総系譜中、三縁山志九

**ゆうこくじ　熊谷寺**　埼玉県熊谷市熊谷。蓮生山当行院と号し、浄土宗。法然に帰依してその門に入った熊谷直実(蓮生房)が、元久二年1205その館跡に蓮生庵を結んだのに始まると伝える。のち天正年間1573―92幡随意が中興し、熊谷寺と号した。寺域に蓮生房の墓がある。

**ゆうごん　有厳**　①(天禧五1021―建中靖国元1101)北宋代の天台宗の僧。号は樝庵《しゃあん》。字は曇武。台州臨海(浙江省)の人。六歳で舎晃霊鷲宗本に従って出家し、承天寺の本如に師事して天台の教観を学んだ。同門の処咸と親交し、赤城崇善寺で数十年教化に努力したが、後霊鷲峯に隠居し専ら浄業を修し瑞応呪験が多かった。著書、玄義釈籤備検四巻、文句記箋難四巻、止観輔行助覧四巻、阿弥陀礼文一巻など。〔参考〕釈門正統六、仏祖統紀一三・二五・二七　②(文治二1186―建治元1275)律僧。字は長忍。慈禅、如願と号する。興福寺常喜院に住し西大寺の戒如に律を学び、嘉禎二年1236覚盛・叡尊と共に大仏殿に自誓受戒して、律学を興し

た。寛元四年1246覚如に従って入宋し、律三大部を請来して唐招提寺に住した。のち比丘戒を捨て西方・妙香の二院を建てて斎戒念仏にふけった。〔参考〕招提千歳伝記中三、本朝高僧伝五九、感身学正記

**ゆうしょう　宥祥**　生没年不詳。鎌倉時代の真言宗の僧。字は妙浄。号は不二。高野山・比叡山に学んだのち、理海・全考について安祥寺流を相伝した。特に大日経疏に精通し、元亨二年1322大覚寺宮の命により大日経疏浄不二鈔三〇巻を撰した。晩年伊豆走湯山般若寺に住し、その法流を安祥寺流伊豆方という。付法の弟子に宥範・源暹・宥性らがいる。著書、大日経疏科文一〇巻、大日経疏品目大意二巻、大日経疏徹肝鈔一巻ほか。〔参考〕諸宗章疏録、大疏伝授鈔、野沢血脈集二

**ゆうしん-あんらくどう　遊心安楽道**　一巻。新羅の元暁(617—86)の著とするが、偽作説が有力。成立年不詳。浄土教の要義を概説したもので、浄土教のいわれと宗の本質、浄土の所在、浄土についての疑惑、往生の図、往生人の種類、往生の難易、浄土教に関する疑難の解明の七門にわけて説く。㊅四七、浄全六〔註釈〕義海・和記二巻

**ゆうそう　祐崇**　(応永三四1427—永正六1509)浄土宗の僧。字は如空、浄業、長蓮社観誉という。上総の人。鎌倉光明寺の聖誉慶順について受業し、上総選択寺、武蔵品川願行寺、駿河竜泉寺、江浄寺など多くの諸寺を開創した。のちに慶順の席を継ぎ光明寺に晋山し八世となり、後土御門天皇の帰依をうけて同寺を勅願道場とし、関東総本山に定めた。門下に正空・崇慧・慧仁・如忠らがいる。著者、二蔵頌義見聞一〇巻、観無量寿経要義鈔三巻、円戒略法式など。〔参考〕本朝高僧伝一八、鎌倉光明寺志、浄土伝灯総系譜上

**ゆうづうえんもん-しょう　融通円門章**　一巻。大通融観の編(元禄一六1703)。融通念仏宗の宗義を述べた根本聖典。(1)教興本縁(良忍の生いたちと開宗)、(2)多聞勧喩(鞍馬寺多聞天の勧喩)、(3)略釈宗名(融通大念仏宗の名義釈)、(4)法門分斉(一代仏教中における宗旨の位置)、(5)所被通局(宗旨の教法と機根を明らかにする)、(6)通修要方(日課念仏の心得)、(7)内衆規則(宗徒の戒の護持)、(8)弁国土(行人所生の浄土を明らかにする)、(9)明仏身(浄土往生者の成得する仏身を明らかにする)、(10)解文義(宗旨の根本証文の解釈)の一〇条から成る。㊅八四、仏全六四〔刊本〕元禄一六刊

**ゆうづうねんぶつ-えんぎ　融通念仏縁起**　二巻。融通大念仏縁起ともいう。絵巻。筆者不詳。融通念仏の開祖良忍の行実と宗義とを描いたもの。正和三年1314にはじめて製作されたが、原本は現存しない。南北朝末期、良鎮が日本六十余州に伝賦するために、木版でさかんに製作された。現在では良鎮の至徳元年1384本、同二年本、明徳版本、応永版本とがあるが、このほかに正和三年と良鎮の明徳版本のもとになったものが知られている。〔写本〕東京国立博物館蔵(至徳元1384写)、京都清凉寺蔵(重文、二巻、応永二〇—三〇1413—23写)、京都禅林寺蔵寛正(重文、二巻、寛正三—六1462—65写)〔刊本〕明徳二1391刊(重文、二巻、大阪大念仏寺蔵)、元禄四1691刊、享和元1801刊、天保三1832刊〔複製〕日本絵巻物集成二一

**ゆうづうねんぶつ-しゅう　融通念仏宗**　大念仏宗ともいう。良忍(聖応大師)を宗祖とし、十界一念・自他融通の念仏を行じて浄土往生を期することを宗旨とする。永久五年1117良忍が弥陀の直授として感得した偈文「一人一切人、一切人一人、一行一切行、一切行一行、是名他力往生、十界一念、融通念仏、億百万遍、功徳円満」に基づき、自他の念仏が互いに融通すると領解し、日課に口称の念仏を唱える。仏教を五種に分け、人天教・小乗教・漸教・頓教・円教とし、本宗を円教とする。華厳・法華を正依の経、浄土三部経を傍依の経、浄土論・華厳五教章・天台三大部を指南の書としている。良忍の門下に英才が続いて栄えたが、寿永1182—85の頃には法統が中絶した。元亨年間1321—24法明良尊が第七世を継いで宗門を再興し、また元禄年間1688—1704に四六世大通融観が出て宗勢を復興し、宗派としての体制が整えられた。明治七年1874宗名を公称し、大阪住吉の大念仏寺を総本山とし

ている。日本仏教十三宗の一。主な行事として御廻在《ごかいざい》と伝法がある。御廻在は大念仏寺の本尊天得《てんとく》如来(模写掛軸)が、九月から一二月にかけて各末寺や檀家を巡っていく行事で、檀家ごとに竈祓い・井戸清め・病気平癒の祈禱などをする。如来廻国といわれていた。伝法は希望の信者を集めて五日間修行をさせる行事で、これは信者が一度死んだことにしてやがてこの世に再生するという、擬死再生《ぎしさいせい》の儀礼であるとされる。〈⇩大念仏寺《だいねんぶつじ》〉〔参考〕融通円門章、融通念仏信解章

**ゆうづうねんぶつ-しんげ-しょう　融通念仏信解章**　二巻。大通融観の著(宝永二1705)。融通念仏宗の教旨を和文でわかりやすく述べたもの。融通円門章の撰述後、人々の請によって書いたもので、その内容は円門章とほぼ同じである。仏全六四、国東叢一(宗義)〔刊本〕宝永二刊

**ゆうてい　宥貞**　(文禄元1592—寛文四1664)真言宗の僧。字は仙丁。上野の人。智積院・高野山・醍醐寺・園城寺などに遊学した。のち越後長岡の玉蔵院、武蔵の宝仙寺、江戸円福寺を歴住し、明暦二年1656智積院第六世能化となった。〔参考〕結網集下、続日本高僧伝三

**ゆうてん　祐天**　(寛永一四1637—享保三1718)浄土宗の僧。字は愚心。号は明蓮社顕誉。姓は新妻氏。陸奥(岩城)の人。明誉檀通に随侍してのち諸国を遊歴し、江戸牛島で幽棲修行した。江戸幕府の殊遇を得て増上寺・弘経寺・伝通院を歴住して増上寺(三六世)に晋山した。将軍徳川綱吉・家宣はじめ近侍の崇敬を得、上下の帰信が厚かった。〔参考〕祐天僧正伝、三縁山志八・一〇、続日本高僧伝一〇

**ゆうてん-じ　祐天寺**　東京都目黒区中目黒。明顕山善久院と号し、浄土宗。増上寺三六世祐天が念仏修業した遺跡を、享保年間1716—36に弟子祐海が改めて一寺とし、祐天を開山とし祐海はその第二世となった。

**ゆうとん　融頓**　(天正一五1587—万治二1659)曹洞宗の僧。了外広覚禅師。字は一庭。肥前の人。肥前円通寺の東甫融菊の法嗣。総持寺、長崎皓台寺などに住し、天草の乱には化導の役にあずかった。天草郡司鈴木重成に招かれて国照寺の開山になった。〔参考〕日本洞上聯灯録一一

**ゆうばい　友梅**　⇩雪村《せっそん》①

**ゆうはん　宥範**　(文永七1270—観応三1352)真言宗の僧。讃岐の人。覚道・頼尊・宥祥・光誉らに師事して、東密小野流、意教流(三宝院流の末流)、安祥寺流を学んで宥範方と呼ばれる一流を開いた。衆徒に推されて讃岐善通寺に住し誕生院を建てたが、堂宇が焼失してのち、復興につとめ中興とされた。弟子に宥源がいる。著書、阿宥鈔二巻、大日経疏妙印鈔八〇巻、同口伝一〇巻(共に㊅五八)など。〔参考〕本朝高僧伝一七

**ゆうばん　宥鑁**　(元和九1623—元禄一五1702)新義真言宗の僧。字は文識。甲斐の人。智積院宥貞に師事し、中斐慈眼寺・安房宝珠院・武蔵真福寺に歴住。智積院九世能化に推され、伝法大会を再興した。〔参考〕宥鑁僧正行実

**ゆうふく-じ　祐福寺**　愛知県愛知郡東郷町春木。玉松山般若院と号し、浄土宗西山禅林寺派。建久二年1191宇都宮頼綱(蓮生)の創建という。嘉慶二年1388阿願・空妙らが堂宇を造営し、達智賢了を開山に請じた。大永八年1528勅願所となったが退転し、のち徳川家の外護を得て復旧した。〔参考〕浄土伝灯総系譜下、尾張志五・七

**ゆうほう　祐宝**　(明暦二1656—　)真言宗の僧。字は円海。大坂の人。肥前の福満寺に晋山し、のち醍醐寺に入った。真言宗の法脈伝灯を調査して伝灯広録八巻、同続篇一三巻、同後篇五巻(計二六巻、大正四1915刊)を撰述した。〔参考〕続伝灯広録一二

**ゆうれん　遊蓮**　⇩円照《えんしょう》②

**ゆが　瑜伽**　㊵ヨーガ yoga の音写で、相応と訳す。調息(呼吸を調える)などの方法によって心を一点に集中し、奢摩他《しゃまた》(㊵シャマタ śamatha)と毘鉢舎那《びぱしゃな》(㊵ヴィパシヤナー vipaśyanā)即ち止と観とを主とする観行《かんぎょう》を修めて正理《しょうり》と相応し冥合一致することをいう。特に密教ではさかんに三密瑜伽(また三密相応)を説く。このような瑜伽の観行を行う人を瑜伽師という。瑜伽師によって行じられる境界を瑜伽師地

といい、瑜伽師地論ではこれを五識身相応地から無余依地に至る十七地として説いている。この論を奉じる学派を瑜伽行派という。また外道《げどう》の一派に瑜伽外道がある。なお瑜祇《ゆぎ》(梵ヨーギン yogin)は「瑜伽を有する者」の意で、瑜伽の観行を行う人を指す。

**ゆがぎょう-は　瑜伽行派**　(梵)ヨーガ・アーチャーラ yogācāra の音写と訳。瑜伽派とも略す。中観派とならぶ大乗仏教の二大学派の一つ。瑜伽(ヨーガ yoga)の実践によって真如法性に悟入することを説くのでこの名称がある。弥勒《みろく》(マイトレーヤ Maitreya)を伝説上の開祖とし、無著(アサンガ Asaṅga)・世親(ヴァスバンドゥ Vasubandhu)のときに一派として成立した。無著・世親以降は瑜伽行の実践体系を説くことよりも唯識説の理論に重点をおくようになったので唯識派ともいう。無著・世親以後の重要な論師に徳慧(グナマティ Guṇamati)、安慧(スティラマティ Sthiramati)、陳那(ディグナーガ Dignāga)、無性(アスヴァバーヴァ Asvabhāva)、護法(ダルマパーラ Dharmapāla)などがいる。後世、徳慧—安慧の系統を無相唯識派、陳那—無性—護法の系統を有相唯識派と呼んで区別することがある。中国では摂論宗・法相宗がこの派の系統をひいている。

**ゆがしじ-ろん　瑜伽師地論**　一〇〇巻。唐の玄奘の訳。瑜伽論とも略称する。瑜伽行者の境位・実践行・得果を詳説する論書で、阿頼耶識説・三性三無性説・唯識説などを論じ、瑜伽行派(唯識派)の根本論書とされる。原題はヨーガ・アーチャーラ・ブーミ Yogācāra-bhūmi という。著者は、漢訳では弥勒《みろく》(マイトレーヤ Maitreya)、チベット訳では無著《むじゃく》(アサンガ Asaṅga)としており明らかでない。ただし無著がその成立に深くかかわっていることは事実と見られている。本地分・摂決択分・摂釈分・摂異門分・摂事分の五分からなるが、本地分が一〇〇巻のうち前半五〇巻を占め、本論の主要部分となっている。ここでは五識身相応地から無余依地にいたる十七地の階梯が説かれ、経験的世界から涅槃の世界にいたる瑜伽(梵ヨーガ yoga)の実践階梯を示している。各階程に対応して大・小乗のあらゆる教義が論じられており、瑜伽行派の立場から仏教教理を再編成しようとする意図のもとに編集されたものとみることができる。本地分一七地の第一五にあたる菩薩地(ボーディサットヴァ・ブーミ Bodhisattva-bhūmi)は独立の経典としても流布し、この部分の漢訳に北涼の曇無讖《どんむしん》の訳の菩薩地持経(一〇巻)および劉宋の求那跋摩《ぐなばつま》の訳の菩薩善戒経(九巻・一巻の二本)がある。梵本もこの部分が独立に得られている。漢訳の部分訳にはこの他に梁の真諦の訳の決定蔵論(三巻)があり、摂決択分のはじめの部分にあたる。同じ真諦の訳で本地分のはじめにあたる十七地経(五巻)があったと伝えるが、今日では散逸している。チベット訳にも完本があるが、玄奘訳と若干配列が異なる。梵語原典は、前述の菩薩地の部分がネパールで発見され、のちに荻原雲来によって刊行された(1930)。またラーフラ・サーンクリトヤーヤナ Rāhula Sāṃkṛtyāyana がチベットで本地分の完本を発見し、そのうち第一—五地の部分をバッタチャリヤ V. Bhattacarya が刊行した(1957)。また第一四声聞地がシュクラ Shukla により刊行されている(1973)。本論は膨大かつ複雑な組織をもっており、これを一人の論師の単独の著作とみるのは困難である。本来別々に成立したいくつかの論書を次第に集成したものとみることもできるが、現在の形を整えるにあたっては明確な方針のもとに一時に編纂されたものであることは確かである。中国の法相宗では瑜伽師地論の趣旨を部分的に説き明かした論書として大乗百法明門論・大乗五蘊論・顕揚聖教論・摂大乗論・大乗阿毘達磨雑集論・弁中辺論・唯識二十論・唯識三十頌・大乗荘厳経論・分別瑜伽論の一〇部を挙げて、これを瑜伽の十支論とよんだ。註釈に最勝子(ジナプトラ Jinaputra)等の釈と伝える瑜伽師地論釈(一巻)が玄奘の訳で現存するが部分訳である。中国で作られた註釈には窺基の瑜伽師地論略纂(一六巻 (大)四三)、遁倫の瑜伽論記(四八巻 (大)四二)などがある。(大)三〇、[国一]

瑜伽部一一六

**ゆがしゅうよう-えんくせじき-ききょう-あなんだ-えんゆ　瑜伽集要焔口施食起教阿難陀縁由**　一巻。唐の不空(705—74)の訳。焔口という餓鬼が現われて阿難が死後餓鬼に生まれることを予言する。仏は阿難に無量威徳自在光明陀羅尼法を教えて、その福徳を増長させ、餓鬼を天に生ぜしめよと説き、種々の密教的作法を説示する。(大)二一

**ゆがろん-き　瑜伽論記**　四八巻。瑜伽倫記ともいう。唐代の遁倫《とんりん》の著。成立年不詳。瑜伽唯識学派の境・行・果・教を網羅した玄奘訳の瑜伽師地論に対する註釈。瑜伽論の註釈の完本としては現存唯一のものである。著者は、一説には道倫《どうりん》といい、新羅出身の瑜伽学者である。本書は、窺基の瑜伽論略纂に基づきながら唐代の多くの瑜伽論研究者たちの所説を引用しながら註釈を進めており、それらのほとんどが散逸している今日では唐代の瑜伽論研究の情況を知る上で極めて貴重なものであり、瑜伽論研究の指針とされる。(大)四二、[国一]論疏部九—一二

**ゆがろん-りゃくさん　瑜伽論略纂**　一六巻。詳しくは瑜伽師地論略纂という。唐の窺基(632—82)の著。成立年不詳。玄奘訳の瑜伽師地論に対する註釈。瑜伽師地論は、いわゆる弥勒の五部大論の筆頭とされ、瑜伽唯識学派の所説を網羅したものである。玄奘の翻訳以後、唐代にはさかんに研究されたらしいが、なにぶん大部なものであるからかなり困難であったようである。本書は、著者自身が記すところによれば、そうした情況を踏まえて繁雑な部分は省略し簡略な個所は補って、瑜伽師地論理解を促す目的で著わされたという。なお本書は、本論の六六巻までで終わっており、摂決択分の修所成慧地以降を欠くが、それらは散逸したものと考えられている。(大)四三

**ゆぎ-きょう　瑜祇経**　二巻。詳しくは金剛峯楼閣一切瑜伽瑜祇経という。唐の金剛智の訳(一説には不空の訳)。一二品に分けて、金剛界の蘇悉地法(最奥の秘法)を説く。真言密教において五部の秘経の一として尊重する。(大)一八〔註釈〕安然・修行法二巻、空海・行法記一巻、真寂・総行私記一巻、道範・口訣五巻、頼瑜・拾古鈔三巻、宥範・義述七巻

**ゆぎょう　遊行**　遍歴修行すること。各地をめぐりあるいて説法教化すること。また、飛錫《ひしゃく》ともいい、禅宗では行脚《あんぎゃ》という。一般に遊行する僧を遊行聖《ゆぎょうひじり》といい、時宗は諸国をめぐりあるいて念仏をすすめるのを本義としたから、特に総本山清浄光寺(神奈川県藤沢市)の住職であって、諸国をめぐるものを遊行上人という。

**ゆじゅん　由旬**　(梵)ヨージャナ yojana の音写で、踰闍那《ゆじゃな》、踰繕那《ゆぜんな》、兪旬、由延とも書き、和、和合、応、限量、一程、駅などと訳す。インドの距離の単位。八または四倶盧舎《くろしゃ》((梵)クローシャ krośa)を一由旬とし(仏教では八、俗法で四)、軛《くびき》を牡牛につけての一日の旅程をいう。通常中国の四〇里に当たるというが、一六里、一七里余り(仏教)、三〇里、三二里(俗法)などの異説もある。

**ゆせん-じ　楡岾寺**　韓国江原道高城郡金剛山。統一新羅時代の寺。新羅の南解王元年04にインドで造られた五十三仏が神竜によって月氏国を経由、安昌県浦口に到着したのをその村の郡師盧偆が発見、王に告げてそれを安置して当寺を創建したという。解脱門・竜吟楼・護持門・能仁殿などがある。〔参考〕韓国寺刹全書下

**ゆどの-さん　湯殿山**　⇒出羽三山《でわさんざん》

**ゆなせかい-こく　臾那世界国**　臾那は(梵)ヤヴァナ Yavana (巴)ヨーナ Yona の音写で、元来はギリシアのイオニア人を指した語であったが、転じて、インドにおいてギリシア人を呼ぶ称として用いられた。すでにアレクサンダー大王のインド侵入(327 B.C.)以前からこの語は用いられていた。それらギリシア人の住んでいたバクトリア地方が臾那世界(ヨーナカローカ Yonakaloka)国と呼ばれた。

**ゆめ-の-き　夢記**　⇒むき

**ゆり-てきすい　由利滴水**　(文政五1822—明治三二1899)臨済宗天竜寺派の僧。名は宜牧。無異室と号す。丹波(現京都府)の人。備前の曹源寺の儀山善来およびその高弟峨

峨広沢の要行院の儀堂に師事して宗学を学んだ。明治四年天竜寺派管長となり、翌年教部省に召されて大教正となり、禅宗三派管長となった。その後、薩長の兵火で焼失した天竜寺の再建につとめ、林丘寺を復興し、広く一般の教化につとめた。〔参考〕滴水禅師年譜

# よ

**ようおく　楊億**　(開宝七974—天禧四1020) 北宋代初期の儒者。字は大年。諡は文公。建州浦城(福建省)の人。淳化年間990—94の進士。累官して翰林学士、工部侍郎となり、冊府元亀《さっぷげんき》の編集に加わる。臨済義玄五世の広慧元璉《こうえげんれん》に参じ、景徳元年1004呉僧道原の伝灯録三〇巻を校訂上進する。著書、文集一九四巻。〔参考〕宋史三〇五、広灯録一八、居士伝二〇

**ようかん　永観**　(長元六1033—天永二1111) 平安時代の学僧。「えいかん」とも通称する。文章博士源国経の息。石清水別当元命の養子になり、東山禅林寺深観に師事して密教を学んだ。のち東大寺に入り法相・華厳を修め、やがて山城光明山に籠って三論を講じ念仏した。推されて東大寺に戻り権律師となり、康和二年1100別当に補せられて経営に功があったが、名利をいとい光明山に蟄居した。その後、禅林寺に帰り、口称日課念仏にはげむかたわら、往生講を創始し、或いは迎講《むかえこう》を設けて悲田に意をそそいだ。日課念仏六万遍といい、その浄土思想は彼の著、往生拾因一巻(浄全一五)によって窺われるが、南都三論系の浄土教家として、また源信と源空の中間にあって、わが国浄土教発展の上に重要な位置を占める。浄土宗八祖の一人。著書、順次往生講式一巻、阿弥陀経要記(未伝)。〔参考〕拾遺往生伝下、東大寺要録五、発心集三、本朝高僧伝一一

**ようきょく　杳旭**　(明和元1764—天保九1838) 浄土真宗本願寺派の僧。越中魚津の照顕寺の住持。号は津溟、弘願房という。華厳・天台に通じ、宗学では愚禿鈔、選択集を得意とした。三業惑乱ののち能化職が廃されたので、新たに勧学に選ばれて宗学の粛整に力をつくした。門下に普行・湛然らがいる。著書、愚禿鈔顕彰一〇巻、同聞書二巻。〔参考〕学苑談叢

**ようきん　用欽**　生没年不詳。南宋代、銭塘七宝院の学僧。元照に律および浄土教を学び、日課念仏三万遍を修したという。元照の観経新疏を註釈して白蓮記四巻、同じく弥陀経義疏を註釈して超玄記一巻を作ったが、現存しない。〔参考〕仏祖統紀二八

**ようけつ　楊傑**　生没年不詳。北宋代の居士。字は次公、無為子と号した。無為(安徽省)の人。年少で科挙に合格し、官吏となり、元祐年間1086—94には礼部員外郎となった。禅を好み、天衣義懐《ぎかい》に参じて印可をうけた。熙寧1068—77の末に母の死にあい浄土教に帰した。晩年、監司郡守となり、もっぱら浄業を修したという。〔参考〕宋史四四三、楽邦文類三、釈門正統七

**ようげん　永厳**　(承保二1075—仁平元1151) 「えいごん」「えいげん」とも読む。真言宗の僧。保寿院流の祖。字は平等房、下野法印と号する。下野守平師季の子。幼くして仁和寺寛助の室に入り、嘉承三年1108成就院で寛助から伝法灌頂を受法。永久元年1113東寺入寺に補され、大治四年1129東寺灌頂を勤める。長承元年1132権律師、保延元年1135権少僧都となる。同三年仁和寺に保寿院を創建。翌四年権少僧都を辞して高野山に登り、西院谷に平等院を建立し、三口の阿闍梨を置き、院の御願寺とした。久安元年1145(一説に天養元1144)権少僧都に還補され、東寺三長者となる。同年白河殿で大北斗法を修するなど、歴代天皇の厚い信任を得、のち永厳の流れをくむ事相の一派を保寿院流と称した。同六年法印に叙された。享年七七歳(一説に七八、八一歳)。付法の弟子は覚成など八名。著書に図像集の先駆となった図像抄(十巻抄・尊容鈔)一〇巻(恵什の編ともいわれる)をは

じめ、要尊法、平等鈔など五部がある。〔参考〕仁和寺院家記、東寺長者次第

**ようげん-いん　養源院**　①京都市東山区大和大路通七条下ル三十三間堂廻り町。浄土真宗遣迎院派。俗に桃山御殿という。文禄三年1594淀君がその父浅井長政の追福のために創建、浅井親政の子成伯を開山とし、長政の法名をとって寺号とした。本堂は慶長五年1600伏見城陥落の時、鳥居元忠らが自殺した殿舎を移し、血痕の付いた廊の板を天井に用いたので、血天井《ちてんじょう》で有名。第二次世界大戦後、天台宗より転宗。〔重文〕金地著色松図一二面(伝宗達筆)、著色絵杉戸四枚(同)　〔参考〕山城名勝志一五　②京都市右京区花園妙心寺町。妙心寺の塔頭《たっちゅう》。永享年間1429—41妙心寺七世の住持となった日峰宗舜が、細川持之の帰依をうけて妙心寺の堂塔伽藍を復興し、寺境に本院を営んで宗風を揚げた。〔参考〕妙心寺史、花園妙心寺略誌

**ようげん-じ　養源寺**　兵庫県豊岡市元町。大原山と号し、曹洞宗。慶長二年1597豊岡城主杉原帯刀が天室育厳を請じて創建。江戸時代には寺内に認可僧堂が設けられ、寺運は隆盛した。寺域はもとの京極邸跡。民間に地蔵堂の子安地蔵尊の信仰がある。

**ようごう　影向**　仏・菩薩《ぼさつ》が衆生のために形を現わすこと。菩薩が仏の教化を助けるために影のように響のように姿を自在にあらわして衆生をすくうので、影響《ようごう》ともいい、また影現ともいう。影現とは本体から一時応現する意味である。また仏・菩薩が形を現わさないで来臨することをも影向という。この場合、影とは形が見えない意味である。

**ようこう-じ　永光寺**　石川県羽咋市酒井町。洞谷山と号し、曹洞宗。瑩山紹瑾《けいざんじょうきん》を開山とし、当地の豪族滋野信直の妻が、応長元年1311(一説に正和二1313)に草創したという。また祖忍尼の勧請によって正和元年1312に創建されたとも伝える。暦応二年1339利生塔が造立され、足利氏の祈願所となった。天正年間1573—92兵火にかかったが、のち復興された。〔重文〕瑩山紹瑾筆洞谷山置文(六通)　〔参考〕永光寺文書、洞谷記、洞谷雑記、三州志

**ようこく-じ　楊谷寺**　京都府長岡京市浄土谷柳谷。立願山と号し、西山浄土宗。俗に楊谷《やなぎだに》観音という。大同元年806延鎮の創建(一説に承保年間1074—77永観の創建)という。のち退廃したが、慶長一九年1614士筌《しせん》が本堂を建立し、淀君の援助を得て復旧し、のちに洛南の名刹となった。寺域に恵心僧都源信が浄業を修したと伝える浄土谷の旧跡がある。〔参考〕山城名勝志六

**ようじゅ-じ　養珠寺**　和歌山市和歌浦。妹背山と号し、日蓮宗。藩主徳川頼宣が母養珠院の菩提のために承応三年1654に創建し、日護を開基とした。紀州における同宗の大寺である。

**ようせい　陽生**　(延喜六906—正暦四993、一説に延喜四—正暦元)延暦寺座主(二一世)。姓は伊豆氏。伊豆の人。延昌に師事し、大僧都に進む。名利をきらい、法華経を読誦して精進修行し、念仏して浄土往生をねがった。〔参考〕本朝法華験記、本朝高僧伝四八

**ようそん-どうじょう-かん　要尊道場観**　二巻。淳祐(890—953)の著。成立年不詳。広本諸尊道場観、石山道場観集ともいう。広本の二巻本と略本の一巻本があり、大日・阿弥陀・薬師・釈迦などをはじめ諸尊の道場観・字輪観を集録し、ほかに神供施餓鬼などの作法次第を載せる。(大)七八〔写本〕高野山金剛三昧院蔵(永仁四1296写)

**ようたく-じ　永沢寺**　兵庫県三田市永沢寺。青原山と号し、曹洞宗。応安三年1370細川頼之の創建。開山は通幻寂霊で、通幻派の根本道場として栄えたが、のち衰微した。〔参考〕日域洞上諸祖伝上、摂津名所図会

**ようほう　要法**　教法の中で重要な意義を簡明に示したもの。広文の中から要義を略示した箇所を摘出することは、特に日本仏教で重んじられたようで、日蓮宗では妙法蓮華経の五字が法華経の心であり仏一代の教説の肝要であると見て、これを要法五字という。

**ようぼう-じ　要法寺**　京都市左京区新高倉通孫橋上ル法皇寺町。多宝富士山と号し、日蓮本宗本山。俗に松の寺という。日蓮門六老僧の一人日興の法弟日尊が、延慶元年1308に構えた法華堂に始まる。のち後

醍醐天皇から賜った六角油小路の地に道場を建立し上行院と号したが、天文法華の乱で焼失。天文一九年1550綾小路堀川に寺地を移し、日大の創建した住本寺(二条堀河)を合併して要法寺と称した。ついで二条寺町に移転し、宝永五年1708現地に移った。慶長年間1596—1615本地院日性が和漢合運図、中庸、大学、沙石集などを木活字で刊行した。これを要法寺版という。〔重文〕金銅蓮華唐草文透彫経箱 〔参考〕新編法華霊場記四

**ようもん　要門〔真門〕〔弘願門〕**　善導の観経疏玄義分に「娑婆《しゃば》の化主、その請に因るが故に即ち広く浄土の要門を開き、安楽の能人、別意の弘願を顕彰す」とあるのに基づく語。ここに娑婆の化主とは釈迦仏を指し、安楽の能人(能化人の意)とは阿弥陀仏を指す。要門とは浄土に生まれるために肝要な道の意で、観無量寿経に説いてある十六観の定散の諸行をいい、弘願《ぐがん》とはすべてのものを救って浄土に生まれさせる阿弥陀仏の本願をいう〈⇩二尊《にそん》〉。源空門下ではその関係を下のように解する。①浄土宗では要門を凡夫の修める念仏および諸行のこととして往生の内因と解し、弘願を阿弥陀仏の救済力、即ち往生の外縁と見る。②浄土宗西山派では行門・観門・弘願門の三門を立てて要門を観門、弘願を弘願門と見る〈⇩行門《ぎょうもん》〔観門〕〔弘願門〕〉。③真宗では要門と弘願の二門でいうときは、要門は方便であって釈迦教を指し、弘願は真実であって弥陀教を指す。また要門・真門・弘願の三門を立てて、浄土教における真実と方便をあらわす。即ち念仏以外の諸行によって往生しようとする立場を要門、自分のとなえる念仏をたのみにして往生しようとする立場を真門、他力念仏の信心によって往生させられる立場を弘願といい、前の二門が方便である。なお真門は教頓機漸《きょうとんきぜん》であるが、それを行う人の側からは自力であるとする(教行信証化身土巻)。⇩三三法門《さんざんのほうもん》

**ようらく　瓔珞**　纓珞、纓絡とも書き、㊵ムクターハーラ muktāhāra またハーラ hāra, ケーユーラ keyūra の訳。珠玉(まれに華など)を綴って作った装身具で、頭、頸、胸(まれに手、脚)などに掛ける。インドで王公貴人がこれを用い、また浄土《じょうど》や北倶盧洲《ほっくるしゅう》では樹上に垂れ下っているという。日本では寺院の堂内の装飾に用いる。

**ようりゃく-ごけん　影略互顕**　関係のある二種の事柄を説明する際、一方で略したことは他方で顕わし、他方で略したことは一方で説明し、相互に相補って完全な説明となるような説き方をすること。例えば維摩経弟子品にある「煩悩を断ぜずして涅槃に入る」の句は、「煩悩を断ぜずして」の次に「菩提を得る」が略され、「涅槃に入る」の前に「生死を離れずして」が略されたものと見るようなのがそれで、煩悩に対する菩提、涅槃に対する生死において、影略互顕が行われていると見た上の解釈である。

**ようりゃくねんじゅ-きょう　要略念誦経**　一巻。詳しくは大毘盧遮那《だいびるしゃな》仏説要略念誦経という。唐の菩提金剛(金剛智)の訳。大毘盧遮那成仏神変加持経(大日経)第七巻供養法と同本。㊅一八

**ようわ-きゅう　雍和宮**　中国北京城安定門の近くにあるラマ教寺院。清の世宗(雍

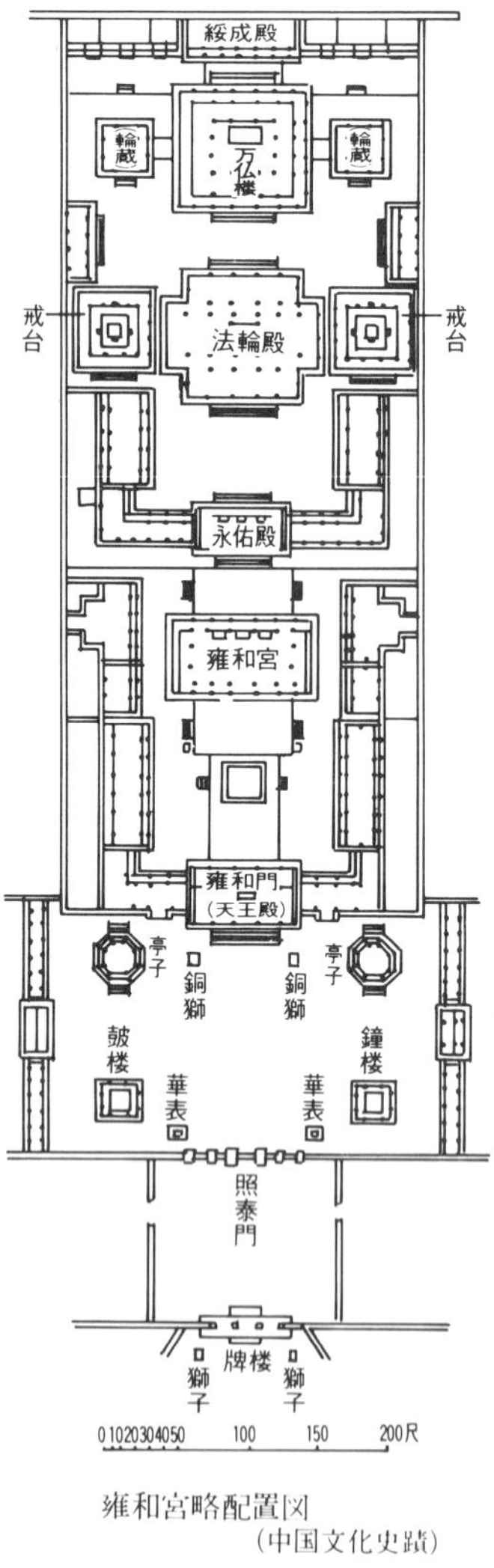


雍和宮略配置図
(中国文化史蹟)

正帝1723—35在位)が帝位を継ぐまで居住していた雍親王府を寄進して、蒙古喇嘛大衆の学問修行道場としたもの。主要な建物には、本殿にあたる雍和宮(三世仏を本尊とし、左右側壁に十八羅漢がある)、祖師殿にある法輪殿(鋳銅の巨大な宗喀巴《ツォンカパ》像がある)、七丈五尺と称する木彫彩色の弥勒像を安置する万福閣など一六処があり、宏荘華麗である。

**よか 与果** ⇩取果《しゅか》

**よかわ-ほうご 横川法語** 一巻。源信(942—1017)作と伝える。成立年不詳。念仏法語ともいう。敬虔な浄土教徒の信境を平明に力強く述べたもの。仏全三一、真宗仮名法典六、真宗法要拾遺一、真宗聖教全書四、日本古典文学大系八三

**よく 欲** ①(梵)チャンダ chanda の訳で、楽欲《ぎょうよく》とも訳す。心所《しんじょ》(心のはたらき)の名で希望し欲求する心のはたらき。有部《うぶ》では、すべての心にあい伴って起こる心のはたらき(大地法)であるとするが、唯識宗では、心が対象をとらえるのは作意《さい》のはたらきによるのであって欲のはたらきによるのではないから、欲はすべての心に従って起こるのではなく、ただねがい求める対象に対してのみ起こるもの(別境)とする。欲には善・悪・無記の三性《さんしょう》がある。善欲はつとめはげむ心(勤《ごん》)をおこすよりどころであり、悪欲のうち他の財物を欲するのを貪となづけて根本煩悩の一つに数える。②⇩与欲《よよく》 ③(梵)カーマ kāma の訳。欲望、愛著、とくに婬欲、性欲をいう。欲界にはこの欲があるから欲界といわれる。欲の罪過を強調して欲塹《よくざん》(欲のあな)、欲刺《よくし》(欲のとげ)ともいう。色《しき》・声《しょう》・香《こう》・味《み》・触《そく》の五境に愛著するのを五欲、また愛著される五境をも五欲、五欲徳、五妙欲という。後には財・色・飲食《おんじき》・名《みょう》・睡眠に対する欲を五欲という〈⇩五欲《ごよく》〉。色・形貌《ぎょうみょう》・威儀姿態・言語音声《ごんごおんじょう》・細滑・人相に対する欲を六欲といい、九想によって除かれるべきものとし、このうちで形貌・姿態・細触に対する欲を三欲という。

**よくかい 欲界** ⇩よっかい

**よくしょう 浴聖** 聖浴ともいう。僧堂に安置してある聖僧の像をよく洗い浄めること。禅林でおこなわれ、今は寺の開山を浴洗することをもいう。

**よくぞう-くどく-きょう 浴像功徳経** 一巻。唐の宝思惟の訳(神竜元705)。異訳に唐の義浄の訳(景竜四710)の浴仏功徳経一巻がある。仏像を洗浴する方法とその一五種の功徳とを説く。(大)一六、[国]経集部一四

**ヨクソン Yoxon, George H.** 生没年不詳。イギリスの仏教者。仏教エスペラント連盟を組織し、また英国仏教会(Buddhism in England)の幹部として活動した。

**よけい 余慶** (延喜一九919—正暦二991)延暦寺座主。園城寺長吏。権僧正。筑前の人。姓は宇佐氏。円珍の寺門系で、明仙(一説に明詮)に師事し、行誉に学び、顕密に通じた。いわゆる証門四王の一人。余慶の天元四年981法性寺の座主就任と、永祚元年989延暦寺の座主(二〇世)就任をめぐって、慈覚(山門)と智証(寺門)の両門徒が争い、その確執は激しかった。以後、一門と共に岩倉の観音院(大雲寺)に止住した。門下に勝算・穆算・勧修・慶祚など多い。〔参考〕寺門伝通補録一三

**よこくら-でら 横蔵寺** 岐阜県揖斐郡揖斐川町谷汲神原。両界山と号し、天台宗。延暦二四年805最澄の草創と伝える。平安中期には、山麓に日吉山王を勧請するなど一山を比叡山に擬した。室町末期に一時衰微したが、徳川家康によって再興され、寛文年間1651—73に山下の現地に移った。〔重文〕木造薬師如来坐像、同大日如来坐像、同十二神将立像、同深沙大将立像、同四天王立像、同金剛力士立像、板彫法華曼荼羅 〔参考〕沙石集二、寺記

**よこそね-の-へいたろう よこそねの平太郎** 一冊。作者不詳。古浄瑠璃。横曾根平太郎という人が世をはかなんで出家し、親鸞の弟子となるまでの経緯を五段に組んでいる。〔刊本〕寛文六1666刊

**よしざき-べついん 吉崎別院** 福井県あわら市吉崎。文明三年1471本願寺の蓮如が北陸巡化の時、細呂木《ほそろぎ》郷吉崎の地に堂宇を建立した。本願寺はここに再興の契機を得、以後数年北陸地方教化の拠点として栄えた。文明六年に火災にかかり、直ちに

仮屋を建てたが、蓮如は翌年吉崎を去って、河内の出口に移った。蓮如の去った直後に平泉寺の僧徒のために仮堂も焼き払われ、以後門弟が僅かに残っていたが、本願寺の東西分派の後、両派が互いにこの旧地を継承しようと争い、江戸幕府の指示で、両派とも山上の旧跡を領有することを禁じ、山下に別院を造営することになった。大谷派別院は享保六年1721に着手、本願寺派別院は元文三年1738に着手して現存の堂宇を建立した。大谷派別院では毎年桜花の頃に、蓮如六一歳の寿像を開帳し(これを御忌《ぎょき》という)、のち本願寺派別院もこれを行うようになった。〔参考〕蓮如御文、叢林集九、大谷本願寺通紀二一〇

**よししげ-の-やすたね　慶滋保胤**　(―長保四1002)平安時代の儒学者、漢詩人。法名は寂心、内記入道ともいう。賀茂忠行の息。菅原文時に師事し、詩文にすぐれた。白居易を慕い、また浄土教に帰依し念仏行にはげんだ。寛和二年986出家して比叡山横川《よかわ》に入り、また勧学会を創始して道心者をつのった。著書、日本往生極楽記一巻、池亭記。〔参考〕続本朝往生伝

**よしたに-かくじゅ　吉谷覚寿**　(天保一三1842―大正三1914)真宗大谷派の学僧。美濃浄厳寺の住持。東京帝国大学文学部講師、真宗大谷大学教授などを歴任。学階は講師。宗学者として有名で、宗典の大部分を註釈した。著書、真宗要義、三帖和讃講述、六要鈔講讃ほか。〔参考〕大谷派学事史

**よしみね-でら　善峰寺**　京都市西京区大原野小塩町。西山と号し、天台宗。西国三十三カ所第二〇番札所。長元二年1029源算の草創。後三条天皇、中宮藤原茂子らの尊信を得て栄えた。建保元年1213法然門下の証空が住んで、浄土教を宣布した(証空の一派を西山派というのは、これによる)。承久の乱後法親王が相次いで入寺し、西山御所と称した。応仁の乱によって甚しく衰退したが、江戸時代に入って復興し、ことに将軍徳川綱吉の母桂昌《けいしょう》院の援助によって諸堂・楼門などの多くを再建した。〔参考〕山槐記、愚管抄五、西山上人縁起、元亨釈書一四、山城名勝志六、三鈷寺誌稿

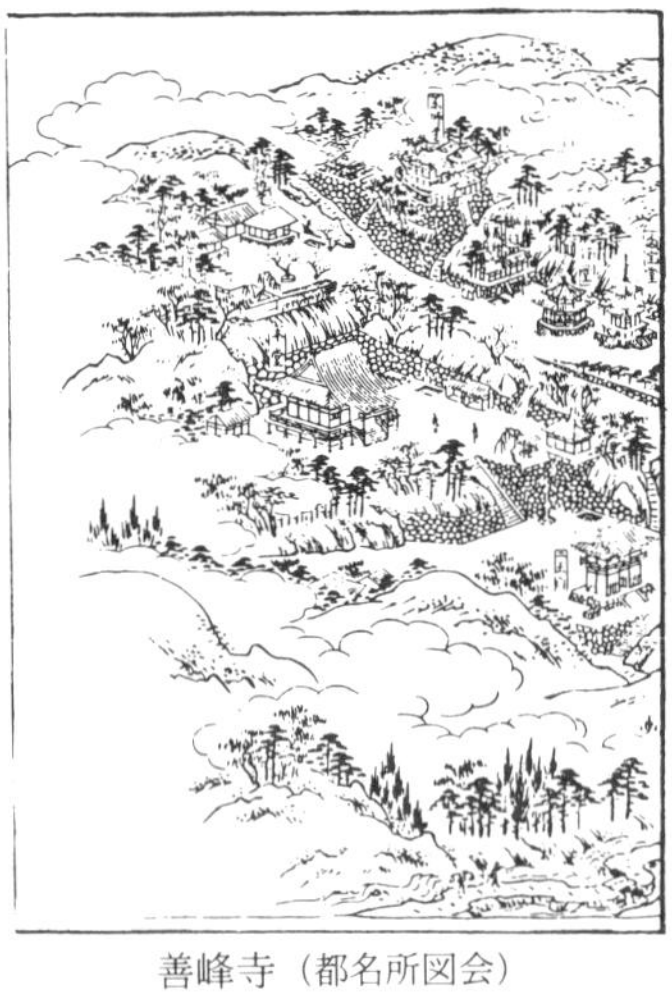

善峰寺（都名所図会）

**よしゅ　預修**　⇩逆修《ぎゃくしゅ》

**よしゅ-じゅうおう-しょうしち-きょう　預修十王生七経**　⇩十王経《じゅうおうきょう》

**よじょう　余乗**　乗とは乗物のことで、この世の(迷いの此岸)からかの世(悟りの彼岸)へ渡る乗物、即ち教法の意味。自宗の教を宗乗(むねとする乗物)というのに対し、余他の宗旨の教を余乗という。

**よっかい　欲界**　㊵カーマ・ダートゥ kāma-dhātu の訳。ある種の有情《うじょう》の生存の状態、またその有情が住する世界をいう。欲界・色界《しきかい》・無色界の三界に分ける中の一。地獄・餓鬼・畜生・(阿修羅)・人間・六欲天を合わせての称。この世界の有情には食欲・婬欲・睡眠欲の三欲があるから、これを欲界という。欲界という名称は有情世間(そこに住する有情)と器世間(有情を入れる器としての山河大地など)とを含む。色界と無色界とが定心(禅定《ぜんじょう》、三昧《さんまい》に入って散動しない心)の地であるのに対して、散心(散動する通常の心)の地であるから欲界散地といい、三界を九地に分けるときには欲界五趣地と称して、欲界の全体を最初の一地とする。

**よっかい-の-ろくてん　欲界六天**　欲界にある六の天で六欲天ともいう。四大王衆天・忉利天《とうりてん》・夜摩天《やまてん》・兜率天《とそつてん》・楽変化天《らくへんげてん》・他化自在天《たけじざいてん》の六である。初めの二は地居天《じごてん》といい須弥山《しゅみせん》(スメール Sumeru)に住する。後の四は空居天《くうごてん》と称して、須弥山より遙かに高い空中に住するといわれる。〔参考〕倶舎論一一、長阿含経二〇

**よよく　与欲**　僧団において布薩《ふさつ》、自

恣《じし》その他の行事作法（羯磨《こんま》）が行われるとき、病気などのさしつかえがあってこれに参加できない場合、この行事の決に賛成であるという欲意を欲といい、この欲意を出席の比丘《びく》に委託するのを与欲、出席の比丘がその欲意の委託を受けるのを受欲、委託された欲意を衆僧の中で説いて伝達するのを説欲という。

# ら

**らいい　頼意**　（慶長一八1613―延宝三1675）真言宗の僧。字は任識。土佐の人。はじめ大和長谷寺の尊慶に師事し、のち土佐の大善寺に住持したが、修学のために長谷寺に戻り、また南都の諸寺を歴訪して唯識・倶舎・法華・華厳を兼学した。寛文六年1666豊山の第九世能化となり、講堂の改築につとめた。〔参考〕豊山伝通記中

**らい　礼**　仏・菩薩《ぼさつ》・尊者・長上・仏塔などに対して敬意をあらわす行為をいい、礼拝、拝ともいう。①西域記巻二には、インドの礼法に次のような九種があることを述べている。これを天竺の九儀という。即ち、発言慰問《ほつごんいもん》・依首示敬《えしゅじきょう》・挙手高揖《こしゅこうゆう》・合掌平拱《がっしょうびょうこう》・屈膝・長跪・手膝踞地《しゅしっこじ》・五輪倶屈《ごりんくくつ》・五体投地《ごたいとうじ》の九で、これらは順次にはじめは軽く次第に重い礼法を示すようである。大智度論巻一〇には揖《ゆう》と跪《き》と稽首《けいしゅ》とを順次に下・中・上の礼であるとしているが、この中で跪とは膝を地につけて礼拝することであり、これにも種々の区別がある。②長跪《じょうき》とは、対者の前に両膝を地につけ、足の指先で地をささえて礼をするもので、互跪より容易であるから主として比丘尼《びくに》の作法とされている。これに対して左右いずれかの膝を地につけて一脚を立てるのを互跪《ごき》と称し、長跪より困難が伴うから主として比丘の作法とされる。この場合、多くは右膝を地につけるので右膝著地《うしつじゃくじ》ともいうが、疲れたときは左右を交代することも許される。胡跪《こき》とは胡人の跪拝の意で、胡人とはインド・西域地方の人の総称。それゆえに長跪、互跪、または単に膝を屈するだけをも胡跪と称し、胡跪の相は一定しない。③最高の敬意をあらわすときには、両膝と両肘頭《ひじがしら》とを地につけ手を伸ばして対者の足を受け自分の頭面をこれに触れる作法をするが、これは身体の最下部分である足を最上部である頭をもって礼することにより対者への最高の尊敬を示すもので、これを接足作礼《せっそくさらい》、頭面作礼《ずめんさらい》、頭面礼足《ずめんらいそく》、頭面接足、頭面礼、頭頂礼足、頂礼双足、接足貞礼、接足礼、稽首礼足《けいしゅらいそく》、稽首接足、或いは略して貞礼、礼足という。対者が仏のときは仏足貞礼ともいう。単に稽首、稽首礼といえば頭を屈して地につける礼法である。稽首と帰命《きみょう》との軽重については、稽首は身業《しんごう》に属して軽く、帰命は意業に属して重いとされる。接足作礼をするときには両膝と両肘と頭頂との五つの部分を地につけるので、この作法を五体投地、五輪投地、五輪著地、挙身投地ともいう。その順序は、まず足を揃えて身を正しくして立ち、合掌して首をたれ、手で衣のすそをかかげ、初めに右膝、次に左膝、次に両肘《りょうひじ》の順序で地につけ、両の掌を伸ばし空を承けて対者の足に触れるおもいをなし、次に頭を地につけ、しばらくして一拝するのである。また頭上に戴いて尊び敬うことを頂戴、頂受といい、頂礼と等しく尊敬の極致をあらわす。五体の中で頭は最も尊いものであるからである。日本で他からものを貰い受けることを頂戴というのはこれから意味が転じたのである。④インドでは、仏や塔などに対してまず一礼し、次にそのまわりを自身の右側を内にして右まわりに巡るのも礼法の一で、これを旋右《せんう》、旋匝《せんぞう》、右繞《うにょう》といい、ただ一周だけする場合もあるが、三周するのを右繞三匝《うにょうさんぞう》という。この右繞を仏に対してするのを繞仏《にょうぶつ》（遶仏）といい行道《ぎょうどう》ともいう。ただし中国では逆に左に巡るべきだとする異説もある。叉手《しゃしゅ》もまた、礼法の一であるが、インドでは

これを金剛合掌ともいい、掌を合わせて両手の指頭を交叉するのをいう。しかし中国における禅僧の間の礼法では左手をもって右手をとるのを叉手とし、また拱手ともいう。⑤禅僧の礼拝で、たたんだ坐具を完全に展べて、三拝《さんぱい》即ち三度礼拝するのを大展三拝、同様に九拝するのを大展九拝、衆僧が一斉に坐具を展べて三拝するのを同展三拝といい、まとめてこのように坐具を拡げて礼拝するのを展拝と称する。これに対して坐具を展べず畳んだまま四つ折にして下に置き、頭を下げて頭が坐具に触れるようにする礼法を触礼《そくれい》という。およそ礼拝は、インドではただ一拝するのが法であったが、中国ではこのように三拝を普通とし、九拝、十八拝、ないし百拝などを行うようになった。⑥和南《わなん》は㊵ヴァンダナ vandana の音写で、長上に対して敬意をあらわすための問訊《もんじん》の語であり、礼法の一種と見られる。この語は婆南、槃淡、煩淡、畔睇、伴題、伴談、末捺南、畔憚南、槃那寐、槃荼味とも音写し、礼、帰礼、敬礼、恭敬、度我と訳す。僧祇律巻二七には、和南に身と口と心との三種があり、身とは頭面作礼であり、口とは口に「和南」と称することであり、心とは心に恭敬することであるとするが、この中で口における和南がその本来の形であると見られる。この語をわが国では「わな」「おな」「おなん」とも読む。⑦自分のかわりに礼拝してもらうために派遣する代人を、まず自ら礼拝すること(即ち伝拝)を代礼と称する。⇩礼拝《らいはい》

**らいけい　頼慶**　(永禄五1562―慶長一五1610)真言宗の僧。字は宥賢。紀州有田の人。高野山に登って学を修め、蓮華三昧院に住持した。慶長六年阿波国へ赴いて浄土宗の貞安と討論し、その真言不成仏の説を論破した(貞安問答、安慶問答という)。同一三年遍照光院に転住し、また同年、江戸城において浄土宗伝通院の廓山と日蓮宗常楽院の日経との宗論がおこなわれたとき、幕命により判者をつとめた。高野山での学侶方と行人方との対立に際しては、学侶方の立場から興学弘教を唱え、徳川家康に接近して宗内の実権をにぎり、諸制度の改革を計ったが、独裁的な処置に過ぎたために反対を受けて訴えられ、慶長一五年伊豆に隠退した。著書、理趣経仮名鈔三巻、遮表深義鈔二巻、阿字観病中寓言鈔二巻、貞安問答一巻、浄土宗与日蓮宗宗論之記一巻など。〔参考〕台徳院殿御実紀八・一〇・一二、高野春秋編年輯録一三

**らいけん　頼賢**　(建久七1196―文永一〇1273)真言宗の僧。字は尊円、意教と号した。京都の人。醍醐寺成賢に師事して真言の秘旨を授けられ、のち高野山に入って実相院を開いた。また鎌倉四代将軍藤原頼経に招かれて鎌倉の常楽院の開山となり、亀山天皇から法橋上人位を下賜された。蔵人阿闍梨と呼ばれ、その法流を意教流という。門下に実融・願行・慈猛・義能などがいる。著書、師伝鈔四巻、酉酉十箇一巻。〔参考〕本朝高僧伝一四、紀伊続風土記三五

**らいげん　頼玄**　(永正三1506―天正一二1584)真言宗の僧。快伝ともいう。字は定識。能登の人。根来《ねごろ》の妙音院玄誉に宗学を学び、南都で性相・因明を修めとくに因明に通じた。永禄一〇年1567妙音院能化となり論義の法度一三条を定めて学徒の指導につとめた。智山派初代の専誉はその門弟である。〔参考〕結網集中、続日本高僧伝二

**らいこう　礼光**　生没年不詳。頼光とも書く。奈良元興寺の僧。天平年間729―49の頃、法隆寺の智蔵の門に入って三論を学んだが、晩年には学業を絶ち、阿弥陀仏の浄土を観じて往生を願ったという。同門の智光とともに奈良時代の三論宗系の浄土教家として知られる。〔参考〕日本往生極楽記、今昔物語集一五、元亨釈書二

**らいこう　来迎**　西方浄土へ往生を願う人の臨終に、仏・菩薩《ぼさつ》がその人をむかえに来ること。来応、迎接《ごうしょう》(来迎引接《いんじょう》の意)などともいう。無量寿経巻上の第十九願には、菩提心《ぼだいしん》を発《おこ》してわが国に生まれたいと願うものには、寿の終る時、大衆とともに阿弥陀仏がその前に現われること(臨終来迎)が誓ってあり、観無量寿経には、命の終ろうとする時、阿弥陀仏が菩薩たちと迎えに来る(聖衆来迎《しょうじゅらいこう》)ときのありさまが説いてある。そのすがたを描いたの

を迎接曼荼羅《ごうしょうまんだら》、来迎図《らいこうず》などといい、そのすがたになぞらえて修する儀式を迎接会《ごうしょうえ》、迎講《むかえこう》、俗に練供養《ねりくよう》などという。俗に来迎の聖衆を二十五菩薩とし、二十五菩薩来迎などというが、二十五菩薩は念仏の行者を守護すると伝えられるけれども、来迎の聖衆はこれとは別である（二十五菩薩来迎の俗説は日本の南北朝時代に生じたものである）。また仏像の手から五色の糸(或いは五綵の幡)をつないで、臨終の人の手に握らせて仏の来迎を待つ風習がある。一般浄土教では多く臨終の来迎を重視するが、真宗では、平常に信仰を得たとき往生が定まるから、別に臨終に来迎を期待する必要がないとする(不来迎)。なお浄土宗西山派では仏の救済のはたらきを来迎ということがある。

**らいごう　頼豪**　①(寛弘元1004—応徳元1084)天台宗園城寺の僧。藤原有家の子。顕密に通じ、験者として知られ、承保元年1074白河天皇の皇子誕生を祈願して信任を得た。当時園城寺は権門の帰依を受け隆盛に向かっており、頼豪は園城寺宿願の三摩耶戒壇建立の勅許を請うたが、延暦寺の反対にあい達せられず失意のうちに没した。〔参考〕園城寺伝記六、寺門伝記補録一五、本朝高僧伝五〇、平家物語六、源平盛衰記一〇　②生没年不詳。鎌倉時代末期の真言宗の僧。字は行心。中性院頼瑜、蓮華院実尊に師事した。根来《ねごろ》の大伝法院に住し、学僧として知られ、元徳二年1330実尊の死去にともない後を継いで、蓮華院に入り学頭に推された。著書、大疏開雲鈔一六巻ほか。〔参考〕結網集中、本朝高僧伝六

**らいこう-いん　来迎院**　京都市左京区大原来迎院町。魚山《ぎょさん》と号し、天台宗。大原寺とも称する。天仁二年1109良忍の創建。仁寿年間851—54円仁が唐から声明《しょうみょう》をこの地に伝えたが、良忍がこれを中興し、同地の勝林院とともに声明音律の根本道場となった。応永の乱によって焼失し、永享年間1429—41に再興されたが、のち衰退して現在は薬師堂のみが残っている。〔国宝〕伝教大師度縁案並僧綱牒(三通)、日本霊異記　〔重文〕三重石塔(良忍墓)、木造薬師如来坐像、同阿弥陀如来坐像、同釈迦如来坐像　〔参考〕山城名勝志一二、元亨釈書一一、声明源流記

**らいこう-じ　来迎寺**　①大阪府松原市丹南。諸仏山護念院と号し、融通念仏宗。天平一三年741行基の草創と伝える。もと護法山多聞院または毘沙門山と称した旧寺に、融通念仏宗の開祖良忍が留まって阿弥陀寺と改め、同宗を中興した良尊が元亨三年1323堂宇を再興し、現称に改めた。のち同宗の中本山の一に数える。②大阪府守口市佐太中町。紫雲山聖衆院と号し、浄土宗。貞和三年1347実尊(融通念仏宗中興の祖良尊の弟子)が創建し、融通念仏の本所とした。その後しばしば寺地を転じ、延宝六年1678慈光のとき現地に移った。明治五年1872融通念仏宗を改めて浄土宗佐太派を公称したが、間もなく知恩院末となった。〔重文〕絹本著色八幡曼荼羅図　③兵庫県神戸市兵庫区島上町。経島山不断院と号し、浄土宗。築島寺とも称する。平清盛の創建と伝える。建武年間1334—38兵火にあって衰微したが、慶安五年1652観空が再興し、以後浄土宗に帰属した。④新潟県十日町市辰甲。時宗。正応元年1288一遍を開山として門弟の他阿真教が開創したと伝える。長尾家代々の帰依を受け、その祈願所となった。はじめ越前国下篠原にあったが、上杉景勝により現地に移転した。⑤⇩聖衆来迎寺《しょうじゅらいごうじ》

**らいこう-わさん　来迎和讃**　一巻。源信の作(寛和二1986)。浄土願生行者の臨終に阿弥陀仏が聖衆を率いて来迎引接し、行者を迎え取って極楽へ導く様子を歌い、最後に弥陀救済の願い(この部分後人の作か)を詠出する。〔参考〕恵心僧都全集一、日本歌謡集成四ほか〔刊本〕寛政一一1799刊(仮名法語)

**らいじょ　頼助**　(寛元四1246—永仁五1297)真言宗の僧。武蔵守平経時の子。仁和寺法助に師事し、同寺の法務を経て、弘安一〇年1287東寺三長者となる。なお弘安四年の元寇の際、北条時宗の命を受けて敵国降伏の修法を行った。のち大僧正となり、東大寺別当となった。〔参考〕本朝高僧伝五五

**らいせい　頼西**　(承暦二1078—仁平元1151)高野山の僧。号は智明房。経論を研修

し、蟄居精進して徳望があった。伊勢上人と称された。〔参考〕高野春秋編年輯録七、本朝高僧伝五二

**らいたわら 頼吒惒羅** 梵ラーシュトラパーラ Rāṣṭrapāla 巴ラッタパーラ Raṭṭhapāla の音写。頼吒和羅、羅吒波羅なども音写し、護国と訳す。仏弟子。倶留国(クル Kuru)の長者の子。仏陀の説法に感じて両親に出家の許可を乞い、許されて教団に入った。一説には両親に許されず、七日間断食してようやく許しをえたという。さとりを得て帰郷した時、両親は女に誘惑させてかれを還俗させようとしたが、頼吒惒羅は逆に両親と女を教化した。また国王拘牢婆《くろうば》(コーラヴヤ Koravya)を教化したと伝える。後世、馬鳴《めみょう》(アシュヴァゴーシャ Aśvaghoṣa)が彼を主人公とする戯曲を作ったという。〔参考〕Theragāthā 769—793, 中阿含経一三二、護国経、有部毘奈耶薬事一七、四分律三、付法蔵因縁伝五

**らいたわら-きょう 頼吒和羅経** ①一巻。羅漢頼吒和羅経ともいう。三国呉の支謙の訳。異訳に中阿含経第一三二経および北宋の法賢の訳の護国経(一巻)がある。長者の子頼吒和羅(ラッタパーラ)の出家物語を説く経語。パーリ語マッジマ・ニカーヤ(中部)第八二経ラッタパーラ・スッタ Raṭṭhapāla-sutta がこれに相当する。㊅一 ②一巻。頼吒和羅所問徳光太子経の略。西晋の竺法護の訳(泰始六 270)。仏が頼吒和羅の問いに答えて、菩薩が行うべき四法と行うべきでない四法とを説き、それにちなんで、徳光太子としての前生譚を説く。㊅三

**ライト Wright, Daniel** (1833— ) イギリスの軍医。ネパールに在勤し、カウエル E. B. Cowell の依頼により梵語写本を蒐集、一八七三—七六年の間に八五〇部を集めた。これらは現在ケンブリッジ大学図書館にあり、ベンドール C. Bendall によって詳しい目録が作られている。著書にネパールの史書を英訳した History of Nepal (1877) がある。

**らいはい 礼拝** うやまいの気持を身体の動作にあらわすことで、種々の方法がある〈⇩礼《らい》〉。法苑珠林巻二〇には仏を礼拝する立場に七種あるとする(七種礼仏)。即ち、我慢憍心礼・唱和求名礼《しょうわぐみょうらい》(名誉などを求めるためにする)・身心恭敬礼《しんしんくぎょうらい》・発智清浄礼《ほっちしょうじょうらい》・偏入法界礼《へんにゅうほっかいらい》(仏も衆生の心もすべてが相通じている法界の理に達して、一仏を礼するとき諸仏に通じる礼拝)・正観修誠礼《しょうかんしゅじょうらい》(仏を拝することによって自己にある仏性を拝する礼拝)・実相平等礼(礼拝する対象をも空じた自他不二《じたふに》の礼拝)である。世親の浄土論には五念門の一に礼拝門、善導の観経疏散善義には五正行の一に礼拝正行を数える。

**らいばん 礼盤** 堂内で導師が仏を礼拝する場所に設ける一種の座。法会《ほうえ》の時、導師はこの礼盤に登り三礼をもって仏を礼し、読経または敬白《きょうびゃく》などを行う。

**らいほう 頼宝** (弘安二 1279—元徳二 1330?) 真言宗の僧。東寺宝厳院に住し学頭となり講学を振興した。一説に、延元四年 1339 高野山から吉野に招かれて後醍醐天皇に即身成仏義、菩提心論を進講したことは有名。門弟の杲宝《ごうほう》や賢宝と共に東寺の三宝といわれる。著書、釈摩訶衍論勘注二四巻(㊅六九)ほか多数。〔参考〕東宝記六・七、高野春秋編年輯録一〇、本朝高僧伝一七

**らいゆ 頼瑜** (嘉禄二 1226—嘉元二 1304) 新義真言宗の学僧。字は俊音。紀伊の人。姓は土生川氏。出家して高野山大伝法院で教理を研究し、のち東大寺・興福寺で華厳・三論・瑜伽・唯識を学び、仁和寺・醍醐寺で広沢・小野の両流を受け、文永三年 1266 大伝法院学頭に任じた。ついで醍醐中性院に住したが、文永九年高野山伝法院と僧房を再興して移住し、僧房を中性院と名づけた。弘安七年 1284 湯屋の建立のことから高野山との永年の確執を避けて、正応元年 1288 大伝法院・密厳院を根来の地に移し、ここに新義真言宗を別立した。伝法大会を興して行法を盛んにし、大伝法院の中興の祖と称される。正安元年 1299 大神宮寺ではじめて竪義《りゅうぎ》を行った。門下に頼淳・頼縁・聖雲らがいる。著書、野金口決鈔、諸宗教理同異釈、金界発恵抄《ほつえしょう》三巻、薄草子口決二一巻、秘鈔問答二二巻ほか、百余部三百余巻は新義真言宗教学の基本書。〔参考〕結網集、高野春秋

編年輯録、続宝簡集、本朝高僧伝一六

**ラヴィグプタ　Ravigupta**　（九―一〇世紀頃）インドの仏教論理学者。ダルマキールティ Dharmakīrti（法称）のプラマーナ・ヴァールッティカPramāṇa-vārttika（量評釈）への二篇の註釈書がチベット訳で現存する。プラジュニャーカラグプタ Prajñākaragupta の弟子で、カシミール地方で活躍したと推定されている。

**らかん-おうげん-でん　羅漢応験伝**　二巻。面山瑞方の撰（巻首に宝暦四1754と記す）。中国・日本における霊瑞、感応を現わした徳僧の事跡や伝を集めたもの。〔刊本〕宝暦一一1761刊

**らかん-こう　羅漢講**　羅漢供、羅漢会ともいう。四座講の一。十六羅漢または五百羅漢を供養する法会で、禅宗で重んじられている。興禅護国論巻下に栄西が毎年正月にこの法会をおこなったことを記しており、高弁は十六羅漢講式を著わした。瑩山清規《けいざんしんぎ》巻上には羅漢供養式の法会の次第がのっている。わが国では鎌倉時代からおこなわれるようになった。

**らかん-じ　羅漢寺**　①大分県中津市本耶馬渓町跡田。曹洞宗。耆闍窟山《ぎしゃくっせん》と号する。大化元年645法道仙人が留錫したのに始まるという。暦応元年1338円龕《えんがん》昭覚が、インドの耆闍崛山（霊鷲山）に擬して釈迦及び五百羅漢の石像をつくることを志し、延文四年1359建順らの協力を得て安置し、翌年落慶法要を行った。元禄1688―704の頃、江戸の僧善海が来て人馬交通のために三十余年を費し、山田川の断崖に隧道（いわゆる青の洞門）を掘った。〔参考〕豊鐘善鳴録、本朝高僧伝六、大宰管内志下　②和歌山市和歌浦東。護国山と号し、曹洞宗。開山は永平寺四九世の真空と伝える。はじめ黄檗宗で華厳寺と称し、今福関戸の堺にあった。宝暦一四年1764現地に移転し、現寺号・宗派になった。明和二年1766に羅漢堂を建立し、本尊薬師如来および五百羅漢を安置した。

**らかんずさん-しゅう　羅漢図讃集**　二巻。大阿羅漢図讃集ともいう。知恩院七五世養鸕徹定（1814―91）の著。成立年不詳。中国・日本における古来の羅漢図の賛・頌・詩・記文を集めたもの。〔刊本〕文久二1862刊

**らく　楽**　(梵)スカ sukha の訳。苦に対する。身心におけるこころよい感情。一受の一に数えて楽受といい、五受根、二十二根の一に数えて楽根という。身心を分けて身受を楽といい、心受を喜ということもある。すべて善である業《ごう》によって引かれる果報（むくい）は楽であり、身心を摂益《しょうやく》し身心のためになるとされる〈⇩受《じゅ》〉。これを種々に分類する。即ち、天楽（十善を修め天界に生まれて受ける楽）・禅楽（禅定《ぜんじょう》の境地に入って得る楽）・涅槃楽（涅槃《ねはん》のさとりをえた楽）の三楽、外楽《げらく》（眼などの前五識から生じる楽）・内楽（初禅・第二禅・第三禅における意識から生じる楽）・法楽楽《ほうがくらく》（無漏の智慧から生じる楽で、さとりの楽しみを愛すること）の三楽、出離楽（出家楽ともいう。出家して道を求め苦を解脱《げだつ》した楽）・遠離楽《おんりらく》（初禅の楽。欲と悪不善の法を離れているから）・寂静楽《じゃくじょうらく》（第二禅以上の楽。尋・伺が止息しているから）・菩提楽《ぼだいらく》（煩悩《ぼんのう》を離れ真実の智、即ち菩提を得た楽）の四種の楽（四味、四無罪楽ともいい、世間を超えた寂静の世界が有する四種の楽味）、また四種の楽に涅槃楽を加えた五種の楽などである。

**らくさん-じ　洛山寺**　韓国江原道襄陽郡洛山。新羅文武王一六年676義湘の創建。憲安王二年858梵日が再建したが、一九五〇年の朝鮮戦争時に焼失、現在の建物は一九五三年に建てられ、七層塔・舎利塔などがある。関東八景の一つ。〔参考〕新増東国輿地勝覧、韓国寺刹全書上

**らくほう-もんるい　楽邦文類**　五巻。南宋の宗暁（1151―1214）の編。成立年不詳。楽邦、すなわち西方浄土への願生に関する経論の要文や先人の詩文の類を集録したもの。巻一には経・四六、呪・一〇、論・六、巻二には序跋・三二、文・一三、讃・一七、巻三には記碑・一九、伝・一四、巻四には雑文・三三、巻五には賦銘・三、偈・八、頌・二〇、詩・二二、詞・七をそれぞれ収めているが、このうちにはすでに原典が散逸したものもある。自序によれば、著者は阿弥陀仏の本願による往生を熱望し、東晋の慧遠以来の高僧・巨

儒の遺風を慕っていたので、諸文を蒐集して西方願生の指南とし、これを一四門に類別して万人の利便をはかったという。別に続集ともいうべき楽邦遺稿二巻があり、ともに日本でも流布した。(大)四七、[国一]諸宗部七、浄全六

**らくよう　洛陽**　中国河南省河南府をいい、古く洛、洛邑、雒陽とも書く。洛水の北、瀍水と澗水の間に位置し、周以後しばしば都となり、洛陽・長安と並び称された大都市であり、中国文化の中心地であった。現在の城市は隋唐以後の造営で、それ以前は現在地より東北約八〇キロにあった。ここに仏教が最初に伝えられ、郊外の白馬寺は中国最初の仏寺として知られる。当寺は後漢明帝(57—75在位)のとき迦葉摩騰《かしょうまとう》・竺法蘭が白馬に経像を積んで来たので白馬寺と命名されたといわれ、現在の四十二章経は迦葉摩騰がこの寺で訳出したといわれている〈⇩白馬寺《はくばじ》〉。それより漢魏の朝に安世高・支婁迦讖《しるかせん》・康僧鎧などが次々と来朝し、訳業に従事した。晋代には仏寺の数が四二所、のちには一千余寺におよんだという。隋朝は翻訳館を建立し、唐代に義浄は仏授記寺で訳経に従った。また神秀・神会などの北宗禅が大いに栄えたが、唐末の排仏にあい、ほとんど破毀された。

**らくよう-がらん-き　洛陽伽藍記**　五巻。東魏の楊衒之の著(武定五547)。著者が洛陽寺院の荒廃を見聞し、往時を回顧記述したもの。洛陽城内外の主要な寺院の縁起・結構・行事などを記録した。巻一は洛陽城内伽藍記と称し、永寧寺以下一〇寺、巻二に城東の明懸尼寺以下一三寺、巻三に城南の景明寺以下九寺と永橋などの名跡、巻四に城西の沖覚寺以下一一寺、巻五に城北の禅虚・凝円の二寺と上高景里について記す。なお宋雲・慧生が神亀元年518から正光二年521の間にインドへ仏跡巡礼と求法のために旅行した記録を載せる。この西域行記は当時の西域事情を知る上に貴重な文献。また洛陽の繁栄の情景は、貴族の生活や政治の裏面を語る点で魏書釈老志と並んで北魏仏教研究に欠くことのできない資料である。(大)五一、[国一]史伝部一七〔註釈〕呉若準・集証一巻、唐晏・鉤沈、張宗祥・合校本、周延年・注

**ラクンタカ・バッディヤ　Lakuṇṭaka-Bhaddiya**　羅婆那抜提《らばなばつだい》などと音写する。こびとのバッディヤの意。舎衛城のヴァイシヤ出身の比丘。背がひくく容貌がみにくいのを人にあざけられながら、仏より人の尊さは容姿によるものではないと教えられて、励んで悟りを得、賞讃された。〔参考〕Theragāthā 466—472偈註、雑阿含経三八、出曜経二一、阿羅漢具徳経

**らごら　羅睺羅**　①(梵)(巴)ラーフラ　Rāhula の音写。羅怙羅、羅云《らうん》などとも音写し、覆障と訳す。仏十大弟子の一人で、仏陀出家以前の子。母は耶輸陀羅《やしゅだら》(ヤソーダラー Yasodharā)。幼くして仏陀により出家させられ、仏教教団におけるはじめての沙弥になった。制戒をよく守り誦読にはげみ、阿羅漢果を得て十六羅漢の中にも入れられている。密行第一と称される。〔参考〕仏本行集経五五、四分律一一、有部毘奈耶破僧事五・一二、増一阿含経三・七　②⇩羅睺羅跋陀羅《らごらばつだら》

**らごらばつだら　羅睺羅跋陀羅**　(200—300年頃)(梵)ラーフラバドラ　Rāhulabhadra の音写。略して羅睺羅ともいう。初期中観派の論師。提婆《だいば》(アーリヤデーヴァ Āryadeva)の弟子とされる。中論の註釈を作ったというが伝わらず、漢訳では二、三の論書に引用されるのみである。チベット大蔵経にはその著作が伝えられている。また付法蔵の第一五祖とされ、迦那提婆《かなだいば》(カーナデーヴァ Kāṇadeva アーリヤデーヴァの別名)より付法を受け僧伽難提《そうぎゃなんだい》にこれを付嘱したとされる。〔参考〕中観論疏三本、付法蔵因縁伝六、順中論上

**ラージャガハ　Rājagaha**　⇩王舎城《おうしゃじょう》

**ラージャグリハ　Rājagṛha**　⇩王舎城《おうしゃじょう》

**らせつ　羅刹**　(梵)ラークシャサ　rākṣasa の音写。阿落刹娑《あらくせつしゃ》とも音写する。女性形を(梵)ラークシャシー　rākṣasī といい、羅刹女《らせつにょ》と音写する。人間の血肉を食うという悪鬼。また地獄の中で、阿傍《あぼう》羅刹と称し、牛頭などの形をして罪人を責めると

羅刹天（御室版胎蔵曼荼羅）

もいわれる。のち仏教の守護神として羅刹天(十二天の一)となった。仏本行集経第四九の海島中にある羅刹女国の説話はインドの叙事詩ラーマーヤナに起源し、セイロン島を指すようで、日本の鬼が島の話もこの系統といわれている。法華経巻七にあげる十羅刹女は鬼子母神(訶利帝母《かりていも》)と共に法華経を擁護する女性の鬼類で普賢菩薩の眷属とされる〈⇩普賢十羅刹女《ふげんじゅうらせつにょ》〉。〔参考〕金光明最勝王経六、翻梵語七、慧苑音義下

**らだ　羅陀**　㊵㊴ラーダ Rādha の音写。舎衛城のバラモン出身の比丘。家が貧しく年老いてから舎利弗《しゃりほっ》により出家の望みを果たした。仏陀よりその温順恭敬を讃えられている。〔参考〕Theragāthā 993、雑阿含経六

**らっさ　拉薩**　ラサ Lha-sa の音写。チベットの首都。ラサとは神の地の意。中国の文献には邏些とも書く。七世紀の前半ソンツェン・ガンポ Sroṅ-btsan sgam-po 王によってポタラ丘に築城され、その後、代々のチベット王の都となってきたが、ことに一七世紀の中頃政・教の全権力を握ったダライ・ラマ五世のガワン・ロサン・ギャムツォ Ṅag-dbaṅ blo-bzaṅ rgya-mtsho (1617—82)がポタラ Potala の宮殿を造営してその居城として以来、政治・宗教・文化の中心として栄えた。チベット中央の帯状の平野の中心を占め商工業の中心地でもある。ポタラ宮の他に市内にラマ教寺院がきわめて多く、郊外にもセラ Se-ra, ガンデン Dgaḥ-ldan などの大寺があって、冬期や祭時には巡礼が雲集する。一七世紀の頃から西欧の宣教師でラサに至るものがあったが、清国のチベット支配が次第に強まり、一八世紀後半に至るとチベット鎖国の方針が非常に強くなったので、ラサの状況がはじめて世界に紹介されたのは二〇世紀初頭のイギリス軍ラサ侵入以後、ワッデル L. A. Waddel, ロックヒル W. W. Rockhill その他の人々によってであった。

**ラッセン　Lassen, Christian**　(1800—1876)ドイツの東洋学者、インド学者。ボン大学教授。シュレーゲル F. van Schlegel のもとでパーリ語を学び、ビュルヌフ E. Burnouf と共著の Essai sur la Pali(パーリ語論1826)を刊行、パーリ語をはじめて言語学的見地から明らかにした。つづいて Die altpersischen Keilinschriften von Persepolis(ペルセポリスの古代ペルシア楔形文字1836)によってイラン語文字・文法の研究に功績を残した。主著に Indische Altertumskunde(インド考古学・四巻1844—52)がある。また学術雑誌 Zeitschrift für die Kunde des Morgenlandes を創刊した(1837)。

**ラトナーカラシャーンティ　Ratnākaraśānti**　(一一世紀頃)インド後期唯識派の論師。シャーンティパ Śāntipa とも呼ばれる。インド仏教最末期における最大の学者の一人で、ヴィクラマシラー寺に住した。アティーシャ Atīśa の師の一人に数えられる。ナーローパ Nāropa にタントラを学んだと伝えられ、密教の方面にも大きな影響を遺した。無相唯識派に属し、有相唯識派のジュニャーナシュリーミトラ Jñānaśrīmitra と論争を行ったことが知られる。また中観派、とくにチャンドラキールティ Candrakīrti(月称)を批判したことでも有名である。

**ラトナキールティ　Ratnakīrti**　(一一世紀頃)インド後期唯識派の論師。仏教論理学者としても知られる。ジュニャーナシュリーミトラ Jñānaśrīmitra の弟子と伝えられ、有相唯識派に属する。九篇の著作の梵本が残っており、まとめて出版されている。チベット訳にも若干の著作が伝えられている。

**らふざん　羅浮山**　中国広東省恵州府の博羅県から増城県にまたがる山。古くか

ら神仙の霊地とされ、晋代には敦煌沙門単道開が建康から来てこの山に止住した。幽棲する高僧が多く、唐の玄宗(712―56在位)はこの山を華首菩薩の住所としてあがめ、延祥寺を建てた。

**らほつ　螺髪**　羅髪とも書く。仏の頭髪が右巻に巻いて螺(たにし、ほら貝などの巻貝)の形をしているのをいう。彫刻などでは、通常は頭上に小さい多数の螺形の髪を刻む。仏の八十種好の一。また梵天王のように頂髪を螺の形に結んだのを螺髻《らけい》といい、梵志《ぼんじ》でそのようにした者を螺髻梵志、螺髻仙人という。

**らま　喇嘛**　チベット語ラマ bla-ma の音写。最上者、上人の意。はじめはチベット仏教における長老、高僧の称号であったが、後には一般の僧侶をも喇嘛と呼ぶ。最も有名なのはダライ・ラマ(達頼喇嘛)とパンチェン・ラマ(班禅喇嘛)とで、代々チベット国を統治する法王と副法王との地位にあり、これを教主とする仏教(チベットが中心でモンゴル、中国北部・東北部にも伝えられた)をラマ教という。ダライ(da-lai)はモンゴル語で太洋の意。パンチェン(paṇ-chen)は㊵パンディタ paṇḍita (賢者、学者)とチベット語チェンポ chen po (大なる)とを合わせたものの略形で、大賢者の意。ダライ・ラマは観世音菩薩《かんぜおんぼさつ》の、パンチェン・ラマは阿弥陀仏の化身であると信じられている。⇩活仏《かつぶつ》　⇩ラマ教

**ラーマ　Rāma**　古代インド伝説中の王で、叙事詩ラーマーヤナ Rāmāyaṇa の主人公。アヨードヤー Ayodhyā 国のダシャラタ Daśaratha 王の長子で、ヴィデーハ Videha 国のジャナカ Janaka 王の娘シーター Sītā を妻とした。父王の第二夫人カイケーイー Kaikeyī の奸計により追放され、シーターと弟ラクシュマナ Lakṣmaṇa とを伴って森林を放浪するうち、ランカー Laṅkā(今のセイロン島か)の魔王ラーヴァナ Rāvaṇa に妻のシーターを掠奪される。のち猿軍の援助を得てラーヴァナを倒してシーターを救出、アヨードヤーに凱旋して王位についた。ラーマは次第に神格化されてヴィシュヌ Viṣṇu 神の権化(アヴァターラ avatāra)の一つとなる。一四―五世紀頃ヒンドゥー教ヴィシュヌ派の支派ラーマ派はラーマを最高神とするにいたった。

**ラマ-きょう　ラマ教**　喇嘛教とも書く。チベットの仏教に対する通称。ラマ bla-ma を教主とするのでこの名称がある。ラマは㊵グル guru の訳で、師・上人を意味する。ラマにはダライ・ラマ Da-lai bla-ma とパンチェン・ラマ Paṇ-chen bla-ma とがあり、前者は観世音菩薩、後者は阿弥陀仏の化身と見なされ、チベット独特の転生思想にもとづく活仏として崇拝された。チベットの仏教は七世紀前半のソンツェン・ガンポ王の時にインドから伝来したのが起源とされる。八世紀なかば以降、シャーンタラクシタ Śāntarakṣita(寂護)、パドマサンバヴァ Padmasaṃbhava(蓮華生)、カマラシーラ Kamalaśīla(蓮華戒)を代表とするインド僧が続々とチベット入りし、主として当時のインドで流行していたタントラ仏教を伝えた。これに伴い仏典の翻訳や寺院の建立もさかんとなった。チベットの土着宗教との抗争、およびそれを一つの契機とするランダルマ Glaṅ-dar-ma 王の破仏(841)などによって一時衰微したが、一一世紀に復興し、主として密教が流行した。一〇四二年にはインド僧アティーシャ Atiśa が入蔵し、その弟子のドムトゥン Ḥbrom-ston によってカーダム派が形成されたのをはじめ、カーギュ派・カルマ派・サキャ派などの諸派が生じた。一四―五世紀にツォンカパ Tsoṅ-kha-pa(1357―1419)が出て般若中観の立場を中心に顕教と密教との融合をはかる独自の教理を立てるにおよんで、チベット仏

ダライ・ラマ一世（三百尊像集）

教は面目を一新した。ツォンカパの系統を黄帽派あるいはゲルク派という。以後チベットでは黄帽派と従来の伝統をひきつぐ保守的な紅帽派とが並存していたが、次第に黄帽派が主流となり、のちにツォンカパの弟子のゲンドゥン・ドゥパ Dge-ḥdun grub-paがダライ・ラマ一世、同じくケードゥプジェ Mkhas-grub-rjeがパンチェン・ラマ一世とされ、転生による法統の継承が確立するにいたった。両ラマは活仏として崇敬され、ダライ・ラマ五世以降はチベットの政教両権を握り、黄帽派仏教がチベットの国教の地位を占めた。この状態は中華人民共和国の革命が起こるまで続いた。チベット仏教はモンゴル・中国東北部をはじめ、ネパール・シッキム・ブータンなど広範囲の地域に伝播している。⇩チベット

**らま-じゅらく　羅摩聚落**　羅摩は㊵㊐ラーマ Rāma の音写。藍摩とも音写し、可楽とも訳す。聚落は㊵グラーマ grāma ㊐ガーマ gāma の訳。これを村と訳して羅摩村とも書く。コーリヤ Koḷiya（拘利《くり》）族の町。仏陀の滅後、仏舎利を得て塔を建て供養した八国の一つ。のち、阿育（アショーカ Aśoka）王がこの塔を壊して舎利をとろうとした時、竜王が現われて請うたので、王は塔を壊すことを思いとどまったと伝える。玄奘がこの地を訪れた七世紀なかばには、すでにこの町は廃墟となって壊れかけた塔のみが残っていたという。〔参考〕西域記六、法顕伝

**ラーマーヌジャ　Rāmānuja**（1017―1137）ヴェーダーンタ学派の学者。ヴィシュヌ教の一派シュリーヴァイシュナヴァ Śrī-vaiṣṇava 派のヴィシュヌ崇拝をヴェーダーンタ哲学によって哲学的に基礎づけようと試み、信仰を強調する宗教的色彩の強い哲学体系を立てた。その学説は被限定者不二一元論 Viśiṣṭādvaita とよばれ、シャンカラ Śaṃkara に代表される不二一元論と対立するものである。著書として、ウパニシャッドの趣旨を明らかにしようとするヴェーダールタ・サングラハ Vedārtha-saṃgraha, ヴェーダーンタ学派の根本教典ブラフマ・スートラ Brahma-sūtra の註釈シュリー・バーシャ Śrī-bhāṣya, バガヴァッド・ギーター Bhagavad-gītā の註釈ギーター・バーシャ Gītā-bhāṣya などがある。

**ラーマーヤナ　Rāmāyaṇa**　古代インドの叙事詩。マハーバーラタ Mahābhārata とならぶ二大叙事詩の一つで、七巻二万四千頌からなり、英雄ラーマ王 Rāma の冒険武勇譚を主題とする〈⇩ラーマ〉。ヴァールミーキ Vālmīki の作と伝えるが、ラーマ王の物語は古くから語り伝えられてきたもので、その梗概はマハーバーラタやジャータカの中にも収められているので、ヴァールミーキは作者ではなく、その編纂者とみるべきであろう。ラーマ王の英雄伝説は、紀元前五〇〇―前三〇〇年の頃にひとつの形にまとめられ、その後多くの増広を経て、二世紀頃に現在のラーマーヤナが成立したと思われる。とくに全七巻のうちの第一巻・第七巻は最終段階の二世紀頃に付加されたものと見られている。この両巻は、多くの神話・伝説を挿入するとともに、ラーマ王をヴィシュヌ Viṣṇu 神の権化（アヴァターラ avatāra）としている点で注目される。これによってラーマーヤナは宗教的意義をもつこととなり、後にラーマ崇拝が流行する原因となった。ラーマーヤナはマハーバーラタに比べて文体が技巧的で洗練されており、後世発達したカーヴィヤ kāvya（美文体）文学の起源とされ、アーディ・カーヴィヤ Ādi-kāvya（最初のカーヴィヤ）とも呼ばれる。後世のサンスクリット文学で主題をラーマーヤナに求めるものも多く、またインド諸方言による翻訳・翻案も多数ある。トゥルシー・ダース Tulsī Dās（1532―1623）によるヒンディー語のラーム・チャリット・マーナス Rāmcaritmānas はそのもっとも著名な一例である。ラーマ王物語はインドネシア・マレーシア・タイなどの東南アジア諸国に伝わり、その文学・芸術に大きな影響を与えたのをはじめ、チベット、中央アジアなどきわめて広範囲の地域に伝播している。仏典を通じて中国へも伝わり、漢訳の六波羅蜜経に収められたラーマ王物語は、平康頼の宝物集（平安末期）によって日本にも伝えられた。

**らもう　羅網**　宝珠などで飾ったあみで、天界や浄土にあるといわれる。これを模して仏殿において仏像の上に羅網を懸け、荘厳《しょうごん》(かざり)の具とする。

**らんげい　鸞芸**　(嘉慶元1387—文安四1447)本願寺五世綽如の次男。法名は頓円。越前藤島の超勝寺に住し、のち加賀粟津に本蓮寺を建てて隠居した。一時は越前荒川の興行寺に住したこともある。〔参考〕反古裏書、大谷一流系図

**らんしゅう　鸞洲**　(安永元1772—天保一四1843)浄土宗の僧。筑前の人。翔蓮社鳳誉と号した。江戸伝通院の賢洲に師事し、徳本行者を慕い随侍した。幕命により北海道有珠《うす》の善光寺に住し、アイヌの教化に力をつくし、のち江戸浅草の誓願寺に住持した。著書、了誉上人絵詞伝二巻、枝折(アイヌ語で書かれた伝導書)。〔参考〕徳本行者伝附録法弟小伝、蝦夷紀行

**らんしゅく　鸞宿**　(天和二1682—寛延三1750)浄土宗の僧。伊勢の人。台蓮社霊誉と号する。同国晴雪院の霊玄に師事し、ついで増上寺の伝誉台山に学んだ。のち知恩院に住し五〇世となる。浄土伝灯総系譜三巻の撰者として有名。著書、有鬼論二巻、八宗綱要鈔、選択集決疑鈔講義並玄談八巻ほか。〔参考〕蓮門類聚経籍録下、続日本高僧伝四、略伝集

**らんじゅん　欄楯**　建物につけられたてすりや、樹木をかこった柵《さく》などをいう。

**ランダルマ　Glaṅ-dar-ma**　(841—842頃在位)チベット王。深く仏教を信奉した先王レパチェン Ral-pa-can 王と反対に極端に仏教を排撃破壊し、仏典の翻訳を禁じた。その破仏は痛烈で、チベット仏教はほぼ壊滅状態におちいり、復興に約一〇〇年を要した。王はのちに暗殺され、これによってチベットの統一王国は終焉をつげ、諸王の分立する時代となった。

**らんば-こく　濫波国**　ランパ(カ)Lampa-(ka)の音写。ガンダーラの西、アフガニスタンの東境にあった、四方を山で囲まれた古国名。玄奘や慧超の記すところによれば、七世紀の頃は国の王家が絶え、ガンダーラなどの支配を受けていたが、気候がよく国は富み、大乗仏教が行われていたという。〔参考〕西域記二

**らんびに-おん　藍毘尼園**　藍毘尼は(梵)ルンビニー Lumbinī の音写。嵐毘、臘伐尼なども音写する。仏陀生誕の地。いにしえの迦毘羅衛《かびらえ》城(カピラヴァットゥ Kapilavatthu)の郊外にあった園林。摩耶(マーヤー Māyā)夫人が臨月のときここにきて、無憂樹の枝に手をさしのべたとき、その脇腹から悉達多《しっだった》(シッダッタ Siddhattha)太子すなわちのちの仏陀が生まれたと伝える。現在のネパールの南境近くのルンミンデーイー Rummindei にあたる。阿育(アショーカ Aśoka)王が参拝して建てた記念の石柱が、一八九六年カニンガム A. Cunningham により発見された。〔参考〕西域記六

**らんりゅう　嬾竜**　(永正一四1517—文禄四1595)曹洞宗の僧。字は三嶺。賜号は仏照大光禅師。近江の人。遠江西来寺に住し、のち甲斐広厳寺に移り、徳川家康の帰依を得た。〔参考〕日本洞上聯灯録一〇

## り

**りき　力**　(梵)バラ bala の訳。波羅と音写する。機能、能力のこと。十波羅蜜《じっぱらみつ》の第九には力波羅蜜を数える。また思択力《しちゃくりき》(思力ともいい、思惟判断する智的能力)と修習力《しゅじゅうりき》(修力ともいい、修道上の実行力)、自力と他力、を二力という。菩提心《ぼだいしん》をおこさせる力に自力・他力・因力(過去世に善根《ぜんごん》を修めたことの力)・方便力(善い指導者即ち善知識《ぜんちしき》の指導力)の四力があるとされる。⇩五力《ごりき》　⇩十力《じゅうりき》

**りきしゃ　力者**　寺院に付属して輿をかつぐ僧。力者法師ともいう。仏陀入滅の時、拘尸那城《くしなじょう》の力士たちが仏の棺をかついだのによる。妻帯した法師や、威儀をかざる法席において武器などを持って警護

する者などをもいう。

**りきしょう　力精**　（文化一四1817—明治一二1879）浄土真宗本願寺派の僧。諡は発願院、東海と号した。常陸の人。曇竜・栖城に師事し、学林に迎えられた。近江聞信寺・京都浄教寺・摂津源光寺に歴住し、晩年に勧学職に補せられた。著書、易行品筆記、四教儀聴記など。〔参考〕学苑談叢、本願寺派学事史

**りきゅう　利休**　（永正一四1517—天正一九1591）千家流茶道の祖。幼名は与四郎。法諱は宗易。利休は居士号で、抛筌斎《ほうせんさい》とも号した。和泉堺の人。茶は初め北向道陳に学び、のち武野紹鷗についた。織田信長に仕えたが、信長の死後豊臣秀吉に仕えて二千石を領した。大徳寺の古渓宗陳について禅を学び、禅の精神を融合した侘《わび》茶道を大成したが、のち秀吉から自刃を命じられた。

**りぐ　理具〔事造〕**　理具は本具、理造、性具《しょうぐ》、性徳《しょうとく》などともいい、本来あるがままに本性として先天的に具えているの意。事造は変造、事用、修起《しゅき》、修徳《しゅとく》、修具などともいい、本来具えているものが因縁に随ってあらわれ諸現象を造るの意。天台宗では一念の心に三千の諸法（あらゆるものごと）を具えているという説、即ち一念三千の説があって、その中で本性としてまどかに宇宙のことごとくを具えているとするのを理具の三千（理造三千、性具(三千)）、それが縁によって現象界の森羅万象となってその差別的な相を呈しているのを事造の三千(事用三千、変造三千、修具(三千))とし、合わせて事理三千または両重三千といい、それぞれ順次に、体と用《ゆう》とを示す。しかし一々のものはみな本来三千の諸法を欠けるところなく具えもっており、事と理とは別のものでないから、理具と事造とは名は別であるが、両者合わせて六千の法があるということにはならないとする。

**りくがっしゃく-しょうしょ-ひょうもく　六合釈章疏標目**　一巻。快道（1751—1810）の著。成立年不詳。大乗法苑義林章をはじめ中国・日本にわたる六合釈《りくがっしゃく》に関する諸師の章疏目を挙げたもの。日蔵二〇

**りくこう-てんちどうこん　陸亘天地同根**　禅宗の公案の一。南泉一株花《いっしゅか》、また南泉牡丹ともいう。南泉普願と居士の陸亘大夫が、肇論の「天地と我と同根」の句にちなんで交わした問答で、南泉が即座に庭前の牡丹を指し、「人々は此の花を見ても夢をみているにすぎぬ」と教え、天地同根万物一体の道理を直示したもの。〔原文〕碧巌録四〇則、従容録九一則〔参考〕景徳伝灯録八

**りくりがっしゃく-ほうしき　六離合釈法式**　一巻。澄観の華厳経随疏演義鈔一六より、後人が抄出した書。成立年不詳。六離合釈とは梵語における合成語について、前後の二義の関係を説明する文法上の事項。㊐二・三・四〔註釈〕明昱・通関一巻、智旭・略解一巻

**りげん-だいし　理源大師**　⇩聖宝《しょうぼう》

**りざいぜつごん　理在絶言**　①言語思慮の尽き絶えた所にこそ、本当の真理は体得されるとの意。②道理の存在することは推知することができるが、それを言語に表わして説明することはできないとの意。③それは当然自明の道理であって言論を用いるのを要しないとの意。一般には多く③の意に用いられる。

**りしゃ　離車**　㊵㊁リッチャヴィ Licchavi の音写。離車毘、梨車毘ともいう。種族名。ヴィデーハ Videha（毘提訶《びだいか》）などとともにインド十六大国の一つヴァッジ Vajji（跋耆）国を構成した八部族の一つで、ヴェーサーリー Vesālī（毘舎離《びしゃり》）を都とした。仏陀時代共和制を布いて富み栄え、南方の摩揭陀（マガダ Magadha）国と相対していた。仏陀の涅槃後、仏舎利を八分してその一を得た八国の一。五世紀の頃までその勢力を保って名族として知られていた。〔参考〕長阿含経二・遊行経、大法鼓経下

**りしゅ-きょう　理趣経**　一巻。詳しくは大楽金剛不空真実三摩耶経般若波羅蜜多理趣分といい、般若理趣経とも略す。唐の不空の訳。真言密教の根本経典の一つで、金剛頂経十八会の第六会の一部とされる。大日如来が金剛薩埵に対して、般若理趣の立場から、一切諸法が本来は自性清浄であることを説く。一切の人間的欲望が、般若の智慧によって価値を転換することによっ

て、清浄な菩薩の位となることを説く十七清浄句がとくに知られる。漢訳の別訳には⑴唐の玄奘の訳の大般若波羅蜜多経第一〇会般若理趣分(一巻)、⑵唐の菩提流志の訳の実相般若波羅蜜経(一巻)、⑶唐の金剛智の訳の金剛頂瑜伽理趣般若経(一巻)、⑷北宋の施護の訳の遍照般若波羅蜜経(一巻)がある。また広本として北宋の法賢の訳の最上根本大楽金剛不空三昧大教王経(七巻)があり、金剛頂経第六会にあたるとされ、理趣広経・七巻理趣経などともいう。梵語原本は百五十頌般若経 Adhyardhaśatikā Prajñāpāramitā の名で呼ばれ、一九一二年ロイマンE. Leumann によって刊行された。チベット訳には広略三本がある。一九一七年に泉芳璟・栂尾祥雲が梵文にチベット訳および漢訳五本を対照して刊行した。本経は七世紀頃般若経の一部に密教的要素が加わって成立したものと見られる。真言宗で特に尊重するが、ふつう漢音で読誦する。㊅八〔註疏〕不空・釈二巻(㊅一九)、空海・開題三本、同・真実経文句(以上㊅六一)、頼瑜・文句愚草二巻(日蔵)、覚鑁・種子釈一巻、杲宝述・賢宝記・秘要一二巻(以上㊅六一)

**りしゅきょう-ほう　理趣経法**　理趣経・理趣釈などを拠所として、滅罪・息災を願うために修する法。理趣経曼荼羅を本尊とする。理趣経各段の法門を図画した曼荼羅を理趣経曼荼羅という。〔参考〕幸心鈔二、覚禅鈔・理趣経上

**りしょう　利渉**　生没年不詳。西域の人。唐の玄奘の門人。開元年間713—41安国寺で講じていた頃、韋玎より釈道二教の対論を求められ、玄宗の詔によって内殿で三教の談論が行われた時、よく仏法を顕揚した。時に朝廷は明教寺を建立してこれを賞し、明教大師の号を贈った。立法幢論一巻を著わした。晩年漢東に謫せられたがまもなく赦され、南陽の竜興寺に住し慧忠に重んじられた。大暦年間766—79西明寺円照が大唐安国寺利渉法師伝一〇巻を撰した。〔参考〕宋高僧伝一七、六学僧伝一六

**りしょう　理証**　⇩教証《きょうしょう》

**リス・デヴィズ　Rhys Davids,** Thomas William (1843—1922) イギリスの仏教学者。とくにパーリ仏教研究家として知られる。オルデンベルク H. Oldenberg, ファウスベル V. Fausbøll とならび近代的パーリ仏教研究の大成者の一人。はじめ官吏としてセイロンに一〇年間滞在、その間にパーリ語を研究し、帰国後ロンドン大学教授、マンチェスター大学教授となった。その最大の功績は一八八一年ロンドンにパーリ聖典協会 Pali Text Society を設立し、パーリ語聖典の原本ならびに英訳の組織的な刊行を開始し、また雑誌 Journal of the Pali Text Society を刊行したことで、現存するパーリ語聖典のローマ字による原典出版は大部分がこのパーリ聖典協会によって統一的に行われ、いわゆるPTS本として世界のパーリ研究者に多大の便宜を与えている。個別的な業績としてはディーガ・ニカーヤ Dīgha-nikāya (長部)の英訳(Dialogues of the Buddha, 3 vols., 1899—1921)、ジャータカの抄訳(Buddhist birth stories, 1890)、ミリンダ・パンハの英訳(The questions of King Milinda, 2 vols., 1890—94)、および Buddhism (仏教1877)、Buddhist India (仏教時代のインド1902) などの著書があり、またステード W. Stede との共著 The Pali English Dictionary (パーリ語辞典1921—25) もパーリ学界に貢献するところが大きい。

**リス・デヴィズ-ふじん　リス・デヴィズ夫人　Rhys Davids,** Caroline Augusta Foley (　—1942) イギリスのパーリ仏教学者。リス・デヴィズ T. W. Rhys Davids の弟子で、一九二二年その妻となった。ヴィクトリア大学講師、ロンドンの東方研究学院講師を歴任。夫の没後パーリ聖典協会 Pali Text Society を主宰してパーリ原典の刊行事業をひきついだ。ヴィバンガ Vibhaṅga (1904)、ヤマカ Yamaka (1911—13)、ヴィスッディ・マッガ Visuddhi-magga (1920—21) の原典出版を行ったほか、サンユッタ・ニカーヤの英訳(The Book of kindred sayings, vols. 1, 2, 1917, 1922)、テーラガーターの英訳(Psalm of the brethren, 1913)、テーリーガーターの英訳(Psalm of the sisters, 1909)、ダンマ・サンガニの英訳

(A Buddhist manual of psychological ethics, 1900)を行い、著書に Buddhism(仏教1912)、Buddhist psychology(仏教心理学1914)などがある。

**りぜん　履善**　(宝暦四1754—文政二1819)浄土真宗本願寺派の僧。字は信修。諡は芳淑院鵬溟、兼信斎と号した。伊賀の人。仰誓の子。父に従って石見浄泉寺に住し、安芸の慧雲に宗乗を学び、傍ら漢学をおさめた。仰誓と共に安芸・備後を中心に教化伝道につとめ、憲仲・霊昌の異義を批判した。いわゆる三業惑乱の事件が起こった時、同志を糾合して智洞を批判し、正義を主張した。能化の智洞が三業帰命の説を唱道して、いわゆる三業惑乱の事件が起こった時、

著書、広書箋一二巻、真宗義五巻、四十八願釈義四巻、鵬溟学記一二巻ほか。

**りぜん　離染**　㊵ヴィラーガ virāga の訳で、離貪、離欲とも訳す。狭義では貪《とん》を離れること、広義では一般に煩悩《ぼんのう》を離れる意。

**りぜん-とく　離染得**　⇩加行得《けぎょうとく》

**りた　利他**　⇩自利《じり》

**りたそうぎゃら-ごぶしんかん　哩多僧蘖囉五部心観**　一巻。金剛界大曼荼羅・秘密陀羅尼曼荼羅・微細曼荼羅・羯磨供養曼荼羅・四印曼荼羅・一印曼荼羅の六種の曼荼羅について、それぞれの尊容を描き、その真言・標幟・手印を図示したもの。六種曼荼羅は金剛頂経の初品に説く所であるが、この書は唐の善無畏が経の梵本によって忠実に図画したものと伝え、東密の金胎の現図曼荼羅系ではなく善無畏系に属する。従って不空訳や北宋の施護訳の金剛頂経に説かれる六種曼荼羅とは相違する。青竜寺法全《はっせん》を経て円珍が将来した。㊅図像二(註釈)円珍・六種曼荼羅略釈二巻　⇩五部心観《ごぶしんかん》

**りち　理智**　理は観られる道理、智は観る智慧。真如《しんにょ》の理とこれを証る智慧とがあい応じることを理智相応といい、観るもの(智)と観られるもの(理)とが一致し一つになることを理智冥合《りちみょうごう》という。

**りち-いちもん-しゅう　理智一門集**　一巻。円珍の著と伝えるが、後世の作で円珍に仮託した書。天台の法華の教理と金剛・胎蔵両界の義理(智—阿字、理—鑁字)とを融通解釈して草木成仏の義を述べる。仏全二四・二八、日蔵四一〔刊本〕寛文五1665刊

**りちょう-いしゅう　理長為宗**　一定の宗派の宗義に拘泥しないで、道理においてすぐれた義を自由にとり用いて自らの宗とする批判的態度をいう。倶舎論において世親のとった立場がそれであるとされる。

**りつ　律**　㊵ヴィナヤ vinaya の訳。毘奈耶《びなや》、毘那耶、鼻奈耶と音写し、毘尼《びに》、比尼《びに》とも書き、調伏《じょうぶく》、滅、離行《りぎょう》、化度《けど》、善治、志真と訳す。諸々の過悪を制伏除滅することを意味し、仏が制定した比丘《びく》・比丘尼《びくに》即ち出家《しゅっけ》の守るべき生活規範、禁戒を指す。即ち修道生活の実際において具体的に定められた掟《おきて》であり、随犯随制《ずいはんずいせい》(随縁制戒ともいう)と称して、罪悪の行為が仏弟子である出家によって犯されるたびに、仏が「今後同様の行為をなせば何々の罰に処する」といましめることによって、はじめて出家教団の規定となったものである。従って、律には必ず処罰の規定が付されており、それ故に他律的であるとも考えられ、出家について制定されたものである。これらの点において元来は戒と区別されるべきものであったが、のちには混同しても用いられる。また律は三蔵の一として律蔵(調伏蔵、毘尼蔵)といわれ、教団の掟を説いた典籍をいう。律蔵にはパーリ語の律蔵(㊴ヴィナヤ・ピタカ Vinaya-piṭaka)、漢訳の四分律・五分律・十誦律・摩訶僧祇律など、およびチベット訳の律蔵があり、これらは諸種の部派において伝承されたものであるから、大体の骨子は似ているが部分的には相異があり、禁止事項の条目数などにも増減がある。このうち、法蔵部の四分律、説一切有部の十誦律、化地部の五分律、飲光部《おんこうぶ》の律(解脱律《げだつりつ》と称するが未伝、戒本は解脱戒経)、大衆部《だいしゅぶ》の摩訶僧祇律の五を五部律という。小乗二十数部の中でこの五部が代表的な有力な部派であったからであろう。律蔵の内容は通常、(1)比丘・比丘尼に対してそれぞれの行為を行うことを禁止した条文、即ち教団の罰則(波羅提木叉《はらだいもくしゃ》)と、それを禁じた由来因縁、また犯した場合の罪の軽重などを

詳説した部分と、⑵教団の儀式作法や僧衆の生活、礼儀にかなった起居動作などに関する具体的な諸規定等を説いた部分(犍度《けんど》)との二部からなるが、パーリ律ではさらに後世付加されたと考えられる⑶付随事項(波利婆羅《はりばら》)があって三部からなる。このように詳しく説いた律を広律というのに対して、⑴の条文のみをまとめたものを戒本(波羅提木叉)という。波羅提木叉は㊵プラーティモークシャ prātimokṣa の音写で、波羅提目叉、鉢喇底木叉とも書き、従解脱、随順解脱、別別解脱、別解脱、処処解脱、保解脱、最勝または無等学と訳し、戒本ともいう。それぞれの戒をたもつことによって別々に身口《しんく》の過非を防ぎ、漸次に諸煩悩《ぼんのう》の束縛から解放される(解脱《げだつ》する)ことを意味し、出家教団において僧衆の生活を規制する禁戒の条目、箇条がきの禁止条令を指す。その一々の条目を律の学処(㊵シクシャー・パダ śikṣā-pada)という。学習すべきよりどころの意である。またその禁戒の条目を数えて列挙し、波羅夷《はらい》、僧残などに類別したもの、即ち戒本をも指して波羅提木叉という。①律に説く戒の条目(波羅提木叉)の数は、四分律では比丘二五〇戒、比丘尼三四八戒であり、この比丘戒(僧戒)、比丘尼戒(尼戒)をそれぞれ具足戒という。波羅提木叉は罪の軽重によって次のように類別される。

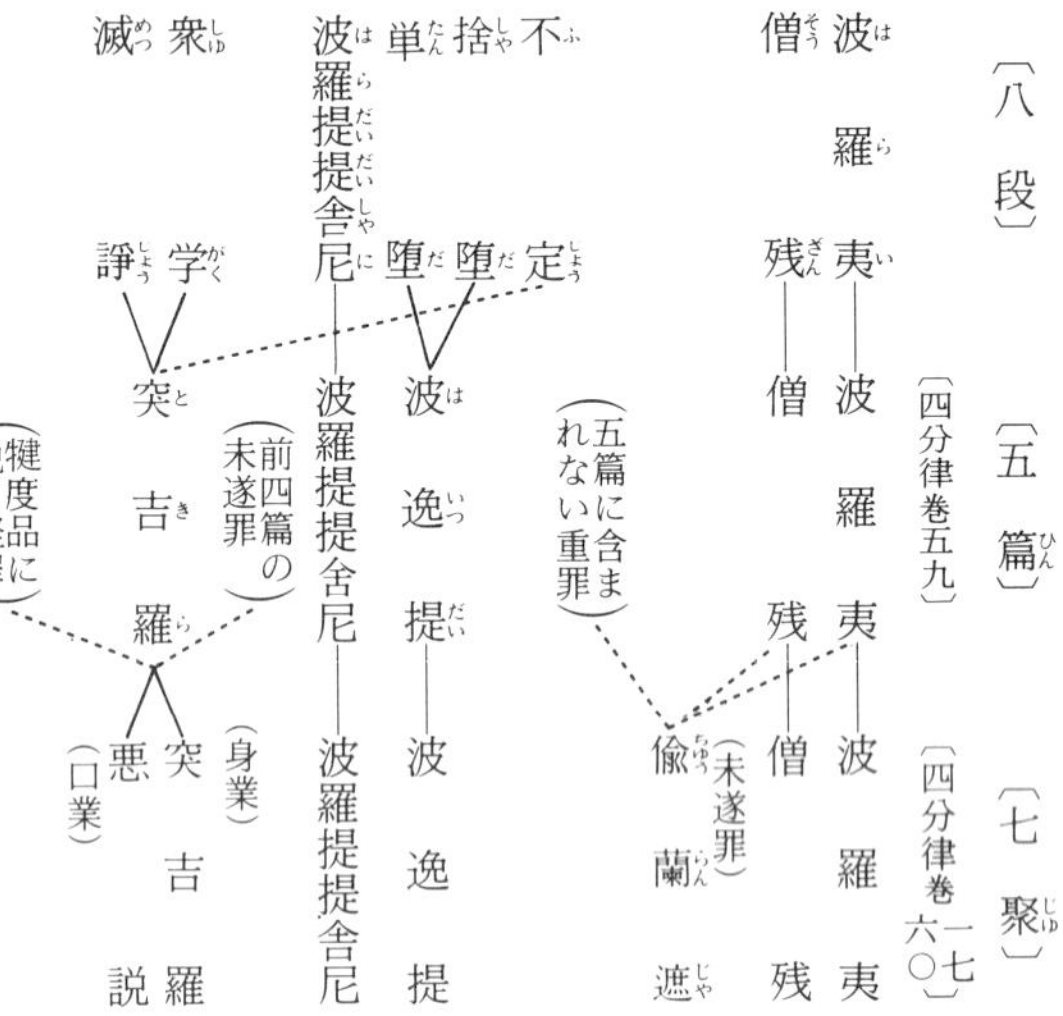


備考
①五篇に偸蘭遮を加えて六聚ということがある。
②五篇の突吉羅には不定を加えない説もある。
③七聚には異説がある。

(イ)波羅夷《はらい》。㊵パーラージカ pārājika の音写。波羅闍已迦、波羅市迦とも書き、他勝、他勝処、極悪、悪、重、重禁、極重感堕、堕、堕不如意処、断頭《だんず》、無余または棄と訳し、根本罪、辺罪ともいう。最も重い罪であり、これを犯せば頭を切断された人のように比丘・比丘尼の資格を失って教団から追放され破門される。それ故にこれを犯した者を断頭者《だんずしゃ》、仏法の死人ともいう。比丘には婬盗殺妄《いんとうせつもう》の四波羅夷があり、四重禁戒《しじゅうきんかい》ともいうが、婬戒にかぎり戒を犯しても懺悔して再び出家を望む時には新たに戒を授けて入団させ得る。四波羅夷とは、⑴情欲を遂行すること(非梵行《ひぼんぎょう》、不浄行、大婬という)、⑵盗心を抱いて五銭(五マーシャ māṣa)以上を盗むこと(不与取、大盗という)、⑶自ら人を殺し、他人に殺させ、或いは自殺をすすめて死なせること(殺《せっ》、断人命《だんにんみょう》、大殺という。殺生の中の大罪の意。畜生を殺すのは単堕の罪で、小殺といって区別する)、⑷実際に得ていない宗教体験(超人間的な境地)を、得ているといっていつわること(上人法《じょうにんほう》、妄説過人法、大妄語という。単なる妄語は単堕の罪で、小妄語といって区別する)をいい、比丘尼の場合はこの四に、⑸愛欲の心で男子と腋以下、膝以上をさすりあうこと(摩触《まそく》)、⑹愛欲の心をもった男子に手を握られるにまかせるなどの八事を犯すこと(八事成重《はちじじょうじゅう》、八事)、⑺他の比丘尼が波羅夷罪を犯したのを知りつつかくすこと(覆比丘尼重罪《ふびくにじゅうざい》、覆蔵《ふぞう》)、⑻僧衆から弾劾された比丘につきしたがい、そのために比丘尼から三度のいさめを受けてもやめないこと(随順被挙比丘違尼僧三諫《ずいじゅんひこびくいにそうさんかん》、随挙《ずいこ》)の四を加えて八波羅夷(八棄戒)とする。大乗戒では別の形の一〇、八、六、四などの波羅夷を説く〈⇩戒《かい》〉。(ロ)僧残《そうざん》。㊵サンガーヴァシェーシャ saṃghāvaśeṣa の訳。僧伽婆尸沙と音写し、僧伽胝施沙ともいう。波羅夷につぐ重罪で、これを犯せば一定期間、僧尼としての権利が剝奪される。即ち違犯者は比丘・比丘尼としての資格は失わないが、摩那埵《まなた》(パーリ語マーナッタ mānatta の音写。㊵マーナープヤ mānāpya 悦衆意、意喜と訳す)という滅罪法を行わねばならない。即ち、罪を隠蔽否認せずただちに認めたときは比丘は六昼夜、比丘尼は半月間、犯した罪を二〇人以上(比丘尼ならば比丘・比丘尼それぞれ二〇人以上)の僧衆の前で告白懺悔し謹慎の意を表わさねばならない。もし罪を隠蔽否認したときは、その日数に応じて別住(㊵パリヴァーサ parivāsa 波利婆沙)法によって僧衆と別居を命じられ、終ってから摩那埵を行う。僧残というのは、罪を犯しても懺悔して所定の所罰を受ければなお比丘としての生命が残されており、僧伽(出家教団)内に留まりうる意である。この僧残罪に、比丘には、故意に精を漏らすなどの十三僧残、比丘尼には、婚姻の媒酌をするなどの一七僧残があり、このうち七が僧尼に共通である。㈧不定《ふじょう》。㊵アニヤタ aniyata の訳。比丘にのみある罪で、二つあるから二不定という。⑴隠蔽され、⑵或いはされない場所で婦人と対座してみだらな話をするとき、信用ある女の信者(優婆夷《うばい》)が目撃して報告することにより、波羅夷・僧残・単堕のいずれかに罪が定まるべくしてまだ定まらないもの。㈡捨堕《しゃだ》。㊵ナイヒサルギカ・プラーヤシュチッティカ naiḥsargika-prāyaścittika の訳。尼薩耆波逸提《にさつぎはいつだい》、尼薩耆波夜提、泥薩祇波逸底迦と音写し、略して尼薩耆ともいい、尽捨提、棄堕と訳す。波逸提の一種で、没収懺悔の軽罪。衣鉢などについて所定以上のものを所有し、或いは不法行為のあった場合、その品は教団に没収され(これが捨の意)、かつ四人以上の僧中で懺悔しなければならない罪。この罪を犯して懺悔しないときは死後に三悪道に堕するという(これが堕の意)。比丘・比丘尼とも三十捨堕があるが、一八は共通で他は異なる。㈥単堕《たんだ》。㊵シュッダ・プラーヤシュチッティカ śuddha-prāyaścittika の訳。波逸提の一種であるが、略して波逸提、波夜提、貝逸提ともいい、単提ともいう。軽罪で単なる堕獄の罪の意。単なるうそいつわりをいうこと(小妄語)や、畜生を殺すなどの行為で、これを犯せば布薩《ふさつ》のとき僧中で懺悔しなければならない。比丘に九十単堕、比丘尼に一七八単堕があり、そのうちで六九は共通である。単堕のみ、または捨堕を合わせて波逸提《はいつだい》という。㈦波羅提提舎尼《はらだいだいしゃに》。㊵プラティデーシャニーヤ pratideśanīya の音写。波胝提舎尼、鉢喇底提舎那、波羅提舎尼とも書き、略して提舎尼ともいう。対他説、向彼悔、各対応説と訳し、悔過法《けかほう》、可呵法《かかほう》とも称する。一人に対して告白懺悔すべき軽罪。すべて食事に関するもので、比丘に四提舎尼、比丘尼に八提舎尼があり、両者に共通するものはない。㈣衆学《しゅがく》は多くの学習すべき規定戒則の意味で、つぶさには衆多学法《しゅたがくほう》(㊵サンバフラー・シャイクシャダルマーハ saṃbahulāḥ śaikṣa-dharmāḥ)といい、衆学戒法、衆学法ともいう。また式叉迦羅尼《しきしゃからに》(㊵シクシャー・カラニーヤ śikṣākaraṇīya の音写、尸沙迦羅尼、尸叉罽頼尼、尸叉吉利とも書く)とも名づけ、応当学、応学作《おうがくさ》、守戒と訳す。食事・服装・説法、その他の礼儀に関する細則を規定したものであり、これに反する行為は突吉羅《ときら》という軽い罪にあたる。もし故意に犯せば上座の比丘に対して懺悔し(対首法による懺悔)、故意でなければ自己の心中において懺悔する(心念法による懺悔)。これに百衆学を数えるが、比丘と比丘尼とでその内容は少し異なる。㈨滅諍《めつじょう》。㊵アディカラナ・シャマタ adhikaraṇa-śamatha の訳。止諍とも訳す。教団内の紛争を鎮める方法を規定したもので、七滅諍がある。これにより適当に鎮めえないときは上座が突吉羅の罪になる。㈩偸蘭遮《ちゅうらんじゃ》。㊁トゥッラッチャヤ thullaccaya の音写で、偸蘭遮耶、偸羅遮、土羅遮とも書き、㊵ストゥーラートヤヤ sthūlātyaya を音写して窣吐羅底也といい、大罪、重罪、麁罪、麁悪、麁過と訳す。波羅夷や僧残の未遂罪や予備罪をいい、一般に五篇に含まれない罪過のうち、軽罪である突吉羅を除くすべての重罪をいう。その未遂罪は従生偸蘭《じゅうしょうちゅうらん》（方便偸蘭）といわれ、完遂して偸蘭遮であるものは自性偸蘭《じしょうちゅうらん》（独頭偸蘭《どくずちゅうらん》、根本偸蘭）といわれる。また僧残の次に列する重罪としての偸蘭遮と、提舎尼の下にある軽罪としての偸蘭遮があるともする。この罪を犯した者は結界内の一切僧衆に向かって、または四人、または一人に向かって懺悔しなければならない。(ヌ)突吉羅《ときら》。(梵)ドゥシュクリタ duṣkṛta の音写、突膝吉栗多、突瑟几理多とも書き、悪作《あくさ》と訳し、小過、軽垢、失意、越毘尼、応当学ともいう。悪いしわざの意で、軽罪をいう。狭義では身体の行為（身業《しんごう》）による罪のみを指し（悪作）、別に言語（語業）による罪を悪説とするが、広義では悪作・悪説を含めて、すべての軽罪の総称とする。具体的には百衆学と七滅諍の罪、或いはこれに二不定を加えた罪、或いは百衆学と五篇中の前四篇の未遂罪および犍度品《けんどほん》の規定に反した行為のすべてを突吉羅という。故意にこの罪を犯した者は、一人の比丘の前で懺悔し、故意でなければ自己の心中において懺悔するを要する。また大乗戒では殺生などの重禁（波羅夷）以外の諸罪をすべて突吉羅（軽垢罪《きょうくざい》）とする。以上、律に規定された生活規条を破った者の治罪法としては、訶責・擯出《ひんずい》・依止・遮不至白衣家・不見挙（不見擯）・不懺挙（不作擯）・悪見不捨擯（悪邪不除擯）の七種類罪があり、またこれに悪馬・黙擯《もくひん》（梵檀《ぼんだん》）を加えての九種治罪法がある。②犍度《けんど》は(巴)カンダカ khandhaka の音写。蹇陀《けんだ》、建図、建陀とも書き、(梵)スカンダカ skandhaka を音写して塞建陀、娑犍図とも書き、蘊《うん》、聚と訳す。類別によりあつめられたものの意。広律といわれて完全な形をそなえた律蔵は、前篇において五篇七聚《ごひんしちじゅ》の戒の条目について詳説したのち、後篇として受戒や布薩や安居など教団の儀式行事作法に関す規定や、僧尼の衣食住の生活礼儀にかなった起居動作などに関する規定などをそれぞれ類聚して説いており、この部分を犍度品という。四分律では二〇にあつめてあるから二十犍度という。即ち、受戒犍度（受具足戒法、大犍度ともいい、出家の教団に入るための作法を説く）・説戒犍度（布薩法、布薩犍度）〈⇩布薩《ふさつ》〉・安居《あんご》犍度〈⇩安居《あんご》〉・自恣《じし》犍度〈⇩自恣《じし》〉・皮革犍度（革製の用具に関するもの）・衣犍度・薬犍度（医薬法）・迦絺那衣《かちなえ》犍度〈⇩迦絺那衣《かちなえ》〉・拘睒弥《くせんみ》犍度（倶舎弥《くしゃみ》法ともいい、比丘などが相和し同住すること、諍って分裂することなどを説く）・瞻波《せんは》犍度（羯磨《こんま》即ち作法の不正を説く）・呵責《かしゃく》犍度（羯磨犍度、般茶盧伽法ともいい、闘争を好む悪党を罰する方法を説く）・人犍度（僧残悔法、別住法、別住犍度ともいい、僧残罪を犯した者の治罪法を説く）・覆蔵犍度（聚集犍度ともいい、犯した罪をかくした場合の治罪法を説く）・遮犍度（遮布薩法ともいい、罪を犯した比丘を布薩に入れないことについて説く）・破僧犍度（調達事ともいい、提婆達多の反逆事件とその処置の方法を説く）・滅諍犍度（諍事法ともいい、諍を静める方法として七滅諍を説く）・比丘尼犍度（女の出家受戒などについて説く）・法犍度（威儀法ともいい、諸種の礼儀作法を説く）・房舎犍度（臥具法ともいい、房舎臥具などについて説く）・雑犍度（道具および諸雑事について説く）の二〇である。戒本はただ戒の随行《ずいぎょう》即ち実践のみを説くのに対し、犍度は悪を捨て善を行おうとする意欲思願をも示して受体随行をあわせ説き、また戒本は消極的な禁止条項即ち止持戒のみであるのに対し、犍度は積極的な行為、即ち作持戒《さじかい》をも説くとする。③地方の風俗習慣気候風土などにより、適宜に律の規定を加減して禁じたり許したりするのを随方毘尼という。小乗の律蔵、或いはそこに説かれた内容を小乗律というのに対して、梵網経などの大乗の律典、或いはそこに説かれた掟《おきて》を大乗律（菩薩毘尼、菩薩律蔵）という。律にそむく罪を越毘尼罪《おつびにざい》略して越罪という。律に通達し、律をよく記憶していて忘れない者、またはこれを誦《じゅ》する者を持律、持律者、持比尼、知律、律師といい、持経などに対する。このうち、持律者、律師以外は「持律者であること」を意味する語でもある。また律師は僧綱《そうごう》の称号の一にも用いられる。

律蔵にもとづきその実践を主とする教派を律宗という。中国では四分律に基づく南山律宗が最もさかんで、日本にもこれが伝えられた。日本では独立の律宗の他に、所属する宗派により天台律(円頓戒《えんどんかい》)・真言律・浄土律・法華律(日蓮律)などと称され、また天台宗系に安楽律、真言宗系に正法律《しょうぼうりつ》などがある。⇩戒《かい》

**りつうげん　李通玄**　(一説に貞観九635—開元一八730)唐代の居士。李長者、棗柏《そうはく》大師、顕教妙厳長者、方山ともいう。滄州(河北省)の人で、或いは唐宗室の子ともいわれる。儒教・仏教に精通し、開元七年(一説に同二七年)太原に至って、新訳華厳経を註釈し、新華厳経論四〇巻(大)三六)を、ついで決疑論四巻(大)三六)をつくった。著書、他に華厳十明論一巻、華厳経巻々大意一巻など。なお生没年代に疑問を残す。〔参考〕決疑論序、華厳合論一、李長者事迹、宋高僧伝二二

**りつおん-じき　律苑事規**　一〇巻。元の省悟の著(泰定元1324)。律典によって寺僧の行事儀式を詳細に解説したもの。南山律宗の説を基本とし、禅宗の清規《しんぎ》をも参考として編纂している。(続)二・一一・一

**りつおん-そうぼう-でん　律苑僧宝伝**　一五巻。慧堅の編(元禄二1689)。中国・日本における律宗の高僧の伝記を集めたもの。九巻までが中国の部で、梁・唐・宋高僧伝ほかの伝記銘文などより三国魏から明に至る二二七名の伝を載せ、一〇巻以下が日本の部で鑑真以下一三四名を収載。日本の部では元亨釈書に収録する伝が少ないのを遺憾として、それを補うと共に釈書以後の律宗の僧伝を集録する。仏全一〇五〔刊本〕元禄二刊

**りつがく-はつじん　律学発軔**　三巻。明の元賢の著(万暦一四1586)。雲棲《うんせい》袾宏《しゅこう》を経て受け継がれてきた天台の戒疏を要約して、律学の大綱を説いたもの。上巻に三帰依・五戒以下菩薩戒にいたる一〇項目を説き、中巻には結界・布薩・安居・懺法などの八項目について説き、下巻には資具・日用軌則・律家法数などをあげている。自序によれば、律学の第一歩を誤る者が多いので正道を示すために著わし、慎重な研究を勧めるために発軔と名づけたという。(続)二・一・五

**りっし　律師**　⇩僧綱《そうごう》

**りっしゃく-じ　立石寺**　山形市山寺。天台宗。宝珠山阿所川院と号し、俗に山寺《やまでら》と称す。貞観二年860円仁の草創といい、山中の根本中堂に、比叡山根本中堂の常灯明を分灯したと伝える。元慶四年880清和上皇の死に際して法会を修し、以後歴朝の聖忌に皇祚無窮を祈った。延文元年1356山形城主斯波兼頼の帰依を得て根本中堂が再建されたが、大永1521—28の頃兵火で焼け、天文一二年1543院主一相坊円海によって再興された(円海を中興開山とする)。元亀年間1570—73延暦寺が織田信長の兵火で焼失した時に当寺の灯火を移して再建。近世初頭やや衰退したが、慶安元年1648徳川家光から朱印地を得、一四院一〇坊あって興隆した。以後数度の火災にあい衰微したが、再三復興。元禄二年1689芭蕉がここで「閑かさや岩にしみ入る蝉の声」と詠じた句は有名で、境内にその句碑がある。〔重文〕中堂(根本中堂)、三重小塔、天養元年如法経所碑、木造薬師如来坐像(中堂安置)〔参考〕立石寺縁起、山寺名勝志

**りっ-しゅう　律宗**　唐の道宣の説によって、仏教を教化を主とする化教と、身口の過ちを制止する制教との二種に区別し、諸法唯識の理と戒定慧の三学との円融を説いて、戒律を止持《しじ》・作持《さじ》の二に分け、菩薩の三聚浄戒《さんじゅじょうかい》をたもつのを成仏の真因とした。また四分律にきめられた五戒・八戒・十戒・具足戒をもって摂律儀戒《しょうりつぎかい》の戒相ときめている。その歴史は中国で四分律によって開かれた学派で、三国時代にインド中部からきた曇柯迦羅《どんかから》を四分律宗の初祖とし、唐の終南山道宣において大成された。この道宣の系統を南山宗といい、唐の法礪の系統を相部宗、唐の懐素《そかい》の系統を東塔宗と名づけ律の三宗という。このうち南山宗だけがさかえ、中興の祖に北宋の元照《がんじょう》がいる。日本では南山宗を主としてうけた鑑真《がんじん》が天平勝宝六年754に来朝して東大寺に戒壇院を設けて授戒したのが始まりで、のちに東大寺・下野の薬師寺・筑紫の観世音寺が天下の三戒壇として日本全

国の僧に授戒する場と定められたが、次第に有名無実となった。鎌倉期に入って俊芿《しゅんじょう》・曇照による北京《ほっきょう》律、覚盛・叡尊による南京律（南都律）として復興された。江戸期にはその他に安楽律・浄土律がおこり、明治期に入って雲照によって戒律復興がさけばれた。現在は西大寺の真言律宗と唐招提寺の律宗とがある。

**りっしゅう-えげん　律宗会元**　三巻。宋の守一の著。成立年不詳。道宣の三大部および元照《がんじょう》の註疏のなかから要文を抜萃して、南山律宗の要義を体系的に解説したもの。原教・観法・心境・戒法・戒体・戒行・戒相・持犯・悔罪・三帰の一〇門に分けて説く。巻首にあげた一〇門の釈題によれば、律宗の根本的立場は行儀の事則に偏するのではなく、大乗の理観にあることを明らかにするのが、この書の目的であるとする。(続)二・一〇・五

**りっしゅう-ぎょうかん-しょう　律宗瓊鑑章**　六〇巻（第六の一巻のみ現存）。凝然の著（嘉元四1306）。現存の第六巻には第九所学典籍、第十伝持相承の二篇が収められており、律宗所依の典籍を列挙し、インド・中国・日本にわたる律の伝灯相承を明らかにする。内容は著者の雲雨鈔・律宗綱要下と大同小異であるが、律の典籍解題・僧伝としての性格をもち、律宗の歴史と宗義を記す。仏全一〇五、日蔵三六

**りっしゅう-こうよう　律宗綱要**　二巻。凝然の著（嘉元四1306）。律宗の教義とその伝灯相承の大綱を述べたもの。問答形式で、三聚浄戒のこと、受戒には通受と別受とがあることを述べて、その典拠、諸教説の異同を明らかにしている。道宣をはじめ諸師の所説を挙げて戒法・戒体についても略説し、行相・得果および、インド・中国・日本にわたる律宗弘伝の次第を記す。(大)七四、日蔵三六〔刊本〕万治三1660刊〔註釈〕北川智海・科解一

**りっしゅう-しょうしょ　律宗章疏**　一巻。栄穏の編（延喜一四914）。醍醐天皇の勅により録上された天台・華厳・三論・法相・律の章疏目録。いわゆる五宗録の一で、律宗に関する典籍目を挙げたもの。書目、巻数、著者、訳出者名を記している。諸宗章疏録所収のものは謙順が貞元録・永超録などによって加註する。(大)五五、仏全一

**りっしょうあんこく-ろん　立正安国論**　一巻。略して安国論ともいう。日蓮の著（文応元1260）。観心本尊抄・開目抄と共に日蓮の三大部の一。法華の正法を立てて国家の守護安泰を論じる。当時の天災地変、飢饉などの災害頻発に際して、著者はその原因を邪法の流布と王臣の不覚にあるとして、金光明・大集・涅槃・仁王経などの所説をひいて論証し、さらに他国侵入と自界反逆を予言して、邪法の対治と法華の妙法興隆による治世安国を説き、執権北条時頼に献じた。他の仏教宗派を邪法として破斥し、特に念仏宗を痛罵し法然の選択集を謗法の書として糾弾、国難の原因としてその禁止を要請している。しかし本書は幕府の忌諱に触れ、著者の伊豆配流の原因となった。自筆本は中山法華経寺本（国宝）、身延山本（明治八1875焼失）の他に自筆断簡が伝わる。本圀寺本は広本と呼ばれ経論からの引用文がかなり多い。(大)八四、昭和定本日蓮聖人遺文一・二、日本古典文学大系八二、岩波文庫、(国)一諸宗部二五ほか〔刊本〕慶長版（百部刷本）、元和版（本圀寺版）、寛永版（三種）

**りっしょう-かん-しょう　立正観抄**　一巻。法華止観同異決ともいう。日蓮の著（文永一一1274）。法華と天台止観との関係を述べ、両者の同異勝劣について論じて、末法相応の法華の法が止観に勝れていることを説く。高祖遺文録、昭和定本日蓮聖人遺文一

**りっしょうこうせい-かい　立正佼成会**　本部、東京都杉並区和田。日蓮系の新宗教教団。昭和一三年1938庭野日敬、長沼妙佼が教祖となり、霊友会から分派独立して設立。独立当初は大日本立正交成会と称し、昭和三五年立正佼成会と改称した。日蓮の教えを奉じ、各個人の人格完成を目的とし、菩薩行に挺身することを生活規律とする。教義には姓名学、気学、易学などの影響がみられる。新宗教の主導的教団である。

**りっしょう-じ　立正寺**　山梨県東山梨郡勝沼町休息。安国山と号し、日蓮宗。もと真言宗で胎蔵寺といったが、文永一一年

1274住僧辻の坊宥範が日蓮に帰して日乗と称し、日蓮を開山、日法を二世とし、自ら三世となった。のち日朝が出て八品派の有力寺院となったが、天正一〇年1582焼失。のち復興した。

**りっしょう-じ　立政寺**　岐阜市西荘。亀甲山護国院と号し、浄土宗西山禅林寺派。文和年間1352―56光居智通の開創で、後光厳・後円融・後小松各天皇の勅願所となり、明徳二年1391紫衣をうけてから常紫衣檀林寺として栄えた。〔参考〕美濃明細記九、新撰美濃志八・一六、日本名勝地誌四

**りっしょう-ちこく-ろん　立正治国論**　一巻。日親の著(永享一一1439)。日蓮の立正安国論になぞらえ、教の権実の差別を明らかにして、念仏・禅・真言・天台など諸宗の所説は誤っており、謗法であると論じて、正法の行われない国土は善神の守護がない故に不安であるから、すべからく法華の教を興立して国土を治めるべきであると説いている。本書は将軍足利義教に提出されたが、容れられず忌諱に触れた。〔刊本〕文政五1822刊〔註釈〕日就・摘註一巻

**りっせ-あびどん-ろん　立世阿毘曇論**　一〇巻。陳の真諦の訳(永定二1558または同三)。楼炭経・長阿含世記経・起世因本経などの経典に説かれる仏教宇宙論をいっそう組織的に述べた論書。作者は不詳。三―四世紀頃の成立かと推定される。二五章に分けて、須弥四洲《しゅみししゅう》・天界・地獄などの様相を明らかにし、有情の身量・寿量を論じ、成《じょう》・住・壊《え》・空の四劫を説く。所属する部派も明らかではないが、説一切有部《せついっさいうぶ》ではないらしい。大乗仏教的要素をも含有するとおもわれる。(大)三二、国一論集部一

**りつ-ぞう　律蔵**　(梵)(巴)ヴィナヤ・ピタカ Vinaya-piṭaka の訳。三蔵の一つで、仏教教団の規則と、それに関する解説とをおさめる。仏陀の入滅後、第一結集において仏陀の教え(ダンマ dhamma)とともに仏陀の制定した諸規則をまとめたものがその起源で、教団の発達とともに次第に整備増広されて律蔵として組織された。現在伝わるものには南方上座部の伝えたパーリ語のヴィナヤ・ピタカと、漢訳で伝わる法蔵部の四分律、説一切有部の十誦律、化地部の五分律、大衆部の摩訶僧祇律、およびチベット訳の律蔵がある。漢訳で伝わる四つの律蔵を総称して四部律といい、また伝訳されなかった飲光部の解脱律を加えて五部律ともいう。現存の律蔵はそれぞれ伝承してきた部派が異なるので内容に若干の相違があるが、パーリ語のヴィナヤ・ピタカが中では比較的古形をたもっている。中国では律蔵を専門に研究する律学がおこった。⇩ヴィナヤ・ピタカ　⇩四分律《しぶんりつ》　⇩十誦律《じゅうじゅりつ》　⇩弥沙塞和醯五分律《みしゃそくわけいごぶんりつ》　⇩摩訶僧祇律《まかそうぎりつ》

**りつ-にじゅうに-みょうりょう-ろん　律二十二明了論**　一巻。弗陀多羅多《ふつだたらた》の造、陳の真諦の訳。明了論と略称する。正量部(上座部系の一部派)に伝えられた律の要点を二二偈にまとめ、長行(散文)を付して註釈している。〔参考〕歴代三宝紀九、大唐内典録五、開元録七

**りどく-しょうどく　理毒性毒**　理性毒害ともいう。毒とは衆をなやませ害するもののこと。智顗《ちぎ》の請観音経疏に陀羅尼《だらに》のはたらきとして、猛獣や刀剣の難のような具体的な事毒、衆生の本性である五住地《ごじゅうじ》の煩悩である行毒、衆生の本性である真如《しんにょ》の理性《りしょう》に即した理毒を消滅しおさえると説くのに基づき、趙宋天台で、これにいう理毒と、仏も衆生もすべてが本性として具え、断たれることのない性悪《しょうあく》即ち性毒との異同について論諍された。山外派《さんがいは》の智円は理毒と性毒とは異なるとし、真如が無明を縁として諸存在を現象させるのであるから、諸存在はすべて無染《むぜん》にしてしかも染であるのを理毒とし、故に理毒は滅することができるが、性毒即ち性悪は断つことのできないものとする。これに対して、山家派《さんげは》の知礼《ちれい》は、そのような解釈は別教の説で、円教によれば理毒即性毒であると評した。

**りばた　離婆多**　(梵)(巴)レーヴァタ Revata の音写。比丘の名。①レーヴァタ・カディラヴァニヤ Revata-khadiravaniya のこと。舎利弗《しゃりほつ》の弟で、同じく出家し、少欲知足で禅定をよく修したという。〔参考〕仏本行集経四七、Dhammapadatthakathā II, 五分律二

一、増一阿含経三　②十事の非法の時の上座の名。〈⇩十事非法《じゅうじのひほう》〉〔参考〕Mahāvaṃsa, Dīpavaṃsa IV, 五分律三〇、十誦律六〇

**りほん　理本**（　―応永三〇1423）または同三五）浄土宗名越派の学僧。字は良栄、高蓮社と号した。俗性は石川氏。陸奥（磐城）の人。良天聖観に師事し、のち奥羽・関東を遊歴して諸師に学び、下野大沢に円通寺を創建して住した。教学の振興と著述に従事し当派中興の祖と称される。その流を大沢《おおざわ》流という。著書、浄土宗要集見聞一〇巻、伝通記見聞二六巻など。〔参考〕円通寺開基縁起、浄土伝灯総系譜上

**りもんじ‐ふこうみょうぞう‐きょう　離文字普光明蔵経**　一巻。詳しくは大乗離文字普光明蔵経という。唐の地婆訶羅《じばから》の訳（永淳二1683）。異訳に北魏の菩提流支《ぼだいるし》の訳の無字宝篋経、地婆訶羅が再訳した大乗遍照光明蔵無字法門経があり、チベット訳もある。一方で貪・瞋の煩悩を離れ戒をたもつことを教え、他方で如来のさとりの境地が不可思議で言語のおよぶところでないことを説く。国一経集部一五

**りやく　利益**　饒益《にょうやく》、利、益などともいう。仏の教えにしたがうことによって得られる恩恵や幸福をいう。これに自利と利他との二益があり、自利を功徳《くどく》、利他を特に利益とすることもある。またこの世でうけるのを現益（現世利益）、後の世でうけるのを当益（後世利益）といい、或いはこの世で病気を治し、命を延べ、金銭などを得ることを現世利益ということがある。真宗では真実信心のものが、この世に生存しながらすでに仏となることに定まるのを現益とし、死後浄土へ生まれると共に成仏するのを当益とする。衆生《しゅじょう》を利益するのを利生《りしょう》、利物《りもつ》といい、神仏などの霊験を特に利生ということもある。

**りゃくきょうかい‐きょう　略教誡経**　一巻。唐の義浄の訳（景雲二1711）。比丘たるものの心得を略説した経。㊅一七、国一経集部一二　〔註釈〕霊空光謙・講録、即中・注一巻

**りゃくじゅつ‐だいじょうかい‐ぎ　略述大乗戒義**　二巻。略述大乗戒義講録ともいう。俊鳳妙瑞の著（天明二1782）。法然の大乗円戒の精神を護り宣揚するために、祖意に基づき経疏を引いて大乗円戒の意義・作法を述べる。仏全七二、続浄全九　〔刊本〕天明三刊

**りゃくじゅつ‐ほっそう‐ぎ　略述法相義**　三巻。法相義ともいう。聞証（1634―88）の著。成立年不詳。法相宗の要義すなわち唯識の要旨を簡明に記述したもの。唯識の教旨を述べた百法問答抄や唯識同学鈔に基づき、初学者に煩瑣な点を改めて諸問答を簡約し組織づけて、一二七の唯識学の主要問題を挙げて解答する。㊅七一、日蔵三三、国一諸宗部一四　〔刊本〕延宝四1676刊、貞享三1686刊、同四刊、元禄一四1701刊　〔註釈〕聞証・傍註、聞証・冠註　〔参考〕依釈、聞書、科釈、見聞、壱天録、誤筆成蝿、攷証、考本箋、考文ほか

**りゃくちゅうせっこう　略中説広**　⇩広中説略《こうちゅうせつりゃく》

**りゃくでん‐しゅう　略伝集**　一巻。浄土宗典刊行会編。浄土宗の僧の伝記集。浄土宗全書に所収できなかった良栄・慶竺ら七九人の近世の伝を主として集録したもの。三縁山志所収のものは省略。浄全一八

**りゃくろん‐あんらくじょうど‐ぎ　略論安楽浄土義**　一巻。北魏の曇鸞の著。略して安楽浄土義、また単に略論ともいう。浄土三部経や浄土論などにより問答の形式で浄土の要義を概説する。六つの問答から成り、⑴浄土と三界との関係、⑵浄土論に説く二九種の浄土荘厳、⑶三輩九品の機類、⑷胎生者の相、⑸疑惑の相、⑹十念相続について、それぞれ論じる。特に⑹には渡河著脱の譬喩《ひゆ》（賊に追われて大河に行き止った旅人は、ただ河を渡ることだけを思って雑念がなかったという喩えにより、一念の信心を説いたもの）が説かれる。古来この書を鳩摩羅什の作とする説（証真の法華玄義私記）や、日本撰述とする説（霊空の即心念仏安心決定談義本）があった。前者は羅什以後に翻訳された観経や浄土論の引用があること、後者は唐の景雲二年711の年号を明記した写本が敦煌で発見されたことによって、曇鸞の著ではないとする説は、ほぼ否定されている。㊅四七、浄全一、真宗聖教全書一　〔註釈〕良山・裏書一巻、良天・裏書見聞一巻、厳的・詳解

二巻、行誡・玄譚私記三巻

**りゅう　竜**　㊵ナーガ nāga の訳。八部衆の一。蛇を神格化したもので水中に住し、雲雨を支配すると考えられている。これらの王を竜王、竜神と称し、経典中には竜・竜王教化の説話が多く見えている。法華経巻一にはその説法の席に八大竜王が列したことを述べ、大方等大集経巻五八には、善住竜王・難陀婆羅陀《なんだばらだ》竜王・阿耨達《あのくだつ》竜王・婆楼那《ばろうな》竜王・摩那蘇婆帝《まなそばてい》竜王の五大竜王が仏の威神力に帰して大乗の法を修行することが述べられている。また福蓋正行所集経巻一一には昔仏陀が比丘であった時、伊羅樹の葉を傷つけたために頭上に伊羅樹を生じて苦しんでいる伊羅鉢多羅竜王《いらばつたらりゅうおう》（医羅鉢咀羅竜王とも書く）を教化したことを述べ、有部毘奈耶破僧事巻五には尼連禅河に住する盲目の迦梨迦竜王が仏に遭って明を得たことを述べている。仏本行集経巻三一には、迦梨竜王の請いによって、仏がその宮殿に止住説法したことを述べ、雑阿含経巻二三には仏が般涅槃の前に阿波羅《あはら》、瞿波利《くはり》の二竜を降伏したことを述べてあり、西域記には以上のさまざまの竜について玄奘の見聞したことが述べられている。竜はまた河や池の神格化と考えられるものもある。竜王帰仏の説話は当時の那伽《なが》（ナーガ Nāga）族の帰仏を反映したものとする説もある。〔参考〕西域記二・三、翻訳名義集四、慧苑音義下、仏所行讃四、阿育王経二

**りゅうえん　隆円**　①生没年不詳。鎌倉時代前期の京都三条仏所の仏師。貞応二年1223から翌三年にかけて比叡山釈迦堂の本尊台座を修補。寛元元年1243には比叡山横川楞厳三昧院の本尊を修理した。建長五年1253には法勝寺阿弥陀造仏の功により、院継・院承などと共に禄を賜った。蓮華王院（三十三間堂）の千体千手観音像（重文）中に隆円銘のものが二二体ある。②（　―天保五1834）浄土宗の僧。字は順阿、託蓮社調誉順阿と号する。京都の人。九歳で出家し、仏定の門にはいって増上寺に遊学。その後各地を遍歴し、京都北野の回向院に、のち京都専念寺に住した。著書、淡海往生伝一五巻、近世往生伝一六巻。〔参考〕浄土宗経論章疏録

**りゅうえん-じ　竜淵寺**　中国四川省成都府。後漢代の創建と伝え、東晋の隆安三年399慧持が住してより蜀の名刹となり、のち南斉の曇憑、梁の慧韶、北周・隋の闍那崛多が来住した。〔参考〕高僧伝六・一三

**りゅうおん-じ　竜穏寺**　埼玉県入間郡越生《おごせ》町龍ケ谷。長昌山と号し、曹洞宗。永享年間1429―41上杉持朝が無極慧徹を開山として創建したと伝える。文明四年1472太田道真・道灌父子が泰典妙康を請じて中興した。慶長一七年1612一七世洞谷の時、下総総寧寺、下野大中寺と共に関東僧録司となり、関三刹の一と呼ばれ二三国寺院を管掌した。万治1658―61以後は三刹が交替で永平寺住職に昇任した。〔参考〕新編武蔵風土記稿一七五、和漢三才図会六七

**りゅうかい　隆海**　①（弘仁六815―仁和二886）元興寺の僧。姓は清海氏。摂津の人。願暁に三論を、中継に法相を学び、真如から密灌を受けた。貞観元年859最勝会の問者を勤め、同一六年には維摩会の講師となった。元興寺で学徒を導き、律師に補せられ、晩年には浄土教に帰したという。著書、因明九句義、二空比量義、二智義、二諦義、四諦義、方言義、仏智常住記など。〔参考〕三代実録四四・四八・四九、扶桑略記二〇、僧綱補任、今昔物語集一五、元亨釈書三、本朝高僧伝七　②（保安元1120―治承元1177）新義真言宗の僧。藤原家隆の息。大夫法印という。円明寺兼海より伝法灌頂をうけ、毘盧心印を継ぎ高野山大伝法院七世となる。和歌をよくした。〔参考〕仏灯広録、結網集

**りゅうかい-いん　竜海院**　①愛知県岡崎市明大寺町。満珠山と号し、曹洞宗。享禄二年1529岡崎城主松平清康を開基、模外惟俊を開山とする。清康の孫の徳川家康がまた朱印を寄せ、以来徳川氏と因縁が深く、徳川家臣酒井家の菩提所であった。〔参考〕竜海院年譜　②群馬県前橋市紅雲町。大珠山と号し、曹洞宗。①と同系。酒井氏が岡崎から西尾・川越を経て、慶長六年1601この地に移封されたのに従って当寺も移り、酒井氏の菩提所となった。弘化年間1844―48諸嶽奕堂により復興された。

**りゅうがいーじ　竜蓋寺**　⇩岡寺《おかでら》

**りゅうかん　隆寛**　（久安四1148―安貞元1227）鎌倉時代前期の僧。字は皆空。無我と号した。少納言藤原資隆の子。比叡山で伯父皇円、その法兄範源に師事し、権律師に任じられた。のち法然に帰依して洛東長楽寺の来迎房に住したので、その門流を長楽寺流、多念義という。嘉禄三年1227定照の弾選択に対し、顕選択を著わして法然の選択集を顕揚したが、山徒の怒りをまねいて、嘉禄の法難がおこり、奥州に流された。途中、御家人の森入道西阿のはからいで、相模の飯山にとどまり、同地で没した。著書、一念多念分別事、自力他力事、具三心義、弥陀本願義（四十八願義）、閑亭後世物語、捨子問答ほか。〔参考〕隆寛律師略伝、法然上人行状絵図四四、明義進行集二、大日本史料五ノ四

**りゅうがんーしゅかん　竜龕手鑑**　四巻。遼の行均の著（統和一五997）。広く仏典外典から音義の明確でない文字二万六千四百三十余字を集めて解釈した字書。各字を部首によって分け、さらに各部を四声によって分類し、毎字の正俗古今の字体をあげ、反切・字義を示している。編纂の態度は説文や玉篇を継いだものに過ぎないが、仏典に用いられている特殊な文字の註釈に、窺基《きき》や玄応の説を援引するなどして、特に力を注いでいる点に特色がある。大蔵経に収められなかったために、後世あまり注目されなかったが、民国二三年1934に宋代の刊本を上海商務印書館が影印し、四部叢刊続経部に収める。朝鮮や日本では八巻の板本の刊行が伝えられ日本古典全集にも収められているが、これは朝鮮で増集されたものといわれている。

**りゅうき　隆琦**　⇩隠元《いんげん》

**りゅうーぎ　竪義**　諸種の法会などで僧侶の学業を試験するため論義させること。立義とも書く。竪義を行う形式としては、竪義者（竪義とも竪者《りっしゃ》ともいう）・探題・問者（難者ともいう）・精義（証義ともいう）などが列席し、探題は一宗の学徳兼備の長者が担当して竪義者に一〇題を課し、問者は已講・擬講が担当して課題に従い難詰し、竪義者は自己の義を立てて問者と論弁し、精義は竪義者の立てた論議の得否を判断し、最後に探題が論議の得略を決定した。竪義は大同元年806以前に興福寺の維摩会で行われ、ついで薬師寺の最勝会、大安寺の法華会などでも行われた。また延暦寺では、もと六月会・霜月会に南都から探題を招いて竪義を行ったがやがて中絶し、安和元年968の六月会に竪義を行い以後恒例とした。これを広学竪義という。元亀二年1571織田信長の兵火により中絶したが、天正一七年1589に復興し、以後五年目ごとに執行して今にいたり、法華大会とよんでいる。寛仁元年1017には三井の園城寺十月会でも竪義を行い、三井竪義とも碩学竪義ともよんだ。長元八年1035には法成寺で藤原道長の忌辰に法華八講を修し竪義を行い、勧学竪義とよんだ。応永一四年1407高野山山王院で竪義を始行して竪精《りっせい》とよんだ。江戸時代には、元禄三年1690大和長谷寺で伝法会竪義を始めた。なお竪義者に対する試業は厳重で、論題一〇題に悉く及第する者は古来皆無とされたが、後世には予め論義内容を暗誦させて式場で朗読させるようになり、形式化した。〔参考〕天正一七年維摩会竪義日記（仏全一二四）

**りゅうきゅう　劉虬**　（劉宋の元嘉一五438?―南斉の建武二495?）劉宋・南斉代の隠士。南陽涅陽（河南省鎮平県南）の人。字は霊預、一に徳明という。劉宋の泰始年間465―71、官に仕えて当陽令になったが、のち官を辞して仏教を究め、竺道生に私淑して善不受報、頓悟成仏を主張し、法華経に註釈をつくった（現存しない）。出三蔵記集に収められている無量義経序によって知られるように五時七階の教判を立てた。〔参考〕南斉書高逸伝三五、南史列伝四〇、広弘明集一九

**りゅうぎょう　隆堯**　（応安二1369―宝徳元1449）浄土宗の学僧。浄厳房と号す。近江の人。叡山に学び法印大和尚位に進んだが、浄華院向阿の三部仮名鈔を読んで浄土教を志し、京都清浄華院の定玄に師事した。次いで近江金勝山に庵居してもっぱら念仏を修し、当所がのち安土の浄厳院となった。また同山の東坂にも道場を設けて道俗を教化し、これが現在の阿弥陀寺となった。向

阿の三部仮名鈔を開版したことでも知られる。著書、念仏安心大要抄一巻、称名念仏奇特現証集二巻、十王修善鈔二巻。〔参考〕湖東三僧伝、緇白往生伝上、浄土伝灯総系譜上

**りゅうけい　隆慶**　（慶安二1649―享保四1719）新義真言宗の僧。字は専順。大和の人。奈良で法相・三論・華厳などを学び、長谷寺の英岳、仁和寺の亮汰、醍醐寺の有雅について密教を修めた。尾張の長久寺、江戸の弥勒寺に歴住し、宝永五年1708長谷寺一七世となり、ついで江戸護国寺に転じた。著書、豊山伝通記四巻、理趣経授訣三巻。〔参考〕続日本高僧伝二

**りゅうげ-じ　竜華寺**　静岡市清水区村松。観富山と号し、日蓮宗。寛文一〇年1670日近が富士山を愛して一庵を創建したのに始まる。紀伊・水戸両藩の帰依が厚く、その寄進による多くの什宝を伝える。古来風光絶佳で聞こえ、渡辺華山、服部洪斎らの文人墨客の来遊が多かった。境内の大ソテツは有名で高山樗牛の墓がある。

**りゅうげ-じゅ　竜華樹**　那伽樹、竜華菩提樹《ぼだいじゅ》ともいう。竜華は(梵)ナーガ・プシュパ nāga-puṣpa の訳。弥勒《みろく》が成道《じょうどう》するときの菩提樹。弥勒菩薩はいま兜率天《とそってん》にあるが、五七億六千万年（五六億七千万年ともいう）の後にこの閻浮提《えんぶだい》に下生《げしょう》して、竜華樹の下で成道し、そこで三度大衆のために法を説くといい、その説法会座《えざ》を竜華会《りゅうげえ》、竜華三会《りゅうげさんね》、竜華三処、弥勒三会、慈尊三会などという。また弥勒仏を供養《くよう》する法会、および灌仏会を竜華会ともいう。竜華樹の華の枝は竜頭のようであり、樹の枝は宝竜のようであるといわれ、或いはこの樹はタガヤサンに似た金糸桃科の喬木であるともいう。

**りゅうげん　竜玄**　（永享七年1435―永正七年1510）真宗本願寺八世蓮如の門弟。慶聞房と号する。姓は川那辺氏。同じく蓮如の門弟である近江国金森の道西の甥。請われて幼少時より蓮如に侍し、終生常随した。当時の御堂衆《みどうしゅう》としてひろく宗典に通じ、蓮如の子弟にそれを伝授した。〔参考〕蓮如上人御一代聞書、実悟記、本願寺通紀一

**りゅうこう　隆光**　（慶安二1649―享保九1724）新義真言宗の僧。世に護持院大僧正という。字は栄春。大和の人。唐招提寺の朝意、長谷寺の亮汰に師事し、ついで京都・高野山・奈良に学び、醍醐寺の有雅から秘密儀軌ならびに重鈔の秘訣をうけた。貞享三年1686将軍徳川綱吉の命で筑波山知足院の主となり、江戸に常駐して江戸城鎮護の祈禱をした。元禄元年1688知足院を神田橋外に移し、同八年護持院と改称した。綱吉やその生母桂昌院の帰依が篤く、生類憐みの令は隆光の発議による。新義真言宗僧録司となり、また武蔵大乗院・河内通法寺・洲崎弁天・筑波神社・熱田神宮寺などを再興し、根来山の復興を企て、乙訓寺・室生寺を賜って新義派に転じさせた。宝永四年1707江戸駿河台に成満院を建てて隠居し、綱吉の没後、大和超昇寺に退いた。著書、理趣経解嘲、聖無動経慈怒鈔、筑波山縁起各二巻。〔参考〕護持院日記、豊山伝通記、常憲院実紀

**りゅうこう-いん　竜江院**　栃木県佐野市上羽田町。曹洞宗。明応三年1494佐竹義輔が父義定の追福のため水戸城内に建立、秀峰存岱を開山とする。慶長七年1602佐竹氏が秋田に移封された時、下野国間々田に移り、さらに同一八年現地に移った。〔重文〕木造エラスムス立像（伝貨狄像）

**りゅうこう-いん　竜光院**　京都市北区紫野大徳寺町。臨済宗。大徳寺の塔頭。慶長一一年1606黒田長政が父如水孝高の追福のために創建。春屋宗園を開祖とする。〔国宝〕燿変大日茶碗、密庵咸傑墨蹟、竺仙梵僊墨蹟、大覚禅師筆金剛経　〔重文〕絹本淡彩山水画、絹本著色十六羅漢像、宗峰妙超墨蹟ほか

**りゅうこう-じ　竜口寺**　神奈川県藤沢市片瀬。寂光山と号し、日蓮宗四十四本山の一。文永八年1271の竜口《たつのくち》の法難の地に弘安年間1278―88六老僧らが建立。以後、常立・本蓮・本成・勧行・法源・東漸・本竜・妙典の八寺により輪番で管理された。〔参考〕新編鎌倉志六、新編相模風土記稿一〇五

**りゅうこう-じ　竜光寺**　中国建康（江蘇省江寧府）覆舟山麓にあった寺。東晋の恭思皇后の創建。はじめ青園寺と称した。義熙五年409長安から帰った竺道生が住し、劉宋の文帝の帰依をうけたが、のち闡提成仏

の説を唱えたので、守旧の徒のために寺を逐われた。その年、竜の昇天する異があったので竜光寺と改称。のち、宝林・法宝・慧生らが来住して道生の説をひろめ、その後も多くの碩学が住した。梁代には僧綽が当寺で成実を講じ、弟子に慧韶・警韶らがいた。唐の会昌年間841―46廃されたのを、咸通二年861再興し竜光院（一に月灯禅院）の額を賜り、下って五代の頃、再興されたが、のちに廃絶した。〔参考〕高僧伝巻七（道生伝）

**りゅうこう‐じ　竜興寺**　唐の神竜元年705天下の諸州に中興寺観を設け、同三年竜興寺と改めたと伝え、また開元二六年738勅して天下の諸郡に竜興・開元の二寺を置き、国忌には竜興寺で行道散斎させ、千秋節には開元寺で祝寿させたという。各地の竜興寺の中にはもとからあった寺を改称したものも少なくなく、長安の竜興寺はもと普光寺と称したという。河北省正定府に現存する竜興寺はもと竜蔵寺と称し、隋の開皇六年586の創建。唐代に金銅の大観音像が造られたが五代の頃、契丹の兵火で上半身を失い、ついで軍費にあてるため銭に鋳られた。宋の太祖（960―76在位）のとき、寺を現地に移し、千手千眼観音の大像を建立。のちしばしば重修され、一時大いに栄えた。〔参考〕旧唐書本紀七、仏祖統紀四〇、宋高僧伝五・六・一〇、円仁・入唐求法巡礼行記、景徳伝灯録九・一二・四九

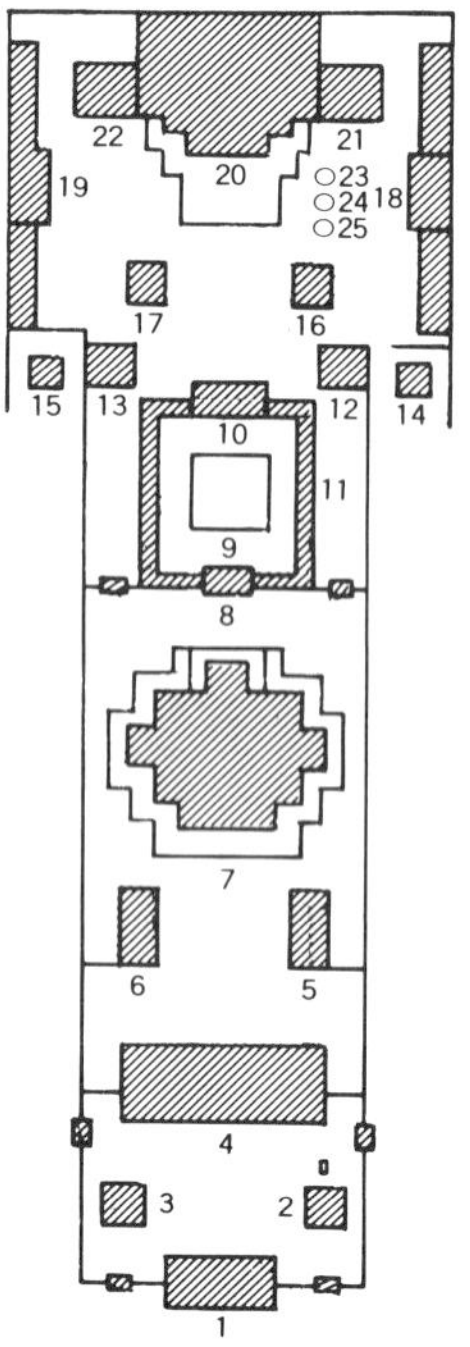


1.天王殿 2.鐘楼 3.鼓楼 4.大覚大師殿址 5・6・8.牌門 7.摩尼殿 9.戒壇 10.韋陀殿 11.比丘殿廊 12.慈氏閣 13.輪蔵 14・15.牌楼 16・17.碑楼 18.禅堂 19.祖師堂 20.仏香閣 21.御書楼 22.集慶閣 23.元碑 24.宋碑 25.隋碑

竜興寺伽藍配置図（中国文化史蹟）

**りゅうこう‐しゃっきょう‐へんねんつうろん　隆興釈教編年通論**　二九巻。御製序録一巻。編年通論ともいう。南宋の祖琇の著（隆興二1164）。中国に仏教が伝来して以来、五代・南宋に至る間の仏教宣布の事跡を編年的に叙述したもの。主に高僧の業績を挙げ、特に禅僧に詳しい。又しばしば論曰として著者の意見を示している。(続)二乙・三・三―四〔刊本〕五山版、寛文一〇1670刊

**りゅうこく‐こうしゅ‐でん　竜谷講主伝**　一巻。宗朗の編（明和五1768）。真宗本願寺派の能化であった西吟・知空・若霖・法霖の略伝記。真全六六〔刊本〕明和五刊

**りゅうじゅ　竜樹**　（一五〇―二五〇頃）(梵)ナーガールジュナ Nāgārjuna の訳。竜猛、竜勝とも訳す。大乗仏教の基盤を確立した思想家で、中観派の祖。以後の仏教はすべてその影響下にあるといっても過言ではないほど、インド・中国・日本・チベットを通じて高く評価される。日本では南都六宗・天台・真言をあわせた八宗の祖とされるほか、真言宗八祖・真宗七祖の一人としても数えられる。また付法蔵の第一三祖に数える。南インドのバラモンの生まれで、当時南インドを統治していたサータヴァーハナ Sātavāhana（沙多婆訶）王朝の国王と交際があったらしい。少年のころ、四ヴェーダを含むあらゆる学問に通じたが、やがて仏教に転じ、出家受戒して小乗を学び、その他の仏教の典籍すべてに精通した。のちインド東北部にわたって雪山《せっせん》（ヒマラヤ

竜樹（三百尊像集）

Himālaya)に渡り、大乗経典を学んだ。その後諸国を遍歴してあらゆる仏典を学び、また当時のインド哲学諸派の思想をも究めて、多数の論書を著わし大乗思想の基礎をきづいた。晩年は南インドに戻り、黒蜂山に住したという。竜樹の伝記は中国およびチベットに伝わるが、誇張が多く、南海の竜宮に至って多くの大乗経典を得たなどの神話化のあともいちじるしい。著書には主著である中論頌のほか、空七十論、廻諍論、六十頌如理論、広破経(ヴァイダルヤ・スートラ Vaidalya-sūtra)・広破論(ヴァイダルヤ・プラカラナ Vaidalya-prakaraṇa)、宝行王正論、竜樹菩薩勧誡王頌、大乗二十頌論、因縁心論頌、因縁心論釈、大乗破有論、大智度論、十住毘婆沙論、十二門論などがある。ただし、大智度論・十住毘婆沙論などのように、同一の竜樹の著作か否かが疑われているものもある。〔参考〕竜樹菩薩伝、西域記一〇、付法蔵因縁伝、ターラナータ仏教史、プトン仏教史

**りゅうじゅ-ごみょう-ろん　竜樹五明論**　二巻。竜樹の作と伝えられるが疑わしく、中国の仏教者の手に成る一戯作と考えられている。成立年不詳。内容はさまざまな呪法を説いたもので、信ずるに足りないものが多い。明らかに道教的な要素を含む。㊅二一

**りゅうしゅ-じ　竜珠寺**　韓国京畿道水原郡安竜面。三十一本山の一。新羅文聖王一六年854廉居が葛陽寺を創建し高麗・朝鮮の重修を経て、李朝仁祖一二年1634諸堂の大半を焼失したのを、孝宗三年1651正学・孝順らが再建した。ついで正祖一三年1783正祖は父荘献世子の墓をこの地に移し、翌年、葛陽寺を再興して竜珠寺と名づけ、また大報父母恩重経を刻んで追善した。

**りゅうじゅぼさつ-かんかい-おうじゅ　竜樹菩薩勧誡王頌**　一巻。唐の義浄(635—713)の訳。異訳に劉宋の求那跋摩《ぐなばつま》の訳の竜樹菩薩為禅陀迦王説法要偈(一巻)と、劉宋の僧伽跋摩《そうぎゃばつま》の訳の勧発諸王要偈(一巻)がある。チベット訳もあり、それによれば梵語原題はスフリッレーカ Suhṛllekha(親友への手紙)である。竜樹(ナーガールジュナ Nāgārjuna)が友人である東インドの一王のために与えた訓誡を内容とする。チベット訳からの英訳および独訳がヴェンツェル Wenzel によってなされた。㊅三二

**りゅうしょう-いん　竜正院**　千葉県香取郡下総町滑川。俗に滑河観音堂という。坂東三十三カ所第二八番札所。滑川山と号し、天台宗。承和年間834—48小田宰相将治が当地朝日淵で観音および地蔵を感得し創建したという。〔重文〕仁王門

**りゅうじょ-じょうどもん　竜舒浄土文**　一二巻。南宋の王日休(　—1173)の編。成立年不詳。浄土文と略称する。経論や史伝の書から浄土教に関する要文を抜抄し編録。最初の一〇巻が王日休の原作で、後人の増輯改訂が一巻。浄土起信・浄土総要・普勧修持・修持法門・感応事蹟・特為勧喩・指迷帰要・現世感応・助修上品・浄濁如一の一〇章から成る。その編纂の趣旨は浄土の教には死後のみならず生前日常に利益があると説いて、十声念仏を勧めることにある。また東晋の慧遠以下宋の憑氏夫人にいたる三八人の浄土信仰の事跡や、念仏者が現世に感得した応験の実例をあげ、理に達した者には濁世にあって浄土に住むのと異ならないことを強調する。増輯二巻には、天台智顗の勧修行人専修浄土、永明延寿の戒無証悟人勿軽浄土、善導の臨終往生正念文など一〇篇を収める。なおハックマン H. Hackmann のドイツ語訳 Laier-Buddhismus in China(1924)がある。㊅四七、浄全六

**りゅうしん　立信**　(建保元1213—弘安七1284)浄土宗西山派の僧。隆信とも書く。字は円空。極楽房と号する。大和の人。西山派の祖証空に師事して宗義に精通し、宝治年間1247—49(一説に建長三1251)京都深草に真宗院《しんじゅういん》を開いた。往生院・光明寺・遣迎院・誓願寺などにも住し、門下に如円・顕意・戒円らがいる。その門流を深草流という。著書、観経疏記一〇巻など。〔参考〕浄土源流章、東国高僧伝一〇、本朝高僧伝一五、浄土列祖伝三

**りゅうせい　竜惺**　(至徳元1384—寛正元1460)臨済宗の僧。字は瑞巌。和泉の人。姓は山名氏。建仁寺の天祥一麟に随従して

その印可を得た。足利義政の請により建仁寺に住し、のち南禅寺の住持となったが、半年で東山霊源院に退いた。〔参考〕瑞巌禅師行道記、本朝高僧伝四一

**りゅうせん　立詮**　（慶長三1598—寛文三1663）真言宗の僧。高野山興山寺第四世。和泉の人。俗姓は阿部氏。九歳で文殊院勢誉の室に入り、その才能から文殊童と称された。慶長一五年勢誉に従って出家、元和四年1618宝性院朝印に中院流の伝法職位を受ける。以後醍醐などの各流を相承し、また悉曇・声明を学ぶ。寛永一六年1639将軍徳川家光に謁し、天海と接する。慶安二年1649幕命で興山寺四世に就任。万治三年1660伊勢朝熊山に隠退した。

**りゅうせん-じ　竜泉寺**　①大阪府富田林市龍泉。牛頭山医王院と号し、高野山真言宗。推古天皇四年596に蘇我馬子の創建、のち空海の再興という。天長年間824—34真如法親王が本寺で行った祈雨の験があり、同五年勅により藤原冬緒が復興。正平年間1346—70楠木氏一族が竜泉城に籠り、ために兵火で焼失したという。慶長一八年1613八脚門が修理されるなど、のち次第に復興された。庭園は国指定名勝。なお境内の発掘調査の結果、奈良時代前期の古瓦をはじめとして、院跡・瓦窯跡などが発見された。〔重文〕仁王門　②愛知県名古屋市守山区吉根。松洞山大行院と号し、天台宗。延暦年間782—806最澄の創建と伝え、熱田神宮の奥院と称された。しばしば兵火などにより炎上したが、慶長三年1598僧純が復興して興隆した。当地は竜山と称し、和歌の名所。〔重文〕仁王門、木造地蔵菩薩立像　〔参考〕沙石集　③奈良県吉野郡天川村洞川。大峯山と号し、真言宗醍醐派。大峯登山の根拠地。役行者の開基、空海の中興と伝え、中世には本山・当山両派の秘所で共同管理を受けた。護持院五寺の一。明治以後醍醐派となる。

**りゅうせん-じ　滝泉寺**　東京都目黒区下目黒。泰叡山と号し、天台宗。大同年間806—10、円仁東国巡錫の際に不動明王の夢告を得て建立したとも、また円仁が日本武尊を不動明王に擬してまつったともいう。貞観二年860清和天皇から勅額を賜った。寛永元年1624徳川家光が当寺に放鷹の本陣を置き、諸堂を造営してから、目黒不動として有名。また堂宇が壮麗なので目黒御殿とも呼ばれた。〔参考〕江戸名所図会三、江戸名所記六

**りゅうぞう　竜象**　㊵ナーガ nāga は竜とも訳し、象とも訳す。高徳で学識のあるすぐれた僧を竜象と呼ぶのは、水族と獣類の王に喩えたのである。

**りゅう-そうげん　柳宗元**　（大暦八773—元和一四819）唐代中期の儒者。字は子厚、柳州と号す。河東（山西省永済県）の人。貞元九年793の進士。累官して礼部員外郎となる。柳州（広西省馬平県）に左遷され、重巽《じゅうそん》などの高僧や、韓愈《かんゆ》と親しみ仏教に通じる。東海若《とうかいじゃく》一篇をはじめ、仏教関係の著書が多い。柳河東集四五巻に収める。〔参考〕柳子厚墓志銘（韓昌黎集三二）、旧唐書一六〇、新唐書一六八、編年通論二〇—二三、居士伝一九

**りゅうそん　隆尊**　（大宝二702—天平宝字四760）元興寺の僧。玄昉・行基・良弁らと共に義淵の高弟。東大寺大仏開眼会の講師を勤めた。当時仏教界の情勢から伝戒の明師を招請する要を説き、栄叡・普照を唐に遣わし、鑑真が来朝する機縁を作った。〔参考〕続日本紀、東大寺要録、本朝高僧伝四

**りゅうたつ　隆達**　（　—寛永二1625）名は日長。隆達は字。已成院、自庵、月楽軒と号する。父隆喜の没後、和泉顕本寺の高三坊を継ぎ、書画に長じた。特に美声で俗謡をよくしたので、小唄隆達と呼ばれる。利休らと共に豊臣秀吉の知遇を得た。著書、隆達小歌（日本古典全書、日本古典文学大系四四）。〔参考〕顕本寺記録

**りゅうち　竜智**　㊵ナーガボーディ Nāgabodhi の訳。インド南部の人で密教付法の第四祖とされる。竜猛（竜樹）の弟子で南インドにおいて金剛智に法を付し、またセイロン島で不空に法を伝えたという。異常の長寿を有していたといわれるが、竜樹は二世紀頃の人と考えられ、金剛智や不空は八世紀はじめの人であるから、この伝えは一種の神話と解釈すべきであろう。チベット大蔵経中には彼の著が多く伝えられている。〔参考〕金剛頂瑜伽三十七尊出生義、貞元新定釈教目録一四、不空三蔵表制集六、宋高僧伝一、秘

密漫茶羅教付法伝一

**りゅうちん　竜琛**　（　—明応七1498）臨済宗の僧。字は九淵、葵斎と号した。宝徳三年1451入明。帰朝後、建仁寺・南禅寺に住持した。詩文にすぐれ、絵にも長じたという。文集・葵斎集は、現存しない。〔参考〕五山文学史稿、五山文学小史、本朝画史

**りゅうていし　劉程之**　（東晋の永和八352—義煕六410）東晋代の隠士。彭城の人。字は仲思、遺民と号した。老荘をよくし、はじめ官についたが、のち慧遠に師事し、宗炳・雷次宗らと共に廬山に入って念仏を修した。その時の結社の誓願文は彼の作ったもの。また、羅什の弟子僧肇とも交友があった。〔参考〕高僧伝六（慧遠伝）、出三蔵記集一二・法論目録、仏祖統紀二六、居士伝二

**りゅうてん　竜天**　（延宝五1677—明和四1767）新義真言宗智山派の僧。字は琳珊。常陸の人。智積院能化一七世。はじめ隆誉に師事し、のち醍醐の真円に相学を学び、仁和寺の宥証に伝流の印可を受けて、智山の伝流を興した。〔参考〕竜天和尚行業記

**りゅうとう　竜統**　（承応二1653—延享三1746）黄檗宗の僧。名は元棟。竜統は字。姓は志方氏。大坂の人。黄檗山慧極道明に師事し、長崎東光寺に住した。当時黄檗宗の宗風は弛緩し、万福寺一三世竺庵浄印が退いた後、幕命によって一四世を継ぎその刷新を計った。日本人で黄檗山住持となった最初の人。〔参考〕黄檗譜略、黄檗諸祖伝二

**りゅうどう　立道**　（宝暦五1755—天保七1836）浄土宗の学僧。字は慧玄、心蓮社得誉尚阿という。姓は黒川氏。京都の人。聖光寺良瑞について得度し、学信に学んだ。また江戸に下って増上寺霊応より宗脈を承け、長泉寺普寂に華厳・起信・唯識を学び、特に選択集に通じた。天明三年1783嵯峨正定寺に住持し、のち竹林庵に隠棲した。詩文をよくした。著書、華厳大疏鈔引拠一巻、唯識述記玄談一巻、楞伽玄略抄一巻、論註講録三巻、選択集批判一巻、徹選択試言一巻など多い。〔参考〕立道上人伝、略伝集

**りゅうとうじ　竜頭寺**　山形県飽海郡遊佐町上蕨岡。鳥海山と号し、真言宗智山派。創建年などは不詳であるが、慈照の開創という。出羽一宮鳥海山大物忌神社の別当寺で、一山を松岳山光岩院観音寺といったが、江戸時代に現寺号を一山の総称とした。京都三宝院門跡の末寺で修験道を奉じ、毎年三月一八日、当寺の北東方の鳥海山に入峯作法を修した。宝永三年1706京都小池坊亮貞から常法檀林所の許状を受け、智積院に属した。明治維新の神仏分離で当寺以外の一山三二坊はすべて還俗した。〔参考〕出羽国新風土記、出羽風土略記六、日本名勝地誌五

**りゅうにょじょうぶつぎ　竜女成仏義**　一巻。法華竜女成仏権実義ともいう。北宋の源清の著（太平興国二1977）。法華経提婆達多品の竜女成仏説についての疑問を、智顗の法華文句を参照して趙宋天台山外派の立場にたって解明したもの。この書物に対して四明知礼の八代の法孫である南宋の善月は、法華竜女成仏権実文旨一巻を著わし、日本の三井寺の慶祚も長徳五年999に法華竜女成仏権実疑難一巻を作って反論した。㊫二・五・五

**りゅうは　竜派**　（　—文安三1446）臨済宗の僧。字は江西、豩《ひん》庵と号した。京都の人。建仁寺天祥一麟に師事し、ついで南禅寺に住したが、晩年には東山の続翠軒に隠居した。文辞を称された。著書、江湖集抄、天馬玉津沫、続翠稾。〔参考〕延宝伝灯録六、本朝高僧伝四一

**りゅうふくじ　竜福寺**　山口市大殿大路。瑞雲山と号し、曹洞宗。建永元年1206大内満盛の創建と伝え、延元元年1336大内弘直が再興。もと臨済宗であったが、享徳三年1454大内教弘が雪心を請じて中興開山とし、現宗とした。〔重文〕本堂

**りゅうへん　隆遍**　（久安元1145—元久二1205）真言宗の僧。権右中弁藤原光房の息。仁和寺慈尊院の堯真に師事し、保寿院覚成に伝法灌頂を受けた。建仁二年1202大僧都に補せられ、翌年法印、元久二年東寺三の長者に叙せられた。慈尊院法印と呼ばれ、その門流を慈尊院流（広沢六流の一）という。弟子に寛後・隆賢らがいる。著書、広保諸尊次第、諸尊法一結など。〔参考〕東寺長者補任二、野沢血脈集三

**りゅうほんじ　立本寺**　京都市上京区

七本松通仁和寺街道上ル一番町。西竜華具足山と号し、日蓮宗本山。応永二〇年1413妙顕寺が延暦寺の衆徒に破壊された時、日実は四条大宮櫛笥《くしげ》に本応寺を建てて、月明の妙本寺と対立した。のち立本寺と改称したが、天文法華の乱で破却され、文禄年間1592—96に京極今出川に移り、さらに宝永五年1708洛中の大火に類焼して現地に移った。妙顕寺、妙覚寺と共に竜華三具足山の一。〔重文〕法華経幷観普賢経（藍紙）、紺紙金銀泥法華経宝塔曼荼羅図 〔参考〕立本寺旧記、都名所図会六、新編法華霊場記三

**りゅうみょう 隆明** （寛仁四1020—長治元1104）天台宗の僧。権中納言藤原隆家の息。験徳をもって増誉と並び称せられた。護持僧として白河上皇の金峯山法華経等の供養に奉仕した。大僧正に進み、承徳二年1098園城寺長吏（三一世）に補せられた。〔参考〕寺門伝記補録一三、寺門高僧記、本朝高僧伝五〇

**りゅうもん-じ 竜門寺** 兵庫県姫路市網干区浜田。天徳山と号し、臨済宗妙心寺派。万治・寛文1658—73の頃願主京極高豊が古寺の旧跡をトし、永琢を開山として創建。永琢は当地の人で、字を盤珪、仏智弘済禅師と呼ばれ、寺門は大いに興隆した。寺宝に縫涅槃像、その他古文書がある。

**りゅうもん-せっくつ 竜門石窟** 中国河南省河南府洛陽の南郊にある石窟。竜門龕、伊闕《いけつ》龕《がん》とも称する。北魏の孝文帝

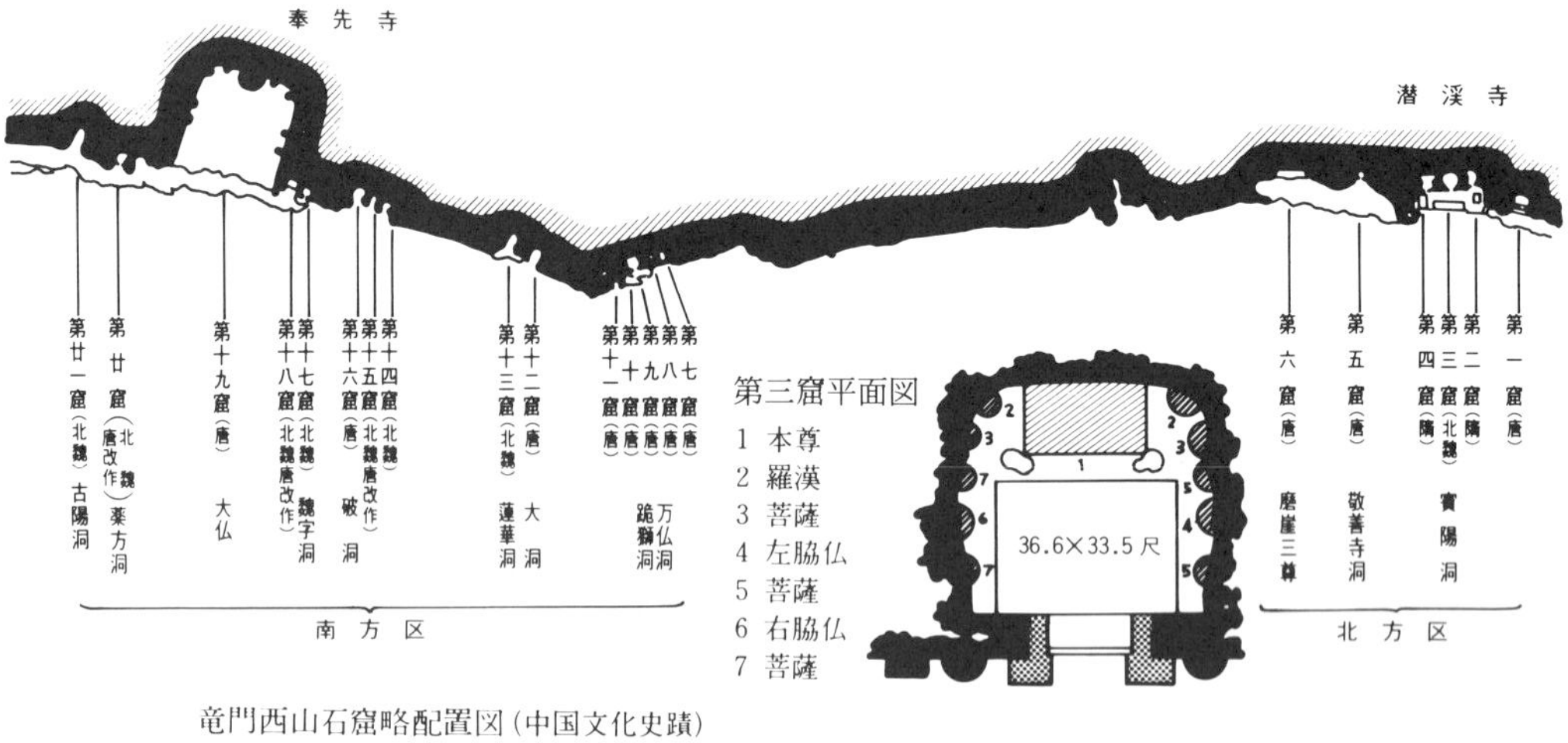

竜門西山石窟略配置図（中国文化史蹟）

が、太和一七年493洛陽に都をうつす直前（太和七年の起工という）から着手され、ひきつづき唐代の則天武后の頃まで営まれた。雲岡の石窟に続く様式を示している。伊水をはさんで、その両岸の香山・竜門山の石壁に掘られたもので、大小の窟龕数千がある。とりわけ、左岸のものは北魏以来経営された所であり、主要なもの二一窟を数え、小渓を距てた北に第一—六、南に第七—二一の窟がある。第二一窟（古陽洞、老君洞ともいう）は最も古く、第三窟がこれに次ぎ、第一三・一四・一五・一七・一八・二〇の六窟も北魏時代に掘られたらしく、その他は隋・唐代の造営にかかる。第一九窟は奉先の大仏と号し、善道の検校したもので規模も最大。右岸の諸窟では、石窟寺が有名。仏像の様式は、初期のものには交脚像が多く、絵画的な複雑さを示し、のちになるほど豊麗さを加えて写実的に進んでいる。

**りゅうもん-やわ 竜門夜話** 二巻。妙喜宗績（臨済宗の卓洲胡僊門下）の著（天保一一1840）。著者が信濃国竜門に居住して書いたもので、わが国の義空から師錬に至る禅僧の参禅機縁語句を集めた書。〔刊本〕天保一四刊

**りゅうゆ 隆瑜** （安永二1773—嘉永三1850）真言宗の僧。字は唯明。安房の人。智積院に学び、安房の宝珠院・江戸の円福寺に歴住し、智積院能化となった。のち京都大報恩寺に退いたが、智積院に書庫を建て聖

教の保存を計った。著書、秘蔵記拾要記九巻、菩提心論拾要記三巻、起信論集釈八巻ほか。

**リューデルス Lüders, Heinrich** (1869−1943)ドイツのインド学者。ゲッティンゲン、ロストク、キール、ベルリン各大学教授を歴任。アシュヴァゴーシャ Aśvaghoṣa(馬鳴《めみょう》)を中心とする仏教文学の研究に主として従事し、中央アジア発見の梵語写本から馬鳴の作と考えられる三篇の戯曲の断簡を見出し、Bruchstücke buddhistischer Dramen(仏教戯曲の断片1911)として発表した。またクマーララータ Kumāralāta の著作の写本断片を整理して復元し、これが漢訳において馬鳴の作に帰せられる大荘厳論経の原本であることを主張した(Bruchstücke der Kalpanāmaṇḍitikā des Kumāralāta, 1926)。その他 Das Würfelspiel im alten Indien(古代インドの賭博1907)などの著書がある。

**りょう 量** ㊵プラマーナ pramāṇa の訳。対象を量《はか》り知り認識論証すること。その量知する主体を能量、量知されることがらを所量、量知された結果、または結果を知るものを量果といい、これを三量という。唯識宗では四分説の見分・相分・自証分が順次にこれら三量に当たるとする(成唯識論巻二)。また、どのような方法で量知されるかに従って種々の量が説かれる。現量(㊵プラティアクシャ・プラマーナ pratyakṣa-pramāṇa の訳)とは比知推度《すいたく》をまじえない直覚的認識であって、前五識、前五識と同時に起こる意識、自証分、定心《じょうしん》などの無分別心《むふんべつしん》によるものである。例えば眼識が色境《しききょう》を認識する場合は現量である。比量(㊵アヌマーナ・プラマーナ anu-māna-pramāṇa の訳)とは既知の事実を因として未知の事実を比知する推理的認識であって、前五識と同時に起こらない散地の意識によるものであり、例えば煙のあることによって火の存在を知るような場合である。聖教量《しょうぎょうりょう》は正教量、至教量、声量ともいい、聖者のことばには誤りはないものとしてこれによって種々の義を量知するのをいう。非量《ひりょう》は似量《じりょう》ともいい、似て非なる誤った現量および比量、即ち似現量《じげんりょう》と似比量《じひりょう》とをいう。例えば衣は色《しき》などの四塵の他に別の自体がないにもかかわらず、有分別心《うふんべつしん》によって「衣は実在する」とするなどは似現量であり、霧を見て煙とし、それによって火の存在を証明しようとするなどは似比量である。このうち、現量・比量・非量の三を、或いは現量・比量・聖教量の三を三量という。また現量と比量とは非量に対しては真現量・真比量と称される。比量に自比量(自比ともいい、自己のための比量で、智を本質とし、この場合は必ずしも他に発表するを要しない)と他比量(他比ともいい、他のための比量で、自比量による認識の智を他に語る場合の比量)とがある。また(1)自比量(自己のみが許して他が許さない理由根拠、即ち因によって立てられた比量)・(2)他比量(他のみが許して自己が許さない比量)、(3)共比量《ぐうひりょう》(共比ともいい、自他ともに許す比量)を三比量という。また(1)相比量(煙の相を見て火の存在を推知するように、ものの相、即ちすがたに関する比量)・(2)体比量(現在の体を見て過去、未来の体を推知するように、ものの自体に関する比量)・(3)業比量《ごうひりょう》(草木の動揺するのを見て風のあることを知るように、作用、即ちもののはたらきを見て、その作用のよりどころを推知すること)・(4)法比量(無常であることによって苦であることを知るように、相互に親しい関係にある法の間で、一によって他を推知すること)・(5)因果比量《いんがひりょう》(因によって果を、果によって因を推知すること)を五種比量という。仏教では古くは現量・比量・聖教量の三量を説き、また譬喩量(牛によって水牛を知るように、類似のものによってそのものを知ること)を加えた四量、義准量(例えば無常であるものは必ず無我であるから、法が無我であることに准じて無常であることを知るようなもの)を加えた五量、無体量(例えば部屋の中へ入って主人が不在であることを知ることによっていまいる場所を知るようなもの)を加えた六量などをも立てたが、陳那《じんな》に至って現量・比量の二量説にまとめられた(因明入正理論疏巻上本)。

**りょうあ　了阿**　（安永元1772—天保一四1843）天台宗の僧。姓は村田氏。字は春山。台麓、一枝堂と号する。江戸の人。はじめ契沖の歌風を慕い国書に親しんだが、剃髪して浅草金地院に入る。特に戒をもって称された。和歌、書に名がある。著書、一枝堂抄録二六二巻など。

**りょうあん-じ　竜安寺**　京都市右京区龍安寺御陵ノ下町。大雲山と号し、臨済宗妙心寺派。当地はもと円融寺の跡地であったが、左大臣藤原実能が山荘を営み傍に徳大寺（得大寺）を建立した。宝徳二年1450細川勝元はその地を譲りうけて禅院を建て、妙心寺の義天玄詔を請じたが、義天は師の日峰宗舜をもって開山とし自身は二世となった。応仁の乱で焼失したが、のち細川政元は特芳禅傑を請じて再興した。よって徳芳を中興の祖とする。以後、豊臣秀吉、徳川家康らの崇信を受け栄えたが、寛政年間1789—1801火災にあって衰えた。方丈の前庭（国指定史跡・特別名勝）は枯山水の石庭として有名。〔重文〕紙本墨書太平記（西源院本）、本堂（方丈）　〔参考〕雲山志、雍州府志五、都名所図会六

**りょうい　了意**　（慶長一七1612—元禄四1691）京都二条の真宗大谷派本性寺の僧。姓は浅井氏。江戸の人。士分の出と考えられ、その経歴は不詳であるが、内外の典籍に通じ、その著述は三一部三百五十余巻に上る。特に松雲、瓢水子、昭儀坊と号し、仮名草子作者として著名。著書、勧信義談鈔六巻、三部経鼓吹七六巻、往生十因直談一五巻、仏説十王経直談一五巻、勧信念仏集一巻、願々鈔注解三巻（以上、法談）、東海道名所記六巻、江戸名所記七巻、京雀《きょうすずめ》七巻、御伽婢子《おとぎぼうこ》一三巻、狗張子《いぬはりこ》七巻、堪忍記八巻など。

**りょうい　良意**　（寛仁二1018—寛治元1087）園城寺の僧。藤原良経の子。行円の門に入り、頼尋に師事、行観より灌頂を受けた。護持僧となり、青竜院を建てて御願寺とされた。〔参考〕寺門伝記補録一五、本朝高僧伝五〇

**りょういん　良胤**　（建暦元1211—正応四1291）真言宗の僧。字は大円。源頼政の後裔。醍醐寺の実賢に師事して密教を修め、観勝寺に住して亀山上皇に秘密灌頂を授けた。元寇に際し調伏法を修して験があった。後世その門流を岩倉方という。〔参考〕続伝灯広録七、本朝高僧伝一六

**りょううん　了運**　（観応元1350—永享四1432）曹洞宗の僧。字は籌山。加賀の人。はじめ南禅寺省徳に参じたが、辞して加賀大乗寺桂巌英昌に師事しその席を嗣いだ。〔参考〕日本洞上聯灯録五

**りょうえ　了慧**　⇩道光《どうこう》①

**りょうえ　良恵**　①（嘉承二1107—久安四1148）融通念仏宗大念仏寺二世。字は厳賢。俗名は橘輔元。長承元年1132開祖良忍の法を継ぎ、以来一六年間同寺に住した。晩年摂津神峰山に退く。四万三千遍の行者と呼ばれた。著書、融通念仏和讃。〔参考〕大念仏寺旧記　②（建久三1192—文永五1268）真言宗の僧。九条兼実の息。仁和寺道法に両部の大法を受け上乗院に住した。一身阿闍梨、護持僧となり、延応元年1239東大寺・広隆寺別当になった。翌年大僧正に進み東寺長者法務に前後三度補任された。〔参考〕本朝高僧伝五五　③（慶長四1599—延宝二1674）融通念仏宗の僧。字は舜空。良実に師事して摂津大念仏寺四三世をつぎ、堂舎の復興につくし、大原南坊との本末の争いに決着をつけて大念仏寺を一宗の総本山とした。〔参考〕大念仏寺記録

**りょうえい　良永**　（天正一三1585—正保四1647）真言宗の僧。字は賢俊。対馬の人。高野山中性院に学び、明忍の指示により京都槇尾の慧雲に律を学び受戒。のち高野山に帰り、重源《ちょうげん》の遺跡新別所に蟄居し施薬、説戒した。また河内叡福寺の仏塔を修理した。〔参考〕本朝高僧伝六三、律苑僧宝伝一五

**りょうおん　了音**　生没年不詳。鎌倉時代末期の浄土宗西山派の僧。法興（浄音）に宗義を学び、称念寺・本願寺の学頭になった。山城八幡、京都六角に居住して、観経四帖疏六角鈔八巻を撰述した。その門流を六角義という。〔参考〕浄土伝灯総系譜下、蓮門経籍録上

**りょうが　了雅**　⇩先啓《せんけい》

**りょうかい　了海**　①（延応元1239?—

元応二1320?)真宗の僧。親鸞門下の関東六老僧の一。武蔵大井の人。はじめ比叡山で天台を学んだが、仏光寺三世の源海に会って親鸞の直弟となったと伝える。弘安元年1278仏光寺四世をつぎ、一説には晩年は仏光寺を弟子誓海にゆずって阿佐布に帰り、善福寺を興したという。諸伝によって生没年代など記伝が一定していない。著書、還相廻向聞書二巻、他力信心聞書一巻。〔参考〕仏光寺系図、仏光寺法脈相承略系譜、仏光寺名所図会、麻布善福寺縁起、本願寺通紀巻七 ②(　—延宝二1674)真宗の学僧。肥後の人。はじめ本願寺派に属して延寿寺月感に学んだが、教養の争論から月感に先んじて大谷派に帰属し、堂僧として七条寺内の東坊に住して真宗学を講じた。のち学寮が設けられると初代の講者に任じられ、大正一三年1924講師を追贈された。著書、文類聚鈔直解六巻など。〔参考〕大谷派学事史、月感年譜

**りょうかい　良价**　(元和二1807—咸通一〇869)唐代末期の禅僧。五家の一、曹洞宗の祖。姓は俞《ゆ》氏。新豊和尚とも称し、悟本禅師と諡号する。会稽諸暨《しょき》(浙江省諸暨県)の人。青原行思四世の曇晟《どんじょう》の法を嗣ぎ、筠州《いんしゅう》(江西省高安県)に洞山を創した。よって、洞山良价、単に洞山ともいう。詩偈にすぐれた。語録一巻(または二巻)、別に五位顕訣一巻を伝える。〔参考〕祖堂集六、宋高僧伝一二、景徳伝灯録一五

**りょうかい　良快**　(文治元1185—仁治三1242)天台宗の僧。九条兼実の息。叡山に登り尊忠・慈円・覚什らに天台の教学を学ぶ。寛喜元年1229天台座主に補せられた。〔参考〕天台座主記

**りょうかい　亮海**　(元禄一一1698—宝暦五1755)真言宗の僧。字は如実。上野の人。はじめ智積院で学んだが、辞して東大寺、根来山《ねごろさん》に遊学し、紀州荒川法林寺に住持した。著書、十住心論冠註一〇巻、大日経疏講録一〇巻など。

**りょうが-きょう　楞伽経**　原名はランカー・アヴァターラ・スートラ Laṅkāvatāra-sūtra という。仏陀が楞伽山で説いたという教説をおさめる大乗経典。紀元四〇〇年前後の成立と見られる。さまざまの学説がもりこまれており、雑然とした印象を与えるが、五法・三性・八識・二無我の説によって唯識を説き、唯識説でいう阿頼耶識の本体は如来蔵に他ならないとして、如来蔵思想と唯識の阿頼耶識説との融合をはかった点がもっとも注目される。楞伽経においては如来蔵と阿頼耶識とは同じものの両面であって、如来蔵は悟りの世界に、阿頼耶識は迷いの世界にかかわるとされる。その他、仏に法報応の三身があること、五種姓の別、一闡提成仏などが説かれる。また竜樹の空思想の影響もみとめられ、さらに仏滅後八〇〇年に竜樹が出現するという、いわゆる楞伽懸記が述べられるなど、竜樹の系統を一面でひいていることも明らかである。漢訳には⑴劉宋の求那跋陀羅《ぐなばつだら》の訳の楞伽阿跋多羅宝経(四巻)、⑵北魏の菩提流支《ぼだいるし》の訳の入楞伽経(一〇巻)、⑶唐の実叉難陀《じっしゃなんだ》の訳の大乗入楞伽経(七巻)の三本があり、それぞれ四巻楞伽・十巻楞伽・七巻楞伽と通称される。梵本は南条文雄により校訂出版された(1923)。梵本と漢訳三本のうち、梵本および十巻楞伽・七巻楞伽は四巻楞伽にない三章を含んでいるので、四巻楞伽がこの経のもっとも原始的な形態を保持しているものと思われる。漢訳の中では七巻楞伽が比較的梵本に近い。チベット訳には二本がある。梵本からの日本語訳が南条文雄・泉芳璟(1927)および安井広済(1976)によって発表されている。㊅一六、国一経集部七(十巻楞伽)〔註釈〕明の宗泐・如玘による楞伽阿跋多羅宝経註解八巻は四巻楞伽を釈し、唐の法蔵の入楞伽心玄義一巻と宋の宝臣の註大乗入楞伽経一〇巻は七巻楞伽を釈したもの(以上㊅三九)。宋の善月の通義六巻、明の徳清の観楞伽経記八巻、明の智旭の玄義一巻、および義疏九巻、明の曾鳳儀の宗通八巻、明の通潤の合轍八巻、明の広莫の参訂疏八巻などは四巻楞伽を釈したもの(㊫・二五—一七)

**りょうがく　了学**　(天文一八1549—寛永一一1634)浄土宗の僧。団蓮社照誉という。号は遊岳。姓は高城氏。下総の小金城主の息。小金の東漸寺で出家し、存応から宗学を学んだ。東漸寺の学頭となり、上総大滝の良信寺を開き、飯沼弘経寺を内興した。下総松林寺・伊勢西岸寺の開山となり、

寛永九年増上寺に住持した。〔参考〕浄土伝灯総系譜中、三縁山志五

**りょうが-しじ-き　楞伽師資記**　一巻。唐の浄覚（睿宗・玄宗710―56朝の人で、東山弘忍の孫弟子に当たる）の撰。敦煌から発見された初期禅宗の史伝の書の一で、楞伽経所説の禅法を中心とする北宗系統の宗師の伝灯相承の次第を記す。即ち、四巻楞伽の訳者劉宋の求那跋陀羅三蔵を以て中国禅宗の初代とし、第二代北魏の菩提達磨、第三代隋の慧可、第四代隋の僧璨禅師、第五代唐の双峰山道信、第六代幽居寺弘忍、第七代荊州玉泉寺神秀《じんしゅう》・安州寿山寺玄賾《げんさく》・嵩山会善寺慧安、第八代嵩山普寂・会善寺敬賢・蘭山義福・玉山恵福の八代にわたる伝灯と、その他、列伝のないものもあって合わせて二四人に及ぶ。またその師玄賾が著わした楞伽人法志の所説を引用して、この系統の禅の宗旨の大要を述べ、初学坐禅の工夫を説き、看心の方法を示す。成立年代は明らかでないが、開元四年716頃の成立であろう。胡適・金九経の校訂本がある。民国二〇年1931の北平待曙堂校本には、上文欠の原序の他に王維撰の大唐大安国寺故大徳浄覚師塔銘と胡適撰の序および大虚撰の序がある。㊅三五　〔参考〕鳴沙余韻解説第二部

**りょうが-せん　楞伽山**　楞伽はランカー Laṅkā の音写。難往などと訳す。南海にあるという山の名。ここにおいて入楞伽経などの経典が説かれたと伝える。これについては種々の説がある。⑴楞伽山をセイロン島内の一山とする（大唐西域記、続高僧伝）。⑵楞伽をセイロンの別名とする（マハーヴァンサ）。⑶ラーマーヤナにあらわれる楞伽城（ランカー Laṅkā）をセイロンの一地名とする（J. Dowson の説）。⑷楞伽とセイロンとは別の地とする（N. L. Dey の説）。⑸楞伽経の説処である楞伽城は実在の地名でないとする（高桑駒吉の説）。入楞伽経の記述を見ると、大海の畔、摩羅耶山頂上の楞伽城とあり、この摩羅耶山とは秣羅矩吒《まらくた》国の南海岸近くにある山の名とも考えられている〈⇩摩剌耶山《まらやせん》〉。いずれとも定め難い。

**りょうかん　良寛**　（宝暦八1758―天保二1831）江戸時代の漢詩人・歌人。曹洞宗の僧。号は大愚。姓は山本氏。越後の人。一八歳で出家し、備中玉島の円通寺国仙について修行した。二十余年間諸国を行脚して寛政八年1796ごろ故郷に帰り、やがて西蒲原郡国上《くがみ》山の五合庵に住んだ。のちに山麓の乙子《おとご》神社の境内に住み、晩年三島郡島崎の木村家に移った。寡欲恬淡で名利を離れ、多くの逸話があった。万葉風の歌人として名があり、また漢詩をよくし、書は禅僧の墨蹟とは違い、天衣無縫の性格がそのまま表現され、とくに仮名文字には独自の風格が備わり、世に珍重される。漢詩は詩集として草堂詩集があるが、和歌は歌集というほどのものはなく、別人の編による良寛歌集として、貞心尼編の蓮の露、林甕雄編の良寛禅師歌集など多い。〔参考〕近世禅林言行録、沙門良寛全伝、良寛禅師奇話、良寛上人御遷化諸事留帳

**りょうかん　良観**　⇩忍性《にんしょう》

**りょうき　了軌**　（宝暦三1753―文政一〇1827）浄土真宗本願寺派の僧。字は公範。元儀、雲室、石窓と号した。信濃の人。江戸西久保の光蓮寺の住持。文晁に画を学び山水人物に秀でた。また漢学を好み、詩文に長じた。著書、老君解意、荘叟得意など。画名は雲室が有名。

**りょうき　良基**　（享和三1803―明治一〇1877）真言宗の僧。号は英澄。備後の人。高野山の宝竜・竜華・正智の各院に歴住。尊王の士にくみして倒幕を祈り一時幽閉されたが、赦免ののち高野山の改革につくした。明治になって執政、次いで管長に補され、ついで検校法印となった。著書、密宗安心鈔一巻、敬神愛国論など。

**りょうぎ　了義〔不了義〕**　仏法の道理の意味が直接完全顕了に述べ尽くされている教えを了義教といい、これを説く経典を了義経という。これに反し、衆生《しゅじょう》の理解の程度に従って直接顕了に義を説かず、漸次に真実の教えへ誘引しようとする方便の教えを不了義教（未了義教）といい、これを説く経典を不了義経（未了義経）という。「了義経に依って不了義経に依るな」ということは、四依の一に数えられている。ただし不了義をこのように理解するのは主とし

て大乗仏教であって、小乗教を、或いは劣った大乗教を不了義であると説こうとするものである。これに対して小乗の大衆部《だいしゅぶ》では外道《げどう》の説を不了義とし、成実論などでは、経典の意味を見ないで文字に拘泥することであるとしている。

**りょうきょう　良恭**　（享保五1720―寛政一一1799）新義真言宗の僧。字は孝宗。安房の人。智積院に学び、帰国して宝珠院に住した。晩年将軍徳川家斉の命により江戸円福寺に晋山した。著書、華厳五教章拾義一三巻、学侶教育釈論講録など。

**りょうぎょう　了暁**　（　―文明一五1483）浄土宗の僧。聖蓮社慶善という。大和の人。増上寺の西誉聖聡に学び、のち下総飯沼の弘経寺に住持し、また三河に大恩寺を建てて布教した。著書、直牒見聞三巻、授手印請決一巻など。〔参考〕浄土伝灯総系譜中

**りょうぎょう　良暁**　（建長三1251―嘉暦三1328）浄土宗の僧。字は寂恵。良忠の弟子。石見の人。比叡山に学び、文永七年1270鎌倉光明寺に入って良忠に師事し、その席を継いだ。正和二年1313下総称名寺の開山に迎えられ、また相模に浄楽寺を開き、武蔵鵜木の光明寺にも住した。晩年は相模白旗郷に居住して弘教したので、その門流を白旗流という。同じ良忠門下で、名越流の祖とされる尊観の一念業成義に対して随機不定を唱えて浄土述聞鈔一巻を著述した。著書、選択伝弘決疑鈔見聞五巻、浄土述聞制文一巻など多数。〔参考〕本朝高僧伝一六、浄土本朝高僧伝二、鎌倉光明寺志

**りょうぎん　了吟**　（享保一三1728―享和二1802）浄土宗の僧。字は風航。転蓮社漸誉と号する。了巴に師事し大坂大福寺に住した。国学に通じ文章をよくした。著書、新撰往生伝八巻、鎮西国師絵詞伝一八巻、四十八願題詠抄五巻など。

**りょうくう　良空**　①（　―永仁五1297）浄土宗の僧。名は慈心。良忠の門弟。山城木幡に尊勝寺を建てて宗義を説いたので、その門流を木幡流という。ほかに中村地蔵寺、庄中阿弥陀寺、野保里道楽寺、六地蔵地蔵院、木幡善願寺を開いた。然空と共に良忠の口述を筆受した浄土宗要集五巻がある。ほかに著述は多かったが現存書は少ない。〔参考〕浄土本朝高僧伝三、浄土伝灯総系譜上
②（寛文七1667―享保一八1733）真宗高田派の僧。伊勢常超院の住持。号は五天。宗祖親鸞の詳しい伝記のないのを遺憾として、古記録を集めて高田開山親鸞聖人正統伝六巻、同後集（高田山専修伝灯実録・鉄関踏破）四巻を著わした。ほかに太子伝補註一〇巻、神代記二巻などがある。

**りょうげ　領解**　教えられたところをうけとり、教えの通りさとること。真宗では安心《あんじん》と同じ意に用い、信仰を指す。

**りょうけん　亮憲**　（天文八1539―元和三1617）天台宗寺門派の僧。はじめ肥前有馬の金蔵寺に住し、一八歳で比叡山に登る。のち園城寺の長吏道澄に招かれ日光院に移り、道澄より灌頂を受けて園城寺三院の首座となった。著書、両界曼荼羅私鈔一〇巻、両界曼荼羅現図鈔二巻など。〔参考〕一山別当代々記

**りょうけん　亮賢**　（慶長一六1611―貞享四1687）新義真言宗の僧。姓は須藤氏。上野の人。豊山に学び、のち上野八幡の大聖護国寺に住し、よく祈禱をした。三代将軍徳川家光の侍女桂昌院のために祈禱し、綱吉の誕生をみたためその帰依があつく、江戸の高田薬園に護国寺を創建し、その開山となった。〔参考〕豊山伝通記

**りょうけん　料簡**　料揀、量簡、料見とも書く。よくおもいはかって、正しい説をえらびだすこと。①種々の観点より論究すること、問答によって精密に議論することなどを指す。②臨済義玄《りんざいぎげん》は人を悟りに導く手段として奪人不奪境、奪境不奪人、人境倶奪、人境倶不奪の四料簡を説いたが、この場合は真如実相《しんにょじっそう》を説く四種の範疇という意味。③日本天台宗では、経文の相互の間の相違を説明解釈して調和させることを料簡といい、特に論義の時には、料簡することを扱《あつかい》といいならわしている。④俗には理解、宥恕の意に転用している。

**りょうげん　了元**　（明道元1032―元符元1098）北宋中期の禅僧。姓は林氏。覚老と号し、雲居了元と称する。諡号は仏印《ぶっいん》禅師。饒州《じょうしゅう》浮梁《ふりょう》（江西省浮梁県）の人。雲

門四世の開先善暹《ぜんせん》の法を嗣ぎ、廬山や、建昌雲居山《うんござん》(同省永修県西南)に住した。詩文にすぐれ、詩人蘇軾《そしょく》と交わる。〔参考〕続伝灯録六、僧宝伝二九

**りょうげん　了源**　(永仁三1295—建武三1336)真宗仏光寺派仏光寺七世。号は空性房。もと武士で、出家して甘縄の明光了円に師事した。元応二年1320上洛し、本願寺覚如に入門してその長子存覚の指導をうけ、正中元年1324山科に興正寺を建て、のち寺基を京都の東山渋谷に移して仏光寺と改めた。名帳、絵系図を創案し、近畿に教線を張り、仏光寺をさかんにした。〔参考〕存覚上人一期記、了源上人伝、渋谷歴世略伝

**りょうげん　令玄**　(安永四1775—嘉永二1849)浄土真宗本願寺派の学僧。越中東水橋照蓮寺の住持。柔遠に宗学を学び、また天台の教学を修めた。寺中に学寮を設けて三〇年間講席を開いた。天保一四年1843勧学職に補せられ、ついで法主広如に進講した。〔参考〕学苑談叢初編、本願寺派学事史

**りょうげん　良源**　(延喜一二912—永観三985)延暦寺座主。諡号は慈恵《じえ》大師。元三《がんざん》大師、御廟《みみょう》大師とも呼ぶ。近江の人。姓は木津氏。尊意に戒をうけ、喜慶・相応・覚慧らについて修学受法した。藤原(九条)師輔の帰依をうけて横川に法華三昧院を興し、応和宗論に南都の学匠を論破して有名になった。康保元年964内供奉になって、同三年天台座主に就任した。火災で失った諸堂塔を再建し、広学竪義を興し探題職を叡山に設けて教学の振興を計り、叡山中興の祖と仰がれる。門下には源信・覚超・覚運・尋禅らがいる。著書、極楽浄土九品往生義一巻、止観微旨掌中譜一巻、名別義通私記一巻、遺告など。天台宗では、江戸初期の天海僧正(慈眼大師)と合わせて両大師と仰ぐ。〔参考〕慈恵大師伝、慈恵大僧正伝、本朝高僧伝九

良源花押

**りょうこう　良高**　(慶安元1648—宝永五1708)曹洞宗の僧。字は道山、徳翁と号した。江戸の人。独湛性瑩・木庵性瑫・月舟宗胡らに師事し、潮音慧海の法を嗣いだ。天和二年1682下総正泉寺の主となり、備中定林寺・加賀大乗寺などに歴住した。元禄九年1696備中明崎山に隠居したが、帰依する者が多く、西来寺を再興し、円通寺・竜洞庵などの開基となった。著書、続日域洞上諸祖伝四巻など。〔参考〕日本洞上聯灯録一一、続日本高僧伝六

**りょうごん　良厳**　(寛保二1742—文化一一1814)天台宗の僧。字は霊玉。上野の人。はじめ南都で法相を学び、のち園城寺の敬光(顕道)について顕密を修め、享和元年1801敬光のあとを継ぎ菩薩戒経会疏を校して上梓。文化元年正教院に招かれて住持した。著書、菩薩戒経会分陰録三巻、天台四教儀集註分陰録三巻、不動和讃、風煙遺塵(詩歌集)など。〔参考〕顕道和上行業記

**りょうごん-え　楞厳会**　「れんげんえ」とも読む。禅林で安居の期間の無事を祈る法会。四月一三日から七月一三日まで、毎日楞厳呪を諷誦する。南宋の真歇清了が、会下に病僧が多かったため、この呪を誦したのに始まるという。〔参考〕勅修百丈清規巻下

**りょうごん-じ　楞厳寺**　兵庫県美方郡浜坂町田井。仏頂山と号し、臨済宗天竜寺派。延文五年1360に南溟が領主山名持豊の帰依を受けて開創。当時、塔頭《たっちゅう》三十余院を有したという。永徳二年1382楊梅《やまもも》親行が順徳天皇皇女真乗寺殿の和歌仮名文一〇軸を寄付、因幡服部荘を同皇女の香料として寄進した。天正1573—92、文政1818—30両度に罹災したが、天保一三年1842に諸堂を復興した。

**りょうごん-じゅ　楞厳呪**　「れんげんじゅ」とも読む。白傘蓋神呪、首楞厳陀羅尼、大仏頂満行首楞厳陀羅尼などとも称する。首楞厳経に説かれる四二七句の陀羅尼をいう。この呪を誦持することにより、諸魔を降伏し、群苦を抜済し、諸難を滅除することができると説かれる。〔参考〕大仏頂首楞厳経七、楞厳経義疏註経一三、禅林象器・経録門

**りょうさ　良佐**　生没年不詳。南北朝時代の臨済宗の僧。周佐ともいう。字は汝霖。遠江の人。応安元年1368絶海中津と共に明

に渡る。永和二年1376帰朝して春屋妙葩の法を嗣ぐ。康暦二年1380播磨の法雲寺に開堂し、ついで京都宝幢寺に住した。著書、高園集。〔参考〕延宝伝灯録三七、本朝高僧伝三七

**りょうじつ　了実**　（嘉元二1304—至徳三1386）浄土宗の僧。盛蓮社成阿と号する。相模の人か。蓮勝から宗脈の璽書を受けて白旗流第六祖となり、さらに鎌倉光明寺の定慧から宗戒二脈を伝えられた。常陸の瓜連《うりづら》に常福寺を建立し、領主佐竹氏の帰依をうけた。門下に聖冏・良祐・蓮空・了覚・円了・良俊・弁瑜らがいる。〔参考〕浄土血脈論下、浄土本朝高僧伝二、浄土列祖伝一

**りょうしゅう　良秀**　①生没年不詳。室町時代の浄土宗の僧。字は僧尋。京都清浄華院の等煕に師事し、その後を継ぎ同院一一代となる。のち金戒光明寺に移り、布教につとめた。弟子に良尊・聖深がいる。〔参考〕浄土伝灯総系譜上　②（　—慶長五1600）浄土宗の僧。静蓮社慧玄といい、陸奥専称寺の良性に宗学を学び、法兄良実の後を継ぎ専称寺一四代となった。弟子に良暁・良求・良円がいる。〔参考〕浄土伝灯総系譜上

**りょうじゅう　良従**　（永享五1433—永正六1509）曹洞宗の僧。字は竜室。薩摩の人。同国福昌寺の心巌良信につかえ諸方に参禅し、周防闢雲寺の希雄を訪ねた。良信の没後帰国して守琮・真梁に参じ、守琮に随って総持寺にいたが、島津氏の請いにより福昌寺の主となる。大通徳光禅師の号を贈られた。弟子に宗津がいる。〔参考〕日本洞上聯灯録八

**りょうしゅく　梁肅**　（天宝一〇751—貞元九793）唐代の居士で、刪定止観（六巻）の著者。字は敬之。寛中ともいう。儒教に精通し、建中年間780—83に翰林学士にあげられ皇太子の侍読となった。荊渓湛然について天台の教観を学び止観統例、智顗の伝論を作った。〔参考〕新唐書二〇二（蘇源明伝）、仏祖統紀一〇、居士伝一三

**りょうじゅ‐せん　霊鷲山**　⇩耆闍崛山《ぎしゃくっせん》

**りょうじょ　両序**　禅宗で仏殿法堂《はっとう》などで法式を修める時に東西にならぶ序列。両班《りょうばん》ともいう。勅修百丈清規巻上には首座《しゅそ》・書記《しょき》・蔵主《ぞうす》・知客《しか》・知浴《ちよく》・知殿《ちでん》の六頭首《ろくちょうしゅ》を西序、都寺《つうす》・監寺《かんす》・副寺《ふうす》・維那《いのう》・典座《てんぞ》・直歳《しっすい》の六知事を東序とする。⇩禅林職位《ぜんりんしょくい》

**りょうじょ　良助**　（文永五1268—文保二年1318?）亀山天皇の皇子。姉小路宮といい、将軍宗尊親王の養子となり、ついで西園寺実兼に養われた。出家して叡山に登り、尊助法親王に師事し、正安元年1299天台座主となる。のち北条氏から嫌疑をうけ、諸職をやめ隠退した。著書、法華輝臨風遊談七巻、釈尊影嚮仁王般若経秘法八巻、円頓戒脈譜口訣二巻、無量義経疏一巻など。〔参考〕天台座主記、青蓮院門跡系譜、続史愚抄五・七・一一、華頂要略門主伝　五

**りょうしょう　了性**　（文禄二1593—慶安三1650）字は明空。京都の人。槇尾の寥海より受戒して律を学び、のち大和上宮皇院に住して顕密を講じた。藤原光広の蓮華念仏会を賛助し、常に念仏して成仏を期した。晩年、大和極楽寺辺に庵居して浄土の業を修した。〔参考〕本朝高僧伝六三、律苑僧宝伝一五

**りょうしょう　了祥**　（天明八1788—天保一三1842）真宗大谷派の学僧。三河万徳寺の住持。号は亀水、妙音院という。香月院深励に師事して宗学を学び、実証的研究方法により、歎異抄を唯円の著とするなど多くの業績を残した。講師を追贈された。門弟に法住がいる。著書、異義集一六巻（真全五七、真系三六）、選択集昨非鈔五巻（真全一八）、一枚起請文講義三巻、末法灯明記講義一巻、弥陀経義一巻（以上真全五七）、歎異鈔聞記二巻（続真系　二）、歎異鈔法話一巻など。〔参考〕大谷派学事史

**りょうしょう　良勝**　生没年不詳。平安時代末期の真言宗の僧。字は蓮光。金峯山の大先達となり、厳覚に随侍して心印を付せられた。勧修寺に住し、その門流を良勝方と称する。〔参考〕後伝灯広録二

**りょうじょう　良定**　⇩袋中《たいちゅう》

**りょうじょう　良肇**　（　—永享一〇1438）浄土宗の僧。聡蓮社嘆誉という。下総の人。西誉聖聡、成阿了実に学び、帰郷して横曾根・亀島を中心に布教する。相模小田原に伝肇寺、下総飯沼に弘経寺を開創した。

〔参考〕浄土伝灯総系譜中、浄土本朝高僧伝四

**りょうしん 了心** 生没年不詳。鎌倉時代の禅僧。大歇と号した。退耕行勇の弟子。入宋して帰国後、鎌倉寿福寺に住し、のち建仁寺(九世)に移って、衣服礼典などの法式を制定した。とくに楞厳経に通じた。著書、心書(楞厳経の註)一〇巻。〔参考〕本朝高僧伝一九

**りょうしん 良心** (―元亨三1323?・) 浄土宗の僧。字は持阿。武蔵か下総の人。良忠門下の性真について剃度し、尊観に宗義を学び、良忠に師事した。性真から手印脈譜をうけて藤田流を継ぎ、下総高声寺二世となる。また下総の正定寺・無量寿寺・専修寺・西光寺、上総の神光寺、武蔵の善導寺・蓮光寺などを開いた。著者、授手印決答受決鈔二巻、浄土論註記見聞五巻、選択決疑鈔見聞一〇巻など。〔参考〕浄土伝灯総系譜上、浄土本朝高僧伝三

**りょうじん-ひしょう 梁塵秘抄** 二〇巻(うち、梁塵秘抄口伝集一〇巻)。後白河法皇の撰。治承三年1179成立説、同四年―文治元年1185成立説がある。現存、巻一(断簡)・巻二、口伝集巻一(断簡)・巻一〇。平安末の雑芸の歌詞を分類集成したもので、現存の分には法文歌・四句神歌など仏教関係のものが多い。〔刊本〕日本歌謡集成二、日本古典文学大系七三

**りょうせ 了世** (毅宗一七1162―高宗三一1244)高麗の僧。俗姓は徐氏。字は安貧。諡号は国妙国師。了世は諱。二三歳で僧選に合格し、三六歳のとき霊洞山長淵寺で開堂。後に万徳山白蓮社を創建し(1211―16)、そこで天台宗の宣揚に献身。著書は三大部節要があったというが現存しない。〔参考〕東文選巻一〇九・一一九、朝鮮仏教通史下

**りょうせき 亮碩** (宝暦一〇1760―寛政四1792)天台宗の僧。字は苓道《れいどう》。京都の人。園城寺の亮恭について得度し、大仙院に住した。のち叡山双厳院にいたが、天明年間1781―89、敬光(顕道)を慕って出雲の鰐淵寺に赴き化を助けた。寛政三年上洛して南禅寺で講義し、翌年、頂法寺の寓居で没した。著書、三式染指鈔八巻、一乗戒開雲章六巻など多い。〔参考〕顕道和上行業記

**りょうせん 良暹** 生没年不詳。平安時代(長久1040―44頃)の歌僧。延暦寺に属し祇園社の別当となる。摂津へくだったこともあったが、晩年は大原に隠棲した。歌は後拾遺、金葉、詞花、千載、新古今などの勅撰集に入集する。〔参考〕勅撰作者部類

**りょうせん 霊仙** 生没年不詳。平安初期の法相宗の学僧。興福寺で法相を学び、留学生に選ばれて延暦二三年804入唐した。唐の元和五年810勅により般若三蔵の訳経事業に従事し、のち内供奉に補せられた。同一五年五台山に登り、停点普通院西亭・霊境寺浴室院などに止住した。天長二年825嵯峨天皇から渤海国の僧貞素に託して資金を寄せられ、舎利・新訳経典を本朝に献じた。さらに太和二年828貞素は淳和天皇から所託の資金を携えて霊仙を霊境寺に訪ねたが、すでに毒殺されていたという。〔参考〕入唐求法巡礼行記二・三、続日本後紀一一

**りょうぜん 良禅** (永承三1048―保延五1139)真言宗の僧。解脱房といい、俗に北室聖と称された。俗姓は阪上氏。紀伊の人。高野山で任尊・行明・明算らについて秘法灌頂をうけ、康和元年1099検校に補せられた(保延三1137再補)。高野山の中門を再興し、また真言堂・慈氏堂・鐘楼などを建てて寺観を整えた。〔参考〕高野山往生伝、高野春秋編年輯録六、本朝高僧伝六五

**りょうぜん 亮禅** (正嘉二1258―暦応四1341)真言宗の僧。弘安二年1279東寺の大悲心院に入り、能禅に伝法灌頂をうけ、宝菩提院を開いた。東寺二長者となり、東寺の復興に力をつくした。著書、白宝口鈔一六七巻(亮尊と共著)。〔参考〕伝灯広録七

**りょうぜん-じ 霊山寺** ①奈良市中町。鼻高山と号し、霊山寺真言宗。天平年間729―49行基および菩提僊那を開山として創建、天平宝字四年760菩薩僊那が没し、当寺に葬られたという。寺域から古瓦が出土していることから奈良時代の創建と考えられており、当寺の前身は登美院とみられている。鎌倉時代に北条時頼が再興、江戸時代は朱印地一〇〇石を得た。〔国宝〕本堂 〔重文〕三重塔、鐘楼、木造十一面観音立像、同薬師如来坐像及両脇侍像、同十二神将立像、同阿弥陀如来坐像、同大日

如来坐像、同彩色華鬘、三尊甎仏ほか〔参考〕続日本紀、南天竺婆羅門僧正碑(群書四)、同註(仏全一一三)、今昔物語集一一、和州旧跡幽考五　②静岡市清水区大内。高野山真言宗。天平九年737行基の開創という。駿河伊豆両国札所三三番巡礼結願霊場として栄え、明治以後、一時衰退したが次第に復興された。〔重文〕仁王門　③東京都墨田区横川。浄土宗。関東十八檀林の一。常在山二尊院と号し、浄土宗。慶長六年1601徳川家康が専誉大超に駿河台紅梅坂の地を与えて創建させ、翌年学寮三十余宇を建て檀林とした。数度寺地を移し檀林は中絶したが、元禄四年1691六世英誉俊応が現地に学寮以下諸堂を再興した。〔参考〕本所霊山寺志、江戸名所図会七

**りょうぜん-じょうど　霊山浄土**　仏陀が法華経を説いた霊鷲山《りょうじゅせん》(グリドラクータ Gṛdhrakūṭa 耆闍崛山《ぎしゃくっせん》)を、仏陀が常在して説法している浄土と見なしていう。この浄土の相を画に描いたものが霊山浄土変で、法隆寺金堂・四大壁画の一。

**りょうそん　良尊**　(弘安二1279—貞和五1349)　融通念仏宗の僧。法明房と号した。姓は清原氏。河内の人。高野山に入って密教を学び、ついで叡山に登り天台の教観を修めたが、浄土教に帰し、融通念仏宗を相伝した。摂津大念仏寺(七世)に住して堂宇を興し、播磨・和泉に布教を行い、融通念仏宗の中興の祖とされる。〔参考〕融通念仏三祖略伝、両祖師絵詞伝、融通大念仏寺記

**りょうたい　亮汰**　(元和八1622—延宝八1680)　新義真言宗の僧。字は俊彦、のち浄泉と改めた。薩摩の人。同国の平井寺盛印について得度受戒してのち、諸方を歴訪して倶舎・法華・密教などを学び、長谷寺喜多坊に住して講席を張り、学識を認められた。万治二年1659薩摩に一度帰ったが、やがて豊山に戻り、寛文九年1669近江総持寺に住持した。ついで京都般若寺・仁和寺・花厳院に住し、のち豊山一一世能化職となり、僧正に任じられた。弟子に隆光・隆慶・亮超らがいる。著書、九条錫杖鈔一巻、般若理趣経純秘鈔三巻、薬師本願経纂解四巻、数珠功徳経鈔一巻など。〔参考〕豊山伝通記中末、続日本高僧伝二

**りょうだい　良大**　(　—永正一一1514)　浄土宗の僧。字は仰観、信蓮社と号した。陸奥(磐城)石城郡の専称寺良処に師事して大沢流を継ぎ、同寺の六世となる。奥州における一宗の総本寺の寺格を得て、同寺の中興の祖と称される。門弟に良懿・良潜・良然・良可・良興らがいる。〔参考〕浄土伝灯総系譜上

**りょうち　了智**　(　—建保二1214)鎌倉前期の親鸞の弟子。もと源頼朝の家臣で佐々木四郎高綱と称したが、出家して高野山に入った。また源空の法を聞き、更に越後国府に親鸞を訪ねて門弟となったと伝えるが、確かな史実を欠き事跡は不詳。その遺跡と伝える現長野県松本市正行寺の連坐像は親鸞・法善・西仏・了智と次第したとされていることから、了智は親鸞の門弟で、常陸の法善の孫弟と考えられる。〔参考〕遺徳法輪集二、本願寺通紀七

**りょうちゅう　良忠**　(正治元1199—弘安一〇1287)浄土宗第三祖。然阿と号し、記主禅師と勅謚された。石見の人。出雲の鰐淵寺で出家し、のち良遍・道元・俊芿らに諸宗を学んだ。貞永元年1232帰国して不断念仏を修し、嘉禎二年1236筑後の弁長を訪ねて浄土宗の秘要を受けた。のち諸国を歴遊して関東一円に教線を張り、教化と著作につとめた。鎌倉の悟真寺(現光明寺)をはじめ多くの寺を開き、また宮中に招かれて宗要を説き、後宇多天皇の戒師となる。門下が多く、良暁(白旗流)・性心(藤田流)・尊観(名越流)・道光(三条流)・礼阿(一条流)・慈心(木幡流)はそれぞれ一派を立て、これを記主門下の六派と称する。著書、選択伝弘決疑鈔五巻、徹選択抄二巻、浄土宗要集(東宗要)五巻、観経四帖疏伝通記一五巻、浄土大意鈔一巻、領解末代念仏授手印鈔一巻、決答授手印疑問鈔二巻など多い。〔参考〕然阿上人伝、光明寺開山御伝、浄土本朝高僧伝一

**りょうてい　亮貞**　(慶安元1648—享保四1719)新義真言宗。字は白春、温如と号した。伊勢の人。豊山に学び、隆光と並んで豊山の竜虎といわれた。尾張長久寺・江戸弥勒寺に住し、元禄一六年1703豊山の一五世能化職についた。護国寺に転住して大僧正

に叙せられ、のち乙訓寺に隠居した。著書、般若理趣経存公記四巻、演奥鈔補闕鈔二巻など。〔参考〕豊山伝通記中、隆光僧正日記

**りょうてき　了的**　（永禄一〇1567―寛永七1630）浄土宗の僧。字は導故。伝蓮社桑誉と号した。姓は伊藤氏。甲斐の人。同国瑞泉寺の順的について出家し、武蔵長伝寺の慈昌に師事して増上寺に入った。徳川家康の知遇をうけて大坂の陣に従軍し、のち黒谷金戒光明寺の二七世となり、同寺を復興、寛永二年1625増上寺一四世を継いだ。〔参考〕台徳院殿御実紀、大猷院殿御実紀、浄土伝灯総系譜中、浄土本朝高僧伝六、三縁山志九

**りょうてん　亮典**　（慶長一二1607―承応元1652）新義真言宗の僧。字は文性。姓は倉内氏。伊勢の人。同国久留山の空鑁《くうばん》に師事し、やがて高野山・智積院・根来《ねごろ》に遊学した。帰国して岩井田に真常院を建て講席を開く。のち宥雄・宥岀について土巨流《どこりゅう》・広沢流の事相を相伝し、仁和寺密乗院で没した。門弟に亮汰・亮元がいる。著書、大日経疏鈔五〇巻、大乗起信論専釈鈔五巻、説法明眼論鈔三巻など。〔参考〕本朝高僧伝一八

**りょうにょ　良如**　（慶長一七1612―寛文二1662）浄土真宗本願寺派本願寺一三世。諱は光円。童名を茶々丸といい、教興院と諡された。准如の第七子。一九歳で職を継ぎ、御影堂・大門を再建した。寛永一六年1639学寮（のちの学林）を開設したが、二代能化の西吟と肥後の月感との宗義についての論争のため、幕府の裁決により学寮は廃された。明暦の江戸の大火で浜町の別院が焼けたので八町堀を埋めて寺基を移した。築地《つきじ》の称はこれによる。万治三年1660大谷本廟を修築し、翌年宗祖の四〇〇回忌を修した。〔参考〕本願寺通紀三、大谷略譜

**りょうにん　良忍**　（延久五1073―長承元1132）融通念仏宗の宗祖。号は光静（乗）房。俗姓は秦氏。初め良仁と書いた。尾張の人。叡山檀那院の良賀について得度し、東塔東谷の阿弥陀房の堂僧（合唱僧）をつとめた。のち大原に退き、円仁所伝の声明梵唄《ぼんばい》を習い、諸流を相伝して一家をなし、来迎院・浄蓮華院を創建した。西方往生を願い念仏行道し、阿弥陀経を誦持したが、永久五年1117三昧中に「一人一切人、一切人一人、一行一切行、一切行一行」の偈を感得し、一人の念仏と万人の念仏との相依融通を説く、いわゆる融通念仏を称して道俗貴賤にひろく勧め、多くの信者を集めた。さらに天治二年1125鞍馬寺に参詣して毘沙門天より念仏結衆守護の霊告をうけ、名帳を奉持して念仏勧進し、大和吉野・摂津四天王寺・河内観心寺・高野山などを巡歴し、摂津平野修楽寺（大念仏寺の発祥地）を根本道場として弘教した。大原来迎院で没した。円戒を復興し、光宝流・慈覚流を伝えた。また声明の作法を創定し声明中興の祖と称される。門弟に厳賢・明応・観西らがいる。聖応大師と追諡。なお良忍は先述のごとく一般に融通念仏宗の宗祖とされているが、同宗が宗派として成立したのは江戸時代の元禄年間1688―1704であるから、正確には良忍は宗教的うたごえ運動ともいうべき融通念仏を始めた人であるとされている。〔参考〕後拾遺往生伝中、融通念仏縁起、声明源流記、元亨釈書一一、融通念仏宗三祖略伝、本朝高僧伝五一

良忍花押

**りょうはん　亮範**　①（寛文一〇1670―元文四1739）新義真言宗の僧。字は岳泉。姓は竹内氏。越前の人。智積院の信盛に師事し、ついで叡山・南都で法華・唯識・華厳などを学び、江戸霊雲寺の浄厳に戒律を、六波羅蜜寺隆誉・醍醐寺寛順より秘法を伝受した。山城蟠満寺・六波羅蜜寺・江戸真福寺を経て智積院一五世能化に任じられた。〔参考〕亮範和尚行状、新義真言宗史　②（　―嘉永五1852）浄土宗西山派の僧。号は闡空。尾張の人。同国祐福寺に住し、天保二年1831本山光明寺を董した。西山義の復興を図り、祖意を明らかにするために古書を求めて筆写印行し、また寺門の経営につとめて諸堂を興した。著書、浄土論註管窺鈔五巻、選択集管窺鈔五巻、円頓戒集要鈔二巻など。〔参考〕光明寺沿革誌

**りょうひ　良賁**　（唐の開元五717―大暦一二777）中国の河中虞郷（山西省）の人。

長安の青竜寺に住し、永泰元年765不空の仁王般若経の訳出を助け、同経の疏（良賁疏三巻）を著わした。〔参考〕貞元録一五・一六、宋高僧伝五

**りょうびょう-いん**　**療病院**　⇩四天王寺《してんのうじ》

**りょうぶ-しゅうごう-しんとう**　**両部習合神道**　両部神道、大師流神道ともいう。真言の教説で解釈された神道説。聖徳太子・聖武天皇を祖とし、空海・最澄がこれを祖述したと伝えているが、これは後世の仮託で、鎌倉初期に成立したもの。南北朝時代にもっとも隆盛したが、江戸時代、神道・儒学・国学の排撃をうけて衰えた。その教説は本地垂迹説に基づき、伊勢の内宮・外宮を密教の胎蔵・金剛の両部大日の垂迹とするもので、後世諸種の神道説がこの影響を受けた。この神道の諸派に仁和寺流・野山流・雲伝神道などがある。これに対して法華の思想によって神道を解釈した山王一実神道は天台宗でとなえられた。⇩山王一実神道《さんのういちじつしんとう》

**りょうぶしんとう-くけつ-しょう**　**両部神道口訣鈔**　六巻。中江慶安の著（正徳六1716）。江戸時代における儒者・国学者の仏教破斥は両部・唯一神道の対立に及んだが、本書は両部神職、台密の他に歌学における両部の伝統意識に立って、空海作と伝える両部神道二図を註釈しながら両部習合の道理を主張し、神道と仏道とを両部とする新しい解釈におよぶ。〔刊本〕享保四1719刊

**りょうぶひみつ-こか-ならびに-だいけつかいしき**　**両部秘密許可幷大結界式**　一巻。最澄の著という。顕真（1130—92）の編。顕真の山家要略浄刹結界章の中から別出したもので、胎蔵界一三会、金剛界九会の秘密許可のこと、比叡山の結界すなわち寺大結界と内地清浄結界のことを記す。最澄の意趣を織り混ぜた後世の作で、むしろ記家を中心とする後世叡山の動静を知る史料として評価すべきものである。日蔵四一、伝教大師全集四

**りょうぶ-まんだら-ぎき**　**両部曼荼羅義記**　五巻。本円の著（永和三1377）。胎蔵・金剛の両部曼荼羅の要義や各尊の坐位などについて、善無畏、空海をはじめ真言の諸師の所説によって解釈したもの。仏全四四

**りょうぶ-もんどう-ひしょう**　**両峯問答秘鈔**　二巻。修験問答書ともいう。猷助（—1456—1520—　）の著。成立年不詳。両峯すなわち大峯山を中心とする大峯・熊野の修験の要義・作法次第古事・古徳の伝記などを七五項目にわたって記述し、天台系の本山派の立場で総合的に解説した、修験道研究の重要書。昌胤書写本があったが、その奥書に弘治三年1557に猷助の自筆本によって書写したとある。日蔵四七

**りょうへん**　**良遍**　（建久五1194—建長四1252）興福寺の学僧。字は信願。蓮阿と号する。京都の人。藤原盛実の子。興福寺勝願院で剃髪し、光明院の覚遍から法相を学び、諸寺に法を求めてとくに因明を得意とした。寛喜二年1230維摩会の講師を勤め、法印権大僧都にまで昇進した。覚盛に無願戒を受けて戒律の復興を志し、覚盛の通受比丘性戒倶成の義に賛同して通受比丘文理鈔一巻を撰した。仁治二年1241に遁世して生駒山大聖竹林寺や白毫寺、東大寺知足院に住し、戒律の道場とした。世に生駒僧都、蓮阿菩薩と称され、その門下に覚澄・密厳・宗性・円照・賢恩など俊秀が多い。著書、真心要決三巻、応理大乗伝通要録二巻、観心覚夢鈔三巻、因明大疏私抄九巻、法相二巻鈔二巻、護持正法章一巻、菩薩戒通別二受鈔一巻、念仏往生決心記一巻など多い。〔参考〕良遍律師行状、浄土源流章、蓮阿菩薩伝、本朝高僧伝六〇

**りょうほう**　**良芳**　（嘉元三1305—至徳元1384）臨済宗の僧。字は蘭洲。若狭の人。はじめ南禅寺の一山一寧に師事し、のち無相良真に参じた。建武元年1334夢窓疎石に招かれて南禅寺の内史となり、甲斐浄居寺に住して雪村友梅に嗣法した。播磨の大義寺、京都の万寿寺・建仁寺を歴住して、康暦二年1380南禅寺に住した。諡号は弘宗定智禅師。著書、諸会語録。〔参考〕弘宗定智禅師行状、本朝高僧伝三四

**りょうみょう**　**良明**　生没年不詳。平安後期の園城寺の僧。同寺に出家し、桂園院範守に師事して台密に精通、その法流を智寂房流という（澄義の竜淵房流に対する）。

門下より朝賢・良慶らのすぐれた門弟が輩出した。〔参考〕三井続伝灯記

**りょうや　了也**　（寛永六1629—宝永五1708）浄土宗の僧。念蓮社貞誉といい、自然と号した。下総の人。了学・了聞に師事して増上寺三三世となり、将軍徳川家綱夫妻の帰依をうけた。元禄九年1696将軍に源空の勅諡号御下賜を請うている。〔参考〕浄土伝灯総系譜中、新撰往生伝四、三縁山志一〇

**りょうゆう　良勇**　（斉衡二855—延長元923）天台宗の僧。一一世天台座主、六世園城寺長吏。美濃の人。円珍・静観・遍昭らに師事したが、中でも円珍に重く用いられ、西唐決義を授かった。また円珍の没後その事歴資料を三善清行に提して円珍和尚伝（智証大師伝、続群八下）を作った。〔参考〕天台座主記、寺門伝記補録一三

**りょうゆう　良祐**　（平治元1159—仁治三1242）経祐、栄祐ともいい、色定と称した。号は安覚。前宗像社僧、佐伯兼祐の子。同社の良印学頭について学び、法華経所説の四功徳の文に感じて一切経一筆書写を発願し、文治三年1187二九歳の時華厳経から起筆して安貞二年1228七〇歳に至る間に経律論五〇四八巻の大蔵経の書写を終えた。その経巻は宗像社宮司氏国により社の堂宇に納められたが、今は興聖寺（大徳寺派、福岡県宗像市）の所有となって重要文化財に指定され、現に四三三一巻が伝わる。〔参考〕本朝高僧伝一三、太宰府管内志筑前一一・一三、興聖寺墓碑、色定法師写経成蹟表彰記

**りわく-ろん　理惑論**　一巻。牟子理惑ともいう。牟子の著。牟子を後漢の牟融のことであるとして、蒼梧の太守牟子博、或いは後漢太尉牟融を指すというが、不詳。撰年に種々の説があり、後漢・三国魏頃の述作とする他、東晋時代、或いは東晋末・劉宋初、特に恵通の駁顧道士夷夏論の後ともいう。儒仏道三教の調和的立場から三教の異同を論じ、仏教の出家と人倫五常の問題、後嗣の問題、夷狄の教としての仏教に対する信仰の問題、沙門の素行の問題などについての非難に答えて仏教が優れていることを主張する。三教交渉史上の多くの問題を載録している。梁の僧祐の弘明集巻一に収録される。(大)五二、[国]護教部一

**りんかん-ろく　林間録**　二巻。宋の北慧洪の述、本明の記。成立年不詳。北宋の覚範慧洪が、当時の文人たちと交遊清談して、尊宿の高行、大夫等の逸話、参禅の遺訓などについて語った三百余編の談話を、門人本明が筆録して一書とした。大観元年1107に臨川の謝逸が序を付す。書名は林間に清談せる語録の意であるという。別に林間後録一巻（(続)二乙・二一・四）があり、賛・序・銘などの詩文を集めている。(続)二乙・二一・四

**りんきゅう-じ　林丘寺**　京都市左京区修学院林ノ脇。聖明山と号し、臨済宗系の単立尼門跡寺院。後水尾天皇が第八皇女朱宮光子内親王に与えた朱宮《あけのみや》御所（音羽御所）に始まる。延宝八年1680朱宮は父後水尾院の没後、天竜寺三秀院定について落飾して照山元瑤と号し、御所を林丘寺と改めた。以来、尼門跡となり、朱印三〇〇石をうけた。明治維新の際、天竜寺滴水が改めて男僧地としたが、明治一七年1884再び尼門跡に復した。〔重文〕紙本墨書林丘寺御手鑑　〔参考〕雍州府志四、山城名勝志一五

**りんざい-かつろ　臨済瞎驢**　禅宗の公案の一。臨済義玄が入滅に際して、「今後、我が正法を滅する勿れ」と嘱したとき、弟子の三聖慧然《さんしょうえねん》が直ちに一喝したので、臨済が「何と我が正法は、この盲目な驢馬のときに、滅亡させられるのか」と叱った故事で、臨済の家風たる喝の不相不伝を示す。〔原文〕碧巌録四九則の評、従容録一三則、臨済録

**りんざい-じ　臨済寺**　①中国河北省正定府。東魏興和二年540の創建。唐の大中八年854義玄が臨済院と名づけて住し、大いに禅風を振った（いわゆる臨済宗である）。咸通八年867義玄の塔を建て、金・元・明の重修を経て今に九層の塼塔・梵鐘などを残す。②静岡市葵区大岩。大竜山と号し、臨済宗妙心寺派。享禄年間1528—32今川氏親の創建という。もと善得院といったが天文年間1532—55嫡子氏輝を葬って、現寺号に改めた。太原雪斎を開山としたが、太原は師の宗休を開山に推して二世となる。後奈良天皇の勅願寺となり、徳川氏の尊崇が厚く栄

えた。〔参考〕駿河国誌

**りんざい-しひんじゅ　臨済四賓主**　禅宗の公案の一。臨済義玄《ぎげん》が、当時の参禅問答の様子を内容によって分類し、主と客の優劣に応じて、両者互角の「主が主を看る」より、「主が客を看る」、「客が主を看る」「客が客を看る」の四つの場合とし、禅機のはたらきと接化の手段を示したもの。賓主に関する四句八別は、洞山良价にもある。〔原文〕臨済録、人天眼目一、五灯会元一一

**りんざい-しゅう　臨済宗**　⇩禅宗《ぜんしゅう》

**りんざい-だいご　臨済大悟**　禅宗の公案の一。臨済義玄《ぎげん》が、師の黄檗希運《おうばくきうん》に「仏法の極意は何か」と三度問い、三度打たれて去り、希運の法友の大愚の指示によって大悟し「黄檗の仏法は多子なし」と叫んだ故事。臨済の悟境の、師に勝る高さを示すもの。〔原文〕従容録八六則、臨済録、祖堂集一九、景徳伝灯録一二

**りんざい-ぶっぽうたいい　臨済仏法大意**　禅宗の公案の一。臨済義玄が弟子の定《じょう》上座に「仏法の極意は何か」と問われて、直ちに定上座の胸をつかみ、一掌を与えてつきはなしたとき、定上座が佇立したまま忽然と大悟した故事で、臨済の禅のするどさと、仏法の大意は人人本具の真性の自覚の他にないことを示す。〔原文〕碧巌録三二則、臨済録、五灯会元一一

**りんざい-ろく　臨済録**　一巻。詳しくは臨済慧照禅師語録という。唐の臨済義玄（—866）の言行録で、弟子慧然が編集し、存奨が校勘した。上堂・示衆・勘弁・行録《あんろく》の四部より成り、巻尾に風穴延沼が撰した塔銘を付している。義玄の禅風は馬祖・百丈・黄檗の大機大用禅の発展として、機峰嶮峻、段活自在であって、古来将軍に譬えられるが、本録もまた語録中の王として祖師禅の根源を示すものといわれ、特に無位真人・四喝・四賓主・四照用・四料揀・三玄三要などの説は、多く公案として参究される。北宋の宣和二年1120に鼓山の円覚宗演が重刊し、巻首に馬防の序を付している。別に元代に再び重刊して、林泉従倫・郭天錫・五峯普秀の三序を加えたものがあり、また四家語録・古尊宿語録・続古尊宿語要・五家語録などにも収められ、諸本の間に多少の異同がある。㊅四七、国一諸宗部八〔註釈〕夾山・夾山鈔一〇巻、万安・万安鈔四巻、道空・撮要鈔五巻、耕雲・摘葉三巻、無著道忠・疏鑰五巻

**りんじゅう　臨終**　生命がまさに終ろうとする時をいう。臨終にあたって雑念を払い捨ててひたすら仏道におもいをかけるのを臨終正念《しょうねん》といい、一般の浄土教では、日常称えた念仏の功徳《くどく》によって臨終に正念に住して浄土に生まれることができる（臨終業成《ごうじょう》）と説き、特にこれを重視する。真宗ではこれに反して平生業成を説く。

**りんじゅう-しょうねん-けつ　臨終正念訣**　一巻。臨終要訣ともいう。唐の善導の著と伝えられるが、諸説があって不詳。即ち善導の真撰とする説（宗暁・楽邦文類三）のほかに、善導の述・知帰子の記とする説（良定・臨終要訣私記）、全く別人の著作とする説（玄智・真宗教典志二）などがある。内容は、知帰子なる人物と浄業和尚との四つの問答に託して、念仏行者が臨終に際してもつべき心構えを指導したものである。浄全四〔註釈〕良定・私記一巻、洞空・纂解一巻

**りんしょう-いん　麟祥院**　東京都文京区湯島。天沢山と号し、臨済宗妙心寺派。俗に枳殻《からたち》寺といわれた。寛永元年1624徳川家光の乳母春日局の創建で、局の養子神竜を住せしめ天沢寺と称したが、神竜は病により退院し、同七年渭川周溂を迎えて開山とし現寺号に改めた。麟祥院は局の法号。江戸時代、臨済宗江戸四ヵ寺の一として勢力があった。〔参考〕江戸名所図会五

**りんせん-じ　林泉寺**　新潟県上越市中門前。春日山と号し、曹洞宗。明応六年1497長尾能景が父重景の菩提のために建立し、曇英慧応を開山として、以後長尾氏の菩提所となった。能景の孫上杉景虎（謙信）も幼少期にここで学んだ。九世月松宗鶴は紫衣参内を許され寺門は繁栄した。近世初頭、頸城・刈羽・三島三郡の本寺僧録となり、諸堂宇が完備した。弘化四年1847火災のためほとんど焼失したが、のち次第に復興した。境内に開山・謙信および堀氏・松平氏・榊原氏などの墓がある。〔参考〕日本名勝地誌七、上杉謙信伝

**りんせんじ　臨川寺**　京都市右京区嵯峨天龍寺北造路町。霊亀山と号し、臨済宗天竜寺派。元弘三年1333後醍醐天皇が皇子世良親王の遺言により、もと親王の別業の当地に建立、夢窓疎石を開山とする。文和三年1354十刹の一となり、至徳三年1386京都十刹の第二位に列せられた。応仁の乱で焼失するが、明応五年1496ごろ再建。暦応1338—42以後応永年間1394—1428に禅籍を中心とする典籍を刊行し、臨川寺版と呼ばれている。〔参考〕雍州府志五、都名所図会四

**リンチェン・サンポ　Rin-chen bzaṅ-po**　(958—1055)顕密両教にわたって多数の仏典の翻訳にたずさわったチベットの翻訳僧。コルレ Hkhor-re 王の命によってカシミールやナーランダーに留学し、顕密の仏典に通じたうえ、多数のインド人学僧を伴って帰国し、将来した梵語仏典を翻訳した。翻訳した仏典のなかには瑜伽タントラ系のものが多い。またトリン Tho-liṅ, タボ Ta-bo,ナコ Na-koなど多くの寺院を建設し、ランダルマ Glaṅ-dar-ma 王による破仏によって衰微したチベット仏教復興の先駆となった。

**りんね　林懐**　(天暦五951—万寿二1025)興福寺の僧。伊勢の人。興福寺で真喜に学び、また松室仲算に従って唯識を究めた。長徳四年998維摩会講師となり、のち興福寺別当に補されたが、晩年喜多院に退いた。経救・明懐・教懐らの門弟がいる。〔参考〕興福寺別当次第、撰集抄四、本朝高僧伝一〇

**りんね　輪廻**　㊵サンサーラ saṃsāra の訳で、僧娑洛と音写し、淪廻とも書く。また生死《しょうじ》とも訳し、生死輪廻、輪廻転生《てんしょう》、流転《るてん》、輪転《りんでん》ともいう。車の輪が廻ってはてしがないように、衆生《しゅじょう》が煩悩《ぼんのう》と業《ごう》によって、三界六道の迷いの世界を生まれかわり死にかわりして巡ってやまないこと。

**りんのうじ　輪王寺**　①栃木県日光市山内。日光山と号し、天台宗。延暦782—806の頃、勝道が二荒権現社などと共に神宮寺として建立し、四本竜寺または満願寺と呼んだのに始まるという。山号はもと補陀落《ふだらく》山とも二荒《ふたら・にこう》山ともいったが、二荒の字を日光に改めた。後、空海が留錫し、とくに円仁が来寺して以後天台宗となって隆盛に向かい、盛時は支坊三六、付属小坊など三百余坊におよんだと伝える。二世教旻以来歴代座主の宣下を受けたが、応永二七年1420以後座主職が断絶し、坐禅院が代々権別当となった。慶長一八年1613坐禅院昌尊が異議によって退職し、天海が入って寺門を復興し寺領二千余石を付された。元和二年1616徳川家康が没し、秀忠はここに家康の廟を構え、同三年本殿・本地堂など諸堂を造建し、駿河久能山より家康の遺骸を迎え、天海を導師として法会を修した。朝廷からは家康に東照大権現の号と正一位を追贈された。家光の時、東照大権現に宮号を賜い、寺領は一万三千六百余石になった。慶安四年1651後水尾上皇第三皇子守澄法親王が東叡山に住して寛永寺と本寺を兼住し、以後法親王が歴代座主職を継いだ。明暦元年1655上皇から輪王寺の号を賜り、門主を輪王寺宮、日光門跡と呼んだ。以後明治の神仏分離により二荒山神社、東照宮と分かれ、本寺は満願寺を称したが、明治一六年1883輪王寺の号に復し、同一八年延暦寺の別院となり門跡号を公称した。〈⇩日光山《にっこうさん》〉〔国宝〕大猷院霊廟、大般涅槃経集解〔重文〕輪王寺本堂(三仏堂)、開山堂以下一三棟、大猷院霊廟唐門、掖門以下二〇棟、紙本著色東照権現像、木造千手観音立像その他美術工芸品、経典類多数〔参考〕日光山志、日本図会全集、日光山沿革略記、日光名勝記、日光名所図会　②東京都台東区上野公園。天台宗。東叡山寛永寺の本坊。寛永二〇年1643寛永寺の開山天海の没後、公海が継いで九条幸家の養子として摂家門跡に列したが、守澄法親王の時、後水尾上皇から輪王寺の号を賜り、以後東叡山住職の宮を輪王寺宮と称し、総禄として二五〇〇石を領した。明治二年1869輪王寺の号を廃されたが、同一六年東叡・日光両山に称号を復され、同一八年門跡号が許された。よって東叡山では寛永寺のほかに輪王寺門跡をたてている。〔参考〕東叡山縁起、東叡山之記、江戸名所記一　③宮城県仙台市青葉区北山。金剛宝山と号し、曹洞宗。嘉吉元年1441伊達持宗の草創で大庵を開山とする。以後、伊達

氏が居城を移すのに随って移転し、慶長七年1602現地に定まった。元禄四年1691講堂が造営され、東奥八百八カ寺総録司を命じられた。当時、末寺五十余寺があって藩主より一門格の優遇をうけた。

**りんばん**　**輪番**　寺院を管理する役僧で、交替に服務するもの。真宗では別院の事務を執るために本山から派遣されてその地位につく者を輪番という。また別に、子院の住職が交替して順次に本寺の事務をつかさどるのを輪番といい、この場合はまた輪住ともいう。

**りんゆう-こく**　**林邑国**　インドシナ半島の南東岸（現在のヴェトナム南部）にあった古国の名。林邑は中国から呼んだ名称で、自らはチャンパー Campā(占波、瞻波などと音写）と名のった。二世紀末頃に後漢の支配から独立して建国し、一五世紀に安南の黎朝に併合されるまで存続した。独立後比較的早くからインド文化圏に入ったらしく、梵語の碑文なども残っている。仏教も信奉され、小乗仏教が行われた。天平八年736菩提僊那《ぼだいせんな》とともに中国から日本に渡来した仏哲はこの国の出身である。

# る

**ル・コック**　**Le Coq, Albert von**（1860—1930）　ドイツの東洋学者・探検家。グリュンヴェーデル A. Grünwedel のあとをうけて一九〇三—一四年の間に三度にわたりトルファン（中国新疆ウイグル自治区）の探検調査を行った。その発掘品は諸種の言語による写本類から彫刻・壁画などの美術品におよび、東トルキスタン古代文化の解明に寄与するところが大きかった。アラビア・トルコ・ペルシアの諸言語に通じ、発掘したトルコ語写本の解読をも行った。一九二五年ベルリン民族博物館館長となる。著書に Die buddhistische Spätantike in Mittelasien（中央アジアの後期仏教古美術・六巻　1922—28）、Auf Helas' Spuren in Ostturkistan, Berichte und Abenteuer der 2. und 3. Deutschen Turfan-Expedition（東トルキスタンにおける古代ギリシアの影響—第二次・第三次ドイツ・トルファン探検隊調査報告　1926）、Von Land und Leuten in Ostturkistan, Berichte und Abenteuer der 4. Deutschen Turfan-Expedition（東トルキスタンの風土と民族—第四次ドイツ・トルファン探検隊調査報告　1928）などがある。

**るすい-ちょうじゃ**　**流水長者**　金光明経巻四に出る仏陀の前身の一つ。池の水が枯れて多くの魚が苦しむのを見てこれをあわれみ、二〇頭の象を用いて水を運ばせて助けた。魚はのちに忉利天《とうりてん》に生まれ、天子となって長者のもとにおとずれ、種々の宝物をもたらしてその恩に報いたという。

**る-たじゅ-ぎょう**　**留多寿行**　留多命行《るたみょうぎょう》ともいう。仏および倶解脱《くげだつ》の阿羅漢が、他の有情《うじょう》を利益《りやく》し、また教法を未来に久しく住させるために、衣鉢《えはつ》などの生活必需品を衆僧などに布施し、富のむくいを受けるべき業《ごう》を定《じょう》の力によって転じて寿命のむくいを受けるべき業とし、これによって自らの寿命をのばすこと。これに対して、これ以上生きながらえても他を利益することがなく、また病気などの苦しみによって逼迫されるために、布施と定とによって逆に寿命のむくいを受けるべき業を転じて富のむくいを受けるべき業とし、これによって自らの寿命をちぢめて滅度する(死ぬ)のを捨多寿行といい、合わせて留捨寿行という。仏陀が入滅にあたって、一〇〇(一二〇)歳の定命を縮めて八〇歳で入滅したのは捨多寿行であり、入滅を宣言してから三カ月の寿命をのばしたのは留多寿行である。

**るてん　流転**〔**還滅**《げんめつ》〕　流転は㊵プラヴリッティ pravṛtti の訳で、漂流し展転《てんでん》する意。生死《しょうじ》(迷いの生存)が続いて断絶せず、三界六道を輪廻《りんね》することをいう。これに対して、再び迷いの生をうけることなく、涅槃《ねはん》(さとり)におもむくのを還滅という。流転に属する側を流転門といい、還滅に属する側を還滅門という。四諦《したい》の中では苦諦と集諦《じったい》、また十二縁起の順観(十二の支分即ち無明《むみょう》から老死までの生《しょう》と有《う》とを観ずるもの)は流転門であり、滅諦と道諦、十二縁起の逆観(十二の支分の滅と無とを観ずるもの)は還滅門である。唯識宗ではこのような流転を染汚清浄流転《ぜんましょうじょうるてん》と呼び、他に有為法《ういほう》の刹那生滅《せつなしょうめつ》を刹那展転流転、有情《うじょう》の一期生滅《いちごしょうめつ》を生《しょう》展転流転とも称し、また流転を二十四不相応行法《ふそうおうぎょうほう》の一とする。

**るてん-さんがい-げ　流転三界偈**　清信士度人経にでている「流転三界中、恩愛不能断、棄恩入無為、真実報恩者」の偈をいう。古くから得度の式に用いられ、今は葬式の際や剃髪式にとなえる。〔参考〕諸経要集四、法苑珠林三〇、平家物語一〇、拾遺古徳伝一

**るりこう-じ　瑠璃光寺**　山口市香山町。保寧山と号し、曹洞宗。文明三年1471陶弘房《すえひろふさ》の菩提のために妻二保氏が創建、須益を開山とする。もと仁保在小高野にあって安養寺と号したが、明応元年1492隣山に移り現寺名に改めた。慶長七年1602洞春寺に当寺の塔を移し、元禄三年1690大内氏累代の菩提寺であった香積《こうしゃく》寺跡の現地に移った。五重塔(国宝)は、旧香積寺の遺構である。

## れ

**れい　鈴**　①「りん」と読む。仏前で誦経の際に打ち鳴らす器具。真鍮・唐金などで作り、椀形をしたもの。大きなのを磬《きん》、小さいのを鈴という。②「れい」と読む。金剛鈴《こんごうれい》のこと。金鈴ともいう。密教で、修法の際に、諸尊を驚覚し、或いは歓喜させるために振り鳴らす鈴。鈴には驚覚・歓喜・説法の三義があるとされ、これを振り鳴らして諸尊を供養するのを振鈴という。金剛鈴の称は、その柄に金剛杵《こんごうしょ》の一部を用いるから起こった名のようで、独鈷鈴《どくこれい》・三鈷鈴・五鈷鈴・宝鈴・塔鈴(卒都婆鈴《そとばれい》)などがあり、この五は五種鈴と称して五種杵と共に大壇上の定位に置かれる。五種は五智五仏を象徴し、鈴はその説法のはたらきをあらわすという。金剛杵が三十七尊中の最初の金剛薩埵《こんごうさつた》の三昧耶形《さまやぎょう》であるのに対して、金剛鈴は最後の金剛鈴菩薩の三昧耶形である。

**れいいん-じ　霊隠寺**　中国浙江省杭州府銭塘県霊隠山麓。「りんにんじ」とも読む。東晋の咸和年間326―34の初め、西インドの僧慧理の創建。唐の大暦六年771堂宇を復興。会昌年間841―46廃されたが、呉越王銭鏐(907―32在位)が再建し、北宋の建隆元年960延寿が住した。景徳四年1007景徳霊隠禅寺の号を賜る。徳章・契崇・慧遠・徳光など禅宗高僧があいついで住し、五山の一として栄えた。日本の成尋・覚阿なども住したことがある。寺前の岩壁には宋元の仏龕・仏像が多く有名である。〔参考〕宋高僧伝、景徳伝灯録、霊隠寺志

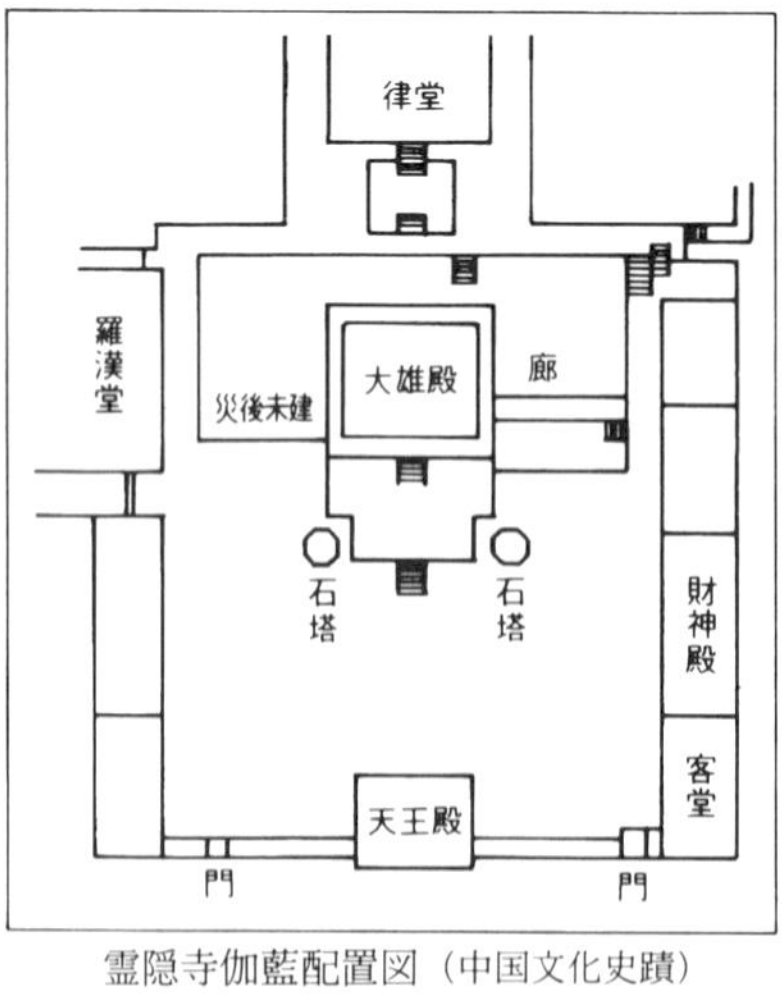

霊隠寺伽藍配置図（中国文化史蹟）

**れいうん-じ　霊雲寺**　東京都文京区湯島。宝林山大悲院(または仏日院)と号し、真言宗霊雲寺派総本山、また如法真言律関東総本山。もと真言宗高野派。元禄四年1691

浄厳の創建。浄厳はいわゆる新安流(安雲伝)の大成者で如法真言律を唱導し、梵学を復興し、その門から多くの英俊を出した。密教の儀軌を整理して多くの学僧が学風を継いだ。二世戒琛慧光、三世慧曦義瑑も論著が多い。大正一二年1923の大震災で全焼したが、のち復興、戦後別派を開いた。〔重文〕絹本著色諸尊集会図、同日吉山王曼荼羅図、同十六羅漢図、同弥勒曼荼羅図、同天帝図　〔参考〕江戸名所図会五、江戸砂子三

**れいおう　霊晧**　(安永四1775—嘉永四1851)真宗大谷派の僧。諱は正慶、開悟院と称した。越中新川郡稗田円満寺に生まれ、高野山・長谷寺に修学し、のち宣明に師事して宗学を研修した。嘉永二年1849同派の講師となった。受業者がきわめて多く、また石見の定観、能登の頓成などその他多くの異義者を調理して、功があった。著書、観無量寿経講記九巻、三経往生文類記一巻、教行信証講義九巻など。〔参考〕高倉学寮沿革略、碑文、大谷派学事史(続真系総目録)

**れいがん　霊巌**　(天文二三1554—寛永一八1641)浄土宗の僧。字は松風、檀蓮社雄誉と号す。駿河あるいは上総の人。下総生実《おゆみ》大巌寺の貞把・虎角に宗学を学んで戒脈をうけ、同寺三世を継いだ。ついで大和、山城に出遊して霊巌寺・称故寺を建て、文禄二年1593徳川家康の命により大巌寺に帰って堂宇を再建した。慶長八年1603門弟の過に坐して安房に移され、大綱に大巌院を開いた。ついで上総に法巌寺・湊済寺・最頂寺を建て、また諸国を遊化して諸寺を興した。徳川家康以下将軍三代の帰依をうけ、江戸に霊巌寺を建てて多くの学徒を集めた。寛永六年知恩院三二世に推され、その焼失に際して再興をなし遂げた。また浄土三部経、選択集などの開版も行い、その活動は広く、宗の弘通につとめた功績は大きい。春誉・珂山・円知・大巌など多くの弟子がいる。著書、精義集六巻、伝法指南一巻。〔参考〕霊巌上人伝、浄土本朝高僧伝七

**れいかんじ　霊鑑寺**　京都市左京区鹿ケ谷御所ノ段町。円成山と号し、臨済宗南禅寺派の尼門跡寺院。承応三年1654後水尾院の皇女浄法身院宮宗澄尼を開山とする。歴代皇女が住職を継承して霊鑑寺尼宮と呼ばれ、本寺は谷御所、鹿ケ谷比丘尼御所とも称される。寺宝は後奈良・正親町・後水尾・後西の各天皇宸翰など。〔参考〕雍州府志四

**れいがんじ　霊巌寺**　①中国山東省済南府長清県方山の麓。かつて仏図澄が奇瑞をあらわした地と伝え、北魏の正光年間520—25法定が一字を創建したという。隋・唐代にも再興されたが、北宋代以後、禅刹として栄え、景徳年間1004—07景徳霊巌禅寺の額を賜り、明の成化四年1468崇善禅寺と改められたが、嘉靖年間1522—66の頃、霊巌禅寺の旧称に復した。当寺は、潤州の棲霞寺・天台山の国清寺・荊州の玉泉寺と共に、天下寺院の四絶といわれた。②中国江蘇省呉県の西南、霊巌山にある。もと秀峰寺、功徳寺、崇報禅寺とも称したが、明の洪武年間1368—98霊巌寺の名を賜る(報国永祚寺の額を賜ったともいう)。北宋の太平興国二年977の九層の塼塔があり、しばしば重修を経て現存する。③東京都江東区白河。道本山東海院と号し、浄土宗。関東十八檀林の一。元和七年1621(一説に寛永元年1624)、雄誉霊巌が沼地を埋めて堂宇を建てたのにはじまる。ついで諸堂が整い、檀林に列せられ、塔頭八院・八庵、学寮九〇舎を数えるようになった。明暦の大火に類焼し、万治元年1658現地に移転。寺内に松平定信をはじめ諸侯の墓が多い。

**れいくう　霊空**　(承応元1652—元文三1738)比叡山の学僧。諱は光謙。号は幻々庵。筑前の人。比叡山で玅山から三重禁戒を受け、のちもっぱらその戒学と教観を受業した。元禄六年1693飯室谷安楽院が律院に指定され、その住持となり、律学を中心とする安楽派興隆の端緒をつくった。また寛永寺浄名院を律院とし、輪王寺に興雲院を建てて律の道場となし、新律の弘興と教学の講述につとめた。慈山の唱えた梵網の十重禁戒は小乗戒であるという当時の批判に答えて闢邪篇、弾々章、弁弁謗比丘作楽章などを撰して反論し、玅山の戒体論の立場を弁護した。慈山と共に近世における天台教観の中興とされる。智幽・本純・玄門など多数の門弟が輩出した。著書は法華文句

講録五〇巻、摩訶止観講録二三巻、即心念仏談義本一巻など多く、六二部二百余巻という。〔参考〕霊空大和尚行業記

**れいけん　霊見**　(正和四1315—応永三1396)臨済宗の僧。字は性海、不還子と号した。信濃の人。建仁寺の清拙正澄、南禅寺の虎関師錬に参じ、華厳、天台にも通じていた。康永二年1343元に赴き、観応二年1351帰朝。貞治二年1363足利義詮に請われて三聖寺に住し、ついで東福寺、天竜寺、南禅寺に移り、常在光寺に住した。晩年は退耕庵に退隠した。著書、石屏集二巻。〔参考〕性海和尚行実、本朝高僧伝三六

**れいげん　霊玄**　(元和五1619—元禄一一1698)浄土宗の僧。信(往)蓮社生誉と称し、一到と号した。大和の人。増上寺台山に師事し、内外の学に通じ詩文をよくした。滝山大善寺、弘経寺に歴住、増上寺に晋山し三〇世となって本院支院の法規を改正した。のち三田の大松寺に退き、また伊勢山田の晴雲院に移った。著書、弥陀経和字序、浄業図記、扶桑鐘銘集一巻、医卜詩歌など。〔参考〕三縁山志一〇、続日本高僧伝四

**れいげん　霊彦**　(応永一〇1403—長享二1488)臨済宗の僧。字は希世。号は村庵。京都の人。細川満元に養われた。惟肖得巌、江西竜派に学び、享徳二年1453南禅寺雲興庵の故地に聴松院を建てて住した。諡号は慧鑑明照禅師。著書、村庵小稿三巻。〔参考〕延宝伝灯録三三

**れいげん　霊験**　霊妙不可思議な効験。霊応、霊感、験《げん》ともいう。仏・菩薩《ぼさつ》などに祈ったり経典を読誦したりして、その結果現われた目に見える霊妙なききめ。霊験を得ようとして加持《かじ》祈禱を修する人を験者《げんざ》といい、霊験を集録した書を感応伝、霊験記という。

**れいさい　冷淬**　(　—貞治四1365)臨済宗の僧。号は竜泉。虎関師錬に師事して京都白河の済北庵の上首となり、師錬の没後東福寺海蔵院の席を継いだ。東福寺第一座に推され、のち楞伽・円通・承天・万寿の諸寺に歴住した。延文五年1360上表して師錬の元亨釈書を大蔵経に入れられんことを請うて勅許を得た。著書、海蔵和尚紀年録一巻、松山集三巻。〔参考〕延宝伝灯録二一、本朝高僧伝三一

**れいざん　令山**　(　—応永一五1408)臨済宗の僧。武蔵秩父の人。字は峻翁。法光円融禅師と諡された。武蔵の香積庵、抜隊《ばっすい》得勝の法を嗣ぎ、武蔵の香積庵、甲斐の向岳寺などに住し、長井道広の帰依により武蔵に広園寺を、上杉憲房の請により武蔵の幡羅に国済寺を開いた。〔参考〕本朝高僧伝三八

**れいざん-じ　霊山寺**　⇩りょうぜんじ

**れいじ-さほう　例時作法**　例時懺法《れいじせんぼう》ともいう。叡山で行う朝夕二座の勤行のうち、夕時の念仏懺法の作法。円仁が中国五台山から伝え、比叡山の常行三昧堂ではじめて行われた。衆罪伽陀・三礼・黄昏偈・四奉請・甲念仏・阿弥陀経・甲念仏・合殺・廻向・後唄・三礼・七仏通誡偈・九声念仏・大懺悔などの次第で、内容は阿弥陀懺法というべきものである。この法会が盛んになり、平安時代に天台宗から浄土教の起こる一因となった。同名の著書一巻(著者不詳、(大)七七)がある。

**れいしょう-じ　霊松寺**　長野県大町市大町。大洞山と号し、曹洞宗。明徳四年1393能登定光寺の実峰良秀により開創され、仁科盛忠の建立と伝える。仁科氏滅亡後、一時退転したが、慶長年間1596—1615小笠原氏により復旧された。

**れいち-ふまい　霊知不昧**　霊妙の識知があって明白でくらくないこと。華厳宗の澄観《ちょうかん》・宗密《しゅうみつ》が荷沢《かたく》禅《ぜん》の神髄として示したもの。霊知不昧の本体は衆生の如来蔵《にょらいぞう》心であるとし、この知は凡聖に通じるから聖智と区別され、またこの知は妄相分別の知ではなく無念の真知であるとする。趙宋天台の山外派《さんがいは》でもこの字を好んで用いた。

**れいなん-じち　冷煖自知**　冷熱自知ともいい、水の冷煖はただ飲む者が自然とこれを知り、説明を要しない。悟りの境界のことはただ自分自身でこれを領知すべきものであるのに喩える。

**れいは　霊波**　(正応三1290—永和三1377)律僧。号は性通。俗姓は足利氏。相模の人。称名寺湛叡について得度し、東大寺

戒壇院の盛誉・俊才に受戒して、戒律を修め華厳を宗とした。戒壇院を領し、のち帰国して称名寺に住持した。著書、華厳五教章鈔八巻、律興要伝一〇巻、大乗起信論私鈔一二巻、戒壇系図通詳記五巻など。〔参考〕律苑僧宝伝一四、招提千歳伝記中、本朝高僧伝一七

**れいべん　霊弁**　（北魏の太和元477—正光三522）北魏代の華厳学者。太原晋陽（山西省太原県）の人。熙平元年516五台山清涼寺において大悟し、華厳論一〇〇巻を製した。今はその中の巻三・巻一〇・巻一四・巻一六—一八・巻五一—五六の計一二巻があるのみ。北魏の帝室に重んじられ大品・涅槃・律をも講じた。〔参考〕華厳経伝記一、華厳経感応伝、古清涼伝上

**れいゆう　霊祐**　（大暦六771—大中七853）唐代中期の禅僧。五家の一、潙仰宗《いぎょうしゅう》の祖。姓は趙氏。大円禅師と諡号する。福州長渓（福建省霞浦県）の人。百丈懐海《えかい》の法を嗣ぎ、潭州潙山（湖南省寧郷県）に同慶寺を創建した。門下に仰山慧寂がおり、刺史裴休《はいきゅう》とも交わる。著書、潙山警策一篇、語録一巻。〔参考〕大円禅師碑銘（全唐文八二〇）、祖堂集一六、宋高僧伝一一、景徳伝灯録九

**れいゆう　霊裕**　（北魏の神亀元518—隋の大業元605）定州鉅曲陽（河南省曲陽県）の人。姓は趙氏。慧光の弟子道憑について地論を聞き、また四分律・僧祇律を学んだ。学を以てよく知られ時の人より裕菩薩と称され、北斉の文宣帝の帰依を受けた。安東王婁叡に授戒し宝山寺を営んだが、北周の排仏の時は卜占によって世を逃れた。のち、隋の文帝に厚く遇され国統にあげられたが就かず、堅く戒律を持した。著書、安民論など多い。〔参考〕続高僧伝九

**れいゆう-かい　霊友会**　本部、東京都港区麻布台。日蓮系新宗教の有力教団の一。大正八年1919に誕生、同一四年久保角太郎と義姉小谷喜美によって再発足。昭和五年1930ごろ「敬神崇祖」を看板に教勢を拡大、第二次世界大戦中には東日本農村部に進出した。教団名は自己の霊と三界の霊の連結を意味する。そのため先祖供養を教旨とする。法華経を最勝とし、それにシャーマニズムをも結合させ、在家主義と理屈抜きの実践を強調する。

**れいよう　霊曜**　（宝暦一〇1760—文政五1822）真宗大谷派の学僧。号は鐘山、威広（光）院と称した。越前の人。深励の養子となって宗学を学び、根来《ねごろ》の法住に倶舎・天台を、葛城の飲光に悉曇・律を学んだ。のち名古屋の養念寺に入り、擬講となって倶舎論・因明纂解を講説し、大蔵経の閲覧をとげた。故あって本山に咎責され一時謹慎。安政元年1854嗣講、ついで講師を贈られた。著書、御一代聞書稿録七巻、末灯鈔講義引文四巻、愚禿鈔聞稿三巻、略述法相義講録二巻、天台仏心印記聞稿一巻など。〔参考〕高倉大学寮沿革略、大谷派学事史

**レヴィ　Lévi, Sylvain**　（1863—1935）フランスの東洋学者。とくにインド学・仏教学の権威。パリ高等研究学院講師、ソルボンヌ大学講師、コレジュ・ド・フランス教授などを歴任。一九二八年フランス・アジア協会総裁となる。科学的方法論によるインド学を確立したのをはじめ、仏教学・比較言語学・インド文学など多方面にわたって偉大な業績を残した。とくにいわゆるトカラ語Bを解読してこれをクチャ語と断定したことは有名である。また三度にわたりネパールを探検調査し、それまで未発見であった仏典の梵語原本を多数発見した。これにもとづき大乗荘厳経論の校訂出版（1907）およびフランス語訳（1911）、唯識三十頌・唯識二十論の校訂出版（1923）などを行った。アメリカ・ロシア・インドなどに招かれているほか、日本にも三度来朝しており、このうち三度目の一九二七—二八年には日仏会館館長をつとめ、東京帝国大学で講義を行っている。著書にはLe théâtre indien（インドの演劇　1890）、La doctrine du sacrifices dans les Brahmanas（ブラーフマナの祭式埋論　1898）、Le Népal（ネパール・三巻　1905—08）、Fragments de textes koutchéens（クチャ語写本断片　1933）などがある。

**れきだい-さんぼう-き　歴代三宝紀**　一五巻。開皇三宝録、或いは開皇録、長房録ともいう。隋の費長房の著（開皇一七597）。後漢より隋までの訳経を歴代別に分類し、

合わせて仏法弘通の歴史を叙述したもの。四部から成る。(1)帝年(巻一—三)は歴代の仏教事跡を年譜に配す。(2)訳経(巻四—一二)は訳経目に訳者の略歴・訳時・訳場などを叙す。(3)入蔵目(巻一三・一四)は大乗小乗に分けて、入蔵の書目を挙げる。(4)総目(巻一五)。現存最古の経録である梁の僧祐の出三蔵記集が南朝の記述に詳しく北方に疎であるのに対し、本書は隋代のものであるから北朝の記述にも詳しいのが特色である。唐代の経録の範となったものであるが、時に錯誤がある。(大)四九

**れきだい-ほうぼう-き　歴代法宝記**　一巻。師資血脈伝、または定是非摧邪顕正破壊一切心伝、最上乗頓悟法門ともいう。敦煌から発見された初期禅宗史伝の書。東山弘忍の下に出でた資州純徳寺の智詵(609—702)より、処寂(665—732)—無相(689—762)—無住(714—74)と次第する成都浄衆寺および剣南保唐寺系の伝灯相承説を主張し、その宗旨の大要を説く。特に後半において無住の伝記および垂示の語句を詳しく記録する。本書は無住の没後まもなく、その弟子写真らによって編集されたものであろう。達磨禅の伝灯説として、西天二十九祖、東土六祖の相承を説き、南宗慧能を正系とし、本書に先行する楞伽師資記を退けて、のちの宝林伝の所説に近づいている。特に智詵が則天武后によって、慧能の伝法衣を与えられたとする独自の伝灯説を主張し、また無相(浄衆寺金和尚)の所説として、引声念仏を勧めている点などに特色がある。敦煌出土の唐代写本でロンドン大英博物館にあるものとパリの国民図書館にあるものとを合わせて大正新脩大蔵経五一に収められているが、金九経が出した校刊歴代法宝記(薑国叢書)は三巻に分けている。

**れきほう　暦法**　仏教は須弥山説《しゅみせんせつ》にもとづいた暦法をもち、これを梵暦という。梵暦では満月の翌日から次の満月に至る間を一カ月となし、満月の翌日から新月の前日までの前半月を黒分または黒月《こくがつ》といい、新月から満月までの後半月を白分《びゃくぶん》または白月《びゃくがつ》という。故にその一カ月は陰暦の一六日より次月の一五日に至る間に相当する。一年一二カ月の名称および唐暦(陰暦)との対照は左表のとおりである。このうち、一月一六日から三月一五日までを漸熱時、三月一六日から五月一五日までを盛熱時、五月一六日から七月一五日までを雨時、七月一六日から九月一五日までを茂時、九月一六日から一一月一五日までを漸寒時、一一月一六日から一月一五日までを盛寒時といい、これを歳分の六時(略して六時)と称する。またこの六時のうち、漸熱時と盛熱時とを合わせて熱時または熱際、雨時と茂時とを合わせて雨時または雨際、漸寒時と盛寒時とを合わせて寒時または寒際といい、これを三時または三際とする。ただし三際を月日に配するには異説があって、前述のは真諦《しんだい》および西域記の説であるが、これより一カ月おそいもの、一カ月早いもの、二カ月早いものなど種々の説がある。まだ制呾邏月より逝瑟吒月までが春、頞沙荼月より婆達羅鉢陀月までが夏、阿湿縛庾闍月より末伽始羅月までが秋、報沙月より

| | 十二月名 | 梵語 | | | 唐暦（陰暦） |
|---|---|---|---|---|---|
| 一 | 制呾羅《せいたら》、制怛羅、祖怛羅、怛羅 | チャイトラ | caitra | 仲春 | 一月一六日～二月一五日 |
| 二 | 吠舎佉《べいしやぎや》、蘇舎佉 | ヴァイシャーカ | vaiśākha | 季春 | 二月一六日～三月一五日 |
| 三 | 逝瑟吒《せいしつた》、誓瑟吒、際史吒 | ジェーシュタ | jyeṣṭha | 孟夏 | 三月一六日～四月一五日 |
| 四 | 頞沙荼《あしやだ》、阿娑荼、阿沙姹 | アーシャーダ | āṣāḍha | 仲夏 | 四月一六日～五月一五日 |
| 五 | 室羅伐拏《しらばな》、室羅筏拏、室囉嚩那 | シュラーヴァナ | śrāvaṇa | 季夏 | 五月一六日～六月一五日 |
| 六 | 婆達羅鉢陀《ばだらばだ》、跋陀羅跋陀、跋捺羅婆娜 | バードラパダ | bhādrapada | 孟秋 | 六月一六日～七月一五日 |
| 七 | 阿湿縛庾闍《あしゆばゆじや》、頞湿婆庾闍、阿湿嚩喩若 | アシュヴァユジャ | āśvayuja | 仲秋 | 七月一六日～八月一五日 |
| 八 | 迦剌底迦《からていか》、歌栗底迦、羯栗底迦、迦提 | カールッティカ | kārttika | 季秋 | 八月一六日～九月一五日 |
| 九 | 末伽始羅《まがしら》、摩囉誐始羅 | ムリガシラ | mṛgaśira | 孟冬 | 九月一六日～一〇月一五日 |
| 一〇 | 報沙《ほうしや》、富沙、宝沙、布史 | パウシャ | pauṣa | 仲冬 | 一〇月一六日～一一月一五日 |
| 一一 | 磨祛《まきや》、摩佉、摩伽、莫伽 | マーガ | māgha | 季冬 | 一一月一六日～一二月一五日 |
| 一二 | 頗勒窶拏《はろぐな》、頗勒具那、頗求那、破求 | パールグナ | phālguna | 孟春 | 一二月一六日～一月一五日 |

頞勒窶拏月までが冬で、これを四時と称し、また冬・春・雨・終・長の五時に分けることもある。また日曜(太陽、日星、日精ともいう)・月曜(太陰・月星・月精ともいう)・火曜(火星・熒惑星、火精ともいう)・水曜(水星、辰星、滴星、水精ともいう)・木曜(木星、歳星、摂提、木精ともいう)・金曜(金星、太白星、長庚、金精ともいう)・土曜(土星、鎮星、地、土精ともいう)・羅睺星(黄幡星、蝕神、複ともいう)・彗星(豹尾星、旗星、蝕神尾、計都ともいう)の九個の天体を説き、これを九曜、九執(梵ナヴァ・グラハ navagrahaの訳)と称する。曜とはひかりかがやくものの意、「執」とは日時に随って運行して離れないものの意である。新月から次の新月に至るまでの一カ月間の月の運行圏(これを白道という)に二八個の星宿即ち星座があって、これを二十八宿という。太陽の一二カ月の運行圏(これを黄道という)には一二の星宿宮があって、これを十二宮という。これら九曜、二十八宿、十二宮はまた卜占にも用いられる。後世になると、壬子などにあたる八個の日は三宝(従って仏事をなすの)を忌み嫌う日とされ、これを八専という。

**レッグ**　**Legge, James**　(1815—1897)　漢名を理雅各という。イギリスの宣教師で中国学者。マラッカ、香港で布教を行い、帰国後一八六七年にオクスフォード大学中国学の教授となった。四書その他の漢籍の英訳(The Chinese classics, 1861—72)、大秦景教流行中国碑の英訳(Nestorian monument of Hsian-fu, 1888)など業績が多い。彼による法顕伝の英訳(A Record of Buddhist kingdoms, 1886)は、類書の中で最も完全と評されている。宣教師として漢文で著わした一八篇の布教書もある。

**れっそ-てい-こう-ろく**　**列祖提綱録**　四二巻。清の呆翁行悦の編(康熙五1666)。禅宗の古来の史伝、および諸家の語録の中から、歴祖の陞座《しんぞ》提綱の語句三千余則を選び、至元勅修清規に定める叢林行事の順序に分類したもの。戒顕と大依とが巻首に序を付している。㊔二・一七・二—四

**レーヌ王**　**Renu**　黎努と音写し、塵、慈悲などと訳す。伝説上のインド王。毘提訶《びだいか》(ヴィデーハ Videha)国の弥稀羅《みちら》(ミティラー Mithilā)を都とした。その大臣ジョーティパーラ Jotipāla(護名《ごみょう》)の勧めにより、インドを七分して友六人と共にそれぞれ一国を領してジョーティパーラに輔佐させた。のち、ジョーティパーラが出家するのに従って王も出家した。ジョーティパーラは仏陀の本生の一であったという。

**レパチェン**　**Ral-pa-can**　(815—841在位)　チベットの王ティツク・デツェン Khri-gtsug lde-brtsan のこと。チベット史上最大に版図を拡大して唐の穆宗との間に二回の会盟(長慶の会盟)を締結するとともに、文化の向上にも力をつくした。その治世下にジナミトラ Jinamitra, スレーンドラボーディ Surendrabodhi など多数のインド僧が来て大規模な仏典翻訳事業を行い、チベット仏教前期の最盛期をもたらした。王は翻訳制度を整備し、マハーヴィウトパッティ Mahāvyutpatti (翻訳名義大集)などの梵蔵語彙集を編纂させ、旧訳を改訂して現存チベット大蔵経の基礎をきずいた。王はその外来文化の摂取に不満をもつボン教徒派の策謀により暗殺され、弟のランダルマ Glaṅ-dar-ma が即位したが、ランダルマ王も間もなく暗殺されたのでチベットの統一王朝は断絶し、諸王分立の時代となった。

**レフマン**　**Lefmann, S.**　生没年不詳。ドイツの仏教学者。方広大荘厳経の梵本ラリタヴィスタラ Lalitavistara を研究し、そのドイツ語訳(1874)及び梵文の校訂出版(1902)を行った。

**レミュザ**　**Rémusat, Jean Pierre Abel**　(1788—1832)フランスの中国学者。一八一四年に創設されたコレジュ・ド・フランスの中国学講座の初代教授となり、終身その職にあった。一八二二年アジア学会 Société Asiatique の創立に参加し、その機関誌 Journal Asiatique の編集にあたった。著書に Essai sur la langue et littérature chinoises (中国の言語と文学1811)、Éléments de la grammaire chinoise (中国語文法の要素1822)、Foe-Koue-Ki (仏国記フ

ランス語訳1836)などがある。論文もきわめて多く、全五巻の論集に収録されている。

**れんい　蓮位**　生没年不詳。親鸞の門弟。俗名は下間《しもつま》宗重。源頼政の後裔と伝える。関東以来、親鸞に侍しその臨終をみとったいわゆる常随昵近《じっこん》の高弟である。親鸞真蹟の教行信証(東本願寺蔵の坂東本)には袖書に釈蓮位とあり、それが蓮位に伝持されたことを示している。本願寺の坊官として権威をふるった下間氏はその後裔であると考えられる。〔参考〕親鸞聖人門侶交名牒、親鸞伝絵、下間系図

**れんいん　蓮胤**　⇨鴨長明《かものちょうめい》

**れんえい-じ　蓮永寺**　静岡市葵区沓谷。貞松山と号し、日蓮宗四十四本山の一。文永年間1264—75(一説に弘安年間1278—88)駿河庵原郡の松野六郎左衛門尉が日蓮に帰依し、日持を請じて開山とし、芳樹院(一説に永精寺、蓮華寺)と号したのに始まるという。天文—永禄1532—70の頃兵火にかかり、元和元年1615徳川頼宣の母養珠院が再興、清水の御浜御殿を得て現地に移し、日乾を請じて中興開山とし、現寺号を称した。〔参考〕駿国雑志四七

**れんげ　蓮華**　沼沢に生じる宿根草本植物。花の色と香りが美しく、また泥の中に生じて清浄な花を開くところから(特に白蓮華)、インドにおいては古来珍重され、仏教でも尊ばれて、仏や菩薩《ぼさつ》は多く蓮華をその座とする。インドで蓮華と称されるものに大別して二種類ある。一は鉢頭摩華《はどまけ・はずまけ》(鉢頭摩は(梵)パドマ padma の音写で、鉢曇摩《はっどんま》、鉢特摩《はっとくま》、波頭摩《はずま》、般頭摩、鉢特磨、鉢特忙、鉢弩摩、鉢納摩、波曇、波慕とも書く)であり、他は優鉢羅華《うぱらけ》(優鉢羅は(梵)ウトパラ utpala の音写で、優鉢、烏怛鉢羅、優盋羅とも書く)である。前者はいわゆる「はす」であり、後者は「ひつじぐさ」(睡蓮)である。鉢頭摩華は赤蓮華《しゃくれんげ》、赤蓮、紅蓮華《ぐれんげ》、赤黄蓮華、黄蓮華と訳されるが、黄色のものが実在するかどうかははっきりしていない。また赤、白の二色があるともいわれ、その白色のものが分陀利華《ふんだりけ》(分陀利は(梵)プンダリーカ puṇḍarī-ka の音写で、分陀利迦、分茶利迦、芬陀利、奔茶利、本拏哩迦とも書き、白蓮華《びゃくれんげ》と訳し、百葉花、妙好華《みょうこうげ》ともいう)と称されるものであるらしい。煩悩に汚染されない清浄無垢の仏、法性《ほっしょう》を分陀利華に喩え、また悲華経や妙法蓮華経はこの華を経題としている。従って通常は鉢頭摩とは赤蓮華を指すことになる。八寒地獄の中に鉢頭摩地獄、摩訶鉢頭摩地獄というのがあって、紅蓮《ぐれん》地獄、大紅蓮地獄とも訳されるが、これは地獄の有情《うじょう》が寒さのために身体が赤くなり、皮膚が破れて赤色を呈するからである。優鉢羅華は青蓮華、黛花、紅蓮華と訳され、これには青色、赤色、白色のものがあり、中でも青色のものは尼羅烏鉢羅華《にらうぱらけ》(尼羅烏鉢羅は(梵)ニーロートパラ nilotpala の音写で、泥盧鉢羅とも書き、青蓮華《しょうれんげ》と訳す。尼羅 nila は青の義)といわれ、最も有名である。経典には仏の眼の微妙なのをその葉に喩え、口気の香潔なのをその花に喩えている。青蓮華は千手観音《せんじゅかんのん》四〇手の中の右の一手の持物であり、その手を青蓮華手という。なお八寒地獄の第六に嗢鉢羅地獄《うはらじごく》があり、八大竜王の一に優鉢羅竜王《うはらりゅうおう》があるが、前者はその氷まじりの水の色が青いところから、或いは寒気によって皮膚の色が青ぶくれとなるところから、後者はその竜王の住する場所が優鉢羅華の生じる池であるところからそのように呼んだのである。ほかに拘勿頭華《くもつずけ・くもずけ》(拘勿頭は(梵)クムダ kumuda の音写で、拘牟頭、倶物頭、句文羅とも書き、白または紅の睡蓮で、白蓮華、地喜花と訳す)といわれる蓮華がある。通常は赤、白の二色があるとされるが(黄、青のものがあるともいう)、おそらくこれは赤白の優鉢羅華をいうものであろう。また須乾提華《しゅけんだいけ》(須乾提は(梵)サウガンディカ saugandhika の音写で搔揵提迦とも書く。好香華の意)も蓮華の一種と見られ、華の色は黒色とも赤色ともいわれ、また白色の拘勿頭華であろうともいわれるがつまびらかでない。八葉の蓮華とは八枚の花弁を有する蓮華のことで、密教でわれわれの心臓(干栗駄心《かりだしん》、肉団心)に喩え、千葉の蓮華とは一千枚の花弁を有する蓮華のことで、仏を供養するのに用

いるとも、仏の坐する華台であるともいう（なお天台宗では法華開顕の旨を蓮華にことよせて説く〈⇩譬喩《ひゆ》〉）。

**れんけい-じ　蓮馨寺**　埼玉県川越市連雀町。孤峰山宝池院と号し、浄土宗。天文一八年1549川越城主大道寺政繁の母蓮馨尼の創建で、感誉存貞を開山とする。慶長九年1604関東十八檀林の一となった。〔参考〕川越蓮馨寺志、新編武蔵風土記稿一六二

**れんげおう-いん　蓮華王院**　京都市東山区三十三間堂廻り町。天台宗。本堂は内陣の柱間が三三間あることから三十三間堂の名で知られる。長寛二年1164後白河法皇の勅願で、院御所の法住寺殿西側の現在地に平清盛が千体観音堂として建立。その後、不動堂・五重塔・北斗堂・総社ほかが造建されたが、建長元年1249京都大火で焼失。同三年から六年にかけて仏像を再造、堂宇は文永三年1266に再建された。天正一四年1586豊臣秀吉の方広寺創建により、千手堂として山内寺院となった。秀吉没後、方広寺が妙法院の管理下になったことから、当院もそれに属して現在に至る。現在一月一五日、三十三間堂南端から北端の的に向かって、六六間（約一二〇メートル）を矢で射通す「通し矢」は有名で、慶長年間1596―1615頃から盛んになった行事である。〔国宝〕本堂、木造千手観音坐像（湛慶作）、同二十八部衆立像二八軀、同風神・雷神像二軀〔重文〕南大門、築地塀（太閤塀）、木造千手観音立像一千一軀〔参考〕醍醐雑事記九、愚管抄、玉葉、雍州府志四、山城名勝志一五ほか

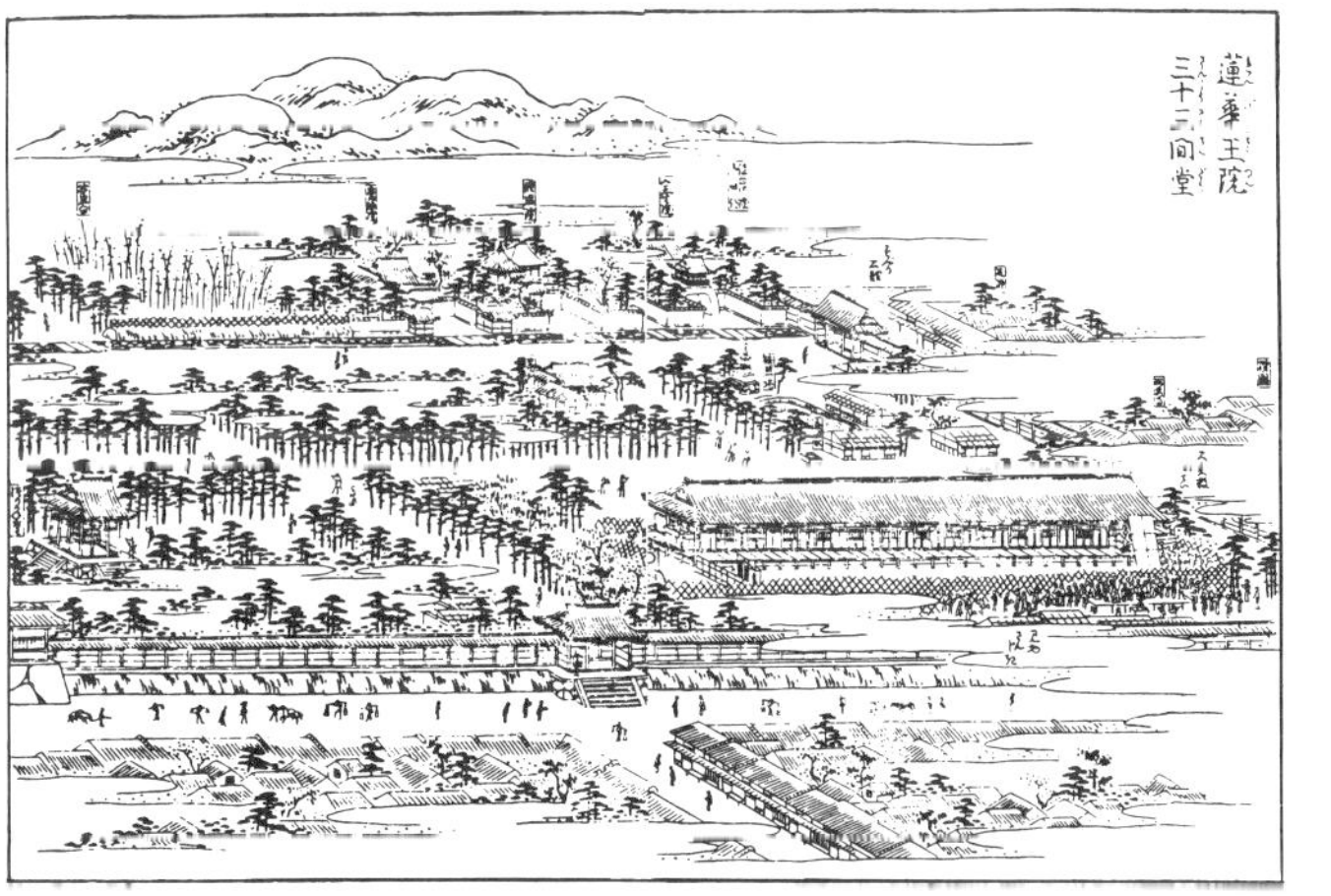

蓮華王院〈三十三間堂〉（都名所図会）

**れんげかい　蓮華戒**　⇩カマラシーラ

**れんげこう-いん　蓮華光院**　京都市右京区太秦安井北御所町付近にあった寺。後白河上皇皇女殷富門院《いんぷもんいん》（亮子内親王）の御所（安井御所）であったが、正治二年1200御所を改めて蓮華光院とし、高倉宮以仁《もちひと》王の遺児道尊を開基とする。土御門天皇の皇子道円法親王が入寺して以来、法親王十門跡となり安井門跡と称された。元禄八年1695東山建仁寺の東に観勝寺が中興されて当寺もそこに移建し、共に大覚寺の兼帯となった。明治六年1873に大覚寺に移ったが、まもなくして廃寺となった。〔参考〕百練抄、安井門跡次第（続群四下）、雍州府志一・四

**れんげ-じ　蓮華寺**　①滋賀県米原市番場。八葉山と号し、浄土宗本山。聖徳太子の開創と伝える。弘安七年1284一向俊聖が

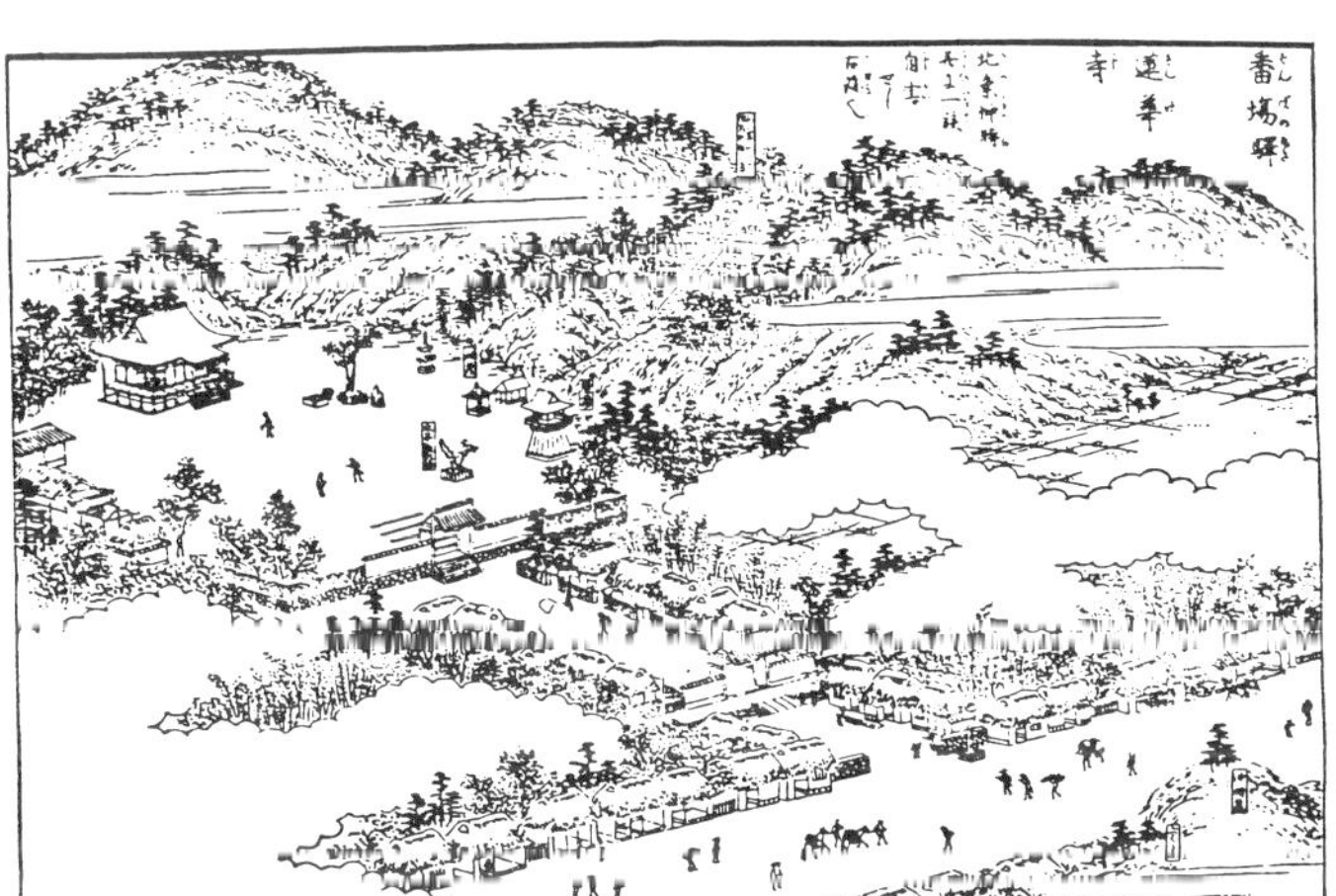

番場蓮華寺（近江名所図会）

鎌刃城主土肥元頼(道日)の帰依を得て再興、現寺号を称し一向派の本寺となった。元弘三年1333足利尊氏に敗れた六波羅探題の北条氏は本寺に逃れたが、仲時以下四三〇人が自害し果てた。文明二年1470山名・細川氏の兵火のため衆徒が離散してほとんど廃滅したが、一七世同阿明道が復興。慶長年間1596—1615徳川家康から禁制および朱印状を受けた。元禄四年1691以来住持交代に当たり、勅請参内の特例を許された。近世以降時宗に属したが、昭和一七年1942浄土宗に合流した。〔重文〕銅鐘、紙本墨書六波羅南北過去帳　〔参考〕蓮華寺文書、近江輿地志略七八、近江名所図会四　②滋賀県甲賀市水口町松栄。水口山と号し、真宗高田派。古来、太子堂の名で知られる。奈良朝以前の創建という。長禄年間1457—60足利義政の帰依を得て再興されたが、元亀年間1570—73に織田信長の兵火のため焼失した。天正五年1577恵林が専修寺一二世の堯慧に帰依して天台宗から現宗に改め、享保九年1724に堂宇が再建された。

**れんげじき-びくに　蓮華色比丘尼**　蓮華色は㈵ウトパラヴァルナー　Utpalavarṇā ㈶ウッパラヴァンナー Uppalavaṇṇā の訳。鬱禅《うつぜん》国の人。舎衛城の長者の子であるともいう。自ら得た衣食を比丘に与え、また賊に犯されんとした時両眼をえぐってこれに与えたという。比丘尼の中で神足第一とされる。阿闍世王宮の門前で提婆達多《だいばだった》(デーヴァダッタ Devadatta)に頭を打たれて死んだと伝える。〔参考〕四分律六、十誦律六・一九、増一阿含経三・二八、生経四、有部破僧事一〇

**れんげしょう　蓮華生**　⇩パドマサンバヴァ

**れんげしょうじん　蓮華精進**　生没年不詳。唐代の訳経僧。屈支城(新疆省庫車)の人。貞元(785—804)の初め、悟空がインドからの帰途、屈支城に滞在して十力経を師に訳させた。〔参考〕大唐貞元新訳十地等経記

**れんげぞう-せかい　蓮華蔵世界**　㈵クスマ・タラ・ガルバ・ヴィユーハーランカーラ・ローカ・ダートゥ・サムドラ　kusumatala garbha-vyūhālaṃkāra-loka-dhātu-samudra またはパドマ・ガルバ・ローカ・ダートゥ　padma-garbha-loka-dhātu の訳。蓮華から出生した世界、または蓮華の中に含蔵された世界のこと。華厳経と梵網経とでは説を異にする。①華厳経の説。蓮華蔵荘厳世界海、華厳世界海、華蔵世界、華蔵界などといい、或いは十蓮華蔵荘厳世界海、十蓮華蔵世界、十華蔵などともいう。この世界は、毘盧遮那《びるしゃな》如来の過去の願と修行によって浄らかにかざられた世界であり、一〇仏が教化をほどこす境界であるとされる。その構造や荘厳(かざり)については新訳華厳経巻八の華蔵世界品に詳説されているが、世界の最底に風輪があり、その上に香水海があって、その中に一大蓮華があるとし、この大蓮華に含蔵されるから蓮華蔵といい、微塵数の世界が二〇重に重畳する中央世界種を中心として一一の世界種が、網のようにめぐって世界網を構成し、それぞれが衆宝をもってかざられ、仏がその中に出現し、衆生もまたその中に充満するという広大無辺のものとする。②梵網経の説。蓮華台蔵世界海、蓮華台蔵世界、蓮華海蔵世界という。千葉の大蓮華よりなり、一々の葉(一世界)に一〇〇億の須弥山《しゅみせん》・四天下・南閻浮提《なんえんぶだい》などがあり、毘盧遮那仏はその本源として華台の上に坐し、自らの身を変化《へんげ》させて千体の釈迦となって一々の葉の上に拠り、さらにその千釈迦は百億の菩薩釈迦となってそれぞれ南閻浮提菩提樹下《ぼだいじゅげ》に坐して菩薩の心地法門を説くとする。③摂大乗論釈の説。華厳経には実の蓮華からなるとして説くが、梁訳の摂大乗論釈巻一五では、これは大乗の法界《ほっかい》真如《しんにょ》を比喩によって顕わしたもので、実の蓮華ではないとする。④華厳宗の説。華厳五教章巻三には、十仏の境界を大別して、国土海(果分不可説)と世界海(因分可説)とし、さらにその世界海を、衆生の性質能力などに応じて感見する土に差がある点から三類に分け、証入生〈⇩成仏《じょうぶつ》③〉のものが感見するのを蓮華蔵世界と名づけている。また華厳経探玄記巻三に、蓮華蔵荘厳世界海について、蓮華台蔵世界(梵網経の説にあたる)と遍法界の華蔵と樹形などの雑類《ぞうるい》世

界との三種を立て、前の一は同教一乗の説、後の二は華厳経に固有な別教一乗の説であるとする。なお澄観の華厳経疏巻一一には、蓮華蔵世界を衆生と仏との二因に約して、教理を象徴的に示したものと解している。⑤浄土教の説。世親の浄土論の説に基づき、阿弥陀仏の極楽世界をもって蓮華蔵世界とする。⑥東密の説。阿弥陀報身《ほうじん》の浄土を加持身の蓮華蔵世界、大日法身の住処を本地身《ほんじしん》の蓮華蔵世界、衆生の干栗多心《かりだしん》(肉団心)を行者身の蓮華蔵世界とする。⑦華厳信仰の弘まるとともに蓮華蔵世界の図が描かれることも行われた。東大寺の大仏の蓮弁に刻する千釈迦、百億の小釈迦は梵網経の説によったものである。

**れんげつ-に　蓮月尼**　(寛政三1791—明治八1875)名は誠《のぶ》。京都の人。知恩院広間侍であった大田垣光古の子。夫と子女に死別し、三三歳で尼となる。和歌を千種有功に学び、歌人として有名。父の没後、洛東の聖護院村に移り、自ら陶器を造って自詠の歌を書き生活の資とした。短冊も書き、一時、富岡鉄斎を養子にした。居所を移り変えたので屋越《やごし》の蓮月と呼ばれ、晩年は京都西賀茂の神光院の茶所に住した。遺著、歌集海人の刈藻《あまのかるも》(校註国歌大系二〇)、蓮月尼全集。

**れんげぶ-じ　蓮華峰寺**　新潟県佐渡市小木町。小比叡山と号し、真言宗智山派。大同三年808空海の開創、鬼門鎮護の比叡山に擬して建立したという。室生寺、金剛峯寺と共に仏金蓮三部の霊場といわれる。〔重文〕金堂、弘法堂　〔参考〕日本名勝地誌七

**れんげめん-きょう　蓮華面経**　二巻。隋の那連提耶舎《なれんだいやしゃ》の訳(開皇四584)。仏が入滅の直前に阿難に対して、将来僧徒が堕落し、仏法は罽賓《けいひん》国(カーシュミーラ Kāśmīra)に移って一時栄えるが、悪王寐吱曷羅倶邏(ミヒラクラ Mihirakula か)が出て仏鉢を破壊し、それより仏法がこの世界より滅亡する、と説く。㊅一二

**れんさつ　連察**　(寛文一二1672—宝暦五1755)浄土宗の僧。号は一阿、入蓮社走誉と称した。江戸の人。赤坂竜泉寺の文祭の弟子となり、のち増上寺に学び、善導寺・弘経寺・伝通院に歴住して、延享二年1745増上寺四三世を継いだ。〔参考〕三縁山志一〇

**れんしゅう　蓮秀**　(文明一三1481—天文二一1552)真宗興正寺第一五世。諱は経照(慶証)。父経豪(蓮教)の跡に従い本願寺に帰属し、実如・証如に仕えた。本願寺の大坂移転と共に興正寺をその地に移し、日蓮宗と本願寺との講和運動に力をつくして功があり、本願寺の一家衆に列せられた。〔参考〕反古裏書、本願寺通紀六

**れん-しゅう　蓮宗**　阿弥陀仏の浄土(蓮邦)に生まれることを願う念仏の宗旨。白蓮社《びゃくれんじゃ》にちなんで名づけられたもの。蓮門ともいう。浄土宗(鎮西派)では五重相伝および戒脈《かいみゃく》・宗脈をうけたものに蓮社号を授ける。

**れんしゅう-ひつどく　蓮宗必読**　一巻。清の古崑《ここん》の著(同治七1868)。念仏者が日夜座右に置いて必読すべき経典や古人の遺文を編集したもの。浄土三部経をはじめ、天台の遵式、浄土の善導、禅の永明らの法語類二一篇を集めている。㊎二・一五・二

**れんしゅう-ほうかん　蓮宗宝鑑**　一〇巻。元の普度の著(大徳九1305)。念仏宝鑑ともいい、詳しくは廬山蓮宗宝鑑という。廬山慧遠の白蓮社念仏を奉じて白蓮宗を開創した南宋の子元の教説に基づき、経論や古人の教語、伝記などから念仏三昧に関する要文を編集したもの。念仏が往生の正因であること、念仏三昧の功徳、浄土の本質、自宗歴代の祖師の念仏事跡、正法を信じ正行を修めることの勧め、各祖師の発願文、浄土往生の過程、浄土において受けるべき果報、仏祖先賢の訓戒などを説いて邪説異見を破斥している。この書の成立は白蓮宗が禁止される(至大元1308)直前であり、急迫した教団情勢を反映し、また最もまとまった形で宗義を伝えている。㊅四七

**れんしゅ-きしん-ろく　蓮修起信録**　六巻。清の程兆鸞の著(光緒二〇1894)。念仏修行を勧めるために、その訓戒となる文を古来の経典・語録・詩文などから採録したもの。また著者自らの浄土教文学に類する雑著数篇をも付け加えている。㊎二・一五・三

**れんしゅ-ひつどく　蓮修必読**　一巻。

清の観如の著（光緒一二1886）。念仏往生を勧めた、古来の詩文語録などをあつめた書。浄土教文学上から注目される。㊦二・一五・四

**れんじゅん　蓮淳**　（寛正五1464—天文一九1550）本願寺八世蓮如の六男、九世実如の同母弟。名は兼誉。大津近松顕証寺に住し、また河内久宝寺に顕証寺を草創した。さらに伊勢長島願証寺に住し、近畿・東海地方の伝道につとめた。戦国時代に真宗教団の護持に尽力、特に蓮如没後の本願寺において重要な地位を占め、実如や証如の宗政をたすけた。著書、蓮淳記（蓮如上人行実）。

**れんしょう　蓮生**　① ⇩れんせい　②（承安三1173—正元元1259）源空の弟子。実信房と称し、もと幕府の御家人で俗名は宇都宮頼綱。元久二年1205源実朝暗殺計画の嫌疑をうけて出家し、摂津勝尾寺に源空を訪ねて教えを受け、のち証空に師事して西山に住した。嘉禄三年1227延暦寺衆徒が大谷の源空の墳墓を襲った時、西仏らと共に遺骸を太秦に移して難を避けた。証空に従って摂津に行化し、西山善峰堂・往生院を再興した。和歌をよくし、藤原定家らと交遊があり、頼綱の女は定家の長男為家に嫁し、勅選集などにその歌が出ている。著書として善導の五部九巻の聞書積学鈔があり、その一部の法事讃積学要義鈔二巻（仏全五六）が伝わる。〔参考〕吾妻鏡、法然上人行状絵図四二、西山上人縁起、本朝高僧伝七一

**れんしょう　蓮勝**　（　—貞治元1362）浄土宗白旗流の五祖。字は永慶。常陸の人。寂恵良暁に師事して宗脈を承けた。常陸太田の法然寺を開いて弘教した。〔参考〕浄土本朝高僧伝二、浄土伝灯総系譜中、新撰往生伝一

**れんしょう-じ　蓮昌寺**　岡山市田町。仏住山と号し、日蓮宗。康永元年1342松田元喬が開創し、日像を開山とする。蓮昌は元喬の法名。永禄一一年1568松田氏は浮田氏に滅ぼされ、とくに浮田秀家は領民に本宗を禁じたため一時衰微した。慶長年間1596—1615小早川秀秋の崇敬を受けて諸堂宇が完備し、中国地方における本宗の本寺となった。寛文年間1661—73不受不施派の禁により末院の多くが退転した。〔参考〕吉備温故秘録三、東備郡村志一、蓮昌寺沿革

**れんじょう-じ　璉城寺**　奈良市西紀寺町。常行院と号し、浄土真宗遣迎院派。もと訳田《おさだ》寺《でら》と号し、紀《き》寺《でら》という。天智天皇のとき百済《くだら》から来朝の訳語者たちが高市郡飛鳥に建て、紀氏を檀越としたという。天平一七年745行基により平城京左京五条に移され、現寺号に改められた。〔重文〕木造観音菩薩立像、同勢至菩薩立像　〔参考〕璉城寺紀（仏全一一九）、南都名所集五、和州旧跡幽考四、大和志料

**れんせい　蓮生**　（永治元1141—承元二1208）源空の門弟。法力房と称し、俗名は熊谷直実。武蔵の人。治承四年1180源頼朝に従い多くの軍功をあげ、一谷の戦では平敦盛を討ちとった。久下直光と所領を争って敗れ、出家し源空の門に入った。源空が門弟に信行両座を選ばせた時、聖覚・信空・親鸞らと共に信不退の座に着いたと伝える。また建久年間1190—99に高野山新別所へ入ったといわれるが、源空の配流を聞き京都に戻り、承元二年東山新黒谷別所（金戒光明寺）で没した。源空の蓮生宛書簡（清凉寺蔵、重文）が現存する。〔参考〕吾妻鏡、法然上人行状絵図二七、大日本史料四ノ一〇

**れんそう　蓮崇**　（　—明応八1499）真宗の僧。下間安芸法眼と称した。越前麻生津の人。越前吉崎で蓮如の門に入り随侍して法門を学び、下間姓を許された。蓮如の消息を集録して文集を編し、御文編集の先駆をなした。のち策動して本願寺門徒を加賀の守護富樫政親との抗争に誘い、蓮如の吉崎退去をまねき勘気をうけたが、のち許された。〔参考〕実悟記拾遺、帖外御文一・七

**れんたい　蓮体**　（寛文三1663—享保一一1726）真言宗の僧。字は本浄。初め妙厳と称し、無尽蔵、妙適斎、六隠乞士とも号した。姓は上田氏。河内の人。河内の延命寺の浄厳に師事し、諸方に密教を受学した。浄厳の後を承けて延命寺に住して活躍し、正徳五年1715天見荘に地蔵寺を開創して退隠した。文章に巧みで、平易な文辞で伝道を行った。智璋・慧達・真妙らの門弟がいる。著書、秘密安心往生要集六巻（真言宗安心全書二）、宝篋印陀羅尼和解秘略釈三巻（近世仏教集説）、真言開庫集二巻（真言宗安心全書一）、弘

法大師和讃一巻(同二)、礦石集四巻など。〔参考〕蓮体和尚行状記

**れんたい　蓮待**　(長和二1013—承徳二1098)　丹波あるいは土佐の人という。仁和寺の叡算(永算)に師事して密教を学び、のち洛北に居住し石蔵聖《いわくらひじり》と呼ばれた。金峯山で修行し、ついで高野山に入り後世のためにもっぱら法華経を読誦した。〔参考〕拾遺往生伝上、高野春秋編年輯録五、高野山往生伝、本朝高僧伝七〇

**れんだい　蓮台**　蓮華台、華台《けだい》、蓮華座、華座ともいう。仏・菩薩《ぼさつ》が坐る蓮華の台座をいい、観無量寿経には第七観に華座観を説き、また仏・菩薩が念仏者を浄土に迎えるときに蓮台を持って来るという。⇩来迎《らいこう》

**れんだい-じ　蓮台寺**　⇩上品蓮台寺《じょうぼんれんだいじ》

**れんちょう-じ　蓮長寺**　奈良市油阪町。光映山と号し、日蓮宗。創建年代は不詳であるが、日便律師を開山とする。宝治年間1247—49日蓮が二年間滞留修学した旧跡という。後世、京都本圀寺の末寺となり、大和一国の触頭となった。

**れんとう-えよう　聯灯会要**　⇩宗門聯灯会要《しゅうもんれんとうえよう》

**れんにょ　蓮如**　(応永二二1415—明応八1499)真宗本願寺の第八世、中興。諱は兼寿。幼名を布袋丸と称し、信証院と諡された。勅諡は慧灯大師。存如の子。永享三年1431青蓮院で得度し、南都大乗院の経覚に学んだ。真宗の興隆を志して宗義を独学し、長禄元年1457職を継いでからはとくに布教につとめ、文書伝道に力を用いて日常語により平易に宗義を述べた消息体の伝道文書(御文《おふみ》・御文章《ごぶんしょう》)を書いた。寛正六年1465叡山の衆徒が大谷の本願寺を破却したので近江にのがれて堅田・金森・赤野井の門徒を頼り、ついで東国・北国をめぐって三河に逗留、文明元年1469三井寺の南別所に寺を造って祖像を奉安した。同三年越前の吉崎に坊舎を建てて北陸一円に教線を拡げ、同五年正信偈・三帖和讃を開版して勤行作法に用いた。教団の拡大に伴って一向一揆の動きがあり、蓮如は教誡に意を用いたが、加賀守護富樫氏親との関係が悪化して、文明七年吉崎を退去し、摂津・河内・和泉に移り、富田教行寺、出口光善寺を建て、また紀州にも行化した。同一〇年近江の門徒の請により山科に寺地を選び、同一二年に山科本願寺を建立して寺観を整えた。その間、講を組織して信徒の結束をかため、子女を各地の寺に配してこれを司らせ、専修寺を除く真宗門徒を帰属させている。明応五年1496には摂津大坂に坊舎(後の石山本願寺)を草創し、病を得て山科に帰り、没した。子供に順如光助、蓮乗兼鎮、蓮綱兼祐、実如光兼、蓮誓康兼、蓮淳兼誉、蓮悟兼縁、蓮芸兼琇、実賢兼照、実悟兼俊、実順兼性、実玄(後に実孝)兼継、実従兼智の一三男と一四女がある。著書、正信偈大意、御文。なお言行録には蓮如上人御一代聞書、実悟記、空善記、昔物語などがある。〔参考〕稲葉昌丸・蓮如上人行実、同・蓮如上人遺文

**れんにょ-しょうにん-いとくき　蓮如上人遺徳記**　二巻。蓮悟の著(大永四1524)。蓮如の遺徳として真宗再興の徳、在世の不思議、没後の利益の三項目を挙げて鑽仰敬慕したもの。真宗聖教全書三、真宗史料集成二〔刊本〕延宝七1679刊、正徳六1716刊

**れんにょ-しょうにん-ごいちだい-ききがき　蓮如上人御一代聞書**　蓮如上人御一代記聞書ともいう。一巻或いは二、四巻。空善・蓮悟の編か。蓮如の日常の法語を集録したもので、中には実如らの法語も若干含まれる。諸本によって調巻、条目が一致しないが、その内容は空善日記や実悟旧記などと重複し、それらの書を写し継いでまとめて一書としたことが認められる。㊅八三、真宗聖教全書三、蓮如上人行実(稲葉昌丸編)〔刊本〕元禄二1639刊　〔参考〕深励・講義、淡雲・講語

**れんにょ-しょうにん-しょうぶ-しゅう　蓮如上人小部集**　一巻。先啓(1720—97)の編。蓮如の作と伝えられる小品、安心用意集・持要抄・選正集・真宗持専鈔・念仏明要鈔・一宗意得之事・顕浄土真宗鈔・真宗正意集・袖中鈔・一念成就鈔を編集して一巻としたもの。但し、これらは蓮如の著作ではない。異義集一五〔刊本〕宝暦六1756刊

**れんぽう-しせん　蓮邦詩選**　一巻。明

の広貴の著、陳韓の増訂。成立年不詳。浄土教に関する詩偈を集めたもの。㊫二・一五・四

**れんぽう-しょうそく　蓮邦消息**　一巻。清の妙空子の著(同治一〇1871)。浄土について述べ、念仏往生を勧めた書。禅浄合行の思想が見られる。㊫二・一五・一

**れんもん-きょうじゃく-ろく　蓮門経籍録**　二巻。詳しくは蓮門類聚経籍録という。文雄の編(寛保年間1741―44)。養鸕徹定の増補(文久元年1861頃)。浄土宗に関する典籍を経論・章疏・談義・法語・伝記などに類別した目録で、真宗の典籍にもおよんでいる。書名・巻数・著者名を記し、若干の解説も付されており、分類が整然として要を得ている。先駆の長西録(浄土依憑経律論章疏目録)やのちの浄土宗経論章疏録と並べて見るべきもの。仏全一〔刊本〕文久二刊、明治一二1879刊

**れんもん-せんよう-へん　蓮門詮要篇**　二巻。性均(1681―1757)の著。浄土教の要旨と行人の用心について述べたもの。巻末に聖浄問弁が付される。〔刊本〕寛延三1750刊

**れんよう-わかしゅう　蓮葉和歌集**　大我の作、大道の編(安永八1779)。主として無量寿経の文句を題に浄土教の意趣を歌った和歌集。国東叢一(歌頌)

# ろ

**ろ　漏**　㊵アースラヴァ āsrava の訳。漏泄《ろせつ》の意。煩悩の異名、煩悩が尽きるのを漏尽という。漏には「流」と「住」との二義があって、「流」の意味には、煩悩のために常に六瘡門から不浄を流出する意、煩悩によって生死《しょうじ》の世界に流転させられる意があり、「住」の意味には、衆生を三界に留住させる意、業《ごう》の種を煩悩の器に入れて貯えれば種がよく後有を生じる意があるとする。欲漏・有漏《うろ》・無明漏《むみょうろ》を三漏といい、これに見漏を加えて四漏という〈⇩三漏《さんろ》〉。また北本涅槃経巻二二には見漏・修漏・根漏・悪漏・親近漏・受漏・念漏の七漏を説く。

**ロイマン　Leumann,** Ernst　(1859―1931)スイスの東洋学者、言語学者。シュトラスブルク大学、フライブルク大学の教授を歴任。梵語諸典籍の翻訳に従い、またモニエル・ウィリアムズ　M. Monier-Williams の梵英辞典の改訂増補に協力した。ジャイナ教梵語文献の研究者としても知られる。中央アジア発見のソグド語の解読に成功したことは有名で、同語が北方アーリヤ系の言語であることを歴史的・言語学的に確認し、その文法・語彙を作った(Zur nord-arischen Sprach und Literatur, 1912)。その他、Buddhistische Literatur：Nord-arisch und Deutsch(北方アーリヤ語仏教文献ドイツ語訳1920)、Buddha und Mahāvīra(仏陀とマハーヴィーラ1921)などの著書がある。渡辺海旭・荻原雲来らはその門下である。

**ろう　老**　㊵ジャラー jarā の訳。唯識宗では二十四不相応行法《ふそうおうぎょうほう》の一として、色《しき》心の諸法が相続変異することを老といい、生《しょう》・老・住・無常を四相という。即ち有部《うぶ》の異相にあたる。十二縁起の第一一支は老死であり、また生苦・老苦・病苦・死苦を四苦という。

**ロウ　Law,** Bimala Churn　生没年不詳。インドの仏教学者。ダーターヴァンサ Dāṭhāvaṃsa(仏牙史)の英訳(A history of the tooth-relic of the Buddha, 1925)、および The life and work of Buddhaghosa(ブッダゴーサの生涯と著作1923)、A Study of the Mahāvastu(マハーヴァストゥの研究1930)、Buddhistic studies(仏教研究1931)、Geography of early Buddhism(初期仏教の地理1932)、A history of Pali literature(パーリ文献史、二巻1933)などの著書がある。

**ろうあん　朗庵**　生没年不詳。室町時代

の普化宗虚無僧の先達。普化道者といい、尺八を得意とした。大徳寺の一休宗純と親交があり、宇治川辺の吸江庵に住し、のち京都妙安寺に住した。詳しい伝は不明。

**ろうあん-じ　滝安寺**　大阪府箕面市箕面。旧称は箕面《みのお》寺。箕面山吉祥院と号し、単立(もと天台宗園城寺末)。役小角《えんのおづぬ》の草創と伝える修験道の霊場で、古くから滝(箕面滝)の信仰にもとづく霊山として知られた。応和年間961—64千観が勅により箕面滝で請雨法を修し、元弘三年1333後醍醐天皇の隠岐よりの還幸を祈った。天正年間1573—92の兵火や文禄1592—96の震災で衰退するが、慶長八年1603再建。後水尾天皇はじめ朝廷の帰依を受け、元禄六年1693現在の主要な諸堂が完備した。本尊弁才天は竹生島・江の島・厳島と共に四弁才天に数えられる。〔重文〕木造如意輪観音坐像　〔参考〕扶桑略記、摂津名所図会六、摂陽群談一四、摂津志七

**ろうか　浪化**　(寛文一二1672—元禄一六1703)　真宗大谷派の僧。越中井波瑞泉寺の住持。法名は常照。同派本願寺一四世琢如の子で、応真院と称した。俳諧をよくし、浪化はその号である。延宝五年1677瑞泉寺に入った。去来《きょらい》の紹介で嵯峨落柿《らくし》舎の芭蕉に俳諧を学び、若くしてその才をうたわれた。著書、有磯海(元禄八刊)、となみ山(同)、浪花上人発句集(古俳書文庫一八)、白扇集(同)。〔参考〕俳家奇人談

**ろうけい　良桂**　生没年不詳。南北朝時代の日蓮宗の僧。「りょうけい」とも読む。初め京都深草の真言宗極楽寺に住したが、延慶三年1310日蓮の門弟日像と対論して帰服し、改宗してその門に入った。日像没後住した寺を宝塔寺と改め、日像を開山とし自ら二世となった。〔参考〕本化別頭仏祖統紀　八

**ろうけい　朗慶**　(　—正中元1324)　日蓮宗の僧。越中阿闍梨と称す。武蔵の人。日蓮に帰依した父の荏原義宗の勧めにより得度して日朗に師事した。父の没後、武蔵中延に妙法寺を開創した。いわゆる朗門九鳳の一。〔参考〕本化別頭仏祖統紀一三

**ろうげん　朗源**　(嘉暦元1326—永和四1378)　日蓮宗の僧。姓は千葉氏。京都妙顕寺竜華院に学んで後、日覚に随従してその化導をたすけた。のち大覚(妙実)の後を継いで妙顕寺三世に補せられた。〔参考〕本化別頭仏祖統紀一六

**ろうざん　籠山**　山にこもって修行する意。その僧を籠山比丘、籠山僧といい、籠山の区域をかぎって外界とのさかいを定めるのを籠山結界《けっかい》という。最澄は、天台の学徒は一二年間叡山に籠って止観《しかん》業・遮那《しゃな》業の両業を修めねばならないと定めた。

**ろうし-けこ-きょう　老子化胡経**　巻数不明。敦煌石室から発見された残闕が二本ある。すなわち老子西昇化胡経第一巻と老子化胡経玄口第一〇巻である。著者は高僧伝巻一に西晋の恵帝の末の道士王浮の作としている。老子が西方インドに赴き仏陀に生まれかわって胡人を教化したと説く。成立事情は道仏二教について道士王浮と沙門帛遠とが論争し、王浮は仏教側に屈することが多かったので、道教をひろめるため、本経を偽作して仏教に対する優越を示そうとしたものという。老子化胡説の真偽は道仏二教の優劣を論ずる場合、隋・唐以後激しい論争点とされ、互いにその非を弁ずる著作が作られた。唐代には同様な道書が多くつくられた。㊅五四　〔参考〕集古今仏道論衡、破邪論、弁正論

**ろうべん　良弁**　(持統三689—宝亀四773)東大寺の僧。俗姓は漆部氏(一説に百済氏)。近江または相模の人という。郎弁とも記す。義淵に法相を学び練行して徳望があり、聖武天皇の信任を得て仏宇を寄せられて金鐘寺(のちの東大寺法華堂)と称した。華厳の弘通をはかって審祥《しんじょう》を迎え、同寺に華厳経の講説を創設、霊福を請じて梵網布薩を行い、また同寺に法華会を始行した。天平一九年747の東大寺造立ではその努力により開基とされ、大仏殿落成に当たって少僧都となり東大寺別当に補せられた。天平勝宝八年756聖武上皇の看病に奉仕して大僧都に進んで、教界の指導権を握り、慈訓・法進と共に僧階の制定を上奏して僧尼の統制につとめた。天平宝字八年764僧正に進んだ。日本華厳宗第二祖とされる。門下に実忠・良興・良恵・忠恵・安寛・鏡忍らが

いる。〔参考〕続日本紀、僧綱補任、東大寺要録、三国仏法伝通縁起中、元亨釈書二二、本朝高僧伝四

**ろうよ　朗誉**　（建久五1194―建治三1277）臨済宗の僧。字は蔵叟。上野長楽寺の釈円栄朝に師事した。正元年間1259―60に寿福寺に住し、晩年は長楽寺に帰った。栄朝の高弟として知られ、門下に寂庵上昭がいる。〔参考〕沙石集一〇、延宝伝灯録六

**ろく-あみだ　六阿弥陀**　旧江戸市中の阿弥陀仏を安置してある六カ所の霊場をいう。像はみな行基の作で熊野山中の一本杉の木から作られたと伝える。春秋の彼岸会にこの霊場を巡拝する人が多い。⑴北区王子の西福寺、⑵北区沼田の慧明寺、⑶北区滝野川の無量寺、⑷荒川区田端の与楽寺、⑸台東区上野の常楽院、⑹江戸川区亀戸の常光寺。なおこれに対してのちには江戸の西方六阿弥陀というものもできた。京都には六阿弥陀巡りと称して各月の功徳日と春秋の彼岸に、真如堂（現左京区）・永観堂（同）・清水寺（現東山区）・安祥院（同）・安養寺（同）・誓願寺（現中京区）の阿弥陀仏を巡拝する風習があり、江戸中期以降盛んとなった。

**ろくおう-いん　鹿王院**　京都市右京区嵯峨北堀町。臨済宗系の単立寺院。正称は覚雄山大福四宝幢禅寺。康暦元年1379足利義満が春屋妙葩《しゅんおくみょうは》を開山とし、その境内に開山堂を宝幢寺を建立したが、当地に建て鹿王院と号した。至徳二年1385十刹の第五位に列し以後足利氏の帰依を得て栄えたが、宝幢寺は応仁の乱で廃絶し、本院のみ残った。寛文七年1667酒井忠知の子虎岑により再建された。〔重文〕絹本著色夢窓国師像、絹本墨画出山釈迦像、紙本墨画蘭石図（梵芳筆）、紙本著色釈迦三尊及三十祖像（明兆筆）七幅、紙本墨書後醍醐天皇宸翰御消息、同鹿王院文書、同金剛院文書、夢窓疎石筆臨幸私記ほか〔参考〕覚雄山大福田宝幢寺鹿王院記（群書二四）、雍州府志五

**ろくおん-じ　鹿苑寺**　京都市北区金閣寺町。北山と号し、臨済宗相国寺派。北山殿と呼ばれる西園寺家の山荘を応永四年1397足利義満が譲り受けて金閣などの楼閣・林泉を造営した。翌年義満はここに移り、以後義満が没するまでの一〇年間、北山殿は室町幕府政治の中心となった。同一五年三月には後小松天皇が行幸、同五月に義満が没するとその子義持は遺命により夢窓疎石を開山として禅刹とし、義満の法号にちなんで現寺名を称した。以後歴代の足利将軍も当寺を保護した。応仁の兵乱で西軍の陣所となって堂舎の多くが破却されたが、近世初頭、浮田秀家・金森宗和などにより漸次復興され、六世文雅慶彦《ぶんがけいげん》の時、諸堂は大いに造建されて文雅は中興の祖とされた。金閣は宸殿造の三層楼閣で最上層究竟頂は総金箔を塗り頂上に鳳凰を置く。このため俗に金閣寺と称され、鏡明池に影ずる艶雅な姿を賞された。昭和二五年1950放火のため全焼し、同三〇年旧態に復興された。〔重文〕子元祖元高峰顕日問答語（你且来）、絹本著色足利義満画像ほか

鹿苑寺〈金閣寺〉（都名所図会）

**ろくがい-きょうとう-もくろく　録外経等目録**　一巻。親尊の著（建長八1256）。最澄・空海ら台密東密七家の録外経目を蒐集整理したもの。(大)五五　〔原本〕宝菩提院蔵

**ろくがく-そう-でん　六学僧伝**　三〇巻。詳しくは新修科分六学僧伝という。元の曇噩の著（至正二六1366）。中国の諸高僧を⑴慧学（訳経・伝宗）、⑵施学（遺身・利物）、⑶戒学（弘法・護教）、⑷忍辱学（摂念・特志）、

(5)精進学(義解・感通)、(6)定学(証悟・神化)の六学一二科に分け、一千二百七十余人の伝記を集めたもの。続二乙・六・三—五　〔参考〕禅籍志下

**ろく-がっしゃく　六合釈**　「りくがっしゃく」とも読む。梵シャット・サマーサ sat-samāsa の訳で、六離合釈《りくりがっしゃく》とも訳す。殺三磨娑《さつさましゃ》と音写し、梵語の複合語(合成語)を解釈する六種の方法。(1)依主釈《えしゅしゃく》。梵タット・プルシャ tat-puruṣa の意訳で、依士釈《えじしゃく》、属主釈、即士釈ともいう。格限定複合語。複合語中の前節の語は名詞または名詞と同様に見なされるべきもので、これが後節の語（名詞または形容詞）に対して常に格の関係を有するもの。「山寺」が「山における寺」を意味し、「王臣」が「王の臣」を意味するなどをいう。前者は於格（処格）、後者は属格(所有格)の例である。これは狭義における依主釈で、広義においては持業釈と帯数釈とを含めて、すべて前節の語によって後節の語の意味を制限あるいは修飾する複合語を依主釈という。(2)相違釈。梵ドヴァンドヴァ dvandva の訳。並列複合語。二個以上の名詞を対等の関係において独立的に列挙するもの。「山川草木」が「山と川と草と木」を意味するなどである。(3)持業釈《じごっしゃく》。梵カルマ・ダーラヤ karma-dhāraya の訳で、同依釈ともいう。同格限定複合語。前節の語が後節の語に対して形容詞、副詞または同格の名詞としての関係を有するもの。従って後節の語は常に名詞または形容詞である。例えば「高山」が「高い山」を意味し、「極遠」が「極めて遠い」を意味するなどである。(4)帯数釈《たいすうしゃく》。梵ドヴィグ dvigu の意訳。数詞限定複合語。前節の語が数詞であって聚合の意味を有するもの。「三界」「四方」というなどである。以上の四はいずれも名詞的複合語の解釈法である。(5)隣近釈《りんごんじゃく》。梵アヴィヤイー・バーヴァ avyayī-bhāva(不変詞)をこの釈に当てるならば、これは副詞的複合語であって、前節の語は常に副詞・関係詞などの不変化詞で、複合語全体として副詞の機能をもつ。例えば yathā(如く)-vidhi(法)が「法のごとくに」「法に従って」を意味するなどである。しかし中国に伝わる伝統的解釈では、例えば四念処《しねんじょ》は慧を体とするけれども、念に近いから念処と称するように、実際はそのものではないのに近いものに従って名を立てた場合を隣近釈としている。(6)有財釈《うざいしゃく》。梵バフ・ヴリーヒ bahu-vrīhi の意訳で、多財釈ともいう。所有複合語。複合語の全体が所有の意味をあらわす形容詞の働きをしている場合で、前に述べた複合語はすべて有財釈として解釈しうる。例えば「長袖」(持業釈)が「長袖である」「長袖を有する〔者〕」を意味するなどである。以上の六合釈は古来これを(3)・(1)・(6)・(2)・(5)・(4)の順序にならべるのが慣例である。

**ろく-かんのん　六観音**　六道の衆生をすくう六種の観世音菩薩。聖観音(地獄)・千手《せんじゅ》観音(餓鬼)・馬頭《ばとう》観音(畜生)・十一面観音(修羅)・不空羂索《ふくうけんじゃく》観音(人道)・如意輪観音(天道)が台密の説で、東密によれば不空羂索の代りに准胝《じゅんでい》観音をあげる。また両説をあわせて七観音ともする。また摩訶止観巻二にも大悲・大慈・師子無畏・大光普照・天人丈夫・大梵深遠の六観音が六道を救うと説かれている。〔参考〕講演法華略義下、阿娑縛抄九六

**ろく-ぎょうかん　六行観**　六行相観の意。有漏智《うろち》によって修惑《しゅわく》を断つ際に行う厭下欣上《えんげごんじょう》の観法で超越証《ちょうおっしょう》の者は、見道に入る以前にこの観法を用いて修惑の一分を断ってから見道に入るとされる。有部《うぶ》などの説。倶舎論巻二四によれば、無間道《むけんどう》において自地(自己の現在する境位)と次下地〈⇩九地《くじ》〉とを対象として、それが寂静《じゃくじょう》でないから麁《そ》であり、美妙《みみょう》でないから苦であり、自地を出離させないから障であるとし、その麁・苦・障の三行相の一を観じてこれを厭い、解脱道《げだつどう》において次上地を対象として、下地とは逆にこれは静・妙・離であるとして、その三行相の一を観じてこれを欣《ねが》い、次下地の惑を断つ。上下合わせて六行相を観ずるから六行観という。これは上地と下地とを対立させて観ずる相対的な観法であるから、これによっては、自地および上地の惑は断つことができず、また有頂《うちょう》より上地はないから

有頂地の惑も断つことができない。この六種の行相の中のいずれの行相から観ずるかという順序は、断惑者の随意である。即ち無間道の厭麁観が解脱道の欣静観に対応するというように順序などが一定してはいない。また唯識宗では、六行観は煩悩《ぼんのう》の現行《げんぎょう》を伏することはできるが、煩悩の種子《しゅうじ》を断つことはできないと説く。

**ろくぐん-びく　六群比丘**　仏在世時代に群をなして粗暴な振舞いをし、しばしば制戒の因縁となった六人の悪行比丘をいう。(1)難陀《なんだ》(ナンダ Nanda)、(2)跋難陀《ばつなんだ》(ウパナンダ Upananda)、(3)迦留陀夷《かるだい》(カーロダーイン Kālodāyin)、(4)闡那《せんな》(チャンダ Chanda)、(5)阿説迦《あせつか》(アシュヴァカ Aśvaka)、(6)弗那跋《ふつなばつ》(プナルヴァス Punarvasu)の六人であるが、経典によってその構成は少し異なる。〔参考〕四分律六、薩婆多毘尼毘婆沙四、十誦律一四、摩訶僧祇律一五・一七、鼻奈耶二、善見律毘婆沙一四

**ろくけつじょう　六決定**　⇩ろっけつじょう

**ろくさい-ねんぶつ　六斎念仏**　六斎日(身を慎むべき日。毎月八・一四・一五・二三・二九・三〇の六日)に修する念仏の意であるが、今は一種の芸能化した民間の宗教儀礼で、鉦や太鼓を打って囃し、念仏を唱えながら踊る民俗芸能をいう。京都に伝承されるものと、高野山付近に残存するものとの二系統があり、前者は空也堂を中心とする空也念仏と、光福寺(干菜寺)を総本寺とする六斎念仏とに分けられる。伝承によって踊りを伴うものと念仏だけのものとがあり、能狂言から取材したものも多い。

干菜寺の六斎念仏（花洛細見図）

**ろく-じ　六時**　①一昼夜を六分していう。即ち、晨朝《じんじょう》(平旦)・日中《にっちゅう》(日正中)・日没(日入)・初夜(入定)・中夜(夜半)・後夜《ごや》(鶏鳴)のこと。インドでは、時の最短単位を刹那《せつな》として、一二〇刹那を一怛刹那《たんせつな》、六〇怛刹那を一臘縛《ろうばく》、三〇臘縛を一牟呼栗多《むこりった》、五牟呼栗多を一時、六時を一昼夜とする〈⇩時《じ》〉。昼夜六時に勤行《ごんぎょう》をすることはインド以来行われ、中国では廬山の慧遠《えおん》が水時計(蓮華漏《れんげろ》という)を作って六時に行道《ぎょうどう》したと伝え、また信行は昼夜六時発願文を製し、善導は往生礼讃(六時礼讃《ろくじらいさん》)を作って、それぞれ六時に仏を拝して懺悔すべきことを説き、日本でも多く行われた。六時を知らせる鐘を六時鐘、六時に勤行するのを六時勤《ろくじづとめ》、勤める堂を六時堂という。なお荼毘《だび》(火葬)または忌日の前夜を明日におよぶ意で逮夜《たいや》といった所から、転じて日没を逮夜ということがある。②一年を六期にわけて、漸熱・盛熱・雨時・茂時・漸寒・盛寒の六時とする（大唐西域記巻二）〈⇩暦法《れきほう》〉。③時解脱《じげだつ》阿羅漢《あらかん》は、好衣・好食・好臥具・好処所・好説法・好同学の六の時を得れば定《じょう》に入り解脱《げだつ》するとする。

**ろくじきょう-ほう　六字経法**　六字神呪経の説によって呪咀・反逆・病事・産婦などのために修する法。本尊は六字経曼荼羅といい、金輪仏頂尊を中心に六観音(またはその種子《しゅうじ》)が描かれている。また結願の夜に船上において六字法を修するのを六字河臨法という。〔参考〕秘鈔問答七

**ろくし-げどう　六師外道**　仏陀とほぼ同じ頃にインド中部で活動した六人の思想家。当時インドではヴェーダ聖典に準拠し

たバラモン教思想が正統説であったが、この六人はいずれも仏陀と同様にヴェーダの権威やバラモン階級の優越性を否定し、都市の商工業者など新興の庶民階級の支持をうけた。仏典では外道すなわち仏教以外の諸派の思想を六十二見などとして列挙しているが、中でも有力であった六人をさして六師外道と呼んだものであろう。(1)プーラナ・カッサパ Pūraṇa Kassapa. 富蘭那迦葉《ふらんなかしよう》と音写する。善・悪の果報を認めない道徳否定論をとなえた。(2)パクダ・カッチャーヤナ Pakudha Kaccāyana. 漢訳では迦羅鳩駄迦旃延《からくだかせんねん》という。人間を地水火風の四元素および苦・楽・生命の七要素の集合体と考える、一種の唯物論的思想を述べた。(3)マッカリ・ゴーサーラ Makkhali Gosāla. 末伽梨拘舎梨《まっかりくしやり》と音写する。アージーヴィカ Ājīvika派（邪命《じゃみょう》外道）という宗派に属していた。輪廻の生存は無因無縁であって、すべてはあらかじめ決定されており、いかなる主体的努力も無効であるとする運命論・決定論を主張した。このような考え方は当然に(1)と同様の道徳否定の立場に帰着する。(4)アジタ・ケーサカンバリン Ajita Kesakambalin. 阿耆多翅舎欽婆羅《あぎたししやきんばら》と音写する。人間は地水火風の四元素で構成され、死ねばそれぞれの元素に帰るのみで、死後の霊魂は存在しないという唯物論をとなえ、宗教・道徳の無用を主張した。以上の(1)—(4)はいずれも唯物論的傾向にあり、道徳・宗教を否定するこのような立場は、やがて現世における快楽を至上とする快楽主義にいたる。この種の思想をインドではチャールヴァーカ Cārvāka あるいはローカーヤタ Lokāyata と名づけ、漢訳仏典では順世《じゅんせい》外道と呼んでいる。(5)サンジャヤ・ベーラッティプッタ Sañjaya Belaṭṭhiputta. 漢訳では刪闍耶毘羅胝子《さんじややびらていし》という。霊魂・来世などの形而上学的問題に対しては肯定・否定のいずれにも確定的判断をくだすことは不可能であるとして、懐疑論の立場にたった。この立場は仏陀の無記答に通じるものがある。仏十大弟子に数えられる舎利弗《しゃりほつ》（サーリプッタ Sāriputta）および目連（マハーモッガラーナ Mahāmoggallāna）は当初このサンジャヤの上足の弟子であった。両人が仏陀に帰依したことを聞いて、サンジャヤは憤死したと伝える。(6)ニガンタ・ナータプッタ Nigaṇṭha Nātaputta. 漢訳では尼乾陀若提子《にけんだにやくだいし》という。ジャイナ教の開祖〈⇩尼乾陀若提子〉。〔参考〕長阿含経一七・沙門果経、中阿含経五七・箭毛経

**ろく-じぞう　六地蔵**　六道の衆生を教化する六体の地蔵菩薩。その名称・形像について異説が多いが、胎蔵曼荼羅の地蔵院にある地蔵・宝処・宝手・持地・宝印手・堅固意の六地蔵が基本のようである。蓮華三昧経・十王経には別の名がでている。京都伏見の六地蔵堂は仁寿二年852の建立と伝えられる。六体の地蔵を石で彫り路傍に建てることは鎌倉時代頃から見られ、また六体の地蔵尊を六カ所に安置し、毎月二四日に巡拝することが室町時代以後行われた。これを六地蔵巡り、六地蔵詣りという。ちなみに京都の六地蔵巡りは八月二二、二三の両日、伏見区六地蔵の大善寺、南区上鳥羽の浄禅寺、西京区桂の地蔵寺、右京区常盤の源光寺、北区出雲路の上善寺、山科区四宮の徳林庵に安置される六地蔵を巡拝する。これらは京への各街道口にあたり、その始まりは保元年間1156—59と伝えられ、寛文年間1661—73に現在の六カ寺となった。なお墓地の入口にも六地蔵が置かれる。〔参考〕大日経疏五、源平盛衰記、元亨釈書一七、資益王記文明一四条、江戸歳事記附録（最初建立江戸六地蔵参）

**ろくしも　鹿子母**　(梵)ムリガーラ・マートリ Mṛgāra-mātṛ (巴)ミガーラ・マーター Migāra-mātā の訳。仏在世当時の女性信者。鴦伽国（アンガ Aṅga）の長者ダナンジャヤ Dhanañjaya の娘で本名を毘舎佉《びしゃきゃ》(梵)ヴィシャーカー Viśākhā (巴)ヴィサーカー Visākhā という。舎衛城の弥伽羅《みから》（ミガーラ Migāra）の子福増（プンナヴァッダナ Puṇṇavaddhana）に嫁いだ。義父の弥迦羅は裸形外道《らぎょうげどう》の信徒であったが、毘舎佉の導きにより仏陀に帰依するにいたった。このとき弥伽羅が喜んで「汝は今よりわが母なり」と述べたため、ミガーラ・マーター（ミガーラの母）と呼ばれるようになったと

いう。僧伽にしばしば衣食を布施し、また精舎を寄進した。その精舎の講堂を鹿子母講堂という。〔参考〕Dhammapada Aṭṭhakathā I, 中阿含経五五、四分律一〇、摩訶僧祇律七、阿羅漢具徳経

**ろくじゅうじゅ-にょり-ろん　六十頌如理論**　一巻。竜樹（ナーガールジュナ Nāgārjuna）の作。北宋の施護の訳。六十余りの偈のみから成る小篇ながら、縁起が生滅・有無を離れていること、世間的存在は幻のようであって、無明によって有と捉えられているものであること、その無明有執を離れるには無自性空を知ることによること、などを示して、他派の有自性論を論破する。梵語原本は伝わらないが、チベット訳が現存し、それによれば原題はユクティ・シャシュティカー Yuktiṣaṣṭikā という。インド・チベットでは竜樹の五部の主著の中の一として重んじられ、チャンドラキールティ Candrakīrti（月称）による註釈もある。山口益によるチベット訳よりの和訳と研究「中観仏教論攷」がある。(大)三〇

**ろくしゅ-まんだら-りゃくしゃく　六種曼荼羅略釈**　二巻。詳しくは金剛頂一切如来真実摂大乗現証大教王経初品中六種曼荼羅尊像標幟契印等図略釈という。著者未詳。金剛頂経初品に説かれている金剛界の六種曼荼羅の各尊像の形容・標幟・真言などについて釈明したもの。円珍将来の五部心観の解説書。(大)図像部二

**ろくしょう-じ　六勝寺**　「りくしょうじ」とも読む。藤原時代末期京都白河における「勝」の字を有する六カ所の御願寺。即ち、法勝寺・尊勝寺・最勝寺・円勝寺・成勝寺・延勝寺。院政期の造建で、白河天皇の承暦元年1077から久安五年1149まで一世紀足らずの間に建てられたが、いずれも鎌倉時代以後まもなく廃絶した。⇨御願寺《ごがんじ》

**ろくじょうじゅ　六成就**　経典のはじめにあってその経が説かれた時の場所や聴衆などを記した部分を通序（証信序）というが、通序の内容は次の六項から成り、六項が完備してはじめて教えが説かれることとなるからこれを六成就、六事成就、六種成就などという。⑴信成就（如是）、⑵聞成就（我聞）、⑶時成就（一時）、⑷主成就（仏）、⑸処成就（在王舎城など）、⑹衆成就（与大比丘衆若干人倶）（宗密の盂蘭盆経疏巻下に出ている説）。このほか、仏と住処とを合わせて五成就とする説があり、また我と聞とを分けて七事とする説もある。中国では以上のほかに、法相宗では親光の仏地経論によって通序を、⑴総顕已聞、⑵説教時、⑶説教主、⑷所化処、⑸所被機の五に分け、如是と我聞とを合わせて総顕已聞とする。如是我聞《にょぜがもん》は経によって我聞如是、聞如是と訳されていることもあるが、この語を経の初めにおく理由について大智度論巻二によれば、仏が入滅する時阿難の問いに答えて、三世の仏の法に従い経の初めは「如是我聞一時仏在某方某国土某処林中」と説くべしと命じたのによるといい、従って後世は一般に我とは阿難が自らを指したものと理解する。阿難は第一結集《けつじゅう》において法（後に経といわれるもの）を誦出したと伝えられるからである。

**ろくじょう-ぼんし　鹿杖梵志**　鹿杖は(梵)ムリガランディカ Mṛgalaṇḍika (巴)ミガランディカ Migalaṇḍika の訳。梵志はバラモンの意。仏が不浄観を説いたとき、厭世のあまり生身をいとうていた仏弟子たちを欲のために殺した沙門の名。〔参考〕十誦律二、鼻奈耶一

**ろくしょ-ぞうほうとう-がんもん　六所造宝塔願文**　一巻。護国縁起ともいう。最澄の記（弘仁九818）。最澄が住持仏法・鎮護国家のために国内の上野（安東）・豊前（安南）・筑前（安西）・下野（安北）・山城（安中）・近江（安総）の六所に宝塔造立を発願した願文。四字一句の二三句からなり、一切諸仏菩薩・諸天神祇の加護による万姓安楽・紹隆仏法がその主旨である。伝教大師全集五、仏全一二六

**ろくすい-のう　漉水嚢**　(梵)パリスラーヴァナ parisrāvaṇa の訳で、鉢里薩羅伐拏と音写し、漉水嚢《ろくすいのう》、漉水袋、漉水器、漉嚢、濾袋、水濾とも訳し、水羅ともいう。六物《ろくもつ》、十八物の一。即ち小乗・大乗を通じて比丘《びく》が常に所持すべき道具の一。水をこして水中の虫などを取り除くための布製

のふくろ。

**ろくそう-えんゆう　六相円融**　華厳宗の教義。十玄門の説とともに同宗の重要な教義であり、あわせて十玄六相という。六相とは総相・別相・同相・異相・成相《じょうそう》・壊相《えそう》の六で、すべての存在がみなこの六相を具えて互いに他を礙げず、全体と部分、部分と部分が一体化して、まどかに融けあっていることをいう。世親の十地経論巻一には菩薩行について六相を説いている。隋の慧遠《えおん》の十地経論義記には六相を解釈しているが、なお体と理とについて説くにとどまって、相と事《じ》とについて説いていない。華厳宗では唐の智儼《ちごん》がはじめて六相の円融を説き、法蔵・澄観によってその説が大成された。縁起《えんぎ》の諸法は必ず諸縁が集まって成立するものであるから、そこには成立した総相(一に多徳を含むもので、例えば屋舎のように柱・椽・梁などを総括したもの)と、これを成立させる諸縁の別相(総相によって存し、しかも総相を円満にするもので、例えば屋舎を分ければ柱・椽・梁などの別相となる)とがある。この別相を総相に対比すると、別相の上に同相(多義多法があっても同じく総相を成じるということで、例えば柱などが互いに力を合わせて屋舎を組立てていること)と異相(多義多徳がそれぞれ異なっており、例えば柱は竪《たて》に、梁は横にあって異なること)とがあり、また総相を別相に対比すると、総相の上に成相(上の諸義によって総相が成立することで、柱などが各屋舎を完成させること)と壊相(別相はおのおの自己の資格を守って総相の形とはならないことで、例えば柱などが各自の自相を守っていること)とがあって、六相となる。六相の関係は、これを体・相・用に分ければ総別二相は縁起の体徳、同異二相は縁起の義相、成壊二相は縁起の義用につくものといえる。また縁起法には円融と行布《ぎょうふ》との二大義があるから、これにつけば総・同・成の三相は円融門(三相円融)、別・異・壊の三相は行布門(三相行布)であるといわれる。しかも無差別をあらわす円融は差別をあらわす行布と離れず、また行布は円融を離れないから、円融即行布、行布即円融であり、ここに無尽法界の縁起を成じるとする。なお六相と十玄との関係については、十玄門の初めを総相、他の九を別相とし、或いは初めを総相、他を適宜に五相に配するなどの説がある。

**ろくそく-ろん　六足論**　詳しくは阿毘達磨《あびだつま》六足論という。(1)集異門足論、(2)法蘊《ほううん》足論、(3)施設(足)論、(4)識身足論、(5)界身足論、(6)品類《ほんるい》足論の六論の総称。発智《ほっち》論が説一切有部の根本論書として発智身論と呼ばれるのに対して、これら六論はその支分の論の意味でそれぞれ足論と呼ばれる。即ち発智論が教義の全体にわたった体系的著作であるのに対して、六足論はそれぞれの中の一部の問題を分担して解説するものという趣旨である。しかし、成立の順序からいえば、まず発智論が作られて、続いて六論がいっせいに作られたのではなく、おそらく六足論のいずれもが発智身論より先の成立である(中でも(1)(2)は他の四論よりさらに早く成立したものと考えられ、数多い説一切有部論書の中、最古のものであろう)。また六足論のすべてが発智論の中の一部の問題をそれぞれ分担しているとは必ずしも言えない。(1)は舎利子(シャーリプトラ Śāriputra 舎利弗《しゃりほつ》)の説に仮託され、長阿含経に含まれる衆集経の註釈の形で術語を詳しく説明するもの。(2)は大目乾連《だいもっけんれん》(マハーマウドガリヤーヤナ Mahā-maudgalyāyana)の作と仮託され、学処品・預流品以下二一品に分けて同じく術語を註釈するが、特に実践的項目を中心としている。(3)は世間施設・因施設・業施設の三部門に分けられ、宇宙論・因果・業の問題を解説する。(4)は提婆設摩(デーヴァシャルマン Devaśarman)の造と伝え、主として五蘊の法が業因によって有情の身心を構成することを説く。(5)は世友(ヴァスミトラ Vasumitra)の造と伝え、主として心および心所、特にその中の煩悩法などを解説する。(6)も世友の造と伝え、弁五事品(色・心・心所・心不相応行・無為の五位による法の分類を説く)、弁諸智品・弁諸処品以下の八品に分け、六足論中最も広く種々の問題に関説する。そのうち第七弁千問品の中には明らかに⑵よりの発展が認められる。⑶以外の五論はすべて唐の玄奘《げんじょう》によって漢訳され、ただ漢訳にのみある(ただし⑴は梵文の断片が発見された)。⑶はチベット訳のみにあり、因施設の部分だけが法護らによって漢訳されている。⑹には玄奘訳のほかに劉宋の求那跋陀羅《ぐなばつだら》と菩提耶舎《ぼだいやしゃ》の訳の衆事分阿毘曇論があり、弁五事品のみの異訳として後漢の安世高の訳の阿毘曇五法行経、唐の法成の訳の薩婆多宗五事論がある。弁五事品の一部に対する註釈として法救《ほっく》の造、玄奘の訳の五事毘婆沙論がある。㊅一六・二七、国一毘曇部一―五

**ろくそ-だんきょう　六祖壇経**　一巻または三巻。法宝壇経、六祖大師法宝壇経ともいう。慧能の述(儀鳳676―78の末頃)。慧能が韶州刺史韋璩らの請により、大梵寺の戒壇で南宗禅の要旨を垂示し、兼ねて衆のために無相戒を授けた際の説法を法海が記録したもの。本書の中心となるものは頓悟見性と定慧不二の主張であって、例えば坐禅を定義して「外一切境界の上に於いて念起こらざるを坐となし、本性を見て乱れざるを禅となす」とし、また「我が此の法門は、唯だ見性を論じて禅定解脱無為無漏を論ぜず」といい、「見性の人は立つも亦た得たり、立たざるも亦た得たり、去来自由、無滞無礙にして応用随作、自性を離れず、即ち自在神通遊戯《げゆ》三昧の力を得ん」と説いて、従来の看心看浄的な摂心《せっしん》をしりぞけ、自己の本性の自覚とその自在なはたらきの中に戒定慧のすべてを帰一させている。この主張は南宗祖師禅の基本綱領であって、のちの禅の各分派はいずれもここに思想的根拠を求めたので、本書は一種の経典視されるようになった。もと慧能の正しい血脈を伝えるしるしとして弟子たちの間に授受伝写されたが、分派の系統によって種々な異本が作られるようになり、また後代には禅宗の最も古い語録として一般化して尊ばれた。異本にはおよそ四系統がある。⑴敦煌出土本。一巻。敦煌本壇経と通称する。南宗頓教最上大乗摩訶般若波羅蜜経六祖慧能大師於韶州大梵寺施法壇経(尾題は南宗頓教最上大乗壇経法)と題し、本文は段落章節をわけていない。法海―道漈―悟真の順序に伝持されたと伝え、最も原型に近いものである。円仁の入唐新求聖教目録の中に曹渓山第六祖恵能大師説見性頓直了成仏決定無疑法宝記壇経一巻とあり、各称から敦煌本壇経に近い写本であったと推定される。⑵北宋の恵昕《えきん》の改修本。二巻。室町末期頃五山復刻。正しくは六祖壇経、通称は興聖寺本壇経という。京都堀川の臨済宗興聖寺に伝承されたもの。巻首に、興聖寺了然が他本によって補った邕州羅香山恵昕の序、蘄州軍州事晁子健《ちょうしけん》の記が付されている。恵昕が乾徳五年967古本を改修して上下二巻として全体を一一門にわけている。法海―志道―彼岸―悟真―円会の順に伝授されたという。巻首の序によれば、太歳丁卯967に編集され、南宋紹興二三年1153に晁子健によって開版されたという。なお、道元が北宋から将来したと伝える加賀大乗寺本もこの系統に属し、これは北宋の政和六年1116福唐将軍山隆慶庵の存中が再刊したもの。慧昕本系の壇経としては、興聖寺本壇経より古い形を伝えると見られている。⑶元の徳異の本。元の至元二七年1290古筠《こきん》比丘徳異が古本を得て呉中の休休庵で校訂したもの。延祐三年1316高麗国刊。巻首に法海が撰したという略序がある。一巻本で、本文を悟法伝衣・釈功徳浄土から付嘱流通までの一〇章にわけている。内容は前記の諸本と、その次第順序などが異なっている。恐らくは北宋代になって宝林伝や景徳伝灯録の慧能伝などの影響をうけ、五家七宗などの分派の背景のもとにこれら各派の共通の祖師として慧能を再確認しようとする意図から編集されたようである。この種のものとしては、北宋の契嵩の三巻本(嘉祐元1056刊、現存しない)が古く、宋代には他にも種々な異本があったようである。現存の徳異の本は元の延祐三年1316に高麗で復刻されたもので、朝鮮ではその後も数回刊行された。⑷流布本。元の至元二八年宗宝が南海で編したもの。本文を行由・般若・疑問・定慧・坐禅・懺悔・機縁・頓漸・宣詔・付嘱の一〇門にわけ、付録に慧能の伝記資料を添える。明蔵に入蔵されたので明蔵本と呼ばれ、

日本でも数回覆刻された。㊅四八、鈴木大拙・公田連太郎校訂・敦煌出土六祖壇経、同・興聖寺本六祖壇経、国一諸宗部九

**ろくだい　六大**　六種の大なるものの意。六界ともいう。地・水・火・風・空・識の六をいい、衆生を構成する要素で、法界《ほっかい》に遍満しているから大と称する。倶舎論巻一によれば、地などの四大は能造の四大種のことで、すべての物質を造りだすより所となるもの、空大(空界)は内外の間隙(すきま)のことで、生長の因となるもの、識大(識界)は有漏《うろ》の識のことで、有情《うじょう》の生存のより所となるものとし、前五は色法(物質)、後一は心法(精神)の範疇とする。なお首楞厳経巻三には、この六に根大《こんだい》を加えて七大とする。密教ではこの六大を万有の本体であるとして六大体大と説き、六大縁起《ろくだいえんぎ》を語る。即ち、六大は全宇宙にあまねく満ちて一塵一毛にも具わり、万有はすべて六大から造られたとして、あまねき点から六大、すべてのもののより所である点から体大という。この六大は互いに他を具え、互いにあまねく行きわたってさわりがなく(六大無礙《げむ》)、各一大が他の五大を具えて互遍するのを異類無礙、甲の六大と乙の六大などとにおいて地は地を礙えないように互具互遍するのを同類無礙といい、ここに物として心でないものはなく、心として物でないものはなく(異類無礙の義)、また仏を造る六大がそのまま地獄の六大である(同類無礙の義)とする。このように異類同類が互具互遍する六大は万有の本体として本来的にさながらにある法爾《ほうに》の六大であり、それが因縁によって森羅万象となって現われたのが随縁の六大である。このように六大によって万有の縁起を語るのを六大縁起という。しかも法爾即随縁、随縁即法爾であって、現前の事実の上に現象即実在を説く。なお六大について、色や形やはたらきなどを意味づけて、前五大は色法・理・胎蔵界、識大は心法・智・金剛界などとし、両部(金剛界と胎蔵界)が二にして不二であることを語り、また六大は四種法身《ほっしん》、三種世間などを作るとして六大法身の説をなし、即身成仏を説く。

**ろくだい-じょう　六大城**　インド中部の六つの有名な都城。パーリ語の大般涅槃経(Mahāparinibbāna-suttanta)二七などに出る。(1)サーヴァッティー(Sāvatthī 舎婆提《しゃばだい》、舎衛城《しゃえじょう》)、(2)サーケータ(Sāketa 沙枳多《しゃきた》)、(3)チャンパー(Campā 瞻婆《せんば》)、(4)ヴェーサーリー(Vesālī 毘舎離《びしゃり》)、(5)バーラーナシー(Bārāṇasī 波羅捺《はらな》)、(6)ラージャガハ(Rājagaha 王舎城《おうしゃじょう》)の六をさす。これにカピラヴァットゥ(Kapilavatthu 迦毘羅衛《かびらえ》城)、コーサンビー(Kosambī 憍賞弥《きょうしょうみ》)を加えて八大城ともいう。

**ろくてん-こうしき　六天講式**　一巻。最澄の作と伝える。成立年代不詳。大黒天以下弁才天に至る六天の講式集で、各天の勧請作法表白文を記録する。最澄に仮託した後世の作であろう。日蔵四一、伝教大師全集四

**ろくどう-こうしき　六道講式**　一巻。源信(942—1017)撰と伝える。成立年代不詳。地獄・餓鬼・畜生・修羅・人間・天上の六道の相を記したもので、文も曲も妙境に達している。二十五三昧式《にじゅうござんまいしき》はこれを詳しくしたもの(⇩二十五三昧式)。日本歌謡集成四　〔写本〕青蓮院吉水蔵(室町時代写)ほか〔刊本〕寛文一〇(1670)刊

**ろくど-じっきょう　六度集経**　八巻。三国呉の康僧会の訳。六度無極経、雑無極経などともいう。六度すなわち六波羅蜜の分類に従って、布施(二六話)・持戒(一五話)・忍辱(一三話)・精進(一九話)・禅定(九話)・智慧(九話)合計九一話の本生説話を集めたもの。このうち第五話は北宋の法賢の訳の月光菩薩経(ディヴヤ・アヴァダーナ第二二話、チベット訳もある)に、第九話は劉宋の求那跋陀羅の訳の大意経に、第一〇話は訳者不詳の長寿王経に、第一四話は西秦の聖堅の訳の太子須大拏経(チベット訳もある)に、第三八話は後漢の安世高の訳の太子慕魄経および西晋の竺法護訳の太子墓魄経に、第四〇話は北宋の施護らの訳の頂生王因縁経(ディヴヤ・アヴァダーナ第一七話)に、第四三話は訳者不詳の菩薩睒子経に、第五八話は三国呉の支謙の訳の九色鹿

経にそれぞれ相当する。㊅三、国一本縁部六

**ろくなまだい　勒那摩提**　（五―六世紀）㊵ラトナマティ Ratnamati の音写。宝意と訳す。訳経家。北魏正始五年508中国洛陽に至り菩提流支《ぼだいるし》と共に十地経論一二巻などを訳した。地論宗の相州南道派の祖となる。〔参考〕十地経論序、法経録五、続高僧伝一、法苑珠林二、華厳経伝記二

**ろくはらみつ-じ　六波羅蜜寺**　京都市東山区大和大路松原東入三丁目下ル轆轤《ろくろ》町。普陀落山普門院と号し、真言宗智山派。西国三十三カ所第一七番札所。応和三年963空也により創建され西光寺といったが、貞元二年977弟子中信が現寺号に改め天台宗の別院となった。のち鎌倉期にかけてしばしば炎上し、貞治二年1363復興したが、応仁の乱で本堂(重文)を残して焼失した。永正四年1507堂宇修造のための開帳が行われるなどして次第に堂舎が整った。文禄四年1595新義真言宗智積院末となった。〔重文〕本堂、木造伝運慶・湛慶坐像、同僧形坐像(伝平清盛像)、木造地蔵菩薩坐像、同十一面観音立像、同吉祥天立像、同四天王立像、同地蔵菩薩立像、同空也上人立像、同閻魔王坐像、同弘法大師坐像ほか〔参考〕僧勧実勧進帳、山城名勝志一五、都名所図会二

**ろくほん-しゅうしょ　六本宗書**　天長宗論ともいう。天長七年830淳和天皇の勅によって華厳・天台・三論・法相・律・真言の六宗の学僧が、各宗の要義を録上した六部の書。華厳宗一乗開心論六巻(普機)、天台法華宗義集一巻(義真)、大乗三論大義鈔四巻(玄叡)、大乗法相研神章五巻(護命)、戒律伝来記三巻(豊安)、十住心論一〇巻(空海)の総称。

**ろくみょうほうもん　六妙法門**　一巻。修禅六妙門、六妙門ともいう。隋の智顗の著。尚書令毛喜の請によって金陵瓦官寺において撰述されたもの。三種止観の中の漸次止観・円頓止観のように一定の法則によって修するのではなく、適宜に修観する不定止観について解説する。初めに妙門の名義を解釈し、これに数息・随息・止心・修観・還・浄の六法があるから六妙門とし、この六妙門に歴別対諸禅・次第相生・随便宜・随対治・相摂・通別・旋転・観心・円観・証相の一〇門の別があるとして一々解説を施している。㊅一六〔参考〕智者大師別伝、止観輔行伝弘決一・二

**ろくみょうもん　六妙門**　天台宗の教義。妙即ち涅槃《ねはん》に入るための六つの行門の意で、六種の禅観をいう。⑴数息門《すそくもん》(出入の息を数えることによって心を静めること)、⑵随息門(しいて呼吸の数にとらわれず息の出入を自然のままにして心を静めること)、⑶止門《しもん》(心を動かさず思慮をやめる禅定)、⑷観門《かんもん》(定にとらわれず対象を明らかに観察すること)、⑸還門《げんもん》(対象を明らかに観照しても観ずる自己の心に執着せず、心を固定して把握しないこと)、⑹浄門(こうして心にあらゆるこだわりがなくなって真理の清浄無相なのを証すること)の六門をいう。このうち前三は定《じょう》、後三は慧であるから、この定・慧によって真のさとりが得られるとする(智顗の六妙法門)。

**ろくも-きょう　鹿母経**　一巻。西晋の竺法護の訳。鹿の母が身を棄てて猟師に二子を助けてくれるよう請い、猟師はその慈悲に感じて母鹿をも放った。その後、王の命によって狩猟が禁じられたという本生説話。この経には同じ竺法護による二訳があるが、広本と略本との相違で、内容はほぼ同一である。㊅三(両訳共)

**ろくもつ　六物**　比丘《びく》六物ともいい、比丘が必ず所持しなければならない六種の生活用具で小乗律で規定するもの。僧伽梨《そうぎゃり》・鬱多羅僧《うったらそう》・安陀会《あんだえ》の三衣と鉢と尼師壇(坐具)と漉水嚢《ろくすいのう》(水をこすための布製のふくろ)とをいう。これらは命終のときには看病人に与えられる。また後の二を略して三衣一鉢《さんねいっぱつ》という。

**ろくもん-きょうじゅ-しゅうじょう-ろん　六門教授習定論**　一巻。習定論ともいう。唐の義浄の訳(武周の長安三1703)。六項目に分けて禅定の実践について説く。偈頌は無著《むじゃく》(アサンガ Asaṅga)に、散文の註釈は世親(ヴァスバンドゥ Vasubandhu)に帰せられている。㊅三一

**ろくや-おん　鹿野苑**　くわしくは仙人住処鹿野苑という。㊵リシパタナ・ムリガダーヤ Ṛṣipatana Mṛgadāya ㊁イシパタナ・ミガダーヤ Isipatana Migadāya の訳。イ

ンド・ベナレス市郊外のサールナート付近に当たる。仏陀が成道後はじめて五人の比丘に対して説法をした初転法輪の地で、四大聖地の一。その聖跡を中心にして周囲に鹿野苑伽藍があって、永く修学および巡礼の中心として栄え、現在もその遺構が残る。この地は昔から仙人の集まる処と信じられ、その名称はそれに由来するが、また仏教徒の間では辟支仏《びゃくしぶつ》がここに集まり住するとも考えられていた。〔参考〕大毘婆沙論一八三、大唐西域記七

**ろくようーじ　六榕寺**　中国広東省広州市。伝によれば梁の大同三年537曇裕の創建で、唐の高宗(649—83在位)によって再建された。五代には長寿寺と呼ばれ、北宋代に浄慧寺と改められた。寺に六榕樹があり、北宋の紹聖年間1094—98に蘇東坡が六榕の額を書いて、寺に題してから通称六榕寺と呼ばれる。現在は大殿はなくただ千仏塔が中心となっているが、この塔は花塔と称され、梁代の創建であったが烏有に帰し、北宋の紹聖四年に八角九層の塔が創建された。のちたびたび修理された。他に北宋代の六祖銅像がある。

**ろくわぎょう　六和敬**　六慰労法、六可憘法、略して六和ともいう。さとりを求めてきよらかな行を修める者が、互いに仲よくし、敬いあうことについての六種のこと。大乗では菩薩《ぼさつ》が衆生《しゅじょう》と和同し愛敬するのに六種あることとする。⑴身業同・⑵口業同《くごうどう》・⑶意業同(以上の三は身口意の行為においてあわれみいつくしみをもって諸々の梵行者に向かい、かれらに同じくその法を敬って行わせること)・⑷同戒・⑸同施・⑹同見(以上の三は自己が得た清らかな戒と飲食などと聖智によって得た見解とを施すこと)をいう。また、同戒和敬・同見和敬・同行和敬・身慈和敬・口慈和敬・意慈和敬の六とも数えるが順序が前後しているだけで、意味には変りはない。

**ろーざん　廬山**　中国江西省南康府城の北約一二㌔にある山。もと南障山と呼んだが、周の頃、匡俗(一に匡裕、匡続)がこの山で仙人となり、その廬だけが残っていたので、廬山、或いは匡山と称するようになったという。高さ約一六〇〇㍍、三面は水に臨み、西は山がつらなって、形勝の地。後漢霊帝(168—89在位)の末、安世高が洛陽からこの地に移ったと伝えられ、その後、止住する高僧が多かった。東晋の頃、道安の弟子の慧永が、彼のために潯陽刺史陶範が建てた西林寺(一説に竺曇現の開創で慧永が来住したともいう)に住し、ついで同門の慧遠が竜泉寺を開き、東林寺に住したという。世に西林・東林の二寺を廬山の二林と称する。慧遠は東晋の元興元年402(一説に太元一五年390)山中に般若台精舎を建て、同志一二三人と白蓮社を結成して念仏につとめ、また僧伽提婆や仏陀跋陀羅らを招いて訳経の事業を興した。このようにして当山は江南仏教の一大中心として栄え、曇詵・法済・僧瑜らも寺を建て、襲法師は戒壇を造った。隋代には智顗《ぎち》が住んだことがあり、唐代以後、善導など訪ねる念仏の徒が多く、また馬祖道一の門人智常が入山してから禅も栄えた。北宋の慶暦年間1041—48、居訥は欧陽修らと青松社を結び禅風を興している。清代以後、次第に衰えたが、今なお多数の堂宇が残る。

**ろざんーじ　廬山寺**　京都市上京区寺町通広小路上ル一丁目北之辺町。正しくは廬山天台講寺という。円浄宗の本山。天慶元年938良源の開創とも、寛元三年1245住心房覚瑜の創建ともいう。もと北山にあって与願金剛院と称したが、のち船岡山に移り、現寺名に改めた。覚瑜の頃、叡山より隠遁する者が多く三院別業の観があった。天正年間1573—92現地に移った。寺宝のうち選択集(重文)は源空の真蹟(表題他一字)として知られている。二月三日の節分会は鬼の法楽といわれ、悪疫退散を願う行事としてにぎわう。〔国宝〕慈恵大師自筆遺告〔重文〕木造如意輪観音半跏像、紙本墨書後伏見天皇宸翰御願文、同正親町天皇宸翰女房奉書ほか〔参考〕廬山寺縁起、雍州府志四

**ロサン・ツァンヤン・ギャムツォ　Blo-bzaṅ tshaṅs-dbyaṅs rgya-mtsho**　(1683—1706)　グライ・ラマ六世。ラマであったにもかかわらず、建築美術を愛し、酒を好み、多くの詩を作った。その恋愛詩は現在

も愛唱されている。タシルンポ Bkra-śis lhun-po寺において自ら戒律の放棄を宣言した。一七〇五年蒙古軍の司令官ラツァン Lha-btsaṅ に捕えられ、間もなく没した。

**ろし-ちょうじゃ　盧至長者**　留志長者ともいう。仏在世のころ舎衛城にいた長者の名。極めて吝嗇慳貪であったので、帝釈天が方便をもってその蔵を開き、財宝を全部人々に与えてしまった。のち、仏に法を聞き化度されたという。〔参考〕盧至長者因縁経、法苑珠林

**ローゼンベルグ　Rosenberg, O.**　(1888—1919)ロシアの仏教研究者。一九一二年来朝、東京大学に学び、主として俱舎論の研究に従事した。著書にIntroduction to the study of Buddhism Part I, Vocaburary (仏教研究名辞集 1916)、Die Probleme der buddhistischen Philosophie (仏教哲学の諸問題1924)などがある。

**ろっかく-どう　六角堂**　⇩頂法寺《ちょうほうじ》

**ろっかん-しょう　六巻鈔**　日寛(1665—726)の著。著者が撰述した三重秘伝鈔一巻・文底秘沈鈔一巻・依儀判文鈔一巻・末法相応鈔二巻・当流行事鈔一巻・当家三衣鈔一巻の六部七巻の総称。日蓮宗宗学全書四〔正本〕静岡大石寺蔵

**ろっきょう　六境**　五官またはその機能を五根といい、五根に意根(こころ、十二処では意処という)を加えて六根と称し、六根の対境を六境という。すなわち眼根・耳根・鼻根・舌根・身根・意根のそれぞれ対境である色境《しききょう》・声境《しょうきょう》・香境・味境・触境《そくきょう》・法境の六である。六境は六塵《ろくじん》ともいうが、これは塵のように心をけがすからである。俱舎論巻一によれば、色境には青・黄・赤・白・雲・烟・塵・霧・影・光・明・闇の一二の顕色《けんじき》即ち「いろ」と、長・短・方・円・高・下・正・不正の八の形色《ぎょうしき》即ち「かたち」とがある。声境には、生物の身体から発するものと、そうでないものとがあり、そのそれぞれに事物の理を表示する意味のある言語と、拍手・哭声・管弦の音・雷鳴などの言語でない声とがある。これらのそれぞれに快い声と不快な声とを分けて、八種とする。香境には、沈香のような好香と、ネギ・ニラのような悪香とがあり、そのおのおのにほどよい香と強烈すぎるものとがあって、四種となる。味境には、苦・酢・鹹・辛・甘・淡の六種があり、触境は、堅・湿・煖《なん》・動の四大に、滑・渋・重・軽・冷・饑・渇を加えて一一種とする。法境は広くいえば一切法を含むが、狭くいえば五境を除いた残りのものすべてを含む。即ち、意根・意識は六境の全体に向ってはたらくが、特に意根・意識だけが向かってはたらく対象を法境といい、十二処の中ではこれを法処という。有部《うぶ》では無表色《むひょうしき》・心所《しんじょ》・不相応行《ふそうおうぎょう》・無為《いむ》を含むとする。

**ロックヒル　Rockhill, William Woodvill**　(1854—1914)アメリカの外交官・東洋学者。北京公使館書記官(1884—86)、朝鮮代理公使(1886—87)をつとめ、その後退官して一八八八—八九、一八九一—九二年の二度にわたりチベット・蒙古の探検を試みた。その成果をThe land of Lamas(ラマの国1891)、Diary of a journey through Mongolia and Tibet in 1891 and 1892(モンゴル・チベット旅行日誌1895)として刊行した。その他チベット文出曜経の英訳(1883)、チベット文衆許摩訶帝経にもとづいたThe life of Buddha(仏陀の生涯1884)、Tibet. A geographical and historical sketch, derived from Chinese sources(チベットの地理的歴史的概観1891)などの著書がある。帰国後ふたたび外交官となり、中国公使・ロシア大使・トルコ大使などを歴任した。

**ろっけつじょう　六決定**　①六事決定。六度の行によって得られる六種の功徳。即ち、布施波羅蜜から般若波羅蜜までの六によって、(1)順次に大財を得る(財成決定)・(2)おもうままに勝れた境遇に生まれうる(生勝決定)・(3)いかなる苦にもめげず退かない(不退決定)・(4)常に善を修めて絶え間がない(修習決定)・(5)衆生の業《ごう》を完成して退かない(定業決定《じょうごうけつじょう》)・(6)無生忍《むしょうにん》、無分別智を得て自然のままにまかせる世界に住む(無功用《むくゆう》決定)とする〔大乗荘厳経論巻一二〕。②地上《じじょう》(初地の位以上)の菩薩《ぼさつ》が聖智によって真を証し理に順う六種の善決

定があること。観相善決定・真実善決定・勝善決定・因善決定・大善決定・不怯弱《ふこにゃく》善決定の六(十地経論巻二)。なお華厳孔目章巻三には大部分は十住などの地前《じぜん》(十地の中の初地に入る前)にも通じるとし、華厳経探玄記巻五には地上のみとする。③真宗では愚禿鈔巻下に、善導の七深信《しちじんしん》のうち、第六を除いて、他の「決定して深く信ず」とある六を指していう。

**ろっ-こん　六根**　六識が六境を認識する場合、そのよりどころ(所依)となる六つの根。すなわち眼根《げんこん》・耳根《にこん》・鼻根・舌根・身根(皮膚のこと)・意根の総称。十二処(十二入)の中の六処(六入)。十二縁起《えんぎ》の第五支の六処はこれである。また十二処の中で六境を六外処《ろくげしょ》と称するのに対しては六根は六内処と称される。また十八界の中の六界。六根の中で眼根などの前五根は感覚器官(即ち五官)またはその機能を意味し、その体は色法《しきほう》、即ち色根である。これに対して意根は心法《しんぽう》で無色根である。即ち有部《うぶ》の説では、前刹那《せつな》の六識が過去に落謝して、次の刹那の六識が生じるための等無間縁《とうむけんねん》となるのが意根である。それ故に六識の一々が生じるためには常に意根を所依(通依)とするわけである。前五識には意根の他にそれぞれ特定の根があってこれをも所依(別依)とするが、意識は意根を所依とするだけで特定の根をもたない。即ち意識は通依(共通の所依)をもって別依(特定の所依)とするのである。また法華経を読んだり書いたりすることなどによって六根が清らかになるのを六根清浄(六根浄)といい、これによって六根の一々はみな他の根のはたらきを兼ねそなえるに至る。これを六根互用《ろっこんごゆう》という。天台宗では六根清浄位を別教の十信位、円教の相似位とする。登山行者が金剛杖を所持して六根清浄を念じるのは、金剛杵《こんごうしょ》を六根になぞらえることがあるからである。

**ろっぱ-てつがく　六派哲学**　インドのバラモン教系の六つの哲学学派の総称。いずれもバラモン教内部から発達したものであるため、正統バラモン思想と呼ばれる。⑴サーンキヤ Sāṃkhya学派。僧佉《そうぎゃ》と音写し、数論派《すろんは》ともいう。純粋精神（プルシャ puruṣa）と根本物質（プラクリティ prakṛti）との二つの実体的原理の相関関係によって現象世界が転開するという二元論哲学を唱えた。カピラ Kapilaを開祖とし、サーンキヤ・カーリカー Sāṃkhya-kārikāを根本論書とする。同書はイーシュヴァラクリシュナ Īśvarakṛṣṇa（自在黒。四世紀頃）の著作で、数点の註釈書があるが、その一つが漢訳で伝わる金七十論である。⑵ヨーガ Yoga学派。⑴と類似した二元論を説くが、ヨーガの実践によって解脱をめざす点を特徴とする。ヨーガの実践方法として五つの制戒(ヤマ yama)、五つの内制(ニヤマ niyama）にはじまり三昧（サマーディ samādhi)にいたる八段階を立てる。パタンジャリ Patañjaliを開祖とし、同人に帰せられるヨーガ・スートラ Yoga-sūtraを根本論書とする。⑶ニヤーヤ Nyāya学派。正理学派ともいう。因明《いんみょう》すなわち論理学研究を本領とした。正しい認識根拠（プラマーナ pramāṇa　量）として現量（プラティアクシャ pratyakṣa　直接知覚）・比量（アヌマーノ anumāna　推論）・譬喩量（ウパマーナ upamāna　類推）・聖言《しょうごん》量（シャブダ śabda　権威ある人もしくは聖典の教示）の四を立て、論証形式として五分作法を定立した。アクシャパーダ Akṣapādaを開祖とし、同人の作とされるニヤーヤ・スートラ Nyāya-sūtraを根本論書とする。同学派の論理学説は陳那《じんな》（ディグナーガ Dignāga）をはじめとする仏教の思想家たちにも批判的にうけつがれ、同派と新因明を標榜する仏教論理学者たちとの間に活発な論争が展開された。⑷ヴァイシェーシカ Vaiśeṣika学派。勝論《かつろん》派ともいう。現象世界の諸事物の構成を実体・性質・運動・普遍・特殊・内属の六つの原理（パダ・アルタ padārtha　句義）によって解明しようとした。開祖はカナーダ Kaṇāda（別名ウルーカ Ulūka）とされ、同人に帰せられるヴァイシェーシカ・スートラ Vaiśeṣika-sūtraを根本論書とした。勝宗十句義論はこの派に属する論書の漢訳である。⑸ミーマーンサー Mīmāṃsā学派。ヴェーダ聖典の祭式に関する部分を研究する学派。ヴェーダ聖典を唯一の根拠として祭式の哲学的基礎づけを試みた。ヴェーダの絶対的権威を論証するため言語常住論をとなえるなど、独特の言語哲学を発達させた。ジャイミニ Jaiminiを開祖とし、同人の作とされるミーマーンサー・スートラ Mīmāṃsā-sūtraをその根本論書とする。(6)ヴェーダーンタ Vedānta学派。ウパニシャッドに説かれるブラフマン brahman（梵）を考究する学派。梵我一如の句に代表される一元論哲学をとなえた。開祖はバーダラーヤナ Bādarāyaṇaとされ、かれに帰せられるヴェーダーンタ・スートラ Vedānta-sūtra（別名ブラフマ・スートラ Brahma-sūtra）を根本論書とした。以上の六派のうち(1)と(2)、(3)と(4)、(5)と(6)がそれぞれ親縁関係にある。六派のいずれも独自の開祖を立てるが、各派の学説は長い期間にわたって多数の思想家によって徐々に形成されたものであるから、開祖とされる人物はいずれも各派の先駆的思想家の一人あるいは伝説上の存在とみるのが妥当であろう。各派の学説が今日知られるような体系としてまとめられたのは、派によって多少のずれがあるが、おおむね二—四世紀の頃と推定される。六派の学説は多様であるが、いずれもウパニシャッドで説かれた業と輪廻の思想を承認し、輪廻からの解脱を究極の目的とした点に共通性がみられる。各派いずれも自派の説の正当性を主張するため相互に論難・反論を行っているほか、仏教諸派やジャイナ教などとも論争を行っており、大乗仏教の中観派・瑜伽行派の論書にも各派に対する批判がしばしばみられる。

**ろっぽう-しゅう　六方衆**　学侶・講衆・衆中・堂衆とならぶ興福寺の独自の寺内集団。既に、一二世紀後半の興福寺の寺内では、堂衆を除く六方大衆は丑寅・辰巳・未申・戌亥・菩提院方・竜花院方の六つの検断権をもつ自治的集団にわけられ、それに寺外末寺が分属した。一三世紀後半には、衆徒の独立化の中で、その中から学業をもっぱらにする僧侶のうち、一四・一五﨟の若衆（のち学侶に昇進可能）や一部学業に従事しない者も含めて、独自に寺内武力として六方衆が組織された。職務は学侶の指示の下、寺領・年貢問題での発向、反銭・座への関与、形式的ながら大和一国の検断などであった。これらのことを決する室町時代の六方集会は、衆徒・国民の子弟が多く入りこんでいたので、かれらの意見を全興福寺レベルで調整するための場ともなった。天文1532—55頃には、門徒との対決・中市にかわる南市の開設をおこないつつ、江戸期も存続した。

**ろっぽうらい-きょう　六方礼経**　一巻。詳しくは尸迦羅越《しからおつ》六方礼経という。後漢の安世高の訳。異訳に長阿含経第一六・善生経、中阿含経第一三五・善生経、西晋の支法度の訳の善生子経がある。パーリ語仏典では長部第三一シンガーローヴァーダ・スッタンタ Siṅgālovāda Suttanta がこれに相当する。梵本の断片も知られている。王舎城の人シンガーラカ Siṅgālaka は父の遺命に従って東西南北上下の方向を拝して禍を避けられるよう祈っていた。仏はこれを見てその無意味なことを説き、真の礼拝の意味は父母・師・夫または妻・友・沙門・使用人の六種の人々に正しく愛敬の心をもつことにあると教える。(大)一

**ろん　論**　①㊵シャーストラ śāstra の訳。またアビダルマ abhidharma の訳とすれば、三蔵の一〈⇩阿毘達磨《あびだつま》〉。②論議のこと〈⇩論義《ろんぎ》〉。瑜伽師地論巻一五には言論《ごんろん》（言語をもってする論議）・尚論（尊ぶところについての論議）・諍論《じょうろん》（忿を発しての論議）・毀謗論《きほうろん》（悪口をもってする論議）・順正論《じゅんしょうろん》（正しい論理に順う論議）・教導論（人々を教導するための論議）の六種の論を説き、その中で後の二論を真実の論とする。③インドにおけるバラモンの学問書のこと。式叉論《しきしゃろん》（㊵シクシャー śikṣā 音声学の書）・毘伽羅論《びからろん》（㊵ヴィヤーカラナ vyākaraṇa 文法学の書）・劫波論《こうはろん》（㊵カルパ kalpa 祭事儀礼の書）・樹底論《じゅていろん》（㊵ジョーティシャ jyotiṣa 天文地理算数などの書）・闡陀論《せんだろん》（㊵チャンダス chandas 韻律学の書）・尼禄多論《にろくたろん》（㊵ニルクタ nirukta 語源学の書）を六論という。

**ろんぎ　論義**　論議とも書く。法門を明

らかにするための議論をいう。講論、法問、問答などとも称する。インドでは、仏陀の入滅後、諸弟子の間に問答論義が行われ、次第に阿毘達磨が整備され、また外道の論師たちとの間にも盛んに諍論が行われた。世親・陳那・商羯羅主などに至って論義の方規が因明の作法によって定められることになった。中国でも、東晋の支遁が維摩経を講じ、許詢を都講として論義したと伝えるように、古くから諸寺の講会において論義が盛んに行われ、また道士・儒者との論戦も交えられた。日本では、白雉三年652恵隠が内裏で無量寿経を講じ、恵隠が論義をつとめたのが最初とされ、平安以降増々盛んになり、季の御読経《きのみどきょう》や宮中御斎会・仙洞最勝講・興福寺維摩会・薬師寺最勝会・法勝寺大乗会・円宗寺法華会および最勝会などの勅会にはみな論義が行われ、また延暦寺の六月会広学竪義、東寺の鎮守講論義・二十一日論義・八祖論義・五日十座論義、長谷寺の報恩講論義、唐招提寺の南山論義なども行われた。江戸時代には諸宗の学僧を江戸城に集めて論談させる幕府論義が行われた。その形式により、講者と問者が二人一組になって行うものを番論義《つがいろんぎ》と呼び、講者と問者が互いに交替して行うのを向論義《むかいろんぎ》と称する。また法楽のために行う法楽論義、勧学のために行う勧学論義などの種類があり、宮中のものを内論義(または殿上論義)、仙洞のものを仙洞論義などと称した。〔参考〕順正理論四四、瑜伽師地論一五、大智度論一・三三、高僧伝四、釈家官班記下

**ろんげ　論家**　⇩経家《きょうけ》

# わ

**わかくさ-がらん-あと　若草伽藍跡**　法隆寺西院伽藍の東南方、塔頭普門院裏地の寺院跡。かつて一面芝生であったので江戸時代から若草伽藍と称され、塔心礎が露出していた。当伽藍跡が注目されたのは、日本最古の建造物である西院伽藍が七世紀初めの建造物であるのか、あるいは一度焼失して再建されたものであるのかという、いわゆる法隆寺再建非再建論争との関連からである。この論争は一九世紀末から約半世紀にわたって続けられたが、昭和一四年1939石田茂作（1894―1977）により若草伽藍跡の発掘調査が行われ、四天王寺式伽藍配置で、中心線が西院伽藍より西へ一六度振れていること、出土軒瓦が西院伽藍より古いことなどが明らかになった。また昭和二〇年以来の西院伽藍の金堂と塔の解体修理の新事実もあって、この若草伽藍跡が天智天皇九年670焼失の創建時法隆寺跡であって、西院伽藍はその後に再建されたものと認められるに至った。⇩法隆寺《ほうりゅうじ》

**わこう-じ　和光寺**　大阪市西区北堀江。蓮池山智善院と号し、浄土宗。元禄一一年1698善光寺大本願智善尼の創建で、欽明天皇一三年552百済の聖明王が仏像などを朝廷に献じた時、排仏思想から物部尾輿らが仏像を投じた堀江の古跡(阿弥陀ヶ池)と伝える。〔参考〕摂津名所図会四、和漢三才図会七四

**わごう-しょう　和合性**　㊵サーマグリー sāmagrī の訳。和合ともいう。唯識宗で説く二十四不相応行法《ふそうおうぎょうほう》の一。有為法《ういほう》が生じ成り立つために必須の条件である多くの因縁の和会集合をいう。

**わこうどうじん　和光同塵**　光を和《やわ》らげて塵に同ずるの意で、老子から出た語。仏教では、仏や菩薩《ぼさつ》がさとりの智慧の光をかくし、衆生《しゅじょう》を救うために仮に煩悩の塵に同じて世俗の間に生まれ、衆生に縁を結んで衆生を次第に仏法へ引き入れることをいう。日本では平安時代・鎌倉時代に仏・菩薩が人を救うために神祇として現われたと信じ、これを和光同塵といった。⇩本地垂迹《ほんじすいじゃく》

**わごーしょうぎょう-もくろく　和語聖教目録**　一巻。真宗法要附録ともいう。真宗大谷派の学僧慧琳の著(明和四1767)。真宗の和語聖典の成立年時およびその経緯を説く。真全七四

**わ-さん　和讃**　日本語による仏教讃歌

の一種。形式は七五調で四句以上不定数の句からなり立っており、数十句、数百句におよぶものもある(四句一章を原則としない)。内容は仏・菩薩の功徳・教法や、高僧などの行跡をほめたたえたもの。仏教音楽としては、正系の声明には属さないようである。中国の讃頌を母胎とし、日本で作られた漢讃や讃歎《さんだん》から発展したものと考えられ、平安時代中期に比叡山の学僧によってはじめられた。古いものとしては、千観(918—83)の極楽国弥陀和讃、源信(942—1017)の極楽六時讃・来迎和讃・天台大師和讃などがあり、珍海には大治三年1128の菩薩心讃がある。鎌倉・室町時代の代表的な和讃には、真宗開祖の親鸞の三帖和讃、時宗開祖の一遍の別願讃、二祖以下の諸和讃がある。江戸時代に至ると、古い立派な和讃をもたない宗派で和讃が作られるようになり、また世俗化した和讃(例えば孝行和讃、賽の河原和讃、地蔵和讃など)も作られた。

**わしお-じゅんきょう　鷲尾順敬**　(明治元1868—昭和一六1941)仏教史学者。真宗大谷派の僧。藍山院と諡する。大坂三島郡の人。明治二四年哲学館高等上級を修了後、村上専精らに師事して仏教史を研究、大谷教校の教員となり雑誌「仏教史林」の編集を担当。のち曹洞宗大学講師、東大史料編纂所編纂官として活躍、駒沢・立正・大正などの諸大学で日本仏教文化史を講じた。大谷派嗣講。文学博士。国文東方仏教叢書、日本思想闘諍史料、神仏分離史料などを編纂した。編著、日本仏家人名辞書。

**わだ-ちまん　和田智満**　(天保六1835—明治四二1909)真言宗の僧。大坂の人。四分律、菩提院流事相、悉曇《しったん》に通じ、明治四年京都西加茂神光院に入住、同二五年随心院の門跡となり、同三三年大僧正となった。

**わたなべ-うんしょう　渡辺雲照**　⇩雲照《うんしょう》

**わたなべ-かいぎょく　渡辺海旭**　(明治五1872—昭和八1933)仏教学者、教育家。浄土宗の僧。号は壺月《こげつ》。東京浅草の人。明治二八年浄土宗学本校を卒業、浄土宗第一教校教諭となる。同三三年ドイツに遊学し、梵語学・比較宗教学などを研究した。帰朝後、宗教大学・東洋大学教授となり、仏教社会事業にも努力した。のち芝中学校校長に就任し、「大正新脩大蔵経」刊行の都監、大正大学教授、浄土宗執綱などを歴任した。明治末年に新仏教徒同志会に属し、大正期1912—26には戒律を復興させ、新戒律主義を提唱した。著書、欧米の仏教など。遺稿、壺月全集。

**ワッタース　Watters**, Thomas　(1840—1901)イギリスの中国学者。一八六三—九五年の間中国に通訳および領事として在任した。儒・仏・道三教にわたって論著が多いが、On Yüan-chwang's Travels in India(大唐西域記研究1904)は名高い。その他主著としてLao Tzŭ, a study in Chinese philosophy(老子—中国哲学の一研究1870)、A guide to the tablets in the Temple of Confucius(孔子廟の碑1879)など。

**ワッデル　Waddel**, L. A.　(1854—1939)イギリスの軍医で探検家。チベットに四年間滞在し、シッキム・インドにもいた。のちロンドン大学でチベット語を教授した。著書にLhassa and its mysteries(ラサとその秘密1905)、The Buddhism of Tibet or Lamaism(チベットの仏教1895)などがある。後者はラマ教研究に一時期を画した大著である。一八九五—九九年の間にはインドにおいて考古学的調査に従い、パータリプトラの遺跡を発掘し、アショーカ王時代の石柱などを発見している。

# 仏教主要叢書目録

大正新脩大蔵経……………………一
大日本校訂訓点大蔵経
（卍字蔵経）……………………三七
大日本続蔵経（卍字続蔵）…………五三
国訳一切経（新版）……………………七八
南伝大蔵経……………………………八四
日本大蔵経……………………………九一
大日本仏教全書……………………一〇〇
国文東方仏教叢書（第一・二輯）……一一四
聖徳太子全集…………………………一二一
恵心僧都全集…………………………一二三
伝教大師全集（新版）………………一二三
天台宗全書……………………………一二三
弘法大師全集（増補三版）…………一二五
真言宗全書……………………………一二七
続真言宗全書…………………………一二九
智山全書………………………………一三一
豊山全書………………………………一三三
続豊山全書……………………………一三四
昭和新修法然上人全集………………一三六
浄土宗全書……………………………一三八
続浄土宗全書…………………………一四一
西山全書（第三版）…………………一四四
定本親鸞聖人全集……………………一四五
真宗聖教全書…………………………一四六
真宗全書（正・続）…………………一四七
新編真宗全書…………………………一五三
真宗叢書………………………………一五五
真宗大系………………………………一五六
続真宗大系……………………………一五八
真宗史料集成…………………………一五九
定本時宗宗典…………………………一六三
道元禅師全集…………………………一六四
曹洞宗全書……………………………一六五
続曹洞宗全書…………………………一七〇
昭和定本日蓮聖人遺文………………一七三
日蓮宗全書……………………………一七七
日蓮宗宗学全書………………………一七九

**大正新脩大蔵経**
高楠順次郎ほか編　大正一切経刊行会刊（再版　大正新脩大蔵経刊行会刊　大蔵出版）大正一三―昭和九（昭和三五―五四　再版）一〇〇巻（本巻八五巻、図像部一二巻、昭和法宝総目録三巻）

**第一巻　阿含部上**
長阿含経　二二巻　後秦　仏陀耶舎・竺仏念訳
仏説七仏経　宋　法天訳
毘婆尸仏経　二巻　宋　法天訳
七仏父母姓字経　失訳
仏般泥洹経　二巻　西晋　白法祖訳
般泥洹経　二巻　失訳
大般涅槃経　三巻　東晋　法顕訳
仏説大堅固婆羅門縁起経　二巻　宋　施護等訳
仏説人仙経　宋　法賢訳
仏説白衣金幢二婆羅門縁起経　三巻　宋　施護等訳
仏説尼拘陀梵志経　二巻　宋　施護等訳
仏説大集法門経　二巻　宋　施護訳
長阿含十報法経　二巻　後漢　安世高訳
仏説人本欲生経　後漢　安世高訳
仏説帝釈所問経　宋　法賢訳
仏説尸迦羅越六方礼経　後漢　安世高訳
仏説善生子経　西晋　支法度訳
仏説信仏功徳経　宋　法賢訳
仏説大三摩惹経　宋　法天訳
仏開解梵志阿颰経　呉　支謙訳
仏説梵網六十二見経　呉　支謙訳
仏説寂志果経　東晋　竺曇無蘭訳
大楼炭経　六巻　西晋　法立・法炬訳
起世経　一〇巻　隋　闍那崛多等訳
起世因本経　一〇巻　隋　達摩笈多訳
中阿含経　六〇巻　東晋　瞿曇僧伽提婆訳
仏説七知経　呉　支謙訳
仏説園生樹経　宋　施護訳
仏説鹹水喩経　失訳
仏説薩鉢多酥哩踰捺野経　宋　法賢訳
仏説一切流摂守因経　後漢　安世高訳
仏説四諦経　後漢　安世高訳
仏説恒水経　西晋　法炬訳
法海経　西晋　法炬訳
仏説海八徳経　後秦　鳩摩羅什訳
仏説本相猗致経　後漢　安世高訳
仏説縁本致経　失訳
仏説輪王七宝経　宋　施護訳
仏説頂生王故事経　西晋　法炬訳
仏説文陀竭王経　北涼　曇無讖訳
仏説頻婆娑羅王経　劉宋　法賢訳
仏説鉄城泥犁経　東晋　竺曇無蘭訳
仏説閻羅王五天使者経　劉宋　慧簡訳
仏説古来世時経　失訳
大正句王経　二巻　宋　法賢訳
仏説阿那律八念経　後漢　支曜訳
仏説離睡経　西晋　竺法護訳
仏説是法非法経　後漢　安世高訳
仏説求欲経　西晋　法炬訳
仏説受歳経　西晋　竺法護訳
仏説梵志計水浄経　失訳
仏説大生義経　宋　施護訳
仏説苦陰経　失訳
仏説釈摩男本四子経　呉　支謙訳
仏説苦陰因事経　西晋　法炬訳
仏説楽想経　西晋　竺法護訳
仏説漏分布経　後漢　安世高訳
仏説阿耨風経　東晋　竺曇無蘭訳
仏説諸法本経　呉　支謙訳
仏説瞿曇弥記果経　劉宋　慧簡訳
仏説受新歳経　西晋　竺法護訳
仏説新歳経　東晋　竺曇無蘭訳
仏説解夏経　宋　法賢訳
仏説瞻婆比丘経　西晋　法炬訳
仏説伏婬経　西晋　法炬訳
仏説魔嬈乱経　失訳
弊魔試目連経　呉　支謙訳
仏説頼吒和羅経　呉　支謙訳
仏説護国経　宋　法賢訳
仏説数経　西晋　法炬訳
梵志頞波羅延問種尊経　東晋　竺曇無蘭訳
仏説三帰五戒慈心厭離功徳経　失訳
仏説須達経　蕭斉　求那毘地訳
仏説長者施報経　宋　法天訳
仏為黄竹園老婆羅門説学経　失訳
梵摩渝経　呉　支謙訳
仏説尊上経　西晋　竺法護訳
仏説兜調経　失訳
仏説鸚鵡経　劉宋　求那跋陀羅訳
仏為首迦長者説業報差別経　隋　瞿曇法智訳
分別善悪報応経　二巻　宋　天息災訳
仏説意経　西晋　竺法護訳
仏説応法経　西晋　竺法護訳
仏説分別布施経　宋　施護訳
仏説息諍因縁経　宋　施護訳
仏説泥犁経　東晋　竺曇無蘭訳
仏説斎経　呉　支謙訳
優陂夷堕舎迦経　失訳
仏説八関斎経　劉宋　沮渠京声訳
仏説鞞摩粛経　劉宋　求那跋陀羅訳
仏説婆羅門子命終愛念不離経　後漢　安世高訳
仏説十支居士八城人経　後漢　安世高訳
仏説邪見経　失訳
仏説箭喩経　失訳
仏説蟻喩経　宋　施護訳
仏説治意経　失訳
広義法門経　陳　真諦訳
仏説普法義経　後漢　安世高訳

**第二巻　阿含部下**
雑阿含経　五〇巻（一三六一経）　劉宋　求那

跋陀羅訳
別訳雑阿含経　一六巻（三六四経）　失訳
雑阿含経　（一七経）　失訳
仏説五蘊皆空経　唐　義浄訳
仏説聖法印経　西晋　竺法護訳
仏説法印経　宋　施護訳
五陰譬喩経　後漢　安世高訳
仏説水沫所漂経　東晋　竺曇無蘭訳
仏説不自守意経　呉　支謙訳
仏説満願子経　失訳
仏説転法輪経　後漢　安世高訳
仏説三転法輪経　唐　義浄訳
仏説相応相可経　西晋　法炬訳
仏説八正道経　後漢　安世高訳
仏説難提釈経　西晋　法炬訳
仏説馬有三相経　後漢　支曜訳
仏説馬有八態譬人経　後漢　支曜訳
仏説戒徳香経　東晋　竺曇無蘭訳
仏説戒香経　宋　法賢訳
仏説鴦掘摩経　西晋　竺法護訳
仏説鴦崛髻経　西晋　法炬訳
央掘魔羅経　四巻　劉宋　求那跋陀羅訳
仏説月喩経　宋　施護訳
仏説波斯匿王太后崩塵土坌身経　西晋　法炬訳
仏説放牛経　後秦　鳩摩羅什訳
縁起経　唐　玄奘訳
増一阿含経　五一巻　東晋　瞿曇僧伽提婆訳
仏説阿羅漢具徳経　宋　法賢訳
仏説四人出現世間経　劉宋　求那跋陀羅訳
須摩提女経　呉　支謙訳
須摩提女経（別本）　呉　支謙訳
仏説三摩竭経　呉　竺律炎訳
仏説給孤長者女得度因縁経　三巻　宋　施護訳
仏説婆羅門避死経　後漢　安世高訳
仏説食施獲五福報経　失訳
施食獲五福報経（別本）　失訳

頻毘娑羅王詣仏供養経　西晋　法炬訳
仏説長者子六過出家経　劉宋　慧簡訳
仏説力士移山経　西晋　竺法護訳
仏説四未曾有法経　西晋　竺法護訳
舎利弗摩訶目連遊四衢経　後漢　康孟詳訳
仏説十一想思念如来経　劉宋　求那跋陀羅訳
仏説四泥犁経　東晋　竺曇無蘭訳
阿那邠邸化七子経　後漢　安世高訳
仏説阿遬達経　劉宋　求那跋陀羅訳
仏説玉耶女経　失訳
玉耶女経（別本）　失訳
玉耶経　東晋　竺曇無蘭訳
仏説大愛道般泥洹経　西晋　白法祖訳
仏母般泥洹経　劉宋　慧簡訳
舎衛国王夢見十事経　失訳
仏説舎衛国王十夢経　失訳
国王不梨先泥十夢経　東晋　竺曇無蘭訳
仏説阿難同学経　後漢　安世高訳
A仏説七処三観経（四七経）　後漢　安世高訳
B仏説九横経　後漢　安世高訳
仏説阿含正行経　後漢　安世高訳

**第三巻　本縁部上**

六度集経　八巻　呉　康僧会訳
菩薩本縁経　三巻　呉　支謙訳
生経　五巻　西晋　竺法護訳
仏説菩薩本行経　三巻　失訳
大方便仏報恩経　七巻　失訳
悲華経　一〇巻　北涼　曇無讖訳
大乗悲分陀利経　八巻　失訳
大乗本生心地観経　八巻　唐　般若訳
菩薩本生鬘論　一六巻　宋　紹徳慧詢等訳
長寿王経　失訳
金色王経　東魏　瞿曇般若流支訳
仏説妙色王因縁経　唐　義浄訳
仏説師子素駄娑王断肉経　唐　智厳訳
仏説頂生王因縁経　六巻　宋　施護等訳

仏説月光菩薩経　宋　法賢訳
仏説太子慕魄経　後漢　安世高訳
仏説太子墓魄経　西晋　竺法護訳
仏説月明菩薩経　呉　支謙訳
仏説徳光太子経　西晋　竺法護訳
太子須大拏経　西秦　聖堅訳
仏説菩薩投身飴餓虎起塔因縁経　北涼　法盛訳
仏説福力太子因縁経　四巻　宋　施護等訳
仏説菩薩睒子経　失訳
仏説睒子経　西晋　聖堅訳
睒子経（別本一）　乞伏秦　聖堅訳
睒子経（別本二）　姚秦　聖堅訳
仏説師子月仏本生経　失訳
仏説大意経　劉宋　求那跋陀羅訳
前世三転経　西晋　法炬訳
銀色女経　元魏　仏陀扇多訳
仏説過去世仏分衛経　西晋　竺法護訳
仏説九色鹿経　呉　支謙訳
仏説九色鹿経（別本）　呉　支謙訳
仏説鹿母経　西晋　竺法護訳
鹿母経（別本）　西晋　竺法護訳
一切智光明仙人慈心因縁不食肉経　失訳
修行本起経　二巻　後漢　竺大力・康孟詳訳
仏説太子瑞応本起経　二巻　呉　支謙訳
仏説普曜経　八巻　西晋　竺法護訳
方広大荘厳経　一二巻　唐　地婆訶羅訳
異出菩薩本起経　西晋　聶道真訳
過去現在因果経　四巻　劉宋　求那跋陀羅訳
仏本行集経　六〇巻　隋　闍那崛多訳
仏説衆許摩訶帝経　一三巻　宋　法賢訳

**第四巻　本縁部下**

仏所行讃　五巻　馬鳴菩薩造　北涼　曇無讖訳
仏本行経　七巻　宋　釈宝雲訳
僧伽羅刹所集経　三巻　苻秦　僧伽跋澄等訳
仏説十二遊経　東晋　迦留陀伽訳
中本起経　二巻　後漢　曇果・康孟詳訳

仏説興起行経　二巻　後漢　康孟詳訳
仏説義足経　二巻　呉　支謙訳
仏五百弟子自説本起経　西晋　竺法護訳
撰集百縁経　一〇巻　呉　支謙訳
大荘厳論経　一五巻　馬鳴菩薩造　後秦　鳩摩羅什訳
賢愚経　一三巻　元魏　慧覚等訳
雑宝蔵経　一〇巻　元魏　吉迦夜・曇曜訳
雑譬喩経　後漢　支婁迦讖訳
雑譬喩経　二巻　失訳
旧雑譬喩経　二巻　呉　康僧会訳
雑譬喩経　道略集
衆経撰雑譬喩　二巻　道略集　姚秦　鳩摩羅什訳
百喩経　四巻　僧伽斯那撰　蕭斉　求那毘地訳
法句経　二巻　法救撰　呉　維祇難等訳
法句譬喩経　四巻　西晋　法炬・法立訳
出曜経　三〇巻　姚秦　竺仏念訳
法集要頌経　四巻　法救集　宋　天息災訳
仏説猘狗経　呉　支謙訳
仏説群牛譬経　西晋　法炬訳
仏説大魚事経　東晋　竺曇無蘭訳
仏説譬喩経　唐　義浄訳
仏説灌頂王喩経　宋　施護等訳
仏説医喩経　宋　施護訳

**第五巻　般若部一**

大般若波羅蜜多経　六〇〇巻(第一—二〇〇巻)
唐　玄奘訳

**第六巻　般若部二**

大般若波羅蜜多経　(第二〇一—四〇〇巻)　唐
玄奘訳

**第七巻　般若部三**

大般若波羅蜜多経　(第四〇一—六〇〇巻)　唐
玄奘訳

**第八巻　般若部四**

放光般若経　二〇巻　西晋　無羅叉訳
光讃経　一〇巻　西晋　竺法護訳
摩訶般若波羅蜜経　二七巻　後秦　鳩摩羅什訳
道行般若経　一〇巻　後漢　支婁迦讖訳
大明度経　六巻　呉　支謙訳
摩訶般若鈔経　五巻　前秦　曇摩蜱・竺仏念訳
小品般若波羅蜜経　一〇巻　後秦　鳩摩羅什訳
仏説仏母出生三法蔵般若波羅蜜多経　二五巻
宋　施護訳
仏説仏母宝徳蔵般若波羅蜜経　三巻　宋　法賢訳
聖八千頌般若波羅蜜多一百八名真実円義陀羅尼経　宋　施護等訳
勝天王般若波羅蜜経　七巻　陳　月婆首那訳
文殊師利所説摩訶般若波羅蜜経　二巻　梁　曼陀羅仙訳
文殊師利所説般若波羅蜜経　梁　僧伽婆羅訳
仏説濡首菩薩無上清浄分衛経　二巻　宋　翔公訳
金剛般若波羅蜜経　姚秦　鳩摩羅什訳
金剛般若波羅蜜経　元魏　菩提流支訳
金剛般若波羅蜜経(別本)　元魏　菩提留支訳
金剛般若波羅蜜経　陳　真諦訳
金剛能断般若波羅蜜経　隋　笈多訳
仏説能断金剛般若波羅蜜多経　唐　義浄訳
実相般若波羅蜜経　唐　菩提流志訳
金剛頂瑜伽理趣般若経　唐　金剛智訳
仏説遍照般若波羅蜜経　宋　施護訳
大楽金剛不空真実三麽耶経　唐　不空訳
仏説最上根本大楽金剛不空三昧大教王経　七巻
宋　法賢訳
仏説仁王般若波羅蜜経　二巻　姚秦　鳩摩羅什訳
仁王護国般若波羅蜜多経　二巻　唐　不空訳
仏説了義般若波羅蜜多経　宋　施護訳
仏説五十頌聖般若波羅蜜経　宋　施護訳
仏説帝釈般若波羅蜜多心経　宋　施護訳
摩訶般若波羅蜜大明呪経　姚秦　鳩摩羅什訳
般若波羅蜜多心経　唐　玄奘訳
普遍智蔵般若波羅蜜多心経　唐　法月重訳
般若波羅蜜多心経　唐　般若・利言等訳
般若波羅蜜多心経　唐　智慧輪訳
般若波羅蜜多心経　唐　法成訳
唐梵飜対字音般若波羅蜜多心経幷序
仏説聖仏母般若波羅蜜多経　宋　施護訳
仏説聖仏母小字般若波羅蜜多経　宋　天息災訳
仏説観想仏母般若波羅蜜多菩薩経　宋　天息災訳
仏説開覚自性般若波羅蜜多経　四巻　宋　惟浄等訳
大乗理趣六波羅蜜多経　一〇巻　唐　般若訳

**第九巻　法華部全　華厳部上**

妙法蓮華経　七巻　姚秦　鳩摩羅什訳
正法華経　一〇巻　西晋　竺法護訳
添品妙法蓮華経　七巻　隋　闍那崛多・笈多訳
薩曇分陀利経　失訳
妙法蓮華経観世音菩薩普門品経
姚秦　鳩摩羅什訳長行
隋　闍那崛多訳重頌
仏説阿惟越致遮経　三巻　西晋　竺法護訳
不退転法輪経　四巻　失訳
仏説広博厳浄不退転輪経　六巻　劉宋　智厳訳
仏説法華三昧経　劉宋　智厳訳
大法鼓経　二巻　劉宋　求那跋陀羅訳
仏説菩薩行方便境界神通変化経　三巻　劉宋
求那跋陀羅訳
大薩遮尼乾子所説経　一〇巻　元魏　菩提留支訳
金剛三昧経　失訳
仏説済諸方等学経　西晋　竺法護訳
大乗方広総持経　隋　毘尼多流支訳
無量義経　蕭斉　曇摩伽陀耶舎訳
仏説観普賢菩薩行法経　劉宋　曇無蜜多訳
大方広仏華厳経　六〇巻　東晋　仏駄跋陀羅訳

**第一〇巻　華厳部下**

大方広仏華厳経　八〇巻　唐　実叉難陀訳
仏説兜沙経　後漢　支婁迦讖訳
仏説菩薩本業経　呉　支謙訳
諸菩薩求仏本業経　西晋　聶道真訳
菩薩十住行道品　西晋　竺法護訳

**第一一巻　宝積部上**

## 第一二巻　宝積部下　涅槃部全

仏説護国尊者所問大乗経　四巻　宋　施護訳
法鏡経　後漢　安玄訳
郁迦羅越問菩薩行経　西晋　竺法護訳
仏説幻士仁賢経　西晋　竺法護訳
仏説決定毘尼経　燉煌三蔵訳
仏説三十五仏名礼懺文　唐　不空訳
発覚浄心経　二巻　隋　闍那崛多訳
仏説須頼経　曹魏　白延訳
仏説須頼経　前涼　支施崙訳
仏説菩薩修行経　西晋　白法祖訳
仏説無畏授所問大乗経　三巻　宋　施護等訳
仏説優塡王経　西晋　法炬訳
仏説大乗日子王所問経　宋　法天訳
仏説須摩提菩薩経　西晋　竺法護訳
仏説須摩提菩薩経　姚秦　鳩摩羅什訳
須摩提経　唐　菩提流志訳
仏説阿闍貰王女阿術達菩薩経　西晋　竺法護訳
仏説離垢施女経　西晋　竺法護訳
得無垢女経　元魏　瞿曇般若流支訳
文殊師利所説不思議仏境界経　二巻　唐　菩提流志訳
聖善住意天子所問経　三巻　元魏　毘目智仙・般若流支訳
仏説如幻三昧経　二巻　西晋　竺法護訳
仏説太子刷護経　西晋　竺法護訳
仏説太子和休経　失訳
慧上菩薩問大善権経　二巻　西晋　竺法護訳
仏説大方広善巧方便経　四巻　宋　施護訳
大乗顕識経　二巻　唐　地婆訶羅訳
仏説大乗方等要慧経　後漢　安世高訳
弥勒菩薩所問本願経　西晋　竺法護訳
仏説遺日摩尼宝経　後漢　支婁迦讖訳
仏説摩訶衍宝厳経　失訳
仏説大迦葉問大宝積正法経　五巻　宋　施護訳
勝鬘師子吼一乗大方便方広経　劉宋　求那跋陀羅訳
毘耶娑問経　二巻　元魏　瞿曇般若流支訳
入法界体性経　隋　闍那崛多訳
仏説宝積三昧文殊師利菩薩問法身経　後漢　安世高訳
如来荘厳智慧光明入一切仏境界経　二巻　元魏　曇摩流支訳
度一切諸仏境界智厳経　梁　僧伽婆羅等訳
仏説大乗入諸仏境界智光明荘厳経　五巻　宋　法護等訳
仏説無量寿経　二巻　曹魏　康僧鎧訳
仏説無量清浄平等覚経　四巻　後漢　支婁迦讖訳
仏説阿弥陀三耶三仏薩楼仏檀過度人道経　二巻　呉　支謙訳
仏説大乗無量寿荘厳経　三巻　宋　法賢訳
仏説大阿弥陀経　二巻　宋　王日休校輯
仏説観無量寿仏経　劉宋　畺良耶舎訳
仏説阿弥陀経　姚秦　鳩摩羅什訳
称讃浄土仏摂受経　唐　玄奘訳
抜一切業障根本得生浄土神呪
　附　阿弥陀経不思議神力伝　劉宋　求那跋陀羅重訳
阿弥陀仏説呪
阿弥陀鼓音声王陀羅尼経　失訳
観世音菩薩授記経　宋　曇無竭訳
仏説如幻三摩地無量印法門経　三巻　宋　施護等訳
後出阿弥陀仏偈　失訳
大般涅槃経　四〇巻　北涼　曇無讖訳
大般涅槃経　三六巻　宋　慧厳等依泥洹経加之
仏説大般泥洹経　六巻　東晋　法顕訳
大般涅槃経後分　二巻　唐　若那跋陀羅訳
仏説方等般泥洹経　二巻　西晋　竺法護訳
四童子三昧経　三巻　隋　闍那崛多訳
大悲経　五巻　高斉　那連提耶舎訳
等集衆徳三昧経　三巻　西晋　竺法護訳
集一切福徳三昧経　三巻　姚秦　鳩摩羅什訳
摩訶摩耶経　二巻　蕭斉　曇景訳
菩薩従兜術天降神母胎説広普経　七巻　姚秦　竺仏念訳
中陰経　二巻　姚秦　竺仏念訳
蓮華面経　二巻　隋　那連提耶舎訳
大方等無想経　六巻　北涼　曇無讖訳
大雲無想経　巻第九　姚秦　竺仏念訳
仏垂般涅槃略説教誡経　姚秦　鳩摩羅什訳
仏臨涅槃記法住経　唐　玄奘訳
般泥洹後灌臘経　西晋　竺法護訳
仏滅度後棺斂葬送経　失訳
迦葉赴仏般涅槃経　東晋　竺曇無蘭訳
仏入涅槃密迹金剛力士哀恋経　失訳
仏説当来変経　西晋　竺法護訳
仏説法滅尽経　失訳

## 第一三巻　大集部全

大方等大集経　六〇巻　隋　僧就合
瓔珞品（一）　北涼　曇無讖訳
陀羅尼自在王菩薩品（一―四）　北涼　曇無讖訳
宝女品（五―六）　北涼　曇無讖訳
不眴菩薩品（七）　北涼　曇無讖訳
海慧菩薩品（八―一一）　北涼　曇無讖訳
無言菩薩品（一二）　北涼　曇無讖訳
不可説菩薩品（一三）　北涼　曇無讖訳
虚空蔵品（一四―一八）　北涼　曇無讖訳
宝幢分（一九―二一）　北涼　曇無讖訳
虚空目分（二二―二四）　北涼　曇無讖訳
宝髻菩薩品（二五―二六）　北涼　曇無讖訳
無尽意菩薩品（無尽意菩薩経六巻）（二七―三〇）　宋　智厳・宝雲訳
日密分（三一―三三）　北涼　曇無讖訳
日蔵分（大乗大方等日蔵経一〇巻）（二四―四五）　隋　那連提耶舎訳
月蔵分（大方等大集月蔵経一〇巻）（四六―五六）　高斉　那連提耶舎訳
須弥蔵分（大乗大集経大集須弥蔵経二巻）（五七―五八）　高斉　那連提耶舎訳
十方菩薩品（明度五十校計経二巻）（五九―六〇）　高斉　那連提耶舎訳
大哀経　八巻　西晋　竺法護訳

宝女所問経　四巻　西晋　竺法護訳
仏説海意菩薩所問浄印法門経　一八巻　宋　惟浄等訳
仏説無言童子経　二巻　西晋　竺法護訳
宝星陀羅尼経　一〇巻　唐　波羅頗蜜多羅訳
阿差末菩薩経　七巻　西晋　竺法護訳
大集大虚空蔵菩薩所問経　八巻　唐　不空訳
虚空蔵菩薩経　姚秦　仏陀耶舎訳
仏説虚空蔵菩薩神呪経　失訳
虚空蔵菩薩神呪経　宋　曇摩蜜多訳
虚空孕菩薩経　二巻　隋　闍那崛多訳
観虚空蔵菩薩経　劉宋　曇摩蜜多訳
大方広十輪経　八巻　失訳
大乗大集地蔵十輪経　一〇巻　唐　玄奘訳
地蔵菩薩本願経　二巻　唐　実叉難陀訳
百千頌大集経地蔵菩薩請問法身讃　唐　不空訳
菩薩念仏三昧経　五巻　劉宋　功徳直訳
大方等大集経菩薩念仏三昧分　一〇巻　隋　達磨笈多訳
大方等大集経賢護分　五巻　隋　闍那崛多訳
仏説般舟三昧経　後漢　支婁迦讖訳
般舟三昧経　三巻　後漢　支婁迦讖訳
抜陂菩薩経　失訳
自在王菩薩経　二巻　姚秦　鳩摩羅什訳
奮迅王問経　二巻　元魏　瞿曇般若流支訳
大集譬喩王経　二巻　隋　闍那崛多訳
僧伽吒経　四巻　元魏　月婆首那訳
仏説大集会正法経　五巻　宋　施護訳

**第一四巻　経集部一**

賢劫経　八巻　西晋　竺法護訳
仏説千仏因縁経　後秦　鳩摩羅什訳
仏説八吉祥神呪経　呉　支謙訳
仏説八陽神呪経　西晋　竺法護訳
仏説八部仏名経　元魏　瞿曇般若流支訳
八吉祥経　梁　僧伽婆羅訳
八仏名号経　隋　闍那崛多訳
仏説十吉祥経　失訳
仏説宝網経　西晋　竺法護訳
仏説称揚諸仏功徳経　三巻　元魏　吉迦夜訳
仏説滅十方冥経　西晋　竺法護訳
受持七仏名号所生功徳経　唐　玄奘訳
大乗宝月童子問法経　宋　施護訳
仏説大乗大方広仏冠経　二巻　宋　法護等訳
仏説諸仏経　宋　施護訳
仏説仏名経　一二巻　元魏　菩提流支訳
仏説仏名経　三〇巻
十方千五百仏名経
五千五百仏名神呪除障滅罪経　八巻　隋　闍那崛多訳
仏説百仏名経　隋　那連提耶舎訳
仏説不思議功徳諸仏所護念経　二巻　失訳
過去荘厳劫千仏名経　失訳
　附　巻首三劫三千仏縁起　宋　畺良耶舎訳
過去荘厳劫千仏名経（別本）　失訳
現在賢劫千仏名経　失訳
現在賢劫千仏名経（別本）　失訳
未来星宿劫千仏名経　失訳
未来星宿劫千仏名経（別本）　失訳
仏説薬師如来本願経　隋　達摩笈多訳
薬師琉璃光如来本願功徳経　唐　玄奘訳
薬師琉璃光七仏本願功徳経　二巻　唐　義浄訳
仏説観弥勒菩薩上生兜率天経　劉宋　沮渠京声訳
仏説弥勒下生経　西晋　竺法護訳
仏説弥勒下生成仏経　後秦　鳩摩羅什訳
仏説弥勒下生成仏経　唐　義浄訳
仏説弥勒大成仏経　姚秦　鳩摩羅什訳
仏説弥勒来時経　失訳
文殊師利問菩薩署経　後漢　支婁迦讖訳
仏説文殊悔過経　西晋　竺法護訳
仏説文殊師利浄律経　西晋　竺法護訳
仏説文殊師利現宝蔵経　二巻　西晋　竺法護訳
大方広宝篋経　三巻　劉宋　求那跋陀羅訳
仏説文殊師利般涅槃経　西晋　聶道真訳
文殊師利問菩提経　姚秦　鳩摩羅什訳
伽耶山頂経　元魏　菩提流支訳
仏説象頭精舎経　隋　毘尼多流支訳
大乗伽耶山頂経　唐　菩提流志訳
文殊師利問経　二巻　梁　僧伽婆羅訳
文殊問経字母品第十四　唐　不空訳
仏説文殊師利巡行経　元魏　菩提流支訳
仏説文殊尸利行経　隋　豆那掘多訳
仏説大乗善見変化文殊師利問法経　宋　天息災訳
仏説妙吉祥菩薩所問大乗法螺経　宋　法賢訳
仏説維摩詰経　二巻　呉　支謙訳
維摩詰所説経　三巻　姚秦　鳩摩羅什訳
説無垢称経　六巻　唐　玄奘訳
仏説大方等頂王経　西晋　竺法護訳
大乗頂王経　梁　月婆首那訳
善思童子経　二巻　隋　闍那崛多訳
仏説月上女経　二巻　隋　闍那崛多訳
持人菩薩経　四巻　西晋　竺法護訳
持世経　四巻　姚秦　鳩摩羅什訳
三曼陀跋陀羅菩薩経　西晋　聶道真訳
不思議光菩薩所説経　後秦　鳩摩羅什訳
無所有菩薩経　四巻　隋　闍那崛多等訳
師子荘厳王菩薩請問経　唐　那提訳
離垢慧菩薩所問礼仏法経　唐　那提訳
宝授菩薩菩提行経　宋　法賢訳
仏説除蓋障菩薩所問経　二〇巻　宋　法護等訳
仏説八大菩薩経　宋　法賢訳
六菩薩亦当誦持経　失訳
仏説阿難問事仏吉凶経　後漢　安世高訳
阿難問事仏吉凶経（別本）　後漢　安世高訳
仏説阿難四事経　呉　支謙訳
阿難七夢経　東晋　竺曇無蘭訳
仏説阿難分別経　乞伏秦　法堅訳
仏説大迦葉本経　西晋　竺法護訳
仏説摩訶迦葉度貧母経　劉宋　求那跋陀羅訳
仏説初分説経　二巻　宋　施護訳
仏為阿支羅迦葉自化作苦経　失訳

## 第一五巻 経集部二

禅行法想経　後漢　安世高訳
修行道地経　七巻　西晋　竺法護訳
道地経　僧伽羅刹造　後漢　安世高訳
小道地経　後漢　支曜訳
禅要経　失訳
仏説内身観章句経　失訳
法観経　西晋　竺法護訳
身観経　西晋　竺法護訳
禅秘要法経　三巻　姚秦　鳩摩羅什等訳
坐禅三昧経　二巻　姚秦　鳩摩羅什訳
菩薩訶色欲法経　姚秦　鳩摩羅什訳
禅法要解　二巻　姚秦　鳩摩羅什等訳
思惟略要法　姚秦　鳩摩羅什訳
達摩多羅禅経　二巻　東晋　仏陀跋陀羅訳
五門禅経要用法　仏陀蜜多撰　劉宋　曇摩蜜多訳
治禅病秘要法　二巻　劉宋　沮渠京声訳
仏説仏印三昧経　後漢　安世高訳
仏説自誓三昧経　後漢　安世高訳
仏説如来独証自誓三昧経　西晋　竺法護訳
仏説佗真陀羅所問如来三昧経　三巻　後漢　支婁迦讖訳
大樹緊那羅王所問経　四巻　姚秦　鳩摩羅什訳
仏説阿闍世王経　二巻　後漢　支婁迦讖訳
文殊支利普超三昧経　三巻　西晋　竺法護訳
仏説未曾有正法経　六巻　宋　法天訳
仏説放鉢経　失訳
仏説成具光明定意経　後漢　支曜訳
仏説法律三昧経　呉　支謙訳
仏説慧印三昧経　呉　支謙訳
仏説如来智印経　失訳
仏説大乗智印経　五巻　宋　智吉祥等訳
仏説弘道広顕三昧経　四巻　西晋　竺法護訳
無極宝三昧経　二巻　西晋　竺法護訳
仏説宝如来三昧経　二巻　東晋　祇多蜜訳
仏説超日明三昧経　二巻　西晋　聶承遠訳
月灯三昧経　一〇巻　高斉　那連提耶舎訳
仏説月灯三昧経　劉宋　先公訳
仏説月灯三昧経　劉宋　先公訳
仏説首楞厳三昧経　二巻　姚秦　鳩摩羅什訳
仏説観仏三昧海経　一〇巻　東晋　仏陀跋陀羅訳
仏説金剛三昧本性清浄不壊不滅経　失訳
不必定入定入印経　元魏　瞿曇般若流支訳
入定不定印経　唐　義浄訳
力荘厳三昧経　三巻　隋　那連提耶舎訳
寂照神変三摩地経　唐　玄奘訳
観察諸法行経　四巻　隋　闍那崛多訳
諸法無行経　二巻　姚秦　鳩摩羅什訳
仏説諸法本無経　三巻　隋　闍那崛多訳
仏説大乗随転宣説諸法経　三巻　宋　紹徳等訳
仏蔵経　三巻　姚秦　鳩摩羅什訳
仏説入無分別法門経　宋　施護訳
仏説勝義空経　宋　施護等訳

## 第一六巻　経集部三

菩薩瓔珞経　一四巻　姚秦　竺仏念訳
仏説華手経　一〇巻　姚秦　鳩摩羅什訳
宝雲経　七巻　梁　曼陀羅仙訳
大乗宝雲経　七巻　梁　曼陀羅仙・僧伽婆羅訳
仏説宝雨経　一〇巻　唐　達摩流支訳
大乗百福相経　唐　地婆訶羅訳
大乗百福荘厳相経　唐　地婆訶羅再訳
金光明経　四巻　北涼　曇無讖訳
合部金光明経　八巻　隋　宝貴合
金光明最勝王経　一〇巻　唐　義浄訳
大方等如来蔵経　東晋　仏陀跋陀羅訳
大方広如来蔵経　唐　不空訳
仏説不増不減経　元魏　菩提流支訳
仏説無上依経　二巻　梁　真諦訳
楞伽阿跋多羅宝経　四巻　劉宋　求那跋陀羅訳
入楞伽経　一〇巻　元魏　菩提留支訳
大乗入楞伽経　七巻　唐　実叉難陀訳
大乗同性経　二巻　宇文周　闍那耶舎訳
証契大乗経　二巻　唐　地婆訶羅訳
深密解脱経　五巻　元魏　菩提流支訳
解深密経　五巻　唐　玄奘訳
仏説解節経　陳　真諦訳
相続解脱地波羅蜜了義経　劉宋　求那跋陀羅訳
相続解脱如来所作随順処了義経　劉宋　求那跋陀羅訳
仏説仏地経　唐　玄奘訳
大乗密厳経　三巻　唐　地婆訶羅訳
大乗密厳経　三巻　唐　不空訳
仏説諸徳福田経　西晋　法立・法炬訳
仏説父母恩難報経　後漢　安世高訳
仏説盂蘭盆経　西晋　竺法護訳
仏説報恩奉盆経　失訳
仏説孝子経　失訳
仏説未曾有経　失訳
甚希有経　唐　玄奘訳
仏説希有挍量功徳経　隋　闍那崛多訳
最無比経　唐　玄奘訳
仏説作仏形像経　失訳
仏説造立形像福報経　失訳
仏説大乗造像功徳経　二巻　唐　提雲般若訳
仏説灌洗仏形像経　西晋　法炬訳
仏説摩訶刹頭経　西秦　聖堅訳
仏説浴像功徳経　唐　宝思惟訳
浴仏功徳経　唐　義浄訳
仏説造塔功徳経　唐　地婆訶羅訳
右繞仏塔功徳経　唐　実叉難陀訳
仏説温室洗浴衆僧経　後漢　安世高訳
仏説施灯功徳経　高斉　那連提耶舎訳
灯指因縁経　姚秦　鳩摩羅什訳
仏説楼閣正法甘露鼓経　宋　天息災訳
仏説布施経　宋　法賢訳
仏説五大施経　宋　施護等訳
仏説出家功徳経　失訳
了本生死経　呉　支謙訳
仏説稲芋経　失訳
慈氏菩薩所説大乗縁生稲䔿喩経　唐　不空訳

大乗舎黎娑担摩経　宋　施護訳
仏説大乗稲芋経　失訳
貝多樹下思惟十二因縁経　呉　支謙訳
縁起聖道経　唐　玄奘訳
仏説旧城喩経　宋　法賢訳
縁生初勝分法本経　二巻　隋　達磨笈多訳
分別縁起初勝法門経　二巻　唐　玄奘訳
仏説分別縁生経　宋　法天訳
十二縁生祥瑞経　二巻　宋　施護訳
無明羅刹集　三巻　失訳

## 第一七巻　経集部四

正法念処経　七〇巻　元魏　瞿曇般若流支訳
妙法聖念処経　八巻　宋　法天訳
分別業報略経　大勇菩薩撰　劉宋　僧伽跋摩訳
仏説罪業応報教化地獄経　後漢　安世高訳
仏説六道伽陀経　宋　法天訳
六趣輪廻経　馬鳴菩薩集　宋　日称等訳
十不善業道経　馬鳴菩薩集　宋　日称等訳
諸法集要経　一〇巻　観無畏尊者集　宋　日称等訳
仏説分別善悪所起経　後漢　安世高訳
仏説処処経　後漢　安世高訳
仏説十八泥犁経　後漢　安世高訳
仏説罵意経　後漢　安世高訳
仏説堅意経　後漢　安世高訳
仏説鬼問目連経　後漢　安世高訳
仏説四願経　呉　支謙訳
仏説四自侵経　西晋　竺法護訳
所欲致患経　西晋　竺法護訳
仏説分別経　西晋　竺法護訳
仏説慢法経　西晋　法炬訳
仏説頞多和多耆経　失訳
五苦章句経　東晋　竺曇無蘭訳
仏説自愛経　東晋　竺曇無蘭訳
仏説忠心経　東晋　竺曇無蘭訳
仏説除恐災患経　乞伏秦　聖堅訳
仏説雑蔵経　東晋　法顕訳
餓鬼報応経　失訳
仏説罪福報応経　劉宋　求那跋陀羅訳
仏説輪転五道罪福報応経（別本）　劉宋　求那跋陀羅訳
仏説護浄経　失訳
仏説因縁僧護経　失訳
沙弥羅経　失訳
仏説五無反復経　劉宋　沮渠京声訳
仏説五無返復経（別本）　劉宋　沮渠京声訳
仏説五無返復経　劉宋　沮渠京声訳
十二品生死経　劉宋　求那跋陀羅訳
仏説未曾有因縁経　二巻　蕭斉　曇景訳
仏説浄意優婆塞所問経　宋　施護訳
仏説八無暇有暇経　唐　義浄訳
仏説身毛喜豎経　三巻　宋　惟浄等訳
仏説諸行有為経　宋　法天訳
仏説較量寿命経　宋　天息災訳
惟日雑難経　呉　支謙訳
仏説法集経　六巻　元魏　菩提流支訳
仏説決定義経　宋　法賢訳
仏説法乗義決定経　三巻　宋　金総持等訳
仏説法集名数経　宋　施護訳
本事経　七巻　唐　玄奘訳
仏説法身経　宋　法賢訳
仏説三品弟子経　呉　支謙訳
三慧経　失訳
仏説四輩経　西晋　竺法護訳
仏説四不可得経　西晋　竺法護訳
四品学法経　劉宋　求那跋陀羅訳
大乗四法経　唐　地婆訶羅訳
仏説菩薩修行四法経　唐　地婆訶羅訳
大乗四法経　唐　実叉難陀訳
仏説四無所畏経　宋　施護訳
仏説四品法門経　宋　法賢訳
仏説賢者五福徳経　西晋　白法祖訳
仏説菩薩内習六波羅蜜経　後漢　厳仏調訳
仏説八大人覚経　後漢　安世高訳
仏説十力経　唐　勿提提犀魚訳
仏説仏十力経　宋　施護等訳
仏説十号経　宋　天息災訳
仏説十二頭陀経　劉宋　求那跋陀羅訳
四十二章経　後漢　迦葉摩騰・法蘭訳
得道梯橙錫杖経　失訳
仏説木槵子経　失訳
曼殊室利呪蔵中校量数珠功徳経　唐　宝思惟訳
仏説校量数珠功徳経　唐　義浄訳
金剛頂瑜伽念珠経　唐　不空訳
仏説孛経抄　呉　支謙訳
仏説出家縁経　後漢　安世高訳
仏説法受塵経　後漢　安世高訳
仏説仏医経　呉　竺律炎・支越訳
仏説時非時経　西晋　若羅厳訳
仏説時非時経（別本）　西晋　若羅厳訳
仏治身経　失訳
仏説見正経　東晋　竺曇無蘭訳
仏説貧窮老公経　劉宋　慧簡訳
仏説貧窮老公経（別本）　劉宋　慧簡訳
仏説進学経　劉宋　沮渠京声訳
仏説略教誡経　唐　義浄訳
仏説無上処経　失訳
仏説無常経　唐　義浄訳
仏説信解智力経　宋　法賢訳
仏説清浄心経　宋　施護等訳
仏説解憂経　宋　法天訳
仏説栴檀樹経　失訳
仏説枯樹経
仏説内蔵百宝経　後漢　支婁迦讖訳
仏説犢子経　呉　支謙訳
仏説乳光仏経　西晋　竺法護訳
諸仏要集経　二巻　西晋　竺法護訳
仏説決定総持経　西晋　竺法護訳
菩薩行五十縁身経　西晋　竺法護訳
仏説無希望経　西晋　竺法護訳

仏説象腋経　劉宋　曇摩蜜多訳
仏昇忉利天為母説法経　三巻　西晋　竺法護訳
仏説道神足無極変化経　四巻　西晋　安法欽訳
仏説大浄法門経　西晋　竺法護訳
大荘厳法門経　二巻　隋　那連提耶舎訳
仏説法常住経　失訳
仏説演道俗業経　乞伏秦　聖堅訳
大方広如来秘密蔵経　二巻　失訳
仏説諸法勇王経　劉宋　曇摩蜜多訳
仏説一切法高王経　元魏　瞿曇般若流支訳
諸法最上王経　隋　闍那崛多訳
仏説甚深大迴向経　失訳
弟子死復生経　劉宋　沮渠京声訳
仏説懈怠耕者経　劉宋　恵簡訳
無字宝篋経　元魏　菩提流支訳
大乗離文字普光明蔵経　唐　地婆訶羅訳
大乗遍照光明蔵無字法門経　唐　地婆訶羅再訳
謗仏経　元魏　菩提流支訳
仏語経　元魏　菩提流支訳
第一義法勝経　元魏　瞿曇般若流支訳
大威灯光仙人問疑経　隋　闍那崛多等訳
如来師子吼経　元魏　仏陀扇多訳
大方広師子吼経　唐　地婆訶羅訳
仏説出生菩提心経　隋　闍那崛多訳
仏説発菩提心破諸魔経　二巻　宋　施護訳
占察善悪業報経　二巻　隋　菩提灯訳
称讃大乗功徳経　唐　玄奘訳
説妙法決定業障経　唐　智厳訳
大方広円覚修多羅了義経　唐　仏陀多羅訳
仏説大乗不思議神通境界経　三巻　宋　施護訳
仏説大方広未曾有経善巧方便品　宋　施護訳
仏説尊那経　宋　法賢訳
外道問聖大乗法無我義経　宋　法天訳
大乗修行菩薩行門諸経要集　三巻　唐　智厳訳

**第一八巻　密教部一**

大毘盧遮那成仏神変加持経　七巻　唐　善無
畏・一行訳
大毘盧遮那仏説要略念誦経　唐　菩提金剛訳
摂大毘盧遮那成仏神変加持経入蓮華胎蔵海会悲
生曼荼攞広大念誦儀軌供養方便会　三巻　唐
輸婆迦羅訳
大毘盧遮那経広大儀軌　三巻　唐　善無畏訳
大毘盧遮那成仏神変加持経蓮華胎蔵悲生曼荼羅
広大成就儀軌供養方便会　二巻　唐　法全集
大毘盧舎那成仏神変加持経蓮華胎蔵悲生曼荼羅
広大成就儀軌　二巻（別本）
大毘盧遮那成仏神変加持経蓮華胎蔵菩提幢標幟
普通真言蔵広大成就瑜伽　三巻　唐　法全集
胎蔵梵字真言　二巻
青竜寺軌記　「唐　不空訳
大毘盧遮那成仏神変加持経略示七支念誦随行法
大日経略摂念誦随行法（亦名五支略念誦要行法）
唐　不空訳
大毘盧遮那略要速疾門五支念誦法
供養儀式
大日経持誦次第儀軌
毘盧遮那五字真言修習儀軌　唐　不空訳
阿闍梨大曼荼攞灌頂儀軌
大毘盧遮那経阿闍梨真実智品中阿闍梨住阿字観
A大日如来剣印　「門　唐　惟謹述
B胎蔵金剛教法名号　唐　義操集「唐　不空訳
金剛頂一切如来真実摂大乗現証大教王経　三巻
金剛頂瑜伽中略出念誦経　四巻　唐　金剛智訳
金剛峰楼閣一切瑜伽瑜祇経　二巻　唐　金剛智
諸仏境界摂真実経　三巻　唐　般若訳　「訳
金剛頂経瑜伽十八会指帰　唐　不空訳
略述金剛頂瑜伽分別聖位修証法門　唐　不空訳
金剛頂瑜伽略述三十七尊心要　唐　不空説
金剛頂瑜伽三十七尊出生義　唐　不空訳
金剛頂蓮華部心念誦儀軌　唐　不空訳
金剛頂一切如来真実摂大乗現証大教王経　二巻
唐　不空訳
蓮華部心念誦儀軌　「智訳
金剛頂経瑜伽修習毘盧遮那三摩地法　唐　金剛
金剛頂経毘盧遮那一百八尊法身契印　唐　善無
畏・一行訳
金剛頂経金剛界大道場毘盧遮那如来自受用身内
証智眷属法身異名仏最上乗秘密三摩地礼懺文
唐　不空訳
金剛頂瑜伽三十七尊礼　唐　不空訳
瑜伽金剛頂経釈字母品　唐　不空訳
賢劫十六尊　「〇巻　宋　施護等訳
仏説一切如来真実摂大乗現証三昧大教王経　三
仏説秘密三昧大教王経　四巻　宋　施護等訳
仏説秘密相経　三巻　宋　施護等訳
仏説一切如来金剛三業最上秘密大教王経　七巻
宋　施護訳　「護訳
仏説金剛場荘厳般若波羅蜜多教中一分　宋　施
仏説無二平等最上瑜伽大教王経　六巻　宋　施
護訳　「訳
一切秘密最上名義大教王儀軌　二巻　宋　施護
一切如来大秘密王未曾有最上微妙大曼拏羅経
五巻　宋　天息災訳
仏説瑜伽大教王経　五巻　宋　法賢訳
仏説幻化網大瑜伽教十忿怒明王大明観想儀軌経
宋　法賢訳　「護訳
仏説大悲空智金剛大教王儀軌経　五巻　宋　法
蘇悉地羯囉経　三巻　唐　輸波迦羅訳　「訳
蘇悉地羯囉経　三巻（別本一）　唐　輸波迦羅
蘇悉地羯羅経　三巻（別本二）　唐　輸波迦羅
蘇悉地羯羅供養法　三巻　唐　善無畏訳　「訳
蘇悉地羯羅供養法　二巻（別本）　唐　善無畏
蘇婆呼童子請問経　三巻　唐　輸波迦羅訳　「訳
蘇婆呼童子請問経　二巻（別本）
妙臂菩薩所問経　四巻　宋　法天訳
蕤呬耶経　三巻　唐　不空訳
仏説毘奈耶経　「悉地
清浄法身毘盧遮那心地法門成就一切陀羅尼三種

十八契印
陀羅尼集経　一二巻　唐　阿地瞿多訳
総釈陀羅尼義讃　唐　不空訳
都部陀羅尼目　唐　不空訳
念誦結護法普通諸部　唐　金剛智述
三種悉地破地獄転業障出三界秘密陀羅尼法　唐
善無畏訳
仏頂尊勝心破地獄転業障出三界秘密三身仏果三
種悉地真言儀軌　唐　善無畏訳
仏頂尊勝心破地獄転業障出三界秘密陀羅尼　唐
金剛頂瑜伽護摩儀軌　唐　不空訳　「善無畏訳
金剛頂瑜伽護摩儀軌　唐　不空訳
梵天択地法
建立曼荼羅及揀択地法　唐　慧琳集
建立曼荼羅護摩儀軌
火吽供養儀軌
火吽軌別録
受菩提心戒儀　唐　不空訳
受五戒八戒文
無畏三蔵禅要

## 第一九巻　密教部二

諸仏心陀羅尼経　唐　玄奘訳
諸仏心印陀羅尼経　宋　法天訳
仏心経品亦通大随求陀羅尼　二巻　唐　菩提流
阿閦如来念誦供養法　唐　不空訳　「志訳
薬師琉璃光如来消災除難念誦儀軌　唐　一行撰
薬師如来観行儀軌法　唐　金剛智訳
A薬師如来念誦儀軌　唐　不空訳
B薬師如来念誦儀軌　唐　不空訳
C薬師儀軌一具　「元　沙囉巴訳
薬師琉璃光王七仏本願功徳経念誦儀軌　二巻
薬師琉璃光王七仏本願功徳経念誦儀軌供養法
元　沙囉巴訳
薬師七仏供養儀軌如意王経　清　工布査布訳
修薬師儀軌布壇法　清　阿旺扎什補訳
浄瑠璃浄土摽

無量寿如来観行供養儀軌　唐　不空訳
金剛頂経観自在王如来修行法　唐　不空訳「訳
金剛頂経瑜伽観自在王如来修行法　唐　金剛智
九品往生阿弥陀三摩地集陀羅尼経　唐　不空訳
仏説無量功徳陀羅尼経　宋　法賢訳
極楽願文　清　達喇嘛嘎卜楚薩木丹達爾吉訳
大乗無量寿経　唐　法成訳
仏説大乗聖無量寿決定光明王如来陀羅尼経　宋
釈迦文尼仏金剛一乗修行儀軌法品　「法天訳
仏説大乗観想曼拏羅浄諸悪趣経　二巻　宋　法
仏説帝釈巌秘密成就儀軌　宋　施護訳　「賢訳
釈迦牟尼仏成道在菩提樹降魔讃
釈迦仏讃　清　達喇嘛薩穆丹達爾吉訳
仏説無能勝幡王如来荘厳陀羅尼経　宋　施護訳
A大仏頂如来放光悉怛多鉢怛囉陀羅尼　唐　不
B大仏頂大陀羅尼　「空訳
大仏頂如来密因修証了義諸菩薩万行首楞厳経
一〇巻　唐　般剌蜜帝訳
大仏頂広聚陀羅尼経　五巻
大仏頂如来放光悉怛多般怛羅大神力都摂一切呪
王陀羅尼経大威徳最勝金輪三昧呪品
金輪王仏頂要略念誦法　唐　不空訳
奇特最勝金輪仏頂念誦儀軌法要
菩提場所説一字頂輪王経　五巻　唐　不空訳
一字仏頂輪王経　五巻　唐　菩提流志訳
五仏頂三昧陀羅尼経　四巻　唐　菩提流志訳
一字奇特仏頂経　三巻　唐　不空訳
A一字頂輪王念誦儀軌　唐　不空訳
B一字頂輪王念誦儀軌
一字頂輪王瑜伽観行儀軌　唐　不空訳
大陀羅尼末法中一字心呪経　唐　宝思惟訳
金剛頂経一字頂輪王瑜伽一切時処念誦成仏儀軌
金剛頂経　字頂輪王儀軌音義　「唐　不空訳
頂輪王大曼荼羅灌頂儀軌　唐　翌弘集
一切如来説仏頂輪王一百八名讃　宋　施護訳
如意宝珠転輪秘密現身成仏金輪呪王経　唐　不

空訳
宝悉地成仏陀羅尼経　唐　不空訳　「訳
仏説熾盛光大威徳消災吉祥陀羅尼経　唐　不空
仏説大威徳金輪仏頂熾盛光如来消除一切災難陀
羅尼経　失訳
大妙金剛大甘露軍拏利焔鬘熾盛仏頂経　唐　達
大聖妙吉祥菩薩説除災教令法輪　「磨栖那訳
仏頂尊勝陀羅尼経　唐　仏陀波利訳
仏頂尊勝陀羅尼経　唐　杜行顗訳
仏頂最勝陀羅尼経　唐　地婆訶羅訳
最勝仏頂陀羅尼浄除業障呪経　唐　地婆訶羅訳
仏説仏頂尊勝陀羅尼経　唐　義浄訳
仏頂尊勝陀羅尼念誦儀軌法　唐　不空訳
尊勝仏頂脩瑜伽法軌儀　二巻　唐　善無畏訳
A最勝仏頂陀羅尼経　宋　法天訳
B仏頂尊勝陀羅尼
C加句霊験仏頂尊勝陀羅尼記　唐　武徹述
D仏頂尊勝陀羅尼注義　唐　不空訳
E仏頂尊勝陀羅尼真言
F仏頂尊勝陀羅尼別法　唐　若那訳
白傘蓋大仏頂王最勝無比大威徳金剛無礙大道場
陀羅尼念誦法要
仏頂大白傘蓋陀羅尼経　元　沙囉巴訳
仏説大白傘蓋総持陀羅尼経　元　真智等訳
　付　大白傘蓋仏母総讃歎禱祝偈
仏説一切如来烏瑟膩沙最勝総持経　宋　法天訳
于瑟抳沙毘左野陀囉尼　高麗　指空訳
大勝金剛仏頂念誦儀軌　唐　金剛智訳
大毘盧遮那仏眼修行儀軌　唐　一行記
仏母大孔雀明王経　三巻　唐　不空訳
A仏説大孔雀明王画像壇場儀軌　唐　不空訳
B孔雀経真言等梵本
孔雀王呪経　二巻　梁　僧伽婆羅訳
仏説大孔雀呪王経　三巻　唐　義浄訳
大金色孔雀王呪経　失訳
仏説大金色孔雀王呪経　失訳

## 第二〇巻　密教部三

千手観音造次第法儀軌　唐　善無畏訳
十一面観自在菩薩心密言念誦儀軌経　三巻　唐
不空訳
仏説十一面観世音神呪経　北周　耶舎崛多訳
十一面神呪心経　唐　玄奘訳
A聖賀野紇哩縛大威怒王立成大神験供養念誦儀
軌法品　二巻　唐　不空訳
B馬頭観音心陀羅尼
何耶掲唎婆像法
何耶掲唎婆観世音菩薩受法壇
仏説七倶胝仏母准提大明陀羅尼経　唐　金剛智
七倶胝仏母所説准提陀羅尼経　唐　不空訳　「訳
仏説七倶胝仏母心大准提陀羅尼経　唐　地婆訶
羅訳
七仏倶胝仏母心大准提陀羅尼法　唐　善無畏訳
七倶胝独部法　唐　善無畏訳
如意輪陀羅尼経　唐　菩提流志訳
仏説観自在菩薩如意心陀羅尼呪経　唐　義浄訳
観世音菩薩秘密蔵如意輪陀羅尼神呪経　唐　実
叉難陀訳
観世音菩薩如意摩尼陀羅尼経　唐　宝思惟訳
観世音菩薩如意摩尼輪陀羅尼念誦法　唐　宝思
観自在菩薩如意輪念誦儀軌　唐　不空訳　「惟訳
観自在菩薩如意輪瑜伽　唐　不空訳
観自在如意輪菩薩瑜伽法要　唐　金剛智訳
如意輪菩薩観門義注秘訣　「唐　解脱師子訳
都表如意摩尼転輪聖王次第念誦秘密最要略法
仏説如意輪蓮華心如来修行観門儀　宋　慈賢訳
七星如意輪秘密要経　唐　不空訳
不空羂索神変真言経　三〇巻　唐　菩提流志訳
不空羂索呪経　隋　闍那崛多訳
不空羂索神呪心経　唐　玄奘訳
不空羂索呪心経　唐　菩提流志訳
不空羂索陀羅尼経　唐　李無諂訳　「訳
不空羂索陀羅尼自在王呪経　三巻　唐　宝思惟
仏説不空羂索陀羅尼儀軌経　二巻　唐　阿目佉

訳
仏説聖観自在菩薩不空王秘密心陀羅尼経　宋
葉衣観自在菩薩経　唐　不空訳　「施護等訳
仏説大方広曼殊室利経　唐　不空訳
金剛頂経多羅菩薩念誦法　唐　不空訳
観自在菩薩随心呪経　唐　智通訳
観自在菩薩怛嚩多唎随心陀羅尼経　(別本)　唐
仏説聖多羅菩薩経　宋　法賢訳　「智通訳
聖多羅菩薩一百八名陀羅尼経　宋　法天訳
讃揚聖徳多羅菩薩一百八名経　宋　天息災訳
聖多羅菩薩梵讃　宋　施護訳
A聖救度仏母二十一種礼讃経　唐　安蔵訳
　附巻首御製救度仏母讃
B救度仏母二十一種礼讃経
白救度仏母讃　清　阿旺扎什訳
仏説一髻尊陀羅尼経　唐　不空訳
青頸観自在菩薩心陀羅尼経　唐　不空注
金剛頂瑜伽青頸大悲王観自在念誦儀軌　唐　金
剛智訳
A観自在菩薩広大円満無礙大悲心大陀羅尼　高
麗　指空校
　附観世音菩薩施食　高麗　指空訳
B大慈大悲救苦観世音自在王菩薩広大円満無礙
自在青頸大悲心陀羅尼　唐　不空訳
毘倶胝菩薩一百八名経　宋　法天訳
観自在菩薩阿麼𪘂法
広大蓮華荘厳曼拏羅滅一切罪陀羅尼経　宋　施
仏説観自在菩薩母陀羅尼経　宋　法賢訳　「護訳
仏説十八臂陀羅尼経　宋　法賢訳
大楽金剛薩埵修行成就儀軌　唐　不空訳
A金剛頂勝初瑜伽経中略出大楽金剛薩埵念誦儀
唐　不空訳
B勝初瑜伽儀軌真言
金剛頂普賢瑜伽大教王経大楽不空金剛薩埵一切
時方成就儀
金剛頂瑜伽他化自在天理趣会普賢修行念誦儀軌

唐　不空訳
金剛頂勝初瑜伽普賢菩薩念誦法　唐　不空訳
普賢金剛薩埵略瑜伽念誦儀軌　唐　不空訳
金剛頂瑜伽金剛薩埵五秘密修行念誦儀軌　唐
仏説普賢曼拏羅経　宋　施護訳　「不空訳
仏説普賢菩薩陀羅尼経　宋　法天訳
最上大乗金剛大教宝王経　二巻　宋　法天訳
仏説金剛手菩薩降伏一切部多大教王経　三巻
宋　法天訳
大乗金剛髻珠菩薩修行分　唐　菩提流志訳
聖金剛手菩薩一百八名梵讃　宋　法賢訳
金剛王菩薩秘密念誦儀軌　唐　不空訳
金剛寿命陀羅尼念誦法　唐　不空訳
A金剛寿命陀羅尼経法　唐　不空訳
B金剛寿命陀羅尼経　唐　不空訳
仏説一切如来金剛寿命陀羅尼経　唐　不空訳
仏説一切諸如来心光明加持普賢菩薩延命金剛最
勝陀羅尼経　唐　不空訳
仏説善法方便陀羅尼経　失訳
金剛秘密善門陀羅尼呪経　失訳
金剛秘密善門陀羅尼経　(別本)　失訳
護命法門神呪経　唐　菩提流志訳
仏説延寿妙門陀羅尼経　宋　法賢訳
慈氏菩薩略修愈誐念誦法　一巻　唐　善無畏訳
仏説慈氏菩薩陀羅尼　宋　法賢訳
仏説慈氏菩薩誓願陀羅尼経　宋　法賢訳
仏説弥勒菩薩発願王偈　清　工布査布訳
虚空蔵菩薩能満諸願最勝心陀羅尼求聞持法　唐
大虚空蔵菩薩念誦法　唐　不空訳　「善無畏訳
聖虚空蔵菩薩陀羅尼経　宋　法天訳
仏説虚空蔵菩薩陀羅尼　宋　法賢訳
五大虚空蔵菩薩速疾大神験秘密式経　唐　金剛
転法輪菩薩摧魔怨敵法　唐　不空訳　「智訳
修習般若波羅蜜菩薩観行念誦儀軌　唐　不空訳
仏説仏母般若波羅蜜多大明観想儀軌　宋　施護
訳

普遍光明清浄熾盛如意宝印心無能勝大明王大随
求陀羅尼経　二巻　唐　不空訳　「訳
仏説随求即得大自在陀羅尼神呪経　唐　宝思惟
金剛頂瑜伽最勝秘密成仏随求即得神変加持成就
陀羅尼儀軌　唐　不空訳
A大随求即得大陀羅尼明王懺悔法
B宗叡僧正於唐国師所口受
香王菩薩陀羅尼呪経　唐　義浄訳
地蔵菩薩儀軌　唐　輸婆迦羅訳
A峚固大道心驅策法
B仏説地蔵菩薩陀羅尼経
日光菩薩月光菩薩陀羅尼
仏説観薬王薬上二菩薩経　劉宋　畺良耶舎訳
持世陀羅尼経　唐　玄奘訳
仏説雨宝陀羅尼経　唐　不空訳
仏説大乗聖吉祥持世陀羅尼経　宋　法天訳
聖持世陀羅尼経　宋　施護訳
馬鳴菩薩大神力無比験法念誦軌儀　唐　金剛智
八大菩薩曼荼羅経　唐　不空訳　⌊訳
A仏説大乗八大曼拏羅経　宋　法賢訳
B八曼荼羅経
仏説持明蔵瑜伽大教尊那菩薩大明成就儀軌経
四巻　宋　法賢訳　「護訳
仏説金剛香菩薩大明成就儀軌経　三巻　宋　施
金剛頂経瑜伽文殊師利菩薩法　唐　不空訳
金剛頂超勝三界経説文殊五字真言勝相　唐　不
空訳　「剛智訳
金剛頂経曼殊室利菩薩五字心陀羅尼品　唐　金
五字陀羅尼頌　唐　不空訳　「訳
金剛頂経瑜伽文殊師利菩薩供養儀軌　唐　不空
曼殊室利童子菩薩五字瑜伽法　唐　不空訳
A大乗瑜伽金剛性海曼殊室利千臂千鉢大教王経
一〇巻　唐　不空訳
B千鉢文殊一百八名讃
文殊菩薩献仏陀羅尼名烏蘇吒
文殊師利菩薩六字呪功能法経
六字神呪経　唐　菩提流志訳
大方広菩薩蔵経中文殊師利根本一字陀羅尼経
唐　宝思惟訳
曼殊室利菩薩呪蔵中一字呪王経　唐　義浄訳
一髻文殊師利童子陀羅尼念誦儀軌
大聖妙吉祥菩薩秘密八字陀羅尼修行曼荼羅次第
儀軌法　唐　菩提仙訳
A仏説文殊師利法宝蔵陀羅尼経　唐　菩提流志
B文殊師利宝蔵陀羅尼経　唐　菩提流志訳　⌊訳
仏説妙吉祥菩薩陀羅尼　宋　法賢訳
仏説最勝妙吉祥根本智最上秘密一切名義三摩地
分　二巻　宋　施護訳
文殊所説最勝名義経　二巻　宋　金総持等訳
仏説文殊菩薩最勝真実名義経　元　沙囉巴訳
聖妙吉祥真実名経　元　釈智訳
大方広菩薩蔵文殊師利根本儀軌経　二〇巻　宋
天息災訳　「慈賢訳
妙吉祥平等秘密最上観門大教王経　五巻　宋
妙吉祥平等瑜伽秘密観身成仏儀軌　宋　慈賢訳
妙吉祥平等観門大教王経略出護摩儀　宋　慈賢
大聖文殊師利菩薩讃仏法身礼　唐　不空訳　⌊訳
曼殊室利菩薩吉祥伽陀　宋　法賢訳
仏説文殊師利一百八名梵讃　宋　法天訳
聖者文殊師利発菩提心願文　元　智慧訳

## 第二一巻　密教部四

金剛手光明灌頂経最勝立印聖無動尊大威怒王念
誦儀軌法品　唐　不空訳　「訳
底哩三昧耶不動尊威怒王使者念誦法　唐　不空
底哩三昧耶不動尊聖者念誦秘密法　三巻　唐
不動使者陀羅尼秘密法　唐　金剛智訳　⌊不空訳
聖無動尊安鎮家国等法
聖無動尊一字出生八大童子秘要法品
勝軍不動明王四十八使者秘密成就儀軌　唐　遍
仏説倶利伽羅大竜勝外道伏陀羅尼経　⌊智集
説矩里迦竜王像法
倶力迦羅竜王儀軌　唐　金剛智訳
金剛頂瑜伽降三世成就極深密門　唐　不空訳
降三世忿怒明王念誦儀軌　唐　不空訳
甘露軍荼利菩薩供養念誦成就儀軌　唐　不空訳
西方陀羅尼蔵中金剛族阿蜜哩多軍吒利法
千臂軍荼利梵字真言　「訳
聖閻曼徳迦威怒王立成大神験念誦法　唐　不空
大乗方広曼殊室利菩薩華厳本教閻曼徳迦忿怒王
真言大威徳儀軌品
大方広曼殊室利童真菩薩華厳本教讃閻曼徳迦忿
怒王真言阿毘遮嚕迦儀軌品
仏説妙吉祥最勝根本大教経　三巻　宋　法賢訳
文殊師利耶曼徳迦呪法
曼殊室利焔曼徳迦万愛秘術如意法　唐　一行撰
金剛薬叉瞋怒王息災大威神験念誦儀軌　唐　金
青色大金剛薬叉辟鬼魔法　唐　空基述　⌊剛智訳
聖迦柅忿怒金剛童子菩薩成就儀軌経　三巻　唐
不空訳
聖迦柅忿怒金剛童子菩薩成就儀軌経　三巻（別
本）　唐　不空訳
仏説無量寿仏化身大忿迅倶摩羅金剛念誦瑜伽儀
軌法　唐　金剛智訳
金剛童子持念経
大威怒烏芻渋麽儀軌経　唐　不空訳
烏芻渋明王儀軌梵字
大威力烏枢瑟摩明王経　三巻　唐　阿質達霰訳
穢跡金剛説神通大満陀羅尼法術霊要門　唐　阿
質達霰訳
穢跡金剛禁百変法経　唐　阿質達霰訳
仏説大輪金剛総持陀羅尼経
大輪金剛修行悉地成就及供養法
播般嚢結使波金剛念誦儀
仏説無能勝大明王陀羅尼経　宋　法天訳
無能勝大明陀羅尼経　宋　法天訳
無能勝大明心陀羅尼経　宋　法天訳
聖無能勝金剛火陀羅尼経　宋　法天訳
阿吒婆拘鬼神大将上仏陀羅尼神呪経　失訳

阿吒婆𤘽鬼神大将上仏陀羅尼経　失訳
阿吒薄倶元帥大将上仏陀羅尼経修行儀軌　三巻
阿吒薄𤘽付嘱呪　「唐　善無畏訳
伽駄金剛真言
仏説妙吉祥瑜伽大教金剛陪囉嚩輪観想成就儀軌
経　宋　法賢訳
仏説出生一切如来法眼遍照大力明王経　二巻
毘沙門天王経　唐　不空訳　「宋　法護訳
仏説毘沙門天王経　宋　法天訳「般若斫羯囉訳
摩訶吠室囉末那野提婆喝囉闍陀羅尼儀軌　唐
北方毘沙門天王随軍護法儀軌　唐　不空訳
北方毘沙門天王随軍護法真言　唐　不空訳
毘沙門儀軌　唐　不空訳　「唐　不空訳
北方毘沙門多聞宝蔵天王神妙陀羅尼別行儀軌
吽迦陀野儀軌　三巻　唐　金剛智訳
仏説大吉祥天女十二名号経　唐　不空訳　「訳
仏説大吉祥天女十二名号経（別本）　唐　不空
大吉祥天女十二契一百八名無垢大乗経　唐　不
末利支提婆華鬘経　唐　不空訳　「空訳
仏説摩利支天菩薩陀羅尼経　唐　不空訳
仏説摩利支天経（別本）　唐　不空訳
仏説摩利支天陀羅尼呪経　失訳
仏説大摩里支菩薩経　七巻　宋　天息災訳
摩利支菩薩略念誦法　唐　不空訳
摩利支天一印法
大薬叉女歓喜母并愛子成就法　唐　不空訳
訶利帝母真言経　唐　不空訳
仏説鬼子母経　失訳
氷掲羅天童子経　唐　不空訳　「唐　不空訳
観自在菩薩化身蘘麌哩曳童女銷伏毒害陀羅尼経
仏説穰麌梨童女経（別本）　唐　不空訳
仏説常瞿利毒女陀羅尼呪経　唐　瞿多訳
大聖天歓喜双身毘那夜迦法　唐　不空訳
使呪法経　唐　菩提留志訳
大使呪法経　唐　菩提留志訳
仏説金色迦那鉢底陀羅尼経　唐　金剛智訳

大聖歓喜双身大自在天毘那夜迦王帰依念誦供養
法　唐　善無畏訳
摩訶毘盧遮那如来定恵均等入三昧耶身双身大聖
歓喜天菩薩修行秘密儀軌　唐　不空訳「法賢訳
金剛薩埵説頻那夜迦天成就儀軌経　四巻　宋
毘那夜迦誐那鉢底瑜伽悉地品秘要　唐　含光記
大聖歓喜双身毘那夜迦天形像品儀軌　唐　憬瑟
聖歓喜天式法　唐　般若惹羯羅撰　「撰
文殊師利菩薩根本大教王経金翅鳥王品　唐　不
空訳
速疾立験魔醯首羅天説阿尾奢法　唐　不空訳
迦楼羅及諸天密言経　唐　般若力訳
摩醯首羅天法要
摩醯首羅大自在天王神通化生伎芸天女念誦法
那羅延天共阿修羅王闘戦法　唐　宝思惟訳
宝蔵天女陀羅尼法
仏説宝蔵神大明曼拏羅儀軌経　二巻　宋　法天
仏説聖宝蔵神儀軌経　二巻　宋　法天訳　「訳
仏説宝賢陀羅尼経　宋　法賢訳
堅牢地天儀軌　唐　善無畏訳
大黒天神法　唐　神愷記
仏説最上秘密那拏天経　三巻　宋　法賢訳
仏説金毘羅童子威徳経　唐　不空訳
焰羅王供行法次第　唐　阿謨伽撰
深沙大将儀軌　唐　不空訳
法華十羅刹法
般若守護十六善神王形体　唐　金剛智訳
施八方天儀則
供養護世八天法　唐　法全集
十天儀軌
供養十二大威徳天報恩品　唐　不空訳
十二天供儀軌
文殊師利菩薩及諸仙所説吉凶時日善悪宿曜経
二巻　唐　不空訳
摩登伽経　二巻　呉　竺律炎・支謙訳
舎頭諫太子二十八宿経　西晋　竺法護訳

諸星母陀羅尼経　唐　法成訳
仏説聖曜母陀羅尼経　宋　法天訳
宿曜儀軌　唐　一行撰
北斗七星念誦儀軌　唐　金剛智訳
北斗七星護摩秘要儀軌
仏説北斗七星延命経
七曜攘災決　唐　金倶吒撰
七曜星辰別行法　唐　一行撰
北斗七星護摩法　唐　一行撰
梵天火羅九曜
難儞計湿嚩囉天説支輪経　宋　法賢訳
仏説救抜焰口餓鬼陀羅尼経　唐　不空訳
仏説救面然餓鬼陀羅尼神呪経　唐　実叉難陀訳
施諸餓鬼飲食及水法　唐　不空訳
仏説甘露経陀羅尼呪
甘露陀羅尼呪　唐　実叉難陀訳
瑜伽集要救阿難陀羅尼焰口軌儀経　唐　不空訳
瑜伽集要焰口施食起教阿難陀縁由　唐　不空訳
瑜伽集要焰口施食儀
仏説施餓鬼甘露味大陀羅尼経　唐　跋駄木阿訳
新集浴像儀軌　唐　慧琳述
除一切疾病陀羅尼経　唐　不空訳
能浄一切眼疾病陀羅尼経　唐　不空訳
仏説療痔病経　唐　義浄訳
仏説呪時気病経
仏説呪歯経　東晋　曇無蘭訳
仏説呪目経
仏説呪小児経
囉嚩拏説救療小児疾病経　宋　法賢訳
仏説灌頂七万二千神王護比丘呪経　一二巻　東
晋　帛尸梨蜜多羅訳
七仏八菩薩所説大陀羅尼神呪経　四巻　失訳
虚空蔵菩薩問七仏陀羅尼呪経　失訳
如来方便善巧呪経　隋　闍那崛多訳
大吉義神呪経　四巻　元魏　曇曜訳
陀羅尼雑集　一〇巻　未詳撰者

種種雑呪経　北周　闍那崛多訳
呪三首経　唐　地婆訶羅訳
大方等陀羅尼経　四巻　北涼　法衆訳
大法炬陀羅尼経　二〇巻　隋　闍那崛多訳
大威徳陀羅尼経　二〇巻　隋　闍那崛多訳
仏説無崖際総持法門経　西秦　聖堅訳
尊勝菩薩所問一切諸法入無量門陀羅尼経　北斉
万天懿訳
金剛上味陀羅尼経　元魏　仏陀扇多訳
金剛場陀羅尼経　隋　闍那崛多訳
諸仏集会陀羅尼経　唐　提雲般若等訳
息除中夭陀羅尼経　宋　施護訳
仏説十二仏名神呪校量功徳除障滅罪経　隋　闍那崛多訳
仏説称讃如来功徳神呪経　唐　義浄訳
仏説一切如来名号陀羅尼経　宋　法賢訳
仏説持句神呪経　呉　支謙訳
仏説陀隣尼鉢経　東晋　竺曇無蘭訳
東方最勝灯王陀羅尼経　隋　闍那崛多訳
東方最勝灯王如来経　隋　闍那崛多等訳
仏説聖最上灯明如来陀羅尼経　宋　施護訳
仏説華積陀羅尼神呪経　呉　支謙訳
仏説師子奮迅菩薩所問経　失訳
仏説花聚陀羅尼呪経　失訳
仏説花積楼閣陀羅尼経　宋　施護訳
六門陀羅尼経　唐　玄奘訳
六門陀羅尼経論　世親菩薩造
　附　広釈　唐　智威造
仏説善夜経　唐　義浄訳
勝幢臂印陀羅尼経　唐　玄奘訳
妙臂印幢陀羅尼経　唐　実叉難陀訳
八名普密陀羅尼経　唐　玄奘訳
仏説秘密八名陀羅尼経　宋　法賢訳
仏説大普賢陀羅尼経　失訳
仏説大七宝陀羅尼経　失訳
百千印陀羅尼経　唐　実叉難陀訳
百千印陀羅尼経（別本）　唐　実叉難陀訳
仏説持明蔵八大総持王経　宋　施護訳
仏説聖大総持王経　宋　施護訳
増慧陀羅尼経　宋　施護訳
仏説施一切無畏陀羅尼経　宋　施護等訳
仏説一切功徳荘厳王経　唐　義浄訳
仏説荘厳王陀羅尼呪経　唐　義浄訳
仏説聖荘厳陀羅尼経　二巻　宋　施護訳
仏説宝帯陀羅尼経　宋　施護訳
仏説玄師颰陀所説神呪経　東晋　竺曇無蘭訳
幻師颰陀神呪経（別本）　東晋　竺曇無蘭訳
仏説大愛陀羅尼経　宋　法賢訳
仏説善楽長者経　宋　法賢訳
仏説大吉祥陀羅尼経　宋　法賢訳
仏説宿命智陀羅尼　宋　法賢訳
仏説宿命智陀羅尼経　宋　法賢訳
仏説鉢蘭那賖嚩哩大陀羅尼経　宋　法賢訳
仏説倶枳羅陀羅尼経　宋　法賢訳
仏説梅檀香身陀羅尼経　宋　法賢訳
仏説妙色陀羅尼経　宋　法賢訳
仏説無畏陀羅尼経　宋　法賢訳
仏説無量寿大智陀羅尼　宋　法賢訳
仏説洛叉陀羅尼経　宋　法賢訳
仏説檀特羅麻油述経　東晋　竺曇無蘭訳
大寒林聖難拏陀羅尼経　宋　法天訳
仏説摩尼羅亶経　東晋　竺曇無蘭訳
仏説安宅神呪経　失訳
抜済苦難陀羅尼経　唐　玄奘訳
仏説抜除罪障呪王経　唐　義浄訳
智炬陀羅尼経　唐　提雲般若等訳
仏説智光滅一切業障陀羅尼経　宋　施護訳
仏説滅除五逆罪大陀羅尼経　宋　法賢訳
仏説消除一切災障宝髻陀羅尼経　宋　法賢訳
仏説大金剛香陀羅尼経　宋　施護訳
消除一切閃電障難随求如意陀羅尼経　宋　施護訳
仏説如意摩尼陀羅尼経　宋　施護訳
仏説如意宝総持王経　宋　施護訳
仏説息除賊難陀羅尼経　宋　法賢訳
仏説辟除賊害呪経
仏説辟除諸悪陀羅尼経　宋　法賢訳
仏説最上意陀羅尼経　宋　施護訳
仏説聖最勝陀羅尼経　宋　施護訳
仏説勝幡瓔珞陀羅尼経　宋　施護訳
仏説蓮華眼陀羅尼経　宋　施護訳
仏説宝生陀羅尼経　宋　施護訳
仏説尊勝大明王経　宋　施護訳
仏説金身陀羅尼経　宋　施護訳
大金剛妙高山楼閣陀羅尼　宋　施護訳
金剛摧砕陀羅尼　宋　慈賢訳
仏説壊相金剛陀羅尼経　元　沙囉巴訳
仏説一切如来安像三昧儀軌経　宋　施護訳
仏説造像量度経解　清　工布査布訳解
　附　造像量度経続補　清　工布査布述
竜樹五明論　二巻

**第二二巻　律部一**

弥沙塞部和醯五分律　三〇巻　劉宋　仏陀什・竺道生等訳
弥沙塞五分戒本　劉宋　仏陀什等訳
五分戒本（別本）　劉宋　仏陀什等訳
五分比丘尼戒本　梁　明徽集
弥沙塞羯磨本　唐　愛同録
摩訶僧祇律　四〇巻　東晋　仏陀跋陀羅・法顕訳
摩訶僧祇律大比丘戒本　東晋　仏陀跋陀羅訳
摩訶僧祇比丘尼戒本　東晋　法顕・覚賢訳
四分律　六〇巻　姚秦　仏陀耶舎・竺仏念等訳
四分律比丘戒本　後秦　仏陀耶舎訳
四分僧戒本　後秦　仏陀耶舎訳
四分比丘尼戒本　後秦　仏陀耶舎訳
曇無徳律部雑羯磨　曹魏　康僧鎧訳
羯磨　曹魏　曇諦訳
四分比丘尼羯磨法　劉宋　求那跋摩訳

**第二三巻　律部二**

十誦律　六一巻　後秦　弗若多羅・羅什訳

十誦比丘波羅提木叉戒本　姚秦　鳩摩羅什訳
十誦比丘尼波羅提木叉戒本　劉宋　法顕集出
大沙門百一羯磨法
十誦羯磨比丘要用　劉宋　僧璩撰出
薩婆多毘尼毘婆沙　九巻　失訳
薩婆多部毘尼摩得勒伽　一〇巻　劉宋　僧伽跋摩訳
根本説一切有部毘奈耶　五〇巻　唐　義浄訳
根本説一切有部苾芻尼毘奈耶　二〇巻　唐　義浄訳
根本説一切有部毘奈耶出家事　四巻　唐　義浄訳
根本説一切有部毘奈耶安居事　唐　義浄訳
根本説一切有部毘奈耶随意事　唐　義浄訳
根本説一切有部毘奈耶皮革事　二巻　唐　義浄訳

**第二四巻　律部三**

根本説一切有部毘奈耶薬事　一八巻　唐　義浄訳
根本説一切有部毘奈耶羯恥那衣事　唐　義浄訳
根本説一切有部毘奈耶破僧事　二〇巻　唐　義浄訳
根本説一切有部毘奈耶雑事　四〇巻　唐　義浄訳
根本説一切有部尼陀那目得迦　一〇巻　唐　義浄訳
根本説一切有部百一羯磨　一〇巻　唐　義浄訳
根本説一切有部戒経　唐　義浄訳
根本説一切有部苾芻尼戒経　唐　義浄訳
根本説一切有部毘奈耶尼陀那目得迦摂頌　唐　義浄訳
根本説一切有部略毘奈耶雑事摂頌　唐　義浄訳
根本薩婆多部律摂　一四巻　尊者勝友集　唐　義浄訳
根本説一切有部毘奈耶頌　三巻　尊者毘舎佉造　唐　義浄訳
解脱戒経　元魏　般若流支訳
律二十二明了論　弗陀多羅多造　陳　真諦訳
善見律毘婆沙　一八巻　蕭斉　僧伽跋陀羅訳
毘尼母経　八巻　失訳
鼻奈耶　一〇巻　姚秦　竺仏念訳
舎利弗問経　失訳
優波離問仏経　宋　求那跋摩訳
仏説犯戒罪報軽重経　後漢　安世高訳
仏説犯戒罪報軽重経（別本）
仏説目連所問経　宋　法天訳
仏説迦葉禁戒経　宋　沮渠京声訳
大比丘三千威儀　二巻　後漢　安世高訳
沙弥十戒法幷威儀　失訳
沙弥威儀　宋　求那跋摩訳
仏説沙弥十戒儀則経　宋　施護訳
沙弥尼戒経　失訳
沙弥尼離戒文　失訳
仏説優婆塞五戒相経　宋　求那跋摩訳
仏説戒消災経　呉　支謙訳
大愛道比丘尼経　二巻　失訳
仏説苾芻五法経　宋　法天訳
仏説苾芻迦尸迦十法経　宋　法天訳
仏説五恐怖世経　宋　沮渠京声訳
仏阿毘曇経　出家相品　二巻　陳　真諦訳
仏説目連問戒律中五百軽重事　失訳
仏説目連問戒律中五百軽重事経　二巻（別本）　失訳
梵網経　二巻　後秦　鳩摩羅什訳
菩薩瓔珞本業経　二巻　姚秦　竺仏念訳
受十善戒経　失訳
仏説菩薩内戒経　宋　求那跋摩訳
優婆塞戒経　七巻　北涼　曇無讖訳
清浄毘尼方広経　後秦　鳩摩羅什訳
寂調音所問経　宋　法海訳
菩薩蔵経　梁　僧伽婆羅訳
仏説舎利弗悔過経　後漢　安世高訳
大乗三聚懺悔経　隋　闍那崛多・笈多等訳
仏説浄業障経　失訳
善恭敬経　隋　闍那崛多訳
仏説正恭敬経　元魏　仏陀扇多訳
仏説大乗戒経　宋　施護訳
仏説八種長養功徳経　宋　法護等訳
菩薩戒羯磨文　弥勒菩薩説　唐　玄奘訳
菩薩戒本　慈氏菩薩説　北涼　曇無讖訳
菩薩戒本　弥勒菩薩説　唐　玄奘訳
菩薩受斎経　西晋　聶道真訳
優婆塞五戒威儀経　宋　求那跋摩訳
菩薩五法懺悔文　失訳

**第二五巻　釈経論部上**

四阿鋡暮抄解　二巻　婆素跋陀撰　苻秦　鳩摩羅仏提等訳
三法度論　三巻　尊者山賢造　東晋　僧伽提婆訳
分別功徳論　五巻　失訳
阿含口解十二因縁経　後漢　安玄・厳仏調訳
大智度論　一〇〇巻　竜樹菩薩造　後秦　鳩摩羅什訳
金剛般若論　二巻　無著菩薩造　隋　達磨笈多訳
金剛般若波羅蜜経論　三巻（別本）　無著菩薩造　隋　達摩笈多訳
金剛般若波羅蜜経論　三巻　天親菩薩造　元魏　菩提流支訳
金剛仙論　一〇巻　世親菩薩造　金剛仙論師釈　元魏　菩提流支訳
能断金剛般若波羅蜜多経論釈　三巻　無著菩薩造頌　世親菩薩釈　唐　義浄訳
能断金剛般若波羅蜜多経論頌　無著菩薩造　唐　義浄訳
金剛般若波羅蜜経破取著不壊仮名論　二巻　功徳施菩薩造　唐　地婆訶羅等訳
聖仏母般若波羅蜜多九頌精義論　二巻　勝徳赤衣菩薩造　宋　法護等訳
仏母般若波羅蜜多円集要義釈論　四巻　三宝尊菩薩造　大域竜菩薩造本論　宋　施護等訳
仏母般若波羅蜜多円集要義論　大域竜菩薩造　宋　施護等訳

**第二六巻　釈経論部下　毘曇部一**

妙法蓮華経憂波提舎　二巻　大乗論師婆藪槃豆釈　後魏　菩提留支・曇林等訳
妙法蓮華経論優波提舎　婆藪般豆菩薩造　元魏　勒那摩提・僧朗等訳

十住毘婆沙論　一七巻　聖者竜樹造　後秦　鳩
摩羅什訳
十地経論　一二巻　天親菩薩造　後魏　菩提流
大宝積経論　四巻　後魏　菩提流支訳「支等訳
無量寿経優波提舎　婆藪槃豆菩薩造　元魏　菩
提流支訳
弥勒菩薩所問経論　九巻　後魏　菩提流支訳
宝髻経四法憂波提舎　天親菩薩造　元魏　毘目
智仙訳
涅槃論　婆藪槃豆作　元魏　達磨菩提訳
涅槃経本有今無偈論　天親菩薩造　陳　真諦訳
遺教経論　天親菩薩造　陳　真諦訳
仏地経論　七巻　親光菩薩等造　唐　玄奘訳
文殊師利菩薩問菩提経論　二巻　天親菩薩造
元魏　菩提流支訳
勝思惟梵天所問経論　四巻　天親菩薩造　後魏
菩提流支訳　「仙訳
転法輪経憂波提舎　天親菩薩造　元魏　毘目智
三具足経憂波提舎　元魏　毘目智仙等訳
大乗四法経釈　「唐　玄奘訳
阿毘達磨集異門足論　二〇巻　尊者舎利子説
阿毘達磨法蘊足論　一二巻　尊者大目乾連造
施設論　七巻　宋　法護等訳　「唐　玄奘訳
阿毘達磨識身足論　一六巻　提婆設摩造　唐
玄奘訳　「奘訳
阿毘達磨界身足論　三巻　尊者世友造　唐　玄
衆事分阿毘曇論　一二巻　尊者世友造　宋　求
那跋陀羅・菩提耶舎訳　「玄奘訳
阿毘達磨品類足論　一八巻　尊者世友造　唐
阿毘曇八犍度論　三〇巻　迦栴延子造　苻秦
僧伽提婆・竺仏念訳　「玄奘訳
阿毘達磨発智論　二〇巻　迦多衍尼子造　唐

**第二七巻　毘曇部二**

阿毘達磨大毘婆沙論　二〇〇巻　五百大阿羅漢
等造　唐　玄奘訳

**第二八巻　毘曇部三**

阿毘曇毘婆沙論　六〇巻　迦旃延子造　五百羅
漢釈　北涼　浮陀跋摩・道泰等訳　「澄訳
鞞婆沙論　一四巻　尸陀槃尼撰　苻秦　僧伽跋
舎利弗阿毘曇論　三〇巻　姚秦　曇摩耶舎・曇
摩崛多等訳
尊婆須蜜菩薩所集論　一〇巻　尊婆須蜜造　苻
秦　僧伽跋澄等訳　「・慧遠等訳
阿毘曇心論　四巻　尊者法勝造　晋　僧伽提婆
阿毘曇心論経　六巻　法勝論　優波扇多釈　高
斉　那連提耶舎訳　「伽跋摩等訳
雑阿毘曇心論　一一巻　尊者法救造　劉宋　僧
阿毘曇甘露味論　二巻　尊者瞿沙造　失訳
入阿毘達磨論　二巻　塞建陀羅造　唐　玄奘訳
五事毘婆沙論　二巻　尊者法救造　唐　玄奘訳
薩婆多宗五事論　唐　法成訳
阿毘曇五法行経　後漢　安世高訳

**第二九巻　毘曇部四**

阿毘達磨倶舎論　三〇巻　尊者世親造　唐　玄
奘訳　「諦訳
阿毘達磨倶舎釈論　二二巻　婆藪盤豆造　陳真
阿毘達磨倶舎論本頌　世親菩薩造　唐　玄奘訳
倶舎論実義疏　五巻　尊者安恵造　「玄奘訳
阿毘達磨順正理論　八〇巻　尊者衆賢造　唐
阿毘達磨蔵顕宗論　四〇巻　尊者衆賢造　唐
玄奘訳

**第三〇巻　中観部全　瑜伽部上**

中論　四巻　竜樹菩薩造　梵志青目釈　姚秦
鳩摩羅什訳
順中論義入大般若波羅蜜経初品法門　二巻　竜
樹菩薩造　無著菩薩釈　元魏　瞿曇般若流支訳
般若灯論釈　一五巻　偈本竜樹菩薩　釈論分別
明菩薩　唐　波羅頗蜜多羅訳
大乗中観釈論　九巻　安慧菩薩造　宋　惟浄等
十二門論　竜樹菩薩造　姚秦　鳩摩羅什訳「訳
百論　二巻　提婆菩薩造　婆藪開士釈　姚秦
鳩摩羅什訳
広百論本　聖天菩薩造　唐　玄奘訳
大乗広百論釈論　一〇巻　聖天菩薩本　護法菩
薩釈　唐　玄奘訳
百字論　提婆菩薩造　後魏　菩提流支訳
壱輸盧迦論　竜樹菩薩造　後魏　瞿曇般若留支
大乗破有論　竜樹菩薩造　宋　施護訳　「訳
六十頌如理論　竜樹菩薩造　宋　施護訳
大乗二十頌論　竜樹菩薩造　宋　施護訳
大丈夫論　二巻　提婆羅菩薩造　北涼　道泰訳
大乗掌珍論　二巻　清弁菩薩造　唐　玄奘訳
瑜珈師地論　一〇〇巻　弥勒菩薩説　唐　玄奘
瑜珈師地論釈　最勝子等造　唐　玄奘訳　「訳
菩薩地持経　一〇巻　北涼　曇無讖訳
菩薩善戒経　九巻　劉宋　求那跋摩訳
菩薩善戒経　劉宋　求那跋摩訳
決定蔵論　三巻　梁　真諦訳

**第三一巻　瑜伽部下**

成唯識論　一〇巻　護法等菩薩造　唐　玄奘訳
唯識三十論頌　世親菩薩造　唐　玄奘訳
転識論　陳　真諦訳
唯識論　天親菩薩造　後魏　瞿曇般若流支訳
大乗唯識論　天親菩薩造　陳　真諦訳
唯識二十論　世親菩薩造　唐　玄奘訳
成唯識宝生論　五巻　護法菩薩造　唐　義浄訳
摂大乗論　二巻　阿僧伽作　後魏　仏陀扇多訳
摂大乗論　三巻　無著菩薩造　陳　真諦訳
摂大乗論本　三巻　無著菩薩造　唐　玄奘訳
摂大乗論釈　一五巻　世親菩薩釈　陳　真諦訳
摂大乗論釈論　一〇巻　世親菩薩造　隋　笈
多・行矩等訳
摂大乗論釈　一〇巻　世親菩薩造　唐　玄奘訳
摂大乗論釈　一〇巻　無性菩薩造　唐　玄奘訳
中辺分別論　二巻　天親菩薩造　陳　真諦訳
弁中辺論　三巻　世親菩薩造　唐　玄奘訳
弁中辺論頌　弥勒菩薩説　唐　玄奘訳
顕揚聖教論　二〇巻　無著菩薩造　唐　玄奘訳

顕揚聖教論頌 無著菩薩造 唐 玄奘訳
大乗荘厳経論 一三巻 無著菩薩造 唐 波羅頗蜜多羅訳
大乗阿毘達磨集論 七巻 無著菩薩造 唐 玄奘訳
大乗阿毘達磨雑集論 一六巻 安慧菩薩糅 唐 玄奘訳
六門教授習定論 無著菩薩本 世親菩薩釈 唐 義浄訳
業成就論 天親菩薩造 元魏 毘目智仙訳
大乗成業論 世親菩薩造 唐 玄奘訳
仏性論 四巻 天親菩薩造 陳 真諦訳
究竟一乗宝性論 四巻 後魏 勒那摩提訳
大乗五蘊論 世親菩薩造 唐 玄奘訳
大乗広五蘊論 安慧菩薩造 唐 地婆訶羅訳
大乗百法明門論 天親菩薩造 唐 玄奘訳
王法正理論 弥勒菩薩造 唐 玄奘訳
十八空論 竜樹菩薩造 陳 真諦訳
三無性論 二巻 陳 真諦訳
顕識論 陳 真諦訳
無相思塵論 陳那菩薩造 陳 真諦訳
解捲論 陳那菩薩造 陳 真諦訳
掌中論 陳那菩薩造 唐 義浄訳
取因仮設論 陳那菩薩造 唐 義浄訳
観総相論頌 陳那菩薩造 唐 義浄訳
観所縁縁論 陳那菩薩造 唐 玄奘訳
観所縁論釈 護法菩薩造 唐 義浄訳
大乗法界無差別論 堅慧菩薩造 唐 提雲般若等訳
大乗法界無差別論 堅慧菩薩造 唐 提雲般若訳

**第三二巻 論集部全**

因明正理門論本 大域竜菩薩造 唐 玄奘訳
因明正理門論 大域竜菩薩造 唐 義浄訳
因明入正理論 商羯羅主菩薩造 唐 玄奘訳
迴諍論 竜樹菩薩造 後魏 毘目智仙・瞿曇流支訳
方便心論 後魏 吉迦夜訳
如実論 反質難品 陳 真諦訳
入大乗論 二巻 堅意菩薩造 北涼 道泰等訳
大乗宝要義論 一〇巻 宋 法護等訳
大乗集菩薩学論 二五巻 法称菩薩造 宋 法護等訳
集大乗相論 二巻 覚吉祥智菩薩造 宋 施護訳
集諸法宝最上義論 二巻 善寂菩薩造 宋 施護訳
提婆菩薩破楞伽経中外道小乗四宗論 提波菩薩造 後魏 菩提流支訳
提婆菩薩釈楞伽経中外道小乗涅槃論 提波菩薩造 後魏 菩提流支訳
随相論 解十六諦義 徳慧法師造 陳 真諦訳
金剛針論 法称菩薩造 宋 法天訳
尼乾子問無我義経 馬鳴菩薩集 宋 日称等訳
仏説立世阿毘曇論 一〇巻 陳 真諦訳
彰所知論 二巻 発合思巴造 元 沙羅巴訳
成実論 一六巻 訶梨跋摩造 姚秦 鳩摩羅什訳
四諦論 四巻 婆藪跋摩造 陳 真諦訳
解脱道論 一二巻 優波底沙造 梁 僧伽婆羅訳
三弥底部論 三巻 失訳
辟支仏因縁論 二巻 失訳
十二因縁論 浄意菩薩造 後魏 菩提流支訳
縁生論 欝楞迦造 隋 達磨笈多訳
大乗縁生論 欝楞迦造 唐 不空訳
因縁心論頌、因縁心論釈 竜猛菩薩造
止観門論頌 世親菩薩造 唐 義浄訳
宝行王正論 陳 真諦訳
手杖論 釈迦称造 唐 義浄訳
諸教決定名義論 慈氏菩薩造 宋 施護訳
発菩提心経論 二巻 天親菩薩造 後秦 鳩摩羅什訳
菩提資糧論 六巻 竜樹本 自在比丘釈 隋 達磨笈多訳
菩提心離相論 竜樹菩薩造 宋 施護訳
菩提行経 四巻 竜樹菩薩集頌 宋 天息災訳
菩提心観釈 宋 法天訳
広釈菩提心論 四巻 蓮華戒菩薩造 宋 施護訳
金剛頂瑜伽中発阿耨多羅三藐三菩提心論 唐 不空訳
大乗起信論 馬鳴菩薩造 梁 真諦訳
大乗起信論 二巻 馬鳴菩薩造 唐 実叉難陀訳
釈摩訶衍論 一〇巻 竜樹菩薩造 姚秦 筏提摩多訳
大宗地玄文本論 二〇巻 馬鳴菩薩造 陳 真諦訳
那先比丘経 二巻 失訳
那先比丘経 三巻 (別本) 失訳
福蓋正行所集経 一二巻 竜樹菩薩集 宋 日称等訳
竜樹菩薩為禅陀迦王説法要偈 宋 求那跋摩訳
勧発諸王要偈 竜樹菩薩撰 宋 僧伽跋摩訳
竜樹菩薩勧誡王頌 唐 義浄訳
讃法界頌 竜樹菩薩造 宋 施護訳
広大発願頌 竜樹菩薩造 宋 施護等訳
三身梵讃 宋 法賢訳
仏三身讃 西土賢聖撰 宋 法賢訳
仏一百八名讃 宋 法天訳
一百五十讃仏頌 摩咥里制吒造 唐 義浄訳
仏吉祥徳讃 三巻 寂友尊者造 宋 施護訳
七仏讃唄伽他 宋 法天訳
揵稚梵讃 宋 法賢訳
八大霊塔梵讃 西天戒日王製 宋 法賢訳
仏説八大霊塔名号経 宋 法賢訳
賢聖集伽陀一百頌 宋 天息災訳
事師法五十頌 馬鳴菩薩集 宋 日称等訳
密跡力士大権神王経偈頌 元 管主八撰
請賓頭盧法 宋 慧簡訳
賓頭盧突羅闍為優陀延王説法経 宋 求那跋陀羅訳
迦葉仙人説医女人経 宋 法賢訳
勝軍化世百喩伽他経 宋 天息災訳

**第三三巻 経疏部一**

人本欲生経註 東晋 道安撰
陰持入経註 二巻 呉 陳慧撰
大般若波羅蜜多経般若理趣分述讃 三巻 唐 窺基撰
大品遊意 隋 吉蔵撰

大慧度経宗要　新羅　元暁撰
金剛般若経疏　隋　智顗説
金剛般若疏　四巻　隋　吉蔵撰
金剛般若経賛述　二巻　唐　窺基撰
金剛般若経疏論纂要　二巻　唐　宗密述・宋
子璿治定
金剛経纂要刊定記　七巻　宋　子璿録
金剛般若波羅蜜経註解　明　宗泐・如玘同註
仏説金剛般若波羅蜜経略疏　二巻　唐　智儼述
仁王護国般若経疏　五巻　隋　智顗説・灌頂記
仏説仁王護国般若波羅蜜経疏神宝記　四巻　宋
仁王般若経疏　六巻　隋　吉蔵撰　［善月述
仁王経疏　六巻　唐　円測撰
仁王護国般若波羅蜜多経疏　七巻　唐　良賁述
般若波羅蜜多心経幽賛　二巻　唐　窺基撰
仏説般若波羅蜜多心経賛　唐　円測撰
般若波羅蜜多心経略疏　唐　法蔵述
般若心経略疏連珠記　二巻　宋　師会述
般若波羅蜜多心経註解　明　宗泐・如玘同註
法華経義記　八巻　梁　法雲撰
妙法蓮華経玄義　二〇巻　隋　智顗説
法華玄義釈籤　二〇巻　唐　湛然述

## 第三四巻　経疏部二

妙法蓮華経文句　二〇巻　隋　智顗説
法華文句記　三〇巻　唐　湛然述
法華玄論　一〇巻　隋　吉蔵撰
法華義疏　一二巻　隋　吉蔵撰
法華遊意　隋　吉蔵造
妙法蓮華経玄賛　二〇巻　唐　窺基撰
法華玄賛義決　唐　慧沼撰
法華宗要　新羅　元暁撰
観音玄義　二巻　隋　智顗説・灌頂記
観音玄義記　四巻　宋　知礼述
観音義疏　二巻　隋　智顗説・灌頂記
観音義疏記　四巻　宋　知礼述
金剛三昧経論　三巻　新羅　元暁述

## 第三五巻　経疏部三

華厳遊意　隋　吉蔵撰
大方広仏華厳経捜玄分斉通智方軌　一〇巻　唐
華厳経探玄記　二〇巻　唐　法蔵述　［智儼述
大方広仏華厳経疏　六〇巻　唐　澄観撰
華厳経文義綱目　唐　法蔵撰

## 第三六巻　経疏部四

大方広仏華厳経随疏演義鈔　九〇巻　唐　澄観
大華厳経略策　唐　澄観述　［述
新訳華厳経七処九会頌釈章　唐　澄観述
新華厳経論　四〇巻　唐　李通玄撰
大方広仏華厳経中巻巻大意略叙　唐　李通玄造
略釈新華厳経修行次第決疑論　四巻　唐　李通
玄撰　［選
大方広仏華厳経願行観門骨目　二巻　唐　湛然
皇帝降誕日於麟徳殿講大方広仏華厳経玄義一部
唐　静居撰

## 第三七巻　経疏部五

勝鬘宝窟　六巻　隋　吉蔵撰
無量寿経義疏　二巻　隋　慧遠撰
無量寿経義疏　隋　吉蔵撰
両巻無量寿経宗要　新羅　元暁撰
無量寿経連義述文賛　三巻　新羅　璟興撰
観無量寿経義疏　二巻　隋　慧遠撰
仏説観無量寿仏経疏　隋　智顗説
観無量寿仏経疏妙宗鈔　六巻　宋　知礼述
観無量寿経義疏　隋　吉蔵撰
観無量寿仏経疏　四巻　唐　善導集記
観無量寿仏経義疏　三巻　宋　元照述
阿弥陀経義記　隋　智顗説
阿弥陀経義述　唐　慧浄述
阿弥陀経疏　唐　窺基撰
阿弥陀経通賛疏　三巻　唐　窺基撰
仏説阿弥陀経疏　新羅　元暁述
仏説阿弥陀経疏　宋　智円述
仏説阿弥陀経義疏　宋　元照述
仏説阿弥陀経要解　明　智旭解
大般涅槃経集解　七一巻　梁　宝亮等集
大般涅槃経義記　一〇巻　隋　慧遠述

## 第三八巻　経疏部六

大般涅槃経玄義　二巻　隋　灌頂撰
涅槃玄義発源機要　四巻　宋　智円述
大般涅槃経疏　三三巻　隋　灌頂撰
涅槃経遊意　隋　吉蔵撰
涅槃宗要　新羅　元暁撰
本願薬師経古迹　二巻　新羅　太賢撰
弥勒経遊意　隋　吉蔵撰
観弥勒上生兜率天経賛　二巻　唐　窺基撰
弥勒上生経宗要　新羅　元暁撰
三弥勒経疏　新羅　憬興撰
注維摩詰経　一〇巻　後秦　僧肇撰
維摩義記　八巻　隋　慧遠撰
維摩経玄疏　六巻　隋　智顗撰
維摩経略疏　一〇巻　唐　智顗説・湛然略
維摩経略疏垂裕記　一〇巻　宋　智円述
浄名玄論　八巻　隋　吉蔵造
維摩経義疏　六巻　隋　吉蔵撰
説無垢称経疏　一二巻　唐　窺基撰

## 第三九巻　経疏部七

金光明経玄義　二巻　隋　智顗説・灌頂録
金光明経玄義拾遺記　六巻　宋　知礼述
金光明経文句　六巻　隋　智顗説・灌頂録
金光明経文句記　一二巻　宋　知礼述
金光明経疏　隋　吉蔵撰
金光明最勝王経疏　一〇巻　唐　慧沼撰
楞伽阿跋多羅宝経註解　八巻　明　宗泐・如玘
入楞伽心玄義　唐　法蔵撰　［同註
注大乗入楞伽経　一〇巻　宋　宝臣述
仏説盂蘭盆経疏　二巻　唐　宗密述
温室経義記　隋　慧遠撰
註四十二章経　宋　真宗皇帝註　［密述
大方広円覚修多羅了義経略疏註　四巻　唐　宗

大毘盧遮那成仏経疏　二〇巻　唐　一行記
大毘盧遮那経供養次第法疏　二巻　唐　不可思
議撰
金剛頂経大瑜伽秘密心地法門義訣　唐　不空撰
首楞厳義疏注経　二〇巻　宋　子璿集
請観音経疏　隋　智顗説・灌頂記
請観音経疏闡義鈔　四巻　宋　智円述
十一面神呪心経義疏　唐　慧沼撰
仏頂尊勝陀羅尼経教跡義記　二巻　唐　法崇述

**第四〇巻　律疏部全　論疏部一**

四分律刪繁補闕行事鈔　一二巻　唐　道宣撰
四分律行事鈔資持記　一六巻　宋　元照撰
四分律比丘含注戒本　三巻　唐　道宣述
四分比丘戒本疏　二巻　唐　定賓撰
四分律刪補随機羯磨　二巻　唐　道宣集
僧羯磨　三巻　唐　懐素集
尼羯磨　三巻　唐　懐素集
菩薩戒義疏　二巻　隋　智顗説・灌頂記
天台菩薩戒疏　三巻　唐　明曠刪補
梵網経菩薩戒本疏　六巻　唐　法蔵撰
菩薩戒本疏　三巻　新羅　義寂述
梵網経古迹記　三巻　新羅　太賢集
金剛般若論会釈　三巻　唐　窺基撰
略明般若末後一頌讃述　唐　義浄述
法華論疏　三巻　隋　吉蔵撰
無量寿経優婆提舎願生偈註　二巻　北魏　曇鸞
註解　「註
仏遺教経論疏節要　宋　浄源節要　明　袾宏補

**第四一巻　論疏部二**

倶舎論記　三〇巻　唐　普光述
倶舎論疏　三〇巻　唐　法宝撰
倶舎論頌疏論本　三〇巻　唐　円暉述

**第四二巻　論疏部三**

中観論疏　二〇巻　隋　吉蔵撰
十二門論疏　六巻　隋　吉蔵撰
十二門論宗致義記　二巻　唐　法蔵述

百論疏　九巻　隋　吉蔵撰
瑜伽論記　四八巻　唐　遁倫集撰

**第四三巻　論疏部四**

瑜伽師地論略纂　一六巻　唐　窺基撰
成唯識論述記　二〇巻　唐　窺基撰
成唯識論掌中枢要　四巻　唐　窺基撰
成唯識論了義灯　一三巻　唐　恵沼述
成唯識論演秘　一四巻　唐　智周撰
唯識二十論述記　二巻　唐　窺基撰

**第四四巻　論疏部五　諸宗部一**

弁中辺論述記　三巻　唐　窺基撰
大乗百法明門論解　一巻　唐　窺基註解　明
普泰増修
大乗百法明門論疏　一巻　唐　大乗光撰
大乗法界無差別論疏並序　唐　法蔵撰
理門論述記　唐　神泰撰
因明入正理論疏　三巻　唐　窺基撰
因明義断　唐　慧沼撰
因明入正理論義纂要　唐　慧沼集
大乗起信論義疏　四巻　隋　慧遠撰
起信論疏　二巻　新羅　元暁撰
大乗起信論別記　二巻　新羅　元暁撰
大乗起信論義記　五巻　唐　法蔵撰
大乗起信論義記別記　唐　法蔵撰
起信論疏筆削記　二〇巻　宋　子璿録
大乗起信論内義略探記　新羅　太賢作
大乗起信論裂網疏　六巻　明　智旭述
大乗義章　二六巻　隋　慧遠撰

**第四五巻　諸宗部二**

三論玄義　隋　吉蔵撰
大乗玄論　五巻　隋　吉蔵撰
二諦義　三巻　隋　吉蔵撰
三論遊意義　隋　磧法師撰
鳩摩羅什法師大義　三巻　東晋　慧遠問・維什
宝蔵論　後秦　僧肇著　「答
肇論　後秦　僧肇作

肇論疏　三巻　唐　元康撰
肇論新疏　三巻　元　文才述
大乗法苑義林章　七巻　唐　窺基撰
勧発菩提心集　三巻　唐　慧沼撰
能顕中辺慧日論　四巻　唐　慧沼撰
大乗入道次第　唐　智周撰
八識規矩補註　二巻　明　普泰補註
華厳一乗教義分斉章　四巻　唐　法蔵述
華厳五教止観　隋　杜順説
華厳一乗十玄門　隋　杜順説・唐　智儼撰
華厳五十要問答　二巻　唐　智儼集
華厳経内章門等雑孔目章　四巻　唐　智儼集
華厳経旨帰　唐　法蔵述
華厳策林　唐　法蔵述
華厳経問答　二巻　唐　法蔵撰
華厳経明法品内立三宝章　二巻　唐　法蔵述
華厳経義海百門　唐　法蔵述
修華厳奥旨妄尽還源観　唐　法蔵述
華厳遊心法界記　唐　法蔵撰
華厳発菩提心章　唐　法蔵述
華厳経関脈義記　唐　法蔵撰
華厳関脈義記（別本）
金師子章雲間類解　唐　法蔵撰・宋　浄源述
大方広仏華厳経金師子章註　唐　法蔵撰・宋
三聖円融観門　唐　澄観述　「承遷註
華厳法界玄鏡　二巻　唐　澄観述
註華厳法界観門　唐　宗密註
註華厳経題法界観門頌　二巻　宋　本嵩述・琮
原人論　宋　宗密述　「湛註
A華厳一乗法界図　新羅　義湘撰
B法界図記叢髄録　四巻
解迷顕智成悲十明論　唐　李通玄撰
海印三昧論　新羅　明皛述
華厳一乗成仏妙義　新羅　見登之集
文殊指南図讃　宋　惟白述
関中創立戒壇図経並序　唐　道宣撰

浄心戒観法　二巻　唐　道宣撰
釈門章服儀　唐　道宣述
量処軽重儀　二巻　唐　道宣緝
釈門帰敬儀　二巻　唐　道宣述
教誡新学比丘行護律儀　唐　道宣述
律相感通伝　唐　道宣撰
中天竺舎衛国祇洹寺図経　唐　道宣撰
仏制比丘六物図　唐　元照撰
護命放生軌儀法　唐　義浄撰
受用三水要行法　唐　義浄撰
説罪要行法　唐　義浄撰　「思巴集
根本説一切有部出家授近円羯磨儀範　元　抜合
根本説一切有部苾芻習学略法　元　抜合思巴集
菩薩戒本宗要　新羅　大賢撰
菩薩戒本持犯要記　新羅　元暁述
大乗六情懺悔　新羅　元暁撰
慈悲道場懺法　一〇巻　梁　諸大法師集撰
慈悲水懺法　三巻

**第四六巻　諸宗部三**

摩訶止観　二〇巻　隋　智顗説
止観輔行伝弘決　四〇巻　唐　湛然述
止観義例　二巻　唐　湛然述
止観大意　唐　湛然述
修習止観坐禅法要　隋　智顗述
釈禅波羅蜜次第法門　一二巻　隋　智顗説
六妙法門　隋　智顗説
四念処　四巻　隋　智顗説
天台智者大師禅門口訣　隋　智顗説
観心論亦名煎乳論　隋　智顗述
観心論疏　五巻　隋　灌頂撰
釈摩訶般若波羅蜜経覚意三昧　隋　智顗説
諸法無諍三昧法門　二巻　陳　慧思撰
大乗止観法門　四巻　陳　慧思説
法界次第初門　六巻　隋　智顗撰
法華経安楽行義　陳　慧思説
十不二門　唐　湛然述
十不二門指要鈔　二巻　宋　知礼述
四教義　一二巻　隋　智顗撰
天台八教大意　隋　灌頂撰
天台四教儀　高麗　諦観録
金剛錍　唐　湛然述
南岳思大禅師立誓願文　陳　慧思撰
国清百録　四巻　隋　灌頂纂
法智遺編観心二百問　宋　継忠集
四明十義書　二巻　宋　知礼撰
四明尊者教行録　七巻　宋　宗暁編
天台伝仏心印記　元　懐則述
教観綱宗　明　智旭述
方等三昧行法　隋　智顗説
法華三昧懺儀　隋　智顗撰
法華三昧行事運想補助儀　唐　湛然撰
略法華三昧補助儀
礼法華経儀式
金光明懺法補助儀　宋　遵式集
金光明最勝懺儀　宋　知礼集
釈迦如来涅槃礼讃文　宋　仁岳撰
天台智者大師斎忌礼讃文　宋　遵式述
請観世音菩薩消伏毒害陀羅尼三昧儀　宋　遵式
千手眼大悲心呪行法　宋　知礼集　「集
熾盛光道場念誦儀　宋　遵式撰
観自在菩薩如意輪呪課法
菩提心義
明仏法根本碑　唐　智慧輪述
顕密円通成仏心要集　二巻　遼　道殹集
密呪円因往生集　夏　智広等集

**第四七巻　諸宗部四**

略論安楽浄土義　後魏　曇鸞撰
安楽集　二巻　唐　道綽撰
観念阿弥陀仏相海三昧功徳法門　唐　善導集記
釈浄土群疑論　七巻　唐　懐感撰
浄土十疑論　隋　智顗説
五方便念仏門　隋　智顗撰
浄土論　三巻　唐　迦才撰
西方要決釈疑通規　唐　基撰
遊心安楽道　新羅　元暁撰
念仏鏡　二巻　唐　道鏡・善道集
念仏三昧宝王論　三巻　唐　飛錫撰
往生浄土決疑行願二門　宋　遵式撰
A楽邦文類　五巻　宋　宗暁編
B楽邦遺稿　二巻　宋　宗暁編
竜舒増広浄土文　一二巻　宋　王日休撰
浄土境観要門　元　懐則述
浄土或問　元　天如則著
廬山蓮宗宝鑑　一〇巻　元　普度編
宝王三昧念仏直指　二巻　明　妙叶集
浄土生無生論　明　伝灯撰
西方合論　一〇巻　明　袁宏道撰
浄土疑弁　明　袾宏撰
讃阿弥陀仏偈　後魏　曇鸞撰
転経行道願往生浄土法事讃　二巻　唐　善導集
往生礼讃偈　唐　善導集記　「記
依観経等明般舟三昧行道往生讃　唐　善導撰
集諸経礼懺儀　二巻　唐　知昇撰
浄土五会念仏略法事儀讃　二巻　唐　法照述
往生浄土懺願儀　宋　遵式撰
鎮州臨済慧照禅師語録　唐　慧然集
A筠州洞山悟本禅師語録　日本　慧印校
B瑞州洞山良价禅師語録　明　語風円信・郭凝
A撫州曹山元証禅師語録　日本　慧印校　「之編
B撫州曹山本寂禅師語録　二巻　日本　玄契編
雲門匡真禅師広録　三巻　宋　守堅集　「編
潭州潙山霊祐禅師語録　明　語風円信・郭凝之
袁州仰山慧寂禅師語録　明　語風円信・郭凝之
編
金陵清涼院文益禅師語録　明　語風円信・郭凝
汾陽無徳禅師語録　三巻　宋　楚円集　「之編
黄竜慧南禅師語録　宋　恵泉集
附　黄竜慧南禅師語録続補　日本　東晙輯

A楊岐方会和尚語録　宋　仁勇等編
B楊岐方会和尚後録
法演禅師語録　三巻　宋　才良等編
明覚禅師語録　六巻　宋　惟蓋竺編
　附　明州雪竇山資聖寺第六祖明覚大師塔銘
宋　呂夏卿撰
円悟仏果禅師語録　二〇巻　宋　紹隆等編
A大慧普覚禅師語録　三〇巻　宋　蘊聞編
B大慧普覚禅師宗門武庫　宋　道謙編
密菴和尚語録　宋　崇岳・了悟等編
虚堂和尚語録　一〇巻　宋　妙源編

**第四八巻　諸宗部五**

宏智禅師広録　九巻　宋　集成等編
A如浄和尚語録　二巻　宋　文素編
B天童山景徳寺如浄禅師続語録　宋　義遠編
仏果圜悟禅師碧巌録　一〇巻　宋　重顕頌古
克勤評唱
万松老人評唱天童覚和尚頌古従容庵録　六巻
宋　正覚頌古　元　行秀評唱
無門関　宋　宗紹編
人天眼目　六巻　宋　智昭集
南宗頓教最上大乗摩訶般若波羅蜜経六祖恵能大
師於韶州大梵寺施法壇経　唐　法海集
六祖大師法宝壇経　元　宗宝編
　附　六祖大師縁記外記　唐　法海等集
少室六門
信心銘　隋　僧璨作
最上乗論　唐　弘忍述
A黄檗山断際禅師伝心法要　唐　裴休集
B黄檗断際禅師宛陵録　唐　裴休集
禅宗永嘉集　唐　玄覚撰
永嘉証道歌　唐　玄覚撰
　附　無相大師行状
禅源諸詮集都序　四巻　唐　宗密述
宗鏡録　一〇〇巻　宋　延寿集
万善同帰集　三巻　宋　延寿述
永明智覚禅師唯心訣　宋　延寿撰
A真心直説　高麗　知訥撰
B誡初心学人文　高麗　知訥撰
高麗国普照禅師修心訣　高麗　知訥撰
禅宗決疑集　元　智徹述
禅林宝訓　四巻　宋　浄善重集
緇門警訓　一〇巻　明　如巹続集
禅関策進　明　袾宏輯
勅修百丈清規　一〇巻　元　徳煇重編

**第四九巻　史伝部一**

撰集三蔵及雑蔵伝　失訳
迦葉結経　後漢　安世高訳
迦丁比丘説当来変経　失訳
仏使比丘迦旃延説法没尽偈百二十章　失訳
大阿羅漢難提蜜多羅所説法住記　唐　玄奘訳
異部宗輪論　世友菩薩造　唐　玄奘訳
十八部論　陳　真諦訳
部執異論　天友菩薩造　陳　真諦訳
歴代三宝紀　一五巻　隋　費長房撰
仏祖統紀　五四巻　宋　志磐撰
仏祖歴代通載　二二巻　元　念常集
釈氏稽古略　四巻　元　覚岸編
釈鑑稽古略続集　三巻　明　幻輪編
三国遺事　五巻　高麗　一然撰

**第五〇巻　史伝部二**

釈迦譜　五巻　梁　僧祐撰
釈迦氏譜　唐　道宣撰
阿育王伝　七巻　西晋　安法欽訳
阿育王経　一〇巻　梁　僧伽婆羅訳
天尊説阿育王臂喩経　失訳
阿育王息壊目因縁経　苻秦　曇摩難提訳
馬鳴菩薩伝　後秦　鳩摩羅什訳
竜樹菩薩伝　姚秦　鳩摩羅什訳
竜樹菩薩伝（別本）　姚秦　鳩摩羅什訳
提婆菩薩伝　姚秦　鳩摩羅什訳
婆藪槃豆法師伝　陳　真諦訳
隋天台智者大師別伝　隋　灌頂撰
唐護法沙門法琳別伝　三巻　唐　彦琮撰
大唐故三蔵玄奘法師行状　唐　冥詳撰
大唐大慈恩寺三蔵法師伝　一〇巻　唐　慧立
本・彦悰箋
唐大薦福寺故寺主翻経大徳法蔵和尚伝　新羅
崔致遠撰　「撰
玄宗朝翻経三蔵善無畏贈鴻臚卿行状　唐　李華
大唐故大徳贈司空大弁正広智不空三蔵行状　唐
大唐青竜寺三朝供奉大徳行状　「趙遷撰
　付法蔵因縁伝　六巻　元魏　吉迦夜・曇曜訳
高僧伝　一四巻　梁　慧皎撰
続高僧伝　三〇巻　唐　道宣撰
宋高僧伝　三〇巻　宋　賛寧等撰
大明高僧伝　八巻　明　如惺撰
比丘尼伝　四巻　梁　宝唱撰
神僧伝　九巻
海東高僧伝　二巻　高麗　覚訓撰

**第五一巻　史伝部三**

大唐西域求法高僧伝　二巻　唐　義浄撰
弘賛法華伝　一〇巻　唐　恵詳撰
法華伝記　一〇巻　唐　僧詳撰
天台九祖伝　宋　士衡編
往生西方浄土瑞応伝
浄土往生伝　三巻　宋　戒珠叙
往生集　三巻　明　袾宏輯
華厳経伝記　五巻　唐　法蔵集
大方広仏華厳経感応伝　唐　恵英撰　胡幽貞纂
歴代法宝記
景徳伝灯録　三〇巻　宋　道原纂
続伝灯録　三六巻
伝法正宗記　九巻　宋　契嵩編
伝法正宗定祖図　宋　契嵩編
伝法正宗論　二巻　宋　契嵩著
両部大法相承師資付法記　二巻　唐　海雲記
冥報記　二巻　唐　唐臨撰

釈門自鏡録　二巻　唐　懐信述
三宝感応要略録　三巻　宋　非濁集
高僧法顕伝　東晋　法顕記
北魏僧恵生使西域記
大唐西域記　一二巻　唐　玄奘訳　弁機撰
釈迦方志　二巻　唐　道宣撰
遊方記抄
(一)往五天竺国伝　新羅　慧超記
(二)悟空入竺記　唐　円照撰
(三)継業西域行程　宋　范成大撰
(四)梵僧指空禅師伝考
(五)西域僧鎖喃嚷結伝
(六)南天竺婆羅門僧正碑　日本　修栄撰
(七)唐大和上東征伝　日本　元開撰
(八)唐王玄策中天竺行記并唐百官撰西域志逸文
(九)唐常愍遊天竺記逸文
釈迦牟尼如来像法滅尽之記　唐　法成訳
燉煌録
洛陽伽藍記　五巻　元魏　楊衒之撰
寺塔記　唐　段成式撰
梁京寺記
廬山記　五巻　宋　陳舜兪撰
天台山記　唐　徐霊府撰
南岳総勝集　三巻　宋　陳田夫撰
古清涼伝　二巻　唐　慧祥撰
広清涼伝　三巻　宋　延一編
続清涼伝　二巻　宋　張商英述
補陀洛迦山伝　元　盛熙明述

**第五二巻　史伝部四**

弘明集　一四巻　梁　僧祐撰
広弘明集　三〇巻　唐　道宣撰
集古今仏道論衡　四巻　唐　道宣撰
続集古今仏道論衡　唐　智昇撰
集神州三宝感通録　三巻　唐　道宣撰
道宣律師感通録　唐　道宣撰
集沙門不応拝俗等事　六巻　唐　彦悰纂録
破邪論　二巻　唐　法琳撰
弁正論　八巻　唐　法琳撰
十門弁惑論　三巻　唐　復礼撰
甄正論　三巻　唐　玄嶷撰
北山録　一〇巻　唐　神清撰・慧宝注
護法論　宋　張商英述
鐔津文集　一九巻　宋　契嵩撰
弁偽録　五巻　元　祥邁撰
三教平心論　二巻　元　劉謐撰
折疑論　五巻　元　師子比丘述註
寺沙門玄奘上表記
代宗朝贈司空大弁正広智三蔵和上表制集　六巻　唐　円照集

**第五三巻　事彙部上**

経律異相　五〇巻　梁　宝唱等集
法苑珠林　一〇〇巻　唐　道世撰

**第五四巻　事彙部下　外教部全**

諸経要集　二〇巻　唐　道世集
法門名義集　唐　李師政撰
南海寄帰内法伝　四巻　唐　義浄撰
大宋僧史略　三巻　宋　賛寧撰
附　紹興朝旨改正僧道班文字一集
釈氏要覧　三巻　宋　道誠集
一切経音義　一〇〇巻　唐　慧琳撰
続一切経音義　一〇巻　宋　希麟集
翻梵語　一〇巻
翻訳名義集　七巻　宋　法雲編
悉曇字記　唐　智広撰
梵語千字文　唐　義浄撰
梵語千字文(別本)　唐　義浄撰
唐梵文字　唐　全真集
梵語雑名　唐　礼言集
唐梵両語双対集　唐　僧怛多蘖多・波羅瞿那弥捨沙集
金七十論　三巻　陳　真諦訳
勝宗十句義論　慧月造　唐　玄奘訳
老子化胡経(第一・第十)
摩尼教下部讃
A摩尼光仏教法儀略　唐　払多誕訳
B波斯教残経
序聴迷詩所経
景教三威蒙度讃
大秦景教流行中国碑頌　唐　景浄述

**第五五巻　目録部全**

出三蔵記集　一五巻　梁　僧祐撰
衆経目録　七巻　隋　法経等撰
衆経目録　五巻　隋　彦悰撰
衆経目録　五巻　唐　静泰撰
大唐内典録　一〇巻　唐　道宣撰
続大唐内典録　唐　道宣撰
古今訳経図紀　四巻　唐　靖邁撰
続古今訳経図紀　唐　智昇撰
大周刊定衆経目録　一五巻　唐　明佺等撰
開元釈教録　二〇巻　唐　智昇撰
開元釈教録略出　四巻　唐　智昇撰
貞元新定釈教目録　三〇巻　唐　円照撰
大唐貞元続開元釈教録　三巻　唐　円照集
続貞元釈教録　南唐　恒安集
伝教大師将来台州録　日本　最澄撰
伝教大師将来越州録　日本　最澄撰
御請来目録　日本　空海撰
根本大和尚真跡策子等目録
常暁和尚請来目録　日本　常暁撰
霊巌寺和尚請来法門道具等目録　日本　円行撰
日本国承和五年入唐求法目録　日本　円仁撰
慈覚大師在唐送進録　日本　円仁撰
入唐新求聖教目録　日本　円仁撰
A恵運禅師将来教法目録　日本　恵運撰
B恵運律師書目録　日本　恵運撰
開元寺求得経疏記等目録　日本　円珍撰
福州温州台州求得経律論疏記外書等目録　日本　円珍撰
青竜寺求法目録　日本　円珍撰
日本比丘円珍入唐求法目録　日本　円珍撰

智証大師請来目録　日本　円珍撰
新書写請来法門等目録　日本　宗叡撰
禅林寺宗叡僧正目録
録外経等目録
諸阿闍梨真言密教部類総録　二巻　日本　安然集
華厳宗章疏并因明録　日本　円超録
天台宗章疏　日本　玄日録
三論宗章疏　日本　安遠録
法相宗章疏　日本　平祚録
注進法相宗章疏　日本　蔵俊撰
律宗章疏　日本　栄穏録
東域伝灯目録　日本　永超集
新編諸宗教蔵総録　三巻　高麗　義天録

**第五六巻　続経疏部一**

勝鬘経義疏　聖徳太子撰
維摩経義疏　五巻　聖徳太子撰
法華義疏　四巻　聖徳太子撰
法華略抄　明一撰
妙法蓮華経釈文　三巻　中算撰
法華経開題　空海撰
法華経開題（異本一）
法華経釈（異本二）
法華経開題（異本三）
法華経密号（異本四）
法華略秘釈（異本五）
法華開題（異本六）
法華経秘釈　覚鑁撰
入真言門住如実見講演法華略儀　二巻　円珍撰
註無量義経　三巻　最澄撰
仏説観普賢菩薩行法経記　二巻　円珍撰
法華開示抄　二八巻　貞慶撰
附　無量義経開示抄
　普賢経開示抄
金光明最勝王経玄枢　一〇巻　願暁等集
金光明最勝王経註釈　一〇巻　明一集
最勝王経羽足　平備撰
最勝王経開題　空海撰
附　最勝王経秘密伽陀
仁王経開題　空海撰

**第五七巻　続経疏部二**

金剛般若波羅蜜経開題　空海撰
般若心経述義　智光撰
A般若心経秘鍵　空海撰
B般若心経秘鍵略註　覚鑁記
般若心経秘鍵開門訣　三巻　済暹撰
華厳演義鈔纂釈　三八巻　湛叡撰
A新訳華厳経音義　喜海撰
B貞元華厳経音義　喜海撰
浄土三部経音義集　四巻　信瑞纂
A浄土疑端　四巻　顕意述
B観経義賢問愚答鈔　証忍記
C観経義拙疑巧答研覈鈔　顕意述
観経疏伝通記　一五巻　良忠述
阿弥陀経略記　源信撰

**第五八巻　続経疏部三**

大日経開題　空海撰
大日経開題（異本一）
大日経略開題（異本二）
大日経開題（異本三）
大日経開題（異本四）
大日経開題（異本五）
大日経開題（異本六）
大毘盧遮那経指帰　円珍撰
附　大毘盧遮那成道経心目
大日経疏妙印鈔　八〇巻　宥範記
大日経疏妙印鈔口伝　一〇巻　宥範撰
大日経住心品疏私記　一六巻　済暹撰

**第五九巻　続経疏部四**

大日経疏演奥鈔　六〇巻　杲宝撰
大日経疏指心鈔　一六巻　頼瑜撰

**第六〇巻　続経疏部五**

大日経疏鈔　八五巻　宥快撰
大日経住心品疏私記　二〇巻　曇寂撰
大日経供養次第法疏私記　八巻　宥範撰

**第六一巻　続経疏部六**

金剛頂経開題　空海撰
教王経開題　空海撰
金剛頂大教王経疏　七巻　円仁撰
金剛頂経偈釈　頼尊撰
金剛頂大教王経私記　一九巻　曇寂撰
三十巻教王経文次第　二巻　杲宝撰
蘇悉地羯羅経略疏　七巻　円仁撰
金剛峰楼閣一切瑜伽瑜祇経修行法　三巻　安然述
瑜祇総行私記　真寂撰
菩提場経略義釈　五巻　円珍撰
蓮華胎蔵界儀軌解釈　三巻　真興集
梵嚩日羅駄覩私記　真興述
大仏頂経開題　空海撰
注大仏頂真言　南忠撰
大仏頂如来放光悉怛他鉢怛囉陀羅尼勘註　明覚撰
理趣経開題　空海撰
理趣経開題（異本一）
理趣経開題（異本二）
真実経文句　空海撰
理趣経種子釈　覚鑁撰
大楽経顕義抄　三巻　済暹撰
理趣釈重釈記
理趣釈秘要鈔　一二巻　杲宝説　賢宝記
大随求陀羅尼勘註　明覚撰
千手経二十八部衆釈　定深撰
孔雀経音義　三巻　観静撰
不空羂索毘盧遮那仏大灌頂光明真言句義釈　高弁撰

**第六二巻　続律疏部全**

梵網経開題　空海撰
梵網戒本疏日珠鈔　五〇巻　凝然述
資行鈔　二八巻　照遠撰

**第六三巻　続論疏部一**

倶舎論本義抄　四八巻　宗性撰

阿毘達磨倶舎論指要鈔　三〇巻　湛慧撰
**第六四巻　続論疏部二**
阿毘達磨倶舎論法義　三〇巻　快道撰
阿毘達磨倶舎論稽古　二巻　法幢撰
倶舎論頌疏正文　源信撰
倶舎論頌疏抄　二九巻　英憲撰
**第六五巻　続論疏部三**
中論疏記　八巻　安澄撰
中観論二十七品別釈　快憲撰
十二門論疏聞思記　蔵海撰
掌珍量噵　秀法師撰
瑜伽論問答　七巻　増賀造
成唯識論述記序釈　善珠集
唯識義灯増明記　四巻　善珠述
成唯識論本文抄　四五巻
**第六六巻　続論疏部四**
唯識論同学鈔　六八巻　良算抄
唯識論聞書　二七巻　光胤記
唯識訓論日記　光胤草
**第六七巻　続論疏部五**
成唯識論述記集成編　四五巻　湛慧撰
**第六八巻　続論疏部六**
成唯識論略疏　六巻　普寂撰
注三十頌　貞慶撰
摂大乗論釈略疏　五巻　普寂撰
因明論疏明灯抄　一二巻　善珠撰
因明大疏抄　四一巻　蔵俊撰
**第六九巻　続論疏部七**
因明大疏融貫鈔　九巻　基弁撰
因明大疏噵　三巻　明詮撰
因明大疏裏書　六巻　明詮著
因明四種相違私記　三巻　観理記
因明論疏四相違略註釈　三巻　源信撰
因明四種相違略私記　二巻　真興集
四種相違断略記　真興集
因明纂要略記　真興集
因明大疏四種相違抄　珍海記
明本抄　一三巻　貞慶撰
明要鈔　五巻　貞慶撰
起信論抄出　二巻　尊弁撰
釈摩訶衍論指事　二巻　空海撰
釈摩訶衍論指事　覚鑁撰
釈摩訶衍論決疑破難会釈抄　済暹撰
釈摩訶衍論立義分略釈　済暹撰
釈摩訶衍論応教鈔　道範記
釈摩訶衍論私記　信堅記
釈摩訶衍論勘注　二四巻　頼宝撰
**第七〇巻　続論疏部八　続諸宗部一**
金剛頂瑜伽中発阿耨多羅三藐三菩提心論秘釈
金剛頂発菩提心論私抄　四巻　済暹撰　［覚鑁撰
金剛頂宗菩提心論口決　栄西記
菩提心論見聞　四巻
菩提心論異本　尊通撰
　附　菩提心論愚疑
大乗三論大義鈔　四巻　玄叡集
一乗仏性慧日抄　宗法師撰
大乗正観略私記　珍海記
三論玄疏文義要　一〇巻　珍海撰
三論玄義検幽集　七巻　澄禅撰
三論玄義鈔　三巻　貞海撰
三論玄義誘蒙　三巻　聞証撰
大乗玄問答　一二巻　珍海抄
一乗義私記　珍海撰
八識義章研習抄　三巻　珍海記
三論名教抄　一五巻　珍海撰
A三論興縁　聖守撰
B三論宗濫觴
三論宗初心初学鈔　実慶撰
**第七一巻　続諸宗部二**
大乗法相研神章　五巻　護命撰
法相灯明記　慚安集
心要鈔　貞慶撰
観心覚夢鈔　三巻　良遍撰
真心要決　三巻　良遍撰
二巻鈔　二巻　良遍撰
略述法相義　三巻　聞証撰
大乗一切法相玄論　二巻　基弁撰
法苑義鏡　六巻　善珠述
五心義略記　二巻　清範抄
唯識義私記　一二巻　真興撰
法相宗賢聖義略問答　巻第四　仲算撰
唯識分量決　善珠撰
四分義極略私記　二巻　忠算撰
大乗法苑義林章師子吼鈔　二二巻　基弁撰
七十五法名目
有宗七十五法記　三巻　宗禎撰
**第七二巻　続諸宗部三**
華厳宗一乗開心論　六巻　普機撰
華厳一乗義私記　増春撰
華厳宗種性義抄　親円撰
華厳論草　景雅撰
華厳信種義　高弁記
華厳修禅観照入解脱門義　二巻　高弁述
華厳仏光三昧観秘宝蔵　二巻　高弁集
華厳宗香薫抄　七巻　宗性撰
華厳宗大要抄　実弘撰
華厳宗要義　凝然述
華厳宗所立五教十宗大意略抄
華厳五教章指事　六巻　寿霊述
華厳五教章名目　三巻
五教章通路記　五二巻　凝然述
華厳五教章問答抄　一五巻　審乗撰
**第七三巻　続諸宗部四**
華厳五教章深意鈔　一〇巻　聖詮撰
華厳五教章見聞鈔　八巻　霊波記
華厳五教章不審　二〇巻　実英撰
華厳五教章匡真鈔　一〇巻　鳳潭撰
華厳五教章衍秘鈔　五巻　普寂撰

附　華厳五教章科
金師子章勘文　景雅撰

## 第七四巻　続諸宗部五

戒律伝来記　三巻　豊安撰
律宗綱要　二巻　凝然述
東大寺授戒方軌　法進撰
唐招提寺戒壇院受戒式　実範撰
唐招提寺戒壇別受戒式　恵光撰
菩薩戒本宗要雑文集　覚盛撰
菩薩戒通受遣疑鈔　覚盛撰
菩薩戒通別二受鈔　覚盛撰
通受比丘懺悔両寺不同記　凝然述
菩薩戒本宗要輔行文集　二巻　叡尊撰
応理宗戒図釈文鈔　叡尊撰
A菩薩戒問答洞義抄　英心述
B菩薩戒綱要鈔
律宗行事目心鈔　三巻　忍仙撰
大乗円戒顕正論　宗覚編
願文　最澄撰
守護国界章　九巻　最澄撰
法華長講会式　二巻　最澄撰
長講金光明経会式　最澄撰
長講仁王般若経会式　最澄撰
天台法華宗義集　義真撰
授決集　二巻　円珍述
諸家教相同異集　円珍撰
定宗論　蓮剛述
一乗要決　三巻　源信撰
漢光類聚　四巻　忠尋記
天台真言二宗同異章　証真撰
円密宗二教名目　恵鎮撰
宗要柏原案立　六巻　貞舜撰
天台円宗四教五時西谷名目　二巻
顕戒論　三巻　最澄撰
山家学生式　最澄撰
授菩薩戒儀　最澄撰　円珍註
伝述一心戒文　三巻　光定撰
顕揚大戒論　八巻　円仁撰
普通授菩薩戒広釈　三巻　安然撰
新学菩薩行要抄　仁空撰
菩薩円頓授戒灌頂記　維賢撰
円戒指掌　三巻　敬光述

## 第七五巻　続諸宗部六

胎蔵界虚心記　二巻　円仁撰
金剛界浄地記　円仁撰
蘇悉地妙心大　円仁撰
妙成就記　円仁撰
真言所立三身問答　円仁撰
胎蔵界大法対受記　七巻　安然記
金剛界大法対受記　八巻　安然記
蘇悉地対受記　安然撰
観中院撰定事業灌頂具足支分　一〇巻　安然撰
大日経供養持誦不同　七巻　安然撰
A教時諍　安然撰
B教時諍論　安然撰
真言宗教時義　四巻　安然作
胎蔵金剛菩提心義略問答抄　五巻　安然抄
胎蔵三密抄　五巻　覚超撰
三密抄料簡　二巻　覚超撰
金剛三密抄　五巻　覚超撰
東曼荼羅抄　三巻　覚超撰
西曼荼羅集　覚超撰
五相成身私記　覚超記
胎蔵界生起　覚超記
秘密壇都法大阿闍梨常念誦生起
金剛界次第生起　最円撰
附　謹咨金剛界疑問総来十条
随要記　二巻　皇慶撰
四十帖決　一五巻　長宴記

## 第七六巻　続諸宗部七

行林抄　八二巻　静然撰
渓嵐拾葉集　一一六巻　光宗撰

## 第七七巻　続諸宗部八

三昧流口伝集　二巻　良祐撰
総持抄　一〇巻　澄豪撰
四度授法日記　四巻　厳豪口　源豪記
了因決　四八巻　了恵撰
灌頂私見聞　了翁撰
遮那業案立草　一三巻　仁空撰
法華懺法
例時作法
遮那業学則　覚千撰
奏進法語　真盛撰
念仏三昧法語　真盛撰
真迢上人法語
真荷上人法語
真朗上人法語
秘密漫荼羅十住心論　一〇巻　空海撰
秘蔵宝鑰　三巻　空海撰
弁顕密二教論　二巻　空海撰
即身成仏義　空海撰
真言宗即身成仏義問答（異本一）
即身成仏義（異本二）
真言宗即身成仏義（異本三）
即身成仏義（異本四）
即身成仏義（異本五）
真言宗即身成仏義問答（異本六）
声字実相義　空海撰
吽字義　空海撰
御遺告　空海撰
阿字観用心口決　実慧撰
真言付法纂要抄　成尊撰
弁顕密二教論懸鏡抄　六巻　済暹撰
顕密差別問答　二巻　済暹撰
四種法身義　済暹撰
住心決疑抄　信証撰
阿字義　三巻　実範撰
阿字要略観　実範撰

大経要義抄注解
秘密教相鈔　一〇巻　重誉撰
十住心論鈔　三巻　重誉撰
十住心論打聞集
十住遮難抄
真言教主問答抄　経尋撰
千輻輪相顕密集　興然撰
貞応抄　三巻　道範撰
諸法分別抄　頼宝記
真言名目　頼宝述
開心抄　三巻　杲宝撰
金剛頂宗綱概　杲宝撰
大日経教主本地加持分別　杲宝撰
宝冊鈔　一〇巻　杲宝記　賢宝補
十住心義林　二巻　宥快撰
大日経主異義事　宥快記
宝鏡鈔　宥快記
大日経教主義　曇寂撰
真言宗未決文　徳一撰
未決答決　房覚記
徳一未決答釈　杲宝撰

## 第七八巻　続諸宗部九

大和尚奉為平安城太上天皇灌頂文　空海撰
三昧耶戒序　空海撰
秘密三昧耶仏戒儀　空海撰
五部陀羅尼問答偈讃宗秘論　空海撰
檜尾口訣　実慧撰
高雄口訣　真済撰
五部肝心記　真済撰
要尊道場観　二巻　淳祐撰
不灌鈴等記　真寂親王撰
具支灌頂儀式　元杲撰
金剛界九会密記　元杲記
胎蔵界三部秘釈　元杲記
小野六帖　七巻　仁海撰
五相成身義問答抄　済暹撰
十八契印義釈生起　定深撰
別行　七巻　寛助撰
柿袋　真誉撰
要尊法　永厳撰
勝語集　二巻　恵什撰
事相料簡　覚印記
転非命業抄　賢覚抄
伝受集　四巻　寛信撰
厚造紙　元海記
諸尊要抄　一五巻　実運撰
秘蔵金宝鈔　一〇巻　実運撰
玄秘抄　四巻　実運撰
治承記　勝賢撰
沢鈔　一〇巻　覚成記・守覚親王輯
秘鈔　一八巻　勝賢記・守覚親王輯
異尊抄　二巻　守覚親王撰
右記　守覚親王撰
左記　守覚親王撰
御記　守覚親王撰
追記　守覚親王撰
薄双紙　一六巻　成賢撰
遍口鈔　六巻　成賢口・道教記
実帰鈔　深賢集
幸心鈔　五巻　憲深口・親快記
伝法灌頂私記　三巻　教舜記
四巻　四巻　興然撰
師口　四巻　栄然撰
行法肝葉鈔　三巻　道範記
授宝性院宥快記　興雅記
中院流四度口伝　四巻　宥快撰
中院流事　宥快口・成雄記
中院流大事聞書　宥快口・成雄記
伝屍病口伝
伝屍病灸治
偽書論　恭畏述

## 第七九巻　続諸宗部一〇

顕密不同頌　覚鑁撰
真言宗即身成仏義章　覚鑁撰
𑖀字秘釈　覚鑁撰
𑖪𑖽字義　覚鑁撰
五輪九字明秘密釈　覚鑁撰
密厳浄土略観　覚鑁撰
秘密荘厳伝法灌頂一異義　覚鑁撰
十八道沙汰　覚鑁撰
金剛頂経蓮花部心念誦次第沙汰　覚鑁撰
胎蔵界沙汰　覚鑁撰
心月輪秘釈　覚鑁撰
真言浄菩提心私記　覚鑁撰
阿弥陀秘釈　覚鑁撰
真言宗義　覚鑁撰
秘密荘厳不二義章　覚鑁撰
真言三密修行問答　覚鑁撰
勧発頌　覚鑁撰
密厳院発露懺悔文　覚鑁撰
諸宗教理同異釈　頼瑜撰
十八道口決　二巻　頼瑜撰
野金口決鈔　頼瑜撰
野胎口決鈔　頼瑜撰
護摩口決　頼瑜撰
金界発恵抄　三巻　頼瑜記
胎蔵入理鈔　三巻　頼瑜記
薄草子口決　二一巻　頼瑜撰
秘鈔問答　二二巻　頼瑜撰
釈摩訶衍論第十広短冊　順継撰
大疏百条第三重　一〇巻　聖憲撰
自証説法　聖憲撰
大疏談義　一〇巻　運敞撰
秘密因縁管絃相成義　二巻　法住記
読書二十二則　戒定撰

## 第八〇巻　続諸宗部一一

興禅護国論　三巻　栄西撰
聖一国師語録　円爾弁円語・嗣孫師錬纂

大正新脩大蔵経

29

## 第八一巻 続諸宗部 一二

宝覚禅師語録

仏覚禅師語録　東山湛照語

大覚禅師語録　二巻　白雲慧暁語

円通大応国師語録　三巻

照光等編　嗣法布白等

仏光国師語録　一〇巻

仏鑑国師語録　二巻　蔵山順空語・元祖元語

円鑑国師語録　一巻　南浦紹明語・侍者

南院国禅師語録　三巻　高峰顕日語・侍者妙慧等編

仏国禅師語録　二巻　規庵祖円語・・侍者了真等編

一山国師語録　四巻

竺仙梵僊語録　二巻　侍者商亮等編

夢窓国師語録　三巻　侍者本元等編

義堂周信石語　門人中円等編

閑浮集隊和尚語録　撰

塩山抜隊得勝語

無覚善師語録　八巻選語　六選語

智覚普明国師語録

佐等編　絶海中津語・小師俊承等　侍者周

大仏頂国師語録　五巻

永源寂室和尚語録　六巻

仏源禅師語録　五巻

常通光禅師語録　六巻

大応国師語録　三巻

徹翁和尚語録　二巻

雪翁和尚語録　二巻

景川和尚語録

虎穴無孔笛　二巻　六巻

少桃録　四巻

見聞録

西源特芳和尚語録　七巻

槐安国語

空谷明応語・周及応語・侍者基甲編

悟渓宗頓語・遠孫某等編

雪江宗深語・遠孫悦等編

景川宗隆語・侍某等編

大林宗套語・侍者等編

東陽英朝語・遠孫等編

林宗㤗語・特芳禅傑丘・遠孫等

白隠慧鶴語

春屋妙葩語・侍者周

明中津語

絶海尚語

空谷明応語

## 第八二巻 続諸宗部 一三

宗門無尽灯論　二巻

五家参詳要路門　五巻

諸家対向清規撰要　東嶺円慈撰

小菴林清規　三巻　大鑑清隠撰

学道用心集　九巻　道元撰

正法眼蔵　道元撰

勧発菩提心集　道元撰

学道通用心集

永平清規　尚二巻　道元撰

正法眼蔵随聞記　侍者詮慧等編

永平広録　五巻　道元撰

伝光録　侍者編

信心銘拈提　巻

華光用心記

十勧誡

山規奏

義雲和尚語録

通幻寂霊語録　三巻

実峰良秀語録

瑩山和尚清規　三巻

月舟和尚遺録　四巻

独菴玄光撰

東林蔵闍録　四巻

威蔵禅録

報恩講式

禅戒鈔

心学典論　四巻

荒田随筆

建田普説

普昭国師法語録　二巻　三巻

普照国師語録元隆語

黄檗清規

## 第八三巻 続諸宗部 一四

月坡宗印語語・・侍者元流等編

月舟宗胡語

坡茲和尚語・實秀語・門人慈恩等編

通幻寂霊語・靈語・門寂語者・門人等編

實峰良秀語善・門慈恩等・門人善済

義雲和尚語・侍者円宗等

瑩山紹瑾語・対孤雲義発記

十勧誡規・堂山紹瑾撰

信心銘拈提・堂山紹瑾撰

華光用心記・侍者編

伝光録　巻

義雲和尚語録　二巻

通幻霊語録

万仞道坦天桂伝尊語・侍者記

三巻　隆山道隠語・白竜語編・門人澄堂等

四巻　道白月語・門人性淵等編

隠元隆琦語語・門人性淵等

隠元元璋語語・門

面山瑞方語・門人慧猛等編

無隠道費印本等編

建法語

## 講院字堂通規　実道恵仁撰

初心行護　座右法語決実道仁撰

浄土法語集

浄土宗大図名目

浄土宗要建記

浄土真宗指南記

仙洞経三心私問答記

勧経四品知如識問

華山易房道血脈一論

難蔵十四図論

竹林慶顕二巻　乗道義教道顕意述

浄林宗要集　三巻　教道顕意

西山宗意集　三巻　教道顕教意述

浄山宗日記密語　三巻

流紀名目記簡音記

鎮勧用仏心・証名二巻

女院茶羅講八義撰式

曼荼羅供養証空撰

修善決　証空記

選択要決　大五巻

運門字義則書　三巻

大原子相迎　二巻　三巻

父向阿証賢撰

西要本抄

帰命本蔵教略頌

浄土代一念仏手印

未遺黒谷上人語灯録　一五巻

拾遺黒谷上人語灯録　三巻

徹選択本願念仏集

選択本願念仏集　源空撰

向阿聖光撰

向阿弁阿聖光

了恵道光

源空撰・了忠述撰・了恵道光輯

愚要鈔　三巻　光雲明秀撰
西山復古篇　俊鳳妙瑞記
顕浄土真実教行証文類　六巻　親鸞撰
浄土文類聚鈔　親鸞作
愚禿鈔　二巻　親鸞撰
入出二門偈頌　親鸞作
浄土和讃　親鸞作
浄土高僧和讃　親鸞作
正像末法和讃　親鸞撰
皇太子聖徳奉讃　善信作
皇太子聖徳奉讃（異本）親鸞作
浄土三経往生文類　親鸞撰
浄土三経往生文類（異本）
如来二種廻向文　親鸞撰
往相廻向還相廻向文類（異本）
尊号真像銘文　二巻　親鸞撰
尊号真像銘文（異本）
一念多念文意　親鸞撰
唯信鈔文意　親鸞撰
唯信鈔文意（異本）
末灯鈔　二巻　従覚編
親鸞聖人御消息集
歎異抄
執持鈔　覚如宗昭撰
口伝鈔　三巻　覚如宗昭撰
本願寺聖人親鸞伝絵　二巻　覚如宗昭撰
報恩講式　覚如宗昭撰
歎徳文　存覚光玄撰
浄土真要鈔　二巻　存覚光玄撰
蓮如上人御文　五巻　円如光融編
蓮如上人御一代記聞書
御俗姓御文　蓮如兼寿撰
大名目　顕智撰
自要集　定専撰
顕正流義鈔　二巻　真慧撰
西方指南抄　六巻
唯信鈔　聖覚撰
後世物語聞書
一念多念分別事　隆寛作
自力他力事　隆寛作
安心決定鈔　二巻

**第八四巻　続諸宗部一五　悉曇部全**

融通円門章　融観述
器朴論　三巻　託何述
往生要集　三巻　源信撰
往生拾因　永観集
決定往生集　珍海撰
安養知足相対抄　珍海撰
安養抄　八巻
浄土法門源流章　凝然述
立正安国論　日蓮撰
開目抄　二巻　日蓮撰
撰時抄　日蓮述
報恩抄　二巻　日蓮撰
観心本尊抄　日蓮撰
法華取要抄　日蓮述
太田禅門許御書　二巻　日蓮撰
三大秘法抄　日蓮撰
四信五品鈔　日蓮撰
如説修行抄　日蓮撰
種種御振舞御書　日蓮撰
御義口伝　二巻　日興撰
御講聞書　日向撰
梵字悉曇字母釈義　空海撰
悉曇蔵　八巻　安然撰
悉曇十二例　安然記
悉曇略記　玄昭撰
悉曇集記　三巻　淳祐集
悉曇要訣　四巻　明覚撰
多羅葉記　三巻　心覚撰
悉曇秘伝記　信範撰
悉曇輪略図抄　一〇巻　了尊撰
三密鈔　七巻　浄厳撰
梵学津梁総目録　慈雲飲光撰
魚山声明集
魚山私鈔　二巻　長恵撰
魚山目録　二巻　宗快撰
大原声明博士図
音律菁花集　聖尊撰
声明口伝　聖尊撰
大阿闍梨声明系図
十二調子事
声明源流記　凝然述
音曲秘要抄　凝然述
薬師如来講式　最澄作
横川首楞厳院二十五三昧式　源信撰
横川首楞厳院二十五三昧起請　源信撰
往生講式　永観撰
愛染王講式　覚鑁撰
求聞持表白　覚鑁撰
観音講式　貞慶撰
弥勒講式　貞慶撰
如法経現修作法　宗快撰
四座講式　高弁撰
涅槃講式　十六羅漢講式　遺跡講式　舎利講式

**第八五巻　古逸部全　疑似部全**

梁朝傅大士頌金剛経
御注金剛般若波羅蜜経宣演　二巻　唐　道氤集
金剛暎　巻上　唐　宝達集
金剛般若経旨賛　二巻　唐　曇曠撰
金剛般若経依天親菩薩論賛略釈秦本義記　巻上　唐　知恩集
金剛経疏
金剛経疏
金剛般若経挟注
金剛般若義記
金剛般若経疏
金剛般若波羅蜜経伝外伝　巻下
持誦金剛経霊験功徳記

仁王般若実相論　巻第二
仁王経疏
般若波羅蜜多心経還源述
挟注波羅蜜多心経
法華義記　巻第三
法華経疏
法華経疏
法華経疏
法華問答
華厳経章
華厳略疏　巻第三
華厳経疏
華厳経義記　巻第一　後魏　慧光述
華厳経疏　巻第三　新羅　元暁述
十地義記　巻第一
無量寿経義記　巻下
無量寿観経義記
勝鬘義記
勝鬘経疏　照法師撰
挟注勝鬘経
A涅槃経義記
B大涅槃経義記　巻第四
涅槃経疏
薬師経疏
薬師経疏
維摩義記
維摩経義記　巻第四
維摩経疏
維摩経疏
維摩経疏　巻第三・第六
維摩経抄
維摩経疏
維摩疏釈前小序抄
釈肇序　唐　体請記
浄名経集解関中疏　二巻　唐　道掖集
浄名経関中釈抄　二巻　唐　道掖撰

仏説楞伽経禅門悉談章
温室経疏　唐　慧浄撰
盂蘭盆経賛述　唐　慧浄撰
大乗稲芉経随聴疏　唐　法成集
大乗稲芉経随聴疏決
大乗四法経釈抄
大乗四法経論広釈開決記
天請問経疏
四分戒本疏　巻第一・第二・第三　三巻
律戒本疏
律戒本疏
律雑抄
宗四分比丘随門要略行儀
毘尼心
三部律抄
律抄
四部律并論要用抄　一巻
律抄第三巻手決
梵網経述記　巻第一
本業瓔珞経疏
十地論義疏　巻第一・第三　二巻　北周　法上撰
広百論疏　巻第一　唐　文軌撰
瑜伽師地論分門記　六巻　唐　法成述　智慧山記
　本地分前十二地
　本地分声聞地
　本地分独覚地
　本地分菩薩地　巻第二・第三
　摂決択分第二
瑜伽論手記　四巻　唐　法成述　福慧記
地持義記　巻第四
唯識三十論要釈
摂大乗論疏　巻第五・第七　二巻
摂大乗論抄
摂大乗論章　巻第一
摂論章　巻第一
摂大乗義章　巻第四

大乗百法明門論開宗義記　唐　曇曠撰
大乗百法明門論開宗義記序釈　唐　曇曠撰
大乗起信論略述　二巻　唐　曇曠撰
大乗起信論広釈　巻第三・第四・第五　三巻　唐　曇曠撰
起信論註
因縁心釈論開決記
大乗経纂要義
大乗二十二問本
諸経要抄
菩薩蔵修道衆経抄　巻第十二
諸経要略文
大乗要語
大乗入道次第開決　唐　曇曠撰
天台分門図
真言要決　巻第一・第三
略諸経論念仏法門往生浄土集　巻上　唐　慧日集
浄土五会念仏誦経観行儀　巻中・下　巻　唐　法照撰
大乗浄土讃
持斎念仏懺悔礼文
A道安法師念仏讃
B道安法師念仏讃文
無心論
南天竺国菩提達摩禅師観門
観心論
大乗無生方便門
大乗開心顕性頓悟真宗論
大乗北宗論　唐　慧光釈
楞伽師資記　唐　浄覚集
伝法宝紀　唐　杜朏撰
讃禅門詩
三界図
大仏略懺
印沙仏文
大悲啓請
文殊師利菩薩無相十礼

押座文類
祈願文
祈願文
廻向文
大乗四斎日
地蔵菩薩十斎日
和菩薩戒文
入布薩堂説偈文等
布薩文等
礼懺文
礼懺文
礼懺文
索法号義䛒諷誦文
大目乾連冥間救母変文幷図
恵遠外伝
府君存恵伝
泉州千仏新著諸祖師頌
大蕃沙洲釈門教法和尚洪䛒修功徳記
王梵志詩集
進旨
護身命経
護身命経
慈仁問八十種好経
決罪福経　二巻
妙好宝車経
像法決疑経
大通方広懺悔滅罪荘厳成仏経　三巻
妙法蓮華経度量天地品　第二十九
首羅比丘経
小法滅尽経
大方広華厳十悪品経
天公経
如来在金棺囑累清浄荘厳敬福経
救疾経
普賢菩薩説証明経
究竟大悲経　巻第二・第三・第四　三巻

善悪因果経
呪魅経
法王経
大威儀請問
仏性海蔵智慧解脱破心相経　二巻
仏為心王菩薩説投陀経　巻上
父母恩重経
延寿命経
続命経
如来成道経
山海慧菩薩経
現報当受経
仏説大弁邪正経
三厨経
要行捨身経
示所犯者瑜伽法鏡経
天地八陽神呪経
高王観世音経
妙法蓮華経馬明菩薩品　第三十
斎法清浄経
法句経
法句経疏
無量大慈教経
七千仏神符経
現在十方千五百仏名並雑仏同号
三万仏同根本神秘之印並法竜種上尊王仏法
普賢菩薩行願王経
大方広仏花厳経普賢菩薩行願王品
地蔵菩薩経
金有陀羅尼経
讃僧功徳経
無常三啓経
七女観経
観経
救諸衆生一切苦難経
観善経

A新菩薩経
B新菩薩経
釈家観化還愚経
仏母経
僧伽和尚欲入涅槃説六度経

**図像部　一二巻**

**図像　第一巻**

秘蔵記　二巻
大悲胎蔵普通大曼荼羅中諸尊種子標幟形相
聖位諸説不同記　一〇巻　真寂撰
胎蔵界曼荼羅七十四問　一巻　真寂撰
石山七集　四巻　淳祐撰
金剛界七集　二巻　淳祐撰
[illegible]抄　一巻　仁海撰
胎蔵三部記　一巻　真興撰
胎蔵要義　一巻　定深撰
両部曼荼羅対弁抄　二巻　済暹撰
胎蔵界四重曼荼羅略問答　一巻　済暹撰
九会秘要抄　一巻
両部曼荼羅功徳略抄　亦名[illegible]曼荼羅略釈　亦名二輪円徳抄　亦名両界抄　一巻　覚鑁撰
大悲胎蔵曼荼羅説現図所伝決明鈔　（未完）　隆誉撰
[illegible]七集　二巻　興然撰
現図曼荼羅四角八葉事　一巻　興然撰
胎金曼荼羅図　一巻　蓮恵集
胎蔵界尊号　複金剛界尊号　一巻　行宴集
胎蔵界大曼荼羅図　複金剛界大曼荼羅図　一巻（石山寺蔵本）
胎蔵界大曼荼羅　一巻　（石山寺蔵本）
二界図曼荼羅　一巻
胎蔵界大曼荼羅図　一巻　（高野山真別処円通寺蔵本）
金剛界大曼荼羅図　一巻　（高野山真別処円通寺蔵本）
胎蔵界大曼荼羅図　一巻　（東寺宝菩提院蔵本）
金剛界大曼荼羅図　一巻　（東寺宝菩提院蔵本）

金剛界九会曼荼羅図集　一巻
秘密曼荼羅品図尊分私記　二巻　杲宝撰
秘密曼荼羅品図尊分附図　一巻　杲宝集
大悲胎蔵大曼荼羅（仁和寺版）
大悲胎蔵大曼荼羅（長谷寺版）　一紙
大悲胎蔵大曼荼羅（石山寺版）　一紙
大悲胎蔵大曼荼羅（石山寺蔵本）　一紙
大悲胎蔵大曼荼羅（高野山勧学院版）　一紙
大悲胎蔵三昧耶略曼荼羅　二紙
胎蔵大曼荼羅図位　二紙
疏曼荼羅　一紙
胎蔵界曼荼羅　一紙
四種護摩本尊並眷属図像（智泉本）　一巻
金剛界九会大曼荼羅（仁和寺版）
金剛界九会大曼荼羅（長谷寺版）　一紙
金剛界九会大曼荼羅（石山寺版）　一紙
金剛界八十一尊大曼荼羅　一紙
金剛界九会大曼荼羅（高野山勧学院版）　一紙
金剛界曼荼羅成身会・羯磨会　一巻
金剛界三昧耶曼荼羅図　一巻
三十七尊賢劫十六尊外金剛二十天図像　一巻
三摩耶形法輪院本　一巻
御筆四種護摩壇三十七尊賢劫三昧耶形　一巻
三昧耶形御筆第三伝本　一巻
金剛界三昧耶形　一紙
金剛界曼荼羅　一紙（丹治竹次郎氏蔵本）
金剛界曼荼羅　一紙（東寺観智院蔵本）
両界種子曼荼羅　一紙

## 図像　第二巻

六種曼荼羅略釈　二巻
哩多僧蘖囉五部心観　一巻（三井法明院蔵本）
哩多僧蘖囉五部心観　一巻（武藤山治氏蔵本）
哩多僧蘖囉五部心観　一紙（阿叉羅帖巻第五）
胎蔵図像　二巻（熊谷直之氏蔵本）
胎蔵図像　上巻（京都大学久原文庫蔵本）
大悲胎蔵三昧耶曼荼羅図　一巻（石山寺蔵本）
大悲胎蔵三昧耶曼荼羅図　一巻（醍醐寺蔵本）
胎蔵旧図様　一巻「巻之内上中二巻」
叡山本胎蔵界曼荼羅　二巻（胎曼会中図像三
叡山本金剛界曼荼羅　一巻（胎曼会中図像三
胎蔵界曼荼羅　一紙［巻之内下巻）
金剛界曼荼羅　一紙
両界種子曼荼羅　一紙
両界種子曼荼羅　一紙（阿叉羅帖巻第五）
護摩壇様幷三十七尊三昧耶形　一巻（伝智証
胎蔵縁起　一巻　最澄撰［大師請来本）
胎蔵諸尊種子　複金剛界　一巻　安然撰
大悲胎蔵悲生曼荼羅第三重釈迦眷属及諸天印明
種子梵号名位不同　二巻　安然撰
調定曼荼羅図　一巻
調定曼荼羅図　附裏書　一巻
両界図位　一巻　明達撰
理界私記　三巻　明達撰
智界私記　二巻　明達撰
東曼荼羅抄別巻　一巻　覚超撰
胎蔵尊位幷梵漢密号種子三昧耶形色手印等略記
二巻　覚超撰
胎蔵界略図次第　一巻（東寺観智院蔵本）
胎蔵界略図次第　一巻（唐招提寺蔵本）
両界二十四不審　一巻
胎蔵界尊位密号　一巻
両部曼荼羅私抄　二巻　澄舜撰
胎蔵界曼荼羅現図抄私　七巻　亮憲撰
金剛界曼荼羅現図抄私　三巻　亮憲撰

## 図像　第三巻

図像抄　一〇巻
別尊雑記　五七巻　心覚抄
諸尊図像　二巻　心覚集
四家鈔図像　三巻

## 図像　第四巻

唐本曼荼羅（金剛界五仏等）　一巻
唐本曼荼羅（千臂軍荼利等）　一巻
醍醐本図像（仏眼等）　巻
醍醐本図像（祈雨法懸曼荼羅等）　一巻
醍醐本図像（馬頭等）　巻
醍醐本諸尊図像（東安本）　一巻
久原本図像　一巻
梵文熾盛光仏頂陀羅尼諸尊図会　高麗　指空集
曼荼羅集　三巻　興然集
玄証筆曼荼羅集　一巻
図像集　七巻　興然集
覚禅筆仁王経法　一巻
覚禅鈔（一―五六巻）　覚禅集

## 図像　第五巻

覚禅鈔（五七―一三六巻）　覚禅集
曼荼羅集（種子）　一巻
三十日秘仏図　一巻（第六巻金剛童子図像同［巻）
阿弥陀　一紙（仁和寺蔵本）
阿弥陀　一紙（仁和寺蔵本）
阿弥陀幷薬師八大菩薩　一巻
大日金輪　一紙
仏眼曼荼羅（種子）　一紙（石山寺蔵本）
仏眼曼荼羅（種子）　一紙（教王護国寺蔵本）
仏眼曼荼羅（種子）　一紙（仁和寺蔵本）
尊勝仏頂曼荼羅　一紙（醍醐寺蔵本）
尊勝仏頂曼荼羅　一紙（丹治竹次郎氏蔵本）
尊勝仏頂曼荼羅（種子）　一紙（教王護国
寺蔵本）
尊勝仏頂曼荼羅（種子）　一紙（東寺観智［院蔵本）
尊勝仏頂曼荼羅（種子）　一紙（東寺観智［院蔵本）
大勝金剛曼荼羅　一紙
法華法本尊　二紙
仁王経曼荼羅　一紙
仁王経敷曼荼羅　一紙
五方諸尊図（醍醐寺蔵本）　五幅
五方諸尊図之内（高野山光明院蔵本）　一紙
五大力　一紙
理趣経十八会曼荼羅　一巻

理趣経曼荼羅　一巻
理趣経曼荼羅図　一巻
薦福寺金泥曼荼羅　（種子）　一紙
請雨経曼荼羅　一紙　（東寺観智院蔵本）
請雨経曼荼羅　一紙　（教王護国寺蔵本）
請雨経曼荼羅　（二本）　一紙　（東寺観智院蔵本）
請雨経曼荼羅　一紙　（高山寺蔵本）
宝楼閣曼荼羅　一巻
孔雀明王　一紙
六字明王　一紙
六字経曼荼羅　（種子）　一紙
摩尼珠像　一紙

**図像　第六巻**

八大菩薩像　八幅
唐本二十五菩薩像　（別項金剛童子図像同巻）
図像法華経法　（観音応化身像）　一巻
千手観音　一紙
如意輪観音　（十二臂）　一紙
如意輪観音　（十臂）　一紙
応現観音　（玄証本）　一紙
弥勒菩薩画像集　一巻
弥勒菩薩像集　一巻　（正和元年双珠写）
求聞持虚空蔵菩薩　一紙
虚空蔵菩薩　（玄証本）　一紙
五大虚空蔵　一紙
五大虚空蔵　（三形）　一紙　（保元元年智海写）
五大虚空蔵図像　一巻　（承久二年定真写）
五大虚空蔵座居諸図像　一巻
五大虚空蔵様　一巻　（永和二年賢宝写）
普賢延命菩薩　一紙　（治承二年写）
普賢延命菩薩　一紙　（建久七年写）
五秘密菩薩　一紙　（建久五年写）
諸文殊図像　一巻
文殊曼荼羅　（種子）　一紙　（東寺観智院蔵本）
文殊曼荼羅　（種子）　一紙　（教王護国寺蔵本）
金色地蔵曼荼羅　一紙

六地蔵　（別項金剛童子図像同巻）
地蔵曼荼羅　（種子）　一紙
唐本密菩薩　一紙
五大尊図像　（弘法大師御筆様）　一巻　（建長二年幸厳写）
五大尊図像　（甲乙二本）
五菩薩五忿怒像　一巻　（建久五年良慶写）
八大明王図像　（宗実本）　一巻　（文治四年宗実写）
八大明王図像　（良慶本）　一巻
不動御面　一紙　（仁安二年朗澄写）
無動三尊　一紙
倶力迦羅　（三童子）　一紙　附部分図
不動明王　一紙　（仁和寺蔵本）
不動明王　一紙　（仁和寺蔵本）
不動明王　一幅　（鳥羽僧正筆）
不動明王　一幅　（建久六年円心筆）
不動明王　一幅　（建久六年良秀筆）
不動明王　一幅　（弘安五年信棄筆）
醍醐本不動明王図像　一巻
不動曼荼羅　（別項金剛童子図像同巻）
東寺本不動明王図像　一巻　（正応五年頼尊写）
明王部図像　（降三世・軍荼利・大威徳・金剛夜叉）　一巻
軍荼利明王？　（金剛童子？）　一紙
烏枢瑟摩明王図像　一巻
金剛童子図像　一巻　（長寛元年写）
金剛童子　一幅
迅疾金剛童子　一紙
愛染明王　一紙
小野僧正範-本尊愛染王厨子図　二紙
十六大護　一紙　（高山寺蔵本）
十六大護　一紙　（高山寺蔵本）
十六大護　一紙　（丹治竹次郎氏蔵本）
太元明王　（六面八臂像）（心覚本）　一紙
太元明王　（六面八臂像）　一紙
太元明王　（四面八臂像）　一紙
太元曼荼羅　（中尊四面八臂像）　一紙

太元曼荼羅　（中尊十八面三十六臂像）　一紙
東寺本太元明王図像　一巻
醍醐本太元明王図像　一巻
太元明王　（四面八臂像）　一紙
白宝口抄　（一―九五巻）

**図像　第七巻**

白宝口抄　（九六―一六七巻）
薬師十二神将図　一巻　（仁安三年写）
醍醐本薬師十二神将図　二巻　（嘉禄三年写）
二十八部衆形像　一巻
二十八部衆幷十二神将図　一巻　（正平一四年写）
唐本四天王像　一巻
四天王像　四紙
戒壇院扉絵梵釈四王像　二紙　（高山寺蔵本）
戒壇院扉絵梵釈四王像　二紙　（玉林要之輔氏蔵本）
毘沙門天像　一幅
唐本毘沙門天像　一紙
毘沙門天王曼荼羅私記　一巻　（複毘沙門天王要抄一巻）
毘沙門天王二十八使者図像　一巻
唐本那吒太子像？　一紙
毘楼勒叉天王像　一幅
大黒天像　一紙
善女竜王像　一紙
執金剛神像　一幅
十天形像　一巻
十二天形像　一巻
天部図像　一巻
大日経十二火神像　一巻
火天部尊像　一巻
焔魔天曼荼羅　一紙
預修十王生七経　一巻
伎芸天像　一紙
[illegible]像　一紙
加利帝像　一紙
嚢麌利毒女像　一紙
聖天像　一紙

忿怒金翅鳥大輪明王像 一幅
妙見菩薩像 二巻 （醍醐寺蔵本）
妙見菩薩像 一巻 （丹治竹次郎氏蔵本）
妙見曼荼羅 一幅
北斗曼荼羅 一紙
唐本北斗曼荼羅 一幅
火羅図 一紙
梵天火羅九曜 一巻
九曜等図像 一巻
九曜星図像 一巻
九曜尊像 一巻
九曜秘暦 一巻
二十八宿図像 一巻
超際仙人護摩祀火法 一巻
護摩爐壇様 一巻

**図像 第八巻**

蘇悉地儀軌契印 一巻 （唐咸通五年写）
蘇悉地手契図 一巻 （平治元年写）
仏説大毘盧遮那成仏神変加持経修真言行大悲胎
蔵生大曼拏羅王普通念誦儀軌 三巻 宋 日称
胎蔵印図 二巻 [等訳
金剛界印図 二巻
印図 一巻 （高山寺蔵本）
印図 一巻 （高山寺蔵本）
十指異名 一紙
胎・金・護十八印図 二巻 附四度法要集 （安
不動立印画図 一巻 [永八年刊）
手印図 二巻 （寛文九年刊）
四種壇法 一巻 （延長七年写）
護摩爐図 一巻 （永久元年宗範写）
法勝寺円堂壇様 一紙
諸壇図 一巻
四種軍荼図 一巻 [二年写） 皇慶
大日経護摩壇様 （石山寺本） 一巻 （仁平
護摩壇様抄 （観智院本） 一巻 （表紙云□
□寺遍照金剛新撰）

大日経護摩壇様 （高山寺本） 一巻
護摩壇図様 一巻 覚源
息災調伏延命壇図様 一巻
護摩壇様 一巻 （建仁二年覚□写）
軍荼事 一巻
爐形事 一巻
護摩壇図 一巻 （文和三年賢宝写）
成菩提集 七巻 永範類聚
阿娑縛抄 （一―五二巻） 承澄撰

**図像 第九巻**

阿娑縛抄 （五四―二二七巻） 承澄撰

**図像 第一〇巻**

白宝抄 一五一巻 澄円集
大唐袈裟図 一巻
袈裟等図 一巻 [巻
醍醐寺三宝院幷遍智院灌頂道具絵様寸尺等 一
灌頂道具本記 一巻 （永仁六年性恵写） 良
醍醐三宝院灌頂堂図 一紙 [胥集
数珠図 一紙
三宝物具鈔 一巻 宗淵輯 貫昭写
先徳図像 （抄） （玄証筆）
三国祖師影 一巻
伝法正宗定祖図 一巻 （仁平四年写）
六祖図 一紙
高僧影 一巻

**図像 第一一巻**

高僧像 一巻 （長寛元年観祐写）
香要抄 一巻 （亮阿闍梨兼意筆 観祐本）
薬種抄 一巻 （亮阿闍梨兼意筆 観祐本）
香薬字抄 三巻
香字抄 一巻
薬字鈔 一巻 （永万二年写）
諸香薬功能形体等 巻 （仁安二年写）
香薬抄 一巻 （阿娑縛抄巻第百九十八 建武
香要抄 一巻 （建久三年写） [四年写）
香要記 一巻 （建久三年写）

香抄 一巻 （正嘉元年親快抄写）
薬抄 一巻
門葉記 （一―八九巻）

**図像 第一二巻**

門葉記 （九〇―一八四巻）
胎蔵界曼荼羅
金剛界曼荼羅
大悲胎蔵漫荼羅尊位幷梵号密号種子亦名胎蔵図
曼荼羅抄 一巻
胎蔵曼荼羅図 一巻 （天養二年写）
智曼荼羅図 一巻
種子曼荼羅集 一巻 （承安二年写）
仏菩薩等図像 （諸本抄出次第不同）
諸尊図像集 二巻
釈迦像 （常禅房兼西様） 一紙
薬師八大菩薩像 一紙
優曇鉢羅花殊勝王仏 一幅
大日金輪 一幅
金輪曼荼羅 一紙
五方諸尊図 （心覚本ノ内）
仁王経五方曼荼羅 五紙
五大力 五幅
仁王経敷曼荼羅 一紙
仁王壇様 一紙
仁王曼荼羅 一紙 （石山寺蔵本）
仁王曼荼羅 一紙 （石山寺蔵本）
仁王曼荼羅 一紙 （石山寺蔵本）
五忍曼荼羅 一紙
唐本理趣経曼荼羅 一巻 （唐咸通五年写）
理趣経曼荼羅十八幀 一巻
請雨経曼荼羅 一紙 （武藤金太氏蔵本）
請雨経曼荼羅 一紙 （武藤金太氏蔵本）
請雨経曼荼羅 一紙 （武藤金太氏蔵本）
請雨経曼荼羅 一紙 （武藤金太氏蔵本）
請雨経曼荼羅 一紙 （武藤金太氏蔵本）
請雨経曼荼羅 一紙 （武藤金太氏蔵本）

大孔雀明王像　一紙
諸観音図像　一巻
胎蔵六観音灌頂　一紙
十一面観音諸像（類秘抄十一面ノ巻ヨリ抄出
承久二年定真写）
聖観音像　一幅
不空羂索観音像　一幅
文殊菩薩像　一紙（東京美術学校蔵本）
文殊菩薩像　一紙（武藤金太氏蔵本）
普賢延命像　一幅
馬鳴菩薩像（行林抄ノ内　建久二年写）
不動儀軌　一巻（寛元三年兼胤写）「筆）
不動三尊像　附部分図　一紙（玄朝様　定智
不動三尊像　附部分図　一紙（石山寺蔵本）
不動三尊像　一紙（東京美術学校蔵本）
不動明王像　一紙（東京美術学校蔵本）
不動明王像　一紙（武藤金太氏蔵本）
制吒迦童子像　一紙
降三世明王図像集　一巻
[illegible]明王像　一紙　「不用之）
大心要形像（愛染明王）　一紙（偽形也今
厄神明王像（愛染不動合体）　一紙
三面愛染明王曼荼羅　一紙
太元明王像
太元明王像（二像合一紙）
双身毘沙門天像　一紙
帝釈天像　一紙
焔摩天曼荼羅　一幅
清滝権現像　一幅
十界曼荼羅　一紙
仏足跡図　一紙（東寺観智院蔵本）
仏足跡図　一紙（丹治竹次郎氏蔵本）
阿字　一紙
道場観想図　一紙
行者観行曼荼羅（法華法？）　一紙
法身三密観図　一巻
印仏塔法造功徳釈迦諸伝　一巻
画像要集　一巻

**別巻　三巻**

**昭和法宝総目録　第一巻**
大正新脩大蔵経総目録
大正新脩大蔵経一覧
大正新脩大蔵経勘同目録
大正新脩大蔵経著訳目録
　附　印度諸論師著作目録
大正新脩大蔵経索引目録
宮内省図書寮一切経目録
東寺経蔵一切経目録
南禅寺経蔵一切経目録
上醍醐寺蔵一切経目録
知恩院一切経目録
安吉州思渓法宝資福禅寺大蔵経目録　二巻
平江府磧砂延聖院新雕蔵経律論等目録　二巻
正倉院御物聖語蔵一切経目録　二巻
石山寺一切経目録　二巻
東寺一切経目録　二巻
神護寺五大堂一切経目録
御訳大蔵経目録
如来大蔵経総目録
燉煌本古逸経論章疏幷古写経目録
日本奈良時代古写経目録

**昭和法宝総目録　第二巻**
縁山三大蔵総目録　三巻　日本　随天編
大蔵目録　三巻（高麗版）
唐本一切経目録　三巻（北宋版）
三縁山輪蔵目録　二巻（南宋版）
至元法宝勘同総録　一〇巻　元　慶吉祥等集
杭州路余杭県白雲宗南山大普寧寺大蔵経総目録
四巻（元版）　元　如瑩撰
大明三蔵聖教北蔵目録　四巻（明版）
蔵版経直画一目録
大明三蔵聖教南蔵目録
大清三蔵聖教目録　五巻（竜蔵）
日本武州江戸東叡山寛永寺一切経新刊印行目録
五巻（天海版・寛永寺版）
黄檗蔵目録（黄檗版）
大日本校訂縮刻大蔵経目録（縮冊）
大日本校訂蔵経目録（卍字版）
大日本続蔵経目録　四巻（続蔵）
扶桑蔵外現存目録　日本　鳳潭録
大蔵経綱目指要録　一三巻　宋　惟白集
大蔵聖教法宝標目　一〇巻　宋　王古撰　元
管主八続集

**昭和法宝総目録　第三巻**
続大正新脩大蔵経総目録
大正新脩大蔵経全覧
続大正新脩大蔵経勘同目録
続大正新脩大蔵経著訳目録
大正新脩大蔵経書目総索引
大日本仏教全書総目録
日本大蔵経総目録
湖州思渓円覚禅院新雕大蔵経目録
福州東禅大蔵経目録
唐本一切経目録　三巻（福州本蔵）
紀州天野山丹生社宋本大蔵経目録
神護寺経蔵一切経目録　二巻
豊山勧学院宋本大蔵目録
禅林寺入蔵目録
山王院蔵　二巻
山門蔵本目録（又名天海蔵）
東寺一切経之内請来録内儀軌等五函目録
東寺観智院聖教目録
東寺観智院本目録
東寺宝菩提院経蔵諸儀軌目録
石山普賢院内供淳祐筆跡目録　三巻
石山寺蔵中聖教目録
御室御本御聖教目録

仁和寺経蔵聖教目録
仁和寺御経蔵聖教目録　三巻
仁和寺輪蔵箱銘用意
勧修寺大経蔵聖教目録
勧修寺慈尊院聖教目録
高山寺聖教目録　二巻
高山寺方便智院聖教目録
高山寺経蔵内真言書目録
高山寺法鼓台聖教目録　三巻
東福寺普門院経論章疏語録儒書等目録
建仁寺両足院蔵書目録
南都西京薬師寺経蔵聖教目録
閲蔵知津　四八巻　明　智旭撰
大蔵一覧集　一一巻　宋　陳実撰
大蔵揚本考
御製大蔵経序跋集

**大日本校訂訓点大蔵経（卍字蔵経）**
浜田竹坡・米田無諍ほか編　蔵経書院刊
明治三五—三八　三六套　三四七冊（和装）

**第一套**
大日本校訂蔵経目録
大日本校訂蔵経索引目録
大日本校訂蔵経部類目録
**第二套　大乗経般若部**
大般若波羅蜜多経　第一—二〇〇巻　玄奘訳
**第三套　大乗経般若部**
大般若波羅蜜多経　第二〇一—四〇〇巻　玄奘訳
**第四套　大乗経般若部**
大般若波羅蜜多経　第四〇一—六〇〇巻　玄奘訳
**第五套　大乗経般若部・宝積部**
放光般若経　無羅叉訳
摩訶般若波羅蜜経　鳩摩羅什訳
光讃経　竺法護訳
道行般若経　支婁迦讖訳
小品般若波羅蜜経　鳩摩羅什訳
摩訶般若鈔経　曇摩蜱　竺仏念等訳
大明度経　支謙訳
勝天王般若波羅蜜経　月婆首那訳
金剛般若波羅蜜経　鳩摩羅什訳
金剛般若波羅蜜経　菩提流志訳
金剛般若波羅蜜経　真諦訳
能断金剛般若波羅蜜多経　玄奘訳
仏説能断金剛般若波羅蜜多経　義浄訳
金剛能断般若波羅蜜経　達摩笈多訳
仏説濡首菩薩無上清浄分衛経　翔公訳
仏説仁王般若波羅蜜経　鳩摩羅什訳
実相般若波羅蜜経　菩提流志訳
摩訶般若波羅蜜大明呪経　鳩摩羅什訳
般若波羅蜜多心経　玄奘訳
文殊師利所説摩訶般若波羅蜜経　曼陀羅仙訳
文殊師利所説般若波羅蜜経　僧伽婆羅訳
大宝積経　第一—八〇巻　菩提流志等訳
**第六套　大乗経宝積部・大集部**
大宝積経　第八一—一二〇巻　菩提流志等訳
大方広三戒経　曇無讖訳
仏説無量清浄平等覚経　支婁迦讖訳
仏説阿弥陀三耶三仏薩楼仏壇過度人道経　支謙訳
仏説無量寿経　康僧鎧訳
阿閦仏国経　支婁迦讖訳
仏説大乗十法経　僧伽婆羅訳
仏説普門品経　竺法護訳
文殊師利仏土厳浄経　竺法護訳
仏説胞胎経　竺法護訳
法鏡経　安玄訳
郁伽羅越問菩薩行経　竺法護訳
仏説幻士仁賢経　竺法護訳
仏説決定毗尼経　燉煌三蔵訳
発覚浄心経　闍那崛多訳
仏説優填王経　法矩訳
仏説須摩提菩薩経　竺法護訳
仏説須摩提菩薩経　鳩摩羅什訳
仏説離垢施女経　竺法護訳
仏説阿闍貰王女阿術達菩薩経　竺法護訳
仏説須頼経　白延訳
仏説須頼経　支施崙訳
得無垢女経　般若流支訳
文殊師利所説不思議仏境界経　菩提流志訳
仏説如幻三昧経　竺法護訳
聖善住意天子所問経　毗目智仙　般若流支等訳
仏説太子刷護経　竺法護訳
仏説太子和休経　不詳
入法界体性経　闍那崛多訳
慧上菩薩問大善権経　竺法護訳
大乗顕識経　地婆訶羅訳
仏説大乗方等要慧経　安世高訳
弥勒菩薩所問本願経　竺法護訳
度一切諸仏境界智厳経　僧伽婆羅等訳
仏説遺日摩尼宝経　支婁迦讖訳
仏説摩訶衍宝厳経　不詳
勝鬘師子吼一乗大方便方広経　求那跋陀羅訳
毗耶娑問経　般若流支訳
大方等大集経　曇無讖・那連提耶舎等訳
大乗大集地蔵十輪経　玄奘訳
大方広十輪経　不詳
大乗大集経　那連提耶舎訳
虚空孕菩薩経　闍那崛多訳
虚空蔵菩薩経　仏陀耶舎訳
虚空蔵菩薩神呪経　曇摩蜜多訳
観虚空蔵菩薩経　曇摩蜜多訳
菩薩念仏三昧経　功徳直訳
大方等大集経菩薩念仏三昧分　達磨笈多訳
仏説般舟三昧経　支婁迦讖訳
般舟三昧経　支婁迦讖訳
**第七套　大乗経大集部・華厳部**
阿差末菩薩経　竺法護訳

大方等大集経賢護分　闍那崛多訳
抜陂菩薩経　不詳
無尽意菩薩経　智厳　共宝雲訳
大集譬喩王経　闍那崛多訳
大哀経　竺法護訳
宝女所問経　竺法護訳
仏説無言童子経　竺法護訳
自在王菩薩経　鳩摩羅什訳
奮迅王問経　般若流支訳
宝星陀羅尼経　波羅頗密多羅訳
度諸仏境界智光厳経　不詳
大乗金剛髻珠菩薩修行分　菩提流志訳
大方広仏華厳経　仏䭾跋陀羅訳
大方広仏華厳経　実叉難陀訳
大方広仏華厳経　第一―二〇巻　般若訳

**第八套　大乗経華厳部・涅槃部**

大方広仏華厳経　第二一―四〇巻　般若訳
信力入印法門経　曇摩流支訳
仏華厳入如来徳智不思議境界経　闍那崛多訳
仏説如来興顕経　竺法護訳
大方広入如来智徳不思議経　実叉難陀訳
大方広仏華厳経修慈分　提雲般若等訳
顕無辺仏土功徳経　玄奘訳
大方広仏華厳経不思議境界分　提雲般若訳
大方広如来不思議境界経　実叉難陀訳
大方広普賢所説経　実叉難陀訳
仏説荘厳菩提心経　鳩摩羅什訳
仏説菩薩本業経　支謙訳
大方広仏華厳経入法界品　地婆訶羅訳
仏説兜沙経　支婁迦讖訳
仏説大方広菩薩十地経　吉迦夜訳
度世品経　竺法護訳
十住経　鳩摩羅什訳
仏説羅摩伽経　聖堅訳
諸菩薩求仏本業経　聶道真訳
菩薩十住行道品　竺法護訳
仏説菩薩十住経　祇多蜜訳
漸備一切智徳経　竺法護訳
等目菩薩所問三昧経　竺法護訳
文殊師利問菩薩署経　支婁迦讖訳
大般涅槃経　曇無讖訳
大般涅槃経　慧厳等編訳
大般涅槃経後分　若那跋陀羅訳
仏説方等般泥洹経　竺法護訳
大悲経　那連提耶舎訳
大般涅槃経　法顕訳
般泥洹経　不詳
仏説大般泥洹経　法顕訳
四童子三昧経　闍那崛多訳
仏垂般涅槃略説教誡経　鳩摩羅什訳
仏臨涅槃記法住経　玄奘訳
仏滅度後棺斂葬送経　不詳
般泥洹後灌臘経　竺法護訳

**第九套　五大部外重訳経**

金光明最勝王経　義浄訳
金光明経　曇無讖訳
等集衆徳三昧経　竺法護訳
集一切福徳三昧経　鳩摩羅什訳
合部金光明経　宝貴　曇無讖等訳
入定不定印経　義浄訳
不必定入定入印経　般若流支訳
無量義経　曇摩伽陀耶舎訳
妙法蓮華経　鳩摩羅什訳
仏説法華三昧経　智厳訳
薩曇分陀利経　不詳
妙法蓮華経観世音菩薩普門品経　鳩摩羅什訳　闍那笈多訳　重頌
正法華経　竺法護訳
添品妙法蓮華経　闍那崛多・闍那笈多等訳
分別縁起初勝法門経　玄奘訳
縁生初勝分法本経　達磨笈多訳
悲華経　曇無讖訳
六度集経　康僧会訳
大乗頂王経　月婆首那訳
仏説大方等頂王経　竺法護訳
維摩詰所説経　鳩摩羅什訳
仏説維摩詰経　支謙訳
仏説道神足無極変化経　安法欽訳
説無垢称経　玄奘訳
仏説阿惟越致遮経　竺法護訳
仏説宝雨経　達摩流支訳
宝雲経　曼陀羅仙訳
仏昇忉利天為母説法経　竺法護訳
相続解脱地婆羅蜜了義経　求那跋陀羅訳
相続解脱如来所作随順処了義経　求那跋陀羅訳
仏説解節経　真諦訳
不退転法輪経　不詳
仏説広博厳浄不退転輪経　智厳訳
方広大荘厳経　地婆訶羅訳
仏説普曜経　竺法護訳
仏説伅真陀羅所問如来三昧経　支婁迦讖訳
大樹緊那羅王所問経　鳩摩羅什訳
仏説諸法本無経　闍那崛多訳
諸法無行経　鳩摩羅什訳
持人菩薩経　竺法護訳
持世経　鳩摩羅什訳
仏説灌頂七万二千神王護比丘呪経　帛尸梨蜜多羅訳
仏説文殊師利現宝蔵経　竺法護訳
大方広宝篋経　求那跋陀羅訳
仏説薬師如来本願経　達摩笈多訳
薬師瑠璃光如来本願功徳経　玄奘訳
薬師瑠璃光七仏本願功徳経　義浄訳
仏説阿闍世王経　支婁迦讖訳
楞伽阿跋多羅宝経　求那跋陀羅訳
入楞伽経　菩提留支訳

**第一〇套　五大部外重訳経**

大乗入楞伽経　実叉難陀訳
仏説菩薩行方便境界神通変化経　求那跋陀羅訳
大薩遮尼乾子所説経　菩提留支訳

大乗悲分陀利経　不詳
善思童子経　闍那崛多訳
文殊師利普超三昧経　竺法護訳
仏説放鉢経　不詳
仏説大浄法門経　竺法護訳
大荘厳法門経　那連提耶舎訳
大方等大雲経請雨品第六十四　闍那耶舎訳
大雲請雨品第六十四　闍那耶舎訳
大雲輪請雨経　那連提耶舎訳
勝思惟梵天所問経　菩提流支訳
思益梵天所問経　鳩摩羅什訳
月灯三昧経　那連提耶舎訳
仏説月灯三昧経　先公訳
仏説月灯三昧経　先公訳
仏説象腋経　曇摩蜜多訳
仏説無希望経　竺法護訳
大乗同性経　闍那耶舎訳
証契大乗経　地婆訶羅訳
持心梵天所問経　竺法護訳
仏説観無量寿仏経　畺良耶舎訳
称讃浄土仏摂受経　玄奘訳
仏説阿弥陀経　鳩摩羅什訳
抜一切業障根本得生浄土神呪経　求那跋陀羅訳
後出阿弥陀仏偈　不詳
仏説大阿弥陀経　王日休校輯
仏説観弥勒菩薩上生兜率天経　沮渠京声訳
仏説弥勒下生成仏経　鳩摩羅什訳
仏説弥勒来時経　不詳
仏説弥勒下生成仏経　義浄訳
仏説弥勒下生経　竺法護訳
仏説弥勒大成仏経　鳩摩羅什訳
第一義法勝経　般若流支訳
大威灯光仙人問疑経　闍那崛多訳
仏説一切法高王経　般若流支訳
仏説諸法勇王経　曇摩蜜多訳
順権方便経　竺法護訳

楽瓔珞荘厳方便品経　曇摩耶舎訳
仏説菩薩睒子経　不詳
仏説睒子経　聖堅訳
仏説九色鹿経　支謙訳
仏説太子墓魄経　竺法護訳
仏説太子慕魄経　安世高訳
無字宝篋経　菩提流支訳
大乗離文字普光明蔵経　地婆訶羅訳
大乗徧照光明蔵無字法門経　地婆訶羅訳
仏説老女人経　支謙訳
仏説老母経　不詳
仏説老母女六英経　求那跋陀羅訳
仏説長者子制経　安世高訳
仏説菩薩逝経　白法祖訳
仏説逝童子経　支法度訳
仏説月光童子経　竺法護訳
仏説申日経　竺法護訳
申日児本経　求那跋陀羅訳
仏説徳護長者経　那連提耶舎訳
仏説犢子経　支謙訳
仏説乳光仏経　竺法護訳
仏説無垢賢女経　竺法護訳
仏説腹中女聴経　曇無讖訳
仏説転女身経　曇摩蜜多訳
文殊師利問菩提経　鳩摩羅什訳
伽耶山頂経　菩提流支訳
仏説象頭精舎経　毘尼多流支訳
大乗伽耶山頂経　菩提流志訳
仏説決定総持経　竺法護訳
謗仏経　菩提流支訳
大方等無想経　曇無讖訳
如来荘厳智慧光明入一切仏境界経　曇摩流支訳
深密解脱経　菩提留支訳
解深密経　玄奘訳
仏説諫王経　沮渠京声訳
如来示教勝軍王経　玄奘訳

仏為勝光天子説王法経　義浄訳
仏説宝積三昧文殊師利菩薩問法身経　安世高訳
仏説済諸方等学経　竺法護訳
大乗方広総持経　毘尼多流支訳
太子須大拏経　聖堅訳
仏説如来智印経　不詳
仏説慧印三昧経　支謙訳
無極宝三昧経　竺法護訳
仏説宝如来三昧経　祇多蜜訳
仏説無上依経　真諦訳
仏説未曾有経　不詳
甚希有経　玄奘訳
如来師子吼経　仏陀扇多訳
大方広師子吼経　地婆訶羅訳
大乗百福相経　地婆訶羅訳
大乗百福荘厳相経　地婆訶羅訳
大乗四法経　地婆訶羅訳
仏説菩薩修行四法経　地婆訶羅訳
仏説希有校量功徳経　闍那崛多訳
最無比経　玄奘訳
前世三転経　法炬訳
仏説銀色女経　仏陀扇多訳
阿闍世王授決経　法炬訳
採華違王上仏授決号妙花経　竺曇無蘭訳
仏説正恭敬経　仏陀扇多訳
善恭敬経　闍那崛多訳
称讃大乗功徳経　玄奘訳
説妙法決定業障経　智厳訳
貝多樹下思惟十二因縁経　支謙訳
縁起聖道経　玄奘訳
仏説稲芉経　不詳
了本生死経　支謙訳
仏説自誓三昧経　安世高訳
仏説如来独証自誓三昧経　竺法護訳
仏説転有経　仏陀扇多訳
仏説大方等修多羅王経　菩提流支訳

仏説文殊師利巡行経　菩提流支訳
仏説文殊尸利行経　豆那崛多訳
仏説大乗造像功徳経　提雲般若訳
仏説作仏形像経　不詳
仏説造立形像福報経　不詳
仏説灌洗仏形像経　法炬訳
仏説摩訶刹頭経　聖堅訳
仏説浴像功徳経　宝思惟訳
浴仏功徳経　義浄訳
仏説校量数珠功徳経　宝思惟訳
曼珠室利呪蔵中校量数珠功徳経　義浄訳
仏説竜施女経　支謙訳
仏説竜施菩薩本起経　竺法護訳
仏説八吉祥神呪経　支謙訳
仏説八陽神呪経　竺法護訳
八吉祥経　僧伽婆羅訳
八仏名号経　闍那崛多訳
仏説盂蘭盆経　竺法護訳
仏説報恩奉瓫経　不詳
仏説観薬王薬上二菩薩経　畺良耶舎訳
仏説大孔雀呪王経　義浄訳
仏母大孔雀明王経　不空訳
孔雀王呪経　僧伽婆羅訳
大金色孔雀王呪経　不詳
仏説大金色孔雀王呪経　不詳
孔雀王呪経　鳩摩羅什訳
不空羂索呪経　闍那崛多訳
不空羂索陀羅尼自在王呪経　宝思惟訳
不空羂索陀羅尼経　李無諂訳
不空羂索呪心経　菩提流支訳
不空羂索神呪心経　玄奘訳
不空羂索神変真言経　菩提流志訳
千眼千臂観世音菩薩陀羅尼神呪経　智通訳
千手千眼観世音菩薩姥陀羅尼身経　菩提流志訳
仏説千手千眼観世音菩薩広大円満無礙大悲心陀羅尼経　伽梵達摩訳
観世音菩薩秘密蔵如意輪陀羅尼神呪経　実叉難陀訳
観世音菩薩如意摩尼陀羅尼経　宝思惟訳
仏説観自在菩薩如意心陀羅尼呪経　義浄訳
如意輪陀羅尼経　菩提流志訳
観自在菩薩随心呪経　智通訳
請観世音菩薩消伏毒害陀羅尼呪経　竺難提訳
仏説十一面観世音神呪経　耶舎崛多訳
十一面神呪心経　玄奘訳

## 第一一套　五大部外重訳経・単訳経

千転陀羅尼観世音菩薩呪　智通訳
呪五首　玄奘訳
六字神呪経　菩提流志訳
呪三首経　地婆訶羅訳
大方広菩薩蔵経中文殊師利根本一字陀羅尼経　宝思惟訳
曼殊室利菩薩呪蔵中一字呪王経　義浄訳
仏説十二仏名神呪校量功徳除障滅罪経　闍那崛多訳
仏説称讃如来功徳神呪経　義浄訳
仏説華積陀羅尼神呪経　支謙訳
仏説師子奮迅菩薩所問経　不詳
仏説華聚陀羅尼呪経　不詳
仏説六字呪王経　不詳
仏説六字神呪王経　不詳
仏説梵志女首意経　竺法護訳
有徳女所問大乗経　菩提流志訳
仏説七倶胝仏母心大准提陀羅尼経　地婆訶羅訳
仏説七倶胝仏母准提大明陀羅尼経　金剛智訳
七倶胝仏母所説准提陀羅尼経　不空訳
種種雑呪経　闍那崛多訳
仏頂尊勝陀羅尼経　仏陀波利訳
仏頂尊勝陀羅尼経　杜行顗訳
仏説仏頂尊勝陀羅尼経　義浄訳
最勝仏頂陀羅尼浄除業障呪経　地婆訶羅訳
仏頂最勝陀羅尼経　地婆訶羅訳
舎利弗陀羅尼経　僧伽婆羅訳
無量門破魔陀羅尼経　功徳直・玄暢等訳
仏説無量門微密持経　支謙訳
仏説出生無量門持経　仏陀跋陀羅訳
仏説阿難陀目佉尼呵離陀鄰尼経　仏駄扇多訳
阿難陀目佉尼呵離陀経　求那跋陀羅訳
仏説一向出生菩薩経　闍那崛多訳
出生無辺門陀羅尼経　智厳訳
勝幢臂印陀羅尼経　玄奘訳
妙臂印幢陀羅尼経　実叉難陀訳
仏説陀羅尼集経　阿地瞿多訳
仏説持句神呪経　支謙訳
仏説陀鄰尼鉢経　曇無蘭訳
東方最勝灯王如来経　闍那崛多訳
東方最勝灯王陀羅尼経　闍那崛多訳
如来方便善功呪経　闍那崛多訳
虚空蔵菩薩問七仏陀羅尼呪経　不詳
仏説善法方便陀羅尼経　不詳
金剛秘密善門陀羅尼呪経　不詳
護命法門神呪経　菩提流志訳
金剛場陀羅尼経　闍那崛多訳
金剛上味陀羅尼経　仏陀扇多訳
仏説無崖際総持法門経　聖堅訳
尊勝菩薩所問一切諸法入無量門陀羅尼経　万天懿訳
最勝問菩薩十住除垢断結経　竺仏念訳
私呵昧経　支謙訳
菩薩生地経　支謙訳
仏説孛経抄　支謙訳
無垢浄光大陀羅尼経　弥陀山訳
仏説成具光明定意経　支曜訳
摩訶摩耶経　曇景訳
仏説諸徳福田経　法立・法炬等訳
大方等如来蔵経　仏陀跋陀羅訳
仏説宝網経　竺法護訳
仏説内蔵百宝経　支婁迦讖訳
仏説温室洗浴衆僧経　安世高訳
菩薩行五十縁身経　竺法護訳
仏説菩薩修行経　白法祖訳

金色王経　般若流支訳
仏語経　菩提流支訳
仏説四不可得経　竺法護訳
仏説須真天子経　竺法護訳
仏説観普賢菩薩行法経　曇無蜜多訳
観世音菩薩授記経　曇無竭訳
不思議光菩薩所説経　鳩摩羅什訳
仏説超日明三昧経　聶承遠訳
仏説除恐災患経　聖堅訳
仏説首楞厳三昧経　鳩摩羅什訳
仏説未曾有因縁経　曇景訳
諸仏要集経　竺法護訳
仏説称揚諸仏功徳経　吉迦夜訳
賢劫経　竺法護訳
仏説仏名経　菩提流支訳
過去荘厳劫千仏名経　不詳
現在賢劫千仏名経　不詳
未来星宿劫千仏名経　不詳
五千五百仏名神呪除障滅罪経　闍那崛多訳
力荘厳三昧経　那連提耶舎訳
仏説八部仏名経　般若流支訳
仏説百仏名経　那連提耶舎訳
仏説不思議功徳諸仏所護念経　不詳
仏説金剛三昧本性清浄不壊不滅経　不詳
仏説師子月仏本生経　不詳
仏説演道俗業経　聖堅訳
仏説長者法志妻経　不詳
仏説薩羅国経　不詳
仏説十吉祥経　不詳
仏説長者女菴提遮師子吼了義経　不詳
一切智光明仙人慈心因縁不食肉経　不詳
大方等陀羅尼経　法衆訳
大法炬陀羅尼経　闍那崛多訳
大威徳陀羅尼経　闍那崛多訳
観察諸法行経　闍那崛多訳
仏説華手経　鳩摩羅什訳

仏説法集経　菩提流支訳
大方広円覚修多羅了義経　仏陀多羅訳
仏説施灯功徳経　那連提耶舎訳
金剛三昧経　不詳
仏説観仏三昧海経　仏陀跋陀羅訳

## 第一二套　単訳経・小乗経阿含部

大方便仏報恩経　不詳
仏説菩薩本行経　不詳
菩薩従兜術天降神母胎説広普経　竺仏念訳
央掘魔羅経　求那跋陀羅訳
仏説菩薩内習六波羅蜜経　厳仏調訳
仏説菩薩投身飴餓虎起塔因縁経　法盛訳
仏説弘道広顕三昧経　竺法護訳
仏説明度五十校計経　安世高訳
無所有菩薩経　闍那崛多訳
大法鼓経　求那跋陀羅訳
仏説月上女経　闍那崛多訳
文殊師利問経　僧伽婆羅訳
大方広如来秘密蔵経　不詳
大乗密厳経　地婆訶羅訳
菩薩瓔珞経　竺仏念訳
大仏頂如来密因修証了義諸菩薩万行首楞厳経　「般剌蜜帝訳
七仏八菩薩所説大陀羅尼神呪経　不詳
仏説文殊師利法宝蔵陀羅尼経　菩提流志訳
僧伽吒経　月婆首那訳
仏説出生菩提心経　闍那崛多訳
仏説仏印三昧経　安世高訳
仏説十二頭陀経　求那跋陀羅訳
仏説樹提伽経　求那跋陀羅訳
仏説法常住経　不詳
長寿王経　不詳
仏説海竜王経　竺法護訳
仏為海竜王説法印経　義浄訳
右遶仏塔功徳経　実叉難陀訳
仏説妙色王因縁経　義浄訳
仏説師子素駄婆王断肉経　智厳訳

差摩婆帝授記経　菩提流支訳
師子荘厳王菩薩請問経　那提訳
中陰経　竺仏念訳
占察善悪業報経　菩提灯訳
蓮華面経　那連提耶舎訳
仏説二品弟子経　支謙訳
仏説四輩経　竺法護訳
仏説当来変経　竺法護訳
仏説過去世仏分衛経　竺法護訳
仏説法滅尽経　不詳
仏説甚深大廻向経　不詳
仏説天王太子辟羅経　不詳
大吉義神呪経　曇曜訳
阿吒婆拘鬼神大将上仏陀羅尼神呪経　不詳
仏説大普賢陀羅尼経　不詳
仏説大七宝陀羅尼経　不詳
六字大陀羅尼呪経　不詳
仏説安宅神呪経　不詳
仏説玄師颰陀所説神呪経　竺曇無蘭訳
仏説辟除賊害呪経　不詳
仏説呪時気病経　竺曇無蘭訳
仏説呪歯経　竺曇無蘭訳
仏説呪目経　竺曇無蘭訳
仏説呪小児経　竺曇無蘭訳
仏説安宅陀羅尼呪経　不詳
阿弥陀鼓音声王陀羅尼経　不詳
仏説摩尼羅亶経　竺曇無蘭訳
仏説檀特羅麻油述経　竺曇無蘭訳
仏説護諸童子陀羅尼経　菩提流支訳
諸仏心陀羅尼経　玄奘訳
抜済苦難陀羅尼経　玄奘訳
八名普密陀羅尼経　玄奘訳
持世陀羅尼経　玄奘訳
六門陀羅尼経　玄奘訳
清浄観世音普賢陀羅尼経　智通訳
諸仏集会陀羅尼経　提雲般若訳

智炬陀羅尼経　提雲般若訳
仏説随求即得大自在陀羅尼神呪経　宝思惟訳
仏説一切功徳荘厳王経　義浄訳
仏説抜除罪障呪王経　義浄訳
仏説善夜経　義浄訳
虚空蔵菩薩能満諸願最勝心陀羅尼求聞持法　義浄訳
仏説仏地経　玄奘訳
百千印陀羅尼経　実叉難陀訳
仏説荘厳王陀羅尼呪経　義浄訳
香王菩薩陀羅尼呪経　義浄訳
優婆夷浄行法門経　不詳
諸法最上王経　闍那崛多訳
仏説文殊師利般涅槃経　聶道真訳
異出菩薩本起経　聶道真訳
仏説賢首経　聖堅訳
仏説千仏因縁経　鳩摩羅什訳
仏説八大人覚経　安世高訳
仏説月明菩薩経　支謙訳
仏説心明経　竺法護訳
仏説滅十方冥経　竺法護訳
仏説鹿母経　竺法護訳
仏説魔逆経　竺法護訳
仏説徳光太子経　竺法護訳
商主天子所問経　闍那崛多訳
大乗四法経　実叉難陀訳
離垢慧菩薩所問礼仏法経　那提訳
寂照神変三摩地経　玄奘訳
仏説造塔功徳経　地婆訶羅訳
仏説不増不減経　菩提流支訳
仏説堅固女経　那連提耶舎訳
仏説大乗流転諸有経　義浄訳
仏説大意経　求那跋陀羅訳
受持七仏名号所生功徳経　玄奘訳
金剛光焔止風雨陀羅尼経　菩提流支訳
大毘盧遮那成仏神変加持経　善無畏・一行等訳
蘇婆呼童子請問経　輸婆迦羅訳
一字仏頂輪王経　菩提流志訳
蘇悉地羯羅経　輸婆迦羅訳
金剛頂瑜伽中略出念誦経　金剛智訳
広大宝楼閣善住秘密陀羅尼経　菩提流志訳
牟梨曼陀羅呪経　不詳
金剛頂経曼殊室利菩薩五字心陀羅尼品　金剛智訳
観自在如意輪菩薩瑜伽法要　金剛智訳
仏説救面然餓鬼陀羅尼神呪経　実叉難陀訳
仏説甘露経陀羅尼呪　実叉難陀訳
大陀羅尼末法中一字心呪経　宝思惟訳
中阿含経　第一―四〇巻　僧伽提婆訳

**第一三套　小乗経阿含部**

中阿含経　第四一―六〇巻　僧伽提婆訳
増壱阿含経　僧伽提婆訳
雑阿含経　第一―一六巻　求那跋陀羅訳
仏説長阿含経　仏陀耶舎・竺仏念等訳
別訳雑阿含経　不詳
雑阿含経　不詳
長阿含十報法経　安世高訳
起世経　闍那崛多等訳
起世因本経　達摩笈多訳
大楼炭経　法立・法炬等訳

**第一四套　小乗経阿含部・単訳経**

仏般泥洹経　白法祖訳
仏説人本欲生経　安世高訳
仏説梵網六十二見経　支謙訳
仏説尸迦羅越六方礼経　安世高訳
中本起経　曇果・康孟詳等訳
仏説七知経　支謙訳
仏説鹹水喩経　不詳
仏説一切流摂守因経　安世高訳
仏説閻羅王五天使者経　慧簡訳
仏説鉄城泥犂経　竺曇無蘭訳
仏説古来世時経　不詳
仏説阿那律八念経　支曜訳
仏説離睡経　竺法護訳
仏説是法非法経　安世高訳
仏説楽想経　竺法護訳
仏説漏分布経　安世高訳
仏説阿耨風経　竺曇無蘭訳
仏説求欲経　法炬訳
仏説受歳経　竺法護訳
仏説梵志計水浄経　不詳
仏説伏婬経　法炬訳
仏説魔嬈乱経　不詳
弊魔試目連経　支謙訳
仏説泥犂経　竺曇無蘭訳
優陂夷堕舎迦経　不詳
仏説斎経　支謙訳
仏説苦陰経　不詳
仏説苦陰因事経　法炬訳
仏説釈摩男本四子経　支謙訳
仏説鞞摩粛経　求那跋陀羅訳
仏説婆羅門子命終愛念不離経　安世高訳
仏説十支居士八城人経　安世高訳
仏説邪見経　不詳
仏説箭喩経　不詳
仏説普法義経　安世高訳
広義法門経　真諦訳
仏説戒徳香経　竺曇無蘭訳
仏説四人出現世間経　求那跋陀羅訳
仏説諸法本経　支謙訳
仏説瞿曇弥記果経　慧簡訳
仏開解梵志阿颰経　支謙訳
仏説寂志果経　竺曇無蘭訳
仏説頼吒和羅経　支謙訳
仏説善生子経　支法度訳
仏説数経　法炬訳
梵志頞波羅延問種尊経　竺曇無蘭訳
仏説四諦経　安世高訳
仏説恒水経　法炬訳
仏説瞻婆比丘経　法炬訳

仏説本相倚致経　安世高訳
仏説縁本致経　不詳
仏説頂生王故事経　法炬訳
仏説文陀竭王経　曇無讖訳
仏説三帰五戒慈心厭離功徳経　不詳
仏説須達経　求那毗地訳
仏為黄竹園老婆羅門説学経　不詳
梵摩渝経　支謙訳
仏説尊上経　竺法護訳
仏説鸚鵡経　求那跋陀羅訳
仏説兜調経　不詳
仏説意経　竺法護訳
仏説応法経　竺法護訳
仏説波斯匿王太后崩塵土坌身経　法炬訳
須摩提女経　支謙訳
仏説三摩竭経　竺律炎訳
仏説婆羅門避死経　安世高訳
仏説食施護五福報経　不詳
頻毗娑羅王詣仏供養経　法炬訳
仏説長者子六過出家経　慧簡訳
仏説鴦掘摩経　竺法護訳
仏説鴦崛髻経　法炬訳
仏説力士移山経　竺法護訳
仏説四未曾有法経　竺法護訳
舎利弗摩訶目連遊四衢経　康孟詳訳
七仏父母姓字経　不詳
仏説放牛経　鳩摩羅什訳
縁起経　玄奘訳
仏説十一想思念如来経　求那跋陀羅訳
仏説四泥犁経　竺曇無蘭訳
舎衛国王夢見十事経　不詳
国王不梨先泥十夢経　竺曇無蘭訳
仏説阿難同学経　安世高訳
五蘊皆空経　義浄訳
仏説阿難問事仏吉凶経　安世高訳
仏説慢法経　法炬訳
仏説阿難分別経　法堅訳
五母子経　支謙訳
沙弥羅経　不詳
玉耶経　竺曇無蘭訳
仏説玉耶女経　不詳
仏説阿遬達経　求那跋陀羅訳
仏説摩鄧女経　安世高訳
仏説摩登女解形中六事経　不詳
摩登伽経　竺律炎・支謙等訳
舎頭諌太子二十八宿経　竺法護訳
治禅病秘要法　沮渠京声訳
仏説七処三観経　安世高訳
阿那邠邸化七子経　安世高訳
仏説大愛道般泥洹経　白法祖訳
仏母般泥洹経　慧簡訳
仏説聖法印経　竺法護訳
五陰譬喩経　安世高訳
仏説水沫所漂経　竺曇無蘭訳
仏説不自守意経　支謙訳
仏説満願子経　不詳
仏説転法輪経　安世高訳
仏説三転法輪経　義浄訳
仏説八正道経　安世高訳
仏説難提釈経　法炬訳
仏説馬有三相経　支曜訳
仏説馬有八態譬人経　支曜訳
仏説相応相可経　法炬訳
修行本起経　竺大力・康孟詳等訳
仏説太子瑞応本起経　支謙訳
過去現在因果経　求那跋陀羅訳
仏説㮈女祇域因縁経　安世高訳
仏説奈女耆婆経　安世高訳
生経　竺法護訳
仏説蓱沙王五願経　支謙訳
仏説瑠璃王経　竺法護訳
仏説海八徳経　鳩摩羅什訳
法海経　法炬訳
仏説義足経　支謙訳
仏説鬼問目連経　安世高訳
仏説雑蔵経　法顕訳
餓鬼報応経　不詳
四十二章経　迦葉摩騰・法蘭等訳
正法念処経　般若流支訳
仏本行集経　闍那崛多訳
仏説大安般守意経　安世高訳
仏説罵意経　安世高訳
禅行法想経　安世高訳
仏説処処経　安世高訳
仏説分別善悪所起経　安世高訳
仏説出家功徳因縁経　安世高訳
仏説阿含正行経　安世高訳
仏説十八泥犁経　安世高訳
仏説法受塵経　安世高訳
仏説進学経　沮渠京声訳
得道梯橙錫杖経　不詳
仏説貧窮老公経　慧簡訳
仏説須摩提長者経　支謙訳
仏説長者子懊悩三処経　安世高訳
揵陀国王経　安世高訳
仏説阿難四事経　支謙訳
仏説分別経　竺法護訳
仏説未生冤経　支謙訳
仏説四願経　支謙訳
仏説猘狗経　支謙訳
仏説八関斎経　沮渠京声訳
仏説孝子経　不詳
仏説黒氏梵志経　支謙訳
仏説阿鳩留経　不詳
仏為阿支羅迦葉自化作苦経　不詳
仏説罪業応報教化地獄経　安世高訳
竜王兄弟経　支謙訳
仏説長者音悦経　支謙訳

仏説七女経　支謙訳
仏説八師経　支謙訳
仏説越難経　聶承遠訳
所欲致患経　竺法護訳
阿闍世王問五逆経　法炬訳
本事経　玄奘訳

**第一五套　単訳経・宋元入蔵諸大小乗経**

（仏説）忠心経　竺曇無蘭訳
仏説見正経　竺曇無蘭訳
仏説大魚事経　竺曇無蘭訳
阿難七夢経　竺曇無蘭訳
仏説呵鵰阿那鋡経　竺曇無蘭訳
灯指因縁経　鳩摩羅什訳
仏説婦人遇辜経　聖堅訳
仏説四天王経　智厳・宝雲等訳
仏説摩訶迦葉度貧母経　求那跋陀羅訳
仏説禅行三十七品経　安世高訳
比丘避女悪名欲自殺経　法炬訳
身観経　竺法護訳
仏説無常経　義浄訳
仏説八無暇有暇経　義浄訳
仏五百弟子自説本起経　竺法護訳
五苦章句経　竺曇無蘭訳
仏説堅意経　安世高訳
仏説浄飯王般涅槃経　沮渠京声訳
仏説興起行経　康孟詳訳
長爪梵志請問経　義浄訳
仏説譬喩経　義浄訳
比丘聴施経　曇無蘭訳
仏説略教誡経　義浄訳
仏説療痔病経　義浄訳
仏為首迦長者説業報差別経　法智訳
十二品生死経　求那跋陀羅訳
仏説罪福報応経　求那跋陀羅訳
仏説五無反復経　沮渠京声訳
仏説五無返復経　沮渠京声訳
仏説仏大僧大経　沮渠京声訳
仏説大迦葉本経　竺法護訳
仏説四自侵経　竺法護訳
羅云忍辱経　法炬訳
仏為年少比丘説正事経　法炬訳
仏説沙曷比丘功徳経　法炬訳
仏説時非時経　若羅厳訳
仏説自愛経　竺曇無蘭訳
仏説賢者五福徳経　白法祖訳
天請問経　玄奘訳
仏説護浄経　不詳
仏説木槵子経　不詳
仏説無上処経　不詳
盧至長者因縁経　不詳
普達王経　不詳
仏説鬼子母経　不詳
仏説梵摩難国王経　不詳
仏説孫多耶致経　支謙訳
仏説父母恩難報経　安世高訳
仏説新歳経　曇無蘭訳
仏説羣牛譬経　法炬訳
仏説九横経　安世高訳
仏説五恐怖世経　沮渠京声訳
弟子死復生経　沮渠京声訳
仏説懈怠耕者経　恵簡訳
弁意長者子経　法場訳
無垢優婆夷問経　般若流支訳
仏説耶祇経　沮渠京声訳
仏説末羅王経　沮渠京声訳
仏説摩達国王経　沮渠京声訳
仏説旃陀越国王経　沮渠京声訳
仏説五王経　不詳
仏説出家功徳経　不詳
仏説栴檀樹経　不詳
仏説頞多和多耆経　不詳
禅秘要法経　鳩摩羅什訳
陰持入経　安世高訳
仏説因縁僧護経　不詳
仏説大乗荘厳宝王経　天息災訳
分別善悪報応経　天息災訳
仏説守護大千国土経　施護訳
大方広総持宝光明経　法天訳
仏説大乗聖無量寿決定光明王如来陀羅尼経　法天訳
仏説大乗聖吉祥持世陀羅尼経　法天訳
仏説大乗日子王所問経　法天訳
仏説金耀童子経　天息災訳
仏頂放無垢光明入普門観察一切如来心陀羅尼経　施護訳
仏説楼閣正法甘露鼓経　天息災訳
仏説大乗善見変化文殊師利問法経　天息災訳
聖虚空蔵菩薩陀羅尼経　法天訳
仏説大護明大陀羅尼経　法天訳
仏説無能勝旛王如来荘厳陀羅尼経　施護訳
最勝仏頂陀羅尼経　法天訳
仏説聖仏母小字般若波羅蜜多経　天息災訳
消除一切閃電障難随求如意陀羅尼経　施護訳
仏説聖最上灯明如来陀羅尼経　施護訳
大寒林聖難拏陀羅尼経　法天訳
仏説諸行有為経　法天訳
息除中夭陀羅尼経　施護訳
一切如来正法秘密篋印心陀羅尼経　施護訳
妙法聖念処経　法天訳
仏説大迦葉問大宝積正法経　施護訳
仏説嗟韈嚢法天子受三帰依獲免悪道経　法天訳
仏説較量寿命経　天息災訳
仏説沙弥十戒儀則経　施護訳
聖持世陀羅尼経　施護訳
仏説布施経　法賢訳
仏説聖曜母陀羅尼経　法天訳
仏説法集名数経　施護訳
聖多羅菩薩一百八名陀羅尼経　法天訳
十二縁生祥瑞経　施護訳
讃揚聖徳多羅菩薩一百八名経　天息災訳

聖観自在菩薩一百八名経　天息災訳
仏説目連所問経　法天訳
外道問聖大乗法無我義経　法天訳
毗倶胝菩薩一百八名経　法天訳
勝軍化世百喩伽他経　天息災訳
仏説六道伽陀経　法天訳
妙臂菩薩所問経　法天訳
仏説苾芻五法経　法天訳
仏説苾芻迦尸迦十法経　法天訳
諸仏心印陀羅尼経　法天訳
大乗宝月童子問法経　施護訳
仏説蓮華眼陀羅尼経　施護訳
仏説観想仏母般若波羅蜜多菩薩経　天息災訳
仏説如意摩尼陀羅尼経　施護訳
仏説聖大総持王経　施護訳
仏説最上意陀羅尼経　施護訳
仏説持明蔵八大総持王経　施護訳
仏説聖無能勝金剛火陀羅尼経　法天訳
仏説尊勝大明王経　施護訳
仏説智光滅一切業障陀羅尼経　施護訳
仏説如意宝総持王経　施護訳
仏説大自在天子因地経　施護訳
仏説宝生陀羅尼経　施護訳
仏説十号経　天息災訳
仏為娑伽羅竜王所説大乗経　施護訳
仏説普賢菩薩陀羅尼経　法天訳
大金剛妙高山楼閣陀羅尼　施護訳
広大蓮華荘厳曼拏羅滅一切罪陀羅尼経　施護訳
仏説大摩里支菩薩経　天息災訳
末利支提婆華鬘経　不空訳
仏説摩利支天菩薩陀羅尼経　不空訳
仏説摩利支天陀羅尼呪経　不詳
仏説長者施報経　法天訳
仏説毗沙門天王経　法天訳
毗婆尸仏経　法天訳
仏説大三摩惹経　法天訳

仏説月光菩薩経　法賢訳
仏説普賢曼拏羅経　施護訳
仏説聖六字大明王陀羅尼経　施護訳
千転大明陀羅尼経　施護訳
仏説華積楼閣陀羅尼経　施護訳
仏説勝旛瓔珞陀羅尼経　施護訳
仏説衆許摩訶帝経　法賢訳
仏説七仏経　法天訳
仏説解憂経　法天訳
仏説遍照般若波羅蜜経　施護訳
仏説大乗無量寿荘厳経　法賢訳
仏説仏母宝徳蔵般若波羅蜜経　法賢訳
仏説帝釈般若波羅蜜多心経　施護訳
仏説諸仏経　施護訳
大乗舎黎娑擔摩経　施護訳
仏説大金剛香陀羅尼経　施護訳
最上大乗金剛大教宝王経　法天訳
仏説薩鉢多酥哩踰捺野経　法賢訳
仏説一切如来烏瑟膩沙最勝総持経　法天訳
菩提心観釈　法天訳
仏説護国尊者所問大乗経　施護訳
仏説四無所畏経　施護訳
増慧陀羅尼経　施護訳
聖六字増寿大明陀羅尼経　施護訳
仏説大乗戒経　施護訳
仏説聖最勝陀羅尼経　施護訳
仏説五十頌聖般若波羅蜜経　施護訳
仏説大乗八大曼拏羅経　法賢訳
仏説較量一切仏刹功徳経　法賢訳
囉嚩拏説救療小児疾病経　法賢訳
迦葉仙人説医女人経　法賢訳
仏説倶枳羅陀羅尼経　法賢訳
仏説消除一切災障宝髻陀羅尼経　法賢訳
仏説妙色陀羅尼経　法賢訳
仏説栴檀香身陀羅尼経　法賢訳
仏説鉢蘭那賖嚩哩大陀羅尼経　法賢訳

仏説宿命智陀羅尼経　法賢訳
仏説慈氏菩薩誓願陀羅尼経　法賢訳
仏説滅除五逆罪大陀羅尼経　法賢訳
仏説無量功徳陀羅尼経　法賢訳
仏説十八臂陀羅尼経　法賢訳
仏説洛叉陀羅尼経　法賢訳
仏説辟除諸悪陀羅尼経　法賢訳
仏説大愛陀羅尼経　法賢訳
仏説阿羅漢具徳経　法賢訳
仏説八大霊塔名号経　法賢訳
仏説尊那経　法賢訳
仏説頻婆娑羅王経　法賢訳
仏説人仙経　法賢訳
仏説旧城喩経　法賢訳
仏説信解智力経　法賢訳
大正句王経　法賢訳
仏説善楽長者経　法賢訳
仏説聖多羅菩薩経　法賢訳
仏説大吉祥陀羅尼経　法賢訳
仏説宝賢陀羅尼経　法賢訳
仏説秘密八名陀羅尼経　法賢訳
仏説観自在菩薩母陀羅尼経　法賢訳
仏説戒香経　法賢訳
仏説妙吉祥菩薩陀羅尼　法賢訳
仏説無量寿大智陀羅尼　法賢訳
仏説宿命智陀羅尼　法賢訳
仏説慈氏菩薩陀羅尼　法賢訳
仏説虚空蔵菩薩陀羅尼　法賢訳
宝授菩薩菩提行経　法賢訳
仏説延寿妙門陀羅尼経　法賢訳
仏説一切如来名号陀羅尼経　法賢訳
仏説息除賊難陀羅尼経　法賢訳
仏説法身経　法賢訳
仏説信仏功徳経　法賢訳
仏説解夏経　法賢訳
仏説帝釈所問経　法賢訳

仏説未曾有正法経　法天訳
仏説大方広善巧便経　施護訳
仏説仏母出生三法蔵般若波羅蜜多経　施護訳
仏説決定義経　法賢訳
仏説護国経　法賢訳
仏説分別縁生経　法天訳
仏説分別布施経　施護訳
仏説法印経　施護訳
仏説大生義経　施護訳
仏説発菩提心破諸魔経　施護訳
仏説聖仏母般若波羅蜜多経　施護訳
仏説大乗不思議神通境界経　施護訳
仏説給孤長者女得度因縁経　施護訳
仏説大集法門経　施護訳
仏説光明童子因縁経　施護訳
仏説宝帯陀羅尼経　施護訳
仏説金身陀羅尼経　施護訳
仏説入無分別法門経　施護訳
仏説浄意優婆塞所問経　施護訳
仏説金剛場荘厳般若波羅蜜多教中一分　施護訳
仏説息諍因縁経　施護訳
仏説初分説経　施護訳
仏説無畏授所問大乗経　施護等訳
仏説月喩経　施護訳
仏説医喩経　施護訳
仏説灌頂王喩経　施護等訳
仏説尼拘陀梵志経　施護等訳
仏説白衣金幢二婆羅門縁起経　施護等訳
仏説福力太子因縁経　施護等訳
仏説身毛喜豎経　惟浄等訳
大乗本生心地観経　般若訳
出生無辺門陀羅尼経　不空訳
一切如来心秘密全身舎利宝篋印陀羅尼経　不空訳
仏説大吉祥天女十二名号経　不空訳
仏説大吉祥天女十二契一百八名無垢大乗経　不空訳
仏説一切如来金剛寿命陀羅尼経　不空訳
観自在菩薩化身蘘麌哩曳童女銷伏毒害陀羅尼経　不空訳
仏説雨宝陀羅尼経　不空訳
慈氏菩薩所説大乗縁生稲幹喩経　不空訳
仏説除蓋障菩薩所問経　法護訳
仁王護国般若波羅蜜多経　不空訳
穢跡金剛説神通大満陀羅尼法術霊要門　阿質達霰訳
穢跡金剛禁百変法経　阿質達霰訳
仏説大乗大方広仏冠経　法護訳
仏説八種長養功徳経　法護等訳
大雲輪請雨経　不空訳
大乗密厳経　不空訳
仏説大集会正法経　施護訳
葉衣観自在菩薩経　不空訳
毘沙門天王経　不空訳
文殊問経字母品　不空訳
仏説海意菩薩所問浄印法門経　惟浄等訳
仏説如幻三摩地無量印法門経　施護等訳
守護国界主陀羅尼経　般若・牟尼室利等訳
仏説三十五仏名礼懺文　不空訳
観自在菩薩説普賢陀羅尼経　不空訳
八大菩薩曼荼羅経　不空訳
能浄一切眼疾病陀羅尼経　不空訳
除一切疾病陀羅尼経　不空訳
仏説救抜焔口餓鬼陀羅尼経　不空訳
瑜伽集要救阿難陀羅尼焔口軌儀経　不空訳
仏説蟻喩経　施護訳
仏説聖観自在菩薩不空王秘密心陀羅尼経　施護等訳
仏説勝軍王所問経　施護訳
仏説輪王七宝経　施護訳
仏説園生樹経　施護訳
仏説了義般若波羅蜜多経　施護訳
仏説大方広未曾有経善巧方便品　施護訳

**第一六套　宋元入蔵諸大小乗経・同余**

仏説大堅固婆羅門縁起経　施護訳
仏説巨力長者所問大乗経　智吉祥等訳
仏説妙吉祥菩薩所問大乗法螺経　法賢訳
仏説四品法門経　法賢訳
仏説八大菩薩経　法賢訳
仏説施一切無畏陀羅尼経　施護等訳
聖八千頌般若波羅蜜多一百八名真実円義陀羅尼経　施護等訳
仏説一髻尊陀羅尼経　不空訳
金剛摧砕陀羅尼　慈賢訳
不空羂索毘盧遮那仏大灌頂光真言　不空訳
地蔵菩薩本願経　実叉難陀訳
大乗理趣六波羅蜜多経　般若訳
仏説大乗菩薩蔵正法経　法護訳
仏為優填王説王法政論経　不空訳
仏説五大施経　施護等訳
仏説無畏陀羅尼経　法賢訳
仏説大威徳金輪仏頂熾盛光如来消除一切災難陀羅尼経　不詳
仏説熾盛光大威徳消災吉祥陀羅尼経　不空訳
仏説頂生王因縁経　施護等訳
仏説大乗随転宣説諸法経　紹徳訳
仏説大乗入諸仏境界智光明荘厳経　法護等訳
仏説大乗智印経　智吉祥訳
仏説法乗義決定経　金総持等訳
仏説大白傘蓋総持陀羅尼経　真智等訳
仏説一切如来真実摂大乗現証三昧大教王経　施護等訳
一切如来大秘密王未曾有最上微妙大曼拏羅経　天息災訳
仏説出生一切如来法眼遍照大力明王経　法護訳
金剛頂一切如来真実摂大乗現証大教王経　不空訳
阿唎多羅陀羅尼阿嚕力経　不空訳
仏説瑜伽大教王経　法賢訳
一字奇特仏頂経　不空訳
菩提場所説一字頂輪王経　不空訳
菩提場荘厳陀羅尼経　不空訳
仏説秘密相経　施護等訳
仏説一切如来金剛三業最上秘密大教王経　施護訳
大宝広博楼閣善住秘密陀羅尼経　不空訳
仏説秘密三昧大教王経　施護等訳

仏説無二平等最上瑜伽大教王経　施護訳
仏説金剛手菩薩降伏一切部多大教王経　法天訳
聖妙吉祥真実名経　釈智訳
金剛頂瑜伽理趣般若経　金剛智訳
大楽金剛不空真実三麼耶経　不空訳
仏説仏母般若波羅蜜多大明観想儀軌　施護訳
金剛頂瑜伽念珠経　不空訳
仏説最上根本大楽金剛不空三昧大教王経　法賢訳
仏説最上秘密那拏天経　法賢訳
金剛峯楼閣一切瑜伽瑜祇経　金剛智訳
仏説妙吉祥最勝根本大教経　法賢訳
妙吉祥平等秘密最上観門大教王経　慈賢訳
普遍光明清浄熾盛如意宝印心無能勝大明王大随求陀羅尼経　不空訳
仏説如来不思議秘密大乗経　法護等訳
大乗瑜伽金剛性海曼殊室利千臂千鉢大教王経　不空訳
仏説聖宝蔵神儀軌経　法天訳
仏説宝蔵神大明曼拏羅儀軌経　法天訳
金剛恐怖集会方広軌儀観自在菩薩三世最勝心明王経　不空訳
大威力烏枢瑟摩明王経　阿質達霰訳
仏説大乗観想曼拏羅浄諸悪趣経　法賢訳
仏説大方広曼殊室利経　不空訳
仏説一切仏摂相応大教王経聖観自在菩薩念誦儀軌　法賢訳
瑜伽金剛頂経釈字母品　不空訳
仏説一切如来安像三昧儀軌経　施護訳
文殊師利菩薩根本大教王経金翅鳥王品　不空訳
十一面観自在菩薩心密言儀軌経　不空訳
大方広菩薩蔵文殊師利根本儀軌経　天息災訳
仏説持明蔵瑜伽大教尊那菩薩大明成就儀軌経　法賢訳
仏説金剛香菩薩大明成就儀軌経　施護訳
金剛薩埵説頻那夜迦天成就儀軌経　法賢訳
仏説大悲空智金剛大教王儀軌経　法護訳
仏説幻化網大瑜伽教十忿怒明王大明観想儀軌経　法賢訳

仏説妙吉祥瑜伽大教金剛陪囉嚩輪観想成就儀軌経　法賢訳
底哩三昧耶不動尊威怒王使者念誦法　不空訳
聖迦柅忿怒金剛童子菩薩成就儀軌経　不空訳
七仏讃唄伽陀　法天訳
仏二身讃　法賢訳
仏　百八名讃　法天訳
聖救度仏母二十一種礼讃経　安蔵訳
一切如来説仏頂輪王一百八名讃　施護訳
讃法界頌　施護訳
八大霊塔梵讃　法賢訳
三身梵讃　法賢訳
仏説文殊師利一百八名梵讃　法天訳
曼殊室利菩薩吉祥伽陀　法賢訳
聖金剛手菩薩一百八名梵讃　法賢訳
聖観自在菩薩功徳讃　施護訳
讃観世音菩薩頌　慧智訳
仏説聖観自在菩薩梵讃　法賢訳
聖多羅菩薩梵讃　施護訳
事師法五十頌　日称等訳
犍稚梵讃　法賢訳

### 第一七套　大乗律・小乗律

仏説菩薩内戒経　求那跋摩訳
優婆塞五戒威儀経　求那跋摩訳
仏説文殊師利浄律経　竺法護訳
菩薩善戒経　求那跋摩訳
菩薩善戒経　求那跋摩訳
菩薩地持経　曇無讖訳
梵網経　鳩摩羅什訳
優婆塞戒経　曇無讖訳
寂調音所問経　法海訳
大乗三聚懺悔経　闍那崛多・達磨笈多等訳
仏説文殊悔過経　竺法護訳
菩薩瓔珞本業経　竺仏念訳
受十善戒経　不詳
仏説浄業障経　不詳

仏蔵経　鳩摩羅什訳
菩薩戒本　曇無讖訳
菩薩戒羯磨文　玄奘訳
菩薩戒本　玄奘訳
仏説法律三昧経　支謙訳
十善業道経　実叉難陀訳
清浄毘尼方広経　鳩摩羅什訳
菩薩五法懺悔文　不詳
菩薩蔵経　僧伽婆羅訳
三曼陀跋陀羅菩薩経　聶道真訳
菩薩受斎経　聶道真訳
仏説舎利弗悔過経　安世高訳
仏阿毘曇経　真諦訳
解脱戒経　般若流支訳
優波離問仏経　求那跋摩訳
根本説一切有部戒経　義浄訳
仏説迦葉禁戒経　沮渠京声訳
仏説犯戒罪報軽重経　安世高訳
仏説戒消災経　支謙訳
仏説優婆塞五戒相経　求那跋摩訳
尼羯磨　懐素集
十誦律　弗若多羅・鳩摩羅什等訳
四分律　第一―四七巻　仏陀耶舎・竺仏念等訳

### 第一八套　小乗律

四分律　第四八―六〇巻　仏陀耶舎・竺仏念等訳
根本説一切有部毘奈耶　義浄訳
摩訶僧祇律　仏陀跋陀羅・法顕等訳
四分律刪補随機羯磨　道宣集
根本説一切有部毘奈耶雑事　義浄訳
弥沙塞部和醯五分律　仏陀什・竺道生等訳
根本説一切有部毘奈耶破僧事　第一―一五巻　義浄訳

### 第一九套　小乗律・大乗論

根本説一切有部毘奈耶破僧事　第一六―二〇巻　義浄訳
根本説一切有部苾芻尼毘奈耶　義浄訳
善見律毘婆沙　僧伽跋陀羅訳

大比丘三千威儀　安世高訳
根本薩婆多部律摂　勝友集　義浄訳
僧羯磨　懐素集
四分比丘尼羯磨法　求那跋摩訳
鼻奈耶　竺仏念訳
根本説一切有部百一羯磨　義浄訳
薩婆多部毗尼摩得勒伽　僧伽跋摩訳
根本説一切有部尼陀耶　義浄訳
根本説一切有部目得迦　義浄訳
薩婆多毗尼毗婆沙　不詳
出家授近円羯磨儀範　抜合思巴集
根本説一切有部苾芻習学略法　抜合思巴訳
毗尼母経　不詳
律二十二明了論　真諦訳
根本説一切有部毗奈耶尼陀那目得迦摂頌　義浄訳
根本説一切有部略毗奈耶雑事摂頌　義浄訳
普賢菩薩行願讃　不空訳
根本説一切有部毗奈耶頌　義浄訳
十誦律毗尼序　卑摩羅叉訳
沙弥十戒法幷威儀　不詳
羯磨　曇諦訳
大愛道比丘尼経　不詳
仏説目連問戒律中五百軽重事　不詳
根本説一切有部苾芻尼戒経　義浄訳
摩訶僧祇比丘尼戒本　法顕・覚賢等訳
沙弥尼戒経　不詳
舎利弗問経　不詳
弥沙塞羯磨本　不詳
四分律比丘戒本　仏陀耶舎訳
四分僧戒本　仏陀耶舎訳
四分比丘尼戒本　仏陀耶舎訳
弥沙塞五分戒本　仏陀什等訳
五分比丘尼戒本　明徽集
摩訶僧祇律大比丘戒本　仏陀跋陀羅訳
十誦比丘波羅提木叉戒本　鳩摩羅什訳
十誦律比丘尼戒本　法顕集
大沙門百一羯磨法　不詳
曇無徳律部雑羯磨　康僧鎧訳
沙弥威儀　求那跋摩訳
沙弥尼離戒文　不詳
十誦羯磨比丘要用　僧璩撰
金剛般若論　無著造　達摩笈多訳
金剛般若波羅蜜経論　天親造　菩提流支訳
大智度論　第一—三〇巻　竜樹造　鳩摩羅什訳

**第二〇套　大乗論**

大智度論　第三一—一〇〇巻　竜樹造　鳩摩羅什訳
瑜伽師地論　弥勒説　玄奘訳
摂大乗論釈　無性造　玄奘訳
摂大乗論釈　第一—五巻　世親釈　真諦訳

**第二一套　大乗論**

摂大乗論釈　第六—一五巻　世親釈　真諦訳
摂大乗論釈論　世親造　達磨笈多・行矩等訳
摂大乗論釈　世親造　玄奘訳
無相思塵論　陳那造　真諦訳
観所縁縁論　陳那造　玄奘訳
観所縁論釈　護法造　義浄訳
大乗広五蘊論　安慧造　地婆訶羅訳
大乗五蘊論　世親造　玄奘訳
顕揚聖教論　無著造　玄奘訳
大乗阿毗達磨雑集論　安慧集　玄奘訳
中論　竜樹造　青目釈　鳩摩羅什訳
十住毗婆沙論　竜樹造　鳩摩羅什訳
菩提資糧論　竜樹本　自在釈　達摩笈多訳
大荘厳論経　馬鳴造　鳩摩羅什訳
摂大乗論　無著造　真諦訳
摂大乗論　阿僧伽造　仏陀扇多訳
般若灯論　竜樹偈本　分別明釈　波羅頗蜜多羅訳
十二門論　竜樹造　鳩摩羅什訳
十八空論　竜樹造　真諦訳
百論　提婆造　婆藪開士釈　鳩摩羅什訳
広百論本　聖天造　玄奘訳
大乗荘厳経論　無著造　波羅頗蜜多羅訳
文殊師利菩薩問菩提経論　天親造　菩提流支訳
金剛般若波羅蜜経破取著不壊仮名論　功徳施造
地婆訶羅等訳
勝思惟梵天所問経論　天親造　菩提流支訳
十地経論　天親造　菩提流支訳
仏地経論　親光等造　玄奘訳
三具足経憂波提舎　毗目智仙等訳
成唯識論　護法等造　玄奘訳
大乗広百論釈論　聖天本　護法釈　玄奘訳

**第二二套　大乗論・小乗論**

大乗阿毗達磨集論　無著造　玄奘訳
王法正理論　弥勒造　玄奘訳
瑜伽師地論釈　最勝子等造　玄奘訳
顕揚聖教論頌　無著造　玄奘訳
弥勒菩薩所問経論　菩提流支訳
無量寿経優波提舎願生偈　婆藪槃豆造　菩提流支訳
転法輪経憂波提舎　天親造　毘目智仙訳
涅槃論　婆藪槃豆作　達磨菩提訳
涅槃経本有今無偈論　天親造　真諦訳
能断金剛般若波羅蜜多経論頌　無著造　義浄訳
遺教経論　天親造　真諦訳
成唯識宝生論　護法造　義浄訳
十二因縁論　浄意造　菩提流支訳
一輪盧迦論　竜樹造　瞿曇留支訳
大乗百法明門論　天親造　玄奘訳
転識論　真諦訳
唯識三十論頌　世親造　玄奘訳
因明入正理論　南羯羅主造　玄奘訳
顕識論　真諦訳
発菩提心経論　天親造　鳩摩羅什訳
三無性論　真諦訳
仏性論　天親造　真諦訳
大乗成業論　世親造　玄奘訳
業成就論　天親造　毘目智仙訳
因明正理門論　大域竜造　義浄訳
因明正理門論本　大域竜造　玄奘訳

止観門論頌　世親造　義浄訳
手杖論　釈迦称造　義浄訳
縁生論　鬱楞伽造　達摩笈多訳
取因仮設論　陳那造　義浄訳
観総相論頌　陳那造　義浄訳
六門教授習定論　無著本　義浄訳
能断金剛般若波羅蜜多経論釈　無著頌　義浄訳
妙法蓮華経憂波提舎　婆藪槃豆釈　菩提流支・曇林等訳
妙法蓮華経論優波提舎　婆藪槃豆造　勒那摩提僧朗等訳
大宝積経論　菩提流支訳
決定蔵論　真諦訳
究竟一乗宝性論　勒那摩提訳
大乗掌珍論　青弁造　玄奘訳
唯識論　天親造　般若流支訳
大乗唯識論　天親造　真諦訳
唯識二十論　世親造　玄奘訳
宝髻経四法優波提舎　天親造　毘目智仙訳
大丈夫論　提婆羅造　道泰訳
入大乗論　堅意造　道泰等訳
弁中辺論　世親造　玄奘訳
弁中辺論頌　弥勒説　玄奘訳
中辺分別論　天親造　真諦訳
摂大乗論本　無著造　玄奘訳
順中論　竜勝造　無著釈　般若流支訳
大乗起信論　馬鳴造　実叉難陀訳
回諍論　竜樹造　毘目智仙・瞿曇流支等訳
如実論　真諦訳
宝行王正論　真諦訳
百字論　提婆造　菩提流支訳
解捲論　陳那造　真諦訳
掌中論　陳那造　義浄訳
方便心論　吉迦夜訳
大乗法界無差別論　堅慧造　提雲般若等訳
提婆菩薩破楞伽経中外道小乗四宗論　提婆造　菩提流支訳
提婆菩薩釈楞伽経中外道小乗涅槃論　提婆造　菩提流支訳
四諦論　婆藪跋摩造　真諦訳
辟支仏因縁論　不詳
阿毘達磨大毘婆沙論　第一―一一二巻　玄奘訳

**第二三套　小乗論**

阿毘達磨大毘婆沙論　第一一三―二〇〇巻　玄奘訳
阿毘曇毘婆沙論　迦旃延子造　五百羅漢釈　浮陀跋摩・道泰等訳
阿毘達磨順正理論　衆賢造　玄奘訳

**第二四套　小乗論**

阿毘達磨蔵顕宗論　衆賢造　玄奘訳
阿毘達磨倶舎論　世親造　玄奘訳
舎利弗阿毘曇論　曇摩耶舎・曇摩崛多等訳
阿毘達磨倶舎釈論　婆藪槃豆造　真諦訳
阿毘達磨倶舎論本頌　世親造　玄奘訳
三法度論　僧伽提婆訳
三弥底部論　不詳
阿毘曇八犍度論　迦旃延子造　僧伽提婆・竺仏念等訳
成実論　訶梨跋摩造　鳩摩羅什訳
阿毘達磨発智論　迦多衍尼子造　玄奘訳

**第二五套　小乗論**

阿毘達磨集異門足論　舎利子説　玄奘訳
阿毘達磨品類足論　世友造　玄奘訳
阿毘曇甘露味論　瞿沙造
毘婆沙論　尸陀槃尼造　僧伽跋澄訳
随相論　徳慧造　真諦訳
阿毘達磨識身足論　提婆設摩造　玄奘訳
阿毘達磨界身足論　世友造　玄奘訳
五事毘婆沙論　法救造　玄奘訳
十八部論　真諦訳
部執異論　天友造　真諦訳
異部宗輪論　世友造　玄奘訳
雑阿毘曇心論　法救造　僧伽跋摩等訳
阿毘曇心論　法勝造　僧伽提婆・慧遠等訳
尊婆須蜜菩薩所集論　第一―四巻　婆須蜜造　僧伽跋澄等訳
分別功徳論　不詳
入阿毘達磨論　塞建陀羅造　玄奘訳
衆事分阿毘曇論　世友造　求那跋陀羅・菩提耶舎等訳
解脱道論　優波底沙造　僧伽婆羅訳
阿毘曇心論経　優波扇多釈　那連提耶舎訳
勝宗十句義論　慧月造　玄奘訳
阿毘達磨法蘊足論　大目乾連造　玄奘訳
仏説立世阿毘曇論　真諦訳
大乗集菩薩学論　法称造　法護訳
大宗地玄文本論　馬鳴造　真諦訳
金七十論　真諦訳
広釈菩提心論　蓮華戒造　施護訳
集諸法宝最上義論　善寂造　施護訳
金剛針論　法称造　法天訳
菩提心離相論　竜樹造　施護訳
大乗破有論　竜樹造　施護訳
集大乗相論　覚吉祥智造　施護訳
六十頌如理論　竜樹造　施護訳
大乗二十頌論　竜樹造　施護等訳
仏母般若波羅蜜多円集要義論　大域竜造　施護訳
仏母般若波羅蜜多円集要義釈論　三宝尊造　大域竜（本論）　施護等訳
大乗宝要義論　法護等訳
菩薩本生鬘論　第一―八巻　聖勇等造　紹徳・慧詢等訳

**第二六套　宋元続入蔵諸論・西土聖賢撰集**

菩薩本生鬘論　第九―一六巻　聖勇造　紹徳・慧詢等訳
聖仏母般若波羅蜜多九頌精義論　勝徳赤衣造　法護等訳
大乗縁生論　鬱楞迦造　不空訳
諸教決定名義論　弥勒造　施護訳
大乗中観釈論　安慧造　惟浄等訳
施設論　法護等訳
大乗法界無差別論　堅慧造　提雲般若訳
金剛頂瑜伽中発阿耨多羅三藐三菩提心論　不空訳
彰所知論　沙羅巴訳
出曜経　竺仏念訳
賢愚経　慧覚等訳

仏本行経　宝雲訳
撰集百縁経　支謙訳
修行道地経　竺法護訳
道地経　僧伽羅刹造　安世高訳
仏説仏医経　竺律炎・支越等訳
惟日雑難経　支謙訳
雑宝蔵経　吉迦夜・曇曜等訳
迦葉赴仏般涅槃経　竺曇無蘭訳
一字頂輪王瑜伽観行儀軌　不空訳
仏入涅槃密迹金剛力士哀恋経　不詳
仏使比丘迦旃延説法没尽偈　不詳
仏治身経　不詳
仏説治意経　不詳
文殊師利発願経　仏陀跋陀羅訳
六菩薩亦当誦持経　不詳
小道地経　支曜訳
阿含口解十二因縁経　安玄・厳仏調等訳
付法蔵因縁伝　吉迦夜・曇曜等訳
達摩多羅禅経　仏陀跋陀羅訳
禅法要解経　鳩摩羅什等訳
阿育王経　僧伽婆羅訳
天尊説阿育王譬喩経　不詳
三慧経　不詳
阿毘曇五法行経　安世高訳
浜頭盧突羅闍為優陀延王説法経　求那跋陀羅訳
請賓頭盧法　慧簡訳
分別業報略経　僧伽跋摩訳
坐禅三昧経　鳩摩羅什訳
仏所行讃　馬鳴造　曇無讖訳
僧伽羅刹所集経　僧伽跋澄等訳
法句譬喩経　法炬・法立等訳
菩提行経　竜樹集頌　天息災訳
金剛頂一切如来真実摂大乗現証大教王経　不空訳
文殊師利菩薩及諸仙所説吉凶時日善悪宿曜経
不空訳　揚景風修注
菩薩本縁経　僧伽斯那撰　支謙訳
那先比丘経　不詳
旧雑譬喩経　康僧会訳
禅要経　不詳
仏説内身観章句経　不詳
法観経　竺法護訳
迦葉結経　安世高訳
百喩経　僧伽斯那撰　求那毘地訳
法句経　法救撰　維祇難等訳
雑譬喩経　道略集
阿育王息壊目因縁経　曇摩難提訳
雑譬喩経　不詳
無明羅刹集　不詳
文殊所説最勝名義経　金総持等訳
迦丁比丘説当賓変経　不詳
雑譬喩経　支婁迦讖訳
思惟略要法　鳩摩羅什訳
仏説十二遊経　迦留陀伽訳
賢聖集伽陀一百頌　天息災訳
広大発願頌　竜樹造　施護等訳
無能勝大明陀羅尼経　法天訳
無能勝大明心陀羅尼経　法天訳
十不善業道経　馬鳴造　日称等訳
大乗修行菩薩行門諸経要集　智厳訳
四阿鋡暮抄解　婆素跋陀撰　鳩摩羅仏提等訳
五門禅経要用法　仏陀蜜多撰　曇摩蜜多訳
金剛頂瑜伽千手千眼観自在菩薩修行儀軌経　不空訳
密跡力士大権神王経偈頌　管主八撰
一切秘密最上名義大教王儀軌　施護訳
大楽金剛薩埵修行成就儀軌　不空訳
曼殊室利菩薩吉祥伽陀　法賢訳
成就妙法蓮華経王瑜伽観智儀軌　不空訳
金剛頂瑜伽降三世成就極深密門　不空訳
金剛頂瑜伽他化自在天理趣会普賢修行念誦儀軌　不空訳
金剛寿命陀羅尼念誦法　不空訳
大薬叉女歓喜母并愛子成就法　不空訳
仏説帝釈厳秘密成就儀軌　施護訳
観自在菩薩如意輪念誦儀軌　不空訳
大毘盧遮那成仏神変加持経略示七支念誦随行法　不空訳
速疾立験魔醯首羅天説阿尾奢法　不空訳
曼殊室利童子菩薩五字瑜伽法　不空訳
大威怒烏芻渋摩儀軌経　不空訳
仏説大孔雀明王画像壇場儀軌　不空訳
金剛頂瑜伽金剛薩埵儀軌　不空訳
金輪王仏頂要略念誦法　不空訳
観自在菩薩如意輪瑜伽　不空訳
大聖天歓喜双身毘那夜迦法　不空訳
大日経略摂念誦随行法　不空訳

**第二七套　西土聖賢撰集・此土著述**

五字陀羅尼頌　不空訳
仁王般若陀羅尼釈　不空訳
大楽金剛不空真実三昧耶経般若波羅蜜多理趣釈　不空訳
仏説最勝妙吉祥根本智最上秘密一切名義三摩地分　施護訳
金剛王菩薩秘密念誦儀軌　不空訳
金剛頂勝初瑜伽普賢菩薩念誦法　不空訳
金剛頂瑜伽金剛薩埵五秘密修行念誦儀軌　不空訳
無量寿如来観行供養儀軌　不空訳
甘露軍荼利菩薩供養念誦成就儀軌　不空訳
金剛頂経多羅菩薩念誦法　不空訳
聖観自在菩薩心真言瑜伽観行儀軌　不空訳
菩薩訶色欲法経　鳩摩羅什訳
四品学法経　求那跋陀羅訳
大虚空蔵菩薩念誦法　不空訳
仁王般若念誦法　不空訳
阿閦如来念誦供養法　不空訳
仏頂尊勝陀羅尼念誦儀軌法　不空訳
聖閻曼徳迦威怒王立成大神験念誦法　不空訳
蘇悉地羯羅供養法　善無畏訳
不動使者陀羅尼秘密法　金剛智訳
金剛頂瑜伽修習毘盧遮那三摩地法　金剛智訳
金剛頂経瑜伽文殊師利菩薩供養儀軌　不空訳
瑜伽蓮華部念誦法　不空訳
金剛頂経瑜伽観自在王如来修行法　金剛智訳

金剛頂経観自在王如来修行法　不空訳
金剛手光明灌頂経最勝立印聖無動尊大威怒王念誦儀軌法品　不空訳
略述金剛頂瑜伽分別聖位修証法門　不空訳
一字頂輪王念誦儀軌　不空訳
仁王護国般若波羅蜜多経陀羅尼念誦儀軌　不空訳
金剛頂蓮華部心念誦儀軌　不空訳
仏説如意輪蓮華心如来修行観門儀　慈賢訳
妙吉祥平等瑜伽秘密観身成仏儀軌　慈賢訳
法集要頌経　法救集　天息災訳
勧発諸王要偈　竜樹撰　僧伽跋摩訳
竜樹菩薩勧誡王頌　義浄訳
普賢金剛薩埵略瑜伽念誦儀軌　不空訳
金剛頂瑜伽護摩儀軌　不空訳
大悲心陀羅尼修行念誦略儀　不空訳
妙吉祥平等観門大教王経略出護摩儀　慈賢訳
金剛頂超勝三界経説文殊五字真言勝相　不空訳
金剛頂経瑜伽文殊師利菩薩法一品　不空訳
金剛頂経瑜伽十八会指帰　不空訳
訶利帝母真言経　不空訳
大方広仏華厳経入法界品四十二字観門　不空訳
般若波羅蜜多理趣経大楽不空三昧真実金剛薩埵菩薩等一十七聖大曼荼羅義述　不空訳
都部陀羅尼目　不空訳
金剛頂経金剛界大道場毘盧遮那如来自受用身内証智眷属法身異名仏最上乗秘密三摩地礼懺文　不空訳
受菩提心戒儀　不空訳
大聖文殊師利菩薩讃仏法身礼　不空訳
一百五十讃仏頌　摩咥里制吒造　義浄訳
百千頌大集経地蔵菩薩請問法身讃　不空訳
仏吉祥徳讃　施護訳
阿育王伝　安法欽訳
馬鳴菩薩伝　鳩摩羅什訳
竜樹菩薩伝　鳩摩羅什訳
提婆菩薩伝　鳩摩羅什訳
婆藪槃豆法師伝　真諦訳

竜樹菩薩為禅陀迦王説法要偈　求那跋摩訳
撰集三蔵及雑蔵伝　不詳
大阿羅漢難提蜜多羅所説法住記　玄奘訳
瑜伽集要焔口施食儀　不空訳
釈迦譜　僧祐撰
釈迦氏譜　道宣撰
釈迦方志　道宣撰
集古今仏道論衡　道宣撰
続集古今仏道論衡　智昇撰
経律異相　僧旻・宝唱等集
諸経要集　道世集
陀羅尼雑集　不詳
出三蔵記集　僧祐撰
顕密円通成仏心要集　道㲀集
密呪円因往生集　智広・慧真等編　金剛智訳定
弘明集　第一―三巻　僧祐撰

### 第二八套　此土著述

弘明集　第四―一四巻　僧祐撰
集沙門不応拝俗等事　彦悰纂録
広弘明集　道宣撰
法苑珠林　道世撰

### 第二九套　此土著述

大唐内典録　道宣撰
続大唐内典録　道宣撰
集神州三宝感通録　道宣撰
開元釈教録　智昇撰
開元釈教録略出　智昇撰
古今訳経図紀　靖邁撰
続古今訳経図紀　智昇撰
宗鏡録　永明延寿集
高僧伝　慧皎撰
大唐西域求法高僧伝　義浄撰
南海寄帰内法伝　義浄撰

### 第三〇套　此土著述

続高僧伝　道宣撰
大慈恩寺三蔵法師伝　慧立本訳　彦悰箋

宋高僧伝　賛寧等撰
高僧法顕伝　法顕記
比丘尼伝　宝唱撰
十門弁惑論　復礼撰
甄正論　玄嶷撰
破邪論　法琳撰
弁正論　法琳撰
護法論　張商英述
大唐西域記　玄奘記　弁機撰
歴代三宝紀　費長房撰
集諸経礼懺儀　智昇撰
説罪要行法　義浄撰
受用三水要行法　義浄撰
護命放生軌儀法　義浄撰
慈悲道場懺法　不詳
法華三昧懺儀　智顗訳
法華三昧行事運想補助儀　湛然撰
金光明懺法補助儀　遵式集
往生浄土懺願儀　遵式集
往生浄土決疑行願二門　遵式述
請観世音菩薩消伏毒害陀羅尼三昧儀　遵式集
金光明最勝懺儀　知礼集
千手眼大悲心呪行法　知礼集
礼法華経儀式　不詳
熾盛光道場念誦儀　遵式撰
釈迦如来涅槃礼讃文　不詳
観自在菩薩如意輪呪課法　仁岳撰
天台智者大師斎忌礼讃文　不詳
慈悲水懺法　不詳
西来年表　不詳
景徳伝灯録　永安道原纂

### 第三一套　此土著述

六祖大師法宝壇経　仏日契嵩撰
宗門統要続集　宗永集　古林清茂続集
雪竇明覚禅師語録　雪竇重顕撰　惟益等編　浄戒重校
伝法正宗論　仏日契嵩著

伝法正宗記　仏日契嵩編
輔教編　仏日契嵩撰
仏果円悟禅師語録　円悟克勤撰　虎丘紹隆等編
大慧普覚禅師語録　大慧宗杲撰　雪峰蘊聞編
大慧普覚禅師普説　大慧宗杲撰　雪峰蘊聞等録
大慧法語　大慧宗杲撰　道先録　黄文昌重編
大慧普覚禅師書　大慧宗杲撰　慧然編　黄文昌
天目中峯和尚広録　中峰明本撰　慈寂録［重編
法華玄義釈籤会本　湛然述

**第三二套　此土著述**

法華文句記会本　智顗説　観頂記　湛然述
摩訶止観輔行会本　智顗説　観頂記　湛然述
修習止観坐禅法要　智顗述　［実観分会
止観義例　湛然述
大乗止観法門　慧思説
諸法無諍三昧法門　慧思撰
大般涅槃経玄義　灌頂撰
大般涅槃経疏　灌頂撰　湛然更治

**第三三套　此土著述**

涅槃経玄義発源機要　智円述
法華経安楽行義　慧思説
金光明経玄義　智顗説　灌頂録
金光明経玄義拾遺記　知礼述
金剛般若経疏　智顗説
天台四教儀　諦観録
金光明経文句　智顗説　灌頂録
金光明経文句記　知礼述
菩薩戒義疏　智顗説　灌頂記
観音玄義　智顗説　灌頂記
観音玄義記　知礼述
観世音経疏　智顗説
観音義疏記　知礼述
仏説観無量寿仏経疏　智顗説
観無量寿仏経疏妙宗鈔　知礼述
天台智者大師禅門口訣　不詳
請観音経疏　智顗説　灌頂記
請観音経疏闡義鈔　智円述
釈摩訶般若波羅蜜経覚意三昧　智顗説
四念処　智顗説　灌頂記
仁王護国般若経疏　智顗説　灌頂記
仏説仁王護国般若波羅蜜経疏神宝記　善月述
天台八教大意　灌頂撰
四教義　智顗撰
国清百録　灌頂纂
釈禅波羅蜜次第法門　智顗説　法慎記　灌頂更
法界次第初門　智顗撰　［治
方等三昧行法　智顗説　灌頂記
浄土十疑論　智顗説
観心論疏　灌頂撰
南岳思大師立誓願文　慧思撰
隋天台智者大師別伝　灌頂撰
止観大意　湛然述
始終心要　湛然述
修懺要旨　知礼述
十不二門　湛然述
十不二門指要鈔　知礼述
金剛錍　湛然述
法智遺編観心二百問　継忠集
禅宗永嘉集註　永嘉玄覚撰
天台伝仏心印記　懐則述
浄土境観要門　懐則述
首楞厳経義海　咸輝撰
大方広仏華厳経疏　第一―一五巻　澄観撰

**第三四套　此土著述**

大方広仏華厳経疏　第一六―六〇巻　澄観撰
大方広仏華厳経随疏演義鈔　澄観述
華厳一乗教義分斉章　法蔵述
華厳経明法品内立三宝章　法蔵述
修華厳奥旨妄尽還源観　法蔵述
原人論　宗密述
華厳経旨帰　法蔵述
註華厳法界観門　宗密註
仏遺教経論疏節要　鳩摩羅什訳
華厳法界玄鏡　澄観述
般若波羅蜜多心経略疏　法蔵述
般若心経略疏連珠記　師会述
仏説盂蘭盆経疏　宗密述
金師子章雲間類解　浄源述
仏説阿弥陀経疏　元暁述

**第三五套　此土著述**

紹興重彫大蔵音　処観集
一切経音義　玄応撰
新訳大方広仏華厳経音義　慧苑述
弁偽録　祥邁撰
衆経目録　五巻　法経等撰
衆経目録　七巻　法経等撰
大周刊定衆経目録　明佺等撰
大蔵聖教法宝標目　王古撰
至元法宝勘同総録　慶吉祥等集
楞伽阿跋多羅宝経註解　宗泐・如玘等撰
般若波羅蜜多心経註解　宗泐・如玘等撰
金剛般若波羅蜜経註解　宗泐・如玘等撰
大明太宗文皇帝御製序讃文　明　太宗撰
諸仏世尊如来菩薩尊者神僧名経　不詳　「不詳
諸仏世尊如来菩薩尊者名称歌曲　第一―三〇巻

**第三六套　此土著述**

諸仏世尊如来菩薩尊者名称歌曲　第三一―五一
神僧伝　明　太宗撰　［巻　不詳
大明三蔵法数　一如等集註

**大日本続蔵経**（**卍字続蔵**）
蔵経書院刊
明治三八―大正一　一五〇套　七五一冊（但し、新纂大日本続蔵経として西義雄・玉城康四郎監修　国書刊行会刊　昭和五九―刊行中　一〇〇巻がある）

**第一編　印度撰述**

《経部》
第一套
父子合集経　二〇巻　宋　日称等勅訳　一
須摩提経　一巻　唐　菩提流志勅訳
阿弥陀仏説呪　一巻
仏説仏名経　三〇巻　一〜三
楞伽阿跋多羅宝経会訳　明　員珂会訳　三〜四
大華厳長者問仏那羅延力経　一巻　唐　般若・
利言共訳　四
大明仁孝皇后夢感仏説第一希有大功徳経　二巻
仏説無量寿仏名号利益大事因縁経　一巻　曹魏
仏説善悪因果経　一巻　「康僧鎧訳
般若波羅蜜多心経　一巻　唐　般若・利言共訳
普遍智蔵般若波羅蜜多心経　一巻　唐　法月重
訳　「等勅訳
仏説開覚自性般若波羅蜜多経　四巻　宋　惟浄
仏説舎衛国王十夢経　一巻　附　西晋録
仏説金光王童子経　一巻　宋　法賢勅訳
難你計湿嚩囉天説支輪経　一巻　宋　法賢勅訳
仏説勝義空経　一巻　宋　施護等勅訳
仏説随勇尊者経　一巻　宋　施護等勅訳
仏説仏十力経　一巻　宋　施護等勅訳
仏説清浄心経　一巻　宋　施護等勅訳
金色童子因縁経　一二巻　宋　惟浄等勅訳
仏説受新歳経　一巻　西晋　竺法護訳
《律部》
根本説一切有部毘奈耶薬事　一八巻　唐　義浄
勅訳　五
第二套
根本説一切有部毘奈耶出家事　四巻　唐　義浄
勅訳　一
根本説一切有部毘奈耶安居事　一巻　唐　義浄
勅訳　「勅訳
根本説一切有部毘奈耶随意事　一巻　唐　義浄
根本説一切有部毘奈耶皮革事　二巻　唐　義浄
根本説一切有部毘奈耶羯耻那衣事　一巻　唐
義浄勅訳
《論集部》
六趣輪廻経　一巻　馬鳴菩薩集　宋　日称等勅
訳　「称等勅訳
尼乾子問無我義経　一巻　馬鳴菩薩集　宋　日
諸法集要経　一〇巻　観無畏尊者集　宋　日称
等勅訳
福蓋正行所集経　一二巻　竜樹菩薩集　宋　日
称等勅訳　一〜二
釈摩訶衍論　一〇巻　竜樹菩薩造　宋　筏提摩
多訳
十二礼　一巻　讃阿弥陀仏文　竜樹菩薩造　禅
那崛多別訳　「流支訳　三
金剛仙論　一〇巻　金剛仙菩薩造　後魏　菩提
《密経軌部》
大毘盧遮那仏説要略念誦経　一巻　後魏　菩提
供養儀式　一巻　略有二四法則　「金剛訳
金剛頂経毘盧遮那一百八尊法身契印　一巻　唐
善無畏　一行同訳
諸仏境界摂真実経　三巻　唐　般若勅訳　四
金剛頂瑜伽略述三十七尊心要　一巻　唐　不空
勅説
金剛頂瑜伽三十七尊出生義　一巻　唐　不空勅
蕤呬耶経　三巻　唐　不空勅訳　「訳
仏説毘奈耶経　一巻
仏説廻向輪経　一巻　唐　尸羅達摩訳
金剛頂経一字頂輪王瑜伽一切時処念誦成仏儀軌
一巻　唐　不空勅訳　「不空勅訳
大仏頂如来放光悉怛多鉢怛囉陀羅尼　一巻　唐
仏説出生無辺門陀羅尼儀軌　一巻　唐　不空訳
華厳経心陀羅尼　一巻　唐　実叉難陀訳
仏説十地経　九巻　唐　尸羅達摩訳
金剛頂勝初瑜伽経中略出大楽金剛薩埵念誦儀軌
一巻　唐　不空勅訳　五
大集大虚空蔵菩薩所問経　八巻　唐　不空勅訳
転法輪菩薩摧魔怨敵法　一巻　唐　不空勅訳
　尾題、摧魔菩薩破佗陣敵法　「不空勅訳
修習般若波羅蜜菩薩観行念誦儀軌　一巻　唐
日光菩薩月光菩薩陀羅尼　一巻　「不空勅訳
観自在大悲成就瑜伽蓮華部念誦法門　一巻　唐
　尾題、聖観自在成就大悲蓮華部心瑜伽念誦法
金剛頂降三世大儀軌法王教中観自在菩薩心真言
一切如来蓮華大曼荼羅品　一巻　唐　不空勅訳
　尾題、金剛頂降三世儀軌
如意輪菩薩観門義註秘訣　一巻
大聖文殊師利菩薩仏刹功徳荘厳経　三巻　唐
文殊献仏陀羅尼名烏蘇吒　一巻　「不空勅訳
阿吒薄倶元帥大将上仏陀羅尼経修行儀軌　三巻
　尾題、大元経　「唐　善無畏訳
伽駄金剛真言　一巻　唐　般若斫羯囉訳
摩訶吠室囉末那野提婆喝囉闍陀羅尼儀軌　一巻
冰掲羅天童子経　一巻　唐　不空勅訳
使呪法経　一巻　唐　菩提流志勅訳
施諸餓鬼飲食及水法幷手印　一巻　唐　不空勅
釈迦牟尼仏成道在菩提樹降魔讃　一巻　「訳
仏説造塔延命功徳経　一巻　唐　般若勅訳
第三套
仏説十力経　一巻　唐　勿提提犀魚勅訳　一
　前附、大唐貞元新訳十地等記　一巻
大聖妙吉祥菩薩秘密八字陀羅尼修行曼荼羅次第
儀軌法　一巻　唐　菩題嘌使訳
十八契印　一巻　「唐　達磨栖那訳
大妙金剛大甘露軍拏利焔鬘熾盛仏頂経　一巻
尊勝仏頂脩瑜伽法軌儀　二巻　唐　善無畏勅訳
　尾題、尊勝仏頂瑜伽軌儀
釈迦文尼仏金剛一乗修行儀軌法品　一巻
　尾題、釈迦文仏法
薬師瑠璃光如来消災除難念誦儀軌　一巻
薬師如来念誦儀軌　一巻　唐　不空勅訳　「勅訳
観自在菩薩心真言一印念誦法　一巻　唐　不空
観自在菩薩大悲智印周遍法界利益衆生薫真如法

一巻　唐　不空訳
北斗七星念誦儀軌　一巻　唐　金剛智訳
三種悉地破地獄転業障出三界秘密陀羅尼法　一
巻　唐　善無畏勅訳
慈氏菩薩略修愈誐念誦法　二巻　唐　善無畏勅
尾題、慈氏菩薩愈誐法　「訳
白傘蓋大仏頂王最勝無比大威徳金剛無礙大道場
陀羅尼念誦法要　一巻
尾題、白傘蓋仏頂瑜伽秘要略念誦
毗盧遮那五字真言修習儀軌　一巻　唐　不空勅
尾題、毗盧遮那念誦　「訳
地蔵菩薩儀軌　一巻　唐　善無畏勅訳
都表如意摩尼転輪聖王次第念誦秘密最要略法
一巻　唐　解脱師子訳
尾題、都表如意輪儀軌
底哩三昧耶不〔不一作無〕動尊聖者念誦秘密法
三巻　唐　不空勅訳
仏説無量寿仏化身大忿迅倶摩羅金剛念誦瑜伽儀
軌法　一巻　唐　金剛智勅訳
尾題、大忿怒金剛童子念誦瑜伽法
説矩里迦竜王像法　一巻
仏説金色迦那鉢底陀羅尼経　一巻　唐　金剛智
大日経持誦次第儀軌　一巻　「勅訳
尾題、大毗盧遮那神変加持経供養次第法
大聖妙吉祥菩薩説除災教令法輪　一巻
尾題、熾盛光仏頂儀軌
堅牢地天儀軌　一巻　唐　善無畏勅訳
尾題、地天儀軌
仏説大輪金剛総持陀羅尼経　一巻　唐　金剛智
尾題、金剛輪総持陀羅尼経　「訳歟
大輪金剛修行悉地成就及供養法　一巻
摂無礙大悲心大陀羅尼経計一法中出無量義南方
満願補陀落海会五部諸尊等弘誓力方位及威儀形
色執持三摩耶幖幟曼荼羅儀軌　一巻　唐　不空
勅訳　二
尾題、補陀落海会諸尊住略出威儀形色

大慈大悲救苦観世音自在王菩薩広大円満無礙自
在青頸大悲心陀羅尼　一巻　唐　不空訳
尾題、青甄観音陀羅尼
附、青頸大悲心印
金剛頂瑜伽青頸大悲王観自在念誦儀軌　一巻
唐　金剛智勅訳　「勅訳
北方毗沙門天王随軍護法儀軌　一巻　唐　不空
如意宝珠転輪秘密現身成仏金輪呪王経　一巻
唐　不空勅訳
宝悉地成仏陀羅尼経　一巻　唐　不空勅訳
法華十羅刹法　一巻
深沙大将儀軌　一巻　唐　不空勅訳
摩醯首羅大自在天王神通化生伎芸天女念誦法
尾題、摩醯首羅頂生天女経　「一巻
供養十二大威徳天報恩品　一巻　唐　不空訳
尾題、十二天儀軌
宝蔵天女陀羅尼法　一巻
尾題、宝蔵天女法
摩利支菩薩略念誦法　一巻　唐　不空勅訳
摩利支天一印法　一巻
阿吒薄拘付囑呪　一巻
阿吒婆拘鬼神大将上仏陀羅尼経　一巻　梁　失
何耶掲唎婆像法　一巻　「訳
尾題、賀耶掲哩婆儀軌
何耶掲唎婆観世音菩薩受法壇　一巻
馬鳴菩薩大神力無比験法念誦儀軌　一巻　唐
尾題、成就蚕養儀軌　「金剛智勅訳
降三世忿怒明王念誦儀軌　一巻　唐　不空勅訳
仏説金毗羅童子威徳経　一巻　唐　不空密訳
千手千眼観世音菩薩治〔尾題作療〕病合薬経　一
巻　唐　伽梵達摩勅訳
播般曩結使波金剛念誦儀　一巻
尾題、歩擲金剛修行儀軌　「唐　金剛智勅訳
金剛薬叉瞋怒王息災大威徳神験念誦儀軌　一巻
仏説倶利伽羅大竜勝外道伏陀羅尼経　一巻
大使呪法経　一巻　唐　菩提流志訳

聖賀野紇哩縛大威怒王立成大神験供養念誦儀軌
法品　二巻　唐　不空勅訳
尾題、聖賀野紇哩縛大威怒王供養念誦儀軌
仏説不空羂索陀羅尼儀軌経　二巻　唐　不空勅
尾題、仏説不空羂索教法儀軌経　「訳
仏心経品亦通大随求陀羅尼　二巻　唐　菩提流
志勅訳　三
上巻　尾題、仏心中心経
下巻　内題、仏心中心印品中下巻
七仏倶胝仏母心大准提陀羅尼法　一巻　唐　善
七倶胝独部法　一巻　唐　善無畏訳「無畏勅訳
五大虚空蔵菩薩速疾大神験秘密式経　一巻　唐
文殊師利菩薩六字呪功能法経　一巻「金剛智訳
尾題、文殊師利菩薩六字呪法
大随求即得大陀羅尼明王懺悔法　一巻
金剛寿命陀羅尼経法　一巻　唐　不空勅訳
金剛寿命陀羅尼経　一巻　唐　不空勅訳
九品往生阿弥陀三摩地集陀羅尼経　一巻　唐
尾題、九品往生阿弥陀経　「不空勅訳
七星如意輪秘密要経　一巻　唐　不空訳
薬師如来観行儀軌法　一巻　唐　金剛智訳
薬師如来念誦儀軌　一巻　唐　不空勅訳
大日如来剣印　一巻
附、結大日如来剣印
阿闍梨大曼荼攞灌頂儀軌　一巻
尾題、金剛界大乗現乗甚深秘密瑜伽大曼荼羅
大悲無礙大灌頂戒〔一作式〕儀
仏頂尊勝心破地獄転業障出三界秘密三身仏果三
種悉地真言儀軌　一巻　唐　善無畏勅訳
尾題、仏頂尊勝心破地獄法　「巻
仏頂尊勝心破地獄転業障出三界秘密陀羅尼　一
尾題、仏頂尊勝心破地獄法　唐　善無畏勅訳
千手千眼観世音菩薩大悲心陀羅尼　一巻
尾題、大悲心陀羅尼経幷呪　唐　不空訳
千光眼観自在菩薩秘密法経　一巻　唐　三昧蘇
嚩羅訳

千手観音造次第法儀軌　一巻　唐　善無畏勅訳
念誦結護法普通諸部　一巻　唐　金剛智授与
聖無動尊安鎮家国等法　一巻　唐　金剛智授与
　尾題、不動明王安鎮家国法　「別訳
北方毗沙門天王随軍護法真言　一巻　唐　不空
毗沙門〔天王〕儀軌　一巻　唐　不空勅訳
賢劫十六尊　一巻
　尾題、十六尊
大聖歓喜双身大自在天毗那夜迦王帰依念誦供養
法　一巻　唐　善無畏訳
　尾題、大聖歓喜自在天法
般若守護十六善神王形体　一巻　唐　金剛智訳
仏説北斗七星延命経　一巻　唐　婆羅門僧将来
大毗盧遮那経広大儀軌　三巻　唐　善無畏訳
摂大毗盧遮那成仏神変加持経入蓮華胎蔵海会悲
生曼荼攞広大念誦儀軌供養方便会　三巻　唐
輸婆迦羅勅訳　四
　上巻　尾題、摂大毗盧遮那供養方便儀軌巻第
一
　中巻　内題、摂大毗盧遮那経大菩提幢諸尊密
印標幟曼荼羅儀軌巻第二
　下巻　内題、摂大毗盧遮那成仏神変加持経大
悲胎蔵転字輪成三藐三仏陀入八秘密六月成就
儀軌巻第三
五仏頂三昧陀羅尼経　四巻　唐　菩提流志勅訳
大方広如来蔵経　一巻　唐　不空勅訳「智勅訳
千手千眼観世音菩薩大身呪本　一巻　唐　金剛
千手千眼観自在菩薩広大円満無礙大悲心陀羅尼
呪本　一巻　唐　金剛智勅訳
仏説壊相金剛陀羅尼経　一巻　元　沙囉巴勅訳
薬師瑠璃光王七仏本願功徳経念誦儀軌　二巻
善護尊者造　元　沙囉巴勅訳
薬師瑠璃光王七仏本願功徳経念誦儀軌供養法
一巻　善護尊者造　元　沙囉巴勅訳　「訳
仏説無能勝大明王陀羅尼経　一巻　宋　法天勅
大聖妙吉祥菩薩最勝威徳秘密八字陀羅尼修行念
誦儀軌次第法　一巻　唐　義雲法金剛　菩提仙
　尾題、文殊八字儀軌　［同訳
正了知王薬叉眷属法　一巻　唐　義浄勅訳
二十八夜叉大軍王名号　一巻　唐　僧伽婆羅抄
二十八夜叉大将名号　一巻　唐　不空抄訳
権現金色迦那婆底九目天法　一巻　唐　菩提流
志訳
仏頂尊勝陀羅尼別法　一巻　亀茲国　若那勅訳
　尾題、尊勝陀羅尼別法
仏頂尊勝陀羅尼真言　一巻
秘密要術法　一巻　唐　不空勅訳
大雲経祈雨壇法　一巻　唐　不空訳
阿迦陀密一印千類千転三使者成就経法　一巻
唐　不空勅訳
七倶胝准提陀羅尼念誦儀法　一巻　唐　不空訳
　尾題、七倶胝仏母念誦儀軌
仏説如意虚空蔵菩薩陀羅尼経　一巻　唐　音提
仏説却温黄神呪経　一巻　［流志勅訳　五
　尾題、却温神呪経　「浄勅訳
曼殊室利菩薩呪蔵中一字呪王経　一巻　唐　義
諸仏集会陀羅尼経　一巻　唐　提雲般若勅訳
北方毗沙門多聞宝蔵天王神妙陀羅尼別行儀軌
一巻　唐　不空勅訳
摩訶毗盧遮那如来定慧均等入仏三昧耶身大聖歓
喜天菩薩修行秘密法儀軌　一巻　唐　不空勅訳
清浄法身毗盧遮那心地法門成就一切陀羅尼三種
　尾題、毗盧遮那〔仏〕別行法　［悉地　一巻
大毗盧遮那略要速疾門五支念誦法　一巻
峑岡大道心駈策法　一巻
　尾題、人道駈策軌
五大牛玉〔玉一作王〕雨宝陀羅尼儀軌　一巻　唐
縛日羅枳惹嚢訳　「一巻　唐　不空勅訳
仏説大如意宝珠輪牛王〔王一作玉〕守護神呪経
作世水宅心陀羅尼　一巻
妙法蓮華三昧秘密三摩耶経　一巻　唐　不空訳
仏説阿弥陀仏根本秘密神呪経　一巻　曹魏　菩
提流支勅訳
馬鳴菩薩成就悉地念誦　一巻　唐　不空勅訳
十六大羅漢因果識見頌　一巻　唐　闍那多迦訳

## 支那撰述

### 《大小乗釈経部》

華厳経遊意　一巻　隋　吉蔵撰
華厳経捜玄記　一〇巻　欠巻四本（一〇巻の内
一―三）　唐　智儼記
　内題、於大方広仏華厳経中捜玄分斉通智方軌
　尾題、華厳経略疏

## 第四套

華厳経捜玄記　（一〇巻の内四―五）　一
華厳経探玄記　二〇巻　唐　法蔵述　一～五
華厳経文義綱目　一巻　唐　法蔵撰　五
　外題、華厳経綱目　尾題、華厳八会綱目章
華厳経策林　一巻　唐　法蔵述
華厳経骨目　二巻　唐　湛然撰述
　内題、大方広仏華厳経願行観門骨目
華厳経略策　一巻　唐　澄観述
　内題、大華厳経略策
華厳経入法界品十八問答　巻　唐　澄観述
華厳経七処九会頌釈章　一巻　唐　澄観撰述
華厳経綸貫　一巻　宋　復菴述
　内題、復菴和尚華厳綸貫

## 第五套

続華厳経略疏刊定記　一五巻　唐　慧苑述　一～三
華厳経大意　一巻　唐　李通玄造　四
　内題、大方広仏華厳経中巻巻大意略叙
華厳経合論　一二〇巻（一二〇巻の内一―一三）
新華厳経論会入　唐　李通玄造論　志寧釐経合
論　四～

## 第六套

華厳経合論（一二〇巻の内一四―九五）

## 第七套

華厳経合論（一二〇巻の内九六―一二〇）〜二
華厳経決疑論　四巻　唐　李通玄撰　二
内題、略釈新華厳経修行次第決疑論　同後記
附
華厳経合論簡要　四巻　明　李贄簡要　三
華厳経行願品疏　一〇巻　唐　澄観勅述
三〜四
内題、貞元新訳華厳経疏
華厳経行願品疏科　一巻　唐　宗密撰集　五
華厳経行願品疏鈔　六巻　疏鈔合刻　唐　澄観
別行疏　宗密随疏鈔
内題、大方広仏華厳経普賢行願品別行疏鈔
**第八套**
華厳経疏科文　一〇巻　唐　澄観排定　一〜二
華厳経疏鈔玄談　九巻　唐　澄観撰述　三〜四
華厳経疏演義鈔　八〇巻（八〇巻の内一―一六）
唐　澄観撰述　四〜
**第九套**
華厳経疏演義鈔（八〇巻の内一七―二六）
**第一〇套**
華厳経疏演義鈔（八〇巻の内二七―四六）
**第一一套**
華厳経疏演義鈔（八〇巻の内四七―八〇）〜四
華厳経談玄決択　六巻　欠初巻　遼　鮮演述　五
**第一二套**
華厳懸談会玄記　四〇巻　元　普瑞集　一〜四
華厳経文義要決問答　四巻　新羅　表員集　四
外題、華厳経文義要決
華厳経要解　一巻　宋　戒環集
前附、賢首時儀教観図并法界観境普融無尽図
華厳経呑海集　三巻　宋　道通述
華厳経綱要　八〇巻（八〇巻の内一―一五）
唐　澄観疏義　明　徳清提契　五〜
**第一三套**
華厳経綱要（八〇巻の内一六―六七）

**第一四套**
華厳経綱要（八〇巻の内六八―八〇）〜一
円覚経大疏　一二巻　唐　宗密述　二
円覚経大疏釈義鈔　一三巻（一三巻の内一上―
一一下）　唐　宗密撰　三〜
**第一五套**
円覚経大疏釈義鈔（一三巻の内一二上―一三下）
〜一
円覚経略疏科　一巻　一
円覚経略疏　四巻　唐　宗密述
円覚経略疏鈔　一二巻　唐　宗密於大疏略出
二〜三
円覚経鈔弁疑誤　二巻　宋　観復撰　三
円覚経疏鈔随文要解　一二巻　元　清遠述
三〜四
御註円覚経　二巻　宋　孝宗帝註　五
円覚経類解　前附、十二章頌　八巻　宋　行霆
円覚経略疏序注　一巻　宋　如山注　解
但下半収第八七套第五冊
**第一六套**
円覚経集註　二巻　宋　元粋述　一
円覚経直解　二巻　明　徳清解
円覚経近釈　六巻　明　通潤述
円覚経要解　二巻　明　寂正要解　二
円覚経句釈正白　六巻　清　弘麗著
楞厳経義疏注経科　一巻　宋　子璿述　三
楞厳経義疏注経　二〇巻　宋　子璿集　三〜四
楞厳経義疏釈要鈔　六巻　宋　懐遠録　五
**第一七套**
楞厳経釈題　一巻　宋　宗印述　一
楞厳経集註　一〇巻　排科　宋　思坦集註　一〜三
楞厳経熏聞記　五巻　宋　仁岳述　四
**第一八套**
楞厳経要解　二〇巻　宋　戒環解　四〜五
楞厳経合論　一〇巻　宋　徳洪造論　正受会合　一

楞厳経正脉疏科　一巻　明　真鑑作　二
楞厳経正脉疏懸示　一巻　明　真鑑述
楞厳経正脉疏　一〇巻　明　真鑑述　二〜五
**第一九套**
楞厳経模象記　一巻　諸経附　明　袾宏述　一
出雲棲法彙第一三
楞厳経懸鏡　一巻　明　徳清述
楞厳経通議提綱略科　一巻　明　徳清排訂
楞厳経通議　一〇巻　補遺一巻附　明　徳清述
一〜二
楞厳経臆説　一巻　明　円澄註　三
楞厳経円通疏　一〇巻　元　惟則会解　明　伝
灯疏　三〜五
**第二十套**
楞厳経玄義　四巻　明　伝灯述　一
楞厳経百問　一巻明真覚述巻四所収
楞厳経秘録　一〇巻　明　一松説　霊述記　一〜二
楞厳経玄義　二巻　明　智旭撰述　道昉参訂　三
楞厳経文句　一〇巻　明　智旭撰述　道昉参訂　三〜四
**第二一套**
楞厳経如説　一〇巻（一〇巻の内一―七）明　五〜
鍾惺撰
**第二一套**
楞厳経如説（一〇巻の内八―一〇）明　鍾惺撰　〜一
楞厳経疏解蒙鈔　三〇巻　巻末五録　明　銭謙益鈔　一〜五
**第二二套**
楞厳経証疏広解　一〇巻　明　凌弘憲点釈　一〜二
楞厳経合轍　一〇巻　明　通潤述　三〜四
楞厳経直指　一〇巻　附、科文　明　函昰疏　四〜五
楞厳経撃節　一巻　明　大韶撰　五
楞厳経懸談　一巻　明　観衡撰
**第二三套**

楞厳経略疏　一〇巻　明　元賢述　一
楞厳経貫摂　一〇巻　清　劉道開纂述　一～三
　内題、楞厳経説通
楞厳経観心定解科　一巻　清　霊耀述　四
楞厳経観心定解大綱　一巻　清　霊耀述
楞厳経観心定解　一〇巻（一〇巻の内一―七）
清　霊耀述　四～

**第二四套**
楞厳経観心定解（一〇巻の内八―一〇）　～一
楞厳経指掌疏懸示　一巻　清　通理述　二
楞厳経指掌疏　一〇巻　清　通理述　二～五
楞厳経指掌疏事義　一巻　清　五
楞厳経勢至円通章科解　一巻　明　正相解
楞厳経勢至円通章疏鈔　二巻　清　続法集
楞厳経勢至円通章解　一巻　清　行策撰
　出浄土警語

**第二五套**
楞厳経宗通　一〇巻　明　曾鳳儀宗通　一～二
入楞伽経心玄義　一巻　唐　法蔵撰　三
楞伽経通義　六巻　宋　善月述
楞伽経集註　四巻　宋　正受集記　四
観楞伽経記　八巻（八巻の内一―六）　明　徳
清筆記　四～

**第二六套**
観楞伽経記（八巻の内七―八）　～一
楞伽補遺　一巻　明　徳清撰　一
　出憨山大師夢遊集巻四四・古本巻二八
楞伽経玄義　一巻　明　智旭撰述
楞伽経義疏　九巻　明　智旭疏義　一～二
楞伽経宗通　八巻　明　曾鳳儀宗通　三～四
楞伽経合轍　八巻　明　通潤述　五

**第二七套**
楞伽経参訂疏　八巻　明　広莫参訂　一
楞伽経心印　八巻　清　函昰疏　一～二
注維摩経　一〇巻　後秦　僧肇註　三
維摩経義記　八巻　隋　慧遠撰　四

維摩経玄疏　六巻　隋　智顗撰　五
維摩経文疏　二八巻（二八巻の内一―七）　後
三巻灌頂続補　隋　智顗勅撰　五～

**第二八套**
維摩経文疏（二八巻の内八―二八）　～二
維摩経略疏　一〇巻　隋　智顗説　唐　湛然略　三～四
維摩経疏記　三巻　唐　湛然述　四～五
浄名玄論　八巻　隋　吉蔵造　五

**第二九套**
維摩経義疏　六巻　隋　吉蔵撰　一
　維摩経遊意同義疏巻首玄義故不別行
維摩経略疏　五巻　隋　吉蔵撰　二
説無垢称経賛　六巻　唐　窺基作　三～四
　内題、説無垢称経疏　「五
維摩経略疏垂裕記　一〇巻　宋　智円述　四～

**第三〇套**
維摩経評註　一四巻　明　楊起元評註　一
維摩経無我疏　一二巻　明　伝灯著　一～二
勝鬘経宝窟　六巻　隋　吉蔵撰　三
勝鬘経義記　上巻　欠下巻　隋　慧遠撰　四
勝鬘経述記　二巻　唐　窺基説　義令記
勝鬘経疏義私鈔　六巻　日本　聖徳太子疏　唐
明空私鈔
金光明経疏　一巻　隋　吉蔵撰　五
金光明経玄義科　一巻　明　明得排定
金光明経玄義拾遺記　六巻　疏記合刻　隋　智
顗説　唐　灌頂録　宋　知礼述　明　明得会

**第三一套**
金光明経文句科　一巻　明　明得排定　一
金光明経文句文句記　八巻　疏記合刻　隋　智
顗説　唐　灌頂録　宋　知礼述　明　明得会　一～二
金光明経玄義順正記　三巻　宋　従義撰　三
金光明経文句新記　七巻　宋　従義撰　三～四
金光明経照解　二巻　宋　宗暁述　五

金光明最勝王経疏　一〇巻（一〇巻の内一―三）　五～
唐　慧沼撰

**第三二套**
金光明最勝王経疏（一〇巻の内四―一〇）　～二
無量寿経義疏　二巻　経疏合刻　隋　慧遠撰　「二
無量寿経義疏　一巻　隋　吉蔵撰
無量寿経記　上巻残冊　下巻佚失　唐　玄一集
無量寿経連義述文賛　三巻　唐　璟興撰　三
無量寿経宗要　一巻　新羅　元暁撰　「際清述
無量寿経起信論　三巻　浄土三論第一　清　彭
摩訶阿弥陀経衷論　一巻　清　王耕心衷論
観無量寿経義疏　二巻　隋　慧遠撰　四
観無量寿経義疏　一巻　隋　吉蔵撰
観無量寿仏経疏　四巻　唐　善導集記
釈観無量寿仏経記　一巻　唐　法聡撰
観無量寿仏経疏妙宗鈔　五巻　隋　智顗説　宋
知礼述　日本　実観分会　五
観無量寿仏経融心解　一巻　宋　知礼撰
観無量寿仏経義疏　三巻　宋　元照述

**第三三套**
観無量寿経扶新論　一巻　宋　戒度述　一
観無量寿経義疏正観記　三巻　宋　戒度述
観無量寿仏経図頌　一巻　明　伝灯述
観無量寿仏経約論　一巻　浄土三経論第一　清
彭際清述
阿弥陀経義記　一巻　隋　智顗説　灌頂記
阿弥陀経義述　一巻　唐　慧浄述
阿弥陀経通賛疏　三巻　唐　窺基撰
阿弥陀経疏　一巻　唐　窺基撰　二
阿弥陀経義疏　一巻　宋　智円述
阿弥陀経義疏聞持記　三巻　排科　宋　元照述
阿弥陀経句解　一巻　元　性澄句解　戒度記
阿弥陀経略解　一巻　明　大佑述
阿弥陀経疏鈔　四巻　明　袾宏述　一～三
阿弥陀経疏鈔事義　一巻　明　三
阿弥陀経疏弁問弁　一巻　続問答附　明

已上三般出雲棲法彙第六―一〇
阿弥陀経疏鈔演義　四巻　明　古徳法師演義
慈航智願定本　三～四
阿弥陀経已決　一巻　明　大慧釈　四
阿弥陀経約論　一巻　浄土三論第三　清　彭際
阿弥陀経直解正行　一巻　清　了根纂註　［清述
思益梵天所問経簡註　四巻　明　円澄註　五

**第三四套**
大乗本生心地観経浅註　八巻　清　来舟集　一
附懸示科文　［～三
大乗密厳経疏　四巻　欠巻一　唐　法蔵撰　三
解深密経疏　一〇巻（一〇巻の内一―七）　欠
巻一　唐　円測撰　四～

**第三五套**
解深密経疏（一〇巻の内八―一〇）　～一
占察善悪業報経玄義　一巻　明　智旭述　一
占察善悪業報経義疏　明　智旭述　「記　二
盂蘭盆経疏新記　二巻　唐　宗密疏　宋　元照
盂蘭盆経疏会古通今記　二巻　宋　普観述
盂蘭盆経新疏　一巻　明　智旭疏
盂蘭盆経疏折中疏　一巻　清　霊耀撰
已上三般合云弥勒経料簡記
盂蘭盆経略疏　一巻　清　元奇書
薬師経古迹　二巻　新羅　太賢撰
薬師経直解　一巻　清　霊耀撰
地蔵本願経科文　一巻　清　霊棨定　岳玄排
地蔵本願経綸貫　一巻　清　霊棨撰　［三
地蔵本願経科註　六巻　清　霊棨輯　三～四
弥勒経遊意　一巻　隋　吉蔵撰　四
弥勒上生経宗要　一巻　新羅　元暁撰
観弥勒上生経疏　二巻　唐　窺基撰
内題、観弥勒上生兜率天経賛
又云、弥勒上生経瑞応疏
弥勒上生経疏　一巻　唐　憬興撰　五
弥勒下生経疏　一巻　唐　憬興撰
弥勒成仏経疏　一巻　唐　憬興撰
弥勒上生経瑞応鈔科　一巻　宋　守千集
弥勒上生経瑞応鈔　二巻　宋　守千集　「一

**第三六套**
造像量度経解　一巻　清　工布査布訳並解述
大日経疏　二〇巻　唐　一行記　一～三
内題、大毗盧遮那成仏経疏　「一巻
前附、唐崔牧述大毗盧遮那成仏神変加持経序
大日経義釈　一四巻　唐　一行述記　三～五
掲日本僧円珍将来本差異于冠上

**第三七套**
大日経義釈演密鈔　一〇巻　遼　覚苑撰　「二
大毗盧遮那経供養次第法疏　二巻　唐　不可思　一～
議撰　二
外題、大日経供養法義疏
金剛頂経大瑜伽秘密心地法門義訣　上巻　欠下
外題、金剛頂経義訣　［巻　唐　不空造
青頸観自在菩薩心陀羅尼経釈義　一巻　唐　不
外題、青頸観音経釈義　［空勅撰
十一面神呪心経義疏　一巻　唐　慧沼撰
外題、十一面経義疏
仏頂尊勝陀羅尼経疏　二巻　弁釈真言義　唐
法崇勅述　三
外題、尊勝経疏
七倶胝仏母所説準提陀羅尼経会釈　三巻　清
外題、準提経会釈　［弘賛会釈
附、五悔儀弁持誦法要
観自在菩薩如意心陀羅尼経略疏　二巻　清　続
外題、如意呪経略疏　［法述
大般若経関法　六巻　宋　大隠排定　四
大般若経綱要　一〇巻　般若義同文異附　清
葛䵖提綱　四～五

**第三八套**
大品経遊意　一巻　隋　吉蔵撰　一
大品経義疏　一〇巻　欠巻二　隋　吉蔵撰　一～二
大慧度経宗要　一巻　新羅　元暁撰　二
大般若経理趣分述讃　三巻　唐　窺基撰
尾題、般若理趣分疏
金剛経註　一巻　晋　僧肇注　三
金剛経義疏　四巻　隋　吉蔵撰
金剛経註疏　三巻　唐　慧浄注
金剛経略疏　二巻　唐　智儼述
金剛経賛述　二巻　唐　窺基撰　四
金剛経解義　二巻　唐　慧能解義
金剛経註　三巻　宋　道川頌　弁著語
内題、金剛経老川頌
金剛経会解　二巻　上下合巻　宋　善月述
金剛経疏科釈　一巻　元　徐行善科
金剛経註解　四巻　明　洪蓮編
別名、金剛経五十三家註

**第三九套**
金剛経宗通　七巻　明　曾鳳儀宗通　一
金剛経偈釈　二巻　明　曾鳳儀釈
金剛経釈　一巻　明　真可撰
出紫柏尊者全集巻一一
金剛経決疑　一巻　明　徳清撰
金剛経鎞　二巻　明　広伸述
金剛経統論　一巻　出林子全集　明　林兆恩撰
金剛経正眼　一巻　明　大韶筆記　［二
金剛経筆記　一巻　明　如観註
金剛経破空論　一巻　明　智旭造論
金剛経観心釈　一巻　明　智旭述
金剛経略談　一巻　出顓愚和尚語録　明　観衡
金剛経略疏　一巻　明　元賢述　［撰
金剛経音釈直解　一巻　明　円杲解註
外題、金剛経直解
金剛経大意　一巻　清　王起隆述
内題、荅屠息庵読金剛経大意書
金剛経如是解　一巻　清　無是註解　三
金剛経会解了義　一巻　清　徐昌治纂
金剛経疏記会編　一〇巻　科文図説　清　行策
全文出于科会　［会編

金剛般若経会本　一巻　経疏合刻　清　通理会
金剛新眼疏経偈合釈　二巻　清　通理述　三〜
　前附、金剛経大意懸示各一巻　［四
金剛経郢説　一巻　清　徐発詮次　四
　前附、攷異説略各一巻
金剛経註正訛　一巻　清　仲之屛彙纂
金剛経浅解　一巻　清　翁春　王錫琯解釈
金剛経疏記科会　一〇巻　唐　宗密疏　宋　子
璿記　清　大璸科会　五
　金剛経疏論纂要
　金剛経疏論纂要刊定記

**第四〇套**

金剛経部旨　二巻　清　霊耀撰　一
金剛経註釈　一巻　清　溥仁乩釈　子真乩訂
金剛経演古　一巻　清　寂燄述
金剛経直説　一巻　清　成鷲著
金剛経石注　一巻　清　石成金撰集
　出石氏全集伝家宝
金剛経註解　一巻　清　孚佑帝君註解　二
金剛経彙纂　二巻　清　孫念劬纂
金剛経心印疏　二巻　清　溥畹述
金剛経注　二巻　出春在堂全書　清　兪樾註
金剛経訂義　一巻　出春在堂全書　清　兪樾著
仁王経疏　六巻　隋　吉蔵撰　三
仁王経疏　六巻　唐　円測撰　三〜四
仁王経合疏　三巻　隋　智顗説　灌頂記　明
道霈合　四
仁王経疏会本　序文　隋　智顗説　灌頂記　清
成蓮合
仁王経疏　七巻（七巻の内一—四）　釈新訳経
唐　良賁勅撰　五〜

**第四一套**

仁王経疏（七巻の内五—七）　〜一
仁王経疏法衡鈔　六巻　唐　遇栄集　一〜二
仁王経疏　四巻　宋　浄源撰集　二
　内題、注仁王護国般若経

般若心経疏　一巻　唐　慧浄作　三
般若心経疏　一巻　唐　靖邁撰
般若心経幽賛　二巻　唐　窺基撰
般若心経幽賛添改科　一巻　宋　守千添改
般若心経幽賛崆峒記　三巻　宋　守千集
般若心経註　一巻　中天竺　提婆註　四
般若心経賛　一巻　唐　円測撰
般若心経略疏　一巻　唐　明曠述
般若心経疏　一巻　宋　智円述
般若心経疏詒謀鈔　一巻　宋　智円撰
般若心経略疏顕正記　三巻　科考　疏記合刻
唐　法蔵疏　宋　仲希説
般若心経略疏小鈔　二巻　明　銭謙益集
　前附、縁起論　一巻　［懐琛述
般若心経三注　一巻　唐　慧忠著　宋　道楷述
般若心経注　一巻　宋　道隆述　五
般若心経解義節要　一巻　明　宋濂文句
般若心経注解　一巻　明　真可撰
般若心経直談　一巻　明　真可撰
般若心経要論　一巻　明　真可説
般若心経説　一巻　明　真可説
　已上四般出紫柏尊者全集一一
般若心経釈義　一巻　明　謝観光釈
般若心経釈疑　一巻　明　謝観光釈
般若心経直説　一巻　明　徳清述
　出憨山大師夢遊全集巻一九・古本巻一〇
般若心経提綱　一巻　明　李贄撰
　出于李氏叢書巻三　［撰
般若心経釈略　一巻　出林子全集　明　林兆恩
般若心経槩論　一巻　出林子全集　明　林兆恩
般若心経説　一巻　明　洪恩述　［撰
般若心経註解　一巻　明　諸万里註
般若心経釽輪解　一巻　明　通容述
般若心経正眼　一巻　明　大文述
般若心経開度　一巻　明　弘麗著
般若心経発隠　一巻　明　正相解

般若心経際決　一巻　心経論附　明　大慧釈
般若心経添足　一巻　明　弘賛述
般若心経貫義　一巻　明　弘賛述
　大般若経受持功徳附
般若心経釈要　一巻　明　智旭述
般若心経小談　一巻　明　観衡述
　出顓愚和尚語録巻一四

**第四二套**

般若心経　貫疏　一巻　明　益証疏　一
般若心経指掌　一巻　明　元賢述
般若心経大意　一巻　撮槩附　清　王起隆述
般若心経解　一巻　清　徐昌治解
般若心経請益説　一巻　清　道霈説
般若心経註疏　一巻　清　仲之屛纂註
般若心経論　一巻　清　函昰撰
般若心経彙纂　一巻　清　孫念劬纂
般若心経註解　一巻　大顚祖師註解
般若心経註解　一巻　明　何道全註
般若心経註解　二巻
般若心経註解　一巻　清　孚佑帝君註解
　呂祖師降三十二次偈附
法華経義記　八巻　梁　法雲撰　二
法華経玄論　一〇巻　箇条附　隋　吉蔵撰　三
法華経遊意　二巻　隋　吉蔵撰　四
法華経義疏　一二巻　隋　吉蔵撰　四〜五

**第四三套**

法華経統略　六巻　隋　吉蔵撰　一
法華経大意　一巻　唐　湛然述　二
法華三大部科文　一六巻　唐　湛然述　二〜四
　玄義科五巻　文句科六巻　止観科五巻
法華三大部読教記　二〇巻　宋　法照撰　四〜
　玄義記七巻　文句記七巻　止観記四巻　［五
　諸部記二巻
法華三大部補注　一四巻（四巻の内一—三）
宋　従義撰　五〜
　前附、条箇二巻

内題、天台三大部補註
玄義注三巻　文句注七巻　止観注四巻

**第四四套**

法華三大部補注（一四巻の内四―一四）　～三
大部妙玄格言　二巻　宋　善月述　四
外題、妙玄格言　内題、大部格言「有厳注
法華経玄籤備撿　四巻　法華三大部注之一　宋
法華経玄義節要　二巻　明　智旭節　四～五
法華経玄義輯略　一巻　明　伝灯録　五
法華経釈籤縁起序指明　一巻　清　霊耀述
法華経玄籤証釈　一〇巻　宋　智銓述

**第四五套**

法華経文句輔正記　一〇巻　唐　道暹述　「二
法華経疏義纉　六巻　唐　智度述　一～
妙経文句私志諸品要義　二巻　唐　智雲述　三
妙経文句私志記　一四巻（一四巻の内一―六）　四
唐　智雲撰　四～

**第四六套**

妙経文句私志記（一四巻の内七―一四）　～二
法華経文句記箋難　四巻　法華三大部注之一
法華随経音切附　宋　有厳箋　三
法華経文句格言　三巻　宋　善月述　四
法華経文句纂要　七巻　清　道霈纂要　四～五

**第四七套**

法華経入疏　一二巻　宋　道威入注　一～三
法華経要解科　一巻　三
内題、妙法蓮華経解科文
法華経要解　七巻　宋　戒環解　三～四
内題、妙法蓮華経解　前附、宋祥邁撰弘伝序
註
法華経合論　七巻　宋　慧洪造　張商英撰
法華経句解　八巻（八巻の内一―二）　四～五
宋　聞
達解　五～

**第四八套**

法華経句解（八巻の内三―八）　～二
法華経科註　一〇巻　宋　守倫註　明　法済参
訂　二～四
法華経科註　八巻（八巻の内一―五）　元　徐
行善科註　五～
前附、隋智顗説観心誦経法　宋与咸録釈経六
意

**第四九套**

法華経科註（八巻の内六―八）　～一
法華経科註　七巻　明　一如集註　一～三
法華経知音　七巻　明　如愚著　三～四
法華経大意　三巻　明　無相説　四
法華経撃節　一巻　明　徳清述　五
出夢遊集巻四二・古本二六
法華経通義　七巻　明　徳清述

**第五〇套**

法華経意語　一巻　明　円澄説　明海重訂　一
法華経大窾　七巻　明　通潤箋　一～二
法華経綸貫　一巻　明　智旭述　二
法華経会義　一六巻　明　智旭述　二～四
内題、妙法蓮華経台宗会義
法華経卓解　七巻　清　徐昌治逗註　五

**第五一套**

法華経大成科　一巻　清　際慶排録　一
法華経大成　九巻　清　大義集　一～三
法華経大成音義　一巻　清　浄昇集　三
法華経授手　巻首一巻　清　智祥撰
法華経授手科　一巻　清　智祥排
法華経授手　一〇巻　清　智祥集　三～五

**第五二套**

法華経演義科　一巻　清　広和標科　一
法華経演義　二〇巻　清　一松講録　広和編定
法華経為為章　一巻　唐　窺基撰　一～三
法華経玄賛　一〇巻　唐　窺基撰　四
四～五

**第五三套**

法華経玄賛義決　一巻　唐　慧沼撰　一
法華経玄賛摂釈　四巻　唐　智周撰　一～二
法華経玄賛決択記　八巻　現存初二巻　唐　崇
俊撰　法清集疏　二
法華経玄賛要集　三五巻（三五巻の内一―一二）
唐　栖復集　三～

**第五四套**

法華経玄賛要集（三五巻の内一三―三五）　～五
欠巻二二・二三・三〇・三二

**第五五套**

観音経玄義記科　一巻　明　一
観音経玄義記箇条　一巻　明
観音経玄義記　四巻　疏記合刻　隋　智顗説
宋　知礼述　日本　実乗分会
観音経義疏記科　一巻　明
観音経義疏記条箇　一巻　明
観音経義疏記　四巻　隋　智顗説　一～二
宋　知礼述　日本　実乗分会
観音経普門品重頌　一巻　宋　遵式述　二
観音経普門品膚説　一巻　清　霊耀説
普賢観経義疏科　一巻　宋
普賢観経義疏　二巻　宋　本如述　処咸続解
金剛三昧経注解　四巻　明　円澄注　二～三
金剛三昧経通宗記　一二巻　清　誅震述　三
涅槃経義記　二〇巻（二〇巻の内一―一一）　隋
慧遠述　四～

**第五六套**

涅槃経義記（二〇巻の内一二―二〇）　～二
涅槃経遊意　一巻　隋　吉蔵撰　二
涅槃経玄義文句　二巻　隋　灌頂撰　唐　道暹
撰　日本　守篤分会
尾題、大涅槃玄義抄
涅槃経治定疏科　一〇巻　宋　智円撰　三
涅槃経会疏条箇　三巻　後分条目附　日本　四
涅槃経会疏　三六巻（三六巻の内一―八）　隋
灌頂撰　四～
唐　湛然再治　日本　本純分会

**第五七套**
涅槃経会疏（三六巻の内九―三六）　〜四
涅槃経疏私記　一二巻　唐　行満集　五
**第五八套**
涅槃経疏私記　九巻　唐　道暹述　一〜二
涅槃経疏三徳指帰　二〇巻　欠巻一五
　涅槃経後分釈附　宋　智円述　二〜五
**第五九套**
科南本涅槃経　序　元　師正排科　可度重訂　「一
涅槃経会疏解　序跋　元　師正分科　明　円澄
会疏
遺教経補註　一巻　宋　守遂註　明　了童補註
遺教経解　一巻　三経解之一　明　智旭述
温室経記義　一巻　隋　慧遠撰
四十二章経御註　一巻　宋　真宗皇帝註
　前附、宋程輝編仏教西来玄化応運略録
　後附、唐太宗文皇帝製題梵経台詩釈　「註
四十二章経註　一巻　宋　守遂註　明　了童補
四十二章経解　一巻　三経解之一　明　智旭著
四十二章経疏鈔　五巻　清　続法述　一〜二
八大人覚経略解　一巻　三経解之一　明　智旭
八大人覚経疏　一巻　清　続法述　［解
浄土三経論　五巻　分出別処　清　彭際清述
閲経十二種　一四巻　清　浄挺著
華厳経頌一巻
梵網戒光一巻
楞伽心印一巻
維摩饒舌一巻
円覚連珠一巻
楞厳答問一巻
薬師灯燄一巻
弥陀舌相一巻
金剛三昧一巻
　前附、金剛随説一巻　金剛別伝一巻
心経句義一巻
法華懸譚一巻

涅槃末後句一巻
三経解　三巻　分出別処　明　智旭解
仏祖三経指南　三巻　明　道霈述
四十二章経指南一巻
仏遺教経指南一巻
潙山警策指南一巻

**《大小乗釈律部》**

梵網菩薩戒経義疏　二巻　隋　智顗説　唐　灌
頂記　三
梵網菩薩戒経疏刪補　三巻　唐　明曠刪補
　有日本僧慈空分会本
梵網菩薩戒経疏註　八巻　宋　与咸　入疏箋経
加註釈疏　三〜四
梵網菩薩戒経義疏発隠　五巻　明　袾宏発隠
　巻一末尾附、半月誦戒儀式　［四〜五
梵網菩薩戒経義疏発隠事義　一巻　明　袾宏述
梵網菩薩戒経義疏発隠問弁　一巻　明　袾宏述
　已上三般出雲棲法彙第一―五　［事義附
梵網経記　二巻　唐　伝奥述
**第六〇套**
梵網経菩薩戒本疏　六巻　唐　法蔵撰　一
梵網経菩薩戒本疏　二巻　新羅　義寂述
梵網経菩薩戒本述記　四巻　唐　勝荘撰　二
　内題、梵網経述記
梵網経菩薩戒本疏　五巻　欠巻一・三・五　唐
　内題、梵網経疏　［知周撰
菩薩戒本宗要　一巻　排科　新羅　大賢撰
梵網経古迹記　排科四巻　釈経上下　新羅　大
賢集　三
梵網経菩薩戒疏　四巻　現存上巻　唐　法銑撰
梵網経菩薩戒注　三巻　宋　慧因註
梵網経玄義　一巻　明　智旭述　道昉訂　四
梵網経合註　七巻　釈経上下　明　智旭註　道
昉訂
梵網経菩薩戒略疏　八巻　明　弘賛述　五
　半月誦菩薩戒儀式註一巻附

**第六一套**
梵網経直解　四巻　釈経上下　明　寂光直解　「一
梵網経直解事義　一巻　明　二
梵網経順硃　二巻　釈経上下　清　徳玉順硃
菩薩戒本持犯要記　一巻　新羅　元暁述　三
菩薩戒本箋要　一巻　明　智旭箋
菩薩戒羯磨文釈　一巻　出律要後集　明　智旭
釈　「隋　慧遠述
地持論義記　一〇巻　現存巻三下・四上・五下
瓔珞本業経疏　下巻　欠上巻　新羅　元暁撰
新刪定四分僧戒本　一巻　唐　道宣刪定　四
　随宜編入于此
毗尼珍敬録　二巻　明　広承輯録　智旭会補
　前附、智旭述戒相摂頌
毗尼止持会集　一六巻　清　読体集　四〜五
　已上二部釈唐懐素集四分律比丘戒本
**第六二套**
四分比丘戒本疏　二巻　唐　定賓撰　一
四分律比丘含注戒本　三巻　唐　道宣述
四分律含注戒本疏発揮記　巻三　宋　允堪述
四分律含注戒本疏科　八巻　宋　元照録　二
四分律含注戒本疏行宗記　二一巻　唐　道宣撰
宋　元照述　日本　即静分会　二〜五
　戒本含注疏記科之五部共会
**第六三套**
釈四分戒本序　一巻　宋　道言述　一
四分戒本縁起事義　一巻　明　広莫輯録
四分戒本如釈　一二巻　明　弘賛繹　一〜二
四分戒本約義　四巻　明　元賢述
重治毗尼事義集要　一七巻　明　智旭彙釈
毗尼関要　一六巻　清　徳基輯　二〜三
毗尼関要事義　一巻　清　徳基輯　四〜五
**第六四套**
四分刪定比丘尼戒本　一巻　宋　元照重定　一
　随宜編入于此

四分比丘尼鈔科　一巻　宋　允堪述
四分比丘尼鈔　六巻　唐　道宣述
式叉摩那尼戒本　一巻　明　弘贊輯
　随宜編入于此　「二
四分律随機羯磨疏正源記　八巻　宋　允堪述
四分律刪補随機羯磨疏科　四巻　宋　元照録三
四分律刪補随機羯磨疏済縁記　二二巻　唐　道
宣疏　宋　元照記　日本　禅竜合会　三〜五

**第六五套**

羯磨経序解　一巻　宋　則安述　一
毘尼作持続釈　一五巻　唐　道宣撰集　清　読
体続釈　一〜二
　内題、曇無徳部四分律刪補随機羯磨疏釈
四分律疏　二〇巻　唐　法礪撰述　三〜五

**第六六套**

四分律疏飾宗義記　一〇巻　唐　定賓作　一〜
　欠巻一本末・九本末　［三
四分律疏　二〇巻　現存巻九　唐　智首撰　四
四分律開宗記　二〇巻（二〇巻の内一—一二）
唐　懐素撰　四〜

**第六七套**

四分律開宗記（二〇巻の内一三—二〇）　〜一
四分律行事鈔批　二八巻（二八巻の内一—一五）
唐　大覚撰　二〜

**第六八套**

四分律行事鈔批（二八巻の内二六—二八）〜一
四分律行事鈔簡正記　一七巻　後唐　景霄纂
一〜五

**第六九套**

四分律行事鈔科　一二巻　宋　元照録　一
四分律行事鈔資持記　四二巻（四二巻の内一—
三四）　一〜
唐　道宣撰　宋　元照述　日本　慧門等分会

**第七〇套**

「〜一
四分律行事鈔資持記（四二巻の内三五—四二）
資持記序解幷五例講義　一巻　宋　則安述　一
行事鈔諸家記標目　一巻　宋　慧顕集　日本
資持記立題拾義　一巻　宋　道標出［戒月改録
毘尼討要　六巻　宋　道世纂　二
四分律名義標釈　四〇巻　明　弘贊輯　三〜五

**第七一套**

四分律蔵大小持戒犍度略釈　一巻　明　智旭釈
四分律拾毘尼義鈔科　一巻　宋　元照録　［一
四分律拾毘尼義鈔　六巻　欠下二巻　唐　道宣
仏説斎経科註　一巻　明　智旭科註　［撰
仏説目連五百問経略解　二巻　明　性祇述
　内題、仏説目連問戒律中五百軽重事経略解

**《大小乗釈論部》**

往生論註　二巻　魏　曇鸞註解　二
　内題、無量寿経優婆提舎願生偈註
　前附、婆藪槃頭菩薩造往生論一巻
十地経論義記　一五巻　佚失巻九已下六巻　隋
慧遠撰　二〜三
起信論一心二門大意　一巻　陳　智愷作　三
起信論義疏　上巻　欠下巻　隋　曇延撰
起信論義疏　四巻　隋　慧遠撰　四
起信論疏記　六巻　疏記合会　新羅　元暁疏幷
起信論内義略探記　一巻　新羅　太賢作［別記
起信論同異略集　二巻　唐　見登集
起信論義記　七巻　唐　法蔵撰　五
起信論別記　一巻　唐　法蔵撰
起信論纂註　二巻　明　真界纂註

**第七二套**

起信論捷要　二巻　明　正遠註　一
起信論続疏　二巻　明　通潤述疏
起信論直解　二巻　明　徳清述
起信論疏記会閲巻首　一巻　清　続法輯　二
起信論疏筆削記会閲　一〇巻　清　続法会編
二〜三
起信論裂網疏　六巻　釈実叉難陀訳　明　智旭
述　四
釈摩訶衍論疏　六巻　欠中巻本末　唐　法敏集
　内題、次第属当釈本論文刪補三巻別行疏
釈摩訶衍論記　唐　聖法鈔
釈摩訶衍論賛玄疏　五巻　遼　法悟勅撰　五

**第七三套**

釈摩訶衍論記　六巻　宋　普観述　一
釈摩訶衍論通玄鈔　四巻　遼　志福撰　二
大宗地玄文本論略註　四巻　清　楊文会略註
三論遊意義　一巻　隋　碩法師撰　三
三論玄義　二巻　隋　吉蔵勅撰
中論疏　二〇巻　隋　吉蔵撰　三〜四
百論疏　九巻　隋　吉蔵撰　五
　但巻中之上中下収第八七套第二冊
十二門論疏　六巻　佚失上末巻頭数葉　隋　吉
十二門論宗致義記　二巻　唐　法蔵述　［撰

**第七四套**

大乗四論玄義　一〇巻　但欠巻一・三・四「一
　内題、無依無得大乗四論玄義記　唐　均正撰
大乗法界無差別論疏　二巻　唐　法蔵撰　二
大乗法界無差別論疏領要鈔科　一巻　宋　普観
録
大乗法界無差別論疏領要鈔　二巻　宋　普観述
法華論疏　三巻　隋　吉蔵撰抄　「抄撰　三
大智度論疏　現存巻一四・二一　南北朝　慧影
但巻一・六・一五・一七・二四残冊収第八七
　套第三冊
金剛般若経論会釈　三巻　唐　窺基撰
雑集論述記　一〇巻　唐　窺基撰　四〜五
　内題、大乗阿毘達磨雑集論述記

**第七五套**

中辺分別論疏　巻第三　新羅　元暁撰　一
弁中辺論述記　三巻　唐　窺基撰
瑜伽論略纂　一六巻　唐　窺基撰　一〜三
瑜伽論劫章頌　一巻　唐　窺基撰　三
瑜伽論記　四八巻（四八巻の内一—一五）　唐
遁倫集撰　四〜

**第七六套**

瑜伽論記（四八巻の内一六―四八）　〜四
百法明門論疏　二巻　唐　普光撰　五
百法明門論解　二巻　唐　窺基註解　明　普泰
百法明門論論義　一巻　出性相通説巻上　［増修
　内題、百法論義　明　徳清述
百法明門論纂　一巻　明　広益纂釈
百法明門論贅言　一巻　相宗八要解第一　唐
窺基註解　明　明昱贅言
百法明門論直解　一巻　相宗八要直解第二　明
成唯識論料簡　二巻　唐　窺基撰　［智旭解

**第七七套**

成唯識論述記　二〇巻　唐　窺基撰　一〜五
成唯識論別抄　一〇巻　現存巻一・五・九・一
〇　唐　窺基撰　五

**第七八套**

成唯識論枢要　四巻　唐　窺基撰　一
　内題、成唯識論掌中枢要　「周述
成唯識論掌中枢要記　二巻　現存巻上　唐　智
成唯識論了義灯　一四巻　唐　慧沼述　一〜二
成唯識論了義灯記　二巻　現存巻下　唐　智周
撰　三
成唯識論演秘　一四巻　唐　智周撰　三〜四
成唯識論義蘊　五巻　唐　道邑撰　五

**第七九套**

成唯識論疏義演　二六巻　唐　如理集　一〜五
　欠巻六末下・一七・一八・二二
成唯識論演秘釈　巻一　唐　如理撰　五
註成唯識論　巻十七　唐

**第八〇套**

成唯識論学記　八巻　新羅　太賢集　一
　菩薩蔵阿毗達摩古迹記之内
成唯識論疏抄　一八巻　唐　霊泰撰　二〜五
　欠巻九本・一三末・一五・一七

**第八一套**

成唯識論俗詮　一〇巻　明　明昱俗詮　一〜二
成唯識論集解　一〇巻　明　通潤集解　二〜四

成唯識論証義　一〇巻（一〇巻の内一―八）　明
王肯堂証義　四〜

**第八二套**

成唯識論証義（一〇巻の内九―一〇）　〜一
成唯識論自攷　一〇巻　明　大恵録　一〜二
成唯識論観心法要　一〇巻　明　智旭述　三〜四
成唯識論音響補遺科　二巻　清　智素科　四
成唯識論音響補遺　一〇巻（一〇巻の内一―五）
清　智素補遺　五〜

**第八三套**

成唯識論音響補遺（一〇巻の内六―一〇）　〜一
唯識三十論約意　一巻　相宗八要解第二　明
明昱約意　二
唯識三十論直解　一巻　相宗八要直解第三　明
唯識二十論述記　二巻　唐　窺基撰　［智旭解
観所縁縁論会釈　一巻　相宗八要解第三　明
明昱会釈　「智旭解
観所縁縁論直解　一巻　相宗八要解第四　明
観所縁縁論釈記　一巻　附問答釈疑　相宗八要
解第五　明　明昱録記　「明　智旭解
観所縁縁論釈直解　一巻　相宗八要直解第五
異部宗輪論疏述記　一巻　唐　窺基記　三
順正理論述文記　巻九・一八　唐　元瑜述
倶舎論疏　巻一・二・四―七・一七　唐　神泰
述　三〜四
倶舎論法宗原　一巻　唐　普光撰　四
倶舎論頌疏序記　一巻　唐　法盈修　五
倶舎論頌疏義鈔　六巻　唐　慧暉述

**第八四套**

倶舎論記　三〇巻　唐　普光述　一〜五

**第八五套**

倶舎論疏三〇巻　欠巻一二　唐　法宝撰　「一―五
倶舎論頌釈疏　二九巻（二九巻の内一―一〇）
唐　円暉述　五〜

**第八六套**

倶舎論頌釈疏（二九巻の内一一―二九）　〜一
倶舎論頌疏記　二九巻　唐　遁麟述　二〜三
遺教経論住法記　一巻　宋　元照述　三
遺教経論記　三巻　宋　観復述　「四
因明入正理門論述記　一巻　不完　唐　神泰述
因明入正理論疏　巻上　佚巻中下　唐　文軌述
因明入正理論疏　六巻　唐　窺基撰
因明入正理論義断　一巻　唐　慧沼述　五
因明入正理論義纂要　一巻　唐　慧沼集
因明入正理論続疏　下巻　佚巻上　唐　慧沼述
因明入正理論疏前記　三巻　唐　智周撰

**第八七套**

因明入正理論疏後記　三巻　下巻不完　唐　智
周撰　一
因明入正理論疏抄略記　一巻　唐　智周撰
因明入正理論解　一巻　明　真界集解
因明入正理論集解　一巻　明　王肯堂集釈
因明入正理論直疏　一巻　相宗八要解第六　明
明昱疏　「明　智旭述
因明入正理論直解　一巻　相宗八要直解第一
三支比量義鈔　一巻　相宗八要解第七　唐　玄
奘立　宋　延寿造　明　明昱鈔
真唯識量略解　一巻　相宗八要直解第八　明
智旭略解
　内題、唐奘師真唯識量略解
百論疏　九巻之内四―六　隋　吉蔵撰　二
百法論顕幽鈔　二〇巻　巻一末・二末・七末　唐
従芳述
大智度論疏　巻一・六・一五・一七・二四　南
掌珍論疏　巻下　唐　［北朝　慧影抄撰　三

**補遺　印度撰述**

《経部》

高王観世音経　一巻　四
観世音菩薩救苦経　一巻
観世音菩薩往生浄土本縁経　一巻　附　西晋録

念仏超脱輪廻捷径経　一巻
十往生阿弥陀仏国経　一巻　出　周録
浄度三昧経　一巻
大蔵正教血盆経　一巻
仏説寿生経　一巻
化珠保命真経　一巻
大梵天王問仏決疑経　二巻
大梵天王問仏決疑経　一巻
造像量度経　一巻　清　工布査布訳
般若波羅蜜多心経　一巻　唐　智慧輪訳

## 補遺　支那撰述

### 《大小乗釈経部》

円覚経大疏鈔科　三巻之内中・下　唐　宗密製
円覚経夾頌集解講義　一二巻　宋　周琪述　四〜五
円覚経略疏序注　一巻　載下半　宋　如山註序

### 第八八套

［五
大周経玄義　一巻　唐　静居勅撰　一
　内題、皇帝降誕日於麟徳殿講大方広仏華厳経
華厳経文義記　巻六　唐　霊裕集記　［玄義
華厳経疏注　一二〇巻　欠巻二一—七〇・九一
—一〇〇　唐　澄観述　宋　浄源録疏注経　一〜四
注華厳経合論纂要　三巻　明　方沢纂　四
華厳経綱目貫摂　一巻　清　永光録集　五
華厳経三十九品大意　一巻　清　永光敬録
華厳経普賢行願品疏科　一巻　宋　遵式治定
楞厳経箋　二〇巻（二〇巻の内一—一〇）　宋
惟愨釈　可度箋　五〜

### 第八九套

楞厳経箋（二〇巻の内一一—二〇）　〜二
楞厳経説約　一巻　明　陸西星述　三
楞厳経述旨　一〇巻　明　陸西星述
楞厳経截流　二巻　明　伝如述
楞厳経円通疏前茅　二巻　明　伝灯述
楞厳経直解　一〇巻　明　広莫直解　四〜五
楞厳経講録　一〇巻（一〇巻の内一—三）　明
乗旹講録　五〜

### 第九〇套

楞厳経講録（一〇巻の内四—一〇）　〜一
楞厳経纂註　一〇巻　明　真界纂註　二
楞厳経精解評林　三巻　明　焦竑纂　三　「述
楞厳経序指味疏　一巻　解元惟則序　清　諦閑
楞厳経宝鏡疏科文　一巻　清　溥畹撰　四
楞厳経宝鏡疏懸談　一巻　清　溥畹述
楞厳経宝鏡疏　一〇巻　清　溥畹述　四〜五

### 第九一套

楞厳経正見　一〇巻　清　済時述　一
楞伽経註　巻二・五等　残冊　唐　智厳註　二
楞伽経疏　巻中　残冊
楞伽経纂　四巻　宋　楊彦国纂
楞伽経精解評林　一巻　明　焦竑纂
大乗入楞伽経註　一〇巻　宋　宝臣述　三
弥勒上生経述賛　巻一　不完　唐
弥勒下生経述賛　巻二　残冊　唐
観無量寿経疏妙宗鈔科　一巻　洪熙帝御序　宋
知礼排定　明　真覚重排　四
観無量寿経直指疏　二巻　清　続法集
阿弥陀経略註　一巻　清　続法録註
阿弥陀経註　一巻　清　鄭澄徳　鄭澄源註
　原名、修西定課　「鈔
阿弥陀経略解円中鈔　二巻　明　大佑述　伝灯
阿弥陀経疏鈔擷　一巻　阿弥陀経応験附　明
袾宏疏鈔　清　徐槐廷擷　五
阿弥陀経要解便蒙鈔　三巻　明　智旭要解　清
達默造鈔　達林参訂
阿弥陀経摘要易解　一巻　清　真嵩述

### 第九二套

大宝積経述　一巻　唐　徐鍔撰　一
維摩経疏記鈔　巻四・五　不完　唐　道暹私記
維摩経疏科　一巻　明
金光明経科註　四巻　明　受汰集
　受汰重輯金光明経感応記一巻附
仏頂尊勝陀羅尼経釈　一巻　清　続法釈
　尊勝仏頂真言持念法一巻附
金剛経口訣　一巻　唐　慧能説
金剛経采微科　一巻　宋　曇応排
金剛経采微　二巻　宋　曇応述
金剛経采微余釈　一巻　宋　曇応述
銷釈金剛経科儀会要註解　九巻　宋　宗鏡述
明　覚連重集　二
金剛経註解鉄鋑錎　二巻　明　屠根註　三
金剛経補註　二巻　明　韓巌集解　程衷懋補註
金剛経正解　二巻　清　龔穊綵註
金剛経法眼懸判疏鈔　九巻　清　性起述
金剛経法眼註疏　二巻　清　性起述　四
金剛経如是経義　二巻　清　行敏述
金剛経註講　二巻　清　行敏述
金剛経闡説　二巻　清　存吾闡説
金剛経解義　二巻　清　徐槐廷述　五
金剛経易解　二巻　清　謝承謨註釈
般若心経事観解　一巻　清　続法述
般若心経理性解　一巻　清　続法述
般若心経如是経義　一巻　清　行敏述
般若心経註講　一巻　清　行敏述
般若心経句解易知　一巻　清　王沢浧註解
般若心経解義　一巻　清　徐槐廷解義
般若心経註解　一巻　清　敬止撰
般若心経易解　一巻　清　謝承謨註釈

### 第九三套

法華経玄賛釈　巻二歕　唐　一
　疑唐可周撰玄賛評経鈔歕
法華経精解評林　二巻　明　焦竑纂
法華経科拾懸談巻首　一巻　弘伝序註附　清
普徳立科　智一拾遺
法華経科拾科　一巻　清　普徳立科　智一拾遺
法華経科拾　七巻　清　普徳立科　智一拾遺

二
法華経指掌疏科文　一巻　清　通理排　三
法華経指掌疏懸示　一巻　清　通理述
法華経指掌疏　七巻　清　通理述　三〜五
法華経指掌疏事義　一巻　清　通理述　五
高王観音経註釈　一巻　清　智敬録出
　出西来妙諦
華厳経論　一巻　後魏　霊弁造
円覚経心鏡　六巻　宋　智聡述

**第九四套**

円覚経精解評林　巻上　明　焦竑纂　一
円覚経析義疏　四巻　清　通理述
　前附、大義懸示各一巻
涅槃経集解　七一巻　梁　宝亮等勅集　二〜四
　目録附
盂蘭盆経疏孝衡鈔科　一巻　宋　遇栄排　四
盂蘭盆経疏孝衡鈔　二巻　壇式附　宋　遇栄鈔
盂蘭盆経疏鈔余義　一巻　宋　日新録
仁王経科疏科文　一巻　明　真貴述　五
仁王経科疏懸談　一巻　明　真貴述
仁王経科疏　五巻　明　真貴述

**《大小乗釈律部》**

**第九五套**

梵網経菩薩戒初津　八巻　清　書玉述　一
梵網経菩薩戒本私記　巻上　新羅　元暁造　二
菩薩戒疏随見録　一巻　明　今釈造
　出徧行堂集巻四九
十善業道経節要　一巻　清　蕅益編訂
　説十悪果報附
四分律捜玄録　二〇巻之内巻一・二及残冊二巻
唐　志鴻撰述
　内題、捜玄録解四分律刪繁補闕行事鈔録
四分律拾毗尼義鈔輔要記　六巻　釈鈔上中　宋
允堪述　三
仏説目連五百問戒律中軽重事経釈　二巻　明
永海述
釈摩訶衍論科　巻下　欠巻上　宋　普観治定
金剛頂菩提心論略記　一巻　唐　遍満撰　四
法華経論述記　上巻　唐
倶舎論頌疏　巻三十　某補作
判比量論　一巻　唯存跋文耳　新羅　元暁述

**《諸宗著述部》**

一乗仏性究竟論　巻三　唐　法宝述
金剛錍科　一巻　宋　仁岳撰
金剛錍科　一巻　宋　智円集
四明仁岳異説叢書　七巻　宋　継忠集
岳闍梨十諫書　一巻　宋　仁岳述
法智遺編解謗書　一巻　宋　知礼述
岳闍梨雪謗書　一巻　宋　仁岳述
附　法智遺編別理随縁十門析難書　一巻　宋
釈難扶宗記　一巻　宋　知礼述　「仁岳述
附　法智遺編止疑書　一巻　宋　仁岳述
附　法智遺編抉膜書　一巻　宋　仁岳述
台宗十類因革論　四巻　宋　善月述　五
大毗盧遮那神変加持経大教相承伝法次第記　一
巻　唐　海雲記　「唐　海雲集
略叙金剛界大教王師資相承伝法次第記　一巻
金胎両界師資相承　合一巻　唐　海雲集
胎金両界血脈　合一巻　唐　造玄増補
五相智識頌　一巻　宋　忠撰
五教章集成記　巻一　宋　希迪述
華厳還源観科　一巻　宋　浄源刊正
略授三帰五八戒並菩薩戒　一巻　唐　澄昭讃

**《礼懺部》**

華厳清涼国師礼讃文　一巻　宋　智肱述
華厳普賢行願脩証儀　一巻　宋　浄源集
華厳普賢行願脩証儀　一巻　宋　浄源集
首楞厳壇場修証儀　一巻　宋　浄源編叙

## 第二編　支那撰述

**《三論宗著述部》**

**第一套**

大乗人義章　三巻　東晋　慧遠問　秦　羅什答
宝蔵論　一巻　隋　僧肇著　「一
肇論　一巻　隋　僧肇作
肇論疏　三巻　唐　元康撰　二
肇論疏科　一巻　宋　遵式排定
夾科肇論序注　一巻　宋　暁月注
注肇論疏　六巻　宋　遵式述
肇論新疏　三巻　宋　文才述　三
肇論新疏游刃　三巻　宋　文才述
肇論略注　六巻　明　徳清述　四
大乗義章　二〇巻（二〇巻の内一―八）　隋　慧
遠撰　四〜

**第二套**

大乗義章（二〇巻の内九―二〇）　〜三
二諦章　三巻　隋　吉蔵撰　三
　内題、二諦義
三論略章　一巻
大乗玄論　五巻　隋　吉蔵撰　四
物不遷正量証　一巻　明　道衡述
物不遷正量論　二巻　明　鎮澄著
物不遷論弁解　一巻　明　真界解

**《法相宗述部》**

大乗法苑義林章　一四巻　唐　窺基撰　五

**第三套**　「撰　一

大乗法苑義林章補闕　巻四・七・八　唐　慧沼
大乗法苑義林章決択記　四巻　唐　智周撰
表無表章栖翫記　一巻　宋　守千述　二
勧発菩提心集　三巻　唐　慧沼撰
　已上二般明毗尼
能顕中辺慧日論　四巻　唐　慧沼撰
大乗入道次第章　一巻　唐　智周撰　三
唯識開蒙問答　二巻　元　雲峰集
八識規矩補註　二巻　明　普泰補註
八識規矩補註証義　一巻　明　相宗八要解第八
明昱証義
八識規矩略説　一巻　明　正誨略説　四

八識規矩頌解　一巻　唯識略解附　明　真可述
　出紫柏全集巻一二・古本巻六
八識規矩通説　一巻　六祖大師識智頌解附　出
性相通説巻下　明　徳清述
八識規矩纂釈　一巻　明　広益纂釈
八識規矩直解　一巻　相宗八要直解第七　明
八識規矩浅説　一巻　清　行舟説　⌊智旭解
八識規矩頌注　一巻　清　行舟註
八識規矩論義　一巻　清　性起論釈　善漳等録
　冥合百法論義文附
性相通説　二巻　分出別処　明　徳清述
　上巻題云百法明門論論義（七六套）
　下巻題云八識規矩通説（前出）
相宗八要　八巻　明　洪恩輯
　今唯収叙夢禎撰因明論題辞耳
相宗八要解　八巻　分出別処　今唯収叙文凡例
耳　明　明昱著
　百法明門論贅言一巻（七六套）
　唯識三十論約意一巻（八三套）
　観所縁縁論会釈一巻（八三套）
　六離合釈法式通関一巻
　観所縁縁論釈記一巻（八三套）
　因明入正理論直解一巻（八七套）
　三支比量義鈔一巻（八七套）
　八識規矩補註証義一巻（前出）
相宗八要直解　八巻　分出別処　明　智旭解
　因明入正理論直解一巻（八七套）
　百法明門論直解一巻（七六套）
　唯識三十論直解一巻（八三套）
　観所縁縁論直解一巻（八三套）
　観所縁縁論釈直解一巻（八三套）
　真唯識量略解一巻（八七套）
　八識規矩直解一巻（前出）
　六離合釈法式略頌一巻

## 《天台宗著述部》

随自意三昧　一巻　隋　慧思撰

大乗止観法門宗円記　五巻　宋　了然述
　四～五
大乗止観釈要　四巻　宋　智旭述　五

**第四套**

四教義　収蔵本末尾佚失之処　隋　智顗撰　一
六妙法門　一巻　隋　智顗略出
禅門章　一巻　隋　智顗説
禅門要略　一巻　隋　智顗出
三観義　二巻　隋　智顗撰
観心論　一巻　隋　智顗述
観心食法　一巻　隋　智顗述
観心誦経法記　一巻　隋　智顗説　唐　湛然述
天台智者大師発願文　一巻　隋　智顗撰
普賢菩薩発願文　一巻　隋　智顗撰
刪定止観　三巻　唐　梁粛述
　附、智者大師伝論　一名・天台法門論
摩訶止観科節　一巻　唐　二
摩訶止観記中異義　一巻　唐　道邃説　乾淑集
　内題、謹録邃和尚止観記中異義　「～三
摩訶止観補行捜要記　一〇巻　唐　湛然述　二
摩訶止観輔行助覧　四巻　法華三大部注之一
宋　有厳注　三
摩訶止観義例纂要　六巻　宋　従義撰
摩訶止観義例科　一巻　宋　従義排　五
摩訶止観義例随釈　六巻　宋　処元述

**第五套**

摩訶止観貫義科　二巻　清　受登説　霊耀補定
十不二門義　一巻　唐　道邃録出　⌊一
法華十妙不二門示珠指　二巻　宋　源清述
註法華本迹十不二門　二巻　宋　宗翌述
十不二門文心解　一巻　宋　仁岳述
法華玄記十不二門顕妙　一巻　宋　処謙述　二
十不二門枢要　二巻　宋　了然述
十不二門指要鈔詳解　四巻　宋　可度詳解　明
正謐分会　二～三
金剛錍論私記　二巻　唐　明曠記　日本　弁才

会　三
金剛錍顕性録　四巻　宋　智円集
金剛錍論義解　中巻　宋　善月述　四
金剛錍論釈文　三巻　宋　時挙釈　清　海眼会
始終心要註　一巻　宋　従義註
法華五百問論　三巻　唐　湛然述
学天台宗法門大意　一巻　唐　行満述
　外題、天台宗大意
六即義　一巻　唐　行満述
天台宗未決　一巻　問答十箇条　五
日本　最澄疑問　唐　道邃決義
釈疑　一巻　問答三十箇条　日本　円澄疑問
唐　広修決答　「唐　維蠲決答
釈疑　一巻　問答三十箇条　日本　円澄疑問
釈疑　一巻　問答十三箇条　日本　義真疑問
唐　「宗頴決答
釈疑　一巻　問答六箇条　日本　光定疑問　唐
釈疑　一巻　問答十箇条　日本　徳円疑問　唐
　四明教行録巻四（後出）所収　⌊宗頴決答
法華竜女成仏権実義　一巻　宋　源清述
　外題、竜女成仏義
宝雲振祖集　一巻　宋　宗暁編
四明教行録　七巻　宋　宗暁編
螺渓振祖集　一巻　宋　元悟編

**第六套**

四明十義書　二巻　宋　知礼述　継忠排　一
　附、科文
閑居編　五一巻　撰述目録一巻附　宋　智円著
金園集　三巻　宋　遵式述　慧観重編　二
天竺別集　三巻　宋　遵式述　慧観重編
重編天台諸文類集　巻十　宋　如吉編
別伝心法議　一巻　残冊　宋　戒珠撰
　祭懐要禅師文附
三千有門頌略解　一巻　宋　陳瓘撰　明　真覚
復宗集　下巻　佚上巻　宋　与咸述　⌊略解
山家義苑　二巻　宋　可観述　智増証

竹菴艸録　一巻　欠初紙　続添附　宋　可観撰
円頓宗眼　一巻　宋　法登述　三
議中興教観　一巻　宋　法登述
三教出興頌註　一巻　宋　宗暁注
施食通覧　一巻　宋　宗暁編
不可刹那無此君　一巻　宋　義銛述
北峯教義　巻一　宋　宗印撰
山家緒余集　三巻　宋　善月述
宗門尊祖議　一巻　宋　志磐述
仏祖統紀巻五一（乙四套）所収　「四
台宗精英集　五巻　佚初巻　宋　普容集　三〜
教観撮要論　現存巻三・四　宋　四
頑空述三千説附
増修教苑清規　二巻　元　自慶編述
天台伝仏心印記註　二巻　明　伝灯註
馮夢禎撰源流図叙附
性善悪論　六巻　明　伝灯註　五
書　一巻　明　克勤著
教観綱宗　一巻　明　智旭重述
教観綱宗釈義　一巻　明　智旭述
随縁集　四巻　清　霊耀著

**第七套**

四教儀集解　三巻　宋　従義撰　一
四教儀備釈　二巻　元　元粋述
四教儀集註節義　一巻　清　霊耀節　二
四教儀註彙補輔宏記　二〇巻　清　性権記　二
四教儀集註科　一巻　元　蒙潤排定　「〜四

**《華厳宗著述部》**

華厳五教止観　一巻　隋　杜順説　五
華厳一乗十玄門　一巻　隋　杜順説　唐　智儼
華厳五十要問答　二巻　唐　智儼集　「撰
華厳経内章門等雑孔目章　四巻　唐　智儼集
外題、華厳孔目章

**第八套**

華厳融会一乗義章明宗記　一巻　宋　師会述
内題、釈雲華尊者融会一乗義章明宗記　「一
華厳経問答　二巻　唐　法蔵撰
華厳経義海百門　一巻　唐　法蔵述
華厳関脈義記　一巻　唐　法蔵述
華厳遊心法界記　一巻　唐　法蔵撰
華厳発菩提心章　一巻　掲三昧章少異于冠上
唐　法蔵述
華厳経普賢観行法門　一巻　唐　法蔵撰
掲十重止観少異于冠上
註華厳金師子章　一巻　宋　承遷註
華厳妄尽還源観疏鈔補解　一巻　宋　浄源述
華厳一乗教義分斉章義苑疏　一〇巻　宋　道亭
述　二
華厳一乗教義分斉章焚薪　二巻　宋　師会録
華厳一乗教義分斉章科　一巻　宋　師会述
華厳一乗教義分斉章復古記　六巻　宋　師会述
評復古記　一巻　宋　希迪録　「善熹述　二
華厳一乗法界図　一巻　新羅　義湘撰　四
華厳海印三昧論　一巻　新羅　明晶述
三聖円融観門　一巻　唐　澄観述
五蘊観　一巻　唐　澄観述
華厳心要法門註　一巻　唐　澄観述　唐　宗密
内題、答順宗心要法門　「註
禅源諸詮集都序　四巻　唐　宗密述
註華厳法界観科文　一巻　唐　宗密述
註華厳法界観科文　一巻　唐　宗予述
註華厳法界観門頌　二巻　宋　本嵩述
勧発菩提心文　一巻　唐　裴休述
釈華厳十明論　一巻　唐　李通玄撰
内題、解迷顕智成悲十明論
華厳一乗成仏妙義　一巻　唐　見登集
華厳法相槃節　一巻　宋　道通述　五
法界観披雲集　一巻　宋　道通述
円宗文類　現存巻一四・二二　高麗　義天集
註華厳同教一乗策　一巻　宋　師会述　希迪註
註同教問答　一巻　宋　師会述　善熹註
評金剛錍　一巻　宋　善熹述
弁非集　一巻　宋　善熹述
斥謬　一巻　宋　善熹書
文殊指南図讃　一巻　宋　惟白讃
華厳大意　一巻　出古庭禅師語録　明　善堅撰

**第九套**

賢首五教儀　六巻　清　続法集録　一
賢首五教儀開蒙　一巻　清　続法集
賢首五教断証三覚揀濫図　一巻　清　続法集
外題、賢首五教断証図
法界宗蓮花章　一巻　清　続法集
華厳鏡灯章　一巻　清　続法集
一乗決疑論　一巻　清　彭際清述
華厳念仏三昧論　一巻　清　彭際清述
華厳原人論発微録　三巻　宋　浄源述　二
華厳原人論解　三巻　元　円覚解　「祚刪合
華厳原人論合解　二巻　元　円覚解　明　揚嘉

**《真言宗著述部》**

無畏三蔵禅要　一巻　唐　善無畏　三
尾題、無畏三蔵受戒懺悔文及禅門要法
火吽供養儀軌　一巻　唐　善無畏
火吽軌別録　一巻　護摩法及火吽儀軌音義附
曼殊室利焔曼徳迦万愛秘術如意法　一巻
尾題、焔摩徳迦万愛法　唐　一行撰訳
大毗盧遮那仏眼修行儀軌　一巻　唐　一行述記
宿曜儀軌　一巻　唐　一行撰
梵天火羅九曜　一巻　唐　一行修述
七曜星辰別行法　一巻　唐　一行撰
北斗七星護摩法　一巻　熾盛光法附　唐　一行
看命　掌金　一巻　唐　一行著　「撰
勝軍不動明王四十八使者秘密成就儀軌　一巻
外題、勝軍秘密成就儀軌　唐　不空　遍智詔
尾題、勝軍不動秘密儀軌　「集
総釈陀羅尼義讃　一巻　唐　不空詔解釈
焔羅工供行法次第　一巻　唐　不空撰
尾題、焔魔供次第
梵天択地法　一巻　唐　不空伝

持呪仙人飛鉢儀軌 一巻 唐 不空抜出
聖無動尊一字出生八大童子秘要法品 一巻 唐
不空述
北斗七星護摩秘要儀軌 一巻 唐 不空述
施八方天儀則 一巻 唐 不空述
成就夢想法 一巻 唐 不空述
表制集 六巻 唐 円照集
多利心菩薩念誦法 一巻 南天竺 跋折羅菩提 集撰
内題、蓮華部多利心菩薩念誦法
新集浴像儀軌 一巻 唐 慧琳述 四
建立曼荼羅及揀択地法 一巻 唐 慧琳集
菩提心義 一巻 唐 潜真撰
毗那夜迦誐那鉢底瑜伽悉地品秘要 一巻 唐 含光記
外題、瑜伽悉地品秘要
尾題、誐那鉢底瑜迦秘要
大聖歓喜双身毗那夜迦天形像品儀軌 一巻 唐 憬瑟撰集
外題、天形像品儀軌
尾題、双身毗那夜迦天形像品儀軌
両部金剛名号 二巻 唐 義操集
上巻題云金剛頂大教王曼荼羅灌頂金剛名号
下巻題云胎蔵教法金剛名号
建立曼荼羅護摩儀軌 一巻 唐 法全伝
外題、建立護摩儀軌
大毗盧遮那成仏神変加持経蓮華胎蔵悲生曼荼羅
広大成就儀軌供養方便会 二巻 唐 法全撰
外題、大毗盧遮那成就儀軌
大毗盧遮那成仏神変加持経蓮華胎蔵菩提幢標幟
普通真言蔵広大成就瑜伽 三巻 唐 法全集
外題、大毗盧遮那成就瑜伽
青竜寺軌記 一巻 唐 惟謹述
大毗盧遮那経阿闍梨真言智品中阿闍梨住阿字観門
外題、大毘盧遮那住阿字観門
尾題、依胎蔵毗盧遮那経略集字母観行儀
金剛頂普賢瑜伽大教王経大楽不空金剛薩埵一切
時方成就儀軌 一巻
外題、大楽金剛成就儀軌
尾題、普賢瑜伽経大楽金剛薩埵成就儀軌
加句霊験仏頂尊勝陀羅尼記 一巻 唐 武徹述
仏頂尊勝陀羅尼二般幷不空奉詔訳仏頂尊勝陀
羅尼注義一巻附
大黒天神法 一巻 唐 神愷記
釈迦牟尼如来抜除苦悩現大神変飛空大鉢法 一巻 唐 般若伝
外題、飛空大鉢法
尾題、大威徳秘密飛空鉢法印
七曜攘災決 二巻 西天竺 金倶吒撰集
薬師儀軌 一巻
十二天供儀軌 一巻
準提浄業 三巻 明 謝于教著
準提心要 一巻 明 堯挺撰 五
持誦準提真言法要 一巻 清 弘賛輯
外題、準提法要
瑜伽集要施食儀軌 一巻 明 袾宏重訂
外題、瑜伽施食儀軌
内題、修設瑜伽集要施食壇儀
修設瑜伽集要施食壇儀 一巻 明 袾宏補註
外題、瑜伽施食儀註
於密滲施食旨槩 一巻 清 法蔵著
修習瑜伽集要施食壇儀 二巻 清 法蔵著
瑜伽燄口註集纂要儀軌 二巻 清 寂暹纂
前附、瑜伽燄口儀軌六則

## 《戒律宗著述部》

### 第一〇套

受菩薩戒儀 一巻 陳 慧思撰 一
授菩薩戒儀 一巻 唐 湛然述
受菩薩戒法 一巻 宋 延寿撰
尾題、梵網菩薩戒儀
舎衛国祇洹寺図経 一巻 唐 道宣撰
外題、祇洹寺図経
尾題、華胥大夏中天竺舎衛国祇洹図経
関中創立戒壇図経 一巻 唐 道宣撰
外題、戒壇図経
律相感通伝 一巻 唐 道宣撰
量處軽重儀 二巻 唐 道宣輯叙
教誡新学比丘行護律儀 一巻 排科 唐 道宣述
外題、教誡律儀 前附、宋印堪序科文
釈門帰敬儀護法記 巻上 宋 彦起撰
釈門帰敬儀通真記 三巻 夾註排科会本 宋
了然述 日本 慧光合 二
釈門帰敬儀 一巻 唐 道宣撰
浄心誡観法発真鈔 六巻 排科会本 宋 允堪
述 日本 慧光合 二〜三
釈門章服儀応法記 一巻 排科会本 宋 元照
述 日本 良信合 三
衣鉢名義章 一巻 宋 允堪述
新受戒比丘六念五観法 一巻 宋 允堪撰録
外題、六念五観法
道具賦 一巻 宋 元照撰
仏制比丘六物図 一巻 宋 元照述
仏制六物図弁訛 一巻 宋 妙生述
三衣顕正図 一巻 宋 妙生述
芝園遺編 三巻 宋 道詢集
芝園集 二巻 宋 元照作
補続芝園集 一巻 日本 輯 四
律宗新学名句 三巻 宋 惟顕編
律宗問答 二巻 日本 俊芿問 宋 了然・智
瑞・妙音答
終南家業 六巻 宋 守一述 行枝編 四〜五
律宗会元 三巻 宋 守一集 五
蓬折直弁 一巻 宋 妙蓮撰
蓬折箴 一巻 宋 妙蓮撰

### 第一一套

律苑事規 一〇巻 元 省悟編述 嗣良参訂 一
毗尼日用録 一巻 明 性祇述
毗尼日用切要 一巻 清 読体彙集
毗尼日用切要香乳記 二巻 清 書玉箋記
沙門日用 二巻 清 弘賛編 二
沙弥律儀要略増註 二巻 清 弘賛註
沙弥律儀要略述義 二巻 清 書玉科釈

沙弥律儀毗尼日用合参　三巻　清　戒顕訂閲
済岳彙箋　三
　沙弥律儀要略一巻明袾宏輯会入已上三般
沙弥十戒威儀録要　一巻　明　智旭重輯　四
沙弥尼律儀要略　一巻　清　読体輯集
在家律要広集　三巻　明　智旭集　清　儀潤・
陳熙願増訂
律要後集　一巻　明　智旭集　五
律学発軔　三巻　明　元賢述
弘戒法儀　二巻　明　法蔵輯

**第一二套**

伝授三壇弘戒法儀　一巻　明　法蔵撰集　清
伝戒正範　四巻　清　読体撰　⌊超遠検録　一
　内題、三壇伝戒正範
帰戒要集　三巻　清　弘賛輯
八関斎法　一巻　清　弘賛輯
比丘受戒録　一巻　清　弘賛述
比丘尼受戒録　一巻　清　弘賛述
沙弥学戒儀軌頌註　一巻　清　弘賛述並註　二
二部僧授戒儀式　二巻　清　書玉述
羯磨儀式　二巻　清　書玉述
経律戒相布薩軌儀　一巻　明　如馨纂要
梵網経懺悔行法　一巻　明　智旭述
戒殺四十八問　一巻　清　周思仁述
体仁要術　一巻　清　彭紹升著

**《浄土宗著述部》**

略論安楽浄土義　一巻　魏　曇鸞撰　三
五方便念仏門　一巻　隋　智顗撰
安楽集　二巻　唐　道綽撰
浄土論　三巻　唐　迦才撰
釈浄土群疑論　七巻　唐　懐感撰
西方要決科註　二巻　四
　西方要決一巻唐窺基撰会入
　附弁西方要決真偽造疑日本僧基弁撰
遊心安楽道　一巻　新羅　元暁撰　「導集記
観念阿弥陀仏相海三昧功徳法門　一巻　唐　善
　外題、観念法門
念仏鏡　一巻　唐　道鏡・善道共集
　善導臨終正念訣附
注十疑論　一巻　宋　澄彧註
竜舒増広浄土文　一二巻　宋　王日休撰
楽邦文類　五巻　宋　宗暁編次　五
楽邦遺稿　二巻　宋　宗暁編次

**第一三套**

蓮宗宝鑑　一〇巻　元　普度輯　一
浄土指帰集　二巻　明　大佑集
浄土簡要録　一巻　明　道衍編　一
帰元直指集　二巻　明　宗本集
浄土決　一巻　出李子叢書第八　明　李贄集
答浄土四十八問　一巻　明　袾宏著
浄土疑弁　一巻　明　袾宏著
西方願文解　一巻　明　袾宏著並釈　三
西方発願文註　一巻　清　実賢註
浄土資糧全集　八巻　明　袾宏校正　荘広還輯
　前集一巻・全集六巻・後集一巻
　後集中載沈広近考訂直音略訓
西方直指　三巻　明　一念編　四
浄土十要　明　成時評点節要　四～五
　内題、霊峰蕅益大師選定浄土十要
一　阿弥陀経要解　一巻　明　智旭解
二　往生浄土懺願儀　一巻　宋　遵式述「述
　往生浄土決疑行願二門　一巻　宋　遵式
三　観無量寿仏経初心三昧門　一巻　明　成
　時録輯
　受持仏説阿弥陀経行願儀　一巻　明　成
四　浄土十疑論　一巻　隋　智顗説⌊時録輯
五　念仏三昧宝王論　三巻　唐　飛錫撰
六　天如和尚浄土或問　一巻　元　善遇編
七　宝王三昧念仏直指　二巻　明　妙叶集
八　西斎浄土詩　三巻　明　梵琦著
九　浄土生無生論　一巻　明　伝灯撰
　無尽法師浄土法語　一巻　明　正知較
十　西方合論　一巻　明　袁宏道撰述
西方合論標註　四巻　明　明教標註　五
浄慈要語　一巻　明　元賢述

**第一四套**

浄土生無生論註　一巻　明　正寂註　一
浄土生無生論親聞記　二巻　明　受教記
浄土生無生論会集　一巻　清　達黙集
雲棲浄土彙語　一巻　清　虞執西・厳培西同録
浄土旨訣　一巻　清　道霈撰
浄土晨鐘　一〇巻　清　周克復纂　二
西帰直指　四巻　清　周夢顔彙集
浄土警語　一巻　清　行策著　三
起一心精進念仏七期規式　一巻　清　行策定
　外題、七期規式
浄土全書　二巻　清　兪行敏重輯
角虎集　一巻　清　済能纂輯
東海若解　一巻　唐　柳子厚著　清　実賢解
省菴法師語録　二巻　清　彭際清重訂　四
重訂西方公拠　二巻　清　彭際清集
念仏警策　二巻　清　彭際清纂
徹悟禅師語録　二巻　清　了亮等集
浄業知津　一巻　清　悟開述
念仏百問　一巻　清　悟開著
径中径又径　四巻　清　張師誠著　五
勧修浄土切要　一巻　清　真益願纂述
　外題、浄土切要
浄土随学　二巻　清　古崑編
浄土必求　一巻　清　古崑集
浄土承恩集　一巻　清　芳琳編

**第一五套**

念仏三昧　一巻　出壇几叢書　瑞聖歎著　一
西方確指　一巻　覚明菩薩説　清　常摂集
清珠集　一巻　清　治兆輯
蓮邦消息　一巻　清　妙空子述
　雞園修士厳一程妙現撰駐雲飛十首幷玉尺禅仙
浄土極信録　一巻　清　戒香述　⌊作臨江仙附

念仏起縁弥陀観偈直解　一巻　清　張淵述
浄土証心集　三巻　清　卍蓮述
蓮宗必読　一巻　清　古崑謹集　二
浄土神珠　一巻　清　古崑集
浄業痛策　一巻　清　照瑩集
時時好念仏　一巻　清　果能述
啓信雑説　一巻　清　周思仁輯
浄土紺珠　一巻　清　徳真輯
修西輯要　一巻　清　信菴輯
蓮修起信録　六巻　清　程兆鸞録存「善登述　三
報恩論　巻首一巻・巻正二巻・巻附一巻　清　沈
持名四十八法　一巻　清　鄭韋庵述　四
蓮邦詩選　一巻　明　広貴輯
唯心集　一巻　清　乗戒著
影響集　一巻　清　尼量海著
二林唱和詩　一巻　清　彭紹升集
観河集節鈔　一巻　清　彭紹升著　弟子節鈔
測海集節鈔　清　彭紹升著　弟子節鈔
瓊楼吟稿節鈔　一巻　清　陶善著　弟子節鈔
蓮修必読　一巻　清　観如輯
普能嵩禅師浄土詩　一巻　清　徳潤敬録
浄土救生船詩　一巻　清　寛量集

**《禅宗著述部》**

菩提達磨大師略弁大乗入道四行観　一巻　梁
菩提達磨説　五
梁武帝御撰達磨大師碑頌附
達磨大師血脈論　一巻
達磨大師悟性論　一巻
達磨大師破相論　一巻
最上乗論　一巻　唐　弘忍述
修禅要訣　一巻　北天竺　覚愛略説　唐　明恂
随録　慧智伝訳
頓悟入道要門論　一巻　唐　慧海撰
諸方門人参問語録　一巻
中華伝心地禅門師資承襲図　一巻　唐　裴休問
外題、禅門師資襲図「宗密答
宗門十規論　一巻　唐　文益撰
内題、浄慧法眼禅師宗門十規論
万善同帰集　六巻　宋　延寿述
唯心訣　一巻　宋　延寿撰
内題、永明智覚禅師唯心訣
定慧相資歌　一巻　宋　延寿撰
警世　一巻　宋　延寿撰

**第一六套**

心賦注　四巻　宋　延寿述　一
智覚禅師自行録　一巻　宋　文冲重校編集
祇園正儀　一巻　宋　道楷撰
臨済宗旨　一巻　宋　慧洪撰
智証伝　一〇巻・合一巻　宋　慧洪撰　覚慈編
宝鏡三昧附　「二
重編曹洞五位顕訣　三巻　宋　慧霞編　広輝釈
宝鏡三昧玄義一巻宋雲軸註　所収巻下
宝鏡三昧本義　一巻　清　行策述
宝鏡三昧原宗弁謬説　一巻　清　浄訥述
潙山警策註　一巻　宋　守遂註
潙山警策句釈記　二巻　明　弘賛註　開詗記
証道歌注　一巻　宋　彦琪註　三
永嘉禅宗集註　二巻　明　伝灯重編並註
勅修百丈清規　八巻　元　徳煇奉勅重編　大訢
奉勅校正
百丈叢林清規　二巻　唐　懐海集編
百丈清規証義記　九巻　清　儀潤説義　四〜五
地輿名目（一十九省）一巻儀潤輯録附
重雕補註禅苑清規　一〇巻　宋　宗賾集　五
新添濾水法一巻附
入衆日用　一巻　宋　宗寿集
或云無量寿禅師日用小清規
入衆須知　一巻
幻住庵清規　一巻　元　明本著
開甘露門附

**第一七套**

叢林校定清規総要　二巻　宋　惟勉編次　一
禅林備用清規　一〇巻　元　弌咸編
叢林両序須知　一巻　明　通容述
列祖提綱録　四二巻　清　行悦集　二〜四
禅林疏語考証　四巻　明　元賢集　五
初学記　一巻　元　清覚述　道安注
正行集　一巻　元　清覚述
禅家亀鑑　一巻　朝鮮　退隠述
宗門玄鑑図　一巻　明　虚一撰
博山禅警語　二巻　明　元来説　成正集
禅宗直指　一巻　出伝家宝　明　石成金著
禅門鍛錬説　一巻　明　戒顕著

**第一八套**

祖庭事苑　八巻　宋　善卿編正　一
禅林宝訓音義　一巻　明　大建較　二
禅林宝訓合註　四巻　宋　妙喜・土珪共集　明
浄善重集　清　張文嘉較定　張文憲参閲
禅林宝訓拈頌　一巻　清　行盛著　超記録
禅林宝訓順硃　四巻　清　徳玉順硃　三
禅林宝訓筆説　三巻　張照撰心賦附　清　智祥
述　四
人天眼目　六巻　宋　智昭集　五
叢林公論　一巻　宋　恵彬述
十牛図頌　一巻　宋　師遠述
十牛図和頌　一巻　明　胡文煥著
少室六門集　一巻　第一心経頌・第三ノ二種入
真心直説　一巻　「耳
附、誡初心学人文　皖山正凝禅師示蒙山法語
東山崇蔵主送子行脚法語　蒙山和尚示衆語
高麗国普照禅師修心訣　一巻　高麗　普照述
禅宗決疑集　一巻　元　智徹述
禅門宝蔵録　三巻　高麗　天頙撰

**第一九套**

高峰竜泉院因師集賢語録　一五巻　元　如瑛編
禅宗雑毒海　八巻　清　性音重編　「一
五宗原　一巻　済宗頌語附　明　法蔵著　二

**《禅宗語録通集部》**

**第二〇套**



**第二一套**



**第二二套**



**第二三套**



**第二四套**



**《禅宗語録別集部》**

収于古尊宿語録巻三七

**第二五套**

善慧大士語録　四巻　唐　楼頴録　一
龐居士語録　三巻　唐　于頔編集
興化存奨禅師語要　一巻
　収于古尊宿語録巻五
南院慧顒禅師語要　一巻
　収于古尊宿語録巻七
風穴延沼禅師語要　一巻
　収于古尊宿語録巻七
首山省念禅師語録　一巻
　収于古尊宿語録巻八
葉県帰省禅師語録　一巻　参学　智親重録
　収于古尊宿語録巻二三
神鼎洪諲禅師語録　一巻
　収于古尊宿語録巻二四
谷隠蘊聡禅師語要　一巻
　収于古尊宿語録巻九
承天智嵩禅師語要　一巻
　収于古尊宿語録巻一〇
汾陽善昭禅師語録　三巻　門人　楚円集
　語要収于古尊宿語録巻一〇
石霜楚円禅師語録　一巻　小師　慧南重編
　語要収于古尊宿語録巻一一及続巻一
瑯琊慧覚禅師語録　一巻　参学　元聚集
　収于古尊宿語録巻四六　語要于続巻一
法華全挙禅師語要　一巻
　収于古尊宿語録巻二六　語要于続巻一
大愚守芝禅師語録　一巻
　収于古尊宿語録巻二五
雲峰文悦禅師語録　二巻　門人　斉暁編
　収于古尊宿語録巻四〇・四一
道吾悟真禅師語要　一巻
　収于古尊宿語録巻一九
翠巌可真禅師語要　一巻
　収于続古尊宿語要巻一
黄竜慧南禅師語録　一巻　黄竜四家録第一　二
　附、日本東晙続補
　語要収于続古尊宿語録巻一　已下黄竜派
泐潭洪英禅師語要　一巻
　収于続古尊宿語要巻一
雲菴克文禅師語録　六巻　嗣法　福深録
　収于古尊宿語録巻四二―四五　語要于続巻二
兜率従悦禅師語要　一巻
　収于続古尊宿語要巻一
湛堂文準禅師語要　一巻
　収于続古尊宿語要巻一
宝覚祖心禅師語録　一巻　黄竜四家録第二　侍
者　子和録　門人　仲介重編
　語要収于続古尊宿語要巻一
死心悟新禅師語録　一巻　黄竜四家録第三
　語要収于続古尊宿語要
超宗慧方禅師語録　一巻　黄竜四家録第四
広鑑行瑛禅師語要　一巻
　収于続古尊宿語要巻六
草堂善清禅師語要　一巻
　収于続古尊宿語要巻一
雪峯慧空禅師語録　一巻　嗣法　慧弼編
　語要収于続古尊宿語要巻六
霊源惟清禅師語要　一巻
　収于続古尊宿語要巻一
仏心本才禅師語要　一巻
　収于続古尊宿語要巻四
山堂僧洵禅師語要　一巻
　収于続古尊宿語要巻四
別峯祖珍禅師語要　一巻
　収于続古尊宿語要巻四
長霊守卓禅師語録　一巻　嗣法　介諶編
　室中垂語百問一巻附
　語要収于続古尊宿語要巻一
無示介諶禅師語要　一巻
　収于続古尊宿語要巻四
慈航了朴禅師語要　一巻
　収于続古尊宿語要巻四
退菴　先禅師語要　一巻
　収于続古尊宿語要巻五
心聞曇賁禅師語要　一巻
　収于続古尊宿語要巻四
雪菴従瑾禅師頌古　一巻
楊岐方会禅師語録　一巻　已下楊岐派　嗣法
仁勇　小師　守端編
　収于古尊宿語録一九　語要于続巻三
楊岐方会禅師後録　一巻
保寧仁勇禅師語録　一巻　参学　道務　門人
円浄録
　収于続古尊宿語要巻三
白雲守端禅師語録　二巻　三
　語要収于続古尊宿語要巻三
白雲守端禅師広録　四巻　参学　処凝・智本・
智華・法演編集　小師　海譚録
雲蓋智本禅師語要　一巻
　収于続古尊宿語要巻四
五祖法演禅師語録　四巻　参学　才良・清遠・
景淳・智宣集　門人　惟慶編
　収于古尊宿語録巻二〇―二二　語要于続巻三
南堂　興禅師語要　一巻
　収于続古尊宿語要巻三
開福道寧禅師語録　二巻　嗣法小師　善果集
　語要収于続古尊宿語要巻三
月菴善果禅師語要　一巻
　収于続古尊宿語要巻三
復菴可封禅師語要　一巻
　収于続古尊宿語要巻三
月林師観禅師語録　一巻　侍者　法宝・法燾・
慶会・法清・有宗・惟珪・道果・慧開・徳秀編
無門慧開禅師語録　二巻或三巻　侍者　普敬・
普通・了心・普礼・法孜・普厳・普覚・光祖・
一見録

竜門清遠禅師語録　八巻　嗣法　善悟編
　収于古尊宿語録巻二七—三四　語要于続巻三
竹菴士珪禅師語要　一巻
　収于続古尊宿語要巻六
雪堂道行禅師語要　一巻
　収于続古尊宿語要巻六
普菴印粛禅師語録　三巻　三～四
仏果克勤禅師心要　四巻　嗣法　子文編　四
　語要収于続古尊宿語要巻三
虎丘紹隆禅師語録　一巻　参学　嗣端等編　五
　語要収于続古尊宿語要巻四
応菴曇華禅師語録　一〇巻　嗣法　守詮等編
　語要収于続古尊宿語要巻四
仏性法泰禅師語要　一巻
　収于続古尊宿語要巻三　「祖淳・法慧編
瞎堂慧遠禅師広録　四巻　参学　斉已・如本・

## 第二六套

済顛道済禅師語録　一巻　宋　沈孟柈叙述　一
別峯　雲禅師語要　一巻
　収于続古尊宿語要巻六
或菴師体禅師語要　一巻
　収于続古尊宿語要巻六
水菴師一禅師語要　一巻
　収于続古尊宿語要巻六
別峯宝印禅師語要　一巻
　収于続古尊宿語要巻六
退菴道奇禅師語要　一巻
　収于続古尊宿語要巻六
普覚宗杲禅師語録　二巻　参学　法宏・道謙編
　語要収于続古尊宿語要巻五
東林道顔菴主頌古　一巻　侍者　悟本録
　収于古尊宿語録巻四七
此菴守浄禅師語要　一巻
　収于続古尊宿語要巻五
誰菴了演禅師語要　一巻
　収于続古尊宿語要巻五
介菴宗元禅師語要　一巻
　収于続古尊宿語要巻五
晦菴弥光禅師語要　一巻
　収于続古尊宿語要巻六
混源曇密禅師語要　一巻
　収于続古尊宿語要巻五
蒙菴恩岳禅師語要　一巻
　収于続古尊宿語要巻五
石菴　玿禅師語要　一巻
　収于続古尊宿語要巻五
遯菴宗演禅師語要　一巻
　収于続古尊宿語要巻五
西山　亮禅師語録　一巻　侍者　覚心・志清編
懶菴鼎需禅師語要　一巻
　収于続古尊宿語要巻五
柏堂南雅禅師語要　一巻
　収于続古尊宿語要巻五
木菴安永禅師語要　一巻
　収于続古尊宿語要巻五
晦翁悟明禅師語要　一巻
　収于続古尊宿語要巻五
仏照徳光禅師奏対録　一巻
　収于古尊宿語録巻四八　語要于続巻五
空叟宗印禅師語要　一巻
　収于続古尊宿語要巻五　「文郁・本空編
率菴梵琮禅師語録　一巻　小師　了見　侍者
北礀居簡禅師語録　一巻　参学　大観編
物初大観禅師語録　一巻　門人　徳溥等編校
笑隠大訢禅師語録　四巻　門人　延俊・慧曇・
中孚・崇裕等編　一
偃渓広聞禅師語録　二巻　侍者門人　元清・浄
志・普暉・元偉・光従・道鑑・道隆・惟実・妙
大川普済禅師語録　一巻　門人　元愷編　└高編
淮海元肇禅師語録　一巻　門人侍者　実仁・宗
文・法奇・守愿・行佑・了元・善之・浄証・法
従・紹熏・普璋・文煥・浄伏・慧行・文謙・止
因・法恩・徳紀・可能・持志・覚孫・性康・宗
和・如止・有智・慧雲・若内編
介石智朋禅師語録　一巻　参学侍者　正賢・宗
坦・延輝・浄球・智瑾・志謀・祖誾編
密菴咸傑禅師語録　二巻　参学小師　崇岳・了
　語要収于続古尊宿語要巻四　└悟等編　三
笑菴了悟禅師語要　一巻
　収于続古尊宿語要巻四
銕鞭允韶禅師語要　一巻
　収于続古尊宿語要巻四　「懐珠編
竜源介清禅師語録　一巻　侍者　士洵・徳高・
曹源道生禅師語録　一巻　侍者　道冲編
　語要収于続古尊宿語要巻四
痴絶道冲禅師語録　二巻　嗣法門人　智沂・悟
開・行弥・紹甄・智円・元肖・吪枢編
松源崇岳禅師語録　二巻　参学　善開・光睦・
普巌・師肇・道巌・了能等録
　語要収于続古尊宿語要巻四
無明慧性禅師語録　一巻　侍者　妙儼・円澄・
妙全・道隆・円照・法洪・吪道編
運菴普巌禅師語録　一巻　侍者　元靖・智能・　四
惟衍編
虚堂智愚禅師語録　一〇巻　参学　妙源・可
宣・無隠・梵閲・徳溢・惟俊・法雲・徳惟・似
涇・如阜・似藻・至源・文術・惟价・文愷・以
文・無補・法光・道準・禧仝・紹賢・正一・浄
嘉・尚賢編
破菴祖先禅師語録　一巻　参学　円照等編　五
無準師範禅師語録　五巻　侍者　宗会・智折・
覚円・如海・妙偏・惟一・了禅・了心・普明・
了南・紹曇・了覚・師坦・妙因・至慧編
無準和尚奏対語録　一巻　侍者　了南・了垠編
絶岸可湘禅師語録　一巻　嗣法門人　妙恩・正
従・自永・守静・慈証・宗永等編

## 第二七套

石田法薫禅師語録　四巻　門人　了覚・師坦等

編 一
剣関子益禅師語録 一巻 侍者 善珙・徳修・慧澄・鋭彰・心寧・慧恭編
環溪惟一禅師語録 二巻 参学 覚此編
希叟紹曇禅師語録 一巻 侍者 自悟・了舜・妙恩・普和・慧洇・希革・弥紹・道信・宗寿・道亨編
希叟紹曇禅師広録 七巻 侍者 法澄・了舜・普和・希革・恵洇・弥紹・道亨・宗寿編 二
西巌了慧禅師語録 二巻 門人侍者 修義・景元・宗清・継熸・宗応編
平石如砥禅師語録 一巻 嗣法門人 文才・子昶・了因・弥安・元昺・師楷・文斌・汝均・処林・雲岑編 「三
断橋妙倫禅師語録 二巻 侍者 文宝・善靖編
方山文宝禅師語録 一巻 嗣法 先覩・祖灯等録 法孫 機雲編
無見先覩禅師語録 二巻 嗣法門人 智度等編
雪巌祖欽禅師語録 四巻 嗣法門人 昭如・希陵等編 「従心集 四
海印昭如禅師語録 一巻 門人 行純・道彰・
石屋清洪禅師語録 二巻 参学門人 至柔等編
高峰原妙禅師語録 一巻 参学門人 編
高峰原妙禅師禅要 一巻 侍者 持正録 参学
天目明本禅師雑録 三巻 「洪喬祖編
巻上云天目中峰広慧禅師語
巻中下云天目中峯普応国師法語
附浄土詩一百八首梅花詩百詠一華五葉集跋
天如惟則禅師語録 九巻 小師 善遇編 五

## 第二八套

兀菴普寧禅師語録 三巻 侍者 浄韻・清沢・道昭・景用・禅了編 一
石溪心月禅師語録 三巻 侍者 住顕・宗煥・祖定・宗茂・光王・仁安・応儼・永珍・祖森編
石渓心月禅師雑録 一巻
虚舟普度禅師語録 一巻 嗣法 浄伏 門人
行佑・徳珍・瓊林編
即休契了禅師拾遺集 一巻 日本 及蔵主集録
月江正印禅師語録 三巻 門人 居簡・妙心・大機・慧忠・可櫟・祖安・具徳・宗満・自然・慧観・寿椿・徳粋・思敬・良圭・景行・本真・紹宗・文闓・宝生・文藻・自成編 二
曇芳守忠禅師語録 二巻 嗣法 継祖等編
横川行珙禅師語録 二巻 門人 本光等編
古林清茂禅師語録 五巻 小師 元浩・清欲・応槐編 三
古林清茂禅師拾遺偈頌 二巻 日本 海寿編次
了菴清欲禅師語録 九巻 参学 一志・元皓・可興・文康・祖運・志道・祖杲・得度・善慶・元宝・慧朗・海寿・祖瀯等編 四
穆菴文康禅師語録 一巻 嗣法 清逸・智弁・参学 宝日等編 五
恕中無慍禅師語録 六巻 嗣法参学 宗黼・道瑄・宗亘・居頂・惟寂・宗寄・慧浩・清歳等編
了堂惟一禅師語録 四巻 門人 宗義・有端・思斉・思静・妙浄・無我・文暐・雲澮・思謙・普荘・宗遠・思廉・文度・文朗等編
呆菴普荘禅師語録 八巻 門人 慧啓・智粤・智勝・徳琇・曇頓・道哲等編

## 第二九套

元叟行端禅師語録 八巻 門人 法林・曇噩・祖銘・梵琦等編 一
楚石梵琦禅師語録 二〇巻 門人 祖光・文玹・曇紹・祖瀯・景瓛・良彦・応訢・明遠・胤丘・文晟・正隆・善成・文斌・中端・正参等編 一〜二
愚菴智及禅師語録 一〇巻 門人 観通・溥震・正除・希顔・忻悟・至宝・宝盈・慧鏡・道彝等編 二
南石文琇禅師語録 四巻 門人 宗謐・妙門・復初・廷璨・良玓等編
投子義青禅師語録 二巻 伝法 自覚重編 三
語要収于続古尊宿語要巻二
投子義青禅師語録 一巻 嗣法 道楷編
芙蓉道楷禅師語要 一巻
収于続古尊宿語要巻二
丹霞子淳禅師語録 二巻 嗣法小師 慶預校勘
虚堂集 六巻 宋 子淳頌古 元 従倫評唱
内題、林泉老人評唱丹霞子淳禅師頌古虚堂集
真歇清了禅師語録 二巻 上巻劫外録下巻拈古
侍者 徳初・義初等編
語要収于続古尊宿語要巻二
天童正覚禅師広録 九巻 侍者 宗法・宗栄・法澄・宗信・法潤・信悟・行従・普崇・法為・中翼・曇像・清萃・法恭・道京・浄覚・師儼等編 四〜五
語要収于続古尊宿語要巻二
浄慈慧暉禅師語録 六巻 弟子 明総下語寄言
善権法智禅師語要 一巻 「了広編 五
収于続古尊宿語要巻二
古巌堅璧禅師語要 一巻
収于続古尊宿語要巻二
天童如浄禅師語録 二巻 侍者 文素・妙宗・唯敬・如玉・智湖・祖日・義遠・徳霑・清茂・徳祥編
天童如浄禅師続録 一巻 嗣法 義遠編
雲外雲岫禅師語録 一巻 小師 士惨編

## 第三〇套

無明慧経禅師語録 四巻 曹洞派 嗣法 元賢重編 一
晦台元鏡禅師語録 一巻 嗣法 道盛集
附道盛撰廩山忠公伝
見如元謐禅師語録 一巻 門人 道璞集
無異元来禅師広録 三五巻 法孫 弘澣彙編 弘裕同集 一〜二
巻二一―二五宗教答響
巻二六・二七宗説等錫
玄湛等編錫類法檀一〇巻 賸録

参学道嵩壁如集博山老人剰録六巻会入
博山無異大師語録集要　六巻　首座　成正録
係全録抄出　故単載序文目録耳
永覚元賢禅師広録　三〇巻　嗣法　道霈重編
巻二七・二八洞上古轍　〔三～四
巻二九永覚寱言
侍者道順太沖録禅余内外集各八巻
道順録皷山晩録六巻　侍者伝善録最後語二巻
会入　「五
為霖道霈禅師秉払語録　二巻　書記　太靖録
為霖道霈禅師餐香録　二巻　書記　太泉録
為霖道霈禅師還山録　四巻　侍者　興灯・心
亮・法雲・性朗録
為霖禅師雲山法会録　一巻　弟子　謝大材・潘
道靖・黄大広同録

**第三一套**

為霖禅師旅泊菴稿　四巻　弟子　太泉・等純・
興灯・心亮・浄煥録　一
道霈衆禅海十珍一巻附
宗宝道独禅師語録　六巻　法孫　今釈重編
湛然円澄禅師語録　八巻　門人　明凡録　了元
公・祁駿佳編　一～二
宗門或問一巻附
玄沙師備禅師広録　三巻　参学　智厳集　二
玄沙師備禅師語録　三巻　明　林弘衍編次　三
洞山守初禅師語要　一巻
収于古尊宿語録巻三八
薦福承古禅師語録　一巻　門人　文智編
法昌倚遇禅師語録　一巻　小師　宗密録
語要収于続古尊宿語要巻二
天章元楚禅師語要　一巻
収于続古尊宿語要巻二
呉山浄端禅師語録　二巻　法孫　師皎重編
智門光祚禅師語要　一巻　門人　重顕編
収于古尊宿語録巻三九
天衣義懐禅師語要　一巻
収于続古尊宿語要巻二
慧林宗本禅師別録　巻　嗣法　慧弁録
妙湛思慧禅師語要　巻
収于続古尊宿語要巻二
慈受懐深禅師広録　四巻　侍者　善清・善随・
宗先・普紹編
巳菴　深禅師語要　巻
収于続古尊宿語要巻二
隠山　璨禅師語要　巻
収于続古尊宿語要巻二　「明　徳清閲　四～
紫栢尊者全集　二九巻（二九巻の内一―二四）

**第三二套**

紫栢尊者全集（二九巻の内二五―二九）　～一
紫栢尊者別集　四巻　明　銭謙益纂閲　一
陸符撰附録一巻
雲谷和尚語録　二巻　参学　宗敬・道傑・惟能・
宗岦・祖録編
聖箭堂述古　一巻　清　道霈述
憨山大師夢遊全集　五五巻　侍者　福善日録
門人　通炯編輯　二～五
雲門麦浪懐禅師宗門設難　一巻　明　許元釗録
五
宗門宝積録　九三巻　但収序与凡例目録耳　清
本皙輯

## 第二編（乙）

### 《礼懺部》

**乙第一套**

讃阿弥陀仏偈　一巻　魏　曇鸞作　一
転経行道願往生浄土法事讃　二巻　唐　善導集
往生礼讃偈　一巻　唐　善導集記　〔記
依観経等明般舟三昧行道往生讃　一巻　唐　善
導撰
浄土五会念仏略法事儀讃　二巻　唐　法照述
般舟三昧讃　一巻　唐　慧日述
観経十六観讃　一巻　唐　浄暹述会入
三時繋念仏事　一巻　宋　延寿述
三時繋念儀範　一巻　宋　延寿述
勧人念仏念仏正因説附
無量寿仏讃註　一巻　宋　元照撰　戒度注
礼念弥陀道場懺法　一〇巻　元　王子成集
一～二
西帰行儀　一巻　清　古昆録輯　二
華厳経海印道場九会請仏儀　一巻　唐　一行・
慧覚依経録　宋　普瑞補註　明　木増訂正　明
読徹参閲　明　正止治定
華厳経海印道場懺儀　四二巻　二～四
華厳道場起止大略　一巻　明　四
円覚経道場修証儀　一八巻　唐　宗密述
四～五
附、宋行霆述用圭峯円覚修証儀十一章頌　分
各成一頌

**乙第二套**

円覚経道場略本修証儀　一巻　宋　浄源録　一
依楞厳究竟事懺　二巻　明　禅修述
仏母孔雀尊経科式（式又作儀）　一巻　明
千手千眼大悲心呪行法　一巻　宋　知礼始集
清　読体重纂
准提三昧行法　一巻　明　受登集
准提焚修悉地懺悔玄文　一巻　清　夏道人集
薬師三昧行法　一巻　明　受登集
慈悲薬師宝懺　三巻　清
内題、消災延寿薬師懺法
占察善悪業報経行法　一巻　明　智旭集
讃礼地蔵菩薩懺願儀　一巻　明　智旭述
慈悲地蔵菩薩懺法　三巻　清
得遇竜華修証懺儀　四巻　明　如惺撰
呉中石仏相好懺儀　一巻　明　伝灯集　二
舎利懺法　一巻　清　継僧著
礼舎利塔儀式　一巻　清　弘賛編
礼仏儀式　一巻　清　弘賛編
供諸天科儀　一巻　清　弘賛集

金剛経科儀　一巻　心経科儀附　清　建基録
慈悲道場水懺法随聞録　三巻　清　智証録　二〜三
慈悲道場水懺法科註　三巻　清　西宗集註　三
法界聖凡水陸勝会修斎儀軌　六巻　宋　志磐謹
撰　明　袾宏重訂　三〜四
　出于雲棲法彙第一八・一九
法界聖凡水陸大斎普利道場性相通論　九巻　清
咫観述　四
法界聖凡水陸大斎法輪宝懺　一〇巻（一〇巻の
内一—二）　清　咫観記　四〜

**乙第三套**

法界聖凡水陸大斎法輪宝懺（一〇巻の内三—一
〇）　〜一
蘭盆献供儀　一巻　宋　元照重集　一
釈迦如来降生礼讃文　一巻　宋　仁岳撰
釈迦如来涅槃礼讃文　一巻　宋　仁岳撰
智者大師斎忌礼讃文　一巻　宋　遵式述
南山祖師礼讃文　一巻　宋　智円述
南山祖師礼讃文　一巻　宋　仁岳述
南山祖師礼讃文　一巻　宋　允堪述
大智律師礼讃文　一巻　宋　則安述

**《史伝部》**

釈迦如来成道記註　二巻　唐　王勃撰　道誠註
釈迦如来行蹟頌　二巻　元　無寄撰集　二
釈迦如来応化録　六巻　明　宝成編集
隆興編年通論　二九巻　宋　祖琇撰　三〜四
釈門正統　八巻　宋　宗鑑集　五

**乙第四套**

仏祖統紀　五五巻　宋　志磐撰　一〜四
続仏祖統記　二巻　四
釈氏通鑑　一二巻　宋　本覚編集　四〜五

**乙第五套**

歴朝釈氏資鑑　一二巻　元　熙仲集　一
仏祖歴代通載　三六巻　元　念常集　二〜四
釈氏稽古略　四巻（四巻の内一—二）　明　覚
岸編集再治　五〜

**乙第六套**

釈氏稽古略（四巻の内三—四）　〜一
釈鑑稽古略続集　三巻　明　幻輪彙編　二
古今図書集成　釈教部彙考　七巻　五
新脩科分六学僧伝　三〇巻　元　曇噩述　三〜

**乙第七套**

名僧伝抄　一巻　梁　宝唱撰　一
補続高僧伝　二六巻　明　明河撰　一〜二
大明高僧伝　八巻　明　如惺撰
武林西湖高僧事略　一巻　宋　元敬・元復同述　三
続武林西湖高僧事略　一巻　明　袾宏輯
華厳経伝記　五巻　唐　法蔵集述
法蔵和尚伝　一巻　新羅　崔致遠結
　前附、閻朝隠撰康蔵法師之碑
　後附、日本道忠著新刊賢首碑伝正誤
法界宗五祖略記　一巻　清　続法輯
華厳経感応伝　一巻　胡幽貞刊纂
華厳経感応略記　一巻　処会図附　明　袾宏輯
華厳感応縁起伝　一巻　清　弘璧輯　録
華厳経持験記　一巻　清　周克復纂
智者大師別伝註　二巻　宋　曇照註　四
　顔真卿撰智者大師画讃附
天台九祖伝　一巻　宋　士衡編
　唐乾淑述道邃和上行迹附
法華経伝記　一〇巻　唐　慧詳集
法華霊験伝　二巻　明　了因録
法華経顕応録　二巻　宋　宗暁編　五
法華経持験記　二巻　清　周克復纂
観音経持験記　二巻　清　周克復集

**乙第八套**

東林十八高賢伝　一巻　一
往生西方浄土瑞応删伝　一巻　唐　道詵撰
浄土往生伝　三巻　宋　戒珠撰
新修往生伝　下巻　疑宋王古輯撰歟
諸上善人詠　一巻　明　道衍撰
往生集　一巻　出雲棲法彙第一六　明　袾宏輯
浄土聖賢録　九巻　清　彭希涑述　二
浄土聖賢録続編　四巻　清　胡珽述　三
　種蓮集　一巻　清　陳本仁述　巻末附
西舫彙征　二巻　清　瑞璋輯
修西聞見録　七巻　清　咫観輯
天聖広灯録　三〇巻　宋　李遵勗勅編　四〜五
五家正宗賛　四巻　宋　紹曇記　五

**乙第九套**

建中靖国続灯録目録　三巻　宋　惟白勅集　一
建中靖国続灯録　三〇巻　宋　惟白勅集　一〜二
聯灯会要　三〇巻　宋　悟明集　三〜五

**乙第一〇套**

嘉泰普灯録総目録　三巻　宋　正受編　一
嘉泰普灯録　三〇巻　宋　正受編　一〜二
禅林僧宝伝　三〇巻　宋　慧洪撰　三
　慶老撰補禅林僧宝伝附
僧宝正続伝　七巻　宋　祖琇撰　四
南宋元明禅林僧宝伝　一五巻　清　自融撰　性
磊補輯
大光明蔵　三巻　宋　宝曇述　五

**乙第一一套**

五灯会元目録　二巻　宋　普済集
五灯会元　二〇巻　宋　普済集　一〜四
五灯会元続略　八巻　明　浄柱輯　五

**乙第一二套**

五灯厳統目録　二巻　明　通容集　一
五灯厳統　二五巻　明　通容集　一〜五
五灯厳統解惑編　一巻　明　通容述　五

**乙第一三套**

五灯全書目録　一六巻　巻七已下補作　清　超
永編輯　一
五灯全書　一二〇巻（一二〇巻の内一—四三）
清　超永編輯　二〜

**乙第一四套**

五灯全書（一二〇巻の内四四—一〇二）

**乙第一五套**

五灯全書（一二〇巻の内一〇三—一二〇）　一

続伝灯録目録　三巻　明　二

続伝灯録　三六巻　明　玄極輯　二～四

増集続伝灯録　六巻　明　文琇集　四～五

五灯会元補遺一巻明文琇集　巻六内

大慧宗門武庫　一巻　宋　道謙編　五

雪堂行拾遺録　一巻　宋　道行編

羅湖野録　二巻　宋　暁瑩集

**乙第一六套**

指月録　三二巻　明　瞿汝稷集　一～四

続指月録　二〇巻　清　聶先編輯　四～五

**乙第一七套**

教外別伝　一六巻　明　黎眉等編　一～二

皇明名僧輯略　一巻　明　袾宏輯　三

出雲棲法彙第一七

続灯正統目録　一巻　清　性統編集

続灯正統　四二巻　清　性統編集　三～五

**乙第一八套**

続灯存稾目録　一巻　明　一

続灯存稾　一二巻　明　通問編定　施沛彙集

正源略集目録　一巻　二

正源略集　一六巻　欠巻一　達珍編

正源略集補遺　一巻　達珍編

錦江禅灯目録　一巻　三

錦江禅灯　二〇巻　清　通醉輯　三～四

黔南会灯録　八巻　続補一巻附　清　如純輯

揞黒豆集　九巻　清　心円拈別　火蓮集梓　四～五

**乙第一九套**

禅宗正脉　一〇巻　明　如卺集　一～二

仏祖綱目　四一巻　明　朱時恩著　三～五

仏祖正伝古今捷録　一巻　清　果性集　五

汝州風穴延沼禅師塔銘附

南岳単伝記　一巻　清　弘儲表

定応大師布袋和尚伝　二般

曹渓大師別伝　一巻

永明道蹟　一巻　宋　大壑輯

**乙第二〇套**

宗統編年　三二巻　清　紀蔭編纂　一～三

禅灯世譜　九巻　明　道忞編修　呉侗集　三～四

仏祖宗派世譜　八巻　清　悟進編輯　四

緇門世譜　一巻　清　明喜撰輯　四

法門鋤宄　一巻　清　浄符著

附五家弁正　一巻　日本　養存述

五派一滴図　一巻　日本　一東著

継灯録　七巻　明　元賢輯

建州弘釈録　二巻　明　元賢集　五

居士分灯録　二巻　明　朱時恩輯

八十八祖道影伝賛　四巻　巻首及附録各一巻

明　徳清述　高承挺補

普陀列祖録　一巻　清　通旭集

**乙第二一套**

雲臥紀譚　二巻　宋　暁瑩録　一

叢林盛事　二巻　宋　道融撰

人天宝鑑　一巻　宋　曇秀輯

枯崖漫録　三巻　宋　円悟録

禅苑蒙求瑤林　三巻　金　志明撰　元　徳諫述

禅苑蒙求拾遺　一巻　二

山菴雑録　二巻　明　無温録

正宗心印後続聯芳　一巻　明　善燦著

祖庭指南　二巻　清　徐昌治編述　三

先覚宗乗　五巻　明　陶明序　清　円信較定

郭凝之彙編

優婆夷志　一巻　清　円信較定　郭凝之彙編

朝鮮禅教考　一巻　朝鮮　朴永善輯

釈氏蒙求　二巻　霊操撰

林問録　二巻　宋　慧洪集　四

林問録後集　一巻　宋　慧洪集

高僧摘要　四巻　清　徐昌治編輯

緇門崇行録　一巻　明　袾宏輯　五

仏法金湯編　一六巻　明　心泰編

**乙第二二套**

弘賛法華伝　一〇巻　唐　恵詳撰　一

金剛般若集験記　三巻　唐　孟献忠撰

金剛経鳩異　一巻　唐　段成式撰

金剛経受持感応録　二巻　宋

摘録宋太平広記報応部

金剛経感応伝　一巻

金剛経新異録　一巻　明　王起隆輯著

金剛経霊験伝　三巻　日本　浄慧集　二

金剛経持験記　二巻　清　周克復纂

金剛経感応分類輯要　一巻　清　三沢汁編集

釈門自鏡録　二巻　唐　懐信述

地蔵菩薩像霊験記　巻一　宋　常謹集

三宝感応要略録　三巻　非濁集　三

心性罪福因縁集　三巻　宋　智覚注

見聞録　一巻　明　智旭随筆

現果随緑　四巻　明　戒顕筆記

兜率亀鏡集　三巻　清　弘賛輯

観音慈林集　三巻　清　弘賛編　四

六道集　五巻　清　弘賛輯

居士伝　五六巻　清　彭際清述　五

**乙第二三套**

冥報記　三巻　唐　唐臨撰　一

冥報記輯書　七巻　日本　佐々木憲徳輯

名公法喜志　四巻　明　夏樹芳輯

唐護法沙門法琳別伝　三巻　唐　彦琮撰

玄奘三蔵師資伝叢書　二巻　日本　佐伯定胤・中野達慧共編

巻上

大唐故三蔵玄奘法師行状　一巻　唐　冥詳撰

大唐三蔵大遍覚法師塔銘并序　唐　劉軻撰

大唐三蔵玄奘法師表啓　一巻　不完

巻下

大慈恩寺大法師基公塔銘并序　唐　李宏慶撰

大唐大慈恩寺法師基公碑　唐　李又撰　五

唐太宗皇帝御製基公讃記　日本　清算記
大唐大慈恩寺大師画讃　唐　江満昌文撰
心経幽賛序　唐　苗神容製「撰
唐故白馬寺主翻訳慧沼神塔碑幷序　唐　李邕
大周西明寺故大徳円測法師仏舎利塔銘幷序
唐　宋復撰
善無畏三蔵行状幷碑銘　一巻　唐　李華撰
不空三蔵行状　一巻　唐　趙遷撰
恵果和尚行状　一巻
得依釈序文縁起　一巻　日本　慧堅撰
如馨・寂光・読体・宜潔四律師伝
伯亭大師伝記総帙　一巻
慈雲伯亭大師古希紀　清　証文記録
伯亭大師塔誌銘　清　徐自洙誌
上竺灌頂大師囑法語
善女人伝　二巻　清　彭際清述
重編諸天伝　二巻　宋　行霆述　二
僧史略　三巻　宋　賛寧撰
古今図書集成神異典二氏部彙考　一巻
古今図書集成神異典釈教部紀事　一巻
古清涼伝　二巻　唐　慧祥撰
広清涼伝　三巻　宋　延一重編
続清涼伝　二巻　宋　張商英述
補陀洛迦山伝　一巻　元　盛熙明述　三
仏祖心灯　一巻
宗教律諸宗演派　一巻　清　守一重編
西蔵剌麻溯源　一巻　摘録聖武記之巻五　清
守一編輯
三国遺事年表　一巻　朝鮮　一然撰
三国遺事　五巻　朝鮮　一然撰
東国僧尼録　一巻

**補遺　印度撰述**

《経部》
円覚経佚文　日本　松本文三郎序　四
無量寿経会訳　一巻　清　魏源会訳
附　観無量寿経阿弥陀経及普賢行願品叙
阿弥陀経異本　日本　赤松連城跋
大通方広懺悔滅罪荘厳成仏経　巻上
仏説長寿滅罪護諸童子陀羅尼経　一巻　唐　仏
陀波利勅訳
仏説天地八陽神呪経　一巻　唐　義浄勅訳
仏説断温経　一巻
仏説地蔵菩薩発心因縁十王経　一巻　唐　蔵川
仏説預修十王生七経　一巻　唐　蔵川述「述
大雲無想経　巻九　前秦　竺仏念訳
像法決疑経　一巻

**補遺　支那撰述**

《大小乗釈経部》
法華経疏　二巻　劉宋　竺道生撰
《諸宗著述部》
肇論疏　三巻　欠下巻　東晋　恵達撰
法界安立図　六巻　明　仁潮録　四〜五
無文道燦禅師語録　一巻　小師　惟康編　五
月礀禅師語録　二巻　嗣法　妙寅　侍者　法
巌・徳円・覚静・永仁・宗煥等編
樵隠悟逸禅師語録　二巻　侍者　正定編

**別套　大日本続蔵経目録**

**国訳一切経（新版）**
岩野真雄編　大東出版社刊
昭和五三―刊行中（旧版の印度撰述部は昭和三―一一、同和漢撰述部は昭和一一―（刊行中））　二五五巻・二五七冊（印度撰述部一五五巻・一五五冊、和漢撰述部一〇〇巻・一〇二冊、但し和漢撰述部は新・旧版の内容編成に移動がある）

**〔印度撰述部〕**

**阿含部**

一―三　雑阿含経　五〇巻　椎尾弁匡訳
四―六　中阿含経　六〇巻　立花俊道訳
七　長阿含経　二〇巻　石川海浄訳
八―一〇　増一阿含経　五一巻　林五邦訳

**密教部**

一　大毘盧遮那成仏神変加持経　七巻　神林
隆浄訳
金剛頂瑜伽中略出念誦経　四巻　同
二　仏説毘奈耶経　一巻　坪井徳光訳
阿闍梨大曼荼羅灌頂儀軌　一巻　同訳
念誦結護法普通諸部　一巻　同訳
金剛頂瑜伽護摩儀軌　一巻　岡田契昌訳
金剛頂経瑜伽修習毘盧遮那三摩地法　一
巻　同訳「随行法　一巻　同訳
大毘盧遮那成仏神変加持経略示七支念誦
都部陀羅尼目　一巻　同訳
蕤呬耶経　三巻　田島隆純訳
金剛頂一切如来真実摂大乗現証大教王経
一巻　富田斅純訳
蘇婆呼童子請問経　三巻　神林隆浄訳
諸仏境界摂真実経　三巻　同訳
建立曼荼羅護摩儀軌　一巻　同訳
大悲空智金剛大教王儀軌経　五巻　同訳
受菩提心戒儀　一巻　神林隆浄訳
無畏三蔵禅要　一巻　同訳
三　金剛頂瑜伽三十七尊出生義　一巻　同訳
略述金剛頂瑜伽分別聖位修証法門　一巻
建立曼荼羅及揀地法　一巻　同訳「同訳
清浄法身毘盧遮那心地法門成就一切陀羅
尼三種悉地　一巻　同訳
仏頂尊勝心破地獄転業障出三界秘密三身
仏果三種悉地真言儀軌　一巻　同訳
仏心経品亦通大随求陀羅尼　三巻　同訳
五仏頂三昧陀羅尼経　一巻　同訳
大毘盧遮那成仏神変加持経蓮華胎蔵菩提
幢標幟普通真言蔵広大成就瑜伽　三巻

同訳
四　底哩三昧耶不動尊聖者念誦秘密法　三巻　岡田契昌訳
守護国界主陀羅尼経　一〇巻　同訳
金剛頂瑜伽略述三十七尊心要　一巻　神林隆浄訳
仏説一切如来金剛三業最上秘密大教王経　一巻　同訳
五　一字奇特仏頂経　三巻　田島隆純訳
請観世音菩薩消伏毒害陀羅尼呪経　一巻　坪井徳光訳
仏説大乗荘厳宝王経　四巻　同訳
七倶胝仏母所説准提陀羅尼経　一巻　同訳
金剛頂経一字頂輪王瑜伽一切時処念誦成仏儀軌　一巻　阿部宥精訳
不空羂索陀羅尼自在王呪経　三巻　同訳
大陀羅尼末法中一字心呪経　一巻　同訳
蘇悉地羯羅経　三巻　同訳

## 涅槃部

一　大般涅槃経上　四〇巻　常盤大定訳
二　大般涅槃経下　同訳

## 般若部

一―六　大般若波羅蜜多経　六〇〇巻　椎尾弁匡訳

## 華厳部

一―三　大方広仏華厳経　八〇巻　衛藤即応訳
四　大方広仏華厳経四　同訳
仏説菩薩本業経　一巻　同訳
仏華厳入如来徳智不思議境界経　一巻　同訳
大方広仏華厳経不思議仏境界分　一巻　同訳
仏説荘厳菩提心経　一巻　同訳

## 法華部

一　妙法蓮華経　八巻　馬田行啓訳
無量義経　一巻　同訳
観普賢菩薩行法経　一巻　同訳
大法鼓経　二巻　同訳
不退転法輪経　四巻　同訳

済諸方等学経　一巻　同訳

## 本縁部

雑宝蔵経　一〇巻　岡教邃訳
二―三　仏本行集経上・下　六〇巻　常盤大定・美濃晃順訳
四　過去現在因果経　四巻　常盤大定訳
衆許摩訶帝経　一三巻　寺崎修一訳
仏所行讃上　五巻　平等通昭訳
五　仏所行讃下　同訳
撰集百縁経　一〇巻　赤沼智善・西尾京雄訳
菩薩本生鬘論上　一六巻　同訳
六　菩薩本生鬘論下　同訳
仏五百弟子自説本起経　一巻　赤沼智善訳
六度集経　八巻　成田昌信訳
仏説十二遊経　一巻　常盤大定訳
中本起経　二巻　同訳
七　百喩経　四巻　赤沼智善・西尾京雄訳
賢愚経　一三巻　同訳
八　大荘厳（経）論　一五巻　美濃晃順訳
菩薩本縁経　三巻　同訳
九　方広大荘厳経　一二巻　常盤大定訳
僧伽羅刹所集経　三巻　同訳
一〇　出曜経上　三〇巻　江田俊雄訳
一一　出曜経下　同訳
法句譬喩経　四巻　赤沼智善・西尾京雄訳
生経　五巻　同訳

## 宝積部

一―六　大宝積経　一二〇巻　長井真琴訳
七　仏説無量寿経　二巻　椎尾弁匡訳
仏説観無量寿経　一巻　同訳
仏説阿弥陀経　一巻　同訳
勝鬘師子吼一乗大方便方広経　一巻　蓮沢成淳訳
仏説阿閦仏国経　一巻　同訳
仏説須摩提菩薩経　一巻　同訳
弥勒菩薩所問本願経　一巻　同訳
文殊師利所説不思議仏境界経　二巻　同訳

大乗顕識経　二巻　同訳
抜一切業障根本得生浄土神呪　一巻　同訳
阿弥陀鼓音声王陀羅尼経　一巻　同訳
後出阿弥陀仏偈　一巻　同訳

## 大集部

一―三　大方等大集経　六〇巻　蓮沢成淳訳
四　大集月蔵経　一一巻　矢吹慶輝・成田昌信訳
般舟三昧経　三巻　望月信亨訳
五　大乗大集地蔵十輪経　一〇巻　矢吹慶輝訳
地蔵菩薩本願経　一巻　同訳
百千頌大集経地蔵菩薩請問法身讃　一巻　同訳
仏説地蔵菩薩陀羅尼経　一巻　同訳
地蔵菩薩儀軌　一巻　同訳
仏説延命地蔵菩薩経　一巻　同訳
地蔵菩薩発心因縁十王経　一〇巻　同訳
六　大集会正法経　五巻　蓮沢成淳訳
大集経菩薩念仏三昧分　一〇巻　同訳

## 経集部

一　月灯三昧経　一巻　林岱雲訳
賢劫経　八巻　平等通昭訳
二　仏説弥勒菩薩上生兜率天経　一巻　小野玄妙訳
仏説弥勒下生成仏経　一巻　同訳
仏説弥勒大成仏経　一巻　同訳
仏説大方等頂王経　一巻　平等通昭訳
仏説月上女経　一巻　同訳
仏説浄飯王般涅槃経　一巻　同訳
仏説瑠璃王経　一巻　同訳
如来示教勝軍王経　一巻　同訳
無所有菩薩経　四巻　布施浩岳訳
文殊師利普超三昧経　三巻　同訳
弘道広顕三昧経　四巻　同訳
三　解深密経　五巻　深浦正文訳
仏垂般涅槃略説教誡経　一巻　同訳
四十二章経　一巻　同訳
仏蔵経　三巻　二宮守人訳

諸法無行経　二巻　同訳
持世経　四巻　同訳
四　修行道地経　二巻　佐藤泰舜訳
禅秘要法経　三巻　同訳
坐禅三昧経　二巻　同訳
思惟略要法　一巻　同訳
達摩多羅禅経　二巻　同訳
五　悲華経　一〇巻　赤沼智善・西尾京雄訳
金光明経　一巻　中里貞隆訳
金光明経懺悔滅罪伝　一巻　同訳
大方広円覚修多羅了義経　一巻　境野黄洋訳
六　大樹緊那羅王所問経　四巻　常盤大定訳
大方等如来蔵経　二巻　同訳
仏説不増不減経　一巻　同訳
無上依経　二巻　同訳
大乗本生心地観経　八巻　常盤大定・幸村法輪訳
維摩詰所説経　三巻　深浦正文訳
七　首楞厳三昧経　二巻　常盤大定訳
入楞伽経　一〇巻　同訳
八―一〇　正法念処経　七〇巻　山辺習学訳
一一　正法念処経四　同訳
大乗同性経　二巻　泉芳璟訳
仏昇忉利天為世説法経　二巻　同訳
一二　仏説無常経　一巻　同訳
仏説略教誡経　一巻　同訳
仏説稲芋経　一巻　同訳
大荘厳法門経　二巻　同訳
仏説法受塵経　一巻　同訳
大方広如来秘密蔵経　二巻　同訳
仏説象腋経　一巻　同訳
仏説千仏因縁経　二巻　田島徳音訳
仏説八吉祥神呪経　一巻　同訳
仏説宝網経　一巻　同訳
仏説称揚諸仏功徳経　三巻　同訳
薬師瑠璃光如来本願功徳経　一巻　同訳
仏説文殊師利浄律経　一巻　同訳
仏説文殊師利現宝蔵経　二巻　同訳
一三　仏説華手経　一〇巻　二宮守人訳
仏説除蓋障菩薩所問経　二〇巻　平等通昭訳
仏説仏地経　一巻　同訳
十善業道経　一巻　同訳
一四　諸法集要経　一〇巻　硲慈弘訳
了本生死経　一巻　清水谷恭順訳
稲芋経　一巻　同訳
縁起聖道経　一巻　同訳
分別縁起初勝法門経　二巻　同訳
分別業報略経　一巻　同訳
仏説鬼問目連経　一巻　同訳
六趣輪廻経　一巻　同訳
仏説四願経　一巻　同訳
五苦章句経　一巻　同訳
仏説雑蔵経　一巻　同訳
仏説文殊尸利行経　一巻　同訳
本事経　七巻　同訳
仏説施灯功徳経　一巻　同訳
仏説温室洗浴衆僧経　一巻　同訳
右繞仏塔功徳経　一巻　同訳
仏説浴像功徳経　一巻　同訳
仏説灌洗仏形像経　一巻　同訳
仏説作仏形像経　一巻　同訳
仏説未曾有経　一巻　同訳
仏説盂蘭盆経　一巻　同訳
仏説諸徳福田経　一巻　同訳
一五　第一義法勝経　一巻　泉芳璟訳
仏説見正経　一巻　同訳
仏説大乗不思議神通境界経　一巻　同訳
仏語経　一巻　同訳
諸仏要集経　一巻　同訳
仏説成具光明定意経　一巻　同訳
仏説法律三昧経　一巻　同訳
大乗百福相経　一巻　同訳
仏説内蔵百宝経　一巻　同訳
仏説決定総持経　一巻　同訳
大乗離文字普光明蔵経　一巻　同訳
仏説諸法勇王経　一巻　同訳
如来師子吼経　一巻　同訳
仏説出生菩提心経　一巻　同訳
外道問聖大乗法無我義経　一巻　同訳
仏説文殊師利般涅槃経　一巻　同訳
文殊師利問菩提経　一巻　田島徳音訳
仏説法身経　一巻　同訳
仏説四輩経　一巻　同訳
仏説四無所畏経　一巻　同訳
仏説八大人覚経　一巻　同訳
仏説十力経　一巻　同訳
仏説十力経　一巻　同訳
仏説校量数珠功徳経　一巻　同訳
称讃大乗功徳経　一巻　同訳
占察善悪業報経　二巻　同訳
仏説孛経抄　一巻　同訳
一六　大乗密厳経　三巻　常盤大定訳
菩薩瓔珞経　一六巻　同訳

**律部**

一―四　四分律　六〇巻　境野黄洋訳
五―七　十誦律　六一巻　上田天瑞訳
八―一〇　摩訶僧祇律一―三　四〇巻　西本竜山訳
一一　摩訶僧祇律四　同訳
解脱戒経　一巻　同訳
律二十二明了論　一巻　同訳
羯磨　一巻　境野黄洋訳
一二　菩薩瓔珞本業経　二巻　大野法道訳
仏説菩薩内戒経　一巻　同訳
優婆塞戒経　七巻　同訳
清浄毘尼方広経　一巻　同訳
仏説舎利弗悔過経　一巻　同訳
大乗三聚懺悔経　一巻　同訳
仏説浄業障経　一巻　同訳
善恭敬経　一巻　同訳

仏説大乗戒経　一巻　同訳
菩薩戒羯磨文　一巻　同訳
菩薩受斎経　一巻　同訳
梵網経　二巻　加藤観澄訳
一三―一四　弥沙塞部和醯五分律　三〇巻　西本竜山訳
一五　毘尼母経　八巻　境野黄洋訳
薩婆多毘尼毘婆沙上　九巻　同訳
一六　薩婆多毘尼毘婆沙下　境野黄洋・佐藤密雄訳
薩婆多部毘尼摩得勒伽　一〇巻　佐藤密雄訳
一七　根本薩婆多部律摂　一四巻　境野黄洋訳
一八　善見律毘婆沙　一八巻　長井真琴訳
一九―二一　根本説一切有部毘奈耶　五〇巻　西本竜山訳
二二　根本説一切有部苾芻尼毘奈耶　二〇巻　同訳
根本説一切有部毘奈耶出家事　四巻　同訳
根本説一切有部毘奈耶随意事　一巻　同訳
根本説一切有部毘奈耶安居事　一巻　同訳
根本説一切有部毘奈耶皮革事　一巻　同訳
根本説一切有部毘奈耶羯恥那衣事　一巻　同訳
二三　根本説一切有部毘奈耶薬事　二〇巻　同訳
二四　根本説一切有部毘奈耶破僧事　二〇巻　同訳
二五―二六　根本説一切有部毘奈耶雑事上・下　四〇巻　同訳

## 毘曇部

一―二　阿毘達磨集異門足論上・下　二〇巻　渡辺楳雄訳
三　阿毘達磨法蘊足論　一二巻　同訳
施設論　七巻　同訳
四　阿毘達磨識身足論　一六巻　同訳
五　阿毘達磨界身足論　三巻　同訳
阿毘達磨品類足論　一八巻　同訳
六　三弥底部論　三巻　赤沼智善・西尾京雄訳
尊婆須蜜菩薩所集論　一〇巻　同訳
七―一六　阿毘達磨大毘婆沙論一―一〇　二〇〇巻　木村泰賢・西義雄・坂本幸男訳
一七　阿毘達磨大毘婆沙論一一　同訳
阿毘曇八犍度論上　三〇巻　西義雄・坂本幸男訳
一八　阿毘曇八犍度論下　同訳
一九　舎利弗阿毘曇論上　三〇巻　渡辺楳雄訳
二〇　雑阿毘曇心論上　八巻　渡辺楳雄・水野弘元訳
二一　雑阿毘曇心論下　同訳
阿毘曇心論　四巻　渡辺楳雄・水野弘元・大石秀典訳
阿毘曇心論経　六巻　同訳
二二　舎利弗阿毘曇論下　渡辺楳雄訳
二三―二四　阿毘達磨蔵顕宗論上・下　四〇巻　林五邦訳
二五―二六上・下　阿毘達磨倶舎論上・中・下　三〇巻　西義雄訳
二七―三〇　阿毘達磨順正理論　八〇巻　赤沼智善訳

## 中観部

一　中論　三巻　羽渓了諦訳
百論　二巻　同訳
十二門論　一巻　同訳
二　般若灯論　一五巻　同訳
三　百字論　一巻　同訳
壱輸盧迦論　一巻　同訳
大乗破有論　一巻　同訳
六十頌如理論　一巻　同訳
大乗二十頌論　一巻　同訳
大丈夫論　二巻　同訳
大乗掌珍論　二巻　同訳
広百論本　一巻　遠藤二平訳

## 釈経論部

一―五上　大智度論一―五　一〇〇巻　真野正順訳
五下　大智度論六　同訳
摩訶般若波羅蜜多心経　一巻　椎尾弁匡訳
仁王般若波羅蜜経　二巻　同訳
仏母宝徳蔵般若波羅蜜経　三巻　椎尾弁匡・滝正道訳
六　十地経論　一二巻　臼井教道訳
七　十住毘婆沙論　一七巻　矢吹慶輝訳
八　弥勒菩薩所問経論　九巻　布施浩岳訳
涅槃論　一巻　同訳
涅槃経本有今無偈論　一巻　同訳
分別功徳論　五巻　泉芳璟訳
聖仏母般若波羅蜜多九頌精義論　二巻　同訳
仏母般若波羅蜜多円集要義釈論　四巻　同訳
仏母般若波羅蜜多円集要義論　一巻　同訳
宝髻経四法憂波提舎　一巻　同訳
三具足経憂波提舎　一巻　同訳
転法輪経憂波提舎　一巻　同訳

## 瑜伽部

一―五　瑜伽師地論一―五　一〇〇巻　加藤精神訳
六　瑜伽師地論六　同訳
瑜伽師地論釈　一巻　同訳
七　成唯識論　一〇巻　同訳
唯識二十論　一巻　同訳
成唯識宝生論　五巻　同訳
八　摂大乗論釈　一〇巻　衛藤即応訳
摂大乗論釈　一〇巻　同訳
九　摂大乗論釈　一五巻　同訳
一〇　大乗阿毘達磨雑集論　一六巻　常盤大定・結城令聞訳
一一　大乗集菩薩学論　二五巻　中野義照訳
仏性論　四巻　坂本幸男訳

一二　三無性論　二巻　宇井伯寿訳
顕識論　一巻　同訳
転識論　一巻　同訳
十八空論　一巻　同訳
弁中辺論　三巻　同訳
掌中論　一巻　同訳
大乗荘厳経論　一三巻　山上曹源訳

## 論集部

一　因明正理門論本　一巻　林彦明訳
因明入正理論　一巻　同訳
方便心論　一巻　飯田順雄訳
仏性立世阿毘曇論　一〇巻　渡辺楳雄訳
二　阿毘曇甘露味論　二巻　水野弘元訳
入阿毘達磨論　二巻　同訳
大乗法界無差別論　一巻　泉芳璟訳
大乗成業論　一巻　同訳
廻諍論　四巻　池田澄達・遠藤二平訳
如実論反質難品　一巻　中野義照訳
大乗宝要義論　一〇巻　同訳
那先比丘経　三巻　干潟竜祥訳
提婆菩薩破楞伽経・中外道小乗四宗論　一巻　中野義照訳
提婆菩薩釈楞伽経・中外道小乗涅槃論　一巻　同訳
尼乾子問無我義経　一巻　同訳
三　成実論　一六巻　宇井伯寿訳
四　釈摩訶衍論　一〇巻　塩入亮忠訳
集大乗相論　二巻　平等通昭訳
随相論　一巻　同訳
手杖論　一巻　同訳
集諸法宝最上義論　二巻　同訳
諸教決定名義論　一巻　同訳
五　大乗起信論　一巻　望月信亨訳
菩提資糧論　六巻　大野法道訳
讃法界頌　一巻　平等通昭訳
広大発願頌　一巻　同訳
仏三身讃　一巻　同訳
一百五十讃仏頌　一巻　同訳
仏吉祥徳讃　三巻　同訳
仏説八大霊塔名号経　一巻　同訳
賢聖集伽陀一百頌　一巻　同訳
事師法五十頌　一巻　同訳
密跡力士大権神王経偈頌　一巻　同訳
請賓頭盧法　一巻　同訳
賓頭盧突羅闍為優陀延王説法経　一巻　同訳
迦葉仙人説医女人経　一巻　同訳
勝軍化世百喩伽他経　一巻　同訳
六　金剛針論　一巻　同訳
辟支仏因縁論　一巻　同訳
十二因縁論　一巻　同訳
縁生論　一巻　同訳
止観門論頌　一巻　同訳
宝行正王論　一巻　同訳
発菩提心経論　二巻　同訳
菩提行経　四巻　同訳
福蓋正行所集経　一二巻　同訳
菩提心離相論　一巻　同訳
七　解脱道論　一二巻　干潟竜祥訳

総索引　一巻

〔和漢撰述部〕

## 諸宗部

一　三論玄義　一巻　椎尾弁匡訳
大乗玄論　五巻　宇井伯寿訳
肇論　一巻　中田源次郎訳
浄心誡観法　二巻　上田天瑞訳
二　大乗法苑義林章　七巻　高井観海訳
三　摩訶止観　二〇巻　田村徳海訳
四　華厳一乗十玄門　一巻　鎌田茂雄訳
華厳一乗教義分斉章　四巻　同訳
修華厳奥旨妄尽還源観　一巻　同訳
華厳一乗法界図　一巻　同訳
原人論　一巻　同訳
五　律宗綱要　二巻　平川彰訳
釈浄土群疑論　七巻　前田聴瑞訳
安楽集　二巻　千賀真順訳
往生拾因　一巻　前田聴瑞訳
往生講式　一巻　同訳
無量寿経優婆提舎願生偈幷註　二巻　藤堂恭俊訳
六　信心銘　一巻　神保如天訳
永嘉証道歌　一巻　同訳
従容庵録　六巻　同訳
無門関　一巻　同訳
人天眼目　六巻　宮田菱道訳
七　楽邦文類　五巻　林五邦訳
集諸経礼懺儀　二巻　高瀬承厳訳
八　伝心法要　一巻　宇井伯寿訳
臨済録　二巻　朝比奈宗源訳
碧巌録　一〇巻　同訳
九　万善同帰集　三巻　高瀬承厳訳
六祖法宝壇経　一巻　榑林皓堂訳
勅修百丈清規　宮田菱道訳
禅関策進　増永霊鳳訳
一〇―一三　大乗義章　二六巻　辻森要修訳
一四　教誡新学比丘行護律儀　一巻　平川彰訳
仏制比丘六物図　一巻　同訳
天台四教儀　一巻　塩入良道訳
金剛錍論　一巻　多田厚隆訳
十不二門指要鈔　二巻　平了照訳
四明十義書　二巻　同訳
教観綱宗　二巻　関口真大訳
一五　大乗三論大義鈔　四巻　羽渓了諦訳
大乗法相研神章　五巻　結城令聞訳
観心覚夢鈔　三巻　同訳
略述法相義　三巻　同訳
一六　華厳修禅観照入解説門義　三巻　高峰了州訳
華厳宗要義　一巻　同訳
菩薩戒本宗要輔行文集　二巻　石田瑞麿訳
山家学生式　二巻　塩入亮忠訳

天台法華宗年分縁起　同訳
顕戒論　三巻　同訳
天台法華宗義集　二巻　大久保良順訳
授決集　二巻　同訳
一七　天台小止観　一巻　関口真大訳
守護国界章　九巻　塩入亮忠訳
一八　真言宗教時義　四巻　田島徳音訳
一乗要決　三巻　同訳
天台真言二宗同異章　一巻　同訳
一九　宗要柏原案立　六巻　坪井徳光訳
二〇　秘密曼荼羅十住心論　一〇巻　中野義［照訳
秘蔵宝鑰　三巻　那須政隆訳
即身成仏義　一巻　同訳
声字実相義　一巻　同訳
吽字義　一巻　同訳
真言付法伝　一巻　坪井徳光訳
弁顕密二教論　二巻　亀井宗忠訳
五輪九字秘密釈　一巻　那須政隆訳
二一　宗義決択集　二〇巻　小田慈舟訳
二二　選択本願念仏集　一巻　石井教道訳
顕浄土真実教行証文類　六巻　住田智［見訳
器朴論　三巻　寺沼琢明訳
西山上人五段鈔　一巻　広瀬観友訳
二三　興禅護国論　三巻　古田紹欽訳
普勧坐禅儀　一巻　榑林皓堂訳
坐禅用心記　一巻　同訳
学道用心集　一巻　増永霊鳳訳
永平清規　二巻　榑林皓堂訳
円通大応国師語録　二巻　古田紹欽訳
普照国師語録　三巻　同訳
鉄笛倒吹　二巻　神保如天訳
二四　往生要集　三巻　花山信勝訳
顕揚正法復古集　二巻　大島泰信訳
諸宗教理同異釈　一巻　那須政隆訳
二五　大疏談義　二巻　同訳
融通円門章　一巻　大野法道訳

守護国家論　一巻　執行海秀訳
立正安国論　一巻　茂田井教亨訳
観心本尊抄　一巻　同訳
顕仏未来記　一巻　執行海秀訳
法華取要抄　一巻　茂田井教亨訳
曾谷入道許御書　一巻　望月歓厚・茂
田井教亨訳
四信五品鈔　一巻　執行海秀訳
守護正義論　一巻　坂本幸男訳
八宗綱要　一巻　勝又俊教訳

**律疏部**

一　四分律刪繁補闕行事鈔上　一二巻　西本
二　四分律刪繁補闕行事鈔下　同訳［竜山訳
菩薩戒経義疏　二巻　藤本智董訳
梵網経菩薩戒本疏　六巻　大野法道訳

**目録・事彙部**

一　大蔵経綱目指要録上　一三巻　蓮沢成淳
二　大蔵経綱目指要録下　同訳　［訳
釈氏要覧　三巻　同訳

**史伝部**

一　出三蔵記集　一五巻　林屋友次郎訳
二　仏祖統紀上　五四巻　佐藤密雄訳
三　仏祖統紀中　同訳
四　釈氏稽古略　四巻　小野玄妙訳
五　釈氏稽古略続集　三巻　竜池清訳
仏祖統紀下　佐藤密雄訳
六　釈迦譜　五巻　蓮沢成淳訳
阿育王経　一〇巻　蓮沢成淳訳
馬鳴菩薩伝　一巻　同訳
竜樹菩薩伝　一巻　同訳
提婆菩薩伝　一巻　同訳
婆藪槃豆法師伝　一巻　同訳
七　梁高僧伝　一四巻　常盤大定訳
八―九　唐高僧伝上・中　三〇巻　同訳
一〇　唐高僧伝下　布施浩岳訳
三国遺事　五巻　野村燿昌訳

智者大師別伝　一巻　上村真肇訳
善無畏行状　一巻　長部和雄訳
善無畏碑銘　同訳
不空三蔵行状　一巻　同訳
一一　慈恩寺三蔵法師伝　一〇巻　高田修訳
西域求法高僧伝　二巻　同訳［諦亮訳
一二　宋高僧伝上　三〇巻　塚本善隆・牧田
一三　宋高僧伝下　同訳　［訳
往生西方浄土瑞応伝　一巻　名畑応順
大宋僧史略　三巻　道端良秀・牧田諦
亮訳
一四―一五　景徳伝灯録上・下　三〇巻　佐
橋法竜・増永霊鳳訳
一六上　大唐西域記　一二巻　野村耀昌訳
一六下　高僧法顕伝　一巻　小野玄妙訳
南海寄帰内法伝　四巻　同訳
付法蔵因縁伝　六巻　大川冨士夫・
野村耀昌訳
一七　洛陽伽藍記　五巻　高橋太華訳
海東高僧伝　二巻　同訳
廬山記　五巻　岩間湛良訳
一八　弘賛法華伝　一〇巻　梶芳光運訳
古清涼伝　二巻　塚本善隆・小野勝年
広清涼伝　三巻　同訳　［訳
天台山記　一巻　壬生台舜訳
三国仏法伝通縁起　三巻　野村耀昌訳
唐大和上東征伝　巻　石田瑞麿訳
一九　元亨釈書上　三〇巻　山本禅登訳
二〇　元亨釈書下　同訳
三宝感応要略録　一巻　野上俊静訳
大明高僧伝　八巻　同訳
二一―二三　本朝高僧伝上・中・下　七五巻
西義雄・藤本智董・古田紹欽訳
二四　日本国現報善悪霊異記　三巻　高瀬承
厳訳
大日本国法華験記　三巻　藤本智董訳

日本往生極楽記　一巻　前田聴瑞訳
続本朝往生伝　一巻　同訳
浄土法門源流章　一巻　同訳
聖徳太子伝暦　二巻　藤本智董訳
二五　策彦和尚入明記　五巻　久保田量遠訳
入唐求法巡礼行記　四巻　堀一郎訳

**経疏部**

一　妙法蓮華経玄義　二〇巻　中里貞隆訳
二　妙法蓮華経文句　一〇巻　辻森要修訳
三　法華義疏上　一二巻　横超慧日訳
四　妙法蓮華経玄賛上　二〇巻　布施浩岳訳
五　法華義疏下　横超慧日訳
妙法蓮華経玄賛下　布施浩岳訳
六―一〇　華厳経探玄記一・二・三・四・五　二〇巻　坂本幸男・鍵主良敬訳
一一　勝鬘宝窟　六巻　桜部文鏡訳
大般涅槃経玄義　二巻　二宮守人訳
観無量寿経疏　四巻　石井教道訳
一二　大般涅槃経疏上　三三巻　横超慧日訳
円覚経略疏　四巻　石川良昱訳
弥勒上生経宗要　一巻　荻須純道訳
一三　大般涅槃経疏下　横超慧日訳
一四　大日経疏上　二〇巻　神林隆浄訳
一五　大日経疏下　那須政隆訳
大日経供養次第法疏
一六　勝鬘経義疏　一巻　花山信勝訳
維摩経義疏　三巻　同訳
法華経義疏　四巻　同訳
一七　般若心経秘鍵　一巻　勝又俊教訳
金剛頂大教王経疏　七巻　清水谷恭順訳
一八　蘇悉地羯羅経略疏　七巻　清水谷恭順訳
新理趣経　一巻　同訳

**論疏部**

一―五　倶舎論記　三〇巻　西義雄訳
六　中観論疏上　二〇巻　宮本正尊・梶芳光運・泰本融訳
七　中観論疏下　同訳
八　十二門論疏　三巻　長尾雅人・丹治昭義訳
百論疏　九巻　椎尾弁匡訳
九―一二　瑜伽論記一―四　四八巻　加藤精神・勝又俊教訳
一三―一六　成唯識論述記　二〇巻　佐伯定胤・富貴原章信訳
一七　唯識二十論述記　二巻　富貴原章信訳
成唯識論掌中枢要　四巻　結城令聞訳
一八上・下　成唯識論演秘上・下　一四巻　中村瑞隆訳(但し、下巻は未刊)
一九　成唯識論了義灯上　一三巻　西尾京雄・富貴原章信訳
二〇　成唯識論了義灯下　同訳
異部宗輪論述記　一巻　深浦正文訳
二一―二二　因明論疏明灯抄上・下　一二巻　渡辺照宏訳
二三　因明入正理論疏　三巻　中村元訳
金七十論疏　三巻　金倉円照訳
勝宗十句義論　一巻　中村元訳

**護教部**

一―三　弘明集　一四巻　広弘明集上・中・下　三〇巻　太田悌蔵訳
四　破邪論　二巻　福井康順訳
弁正論　八巻　同訳
集古今仏道論衡　四巻　小笠原宣秀訳
続集古今仏道論衡　一巻　同訳
五　集神州三宝感通録　三巻　野村耀昌訳
三教指帰　三巻　堀内寛仁訳
遍照発揮性霊集　一〇巻　大山公淳訳
広智三蔵和上表制集　六巻　長部和雄訳

## 南伝大蔵経

高楠博士功績記念会纂訳　大蔵出版刊
昭和一〇―一六（昭和四五―四九　再版）六五巻（七〇冊）

**第一巻**
**律蔵一**
経分別一　上田天瑞訳
大分別（比丘戒）
波羅夷　僧残法　不定法　捨堕法

**第二巻**
**律蔵二**
経分別二　上田天瑞訳
波逸提法　提舎尼法　衆学法　滅諍法
比丘尼分別（比丘尼戒）
波羅夷法　僧残法　捨堕法　波逸提法　提舎尼法　衆学法　滅諍法

**第三巻**
**律蔵三**
大品　渡辺照宏訳
大犍度　布薩犍度　入雨安居犍度　自恣犍度　皮革犍度　薬犍度　迦絺那衣犍度　衣犍度　瞻波犍度　拘睒弥犍度

**第四巻**
**律蔵四**
小品　宮本正尊・渡辺照宏訳
羯磨犍度　別住犍度　集犍度　滅諍犍度　小事犍度　臥坐具犍度　破僧犍度　儀法犍度　遮説戒犍度　比丘尼犍度　五百（結集）犍度　七百（結集）犍度

**第五巻**
**律蔵五**
附随　上田天瑞訳
大分別　比丘尼分別　等起の摂頌　無間省略　滅諍分解　問犍度章　増一法　布薩初解答章　(制戒の)義利論　伽陀集　諍事分解　別の伽陀集　呵責品　小諍　大諍　迦絺那衣分解　優波離（問）五法　等起　第二伽陀集　発汗偈　五品
波羅提木叉　高楠博士功績記念会編
諸部戒本条数対照表

諸部戒本戒条対照表
南伝律蔵と三漢訳律との対照表（犍度部）

**第六巻**
**長部経典一**
梵網経　宇井伯寿訳
沙門果経　羽渓了諦訳
阿摩昼経　長井真琴訳
種徳経　久野芳隆訳
究羅檀頭経　長井真琴訳
摩訶梨経　赤沼智善訳
闍利経　木村泰賢訳
迦葉師子吼経　金倉円照訳
布吒婆楼経　木村泰賢訳
須婆経　荻原雲来訳
堅固経　坂本幸男訳
露遮経　花山信勝訳
三明経　山田竜城訳
大本経　平等通昭訳

**第七巻**
**長部経典二**
大縁経　寺崎修一訳
大般涅槃経　平等通昭訳
大善見王経　干潟竜祥訳
闍尼沙経　干潟竜祥訳
大典尊経　山本快竜訳
大会経　阿部文雄訳
帝釈所問経　小野島行忍訳
大念処経　石川海浄訳
弊宿経　水野弘元訳

**第八巻**
**長部経典三**
波梨経　中野義照訳
優曇婆邏師子吼経　青原慶哉訳
転輪聖王師子吼経　青原慶哉訳
起世因本経　久野芳隆訳
自歓喜経　西義雄訳
清浄経　成田昌信訳
三十二相経　逸見梅栄訳
教授尸迦羅越経　神林隆浄訳
阿吒曩胝経　立花俊道訳
等誦経　渡辺楳雄訳
十上経　渡辺楳雄訳

**第九巻**
**中部経典一**　干潟竜祥訳
第一篇　根本五十経篇
初品　根本法門品
根本法門経　一切漏経　法嗣経　怖駭経　無穢経　願経　布喩経　削滅経　正見経　念処経
第二品　師子吼品
師子吼小経　師子吼大経　苦蘊大経　苦蘊小経　思量経　心荒野経　林藪経　蜜丸経　双考経　考想息止経
第三品　譬喩法品
鋸喩経　蛇喩経　蟻垤経　伝車経　撒餌経　聖求経　象跡喩小経　象跡喩大経　心材喩大経　心材喩小経
第四品　双大品
牛角林小経　牛角林大経　牧牛者大経　牧牛者小経　薩遮迦小経　薩遮迦大経　愛尽小経　愛尽大経　馬邑大経　馬邑小経

**第一〇巻**
**中部経典二**　干潟竜祥訳
第五品　双小品
薩羅村婆羅門経　鞞蘭若村婆羅門経　有明大経　有明小経　得法小経　得法大経　思察経　憍賞弥経　梵天請経　魔訶責経
第二篇　中分五十経篇
初品　居士品
カンダラカ経　アッタカ城人経　有学経　哺多利経　ギーヴカ経　優波離経　狗行者経　無畏王子経　多受経　無戯論経
第二品　比丘品
教誡羅睺羅菴婆蘖林経　教誡羅睺羅大経　摩羅迦小経　摩羅迦大経　跋陀利経　鶉喩経　車頭聚落経　那羅伽波寧村経　瞿尼師経　枳吒山邑経
第三品　普行者品
婆蹉衢多三明経　婆蹉衢多火（喩）経　婆蹉衢多大経　長爪経　摩犍提経　サンダカ経

**第一一巻上**
**中部経典三**　青原慶哉訳
善生優陀夷大経　沙門文祁子経　善生優陀夷小経　鞞摩那修経
第四品　王品
陶師経　頼吒恕羅経　大天捺林経　摩偸羅経　菩提王子経　鴦掘摩経　愛生経　鞞訶提経　法荘厳経　普棘刺林経
第五品　婆羅門品
梵摩経　施羅経　阿摂恕経　瞿哆牟伽経　商伽経　鬱瘦歌邏経　陀然経　婆私吒経　須婆経　傷歌邏経
第三篇　後分五十経篇　青原慶哉訳
初品　天臂品
天臂経　五三経　如何経　舎弥村経　普星経　不動利益経　算数家目犍連経　瞿黙目犍連経　満月大経　満月小経

**第一一巻下**
**中部経典四**　渡辺楳雄訳
第二品　不断品
不断経　六浄経　善士経　応習不応習経　多界経　仙呑経　大四十経　入出息念経　身行念経　行生経
第三品　空品
空小経　空大経　希有未曾有法経　薄拘羅経　調御地経　浄弥経　阿那律経　随煩悩経　賢愚経　天使経
第四品　分別品

一夜賢者経　阿難一夜賢者経　大迦旃延一夜賢者経　盧夷強者一夜賢者経　小業分別経　大業分別経　六処分別経　総説分別経　無諍分別経　界分別経　諦分別経　施分別経

第五品　六処品

教給孤独経　教闡陀経　教富楼那経　教難陀迦経　教羅睺羅小経　六六経　大六処経　頻頭城経　乞食清浄経　根修習経

**第一二巻**

有偈篇

**相応部経典一**　赤沼智善訳

諸天相応　天子相応　拘薩羅相応　悪魔相応　比丘尼相応　梵天相応　婆羅門相応　婆耆沙長老相応　森相応　夜叉相応　帝釈相応

**第一三巻**

**相応部経典二**　林五邦訳

因縁篇

因縁相応　現観相応　界相応　無始相応　迦葉相応　利得と供養相応　羅睺羅相応　勒叉那相応　譬喩相応　比丘相応

**第一四巻**

**相応部経典三**　渡辺照宏訳

犍度篇

蘊相応　羅陀相応　見相応　入相応　生相応　煩悩相応　舎利弗相応　竜相応　金翅鳥相応　乾達婆相応　雲相応　婆蹉種相応　禅定相応

**第一五巻**

**相応部経典四**　立花俊道訳

六処篇

六処相応　受相応　女人相応　閻浮車相応　沙門出家相応　目犍連相応　質多相応

**第一六巻上**

**相応部経典五**　立花俊道訳

六処篇

聚落主相応　無為相応　無記説相応

大篇　渡辺照宏訳

道相応　覚支相応　念処相応

**第一六巻下**

**相応部経典六**　渡辺照宏訳

大篇（承前）

根相応　正勤相応　力相応　神足相応　阿那律相応　静慮相応　入出息相応　預流相応　諦相応

**第一七巻**

**増支部経典一**　荻原雲来訳

一集　二集　三集

**第一八巻**

**増支部経典二**　荻原雲来訳

四集

**第一九巻**

**増支部経典三**　荻原雲来訳

五集

**第二〇巻**

**増支部経典四**

六集　荻原雲来訳

七集　土田勝弥訳

**第二一巻**

**増支部経典五**　渡辺照宏訳

八集

**第二二巻上**

**増支部経典六**　渡辺照宏訳

九集　十集

**第二二巻下**

**増支部経典**　渡辺照宏訳

十集（承前）　十一集

**第二三巻**

**小部経典一**

小誦経　宮田菱道訳

法句経　福島直四郎訳

自説経　増永霊鳳訳

如是語経　石黒弥致訳

**第二四巻**

**小部経典二**

経集　水野弘元訳

天宮事経　宮田菱道訳

**第二五巻**

**小部経典三**

餓鬼事経　宮田菱道訳

長老偈経　増永霊鳳訳

長老尼偈経　増永霊鳳訳

**第二六巻**

**小部経典四**

譬喩経一　高田修訳

**第二七巻**

**小部経典五**

譬喩経二　山崎良順訳

**第二八巻**

**小部経典六　本生経一**

因縁物語　立花俊道訳

第一編

第一章　無戯論品　長井真琴訳

無戯論本生物語　砂道本生物語　貪欲商人本生物語　周羅財官本生物語　稲稈本生物語　天法本生物語　採薪女本生物語　首領王本生物語　摩迦王本生物語　楽住本生物語

第二章　戒行品　長井真琴訳

瑞相鹿本生物語　榕樹鹿本生物語　結節本生物語　風鹿本生物語　カラーディヤ鹿本生物語　三臥鹿本生物語　風本生物語　死者供物本生物語　祈願供養本生物語　蘆飲本生物語

第三章　羚羊品　長井真琴訳

羚羊本生物語　犬本生物語　駿馬本生物語　良馬本生物語　沐浴場本生物語　女顔象本生物語　常習本生物語　歓喜満牛本生物語　黒牛本生物語　ムニカ豚本生物語

第四章　雛鳥品

雛鳥本生物語　山田竜城訳

舞踊本生物語　山田竜城訳

和合本生物語　石川海浄訳
魚本生物語　鶉本生物語　鳥本生物語　鶡鴠本生物語　青鷺本生物語　難陀本生物語　カディラ樹炭火本生物語
第五章　利愛品　山本快竜訳
ローサカ長老本生物語　鳩本生物語　竹蛇本生物語　蚊本生物語　赤牛女本生物語　毀園本生物語　酒本生物語　ヹーダッバ呪文本生物語　星宿本生物語　無智本生物語

**第二九巻**
**小部経典七　本生経二**

第六章　願望品　栗原広廓訳
大具戒王本生物語　小ヂャナカ王本生物語　満瓶本生物語　果実本生物語　五武器太子本生物語　金塊本生物語　猿王本生物語　三法本生物語　打鼓本生物語　吹螺本生物語
第七章　婦女品　栗原広廓訳
嫌悪聖典本生物語　生卵本生物語　棗椰子本生物語　難知本生物語　懊悩本生物語　優相本生物語　膝本生物語　娑祇多城本生物語　吐毒本生物語　鋤賢人本生物語
第八章　婆那樹品　長井真琴訳
婆那樹本生物語　有徳象王本生物語　真実語本生物語　樹法本生物語　魚族本生物語　無憂本生物語　大夢本生物語　イッリーサ長者本生物語　騒音本生物語　ビーマセーナ職人本生物語
第九章　飲酒品　立花俊道訳
飲酒本生物語　知友本生物語　不運者本生物語　利益門本生物語　有毒果本生物語　験徳本生物語　吉凶本生物語　サーランバ牛本生物語　詐欺本生物語　忘恩本生物語
第十章　塗毒品　立花俊道訳
塗毒本生物語　大精本生物語　信食本生物語　怖畏本生物語　大善見王本生物語　油鉢本生物語　依名得運本生物語　邪商本生物語　超千本生物語　嫌悪色本生物語
第一一章　超百品　寺崎修一訳
超百本生物語　八百屋本生物語　仇敵本生物語　知友比丘本生物語　弱木本生物語　釣瓶女本生物語　投擲術本生物語　田舎女本生物語　粉菓子本生物語　全総括問
第一二章　設問品　寺崎修一訳
驢馬問　不死皇后問　豺本生物語　中思魚本生物語　警告者本生物語　背教者本生物語　鶡鴠本生物語　鶉本生物語　非時叫喚者本生物語　解縛本生物語
第一三章　吉祥草品　渡辺楳雄訳
吉祥草本生物語　愚者本生物語　鍬柄本生物語　菴羅果本生物語　カターハカ奴隷本生物語　剣相師本生物語　カランドゥカ奴隷本生物語　猫本生物語　火種本生物語　コーシヤ女本生物語
第一四章　不与品　栗原広廓訳
不与本生物語　五師本生物語　火焔本生物語　禅定清浄本生物語　月光本生物語　金色鷲鳥本生物語　猫本生物語　蜥蜴本生物語　二重失敗本生物語　烏本生物語
第一五章　カメレオン品　青原慶哉訳
蜥蜴本生物語　豺本生物語　威光本生物語　象尾本生物語　ラーダ鸚鵡本生物語　烏本生物語　花祭本生物語　豺本生物語　一葉本生物語　等活本生物語

**第三〇巻**
**小部経典八　本生経三**

第二篇
第一章　剛強品　立花俊道訳
干訓本生物語　豺本生物語　野猪本生物語　竜本生物語　ガッガ婆羅門本生物語　無私心本生物語　有徳本生物語　善頬本生物語　孔雀本生物語　紺青鴉本生物語
第二章　親交品　立花俊道訳
因陀羅同姓本生物語　親交本生物語　スシーマ王本生物語　鷲本生物語　鼬本生物語　ウパサールハ婆羅門本生物語　完美本生物語　鷹本生物語　アラカ仙本生物語　カメレオン本生物語
第三章　善法品　長井真琴訳
善法本生物語　ダッダラ本生物語　猿猴本生物語　叛道猿猴本生物語　日輪供養本生物語　一握豌豆本生物語　鎮頭迦樹本生物語　亀本生物語　正法婆羅門本生物語　難施本生物語
第四章　無双品　長井真琴訳
無双王子本生物語　戦場住居本生物語　濾水本生物語　山牙本生物語　不喜本生物語　凝乳運搬干本生物語　四美本生物語　獅子豺本生物語　獅子皮本生物語　戒徳利益本生物語
第五章　ルハカ品
ルハカ婆羅門本生物語　長井真琴訳
吉祥黒耳本生物語　長井真琴訳
小蓮華干本生物語　金倉円照訳
宝珠窃盗本生物語　長井真琴訳
山麓本生物語　長井真琴訳
雲馬本生物語　金倉円照訳
怨親本生物語　長井真琴訳
ラーダ鸚鵡本生物語　長井真琴訳
家長本生物語　長井真琴訳
善戒本生物語　長井真琴訳
第六章　ナタムダルハ品　高田修訳
獄舎本生物語　耽戯本生物語　犍度本生物語　ギーラカ鳥本生物語　恒伽魚本生物語　羚羊本生物語　アッサカ王本生物語　鰐本生物語　鶡鴠本生物語　カンダガラカ啄木鳥本生物語
第七章　香草叢品　高田修訳
ソーマダッタ婆羅門本生物語　残食本生物語　バル王本生物語　河水満本生物語　亀本生物語　魚本生物語　セッグ本生物語　騙詐商人本生物語　誹謗本生物語　法幢本生物語

第八章　袈裟品
袈裟本生物語　高田修訳
小ナンディヤ猿本生物語　高田修訳
嚢食本生物語　立花俊道訳
鱷本生物語　堪忍礼讃者本生物語　梟本生物語　糞喰虫本生物語　カーマニータ婆羅門本生物語　逃亡本生物語　第二逃亡本生物語
第九章　革履品　立花俊道訳
革履本生物語　琵琶竿本生物語　鐡箭本生物語　アシターブー妃本生物語　ヴッチャナカ遊行者本生物語　青鷺本生物語　娑祇多婆羅門本生物語　一句本生物語　緑母本生物語　大黄王本生物語
第十章　豺品　立花俊道訳
一切牙豺本生物語　犬本生物語　グッティラ音楽師本生物語　離欲本生物語　根本方便本生物語　油教訓本生物語　パーダンヂャリ王本生物語　緊祝迦喩本生物語　サーラカ猿本生物語　猿本生物語

**第三一巻**
**小部経典九　本生経四**

第三篇
第一章　思惟品
思惟本生物語　立花俊道訳
一握胡麻本生物語　石川海浄訳
宝珠頸竜王本生物語　石川海浄訳
糠腹辛頭馬本生物語　石川海浄訳
鸚鵡本生物語　石川海浄訳
古井戸本生物語　石川海浄訳
ガーマニチャンダ農夫本生物語　和泉得成訳
曼陀多王本生物語　和泉得成訳
ティリータヴッチャ仙本生物語　和泉得成訳
使者本生物語　和泉得成訳
第二章　梟品　高田修訳
蓮華本生物語　柔軟手本生物語　小誘惑本生物語　摩訶波羅那王本生物語　箭本生物語　疾風辛頭馬本生物語　蟹本生物語　毀園本生物語　善生女本生物語　梟本生物語
第三章　森林品　高田修訳
泉井汚濁本生物語　虎本生物語　亀本生物語　貪欲本生物語　美麗本生物語　拘楼国法本生物語
羽毛本生物語　高田修訳
水牛本生物語　藤田真道訳
鶴本生物語　藤田真道訳
毀籠本生物語　藤田真道訳
第四章　真中品
真中本生物語　藤田真道訳
善人本生物語　藤田真道訳
工匠養猪本生物語　藤田真道訳
吉祥本生物語　藤田真道訳
宝珠野猪本生物語　寺崎修一訳
サールーカ豚本生物語　寺崎修一訳
利得軽侮本生物語　寺崎修一訳
魚群本生物語　寺崎修一訳
諸種願望本生物語　寺崎修一訳
験徳本生物語　寺崎修一訳
第五章　瓶品　寺崎修一訳
賢瓶本生物語　スパッタ鳥王本生物語　身体厭離本生物語　閻浮果食本生物語　下賤者本生物語　海本生物語　愛慾悲歎本生物語　優曇婆羅本生物語　コーマーヤプッタ婆羅門本生物語　狼本生物語
第四篇
第一章　開門品　立花俊道訳
小迦陵誐王女本生物語　大騎手本生物語　一王本生物語　ダッダラ竜本生物語　験徳本生物語　善生妃本生物語　パラーサ樹本生物語　速疾鳥本生物語　屍漢本生物語　サキハ大臣本生物語
第二章　プチマンダ樹品　立花俊道訳
プチマンダ樹本生物語　迦葉愚鈍本生物語　堪忍宗本生物語　鉄鼎本生物語　肉本生物語　兎本生物語　死者哀悼本生物語　カナヹーラ華本生物語　鶺鴒本生物語　喜捨本生物語
第三章　毀屋品　立花俊道訳
毀屋本生物語　堕々音本生物語　梵与王本生物語　皮衣普行者本生物語　蜥蜴本生物語　カッカール華本生物語　カーカーティ妃本生物語　不可悲本生物語　黒腕猿本生物語　験徳本生物語
第四章　時鳥品　立花俊道訳
拘迦利比丘本生物語　車鞭本生物語　蜥蜴本生物語　王訓本生物語　豺本生物語　大傘蓋王子本生物語　座席本生物語　稃本生物語　バーヹール国本生物語　ギサキハ長者本生物語
第五章　小郭公品　立花俊道訳
カンダリ王本生物語　猿本生物語　穀祿鳥本生物語　菴羅果盗本生物語　亀本生物語　ケーサヴ行者本生物語　鉄槌本生物語　森林本生物語　破和睦本生物語　天神所問本生物語

**第三二巻**
**小部経典十　本生経五**

第五篇
第一章　摩尼耳環品　立花俊道訳
摩尼耳環本生物語　善生居士子本生物語　張枝本生物語　蛇本生物語　蘇油王子本生物語　カーランディヤ青年本生物語　鶉本生物語　小護法王子本生物語　金鹿本生物語　スッソンディー妃本生物語
第二章　色高品　立花俊道訳
色高本生物語　験徳本生物語　慚本生物語　蛍本生物語　蛇使本生物語　グンビヤ夜叉本生物語　九官鳥本生物語　竹枯本生物語　知友本生物語　蘇芳樹本生物語
第三章　半品　立花俊道訳
長災拘薩羅王本生物語　鹿児本生物語　鼠本

生物語　小弓術師本生物語　鳩本生物語
第六篇
第一章　アヴーリヤ品　青原慶哉訳
アヴーリヤ渡守本生物語　白旗婆羅門本生物語　ダリームカ辟支仏本生物語　ネール黄金山本生物語　疑姫本生物語　ミガーローパ兀鷹本生物語　吉祥黒耳本生物語　鶏本生物語　法幢本生物語　難提鹿王本生物語
第二章　セーナカ品　青原慶哉訳
驢馬子本生物語　縫針本生物語　鼻豚本生物語　金色蟹本生物語　我有鳥本生物語　害魔法本生物語　蓮花本生物語　残滓本生物語　鶉本生物語　烏本生物語
第七篇
第一章　クック品　山本快竜訳
クック本生物語　意生獅子本生物語　スタナ青年本生物語　兀鷹本生物語　ダッバ草花本生物語　ダサンナ国製剣本生物語　菓子袋本生物語　アッティセーナ婆羅門本生物語　猿本生物語　婆伽梵天本生物語
第二章　健陀羅品　石川海浄訳
健陀羅王本生物語　大猿本生物語　陶師本生物語　堅法本生物語　蘇摩達多象本生物語　スシーマ王本生物語　綿樹頂本生物語　ドゥーマカーリ牧羊者本生物語　不寝番本生物語　酢味粥食本生物語　パランタパ従僕本生物語

**第三三巻　小部経典十一　本生経六**

第八篇
第一章　迦迦延品　渡辺楳雄訳
迦旃延本生物語　八声本生物語　美女スラサー本生物語　善吉祥本生物語　理髪師ガンガマーラ本生物語　支提王本生物語　根本生物語　燃焼本生物語　非処本生物語　豹本生物語
第九篇　栗原広廓訳
鷹本生物語　憍賞弥本生物語　大鸚鵡本生物語　小鸚鵡本生物語　ハーリタ仙本生物語　足跡善知童子本生物語　多毛迦葉本生物語　鴛鴦本生物語　散乱本生物語　箱本生物語　腐肉豺本生物語　鸕鷀本生物語
第一〇篇　石川海浄訳
四門本生物語　カンハ賢者本生物語　四布薩誓願本生物語　サンカ婆羅門本生物語　小菩提童子本生物語　カンハディーパーヤナ道士本生物語　尼拘律童子本生物語　球茎本生物語　大護法本生物語　雄鶏本生物語
煌輝耳環本生物語　山田竜城訳
布施比丘本生物語　山田竜城訳
鴛鴦本生物語　山田竜城訳
ブーリパンハ本生物語　山田竜城訳
大吉兆本生物語　山田竜城訳
ガタ賢者本生物語　山田竜城訳
第一一篇　水野弘元訳
養母象本生物語　月光王本生物語　法天子本生物語　優陀耶王子本生物語　水本生物語　ユヴンジャヤ王子本生物語　十車王本生物語　防護童子本生物語　スッパーラカ賢者本生物語

**第三四巻　小部経典十二　本生経七**

第一二篇　高田修訳
小郭公本生物語　跋陀娑羅樹神本生物語　海商本生物語　欲愛本生物語　闍那散陀王本生物語　大黒犬本生物語　拘私夜長者本生物語　牡羊本生物語　大蓮華王子本生物語　真友非友本生物語
第一三篇　高田修訳
蓄羅果本生物語　パンダナ樹本生物語　敏捷鷲本生物語　小那羅陀苦行者本生物語　使者本生物語　迦陵誐王菩提樹供養本生物語　アキッティ婆羅門本生物語　タッカーリャ青年本生物語　ルル鹿本生物語　舎羅婆鹿本生物語
第一四篇
稲田本生物語　山本智教訳
月緊那羅本生物語　山本智教訳
大鶚本生物語　山本智教訳
鬱陀羅迦苦行者本生物語　山本智教訳
蓮根本生物語　山本智教訳
善言王本生物語　山本智教訳
五者布薩会本生物語　平等通昭訳
大孔雀王本生物語　平等通昭訳
大工養猪本生物語　平等通昭訳
大商人本生物語　平等通昭訳
サーディーナ王本生物語　平等通昭訳
十婆羅門本生物語　平等通昭訳
次第供養本生物語　平等通昭訳

**第三五巻　小部経典十三　本生経八**

第一五篇
摩登伽本生物語　高田修訳
質多・三浮陀本生物語　高田修訳
尸毘王本生物語　高田修訳
栄者の愚本生物語　高田修訳
ローハンタ鹿本生物語　山本快竜訳
白鳥本生物語　山本快竜訳
サッティグンバ鸚鵡本生物語　山本快竜訳
バッラーティヤ本生物語　山本快竜訳
ソーマナッサ王子本生物語　山本快竜訳
チャンペッヤ本生物語　山本快竜訳
大誘惑本生物語　田中於菟弥訳
五賢人本生物語　高田修訳
護象本生物語　高田修訳
鉄屋本生物語　高田修訳
第十六篇　立花俊道訳
何欲本生物語　瓶本生物語　伏敵本生物語　六色牙象本生物語　三婆婆本生物語　大猿本

生物語　水羅刹本生物語　パンダラ竜王本生物語　サンブラー妃本生物語　結節鎮頭迦樹神本生物語

**第三六巻**

**小部経典十四　本生経九**

第一七篇　立花俊道訳

三鳥本生物語　サラバンガ仙本生物語　アランブサー天女本生物語　サンカパーラ竜王本生物語　小スタソーマ王本生物語

第一八篇　立花俊道訳

ナリニカー姫本生物語　ウンマダンティー女本生物語　大菩提普行沙門本生物語

第一九篇　高田修訳

須那迦辟支仏本生物語　サンキッチャ仙本生物語

第二〇篇

姑尸王本生物語　数那・難陀仙本生物語

**第三七巻**

**小部経典十五　本生経十**

第二一篇　高田修訳

小鵞本生物語　大鵞本生物語　天食本生物語　鳩那羅本生物語　大須陀須摩本生物語

第二二篇　高田修訳

唖躄本生物語　マハーヂャナカ本生物語

**第三八巻**

**小部経典十六　本生経十一　高田修訳**

睒摩賢者本生物語　尼弥王本生物語　カンダハーラ司祭官本生物語　槃達竜本生物語　大那羅陀迦葉梵天本生物語　比豆梨賢者本生物語

**第三九巻**

**小部経典十七　本生経十二**

大隧道本生物語　丸山徳翁訳

毘輸安咀囉王子本生物語　高田修訳

（附）本生経総説　高楠博士功績記念会

**第四〇巻**

**小部経典十八**

無礙解道一　渡辺照宏訳

論母

大品

**第四一巻**

**小部経典十九**

無礙解道二　渡辺照宏訳

倶存品

慧品

仏種姓経　立花俊道訳

所行蔵経　松濤誠廉訳

**第四二巻**

**小部経典二十**

大義釈一　水野弘元訳

**第四三巻**

**小部経典二十一**

大義釈二　水野弘元訳

**第四四巻**

**小部経典二十二**

小義釈　水野弘元訳

**第四五巻**

法集論　佐藤良智訳

**第四六巻**

分別論一　佐藤密雄訳

**第四七巻**

分別論二　佐藤密雄訳

界論　末永真海訳

界論註　末永真海訳

**第四八巻上**

双論一　渡辺照宏訳

**第四八巻下**

双論二　渡辺照宏訳

**第四九巻**

双論三　渡辺照宏訳

**第五〇巻**

発趣論一　山崎良順訳

順三法発趣

（附）大発趣論註（覚音造）

**第五一巻**

発趣論二　山崎良順訳

（附）大発趣論註（覚音造）

**第五二巻**

発趣論三　山崎良順訳

（附）大発趣論註（覚音造）

**第五三巻**

発趣論四　山崎良順訳

順二法発趣

**第五四巻**

発趣論五　山崎良順訳

順二法発趣

（附）大発趣之釈

**第五五巻**

発趣論六　山崎良順訳

順二法三法発趣

順三法二法発趣

**第五六巻**

発趣論七　山崎良順訳

順三法三法発趣

順二法二法発趣

（逆発趣）（順逆発趣）（逆順発趣）

**第五七巻**

論事一

大品　佐藤密雄訳

二品―五品　佐藤良智訳

**第五八巻**

論事二

六品―一二品　佐藤良智訳

一三品―二三品　佐藤密雄訳

**第五九巻上**

弥蘭王問経　金森西俊訳

**第五九巻下**

弥蘭王問経　金森西俊訳

**第六〇巻**
島王統史　平松友嗣訳
大王統史　立花俊道訳
**第六一巻**
小王統史　東元多郎訳
**第六二巻**
清浄道論一　水野弘元訳
**第六三巻**
清浄道論二　水野弘元訳
**第六四巻**
清浄道論三　水野弘元訳
**第六五巻**
一切善見律註序　長井真琴訳
摂阿毘達磨義論　水野弘元訳
阿育王刻文　宇井伯寿訳
附　十車王刻文

## 日本大蔵経

日本大蔵経編纂会編　同編纂会刊
大正三―一一　五一巻（但し、増補改訂日本大蔵経として鈴木学術財団編　講談社刊　昭和四八―五二　一〇〇巻がある）

《経蔵部　第一》

**第一巻　華厳部章疏一**
華厳経品釈　一巻　示観凝然述
釈六十巻本　附　新旧両経対照図
華厳経探玄記洞幽鈔　一二〇巻内　現存三九巻
釈㆓唐法蔵疏㆒　〔示観凝然述
現在巻四六―六〇・六六・七六―七九・八〇―九一・一〇六・一〇八・一一一・一一二・一一四―一一六
華厳経探玄記南紀録　五〇巻　（巻一―二）円「覚芳英述
**第二巻　華厳部章疏二**
華厳経探玄記南紀録　五〇巻（巻三―五〇）円「覚芳英述
**第三巻　華厳部章疏余**

科註華厳経浄行品　二巻　竜雲空性述
科華厳経普賢行願品簡註　三巻　竜雲空性録
前附　玄談幷華厳宗五教建立綱領
円覚経略疏日本決　三巻　鳳潭僧濬決
載㆓唐宗密疏文㆒
円覚経義疏　二巻　道光普寂撰
**方等部章疏一**
弥勒上生下生経義疏　一巻　疑　善珠述
観弥勒上生兜率陀天経義疏　一巻　疑　善珠述
弥勒下生成仏経義疏　一巻　疑　善珠述
地蔵菩薩本願経手鑑　六巻　真常円超集
延命地蔵経鈔　二巻　俊彦亮汰述
註金光明最勝王経　一〇巻　常騰註
**第四巻　方等部章疏二**
金光明最勝王経玄枢　一〇巻　願暁等集
最勝王経開題　一巻　弘法空海撰
金光明玄略抄　一巻　法爾証真撰
釈㆓隋智顗疏㆒
金光明玄義拾遺記探賾　二巻　義瑞亮潤述
釈㆓宋知礼疏㆒
**第五巻　方等部章疏三**
本願薬師経鈔　二巻　善珠記
薬師経纂解　四巻　俊彦亮汰述
薬師瑠璃光如来本願功徳経義疏　三巻　休具実「観述
仏語心論　一八巻　虎関師錬述
仏語心論口訣　二巻　岐山智徹記
附㆓于論巻之一末与㆓二末㆒
楞伽経論疏折衷　九巻　徳巌養存述
附　楞伽或問追加各一巻
**第六巻　方等部章疏四**
入楞伽心玄義纂要鈔　七巻　夙聞探遂述
載㆓唐法蔵疏文㆒
首楞厳経蠡測　一〇巻　連山交易撰
首楞厳経略疏折衷　一〇巻　徳巌養存補
載㆓明元賢疏文㆒
**第七巻　方等部章疏五**

勝鬘経義疏　三巻　聖徳太子御撰
勝鬘経顕宗鈔　三巻　道光普寂撰
前附　科文
維摩経義疏　四巻　聖徳太子御撰
維摩経玄略鈔　一巻　法爾証真記
釈㆓隋智顗疏㆒
維摩経疏私記　二巻　法爾証真撰
釈㆓隋智顗疏㆒
浄名玄論略述　七巻　智光撰
（巻一本―三末・五本）載㆓唐吉蔵疏文㆒
**第八巻　方等部章疏六**
解深密経講賛　七巻　香樹院徳竜述
附　碑銘
善悪因果経直解　六巻　照儀坊了意撰
善悪因果経要解　二巻　一雨覚深述
科註父母恩重経罔極鈔　二巻　俊彦亮汰述　学
孝子経報乳鈔　二巻　玄心止亮輯　〔唐真賢撰
与㆓次上教旨㆒稍近故姑収㆓于此㆒
数珠功徳経鈔　一巻　俊彦亮汰述
得道梯隥錫杖経出型鈔　三巻　一阿大雲撰
附　持錫杖法
九条錫杖鈔　一巻　俊彦亮汰述
**第九巻　理趣経釈章疏**
理趣経開題　四般　弘法空海撰
真実経文句　一巻　弘法空海撰
釈㆓理趣経異訳㆒
理趣経文句愚艸　二巻　俊宥頼瑜草
理趣経種了釈　一巻　興教覚鑁撰
理趣経秘決鈔　六巻　道宝記
理趣経秘註　四巻　弘真文観勅撰
理趣経略鈔　一巻　東寺杲宝撰
理趣経純秘鈔　三巻　俊彦亮汰集
前附　懸談
理趣釈秘伝鈔　二巻　本覚道範撰
理趣釈口决鈔　七巻　円光撰
理趣釈要略秘決集　六巻　大弐宥範記

理趣釈秘要鈔　一二巻　東寺杲宝決　賢宝記
実相般若経答釈　一巻　弘法空海撰

**第一〇巻　般若部章疏**

大般若経開題　一巻　弘法空海撰
大般若経要集抄　三巻　信行撰
　外題　大般若経科文
　附　諸宗勘文闕文・源順撰妙香城賦
大般若経品目提綱歎徳頌　一巻　林盛全厳撰
大般若経逐巻係賛　六巻　面山瑞芳撰
金剛般若波羅蜜経開題　一巻　弘法空海撰
仁王護国般若波羅蜜経疏　三巻（中巻残欠）　行
信勅撰
仁王護国般若波羅蜜経開題　一巻　弘法空海撰
仁王般若経護国鈔　三巻（巻下最末不完）　覚
梵漢般若心経異本集　一巻　中野達慧編　「超撰
　梵本心経二般　対訳心経　羅什訳摩訶般若大
明呪経　玄奘訳心経　般若等訳心経　法月訳
普遍智蔵般若心経　義浄訳心経　智慧輪訳心
経　施護訳聖仏母般若経
般若心経述義　一巻　智光撰
摩訶般若心経釈　一巻　伝教最澄撰
般若心経略釈　一巻　小嶋真興集
講演心経義　一巻　慧心源信作
摩訶般若波羅蜜多心経解　一巻　一休宗純抄
般若心経注解　一巻　虚応円耳集
般若心経口譚　一巻　竜渓性潜勅撰
　内題　竜渓禅師心経口譚
般若心経止啼餞　一巻　天桂伝尊説
般若心経毒語注　合一巻　白隠慧鶴頌　東嶺円
般若心経秘鍵略註　一巻　興教覚鑁記　「慈註
般若心経秘鍵開宝鈔　二巻　弘法空海撰　本覚
道範記
般若心経秘鍵開蔵鈔　二巻　俊音頼瑜記
般若心経秘鍵鈔　六巻　東寺杲宝口　賢宝記
　内題　般若心経秘鍵聞書

**第一一巻　法華部章疏一**

法華経義疏　四巻　聖徳太子御撰
法華経総釈　一巻　開結附　光雅撰
無量義経開示鈔　一帖　解脱貞慶草
観普賢経開示鈔　一帖　解脱貞慶草
法華経開示鈔　二八帖　解脱貞慶草

**第一二巻　法華部章疏二**

法華経釈文　三巻　松室仲算撰
法華経略頌　一巻　小嶋真興撰
　内題　薩達磨奔荼利迦素怛攬略頌
法華経玄賛一乗義私記　三巻　小嶋真興集
法華経開題　三般　弘法空海撰
法華経秘釈　一巻　興教覚鑁撰　「記
法華経釈謙順記　一巻　弘法空海撰　慧深妙瑞
法華経十不同問答慧給記　一巻　弘法空海撰
慧深妙瑞記　「深妙瑞記
法華経密号問答慧給記　一巻　弘法空海撰　慧
法華経方便品奮迅義　二巻　慧深妙瑞艸
註無量義経　三巻　伝教最澄撰
註無量義経抄　一巻　法爾証真撰
法華経題目　一巻　伝教最澄撰
法華経大意　一巻　伝教最澄撰
法華経二十八品大意　一巻　伝教最澄撰
法華経二十八品肝要　一巻　伝教最澄撰
法華経梵釈　一巻　敬光排科　智証円珍撰
　附　妙典品題梵語・経中諸呪梵文
法華経嘱累前後問答　一巻　智証円珍述
法華経二十八品頌　一巻　千観撰
　附　大江匡房撰法華経賦
法華三十講品釈　一巻　開結付　猪熊澄憲述
御註法華経品釈　一巻　華園法皇御撰

**第一三巻　法華部章疏三**

法華経鷲林拾葉鈔　二四巻　実海尊舜談

**第一四巻　密経部章疏上一**

大日経開題　一巻　称智証円珍述
大日経指帰　一巻　智証円珍述
　内題　大毘盧遮那経指帰
大日経略釈　一巻　智証円珍述
大日経義釈目録縁起　一巻　智証円珍記
大日経義釈目録　一巻　智証円珍記
大日経疏鈔　一巻　智証円珍述
大日経義釈更問鈔　巻下　智証円珍記
　附　三句大宗
大日経見聞　一二巻　聖乙弁円談
大日経開題　七般　弘法空海撰
大日経疏文次第　一巻　弘法空海撰
　内題　大毘盧遮那成仏経疏文次第　「記
遮那経王疏伝　二〇巻　弘法空海説　東寺実慧
遮那経王不思議疏伝　二巻　弘法空海説　東寺
大日経開題口筆　二巻　勧学会了賢説　「実慧記
大日経開題鈔　一巻　性厳宥快説
大日経品目大意　二巻　不二宥祥記
大日経疏鈔　四巻　観賢著
　附　道空撰読般若寺疏鈔
大日経序分義　一巻　蓮光実範記
大日経要義鈔　七巻　蓮光実範記

**第一五巻　密経部章疏上二**

大日経口之疏鈔　八五巻　性厳宥快説

**第一六巻　密経部章疏下一**

大教王開題　一巻　弘法空海撰
　内題　教王経開題
金剛頂経開題鈔　一〇巻　弘法空海撰　性厳宥
金剛頂大教王経疏　一〇巻　慈覚円仁撰　「快説
蘇悉地羯羅経略疏　七巻　慈覚円仁撰
　外題　蘇悉地経疏

**第一七巻　密経部章疏下二**

菩提場経略義釈　五巻　智証円珍撰
瑜祇経疏　三巻　蓮入安然述
瑜祇経行法記　一巻　弘法空海撰
　首題　一切如来大勝金剛頂最勝真実三昧耶品
次第観念
瑜祇経総行記　一巻　法三宮真寂記
　首題　瑜祇経口伝

瑜祇経拾古鈔　三巻　俊音頼瑜記
瑜祇経義述　七巻　大弐宥範記
毗盧遮那別行経　一巻　常暁将来本
毗盧遮那別行経鈔　二巻　慈鎮慈円伝
金剛頂蓮華部心念誦儀軌私記　一巻　小嶋真興
内題　梵嚩日羅駄覩私記　[述
蓮華胎蔵界儀軌解釈　三巻　小嶋真興集
千手経述秘鈔　三巻　明慧高弁撰

《律蔵部　第二》

**第一八巻　大乗律章疏一**

梵網経略疏　四巻　善珠撰
梵網経開題鈔　三巻　弘法空海撰　性厳宥快説
梵網経菩薩戒義疏集註　八巻　霊空光謙撰
釈二天台疏一
梵網経菩薩戒本疏紀要　六巻　鳳潭僧濬輯
釈二賢首疏一　[僧濬撰
梵網戒本疏紀要引拠増補竜鳴斥謬　二巻　鳳潭

**第一九巻　大乗律章疏二**

梵網経要解　一〇巻　諦忍妙竜著
梵網経要解或問　一巻　諦忍妙竜著
梵網経古迹記下巻科文輔行文集　合一〇巻　興
正叡尊撰
会二合本経記科並文集之四部一
梵網経古迹記下巻補忘抄　一〇巻　堯戒定泉記

**第二〇巻　大乗律章疏三**

梵網経上巻古迹記綱義　一〇巻　彦証清算述
梵網経下巻古迹記述迹抄　一〇巻　照遠述
菩薩戒本宗要雑文集　一巻　大悲覚盛記
菩薩戒本宗要輔行文集　二巻　興正叡尊記
排二入科文一

**第二一巻　大乗律章疏余**

菩薩戒本宗要纂註　二巻　興正叡尊排科　宗覚
載二唐太賢疏文一　[正直輯
菩薩戒本持犯要記助覧集　二巻　尊道真円記
応理宗戒図釈文鈔　合二巻　興正叡尊撰
会二合応理宗戒図本文集・同科節并同釈文鈔之
二本一　釈二瑜伽戒本一
菩薩戒羯磨文釈文鈔　合一巻　興正叡尊撰
会二合菩薩戒羯磨文・同科節并同釈文鈔之三　[本一
菩薩戒経箋解　三巻　行性述
内題　瑜伽戒本箋解

**小乗律章疏一**

沙弥十戒并威儀経疏　五巻　法進撰
釈門集僧軌度図経　一巻　澂照道宣述
四分戒本疏賛宗記　二〇巻　示観凝然述
前附　戒相図

《論蔵部　第三》

**第二二巻　大乗起信論章疏一**

起信論義記教理抄　一九巻　本如湛叡述
起信論義記幻虎録　五巻　鳳潭僧濬輯
起信論義記幻虎録弁偽　三巻　慈空顕慧著
起信論義記幻虎録解謗　一巻　鳳潭僧濬述

**第二三巻　真言密教論章疏上**

釈摩訶衍論指事　二巻　弘法空海撰
釈摩訶衍論指事　一巻　興教覚鑁撰
釈摩訶衍論愚案鈔　巻一本・末　興教覚鑁草
釈摩訶衍論序鈔　一巻　俊音頼瑜撰
釈摩訶衍論開解鈔　二六巻　俊音頼瑜撰

**第二四巻　真言密教論章疏下**

釈摩訶衍論私記　二巻　円地信堅勅撰
釈摩訶衍論決択集　一七巻　性厳宥快編
収于釈摩訶衍論十広短冊　勝円順継撰
発菩提心論秘釈　一巻　興教覚鑁撰
真言浄菩提心私記　一巻　興教覚鑁撰
金剛頂宗菩提心論口決　一巻　葉上房栄西記
菩提心論談義記　二巻　本覚道範記
菩提心論勘文　四巻　小川承澄撰
菩提心論初心鈔　二巻　俊音頼瑜撰
菩提心論聞書　七巻　東寺杲宝述
発菩提心論鈔　一〇巻　性厳宥快述

**第二五巻　諸大乗論章疏一**

法華論科文　一巻　伝教最澄鈔
法華論記　一〇巻　智証円珍撰
仏性論節義　四巻　潮誉賢洲記
摂大乗論天親釈略疏　五巻　徳門普寂撰
成業論文林鈔　二巻　慈光睦山撰

**第二六巻　三論章疏上**

中観論品釈　一巻　快憲撰
内題　中観論二十七品別釈
前附　新撰三論源流系譜
中観論疏記　二〇巻（巻一本—六末）　安澄
前附　曇影法師撰中論序　[撰

**第二七巻　三論章疏下**

中観論疏記　二〇巻（巻七本—一〇末）　安
十二門論疏聞思記　一巻　玄空蔵海記　[澄撰
十二門論疏抄　一巻　尋慧集

**掌珍智度宗輪論章疏**

掌珍量導注　一巻　秀法師撰
大智度論類聚標目　三巻　信入日崇編
異部宗輪論疏目論　五巻　人了栄天註
部執略記　一巻

**第二八巻　唯識論章疏一**

成唯識論泉鈔　三〇巻（巻一上—八下）　善
念集

**第二九巻　唯識論章疏二**

成唯識論泉鈔　三〇巻（巻九上—一〇下）　善
成唯識論述記序釈　一巻　善珠集　[念集
附　瑞玄輯支那日域相宗先徳所撰成唯識論末
章簒日・唯識論引証六経一部論・瑜伽十支
論
成唯識論疏巻八肝心記　第　疏第二釈　善珠集
成唯識論了義灯増明記　四巻　善珠述
成唯識論了義灯抄　巻三　常騰撰
成唯識論了義灯抄　巻四　仁叡撰
唯識分量決　一巻　善珠撰
四分義　掌珍比量　唯識比量
四分義極略私記　二巻　松室仲算撰
大乗広五蘊論纂釈　六巻　本空了道記

**第三〇巻　金七十論章疏**

金七十論備考　三巻　暁応厳蔵述
金七十論疏　三巻　智幢法住撰
金七十論藻鏡　一巻　林常快道撰

**勝宗十句義論章疏**

十句義論釈　二巻　大同房基弁撰
十句義論訣択　五巻　林常快道撰
十句義論聞記　一巻　烏水宝雲撰

**六離合釈章疏**

六合釈節要　一巻　量山融光撰
殺三磨娑釈未詳訣並弁誤　合一巻　大同房基弁
訣　林常快道述
分別六合釈　一巻　智幢法住記
六合釈精義　二巻　林常快道撰
六合釈三部章　一巻　林常快道記
六合釈章疏標目　一巻　林常快道述
六離合釈法式通関注　一巻　円通宥範注
六離合釈法式略解注　一巻

**《宗典部　第四》**

**第三一巻　三論宗章疏一**

八識義章研習抄　三巻　禅那院珍海記
釈二隋慧遠撰大乗義章八識義一
一乗義私記　一巻　禅那院珍海記
釈二隋吉蔵撰大乗玄論一乗義一
大乗玄聞思記　一巻　玄空蔵海記
釈二隋吉蔵撰大乗玄論八不義一
三論玄義検幽集　七巻　中観澄禅記
載二唐吉蔵疏文一
科註三論玄義　七巻　前附　玄談　教算尊祐述
三論玄疏問答　三巻　頼超記
釈二唐吉蔵疏文一
死不怖論科釈　一巻　性空撰
大乗法門章　四巻（巻二・三）　願暁撰
釈二唐吉蔵論一
内外万物縁起章　巻中　願暁撰
三論興縁　一巻　中道聖守撰
三論真如縁起　一巻　若城寺慈光草　貞然治

**第三二巻　三論宗章疏余**

一乗仏性慧日抄　一巻　宗法師撰
八幡宮勧学講一問答抄　二巻

**法相宗章疏一**

法苑義鏡　五巻　善珠述
唯識義私記　一二巻　小嶋真興撰
法相宗賢聖義略問答　巻四　松室仲算撰
法相髄脳　一巻　慈蘊抄
法相灯明記　一巻　漸安集
真言宗未決文　一巻　北轅徳一述
明矢石論　六巻（巻三・五・六）　宣淳撰
心要鈔　一巻　解脱貞慶草
法相宗初心略要　二巻　解脱貞慶草
法相宗初心略要続篇　一巻　解脱貞慶草

**第三三巻　法相宗章疏二**

勧誘同法記　一巻　解脱貞慶造
解脱上人小章集　一〇帖　中野達慧編
閑寂隙　修行要鈔　唯心念仏　観心為清浄円
明事　命終心事　臨終用意　勧(修)学記　起
請文　春日大明神発願文　仏舎利観音大士発
願文
真理鈔　三帖　解脱貞慶・実範・良算草
応理大乗伝通要録　二巻　勝願院良遍草
観心覚夢鈔　三巻　信願良遍草
観心覚夢鈔補闕法門　二巻　信願良遍草
法相二巻鈔　二巻　信願良遍草
奥理抄　一帖　信願良遍草
信願上人小章集　七帖　中野達慧編
唯識観用意　唯識観　自行思惟　唯識空観
中道事　唯識般若不異事　不思議
護持正法章　一巻　信願良遍草
真心要決　前抄一巻後抄二巻　信願良遍草
厭欣抄　一巻　信願良遍草
一法中道　三帖　円憲・顕憲・縁範草
中道空観　一帖　光胤草
附　遺相証性観之事　三種菩提心
唯識五重問答鈔　一巻　弁範記
拾二録菩提院蔵俊説一
大乗五種姓玄論　二巻　大同房基弁撰
大乗一切法相玄論　二巻　大同房基弁撰
大乗法相研神章　五巻　護命勅撰
顕唯識疏隠文抄　一〇巻（現存巻一）　常騰撰
成唯識論唯量抄　二巻　菩提院蔵俊撰
百法問答抄　九巻　一云蔵俊撰　或云勝超等
略述法相義　三巻　良光聞証撰

**第三四巻　戒律宗章疏一**

教誡律儀賛行鈔　三巻　円鏡述
教誡新学𦬇行護律儀輯解　四巻　玄心正亮譔
教誡新学𦬇行護律儀簡釈　二巻　覚泉慧澂譔
教誡新学𦬇行護律儀講述　二巻　湛堂慧淑譔
表無表章義鏡　一巻　善珠述
法苑林章集解　二巻　最行撰
表無表章詳体文集　三巻　興正叡尊草
表無表詳口抄　二巻　元輪撰
排二入科文一
表無表章顕業鈔　六巻　尭戒定泉談　如空英心記
表無表章顕義鈔　三巻
勧発菩提心集流塵記　一巻　興正叡尊撰

**第三五巻　戒律宗章疏二**

六物図採摘　三巻　南楚大江述
仏制𦬇六物図纂註　四巻　正直宗覚述
仏制𦬇六物図依釈　四巻　湛堂慧淑譔
三衣弁惑篇賛釈　一巻　玄心正亮集
六物綱要　一巻　道光普寂撰
仏門衣服正儀編　二巻　鳳潭僧濬輯
仏門衣服正儀編図巻　鳳潭僧濬輯
方服図儀　二巻　慈雲飲光述
鑑真過海大師東征伝　一巻　真人元開撰
戒律伝来記　三巻（現存上巻）　豊安勅撰
東大寺授戒方軌　巻一　法進式
附　布薩戒師作法・大乗布薩作法・自恣作法

東大事戒壇院受戒式　一巻　蓮光実範撰
出家略作法　一巻　禅僧撰歟
戒律興行願書　一巻　解脱貞慶記
　附　戒如記結界標相石立日記図等
南都叡山戒勝劣記　一巻　解脱貞慶草
律家円宗料簡　一巻　月輪俊芿述
菩薩戒通別二受鈔　一巻　大悲覚盛草
菩薩戒通受遣疑鈔　一巻　大悲覚盛撰
七仏略戒経　一巻　大悲覚盛集
釈迦十二礼　一巻　大悲覚盛集
律宗新学作持要文　一巻　大悲覚盛集
大悲菩薩弁弟子行状集　中野達慧編
　大悲菩薩・良遍・真空・円照・円覚・曇照・
　浄因律師行状
菩薩戒通別二受鈔　一巻　信願良遍注
菩薩戒別受行否鈔　一巻　信願良遍草
通受軌則有難通会抄　一巻　信願良遍草
通受懺悔軌則鈔　一巻　信願良遍草
　収二于定泉記梵網経古迹補忘抄巻十三聚浄戒
　四字鈔中一
律宗作持羯磨　一巻　興正叡尊草
　附　凝然撰興正菩薩略行状
八斎戒作法要解　二巻　興正叡尊造　一雨覚深撰
八斎戒作法得道鈔　二巻　宝田通玄述
徹底章　一巻　元休述
三聚浄戒通受懺悔鈔　一巻　堯戒定泉記
三聚浄戒四字鈔　一巻　堯戒定泉記
菩薩戒潜底鈔　一巻
菩薩戒問答洞義鈔　一巻　如空英心述
雲雨鈔　一巻　示観凝然撰
太一卉木章　一巻　示観凝然撰
通受懺悔両寺不同記　一巻　示観凝然撰
　附　通受比丘懺悔法則

## 第三六巻　戒律宗章疏三

律宗綱要　二巻　示観凝然述
律宗瓊鑑章　巻六　示観凝然述
三宗綱義　四巻　彦証清算記
大乗円戒顕正論　一巻　宗覚正直編
久修園集　三巻　宗覚正直編
久修園続集　三巻　宗覚正直述
不学無知章　一巻　湛堂慧淑撰
弁檀越浄　一巻　湛堂慧淑撰
尸羅敲髄章　一巻　甘露英泉撰
律苑行事問弁　一〇巻　諦忍妙竜著
十善法語　一二巻　慈雲飲光述
十善略記　一巻　慈雲飲光述
　附　諦濡撰飲光慈雲尊者伝
出家授戒法　一巻　蓮光実範作

## 第三七巻　華厳宗章疏上

五十要問答加塵章　残欠二巻　示観凝然述
華厳孔目章抄　八巻　尊玄記
華厳孔目章発悟記　一三巻（巻一—一一・一三・二〇）示観凝然述
金獅子章光顕鈔　二巻　明慧高弁撰
三聖円融観義顕　残欠二巻　示観凝然撰
遊心法界記講弁　三巻　泉浜律蔵述

## 第三八巻　華厳宗章疏下

華厳宗種性義鈔　一巻　観円抄
華厳一乗開心論　六巻（巻下本一）　普幾勅撰
華厳一乗十信位中開廓心境仏仏道同仏光観法門　一巻　明慧高弁述
華厳修禅観照入解脱門義　二巻　明慧高弁述
華厳信種義　一巻　明慧高弁記
華厳仏光三昧観秘宝蔵　二巻　明慧高弁集
華厳仏光三昧観冥感伝　一巻　明慧高弁集
　尾題　仏光冥感伝
華厳唯心義釈　二巻　附　法語　明慧高弁作
明慧上人法話　一巻　明慧高弁作
邪正問答鈔　一巻　明慧高弁作
　附　驚驢五問　阿留辺幾夜宇和　房中護律儀
三時三宝礼釈　一巻　明慧高弁記
自行三時礼功徳義　一巻　明慧高弁記
光明真言土砂勧信記　二巻　明慧高弁作
光明真言土砂勧信別記　一巻　明慧高弁造
護身法功能鈔　一巻　明慧高弁記
護身法口訣　一巻　内題　護身法事　明慧高弁作
摧邪輪　二巻　明慧高弁艸
摧邪輪荘厳記　一巻　明慧高弁艸
華厳香水源記　一巻　朗遊記
華厳五教建立次第　一巻　示観凝然述
華厳十重唯識瑺鑑記　七巻（巻一・二・四・五・七）示観凝然述
華厳十重唯識円鑑記　二巻　示観凝然述
華厳十重唯識瓊鑑章　一巻　示観凝然述
華厳法界義鏡　二巻　示観凝然述
華厳宗要義　一巻　示観凝然述
初発心時　一巻　円戒禅爾草

## 第三九巻　天台宗顕教章疏一

内証仏法相承血脈譜　一巻　伝教最澄撰
師資相承血脈文　一巻　伝教最澄撰
天台法華宗伝法偈　一巻　伝教最澄撰
行満和尚印信　一巻　仏滝行満記
道邃和尚付法文　一巻　興道道邃記
天台宗未決（在唐十問答）　一巻　最澄・義真等記
天台法華宗牛頭法門要纂　巻　伝教最澄撰
修禅寺相伝口決　四巻　伝教最澄記
　初一巻題云修禅寺相伝私注
　後一巻題云修禅寺相伝日記（偽作）
三大章疏七面相承口決　一巻　伝教最澄記
　附　三大章疏同異決
山家学生式　合一巻　伝教最澄撰
　天台法華宗年分学生式　勧奨天台宗年分学生式　天台法華宗年分度者回小向大式
　前附　請下先帝御願天台年分度者随二法華経一為中菩薩出家上表　請レ立二大乗戒一表　允二許大乗戒一官符　太政官牒
　後附　与二元興寺護命大僧都一書　比叡山天

台法華院得業学生式
顕戒論　三巻　伝教最澄勅撰
前附　上㆓顕戒論㆒表二章
顕戒論縁起　巻上　伝教最澄撰
附　天台法華宗年分得業学生名帳
一乗戒建願記　一巻　伝教最澄記
根本大師臨終遺言　一巻　伝教最澄述
後六条云㆓禅庵式㆒
授菩薩戒儀　合一巻　伝教最澄撰　智証円珍註
菩薩次第明拠　一巻　伝教最澄集
照権実鏡　一巻　伝教最澄撰
駁㆓徳一撰仏性鈔㆒
守護国界章　九巻　伝教最澄勅撰
通六九証破比量文　一巻　因明　伝教最澄撰
決権実論　一巻　伝教最澄撰
法華秀句　五巻　伝教最澄撰
再生敗種義　一巻　伝教最澄述

**第四〇巻　天台宗顕教章疏二**

断証決定集　一巻　伝教最澄説　慈覚円仁記
経師観行　一巻　伝教最澄撰
三平等義　一巻　伝教最澄記
破十軍修仏道私記　一巻　伝教最澄決　「遂答
天台法華宗生知妙悟決　一巻　伝教最澄問　道
妙法蓮華経出離生死血脈　一巻　伝教最澄記
五部血脈　合一巻　伝教最澄伝
一念成仏義　生死覚用鈔　法華大意　理観読
誦　法華題目
長講法華経発願文　二巻　伝教最澄記
外題　法華長講会式
長講仁王般若経会式　一巻　伝教最澄記
外題　仁王長講会式
長講金光明経会式　一巻　伝教最澄記
外題　金光明会式
七難消滅護国頌　一巻　伝教最澄撰
宇佐宮経釈文　一巻　伝教最澄撰
依憑天台集　一巻　伝教最澄撰
払惑袖中策　二巻　伝教最澄撰
末法灯明記　一巻　伝教最澄記
正像末記　一巻　伝教最澄撰
三宝住持集　二巻（残欠三七事）中野達慧編
天台霊応図本伝集　一〇巻（巻一・二）伝教最
澄編
伝教大師台州越州将来録　二巻　最澄・義真等録
御経蔵宝物聖教等目録　一巻　最澄・義真等録
伝教大師余輝集　三巻　中野達慧編
叡山根本大師御選述目録　一巻　修禅義真記
伝教大師撰述録　一巻　祖闡可透集
叡山大師伝　一巻　仁忠撰
延暦寺元初祖師行業記　一巻　智証円珍撰
叡山大師略伝　一巻　智証円珍記
叡山根本大師伝　一巻　三善為康撰
延暦寺禁制式　一巻　仁忠等記
（二二条中現存一五条）
附　嵯峨天皇御製和㆔菅清公傷㆓忠法師㆒
唐決　一巻　修禅義真問
天台法華宗義集　一巻　修禅義真勅撰
一心金剛戒体秘決　二巻（偽作）伝教最澄伝
一心金剛戒体縁起　一巻（偽作）修禅義真述
修禅義真和尚留芳集　一巻　中野達慧編
天台仏法流㆓布吾国㆒事　一巻　大伴国道撰
唐決　一巻　広修決答　寂光円澄問
寂光円澄和尚残馨集　一巻　中野達慧編
附　大楽慧亮和尚残馨集
唐決　一巻　維蠲決答　円載問
円載和尚雑纂　一巻　中野達慧編
唐決　一巻　宗穎決答　附　雑纂　梵釈徳円問
唐決　一巻　宗穎決答　別当光定問
伝述一心戒文　三巻　附　雑纂　別当光定撰
延暦寺内供奉和上行状　一巻　円豊等撰
境智一心三観文　一巻　慈覚円仁撰
授㆓慧亮㆒（偽作）
法華迹門観心絶待妙釈　一巻　慈覚円仁撰
尾題　法華迹門観心十妙釈
法華本門観心十妙釈　一巻　慈覚円仁撰
尾題　法華本門観心絶待妙釈
七喩義　一巻　慈覚円仁撰
寂光土記　一巻　慈覚円仁撰
四土通達義　一巻　慈覚円仁撰
三身義私記　一巻　慈覚円仁記
己心中義記　一巻（偽作）慈覚円仁撰
一念頌決　一巻　慈覚円仁撰　都率覚超記
心性論　一巻（偽作）慈覚円仁撰
俗諦不生不滅論　一巻　慈覚円仁撰
四夜伝　一巻　山家在唐伝　円仁草書　都率覚
諸仏掌中要決　一巻　慈覚円仁記　「超記
真言菩提心義　一巻　十条　長意立義　慈覚円
義綱集　二巻　慈覚円仁集
三宝輔行記　残欠　円仁撰　中野達慧編　「仁撰
神祇鑒典　残欠　円仁撰　中野達慧編
舎利和讃　一巻　慈覚円仁撰

**第四一巻　天台宗密教章疏一**

胎蔵界灌頂行事鈔　三巻　伝教最澄撰
金剛界灌頂行事鈔　巻中・下　伝教最澄撰
合壇灌頂記　一巻（真偽未決書）伝教最澄記
灌頂伝授秘録　二巻（偽作）伝教最澄記
阿闍梨大曼荼羅灌頂儀軌　一巻　伝教最澄伝
両部秘密許可幷大結界式　合一巻（真偽未決）
最澄・義真記
胎蔵縁起　一巻（真作歟）伝教最澄集　「集
薬師如来儀軌　一巻（真偽未決書）伝教最澄
薬師如来儀軌念誦法　一巻（真偽未決）伝教
最澄撰
薬師如来講式　一巻（偽作）伝教最澄撰
沓冠文体
双身毘沙門法　一巻　伝教最澄伝
鎮将夜叉天念誦次第　一巻　伝教最澄撰
丹州池上記

鎮将夜叉秘密念誦法　一巻　伝教最澄撰
鎮将夜叉秘法　一巻　伝教最澄撰
六天講式　合一巻（真偽未決書）　伝教最澄撰
大黒天　吒枳尼天　毗沙門天　歓喜尊天　荒
神　弁財天
順暁阿闍梨付法文　一巻　泰岳順暁記
授与最澄
徳円阿闍梨付法文　一巻　梵釈寺徳円記
授与円珍
広智阿闍梨付法文　一巻　小野寺広智記
授与円仁
結縁灌頂次第記　一巻　青竜寺義真記
在唐決　一巻　慈覚円仁撰
曼荼羅問答　一巻　慈覚円仁問
真言所立三身問答　一巻　慈覚円仁記
灌頂三昧耶戒記　一巻　慈覚円仁記
胎蔵界虚心記　二巻　慈覚円仁記
金剛界浄地記　一巻（欠終紙）　慈覚円仁撰
蘇悉地妙心大　一巻（欠初紙）　慈覚円仁撰
妙成就記並注　一巻　慈覚円仁撰　智証円珍注
都法灌頂秘録　一巻　慈覚円仁記
諸位灌頂秘密目録　一巻　慈覚円仁録
延暦寺灌頂行事　一巻　慈覚円仁記
護摩次第　二巻　慈覚円仁撰
護摩観　口決　一巻　慈覚円仁伝
大毗盧遮那大教王相承師資血脈図　智証円珍撰
金剛頂大教王相承師資血脈図　智証円珍撰
講演法華儀　二巻　智証円珍撰
法華曼荼羅諸品配釈　一巻　智証円珍撰
法華経両界和合義　一巻　智証円珍集　「叙
法華論四種声聞日記　一巻（偽作）　智証円珍
大日経説三劫六無畏記　一巻（不完）　智証円珍記
些些疑文　二巻　智証円珍問
疑問集　二巻　智証円珍問
大師在唐記　一巻　智証円珍記
在唐記　一巻　智証円珍記

真言三身問答　一巻　智証円珍記
阿字秘釈　一巻　智証円珍撰
理智一門集　一巻　智証円珍記
顕密二宗本地三身釈　一巻　智証円珍述
授決円多羅義集唐決　二巻　智証円珍伝
（上記三部偽作）
教示両部秘要義　一巻　智証円珍記
抄「出行順撰行次鈔」
阿母捺羅記　胎　一巻　智証円珍記
惹孥母捺羅記　金　一巻　智証円珍記
三部曼荼羅　胎　一巻　智証円珍述
大悲蔵瑜伽記　三巻　外題　自台記　智証円珍
金剛瑜伽記　一巻　智証円珍記　「記
決示三種悉地法　一巻　智証円珍集
梵云　附　三十六印・雑私記
仏母曼拏羅念誦要法集　一巻　智証円珍・高大
夫湛慶共集　「記
建立曼荼羅大壇儀式略摂行法　一巻　智証円珍

## 第四二巻　天台宗密教章疏二

観中院撰定事業灌頂式具足支分　一〇巻（欠
巻七）　蓮入安然撰集
大悲胎蔵持誦不同記　七巻　蓮入安然記
胎蔵界釈迦会不同　二巻　蓮入安然伝
胎金曼荼羅諸尊種子集　一巻　蓮入安然抄
胎蔵界大法対受記　七巻　蓮入安然記　「然記
金剛界大法対受記　八巻（巻一―五）　蓮入安

## 第四三巻　天台宗密教章疏三

金剛界大法対受記　八巻（巻六―八）　蓮入安
蘇悉地大法対受記　一巻　蓮入安然記　「然記
蘇悉地羯羅重玄門儀軌　一巻　蓮入安然集
蘇悉地記　一巻
蘇悉地略　一巻
金剛頂修行法次第儀式　巻上　蓮入安然集
聖無動尊決秘要義　一巻　蓮入安然撰
不動明王秘教要決　一巻
広摂不動明王秘要訣　六巻（巻一―三）　蓮入

安然集
不動明王立印儀軌修行次第　胎蔵行法　一巻　「蓮入安然記
不動立印儀軌秘記　一巻　蓮入安然記
附　略次第私記
不動立印儀軌私記　蓮入安然抄
不動立印儀軌私記　一巻　蓮入安然抄
常住金剛私記　一巻　慈慧良源撰
不動頂蓮義　一巻　蓮入安然記
雞羅山泥縛私記　一巻　蓮入安然記
尾題　双身天私記
求子妊胎産生秘密法集　一巻　蓮入安然集
無量寿儀軌中梵唐対注真言　一巻　蓮入安然集
相承三宗血脈　一巻　蓮入安然撰
抄「出教時諍論巻下」
手草　巻上　蓮入安然撰
巻下全文在「教時問答巻三中」故省
秘密即身成仏義私記　一巻　蓮入安然撰
教時問答　四巻　前附　科文条箇　蓮入安然造
教時義勘文　一巻　真言教士決　葉上房栄西抄
菩提心義　一〇巻　前附　科文条箇　蓮入安然
撰
菩提心別記　一巻　治承亥記　葉上房栄西集
出纏人綱　一巻　葉上房栄西記
四明安全義　残簡　安然撰　中野達慧編
自行要記　残簡　安然撰　或云円仁撰
要記　一巻　中野達慧編　蓮入安然記
法華廿八品伽陀　胎金要義

## 第四四巻　真言宗事相章疏一

秘密漫荼羅教付法伝　二巻　弘法空海撰
真言付法伝　一巻　弘法空海撰
秘蔵記私鈔　一〇巻　弘法空海撰　観智院杲宝
附　某撰密教観想道場観　「述
奉為平城太上天皇灌頂文　一巻　弘法空海撰
奉為嵯峨太上太后灌頂文　一巻　東寺宝実撰
秘密三昧耶仏戒儀　一巻　弘法空海撰
建立曼荼羅次第法　一巻　弘法空海集

[梵字]　一巻　弘法空海集「製
金剛頂経蓮華部心念誦次第　一巻　寛平法皇御
金剛頂瑜伽蓮華部大儀軌　二巻　弘法空海決
東寺実慧記　「真済記
金剛界曼荼羅次第法　一巻　弘法空海決　高雄
胎蔵界念誦次第　一巻　宗叡撰
胎蔵界備在次第　一巻　門人記　弘法空海決
[梵字]　一巻　弘法空海集
[梵字]　一巻　弘法空海集
[梵字]　一巻　弘法空海集
胎蔵略次第　一巻　恐東寺実慧撰
[梵字]　一巻　恐水尾玄静撰
胎蔵灌頂略記　一巻　弘法空海撰
両界灌頂印信　一巻　弘法空海製
十二真言王儀軌　一巻　弘法空海撰
無量寿如来次第　一巻　弘法空海撰
無量寿如来作法次第　一巻　弘法空海撰
大仏頂略念誦法　一巻　弘法空海撰
千手観音行法次第　一巻　弘法空海撰
持宝金剛念誦次第　一巻　弘法空海撰
持宝金剛念誦法次第　一巻　弘法空海撰
大勝金剛次第　一巻　弘法空海撰
無動尊瑜伽成就法軌次第　一巻　弘法空海撰
不動明王念誦次第　一巻　弘法空海撰
随身金剛次第　一巻　弘法空海決　法光真雅記
無障金剛略念誦次第　一巻　後僧正真然撰
五秘密略次第　一巻　金剛極略　檜尾実慧撰
無尽荘厳次第　一巻　弘法空海伝
歓喜天次第　一巻　弘法空海撰
十八道念誦次第　一巻　弘法空海撰　寛平法皇
十八道頸次第　一巻　弘法空海撰　「御補
梵字十八道　一巻　弘法空海撰
十八契印　一巻　弘法空海撰
護摩次第　一巻　弘法空海撰
息災次第　一巻　弘法空海撰
護摩口決　一巻　弘法空海撰

護摩法略抄　一巻　檜尾実慧記
内題　檜尾護摩法略抄　「決　檜尾実慧記
四種護摩口決　一巻　附　天供次第　弘法空海
護摩義　一巻　後僧正真然記
杵鈴義　一巻　後僧正真然記

**第四五巻　曹洞宗章疏一**

正法眼蔵　九五巻　承陽道元撰
普勧坐禅儀　一巻　承陽道元撰
学道用心集　一巻　承陽道元撰
永平広録　一〇巻　詮慧懐・奨義演等編
宝慶記　一巻　承陽道元記

**第四六巻　修験道章疏一**

**法則類**

仏説三身寿量無辺経　一巻　神変役君感得
峰中正灌頂外場作法　一巻　神変役君伝
柱源正灌頂儀則　一巻　神変役君持
柱源極秘印信　一巻　神変役君伝
自供養法大事　一巻　神変役君伝
柱源神法大護摩供次第　一巻　神変役君伝
庭壇大護摩供次第　一巻　神変役君伝
柴灯大護摩法次第　一巻　神変役君伝
修験最勝慧印三昧耶極印灌頂法　一巻　理源聖
宝撰
修験最勝慧印三昧耶普通次第　一巻　理源聖宝
「撰
修験最勝慧印三昧耶六壇法儀軌　一巻　理源聖
宝撰
修験最勝慧印三昧耶護摩法　一巻　理源聖宝撰
修験最勝慧印三昧耶柴灯護摩法　一巻　理源聖
大峰道場荘厳自在儀　一巻　理源聖宝編「宝撰
理智不二界会礼讃　一巻　理源聖宝撰　般若寺
観賢譜
霊異相承慧印儀軌　一巻　観賢・鳥栖貞崇等録
極印灌頂三祇師補闕分軌　一巻　般若寺観賢伝
大峰界会万行自在法　一巻　鳥栖貞崇撰
極印灌頂道場手鏡　一巻　石山淳祐撰
修験慧印三昧耶引導法　一巻　延命院元杲撰

附　得度法
修験道引導之軌　一巻　延命院元杲撰
修験最勝慧印三昧耶法玄深口決　一巻　小野仁
孔雀経転読作法　一巻　小野仁海撰　「海纂
修験最勝慧印三昧耶法　遍智院義範撰
両祖供　十二天供
神変大菩薩供養法　一巻　遍智院義範撰
原名　役行者供養法
理源大師供養法　一巻　遍智院義範撰
原名　聖宝尊師供養法
最勝慧印三昧耶表白集　一巻　遍智院義範撰
修験極秘灌頂印明　一巻　三宝院勝覚撰
修験極印灌頂法秘口決　一巻　三宝院勝覚撰
大峰界会万行自在次第　一巻　帥入道成賢撰
修験最勝慧印三昧耶得度作法　一巻　帥入道成
賢撰　「撰
修験最勝慧印三昧耶声明集　一巻　帥入道成賢
修験最勝慧印三昧耶法口決　一巻
内題　修験最勝慧印三昧耶七壇法聞書
修験道峰中火堂書　二巻　光明寺秋月纂
積柴灯笈渡護法之表白並祝章　一巻
大聖不動明王深秘修法集　一巻　松斎尊海集
金縛秘法　解縛法　如影随形法　金縛大事
[梵字]法　空縛大事　役仙流金縛秘法　即我
法　秘密悉地法
修験常用秘法集　一巻　松斎尊海集
西吹風守五葉　火生三昧大事　嚩嚕拏天水生
消火大事　火生三昧大事又号湿火大事　鎮火
大事　消除火災法三井智証大師将来　起者足
留秘事　牛頭天王六印法　古仏修補撥遣大事
開眼供養遷座大事　除罰秘事　忌服免脱大事
糞土大事　柴手大事　虫歯咒　積加持神灸秘
事　驚動風虫加持大事　虫加持秘事
修験常用秘法集　三巻　松斎尊海集
摩利支天神鞭法　吽迦陀使者法　五大力尊神
旧井戸水直伝　文殊日礼　地鎮祭法　千日法

御符認様大事　寅八毗沙門天王虎巻　不動明
王金縛秘法供　不浄除守　井水濁時符　鬼門
札　通門符　金神違札　埋井札　除雷札　疱
瘡守幷癮疹　易彦符　易産守　易産符易産帯
加持　易産符　産生湯加持　易産符　乗馬守
護　社頭棟札　五大尊守幷符　愛染守　却疫
病札　兵法九字大事
修験慧印総漫拏攞　一鋪
修験慧印六壇漫拏攞　一鋪
曼荼羅総会印信　一巻
御法流印信　一巻
峰中十種修行作法　一巻
荒神供次第　一巻
烏枢沙摩明王法　一巻
修験常用集　二巻　観弘纂
三時勤行式　懺悔文　結髪剃髪文真言　行水
文　着衣文　着袈裟文　開経偈　巡次礼懺
行法諸真言　仏部諸真言　菩薩諸真言　明王
八大金剛童子　諸天神諸真言　法具諸真言
諸讃熾盛光大威徳消災吉祥陀羅尼　廻向輪陀
羅尼　施餓鬼作法　戒行作法　普門品　神祇
講式　行者講式　理趣品　心経秘鍵
修験道諸神勧請通用　一巻　浄蓮院行存集
修験宗神道神社印信　五六種　蓮念仁寛流
附　遷宮略法　御祭会典鑰作法聞書　捧幣次
第　神拝献膳作法　祓切大事　神道拍手祓
小祓祝言

**教義類**

修験心鑑鈔　二巻　理源聖宝撰　不求軒常円註
修験名称原儀　一巻　称雲居寺浄諦述
修験秘奥鈔　二巻　内山旭蓮記　海浦義観校訂
原名　峰中灌頂本軌
修験道十八個条警策　一巻　三宝院満済撰
金峰山秘密伝　三巻　恐弘真文観撰
金峰山雑記　一巻　「浦義観補
修験宗法具秘決精註　二巻　不求軒常円註　海

修験峰中秘伝　一巻　学峰雲外撰
役談十義　一巻
修験秘記略解　一巻　三宝院房演撰
修練秘要義　七巻　円通堂歓験撰

## 第四七巻　修験道章疏二

**法則類**

修験柱源神法　一巻　本山相伝
柱源神法護摩軌　一巻　本山相伝
柴採灯護摩供次第　巻　本山相伝
柴採灯護摩供行者堂図　峰順斉賢記
附　護摩木積方図等
羽黒山修験柴灯護摩供次第　一巻　松陰円盛記
羽黒流護摩法口決　巻　松陰円盛記
峰中作法　二般　本山相伝
峰中作法次第　一巻　本山相伝
峰中式目　一巻　盈源記
追込次第　一巻　本山相伝
自門入室制誡作法　巻　本山相伝
附　修験玉体投地作法
大峰修行灌頂式　一巻　良瑜伝　良縁記
葛城修行灌頂式　一巻　千勝院鎮栄記
当道灌頂次第　一巻　乗々院実弁記
神仙灌頂秘記　一巻　本山相伝
小木閼伽讃嘆　一巻　雄仁親王撰
蓑笠相伝　一巻　雄仁親王撰
略三摩耶戒儀　一巻　雄仁親王撰
彦山峰中灌頂密蔵　一巻　阿吸即伝纂
本山修験勤行要集　二巻　越渓敬長輯
諸供作法集　一巻　中野達慧編
高祖役君五段講式　一巻
役行者講法則　一巻
高祖行者御影供講師作法　一巻　仏眼院宗隆撰
附　役行者和讃
理源大師供講師作法　一巻　仏眼院定隆撰
理源大師講式　一巻　附　理源大師和讃
当山修験深秘行法符咒集　一〇巻　中野達慧編

彙二集四百四十法」
修験深秘行法符咒続集　二巻　中野達慧編
彙二集四十八法」
修験道無常用集　二巻　和田山鑁清輯「湯次第
修験　派引導作法　一巻　附　位牌、霊供、茶

**教義類**

修験道修要秘決集　三巻　阿吸即伝撰
修験二十三通記　二巻　智光蓮覚伝
修験頓覚速証集　二巻　阿吸即伝撰
三峰相承法則密記　二巻　阿吸即伝撰
彦山修験秘決印信口決集　一巻　中野達慧編
彦山修験最秘印信口決集　一巻　中野達慧編
彦山修験道秘決灌頂巻　一巻　宰相宥快伝
外題　山伏口伝
彦山峰中記　一巻　成円房有淦記
彦山大峰葛城峰戸帳札御供覚　一巻　泉蔵房宗海記
青笹秘要録　一巻　堯海相伝
小笹秘要録　一巻　乗円相伝
両峰問答秘鈔　二巻　知見院猷助撰
峰中修行記　一巻　三井行照撰　道瑜治定
本山修験深秘印信集　一巻　中野達慧編

## 第四八巻　修験道章疏三

賜神変大菩薩号聖詔　孝格天皇勅宣

**教義類**

資道什物記　二巻　筑紫朗然撰　見性寺宥鑁注
山伏二字義　一巻　見性寺宥鑁注
修験三正流儀教　一巻　谷光院覚瑄撰
修験指要弁　一巻　大善院等空述
客道名服説　一巻　観勝院明存撰
修験学則　一巻　積善院僧正撰
本山修験略要　一巻　疑道晃親王撰
修験道初学弁談　二巻　恒端卓盈撰
修験十二箇条　一巻　本山方
附　本山修験宗階級衣体式
修験十二箇条　一巻　当山方　行阿日賢記
当門一宗依的忠集　一巻　最勝院融慧輯

当山門源起　一巻　三学院俊堅記
本山修験道意略問答　一巻　浄明院立賢記
木葉衣　二巻　慧日行智記
踏雲録事　一巻　慧日行智著

**史伝類**

役行者本記　一巻　役　義元撰
役行者顚末秘蔵記　一巻（偽作）　弓削道鏡撰
役君形生記　二巻　真善寺秀高撰
役公徴業録　一巻　玄明祐誠撰
当山極深秘法血脈　一巻　止㆓内山修栄㆒
当山修験伝統血脈　一巻　慧日行智記
附　三十六正大先達　十二箇院先達
当山派師相承血脈　一巻
止㆓等観金剛慧慶㆒
彦山修験伝法嗣法譜　一巻　止㆓重真㆒
彦山修験伝法血脈譜　一巻　止㆓宣宗有雋㆒
深山灌頂系譜　一巻　止㆓雄仁親王㆒
聖門御累代記　一巻　止㆓道承親王㆒
本山修験伝記　一巻　止㆓雄仁親王㆒
熊野山別当次第　一巻　止㆓正湛㆒
熊野山撿挍次第　一巻　止㆓雄仁㆒
新熊野山別当次第　一巻　止㆓良縁㆒
新熊野山撿挍次第　一巻　止㆓満意㆒
附　本山家先達院室　熊野長床宿老五流
金峰山撿挍次第　一巻　止㆓雄玄㆒

**記録類**

金峰山創草記　一巻
証菩提山等縁起　一巻　慶蔵盛厳記
附　熊野権現御垂跡縁起　金峰山本縁起
大峰金峰童子次第住所日記
大峰仏経安置天皇御使日記
葛城宝山記　一巻（偽作）　行基勅撰
尾題　神祇宝山記
加州石川郡白山縁起　一巻　越知山泰澄撰
山伏帳　巻下
大峰当山本寺興福寺金堂先達記　一巻
金剛山内外両院代代古今記録　一巻　明王院聊朝記
高演大僧正入峰行列記　一巻　覚源院栄弁記

**羽黒修験史料記録類**

羽黒山修験広法灌頂伝持血脈　一巻
止㆓別当執行第七十七世覚音㆒
羽黒派末寺並修験院跡大数取調帳　一巻　光明院記
羽黒一流官職法衣規則書上　一巻　光明院記
羽黒修験衣体並法用具覚　一巻　等覚院記
羽黒三山古実集覧記　一巻

**台嶺行門修験書**

北嶺廻峰前加行次第　一巻　附　制誡
当山巡礼霊所法施記　一巻　慈覚円仁記
当山霊所巡礼次第　一巻　慈覚円仁記
北嶺大廻次第　一巻　東塔巡　叡憲記
巡礼所作次第　一巻　無動寺　宝積院豪円記
葛川加行次第　一巻
北嶺廻峰次第　一巻　正教房舜雄記
正教房流手文
当山巡礼修行記　一巻　宗澄記
北嶺行門記　一巻　親行房幸運記
修験行満雑記　一巻　正教房流　正教房良運記
行門還源記　一巻　前附　或問　什善坊重華記
無動寺撿挍次第　一巻　止㆓道玄僧正㆒

**法華行者修験書**

修験故事便覧　五巻　覚耀院日栄著

**別巻一　解題上**　大村西崖・中野義照共著
経蔵部第一　律蔵部第二

**別巻二　解題下**　大村西崖・中野義照共著
論蔵部第三　宗典部第四

**別巻三　総目録　索引目録**

## 大日本仏教全書

仏書刊行会編　大日本仏教全書刊行会刊
明治四五—大正一一　本巻一五一巻　別巻一〇巻　目録一巻（但し、新版として鈴木学術財団編
講談社刊　昭和四八　一〇〇巻がある）

**第一巻　仏教書籍目録第一**

新編諸宗教蔵総録　三巻　義天撰
東域伝灯目録　一巻　永超撰
諸宗経疏目録　一巻　源空撰
諸宗章疏録　三巻　謙順撰
仏典疏鈔目録　二巻　興隆撰
注進法相宗章疏　一巻　蔵俊撰
三論宗経論章疏目録　一巻
華厳宗経論章疏目録　一巻　凝然撰
大唐国法華宗章疏目録　一巻
日本国天台宗章疏目録　一巻
禅籍志　二巻
扶桑禅林書目　一巻
日本禅林撰述書目　一巻
浄土依憑経律論章疏目録　一巻　附浄土正依経論書籍目録　一巻・総浄土依憑章疏　一巻　長西撰
蓮門類聚経籍録　二巻　文雄撰・徹定増補
浄土真宗聖教目録　一巻　先啓撰
真宗教典志　三巻　附真宗教典志巻第二別本一巻　玄智撰
真宗仮名聖教目録　一巻　慧琳撰
法華宗門著述目録　一巻

**第二巻　仏教書籍目録第二**

伝教大師将来台州録　一巻　最澄撰
伝教大師将来越州録　一巻　最澄撰
比叡山最澄和尚法門道具等目録　一巻
御請来目録　一巻　空海撰
根本大和尚真跡策子等目録　一巻
常暁和尚請来目録　一巻　常暁撰

霊巌寺和尚請来法門道具等目録　一巻　円行撰
日本国承和五年入唐求法目録　一巻　円仁撰
慈覚大師在唐送進録　一巻　円仁撰
入唐新求聖教目録　一巻　円仁撰
恵運禅師将来教法目録　一巻　恵運撰
智証大師請来目録　一巻　円珍撰
書写請来法門等目録　一巻　宗叡撰
禅林寺宗叡僧正目録　一巻
諸阿闍梨真言密教部類惣録　二巻　安然撰
仏説秘密儀軌衆法経総目　一巻
秘密儀軌目録　一巻
諸儀軌伝授目録　一巻
悉曇八家請来幷本朝諸製作見定目録　一巻　顕証撰
悉曇目録　一巻　真源撰
悉曇具書目録　一巻
本朝台祖撰述密部書目　一巻　附同顕部書目
延暦寺密乗略目録　一巻
密乗撰述目録　一巻
山家祖徳撰述篇目集　二巻　竜堂撰
山門穴太流受法次第　一巻
三昧流聖教目録　一巻
台密諸流聖教書目　一巻
真言宗所学経律論目録　一巻　空海撰
三家撰集目録　一巻　法三親王撰
諸師製作目録　一巻
釈教諸師製作目録　三巻
章疏録　一巻　良猷撰
密宗書籍目録　一巻
三宝院聖教目録(私)　一巻
小野方(三宝流分)　一巻
中院流伝授目録　一巻
幸心伝授之目録　一巻
金剛王院流聖教目録　一巻
小野安祥寺流伝受目録　三巻
[illegible]秘部最秘部目録(私)　一巻
霊雲寺相承安流聖教目録　二巻
西大寺流総目録　一巻
当流伝授次第目録(西大寺流)　一巻
西大寺流伝授次第目録　一巻
松橋流伝授目録(西大寺号英心流)　一巻
当流伝授次第(親玄方)　巻
伝法院方幷広沢通用聖教等目録　一巻
伝流聖教目録　一巻
伝流聖教目録(私)　一巻
伝流伝受口記　一巻
伝法院流伝授目録　一巻
宀一山伝流箱目録　一巻
西院流　一巻
相承尊法等目録　一巻

**第三巻　諸宗要義集**

東大寺六宗未決義
八宗綱要　二巻　凝然撰
内典十宗秀句　一巻　凝然撰
内典塵露章　一巻　凝然撰
諸宗教理同異釈　一巻　頼瑜撰
八海含蔵　一巻　師錬撰
歩船鈔　二巻　存覚撰
初学題額集　三巻　良山撰
四宗要文纂補　三巻　日朝撰　英園纂補
十宗略記　一巻　真迢撰
本朝諸宗要集　五巻　義観撰
顕揚正法復古集　二巻　普寂撰
諸教要義略弁　一巻　普寂撰

**第四巻**

勝鬘経義疏　一巻　聖徳太子撰
勝鬘経疏詳玄記　一八巻(内五巻欠)　凝然撰
勝鬘師子吼経顕宗鈔　三巻　普寂撰
勝鬘経疏義私鈔　六巻　明空撰

**第五巻**

維摩経義疏　三巻　聖徳太子撰
維摩経疏菴羅記　四〇巻(内一〇巻欠)　凝然撰

**第六巻**

仁王護国経疏　三巻(内一巻欠)　行信撰
仁王経問答　一巻
護国鈔　三巻　覚超撰
釈尊影響仁王経秘法(八巻・合一本)　良助親王撰
仁王護国経疏　三巻
仁王般若合疏講録　三巻　光謙撰
摩訶般若波羅蜜多心経述義　一巻　智光撰
般若心経略釈　一巻　真興撰
心経幽賛鈔　五巻　是阿弥陀仏撰
般若波羅蜜多心経略解　一巻　慈山撰
般若波羅蜜多心経探要鈔　二巻　普寂撰

**第七巻**

華厳孔目章抄　八巻　尊玄撰
華厳孔目章発悟記　二三巻(内一〇巻欠)　凝然撰
華厳孔目唯識章弁義　一巻　経歴撰
華厳孔目十地章略箋　一巻　賢道撰

**第八巻**

華厳探玄記発揮鈔　九巻　普寂撰
華厳探玄記発揮鈔分科　一巻　普寂撰

**第九巻**

五教章通路記　二七巻　凝然述

**第一〇巻**

五教章通路記　五二巻(内三巻欠)　凝然撰
華厳五教章指事　六巻　寿霊撰

**第一一巻**

五教章纂釈第一　(上巻第一―中巻第八)　湛睿撰

**第一二巻**

五教章纂釈第二　(下巻第一―同第一六)　湛睿撰
五教章聴抄　五巻　聖憲撰

**第一三巻　華厳小部集**

華厳宗一乗開心論(残欠一巻)　普機撰
華厳信種義　一巻　高弁撰
華厳唯心義　二巻　高弁撰
華厳修禅観照入解脱門義　二巻　高弁撰
華厳仏光三昧観秘宝蔵　二巻　高弁撰
華厳一乗十信位中開廓心境仏仏道同仏光観法門

一巻　高弁撰
三時礼釈　一巻　高弁撰
金師子章光顕鈔　二巻　高弁撰
善財五十五善知識行位抄　二巻　喜海撰
華厳五教建立次第　一巻　凝然撰
華厳宗要義　一巻　凝然撰
法界義鏡　二巻　凝然撰
華厳十重唯識瓊鑑章　一巻　凝然撰
華厳十重唯識円鑑記　二巻（内一巻見在）　凝然撰
華厳十重唯識瑺鑑記　七巻（内五巻見在）　凝然撰
華厳五十要問答加塵章（残欠二巻）　凝然撰
初発心時　一巻　禅爾撰
華厳手鏡　一巻　盛誉撰
華厳旨帰採要鈔　一巻
華厳法界玄玄章　一巻　普寂撰
華厳玄玄海篙測　一巻　普寂撰

**第一四巻**

法華義疏　四巻　聖徳太子撰
法華経上宮王義疏抄　二巻（残欠一巻）　宗性撰
法華疏慧光記　六〇巻（残欠一〇巻）　凝然撰
法華輝臨遊風談　七巻　良助親王撰

**第一五巻**

天台法華玄義釈籤要決　一〇巻　道邃撰
天台法華疏記義決　一〇巻（残欠六巻）　道邃撰
摩訶止観論弘決纂義　八巻（残欠六巻）　道邃撰

**第一六巻**

法華略義見聞　三巻　忠尋撰
法華略義聞書　一巻　忠尋撰
法華文句要義聞書（残欠四巻）　忠尋撰

**第一七巻**

漢光類聚　四巻　忠尋撰
玄義私類聚　六巻　尊舜撰

**第一八巻**

文句略大綱私見聞　七巻　尊舜撰
天台名匠口決抄　六巻

**第一九巻**

薩達磨奔荼利迦素怛攬略頌　一巻　真興撰
法華開示抄第一（第一帖序品上―第二三帖神力品）　貞慶撰

**第二〇巻**

法華開示抄第二（第二四帖嘱累品―第三〇帖勧発品并開結）　良慶撰
一乗義私記　三巻　真与撰
最勝問答抄　十巻　貞慶等撰

**第二一巻**

法華玄義私記　一〇巻　証真撰
法華疏私記第一（巻第一―巻第四）　証真撰

**第二二巻**

法華疏私記第二（巻第五―巻第一〇）　証真撰
止観私記　一〇巻　証真撰

**第二三巻**

法華三大部復真鈔
法華玄義復真鈔　六巻　普寂撰
法華文句復真鈔　六巻　普寂撰
摩訶止観復真鈔　五巻　普寂撰

**第二四巻**

天台法華宗義集　一巻　義真撰
天台小部集釈（旧刻本一五巻新刻本一九巻）
天台法華宗年分学生式　一巻　最澄撰
法華二十八品大意　一巻　最澄撰
摩訶般若心経釈　一巻　最澄撰
法界心体論　一巻　最澄撰
照権実鏡　一巻　最澄撰
一念成仏義　一巻　最澄撰
天台法華宗生知妙悟決　一巻　最澄疑問　道邃決義
道邃和尚付法文　一巻
師資相承血脉文
台州刺史陸淳之印記文
盧審則述記
伝教大師付法文
伝教大師遺宣文
法華迹門観心絶待妙釈　一巻　円仁撰
法華本門観心十妙釈　一巻　叡岳相伝云　円仁撰
三身義私記　一巻　円仁撰
俗諦不生不滅論　一巻　円仁撰
心性論　一巻　円仁撰
己心中義記　一巻　円仁撰
寂光土記　一巻　円仁撰
天台法華宗境智一心三観文　一巻　円仁撰
一念三千覆註　一巻　円仁撰
真言所立三身問答　一巻　円仁撰
大毘盧遮那経指帰　一巻　円珍撰
入真言門住如実見講演法華略儀　一巻　円珍撰
阿字秘釈　一巻　円珍撰
理智一門集　一巻　円珍撰
入真言門講法華法門　一巻　円珍撰
顕密一如本仏　一巻　円珍撰
頓成菩提要　一巻　円珍撰
諸家教相同異集　一巻　円珍撰
法華論四種声聞日記　一巻　円珍撰
三大部切合（掌中書）　一巻　円珍撰
阿若集　一巻　円珍撰
即身成仏義私記　一巻　安然撰
名別義通私記　一巻　良源撰
極楽浄土九品往生義　一巻　良源撰
十二因縁義私記　一巻　千観撰
四教略頌　一巻　源信撰
五時略頌　一巻　源信撰
阿弥陀観心集　一巻　源信撰
白骨観　一巻　源信撰
法華略観　一巻　源信撰
一心三諦枕　一巻　源信撰
空観　一巻　源信撰
正修観記　一巻　源信撰
発起宿善鈔　一巻　源信撰
観心往生論　一巻　源信撰
本覚讃　一巻（不詳）
本覚讃釈　一巻　源信撰

読経用心　一巻　源信撰
三身義私記　一巻　源信撰
念仏宝号　一巻　覚運撰
観心念仏　一巻　覚運撰
草木発心修行成仏記　一巻　覚運疑問　良源決答
一実菩提偈　一巻　覚運撰
己心中記　一巻　覚超撰
一念頌決　一巻　覚超撰
円融仏意集　一巻　覚超撰
実相義問答　一巻　覚超撰
往生極楽問答　一巻　覚超撰
円頓章見聞　一巻　尊海撰
決定往生秘密義　一巻　源空撰
観音玄略抄　一巻　証真撰
観音疏略抄　一巻　証真撰
金光明玄略抄　一巻　証真撰
談義日記　一巻　覚阿撰
法華経安楽行義　一巻　慧思撰
釈摩訶般若波羅蜜経覚意三昧弁相法　一巻　智顗撰
般若心経疏　一巻　明曠撰
授菩薩戒儀　一巻　湛然撰
学天台宗法門大意　一巻　行満撰
生死覚用抄　一巻　撰者不詳

**第二五巻　智証大師全集第一**

法華論記　一〇巻（一七冊）

**第二六巻　智証大師全集第二**

授決集　二巻
観普賢菩薩行法経文句合記　四巻
授菩薩戒儀　一巻
六祖智証大師授菩薩戒儀裏書　一巻
玄義略要　一巻
止観科節　一巻
法華嘱累前後問答　一巻
諸家教相同異略集　一巻
辟支仏義集　二巻
大日経開題　一巻
大毘盧遮那成道経心日　一巻
大毘盧遮那経指帰　一巻
大日経疏抄　一巻
大日経義釈更問抄（残欠）　一巻
大日経義釈雑抄　一巻
大日経義釈目録　一巻
大日経義釈批記　一巻

**第二七巻　智証大師全集第三**

菩提場所説一字頂輪王経略義釈会本　五巻
妙法蓮華経梵釈　一巻
入真言門住如実見講演法華略儀　二巻
法華曼荼羅諸品配釈　一巻
法華経両界和合義　一巻
胎金瑜伽記
　大悲蔵瑜伽記　三巻
　金剛頂瑜伽成身私記　一巻
雑私記　一巻
決示三種悉地法　一巻
仏母曼拏羅念誦要法集　一巻
建立曼荼羅大壇儀式略摂行法　一巻
妙成就記朱註　一巻
疑問　二巻
些些疑文　二巻

**第二八巻　智証大師全集第四**

三部曼荼　一巻
胎金血脈図　一巻
教示両部秘要義　一巻
阿母捺羅記　一巻
惹挐母捺羅記　一巻
大師在唐時記　一巻
山王院在唐記　一巻
理趣釈難義（残欠）　一巻
真言疑目（残欠）　一巻
千手経述秘記（残欠）　一巻
雑抄（残欠）　一巻
雑記（残欠）　一巻
胎蔵界略記（残欠）　一巻
不動立印次第（残欠）　一巻
護摩次第（残欠）　一巻
護摩私記（残欠）　一巻
護摩要集（残欠）　一巻
妙法記（残欠）　一巻
大日経疏爛脱（残欠）　一巻
訶字門（残欠）　一巻
般若心経釈（残欠）　一巻
祖記雑篇　一巻
十三仏本地垂迹簡別釈　一巻
実相観　一巻
一代肝心鈔　一巻
生死本源集　一巻
円多羅義集　三巻
阿字秘釈　一巻
理智一門集　一巻
入真言門講法華法門　一巻
顕密一如本仏義　一巻
頓成菩提要　一巻
法華論四種声聞日記　一巻
三大部切合　一巻
阿若集　一巻
比叡山元初祖師行業記　一巻
伝教大師略伝　一巻
感夢記　一巻
行歴抄　一巻
在唐日録　一巻
開元寺求得経疏記等目録　一巻
福州温州台州求得経律論疏記外書等目録　一巻
青竜寺求法目録　一巻
日本比丘円珍入唐求法目録　一巻
智証大師請来目録　一巻
批記集　一巻　本会編
余芳編年雑集　本会編
風藻餞言集　一巻　敬光編

遺烈鑽仰集　一巻
比叡山延暦寺座主円珍和尚伝　一巻　三善清行撰
智証大師年譜　一巻　尊通撰
文殊応化　一巻
散出国史
撰目類聚　本会編
智証大師全集分類目録　本会編

**第二九巻**
摩訶止観見聞　添註　一〇巻

**第三〇巻**
悉曇蔵　八巻　安然撰
在唐記　一巻　円仁撰
悉曇撰書目録　一巻　高楠順次郎撰

**第三一巻**
法語　一巻　源信撰
往生要集　六巻　源信撰
観心略要集　一巻　源信撰
顕要記破文　一巻　源信撰
決定往生縁起　一巻　源信撰
自行念仏問答　一巻　源信撰
本尊観　一巻　源信撰
阿弥陀仏白毫観　一巻　源信撰
慧心先徳御語　一巻　源信撰
源信僧都之詞　一巻　源信撰
懈怠者行記　一巻　源信撰
二十五三昧式　一巻　源信撰
阿弥陀経略記　一巻　源信撰
阿弥陀経大意　一巻　源信撰
阿弥陀観心集　一巻　源信撰
念仏略記　一巻　源信撰
正修観記　一巻　源信撰
観心往生論　一巻　源信撰
弥陀仏画像上題辞　一巻　源信撰
止観坐禅記　一巻　源信撰
天台円宗三大部鉤名目　三巻　源信撰
婬欲教誡詞　一巻　源信撰
法華経読誦観　一巻　源信撰
止観口伝略頌　一巻　源信撰
法華経義読　一巻　源信撰

**第三二巻**
一乗要決　三巻　源信撰
枕双紙　一巻　源信撰
御廟決　二巻　源信撰
法華弁体　一巻　源信撰
六即詮要記　二巻　源信撰
十如是義　一巻　源信撰
即身成仏義私記　一巻　源信撰
三周義私記　一巻　源信撰
三観義私記　一巻　源信撰
三界義　一巻　源信撰
三身義私記　一巻　源信撰
要法文　三巻　源信撰
十大願　一巻　源信撰
前後両番尽理集　一巻　源信撰
答日本国師二十七問　一巻　源信撰

**第三三巻**
万法甚深最頂仏心法要　三巻　源信撰
真如観　一巻　源信撰
菩提集　一巻　源信撰
妙行心要集　六巻　源信撰
慈慧大師講式　一巻　源信撰
地蔵講式　一巻　源信撰
涅槃講式　一巻　源信撰
普賢講作法　一巻　源信撰
霊山院釈迦堂毎日作法　源信撰
四十一箇条御詞　一巻　源信撰
講演心経義　一巻　源信撰
摩訶般若波羅蜜多心経註解　一巻　源信撰
文殊楼決　一巻　源信撰
尊勝要文　一巻　源信撰
出家授戒作法　一巻　源信撰
智者大師画讃註　一巻　源信撰
因明論疏四相違略註釈　三巻　源信撰
倶舎論頌疏正文　一巻　源信撰

**第三四巻**
自在金剛集　九巻　覚千記

**第三五巻　阿娑縛抄第一**
胎灌記　二巻　金灌記　二巻　合灌記　二巻　離作業末　一巻　三摩耶戒儀　二巻　許可　二巻　取水作法　一巻　灌頂要決　一巻　延暦寺灌頂　一巻　延暦寺灌頂行事　一巻　両寺灌頂　一巻　両寺灌頂記　一巻　曼荼羅供　二巻　三摩耶戒讃衆用意　一巻　胎灌讃衆用意　一巻　灌頂讃衆用意　金　一巻　灌頂讃衆用意　合　一巻　修法　本　一巻　修法雑用心　一巻　合行　二巻　胎記供養会　本　一巻　供養会　末　一巻　胎記諸会　一巻　胎諸　末　一巻　胎蔵雑用　一巻　随行私記　二巻

**第三六巻　阿娑縛抄第二**
金記　二巻　金記諸会　二巻　金界雑要　一巻　三摩地法　二巻　蘇悉地記　二巻　悉地記　別　一巻　十八道次第　二巻　十八契印儀軌　一巻　護摩記　二巻　護摩要　一巻　護摩　別　一巻　四種念誦事　一巻　一切仏　一巻　薬師　一巻　七仏薬師　一巻　阿閦　一巻　釈迦　一巻　無量寿命決定如来　一巻　阿弥陀　一巻　阿弥陀許可作法　一巻

**第三七巻　阿娑縛抄第三**
五仏頂法　一巻　大仏頂法　一巻　一字金輪　一巻　時処成就行法　一巻　熾盛光本　一巻　熾盛光法日記集　一巻　尊勝　一巻　如法尊勝法日記　一巻　白傘蓋仏頂　一巻　仏眼　一巻　仏眼初度　一巻　仏眼第二度　一巻　仏眼秘記第三度　一巻　孔雀明王　一巻　准胝　一巻　舎利　一巻　光明真言法　一巻　諸経　一巻　華厳経

一巻　灌頂経　一巻　文殊宿曜経　一巻
八曼荼羅経　一巻　一切経法　一巻　法華
法　本　一巻　法華法日記　一巻　仁王
経　一巻　普賢延命　三巻　普賢延命法日
記　一巻　如法延命日記　一巻　造塔　一
巻　無垢浄光経　一巻　宝篋印経　一巻
宝楼閣　一巻　持世法　一巻　菩提場経
一巻

**第三八巻　阿娑縛抄第四**

聖観音　一巻　請観音　一巻　六字　一巻
六字河臨法　一巻　六字法日記集　一巻
千手　一巻　十一面　一巻　馬頭　一巻
不空羂索　一巻　如意輪　一巻　葉衣鎮
一巻　大白衣　一巻　多羅菩薩　一巻
六観音合行　一巻　普賢　一巻　五秘密
一巻　文殊五字　一巻　文殊六字　一巻
文殊一字　一巻　一髻文殊　一巻　文殊滅
婬欲法　一巻　文殊八字　一巻　令法久住
法　一巻　虚空蔵　一巻　求聞持　一巻
明星供　一巻　五大虚空蔵　一巻　大随求
三巻　随求　一巻　弥勒　一巻　地蔵　一
巻　薬王　一巻　転法輪　一巻　放光
一巻　馬鳴　一巻

**第三九巻　阿娑縛抄第五**

愛染王　一巻　不動　一巻　不動明王念誦
次第　一巻　不動末下　一巻　五壇法　一
巻　五壇法日記　一巻　安鎮　一巻　安
鎮法日記集　四巻　安鎮正鎮作法　一巻
中方支物惣加持作法　一巻　供養輪檝等作法
一巻　受地作法　一巻　降三世　一巻
軍陀利法　一巻　大威徳　一巻　金剛夜叉
一巻　五大尊合行　一巻　金剛童子法　一
巻　烏枢沙摩　一巻　大輪明王　一巻
歩擲　一巻　無能勝　一巻

**第四〇巻　阿娑縛抄第六**

毘沙門天王　一巻　双身法　一巻　四天王
合行　一巻　最勝太子　一巻　訶梨帝母
一巻　吉祥天　一巻　北斗法　一巻　星
供　一巻　妙見　一巻　摩利支天　一巻
氷揭羅天　一巻　蘘虞梨　一巻　童子経法
一巻　歓喜天　一巻　水歓喜天　一巻
帝釈　一巻　火天　一巻　閻魔天　一巻
弁才天　一巻　羅刹天　一巻　水天　一巻
風天　一巻　伊舎那天　一巻　梵天　一巻
地天　一巻　日天　一巻　月天　一巻
迦楼羅　一巻　深沙大将　一巻　大黒天神
一巻　冥道供　一巻　冥道末　一巻　冥
道供別　一巻　七十天供　一巻　十二天供
一巻　十羅刹　一巻　大師等供山王玉女
一巻　施餓鬼　一巻　受地作法　一巻
五色糸　一巻　護作法　一巻　伝法作法
一巻　授戒作法　一巻　仏経供養作法　一
巻　食法作法　一巻　御衣木加持作法　一
巻　妊者帯加持作法　一巻　通法要　一巻
諸法要略抄　一巻

**第四一巻　阿娑縛抄第七**

菩提心論勘文　三巻　菩提心論勘文別禾　一
巻　教相雑抄　二巻　一二三名目　一巻
悉曇字記正決　二巻　反音鈔　一巻　明匠
等略伝　三巻　密宗書籍　一巻　名所事三
国　一巻　明匠事　諸寺略記上　一巻
諸寺縁起下　一巻　義釈要文下　一巻　胎
曼釈　二巻　伝法灌頂日記　二巻　三国明
匠略記　一巻　当流代々書籍事　一巻　私
目録　一巻　阿娑縛抄総目並諸本存欠一覧
阿娑縛抄図像要目

**第四二巻**

大日経疏鈔　四巻　観賢撰
大毘盧遮那経住心鈔　七巻　信証撰
大経要義鈔　七巻　実範撰
栂尾御物語　三巻　高弁撰

**第四三巻**

金剛頂大教王経疏　七巻　円仁撰
蘇悉地羯羅経略疏　七巻　円仁撰

**第四四巻**

大悲胎蔵普通大漫荼羅中諸尊種子標幟形相聖位
諸説不同記　一〇巻　真寂法親王撰
金剛界七集　二巻　淳祐撰
胎蔵界七集　三巻　淳祐撰
金剛界曼荼羅鈔　二巻　信日撰
胎蔵界曼荼羅鈔　二巻　信日撰
両部曼荼羅義記　五巻　本円撰

**第四五巻　覚禅鈔第一**

仏部
両部大日　一巻　仏眼　一巻　薬師法・
同薬師　二巻　七仏薬師　一巻　阿弥陀
二巻　釈迦　二巻　光明真言　一巻
仏頂部
大仏頂法　一巻　大仏頂・熾盛光　一巻
尊勝法　二巻　如法尊勝・同異説　一巻
大勝金剛　二巻　一字金輪　一巻

**第四六巻　覚禅鈔第二**

経部
請雨経　二巻　請雨経・止風雨　一巻
法華法・同諸流　二巻　法華秘決　一巻
仁王経　二巻　理趣経法　二巻　守護経
法　一巻　六字経法　巻　童子経法
一巻　宝楼閣（円満金剛水歓喜天）一巻
宝篋印経・出生无辺門・无垢浄光　一巻

**第四七巻　覚禅鈔第三**

観音部
聖観音・十八日観音供　一巻　千手観音上
下・千手鈔　二巻　十一面観音　二巻
馬頭観音　一巻　白衣観音　一巻　如意
輪・末車・去車　二巻　不空羂索　二巻
准胝観音　一巻　阿麼提多羅・葉衣青頸
一巻
文殊部

一字・五字・六字・八字　一巻

**第四八巻　覚禅鈔第四**

菩薩部
弥勒　一巻　虚空蔵菩薩法　一巻　五大虚空蔵法　二巻　求聞持法・同異説　一巻
般若菩薩法・持世菩薩法　一巻　随求法一巻　延命法　一巻　地蔵菩薩法　二巻
普賢菩薩法　一巻　普賢延命法　一巻
五秘密法　一巻
明王部
不動明王法　二巻

**第四九巻　覚禅鈔第五**

明王部
愛染明王　二巻　如法愛染　一巻　転法輪　一巻　降三世　一巻　烏瑟沙麼　一巻　孔雀経　一巻　太元法　二巻　軍荼利　一巻　地鎮鎮壇　一巻　大威徳二巻　金剛童子　一巻　金剛夜叉　二巻

**第五〇巻　覚禅鈔第六**

天等部
尊星王　一巻　北斗法　一巻　北斗法・星宿法　一巻　施諸餓鬼　一巻　聖天一巻　水歓喜口伝　一巻　訶利帝母　一巻　迦楼羅　一巻　吉祥天　一巻　地天　一巻　水天・摩利支天　一巻　大黒天・大自在天・伊舎那天・鳩摩羅天　一巻　毘沙門天　一巻　焔魔天　一巻　蘘求利・那羅延・深沙神・金剛力士二天　一巻　十二天　一巻

**第五一巻　覚禅鈔第七**

雑部
造塔　二巻　修法表白　一巻　御修法所請等事　一巻　雑要集　一巻　大結界一巻　舎利　一巻　宝殊又説　一巻　支度　一巻　巻数　一巻　後七日　二巻　後七日・同又説　一巻　駄都　一巻　香薬抄　一巻　覚禅鈔総目並諸本存欠一覧
覚禅鈔図像要目

**第五二巻**

[illegible]要秘鈔　八巻　弘融撰
[illegible]鈔　一九巻　栄海撰

**第五三巻**

無量寿経集解　一五巻　白弁述

**第五四巻**

観経秘決集　二〇巻　証空記

**第五五巻**

観門要義鈔第一
観経玄義要義釈観門義鈔　五巻　証空撰
観経序分要義釈観門義鈔　四巻　証空撰
観経定善要義釈観門義鈔　六巻　証空撰
観経散善要義釈観門義鈔　六巻　証空撰
往生礼讃要義釈観門義鈔　一〇巻　証空撰

**第五六巻**

観門要義鈔第二
観念要義釈観門義鈔　三巻　証空撰
般舟讃要義釈観門義鈔　七巻　証空撰
法事讃積学要義鈔　二巻　実信撰
観門義草案　二巻　証空撰
観経疏他筆鈔第一
玄義分他筆鈔　三巻　証空撰
序分義他筆鈔　五巻（第一巻―第三巻）　証空撰

**第五七巻**

観経疏他筆鈔第二
序分義他筆鈔　五巻（第四―第五巻）　証空撰
定善義他筆鈔　三巻　証空撰
散善義他筆鈔　三巻　証空撰
観経疏六角鈔第一
観経玄義分抄出　二巻　了音撰
観経序分義抄出　一巻　了音撰

**第五八巻**

観経疏六角鈔第二
観経定善義抄出　三巻　了音撰
観経散善義抄出　二巻　了音撰
観経疏楷定記第一
観経玄義分楷定記　一〇巻　顕意撰

**第五九巻**

観経疏楷定記第二
観経序分義楷定記　七巻　顕意撰
観経定善義楷定記　八巻　顕意撰
観経散善義楷定記　一一巻　顕意撰

**第六〇巻**

観経疏玄義分康永抄　一巻
観経疏序分義康永抄　一巻
観経疏定善義康永抄　一巻
観経疏散善義康永抄　一巻
当麻曼荼羅註記略鈔（第一―第八）　是空回隆述
観経厭欣鈔　六巻　融舜上人撰述

**第六一巻**

観経疏伝通記見聞　一五巻（散善義見聞・第一・第二両巻欠）　寂慧撰
糅眼記　一巻　聖聡撰

**第六二巻**

帰命本願鈔並諺註　六巻　湛澄撰
西要鈔並諺註　四巻　湛澄撰
父子相迎並諺註　四巻　湛澄撰
空花和歌集　三巻　湛澄撰
標註一言芳談抄　三巻　湛澄撰

**第六三巻**

当麻曼荼羅注　一〇巻　証空撰
選択密要決　五巻　証空撰
四十八願要釈鈔　二巻　証空撰
修業要決　一巻　証空撰
当麻曼荼羅供式　一巻　証空撰
当麻曼荼羅八講論義抄　一巻　証空撰
当麻曼荼羅科節　三巻　昌道撰

**第六四巻**

融通円門章　一巻　融観撰
融通念仏信解章　二巻　融観撰
融通円門章私記　三巻　行観撰

坐具顕正録　一巻　諦忍撰
衣体之制法　一巻
法体装束雑事　一巻
法中時用装束集　一巻
釈家法服記　一巻　常覚撰
山門僧服考　一巻
南都北嶺両寺法服記　一巻
法中衣服抄　一巻
法中装束抄　一巻
僧官僧服記　一巻　実観述
僧綱衣裏珠考　一巻　慈広撰
真言宗持物図釈　一巻　密門撰
三十二相顕要鈔　三巻　自極撰

**第七五巻**
大乗三論大義鈔　四巻　玄叡撰
三論玄疏文義要　一〇巻　珍海撰

**第七六巻**
唯識論同学鈔第一（四八巻の内第一巻―第二一巻）

**第七七巻**
唯識論同学鈔第二（第四八巻の内第二二―第四八巻）

**第七八巻**
注三十頌　一巻　貞慶撰
唯識論泉鈔第一（三〇巻の内巻第一之上―巻第五之下）　善念撰

**第七九巻**
唯識論泉鈔第二（三〇巻の内巻第六之上―巻第一〇之下）　善念撰
唯識論懸譚　一巻　聞証撰

**第八〇巻**
大乗法相研神章　五巻　護命撰
法相小部集
　唯識分量決　一巻　善珠撰
　成唯識論述記序釈　一巻　善珠撰
法相灯明記　一巻　慚安撰
掌珍量噵　一巻　秀法師撰
法相髄脳　一巻　慈蘊撰
四分義極略私記　二巻　忠算撰
唯量抄　二巻　蔵俊撰
法相宗初心略要　二巻　貞慶撰
続法相宗初心略要　二巻　貞慶撰
唯心念仏　一巻　貞慶撰
観心為清浄円明事　一巻　貞慶撰
観心覚夢鈔　三巻　良遍撰
覚夢鈔補欠法門　二巻　良遍撰
応理大乗伝通要録　二巻　良遍撰
法相二巻鈔　二巻　良遍撰
奥理抄　一巻　良遍撰
中道事　一巻　良遍撰
唯識空観　一巻　良遍撰
唯識般若不異事　一巻　良遍撰
自行思惟　一巻　良遍撰
不思議　一巻　良遍撰

**第八一巻**
法苑義鏡　五巻　善珠撰
表無表章義鏡　一巻　善珠撰
唯識章私記　一二巻　真興撰

**第八二巻**
大乗法相宗名目　一六巻（付科段一巻）

**第八三巻**
因明論疏明灯抄　六巻　善珠撰

**第八四巻**
明本抄　一三巻　貞慶撰
明要鈔　五巻　貞慶撰
因明鈔　五巻　覚憲撰
左府抄　三巻　藤原頼長撰
因明大疏私抄　三巻　良遍撰

**第八五巻**
大乗対倶舎抄　一四巻　源信撰

**第八六巻**
倶舎論明眼鈔　六巻　珍海撰
倶舎論明思抄第一（四十余巻の内第一巻抄上―第四巻抄下）　宗性撰

**第八七巻**
倶舎論明思抄第二（四十余巻の内第五巻抄―第一八巻抄）　宗性撰

**第八八巻**
倶舎論明思抄第三（四十余巻の内第一九巻抄―第二九巻抄）　宗性撰

**第八九巻**
阿毘達磨倶舎論要解　一一巻　普寂撰

**第九〇巻**
阿毘達磨倶舎論法義第一（三〇巻の内第一巻―第一五巻）　快道林常撰

**第九一巻**
阿毘達磨倶舎論法義第二（三〇巻の内第一六巻―第三〇巻）　快道林常撰
阿毘達磨倶舎論略法義　快道林常撰

**第九二巻**
起信論本疏聴集記第一（二六巻の内第一本―第一〇末）　順高撰

**第九三巻**
起信論本疏聴集記第二（二六巻の内第一一本―第一五末）　順高撰
起信論別記聴集記　四巻　順高撰

**第九四巻**
起信論義記教理抄　一九巻　湛睿撰
起信決疑鈔　一巻　湛睿撰

**第九五巻**
建長開山大覚禅師語録　三巻　侍者円顕等編
大覚拾遺録　一巻　無生居士編
聖一国師語録　一巻　虎関師錬校纂
東福開山聖一国師年譜　一巻　鉄牛圓心編
仏光円満常照国師語録　一〇巻　侍者徳温等編
由迷能起　一巻　白雲恵暁撰
白雲和尚法語　一巻　白雲恵暁撰
一山国師妙慈弘済大師語録　二巻　侍者了真等

「編
南院国師語録　三巻　侍者慧真等編
第九六巻
念大休禅師語録　一巻
大休和尚住禅興寺語録
大休和尚住建長禅寺語録
大休和尚住寿福禅寺語録
大休和尚住円覚興聖禅寺語録
大休和尚住禅興建長寿福小参
告香普説
大小仏事
大休和尚頌古
仏祖讃頌
大休和尚自讃
偈頌雑題
題序跋雑記
大休和尚法語
大休和尚自著蔵六庵円湛塔無生銘
大休和尚語録補遺
法灯国師遺芳録　一巻
法灯円明国師遺芳録
法灯国師坐禅儀
由良開山法灯国師法語
梵竺僊禅師語録　一巻
四明竺僊和尚初住相模州稲荷山浄妙禅寺語録
竺僊和尚住浄智并無量寿寺語録巻上
竺僊和尚住浄智并無量寿寺語録巻下（天柱集法語）
竺僊和尚天柱集前偈頌
竺僊和尚天柱集後偈頌
竺僊和尚天柱集自讃
竺僊和尚天柱集雑著
四明竺僊和尚住御前瑞竜山太平興国南禅禅寺語録
四明竺僊和尚住真如禅寺語録
四明竺僊和尚住相模州巨福山建長興国禅寺語録
四明竺僊和尚法語
四明竺僊和尚偈頌
四明竺僊和尚賛語
建長禅寺竺僊和尚行道記
日本建長寺竺僊和尚塔銘
来来禅子歌
来来禅子紀并序
来来禅子集
来来禅子東渡語
建長禅寺結制秉払
来来禅子東渡集
来来禅子尚時集
竺僊和尚語録補遺
第九七巻　宗論叢書第一
宗論記　一巻　観阿撰
曲林一斧　一巻　河泰山撰
破日蓮義　二巻　円信撰
日出台穏記　二巻　日澄撰
因果居士自筆安土問答　一巻　因果居士記
安土宗論　一巻
安土宗論実録　一巻　日淵説　底玄記
安土問答記　一巻　日珖記
浄土宗与日蓮宗宗論之記　一巻　頼慶記
破邪顕正記　五巻　真迢撰
日蓮本地義　二巻　日領撰
諭迷復宗決　一巻　日賢撰
諭迷復宗別記　一巻　日賢撰
正直集　一巻
第九八巻
即心念仏安心決定談義本　一巻　霊空撰
即心念仏談義本補助記　一巻　霊空撰
即心念仏談義本弁惑編　一巻　殊意癡撰
即心念仏談義本弁偽　一巻　性慶撰
即心念仏安心決定談義本或問　一巻　霊空撰
即心念仏弾妄録　一巻　性慶撰
即心念仏弾妄録略箴　一巻　霊空撰
即心念仏弾妄録細評　一巻　霊空撰
即心念仏摘欺説　二巻　敬首撰
即心念仏談義本或問余説　一巻　霊空撰
即心念仏摘欺説続　一巻（略論安楽浄土義非曇鸞撰駁附）　敬首撰
即心念仏浄土問弁　一巻　知空撰
念仏往生明導箚　二巻　僧濬撰
蓮宗禦寇編　二巻　義海撰
第九九巻
僧伝排韻第一（一〇八巻の内第一巻―第五八巻）
第一〇〇巻
僧伝排韻第二（一〇八巻の内第五九巻―第一〇八巻）
第一〇一巻
日本高僧伝要文抄　三巻　宗性撰
日本高僧伝指示抄　一巻　宗性撰
三国仏法伝通縁起　三巻　凝然撰
元亨釈書　三〇巻　師錬撰
南都高僧伝　一巻
第一〇二巻
本朝高僧伝第一（七五巻の内第一巻―第三四巻）
第一〇三巻
本朝高僧伝第二（七五巻の内第三五巻―七五巻）
第一〇四巻
東国高僧伝　一〇巻　性潡撰
続日本高僧伝　一一巻　道契撰
第一〇五巻
戒律伝来記　一巻　豊安撰
長寛元年興福寺僧綱大法師等奏状
戒律再興願文　貞慶撰
南都叡山戒壇勝劣事　一巻　貞慶撰
唐招提寺釈迦念仏願文　貞慶撰
律宗瓊鑑章　一巻　凝然撰
雲雨鈔　一巻　凝然撰
唐招提寺解　一巻
伝律図源解集　二巻　重慶撰
律苑僧宝伝　一五巻　慧堅撰
招提千歳伝記　九巻　義澄撰
千歳伝統録　一巻　元鏡撰

**第一〇六巻**
秘密漫荼羅教付法伝　二巻　空海撰
真言付法伝　一巻　空海撰
真言付法纂要抄　一巻　成尊撰
両部大教伝来要文　二巻　禅遍撰
真言伝　七巻　栄海撰
野峯名徳伝　二巻　寂本撰
豊山伝通記　三巻　隆慶撰
結網集　三巻　運敞撰

**第一〇七巻**
日本往生極楽記　一巻　慶滋保胤撰
続本朝往生伝　一巻　大江匡房撰
拾遺往生伝　三巻　三善為康撰
後拾遺往生伝　三巻　三善為康撰
三外往生伝　一巻　沙弥蓮禅撰
本朝新修往生伝　一巻　藤原宗友撰
高野山往生伝　一巻　如寂撰
扶桑寄帰往生伝　二巻　独湛性瑩撰
緇白往生伝　三巻　了智撰
浄土真宗付法伝　一巻　聖冏撰
浄土三国仏祖伝集　二巻
浄土血脈論　二巻　良定撰
浄統略讃　一巻　懐山撰

**第一〇八巻**
延宝伝灯録第一（四〇巻の内第一巻―第三二巻）　師蛮撰

**第一〇九巻**
延宝伝灯録第二（四〇巻の内第三三巻―第四〇巻）　師蛮撰
扶桑禅林僧宝伝　一〇巻　性潡撰
続扶桑禅林僧宝伝　三巻　性潡撰

**第一一〇巻**
日域洞上諸祖伝　二巻　自澄撰
続日域洞上諸祖伝　四巻　良高撰
重続日域洞上諸祖伝　四巻　良機撰
日本洞上聯灯録　一二巻（付目録一巻）　秀恕撰

**第一一一巻　伝記叢書**
仏法伝来次第　一巻　信救注之
如来歯舎利伝来　一巻
七大寺年表　一巻　恵珍
僧綱補任抄出　二巻
僧綱補任（残欠）　一巻
三井続灯記　一〇巻
日本大師先徳明匠記　一巻　定珍篇
声明源流記　一巻　凝然述
本朝僧宝伝　二巻
三宝絵詞　三巻　源為憲
三論祖師伝集　三巻
三論祖師伝　一巻
華厳祖師絵伝　九巻（内三巻欠）　高弁

**第一一二巻　聖徳太子伝叢書**
上宮皇太子菩薩伝　一巻　思託撰
上宮聖徳太子伝補欠記　一巻
聖徳太子伝暦　二巻　平氏撰
上宮聖徳法王帝説　一巻
太子伝古今目録抄　一巻　顕真撰
聖徳太子伝私記　二巻　顕真撰
顕真得業口決抄　一巻　俊厳編
聖徳太子平氏伝雑勘文　六巻　法空撰
上宮太子拾遺記　七巻　法空撰
聖誉鈔　二巻　聖誉撰

**第一一三巻　遊方伝叢書第一**
慧超往五天竺伝箋釈
慧超伝考
南天竺婆羅門僧正碑註　性空撰
唐大和上東征伝　一巻　元開撰
唐大和上東征伝　二巻　賢位撰
鑑真和上三異事　豊安撰
霊仙三蔵行歴考
入唐五家伝
入唐求法巡礼行記　四巻　円仁撰
慈覚大師入唐往返伝　楽部撰
行歴抄　円珍記
感夢記　円珍記
上智慧輪三蔵決疑表　円珍記
唐房行履録　三巻　敬光編

**第一一四巻　遊方伝叢書第二**
西域図麁覆二校録　一巻　忍海撰
南海寄帰内法伝解纜鈔　八巻　飲光撰
南海伝絹衣比量鈔　一巻　快道撰
海東高僧伝　二巻　覚訓撰
入唐記　一巻　心覚撰
大唐国日本国付法血脈図記　一巻　堅慧撰
入竺日本僧金剛三昧伝考　一巻　高楠順次郎編
法道和尚伝考　一巻　高楠順次郎編
優塡王所造栴檀釈迦瑞像歴記　一巻　十明撰

**第一一五巻　遊方伝叢書第三**
参天台五台山記　八巻　成尋撰
成尋所記入宋諸師伝考　一巻　高楠順次郎編
奝然寂照伝考
元灯念久伝考
寛補超会伝考
西征求法歌集　一巻　新村出編
入唐取経願文　一巻　栄西撰
喫茶養生記　二巻　栄西撰
泉涌寺不可棄法師伝　一巻　信瑞撰
建撕記　二巻　建撕撰
道元禅師伝考　一巻　高楠順次郎編
洞谷山宗可禅師伝
道正菴元祖伝
陶祖春慶翁碑
瀬戸窯世系
慶政上人伝考　一巻　橋本進吉編

**第一一六巻　遊方伝叢書第四**
鑑真和尚東征伝絵縁起　五巻　忍性撰
吉備大臣入唐記絵詞　一巻
刪補天台五台山記　八巻　成尋撰　成島譲倹補
策彦和尚入明記初渡集　三巻　策彦撰

策彦和尚入明記再渡集　二巻　策彦撰
入明諸要例　一巻　高楠順次郎編
入明記巻初事文集記　一巻　高楠順次郎編
梵僧指空禅師伝考　一巻　高楠順次郎編
西域僧鎖喃嚷結伝　一巻
燉煌録　一巻
明仏根本碑　一巻　智慧輪撰
宝篋印陀羅尼伝来記　一巻　道喜撰
尊勝陀羅尼流布縁起　一巻
太元帥法縁起奏状　一巻　寵寿撰
太元宗勘文　一巻　寂明撰
両部大法相承師資付法記　二巻　海雲撰
灌頂御願記　一巻　仁海撰
入唐諸家伝考　一巻　高楠順次郎編
恵萼和尚年譜　一巻　橋本進吉編
四明余光　一巻　高楠順次郎編

**第一一七巻　寺誌叢書第一**

法隆寺伽藍縁起幷流記資財帳　一巻
法隆寺東院縁起　一巻
斑鳩寺雑記　一巻
斑鳩古事便覧　一巻　覚賢輯
天王寺旧記　一巻
六角堂縁起　一巻
城州宇治川橋寺之縁起　一巻
延喜五年観世音寺資財帳　一巻
観世音寺資財帳　一巻
石山寺縁起　一巻
石山寺観音領納帳　一巻
清水寺建立記　一巻
清水寺縁起　一巻　明衡撰
清水寺縁起　一巻　付異本補遺
清水寺縁起　一巻
法輪寺縁起　一巻
醍醐寺縁起　一巻
下醍醐金堂勧進帳　一巻
下醍醐炎魔堂勧進帳　一巻　慈証撰
書写山旧記　一巻
播州書写山縁起　一巻
峯相記　一巻
河内高貴寺縁起　一巻
高山寺縁起　一巻
真如堂縁起　一巻　公助撰
浄土寺念仏縁起　一巻　隣西撰
洛陽誓願寺縁起　一巻
絵詞要略誓願寺縁起　二巻　慧明撰
総本山知恩院旧記採要録　一巻
知恩院御取立御趣意覚書　一巻
長徳山知恩寺歴志略　一巻　常道撰
粟生光明寺絵縁起　二巻　照空観道撰
盧山寺縁起　一巻
二尊院縁起　一巻
清凉寺縁起

**第一一八巻　寺誌叢書第二**

諸寺縁起集　一巻　清範輯
四天王寺御手印縁起　一巻　聖徳太子御撰
四天王寺金堂本尊再興勧進帳　一巻　宗順撰
天王寺再興勧進帳　一巻　亭順撰
四天王寺々領帳　一巻
四天王寺名跡集　一巻
笠置寺縁起　一巻
笠置寺縁起抄出　一巻
笠置寺住侶作善願文　一巻
為八条院三位局於笠置修善願文　一巻
大安寺伽藍縁起幷流記資財帳　一巻
大安寺碑文一首並序　一巻　淡海三舟撰
大安寺唐院記　一巻
大安寺住侶記　一巻
大安寺崇道天皇御院八島両処記文　一巻
元興寺縁起（仏本伝来記）一巻
元興寺伽藍縁起幷流記資財帳　一巻（外二部）
本朝仏法最初南都元興寺由来　一巻
西大寺資財流記帳　一巻
西大寺田園目録　一巻　叡尊撰
西大寺蔵本　一巻
薬師寺縁起　一巻
薬師寺唐院記　一巻
黒草紙　一巻
薬師寺新黒草紙　一巻
薬師寺濫觴私考　一巻　高範撰
薬師寺金石記　一巻　平与清輯
南都唐招提寺略録　一巻
唐招提寺戒壇記　一巻
唐招提寺縁起抜書略集　一巻
白衣方記録　一巻
長谷寺縁起文　一巻　菅原道真撰
長谷寺霊験記　二巻
長谷寺造供養　一巻　菅在豊撰
長谷寺舞台供養　一巻
摂州島下郡応頂山勝尾寺支証類聚第一縁起（全部六巻内第二）
　勝尾寺流記単　一巻
摂津国勝尾寺略縁起　一巻
応頂山勝尾寺縁起　二巻　別伝経撰
応頂山勝尾寺続縁起　二巻　別伝経撰
智福島縁起　一巻　普文撰
岩金山太神宮寺儀軌　一巻
法華尼寺縁起　一巻
超昇寺大念仏　一巻
超昇寺縁起　一巻
興福尼院縁起　一巻
多武峯縁起　一巻　一条良公撰
多武峯略記　二巻　静胤撰
大織冠神像破裂記附録　一巻　宣賀撰
多武峯破裂記　一巻
橘寺阿弥陀堂供養　一巻
橘寺縁起　一巻
本元興寺縁起　一巻
当麻曼陀羅縁起　一巻
当麻寺文書　一巻

矢田地蔵縁起　二巻　世尊寺家隆撰

**第一一九巻　寺誌叢書第三**

信貴山縁起（詞書）三巻　寂蓮撰
信貴山文書　一巻
信貴山資財宝物帳　一巻
信貴山旧記　一巻
菅原寺起文遺戒状　一巻　行基撰
生駒山竹林寺縁記　一巻　寂滅撰
竹林寺略録　一巻　凝然撰
竹林寺十種大願　一巻　杲宝撰
清涼山歓喜光律寺略縁記　一巻
大蔵寺塔婆再興勧進帳　一巻
宀一秘記　一巻　融円撰
室生山御舎利相伝縁起　一巻　宗明撰
金剛蔵王堂勧進状　一巻
達磨寺中興記　一巻　得岩惟肖撰
和州久米寺流記　一巻
久米寺縁起事　一巻
子島山観覚寺縁起　一巻　付子島山寺建立縁起大師伝　一巻
隆池院縁起　一巻　行基撰
隆池院中興勧進牒　一巻
隆池院文書　一巻
泉州松尾寺記　一巻　元養撰
広隆寺縁起　一巻
広隆寺資財校替実録帳　一巻　済承撰
秦公寺資財帳祖税録　一巻　正尊撰
山城州葛野郡楓野大堰郷広隆寺来由記　一巻
京太秦広隆寺大略縁起　一巻　付太秦広隆寺牛祭々文
広隆寺並柱宮院領当知行文書　一巻
鞍馬蓋寺縁起　一巻
神護寺略記　一巻
文覚四十五箇条　一巻（付官符）文覚撰
高雄山中興記　一巻
高雄山神護寺縁起　一巻　賢忠撰
神護寺文書　一巻
清和院地蔵堂勧進状　一巻
平安城北建楞伽禅寺私記　一巻　藤原基嗣撰
浄瑠璃寺流記事　一巻
勧修寺文書　一巻
勧修寺縁起　一巻
方広寺鐘銘並五山衆評判　一巻
京都大仏殿建立表白　一巻　豊臣秀頼撰
大仏御供養御拵之帳　一巻
大仏供養請僧天台宗五百口惣名帳　一巻
大仏御供養法具方帳　一巻
大仏供養記　一巻
大仏殿雷火災焼図画詞書　一巻
観心寺阿弥陀仏造像記　一巻
観心寺勘録縁起資財帳　一巻　観智撰
観心寺文書　一巻
観心寺縁起実録帳　一巻
河州志紀郡土師村道明尼律寺記　一巻
西琳寺文永註記　一巻　総持撰
璉城寺紀　一巻
中尊寺経蔵文書（並同目録）一巻
中尊寺光堂文書　一巻
興福寺縁起　一巻（付牒状）藤原良世撰
興福寺修二月縁起　一巻
興福寺観禅堂鐘銘　一巻
南円堂銅灯台銘　一巻
春日社告文　一巻　藤原孝親撰
興福寺資財帳　一巻　長円・尋慶等撰
大和国奈良原興福寺伽藍記　一巻
興福寺東金堂記　一巻
興福寺旧記　一巻
興福寺現住僧帳　一巻
七大寺幷興福寺諸堂縁起　一巻　秀算撰
興福寺濫觴記　一巻
興福寺再建伽藍化縁疏　一巻
興福寺官務牒疏　一巻
興福寺末寺帳　一巻
官務興福寺末寺帳　一巻
興福寺領朱印幷坊舎知行之事

**第一二〇巻　寺誌叢書第四**

七大寺日記（残欠）一巻
南都七大寺巡礼記（残欠）一巻
大和葛城宝山紀　一巻
弘福寺伽藍縁起資財帳（残欠）一巻
安祥寺資財帳　一巻
神宮寺伽藍縁起幷資財帳　一巻
大神宮法華十講会縁起　一巻
竜門寺縁起　一巻
竜華寺縁起　一巻
関寺縁起　一巻　菅原行長撰
世喜寺中興縁起　一巻
世喜寺供養記　一巻　能敬撰
粉河寺大塔卒都婆建立縁起　一巻　良秀仁範撰
大悲山寺縁起　一巻　信西撰
根本大塔領文書　一巻
奥院興廃記　一巻　尚祚撰
高野興廃記　一巻　信堅撰
巻尾山縁起証文等之事　一巻
山家最略記　一巻
三塔諸寺縁起　一巻
久能寺縁起　一巻
近江常楽寺勧進帳　一巻　観慶撰
善光寺縁起詞書　三巻
善光寺縁起　四巻
善光寺縁起集註　六巻
達磨寺中興記　一巻
日本瑞竜山重建転法輪蔵禅寺記　一巻
内山寺記　一巻
檉社山誕生寺縁起　一巻
大日本国尾州路智多郡野間庄大御堂大坊縁起　一巻
華林寺勧進状　一巻
三井寺領地目録　一巻
三井寺金堂東大門勧進帳　一巻
園城寺堂舎便覧　一巻　忍舜撰

法蓮院釈迦堂修造勧進帳　一巻　西阿撰
大山縁起　一巻
大雲寺縁起　一巻
延長谷寺縁起並資財田地記　一巻
足利鑁阿寺縁起　一巻　諦観撰
下野五箇庄鑁阿寺之事　一巻
東叡山諸堂建立記　一巻
東叡山之記　一巻
東叡山寛永寺子院記　一巻
薬師寺縁起詞書　一巻
大和国添下郡右京薬師寺縁起詞書　一巻
西京薬師寺縁起　一巻
薬師寺古記抜萃　一巻
薬師寺志　一巻
清凉山歓喜光律寺略縁起　一巻

**第一二一巻　東大寺叢書第一**

聖武皇帝幷文徳帝策命　一巻
東大寺大仏堂縁起碑文　一巻　聖武天皇御撰
勝宝感神聖武皇帝銅板詔書　一巻　聖武天皇御撰
東大寺献物帳　一巻　光明皇后御撰
東大寺幷東寺款状　一巻　藤原為房撰
東大寺銅大灯台銘（法華堂花瓶幷火舎銘）
東大寺造立供養記　一巻
南都大仏供養物語　一巻
二月堂絵縁起　二巻
東大寺大仏開眼供養記　一巻　庸性撰
東大寺諸伽藍略録　一巻
東大寺雑集録十二巻幷附録　実祐編
造東大寺知識詔書　一巻

**第一二二巻　東大寺叢書二　孔目章発語記補遺**

俊乗上人奉納大般若伊勢神宮記　一巻
東大寺衆徒参詣伊勢大神宮記　一巻
東大寺大仏開眼供養　一巻
東大寺大仏開眼式　一巻
東大寺供養日時僧名行事官等之事　一巻
東大寺供養式　一巻
二月堂供養式　一巻
八幡大菩薩御影供養事　一巻
大仏殿千僧供養事　一巻
戒壇院本尊供養事　一巻
能恵得業大般若経書写供養事　一巻
新院堂供養事　一巻
良弁僧正御影堂供養事　一巻
行基菩薩舎利供養事　一巻
東寺舎利供養事　一巻
行基菩薩骨舎利供養事
大仏殿釿始千僧供養私記　一巻
大仏開眼供養記　一巻
大仏開眼供養並万僧供養之記　一巻
大仏殿堂供養記　一巻
重興大仏殿讃頌集　四巻
東南院務次第　一巻
東大寺尊勝院院主次第　一巻
東大寺尊勝院記追加　一巻
東大寺尊勝院記附録　一巻
諸集　一巻
南都東大寺戒壇院略縁記　一巻
東大寺戒壇院受戒式　一巻
四箇大寺古今伝記拾要新書（東大寺之巻）二巻
天保四癸巳年十月十八日正倉院御開封記　一巻
天保七丙申年六月一十日正倉院御閉封記　一巻
華厳孔目章発悟記　凝然述

**第一二三巻　興福寺叢書第一**

興福寺流記　一巻
造興福寺記　一巻
僧綱補任　六巻
三会定一記　四巻
一身阿闍梨補任次第　一巻

**第一二四巻　興福寺叢書第二**

興福寺別当次第　六巻
興福寺院家伝　一巻
応和宗論記並恩覚奏状　一巻
興福寺僧綱大法師等奏状　一巻
興福寺奏状　一巻
維摩会方考例　一巻
大会日記　一巻
維摩会竪義日記　一巻
会中第六口寺務職　一巻
維摩会々始之記　一巻　英算撰
禁中御八講記　一巻　姉小路基綱撰
細々要記抜書　一巻
春日御流記　三巻　訓賢撰
春日大明神御託宣記　一巻　喜海撰
寺記類聚　一巻

**第一二五巻**

天台霞標第一（一八巻の内第一編巻之一―第四編巻之四）敬雄編・慈本補

**第一二六巻**

天台霞標第二（一八巻の内第五編巻之一―第七編巻之四）敬雄編・慈本補
延暦寺護国縁起　三巻

**第一二七巻**

園城寺伝記　一〇巻
寺門伝記補録　二〇巻　志晃撰

**第一二八巻**

華頂要略（門主伝第一）（二〇巻の内巻一―二三）

**第一二九巻**

華頂要略（門主伝第二）（二〇巻の内巻二四―二九）

**第一三〇巻**

華頂要略（門主伝第三）（二〇巻の内巻二九―三〇）

**第一三一巻**

高野春秋編年輯録　一八巻　懐英記

**第一三二巻**

大谷本願寺通紀　一〇巻　玄智撰

大谷本願寺由緒通鑑　五巻
厳如宗主履歴大谷講者列伝碑文集　一巻　南条文雄集
鷺森旧事記　一巻　宗意編

**第一三三巻**
蔭涼軒日録　六一巻　第一（永享七年六月―寛正五年十二月）

**第一三四巻**
蔭涼軒日録　第二（寛正六年正月―文明十九年七月）

**第一三五巻**
蔭涼軒日録　第三（文明十九年八月―長享三年六月）

**第一三六巻**
蔭涼軒日録　第四（長享三年七月―延徳三年四月）

**第一三七巻**
蔭涼軒日録　第五（延徳三年五月―明応二年九月）

**第一三八巻**
本光国師日記第一（四七巻の内巻一―九、慶長十五年三月―同十八年八月）

**第一三九巻**
本光国師日記第二（四七巻の内巻一〇―一七、慶長十八年八月―同二十年閏六月）

**第一四〇巻**
本光国師日記第三（四七巻の内巻一八―二八、元和元年八月―同六年極月）

**第一四一巻**
本光国師日記第四（四七巻の内巻二九―四〇、元和七年正月―寛永六年五月）

**第一四二巻**
本光国師日記第五（四七巻の内巻四一―四七、寛永六年二月―同十年正月）

**第一四三巻**
重刊貞和類聚祖苑聯芳集　一〇巻　義堂周信編
新撰貞和分類古今尊宿偈頌集　三巻　義堂周信編

**第一四四巻**
翰林五鳳集　第一（六四巻の内巻一―二五）　崇伝等編

**第一四五巻**
翰林五鳳集第二（六四巻の内巻二六―四五）　崇伝等編

**第一四六巻**
翰林五鳳集第三（六四巻の内巻四六―六四）　崇伝等編

**第一四七巻**
山林風月集　三巻
撰集抄　九巻　円位撰
発心集　八巻　鴨長明撰
宝物集　七巻　平康頼撰
　宝物集残欠古本　一巻　伝康頼自筆

**第一四八巻**
私聚百因縁集　住信撰
三国伝記　玄棟撰

**第一四九巻**
寂照堂谷響集　一〇巻　泊如運敞撰
寂照堂谷響続集　一〇巻　泊如運敞撰
空華談叢　四巻　諦忍妙竜撰

**第一五〇巻**
塵添壒嚢鈔　二〇巻

**第一五一巻**
阿娑縛抄図像　六巻

**第一五二巻**
大日本仏教全書目録

**別巻　十巻抄**

**第一**
十巻抄第一　仏部

**第二**
十巻抄第二　仏頂部

**第三**
十巻抄第三　経部

**第四**
十巻抄第四　菩薩部第一

**第五**
十巻抄第五　菩薩部第二

**第六**
十巻抄第六　観音部第一

**第七**
十巻抄第七　観音部第二

**第八**
十巻抄第八　忿怒部

**第九**
十巻抄第九　天部第一

**第一〇**
十巻抄第一〇　天部第二

## 国文東方仏教叢書（第一・二輯）

鷲尾順敬編　東方書院刊（復刻　第一輯―名著出版・第二輯―名著普及会）
大正一四―昭和八（第一輯―昭和五〇・第二輯―昭和五三　復刻）一九巻

《第一輯》

**第一巻　宗義部**
山家学則　二巻　顕道
迷悟鈔　一巻　覚済
真言宗安心　一巻　慈雲
融通念仏信解章　二巻　融観
浄土宗略鈔　一巻　法然
一枚起請文　一巻　法然
竹林鈔　二巻　道教
一遍上人語録　一巻
弁道話　一巻　道元
現成公案　一巻　道元
谿声山色　一巻　道元
入道要訣　一巻　東嶺
歎異鈔　一巻

教行信証大意　一巻　蓮如
真宗秘要鈔　三巻　法霖
法華題目鈔　一巻　日蓮
如説修行鈔　一巻　日蓮
初心要義抄　一巻　日輝
十宗略記　一巻　真迢
青笹秘要録　一巻
普化宗問答　一巻

**第二巻　註釈部**

法華経大意　一巻　仁秀
十重波羅提木叉和釈　一巻　妙立
般若心経和解　一巻　敬雄
円頓章講義　一巻　慧澄
始終心要略談　一巻　慧澄
光明真言観誦要門　二巻　浄厳
顕密不同頌諺註　一巻　浄厳
禅宗無門関私鈔　二巻　自雲
普勧坐禅儀聞解　一巻　面山
吉水遺誓諺論　一巻　忍澂
浄土論大意　一巻　慧然
法華題目和談抄　一巻　元政

**第三巻　法語部**

真如観　一巻　源信
覚海法橋法語　一巻　覚海
栂尾明恵上人遺訓　一巻　高信
一念多念分別事　一巻　隆寛
唯信鈔　一巻　聖覚
興正菩薩教訓聴聞集　一巻
坐禅之事　一巻　心地
妻鏡　一巻　無住
枯木集　二巻　癡兀
智首座に与ふる法語　一巻　明峰
覚阿上人に与ふる法語　一巻　大智
帰命本願鈔　三巻　向阿
西要鈔　二巻　向阿
父子相迎　二巻　向阿
谷響集　一巻　夢窓
存覚法語　一巻　存覚
蓮如上人御一代記聞書　一巻
奏進法語　一紙　真盛
念仏三昧法語　一紙　真盛
心記　一巻　日奥

**第四巻　随筆部**

参語集　五巻　行遍
正法眼蔵随聞記　六巻　懐奘
道宗覚書　一巻　道宗
今古独語　一巻　顕誓
負薪記　一巻　日辰
玲瓏随筆　四巻　沢菴
前東陂漫談　一巻　霊空
後東陂漫談　一巻　霊空

**第五巻　伝記部上**

上宮太子御記　一巻
伝教大師伝　二巻　覚深
弘法大師行状記　二巻
覚鑁上人伝　一巻
法然上人伝記絵詞　四巻　航空
栂尾明恵上人伝記　二巻　喜海
西山上人縁起　六巻　仁空
道元禅師行状建撕記　二巻　建撕
本願寺聖人親鸞伝絵　二巻　覚如
日蓮聖人註画讃　五巻　日澄
一遍上人縁起　一〇巻　宗俊
日親上人徳行記　二巻　日匠
蓮如上人遺徳記　一巻　蓮悟・実悟

**第六巻　伝記部下**

本朝伝来宗門略列祖伝　四巻　大冥
袋中上人伝　一巻
東叡山開山慈眼大師縁起　三巻　胤清
月感大徳年譜　三巻
霊空和尚年譜　一巻　智幽

**第七巻　紀行部**

いほぬし　一巻　増基
南海流浪記　一巻　道範
伊勢参詣記　一巻　通海
高野日記　一巻　頓阿
遊行十六代祖四国廻巡記　一巻　其阿
善光寺紀行　一巻　堯恵
有馬道の記　一巻　蓮如
紀伊国紀行　一巻　蓮如
廻国雑記　一巻　道興
あづまの道の記　一巻　尊海
高野参詣日記　一巻　実隆
吉野詣の記　一巻　公条
三塔順礼記　一巻　公条
高野道の記　一巻　資慶
鎌倉順礼記　一巻　沢菴
空性法親王四国霊場御巡行記　一巻　賢明
身延道の記　三巻　元政
吾妻の道の記　一巻　万元
白馬紀行　二巻　明式
行脚随筆　三巻　愚海
西湖紀行　一巻　寂室
西遊紀行　一巻　海如
西国順礼細見記

**第八巻　歌頌部**

仏足石歌　一巻
発心和歌集　一巻　選子内親王
法門百首　一巻　寂然
唯心房集　一巻　寂然
極楽願往生歌　一巻　西念
詠法華経百首和歌　一巻　慈円
法隆寺宝物和歌　一巻　定円
詠法華経唯識論和歌　一巻
金剛三昧院奉納短冊　一巻
経旨和歌百首　一巻
法華経和歌百首　一巻
釈教三十六人歌仙　一巻　常海

法然上人和歌集　一巻
傘松道詠集　一巻
仏国国師和歌集・正覚国師和歌集合　一冊
蓮如上人和歌集　一巻
山姥五十首　一巻　沢菴
勧心詠歌　一巻　無能
天桂和尚詠歌　一巻
蓮葉和歌集　一巻　大我
道歌二十一首　一巻　東嶺
慈雲尊者和歌集　一巻
言葉の末　一巻
碧巌百葛藤　一巻　巨海
釈教百首　一巻　行誡
長松教歌百首　一巻　日扇
和讃二十五題　一巻

**第九巻　文芸部上**

物語草子十二種
あを葉の笛物語　一巻　　つくも神　二巻
硯破　一巻　　幻夢物語　一巻
常盤嫗物語　一巻　　大仏供養物語　一巻
西行物語　一巻　　善教房物語　一巻
三人法師　二巻　　暮露々々のさうし　一巻
仏鬼軍　一巻　　山家一休　四巻
笑話三種
醒睡笑　八巻　策伝　　一休ばなし　三巻
諸宗評判記　三巻
落語三十三題　一巻
戯文十題　一巻
雄長老百首　一巻　永雄
狂歌鳩杖集　一巻　信海

**第一〇巻　文芸部下**

今様四百首　一巻　　宴曲五十五篇　一巻
謡曲四十番　一巻　　狂言四十番　一巻
道しるべ　一巻　宗羅　　俗謡二百　一巻
俗諺六百　一巻　　川柳三百句　一巻

**《第二輯》**

**第一巻　法語部上**

法語　一巻　明恵高弁
邪正問答鈔　一巻　明恵高弁
広疑瑞決集　五巻　敬四房信瑞
大応国師法語　一巻　南浦紹明
大灯国師法語　一巻　宗峰妙超
霊山和尚法語　一巻　徹翁義亨
紙衣謄　一巻　虎関師錬
月菴法語　一巻　月菴宗光
禅方便　二巻
空善聞書　一巻　空善
蓮如上人御物語次第　一巻　蓮悟兼縁
栄玄聞書　一巻　栄玄
勧修念仏記　二巻　一条兼良
麓草分　一巻　鈴木正三
石平山聞書　一巻

**第二巻　法語部下**

対問法語　一巻　実観
成仏の直路　一巻　慈等
玉かゞみ　一巻　木食以空
対賓法語　一巻　学如
慈雲和上法語　一巻
玲瓏集　一巻　沢菴宗彭
祖心尼法語　一巻
人に与ふる法語　一巻　至道無難
おにあざみ　一巻　白隠慧鶴
千里一鞭　一巻　南渓老明
十善戒信受の人に示す法語　一巻　寂室堅光
扣響集　二巻　鉄牛道機
法の道芝　二巻　貞極
燧嚢　一巻　関通
山分　一巻　月感
安心問答　一巻　深励
千代見草　二巻　日遠

**第三巻　講説部**

五常内義集　二巻
念仏名義集　三巻　聖光
浄土宗行者用意回答　一巻　良忠
円頓戒要義　一巻　鎮増
妙法蓮華経大意　二巻　日遠
台宗綱要　一巻　霊空
真言開庫集　二巻　蓮体
心経鈔　一巻　盤珪
仏祖正伝禅戒鈔　一巻　万初
行乞篇　一巻　指月
道詠弁解永平発菩提心　一巻　東流
御文玄義　一巻　法海
釈迦如来誕生曼多羅略解　一巻

**第四巻　消息部**

法然上人消息　一巻
親鸞聖人御消息集　一巻
親鸞聖人消息　一巻
末灯鈔　一巻　従覚
恵信尼消息　一巻
一遍上人消息　一巻
日像上人消息　一巻
日輪上人消息　一巻
抜隊和尚消息集　一巻
日陣上人消息集　一巻
顕如上人消息　一巻
教如上人消息　一巻
奥師消息集　一巻
天海僧正消息　一巻
沢庵和尚書翰録　一巻

**第五巻　伝記部**

真言伝　七巻　栄海
解脱上人伝　一巻
隆寛律師略伝　一巻
浄阿上人絵詞伝　三巻
国阿上人絵伝　五巻　相阿
日什上人自伝　一巻　日什

蓮如上人御若年の砌の事　一巻
蓮如上人御往生の奇瑞条々　一巻
桃水和尚伝賛　一巻　面山瑞方
大梅和尚年譜　一巻　玄芳
盤珪和尚行業略記　一巻　逸山祖仁
徳本行者伝　三巻　行誡
慧澄和上略伝　一巻　行誡

**第六巻　寺誌部**

南都七大寺縁起　一巻　実叡
広隆寺大略縁起　一巻
清水寺縁起　三巻
高雄山神護寺縁起　一巻
高雄山中興記　一巻
園城寺縁起　一巻
三井寺仮名縁起　一巻
石山寺縁起　一巻
清涼寺縁起　一巻
勧修寺縁起　一巻
信貴山縁起　三巻
真如堂縁起　三巻
般舟三昧院記　一巻　三条西公条
宇治興聖禅寺記　一巻　中院通村
西芳精舎縁起　一巻　急渓中韋
山科実録　三巻　恵忍
教行寺縁起　一巻
本願寺由来　一巻
政秀寺古記　一巻
阿弥陀寺記録　一巻
蔵王堂再興縁起　一巻　快元
乙宝寺縁起　一巻
成相寺旧記　一巻　秀寛
書写山縁起　一巻
白峯寺縁起　一巻　清原良賢
竹林寺縁起　一巻
高野山事略　一巻　新井君美
四天王寺伽藍記　一巻

み山の枝をり　二巻　紹澄
身延鑑　二巻　日亮

**第七巻　文芸部**

小説六種
上野君消息　一巻　魔仏一如絵詞　一巻
玉藻草紙　一巻　月日のさうし　一巻
道成寺物語　三巻
二人比丘尼　二巻　鈴木正三
戯曲五種
阿弥陀胸割　六齣　釈迦八相記　五齣
念仏往生記　五齣　巣林子
用明天皇職人鑑　五齣　巣林子
おくめ粂之助高野万年草　三齣　巣林子
歌謡
讃嘆教化　一巻
法隆寺縁起白拍子　一巻　重懐
空也僧鉢扣歌　一巻　空也・普明
延年連事並舞式　一巻　大風流　一巻
小風流　一巻　連事　一巻
開口　一巻　開口　一巻
明恵上人歌集　二巻
一遍上人和歌　一巻
沢庵和尚詠歌抄　一巻
葛城百首　一巻　似雲
丈草発句集　一巻　蝶夢編
李由句集　一巻
浪化上人発句集　一巻　野鶴編
千代尼句集　二巻　既白編
俳諧松の声　一巻　既白編

**第八巻　伝説部**

山岳の部　湖沼の部　岩石の部
草木の部　竜蛇の部　鳥獣の部
宝器の部　妖怪の部　怨霊の部
霊験の部　長者の部　行者の部

**第九巻　図像部上**

**飛鳥時代**

玉虫厨子（全形）（奈良・法隆寺）
玉虫厨子（仏龕正面左扉絵二天図）
玉虫厨子（仏龕左側面扉絵菩薩図）
玉虫厨子（須弥座右側面施身聞偈図）
玉虫厨子（須弥座左側面投身餓虎図）
玉虫厨子（須弥座正面舎利供養図）
玉虫厨子（須弥座背面須弥山図）
天寿国繍帳（全図）（奈良・中宮寺）
天寿国繍帳（部分）
天寿国繍帳（部分）
天寿国繍帳（残欠）
薬師如来像（奈良・法隆寺）
薬師如来像光背銘（拓本）
釈迦如来薬王薬上菩薩像（奈良・法隆寺）
釈迦如来及脇侍像（奈良・法隆寺）
釈迦如来及脇侍像光背銘（拓本）
観世音菩薩像（奈良・夢殿）
観世音菩薩像（半身）
観世音菩薩像（正面）（奈良・金堂）
観世音菩薩像（斜面）
観世音菩薩像（側面）
観世音菩薩像（面部）
多聞天及広目天像（四天王）（奈良・金堂）
多聞天及広目天光背銘（拓本）
弥勒菩薩像（奈良・中宮寺）
弥勒菩薩像（面部）
弥勒菩薩像（半身）
弥勒菩薩像（京都・広隆寺）
弥勒菩薩像（面部）
弥勒菩薩像（京都・広隆寺）
弥勒菩薩像（側面）
弥勒菩薩像（面部）

**奈良時代前期**

御物語聖徳太子図（法隆寺献納）
金堂壁画（東面大壁全図）（奈良・法隆寺）
金堂壁画（東面大壁菩薩面部）

金堂壁画（東面右壁菩薩）
金堂壁画（東面左側菩薩）
金堂壁画（西面大壁弥陀浄土全図）
金堂壁画（西面大壁部分観世音菩薩）
金堂壁画（西面大壁部分弥陀如来手相）
金堂壁画（西面大壁部分勢至菩薩面部）
金堂壁画（西面大壁部分化仏）
金堂壁画（北面大壁全図）
金堂壁画（北面右大壁薬師刹土全図）
金堂壁画（北面右大壁部分）
金堂壁画（北面右大壁部分比丘面部）
金堂壁画（北面右大壁部分神将面部）
金堂壁画（内陣天井下小壁飛天図）
釈迦如来説相図（繡帳）（京都・勧修寺）
橘夫人念持仏厨子（壱座絵全図）（奈良・法隆寺）
橘夫人念持仏厨子（台座絵部分）
橘夫人念持仏厨子（仏龕扉絵菩薩図）
橘夫人念持仏厨子（仏龕扉絵菩薩面部）
弥勒菩薩像（大阪・野中寺）
弥勒菩薩像（台座銘）
御物如意輪観音像（法隆寺献納）
如意輪観音像（大阪・観心寺）
如意輪観音像（島根・鰐淵寺）
千仏多宝塔（奈良・長谷寺）
観世音菩薩像（奈良・法隆寺）
薬師如来像（奈良・新薬師寺）
観世音菩薩像（兵庫・鶴林寺）
釈迦如来像（京都・蟹満寺）
薬師如来及両脇侍像（奈良・薬師寺金堂）
本尊薬師如来像
本尊薬師如来像（斜面）
本尊薬師如来像（面部）
脇侍日光菩薩像
脇侍月光菩薩像
脇侍日光菩薩像（面部）
脇侍月光菩薩像（面部）
脇侍月光菩薩像（部分胸部）
脇侍月光菩薩像（部分蓮座）
脇侍日光菩薩像（部分手部）
脇侍日光菩薩像（部分足部）
本尊台座（正面部分鬼形及朱雀）
本尊台座（側面部分鬼形及青竜）
本尊台座（側面部分鬼形及白鬼）
本尊台座（裏面鬼形及玄武）
薬師如来像（奈良・薬師寺講堂）
日光月光菩薩像
聖観世音菩薩像（奈良・薬師寺東院堂）
聖観世音菩薩像（面部）
橘夫人念持仏像（奈良・法隆寺）
橘夫人念持仏像（本尊弥陀像）
橘夫人念持仏像（本尊面部）
橘夫人念持仏像（脇侍観音勢至像）
橘夫人念持仏像（障屏）
橘夫人念持仏像（座板）
橘夫人念持仏像（光背）
橘夫人念持仏像（障屏部分化仏）
釈迦仏八相像（文殊菩薩像）（奈良・法隆寺五重塔）
釈迦仏八相像（維摩像）
釈迦仏八相像（侍者童子像）
釈迦仏八相像（侍者童子像面部）
釈迦仏八相像（侍者童女像）
釈迦仏八相像（侍者乾闥婆王像）
御物阿弥陀如来及脇侍像（搥鍱）（法隆寺献納）

**奈良時代後期**

過去現在因果経（東京・東京美術学校）
過去現在因果経（京都・上品蓮台寺）
過去現在因果経（東京・久邇宮家）
過去現在因果経（京都・報恩院）
過去現在因果経（東京・益田孝氏）
大仏蓮座鏤刻（蓮華蔵世界図其一）（奈良・東大寺）
大仏蓮座鏤刻（蓮華蔵世界図其二）
大仏蓮座鏤刻（蓮華蔵世界図其三）
大仏蓮座鏤刻（蓮華蔵世界図其四）
光背鏤刻図（拓本一）（奈良・東大寺・二月堂）
光背鏤刻図（拓本二）
吉祥天図（奈良・薬師寺）
吉祥天図（面部）
東大寺戒壇院扉絵（模本菩薩奏楽図）（京都・高山寺旧蔵）
東大寺戒壇院扉絵（模本菩薩梵天図）
当麻曼荼羅図（文亀模本）（奈良・当麻寺）
不空羂索観音像（奈良・東大寺法華堂）
不空羂索観音像（面部）
梵天像（奈良・東大寺法華堂）
帝釈天像
多聞天像（四天王）（奈良・東大寺法華堂）
持国天像（四天王）
増長天像（四天王）
広目天像（四天王）
金剛力士像（奈良・東大寺法華堂）
金剛力士像
執金剛神像（奈良・東大寺法華堂）
執金剛神像（半身）
執金剛神像（面部）
執金剛神像（手部）
日光菩薩像（奈良・東大寺法華堂）
月光菩薩像
日光菩薩像（半身）
月光菩薩像（半身）
日光菩薩像（面部）
月光菩薩像（面部）
吉祥天像
弁才天像（奈良・東大寺法華堂）
多聞天像（四天王）（奈良・東大寺戒壇院）
持国天像（四天王）
増長天像（四天王）
広目天像（四天王）
多聞天像（面部）
持国天像（面部）

増長天像（面部）
広目天像（面郎）
宮毘羅大将像（十二神将）（奈良・新薬師寺）
伐折羅大将像（十二神将）
迷企羅大将像（十二神将）
安底羅大将像（十二神将）
頞儞羅大将像（十二神将）
珊底羅大将像（十二神将）
因達羅大将像（十二神将）
摩虎羅大将像（十二神将）
真達羅大将像（十二神将）
招杜羅大将像（十二神将）
毘羯羅大将像（十二神将）
伐折羅大将像（面部）
迷企羅大将像（面部）
安底羅大将像（面部）
盧舎那仏像（奈良・唐招提寺）
千手観世音菩薩像（奈良・唐招提寺）
須菩提尊者像（十大弟子）（奈良・興福寺）
富楼那尊者像（十大弟子）
畢婆迦羅像（八部衆）（奈良・興福寺）
阿修羅像（八部衆）
迦楼羅像（八部衆）
沙羯羅竜王像（八部衆）
鳩槃荼羅（八部衆）
乾闥婆像（八部衆）
梵天像（半身）（奈良・秋篠寺）
技芸天像（面部）（奈良・秋篠寺）
虚空蔵菩薩像（奈良・額安寺）
誕生釈迦如来像（奈良・東大寺）
梵天像（奈良・法隆寺細殿）
帝釈天像
多聞天像（四天王）（奈良・法隆寺細殿）
持国天像（四天王）
増長天像（四天王）
広目天像（四天王）

十一面観世音菩薩像（奈良・聖林寺）
十一面観世音菩薩像（半身正面）
十一面観世音菩薩像（半身側面）
十一面観世音菩薩像（面部）
弥勒菩薩像（奈良・法隆寺）
弥勒菩薩像（光背）
獅子吼菩薩像（奈良・唐招提寺）
菩薩形像（奈良・唐招提寺）
維摩居士像（奈良・南法華寺）
維摩居士像（面部）
義淵僧正像（奈良・岡寺）
行信僧都像（奈良・法隆寺）
鑑真和尚像（奈良・唐招提寺）

**平安時代前期**

竜猛菩薩図（京都・教王護国寺）
金剛界曼荼羅図（部分一印会）（京都・神護寺）
胎蔵界曼荼羅図（部分蓮華部院地蔵院細部）
金剛界曼荼羅図（部分一印会）（奈良・子島寺）
胎蔵界曼荼羅図（部分蓮華部院細部）
胎蔵界曼荼羅図（部分文殊院釈迦院等細部）
胎蔵界曼荼羅図（部分持明院虚空蔵院等細部）
仁王経法本尊図（模本中方）（京都・醍醐寺）
四天王図（模本）（東京・益田孝氏）
不動明王図（和歌山・明王院）
不動明王図（部分二童子）
不動明王図（復本）（京都・曼殊院）
金剛吼菩薩図（五大力吼）（和歌山・大円院外十九箇院）
無量力吼菩薩図（五大力吼）
無量力吼菩薩図（五大力吼部分）
帝釈天図（十二天）（奈良・西大寺）
帝釈天図（十二天部分白象）
火天図（十二天部分白象）
火天図（十二天面部）
水天図（十二天面部）
毘沙門天図（十二天面部）
伊舎那天図（十二天面部）

梵天図（十二天面部）
地天図（十二天面部）
地天図（十二天部分侍者）
日天図（十二天部分侍者）
月天図（十二天部分侍者）
金堂壁画（帝釈曼荼羅図）（奈良・室生寺）
金堂壁画（帝釈曼荼羅部分廿一）
金堂壁画（帝釈曼荼羅部分廿二）
金堂壁画（帝釈曼荼羅部分廿三）
不空羂索観音像（京都・広隆寺）
弥勒如来像（京都・広隆寺）
薬師如来像（高都・高山寺）
日光菩薩像（東京・帝室博物館）
薬師如来像（奈良・新薬師寺）
薬師如来像（面部）
不空羂索観音像（奈良・大安寺）
楊柳観音菩薩像（奈良・大安寺）
多聞天像（四天王）（奈良・大安寺）
持国天像（四天王）
増長天像（四天王）
広目天像（四天王）
多聞天像（四天王）（奈良・興福寺北円堂）
持国天像（四天王）
増長天像（四天王）
広目天像（四天王）
兜跋毘沙門天像（京都・教王護国寺）
不動明王像（京都・教王護国寺）
隆三世明王像（京都・教王護国寺）
金剛薩埵像（和歌山・金剛峯寺）
不動明王像（和歌山・正智院）
不動明王像（面部）
九面観世音菩薩像（奈良・法隆寺）
九面観世音菩薩像（半身）
十一面観世音菩薩像（滋賀・観音堂）
十一面観世音菩薩像（奈良・法華寺）
十一面観世音菩薩像（側面）

十一面観世音菩薩像（面部）
弥勒菩薩像（奈良・室生寺）
地蔵菩薩像（奈良・橘寺）
大日如来像（奈良・唐招提寺）
弥勒仏像（奈良・東大寺）
薬師如来像（京都・神護寺）
薬師如来像（面部）
金剛虚空蔵菩薩像（五大虚空蔵菩薩）（京都・神護寺）
蓮華虚空蔵菩薩像（五大虚空蔵菩薩）
法界虚空蔵菩薩像（五大虚空蔵菩薩）
業用虚空蔵菩薩像（五大虚空蔵菩薩）
摩尼虚空蔵菩薩像（五大虚空蔵菩薩）
摩尼虚空蔵菩薩像（側面）
摩尼虚空蔵菩薩像（面部側面）
法界虚空蔵菩薩像（面部）
如意輪観世音菩薩像（大阪・観心寺）
如意輪観世音菩薩像（面部）
如意輪観世音菩薩像（側面）
如意輪観世音菩薩像（斜面）
阿弥陀如来像（京都・広隆寺）
釈迦如来像（奈良・室生寺）
十一面観世音菩薩像（奈良・室生寺）
地蔵菩薩像（奈良・室生寺）
釈迦如来像（奈良・室生寺）
釈迦如来像（京都・神護寺）
毘沙門天及吉祥天女善膩師童子像（京都・鞍馬寺）
善膩師童子像（面部）
聖観世音菩薩像（京都・広隆寺）
聖僧文殊像（京都・教王護国寺）
道詮律師像（奈良・法隆寺）
僧形八幡神像（奈良・薬師寺）
神功皇后神像
仲津姫命神像
十二神将像（奈良・興福寺）

**平安時代後期　絵画**

勤操僧都図（和歌山・普門院）
慈恩大師図（奈良・薬師寺）
五重塔柱絵（西面部分大日如来）（京都・醍醐寺）
鳳凰堂扉絵（来迎図其一）（京都・平等院）
鳳凰堂扉絵（来迎図其二）
鳳凰堂扉絵（来迎図其三）
鳳凰堂扉絵（来迎図其四）
鳳凰堂扉絵（牧馬図）
鳳凰堂壁画（舞楽図）
阿弥陀堂壁画（天人供養図其一）（京都・法界寺）
阿弥陀堂壁画（天人供養図其二）
阿弥陀三尊及童子図（中幅阿弥陀如来）（奈良・法華寺）
阿弥陀三尊及童子図（右幅部分勢至菩薩）
阿弥陀三尊及童子図（左幅部分童子）
阿弥陀三尊及童子図（右幅部分観音菩薩面部）
阿弥陀如来及二十五菩薩来迎図（和歌山・大円院外十九箇院）
阿弥陀如来及二十五菩薩来迎図（中幅部分弥陀如来）
阿弥陀如来及二十五菩薩来迎図（中幅部分観音菩薩）
阿弥陀如来及二十五菩薩来迎図（中幅部分観音菩薩面部）
阿弥陀如来及二十五菩薩来迎図（中幅部分勢至
阿弥陀如来及二十五菩薩来迎図（左幅部分）
山水屏風図（京都・教王護国寺）
厨子扉絵（外面）（東京・東京美術学校）
厨子扉絵（帝釈天梵天図）
厨子扉絵（部分梵天面部）
厨子扉絵（多聞天広目天図）
厨子扉絵（増長天持国天図）
厨子当陽（全図）
厨子当陽（部分弁才天面部）
厨子当陽（部分訶梨諦母図）
倶舎曼荼羅図（部分）（奈良・東大寺）
涅槃図（和歌山・金剛峯寺）
涅槃図（部分）
金棺出現図（京都・長法寺）
孔雀明王図（奈良・法隆寺）
帝釈天図（十二天）（京都・教王護国寺）
風天図（十二天）
水天図（十二天）
天台高僧図（其一）（兵庫・一乗寺）
天台高僧図（其二）
普賢菩薩図（東京・帝室博物館）
普賢菩薩図（面部）
普賢延命図（京都・松尾寺）
釈迦如来図（京都・神護寺）
弥勒菩薩図（奈良・宝山寺）
弥勒菩薩図（面部）
薬師十二神将図（和歌山・桜池院）
薬師十二神将図（部分）
善女竜王図（和歌山・金剛峯寺）
不動明王及二童子図（京都・青蓮院）
持国天図（二天）（奈良・興福寺）
持国天図（二天面部）
増長天図（二天面部）
増長天図（二天面部）
金剛界曼荼羅図（和歌山・金剛峰寺）
宝楼閣曼荼羅図（京都・宝菩提院）
焔魔天図（京都・観智院）
焔魔天図（京都・醍醐寺）
阿弥陀三尊来迎図（石川・心蓮社）
阿弥陀二十五菩薩来迎図（奈良・興福院）
涅槃図（奈良・新薬師寺）
涅槃図（部分）
十六羅漢図（其一）（滋賀・来迎寺）
十六羅漢図（其二）
法華経扇面冊子切下絵（其一）（大阪・四天王寺）
法華経扇面冊子切下絵（其二）
法華経扇面冊子下絵（其一）（東京・帝室博物館）
法華経扇面冊子下絵（其二）
妙法蓮華経見返絵（薬草喩品）（大阪・武藤山治氏）

平家納経見返絵（妙法蓮華経涌出品）（広島・厳島神社）
法華経冊子下絵（大阪・上野精一氏）
法華経冊子下絵（東京・前山久吉氏）
大般若経見返絵（第一百八十二）（岩手・中尊寺・経蔵）
大般若経見返絵（第二百六十七）
信貴山縁起（飛倉巻）（奈良・朝護孫子寺）
信貴山縁起（飛倉巻）
信貴山縁起（延喜加持巻）
信貴山縁起（延喜加持巻）
信貴山縁起（尼公巻）
信貴山縁起（尼公巻）
鳥獣戯画（其一）（京都・高山寺）
鳥獣戯画（其二）
当麻曼荼羅図（伝天平原本部分）（奈良・当麻寺）
（補遺）

**第一〇巻　図像部下**（未刊行）

## 聖徳太子全集

聖徳太子奉讃会編　竜吟社刊
昭和一七―一九　四巻

**第一巻　十七条憲法**

**古註釈**

聖徳太子十七憲章并序註
聖徳太子十七ヶ条之憲法并註
聖徳太子平氏伝雑勘文下一抄
上宮太子拾遺記第四抄
聖徳太子憲法　法印玄恵注
太子伝玉林抄巻第十一抄
聖徳太子御憲法玄恵註抄
聖徳太子十七憲法註
十七憲法和解俗評　岡田徯志
日本書紀通証巻二十七抄　谷川士清
書紀集解巻第二十二抄　河村秀根
聖徳太子十七憲法弁義　斎藤彦麻呂

**論文**

聖徳太子十七条憲法（日本古代法釈義第一章）
有賀長雄
聖徳太子の十七条憲法に就て　黒板勝美
憲法十七条に就て　岡田正之
聖徳太子の憲法十七条　三浦周行
聖徳太子の十七条憲法論　植木直一郎
古写本日本書紀に就きて　内藤湖南
十七条憲法と羅馬の十二表法との比較　牧健二
十七条憲法と勝鬘経義疏との思想的連関　白井成允
憲法十七条に於ける国家と倫理　小野清一郎
御筆集成の三経義疏抄と十七条憲法の条章及外国語訳文に就て　姉崎正治

**第二巻**

未刊

**第三巻　聖徳太子伝（上）**

上宮記（逸文）
釈日本紀巻第十三（前田侯爵家本）
聖徳太子平子伝雑勘文下三
上宮聖徳法王帝説（知恩院本）
推古天皇紀（日本書紀巻第廿二）（東洋文庫本）
上宮太子菩薩伝（東大寺本）（唐　思託）
上宮聖徳太子伝補闕記（彰考館本）
聖徳太子伝（逸文）（明一）
上宮太子拾遺記第一
聖徳太子伝暦（藤原猶雪復原本）　藤原兼輔
上宮太子伝（広島文理科大学本）
上宮太子御記（本願寺本）　源為憲
聖徳太子伝私記（古今目録抄）（御物）　顕真
聖徳太子伝記（東大寺本）
聖徳太子伝記（残闕）（金剛寺本）
太子御伝銘記集

**第四巻　聖徳太子伝（下）**

**解題**

聖徳太子　薗田宗恵
聖徳太子実録　久米邦武
聖徳太子伝　境野哲
聖徳太子御伝　黒板勝美

**第五巻　太子関係芸術**

**解題**

第一章　聖徳太子の信仰と其の芸術
第二章　聖徳太子像の種々相
第三章　聖徳太子関係の曼荼羅
第四章　聖徳太子絵伝
第五章　聖徳太子和讃
第六章　聖徳太子講式
第七章　聖徳太子に関する謡曲其他

**本文**

一　太子和讃
太子和讃（伝解脱上人作）
皇太子聖徳奉讃（愚禿善信作）
聖徳太子和讃（思円上人作）（頓覚上人作）
皇太子聖徳奉讃（愚禿親鸞作）
大日本粟散聖徳太子奉讃（愚禿親鸞作）
二　太子講式
上宮太子講式（三段講式）
聖徳太子講式（三段講式、二種）
聖徳太子講式（五段講式）
聖徳太子讃嘆式（五段講式）
聖徳太子講式（五段講式、二種）
聖徳太子講式（六段講式）
聖徳太子講略式
聖徳太子牛身供式
如意輪講式
太子曼荼羅講式
三　太子関係の歌謡
謡曲「上宮太子」
謡曲「太子」
法隆寺縁起白拍子

**口絵**

〔国宝〕聖徳太子南無仏像（建武五年銘）（広

島・浄土寺蔵)、他一六

**図版**

太子像　「六
(国宝) 南無仏太子像 (兵庫・善福寺蔵)、他六

**第六巻**

未刊

## 恵心僧都全集
比叡山専修院・同叡山学院編　比叡山図書刊行所刊 (復刻 思文閣刊)
昭和二―三 (昭和四六 復刻)　五巻

**第一巻**

往生要集
観心略要集
二十五三昧起請
二十五三昧式
阿弥陀経略記
観無量寿経疏顕要記破文
真如観
正修観記
往生極楽偈
敬白念仏勧進
自行念仏問答
決定往生縁起
臨終行儀
六時和讃
十楽和讃
来迎和讃
二十五菩薩和讃
(附録)
二十五三昧根本結縁衆過去帳
二十五三昧結縁過去帳

**第二巻**

一乗要決
答日本国師二十七問并序
妙行心要集
三大部略頌
六十巻裏書
止観坐禅記
天台円宗三大部鈎名目
智者大師画讃註
天台大師和讃

**第三巻**

十如是義私記
三周義私記
六即詮要記
三身義私記
三身義私記
即身成仏義私記
法華即身成仏要記
法華弁体
時教略頌
前後両番尽理集
御廟決
文殊楼決
枕双紙
一心三諦枕
発起宿善鈔
教観大綱
法華経義読
法華護摩偈文
法華経読誦観
法華観法
観心往生論
阿弥陀観心集
本尊観
阿弥陀仏白毫観
白骨観
空観
恵心兜率御消息
山王権現和讃
三界義

**第四巻**

大乗対倶舎抄

**第五巻**

倶舎論頌疏正文
倶舎疑問
因明論疏四相違略註釈
要法文
菩提集
本覚讃
本覚讃釈
講演心経義
読経用心
十大願
尊勝要文
大般若経大意略頌
普賢講作法
霊山院釈迦堂毎日作法
出家授戒作法
自誓戒
呪願
引導法則
疫病式
涅槃講式
地蔵講式
慈恵大師講式 (一講式)
慈恵大師講式 (沓冠式)
自行略記
懈怠者行記
一念弥陀意
十戒卑下心集
楞厳語萃
山王讃釈
詩並歌
大黒天和讃
(附録)
楞厳院源信僧都伝
延暦寺首楞厳院源信僧都伝
慧心院源信僧都行実
恵心僧都絵詞伝
章疏序並跋
恵心僧都撰述目録集
恵心僧都全集総目録

## 伝教大師全集 (新版)
比叡山専修院附属叡山学院編　日本仏書刊行会刊 (復刻 世界聖典刊行協会刊)
昭和四一―四三 (昭和五〇 復刻)　五巻

**第一巻**

願文
天台法華宗年分縁起
天台法華宗年分学生式
比叡山法華院得業式
請菩薩出家表
顕戒論
内証仏法相承血脈譜
請立大乗戒表別伝
天台法華宗学生名帳
上顕戒論表
上顕戒論表一首
顕戒論縁起
根本大師臨終遺言
授菩薩戒儀
天台法華宗学生式問答
末法灯明記
一乗戒建願記
菩薩次第明拠
正像末文
一心金剛戒体秘決
一心金剛戒体決
菩薩戒発願文
一心戒文
顕戒論後書
校正顕戒論序
弘顕戒論縁起序

**第二巻**

照権実鏡
法華去惑
守護国界章
決権実論
通六九証破比量文
再生敗種義

**第三巻**

法華秀句
払惑袖中策
依憑天台集
愍諭弁惑章
三平等義
二諦義私記
大品般若経開題
金剛般若経開題
般若心経開題
大般若経開題
理趣般若経開題
摩訶般若心経秘決
仁王経開題
無量義経開題

註無量義経徳行品　法華経開題
法華経二十八品由来各品開題
観音経開題　普賢経開題
二十八品讃詩二十八首絶句
二十八品外別述鄙懐二絶
法華諸品大意　法華二十八品肝要
宇佐宮経釈文事　法華論科文

**第四巻**
註金剛錍論
註仁王護国般若波羅蜜経
天台霊応図本伝集　経師観行
破十軍修仏道私記　浄土記
観心無作念仏
大同四年始修法華長講願文
長講法華経先分発願文同後分略願文
長講金光明経会式　長講仁王般若経会式
七難消滅護国頌　薬師如来講式
六天講式　請入唐請益表
御経蔵宝物聖教等目録
伝教大師将来目録　上金字仁王般若経表
胎蔵縁起　阿字賛語
伝教大師付法文　灌頂七日行事鈔
金剛界灌頂行事鈔　鎮将夜叉秘法
鎮将夜叉秘密念誦法　鎮将夜叉次第
合壇灌頂記
両部秘密許可并大結界式
薬師儀軌　薬師如来念誦法
阿闍梨大曼荼攞灌頂儀軌
灌頂伝授秘録
仏説七倶胝仏母准泥大明陀羅尼念誦法門
伝教大師毎日一千部法華大事

**第五巻**
天台法華宗伝法偈　天台法華宗付法縁起
師資相承血脈文　天台宗未決
天台法華宗牛頭法門要纂
修禅寺相伝私注　修禅寺相伝日記
三大章疏七面相承口決
在唐問答　四夜伝
妙法蓮華経出離出死血脈
本理大綱集
天台法華宗生知妙悟決
断証決定集　円実義抄
法界心体論　法華宗伝記
法華肝要略注秀句集　頓超秘密綱要略注
五部血脈　三仏礼誦文
根本中堂本尊事
止観院本尊以一仏名釈迦薬師二仏事
六所宝塔願文　九院事
作鴻鐘募疏　比叡山相輪樘銘
比叡山東塔縁起　三宝住持集並残欠
面接口決　応住持仏法事
弘仁三年遺書　授慈覚大師付法文
華表額文
山王授四教於天台大師事
止観院蘂篠中山王垂迹事
山王略記　請十大徳書
与藤原朝臣乞灌頂資具書
伝教大師消息四十通
弘仁七年謁四天王寺聖徳太子廟詩
復藤左大将書
与元興寺護命大僧都書
和歌九首　紅葉渓聯
（附録）
叡山大師伝　仁忠師撰
比叡山延暦寺元初祖師行業記　円珍師撰
比叡山寺改号延暦寺記
伝教大師伝　柱下少史三善為康撰
伝教大師伝　非際師撰
伝教大師由緒　国府牒
度牒　戒牒
修行入位記　補内供奉官符
高雄山寺講天台法門勅
善議等謝差勅使表
謝東宮差使随喜高雄法会啓　台洲公験
入唐勅宣釈書資治表　勅答
護持僧官符　允許大乗戒官符
伝灯大法師位記　贈位諡号勅書
大政官牒　行満和上印信
学天台宗法門大意　順暁闍梨付法文
道邃和尚付法文　道邃和尚施与物目録
行満和尚施与物疏　尺牘（伝教大師）
讃並系　外護檀越
本朝灌頂之始　文殊堂供養
根本中堂初度供養事
序並跋伝教大師御撰述目録
伝教大師章疏
延暦寺伝教大師撰述目録諸宗章疏録
伝教大師撰集録
撰述目録天台霞標所録
伝教大師撰述台密目録
山家高祖伝教大師最澄撰

## 天台宗全書
天台宗典刊行会編　同刊行会事務所刊（復刻 第一書房刊）
昭和一〇—一二（昭和四八　復刻）　二五巻

**第一巻**（復刻版第一九巻）
無量義経疏　三巻　憐昭
玄義本書聞書　一〇巻　明導
**第二巻**（復刻版第四巻）
観経疏弘深抄　九巻　実導
**第三巻**（復刻版第二巻）
観経疏妙宗鈔講述　五巻　守脱
十不二門指要鈔講述　二巻　守脱
観音玄義記科　三巻　守脱
観音玄義記講述　四巻　守脱
光明玄記科　三巻　守脱

金剛錍論講述　一巻　守脱
菩薩戒疏講述　二巻　守脱
大乗起信論講述　一巻　守脱
**第四巻**（復刻版第三巻）
雑雑私用抄第一（巻一―巻一〇）
**第五巻**（復刻版第一七巻）
雑雑私用抄第二（巻一一―巻二〇）
**第六巻**（復刻版第二五巻）
雑雑私用抄第三（巻二一―巻三〇）
**第七巻**（復刻版第一八巻）
宗要白光（恵光房流）九巻
補遺
**第八巻**（復刻版第二二巻）
天台名目類聚鈔　一三巻　貞舜
**第九巻**（復刻版第九巻）
一帖抄（恵心流内証相承法門集）一巻　俊範
蔵田抄（相伝七箇条抄）一巻　心聡
河田谷傍正十九通　一巻　信尊
二帖御抄（一流相伝法門見聞）二巻　心賀御談
尊海伝授
二帖御抄見聞　三巻　尊舜
八帖抄聞書　一巻　心賀御談　一海筆録
八帖抄見聞事　一巻　直海
等海口伝抄（宗大事口伝抄）一七巻　等海
**第一〇巻**（復刻版第六巻）
宗要抄（上三川）六巻　信俊
**第一一巻**（復刻版第一三巻）
義科十六算題略鑒　一巻
十六義科目録　一巻　千観
義科相伝抄　一六巻　静什
例講問答書合　一二巻
**第一二巻**（復刻版第一〇巻）
義釈捜決抄第一（巻一、一―六）　実導
**第一三巻**（復刻版第一三巻）
義釈捜決抄第二（巻二、一―六）　実導
**第一四巻**（復刻版第七巻）
密教論議法則　一巻
台密問要略鈔　四巻　豪実
台密問要集　一二巻（二巻欠）
遮那業論談　一巻
秘教要略抄　一巻　顕春
天台宗遮那経業破邪弁正記　二巻　薬雋
義釈第一私鈔　二巻　実導
北嶺伝弘五教成仏義　六巻　亮碩
**第一五巻**（復刻版第一一巻）
十八道立印鈔　一巻　実導
胎記立印鈔　一巻　実導
金記立印鈔　一巻　実導
伝法要決鈔　五巻　実導
息心立印鈔　一一巻　実導
**第一六巻**（復刻版第一五巻）
菩薩戒義記聞書（永徳記）一三巻　実導
**第一七巻**（復刻版第五巻）
顕戒論賛宗鈔　一巻　可透
大戒決疑弾妄録　三巻　真流
顕戒論闡幽記　四巻　真流
顕戒論講弁　三巻　覚宝
**第一八巻**（復刻版第八巻）
円戒十要　一〇巻　亮碩
雹編　九巻
**第一九巻**（復刻版第一二巻）
金剛秘密山王伝授大事　一巻　忠尋
日吉山王権現知新記　三巻　豪観
和光同塵利益灌頂　一巻
天地神祇審鎮要記　三巻　慈遍
七社略記　一巻　存心
山王略抄　一巻　道順
一実神道相承口決　一巻　慈眼
山王一実神道口授御相承秘記　一巻　乗因
転輪聖王章　一巻　乗因
転輪聖王章内篇　一巻　乗因
山王一実神道原　一巻　慈等
祭典開覆章　一巻　僧慈
和光再暉　一巻　賢暁
**第二〇巻**（復刻版第一巻）
華頂要略第一（首巻―巻三、巻三一―巻四〇）
為善
**第二一巻**（復刻版第一四巻）
華頂要略第二（巻四一―巻四七）　為善
**第二二巻**（復刻版第一六巻）
華頂要略第三（巻四八―巻五五下）　為善
**第二三巻**（復刻版第二四巻）
東塔五谷堂舎並各坊世譜　一巻
西塔堂舎並各坊世譜　一巻
横河堂舎並各坊世譜　一巻　智湛
比叡山堂舎僧坊之記（附・名所）一巻
山門記　一巻　覚恩
山門名所旧跡記　二巻（延享本）
山門堂社由緒記　三巻（明和本）
東叡山子院現住法脈記　一巻
日光座主御歴代　一巻
日光山列祖伝　三巻
日光各院世代記　一巻
**第二四巻**（復刻版第二一巻）
法華懺法聞書　一巻
法華懺法毫談抄　二巻
法華懺法抄　一巻　実海
法華懺法　二巻
法華懺法　六巻　定珍
法華懺法略抄　一巻　慈門
懺法例時附録　一巻
例時作法略抄　一巻
阿弥陀経見聞　六巻　栄心
**第二五巻**（復刻版第二〇巻）
智無智通用集　五巻　勝範
法則集（安居院流）一巻　信承
法則彙雋　二巻　追加一巻
拾珠鈔　一〇巻

叡川義方　一巻　良堪
探題故実記　一巻
探題故実私記　一巻
西窓随筆　一巻　覚深
官僧衣体編　一巻　乗因
台宗官名法衣録　一巻　覚範
台宗僧侶経歴衣体記　一巻

**弘法大師全集**（**増補三版**）
長谷宝秀編　高野山大学密教文化研究所刊
昭和四〇—四三　八巻

**首巻**
弘法大師全集総目次
空海僧都伝　真済撰
大僧都空海伝　藤原良房撰
贈大僧正空海和上伝記　貞観寺座主記
弘法大師伝　後宇多法皇撰
大師御行状集記　経範撰
弘法大師御伝　兼意撰
高野大師御広伝　聖賢撰
弘法大師行化記　藤原敦光撰

**第一輯**
**巻第一**〔**第一編之一・相承部第一**〕
秘密漫荼羅教付法伝　二巻
真言付法伝（略付法伝）　一巻
御請来目録　一巻
真言宗所学経律論目録　一巻
**巻第二**〔**第一編之二・教相部第二之一**〕
秘密漫荼羅十住心論　一〇巻
**巻第三**〔**第一編之三・教相部第二之二**〕
秘蔵宝鑰　三巻
弁顕密二教論　二巻
即身成仏義　一巻
声字実相義　一巻
吽字義　一巻
般若心経秘鍵　一巻
大毘盧遮那成仏経疏文次第　一巻
大日経疏要文記　一巻
釈論指事　二巻
**巻第四**〔**第一編之四・教相部第二之三**〕
大日経開題（法界浄心）　一巻
大日経開題（衆生狂迷）　一巻
大日経略開題（今釈此経）　一巻
大日経開題（大毘盧遮那）　一巻
大日経開題（隆崇頂不見）　一巻
大日経開題（三密法輪）　一巻
大日経開題（関以受自楽）　一巻
金剛頂経開題　一巻
教王経開題　一巻
理趣経開題（弟子帰命）　一巻
理趣経開題（生死之河）　一巻
理趣経開題（将釈此経三門分別）　一巻
真実経文句　一巻
実相般若経答釈　一巻
仁王経開題　一巻
法華経開題（開示茲大乗経）　一巻
法華経開題（重円性海）　一巻
法華経釈　一巻
法華経開題（殑河女人）　一巻
法華経密号　一巻
梵網経開題　一巻
最勝王経開題（独尊大空）　一巻
金勝王経秘密伽陀　一巻
金剛般若波羅密経開題　一巻
一切経開題　一巻
**巻第四増補**
法華経開題
法華経開題
最勝王経略釈
大師御釈

**第二輯**
**巻第五**〔**第一編之五・事相部第三之一**〕
秘蔵記　一巻
五部陀羅尼問答偈讃宗秘論　一巻
三昧耶戒序　一巻
秘密三昧耶仏戒儀　一巻
平城天皇灌頂文　一巻
建立曼荼羅次第法　一巻
念持真言理観啓白文　一巻
胎蔵灌頂略記　一巻
金剛界黄紙次第　一巻
金剛界御作次第　一巻
金剛界漢字次第　一巻
具足次第記　一巻
**巻第六**〔**第一編之六・事相部第三之二**〕
[梵字]（胎蔵梵字次第）　一巻
[梵字]（胎蔵略次第）　一巻
胎蔵普礼五三次第　一巻
[梵字]（作礼法便次第）　一巻
胎蔵界念誦次第（五輪投地次第）　一巻
胎蔵略次第　一巻
胎蔵略次第（大師御筆本写之）　一巻
大師御筆次第　一巻
胎蔵略法次第
十二真言王儀軌　一巻
作法次第　一巻
無量寿如来供養作法次第（紅頗梨秘法）　一巻
大仏頂略念誦法　一巻
金剛頂経一字頂輪王儀軌音義　一巻
**巻第七**〔**第一編之七・事相部第三之三**〕
千手観音行法次第（大師）　一巻
持宝金剛念誦次第　一巻
持宝金剛念誦法次第　一巻
一切如来大勝金剛頂最勝真実三昧耶品次第観念　一巻
一切如来大勝金剛次第観念（大勝金剛次第）　一巻
十八道頸次第（大師）　一巻

梵字十八道（御作）　一巻
十八道念誦次第（大師中院）　一巻
十八契印　一巻
無動尊瑜伽成就法軌次第（不動次第）　一巻
不動明王念誦次第（納涼房次第）　一巻
[illegible]十九種相観想略頌文（不動尊功能）　一巻
歓喜天次第　一巻
護摩次第（御作）　一巻
息災次第　一巻
護摩口決（御作）　一巻
護摩私記　一巻
灌頂印信　一巻
実慧大徳授法印信

**〔第一編之八・悉曇部第四〕**

梵字悉曇字母并釈義　一巻
大悉曇章　二巻

**〔第一編之九・遺訓部第五〕**

太政官符并遺告　一巻
御遺告（二十五箇条）　一巻
遺告真然大徳等　一巻
遺告諸弟子等　一巻
遺誡（出家修道）　一巻
遺誡（剃頭染衣）　一巻

## 第三輯

**巻第八〔第一編之一〇・文学部第六之一〕**

文鏡秘府論　六巻

**巻第九〔第一編之一一・文学部第六之二〕**

文筆眼心抄　一巻
聾瞽指帰　一巻
三教指帰　三巻
執筆法使筆法　一巻
篆隷万象名義
いろは歌　一首
五十音図　一首

**巻第一〇〔第一編之一二・文学部第六之三〕**

遍照発揮性霊集　一〇巻
高野雑筆集　二巻
拾遺雑集　一巻

## 第四輯

**巻第一一〔第二編之一・教相部第一之一〕**

真言宗即身成仏義（本書問答）　一巻
即身成仏義　一巻
真言宗即身成仏義　一巻
即身成仏義（異本）　一巻
異本即身成仏義　一巻
真言宗即身成仏義（本書問答）　一巻
大日経開題（釈此経用三門）　一巻
理趣経開題（将釈此経今略以三門分別）　一巻
理趣経開題（帰命毘盧遮那仏）　一巻
法華経開題（夫二儀有像）　一巻
法華経秘釈　一巻
法華十不同　一巻
金光明最勝王経開題（玉豪円相）　一巻
大仏頂経開題　一巻
孔雀経開題　一巻
浴像経開題（高祖）　一巻
大般若経開題　一巻
[illegible]義
雑問答　一巻
真言二字義　一巻
阿字義　一巻
即身成仏文　一巻
陀羅尼義　一巻
四種曼荼羅義　一巻
四種曼荼羅義口決　一巻
三業十条義　一巻
金剛界業義　一巻

**巻第一二〔第二編之二・教相部第一之二〕**

守護国界経釈　二巻

**〔第二編之三・事相部第二之一〕**

真言伝授作法（受法作法）　一巻
金剛弟子儀（大師）　一巻
奉為嵯峨太上太后灌頂文　一巻
金剛界大儀軌　一巻
無尽荘厳蔵三昧念誦次第私記（御伝）　一巻
[illegible]記（金剛界降三世五重結護）　一巻

**巻第一三〔第二編之四・事相部第二之二〕**

胎蔵備在次第（大師）　一巻
備在次第　一巻
胎蔵界吽字次第　一巻
求聞持次第　一巻
求聞持次第　一巻
求聞持法略次第　一巻
仁王般若経念誦次第　一巻
守護国界経念誦次第　一巻
舎利法　一巻
持宝金剛念誦次第　一巻
双身毘沙門法　一巻
六種外護摩略記　一巻
護摩次第　一巻
観内護摩　一巻
法身三密観図　一巻
五大明王義　一巻
五大明王義　一巻
金剛手光明灌頂経最勝立印聖無動尊大威怒王念誦儀軌法品（納涼房次第）　一巻
[illegible]功能（不動尊功能）　一巻

## 第五輯

**巻第一四〔第二編之五・雑部第三〕**

玉造小町子壮衰書　一巻
遠江浜名淡海図　一巻
実語教　一巻
分毫字　一巻
上宮太子廟参拝記文　一首
弘法大師名刺　一首
寄伝教大師請質悉曇疑書　一首
弘法大師逆修日記事　一首
弘法大師勧発道心頌　一首

日日影向文　一首
我昔遇薩埵偈　一首
遺誡（真言行人）　一巻
再遺告（告未来弟子等）　一巻
和歌集　一巻

**〔第三編之一・神道部第一〕**
天地麗気記　一八巻
両宮形文深釈　二巻
中臣祓訓解　一巻
大日尊神中臣祓天津祝大祝詞文伝　一巻
十種神宝図　一巻
両部神道二図　一巻
舎心山太竜寺縁起　一巻
丹生大神宮之儀軌　一巻
神祇通用之祭文　一巻
太神宮啓白文　一巻
雨宝童子啓白　一巻
雨宝童子啓白文（新補）　一巻
理趣摩訶衍（新補）　三巻

**〔第三編之二・雑部第二〕**
心経釈　一巻
秘肝鈔　一巻
虚空蔵七日成就秘法　一巻
法界塔婆観　一巻
南無仏舎利口訣義軌（南無仏秘記）　一巻
釈尊御舎利義記　一巻
駄都秘式　一巻
舎利講秘式　一巻
光明真言秘式　一巻
能延六月表白　一巻
無常呪願文　一巻
妙覚心地祭文　一巻
妙覚宮廻向　一巻
星供祭文　一巻
白紙祭文　一巻
弁才天講式　一巻
毘沙門講式　一巻
大黒天神式　一巻
三宝荒神祭文　一巻
荒神式　一巻
魔鬼回向　一巻
鬼神法楽次第　一巻
仏神三宝祈二世之悉地文　一巻
弘法大師念仏口伝集　一巻
弘法大師十種之常　一巻
弘法大師勧発修行記　一巻
御遺誡（固守戒律）　一巻
弘法大師制戒文（七十二箇条）　一巻
弘法大師三十二相　一巻
高祖大師四十八戒起請文　一巻
至要鈔　一巻

**巻第一四　増補**
阿弥陀式　一巻
秘密地蔵講式　一巻
神明法施式　一巻

**巻第一五　附録**
蘭契遺音集　一巻
追懐文藻　一巻
官符等編年雑集　一巻
官符等編年雑集増補　一巻
弘法大師御作書目録（済暹僧都撰）　一巻
御作目録（高野大師御広伝所載　三密房聖賢記）
一巻
大遍照金剛御作書目録（正覚房集）　一巻
高祖御製作書目録（伝法院覚鑁集）　一巻
御作目録（[梵字]上人集）　一巻
大師御作書目（常喜院心覚記）　一巻
高野山大伝法院御作目録　一巻
大師御作書目録　一巻
高山寺法鼓台聖教目録（第十四御作記者未詳）
一巻
御作目録（教王常住院本）　一巻
大師御開題目録（真俗雑記所載　頼瑜）　一巻
大師御作日録（政祝）　一巻
御作日録（釈教諸師製作目録所載）　一巻
御作日録（諸宗章疏録所載　恵範集　謙順補）
一巻
御作日録（弘法大師正伝所載　醍醐座主高演纂）「一巻

**第六輯**
篆隷万象名義（高山寺本）　六帖

**第七輯**
索引


## 真言宗全書

真言宗全書刊行会編　同刊行会刊
昭和八―一四　四四巻


**第一巻**
秘密儀軌随聞記　巻一―二〇　性寂口　勝慧記

**第二巻**
秘密儀軌随聞記　巻二一―三〇　性寂口　勝慧〔記
秘密儀軌伝授口決　八巻　真常撰

**第三巻**
大日経疏義述　巻一―一八　宥祥撰

**第四巻**
大日経疏義述　巻一九―三〇　宥祥撰
供養法疏上下聞書　一巻　覚和

**第五巻**
[梵字]秘決　二巻　実運
[梵字]口決　五巻　道範
瑜祇秘要決　二巻　性心

**第六巻**
理趣経訓読抄　一巻　頼宝
理趣経私記　三巻　頼誉
理趣経直談鈔　二巻　純瑜
理趣経仮名抄　三巻　頼慶
理趣経綱要　一巻　浄厳

般若理趣経簡要　三巻　等空撰
**第七巻**
釈論十二鈔私記　一〇巻　長覚
釈論名目　二巻　印融
釈摩訶衍論自鈔　五巻　妙瑞
**第八巻**
金剛頂瑜伽中発阿耨多羅三藐三菩提心論　一巻〔竜猛
菩提心記決　一巻
菩提心論密談鈔　五巻　本円
菩提心論聞書　七巻　杲宝
菩提心論鈔　一〇巻　宥快
菩提心論三摩地段抄　一巻　快全
菩提心論講要　一巻　浄厳
**第九巻**
秘蔵記　一巻　空海
秘蔵抄　七巻（内題、秘蔵記私聞書）
秘蔵記拾要記　九巻　隆瑜撰
**第一〇巻**
十住心論衆毛鈔　一八巻　頼瑜
**第一一巻**
秘蔵宝鑰鈔　三巻　藤原敦光撰
秘蔵宝鑰勘註　八巻　頼瑜撰
秘蔵宝鑰私記　三巻　政祝集
**第一二巻**
二教論指光鈔　五巻　頼瑜
二教論鈔　三〇巻　宥快
二教論興国鈔　五巻　宥快
**第一三巻**
即身成仏義　一巻　空海
即身成仏義顕得鈔　三巻　頼瑜撰
即身義鈔　四巻　性心撰
即身成仏義鈔　一〇巻　宥快
即身成仏義私記　五巻　曇寂撰
**第一四巻**
声字実相義　一巻　空海
声字実相義抄　二巻　道範
声字義問答　一巻
声字実相義開秘鈔　二巻　頼瑜撰
声字実相義口筆　五巻　賢宝撰
声字実相義鈔　三巻　宥快
声字実相義私記　三巻　曇寂
声字実相義紀要　三巻　周海述
**第一五巻**
吽字義　一巻　空海撰
吽字義釈勘注抄　三巻　隆源述
吽字義探宗記　二巻　頼瑜撰
吽字義聞書　一巻　定俊
吽字義鈔　一〇巻　宥快
吽字義聞書　一巻　頼誉
吽字義私記　三巻　曇寂撰
吽字義纂要　二巻　周海述
**第一六巻**
秘鍵開蔵鈔　二巻　頼瑜
般若心経秘鍵聞書　六巻　杲宝口　賢宝記
般若心経秘鍵鈔　一〇巻　宥快口
般若心経秘鍵信力鈔　二巻　宥快口
**第一七巻**
密宗要決鈔　巻一―一〇　海恵
**第一八巻**
密宗要決鈔　巻一一―三〇　海恵
**第一九巻**
古筆拾集抄　六巻　印融
宗義決択集　二〇巻　宥快等著
**第二〇巻**
杲宝私抄　一二巻　杲宝
杣保隠遁鈔　二〇巻　印融
**第二一巻**
〔梵字〕鈔　二四巻　杲宝口　観宝記
他師破決集　五巻　了賢撰
我慢抄　一巻　杲宝
摧勝述記　一巻　義宝述
貞安問答　一巻　頼慶撰
警覚心続生義　一巻　実詮撰
徧界紅鑪一唾篇　一巻　実詮撰
**第二二巻**
顕密差別問答鈔　二巻　教尋撰
秘宗文義要　五巻　静遍撰
初心頓覚鈔　三巻　道範
宗骨鈔　一巻　憲深
傍論　三巻　我宝
〔梵字〕宥鈔　二巻　宥範
秘蔵要文集　一〇巻　杲宝
**第二三巻**
十八道加行聞書　安祥寺流　一巻　宥快
十八道次第　安　一巻　宥快記　興雅細註
十八道伝授記　勧　一巻　一円
十八道聞書　勧　一巻　賢宝
十八道加行作法　三宝院　一巻　実賢
十八道加行私聞書　三宝院・中性院　一巻
十八道口伝　三宝院・意教方　一巻
十八道勘文　三宝院　五巻
十八道伝受聞書　三宝院・幸心方　一巻　性善〔口　慶盤記
別行次第抄　中院　一巻
行法肝葉鈔　三巻　道範
駄都秘決鈔　七巻　我宝
行法肝要記　一巻　印融
諸流行要　一巻　栄厳
**第二四巻**
金剛界大儀軌肝心秘訣抄　三巻　済暹
金剛界鈔　一二巻　興然
金剛界次第私記　七巻　曇寂
金剛界次第印契私記　一巻
金剛界次第法　石山　四巻　淳祐
**第二五巻**
胎蔵界念誦次第要集記　二〇巻　杲宝撰
**第二六巻**
四種護摩抄記　四巻　淳祐
四種護摩要鈔　二巻　増蓮

四種護摩最要抄 一巻 心覚
五種護摩軍荼記 一巻 千心
六種護摩鈔 一巻 実範
護摩秘要抄 一〇巻 杲宝

**第二七巻**
三昧耶戒作法 般若寺 一巻 観賢
水尾灌頂式 六巻 玄静
徒師灌頂決義抄 四巻 成尊
庭儀灌頂日記 一巻（内題、権律師寛信授灌頂於両人記） 寛信
伝法灌頂文義肝要抄 一巻 心覚
灌頂印明口決 一巻 成賢
幸心院灌頂極秘口決抄 一巻 憲深
灌頂私記雑尋秘決 二巻 澄禅
伝法灌頂応永記 一巻 宥快
伝法灌頂授与記 二巻 宥快
庭儀灌頂行事手鏡 三巻 伝雄
伝法灌頂決疑抄 一巻 孝源
伝法灌頂珍規抄 一巻 最弁
諸流灌頂秘蔵鈔 一巻 政祝

**第二八巻**
秘鈔口決 二八巻 教舜撰

**第二九巻**
興然五十巻鈔目録 一巻 真源編
五十巻鈔 巻一—二二 興然撰

**第三〇巻**
五十巻鈔 巻二三—四二 興然撰

**第三一巻**
五十巻鈔 巻四三—五〇 興然撰
四巻鈔 四巻 俊然

**第三二巻**
西院流能禅方伝授録 一五巻 竜暁

**第三三巻**
三宝院流洞泉相承口訣 巻一—一六 動潮・運助

**第三四巻**
三宝院流洞泉相承口訣 巻一七—二七 動潮・隆応

**第三五巻**
安流伝授紀要 巻一—一一 瑞宝
安流伝授紀要 巻一二—三七 瑞宝

**第三六巻**
小野類秘鈔 七巻 寛信撰
鵝珠鈔 七巻 心覚撰
覚源抄 五巻 蓮道
目次索引

**第三七巻**
真俗雑記問答鈔 二七巻 頼瑜

**第三八巻**
弘法大師年譜 一二巻 得仁
続弘法大師年譜 九巻 得仁

**第三九巻**
血脈類聚記 一三巻
野沢血脈集 三巻

**第四〇巻**
三教勘注抄 二巻 藤原敦光
三教指帰注 三巻（承久本）
三教指帰註抄 三巻（延応本）
三教指帰註刪補 七巻 運敞
三教指帰簡註 四巻 通玄述

**第四一巻**
文鏡秘府論箋 一八巻 維宝編
性霊集私記 二巻

**第四二巻**
遍照発揮性霊集便蒙 一〇巻 運敞撰

**第四三巻 解題**
第一 解題
目次 解題 略字略名作字作名表
第二 著者略伝
目次 附、撰述目録 著者名索引 略伝
第三 刊行要覧
刊行趣旨 総目録 編纂要旨 真言宗全書刊行会規定 刊行会役員

**第四四巻 索引**
件名索引 人名索引 要文索引

**続真言宗全書**
続真言宗全書刊行会編 同刊行会刊
昭和五〇— （刊行中） 四一巻

**第一巻**
諸経儀軌伝授次第目録 一巻 浄厳
諸儀軌訣影 一二巻 浄厳

**第二巻**
諸軌稟承録 第一—九 真常

**第三巻**
諸軌稟承録 第一〇—一三 真常
諸儀軌伝授撮要 二巻 宥範

**第四巻**
密軌問弁 二巻 慧光
密軌問弁啓迪 五巻 慧光
秘密儀軌伝授随筆 一巻

**第五巻**
大日経疏除暗鈔 七巻 道範
大毘盧遮那成仏経疏遍明鈔 二一巻 道範

**第六巻**
大日経疏鈔 二九巻 杲宝

**第七巻**
金剛頂経開題勘註 一巻 道範
金剛頂経開題幼学鈔玄談分 一巻 杲宝
金剛頂経開題問題 一巻 宥快
十八会指帰鈔 一巻 頼瑜
瑜祇経口伝 二巻 道範
瑜祇経秘伝鈔 五巻 祐宣
理趣経玄譚 一巻
般若理趣経愚解鈔 五巻 玄広
理趣釈訣影抄 一巻 浄厳

**第八巻**

釈摩訶衍論鈔　第一―一三　宥快
**第九巻**
釈摩訶衍論鈔　第一四―二八　宥快
**第一〇巻**
釈摩訶衍論鈔　第二九―五〇　宥快
**第一一巻**
菩提心論愚草　四巻　頼瑜
菩提心論引音　一巻　宥快
菩提心論私記　四巻　曇寂
菩提心論追記　一巻　曇寂
**第一二巻**
十住心論私記　一二巻　政祝
**第一三巻**
秘密曼荼羅十住心論科註　巻一―一〇　秀翁
**第一四巻**
秘密曼荼羅十住心論科註　巻一一―二〇　秀翁
**第一五巻**
蔵中冶金抄　一巻　深賢
秘蔵記鈔　一巻　道範
秘蔵記聞書　六巻　我宝
秘蔵記蔵勘抄　五巻　我宝
秘蔵記愚草　五巻　賢宝
**第一六巻**
秘蔵記勘文　三巻　信日
秘蔵記伝授抄　二巻　宥快
秘蔵記宝性合記　一〇巻　建海
秘蔵記旨要鈔　五巻　雄仟
**第一七巻**
即身成仏義聞書　二巻　道範
即身義東聞記　一〇巻　杲宝
即身成仏義身心帝網鈔　二巻　妙瑞
羽翼自考記　一巻　妙瑞
声字実相義愚草　二巻　頼瑜
声字実相義研心鈔　一〇巻　宥快
**第一八巻**
吽字義問題　三巻　成雄
吽字義命息鈔　一〇巻　宥快
吽字義旋陀羅尼門釈　一巻　浄厳
二教論手鏡鈔　三巻　道範
二教論研覈抄　一三巻　杲宝
二教論談塵　四巻　義剛
**第一九巻**
秘蔵宝鑰鈔　四〇巻　宥快
**第二〇巻**
般若心経秘鍵愚草　二巻　頼瑜
秘鍵東聞記　三巻　頼瑜
秘鍵伊路波聞書　三巻　宥快
般若心経秘鍵問題　二巻　成雄
秘鍵文筆抄　一巻　印融
般若心経秘鍵撮義鈔　一〇巻　覚眼
般若心経秘鍵蛇鱗記　二巻　三等
**第二一巻**
真言本母集　第一―一七　頼宝
**第二二巻**
真言本母集　第一八―三四　頼宝
**第二三巻**
纂元面授　一巻　勝賢
顕密問答鈔　二巻　頼瑜
体大東聞記　一巻　頼宝
知自心鈔　一巻　宥快
宗義初心鈔　一三巻　堯智
宗義秘伝私鈔　二巻　印融
密宗仏身建立鈔　一巻　印融
弁弁惑通衡　二巻　寂本
秘密法訓　二巻　妙瑞
六大法身記　一巻　快道
**第二四巻**
胎金秘要鈔　一巻　済暹
両部曼荼羅秘訣　一巻　宏教
両界曼荼羅口決　一巻
両界曼荼羅口訣　一巻
両部曼荼羅私鈔　二巻　印融
両界曼荼羅秘伝抄　一巻　慧光
秘密輪壇義　一巻　慧光
正伝現図曼荼羅印行記　一巻　常塔
現図曼荼羅略要　二巻　輝潭
造壇問訣　一巻　慧曦
理趣会曼荼羅　一巻
理趣経秘密曼荼羅図　一巻
北斗曼荼羅秘記　一巻　宥証
四曼義纂要　二巻　南霊
**第二五巻**
真言附法本朝血脈　一巻
野沢大血脈　一巻
血脈鈔野沢　二巻　杲宝
東寺真言宗血脈　一巻　宥快
血脈記　一巻
血脈私抄　二巻　印融
西院血脈　一巻　印融
血脈中院　一巻
密宗血脈鈔　三巻　恭畏
三十六流大事　一巻
諸印信口決　二九巻　印融
**第二六巻**
御遺告秘決　一巻　実運
御遺告勘註鈔　一巻　尚祚
御遺告釈疑鈔　三巻　頼瑜
御遺告註　一巻　杲宝
御遺告秘訣　一巻　快全
御遺告裏書　一巻　宥快
御遺告伝授頭書鈔　三巻　成雄
御遺告勘註　二巻　景厳
御遺告聞書　一巻　頼慶
御遺告私記　一巻　観応
御遺誡木鐸　一巻　法明
**第二七巻**
御七日御修法日記（文治五年）一巻
御七日御修法日記（建久三年）一巻　範賢

真言院後七日作法　一巻
後七日見聞雑記　一巻　真源
勧修寺流後七日御修法具書　真言宗伝灯会編
西院流後七日御修法具書　真言宗伝灯会編
御七日御修法披露文　一巻
太元法諸次第

**第二八巻**
悉曇私記　一巻　宗叡
悉曇初心抄　一巻　正智房
悉曇字記創学鈔　一二巻　杲宝
悉曇決択鈔　五巻　長覚

**第二九巻**（未刊）
悉曇考覈鈔　四巻　宥快
悉曇字記聞書　六巻　宥快
十八章反音私抄　一巻　印融
悉曇連声集　一巻　澄禅
悉曇伝式附読法仮名問答　一巻
悉曇初学階梯鈔　一巻　快澄
梵字悉曇字母幷釈義発軫　二巻　霊瑞

**第三〇巻**
声実抄　二巻
声明集聞書　一巻
声明口伝　一巻　忠我
声明集私案記　二巻
魚山私鈔略解　四巻　理峯
声明聞書　一巻　廉峯
博士指口伝事　一巻
声明声決書　一巻　慈鏡
乞戒声明古草捃拾　一巻　真源
諸講表白甲乙事　一巻　蘊善
進流声明撮要　一巻　宥雄
三箇秘韻聞記　一巻　寂照
声明大意略頌文解　一巻　寂照
声明愚通集　一巻　恵岳
式一貫秘口伝鈔　一巻　真亮
四座講式註解　一巻　景義
密宗声明系譜　一巻　雲翁

**第三一巻**
秘鈔表白　二巻　守覚
表白集　一巻　貞慶
束草集　六巻　頼豪
諸尊表白抄　八巻　印融
表諷讃雑集　二巻
諸表白　一巻
十二月景気　一巻
諸祭文　一巻

**第三二巻**
秘密漫荼羅教付法伝纂解　五巻　運敞
秘密漫荼羅教付法伝鈔　六巻　信竜
付法伝見聞　六巻
検校明算阿闍梨伝　一巻　懐英
宥快法印物語　一巻　快尊
南山中院真言秘法諸祖伝譜　一巻　維宝

**第三三巻**
類聚八祖伝　一〇巻　栄海
伝灯広録　二六巻　祐宝

**第三四巻**
金剛峯寺諸院家析負輯　第一―五

**第三五巻**
金剛峯寺諸院家析負輯　第六―一〇

**第三六巻**
紀伊続風土記高野山之部　巻一―一〇

**第三七巻**
紀伊続風土記高野山之部　巻一一―一九

**第三八巻**
紀伊続風土記高野山之部　巻二〇―三三

**第三九巻**
紀伊続風土記高野山之部　巻三四―四八

**第四〇巻**
紀伊続風土記高野山之部　巻四九―六〇

**第四一巻**（未刊）
高野山先哲灌頂記録　一巻
高野山諸院家帖　一巻
高野伽藍院跡考　一巻　懐英
金剛峯寺巡礼次第　一巻　高弁
南山秘口　一巻　道範
南山要集　一巻
野山記　一巻　信堅
天正高野治乱記　一巻
高野説物語　五巻
金剛峯寺年中行事　一巻　智照

**第四二巻**（未刊）
続真言宗全書目録並解題

## 智山全書
智山全書刊行会編　智山全書刊行会刊
昭和三九―四四　二〇巻　索引（昭和四四）
解題（昭和四六）各一巻

**第一巻**
大疏啓蒙（五八巻之内前編一七巻）　運敞撰

**第二巻**
大疏啓蒙（五八巻之内後編二一巻）　運敞撰

**第三巻**
大日経住心品疏冠註　九巻　覚眼撰
科註住心品要解　七巻　恵岡撰

**第四巻**
般若理趣経講輯　八巻　道空撰
理趣釈拾要記　七巻　隆瑜撰

**第五巻**
両部曼荼羅執要記　五巻　隆瑜撰
金剛界礼懺文私記　三巻　隆瑜撰
胎蔵界礼懺文拾要記　一巻　隆瑜撰
光明真言経照闇鈔蒙引　三巻　観応撰
五輪九字明秘密釈拾要記　五巻　隆瑜撰

**第六巻**
釈摩訶衍論科註　二〇巻　覚眼撰

**第七巻**

秘密曼荼羅十住心論冠註　一〇巻　亮海撰
秘蔵宝鑰纂解　六巻或問一巻　運敞撰

**第八巻**

十巻章撮義鈔　二七巻　覚眼撰
十巻章亮海録　三四巻　亮海撰

**第九巻**

十八道加行作法伝授手鑑
聖如意輪観自在菩薩念誦次第伝授手鑑
金剛界念誦次第伝授手鑑
胎蔵界念誦次第伝授手鑑
不動護摩私記伝授手鑑
神供作法伝授手鑑
印仏作法伝授手鑑
灌沐仏像作法伝授手鑑
薄初重伝授手鑑
薄二重伝授手鑑
秘鈔伝授手鑑
伝法灌頂三摩耶戒式伝授要意　元瑜編
伝法灌頂金剛界式伝授要意　元瑜編
伝法灌頂胎蔵界式伝授要意　元瑜編
結縁灌頂三摩耶戒金剛界伝授要意　元瑜編
結縁灌頂初夜作法　元瑜編
結縁灌頂小坦略作法　元瑜編
灌頂受者暗誦等伝授要意　元瑜編
伝法灌頂諸加持伝授手鑑
出家受戒作法聞書　動潮口　竜見記
秘蔵金宝集伝授手鑑
諸尊要鈔伝授手鑑
玄秘鈔伝授手鑑
瑜祇経伝授手鑑
御遺告伝授手鑑
厚双紙伝授手鑑
作法集伝授手鑑
諸切紙口決
幸心諸印信
三宝院流幸心方伝授目録

**第一〇巻**

伝法灌頂手鑑　六巻　英範撰
勧学院道場灌頂日記　一巻　貫三撰
伝法灌頂袖中秘事睫　一巻　賢盛記
伝法灌頂秘要録　三巻　英範記
伝法大会手鑑　一巻　広音記
伝法大会竪義手控　一巻　覚眼記
伝法大会（精義引合手控前講法則）　一巻　覚眼記
曼荼羅供私　一帖　亮範記
正徳曼供庭儀式　一巻　覚翁註
曼荼羅供法則手鑑　一巻　英範撰
誦経導師作法　一帖　俊忍註
灌頂誦経導師作法　一帖　住阿記
灌頂誦経表白並誦経導師私記　一帖　快説記
曼供誦経導師作法　一帖　先晋記
曼供誦経導師作法　一帖　文英記
曼供職衆用意　一帖　文英記
磬役要意　一帖　亮範記
乞戒導師作法　一帖　玄瑜記
御遠忌法会記　一巻　興雅集
法事諸役軌則　一巻　隆誉記
智山年中行事　一巻

**第一一巻**

寂照堂谷響集　一〇巻　運敞撰
寂照堂谷響続集　一〇巻　運敞撰
泊如僧正瑞林集　一五巻　慈観編

**第一二巻**

四阿含条目　二巻　海応撰
楼炭経条目　一巻　海応撰
起世経条目　一等　海応撰
立世阿毘曇論条目　一巻　海応撰
宗輪論疏科并図　一巻　宝体良俊撰
異部宗輪論述記海応録　四巻　海応撰　信海註
附、宗輪論述記私記　一巻　海応撰
入阿毘達磨論私記　三巻　海応撰
小乗部七論条目　一巻　海応撰
小乗宗計略鈔　一巻　海応撰
薩婆多六足即鑑　一巻　海応撰
薩婆多部　二巻　海応撰
薩婆多宗六識得魚鈔　一巻　海応撰
三世実有義章　一巻　海応撰
薩婆多宗滅縁滅行闢異翼正記　二巻　亮海撰
滅縁滅行再暉論游刃　一巻　浄空撰
滅縁滅行再暉論游刃釈難　一巻　浄空撰
小乗成実論要文条目　一巻　海応撰
異部宗論述記　二巻　信海手沢本

**第一三巻**

阿毘達磨倶舎論講輯　一巻　道空撰
倶舎論光記講輯　一四巻　道空撰
倶舎論宝疏講輯　九巻・二巻欠　道空撰
諸論宗計抜萃　一巻　融道撰
阿毘達磨倶舎論本頌　一巻　海応手沢

**第一四巻**

倶舎論記疏条目　一巻　海応撰
阿毘達磨倶舎論玄談　一巻　海応述
阿毘達磨倶舎論玄談　一巻　信海記
倶舎論私記　三巻　海応記
倶舎論信海記　一巻　信海撰
倶舎論雑記　一巻　信海撰
倶舎論世間品科図　一巻　海応撰
倶舎論世間品弁義　一巻　海応撰
倶舎論業品随眠品聞書　二巻　海応述　隆瑜記
倶舎論破我品法義難殺　一巻　海応記
倶舎論光記要弁集　二巻　海応・信海入紙　文
京明弁　私集
倶舎論宝疏本論要弁　一巻　海応・信海入紙
文京明弁　私集
倶舎論五縛章　一巻　信海記
有宗九十八随眠五縛記　一巻　竜謙述
有宗六識体別之弁　一巻　信海述
成唯識論述記序解　一巻　実養著　信海手沢
百法問答鈔玄談　一巻　慈観述

百法問答抄指瑕　一巻　道空撰

**第一五巻**

瑜伽師地論条目　二巻　融道撰
瑜伽師地論分科　一巻　海応撰
瑜伽師地論釈記　一巻　海応撰
雑集論幷疏条目　一巻　海応撰
冠註二十疏抜萃　二巻　海応撰
成唯識論綱要集　一巻　信海撰
成唯識論述記玄談　一巻　信海撰
成唯識論述記科文　一巻　融道撰
唯識述記条箇　一巻　融道撰
成唯識論述記外小破文科集　一巻　弘現撰
唯識論了義灯枢要条目　一巻　海応撰
大乗法苑義林章玄叙　一巻　信海撰
大乗法苑義林章本文釈　一巻　信海撰
唯識義林小嶋私記条目　一巻　海応撰
唯識三類境選要　一巻　融道手沢　隆瑜転写
唯識三類境選要講筵私記　一巻　弘現記
四分義極略私記　二巻　海応手沢
十箇聖教条目　一巻　海応撰

**第一六巻**

大智度論条目　一巻　海応撰
百論疏抜集（百論疏条箇）　一巻　海応撰
大乗義章科図　一巻　融道撰
大乗義章条箇　一巻　海応撰
起信義記道空記　二巻　道空撰
起信論義記私記　五巻　海応撰
起信義記察要　一巻　信海撰
大乗起信論義記講義　九巻　良恭撰

**第一七巻**

華厳経探玄記目録　二巻　融道編
花厳探玄記条箇　一巻　海応編
華厳五教章塵芥鈔　八巻　元瑜撰
法花玄賛尋討（内題、法花賛条目）　一巻　海応撰
四教儀集註講柄　四巻　宥豊撰
西谷名目冠註　四巻　観応撰
頭書西谷名目評判　一巻　亮海撰

**第一八巻**

金七十論啓義　三巻　海応撰
十句義論釈聞書　二巻　隆瑜撰
因明三十三過本作法直談鈔　五巻　祐宣撰（未完）
因明論大疏判談記　一巻　亮海撰
科註因明入正理論　一巻　良俊撰
因明瑞源訣択記　八巻　海応撰
種子集　二巻　澄禅編
悉曇愚鈔　二巻　澄禅撰
梵文　一巻　澄禅編
増補悉曇初心鈔　一巻　澄禅撰
六釈法式通関冠註　一巻　宥範撰
六合釈拾要記　二巻　隆瑜撰
因明正理門論本　一巻　海応手沢本
一行禅師字母表　一巻　澄禅書並に手沢
悉曇字記　一巻　澄禅手沢本
八囀声鈔扎点　一巻　浄空撰

**第一九巻**

梵漢標目　三〇巻　大寂集

**第二〇巻**

音訓尋釈　三巻　海応撰
帯数抄　二巻　隆瑜撰
法苑珠林条箇　三巻　隆瑜撰
聖教目録　一巻　海応・信海編
諸宗章疏録　三巻　謙順編
鳴鐘襍録　一巻　大寂編
南海寄帰伝解纜抄科文　一巻　海応撰

**索引**

首字音順索引
書名索引

**解題**

解題
附録　智山学匠略伝

## 豊山全書

田中海応・岡田契昌編　豊山全書刊行会刊
昭和一二―一四　二〇巻

**第一巻**

大日経疏探賾録　一八巻之内八巻　無等述

**第二巻**

金毛倶舎論　二九巻　法住撰
入阿毘達磨論顕宗記　二巻　慈光記
法宗源筌蹄　三巻　知脱撰

**第三巻**

般若理趣経純秘鈔　三巻　亮汰集
般若理趣経純秘鈔講義　五巻　英岳述
般若理趣経純秘鈔存公記　四巻　亮貞述
般若理趣経純秘鈔授決　三巻　隆慶録
般若理趣経純秘鈔解嘲　三巻　隆光述

**第四巻**

人水授受記　九巻　知脱記
伝流受法日記　二巻　亮貞記
伝流灌頂見聞記　一巻　栄祥草
中性院流口決　一巻　通済集

**第五巻**

豊山伝通記　三巻　隆慶輯録
和州豊山長谷寺古今雑録　巻　英岳記
見聞随筆　一巻　英岳記
慶長以来御朱印幷条目等写　一巻
伝法会立義交名記　一巻
豊山続石集　一巻　秀明輯
小池坊末派重立寺院世寿法臈記　一巻
移転地世代記　一巻

**第六巻**

二十論疏私記　三巻　有慶記
唯識二十論述記権衡鈔　一〇巻　快道記

**第七巻**

周易述賛　三六巻之内一九巻　戒定

**第八巻**
令問真言宗要　四巻　慈光
真言宗即身成仏義章愚案集　七巻　信恕
秘密因縁管絃相成義　二巻　法住
秘密因縁管絃相成義弄引　三巻　法住
大日経疏管絃秘訣　一巻　法住
浄菩提心私記要録　一巻　相憲

**第九巻**
因明入正理論疏量議鈔　八巻之内三巻　快道

**第一〇巻**
即身成仏義顕得抄記　七巻　卓義録
声字実相義開秘鈔塵滞記　二巻　卓義録
吽字義探宗記鈔　二巻　卓義録
弁顕密二教論指光鈔記　一巻　卓義録
秘蔵宝鑰勘注記　一巻　卓義録
般若心経秘鍵開蔵鈔記　二巻　卓義録
菩提心論初心鈔記　二巻　卓義録

**第一一巻**
大日経住心品疏玉振鈔　一〇巻　法住記

**第一二巻**
大日経疏探賾録　第一一巻―第二〇巻　無等

**第一三巻**
二十唯識論弁述記帳秘録　二巻　戒定撰
天台四教儀集註補忘鈔　四巻　快道撰
華厳一乗教分記帳秘録　五巻　戒定述

**第一四巻**
因明入正理論疏量議鈔　第四巻―第八巻　快道

**第一五巻**
大疏第三重草子見聞記　一〇巻　第一巻―第四巻　信恕集

**第一六巻**
即身成仏義述讃　二巻　周海述
吽字義科略解　三巻　尊祐述
弁顕密二教論注釈　二巻　戒定述
弁顕密二教論講録雑章　一巻　戒定述
菩提心論探秘　二巻　周海述

**第一七巻**
周易述賛　巻第二〇―巻第三六　戒定
韻鏡易解　四巻　盛典述
万葉集撮要　一巻　恵岳撰
連歌百談　一巻　無相述

**第一八巻**
成唯識論戒定鈔　一〇巻　戒定記
大乗成業論文林鈔　二巻　慈光撰
大乗法苑義林章翼讃　四巻　恵隆記
得名懸隔決断　一巻　栄性
六合釈講林　一巻　覚融

**第一九巻**
三論玄義科註管見　八巻　栄天記
異部宗輪論述記別録　三巻　信慧録
起信論註疏詳　三巻　主真述

**第二〇巻**
大疏第三重草子見聞記　自第七巻至第一〇巻　信恕集

## 続豊山全書
勝又俊教編　続豊山全書刊行会刊
昭和四八―五三　二一巻

**第一巻　宗乗部第一**
大毘盧遮那経疏玄談　一巻　英岳記
大日経住心品疏専心抄　九巻　豊春記
自証説法十八段私記　亮貞記
大日経四重秘釈彼処不言章　三巻　信恕記
秘密因縁管絃相成義玄談　一巻　光隆記
秘密因縁管絃相成義講要　二巻　光隆記

**第二巻　宗乗部第二**
大日経疏撮要鈔　一四巻　周海記

**第三巻　宗乗部第三**
釈摩訶衍論助解　一巻　亮貞述
釈摩訶衍論開解鈔愚記　一巻　快道記
菩提心論教相記　二巻　亮汰述
菩提心論第三段秘記　一巻　亮汰述
十住心論玄談　一巻　元明記
般若心経秘鍵披陳　一巻　周海述
秘蔵宝鑰帳秘録　一巻　戒定記
顕密不同頌講義　一巻　祐海記
大日経疏百条第三重評判（附、六大法身評記）「英岳記
大日経疏百条第三重評判　一〇巻　英岳記

**第四巻　宗乗部第四**
大日経疏百条第三重評判　一〇巻　英岳記

**第五巻　宗乗部第五**
科註大日経住心品　三巻　亮汰著
大日経供養法疏略鈔　三巻　亮汰述
五供養偈注　一巻　亮汰述
胎蔵界礼懺文鈔　一巻　亮汰述
金剛界礼懺文鈔　二巻　亮汰述
金剛頂随求陀羅尼経鈔　三巻　亮汰述
尊勝陀羅尼経序注　一巻　亮汰述
科註尊勝陀羅尼経　三巻　亮汰録
宝篋印陀羅尼経鈔　三巻　亮汰述
千手陀羅尼経報乳記　四巻　亮汰述
十一面陀羅尼経鈔　一巻　亮汰編
錫杖抄　一巻　亮汰著
九条錫杖鈔　一巻　亮汰述
阿字義私記　二巻　亮汰集
求聞持法経記　一巻　亮汰述

**第六巻　宗乗部第六**
薬師経纂解　四巻　亮汰述
妙見経愚解鈔　一巻　亮汰著
新訳仁王経序注　一巻　亮汰集
新訳仁王経序鈔　一巻　亮汰著
光明真言経鈔　二巻　亮汰集
光明真言経照闇鈔　三巻　亮汰述
大灌頂光真言経鈔　一巻　亮汰述
延命地蔵経鈔　二巻　亮汰述
観音経選註　三巻　亮汰録

数珠功徳経鈔　一巻　亮汰述
木槵経鈔　一巻　亮汰述
父母恩重経鈔　二巻　亮汰述
舎利礼文鈔　一巻　亮汰述
瑜伽護摩儀軌鈔　四巻　亮汰述
大乗起信論序鈔　一巻　亮汰著
釈摩訶衍論序注　二巻　亮汰述
釈摩訶衍論序鈔　一巻　亮汰著
慧琳和尚一切経音義　一巻　亮汰集
菩提心義記　三巻　亮汰述
十巻章玄談　一巻　亮汰述

**第七巻　事相部第一**
伝流伝授聴聞記　九巻　盛彦記
専水訣　九巻　如宝口　堯如記
伝法院流伝授愚聞記　四巻　如宝記

**第八巻　事相部第二**
伝流四度伝授聴決鈔　一巻　卓玄記
伝流印可幷諸大事伝授記　一巻　亮貞記
報恩（幸心）院口決　九巻　貞昭記
地蔵院流伝授聞書　二巻　法住記
慈猛意教流伝授補口　三巻　相憲記

**第九巻　事相部第三**
慈猛意教流伝授補口　三巻　相憲記
三部鈔口訣輯考　三巻　覚融記
西院流伝授口訣　一二巻　唯阿記

**第一〇巻　余乗部第一**
百法問答鈔通考刪補　一〇巻　覚融記
大乗法苑義林章黒甜記　五巻　栄天記

**第一一巻　余乗部第二**
大乗法苑義林章黒甜記　五巻　栄天記
成唯識論義策第一　一一巻　周海述

**第一二巻　余乗部第三**
成唯識論義策第一　一一巻　周海述
成唯識論義策第二　五巻　周海述
成唯識論義策第三　四巻　周海述
成唯識論義策第四　三巻　周海述

**第一三巻　余乗部第四**
成唯識論義策第四　二巻　周海述
成唯識論義策第五　五巻　周海述
成唯識論義策第六　四巻　周海述
成唯識論義策第七　七巻　周海述

**第一四巻　余乗部第五**
成唯識論義策第七　七巻　周海述
成唯識論義策第八　七巻　周海述
成唯識論義策第九　四巻　周海述

**第一五巻　音韻・八転声・六合釈**
悉曇字記指南鈔玄談　一巻　盛典記
悉曇字記指南鈔　六巻　盛典記
八転声事　英岳記
六合釈名句　法住記
六合釈帳秘録　戒室撰
六合釈叢林評註　快道記
六合釈指掌　快道記

**第一六巻　因明・外道部**
因明三十三過本作法纂解紀文　六巻　周海撰
因明三十三過本作法纂解鼓攻　三巻　快道撰
勝宗十句義論記　二巻　法住記
金七十論疏　三巻　法住記

**第一七巻　六合釈・雑部**
**六合釈**
分別六合釈纂註　一巻　無相述
分別六合釈駁　一巻　恵隆記
倭語連声集　一巻　盛典述
**雑部**
年忌月忌等追福回向本説論　一巻　如環記
僧尼服忌決疑篇　一巻　如環記
新画大涅槃像記　一巻　如環記
簠簋口伝初心鈔　二巻　盛典集
簠簋要録　一巻　恵隆記
三国暦法差別　一巻　恵隆記
簠簋函蓋鈔　一巻　恵隆記
密厳遺珠録　一巻　尚彦記
三問　講法則幷起端　一巻　信恕集
妙法華経弘伝記　一巻　信恕記
笑邪弁正記　一巻　信恕記
御遺告考証　一巻　信恕輯
声明指南鈔　一巻　信澄記
万年草　一巻　行願記
二王門功徳鑑　二巻　大雲記
十六善神名相問答　一巻　大雲編
論場旗鼓　一巻　法住記
説聴作意篇　一巻　栄性記
北越美談　一巻　栄祥記
教場要論　一巻　行智述
弘法大師年譜和讃　二巻　但観撰
興教大師年譜和讃　二巻　但観撰

**第一八巻　史伝部第一**
豊山玉石集　七巻　祐厳記
豊山年中行事雑録　一巻
年預用意記　一巻　長谷寺
長谷寺脇寺記録　一巻
再住之記録第一　一巻　長谷寺
再住記録第三　一巻　長谷寺
小池坊末寺幷門徒帳　一巻
年預勘定帳　一巻　長谷寺
一臈本金帳　一巻　長谷寺
古知新検寺領免定控　一巻　長谷寺
移転寺諸末寺御礼式控　一巻

**第一九巻　史伝部第二**
長谷寺万記録　六巻
役寺根生院諸事手控目録帳

**第二〇巻　外典部**
枕辞略註　一巻　恵岳記
泊瀬和歌集　一巻　春雅輯
泊宝瑞応記　一巻　徹山輯
連歌茶談　五巻　無相撰
坂東観音霊場記　一〇巻　亮盛輯

## 昭和新修法然上人全集

石井教道編　平楽寺書店刊

昭和三〇　一巻

**第一輯　教書篇**

往生要集詮要
往生要集料簡
往生要集略料簡
往生要集釈
三部経大意
往生大要鈔
無量寿経釈
観無量寿経釈
阿弥陀経釈
阿弥陀経釈
三部経釈
法然聖人御説法事
逆修説法
逆修説法
選択本願念仏集
選択本願念仏集（広本）
浄土宗略要文

**第二輯　法語類篇**

念仏大意
一枚起請文
登山状
善導寺御消息
一期物語
三心料簡および御法語
三心義
聖光上人伝説の詞（其一―其三）
禅勝房伝説の詞
禅勝房にしめす御詞
隆寛師伝説の詞（其一―其四）
乗願上人伝説の詞（其一―其三）
渋谷入道道遍伝説の詞
十七条御法語
浄土宗大意
大原問答時説法の御詞（其一―其二）
薗城寺公胤僧正の使者に示す御詞
御流罪の時信空に示されける御詞（其一―其二）
御流罪の時門弟に示されける御詞（其一―其五）
配流より上洛の後示されける御詞
高砂浦の老漁人の現証をきゝて仰せられける御詞
宇都宮弥三郎頼綱に示す御詞
浄土宗の御詞（其一―其三）
称名の一行を勧むる御詞
十住心論について述べられける御詞
修学についての御物語（其一―其四）
阿弥陀経の大事をのべ給ひける御詞
魚食と往生について示されける御詞
諸宗の祖師極楽往生し給ふといふ御詞
女人往生について仰せられける御詞
常に仰せられける御詞（其一―其十）
つねに仰せられける御詞（廿七条）

**第三輯　消息篇**

黒田の聖人へつかはす御文
津戸の三郎へつかはす御返事（九月十八日付）
大胡の太郎実秀が妻室のもとへつかはす御返事
大胡太郎実秀へつかはす御返事
鎌倉の二位の禅尼へ進ずる御返事
九条殿下の北政所へ進ずる御返事
熊谷の入道へつかはす御返事（五月二日付）
熊谷入道へつかはす御返事（九月十六日付）
越中国光明房へつかはす御返事
正如房へつかはす御文
基親の書信並びに法然上人の返信（其一―其三）
基親取ㇾ信信二本願一之様（其一―其二）
津戸三郎へつかはす御返事（四月二十六日付）
往生浄土用心
津戸三郎へつかはす御返事（十月十八日付）
津戸三郎へつかはす御返事（九月二十八日付）
遣空阿弥陀仏書（其一―其二）
御消息
ある人のもとへつかはす御消息
示或人詞
法性寺左京大夫の伯母なりける女房に遣はす御返事
浄土宗略抄（鎌倉二位の禅尼へ進ぜられし書）
津戸三郎へつかはす御返事（八月二十四日付）
津戸三郎へつかはす御返事（其一―其四）
基親卿に遣はす御返事
九条兼実の問に答ふる書（其一―其二）

**第四輯　対話篇**

要義問答
十二問答（禅勝房との問答）
東大寺十問答
百四十五箇条問答
信空上人伝説の詞（其一―其二）
十二箇条の問答
念仏往生要義抄
念仏往生義
明遍僧都との問答（其一―其三）
勢観上人との問答
禅勝房に示されける御詞（其一―其四）
四箇条問答
大和入道親盛に示す御詞（其一―其二）
選択集執筆時、安楽真観証空との問答
女人往生の旨を尼女房に示されける御詞
高階入道西忍に示されける御詞並に御歌（其一―其四）
沙弥随蓮に示されける御詞（其一―其二）
御流罪の時、信空上人の問答
配流の途次、修行者に示されける御詞
常州敬仏房との問答
大和入道親盛に示す御詞
鎮西の修行者との問答（其一―其二）
聖護院宮無品親王に仰せられける御詞

悪僧に示す御詞
御流罪の時西阿弥陀仏との問答
顕真法印との問答（其一―其二）
甘糟太郎忠綱に示す御詞
熊谷次郎直実に示す御詞（其一―其二）
室の津の遊女に示されける御詞
讃岐在国の間、門弟に示されける御詞
天台宗の人との問答
信寂房に示されける御詞
或人の問に示しける御詞
信心未発の人に三実祈請をすゝむる御詞
御遺跡の事につき法蓮房に示されける御詞
御臨終の時、門弟等に示されける御詞（其一―其八）
叡空上人との問答（其一―其三）
慶雅法橋との問答（其一―其二）
聖光法力安楽三上人との問答
成覚房幸西との円頓戒体に就ての問答
尼女房達に示す御詞
慈鎮和尚との問答
竹林房静厳法印との問答
聖学法印に示されける御詞（其一―其六）
法華読誦の尼に専修念仏を示されける御詞
或時尼女房に示しける御詞
聖光聖学両上人との問答
隆寛律師聴問の御詞
聖光房との問答
平重衡の問に仏往生を示す御詞

**第五輯　伝語篇**

法然上人伝語
聖光房に示されける御詞（其一―其二九）
信空上人伝聞の御詞
西山証空上人伝聞の御詞（其一―其二）
善観上人伝聞の御詞（其一―其四）
隆寛律師伝聞の御詞
隆寛律師の門弟の伝承せる御詞（其一―其五）
湛空上人伝聞の御詞
親鸞上人聴聞の御詞
親鸞伝受選択集に記しける御詞
親鸞勢観念仏房等信心につき相論の際仰せられける御詞
良忠上人伝聞の御詞（其一―其四三）
学如上人伝承の御詞
寂恵上人伝聞の御詞
澄円上人伝聞の御詞（其一―其四）
聖聡上人伝聞の御詞（其一―其二）
聖冏上人伝承の御詞
教阿弥陀仏に示す御詞
阿波介の念珠について示されける御詞
耳四郎を教化したる御詞
道心について述べられける御詞
西山派行観尭恵上人所伝の御詞（其一―其五）
礼智阿上人伝聞の御詞（其一―其四）
信瑞上人伝承の御詞（其一―其三）

**第六輯　制誡篇**

没後起請文
七箇条起請文
送山門起請文（其一―其二）
二箇条疑問事
一念義停止起請文（其一―其二）
一念義について仰せられける御詞
七箇条の起請文
署判十箇条状（残欠）

**第七輯　雑篇**

母儀に登山の許を乞はれるける時の御詞（其一―其三）
東大寺勧進職を辞する御詞（其一―其二）
皇円阿闍梨に閑居を求むる御詞（其一―其二）
功徳院皇円阿闍梨入水の事につき悲歎の御詞（其一―其二）
羅城門礎石銘の意を示しける御詞
御空より御招請の時御辞退の御詞
多くの師範還て弟子と成給ひし御物語
浄土三部経如法経次第
善導十徳
浄土初学抄
類聚浄土五祖伝
浄土五祖伝
法然上人御夢想記（其一―其三）
三昧発得記（其一―其二）
御臨終日記（其一―其二）
鎮西聖光房に遣はす書状
真観房の臨終を見て仰せられける御詞
建保四年四月公胤僧正の夢に本地を示めされる賛
陪従信賢が後家の少女の霊夢に示しける御詞
民部卿入道範光に示されける夢告
元久二年十二月の詠歌
元久二年七月の詠歌
讃岐流罪の折、九条兼実が詠める歌への返歌
建永二年三月、高階時遠入道西仁が館に於ける詠歌
讃岐松山にて詠める和歌
和歌

**第八輯　伝法然書篇**

南都大仏供養物語
三機分別
安心起行作業抄
女人往生集
臨終行儀
弥陀本願義疏
決定往生秘密義
本願相応集
西方発心集
念仏得失義
念仏縁起
直指念仏往生義
法然内裏問答
内裏問答の時、仰せられける御詞
興御書
往生記

授菩薩戒儀
金剛宝戒訓授章
金剛宝戒釈義章
金剛宝戒秘決章
浄土布薩式
大原談義聞書
母儀並びに寛覚得業に示す御詞
東大寺供養の時の説法の御詞
佐々貴四郎高綱に示す御詞
甘糟太郎忠綱に示す御詞
平維盛に示す受戒の御詞
鬼神に示す御詞（其一―其四）
法性寺小御堂に居住の時悪党達に示す御詞（其一―其二）
造寺造塔に就き仰せられける御詞
浄不浄についての御詞
疑心往生についての法語
極楽浄土についての法語
念仏往生についての法語
浄土宗の肝心についての法語
御往生近きと云ふを聞きて仰せられける御詞
配所にて法問のついでに口ずさみける御詞
信心の同否について仰せられける御詞
本願帰命之十ケ条
十念法語
法然上人御法語
浄土要義
三重の一心不乱の事
建暦法語
二枚起請文・附二枚起請文添書
法然上人御語
母儀に遣はさるゝ御返事
法然聖人御母へ進上の御消息
御母子往復消息
熊谷の入道へつかはす御返事（四月三日付）
熊谷入道方へ状の御返事
吉水ニ贈熊谷一文
熊谷入道に遣はさるゝ名号の添書
平重衡に答ふる書附上人に奉るの書
吉水一枚御消息
念仏勧奨の消息
一向専修之七箇条問答
三箇条問答
配流の途次、神崎の傾城に示す御詞（其一―其二）
御流罪の時、九条兼実に示されける時の御詞
滅後の附法を兼実に答ふる御返事
十三箇条問答の一節
御両親の位牌に題せる御辞
六字名号軸に記されたる御詞
皇円阿闍梨に閉居を求むる御詞（其一―其二）
六字名号口伝
四種往生の事
和歌
和歌
和歌
熊谷入道に与へし名号に記せる和歌
讃岐生福寺にて自所造の大勢至菩薩像に題せる賛
勝法房が書ける上人の像に題し給へる賛
護念経の奥に記せる御詞
十二光仏の事
御詠歌
名号口伝
法然上人念仏占
念仏算
涅槃和讃
四儀不退念仏
永弁法印へ遣はされたる御詞
一枚消息
法然上人五十六首御詠歌
孝養名号（仮題）（其一―其二）
法然上人消息篇（追加）二七・正行房へつかはす御返事
醍醐本法然上人伝記目次
西方指南抄目次
漢語灯録目次
和語灯録目次
拾遺語灯録

**浄土宗全書**
浄土宗典刊行会編　同刊行会刊復刻　浄土宗開宗八百年記念慶讃準備局
明治四〇―大正三（昭和四七　復刻）　二〇巻　解題一巻　索引一巻　別巻一巻

**第一巻**
仏説無量寿経（大雲点本）　二巻　康僧鎧訳
仏説観無量寿経（大雲点本）　一巻　畺良耶舎訳
仏説阿弥陀経（大雲点本）　一巻　鳩摩羅什訳
仏説無量清浄平等覚経　四巻　支婁迦讖訳
仏説阿弥陀三耶三仏薩楼仏檀過度人道経　二巻　支謙訳
大宝積経　巻第十七　二巻　菩提流志訳
仏説大乗無量寿荘厳経　三巻　法賢訳
称讃浄土仏摂受経　一巻　玄奘訳
傍説浄土教経論集　一巻　本会編纂
無量寿経優婆提舎願生偈（義山校本）　一巻　天親造　流支訳
無量寿経論註（義山校本）　二巻　曇鸞
無量寿経論註記（貞享版）　五巻　良忠
無量寿経論註記見聞（慶安版）　一〇巻　聖聡
無量寿経論註記見聞（万治版）　五巻　良栄
無量寿経論註略鈔（寛文版）　二巻　了恵
無量寿経論註拾遺抄　三巻　了恵
讃阿弥陀仏偈　一巻　曇鸞
略論安楽浄土義　一巻　曇鸞
安楽集（義山校本）　二巻　道綽
安楽集私記　二巻　良忠
安楽集私記見聞（慶安版）　二巻

**第二巻**

観経玄義分第一（義山校本）一巻　善導
観経序分義第二（義山校本）一巻　善導
観経定善義第三（義山校本）一巻　善導
観経散善義第四（義山校本）一巻　善導
観経玄義分伝通記（文政校本）六巻　良忠
観経序分義伝通記（文政校本）三巻　良忠
観経定善義伝通記（文政校本）三巻　良忠
観経散善義伝通記（文政校本）三巻　良忠
観経玄義分略鈔　三巻　良忠
観経序分義略鈔　一巻　良忠
観経定善義略鈔　二巻　良忠
観経散善義略鈔　二巻　良忠

**第三巻**

伝通記糅鈔目録　一巻
伝通記糅鈔　四八巻　聖冏

**第四巻**

転経行道願往生浄土法事讃（元禄版）二巻　善導
法事讃私記（宝永版）三巻　良忠
法事讃私記冠註
法事讃私記見聞　三巻　聖聡
法事讃私記私鈔（寛文版）三巻　加祐
観念阿弥陀相海三昧功徳法門（元禄版）一巻　善導
観念法門私記（宝永版）二巻　良忠
観念法門私記冠註
観念法門私記見聞　二巻　聖聡
観念法門私記私鈔（寛文版）二巻　加祐
往生礼讃偈（元禄版）一巻　善導
往生礼讃私記（宝永版）二巻　良忠
往生礼讃私記冠註
往生礼讃私記見聞　二巻　聖冏
往生礼讃私記拾遺鈔（寛文版）二巻　加祐
依観経等明般舟三昧行道往生讃（元禄版）一巻　善導
般舟讃私記（宝永版）一巻　良忠
般舟讃私記冠註
般舟讃私記見聞　一巻　聖聡
般舟讃私記私鈔（寛永版）一巻　加祐
法事讃私記見聞　三巻　良栄
観念法門私記見聞　二巻　良栄
往生礼讃私記見聞　三巻　良栄
般舟讃私記見聞（享保活版）二巻　良栄
臨終正念訣（寛文版）一巻　善導

**第五巻**

無量寿経義疏（寛文版）二巻　慧遠
無量寿義疏（延宝版）一巻　吉蔵
両巻無量寿経宗要　一巻　元暁
無量寿経連義述文賛（元禄版）三巻　璟興
観無量寿経義疏　二巻　慧遠
仏説観無量寿仏経疏（正保版）二巻　智顗
釈観無量寿仏経記（享保版）一巻　法聡
観無量寿経疏妙宗鈔（元禄版）六巻　知礼
観無量寿経義疏（延宝版）一巻　吉蔵
仏説観無量寿経義疏　三巻　元照
霊芝観経義疏正観記（寛永版）三巻　戒度
観経扶新論（貞享版）一巻　戒度
阿弥陀経義記（承応版）一巻　智顗
阿弥陀経疏（寛政版）一巻　窺基
阿弥陀経通賛疏　三巻　窺基
阿弥陀経疏（元禄版）一巻　元暁
阿弥陀経疏（正徳版）一巻　智円
仏説阿弥陀経義疏聞持記（寛文版）三巻　元照・戒度

**第六巻**

釈浄土群疑論（宝永版）七巻　懐感
釈浄土群疑論探要記（寛永版）一四巻　良忠
浄土十疑論　二巻　智顗
註浄土十疑論（享保版）一巻　澄彧
西方要訣（延宝版）一巻　窺基
遊心安楽道（明暦版）一巻　元暁
浄土論（慶安版）三巻　迦才
五会法事讃（正保版）二巻　法照
念仏鏡（延宝版）一巻　道鏡・善道
念仏三昧宝王論　三巻　飛錫
万善同帰集　六巻　延寿
浄土文（明暦版）一二巻　竜舒
楽邦文類（寛永版）五巻　宗暁
楽邦遺稿（元禄版）二巻　宗暁

**第七巻**

選択本願念仏集（元禄版）二巻　源空
徹選択本願念仏集（天保版）二巻　弁長
徹選択鈔（天保版）二巻　良忠
徹選択本末口伝鈔（慶安版）二巻　聖聡
教相切紙拾遺徹（慶応版）二巻　聖聡
選択要決（享保版）一巻　源智
選択伝弘決疑鈔（元禄版）五巻　良忠
選択伝弘決疑鈔裏書（正保版）一巻　良忠
決疑鈔見聞（万治版）五巻　良暁
決疑鈔直牒（明治版）一〇巻　聖冏
選択疑問答（寛文版）一巻　良忠
選択口伝筆　一巻　聖聡
選択決疑鈔見聞　一〇巻　持阿

**第八巻**

選択集大綱抄（慶安版）一巻　了恵
選択之伝（寛永版）一巻　良定
選択集文前綱義（写本）一巻　鸞宿
選択集九門玄談（写本）一巻　貞極
徹選択集私志記（写本）一巻　妙瑞
選択蜜要決（写本）五巻　証空
選択集秘鈔（宝永版）五巻　行観
選択本願念仏集名体決並念仏本願義（写本）一巻　覚明
選択集肝要義（写本）二巻　覚如
選択註解鈔　五巻　存覚
新扶選択報恩集（宝暦版）二巻　了恵
扶選択正輪通義　一巻　了恵
於一向専修宗選択集中摧邪輪（延宝版）一巻　良定
念仏選択評（文化版）一巻　真迢
摧邪興正集（天正写本）二巻　実恵
弁無得道論　二巻　岸了
於一向専修宗選択集中摧邪輪（寛永版）三巻　高弁

摧邪輪荘厳記（寛永版）　一巻　高弁
守護国家論（明治版）　一巻　日蓮
立正安国論（明治版）　一巻　日蓮
無得道論　一巻　日遠

第九巻

一枚起請文（黒谷什宝写）　源空
一枚起請之註（寛文版）　一巻　聖冏
一枚起請文見聞（寛文版）　一巻　聖聡
一枚起請文弁述（写本）　一巻　義山
一枚起請文梗概聞書（宝暦版）　三巻　関通
一枚起請講説（天保版）　二巻　法州
一枚起請但信鈔（宝永版）　二巻　隆長
吉水遺誓諺論（宝永版）　一巻　忍澂
吉水遺誓諺論附録正流弁（文政版）　一巻　忍澂
黒谷上人語灯録（漢語）（宝永版）　一〇巻　了恵輯録
黒谷上人語灯録拾遺（漢語）（宝永版）　一巻　了恵輯録
黒谷上人語灯録（和語）（宝永版）　一〇巻　了恵輯録
拾遺黒谷語灯録（宝永版）　二巻　了恵輯録
和語灯録日講私記（写本）　七巻　義山・素中
吉水大師小消息諺解（写本）　一巻　貞極
難遂往生機（明治版）　一巻　源空
往生記投機鈔（宝暦版）　一巻　聖冏

第一〇巻

末代念仏授手印（明治版）　一巻　弁長
領解末代念仏授手印鈔（明治版）　一巻　良忠
授手印伝心鈔（宝暦版）　一巻　聖冏
領解授手印徹心鈔（宝暦版）　一巻　聖冏
決答授手印疑問鈔（宝暦版）　二巻　良忠
決答疑問鈔心鈔（宝暦版）　二巻　聖冏
授手印決答見聞（写本）　二巻　性真
授手印決答受決鈔（享保活版）　二巻　良心
浄土宗要集（西宗要・鎮西宗要）（天保版）　六巻　弁長
浄土宗要集聴書（文政版）　二巻　良忠
浄土宗要宗聴書冠註
鎮西宗要本末口伝鈔（延宝版）　二巻
重書無題鈔（写本）　一巻
念仏名義集（寛文版）　三巻　弁長
念仏三心要集（元禄版）　一巻　弁長
浄土宗名目問答（元禄版）　三巻　弁長
名目不審請決（貞享版）　一巻　聖聡
鎮西名目問答奮迅鈔（写本）　五巻　妙瑞
識知浄土論（宝暦版）　一巻　弁辺
識知浄土論私記（写本）　一巻　経歴
三心私記裒益（元禄版）　三巻　良忠
浄土宗行者用意問答（延宝版）　一巻　良忠
浄土大意抄（明暦版）　一巻　良忠

第一一巻

浄土宗要集（東宗要・鎌倉宗要）（文政版）　五巻　良忠
浄土宗要集見聞　五巻
浄土宗要集見聞（寛保活版）　一〇巻　良栄
述聞制文（写本）　良暁
浄土述聞鈔（天保版）　一巻　良暁
浄土述聞追加　一巻　良暁
浄土述聞見聞　一巻　良暁
浄土述聞口伝切紙　一巻　良暁
浄土述聞口決鈔（天保版）　二巻　聖冏
浄土述聞追加口決鈔　一巻　聖冏
浄土十六箇條疑問答　一巻　良弁

第一二巻

浄土二蔵二教略頌（元禄版）　一巻　聖冏
釈浄土二蔵義（安政版）　三〇巻　聖冏
二蔵見聞（安政版）　八巻　聖冏
二蔵本末不審請決（寛文版）　一巻　聖冏
浄土二蔵綱維義　一巻　聖冏
浄土頌義探玄鈔（寛政版）　三巻　大玄
浄土略名目図（延宝版）　一巻　聖冏
浄土略名目図見聞（延宝版）　二巻　聖冏
教相十八通（文政版）　二巻　聖冏
三六通裏書　一巻　聖冏
心具決定往生義　一巻　聖冏
涇渭分流集（寛文版）　一巻　聖冏
破邪顕正義（文政版）　一巻　聖冏
観心要決集（明暦版）　一巻　聖冏
隼疑冏決集（元禄版）　一巻　聖冏
仏像幖幟義　一巻　聖冏

第一三巻

大経直談要註記（慶安版）　二四巻　聖聡
小経直談要註記（元禄版）　八巻　聖聡
当麻曼陀羅疏（慶安版）　四八巻　聖聡
当麻曼陀羅縁起（写本）　一巻
名号万徳鈔（寛文版）　一巻　聖聡
徹髄抄（承応版）　四巻　聖聡
浄土金明集（慶安版）　一巻　聖聡

第一四巻

無量寿経鈔（延享版）　七巻　了恵
無量寿経随聞講録（写本）　六巻　義山
観無量寿経随聞講録（写本）　五巻　義山
阿弥陀経随聞講録（写本）　一巻　義山
大原談義聞書鈔（聞証科本）　一巻　聖覚
大原談義聞書鈔見聞　一巻　聖聡
大原談義纂述鈔（寛永版）　二巻　無絃
大原談義選要鈔　二巻
大原談義弁釈（元禄版）　一巻　聞証

第一五巻

極楽浄土九品往生義（寛文版）　一巻　良源
往生要集（貞享版）　六巻　源信
往生要集義記（元治版）　八巻　良忠
往生拾因（貞享版）　一巻　永観
往生拾因私記　三巻　了恵
往生講式（元禄版）　一巻　永観
決定往生集（寛文版）　二巻　珍海
菩提心集（元文版）　二巻　珍海
勧心往生論（慶安版）　一巻　忍空
勧心往生慈訓抄（承応版）　一巻　聖冏
念仏往生決心記（元禄版）　一巻　良遍

善導大意（宝永版） 一巻 良遍
浄土法門源流章（文化版） 一巻 凝然
諸家念仏集（写本） 九巻 懐音
菩薩戒経義疏（元禄版） 二巻 智顗
授菩薩戒儀（文化版） 一巻 湛然
授菩薩戒儀要解（文化版） 一巻 義山
顕浄土伝戒論 一巻 聖冏

**第一六巻**

善導大師別伝纂註（延宝版） 二巻 忍澂
円光大師行状画図翼賛（宝永版） 六〇巻 円
智 義山
御伝翼賛遺事（享保版） 一巻 義山
鎮西聖光上人香月系譜（享保版） 一巻 義山
勅修円光大師御伝縁起（享保版） 一巻 忍澂
勅修吉水円光大師御伝略目録（享保版） 一巻
忍澂

**第一七巻**

黒谷源空上人伝（通称、十六門記） 一巻 聖
法然上人秘伝（享保版） 三巻 隆寛 ［覚
本朝祖師伝記絵詞（写本） 四巻 耽空
源空聖人私日記 一巻
法然上人伝（写本） 二巻 （残欠）
法然上人伝記（通称、九巻伝）（写本） 九巻
法然上人伝絵詞（写本） 九巻 琳阿
法然上人伝（通称、十巻伝）（写本） 一〇巻
聖光上人伝（文化版） 一巻 了恵
然阿上人伝（天保版） 一巻 了恵
了誉上人行業記（元禄版） 一巻「八巻 心阿
浄土本朝高僧伝（通称、浄土鎮流祖伝）（正徳版）
新撰往生伝（僧伝部）（寛政版） 五巻 了吟
隆寛律師略伝 一巻
向阿上人伝（天明版） 二巻
浄宗護国篇（勢誉愚底、登誉天室、観智国興存
応伝）（宝永版） 一巻 良信
湖東三僧伝（隆尭・隆阿・宗真伝） 一巻 信
称念上人行状記（明和版） 二巻 妙阿 ［冏

弾誓上人絵詞伝 二巻 宅亮
幡随意上人行状（延享版） 一巻 妙導
義重山開祖呑竜上人伝（写本） 一巻 霈雲
紀小倉光恩寺開祖信誉上人伝（宝暦版） 一巻
袋中上人伝（写本） 一巻 ［瑞光
霊巌上人略伝 一巻
聞証和尚行状記（元禄版） 一巻 珂然
珂碩上人行業記 一巻 珂然
光明院開基以八上人行状記 一巻 素信

**第一八巻**

獅谷白蓮社忍澂和尚行業記 二巻 珂然
厭求上人行状記 一巻 祐山撰・宅亮訳補
義山和尚行業記幷要解 一巻 珂然
無能和尚行業記 二巻 宝洲
真察大僧止伝 一巻 大我
長時院律法開祖湛慧和上行状 一巻 僧尾
貞真極大徳伝 一巻 恵頓
三縁山故大僧正大玄大和尚行状 一巻 寂湛
附、不能和上碑銘 千如上人墓誌
関通和尚行業記 三巻
摘空華（徳門和上自伝）（写本） 一巻
学信和尚行状記 二巻 慧満・僧敏
専念仏定和尚行業記 二巻 大察・隆円
徳本行者伝 三巻 行誡
付、徳本行者法語 法弟小伝
略伝集 一巻 本会
浄土聖賢録 九巻 彭際清
浄土聖賢録続編 四巻

**第一九巻**

浄土伝灯総系譜（享保版） 三巻 鸞宿
浄源脈譜（写本） 巻 懐誉
華頂誌要 一巻 華頂山編
三縁山志（文政版） 一二巻 摂門
続三縁山志（文政版） 一巻 摂門
檀林鎌倉光明寺志（写本） 一巻 摂門
檀林小石川伝通院志（写本） 一巻 摂門

檀林瓜連常福寺志（写本） 一巻 摂門
檀林飯沼弘経寺志（写本） 一巻 摂門

**第二〇巻**

新田大光院志（写本） 一巻 摂門
鴻巣勝願寺志（写本） 一巻 摂門
小金東漸寺志（写本） 一巻 摂門
生実大巌寺志（写本） 一巻 摂門
川越蓮馨寺志（写本） 一巻 摂門
結城弘経寺志（写本） 一巻 摂門
滝山大善寺志（写本） 一巻 摂門
岩付浄国寺志（写本） 一巻 摂門
館林善導寺志（写本） 一巻 摂門
下谷幡随院志（写本） 一巻 摂門
深川霊巌寺志（写本） 一巻 摂門
本所霊山寺志（写本） 一巻 摂門
江戸崎大念寺志（附、摂門上人伝）（写本） 一
百万遍知恩寺誌要 一巻 百万遍編 ［巻 摂門
清浄華院誌要 一巻 浄華院編
黒谷誌要 一巻 光明寺編
筑後善導寺志 一巻 善導寺編
本山檀林別格由緒及通常寺院現数取調書 一巻
（明治二六年浄土宗務所調）
浄土宗史 一巻 本会

**第二一巻** 解題
**第二二巻** 索引
**第二三巻** 梵蔵和英合璧浄土三部経

## 続浄土宗全書

宗書保存会編 同保存会刊復刻 浄土宗開宗八百年記念慶讃準備局
大正四―昭和三（昭和四七―四九 復刻） 一九巻

**第一巻**（復刻版第一一巻）
菩薩戒義疏鈔 六巻 円琳撰
天台菩薩戒義疏見聞 七巻 了恵撰

天台菩薩戒義記補接鈔　三巻　憔賢撰
**第二巻**（復刻版第五巻）
論註音釈　二巻　湛奕撰
論註字選　二巻　輪超撰
論註捃詒書　二巻　輪超撰
浄土往生論註精華集　五巻　伝秀撰
往生論註正義叙説　一巻　雲洞撰
往生論註正義　二巻　雲洞撰
浄土論註研機鈔　二巻　賢洲撰
**第三巻**（復刻版第一巻）
無量寿経集解　一五巻　白弁述
**第四巻**（復刻版第九巻）
捨子問答　二巻　隆寛撰
一念多念分別事　一巻　隆寛撰
自力他力事　一巻　隆寛撰
閑亭後世物語　二巻　隆寛撰
後世物語聞書　一巻
唯信鈔　一巻　聖覚撰
尊問愚答記　一巻　道光撰
述懐鈔　一巻　舜昌撰
浄土要略抄　一巻　然空撰
心行雑決　一巻　然空撰
浄土四要義　一巻　証賢撰
往生至要訣　一巻　証賢撰
夢中松風論　一〇巻（附録一巻）　智演撰
獅子伏象論　六巻（内残欠一巻）　智演撰
**第五巻**（復刻版第六巻）
略論安楽浄土義詳解　二巻　松誉撰
略論裏書　一巻　良山撰
略論裏書見聞　一巻　良天撰
略論安楽浄土義玄譚並私説　三巻　行誠撰
安楽集玄譚　一巻
安楽集纂釈　二巻　円諦撰
往生礼讃纂釈　五巻　懐音撰
**第六巻**（復刻版第一七巻）
日本往生極楽記　一巻　慶滋保胤撰
続本朝往生伝　一巻　大江匡房撰
拾遺往生伝　三巻　三善為康撰
後拾遺往生伝　三巻　三善為康撰
三外往生伝（三外往生記）一巻　沙弥蓮禅撰
本朝新修往生伝　一巻　藤原宗友撰
高野山往生伝　一巻　如寂撰
扶桑寄帰往生伝　二巻　独湛性瑩撰
緇白往生伝　三巻　了智撰
浄土真宗付法伝　一巻　聖冏撰
浄土三国仏祖伝集　二巻
浄土血脈論　二巻　良定撰
浄統略讃　一巻　懐山撰
**第七巻**（復刻版第七巻）
浄土十疑論翼註　二巻　不必撰
迦才浄土論余暉鈔　五巻　知俊撰
遊心安楽道私記　二巻　義海撰
浄土五会念仏略法事儀讃演底　五巻　東日撰
**第八巻**（復刻版第八巻）
帰命本願鈔並諺註　六巻　湛澄撰
西要鈔並諺註　四巻　湛澄撰
父子相迎並諺註　四巻　湛澄撰
空花和歌集　三巻　湛澄撰
標註一言芳談抄　三巻　湛澄撰
**第九巻**（復刻版第一二巻）
授菩薩戒儀則（亦云、黒谷古本戒儀）　一巻
授菩薩戒儀（亦云、机受戒略戒儀）　一巻
授菩薩戒儀（亦云、新本戒儀）　一巻
授菩薩戒儀（亦云、庭儀戒儀）　一巻
顕浄土伝戒論補註　二巻　全長撰
略述大乗戒義　二巻　妙瑞撰
浄宗円頓菩薩戒誘蒙　一巻　観徹撰
瓔珞和上説戒随聞記　一巻　敬首撰
天台戒体決　一巻　天心撰
天台戒体明灯章　一巻　定月撰
円戒口決　一巻　霊潭撰
円戒二掌記　一巻　貞極撰
円戒啓蒙　一巻　大玄撰
円頓授菩薩戒序弁　一巻　正含撰
円戒講義　一巻　祖巌撰
菩薩三聚戒弁要　一巻　普寂撰
浄土戒学繊路　一巻　義柳撰
浄土宗円頓戒玄談　一巻　顕了撰
**第一〇巻**（復刻版第二巻）
観経疏講録　四巻
**第一一巻**（復刻版第三巻）
観経疏伝通記見聞　一五巻（散善義見聞第一第二両巻欠）　寂慧撰
糅眼記　一巻　聖総撰
**第一二巻**（復刻版第一五巻）
孝養集　三巻　覚鑁撰
秘密念仏鈔　三巻　道範撰
真言念仏集　三巻　慧浄撰
念仏無上醍醐編　三巻　諦忍撰
大光普照集　一巻　諦忍撰
禅祖念仏集　二巻　慧中撰
華厳通関　一巻　定仙撰
横川首楞厳院二十五三昧起請　一巻　源信撰
臨終行儀注記　一巻　湛秀撰
**第一三巻**（復刻版第一四巻）
即心念仏安心決定談義本　一巻　霊空撰
即心念仏談義本補助記　一巻　霊空撰
即心念仏談義本弁惑編　一巻　殊意癡撰
即心念仏談義本弁偽　一巻　性慶撰
即心念仏安心決定談義本或問　一巻　霊空撰
即心念仏弾妄録　一巻　性慶撰
即心念仏弾妄録略箴　一巻　霊空撰
即心念仏弾妄録細評　一巻　霊空撰
即心念仏摘欺説　二巻　敬首撰
即心念仏談義本或問余説　一巻　霊空撰
即心念仏摘欺説続　一巻（略論安楽浄土義非曇鸞撰駁附）　敬首撰
即心念仏浄土問弁　一巻　知空撰
念仏往生明導劄　二巻　僧濬撰

蓮宗禦寇編　二巻　義海撰

## 第一四巻（復刻版第一〇巻）

十六箇条事　良厳慈観撰
十六箇条疑問答見聞　四巻　良栄理本撰
果分不可説　良慶明心撰
果分述伝集並裏書　良山妙観撰
果分考文抄助証　良山妙観撰
果分考文抄見聞　良天聖観撰
果分考文集末書切紙　良天聖観撰
初心示六端　良山妙観撰
先師良山口筆　良天聖観撰
四部口筆　良山妙観撰
選択口筆　良山妙観撰
選択口筆見聞　良天聖観記
開題考文抄　三巻　良山妙観撰
開題考文抄口筆　良山妙観撰
開題考文抄聞書　良天聖観撰
諸行三心具不生論義　良天聖観撰
諸行三心具不定義　良栄理本撰
口伝題下　良慶明心撰
決答見聞　二巻　良祐撰
授手印決答聞書　良天聖観撰
領解末代念仏授手印聞書　良天聖観撰
阿弥陀仏十劫成仏事　良山妙観撰
明中抄　良山妙観撰
慈専私口筆　慈専記
良天口筆　良天聖観撰
浄土宗問答集　良厳慈観撰
仏覚三色標伝像　恵海撰
師恩報謝論儀事　良山妙観撰
観経義大事第二
聖教料簡口伝事
弥陀授記事　良山妙観撰
道光上人尋状
経蔵本尊行法次第
黒衣相伝
浄土三経相伝鈔　袋中良定撰
一頁百条論議　二巻　大沢良順記
浄土教出世本懐論義
月形函重書之目記
月形函事
浄土血脈端書
名越派曩祖
善導寺名越派著述書目

## 第一五巻（復刻版第一三巻）

金剛宝戒章　三巻　源空草
金剛宝戒通関記　一巻　慈脱撰
浄土布薩式　二巻　源空撰
浄土布薩仏略戒儀決　一巻　岸了撰
浄土布薩仏戒儀尽規　一巻　了吟撰
浄土布薩略戒儀尽規　一巻　了吟撰
浄土布薩戒授法目録考　一巻　了吟撰
浄土布薩戒本伝考　二巻　了吟撰
布薩横竪譜脈示書　一巻　了吟撰
浄土布薩戒便蒙　一巻　岸了撰
布薩伝時処年号相違決　一巻　岸了撰
布薩翻名義　一巻　敬首撰
布薩帳中箋　一巻　要信撰
布薩式弁正　一巻　南楚撰
布薩式弁正返破論　四巻　輪超撰
布薩戒講義　二巻　人玄撰
円布顕正記並余説　二巻　大玄撰

## 第一六巻（復刻版第一六巻）

往生西方浄土瑞応删伝　一巻
浄土往生伝　三巻　戒珠撰
新編古今往生浄土宝珠集巻第一　王古撰
新修往生伝中巻佚文
　人名対照表　本会編
新修往生伝　二巻　王古撰
東林十八高賢伝　一巻
浄土立教志　三巻（仏祖統紀巻二七、二八、二九）　志磐撰
往生集　三巻　袾宏輯
諸上善人詠　一巻　道衍撰
天竺往生験記並端書　一巻　伝・世親記、羅什訳
浄土八祖伝記纂　二巻　直絅撰
浄土列祖伝　五巻　巌的撰
索隠　本会編

## 第一七巻（復刻版第四巻）

阿弥陀如来四十八願釈　一巻　静照撰
弥陀本願義疏　一巻　源空撰
無量寿経大意　一巻　了慧撰
大経聞書　八巻　礼阿撰
無量寿経諸解総目　一巻　鸞宿撰
観経諸解総目　一巻　鸞宿撰
阿弥陀経諸解総目　一巻　鸞宿撰
浄土三部経音義集　四巻　信瑞撰
浄土三部経附六時礼讃偈音義　二巻　珠光撰

## 第一八巻（復刻版第一八巻）

蓮門精舎旧詞（蓮門由緒聞書）　第一冊
蓮門精舎旧詞第二冊（山城）
蓮門精舎旧詞第三冊（山城）
蓮門精舎旧詞第四冊（山城）
蓮門精舎旧詞第五冊（山城）
蓮門精舎旧詞第六冊（和泉）
蓮門精舎旧詞第七冊（大和）
蓮門精舎旧詞第八冊（大和）
泉州蓮門精舎旧詞第九冊（和泉）
二国蓮宗精舎旧詞第一〇冊（河内、摂津）
摂州蓮宗精舎旧詞第一一冊（摂津）
三国蓮宗精舎旧詞第一二冊（志摩、伊賀、伊勢）
勢州蓮宗精舎旧詞第一三冊（伊勢）
勢州蓮宗精舎旧詞第一四冊（伊勢）
勢州蓮宗精舎旧詞第一五冊（伊勢、山田）
尾州蓮門精舎旧詞第一六冊（尾張、三河）
甲州蓮宗精舎旧詞第一七冊（甲斐）
三国蓮宗精舎旧詞第一八冊（相模、伊豆、駿河）
武州府内精舎旧詞第一九冊（武蔵）
武州蓮宗精舎旧詞第二〇冊（武蔵）

総州蓮宗精舎旧詞第二一冊（上総）
五国蓮宗精舎旧詞第二二冊（上総、下野、安房、下総、武蔵）（第二一冊ト内容同本）
江州蓮門精舎旧詞第二三冊（近江）
江州蓮宗精舎旧詞第二四冊（近江）
信州蓮門精舎旧詞第二五冊（信濃）
二国蓮宗精舎旧詞第二六冊（越後、信濃）

**第一九巻**（**復刻版第一九巻**）
三国蓮宗精舎旧詞第二七冊（美濃、佐渡、周防）
六国蓮宗精舎旧詞第二八冊（越中、飛騨、加賀、越後、越前、若狭）
三国蓮宗精舎旧詞第二九冊（丹波、丹後、但馬）
五国蓮宗精舎旧詞第三〇冊（伯耆、隠岐、出雲、石見、因幡）
二国蓮宗精舎旧詞第三一冊（播磨、安芸）
周州蓮宗精舎旧詞第三二冊（周防）
七国蓮宗精舎旧詞第三三冊（長門、豊前、備中、備前、備後、安芸、美作）
紀州蓮宗精舎旧詞第三四冊（紀伊）
蓮宗精舎旧詞第三五冊（紀伊）
四国蓮門精舎旧詞第三六冊（伊予、讃岐、土佐、阿波）
三国蓮門精舎旧詞第三七冊（肥前、筑前、日向）
筑前蓮宗精舎旧詞第三八冊（筑前）
五国蓮門精舎旧詞第三九冊（筑前、豊後、肥前、筑後、肥後）
豊州蓮宗精舎旧詞第四〇冊（豊後）
六国蓮宗精舎旧詞第四一冊（山城、摂津、和泉、河内、伊勢、近江）
四国蓮宗精舎旧詞第四二冊（肥前、越中、大和、和泉）
九国蓮宗精舎旧詞第四三冊（対馬、薩摩、日向、大隅、備後、隠岐、丹波、大和、美濃）
京都黒谷精舎旧詞第四四冊（金戒光明寺末）
蓮門精舎旧詞第四五冊（知恩寺末）
蓮門精舎旧詞第四六冊（清浄院末）
蓮門精舎旧詞第四七冊（檀林末寺）
奥州蓮門精舎旧詞第四八冊（陸奥国会津領）「末）
二国蓮宗精舎旧詞第四九冊（陸奥、出羽専称寺
二国蓮宗精舎旧詞第五〇冊（陸奥、出羽円通寺末）
索隠

**西山全書**（**第三版**）
西山全書刊行会編　文栄堂書店刊（初版　浄土宗西山派宗務院刊）
昭和四八（大正二　初版）　一二巻（初版　八巻）

**第一巻**
観経秘決集　二〇巻

**第二巻**
当麻曼荼羅注　一〇巻　証空撰
選択密要決　五巻　証空撰
四十八願要釈鈔　二巻　証空撰
修業要決　一巻　証空撰
当麻曼荼羅供式　一巻　証空撰
当麻曼荼羅八講論義抄　一巻　証空撰
当麻曼荼羅科節　三巻　昌道撰

**第三巻**
（観門要義鈔第一）
観経玄義要義釈観門義鈔　五巻　証空撰
観経序分要義釈観門義鈔　四巻　証空撰
観経定善要義釈観門義鈔　六巻　証空撰
観経散善要義釈観門義鈔　六巻　証空撰
往生礼讃要義釈観門義鈔　一〇巻　証空撰

**第四巻**
（観門要義鈔第二）
観念要義釈観門義鈔　三巻　証空撰
般舟讃要義釈観門義鈔　七巻　証空撰
法事讃積学要義鈔　二巻　実信撰
観門義草案　二巻　証空撰
（観経疏他筆鈔第一）
玄義分他筆鈔　三巻　証空撰
序分義他筆鈔　五巻（自第一巻至第三巻）証空撰

**第五巻**
（観経疏他筆鈔第二）
序分義他筆鈔　五巻（自第四至第五巻）証空撰
定善義他筆鈔　三巻　証空撰
散善義他筆鈔　三巻　証空撰

**第六巻**
（観経疏六角鈔第一）
観経玄義分抄出　二巻　了音撰
観経序分義抄出　一巻　了音撰
（観経疏六角鈔第二）
観経定善義抄出　三巻　了音撰
観経散善義抄出　二巻　了音撰
観経疏楷定記第一
観経玄義分楷定記　一〇巻　顕音撰

**第七巻**
（観経疏楷定記第二）
観経序分義楷定記　七巻　顕音撰
観経定善義楷定記　八巻　顕音撰

**第八巻**
観経散善義楷定記　一一巻　顕音撰
観経疏玄義分康永抄
観経疏序分義康永抄
観経疏定善義康永抄
観経疏散善義康永抄
当麻曼陀羅註記略鈔（自第一至第八）是空回隆述
観経厭欣鈔　上中末　融舜上人撰述

**別巻一**
仮名書原本観念法門観門義
観経四帖疏弘深抄　九巻　実導仁空述

**別巻二**
**明秀上人全集**
愚要鈔　三巻
選択本願念仏集私鈔　三巻
四十八願鈔　二巻
当麻曼荼羅註記明秀鈔　一〇巻
安養報身報土義　一巻

**定本親鸞聖人全集**
親鸞聖人全集刊行会編　法藏館刊
昭和四四―四五　九巻

**真宗聖教全書**
真宗聖教全書編纂所編　興教書院刊（復刻大八木興文堂）
昭和一五（昭和五五―六〇　復刻）　五巻

**第一巻　三経七祖部**
仏説無量寿経　二巻　曹魏　康僧鎧訳
仏説観無量寿経　一巻　宋　畺良耶舎訳
仏説阿弥陀経　姚秦　鳩摩羅什訳
平等覚経（仏説無量清浄平等覚経）　四巻　後漢　支婁迦讖訳
大阿弥陀経（上巻首題・仏説阿弥陀三耶三仏薩楼仏檀過度人道経、下巻首題・仏説阿弥陀経）（上下再巻尾題、阿弥陀経）　二巻　呉　支謙訳
無量寿如来会（大宝積経第一七・一八）　二巻　唐　菩提流志訳
荘厳経（仏説大乗無量寿荘厳経）　三巻　宋　法賢訳
称讃浄土経（称讃浄土仏摂受経）　一巻　唐　玄奘訳
易行品（十住毘婆沙論第五）　竜樹造　後秦　鳩摩羅什訳
十二礼　竜樹　禅那崛多訳
浄土論（無量寿経優婆提舎願生偈）　婆藪般豆造　後魏　菩提留支訳
往生論註（無量寿経優婆提舎願生偈註）　二巻　北魏　曇鸞註解
讃阿弥陀仏偈　北魏　曇鸞造
略論安楽浄土義　北魏　曇鸞作
安楽集　二巻　随　道綽撰
観経四帖疏　四巻　唐　善導集記
法事讃（上巻首題・転経行道願往生浄土法事讃、上巻尾題・西方浄土法事讃）（下巻首尾・安楽行道転経願生浄土法事讃）二巻　唐　善導集記
観念法門（首題・観念阿弥陀仏相海三昧功徳法門、尾題・観念阿弥陀仏相海三昧功徳法門経）　唐　善導集記
往生礼讃偈　唐　善導集記
般舟讃（首題・依観経等明般舟三昧行道往生讃、尾題・般舟三昧行道往生讃）　唐　善導撰
往生要集　三巻　源信撰
選択本願念仏集　源空撰

**第二巻　宗祖部**
教行信証　（顕浄土真実教行証文類）　六巻　親鸞集
六要鈔　六巻　存覚
浄土文類聚鈔　親鸞集
愚禿鈔　二巻　親鸞
入出二門偈頌　親鸞作
浄土和讃　親鸞
高僧和讃　親鸞
正像末和讃　親鸞
皇太子聖徳奉讃　親鸞作
浄土三経往生文類（略本）　親鸞
浄土三経往生文類（広本）　親鸞
尊号真像銘文（略本）　親鸞
尊号真像銘文（広本）　二巻　親鸞
一念多念文意　親鸞
唯信鈔文意　親鸞
唯信鈔文意（異本）　親鸞
末灯鈔　親鸞
御消息集（親鸞聖人御消息集）親鸞
御消息集（善性本）　親鸞　善性編
血脈文集（親鸞聖人血脈文集）　親鸞
拾遺真蹟御消息　親鸞
如来二種廻向文　親鸞
弥陀如来名号徳　親鸞
唯信抄　聖覚
後世物語（後世物語聞書）　隆寛
一念多念分別事　隆寛
自力他力事　隆寛
歎異抄

**第三巻　列祖部**
口伝鈔（覚如）　執持鈔（覚如）　願願鈔（覚如）　最要鈔（覚如）　本願鈔（覚如）　教行信証大意（覚如）　出世元意（覚如）　改邪鈔（覚如）　持名鈔　二巻（存覚）　女人往生聞書（存覚）　浄土真要鈔　二巻（存覚）　破邪顕正抄　三巻（存覚）　決智鈔（存覚）　歩船鈔　二巻（存覚）　報恩記（存覚）　法華問答　二巻（存覚）　顕名鈔（存覚）　存覚法語（存覚）　浄土見聞集（存覚）　正信偈大意（蓮如）　御文章　五帖（蓮如）　御俗姓（蓮如）　夏御文（蓮如）　領解文（蓮如）　蓮如上人御一代記聞書　二巻　安心決定鈔　二巻　御伝鈔（本願寺聖人親鸞伝絵）二巻（覚如）　報恩講私記（覚如）　歎徳文（存覚）　拾遺古徳伝絵詞　九巻（覚如）　慕帰絵詞　一〇巻（従覚）　最須敬重絵詞　七巻（巻三・四欠）（乗専）　蓮如上人遺徳記　（蓮悟集・実悟記）　実悟記（本願寺作法之次第）（実悟）　反故裏書（顕誓）

**第四巻　拾遺部上**
十七条憲法　上宮太子御作
上宮太子御記　親鸞編
聖徳太子奉讃（大日本国粟散王聖徳太子奉讃）　親鸞
横川法語（念仏法語）　伝源信
一枚起請（黒谷上人起請文）　源空
二枚起請（黒谷上人御法語）　源空
西方指南抄　三巻　源空　親鸞編
漢語灯録（黒谷上人語灯録漢語）一〇巻　源空　了恵集
和語灯録（黒谷上人語灯録和語）　五巻　源空　了恵集
拾遺語灯録　上巻　拾遺黒谷上人語灯録　中・下巻　拾遺黒谷語灯録　三巻　源空　了恵集
三部経大意　一巻　源空

**第五巻　拾遺部下**
御草稿和讃　親鸞
宗祖真蹟小部集（四十八誓願　善導和尚言　往生要集云　大涅槃経要文　浄肉之文　五会法事讃略抄　三骨一廟文　聖覚法印表白〔吉永嘆徳文〕　信微上人御釈　須弥四域経文　浄土本縁

経文）
本尊色紙文（附、妙源寺所伝真像銘）
恵信尼消息　恵信
肝要記　伝覚如
真宗血脈伝来鈔　伝覚如
選択註解鈔　五巻　存覚
弁述名体鈔　存覚
纔解記　存覚
至道鈔　存覚
念仏行人申状
祖師御作要文
真宗用意
帖外御文章　一三九通　蓮如
蓮如上人道の記　蓮如
蓮如上人御詠歌　蓮如
拾遺蓮如上人御一代記聞書
山科御坊之事並其時代事　実悟
光闡百首　顕誓
今古独語　顕誓
聖徳太子講式
両師講式
知恩講私記
讃仏講式　寂如
啓白
列祖消息抄

**真宗全書**（正・続）
妻木直良編　蔵経書院刊（再版　国書刊行会刊）
大正二―五（昭和四九―五一　再版）七四巻〈正編四六巻　続編二八巻〉（再版　七五巻、うち一巻は総目録追加分）

**第一巻**
仏説無量寿経甄解　一〇巻　道隠
**第二巻**
無量寿経顕宗疏　一八巻（一五冊、内巻七下欠）
性海（「玄概」は西吟撰・性海輯とし、第一巻以下性海述とする）
**第三巻**
大経安永録　一二巻　慧雲
大経光讃　三巻　月珠
無量寿経玄談　一巻　円澄
無量寿経顕宗疏（巻七下）　性海
**第四巻**
観経依釈　六巻　義教
観無量寿経芭蕉記　三巻　曇竜
観経微笑記　六巻　慧雲
阿弥陀経略讃　二巻　慧然
**第五巻**
仏説観無量寿経講記　九巻　霊暀
仏説阿弥陀経紀聞　二巻　履善説　大厳記
**第六巻**
本願成就文承名録　一巻　巧便
願成就文梵漢対弁　一巻　南条文雄閲　加藤止廓述
観無量寿経述義　二巻　大瀛
仏説阿弥陀経甲午記　二巻　慧雲
阿弥陀経松江録　一巻　月珠
仏説阿弥陀経明煥記　二巻　慧忍
修删阿弥陀経論　二巻　履善
非修删阿弥陀経　一巻　履善
修删阿弥陀経　一巻　太宰純
後出阿弥陀仏偈　一巻
後出弥陀偈経糠粃録　二巻　自謙
高僧和讃聞記　五巻　霊暀
**第七巻**
阿弥陀因行記　二巻　恵空
阿弥陀如来三種印相秘決義解　一巻　慧南述　空慧解
阿弥陀秘決　二巻　慧林
阿弥陀仏説林　七巻　継成
称讃浄土経駕説　四巻　月筌
荘厳経毛渧記　六巻　誓鎧
五会法事讃講義　二巻　神画
**第八巻**
十住毘婆沙論易行品講纂　四巻　随慧・法海・徳竜・澄玄・秀存・竜温・神興・行忠・雲集
**第九巻**
仏説阿弥陀経丁丑録　二巻　芳英
十住毘婆沙論易行品講録　一巻　僧樸
十住毘婆沙論易行品蛍明録　二巻　柔遠
十二礼偈敝蓋録　二巻　仰誓
浄土論大意　一巻　慧然
無量寿経優婆提舎渧　四巻　履善
浄土論管見記　五巻　洞雲
**第一〇巻**
往生論註服宗記　六巻　慧雲
無量寿経論註原要　六巻　廓亮（大瀛）
往生論註筆記　二巻　宝雲
**第一一巻**
往生論註聞書　六巻　宣明
略論安楽浄土義講義　二巻　大含
讃阿弥陀仏偈筌　一巻　僧鎔
**第一二巻**
安楽集勧信義　一巻　慧然
安楽集日纂　三巻　慧琳
安楽集正錯録　一巻　汝岱考定　法霖弁疑　道粋録次
安楽集述聞　五巻　善意
安楽集義疏　二巻　僧叡
**第一三巻**
観経四帖疏鑽仰記　一一巻　随慧
**第一四巻**
観経四帖疏講録　一三巻　義教
観経玄義分丁酉録　四巻　慧雲
**第一五巻**
法事讃刊定記　一巻（全三巻、内二巻欠）　慧雲
観念法門略解　二巻　道振
往生礼讃聞記　三巻　義譲
般舟讃懐愧録　四巻　僧叡

**第一六巻**
往生要集略讃　四巻　慧然
往生要集唯称記　三巻　崇廓
往生要集講録　一〇巻　柔遠
往生論註略解　二巻（付、八番問答己丑録）円月

**第一七巻**
選択集叢林記　八巻　恵空

**第一八巻**
選択集要津録　一一巻　道隠
選択集通津録　四巻　慧雲

**第一九巻**
選択本願念仏集錐指録　七巻　柔遠
選択集昨非鈔　五巻　了祥

**第二〇巻**
選択集真宗義　一〇巻　大含
浄土論講録　一巻　神興

**第二一巻**
教行信証報恩記　一三巻　頓恵（鳳嶺）
浄土真宗聖教字箋　三巻　慧忍（浄久寺）
教行証内音訓考　一巻　慧琳

**第二二・二三巻**
顕浄土真実教行証文類徴決　一八巻　興隆

**第二四・二五巻**
顕浄土真実教行証文類講疏（光融録）　四〇巻　景耀（玄智）

**第二六—二九巻**
教行信証文類随聞記　六三巻　僧叡

**第三〇・三一巻**
顕浄土教行証文類敬信記　一九巻　善譲

**第三二・三三巻**
教行信証集成記　七五巻　芳英

**第三四・三五巻**
本典指授鈔　一八巻　法海説・円竜記
行巻帰命御字訓聞記　三巻　制心

**第三六巻**
教行信証文類樹心録　一〇巻　智暹
浄土文類聚鈔闡曜記　四巻　円澄
浄土文類聚鈔慶哉録　四巻　泰巌
愚禿鈔録　一巻　宝雲

**第三七巻**
教行信証文類六要鈔補　九巻　慧琳
愚禿鈔温故録　五巻　僧鎔
愚禿鈔知新録　五巻　道隠
入出二門偈略解　一巻　道振

**第三八巻**
浄土文類聚鈔崇信記　五巻　廓亮（大瀛）
愚禿鈔顕心記　五巻　頓慧（鳳嶺）
文類聚鈔法鑑　六巻　道隠

**第三九巻**
正信念仏偈聞書　一巻　光教
正信念仏偈文林　一巻　恵空
正信念仏偈略述　一巻　恵空
正信念仏偈師資発覆鈔　四巻　普門
正信念仏偈会鈔句義　三巻　慧然
正信念仏偈講義説約　二巻　随慧
正信念仏偈駕説帯佩記　五巻　慧琳

**第四〇巻**
正信念仏偈捕影記　三巻　法霖
正信念仏偈夏爐篇　三巻　仰誓
正信念仏偈評註　一巻　僧鎔
正信念仏偈聞書　二巻　僧鎔
正信念仏偈甄解　三巻　道隠
正信念仏偈慶嘆録　二巻　観道
正信念仏偈報恩記　二巻　道振
正信念仏偈呉江録　一巻　慧雲

**第四一巻**
浄土和讃講義　四巻　徳竜
高僧和讃講義　三巻　徳竜
浄高二帖和讃分文科目　一巻　徳竜

**第四二巻**
浄土三経往生文類觽　一巻　慧琳
一念多念証文記　三巻　深励
唯信鈔文意録　三巻　深励
尊号真像銘文講説　二巻　義門

**第四三巻**
正像末和讃講義　三巻　徳竜
歎異抄講録　一巻　義天
改邪抄随筆　三巻　円解

**第四四巻**
諸神本懐集講義　三巻　義譲
蓮如上人御一代記聞書筆誌　五巻　智現
安心決定鈔翼註　三巻　恵空

**第四五巻**
口伝鈔講義　七巻（付、善悪二業章講義）法海
改邪鈔遠測　一巻　義門
願々鈔講義　一巻　宣明
最要鈔講義　一巻　大含
唯信鈔講説　二巻　義門

**第四六巻**
浄土真要鈔随聞記　一巻　霊暀
後世物語録　一巻　了祥
真宗法要義概　一巻　履善
口伝鈔録　二巻　興隆
口伝鈔開出三身章略記　一巻　宝雲
慕帰絵詞人物考　一巻　性海志事　明信後集
報恩記殿中講話　三巻　南渓
一念多念分別事聞持記　一巻　宝雲
四法大意略解　一巻　道振

**第四七巻**
真宗法要撮要説　一巻　明増
浄土三経往生文類善光録　一巻　興隆
尊号真像銘文棲心録　一巻　興隆
一念多念証文録　一巻　興隆
唯信鈔文意義概　一巻　履善
末灯鈔管窺録　六巻　僧鎔
親鸞聖人御消息集録　一巻　興隆

**第四八巻**
真宗仮名聖教関典録　一三巻　琢成

三経往生文類記　一巻　霊暀
尊号真像銘文觿　一巻　慧琳

**第四九巻**
御文摩尼珠海　二巻　宣明
御文要義　一巻　宣明
御文講義　八巻　深励

**第五〇巻**
承応閲牆記　一巻　祐俊
破邪問答　三巻　月感・西吟
安心相違之覚書　一巻（准秀）
破安心相違之覚書　一巻　光円（良如）
真宗仏身問答　一巻　弗知（月筌）
浄土真宗下野流本尊義　一巻　慧海（竜音院）
浄土真宗本尊義記　一巻　宝厳
真宗仏身彰実義　一巻　甄洪
浄土真宗本尊義　一巻　智暹
略述法身義　一巻　智暹
本尊義答釈　一巻　智暹
本尊義一百問　一巻
本尊義並答釈中一百八十難発問　二巻　天倪
明和法論次第　一巻　仰誓
鞘之間論議　一巻
本尊義破邪顕正　一巻　義教
折衝篇中必定釈名之弁　一巻　功存
折衝篇通釈　一巻　桂厳
助正釈問　一巻　僧叡
読助正釈　一巻　僧鎧
助正釈問酬読　一巻　僧叡
助正箋　一巻　道命
助正芟柞　二巻　僧叡

**第五一巻**
栖心斎随筆　四巻　興隆
浄土真宗唯信訣　一巻　雲幢
本願醍醐篇　一巻　竜華（曇竜）
真宗唯信轍　一巻　曇竜
礼讃引釈義　二巻　曇竜

行信桑名記　一巻　道振
行信管窺　一巻　円識
行信義　巻　月珠
本願行信旋火輪　一巻　玄雄
真宗行信逢源艸本　一巻　蔡華子（玄雄）
因願成就両文対弁　一巻　栖城
行信一念義　一巻　宏遠
行信乙丑篇　一巻　鮮妙

**第五二巻**
選択本願行信義記　三巻　洞雲（普厳）
真宗行信略論　一巻　大厳
教章詹言余論　二巻　大厳
行信一念義　一巻　道隠
両一念義章　一巻　道振
昭穆作述決　一巻　道振
昭穆作述決複弁　一巻　了厳
真宗仏性弁講述　一巻　道振
行信両一念聞書　一巻　行照
行信論　一巻　桑梁
信願異同弁　一巻　若叡（超然）
仰信余筆　一巻　超然
教証二道弁　一巻　宏遠
行信延促　一巻　香遠
行信　念贅語　三巻　南渓

**第五三巻**
真宗関節　五巻（付、親聞往生験記）　月筌
浄土真宗要義論題　四巻　慧海（甘露院）

**第五四巻**
真宗百題啓蒙　一巻　義山
梅洞由筆　六巻　宝雲
南柯法語　三巻　超然

**第五五巻**
西方合契　六巻　慧海（竜音院）
浄土釈義集　二巻　恵空
宗旨疑問指帰略答　一巻　円智
浄土疑問釈答　一巻　竜渓

浄土疑問解　一巻　恵空
真宗護法篇　二巻　観道
称名信楽二願希決　二巻　順芸

**第五六巻**
異執決疑編　二巻　恵空
本願寺表裏問答　三巻　甫顔
金鑰記　二巻　知空
東本願寺系図　一巻
翻迷集　二巻　行感
事書　一巻
集古雑編　二巻　恵空
貴迹大略　一巻　恵空
浄土真宗血脈論　一巻　恵空
華蔵考記　二巻　慧然
安養身土駕説　一巻　慧琳
方便化身土章　一巻　慧琳
他利利他深義　一巻　慧琳
他利利他弁　一巻　大濤
六三分別　一巻　履善

**第五七巻**
真宗聖教和語説　五巻　霊伝（義門）
末代無智御文和語説　一巻　義門

**第五八巻**
末法灯明記講義　一巻　了祥
一枚起請文講義　三巻　了祥
異義集　一巻　了祥
評弥陀経義　一巻　了祥
校訂末法灯明記　一巻　覚大行
弥陀経義集　一巻

**第五九巻**
親鸞邪義決之虚偽決　一巻　帰郷子（玄覚）
刓謗録　一巻　市隠子
浄土真宗流義問答　四巻　九々老衲（敬信）
真宗安心茶店問答　二巻　秀川
茶店問答弁訛刮　二巻　寂有
二弁竜燭篇　三巻　常音

疑難真宗義　一巻　厳牛（南渓）
暁諭抉瞙篇　一巻　南渓
肉食妻帯弁　一巻　知空
浄土真宗帯妻食肉義　一巻　円澄
親鸞宗儀群談弁惑　一巻
釈難真宗僧儀　一巻　慧琳
持妻食肉弁惑編　一巻　仰誓
摑網記　五巻　持寛
僻難対弁　一巻　仰誓
神道俗談弁　一巻（付、大師号破文）　誓鎧
摑裂邪網篇　二巻　潮音
金剛索　一巻　潮音

**第六〇巻**
浄土折衝篇　二巻　法霖
笑螂臂　五巻　法霖
連環弁道略　一巻　慧海（竜音院）
折衝篇雷斧弁訛　一巻　性均
浄土真宗論客編　一巻　義教
千五百条弾憚改　一〇巻　義教

**第六一巻**
垂釣卵　一二巻　曇竜

**第六二巻**
真宗小部集　八巻・付録三巻　仰誓編
(一)八条問答　一巻　月筌
陳善院法語　一巻　僧樸
帰命弁問尋　一巻　道粋
霊山師答問　一巻　功存
棲浄斎安心註進書　一巻　誓鎧
合明閣報書　一巻　仰誓
安心問答　一巻　功存
奉命演説記　一巻　功存
(二)往生論偈遊刃記　一巻　法霖
十疑論升量録　一巻　僧樸
陳善院抱質尊者別時意章講解　一巻　僧樸
(三)吉水大師遺語訣　一巻　僧鎔
悲歎讃及獲得名号法語略註　一巻　僧鎔
帖外九首和讃略註　一巻　僧鎔
(四)伝絵大意　一巻　僧樸
伝絵津梁材　一巻　通玄
浄土宝綱章　一巻　僧鎔
改悔文略弁　一巻　僧鎔
四十八首讃号広略問答　一巻　慧雲
(五)方便法身義　一巻　法霖
当流安置本尊方便法身之尊形弁　一巻　法霖
肥陽問答　一巻　法霖
大利無上弁　一巻　法霖
含華未出弁　一巻　法霖
日渓演暢講主小児往生説　一巻　法霖
日渓古数寄屋法語　一巻　法霖
(六)真宗念仏現益弁　一巻　僧樸
顕彰隠密義　一巻　僧樸
雑行雑修弁　一巻　僧樸
八万四千諸波羅蜜義三門分別　一巻　僧樸
正像末三時義　一巻　僧樸
五趣六道義　一巻　僧樸
刹那異説　一巻　僧樸
(七)聖道権仮弁　一巻　泰巌
西鎮今家安心説　一巻　泰巌
金光明経考　一巻　泰巌
或問本師字義　一巻　純叟（道粋）
勤式問答　一巻　僧鎔
小児往生弁　一巻　僧鎔
初中後善義　一巻　智洞
一音義三門分別　一巻　智洞
広済小録　一巻　今田君
神国弁　一巻
神道弁　一巻　正楷
(八)弁翼讃遺事　一巻　法霖
平生臨終業成弁　一巻　抱質（僧樸）
行信弁偽　一巻　僧樸
尊号為体弁　一巻　僧鎔
講余随筆　一巻　仰誓
評授要篇　一巻　仰誓
棲浄斉解魔弁　一巻　誓鎧
（付一）浄土教主義　一巻　僧鎔
正像末三時義　一巻　泰巌
三定聚義　一巻　僧鎔
讃揚法則　一巻　僧鎔
聖浄二門義　一巻　僧鎔
法語　一巻　僧鎔
信行一念之弁　一巻　僧鎔
（付二）越中赤尾弥七入道道宗自箴二十箇条　一巻　道宗
大和郡山光慶寺第七世唯宗自箴二十箇条　一巻
長州法義訂正　一巻
誡関東邪見之徒嬰児消息　一巻　功存
寛政元己酉与琉球国尼講中消息　一巻　功存
（付三）七祖通論　一巻　宝雲
読安楽集　一巻　僧鎔
諸神本懐集跋渉録　一巻　桑梁
和讃天仁波引歌伝　一巻　若霖
雪窓夜話　一巻　桑梁

**第六三巻**
叢林集　九巻　恵空
真宗故実伝来鈔　二巻　浄慧同追加・同増補

**第六四巻**
考信録　五巻　景耀（玄智）
真宗帯佩記　二巻　慧琳
祖門旧事紀巻二　一巻　玄智
祖門旧事紀残篇　一巻　玄智
故実公儀書上　一巻
安永勧進　一巻　超尊
実如上人闍維中陰録　一巻　実孝
蓮如上人御往生記　一巻
蓮能御往生記　一巻　実孝

**第六五巻**
二十四輩次第記録　一巻　知空
親鸞聖人御直弟諸国散在記　一巻　宗誓

二十四輩散在記　一巻　宗誓
捃聚鈔　二巻　天旭
遺徳法輪集　七巻　宗誓
明義対弁　一巻　天旭
親鸞聖人御旧跡幷二十四輩記　七巻　是心等
大谷遺蹟録　四巻　了雅（先啓）
諸寺異説弾妄　一巻　先啓
常楽寺伝二十四輩名位之事　一巻
二十四輩名位　一巻　乗恩

**第六六巻**

浄土真宗七高僧伝　一巻　景耀（玄智）
浄土真宗七祖伝衍繹篇　八巻　景耀（玄智）
正統伝後集　四巻　良空
厳如宗主履歴大谷派講者列伝碑文集　一巻　南条文雄
古徳事蹟伝　一巻　霊雲
先哲遺事　三巻　玄妙
竜谷講主伝　一巻　宗朗
浄土真宗僧宝伝　六巻　海蔵

**第六七巻**

宗祖世録　五巻　慧旭
親鸞聖人正明伝　四巻（伝存覚）
高田開山親鸞聖人正統伝　六巻　良空
非正統伝　一巻　玄智
絵像木像由緒　一巻
高祖御真影記　一巻　了雅（先啓）

**第六八巻**

大谷本願寺通紀　一五巻　景耀（玄智）
高田三祖伝　一巻　円遵
仏光寺中興了源上人伝　一巻　唯了
常楽台主老衲一期記　一巻
鑑古録　二巻　寂慧
異本反故裏書　一巻　顕誓
真宗安心異諍紀事　一巻　景耀（玄智）
演澄年譜　一巻　演澄
円澄講師伝　一巻　松平秀雲
超空師行状　一巻　安環
笛峰道人月筌律師行状　一巻　観信
信明院本如上人行状記　一巻　超然
広如上人芳績考　一巻
顕誓病中日記　一巻　顕誓

**第六九巻**

本福寺由来記　一巻　明宗・明誓
教訓幷俗姓　一巻　明順
本福寺跡書　一巻　明誓
本福寺門徒記　一巻　明誓
本福寺明宗跡書　一巻　明宗
金森日記抜　一巻　知空
徳了袖日記　一巻　徳了
実悟記拾遺　二巻　了雅（先啓）
蓮如尊師行状記　一巻
蓮如上人御絵伝　一巻
蓮如上人御法談　一巻
蓮如上人縁起　一〇巻　了雅（先啓）
真宗懐古鈔　三巻　恵忍（河内）
蓮如上人御旧蹟絵鈔　一巻　秋里籬島
蓮如上人御隠棲実記　二巻　伯恕
蓮如上人紀伊国紀行幷寺院略記　一巻　功厳
渋谷歴世略伝（付、仏光寺系図　一巻）　徳義撰　徳常修補
渋谷学匠略伝　一巻　物部長寛
大谷旧説　一巻　虞淵（超然）
私心記　九巻　実従
本福寺次第草案　一巻　明式

**第七〇巻**

紫雲殿由縁起　一六冊（明専集録　明沼増修）

**第七一巻**

反正紀略　一三巻　超然

**第七二巻**

続反正紀略　七巻（超然）
上京日次記　一巻　大瀛
自謙日誌　一巻　自謙
金剛槌　一巻　独留庵（春貞）
春貞記録　三巻　春貞

**第七三巻**

雑文集　一巻　空慧
今日庵和歌集　一巻　超空
北山詩集　四巻　徳竜
香光文集　一巻　普明
香光詩集　一巻　普明
雲華集　一巻　大含
北越奇蹟詠草　一巻　義導
五岳詩鈔　一巻　平野五岳
続五岳詩鈔　一巻　平野五岳
古竹老衲詩集　一巻　平野五岳
毛芥遺稿　一巻　英順
津梁余事詩鈔　一巻　藤林逸心
淡成舎遺稿一斑　二巻　河野大麟
桃渓遺稿　一巻　汝岱
桃渓遺文　一巻　汝岱
遊戯三昧　三巻　僧樸
東遊漫録　一巻　大同
合明集　一巻　仰誓
禅余奇観　一巻　玄智
小倉百詩　一巻　鵬溟子（履善）
巻荷遺香　一巻　隆性
入学策進幷遺文　一巻　潮音
春夢庵詩鈔　二巻　無著
（甲戌）奇峰玄覧　五巻
冷雲詩鈔　三巻　冷雲
熱海唱和集　一巻　島地黙雷
百詠詩集　一巻　慧鎧
日渓詠録　一巻　法霖

**第七四巻**

浄典目録　一巻　存覚
真宗正依典籍集　一巻　一雄
真宗録外聖教目録　一巻　知空
仮名聖教目録　一巻　恵空
高宮聖教目録　一巻　性海

月筌聖教目録　一巻　月筌
真宗法彙目録及左券　一巻　僧鎔
蔵外法要菽麦私記　一巻　泰巌
真宗法要蔵外諸書管窺録　一巻　抱質（僧樸）
学蔀必用目録　二巻　慧琳
和語聖教目録　一巻　慧琳
浄土真宗書目　一巻　慧琳
浄土真宗正依経論釈偈讃法語刊定目録　一巻
浄土真宗聖教目録　一巻　先啓〔随慧
竜谷学黌内典現存目録浄土真宗雑著部　一巻
浄土真宗教典志（三巻本）　三巻　景耀（玄智）
浄土真宗教典志（一巻本）　一巻　景耀（玄智）
下野流高田衆教目録　一巻　秀諦
渋谷宝鑑　一巻　了道
真宗本願寺派学匠著述目録　一巻　前田慧雲
真宗聖教刊行年表　一巻　禿氏祐祥編　鷲尾教導補
弁道書目提要　一巻　杞憂道人（鵜飼徹定）
本典六要板木買上始末記　一巻　山本与右衛門
長西録　二巻　長西

**第七五巻**（昭和四九年再版時に追加）
真宗全書総目録
真宗全書総目次　略分類目録
書名索引　著編者名索引
院号・別名索引
附録、本願寺派講学略年表　大谷派学寮講義年鑑　真宗本願寺派学系略譜　真宗大谷派学系略譜

## 新編真宗全書

新編真宗全書刊行会　思文閣刊
昭和五〇―五二　三〇巻（教義編二〇巻、史伝編一〇巻）

**教義編**

**第一巻**
大無量寿経甄解　一八巻　道隠

**第二巻**
大経安永録　一二巻　慧雲
大経光讃　三巻　月珠
観経微笑記　六巻　慧雲
観無量寿経芭蕉記　三巻　曇竜

**第三巻**
観無量寿経述義　二巻　大瀛
後出阿弥陀仏偈　一巻
後出弥陀偈経糠粃録　二巻　自謙
仏説阿弥陀経甲午記　二巻　慧雲
阿弥陀経松江録　一巻　月珠
修删阿弥陀経　一巻　太宰純
非修删阿弥陀経　一巻　履善
修删阿弥陀経論　二巻　履善
阿弥陀因行記　二巻　恵空
阿弥陀仏説林　七巻　継成
仏説阿弥陀経丁丑録　二巻　芳英

**第四巻**
十住毘婆沙論易行品講録　一巻　僧樸
十住毘婆沙論易行品蛍明録　二巻　柔遠
十二礼偈敝蓋録　二巻　仰誓
無量寿経優婆提舎滞　四巻　履善
浄土論大意　一巻　慧然
往生論註服宗記　六巻　慧雲
往生論註筆記　二巻　宝雲

**第五巻**
安楽集正錯録　一巻　汝岱考定　法霖弁疑　道〔粋録次
安楽集義疏　二巻　僧叡
観経玄義分丁酉録　四巻　慧雲
観経四帖疏講録　一三巻　義教

**第六巻**
法事讃刊定記（三巻の内第一巻）　慧雲
般舟讃懐愧録　四巻　僧叡
観念法門略解　二巻　道振
往生礼讃聞記　三巻　義譲

**第七巻**
往生要集講録　一〇巻　柔遠
選択集要津録　一一巻　道隠

**第八・九巻**
教行信証文類随聞記　六三巻　僧叡

**第一〇巻**
顕浄土真実教行証文類敬信記　一九巻　善譲

**第一一巻**
教行信証文類樹心録　一〇巻　智暹
浄土文類聚鈔崇信記　五巻　廓亮（大瀛）
愚禿鈔温故録　五巻　僧鎔
愚禿鈔知新録　五巻　道隠
入出二門偈略解　一巻　道振

**第一二巻**
正信念仏偈捕影記　三巻　法霖
正信念仏偈聞書　二巻　僧鎔
正信念仏偈甄解　三巻　道隠
正信念仏偈報恩記　二巻　道振
正信念仏偈呉江録　一巻　慧雲
正信念仏偈聞書　一巻　光教
正信念仏偈略述　一巻　恵空
正信念仏偈師資発覆鈔　四巻　普門

**第一三巻**
一念多念証文記　三巻　深励
唯信鈔文意録　三巻　深励
浄土三経往生文類觽　一巻　慧琳
浄土三経往生文類善光録　一巻　興隆
尊号真像銘文棲心録　一巻　興隆
尊号真像銘文講説　二巻　義門

**第一四巻**
正像末和讃講義　三巻　徳竜
歎異鈔講録　一巻　義天
改邪鈔随筆　三巻　円解
安心決定鈔翼註　三巻　恵空

**第一五巻**
真宗法要撮要説　一巻　明増

真宗関係叢書

## 第一六巻

唯一念多念証文録　一巻

御文意鈔管見義概録　一巻

末灯鈔文意類録　八巻　六巻　深励　巻　僧錄

三経往生文類記　一巻

尊号真像生銘文關典録　巻　一三巻　慧琳　琢成

真宗仮名聖教關典録　巻　一三巻

## 第一七巻

破邪問答　三巻　月感・西吟

安心相違之覚書条々（准秀）

破衝編中相違之覚書条々　一巻（准秀）光円（良如）

安心必定釈名之弁厳　一巻　功存

折衝通釈　一巻　桂厳

折正釈問　一巻　僧叡

助正釈問酬説　一巻　僧叡

読助正交信標　一巻　道叡　大敬　僧叡

助正玄義略論　二巻　僧錄　道振

真宗一念行義信章　二巻　道振　大敬

両穫作仏述行決答　一巻

昭宗真宗身下野本尊義記流　一巻　弗知（月至慧海）（竜音院）

真宗仏身尊影実義表義　一巻　甄洪厳　宝厳

浄土仏宗本尊義答　一巻

略述法宗身尊義　一巻　智退

本尊義並百問答釈　一巻　智退

本尊義一巻中　一百八十難発問　一巻　智退

鶻之問義答釈正　一巻

真宗義破邪顕正　一巻　義振

行信両仏一念弁講述書　一巻　桑栄　道振　義教

行信論　一巻　桑栄　行照

## 第一八巻

信關同異弁　一巻

仰信奉華弁　一巻　超然

行信二念義　一巻　超然

行信二道弁　一巻　三巻　道隠

教証述道弁　一巻　一巻　香遠　安南渓

行信問便　一巻　月至

八条院法答詣　一巻　一巻

陳善院法答詣　一巻　一巻

帰山命弁問尋　一巻　道粹　僧樸

霊淨院京安心注進書　一巻　功存　営錄

安心問閲容書　一巻　功存

合明報安心書　一巻

妻命問容記　巻

往生論偽遊刃記　一巻　妙意　法蕐

陳善水院抱遺賀者別記　一巻　僧模

吉嘆及獲得略法語註　一巻　僧錄

悲水讃和讃略語法語略註　一巻　僧錄

伝外九首和讃略記計　一巻

浄絵宝綱号　一巻　僧錄

改十文首略問答　一巻

四悟八義広略身之尊形弁　一巻　慧雲　法森

方便真義方便法　法蕐

当流安置本尊義　一巻

肥陽無問答弁　法蕐

大利木上弁

合華演奇屋主小児住往生説　一巻　法蕐

日渓通暢益語　一巻　僧模

真宗古仏現益　一巻

顕彰隠密察美　一巻　僧模

雑行権実答　一巻　僧模

維行木三時義　一巻　僧模

正像末説　一巻　僧模

利邦木説　一巻　僧模

## 第一九巻

真宗百題容家弁

梅洞百筆　六巻

南義法中語　一巻　超然　宝雲義山

異義集明記　一巻

真宗要義集講義　一巻（了祥）了祥

大無量寿経話　一巻

北窓偶説　一巻　俊諭　知空（極楽荘厳）

閲覧弊談　一巻　一巻

真宗安心十諭　二巻　義教　大濱

実風夜話　一巻　僧叡

真宗弁疑　一巻　足利義山

三宗講疑　一巻　朝日保寧

真河學の三家觀　一巻　鈴木法探紫朗　杉本

二覺の史觀　一巻

## 第二〇巻

楼淨斎篇　巻

評授要篇軍　一巻

講余筐餘　一巻　巻

尊号為体弁　一巻　僧錄

行生隊臨經業成弁　一巻　法蕐　抱質（僧模）

平翼讃遺事　一巻　一巻　智洞

弁音讃三門分別　一巻　一巻　智洞（道粹）

初中後善生　一巻　僧錄

小児問師子義　一巻

動式間不經考義　一巻　巻　秦厳　秦獻

金光明家安心説　一巻　一巻　秦厳

西鎮權仮弁　一巻

聖道權仮弁　一巻

## 史伝編

## 第一巻

真宗故実伝木鈔　二巻　浄慧

義林集　九巻　惠空

同追加・同増補

大谷光瑞

十二箇条答問稾　一巻　超然

**第二巻**

考信録　五巻　景耀（玄智）
祖門旧事紀巻二　玄智
祖門旧事紀残篇　玄智
故実公儀書上　一巻
安永勧進　一巻　超尊
真宗帯佩記　二巻　慧琳
実如上人闍維中陰録　一巻　実孝
蓮如上人御往生記　一巻
蓮能御往生記　一巻　実孝

**第三巻**

二十四輩次第記　一巻　知空
親鸞聖人御直弟諸国散在記　一巻　宗誓
二十四輩散在記　一巻　宗誓
捃聚抄　二巻　天旭
遺徳法輪集　七巻　宗誓
親鸞聖人御旧跡并二十四輩記　七巻　是心等
大谷遺蹟録　四巻　了雅（先啓）
諸寺異説弾妄　一巻　先啓
高祖聖人皇都霊跡志　一巻　僧純
二十四輩名位（願入寺伝）
二十四輩名位（常楽寺伝）
二十四輩名位（光瀬寺乗恩伝）

**第四巻**

浄土真宗七高祖伝　三巻　景耀（玄智）
浄土真宗七祖伝衍繹篇　八巻　景耀（玄智）
正統伝後集　四巻　良空
光闡百首　一巻（付、人物考）　顕誓
今古独語　一巻　顕誓
顕誓領解之訴状　顕誓
厳如宗主履歴・大谷派講者列伝碑文集　一巻　［南条文雄
古徳事蹟伝　一巻
先哲遺事　三巻　玄妙
竜谷講主伝　一巻　宗朗
浄土真宗僧宝伝　六巻　海蔵

**第五巻**

宗祖世録　五巻　慧旭
親鸞聖人正明伝　四巻（伝存覚）
高田開山親鸞聖人正統伝　六巻　良空
非正統伝　一巻　玄智
絵像木像由緒　一巻
高祖御真影記　一巻　了雅（先啓）
開祖聖人伝絵拝鈔記目録　先啓

**第六巻**

大谷本願寺通紀　一五巻　景耀（玄智）
常楽台主老衲一期記　一巻
存覚上人袖日記　存覚
異本反故裏書　一巻　顕誓
高田三祖伝　一巻　円遵
仏光寺中興了源上人伝　一巻　唯了
真宗安心異諍紀事　一巻　景耀（玄智）
演澄年譜　一巻　演澄
円澄講師伝　一巻　松平秀雲
超空師行状　一巻　安環
笛峰道人月筌律師行状　一巻　観信
信明院本如上人行状記　一巻　超然
広如上人芳績考　一巻
明如上人略年譜

**第七巻**

本福寺由来記　一巻　明宗・明誓
教訓并俗姓　一巻　明順
本福寺跡書　一巻　明誓
本福寺門徒記　一巻　明誓
本福寺明宗跡書　一巻　明宗
本福寺次第草案　一巻　明式
金森日記抜　一巻　知空
徳了袖日記　一巻　徳了
実悟記拾遺　二巻　了雅（先啓）
蓮如尊師行状記　一巻
蓮如上人御絵伝　一巻
蓮如上人御法談　一巻
蓮如上人縁起　一〇巻　了雅（先啓）
真宗懐古鈔　三巻　恵忍
蓮如上人御旧跡絵鈔　一巻　秋里籬島
蓮如上人御隠棲実記　二巻　伯恕
蓮如上人紀伊国紀行并寺院略記　一巻
私心記（『真宗全書』所収本に天文五・六・一〇・一一年分を追加）実従
渋谷歴世略伝（付、仏光寺系図）一巻　徳義
渋谷学匠略伝　一巻　物部長寛［撰　徳常修補
大谷世説　一巻　慮淵（超熱）

**第八巻**

承応闘牆記　一巻　祐俊
明和法論次第　一巻　仰誓
反正紀略　一三巻　超然

**第九巻**

浄典目録　一巻　存覚
聖教目録聞書　一巻　実悟
真宗正依典籍集　一巻　一雄
真宗録外聖教目録　一巻　知空
仮名聖教目録　一巻　恵空
高宮聖教目録　一巻　性海
月筌聖教目録　一巻　月筌
真宗法彙総目録及左券　一巻　僧鎔
蔵外法要菽麦私記　一巻　泰巌
真宗法要蔵外諸書管窺録　一巻　抱質（僧樸）
学蔀必用目録　二巻　慧琳
和語聖教目録　一巻　慧琳
浄土真宗書目　一巻　慧琳
浄土真宗正依経論釈偈讃法語刊定目録　一巻　［随慧
浄土真宗聖教目録　一巻　先啓
竜谷学黌内典現存目録浄土真宗雑著部　一巻　［智洞
浄土真宗教典志（三巻本）　三巻　景耀（玄智）
浄土真宗教典志（一巻本）　一巻　景耀（玄智）
下野流高田衆教目録　一巻　秀諦
渋谷宝鑑　一巻　了道
真宗本願寺派学匠著述目録　一巻　前田慧雲

真宗聖教刊行年表　一巻　禿氏祐祥編　鷲尾教導補
弁道書目提要　一巻　杞憂道人（鵜飼徹定）
本典六要板木買上始末記　一巻　山本与右衛門
長西録　二巻　長西

**第一〇巻**
三河念仏相承日記
祖師代々事
高田上人代々聞書
附、代々上人聞書
三本対照親鸞聖人門弟交名牒　一巻　山田文昭
一向専修念仏名帳
親鸞聖人惣御門弟等交名
一谷山記録
元和四年御堂其他御再興ノ記
万治四年大谷御廟引移記
光隆寺知空追日記　二巻
法流故実条々秘録　二巻　祐俊
清流紀談　二巻　竜護
（真宗）学苑談叢　一巻　前田慧雲
本願寺学事史　一巻　前田慧雲

**真宗叢書**
真宗叢書編輯所編　前田是山両和上古稀記念会刊（再版　臨川書店刊）
昭和二―六（昭和四一―五一　再版）一三巻

**第一巻**
真宗百論題集（上）
**第二巻**
真宗百論題集（下）
**第三巻**
仏説無量寿経会疏　一〇巻　峻諦
大無量寿経要解　三巻　法霖
仏説無量寿経四十八願聞記　二巻　興隆
**第四巻**
第十八願刁刁記　四巻　曇竜
本願成就文一渧録　一巻　観阿
観経述要　二巻　法霖
阿弥陀経聖浄決　二巻　法霖
阿弥陀経展持鈔　九巻　智暹
阿弥陀経録　一巻　僧樸
正信念仏偈勧説　三巻　月筌
正信念仏偈文軌　五巻　若霖
**第五巻**
易行品閑亭記　一巻　善譲
竜樹願往生礼讃偈録　一巻　環中
浄土論啓蒙　一巻　慧海
讃阿弥陀仏偈録　二巻　慧雲
往生論註翼本決　五巻　道振
安楽集講録　七巻　僧樸
玄義分講録　一巻　月珠
序分義集解　二巻　月珠
定善義集解　一巻　月珠
散善義唯信決　二巻　道振
**第六巻**
法事讃甄解　七巻　僧樸
観念法門甄解　五巻　僧鎔
往生礼讃甄解　五巻　僧樸
般舟讃甄解　五巻　柔遠
往生要集偏帰箋　一巻　僧叡
選択本願念仏集戊寅記　四巻　僧朗
**第七巻**
顕浄土真実教行証文類頂戴録　六巻　柔遠
本典仰信録　八巻　円月
**第八巻**
本典一渧録　二一巻　僧鎔
教行信証摘解　九巻（前四巻）　義山
**第九巻**
教行信証摘解（後五巻）
浄土文類聚鈔挙燭篇　五巻　道隠
愚禿鈔摸象記　六巻　義教
入出二門偈義疏　僧叡
**第一〇巻**
御文明灯鈔　一五巻　道隠
御文明灯鈔通関　二巻　道隠
五帖宝章綱要　二巻　鬼木沃州
夏御文講話　一巻　利井鮮妙
領解文略解　一巻　泰巌
領解文要解　一巻　曇竜
領解文講義　一巻　玄雄
浄土真宗金剛錍　二巻　大瀛
**別巻一**　是山（恵覚）和上集
往生論註講義　二巻
三帖和讃講義　三巻
**別巻二**　前田（慧雲）和上集
宗祖日鈔　一二巻
親鸞宗の教義及形体　一巻
本願寺派学事史　一巻
**附巻**　行信論集
(一)行信之弁（法霖）、(二)信行一念之事（僧鎔）、(三)大行義（大瀛）、(四)行一念義章（大瀛）、(五)信一念義章（大瀛）、(六)粛命録（義諦）、(七)柴門玄話（僧叡）、(八)末灯鈔信行両一念章聴記（性海）、(九)司教問答（曇竜）、(十)呈責弁（曇竜）、(十一)竹窗閑話（大厳）、(十二)行信決疑弁（桑厳）、(十三)行信決択篇（断鎧）、(十四)行巻両一念猶存録（善譲）、(十五)行信両一念義（月珠）、(十六)行巻行一念章（宏遠）、(十七)末灯鈔行信両一念章戊戌記（鮮妙）、(十八)応命略記（南渓）、(十九)行信三上（南渓）、(二十)再問答記（南渓）、(二十一)行信義（月珠）、(二十二)行信弁（善譲）、(二十三)行信弁返破（月珠）、(二十四)摧破論（宣正）、(二十五)大行弁岐（潭月）、(二十六)導盲篇（円月）、(二十七)大行義（円月）、(二十八)行信問答（吐月・善譲）、(二十九)法門対話私記（吐月）、(三十)行信杞憂弁（善海）、(三十一)読行信杞憂弁（円月）

**真宗大系**
真宗典籍刊行会編　同刊行会刊（再版　国書刊行会刊）
大正五―一四（昭和四九―五二　再版）　三七巻

**第一巻**
三部経大意講録　一巻　法海
大無量寿経庚寅録　八巻　法海
**第二巻**
大無量寿経辛卯録　一〇巻　法海
**第三巻**
観無量寿経己丑録　九巻　法海
**第四巻**
阿弥陀経丁亥録　五巻　法海
阿弥陀経聞記　一巻　恵空
**第五巻**
十住毗婆沙論易行品筌蹄　三巻　法海
十住毗婆沙論易行品開演日記　二巻　徳竜
十二礼備検　一巻　慧琳
十二礼恭敬記　二巻　大含
**第六巻**
浄土論講義　四巻　法海
浄土論註顕深義記伊蒿鈔　四巻（八巻之内）　慧琳述　慧然記
**第七巻**
浄土論註顕深義記伊蒿鈔　四巻（八巻之内）
**第八巻**
讃阿弥陀仏偈服宗　二巻　深励
安楽集癸丑記　四巻　秀存
**第九巻**
観経玄義分庚申記　三巻　鳳嶺
観経序分義講記　三巻　霊暀
観経定善義講義　四巻（前二巻）　霊暀
**第一〇巻**
観経定善義講義（後二巻）
観経散善義癸巳記　五巻　霊暀
観念法門叢林鈔　一巻　恵空
**第一一巻**
往生礼讃甲戌記　四巻　宝景
般舟讃丁巳録　二巻　竜温
**第一二巻**
浄土法事讃癸亥記　四巻　鳳嶺
往生要集乙酉記　七巻　神興
**第一三―一五巻**
選択本願念仏集枢要　五巻　宣明
広文類会読記　一八巻　深励
**第一六巻**
広文類聞書　一五巻（前一〇巻）　鳳嶺
**第一七巻**
広文類聞書（後五巻）
正信偈丙午記　四巻　宣明
**第一八巻**
愚禿鈔聞書　二巻　霊暀
入出二門偈講録　二巻　宣明
略文類壬申録　五巻　法海
**第一九巻**
浄土和讃己未記　六巻　深励
**第二〇巻**
高僧和讃丁亥記　三巻　霊暀
正像末和讃管窺録　六巻　慧剣
**第二一巻**
真宗仮名聖教御引文　三巻　琢成
浄土三経往生文類己巳録　一巻　宣明
浄土三経往生文類記　一巻　大含
尊号真像銘文伝薫　一巻　鳳嶺
尊号真像銘文講述　四巻　霊暀
**第二二巻**
一念多念証文要訣　一巻　宣明
一念多念証文記　三巻　霊暀
唯信鈔文意辛巳録　四巻　法海
**第二三巻**
末灯鈔節義　三巻　宣明
末灯鈔壬申記　四巻　法海
弁御消息集　一巻　了祥
御消息集第二章甲子録　一巻　義導
歎異鈔講林記　上巻（巻二之内）　深励
**第二四巻**
歎異鈔講林記　下巻（巻二之内）
口伝鈔丁酉記　三巻　澄玄
改邪鈔丙午録　二巻　義譲
執持鈔丙申記　一巻　霊暀
**第二五巻**
執持鈔丙子録　三巻　法海
本願鈔戊申記　二巻　霊暀
願願鈔丙戌録　一巻　霊暀
最要鈔要註　一巻　制心
**第二六巻**
出世元意辛卯録　一巻　宜成
拾遺古徳伝絵詞略讃　三巻　恵証
浄土真要鈔己卯録　三巻　宝景
**第二七巻**
諸神本懐集講義　一巻　義順
弁諸神本懐集　一巻　了祥
破邪顕正鈔戊辰記　三巻　義導
教行信証大意要須録　一巻　大含
顕名鈔講義　一巻　霊暀
決智鈔丁亥記　上巻（二巻之内）　智現
**第二八巻**
決智鈔丁亥記　下巻（二巻之内）
存覚法語聞書　一巻　義導
持名鈔講義　一巻　霊暀
持名鈔私記　二巻　慶秀
女人往生聞書壬辰記　一巻　琢成
歩船鈔甲辰記　二巻　義譲
報恩記講述　一巻　竜温
**第二九巻**
法華問答壬辰記　三巻　宜成

浄土見聞集玩索記　二巻　竜温
正信偈大意講義　一巻　徳竜
蓮如上人御一代記聞書講義　一一巻（前三巻）「深励

**第三〇巻**

蓮如上人御一代記聞書講義　（後八巻）
唯信鈔講義　一巻　霊晧

**第三一巻**

後世物語聞書講義　一巻　了祥
安心決定鈔記　三巻　鳳嶺
御伝絵視聴記　五巻　恵空
報恩講式講義　二巻　大含
歎徳文講義　二巻　大含

**第三二巻**

御文玄義　一巻　法海
御文研鏡　一巻　順芸
五帖御文大綱　一巻　宣明
御文大綱　一巻　宣明
御文第一帖目初通講義　深励
同　第二通講義　法海
同　第三通講義　深励
同　第四通講義　宣明

**第三三巻**

同　第五通講義　深励
同　第六通講義　深励
同　第七通講義　深励
同　第八通講義　深励
同　第九通講義　深励
同　第十通講義　深励
同　第十一通講義　深励
同　第十二通講義　深励
同　第十三通講義　深励
同　第十四通講義　深励
同　第十五通講義　宝景
同　第十六通講義　義門
御文第二帖目初通講義　法海
同　第二通講義　深励
同　第三通講義　深励
同　第四通講義　良雄
同　第五通講義　良雄

**第三四巻**

同　第八通講義　竜温
同　第十一通講義　鳳嶺
御文第三帖目初通講義　法海
同　第六通講義　霊晧
同　第七通機法一体講義　宣明
御文第四帖目第三通講義　義導
同　第四通講義　了祥
同　第五通講義　智現
同　第六通講義　智現
同　第七通講義　智現
同　第八通講義　深励
同　第九通講義　霊晧
同　第十四通講義　霊晧

**第三五巻**

御文第五帖目初通講義　宣明
同　第二通略述　法海
同　第五通講義　霊晧
同　第六通講義　霊晧
同　第八通講義　霊晧
同　第十通講義　霊晧
同　第十一通講義　深励
同　第十二通講義　霊晧
御文機法一体仏凡一体同異弁（付、願行具足弁）〔霊晧
夏御文初通講義　義陶
同　初通講義　賢蔵
同　第二通第三通第四通講義　宝景
改悔文科鈔　一巻　如晴
信受本願義　一巻　恵然
改悔文講義　一巻　霊曜

**第三六巻**

異義集　五巻　了祥
〔誓名不同計〕
（巻一）㈠浄土法門見聞鈔、㈡三経往生意、㈢真宗聞書、㈣浄土見聞集、㈤真宗意得鈔、㈥三身六義、㈦念仏往生義、㈧因果鈔、㈨有念無念事、㈩宝号経文、(十一)白然法爾事、(十二)正像末和讃見聞、(十三)帖外和讃、(十四)唯信文意、(十五)三身義、(十六)河州本和讃、(十七)取意鈔、(十八)顕正流義鈔　二巻、(十九)真恵問答、(二十)一念多念文意
（巻二）(二十一)光明名号因縁、(二十二)真宗意得鈔、(二十三)三経往生意、(二十四)真宗血脈伝来鈔、(二十五)諸神本懐集、(二十六)浄土見聞集、(二十七)法雲寺所伝八首和讃、(二十八)唯信鈔託宣文、(二十九)本尊色紙文、(三十)高田広銘文、(三十一)弁述名体鈔所出絵像、(三十二)安城御影記
〔専修賢善計〕
（巻三）(三十三)無常説記、(三十四)真宗鈔、(三十五)彼岸記、(三十六)真宗至道鈔、(三十七)真宗教化集、(三十八)仏道修行教文、(三十九)直心集
（巻四）(四十)一宗行儀鈔、(四十一)疑破執真鈔、(四十二)親鸞聖人十一箇条推末鈔、(四十三)二十一箇条掟、(四十四)高田十七箇条、(四十五)親鸞聖人十六箇条、(四十六)浄土真宗聞書、(四十七)一心帰西鈔、(四十八)諸神本懐集、(四十九)本願成就聞書、(五十)浄土聞書
〔知識帰命計〕
（巻五）(五十一)他力信心聞書、(五十二)唯信鈔議、(五十三)八万帖之抜書阿字観之本味（亦血脈鈔）、(五十四)但信鈔、(五十五)五念門、(五十六)改邪鈔所破、(五十七)持信記、(五十八)三信三心同一事中善知識事　(五十九)破邪顕正鈔篇目、(六十)帖外御文、(六十一)勧化大旨
秘事法門集　二巻　山田文昭編
（上編、秘事法門史実）
㈠庫裡法門記、㈡葛蕘閑言、㈢秘事法門御取扱記、㈣大明寛政ノ秘事法門、㈤天保時代ノ秘事法門、㈥秘事法門詳細書
（下編、秘事者ノ聖教）
㈠法要章、㈡御袖ノ下、㈢蓮如上人秘書、㈣信問真答鈔、㈤本願帰命ノ十箇条、㈥真問真答鈔、㈦聖人御袖裏、㈧小部集、㈨弘法大師

念仏口伝集、㈢西方極楽明眼論、㈡秘事法門集解説

**第三七巻**

真宗大系総目録

真宗大系目録　真宗大系写真版目録

真宗大系細目録　大谷派本黌沿革略

大谷派先輩学系略　一巻　住田智見

大谷派先輩著述目録　一巻　住田智見

観経散善義癸巳記巻三補遺

**続真宗大系**

真宗典籍刊行会編　同刊行会刊（再版　国書刊行会刊）

昭和一一―一九（昭和四九―五二　再版）　二四巻

**第一巻**

仏説無量寿経講録　一巻　文雄

仏説観無量寿経講義　四巻　竜温

仏説阿弥陀経選要　三巻　義竜

**第二巻**

註論講苑　一二巻（内前七巻）　深励

**第三巻**

註論講苑（後五巻）

観経玄義分顕彰記　四巻　恵然

**第四巻**

選択集講讃聴記　八巻　徳竜

**第五・六巻**

広文類聞誌　九巻　宣明

**第七・八巻**

教行信証金剛録　八巻　法住

**第九巻**

浄土真宗改悔弁　一巻　空慧

改悔文聞書　一巻　深励

改悔文記　二巻　宣明

改悔文講義　二巻　鳳嶺

改悔文略弁　一巻　霊旿

改悔文講説　一巻　了祥

改悔文講義　四巻　賢蔵

改悔文随聞記　一巻　法宣

**第一〇巻**

秘密集　一巻　円智

推験鈔　二巻　円智

宗旨疑問指帰略答　一巻　恵空

叢林集　九巻　恵空

**第一一巻**

真宗要決　二巻　空慧

浄土疑問釈答　一巻　竜渓

浄土釈疑集　二巻　恵空

浄土疑問解　一巻　恵空

浄土無尽灯録　三巻　了雲

真宗手鑑　一巻　慧琳

真宗要義通覧　一巻　慧琳

選択集廿五箇異同弁　一巻　深励

真宗調査四題講義　一巻　竜温

**第一二巻**

孤流館発揮録　二巻　暁悟

真宗百題　一巻　秀存

九字十字尊号略弁　一巻　噫慶

浄土真宗往還二種廻向弁　一巻　慈敬

浄土真宗仏性弁　一巻　義竜

本師本仏記　一巻　観月

言南無者随聞記　一巻　深励

六字釈聞記　一巻　鳳嶺

**第一三巻**

言南無者釈講義　一巻　霊旿

二種深信聞書　一巻　義譲

浄土真宗正雑二行弁　一巻　義竜

信行略弁　一巻　慧琳

末灯鈔信行一念章講義　一巻　深励

同　鼓琴　一巻　賢蔵

同　講義　一巻　法宣

**第一四巻**

同　提要録　一巻　哲僧

帰命字訓釈解　一巻　大含

信帰異同弁録　一巻　宣明

帰信名義記　一巻　観月

信願同異弁　一巻　竜温

助給不続論　一巻　義譲

真宗安心正不論　一巻　智現

一念帰命義　一巻　法住

他力安心義　一巻　法住

三祖一致弁　一巻　深励

五倫弁義記　一巻　徳竜

真宗王法為本談　二巻　義導

**第一五巻**

宗祖及恵信尼御消息

大谷本廟創立時代文書

親鸞聖人門侶交名牒

存覚上人袖日記

存覚上人一期記

三河念仏相承日記

堅田本福寺記録抄

拾塵記（抄）

実悟覚書

山科御坊事並其時代事

今古独語（光闡百首）　二巻

反古裏書

私心記抄

天文日記抄

**第一六巻**

顕如上人文書

信長と媾和及び退城に関する文書

鷺森日記

貝塚御座所日記

宇野新蔵覚書

重要日記抜書（従慶長五年至万治元年）

日野一流系図
日野諸流
大谷一流（一―五）
大谷一流諸家分脈系図
本流二家
分流諸家
下間家系図
真宗帯佩記　一巻　慧琳
御寺法随聞記　一巻　暁悟

**第一七巻**
宗名諍論弁　一巻　宝景
浄土真宗帯妻食肉義　一巻　円澄
釈難真宗僧儀　一巻　慧琳
禦謗慨譚　一巻　竜温
大経仏所遊履之文講義玄談　一巻　竜温
闢邪行　一巻　竜温
護法大意　一巻　義導
天恩奉戴録　一巻　義導
天恩奉戴付録　一巻　義導
勤王報国弁　一巻
声明作法（堺・真宗寺蔵）
小僧指南集　二巻　恵空
敬身録　一巻　慧然
学軌十則　二巻　慧然
釈門教誡　一巻　慧琳
自他得失弁　二巻　徳竜
三罪録　二巻　徳竜
家内教示弁筆記　一巻　法海

**第一八巻**
能登浄明寺越後真浄寺御教誡
越後願生寺御教誡
越中照善寺現十一件御裁許書
越後了専寺久唱寺御教誡
下総孫右衛門御教誡
江州光常寺御教誡
江州願応寺御教誡
羽州公巖御教誡
濃州宝厳御教誡
肥後国異法義御教誡
山科閑栖寺御教誡
尾州五人男御教誡
越後竜山御教誡
加賀国御教誡
三州圭州泰静御教誡
石州定観御教誡
江州野州栗田両郡法中御教誡
能登頓成御教誡
越前是海御教誡

**第一九巻**
異義集　五巻　了祥編
異執決疑編　二巻　恵空
十八通異安心考　一巻　法海

**第二〇巻**
続真宗大系総目録
大谷派学事史
大谷派学事史略年表
三講者名譜補遺
学寮講義年鑑補遺
大谷派先輩著述目録補遺

**第二一巻**
歎異鈔聞記　一巻　了祥
歎異鈔聞記続講　一巻　法住

**第二二巻**
教行信証講義（八巻の内前四巻）　千巌

**第二三巻**
御本書拾穂録　六巻（前三巻）　観順

**第二四巻**
御本書拾穂録（後三巻）
御本書拾穂録余考　一巻　観順

## 真宗史料集成
柏原祐泉ほか編　同朋舎刊
昭四九―五七　一三巻

**第一巻　親鸞と初期教団**
一、親鸞の撰述と消息
(一)顕浄土真実教行証文類（教行信証）
(二)和讃＝浄土和讃・浄土高僧和讃・正像末法和讃（草稿本）・正像末法和讃・皇太子聖徳奉讃・大日本国粟散王聖徳太子奉讃
(三)唯信鈔文意　(四)浄土文類聚鈔
(五)尊号真像銘文（広本）
(六)愚禿鈔　(七)入出二門偈頌
(八)一念多念文意　(九)如来二種廻向文
(一〇)弥陀如来名号徳　(一一)善導和尚言
(一二)真筆消息　(一三)古写消息
(一四)末灯鈔
(一五)親鸞聖人御消息集（略本）
(一六)御消息集（善性本）(一七)親鸞聖人血脈文集
(一八)いや女譲状　(一九)本尊・影像の讃文
二、親鸞の書写編集
(一)唯信鈔　(二)自力他力事
(三)一念多念分別事　(四)上宮太子御記
三、親鸞の行実
(一)歎異抄　(二)恵信尼書状
(三)親鸞伝絵（康永本）(四)拾遺古徳伝絵詞
(五)歎徳文
四、門弟の撰述と行実
(一)経釈文聞書　(二)聞書
(三)執持鈔　(四)口伝鈔
(五)本願鈔　(六)改邪鈔
(七)願願鈔　(八)最要鈔
(九)出世元意　(一〇)教行信証名義
(一一)浄土真要鈔　(一二)諸神本懐集
(一三)持名鈔　(一四)女人往生聞書

(二五)破邪顕正抄　(二六)顕名鈔
(二七)決智抄　(二八)歩船鈔
(二九)報恩記　(三〇)法華問答
(三一)存覚法語　(三二)浄土見聞集
(三三)纔解記　(三四)弁述名体鈔
(三五)常楽台主老衲一期記
(三六)存覚袖日記　(三七)慕帰絵
(三八)最須敬重絵詞
五、初期教団の記録文書
㈠大谷廟堂創立時代文書
㈡親鸞聖人門侶交名牒
㈢三河念仏相承日記㈣制禁
付、聖教目録
㈠浄典目録　㈡現存聖教目録
㈢現存聖教目録索引

**第二巻　蓮如とその教団**

一、教化
㈠正信偈註
㈡正信偈註釈
㈢正信偈註（善性寺本）
㈣正信偈大意（西法寺本）
㈤正信偈大意（法雲寺本）
㈥諸文集＝年記・無年記・書状・真偽未定分
㈦蓮如和歌集
㈧蓮如識語集
㈨蓮如裏書集
二、言行
㈠天正三年記
㈡第八祖御物語空善聞書
㈢蓮如上人御物語次第
㈣蓮如上人一語記（実悟旧記）
㈤蓮如上人仰条々
㈥蓮如上人御一期記
㈦山科御坊事幷其時代事
㈧本願寺作法之次第
㈨栄玄聞書
(一〇)蓮如上人御遺言
(一一)蓮如上人御往生之奇瑞条々
(一二)拾塵記
(一三)昔物語記
(一四)蓮如上人塵拾鈔
三、門徒の記録
㈠本福寺跡書　㈡本福寺由来記
㈢本福寺門徒記　㈣本福寺明宗跡書
㈤教訓幷俗姓　㈥本福寺次第草案
㈦金森日記秡　㈧上宮寺門徒次第之事
㈨赤尾道宗廿一箇条覚書
四、史伝
㈠今古独語　㈡光闡百首
㈢反古裏書　㈣顕誓領解之訴状
㈤実如上人闍維中陰録
㈥蓮淳葬送中陰記㈦蓮能葬中陰記
㈧蓮芸葬中陰記　㈨実賢葬中陰記
(一〇)実孝葬中陰記　(一一)蓮如上人遺徳記
(一二)蓮如上人縁起　(一三)蓮如尊師行状記
付、索引　㈠御文索引　㈡蓮如和歌索引

**第三巻　一向一揆**

㈠天文御日記
（天文五年―一三年、但し一四年・一九年欠）
㈡私心記
（天文元年―二四年、弘治二年・三年、永禄二年―四年）
㈢賀州本家領謂付日記・加州所々知行被申趣又申付方記之畢御記
㈣証如上人書札案（天文六年―一〇年、天文一六年・一七年、二〇年―二三年）
証如上人方々へ被遣宛名留
㈤顕如上人文案　三巻
㈥御堂廾日番上勤座配次第
㈦御堂年中行事御記
㈧宇野主水日記
鷺森日記　貝塚御座所日記　雑記
㈨御味方各寺人別記

**第四巻　専修寺・諸派**

一、専修寺関係
㈠顕正流義鈔　㈡正信念仏偈訓読鈔
㈢十六問答記　㈣中陰次第
㈤愚問賢答記
㈥専修寺歴代御書（真恵御書・応真御書・真智御書・堯恵御所・堯真御書）
㈦真恵・応真・真智書状
㈧代々上人聞書
㈨高田ノ上人代々ノ聞書
(一〇)厚源寺玄祐申状　(一一)高田山峰の枝折
(一二)恵輪記　(一三)如来堂御建立録
(一四)本山条規　(一五)三席法衣定式
(一六)十個秘事書
(一七)高田一流宗義相承記
(一八)唯授一人口訣三番問答
(一九)専修寺文書　(二〇)越前法雲寺文書
(二一)三河妙源寺文書　(二二)岡崎満性寺文書
(二三)三河西蓮寺文書
(二四)越前折立称名寺文書
(二五)越前黒目称名寺文書
(二六)越前家吉安養院文書
(二七)越前大野専福寺文書
(二八)伊勢川北久善寺文書
(二九)伊勢太田慈相寺文書
(三〇)鈴鹿寿福院文書
(三一)四日市興正寺文書
(三二)四日市正泉寺文書
(三三)白塚通夜講中記録
(三四)三日市おんない念仏歌
(三五)聖徳太子内因曼陀羅
(三六)聖法輪蔵
二、仏光寺・興正寺関係
㈠算頭録
㈡元応二年山科仏光寺造立勧進帳

(三)一味和合契約状
(四)念仏相承血脈掟書
(五)一向専修念仏名帳
(六)文明一五年仏光寺造立奉加帳
(七)文禄五年仏光寺中惣日記
(八)慶長一二年仏光寺御影堂奉加帳
(九)仏光寺御影堂作事之使日記
(一〇)元和四年仏光寺存海殯送記
(一一)元和一〇年仏光寺中法度
(一二)慶安五年仏光寺御影堂目録
(一三)仏光寺道場式目
(一四)仏光寺派古文書
(一五)興正寺顕尊誕生幷慶事記
(一六)興正寺派古文書
(一七)西坊（長性院）代々過去帳
(一八)光薗院末寺開基改書類
(一九)越前府中光善寺記録
(二〇)絵系図

三、越前各派関係

(一)愚闇記　(二)愚闇記返札
(三)証誠寺申状
(四)誠照寺派御文章古本
(五)越前三門徒法脈　(六)中野物語
(七)誠照寺縁起　(八)為本記
(九)恵南一代記　(一〇)山元山略縁起
(一一)専伝寺転派顛末記　(一二)毫摂寺文書
(一三)誠照寺関係文書　(一四)専照寺関係文書

## 第五巻　談義本

(一)安心決得鈔　(二)安心決了鈔
(三)安心最要鈔　(四)安心定得鈔
(五)安心用意集　(六)安心略要鈔
(七)一向専修事　(八)一向専修ノ七箇条問答
(九)一宗行儀抄　(一〇)一宗意得之事
(一一)一心帰西鈔　(一二)一年二季ノ彼岸事
(一三)一念成就聞書　(一四)一念発起抄
(一五)因果鈔　(一六)有悪有善物語
(一七)恵心僧都形状記　(一八)往生明文鈔
(一九)神本地之事　(二〇)肝要集
(二一)勧化大旨　(二二)願以此功徳文意
(二三)疑破執真鈔　(二四)形像専用鈔
(二五)教化集（熊野教化集）
(二六)同（六道教化集）　(二七)還相廻向聞書
(二八)顕浄土真宗抄　(二九)五種正行聞書
(三〇)五重大意鈔　(三一)光明顕密抄
(三二)光明名号因縁　(三三)迎接ノ曼陀羅ノ由来
(三四)三界要記　(三五)三経往生意
(三六)三十三通相承口伝　(三七)三心三信同一之事
(三八)三身義　(三九)三身六義
(四〇)三輩安心聞書　(四一)四劫略記
(四二)四十八願得名　(四三)四倒八苦
(四四)師長恩重事　(四五)自世界
(四六)自要集　(四七)真心集
(四八)持心記　(四九)持得鈔
(五〇)持要抄　(五一)慈巧聖人神子問答
(五二)袖中鈔　(五三)集要聞持抄
(五四)実教二十七ヶ条　(五五)十王裁断
(五六)十王讃嘆鈔　(五七)十四行偈聞書
(五八)謝徳鈔　(五九)正像末和讃見聞
(六〇)聖道浄土名目　(六一)浄土聞書
(六二)浄土信得鈔　(六三)浄土真宗聞書
(六四)浄土法門見聞集　(六五)浄土文類集
(六六)釈尊出家発心事並堅陀羅国貧女事
(六七)釈典記　(六八)諸縁深知集
(六九)心血脈抄　(七〇)信ノ一念行ノ一念事
(七一)真実信心聞書　(七二)真宗意得鈔
(七三)真宗肝要儀　(七四)真宗聞書
(七五)真宗教要鈔　(七六)真宗血脈伝来鈔
(七七)真宗至道抄　(七八)真宗持専鈔
(七九)真宗正意集　(八〇)真宗鈔
(八一)真宗信心鈔　(八二)真宗報徳集
(八三)真宗明文鈔　(八四)真宗要文（岸部本）
(八五)真宗要文（毫摂寺本）
(八六)真宗流情編　(八七)真浄一教論
(八八)真答信問鈔　(八九)真問真答鈔
(九〇)親鸞聖人御進文　(九一)親鸞聖人御法語
(九二)親鸞聖人十一箇条推末鈔
(九三)親鸞聖人本伝和讃　(九四)随聞書
(九五)専修一向心得集　(九六)専修念仏問答鈔
(九七)選正集　(九八)選要鈔
(九九)善光寺如来本懐
(一〇〇)善導和尚金剛法師宗論事
(一〇一)祖師一口法語　(一〇二)即身仏体鈔
(一〇三)尊号得益鈔　(一〇四)他力信心聞書
(一〇五)大因果鈔　(一〇六)大仏供養物語
(一〇七)為盛発心因縁　(一〇八)嘆徳文意
(一〇九)天然問答　(一一〇)登山状
(一一一)道上勝負記　(一一二)南无之釈
(一一三)難易分別抄　(一一四)女人往生集
(一一五)女人教化集　(一一六)女人最要集
(一一七)念仏往生義　(一一八)念仏行者用心事
(一一九)念仏信了鈔　(一二〇)念仏明要鈔
(一二一)父母孝養鈔　(一二二)仏道修行教文
(一二三)法灯鈔　(一二四)法然上人御物語
(一二五)法然上人内裏問答
(一二六)法然上人二十七御消息
(一二七)法要章　(一二八)発願廻向鈔
(一二九)本願帰命之十箇条　(一三〇)本願相応集
(一三一)本願成就聞書　(一三二)本願六聞書
(一三三)松虫鈴虫物語
(一三四)名号不思議誓願不思議問答
(一三五)明真鈔　(一三六)无常説記
(一三七)聞信義集　(一三八)聞信鈔
(一三九)唯信鈔議　(一四〇)唯信鈔託宣文
(一四一)養順因縁　(一四二)蓮如上人秘書
(一四三)六字名号口伝

## 第六巻　各派門主消息

一、本願寺派歴代消息

(一)准如　(二)良如　(三)寂如　(四)住如

(五)湛如 (六)法如 (七)文如 (八)本如
(九)広如
二、大谷派歴代消息
(一)教如 (二)宣如 (三)琢如 (四)常如
(五)一如 (六)真如 (七)従如 (八)乗如
(九)達如
三、高田派歴代消息
(一)堯真 (二)堯秀 (三)堯朝 (四)堯円
(五)円猷 (六)円遵 (七)円祥 (八)円禧
四、仏光寺派・興正派・誠照寺派消息
(一)仏光寺派歴代消息 (二)興正派歴代消息
(三)誠照寺派歴代消息

## 第七巻 伝記・系図

一、伝記
(一)親鸞聖人御因縁
(二)親鸞聖人御因縁秘伝鈔
(三)しんらんき (四)親鸞聖人由来
(五)親鸞聖人正明伝 (六)御伝鈔聞書
(七)本願寺聖人親鸞伝絵私記
(八)善信聖人伝絵鈔 (九)絵伝撮要
(一〇)親鸞聖人正統伝 (一一)正統伝後集
(一二)非正統伝 (一三)御伝絵指示記
(付)
(一)教如上人御伝略抄 (二)教如上人縁起法談
(三)本願寺中興伝 (四)厳如上人御履歴
(五)厳如上人逸事録
二、系図
(一)尊卑分脈 内麿公孫
(二)尊卑分脈 貞嗣卿孫
(三)日野氏系図(専修寺本)
(四)日野一流系図(実悟撰)
(五)本願寺系図(大坂本願寺本)
(六)本願寺家系 (七)大谷嫡流実記
(八)下間系図
(九)別格諸寺系図(麻布善福寺本)
(一〇)別格諸寺系図(異本)
(一一)専修寺門室系譜 (一二)法雲寺古系図
(一三)仏光寺法脈相承略系譜
(一四)興正寺由来(院家系図略記の内)
(一五)錦織寺門跡一派血脈系図並びに錦織寺代歴巨細実記
(一六)毫摂寺由緒略歴
(一七)山元派証誠寺伝灯系譜
(一八)誠照寺系図
(一九)三門徒派専照寺歴代系図
(二〇)法水分流記

## 第八巻 寺誌・遺跡

一、寺誌
(一)叢林集
(二)大谷本願寺通紀
二、遺跡
(一)遺徳法輪集
(二)大谷遺跡録
(三)二十四輩順拝図会
付、地図――親鸞の遺跡寺院の分布

## 第九巻 教団の制度化

一、制度
(一)御本山御代々制条 (二)本願寺律令
(三)本願寺条制 (四)寺法品節
(五)御境内律令
(六)申物諸願取扱方之記
(七)諸事心得之記 (八)御寺法御掟
(九)東本山御寺法要書 (一〇)寺法御条目定
二、故実
(一)法流故実条々秘録 (二)考信録
(三)真宗故事伝来鈔 (四)真宗帯佩記
(五)故実公儀書上 (六)安永勘進
(七)東本願寺故実ニ関スル覚書
(八)諸事記 (九)御堂衆略譜
三、年中行事
(一)本山年中行事 (二)御堂年中行事
(三)寺内歳時記

## 第一〇巻 法論と庶民教化

一、宗義関係
(一)異安心問題
(一)六条惑乱記 (二)秘乱双紙
(二)秘事法門関係
(三)秘事法門御取扱之記 (四)秘事荘密林
(五)鍵屋内表自問答鈔 (六)聖人御袖裏
(七)庫裡法門記(立松懐之)
(三)宗名問題
(八)宗名往復録
二、対外論争
(一)神道論
(一)篤胤駆(義導)
(二)神仏水波弁(南渓)
(二)儒教論
(三)角毛偶語(南渓)
(四)神儒対揚正理論(竜温)
(三)キリスト教論
(五)護法策進(霊遊)
(六)仏法護国論(月性)
三、庶民教化
(一)勧化
(一)作業持勧鈔(恵空)
(二)勧信義談鈔(浅井了意)
(三)浄土勧化文選(智洞)
(四)掟五常義略弁(徳竜)
(五)五倫弁義記(徳竜)
(二)談義
(六)節分夜平太郎縁起法談(空慧・浄慧)
(七)常陸平太郎事跡談(無染衲子)
(八)浄瑠璃本平太郎板行一件

## 第一一巻 維新期の真宗

一、護法論
(一)禦謗慨譚(樋口竜温)
(二)天恩奉戴録(福田義導)
(三)摂信上人勤王護法録(華園摂信)

㈣淮水遺訣（満福寺南渓）
二、政教論
㈠教導大旨講義（南条神興）
㈡説教十一兼題録評（佐々木祐肇）
㈢十一兼題講義（樋口竜温）
㈣十七兼題略弁（樋口竜温）
㈤十七題活用談
㈥三条教則批判建白書（島地黙雷）
㈦大教院分離建白書
三、教団関係
㈠宗規綱領
㈡松本白華航海録（松本白華）
㈢支那在勤襍志（岡崎正鈍）
㈣朝鮮国布教日誌（奥村円心）
㈤千島国布教日誌（奥村円心）
㈥長崎日誌（細川千巌）
㈦薩行日誌（細川千巌）
四、教化類
㈠真宗二諦弁（瑕丘宗興）
㈡真宗王法為本談（福田義導）
㈢庄松ありのままの記
㈣真宗明治妙好人伝（若原観幢）
㈤教海美譚（平松理英）
五、異教対論
㈠問対略記（干河岸貫一）
㈡異教対話（阿満得聞）
㈢オルゴット対話（阿満得聞）

**第一二巻　真宗教団の近代化**

一、革正秘録光尊上人血涙記（遺臣三島了忠）
二、天竺行路次所見（北畠道竜）
三、教界時言
四、見真大師（大谷光瑞）
五、本願寺宗政論（石川舜台）

**第一三巻　真宗思想の近代化**

一、仏教近代化論の序幕
㈠真理金針（初編）（井上円了）
㈡仏教活論序論（井上円了）
㈢仏教統一論（第一編大綱論・余論）（村上専精）
㈣二四年以後の二大教徒（古河勇）
二、宗教改革論と社会的実践
㈠法然と親鸞（木下尚江）
㈡東西の宗教改革（原勝郎）
㈢将来の宗教（高島米峰編）
㈣『精神界』の戦争観
㈤足尾鉱毒救済記録
三、近代教学の形成
㈠懐疑時代に入れり（古河勇）
㈡曾我量深の教学（曾我量深）
㈢浄土真宗（梅原真隆）
㈣浄土教批判（野々村直太郎）
㈤彼岸の世界（金子大栄）
四、近代の信仰運動
㈠信仰の余瀝（近角常観）
㈡無我愛運動
㈢清沢先生の信仰

**定本時宗宗典**
時宗宗典編集委員会編　時宗宗務所刊
昭和五四　二巻

**上巻**

**一、法語類**

一遍上人語録　上下巻
別願和讃　百利口語　誓願偈文　時衆制誡
道具秘釈　消息法語　偈頌和歌　門人伝説
播州法語集　一遍上人説　持阿記
播州問答集　上下巻　一遍上人説　持阿記
一遍上人法門抜書
他阿上人法語　八巻
四条道場他阿上人御消息
三大祖師法語
奉納縁起記　遊行二祖他阿弥陀仏
道場誓文　遊行二祖他阿弥陀仏
知心修要記　遊行三祖他阿弥陀仏
念仏往生綱要　遊行三祖他阿弥陀仏述
三心料簡義　遊行三祖他阿弥陀仏述
他阿弥陀仏同行用心大綱計　黄台山前仕託何
条条行儀法則　遊行七祖他阿弥陀仏述　〔述
蔡州和伝要　遊行七祖他阿弥陀仏
呑海上人御法語
器朴論　三巻　七祖託何上人述
仏心解　七祖託何上人述
遊行法語集
遊行代々法語
託何上人御法語
七代上人法語
遊行十四代上人法語
七条文書
霊山国阿光英問答　巻上下

**二、註釈類**

一遍上人語録諺釈　四巻　俊鳳
別願和讃古註　遊行三十五代上人撰
播州問答領解鈔　一二巻　遍照法崛沙門量光述
播州問答集私考鈔　五巻　駿州沼津西光寺沙門
二祖他阿上人法語重校決疑録　〔賞山述
一遍上人別願和讃新註　上下巻　遊行四九世他
阿一法述
重利百利講略註　駿州沼津西光寺沙門尚山述
一遍上人絵詞伝直談鈔　一三巻　嗣祖五九世弟
器朴論考録　上中下巻　〔子賞山謹書
器朴論要解　二巻　遊行四九世他阿一法述
時名帳註釈　其阿快存述
無上大利和讃註　上下巻　遊行七代託何上人
六時居讃註解　巻上下

**下巻**

**三、釈義類**

真宗要法記　遊行二一代他阿述

禅時論
時宗統要篇　七巻　沙門玄秀述
時宗要義集　上下巻
念仏往生要決　七条道場　持阿切臨
一遍上人念仏安心抄　持阿切臨
時宗安心大要　持阿切臨
神勅教導要法集　五巻
時宗要略譜
時宗要義問弁
神偈讃歎念仏要義鈔　常州真壁常永寺沙門慈観〔述
神偈撮要鈔
神宣遊行念仏記
時宗闕記集
名体不離文深秘　勝部最明寺　正随述
名体不離文深補遺　勝部最明寺　正随述
名体不離之事　兵庫長楽寺　義乗識
摂州兵庫津長楽寺　一乗菩薩僧義乗記
時宗選要記　沙門暦応述
一遍流十念口決
一気十念口決
国阿派宗義開出
時宗綱要　河野往阿撰
時宗要義俚言抄　河野往阿著

**四、伝記類**

一遍聖絵　一二巻　聖戒
一遍上人縁起絵　一〇巻　宗俊
一遍上人年譜略
一遍上人行状
一遍義集
遊行八代渡船上人廻国記
遊行縁起
遊行十六代四国回心記
遊行霊宝仏面帳裏書
遊行二十四祖御修行記
遊行三十一祖京畿御修行記
一向上人伝　五巻
浄阿上人絵詞伝　上中下
浄阿上人行状
浄阿上人伝
国阿上人絵伝　五巻
開山弥阿上人行状
彰考館本遊行系図
遊行藤沢御歴代霊簿

**五、芸文類**

二祖上人詠歌　上中下
遊行代々上人御和讃
浄土宗のこころをよめるながうた　頓阿法師作
高野日記　釈頓阿
草庵和歌集巻第十釈教　頓阿法師

**六、記録、規則、行事類**

防非鈔　解阿弥陀仏述
東西作用抄　遊行七代託何上人造
別時念仏励声記　遊行七々世一法撰
別時作法問答
遊行会下箴規
作用抄略標
寮則抜萃
時衆宗荼毘記
合掌私記　付因明用卒都婆梵字
時衆関係制規
芝崎文庫　東都日輪法崛沙門呑了撰
藤沢山知事記録
遊行名義之事
遊行得名之事
時衆宗霊山記
麻山集　上下巻　盧峰記
時宗要文集抄

## 道元禅師全集

大久保道舟編　筑摩書房刊
昭和四四―四五　三巻

**上巻**

**結集第一・宗意（上）**

正法眼蔵
（旧草）（第一―第七五）
（新草）（第一―第一二）
（拾遺）

**下巻**

**結集第一・宗意（下）**

普勧坐禅儀
普勧坐禅儀撰述由来
道元和尚広録
正法眼蔵三百則
永平初祖学道用心集

**結集第二・戒法**

仏祖正伝菩薩戒作法
出家略作法
仏祖正伝菩薩戒教授戒文
仏祖正伝菩薩戒教授文（別本）
嗣書図
授理観戒脈
授覚心戒脈

**結集第三・清規**

典座教訓
観音導利興聖護国寺重雲堂式
対大己五夏闍梨法
弁道法
日本国越前永平寺知事清規
永平寺告知事文
赴粥飯法
仏前斎粥供養侍僧事
永平寺示庫院文

永平寺庫院制規
吉祥山永平寺衆寮箴規
永平寺住侶制規

**結集第四・法語・記・文・状・賛・偈・和歌**

（法語）
宝慶記
参禅学道妙術
鎌倉名越白衣舎示誡
吉祥山命名法語
（記）
舎利相伝記
明全和尚戒牒奥書
永平寺三箇霊瑞記
十六羅漢現瑞記
（文）
観音導利院僧堂建立勧進疏
羅漢供養式文
大仏寺本尊自作起請文
大吉文（立春大吉文・冬至大吉文）
（状）
波多野義重宛書状
（賛）
一葉観音賛
（偈）
上洛療養偈
遺偈
（和歌）
道元禅師和歌集

**結集第五・聞書**

正法眼蔵随聞記
永平室中聞書
不離吉祥山示衆

**下巻別冊**

普勧坐禅儀
普勧坐禅儀撰述由来
正法眼蔵山水経
正法眼蔵嗣書
正法眼蔵嗣書断簡
正法眼蔵行持下
正法眼蔵諸法実相断簡
正法眼蔵西来意
対大己五夏闍梨法
羅漢供養式文草稿断簡
明全和尚戒牒奥書

## 曹洞宗全書

曹洞宗全書刊行会編　同刊行会刊
昭和四―一三(昭和四五―四八　復刻)　一〇巻（復刻　一八巻）

**第一巻　宗源上**

嗣書　一巻
授理観戒脈　一巻
授覚心戒脈　一巻
普勧坐禅儀　一巻
正法眼蔵　九五巻
正法眼蔵仏向上事　一巻
学道用心集　一巻
日域曹洞初祖道元禅師清規　二巻

**第二巻　宗源下**

高祖承陽大師撰述
宝慶記　一巻
永平祖師得度略作法　一巻
教授戒文　一巻
永平元禅師語録　一巻
永平広録　一〇巻
傘松道詠　一巻
正法眼蔵随聞記　六巻
御遺言記録　一巻
承陽大師法語拾遺
太祖常済大師撰述
瑩山和尚伝光録　一巻
信心銘拈提　一巻
坐禅用心記　一巻
三根坐禅説　一巻
秘密正法眼蔵　一巻
瑩山和尚清規　二巻
十種疑問　一巻
十種疑滞　一巻
洞谷記　一巻
常済大師法語拾遺
附録
永平開山道元和尚仮名法語　一巻
正法眼蔵陞座　一巻
永平和尚業識図　一巻
報恩録　二巻
開山御詞　一巻
補遺
洞谷清規　一巻

**第三巻　禅戒**

梅山和尚戒法論　一巻　伝梅山聞本撰
卍山和尚対客閑話　一巻　卍山道白撰
叢林薬樹　二巻　石雲融仙撰
尸羅敲髄章　一巻　甘露英泉撰
仏祖正伝大戒訣　三巻　面山瑞方撰
仏祖正伝大戒訣或問　一巻　面山瑞方撰
若州永福和尚説戒　一巻　面山瑞方撰
梵網戒本山訣　一巻　面山瑞方撰
得度或問　一巻　面山瑞方撰
洛陽東山建仁禅寺戒壇録　一巻　面山瑞方撰
永平丈室夜話菩薩戒義　一巻　大虚喝玄撰
禅戒篇　一巻　指月慧印撰
不能語規律　二巻　指月慧印撰
誡殺生法語　一巻　指月譯印撰
勧善小語　一巻　指月慧印撰
三帰依増語　一巻　指月慧印撰
禅戒問答　一巻　一丈玄長
禅戒游刃　二巻　三州白竜撰

鷹峯卍山和尚禅戒訣註解　三巻　卍海宗珊撰
禅戒伝耳録　一巻　了派如宗編
宗伝戒文試参請　一巻　瞎道本光撰
少林一心戒普説　一巻　蘭陵越宗撰
洞上伝戒弁　一巻　万仞道坦撰
禅戒本義　一巻　万仞道坦撰
仏祖正伝禅戒鈔　一巻　万仞道坦撰
説戒略要　一巻　玉洲大泉撰
十善戒法語　一巻　寂室堅光撰
菩薩戒童蒙談抄　一巻　寂室堅光撰
仏戒俚語　一巻　推翁禅扣撰
永平教授戒文略弁　一巻　本秀幽蘭撰
大戒要文　一巻　月潭全竜撰
戒会落草談　一巻　雲櫺泰禅撰
読大戒訣　四巻　秀岳撰

**第四巻　清規**

洞上規縄　一巻
釈氏洗浄略作法　一巻
洞上僧堂清規行法鈔　五巻
洞上僧堂清規考訂別録　三巻
吉祥山永平寺小清規　三巻
永平小清規翼　一巻
椙樹林清規　二巻
青原山永沢寺行事之次第　一巻
橘谷内清規　一巻
橘谷大洞指南　一巻
万松山清規　二巻
広沢山普済寺日用清規　一巻
三足鼎儀軌　一巻
太平山諸寮日看　七巻
興因寺首座寮定規覚　一巻
永渓山典座寮指南記　一巻
増福山授戒直壇指南　一巻
授戒会侍者暨直壇指南　一巻
授戒会室侍私記　一巻
洞上伽藍諸堂安像記　一巻
洞上伽藍雑記　一巻
附録
禅苑清規　一〇巻

**第五巻　語録一**

義雲和尚語録　二巻
峨山和尚山雲海月　三巻
通幻禅師語録　一巻
補陀開山月泉禅師語録　一巻
実峯良秀禅師語録　一巻
普済禅師語録　三巻
瑞巌禅師語録　一巻
太容和尚語録　一巻
補陀開山無極禅師語録　一巻
竜淵清順旗雲惟通語録並行状　一巻
器之為瑶禅師語録外集　一巻
川僧禅師語録　三巻
春日山林泉開山曇英禅師語録　一巻
円通松堂禅師語録　五巻
菊隠和尚下語　一巻
経山独菴叟護法集　一四巻
経山独菴続護法集　二巻

**第六巻　語録二**

帰蔵稿　一巻　連山交易撰
月舟和尚遺録　二巻　曹源滴水編
夢窩梅峯禅師語録　五巻　覚英等編
興聖梅峯禅師賛録　五巻　覚英等編
鷹峯卍山和尚広録　四九巻　三州白竜編

**第七巻　語録三**

徳翁高禅師語録　二巻
大光禅師語録　二巻
無得悟禅師語録　六巻
無隠禅師語録　六巻
妙玄白竜和尚語録　一〇巻
永福面山和尚広録　二六巻
明菴了禅師語録　一巻

**第八巻　語録四**

千光光澄禅師語録　一巻　月堂寂峯編
広厳大通禅師譫語集　八巻　千岳素高・楊州道穆等編
黙子和尚語録　一巻　官慶・義順等編
玉林白獃和尚語録　二巻　石髄・玄瑞等編
雷洲惟黙禅師四会録　三巻　眉毛・寿門等編
宝寿大梅禅師語録　二巻　大雲等編
長福曹海和尚語録　六巻　東谷直伝編
慈麟玄趾和尚語録　一二巻　古璞・洞明・俊竜・玉琳・玄契等編
大乗祖俊開堂語録　一巻　侍者編
大光慈舟易驢録　一巻　丹後単孝編
良寛道人遺稿　一巻　珠山蔵雲編

**第九巻　語録五**

泰運了啓禅師語録　四巻　泰運了啓撰
千丈巌和尚語録　三巻　素謙・良紋・寿仙等編
洞水和尚語録　一五巻　存妙・梵丁・応天等編
大乗愚禅和尚語録　三巻　侍者編

**第一〇巻　注解一**

正法眼蔵抄（第一—三五）

**第一一巻　注解二**

正法眼蔵抄（第三六—七五）
梵網経略抄　一巻
釈尊讃歎説法詞　一巻
仏説呪歯経　一巻
碓米事　一巻
開山御詞　一巻

**第一二巻　注解三**

普勧坐禅儀聞解　一巻　面山瑞方撰
永祖坐禅箴聞解　一巻　面山瑞方撰
普勧坐禅儀不能語　一巻　指月慧印撰
坐禅箴不能語　一巻　指月慧印撰
学道用心集聞解　二巻　面山瑞方撰
永平衆寮清規然犀　一巻　徳巌養存撰
衆寮箴規求寂参　一巻　本光瞎道撰
対大己法求寂参　一巻　本光瞎道撰
永平元禅師語録抄　三巻　伝　万安英種撰

永平略録蛇足 一巻 伝 天桂伝尊撰
洞谷開山坐禅用心記不能語 一巻 指月慧印撰
三根坐禅説不能語 一巻 指月慧印撰
義雲和尚語録覰軌 二巻 沢大雲撰
祇陀開山大智禅師偈頌一著落在参 三巻 本光
真性頌 一巻 本光瞎道句読 「瞎道撰
天桂老人報恩編 三巻 天桂伝尊撰
洞上金剛杵 一巻 面山瑞方撰
参同契不能語 一巻 指月慧印撰
宝鏡三昧不能語 一巻 指月慧印撰
法界或問止啼銭 三巻 大珍撰

**第一三巻 注解四**

永平録雋原 三巻 楳峰竺信撰
永平語録標指鈔 四巻 安州玄貞撰
宝慶記聞解 二巻 面山瑞方撰
永平発菩提心弁解 一巻 巨海東流撰
永平高祖傘松道詠略解 二巻 覚巌心梁撰
達磨大師四行観聞解 一巻 面山瑞方撰
信心銘夜塘水 二巻 恒山画竜撰
参同契宝鏡三昧略解 一巻 木橋澄円撰
洞山大師玄中銘不能語 一巻 指月慧印撰
宏智古仏默照銘聞解 一巻 面山瑞方撰
天童正覚和尚偈頌箴銘記聞解 二巻 斧山玄鈯
心王銘鑽燧 一巻 本光瞎道撰 「撰
受食五観訓蒙 一巻 面山瑞方撰
亀鏡文聞解 一巻 面山瑞方撰
経行軌聞解 一巻 面山瑞方撰
白巌道人法門鋤宄箋解 一巻 指月慧印撰
退蔵螺蛤老人般若心経止啼銭 一巻 天桂伝尊
般若心経鉄船論 二巻 心応空印撰 「撰
心経忘筌疏 一巻 黄泉無著撰
消災吉祥陀羅尼経直説 一巻 面山瑞方撰

**第一四巻 注解五**

重編曹洞五位 三巻
重離畳変訣 一巻
洞上雲月録 三巻
顕訣耕雲評註種月攟摭藁 三巻
偏正五位図説詰難 一巻
永覚和尚洞上古轍 二巻
中的秘密書 二巻
曹洞護国弁 三巻
曹洞宗五位鈔或問 二巻
未正語 巻
不能語五位説 一巻
洞山悟本大師五位小説 一巻
洞宗通翼 一巻
曹山解釈洞山五位顕訣鈔 一巻
五位旨訣退歩就己参 一巻
功勲五位傍提 一巻
五位顕訣元字脚 一巻
畳変蛇足 一巻
洞山大師語録聞解 一巻
曹山大師語録聞解 一巻

**第一五巻 室中・法語・頌古・歌頌・寺誌・金石文類**

室中

洞門劇譚 一巻 梅峯竺信撰
正法嫡伝獅子一吼集 二巻 定山良光撰
林丘客話 二巻 梅峯竺信撰
卍山和尚洞門衣裓集 一巻 三州白竜編
洞上伝法弁 一巻 万仞道坦撰 「惟女校
改訂室内三物秘弁 一巻 万仞道坦撰 眠芳
正法眼蔵面授巻弁 一巻 万仞道坦撰 眠芳
「惟女校
伽藍相続弁 一巻 万仞道坦撰 眠芳惟女校
洞上室内訓訣 一巻 面山瑞方撰 眠芳惟安
洞上室内口訣 一巻 面山瑞方撰 「校
伝法室内密示聞記 一巻 面山瑞方撰
洞上室内三物論 一巻 面山瑞方撰
洞上室内断紙揀非私記 一巻 面山瑞方撰

法語

光明蔵三昧 一巻 孤雲懐奘撰
明峯和尚法語 一巻 明峯素哲撰
智首座に与ふる法語 一巻 明峯素哲撰
洞谷僧牛和尚法語 一巻 館開僧生撰
峨山和尚法語 一巻 峨山韶碩撰
覚阿上人に与ふる法語 一巻 大智撰
十二時法語 一巻 大智撰
月舟和尚夜話 一巻 月舟宗胡撰
大梅和尚夜話 一巻 圭立法撰撰
三時業落草 一巻 雲櫺泰禅撰

頌古

鉄笛倒吹 二巻 玄楼奥竜撰

歌頌

洞上夜明簾 一巻 面山瑞方撰
吉祥草 一巻 面山瑞方撰
道用桑偈 一巻 玄楼奥竜撰

寺誌

曹洞宗全書刊行会選寺誌集
越前宝慶由緒記
泉福源灯録抄
肥後広福寺棟梁銘
石見益田妙義寺法度書
遠江可睡斎起立幷由来略記
勢州安濃郡答世山四天王寺記
筑前泰平山永泉寺観世音記
筑前玉林寺上梁銘幷引
肥前高伝寺由緒
遠江広沢掤基伝聞
下野長林寺記
上野双林寺伝記
山城宇治興聖禅寺記
武州大里郡梅竜山東竹院記
武蔵大林山広見寺記
武蔵竜穏寺縁起
武蔵崇栄山陽雲寺略記
上州碓氷郡新堀村大泉山補陀寺略伝記
信濃洞源山貞祥寺開基之由来

備中浅口郡清滝山長川禅寺記
武蔵神護山浄牧禅院記
武蔵法光寺記
武州幸手宝持寺記
下総総寧寺記
上総万松山見性寺記
安房竜江寺地蔵菩薩縁起
武蔵本覚寺地蔵堂由緒書
武蔵臥竜山雲松院起立記
武蔵岩淵静勝寺記
武蔵信松院百回会場記
江戸吉祥寺由緒
武蔵小机金剛寺開闢之覚
武蔵光厳寺由緒記
武蔵長栄寺開山尊像建立化縁牒
武蔵野原文殊寺覚書
加賀金沢宝円寺由来記
越中光厳寺祖堂再営記
摂津福祥寺記
相模長安寺由緒書之事
武蔵建福寺略記
甲斐興因寺由緒書
安芸国泰護国禅寺叢規記
武蔵国比企郡高坂郷大渓山高斎寺記
武蔵潮田山光永寺縁起
武蔵長昌山万年禅寺略誌吟
武蔵傑伝寺棟札銘
但馬見性寺記
肥前長崎海雲山普照皓台寺由緒
肥後天草郡松栄山東向禅寺記
肥後東向寺略縁起
肥前天草正覚寺記
武蔵観音山円通寺由来記
武州能仁寺記
武蔵浄空院縁起
武蔵円城寺殿堂建立記
武蔵栢間幸福寺由緒
越中高岡山瑞竜寺記
加州金沢天徳院由来書
因幡州鳥取府瑞松山景福禅寺記
因幡景福寺末寺根由記
因州護国山多聞寺記
肥前普門山円応禅寺記
江州坂田郡梅之原村霊水寺記
近州霊水寺記
備中舟木山洞松禅寺記
陸前佐沼瑞光寺中興記
下野太明山本光寺伝記
越前簾尾竜沢寺再興勧化記

金石文類

曹洞宗全書刊行会選金石文類
越前永平寺鐘銘
越前永平寺洪鐘銘幷序
肥後大慈寺鐘銘
肥後大慈寺法華書写石塔銘
肥後日輪寺鐘銘
遠江橘谷山大洞禅院鐘銘
駿州安部郡服織庄久住山洞慶禅院鐘銘
下野足利長林寺鐘銘
武蔵多摩郡天寧寺鐘銘
武蔵杣保天寧寺五百羅漢造像記
加州大乗護国禅寺中興碑
豊後州国崎郡来崎郷横手村妙徳山泉福禅寺鐘銘幷序
豊後泉福寺開山堂額裏銘幷香台銘
豊後永慶寺鐘銘幷序
因州景福寺大鐘銘幷敘
因州景福寺通幻和尚　土葬神塔銘
長門大寧寺山門棟簡
下野富田大中寺鐘銘
下総総寧寺鐘銘
武蔵直竹長光寺鐘銘
武蔵竜穏寺鐘銘
武蔵竜穏寺山門額
武州成田竜淵寺記
武蔵赤塚松月院鐘銘
江戸吉祥寺大仏背銘
江戸吉祥寺僧堂扁額銘記
武蔵志村円福寺鐘銘
江戸青松寺鐘銘
江戸総泉寺鐘銘
武州荏原郡世田谷郷豪徳禅寺鐘銘幷序
世田谷豪徳寺旧開基碑
武蔵中野成願寺鐘銘
江戸麻布長谷寺鐘銘
武蔵鶴見総持寺蔵旧下総東昌寺鐘銘
三州豊川妙厳寺大鐘銘幷序文
下総夏見長福寺鐘銘
上総相川見性寺大鐘銘
上総相川見性寺小鐘銘
江戸寺島法泉寺鐘銘
江戸万隆寺群霊塔銘
武蔵羽生建福寺鐘銘
武蔵比企慈眼寺鐘銘
武蔵比企宗梧寺鐘銘
武蔵比企遠山寺鐘銘
武蔵神奈川本覚寺鐘銘
武蔵鶴見常倫寺鐘銘
能登総持寺別院小鐘銘
加賀実性院小鐘銘幷序
加賀実性院大鐘銘幷序
肥後天草郡東向寺鐘楼上梁文
日向善栖寺梵鐘銘
江戸本郷喜福寺観音堂上梁文幷諸銘
江戸四谷天竜寺鐘銘
江所護本山天竜禅寺山門上梁文
武蔵迦葉院黙山和尚碑銘

仏乗慈僊和尚行実　一巻　慈僊撰
**第一八巻　拾遺**
無隠禅師無孔笛　六巻　無隠道費撰　機禅湖月編
円成始祖老人語録　三巻　仏洲仙英撰　門人等編
舟木山洞松禅寺住山歴祖伝　一巻　梅岳慧香編
金剛宝山輪王禅寺系譜　一巻　輪王寺歴住編
竜護聯芳録　一巻　雲潤編
高根山正竜寺主席歴代略伝記　一巻　正竜寺歴住編
牛頭弘宗伝　一巻　北嵒寅嘯編
豊鐘善鳴録　一〇巻　密雲彦契撰
金剛般若波羅蜜経聞解　一巻　面山瑞方口授門人等編
室内諸記拾遺　一巻　曹洞宗全書刊行会編纂委員等編
日域曹洞室内嫡々秘伝密法切紙　一巻　某等編
洞上仏祖源流影讃　一巻　無得良悟編
**第一九巻　系譜**
一、支那曹洞宗系譜
二、日本曹洞宗系譜
三、補遺
附録
大本山永平寺住持歴代
大本山総持寺住持歴代
索引
**第二〇巻　年表**
一、本欄
支那曹洞宗年表・附禅宗年表
日本曹洞宗年表
二、附録
永平寺直末一覧
総持寺直末幷庵末一覧
諸国輪住地一覧
総持寺五院幷五院門中一覧
総持寺五院輪番地一覧
大僧録・僧録頭幷諸国僧録一覧
大師・国師・禅師号一覧
別号異称一覧
三、索引
日本年号索引　支那年号索引　人名索引

## 続曹洞宗全書
曹洞宗全書刊行会編　同刊行会刊
昭和四八―五一　一〇巻

**第一巻　宗源補遺・禅戒・室中**
《宗源補遺》
正法眼蔵中　一巻
正法眼蔵一百八法明門　一巻
羅漢供養講式文　二巻
出家略作法文　一巻
仏祖正伝菩薩戒作法　一巻
仏祖正伝菩薩戒教授文　一巻
常済大師法語集
洞谷開山瑩山和尚之法語　一巻
能州洞谷開山法語　一巻
洞谷開山法語　一巻
挙哲首座立僧普説語　一巻
三木一草事　一巻
栄西僧正記文　一巻
示性禅姉公　一巻
永平開山道元大和尚仮名法語　一巻
永平和尚業識図　一巻
正法眼蔵陞座　一巻
《禅戒》
血脈法式　一巻　周鼎中易撰
剃度直授菩薩戒儀軌　一巻　逆水洞流撰
剃度周羅訣　一巻　逆水洞流撰
得度或問弁義章　二巻　逆水洞流撰
亘海禅師戒説　一巻　亘海匡津撰
禅戒略談　一巻
説戒要文　一巻
開戒口訣　一巻
授戒会式　一巻　梅指撰
《室中》
附与状
洞門亀鑑　一巻　徳翁良高撰
護法明鑑　一巻　徳翁良高撰
続護法明鑑集　一巻　徳翁良高撰
感応護国徙薪論　二巻　田翁牛甫撰
青鷂原夢語　二巻　万回一線撰
宗統復古志　二巻　卍海宗珊・三洲白竜撰
洞上叢林公論　二巻　乙堂喚丑撰
十六通秘訣　一巻　面山瑞方撰
雪夜爐談　一巻　面山瑞方撰
客問対弁　一巻　万仭道坦撰
禅林甑瓦　一巻　宜黙玄契撰
一槌砕瓦　二巻　玄楼奥竜撰
大陽明安大師十八般妙語　一巻
**第二巻　清規・講式**
《清規》
喪記集
徹通義介禅師喪記　一巻　瑩山紹瑾編
瑩山紹瑾禅師喪記　一巻
明峰素哲禅師喪記　一巻
峨山紹碩禅師喪記　一巻
通幻寂霊禅師喪記　一巻　梅峰竺信編
月泉良印禅師喪記　一巻
大徹宗令禅師喪記　一巻
正法清規　二巻　寿雲良椿撰
竜泰寺行事次序　一巻
清規古規録　一巻
最乗輪住大日鑑　一巻　仏乗慈僊撰
海会堂日用毗奈耶　一巻　東溟弁日撰
寿山清規　一巻　寂室堅光撰
副寺寮日鑑　一巻
寿昌清規　一巻　東皐心越撰、天湫法澧
橘谷進山並開堂式　一巻

円通応用清規　一巻　玄透即中撰
祖規復古雑稿　一巻　玄透即中撰
妙高庵清規　一巻
鑑寺寮日要記　一巻
日用内清規　一巻
江湖指南記　一巻
侍者寮指南記　一巻
同行訓　一巻　指月慧印撰
粥飯日用鉢式　一巻　殷山旭昌撰
開戒会焼香侍者指揮　一巻　指月慧印撰
伝戒受戒道場荘厳法　一巻
大戒直壇指南　一巻
直壇寮意得之事　一巻
祈雨法壇儀規　一巻　面山瑞方撰
施餓鬼作法　一巻　万仞道坦撰
仏祖袈裟考　一巻　徳厳養存撰
釈氏法衣訓　一巻　面山瑞方撰
法服正儀図会略釈　一巻　祖道撰
伝衣象鼻章巴歌　二巻　逆水洞流撰　玉州大泉巴歌　法山編
法服格正　一巻　黙室良要撰

《講式》

大般若講式　一巻　面山瑞方撰
歎仏会法式　一巻
洞上唱礼法　一巻　面山瑞方撰
承陽大師報恩講式　一巻　面山瑞方撰
涅槃講式　一巻　香外石蘭較正
観音懺摩法　一巻　馬年校訂
羅漢供養式　一巻
洞上大布薩法　一巻　面山瑞方考訂
永平寺開山忌行法華講式　一巻　義雲撰　面山瑞方較正
達磨大師講式　一巻
洞上伝灯講式　一巻　宝山梵成撰

**第三巻　語録一**

竺山得仙語録　二巻
如仲天誾法語　一巻
万安英種文集　一巻
帰蔵采逸集　六巻　連山交易撰
月舟宗胡遺録拾遺　一巻
東皐心越語録　一巻
雲山愚白語録　一巻
損翁宗益略録　一巻
月坡道印全録　九巻
物先元機語録　二〇巻
槐国万貞語録　二巻
大用慧照語録　一巻
玉洲海琳語録　一巻
天巌祖暁語録　一巻
妙童智厳語録　一巻
洞雲髑冲語録　一巻
無倫大愚語録　一巻
卍海宗珊語録　一八巻

**第四巻　語録二**

驢耳弾琴　七巻　天桂伝尊撰
大梅拈華録　二巻　定山良光撰
一先祖道閑夢録　一巻
霊源素皎語録　一巻
黙山元轟当念集　一巻
荒田随筆　二巻　指月慧印撰
頑極官慶語録　二巻
建康普説　一巻　面山瑞方撰
面山瑞方逸録　二巻

**第五巻　語録三**

万仞道坦語録　一巻
蔵六菴遺稿　三巻　暹明祖韜撰
雑華蔵海法語　一巻
舎那庵語録　一巻　斧山玄鉗撰
無偶斎語録　一巻　太麤綿宗撰
晦堂義秀語録　二巻
幽谷余韻抄　二巻　千丈実巌撰
量外寛江語録　一巻
空華庵録　一巻　玄透即中撰
蓮蔵海五分録　一〇巻　玄楼奥竜撰
瑞岡珍牛語録　一巻
𑖀𑖽子丑載気　一巻　漢三道一撰
氷壺録　二巻　寂室堅光撰
雖小菴雑稿　三巻　黄泉無著撰
玄定恵岳遺稿　一巻
補準石天語録　一巻

**第六巻　注解一**

正法眼蔵闢邪訣　一巻　面山瑞方撰
正法眼蔵諫蠹録　二巻　万仞道坦撰
正法眼蔵渉驪乳　二巻　心応空印撰
略述赴粥飯法　一巻　瞎道本光撰
宝慶記事林　一巻　面山瑞方撰
永平広録鈔　一〇巻　斧山玄鉗撰
拈評三百則不能語　三巻　指月慧印撰
傘松道詠聞記　一巻
傘松道詠渉典　一巻
道元禅師伊呂葉歌　一巻
信心銘拈提事略　一巻
秘密正法眼蔵注解　一巻
義雲和尚語録聞書　二巻
義雲和尚語録事略　二巻
永平高祖年譜偈註解訂議　一巻　智顔白逢撰

**第七巻　注解二**

句中玄聞解　一巻　面山瑞方撰
永平家訓典囊　二巻　永福庵三応寮編
永平秘密頂王三昧記　一巻　義雲編
大智禅師偈頌鈔　二巻　（万安英種撰）
大智禅師偈頌聞解　三巻　面山瑞方撰
参同契吹唱　一巻　面山瑞方撰
参同契揚泥篇　一巻　呑海撰
参同契語窠窟　一巻　光如瑞撰
宝鏡三昧演若多子　一巻　光如瑞撰
宝鏡三昧吹唱附歌論　一巻　面山瑞方撰
宝鏡三昧吹唱聞解　一巻　斧山玄鉗撰
参同契宝鏡三昧吹唱事考　一巻　斧山玄鉗撰
参同契宝鏡三昧書紳稿　一巻　卍山道白撰

信心銘鈔　一巻（天桂伝尊撰）
（附一）宝誌和尚十二時歌鈔
（附二）摩訶般若波羅蜜多心経
骨董証道歌　一巻　南英謙宗撰
証道歌抄　一巻（万安英種撰）
従容録随聞記　二巻
坐禅箴弁話　一巻　損翁宗益撰

**第八巻　注解三**

曹洞二師録蒙解　一巻（廓堂祖宗撰）
真歇和尚拈古鈔　一巻（万安英種撰）
天童小参抄解注　一巻　大智・慧明撰
天童如浄禅師行録聞解　一巻　面山瑞方撰
如浄禅師語録夾鈔　五巻　玄峰淵竜撰
如浄禅師語録事略　一巻　面山瑞方撰
鉄笛倒吹鈔　一巻　風外本高撰
金剛経和解不能語　一巻　指月慧印撰　梵光編
般若心経旧日話　一巻　指月慧印撰
観音経折衷　三巻　徳巌養存撰
楞厳経問訣略選　一巻　宝巌興隆撰
無尽集　一巻（祇陀大智撰）
五位注　二巻　連山交易撰
洞山五位蒿測　一巻
禅苑亀鏡文求寂参　一巻　睹道本光撰
峨山和尚法語挙揚語　一巻　南英謙宗撰
泉福開山忌疏和解　一巻　梅聞祖芳撰

**第九巻　法語・歌頌**

**《法語》**

寒巌義尹禅師願文　一巻
峨山紹碩和尚法語集
　峨山和尚法語(一)　一巻
　峨山和尚法語(二)　一巻
　峨山和尚法語(三)　一巻
　峨山和尚過眼集　一巻
　峨山和尚談義見聞　一巻
驢鞍橋　三巻　鈴木正三撰
洞宗或問　一巻　徳翁良高撰
祖暁和尚法語　一巻　天巌祖暁撰
天桂伝尊和尚法語集
　千里一鞭　一巻
　供養参　一巻
天桂禅師船歌　一巻
　（附）御高札弁
駁弁道書　二巻　乙堂喚丑撰
指月慧印和尚法語集
　行乞篇　一巻
　岸江小語　一巻
　身知夢　一巻
　十玄談仮名註　一巻
　橋場夢談　一巻
　念仏章　一巻
　不能語百雑志　一巻
　即心是仏　一巻
　杓柄自受抄　一巻
　法語　一巻
永平家訓綱要　二巻　面山瑞方編
見聞宝永記　一巻　面山瑞方編
傘松日記　一巻　面山瑞方撰
自受用三昧　一巻　面山瑞方撰
金竜軒問答　一巻　面山瑞方編
盲引盲篇　一巻　睹道本光撰
万仞道坦和尚法語集
　三休老人生死弁　一巻
　三教一致弁　一巻
　山菴夜話　一巻
明庵和尚垂誡　一巻　明庵哲了撰
鉄文樹和尚仮名法語　一巻　鉄文道樹撰
竜水和尚仮字法語　二巻　竜水如得撰
日輪当午禅師示衆　一巻　日輪当午撰
祖玄和尚法語　一巻　透関祖玄撰
十六鐘鳴　一巻　玄楼奥竜撰
仏道手引草　三巻　大賢鳳樹撰
真須保之薄　一巻　甘雨為霖撰
（附）真須保之薄疑弁章

**《歌頌》**

大智禅師偈頌　一巻　祇陀大智撰
大智禅師逸偈行録　一巻
正法眼蔵撃節集　一巻　全巌材盛撰
句中玄　一巻　面山瑞方編
高祖禅師和讃　一巻（万仞道坦撰）
総持寺十六詠　一巻　嬾庵大淳撰
無礙集　一巻　大忍魯仙撰
草堂詩集　三巻　大愚良寛撰
題九相図　一巻　大愚良寛撰
布留散東　一巻　大愚良寛撰
はちすの露　一巻　大愚良寛・貞心尼編

**第一〇巻　寺誌・史伝**

**《寺誌》**

浄牧院記　一巻　崇芝性岱撰
天寧寺開闢記　一巻
竜穏寺境地因縁記　一巻　節庵良筠撰
大中寺縁起　一巻
長林寺復古誌　一巻
安国山雑誌　一巻　大虚喝玄撰
光寿庵記　一巻　芝峘撰
大泉寺縁起略記　一巻　孝国祖養撰
秋葉寺由緒　一巻
亀山志　三巻　逸堂察応撰
竜泰寺略記　一巻　大洞正桃撰
実宰庵縁起　一巻　興巌賢隆撰
曹沢寺由来之覚　一巻　幽渓雪聞撰
興聖開山祖像并霊骨塔廟記　一巻　無隠道費撰
道正菴由緒記　一巻　藤原徳幽撰
朝川寺由緒　一巻
久親恩寺縁起　一巻　卍山道白撰
永沢寺由緒　一巻
大寧寺置文　一巻　惟忠守勤撰
徳雲寺記
　徳雲寺由来書　一巻

覚隠禅師行状　一巻　恵鳳撰
定光寺略縁記　一巻　蘭融存芝撰
法幢寺開山遺訓　一巻　独山霊苗撰
退休寺由来記　一巻　恒山鉄磨撰
総泉寺略縁起記　一巻　卍山道白撰
弘長寺縁起　一巻　藤原満資撰
竜沢寺記　一巻
英雄寺創記　一巻　梅聞祖芳撰
泰智寺記集
　深立寺記　一巻　擲峰撰
　泰智寺記　一巻　独翁釣雪撰
　泰智寺旧記　一巻
　泰智寺略記　一巻
竜雲寺誌　一巻　洞雲髑冲等撰
竜沢寺如仲天誾和尚置文　一巻　如仲天誾撰
慈眼寺記
　慈眼寺旧山記序　一巻　香外石蘭撰
　口上覚　一巻
総持寺上梁文　一巻　嶺堂等撰
大乗寺由緒略記　一巻　密山道顕撰
大乗寺中興記　一巻　泰林光心撰
松月寺由緒伝説記　一巻　不説達聞撰
祇陀寺縁起　一巻
実性院由緒　一巻　玉洲海琳撰
鼓缶軒記　一巻　南英謙宗撰
東光寺由緒記　一巻　天鶏祖暁撰
竜門寺記　一巻
瑞川寺記　一巻　古法万英撰
正法寺由来記　一巻　良道撰
弘前城下曹洞諸寺院縁起　一巻　不説黙道撰
瑞雲院縁起記　一巻　光厳正伝撰
玉漱軒記　一巻　南英謙宗撰
幽谷余韻所載寺記集
　幽谷余韻　千丈実巌撰
　幽谷余韻後編　千丈実巌撰

《史伝》

仏祖正伝記　一巻　大性融石撰
鷹峰聯芳系譜　三巻　卍海宗珊撰
広沢聯芳或問　一巻　日恩韜光撰
曹紹山歴住伝灯録　　巻
正眼寺歴代住山記
　正眼寺開闢幷天鷄和尚行記　一巻　魁叟英梅撰
　歴代住山記　三巻　円常元嶺撰
永谷列祖伝　一巻　慧然義性・大鏡寛嶺撰
福昌寺列祖住山記　一巻
大泉寺世代年譜　一巻　安州玄貞撰
仏光寺歴住祖師伝賛　一巻　貫山祖通・天巌祖麟撰
竜門歴代伝記　一巻　天岩円長等撰
洞松寺世代伝記　一巻（香山鉄梅撰）
日本洞宗始祖道元禅師伝　一巻　古谿秀蓮撰
永平高祖行実紀年略　一巻　玄透即中撰
永平高祖行状記　一巻　黄泉無著撰
永平祖師年譜偈　一巻　面山瑞方撰
東明和尚塔銘　一巻　竺仙梵僊撰
無底良韶禅師行業記略　一巻
通幻和尚行実　一巻　日辰文猊撰
通幻和尚誕縁志　一巻　卍山道白撰
源翁能照和尚行状記　一巻　大仙良碩撰
源翁和尚行状　一巻
月泉良印禅師行状記　一巻　金堂良菊撰
月泉禅師行状記　一巻　門人等撰
天鷹祖祐禅師略伝　一巻
竺山和尚行録　一巻　惟忠守勤撰
英仲禅師行業略記　一巻
月菴良円禅師行状　一巻　湖月自音等撰
智翁和尚行状　一巻　梵初撰
無染禅師行業記　一巻　光厳撰
傑堂和尚行状及謙宗和尚年譜　一巻　南英謙宗撰
仁泉　梵機和尚略伝　一巻
華叟禅師行実　一巻　紀峰祖裔撰
笑翁禅師行業記　一巻　輝雲秀旭撰
一庭融頓和尚年譜　一巻　月舟宋林撰
鷲頓　宋林和尚略伝　一巻　毒聞撰
愚明和尚行業記　一巻　蘭渚撰
万林覚英禅師行状　一巻　万国宗春撰
甫仙和尚年譜　一巻　恒山快順撰
天産和尚行業　一巻　棲智慧関撰
東溟大舟禅師行業　一巻
霊源素皎禅師行業記　一巻　侍者某等編
万仞老漢略年譜　一巻　眠芳惟安撰
梅園祖欽禅師伝　一巻　絶海祖船撰
愚禅和尚行状記　一巻　覚海真禅撰
寂室堅光禅師略伝　一巻　墻外道見撰
（附録）
洞上諸祖伝記集成
　元亨釈書　虎関師錬撰
　扶桑禅林僧宝伝　高泉性潡撰
　続扶桑禅林僧宝伝　高泉性潡撰
　延宝伝灯録　卍元師蛮撰
　本朝高僧伝　卍元師蛮撰
　幽谷余韻後編　千丈実巌撰
　続日本高僧伝　道契撰・大内青巒校

**昭和定本日蓮聖人遺文**
立正大学宗学研究所編　身延山久遠寺刊
昭和二七―二九（昭和三四　一巻追加）　三巻
（四巻）

第一巻
第一輯・正篇上
戒体即身成仏義（仁治三）
富木殿御返事（建長五）
不動・愛染感見記（建長六）
蓮盛鈔（建長七）　諸宗問答鈔
念仏無間地獄鈔　一生成仏鈔
主師親御書　回向功徳鈔（康元元）
一代聖教大意（正嘉二）
一念三千理事　総在一念鈔

武蔵殿御消息（正元元）
十住毘婆沙論尋出御書
守護国家論
十法界事
爾前二乗菩薩不作仏事
爾前得道有無御書
二乗作仏事
災難興起由来
災難対治鈔
十法界明因果鈔（文応元）
唱法華題目鈔
立正安国論
椎地四郎殿御書（弘長元）
船守弥三郎許御書
同一鹹味御書
四恩鈔（弘長二）
教機時国鈔
行者仏天守護鈔
顕謗法鈔
論談敵対御書
持妙法華問答鈔（弘長三）
月水御書（文永元）
題目弥陀名号勝劣事
法華真言勝劣事
当世念仏者無間地獄事
南条兵衛七郎殿御書
上野殿後家尼御返事
女人成仏鈔
薬王品得意鈔
女人往生鈔
聖愚問答鈔
法華題目鈔（文永三）
秋元殿御返事
善無畏鈔
星名五郎太郎殿御返事（文永四）
安国論副状（文永五）
安国論御勘由来
宿屋入道許御状
宿屋入道再御状
与北条時宗書
与宿屋入道書
与平左衛門尉頼綱書
与北条弥源太書
与建長寺道隆書
与極楽寺良観書
与大仏殿別当書
与寿福寺書
与浄光明寺書
与多宝寺書
与長楽寺書
弟子檀那中御書
御輿振御書（文永六）
弁殿御消息
問注得意鈔
富木殿御消息
六郎恒長御消息
安国論奥書
法門可被申様之事
故最明寺入道見参御書
真間釈迦仏御供養逐状（文永七）
金吾殿御返事
上野殿母尼御前御書
富木殿御返事
善無畏三蔵鈔
真言天台勝劣事
四条金吾女房御書（文永八）
月満御前御書
南部六郎殿御書
十章鈔
四条金吾殿御書
行敏御返事
行敏訴状御会通
一昨日御書
土木殿御返事
四条金吾殿御消息
五人土籠御書
転重軽受法門
土籠御書
佐渡御勘気鈔
寺泊御書
富木入道殿御返事
法華浄土問答鈔（文永九）
生死一大事血脈鈔
八宗違目鈔
草木成仏口決
開目鈔
女人某御返事
佐渡御書
富木殿御返事
最蓮房御返事
得受職人功徳法門鈔
同生同名御書
四条金吾殿御返事
真言諸宗違目
日妙聖人御書
安国論送状
弁殿御消息
真言見聞
夢想御書
四条金吾殿御返事
祈禱鈔
経王御前御書
祈禱経送状（文永一〇）
法華宗内証仏法血脈
妙法曼荼羅供養事
如来滅後五五百歳始観心本尊抄
観心本尊抄副状
妙一尼御返事
正当此時御書
諸法実相鈔
義浄房御書
如説修行鈔
顕仏未来記
富木殿御返事
波木井三郎殿御返事
経王殿御返事
弁殿尼御前御書
大果報御書
土木殿御返事
乙御前母御書
直垂御書
当体義鈔
当体義鈔送状
小乗大乗分別鈔
呵責謗法滅罪鈔
木絵二像開眼事
其中衆生御書
法華行者値難事（文永一一）
授職灌頂口伝鈔
弥源太殿御返事
未驚天聴御書
富木殿御書
法華取要抄
富木尼御前御返事
上野殿御返事
聖密房御書
別当御房御返事
異体同心事
弥源太入道殿御返事
主君耳入此法門免与同罪事
上野殿御返事（与南条氏書）
曾谷入道殿御書
合戦在眼前御書
顕立正意鈔
聖人知三世事
立正観鈔
大田殿許御書（文永一二）
四条金吾殿女房御返事
春之祝御書
富木殿御返事
可延定業書
新尼御前御返事
立正観鈔送状
瑞相御書
大善大悪御書
神国王御書
四条金吾殿御返事
曾谷入道殿許御書二通（文永一二、乙亥、三、十）
王舎城事
こう入道殿御返事
法蓮鈔（建治元）
兄弟鈔

**第二巻**

**第二輯・正篇下**

種種御振舞御書（建治元）
一谷入道御書
上野殿御返事
妙一尼御前御消息
さじき女房御返事
国府尼御前御書
撰時抄
浄蓮房御書
三三蔵祈雨事
大学三郎殿御書
南条殿御返事
四条金吾殿御返事
高橋入道殿御返事
乙御前御消息
高橋殿御返事
妙心尼御前御返事
妙心尼御前御返事
阿仏房尼御前御返事
単衣鈔

御衣並単衣御書　蒙古使御書
太田入道殿御返事　尊霊御菩提御書
観心本尊得意鈔　強仁状御返事
除病御書　上野殿御消息
智慧亡国御書　白米和布御書
清澄寺大衆中（建治二）
南条殿御返事　松野殿御消息
大井荘司入道御書　阿仏房御書
南条殿御返事　富木尼御前御書
忘持経事　光日房御書
妙密上人御消息　南条殿御返事
筍御書　宝軽法重事
春麦御書　四条金吾殿御返事
四条金吾釈迦仏供養事
覚性房御返事　弁殿御消息
報恩抄　報恩鈔送文
西山殿御返事　曾谷殿御返事
道妙禅門御書　四条金吾殿御返事
九郎太郎殿御返事　事理供養御書
松野殿御返事　道場神守護事
さだしげ殿御返事　本尊供養御書
松野殿御消息　破良観等御書
法華経二十重勝諸教義（建治三）
西山殿御返事　現世無間御書
兵衛志殿女房御書　六郎次郎殿御返事
四信五品鈔　乗明聖人御返事
中興政所女房御返事　四条金吾殿御返事
上野殿御返事　下山御消息
兵衛志殿御返事　頼基陳状
四条金吾殿御返事　鼠入鹿事
上野殿御返事　弥三郎殿御返事
兵衛志殿御返事　富木殿御書
日女御前御返事　四条金吾殿御返事
四条金吾殿御返事　仏眼御書
兵衛志殿御書　松野殿御返事
崇峻天皇御書　石本日仲聖人御返事

兵衛志殿女房御返事　太田殿女房御返事
兵衛志殿御返事　曾谷入道殿御返事
庵室修復書　大白牛車書
法華初心成仏鈔
実相寺御書（建治四）
松野尼御前御返事　四条金吾殿御書
松野殿御返事　三沢鈔
上野殿御返事　始聞仏乗義
弘安改元事（弘安元）
立正安国論（広本）（建治・弘安ノ交）
諸人御返事（弘安元）　教行証御書
上野殿御返事　檀越某御返事
是日尼御書
太田左衛門尉殿御返事
華果成就御書　松野殿御返事
窪尼御前御返事　霖雨御書
南条殿女房御返事　兵衛志殿御返事
阿仏房御返事　日女御前御返事
富木入道殿御返事
中務左衛門尉殿御返事
兵衛志殿御返事　窪尼御前御返事
妙法尼御前御返事　種種物御消息
時光殿御返事　妙法尼御前御返事
千日尼御前御返事　弥源太入道殿御消息
芋一駄御書　妙法比丘尼御返事
上野殿御返事　本尊問答鈔
大田殿女房御返事　十月分時料御書
富木入道殿御返事　初穂御書
四条金吾殿御返事　不孝御書
上野殿御返事　千日尼御前御返事
四条金吾殿御返事　九郎太郎殿御返事
兵衛志殿御返事　食物三徳御書
師子王御書　随自意御書
大学三郎御書　衣食御書
十字御書
上野殿御返事（弘安二）

上野郷主等御返事　日眼女釈迦仏供養事
孝子御書
松野殿後家尼御前御返事
上野殿御返事　陰徳陽報御書
新池殿御消息　窪尼御前御返事
一大事御書　四菩薩造立鈔
松野殿女房御返事　乗明上人御返事
上野殿御返事　曾谷殿御返事
四条金吾殿御返事　寂日房御書
伯耆殿御書　聖人御難事
伯耆殿御返事　滝泉寺申状
変毒為薬御書　四条金吾殿御返事
三世諸仏総勘文教相廃立
持妙尼御前御返事　上野殿御返事
富城殿御返事
富城殿女房尼御前御書
兵衛志殿女房御返事　中興入道御消息
右衛門大夫殿御返事　窪尼御前御返事
上野殿御返事　本門戒体鈔
上野殿御返事（弘安三）
秋元殿御書　慈覚大師事
日住禅門御返事　上野殿御返事
富城入道殿御返事
妙心尼御前御返事　妙一尼御前御返事
諸経与法華経難易事　新田殿御書
窪尼御前御返事　大田殿女房御返事
千日尼御返事　上野殿御返事
浄蔵浄眼御消息　盂蘭盆御書
妙一女御返事　内房女房御返事
上野殿御返事　松野殿女房御返事
上野殿後家尼御前御書
南条殿御返事　光日尼御返事
大尼御前御返事　妙一女御返事
四条金吾殿御返事　両人御中御書
刑部左衛門尉女房御返事
大豆御書

上野殿母尼御前御返事
日厳尼御前御返事
富木殿御返事
四条金吾許御文
南条殿御返事
上野殿御返事
智妙房御返事
大夫志殿御返事
諫暁八幡抄
法衣書
王日殿御返事
重須殿女房御返事（弘安四）
桟敷女房御返事
上野尼御前御返事
三大秘法稟承事
上野殿御返事
八幡宮造営事
大風御書
小蒙古御書
上野殿御書
曾谷二郎入道殿御報
光日上人御返事
治部房御返事
南条兵衛七郎殿御返事
上野殿御返事
富城入道殿御返事
越州嫡男並妻尼事
上野尼御前御返事
地引御書
老病御書
上野殿母尼御前御返事
大夫志殿御返事
窪尼御前御返事
大白牛車御消息
西山殿後家尼御前御返事
妙法尼御前御返事
四条金吾殿御返事（弘安五）
内記左近入道殿御返事
春初御消息
春の始御書
伯耆公御房御消息
法華証明鈔
莚三枚御書
上野殿御書
身延山御書
波木井殿御報
波木井殿御書

**第三巻**

**第二輯・続篇**

戒法門（寛元元）
色心二法鈔（寛元二）
師子頬王鈔（寛元四）
堯舜禹王鈔（宝治元）
諸願成就鈔（建長元）
十王讃歎鈔（建長六）
八大地獄鈔（建長六）
問答鈔
垂迹法門（康元元）
十二因縁御書
法華経大意
神祇門
十如是事（正嘉二）
一念三千法門
善神擁護鈔（弘長元）
大黒天神相伝肝文
大黒送状
聖人御系図御書（文永元）
大黒天神供養相承事
禅宗天台勝劣鈔
法華大綱鈔（文永三）
寿量品得意鈔（文永八）
早勝問答
真言宗私見聞（文永九）
此経難持十三箇秘訣
祈禱経言上（文永一〇）
観心本尊抄文科
放光授職灌頂（文永一一）
遠藤左衛門尉御書
与平内左衛門書
三沢御房御返事（文永一二）
成仏法華肝心口伝身造鈔（建治元）
無作三身口伝鈔（建治二）
無常遷滅鈔
大黒天神御書（弘安二）
出家功徳御書
新池御書（弘安三）
松野後家尼御前御消息
十八円満鈔
当体蓮華鈔
彼岸鈔（弘安五）
兵衛志殿御返事
法華本門宗要鈔
撰法華経付嘱御書
上野五郎左衛門尉殿御書
本寺参詣鈔
法華和讃
読誦法華用心鈔
日蓮一期弘法
日朗御譲状
万法一如鈔（不詳）
臨終一心三観（不詳）
末法一乗行者息災延命所願成就祈禱経文（不詳）
根露枝枯御書（不詳）
慧日天照御書（不詳）

**第三輯・図録**

六因四縁事（建長五）
戒之事（建長六）
三八教（正嘉元）
三種教相
衣座室御書
六凡四聖御書
念仏者追放宣状事（正元元）
像法決疑経等要文（正元二）
一代五時図（文応元）
今此三界合文
後五百歳合文
日本真言宗事
一代五時図（文永五）
日月之事
浄土九品之事（文永六）
真言七重勝劣（文永七）
小乗小仏要文
下方他方旧住菩薩事（文永九）
上行菩薩結要付属口伝（建治元）
一代五時図
和漢王代記（建治二）
一代五時鶏図
秀句十勝抄（弘安元）
一代五時鶏図（弘安二）
一代五時鶏図（弘安三）
十宗事（不詳）
三種教相（不詳）
一代五時鶏図（不詳）
一代五時継図（不詳）
釈迦一代五時継図（不詳）

**第四輯・断簡**

日蓮聖人遺文断簡（一―一九八）

**第五輯・講記**

御講聞書（弘安元）
御義口伝

**第六輯・目録**

（真蹟目録）
常修院本尊聖教事（富木日常・永仁七）
本尊聖教録（浄行院日祐・康永三）
大聖人御筆目録（円教院日意）
身延山久遠寺御霊宝記録（寂照院日乾・慶長八）
西土蔵宝物録（遠沾院日亨・正徳二）
遺文対照日蓮聖人真蹟目録（鈴木一成・昭和一〔六〕）
（録内目録）
身延朝師御書目録（行学院日朝）

平賀本祖書目録（妙光院日意）
刊本御書目録
（録外目録）
朝師御自筆録外御書分（円教院日意）
本満寺本録外御書目録（一如院日重）
三宝寺本録外御書目録
刊本録外御書目録
延山録外目録（知見院日暹）
（編年目録）
御書新目録（中山本行院日奥・貞享三）
境妙庵御書目録（境持院日通・明和七）
祖書目次（健立日諦・安永八）
新撰校正祖書目次（智英日明・文化一一）
新定祖書目録攷異（便妙日騰・弘化二）

**第四巻**
（正篇新加）
御衣布給候御返事　覚性御房御返事
越後公御房御返事　伯耆殿並諸人御中
（親写本奥書）
授決円多羅義集唐決上奥書
五輪九字秘釈奥書
（図録新加）
四教略名目
華厳法相三論天台等祖事　一代勝劣諸師異解事
五十二位図
五行事　五眼六識等事
（断簡新加）
断簡二〇〇—三六五
（正篇断簡新加）
南条兵衛七郎殿御書　薬王品得意鈔
法華題目鈔　善無畏鈔
法華浄土問答鈔　小乗大乗分別鈔
四条金吾殿女房御返事
新尼御前御返事
兄弟鈔　法蓮鈔
一谷入道御書　三三蔵祈雨事
光日房御書　報恩鈔
上野殿御返事　下山御消息
兵衛志殿御返事　妙法尼御前御返事
孝子御書　松野殿女房御返事
上野殿母尼御前御返事
大夫志殿御返事

**日蓮宗全書**
日蓮宗全書出版会編　須原屋書店刊
明治四三—大正五　一六巻（但し、京都本満寺編として昭和四八—五三に一部分再刊された）

《本典部》

**第一巻　日蓮聖人全集一**（祖書録内巻一—二〇）
立正安国論、開目抄、撰時鈔、報恩鈔、如来滅後五五百歳始観心本尊抄、法華取要抄、本尊問答抄、守護国家論、法華経題目鈔、唱法華題目鈔、顕謗法抄、一代聖教大意、顕立正意抄、妙法比丘尼御返事、乙御前御消息、三世諸仏総勘文教相廃立、始聞仏乗義、法蓮慈文十三年供養法華経文字成生身仏事、兄弟鈔、十法界明因果鈔、祈禱鈔、四条金吾許御文、四信五品鈔、法華行者値難事、寺泊御書、真言諸宗違目、佐渡御書、転重軽受法門、四条金吾殿御返事、諸経与法華難易事、忘持経事、怨敵大陣既破事、上君耳入此法門免与同罪事、為法華経不可惜所領事、所領給由並文永八年九月十二日御供申事、身延山御書、単衣鈔、中興入道消息、月水御書、題目弥陀名号勝劣事、三三蔵祈雨事、女人往生鈔、三沢鈔、浄蓮房御書、崇峻天皇御書、梵音声御書、日妙聖人御書、千日尼御前御返事、千日尼御前御書、佐渡阿仏房御書、南条兵衛七郎殿御書、光日房御書

**第二巻　日蓮聖人全集二**（祖書録内巻二一—四〇）
持妙法華問答抄、秋元御書、妙一女御返事、法華初心成仏抄、南条兵衛七郎殿御書、聖人御難事、当体義抄、慈覚大師事、如説修行鈔、本尊供養御書、種種御振舞御書、災難対治鈔、秀句十勝事、太田禅門許御書、教機時国抄、一昨日御書、下山御消息、諫暁八幡抄、顕仏未来記、後五百歳合文、宝軽法重事、十如是事、妙法曼陀羅供養事、聖人知三世事、四条金吾釈迦仏供養事、日眼女造立釈迦仏供養事、道場神守行者事、治病大小権実違目、頼基陳状、良寛状御返事、宿屋入道許御状、立正安国論奥書、強仁状御返事、善無畏鈔、大田殿許御書、本門戒体抄、十章鈔、法門可被申様之事、問註之時可存知事、木絵二像開眼之事、阿仏房消息、富木入道殿御返事、不可親近謗法者事、大学三郎殿御書、時光御返事、妙法尼御前御書、上野殿御返事（五種）、南条殿御返事、薬王品得意鈔、清澄寺大衆中、波木井殿御報、大田殿女房御返事、御書、爾前得道有無御書、当世念仏者無間地獄事、十法界事、松野殿後家尼御前御返事、王舎城事、法華真言勝劣事、真言天台勝劣事、一谷入道御書南条殿御返事、上野殿御返事（二種）、高橋入道殿御返事、一念三千理事、新池殿御消息、念仏者令追放宣旨御教書集列五篇勘文状、真言見聞、曾谷殿御返事、真間釈迦仏御供養逐状、行敏訴状之会通、立正観抄、立正観抄送状、祈禱経送状、大田殿女房御返事、楽明聖人御返事、大田殿女房御返事、爾前二乗菩薩不作仏事、四条金吾殿女房御返事、戒体即身成仏義、兵衛志殿御返事、観心本尊得意鈔、四条金吾御書、異体同心事、四条金吾殿御返事、四恩鈔、聖密房御書、地引御書

**第三巻　日蓮聖人全集三**（祖書録外二五巻）
聖愚問答抄、必仮心固神守則強御書、蒙古使御書、西山殿御返事、星名五郎太郎殿御返事、弥三郎殿御返事、大井庄司入道御書、日厳尼御前御返事、高橋殿御返事、日住禅門御返事、紺入

道御返事、阿仏房御書、上野殿後家尼御返事、妙一尼御前消息、窪尼御前御返事、四条金吾女房御書、椎池四郎殿御書、四条金吾殿御消息、祈禱経言上、撰法華経付嘱御書、安国論御勘由来、観心本尊得意抄、観心本尊抄送状、報恩抄送文、当体義鈔送状、八大地獄鈔、六凡四聖御書、問答抄、同一鹹味御書、同生同名御書、実相寺御書、光日上人御返事、新池御書、刑部左衛門尉女房御返事、治部殿御返事、妙密上人御消息、戒法門、上野殿御返事、王日殿御書、窪尼御前御返事（四種）、弁殿御消息（二種）、弁殿尼御前御書、さじき女房御返事、蹲鴟御消息、妙字御消息、小蒙古御書、孝子御書、諸人御返事、四条金吾殿御返事、金吾殿御返事、春初御消息、十字御消息、上野殿御返事、種種物御消息、大白牛車御消息、八宗違目抄、小乗大乗分別抄、一生成仏抄、日本真言宗事、日朗御譲状、七重勝劣事、瑞相御書、神国王御書、富城殿御返事、大黒送状付大黒灌頂口訣、上野殿御返事（九種）、上野殿母御前御返事、上野殿母尼御前御返事、上野殿後家尼御前御書、上野尼御前御返事（二種）、松野殿御消息、松野殿御返事（二種）、松野殿御消息、松野殿御返事、松野後家尼御前御消息、松野殿女房御返事、妙心尼御前御返事（三種）、法華証明鈔、本門取要抄、南条殿御返事（二種）、九郎太郎殿御返事（二種）、弥源太入道殿御消息、弥源太入道殿御返事、太夫志殿御返事（二種）、兵衛志殿御返事（二種）、兵衛志殿御書、内房女房御返事、兵衛志殿女房御書、六郎次郎殿御返事、子財御書、経王御前御書、念仏無間地獄鈔、法華浄土問答鈔、諸宗問答抄、土籠御書、八日講御書、法華和讃、万法一如抄、曾谷入道殿御返事、曾谷入道殿御書（二種）、曾谷二郎入道殿御返事、太田入道殿御返事、太田左衛門尉殿御返事、新尼御前御返事、持妙尼御書、松野殿御消息、最蓮房御返事、両人御中御書、三八教、本寺参詣抄、浄蔵浄眼御消息、松野殿女房御返事、道妙禅門御書、草木成仏口決、劔形抄、船守弥三郎許御書、生死一大事血脈鈔、主師親御書、善無畏三蔵鈔、八風抄、十二因縁御書、色心二法御書、依法華経可延定業抄、桟敷女房御返事、八木御書、上野殿御書、二病御書、兵衛志殿御返事、品品供養抄、寿量品得意抄、神祇門、垂迹法門、一代五時雞図、三大秘法抄、四菩薩造立抄、彼岸抄、盂蘭盆御書、無作三身口伝抄、法華経大意、今比三界合文、呵責謗法滅罪抄、六難九易抄、読誦法華用心抄、日蓮一期弘法、禅宗天台勝劣抄、臨終一心三観、得授職人功徳法門抄、総在一念抄、一念三千法門、上行菩薩結要付属口伝、法華宗内証仏法血脈、授職灌頂口伝抄、妙一女御返事、佐渡御勘気抄、行敏御返事、十八円満抄、十王讃歎抄、諸願成就抄、妙法尼御前御返事、教行証御書、衣座室御書、阿仏房御返事、問註御書、真言宗私見聞、一代五時継図、大黒天神相伝肝文、大黒天神御書、法華大綱抄、経王殿御返事、日朗上人土籠御書、土木殿御返事、富木殿御書、四条金吾殿御書、兵衛志殿女房御返事、法華経二十重勝諸教義、四条金吾殿御返事、弥源太殿御返事、三種教相、当体蓮華抄、日女御前御返事、出家功徳御書、上野殿御書、富木入道殿御返事、成仏法華肝心口伝身造抄、阿仏房尼御前御返事、釈迦一代五時継図、波木井三郎殿御返事、上野五郎左衛門尉殿御書、義浄房御書、御輿振御書、大白牛車御消息、右衛門太夫殿御返事、妙一尼御前御返事、富木殿女房尼御前御書、女人成仏抄、善神擁護抄、成仏用心抄、蓮盛抄、秋元殿御返事、十字御書、大豆御書、華果成就御書、上野殿御返事、波木井殿御書

《註疏部》

**第四―六巻**
御書鈔　二五巻　日健・日締・日耀・日能講述

**第七・八巻**
御書註　一八巻　日修・日性講述

**第九―一五巻**
録内啓蒙　三六巻（うち二三巻まで刊）　日講撰

**第一六・一七巻**
録内扶老　一五巻　日好撰

**第一八巻**
録内拾遺　八巻　日好撰

**第一九巻**
録外考文　八巻　日耀撰　日董刪定
附、録外微考　三巻　日好撰

《史伝部》

**第二〇巻　日蓮聖人伝記集**
元祖化導記　二巻　日朝撰
日蓮聖人註画讃及抄　五巻　日澄撰
元祖蓮公薩埵略伝　一巻　日修撰
元祖一代暦　日講撰（前書付載）
蓮公行状年譜（法華霊場記冠部）　一巻　豊臣義俊撰
本化別頭高祖伝　二巻　日省撰
本化高祖年譜　一巻　日英撰
高祖年譜攷異　三巻　日英撰

**第二一・二二巻**
本化別頭仏祖統紀　三八巻　日潮撰

《論述部》

**第二三巻**
祖書綱要刪略　七巻　日寿刪定
祖書綱要正義　二巻　日輝撰

**第二四・二五巻**
峨眉集　二〇巻　日深撰

**第二六巻**
草山集　三〇巻　日政（元政）撰
身延行記　三巻

## 日蓮宗学全書

立正大学日蓮教学研究所編　山喜房仏書林刊
昭和三四―三七　二三巻

### 第一巻

昭尊之部（経釈秘抄要文、日昭申状、法華本門円頓戒相承血脈譜、日成譲状、譲与本尊聖教事、遺跡之事）

朗尊之部（身延離出書、本迹見聞、日郎申状、日郎置文、日郎譲状、報日像御房書、与肥後公御房書、与日像御房書、報曾谷殿書、与某書、与肥後殿書、与日像御房書、与日像御房書、与肥後公御房書、報肥後公書、与肥後公御房書、与肥後殿書、与肥後公御房書、与肥後殿書玄旨本尊添状、与肥後公御房書）「報日頂入道書）

向尊之部（日向申状、与四郎大夫書、与某氏書、

頂尊之部（日頂申状、良実状御返事、本尊抄得意抄副書、報某書）

持尊之部（池上御影造立之記）

高師之部（日高申状、日高置文、日高譲状、日高譲状、与富木入道殿書）

位師之部（大聖人御葬送日記、与日像御房書）

秀師之部（滝泉寺之申状）「断片）

弁師之部（円極実義抄下、日弁訴状、与日法書

法師之部（聖人之御法門聴聞分集、本迹相違、

天目師之部（本迹問答七重義）「報日像御房書）

春師之部（与光尊御房書）

富木常忍氏之部（観心本尊抄私見聞、不審状、日常言上、日常言上常修院本尊聖教事、日常置文、日常与某書）「某書）

大田乗明氏之部（大田乗明与某書、大田乗明与

波木井実長氏之部、附長義・長氏（身延寄進状、与白蓮阿闍梨御房書、与白蓮阿闍梨御房書、与はわきとの書、与越前公御房書、与伯耆阿闍梨御房書、波木井日教置文、与日院書）

像師之部（法華宗旨問答抄、祈禱経之事、本迹口決、曼荼羅相伝、法華宗弘通抄、本迹同一文集、五時図、日像訴状、日像制定条条、学持作法等之事、日像付嘱状、日像置文、日像譲状、日像譲状、日像目安、与大覚僧都書〈一〇通〉、与僧都御房書〈三通〉、与二位権少僧都書）

輪師之部（贈日像御房書、日輪遺誡状、与日像御房書、与像公書、与日像御房書、報日像上人書〈一通〉、与日像上人書、与日像御房書、与寺主上人書〈五通〉、報寺主上人書〈二通〉、報寺主聖人書、与寺主聖人書）

善師之部（日善譲状）

伝師之部（十二因縁抄）

印師之部（奉造立供養本尊日記、本成寺置文、日印譲状、与日像上人書、報日像上人書）

澄師之部（与日像上人書）

進師之部（三国仏法盛衰之事、支那仏法弘通次第、日本仏法弘通次第、日蓮聖人御弘通次第、浄土宗邪義破）

祐師之部（問答肝要抄、宗体決疑抄、日祐日樹申状、本尊聖教録、日祐置文、日祐譲状〈三通〉、一期所修善根記録）

忍師之部（与備後公御房書、大聖人御舎利分与事、天台四教略抄奥書、天台深極抄端書）

### 第二巻

《興学全集巻首》

法華本門宗血脈相承事、具騰本種正法実義本迹勝劣正伝、身延相承、池上相承

《興尊全集》

受筆之部（産湯相承事、教化弘経七箇口決大事、御本尊七箇之相承、寿量品文底大事、上行所伝三大秘法口訣）

述作之部（三時弘経次第、神天上勘文、引導秘訣、安国論問答、五人所破抄、五重円記）

申状之部（四十九院申状、申状、申状〈三通〉）

雑部（宗祖御遷化記録、身延墓番帳、御遺物配分事、本門寺棟札、本尊分与帳、富士一跡門徒存知事、定大石寺番帳事、日興遺誡置文、日興跡条条事、日代譲状並置状〈八通〉、日代等付嘱状、与日代書、与日妙書、与了性房日乗書、佐渡国法華衆等本尊聖教之事〈日満置状〉、定補師弟並別当職事〈同〉、与日目日華書、断片）

消息之部（美作房御返事、新田阿闍梨日目御返事〈九通〉、与了性房日乗書御返事等〈一四通〉、弁阿闍梨日道御返事、民部公日妙御返事、与大弐鬼房日寿書御返事〈二通〉、新田刑部公日済御返事、与民部公日盛書御返事等〈四通〉、美濃公御返事、与波木井実長書　原殿御返事、与六郎入道書〈実長公ト同異未詳〉、南条殿御返事、報佐渡国講衆書、曾根殿御返事等〈一五通〉、与由比氏書、小三郎殿御返事、温間殿御返事、与大衆書、与さへの四郎書、六郎入道御返事、宛名未詳御返事幷断片等〈一〇通〉）

《興門集》

目師之部（申状、日興上人御遺跡事、譲渡弁阿闍梨日道所、与日道書、与伊予公日代書、了性御房日垂書、与宰相阿闍梨日郷書、逐申、与宰相阿闍梨日郷書〈二通〉、与民部房日盛書〈七通〉、与江東殿書、宛名未詳消息〈一一通〉）

華師之部（与二人書）

仙師之部（日仙消息）

代師之部（法華宗要集事、日代申状、日代目安、日代置状〈二通〉、宰阿闍梨日郷御返事、与大輔阿闍梨日善書）

道師之部（三師御伝、日道申状〈二通〉、遣日尊状、民部阿闍梨日盛御房御返事、大学阿闍梨御房おさとよりの御返事、南条阿闍梨御房御返事、与大御坊中書）「八状）

妙師之部（日妙申状、玉野大夫阿闍梨日尊御房

郷師之部（日興上人御遷化次第、日郷申状、安房国中谷奉籠置本尊聖教事、譲渡安房国北郡法華宗事、譲渡上総国大貫郷内上畑法華宗事、山

城房預状、大石寺東御堂譲状、譲渡安房国伊戸村法華宗事、大石寺蓮蔵坊臈次事、大石寺蓮蔵坊三月宛番帳事、某氏に遣す状、あをやぎ氏に遣す状）
助師之部（日助置文） 「〈印後改尹〉」
尊師之部（日尊申状、日尊遺誡条目、日印譲状
順師之部（本因妙口決、日順表白、用心鈔、日順阿闍梨血脈、日順表白文、本門心底抄、摧邪立正抄、念真所破抄、従開山伝日順法門）
満師之部（方便品読不之問答記録、日代上人重須離山事、日満抄）
印師之部（日代上人ニ遣ス状）
大師之部（日尊上人御一期図、日尊上人仰云、日大直兼台当問答記、即身成仏事、三種法華聞書）
叡師之部（日仙日代問答記録、本迹問答十七条、後信抄、与大蔵阿闍梨御房書）
伝師之部（大綱深秘抄、日伝譲状〈二通〉）
盛師之部（日盛消息〈二通〉）
眼師之部（五人所破抄見聞）

**第三巻**
開迹顕本法華二論義得意鈔（六巻）、造仏論義、読誦論義

**第四巻**
六巻鈔（三重秘伝鈔・文底秘沈鈔・依義判文鈔・末法相応鈔・当流行事鈔・当家三衣鈔）、観心本尊鈔文段、寛記撮要上（安国論愚記・開目鈔愚記・撰時鈔愚記・報恩抄文段）、寛記撮要下（取要鈔文段・題目鈔文段・当体義鈔文段・修行鈔筆記・曼荼羅鈔記）

**第五巻**
日什上人集（日什諷誦文、真間帰伏状、真間起請文、法華本門戒血脈、日什門徒等可存知事、日什置文、与妙顕寺書）
日什御奏聞記録　日穆
門徒古事　日運
日什門徒建立由緒　宗尊
日什聖人御由来之事　宗尊
日什名相本地之口決　日叡
日什聖人朝夕勤行掟事　日叡
日什御一期間記　日戒
本迹対論用意抄　日存
本迹勝劣之事　日悦
本迹勝劣追加　日悦
置文諷誦抄　日達
当家正義本迹易解抄　日達

**第六巻**
本迹自鏡編　上下巻　日受
本迹自鏡編補闕　上下巻
妙実事観録（序台当異目編）　日受
妙実事観録　上下巻
十法界抄自鏡編　日受
当体義抄自鏡編　日受
本迹立正義　日鑑
妙宗処中弁　上下巻　日鑑
金剛亀羊弁　上下巻　日鑑

**第七巻**
選要記略　日陣
本迹同異決　日陣
消息　日陣
本迹二経実相理浅深事　日陣
本迹二経浅深事　日陣
陣師御談聞書　日信
答釈　日存
消息　日存
消息　日信
内証伝法記抄　日現
五人所破抄斥　日現
本迹高広義会釈抜書（日相注）　日現
童矇懐覧集　日求
法華顕要抄　日相
本門本尊義　日相
撃大毒鼓論抜萃　日相

**第八巻**
私新抄　一三巻
十三問答抄　上下巻

**第九巻**
台当異目深密鈔　日朝
観心本尊鈔見聞　上下巻　日忠
体内本迹勝劣義　日憲
正助台行盲杖記　日憲
即身成仏名字口唱決　上下巻　日憲
本迹研窮鈔　日成
研窮鈔別記　日成
本迹境智論　上中下巻　日耕

**第一〇巻**
改正真流正伝鈔並私解（前）　六巻のうち巻一－四　遠成院日寿改正

**第一一巻**
改正真流正伝鈔並私解（後）　六巻のうち巻五、六　遠成院日寿改正
宗要活套集　日修
一経読否之論　日雄
仏像造不之論　日雄
改正文底義　日東

**第一二巻　日講上人集**
守正護国章、破奠記（宗門光顕志）上下巻、破鳥鼠論、三田問答詰難、竊語問答、堯了状能破条目、説黙日課（鶴城叢書）

**第一三巻　金綱集（乾）**
一、華厳宗見聞　二、小乗三宗見聞　三、方等之事　四、浄土宗見聞（上）　五、同（下）
六、真言宗見聞

**第一四巻　金綱集（坤）**
七、禅見聞　八、法相宗見聞　九、三論宗見聞
一〇、法華経之事　附録、真言見聞（別巻）・禅見聞（別巻）・藻原抄本裏書古文書・理具之事・雑録

**第一五巻　朝師御書見聞集（第一）**
安国論私抄（第一―五）、開目抄私見聞（第一―四）、撰時抄私見聞（第一―二）

**第一六巻　朝師御書見聞集（第二）**
報恩鈔私見聞（第一―二）、観心本尊鈔私記（第一―八）、身延山御書見聞（録内一八・遺文一九・縮遺一二九七）、曾谷入道賜御消息見聞（録内三七・遺文二七・縮遺一八六二）、如説修行鈔見聞（録内二三・遺文一四・縮遺九六六）

**第一七巻　朝師御書見聞集（第三）**
法華題目鈔見聞（録内一一・遺文一〇・縮遺五八三）、秀句十勝鈔見聞（録内二四・遺文一一・縮遺七〇四）、彼岸鈔見聞（録外一五三八）、本尊問答鈔私見聞（録内九・遺文二五・縮遺一七九四）、今此三界合文事（録外一六・遺文七・縮遺三九九）、神国王鈔私見聞（録外七・遺文二〇・縮遺一三四九）、唱法華題目鈔事（録内一一・遺文六・縮遺三二二）、顕謗鈔私見聞上（録内一二・遺文七・縮遺四三〇）、同下（縮遺四三八）、日水鈔私見聞（録内一八・遺文八・縮遺四七七）、題目弥陀名号勝劣事（録内一八・遺文八・縮遺四八五）、諫暁八幡事私見聞（録内二七・遺文二九・縮遺二〇二二）、略八幡抄事（録内一六・遺文二九・縮遺二〇一二）、十法界明因果鈔（録内一六・遺文六・縮遺三〇九）、一代大意鈔見聞（録内一三・遺文四・縮遺一七五）、三世諸仏総勘文事（録内一四・遺文二七・縮遺一八九二）

**第一八巻**
伝灯抄　日親
当門徒継図次第　日晴
平賀本土寺継図次第　日晴
与中山浄光院書　日住
日像門家分散之由来記　未詳
書置之事　日現
与本土寺大衆書　日現
与正住院日進書　三通　日現
当家諸門流継図之事　未詳
御書略註

**第一九巻**
竜華秘書、妙法治世集並同始末記録、己行記、玉沢手鑑草稿

**第二〇巻**
中山文書、折伏正義抄、治要録、本能寺文書

**第二一巻**
不受不施派諸師書状、日指・津寺異義往復書状、不受不施清規、後諫手引草、行川法難記、下総法難記、不受不施派心得違共者改心一件 札、悲田派停止之事、朝日逆島事

**第二二巻　諸山文書一**
身延山文書、妙住寺文書、正東山古文書、峰古文書、蓮華寺文書、本仕文書、本満寺文書

**第二三巻　諸山文書二**
実成寺文書、本妙寺文書、香正寺文書、本興寺文書、本禅寺文書、本成寺文書、本蓮寺文書、要法寺文書、上行寺文書、妙国寺文書、本光寺文書、承教寺文書、妙満寺文書、中山文書、日海記、真間山血脈、妙蓮寺祖師記、妙覚寺文書、本迹同異決・下

# 総　索　引

冠字画引
和文索引
欧文索引

# 凡　例

1　本索引は、『総合佛教大辞典』の立項項目すべてと、解説文・図表中にあらわれる主要な術語（仏教語）・書籍・人物・寺社・地名・事項などを最大限に採録したものである。

2　和文索引と欧文索引とに大別した。

3　数字は、本文のページ数を、ａ・ｂ・ｃはそれぞれ上・中・下の段数を示す。また太字は、その箇所に立項項目があることを示す。

4　巻頭に和文索引の冠字画引を掲げて検索の便をはかった。

5　なおこの総索引は、法蔵館辞典編集部で作製した。

〔冠字画引〕

1　和文索引に収載された項目語句の第１字目の漢字をその画数によって配列し、その読み方と索引の初出のページ数を示した。

2　読み方のカタカナは音読み、ひらがなは訓読みを示す。

〔和文索引〕

1　項目の配列は次の基準に従った。

①　各筆頭読みごとにカタカナ→ひらがな→漢字の順とした。

②　漢字の項目においては、第１字目の読みの五十音順に配列し、同字同音で始まる項目は一箇所に揃うようにした。同音の文字が複数ある場合は、画数順に並べた。
第２字目以降は五十音順に配列したが、この場合も同音同字が一箇所に揃うようにして、検索の便をはかった。

2　同音同字の項目の類別は次の基準に従った。

①普通名詞（術語など）と固有名詞の場合には、固有名詞に（人名）などとして類別の語を補った。

一向　　十不二門
一向(人名)　　十不二門(書名)

②同名異人は国別に分け、同じ国の同名異人は時代で類別した。ただし同時代の同名異人など、時代別による類別が困難な場合には、適宜、宗派・別名・通称などで類別した。

慧日(唐)　　海雲(中国)
慧日(元)　　海雲(朝鮮)
慧日(日本)　　海雲(江戸・曹洞宗)
　　海雲(江戸・浄土宗)
安慧(インド)
安慧(平安)　　慧忠(南陽)
安慧(江戸)　　慧忠(牛頭)

③同名の寺院も人名と同じく国によって分け、同じ国の場合には、中国では省、朝鮮は道、日本は都道府県で類別した。

浄土寺(中国)　　太平興国寺(江蘇省)
浄土寺(朝鮮)　　太平興国寺(河南省)
浄土寺(京都)　　太平興国寺(湖北省)
浄土寺(兵庫)
浄土寺(奈良)
浄土寺(広島)
浄土寺(愛媛)

④同名の書籍は著者名で分けた。

浄土論(世親)
浄土論(迦才)
浄土論(道安)

⑤以上の基準で類別が困難な場合には、場合に応じて適当と思われる類別方法をとった。

〔欧文索引〕

1　配列はアルファベット順(ａｂｃ順)によった。この場合、梵語・パーリ語・チベット語などに用いられる ā, ṃ, ḥ のような文字に記号を付したものは、記号のないものと同じとみなして配列した。

2　同じ綴りのものの類別は、和文索引の例に準ずる。

# 冠字画引

カタカナは音読み、ひらがなは訓読みを示し、数字は和文索引の頁数を示す

## 1画

一 イチ 26
イッ 27
ひと 193
乙 オツ 42
おと 42

## 2画

七 シチ 103
シッ 103
ななつ 176
丁 チョウ 161
テイ 164
乃 ナイ 175
九 キュウ 56
ク 60
了 リョウ 235
二 ニ 177
ふた 199
人 人康《さねやね》 89
ニン 182
入 いり 29
ジュ 109
ニッ 180
ニュウ 181
八 ハ 186
パ 186
ハチ 188
ハッ 188
や 227
やつ 228
几 キ 53
刀 かたな 49
ト 168
トウ 168
力 リキ 234
十 ジッ 104
十一月《しもつき》 105
ジュウ 111
卜 うら 33

## 3画

下 ア 19
カ 44
ゲ 67
しも 105
三 サン 89
み 218
みつ 219
みっ 219
上 うえ 33
うわ 34
かみ 50
上野《こうずけ》 82
ショウ 116
ジョウ 123
丈 ジョウ 123
万 バン 190
マン 217
与 ヨ 236
丸 ガン 53
乞 キ 53
コツ 82
也 エ 34
于 ウ 32
亡 モウ 226
兀 ゴッ 82
凡 ボン 213
久 キュウ 56
ク 61
千 セン 137
ち 159
叉 シャ 105
口 ク 61
くち 65
土 つち 164
ト 168
ド 168
土師《はじ》 187
士 シ 95
ジ 99
大 おお 41
タイ 148
ダイ 150
大和《やまと》 228
女 おんな 43
ジョ 116
ニョ 181
子 こ 73
シ 95
小 小豆《あずき》 23
お 40
こ 73
ショウ 116
尸 シ 95
山 サン 93
セン 138
やま 228
川 かわ 50
セン 138
工 ク 61
己 コ 73
巳 イ 25
干 カ 44
カン 50
ほし 210
弓 キュウ 56

## 4画

丑 うし 33
不 不言《いわず》 29
不拝《おがまず》 42
フ 195
中 チュウ 160
なか 176
丹 タン 157
に 178
壬 ジン 132
壬生《みぶ》 218
井 い 25
セイ 135
五 いつ 28
ゴ 74
互 ゴ 76
亢 コウ 77
化 化野《あだしの》 23
ケ 65
介 カイ 46
ケ 66
すけ 134
今 いま 28
コン 82
什 シュウ 110
ジュウ 113
仁 ジン 132
ニン 183
仏 ブ 198
ブッ 199
ブツ 199
ほとけ 212
允 イン 29
元 ガン 53
ゲン 71
もと 226
公 ク 61
コウ 77
六 六月《みなつき》 219
むい 225
リク 234
ロク 240
円 エン 37
内 うち 33
ナイ 175
切 きり 59
きれ 59
分 フン 201
ブン 201
勾 コウ 77
勿 モツ 226
厄 ヤク 228
双 ソウ 142
反 ハン 189
ホ 203
ホン 212
友 ウ 32
とも 173
ユウ 230
太 太秦《うずまさ》 33
太田《おおた》 42
ダ 148
タイ 148
天 あま 23
テン 165
夫 フ 196
孔 ク 61
コウ 77
少 ショウ 116
尺 シャク 106
巴 ハ 186
パ 186
幻 ゲン 71
引 イン 29
ひき 192
心 シン 127
戸 と 168
手 シュ 107
た 147
て 164
支 シ 95
文 ふみ 201
フン 201
ブン 202
モン 227
斗 ト 168
方 ホウ 205
日 日下《くさか》 65
ニ 178
ニチ 179
ニッ 180
ひ 191
日前《ひのくま》 193
月 ガチ 49
ガッ 49
ガツ 49
ゲッ 69
ゲツ 69
つき 164
木 き 53
こ 73

モク 226
モッ 226
欠 ケツ 69
止 シ 95
と 168
比 ヒ 191
ビ 192
毛 け 66
モ 226
モウ 226
氏 うじ 33
水 スイ 133
みず 219
火 カ 44
コ 73
父 フ 196
ブ 198
片 ヘン 203
牛 うし 33
ギュウ 56
ゴ 76
王 オウ 40

## 5画

丘 キュウ 56
世 セ 134
セイ 135
よ 230
主 シュ 107
市 いち 27
シ 95
以 イ 25
仕 シ 95
仙 セン 138
他 タ 147
代 ダイ 156
付 フ 196
令 リョウ 236
レイ 238
冊 サッ 88
写 シャ 105
出 出雲《いずも》 26
シュッ 114
シュツ 114
スイ 133
で 164
刊 カン 50
加 カ 44
ケ 66
功 ク 61
クウ 64
コウ 77
句 ク 61
北 きた 55
北京《ぺきん》版 202
北条《ほうじょう》 205
ホク 210
ホッ 210
巨 キョ 56
コ 73
匝 ソウ 142
古 ク 62
コ 73
ふる 201
半 ハン 189
占 うら 33
セン 138
卯 ボウ 209
去 コ 73
台 タイ 149
ダイ 156
弁 バン 190
ベン 203
右 ウ 32
可 カ 44
号 ゴウ 81
司 シ 95
召 ショウ 116
只 シ 95
四 シ 95
よつ 231
処 ショ 115
冬 トウ 168
ふゆ 201
外 ガイ 47
ゲ 67
央 オウ 40
失 シツ 103
尼 あま 23
ニ 178
巧 ギョウ 58
左 サ 86
布 ぬの 183
フ 196
ホ 204
ポ 205
平 たいら 156
ビョウ 193
ひら 194
ヘイ 202
広 コウ 77
ひろ 194
弘 グ 63
コウ 78
ひろ 194
弗 フッ 199
フツ 199
ホツ 210
忉 トウ 168
必 ヒツ 193
戊 ボ 204
打 うち 33
払 フッ 199
フツ 199
ホッ 210
旧 ク 62
旦 タン 157
ダン 158
札 サツ 88
本 ホン 212
もと 226
末 すえ 134
マ 215
マッ 217
マツ 217
未 ミ 218
此 シ 98
正 正親町《おおぎまち》 42
ショウ 117
セイ 135
まさ 217
母 モ 226
氐 テイ 164
民 ミン 222
永 エイ 36
ヨウ 230
汁 しる 127
氷 ヒ 191
犯 ホン 213
ボン 214
玄 ゲン 71
玉 ギョク 59
たま 157
瓦 ガ 46
かわら 50
甘 ガル 50
カン 50
生 生駒《いこま》 25
いき 26
サ 86
サン 93
ショウ 118
セイ 135
なま 176
用 ユウ 230
ヨウ 231
甲 カ 44
カッ 49
かぶと 50
コウ 78
田 田舎《いなか》 28
た 147
デン 167
由 ユ 229
ユイ 229
白 しら 127
しろ 127
ハク 187
ビャク 193
ビャッ 193
皮 かわ 50
ヒ 191
目 め 225
モク 226
モッ 226
矢 や 228
石 いし 26
石上 26
石徹白《いとしろ》 28
いわ 29
シャク 106
セキ 136
セッ 136
示 ジ 99
礼 ライ 232
レ 238
レイ 238
禾 カ 44
穴 穴太《あのう》 23
立 たち 157
たっ 157
たて 157
リッ 234
リュウ 234
艾 ガイ 47
辻 つじ 164
辺 ヘン 203

## 6画

再 サイ 86
百 百済《くだら》 65
百々《どど》 173
ヒャク 193
ヒャッ 193
もも 226
両 リョウ 236
交 キョウ 56
コウ 78
充 ジュウ 113
亦 ヤク 228
伊 イ 25
伊達《だて》 157
仮 カ 44
ケ 66
会 あい 22
エ 34
カイ 46
伎 ギ 54
休 キュウ 56
やすみ 228
仰 キョウ 56
ギョウ 58
ゴウ 81
合 あっ 23
ガッ 49
ゴウ 81

| | | |
|---|---|---|
| 吠 | ベイ | 202 |
| 呂 | ロ | 239 |
| 吽 | ウン | 34 |
| 囲 | イ | 25 |
| 図 | ズ | 133 |
| 均 | キン | 59 |
| 坐 | ザ | 86 |
| 坂 | さか | 88 |
| | バン | 190 |
| 坊 | ボウ | 209 |
| 壱 | イチ | 27 |
| 声 | こえ | 82 |
| | ショウ | 118 |
| 売 | マイ | 217 |
| 条 | ジョウ | 123 |
| 夾 | カツ | 49 |
| | キョウ | 57 |
| 妙 | ミョウ | 220 |
| 孛 | ハイ | 187 |
| 宏 | コウ | 79 |
| | ワン | 241 |
| 宋 | ソウ | 142 |
| 寿 | ジュ | 109 |
| 対 | タイ | 149 |
| 肖 | ショウ | 118 |
| 尾 | お | 40 |
| | ビ | 192 |
| 岐 | ギ | 54 |
| 岌 | キュウ | 56 |
| 巫 | 巫覡《かんなぎ》 | 50 |
| | フ | 196 |
| | 巫女《みこ》 | 218 |
| 応 | オウ | 40 |
| 序 | ジョ | 116 |
| 弟 | デ | 164 |
| 形 | ギョウ | 59 |
| 役 | 役小角《えんのおづぬ》 | 39 |
| | ヤク | 228 |
| 快 | カイ | 46 |
| | ケ | 66 |
| 忌 | キ | 53 |
| 志 | シ | 98 |
| 忍 | ニン | 183 |
| 我 | ガ | 46 |
| 戒 | カイ | 46 |
| 抄 | ショウ | 118 |
| 折 | おり | 42 |
| | シャク | 106 |
| 択 | チャク | 160 |
| 投 | トウ | 169 |
| 把 | ハ | 186 |
| 抜 | バツ | 189 |
| 扶 | フ | 196 |
| | ブ | 198 |
| 抑 | オク | 42 |
| | ヨク | 231 |
| 抉 | ケツ | 69 |
| 抖 | ト | 168 |
| 改 | カイ | 46 |
| | ガイ | 47 |
| 孜 | シ | 98 |
| 杖 | ジョウ | 123 |
| 杉 | すぎ | 134 |
| 村 | ソン | 146 |
| | むら | 225 |
| 杜 | ト | 168 |
| 来 | く | 62 |
| | ライ | 232 |
| 李 | リ | 233 |
| 杞 | キ | 53 |
| 杣 | セン | 138 |
| 沖 | チュウ | 161 |
| 求 | ク | 62 |
| | グ | 63 |
| 決 | ケツ | 69 |
| 沙 | サ | 86 |
| | シャ | 105 |
| 沢 | さわ | 89 |
| | タク | 157 |
| | タッ | 157 |
| 沈 | ジン | 132 |
| | チン | 163 |
| 沐 | モク | 226 |
| 災 | サイ | 87 |
| 牡 | ボ | 204 |
| 狂 | キョウ | 57 |
| 弄 | ロウ | 240 |
| 甫 | ホ | 204 |
| 男 | おとこ | 42 |
| | ナン | 176 |
| 町 | チョウ | 162 |
| | まち | 217 |
| 社 | シャ | 105 |
| 私 | シ | 98 |
| 秀 | シュウ | 110 |
| 禿 | トク | 173 |
| 利 | 利井《かがい》 | 47 |
| | リ | 233 |
| 究 | ク | 62 |
| 孝 | キョウ | 57 |
| | コウ | 79 |
| 乱 | ラン | 233 |
| 良 | リョウ | 236 |
| | ロウ | 240 |
| 芿 | セイ | 135 |
| 芦 | あし | 23 |
| 花 | カ | 44 |
| | ケ | 66 |
| | はな | 189 |
| 芥 | ケ | 66 |
| 芸 | ゲイ | 68 |
| 芝 | シ | 98 |
| | しば | 105 |
| 芭 | バ | 186 |
| 芙 | フ | 197 |
| 芳 | ホウ | 205 |
| 芬 | フン | 201 |
| 初 | ショ | 115 |
| | はつ | 189 |
| 見 | ケン | 69 |
| | ゲン | 72 |
| 角 | カク | 47 |
| | すみ | 134 |
| 言 | ゴン | 85 |
| 谷 | コク | 82 |
| | コッ | 82 |
| | たに | 157 |
| 豆 | ズ | 133 |
| 貝 | かい | 46 |
| | バイ | 187 |
| 赤 | あか | 22 |
| | シャク | 106 |
| | セキ | 136 |
| 走 | はし | 187 |
| 足 | あし | 23 |
| | ソク | 145 |
| 身 | シン | 128 |
| | み | 218 |
| 車 | シャ | 105 |
| 辰 | シン | 128 |
| 迂 | ウ | 32 |
| 近 | キン | 59 |
| | 近衛《このえ》 | 82 |
| | コン | 83 |
| | ゴン | 85 |
| | ちか | 160 |
| 迎 | ゴウ | 81 |
| | むかえ | 225 |
| 那 | ナ | 175 |
| 邨 | ソン | 146 |
| 酉 | ユウ | 230 |
| 里 | さと | 89 |
| | リ | 233 |

## 8画

| | | |
|---|---|---|
| 画 | ガ | 46 |
| 並 | なみ | 176 |
| 乳 | 乳母《うば》 | 32 |
| | ちち | 160 |
| | ニュウ | 181 |
| 事 | こと | 82 |
| | ジ | 101 |
| 享 | キョウ | 57 |
| 京 | キョウ | 57 |
| | ケイ | 68 |
| 卒 | ソ | 141 |
| 夜 | ヤ | 228 |
| | よ | 230 |
| 依 | エ | 34 |
| 供 | キュウ | 56 |
| | キョウ | 57 |
| | ク | 62 |
| | グ | 63 |
| 使 | シ | 98 |
| 侍 | さむらい | 89 |
| | ジ | 101 |
| 舎 | シャ | 105 |
| | 舎人《とねり》 | 173 |
| 命 | ミョウ | 221 |
| 例 | レイ | 238 |
| 侘 | タ | 148 |
| 免 | メン | 226 |
| 典 | テン | 167 |
| 周 | シュ | 108 |
| | シュウ | 110 |
| 函 | カン | 50 |
| 刻 | コク | 82 |
| 刺 | シ | 98 |
| 制 | セイ | 135 |
| 刹 | サツ | 88 |
| | セッ | 136 |
| | セツ | 136 |
| 卓 | タク | 157 |
| | 卓囲《みずひき》 | 219 |
| 直 | ジキ | 102 |
| | シツ | 103 |
| 参 | サン | 93 |
| | シン | 128 |
| | み | 219 |
| 叔 | シュク | 114 |
| 呼 | コ | 73 |
| 呪 | シュ | 108 |
| | ジュ | 109 |
| 味 | あじ | 23 |
| | ミ | 218 |
| 呵 | カ | 44 |
| 呾 | タ | 148 |
| 固 | コ | 73 |
| 国 | くに | 65 |
| | コク | 82 |
| | コッ | 82 |
| 幸 | コウ | 79 |
| 垂 | スイ | 133 |
| 坦 | タン | 157 |
| 奇 | キ | 53 |
| 奈 | ナ | 175 |
| 奉 | ブ | 198 |
| | ホウ | 205 |
| 奔 | ホン | 213 |
| 姑 | コ | 73 |
| 妻 | サイ | 87 |
| | つま | 164 |
| 始 | シ | 98 |
| 姉 | あね | 23 |
| 妹 | 妹尾《せのお》 | 137 |
| | マイ | 217 |
| 季 | キ | 53 |
| 孟 | モウ | 226 |

宓 ヒツ 193
宛 エン 39
官 カン 50
宜 ギ 54
実 ジッ 104
ジツ 104
宗 シュウ 110
ス 133
ソウ 142
定 ジョウ 123
ジン 132
宝 たから 156
ホウ 205
学 ガク 48
ガッ 49
尚 ショウ 118
居 い 25
キョ 56
コ 73
すえ 134
屈 ク 62
クッ 65
クツ 65
岡 おか 42
岳 ガク 49
岸 きし 55
岩 いわ 29
ガン 53
岱 タイ 149
帖 ジョウ 124
帛 ハク 187
庚 コウ 79
底 チ 159
ティ 164
テイ 164
延 エン 39
武 たけ 157
ブ 198
弥 いや 29
ミ 218
ヤ 228
往 オウ 41
径 キン 59
彼 ヒ 191
怯 コ 73
忽 コツ 82
忽滑谷《ぬかりや》 183
性 ショウ 118
忠 チュウ 161
念 ネン 183
怖 フ 197
忿 フン 201
怡 イ 25
怛 タ 148
タン 157
或 ある 23
肩 かた 49
ケン 69
所 ショ 115
房 ボウ 210
拄 シュ 108
拕 タ 148
抳 ニ 179
押 押喪《あつも》 23
おし 42
拠 コ 73
拘 ク 62
承 ショウ 118
ジョウ 124
招 ショウ 119
拙 セツ 136
拓 タク 157
担 タン 157
抽 チュウ 161
拝 ハイ 187
拍 ハク 187
抱 ホウ 206
抛 ホウ 206
抹 マツ 217
拈 ネン 184
拉 ラッ 233
欣 ゴン 85
於 オ 40
放 はなち 189
ホウ 206
易 イ 25
昏 昏鐘鳴《こじみ》 73
コン 83
昆 昆陽寺《こやでら》 73
コン 83
昇 ショウ 119
昌 ショウ 119
昔 シャク 106
明 あか 22
あけ 22
ミョウ 221
ミン 222
メイ 225
杲 ゴウ 81
杳 ヨウ 231
育 イク 26
肥 ヒ 191
服 服部《はつとり》 189
果 カ 44
枝 シ 98
松 ショウ 119
まつ 217
析 シャク 106
シャッ 107
東 あずま 23
トウ 169
ひがし 192
やまと 228
板 いた 26
ハン 189
枕 チン 163
まくら 217
林 はやし 189
リン 237
杮 こけら 82
欧 オウ 41
歩 ブ 198
毒 ドク 173
河 カ 44
かわ 50
コウ 79
泣 なき 176
沓 くつ 65
治 ジ 101
チ 159
注 チュウ 161
泥 デイ 165
ナイ 176
波 なみ 176
ハ 186
バ 186
泊 ハク 187
ハツ 189
法 ハッ 189
ホ 204
ホウ 206
ホッ 207
泡 ホウ 209
油 あぶら 23
ユ 229
ユウ 230
泗 シ 98
沮 ソ 141
泛 ハン 189
泯 ミン 222
炎 エン 39
采 サイ 87
受 ジュ 109
牀 ショウ 119
版 ハン 189
物 モッ 226
モツ 226
もの 226
牧 ボク 210
まき 217
モク 226
モッ 226
狗 ク 62
狛 こま 82
盂 ウ 32
具 グ 63
とも 173
盲 モウ 226
知 し 98
チ 159
祈 いのり 28
キ 53
和 和泉《いずみ》 26
オ 40
カ 44
ワ 241
秉 ヒン 194
空 クウ 64
コウ 79
突 ト 168
トッ 173
竺 ジク 102
罔 モウ 226
羌 キョウ 57
者 シャ 105
取 シュ 108
冐 ボウ 210
臥 ガ 46
到 トウ 170
臾 ユ 229
芸 ウン 34
苾 ヒツ 193
英 エイ 37
英彦山《ひこさん》 192
苑 エン 39
茅 ち 159
ボウ 210
苦 ク 62
若 ジャク 107
ニャ 181
ニャク 181
わか 241
苔 こけ 82
茂 モ 226
苓 レイ 238
范 ハン 189
苻 フ 197
虎 ク 62
コ 73
表 おもて 42
ヒョウ 193
述 ジュッ 114
阿 ア 19
邪 ジャ 106
陀 ダ 148
附 フ 197
邵 ショウ 119
金 かな 49
かね 49
かの 50
キン 59
コ 73
コン 83
ゴン 85
長 おさ 42
ジョウ 124
チョウ 162
なが 176
長谷《はせ》 188
門 かど 49

| | | |
|---|---|---|
| | モン | 227 |
| 阜 | フ | 197 |
| 雨 | あま | 23 |
| | あめ | 23 |
| | ウ | 32 |
| 青 | あお | 22 |
| | ショウ | 119 |
| | セイ | 135 |
| 非 | ヒ | 191 |
| 斉 | サイ | 87 |
| | とき | 172 |

## 9画

| | | |
|---|---|---|
| 重 | しげ | 103 |
| | ジュウ | 113 |
| | チョウ | 162 |
| 乗 | ジョウ | 124 |
| 亭 | テイ | 164 |
| 帝 | タイ | 149 |
| | テイ | 164 |
| 亮 | リョウ | 236 |
| 俊 | シュン | 114 |
| 信 | 信貴《しぎ》 | 98 |
| | 信濃《しなの》 | 105 |
| | シン | 128 |
| 俗 | ゾク | 145 |
| 便 | ベン | 203 |
| 保 | ホ | 204 |
| | ホウ | 209 |
| 俣 | また | 217 |
| 冠 | カン | 50 |
| 軍 | グン | 65 |
| 荆 | ケイ | 68 |
| 前 | ゼン | 139 |
| | まえ | 217 |
| 剃 | そり | 146 |
| | テイ | 165 |
| 剌 | ラ | 232 |
| 勅 | チョク | 163 |
| 勃 | ボ | 204 |
| 南 | ナ | 175 |
| | ナン | 176 |
| | みなみ | 219 |
| 卑 | ヒ | 191 |
| 厚 | あつ | 23 |
| 叙 | ジョ | 116 |
| 勇 | ユウ | 230 |
| 咦 | イイ | 26 |
| 哆 | タ | 148 |
| 品 | ホン | 213 |
| 咸 | ゲン | 72 |
| 哈 | カ | 44 |
| | ハ | 186 |
| 咨 | シ | 98 |
| 咤 | タ | 148 |
| 垢 | ク | 62 |
| | コ | 73 |
| 城 | ジョウ | 124 |
| 変 | ヘン | 203 |
| 契 | カイ | 46 |
| | キッ | 56 |
| | ケイ | 68 |
| 奏 | ソウ | 142 |
| 奕 | エキ | 37 |
| 奎 | ケイ | 68 |
| 姜 | キョウ | 57 |
| 姚 | ヨウ | 231 |
| 孤 | コ | 73 |
| 客 | カ | 44 |
| | カク | 47 |
| | キャク | 56 |
| 室 | シ | 98 |
| | シツ | 103 |
| | むろ | 225 |
| 宣 | セン | 138 |
| 宥 | ユウ | 230 |
| 専 | セン | 138 |
| 封 | フウ | 198 |
| | ホウ | 209 |
| 栄 | エイ | 37 |
| | ヨウ | 231 |
| 単 | タン | 157 |
| 屋 | オク | 42 |
| | や | 228 |
| 屍 | シ | 98 |
| 炭 | タン | 158 |
| 巻 | カン | 50 |
| 帥 | そち | 146 |
| | そつ | 146 |
| 幽 | ユウ | 230 |
| 度 | ツ | 163 |
| | ト | 168 |
| | ド | 168 |
| | 度会《わたらい》 | 241 |
| 廻 | エ | 35 |
| | カイ | 47 |
| 建 | ケン | 69 |
| | コン | 84 |
| 後 | ゴ | 76 |
| | コウ | 79 |
| | のち | 184 |
| 待 | タイ | 149 |
| | ダイ | 156 |
| 律 | リッ | 234 |
| | リツ | 234 |
| 怨 | オン | 42 |
| 悔 | ケ | 66 |
| 恢 | カイ | 47 |
| 恒 | コウ | 79 |
| | ゴウ | 81 |
| 恨 | コン | 84 |
| 思 | シ | 98 |
| 怎 | シン | 128 |
| | ソ | 141 |
| 恬 | テン | 167 |
| 威 | イ | 25 |
| 按 | ア | 22 |
| | アン | 24 |
| 指 | さし | 88 |
| | シ | 98 |
| 持 | ジ | 101 |
| 拾 | ジッ | 105 |
| | シュウ | 111 |
| | ジュウ | 113 |
| 拏 | ダ | 148 |
| 拱 | キョウ | 57 |
| 挂 | ケ | 66 |
| 拯 | ジョウ | 124 |
| 故 | コ | 73 |
| 政 | ショウ | 119 |
| | セイ | 136 |
| | 政所 | 217 |
| 斫 | シャ | 105 |
| | シャッ | 107 |
| 施 | セ | 135 |
| 昴 | ボウ | 210 |
| 昨 | サク | 88 |
| 春 | 春日《かすが》 | 49 |
| | シュン | 114 |
| | はる | 189 |
| 昭 | ショウ | 119 |
| 是 | ゼ | 135 |
| 星 | ショウ | 119 |
| | セイ | 136 |
| | ほし | 210 |
| 冒 | ボク | 210 |
| 曷 | カ | 44 |
| 胤 | イン | 29 |
| 胡 | コ | 73 |
| | 胡銅器《さはり》 | 89 |
| 胎 | タイ | 149 |
| 背 | ハイ | 187 |
| 胞 | ホウ | 209 |
| 柿 | かき | 47 |
| 枯 | コ | 73 |
| 柴 | サイ | 87 |
| | しば | 105 |
| 染 | セン | 138 |
| | ゼン | 139 |
| | そめ | 146 |
| 相 | 相良《さがら》 | 88 |
| | ショウ | 119 |
| | ソウ | 142 |
| 柁 | ダ | 148 |
| 柱 | はしら | 188 |
| 栂 | とが | 172 |
| 柏 | かしわ | 49 |
| | ハク | 187 |
| 柄 | え | 35 |
| 柳 | やない | 228 |
| | やなぎ | 228 |
| | リュウ | 234 |
| 柯 | カ | 44 |
| 柬 | カン | 50 |
| 枳 | 枳殻《からたち》 | 50 |
| | キ | 54 |
| | ギ | 54 |
| 段 | ダン | 158 |
| 毗 | ビ | 192 |
| 洩 | エイ | 37 |
| 海 | カイ | 47 |
| 活 | いく | 26 |
| | カツ | 49 |
| 洪 | コウ | 79 |
| 浄 | ジョウ | 124 |
| | ジン | 132 |
| 浅 | あさ | 23 |
| | 浅沓《あそうづ》 | 23 |
| | セン | 138 |
| 津 | シン | 128 |
| | つ | 163 |
| 洞 | トウ | 170 |
| | ドウ | 171 |
| 派 | ハ | 186 |
| 洛 | ラク | 232 |
| 衍 | エン | 39 |
| 為 | イ | 25 |
| 点 | テン | 167 |
| 狭 | さ | 86 |
| 狩 | か | 44 |
| 独 | ドク | 173 |
| | ドッ | 173 |
| 珂 | カ | 45 |
| 珊 | サン | 93 |
| 珍 | チン | 163 |
| 甚 | ジ | 101 |
| | ジン | 132 |
| 胃 | イ | 25 |
| 界 | カイ | 47 |
| 毘 | ビ | 192 |
| 発 | ハッ | 189 |
| | ホッ | 211 |
| | ホツ | 211 |
| 皆 | カイ | 47 |
| 皇 | コウ | 79 |
| 泉 | いずみ | 26 |
| | セン | 138 |
| 瓫 | ボン | 214 |
| 看 | カン | 50 |
| 省 | ショウ | 119 |
| 眉 | ミ | 219 |
| 柔 | ジュウ | 113 |
| | ニュウ | 181 |
| 矜 | コン | 84 |
| 研 | ケン | 69 |
| 砕 | サイ | 87 |
| 祆 | ケン | 69 |
| 祇 | ギ | 54 |

| | | |
|---|---|---|
| | シ | 98 |
| 祝 | シュク | 114 |
| | はふり | 189 |
| 神 | かん | 50 |
| | こう | 79 |
| | シン | 129 |
| | ジン | 132 |
| | 神子《みこ》 | 219 |
| 祖 | ソ | 141 |
| 祐 | ユウ | 230 |
| 禹 | ウ | 32 |
| 科 | カ | 45 |
| 秋 | あき | 22 |
| | シュウ | 111 |
| 彦 | ゲン | 72 |
| | ひこ | 192 |
| 籾 | もみ | 226 |
| 紇 | キ | 54 |
| 紀 | キ | 54 |
| 紅 | グ | 62 |
| | コウ | 79 |
| 約 | ヤク | 228 |
| 美 | ビ | 192 |
| | ミ | 219 |
| 耐 | タイ | 149 |
| 耶 | ヤ | 228 |
| 臭 | シュウ | 111 |
| 荆 | ケイ | 68 |
| 荏 | え | 35 |
| 荒 | あら | 23 |
| | コウ | 79 |
| 草 | くさ | 65 |
| | ソウ | 143 |
| 荘 | ショウ | 119 |
| | ソウ | 143 |
| 茶 | サ | 86 |
| | チャ | 160 |
| 莽 | モウ | 226 |
| 衩 | サ | 86 |
| | サイ | 87 |
| 衲 | ノウ | 184 |
| 要 | ヨウ | 231 |
| 計 | ケ | 66 |
| | ケイ | 68 |
| 則 | ソク | 145 |
| 貞 | ジョウ | 126 |
| | テイ | 165 |
| 赴 | フ | 197 |
| 軌 | キ | 54 |
| 迨 | タイ | 149 |
| 迦 | カ | 45 |
| 逆 | ギャク | 56 |
| 送 | おく | 42 |
| | ソウ | 143 |
| 退 | タイ | 149 |
| 追 | ツイ | 163 |
| 迷 | メイ | 225 |
| 郁 | イク | 26 |
| 郎 | ロウ | 240 |
| 面 | メン | 226 |
| 革 | かわ | 50 |
| | コウ | 79 |
| 韋 | イ | 25 |
| 音 | おと | 42 |
| | オン | 42 |
| 風 | フ | 197 |
| | フウ | 198 |
| 飛 | 飛鳥《あすか》 | 23 |
| | ヒ | 191 |
| 食 | ジキ | 102 |
| 首 | シュ | 108 |
| 香 | か | 45 |
| | キョウ | 57 |
| | コウ | 79 |


## 10画


| | | |
|---|---|---|
| 俱 | ク | 62 |
| | グ | 64 |
| 倀 | チョウ | 162 |
| 倮 | ラ | 232 |
| 倹 | ケン | 69 |
| 借 | シャク | 106 |
| 修 | シュ | 108 |
| | シュウ | 111 |
| | ス | 133 |
| 倉 | くら | 65 |
| 倒 | さか | 88 |
| | トウ | 170 |
| 倍 | バイ | 187 |
| 俵 | ヒョウ | 193 |
| 倭 | ワ | 241 |
| 倚 | イ | 25 |
| 兼 | ケン | 69 |
| 冥 | ミョウ | 222 |
| | メイ | 226 |
| 准 | ジュン | 115 |
| 凌 | リョウ | 237 |
| 帰 | キ | 54 |
| 剣 | ケン | 69 |
| 剛 | ゴウ | 81 |
| 真 | 真田《さなだ》 | 89 |
| | シン | 129 |
| | ま | 215 |
| | まな | 217 |
| 原 | ゲン | 72 |
| | はら | 189 |
| 唄 | バイ | 187 |
| 哲 | テッ | 165 |
| | テツ | 165 |
| 哩 | リ | 233 |
| 哦 | ガ | 46 |
| 呂 | リ | 233 |
| 埋 | マイ | 217 |
| 夏 | カ | 45 |
| | ゲ | 67 |
| 姫 | ひめ | 193 |
| 娑 | サ | 86 |
| | シャ | 105 |
| 娜 | ダ | 148 |
| 孫 | ソン | 146 |
| | まご | 217 |
| 案 | アン | 24 |
| 宴 | エン | 39 |
| 家 | いえ | 26 |
| | え | 34 |
| | ケ | 66 |
| 害 | ガイ | 47 |
| 宮 | キュウ | 56 |
| | ク | 63 |
| | グウ | 65 |
| | 宮講《みかどよみ》 | 219 |
| | みや | 220 |
| 宰 | サイ | 87 |
| 容 | ヨウ | 231 |
| 宸 | シン | 131 |
| 将 | ショ | 115 |
| | ショウ | 119 |
| 尅 | コク | 82 |
| 拳 | キョ | 56 |
| | コ | 73 |
| 党 | トウ | 170 |
| 展 | チン | 163 |
| | テン | 167 |
| 峨 | ガ | 46 |
| 峻 | シュン | 114 |
| 島 | しま | 105 |
| | トウ | 170 |
| 峰 | ブ | 198 |
| | ホウ | 209 |
| | みね | 220 |
| 峯 | みね | 220 |
| 差 | サ | 86 |
| | さし | 88 |
| | シャ | 106 |
| 師 | シ | 98 |
| 帯 | おび | 42 |
| | タイ | 149 |
| 庫 | ク | 63 |
| | コ | 73 |
| 座 | ザ | 86 |
| 庭 | テイ | 165 |
| | にわ | 182 |
| 唐 | から | 50 |
| | トウ | 170 |
| 弱 | ジャク | 107 |
| 従 | ジュウ | 113 |
| | ショウ | 119 |
| 徐 | ジョ | 116 |
| 徒 | 徒然《つれづれ》 | 164 |
| 悕 | ケ | 66 |
| 悦 | エッ | 37 |
| | エツ | 37 |
| 恩 | オン | 42 |
| 恐 | おそれ | 42 |
| | キョウ | 57 |
| | ク | 63 |
| 恭 | キョウ | 57 |
| | ク | 63 |
| 恵 | エ | 35 |
| | ケイ | 68 |
| 悟 | ゴ | 77 |
| 恕 | ジョ | 116 |
| 息 | ソク | 145 |
| | ソッ | 146 |
| 悩 | ノウ | 184 |
| 恋 | レン | 238 |
| 恁 | イン | 29 |
| 扇 | おおぎ | 42 |
| | セン | 138 |
| 捃 | クン | 65 |
| 振 | シン | 131 |
| | ふり | 201 |
| 捐 | エン | 39 |
| 挟 | キョウ | 57 |
| 敏 | ビン | 194 |
| 旅 | リョ | 235 |
| 旃 | セン | 138 |
| 旁 | ボウ | 210 |
| 晃 | コウ | 80 |
| 時 | ジ | 101 |
| 書 | ショ | 115 |
| 晋 | シン | 131 |
| 能 | ノウ | 184 |
| 朗 | ロウ | 240 |
| 脇 | キョウ | 57 |
| | わき | 241 |
| 格 | カク | 48 |
| 栢 | ビャク | 193 |
| 桓 | カン | 50 |
| 桐 | きり | 59 |
| | トウ | 170 |
| | ドウ | 171 |
| 栗 | リッ | 234 |
| 桑 | くわ | 65 |
| | ソウ | 143 |
| 桂 | ケイ | 68 |
| 校 | キョウ | 57 |
| 根 | コン | 84 |
| | ね | 183 |
| 桜 | さくら | 88 |
| 栖 | セイ | 136 |
| 栴 | セン | 138 |
| 桃 | トウ | 170 |
| | もも | 226 |
| 梅 | うめ | 33 |
| | バイ | 187 |
| | マイ | 217 |
| 残 | ザン | 93 |

殊 シュ 108
殺 サツ 89
セッ 187
溼 ケイ 68
浦 うら 33
浩 コウ 80
酒 さ 86
さか 88
消 ショウ 119
泰 タイ 149
浜 はま 189
浮 うき 33
フ 197
涌 ヨウ 231
浴 ヨク 231
流 ながれ 176
ル 238
涑 ソ 141
涙 ルイ 238
浪 浪華《なにわ》 176
ロウ 240
浙 セッ 137
涅 ネ 183
烏 ウ 32
烏皮沓《くろかわぐつ》 65
烈 レツ 238
釜 かま 50
特 特賜《でです》 164
トク 173
狸 たぬき 157
畜 チク 160
珠 シュ 109
ジュ 110
班 ハン 189
琉 ル 238
畔 あぜ 23
ハン 189
留 ル 238
疾 シツ 103
病 ビョウ 194
やまい 228
畠 はた 188
はたけ 188
益 エキ 37
ヤク 228
眠 ミン 222

矩 ク 63
破 ハ 186
やれ 228
祥 ショウ 119
祠 シ 99
祚 ソ 141
称 ショウ 119
秦 シン 131
ハタ 188
秩 ちち 160
秤 ショウ 120
秘 秘巻《かくれたるまき》 49
ヒ 191
秣 マ 215
竜 たつ 157
リュウ 234
リョウ 237
笈 おい 40
ギュウ 56
笑 ショウ 120
わらい 241
笏 シャク 106
粉 こ 73
こな 82
料 リョウ 237
索 サク 88
紙 か 45
かみ 50
シ 99
純 ジュン 115
素 ソ 141
納 納涼会《すずみえ》 134
ナ 175
ナッ 176
ノウ 184
翁 おきな 42
翅 ギ 55
シ 99
耆 キ 54
ギ 55
耕 コウ 80
耽 タン 158
耻 チ 159
般 ハ 186
ハツ 189
ハン 189

バン 190
荻 おぎ 42
荷 カ 45
にない 181
華 カ 45
ケ 66
はな 189
莫 バッ 189
マ 215
モ 226
芻 スウ 134
莎 サ 86
シャ 106
荼 ダ 148
莵 ツ 163
蚕 サン 93
被 ヒ 191
袁 エン 39
袍 ホウ 209
記 キ 54
訓 クン 65
託 タク 157
訖 キ 54
財 ザイ 88
起 キ 54
軒 ケン 69
逢 ホウ 209
造 ゾウ 145
速 ソク 145
逐 チッ 160
通 ツ 163
ツウ 163
とお 172
逓 テイ 165
連 レン 238
迹 シャク 106
釘 くぎ 65
院 イン 29
陥 カン 50
降 ゴウ 81
除 ジョ 116
陣 ジン 132
陞 シン 131
陟 チョッ 163
隻 セキ 136
馬 うま 33

バ 186
メ 225
骨 コッ 82
コツ 82
高 コウ 80
高麗《こま》 82
たか 156
たけ 157
鬼 おに 42
キ 54


## 11画


乾 カン 50
ケン 69
牽 ケン 70
商 あきない 22
ショウ 120
健 ケン 70
偏 ヘン 203
偃 エン 39
偈 ゲ 67
偸 チュウ 161
兜 ト 168
副 フク 198
動 ドウ 171
曼 マン 217
唵 オン 42
唖 ア 22
啓 ケイ 68
唱 ショウ 120
唾 スイ 133
唯 ただ 157
ユイ 229
域 イキ 26
基 キ 54
執 シツ 103
シュ 109
シュウ 111
堆 タイ 149
培 バイ 187
堀 ほり 212
奝 チョウ 162
婆 バ 186
婁 ロウ 240

婬 イン 29
寄 キ 54
よせ 231
寂 ジャッ 107
宿 シュク 114
スク 134
やど 228
密 ミ 219
ミッ 219
ミツ 219
寇 コウ 80
常 ジョウ 126
とき 172
巣 ソウ 143
堂 ドウ 171
屏 ビョウ 194
ヘイ 202
崇 ス 133
スウ 134
ソウ 143
崛 グッ 65
崑 コン 85
崔 サイ 87
庵 アン 24
康 コウ 80
強 ゴウ 81
張 チョウ 162
彗 スイ 133
得 トク 173
徙 シ 99
惛 コン 85
悪 アク 22
アッ 23
惟 イ 25
これ 82
ユイ 229
悉 シッ 104
シツ 104
情 ジョウ 127
捽 ソウ 143
掩 エン 39
掛 カ 45
かけ 49
ケ 67
掘 クツ 65
採 サイ 87

## 12画

よし 231
喪 ソウ 143
喀 カク 48
喩 ユ 229
喇 ラ 232
圌 セン 138
堪 カン 50
タン 158
堯 ギョウ 59
堅 かた 49
ケン 70
堺 さかい 88
堕 ダ 148
塔 タッ 157
塔爾寺《たるすでら》 157
トウ 170
報 ホウ 209
喜 キ 54
壺 つぼ 164
奥 オウ 41
おく 42
奢 シャ 106
奠 テン 167
寒 カン 50
寓 グウ 65
富 と 168
とみ 173
とん 174
フ 197
寐 ミ 219
尊 ソン 146
覚 カク 48
掌 ショウ 120
就 ジュ 110
属 ゾク 145
屠 ト 168
嵐 ラン 233
帽 モウ 226
庾 ユ 229
廃 ハイ 187
弾 タン 158
ダン 158
尋 ジン 132
彭 ホウ 209
徧 ヘン 203
御 お 40
おん 42
ギョ 56
ゴ 77
み 219
復 フク 198
フッ 199
惹 ジャ 106
惣 ソウ 143
悲 ヒ 191
惑 ワク 241
惺 セイ 136
揵 カン 50
ケン 70
提 ダイ 156
テイ 165
掣 セイ 136
揀 ケン 70
揣 シ 99
タン 158
敬 キョウ 58
ケイ 68
散 サン 93
敦 トン 174
斑 斑鳩《いかるが》 26
ハン 190
斯 シ 99
暁 ギョウ 59
景 ケイ 68
最 サイ 88
最御崎《ほつみさき》 211
曾 ソ 141
智 チ 159
晩 バン 190
普 フ 197
量 リョウ 237
勝 かち 49
かつ 49
ショウ 120
朝 あさ 23
チョウ 162
梨 リ 233
渠 コ 74
検 ケン 70
森 シン 131
もり 226
椙 すぎ 134
棲 セイ 136
棚 たな 157
椎 しい 102
ツイ 163
棟 トウ 170
椋 椋部《くらべ》 65
棊 キ 54
棘 キョク 59
棗 ソウ 143
棕 ナ 175
歯 シ 99
渥 あつ 23
温 ウン 34
オン 42
減 ゲン 72
湖 コ 74
滋 シ 99
湿 シツ 104
湘 ショウ 121
湛 タン 158
渡 ト 168
わた 241
湯 トウ 170
ゆ 229
満 マン 218
湊 ソウ 143
湧 ユウ 230
滑 イ 26
游 ユ 229
焔 エン 39
焼 ショウ 121
やけ 228
焦 ショウ 121
然 ネン 184
無 ブ 198
ム 222
舜 シュン 114
牌 ハイ 187
牋 セン 138
猶 ユウ 230
猩 ショウ 121
琛 チン 163
瑛 エイ 37
琴 キン 60
こと 82
琢 タク 157
琵 ビ 192
琳 リン 237
畳 たたみ 157
番 つがい 164
バン 190
疎 ソ 142
登 ト 168
トウ 170
のぼり 184
皖 カン 50
着 チャク 160
硨 シャ 106
硯 すずり 134
程 テイ 165
童 童行《ずんなん》 134
ドウ 171
筋 キン 60
すじ 134
策 サク 88
筑 チク 160
ツク 164
等 ト 168
トウ 170
答 答香《たつこう》 157
トウ 170
筏 バツ 189
筆 ヒツ 193
筌 セン 138
粟 あわ 23
ゾク 146
粥 かゆ 50
シュク 114
紝 ニン 183
絵 え 35
給 ギッ 56
結 ケチ 68
ケッ 69
ケツ 69
ゆい 229
結城《ゆうき》 230
絶 ゼッ 137
ゼツ 137
統 トウ 170
絡 ラク 233
絣 ビョウ 194
ヘイ 202
翔 ショウ 121
隋 ズイ 133
舄 シャク 107
葵 キ 54
葦 イ 26
葛 カ 45
かずら 49
カッ 49
カツ 49
かつら 49
かど 49
くず 65
ふじ 199
萓 かや 50
葬 ソウ 143
葱 ソウ 143
萩 はぎ 187
募 ボ 205
葉 は 186
ヨウ 231
落 ラク 233
葷 クン 65
葫 シ 99
葆 ホウ 209
蛙 かえる 47
衆 シュ 109
シュウ 111
街 ガ 46
装 ソウ 143
補 フ 198
ホ 204
裕 ユウ 230
裙 クン 65
觜 シ 99
詞 シ 99
証 ショウ 121
註 チュウ 161
評 ヒョウ 193
訶 カ 45
賀 カ 45
ガ 46
貴 キ 54
費 ヒ 191
越 エチ 37
エッ 37
エツ 37

オ 40
オツ 42
こし 82
超 チョウ 162
跏 カ 45
跛 ハ 186
跋 バ 187
バッ 189
バツ 189
軽 キョウ 58
ケイ 68
軫 シン 131
運 ウン 34
過 カ 45
遂 スイ 133
達 ダ 148
タッ 157
タツ 157
ダッ 157
ダツ 157
ダル 157
道 ドウ 171
遍 ヘン 203
遊 ユ 229
ユウ 230
隅 すみ 134
隈 ワイ 241
随 ズイ 133
陽 ヨウ 231
鄂 ガク 49
酢 す 133
酥 ソ 142
欽 キン 60
鈍 ドン 174
鈔 ショウ 121
鈑 ハン 190
開 カイ 47
間 ケン 70
ま 216
閑 カン 50
ゲン 72
集 ジッ 105
シュウ 111
ジュウ 114
雄 ユウ 230
雲 ウ 33
ウン 34
雲英《きら》 59
くも 65
順 ジュン 115
須 シュ 109
ス 133
飲 オン 42
飯 いい 26
ハン 190
馮 ヒョウ 193


## 13画


棄 キ 54
傑 ケツ 69
僧 ソウ 143
勧 カ 45
カン 50
勢 セイ 136
厩 うまや 33
嗟 サ 86
嘔 ウ 33
ウッ 33
嗣 シ 99
嘆 タン 158
嗚 ウ 33
園 オン 42
塩 エン 39
しお 102
塚 チョウ 163
つか 164
塗 ズ 133
塢 ウ 33
毀 キ 54
嫉 シツ 104
媲 ヒ 191
嫋 リュウ 235
寛 カン 50
塞 さや 89
ソク 145
誉 ヨ 230
嵯 サ 86
嵩 スウ 134
廉 レン 238
微 ミ 219
意 イ 26
感 カン 51
愚 グ 64
慈 ジ 101
慎 シン 131
ジン 132
想 ソウ 144
愍 ミン 222
愧 ギ 55
愼 シン 131
戦 セン 138
摂 ショウ 121
セッ 137
セツ 137
損 ソン 146
摸 モ 226
数 かず 49
サク 88
ジュ 110
ス 133
ズ 133
スウ 134
新 あら 23
新日吉《いまひえ》 29
新羅《しらぎ》 127
シン 131
にい 179
にっ 181
暗 アン 24
やみ 228
暖 ナン 176
ノ 184
ノウ 184
ノン 184
暉 キ 54
楽 ガク 49
ギョウ 59
ラク 233
業 ゴウ 81
ゴッ 82
業平《なりひら》寺 176
極 ゴク 82
ゴッ 82
椿 チン 163
つば 164
つばき 164
楠 くす 65
くすのき 65
ナン 176
楳 バイ 187
楓 フウ 198
楊 やなぎ 228
ヨウ 231
楼 ロウ 240
楡 ユ 229
楞 リョウ 237
レン 238
歳 サイ 88
とし 173
殿 テン 167
デン 167
滑 カツ 49
なめ 176
漢 あや 23
カン 51
源 ゲン 72
みなもと 219
準 ジュン 115
滄 ソウ 144
滝 たき 156
リュウ 235
ロウ 240
滅 メッ 226
メツ 226
溥 フ 198
煖 ナン 177
照 ショウ 121
煎 セン 138
煩 ボン 214
煦 ク 63
煏 ヒツ 193
煬 ヨウ 231
愛 アイ 22
愛宕《あたご》 23
愛宕《おたぎ》 42
犍 ケン 70
猿 さる 89
献 ケン 70
獅 シ 99
猷 ユウ 230
瑞 ズイ 134
聖 ショウ 121
セイ 136
ひじり 192
瑕 きず 55
瑜 ユ 229
畺 キョウ 58
楚 ソ 142
痴 チ 160
皷 ヒ 191
睒 セン 138
睡 スイ 133
睦 ボク 210
禁 キン 60
ゴン 85
禅 ゼン 140
禎 テイ 165
福 フ 198
フク 198
稚 チ 160
稠 チュウ 161
稟 リン 237
窣 ソ 142
ソツ 146
窟 クッ 65
竪 シュ 109
ジュ 110
たて 157
リッ 234
リュウ 235
靖 セイ 136
筠 イン 30
節 セツ 137
筥 はこ 187
筧 ケン 70
継 ケイ 68
絹 きぬ 56
続 ゾク 146
罪 ザイ 88
置 チ 160
義 ギ 55
群 グン 65
辞 ジ 102
蓋 ガイ 47
蒲 蒲原《かんばら》 51
フ 198
ブ 198
ホ 204

| | | |
|---|---|---|
| 蓄 | チク | 160 |
| 墓 | はか | 187 |
| 幕 | バク | 187 |
| 夢 | ム | 225 |
| | ゆめ | 230 |
| 蒙 | ム | 225 |
| | モウ | 226 |
| 蛸 | たこ | 157 |
| 蜂 | はち | 188 |
| | ホウ | 209 |
| 蜆 | ケン | 70 |
| 蜀 | ショク | 127 |
| 裸 | はだか | 188 |
| | ラ | 232 |
| 裘 | キュウ | 56 |
| 解 | ゲ | 67 |
| 触 | ソク | 145 |
| | ふれ | 201 |
| 詹 | セン | 138 |
| 該 | ガイ | 47 |
| 試 | こころ | 82 |
| | シ | 99 |
| 誠 | ジョウ | 127 |
| 詮 | セン | 138 |
| 話 | ワ | 241 |
| 豊 | とよ | 173 |
| | ブ | 198 |
| | ブン | 202 |
| | ホウ | 209 |
| 資 | シ | 99 |
| 賊 | ゾク | 146 |
| 賃 | ニン | 183 |
| 跨 | カ | 45 |
| 路 | ロ | 239 |
| 跪 | キ | 54 |
| 辟 | ビャク | 193 |
| | ヘキ | 202 |
| 違 | イ | 26 |
| 遠 | エン | 39 |
| | オ | 40 |
| | オン | 42 |
| | とう | 170 |
| 遣 | ケン | 70 |
| 遁 | ト | 168 |
| | トン | 174 |
| 逼 | ヒッ | 193 |
| 遏 | ア | 22 |
| 鄔 | ウ | 33 |
| 隔 | キャク | 56 |
| 隙 | ゲキ | 68 |
| 鄒 | スウ | 134 |
| 酬 | シュウ | 111 |
| 酪 | ラク | 233 |
| 鈸 | ハチ | 188 |
| 鉦 | かね | 49 |
| | ショウ | 122 |
| 鉄 | テッ | 165 |
| | テツ | 165 |
| 鉢 | ハ | 186 |
| | ハチ | 188 |
| | ハツ | 189 |
| 鈴 | すず | 134 |
| | リン | 237 |
| | レイ | 238 |
| 鉤 | ク | 63 |
| | コウ | 80 |
| 雅 | ガ | 46 |
| 雍 | ヨウ | 231 |
| 雷 | ライ | 232 |
| 零 | レイ | 238 |
| 靳 | キン | 60 |
| 頓 | トン | 174 |
| 預 | ヨ | 230 |
| 頌 | ジュ | 110 |
| 鳩 | キュウ | 56 |
| | ク | 63 |
| 鳧 | フ | 198 |
| 麁 | ソ | 142 |
| 鼓 | ク | 63 |
| | コ | 74 |
| 鼠 | ソ | 142 |

## 14画

| | | |
|---|---|---|
| 爾 | ニ | 179 |
| 像 | ゾウ | 145 |
| 鳳 | ホウ | 209 |
| 疑 | ギ | 55 |
| 厭 | エン | 39 |
| 暦 | レキ | 238 |
| 歴 | リャク | 234 |
| | レキ | 238 |
| 厮 | シ | 99 |
| 鳴 | メイ | 226 |
| 境 | キョウ | 58 |
| | ケイ | 68 |
| | さかい | 88 |
| 増 | ゾウ | 145 |
| | まし | 217 |
| 嘉 | カ | 45 |
| 奪 | ダッ | 157 |
| | ダツ | 157 |
| 嫡 | チャク | 160 |
| 寧 | ネイ | 183 |
| 蜜 | ミ | 219 |
| | ミッ | 219 |
| | ミツ | 219 |
| 裳 | も | 226 |
| 層 | ソウ | 144 |
| 嶋 | しま | 105 |
| 廓 | カク | 48 |
| 彰 | ショウ | 122 |
| 徳 | トク | 173 |
| | トッ | 173 |
| 慢 | マン | 218 |
| 慳 | ケン | 70 |
| 慚 | ザン | 93 |
| | ゼン | 141 |
| 截 | セツ | 137 |
| 摠 | ソウ | 144 |
| 摑 | カク | 48 |
| 摘 | つみ | 164 |
| 摧 | ザイ | 88 |
| 摶 | ダン | 158 |
| 揭 | カツ | 49 |
| 暢 | チョウ | 163 |
| 榊 | さかき | 88 |
| 槌 | ツイ | 163 |
| 槙 | まき | 217 |
| 模 | モ | 226 |
| 槐 | カイ | 47 |
| 槃 | バン | 190 |
| 榕 | ヨウ | 231 |
| 歌 | うた | 33 |
| | カ | 45 |
| 穀 | コク | 82 |
| 漚 | ウ | 33 |
| 漝 | シュウ | 111 |
| 演 | エン | 39 |
| 漉 | ロク | 241 |
| 漆 | うる | 33 |
| | シッ | 104 |
| 漸 | ゼン | 141 |
| 漕 | ソウ | 144 |
| 滴 | テキ | 165 |
| 漫 | マン | 218 |
| 漏 | ロ | 239 |
| 滌 | デキ | 165 |
| 熒 | ケイ | 68 |
| 煻 | トウ | 170 |
| 熊 | くま | 65 |
| | ユウ | 230 |
| 熏 | クン | 65 |
| 瑠 | ル | 238 |
| 瑯 | ロウ | 240 |
| 瑤 | ヨウ | 231 |
| 甄 | ケン | 70 |
| 碩 | ジャク | 107 |
| | セキ | 136 |
| 碑 | ヒ | 191 |
| 碧 | ヘキ | 202 |
| 稲 | いな | 28 |
| | 稲荷《いなり》 | 28 |
| | トウ | 170 |
| 種 | シュ | 109 |
| | シュウ | 111 |
| | たね | 157 |
| 窪 | くぼ | 65 |
| 竭 | カツ | 49 |
| | ケッ | 69 |
| 箠 | スイ | 133 |
| 箇 | カ | 46 |
| 管 | カン | 51 |
| 算 | サン | 93 |
| 箆 | の | 184 |
| 箕 | キ | 54 |
| | みの | 220 |
| 箟 | コン | 85 |
| 精 | ショウ | 122 |
| | セイ | 136 |
| 維 | イ | 26 |
| | ユイ | 229 |
| 綱 | コウ | 80 |
| 総 | ソウ | 144 |
| 綜 | シュ | 109 |
| | ソウ | 144 |
| 綴 | テツ | 165 |
| 緑 | みど | 219 |
| 練 | ね | 183 |
| | ねり | 183 |
| | レン | 238 |
| 綺 | キ | 54 |
| 緇 | シ | 99 |
| 綽 | シャク | 107 |
| | シャッ | 107 |
| 罰 | バツ | 189 |
| 翠 | スイ | 133 |
| 聡 | ソウ | 144 |
| 聚 | ジュ | 110 |
| 肇 | ジョウ | 127 |
| 腐 | フ | 198 |
| 蔭 | イン | 30 |
| | オン | 43 |
| 蔣 | ショウ | 122 |
| 慕 | ボ | 205 |
| 暮 | ボ | 205 |
| 蔓 | マン | 218 |
| 蓮 | はす | 188 |
| | レン | 238 |
| 蔡 | サイ | 88 |
| 蔗 | ショ | 115 |
| 蜫 | コン | 85 |
| 蜻 | セイ | 136 |
| 蜱 | ヒョウ | 193 |
| 褚 | チョ | 161 |
| 褘 | キ | 54 |
| 複 | フク | 199 |
| 裹 | カ | 46 |
| 裴 | ハイ | 187 |
| 褊 | ヘン | 203 |
| 誐 | ガ | 46 |
| 語 | ゴ | 77 |
| 誌 | シ | 99 |
| 誓 | セイ | 136 |
| 説 | セッ | 137 |
| | セツ | 137 |
| 読 | ド | 168 |
| | トク | 173 |
| | ドク | 173 |

## 15画



## 16画

翰 カン 51
叡 エイ 37
齶 ガク 49
嘯 ショウ 123
圜 エン 40
壊 エ 36
壇 ダン 158
壁 ヘキ 202
嬢 ジョウ 127
憲 ケン 70
寰 カン 51
廨 ゲ 68
彊 キョウ 58
憨 カン 51
憶 オク 42
懐 エ 36
カイ 47
懐良《かねなが》 49
懈 ケ 67
曇 ドン 174
曀 エ 36
暹 セン 139
機 キ 54
橘 たちばな 157
橋 はし 187
樹 ジュ 110
樵 ショウ 123
濁 ジョク 127
澡 ソウ 144
燋 ショウ 123
燕 エン 40
燃 ネン 184
熾 シ 99
燉 トン 174
燄 エン 40
獲 ギャク 56
璟 キョウ 58
瓢 ヒョウ 193
甑 ショウ 123
甌 ウ 33
盧 ル 238
ロ 239
磬 キン 60
ケイ 68
磧 セキ 136
積 シャク 107
穆 ボク 210
窺 キ 54
築 つき 164
篦 のの 184
縦 ジュウ 114
縛 バ 187
バク 187
繁 ハン 190
縫 ぬい 183
興 おこり 42
コウ 80
興福《こんぶ》院 85
蔞 ロウ 240
薗 その 146
薫 クン 65
薪 シン 131
たきぎ 156
薦 こも 82
セン 139
薄 うす 33
すすき 134
ハ 186
バ 187
ハク 187
薬 ヤク 228
蕭 ショウ 123
薜 ヘイ 202
衛 エイ 37
衡 コウ 81
親 シン 131
覩 ト 168
諶 シン 132
諫 カン 51
諦 タイ 149
諭 ユ 229
諷 フ 198
フウ 198
謚 シ 99
賢 ケン 70
ゲン 72
踰 ユ 229
輸 シュ 109
還 カン 51
ゲン 72
還香《わんこう》 241
遶 ニョウ 182
隣 リン 237
醒 セイ 136
醍 ダイ 156
錦 キン 60
錯 サク 88
錫 シャク 107
セイ 136
錠 ジョウ 127
錐 スイ 133
録 ロク 241
閼 ア 22
閻 エン 40
霍 カク 48
頭 ズ 133
チョウ 163
ト 168
頻 ビン 194
頬 キョウ 58
ほほ 212
頼 たの 157
ラ 232
ライ 232
駮 ハク 187
髻 ケイ 68
融 ユウ 230
鴨 オウ 41
かも 50
鴦 オウ 41
麈 シュ 109
磨 マ 217
黔 キン 60

## 17画

優 ウ 33
壒 アイ 22
嬰 ヨウ 231
厳 いつく 28
ゲン 72
ゴン 85
嶺 レイ 238
徽 キ 54
擬 ギ 55
擯 ヒン 194
檀 ダン 158
檜 ひ 192
檐 エン 40
濡 ジュ 110
ぬれ 183
濮 ボク 210
燭 ショク 127
獮 ミ 219
獯 クン 65
環 カン 51
療 リョウ 237
磵 カン 51
磯 いそ 26
シ 99
篠 しの 105
簓 ささら 88
糞 フン 201
縮 シュク 114
縵 マン 218
縹 はなだ 189
ヒョウ 193
罽 ケイ 68
翼 ヨク 231
翳 エイ 37
聴 チョウ 163
チン 163
聯 レン 239
膽 セン 139
薩 サ 86
サッ 89
サツ 89
藍 ラ 232
ラン 233
藁 わら 241
螺 ラ 232
謙 ケン 70
講 コウ 81
謝 シャ 106
謌 カ 46
謗 ホウ 209
ボウ 210
賽 サイ 88
蹇 ケン 70
鍵 かぎ 47
ケン 70
鍾 ショウ 123
鍮 チュウ 161
闇 アン 24
闍 ジャ 106
霞 かすみ 49
霜 しも 105
ソウ 144
鞞 ビ 192
韓 韓国《からくにの》連 50
カン 51
頤 イ 26
鵂 ク 63
鴻 コウ 81
鴿 ゴウ 82

## 18画

叢 ソウ 144
嚕 ル 238
戴 タイ 150
曙 あけぼの 23
濫 ラン 233
瀉 シャ 106
瀑 バク 187
甕 ヨウ 231
瞿 ク 63
グ 64
瞽 ゴ 77
瞻 セン 139
稽 ケイ 68
穢 エ 36
簡 ケン 70
織 お 40
繖 サン 93
繞 ニョウ 182
繒 ソウ 145
繙 ひもどき 193
羂 ケン 70
翶 コウ 81
翻 ホン 213
職 シキ 102
聶 ショウ 123
臨 リン 237
藤 ふじ 199
蟬 せみ 137
覆 フク 199
観 カン 51

# 和文索引

（五十音順）

太数字は見出し項目を示す

## あ


アイテル **3a**
アイラヴァティー 9c
アヴァダーナ 19c
アヴァダーナ・シャタカ 1c,758a,852a
アヴァターラ 1183a,1444b,1445c
アヴァドゥーティパ 17a
アヴァラシャイラ・サンガーラーマ 20a,23a
アヴァラ・チャーマラ 862c
アヴァランバナ 93b
アヴァローキタヴラタ **3b**,994c
アヴァローキテーシュヴァラ 228a
アヴァンダ 22b
アヴァンティ 20b,85c,657c,1359a
アヴィッダカルナ・サンガーラーマ 20c
アヴェスター 69c,909a
アウグスティヌス派 1024b
アウドゥンバティラ 17a
アウング **3c**
アーカーシャ・ガルバ 397a
アカニシュタ 522c
アーガマ 6c,1203b
アクシャパーダ **6a**,71c,78a,1505c
アクショーブヤ 13a
アクス 148b
アグニ 643c
アグニ語 1063c
アグニダッタ（バラモン） 5a
アグニダッタ（比丘） 5a
アケメネス王朝 33c,1064a
アサンガ 286b,358c,439c,535b,728a,830c,929a,933b,993b,1000b,1394a,1430a,1430b,1502c
アージーヴィカ 1497a
アシタ 9c,1036b
アジタ 3a,1387c
アジタヴァティー 9c
アジタ・ケーサカンバリン 1497a
アジタセーナ 10a
アジャータサットゥ 10c,250a,327b,405a,950c
アジャータシャトル 10c,45b,85c,89a,141c,233b,657a,1155c,1187b,1203c,1347b
アジャンター **12b**,14b,534b,583b,607a,671b,829a,856b,1173b,1233b
アシュヴァカ 657c,1496a
アシュヴァゴーシャ 200b,268a,301b,330c,350c,436b,536b,599a,758a,930a,931c,1088c,1091c,1229c,1315a,1351b,1403b,1440a,1465a
アシュヴァジット 14b,598a
アシュヴァッタ樹 597b
アシュヴィン 10b
アシュタ・アディヤーイー 1156a,1165c,1180c
アーシュチャリニ 12b
アージュニャータ・カウンディニヤ 18a
アショーカ 1b,2a,2b,45a,85c,89c,91a,190b,200b,223c,292a,296a,309b,316b,496b,503b,667c,799b,816b,834b,875c,878b,878c,945a,964a,993a,1009c,1052c,1057c,1117c,1155c,1187c,1202a,1203a,1225a,1227b,1236a,1252c,1347b,1350a,1357a,1408a,1417a,1445a,1446b
アショーカ・アヴァダーナ 1c
アショーカ王碑文 253b,1071b,1248a,1249a
アジラヴァティー 9c
アスヴァバーヴァ 426c,728b,800b,933b,1395a,1430a
アスラ 13b,1158b
アゼチ 992b
アソーカ 1b
アソーカ・アーラーマ 309b
アータヴァカ 920a
アータヴィー 29a
アーターナーティーヤ 1184b
アダム 311b
アタリ 15b
アタルヴァ・ヴェーダ 82c
アチェーラ・カーシャパ 14a
アチェーラ・カッサパ 14a
アチャラ 1242c
アーチャーラ 14b
アチャラナータ 1242c
アチラヴァティー 9c
アッカン **15c**
アッギダッタ（バラモン） 5a,1201a
アッギダッタ（比丘） 5a
アッサカ 657c
アッサジ 14b,423c,598a,613b,1092a,1244a
アッサッタ樹 597b
アッタカター 940b
アッタサーリニー 979c,1236b
アッカラッパ **16b**
アーディ・カーヴィヤ 1445c
アティクータ 9b
アティーシャ **16b**,17a,80b,554a,675a,976c,990c,1014a,1071c,1081c,1085c,1303c,1304a,1318c,1443c,1444c
アーディトヤ 643c
アーディ・ブッダ 14b
アディムクタ 14c
アディムッタ 14c
アドヴァヤヴァジュラ **17a**,1085c
アドブタ 22a
アートマン 89c,92b,158b
アトリ 17a
アナヴァタプタ（池） 19a,552a,862b,1157c
アナヴァタプタ（竜王） 1157c
アナータピンダダ 671b
アナータピンディカ 243c,671b,815a
アーナンダ 17b,45a,235c,327b,598a,639b,950b,1354a
アーナンダガルバ **17c**,437c
アーナンタプフ 17c
アーナンダ・ヤシャ

368a
アニルッダ 17b,639b
アヌマーナ 1505c
アヌラーダプラ **18a**, 20a,80b,553b, 1057c,1357a
アヌルッダ(王) 89a
アヌルッダ(仏弟子) 17b,17c,235c,400c, 639b,1089a,1347c
アヌルッダ(論師) **18b**,21b
アノータッタ 19a
アノーラータ **19b**, 1148b,1202a
アパスマーラ 19c
アパダーナ 294c, 1226b
アンババパーリー 1252b
アバヤ 19c
アバヤギリ 20a
アバヤギリ・ヴィハーラ 20a,79c,826a, 1236b,1357a
アパラーラ 20b
アパラーンタカ 20b
アビサマヤ・アランカーラ 336c
アビサマヤ・アランカーラ・カーリカー 1169a,1175b
アビシェーカ 217a
アビシェーチャナ 217a
アビダルマ 939c, 1189a
アビダルマ・コーシャ・バーシヤ 289c
アビダルマ・ディーパ **21a**
アビダンマ 939c
アビダンマ・アヴァターラ 21b
アビダンマッタ・サンガハ 3c,18b,**21b**
アビダンマ・ピタカ **21b**,940b
アヒッチャットラ 5c
アビラティ 13a, 1376a
アヒンサカ 140c
アフラ 13c
アフラ・マズダ 909a
アポーハ 1248c
アマラヴァティー 1045b
アマラーヴァティー **22c**,34b,583b,671a
アミター 841c
アミターバ 25b
アミターユス 25b
アミトーダナ 235c, 400c,841c
アム・ダリヤ河 1150c
アムド 990b
アームラパーリー 35b
アームラパーリー・ヴァナ 35c
アムリタ 25c
アムリトーダナ 235c
アモーガヴァジラ 1207c
アーヤムカ 27a
アユタヤー 970b
アユタヤー王朝 866b
アーユル・ヴェーダ 647c
アヨッジャー 27b
アヨードヤー 27b, 263a,599a,830c, 1394b
アーラヴィー 29a
アーラーダ・カーラーマ 30a
アーラニヤカ 83a
アラバスター **28c**
アラム文字 253b, 904c
アーラーラ・カーラーマ 30a,597b
アーランバナ・パリークシャー 220a
アリー僧 19c
アーリマン 909a
アーリヤヴァルマン 30c
アーリヤシューラ 607a,757c,1299b, 1351b,1404a
アーリヤセーナ 30b
アーリヤデーヴァ 89b,330b,426c, 584a,729a,755c, 950a,993a,994c, 1000b,1194b,1318c, 1351a,1442c
アーリヤ・プラジュニャー・パーラミター 1177c
アルヴィス **30c**
アルキミコ 1210b
アルサケス 33c
アールシ 5a
アルタ・ヴァーダ 1247c
アルダシール 34a
アルタン・カーン 908a
アルハト 28a
アルハン 28a
アルレー 31a
アレクサンダー大王 904b,963c,1431c
アレクサンドリア 936c
アンガ 656c,861b
アンギラス 6b
アングッタラ・ニカーヤ 7a,657c,816c
アングリマーラ 140c,141a,594a, 1173b
アングリマールヤ 140c
アンコール朝 611b
アンコール・トム 32b,611b
アンコール・ワット **32b**,808b
アンシュヴァルマン 141c,912a
アンダヴァナ 1066b
アンタラヴァ 34b
アンデルセン **34c**
アーンドラ 34a,967a
アーンドラ王朝 331a,1082b,1347b
アンドラシャヴァラ 34b
アンニャー・コンダンニャ 18a,423c, 1034a,1130b
アンバパーリー 35b, 35c,250a
アンバパーリー・ヴァナ 35c
アンラ・マイニュ 909a
あかつき(雑誌名) 960c
あなうらをむすぶ 448a
あるき神子 1186b
下語 **5b**,601a
下火 872a
下炬 872a
下嚫 1217b
下襯 **14a**
下鉢 **19c**
下棒 **22b**
下蒙堂 1406a
安芸高野山 1208b
安居院 **5c**
安居院法印(聖覚) 819b
安居院法印(澄憲) 1003a
安居院流 832c,1008b
安叟宗楞 888c
安土宗論 **16a**,710c, 743c,1016a,1108b, 1111b
安土問答 1101a
阿 3b,568
阿育王 **1b**,2a,2b, 45a,85c,89b,91a, 202a,223c,292a, 296a,309b,316b, 327c,496b,503b, 612c,667c,799b, 834b,875c,878b, 878c,945a,964a, 993b,1009c,1021b, 1052c,1057c,1117c, 1155c,1187c,1203a, 1225a,1227b,1236a, 1347b,1350a,1353c, 1408a,1417a,1445a, 1446b
阿育王経 **1c**
阿育王寺(インド) 327c
阿育王寺(中国) **1c**, 590c
阿育王伝 1c,35c, 1217a

阿育王塔　**2a**,243b
阿育王塔天王精舎　1347a
阿育王法勅　**2b**
阿育王八万四千塔　612c
阿育伽藍　1155c
阿育僧伽藍　309b
阿逸多　**3a**,1387c
阿夷頭　9c
阿夷羅婆提　9c
阿吽　**3b**
阿伽　3c
阿伽色　**4a**
阿伽陀薬　**4a**
阿伽摩　6c
阿迦捨蘗婆　397a
阿掲陀　4a
阿竭陀　4a
阿覚大師　35a
阿羯沙尼法　676b
阿観　**4c**,435c
阿願　1429c
阿耆多翅舎欽婆羅　1497a
阿耆達多(バラモン)　**5a**,1201a
阿耆達多(比丘)　**5a**
阿耆尼国　**5a**
阿耆羅婆提　9c
阿祇利　11b
阿祇梨　11b
阿祇黎　11b
阿吸房　903c
阿笈摩　6c
阿群　140c
阿詣羅仙　**6b**
阿号　412a,1286b
阿乞史羅　6b
阿含　**6c**,158c
阿含経　**6c**,49a,126a,242b,395b,395c,407a,408b,409c,472a,481b,524c,596c,627c,721c,1207a,1258b,1397c
阿含口解十二因縁経　31b,445a
阿含時　6c,408b
阿含宗　**7b**
阿含暮　6c
阿佐太子　**7c**
阿佐布門徒　862a
阿娑縛三国明匠略記　**7c**,8a
阿娑縛抄　**8a**,729c
阿娑縛抄反音鈔　1170b
阿娑縛抄明匠等略伝　**8a**
阿察羅　6b
阿娑麼　11b
阿娑摩　**11b**
阿娑摩娑摩　11b
阿娑磨　11b
阿三　**8a**,766b
阿字月輪観　**8c**
阿字観　**8c**,9a,10c,209c
阿字観用心口決　**9a**
阿字観檜尾伝　9a
阿字義(実範)　**9a**
阿字義(伝空海)　**9a**
阿字義釈　9a
阿字義伝　**9a**
阿字五転　**9b**
阿字秘釈(伝円珍)　**10b**
阿字秘釈(覚鑁)　**10b**
阿字秘釈(頼瑜)　**10b**
阿字檜尾口決　9a
阿字本不生　10b,**10c**
阿地瞿多　**9b**,618a,970b
阿氏多(比丘)　3a
阿氏多(羅漢)　658c
阿私多　9c
阿私陀　**9c**,1036b
阿嗜多　3a
阿斯陀　9c
阿恃多伐底河　**9c**
阿質達霰　**10a**,114a,1368b
阿湿波(神)　**10b**
阿湿波国　657c
阿湿婆恃　14b
阿闍世王　**10c**,45b,85c,89a,141c,233b,250a,327b,405a,657a,950c,1155c,1187b,1203c,1347b
阿闍世王経　**11a**,1222a
阿闍世王授決経　**11a**
阿闍貰王女阿術達菩薩経　954c
阿闍多設咄露　10c
阿闍梨　**11b**,477b,887b
阿闍梨位灌頂　12b
阿闍梨加持　188c
阿闍梨灌頂　217b
阿闍梨灌頂儀軌　**12b**
阿闍梨所伝の曼荼羅　1363a
阿闍梨大曼荼羅灌頂儀軌　12b
阿闍梨田　12a
阿差末菩薩経　39b,926a
阿遮羅　1242c
阿遮羅嚢多　1242c
阿遮利夜　11b
阿遮利耶　11b
阿遮梨耶　11b
阿舎梨　11b
阿奢理弐伽藍　**12b**
阿輸　14b
阿輸迦王　1b
阿輸迦樹　**12c**
阿輸陀　1301b
阿叔伽王　1b
阿閦軌　13a
阿閦供養法　13a
阿閦寺　**13a**,98a
阿閦如来　13a,425a,627b
阿閦如来念誦供養法　**13a**
阿閦念誦法　13a
阿閦婆　13a
阿閦鞞　13a
阿閦仏　**13a**,484a,731a,944c,1215c,1363a,1376a
阿閦仏国経　**13b**,954a
阿修羅　**13b**,1158b
阿修羅王　1095b
阿修羅琴　13c
阿須倫　13b
阿順那　**13c**
阿浄　1290a
阿性房　67b
阿証房　67b
阿支羅迦葉　**14a**
阿市羅跋底　9c
阿説迦　1496a
阿説示　**14b**,423c,598a,1092a
阿説他　1301b
阿折羅　**14b**
阿刹羅　6b
阿世耶　39b
阿闡提　59a
阿闡底迦　59a
阿僧祇　813b
阿僧伽　1394b
阿遬達経　273a
阿蘇神宮寺　780b
阿素洛　13b
阿提沙　16b
阿提仏陀　**14b**
阿提目多　**14c**
阿提目多迦　**14c**
阿陀那識　**15a**,288c,1354b
阿吒婆狗　15b,920a
阿吒婆狗鬼神大将上仏陀羅尼神呪経　**15b**
阿吒婆狗陀羅尼経　15b
阿吒縛倶　656c
阿吒薄倶　920a
阿吒薄倶元帥大将上仏陀羅尼経修行儀軌　15b,919c
阿吒釐国　**15b**
阿通沙　16b
阿底哩仙　**17a**
阿顛底迦　59a
阿点婆翅羅国　**17a**
阿度　357b,842b,1031b
阿道　**17a**,41c,62c,372c,1292a
阿刀大足　281c
阿㝹羅陀補羅　18a,1057c
阿㝹楼陀　17b
阿泥律陀　17b
阿泥盧豆　17b
阿那含　530c
阿那達多　19a
阿那婆達多　1157c
阿那婆答多　19a
阿那律　**17b**,17c,235c,400c,553a,639b,1088c,1347c

阿難　**17b**,45a,235c,327b,598a,639b,827b,843a,850b,950b,1089a,1354a,1431a
阿難娑伽　17c
阿難陀　17b,17c
阿難陀娑伽羅　17c
阿難陀跋陀羅　17c
阿難陀補羅国　**17c**
阿難大会　1262a
阿難跋陀　17c
阿尼哥　18c
阿尼訶　18c
阿儞真那　**18a**
阿若憍陳如　**18a**,423c,1034a,1130b
阿若憍隣　18a
阿若拘隣　18a
阿拏　400c
阿奴律陀　17b
阿納噶木　**18c**
阿耨塵　400c
阿耨窣覩婆　**19a**
阿耨達池　**19a**,447c,552a,862b,1157c
阿耨達童子　1242c
阿耨達竜王　19a,1157c,1457a
阿耨多羅三藐三仏陀　**19b**
阿耨多羅三藐三菩提　**19b**,155a
阿耨多羅三藐三菩提心　19b
阿耨菩提　19b
阿跛娑摩羅　19c
阿波陀那　**19c**,644b,1195a
阿波摩羅　**19c**
阿波末利迦　**19c**
阿波羅　1457a
阿波羅羅　20b
阿波羅羅竜泉　**20b**
阿波蘭多迦国　**20b**
阿伐羅勢羅僧伽藍　**20a**,23a,967b
阿婆耶　**19c**
阿跋耶祇釐　**20a**
阿縛盧枳低湿伐羅　228a
阿般地　20b
阿般提　20b
阿槃提国　**20b**,85c,657c,1359a
阿毘三仏陀　**20c**
阿毘世迦　217a
阿毘達磨　**20c**,91c,493b
阿毘達磨倶舎釈論　289c
阿毘達磨倶舎論　289c,830c　→倶舎論
阿毘達磨倶舎論本頌　290b
阿毘達磨識身足論　950b
阿毘達磨順正理論　290a,342c,664a,683c　→順正理論
阿毘達磨蔵　21a,939c
阿毘達磨蔵顕宗論　290a,342c,664a　→顕宗論
阿毘達磨大毘婆沙論　951c　→大毘婆沙論
阿毘達磨発智論　1318a　→発智論
阿毘達磨六足論　1499b
阿毘曇　20c,1189a
阿毘曇甘露味論　235c,1154b
阿毘曇五法行経　1500a
阿毘曇心論　**21c**,91b,872c,951c,1189a,1306b,1315a
阿毘曇心論経　**21c**,91b
阿毘曇蔵　21a,493b
阿毘曇八犍度論　1318a
阿毘曇毘婆沙論　951c
阿毘曇門　**447b**
阿毘曇論　591c
阿鼻地獄　532a
阿鼻旨地獄　532a
阿鼻詮左　217a
阿比舎　20c
阿比羅提　13a,1376a
阿尾奢の法　**20c**
阿避陀羯刺拏僧伽藍　**20c**,852c
阿鞞跋致　1219c
阿卑羅吽欠　**22a**
阿浮陀達磨　644b,1367a
阿仏尼　**22a**
阿仏房(日得)　1117a,1381b
阿部曇　947a
阿部是雄　446c
阿倍文殊　508a
阿傍羅刹　1442c
阿保親王　1214c
阿奔荼国　22b
阿摩　**964b**
阿摩落伽塔　309c
阿摩羅識　**23b**,288c,520c,764c,802a,981c,1126a
阿摩羅跋提城　1045b
阿摩勒樹　**23b**
阿末羅　23b
阿弥陀　655a,1256a,1363a
阿弥陀院　744a
阿弥陀ヶ峰　406c
阿弥陀経　**23c**,26c,54c,58a,67c,480c,494a,529a,538b,1096c,1137b,1232b,1274a,1371c
阿弥陀経義疏　**24a**
阿弥陀経義疏聞持記　24a
阿弥陀経疏　**24a**
阿弥陀経疏義疏　24a
阿弥陀経万部会　949c
阿弥陀経文類集　791a
阿弥陀経要解　739a
阿弥陀鼓音声王陀羅尼経　**24b**,25c,728a
阿弥陀悔過　26a
阿弥陀講式　142c
阿弥陀五尊曼荼羅　26b
阿弥陀五仏　26a
阿弥陀三尊　26a
阿弥陀三耶三仏薩楼仏檀過度人道経　1400a
阿弥陀寺（茨城・岩井市）　**24b**
阿弥陀寺（茨城・那珂郡）　**24b**
阿弥陀寺（茨城・浄土宗）　185b
阿弥陀寺(栃木)　548c
阿弥陀寺(長野)　975c
阿弥陀寺(三重)　1277c
阿弥陀寺(滋賀)　1458c
阿弥陀寺(京都)　**24b**
阿弥陀寺(大阪)　1439b
阿弥陀寺(和歌山)　142a
阿弥陀寺(鳥取)　356c
阿弥陀寺(山口)　**24b**
阿弥陀寺(大分)　1206c
阿弥陀寺(良空開山)　1469b
阿弥陀十疑論　737c
阿弥陀聖衆来迎図　718b
阿弥陀浄土変　**24c**,26b,741c,1220c,1256a
阿弥陀懺法　**25a**,26a,575c,1482c
阿弥陀堂　1054a
阿弥陀堂法印祈雨事　668a
阿弥陀二十五菩薩来迎図　26b,718b
阿弥陀如来　275a,425a,619c,627a,1094b,1136c
阿弥陀如来根本陀羅尼　1268c
阿弥陀如来四十八願釈　539c
阿弥陀呪　**25a**
阿弥陀胸割　**25b**
阿弥陀婆　25b
阿弥陀秘決　**25b**
阿弥陀聖　1185c
阿弥陀聖(空也)　283c
阿弥陀仏　7c,23c,24b,24c,25a,**25b**,26c,37b,39a,45b,48b,49c,51c,53b,57a,57c,58a,87c,111a,142a,228b,

233c,234c,250b,252c,285a,292c,295b,299a,303b,331c,379c,385a,386c,401a,414b,416a,423b,448b,467a,467c,470c,471a,471b,484a,490c,495c,501b,536a,564a,618b,620b,642c,645b,646a,655a,663b,691a,696c,700b,710b,722a,728a,731a,732c,733b,741c,742c,771c,779b,793b,820a,830b,833c,848c,849c,860c,917c,944c,971a,1031c,1032a,1090a,1096b,1096c,1097a,1127b,1137b,1140c,1159c,1160b,1161a,1172b,1182a,1188c,1198b,1215c,1220a,1222c,1229a,1230c,1232b,1239a,1255a,1281c,1305c,1322a,1333a,1342b,1343b,1364a,1377c,1393a,1399c,1409b,1434a,1438c,1444a,1444b,1489a
阿弥陀仏偈　413a
阿弥陀仏号　1286a
阿弥陀仏根本秘密神呪経　**26b**
阿弥陀仏説呪　1160b
阿弥陀仏説林　**26c**
阿弥陀法　26b,**26c**
阿弥陀本願寺　701b
阿弥陀曼荼羅　**26c**
阿弥陀庾斯　25b
阿蜜嘌多　25c,**27a**
阿目佉跋折羅　1207c
阿耶穆佉国　**27a**
阿惟越致　1219c
阿惟越致遮経　**27b**,1220b
阿惟三仏　20c
阿踰闍国　27b,830c,1394b
阿踰陀国　**27b**,599a
阿由多　813b
阿輸論　647c
阿羅訶　28a
阿羅歌花　**27c**
阿羅漢　**28a**,324c,1124b,1395a
阿羅漢果　28a,530b,531a,633b
阿羅漢向　28a,530b
阿羅漢の三義　28a
阿羅底藍婆　30b
阿羅毗　**29a**
阿羅本　310a,936c
阿羅羅伽羅摩　597b
阿羅邏伽藍　**30a**
阿落刹娑　1442c
阿頼耶識　15b,23b,**29a**,44b,57c,71a,86b,116a,160b,283a,288c,292b,306a,337c,413b,445c,458b,489c,490a,499c,520b,563b,627b,627c,669b,728b,756c,774b,776a,801c,812b,933a,935c,981b,999a,1126a,1229a,1303a,1316b,1354b,1368b,1379a,1398a,1403b,1421c,1422c,1424b,1467b
阿頼耶識説　1430b
阿蘭拏　30a
阿蘭若　**30a**
阿蘭若迦　30a
阿藍婆　**30b**
阿利斯那　30b
阿利尼国　**30b**
阿利羅跋提河　9c
阿梨樹枝　**30b**
阿梨耶識　29a,288c,764c,802a,875a
阿梨耶斯那　**30b**
阿梨耶伐摩　**30c**
阿黎耶　**30b**
阿黎耶識　111c,360b,480b,794b,1320b
阿離耶跋摩　**30c**
阿留那　30c
阿留辺幾夜宇和　**31a**
阿楼那　31a
阿楼那香　30c
阿盧那　**30c**
阿盧那(山名)　31a
阿盧那花　30c
阿練若　30a
阿鞞鞞地　**31a**
阿路猱山　**31a**
阿波西阿弥尼　754c
阿輪の敬信　778b
按察法印　781c
痾　568
啞羊僧　877a
遏伽　3c
遏部多塔　**22a**
閼伽　**3c**
閼伽井　3c
閼伽桶　3c
閼伽器　3c
閼伽先達　856c
閼伽棚　3c
閼伽坏　4a
閼伽の花　4a
会津高野　1160a
会津大寺　119c
愛　**1a**
愛(悉曇)　568
愛行　**1a**
愛敬法　676b
愛見　**2c**,1338a
愛見の大悲　2c
愛語　544c
愛子母　243a
愛染曼荼羅　3a
愛染明王　**2c**,428a
愛染明王法　3a
愛楳仙士　1214b
愛別離苦　279a
愛煩悩　1338a
愛友社　382c
愛論　**3a**,332b
墻嚢鈔　799b
藹々　146b
青石塔婆　46b
青木瑞山　810b
青道心　62c
青の洞門　1441b
青不動　**3c**,351c,1243a
赤木日正　**4a**,1375c
赤崎塔　1281a
赤須真人　1375a
赤沼智善　**4a**
赤不動　**4b**,1243a
赤松光映　**4b**
赤松義祐　50a
赤松連城　**4b**,147a,148a
赤門　746c
明石覚一　1405b
秋安居　31c
秋篠寺　**4c**,241b,850a
秋田守季　1220b
秋野孝道　**5a**
秋の峰入　1370a
秋葉山威徳大権現　191b
秋葉山　1146b
秋葉神社　5b
秋葉寺　**5b**
商聖　1186b
悪　**5b**
悪(悉曇)　568
悪因悪果　66a
悪友　857a
悪慧　100a
悪戒　159b,161a
悪機　236b
悪鬼神　245a
悪醯掣呾羅国　**5c**
悪作　**5c**,1452a
悪師　857a
悪者　1154b
悪叉聚　**6a**
悪趣　615b
悪取空　280a,282b
悪生　992c
悪生王　1202b
悪性　5c
悪世　6a
悪世界　**6a**
悪説　1452a
悪刹羅　**6b**
悪知識　**857a**
悪道　615b
悪道畏　1204b
悪人正機　**6b**,237a
悪人成仏　1293b
悪魔　1344c
悪名畏　1204b
悪律儀　161a
朱宮御所　1476b
明智光秀　1339a
暁烏敏　**6b**,273c

安進　296a
安身立命　33b
安清　33c
安世高　**33c**,155c,251c,556c,613c,914a,926a,940b,951b,955a,1034a,1131b,1157b,1315c,1407b,1442a,1500a,1501c,1503b,1506b
安膳那　**33c**
安蔵　703b
安息香　287a,362a
安息国　**33c**,936b
安陀会　1263b
安陀羅舎婆羅　**34b**
安陀林　1066b
安宅神呪経　**34a**
安宅陀羅尼呪経　1059b
安達羅王国　331a,967a
安呾羅婆国　**34b**
安呾羅縛婆国　34b
安呾邏縛國　34b
安澄　**34b**,995a,1000b
安珍・清姫の物語　1050b
安鎮法　**34c**,518c
安鎮曼荼羅　1243a
安底羅　643b
安道　918a
安徳大星　1416b
安堵奉行　623b
安敦　936b
安那般那　815c
安南　1479a
安難陳護の一二三四　585b
安慧(インド)　**35a**,286b,290a,486a,535b,585b,684a,697a,703c,756c,929a,931c,933b,955b,1000b,1065c,1088c,1256a,1258b,1395b,1423a,1423b,1430a
安慧(平安)　12a,**35a**,1388b
安慧(江戸)　427a,679b
安然(平安)　**35a**,267c,337b,407b,572b,590b,785b,786b,906a,922c,923a,939a,957b,1027b,1223b,1242b,1302b,1328a
安然(中世前期)　1047c
安穏業　364a
安穏寺　792a
安般　815c
安般守意経　33c
安貧　1472a
安福寺(岐阜)　**35b**
安福寺(大阪)　**35b**,176b
安福寺(島根)　1365c
安法欽　1c,**35c**,1229b
安法賢　**35c**
安満寺　446c
安名　**35c**
安陽侯　900a
安養(極楽)　25c,401a,731a
安養房(人名)　24c
安養院(神奈川)　**36a**,343c
安養院(京都)　985a
安養寺(滋賀)　110b
安養寺(京都・上京区)　**36b**
安養寺(京都・中京区)　**36b**
安養寺(京都・東山区)　**36a**,1494a
安養寺(山口)　1480a
安養寺(愛媛)　41b
安養抄(印融)　**36b**
安養抄(良慶)　**36b**
安養抄(源隆国)　**36b**
安養尼　**36b**
安楽(極楽)　25c,401a,731a
安楽(人名)　37a,383c,855c,1139b,1282a
安楽庵　462b
安楽院　1481c
安楽窩　794c
安楽行　**36c**
安楽行院　**36c**
安楽行義　1294a
安楽行道転経願生浄土法事讃　1274a
安楽光院　36c,375a
安楽国　105c
安楽寺(中国)　107c
安楽寺(長野)　**37a**,1425b
安楽寺(岐阜)　**37a**,382c
安楽寺(京都)　**37a**
安楽寺(徳島)　533a
安楽寺(高知)　534a
安楽寺(福岡)　780b
安楽寿院　**37a**,334c
安楽集　**37b**,111a,501a,620b,732c,742c,771c
安楽浄土義　1456c
安楽騒動　37c
安楽谷　1179c
安楽の能人　1222c
安楽房　682c
安楽律　**37b**,1454a
安楽律院　**37c**,171b,1027c,1180a,1385a
安立　**37c**
安立院　1092b
安立果　158a
安立寺　1105c
安立真如　38a,802b
安立諦　38a
安隆　456a
安廩　**38a**,538a
行脚　**31b**
行脚僧　31b
行香　362c
行者　264a,870a
行纏　**34c**
行堂　870a
行堂主　870a
行履　**37c**
按位接　1185a
案苽の二諦　1098c
案達羅国　**34a**
案頭　**35a**
庵　**31a**
庵園　1331a
庵号　965c,1286b
庵車須知　342c
庵堂の道号　1286a
庵摩羅女　35b
菴樹女　35b
菴婆女　35b
菴婆羅婆利　**35b**,35c,1252b
菴波羅婆利　250a
菴摩羅(阿摩勒樹)　23b
菴摩羅(菴没羅樹)　35c
菴摩羅識　23b,520c
菴摩洛迦　23b
菴没羅園　**35c**,1252b
菴没羅樹　**35c**
菴没羅女　35b
菴羅　35c
菴羅婆利　35b
暗　568
暗証の禅師　**33a**
暗地裏　**34c**
頞悉多山　**32c**
頞順那　14a
頞晰吒　532b
頞儞羅　643b
頞飯底　20b
頞浮陀　532b
頞部曇　947a
闇林　1066b

## い

イェーシェーペンジョル　818b
イクシュヴァーク　220a,601c
イシーカー　40c
イシシンガ　54b
イシパタナ・ミガダーヤ　1502c
イーシャーナ　42a,643c,925a
イーシュヴァラ　44c
イーシュヴァラクリシュナ　**44a**,276a,1505b
イースタン・ブディスト(雑誌名)　815a
イスラム教　450b
イタコ　1210b,1405c
イチコ　1210a
イティヴッタカ　**61a**,

294b,1327c
イティハーサ　647c
インダス河　69c,799b,800a
インダス文明　**68b**,800a,976c,1167a,1408c
インダス文字　68c
インドラ　54b,69a,643c,926b
インドラシャイラグハー　69a,225b
インドラパッタ　657b
インドラブーティ　**70a**,977a
インドラプラスタ　657b
いほぬし(いおぬし)　**39a**
いろは歌　**63b**
已灌頂　12b,887b
已講　194b,477b,886b
已今当　491a
已作地　629a
已生　**44b**
已生(人名)　501b
已成院　1462c
已達の大徳　28a
已知根　507c
已弁地　629a
已離欲者　**1386b**
井戸寺　534a
井波別院　811a
井上円了　**61c**
井上頼知　148c
井上哲次郎　**62a**
井上門徒　853b
井上寺　109a
以空　**39c**
以字点　**41b**
以心灌頂　217c
以心崇伝　235b,509b,1088a
以心伝心　**44c**
以酊庵　348c
以天　874a,888c
以八　909c
以末帰本唯識　634b
生駒僧都　1475c
生駒の聖天　1273c
伊　568
伊闕龕　1464a
伊吾　**40a**
伊吾盧　40a
伊師迦　**40c**
伊師迦山　**40c**
伊字の三点　**41c**
伊舎那天　**42a**,643c,924c
伊州　40a
伊葉波羅　**44c**
伊豆山権現像　1329c
伊豆の法難　1107b
伊勢講　363a
伊勢上人　1440a
伊勢神宮　151c,310c,1412b
伊勢神道　1329b
伊勢の上人　310c
伊勢両宮曼荼羅図　1329c
伊刹尼　**45a**
伊底呵娑論　647c
伊底曰多伽　644b
伊帝目多伽　1327a
伊帝曰多伽　1327a
伊天　888c
伊東忠太　96a
伊東配流　1144c
伊東祐慶　1053b
伊藤証信　**61b**
伊藤真乗　802c
伊泥延腨相　483c
伊吹寺　**62b**
伊弗蘭寺　17a,**62c**
伊蒲塞　91b
伊予阿闍梨　1115c
伊予道後温泉碑　**63a**
伊予湯岡碑　63a
伊羅鉢多羅竜王　1457a
伊蘭　**63a**
伊爛拏鉢伐多国　**63a**
伊勒鉢大蔵　553c
伊呂波寺　226a
伊呂波和讃　221b
夷夏論　473a
衣鉢　120b
衣鉢閣　120b
衣鉢侍者　869b
位地の十信　1297c
位成仏　902b
位牌　**62a**
位牌堂　578c
位不退　1219c,1220a
位妙　649c
医王　**38c**
医王寺(石川)　**38c**
医王寺(愛知)　185a
医王寺(佐賀)　**38c**
医王如来(忍性)　1129b
医子喩　1197b,1293b
医師喩　1197b
医方明　428a
医羅鉢呾羅竜王　1457a
囲陀　82c
囲提寺　1392b
居次頓　41c
居成公文　374b
怡斎　654a
易往而無人　**39a**
易往の大道　**39a**
易行　**1086c**
易行庵　1012c
易行院　1267b
易行道　1086c
易行品　634a,743a
威儀　**39a**
威儀阿闍梨　11c
威儀師　660a
威儀無記　1391b
威儀路無記　1391b
威光(天)　1358c
威光(人名)　1352b
威光院　1483b
威広院　1483b
威神　**44c**
威徳(夜叉)　1416b
威徳(人名)　39c
威怒王　1374b
為光　250c
為実施権　432b
為自比量　1248b
為証一切具足出道如性無畏　590a
為多加　45c
為他比量　1248b
為人悉檀　536b
為物身　**567c**
為霖　1057b
為蓮故華　1197b
胃宿　1096a
韋陀　82c
韋提　45b
韋提希　10c,**45b**,45c,105c,233b,379c,405a,1187b,1255a,1369a
韋提権実　**45c**
韋駄天　**46a**
韋紐天　1182c
韋天将軍　46a
韋羅羅漢　202a
倚板　1170a
惟勁　1290c
惟馨　1324c
惟儼　**40a**
惟高　1373b
惟肖　406b,1066a
惟政　**45a**
惟則　**45b**
惟忠通恕　406b
惟白　**62b**,351b,622a,941c,942c
異安心　**38b**
異義集　**39b**
異句義　563a
異計　38b,308b
異時即　900b
異次頓　**41c**,392a
異執決疑篇　**44a**
異熟　29b,**44a**,202c
異熟因　44a,64b,64c
異熟果　44b,157c
異熟識　29c,499c,520b
異熟習気　563c,628b
異熟生　44b,430c
異熟障　44b,487c
異熟能変　499c
異熟無記　44a,1391b
異出菩薩本起経　662a
異生　1340c
異生性　1341a
異生羝羊心　633a
異性空　280b
異世五師　**45a**
異相　547c,1499a
異相巧方便　1284c
異相無我　1391a
異体門　**1055c**
異毘摩羅詰経　526b
異部宗輪論　**62b**,1245a,1348c,1411a
異分同全不定過　75a
異法相似過類　77b

一字文殊　1410c
一食頃　835c
一実　**48b**
一実(廓山)　181a
一実神道　1330b
一実神道秘決　**48b**
一実相印　1260c
一実道士　1063a
一四天下　609b
一遵　**48c**
一乗　**48c**,409a
一乗阿闍梨　1106a
一乗院(興福寺)　**49c**,119a,223b,383b,449a,466a,719c,1317a,1411c,1412a
一乗院(鹿児島)　1112b
一乗院(日出)　1112c
一乗院僧都　719c
一乗海　49a
一乗開心論　**50a**
一乗戒壇　335b
一乗戒壇院　171a,171b,171c,1179c
一乗教　49a,50b
一乗究竟教　49a
一乗顕自心論　454c
一乗極唱　49a
一乗寺(京都)　**50a**
一乗寺(兵庫)　**50a**
一乗止観院　139a,456b,484b,1178c
一乗十玄門　625a
一乗真実　1293b
一乗真実三乗方便　49b,50c
一乗真如　802b
一乗忠　102b
一乗の機　49a
一乗の妙典　49a
一乗普賢　1211a
一乗仏性慧日抄　**50b**
一乗仏性究竟論　**50b**,1142a
一乗法　49a
一乗法界図円通記　**50b**
一乗法界図章　50b,316c
一乗坊　897c
一乗妙行院　1281b
一乗妙法　1293a
一乗要決　**50b**
一条兼良　626b
一条実経　1058a
一条天皇　41c,103a,127b,1008a
一条道場　54a
一条流　737a,1135c
一真法界　57c
一刹那　430c,836a
一相　801b
一僧祇　1420b
一即一切　890a
一即多　890a
一鏃破三関　**50c**
一代教　51a
一代決疑集　**50c**
一代三段　541a
一代諸教　**51a**
一代蔵経　939b
一代大意鈔　1385b
一大事因縁　**51a**,673b
一大事止観　519a
一諾　165a
一多相容不同門　625a
一多法界　1305a
一弾指　974c
一弾指頃　974c
一壇立　676c
一中　998c
一道　49a
一道(戦国～江戸)　1101a
一道(江戸後期)　709b
一道無為心　633b
一殿　1210a
一日戒　161b
一日経　599c
一如　801b
一如(中国)　**51a**,958b
一如(日本)　**51a**
一如庵　4b
一如院　1103c
一如房　1116a
一如法界　801b
一寧　**51a**,406b,1292b
一念　**51b**,53a,835c,1137c
一念(中国)　459b
一念(日本)　**52a**
一念蘊　283a
一念往生多念往生の諍論　53a
一念歓喜　51c
一念義　53a,371c,733c,735c,737b,1183a
一念義停止起請文　357b
一念義門　964c
一念喜愛心　51c
一念慶喜　51c
一念業成　51c,373a
一念三千　**52a**,53a,1346b,1349c,1412c,1447a
一念三千覆註　**52c**
一念三千論　**53a**
一念相応　51c
一念大利　51c
一念多念　**53a**
一念多念証文　53b,789b,790c,791a
一念多念分別事　**53a**,53b,789b,790c
一念多念文意　**53b**
一念の信　51c
一念不生　**53b**
一念無疑　51c
一念滅罪　51c,753b
一然　**52a**,478b
一の阿闍梨　12a
一宮寺(徳島)　948b
一宮寺(香川)　534a
一派構　57a
一白三羯磨　197c,659a
一普　59b
一仏乗　49a,409a
一仏浄土　**53b**
一仏世界　**53b**
一仏説　1223a
一仏土　827a
一分家　585b
一分説　35a,585b,1423b
一木造　1233c
一法界　801b,1305a
一枚起請文　**53c**,350b
一万八千頌般若　1176a
一味　**53c**
一味蘊　**445a**,445b,458b
一味瀉瓶　53c,609c
一味禅　840a
一味の安心　53c
一明　474a
一妙院(日堯)　1101c
一妙院(日導)　1105b
一名無量義　**53c**
一物不将来　**53c**
一門の本尊　1333a
一門曼荼羅　1363c
一訳　1417c
一益法門　38b
一夜式　288b
一夜碧巌　1254a
一幽　873c
一来果　530b,531a
一来向　530b,531a
一絡索　**54a**
一麟　**54a**
一類往生説　142a
一蓮院　638c
一蓮寺　**54a**
一蓮社向誉　225a
一蓮社立誉　1016b
一蓮托生　**54a**
一臈　1291b
一臈事　211c
市上人　283c
市聖　283c,1185c
市屋道場　435b,462b
市屋派　435b,538b
壱演　**46c**
壱越　645b
壱輸盧迦論　**48c**
一華　829c
一海　15c,**54b**
一階僧正　882a
一角仙　**54b**
一角仙人　54b
一巻経　599c
一休　884c　→宗純
一休寺　620c
一慶　**54c**
一経其耳　**54c**
一経三段　541a
一経三段の科文　1313b
一境三諦　494b
一境四心　59a
一篋四蛇　**54c**
一化　**55a**
一華院　1058c

一髻尊陀羅尼経 **55a**
一間 531b
一見灌頂 217c
一向 **55a**
一向(人名) **55a**, 538c, 737b, 1226a, 1487c
一向一揆 **55b**, 354c, 573c, 581a, 721c, 752b, 788b, 1005b, 1145b, 1253a, 1331a, 1491b
一向記 524b
一向義 734a
一向宗 788a
一向衆 55b, 538c
一向専修 55a
一向専修説 735b
一向専念 55a
一向派 538c, 737b, 1226a, 1488a
一光三尊像 494a
一光三尊仏 26a, 852c
一箇半箇 **55b**
一茶 **55c**
一切皆苦 278c
一切皆空宗 565c
一切皆成 **55c**
一切義成就菩薩 437c
一切経 257c, 662a, 939b
一切経会 **56a**
一切経音義(玄応) **56a**, 334c, 941c
一切経音義(希麟) **56a**
一切経音義(慧琳) **56a**, 318a, 941c
一切経供養 261b
一切経谷 **56b**
一切行苦 1260c
一切行禅 839b
一切行無常 1260c
一切見者 1222b
一切見住地 1338a
一切衆経 662a, 939b
一切衆生憙見菩薩 1414b
一切衆生悉有仏性 **56b**, 955c, 1133c, 1228b
一切種識 29c
一切種静慮 839b
一切種智 **56b**
一切静慮 839a
一切禅 839a
一切即一 890a
一切智 **56b**
一切智智 **56c**
一切智無所畏 589c
一切智論証頌 675b
一切知者 1222b
一切如来烏瑟膩沙最勝総持経 1238a
一切如来金剛三業最上秘密大教王経 297c, 437c
一切如来正法秘密篋印心陀羅尼経 1269a
一切如来真実摂大乗現証三昧大教王経 437b
一切如来心秘密全身舎利宝篋印陀羅尼 1268c
一切如来心秘密全身舎利宝篋印陀羅尼経 1269a
一切仏眼大金剛吉祥一切仏母 1225b
一切法空 280c
一切法高王経 770a
一切法無我 1260c
一切法離言説空 280b
一切門静慮 839b
一切門禅 839b
一切漏尽智無畏 589c
一山 51a →一寧
一山国師 51b
一山派 51b, 850c
一糸 1250c →文守
一枝庵 44b
一枝室 1466a
一師印証 **56c**
一色一香無非中道 **56c**
一紙小消息 415a
一子地 1299a
一指頭禅 **57a**
一収一放 1154b
一宗構 **57a**
一周忌 249a
一州正伊 272c
一宿覚 336a
一宿上人 261a
一宿聖 1185c
一種子 531b
一性院 1109b
一生果遂 **57a**
一生所繋 57b, 452c
一生補処 **57b**, 452c, 1040a, 1070a
一生補処の菩薩 57b
一生不犯 **57b**
一処四見 59a
一心 **57b**, 57c
一心院(京都) **58a**, 744c
一心院(高野山) 264c
一心戒 162c, 659c
一心戒文 1025a
一心戒文和解 865b
一心義 734a
一心金剛戒 162c
一心三観 470a
一心三智 56c
一心三惑 **58a**
一心寺 **58c**, 1094c
一心正念 57c
一心真見道 353b
一心専念 57c
一心法界 57c, 1305a
一身阿闍梨 12a
一真無礙法界 1305a
一水四見 **59a**
一清 1246b
一石五輪塔 430b
一説部 565c
一闡提 **59a**, 716a, 725c, 976a, 1087a
一闡提成仏 1467b
一闡底迦 59a
一尊如来 249b
一諦 **59b**
一体三宝 502b
一中 **59b**
一中(人名) 1016b
一肘 545c
一輒叟 1076a
一鎮 **59b**
一槌便成 **59b**
一庭 1429b
一転語 **59c**
一到 1482a
一灯園 **59c**, 1092c
一刀三礼 508b
一徳公 911c
一音異解 59c
一音教 **59c**
一音説法 59c
一筆経 599c
一筆三礼 508b
一百五十讃 1351b
一百五十讃仏頌 **60a**
一遍 **60a**, 60b, 152c, 265b, 392a, 538a, 734a, 737b, 781a, 781b, 782b, 796c, 845c, 846a, 953c, 1171c, 1186b, 1194b, 1254b, 1272c, 1329b, 1382a, 1439c
一遍上人絵詞伝 60b, 121b
一遍上人絵伝 **60b**
一遍上人語録 1171c
一遍聖絵 60b, 695a
一法 **60c**
一法印 1260c
一法中道 487a
一法句 **61a**
一峰 1013a
一放一収 **61a**
一発意頃 51b
一品経 599c
五日十座論義 1507a
逸然 **60a**
斎宮介 1174a
厳島 1412b
厳島経巻 **54c**
厳島神社 54c
厳島明神 390a
石徹白社 1146b
田舎檀林 518a
稲田御坊 458b
稲田の禅房 458b, 708c
因幡堂 61c, 1199c
因幡堂縁起 **61c**
因幡薬師 1199c
稲荷 962a
猪熊流 1027c
祈奉行 **62a**
今井 580c
今川氏親 450c, 1476c
今川義元 1378c
今北洪川 **62c**
今熊野観音 227c

今西行　514c
今中将姫　755a
今寺　305b
今道心　**62c**
今村恵猛　**63a**
今様　1425b
新日吉門跡　1383b
弥谷寺　534a
入江御所(三時智恩寺)　481c
石蔵聖　1491a
石清水　1054a
石清水社　537a
石清水八幡　1146b
石清水八幡宮　100c, 103c, 151c, 259b, 1159a, 1330a, 1412b
石清水八幡宮寺　**63b**, 517c, 780b
石清水八幡宮放生会　1277b
石淵僧正　443b
石淵寺　443c
石淵八講　443c, 1312b
岩倉方　1466b
岩倉観音　915b
岩倉門跡　567a
岩峅寺　966c
岩船寺　223b
岩松道場　763c
岩間寺　**64a**
岩本寺　534a
岩本坊　1174a
岩屋寺(石川)　1083a
岩屋寺(兵庫)　827c
岩屋寺(愛媛)　60b, 534a, 953c
岩谷寺　**64a**
不言講　1183b
允堪　**69b**, 120b
允若　**67b**
允炆　144c
引因　64b
引磬　**66c**
引業　364a
引出仏性　1228c
引接　**67c**
引接院流　183a
引接寺(福井)　**67b**, 795b
引接寺(京都)　**67b**, 949b
引接寺(山口)　**67b**
引摂　67c
引請闍梨　11c
引声　752c
引声阿弥陀経　**68a**
引声念仏　**68a**, 88b, 894a, 1138a
引声念仏堂　68b
引座　**68b**
引導　**70a**, 872b
引導寺　**70a**
引路菩薩　**78c**
印　**65a**
印可　65c
印可状　1292b
印可御書　151c
印契　65a
印海　1061c
印経院　941a
印契　65a
印元　**66c**, 1004c
印西　**67b**, 1008c
印呪　**67b**
印粛　1204a
印順定　547b, 689b
印性　**67b**
印信　65c, 1245b
印信(人名)　708c
印相　65a
印度　**69c**
印度蔵志　**70a**, 1146a
印壊文成　**70b**
印法灌頂　217c
印明　1372c
印母　196a
印融　36b, **78c**, 326a, 863b
因　**64a**, 72a
因円徳　498a
因果　**65c**
因果異時　65c
因果応報　66a
因果応報説　472c
因果経　186c
因果居士　16a
因果差別諦　1098
因果同時　65c
因果の六義　1181b
因果比量　1465c
因果不二門　574b
因果物語　**66b**
因掲陀　658b
因願　210a
因熏習鏡　1321a
因業　365b
因地　70b
因沙旧　69a
因十四過　73c
因集生縁　551a
因生仮　308a
因成仮　308a
因体　73a
因陀世羅求訶　69a
因陀羅　926b
因陀羅(人名)　**69a**
因陀羅呵悉多　**69a**
因陀羅窟　69a
因陀羅勢羅窶訶　**69a**, 225b
因陀羅網　**69a**, 625b, 634b
因陀羅網境界門　625b
因達羅　643b
因中有果　66b
因中説果　**69b**
因中無果論　66b
因等起　1041a
因同品　76b
因位　**70b**
因人　70b
因人重法　**70b**
因縁　**70c**, 123c, 126a, 644b
因縁依　489c
因縁観　415a
因縁仮　308b
因縁釈　323b
因縁釈義　323b
因縁宗　411a, 537c
因縁周　483b
因縁生　70c
因縁生死　713b
因縁生滅の理　70c
因縁性　70c
因縁心論釈　1461a
因縁心論頌　1461a
因縁心論頌因縁心論釈　640c
因縁相　485c
因縁即空の理　70c
因縁変　**70c**
因能変　**71a**, 1422a
因の三相　73b, 800b, 1247a, 1248b
因の六義　**71b**
因分　**71b**
因分可説　71c, 488b
因曼荼羅　1363a
因明　**71c**, 428a, 554b, 1505c
因明院　275a
因明三十三過　73c
因明三十三過本作法　**77c**
因明三十三過本作法纂解　78a
因明十四過類　77b
因明抄(英弘)　**78a**
因明抄(覚憲)　**78a**
因明正理門論　78a, 800c
因明正理門論本　**78a**, 78b
因明大疏　78b
因明入正理論　**78b**, 697b, 1169b
因明入正理論疏　78a, **78b**
因明八門　72b
因門六義　71b
因門論　800c
因論生論　**78c**
胤栄　**65c**
恁麼　**78b**
院　513a
院家　**66c**, 517c, 518a
院家衆　66c
院源　**66c**, 612c
院号(寺名)　513b, 965c
院号(人名)　1286b
院豪　**67a**
院主　514a, 887b
院主(比叡山)　139c
院助　1226c
院信　1227a
院尊　**68b**
院尊(仏師)　1228b
院尊流　957b
院代　514a
院中の小頭首　869b
院殿号　1286b
院の最勝講　454a
院派　1228b
婬戒　162b
婬宮　642c

婬盗殺妄　1450b
婬怒癡　497c
淫湯　**69c**
陰銭　546a
陰嚢　297a
筠　907c
蔭涼軒日録　157c
蔭涼寺　1039b
隠元　60a,**67a**,144c,145a,284c,377c,422b,725a,851a,1292b,1365a
隠山　1421b
隠山派　1421b
隠之(中国)　624c
隠之(日本)　1044a
隠達　749c

## う

ウ　990b
ヴァイシェーシカ学派　78b,110a,285b,329b,491b,512a,562c,697b,715a,716c,813c,1247a,1388c,1505c
ヴァイシェーシカ・スートラ　200a,717a,1505c
ヴァイシャーリー　657b,1252b
ヴァイシュヤ　542c,1183c
ヴァイシュラヴァナ　1184a
ヴァイダルヤ・スートラ　1461a
ヴァイダルヤ・プラカラナ　1461a
ヴァイデーヒー　45b,233b
ヴァイランジャー　1201a
ヴァイローチャナ(仏)　317b,1201c
ヴァイローチャナ(阿羅漢)　90a
ヴァーキヤパディーヤ　1169c
ヴァクシュ　552a,1150c
ヴァーサヴィー　45b
ヴァーサバ・カッティヤー　84c
ヴァーサンティー　679c
ヴァシシュタ(バラモン)　1152c
ヴァシシュタ(仙人)　1152c
ヴァーシュパ(仏弟子)　1165c
ヴァーシュパ(優婆塞)　1165c
ヴァジュラ・クマーラ　438c
ヴァジュラ・サットヴァ　434c
ヴァジュラ・スーチー　436b,1315a,1403c
ヴァジュラスーチカー・ウパニシャッド　436b
ヴァジュラセーナ　434c
ヴァジュラダラ　626a
ヴァジュラッチェーディカー・プラジュニャーパーラミター　439a
ヴァジュラボーディ　437a,784b,1085b
ヴァジュラ・ヤクシャ　441a
ヴァシーリエフ　**79b**,1369a
ヴァスヴァルマン　553c
ヴァースキ　1157c
ヴァスダフ　545c
ヴァスバンドゥ　21b,289c,292a,296c,317c,343a,358c,426c,439b,519b,631c,664a,684a,728b,742c,756c,792b,800b,801a,830c,931b,933a,933b,934c,1023b,1065c,1066c,1123b,1134b,1135a,1194c,1229b,1237b,1258b,1270c,1285c,1293c,1295a,1318b,1356b,1394b,1400b,1422c,1423c,1430a,1502c
ヴァスミトラ　62c,190b,327c,1154b,1499c
ヴァーセッタ　1152c
ヴァーセッター　967b
ヴァッカリ　1148a
ヴァックラ　1151c
ヴァッサカーラ　85c,89b
ヴァッサゴートラ(仏弟子)　1152a
ヴァッサゴートラ(外道)　1152a
ヴァッジ　632b,657a,1160c,1187b,1252b,1369a,1447c
ヴァッジプッタ　1148c,1416c
ヴァッタガーマニー・アバヤ　20a,**79c**,826a,1357a
ヴァッチャゴッタ(仏弟子)　1152a
ヴァッチャゴッタ(外道)　1152a
ヴァッツァ　265b,552b,657b
ヴァッパ(仏弟子)　423c,1165c
ヴァッパ(優婆塞)　1165c
ヴァーツヤーヤナ　89c
ヴァナヴァーサ　1165c
ヴァナヴァーシン　1165b
ヴァニョーニ　1024b
ヴァーマデーヴァ　**79c**
ヴァーマラブダ　463a
ヴァーユ　643c
ヴァラカリヤーナカ　1357b
ヴァーラーナシー　597c,657a,1167a,1318c
ヴァラビー　1164b
ヴァラビー王朝　1164b
ヴァリニャーノ　1024a
ヴァルシャカーラ　85c
ヴァルダマーナ　593a,1092a
ヴァルナ　13c,643c
ヴァールミーキ　1445b
ヴァレーザー　**79c**
ヴァンガタ　1017a
ヴァンギーサ　1148c
ヴァンサ　552b,657b
ヴィグナ　39b
ヴィクラマシラー寺　16b,**80b**,554a,599a,675a,1081c,1085b,1085c,1247b,1368a,1443c
ヴィクラマーディトヤ　85c,801a,830c,993b,1006b,1356b
ウイグル　375b,819a
ウイグル語　1075c,1293a
ウイグル文字　375b
ヴィクレマシンハ　**80b**
ヴィサーカ　972a
ヴィサーカー　967c,1380c,1404b,1497c
ヴィサーカ・パンチャーリープッタ　1183c
ヴィシェーシャミトラ　691c,1423b
ヴィシシュタチャーリトラ　701c
ヴィシャーカー　1497c
ヴィシュヴァカルマン　1184c
ヴィシュヴァブー　187a
ヴィシュヌ　208a,956a,1084c,1147c,1182c,1203b,1247b,1444b,1445c
ヴィシュヌグプタ

176a
ヴィシュヌ派 1203b
ヴィスッディ・マッガ 21b,**80c**,325b,979c,1236b,1448c
ヴィータショーカ 1187b
ヴィータソーカ 1187b
ヴィディ 1247c
ヴィデーハ 45b,657a,1160c,1187b,1369a,1447c
ヴィドゥーダバ 84c,202b,601c,1153b,1202b,1347c,1358c
ヴィドヤーダラ 589a
ヴィドヤー・ラージャ 419a
ヴィドヤーラニヤ 1350c
ヴィナヤ 939c
ヴィナヤ・ヴァストゥ 666b,1005a,1143c
ヴィナーヤカ 212c
ヴィナヤ・スートラ 1066c
ヴィナヤ・ピタカ **80c**,940b,1449c,1455b
ヴィニータデーヴァ **81a**,220a,1119b,1423c
ヴィニータプラバ 746b
ヴィパシュイン 187a
ヴィバンガ 21c,**81b**,613b,1448c
ヴィマーナ・ヴァットゥ 294b
ヴィマラ 1416c
ヴィマラキールティ 196a,1252b,1425c,1426a
ヴィマラークシャ 1190b
ヴィマラダッター 1392b
ヴィマラダンマスリヤ一世 826b
ヴィムッティ・マッガ 80c,325b
ヴィヤーカラナ 647c,1180b,1325a
ヴィヤーサ **81c**,1247b,1357c
ヴィラータナガラ 657b
ヴィリンチヴァッサ 830c
ウィルキンス **81c**
ウィルソン **82a**
ヴィルーダカ 1202a
ヴィンディッシュ **82a**
ヴィンテルニッツ **82a**
ヴェーサーリー 327c,632b,657b,963c,1158a,1160c,1252b,1447c,1501b
ウェステルゴォル **82b**
ヴェーダ **82c**,92a,137a,367b,647c,976c,1168a,1180c,1203b,1325a,1357c,1496c
ヴェーダ・ヴィヤーサ 81c
ヴェーダ語 83a,1325a
ヴェーダーンガ 83a,647c,1168b,1180c,1356a
ヴェーダーンタ学派 1147c,1445b,1506a
ヴェーダーンタ学派不二一元論 1350c
ヴェーダーンタ・スートラ 1506a
ヴェーデーヒー 10c,45b,405a,1187b
ヴェーヌヴァナ 141c
ウェーバー **83b**
ヴェーランジャー 1201a
ヴェールカンディヤー 294a
ヴェーンギープラ 34a
ヴェンツェル **83c**
ウグラ 39c
ウサバ 593a
ウダ 88a
ウダーイバッダ 89a
ウダイバドラ 88c
ウダーイバドラ 1155c,1347b
ウダーイン 207c
ウダーナ **88a**,294b,1306c
ウダーナ・ヴァルガ 88b,674a,1275c,1306c
ウダヤナ 90b,265b,657b
ウダヤバッダカ 88c
ウダヤバドラ 88c
ウッガ 39c,206a,678a
ウッジェーニー 85c,657c
ウッジャイニー 20b,85c,657c,1359a
ウッジャヤニー 85c
ウッダカ・ラーマプッタ 89a,597b
ウッタラ(バラモン) 89b
ウッタラ(伝道師) 89b,442a
ウッタラー 576b
ウッダーラカ・アールニ **89c**,92b
ウッタラ・クル 679b
ウッチュシュマ 87a
ウッディヤーナ 86c,578b,963c,972c
ウッドヨータカラ **89c**
ウッパム **90a**
ウッパラヴァンナー 86a,140b,1488a
ウッヤーナ 86c
ウッランバナ 93b
ウデーナ 90b,657b,1349c
ウトパラヴァルナー 1488a
ウトパラカ 1157c
ウドヤーナ 86c
ウドラ 88a
ウドラカ・ラーマプトラ 89a
ウパヴァッタナ林 288c
ウパヴァーナ 92b
ウパカ 91a
ウパガナ 91a
ウパグプタ 1b,1c,45a,91a,309b,501b,799b,1052c,1354b,1408a,1417a
ウパシャーンタ 21c,91b
ウパシューニヤ 197a
ウパセーナ 91b
ウパセーナ・ヴァンガンタプッタ 91a
ウパセーナ・ヴァンガンタプトラ 91a
ウパティシュヤ 613b
ウパティッサ(舎利弗) 613b
ウパティッサ(論師) 325b
ウパデーシャ・サーハスリー 614a
ウパナヤナ **91c**
ウパナンダ(比丘) 91c,1496a
ウパナンダ(竜王) 91c,1157c
ウパニシャッド 83a,89c,**92a**,158b,1168b,1171c,1320a,1506a
ウパマーナ 1505c
ウパーリ(仏弟子) 92b,327b,634c,639b,963b
ウパーリ(優婆塞) 92b
ウマー 925a
ウマースヴァーティ **93a**
ウマースヴァーミン 93a
ヴリジ 657a,1160c
ヴリジプトラ 1148c
ヴリシャ 642c
ヴリシャバ・クシャトリヤー 84c
ヴリシュチカ 642c
ウルヴィルヴァー 94b
ウルヴィルヴァー・カ

ーシャパ 469a
ウルヴェーラー 94b, 1126c
ウルーカ **94b**, 200a, 562c, 1505c
于公寺 1253c
于闐 **90a**, 200a, 242c, 420b, 450a, 608a, 970c
于闐語 941c
于闐国 416b
于闐国懸記 595c
于頔 1349c
于道邃 1075a
于法蘭 1075a
友称王 751b, 752b
右楽 1205c
右寺 453a
右膝著地 1437b
右大寺 453a
右繞三匝 269a, 1437c
右繞仏塔功徳経 **90c**
右舞 1205c
宇井伯寿 **81b**, 1386c
宇佐八幡 1328c
宇佐八幡大神宮寺 780b
宇佐問答 1145c
宇治(伊勢) 1412b
宇治拾遺物語 **84b**, 442b
宇治僧正 179a
宇治橋断碑 1056c, 1153a
宇治橋碑 **85a**
宇曽利山 152a
宇多上皇 66c, 1411c
宇多天皇 387b, 793a, 1081a, 1130a
宇多法皇 42c, **88c**, 208c, 785a, 917a, 1202c, 1268b
宇都宮頼綱 1429c, 1490a
宇都宮默霖 **89c**
宇都宮問答 1110a
宇野円空 **90c**
扜泥城 1386a
有 **79a**, 89c
有愛 1a
有愛住地 1338a
有為 **80a**
有為果 158a
有為空 280c
有為解脱 324c
有為転変 80a
有為涅槃 1132c
有為法 80a
有為法界 1304c
有異熟 44b
有因無果 66a
有有力待縁 71b
有有力不待縁 71b
有果 80b
有学 **83c**
有覚有観三昧 504c
有喜寺 1413c
有記法 1391b
有教 481b
有教色 520a
有教無人 410b, 630c
有行有開発無相住 1298
有行般 531b
有垢真如 802b
有垢無垢無常 690a
有功用 **84a**
有軍 703c
有慶 **84b**
有見 403a
有賢 1155b
有光地 629b
有後生死 713b
有根身 **84b**
有財餓鬼 177a
有財釈 1495b
有作の四諦 551c
有作福田 1209c
有事 80b, 771a
有職 477b
有識 **84b**
有色根身 84b
有支習気 563c, 628b
有実事 430c
有宗七十五法記 **86a**
有執受 **86a**
有取識 **86b**
有主物 **86b**
有性 635c
有性闡提 59a
有定 368c
有情 **86b**, 464b, 668b
有情数 **86b**
有情世間 830a
有情同分 674b
有諍 94c
有上士 1040a
有所得 **86c**
有心 **87a**
有心位 87a
有心定 688b
有尋有伺三摩地 504c
有尋有伺定 546b
有身見 158c, 403a
有染 94c
有染汚 94c
有相 **87c**
有相教 407a, 407b, 472a, 524c
有相行 36c
有相悉地 564c
有相宗 1316b
有相執著 **88a**
有相の本尊 1333a
有相菩提心 1302b
有相唯識派 426c, 800b, 1314c, 1395b, 1423b, 1430a
有相劣慧の機 237a
有対 919a
有対触 901a
有諦 494b
有体施設仮 307c
有頂天 589c, 1020c
有動定 546c
有貪 1074a
有念 **90c**
有能 640b
有能句義 563a
有部 →説一切有部
有部毘奈耶 244b, 474c
有部毘奈耶雑事 871b
有部律 161c
有覆無記 1391b
有分識 **92c**
有分別 1251b
有分別智 1251b
有法 72c
有法空 281a
有法自相相違因過 76a
有法差別相違因過 76a
有名無実諦 1098
有無力待縁 71b
有余依涅槃 1132b, 1132c
有余記 660c
有余涅槃 1132b
有離 80b
有量の諸相 **94a**
有漏 **94c**, 509c, 811b, 1338c
有漏因 95a
有漏慧 100a
有漏縁の惑 1337c
有漏果 95a
有漏行 94c, 95a
有漏路 94c
有漏識 95a
有漏種子 628a
有漏定 95a
有漏身 94c
有漏善 94c, 838b, 838c
有漏断 94c, 977c
有漏智 94c, 980c
有漏道 94c, 1038a
有漏法 94c
迂廻の機 236c, 237a
乳母薬師 953c
盂盆斎 93b
盂蘭盆 **93b**
盂蘭盆会 93b, 213a, 278a, 397c, 827b, 1262b, 1330a
盂蘭盆経 93b, **94a**, 177b, 1348c
盂蘭盆供 93b
盂蘭盆斎 93b
雨行 85c
雨乞法 692a
雨時 1484c
雨舎 85c
雨宝陀羅尼 92c
雨宝陀羅尼経 **92c**
雨宝童子 **92c**
雨宝童子像 436b, 1329c
禹翅利利 **84c**
禹舎 **85c**, 89b
禹門 1147a
烏夷 5a
烏耆 5a
烏倶婆伽童子 1242c
烏滸水 552b, 1150c
烏鎩国 **84b**

烏什城　155c
烏萇　86c
烏仗那国　**86c**,578b,963c
烏長那　86c
烏水　1261a
烏枢沙摩明王　**87a**,114a,419a,441a,715a
烏芻沙摩明王　87a
烏陀夷　207c
烏陀南　88a
烏荼国　**88a**
烏那　**90c**
烏波毱多　799b
烏波索迦　91b
烏波第鑠　91c
烏逋沙他　1213c
烏摩妃　372c,925a
烏洛迦栴檀　857a
烏藍婆拏　93b
烏留頻螺　94b
雲首塔　828b
雲林院　**94b**,1301a
嗚嚕捺囉叉　6a
嗢俱吒坐　448b
嗢鉢羅地獄　1486c
嗢露迦　562c
塢　568
鄔闍衍那　657c
鄔闍衍那国　**85c**
鄔陀衍那　90b
鄔陀南　88a
鄔波髻設尼童子　1411a
鄔波三鉢那　161c
鄔波第鑠　91c
鄔波駄耶　151c
鄔波難陀(比丘)　**91c**
鄔波難陀(竜王)　**91c**
鄔波尼殺曇分　813c
鄔波婆沙　161a
鄔波離(仏弟子)　92b
鄔波離(優婆塞)　92b
鄔婆斯迦　91b
漚和俱舎羅　842c
憂呼　91a
憂受　616a
憂檀那　65a
憂波提舎　613b
憂波利(仏弟子)　92b
憂波利(優婆塞)　92b
養鸕徹定　**83c**,396b,1259a,1441b,1492a
甌　568
優尸羅　**87a**
優頭槃　92b
優禅尼　20b
優禅耶尼　85c
優陀夷　207c
優陀延王　90b,889c,1203a
優陀延那　90b
優陀那　**88a**,644b
優陀那院　1109c
優陀耶跋陀　**88c**
優陀羅摩子　597b
優陀羅羅摩子　**89a**
優多羅　89b
優檀那　88a
優填王　**90b**,265b,657b
優填王経　**90b**,954c
優曇華　**90b**
優曇宗主　1241c
優曇鉢羅華　90b
優婆夷　**91b**,161a,451c,556a
優婆夷戒　161a
優婆耆婆　91a
優婆斯　91b
優婆扇多　**91b**
優婆先那　**91b**
優婆塞　**91b**,161a,451c,556a
優婆塞戒　161a
優婆塞戒経　**91b**,162c,164a,1196b
優婆塞五戒威儀経　162c,1296c
優婆提舎　91c
優婆題舎　91c
優婆離(仏弟子)　92b
優婆離(優婆塞)　92b
優波迦　**91a**
優波毱多　1b,1c,45a,**91a**,309b,501b,943c,1052c,1354b,1408a
優波笈多　91a
優波崛多　91a,1417a
優波髻設尼　1411a
優波斯那婆檀提子　**91a**
優波娑迦　91b
優波先迦蘭陀　91a
優波扇多　21c
優波替　613b
優波替舎　91c
優波提舎　**91c**,493b,644b
優波帝須　613b
優波底沙　325b
優波難陀(比丘)　91c
優波難陀(竜王)　91c,1157c
優波尼沙陀分　813c
優波摩　92b
優波摩耶　**92b**
優波離(仏弟子)　**92b**,327b,634c,639b,669c,963b
優波離(優婆塞)　**92b**
優鉢羅(竜王)　1157c
優鉢羅(地獄)　532b
優鉢羅華　1486b
優槃難陀(比丘)　91c
優槃難陀(竜王)　91c
優楼佉　**94b**,200a
優楼頻螺迦葉　469a
優楼頻羅聚落　**94b**
優楼迦　200a
優楼歌　200a
優婁頻螺　1126c
鵜木御書　185b
鵜木の行観　185b
回祭　**80b**
回財　80c
回礼　**82a**
上杉氏定　170c
上杉謙信　690c
上杉神社蔵曼荼羅　1364b
上杉憲顕　398b
上杉憲清　453c
上杉憲実　8b,885a
上杉文秀　**82b**
上杉持朝　1457b
上田照遍　**83b**
上野相憲　**83b**
上松寅三　43b
浮御堂　1360a
浮世　**84a**
浮世念仏　88b
憂世　84a
兎飛び　136a
丑の時法門　1183b
丑時参　**85a**
牛伏寺　424c
牛祭　**85b**
氏子改　651b
氏子調　651b
氏寺　**84c**
氏寺参賀　85a
臼挽歌　**87b**
薄雲御所　537c
薄双紙　**87b**
太秦寺　391b
歌祭文　462c
歌題目　**88a**,958c
歌念仏　**88b**,1138a
歌比丘尼　300b,1181c,1186b,1210b
内山愚童　**89a**
内論義　405a,1507a
打聞集　**89a**
打敷　1225a
団扇太鼓　**89b**
嗢呾羅　**89b**
鬱金　**89b**
鬱金香　89b,362a,879b
鬱頭藍子　89a
鬱頭藍弗　89a
鬱多羅(バラモン)　**89b**
鬱多羅(伝道師)　**89b**,442a
鬱多羅(比丘尼)　576b
鬱多羅僧　1263b
鬱潭　1166b
鬱単越　679b
鬱鞞羅　94b
鬱楞迦　132a
馬加持　**93a**
馬聖　428b,1186b
厩坂寺　383a
厩戸皇子　734b
梅津清景　1007a
梅寺　152b
梅宮　131b
梅原真隆　**93a**
梅本坊　1174a
梅若寺　1407a
卜部家神道　1072b
占部観順　**93b**
浦佐毘沙門堂　1213b
漆間時国　1326c

上卓　1224c
吽　3b
吽哈囉悉利　**96c**
吽字義　**97a**,561c,
897a,903b
芸亭　13a,**98a**
温尸羅山　995c
温逝尼　85c
運空　433a
運慶　**95c**,1227a,
1228a
運敞　**97b**,329a,421a
運心　**97b**
運智　1115b
運良　**99b**,1031c
雲　818b
雲庵　400a,622a
雲雨喩　1197a
雲雨鈔　**98a**
雲屋　122c
雲臥　**95b**
雲臥庵主　255b
雲外　377c
雲外自慶　256c
雲岳寺　1278c
雲巌　1076b
雲巌寺(中国)　**95b**,
395a,405c
雲巌寺(栃木)　**95b**,
354c
雲巌寺(熊本)　**95b**
雲堯　**95c**
雲嶠智道　651b
雲華　917c
雲華院　917c
雲華尊者　987a
雲解　1181c
雲渓(支山)　535b
雲渓(桃水)　1051c
雲溪(織田得能)　152a
雲鼓　279a
雲居(中国)　1061b
雲居(日本)　809b,
1061b
雲居山　**96c**
雲居寺(中国)　1273b
雲居寺(日本)　**96c**,
380a,847c
雲居寺の半仏　96c
雲居了元　1469c
雲岡(人名)　684c
雲岡石窟　**96a**,856b,
1078b,1312c
雲顒　1286b
雲光寺　1291a
雲谷軒　833c
雲谷宗岫　809b
雲谷派　833c
雲室(戦国頃)　721b
雲室(江戸)　1468c
雲石堂　603b
雲秀　953c
雲住照通　392b
雲樹寺　**97a**,184c
雲章　54c
雲照(江戸)　867a
雲照(江戸〜明治)
**97a**,268b,1454a
雲心寺　221c
雲水　31b,**97b**,371a
雲棲和尚　665a
雲棲山　**97c**
雲棲寺　97c
雲棲袾宏　→袾宏
雲棲大師　665a
雲棲念仏　665a,665b
雲棲派念仏　97c
雲棲法彙　665b
雲説　**97c**
雲沢　794c
雲達　446c
雲潮　**97c**
雲伝神道　**98a**,1330b,
1475a
雲洞　461a
雲洞寺　264a
雲堂　206a,892a
雲幢　**98a**
雲衲　97b
雲濃　710c
雲横山　**98b**
雲板　98b,1170a,
1224c
雲版　**98b**
雲辺寺　**98b**,534a,
1148c
雲黙　**98b**
雲門好日　**98b**
雲門餬餅　**98c**
雲門山(広東省)　**98c**,
1250a
雲門山(山東省)　**98c**
雲門屎橛　**98c**
雲門宗　98c,351b,
402b,850b,1044b,
1250a
雲門十五日　98c
雲門須弥　**99a**
雲門露字　**99a**
雲門露柱　**99b**
雲門鉢桶　**99a**
雲門文偃　1250a
→文偃
雲門六不収　**99b**
雲竜院　859c
雲嶺桂鳳　345c
雲蓮社空華　1385a
韞之　992a
蘊　**95a**
蘊謙戒琬　1208c
蘊処界　468a
蘊魔　1344c


## え


エーカシュリンガ
54b
エーカシンガ　54b
エドキンス　**118c**
エドムンズ　**119b**
エフタル族　964a,
1370a
エーラーパトラ　553c
エリオット　**122a**
エレファンタ　**123a**
エローラ　**123b**,229a
也里可温　1024a
会　112c
会慶　**109a**
会下　112c
会座　**112c**
会三帰一　**113a**
会三入一　113a
会釈　**113c**
会迹帰本　174a
会上　112c
会正派　69b,218b
会善寺　814a
会通　113c
会二帰一　113b
会本　**121a**
会陽　456a,668c
会要発矇鈔　999c
会理　**122a**
回向　110b
回向院　**112a**
回光返照　**112a**
回心　115c
江戸三十三カ所　229c
江戸四カ寺　820c
江戸四十八願所　540a
江戸宗論　1216c
衣裓　**112b**
衣座室　**113a**
衣食具足　1285a
衣珠喩　1197a,1197c,
1293b
衣体　**117a**,1264a,
1264c
衣内の明珠　1197b
衣嚢　1263c
衣鉢　**120b**
衣鉢を伝える　120b,
1032c
衣鉢名義章　**120b**
衣鉢簿　120b
衣裡の宝珠　1197b
依　**99c**
依観経等明般舟三昧行
道往生讃　1171c
依教分宗　**109b**
依言真如　802a
依根本心　490c
依地　**113b**
依止阿闍梨　11c
依止師　**113c**
依止住　**257a**
依止不畏　679c
依士釈　1495a
依宗教別　109b
依主釈　1495a
依正不二門　574c
依身　**115c**
依詮談旨　**116c**
依草附木　**117a**
依他起性　280b,485c,
486a,486c,699c,
1196a
依他仮　308a
依他性　485c
依他八喩　1196a
依如の六無為　1389b
依憑天台集　**120c**
依報　**120c**,830b
依報荘厳　710b
依名釈義　323b

依門顕実諦　1098
依用相承　885c
廻向　**110b**
廻向心　1297
廻向発願心　490a, 490b, 1305c
廻向文　**112a**
廻向門　423b
廻諍論　**115b**, 1461a
廻心　**115c**
廻心向大　115c
廻心懺悔　115c
廻心の機　115c
廻心の小乗　298a
廻心の二乗　298a
廻心の菩薩　1074c
柄香炉　362c
荏柄天神縁起　1330a
家原寺　**120b**, 539a
恵運　32c, **105c**, 759c, 952c, 1116c, 1117a
恵運禅師将来教法目録　759c
恵運律師書目録　759c
恵円　948a
恵音　875a
恵隠　**106c**, 253c, 1507a
恵学　1135c
恵岳　**108b**
恵蕚　1220c
恵昕　1500b
恵金　925b
恵空(奈良)　1040b
恵空(江戸・天台宗)　**109b**
恵空(江戸・真宗)　44a, **109b**, 281b, 305a, 733a, 898b
恵慶　**109c**, 607c
恵瓊　**109c**, 355c, 399a, 1242b
恵晃　**111b**, 240c
恵厳尼　1270a
恵秀　788c
恵什　**114a**, 561c
恵什抄　561c
恵照　1116c
恵詳　287c
恵浄　461a
恵聖院　**115b**
恵深　833b
恵深房　1380c
恵尋　**116b**, 433a
恵心院　**116b**, 681a, 887b, 1179c
恵心僧都　347b
恵心流　347c, 1027b, 1321b
恵信尼　**116b**, 806c
恵施　1306a
恵善尼　**116c**
恵宅亮雄　534c
恵檀二流　347c, 1027b
恵檀八流　1027c
恵珍　557a, 883a
恵篤　1172a
恵日定光禅師　888c
恵日房　744b
恵比須　557c
恵便　116c, **120c**
恵方神　1069c
恵隆　135c
恵林　1488a
恵林寺(山梨)　**122c**, 907a, 1145b
恵林寺(京都)　406a
恵林寺領検地日記　123a
絵因果経　187a
絵系図　**110a**, 1470a
絵詞　121b
絵伝　121b
絵解き　**118b**, 537a, 578a, 734c, 807c, 957b, 1050b, 1050c, 1221b, 1282c
絵解比丘尼　300b
絵所　**119a**
絵表所　119a
絵仏師　1226c
絵馬　**121a**
絵巻物　**121b**
慧　**99c**, 426a
慧安(中国)　**100b**, 905c, 1468a
慧安(日本)　**100b**, 730b, 1145a
慧威　**100c**, 1027a, 1286b
慧印　**105b**, 841b, 1287b
慧印三昧　105c
慧印三昧経　**105c**
慧因寺　**105c**
慧雲(中国)　709b
慧雲(奈良)　1416b
慧雲(鎌倉)　**106a**
慧雲(江戸・浄土宗)　**106a**
慧雲(江戸・浄土真宗)　**106a**
慧雲院　1100c
慧永　**106b**, 1503b
慧英　319a
慧叡　**106b**, 874b
慧応　**106c**, 1477c
慧苑　**106c**, 317c, 318a, 319a, 525a, 765c, 901b
慧苑音義　318a
慧恩　**106c**
慧遠(廬山)　21c, **107a**, 402b, 472c, 611a, 733b, 933c, 1236c, 1241a, 1496c, 1503b
慧遠(浄影寺)　**107a**, 110c, 127c, 234a, 298c, 616b, 631c, 733b, 756b, 758b, 930a, 931a, 1171b, 1195c, 1400c, 1426b, 1499a
慧遠流　733b
慧可　**107b**, 762b, 1303b, 1468a
慧霞　892b
慧海(隋)　**107c**
慧海(唐)　**107c**
慧海(鎌倉)　203b
慧海(江戸・高田派)　**107c**, 591c
慧海(江戸・本願寺派)　**107c**
慧開　**108a**, 1399a
慧愷　**108a**
慧覚(北魏)　338c
慧覚(梁～隋)　**108a**
慧覚(梁～唐)　**108a**
慧覚(北宋)　**108a**
慧覚(日本)　1041b
慧鶴　1149a　→白隠
慧蕚　**108b**, 418c
慧鍔　1221a
慧簡　**108c**, 745c, 1240c
慧観　**108c**, 301b, 407a, 510c, 1133c
慧灌　**109a**, 510b, 692a, 1176c
慧鑑　1232c
慧基　**109a**
慧義　239b
慧喜童子　1242c
慧教　1113a
慧暁　**109a**
慧旭(江戸・真宗)　**109b**
慧旭(江戸・真言宗)　1076a
慧均　773c, 931b
慧空　762c
慧訓　474a
慧景(中国)　1313c
慧景(日本)　**109c**
慧警　1390a
慧解脱　28c, 325a, **781b**
慧月　**110a**, 562c, 716c
慧研　781a
慧剣　**110b**
慧堅　**110a**, 1453a
慧玄(鎌倉～南北朝)　**110b**, 216b, 706b, 1380a
慧玄(江戸)　1463b
慧眼　333a
慧炬　1290b
慧広　**111b**, 824b
慧光(北魏)　38a, **111b**, 126c, 472a, 537c, 631c, 774a
慧光(唐)　586c
慧光(清)　943a
慧光(室町)　1114a
慧光(江戸)　**111b**, 130b, 136b, 171c
慧光寺　393b
慧光大円禅師　1067c
慧光童子　1242c
慧光房　1003b
慧光房流　341b, 1027c
慧亨　**111c**
慧洪　**111c**, 870b, 1476b
慧皎　**111c**, 379a, 1402b

慧雄　1102c
慧極　1060b
慧勤　**112b**,808c,1350a
慧厳　**112b**,510c,1133c
慧懃　**112b**,1137a,1265a
慧才　**112c**
慧済　**113a**
慧済寺　1221a
慧最　**112c**
慧思　**113b**,122a,372a,541c,645a,677b,770a,932b,955c,1027a,1086b,1294a
慧次　**113b**
慧持　**113c**,1457b
慧慈　**113c**,1272a
慧寂　40b,**113c**,263b,263c,480b,850b
慧集　1277b
慧詢　1299b
慧生　**114a**,1291c,1442b
慧性　1114a
慧沼　**114b**,233b,677b,757a,757c,935a,1142a,1316c
慧祥　415b
慧敞　**114b**
慧成　**114b**
慧浄(中国)　**114c**
慧浄(日本)　786a
慧静　**115a**
慧照院(東京)　778b
慧照院(京都)　1380b
慧照禅師　241c
慧上菩薩大善権経　955a
慧心　1297
慧信　**116a**
慧崇　**116b**
慧嵩　1078b
慧聡　**116c**,1272a
慧蔵　**116c**
慧沢　1106b
慧達　2a,1002b
慧端　**117b**,1149a
慧諶　**117b**
慧智　**117c**,670c
慧忠(牛頭)　**117c**,711a
慧忠(南陽)　**117c**,132c,397c,663b,995c
慧超　**117c**,141b,861c
慧超往五天竺国伝　141b
慧澄　985b
慧鎮　125b,171b
→円観
慧通　473a
慧哲　**118a**
慧徹　**118a**,1457b
慧伝　**118b**
慧唐決　1043c
慧灯大師　1491a
慧篤　**118c**
慧曇　959b
慧南　**119b**,146a,243c
慧日(唐)　**119b**,733b,737a,1172c
慧日(元)　1023c
慧日(日本)　**119b**
慧日永明寺　795a
慧日山東福寺宗派　646c
慧日寺(中国)　779a
慧日寺(福島)　**119c**,1065c
慧日寺(福岡)　**119c**
慧日寺浮図院　9b
慧日聖光国師　1373c
慧日論　1142a
慧如意足　581b
慧仁　118c
慧然(唐)　1477b
慧然(南宋)　916a
慧然(日本)　**119c**
慧能　**120a**,822b,850b,879c,959b,1190a,1289c,1344b,1484a,1500a,1500c
慧布　**120c**
慧弁法師　1025c
慧宝　1292a
慧明(中国)　359b,1312b
慧明(南北朝～室町)　**121c**,454b,1062b
慧明(江戸)　1116b
慧明院　1283c
慧明義　787c
慧明寺　1494a
慧明首座　421c
慧明禅師　900a
慧命　**121b**,291a
慧命(人名)　**121c**
慧猛　**121c**
慧牧　**121c**
慧文　**122a**,1027a
慧聞　122a
慧影　**122a**,944a
慧理　104b,1023b,1480c
慧力　176c
慧立　**122b**,924b
慧亮　12a,**122b**,654b,797c
慧梁　154a
慧林(江戸・黄檗宗)　699a
慧林(江戸・真宗)　25b
慧琳(劉宋)　473a
慧琳(唐)　56a,**122c**,447a,941c
慧琳(日本)　**122c**,790b,1507c
慧琳一切経音義引用書索引　56b
慧琳音義　56a
慧輪　**122c**
慧麟　875a
慧朗　**123a**
壊苦　278c
壊劫　361b
壊相　1499a
壊相金剛陀羅尼経　611c
壊道沙門　610c
壊衲大璉　622a
壊法不壊法　28c
懐惲　**106b**,602a
懐音　**107b**,766a
懐海　**108a**,850b,992a,1192b,1193a
懐感　**108c**,602a,733b,736a
懐義　1227c
懐玉　**109b**
懐玉道温　206b
懐空　261c
懐敞　102a,**114b**,850c
懐奘　101b,104b,**114c**,184a,386b,749c,750a,851a
懐譲　**115a**,372a,850b
懐信　604b
懐則　734a,1028c
懐璉　2a
曀　568
穢業　364c
穢国　730c
穢跡金剛　87a,114a
穢跡金剛禁百変法経　10b,**114a**,514c
穢跡金剛説神通大満陀羅尼法術霊要門　10b,1368b
穢身　**116b**
穢土　**730c**
永安道原　313b
永縁　**100c**,607c
永乙　117b
永観　142c,143b,265b,607c,733c,868a,1432a,1433b
永観堂　867c,1494a
永慶寺(奈良)　**101b**
永慶寺(大分)　**101b**
永厳　561c,962c,1432c
永源寺　**101c**,339c
永源寺派　850c
永春　827b
永承　631c
永昌院(日受)　1103b
永昌院(日鑑)　1109b
永正軌則　**102c**
永勝寺　**102c**,225c
永精寺　1486a
永宣旨　**103a**,882a
永泉寺　1384c
永禅師　982b
永祚寺　405b
永祚禅寺　1023c
永祚宣命　**103a**,139b,156b
永代経　578c
永泰寺(中国)　814a
永泰寺(日本)　671c
永智　704c
永中　592a
永忠　**103c**
永超　1039a
永超録　1039a


慧
壊
懐
曀
穢
永

永徳寺 **104a**
永寧寺(河南省) **104a**,613a
永寧寺(山西省) 351b
永福寺(中国) **104b**,405a
永福寺(日本) **104b**
永平忌 168c
永平広録 **104b**,386b
永平寺 95c,**104c**,106c,115a,216b,238a,239c,285a,424a,850c,1044a,1093c
永平正法眼蔵 749c
永平初祖学道用心集 183c
永平清規 **105a**
永平大清規 105a,311a
永平和歌集 488c
永保寺 **105a**
永明延寿 →延寿
永明寺 **105b**
永璵 95c,**105b**
永楽大典 843a
永楽版 942b
英岳 **101a**
英幹 713c
英巌 1076a
英弘 78a
英性 **102b**
英仲 1275c
英朝 **104a**,651c,867b
英澄 1468c
英誉俊応 1473a
英霊 761b
栄睿 **100c**,221a,745c,958a
栄穏 1454b
栄海 **101a**,786a
栄慶 620c
栄慶(栄性) 102c
栄久 **101b**,1199b
栄源 652c
栄好 1312b
栄西 **101c**,114b,134b,139c,248a,355b,378a,384a,398b,672a,675c,746b,844c,850c,938a,1026b,1031b,1145a,1292b,1303a,1353b,1441a
栄山寺 **102a**
栄秀 146c
栄春 1459b
栄性 **102b**
栄祥 **102c**
栄勝寺 119c
栄仙 1045a
栄専 442c
栄泉寺(千葉) 1106c
栄泉寺(愛知) 382c
栄尊(鎌倉) **103b**
栄尊(南北朝) 1008c
栄朝 **104a**,1008c
栄曇 1266a
栄然 526a
栄福寺 534a
栄普斎 704a
栄祐 1476a
栄誉 **105b**,442c
洩瑟知林 762a
瑛法師 992a
影 103a
影供 103a
影像 **103a**
影堂 103a
瑩山派 932b
叡岳 1178c
叡岳要記 **101b**
叡桓 37c
叡空 **101b**,338b
叡山 1178c
叡山五箇灌室 393a
叡山三行 174c
叡山常行三昧堂 68a
叡山大師 456b
叡山大師伝 **102b**
叡尊 **103b**,120b,175c,221b,376b,386a,443b,455c,460c,716c,725c,783c,786c,995b,1007a,1153a,1161a,1176c,1192b,1267b,1454a
叡長 1110a
叡福寺 581a,937a
叡峰 1178c
衛 990b
翳華 111b
翳迦訖沙羅烏瑟尼沙斫訖羅 48a
翳身薬 **102c**
翳囉嚩蹉 656c
瀛洲 1039c
奕堂 841a
益信 131c
越後阿闍梨 1105c
越後法橋 167a
越前阿闍梨 758b
越前の真宗三本山 1124a
越前法橋 704b
悦翁 338a
悦卿 833a
悦叉 1416b
悦衆 477a,881b
悦頭檀 751a
悦耳声 1163b
悦峰道章 101c
悦予地 629b
越州乾峰 357a
越中阿闍梨 1493b
越府録 759b
越本 941b
閲頭檀王 232c,751a
閲蔵知津 **118a**,607b,941c
円阿 787a
円位 450c
円応 573b
円応禅師 101c,339b
円雅 **124a**
円戒 859b
円戒啓蒙 **124a**
円戒国師 795a
円戒十要 **124a**
円戒相承 885b
円戒膚談 **124a**
円戒問答 **124b**
円海(南北朝) 577c
円海(戦国) 1453b
円海(江戸・真宗) 326c
円海(江戸・真言宗) 1429c
円覚経 **124c**,470b
円覚経道場修証儀 **124c**,125a
円覚経道場略本修証儀 **125a**
円覚寺(朝鮮・ソウル) **125a**
円覚寺(朝鮮・江原道) 357b
円覚寺(日本) **125a**,405c,905b
円覚寺僧正 619a
円覚寺派 850c
円覚修多羅了義経 124c
円覚上人 1041c
円覚大師 1303c
円観 **125b**,138a,171b,451a,1268a
円龕 696b,1441a
円鑑国師(朝鮮) 996a
円鑑国師(日本) 894a
円鑑禅師 682b
円暉 **125c**,290b,290c
円熙 679b
円禧 **125c**
円機妙応禅師 760c
円教 **126c**,395b,410b,472a
円教院 1100b
円教寺(京都) **127a**,516b,823c
円教寺(兵庫) **127a**,702b
円教宗 315b
円教の二諦 1100a
円鏡 185c
円鏡寺 47a
円行 **126c**,612b,759b,1116c,1117a,1172a,1186c,1274a
円行院 1115b
円経沖照国尊 52a
円空(鎌倉) 1461c
円空(江戸) **128a**,847a,1048b,1227a
円空仏 128a
円冏 **128a**
円芸 744a
円月 **128b**,406b
円見 **128b**
円兼 912c
円悟(中国) **128c**,284c,865c
円悟(日本) 691c
円光 384c,403b
円光(朝鮮) **128c**
円光(日本) 8a
円光寺(静岡) 337a

円光寺(京都) 337a
円光寺学校 8b,**129a**
円光禅師 135c
円光大師 338b
円光大照禅師 626a
円光坊 1104b
円極居頂 903c
円座 **129a**
円載 **129b**,373b,398b,1026b,1043c,1162b
円旨 **129b**,824b
円慈 **129c**,174b,402b,652a,842b,1177a
円測 114b,**129c**,324b,369b,1297c
円測塔 369b
円寂 1133a
円寂(人名) 390c
円宗(華厳宗) 130b,538a
円宗(天台宗) 1026c
円宗(大集経) 538a
円宗(人名) 50b
円宗寺 **130a**,454a,516b,882a,1307b
円宗寺最勝会 1262c,1507a
円宗寺法華会 1262c,1507a
円宗鳳髄 **130b**
円宗文類 **130b**
円宗録 759a
円修禅師 1062b
円俊 508a
円淳 452b
円遵(江戸・高田派) **130c**,961a
円遵(江戸・臨済宗) 929b
円松 179a
円性(覚快) 180a
円性(覚基) 180b
円性房 1117b
円証 291b
円照(中国) 32a,**130c**,706b,941a,1208b,1448b
円照(平安) **130c**
円照(鎌倉) **130c**
円照(鎌倉～南北朝) **130c**
円照寺(滋賀) 961b
円照寺(奈良) **131b**
円照禅師(師範) 582c
円照禅師(宗本) 896b
円照大師 60a
円成 690c
円成院 1087a
円成寺(岐阜) 1331a
円成寺(愛知) **131c**
円成寺(京都) **131c**
円成寺(奈良) **131c**
円成実性 280b,485c,486b,486c,699c,801c
円瀞 265a
円乗院 864b
円乗寺 **132a**,516b
円勝寺 **131b**,1498b
円城寺 382c
円城寺僧正 1416a
円浄宗 1503c
円浄涅槃 1132c
円浄法師 719a
円接別 410a,1185a
円接別の二諦 1100a
円接通 410a,1185a
円接通の二諦 1099c
円心(平安) **132a**
円心(江戸) 1393c
円信 176b
円真 588b
円尋 567b
円瑞 **132b**
円政(鎌倉) 1332a
円政(江戸～明治) 1371a
円晴 **132b**
円勢 **132b**
円誓 750b
円是院 1106b
円相 **132c**
円蔵寺 **132c**,478b
円陀陀地 **132c**
円多羅義集 **132c**
円多羅義集唐決 132c
円智(鎌倉・真言宗) 781c
円智(鎌倉・浄土宗) 305a
円智(安土桃山) 938a
円智(戦国～江戸) 1113a
円智(江戸) 733b
円澄(平安) **133a**,139a,140a,1043c
円澄(江戸) **133a**
円澄法師 275c
円珍 4b,10b,**133a**,139a,156a,176b,250a,257b,271c,276b,366c,398b,424c,437c,441b,443c,444a,477c,499b,607c,663c,664c,677b,759c,765c,768b,773b,806b,887a,925b,943b,947b,947c,957b,982b,1026b,1027b,1117a,1118b,1121c,1132a,1162b,1212c,1364b,1391c,1449b,1498a
円珍和尚伝 1476a
円通 **133c**
円通(江戸・臨済宗) 841a
円通(江戸・浄土宗) **133c**,563c,679b
円通院 702a
円通寺(中国) **134a**
円通寺(青森) **134a**,152a
円通寺(栃木) **134a**,1456a
円通寺(京都・左京区) **134a**
円通寺(京都・亀岡市) 1275c
円通寺(兵庫) **134a**
円通寺(和歌山) **134a**
円通寺(岡山) **134a**,1470b
円通首座 277b
円通尊者 979a
円通大応国師 753b
円通大師 602a
円唐決 1043c
円堂僧正 823c
円徳院 492c
円頓 **134b**
円頓(人名) 910a
円頓一心戒和解 **134b**
円頓戒 124a,124b,125b,134c,162c,546c,659c,1223b,1296a,1411a
円頓戒補助儀 766b
円頓戒脈譜口訣 **134b**
円頓三聚一心戒 134b
円頓止観 519a,1346b
円頓宗眼 **134c**
円頓成仏論 **134c**
円頓大戒 162c
円頓大乗 134c
円耳(戦国～安土桃山) **134c**,376a
円耳(江戸) 808a
円爾 1259b →弁円
円入通 410a,1185a
円入別 410a,1185a
円如(平安) 239a
円如(戦国) **135a**,153c
円如(江戸) 1281b
円仁 25a,52c,68a,134a,**135a**,139a,213a,217b,245a,246a,273c,274a,274c,312a,320c,337b,359a,398a,418c,437c,440b,441c,444a,445b,459c,495c,501c,516c,517a,543a,558a,599c,607c,612b,680c,745a,753a,759b,761b,762a,765c,769a,785c,786b,809b,814b,827c,847a,855c,862a,882b,886c,925b,938a,938c,947c,957b,975a,997a,1027b,1111c,1116c,1117a,1118b,1118c,1124b,1156c,1162b,1212c,1268a,1286b,1286c,1288a,1311c,1324a,1350c,1376a,1406a,1439b,1453b,1462b,1478b,1482b
円忍 **135b**
円会 1500b

円慧　**135c**
円の五行　396a
円派　132b, 693c, 1001a, 1228b
円福寺(宮城)　809b
円福寺(愛知・岡崎市)　**136c**
円福寺(愛知・江南市)　1364c
円福寺(京都)　738b, 1380c
円仏　585a
円弁　1056c
円満　**137c**
円満院　**137c**, 156b, 1411c, 1412a
円満常照国師　905b
円満本光国師　878c
円密宗二教名目　**137c**
円明　**138a**, 387a
円明具徳宗　321a, 565c
円明国師　1004a
円明寺(京都・右京区)　767b
円明寺(京都・乙訓郡)　130b
円明寺(和歌山)　184b
円明寺(愛媛)　534a
円明証智禅師　1048b
円明叟　1044c
円明大師　499a
円明仏演禅師　67a
円妙院　1116a
円猷　**138b**
円融　**138b**
円融院　492b
円融行布　138c
円融具徳宗　538a, 565c
円融三観　410b
円融三諦　494b
円融寺　**138b**, 516b, 1466a
円融相摂門　138c
円融天皇　138b
円融の三諦　998c
円融仏意集　**138c**
円融房　492c
円融無礙　1393a
円融門　**138c**
円律　705c
円輪　403b
円蓮社光誉　1268b
役優婆塞　136b
役小角　15a, **136b**, 149b, 187c, 198a, 221c, 247a, 278a, 289b, 368c, 390c, 444a, 461b, 501c, 535c, 576a, 664c, 713c, 799c, 1202b, 1213b, 1273b, 1285c, 1306a, 1326c, 1351b, 1401a, 1493a
役行者　136b, 149b, 503b, 749a, 1063a, 1185c, 1268a, 1462b
役行者像　1329c
宛陵録　145a
延喜(比丘)　91c
延喜(竜王)　91c
延鏡　828b
延慶寺　**128b**, 590c
延杲　**128c**
延光寺　534a
延興寺　**128c**, 385b, 1074a
延寿　**130a**, 481c, 677b, 795a, 804a, 814b, 1361b
延寿寺　326c
延寿陀羅尼　911b
延寿堂　1395c
延寿命経　**130c**
延衆寺　128c
延昌　**131a**
延沼　**131b**, 1210c
延祥寺　1444a
延勝寺　**131b**, 1498b
延深　132b
延促劫智　**132c**
延僘　**133b**
延鎮　**133c**, 274b, 1433b
延禎　1114c
延仁寺　**135c**
延年　136b
延年(芸能)　**135c**, 1406a
延年寺山　135c
延年転寿　**136b**
延年舞　135c, 1112a
延福寺　543a
延宝伝灯録　**137a**, 583a
延命　136b
延命地蔵　549c
延命地蔵菩薩　138b
延命地蔵菩薩経　**138a**, 549c
延命院　**138a**
延命寺(大阪)　710c
延命寺(愛媛)　534a
延命招魂法　711c
延命法　496a
延暦寺　56a, 135c, **139a**, 206c, 217b, 245a, 268c, 419a, 454a, 517c, 537a, 612c, 676c, 767b, 855c, 882a, 886b, 886c, 895b, 1003b, 1027b, 1093b, 1093c, 1178c, 1278b, 1307b, 1329a, 1453b, 1458b
延暦寺禁制式　**140a**
延暦寺座主円珍伝　24c
延暦寺三門跡　763b
延暦寺衆徒　1145a
延暦寺定心院　886b
延暦寺総持院　886b
延暦寺僧兵　895b
延暦寺大衆解　383c
延暦寺楞厳院　886b
延暦僧録　554a, 1118b
延朗　**140a**
炎地　629c
炎熱地獄　532a
炎羅王　627a
苑陽　1166a
衍　1241b
宴座　**129b**
宴政　1371a
損度　69c
袁宏道　**129a**, 459a
偃溪　387a
掩腋衣　1263c
淵竜寺　338a
焉耆　5a, 450a, 970c, 1063c
焔口餓鬼経　297a
焔口経　297a
焔地　629b
焔慧地　629b
焔摩天　137a, 1020b, 1420a
焔摩天法　137b
焔魔天　643c
焔牟　138a
塩官斉安　125c
塩官犀扇　**125c**
塩牟那河　**138a**
遠渓　899b
遠藤為盛　1381b
遠門浄柱　422a
厭穢欣浄　**123c**
厭求　**128a**
厭患対治　923c
厭公　1393a
厭欣　124a
厭触　41c
演義鈔　318b
演教三蔵　1271b
演慈院　985a
演奥鈔　**136b**
演福寺　**136c**
演蓮社智誉向阿　1173a
縁　**123b**
縁已生　126a
縁因　64b
縁因仏性　1228c
縁賀　832c
縁覚　48c, **124b**, 407a, 928b
縁覚障　687b
縁覚乗　49a, 633b
縁覚の十地　631a
縁起　70c, 121b, **125c**, **698b**, 1041a
縁起因分　71c, 1211a
縁起因門六義法　71b
縁起経釈　1065c
縁起聖道経　**126b**, 1143c
縁起説　598c, 1000a
縁起相応増上慧住　1298
縁起相由　**126b**
縁起法門経　1251b
縁起流記資財帳　534c
縁起論　**127c**
縁儀　269b
縁切寺　**127c**, 1043b
縁熏習鏡　1321a
縁欠不生　1187c

縁現観　336b
縁山三大蔵総目録　**129b**
縁修　**130a**
縁生　70c,126a
縁生初勝分法本経　1251b
縁生論　**132a**
縁成　70c
縁成仮　308a
縁徳　134a
縁日　**135a**
縁縁　123c
縁念処　582a
縁縛断　978a
縁変　1033b,1255c
縁簿　1267b
縁誉　450c
縁理断九　560c
縁慮心　774b,774c
圜悟撃節　315a
圜悟克勤　→克勤
圜悟禅師　397b
燕居偶筆　1145c
燕坐　129b
燕尾帽　1405a
錟王光仏　25b,642c
閻浮樹　**136c**
閻浮洲　1005a
閻浮提　367a,552a,609b,679b,862b
閻浮提図付日宮図　679b
閻浮檀金　**137a**,863a
閻魔王　**137a**,291c,619c,751a,1402b
閻魔界　137a
閻魔天　1093b
閻魔堂狂言　68a
閻魔参り　137b,458a
閻魔詣　**137b**,458a
閻魔羅社　137a
閻曼徳迦　914c
閻摩那　138a
閻牟那　138a
閻羅王　137a
閻羅王授記四衆逆修生七往生浄土経　620a
閻羅太子　620a
檐木山　678b

## お

オクサス河　1150c
オッカーカ　220a
オリッサ　88a
オルデンブルク　**154b**,1254b
オルデンベルク　**154b**,1448b
オールドフィールド　**154c**
おかみそり　1017c
おこない　669a
お十夜　792c
お千度　859b
お松明　825c
お伽草子　121b,213c,537a
お盆　1194a
お水取り　573b,674c,1055a
おめんかぶり　724b
おんない　1125b
小笠原貞宗　170b
小笠原忠真　1209a
小川僧正　729c
小川泰道　**150c**
小川法印　994b
小川義綱　1006c
小倉霊現　1141a
小栗栖香頂　**151b**
小田宰相将治　1461b
小野梓　146b
小野方　1305b
小野玄妙　**153a**
小野小双紙　153b
小野小六帖　153b
小野根本六流　153b
小野纂要抄　786a
小野三流　433a
小野僧正　1128b
小野僧都　823a
小野寺　456b
小野の教造紙　15c
小野篁　8b,1011a
小野道風　102b
小野百巻鈔　183a
小野門跡　810b
小野流　**153b**,287b,749a,785a,1128b,1390a
小野六帖　**153b**
小野六流　153b,705b,785a
小原　149a
小墾田坂田尼寺　461c
汚戒　164c
汙　568
尾張連定鑑　898a
尾張法印　974b
於一向専修宗選択集中摧邪輪　453b
於教の二諦　1098b
於諦　1098b
和尚　**151c**
悪作　**6a**
淤泥寺　676a
御家流　909c
御影供　146b
御会式　**146b**,168c,249b,1366b
御蔵法門　1183b
御蔵門徒　1183b
御猿堂　443c
御師　**151c**,1083c,1412b
御師職　151c
御杓子講　1183b
御十夜　652b
御取越　1265c
御撫物使　623c
御引上　1265c
御内唐　**153c**
御札　424b
御仏名　1240b
御文　135a,**153c**,744a,1329c,1490c,1491b
御身拭　**154a**
御室派　785a,1130a
御室門跡　1130a
御命講　146b,249b,363a
御譲状註釈弁偽　1330c
越知山　**152a**
越智玉興　953c
越智玉純　41b
越智守興　866a,1272c
遠羅天釜　**154a**
織田得能　**152a**
織田信雄　880b
織田信忠　915a
織田信長　16a,24c,43b,55b,139c,305c,710c,880b,915a,1060c,1080b,1145b,1323a,1325c
織田信秀　1172c
笈日記　530a
王阿　796b
王園精舎　**140b**
王羲之　243c,701c
王行満　701c
王玄策　1235a
王元瑞　410c
王古　**141a**,790b,805b,941c,943b
王興寺　1387b
王三昧　505a
王師　1053b
王舎城　40c,**141b**,243b,327b,414c,597a,657a,965a,1085a,1155c,1158a,1188b,1347b,1501b
王舎新城　141c
王侍郎　141a
王山部　1245a
王通　473a
王日休　**144b**,1400b,1461b
王浮　472c,1493b
王仏冥合　1239c
王法　**1239b**
王法為本　1239c
王法正理論　**145c**
王豊粛　1024b
王勃　595a
王本願　1322a
王陽明　310b
王羅漢　**146a**
王老師　1206b
央掘　140c
央掘摩羅　**140c**,141a,594a
央掘魔羅　1173b
央掘魔羅経　**140c**
応　28a
応庵　1074b
応安万国禅師　377c
応永の大成　1274c
応器　1160b

応挙寺　932b
応供　28a,1124b
応化　**141a**
応化声聞　756a
応化身　1231a
応化涅槃　1132c
応化法身　1231a,1231b
応現　141a
応其　**141a**,388a,389a,1271c
応頌　252a
応照　**141c**
応真(飛鳥)　1085b
応真(戦国)　**144b**,798a,853a,1125b
応真院　1493a
応身　1230c,1231a,1231b
応身観　231c
応身形の山伏　1420b
応身如来　1231a
応身仏　1231a
応頂山大木食闍梨　39c
応天雪峰禅院　836c
応土　1239a
応灯関　110b
応能　**144c**
応病与薬　**145c**,918b
応仏　1231a
応仏菩提　1300c
応文　144c
応報　**145c**
応法沙弥　610b
応夢山　835b
応理円実宗　1316b
応理大乗伝通要録　**146a**
応量器　1160b
応和宗論　**146b**,996a,1470a
往還廻向文類　791a
往還偈　1120a
往還老人　1122c
往古過去帳　187c
往五天竺国伝　118a,**141b**
往覲偈　**141b**
往生　**142a**
往生院(京都・右京区)　**142c**,1135c
往生院(京都・西京区)　479a
往生院(大阪)　**142c**
往生院(奈良市)　401c
往生院(奈良・北葛城郡)　1094c
往生院(熊本)　**142c**,1258c,1352a
往生講　733c,1432b
往生講式　**142c**,372c
往生極楽院　**143a**,492c
往生西方浄土瑞応伝　**143a**
往生寺　433c
往生集　**143b**
往生拾因　**143b**,1432b
往生浄土決疑行願二門　**143b**,739a
往生浄土懺願儀　**143b**,739a
往生僧正　695b
往生即成仏　142a
往生大要鈔　**143c**
往生伝　142b
往生兜率密記　**143c**
往生要集　26a,**143c**,231c,347c,391a,620b,731a,871b,1137c
往生礼讃　144a,386c,475a,645b,849c,860c,1496c
往生礼讃偈　**144a**,637a
往生論　737b,742c,1400c　→浄土論(世親)
往生論註　743a　→浄土論註
往相　788a
往相廻向　111a
往来八千返　**145c**
往蓮社生誉(雲玄)　1482a
欧陽修　473b,958a,1503c
黄巻赤軸　**140c**
黄華院　1101b
黄鐘　645b
黄紙朱軸　140c
黄頭　202a
黄梅院　947a
黄梅和尚　382b
黄梅山　417c
黄檗希運　238a　→希運
黄檗山(中国)　67a,**144c**,238a
黄檗山断際禅師伝心法要　**145a**
黄檗三叢林　1045b
黄檗三筆　1292b
黄檗宗　67a,851a,1365a
黄檗宗鑑録　**145a**
黄檗宗黒滝派　1242b
黄檗清規　**145a**
黄檗禅師宛陵録　528b
黄檗禅師伝心法要(黄檗伝心法要)　528b
黄檗択菜　**145b**
黄檗伝心法要　145a
黄檗喧酒　**145b**
黄檗版大蔵経　941b,1044c,1365a
黄檗礼仏　**145b**
黄帽派　354a,991a,1014a,1445a
黄面　1199a
黄門　1173c
黄竜慧南　→慧南
黄竜三関　**146a**
黄竜派　119b,850b
奥義書(ウパニシャッド)　92a
奥箄迦　**145c**
奥竜　**146a**,1018b
謳　**140b**
謳相宗　537c
横　**140b**
横出　1096c
横川　310c,406b
横超　1096c
横超直道金剛錍　**144b**,218c,478a,915c
横超の金剛心　1040b,1096c
横超の直道　1096c
横超の大誓願　1096c
横堤　1263b
横来の機　236c
鴨水　40b
鴦伽国　656c,861b
鴦崛髻　140c
鴦崛髻経　141a
鴦掘摩　140c
鴦掘摩経　141a
鴦窶利摩羅　140c
鴦輸伐摩　**141c**
鶯村　1412a
大内青巒　**146b**
大内満盛　1463c
大内義興　654a
大内義弘　854b
大浦盛信　1005a
大江重房　591b
大江為道　591b
大江匡房　905a,1334b
大御室　722c
大御身　154a
大御影供　146b
大御堂(勝長寿院)　729c
大御堂(智識寺)　987c
大御堂寺　**149b**
大亀谷檀林　980b
大口大領信満　320c
大国主命　921c
大窪寺　534a
大倉観音　814b
大蔵観音　814b
大蔵寺　**146c**
大五重　922b
大坂　580c
大坂御坊　1089c
大坂本願寺　43a
大沢流　1456a
大島徹水　**146c**
大須観音　1276c
大洲鉄然　**146c**
大谷　**147a**
大谷遺跡録　**147b**,843a
大谷遺法纂彙　**147b**
大谷光瑩　40c,**147b**
大谷光演　**147c**
大谷光勝　**147c**
大谷光瑞　**148a**,148b
大谷光尊　**148a**
大谷御影堂　184a
大谷座主　996b
大谷寺(福井)　152b
大谷寺(京都)　982c,1093c

大谷探検隊　148a,**148b**
大谷派　788c
大谷本願寺　1089b
大谷本願寺嫡庶実記　1200b
大谷本願寺通紀　350b,1324b
大谷本廟　51a,**148c**,179a,350b,684c,788b,843a,1425b
大茶盛　455c
大津絵　**148c**
大友貞親　1361a
大友皇子　187c
大友村主　156a
大友与多麿　156a
大伴孔子古　393c,394a
大伴国道　1029a
大伴駿河麻呂　445b
大中臣正棟　46c
大中臣与四郎　723a
大沼田檀林　980b
大原　**149a**
大原阿闍梨　1001a
大原寺(勝林院)　762a
大原寺(来迎院)　1439b
大原僧都　1001a
大原談義　**149a**
大原談義聞書鈔　149b
大原の三寂　603b
大原御幸　608c
大原問答　149a,347a,762a
大原流　762a,957b,1001b
大原流二流　753a
大町専修寺　717c
大町如導　1124a
大峯講　150a
大峯山　136b,**149b**,1367b
大峯山修験道　149c
大峯七十五靡　149c,423c
大峯修験　424c
大峯信仰　461b
大村西崖　**150a**
大本教　789c
大屋徳城　**150a**
大屋霊城　150b
大山　1146b
大山寺　923a
大山不動　923a
大湯屋　758b
大律師　1003b
太田氏房　710a
太田道灌　246c,517a,624b,684c,823a,1407a,1457b
太田道真　1253a,1457b
太田の呑竜　920c
淡海三船　98a
正親町天皇　693a,915a
扇会式例祭　1084a
岡崎信好　1219a
岡崎文殊　508a
岡崎義実　675c
岡田茂吉　827a
岡寺　**150b**
岡野聖憲　**150b**,325a
岡野正道　381c
岡の法橋　310a
岡の薬師寺　1142c
岡本かのこ　**150b**
岡本寺　1305c
不拝秘事　1183a
荻生広智　1192a
荻野喜内　849b
荻野独園　10a,**150c**,277a
荻原雲来　**151a**
翁問答　1145c
抑止門　**151a**
屋門　423b
送り火　94a,199c,958c
奥谷派　538b
奥ノ疏　947c
奥村五百子　**151b**
奥山久米寺　**151b**
奥山半僧坊　1272a
憶念　**151a**
憶念輪　509a
贈五重　412a
興御書　**151c**
長姫　305b
訳田寺　1490b
押合祭　1213b
押出像　1233c
恐山　134a,**152a**
愛宕寺(京都・右京区)　1140b
愛宕寺(京都・東山区)　1011a
愛宕念仏寺　1140b
乙津寺　**152b**
乙寺　152b
乙堂　224c
乙宝寺　**152b**
越渓(室町)　649a
越渓(江戸)　312c
越渓(江戸〜明治)　664a
越三昧耶罪　506a
越毘尼罪　1452c
越法罪　506a
乙訓寺　**152b**,1459b
乙牟漏皇后　754c
音羽御所　1476b
男山八幡曼荼羅図　1329c
踊念仏　55a,60b,**152c**,447b,538b,754b,846a,1138a
鬼の法楽　1503c
鬼遣い　1012c
帯加持　**153b**,188c
帯解き法門　1183b
表袴　1264c
折木談所　734b
折腰扇　995b
折五条　1264b
怨親平等　**156b**
怨憎会苦　279a
怨霊　429c,761b
音木　195b
音空　861a
音響忍　498a,1127b
音澂　**156c**,1129c
音読　1067b
音律　492b
恩　**154c**
恩円徳　498a
恩覚　**155b**
恩山寺　534a
恩真寺　712a
恩田　1209c
恩徳　497c
恩徳讃　**157a**
恩愛　**157a**
恩愛の獄　157a
唵　**155a**
唵麼抳鉢訥銘吽　155b
陰　95a
陰界入　468a
陰界入境　562a
陰持入経　**155c**
陰持入経註　155c
陰蔵相　483c
陰入界　468a
陰魔　1344c
陰妄の一念　52a
陰陽師　1186b
陰陽道　1096a
御義口伝　**155b**,1102b
御師　151c
御坊　1186a
御宮室　1181c
温室　206b
温室経　155c
温室洗浴衆僧経　**155c**
温宿　**155c**
温泉寺(長野)　**156c**
温泉寺(兵庫・神戸市)　**156c**
温泉寺(兵庫・城崎郡)　**156c**
温泉名譚　1200b
温如　1473c
飲光(カーシャパ)　469a
飲光　514c　→慈雲
飲光部　325b,425c,1052c,1449c,1455b
飲酒戒　159c,161a
園城王子　787c
園城寺　139a,**155c**,171b,243a,268a,311c,419a,454a,514a,882a,886b,895b,1027b,1054a,1093c,1205a,1278b
園城寺四門跡　716a
園城寺十月会　1458b
園城寺僧兵　895b
園城寺長吏　876a,887a
園城寺伝記　592b
園城寺の宮　787c
園城寺破毀　895c
園林遊戯地門　423b
遠忌　249a
遠行地　629b,629c

遠国四箇戒壇　171b
遠什大乗要義問答　933c
遠塵　835b
遠続縁起　641b
遠沾院　1102a
遠沾妙道　**157a**
遠年忌　249a
遠分対治　923c
遠妙寺　**157b**
遠離　**157b**
遠離処　30a
遠理院　1102a
蔭涼軒　635b,710a
蔭涼軒日録　**157b**,635b,710a,794c
隠形法　**155c**
隠形薬　102c
隠顕　345c
隠彰　490b
隠所作法　715a
隠坊　992b,1186a
隠密顕了倶成門　625b
隠密の十念　646a
隠密法華　485b
隠没無記　1391c
隠劣顕勝識　412c
隠蓮社安誉　97c
女別当　887a

## か

ガイガー　**166b**
カイケーイー　1444b
カイラーサ山　31a,277b,377a,862c
カイラーサ寺院　123b
ガヴァンパティ　1416c
カーヴィヤ　607b,1403b,1445c
カウエル　**175c**,1071b,1259a
カウシャーンビー　265a,657b
ガウダパーダ　**176a**
ガウタマ(姓)　269c,596a
ガウタマ(アクシャパーダ)　6a,78a
ガウタマ・シッダールタ　596a
ガウタミー(姓)　269c
ガウタミー(摩訶波闍波提)　1348a
カウティルヤ　**176a**,993b
カウティルヤ・アルタシャーストラ　176a
カウティルヤ実利論　176a
カウラヴァ　1357c
ガガナガンジャ　397a
カーギュ派　990c,1017c,1085c,1151c,1243b,1358c,1385c,1444c
カクダ・コーリヤプッタ　**183b**
カクダ・コーリヤプトラ　183b
ガクリム　1191a
カーサパゴータ　1117c
カーシー　189a,657a,1153b,1167a
カジシュヴァラ　17a
カーシャパ　469a
カーシャパ(仏)　187a,275a,585a
カーシャパ・パリヴァルタ　955b
カーシャパ・パリプリッチャー　955b
カーシャパ・マータンガ　191a
カーシャプラ　189b
カジャンガラ　195b
カシュガル　608b,909b
カーシュミーラ　190b,313c,875c
ガスパル・ヴィレラ　1089c
カターヴァットゥ　3c,21c,**192c**,327c,945b,1408a
カター・サリト・サーガラ　1194b
カタプータナ　196a
カーダム派　16c,990c,1014a,1071c,1304a,1318c,1444c
カッサパ　469a
カッサパ一世　525c
カッチャーヤナ(仏弟子)　45a,86a
カッチャーヤナ(文法家)　**196b**
カドフィセス　200a
カートヤーヤナ　1180c,1325a
カートヤーヤニー・プトラ　192c,1318a
カナカムニ　187a
カナーダ　**199c**,1505c
カーナデーヴァ　950a,1442c
ガナパティ　212c
カニシカ　90a,190b,200a,201c,223c,253a,268a,327c,581b,604c,878b,896b,951c,955b,1071b,1249c,1354b,1403b
カニヤー　642c
カニヤークブジャ　173b,196c
カニンガム　**200b**
ガネーシャ　212c
カバンダ　197a
カピシャ　201c,224b,313c,398c
カピタ　877b
カピマラ　202a
カピラ　**201c**,1505b
カピラヴァストゥ　202a,596c
カピラヴァットゥ　202a,325c,596c,612a,751a,1017a,1162c,1446b,1501b
カーペンター　**202c**
カポーティカ・サンガーラーマ　202b
カマラシーラ　**203b**,373b,439b,465c,466a,965c,990c,994b,995a,1085b,1304a,1444c
ガヤー　597b
ガヤー・カーシャパ　469a
ガヤーシールシャ　204c
カーラ　397c
カーラカ　205c
カーラシヴィ　525c
カラシャール　5a,970c,1063c
カーラ・チャクラ　**205a**
カーラチャクラ・タントラ　**205b**,977a
ガーラープリー　123a
カラホト　819a
カーラヤシャス　271b
カーラルチ　271b
カランダプッタ　206c
カランダプトラ　206c
カーリ　206c
カーリダーサ　85c,1006b
カリヤーニー碑文　**207b**
カリンガ　198c
カリンガ朝　593b
カリンガ碑文　198c
ガルガ　194c
カルカタ　642c
ガルダ　208a,1084c,1158b
カールダーイー　207c,294a
カールダーイン　1496a
ガルダン　**207c**
カルチュラル・イースト　815a
カールッティケーヤ　46a
カルデア　642c
カルナ・スヴァルナ　198b
カルパ・スートラ　647c,1356a
カルピシャヤ　313c
ガルベ　**207c**
カルマーシャパーダ　671a,1173b
カルマ・デシンシェクパ　207a
カルマ派　990c,1151c,1444c
カローシュタ　253a,

253b
カローシュティー 253b
カローシュティー文字 253b,1307a,1386a
カーローダーイン 207c
カーローダカ 207c
カウシュティラ 1006a
ガワン・ロサン・ギャムツォ **209a**,354a,475b,1304b,1443b
ガンガー 367a,552a
ガンガー・ドヴァーラ 367a
カンギュル 942a
ガンジス河 367a
ガンダヴァティー 1278a
カンタカ 597a
カンダカ 80c
ガンダハスティン 379b
ガンダマーダナ 19a,377a,862b,1203a
ガンダーラ **223c**,313c,578b,598c,604c,607a,657c,963c,976b,1233a,1233b,1249c,1291c,1394b
ガンダーラ芸術 23a
ガンダーラ語ダルマパダ 1307a
ガンダーラ美術 224a,503c,1081b
ガンダーラ様式 96a,244c,964a,1166a
ガンダルヴァ 277b,349c,377a,1158b
ガーンダルヴァ・ヴェーダ 647c
カーンチー 966a
カーンチープラ 341c
カーンチープラム 966a
ガンディー・ストートラ 350c,1403c
ガンデン寺 207c,1014b,1443b
カンナクッジャ 1158a
カンボージャ 233a,657c
ガンポワ 1151c
カンマーサパーダ 671a,1173b
かくし念仏 1183b
かくれ念仏 204b
かしらおろし 1017c
かなやき堂 379b
下学邇言 1145c
干栗多 774b
火(梵天) 524a
火(悉曇) 571
火吽供養儀軌 **176b**
火界三昧 505a
火客 870a
火光三昧 505a
火光明 670c
火災 479c
火告 **189b**,1224c
火舎香炉 1224c
火授(比丘) 5a
火授(バラモン) 5a
火聚仏頂 425b
火生 670c
火定 505a
火葬 **192b**,871b,1049b
火大 552b
火宅三車の喩 1196c
火宅喩 1196c,1293b
火大 6b,643c,1093b
火㮇 **199a**
火弁 **202c**,1423b
火曜 558b,1485a
加威 201b
加威力 201b
加賀阿闍梨 1115c
加賀一揆 1321b
加賀僧正 724c
加賀美寺 1278c
加謚 924c
加持 **188b**
加持印明 188c
加持供物 188c
加持香水 188c
加持成仏 902c
加持身 264b,1232a,**1327c**
加持身説法 1328b
加持世界 **189a**
加持説 1328a
加持念珠 188c
加持物 **189b**
加持門 1328a
加島の法難 **189a**,567b,1117b,1144c
加藤清正 125a,1341c
加藤精神 **199b**
加藤咄堂 **199b**
加被 **201b**
加備 201b
加茂明神石塔 258b
加祐 779b
可愛 912a
可庵 135c
可翁 893c
可観 **176c**,475c
可帰 **177a**
可憩斎 880c
可洪 790b,941c
可洪音義 790b
可什 111b,**189c**,1213c
可進相阿羅漢 28b
可睡斎 5b,48c,**191b**
可大師 107b
可中 824b
可堂 515b
可得相似過類 77b
甲斐善光寺 846a,846b
甲斐法師 648a
禾山解打鼓 **188b**
禾山無殷 188b
仮面の仏教徒 614a
汗栗駄 774b
瓜州 1075a
何事 248a
何時 285a
何似生 **189a**
何允 472c,611b
何承天 473a
何無忌 473a
伽他 192b,308c
伽陀 **192b**,308c,644b,753a
伽耶慰闍 196c
伽梵達摩 **203a**
伽藍園 205c
佉闍尼食 522a
花翁存柳 1213c
花渓寺 340a
花山寺 214a
花山僧正 1257b
花山天皇 214a,463c
花山法皇 229b,460b
花箭 **192a**
花瓶 1224c
花林院の僧正 101a
呵五欲 1285a
呵多阿羅婆 1162c
呵宅迦 193a
呵梨陀 **207a**
呵利陀薑 207a
果 **157c**
果位 **70b**
果円徳 498a
果果 158a
果果性 1228c
果海 70b
果界 70b
果界円現 70b
果界円理 70b
果界証入 70b
果号 1377c
果極法身 1231b
果地 70b
果性 1228c
果上 70b
果上の名号 1377c
果頭 70b
果頭無人 410b
果中説因 **69b**
果盗見 332c
果徳 70b
果人 70b
果能変 **71a**,1422a
果縛 **582b**
果分 **71b**
果分不可説 71c,488b
果報 29b,44a,**202c**,1276b
果報識 29c
果曼荼羅 1362b
果唯識 1422b
果力 158a
河西道朗 1062c
河和田の唯円 1421a
和尚 151c
哈立麻 **207a**
客頭行者 870a
曷羅闍姞利呬 141b
柯刺波論 647c
狩野山楽 734c

狩野探雲　285c
狩野常信　285c
狩野洞雲　285c
狩野元信　472b,825c
珂憶　35b,**176b**,724b
珂月　133c
珂碩　**192a**,724b
珂然　**201b**,1218c
科文　**204a**
迦　569
迦維羅　414c
迦維羅衛　612a
迦迦　**176b**
迦鳩駄　**181b**
迦鳩樹　181b
迦拘婆　**184b**
迦才　**187c**,742c
迦尸国　**189a**,657a,1153b,1167a
迦奢草　**189b**
迦奢布羅城　**189b**
迦遮末尼　**189c**
迦遮隣地　192a
迦湿弥羅国　**190b**,313c,396c,875c
迦葉(摩訶迦葉)　425c,483b,553a,956b
迦葉(三迦葉)　469a
迦葉遺　1052c
迦葉遺部　425c
迦葉院　340b
迦葉所問経　955b
迦葉仙　**190c**
迦葉仙人説医女人経　**190c**
迦葉波　585a
迦葉仏　187a,275a
迦葉摩騰　**191a**,418c,450b,539c,1151b,1442a
迦葉弥羅　190b
迦摂波　294a
迦旃延(仏弟子)　45a,86a,553a,1345c
迦旃延(迦多衍尼子)　192c
迦旃延経　592a
迦旃隣陀　192a
迦旃隣提　**192a**
迦陀　192b
迦多衍那　192c
迦多衍尼子　**192c**,1318a
迦智山派　1041c
迦絺那衣　**193a**
迦曇婆　**199c**
迦諾迦伐蹉　658b
迦諾迦跋釐堕闍　658b
迦那提婆　278b,950a,1442c
迦膩色迦王　90a,**200a**,201c,253a,268a,327c,604c,878b,1354b
迦毘伽羅　207b
迦毘施　201c
迦毘陀樹　**201c**
迦毘摩羅　**202a**
迦毘羅　202a
迦毘羅衛　**202a**
迦毘羅衛城　596c,1017a,1446b,1501b
迦毘羅城　325c,751a,1162c
迦毘羅神　**202b**
迦臂施　201c
迦畢試国　31a,**201c**,224b,313c,398c,879b
迦頻闍羅　**202b**
迦布徳迦僧伽藍　**202b**
迦布羅香　**202c**
迦摩羅病　**203c**
迦羅阿育王　1c
迦羅越　406c
迦羅迦　**204c**
迦羅鳩駄迦旃延　1497a
迦羅求羅虫　**205a**
迦羅時　**205a**
迦羅奢　**205a**,331a,424b,1199a
迦邏摩　**205c**
迦蘭陀　**206c**
迦蘭陀子　**206c**
迦蘭陀竹園　**206c**
迦蘭陀長者　206c
迦利王　207a
迦利沙鉢那　**207a**,1350a
迦理迦　658b
迦梨迦竜王　1457a
迦梨竜王　1457a
迦陵伽　198c
迦陵性音　621a
迦陵竹園　206c
迦陵頻伽　**207b**
迦陵頻の舞　207b
迦留陀夷　**207c**,294a,1496a
迦留陀伽　**207c**,644c
迦楼羅　**208a**,1084c,1158b
迦楼羅王　1095b
迦楼羅座　448b
迦楼羅法　208b
香取神宮寺　780b
香春神宮寺　780b
夏　819a
夏樹芳　1378b
紙幡寺　200b
荷五山　1330b
荷沢宗　649b,803b,843c,865a
荷沢大師顕宗記　342c
荷葉座　448c,1234b
華岳　989b
華山読体　1021c
華叟　893a
華頂要略　**193b**,1413b
華頂要略門主伝　193b
華林園　**207b**
華林円仏教衆経目録　940c
華嶺道人　1280b
掛錫　199a,601c
掛錫帳　199a
掛真　324a
掛子　1264b
掛塔　198c
掛搭単　972c
掛搭　**199a**
掛搭報榜　199b
掛鉢　199a
掛絡　1264b
鹿島神宮寺　780b
鹿島門徒　684a,788b,1401a
鹿瀬教院　1321c
葛西念仏　152c
訶　570
訶責謗法鈔　847c
訶宅迦　**193a**
訶利帝　242c,656c
訶利帝母　243a,670c,1443a
訶梨跋摩　**207a**,714b,714c
訶梨勒　**207b**
訶陵国　593b
賀　570
賀東　1221c
賀茂社　56a
賀陽豊年　98a
跏趺坐　448a
過夏　31b
過患断　978b
過去　491a,491b,491c
過去現在因果経　**186c**,596b
過去現在因果経絵　121b,**186c**
過去七仏　**187a**
過去荘厳劫千仏名経　493a
過去荘厳劫の三仏　187a
過去帳　**187b**
過去仏　1222c
過慢　1359a
過滅浄地　628c
過木橋　1046a
勧修寺　**190a**,466a,1411c,1412a
勧修寺栄海　607b
勧修寺慈尊院　257a
勧修寺繡帳　**190a**,648c
勧修寺大僧都　433a
勧修寺長吏　887a
勧修寺流　153b,220b,785a
跨節　**1058c**
嘉元寺　753c,1145a
嘉号　1286a,1377b
嘉興版　941b
嘉祥寺　**190c**,247b
嘉祥寺僧都　292b
嘉祥大師　247b
嘉泰普灯録　**192b**,422b
嘉峰　847a
嘉禄の法難　371c,464b,685a,719c,819c,1139c,1458a
歌　571
歌王　207a

歌神 277b
歌舞伎 152c
歌楽神 277b
歌羅頻伽 207b
歌羅分 **205c**,813c
歌羅羅 947a
歌利王 **206c**
箇失蜜 190b
裹頭 **199b**,1200b
裹頭の衆 199b
羯刺藍 947a
羯羅藍 947a
課伽論 648a
譌友 246b
驒驒婆 532b
瓦屋 1142a
瓦官寺 **176c**
伽 569
伽梵達摩 951b
伽耶 597b
伽耶迦葉 469a
伽耶近成 167b,1342b
伽耶近成の仏 1293b
伽耶城 **204c**
伽耶山 **204c**
伽藍 **206a**,513a
伽藍(長者) 205c
伽藍開基記 **206b**
伽藍守護神 1011b
伽藍神 206b,**206b**
伽藍堂 206b,1011b
我 92b,**158b**
我愛 1336c
我愛執蔵現行位 29c
我空 178c,280a
我空法有 **178c**
我見 158c,403a,1336c
我語取 537b,1338c
我持 1005a
我執 **189c**,617a
我執習気 563c,628b
我所 158c
我所見 158c,403a
我静 542b
我禅房 683b
我相 **192b**
我癡 1336c
我宝 **203a**
我法倶有宗 565b
我法二空 280a
我法二執 617b
我慢 1094a,1336c,1359b
画本尊 1333b
臥雲山人 649a
臥雲叟 985a
臥雲日件録 **176b**,649b
臥仏寺 **202b**
臥仏像 1134c
臥竜寺 583a
哦 569
峨山(鎌倉～南北朝) 725a →紹碩
峨山(江戸) 578c
峨山(明治) 1036b →橋本峨山
峨山の五哲 725a
峨眉山(中国) **201b**,418b
峨眉山(朝鮮) 1211c
峨眉集 **201c**,906c
街坊化主 314c,869c
賀登 443c
雅楽 1205b
雅真 **191a**,387c
雅房 1267b
誐 569
誐誐曩彦惹 397a
誐那鉢底 212c
誐嚕拏 208a
餓鬼 44b,**177a**,827b
餓鬼供養 303b
餓鬼草紙 **177b**,188a,533a,880b
餓鬼報応経 251c
鵝珠 **189c**
蘗羅訶 **205a**
介然 **173c**
会昌の法難 909a,1144a
会鐵 172b
会善壇 351b
会読 **172b**
回国の開帳 846b
回国聖 1186b
回鶻 375b,819a
回峰行 **174b**,211b,874c,1027c,1179c
回礼 **82a**
灰頭土面 **172b**
快庵 944b,1376c
快雅 796a
快慶(平安) 300a
快慶(鎌倉) **167a**,879a,1227a
快憲 1000b
快賢 1370c
快元 8b
快玄 381a
快寿 **169a**
快秀 710a
快川 122c,699a
快尊(室町) **170c**
快尊(江戸) **170c**
快存 **170c**
快潮 381a
快伝 1438c
快道 **172b**,290b,1447b
快馬鞭 **174b**
戒 **159b**,426a,1167c
戒蘊 159b
戒会 659c
戒慧 443b
戒学 469a
戒学要語 **166c**
戒器 236b
戒儀 163b
戒経 80c
戒行 160a
戒賢 **167c**,344b,481b,582b,703c,782a,986b,1316c
戒現観 336c
戒光 164b
戒光(人名) 864b
戒光記 271c
戒光寺 **168b**,708a,860a
戒香 164b
戒禁取 537b,1338c
戒禁取見 332c,403a
戒算 **168b**,792c
戒山 110a
戒師 163c
戒尺 195b
戒取 1338c
戒取見 403a
戒珠 **109a**,733a
戒珠院 840c
戒疏 586b
戒定 **169b**,1068a
戒静 1109c
戒乗の四句 696a
戒心 1297
戒身 159b
戒琛 111c
戒善 838b
戒相 160a,162c
戒体 160a,163c
戒壇 **170c**
戒壇院(滋賀) **171b**,1179c
戒壇院(奈良) 131a,**171b**,221a,358c,1278b
戒壇廻 **171c**
戒牒 659c,**1070c**
戒度 **172a**
戒刀 **172a**
戒盗見 332c,403a
戒日王 **173b**,196c,344c,1085b,1158a,1164b,1347b
戒如 **173c**
戒の四別 160a
戒波羅蜜 162b,1167c
戒肥 164c
戒福 838b,1207b
戒法 160a
戒法(人名) 770c
戒品 159b
戒脈 325c
戒名 241a,660a
戒明 **174c**,603c
戒律 **175b**
戒律記 175b
戒律伝来記 **175b**
戒律伝来宗旨問答 175b
戒羸 164c
戒臈 1291b
戒臘 1291b
戒臘茶 1291b
戒臘牌 1143b,1291b
戒臘簿 973a,1291b
戒和尚 151c,175c
戒和上 **175c**,779b
改転成仏 **172a**
貝塚 580c
貝塚御座所日記 43b
貝塚御座所文案 43b
契経 254a
契経蔵 493b
契此 **168c**
契嵩 **170a**,473b,

1033c,1207a,1500c
廻国　686a
廻国納経　268c
廻国比丘尼　1164a
廻国聖　1186b
恢麟　1316b
海晏　809b
海晏寺　**165b**
海意菩薩所問浄印法門経　926a
海印懸譚　1382c
海印三昧　317b,505a
海印三昧論　**165b**
海印寺(朝鮮)　**165b**
海印寺(日本)　**165b**,1061a
海雲(中国)　**165c**,444a,459c,952a
海雲(朝鮮)　456a
海雲(江戸・曹洞宗)366b
海雲(江戸・浄土宗)1128a
海会塔　1037b
海応　**166a**
海音　1116a
海衆　876c
海寿　**169b**
海住山寺　**169b**
海晶　745c
海上寺　1100a,1110c
海樵老人　821a
海蔵　740b
海蔵院　1058c
海蔵寺(神奈川)　**170c**
海蔵寺(慈照開山)543a
海東　120a
海東高僧伝　**172b**
海東瑜伽　919b
海徳院　368c
海如　**173c**
海貝　707a
海湧山　395a
海竜王経　**175b**
海竜王寺　**175b**
海量　**175c**
海輪　790c
海嶺　268b
界　**164c**,1304c
界繫　**166c**,308c
界外　**172c**
界外の教　172c
界外の事教　173a
界外の土　173a
界外の別惑　173a
界外の理教　173a
界外の惑　58b
界身足論　1499b
界内　**172c**
界内の教　172c
界内の事教　173a
界内の通惑　173a
界内の理教　173a
界内の惑　58b
界畔　568,572b
界分別観　415a
界論　21c,966c
皆往院　1291a
皆空　1458a
皆骨峰　435a
皆遵院　1241b
晦菴　692c
晦翁悟明　652b
晦巌智昭　1129c
晦山戒顕　865c
晦室師明　418a
晦堂　906c　→祖心
晦然　52a,892b
開　**1170a**
開会　**165c**
開覚　**166c**
開甘露門集　765c
開甘露門普施食文342c
開基　168b
開久寺　1114b
開経　**166c**
開経偈　166c
開啓　174b,1200a
開華院　1275a
開結　166c
開解立行　315c
開顕　**167a**
開顕円　409a
開眼　**167c**
開眼供養　167c,303b
開眼林　1066b
開元一切遍知三蔵1304b
開元寺　**167c**
開元寺(福建省)　**167c**
開元寺求得経疏記等目録　759c
開元寺版　941b
開元釈教録　**168a**,662b,940c,988c
開元釈教録略出168b,662b
開元録　168a,530a,940c
開悟院　1481a
開皇三宝録　1483c
開皇録　1483c
開光明　167c
開国公　918c
開近顕遠　167b
開権顕実　167b,174a,432b
開斎　449c
開山　**168b**
開山忌　**168b**,249b
開山堂　168b
開三顕一　167b
開士　1295b
開示悟入　**168c**
開室　**169a**
開遮　**169a**
開迹顕本　167b,174a
開成　**169c**
開成皇子　1326c
開静　**169c**
開心寺　**169c**
開心鈔　**170a**,384b,651c
開制　169a
開善　989a
開善寺(中国)　**170b**,989a,1241b,1273c
開善寺(日本)　**170b**,729b
開先寺　**170a**
開祖　905b,905c
開麁顕妙　167c
開題　**170c**
開題供養　170c,261b,303b
開帳　**171c**,1070c
開枕　**171c**
開轍院　809a
開堂　**172b**
開堂祝寿　172b
開堂祝聖　172b
開導依　490a
開道者　1222b
開廃会　**174a**
開廃俱時　174b
開白　**174b**,1200a
開敷華王如来　425a,1363b
開明　167c
開明禅師　237c
開目抄　**175a**,222a,445c,1107b,1379c,1412c
開浴　**175a**
開浴偈　175a
開浴牌　175b
開炉　**175c**
槐安国語　**165a**
槐堂　709a
誡疑　211b
懐英　**166a**,390a
懐義　1040b
懐乗　799c
懐素　**170b**,460a,586a,1291a,1453c
懐迪　**171c**
懐仁　701c
懐誉　706b
懐璉　473b
蟹宮　642c
外方山　814a
艾約瑟迪謹　607c
改悔　**167a**
改悔批判　167a
改悔文　**167a**
改邪鈔　**169a**,740c,789b,790c
害　**165a**
害覚　178a
蓋　**165a**,1038b,1224b
該摂門　**169c**
鶏冠井檀林　980b
蛙飛行事　136a
利井鮮妙　**176b**
利井明朗　**176c**
鏡女王　383a
柿本人麻呂　1366b
鍵かけ法門　1183b
鍵屋宇兵衛　181c
各各為人悉檀　536b
各留半座　**186b**
角宿　1096a
角駄　**183b**
角塔婆　1037c
角帽子　1405a
客位　252a

客塵　775c
客塵煩悩　252c,544b
格義　**180b**
郭凝之　842a
喀木　990b
覚　**177c**,1094a,1222b,1300b
覚阿(平安)　**178a**,1480c
覚阿(平安・比丘尼)　4c
覚阿(鎌倉)　**178b**,734a
覚阿含了　379b
覚意　1301c
覚意(人名)　1426c
覚意三昧　**178b**,541c
覚一　178b
覚有情　1295a
覚運　**178c**,347c,897a,1027b,1343b
覚恵　**178c**,1322c
覚英　**179a**
覚叡　1279a
覚瑩　**179a**
覚円(平安)　**179a**
覚円(鎌倉)　**179a**
覚円房　1314b
覚円法印　191b
覚淵　507b
覚応　1278c
覚翁　**179b**
覚苑　**179c**
覚音　1236b
覚音房　1087a
覚遠　**179c**
覚園寺　**179c**
覚快　**180a**
覚悔　1208c
覚海　**180a**
覚鎧　1220b
覚岸　**180b**,601a
覚岩　477a
覚厳　603c
覚基　**180b**
覚吉祥智　639b
覚教　**180b**
覚行　**180b**,299b,1278b
覚行窮満　178a,1222b
覚訓　172b,**180c**
覚慶　**180c**
覚月　180c
覚憲　78a,**180c**,478c,1317c
覚賢(仏駄跋陀羅)　317a,321a,1236c
覚賢(ボーディバドラ)　1318c
覚顕　109a
覚彦　710c
覚眼　**181a**
覚源　**181a**
覚源禅師　766b
覚悟　**181a**
覚護　1237a
覚豪　529c
覚厳　70a
覚儼　1151c
覚済　**181a**
覚斎　837b
覚山尼　1043b
覚支　**181b**,482c
覚者　1222b
覚寂大師　106b　→慧永
覚寿　1236b
覚樹　1301b
覚樹(人名)　**181c**
覚俊　1379b
覚初　128c
覚助　1226c
覚性　1228b
覚性(人名)　**182a**,882c,1130a
覚将　1235c
覚称(後秦)　1237b
覚称(北宋)　952c
覚証　1413a
覚照　1413a
覚成　561c,962c,965b
覚成院　874a
覚定　1236c
覚盛　**182a**,1013a,1051a,1296b,1454a
覚生寺　**182b**
覚浄寺　924b
覚心(中国)　418a
覚心(鎌倉・臨済宗)　**182b**,371a,1186b,1210b,1377c
覚心(鎌倉・浄土宗)　**182b**
覚心不生心　633b
覚信(平安)　**182b**
覚信(鎌倉)　**182c**
覚信尼　**182c**,806c,1322c
覚真(平安)　1266a
覚真(江戸)　1109b
覚親　1237b
覚深　314c
覚晴　**182c**
覚千　534c
覚仙　1166c
覚善　**183a**
覚禅　**183a**,183a
覚禅寺　98c
覚禅鈔　**183a**
覚禅坊　65c
覚禅房　726a
覚尊　368c
覚他　178a,1222b
覚体房　726a
覚智　**183b**
覚忠　707a
覚超　138c,**183c**,417c,435b,460a,507b,724c,942c,957b,1059b,1124b
覚天　1154a
覚伝　710b
覚如　169a,**184a**,212a,284b,295a,460b,631c,673b,715c,742a,788b,790b,807b,1001c,1225c,1265c,1283a,1291c,1322c,1324b,1333c,1341a,1413a,1421a
覚念　180b
覚念寺　1425a
覚範　111c　→慧光
覚鑁　8c,10c,47b,**184b**,279b,358a,387c,390b,430a,778a,784a,785b,785c,900c,948b,970a,975a,1191a,1202c,1242a,1265b
覚法(平安)　**184c**,1202c
覚法(戦国)　708b
覚卍　**184c**
覚明(中国)　1237b
覚明(平安～鎌倉)　780a
覚明(鎌倉～南北朝)　97a,**184c**
覚明房　1004a
覚名　1237b
覚母鈔　**184c**
覚瑜　**185a**,1376b,1503c
覚猷　**185a**
覚融(鎌倉)　**185a**
覚融(江戸)　**185b**
覚隆　510c
覚了　**185b**
覚老　1469c
廓庵師遠　621c
廓山　**181a**,743c,1030b,1216c,1438b
廓呑　351a
廓然　1353b
廓然無聖　**184a**
摑裂邪網編　107c,672c,673a
隠し念仏　**181b**
霍山　393b
霍山景通　263b
鶴城叢書　837b
鶴仙　835b
鶴巣　1166c
鶴梁　89c
鶴林寺(兵庫)　**186a**
鶴林寺(徳島)　534a
鶴勒　186b
鶴勒那　186b,536a
鶴勒那夜奢　**186b**
学慧堅固　404a
学喜　317a
学衆　**181c**
学処　**181c**,1450a
学生　**182a**,185b
学匠　185b
学匠相承　412a
学乗　1104a
学信　**182c**
学善　838c
学叟　309a
学祖大師　523c
学天　**183c**
学頭　887b
学道法会　211c
学道用心集　**183c**,1044a

鐘供養　303b
鐘撞堂　206a
鐘撞聖　1186a
鐘巻寺　1050b
金門鳥敏法　397b
甲山大師　226b
釜口寺　1002a
鎌倉五山　405c
鎌倉十刹　225c
鎌倉宗要　739a
鎌倉殿中問答　**203b**
鎌倉の大仏　382a
鎌倉法印　700c
蝦蟆禅　**203b**
竈門山　1285c
竈神　**203b**
上出雲寺　1093b
上醍醐寺　420a
紙冠　**203c**
亀山御坊　1335b
亀山上皇　1088a
亀山天皇　535c
鴨神宮寺　1093b
鴨長明　**203c**,1277b,
1315c
掃部助久国　803a
萱壁教　**204b**
萱堂聖　1186b
粥　522b
唐寺　1208c
唐本御影　7c,735a
韓国連広足　136b
枳殻寺　1477c
甘丹　**207c**
川上孤山　**208b**
川崎大師　1252b
川施餓鬼　827b
川原寺　**209a**,941b,
989b,1272a
川流　957b
皮上人　255c
河合寺　**208b**
河上山別所　567b
河口慧海　**208b**,942c
河崎観音堂　826b
河崎堂　556c
河田谷十九通　882a
河内三大刹　208b
河原院(祇陀林寺)
**208c**,246b
河原院(歓喜光寺)
212b
革堂　255c,258a,556c
革聖　255c,258a,
1185c
蝙蝠　995b
瓦経　**208c**,832b
干闍羅樹　**216c**
刊定　1417c
刊定記　901b
甘雨　**210b**
甘珠爾　**216c**,942a
甘蔗王　**220a**,601c
甘菩遮国　**233a**,657c
甘露　27a
甘露(インド)　841c
甘露(日本)　106a
甘露王院　763b
甘露王如来　25c
甘露灌頂　217c
甘露軍荼利　306c
甘露軍荼利明王法
306c
甘露寺元長　274c
甘露集　765c
甘露陀羅尼　1160b
甘露法　27a
甘露飯王　17b,**235c**,
400c,841c
甘露味論　**235c**
甘露無礙義壇　351b
扞泥城　855b
串習　462b
巫覡　1210a
函応宗海　62c
函蓋相応　**211b**,874c
函丈　1276b
官寺　514a,517b,
535a,557a,639a,
660b,696c,894c
官度制　1068c
冠導倶舎論　290b
巻之　146b
巻数　**222c**
巻数集　**223a**
柬埔寨　**233a**
看経　433b,1067a
看話禅　366a,840b,
1399a
看病　**229c**
看坊　**232c**
神崎院　539a
神門寺　**226a**
神呪寺　**226b**
神尾寺　376c
神戸量重　530b
桓叡　1115b
桓舜　**216c**,1174c
桓武天皇　103c,796a,
898a,1330c
陥牟　138a
乾屎橛　**216b**
乾漆像　1233c
乾竜　1104a
梶取学寮　884b
梶取本山　884a
涵虚堂　431b
菅山寺　**216a**
貫休　**213a**
貫室善道　690c
貫主　216b
貫首　**216c**
喚鐘　687b
喚丑　**224c**
堪達法阿羅漢　28b
堪忍　609b
堪忍界　609b
堪忍土　609b
寒巌　237c　→義尹
寒行　**213a**
寒垢離　213b
寒山　**215c**,216a,
467b,1206b
寒山詩　467b
寒山寺　**216a**
寒山詩闡提記聞　467b
寒時　1484c
寒地獄　532a
寒叟　201b
寒念仏　213b
寒詣　213b
寒林　554a
寒林貽宝　**235a**
揵稚　**224b**
皖公山　107c
閑雲　177b
閑居友　**213c**
閑際筆記　1145c
閑室　8b,337a
閑道の昇進　499a,
882a
勧一切衆生願生西方極
楽世界阿弥陀仏国六
時礼讃偈　144a
勧誡両門　**211b**
勧学院　868a
勧学院学道講会　211c
勧学院講会　211c
勧学会(比叡山)
**211c**,1436a
勧学会(高野山)　**211c**
勧学会談義　211c
勧学記　**212a**
勧学竪義　1458c
勧学論義　1507a
勧化　220b,307a,832c
勧財　220b
勧持品の色読　509c
勧修　754c
勧修寺　190a
勧衆偈　631c
勧請　**217a**
勧請法　647a
勧奨天台宗年分学生式
456c,475c
勧信　211b
勧進　**220b**,537a,
987b,1267b
勧進義　734a
勧進帳　220c,538b
勧進比丘尼　1181c
勧進聖　846c,856b,
1185c,1186b
勧心詠歌集　**221b**
勧募　220b
勧発諸王要偈　1461b
勧発菩提心集　**233b**
寛意　**210b**
寛印　**210b**
寛胤　190a,**210b**
寛永寺　**210c**,226b,
1021c,1027c,1146b,
1478c
寛永寺版　211a,1021c
寛永寺本　941b
寛永の三筆　719a
寛雅　**211a**
寛海(鎌倉)　**211a**
寛海(安土桃山～江戸)
**211b**
寛海(江戸)　**211b**
寛海大師　381a
寛記撮要　**212b**,1109b
寛空　**214a**,227b,
288b,751b,785a,
1202c
寛慶　1227a
寛秀　1043a

寛順泉奘　1022c
寛助　**217a**,217b,
1292c
寛乗　715b
寛正の法難　1145b,
1341a
寛信　190a,**220b**,
445b,1017b,1024c
寛中　1471b
寛忠　**224c**
寛朝　138b,**225a**,
753a,785a,793a,
1202c,1257c
寛平法皇　88c,785a
寛遍　131c,**232c**,
1202c
寛命　768b
感空　1077a
感西　**215c**
感身学正記　**221b**
感得如来　1031c
感応　237b
感応寺(静岡)　**226c**,
1116a
感応寺(和歌山)　**226c**
感応寺(鳥取)　**226c**
感応使者　**226c**
感応伝　1482b
感応道交　**226c**
感応妙　650a
感夢記　1391c
感夢記密記　1391c
漢月法蔵　284c
漢光類聚鈔　**215b**
漢語灯録　304c
漢讃　753a,1508a
漢式　19a
漢像　19a
漢封　581b
漢法本内伝　**233a**
漢訳無量寿経　1400a
蒲原浄光寺　708c
管窺録　**214a**
管絃講　**214c**,363b
管絃相成義　**214c**
管主　216b
管主八　1368b
管天寺　640a
関西身延山　1382c
関山　110b ,216b→慧玄
(鎌倉～南北朝)
関山賊機　**216b**,717b
関山罵僧　**216b**
関三刹　**216a**,944b,
1457b
関扇坊　110b
関中創立戒壇図経
171a,**224c**
関中の四傑　301b
関中の四聖　885c
関中の四哲　301b
関通　107a,**225a**,
1173a
関通流　132a
関典録　789c
関東往還記　221c
関東祈禱所　**225b**
関東三カ寺　216a
関東三刹　944b
関東三大十夜　652c
関東三派　737a
関東四刹　**225c**
関東七カ寺　**225c**
関東十刹　**225c**
関東十檀林　518a
関東十八檀林　980a
関東僧録司　893b
関東僧録所　886a
関東天台宗法度　514a
関東六派　385c
関樸　896b
関棙子　**235b**
関㨨子　235b
歓喜　**212a**
歓喜(人名)　17b
歓喜院　767b
歓喜会　93b,213a
歓喜丸　212b,213a
歓喜行　1297
歓喜光寺　**212a**,695a
歓喜光仏　25b,642c
歓喜地　629b,629c,
631a
歓喜寺(和歌山)
**212b**,239c
歓喜寺(山口)　929b
歓喜住　1298
歓喜心院　702c
歓喜心院宮　138b
歓喜心行　1297
歓喜善神　656a
歓喜団　**212b**,213a
歓喜天　**212b**,212c,
948a,1093b
歓喜天法　212c
歓喜天霊験記　**213a**
歓喜日　**213a**
歓喜仏　484a
歓喜母　243a
監院　868b
監斎使者　**215c**
監寺　868b
監福曹　881b
翰林五鳳集　**235b**,
509b
翰林葫蘆集　**235b**
寰空　1016b
寰中　**224c**
憨山　1068a
諫迷論　1154a
還礼　82a
環中　**224c**,679b
韓退之　473b
韓長老　819c
韓愈　355c,473b
磵翁　891a
観　**209b**
観阿　736b
観覚　**211c**
観覚寺　410c
観境　209b
観鏡　743c
観鏡上人　309a
観経　233b
観経元照疏　234b
観経義質問愚答鈔
733a
観経吉蔵疏　234a
観経四帖疏　234b
観経疏　**213c**
観経疏(善導)　45c,
151a,**213c**,250b,
250c,337b,467c,
495c,498b,631c,
675b,691a,700b,
720b,793b,793c,
833c,958a,1090c,
1096b,1096c,1097a,
1127b,1161a,1198a,
1378a,1434a,1440b
観経疏楷定記　234b
観経疏他筆鈔　234b,
691b
観経疏伝通記　234b
観経疏妙宗鈔　234a,
1010b
観経浄土変相図　956c
観経浄影疏　234a
観経天台疏　234a
観経秘決集　234b,
665c
観経扶新論　172a
観経曼荼羅　233c
観経要義釈観門義鈔
234c
観行教　524c
観行五品位　427c
観行即　900c,1299a
観行法為有縁無名上士
集　832a
観慶寺　239a
観具院　1115a
観空(鎌倉)　1282b
観空(江戸)　1439c
観空西念　1216b
観賢　**214b**,256b,
387b,483a,921c,
1176c,1366b
観虚空蔵菩薩経　**215c**
観察　209b
観察義禅　839c
観察如来心陀羅尼経
**215c**
観察門　423b
観山　**216a**
観三世論　800b
観自在　228a
観自在寺　534a
観自在菩薩　26c,247b
観自在菩薩如意心陀羅
尼呪経　1122a
観自在菩薩如意輪念誦
儀軌　1122a
観性　479a
観照軌　471c
観照般若　1174b
観勝寺　**219a**,1487c
観所縁論　81b,**220a**,
427a,800c
観所縁論釈　220a,
427a
観心　209b
観心往生論　**221b**
観心覚夢鈔　**221c**,
1422a
観心覚夢鈔補闕法門
221c
観心三段　541a

観心寺 **221c**,560a
観心寺縁起実録帳 536c
観心釈 323b
観心二百門 591a
観心念仏 1138b
観心の十妙 650b
観心本尊 1333b
観心本尊抄 175a,**222a**,648b,906b,1107b,1379c
観心本尊抄得意抄 222b,1343a
観心門 **267c**
観心略要集 **222b**
観心論(伝菩提達磨) **222c**
観心論(神秀) **222c**
観心論疏 222c
観真 **220b**
観随 1112b
観誓 3b,994c
観世音 228a,1363b
観世音経 227a
観世音寺 171a,221a,**223a**,357a,659c,1453c
観世音授記経 223b
観世音菩薩 227a,228a,275a,354a,484a,731b,838a,933c,951b,1220c,1444a,1444b
観世音菩薩往生浄土本縁経 **223a**
観世音菩薩授記経 **223b**
観世音菩薩得大勢菩薩授記経 223b
観世音菩薩如意摩尼陀羅尼経 1122a
観世音菩薩秘密蔵如意輪陀羅尼神呪経 1122a
観世音菩薩普門品 227a
観世自在 228a
観禅 235b,839b
観想 209b,871b
観想(人名) 1267b
観想浄諸悪趣大曼拏羅 929c
観総相論頌 800b
観相念 1137b
観像念 1137b
観待道理 1061c
観智 209b
観智(人名) 737b
観智院 **224b**,384b
観中 997b
観徹 **225b**,716b
観道 209b
観道(人名) **225b**
観如 1490a
観如院 1116c
観念 209b,**744c**,1137b
観念の念仏 1137a
観念法門 **226b**
観音 7c,228a,1187c
観音院(曼荼羅) 1363b
観音院(仁和寺) 787c
観音院(大雲寺) 1435c
観音院(岡山) 456c
観音院流 210b
観音和尚 115a
観音観 655b
観音経 **227a**,228a,861c
観音供 **227b**
観音鬮 288a
観音求聞持 302c
観音求聞持法 228b
観音玄義 725c
観音纂玄記 **227b**
観音寺(京畿道) **227b**
観音寺(全羅南道) 1390a
観音寺(茨城) 463c
観音寺(滋賀・草津市) **227b**
観音寺(滋賀・栗太郡) 443a
観音寺(滋賀・蒲生郡) 227c
観音寺(京都・東山区) **227c**,860a
観音寺(京都・乙訓郡) 39c
観音寺(京都・相楽郡) 169b
観音寺(大阪) 367a
観音寺(奈良) 989c,1316c
観音寺(山口) 929b
観音寺(徳島) 534a
観音寺(香川) **227c**,534a
観音寺(福岡) 223a
観音寺(妙智山) 1149b
観音獅子吼道場 368a
観音授記経 223b
観音正寺 **227c**
観音信仰 229a
観音懺法 **228a**,228b,698b
観音台 372a
観音菩薩 26a,**228a**,619c,627a
観音霊場 **229b**
観瀑僧図 309a
観復 321b
観普賢経 11c,54c,229c,475b,541a,660a,1294a
観普賢菩薩経 229c
観普賢菩薩行法経 **229c**
観不思議境 636a
観仏 **231c**,1137b
観仏経 232c
観仏三昧海経 25c,**232c**,1198a
観仏三昧経 226b,232c
観法 209b
観菩提寺 **233b**
観弥勒菩薩上生兜率天経 1070b,1387b,1387c
観無畏尊者 769c
観無量寿経 26a,26b,37b,45b,45c,58a,151a,228b,**233b**,237a,252c,271a,298c,299a,337b,365c,373a,379c,421c,448b,480c,490a,491a,494a,498b,616b,646a,655a,689b,691a,738a,822b,833c,957a,958a,1078c,1096c,1097a,1140c,1159c,1181a,1207b,1304a,1434a,1438c
観無量寿経義疏(吉蔵) **233c**
観無量寿経義疏(慧遠) **233c**
観無量寿仏経疏(元照) **234b**
観無量寿仏経疏(善導) **234a** →観経疏
観無量寿仏経疏(智顗) **234a**
観無量寿仏経初心三昧門 739a
観門 209b,271a,738a
観門義 234c
観門の四重 673c
観門の菩提心 1302b
観門の本尊 258b
観門要義鈔 234b,**234c**
観楽土楽上二菩薩経 411c
観理 **234c**
観竜寺 **235a**
観練熏修 **235b**,839c
観蓮社妙誉道阿 705a
観勒 **235c**
闞伯周 375b
灌頂 **217a**,506b,752c,855a
灌頂(隋～唐) **218a**,398b,398c,440c,441a,602b,1026b,1027a,1028c,1134a,1134b,1196b,1295c,1308b,1313a,1346b
灌頂(清) 905a
灌頂院 502c,921c
灌頂記 219c
灌頂経 **218c**,252b,639c,1367c
灌頂住 1297
灌頂心住 1297
灌頂壇 618c
灌頂抜除過罪生死得度経 1415c
灌頂歴名 **219c**
灌洗仏形像経 **223c**
灌仏会 **231c**,380b,495c,595a,690b,

975b,1262a,1262b
灌仏経　223c
鑑岳　872c
鑑智国師　702c
鑑智禅師　883b
丸香　362b
元慧　112b
元暁　24a,**213b**,245a,316c,320c,321b,378b,525a,646a,652b,765c,936a,1096b,1258c,1296c,1390a,1400c,1428a
元慶寺　**214a**,1093b,1257b
元珪　501c
元興寺(奈良・奈良市)　**215a**,303c,401c,557a,639a,886c,951a,1316c
元興寺(奈良・高市郡)　370c
元興寺(愛知)　215b
元興寺伽藍縁起幷流記資財帳　535a,536c
元興寺極楽坊　401c　→極楽坊
元興寺伝　215a,1316c
元興寺流　215a,510b
元三大師　288a,1470a
元琇　**216c**
元照　24a,69b,**218b**,234b,243c,737a,1232c,1453c
元初の一念　**220b**,1398b
元祖　905c
元祖庵　1094c
元旦星供　1300a
元品の無明　1398b,1398c
含華未出　**214b**
含光　**214c**,418c
含識　668b
含潤　1345a
含生　668b
含情　668b
含中の教　998c
含粒寺　677a
含霊　668b
岩山高康　1210c
岩栖寺　380a
岩船寺　**223b**,988c
岩蔵寺　379b
眼応鼻直　**226c**
雁塔　**225b**
顔延之　473a
顔回　674b,722b
顔子推　473a
願　**210a**
願安　443a,799c
願往生　142a
願往生六時礼讃偈　144a
願海　**211b**,911b
願海院　8c
願願鈔　**212a**,789b,790c
願行　**213b**
願行(人名)　36a,343c,923b
願行具足　213b
願行寺　1428a
願暁　**213c**,935b
願楽　**213c**
願楽行地　1298
願故　912b
願興寺　**215b**
願西　192a,517a
願西尼　36b
願作度生　210a
願作仏心　210a
願事　210a
願食　521c
願主　210a
願正　853c
願正寺　1373c
願生　142a
願生帰命弁　**218c**,379c,477c
願生偈　**219a**
願生浄土義　**219c**
願性　**218b**,371a
願状　234c
願勝寺　842c
願証寺(岐阜)　**219b**,393b
願証寺(三重・又木)　219b
願証寺(三重・杉江)　**219a**,1080b,1082a
願証寺(滋賀)　**219b**
願証尼　36b
願照寺　**219b**
願成寺(福島・喜多方市)　**219b**
願成寺(福島・いわき市)　379a
願成寺(茨城)　1105c
願成寺(石川)　**219b**
願成寺(熊本)　**219b**
願成就院　684c
願成就寺　41c
願成就寺福寿院　529c
願心　1297
願知　1322c
願智　**224b**
願智坊覚淳　1413a
願得寺　393b,564a
願入寺　**226a**,744a
願人坊主　**226b**
願波羅蜜　1167c
願仏　260c
願文　**234c**,240a
願力　**234c**,**771c**
願力廻向　111a,234c
願力自然　235a
願力成就の浄土　235a
願力不思議　235a
願隆寺　**235a**
巌浄寺　1005c
巌的　**225a**,1143b
巌頭　837a
龕　**210b**
龕棺　210b
龕柩　210b
龕子　210b
龕船　210b
龕前堂　210b
鑑真　2a,100c,171a,171b,**220c**,524c,554a,564c,612b,659c,958a,1051a,1052b,1278b,1326c,1416b,1453c,1462c
鑑禎　304a


## き


キサー・ゴータミー　247c
キジル　242c,1233c
キジル石窟　**244c**
ギータミトラ　246b
ギッジャクータ　243b,598a
ギリヴラジャ　141c
キリシタン禁制　650c
キンカラ　248a
キンナラ　277b,1158b
キンビラ　1089a
几山　1207a
乞灑　570,572c
木内宗吾　1050b
木津無庵　**248b**
木下長嘯子　**249c**
木之本地蔵堂　724a
木仏　1233c
木辺開山大徳　526b
木辺派　→真宗木辺派
木村泰賢　**251b**
危宿　1096a
吉多蜜　246b
吉備真備　357a
吉良義鎮　1213c
吉利支丹奉行　624a
気息　158b
希運　144c,145a,145b,**238a**,850b,913c,1477a
希玄　1044a
希世　1482a
希遷　216a,**245c**,372a,497b
希叟紹曇　402c
希膺　**254c**
希麟　56b,941c
忌日　**249a**
杞憂道人　83c
奇光如来　**242b**
奇臭鬼　196a
奇特(伽藍)　12b
奇特(地名)　22a
季瓊　794c
季弘　927c
季潭　899a
季の御読経　**249c**,1262b,1507a
祈雨　**238a**
祈雨法　238a,692a
祈願　**240a**
祈願寺　84c,240a
祈願所　**240a**,240a
祈願文　234c
祈親上人　758a
祈親灯　758b


灌 鑑ギ 丸几 元乞 含木 岩危 眼吉 雁気 顔希 願忌 巌杞 龕奇 鑑季 キ祈

祈禱　**248c**
祈禱会　1262b
祈禱奉行　623c
枳橘易土集　**240c**
枳殻邸　860a
枳師帝掲婆　549a
枳東園　917c
枳秣羅　1358b
紀蔭　640a
紀寺　84c,1490b
紀僧正　795b
紀道成　1050b
紀三井寺　**250c**
紇里　568
紇梨　568
紇利倶　25a,26b,
　**275a**,1363c
紇利倶字香炉　275b
紇利倶字塔　275a
紇哩陀耶　774b
軌生物解　1259c
軌範師　11b
帰雲庵　1088b
帰依　**238b**
帰敬　**240c**
帰敬式　1017c,1286a
帰化　241b
帰元　**241b**
帰元寺　**242a**
帰元直指集　**242a**
帰山　**242b**
帰三宝偈　631c
帰寂　241b,1133a
帰寂日　241c
帰宗寺　**243c**
帰宗智常　1087c
帰真　241b
帰蔵室　366b
帰堂　1166b
帰謬論証派　16c,
　615a,748b,992c,
　994c,1120b,1237a
帰本　241b
帰命　**251b**
帰命頂礼　251b
帰命本願訣　478a
帰命本願鈔　**251b**,
　500b
耆宿　**244a**
記　**236a**
記室　869a
記主　**243c**
記主禅師　1473c
記主法師　978c
記主門下の六派
　1473c
記心輪　509a
記別　236a
記莂　236a
訖栗枳王　**275a**
訖利駄耶　774b
起観生信　**240b**
起行　33b
起顕竟　**241c**
起幻銷塵観　470b
起業相　480a
起事心　490c
起慈悲心　636b
起請　**244a**
起請文　**244b**
起信庵　381a
起信の三疏　245b,
　930c
起信の二門　794a
起信論疏　**245a**,930b
起尽無常　690a
起世因本経　245b,
　1455a
起世経　**245b**
起単　973a
鬼　177a,**236a**
鬼事　294b
鬼子母神　**242c**,245a,
　670c,1095b,1416c,
　1443a
鬼宿　1096a
鬼神　**244c**
鬼籍　187b
鬼簿　187b
鬼門　**251c**
鬼問目連経　**251c**
基　240b
基好　938a
基公塔　369b
基弁　**250a**,1316b
寄位　241b
寄帰　1218c
寄顕　**241b**
寄庫銭　546b
寄言歎　495c
寄斉　241b
寄在　241b
寄説　241b
寄竹派　1210b
寄竹了円　1210b
虚堂　985a
虚堂集　542b
規庵　899a
黄不動　**250a**,1243a
亀翁良鶴　380a
亀鏡文　861a
亀山寺　543a
亀茲　**242b**,450a,680c
亀洲　808a
亀水　1471c
亀泉　635b
亀年　865c
亀趺塔　828c
亀命寺　548c
亀毛　**251c**
亀陵　122c
喜　590b
喜(人名)　527a
喜海　31a,212b,**239c**,
　318a
喜慶　420c
喜見菩薩　142a
喜光寺　**242a**
喜悟信の三忍　1127b
喜地　629b
喜受　616a
喜撰　**245c**,607c
喜足少欲　488a
喜多院(埼玉)　**246a**,
　424a,1021c
喜多院(興福寺)
　1317a
喜多院御室　660a
喜忍　498b,1127c
喜之　**249b**,1125a
喜無量心　590a
喜楽　1070a
綦山　348c
蘷斎　1463a
蘷山　1165b
貴霜王朝　200a,327b,
　964a
棄五蓋　1285a
棄老国　**275b**
毀形唄　672b,1340c
暉真　1412a
暉曜地　629b
跪炉　**275b**
箕宿　1096a
綺語　637c
禕　344b
器　**236a**
器界　830a
器世間　830a
器世間清浄　719b
器朴　**250c**
器朴論　**250c**,538b,
　962b
嬀水　552b
機　**236b**
機縁　237b
機応　237b
機感　237b
機教　236b
機教相応　**241a**,874c
機根　236b
機雪　888c
機の深信　1096b
機法　236b
機法一体　**250b**
機法相応　241a
機用　**253b**
機類　236b
窺基　24a,78b,**240b**,
　267c,324b,369b,
　412b,418c,460a,
　481b,483b,516c,
　757a,757b,924b,
　935a,1171b,1177a,
　1258c,1293c,1295a,
　1309b,1316b,1316c,
　1352c,1423c,1426b,
　1430c,1431a
徽号　924c
徽宗　473b
蘄州忞和上導凡趣聖悟
　解脱宗修心要論
　454c
譏嫌戒　160a
闚音　228a
麒麟聖財立宗論　**275b**
饑饉災　479b
伎楽　1288a
伎楽面　1205c
伎芸天　**241b**
岐陽　1274c　→方秀
宜翁(中国)　176c
宜翁(日本)　1109a
宜春　101a
宜然房　1382c
宜牧　1431c
枳園寺　**239b**
祇王寺　142c

祇園　243c
祇園会　**238b**
祇園感神院　238b，**239a**，274b
祇園御霊会　429c
祇園寺（中国）　**239b**
祇園寺（茨城）　**239b**，380c
祇園寺（京都）　1093b
祇園社　56a
祇園精舎　171a，243c，246a，414c，416b，594a，598a，671b，677c
祇園天神　416b
祇洹阿難邠坻阿藍　243c
祇洹精舎　243c
祇支　1263c
祇樹給孤独園　**243c**，671b
祇陀太子　243c，**246a**，671b
祇陀園　243c
祇陀寺　943c
祇陀林　243c
祇陀林寺　208c，**246b**，447b
祇多蜜　229c，**246b**
祇涅林　243c
祇密多　246b
祇夜　**251c**，308c，644b
祇夜多　**253a**
翅舎憍答弥　247c
翅寗　313b
耆闍崛山　141c，**243b**，414c，598a，1473a
耆陀精舎　243c
耆那教　593a，1092a
耆年長老　1009a
耆婆（医師）　11a，35b，**249c**，576b
耆婆（鳩摩羅什の母）　300c
耆婆耆婆　302a
愧　**467a**
義　**237b**
義尹　**237c**，925b，1378c
義淵　**237c**，1050b，1316c
義雲　**238a**，749c
義演（鎌倉）　104b，104c，**238b**，239c
義演（戦国～江戸）　**238b**，407c，502c
義翁　929b
義恩　800a
義介　104c，**239c**，851a，932b
義海（奈良）　246c
義海（江戸）　**240a**
義懐　**240a**
義覚　860c
義学　**240a**
義学雑編　1318b
義観（江戸）　1334b
義観（江戸～明治）　287b
義教　**241a**，327a，847c
義空（中国）　108b，**241a**，980b
義空（日本）　**241a**，953a
義解　**241b**
義圭　833a
義玄　193c，**241c**，772c，850b，1469c，1476c，1477a
義源　476b
義亨　**242a**，946c
義国院　763c
義山（江戸・浄土宗）　**242b**，305a
義山（江戸・真言宗）　1234b
義釈　294b，816c，817a
義寂（中国）　**243a**，935a，1027a，1068a，1308a
義寂（朝鮮）　**243a**
義准相似過類　77b
義准量　1465c
義疏　686a
義湘　**244a**，316c，320c，321b，372c，392b，725b，1192a，1218a，1324c，1441c
義湘元暁絵　316c
義璋　854c
義浄　60a，78a，171a，223c，**244a**，289b，298b，439a，439b，440b，446a，519b，572a，576b，612b，616b，635a，669c，670a，729a，799a，938c，954b，1034a，1080a，1085b，1086b，1122a，1198c，1227c，1237c，1314c，1387b，1395b，1415c，1423c，1435b，1442a，1456b，1461b，1502c
義静　**244b**
義成部　1245a
義信　1275b
義真（中国）　106a，**244c**
義真（日本）　139a，140a，171c，**245a**，398b，659c，682b，886c，1027b，1028a，1043c
義瑞　700a
義青　**245b**
義楚　**245c**，602b
義楚六帖　602b
義相　237b
義操　**245c**，459c
義足経　816c
義尊　567a，915b
義存　**245c**，489a，836c，837a
義諦　855a
義陀羅尼　969c
義冲　**247c**
義仲寺　**247c**
義塚　1390b
義澄（江戸）　728c
義澄（江戸～明治）　1039c
義通　**247c**
義天（朝鮮）　105c，130b，**248b**，343a，706a，737a，805b，842b，1027b
義天（鎌倉～南北朝）　**248b**
義天（室町）　344a，1466a
義天（江戸）　**248b**
義天録　248c，805b
義統　**249a**
義洞　379c
義堂（南北朝）　637a
→周信
義堂（江戸中期）　905a，1218b
義堂（江戸後期）　724c
義道　1116b
義能　**249c**
義範　153b，**250a**，823b
義宝　**250b**
義梵　841a
義明　762c
義無礙解　589b
義門　**251c**
義宥　1227b
義雄　1358a
義融　120a
義利　237b
義林　473b
義林章　935a
義林章決択記　935a
義林房　212b，239c
義類の三時　481b
義路　237b
義和　**275c**
疑　**237c**
疑蓋　393a
疑蓋無雑　1338c
疑城　731b
疑人　277b
疑網　237c
疑惑和讃　489b
儀晏　**237c**
儀軌　**240c**，1247c
擬灌頂　12b，887b
擬宜　408b
擬講　194b，886b
魏国西寺　919b
魏国東寺　919c
魏静　852a
魏訳無量寿経　1400a
顗海　1102a
菊光堂　132c
菊仙梵寿　1005a
菊池大麓　146b
菊池武朝　416a
菊灯　1225a
麹文泰　375b
岸上恢嶺　**242c**
瑕丘宗興　177b
北一輝　1293c
北院　246a
北院流　660b
北大峰　444a

北観音寺　274a
北野元峰　**246a**
北野社　537a
北野天神縁起　121b, 536c, 1330a
北野天神縁起絵巻　534b
北野本地　1330a
北野曼荼羅図　1329c
北政所(高台院)　380a
北畠親房　334b
北畠道竜　**246b**
北林禅尼　22a
北法相宗　1317a
北御堂　1015c
北向観音　37a
北向不動　1242a
北室聖　1472c
北山浄光寺　708b
北山の赤門寺　745a
北山毘沙門天　1326c
北吉野山　799c
吉友　1150b
吉山　1388b
吉星　1349c
吉祥　**246c**
吉祥院　**246c**
吉祥海雲　1360b
吉祥喜旋　1360b
吉祥悔過　247b, 1262b
吉祥坐　448a
吉祥寺(千葉)　128b
吉祥寺(東京)　105b, **246c**
吉祥寺(静岡)　871a
吉祥寺(香川)　874a
吉祥寺(愛媛)　534a
吉祥懺　247b
吉祥草寺　**247a**
吉祥天　**247a**, 396b, 1095b
吉祥天悔過法会　668c
吉祥瓶　356b
吉蔵　3b, 234a, **247b**, 267c, 317c, 323b, 473a, 483b, 496c, 509c, 510a, 510b, 510c, 564c, 714b, 733b, 752b, 754a, 756b, 765c, 931a, 974a, 995a, 1000b, 1013b, 1098b, 1175c, 1293c, 1295a, 1307c, 1310a, 1312a, 1313b, 1387a, 1400c, 1426b
吉離舎瞿曇弥　**247c**
吉隷捨　1336a
吉迦夜　**248a**, 758c, 896b, 1245b, 1285b
吉慶讃　**248a**
吉祥院　**248a**
吉田観音　798a
契丹大蔵経　941a
喫茶養生記　**248a**
給孤独園　1158a
　→祇園精舎
給孤独長者　205c, 243c, 246a, 273a, 594a, 671b, 677c, 678a, 815a
絹袈裟衆　1180b
君名　**251b**
伽羅　**253a**, 362a, 961c
佉　569
佉沙　909b
佉羅陀仙　253a
佉留　253b
佉盧虱吒　**253a**, 253b
佉盧虱多書　**253b**
却来首座　869a
脚絣　**253a**
却温黄神呪経　**252a**
却焼編　809c
却磨沙波陀　1173b
却螂臂　1138c
客位　**252a**
客医　**279b**
客戒　159c, 279c
客塵煩悩　**252c**
客善　279c, **292c**
脚踏　**252c**
脚布　**252c**
隔生即忘　**252b**
隔歴　**138b**
隔歴三観　410a, 469c
隔歴三諦　494b, 998c
逆打ち　533a
逆縁　**681c**
逆観　**682a**
逆化　307b
逆罪　**252a**
逆修　46b, **252b**, 430c, 828c
逆修説法　**252b**
逆の三徳　497c
逆の峰入　1370a
逆峰　149c, 1370a
逆謗　**252c**
逆謗除取　252c
逆謗の屍骸　252c
逆流　**685c**
逆流の十心　685c
獲　1065a
九太夫　712a
九味斎　**254a**
久安寺　**253c**
久厳尼　1270a
久昌院　693b
久昌寺　**254a**, 1115c
久昌寺檀林　1110a
久成寺　1114a
久成房　1105a
弓宮　642c
弓箭毘那夜迦天　1093a
丘茲　242b, 680c
休々子　896b
休居叟　824b
休月斎　704a
休静　45a, **253c**, 843b, 921a
朽木子　1044a
炭法師　524c
供備菜　254a
宮賢　866a
宮講　106c, **253c**
宮中御斎会　404c, 1507a
宮中御修法　407c
宮中真言院　282a
裘代　1264b
鳩美菜　254a
牛宿　1096a
笈多(インド)　294a
笈多(中国)　439a, 524c, 932a, 971c, 1293a
巨源　355a
巨然　423a
居簡　**272a**
居敬　**273b**
居庸関の過街塔　832b
居楼国　657b
挙白堂　249c
清沢坊　1332c
清沢満之　6b, **273b**
清澄虚空蔵(清澄寺)　478b
清澄寺　**274a**, 478b, 1107a
清滝権現　825a
清滝寺　534a
清原夏野　1272c
清水寺(京都)　133c, 229b, **274a**, 556c, 887b, 895b, 1093b, 1317a, 1494a
清水寺(兵庫)　**274a**
清水寺(島根)　**274a**
清水寺縁起　**274c**
清水寺上綱　824a
清見寺　821b
虚応堂　1204c
虚宿　1096a
虚白　841a
許可灌頂　217c
許詢　1507a
踞坐　448a
蘧庵　959a
魚宮　642c
魚鼓　279a, 1406b
魚山(中国)　**273c**, 1340c
魚山(日本)　**273c**
魚山私鈔　274a
魚山声明　619b
魚山蠆芥集　**274a**, 753a
魚山目録　753b
魚板　1170a, 1406b
魚梆　1406b
御忌　168c, 249b, **272a**, 1366b, 1436a
御製満漢蒙古西番合璧大蔵全呪　943b
御童子　1047b
御物　727b
交露　**271c**
仰山　**263b**
仰山慧寂　→慧寂
仰山指雪　**263b**
仰山四藤条　**263b**
仰山随分　**263b**
仰山挿鍬　**263b**
仰山問三聖　**263c**
匈奴　375a, 1164b
匡山　1503b
匡真寺　882b

叫喚地獄 532a
夾侍 494a
夾紵像 1233c
狂雲子 884c
狂乱往生 142b
孝養 390b
享堂 **268c**
享禄の錯乱 55b, 564a,1005b
享和儀軌 172b
京極高豊 1464a
京極御堂 1277c
京都大廻り 174c
京都五山 405c
京都三弘法 782b
京都三派 737a
京都大仏 1271b
京洛寺塔記 579a
供頭行者 870a
羌 990b
羌掲梨 **257c**
羌族 819a
姜斌 473a,1078a
拱辰 313b
香厳 984a
香厳撃竹 **262a**
香厳上樹 **262a**,905c
香林坐久成労 905c
恐怖戒 164b
恭畏 **255a**
恭翁 99b,1031c
恭建那補羅国 **262a**
恭思皇后 1459c
恭仁康定景皇帝 144c
恭明 528c
挾侍 494a
挾善趣求 110c
脇 327c
脇士 494a
脇侍 494a
脇尊者 190b,**268a**, 951c,1403b
校量数珠功徳経 670a
教 **254a**
教育と宗教との衝突（書名） 62a
教院 513c
教雲 101b
教恵 1332c
教英 1101a
教映 1341b
教円(鎌倉) 1331b
教円(江戸) 1335b
教翁 1279c
教王護国寺 **255c**, 419a,428c,477c, 517c,784c,1059a, 1093c →東寺
教王房 860c
教音 179b
教苑清規 **256c**
教苑摘要 **256c**
教戒 163c
教界三傑 1115b
教界時言 273c
教誡新学比丘行護律儀 257b,951b
教誡新学比丘護律儀 257b
教誡律儀 **257b**,523a
教誡輪 509a
教学院 1243a
教雅法師 1139c
教観 267c
教観綱宗 **258a**
教観大綱 **258b**
教観二門 267c
教観本尊 **258b**
教機時国教法流布事 259b
教機時国抄 **259b**
教行果 259c
教行寺(大阪) 1491b
教行寺(兵庫) **259c**
教行寺(奈良) **259c**, 393b
教行証 **259c**
教行証(書名) 260a
教行信証 58a,**260a**, 346a,471b,491a, 620b,698a,723a, 724c,742b,806c, 992a,1090a,1161a, 1486a
教行信証大意 789b, 790c
教行信証の四法 260a
教行人理の四一 49c
教行本迹 1342c
教空竜芸 1279c
教化 **261b**,307a, 1196a
教化地 631a,1299b
教化地の益 423b
教外別伝 **262a**
教外別伝不立文字 840a
教亨 **262b**
教興院 1474a
教興寺 710c
教昊寺 274c
教算 913a
教史 462c
教寺 513c,517b
教時義 785b
教時諍 785b
教時諍論 785b
教時問答 785b
教主 **264a**
教授阿闍梨 11c
教重 482c
教舜 648a
教証 **264c**
教証(人名) 853c
教摂 267a
教乗法数 **265a**,1344a
教信 **265b**
教尋 **265b**
教禅 **266a**
教禅(人名) **266a**, 1227a
教禅一致の説 649b
教相 **266a**,784c
教相十八通 **266b**
教相の三意 **266c**
教相判釈 126c,**267a**
教相分 **267c**
教相門 **267c**
教叟 821b
教蔵院 1113a
教待(飛鳥) 436a
教待(平安) 952a
教諦 1098b
教道 **268c**
教道の重玄 1120a
教道方便 1284b
教導化益 261b
教導職 489a,624a, 918c
教頓機漸 1434b
教如 148c,**270a**, 788b,1089b,1207c, 1323b,1324a,1413c
教任 694c
教念 1332a
教念房即信 1331c
教判 267a
教旻 1111c,1478b
教部省 147a,461a, 489a,588b,624a
教明房 885a
教門の本尊 258b
教門本尊 1333b
教唯識 1422b
教様時国抄 648b
教理行果の四法 260a
教令輪身 419a,509b, 1374b
教蓮社聖誉 1015c
教蓮社門誉 179a
経 80c,**254a**,493b, 644b,939b,976c
経案 257c
経衣 **255b**
経王金湯篇 847c
経覚 **257b**
経覚私要鈔 **257b**
経島 **257c**
経帷子 255b,872b
経巻 **257c**
経巻相承 538b,885c
経巻立 257c
経机 257c
経木 **258c**,402c
経行 **259b**
経供養 **261a**,303b
経家 **261b**
経杲 1360a
経豪(鎌倉) **262b**, 749c
経豪(室町～戦国) **262b**,375c,1225c
経豪本 749c
経師(三蔵) 493c
経師(写経) **263c**
経釈 271c
経宗 **264b**,493c
経集(スッタ・ニパータ) 294b,532a, 816b,817a,1147b, 1204a
経集(寂天) 615a
経助 1185c
経照 1489b
経生の聖者 **265a**
経疏曼荼羅 1363a
経尋 929b
経尋記 797b,929c

経石　257c,832b
経石庵　1375a
経石塚　1375a
経蔵(三蔵)　294a, 493a,493b,816c, 939c
経蔵(経堂)　206a
経体　**264b**
経卓　257c
経帙　257c
経塚　257c,**268b**, 1058a
経筒　257c,268b
経典　254b
経塔　**268c**
経堂　206a
経幢　**269a**
経道滅尽　**269c**
経流　**269c**
経貝　832c
経筐　257c
経筥　257c
経櫃　257c
経分別　80c,940b
経法　254b
経法曼荼羅　1363c
経曼荼羅　268c
経祐　1476a
経要集　933a
経律異相　**271b**
経量部　159a,290a, 301b,306a,341a, 411a,445a,627c, 715a,933a
経録　662a
経論釈　**271c**
竟陵王蕭子良　583b
喬答摩　**269c**
喬答弥　269c
喬比迦　279c
敬阿(公慶)　370a
敬阿(学信)　182c
敬愛寺　1227c
敬雲　601a
敬賢　1468a
敬西房　794c
敬首　**264b**,832a
敬信　791a
敬叟　272a
敬田　1209c
敬田院　577b,577c
敬日　**269c**
敬雄　1025c
軽安　**255a**
軽垢罪　162b
畺良耶舎　233b,**271b**
境　**254b**
境界　**257a**
境界有対　919a
境界住　**257a**
境界相　480a
境観相資　**258b**
境行果　**259b**
境空心有　481c
境持院　1116b
境相　480a
境智俱融　**268b**
境妙　649c
境唯識　1422b
嬌末離　301c
慶愛法　676b
慶意　832c
慶円(平安)　**255b**
慶円(平安～鎌倉)　**255b**
慶円(鎌倉・真宗)　**255b**,1331b
慶円(鎌倉・臨済宗)　**255b**
慶円(江戸)　1326c
慶恩　**256c**
慶厳　**257c**,949a
慶喜　**258c**
慶厳　321a
慶算　393a
慶字　**263c**
慶首座　1089c
慶俊　15a,198c,**264c**
慶信　**265b**
慶伝　1114a
慶鑁　452b
慶聞房　1459b
慶祐　708b
憬興　**262b**,1400c
憍　**254c**
憍薩羅国　**263a**,405a, 594a,657a,1153b
憍薩羅夫人　405a
憍奢耶　**264a**
憍賒耶　264a
憍賞弥　657b,1501b
憍賞弥国　90b,**265a**
憍陳如　18a
憍答摩　596a
憍曇弥(姓)　269c
憍曇弥(摩訶波闍波提)　232c,1348a
憍梵波提　810c
璟興　1400c
彊梁婁至　**271b**
頬車如師子相　483c
警策　**262c**
轎番　870a
鏡円　**255c**
鏡空　846c
鏡算　685b
鏡清雨滴声　**265c**
鏡清草裏漢　266a
鏡清啐啄機　**266a**
鏡清道怤　265c,266a
鏡像　1329c
鏡智禅師　883b
鏡澄　1115c
鏡堂派　850c
鏡如　148a
鏡忍　**270a**
巧安止観　636b
巧円　708c
巧度観　409c
巧如　**270a**
巧便　1284b
巧方便　1284a
仰　569
仰月点　570
仰観　1473b
仰口食　522a
仰山小釈迦　114a
刑部阿闍梨　556a
刑部卿法印　262c
行　**254c**
行胤　760b
行雨　85c
行雨夫人　84c
行蘊　392b
行円(平安)　**255c**, 258a,1185c
行円(鎌倉)　373c
行円(戦国)　219a
行賀　**256c**
行海(中国)　851b
行海(日本)　**257a**
行覚　711b
行学　240a,315c
行学院　1115c
行感　1341c
行観(鎌倉)　185a
行観(江戸)　**257c**
行観弘の三門　271a
行願　210a
行願(人名)　**258a**, 314a
行願寺　255c,**258a**, 556c
行願心　1302a
行願菩提心　1302a
行基　5b,35b,37a, 38c,56b,142c,149b, 152b,156c,200b, 219a,220b,223b, 226a,242b,246c, 253c,**258c**,298b, 302b,367a,406c, 428b,435c,441c, 452b,457a,459b, 460c,465a,517a, 535c,538c,567b, 602c,607c,762c, 764a,806a,809a, 814b,882a,883c, 923b,932b,938a, 938b,948b,985c, 986a,987b,990a, 1007a,1018b,1026b, 1041a,1054c,1082a, 1118c,1148a,1185c, 1186b,1202b,1214c, 1242a,1242b,1246b, 1246c,1265c,1266a, 1267c,1273a,1274a, 1278a,1279c,1290a, 1316c,1324a,1365c, 1367a,1388a,1413c, 1414a,1439b,1472c, 1473a,1490b,1494a
行基四十九院　120b
行儀　**259a**
行儀分　**267c**
行教　315b
行教(人名)　63b, **259b**,1159a
行境の十仏　**260c**
行均　941c,1458a
行苦　270c
行空　280b
行空(平安)　**261a**, 1185c
行空(鎌倉)　**261a**, 338c,1139b

行解 **261c**
行解の十信 1297c
行賢(平安〜鎌倉) 415a
行賢(江戸) 41c
行玄 **262a**,763b
行香 362c
行珙 1123a
行業 **262c**
行光坊 393a
行乞 963a
行五法 1285a
行厳(平安) **262c**
行厳(鎌倉) **262c**
行者 **264a**,341c,661a,1420b
行者修成の四曼 1362a
行思 **264a**,821b,850b
行事 887b
行事鐘 687c
行事鈔会正記 →四分律行事鈔会正記
行事鈔資持記 →四分律行事鈔資持記
行捨 592c
行迹地 1298
行秀 **264b**,758c
行重 482c
行住坐臥 512c
行昭 1222a
行勝(平安〜鎌倉) **264c**,390a
行勝(藤井日達) 1118c
行成仏 902b
行心 1439a
行信 **265c**
行信(人名) **265c**,1288b,1415a
行信教校 176c
行深 768a
行善 838b
行泉房流 753c,1027c
行相 **266b**
行像 **266b**,380b
行蔵 294c
行尊 **268a**,607c
行タントラ 976c
行智(鎌倉) 189b
行智(江戸) **268a**,423b,1039c
行智(江戸〜明治) **268a**
行霆 768c
行道 **269a**
行道(人名) **269b**,1227a
行読 1067b
行如 373c
行人 264a,**270a**,388a,674a
行人方 824c,1048b
行念 373c
行然 **270b**
行の一念 51c
行の四依 515b
行表 **270c**
行福 838b,1207b
行不退 1219c,1220a
行仏性 1229a
行布門 **138c**
行遍 **270c**,479a
行法 676a
行満(中国) **270c**,456b,608c,1027b
行満(日本) 837c
行満成仏 747c
行妙 649c
行明 758b
行門 **271a**,738a
行門の菩提心 1302b
行唯識 1422b
行勇 **271a**,754c,1267c
行理 180a
行林抄 **271c**
行歴抄 **271c**
行蓮社信誉 909c
行蓮社満誉 911a
形色 520a
形色貪 1074a
形尽神不滅論 472c
堯雲 603a
堯慧(南北朝) 840b
堯慧(戦国〜江戸) **255b**,798a,853a
堯海 1227a
堯鑑 685a
堯孝 **262c**
堯山 1109c
堯秀 413b
堯順 1101a
堯助 64a
堯恕 **264c**,891b
堯性 358b
堯昭 910b
堯晶 358b
堯然 **270b**
堯弁 1116c
堯文 778b
堯雄 1006c
暁菴 843a
暁瑩 **255b**
暁台 436a
楽慧 531c
楽定 531c
楽説無礙解 589b
楽説無礙弁 589b
楽欲 **271b**
楽欲悉檀 536b
澆季 **259a**
凝然 98a,99b,**270b**,321b,321c,322b,478c,735c,753c,914b,1013b,1080a,1161b,1454a,1454b
凝然常 689c
曲木 273b
曲彔 **273b**
棘樹 4b
玉印鈔 **272b**,952a
玉英 729c
玉翁 **272b**
玉華寺 **272b**
玉呬耶 809c
玉渓 861b
玉桂寺 350c
玉岡 1397a
玉山恵福 1468a
玉芝和尚 1274b
玉室宗珀 947a,962a
玉岫宗与 1041a
玉成 328c
玉泉寺(中国) **272b**,984b,1309a,1481b
玉泉寺(朝鮮) 879b
玉泉寺(山形) 1286c
玉泉寺(群馬・伊勢崎市) 867a
玉泉寺(群馬・利根郡) **272b**
玉泉寺(静岡) **272b**
玉泉寺(滋賀) **272b**
玉泉承皓 707c
玉体加持 393b
玉洞妙院 1112b
玉念 16a
玉鳳院 **273a**,1380b
玉甫紹琮 947a
玉耶経 **273a**
玉耶女 815a
玉耶女経 273a
玉葉 291b
玉竜院 709c
玉竜子 1053a
玉林院 947a
玉林寺 **273b**,1384c
玉蓮社信誉 928a
旭蓮社 **273b**,1001b
清荒神 414b
雲英晃耀 **274c**
切支丹奉行 651a
切袴 1264c
切幡寺 534a
桐山靖雄 7b
切戸文殊 508a
切戸文殊堂 983c
均如 50b,**277b**,600c,601a,1212a
近松寺 **276b**,1322c
近世往生伝(如幻) **276c**
近世往生伝(隆円) **276c**
近世禅林僧宝伝 **277a**
近世淡海念仏往生伝 973c
近世念仏往生伝 277a
近長谷寺 **277a**
径山 **275c**,1042c
径山寺 275c
金閣寺(中国) 215a,418c
金閣寺(日本) 1494b
金口相承二十四祖 457b
金言 433b
金香炉 1224c
金刻大蔵経 941a
金山沢心寺 275c
金山寺(中国) **276a**
金山寺(朝鮮) **275c**,612c
金山寺(日本) **275c**
金山鈔 277a
金鑽宗要 652c
金七十論 **276a**,498a,

690a,1505b
金鐘寺 442c
金人 **276c**
金心寺 **276c**
金先 47a,1210b
金先派 1210b
金毘羅 1089a
金峯神社 268c,278a
金峯山 149b,198b,**277c**,805a,895b,1146b,1370a
金峯山経塚 268b
金峯山金剛蔵王 42b
金峯山蔵王堂 461b
金峯山寺 102b,278a
金峯山寺満堂派 948a
金峯山信仰 461b
金門鳥敏法 397b
金曜 558b,1485a
金襴衣 1263a,1264c
金竜寺 **278a**
金竜道人 314a
金陵山 712c
金陵梵刹志 **278b**
金輪寺 376c
金輪仏頂 48a,1215c
金輪仏頂尊 1496c
経頭 869c,1004c
経単 973a
経行 259b
経馬 **278a**
勤旧 869b
筋光 403b
欽願 377b
欽山三関(一鏃破三関) 50c
欽山文邃 50c
欽婆羅衣 117a,1264b
欽明天皇 837c
琴誉 1279a
禁戒 160a,163a
禁断日蓮義 **277a**
禁牌石 305c
靳全 47a,1210b
靳全派 1210b
瑾英 1092b
緊那羅 **277b**,927b,1158b
緊那羅王 1095b
緊波迦果 **277c**
磬 275c,1224c
磬叩 200c
錦織寺 **276b**,371c
黔南会灯録 **277b**
鏧 **275c**
吟応 58a,744c
銀閣寺 543b
銀椀裏盛雪 **278b**

## く

クヴェーラ 277b,444c,1184a,1416b
クサーヴァティー 289c,937c
クシェーマー 331b
クシティガルバ 549a
クシナガラ 10a,288c,598b,657b
クシナーラ 288c,598b,657b,937c,1133b,1158a,1353c
グシ・ハン 209b,991a
クシャーヴァティー 288c,289c
クシャグラプラ 141c
クシャトリヤ 542c,835c
クシャーナ王朝 200a,223c,327b,964a,1064a
クスタナ 90a
クスマプラ(華子城) 1155c
クスマプラ(曲女城) 196c
クチャ 148b,242b,680c,970c,1063c
クチャ語 1063c,1075c,1306c,1483c
クックタ・アーラーマ 309b,1417a
クックタパダ・ギリ 312a
クッジュッタラー **294a**
クッタ 294a
グッター **294a**
クッダカ・ニカーヤ 7a,61a,88a,**294a**,606c,816b,817a,1019a,1226b,1306b
クッダカ・パータ 294b
グナヴァルマン 295c,609c
グナヴリッディ 296a,877b,1194a
グナバドラ 295c
グナプラバ 1066b,1163c
グナマティ 811c,1065c,1085b,1423b,1430a
クナーラ 296a
グナラタ 797b
クブジョーッタラー 294a
グプター 294a
グプタ王朝 367b,1155c,1164b,1347b,1359a
グプタ文字 572a,1063c,1248a
グプタ様式 96a,525c
グフヤサマージャ・タントラ 16c,**297c**,437c,675a,976b,1014b
クベーラ 377a,643c,1184a
クマーラ 301b
クマーラ・カーシャパ 300c
クマーラ・カッサパ 300c
クマーラグプタ一世 801a
クマーラジーヴァ 300c
クマーラブッディ 301c
クマーラヤーナ 300c
クマーララータ 197a,207a,301b,576b,931c,1465a
クマーリー 301c
クマーリラ・バッタ **301c**,1247c,1315a
クムトラ 242c
クラクッチャンダ 187a,585a
クラナータ 797b
グラハ 205a
クラープロート **303c**
クリキ 275a
クリシャー・ガウタミー 247c
クリシュナ 657c,1147c,1354a,1358a
クリシュナ(人名) 1253c
クリシュナ・ギリ 398c
グリドラクータ 141c,243b,414c,598a,1473a
グリフィス **304b**
グリム **304b**
グリュンヴェーデル **304b**,1371c,1479b
クル 657b,1171b
グル 1444b
クルクラー・サーダナ 70b
クルータ 294c
グル派 301c,1247c
グルパーダカ・パルヴァタ 312b
グルブム 1386a
グル・リンポチェ 1165a
グロート **305a**
クーロンの活仏 969a
クーロン版 942b
クーン **305c**
クンガー・タク 368a
クンガー・ニンポ 969a
クンダリー 306c
クンバ 642c
クンバーンダ 297a,1158c
クンビーラ 444c
クンブム **306c**
くらがり法門 1183b
九院 1179c
九有 288a
九有情居 **282c**
九会曼荼羅 460a,1302b
九淵 1463a
九横 511b
九果 158a
九界 560b
九箇条の奏状 1139b

九厳寺 **285b**
九鬼守隆 690c
九鬼嘉隆 690c,1378c
九句因 76a,1248c
九句因説 800b
九華山 418c
九解脱 1393c
九解脱道 1393c
九結 1339a
九顕一密 633c
九顕十密 633c
九香 146c
九黒山 862b
九斎日 458a
九参上堂 731c
九地 **288a**
九字 **288a**
九字曼荼羅 27a,1363c
九字名号 386c,1377c
九食 521b,521c
九識義 **288c**
九識義記 764c
九識説 23b,520c
九色鹿経 1501c
九次第定 689a
九衆 **291a**
九種阿羅漢 28c
九種食 521c
九種浄肉 743c
九種世間 **291a**
九種大禅 839b
九種不還 531c
九執 558c,1485a →九曜
九十五種外道 330b
九十単堕 1451b
九十八使 1337c
九十八随眠 354b
九十六種外道 330b
九条 1264b
九条兼実 **291b**,555a,849a
九条錫杖 602a
九条武子 **291c**
九条道家 1058a,1296b
九条師教 736c
九上縁の惑 1337c
九心輪 **292a**
九世 491c
九世戸文殊堂 983c
九山八海 678c
九山八海解嘲論 679b
九想 **292c**
九想観 292c
九想図 293a
九想門 292c
九瘡門 897a
九祖相承 885a
九諦 **293b**
九体寺 762c
九体仏 26b
九轍 **295a**
九轍法師 1061b
九悩 **296b**
九部経 644b,1171a
九部宗学 **297b**
九部法 644b
九仏事 872a
九分教 6c,644b
九弁 1257a
九徧知 1258b
九方便 **298b**
九品 **298c**,1337c
九品阿弥陀仏 26b
九品印 65b
九品往生 298c
九品往生義 **299a**
九品義 734a
九品寺(京都・南区) **299a**,1004a
九品寺(京都・相楽郡) 762c
九品寺(京都・船井郡) **299a**
九品寺流 733a,737b,1004a
九品の印 299a
九品の浄土 299a
九品の大衣 1263b
九品の念仏 299a
九品の弥陀 299a
九品の蓮台 299a
九品の惑 298c
九品之機 236b
九品仏 724b
九品曼荼羅 27a,988b
九品来迎図 26b
九慢 1359b
九無為 1389c
九無学 28c,353a
九無礙 1393c
九無間 1393c
九無間道 1393c
九曜 **302c**,412a,558c,1299c,1485a
九類生 686c
久遠 **284a**
久遠院 1101a
久遠劫 284a
久遠古成 284a
久遠寺(山梨) **284b**,1093c,1107c,1370a
久遠寺(京都) **284b**
久遠実成 167b,284a,1232a
久遠実成の仏 1293b
久遠実成の弥陀 1343b
久遠寿院 367c
久遠成院 1114b
久遠の本仏 649c,1293b
久遠の弥陀 564a,1343b
久我環渓 **284c**
久行人 **525c**
久修園集 **291a**
久修業 525c
久寿多羅 294a
久能山 **296c**
久能寺 1018b,1418c
久能寺経 888a
久保角太郎 **298c**,1483b
久米田寺 **302b**
久米寺 **302b**,302c
久米仙人 302b,**302c**
久米舞 1205b
口訣 **287a**
口決相承 885b
口業 363b
口授 287a
口称念仏 910b
口伝 287a
口伝鈔 **295a**,789b,790c
口伝声明集 274a
口伝法門 287b,1027c
口密 506b
工巧 **286a**
工巧処無記 1391b
工巧明 286a,428a
工巧無記 1391b
工夫 **297b**
工布査布 889c
公界 **284b**
公卿五流 429b
公家三壇の御修法 496a
公験 580a,1068c
公人 **296b**
公坊小聖 1186a
公方門跡 1411c
公文(公帖) 374b
公文(僧職名) 887b
公文所 887b
公文目代 887b
孔雀王呪経 289b
孔雀王朝 1b
孔雀経法 518c,692a,722c
孔雀座 448b
孔雀明王 284a,**289a**
孔雀明王経 **289b**,1367c
孔雀明王経法 289b
孔雀明王の法 122a
孔目章 319b,902a→華厳孔目章
功勲五位 360b
功徳 **295b**,1207a
功徳院(滋賀) 366b
功徳院(京都) 350b
功徳衣 193a,1263b
功徳鎧 295c
功徳華 1239b
功徳賢 295c
功徳使 623b,881c
功徳寺(棲霞寺) 819c
功徳寺(霊巌寺) 1481c
功徳直 1297a
功徳水 3c
功徳施 439b
功徳蔵 **295b**,480c,493c
功徳断 978b
功徳天 247a
功徳法身 1232b
功徳流 957b
功用 84a
功力 295b
句 **1372a**
句義 **285c**,717a,1505c
句義灌頂 217c

句身　1372a
句双紙　867b
句頭　1004c
句仏　147c
古林　824b　→清茂
旧医　**279b**
旧戒　159c,279c
旧華厳　317a
旧住の菩薩　**776b**
旧城喩経　126b,1143c
旧善　279c,**292c**
旧訳　345a,1417c
来目王子　302b
求求羅香　**287a**
究竟　**285c**
究竟位　360a
究竟一乗宝性論
　**286a**,333c,719b,
　953a,1219b,1229c,
　1395b
究竟一乗宝性論頌
　1386c
究竟覚　177c,1320c
究竟願　286a
究竟現観　336c
究竟地　630a
究竟次第　1253b
究竟即　900c,1299a
究竟涅槃　285c
究竟法身　285c
究槃茶　297a
究摩羅什　300c
究牟地僧伽藍　971c
供貝　**286c**
供化　286c
供花　**287a**,1223c
供笥　286c
供施　302c
供僧　**293a**
供台　286c
供遁　1022b
供奉貪　1074a
供米　**299b**
供米所　299b
供米田　299b
供米袋　299b
供物　286c
供養　286c,**302c**
供養会　1362b
供養次第法　947b
供養主　303b
供養田　772c
供養塔　303b
供養仏　303b
供養法　647b,976c
供養米　299b
供養文　303b
国上寺　398a
屈屈吒播陀山　312a
拘夷那竭　288c
拘鞞花　284a
拘薩羅　263a
拘尸　414c
拘尸那揭羅　10a,
　**288c**,598b,657b,
　937c,1133b,1353c
拘尸那城　1158a
拘舎衣　117a,1264b
拘舎婆提　288c,**289c**,
　937c
拘娑羅　263a
拘摂羅衣　117a,1264b
拘穌磨補羅　196c
拘蘇摩　**293a**
拘吒賖摩利　**293b**
拘那越　289c
拘那含　187a
拘那羅　296a
拘那羅多　797b
拘鞞陀羅　**297a**
拘摩羅迦葉　300c
拘摩羅耆婆　300c
拘勿頭華　1486c
拘羅那他　797b
拘蘭茶華　**304a**
拘利　**304a**
拘利城　596c,601c
拘利族　841c,1018a,
　1348b,1445a
拘律陀　1348c
拘留孫　187a,585a
拘楼国　657b
拘楼賖　304c
拘牢婆　1440a
拘崙闍　**305b**
狗戒　164c
狗子仏性　**292b**
狗法　**298a**
苦　**278c**
苦(人名)　963b
苦海　284c,468a
苦界　**284c**,468a
苦瓜和尚　1045c
苦行　**286a**
苦苦　278c
苦具　**287a**
苦叉　242b
苦受　616a
苦集聖諦　551a
苦集滅道　551a
苦聖諦　551a
苦速通行　559c
苦諦　551a
苦智　551c,981a
苦遅通行　559c
苦通行　559c
苦法智　551b
苦法智忍　551b
苦法忍　551b
苦滅聖諦　551a
苦滅道聖諦　551a
苦輪　509a
苦輪海　284c
苦類智　551b
苦類智忍　551b
苦類忍　551b
虎丘山　395a
垢　**278c**
垢浄無常　690a
紅頗梨色　26b
倶有因　64c
倶有依　282c,489c
倶有根　**282c**
倶有所依　489c
倶有法　**283c**
倶会一処　**284a**
倶縁果　**284a**
倶伽利　**285a**
倶起　**285c**
倶絺羅　1345c
倶空　280b
倶解脱　28c,325a,
　781b
倶瑟恥羅　1006a
倶尸那城　288c
倶支囊　242b
倶舎釈論　289c,1189a
倶舎宗　**289b**,290a,
　345b,1189a
倶舎雹論　684a
倶舎曼荼羅　**289c**,
　1363c
倶舎論　21b,21c,28b,
　80a,86a,95a,100a,
　160a,164b,224b,
　**289c**,343a,345b,
　360a,361b,400c,
　482a,498a,504b,
　522c,530b,532a,
　552c,556a,589b,
　641b,653b,661a,
　664a,667c,678b,
　684a,715b,721c,
　771a,791b,811c,
　835c,839a,919a,
　975c,977c,1037c,
　1064c,1097b,1181b,
　1189a,1217c,1218b,
　1251a,1258b,1304c,
　1306b,1318a,1339c,
　1359a,1363c,1417a,
　1495c,1501a,1504b
倶舎論記　**290b**,1213a
倶舎論稽古　290b
倶舎論光記　290b
倶舎論実義疏　35a,
　290b
倶舎論頌釈疏　290c
倶舎論頌疏　290b,
　**290c**
倶舎論疏(法宝)
　290b,**290c**,1285b
倶舎論疏(神泰)
　290b,**290c**
倶舎論指要鈔　290b
倶舎論神泰疏　290c
倶舎論の三大疏
　290b,290c,797c,
　1213a
倶舎論法義　290b
倶舎論宝疏　290c
倶舎論明眼鈔　290b
倶生歓喜　1253b
倶生起　**291b**,1337b
倶生起の我執　190a
倶生神　**291c**,751a
倶生分別　291b
倶翅羅　**291c**
倶睒弥　265b
倶蘇摩　293a
倶那含　585a
倶肥羅天　1184a
倶不遣過　77a
倶不極成過　74a
倶不成過　76c
倶分句義　563a
倶分不定過　75b
倶吠羅　1184a

倶品一分転不定過　75b
倶摩羅儀軌　438c
倶摩羅天　1093a
倶摩利　**301c**
倶利迦羅竜王　1242c
倶留孫　585a
倶盧舎　**304c**
宮毘羅　377a,444c,643b
庫院　206a
庫子　870a
庫司行者　870a
庫頭　868c
庫質銭　1396a
庫裡　206a
庫裡法門　1183b
恐畏国土　609b
恭敬修　667c
恭畔荼　297a
矩奢掲羅補羅　141c
救護一切衆生離相廻向心　1297
救護一切善神　656a
救護慧童子　1411a
救済　**287b**
救済乗　689b
救世　**292b**
救世観音　229a
救世菩薩　228a
救抜焰口餓鬼陀羅尼経　**297a**,827b
救面然餓鬼陀羅尼神呪経　297a
煦　248c
鉤召法　676a,676b
鳩夷越　289c
鳩尸婆帝　289c
鳩那羅(鳥)　**296a**
鳩那羅(人名)　**296a**
鳩槃荼　**297a**,1158c
鳩摩羅　1047b
鳩摩羅炎　300c
鳩摩羅王　344c
鳩摩羅迦葉　**300c**
鳩摩羅耆婆　300c
鳩摩羅時婆　300c
鳩摩羅什　23c,59c,62c,229c,242c,289b,**300c**,323c,417b,439a,463b,510b,510c,545c,603b,605b,616b,631b,633c,634c,644c,678a,680c,681a,711c,714c,722b,764b,769c,861c,863a,863c,874a,892c,894a,927b,931c,933c,944a,954b,1000a,1023b,1047c,1078a,1130c,1175b,1175c,1177a,1190c,1195c,1234b,1236c,1237b,1292c,1295c,1318b,1342a,1387a,1387c,1417c,1421c,1426a
鳩摩羅什婆　300c
鳩摩羅什法師大義　933c
鳩摩羅什門下の四哲　1061b
鳩摩羅駄　202a
鳩摩羅天　**301b**
鳩摩羅跋提　1077b
鳩摩羅仏提　7b,**301c**,503c
鳩摩邏迦葉　1166b
鳩摩邏多　**301b**,576b
鳩摩利　301c
鼓　**279a**
鼓音声王大陀羅尼　24b
鼓音声経　24b
鼓儀　224b
駆烏沙弥　610b,870a
鵂鶹　200a
瞿夷　**279c**
瞿迦離　285a
瞿醯　809c
瞿薩旦那　90a
瞿沙　202a,235c,1154b
瞿汝稷　528c
瞿師羅　292a
瞿師羅園　**292a**
瞿陀尼　679b
瞿曇　269c,596a
瞿曇仙　**295c**
瞿曇僧伽提婆　7a
瞿曇般若流支　48c,442a,750c,770a,914b,954c,955b,1000b,1156a,1177c,1423c
瞿曇弥　1348a
瞿曇流支　115b,1177c
瞿波(女性)　279c
瞿波(論師)　**296c**
瞿波迦　279c
瞿波羅窟　1241a
瞿波羅竜王　1241a
瞿波利　1457a
瞿摩夷　**299b**
弘戒法儀(漢月法蔵)　**284c**
弘戒法儀(隠元)　**284c**
弘願　**285a**,470c,471b,480b,820a
弘願(人名)　**285a**,1282c
弘願真宗　285a
弘願房　1432b
弘願本　1282c
弘願門　271a,738a,**1434a**
弘経寺(茨城・水海道市)　**286b**,980a,1467c,1471c
弘経寺(茨城・結城市)　**286b**,980a
弘経寺(京都)　1093b
弘経寺焼打　895c
弘経の三軌　113a
弘決外典鈔　**287b**,1346c
弘現　**287b**
弘済寺　639a
弘済慈徳禅師　1409a
弘賛　611a,1069c
弘賛法華伝　**287c**
弘宗定智禅師　1475c
弘俊　517a
弘声　1364c
弘祥寺　129c
弘真　1410a
弘誓　**292c**,820a
弘誓鎧　292c
弘誓の海　292c
弘誓の強縁　292c
弘誓の船　292c
弘善寺　779a
弘台寿院　997a
弘儲　1086c
弘通　**294a**
弘道広顕三昧経　**295a**
弘徳円明国師　701c
弘忍　382b
弘璧　317a
弘福寺(中国)　**297b**,344c
弘福寺(日本)　209a,281c,639a,887a
弘福寺田畠流記帳　535a
弘法寺(中国)　1031b
弘法寺(日本)　**298b**,1115c
弘法寺版　941b
弘明集　**301c**
弘耀　436c
弘律　1005c
共有法　283c
共般若　409a,1174b
共命鳥　**302a**
求　**279b**
求生　994a
求生西方浄土念仏鏡　1139a
求道(雑誌名)　983c
求道学舎　983c
求那跋陀　197a
求那跋陀羅　7b,23c,141a,186c,**295c**,324a,751b,878a,922c,953b,956a,1150c,1156a,1160b,1203a,1467c,1500a,1501c
求那跋摩　190c,**295c**,586a,609c,610b,659c,822b,1296c,1297a,1399b,1430b,1461b
求那毘地　**296a**,877b,1194a
求那摩底　811c
求不得苦　279a
求法　241a
求法院檀林　980b
求法高僧伝　**298b**
求菩提山普賢窟　268c
求聞持法　**302c**,397b,436a,837c
供奉　886b
具戒　161c
具見地　628c

具五縁　1285a
具支灌頂　217c
具支灌頂儀式　**288b**
具寿　121b,**291a**,911a
具書　291b
具疏　**291b**
具足戒　160b,161c,659a
具知根　507c
具縛　**297a**
具縛の凡衆　297a
具縛の凡夫　297a
具力　6b
紅蓮華　1486b
紅蓮地獄　1486b
倶胝　813b
倶胝(人名)　57a
倶胝一指　57a
倶胝竪指　57a
愚案鈔　**279b**
愚管抄　**285b**,516a
愚邱　147b
愚渓　860a
愚玄　962c
愚皐　147c
愚谷　985b
愚山　51a
愚心　1429a
愚泉　966a
愚癡　981c
愚中　621b　→周及
愚中派　621b,850c
愚底　**294c**,827c
愚伝　1118c
愚堂　1051b
愚童　89a
愚童持斎心　633b
愚禿　1069a
愚禿鈔　**295b**,544c,793c,1505a
愚咄　276b
愚鈍念仏　1137c
愚夫所行禅　839c
愚法　**298a**
愚法小乗　298a
愚法二乗　49a,298a
愚峰　147c
愚迷発心集　**302a**
愚要鈔　**303b**
瞿那弥捨沙　1059b
瞿拏鉢刺婆　1066b
瞿那末底　1065c
功能　**283b**
空　162a,**279c**,1195a,1195c,1258a,1314b
空阿(鎌倉・浄土宗)　**281b**,1139c,1376b
空阿(鎌倉・真言宗)　1383b
空阿弥陀仏　1139b
空印寺　**281b**,1164a
空有無礙宗(真徳不空宗)　565c
空有力待縁　71b
空有力不待縁　71b
空慧　**281b**
空衣派　593b
空画　1225a
空雅　1105a
空海　9a,42a,55a,63b,96c,98b,146c,152b,152c,155a,176b,187c,209a,214c,219c,221c,226a,226b,227c,253c,256a,267c,**281b**,298b,299b,302b,302c,309c,337b,387a,390a,407c,415a,428c,436a,437c,438a,439c,440a,440b,443c,453a,456b,460a,477b,483a,506b,529c,533a,535c,550b,564b,572a,603c,607c,608c,612b,647b,654a,654c,663c,670b,690c,692a,695b,714a,724a,751b,759b,761c,773b,782c,783c,784b,785b,796b,825a,833b,837c,848c,857b,862a,867a,884a,903a,914a,937a,939b,947b,947c,948a,948b,950c,952c,953c,959a,959b,960a,966c,970a,985c,996c,1002a,1011a,1015a,1030a,1040b,1056b,1061c,1080a,1084a,1111c,1117a,1118b,1118c,1131a,1140b,1152c,1174c,1177a,1186c,1187a,1191b,1200a,1202b,1208b,1212c,1226a,1232a,1245c,1250b,1251a,1256c,1266a,1267c,1278c,1286c,1303a,1305a,1318b,1321a,1328c,1331c,1364b,1365a,1366b,1367c,1374c,1401a,1408b,1414a,1416b,1421b,1462a,1462b,1475a,1478b,1489a
空外　792a
空覚(江戸)　181a
空覚(江戸～明治)　1039c
空観　279c,469b
空教　481b
空空　280b,280c
空華　**282a**,486c
空華(人名)　897c
空華三師　897c
空華集　**282a**
空華談叢　**282b**
空華轍　788c,897c
空華道人　637a
空華日用工夫集　282b
空華日工集　**282b**
空慶　1192b
空解脱門　476b
空仮中の三諦　138c　→三諦
空花論　1319c
空見　**282b**
空見論　282c
空閑処　30a
空光　1364c
空号　1286b
空劫　361b
空谷　1374b
空谷集　245b
空居天　1020b,1436c
空三昧　504c
空七十論　993a,1461a
空寂　**282c**
空宗　510b,744c
空勝　745c
空性房　1470a
空処定　589c
空心(江戸・天台宗)　37a
空心(江戸・真言宗)　312b
空信　695c
空真如　802a
空晴　**283a**,516c
空誓　1331c
空善　**283a**,283b,1491c
空善日記　**283b**,1491c
空窻　1242b
空即是色　**524a**
空諦　494b
空点　570
空如来蔵　1126a
空鉢上人　545a
空平等　1199b
空妙　1429c
空無　801b
空無辺処地　288b
空無辺処定　589c
空無力待縁　71b
空門　**447b**
空也　152c,198c,**283c**,284a,375b,435b,607c,733c,855c,992b,1158b,1160a,1185c,1290a,1502a
空也踊　152c
空也堂　375b,1496a
空也堂極楽院(光勝寺)　375b
空也念仏　152c,375c,1138a,1496b
空也念仏踊　1160a
空也和讃　**284a**
空誉　240a
空理　88c
共　**281a**
共依　99c,281a
共教　49b,281a
共許　**282c**
共業　281a,364a
共地　628c
共種子　628b
共相　**283b**,871a
共相作意　449c

共相の惑 1337a
共念処 582a
共比量 1465c
共不定過 74c
共法 281a
宮宅神王守鎮左右呪経 218c
寓宗 **282c**
窮子喩 1196c,1293b
窮情 182a
窮生死蘊 **283a**
藕峰 310b
藕益 984c
釘無堂 367a
釘抜念仏縁起 **285c**
草野重永 844c
草野永平 844c
草の町 687c
日下無倫 **287c**
櫛笥道場 375c
鬮 **287c**
楠木正成 222a,523a
楠木正行 1122a
葛井寺 1290a
楠潜竜 **292b**
楠寺 371c
曲法門 **292c**
百済王 612b
百済楽 1205b
百済観音 **293b**
百済寺 **293c**,1145b
百済大寺 913c
百済律宗 358b
口ノ疏 947c
屈屈吒阿濫摩 309b
屈曲教 1091a
屈支 242b
屈茲 242b
屈陀迦尼伽耶 294a
屈露多国 **294c**
沓 **293c**
崛多 294a
掘多 294a
掘倫 447c
窟上人 128a
国絹袈裟 518a
国講師 886b
国東塔 1281a
国中公麻呂 1226c
窪田統泰 1108c
窪寺 60b
熊谷寺(京都) 1282b
熊谷寺(徳島) 534a
熊谷直実 1427c,1490b
熊谷蓮生房 975b
熊凝精舎 178b,913c
熊坂専修寺 1261c
熊野 299b
熊野教化集 **299b**
熊野九十九王子 300b
熊野講 363a
熊野牛玉 300a
熊野牛玉宝印 244b
熊野御幸 897c
熊野権現 **299c**,300b,538a
熊野権現御垂迹縁起 1329b
熊野山 895b
熊野三山 151c,299c,887a
熊野三山検校 876a
熊野三所権現 299c
熊野修験 429b,1019c
熊野神影 1329c
熊野信仰 118b,844b
熊野那智大社 299c,1083b
熊野之権現記 **300a**
熊野速玉神社 299c
熊野比丘尼 118b,220c,300a,**300b**,424b,1181c,1186b,1221b
熊野本宮大社 299c
熊野曼荼羅 300a
熊野曼荼羅図 1329c
熊野詣 300a,**300b**,1050b,1083b
熊野山伏 1083c
雲居寺 96c
椋部秦久麻 1024c
倉田百三 **303b**,672b,1092c
倉法師 **303c**
鞍作村主 582b
鞍作多須那 461c,582b,1066c
鞍作鳥 14b,**303c**,461c,582b,1226c,1288b
鞍馬弘教 1027c
鞍馬寺 **303c**,895b,1027c
鞍馬寺経塚 268c
呉楽 1205c
烏皮沓 293c
黒住教 789c
黒田忠之 1045a
黒田長政 761a,1459c
黒谷 **304c**,1179c
黒谷上人 304c,338b
黒谷上人語灯録 **304c**,1044c
黒谷上人伝 794c
黒谷寺 948b
黒谷堂 433a
黒谷流 957c
蔵人阿闍梨 1438b
蔵人御所 1325c
桑名の大寺 952a
桑名別院 **305b**
桑実寺 **305b**,305c
桑実寺縁起 **305c**
君持 305c
君持阿闍梨 11c
君遅 305c
君屠鉢漢 553a
捃多 **306c**
捃稚迦 305c
訓童行 818c
訓読 1067b
葷酒 **305c**
葷酒牌 305c
葷辛 305c
裙子 1264b
熏習 **306a**,627b
熏習道理 1422a
熏禅 235b,839c
薫士 1181b
薫女 1181b
薫陸香 307a,362a
薫陸香樹 **307a**
獯狐子 200a
獯猴子 200a
軍営 94b
軍持 **305c**
軍住 94b
軍荼 **306c**
軍荼利明王 **306c**,419a,606b
軍荼利明王法 306c
軍遅 305c
軍挺 305c
群疑論 501a,602a
群家諍論 717b
群生 668b
群萌 668b
群類 668b

## け

ケサン・ギャムツォ 942b
ケッペン **329a**
ケードゥプジェ 991a,1014c,1445a
ケーニカ 313b
ケーニヤ 313b
ケネーリ **331a**,618b
ケーマ 963b
ケーマー **331b**
ゲーヤ 294b
ケーラス **332b**
ゲルク派 991a,1014b,1445a
ケルン **332b**,1214a,1294a
ゲンドゥン・ギャムツォ 197a,**353c**
ゲンドゥン・ドゥパ 197a,**353c**,964a,991a,1014c,1445a
化 **307a**
化縁 **314c**
化応声天 963a
化儀 **315a**
化儀の四教 409b
化教 **315b**
化教懺 475a,863b
化現 307b
化胡経 427b
化作 307b
化自在天 332a
化自楽天 332a
化地部 95b,126a,283a,425c,627c,1052c,1205b,1366c,1394b,1449c,1455b
化主 307a
化生 307b,542b
化城喩 1197a,1293b
化身 307b,1231a,1232b
化身海 560c

化前序　204a
化前方便　1284b
化他　307a
化他五重　412a
化他権実　432c
化他寿　**544a**
化他方便　1285a
化壇　**325b**
化土　307b
化度　307a
化度寺　**330c**,779a
化導　307a
化道障の惑　787b
化人　**331a**
化仏　261a,307b,
1231b,1232b
化法　**315a**
化法の四教　269a,
409b,409c
化菩薩　307b
化益　307a
化楽天　**332a**
化霖　1062a
介爾陰妄の一念　52a
介爾の一念　52a
毛彫　1234a
毛見寺　250c
加行　**315b**,365a,579c
加行位　360a,1038a
加行果　158a
加行智　981b,1251b
加行道　578c,1038a
加行得　**315c**
仮　**307b**,432a,775a
仮有　332a,**559b**
仮有実無　486a
仮我　159a
仮我仮法　561b
仮観　469b
仮時　205a
仮設　332a
仮説　332a
仮説の唯識　634c
仮諦　307b,494b
仮法　**331b**
仮名　**332a**
仮名(人名)　1123c
仮名有　79b,307b,
332a
仮名空　332a
仮名宗　315b,332a,
411a,537c
仮名の菩薩　1295c
仮名非安立諦　1098
仮門　307b
気比神宮寺　780b,
804b
気比明神　390a
灰身滅智　**324b**
灰炭塔　**325b**,1037b
希有法門経　1367b
快楽院　93b
花塔寺　1269c
芥子　**323a**
芥子劫　361a
悔　5c
悔焉　1005c
悔過　**314c**,474b,863c
挂錫　199a
計　**308b**
計度分別　1251a
計名字相　480a
家教　466c
家訓　466c
家家　531a
家家の聖者　531a
悕望戒　164b
華　**308b**
華王房　1034c
華開院　**315a**
華開蓮現　1197b
華籠　**316b**
華光出仏　**316b**
華厳一乗教義分斉章
319c,600c
華厳一乗教分記　319c
華厳一乗十玄門　625a
華厳一乗十玄門(書名)
321b
華厳一乗成仏妙義
**316b**
華厳一乗法界図　**316c**
華厳会　**316c**
華厳縁起　**316c**
華厳和尚(普寂)
1215b
華厳和尚(法蔵)
1279a
華厳刊定記　625c,
901b
華厳感応縁起伝　**317a**
華厳経　49a,49b,49c,
52b,57c,112c,126c,
228b,260c,267a,
316a,**317a**,318a,
321a,377b,395b,
395c,407a,408b,
409b,411b,472a,
475b,481b,485b,
487b,496c,505a,
524c,525a,538a,
560c,565a,629a,
631b,631c,633c,
650b,653c,698b,
730c,750c,774a,
792c,819a,848a,
857a,902b,913b,
916b,944a,987b,
1126b,1176a,1196a,
1201c,1206a,1211a,
1212b,1216b,1217c,
1246a,1256a,1284c,
1299b,1322a,1367c,
1372c,1393a,1395c,
1410b,1411a,1424b,
1424c,1488b
華厳経音義(慧苑)
**318a**
華厳経音義(喜海)
**318a**
華厳経義海百門　**318a**
華厳経決疑論　**318a**
華厳経合論　781a
華厳経胡本三万六千偈
587b
華厳経三蔵塔　565b
華厳経纂霊記　319a
華厳経旨帰　**318a**,
601a
華厳経十地品　631c,
633c
華厳経疏　725c,901b,
1393a
華厳経随疏演義鈔
317c,**318b**,1447b
華厳経捜玄記　317c,
**318b**,318c
華厳経探玄記　126b,
317c,318b,**318c**,
319b,321b,565c,
625a,690c,694c,
638c,698b,897a,
902b,1304c,1393a,
1488c
華厳経中一乗五教分斉
義　319c
華厳経伝記　**319a**
華厳経内章門等雑孔目
319b
華厳経入法界品　848a
華厳経法界観　322a
華厳経明法品内立三宝
章　**319a**
華厳経文義綱目　317c
華厳経文義要決問答
**319b**
華厳経問答　322b
華厳鏡灯章　**319a**
華厳教分記　319c
華厳孔目章　260c,
316a,**319b**,698b,
902a,1211a
華厳玄談　260c,316a,
565c,625a
華厳原人論　355c
→原人論
華厳五教止観　**319b**
華厳五教章　48c,
**319c**,321b,565c,
600c,625a,893c,
1488c
華厳五教章復古記
515b
華厳五教分記　319b
華厳五十五所絵　411b
華厳五十五所絵巻
121b,**320a**
華厳五十要問答　**320a**
華厳金師子章　**320b**
華厳二聖　**320b**
華厳三昧　505a
華厳三昧章　322b
華厳寺(山西省大同)
**320b**
華厳寺(山西省代州)
**320b**
華厳寺(福建省)　405b
華厳寺(法蔵創立)
1279b
華厳寺(朝鮮)　**320b**
華厳寺(栃木)　731c
華厳寺(岐阜)　**320b**
華厳寺(京都)　**320b**,
1280b
華厳寺(奈良)　1419c
華厳寺(和歌山)
1441b
華厳時　408b

華厳七祖　321a
華厳十祖　321a
華厳宗　126b,130b,138c,317c,**321a**,383c,633b,705c,774b,1054b
華厳宗一乗開心論　50a
華厳宗祖師絵伝　316c
華厳宗要　322b
華厳宗要義　**321c**,322b
華厳十玄門　**321b**
華厳修禅観照入解脱門義　**321c**
華厳浄行社　704c
華厳世界海　1488b
華厳雑章門　319a
華厳大疏鈔　318b,1211a
華厳手鏡　**321c**
華厳伝　319a
華厳念仏　766a
華厳念仏三昧論　**321c**
華厳普賢行願修証儀　125a
華厳別供　316c
華厳変相　**322a**,1256a
華厳芳遺篇　1028b
華厳菩薩　1002a
華厳法界観門　**322a**、470b,587c
華厳法界義鏡　321c,**322b**
華厳発菩提心義　322b
華厳発菩提心章　**322b**
華厳問答　**322b**,698c
華厳遊意　317c
華厳遊心法界記　319c,**322b**
華厳論　1483a
華厳論節要　**322c**
華座　448b,1491a
華座観　655a
華歯　1212a
華子城　1155c
華氏城　85c,327c,1155c,1203a,1347b
華積陀羅尼神呪経　323c
華積楼閣陀羅尼経　323c
華手経　**323c**
華聚陀羅尼呪経　**323c**
華飾　286c
華蔵庵　120a
華蔵院(福井)　1072c
華蔵院(岡山)　1375b
華蔵院流　692b,785a,1202c
華蔵会　888a
華蔵界　399c,1488b
華蔵寺(朝鮮)　**324b**
華蔵寺(日本)　621a
華蔵世界　1488b
華蔵世界図　742a
華束　286c
華足　286c
華台　448b,1491a
華台院　36a
華表　1072c
華瓶　**331a**,1224c
華報　**331b**
華鬘　**331c**,1223c
華鬘毘那夜迦天　1093a
華遊院　109a
華落蓮成　1197b
華林園　1387c
華林園(中国)　1261b
華林仏殿衆経目録　662a
華筥　316b
華籠　316b
掛真　**324a**
袈裟　39b,1263a
袈裟行李　1263c
袈裟襻　687c
袈裟文庫　1263c
袈裟曼荼羅　**322c**
逓迪　321b
戯忘天　1020c
戯論　3b,**332b**
懈怠　**324c**
懈慢　**331c**
懈慢界　331c,731b
懈慢国　**331c**
繋　**308c**
繋珠喩　1197a
繋縛　**331a**
下院　550b
下界　468a
下機　236b
下口食　522a
下裙　1263c
下華厳寺　320b
下肩　**316a**
下根　432a
下根の満　174c
下寺　517b
下種　668a
下種の結縁　325c
下乗　49a
下丹田　976a
下通寺院　518a
下転　703c
下転の法門　1343a
下転門　1305a
下天竺寺　1023b
下読衆　297c
下読法門　297c
下輩観　655b
下山伏　1420b
下﨟　1291b
外縁　64b,70c,123c
外学　**315a**
外記　869a
外儀　**315a**
外教　329b
外境論証頌　675b
外苦　278c
外空　280b,280c
外護　**316b**
外護摩　427c
外金剛部院　1363b
外史　869a
外著煩悩　1338b
外種　627b
外陣　**1079c**
外塵　775c
外相承　885b,1108a
外題　920c
外典　**1079c**
外道　**329b**,1342a,1497a
外道四執　66a,329b
外道十六宗　329c
外道障　687b
外道小乗四宗論　**330b**
外道小乗涅槃論　**330b**
外道問聖大乗法無我義経　**330c**
外道問大乗経　330c
外道問仏　**330c**
外の五明　428a
外法　329b,**331b**
外法様　331b
外法僧　331b
外凡　1341a
外凡位　476c
外魔　1344c
外門転　**1080a**
外用　**1079c**
外用相承　1311b
夏安居　453a
夏経　31b
夏行　31b
夏籠　31b
夏坐　31b
夏断　31b
夏御文　154a
夏臘　1291b
偈　**308c**,644b
偈頌　308c,406b,1292b
偈佗　308c
解阿　**309a**
解意阿　309a
解意派　538c
解学　240a,315c
解行　**315c**
解行具足　315c
解行地　1298
解行住　1298
解行相応　315c
解行発心　1302a
解境の十仏　**316a**
解空(中国)　176c
→可観
解空(日本)　1010a
→智了
解空第一　639b
解夏　31c
解捲論　729a
解悟　**316b**
解釈　**323a**
解信　**324a**
解深密経　49c,267a,**324a**,395b,413c,481b,485c,525a,538a,801b,1231b,1316b
解深密経疏　130a,324b
解深密経註釈　1394c
解節経　324a
解節経疏　324b
解脱　**324c**,426a,

解
廨熒
圭慶
冏憬
京瑩
荊瘟
契磬
奎髻
計罽
恵稽
桂醯
涇雞
啓警
渓鶏
経芸
敬猊
景隙
軽撃
継血
境結

結願 **174b**
欠過 73c
血写経 600a
血書 600a
血盆経 943a
血盆斎 943a
抉膜書 591a
抉膜明眼論 **329a**
決疑表 982b
決疑無所畏 590a
決疑論(懐感) 602a
決疑論(李通玄) 1453a
決権実義 **327a**
決定 **328a**
決定往生集 **328b**, 1303a
決定行地 1298
決定思 511c
決定地 1298
決定性 413b
決定声聞 756a
決定総持経 **328b**
決定蔵論 1430b
決定毗尼経 482b, 954b
決勝明眼論 438c
決対論 1258a
決智鈔 789b, 790c
決択 **328c**
厥修羅 1263c
厥蘇洛迦 1263c
結 **326a**
結(因明) 72a, 72b
結縁寺 550b
結界 **326b**
結界地 326b
結界石 305c
結界法 **326c**, 647a
結跏趺坐 448a
結経 **166c**
結夏 31b
結護 326b
結護法 647a
結座 **327a**
結集 **327b**, 939c
結集流伝の華厳 377b
結生 686c
結制 31b
結要付属 **328c**
結縛 331a
結網集 **329a**
傑翁 826c
傑堂 1142b →能勝
竭斗 **329a**
月庵 880c
月翁 984c
月海 344a
月感 **326c**, 451c
月江(中国) 691b
月江(日本) 755c
月航 347b
月西 1022b
月山 716b
月支 327a
月支菩薩 527c
月氏 **327a**
月枝 339c
月舟(寿桂) 406b, 663c
月舟(宗林) 654a
月舟(宗胡) 880c
月種族 69c
月性 **328a**
月称 584a, 611b, 748b, 992c, 994c, 1000b, 1014a, 1120b, 1177b, 1214a, 1237a, 1247b, 1498a
月照 1128c
月岑宗印 947a
月精寺 **328b**
月泉 1274b
月泉良印 1220b
月船(鎌倉) 1010c
月船(江戸) 860c
月筌 789c, 888a
月僊 **328c**
月湛 **328c**
月壇 **328c**
月堂 876a
月波恵観 385c
月浦 727c
月峰 833b
月曜 558b, 1485a
月楽軒 1462c
月林 1044c →道皎
見 **332b**, 980c
見愛二煩悩 1338a
見愛煩悩 1338a
見一処住地 1338a
見外斎 876b
見行 **1a**
見現観 336b
見至 **341b**, 353b
見地 628c
見思 1338b
見思の惑 58b, 1338b
見子内親王 481c
見取 537b, 1338c
見取見 403a
見処 94c
見性 1052b
見性成仏 **346b**
見性禅師 842a
見正経 **345c**
見浄地 628c
見濁 415b
見所断 977c, 978a
見真(雑誌名) 201a
見真大師 806b →親鸞
見相 480a
見諦得 164a
見登 316b, **352b**
見道 **352b**, 810c
見道十五心 353a
見道所断 352c
見道断 352c
見惑 1b, **354a**, 1337b, 1338a
見惑八十八使 354b
見仏 231c
見仏房 70a
見分 585b, 1421c
見芳 **356c**
見煩悩 1338a
見明 52a
見聞愚案記 **358b**
見蓮(平安) 1128c
見蓮(鎌倉〜南北朝) 1124a
見論 **3a**, 332b
肩上 **316a**
肩亡婆論 648a
肩目 656c
建永の法難 1139b
建誾 **338a**
建興寺 370c
建康寺 281b
建康の華林 207c
建国寺 709b
建志城 341c
建志補羅 **341c**
建順 1441a
建初寺 **346c**, 378c
建折那 **348c**
建陀 46a
建中寺 **350c**
建中靖国続灯録 **351b**, 422b
建長寺 51b, 206c, **351c**, 405c, 424a, 1062a
建長寺派 850c
建長寺門徒 1062a
建仁寺 102a, **355b**, 405c, 515c, 1259b
建仁寺派 850c
建福禅寺 144c
建文帝 144c
建礼門院 67b, 608b, 1008c
研神章 935b
祆教 909a, 1235b, 1355b
倹篇斎 835b
兼 410b
兼海 **335a**
兼学派 37c
兼好 **339b**, 1015c
兼載 **341a**
兼寿 1491a
兼秀 393a
兼琇 259c
兼俊(平安) 760c
兼俊(戦国) 564a
兼順 348a
兼深 499a
兼信斎 1449a
兼帯所 513c
兼意 **354b**, 445b, 764a
兼誉 1490a
兼了 564a
剣阿 754a
剣洴沙 233a, 657c
剣蒲 233a
剣葉林 532b
軒号 965c
乾坤院 113a
乾陀訶提菩薩 379b
乾陀色 349c
乾陀樹 **349c**
乾陀羅国 396c, 657c
乾陀羅色 349c
乾達婆 349c
乾闥婆 277b, **349c**, 377a, 862b, 994a,

1158b, 1158c
乾闥婆王　1047c, 1095b
乾闥婆城　**350a**, 619b
乾闥婆神　349c
乾闥婆神王　349c
乾闥婆論　647c
乾慧地　628c
乾慧等の十地　628c
乾峰　580b
乾峰一路　**357a**
乾鳳寺　**357b**, 435a
乾明寺　1022c
乾明禅院　822b
牽引因　64b, 641c
健易　**334b**
健叟　334a
健達婆　349c
健駄羅　119b, 223c, 313c, 578b, 604c, 963c, 1394b
健男　947a
眷属　**349b**
眷属地獄　532a
眷属妙　650a
堅意　**333c**, 1120b
堅慧(インド)　286b, 321a, **333c**, 935b
堅慧(日本)　**333c**
堅固力士　1084c
堅実心　774c
堅樹院　1109b
堅忠寺　757c
堅密　713b
堅牢地祇　**359b**
揀語　601a
揀話　601a
揵陀越　1278a
揵稚　224b
揵稚梵讃　**350c**, 1403c
検校　139c, 887a
間色衣　1263b
犍陟　**352b**, 597a
犍駄羅　223c
犍度　1450a, 1452b
犍度部　80c, 940b
献珠寺　377c
献文帝　104a
筧山和尚　690c
蜆子　**347c**
遣疑鈔　1013a
遣迎院　**340b**
遣虚存実識　412b
遣信得　164a
遣心和歌集　384a
遣相証性識　412c
遣北陸道書状　**357b**
慳　**332c**
甄叔迦樹　**343a**
甄叔迦宝　343a
甄正論　**346c**
甄陀膩貳王　878b
甄鸞　732c, 1091a
憲栄　**334b**
憲淳　424c
憲静　**343c**
憲深　**347b**, 465c, 648a, 921c
憲祐　1085b
賢円　**334b**
賢覚　**336a**, 392c, 921c
賢歓喜(比丘)　91c
賢歓喜(竜王)　91c
賢憬(法相宗)　358b
賢憬　373b
賢愚因縁経　338c
賢愚経　**338c**, 1059c
賢廖　1227a
賢江　704a
賢劫　361c, 492c, 585a, 1223a
賢劫経　**340c**, 1240b
賢劫定意経　340c
賢劫千仏　340c, 856b
賢劫千仏名経　1240b
賢劫の四仏　187a
賢谷　654a
賢坐　448a
賢実　253c
賢殊院　1067b
賢俊(鎌倉～南北朝)　**343b**, 502c
賢俊(安土桃山～江戸)　1466c
賢順　350a
賢勝(教行寺)　259c
賢勝(本誓寺)　1332a
賢豆　69c
賢仙　**348c**
賢仁　705b
賢瓶　**356b**
賢宝　136b, 184c, 256b, **356c**, 384b, 1059a, 1187a, 1273b
賢明　1103b
賢璟　**358c**, 1401b
謙斎　654a
謙宗　**342b**
謙順　**343b**, 767c, 1454b
謙益　**358b**
謙蓮社孝誉真善妙阿葵堂　1419b
謙蓮社遊誉　1229a
蹇荼　**349b**
鍵南　947a
簡器　236b
簡択　**350c**
羂索　**341a**
羂索堂　442c
顕　**1372c**
顕意　243c, **333c**, 733a, 739b, 986a
顕加　201b, 1373a
顕界　1373a
顕海寺　1253a
顕戒論　**335b**, 359a, 456c
顕戒論縁起　**335c**
顕過破　77a, 77b
顕機　236c
顕慶　708b
顕行　**337b**
顕教　**337b**, 1190c
顕教大師　830b
顕教妙厳長者　1453a
顕境名言　**338a**
顕境名言種子　628a
顕空　333c
顕光寺　1063a
顕色　520a
顕色貪　1074a
顕識論　**341b**
顕実宗　538a
顕宗記　**342c**
顕宗論　21b, 21c, **342c**
顕正　**1153b**
顕正流義鈔　**346c**
顕正論　1258a
顕昭　**343b**, 607c
顕常　**343c**
顕彰隠密　**345c**
顕証寺(滋賀)　276b, **345c**, 1322c, 1490a
顕証寺(大阪)　66c, **345c**, 382b, 1490a
顕聖寺　1376c
顕浄土真実教行証文類　260a
顕浄土伝戒論　**346b**
顕真(平安)　149a, **347a**, 1475b
顕真(鎌倉)　**347a**
顕真学苑　93a
顕真実教　472b
顕真房　1130c
顕誓　**348a**, 441c, 1295a
顕説　490b
顕説謗法業障経　712c
顕説法華　485b
顕選択　719c, 849a, 1458a
顕窓　263c
顕尊(鎌倉)　302b
顕尊(戦国～安土桃山)　**349b**
顕智　182c, **350a**, 740b, 752b, 788b, 804b, 958a, 1125b, 1282c
顕智踊　1125b
顕道　310b
顕道釈義　323b
顕得成仏　902c
顕日　95c, **354c**
顕如　43b, **354c**, 462a, 1323a
顕如上人御往生記　442a
顕忍(鎌倉)　861a
顕忍(戦国～安土桃山)　219b
顕報禅寺　195a
顕本法華宗　608c, 1108b, 1384b
顕密威儀便覧　**357c**
顕密威儀便覧続編　357c
顕密円通成仏心要集　**357c**, 1048b
顕密差別頌　358a
顕密相対頌　358a
顕密二教論　1256b
顕密二門鈔　1371a
顕密不同頌　**358a**
顕名鈔　789b, 790c, 1402a

顕妙尼　1335b
顕揚聖教論　**358c**, 507b, 551c, 699c, 1430c
顕揚聖教論頌　358c, 1394c
顕揚正法復古集　**359a**
顕揚正理論　329a, **359a**, 438c
顕揚大戒論　**359a**
顕揚房　683b
顕了の十念　646a
顕露定教　409c
顕露不定教　409c, 472a
験主問　**343b**
懸衣翁　1402b
懸記　236a
懸談　350a
懸譚　350a
元翁　105a, 1325a
元応寺　171b, **334c**, 718a
元快　1216b
元海　15c, **335a**, 768c, 921c
元晦　**335a**
元覚　**336a**
元暉　1213a
元儀　1468c
元信　8b, 129a, **337a**
元久法語　**337a**
元鏡　728c
元慶　**339a**
元賢　313a, **339a**, 795a, 870a, 1050a, 1453b
元光　101c, **339b**
元杲　288b, **340a**, 434b, 939a
元浩　**339c**
元皓　**339c**
元轟　**340b**
元亨釈書　**340c**, 773b
元悟大師　1213a
元索　1335a
元策　1335a
元実　618c
元寂禅師　1041c
元寿　**342a**, 953a
元秀霊峰　119c
元春　97b
元昭　**344a**
元証大師　1330b
元政(中国)　127a
元政(日本)　**348b**, 601b, 810a, 883b, 1218b, 1335a
元選　**348c**, 1272a
元蔵　941b
元聡尼　**349a**
元椿　358c
元棟　1463a
元禿　1053c
元如尼　**355a**
元版大蔵経　696b
元磨　**357c**
元密　463c
元養　**358c**
元歴　763b
元盧　121c
幻　**333a**
幻有　333a
幻雲　663c
幻空　835a
幻空治兆　717c
幻化　307b, 333a
幻々庵　1481c
幻虎道人　1280b
幻師　333a
幻士仁賢経　954b
幻住庵　696b
幻住庵清規　**342c**
幻住道人　1384a
幻住派　899b
幻相　333a
幻夢　358a
幻夢物語　**358a**
幻輪　601b
玄一　**333c**
玄会　**334a**
玄恵　334a
玄慧　**334a**
玄永　745b
玄叡　510c
玄琬　**334c**
玄応(中国)　56a, **334c**, 941c
玄応(朝鮮)　253c
玄応音義　56a
玄音(室町〜戦国)　1061a
玄音(戦国〜江戸)　1427a
玄海　**335a**
玄覚　**336a**, 732b, 852a
玄覚法師　1271a
玄関　**336b**
玄鑑　**336b**
玄亀　1130a
玄亀山人　843a
玄惲　1052b
玄暉　1213a
玄義　323a, 350a
玄義(人名)　1153b
玄嶷　**337a**, 346c
玄喬　**337c**
玄慶　**339a**
玄々　694a
玄々軒　712a
玄虎　**339a**
玄光(朝鮮)　**339c**
玄光(日本)　**339c**
玄高　**340a**
玄康　270a
玄興　**340a**
玄賾　1468a
玄賛　1309b
玄式　1103a
玄識　83b
玄旨帰命壇　**341b**, 1027c, 1350c
玄沙三種病人　**341c**
玄沙寺　583a
玄沙接物利生　341c
玄沙到県　**342a**
玄首　1106b
玄寿　**342a**
玄樹　**342a**
玄秀　**342b**, 539b
玄収院　1110c
玄俊　134b
玄承　344a
玄昌　**344a**
玄紹　1112b
玄証　**344a**, 729a, 859a
玄詔　**344a**, 1466a
玄照　**344b**
玄貞　594b, 833a
玄奘　23b, 23c, 61a, 62c, 78a, 78b, 86c, 92c, 114c, 126b, 145c, 167c, 173b, 220a, 225b, 240b, 272b, 289c, 297b, 324a, 325c, 342c, **344b**, 358c, 369b, 375b, 439a, 460a, 503c, 525b, 535c, 572a, 612b, 618a, 654b, 656a, 684a, 701b, 703c, 712c, 714b, 716c, 728b, 746b, 756c, 757b, 787c, 855b, 924b, 929a, 931b, 933a, 933c, 934c, 945c, 951c, 954a, 955a, 1075a, 1085b, 1119c, 1143c, 1176a, 1176c, 1227a, 1241a, 1251b, 1258b, 1275a, 1296a, 1296c, 1316c, 1318a, 1327c, 1367a, 1395b, 1415c, 1417c, 1422c, 1423c, 1426a, 1430a, 1448a, 1500a
玄奘三蔵　344b
玄奘三蔵絵　1317b
玄奘塔　369b
玄奘墓塔　1000c
玄成院　1253a
玄津　**347b**
玄清流　1405b
玄蘇　**348c**
玄宗　32a, 167c, 699b, 709b
玄題宝塔　**349c**
玄達尊者　982a
玄瑞　328c
玄談　323a, **350a**
玄智　**350b**, 377a, 604b, 740a, 740b, 742b, 908c, 1324b
玄中寺　**351a**
玄朝　**351b**
玄暢　**351c**
玄透　104c
玄棟　478b
玄日　1027c
玄慧　334a
玄蕃寮　623b, 882a
玄範　**356b**
玄秘鈔　**356b**, 406a, 445c, 1255a
玄賓　**356c**, 607c
玄風　177b
玄昉　223a, 289b,

## こ

ゴダード **420a**
ゴータマ(姓) 269c
ゴータマ(仙人) 295c
ゴータマ・シッダッタ 596a
ゴータマ・ブッダ 596a
ゴータミー 1348a
ゴダール **420b**
コータン 90a,148b,200a,242c,416b,420b,608a,970c,1190b
コータン語 **420b**,941c,1075c
コーナーガマナ 585a
ゴーパ 296c
ゴーパー 279c
ゴーパーラ 1241a
ゴーピー 279c
ゴーピカー 279c
コーラヴヤ 1440a
コーリタ 1348c
コーリヤ 304a,596c,601c,841c,1018a,1348b,1445a
コルディエ **430c**
コールブルック **431a**
コルレ王 1478a
コーンカナプラ 262a
こころ(雑誌名) 199c
このたび 1125a
子島寺 **410c**,1265b
子島先徳 781c
子島僧都 781c
子島曼荼羅 1364b
子島流 782a
子嶋千寿院 410c
子育地蔵 549c
子安地蔵 549c
子安信仰 549a
小池坊中性院 866a,1155a
小泉八雲 1170b
小木先達 856c
小五条 1264b
小坂義 738a
小坂義派 1008b
小塩山大原坊 713c
小帖双紙 153b
小消息 **415a**
小谷喜美 298c,**420a**,1483b
小西檀林 750b,980b,1100b,1106b,1113c
小早川隆景 882b
小早川内記 670b
小早川春平 1238a
小普請奉行 623c
小触頭 623c
小堀遠州 444b
小松谷御坊 762b
小松原の法難 1107b,1108c
小三井寺(壬生寺) 1370c
小室山 1383c
己証 **413b**,1079c
己証の法門 413b
己心の弥陀 **416a**
己和 **431b**
木積観音堂 367a
木葉衣 **423b**
木幡義 779c
木幡寺 754c
木幡流 737a,1469b
火客 870a
火徳星君 203b,**421c**
巨山 858a,1031c
巨勢金岡 **416c**,1227a
巨勢派 416c
巨然 **423a**
古因明 71c,78a,800b
古ウパニシャッド 92a
古岳 880c →宗亘
古義真言宗 785a
古鏡 **395a**
古経題跋 **396b**
古渓 891b,947a
古月 848a
古月道融 898b
古月派 848a
古剣(智訥) 990a
古剣(妙快) 1375b
古磵 1384c
古源 705b
古崑 740a,741a,741b,1489c
古今捷録 **404c**
古今著聞集 442b
古今仏道論 626a
古今仏道論衡実録 626a
古今訳経図紀 **404c**,662b,824b
古今妖魅考 1146a
古三論 510b
古資財帳 535a
古十玄 625a
古清涼伝 **415b**
古清規 311a,1192b
古先 66c,1004c
古先派 850c
古曾部入道 1141c
古尊宿語要目録 418a
古尊宿語録 **418a**
古尊宿語録目録 418a
古達麻室利 368a
古竹園 1201a
古典サンスクリット 1325b
古道 1326c
古年童 **423a**
古筆了仲 519b
古峯ヶ原信仰 1112a
古仏 1222c
古末寺 518a
古梁 755a
去行 **395b**
去暦昨食 **431a**
児島修験 429b
児島山伏 429b
呼召声 1163b
呼麼 427c
固始汗 209b
姑臧 **417b**
姑栗陀羅矩吒 243b
居薩羅 263a
居士 **406c**
居士伝 **407c**,842a
居士分灯録 **410c**,842a
居中 **420c**
居訥 **422b**,1503c
怯衆畏 1204b
拠勝為論 **414b**
昏鐘鳴 443a
昆陽寺 **428b**
虎角 97c
虎関 773a →師錬
虎丘 760c
虎丘山 **395a**
虎丘紹隆 →紹隆
虎丘派 760c
虎渓(鎌倉) 1057b
虎渓(室町〜戦国) 760c
虎渓元長 515a
虎渓山 1072b
虎渓三笑 **402b**
虎渓尊者 1241c
虎虎婆 532b
虎阜寺 95b
金刀比羅宮 444c,1352a
垢離 **429a**
孤雲(朝鮮) 456a
孤雲(日本) 115a →懐奘
孤雲寺 **392b**
孤起頌 192b,308c
孤山(島名) **405a**
孤山(人名) 516c
孤山寺 104b
孤山の智円 982c
孤地獄 532a
孤調解脱 **414b**
孤竹 1371b
孤夫 982b
孤峰 184c
孤篷庵 947a
孤璵 405a
孤立 916b
故意方行 **360c**
故作業 364b
故思業 364b
故住 631b
胡 904b
胡跪 1437b
胡吉蔵 247b
胡居仁 473c
胡僊 **416c**
胡文煥 622a
枯木裏の竜吟 427b
枯木竜吟 **427b**
枯木堂 892a
挙 **359c**
挙哀 **359c**
挙一明三 **360c**
庫車 242b,450a,680c,970c,1063c
庫倫版 942b
粉河観音宗 393c
粉河寺 **393c**,394a,1145b
粉河寺縁起 **394a**,536c

粉河寺大卒都婆建立縁起 394a
虚庵 114b →懐敞
虚庵玄寂 372a
虚一方覚一 651b
虚応 134c →円耳
虚往実帰鈔 562a
虚誑語 1404c
虚空 **396c**
虚空華 619b
虚空蔵院 1363b
虚空蔵和尚 1424a
虚空蔵観経 215c
虚空蔵経 397b
虚空蔵求聞持法 302c,**396c**,397b
虚空蔵法 **397a**
虚空蔵菩薩 302c,**397a**,484a,627b
虚空蔵菩薩経 215c,**397b**
虚空蔵菩薩求聞持法 302c
虚空蔵菩薩神呪経 397b
虚空蔵菩薩能満諸願最勝心陀羅尼求聞持法 396c
虚空蔵菩薩法 397b
虚空天 1093b
虚空仏眼仏母 1225b
虚空法身 1232b
虚空孕菩薩 397a
虚空孕菩薩経 397b
虚仮 **402a**
虚仮雑毒の善 402a
虚仮の行 402a
虚舟(中国) 1241c
虚舟(日本) 1384c
虚竹禅師 1210b
虚中(王日休) 144b
虚中(雪庵正受) 192b
虚明 262b
虚無宗 1210b
虚無僧 **428b**,1186b,1210b
虚無僧寺 1401c
虚妄 **428b**
虚妄僧 428b
虚妄分別 **428b**,1251b,1405c
虚妄分別相 485c
虚妄唯識 1422a
虚滝 131c
渠沙 605b
湖左道禅宗大宗刹 320c
湖心 828a
鼓 279a
鼓山 **405b**
鼓楼 279a
顧歓 473a
五悪 5c,638a
五悪趣 615b
五位 **359c**,1046a,1298
五位顕訣並先曹山揀出語要 892b
五位七十五法 360a
五位析玄記 601a
五位百法 360a,934c,1316b
五位無心 87a
五意 **360b**
五井蘭洲 679b
五因 64b,552c
五因門 423b
五音七声 **360c**
五音墨譜 1148a
五蘊 158c,159a,**392a**,598c,1499c
五蘊仮和合 392b
五蘊世間 830a
五衣 1263a,1264a
五会真声 392b
五会念仏 68a,**392b**,1138a,1315a
五会法事讃 **392c**,584c
五会法師 1315a
五陰 392a
五陰盛苦 279a
五陰世間 830a
五陰魔 1344c
五果(果) 157c
五果(供具) 287a
五果門 423b,742c
五菓 287a
五戒 160b,161a
五悔 402a
五蓋 **393a**,1338c
五箇灌室 **393a**
五箇五百年 404a
五箇寺 **393b**
五箇竜寺 238a
五岳 **393a**
五火二道説 1171c
五観 **394a**
五官王 619c,627a
五願開示 47a
五願建立 **47a**
五願六法 47a
五噉食 521c
五巻日 1312b
五義 403b
五義鈔 259b
五義平等 **394b**
五逆 **394b**
五逆罪 394c
五教 **395b**
五教十宗 267c,565b
五教章 319c →華厳五教章
五境 **395c**
五行 **395c**
五行説 915a
五行菩薩 269b
五苦 279a
五苦経 398a
五苦章句経 **398a**
五具足 331b,1224c
五功徳門 **423b**
五倶の意識 41b
五恐怖 1204b
五供養 286c,362a
五葷 305c
五家 850b
五家参詳要路門 **402b**
五家七宗 850c
五家宗旨纂要 **402b**
五家正宗賛 **402c**
五悔 **402a**
五礙 413c
五結 326a,1339a
五下分結 326a,1338c
五見 **403a**,1336c
五慳 332c
五眼 333a
五香 362a
五綱 **403b**
五綱の教判 1107c
五綱判 403b
五業 363c,365a
五講式 372c
五鈷杵 435c
五鈷鈴 1480b
五護身 416a,677a
五五百歳 404a
五五百年 **404a**
五根 **404a**,431b,482c
五歳大会 1262a
五綵の幡 1439a
五作根 1094a
五山送り火 959a
五山十刹(中国) **405b**,414c,517b
五山十刹(日本) **405b**,406a,414c,518a
五山文学 **406a**,850c
五参上堂 466c,731c
五参日 732a
五三昧 872a
五三昧場 **406c**
五師 887b
五滓 415b
五字 395c
五字五髻文殊 1410c
五字厳身観 **407c**
五字明 22a
五字文殊 1410c
五事 359c
五事毘婆沙論 1500a
五時 408a,487c
五時教 **407a**,472a
五時教判 1096b
五時五教 **407b**
五時八教 267c,**408a**,1026c
五支戒 163a
五支作法 72a
五色 520a
五色根 404b,431b
五色の糸 1439a
五色不動 1243a
五識 **407a**,521a
五識身 407a
五食 521c
五使者 1411a
五侍者 869b
五十巻書 1255a
五十巻鈔 378a
五尖二十見 1417c
五邪 610c
五嚼食 522a
五衆 **411a**
五衆世間 830a
五衆魔 1344c

粉
虚
渠
湖
鼓
顧
五

五趣　615b
五趣雑居地　288a
五受　616a
五受陰　392b
五受根　431c,616a
五種阿闍梨　11c
五種阿那含　531b
五種一乗　49b
五種灌頂　506a
五種供養　303a
五種懺悔　475b
五種三昧耶　506a
五種散乱　508c
五種邪命　610c
五種修法　676a
五種杵　435c
五種性　635c
五種浄食　522a
五種浄肉　743b
五種声聞　756b
五種説人　836a
五種説法　836a
五種増上縁　**412c**
五種通　799a
五種天　1021a
五種の三帰　471c
五種の悉地　564c
五種の僧　877a
五種の普賢　1211a
五種般　531b
五種般若　1174c
五種比量　1465c
五種不還　531b,531c
五種不生　547b
五種不浄　1216b
五種不能男　856b,1173c
五種不翻　1418a
五種菩提　1300c
五種法師　1314a
五種法身　1232b
五種無　563b,1388c
五種唯識　1422b
五種鈴　1480b
五宗教　**411a**
五宗録　608a,767c
五十一位　1298a,1298
五十五聖　411b
五十五善知識　**411b**
五十五善知識讃　320a
五十三仏　**411b**
五十七位　1298
五十字門　568,572c
五十天供　**412a**
五十展転の随喜　**412a**
五十二位　138c,1298c,1298
五十二数　813b
五十要問答　320b
五重血脈　411c
五重玄義　350a,1308b
五重三段　541a
五重寺　1000c
五重相対　**411c**
五重相伝　**411c**,922b
五重伝法　1017b
五重唯識　**412b**
五重唯識観　412b,487a
五住地の惑　1338a
五住地煩悩　1338a
五取蘊　392b
五順下分結　1338c
五順上分結　1338c
五姓　**413b**
五姓各別　50b,50c,55c,115c,413b,426c,1316b
五性　413b
五障　**413c**
五乗　**414a**
五乗斉入　414b
五条衣　1263b
五条袈裟　1264b
五帖御文　153c
五盛陰苦　279a
五正行　700b,849c
五正食　521c
五精舎十塔　405b,**414b**
五成就　204b,1498b
五停心位　415a,476c
五停心観　**414c**,415a
五停心観位　476c
五上堂　732a
五上分結　326a,1338c
五処加持　188c
五濁　**415b**
五濁悪世　415b
五濁増の時　415c
五心　**415c**,774c
五身　1232b
五辛　305c
五塵　395c
五神通　798b
五衰　1020c
五説　836a
五善　638a
五千起去　417a
五千の上慢　**417a**
五禅定仏　424c
五祖一轍義　**417a**
五祖下の三仏　112b
五祖山　**417c**
五祖法演　1265a
五葬　871c
五蔵　**417b**,427a,493b
五相異轍義　**417a**
五相灌頂　217c
五相成身　1367c
五相成身観　**417b**,417c,437c
五相成身私記　**417c**
五相成身拾遺文集　724c
五相知識図　320a
五尊立　676c
五尊曼荼羅　27a
五諦　**418a**
五大　**418b**,1094a
五大院先徳　35a
五大願　**418b**,526c
五大官寺　419a
五大虚空蔵尊　32c
五大虚空蔵法　397b
五大虚空蔵菩薩　397b
五大寺　**419a**
五大成身観　407c
五大尊　412a,419a
五大本寺　419a
五大明王　**419a**,420c
五大力尊　419a
五大力菩薩　**419a**
五大竜王　1457a
五台山　**418b**,1411a
五台山巡礼記　1116c
五体投地　1437c
五段鈔(証空)　**420b**
五段鈔(日蓮)　259b
五壇法　419a,**420c**
五旦望　732a
五智　396a,981c
五智如来　424c
五智仏　424c
五智坊　265a
五智房　1427b
五智輪　429c
五知根　404b,431c,1094a
五知事　868b
五朝国師　125c
五頭首　868c
五通　798b,799a
五通五箇伝　922b
五通切紙伝　922b
五痛　**421a**
五天　1021a
五天(人名)　1469b
五天竺　69c
五道　13c,615b
五道章句経　398a
五道神　1402b
五道大神　620a
五道転輪王　619c,627a
五灯会元　**421c**,851c,904a
五灯会元続略　422a
五灯会元補遺　422a
五灯厳統　**422a**
五灯厳統解惑篇　422a
五灯録　**422b**,870c,904a
五徳現瑞　811b
五斗室　529a
五鈍使　511c,1336c
五難　1086a
五如来　**422c**
五忍　**422c**,1127c
五人所破抄　**422c**
五人所破抄斥　423a
五人得　164a
五人非器　236b
五年功徳会　1171b
五年大会　1171b,1205b
五念門　**423b**,742c
五衲衣　1264a
五八十具　159c
五八無執　520c
五比丘　**423c**,597b,597c,653c,1126c,1130b,1347c
五秘密　**423c**
五百戒　162a
五百結集　327c
五百塵点劫　361b,1293b

五百大願　1322a
五百陀羅尼門　969c
五百問事経　1407b
五百問論　**424a**
五百羅漢　**424a**,1441a
五百羅漢院　1023b
五百羅漢寺　339a,**424a**
五百羅漢石像　829b
五瓶　**424b**
五部　**424b**,1363a
五部(ニカーヤ)　7a,816c,940b
五部灌頂　217c
五部浄居天　1095b
五部心観　**424c**,1498a
五部律　**425c**,1449c,1455b
五怖畏　1204b
五不可思議　1206a
五不救罪　394c
五不正食　522a
五不退　1220a
五仏　396a,**424c**,1363a
五仏灌頂　218a
五仏事　872b
五仏性　1228c
五仏頂　**425a**,1237c
五仏頂経　48b
五仏頂三昧陀羅尼経　**425b**
五仏頂法　425b
五仏の宝冠　**425c**
五分戒　164a
五分作法　72a,800b,1505c
五分法　976c
五分法身　**426a**,1230b
五分律　425c,1034a,1236b,1366c,1449c,1455b
五別境　791c
五別所　156b
五遍行　791c
五宝　**426b**
五法　359c,**426a**
五法印　1260c
五法蔵　**427a**
五方菩薩　419a
五品　359c
五品弟子位　**427b**,1299a
五魔　1345a
五味　1196a,1366a
五味禅　840a
五明　**428a**,1372c
五明処　428a
五無間　394c
五無間業　394c
五無間同類業　394c
五無漏根　431c
五妄想　392b
五門禅経要用法　1237b
五門の修行　396a
五唯　**428c**,1094a
五欲　**429a**,1435b
五力　**429a**,482c,994a
五利使　511c,1336c
五離怖畏　1204b
五流尊滝院　**429b**
五量　1465c
五輪　**429c**
五輪観　407c,429c
五輪九字秘釈　358a,**429c**
五輪九字明秘密釈　430a
五輪成身観　407c,429c
五輪成身の曼荼羅　1364a
五輪率都婆　429c
五輪塔　429c,**430a**,828b,1037b,1147c
五輪投地次第　939b
五類　**430c**
五類声　569,572c
五類説　836b
五郎大夫盛澄　709a
五惑　1336c
互為果　63c
互跪　448a,1437b
互用罪　**428c**
牛王売　424b
牛王加持　188c
牛王宝印　424b
牛玉加持　669a
牛玉宝印　424b
牛玉宝印紙　244b
牛黄加持　188c,**392c**
牛戒　164c
牛宮　642c
牛狗外道　329c
牛主　285a
牛秀　833a
牛首山　416b
牛頭　416b
牛頭決　1029b
牛頭宗　865a,1287c
牛頭山(于闐)　**416b**
牛頭山(江蘇省)　**416b**
牛頭禅　416b,843c,850c
牛頭栴檀　857a
牛頭天王　**416b**
牛頭天王像　1329c
牛頭法門要纂　1029b
牛頭馬頭　**416b**
牛頭要纂　1029b
牛女　279c
牛伏寺　**424b**
牛毛塵　400c
牛羊眼　**429a**
呉岳　393b
呉侗　858c
呉道子　**422b**,534b
呉服聖　1186b
呉法師　934a
呉訳無量寿経　1400a
吾山　273c
吾宝　883b
後安祥院流　210b
後一条天皇　1210a
後有　**365c**
後宇多上皇　270c
後宇多法皇　203a,224b,256b,917a
後小野僧正　1172c
後架　**393a**
後覚　986a
後加持　**393b**
後柏原天皇　104c,956c,1031c
後起　365a
後光　**403b**
後光厳院　842c
後五大院　257b
後五大院殿記　257b
後小松天皇　773c
後際　491a
後嵯峨上皇　773c
後山外　1128b
後山外派　621b
後三条天皇　130b,823b
後三部　445c
後三部鈔　**406a**,445c,768c
後食　449b
後七日の阿闍梨　12a
後七日御修法　12a,97a,393b,**407c**,518c,677a,1262c
後住　631b
後拾遺往生伝　**411a**
後周の法難　1144b
後出阿弥陀偈経　413a
後出阿弥陀仏偈　**412c**
後生　**414a**
後白河法皇　646a,782c,967a,1003c,1383c,1472a,1487a
後身　**415c**
後陳　72c
後朱雀天皇　132a
後世　414a
後世者　**416c**
後世妙鈔　406a,445c
後世物語　**416c**,789b
後世物語聞書　416c,790c
後世利益　1456a
後善導(少康)　707b
後善導(法照)　1315a
後醍醐天皇　4b,43a,105a,127a,222a,334c,335b,399a,702a,709a,906b,938a,946b,1208c,1371a,1426c,1440c
後土御門天皇　68a
後唐院　133b
後堂首座　868c,869a
後堂板　1170a
後得智　**446b**,981b,1251b
後鳥羽上皇　654c,665c,987c
後鳥羽法皇　967a
後奈良天皇　305c,609a,1066c,1067b,1476c
後入唐僧正　619a
後念　**860c**
後板　1170a
後番五味　409a

後伏見上皇　1283a
後仏　1222c
後報　203a
後法性寺殿　291b
後水尾上皇　660b, 803a
後水尾天皇　1476b, 1493a
後村上天皇　959c
後夜　1496b
後陽成天皇　1371a
悟　**1401c**
悟阿　**359c**, 734a
悟庵　1280b
悟開　709a
悟空　**396c**
悟空禅師　825a
悟渓　812c, 893a
悟真　1500b
悟真寺(中国)　**415c**, 640b
悟真寺(神奈川)　1473c
悟真寺(愛知)　**415c**
悟真寺(京都)　979a, 1044c
悟真寺(熊本)　**415c**
悟新　544c
悟達国師　986a
悟道　1401c
悟入　**422b**, 664a
悟忍　498b, 1127c
悟本禅師　1467a
晤恩　**392c**, 590c
御一代聞書三罪録　479c
御引文　789c
御衣加持　393b
御越年式　846b
御絵伝　807c
御廻在　950a, 1032a, 1429a
御格勤　1268c
御願寺　**394b**, 517b, 1009b
御祈奉行　623b
御斎会　**404c**, 498c, 1262c
御朱印寺　518a
御寿牌　1009b
御書　**413a**, 648b
御正忌　168c, 249b, 1265b
御承仕　1268c
御消息集　789b, 790c, 791a, 853c
御請来目録　**415a**, 759b
御身　154a
御禅室　1181c
御即位灌頂　218a
御俗姓御文　154a
御伝鈔　807c
御八講　498c, 1312b
御符　424b
御文章　153c, 1329c, 1491b
御坊　513c
御本書　260a
御本典　260a
御遺告　**428c**, 1421b
御遺告灌頂　218a
御流神道　1330b
御霊会　**429c**, 1330a
語業　363b
語風円信　842a
語密　506b
語要　431a
語律儀　160a
語録　**431a**
瞽女　1405c
護月　**402c**, 627c, 635c, 1316c
護軍　656c
護国　1440a
護国院(奈良・奈良市)　756c
護国院(奈良・桜井市)　974c
護国縁起　1498c
護国経　1440a
護国寺(東京)　102c, **403b**, 407a, 1015a, 1469c
護国寺(京都)　63b, 767b, 780b, 1159a
護国寺(沖縄)　1112b
護国新論　**403c**
護国尊者所問大乗経　**403c**, 954b, 1204b
護国菩薩経　954b
護寺　477a, 881b
護持院　102c, 403b, **406c**, 620c, 1015a, 1459b
護持院大僧正　1459b
護持僧　415c
護浄院　**414b**
護聖寺　535b
護諸童子陀羅尼経　1047c
護心　1297
護身　**415c**
護身加持　416a, 677a
護身線　436c
護身符　424b
護身法　**416a**, 647a, 677a
護神寺　416a
護世天　577a
護世八方天　1164a
護忍　798b
護念　**423a**
護念寺　406a
護符　**424b**
護法　**426b**
護法(人名)　167c, 220a, 341c, 402c, **426c**, 454a, 486a, 490a, 507b, 520b, 584a, 585b, 635c, 691c, 748c, 756c, 782a, 800b, 893c, 984a, 994c, 1085b, 1256a, 1314c, 1316c, 1423a, 1423b, 1423c, 1430a
護法阿羅漢　28b
護法寺(神奈川)　406a
護法寺(京都)　1184b
護法資治論　**427a**, 679b
護法神　426b, 427a
護法新論　**427a**, 679b
護法善神　**427a**
護法天　427a
護法天童　426b
護法童子　426b
護法の善神　426b
護法用心集　1092b
護法録　**427b**
護法論　**427b**, 473b
護摩　**427c**, 642a
護摩木　427c
護摩壇　420c, 427c
護摩刀　427c
護摩堂　427c
護摩法　579c
護魔　427c
護名　1485b
護命　**428a**, 935b
護明　555c
亢宿　1096a
公案　**365c**, 665a, 861b, 870c, 1477b
公因　68b
公胤　**366a**, 734a, 735b, 1121c
公淵　546a
公海　48b, **367c**, 1184c, 1478c
公寛　**368c**
公厳　**368c**
公啓　**370a**
公慶　**370a**, 1054c
公賢　938b
公帖　**374b**
公範　1468c
公美　1143b
公弁親王　285c
公弁法親王　1184c
勾当　887b
孔丘　674b
孔子　722b
功嘉葛剌思　**368a**
功山寺　**372a**
功曹文簿員　881b
功存　218c, **379c**, 477c
広慧和尚　579a
広慧昭覚禅師　726c
広縁の識　41a
広円明鑑禅師　908a
広園寺　1482b
広雅　987c
広覚寺　405c
広学竪義　1458b, 1470b
広果天　522c
広貴　1492a
広輝　892b
広狭自在無礙門　625a
広教総管府　881c
広弘明集　302a, **369c**
広化寺　405a
広国寺　233b
広厳寺　**371c**, 906b
広済寺　1001b
広済禅師　543a

広済大師(存奨)　911a
広済大師(宝誌)　1273c
広参　466c
広山玄加　370c
広慈　112c
広釈菩提心論　**373b**
広脩　**373b**,1043c
広寿山　1069c
広疏　586c
広成　339c
広勝寺　314b
広照禅師(慧覚)　108b
広照禅師(至遠)　516c
広説院　1278c
広蔵院　1114a
広大儀軌　947b
広大宝楼閣善住秘密陀羅尼経　1291b
広大発願頌　**380a**
広大霊感観音　1023b
広智国師　580b
広智尚賢　1027a
広智全悟大禅師　919a
広中説略　**381a**
広長舌相　483c
広通普済寺　136c
広徳快庵禅師　760c
広度寺跡　736b
広如　**382b**,818b
広破経　1461a
広破論　1461a
広博厳浄　1201c
広博厳浄不退転輪経　27b,1220b
広博城　1158a
広百論　584a
広福寺　943c
広付法伝　1245c
広弁　1379c
広目　656c
広目天　577a,656a,1095b,1158c
広聞　**387a**
広利寺　405b,919c
広利禅寺　2a
広律　1450a
広略相入　**390c**
広略本尊　**390c**
広略要　**391a**
広隆寺　122a,**391b**,1049a,1093b,1388a
広隆寺大酒神社　85b
広録　431a
弘円　1221c
弘覚寺　416b
弘覚禅師　1061b
弘基　384b
弘業寺　1033a
弘済禅師　264a
弘秀　219b
弘充　**373c**
弘宗禅師　54c
弘俊阿闍梨　1019c
弘智　**380c**
弘道大師　40a
弘忍　**382b**,417c,454c,1468a
弘福寺　225c,1002c,1041b
弘文院　445a
弘法大師　281b, 288a →空海
弘法大師絵伝　**384b**
弘法大師年譜　1069a
弘法大師和讃　386b
甲賀寺　**368b**,1054b
甲袈裟　1264b
甲寺　**372c**
甲鈔　648a
甲府善光寺　846c
甲山寺　534a
交易　**366b**
交河城　375a
交割　**368b**
向阿　**365c**
向岳寺　**368b**,1067c
向岳寺派　850c
向下　**374c**
向原寺　**370c**,1144c
向西子　976a
向上　**374c**
向遊庵　400c
好花堂野亭　594b
好堅樹　**370c**
好金土　863a
好生　**371c**
好首　912a
好鳥　200c
光　384c
光雲(室町〜戦国)　1379b
光雲(江戸〜明治)　173c
光瑛　962c
光影　535c
光円(南北朝)　401c
光円(江戸)　1474a
光炎如来　1369a
光遠　843b
光遠院　109c
光恩寺　118b
光音天　522c
光海　51a
光記　290b
光教　744a
光孝寺(広東省)　822a
光孝寺(浙江省)　405b
光孝寺(日本)　702a
光孝天皇　1130a,1209a
光冏　**370a**
光兼　573c
光謙　1481c
光顕　989c
光玄　910b
光源院(相国寺塔頭)　709c
光顔寺　1331a
光居　989c
光国　895a
光言　386a
光厳院　721b
光佐　354c
光讃般若波羅蜜経　1175b
光寿　270a
光宗　314c
光従　860a
光疏　1213a
光助　684c
光昭　684c
光勝　283c,375b
光勝院　**374c**,1383a
光勝寺(京都)　**375b**
光勝寺(佐賀)　1106b
光摂　1336a
光摂庵　355a
光定　**374c**,1025a,1043c
光常　603b
光照院　115b,**375a**
光照寺(広島)　1402a
光照寺(宮崎)　1213a
光紹智堂　105a
光乗房　1474b
光静房　1474b
光浄菩薩　674b,722b
光信　**376c**　→源海
光瑞　385a
光統律師　111b,631c
光世音　228a
光世音大勢至受決経　223b
光世音菩薩普門品　227a
光闡　1282a
光闡坊　348a
光善　274c
光善寺　**378b**,393b,1491b
光泉寺　1129a
光前寺　**378b**
光禅寺　907c
光則寺　**379b**
光触寺　**379b**,1319a
光台院(高野山)　184c,336a
光台院(醍醐寺)　922b
光台現土　**379c**
光泰禅院　98c
光宅　1261b
光宅寺(建康)　**380a**,1241b,1261b
光宅寺(西安)　1270a
光沢　382b
光沢寺　**380b**
光智(中国)　1167b
光智(日本)　**380c**
光冑　141c
光長寺　1117b
光唐決　1043c
光徳寺(石川)　**382a**
光徳寺(大阪)　**382a**
光徳勝妙　110b
光日房御書　668a
光仁天皇　1371a
光念寺　457a
光背　403b
光伴　**382c**
光伴香　382c
光福寺　1496b
光宝　**384a**
光宝流　1474c
光梵大師　1424a
光明　**384c**
光明(国名)　877b
光明(人名)　670c

光明院(栃木)　1111c
光明院(広島)　909c
光明院(人名)　1331c
光明会　1419b
光明灌頂　217c
光明玄　440c
光明玄拾遺記　441a
光明玄表微記　441a
光明皇后　13a,175b,**385a**,727a,805c,1055b,1188c,1310c
光明寺(中国)　**385b**,779a
光明寺(茨城)　225c,**385b**
光明寺(千葉)　1106c
光明寺(東京)　885c
光明寺(神奈川)　382a,**385b**,652c,737a,980a,1428b,1473c
光明寺(三重)　**385b**
光明寺(京都･長岡京市)　**385b**,681b,738b,1093c,1094c
光明寺(京都･綾部市)　**385b**
光明寺(奈良)　780b
光明寺(福岡)　858b
光明寺の和尚　858a
光明寺派　738b
光明寺宝幢院　185b
光明遮照　1201c
光明真言　188c,**386a**
光明真言経　386a
光明真言和讃　**386a**
光明心殿　**386b**
光明山流　758b
光明蔵三昧　**386b**
光明智相　385a
光明秘事　1183b
光明本　386c
光明本尊　7c,110a,**386c**,1257b,1333c
光明名号の因縁　**386c**
光明文句　441a
光網童子　1411a
光益　385a
光融(室町)　1379c
光融(戦国)　135a
光誉(南北朝～戦国)　1034c
光誉(江戸)　1015a
光輪　385a
光林寺(中国)　1033a
光林寺(岩手)　**392a**
光林寺(東京)　1170c
光林寺(愛知)　959c
光朗　966a
江月宗玩　947a
江湖新聞　146c
江西　1463c
江西馬祖　1039b
江浄寺　1428a
江天寺　275c
江南三論宗　819c
考信録　**377a**
更衣　1032a
更治　249c
更雀寺　**373b**
劫　**361a**
劫外録　825a
劫初　361b
劫濁　415b
劫波　361a
劫波論　1506c
劫貝　**382c**
劫貝衣　1264b
劫比舎也　313c
劫比多　877b
劫比羅　656c
劫賓那　1346a
宏廓　1211c
宏覚寺　416b
宏覚禅師(慧安)　100b
宏覚禅師(徳悟)　1066b
宏教　**369a**
宏光禅師　719b
宏道　185b
孝栄　150c
孝恩寺　**367a**
孝源　**370b**
孝行和讃　1508a
孝周　875c
孝宗(南宋)　473c
孝宗(明)　833b
孝宗(日本)　1469a
孝順　1110b
孝勝寺　**375c**
孝道教団　**381c**,790a
孝服　**383a**
孝武帝　1002b
孝文帝　762b,1032c
孝弁　1101c
孝明帝　473a
孝養　**390b**
孝養集　**390b**
幸運　1292c
幸西　**371c**,733c,737b,1343b
幸泉寺　1207a
幸尊　503b
幸徳秋水　89a
幸誉　1242a
幸竜寺　**391c**
庚申　**376c**,588c
庚申講　363a,516c
庚申信仰　376c,1200c
河野往阿　**382b**
河野九門徒　**382c**
河野通直　1273a
河野六坊　382c
空晴　283a
空也　283c
後架　393a
後期密教　1368a
後期無量寿経　1400a
後楽　146c
恒寂　**373a**
洪偃　**366b**
洪応明　452c
洪岳　62c,602c
洪覚範　111c
洪慶寺　202b
洪州宗　865a
洪遵　**374a**
洪泰寺　380a
洪道　240b
洪敏　348b
皇円　**366b**,1219b
皇覚　**368a**
皇鑑　1011a
皇慶　**370b**,539b,812b,957b,1118b
皇孫五流　429b
皇徳寺　131a
皇竜寺　**391c**
神野寺　806a
神峰寺　534a
紅帽派　1445a
荒神　503b,925a
革堂　255c,258a,556c
香　**361c**
香合　363a
香雲庵　114b
香雲院　1241b
香衣　379c,1264c
香衣檀林十二カ寺　518a
香衣地　518a
香陰　349c
香温院　966a
香園寺　534a
香火社　372a
香月院　808a
香儀　381a
香行　349c
香華　**369c**
香華院　369c
香華院(人名)　1371b
香偈　**369c**
香盒　362c
香厳院　120a
香山居士　1149c
香山寺　**372a**
香資　381a
香室　**373a**
香積院　1057a
香積寺(中国)　106b,640b
香積寺(日本)　1480b
香樹院　1069c
香松院　457c
香姓婆羅門　**376b**
香薪　362b
香酔　809a
香酔山　19a,**377a**,862b,1203a
香水　362b
香山　377a
香山院　1181c
香銭　381a
香象　**378c**
香象大師　1279a
香象菩薩　**379b**
香草社　6c
香染　**379c**
香泥　362b
香奠　**381a**
香殿　373a
香湯　**381b**
香道　363a
香筥　362c
香盤　362c
香聖　1185c
香楓寺　391b
香服　379c

香部屋　373a
香房　373a
香茅城　288c,289c
香誉　1166b
香揚院　40a
香隆寺　751b
香涼院　963b
香炉　362c,1224c
香炉筥　362c
晃全　**377c**,749c,894b
浩々洞　6b,273c,899b,964b
耕雲寺　**366a**,1142b
高一志　1024b
高雲寺　392b
高王観音経　**366c**
高王白衣観音経　366c
高閑　**368c**
高貴寺　**368c**,515a,786c
高頻　330c
高月院　782b
高源寺　899b
高源室　1072b
高座　448c
高山　543a
高山寺(京都)　316c,**372a**,384a
高山寺(大阪)　710c
高山寺(山口)　348c
高士　1295b
高沙弥　621b
高昌国　**375a**,450a
高照院　534a
高照正灯国師　1382b
高勝衣　1263b
高声寺　723a
高声念仏　1137c
高松寺　406a
高城寺　682b
高承挺　1157a
高信　**376c**
高井寺　1051b
高世耶　264a
高泉　145a,145b,**377c**,604b,1045b,1057a,1219a
高仙寺　**378b**
高祖　905c
高祖遺文録　150c
高祖御譲状註釈　1330c
高祖忌　168c,249b
高宗　460a
高僧　**378b**
高僧伝　378b
高僧伝(書名)　112a,**379a**,1402b
高僧法顕伝　1313c
高僧和讃　489b
高蔵寺　**379a**
高足　535b
高台寺　**380a**
高湛　**380b**
高桐院　947a
高徳院　**382a**
高師直　803a
高鼻履　293c
高旻了貞　706c
高福寺　833b
高弁　31a,321b,321c,372a,**383c**,386a,453b,535a,605c,607c,902b,1392a,1424a　→明恵
高歩　1418c
高峰(中国)　358a
高峰(日本)　354c　→顕日
高明寺　1026b
高野御室　184c
高野山　60b,102b,185b,217b,343c,**387a**,758a,784c,795c,838a,845c,887a,887b,895b,950c,1329a
高野山円光大師御廟　1094c
高野山往生伝　**389a**
高野山三派　389a
高野山寿門方　1002a
高野山事略　**389a**
高野山真言宗　440a,785a
高野山法度　514a
高野四所明神　**390a**
高野四神明神像　1329c
高野十谷　387a
高野春秋　390a
高野春秋編年輯録　**390a**
高野大師　281b
高野中院阿闍梨　1402a
高野堂　32c
高野版　388a
高野聖　388a,1145b,1185c,1186b
高野法印　700c
高野明神　390a
高薬寺　805c
高佑紀　1157a
高誉　**390b**
高陽酔髠　180c
高麗寺(中国)　105c
高麗寺(日本)　**390b**
高麗版大蔵経　165b,941a
高麗仏　654c
高来神社　390b
高履　293c
高蓮社　1456a
高蓮社良山　1376a
高論尊者　718c
寇謙之　1042a
康永抄　573b
康円　**366b**
康熙帝　991a
康熙版　942b
康居　**369a**,450a,904b
康空　579a
康慶　95c,**370a**
康元　844c
康巨　369a
康国　465a
康済　966b
康寂　844c
康俊　**373c**
康助　**374a**
康正　**374a**,1227a
康尚　**374b**
康勝　**374b**,1227a
康僧会　347a,369a,**378c**,1501c
康僧淵　**378c**
康僧鎧　369a,**379a**,586a,954b,1399c,1401a,1442a
康蔵法師　1279a
康朝小仏師　370a
康徳寺　380a
康福寺　949a
康弁　**384a**
康孟詳　**386c**,661c,999c
康祐　1227a
康楽寺　**390c**,780a
康楽寺派　390c,694c
晧台寺　**380a**
皐諦　1212a
黄道十二宮　642b,1095b
黄山谷　479a
黄守恭　168a
黄文昌　916a
黄文炳　168a
鉤召法　676a,676b
綱厳　276b,**371b**
綱所　882c
綱所衆　882c
綱掌　**374b**
綱封蔵　**382c**,727a
興意法親王　708a
興雲院　1481c
興雲寺　898a
興円　171b
興化　911a
興化寺　99b
興教寺(陝西省)　345a,**369b**,640b,1000c
興教寺(福建省)　168a
興教大師　184b　→覚鑁
興慶府　819a
興源　370b
興源寺(千葉)　1213b
興源寺(徳島)　**370c**
興元寺　777a
興皇　1291b
興皇寺　**371a**,1060b
興光地　629b
興国寺　182b,184c,218b,**371a**,1210b
興厳寺　711a
興山寺　141b,440a
興山上人　141a
興宗明教禅師　649a
興宗寺(石川)　**373c**
興宗寺(福井)　**373c**
興復　541a
興正寺(京都・真宗)　262b,349b,**375c**,1225c,1470a,1489b
興正派　→真宗興正派
興正菩薩　103b

興正菩薩御教誡聴聞集 **376b**
興聖寺(宮城) 226a
興聖寺(神奈川) 406a
興聖寺(京都・上京区) 134c,**376a**,1500b
興聖寺(京都・宇治市) **376a**
興聖寺(福岡) 1476a
興聖寺本壇経 1500b
興聖宝林寺 1044a
興親 910b
興然 **377c**,526a,1351a
興禅記 **378a**
興禅護国論 **378a**
興禅寺(栃木) 1374a
興禅寺(石川) 99b
興禅寺(鳥取) 1045b
興禅大灯国師 1382b
興福寺(朝鮮) 125a
興福寺(日本) 84c,85a,135c,136a,185b,191c,206c,289b,338c,**383a**,419a,454a,477b,514a,517c,537a,557a,639a,727a,760c,886c,895b,951a,1003b,1093b,1235a,1307b,1316c,1412b,1506b
興福寺一乗院 →一乗院(興福寺)
興福寺縁起 536c
興福寺衆徒 383b,895c,1139b,1144c
興福寺常喜院 173c,704c
興福寺奏状 **383b**,704c
興福寺僧兵 895b
興福寺伝 1316c
興福寺南円堂 1208b
興福寺別当 49c,876a,886c,929b
興福寺維摩会 1262c,1458b,1507a
興福院 445a
興儔 239b,**380c**,669b
興道尊者 1052a
興復記 478a
興門派 1102c,1108b
興門派日尊門流 1114a
興隆(江戸・真宗) 875a
興隆(江戸・曹洞宗) **391a**
興臨院 947a
興輪寺 **392a**
興蓮社法誉仁阿 915a
興蓮社良崇 1397a
衡岳 371c
衡山 **371c**
衡梅院 1380b
講 **363a**
講会 211c,372c
講演法華儀 **366c**
講経法会 1262b
講讃 1301a
講師 194b,400b,886b
講寺 513c,517b
講式 **372c**,752c,753a
講堂 206a
講堂衆 1048b
講論 1507a
鴻雪 917c
鴻臚卿 623b,881b
鴻臚寺 623b,881c
翺之慧鳳 406b
鵠林 1149a
鵠林派 850c
曠劫 361a
曠野 29a
曠野鬼神 920a
曠野手 1162c
曠野神 920a,1416c
礦石集 **377b**
礦石念仏集 **377b**
響流 875a
穬麦 545c
号叫地獄 532a
仰信 **324a**
仰誓 **377b**,790b,1378a,1403a
合 72a,72b
合十 195b
合首楞厳経 584b,681a
合中知 404b
合部金光明経 440b,629a,1231b
合明閣 377b
合維摩経 584b
江湖 **371a**
江湖会 371a
江湖疏 371a
江湖道場 371a
江湖の僧会 371a
江湖風月集 **371b**
江湖名勝禅師 371a
江湖友社疏 371a
江湖寮 371a
劫火 479c
劫水 479c
劫風 479c
迎接 1438c
迎接会 1391a,1439a
迎接変相 718b
迎接曼荼羅 718b,1439a
杲海 **367c**
杲守 43a
杲宝 136b,170a,224b,256b,272b,**384b**,438a,572b,952a,1033c,1059a,1187a,1187b,1273b
杲宝私鈔 **384b**
杲隣 282a,**392a**,670b,1186c
恒胤 911c
恒伽 367a
恒河 **367a**,552a
恒河沙数 367c
恒河門 367a
恒行不共無明 1397c
恒寂 917a
恒審思量 1354b
恒水 367a
恒説華厳 **377b**
剛外令柔 509b
剛中 **381a**
剛琳寺(葛井寺) 1214c
降三世会 1362b
降三世羯磨会 1362b
降三世三昧耶会 1362b
降三世明王 **372b**,419a,1362c
降邪衣 1263b
降誕会 231c,**380b**,1262b
降伏法 643c,676a,676b
降魔 **384c**
降魔印 65b
降魔坐 448a
降魔の剣 384c
強毒 **381c**
強飯式 1112a
毫光 484a
毫摂寺(石川) **376a**
毫摂寺(福井) **376a**,721a,725b
毫摂寺(兵庫) **376a**,725b
毫相 483c
郷公 1118a
郷照寺 367a,534a
殑伽 552a
業 92b,**363b**,1506a
業異熟智力 653a
業因 363c,365a
業有 365c
業火 365b
業果 363c,365b
業果色 519c
業感 365b
業鏡 365b
業苦 365b
業垢 365b
業句義 563a
業繋 308c,365b
業繋苦相 480b
業結 365b
業食 521b
業事成弁 **373a**
業寿 365b
業受 365b
業疏 586c
業成 373a
業成就論 933a
業雑染 889a
業通 365b,798c
業天 365b
業道 365a,**381b**
業道自然 581c
業道成弁 373a
業悩 365b
業病 365b
業比量 1465c
業風 365b
業報 365b
業報仏 260c
業魔 365b

業用虚空蔵　397b
業影　365b
業力　365b
豪円　938a
豪海　367c
豪助　374a
豪信　**377a**
豪潮　**381a**
鴿園　202b
鹿深臣　829b
上野阿闍梨　1278a
声仏事　724b
曲歯　1212a
克勤　315a,**397b**,1137a,1253c,1265a,1292b
克文　**400a**
告牒　1068c
谷氏宗印　692b
刻楮子　649a
国阿　**396b**,750a,898a,1008c
国阿派　538c
国一大師　1042c
国一法師　1279a
国王不梨先泥十夢経　594a
国恩寺　406a
国忌　249b,1262b
国教寺　1105b
国鬼　891a
国済国師　184c
国済寺　1482b
国師　400b,886b,924c
国師号　1286b
国師三喚　**397c**
国師塔様　995c
国史仏法鈔　**397c**
国照寺　1429b
国上寺　**398a**
国瑞寺　1068b
国清寺(中国)　144a,**398a**,724a,729b,1026b,1481b
国清寺(静岡)　**398a**
国清寺(岡山)　**398a**
国清寺(山口)　1048c
国清忠寺　405c
国清百録　**398c**
国僧都　881b
国泰寺(北海道)　**399a**,1048b
国泰寺(富山)　**399a**,1373c
国泰寺(広島)　**399a**
国泰寺派　399a,850c
国柱会　**399a**,790a,967a,1108c
国土　**399b**
国土海　**399b**
国土荘厳　710b
国土世間　830a
国統　881b,881c
国分寺　385b,**400a**,440c,442c,517b,755a,779b,1181a
国分寺(徳島)　534a
国分寺(香川)　534a
国分寺(愛媛)　534a
国分寺(高知)　534a
国分尼寺　400a,517b,755a
国妙国師　1472b
国訳一切経　941c
国訳大蔵経　941c
尅実通論　**424b**
斛食　**397c**
斛飯王　17b,**400c**,841c
黒闇天　**396b**
黒闇天女　247b,396b
黒印状　616c
黒印地　**396b**,518a,577a
黒衣　1264c
黒衣の宰相　1360b
黒月　1484b
黒業　364b
黒黒異熟業　364c
黒歯　1212a
黒氏梵志　**397c**
黒城　819a
黒縄地獄　532a
黒山　**398c**
黒耳　247b,396b
黒飯　**400a**
黒白黒白異熟業　364c
黒分　1484b
黒法　**400b**
黒蜂山　1461a
黒滝神道　528c
穀断　975a
曲穢濁の三業　364c
曲業　364c,1021a
曲女城　173b,196c,1158a
極悪　1154b
極果　158a
極喜地　629b
極好音　1163b
極光浄天　522c
極七返有　531a
極七返生　531a
極成　**398a**
極達　1040b
極難勝地　629b
極熱地獄　532a
極微　**400c**
極無自性心　633b
極楽　**401a**,849c
極楽院　401c
極楽院瑞巌寺　763c
極楽往生　142a
極楽国弥陀和讃　**401b**,842a,1508a
極楽寺(中国)　418c
極楽寺(神奈川)　**401b**,1129a
極楽寺(神奈川・現浄妙寺)　754c
極楽寺(京都・伏見区深草)　1093b,1281b
極楽寺(京都・伏見区醍醐)　792b
極楽寺(山口)　**401b**
極楽寺(徳島)　533a
極楽寺薬師堂　810a
極楽浄土　23c,24c,233b,416a,1399c
極楽浄土九品往生義　299a
極楽世界　25c,731a,783a
極楽仏土経　528a
極楽坊　215a,**401c**,403a
極楽房(憲深)　347b
極楽房(承澄)　729c
極楽房(立信)　1461c
極楽遊意　540a
極楽六時讃　**402a**,1508a
極楽和讃　401b
極略色　519c
苔寺　459b
柿経　**402c**,600a
試みの六人　614b
越大徳　944b
乞眼婆羅門　**421a**
乞士　1181b
乞士男　1181b
乞士女　1181b
乞食　963a
谷響集(疎石)　**421a**
谷響集(運敞)　**421a**
国忌　249b,1262b
忽然念起の無明　1398b
骨鎖観　**421b**
骨鏁主　697a
骨舎利　612a
骨想観　421b
骨崙　447c
骨婁草　**421c**
骨露草　421c
兀庵　100c,1244b→普寧
兀庵派　850c
業識　360b,521a
業識心　490c
業種子　563c,628a,628b
業処　**421b**
業障　365b,487c
業相　480a
業相境　562a
極喜堂　566c
極迥色　519c
小食　522b
事書　928a
琴弾八幡　227c
粉引歌　87b
近衛天皇　37b,131b
近衛尚通　1341b
狛犬　3c
高麗楽　1205b
高麗加西溢　1024c
駒の爪　687c
菰僧　428b
薦僧　428b,1186b,1210b
籠　**428b**
籠僧　428b
籠堂　428b
惟喬親王　855c
今已本迹　1343a
今円　127a,410b
今円昔円円体無殊　410c

今家　**433b**
今古独語　**441c**
今古独語人物考　442a
今師　433b
今師相承　885a
今昔物語集　54b,84c,**442b**,503a,503b,815b,1293c
艮岳　1178c
近軍　91a
近護　91a
昏鐘鳴　**443a**
昆勒論　592a
金戒光明寺　**433a**,508a,720b,1041b,1045c,1094c,1474a
金瓦寺　307a
金口　**433b**
金口直説　433b
金口説　433b
金口説法　433b
金口相承　885a
金鼓　**433b**,1224c
金猊園　169b
金光　**433c**
金光教　789c
金光寺(七条道場)　32a,**435b**,447b,538b,720b,1008c
金光寺(市屋道場)　**435b**
金光明院　791a
金光明経　**440b**,440c,441a,464b,472a,577a,606a,797c,1011a,1276b
金光明経玄義　**440c**,566b,590c
金光明経文句　**441a**
金光明玄義拾遺記　307c
金光明玄義発揮記　311b,441a,590c
金光明最勝王経　404c,440b,453c,454a　→金光明経
金光明最勝王経金字宝塔曼荼羅図　454a
金光明寺　442c
金光明四天王護国之寺　400a
金光明懺法　440c
金剛　**433c**,436b
金剛院(滋賀)　1174a
金剛院(京都)　**434a**
金剛衣天　1093a
金剛炎　326c
金剛焔口　441a
金剛王院(神奈川)　1152a
金剛王院(京都)　**434a**,705b,921c,922b
金剛王院流　153b,705b,785a
金剛飲食天　1093a
金剛界　**434a**
金剛界灌頂　218a
金剛界九会曼荼羅　434b
金剛界九会密記　**434b**
金剛界五部　1215b
金剛界七集(淳祐)　42b
金剛界七集(興然)　378a
金剛界鈔　378a
金剛界大曼荼羅　1449a
金剛界立　676b
金剛界檜尾口訣　1189c
金剛界法　579c
金剛界曼荼羅　434b,1362b
金剛界曼荼羅次第法　960a
金剛界曼荼羅図　460a
金剛歌詠偈　555c
金剛覚　88c
金剛経　439a　→金剛般若経
金剛吼菩薩　420a
金剛軍　321a,**434c**
金剛軍荼利　306c
金剛橛　326c
金剛堅固の信心　433c
金剛鈎　544b
金剛光焔止風雨陀羅尼経　514c
金剛虚空蔵　397b
金剛座　**434c**,598c
金剛斉　434c
金剛摧砕陀羅尼　529b
金剛摧天　1093a
金剛索(菩薩)　544b
金剛索(書名)　107c,830a
金剛薩埵　2c,14b,372c,**434c**,438c,626b,784b,925a,959b,1089a,1362c,1480b
金剛山(朝鮮)　**435a**,1306a
金剛山(日本)　198a,1306a
金剛山寺(奈良・御所市)　198a
金剛三昧　441b
金剛三昧院　183b,271b,**435a**
金剛三昧経　**435a**,714c,1117b
金剛三昧経論　435a
金剛三密鈔　**435b**
金剛子　6a,670a
金剛子(人名)　1148c
金剛寺(石川)　1413a
金剛寺(大阪)　4c,**435b**
金剛寺(奈良)　461c
金剛持　14b
金剛赤精善神雨宝童子　92c
金剛手(菩薩)　434c,1215c
金剛手(執金剛神)　626b
金剛手(人名)　755b
金剛手院　1363b
金剛手秘密主　626b
金剛寿院　1020a
金剛寿命陀羅尼経　1211b
金剛杵　433c,**435c**,626a,926c
金剛墻　326c
金剛杖　**435c**
金剛乗　70a,337c,976c,1368a
金剛乗教　**436a**
金剛証寺　**436a**,478b
金剛上師　368a
金剛心　433c,**436b**,441b,1040a
金剛心院宮　1064a
金剛身　433c
金剛針論　**436b**,1280c,1315a,1403c
金剛水　**436b**
金剛誓水　436c
金剛仙　439c
金剛仙論　439c
金剛線　**436c**
金剛山寺(奈良・大和郡山市)　**436c**
金剛鏁　544b
金剛草履　434a,**436c**
金剛智　20c,171a,**437a**,437b,437c,438b,555a,656a,784a,784b,938c,951b,981c,1085b,1136b,1201b,1207c,1305a,1431b,1434c,1448a,1462c
金剛頂一切如来真実摂大乗現証大教王経　437b,438b
金剛頂一切如来真実摂大乗現証大教王経初品中六種曼荼羅尊像標幟契印等図略釈　1498a
金剛頂経　297c,396c,**437a**,501b,630c,784c,1071b,1089a,1305a,1361c,1362b,1367c,1447c,1449a,1498a
金剛頂経一字頂輪王瑜伽一切時処念誦成仏儀軌　48a
金剛頂経瑜伽修習毘盧遮那三摩地法　438b
金剛頂寺　**438a**,534a
金剛頂大教王経　437b
金剛頂大教王経疏　437c
金剛頂無上正宗伝灯広録　**438a**
金剛頂瑜伽護摩儀軌　**438a**
金剛頂瑜伽三十七尊出生義　672c
金剛頂瑜伽十八会指帰　437b

金剛頂瑜伽修習毘盧遮那三摩地法　1201b
金剛頂瑜伽中発阿耨多羅三藐三菩提心論　1303a
金剛頂瑜伽中略出念誦経　437b,438b
金剛頂瑜伽理趣般若経　1448a
金剛頂瑜伽略述三十七尊心要　**438b**
金剛頂瑜伽蓮華部大儀軌　1189c
金剛頂略出念誦経　**438b**
金剛頂蓮華部心念誦儀軌　**438b**
金剛椎論　329a,**438c**
金剛幢　824b
金剛童子　**438c**
金剛童子儀軌　697b
金剛童子像　1329c
金剛童子法　439a
金剛灯菩薩　1060a
金剛那羅延身　**439a**
金剛能断般若波羅蜜経　439a
金剛波羅蜜菩薩　1215c
金剛盤　**439a**
金剛般若経　269a,**439a**,1175b,1181a,1196a,1371c
金剛般若波羅蜜経　439a
金剛般若波羅蜜経破取著不壊仮名論　439b
金剛般若波羅蜜経論　**439b**,439c,1340a
金剛般若波羅蜜経論頌　1386c,1394c
金剛般若波羅蜜多経論頌　439c
金剛般若論　439c,1230c
金剛部　1215c,1363a,1363b
金剛福寺　**439c**,534a
金剛峯寺　281c,387b,**440a**,612c,784c,886c,1489b
金剛峯寺恒例彼岸廻向道俗結縁過去帳　187c
金剛峯楼閣一切瑜伽瑜祇経　1431b
金剛仏子叡尊感身学正記　221b
金剛錍(大瀛)　144b
金剛錍(湛然)　**440a**
金剛錍論　440a,897a
金剛宝戒　162c
金剛宝戒章　**440a**
金剛宝座　1236a
金剛宝寺　250c
金剛名　**440b**,1286b
金剛無間道　441c
金剛面天　1093b
金剛網　326c
金剛夜叉　87a,441a
金剛夜叉曼荼羅　441b
金剛夜叉明王　419a,**441a**
金剛瑜伽記　**441b**
金剛喩定　283a,**441b**
金剛力士　626b,1084c,1090b,1157b
金剛輪院　238b,502c
金剛輪寺　**441c**
金剛鈴　1480b
金剛鈴(菩薩)　544b
金岡用兼　764a
金剎　464a
金色院　548c
金色衣　1264c
金色王経　**442a**
金色孔雀王　1095b
金色堂　997a
金色宝光妙行成就如来　1415b
金地国　89c,**442a**,1202a,1346a
金地大徳　398a
金地院　10a,**444b**,1088a
金師子章　320b
金翅鳥　208a,1084c
金鐘寺　442c
金鷲行者　442c
金称寺　750c
金勝寺　**443a**
金鐘寺　**442c**,792c,1054c,1493c
金性地輪　447a
金粛菩薩　760b
金神　**443a**
金塵　400c
金泉寺　533a
金倉寺　**443c**,534a
金蔵寺　**443c**
金粟如来　**444a**
金胎　183a
金胎寺　**444a**
金胎両界師資相承　**444a**
金大王　1095b
金鍮記　1200b
金堂　206a
金堂衆　1048b
金耳国　198b
金波羅華　444c
金婆羅華　**444c**
金毘羅　**444c**,643b
金毘羅王　445a,1095b
金毘羅権現　444c
金毘羅大権現　1146b
金毘羅陀迦毘羅　445a
金毘羅摩竭魚夜叉大将　444c
金毘羅竜王　444c
金錍　**445a**
金錍論　440a
金宝寺　**445b**
金宝鈔　**445b**
金竜寺(朝鮮)　**446c**
金竜寺(日本)　**446c**,842a
金輪　**447a**,508c,678c
金輪王　48a,447a
金輪王寺　278a
金輪際　447a
金輪仏頂　425b
金輪宝　447a,1036b
金鈴　1480b
金蓮　938a
金蓮寺(岐阜)　1090a
金蓮寺(京都)　246b,**447a**,778a
金蓮寺(愛媛)　**447a**
建幢摧邪篇　224c
建立仮　307c
建立大師　874c
建立曼荼羅及揀択地法　**446c**
建立曼荼羅護摩儀軌　**447a**
建蓮社立誉晋阿　1209b
恨　**431b**
矜羯羅童子　1157b,1242c
根　**431b**
根機　236b
根生院　105b,172b,**442c**
根上下智力　653b
根塵　**443b**
根敗壊種　**444c**
根敗二乗　444c
根辺蘊　**445a**
根本　365a
根本会　1362b
根本依　489c,490a
根本旧禅　839c
根本業道　365a
根本三流　957b
根本寺　**445c**,1103c
根本識　**445c**
根本定　446a,546b,688b
根本浄禅　839c
根本心　490c
根本説一切有部　446a,635a,666c
根本説一切有部戒経　446a
根本説一切有部苾芻尼戒経　446a
根本説一切有部苾芻尼毘奈耶　446a
根本説一切有部毘奈耶　**446a**,635a
根本説一切有部毘奈耶破僧事　666b
根本説一切有部百一羯磨　446a
根本大師　456b
根本大師流　957b
根本檀林　38c,980b
根本智　**446b**,981b,1251b
根本中頌　1000a,1177b,1246c　中論頌
根本中堂　139a,1179c
根本等至　688b
根本分裂　327c,632c,945a,945b,1244b

根本法輪　496c
根本法華　485b
根本煩悩　**446b**,1336b
根本無分別智　446b
根本無明　1398b
根本惑　1336b
根律儀　160a
崑山　447c
崑崙国　**447c**
崑崙山　**447c**
崑崙山脈　970c,990b,1073b
惛沈　**443b**
惛眠蓋　393a,812a
紺園　513a
箟峰寺　**445b**
蜫勒門　**447b**
羯磨　**197b**,926c
羯磨(書名)　586a
羯磨阿闍梨　11c,197c
羯磨師　197c
羯磨得　164a
羯磨の四法　197b
羯刺藍　947a
興福院　**445a**
言依　80a
言教　254a
言語道断心行処滅　446c,778c
言陳　72c,75c
言説法身　1230c
言詮　**443b**
言詮中道　999b
言亡慮絶　**446c**
近縁　468a,833c
近円戒　161c
近事　91b
近事男　91b
近事女　91b
近事女律儀　161a
近事律儀　161a
近取　92b
近住戒　161b
近住律儀　161b
近成就　297c
近分定　446a,546b,688b
近門　423b
欣厭　124a
欣浄厭穢　124a
欣浄寺　1094c
金蔵草鞋　436c
勤　**432a**,723b
勤旧　869b
勤行　**433a**
勤策　610b
勤策男　610b
勤策女　610b
勤策女律儀　161b
勤策律儀　161b
勤式　433b
勤操　281c,302c,**443b**,837c,1192b,1312b,1410b
勤息　610c
禁呪　615a
禁呪蔵　493b
銀輪宝　1036b
権　**432a**
権戒　162c
権機　236c
権教　432a
権巧方便　1284a
権仮　432a
権化　307b,433b,1183a,1444b,1445c
権現　**433b**
権現思想　804b,1329a
権現堂　844b
権実　432a
権実異体　432b
権実同体　432b
権実不二門　575a
権社　**442b**
権者　433b
権迹　433b
権乗実果　**443a**
権僧正　882a
権大乗　928c
権田雷斧　**444a**
権智　432a,981b,1284a
権人　432a
権方便　432a,1284a
厳華　16a
厳覚　**433a**
厳豪　580a
厳護録　**442a**
厳真　**443b**
厳大参　622a
厳中　620c　→周噩
厳如　147c
厳仏調　31b,**445a**
厳誉(鎌倉)　189b
厳誉(室町)　637b


## さ


ザイデンステュッケル　**457b**
サーヴァッティー　263a,594a,598a,657a,1153b,1501b
サウンダース　**461a**
サウンダラ・ナンダ　1088c,1403b
サエノカミ　1054a
サカ　964a
サーガタ　866c
サーカラ　594c,1370b
サーガラ(国名)　594c,1082c,1386a
サーガラ(竜王)　1157c
サキャ王朝　1151b
サキャ寺　**462a**
サキャ派　990c,1151a,1444c
サキャ・パンチェン　1151a
サキャ・パンディタ　599b,614b
サクルーダーイ　865a
サーケータ　27b,599a,1501b
サーサナヴァンサ　**462c**
ササラ　992b
ササン朝ペルシア　34a,964a
サータヴァーハナ　263a,464a
サータヴァーハナ王朝　34a,1460c
サダーパリブータ　746a
サダープラルディタ　1278a
サッタパンニ・グハー　327c,1188c
サッダルマ・プンダリーカ・スートラ　1292c
サッチャカ・ニガンタプッタ　1092a
サット　89c
サットヴァ　86b,498a,668b
サッバカーマ　878b
サッパダーサ　**464c**
サーナヴァーシ　45a,501b
サハー　609b
サーハ王朝　1164b
サハジャーティ　**465b**
サハー・ローカダートゥ　609b
サハーンパティ　956a
サプタパルニー・グハー　141c
サーマ　751b
サーマ・ヴェーダ　82c
サマタタ　505b
サマーディ　1505b
サマルカンド　313c,904b
サマンタ・パーサーディカー　81a,844a
サマンタバドラ　1212b
サーマンニャ・パラ・スッタ　611a
サムイェー寺　203c,**465c**,466a,614b,990c,1016c,1165a
サムイェーの宗論　**465c**
サムドラグプタ　993b
サーラ(樹)　598b
サーラ(人名)　1380c
サラスヴァティー　1257a
ザラトゥシュトラ　909a
サーラマティ　286b,333c,935b
サーリー　613b
サーリプッタ　91a,597c,613b,639b,967b,1006a,1017a,1085a,1347a,1348c,1497b
サルヴァカーマ　878b
サルヴァダルシャナ・サングラハ　1350c
サールナート　979c,

1233b
サルパダーサ 464c
サンヴァローダヤ・タントラ **467b**
サンカ 707a
サンガ 597c
サンガヴァス 670a
サンガヴァルシャ 877c
サンガヴァルマン(康僧鎧) 379a
サンガヴァルマン(僧伽婆羅) 878a
サンガヴァルマン(僧伽跋摩) 878a
サーンカーシヤ 877b
サンガセーナ 877b, 1194a
サンカッサ 877b
サンガデーヴァ 877b
サンガナンディ 877c
サンガバドラ(論師) 21b,290a,342c, 422b,664a,684a, 831a,877c
サンガバドラ(訳経家) 877c
サンガブーティ 878a
サンガミッター 18a, 878b
サンガミトラー 878b
サンガラクシタ 748b
サンガラクシャ 661c,878b,878c
サンガラーマ 878a
サンギーティ 327b
サーンキヤ学派 44a, 276a,329b,404b, 418b,428c,464c, 484c,498a,542c, 647c,746a,776c, 1094a,1204c,1505b
サーンキヤ・カーリカー 44a,276a,1505b
サンゲー・ギャムツォ 209b,**475b**,1304b
サンジャヤ 330a, 597c,613b,1348c
サンジャヤ・ベーラッティプッタ 1497b →サンジャヤ
サンスクリット 940a,1168c,1325a
サンタ・マリア御昇天の寺 1089c
サーンチー 34b, **496a**,598c,607a, 671a,1214c,1348c, 1403a
サンディニルモーチャナ・スートラ 324a
サンヒター 82c, 1203b
サンプータ 501b
サンモーハ・ヴィノーダニー 81c,1236b
サンユッタ・ニカーヤ 7a,816c
さげ尼 22c
ささら摺り 463a
さんじょ 1186b
左 569
左衛門督法印 384a
左楽 1205c
左渓 359b
左渓尊者 359b
左寺 256a
左取 463a
左受 **463a**
左大寺 256a
左道密教 962a,976c
生飯 **465a**
佐井寺 **456c**,1093b
佐伯公行 660b,820a
佐伯旭雅 **461a**
佐伯田公 281b
佐伯定胤 **461a**
佐堯 1080b
佐久間重貞 1375c
佐倉宗吾 1050b
佐々木氏頼 101c,893b
佐々木月樵 273c, **462b**
佐々木定綱 1008b
佐々木四郎高綱 1473b
佐々木高頼 1291a
佐々木徹周 **462c**
佐田介石 **463c**,679b
佐竹寺 **463c**
佐竹義輔 1459c
佐竹義人 1031c
佐竹義宣 820c
佐超 349b
佐渡阿闍梨 1092b
佐渡御勘気抄 668a
佐渡配流 1144c
佐奈田義忠 751a
佐比 406c
佐比河原 458c
作意 **449c**
作戒 163c
作願門 423b
作業 33b
作業灌頂 217c
作持戒 162a
作持門 **536b**
作色 520a
作頭 869c
作浄 749b
作壇法 677a
作長老 1009a
作仏 **465b**
作法懺悔 475a,863b
作法集 **465c**
作梵闍梨 11c
作明知識 1167b
作用 1426b
作用道理 1061c
作礼次第 939b
沙張 465b
沙羅 611c
狭井河 458c
茶鼓 1030a
茶頭行者 870a
茶店問答 789a,791a
茶礼 1030a
衩衣 **461a**
娑 570
娑多婆訶王 **464a**
娑囀賀 909b
娑麼耶 505b
差定 **463a**,973a
差帳 973a
差単 973a
酒波寺 **465a**
莎訶 909b
莎底 289b
莎縛訶 909b
嵯峨虚空蔵 478b, 1290a
嵯峨御所 917a
嵯峨釈迦堂 825a, 1094c →清凉寺
嵯峨上皇 1097b
嵯峨僧都 719c
嵯峨大念仏狂言 825c
嵯峨天皇 42a,98b, 146c,227b,281c, 387a,806a,948a, 1007b
嵯峨念仏房 1135c
嵯峨未生御流 917a
嵯峨門徒 974b
嵯峨流 692b,737b, 738a
嗟 571
磋 569
薩迦寺 462a
薩婆訶 909b
薩婆若 56c
薩婆若海 56c
薩婆若多 56c
薩哩波那娑 464c
鎖龕 210b
坐 **448a**
坐具 **462a**
坐公文 374b
坐参 466c
坐禅 **463a**
坐禅院 1478b
坐禅儀 861a
坐禅三昧経 **463b**
坐禅三昧法門経 463b
坐禅箴(正覚) **463b**
坐禅箴(道元) **463b**
坐禅用心記 **463c**, 505b
坐堂 892a
座 **448b**
座夏 31b
座下問訊 1411c
座主 477b,886c
座衆 449a
座禅院 1111c
座前問訊 1411b
蔵王権現 **461b**
蔵王権現毛彫鏡像 1329c
蔵王権現像 1329c
蔵王堂 1370a
再住 **40c**
再生敗種義 **454c**
再請 **455a**
再請禅 **455a**
再誕 415c
西庵 823c

西域　40a,**450a**
西域記　945c
西域行記　1442b
西域求法高僧伝　298b
西域伝　349a
西域南道　1073b
西域北道　1073b
西院　406c
西院流　369b,785a,792a,1202c
西翁　873c
西王山部　1245a
西園寺　**450c**
西園寺公経　450c,864b
西園寺公衡　191b
西海の高野　777c
西河禅師　1048a
西岸寺　1467c
西厳寺　424a
西行　220c,**450c**,607c,851b,1202b
西行庵(京都・伏見区)　**451a**
西行庵(京都・東山区)　**451a**
西行庵(京都・西京区)　713c
西行庵(奈良)　**451a**
西行桜　713c
西行上人集　469a
西行法師歌集　469a
西行物語　**451b**
西京寺　1414b
西教寺　125c,171b,**451a**,795a,1027c,1315c
西吟　327a,**451c**,1460b
西源院　843b
西迎　171c
西光院(新潟)　701b
西光院(千葉)　105b
西光寺(青森)　433c
西光寺(茨城)　**452a**,1421a
西光寺(埼玉)　105b
西光寺(千葉)　1472a
西光寺(福井・福井市)　795b
西光寺(福井・鯖江市)　**452a**
西光寺(滋賀)　1016a
西光寺(京都・下京区)　**452a**
西光寺(京都・右京区)　1094c
西光寺(京都・東山区)　1502a
西光寺(兵庫)　697c
西江湖疏　371a
西郷局　1280a
西国高野山　854b
西国三十三カ所　229b,229c
西国寺　**452b**
西国巡礼　686a
西牛貨洲　679b,1203a
西査　691c
西斎浄土詩　**452c**,739a
西寺(平安京官寺)　**453a**,477b,882c,1093b
西寺(京都)　453a
西序　869a
西笑　406b,727c
西証寺　346a
西司　823a
西仙房　787b
西蔵　990b
西蔵大蔵経　939c,941c
西大寺(奈良)　4c,**455b**,557a,639a,727a,732a,786c,886c,887a,1093c,1140a,1316c,1454a
西大寺(岡山)　**455b**
西大寺資財流記帳　535a
西大寺裸祭(会陽)　456a
西大寺流　756c
西天二十三祖　1245b
西天二十八祖　**457b**,850b,1245b
西塔　139c,1178c
西塔律師　1359b
西徳寺　382c
西入坊　382c
西念　**458a**,458b,1008b
西念寺(茨城・岩井市)　**458b**
西念寺(茨城・笠間市)　**458b**
西福寺(茨城)　1373c
西福寺(千葉)　459a
西福寺(東京)　1494a
西福寺(福井)　**458c**
西福寺(三重)　42a
西福寺(京都)　118c
西仏　390c,780a
西方　1291a
西方院流　753a
西方義　734a
西方化導文　707b
西方公拠　**459a**
西方合論　**459a**,739a
西方極楽明眼論　**459a**
西方五天　1093b
西方寺(京都)　453a
西方寺(和歌山)　182b,218b,371a
西方寺(行基四十九院)　459b
西方直指　**459b**
西方四十八願所縁起　540a
西方指南抄　142b,305a,**459b**
西方浄業式　**459c**
西方浄土　401a
西方浄土変　24c
西方浄土法事讃　1274a
西方懺法　25a
西方陀羅尼蔵中金剛族阿蜜哩多軍荼利法　**459c**
西方発心集　**459c**
西方要決　**460a**
西方要決釈疑通規　460a
西芳寺　**459a**,907a
西鳳寺　357b
西曼荼羅　1362b
西曼荼羅集　**460a**
西曼荼羅抄　1059c
西明院主　938a
西明寺(中国)　129c,**460a**,1053a
西明寺(栃木)　**460a**
西明寺(滋賀)　**460a**
西明寺(京都)　203a,**460a**
西門念仏　1181a
西祐　1008b
西要鈔　500b
西楽院　938a
西楽寺　**460c**
西隆寺　48a
西林院　149a
西林寺(中国)　1503b
西林寺(京都)　1207a
西林寺(大阪)　460c
西林寺(愛媛)　534a
西林寺(福岡)　708a
西琳寺　**460c**
西蓮寺(茨城)　**460c**
西蓮寺(三重)　**460c**,795b
災患　**452a**
妻帯修験　1186c
采永　**450b**
斉円　1007b
斉興寺　351c
斉指拍掌　1150b
斉明天皇　1262b
衩衣　461a
柴屋寺　**450c**
柴灯護摩　**457c**
柴灯先達　856c
砕身舎利　612a
宰相阿闍梨　777b
宰相僧正　128c,821a
宰相僧都　778c
崔致遠　343a,392b,**456a**
崔法珍　941a
採花違王上仏授決号妙花経　11b
済慶　**450c**
済高　**452a**
済松寺　**454b**
済諸方等学経　**455a**
済信　**455a**
済暹　**455b**,761c
済度　**457c**
済門　1251a
祭事学　647c
祭式　1506a
祭文語り　463a
祭霊法　1402b
斎　**449b**
斎会　449b,1261c
斎縁身　**450b**

斎戒　449b
斎玉　**451b**
斎鼓　279a,449b
斎号　1286b
斎業身　**450b**
斎食　449b
斎七日　249a
斎七幡子　**453a**
斎退　449c
斎哲　**456c**
斎堂　206a,449b
斎藤兼綱　880b
斎藤妙椿　812c
斎藤唯信　**457c**
斎日　**458a**,1296c
斎罷　449c
斎別受八戒作法　1161a
斎明　1253a
細色　519c
細心　1403b
細塔婆　600a
細の意識　445a,**458b**
細の四相　548a
細縛羅　582c
菜根譚　**452c**
最雲法親王　492c
最教寺　**451b**
最好声　1163b
最後心　**452b**
最後身　**452c**
最後品の無明　1398c
最須敬重絵詞　725c,789b,790c
最勝　1005a
最勝院(静岡)　**453c**,883b
最勝院(京都)　1199b
最勝会　130b,440c,**453c**,498c,1414b
最勝王経　400a,404c,440b,453c,454a,454c　→金光明経
最勝王経曼荼羅　**454a**
最勝講　363a,**454a**,498c,1507a
最勝子　**454a**,929a,1163c,1423b,1430c
最勝寺(東京)　1243a
最勝寺(山梨)　**454b**
最勝寺(滋賀)　690b
最勝寺(京都)　**454b**,1498b
最勝四天王院　763c
最勝灯王如来　1059b
最勝福田　1209c
最勝仏頂　425b
最勝本初仏タントラ　205b
最勝蜜　1350b
最勝問答抄　**454c**
最勝問菩薩十住除垢断結経　633c
最勝楽出現タントラ　467b,977a
最上稲荷教　**453c**,790a,1376b
最上院　370a
最上根本大楽金剛不空三昧大教王経　437b,1448a
最上上禅　840a
最上乗頓悟法門　1484a
最上乗仏性歌　732b
最上乗論　**454c**
最上菩薩住　1298
最乗寺　121c,**454b**,863c,1062a
最仙　460c
最澄　36a,102b,120c,139a,140a,162c,171a,171c,182a,217b,235a,270c,281c,284b,335b,335c,398b,445b,454c,**456b**,474b,475c,484b,485a,492b,499b,557c,572a,591b,607c,608c,659c,666a,670b,682b,706b,711b,713c,718a,737c,750a,750b,750c,759a,782c,850c,855a,879c,898a,921c,925b,938c,950c,957b,1003b,1008b,1011c,1026b,1026c,1027b,1029b,1029c,1043b,1045a,1052a,1060c,1079c,1117a,1118b,1142c,1177a,1178c,1200a,1241a,1286b,1293c,1296a,1307b,1311a,1321b,1329a,1353a,1360c,1369b,1383c,1392a,1435c,1462a,1475a,1475b,1498c,1501b
最頂院　1373b
最頂院葛城寺　1373b
最頂寺　1481b
最日　1111b
最福寺(千葉)　**459a**
最福寺(京都)　140a
最宝寺　**459b**,1402a
最明寺　847a
最要鈔　**460b**,789b,790c
最蓮　1100c
歳星　558b
歳分の六時　1484c
歳末別時念仏会　720c
蔡愔　191a,**450b**,1151b
蔡州和伝要　**453b**
際月　984c
雑賀御坊　462a
賽銭　**455b**
賽日　**458a**
賽の河原　**458b**,549c,1402b
賽の河原和讃　458c,1508a
在庵　1213b
在縁　479c
在家　**451c**
在決定　479c
在室長端　278b
在心　479c
在世の八機　237a
在禅　**455b**,922b
在中　897b
在纏　**457a**,1126a
在纏真如　802b
在唐決　1043b
財施　1217b
罪　**449c**,458c
罪悪　449c,458c
罪垢　449c
罪業　449c
罪根　450a
罪障　449c
罪福　**458c**
罪報　449c
罪魔　1345a
摧邪顕正　1153c
摧邪興正集　**453a**,605c
摧邪真迢記　1102b
摧邪真陽記　1154a
摧伏毒害善神　656a
摧邪輪　384a,**453b**,849a
摧邪輪荘厳記　453b,849a,1138b
摧破再難条目鈔　**457a**
坂田寺　303c,**461c**,1067a
坂上田村麻呂　274b,445b,1050b,1060c,1382b
坂本　1412b
倒蓮華寺　36a
酒井虎岑　1494b
堺空華　695a
境野黄洋　**461b**
榊亮三郎　**461c**
相良長頼　219b
鷺森御坊　462a
鷺森別院　**461c**
鷺森日記　43b
作阿　379b,435b,**462a**
作大師　867a
删定止観　1346c,1471b
昨夢廬主　896b
索訶　609b
策彦　459b,654a
策伝　**462b**,820c
数習　**462b**
数取趣　1243b
錯庵志明　861a
桜井敬徳　**462b**
桜井道場　370c
桜井宮　137c
桜本坊　278a
笹生重信　1384b
笹塔婆　600a
篩　**462c**
指貫　1264c
差貫　1264c
冊子経　888a
札什倫布　462a,964a
刹　**464a**,513b
殺三磨娑　1495a

殺人刀　**196a**
颯田本真　**464b**
颯秣建国　**464c**
撮要鈔　870c
薩迦耶見　403a
薩遮尼乾子　1092a
薩生　**464a**,734a
薩埵　86b,**464b**,498a
薩埵会　1362b
薩埵王子　**464b**,606a,875c
薩達摩奔荼利迦素胆攬　1292c
薩多婆　86b
薩陀波倫　728c
薩曇分陀利経　1293a
薩婆鉗　878b
薩婆多　1052c
薩婆多師資伝　464c
薩婆多宗　289c,1189a
薩婆多宗五事論　1500a
薩婆多毘尼毘婆沙　635a
薩婆多部　425c,634c,1189a,1189c
薩婆多部記　45a,**464c**
薩婆多部毘尼摩得勒伽　635a,1189c
薩婆多律　634c
薩婆多論　635a
薩囉薩伐底　1257a
雑修　**849c**
雑修静慮　839a
雑修の十三失　849c
雑想観　655b
里山伏　1186c
真田増丸　**465a**
人康親王　1405b
胡銅器　**465b**
侍法師　**466a**
塞大神　1054a
猿楽衆　135c
沢木興道　**466b**
早良親王　429c,761a
三愛　1a
三悪覚　178a
三悪趣　615c
三悪道　615c,1402b
三阿僧祇劫　661a
三阿僧祇百大劫　361c
三阿難　17c
三阿弥　309a,1141c
三一権実　1142a
三一権実の論争　711b
三一問答　491a
三位仏性　1228c
三位阿闍梨　1114a
三隠　1206b
三隠詩　467a
三隠集　**467a**
三因三果　66b
三因仏性　1228c
三有　79a,468a
三有為　80a
三有為相　80a,548a
三ヴェーダ　82c
三蘊　95b,283a
三慧　100a,100b
三縁　**467c**
三縁の慈悲　512b
三往生　142b
三遠離心　157b,1300c
三果　914a
三科　**468a**
三科揀境　470a
三戒　163b
三戒壇　171a,1453c
三界　**468a**,992b
三界義　**468b**
三界九地　468b
三界繫業　365c
三界万霊牌　62b
三界唯一心心外無別法　1424b
三界唯心　1424b
三階院　385b
三階教　237a,331a,**468b**,654b,778c,1353a
三階宗　468b
三階集　468c
三階禅師　778c
三階仏法　468b
三界仏法(書名)　**468c**
三回忌　249a,249b
三覚　178a
三学　**469a**
三学頭　887b
三角寺　534a
三角寺の奥の院　867a
三岳寺　337a
三迦葉　**469a**,597c
三箇大法　665c,1131a
三月寺　225c,**469b**
三月堂　442c,1054c
三観　**469b**,587c
三観義　**471a**
三観三宗　315b
三願　**470c**
三願的証　**471a**
三願転入　**471b**
三巻教王経　437b
三巻七書　922c
三巻名目　738c
三灌頂　217c
三軌　**471b**
三帰　238b,471c,502b
三帰依　162a,238b,**471c**,502b
三帰戒　471c
三帰五戒帯佩護身呪経　218c
三帰得　164a
三帰法語　**471c**
三疑　237c
三祇成仏　661b
三祇の修行　661b
三祇百劫　361c,661a
三脚　828a
三行　254c
三経　500c
三経往生文類　790c,791a
三経隠顕　345c
三経義疏　113c,**472b**,734b
三経通申　1013b
三経明文等領解　605c
三境　509b
三教　**472a**
三教三宗　315b
三教聖人図　472b
三教図　**472b**
三教鼎立論　473a
三教八宗　267c
三教八宗説　1310a
三教平心論　**472b**
三教融会論　473b
三教論衡　**472c**
三教論衡(書名)　**474a**
三教論談　473b
三教指帰　474a,**477b**
三句　**474a**
三句答　555b
三苦　278c,279a
三垢　1338b
三空　280a
三空門　476b
三具足経憂波提舎　**474b**
三化　307b
三仮　307c
三仮施設　307c
三仮浮虚　308a
三外往生記　**475b**
三外往生伝　475b
三解脱門　**476b**
三結　326a,1338c
三眼　333a
三賢　415a
三賢位　**476c**
三賢十聖　345b
三賢図　472b
三玄院　947a
三玄寺　**476c**
三現観　336b
三鈷　503b
三鈷寺　**479a**,738a
三鈷寺義　579a
三鈷杵　435c
三鈷鈴　1480b
三江　380a,693b
三劫　361c,507c
三劫三千仏　492c
三劫三千仏名経　1223a
三劫の惑　507c
三劫六無畏記　**477c**
三香　361c
三綱　400b,**477a**,868b,881b,886c
三講　454a,**477a**,499a
三業　363b,364b,364c
三業帰命説　144b
三業供養　303a
三業のほかの念仏　1138b
三業不二門　574c
三業惑乱　144b,218c,224c,379c,**477c**,779a,788b,989c,1172c,1336a,1449a
三光国師　97a,184c
三光勝会　1111b,1115a
三光無師会　1393c
三光老人　105b

三弘法　**477c**
三国遺事　**478b**
三国相承　538b,885b
三国伝記　**478b**
三国伝灯記　181a,**478c**
三国仏法伝通縁起　**478c**
三国明匠略記　8a
三虚空蔵　**478b**
三骨一廟　581a
三根　432a
三根坐禅説　**479b**
三厳　710c
三権一実　432b
三災　**479b**
三際　491a,512a,721c,1484c
三在　**479c**
三斎月　496b
三罪録　**479c**
三細六麁　**480a**
三座説法　**480b**
三懺　475a
三懺悔　475b
三三合縁　582a
三三の法門　**480b**
三三之品　298c
三三昧　504b,505a,688c
三山灯来　402b
三山来禅師五家宗旨纂要　402b
三思　511c
三時　**481a**,512a,1484c
三時教　**481b**
三時教判　1316b
三時繋念儀範　**481c**
三時業　364c
三時興廃　539b
三時智恩寺　**481c**
三時殿　**482a**
三時の坐禅　463b
三時配当　539b
三慈　512b
三識　521a
三自帰　471c
三自性　485c
三自性偈　831b
三私記裒益　491a
三示現　307b,509a
三支作法　72b,800b,1248c
三止三観　519a
三師七証　659a,886c
三寺中　846b
三尺坊権現　191b
三寂黙　**482a**
三車家　49b,113a,1196c
三沙弥　610b
三修　**482a**
三修(人名)　62b,460b
三聚　721c
三聚戒　162a
三聚浄戒　162a
三種一乗　49c
三種有　79b
三種廻向　110c
三種行儀　259a
三種供養　303a
三種熏習　306b,563b
三種繋縛　331a
三種光明　385a
三種権実　432c
三種作意　449c
三種三観　470a
三種懺悔　475a
三種懺法　863b
三種自性　485c
三種習気　563b,628b
三種悉地破地獄転業障出三界秘密陀羅尼法　**484c**
三種示導　509a
三種慈悲　512b
三種重罪　506a
三種性　635c
三種荘厳　401a,710c
三種生身　**484c**
三種精進　723c
三種浄肉　743b
三種成仏　747c,902b
三種所依　489c
三種神変　509a,805a
三種随順菩提門の法　1300c
三種施　1217c
三種世間　830a
三種禅　839b
三種闡提　59b
三種即身成仏　902c
三種天　1021a
三種如来蔵　1126a
三種の有対　919a
三種の我　159a
三種の三世　491c
三種の色　520a
三種の四曼　1362a
三種の常　689c
三種の心苦　279a
三種の身苦　279a
三種の染汚　864a
三種の退屈　**485a**
三種の中道　998b
三種の長老　1009a
三種の得　1065a
三種の二諦　1098b
三種の無常　690a
三種不浄肉　743b
三種方言　**485a**
三種菩提　1300c
三種菩提心　1302a
三種菩提門相違の法　1300c
三種法華　**485a**
三種発心　1302a
三種無自性性　485c
三種無性　485c
三種余　508b
三種羅漢　28c
三種律儀　160c
三種離菩提障　157b,1300c
三種輪身　509a
三種練磨　485a
三洲　1152a
三十一本山　517b
三十箇条口決　821b
三十行の偈　141b
三十五仏　**482b**
三十五仏名礼懺文　482b,954b
三十三過　73c
三十三カ所巡礼　229b
三十三観音　229a
三十三間堂　556c,1487a
三十三身　228b
三十三祖　457b
三十三天　1020a,1061c
三十三夜講　363a
三十四箇事書　368a
三十四心　**482b**
三十四心断結成道　482c
三十七覚支　482c
三十七尊種子曼荼羅　460a
三十七尊立　676c
三十七道品　**482c**,1037c
三十七菩提分法　482c
三十捨堕　1451b
三十種外道　330a
三十帖策子　256b,**483a**,795c,1392b
三十二相　**483b**,661b,881a
三十二大人相　483b,881a
三十日秘仏　484a
三十日仏名　**484a**
三十番神　**484a**,1311b,1329c
三十仏名　484a
三十棒　**484b**
三十本山　517b
三十六院　518a
三十六歌仙絵巻　121b
三十六願　1322a
三十六禽　643a
三十六師句　974c
三十六善神　484b
三十六部神王　**484b**
三十六物　**484c**
三重観門　470b
三重興廃　539b
三重七箇の法門　**482c**
三重障　487c
三重等持　504b
三重念仏　1138a
三重流現の曼荼羅　1364a
三周説法　**483a**
三獣渡河　1196b
三獣渡水　1196b
三宗論　623a
三受業　364b
三巡問訊　1411b
三処阿蘭若　30a
三正　**485b**
三生　**485b**,747c
三生果遂　**57a**
三生果遂の願　470c
三生家家　531a,531b

三生解脱　325a
三生成仏　747c
三生六十劫　661a
三性　412b,**485c**,756c
三性観行　487a
三性空有宗　565c
三性業　364a
三性三無性説　1430b
三性説　324b,728b
三性相　485c
三性対望の中道　487a,999b
三性分別　487b
三従　413c
三照　**487b**
三障　58a,**487c**,1338b
三定　688c
三定聚　721c
三乗　**48c**
三乗教　50b
三乗共の十地　628c
三乗真実一乗方便　49a,1316b
三乗真如　802b
三乗通教　407b
三乗通説の五逆　395a
三乗普賢　1211a
三乗不定姓　413b
三乗別教　407a
三乗方便　1293b
三常　689c
三浄因　**488a**
三聖慧然　263c,489a,1476c
三聖円融観　**488a**
三聖円融観門　**488c**
三聖化現説　472c
三聖寺　975a,1361a
三聖四系　957b
三聖図　472b
三聖透網金鱗　**489a**
三勝義　699b
三条公忠　1291c
三条錫杖　602a
三条椽下七尺単前　973a
三条西実隆　43a,305c,1097b
三条の教憲　489a
三条教則　**489a**
三条仏所　693c,1228b,1374a
三条流　737a,1044c
三清浄心　1300c
三笑図　402b
三摂提　307c
三帖和讃　**489b**,1508a
三所依　99c,**489c**
三所御霊　248b
三事練磨　485a
三心　58a,**490a**
三心私記　**491a**
三心字訓　491a
三心真見道　353c
三心相見道　353b
三身　1226b,1231b,1232b
三身説法　785c
三身梵讃　1226b
三信　58a,**490c**
三途　615c
三途の川　1373a,1402b
三塗　615c
三塗の川　1373a
三施　1217c
三世　**491a**
三世因果　491b
三世間　830a
三世実有法体恒有　491b,**492a**
三世諸仏　491b
三世俗　699b
三世両重の因果　641c
三誓偈　**492a**
三栖寺流　738b
三千　**492b**
三千威儀　951b
三千院　139c,143a,149a,**492b**,1412a
三千章　1318b
三千諸法　492b
三千塵点劫　361a
三千世界　827a
三千大千世界　827a
三千仏　**492c**
三千仏名経　**492c**,1240b
三千法　492b
三善　838b
三善覚　178a
三善根　847c
三善知識　857a
三善趣　615c
三善道　615c
三相　485c,**493a**
三相円融　1499b
三相行布　1499b
三想　871b
三蔵　**493a**,872c,939c,1417b
三蔵教　409c
三蔵仏　585a
三蔵法師　493c,1417b
三蔵法師(玄奘)　344b
三蔵法師伝　924b
三蔵法師菩提達摩絶観論　832a
三蔵法数　958b
三僧祇　1420b
三僧祇百大劫　361c
三雑染　864a,889a
三草二木　1197a
三祖大師信心銘　794b
三尊　**494a**
三尊仏　494a
三尊来迎図　26b
三諦　138c,**494a**
三諦円融　1026c
三諦円融観　494b
三諦説　1000c
三大　**494c**
三大院　151b
三大経録　946a
三大乗　928c
三大誓願　**495a**
三大祖師法語　**495a**
三大天后　656a
三大秘法　**495a**,1108a
三大秘法抄　495b
三大宝策　201c,906c
三大法門　1311b
三大竜王　656a,656c
三大霊場　863c
三達　507b
三陀羅尼　969c
三断　977c,978b
三壇立　676c
三壇伝戒正範　1021c
三壇の御修法　677a
三壇不断の御修法　496a
三壇法　496a
三壇御修法　**496a**
三智　981b
三中　998c
三長月　496b
三長斎　458a
三長斎月　**496b**
三長三本　1335c
三朝高僧伝　379b
三朝の戒師　1041b
三朝の国師　309c
三転十二行相　551a
三転読文　**496c**
三転法輪　**496c**
三転法輪経　1034a
三顛倒　1030c
三土　1238c
三道　352b,**497a**
三道諦　552a
三道の宝階　**497b**
三等至　688c
三等持　504b
三都開帳　846b
三都講　363b
三都の三戒壇　351b
三徳　464b,**497c**,1094a,1363c
三毒　**497c**
三惑　58a,354a,1338b
三有　79a,468a
三如法色　1263c
三如来　**498a**
三忍　**498a**,1127a
三会　**498c**
三会講師　886b
三会寺　78c
三会定一　499b
三会定一記　**499a**
三会定一の制　498c,882a
三衣　1263c
三衣一鉢　120b
三衣嚢　1263c
三衣筥　814a
三涅槃　1132c
三念誦　1136b
三念住　582a,1136b
三念処　1136b
三能変　**499b**
三之間　518a
三把　465a
三拝　1438a
三縛　1149a,1338b
三八念誦　1136b
三罰業　364a
三番の萩寺　948a

三馬場　1150b
三鉢羅佉多　**500a**
三波羅摂提　307c
三飯　465a
三般若　1174b
三秘　495a
三秘密身　**500a**,514a
三秘密の法　495a
三毘沙門　1326c
三被接　410a,1185a
三畢路斯　936c
三白食　522a
三百四十八戒　162a
三百部会　861c
三平等　**500a**
三平等観　500b
三比量　1465c
三部　1363b
三部仮名鈔　251b,
**500b**,1459a
三部経　**500c**
三部経釈　**500c**
三部三昧耶　505c
三部大法　**501b**,906a
三部大法阿闍梨　12a
三部書　97a,903b
三部略長講　557c
三武一宗の法難
1144a,1281c
三福　838b,1207b
三福九品　1207b
三福田　1209c
三不護　**500c**
三不三信　**501a**
三不成　**501a**
三不善根　497c,847c
三不退　1219c
三不能　**501c**
三奉請　585a
三浮陀　**501b**
三仏忌　1097a
三仏寺(埼玉)　97c
三仏寺(鳥取)　**501c**
三仏性　1228c
三仏頂　1237c
三分科経　204a
三分家　585b
三分説　585b,800b,
1423b
三分損益の法　645b
三分別　1251b
三変　1255c
三変土田　**502a**
三報　203a
三宝　162b,**502a**,503b
三宝印　**502b**
三宝院　238b,**502b**,
664c,696c,921c,
922b,1412a
三宝院御流　660b
三宝院大僧正　695b
三宝院流　153b,695b,
785a,1368b
三宝絵詞　442b,**502c**
三宝感通録　**503a**
三宝感応要略録　503a
三宝感応録　**503a**
三宝荒神　203b,**503b**
三宝寺(東京)　**503b**
三宝寺(石川)　1116b
三宝寺(京都)　1102a
三宝寺(大阪)　1142c
三宝寺(長崎)　**503b**
三宝寺御書　413a,
1102a
三宝章　**503b**
三宝尊　1176a
三宝標　503b
三法　879b
三法印　1260c
三法展転因果同時
338a,**503c**
三法展転因果同時説
426c
三法度論　7b,**503c**
三法忍　1127b
三法妙　649c
三法無差　1424c
三法輪　496c,**503c**
三峯　989b
三方便　1284c
三峰法蔵　865c
三品悉地　565a
三品の懺悔　475a
三品の無明　1398c
三昧耶　505b
三昧耶会　1362b
三昧耶戒　163b,505c
三昧耶戒受戒法
1390a
三昧耶戒序　**506b**
三昧耶形　506a
三昧耶曼荼羅　1362a
三摩竭　678a
三摩呬多　504b,688a
三摩地　504a,687c,
688a
三摩地宗　784b
三摩地菩提心　1302b
三摩帝　504a
三摩提　504a
三摩呾吒国　**505b**
三摩鉢底　470b,504b,
688a
三摩耶　**505b**
三摩耶戒　163b,505c
三摩耶形　506a
三摩耶時　**205a**
三摩耶大戒　660a
三魔竭経　528a
三昧　**504a**,687c,
688a,1505b
三昧厚草紙　16a
三昧王経　196b
三昧王三昧　505a
三昧義　734a
三昧行僧　1186a
三昧衆　1186a
三昧場　872a
三昧僧　1186a
三昧堂　505b,1186a,
1310b
三昧堂檀林　254a
三昧聖　1186a
三昧仏　261a
三昧発得　504b
三昧流　957b
三曼陀颰陀　1212b
三曼陀跋陀羅菩薩経
**506b**
三曼多跋陀羅　1212b
三万灯明仏　484a
三密　**506b**,784c,
1367c
三密往来　**507a**
三密加持　188c,506c
三密観　506c
三密抄料簡　**507a**
三密相応　506c
三密房　705b
三密用人　506c
三密瑜伽　506c
三弥底部論　**507a**
三藐三仏陀　19b
三藐三菩提　19b
三妙　**507a**
三明　82c,**507b**,798c,
1372b
三明院　1226a
三明寺　**507b**
三無為　1389b
三無我　1391a
三無礙　1392c
三無自性　485c
三無性　**485c**
三無性説　324b
三無性論　**507b**
三無漏根　431c,**507c**
三牟尼　482a
三滅諦　552a
三面僧房　206a,513b
三妄執　**507c**
三黙堂　206b,823a
三門　206a
三門徒派　788c
三門徒流　1183a
三文殊　**508a**
三益　668a
三耶三仏　19b
三友寺　1170c
三余　**508b**
三要　337a
三業勧学　875b
三欲　1435b,1436c
三礼　**508b**
三楽　1441b,1441c
三力　**508c**
三力冥合　508c
三流の親文　539b
三量　1465a,1465b
三輪　307b,496c,
503c,**508c**
三輪清浄　509a,1217c
三輪身　**509a**
三輪体空　509a,1217c
三類境　**509b**
三類の強敵　**509c**
三嶺　1446c
三霊山　966b
三蓮社縁誉　744c
三漏　**509c**,1338c
三論　411b,1153c
三論玄義　308a,333b,
473a,**509c**,510b,
998b,1153c
三論玄疏文義要　**510a**
三論宗　509c,**510a**,
510c,511a,633b,

三

644c,680c,764b,
1000b,1194c
三論祖師伝集 **510c**
三論大義鈔 50b,**510c**
三論念仏 766a
三論の四種釈義 323b
三論判談集 **511a**
三論遊意 **511a**
三惑 58a,354a,1338b
三和讃 386b,783c
山 **466b**
山庵 755a
山陰閑話 1092b
山外派 52c,311b,
392c,470a,636b,
793c,1027a
山海里 **468c**
山岳信仰 1329a
山家集 **469a**
山家 **474b**
山家会 1003b,1369b
山家学生式 **475c**,
1027b
山家観心異論決 **475c**
山家義苑 **475c**
山家最略記 476b
山家雑詮 1028b
山家山外の諍論 311b
山家山外論争 590c,
591b,1010b
山家正統学則 **476a**
山家緒余集 **476a**
山家祖徳撰述篇目集
**476a**
山家大師 456b
山家派(中国) 52b,
52c,134c,243a,
470a,636a,793c,
1027a
山家派(日本) 37c
山家要略記 **476b**,
1329b
山家余雋 1028b
山号 466b,513b
山光院 1114c
山荒道残 1045c
山谷木犀 **479a**
山上ヶ岳 149b
山上講 150a
山荘太夫 **488c**
山図 1364b
山叟 106a
山中僧詮 889a
山田寺 457a
山王一実神道 48b,
314c,**499b**,986c,
1027c,1200c,1475a
山王一実神道記
1329b
山王一実神道原
1329b
山王院在唐記 **499b**,
1043c
山王絵詞 500a,1180a
山王供 **499b**
山王講式 372c
山王権現 206c,1200b
山王権現利生記
1180a
山王七社 1200c
山王信仰 1200c
山王神道 499b,1329b
山王神曼荼羅図
1329c
山王本地仏曼荼羅図
1329c
山王霊験記 **500a**,
1329c
山門 206a
山門(延暦寺) 139a,
1027b
山門穴太流受法次第
**508a**
山門四箇大法 518c,
558a
山門僧伝 1180a
山門堂舎記 **508a**
山門の三大侍者 869b
山門の三大禅師 869b
山門派 135a
山門奉行 623c
山門三井確執起 **508b**
山林抖擻 1328c
山林風月集 **509b**
生台 465b
生盤 465b
刪闍耶毘羅胝子
1497b
刪陀那 495b
参 **466b**
参暇 467a
参究 **472a**
参語集 **479a**
参差拍掌 1150b
参頭行者 869c
参州一向宗乱記 **482b**
参内 1032a
参天台五台山記 **496b**
参堂 **497a**
参同契 **497b**
参復多 501b
参訳 1417c
参籠 428b
珊陀那 **495b**
珊太満利亜御上人寺
1089c
珊底羅 643b
珊若 813b
蚕繭自縛 **477a**
傘蓋行道 **468c**
傘蓋毘那夜迦天
1093a
傘松道詠(永平和歌集)
**488c**
散 **687c**
散忌 249b
散機 237a,689b
散空 280c,281a
散華 **474b**,518b,
1223c
散華師 474b
散香 362b
散地 688b,689a
散脂大将 1095b
散杖 **488a**
散心念仏 1137c
散銭 455b
散善 233c,689b,838b
散善の機 237a
散位の僧綱 873b
散位独頭の意識 41b
散壊空 280c
散念誦 1136a
散飯 465a
散乱 **508c**
算砂 1109a
撒土 872b
撒馬児干 464c
賛寧 **499a**,882c,943b
鄭 569
繖山 712b
懺願儀 863c
懺悔 **474b**
懺悔の五縁 474c
懺悔の五法 474c
懺悔文 475b
懺摩 474b
讃阿弥陀仏偈 385a,
**467a**
讃阿弥陀仏偈和讃
467a
讃衆 1055c
讃頌 1508a
讃題 **495a**
讃嘆 495b,832c
讃歎 **495b**,753a,
1508a
讃歎門 423b
讃仏偈 **501b**
讃仏乗抄 **501c**
讃菩薩連句 529a
讃法界頌 **504a**
讃誉牛秀 938b
残夢 **507b**
慚 **467a**
慚愧 467a
暫仮 973a
暫暇 973a
暫住無常 690a
暫到 **497b**


## し


シヴァ 42a,46a,68c,
123a,212c,372c,
377a,589a,921c,
925a,956a,1154c,
1203b,1247b
ジーヴァ 300c
ジーヴァ園精舎 141c
ジーヴァカ 11a,35b,
249c,576b
シヴァ派 1203b
シーヴァリ 582b
シヴィ 583a
ジェスイット派
1024a
ジェータ 243c,246a,
671b
ジェーターリ 554a
ジェツンダンパ 969a
ジェートリ 246a
ジェーヤタ 253a
シェリング 1371b
シーギリヤ **525c**,
1233b

シキン　187a,524a
シクシャー　647c
シクシャー・サムッチャヤ　615a,765b,769c,932c,951a,953b,1259a,1315a
シクシャーナンダ　317a,565a
シシュマーラ・ギラ　540c
シータ　554a
シーター(河)　552a
シーター(人名)　**550c**,1444b
ジターリ　**554a**
シチェルバツコイ　**554b**
シッガヴァ　1408a
シッダッタ　279c,596a,1446b
シッダールタ　596a
ジナ　593a,1092a
ジナカーラマーリ　**581a**
ジナプトラ　454a,929a,1423b,1430c
ジナミトラ　1163c,1485c
シーハハヌ　235c,400c,535c,751a,841c,1193c
シーハラ　825c
シビ(尸毘王)　583a,662c
シーフナー　**585a**
シムカ王　34a
シャイシュナーガ王朝　10c
ジャイナ教　11a,329b,**593a**,657c,875c,1092a,1168b,1347b,1497b
ジャイミニ　**593b**,1506a
シャイレーンドラ王朝　**593b**,1319c
シャヴァンヌ　**593c**
シャーカラ　594c
シャーガラ　594c,962b
シャーキャ　601c
シャーキャシュリーバドラ　**599a**,614b
シャーキャ族　595c
シャーキャブッディ　**599b**
シャーキャプラバ　1066c
シャーキャマティ　599b,1248b
シャーキャミトラ　437c,**599b**
シャーキャムニ　187a,585a,595c
シャークタ派　1368a
シャクラ　926b
シャクラーディートヤ　1085b
シャクルーダーイ　865a
シャクンタラー　770b,1188a,1408b
シャーケータ　599a
シャシャーンカ王　198c
シャータヴァーハナ王　1269b
ジャータカ　7b,294b,442b,596b,**606c**,607a,817a,1005a,1169c,1204a,1331a,1357c,1445b
シャタカ・トラヤム　1169c
ジャータカ・マーラー　**607a**,757c,1299b
ジャナカ　550c,1187b,1369a,1444b
シャバラスヴァーミン　301c
シャバラ・バーシヤ　301c
シャブダ　1505c
シヤーマ　751b
シヤーマカ　751b
シャマタ　209b
ジャマーリ　1420c
シャム　866b
ジャヤヴァルマン七世　**611b**,808c
ジャヤヴァルマン二世　808b
ジャヤセーナ　703c,1088c
ジャヤデーヴァ　614c
ジャヤーナンダ　**611b**
シャーラ　598b
ジャーランダラ　612a
シャーリプトラ　597c,613b,639b,1392b,1403c,1499c
シャーリプトラ・プラカラナ　1403c
シャリーラ　612a
シャルマダッタ　837b
シャンカ　706c
シャーンカ　553c
シャンカラ(天)　925a
シャンカラ(人名)　**614a**,1148a,1315a,1350c,1445b
シャンカラスヴァーミン　72b,78b,697a,1169b
シャンカラーナンダ　614a
シャンカラナンダナ　**614a**
シャーンタラクシタ　203c,465c,**614b**,674c,675a,680b,965c,990c,994b,994c,1016c,1085b,1165a,1169b,1368a,1444b
シャーンティヴァルマン　614c
シャーンティデーヴァ　196c,**614c**,765b,769c,932c,1247b,1301a,1304a,1315a
シャーンティパ　1443c
ジャンブ・ドヴィーパ　679b,862b
シュクティマティ　657b
シュクローダナ　1193c
シュッダチャンドラ　697a,1088c,1423b
シュッドーダナ　596c,751a
シュードラ　542c,671b
ジュニャーナガルバ　**674c**,680b
ジュニャーナグプタ　609a
ジュニャーナ・シッディ　70b
ジュニャーナシュリー　984c
ジュニャーナシュリーミトラ　**675a**,1443c
ジュニャーナチャンドラ　983c,1423b
ジュニャーナパーダ　297c,**675a**
ジュニャーナパーダ流　297c,675a,818b
ジュニャーナプラバ　582b,986b
シュパイエル　**675b**
シュバカラシンハ　784b,864c,971c,1085b
シュバグプタ　**675b**
シュミット　**679c**,942c
シュラーヴァスティー　594a,598a,657a,1167a
シュラーギントヴァイト　**680a**
シューラセーナ　657c,1354a
シュラッダーカラヴァルマン　976c
ジュリアン　**680a**
シュリーヴァイシュナヴァ派　1445b
シュリーヴィジャヤ　576b,593b,669c,808b,866c,1086b
シュリーグプタ　674c,**680b**
シュリー・ディーパンカラジュニャーナ　16b
シュリーハルシャ　173b,1085b
シュリ　マ　576b
シュリー・マハー・デーヴィー　247a
シュリーマーラー　752b,1153b
シュリーミトラ

1150b
シュリーラータ 576b
シュルグナ 909b
シュルタソーマ 671a,1173b
シュルティ 83a
シュレーニカ 703c
シュレーマン **681b**
シュローカ・ヴァールッティカ 301c
シュローナ・コーティヴィンシャ 1093c
シュンガ王朝 1227b,1347b
シュン派 1318c
ショット **768c**
ジョーティカ 670c
ジョーティス 647c
ジョーティパーラ 1485b
ジョナン派 969a
ジョーンズ **770b**
ションヌペー 1018c
シーラダルマ 770c
シーラーディトヤ 173b,196c,1158a
シーラバドラ 167c,582b,703c,782a,986b
シリ・ヴィッカマ・ラージャシーハ 1356c
シリマー 576b
シリ・メーガヴァンナ 1225a
シンガーラカ 1506c
シンドゥ 552a,799b,800a
シンハ 642b
シンハガンダ 536a
シンハクマーラ 826a
シンハハヌ 535c
シンハプラ 578b,875c
シンハラ 825c,826a
シンハラシュミ 535c
シンハラ族 826a
じゃんがら念仏(東北地方) 152c
士雲 **514c**
士衡 1026a
士荃 1433b
士曇 **580b**
士峰 883b
士竜 1114c
子院 513c
子雲 1079a
子帰 1119c
子儀 **521a**
子規堂 716c
子勗 808a
子元(中国) **529a**
子元(日本) 905b
→祖元
子厚 1462b
子淳 **542a**
子潤 106a
子昇 865b
子成(南宋) 473c
子成(元) 600c
子成(日本) 379c
子璿 **546a**
子瞻 906b
子仲 1071c
子庭 908b
子登 797a
子曇 **580b**
子縛 **582b**
子武 1282a
子発 600c
子容 915c
子竜 837b
子麟 1027b
子練 897c
尸迦羅越六方礼経 1506b
尸棄 187a
尸棄大梵 **524a**
尸棄仏 242b
尸収摩羅山 **540c**
尸陀槃尼 951c
尸陀林 **554a**,1147b
尸婆羅 **582b**
尸毘王 **583a**,662c
尸毘迦王 583a
尸羅 159b
尸羅達摩 631b,**770c**
尸羅跋陀羅 167c
尸羅波羅蜜 1167c
尸剌拏伐底 9c
尸利沙樹 **772b**
尸利羅 582c
尸黎蜜多羅 1150b
支院 513c,517c
支越 1223b
支過 73c
支彊梁接 **525c**
支謙 105c,126b,323c,327b,519a,**528c**,852a,925b,1040c,1059b,1143b,1143c,1156a,1175c,1299b,1306c,1342a,1354a,1400a,1440a,1501c
支公 528c
支考 **530a**
支山 **535b**
支施崙 **546a**,954c
支識 773a
支提 **552a**
支提国 **552b**,657b
支提山 **553b**
支提山寺 553b
支度 **554a**
支道根 13b
支道林 1175c
支遁 **580a**,1507a
支曇諦 1076c
支曇蘭 **580b**
支那 **580b**
支伐羅 1263a
支敏度 **584b**,681a
支仏地 124b
支分生の曼荼羅 1363c
支分上の曼荼羅 1363c
支坊 513c
支法護 527c
支法度 **587b**,1506b
支法領 **587b**
支曜 **686b**,703b
支婁迦讖 11a,13b,327b,**773a**,894a,927b,940b,954a,955a,1172b,1175c,1222a,1400a,1442a
支楼迦讖 773a
止 209b,**511a**,688b
止悪門 536b
止雨法 238a,**514b**
止観 **518c**,1346b
止観和尚 1052a
止観義例 1346c
止観均行 209b
止観見聞 911a
止観業 **519a**
止観寺 712b,819c
止観寺僧詮 889a
止観心要鈔 215b
止観大意 1346c
止観輔行 1346c
止観輔行伝弘決 897a,1346c
止観門論頌 **519b**
止疑書 591a
止持戒 162a
止持門 **536b**
止舟斎 1345a
止善 838b
止啼銭 **576c**
止風雨法 238a,514b
止濼 731b
市演得迦 464a
市中道場(光勝寺) 375c
仕丁 296b
司空謝石 1050c
司寂上士 881b
司馬達等 120c,612b,**582b**
司命 **588c**
只管打坐 **519b**
四悪趣 615c
四阿鋡暮抄解 7b,301c,503c
四阿頼耶 29b
四安楽行 36c
四位 1298
四位十三階 873b
四意 43b
四意趣 43b
四威儀 39b,**512c**
四一十門 1292c
四印 65a,1362a
四印会 1362b
四印曼荼羅 1449a
四院家 1294b
四有 **514b**
四有為相 80a,547c
四運推撿 810a
四依 **515a**,1190c
四依の菩薩 779a
四慧 100a
四英 301b
四縁 123c
四円寺 127b,**516b**
四王院(滋賀) 374c,

1179c
四王院(奈良) 455b
四王寺 **516b**
四王寺修法 516b
四王天 678c,1020a
四恩 155a,**516c**,787a
四果 530c
四戒 160c,164b
四階成道 732a
四箇大事 670b
四箇の大法 518c
四箇の法要 **518b**,752c,1262a
四箇秘法 **518c**
四箇本寺 340b
四歓喜 1253b
四願経 **519a**
四灌頂 1253b
四巻伝 807a
四巻楞伽 1467c
四記 524b
四記答 **524b**
四記問 524b
四季講堂 681a,1179c
四義平等 394b
四牛図 622b
四教 258a,472a,**524c**
四教義 **525a**
四教五時名目 **525b**
四教四土 1231c
四教四仏 1231c
四鏡 1321a
四句 527b
四句答 555b
四句百非 527b
四句分別 **527b**
四句法 527b
四苦 279a
四求 **526a**
四空 280b
四空処 589c
四空処定 589b
四空定 589b
四空天 589c
四弘誓願 292c,**526c**,1302a
四熏習 306b
四仮 308a
四華 308b
四繋 308c
四加行位 547a
四家語録 **528b**
四家評唱語録 528c
四家録 **528c**
四結 308c,1338c
四橛 **528b**
四見 332c
四劫 361b
四香 361c
四業 364c
四向四果 **530b**
四国巡札 533a
四国八十八ヵ所霊場 **533a**
四国遍路 533a,686a
四枯四栄樹 611c
四根本定 546b
四根本煩悩 1336c
四斎日 458a
四座講 363a,1424a
四座講式 372c,**535a**
四三昧院 505a,541c
四時 1485a
四時の坐禅 463b
四食 521b,521c,522b
四食時 522b
四識住 **535c**
四紙経 23c
四事供養 303a
四悉 536a
四悉檀 **536a**
四釈例 323b
四車家 49b,113a,1196c
四邪命食 522b
四沙門果 530c
四取 **537b**,615b,1338c
四修 667c
四衆 **537b**,877a
四衆経 666b
四受 616a
四種意識 41a
四種一切義 791c
四種往生 142b
四種観行 210a
四種記論 524b
四種供養 303a
四種合義 1190c
四種護摩法 676a
四種三段 **541a**
四種三宝 502b
四種三昧 505a,**541b**
四種自在 534b
四種死生 713b
四種釈義 323b
四種沙門 610c
四種十住心 633c
四種勝義 1098c
四種荘厳 710b
四種生死 713b
四種消釈 323b
四種成就法 676a
四種清浄 719b
四種声聞 756a
四種資糧 772b
四種善 838b
四種禅 839c
四種相承 572b,885a
四種僧物 876c
四種天 1021a
四種涅槃 1132c
四種念仏 1137b
四種の意趣 43b
四種の我 159a
四種の死 511b
四種の四諦 551c
四種の授記 660c
四種の僧 877a
四種の対治 923c
四種の道理 1061c
四種の得 1065a
四種の貪 1074a
四種の二諦 1098c
四種の饒益 **541c**
四種の楽 1441c
四種比丘 1181b
四種秘密 583c,1190c
四種不善 838c
四種法 676a
四種法界 587b
四種法身 1231c
四種方便 1284a,1284c
四種発心 1302a
四種曼荼羅 1361c
四種曼荼羅義問答 970a
四種無明 1398a
四種問答 524b
四種律儀 160c
四宗 **537c**
四洲 678c
四洲経 1005a
四重 538c
四重戒 163b,538c
四重禁 163b,**538c**
四重禁戒 160a,538c,1450c
四重興廃 **539a**
四重罪 538c
四重出体 673c
四重二諦 1098b,1098c
四重の聖衆 1363b
四重秘釈 323c
四十位 1298
四十一位 1298
四十観音 229a
四十九院 **538c**
四十九院(行基) 258c,**538c**
四十九日 249a
四十華厳 317a,1212c
四十帖決 **539b**
四十二字陀羅尼門 573a
四十二字門 571,572c
四十二章経 191a,528a,**539c**,1290c
四十二品の無明 1398c
四十の業処 421b
四十八願 25c,47a,57a,292c,470c,471a,471b,492a,587a,642c,1322a,1400a
四十八願釈(伝聖覚) **539c**
四十八願釈(静照) **539c**
四十八願所巡 **540a**,686a
四十八願要釈鈔 **540a**
四十八巻伝 1283a
四十八軽戒 162b,1342a
四十八夜 **540b**
四十八体仏 **540b**
四十余年未顕真実 **540c**
四十八願 1322a
四住地の惑 1398a
四出体 673c
四生 **542b**
四生百劫 661a
四姓 **542b**

四

四姓制度　598c,1168b
四摂　544b
四摂事　544b
四摂の菩薩　**544b**
四摂法　**544b**
四聖　**542c**
四聖種　488a,**544a**
四聖諦　550c
四障　687b
四諍　690b
四正勤　482c,**543b**
四正断　482c,543b
四条式　475c
四条隆蔭　770b
四条道場　246b,447b
四条派　538c
四条流　778a
四証浄　**544a**
四乗の観智　209c
四乗の十地　631b
四静慮　504b,546b
四処問訊　1411b
四心　774c
四身　1231b
四身繫　1338c
四身結　308c
四信　**544c**
四塵　401a,775c
四尋思観　**545b**
四真四俗　1098c
四神足　283a,482c,581b
四施　1217c
四誓偈　492a
四世俗　1098c
四節　1190c
四節念誦　1136b
四山　279a
四禅　**546b**,839a
四禅天　522c,546b,1020b
四禅比丘　546c,**547c**
四善根位　**546c**
四相　**547c**
四相違過　74b,75c
四葬　871c
四蔵　493b
四増盛　361b
四双八輩　530b
四祖山　**550b**
四祖寺　550b
四諦　49a,94c,**550c**,597c,633b,756b,1034a,1397c
四諦教　524c
四諦論　**553c**
四大　552b
四大王衆天　577a,1020a,1436c
四大河　19b,367a,**552a**
四大寺　517b,517c
四大種　64b,**552b**
四大洲　679b
四大声聞　**553a**
四大節　**553a**,1136b
四大祖師　741b
四大不調　552c
四大宝蔵　**553b**
四大名僧　1045c
四大霊山　201c
四大霊場　418c
四陀羅尼　969c
四断　978b
四知　**554b**
四智　981b
四智印　65a
四智讃　**555c**
四中　998b,998c
四朝高僧伝　379b,958b
四通行　**559b**
四天　1021a
四天王　458a,516b,**577a**,656a,678c,926b,1020a,1157b,1158c
四天王経　**577a**
四天王寺(朝鮮)　**577b**
四天王寺(日本)　58c,60b,440c,477b,**577b**,639a,734b,845c,1027c,1071a,1139b,1181a
四天王寺念仏堂　1094c
四天王寺納経　888a
四天王法　577a
四顚倒　1030c
四土　1238c
四塔　**578b**
四答　524b
四道　**578c**,1038a
四等心　590a
四度行用口伝鈔　648a
四度口決　648a
四度加行　**579c**
四度受法日記　**580a**
四徳　**579b**,1036b
四徳(人名)　840c
四如意足　482c,**581b**
四如実智観　**545b**
四如来　422c
四忍　1127c
四念住　482c,**581c**
四念処　482c,581c,598c
四輩　537b
四輩経　**582a**
四縛　308c,1149a,1338c
四波羅蜜　1167c,1168a
四波羅蜜菩薩　1168a,1363a
四臂不動尊　412a
四秘密　**583c**,1190c
四百讃　1351b
四百論　426c,**584a**,755c,950a,993a,1194b
四兵　**584a**
四不依　**515a**
四不壊浄　544a
四不可思議　1206a
四不可説　**584b**
四不可得　**584c**
四不護　501a
四不生　**584c**
四不成　501a
四不成過　74b
四不定　791c
四不浄食　522b
四不退　1220a
四部衆　537b
四部の弟子　537b
四部律　1455b
四奉請　**584c**
四仏　**585a**,1231b
四分　**585b**
四分位点　**585c**
四分義極略私記　**585c**
四分義私記　585c
四分家　585b
四分五裂　555a
四分説　426c,585b,1423b
四分僧戒本　586a
四分比丘戒本　586a
四分比丘尼戒本　586a
四分比丘尼羯磨法　586a
四分法　976c
四分律　37c,98a,117a,161c,164b,425c,**585c**,606a,659a,659c,1034a,1181b,1189c,1263b,1404c,1449c,1453c,1455b
四分律開宗記　586c,1291a
四分律含注戒本疏　**586b**
四分律行事鈔　**586b**,1052c
四分律行事鈔会正記　69b,586b
四分律行事鈔資持記　218b,586b
四分律羯磨疏　**586c**,863b
四分律刪繁補闕行事鈔　586b
四分律刪補随機羯磨　586a,586c
四分律刪補随機羯磨疏　586c
四分律宗　111b,1290c
四分律宗三大部　586b
四分律疏(法礪)　**586c**,1290c
四分律疏(智首)　**586c**
四分律疏(慧光)　**586c**
四分律疏飾宗義記　586c
四分律の三要疏　586c
四分律比丘含注戒本　586b
四弁　589b
四弁才天　1493a
四法印　1260c
四法合縁　582a
四法三願　**587a**
四法本末　1260c
四法界　**587b**
四法界観　587c
四方四仏　424c

四方僧伽　877a
四方僧物　876c
四菩薩造立抄　222b
四暴流　**588a**,1338c
四梵住　421c,590a
四梵堂　590a
四煩悩　1336c
四魔　1345a
四曼　784c,1361c
四曼相大　1362a
四満成仏　747c
四万六千日　135a
四微　401a
四無為　1321a
四無畏　589c,1389c
四無記　1391b
四無礙解　**589a**
四無礙智　589b
四無礙弁　589b
四無色　**589b**
四無色界　589b
四無色定　504b,589b
四無所畏　**589c**,1389c
四無所畏経　**590a**
四無明　1398a
四無量　590a,1301c
四無量心　**590a**
四明安全義　**590b**
四明山　**590b**
四明十義書　**590c**
四明尊者　1010b
四明知礼　→知礼
四明仁岳異説叢書
　**591a**
四明仁岳往復書　591a
四明余霞　9c
四門　**591c**
四門出遊　592c
四門遊観　**592c**
四軛　588a,1338c
四夜伝　**608c**
四夜伝法抄　608c
四来の参頭　869c
四力　1446c
四料簡　**772c**
四流　588a,1338c
四漏　1338c
四論　944a
四論玄義　**773c**,931b
四論宗　510b,764b
此岸　1180c
此山妙在　604a
此世他世楽静慮　839b
此世他世楽禅　839b
此土入聖　732c,**1188c**
次第　**552a**
次第行布門　138c
次第乞食　963a
次第三観　469c
次第三諦　494b
次第証　**552c**
次第禅門　602b,865b
次第念誦　1136a
次第の五行　396a
次第の三観　410a
次第法門　865b
旨広　1101b
死　**511b**
死畏　1204b
死苦　279a
死杖祭　**543b**
死生智証明　507b
死生智力　653b
死心　**544c**
死相阿羅漢　28b
死出の山　1373a,
　1402b
死魔　1344c
死霊　761b
至一切処廻向心　1297
至遠　**516c**
至行尊者　373b
至元法宝勘同総録
　**529c**,662c,941b,
　942b
至元録　529c
至孝　**530a**
至誠心　490a,490b
至心　490c
至心廻向欲生　470c
至心信楽欲生　470c
至心発願欲生　470c
至善法身　14b
至相寺　**549a**,640b
至相大師　640b,987a
至大清規　**553a**
至道　1244a
至徳　609a
至得果仏性　1228c
至鈍慧聡　1283b
至那僕底国　**581a**
至不至相似過類　77b
至遼　**772b**
伺　**511b**
志一　576a
志因　1027a
志栄　844c
志遠　**516c**
志賀山寺　700a,894c
志賀寺　894c
志玉　**525c**
志玄　406b,**529b**
志晃　592c
志道　682c,1500b
志度寺　534a,**579c**
志南　467b
志寧　781a
志念　844c
志磐　473c,**582c**,
　583c,1235b
孜元　**529a**
私伽婆　1408a
私建陀　46a
私寺　514a,517b,696c
私聚百因縁集　**540b**
私鈔　384b
私心記　43b,**545a**
私新抄　**545b**
私多　552a
私度僧　**580a**,895b,
　1068c,1185c
私入道　580a
芝繁　**582c**
使　**511c**,1336b
刺楸寺　392a
始覚　177c,**1320b**
始覚法門　1321b
始行人　**525c**
始士　1295b
始終心要　**539b**
始日大師　984c
枝院　513c
枝末分裂　1244b
枝末法輪　496c,497a
枝末煩悩　**446b**,
　1336b,1336c
枝末無明　1398b
枝末惑　1336c
泗州大聖　877b
泗濵　45a,1199a
知客　868c,869a
信貴山　**523a**
信貴山縁起　121b,
　394a,**523b**,536c
信貴山寺　523a
信貴の毘沙門　523a
咨嗟　**536c**
室利摩訶提毘　247a
屍糞増　532b
思　**511c**
思已業　363b
思慧　100a
思円　103b
思円上人一期形像記
　221b
思渓版　941b
思現観　336c
思玄布　120c
思業　363b
思食　521b
思淳　**542b**
思順　**542b**
思善　838c
思禅師　113b
思託　**554a**,1022c,
　1118b
思択炎　748c,971a
思法阿羅漢　28b
思益経　407b,408c
思益梵天所問経
　**603b**,836a
思惟　**616b**
思惟経　616b
思惟正受　**616b**
思惟如意足　581b
思惟略要法　**616b**
思量識　520b,1354b
思量能変　499c
思量能変識　1354b
思惑　354a,1337b
指雲寺　1250a
指空　324b,**526b**
指髻　140c
指月　105b　→慧印
指月夜話　**528b**
指月録　**528c**
指節　**545c**
指徳童子　1242c
指方立相　**587b**
指鬘　140c
指鬘外道　594a
指迷顕正訣　**590b**
指迷顕正訣裏引　590b
祇管打坐　519b
師阿　32a
師位　873b
師会(唐・五代)　**515b**
師会(北宋～南宋)

321b,**515b**
師口(宥快)　**526a**
師口(栄然)　**526a**
師口(興然)　**526a**
師子　**535b**
師子(セイロン)　825c
師子威猛善神　656a
師子王道人　967a
師子鎧　207a
師子覚　**535b**
師子臥法　535b
師子宮　642b
師子頬王　235c,400c,**535c**,751a,841c,1193c
師子吼　535b
師子賢　675a,1169a
師子光　**535c**
師子香菩薩　**536a**
師子国　1275a,1314a
師子座　448b,535b,1234b
師子身中の虫　1198b
師子尊者　**536a**
師子冑　207a
師子奮迅三昧　505a
師子奮迅菩薩所問経　323c
師子遊戯三昧　505a
師子林天如和尚浄土或問　739a
師資　**535b**
師資血脈伝　1484a
師資相承　885a,885b
師秀説草　252b
師長　535b
師長(人名)　753b
師説集　16a,**546a**
師祖　535b
師僧　535b
師孫　535b
師弟　535b
師徒　535b
師範　**582c**
師蛮　137a,**583a**,870c,1334a
師備　342a,**583a**,837a
師父　535b
師明　722c
師錬　340c,406b,651c,**773a**,865b,1160b
祠山張大帝　1006b
祠堂　**578c**
祠堂経　578c
祠堂金　578c,579b
祠堂銀　578c,579b
祠堂銭　578c,**579b**
祠堂田　578c
祠堂米　578c
祠部　623b,881c
祠部牒　1070c
紙華　308b,611c,872b
紙銭　**546a**
翅夷羅衣　1264b
徙多　552a
視篆　**576c**
紫衣　1264c
紫衣事件　**515c**,962a
紫衣檀林三カ寺　518a
紫衣地　518a
紫巌譜略　**519b**
紫金山　712c
紫金　588b
紫金台　588b
紫金台寺の御室　182a
紫礦　343a
紫藤　794c
紫柏大師　776b,1156c
紫袍　1264c
紫磨黄金　588b
紫磨金　**588a**
淄州大師　114b
揣食　521b
斯陀含　530c
歯木　**591b**
滋賀院　4b,139c,**517a**
葫陀林　235a
觜宿　1096a
詞無礙解　589b
嗣法　**587a**
獅巌　450b
獅子　535b
獅子王宮　184c
獅子巌和歌集　**535c**
獅子窟　1067b
獅子窟寺　**535c**
獅子伏象論　421a
獅琳碩億　1261c
試経　1070c
資財帳　**534c**
資持宗　69b
資持派　218b
資樹院　1274a
資成軌　471c
資聖寺　405b,590c
資福如宝　1011b
資糧　**772b**
資糧位　360a
資糧念仏　1138b
厮禅　**546c**
緇衣　452a,1264c
緇素　452a,1264c
緇白往生伝　**583c**
緇門　452a,1264c
緇門警訓　**592a**
緇門崇行録　473c,**592b**
緇門世譜　**592b**
緇門宝蔵集　**592c**
緇林宝訓　592a
緇流　1264c
誌公　1273c
誌公帽子　1405a
賜紫　1264c
賜緋　1264c
熾盛光大威徳消災吉祥陀羅尼経　543a,712a
熾盛光堂　763c
熾盛光道場念誦儀　**543a**
熾盛光仏頂　543b
熾盛光法　518c,**543a**
熾盛光曼荼羅　543b
諡号　876a,924c
磯長　**581a**,734b
士用果　157c
士用勢速　823a
示観　270b,**337b**
示教勝軍王経　**525b**
示現　433b,**529b**
示現寺　**529c**,792a
示寂　1133a
示談　**554b**
示導　**579a**,737b
示道沙門　610c
次公　1432c
次大刹　517b
地位　629b
地慧　1411a
地慧童子　1411a
地祇　**1025b**
地獄　44b,416b,**532a**,736b
地獄絵　532c,534a
地獄図　534a
地獄草紙　**532c**
地獄道　1402b
地獄の釜開き　137b
地獄変　534a
地獄変相　137c,**534a**,1256a
地居天　1020b,1061c,1093b,1436c
地上の菩薩　629b
地持論　653b
地神　359b
地神盲僧　1405b
地前地上共分証の機　237a
地前の三十心　629b
地前の菩薩　629b
地蔵　26a　→地蔵菩薩
地蔵院(曼荼羅)　1363b
地蔵院(岩手)　**548b**
地蔵院(栃木)　**548b**
地蔵院(愛知)　**548b**
地蔵院(三重)　**548b**
地蔵院(京都・伏見区)　1469b
地蔵院(京都・西京区)　625c
地蔵院(京都・宇治市)　**548b**
地蔵院(醍醐寺)　781c,921c
地蔵院流　781c
地蔵縁起絵巻　**548c**
地蔵教院　718a
地蔵桂琛　313a
地蔵講　363a,**549a**
地蔵講式　372c
地蔵寺(京都・左京区)　335a
地蔵寺(京都・西京区)　1497c
地蔵寺(大阪)　1490c
地蔵寺(徳島)　533a
地蔵寺(良空開基)　1469b
地蔵十王経　550a
地蔵十輪経　1284c
地蔵信仰　549b,654b,828c,848b
地蔵懺法　583b

地蔵流し　1081b
地蔵房　1129b
地蔵法印　781c
地蔵法身讃　1193a
地蔵菩薩　458c,484a,**549a**,619c,620a,627a,654b,848a,1402b
地蔵菩薩儀軌　**549c**
地蔵菩薩経　252b
地蔵菩薩三国霊験記　550a
地蔵菩薩像霊験記　**549c**
地蔵菩薩陀羅尼経　**549c**
地蔵菩薩発心因縁十王経　620a
地蔵菩薩本願経　**550a**,583b
地蔵菩薩霊験記　**550a**
地蔵盆　549c,**550a**,1194a
地蔵本門法身讃　1193a
地蔵和讃　458c,1508a
地鎮祭　**559b**
地天　643c
地肺山　640a
地婆訶羅　439b,555a,**582a**,892b,931c,932c,934a,934b,935c,936a,955a,1125b,1272b,1456a
地餅　**584a**
地明会　1334a
地輪　447a
地論宗　111b,317c,631c,**774a**,1304a,1502a
字印形　**514a**
字縁　**517a**
字界　**517a**
字義　**548a**
字訓釈　**528b**
字相　**548a**
字堂　184c
字入門陀羅尼　969c
字門　**592a**
字輪観　**772c**,1136b
寺　513a
寺印　514a
寺院　**513a**
寺院法度　**514a**
寺院寮　624a
寺格　513c,**517b**
寺格帳　**518a**
寺家　**528b**
寺家田　772c
寺家人　528b
寺家奉行　623b
寺号　513b
寺刹　464a
寺社縁起　**536c**
寺社雑事記　797b
寺社伝奏　605a
寺社奉行　**537a**,623b,623c,882b
寺社領　396b
寺主　477a,868b,881b,881c
寺神　206b
寺檀　**554b**
寺中　513c
寺鎮　477b
寺田　**576c**,772c
寺塔記　**579a**
寺内　513c
寺内町　**580c**,1412a
寺班　513c
寺務　887a
寺務方諸廻請　797b,929c
寺務公順　1055c
寺門　156a,1027b
寺門高僧記　**592b**
寺門長吏　887a
寺門伝記　**592b**
寺門伝記補録　592c
寺門派　133a
寺領　**772c**
自庵　1462c
自界縁の惑　1337c
自覚　178a,1222b
自我偈　**518b**
自軌　411a
自行加持　188c
自行化他　**525b**
自行権実　432c
自行方便　1285a
自教相違過　73c
自空　796c
自牽　840b
自謙　**529b**
自厚院　1109c
自業自得　365c
自語相違過　74a
自在　**534b**
自在(人名)　44c
自在黒　44a,276a,1505b
自在金剛集　**534c**
自在所生色　519c
自在天　924c
自在人　534b
自在比丘　1301c
自在無礙　1393a
自山　1066b
自恣　31c
自恣日　93b
自受法楽　**542a**
自受用　**542a**
自受用身　1231b
自受用土　1238c
自春　1473c
自性　72c,158c,**542c**,1094a
自性(中国)　422a
自性(日本)　203a
自性会の四曼　1362a
自性空　280b
自性住仏性　1228c
自性常　689c
自性清浄心　**544a**,802a,875a,1424b
自性清浄蔵　1126a
自性静慮　839a
自性身　264b,1230c
自性善　838b
自性禅　839a
自性大師　184b
自性断　978a
自性天真　110b
自性得　315c,734a
自性念住　582a
自性念仏　1138b
自性不善　838c
自性分別　1251a
自性冥諦　498a
自性無記　1391b
自性唯心　**544c**
自性輪身　509b
自証院　1113c
自証寿　**544a**
自証説　1328a
自証説法　**544b**
自証説法十八段論草　544b
自証分　585b
自障障他　**544b**
自信教人信　**545b**
自誓戒　**545c**
自誓受　163c
自誓受戒　660a,1296b
自誓得　164a
自説　88b,294b
自相　**283b**,871a
自相空　280b,281a
自相作意　449c
自相の惑　1337a
自相無我　1391a
自損損他　**550c**
自体不浄　484c
自体分　585b
自他権実　433a
自他不二門　574c
自他方便　1285a
自超　**559a**
自澄　1100b
自調自度　928b
自督　**579b**
自内証　1079c
自然　**581b**,1281c
自然(号)　1476a
自然外道　581c
自然斎　876b
自然得　164a
自然法爾　581c,1282a
自筆鈔　234c
自比量　1465b
自仏願の三重　772a
自分　**585b**
自牧　891a
自牧子　1041b
自要集　**715c**
自利　**770c**
自利真実　771a
自利の一心　58a
自利の三心　490b
自利利他円満　770c
自力　**771c**
自力廻向　110c
自力教　771c
自力宗　771c
自力念仏　772a,1137c
自力の心行　778c
自力の菩提心　1302b
自力門　771c

自立論証派　614b,748b,933c,992c,994c,1177b
自類因果　66a
似位の被接　1185a
似異喩五過　76b,76c
似因十四過　73c,74a
似因門論　800c
似雲　**514c**,1202b
似我似法　**561b**
似現量　72b,72c,1465b
似宗九過　73c
似同喩五過　76b
似能破　72b,72c,77a
似能立　72b,72c,73c
似比量　72b,72c,1465b
似喩十過　73c,76b
事　771a
事戒　162c
事火外道　469b
事観　209c
事究竟　51c
事現観　336b
事顕本　771c
事護摩　427c
事師法五十頌　**536b**
事事無礙　126b
事事無礙法界　587c
事成常住　52c
事懺　475a,863b
事相　**266a**,784c
事相隔歴　**549a**
事造　**1447a**
事造の三千　52c,492b,1447b
事法界　587b
事用　1447a
事用三千　52c,492b,1447b
事理　**771a**
事理倶密教　337c
事理三千　52c
事理双修念仏　1137c
事理相対の修性　668b
事理の二諦　1099a
侍公　287b
侍者　**536c**,869a
侍従　287b
侍真　**545a**,1055c
侍真侍者　869b
侍僧　1056a
侍法師　1268c
治世産業皆順正法　**545c**
治禅病秘要法　**547c**
治地住　1297
治地心住　1297
治部卿僧都　367c
治魔呪　1345a
持阿　1171c,1472a
持戒　163b,1167c
持戒清浄　1285a
持戒波羅蜜　162b,1167c
持経　**525a**
持経者　525a,702b
持経上人　758a
持経灯　758b
持句神呪経　1059b
持国天　349c,577a,656a,1095b,1158c
持業釈　1495a
持金剛　626b
持金剛ダライ・ラマ　908a
持斎　449b
持斎経　1296c
持妻食肉　1091b
持地　223c
持軸山　678b
持心梵天所問経　603c
持世経　**545c**
持世陀羅尼経　92c
持世菩薩　545c
持双山　678b
持息念　815c
持対治　923c
持統天皇　192b,1414b
持仏　260c,1136a
持仏堂　1136a
持法輪　504a
持明　656c
持明院　1363b
持明院流　806b
持明灌頂　217c
持明悉地　565a
持明呪蔵　**588c**
持明仙　**589a**
持明房　806b
持名鈔　**589a**,789b,790c
持養　1361b
持瓔珞　1212a
持律　1452c
持律第一　92c,639b
甚目寺　**591b**
時　205a,**512a**
時愛心解脱　28b
時機純熟　524a
時機相応　**524a**
時教相応　241a
時芸　603a
時解脱　28b,353b
時光　530b
時光寺　**530b**
時宗　60a,**538a**,720b,734a,737b,750a,846a,910c
時宗市屋派　462a
時宗一向派　55a
時宗奥谷派　1273a
時宗国阿派　396b
時宗四条派　447b
時宗十二派　538c
時宗統要篇　**539b**
時宗要義集　**540c**
時衆　796c
時称　271b
時水　207c
時輪タントラ　205b
慈　**512a**,590b
慈威慧鎮　334c
慈威和尚　125b
慈雲(鎌倉)　1006c
慈雲(鎌倉～南北朝)　1373c　→妙意
慈雲(江戸)　98a,166c,173c,369a,471c,**514c**,555b,572b,573a,638b,786c,1283b,1321c,1330b
慈雲院(相国寺塔頭)　709c
慈雲院(人名)　1114b
慈雲寺(中国)　639a
慈雲寺(日本)　**515a**
慈雲懺主　683a
慈雲尊者　514c
慈雲普済禅師　824c
慈雲房　1374a
慈蘊　1317b
慈運法親王　1360c
慈永　**515c**
慈恵大師　1470a
慈恵法師　314a
慈円　36a,285b,479a,**516a**,607c,624b,763c
慈延　**516b**
慈応　378b
慈遠　622a
慈恩会　**516c**
慈恩王　627b
慈恩寺(中国)　9b,1000c
慈恩寺(山形)　**517a**
慈恩寺(埼玉)　**517a**
慈恩寺(滋賀)　710c
慈恩寺金剛院　434a
慈恩宗　517a,1316b
慈恩大師　240b,1316c
慈恩伝　924b
慈海(江戸)　391a
慈海(江戸～明治)　1383b
慈覚　626b
慈覚大師　135a
慈覚大師在唐送進録　759b
慈覚大師流　957b
慈覚流　1474c
慈観(南北朝～室町)　276b,371b
慈観(江戸)　781b
慈願寺　778b
慈敬寺　393b
慈均　**526a**
慈訓　383b,**526a**
慈空(鎌倉～南北朝)　276b,**526b**
慈空(江戸)　705a
慈空(江戸～明治)　1367a
慈化定慧禅師　847b
慈賢　**529b**
慈玄　1111c
慈眼　1365a
慈眼院　**529c**
慈眼寺　1379a
慈眼大師　1021c
慈眼房　101b
慈源　**529c**
慈光　385a
慈光(人名)　1439b
慈光院　1102b

慈光円照　67b
慈光寺(埼玉)　**530b**
慈光寺(新潟)　264a, **530b**
慈光寺経　888a
慈光不昧禅師　254c
慈綱　276c
慈興上人　966b
慈済大師　945b
慈済妙弁禅師　945c
慈山　1384c
慈氏　1387c
慈氏寺(和歌山・伊都郡)　550b
慈氏寺(和歌山・那賀郡)　1210a
慈氏菩薩　1296c
慈氏菩薩所説大乗縁生稲幹喩経　1040c
慈受院　**537c**
慈周　343c
慈修　1399b
慈俊　620c, 1291c
慈順　1360c
慈昌　910a
慈照　**543a**
慈照(竜頭寺開山)　1463b
慈照院(相国寺)　709c
慈照寺　**543b**
慈照宗主　529a
慈心　1469b
慈心(平安)　**545a**
慈心(鎌倉)　1473c
慈信(平安)　**545a**
慈信房(鎌倉・真宗)　867a
慈信房(鎌倉・浄土宗)　1001c
慈真和尚　779b
慈泉　**546c**
慈禅　1427c
慈蔵　328b, 357b, 391c, 418c, **548b**, 1014a
慈尊院　**550b**
慈尊院阿闍梨　377c
慈尊院法印　1463c
慈尊院流　1463c
慈潭　702c
慈鎮　58c, 516a
慈通弘済尊者　45a
慈棹　**578c**
慈等　**579a**
慈統　276c
慈道　779b
慈忍(平安)　796a
慈忍(江戸・日蓮宗)　1111a
慈忍(江戸・真言律宗)　121c
慈念　131a
慈悲　512b
慈悲(王)　1485b
慈悲観　415a
慈悲喜捨　590a
慈悲地蔵菩薩懺法　**583b**
慈悲水懺法　**583b**
慈悲道場懺法　**583b**
慈悲服　1263b
慈悲薬師宝懺　**583c**
慈遍　**587a**, 1072b, 1330b
慈芳院　693b
慈本　**588a**, 1025c
慈妙　1368b
慈猛　312a, **588c**, 1242b
慈猛流　312a, 588c
慈明禅師　828a, 899b
慈明楚円　47c →楚円
慈愍三蔵　119b
慈愍流　119b, 733b
慈無量心　590a
慈門寺　779a
慈力王　**772a**
慈隆　**772b**
辞世　**545c**, 1421c
至道無難　**512c**
西浄　206b
椎尾弁匡　**512b**
塩断　975a
式叉摩那　161b, **523c**, 556a
式叉論　647c, 1506c
式部卿法印　339a
式部律師　384a
色　**519b**
色愛　1a
色愛住地　1338a
色縕　392b
色縕所摂　1315c
色衣　1264c
色界　520a, **522b**
色界十八天　**522b**
色境　520a
色究竟天　14c, 522c, 925a
色具三千　52c
色光　384c
色業　363b
色根　1505a
色衆　523c
色処　520a
色定　1476a
色身　**523c**, 1232a
色身観　231c
色心互熏説　627c
色心不二門　574b
色即是空　**524a**
色塵戒　160c
色纏戒　160c
色読　1067b
色貪　1074a
色法　359c, **524b**
色拉　838a
敷曼荼羅　1364a, 1364b
職衆　**523c**
識　**520a**
識蘊　392b
識食　521b
識主　29a
識処定　589c
識身足論　1499b
識知浄土論　**524a**
識通塞　636b
識変の六無為　1389b
識無辺処地　288b
識無辺処定　589c
識浪　521a
直翁(智侃)　984a
直翁(道侃)　1040c
直往の機　237a
直往の菩薩　1074c
直勧　741b
直機　237a
直月　869c
直顕心性宗　840a, 843c
直指寺　**523b**
直指人心見性成仏　**523c**
直日　869c
直心　490b, **523c**
直心蓮阿良海　840c
直進の機　115c, 236c
直触格院本寺　518a
直庁　869c
直殿行者　870a
直堂　869c
直綴　1264b
直爾総観　470a
直入の機　115c, 236c
直末寺　518a
直蓮社玄誉　1366a
食　**521b**
食血肉鬼　1184a
食香　349c
食作法　**523a**
食時　522b
食事の十念　648c
食堂　206a
榓　**524c**, 1224c
竺雲恵心　693a
竺朔仏　527a
竺持炎　528a
竺叔蘭　**526b**
竺将炎　528a, 1306c
竺葉摩騰　191a
竺信　**526c**
竺仙　1332b
竺仙派　850c
竺僊流　1332b
竺大力　**526c**, 661c
竺道壱　190c, 395a
竺道生　1049a →道生
竺道祖　1053c
竺曇無蘭　273a, 345c, 398a, **527a**, 611a, 1059b, 1240b
竺難提　**527a**, 698a, 955a
竺仏朔　**527a**, 773a
竺仏念　7a, **527a**, 585c, 633c, 635a, 674a, 1077a, 1189b, 1297a, 1299c, 1318a
竺法護　11a, 27b, 94a, 141a, 175b, 223b, 295a, 328b, 340c, 403c, 455a, **527c**, 582a, 603c, 606c, 613c, 631b, 661c, 678a, 700a, 722b,

769a,897b,925c,
931c,953b,954a,
955a,955c,1071a,
1075a,1156a,1175b,
1175c,1220b,1222a,
1226b,1229b,1240b,
1272b,1293a,1354a,
1387a,1388b,1400a,
1440a,1501c,1502c
竺法乗　1075a
竺法汰　1280a
竺法度　**528a**
竺法蘭　191a,450b,
**528a**,539c,1151b,
1442a
竺法力　**528a**
竺律炎　**528a**,1223b,
1354a
重明親王　825a
鹿ヶ谷比丘尼御所
1481b
七悪　5c
七因明　71c
七有　79a
七階成仏　747b
七覚　554c
七覚支　181b,482c,
**554c**
七覚分　554c
七ケ寺絵詞　1022b
七箇条起請文　**555a**,
779c,1139b
七箇条制誡　338c,
555a
七花八裂　**555a**
七勧　630a
七観音　228b,1495c
七巻理趣経　1448a
七巻楞伽　1467c
七逆罪　252a
七空　280b
七句義　562c
七句答　**555b**
七倶胝仏母准提大明陀
羅尼経　555a
七倶胝仏母所説准提陀
羅尼経　555a
七倶胝仏母心大准提陀
羅尼　555a
七倶胝仏母陀羅尼
**555a**
七九又略鈔　555c
七九略鈔　**555b**
七加行　345b
七見　332b
七賢　**555c**
七賢七聖　345b
七高山阿闍梨　12a
七高僧　788b
七香湯　381b
七黒山　398c
七金山　678c
七財　**555c**
七使　1336c
七地　1298
七地沈空の難　630a
七識　520b
七識住　283a,**555c**
七七斎　249a
七支念誦法　**556a**
七遮罪　252a
七衆　**556a**
七十五法名目　**556a**
七宗論　1076a
七種作意　449c
七種最勝　1222c
七種自性　542c
七種浄　**556a**
七種生死　713b
七種善　838c
七種の食　521c
七種の二諦　1099c
七種比丘　1181b
七種不還　531c
七種無上　1222c
七種礼仏　1440b
七種立題　920c
七聖　**556b**
七聖財　555c
七条　1264b
七条衣　1263b
七条大宮仏所　1228b
七条鑑　1200b
七条道場　435b
七条日記　**556c**
七条日記大全　556c
七条仏所　366c,373c,
696c,704b,729c,
1228a
七浄　556b
七浄華　556b
七帖見聞　**556b**,639b
七勝事　1222c
七成就　204b
七所観音　**556c**
七処九会　112c,317b,
322a
七処九会華蔵世界図
322a
七処三観経　**556c**
七処善　**557a**
七処八会　112c,317b,
322a
七処問訊　1411b
七心界　**557a**
七深信　1505a
七真如　801b
七随眠　812b,1336c
七善　558b,838c
七善士趣　531c
七善法　558b
七善律儀　161a
七祖　803b
七祖聖教　634a
七祖相承　885b
七僧法会　1262a
七諦　913b
七大寺　101a,517b,
517c,**557a**
七大寺巡礼私記
1089b
七大寺日記　1089b
七大寺年表　**557a**
七大乗　928b
七壇御修法　558a
七壇薬師法　1415b
七知　558a
七珍　575b
七通八達　555a
七転識　520b
七堂伽藍　206a
七難　**557b**
七難消滅護国頌　**557c**
七如来　422c
七番共解　323a
七百結集　327c
七百頌般若　1176b
七福神　**557c**,921c
七部成就書　977a
七不善律儀　161a
七仏　187a
七仏事　872a
七仏通戒　162a
七仏通戒偈　**558a**
七仏御修法　558a
七仏薬師　1415b
七仏薬師法　518c,
**558a**,1415b
七弁　1256c
七宝　1036b
七方便　558a
七方便位　476c,547a,
555c
七方便人　**558a**
七菩提分　181b,482c,
554c
七慢　1359a
七万二千神王護比丘呪
経　218c
七妙法　**558a**
七滅諍　1451c
七面明神　**558b**
七夜待　**558b**
七曜　412a,**558b**,
558c,663b
七曜暦　558c
七葉窟　141c,327c,
414c,1188c
七葉樹　**559a**
七里結界　326c
七里恒順　**559a**
七漏　1492b
七郎権現　919c
七論　940b
実慧　559c
七宝　**575b**
七宝精舎　751b
七宝滝寺　**575c**
失沙　908c
失収魔羅山　540c
失念　**573c**
失訳経　**576a**,1417c
失利摩　**576b**
竹篦　**575b**
直歳　868b,868c
直堂　869c
室獣摩羅　**566a**
室宿　1096a
室羅伐悉底　594a
室囉末拏　610c
室利仏逝国　**576b**,
593b,669c,808b,
866c,1086b
室利摩羅　752b
室利邏多　**576b**
疾疫災　479b
疾得成仏　747c,902a
執当　887b

悉有仏性　50b,55c
悉地　**564c**
悉地羅窣覩　567c,
572a
悉多　596a
悉達多　279c,596a,
1446b
悉達太子　9c
悉曇　**567c**,752c
悉曇灌頂　218a
悉曇切継　573a
悉曇五十字門　568,
573a
悉曇三密鈔　572b
悉曇字記　572a,572b
悉曇字記創学鈔　572b
悉曇字母釈并釈義
572a
悉曇字母表　572a
悉曇四十二字門　571,
573a,969c
悉曇四種相承　573a
悉曇十二韻　572b
悉曇十八章　573a
悉曇章　573a
悉曇章相承口説　573a
悉曇蔵　572b,573a
悉曇輪略図抄　572b
悉恥羅末底　35a
湿生　542b
湿婆　925a
嫉　**559b**
漆桶　**573b**
漆桶不会　573b
漆桶道人　624b
質多　774b
質多(人名)　**567c**
質多羅(人名)　1425c
質多羅(文殊使者)
1411a
質呾羅婆拏　202c
十戒　160b,161b,163a
十海　**560c**
十界　**560a**
十界円具の大曼荼羅
561a
十界皆成　560b
十界勧請の大曼荼羅
1333b,1364a
十界勧請曼荼羅　**561a**
十界互具　**561a**
十界権実　560b
十界図　534b,**561b**
十界二河白道　**561b**
十界曼荼羅　222a,
1364a
十箇条口伝鈔　739b
十巻三段　541a
十巻抄　114a,**561c**
十巻章　**561c**,903b
十巻鈔(修験)　664b
十巻鈔(沢鈔)　962c
十巻図像抄　561c
十巻楞伽　1467c
十巻六段　541a
十諫書　591a
十境　**562a**
十訓抄　**562c**
十空　280c
十句義　**562c**
十久両実　1343b
十見　332b
十講　1312b
十劫正覚の弥陀
1343b
十劫の弥陀　**564a**,
1343b
十劫秘事　38b
十穀　820c
十穀聖　1186b
十師　886b
十宗　**565b**
十宗坊　203b
十宗略記　**566a**
十種衣　1264b
十種廻向　110c
十種行願　210a
十種供養　303a
十種供養の経　599c,
1124b
十種自在　534c
十種性　636a
十種得戒の縁　164a
十種如来蔵　1126a
十種の三法　**566a**
十種の無障礙住
1393a
十種不可思議　1206a
十種不浄肉　743c
十種法行　**566b**
十種方便　1284c
十種喩身　1195c
十聖　629b
十身調御　663b
十僧　886c
十想　**567a**
十諦　913b
十達　682c
十纏　1021a,1339a
十徳　1264b
十波羅蜜　618a,630b,
1167c
十不二門　**574a**
十不二門(書名)
**575a**,650b,1309b
十不二門指要鈔
575a,702b,900a,
1010b
十不二門文心解
1318b
十遍処　421b,**575b**
十方　**575c**
十方往生　142a,142b,
575c
十方現在仏悉在前定立
経　1172b
十方刹　513c
十方浄土　575c,731a,
1239a
十方随願往生　575c
十方随願往生経　142b
十方僧物　876c
十方叢林　513c
十方念仏　575c
十方普覚寺(臥仏寺)
202b
十方仏刹　575c
十方仏土　575c
十方仏名経　637a
十法経　954a
十法成乗観　636a
十法界　65b,560b,
561b,1305b
実　**432a**
実有　**559b**,801b
実運　356b,445b,
**559c**,768b
実慧(平安)　9a,217b,
221c,256b,282a,
387a,387b,428c,
483a,**559c**,669c,
785a,887a,1033c,
1189c
実慧(江戸)　453a
実睿　550a
実円　1331a
実円寺　1022c
実戒　162c
実我実法　**561b**
実貫　**561b**
実観　875c
実機　236c
実帰鈔　**562a**
実教　432a
実句義　562c
実解　779a
実継　**563c**
実賢(平安～鎌倉)
**563c**,967a
実賢(鎌倉～南北朝)
**563c**
実賢(室町～戦国)
1491b
実験須弥界説　**563c**,
679b
実験須弥暦書　679b
実悟　**564a**,564b,
1332c,1491b
実悟記　**564b**,789b,
790c
実悟記拾遺　564b
実悟旧記　1491c
実語教　**564b**,1047c
実厳　507a
実権本迹　1343a
実済　884a
実際　**564b**,801b,
1326b
実際廻向　110c,111a
実際寺　**564c**
実山永秀　885a
実時　205a
実社　**442b**
実叉難陀　90c,297a,
317a,550a,**565a**,
583b,930a,932c,
954b,1122a,1227c,
1304b,1467c
実従　545a
実順　1491b
実成　219c
実成院(静岡)　**566c**
実成院(京都)　**566c**
実信　563c
実信房　1490a
実誓　259c
実詮　**566c**
実全　1383c

実相 **566c**,1175a
実相印 566c
実相院(京都) 156b, **567a**,1412a
実相院(高野山) 1438b
実相院(佐賀) **567a**
実相院門跡 567a
実相観 231c,566c
実相寺(福島) **567b**, 621a
実相寺(神奈川) 1112b
実相寺(新潟) 1104b
実相寺(静岡) **567b**, 1102a
実相宗 538a
実相身 **567c**
実相念 1137b
実相般若 1174b
実相般若波羅蜜経 1448a
実相房悲願 131a
実相菩提 1300c
実相法身 1232b
実相論 **127c**
実尊(平安〜鎌倉) **567c**
実尊(南北朝) 1439b
実大乗 928c
実智 432a,981b
実智菩提 1300c
実忠 187c,233b, **573b**,1055a
実導 **573b**,821c
実如 153c,219b, **573c**,747a,1490a, 1491b
実人 432a
実範 9a,**573c**,733c, 786c
実敏 **574a**
実弁 875a
実法 **331b**
実法宗 315b
実報土 1238c
実報無障礙土 1238c
実峰良秀 883c,1482c
実融 **576a**
実力子 970b
実了 380b
拾得 467b,1206b
拾得詩 467b
習気 306a,**563b**, 627b,1215c,1336b
集華経 758c
集諦 551a
信濃坊 348b
信濃坊源盛 938a
篠木派 1368b
芝座 119a
芝崎道場 1107a
芝僧正 67c
芝琳賢 1055c
柴折薬師 1246c
柴田勝家 721c
柴田智秀 386b,783c
柴又帝釈天 918c
島地大等 40b,**588b**
島地黙雷 4c,10a, 146b,147a,148a, 152a,489b,**588b**, 918c
島田蕃根 **588b**,941c
島野兼了 32c
嶋 1068c
嶋田民部大夫行兼 1052b
下出雲寺 1093b
下河原門跡 720a
下河辺行秀 1221a
下間安芸法眼 1490c
下間家系図 43b
下間宗重 1486a
下の太子 937a
霜月会 **591b**,1307b, 1369b,1458b
下野阿闍梨 1105b
下野伝戒記 **591c**
下野法印 1432c
下野流本尊義 **591c**
叉 570,572c
叉摩衣 1264b
写影 103a
写経 **599b**,1293c
写経所 599c
写後経所 599c
写照 1012a
写疏所 599c
写真 1484a
沙 570
沙呵 609b
沙喝 870a
沙竭 594c
沙竭陀 866c
沙羯羅竜王 1095b
沙訶楼陀 609b
沙枳多 599a,1501b
沙州 1075a
沙石集 46b,**606b**
沙多婆訶 1460c
沙弥 161b,556a,**610a**
沙弥威儀 **610b**,951b
沙弥戒 161b
沙弥十戒法並威儀 610b,951b
沙弥尼 161b,556a, **610a**
沙弥尼戒 161b
沙弥尼戒経 610b
沙弥尼離戒文 951b
沙弥満誓 1361a
沙門 **610c**
沙門果経 329b,**611a**, 817a
沙門尽敬説 472c
沙門袒服論 472c
沙門統 881b
沙門尼 1181b
沙門日用 **611a**
沙門日用録 611a
沙門不敬王者論 472c
沙門不敬王者論(書名) **611a**
沙門不敬俗録 632c
沙羅 611c
沙羅華 611c
沙羅樹 **611c**
沙羅双樹 598b,611c
沙羅巴 722b
沙囉巴 **611c**,1238a
沙蘭(比丘) 1380c
沙蘭(優婆塞) 1380c
社 569
社家奉行 537a,623b
社寺伝奏 **605a**
社僧 887b
車 569
車騎范泰 239b
車渠 575b
車師前国 375a
車水輪法 1034b
車匿 597a,**609a**
舎衛国 752b
舎衛国王十夢経 **594a**
舎衛国王夢見十事経 594a
舎衛城 263a,**594a**, 598a,657a,1153b, 1167a,1501b
舎頭諫太子二十八宿経 1354a
舎那院 **608c**
舎那婆斯 501b
舎衾衣 1264b
舎婆提 1501b
舎摩 **610a**
舎摩他 511a
舎摩利 **610a**
舎利 **612a**
舎利(人名) 613b
舎利会 612b
舎利記 **613a**
舎利供養会 1262b
舎利供養式 612c
舎利供養図 968b
舎利講 363a,612b
舎利講式 535a,612c
舎利讃歎 495c
舎利子 613b,1499c
舎利懺法 612b
舎利懺法(書名) 612b
舎利殿 613a
舎利塔 598c,612c
舎利瓶 613a
舎利法 676c,966c
舎利弗 14b,89b,91a, 285a,408b,483b, 496b,553a,582c, 597c,**613b**,639b, 967b,1006a,1017a, 1040c,1085a,1273a, 1345c,1347a,1348c, 1392b,1403c,1455c, 1497b,1499c
舎利弗阿毘曇論 **613b**
舎利弗悔過経 **613c**
舎利弗多 613b
舎利弗問経 425c, **613c**
舎勒 1264a
者 569
者庵恵彬 898a
斫迦羅婆迦 **599a**
娑竭陀 866c
娑伽藍 1157c
娑祇多 **599a**
娑龜富羅 1052c

娑多婆訶王　263a
娑婆　**609b**
娑婆掲多　866c
娑婆世界　609b
娑婆世界主　956a
娑婆即寂光　730c
娑婆の本師　609b
差別　72c,**610a**
差摩　331b
差羅波尼　**611c**
莎伽多　866c
莎車　**605b**,608b
莎車王子　605b
莎車国　301a,680c
捨　590b,**592c**
捨(悉曇)　570
捨戒　163c
捨受　616a
捨身　**605c**
捨身飼虎図　968b,
　968c
捨相教　472b
捨多寿行　1479c
捨置記　524b
捨念清浄地　288b
捨閉閣抛　**609c**
捨無量心　590a
捨羅婆悉帝夜　594a
捨濫留純識　412b
釈迦　11c,24b,48b,
　510c
釈迦一代記図絵　**594b**
釈迦一代伝記　**594b**
釈迦院(曼荼羅)
　1363b
釈迦院　**594b**
釈迦教　1097a
釈迦金輪　48a
釈迦光　1066c
釈迦三尊　598c,956a
釈迦十聖　639b
釈迦十六善神　656a
釈迦氏譜　**594b**,595b
釈迦氏略譜　594b
釈迦称　669c
釈迦信仰　825b
釈迦相承　573a
釈迦族　220b,595c,
　601c
釈迦提桓因陀羅　926b
釈迦大念仏会　704c
釈迦堂(比叡山)
　1179c
釈迦堂(清凉寺)
　1094c
釈迦堂念仏　1002c
釈迦如来　425a,437c,
　484a,595c,619c,
　627a,656a,1182a
釈迦如来一代記　595a
釈迦如来応化録　**594c**
釈迦如来降生礼讃文
　**594c**
釈迦如来成道記　**595a**
釈迦如来涅槃礼讃文
　**595a**
釈迦の五印　65b
釈迦の本地　**595a**
釈迦の遺教　1421b
釈迦八相　598b,1162b
釈迦八相物語　**595a**
釈迦毘楞伽摩尼宝
　**595a**
釈迦譜　594b,**595b**
釈迦仏　337b,385a,
　564a,660a,731a,
　1097a,1161a,1222c,
　1255a,1322a,1434a
釈迦法　595c,599a
釈迦方志　**595b**
釈迦曼荼羅　**595c**,
　599a
釈迦牟尼　187a,585a,
　655a
釈迦牟尼世尊　595c
釈迦牟尼如来　595c
釈迦牟尼如来像法滅尽
　之記　**595c**
釈迦牟尼仏　163c,
　167b,174a,264a,
　328c,438b,448c,
　540c,**595c**,609b,
　673b,723b,834c,
　944c,968a,1162b,
　1198b,1231a,1342b
釈迦羅　926b
奢　570
奢羯羅　**594c**,962b,
　1082c,1386a
奢摩他　209b,470b,
　511a,518c,688b
奢耶尼食　522a
奢利弗多羅　613b
硨磲　575b
遮　571
遮戒　159c,711c
遮開　169a
遮拘迦　608a
遮罪　159c,450a,**711c**
遮三　49c
遮止句答　555b
遮情　**605c**
遮詮　**606b**
遮吒迦　**606c**
遮那　1201c
遮那業　**519a**
遮難　659a
遮婆羅制底　**609c**
遮末羅　862c
遮末羅島　862c
遮羅　414c
遮羅頗　16b
遮楼　1380c
謝掛搭　199b
謝香問訊　1411c
謝康楽　613c
謝寺　711a
謝尚　711a
謝鎮西寺　711a
謝鎮之　473a
謝滅　547c
謝霊運　**613c**,1133c
櫨庵　1427c
瀉瓶　**609c**
瀉瓶相承　609c
瀉瓶伝灯　609c
灑　570
灑浄　606b
灑水　**606b**
鑠乞底　**599a**
邪婬　**593b**
邪婬戒　161a
邪因邪果　66a
邪見　403a
邪業　364c
邪執　**605c**
邪定聚　480c,**721c**
邪正問答　**605c**
邪正問答抄　605c
邪慢　1359b
邪命　**610b**
邪命外道　91a,329b,
　1497a
邪命食　522a
邪命説法　610c
蛇縄麻　486b,729a
蛇奴　464c
蛇僕　464c
惹　569
闍提華　**606b**
闍多迦　1331a
闍陀迦　644b,1331a
闍那　980c
闍那崛多　196a,227a,
　245b,397b,403c,
　440b,**609a**,673a,
　769c,770a,843a,
　914b,914c,921a,
　932a,953b,954b,
　955a,955c,971c,
　1059b,1156b,1172b,
　1240a,1293a
闍那耶舎　692a,934a
闍婆　**609c**
闍毘　967c
闍維　967c
闍爛達羅　**612a**
闍梨　11b
尺仲堂　840b
尺牘　1292b
石芝　623a
石蓮　10a
折疑論　**600c**
折小歎大　408c
折伏　1108a
折伏門　**718a**
赤色　202a
赤髭毘婆沙　1237b
赤精童子　436a
赤銅葉　**603a**
赤銅葉(島)　826a
赤蓮　1486b
赤蓮華　1486b
昔円　127a,410c
析玄記　**601a**
析色入空観　608a
析法観　608a
析法入空観　608a
借香問訊　1411c
借事問　489a
笏拍子　195b
迹化　1343a
迹仏　1343c
迹本三喩　1197b
迹面本裏の弘経
　1343a
迹門　**1342a**
迹門三段　541a

迹門十妙　649c,1308c
迹門相承　1108a
迹門の開顕　1342b
迹門の十重　174a
迹門法華　1343a
迹門法華宗　923c
釈　**600a**
釈円　104a
釈王寺　**600b**
釈観無量寿仏経記　234a
釈義　1247c
釈経　752a
釈家　**261b**
釈華厳経十二縁生解迷顕智成悲十明論　650b
釈華厳教分記円通鈔　**600c**
釈華厳旨帰章円通鈔　**600c**
釈子　600b
釈氏　600b
釈氏稽古略　**601a**
釈氏稽古略続集　601b
釈氏根元記　**601b**
釈氏通鑑　**601b**
釈氏二十四孝　**601b**
釈氏譜略　594b
釈氏蒙求　**601b**
釈氏要覧　**602b**,1344a
釈氏六帖　245c,**602b**
釈種　**601c**
釈種摩訶男　1347c
釈宗　493c
釈宗演　10a,62c,**602c**
釈浄土群疑論　106b,**602a**
釈浄土二蔵義　741b
釈禅波羅蜜次第法門　**602b**
釈尊　596a
釈尊寺　**602c**
釈提桓因　926b,1020a
釈道安　1308c
釈道龔　955a
釈難扶宗記　591a
釈梵　926c,1020b
釈摩訶衍論　279b,**603c**,722a,1126a,1244b,1321a
釈摩訶衍論開解鈔　603c
釈摩訶衍論愚案鈔　279b
釈摩訶般若波羅蜜経覚意三昧　178b
釈名　350a,920c
釈門　600b
釈門帰敬儀　**604a**
釈門孝伝　**604a**
釈門事始考　**604b**
釈門三十六歌仙　607b
釈門自鏡録　**604b**
釈門正統　**604b**
釈門章服儀　**604b**
釈誉存冏　782b
釈論安養鈔　36b
釈論百条第三重　936b
舄履　293c
綽和尚　1048a
綽如　**603a**,811a
積翠　760c
積善院　171b,381a
積善寺　1271b
積塔会　1405b
錫杖　518c,**601c**,753a
若愚　**600c**
若木集　**604a**
若耶　67b
若霖　**604c**,1460b
弱声　1364c
寂庵　719b
寂恵　737a,858c,1469a
寂円(平安)　**600b**,855c
寂円(鎌倉)　**600b**,1270a
寂円(鎌倉〜南北朝)　**600b**
寂音尊者　111c
寂暁　607b
寂源　762a
寂護　203c,465c,614b,674c,675a,680b,965c,990c,994b,994c,1016c,1085b,1165a,1169b,1368a,1444c
寂厳　**601a**
寂済　1180a
寂災法　676b
寂志果経　611a
寂室　339b　→元光
寂昭　41c,**602a**,1043c
寂照　518c
寂照(中国)　943c
寂照(日本)　984a
寂照院　165b,165c
寂照院(号)　1110b
寂照堂谷響集　421a
寂静　1128b
寂静院　700c
寂静院(戦国〜江戸)　1110c
寂静院(江戸)　683b
寂静処　30a
寂定院　114b
寂調音所問経　722b
寂心(平安)　548c,1436a
寂心(鎌倉)　548c
寂仙房　1113c
寂超　**603a**,603b
寂天　612c,614c,765b,769c,932c,1247b,1301a,1304a,1315a
寂道尼　1140b
寂日房　1110b
寂如　**603a**
寂忍(平安)　844b
寂忍(江戸〜明治)　211b
寂念　**603b**,607c
寂然　603b,1287b,1425b
寂然雑見現入地　628c
寂然本師集　1425b
寂房　228a
寂房流　1475c
寂本　**603b**,1418b
寂明　**603c**
寂滅　**604a**,1132b
寂滅為楽　604a
寂滅道場　604a
寂滅忍　1127c
寂霊　**604c**,706a,883c,1433c
寂蓮　9a,**605a**,607c,1418c
著語　**601a**
雀離浮図　**604c**
碩法師　511a
敵者　72c
敵対開会　166a
鵲巣和尚　1062b
鵲風竹園　206c
析空　280a
析空観　209c,409c,469b,**608a**
析仮入空観　608a
斫句迦国　605b,**608a**
釈教　600b
釈教彙門標目　**607b**
釈教玉林和歌集　**607b**
釈教三十六歌仙　**607b**
釈教正謬　**607c**,1146a
釈教諸師製作目録　**607c**
釈教題林和歌集　**608a**
釈家　600b
釈家官班記　**608b**
釈家装束式　608b
釈家初例抄　770b
釈家法服記　**608b**
綽空　806b
寂光院　149a,**608b**
寂光寺(山形)　1019c
寂光寺(栃木)　285c
寂光寺(京都)　**608c**,658b,1101a
寂光大師　133a
寂光土　1238c
寂光土義　261a
著空の惑　58b
舎利会　496a
手阿羅婆　1162c
手印　65c
手鏡抄　**661c**
手巾　**662c**
手杖論　**669c**
手長者　29a,1081c,1162c
手欄庵　1048b
主恩　**658c**
主戒　159c
主事の四員　868b
主荘厳　710c
主独行無明　1398a
主伴　**675c**
主伴円明具徳門　625c
主伴無尽　1395c
主夜神　**679c**
守伊　431b
守一(中国)　1454a
守一(日本)　1397a

守悦尼　310c,**658c**
守覚　343c,483a,
607c,**660a**,962c,
965b,1185b
守伽藍神　206b
守謙　**664a**
守玄院　1106c
守其　**665a**
守護経法　518c,**665c**
守護国界経　665c
守護国界主陀羅尼経
155a,**665c**
守護国界章　485a,
**665c**,1310a
守護国家論　453b,
**666a**
守護呪　1367c
守護章　666a
守護大千国土経　**666b**
守護符　424b
守随僧挻　418a
守正護国章　**669b**,
1102c
守真　665a
守慎　1113b
守相阿羅漢　28b
守端　**671c**
守中　**671c**
守朝　**672a**
守澄法親王　211a,
1111c,1478c
守篤　1331a
守敏　453a
守邦　**677a**
朱印改　616c
朱印状　396b,616c
朱印地　518a,577a,
**616c**
朱倶波　608a
朱広之　473a
朱子　473b
朱士行　**667a**
朱時恩　410c,1235a
朱昭之　473a
朱墨譜　1148a
朱利満台　680c
周羅槃陀　680c
周利槃毒　680c
周利槃特　**680b**,1348b
呪　**615a**,969c
呪願　**660b**
呪願師　660c,887c
呪願文　234c
呪師　135c
呪字袈裟　1264b
呪陀羅尼　969c
拄杖　**668b**
取　**615b**
取因仮設論　**616b**,
800c
取果　363c,**658c**
取善　1148c
取相懺悔　475a,863b
取相の惑　1338b
首山竹篦　**666c**
首山新婦　**666c**
首座　868c
首座板　1170a
首陀　671c
首陀羅　542c,**671b**
首題　920b
首題名字　920b
首波羅　**675b**
首楞厳院　139a,**680c**,
887a,1179c
首楞厳経(首楞厳三昧
経)　526b,541c,
546a,681a,724b,
1501a
首楞厳経(大仏頂首楞
厳経)　952b
首楞厳三昧　505a,
681a
首楞厳三昧経　653c,
**681a**
首楞厳陀羅尼　1470c
首楞厳壇場修証儀
125a
首盧迦　308c
修　667c,668b
修因感果　66a
修因得果　66a
修慧　100a
修学院　**660b**,712b
修学院離宮　660b
修学寺　392a
修起　1447a
修起三千　492b
修起の縁起　698c
修行　**660c**
修行者　661a
修行住　1297
修行住位　873b
修行心住　1297
修行道地経　**661c**
修行入位　873b
修行分証の機　237a
修行法師位　873b
修行本起経　526c,
**661c**,999c
修行満位　873b
修具三千　1447b
修華厳奥旨妄尽還源観
1404c
修験一実霊宗神道
1063a
修験極印灌頂法　**664a**
修験故事便覧　**664b**
修験五書　664b
修験者　1420b
修験最勝慧印三昧耶極
印灌頂法　664a
修験三十三通記　**664b**
修験者　341c,1083b
修験修要秘決集　**664b**
修験道　93a,136b,
193a,300a,423b,
**664c**,805a,856c,
897c,1243a,1285c,
1369c,1420c,1493a
修験道切紙　664b
修験道修要秘決集
664b
修験道当山派　502c
修験道の中興　749a
修験問答書　1475b
修広　1041c
修業要決　**665b**
修習　**667c**
修習位　360a
修習果　158a
修習止観坐禅法要
**667c**
修習次第　203c,373b
修生　1336a
修生顕得の十地　631a
修性　**668b**
修性不二　668b
修性不二門　574b
修成　1336a
修正会　**660c**
修証義　892b
修証儀　**669a**
修定の三障　488a
修所断　352c,977c,
978a
修心要論　454c
修禅　235b,839c
修禅寺(中国)　**670a**,
1026b
修禅寺(朝鮮)　708a
修禅寺(日本)　**670a**
修禅寺口決　**670b**
修禅寺相伝口決　670b
修禅大師　245a
修禅要訣　**670c**
修禅六妙門　1502b
修善　838c
修善寺　392a
修善修悪　**725c**
修造局　869c
修大方広仏華厳法界観
門　322a
修多羅　254a,644b,
**671b**
修多羅蔵　493b
修陀羅　908c
修断　543b
修道　**352b**
修道行経　972b
修道所断　352c
修道品　636b
修得　315c,734a
修得顕現　903a
修得定　688b
修得仏性　1228b
修徳　**734a**,1447a
修徳三千　492b
修那利邏　853c
修二会　573b,**674c**,
1415a
修法　**676a**
修法院(京都)　701a
修法院(平安京大内裏)
783c
修凡　**677c**
修摩那(王子)　667c
修摩那(仏弟子)　678a
修要秘決集　664b
修羅　13b
修羅他　908c
修楽寺　1474b
修理別当　**887a**
修惑　1b,**354a**,1337b
修惑八十一品　354b
殊意癡　809a
殊勝妙顔　24b
殊提　670c

珠賢　656c
珠利耶　1009c
珠琳　**681a**
執行　887b
習礼　**680a**
袾宏　97c,143b,427b,473c,592b,622a,**655a**,733a,733c,743b,842b,879b,985b,1024b
衆園　206a
衆鎧(僧伽婆羅)　878a
衆鎧(僧伽跋摩)　878a
衆学　1451c
衆学法　1451c
衆経　662a,939b
衆経目録　**662a**
衆経目録(道祖)　1054a
衆経目録(仁寿録)　349a,662a,940c
衆経目録(法経録)　662a,940c
衆経要抄　894b,1241b
衆軍　877b
衆賢(論師)　21b,290a,342c,422b,**664a**,684a,831a
衆賢(訳経家)　877c
衆護　878b
衆合地獄　532a
衆香城　1278a
衆許摩訶帝経　596b,**666b**
衆集経　1499c
衆生　86b,464b,**668b**,1125a,1125c
衆生意楽意趣　43c
衆生廻向　110c
衆生縁の慈悲　512b
衆生海　560c
衆生濁　415b
衆生心　**669b**
衆生世間　830a
衆生世間清浄　719b
衆生忍　1127a
衆生本有の曼荼羅　27a
衆生無辺誓願度　526c
衆聖点記　**669c**
衆聖点記説　596b
衆世　**670a**
衆善覚夢鈔　170a
衆僧法　197b
衆中　674b
衆天　877c
衆徒　**674a**,1026a
衆徒三十六カ院僧正寺　518a
衆同分　**674b**
衆法懺　475a,863b
衆寮　**680c**
衆寮行者　870a
須益　1480a
須呵摩提　401a
須乾提華　1486c
須尸摩　**667b**
須闍多　94b,597b,815a
須闍提　854b
須深　667b
須大拏太子　**671a**,976b
須陀洹　530b
須陀須摩　671a
須陀素弥王　**671a**,1173b
須陀摩　671a
須達　671b
須達多　243c,246a,594a,**671b**,677c
須達長者経　296a
須達拏　671a
須陀利　912a
須那迦　89c,442a
須那帝刹羅　853c
須跋陀　675b
須跋陀羅　**675b**
須毘耶女　**675c**
須扶提　677c
須菩提(仏弟子)　408c,439b,553a,639b,**677c**
須菩提(王)　1348b
須摩迦提　678a
須摩提(極楽)　401a,731a
須摩提(仏前生)　818b
須摩提(スマティー)　**677c**
須摩提(スマーガダー)　**677c**
須摩提経　678a
須摩提菩薩経　**678a**,954c
須摩那(仏弟子)　**678a**
須摩那華　817c
須蔓　678a
須弥　**678b**
須弥海　678c
須弥界一覧　679b
須弥界義　679b
須弥界四時異同弁　679b
須弥界図説　679b
須弥座　448b,678b
須弥山　577a,**678b**,926b,1020b,1160c,1184b,1436c
須弥山一目鏡　679b
須弥山図　968b
須弥山説　508c,678b,826c,862b,1484b
須弥四域経　**678b**
須弥四洲　679b,862b,1036b
須弥須知論　679b
須弥壇　678b,1237c
須弥留　678b
須夜摩　1420a
須臾　**679c**,835c
須頼経　954c
須利耶蘇摩　301a,510c,**680c**,755c
須利耶跋陀　301a
竪条　1263b
種　627b
種玉庵　876b
種三尊縁起観　666c
種三尊観　**666c**
種子　**667a**
種子観　667a
種子袈裟　1264b
種子三昧耶形尊形観　666c
種子集　**667b**
種子曼荼羅　667a,1362a
種地　628c
種種御振舞御書　**668a**
種種御振舞書　668a
種種界智力　653b
種種勝解智力　653b
種熟脱　**668a**
種姓　635b
種性　**635b**
種性地　628c,1298
種性住　1298
種類開会　166a
綜芸院　663c
綜芸種智院　256b,282a,**663c**
趣　**615b**
輸婆迦羅　549c,864c,906a,908b,943a
麈尾　**675c**
鐘楼　206a,687c
入院　787a
入木道灌頂　218a
戍婆掲羅僧訶　864c
戍博迦　658b
寿　**615c**
寿覚　820b
寿桂　406b,**663b**
寿昌開山心越和尚清規　669b
寿昌清規　**669b**
寿昌派　239b
寿濁　415b
寿像　103a
寿蔵　1147c
寿長　387b
寿塔　1037b
寿煖識　615c
寿寧寺　418c
寿寧禅院(浄慈寺)　795a
寿牌　62b
寿福寺　102a,405c,**675c**
寿保尼　755a
寿命　615c
寿命経法　138b
寿永寺　264b
寿陵　1147c
寿量　615c
寿量院　1106b
寿量偈　518b
寿量品の事の三大事　495a
寿老人　557c
呪蔵　493b,**670c**
呪賊経法　**670c**
受　615b,**615c**
受蘊　392b
受戒　163b,**659a**
受戒阿闍梨　11c
受戒儀　741c

受戒懺悔　1390a
受戒の三師　1411a
受記　236a
受経阿闍梨　11c
受具　659a
受仮　307c
受斎　**666c**
受職灌頂　217b
受職巧徳抄　648b
受持成仏　**667b**,748a,903a
受持即成　903a
受持仏説阿弥陀経行願儀　739a
受重得　164a
受所引色　519c
受接　1185a
受請　1216a
受体随行　**671a**
受登　684b
受潤不二門　575a
受不施派　855c,1375c
受不施法理之返答　1102b
受法灌頂　217c
受法楽仏　1230c
受菩薩戒法(延寿)　**677b**
受菩薩戒法(慧沼)　**677b**
受菩薩戒文　677b
受菩提心戒儀　**677c**
受明灌頂　217c
受用身　1230c,1231b
受用土　1238c
受用法身　1231c
受欲　1437a
珠光(室町～戦国)　**665b**
珠光(安土桃山)　736a
授翁　894a　→宗弼
授戒　163b,170c,241a,659a
授戒会　943a,1286a
授灌頂金剛最上乗菩提心戒文　677c
授記　236a,644b,**660c**
授記灌頂　217c
授決円多羅義集唐決　132c
授決集　133a,**663c**
授事　477a,881b
授手　**667c**
授手印　667c,1352a
授菩薩戒儀(湛然)　**677a**,1223b
授菩薩戒儀(遵式)　**677a**
授菩薩戒儀(慧思)　**677a**
授菩薩戒儀式　677b
就縁仮　308b
就行立信　**675a**
就人立信　**675a**
数珠　**669c**
数珠功徳経　**670a**
竪　**140b**
竪出　1096c
竪超　140b,1096c
竪底沙論　647c
竪入の機　236c
頌　308c
頌古　**665a**
頌古百則　758c
頌疏　290b,290c
聚光院　947a
聚集仮　308a
誦経　1067a
誦持　1067a
儒教　472c
儒童菩薩　**674b**,722b
儒仏問答　**676a**
儒仏融合論　473b
樹種上尊王仏　1410c
樹心　4b
樹提伽　**670c**
樹底論　1506c
濡首菩薩無上清浄分衛経　445a
鷲丘　109b
鷲山寺　**670b**,1105c
鷲峰院　1117b
鷲峰寺　**676a**
鷲峰山　243b
鷲峰山寺　444a
鷲峰　1052a
鷲林拾葉鈔　**681b**
什麼　78c
舟阜老人　875a
秀悦　64a
秀円　789a
秀翁　**619c**
秀海　730b
秀鏡　1100b
秀旭　682b
秀興　1414a
秀衡　67b
秀算　**626c**,1242b
秀存　**638c**
秀伝　910a
秀法師　730a
秀峰寺(江西省)　170b
秀峰寺(江蘇省)　1481c
秀峰存岱　1459c
秀妙庵　1321c
周阿　**617b**
周位　**617b**
周円上人　603a
周海　**620c**,784a
周噩　406b,**620c**
周及　**621b**,1033a,1238a
周顗　473a,**622c**,892c
周恭尼　537c
周九　624b
周継　835b
周継雪村　835b
周皎　**625c**
周興　**625c**
周克復　740c,1294c
周佐　1470c
周信　282a,282b,406b,**637a**,764c
周清尼　**637b**
周崇　**638b**
周続之　**638c**
周沢　1381c
周達観　808c
周檮　**639c**
周道　**639c**
周道祖　472c
周那　684a
周武の法難　1144a
周文　622b,**649a**
周遍含容観　470b
周遍法界身　260c
周鳳　176b,406b,**649a**,867b
周養尼　**652c**
周羅　**652c**
周羅髪　653a
周良　**654a**
宗　72a,**616c**
宗愛　524c
宗渭　**617c**
宗意　617a
宗意(人名)　33a,**617b**
宗一大師　583a
宗異品　73a
宗印(中国)　**618c**,1318b
宗印(日本)　1227a
宗依　72c,639a
宗恵　178c
宗叡　**618c**,760a,868a,939b,1116c,1117a,1118b,1364b
宗慧大照禅師　873a
宗円　**619a**
宗淵(室町)　**619a**
宗淵(江戸)　**619a**
宗快　753b
宗学　617a
宗観　753a
宗鑑　604b
宗鑑法林　**621a**
宗鑑録　814b
宗己　567b,**621a**,818c,1261c
宗義　617a
宗義決択集　**621b**,786b
宗教　**622b**
宗教界　1407b
宗教行政　**623a**
宗教局　624a
宗教の五綱　259b,403b
宗教坊　204b
宗教要解　**624b**
宗暁　473c,**623a**,1294b,1441c
宗鏡禅師　625c
宗九　879a,947a
宗九過　73c
宗源　**624c**
宗興(鎌倉～南北朝)　**626a**
宗興(南北朝～室町)　**626a**
宗興(戦国～江戸)　810a
宗賾　**626b**
宗璨　453c
宗旨　616c,617a
宗旨雑記　**631c**
宗旨人別改　651a

宗旨人別帳 651a
宗旨の三秘 495a
宗旨要解 **636c**
宗趣 639c
宗俊 777a
宗淳 824b
宗性(鎌倉・東大寺) 165c,501c,**635a**,1118b,1402b
宗性(鎌倉・真宗) 382a
宗昭 184a
宗紹 1399a
宗乗 617a,1436c
宗証略伝 1033c
宗信 695c
宗津 **637b**
宗真(鎌倉～南北朝) 888a
宗真(室町) **637b**
宗心寺 1331a
宗粋 1407b
宗祖 617a,905c
宗存 941b
宗存版 941b
宗体 72c,**639a**
宗大事口決 **639a**
宗大事口伝鈔 639a
宗致 **639c**
宗致の三秘 495a
宗智 219c
宗徒 617a
宗統復古志 **640a**
宗統編年 **640a**
宗同品 73a
宗灯律師 343c
宗内改役 624a
宗派 617a
宗派図 **646b**
宗風 617a
宗炳 473a
宗弁 751a
宗宝 1500c
宗峰 1382a →妙超
宗本 242a
宗本義 764b
宗密 124c,321b,355c,473a,538a,603c,640b,**649b**,840a,843c,865a
宗脈 325c
宗名 617a
宗務 617a
宗門 617a,1409b
宗門改 **650c**
宗門改帳 651a
宗門葛藤集 **651b**
宗門玄鑑図 **651b**
宗門綱格 **651b**
宗門十規論 **651b**
宗門十勝論 **651c**,736c
宗門正灯録 **651c**
宗門手形 651a
宗門手形帳 651a
宗門統要 651c
宗門統要続集 **651c**
宗門拈古彙集 652a
宗門無尽灯論 **652a**
宗門略列祖伝 1334c
宗門聯灯会要 422b,**652a**
宗門或問 **652b**
宗要 616c
宗要鈔 **652c**
宗要深義集 1411b
宗要論義 739a
宗良 **654a**
宗侶章疏 740a
宗林 **654a**
宗令 **654c**,883c
宗朗 1460b
宗論 617a
拾遺往生伝 **617c**
拾遺黒谷語灯録 304c
拾遺古徳伝 285a,789b,1283a
拾遺古徳伝絵詞 790c
拾玉集 **624b**
秋葉寺 5b
臭鬼 1221c
修円 **619b**
執 **617a**
執局行者 870a
執空 486c
執空説 999b
執金剛 433c,434c
執金剛神 **626a**
執金剛神縁起 **626b**
執持鈔 **631c**,789b,790c
執著 **632c**
執取相 480a
執杖梵志 1348c
執蔵 29b
執変 1255c
終南山 **640a**
終南大師(善導) 640b,858a
終南天竜会集緇門世譜釈氏源流五宗世譜祖図 592b
習 563b,667c
習果 157c
習合縁起 1330a
習鑿歯 **626c**
習種性 635b,1297
習定論 1502c
習所成種 628a
習所成種性 635b
衆会事書 928a
衆議事書 928a
衆議評定事書 928a
衆事分阿毘曇論 1500a
衆事分毘婆娑論 422c
集義外書 1145c
集義和書 1145c
集起心 774c
集九 **624b**
集沙門不応拝俗等事 349a,611b
集証 157c,**635b**
集成方便 1284a
集諸経礼懺悔文 637a
集神州塔寺三宝感通録 503a
集中 343c
酬因感果 66a
酬恩庵 **620c**
澀歴 78c
種根器 29b
種子 29b,160b,306a,364a,**627b**,812b,1421c
種子依 489c
種子灌頂 217c
種子識 29c
種子生現行 338a
種子説 1023a
種子の六義 627c
種性 **635b**
繡帳 648c
繡仏 **648c**
繡仏像 1233c
鷲鷺子 613b
襲灯 984a
襲法師 1503c
十阿 59b
十阿弥 1160a
十悪 **637c**
十悪業道 365a,637c
十異九迷論 1258a
十一空 280c
十一根 431c
十一識 520c
十一声 687a
十一善 838c
十一触 901a
十一智 981a
十一遍行の惑 1337c
十一面観自在菩薩 618a
十一面観自在菩薩心密言念誦儀軌経 618a
十一面観世音神呪経 **618a**,1208a
十一面観世音菩薩 618a
十一面観音 558b,**618a**,1495c
十一面悔過法会 573b
十一面神呪心経 618a
十一通御書 413a
十一塔 414c
十因 64c,143b
十廻向 1297
十縁生句 **619b**,1195c
十縁生句観 619c
十王 **619c**
十王経 **620a**,1402b,1497b
十王供 627b
十王讃嘆修善鈔(隆堯著) 620b
十王讃嘆鈔 620a,**620b**
十王図 137c,620a
十王殿 620a
十往生阿弥陀仏国経 620b
十往生経 **620b**
十科 378c
十観 636a
十寒地獄 532b
十甘露明 25b
十牛 **621c**
十牛図 **621c**

十牛図頌 621c
十行 1297
十疑論 737c
十九執金剛 626b
十解 1297
十解脱 325a
十華蔵 1488b
十玄 321b
十玄縁起 624c
十玄縁起無礙法門 624c
十玄門 321a, **624c**
十玄六相 625a, 1499a
十眼 333b
十号 1124b
十五カ本山 1034c
十五観音 229a
十五種の無明 1398a
十五心 551b
十五大寺 517b, 517c
十五童子法 1047c
十斎日 458a
十三資具衣 **627a**
十三遮難 659a
十三宗 478c
十三住 1298
十三重塔聖 1185c
十三僧残 1451a
十三大院 1363a
十三仏 620b, **627a**
十三仏の曼荼羅 627b
十三詣り 627b, 1290a
十地 467c, 532a, **628b**, 1297
十地経 434c, **631b**, 631c, 633c
十地経論 212a, 317c, 321a, 504c, **631b**, 774a, 831b, 1230c, 1284a, 1499a
十地経論義記 631c
十地菜 1149b
十地断結経 528a
十地品 317b, 631c, 633c
十地論義疏 631c
十四過類 77b
十四行偈 **631c**
十四根 431c
十四難 1391c
十四忍 422c, 1127c
十四不相応行法 1218b
十四変化心 1256b
十四無記 598b, 1391c
十識 520c
十寺僧正 418c
十七地 **632a**, 1430b
十七地経 1430c
十七条憲法 **632a**
十七帖鈔 639a
十七清浄句 1448a
十七尊立 676c
十七天 522c
十事非法 501b, **632b**, 945b, 959c, 1245a, 1252c, 1381a
十字名号 386c, 1377c
十住 629b, 1297
十住経 631b
十住心 **633a**
十住心論 633a, 1079b, 1191b, 1256c →秘密曼荼羅十住心論
十住断結経 527a, **633c**
十住毘婆沙論 267a, 317c, 321a, 504c, 629b, **633c**, 1086c, 1461a
十住毘婆沙論易行品 743a →易行品
十重 162b, 632c
十重戒 162b, 163b, 632c
十重観法 636a
十重禁 162b, 632c
十重禁戒 162b, **632c**, 1342a
十重四十八軽戒 335b
十重障 630b
十重世界海 399c
十重波羅提木叉 162b, 632c
十重唯識 **634a**, 1422c
十習因 65a
十誦羯磨比丘要用 635a
十誦比丘尼波羅提木叉戒本 635a
十誦比丘波羅提木叉戒本 635a
十誦律 117a, 161c, 197c, 262c, 425c, 446a, 464c, **634c**, 926c, 1077c, 1181b, 1189c, 1239b, 1263b, 1449c, 1455b
十衆得 164a
十乗 636a
十乗観法 258a, **636a**, 1346c
十小煩悩地法 791b
十信 1297
十身具足の毘盧舎那 260c
十真如 65b, 630b, 801c
十随念 421c, 1135b
十随眠 812b
十世 491c
十世界 826c
十世隔法異成門 625b
十善 **637c**, 1037c
十善会 97a
十善戒 161a, 638a
十善業 654b
十善業道 365a, 637c
十善の君 638a
十善の位 638a
十善の菩薩 638a
十善宝窟 97a
十善法語 **638b**
十禅院 985b
十禅師 886b, 1330c
十蔵 **638b**
十双権実 432c
十大願 1322a
十大寺(中国) **639c**
十大寺(日本) 517c, **639a**
十大地法 791b
十大数 813c
十大善地法 791b
十大弟子(釈迦) **639b**
十大弟子(空海) 282a
十大弟子(儀式) 639c
十大薬叉 656a, 656c
十大論師 756c, 1316c, 1423a
十檀林 980b
十智 981a
十通 1372c
十弟子 **639c**
十度 65b
十二悪律儀 161a
十二因縁 49a, 126a, 633b, 640c, 756b
十二因縁絵巻 **640b**
十二因縁義私記 **640b**
十二因縁経 296a
十二因縁論 **640c**
十二有支 640c
十二縁起 132a, 598c, **640c**, 1040c, 1251c, 1480a
十二縁起説 126a
十二火 **642a**
十二箇院先達 1174a
十二合掌 65b, 195c
十二宮 **642b**, 663b, 1485a
十二巧方便 1284b
十二口伝 287b
十二光 385a
十二光箱 643a
十二光仏 25b, **642c**
十二使 1336c
十二支縁起 640c
十二宗 1224b
十二宗綱要 **643a**
十二獣 **643a**
十二処 **643b**
十二濁 415c
十二神将 **643b**, 656a, 1415b, 1417a
十二随眠 1336c
十二頭陀行 815c
十二大院 1363a
十二大願 1322a
十二天 412a, **643c**, 1021a
十二天壇 420c
十二天屏風 644b
十二道具 643a, 1420b
十二入 643b
十二部経 **644b**, 1195a
十二分教 6c, 644b
十二坊 751b
十二品の無明 1398b
十二万神王護比丘尼経 218c
十二夢王 **644c**, 1389a
十二妄想 1405c
十二門禅 839c
十二門論 509c, 510a, **644c**, 1000b, 1461a

十二門論宗致義記　644c
十二門論疏　644c
十二門論疏聞思記　644c
十二薬叉大将　643b
十二遊経　**644c**
十二礼　**645b**
十二律　**645b**
十二類生　686c
十如　645a,1121b
十如境　645a
十如実相　645a
十如是　**644c**,1121b,1293a
十忍　1128a
十念　**645c**,1135b
十念往生　373a,646a
十念業成　373a
十念極楽易往集　**646a**
十念寺　**646b**
十八意近行　**646c**,974c
十八有学　84a
十八会指帰　437b
十八円浄　137c
十八円満　137c
十八学人　84a
十八伽藍神　206b
十八空　280c
十八空論　308a,**646c**
十八契印(印相)　65b,**647a**
十八契印(書名)　**647b**
十八契印軌　647b
十八神変　805b
十八大経　**647c**
十八大論　647c
十八檀林　385c
十八道　647b
十八道口決　**648a**
十八道契印　647b
十八道立　676b
十八道法　579c,647b
十八日観音供　227b
十八不共仏法　1208b
十八部論　62c,1411a
十八変　805b
十八明処　647c
十八物　**648a**,816a
十八羅漢　658c
十八界　**648b**
十八種震動相　811b
十八天　522c
十波羅夷　632c
十非事　632b
十不可悔戒　632c
十不浄　293a,421b
十不善業道　637c
十部祖書　**648b**
十仏の自境界　260c
十仏名　**648c**,1136b
十普門　1246a
十峰　65b
十法行　566b
十法界抄　648b
十法界明因果抄　648b
十煩悩　1336c
十魔　1345a
十万歌謡　1386a
十万頌般若　1176a
十万上人　1041c
十妙　574a,**649b**
十明　1372c
十明論　**650b**
十務　869b
十夢　1389a
十無学支　28b,353b
十無記　598b
十無礙　1393a
十無礙用　1393a
十無尽戒　162b,632c
十無尽句　**650b**
十無尽蔵　**650c**
十門弁惑論　**652a**
十門和諍論　**652b**
十夜法要　68b,**652b**,698a,894a
十喩　619c,1195a
十喩観　619c
十楽　653a,731b
十楽院　**653a**,763c
十楽講　**653a**
十楽寺　534a
十羅刹女　503b,1212a,1443a
十力　**653a**
十力迦葉　**653c**
十力経　**653c**
十輪　65b
十輪院(奈良)　**654a**
十輪院(和歌山)　887c
十輪経　**654b**
十輪寺(京都)　**654b**
十輪寺(兵庫)　**654b**,1094c
十蓮　65b
十蓮華蔵荘厳世界海　1488b
十蓮華蔵世界　1488b
十六悪律儀　161a
十六異論　329c
十六会講　**654c**
十六王子　**655a**
十六観　233c,234a,**655a**,1207b
十六観経　233b
十六観堂　173c
十六行相　551a
十六空　280c
十六句義　913b
十六賢士　655c
十六玄門　**655b**
十六三昧　505a
十六勝行　658a
十六正士　**655c**
十六小地獄　532b
十六心　551b
十六心見諦　353b
十六心見道　353b
十六心相見道　353c
十六神我　159b
十六尋問　915c
十六善神　191c,**656a**,656c,788a,920a,1417a
十六善神図　1177c
十六諦　913b
十六大護　656a,**656c**,1034b
十六大国　**656c**
十六知見　159b
十六天　522c
十六特勝　**658a**
十六菩薩　655c
十六本山　**658b**
十六夜叉神　656a
十六夜叉大将　1417a
十六遊増地獄　532b
十六羅漢　**658b**,696b,1275a,1441a
十六羅漢講式　535a,1441a
十論師　1423a
什物　**650c**
什門の八俊　301b
什門の六老僧　1103c
充洽園　1109c
住劫　361b
住持　514a,**631b**,868b,887b
住持三宝　502b
住持の八祖　784b
住持仏　261a
住定の菩薩　**636c**
住心(覚瑜)　185a
住心(日耀)　1106b
住信　540b
住前信相の菩薩　1295c,1299a
住相　547c
住相法阿羅漢　28b
住鼎州梁山廓庵和尚十牛図　621c
住本寺　658b,1093b,1434a
住蓮　37a,**654c**,855c,1139b,1282a
重怡　**617c**
重衣　1263b
重閣講堂　959c,1252b
重願　820a
重刊貞和集　764c
重記　358b
重顕　263b,315a,**624c**,835b
重玄寺　**624c**
重謚　924c
重頌　61a,252a,644b
重頌偈　252a
重重無尽　321b,488b,**634a**
重誓偈　492a
重続洞上諸祖伝　1100b
重懺　1002c
重病閣　1395c
重編貞和類聚祖苑聯芳集　764c
重編諸天伝　768c
重訳　1417c
重誉　733c,1184c
拾堕　731b
柔然　375a
従意　1331a
従因向果　**618c**
従悦　**619a**,1070a
従遠　1123c

従覚　460b,**620c**,1291c,1352b
従果向因　**618c**
従義　**621a**,1026c
従儀師　660a
従行観　470b
従空入仮平等観　469b
従仮入空二諦観　469b
従諗　54a,292b,512c,**637b**,716a,716b,717a,717b,1088a,1252c
従他受　163c
従冥入冥　1373a
従倫　542b
集異門足論　1499b
集古今仏道論衡　**626a**
集沙門不応拝俗等事　**632c**
集沙門不拝俗儀　632c
集諸経礼讃儀　**636c**
集諸法宝最上義論　**637a**
集大乗相論　**639b**
集智　551c,981a
集法院　8c
集法智　551c
集法智忍　551c
集法忍　551c
集量論　800c,1248b
集類智　551c
集類智忍　551c
集類忍　551c
集論　929a
縦性　129b
縦誉　778b
夙　1186b
叔達　1241b
叔端　621a
祝国開堂　172b
祝聖寺　372a
祝聖　466c,**662c**,1262b
祝髪　1017c
宿　1186b
宿阿　962b
宿阿遵道　392a
宿因　663a
宿院　513c
宿院仏所　1228b
宿縁　663a
宿呵多国　**662c**
宿願　**662c**,1322a
宿願力　234c,662c
宿忌　249b
宿業　365b,663a
宿作因論師　329c
宿作外道　329c
宿習　663a
宿住随念智力　653b
宿住智証明　507b
宿世　**663a**
宿善　663a
宿善開発　663a
宿先達　856c
宿坊　513c
宿命　663a
宿命通　798c
宿夜　959a
宿曜経　**663b**,1095c
粛宗　663b
粛宗十身調御　**663b**
菽麦私記　214a,**663b**,790c
粥飯　522b
縮刷蔵経　10a,588c,941c
縮堂　588b
熟酥　1366b
熟蘇味　408c
出阿　185a
出愛　90b
出観　209b
出家　**451c**
出家阿闍梨　11c
出家功徳経　**672a**
出家外道　330a
出家試業　881c
出家大綱　**672a**
出家とその弟子　59c,303b,**672a**
出家唄　**672b**,1340c
出三蔵記集　379b,662a,**672b**,940c,1175c,1484a
出釈迦寺　534a
出出世　830b
出定　209b,689b
出定後語　**672c**,1071c,1145c
出定笑語　**672c**,1146a
出定笑語附録　673a
出生義　**672c**
出生寺　1279c
出生菩提心経　**673a**
出塵　452a
出深功徳経　229c
出世　**673a**,830b,1268b
出世元意　**673b**,789b,790c
出世間　830b
出世間食　521b,521c
出世間乗　414a
出世間清浄　719b
出世間上上禅　839b
出世間上上蔵　1125c
出世間禅　839b
出世間善巧方便　1284c
出世間道　1038a
出世蔵　1125c
出世の大事　673b
出世服　1263b
出世法施　1217c
出世本懐　**673b**
出世本懐の経　673b
出体　**673b**
出隊　**673c**
出隊上堂　674a
出纒　**457a**,1126a
出纒真如　802b
出到菩提　1300b
出入板　1170a
出門　423b
出曜経　527a,**674a**,1275c,1306c
出米衣　1264a
出離　**674a**
出離依　**974c**
述懐鈔　**672a**,683c
述懐和讃　489b
述可句答　555b
俊意　**681b**
俊恵　607c,**681c**
俊円　382a
俊音　1440c
俊賀　316c
俊寛　211a,**681c**
俊暁　462a
俊堅　1040c
俊玄　860a
俊彦　1473b
俊源　1414a
俊才　**682c**
俊鷲　**683a**
俊正　1382c
俊晴(鎌倉・真言宗)　**683b**
俊晴(鎌倉・時宗)　462a
俊芿　168b,257b,398b,618c,**683b**,794c,859b,1026b,1292b,1454a
俊聖　55a
俊乗房　1003a
俊道　108b
俊把　**685a**
俊範　**685a**
俊鳳　**685a**,822a,1456b
俊竜　40b
俊良　912c
俊量　749c
春育　649a
春雨庵　811a
春鷗斎　1141c
春屋　1383a　→妙葩
春屋宗園　894c,947a,1459c
春慶　**682b**
春耕　824a
春光院　1089c
春作　626a
春山　1466a
春主　679c
春朝　**684b**
春潮房　166a
春庭　356c
春登　**684b**
春風社　292b
春甫　1110c
春浦　876a
春陽　1113a
春林宗俶　947a
峻翁　1482b
舜悦　**681c**
舜覚坊　682b
舜行　764a
舜空(戦国)　**682b**
舜空(江戸)　1466c
舜興　227c
舜昌　672a,**683c**,1283a
舜徳　**684c**,823a
舜若　279c
舜若多　279c

舜融　**685b**
蕣庵　1067c
旬単　973b
巡歴　686a
巡教　**682a**
巡錫　601c,682a
巡拝　686a
巡礼　**686a**
准院家　517c,518a
准玄　124a
准秀　**683b**
准陀　684a
准提三昧行法　**684b**
准胝観音　392c,558b,1495c
准胝堂　922b
准如　**684c**,788b,1014c,1015c,1323b,1323c
准恵　219a
准別格本山　1326b
准門跡　517c,1411c
純慧　1114b
純円教　410b
純志　1112b
純叟　1052a
純陀（純陀の施食）**684a**,1147b
純陀（摩訶周那）1347a
純密　337c,1367c
純瑜　**685b**
淳応　1062b
淳陀　684a
淳仁上皇　761a
淳寧院　962c
淳祐　42b,288c,**685b**,1433c
淳亮　962b
順阿　1457b
順打ち　533a
順縁　**681c**
順応　165b
順覚支戒　164b
順観　**682a**
順境　**39b**
順暁　456b,**682a**
順空　**682b**
順苦受業　364b
順化　307b
順慶　1226a
順芸　**682c**
順解脱分　476c
順決択分　547a
順現業　364c
順現報　203a
順現法受業　364c
順弘　171c
順後句答　555b
順後業　364c
順後次受業　364c
順後報　203a
順次往生　142b
順次往生講式（永観）142c
順次往生講式（真源）143a,**683a**
順次生受業　364c
順修　**683b**
順性（鎌倉）698a
順性（戦国～江戸）1102a
順性房　376c
順生業　364c
順生報　203a
順正理論　21b,576b,**683c**　→阿毘達磨順正理論
順信　**684a**,788b,1401a
順真房　1130c
順誓　694a
順世外道　329b,1497b
順前句答　555b
順中論　1000b,1118a,1394c
順中論義入大般若波羅蜜経初品法門　1000b
順天神　879b
順道　62c,**684b**
順如　**684c**,1491b
順忍　1127c
順の三徳　497c
順の峰入　1370a
順八逆六の法　645b
順峰　149c,1370a
順不苦不楽受業　364b
順不定受業　364c
順楽受業　364b
順理発心　1302a
順了　1270b
順良　141a
順流　**685c**
順流の十心　685c
順礼　686a
順蓮社性誉随阿法海　512b
準大法　676c
潤文　1417c
遵西　338c,**682c**　→安楽（人名）
遵式　143b,543a,677b,**683a**
遵善寺　1009b
世友　62c,190b,327c,913a,1154a,1499c
処　112c
処観　941c
処謙（中国）**766a**
処謙（日本）**766a**
処斎　**766b**
処寂　1484a
処胎経　1297a
処中の無表　160b
処非処智力　653a
処不退　1220a
初会　**765a**
初会金剛頂経　17c,599b,830b,976c
初学記　**765b**
初歓喜地　629b
初期無量寿経　1400a
初江王　619c,627a
初地　629b
初地初住証道同円　630b
初地入見道　352c
初修業　525c
初勝法門経　1251b
初心要義鈔　**768a**
初禅　546b
初禅天　522c,1020b
初中後　518a
初雕版　941a
初転法輪　423c,597c,1034a,1155b,1167b,1503a
初能変　499c
初発心　805c,1301c
初発意　805c
初夜　1496b
初例抄　**770b**
所為声　1163a
所引支　641c
所引生　641c
所因声　1163a
所依　99c
所依已転　1032b
所依声　1163b
所依の於諦　1098b
所依不成過　74c
所縁　123c,**1142a**
所縁有対　919a
所縁随増　811b
所縁断　978a
所縁縁　123c
所縁念住　582a
所縁縛　1149a
所帰　1142b
所行　1142b
所行（人名）14b
所熏の四義　306a
所化　307a
所作業声　1163a
所作相似過類　77c
所作タントラ　976c
所作弁地　629a
所生支　641c
所長養　430c
所詮　**1142b**
所造　552c
所造色　64b,**552b**
所蔵　29a
所触　901a
所属声　1163a
所知依　29c
所知障　1337a,**1339b**
所別不極成過　74a
所変無記　1391c
所立　72a
所立不遣過　76c
所立不成過　76b
所立法不成過　76b
所量　1465a
将李魚成　**760b**
書院　**686b**
書記　868c,869a
書写　1417b
書写供養　261b
書状　916a
書状侍者　869a
疏　**686a**
疏第三重　936b
疏勒　450a,605b,608b
蔗庵　927c
諸阿闍梨真言密教部類総録　786b

諸有 79b
諸有海 79b
諸廻向宝鑑 **765a**
諸岳寺 883c
諸行 **765b**
諸行往生 142a,765c
諸行義 734a
諸行勢速 823a
諸行不生義 765c
諸行本願義 282c,733c,735c,765c
諸行無常 765b,1260c
諸経要集 **765c**
諸家教相同異集 765c
諸家教相同異略集 **765c**
諸家点図 **766a**
諸家念仏集 **766a**
諸見境 562b
諸国見聞近世往生伝 277a
諸山御法度 **766b**
諸寺縁起集 **766c**
諸寺塔供養記 **767a**
諸嗣宗脈記 **767a**
諸師製作目録 **767a**
諸宗階級 **767b**
諸宗経疏目録 **767b**
諸宗章疏録 343b,**767c**
諸宗勅号記 **767c**
諸宗同徳会盟 97a,1165b
諸宗評判記 **767c**
諸儒鳴道集説 473c,1402c
諸上善人詠 **767c**
諸乗法数 **767c**
諸神本懐集 **768a**,789b,790c,1329b
諸説不同記 **768b**
諸蔵純雑具徳門 625c
諸雑念誦 1136a
諸尊道場観 1433c
諸尊便覧 348a
諸尊法 378a
諸尊法私記 561c
諸尊曼荼羅 1363c
諸尊要鈔 406a,**768b**
諸天修羅宮 1239a
諸天像 1234a
諸天伝(神煥) 778b
諸天伝(行霆) **768c**
諸堂安像記 **768c**
諸徳福田経 **769a**
諸如来禅 839c
諸仏境界摂真実経 724b
諸仏現前三昧 505a
諸仏掌中要訣 **769a**
諸仏要集経 **769a**
諸部要目 1071b
諸法 **769a**
諸法皆空 279c
諸法空 281a
諸法現等覚無畏 589c
諸法最上王経 770a
諸法実相 **769b**,1260c
諸法集要経 **769c**
諸法相即自在門 625a
諸法但名宗 565b
諸法本無経 769c
諸法無我 1260c
諸法無行経 **769c**
諸法無諍三昧法門 **770a**
諸法勇王経 **770a**
諸門跡譜 **770a**
諸礼仏懺悔文 637a
女媧 678b
如卺 851c
如水 619a
如拙 472b
如雪 1250a
汝岱 604c
汝霖 1470c
助音 **686b**
助行 **700a**
助業 700b,**707b**,849c
助三 8a,106a,738b,**766b**
助修 1173a
助正兼行 849c
助正間雑心 849c
助道対治 636b
助念仏往生 142a
助有法親王 1182c
序分 204a
叙古啓明読律宗正脈法 851c
叙事詩サンスクリット 1357b
徐芸 **765a**
徐光啓 1024b
徐昌治 907c,1154a
徐琳 758c
恕中空室 1390b
除一切蓋障仏頂輪王 911b
除一切障難善神 656a
除憂 1187c
除蓋障院 1363b
除蓋障仏頂 425b
除蓋障菩薩所問経 **765a**,1261a
除饉 1181b
除災法 676b
除士 1181b
除邪顕正 1153c
除障仏頂 911b
除癡迷論 81c
除難灌頂 217c
除女 1181b
除煩悩禅 839b
除夜会 **770b**
上人 **744a**
上人号 744a
小阿闍梨 12a
小威 100c
小閲蔵知津 118a
小王統史 1357a
小我 158b,159a
小開静 169c
小雁塔 225b,938c,1000c
小機 236c,237a
小経 23c
小教院 489a
小渓紹怤 947a
小花樹 1220c
小月氏 327b
小劫 361b
小綱 296b
小参 466c
小史 1357a
小師 **712c**
小止観 667c
小廝子 602c
小室六門 714b
小呪 25a,26b,783b
小誦 294b
小乗 928a
小乗戒 159c
小乗教 395b,409c
小乗教の四門 928c
小乗二十部 1244b
小乗の九部 644b
小乗の五逆 394b
小乗の四分 928c
小乗の涅槃経 1133b
小祥忌 249a
小荘厳寺 711b
小随煩悩 446c,791c
小随惑 446c,791c
小刹 517b
小千世界 827a
小千仏洞 1075c
小相 548a
小叢林清規 **727b**
小得 1065a
小衲 1264a
小の三災 479b
小悲 512b
小白花山 1220c
小白華 1220c
小部 7a,61a,88a,606c,816b,817a,1019a,1226b,1306b
小部集要 **747a**
小法 420c
小品 81a
小品般若経 110c,1175c,1176a
小品般若波羅蜜経 1175c
小身延 1383c
小無量寿経 23c
小練忌 249a
小路 680c
小路辺生 680c
少雲 580b
少康 143a,**707b**,736a
少光天 522c
少室六門集 **714b**
少将阿闍梨 718c
少将大師 718c
少浄天 522c
少処定 589c
少僧都 882a
少内記 1385b
少輔阿闍梨 54b
少輔律師 369a
少文 806a
少欲知足 **759a**
少林寺(中国) **762b**,814a
少林寺(日本) 104a
召雲 1069c

召五方竜王摂疫毒神呪上品経　218c
正為　**690c**
正一教　1042a
正印　**691b**,1292b
正因　64b,**691a**
正因仏性　1228c
正隠宗知　962a
正運　1053c
正依　**692b**
正慧　100a
正映　168a
正覚　177c,**696c**
正覚(中国)　463b,**696a**,1031b,1407a
正覚(日本)　1052a
正覚院(愛知)　1007a
正覚院(比叡山)　393a,887b
正覚寺　550b
正覚禅尼　376a
正覚宗顕　1137a
正覚の一念　696c
正覚の華　696c
正覚仏　261a
正覚普通国師　891c
正覚坊　184b
正学女　523c
正月堂　233b
正観院　887b
正観寺　296a
正観音　558b
正観唯識　1422a
正灌頂　856c
正幹禅師　144c
正機　236c
正教　1369b
正教寺　445c
正慶　1481a
正行　**691a**,**700a**
正行(阿闍梨)　11b
正行(鎌倉)　607c
正行(江戸)　603a
正行寺(栃木)　**701a**
正行寺(長野)　**701a**,1473b
正行念仏　1370b
正見　1161c
正眼国師　1171a
正眼寺(岐阜)　**706a**
正眼寺(愛知)　**706a**
正眼智鑑禅師　1427b
正顕寺　1110a
正源明義鈔　**706c**
正源略集　**706c**
正源略集補遺　706c
正語　1161c
正広　883a
正業　700b,**707b**,1161c
正護寺　1112b
正鯤　**710b**
正勤日王　801a,830c
正三　66b,**712a**,835a,1045b,1117c
正使　1336b
正士　1295b
正食　522a
正邪強会弁　715b
正邪不可会弁　**715a**
正受　1410a
正受庵(神奈川)　1039c
正受庵(長野)　117b
正受院　947a
正受律院　264b
正受老人　117b
正思惟　1161c
正宗広智禅師　66c
正宗国師　1149a
正宗寺(茨城)　**716b**
正宗寺(愛媛)　**716b**
正宗大暁禅師　871a
正宗大隆禅師　888c
正宗分　204a
正修観記　**717c**
正純　1106b
正定　1162a
正定閣　779a
正定業　700b,**720b**
正定寺　1472a
正定聚　481a,**721c**
正定尊者　1407c
正乗　49b,689b
正性決定　352c
正性離生　352c
正精進　1161c
正所被　**722c**
正所被の機　236c
正信(平安～鎌倉)　974a
正信(南北朝～室町)　1112c
正信協会　1215a
正信偈　724c
正信偈大意　789b,790c
正信念仏偈　**724c**
正心住　1297
正善院　1020a
正先達　856c,1420b
正倉院　468c,**726c**
正像末の三時　1352c
正像末和讃　157a,489b
正続大宗禅師　876b
正続大祖禅師　880c
正尊　1123b
正大先達　856c
正仲剛下　880b
正澄　170b,371b,406b,**729b**,918a
正的庵　1325a
正徹　**730a**,883a
正徹書記　622a
正伝寺　100c,**730b**,1145a
正灯円照禅師　1421b
正灯寺　1051b
正灯世譜　646c
正等覚　19b,1124c
正等覚無畏　589c
正東学庠　1118c
正統伝　961a
正念　**744b**,1161c
正念(人名)　145a,406b,663a,**744b**,1292b
正念往生　142b
正念寺　875b
正念誦　1136a
正文　**755c**,898b
正偏五位　360b
正遍知　1124b
正法　1352c
正法院　716b
正法院筑後房　1108c
正法眼蔵　**749b**
正法眼蔵(宗杲)　**749c**
正法眼蔵(道元)　**749c**,892b
正法眼蔵随聞記　**750a**
正法眼蔵註解新集　750a
正法眼蔵註解全書　750a
正法眼蔵涅槃妙心　749b
正法山妙心禅寺宗派図　646c
正法寺(岩手)　**750a**
正法寺(千葉)　**750a**,1100b
正法寺(山梨)　456c
正法寺(静岡)　1102a,1114b
正法寺(愛知)　**750a**
正法寺(滋賀)　64a
正法寺(京都・東山区)　**750a**
正法寺(京都・八幡市)　**750a**
正法寺(熊本)　683b
正法蔵　1125c
正法大聖国師　880c
正法念処経　155a,177b,245b,532a,**750c**,769c
正法妙心　749b
正法務　882c
正法輪身　509b
正法華経　227a,746a,1293a
正法華　1293a
正報　**120c**,830b
正報荘厳　710c
正脈庵　803a
正命　1161c
正命食　522a
正明　**752c**
正明寺　1052a
正明伝　807a
正猷　**757c**,949a
正陽寺　435a
正楽寺　693c
正理　71c
正理一滴　81b,972c,1119b,1314c
正理学派　6a,71c,913b,1123b,1505c
正理経疏　89c
正理評釈　89c
正理論　684a
正暦寺　**760c**
正隆　**760c**
正量部　158c,507a,1455c
正林寺　**762b**,1094c

正蓮社行誉　182c
生　**686b**
生因　64b
生過相似過類　77c
生起因　64b,641c
生起次第　1253b
生起本末　**700a**
生貴住　1297
生貴心住　1297
生経　606c,**700a**
生苦　279a
生空　178c,280a
生空教　1090c
生源寺　**706b**
生死　**713a**
生死海　713a
生死仮　307c
生死の苦海　713a
生色可染　726c
生主　1247c
生主神　956a
生執　617a
生住異滅　548a
生々世々　**722a**
生静慮　546b,688b,
839a
生身　**723b**,1230b
生善悉檀　536b
生酥　1366b
生相　547c
生像　**726b**
生雑染　889a
生蘇味　408c
生天　1020c
生得　**315c**,1276b
生得慧　100a
生得定　688b
生得善　838c
生忍　1127a
生般　531b
生福寺　1282b
生仏(鎌倉・天台宗)
**747a**,1405b
生仏(鎌倉・浄土宗)
845c
生仏一如　**748a**
生仏平等　748a
生仏不二　748a
生変　1033b,1255c
生報　203a
生法二執　617b
生無色　589b,688b
生無性　486c
生滅　**755b**
生滅観　209c
生滅断常一異去来
998a
生滅の四諦　551c
生滅無常　690a
生盲闡提　59b
生盲の衆生　237b
生蓮社往誉　1393a
声　**686c**
声阿　754b
声字義　714a
声字実相　**713c**
声字実相義　97a,
561c,**714a**,903b
声塵得道　**724b**
声前の一句　**726a**
声明　261b,428a,
492b,**752c**,753a,
776c,1340b,1439b
声明記論　1180b
声明源流記　**753c**
声明業度者　937a
声聞　48c,407a,**756a**,
928b
声聞戒　159c
声聞障　687b
声聞乗　49a,633b,
756a
声聞定姓　413b
声聞蔵　756a,**756b**,
1096b,1171b
声聞の十地　631a
声蓮社源誉　257c
肖柏　**745b**
肖門寺　684c,**756b**
抄物　406b
宗趣状　865a
尚円王　880b
尚賢　734a
尚元　523c
尚直篇　**713c**,760c
尚真王　880b
尚祚　**726a**
尚那和修　501b
尚理篇　713c,**760b**
性　668b,**687a**
性阿　723a
性悪の法門　725c
性悪法門　698a
性佞　**690b**,829b
性雲　963a
性易　1069c
性円　**693c**
性演　219a
性応　985a
性戒　159c,711c
性海　71b
性海(鎌倉～南北朝)
1482a
性海(江戸・真言宗)
**694c**
性海(江戸前期・真宗)
961b
性海(江戸後期・真宗)
**694c**
性海果分　71c,1210c
性海寺(福井)　**695b**
性海寺(愛知)　**695b**
性海慈船禅師　1409a
性起　**698b**
性起の縁起　698c
性起唯浄　698c
性起両通　699a
性機　**699a**
性境　509b
性慶　**700a**
性均　329a,**701c**,
1492a
性具　**702a**,1447a
性具三千　492b
性空　280c,281a
性空(人名)　127a,
607c,**702b**,815b,
1008a,1118b
性空観　315b,470a
性空教　315b,472b
性空大師　224c
性瑩　1068b　→独湛
性憲　**705a**
性源　**705b**
性虚空の十義　802c
性厳　1426c
性罪　159c,450a,**711c**
性地　628c
性自性空　280b
性宗　**715c**
性重戒　159c,160a
性種性　635b,1297
性舜　258b
性順　1332a
性訨　764a
性盛　751b,820a
性浄解脱　324c
性浄性染　725c
性浄涅槃　1132c
性浄菩提　1300c
性浄本覚　1320c
性心　737a,1473c
性信(平安)　**722c**,
1130a,1278b
性信(平安～鎌倉)
742a
性信(鎌倉)　**722c**,
788b,1266a
性真　**723a**
性真円智禅師　997b
性尋寺　447b
性潜　**725a**
性善　**725b**
性善性悪　**725c**
性仙尼　481c
性相　**726a**
性相決判　715c
性相法爾　901c
性相融会　715c
性聡　**726a**
性岱　**727c**
性澄　**729b**
性通　1482c
性土　**891c**
性統　402c
性瑫　1406a　→木庵
性得　315c,734a
性得仏性　1228b
性徳　**734a**,1447a
性徳三千　492b
性激　377c　→高泉
性如　1268b
性念処　582a
性仏　261a
性瑜　**756c**
性融　67a
性用別論体　673c
性力派　1368a
性霊集　**761c**
承運　903c
承雲　12a
承演　**693c**
承晧　272c
承仕　887b
承珠　150c
承俊　190a
承兌　406b,**727c**
承澄　8a,**729b**

承天寺　1259b
承陽大師　1044b
　→道元
招喚　1097a,**1161a**
招月(正徹)　730a
招月(野村望東尼)
　1143a
招魂作法　711c
招魂法　**711c**
招召法　676b
招提　**728a**
招提千歳伝記　**728c**
招提千歳伝続録　728c
招提僧　728a
招提僧物　728a,876c
招杜羅　643b
招宝七郎　919c,1070c
昇元寺　177a
昇厳　989b
昌雲　1383c
昌海　**695a**,733c
昌碩　**724c**
昌仙　1170c
昌禅　1111c
昌伝　1011a
昌堂　738c
昌福寺　**746b**
昌隆　**760c**
昌滝　1072c
松蔭寺　**691c**,1149a
松雲(惟政)　45a
松雲(宗融)　897b
松雲(了意)　1466a
松雲元慶　424a
松雲寺　**692a**
松雲大師　134c
松雲派　45a
松翁　83c
松応寺　**694a**
松屋寺　**694b**
松花堂　719a
松花堂流　719a
松花子　559a
松岩　1116a
松月(正徹)　730a
松月庵　925b
松月翁　691b
松源院　876b
松間亭　1128c
松広寺　**708a**
松岡寺　**708b**
松山　98b
松寿　1126b
松生院　**720a**
松雪斎　872c
松仙寺　757c
松泉主人　635b
松堂　457c
松南院座　119a,912a
松坡宗憩　371b
松風　1481a
松本房　1105b
松誉　225a
松林　243c
松林院　1101b
松林寺　1467c
松嶺　1048b
松例祭　1020a
牀　**687a**
牀暦　**763b**
邵元　**705b**
邵文立　711b
青園寺　1459c
青眼律師　1190b
青山　515c
青松江　731b
青松社　134a
青大悲寺　1125a
青面金剛　376c
青目　**755c**,994c,
　1000a
青竜院　1466b
青竜院宮　912b
青竜寺(中国)　**761a**
青竜寺(日本)　534a
青竜寺儀軌　**761b**
青竜寺求法目録　759c
青竜大師　925b
青蓮　921a
青蓮院　3c,139c,
　193b,262a,**763b**,
　1405c,1411c,1412a
青蓮院三院家　653a
青蓮院尊鎮法親王
　305c
青蓮院尊応准后　825c
青蓮院門跡　605b,
　1413a
青蓮院流　763c
青蓮華　1486b
青蓮華寺　1100c,
　1331c
青蓮寺(茨城)　**763c**
青蓮寺(群馬)　**763c**
青蓮寺(福井)　795b
政海　**695a**
政覚大僧正記　797b
昭覚　**696b**,1441a
昭覚寺　639a
昭儀坊　1466a
昭慶寺　**704c**
昭元　**705c**
昭玄　881b
昭玄寺　881b
昭玄都統　881b
昭孝寺　202b
昭乗　**719a**
昭大統　881b
昭超　683b
昭仁寺　639a
昭福寺　639a
昭明　755b
昭明太子　**755b**
昭和新修法然上人全集
　40c
星宿劫　361c,492c,
　1223a
星宿光長者　1414b,
　1415b
星陽　1113c
相国寺(中国)　**709b**
相国寺(日本)　129a,
　405c,**709b**,1324c,
　1374b,1383a
相国寺慧林院　896b
相国寺派　850c
相国承天禅寺　709c
省行堂　1395c
省吾　**706c**
省悟　1453a
省常　**719a**
省念　666c,**744c**
荘厳　271a,**710b**
荘厳劫　361c,492c,
　1223a
荘厳劫の三仏　187a
荘厳光院　147b
荘厳寺(東晋創建)
　**711a**
荘厳寺(劉宋創建)
　**711a**,1075c
荘厳寺(梁創建)　**711a**
荘厳菩提心経　**711c**
荘厳論　933b
荘主　869c
荘善　594b
荘髪　1017b
将軍門跡(賢俊)　343b
将軍門跡(満済)
　1360b
将息寮　1395c
将導　91c
将来目録　759a
将李魚成　**760b**
従容老人　264b
従容録　366a,696b,
　**758c**
消災延寿薬師懺法
　583c
消災呪　**712a**
消災妙吉祥陀羅尼
　712a
消瘦衣　1263b
消伏毒害経　698a
消伏毒害呪　228a
祥雲寺(京都)　340a,
　987c
祥雲寺(大阪)　**692a**
祥園寺　899c
祥慶院　250b
祥啓　**704a**
祥瑞　348a
祥瑞寺　893a
祥邁　473c,1256a
称阿　973c
称故寺　1481a
称讃浄土経　23c,143b
称讃浄土仏摂受経
　23c
称讃大乗功徳経　**712c**
称徳天皇　455b
称念　**744c**,1137b
称念(人名)　**744c**,
　1031c
称念寺(宮城)　**745a**
称念寺(福井)　**745a**
称法の本教　**750c**
称名　53a,720b,**753b**
称名寺(茨城)　225c,
　**754a**
称名寺(千葉)　1469a
称名寺(神奈川)　**754a**
称名寺(岐阜)　382c
称名寺(愛知)　**754a**
称名寺(京都)　1017b
称名寺(兵庫)　1052a
称名正因　753b
称名念　1137b

称名念仏 26a,37b,143b,144a,233c
称名の念仏 1137a
称名報恩 753b
称友 290a,684a,1417a
称揚諸仏功徳経 **758c**
称誉智誓 846b
秤宮 642c
笑隠 919a →大訢
笑雲 821c
笑翁 710b
笑道論 369c,**732c**
笑嶺宗訢 947a
笑螂臂 1138c,1289c
商羯羅主 72b,78b,**697a**,1169b,1507a
商羯羅天 925a
商佉 707a
商那和修 45a,501b,850b
商莫迦 **751b**
商弥国 **752b**
商量 **761b**
唱阿 723a
唱衣 **692b**
唱衣牌 1143b
唱食 522b,924c
唱題 **728a**
唱題成仏 1107c
唱導 **731b**,832c,836a
唱導二家 1003a
唱門師 1186b
唱礼 **759a**
捷疾 1416b
接引 67c
涉成園 860a
清海(中国) 624c
清海(日本) **819b**
清海曼荼羅 **819b**
清覚 **696b**,765b,1149b
清狂 328a
清渓 1013c
清兮 1109c
清虚 253c
清晃 624c
清竦 **718c**,1027a
清珠集 **717c**
清照 111c
清浄 **719a**
清浄戒 164b
清浄巧方便 1284c
清浄華院 **720a**,737a,1094c
清浄光寺 32a,538b,**720b**,912c,1074b,1090a,1093c,1213a
清浄光仏 25b,642c
清浄業処 421c
清浄金剛 1080b
清浄識 23b
清浄浄禅 839b
清浄静慮 839b
清浄真如 802b
清浄施 1217c
清浄道論 21b,80c,293a,325b,421b,979c,1236b
清浄比丘 1242c
清浄毘尼方広経 **722b**
清浄法行経 674b,**722b**
清浄法眼 531a
清浄楽院宮 125c
清禅 156c
清湘老人 1045c
清泰国 24b,**728a**
清曇 **743b**
清範 **824a**
清弁 3b,426c,510c,674c,**748a**,893c,933c,971a,992c,994b,994c,1177b,1247a
清弁護法空有の論諍 426c,748c
清涼寺(滋賀) 247c
清涼寺(京都) 825a
清涼院 684c
清涼国師 1002a
清涼山 1411a
清涼寺(山西省) **761b**
清涼寺(河南省) 814a
清涼大師 1002a
清涼澄観 →澄観
章安尊者 218a
章安大師 218a
章嘉 943b
章懐太子 862a
章疏 **718c**
章疏録 **722c**
章宗(金) 709b
笙の窟 265a
紹益 380a,**693b**
紹鷗 **694a**
紹喜 122c,**699a**
紹継 820a
紹太寺 225c,1041c
紹等 **731b**
紹徳 769c,1299b
紹法媽姐 919c
紹明 985a
紹岷 **755a**
紹隆 95b,395a,**760c**
舂屋 893c
逍遙 950a
逍遙院 588b
掌中論 **729a**
掌珍量導 **730a**
掌珍論 933c
掌簿判官 **751a**
掌簿判官感応使者 1070c
勝 246a
勝友 857a
勝友(人名) **691c**,1423b
勝応院 96c
勝応身 1231c
勝賀 **694c**
勝覚 502c,**696b**,921c,967a
勝月房 311b
勝果道 **697b**
勝願 **697c**
勝願寺(茨城) 225c,**697c**,853c
勝願寺(埼玉) 652c,**697c**,980a
勝願寺(千葉) 811a
勝義 **699b**,801b
勝義空 280b,280c
勝義根 404b,431c
勝義勝義諦 1098,1099b
勝義心 1302a
勝義世俗諦 1098,1099b
勝義善 838b,838c
勝義諦 699b,1097b
勝義不善 838c
勝義補特伽羅 159a
勝義法 **699c**
勝義菩提心 1302a
勝義無記 1391b,1391c
勝義無性 486c
勝行 **700b**
勝虞 **702b**
勝倶胝院僧都 559c
勝軍(王) 525b,703c,1153b
勝軍(論師) 627c,**703c**,1088c,1316c
勝軍王所問経 525b
勝軍化世百喩伽他経 **703c**
勝軍寺(大聖勝軍寺) 937a
勝軍地蔵 15a
勝軍法 915a
勝軍梵志 **703c**
勝解 **704a**
勝解院 874b
勝解作意 449c
勝憲 705a
勝賢 445b,**705a**
勝光(平安～鎌倉) 1382c
勝光(江戸) 1106c
勝光明院 428c
勝興寺 **708b**
勝国道人 427a
勝金色 931c
勝金洲 863a
勝算 660b,**712b**
勝持三蔵 1290c
勝持寺 **713c**
勝者 593a,1092a
勝者時鬘 581a
勝受 576b
勝思惟梵天所問経 603c
勝宗十句義論 110a,**716c**,1505c
勝授寺 **717c**
勝舜 845b
勝定房 114a
勝身 45b
勝信 **723a**
勝進接 1185a
勝進道 570c,1038b
勝進分 **585b**
勝詮 **725b**
勝超 1194c
勝長寿院 **729c**,1111c
勝天王般若経 197a

勝天王般若波羅蜜経 1176a
勝道 **731c**,1111c,1359c,1478b
勝道沙門 610c
勝道上人 997a
勝念寺 1016a
勝の三修 482a
勝範 733c,**745c**
勝仏頂 425b
勝方便 1284a
勝満 755a
勝鬘(末利夫人) 1358b
勝鬘経 49a,49b,172c,286a,295c,408c,472a,**751b**,955b,1125c,1338a,1340c,1398a
勝鬘経義疏 **752a**
勝鬘経疏 752a
勝鬘経疏義私抄明空述釈上宮疏 1117a
勝鬘寺(福井) **752a**
勝鬘寺(愛知) **752a**,1331b
勝鬘師子吼一乗大方便方広経 751b
勝鬘師子吼一乗方便経 751c
勝鬘夫人 751b,**752b**,1153b,1358c
勝鬘宝窟 **752b**
勝妙身 45b
勝楽寺(茨城) 716b
勝楽寺(埼玉) 730b
勝立寺 **761a**,1115c
勝林 243c
勝林院 68b,149a,347a,753a,**762a**,1094c,1402c
勝林寺(京都) 542b
勝林寺(東福寺塔頭) 1058c
勝劣派 1102c
勝蓮寺 **764a**
勝蓮社 700a
湘山 1147a
湘南宗沅 1360a
湘南亭 459b
焼香 362a,362b,1224c
焼香侍者 869a
焼山寺 534a
焼炙地獄 532a
焦山寺 693b
焦熱地獄 532a
猩々翁 719a
翔公 1176b
翔蓮社鳳誉 1446a
証 **687b**
証慧 **692b**,711a,737b,738c
証果 687b
証契大乗経 934a
証義 **699c**,1417b
証救 1268c
証空 33b,142a,234c,340b,385b,420b,479a,540a,665c,691b,**702b**,712c,716a,733c,737a,738a,821c,845c,1127c,1172a,1343b,1436b
証空(聖空) 1081b
証空絵詞 1081b
証賢 251b,365c,500b,720a
証玄(鎌倉) **705c**
証玄(江戸) 1241b
証悟 **316b**
証自証分 585b
証重 482c
証誠 **719b**
証誠寺(千葉) **721a**
証誠寺(福井) 376b,**721a**,1124a
証誠殿 60b
証定閣 270a
証定疏 234b
証成道理 1061c
証真 149a,**723a**,1028b
証信序 204a
証通国師 1275b
証道 **268c**
証道(人名) 576a
証道歌 **732b**,1117a
証道方 576b
証道方便 1284b
証道同円 269a
証道の重玄 1120a
証得勝義諦 1098,1099b
証得世俗諦 1098,1099b
証得法身 1230c
証入 737b,**743c**
証如 43b,**744a**,1034b,1323a,1419c,1490a
証如上人書札案 43b
証如上人日記 1034b
証不退 1220a
証仏 36b,**747b**
証菩提寺 **751a**
証発心 1302a
証満成仏 747c
証文 1417b
鈔 686a
鈔鑼 465b
摂阿毘達磨義論 18b,21b
摂衣界 326b
摂護 833c
摂山 **712b**
摂食界 326b
摂折二門 718a
摂数帰王唯識 634b
摂衆生戒 162a
摂受門 **718a**
摂召法 676b
摂心帰仏論 734a
摂真実経 **724b**
摂真実論 614c,965c
摂善法戒 162a
摂僧界 326b
摂相帰見唯識 634a
摂相帰性唯識 634b
摂大乗論 487b,661b,719b,**728a**,764b,764c,797b,1118a,1230c,1231a,1251b,1316c,1394c,1395b,1430c
摂大乗論釈 508c,520c,667c,719b,764c,928b,1316c,1395b,1488c
摂大乗論釈略疏 728b
摂大乗論本 728b,1032c,1196a
摂大毘盧遮那成仏神変加持経入蓮華胎蔵海会非生曼荼攞広大念誦儀軌供養方便会 943a
摂八転義論 **745b**
摂伐羅伐底河 995c
摂伏諸魔善神 656a
摂仏帰心論 734a
摂末帰本識 412b
摂末帰本法輪 496c,497a
摂摩騰 191a
摂益 **756b**
摂無礙大悲心大陀羅尼経計一法中出無量義南方満願補陀落海会五部諸尊等弘誓力方位及威儀形色執持三摩耶幖幟曼荼羅儀軌 1220c
摂律儀戒 162a
摂嶺 712b
摂論宗 728b,**764b**,797b,1430a
照瑩 709a
照栄院 **693a**
照円寺 **694a**
照海 1112b
照覚普済禅師 348c
照鑒 **697b**
照願寺(茨城) **698a**
照願寺(千葉) **698a**
照見大菩薩 1019b
照高院 156b,**708a**,1412a
照厳寺 **711b**
照権実鏡 666a,**711b**
照山 111b
照山元瑤 1476c
照真 132b
照檀 216a
照珍 **729c**
照天祖鑑国師 865c
照堂 **731c**
照範 793a
照氷堂 1056a
照法輪 504a
照黙 451c
聖位経 **690c**
聖一派 850c
聖一国師 1259b
聖雲 730b
聖雲法親王 502c
聖慧 100a

聖慧(人名) **692b**, 1202c
聖円 379a
聖応大師 1474c
聖賀 22b
聖快 **695b**
聖戒 60c, 212a, **695a**
聖鎧 30c
聖覚 734a, **819b**
聖迦柅忿怒金剛童子菩薩成就儀軌経 438c, **697b**
聖観(平安～鎌倉) 591b
聖観(鎌倉～南北朝) **697b**, 734b
聖観(室町) **697b**
聖観音 1495c
聖観音宗 1027c
聖鑑国師 348c
聖行 396a
聖行房 68b
聖教 **700c**
聖教序 **701b**
聖教序記 701b
聖教要実論 296c
聖教量 1465b
聖救 840c
聖救度仏母二十一種礼讃経 **703b**
聖軍 30b
聖冏 266b, 346b, 411c, **704a**, 741b, 742b, 780c, 1030b, 1234b
聖堅 223c
聖憲 544b, **705b**, 936b, 1132a, 1328a, 1351a
聖賢 434a, **705b**, 921c
聖護院 156b, 665a, **707a**, 897c, 1411c, 1412a
聖光房 1258c
聖皇曼陀羅 735b
聖言量 1505c
聖士 1295b
聖慈寺 **713c**
聖持世陀羅尼経 92c
聖者 352b, 744a, 1331b
聖者流 298a
聖守 **715b**
聖衆 **715b**
聖衆来迎 715b
聖衆来迎寺 171b, 334c, **718a**
聖衆来迎図 26b, 98b, 715b, **718b**, 741c, 1094b
聖衆来迎練供養会式 956c
聖種性 1297
聖寿万年寺 201c
聖昭 **718c**
聖尋 **723b**
聖神寺 1093b
聖節上堂 732a
聖善住意天子所問経 954c
聖僧 **726b**
聖僧侍者 726b, 869a
聖僧堂 892a
聖聡 411c, 704b, **726b**, 736a, 741b, 885c
聖諦現観 336b, 353a, 551b
聖諦第一義 184a
聖提婆 950a
聖沢庵 1380a
聖忠 **729a**
聖冑 30c
聖天 245a
聖天(論師) 950a
聖天院 **730b**
聖天壇 420c
聖道 1038b
聖道衣料篇 **732b**
聖道門 26a, **732c**
聖道門の菩提心 1302b
聖徳寺 458b
聖徳宗 1288a, 1317a
聖徳太子 7c, 41c, 63a, 113b, 113c, 186b, 198b, 227b, 227c, 229a, 253c, 274c, 293c, 385c, 391b, 424c, 523a, 545a, 577c, 581a, 607c, 608b, 612b, 632a, 702c, 710c, **734b**, 734c, 736b, 740b, 745a, 750b, 751b, 751c, 752a, 788b, 799c, 806a, 827c, 837a, 845b, 913c, 924a, 937a, 952a, 964c, 972a, 995b, 1007a, 1007b, 1008a, 1024c, 1081a, 1085b, 1118b, 1125b, 1153a, 1170c, 1188c, 1226a, 1268c, 1288b, 1293c, 1305c, 1307a, 1308a, 1369b, 1373b, 1388a, 1417a, 1426b, 1475a, 1487c
聖徳太子絵伝 118b, **734c**
聖徳太子講讃図 912a
聖徳太子御本地 **735a**
聖徳太子像 **735a**
聖徳太子伝暦 734c, **735b**
聖人 **744a**
聖人寺 518a
聖然 **744c**
聖福寺(福岡) 102a, 405c, **746b**, 991c
聖福寺(長崎) **746b**
聖仏地経解説 167c
聖仏母般若波羅蜜多心経 1177a
聖不動経 **748a**
聖宝 149b, 153b, 278a, 385c, 457c, 607c, 654a, 664a, 664c, **748c**, 777c, 785a, 796a, 825a, 921c, 1057a, 1268a
聖武天皇 368b, 385c, 400a, 626b, 727a, **755a**, 762c, 923b, 938b, 987b, 1054c, 1214c, 1267c, 1475a
聖無動院 867a
聖無動尊大威怒王秘密陀羅尼経 **755b**
聖無量寿経 1280c
聖勇 607b, **757c**, 1299b, 1351b, 1404a
聖遊山 712c
聖浴 1435b
聖竜樹 297c
聖霊 761b
聖霊院 974c
聖霊会 578a, 924b
聖霊送り 958c
聖蓮社慶善 1469a
鉦鼓 **706c**
彰所知論 611c, **722b**, 1151b
彰如 147c
精義 1458b
精舎 513a
精進 **723b**, 1167c
精進院 1106c
精進心 1297
精進如意足 581b
精進波羅蜜 1167c
精霊 **761b**
精霊会 761b
精霊送り 93c
精霊棚 94a
精霊迎え 93c
蔣山 712c
障 **687b**
障礙 **704a**
障礙(人名) 39b
障礙有対 919a
障尽解脱 324c
障雑染 889b
障法不虚決定授記無畏 590a
韶鳳 314a
韶麟 **761c**
賞山 **712b**, 781a
璋円 1317b
蕉雨 811a
蕉堅稿 **706a**
蕉堅道人 996b
請雨 238a
請雨経 238a, **692a**
請雨経法 518c, 692a
請雨経曼荼羅 238a, 692a, 926c
請雨法 238a, **692a**
請益 756b
請観世音経 698a
請観世音懺法 228a
請観世音菩薩消伏毒害陀羅尼呪経 194c, 228a, 698a
請観音経 228a, **698a**, 698b
請観音法 **698b**

請召(文殊使者)　1411a
請召童子　1411a
請賓頭盧法　**745c**
請益　**756b**
請来目録　**759a**,786b
請来録　759a
嘯岳鼎虎禅師　1048c
樵谷　1425b
樵谷惟僊　37a
燋炷の十地　629a
甑瓦　1043a
蕭琛　473a
鍾馗　**699a**
鍾山　**712c**
聶承遠　527c
聶道真　223b,506b,662a,954c,1296c,1410b
鐘　**687b**
鐘下房少輔　371c
鐘山(人名)　1483b
鐘堂　179b
鐘楼　206a,687c
上(人名)　89b
上衣　1263b
上衍　928a
上界　468a
上界天　1093b
上機　236b
上行院　658b,1105a,1093b,1434a
上行院(日尊)　1105a
上行院(日叡)　1100c
上行寺　1106a
上行菩薩　175a,242a,328c,**701c**,1108a,1219b
上宮王院　1288b
上宮皇院菩提寺　964c
上宮寺(茨城)　**702c**
上宮寺(愛知)　**702c**,1331b
上宮聖徳法王帝説　**703a**
上宮太子　734b,765c
上宮太子会　924a
上宮法華疏　1308a
上求下化　703b
上求菩提下化衆生　**703b**
上軍王　86c
上華厳寺　320b
上顕戒論表　335c
上国寺　**710a**
上根　432a
上根の満　174c
上座　477a,868b,881b,911a,1009a
上座部　7a,21a,21b,80c,292a,816c,826a,940b,945b,1082c,1169a,1202a,1236b,1245a,1455b
上寺　517b
上厠法　**715a**
上首　**715b**
上昭　**719b**
上乗　49a,928a
上乗院(青蓮院院家)　**720a**
上乗院(南禅寺)　991c
上乗院宮　720a
上定林寺　1077b
上嚫　1217b
上善寺　1497c
上善寮　1209a
上僧　726b
上足　535b
上丹田　976a
上智慧輪三蔵決疑表　1043c
上通寺院　518a
上転　703c
上転下転　703b
上転の法門　1343a
上転門　1305a
上天竺寺　1023c
上統　1276c
上堂　**731c**
上東門院　50a
上読衆　297c
上読法門　297c
上二界　468a
上人　1295b
上輩観　655b
上方山　1273b
上方本寺　518a
上品蓮台寺　**751b**
上茅宮城　141c
上茅城　288c
上流般　531b
上﨟　1291b
丈草　**726c**
丈夫　159a,**746a**
丈夫城　200b
丈六　1231a
丈六寺　**764a**
丈六像　1234a
成円　566c
成縁　274c
成覚　1139b,1139c
成覚房　371c
成空　1373b
成具光明三昧　703b
成具光明定意経　686b,**703b**
成仮中　998c
成賢　465c,562a
成劫　361b
成金剛院　567a
成時　**713b**,739a
成実宗　**714a**,715a
成実論　28c,160b,207a,308a,332a,332c,360a,411a,504c,505a,537c,565b,591c,658a,714a,**714c**,998a,1097c,1239b,1391a
成就　297c,564c,**715b**,1065a
成就院　274c,1128c
成就灌頂　217c
成就持明仙　589a
成就仙衆　589a
成就法華儀軌　717c
成就明仙　589a
成就妙法蓮華経王瑜伽観智儀軌　**717c**,1294c
成秀　171c
成正　1150b
成正覚仏　261a
成勝寺　**721a**,1498b
成所作智　981c
成信　212a
成尋　398b,418c,438a,496b,**723c**,952c,1026b,1113b,1480c
成尋阿闍梨母集　**724a**
成身一会の曼荼羅　1362b
成身院　922b
成身会　1362b
成身文集　**724c**
成相　1499a
成尊　823a
成道　**732a**,747b
成道会　**732a**,1097a,1262a,1262b
成徳寺　697b,**734b**
成忍　316c,**744b**
成然　1373b,1373c
成仏　732a,**747b**
成弁　384a
成宝　→せいほう
成法　905a
成菩提院(滋賀)　393a,718c,**750c**
成菩提院(京都)　37a
成満院　1459c
成弥陀和讃　401b
成唯識分量決　585c
成唯識宝生論　427a,1423c
成唯識論　29a,57c,159a,306a,308a,324b,336c,426c,485c,486b,589b,627c,630b,635c,641c,699b,700b,723c,**756c**,791c,801c,978b,1023b,1032b,1065b,1080a,1098c,1316b,1339c,1354c,1422a,1423a,1423b
成唯識論演秘　**757a**
成唯識論観心法要　757a
成唯識論述記　307b,673c,757a,**757b**,864a
成唯識論掌中枢要　757a,**757b**
成唯識論本文鈔　757a
成唯識論了義灯　757a,**757c**
成蓮院　354b
成蓮抄　**764a**,1255a
成蓮房　354b,764a
条支　936b
杖錫寺　590c
杖林　**762a**
定　426a,**687c**
定異　**690c**

定意　701a
定印　65b
定恵　312a
定慧　518c
定慧(朝鮮)　**692c**
定慧(飛鳥)　276c,305b,**692c**,923b,953c,974b
定慧(鎌倉～南北朝)　**692c**
定慧(江戸)　169b
定慧円明禅師　340a
定慧結社文　**693b**
定慧寺(中国)　**693b**
定慧寺(日本)　104a
定慧禅師　649b
定慧尊者　173c
定慧不二　1500a
定慧明光仏頂国師　1250c
定円(仏師)　**693c**
定円(園城寺)　832c,1003a
定海　15c,**695b**
定覚(平安)　67c,720a
定覚(鎌倉)　**696c**
定額寺　517b,535a,**696c**
定果色　519c
定厳　366b
定機　237a,689b
定暁　**700c**
定暁方　700c
定共戒　160c
定慶(平安～鎌倉)　**704b**,1227a
定慶(肥後法眼)　**704b**
定慶(越前法橋)　**704b**
定月　**705a**
定兼　779c
定賢(平安)　**705c**
定賢(鎌倉)　702a,883c
定毫　707c
定業　364c
定豪　**707c**
定豪方　707c
定光寺　766b
定光如来　1136c
定光仏　484a
定済　502c,**712a**
定散　687c,1138a
定散自力　689b
定散二機　689b
定散二心　689b
定散二善　337b,689b
定散料簡義　712c
定散料簡三重六義大意事　**712c**
定山　907a　→祖禅
定地　688b,689a
定識　1438c
定者　**715a**
定宗論　**717b**
定助　**718c**
定昭　49c,**719b**
定照(平安)　49c
定照(平安～鎌倉)　**719c**,1139c
定紹(南北町～室町)　**719c**,854b
定照禅師　1040a
定障　687b,1339c
定乗　1148a
定性縁覚　413b
定性声聞　413b
定性二乗　413c
定性菩薩　413b
定生喜楽地　288a
定上座　1477a
定静慮　688b,839a
定所生色　519c
定心　1297
定心念仏　1137c
定心房　681a
定信　24c
定親　989b
定成　975a
定清　707c,**724c**
定清方　724c
定是非摧邪顕正破壊一切心伝　1484a
定専　715c
定善　233c,689b,838b
定善の機　237a
定尊　846a,846c
定智(平安)　**728c**
定智(南北朝)　1216b
定中独頭の意識　41b
定中の意識　41b
定朝　**729c**,1199b,1226c,1228a,1267c
定朝様　729c
定澄　736b
定珍　**730a**,859a
定答　524b
定然　716c
定範　967a
定盤子　745c
定盤星　**745c**
定賓　**745c**
定命　**753b**
定無色　589b,688b
定誉(平安)　387c,**758a**
定誉(江戸)　211b
定林　705b
定林寺　**762c**
定蓮社音誉　697c
定蓮社正誉　181a
帖外御文　154a
帖外和讃　489b
承雲　492b
承円　**693c**
承応の鬩牆　451c,478b
承遠　**694b**,1172c
承元・嘉禄の法難　702c
承元の法難　371c,1139b
承皓　**707c**
承聖篇　1145c
承天寺　**730b**
長阿含　6c
長阿含経　7a,245b,611a,817a,871c,1086a,1131b,1342a,1506b
長阿含世記経　1455a
長翁　1123c　→如浄
長覚房　728c
長跪　448a,1437b
長行　**707c**
長時修　667c
長時の念仏　1137a,1137c
長日三壇法　496a
長版　98b
長部　7a,611a,816c,1131b,1342a,1448c
長明灯　1060a
長物　**755c**,1191c
長養　**758b**
乗　**689b**,928a
乗因　1063a
乗円(鎌倉)　1056a
乗円(江戸)　**694a**
乗恩　736a
乗戒倶緩　696a
乗戒倶急　696a
乗戒の四句　**696a**
乗緩戒急　696a
乗観房　1105c
乗願房　624c
乗急戒緩　696a
乗賢　382a
乗純　1335b
乗誓院　695a
乗専　295a,376a,**725b**
乗念　853c
乗明房　1008b
城方流　1405b
城端別院　**745b**
城満寺　702a
城誉　101b
拯済　457c
浄　719a,749b
浄阿　246b
浄阿弥陀仏　778a
浄一　854a
浄因　**691c**
浄印翊聖国師　996b
浄院寺　750b
浄雲　846c
浄運寺　1094c
浄衣　**692c**
浄恵　608a
浄慧(中国)　1250a
浄慧(日本)　790a
浄慧寺　1503a
浄慧法眼禅師宗門十規論　651b
浄音　385c,**694b**,737b,821b,868a
浄賀　390c,**694c**,807b
浄戒　159b
浄界　730c
浄覚(唐)　1468a
浄覚(北宋)　1128b,1318b
浄覚(日本)　4c
浄月　**697a**,1080c,1423b
浄観地　628c
浄行院　1106a
浄行社　719a
浄教寺　**701a**

浄空(江戸・真義真言宗)　**702c**
浄空(江戸・浄土宗)　1030a
浄華院　720a
浄華衆　**704c**
浄家諸廻向宝鑑　765a
浄検　**705c**
浄源　105c,125a,**705c**
浄源寺　339b
浄源脈譜　**706b**
浄眼王子　1414b
浄眼如来　1414b
浄賢竹庭　537c
浄光(鎌倉)　382a
浄光(南北朝～室町)　854a
浄光寺(福島)　**708b**
浄光寺(茨城)　**708b**
浄光寺(新潟・北山浄光寺)　**708b**
浄光寺(新潟・蒲原浄光寺)　**708b**
浄光大師　243a
浄光明寺　**709a**
浄業　365c
浄業(中国)　415c
浄業(鎌倉)　**707c**
浄業(室町～戦国)　1428a
浄業寺(中国)　171a,1053a
浄業寺(日本)　705b
浄業社　451c
浄業知津　**709a**
浄業痛策　**709a**
浄業和讃　284a,**709b**
浄業障経　**710b**
浄興寺　**708c**
浄国　730c
浄国寺(埼玉)　**710a**,980a
浄国寺(大阪)　**710a**
浄厳　136b,572b,**710c**,786c,1259a,1481a
浄厳院　16a,**710c**,1458c
浄厳房　1458c
浄金剛院　692b,**711a**,980c
浄地　629b
浄識縁起説　1126b
浄宗護国篇　**716a**
浄住子　583b
浄住子浄行法門　369c
浄住寺(石川)　702a,**716c**
浄住寺(京都)　**716c**
浄修文僜　907c
浄春　373b
浄定　688c
浄心誡観法　**724b**
浄心地　1298
浄心寺　**724a**
浄信寺　**724a**
浄真寺　192a,**724b**
浄刹　730c
浄泉　142c,1473b
浄善　870b
浄禅寺　1497c
浄蔵(中国)　989a
浄蔵(日本)　**726c**,1118b,1148a
浄蔵王子　1414b
浄蔵貴所　726c
浄蔵如来　1415c
浄触　**727b**
浄智　916a
浄智寺　405c,**729a**
浄椿　863c
浄天　1020c
浄典目録　**730b**
浄土　**730c**
浄土院(中国)　385b
浄土院(比叡山)　1179c
浄土院(京都市)　736c
浄土院(京都・宇治市)　1199b
浄土院鈔　183a
浄土絵　741c
浄土依憑経論章疏目録　**732c**
浄土往生伝　**732c**
浄土簡要録　**733a**
浄土疑端　**733a**
浄土疑弁　**733a**
浄土疑問解　**733a**
浄土疑問釈答　733b
浄土教　139c,142a,430a,**733b**,1353a
浄土境観要門　**734a**
浄土経典　13b,1172b
浄土血脈論　**735b**
浄土決疑鈔　366a,**735b**,849a
浄土繋念会　1056c
浄土見聞集　620a,**735b**,789b,790c
浄土顕要鈔　1193b
浄土源流章　**735c**
浄土五会念仏誦経観行儀　392c
浄土五会念仏略法事儀讃　392c
浄土五祖絵伝　**735c**
浄土五祖像　907b
浄土金剛心義　590b
浄土三経往生文類　789b
浄土三国仏祖伝集　**736a**
浄土三部経　23c,345c,737b
浄土三部経音義(乗恩)　**736a**
浄土三部経音義(信瑞)　**736a**
浄土三部経音義(珠光)　**736a**
浄土三部経音義集　736a
浄土三部経釈　252b
浄土三曼荼羅　25a,819b,956c
浄土寺(中国)　833a
浄土寺(朝鮮)　1151c
浄土寺(京都)　**736b**
浄土寺(兵庫)　**736b**
浄土寺(奈良)　1419c
浄土寺(広島)　**736b**
浄土寺(愛媛)　534a
浄土寺関白　736c
浄土寺座主　736b
浄土寺山　958c
浄土指帰集　**736c**
浄土旨訣　**736c**
浄土十勝節箋論　736c
浄土十勝論　651c,**736c**
浄土十勝論補助義　736c
浄土十疑論　**737c**,739a
浄土十要　713b,**738c**
浄土十六箇条疑問答　**739b**,739c
浄土慈悲集　**736c**
浄土釈疑集　733a
浄土宗　338a,733c,**737a**
浄土宗一流血脈譜系　371c
浄土宗一心院派　744c
浄土宗五重相伝　704b
浄土宗三条派　979a
浄土宗四カ本山　720a
浄土宗捨世派　58a,744c
浄土宗初学鈔．**738a**
浄土宗西山光明寺派　737b
浄土宗西山禅林寺派　737b,867c
浄土宗西山派　420c,691b,702b,737b,**738a**
浄土宗西山派嵯峨流　711a
浄土宗西山派法度　514a
浄土宗西山深草派　737b,789a
浄土宗西山曼荼羅寺派　737b
浄土宗鎮西派　345c
浄土宗頓教一乗円実大戒布薩法式　741c
浄土宗東山流　743c
浄土宗名越派　846a,1456a
浄土宗名目　**738c**
浄土宗名目問答　**738c**
浄土宗派承継譜　**738b**
浄土宗八祖　741b
浄土宗常陸本山　747a
浄土宗要集(弁長)　**739a**
浄土宗要集(良忠)　**739a**
浄土宗要集(顕意)　**739a**
浄土宗与経宗宗論之記　743c
浄土宗与日蓮宗宗論之記　743c
浄土修証儀　**739b**

浄土述聞鈔　**739c**, 1469a
浄土正依経論書籍目録 732c
浄土聖賢録　**739c**
浄土生無生論　739a, **739c**
浄土初学集　738a
浄土資糧全集　**739c**, 882b
浄土信仰　401c,718b
浄土神珠　**740a**
浄土真宗　737b,788a
浄土真宗聞書　**740a**
浄土真宗教典志　**740a**
浄土真宗玉林和歌集 607b
浄土真宗遣迎院派 340b
浄土真宗弘長遺法類篇 **740a**
浄土真宗七祖伝　**740b**
浄土真宗下野流本尊義 591c
浄土真宗正依聖教目録 740b
浄土真宗聖教目録 **740b**
浄土真宗僧宝伝　**740b**
浄土真宗大名目　**740b**
浄土真宗本尊義 **740c**,1333c
浄土真宗諭客編　327a
浄土真要鈔　**740c**, 789b,790c
浄土晨鐘　**740c**
浄土瑞応伝　143a
浄土随学　**741a**
浄土折衝篇　1138c, 1289c
浄土相承の五師　737a
浄土大意鈔　**741a**
浄土竹林鈔　986a
浄土鎮流祖伝　742a
浄土伝灯総系譜　**741a**
浄土二蔵二教略頌 **741b**
浄土の大菩提心 1302b
浄土八祖伝記纂　741b
浄土八祖列全伝記纂 **741b**
浄土必求　**741b**
浄土布薩戒　163b
浄土布薩式　**741b**
浄土変　741c
浄土変相　**741c**,1256a
浄土変相図　863a, 1233c
浄土宝珠集　805b
浄土法門見聞章　**742a**
浄土法門見聞鈔　742a
浄土法門源流章　735c
浄土本朝高僧伝　**742a**
浄土曼荼羅　24c, 741c,1256a,1364a
浄土文　1461b
浄土文類集　740c
浄土文類聚鈔　491a, **742b**
浄土門　26a,**732c**
浄土門の菩提心 1302b
浄土要言　**742b**
浄土律　1454a
浄土略名目図　275b, **742b**
浄土列祖伝　225a
浄土論(世親)　58a, 61a,143c,157b, 173a,219a,240b, 390c,401a,423b, 495c,631a,710b, 719b,733b,737b, **742c**,831b,971a, 1013b,1120a,1300c, 1304a,1400c,1440b
浄土論(迦才)　187c, 645b,**742c**,1220a
浄土論(道安)　501a
浄土論註　61a,142a, 187c,373a,471a, 479c,501a,567c, 579c,631a,634a, 645b,646a,742c, **743a**,770c,793b, 971a,1089a,1120a, 1395a
浄土或問　**743b**
浄土和讃　467a,489b
浄等至　688c
浄度三昧経　**736b**
浄肉　**743b**
浄日宗論記　**743c**
浄如　**744a**
浄人　**744b**,870a
浄髪　1017b
浄玻璃の鏡　1402b
浄福寺　**746c**
浄分依他起性　486a
浄法　**749b**
浄法(人名)　335a
浄法熏習　306b
浄法寺(群馬)　**750b**
浄法寺(三重)　766b
浄房　206b
浄菩提心庵　1043a
浄発願寺　975c
浄飯王　232c,235c, 400c,535c,596c, **751a**,1004b,1088c, 1193c,1348a,1348b
浄飯王般涅槃経 **751b**,871c
浄品唯識　1422a
浄満寺　573c
浄名　1425c
浄名院　1481c
浄名経の七喩　1198a
浄名玄義　525a
浄名玄論　**754a**,1426b
浄妙寺(神奈川) 271b,405c,406a, **754b**
浄妙寺(愛知)　225c, **754b**,778b
浄妙寺(京都)　**754b**
浄妙寺(和歌山)　**754b**
浄明尼　**755a**
浄目天子　1273a
浄影寺　107a,**758b**
浄楽寺　1469a
浄林　781c
浄瑠璃寺(京都)　**762c**
浄瑠璃寺(愛媛)　534a
浄瑠璃寺吉祥天像厨子 814c
浄瑠璃世界　731a, **763b**,1415b,1415c
浄瑠璃世界曼荼羅 741c
浄歴　**763b**
浄蓮　1375a
浄蓮華院　1474b
浄蓮房　1278a
貞観寺　886c,1093b
貞観寺僧正　776c
貞暁　265a,**700c**
貞慶　149a,169b, 188a,212a,302a, 383c,**704c**,1139b, 1307b,1317a,1384b, 1384c,1392a
貞元新定釈教目録 662b,**706b**,941a
貞元録　706b
貞舜　556b,**718c**
貞松房先徳　996a
貞徳寺　1048b
貞和集　**764c**
貞和類聚祖苑聯芳集 371b
常　**689c**
常安寺(新潟)　**690b**
常安寺(三重)　**690b**
常胤法親王　1383c
常栄寺(神奈川)　**693a**
常栄寺(山口)　**693a**, 1048c
常円　1365a
常音　**694c**
常華　286c
常覚　608b
常歓喜　728c
常喜院阿闍梨　777b
常喜院鈔　465c
常喜院流　777b
常暁　4c,**700c**,759b, 919c,1116c,1117a
常暁和尚請来目録 759b
常行庵　112a
常行乞食　963a
常行三昧　26a,541b, 733c,1172b
常行三昧堂　505b, 541c,1350c
常行堂　541c,1054a
常行堂(比叡山) 1179c
常敬寺(千葉)　**701a**
常敬寺(新潟)　**701a**
常境寺　1115a
常謹　549c
常見　403a
常光　384c
常光院　1115a
常光国師　1374b

常光寺(福島)　**709a**
常光寺(東京)　1494a
常光寺(京都市)　693b
常光寺(京都・宇治市)　1153a
常光寺(大阪)　**709a**
常高院栄昌尼　709a
常高寺　**709a**
常香盤　362c
常済　12a,**712a**
常済大師　701c
常在霊山　1232a
常坐三昧　541b
常寂　1130a
常寂光土　1238c
常宗　538a
常住　**715c**
常住院　**716a**
常住教　407b,472a,524c,**716a**
常住寺　892c,1093b
常住相似過類　77c
常住僧物　876c
常修多羅宗　1134b
常照　1493a
常照皇寺　721b
常照寺(京都・北区)　457a,**721b**,1110b
常照寺(京都・福知山市)　1105b
常照寺(京都・北桑田郡)　**721b**
常照寺(岡山)　342b
常照上人　758a
常精進菩薩(賜号)　918c
常途　1013c
常施寺　414b
常施無畏寺　414b
常善寺　**725c**
常総　**726c**
常啼菩薩　656a,**728c**,1278a
常騰　455b,**731c**
常灯明　1060a
常忍　1064a
常然　1373b,1373c
常念寺　**745a**
常念仏　1138a
常悲　728c
常被軽慢　746a
常不軽院(日昭)　1113b
常不軽院(日真)　1114a
常不軽菩薩　381c,**746a**
常福寺(茨城・那珂郡)　**746c**,980a,1471a
常福寺(茨城・筑波郡)　**746c**
常福寺(三重)　**746c**
常福寺(広島)　1374c
常法檀林所　1463b
常法幢地　518a
常懋　**755a**
常夜灯　1060a
常祐　312a
常誉察阿　837b
常楽院(東京)　1494a
常楽院(神奈川)　1438b
常楽院(人名)　1110a
常楽院流　1405b
常楽会　535a,1133a
常楽我浄　**760a**
常楽記　187c
常楽寺(石川)　1116b
常楽寺(三重)　1042b
常楽寺(滋賀)　**760b**
常楽寺(京都)　**760b**
常楽寺(徳島)　534a
常楽台　760b,910b
常隆寺　**761a**
常林寺　1113c
常蓮社連誉　97c
情有理無　486a
掉悔　**704a**
掉悔蓋　6a,393a
掉挙　**707a**
盛阿　1409c
盛賢　235a
盛光院　1058c
盛算　825b
盛典　732b
盛誉　321c,**758b**
盛蓮社成阿　1471a
紹瑾　311a,463c,479b,**701c**,716c,851a,883c,1022c,1433b
紹碩　**725a**,750b,863c,883c
紹智　16a
紹巴　**745a**
紹明　406b,**753b**,946c
彰淵　549a
誠研　1109c
誠照寺　**721b**,1124a
誠拙　639c
肇蓮社源誉一法　813a
肇論　**764b**
趙州和尚　637b
趙州勘婆　**716a**
趙州狗子　292b
趙州揀択　512c
趙州三転語　**716b**
趙州至道　512c
趙州四門　**717a**
趙州従諗　→従諗
趙州洗鉢　**717a**
趙州大死底　**717b**
趙州柏樹子　**717b**,905c
趙州無字　851a
静　907c
静安　**690b**
静恵法親王　707a
静琬　1273b
静基(平安～鎌倉)　567a
静基(江戸)　1368b
静居和尚　264a
静居寺　264a,821b
静照(平安)　539c
静照(鎌倉)　378a,**719c**
静仙院　441c
静泰　940c
静泰院　760c
静然　271c,561c
静遍　416c,661c,**748c**,1172a,1376b
静法寺慧苑　106c
静明　**753c**
静明国師　1021b
静誉　**758b**
静慮　463a,688c,838c
静慮解脱等持等至智力　653b
静慮生律儀　160c
静慮波羅蜜　839a
静慮律儀　160b
静蓮社慧玄　1471a
調御丈夫　1124c
調熟　668a
調達　950b
調伏　**746b**,1449b
調伏海　560c
調伏軍　1174c
調伏光　**746b**
調伏蔵　493b,746b
調伏天(天)　1093b
調伏天(人名)　81a,220a,1119b,1423c
調伏法　676b,746b
諍　**690a**
諍根　1336b
孃　569
孃矩吒　**703b**
錠光如来　1136c
錠光仏　1045b
蠰佉　**706c**
蠰佉王　1036c
蠰佉大蔵　553c
蠰佉転輪聖王　553c
蜀版　941a
嘱累　1219b
蝕星　558c
燭台　1225a
濁業　364c,1074a
白川院　707a
白川御殿　708a
白川門徒　779c
白河院御願寺　334b
白河寺　1398c
白河上皇　387c,707a,897c,1360c
白河新阿弥陀堂　334b
白河禅房　433a
白河僧正　891a
白河天皇　1315b
白旗流　737a,1469a
白比丘尼　1163c
新羅楽　1205c
新羅明神像　1329c
調雲集　**770c**
汁講　363b
白帯の行者　174c
白比丘尼　1163c
白表紙　1185b
白峯寺　534a,**773b**
心　**774b**
心阿(時宗)　1273a
心阿(浄土宗・知恩院)　1366a
心阿(浄土宗・鎮西派)　742a

心意識 **776a**
心一 860c
心一境性 688a,839a
心印 65c,**776a**,1230a
心印正伝 454b
心印水月大師 521a
心越 239b,380c→興儔
心淵 273b
心覚 445c,**777b**,970c,1255a
心学典論 **778a**
心方 1130c
心月輪 **778a**
心月輪秘釈 **778a**
心岩 **778b**
心願 210a
心願(人名) 1356b
心行 **778c**
心行業 33b
心行自然和讃念仏 **779b**
心経 1176c
心境倶有 481c
心境倶空 481c
心鏡録 814b
心具決定往生義 **780c**
心具三千 52c
心具の三千 492b
心敬 **780c**
心解脱 28c,325a,**781b**
心眼 333b
心光 384c
心言路絶 446c
心地 **787a**
心地(朝鮮) 1040c
心地(日本) 182b →覚心(鎌倉・臨済宗)
心地観経 155a,**787a**
心寂 **787b**
心呪 783b
心受 616a
心受業 364b
心数 791b
心授灌頂 217c
心宿 1096a
心所 394b,**791a**,**803c**
心所有法 791b
心所法 359c
心昭 529c,**792a**,918b
心盛 393a
心性院 1101a
心性寺 1152a
心性本浄 544a,**793b**
心浄土浄 730c
心生滅門 **794a**,802b,1320b
心心所別体説 426c
心真如門 **794a**,802b,1320b
心随転の法 810c
心相応法 791b
心泰 1239c
心中心呪 783b
心田 824a →清播
心読 1067a
心南院方 1130c
心如意足 581b
心念懺 475a,863b
心念法 197b,1451c
心王 394b,**803c**
心不相応行法 359c,1218b
心賦註 **804a**
心仏 261a
心仏及衆生是三無差別 1424c
心分供養 303a
心法 359c,**524b**
心煩悩障 487c
心密 506b
心妙院 1371a
心誉(平安) **806a**
心誉玄休(戦国) 1365c
心蓮 774c
心蓮(人名) 1285c
心蓮社得誉尚阿 1463b
心論 21c
身 **775a**
身器清浄 488a
身見 403a
身光 384c,403b
身業 363b
身骨舎利 612a
身根 775a,1505a
身三口四意三 637c
身識 520b
身受 616a
身受業 364b
身証 531c
身証不還 531c
身心遠離 488a
身心脱落 **794a**
身土 **799b**
身毒 69c
身読 1067b
身分供養 303a
身密 506b
身律儀 160a
身論 1318a
辰星 558b
参宿 1096a
信 **775a**
信阿(忍澂) 1129b
信阿(大玄) 919b
信円 760c
信海(鎌倉) **776c**
信海(江戸・真言宗智山派) **776c**
信海(江戸・真言宗豊山派) **776c**
信海(江戸・清水寺) **776c**
信海(江戸・真宗) 469a
信願(信願房教念) 754c,**778b**
信願(良遍) 1475b
信願寺 1425a
信願房教念 778b
信機 1096b
信義(中国) 331a
信義(朝鮮) 328c
信行(中国) 331a,468c,654b,746a,**778c**,1353a,1496c
信行(日本) 1210a
信行院 1109a
信行不離 **779b**
信暁 468c,679b,**779a**
信楽 490c
信救 390c,**780a**
信空(平安～鎌倉) 416c,734a,**779b**,1376b
信空(鎌倉) **779b**
信解 353b,**780c**
信解院 603b
信堅 **781b**
信現観 336c
信光 694c
信光明寺 **782b**
信香 362c
信後相続の易行 793c
信西 1267b
信士 91b
信寂 **787b**,948a
信修 1449a
信受院 744a
信証 **792a**,1202c
信証院(寺号) 790b,1043c
信証院(蓮如) 1491a
信照 335b
信昌閣 1352a
信成就発心 1302a
信性房 1321b
信心 53a,**793b**,1297,1302a
信心為本 793c
信心決定 793c
信心正因 691a
信心相続 793c
信心仏性 1229a
信心銘 **794b**
信瑞 736a,**794c**,1376a
信施 1217b
信相応地 1299a
信尊 862a
信度 69c,552a,**799b**
信度河 **800a**
信読 1067a
信男 91b,451c
信日 **800c**,939b
信女 91b,451c
信如尼 995b
信忍 498b,1127c
信念 708b
信念唱題 **803b**
信の一念 51c
信培 **803c**,929a
信不具足 59a
信不退 1220a
信法 1096b
信満成仏 139a,747c,902b
信蓮社 1473b
信蓮社玄誉 128a
信蓮社玄誉忠阿 984a
信蓮社生誉 1482a
怎麼 78c
津金名目 525b
津照寺 534a
津湨 1432b

神影　1329c
神懐論　587a
神我諦　498a
神鑑独照禅師　1409c
神機独妙禅師　1149a
神渓寺　435a
神偈撮要鈔　**781a**
神偈讃歎念仏要義鈔　**781b**
神光寂照禅師　894a
神事奉行　623b
神主仏従思想　1330b
神照寺三光院　1112b
神泉苑　692a,**796a**
神泉苑御霊会　429c
神泉苑大念仏狂言　796b
神宣遊行念仏記　**796c**
神僧伝　**797a**
神智　621a
神勅相承　538b,885b
神敵二宗論　673a,**799a**,1146a
神田寺　1072b
神道　472c,474a
神道光明　269b
神道五部書　1329b
神道集　5c,**799c**,1330a
神道八部書　1329b
神恵院　534a
神風和記　1072b
神仏混淆　804b
神仏習合　780a,**804b**,879a,1328c
神仏判然令　804c
神仏分離　**804c**
神仏分離令　804c,1146b
神不滅論　883a
神本仏迹　48b,1330a
神明　**805c**
神滅説　473a
神馬奉行　623c
神門　1072c
神鸞　1078c
神烈山　712c
神勒寺　**808c**
真　432a,**775a**
真阿(鎌倉)　709a
真阿(南北朝～室町)　646b,**800a**
真阿(江戸・浄土宗)　201b
真阿(江戸・天台宗)　619a,824c
真異熟　44b,499c
真位の被接　1185a
真慧　102c,346c,852c
真慧寺　418a
真慧上人御定　102c
真影　103a,1011c
真応大師　313a
真可　**776b**
真我　159a
真雅　483a,753a,**776c**,785a,818c,873b,903b,911c
真覚(唐)　336a
真覚(明)　1309b
真覚(日本)　915b
真覚国師　117b
真覚国師総釈源宗　1250c
真覚寺(中国)　1026b
真覚寺(日本)　874a
真覚禅師(中国)　397b
真覚禅師(日本)　899c
真覚大師　245c
真観(中国)　1023b
真観(平安～鎌倉)　215c
真観(鎌倉～南北朝)　447b,**778a**
真厳　1043a
真喜　271b
真教(鎌倉)　60c,465a,538b,745a,**778c**,782b,846a,1107a,1186b,1399c,1439c
真教(江戸)　566c
真慶　**778c**
真経寺　1113b
真空　280a
真空(平安～鎌倉・浄土宗)　**779c**
真空(鎌倉・律宗)　**779c**
真空(鎌倉～南北朝)　1374a
真空(鎌倉～室町)　396b
真空(江戸)　1441b
真空(江戸～昭和)　829b
真空観　470b
真空絶相宗　565c
真空禅師　1384b
真空妙有　280a,486b,**780c**
真空無著　273b
真空無相宗　538a
真仮　432a
真芸　309a
真解脱　325a
真歇　825a　→清了
真玄　718a
真源(平安)　143a,683a
真源(戦国～安土桃山)　451a
真源(江戸)　1326b
真源大照禅師　1066a
真見道　353b
真現量　72b,72c,1465b
真興　410c,**781c**,1015b,1422c
真光寺(群馬)　884a
真光寺(兵庫)　60b,382b,778c,**782b**
真悟智円律師　69b
真言　588c,**783a**,783b
真言安心和讃(伝叡尊)　386b,**783c**
真言安心和讃(服部・柴田)　**783c**
真言院(宮中)　407c,**783c**,1080a
真言院(上品蓮台寺)　751b
真言院僧正　455a
真言院晦御念誦　1015a
真言院曼荼羅　1364b
真言院御修法　407c
真言院流　715b
真言教誡義　**784a**
真言三密修行問答　**784a**
真言七祖　**784a**
真言七祖像　907b,1245c
真言宗　281b,**784b**,951b,1303a,1367c
真言宗犬鳴派　576a
真言宗義　**785b**
真言宗義能方　249c
真言宗教時義　785b
真言宗教時問答　**785b**,1302c
真言宗五智教団　1287c
真言宗正法律　514c
真言宗諸師製作目録　608a
真言宗智山派　987c
真言宗広沢方観音院流　764a
真言宗広沢流　1415c
真言宗豊山派　785b,866a,1155a
真言宗未決文　**785c**
真言宗山階派　190a
真言乗　337c
真言浄菩提心私記　**785c**
真言所学釈摩訶衍論指事　279b
真言所立三身問答　**785c**
真言陀羅尼　783b
真言伝　**786a**
真言道次第論　1014b
真言念仏　766a
真言念仏集　**786a**
真言の四重秘釈　323b
真言八祖像　784b
真言秘密　783a
真言秘密蔵　783b
真言付法纂要抄　**786a**
真言付法伝　1245c
真言房　1381b
真言菩提心義　**786b**
真言本母集　**786b**
真言御修法　783c
真言密教部類総録　**786b**
真言密行問答　784a
真言名目　**786b**
真言要決　**786b**
真言律宗　369a,455b,**786c**,1454a
真言録　767c
真厳　745a
真際　1326b
真際禅師　637b

真察　**786c**
真識　29c,521a
真字正法眼蔵　750a
真実　432a
真実院　915c
真実義証得経　93a
真実行　1297
真実功徳　295b
真実仮　308a
真実際　801b
真実宗　538a
真実性　485c
真実摂経　17c,437b,599b
真実心行　1297
真実信心　793c
真実智　432b,981b
真実報土　1239a
真実唯識　1422a
真実理門　**787b**
真寂(中国)　619a
真寂(日本)　131c,768b,**787c**
真寂寺　330c,779a
真修　**130a**
真珠庵　946c
真珠院　682c
真宗　411b,538a,**788a**
真宗(宗派)　733c,737b,**788a**
真宗安心茶店問答　**789a**
真宗安心十諭　915c
真宗安心正偽編　**789a**
真宗遺文纂要　**789a**
真宗院　738b,**789a**,1380c,1461c
真宗仮名聖教　**789b**
真宗関節　**789c**
真宗木辺派　276b,788c
真宗興正派　788c
真宗故実伝来鈔　**790a**
真宗三門徒派　788c,854a
真宗三河三カ寺　702c,752b,1331b
真宗寺(朝鮮)　1031b
真宗寺(長野)　1332a
真宗寺(大阪)　393b,**790a**,1061a
真宗七高祖像　907b
真宗七祖　740b
真宗正依浄典目録　730c
真宗誠照寺派　721b,788c
真宗小部集　**790b**
真宗相承記　1295a
真宗大師　803b
真宗帯佩記　**790b**
真宗高田派　102c,788c,846a,852c
真宗法要　334b,**790c**,896b
真宗法要蔵外諸書管窺録　214a,790c
真宗法要典拠　790c
真宗法要附録　1507c
真宗本尊義　988c
真宗山元派　721a,788c
真宗流義問答　**791a**
真宗和語宝典　**791a**
真俊　264c
真淳　591c,**791a**
真性　1314b
真性軌　471c
真性菩提　1300c
真紹　12a,221c,560a,782c,**792a**,867c
真乗　335b
真乗院　67c
真乗房(仁厳)　1129a
真乗房(忠快)　994b
真浄　751a
真浄寺　**793a**
真浄禅師　400a
真浄房　1129a
真迢　475c,566a,**792b**,859a,1153c
真常　711a
真常院　1474a
真勝義諦　801b
真静国師　1023c
真正極楽寺　168b,**792c**,803a
真照寺　721c
真生二門　794a
真心　490b,774c,**793b**
真心観　**793c**
真心直説　**794a**
真心要決　**794b**
真身　1231a
真身観　231c,655b
真蘂　157c,**794c**
真政　135b
真済　761c,782c,785a,**795b**,795c,960a
真盛　68a,451a,460c,**795a**,824c,859a,888b,1027c,1291a
真全　572a
真然　387b,483a,785a,**795b**
真宗　473b
真相　872c
真俗雑記問答鈔　**797a**
真俗二諦　1097b
真俗仏事編　**797a**
真諦　494b,1097b
真諦(人名)　23b,62c,86a,108a,220a,276a,288c,289c,324a,341b,439a,440b,503c,507b,520c,524c,553c,646c,728a,729a,764c,**797b**,811c,822b,830c,927a,930a,1023a,1123b,1134b,1229b,1258b,1395b,1423a,1423c,1430b,1455a,1455c,1484c
真諦中道　998b
真達羅　643b
真智　446b,981b
真智(人名)　144b,**798a**,853a,1261c
真忠　102b
真亭　**799a**
真道　1326c
真読　1067a,1067b
真徳寺　219b
真徳不空宗　565c
真如　494c,**801a**,1121b,1175a,1230c,1285c
真如(平安)　618c,785a,**802c**,1005b,1116c,1462a
真如(江戸)　1007b
真如一実　801b
真如苑　790a,**802c**
真如縁起　802b
真如海上人　1020a
真如観　**802c**
真如凝然不作諸法　801c
真如熏習　306b
真如寺　405c,**803a**,907a
真如識　288c
真如実相　801b
真如禅院　96c
真如堂　68b,168b,272b,652b,792c,803a,1494a　→真正極楽寺
真如堂縁起　**803a**
真如平等　1199b
真如房　143a
真如法親王　434a
真如法性　1314b
真如無為　1389b
真人　28a
真仁法親王　214b
真能破　72b,72c,77a
真能立　72b,72c
真範　**803c**
真表　1275b
真比量　72b,72c,1465b
真福寺　1276c
真武隊　146c
真仏　1232b
真仏(人名)　350b,742a,754b,788b,**804a**,852c,1392a
真別所　134b
真弁　**805a**
真法性　1314b
真発心　1302a
真無量院　147c
真門　470c,471b,480b,**1434a**
真門流　1108b,1114a
真誉　**806b**
真誉玄阿　107b
真陽　277a
真谷寺　96c
真楽庵　1053c
真楽寺　1331a
真理尼　1007a
真流　256c,**807c**
真良　1427b

真粱　**808a**,949a
真蓮社広誉　128a
真蓮社証誉独清　95b
真蓮社法阿　697b
真臘　32b,**808b**,1244a
真臘風土記　**808c**
秦広王　619c,627a
秦山　640a
宸奎閣碑　2a
振之　984c
振宗大師　240a
振鈴　1480b
晋経　317a
晋卿　1420c
晋山　**787a**
晋山式　787a
晋水浄源　→浄源
晋水法師　706a
晋王広　398b
陞座　448c,**796c**
清庵宗胄　947a
清規　**778b**
進院　787a
進龕　210b
進具戒　161c
進香　362c
進山　787a
進子内親王　375a
進趣方便　1284a
進藤為善　796b,1026a
進如意足　581b
進納度僧　1068b
進流　753a
森林光幡　5b
森林書　83a
軫宿　1096a
慎憲塾　40c
愼微　351b
新安国寺　399a
新安流　1481a
新因明　71c,72b,78a,800b,1123b,1248b,1314c,1505c
新ウパニシャッド　92a
新往の菩薩　**77b**
新戒　159c,164b
新戒律主義　1508b
新学行要鈔　**777c**
新学の菩薩　805c
新義真言宗　785b,1132a
新義真言宗智山派　358b
新清水　274c
新旧合生家　628a,1316c
新旧合生説　627c
新黒谷　304c,433a
新熏家　627c,1088c,1316c
新熏種子　628a
新熏説　627c,1423b
新華厳　317a
新華厳経論　318a,322c,**781a**,1453a
新興宗教　789c
新興仏教青年同盟　837c
新刻十牛図　622a
新薩婆多　664a,684a
新山寺　1326c
新刪定四分僧戒本　586a
新三宝院　343b
新三論　510b
新師口　526a
新修往生伝(王古)　790b
新修往生伝(藤原宗友)　**789b**
新修科分六学僧伝　1494c
新修浄土往生伝　**790b**
新宗教　**789c**
新十疑論　737c
新十玄　625a
新集蔵経音義随函録　**790b**,941c
新受派　1108c
新疏　234b
新勝寺　**793a**,1243a,1414a
新書写請来法門等目録　760a
新禅院　715b
新撰往生伝　**796b**
新撰座主記　**796b**
新撰座主伝　1026a
新撰貞和集　**796b**
新撰貞和分類古今尊宿偈頌集　764c
新善光寺　846a
新善光寺(茨城)　309a
新善光寺(滋賀)　**796b**
新善光寺(泉涌寺塔頭)　860a
新先達　856c
新大仏　1058a
新大仏寺　**798a**
新知恩院　681b,983a
新長谷寺(東京)　1243a
新長谷寺(神奈川)　1155b
新長谷寺(岐阜)　**798a**
新長谷寺(奈良)　1155a
新到　**799b**
新日王　27b,**801a**,830c
新扶選択報恩集　**804a**
新仏教(雑誌名)　461b,960c
新仏教徒同志会　960c
新仏　1223a
新編古今往生浄土宝珠集　**805b**
新編諸宗教蔵総録　**805b**
新豊和尚　1467a
新発意　**805c**,1301c
新発意の菩薩　1295c
新発心　805c
新末寺　518a
新無量寺　1149b
新命住持　787a
新訳　345a,1417c
新訳経音義　1424b
新訳華厳経　318a
新訳華厳経音義　318a
新訳大方広仏華厳経音義　318a
新薬師寺　**805c**
新家御坊　1007b
新羅善神堂　**806b**
審海　754a
審祥　321b,442c,**792c**,1054c,1493c
審慮思　511c
潯陽の三隠　638c
瞋　**775b**
瞋覚　178a
瞋恚蓋　393a
箴誨迷方記　1053b
請益　756b
請仮　**776b**
請暇　776b
請客侍者　869a
請座問訊　1411c
震旦　580b,580c
薪尽火滅　1133a
親因縁　70c
親恵　910b
親縁　467c,833c
親快　**777b**
親快方　777b
親教師　151c,**779a**
親光　**782a**
親近　297c
親厳　**783b**
親勝　**792b**,1423b
親照房　1332a
親尊　1494c
親友　857a
親依　797b
親王門跡　1411c
親鸞　26a,45c,47a,53b,61b,111a,135c,139c,142a,147a,147b,148c,157a,181c,260a,265b,267c,272b,276b,295a,295b,299a,345c,413b,416c,458b,459c,469b,470c,471b,489b,491a,616b,708b,708c,724c,732c,733c,734a,737b,740b,742b,742c,743a,763c,764a,788a,793c,804b,806a,**806b**,818b,820a,845c,852c,860c,890b,938b,961a,971a,978c,1007c,1079c,1096c,1120a,1125a,1127c,1139b,1265b,1267c,1277c,1283a,1305c,1322b,1322c,1331c,1343b,1352b,1353a,1353b,1425a,1473b
親鸞聖人御因縁　807a
親鸞聖人御因縁秘伝集　**807a**
親鸞聖人讃仰会

## す



親 諶 嚫 襯 䞋 識 壬 仁 尽 迅 呃 沈 定 浄 甚 神 陣 晨 深 陳 尋 慎 塵 ス

随翁　681c
随願往生経　550a
随願往生十方浄土経　218c
随願寺　**809a**
随喜　**809b**
随機散説　918b
随機説法　918b
随形好　**809c**
随楽仏　261a
随求即得大自在陀羅尼神呪経　810a
随求陀羅尼経　**809c**
随求菩薩感応伝　937a
随護断　543b
随坐衣　462a
随自意　**810a**
随自意語　810a
随自意三昧　541c
随自他意　810b
随自他意語　810b
随時子　1057c
随事差別諦　1098
随事発心　1302a
随順巧方便　1284c
随順等観一切衆生廻向心　1297
随順平等善根廻向心　1297
随乗　928c
随情　810a
随情智　810b
随心(鎌倉～室町)　396b
随心(江戸)　1010a
随心院　**810b**,1412a
随心院流　153b,785a,810b,884c
随心転　160c,**810c**
随信行　353b,**810c**
随身庭騎絵巻　121b
随染本覚　1320c
随相　548a
随相戒　162c
随相法執宗　538a
随相論　**811c**,1065c
随相論中十六諦疏　811c
随増　**811b**
随他意　**810a**
随他意語　810a
随智　810a
随天　129b
随転　1041a
随転理門　**787b**
随得　1065b
随念分別　1251a
随波　**811c**
随風　1021b
随分覚　177c,1320c
随芳　1271a
随法行　353b,**810c**
随犯随懺　**812a**
随犯随制　1449b
随煩悩　791c,**812a**,1336c
随眠　**812a**
随眠無明　1398a
随文作釈　323a,**812b**
随要記　**812b**
随要私記　812b
随流　**813a**
随類応同　**813a**
随蓮　**813a**
随蓮沙弥　813a
随惑　812a,1336c
瑞翁　683a
瑞応删伝　143a
瑞応寺　929b
瑞応伝　143a
瑞応本起経　925b
瑞巌(南北朝～室町)　1461c
瑞巌(室町)　761c
瑞巌寺(宮城)　**809b**
瑞巌寺(京都)　1147a
瑞渓　649a　→周鳳
瑞華院　115b
瑞光寺(埼玉)　1044a
瑞光寺(千葉)　1118c
瑞光寺(京都)　348b,**810a**
瑞春院　709c
瑞聖寺　336a,**810b**,1406b
瑞松堂　1116a
瑞世　1032a
瑞仙　**811a**
瑞泉寺(栃木)　603a
瑞泉寺(神奈川)　226a,406a,**811a**
瑞泉寺(新潟)　**811a**
瑞泉寺(富山)　118b,**811a**
瑞泉寺(愛知)　884c
瑞泉寺(文巌開山)　1250a
瑞相　**811b**
瑞方　1404a　→面山
瑞鳳　1031c
瑞鳳寺　**812a**
瑞峰院　947a
瑞竜院　1112c
瑞竜寺(富山)　**812c**
瑞竜寺(岐阜)　**812c**,893a
瑞竜寺(滋賀)　1112c
瑞竜寺(京都)　**812c**
瑞林寺　225c
瑞輪寺　**813a**,1114b
芻麻衣　117a
芻摩衣　1264b
崇賢門院　115b
崇光院宮　368c
崇芝　727c
崇勝寺　177a
崇聖寺　405b
崇善禅寺　1481b
崇泰院　1322c
崇伝　406a,444b,537a
崇寧清規　861a
崇福寺(中国)　331a
崇福寺(滋賀)　**894c**
崇福寺(福岡)　**894c**
崇福寺(長崎)　**894c**
崇法寺　709b
崇法師　511a
崇報禅寺　1481c
嵩岳　814a
嵩岳寺　814a
嵩高山　814a
嵩山　**814a**
嵩山(鎌倉・南北朝)　420c,983c
嵩山(江戸)　1051c
嵩山大法王寺　1265b
数　**813b**
鄒文立　711b
末広　995b
居箱　**814a**,1263c
陶弘房　1480a
菅金剛　436c
菅野真道　96c
菅原寺　242a
菅原清公　248b
菅原是善　248b
菅原忠国　750b
菅原道真　213a,216a,724a,1071b
杉の御房　1365b
杉本観音　814b
杉本寺　**814b**
椙生流　368a,1027c
宿世　663a
介法橋　313c
筋目院家　518a
鈴木重成　1045b
鈴木大拙　**815a**
鈴木宗忠　**815b**
薄念仏　720c
納涼会　1405b
硯破　**815b**
捨子問答　**817b**
捨聖　60a
住田智見　**818a**
角乃木長者　953c
角坊別院　**818a**
隅院　175b
隅寺　175b
墨染寺　1112b
童行　**818c**,870a,1057a


## せ


セイロン島　862c,878b,1225a,1468b
セーナーー　94b
セーニヤ　703c
セム文字　1247c
セーラ　313b
セラ寺　**838a**,1443b
世雄　1222b
世雄(人名)　1113a
世界　**826c**
世界海　**399b**,560c
世界救世教　789c,**827a**
世界悉檀　536a
世界宗教会議　10a
世界人相図　679b
世木坊　564a
世間　**830a**
世間解　1124c
世間良　521b
世間自在王　830b

世間住持の四曼 1362a
世間乗 414a
世間勝義諦 1098, 1099a
世間清浄 719b
世間世俗諦 1098c, 1098
世間禅 839b
世間善巧方便 1284c
世間相違過 73c
世間相常住 903c
世間天 1020c
世間道 1038a
世間法施 1217c
世眼 1222b
世事見聞録 1145c
世自在王如来 1136c
世自在王仏 25c, 411b, 501b, **830b**, 1400a
世親 21b, 26a, 72a, 289c, 292a, 296c, 317c, 321a, 343a, 358c, 390c, 401a, 426c, 439b, 474b, 510b, 519b, 631b, 631c, 664a, 684a, 728b, 733b, 742c, 746a, 756c, 774a, 792b, 800b, 801a, **830c**, 931b, 933a, 933b, 934c, 1023b, 1066c, 1123b, 1134b, 1135a, 1194c, 1229b, 1237b, 1258b, 1270c, 1285c, 1293c, 1295a, 1309c, 1316c, 1318b, 1356b, 1394b, 1400b, 1422c, 1423a, 1423c, 1430a, 1502c, 1507a
世善 838b, 838c
世祖(元) 709b
世祖(清) 833b
世宗(明) 473c
世俗 **699b**
世俗善 838b, 838c
世俗諦 699b, 1097b
世俗智 981a
世尊 **831b**, 1124c, 1222b
世尊寺(京都) **831c**
世尊寺(奈良) **831c**
世諦 1097b
世諦中道 998b
世第一法位 547a, 547b
世智弁聡 1086a
世饒王仏 830b
世跋羅 582c
世福 838b, 1207b
世法常住 903c
世友 →世友(しょう)
世英 1222b
世路 80a
施為方便 1284a
施音寺 393c
施開廃 432b
施餓鬼 812c
施餓鬼会 297a, 386a, 422c, **827b**
施餓鬼食 827b
施願印 65b
施願虚空蔵 397b
施暁 **829c**
施護 92c, 215c, 223b, 297c, 323c, 373b, 380a, 403c, 504a, 525b, 590a, 637a, 639b, 653c, 666b, 673a, **830b**, 929c, 934b, 934c, 952c, 954b, 1005a, 1025c, 1040c, 1131b, 1175c, 1176a, 1177a, 1268b, 1269a, 1275c, 1303a, 1448a, 1449b, 1498a, 1501c
施乞叉難陀 565a
施斎 449b
施食 449b, 924c
施食会 827b
施主 1217b
施頌 1217b
施身聞偈図 968b
施設 332a
施設仮 307c
施設足論 1499b
施設論 245b, 1348c, 1499b
施造方便 1284a
施灯功徳経 **837c**, 1059c
施福寺 **837c**
施無畏 **838a**
施無畏印 65b, 838a
施無畏者 228a, 838a
施無畏菩薩 484a
施薬院 385b, 577c, 1310c
施薬院(人名) 850a
瀬翁王師 357b
是英 **826c**
是円 334b
是害房絵詞 **827b**
是山 917a
是算 1360c
是生 1112c
是聖房蓮長 1107a
是心 365c
是心院 770c
是信坊 181c
是信房 854b, 1332a
是堪 **832a**
是論 462c
井宿 1096a
世記経 245b
世喜寺 828b
正副都綱 881c
生長の家 789c, **823b**
生命の川(雑誌名) 303b
成賢 15c, 87b, **821a**
成祖(明) 797a
成尊 786a, **823a**
成典 **823c**
成宝 **824a**
西安 1000c
西夏 **818c**
西夏語 1075c, 1293a
西岳華山 393b
西礀 580b
西礀派 850c
西谷上人三十箇条口伝 **821b**
西谷派 1135c
西谷流 185b, 694b, 737b, 738a, 863a
西山 550b
西山(人名) 45a
西山宗 479a
西山宗要 739b
西山口決十箇条 **821c**
西山口決鈔 821b
西山口伝御書 821b
西山口伝密鈔三十箇条 821b
西山御所 1436b
西山住部 20a, 967b
西山衆園 20a
西山浄土宗 385b, 737b, 738b
西山上人 1003b
西山上人縁起 **821c**
西山上人五段鈔 420b
西山禅林寺派 738b
西山大師 253c
西山派 1436b
西山派西谷流 →西谷流
西山深草派 738b, 789a, 820b
西山復古篇 **822a**
西山暮翁 1044c
西山名目 738c
西山夜話 **822a**
西山流 733c, 735c, 737a, 980b, 1003b
西宗要 739a
西浄 **823a**
西禅寺 980c
西堂 **823c**
西堂板 1170a
西南院 715b
西儞迦 703c
西来意 905c
西来寺(三重) **824c**
西来寺(岡山) 1470b
西来祖師意 905c
芿園 915c
制衣 1264a
制戒 1505b
制教 **315b**
制教懺 475a, 863b
制旨寺 **822a**
制止道場 822a
制多 552a
制多山部 553b
制吒迦童子 1157b, 1242c
制聴二教 315b
制底 552a
青峨 828a
青巌寺 141b, 440a
青巌周陽 246c
青岸渡寺 **820c**, 1083b
青丘沙門 919b
青原 264a →行思

青原下　821b
青原山　**821b**
青冊史　1018c
青松　1067c
青松寺　684c,**823a**
青松社　1503c
青苗会　**824a**
青竜窟　1358a
青竜寺(中国)　424c,825a
青竜寺(滋賀)　304c,1179c
青竜寺(京都)　70a
青竜寺儀軌　943a
青竜寺和尚　309c
青竜道人　1358a
政覚　929b
政覚大僧正記　929c
政祝　1317b
政春　546a
政談　1145c
星宿　1096a
栖雲寺　709a
栖霞寺　120c
栖空房　1426c
栖城　**822c**
清胤　1006c
清音寺　**818c**
清華門跡　1411c
清海　**819b**
清海曼荼羅　25a,26b,**819b**
清岳宗拙　812a
清閑　1279c
清閑寺　**820a**
清韓　**819c**
清岩　730a
清寒子　833a
清玉　24c
清啓　**821a**
清玄　766c
清見寺　**821b**
清居浩昇　621c
清三　**821c**
清順尼　310c,**822c**
清水寺(京都)　274a
清水寺(大分)　1280b
清拙　729b　→正澄
清拙派　729b,850c
清澄寺　274a
清範(平安)　766c,**824a**
清範(鎌倉～南北朝)　725b
清播　406b,**824a**
清風　1114c
清本　749c
清茂　651c,**824b**,1292b
清欲　**824c**,1292b
清流紀談　**824c**
清了　**825a**,1470c
清涼院　156c
清涼寺　154a,272b,498a,658c,685a,**825a**,949b,1006c,1135c,1139b
清涼寺縁起　**825c**
清涼寺釈迦堂縁起　825c
清涼寺栴檀仏像縁起　825c
清滝権現　**825a**
清涼山　418b
清涼寺(中国)　418c
清和院　**826b**
清和天皇　959a,987b,1004c,1374c
盛海　882b
盛典　**823c**
逝多林　243c
逝童子経　587b
惺斉　851b
掣竜子　782a
棲霞山　712b
棲霞寺(中国)　712b,**819c**,1481b
棲霞寺(日本)　825a
棲禅寺　892c
棲霊寺　958a
勢観房　350b
勢至観　655b
勢至菩薩　26a,619c,627a,**822b**,1187c
勢辰　219b
勢速　**823a**
勢範　344b
勢宥　1324a
勢誉(室町～戦国)　927c
勢誉(戦国～江戸)　**824b**
聖因寺　405a,**818c**
聖覚　5c,149b,337a,501c,540a,**819b**,832c,1376b,1425a
聖堅　1501c
聖仙　83a
聖祖　272c
聖伝文学　83a
聖明王　1507c
靖邁　404c,**824b**
精神(雑誌名)　199c
精神界(雑誌名)　6b,201a,273c,462c
蜻洲　960c
誓海　102c
誓願　**820a**
誓願一仏乗　49c
誓願寺(秋田)　**820b**
誓願寺(東京)　**820b**
誓願寺(京都)　462b,652c,738b,**820b**,820c,1094c,1494a
誓願寺(岡山)　462b
誓願寺の本地　**820c**
誓願図　1254b
誓願不思議　820a
誓願力　820a
誓扶習生　999a,1215c
醒翁　462b
醒睡笑　462b
錫蘭　**825c**
贅世翁　833a
石雲院　727c
石園　1410a
石屋　808a　→真梁
石龕寺　**827c**
石虎　1239b
石鼓希夷　622a
石刻経　832b
石室　963c
石室善玖　824b,1253b
石室祖琇　896a
石汁　1217a
石成金　452c,851a
石水院　372b
石泉　874b
石泉轍　788c
石窓　1468c
石藏　832b
石霜慶諸　→慶諸
石霜山　**828a**
石霜寺　828a
石霜楚円　899b　→楚円
石尊権現　923a
石塔　**828b**,1037b
石濤　1045c
石堂　146c
石幢　188a,**828c**
石頭和尚　245c
石頭希遷　→希遷
石頭居士　129a
石南寺　**829a**
石仏　**829a**
石平道人　712a
石峰寺　**829b**
石勒　1239b
赤愚　176b
赤山苦行　174c
赤山禅院　**827c**
赤山明神　174c,827c
赤山明神社　827c
赤倮倮　672c,**829c**,1145c
隻手音声　**828a**
隻手の声　828a
碩学竪義　1458b
碩鼎　**828a**
碩由　**829c**
関口嘉一　**827c**,1230a
関精拙　**828a**
関寺　**828a**
関の地蔵　548b,1280a
関本諦承　**829b**
磧砂版　941b
石経　**832b**,1273b
石経山　1273b
石窟寺　**833a**,1464c
石窟寺院　1233b
石窟仏　829a
石刻阿弥陀経　23c
刹　399b,464a
刹多羅　399b
刹帝利　542c,**835c**
刹上　399b
刹那　680a,**835c**,1496b
刹那縁起　641b
刹那生滅　755b,836a
刹那等起　1041a
刹那の二世　836a
刹那無常　690a
刹那滅　755b,1287a
刹那滅論　675a
刹利　835c
拙厳　**832a**

青蜻
政誓
星醒
栖錫
清贅
盛石
逝赤
惺隻
掣碩
棲関
勢磧
聖石
靖刹
精拙

拙庵　1071a
拙堂　888c
拙度観　409c
殺者　1154b
殺生　**834a**,1450c
殺生戒　161a
殺生石　**834a**
殺賊　28a
浙翁　1122b
接心　834b
接僧匣　1263c
接足作礼　1437b
設厳　1246b
設首婆羅山　540c
設賞迦王　198c
設摩達多　**837b**
雪庵　1213a
雪巌　900a
雪岑　**833a**
雪蹊寺　534a,**833b**
雪渓二智　692a
雪江　888b　→宗深
雪主　285a
雪舟　**833c**,1283b
雪舟寺　693a
雪心　1463c
雪山　377a,447c,**834b**,862b
雪山(江戸)　897c
雪山(明治～昭和)　1064b
雪山上座部　834c
雪山大士　834c
雪山童子　606a,**834c**
雪山婆羅門　834c
雪山部　411a,1245a
雪泉　770c
雪窓　1245c　→普明(元)
雪窓宗崔　**834c**
雪村(友梅、鎌倉～南北朝)　406b,**835a**
雪村(周継、室町)　**835a**
雪竇和尚　624c
雪竇和尚百則頌古　835b
雪竇山　**835b**
雪竇寺　835b
雪竇頌古　**835b**
雪兆果性　404c
雪庭祝陽　399a
雪庭福祐　762b
雪堂徳諫　861b
雪峰義存　245c　→義存
雪峰山　246a,**836c**
雪峰尽大地　**836c**
雪峰甚麼　**837a**
雪峰是什麼　837a
雪峰粟粒　836c
雪峰鼈鼻蛇　**837a**
雪謗書　591a
雪柳　**837b**
摂境従識体　673c
摂化　**833b**
摂化随縁　833b
摂化利生　833b
摂仮随実体　673c
摂家門跡　517c,929b,1411c,1478c
摂取　**833c**
摂取照護　833c
摂取の光益　833c
摂取の三縁　833c
摂取不捨　833c
摂取門　**151a**
摂心　**834b**
摂相帰性　**834c**
摂相帰性体　673c,834c
摂門　**837b**
節堂　512b
截頭　963c
説一切有部　7a,21a,21c,88b,158c,160b,224a,245b,289c,341a,342c,411a,425c,565b,634c,664a,674a,912c,945a,951c,1052c,1063c,1119c,1154b,1189a,1189b,1189c,1275c,1306c,1318a,1327c,1449c,1455b,1499b
説戒　164b
説戒犍度　1214a
説戒随聞記　**832a**
説教　463a,**832c**,1186b
説教かるかや　**833a**
説経　832c
説仮部　411a,565b
説出世部　565b,1307a,1356c
説出道無畏　590a
説浄　**834a**
説障法無畏　590a
説相箱　814a
説聴の方軌　836b
説道者　1222b
説道沙門　610c
説法　832c,**836a**
説法印　65b
説法往生伝　809a
説法義　734a
説法第一　639b,1249c
説法妙　650a
説法明眼論　**837a**
説法用歌集　**837b**
説法輪　509a
説妙法決定業障経　712c
説無垢称経　1426a
説無垢称経疏　1426b
説黙日課　**837b**
説欲　1437a
舌根　1505a
舌識　520b
絶海　996b　→中津
絶外宗純　880b
絶学天真禅師　285a
絶観論　**832a**
絶言絶思　446c
絶言歎　495c
絶想一乗　49b
絶待開　890c
絶待正　485b
絶待妙　649c,**890b**
絶待霊心観　470b
絶対中　998c
絶妙　890b
質礙　519b,**833b**
妹尾義郎　**837c**
蟬丸　607c
千阿上人　700c
千獃　690b
千岳　1031c
千カ寺参　849c
千観　401b,640b,**842a**,1140b,1493a
千観内供　842b
千眼千臂観世音菩薩陀羅尼神呪経　**844a**
千眼千臂経　844a
千光院　866a
千光国師　101c
千光寺(岐阜)　**844b**
千光寺(兵庫)　**844b**
千光寺(広島)　**844b**
千光寺(福岡)　**844b**
千光派　850c
千五百条弾憚改　**847c**
千社札　686a,**849b**
千社参　686a,**849b**
千手院谷聖　1186b
千手観音　558b,**852a**,1095a,1495c
千手観音造次第法儀軌　1095b
千手観音堂　246c
千手観音曼荼羅　852b
千手経　844a
千手千眼観自在菩薩広大円満無礙大悲心陀羅尼呪本　951b
千手千眼観世音大悲心陀羅尼　951b
千手千眼観世音菩薩　852a
千手千眼観世音菩薩広大円満無礙大悲心陀羅尼経　203b,844a,951b,1095a
千手千眼観世音菩薩姥陀羅尼身経　844a
千心　1128b
千泉　**855b**
千僧会　303b,1262b
千僧供　**855b**
千僧供養　303b,855b
千僧斎　303b,855b
千僧読経　861c
千体地蔵　549c
千体釈迦板仏　1311c
千体仏　**856b**,1234b
千中無一　849c
千灯供養　1140b
千那　**859a**,1341a
千日寺　1279a
千日の精進　1367b
千日参　859b
千日詣　**859b**
千人結集　327c
千臂千眼観世音菩薩　852a
千臂千鉢曼殊師利経

**861c**
千臂千鉢文殊師利　1411a
千部会　**861c**
千部経　861c
千福寺　**861c**,905b
千輻輪相　483b
千仏因縁経　**863a**
千仏巌　819c,1075a
千仏図　863a
千仏多宝塔図　1311c
千仏多宝塔銅板　856b
千仏洞　856b,**863a**,1075a
千仏磨崖像　856b
千呆　690b
千峰如琬　371b
千本閻魔堂　67c
千本釈迦堂　953a
千本釈迦念仏　953a
千妙寺　**864b**
千無一失　849c
千葉の蓮華　1486c
山賢　503c
山水屛風　**855a**
山鼠　206c
川僧　113a
仙海　1145a
仙崖　746c,**841a**
仙覚　**841b**
仙覚坊　16a
仙巌寺　**842b**
仙旭　738b
仙扈山　416b
仙巣　348c
仙忠　1066a
仙丁　1429a
仙洞最勝講　454a,1507a
仙洞論義　1507a
仙人　**860a**
仙人住処鹿野苑　1502c
仙年寺　370a
仙遊寺(京都)　683c,859b
仙遊寺(愛媛)　594a,**866a**
仙誉　685a
仙予王　**866a**
仙竜寺　**867a**
占察経　**848a**
占察善悪業報経　848a
占波　1479a
先覚国師　1053b
先覚集　842a
先覚宗乗　**842a**
先啓　35c,147b,607b,740b,747a,**843a**,1491c
先啓目録　740b
先承稟宗　538a
先代公　196c
先達　174c,664c,**856c**,1083c,1412b
先哲　789a
先徳図像　344b,**858c**
先徳法語集　**859a**
先徳明匠記　**859a**
先尼　703c
杣保隠遁鈔　786b,**863b**
杣保鈔　863b
宣縁　1413c
宣鑑　**842a**
宣慈禅師　313b
宣政院　623b,881c
宣澄　1080c
宣帝　473a
宣如　**860a**,1331a
宣武帝(北魏)　105b
宣梵大師　1113b
宣明(中国)　613c
宣明(日本)　**864b**
宣妙院　4a
専阿(乗誓)　540a
専阿(大順)　928a
専阿弥陀仏　36b
専慧　844c
専海　219b
専空　295a,**842c**,1322c
専求西　909c
専慶　1007c
専光寺(石川)　**844c**
専光寺(岐阜)　382c
専光寺(愛知)　**844c**
専使　870a
専修　894c
専修寺(千葉)　1472a
専修寺(福井・大町)　854a,1124a
専修寺(福井・熊坂)　798a,853a
専修寺(三重)　255b,798a,804b,**852c**,1093c
専修寺(京都)　1322c
専修念仏　383c,453b,737b,1137c
専修の四得　849c
専舜　956c
専順　1459a
専証　178c
専精院　176c
専精舎　176c
専称寺(山形)　**853c**
専称寺(福島)　**853c**
専照寺　**854a**,1124a
専信　854a
専雑の得失　849c
専当　887b
専念　**860c**
専念往生伝　**861a**
専念寺　**861a**
専福寺　382c
専法　912b
専誉　**866a**,1155a
専誉大超　1473a
染香人　917c
浅学相承　412a
浅深の二諦　1099b
浅草寺　**855c**,1027c
浅草寺経　888a
泉岳寺　**841c**,875c
泉渓寺(茨城)　1283c
泉渓寺(栃木)　792a
泉山丈六釈迦堂　168b
泉滴　**858a**,1031c
泉涌寺　683c,**859b**,1093c
泉涌寺開山塔　1397c
泉涌寺派　785a
泉涌寺不可棄法師伝　794c
泉福寺(埼玉)　**862a**
泉福寺(福岡)　22b
泉福寺(大分)　1384c
泉竜寺　**867a**,1276a
扇搋　**856b**
扇底迦法　676b
扇那衣　117a
扇面古写経　888a
扇面写経　600a
旃遮　**848c**
旃陀跋闍　1408a
旃陀羅　**856c**,1354a
旃荼羅　856c
旃達羅伐摩　612a
栴崖　1409a
栴闍　848c
栴陀羅　671c
栴荼羅　856c
栴檀　**857a**,1358b
栴檀香　361c
栴檀樹耳　684b
栴檀林　513a,980a
旋火輪　619b,**842a**
旋陀羅尼　969c
船場御坊(本徳寺)　1335b
圌衣　1263c
牋要　865a
筌蹄　**857c**
戦遮　848c
戦主国　20c,**852b**
戦勝　246a
戦達羅鉢刺婆　194c
煎乳論　222c
睒摩　751b
睒摩迦　751b
詮慧　104b,**860b**
詮雄　**840c**
詮海　**840c**
詮公の四友　120c
詮旨の二諦　1099b
詮舜　227c,**853b**
詹陵　473c
銭謙益　427b
銭弘俶　795a,**847b**,1023c
銭謬　105c,1023b,1480c
撰号　**844b**
撰時抄　**848b**
撰集三蔵及雑蔵伝　**851a**
撰集抄　213c,815b,**851b**
撰集百縁経　339a,758a,**852a**
潜渓　766b
潜了　170a
潜真　**854c**
潜叟　706a
潜夫(智円)　982b
潜大(仁岳)　1128b
箭毛　**865a**

篅衣　1263c
線光　403b
線香　362b
選子内親王　1316a
選択　**848c**
選択廻向　524a
選択廻向の直心　849a
選択我名　849a
選択義　734a
選択化讃　849a
選択讃歎　848c
選択寺　1428a
選択集　215c,505b,609c,646a,666b,682c,701c,702b,848c,849a,1139c,1302b,1454c　→選択本願念仏集
選択証誠　849a
選択諸法経　1234b
選択摂取　848c
選択の易行　848c
選択付属　849a
選択本願　848c
選択本願念仏集　252b,291b,453b,500c,737b,743a,**849a**,1396c →選択集
選択留教　848c
選仏場　206a,892a
遷可　**840c**
遷化　307b,**843a**
遷座　1121a
遷仏　1121a
暹　866b
暹賀　**840c**
暹羅　**866b**
暹羅斛　866b
暹亮　**867a**
薦福寺　1023b
膽波　1479a
瞻西　96c,607c,**847c**
瞻山　1101c
瞻婆　1501b
瞻波　**861b**
瞻病　229c
瞻蔔花　862b
瞻蔔樹　**862a**
懺儀　314c,863b
懺法　**863b**
懺法講　863c,1311c
懺文　314c
譫浮樹　136c
贍波　657a
贍部樹　136c,862b
贍部洲　19a,834b,**862b**
闡空　1474c
闡彰院　1039c
闡陀　609a
闡陀論　647c,1506c
闡提　59a
闡提障　687b
闡提成仏　1133c
闡那　609a,1496a
羼提　1130b
羼提波羅蜜　1167c
全庵　622a
全跏趺坐　448a
全愚道人　638b
全事相即唯識　634b
全室　899a
全珠　**849c**
全宗　**850a**
全真教　1042a
全真尊者　100c
全身舎利　612a
全癡　832a
全超　531c
全日本真理運動　1072b
全報　464a
全離欲　553a
全離欲貪　553a
前業　365b
前五識　41a,407a,489c,520b,981c
前際　491a
前七識　520b
前住　631b
前正覚山　204c
前陳　72c
前唐院　103b,1179c
前堂首座　868c
前東坡漫談　**858c**
前念　**860c**
前念命終後念即生　142b,860c
前板　1170a
前番五味　409a
前六識　44b,499c,776a
染浄依　490a
染浄真如　802b
染浄不二門　574c
染心　864b
染衣　452a,**860b**
染分依他起性　486a
染法熏習　306b
染汚　**864a**
染汚無知　1396b
染問　976a
善　791c,**838a**
善阿　983b
善悪因果経　**859a**
善悪業果位　29c
善悪業報論　765c
善偉　**840b**
善意(仏弟子)　678a
善意(日本)　**840b**
善一如純　277b
善因善果　66a
善慧　100a
善慧(仏前生)　818b
善慧(人名)　1206c
善慧大師　723c
善慧大師賜紫成尋記　496b
善慧房　702b
善慧地　629b,630a
善応　721a
善快　13b
善戒　159b
善戒経　162c
善海(安土桃山〜江戸)　1110a
善海(江戸)　1441b
善覚　708b
善覚王　**841c**
善学院(寺名)　314a
善学院(人名)　1110b
善月　496b
善月(人名)　476a,**843b**,1463c
善願寺　1469b
善機　236b
善喜　515b
善議　302c,**842b**
善鬼神　244c
善吉　677c
善吉祥陀羅尼　911b
善巧　**842c**,1284a
善巧安心止観　636b
善巧方便　842c,1284a
善教房　842c
善教房物語絵巻　**842c**
善救　**842c**
善空　118c
善恭敬経　**843a**
善啓　**843a**
善慶　811a
善見　253a
善見城　926b,1061c
善見山　678b
善見天　522c
善見律　844a
善見律毘婆沙　81a,632b,**844a**,877c
善見論　844a
善賢　675b
善現　677c
善現行　1297
善現心行　1297
善現天　522c
善悟　841c
善興　97a
善興寺　1326a
善業　364a
善光寺(北海道)　**845a**,1048b,1446a
善光寺(山梨)　**845a**
善光寺(長野)　60b,194c,498a,795a,**845a**,886c,1412b
善光寺一光三尊　845a
善光寺縁起　**847b**
善光寺親子地蔵　833a
善光寺式阿弥陀三尊　845a
善光寺四十八願所　540a
善光寺信仰　845b
善光寺大本願　737a
善光寺聖　845b
善光寺本尊　494a
善光寺御堂供養　**847b**
善光寺和讃　489b
善国寺　1114c
善根　**847c**
善根地　629b
善権　432a,1284b
善権方便　432a,1284a
善哉　**847c**
善哉意地　629b
善財童子　320a,411b,679c,**848a**,902b,987b,1410b
善財童子絵巻　320a

善算　857b
善知識　411b,**857a**
善知識だのみ　857b
善士静慮　839b
善思童子経　955c
善寂　637a
善趣　615b
善珠　4c,**850a**,935c,1316c
善鷲　701b
善秀　376b
善集　292b
善住　762a
善住竜王　1457a
善宿　853c
善俊　870c
善生(須闍多)　94b,815a
善生(玉耶女)　815a
善生経　91b,91c,1506b
善生子経　587b,1506b
善生太子　**854b**
善性　698a,811a,**853b**,1045a
善星　**853c**
善照　376b
善正寺(静岡)　**854a**
善正寺(京都)　**854a**
善勝寺(宮城)　375c
善勝寺(千葉)　813a
善証寺　**854b**
善信　806b
善信聖人絵　807b
善信聖人親鸞伝絵　807b
善信尼　582b,**854c**,1068c
善親友　857a
善心房　357b
善水寺　**854c**
善施(須大拏太子)　671a
善施(給孤独長者)　671b
善逝　1124c
善逝(人名)　96c
善世院(官庁)　623b
善世院(寺名)　959b
善世法門　959b
善智(鎌倉)　1383c
善智(南北朝)　376b
善仲　**857b**
善忠寂翁　416a
善珍　811a
善通寺　534a,**857b**
善通寺派　785a
善道　615b
善道(中国)　1139a
善道(日本)　1341a
善導　24c,26a,45c,47a,51c,106b,142a,144a,151a,213c,226b,233c,234a,291b,299a,351b,373a,385b,386c,564c,640b,646a,655b,667c,675b,689b,691a,700b,733b,736a,737b,756b,790b,793b,793c,849c,**858a**,1171c,1172c,1274a,1305c,1322b,1353a,1477b,1496c,1503c,1505a
善導寺(群馬)　**858b**,980a,1173a
善導寺(埼玉)　1472a
善導寺(神奈川)　910c
善導寺(京都)　212b
善導寺(福岡)　737a,**858b**,1258c
善導寺跡　36a
善導大意　**858c**
善導大師　858a
善導流　733b
善どう記　**858b**
善得院　1476c
善徳寺　745b
善如　371c,**860a**
善女人伝　408a,**860a**
善人禅　839b
善友　857a
善友七事　857a
善慧院　1058c,1401c
善会　195a,**860c**
善念　757a
善然　1125b
善能寺　860a
善の綱　**861b**
善臂菩薩経　954c
善瓶　356b
善福寺(東京)　225c,**862a**,1467a
善福寺(神奈川)　226a,406a,**862a**
善法　1185c
善法院　806c,818b
善法行　1297
善法心行　1297
善宝寺　**863c**
善方便　1284a
善本　**864a**
善妙寺　**864b**
善名称吉祥王如来　1415b
善無畏　9c,15b,47b,176b,302b,396c,424c,437c,484c,549c,784b,785b,**864c**,906a,908b,911c,943a,943b,947b,947c,971c,1080a,1085b,1152c,1189a,1305a,1367c,1390a,1449a
善無毒　678a
善与　671a
善容　1151c,1187c
善来　**866c**
善来(人名)　**866c**
善来得　164a
善楽寺　534a
善鸞　806c,**867a**,1139c,1183a
善竜寺　382c
善了　1332a
善隣国宝記　**867b**
善隣国宝別記　867c
善連　854a
禅　463a,688a,**838c**
禅院　513c
禅栄房胤舜　65c
禅悦食　521c
禅戒　841a
禅戒規　865b
禅戒訣　**841a**
禅戒鈔　**841b**
禅戒篇　**841b**
禅戒本義　**841b**
禅海十珍　**841a**
禅客　869c
禅覚　424c
禅関策進　**842b**
禅鳧　**842c**
禅経　463b
禅慶　876a
禅教両宗大伽藍大華厳寺　320c
禅襟　848b
禅警語　1150b
禅家亀鑑　**843b**
禅傑　**843b**,1466a
禅月　213a
禅賢　526b
禅源諸詮集　843c
禅源諸詮集都序　**843c**
禅源大清禅師　884c
禅閤　865a
禅興寺(福島)　179b
禅興寺(神奈川)　226a,405c,406a,**847a**
禅材　**848a**
禅寺　513c,517b
禅師　**848b**,924c
禅師号　1286b
禅師峯寺　534a,**848b**
禅宗　**850a**,951b
禅宗王師普済尊者　112b
禅宗決疑集　**851a**
禅宗広灯録　1025a
禅宗五家　402b
禅宗直指　**851a**
禅宗四十祖像　907b
禅宗指掌　**851b**
禅宗十牛図　622a
禅宗頌古聯珠集　851b
禅宗頌古聯珠通集　**851b**
禅宗正脈　**851c**
禅宗正脈法　851c
禅宗雑毒海(宗杲)　**851c**
禅宗雑毒海(柏林性音)　**851c**
禅宗大伽藍　320c
禅宗念仏　766a
禅宗付法続絶之事　651c
禅宗無門関　1399a
禅宗永嘉集　**852a**
禅宗六祖像　907b
禅助　**853b**
禅恕　312a
禅勝　**853c**

禅杖　262c
禅定　209b,688a,839a
禅定印　65b
禅定院(奈良)　929b
禅定院(和歌山)　435a
禅定境　562b
禅定堅固　404a
禅定寺(中国)　711b,**854b**
禅定寺(日本)　**854b**
禅定殿下　865a
禅定尼　865a
禅定博陸　291b
禅定波羅蜜　839a,1167c
禅定法皇　865a,1265a
禅定門　865a
禅昌寺　719c,**854b**
禅瑞　594b
禅籍志　**855a**
禅僧　848b
禅帯　840b
禅陀迦　464a
禅智(高野山)　800c
禅智(福王寺)　1208b
禅智院　1111a
禅鎮　840b
禅榻　**858a**
禅堂　206a,892a
禅灯世譜　646c,**858c**
禅那　463a,470b,688a,838c,850a
禅那院　1115c
禅那崛多　645b
禅那理行諸詮集　843c
禅尼　**865a**
禅爾　302b,**859b**
禅仁　**860b**
禅慧(平安)　**860c**
禅慧(江戸)　**860c**
禅慧法師　683a
禅苑清規　626c,**861a**
禅苑蒙求　**861a**
禅苑蒙求拾遺　861b
禅苑瑶林　861a
禅の三経　124c
禅波羅蜜　602b,839a
禅板　**861c**,1170a
禅秘要法経　**861c**
禅仏寺　794c
禅遍　369a
禅峰　**863c**
禅芳　1141a
禅法要解　**863c**
禅明寺　406a
禅門　**865a**
禅門規式　108a
禅門撮要　714b
禅門師資承襲図　**865a**
禅門授菩薩戒規　**865b**
禅門章　**865b**
禅門諸祖師偈頌　**865b**
禅門鍛錬説　**865c**
禅門八方珠玉集　1137a
禅門宝訓　870b
禅門宝蔵録　**865c**
禅門要略　**865c**
禅愉　**865c**
禅瑜　737c
禅宥　1290a
禅要　1390a
禅要経　864a
禅律方頭人　537a
禅律奉行　537a
禅侶　848b
禅林　513b
禅林句集　**867b**
禅林寺(中国)　670b
禅林寺(京都)　252b,738b,792b,**867c**
禅林寺(奈良)　956b
禅林寺宗叡僧正目録　760a,**868a**
禅林寺僧正　619a
禅林寺僧都　792a
禅林寺大僧正　777c
禅林寺派　738b
禅林集句　867b
禅林十五条　792b
禅林象器箋　**868a**
禅林職位　**868b**
禅林疏語考証　**870a**
禅林雑句　867b
禅林僧宝伝　**870b**,896a
禅林抜類聚　870c
禅林備用清規　553a
禅林宝訓　**870b**
禅林類聚　**870c**
慚安　1317c
漸機　236c
漸教　407a,407b,409b,472a,**1074b**
漸現観　336c,353b
漸悟　**1074c**
漸悟の菩薩　1074c
漸次止観　519a
漸写経　599c
漸断　977c
漸備一切智徳経　631b
鄯善　450a,**855b**,908c,1386a
蠕蠕　375a

## そ

ソグディアナ　465a,904b,904c
ソグド語　904b,**904c**,1075c
ソグド文字　904c
ソーナカ(優婆離弟子)　963b
ソーナカ(伝道師)　89c,442a
ソーナ・コーティヴィーサ　1093c
ソーナ・コーリヴィーサ　1093c
ソナム・ギャムツォ　354a,**908a**
ソーマ　643c
ソーマチャットラ　194c
ソーラタ　908c
ゾロアスター教　13c,904b,**909a**,1355b
ソンツェン・ガンポ　141c,**912a**,941c,990b,1016c,1077c,1304b,1443a,1444b
そみかくだ　1420b
卒塔婆　402c,539a,1037b
沮渠　608a
沮渠京声　547c,751b,**899c**,1387b
沮渠氏　375a
沮末国　**908b**
怎麼生　**908c**
祖一　**871a**
祖印寺　51b
祖印禅師　422b
祖影　907b
祖円　**899a**
祖雄　**899b**
祖環　883c,**899c**
祖輝　**899c**
祖欽　473c,**900a**
祖継　943c
祖慶　1137a
祖元　95c,125a,352a,406b,803a,850c,**905b**,1292b
祖師　**905b**
祖師会　**905c**
祖師西来意　**905c**
祖師禅　850b
祖師像　907b
祖琇　1460b
祖書綱要　**906b**
祖書綱要刪略　906c
祖心　479a,814c,**906c**
祖心尼　454b
祖先　**907a**
祖先弁謬　1146a
祖禅　**907a**,1145a
祖像　**907b**
祖忠　1056a
祖庭事苑　**907b**
祖庭指南　**907c**
祖庭嫡伝指南　907c
祖堂集　**907c**
祖堂山　416b
祖忍尼　1433b
祖能　**908a**
祖柏　**908b**
祖門(江戸〜明治)　1018a
祖門(明治〜昭和)　466b
祖門旧事紀　**908c**
祚蓮　724a
素安　**870c**
素渓　943c
素絹　1264b
素性　607c,**906c**
素怛纜　254a
素哲　**907c**
素範　250b
素明尼　925b
涑羅多　**908c**
疏勒国　608b,**909b**
曾我部宮成　19a
曾我量深　**899b**

曾禰の長者 460c
曾谷教信 1335c
疎石 32a,105a,105b,122c,375a,406b,421a,459b,515a,515c,709c,803a,811a,822a,**906c**,1036b,1047c,1048a,1292b,1396c,1478a,1494b
疎勒 909b
酥 908c
酥油 **908c**
楚円 47c,**899b**
楚金 **905b**
楚山 640a
楚俊 371c,406b,**906b**
楚石 1324b
窣堵婆 1037a,1037b
窣羅 **908c**
窣祿勤那国 **909b**
麁悪語 637c
麁戒 162c
麁色 519c
麁重縛 1149a
麁の四相 548a
鼠突不動 720a
鼠嘍栗の二諦 1098c
踈勒 909b
蘇 908c
蘇翁 961c
蘇我稲目 1144b
蘇我馬子 41a,120c,215a,1144c,1262b,1272a,1388a,1462a
蘇我倉山田石川麻呂 1419c
蘇我日向臣 1176c
蘇合香 **905b**
蘇悉灌頂 218a
蘇悉地 565a,**905c**
蘇悉地院 1363b
蘇悉地羯囉経 905c,**906a** →蘇悉地経
蘇悉地羯羅供養法 906a,1189a
蘇悉地灌頂 906a
蘇悉地経 218a,437b,501b,906a,957b,976c,1071b
蘇悉地対受記 **906a**
蘇悉地法 434b,501b,**906a**,1431b
蘇尸摩 667b
蘇軾 **906b**
蘇深摩 667b
蘇陀夷 164a
蘇達拏 671a
蘇吅羅 1180b
蘇鉄寺 1378b
蘇婆呼童子請問経 **908b**,976c
蘇婆訶 **909b**
蘇波羅哥 675b
蘇頻陀 658b
蘇部底 677c
蘇摩 **908b**
蘇摩那 656c
蘇摩那華 817c
蘇漫多声 1163b
蘇迷盧 678b
蘇油 908c
蘇剌薩儻那 34a
蘇羅婆国 657c
双巻 1399c
双丘寺 1272c
双桂 1066a
双渓寺 **879b**
双樹林下往生 142b,480c
双調 645b
双盤十夜 652c
双盤念仏 652c,**893c**
双非 527b
双非坊 176b
双峰 880a
双峰国師 880a
双峰山 550b
双峰禅師 880a
双靡 752b
双日 656c
双竜庵 515a
双林寺(中国) 98b,1206c
双林寺(群馬) 755c,**898a**
双林寺(京都) **898a**
双林常住教 407b
双林大士 1206c
双論 21c,1418c
匝三 1072b
早雲寺 **874a**,888c
早参 466c
宋雲 **873c**,1291c,1442b
宋高僧伝 379b,**882c**
宋山 **883b**
宋綬 314b
宋帝王 619c,627a
宋朝華厳の四大家 515c
宋伝 882c
宋版 941b
宋版五経注疏本 8b
宋文憲公護法録 427b
宋訳無量寿経 1400a
宋濂 427b,**898c**
宗頤 **873a**,946b
宗因(鎌倉～室町) **873c**
宗因(江戸) **873c**
宗頴 1043c
宗易 1447a
宗円 **619a**
宗淵 963b
宗園寺 761c
宗温 62c
宗覚(律僧) 291a
宗覚(真言宗) 370c
宗喀巴 207c,307a,353c,838a
宗関 841c,**875c**
宗鑑 **875c**
宗規 **876a**
宗熙(釣船) **876a**
宗熙(春浦) **876a**,946c
宗祇 469a,**876b**
宗休 **878c**,1476c
宗九 **879a**,947a
宗源(鎌倉) **880a**
宗源(室町) 1281c
宗胡 311a,854b,**880c**
宗亘 622b,**880c**,946c
宗光 **880c**
宗光寺(栃木) **882b**
宗光寺(広島) **882b**
宗杲 2a,275c,473c,528c,542b,749c,851c,870b,**881a**,916a,1254a,1292b
宗興 1378a
宗吾本 749c
宗賾 861a
宗璨 **883b**
宗俊 60c
宗舜(鎌倉～南北朝) 390c
宗舜(南北朝～室町) **884c**,1380a,1433a,1466a
宗純(一休) 509b,548b,620c,731b,**884c**,946b,946c,1224a,1292b
宗純(鉄山) 509b
宗津 637b
宗真 883c,**888a**
宗震 **888a**
宗深 **888b**,1380a
宗清(戦国) 874a,**888c**
宗清(江戸) **888c**
宗誓 61b
宗砌 **888c**
宗湛 **891a**
宗長 450c,**891a**
宗澄尼 1481b
宗珍 **891a**
宗陳 **891b**,947a
宗禎禎山 86a
宗套 **891c**,946c,1087b
宗頓 812c,**893a**
宗曇 **893a**
宗然 **893c**
宗能 **893c**
宗弼(中国) 1031b
宗弼(日本) **894a**,1376a
宗炳 **895a**
宗彭 946c,962a→沢庵
宗本 **896b**
宗宥 **897b**
宗融 **897b**
宗隆 **898a**
宗令 **654c**,1375a
宗泐 **899a**
奏進法語 795b,**888b**
相 **871a**
相阿弥 **872c**
相阿弥流 873a
相違決定過 75b
相違決定不定過 75b
相違釈 1495a
相縁縛 1149a
相応 817a,**874b**
相応(人名) 20c,

139a,174c,**874c**,
1118b,1374c
相応阿含　7a
相応因　64c
相応院　750b
相応院流　753a
相応寺(福島)　**874c**
相応寺(大阪)　46c
相応心　**875a**
相応随増　811b
相応善　838b
相応断　978b
相応部　7a,816c,
1034a
相応不善　838c
相応法　791b
相応無明　1397c
相空　280b,280c
相空観　315b,470a
相空教　315b,472b
相慶　703a
相見倶存唯識　634a
相見道　353b
相好　**881a**
相国寺　**883a**
相似覚　178a,1320c
相似観　412b
相似即　900c,1299a
相実　539b,546a,
**884b**,957b
相宗　**715c**
相州南道派　774a,
1502a
相州北道派　774a
相承　**885a**
相善　838b
相想倶絶宗　565c
相雑念住　582a
相即　889c,900a
相即相入　**889c**,900b
相即相容　889c
相続　976b
相続仮　308a
相続解脱地波羅蜜了義
経　324a
相続解脱如来所作随順
処了義経　324a
相続識　360b,521a
相続執持位　29c
相続常　689c
相続相　480a
相続無常　690a
相大　494c
相大曼荼羅　1362a
相待有　79b
相待仮　308a
相待判　890c
相待妙　649c,**890b**
相土　**891c**
相頓教　742b
相入　889c
相縛　1149a
相破相成　**893c**
相秘密　583c,1190c
相比量　1465c
相符極成過　74a
相部宗　586a,1250b,
1290c,1453c
相分　585b,1421c
相発心　1302a
相無性　486b
相輪　1037b
相輪樘　1037b,1179c
草庵　1039b
草庵集　**873a**
草衣　44b
草鞋　293c
草繋の比丘　**879c**
草根集　**883a**
草座　448b,462a
草山集　**883b**,906c
草山律　348b
草単　973a
草堂寺(鍾山)　**892c**
草堂寺(終南山)
640b,**892c**
草堂禅師　649b
草読　1067b
草茅危言　1145c
草木国土悉皆成仏
**896c**
草木成仏　896c
草木発心修行成仏記
**897a**
荘広還　739c,**882b**
送終　871b
送亡　871b
桑嶌寺　465c,614b
桑遠　897c
桑山寺　1039b
桑門　610c
桑門栄源　89a
巣雪　840c
崇元寺　**880b**
崇寿院　1023c
崇寿寺　514c
崇聖禅寺　836c
崇信　**888a**
崇信寺　1022b
崇禅寺　**889b**
崇泰院　**890b**
崇福寺(中国)　919b
崇福寺(愛知)　705a,
1034c
崇福寺(滋賀)　639a,
**894c**,1387a
崇福寺(福岡)　**894c**,
1259b
崇福寺(長崎)　67a,
**894c**
掃塵会　1128b
捽鞋　293c
曹渓山修禅社　708a
曹渓寺　**879b**
曹渓禅　990a
曹渓大師　120a
曹渓大師別伝　**879c**
曹源寺　**880b**
曹山　1330b
曹山本寂　→本寂
曹思文　473a
曹植　472c
曹洞教会修証義　**892b**
曹洞五位　1046a
曹洞五位顕訣　**892b**
曹洞宗　402b,497b,
850b,850c,883c
曹洞宗江戸三カ寺
841c
曹洞宗寒巌派　237c
曹洞宗の両祖　851a
曹洞宗法皇派　237c
曹洞禅　96c
創価学会　790a,**875b**,
937b,1108c
創価教育学会　1070b,
1349b
創唱宗教　789c
喪門　610c
惣誉清厳　697c
棗柏大師　1453a
湊済寺　1481b
葬　**871b**
葬頭の河　1373a
葬送　871b
葬礼　871b
葱嶺　**898c**
葱嶺鎮　898c
装飾経　**887c**,997b
僧　876c
僧位　**873a**
僧院　206a
僧衣　1263a
僧叡(中国)　106b,
295a,301b,510c,
714b,**874a**,1342b
僧叡(日本)　**874a**
僧会司　881c
僧衍　880a
僧淵　**874b**
僧音　**875a**,875b
僧温　**875a**
僧園　206a
僧遠　**875b**
僧可　107b
僧鎧　878a
僧迦尸　877b
僧迦舎　877b
僧迦那提　877c
僧伽　81a,597c,**876c**
僧伽(人名)　**877a**
僧伽欺那　877b
僧伽斯那(百喩経撰者)
296a,**877b**,1194a
僧伽斯那(菩薩本縁経
撰者)　**877b**,1299b
僧伽施国　**877b**,1313c
僧伽提婆　7b,21c,
190c,503c,**877b**,
1318a,1503b
僧伽吒経　197a
僧伽難提　**877c**
僧伽筏蘇　**877c**
僧伽跋陀羅　669c,
844a,**877c**
僧伽跋澄　190c,527a,
**878a**,878b,912c
僧伽跋橙　878a
僧伽跋摩　379a,635a,
872c,**878a**,1002b,
1189c,1461b
僧伽婆羅　1c,289b,
325b,765a,**878a**,
954a,1156b,1176b,
1261a,1364c,1411a
僧伽摩　**878a**
僧伽蜜多　**878b**
僧伽物　876c

僧伽羅　825c
僧伽羅叉　878b
僧伽羅刹　661c,**878b**,878c
僧伽羅刹所集経　**878b**
僧伽羅摩　878b
僧伽藍　206a
僧伽藍(人名)　878b
僧伽藍摩　513a
僧伽梨　1263b
僧訶補羅国　578b,**875c**
僧侃　944a
僧官　881a
僧官三職　235c
僧官僧服記　**875c**
僧官補任　**876a**
僧猗　844a
僧禕　844a
僧祇　813b
僧祇支　1263c
僧祇物　**876c**
僧祇律戒本　659c
僧佉　1505b
僧佉難提　877c
僧佉論　647c
僧脚崎　1263c
僧璩　635a,**878c**
僧鏡　**878c**
僧形八幡像　804b,**879a**,1159b,1329c
僧瑾　**879a**,1205b
僧具　1224b
僧訓日記　**879b**
僧谿　1409c
僧賢　877c
僧衒　**880a**
僧綱　454a,498c,623b,**881a**,886b
僧綱司　881c
僧綱所　**882c**
僧綱補任　557b,**883a**
僧含　473a,**883a**
僧璨　512c,794b,**883b**,1468a
僧残　1450c
僧寺　514a
僧時衆　538b
僧次請　1254c
僧主　881b
僧就　925c
僧宗　1134c
僧濬　1280b
僧純(安土桃山〜江戸)　1462b
僧純(江戸)　1378a
僧祥　1312a
僧紹　819c,940c
僧正　881b,881c,882a,898a
僧正位　873b
僧正司　881c
僧正遍昭　1257b
僧肇　301b,510c,511a,764b,**885c**,944a,999c,1195c,1280a,1342b,1426b
僧職　**886b**
僧史略　943b
僧尋　1471a
僧都　881c,882a
僧都位　873b
僧嵩　1150c
僧詮　510b,510c,819c,**889a**
僧徹　**891b**
僧伝排韻　**891b**,894b
僧統　881c
僧堂　206a,**892a**
僧堂清規　**892c**
僧導　714b,**892a**
僧尼　877a
僧尼取締令　893b
僧尼令　623b,882a,**893b**
僧若　871a
僧柔　**893a**
僧跋　500a
僧弼　**894a**
僧旻(中国)　271b,524c,**894b**,989a,1241b,1261b
僧敏(中国)　473a
僧敏(日本)　**894b**
僧譜冠字韻類　377c,**894b**
僧服　1263a
僧服正検　**895a**
僧兵　270a,517c,674a,**895a**,1026a,1048b
僧宝　502a,502b
僧宝正続伝　870b,**896a**
僧苞　**896a**
僧坊　513b
僧房　206a
僧樸　214a,790c,**896b**
僧明　418c
僧猛　1078a
僧旻(日本)　**896c**
僧物　876c
僧祐　301c,464c,595b,672b,**897b**,940c
僧祐録　672b
僧養　878a
僧鎔　**897c**,1403a
僧略　898a
僧碧　**897c**
僧侶　877a
僧朗(中国)　510b,799a,819c,892c,**899a**
僧朗(日本)　875b,**899a**
僧録　517c,623c,881b,881c
僧録司　518a,623b,623c,881c,882b
僧録職　727c
僧録所　710a
想　**871a**
想蘊　392b
想永　1192a
想受滅定　1403b
想受滅無為　1389b
滄冥福智　958a
層塔　828b,**891c**,1147c
摠見寺　**880a**
漕矩吒国　**879b**
漕国　879b
総安心　1302b
総円　525c
総勘文抄　648b
総見院　947a
総見寺　**880b**
総光寺　1376c
総国分寺　400a,1054c
総国分尼寺　400a,1310c
総五重　922b
総持　969b
総持(人名)　249a
総持院　537c
総持寺(群馬)　**883c**
総持寺(東京)　461b,**883c**
総持寺(神奈川)　41a,95c,273b,701c,**883c**,1409a
総持寺(滋賀)　**883c**
総持寺(大阪)　**883c**
総持寺(和歌山)　**883c**,1379b
総持寺芳春院　765a
総持抄　**884b**
総持尊者　218a
総持坊　393a
総釈陀羅尼義讃　970a
総宗務所　517b
総序　204b
総世寺　**888c**
総泉寺　**889b**
総相　**889b**,1499a
総相戒　162b
総相観　209c,231c,889b
総相念住　582a
総相念住位　476c,581c
総相念処位　476c
総即別名　**890b**
総陀羅尼義経　970a
総寧寺　216a,**893b**,944b
総墓　1147c
総秘大師　179c
総付属　1219c
総別二業　364a
総報　202c
総報業　364a
総法務　182a,882c,1278c
総本山　1326b
総本寺　1473b
総門の唯識　1422a
総誉清厳　710a
綜理衆経目録　576a,662a,672b,940c
聡蓮社嘆誉　1471c
瘡門　**897a**
澡豆　**888b**
霜華山　828a
叢林　513a
叢林公論　**898a**
叢林集　**898b**,961a,

1200b
叢林盛事 **898b**
叢林両序須知 **898b**
贈別夜 959a
繒蓋 165a
藻原寺 **880b**,1092b
造営奉行 623b
造玄 **880a**
造玄阿闍梨付属師資血脈 880a
造作業 364b
造寺堅固 404a
造寺司 **884b**
造像功徳経 **889c**
造像量度経 **889c**
造像量度経解 889c
造塔延命功徳経 1017a
造塔功徳経 **892b**
造東大寺長官 884b
造仏工 1226c
造仏師 1226c
造仏所 1226c,1227c
造微 719a
象王 1378a
象王哲 118a
象海慧湛 1058b
象骨山 836c
象座 448b
象山(徐芸) 765a
象山(先啓) 843a
象頭山 204c
象先 424a,763b
象耳山 678b
象匏 1409c
象腋経 **897b**
像観 655a
像法 1352c
像法決疑経 **896a**
増一阿含 7a
増一阿含経 7b,49a,90b,242b,611a,817a,1005a,1206a,1240c
増吽 **873c**
増栄法 676b
増賀 312a,**875b**
増基(平安) 39a,**876b**
増基(鎌倉～南北朝) **876b**
増基法師集 39a
増慶 1182c
増劫 361b
増孝 810b
増語触 901a
増支部 7a,816c
増執 617b
増集続伝灯録 904a
増俊 810b,**884c**
増上 **885c**
増上意住 1298
増上縁 123c,468a,833c
増上縁依 489c
増上果 158a
増上戒住 1298
増上業 364b
増上寺 185c,310a,477a,726b,737a,**885c**,980a,1146b,1482a
増上菩提 1301a
増上慢 1359b
増上慢境 562b
増上慢声聞 756a
増長業 364b
増長天 46a,297a,1095b,1158c
増長天王 577a
増長法 676b
増智 **891a**
増道損生 **893a**
増弁 1118b
増補分類無縁双紙 1390b
増命 **896c**
増益灌頂 217c
増益善神 656a
増益法 643c,676a,676b
増誉 50a,300a,664c,707a,**897c**
増曜地 629b
増利 1118b
雑阿含経 7a,295c,817a,1034a,1198b,1352c
雑阿毘曇心論 21c,44c,504c,**872c**,1189a,1306b
雑会 609b
雑穢語 637c
雑縁 582a,**874b**
雑機 237a
雑行 **700a**,700b
雑砕衣 1263b
雑司谷鬼子母神 1286c
雑住界 288a
雑集蔵 493b
雑集論 72a,508c,929a,1251b
雑呪集 970b
雑心論 872c
雑染 864a,**889a**
雑善 838c
雑蔵 493a
雑蔵経 **889b**
雑伝派 1128b
雑毒の善 838c
雑譬喩経 **894a**
雑部 7a
雑部密教 48b
雑宝蔵経 248a,**896b**
雑曼荼羅 1361c,1363c
雑密 337c,1367c
雑密経典 1367c
雑無極経 1501c
雑略観 231c
雑類世界 399c
蔵 **872c**,990b
蔵教 409c
蔵教の二諦 1099c
蔵経 939b
蔵外法要菽麦私記 663b
蔵識 29a
蔵俊 78a,757a,**884c**,1194c,1317a,1317b,1317c
蔵春院 **885a**
蔵主 868c,869a
蔵川 620a
蔵叟 1494a
蔵の三義 29b
即 **900a**
即蘊我 159a
即往生 142b
即休契了 1238a
即空即仮即中 469c,494b,769b,998c
即事而真 **901c**
即成院 860a
即心 603a
即心念仏 1138b
即心念仏安心決定談義本 **903b**,1138c
即身義 903a
即身義灌頂 218a
即身成仏 **902a**,903a
即身成仏義 97a,561c,565a,**903a**
即是の即 900a
即川師点 282b
即中玄透 749c
即伝 664b,**903c**
即道 216a
即到の機 237a
即得往生 142b
即非 1121c →如一
即便往生 142b
即蓮社得誉忍阿 961b
足目 6a,71c,78a
則天武后 320b,662b,938b,1279b
息畊 1153b
息災法 643c,676a
息諸縁務 1285a
息世譏嫌戒 159c
息相発心 1302a
息二辺分別止 511b
息妄修心宗 840a,843c
息慮凝心 **905a**
速治 1101c
速伝宗販 170b
速蓮社成誉 919b
塞建地羅 422c
塞建陀 46a,95a,392a
塞建陀羅 422c,1119b
触 **900c**
触境 901a
触地印 65b
触食 521b
触事而真 901c
触礼 1438a
俗時衆 538b
俗塵 775c
俗諦 494b,1097b
俗諦常住 **903c**
俗諦中道 998b
俗諦不生不滅 903c
俗智 446b,981b
俗納所 1142b
俗別当 887a
俗妄真実宗 565b
属星供 1299c

粟散王 638a
粟特国 465a,**904b**,904c
続一切経音義 56b,941c
続華厳経略疏刊定記 317c,**901a**
続高僧伝 379b,**901b**
続古今訳経図紀 404c,662b
続古尊宿語要目録 418a
続古尊宿語要 418a
続菜根譚 452c
続指月録 528c
続宗義決択集 621b
続集古今仏道論衡 626a
続種論 847c
続貞元釈教録 662b,706b
続浄土宗全書 1407c
続浄土生無生論 739c
続正法論 907a
続善根 **975c**,976a
続善隣国宝記 867c
続善隣国宝外記 867c
続選択集 748c
続蔵経 10a,1080c →大日本続蔵経，卍字続蔵経
続々宗義決択集 621b
続祖庭事苑 907b
続大唐内典録 662b,946a
続伝灯録 **903c**
続灯正統 **904a**
続灯録 62b,351b
続日域洞上諸祖伝 1100b
続日本往生伝 905a
続日本高僧伝 **904c**
続扶桑隠逸伝 **905a**
続遍照発揮性霊集補闕鈔 761c
続編日吉山王利生記 1180a
続法 319a,343a,**905a**,1122a
続宝林伝 1290c
続本朝往生伝 **905a**
続命 136b
続妙好人伝 1378a
賊住 **901c**
帥宮 800a
帥阿闍梨 1111b
帥の法師 1118a
息耕 985a
窣利 904b
薗田宗恵 **908a**
染殿皇后 1004c
剃山伏 1420b
存奨 1477b
存統 679b
存道 1106a
村庵 1482a
邨輸颰陀 1212b
孫権 346c,612c
孫綽 472c
孫盛 473a
孫泰山 473b
孫陀利 **911c**
巽軒 62a
尊意 213a,**909c**,1118b,1242c
尊慧 545a
尊円(鎌倉) 1438b
尊円(鎌倉～南北朝) 608b,763c,**909c**
尊海(平安～鎌倉) 1129b
尊海(鎌倉) 246a,**910a**
尊海(戦国) 439c
尊海(江戸) 143c,**910a**
尊観(鎌倉) 737a,739b,**910b**,1473c
尊観(南北朝～室町) 538b,763c,861a,**910b**
尊敬 **910c**
尊敬法親王 517a
尊慶 **910c**
尊形曼荼羅 1362a
尊家 1111c
尊賢 1252b
尊光 846b
尊号真像銘文 789b,790c,791a
尊者 291a,**910c**
尊者法救 1154b
尊重行 1297
尊重寺 1184b
尊重心行 1297
尊舜 525b,681b,**911a**
尊性 132b
尊性法親王 1383c
尊省 912b
尊勝 54b
尊勝護摩 911c
尊勝寺(京都・左京区) 217b,882a,**911a**,1498b
尊勝寺(京都・宇治市) 1469b
尊勝陀羅尼 **911b**,1238a
尊勝陀羅尼経 911b
尊勝陀羅尼法 911c
尊勝仏頂 425b,**911b**,911c
尊勝仏頂修瑜伽法軌儀 911b,911c
尊勝法 **911c**,1363c
尊勝曼荼羅 911c,1363c
尊照 **911a**
尊星王 1300a,1377b
尊星供 1300a
尊信(鎌倉) **911c**
尊信(鎌倉～南北朝) **911c**
尊真親王 193b
尊足山 312b
尊智 **912a**
尊澄 1414a
尊鎮親王 1055c
尊通 592c,**912a**
尊道 **912b**
尊如 **912c**
尊人 1295b
尊任 **912c**
尊婆須蜜 912c
尊婆須蜜菩薩所集論 **912c**
尊法 203a
尊問愚答記 **913a**
尊祐 **913a**
尊容抄 561c
尊霊 761b
尊蓮社超誉 910c
損伏断 977c
存易 **909c**
存応 886a,**909c**,920c,980a,1030b,1216c
存雄 **910a**
存海(室町) **910a**
存海(戦国～江戸) **910a**
存覚 526b,589a,620a,706c,730b,735c,740c,760b,768a,807a,820a,**910b**,1154a,1218a,1257b,1329b
存覚法語 789b,790c
存牛 746c,**910c**
存三 49c
存奨 **911a**
存貞 **912b**,1487a
存統 **912b**
存如 452a,724c,**912c**
存応 910a

## た

タキシラ 963c
ダーキニー 962a
ダクシナーギリ 965a
タクシャカ 1157c
タクシャシラー 657c,963c,1167a
タクラマカン砂漠 450a,970c,1073b
タケ詣り 436a
ダーサカ **963b**
ダサバラ・カッサパ 653c
ダシャバラ・カーシャパ 653c
ダシャラタ 1444b
タシ・ラマ 964a
タシルンポ 353c,462a,**964a**,1504a
ダタラッタ **964c**
タッカ 962b
タッカシラー 657c,963c,1305b
ダッキナーギリ **965a**
タットヴァ・アーローカカリー 17c
タットヴァ・サングラハ(初会金剛頂経) 17c,437b

タットヴァ・サングラハ(寂護著) 614b,**965c**
タットヴァ・サングラハ・パンジカー 203c
タットヴァ・ダシャカ 17a
タットヴァ・ラトナーヴァリー 17a
ダッバ・マッラプッタ 970b
ダートゥ・カター 21c,**966c**
ターナー **967a**
ダナカタカ 967a
ダーナパーラ 830b
ダーナンジャーニ **967b**
ダーナンジャーニー **967b**
ダナンジャヤ **967b**,1497c
ダニヤ 978b
ダヌス 642c
ダヌル・ヴェーダ 647c
タノマズ秘事 218c,379c
タプッサ 914a,914c
タボ寺 1478a
タマサーヴァナ・サンガーラーマ 612a
タマス 498a
ターマリッティ 980a
タミール族 826b
タームラドランシュトリカ 979b
タームラリプティ 980a
ダライ・ラマ 197b,229b,991a,1304b,1444a,1444b
ダライ・ラマ一世 964a,1014c,1445a
ダライ・ラマ五世 209a,991a,1304b,1443b,1445a
ダライ・ラマ七世 942b
ダライ・ラマ一三世 942b,991a
ダライ・ラマ六世 1503c
ダラダ 972c
ダラダ・マリガワ寺 1225a
ターラナータ **969a**
ターラナータ仏教史 830c,**969a**
タリム盆地 450a,855b,**970c**,1073b
タルカ・ジュヴァーラー **971a**
タルカ・バーシャー **971b**,1407a
ダールケ **971b**
ダルマカーラ 1077a
ダルマーカラ 25c,1400a
ダルマキールティ 436b,554c,674c,675b,800b,932c,965c,971b,972c,1018a,1119b,1247a,1248a,1314c
ダルマグプタ 971c
ダルマ・シャーストラ 1356a
ダルマシュリー 872c,1315a
ダルマシュレーシュティン 1315a
ダルマ・スートラ 1356a
ダルマダートゥスタヴァ 504a
ダルマ・ダルマター・ヴィバンガ 1285b
ダルマチャンドラ 1270c
ダルマディンナー 972a
ダルマトラータ 872c,972a,972b,1154a,1306b,1306c
ダルマナンディ 1077a
ダルマパーラ(論師) 167c,341c,402c,426c,454a,507b,585b,635c,691c,748c,756c,782a,800b,984a,994c,1085b,1314c,1423a,1423b,1423c,1430a
ダルマパーラ(王) 80b
ダルマプリヤ 1077b
ダルマミトラ 1077b
ダルマヤシャス 1077b
ダルマラクシャ(竺曇無蘭) 527a
ダルマラクシャ(竺法護) 527c
ダルマラクシャ(曇無讖) 1078a
ダルマラクシャ(法護) 1271a
ダルマラージカー伽藍 964a
ダルマルチ 972b,1077c
ダールマン **972b**
ダルモーッタラ **972c**,1119b
ダルモードガタ(法上菩薩) 1278a
ダルモードガタ(法起菩薩) 1306a
ダローダ 972c
タングート 819a
ダンダカ 976b
ダンダ・ローカ 976b
タントラ **976b**,1203b
タントラ・ヴァールッティカ 301c
タントラ仏教 80b,86c,976c,990c,1368a,1444c
ダンパ 368a
タンバダティカ **979a**
ダンマ 939c
ダンマキッティ 1357a
ダンマ・サンガニ 21c,**979b**
ダンマゼーディ 207b
ダンマチェーティ王 1202a
ダンマディンナー 972a
ダンマ・パダ 294b,532a,674a,817a,1204a,1275c,1306b,1371c
ダンマパダッタカター 1306c,1307a
ダンマパーラ(論師) 80c,966b,**979c**
ダンマパーラ(仏教運動家) **979c**
タンマユット派 1410a
ダンマラッキタ 20b
手向山八幡 1055b
手束先達 856c
他 569
他阿 734a
他阿弥陀仏 778c
他縁大乗心 633b
他界 **960a**
他界縁の惑 1337c
他化自在天 **963a**,1020b,1154c,1436c
他化楽天 963a
他受用 **542a**
他受用御書 413a
他受用身 1231b
他受用土 1238c
他生 686c
他心智 981a
他心通 798c
他比量 1465c
他方仏 242b
他力 **771c**
他力廻向 110c
他力往生の説 738a
他力義 734a
他力教 771c
他力宗 771c
他力念仏 772a,1137c
他力の心行 778c
他力の信心 793c
他力の菩提心 1302b
他力門 771c
他利利他の深義 **971a**
田代観音 36a
田中智学 399b,**967a**,1293c
田中坊 751b
吒 569
多 569
多掲羅 961b
多賀曼荼羅図 1329c
多伽羅香 **961b**
多伽楼 961b

多字一石経　832c
多子塔　**963c**
多重塔　891c
多生　686c
多層塔　891c
多即一　890a
多多　**964b**
多陀阿伽度　1124b
多田院　**964b**
多田鼎　273c,**964b**
多田光雲　35b
多田権現　964b
多田等観　942c,**964b**
多田満仲　762c,844b
多跢婆和　**964c**
多度神宮　804b
多度神宮寺　358c,780b
多念　53a,1137c
多念義　53a,733c,734a,735c,1008b,1458a
多念業成　373a
多念滅罪　753b
多仏説　1223a
多宝塔　828b,**967c**,1037a
多宝塔院　905b
多宝塔感応碑　905b
多宝仏　448c,484a,**968a**
多髪　1212a
多法界　1305a
多摩梨帝　980a
多聞　**968c**
多聞堅固　404a
多聞山諸寺焼打　895c
多聞第一　17b,639c
多聞天　577a,656a,1095b,1158c,1184a
多聞部　411a
多門城　233b
多羅　**968c**
多羅樹　968c
多羅葉記　**970c**
多羅要鈔　970c
侘　569
咀叉始羅　657c,1167b,1305b
咀叉始羅国　578b,**963c**
怛鉢那　**967c**
拕　571
咤　569,571
哆　571
太宰府神宮寺　780b
太上法皇　1265a
吒祇尼　962a
兌蔵会　208b
陀　569
陀兜迦他　966c
陀菟論　647c
陀然　967b
陀驃摩羅子　970b
陀驃力士子　970b
陀羅尼　589a,783b,**969b**,976c,1367c,1389a
陀羅尼会　**970a**
陀羅尼義　**970a**
陀羅尼義讃　**970a**
陀羅尼経　177b
陀羅尼集経　9b,228b,557b,618a,**970a**
陀羅尼集　970b
陀羅尼宗　784b
陀羅尼蔵　493b,970a
陀羅尼雑集　**970b**
陀羅尼菩薩　484a
陀羅尼品集　970b
陀羅尼門諸部要目　1071b
陀羅驃摩羅子　**970b**
陀憐尼　969b
陀隣尼　969b
陀隣尼鉢経　1059b
陀歴国　**972c**
拏　569
柁那　1217b
娜　569
荼　569
荼吉尼　962a
荼枳尼　1350c
荼枳尼天　**962a**
荼毘　**967c**
堕羅鉢底　866b,1082b
堕羅鉢底国　**970b**
達頼喇嘛　1444a
駄　569
駄索迦　963b
駄山　98c
駄都　164c
駄都法　676c,**966c**
駄那羯磔迦国　20a,**967a**
駄縛若　1038b
駝驃大力王　970b
大我　158b,159a
大我(人名)　314a,**916b**,1492a
大海の八不思議　916c
大逆事件　89b
大慶寺　226a
大元帥明王　920a
大己　**920b**
大悟徹底　1018b
大山寺　**923a**
大正新脩大蔵経　941c,960c,1508b
大秦　936c
大秦景教　310a
大秦景教三威蒙度讃　310b
大秦景教流行中国碑頌並序　310b,311b,936c
大秦国　**936b**
大秦寺　310a,**936c**
大成　1074c
大聖勝軍寺　**937a**
大道　1492a
大寧寺　**949a**
大平山　1384c
大夫法印　1457c
大鵬　710b
大夜　959a
大陽真鑑禅師　27c
太一卉木章　**914b**
太一山　640a
太乙山　640a
太陰　558b
太源　888a　→宗真
太賢　**919b**
太原寺　**919b**
太原寺(長安)　919b
太原寺(洛陽)　919c
太原雪斎　1476c
太原宗孚　821b
太元帥明王　919c,**920a**
太元帥法　4c,700c,**919c**,920b,1262c
太元帥法縁起奏状　**920a**
太古寺　879c
太山　923a
太山寺(兵庫)　126c,895b,**923b**
太山寺(愛媛)　534a,**923b**
太山王　619c,627a
太子会　**924a**
太子講　363a
太子刷護経　955a
太子山如来寺　1125b
太子寺(三重)　1125b
太子寺(兵庫)　1170c
太子頌　1340c
太子須大拏経　1501c
太子信仰　577c,735a
太子瑞応本起経　186c,662a,674b,**925b**
太子堂　1488a
太子廟　845c
太子慕魄経(安世高訳)　1501c
太子墓魄経(竺法護訳)　1501c
太子曼荼羅　347a
太子和休経　955a
太子和讃　489b
太神宮寺　780b
太清　617c
太祖(明)　473c,709b
太祖(日本)　702a
太宗(唐)　297b,639a
太宗(北宋)　709b
太能　**950a**
太白　558b
太白山　1211c
太白真玄　406b
太白天　1093a
太武帝　473a,1000c
太平興国寺　**952c**
太平興国寺(江蘇省)　170b,405b,712c
太平興国寺(河南省)　941a,**952c**
太平興国寺(湖北省)　1022c
太平興国寺伝法院　723c
太平興国禅寺　263b
太平寺(神奈川)　406a
太平寺(大阪)　987c
太平妙準　95c
太夜　959a

太融寺　**959a**
太陽　558b
太竜寺　534a,**959b**
台空　8a
台山婆子　716a
台宗　1026c
台宗綱要　**927a**
台宗精英集　**927b**
台宗二百題　**927b**
台宗論義示処　**927a**
台浄念仏復宗訣　329a,701c
台当異目深密鈔　**945c**
台密　139c,337b,501b,**957b**
台密九流　957c
台密九流相承　**957c**
台密三流　957b
台密十三流　957c
台密谷の三流の総口決　539b
台密要集　1028b
台密葉上流　102a
台密略目録　**957c**
台嶺　1178c
台麓　1466a
台蓮社霊誉　1446a
当麻寺　**956b**
当麻道場　1399c
当麻派　538c
当麻曼荼羅　25a,26b,**956c**,1282a
当麻曼荼羅縁起　957a
当麻曼荼羅綱目秘決図彙正記　957b
当麻曼荼羅疏　957a
当麻曼荼羅捜玄疏　957b
当麻曼荼羅注　957b
体具　702b
体空　280a,486c
体空観　209c,409c,469c,**608a**
体空説　999b
体仮入空観　608a
体外方便　1285a
体元　**919b**
体色入空観　608a
体失往生　142b
体声　1163a
体性都無　486a
体真　355a
体真止　511b
体大　494c
体大曼荼羅　1362a
体澄　1289c
体比量　1465c
体法観　608a
体法入空観　608a
体滅　492b
体文　569,572a,572b
体用顕現諦　1098
体用本迹　1342c
対　410b
対雲窟　1153b
対縁仮　308b
対機説法　237b,598c,**918b**
対客談叢　421a
対礙　**919a**
対告衆　**921a**
対治　**923c**
対治悉檀　536b
対治邪執論　835a
対治助開　636b
対治断　978a
対治秘密　583c,1190c
対食偈　**924c**
対首懺　475a,863b
対首法　197b,1451c
対偏正　485b
対偏中　998c
対法　21a
対法蔵　21a,493b
岱岳　923a
岱山　923a
岱宗　923a
帝釈窟　69a,414c
帝釈天　13c,54b,69a,349c,433c,484b,497b,595b,643c,656a,678c,834c,919a,919c,**926b**,926c,956a,1020a,1061c,1093a,1095b,1157b
帝釈天曼荼羅　**926c**
帝釈瓶　**926c**
帝網　69a,399c
帝網無礙唯識　634b
帝梨富沙　914a
待賢門院　1272c
待賢門院璋子　131b
待悟禅　840b
待絶二妙　890b
待妙　890b
胎宮　731b
胎内の五位　**947a**
胎内等身像　1234a
胎内仏　1234b
胎金三密抄料簡　507a
胎金曼荼羅抄　435b
胎金曼荼羅諸尊種子集　**922c**
胎金両界血脈　880a
胎三密鈔　942c
胎生　542b,962c
胎蔵縁起　**938c**
胎蔵界　**434a**,1215c
胎蔵界灌頂　218a
胎蔵界虚心記　**938c**
胎蔵界三部秘釈　434b,**939a**
胎蔵界三密鈔　435b
胎蔵界七集　42b
胎蔵界対受記　**939a**
胎蔵界大法対受記　939a
胎蔵界立　676b
胎蔵界念誦次第　**939b**
胎蔵界法　402b,579c
胎蔵界曼荼羅　434b,1126b,1363a
胎蔵界曼荼羅鈔　**939b**
胎蔵金剛菩提心義略問答抄　1302b
胎蔵三重曼荼羅　499b
胎蔵三密鈔　**942c**
胎蔵寺　1454c
胎蔵四部儀軌　**943a**
胎蔵鈔　942c
胎蔵諸説不同記　768b
胎蔵図像　**943b**
胎蔵普礼五十三次第　939b
胎蔵法　1367c
胎蔵梵字次第　939b
胎蔵曼荼羅　768b
胎通　**944b**
胎外の五位　**947a**
胎蓮　563c
耐怨害忍　498b,1127b
退　**1219c**
退(人名)　146b
退休寺　792a,**918b**
退去阿羅漢　28b
退紅　1047b
退耕(平安～鎌倉)　271a　→行勇
退耕(江戸～明治)　150c
退耕庵(東福寺塔頭)　1058c
退三昧耶罪　506a
退相阿羅漢　28b
退蔵院　873c,1380b
退蔵寺　766b
退大声聞　756a
退転　**944c**
退歩　1048c
退菩提心声聞　756a
退魯　1015c
迨夜　959a
帯　410b
帯数釈　1495b
帯質境　509b
帯劣勝応身　1231c
泰雲寺　281b,349b
泰演　1316c
泰音　561b
泰覚　**917a**
泰岳　923a
泰巌　334b,663b,790c
泰山　**923a**
泰山(人名)　95c
泰山寺　534a
泰山府君　620a,923a,1402b
泰山府君祭　827c
泰初　588a
泰疏　290b,290c
泰善　1410b
泰沢　106c
泰澄　14c,64a,152b,444a,745a,**944b**,1006a,1009a,1072c,1083a,1150a,1252c,1351b
泰範　456b,**950c**
泰輿妙康　1457b
堆圧地獄　532a
袋中(良定)　613a,735b,**944a**,979a,1135a
逮夜　**959a**,1496c
諦　550c,**913a**
諦観　243b,**917b**,1026b

諦観録　1026b
諦察法忍　498b, 1127b
諦住　**927a**
諦純　102c
諦乗　601a
諦相応増上慧住　1298
諦忍　282b, 1385a
戴安公　472c
戴逵　**918a**
戴顒　1226c
戴達　1226c
大　1094a, 1345b
大哀経　925c
大愛敬寺　1241b
大愛道　269c, 597a, 913c, 1240c, 1348a
大愛道般泥洹経　1240c
大愛道比丘尼経　**913c**
大愛欲　2c
大阿故信　1078c
大阿闍梨　12a
大阿弥陀経　411c, 1400b
大阿弥陀経寺　273b
大阿羅漢図讃集　1441b
大阿羅漢難提蜜多羅所説法住記　658b, 1275a
大安　100b
大安寺(中国)　**913c**
大安寺(日本)　281c, 510c, 557a, 639a, 886c, **913c**, 951a, 1047a, 1272a
大安寺伽藍縁起并流記資財帳　535a, 536c
大安寺法華会　1458b
大安寺流　510c, 913c
大安達邏国　967a
大安鎮法　34c
大安般守意経　**914a**
大庵　1478c
大威　982a
大威灯光仙人問疑経　914b
大威徳陀羅尼経　**914c**
大威徳明王　419a, **914c**
大威力烏枢瑟摩明王経　10a
大医王　1222b
大医王仏　1415a
大医禅師　1051b
大意経　1501c
大域竜　1175c
大因経　1131b
大雲(安土桃山～江戸)　1413b
大雲(江戸～明治)　**915a**
大雲伊俊　1213c
大雲院　390b, **915a**, 961b, 1016a, 1133b
大雲永瑞　1172c
大雲経　955c
大雲経寺　385b, 915b
大雲経請雨品　692a
大雲光明寺　**915a**
大雲寺(中国)　400b, **915b**
大雲寺(京都)　311c, 567a, **915b**, 1435c
大雲寺(岡山)　462b
大雲請雨経　692a
大雲輪請雨経　238a, 692a
大衣　1263b
大慧(中国)　881a →宗杲
大慧(日本)　**915c**
大慧書　916a
大慧書問　**916a**
大慧禅師　47b, 115b, 1215a
大慧禅師禅宗雑毒海　851c
大慧普覚禅師書　916a
大瀛　144b, 478a, **915c**
大会経　1367c
大会衆門　423b
大円(鎌倉)　1466b
大円(江戸)　459a
大円阿闍梨　1105a
大円覚寺　**916a**
大円覚心照国師　683b
大円鏡智　981b
大円国師(一円)　46b
大円国師(疎石)　907a
大円寺　778b
大円寂　1132b
大円禅師(唐・楚金)　905b
大円禅師(唐・霊祐)　1483a
大円禅師(日本)　179b
大円宝鑑国師　1051b
大宛　450a
大衍　**916a**
大衍暦　47b
大応供院　1064b
大応寺　134c
大応派　850c
大王興輪寺　392a
大王統史　1356c
大越家　856c
大恩教主　264a
大恩寺　1469a
大飲光　1345b
大音寺　**916a**
大夏　327b, 450a, 819a, 1386a
大戒　161c, 162c
大戒訣　**916c**
大戒訣或問　916c
大海　**916b**
大海の十相　916b
大海の八不思議　916c
大海の八徳　916c
大界　**916b**
大開静　169c
大覚　177c
大覚(人名)　1379a
大覚国師　248c
大覚寺(インド)　1236a
大覚寺(京都)　373a, 466a, **917a**, 1411c, 1412a
大覚寺(岐阜)　871a
大覚寺派　785a
大覚世尊　1222b
大覚禅師(道欽)　1042c
大覚禅師(道隆)　1062a
大覚派　850c, 1062a
大覚普恵広照無上膽巴帝師　368a
大岳　638b
大可子　985a
大迦葉　45a, 164a, 722b, 1162c, 1188b, 1345b, 1387a
大迦葉問大宝積正法経　955a
大迦旃延　992c, 1345c
大含(江戸・真宗大谷派)　**917c**
大含(江戸・真言宗)　1061a
大巌院　1481a
大巌寺　185c, **917c**, 980a, 1017b, 1481a
大寒気由旬便覧　679b
大願業力　234c, **917c**
大灌頂経　218c
大灌頂光真言　386a
大灌頂神呪経　218c
大鑑小清規　918a
大鑑清規　**918a**
大鑑禅師　120a, 729b
大鑑門徒　729b
大勧進　845a, 846b
大官大寺　914a
大雁塔　225b, 924b
大喜(比丘)　91c
大喜(竜王)　91c
大機　236c, 237a
大機院　1058c
大機弘宗禅師　893a
大機盤空禅師　654a
大禧宗禋院　623b
大吉義神呪経　**918b**
大吉祥寺　708a
大休(鎌倉)　744b →正念
大休(戦国)　878c
大休(江戸)　349a
大休(江戸～大正)　1409a
大休和尚記録　744b
大休禅師　144c
大休派　850c
大経　1399c
大経阿闍梨　1106c
大経義疏　1400c
大経浄影疏　1400c
大経の三心　490c
大行　265c
大行(人名)　**918b**
大行院　1079a
大行寺　779a
大行満　174c
大教院　148a, 489a, 624a, **918c**
大教房　994b

諦
戴
大

大叫喚地獄　532a
大叫地獄　532a
大慶喜心院　1165b
大慶寺(神奈川)　406a
大慶寺(島根)　1114b
大巧寺　1116a
大訢　**919a**,959b,1192c
大愚(中国)　1477a
大愚(日本)　1468b
大空　280b,280c
大空(戦国)　339b
大空(江戸)　106a
大弘教三蔵　437a
大倶絺羅　1345c
大孔雀王陀羅尼　289b
大孔雀呪王経　238a,289b,692a
大功徳　1295b
大供養会　1362b
大紅蓮地獄　1486b
大圭義璨　132c
大醯都　813b
大華厳経略策　317c
大華厳寺(中国)　320b,418c
大華厳寺(日本)　321a
大歇(鎌倉)　1472a
大歇(鎌倉～南北朝)　1427b
大月氏　327b,450a,1064a
大血脈譜　738b
大価宝垢衣の喩　1197c
大元　529a
大玄　124a,124b,**919b**
大権修利　1070c
大権修利菩薩　**919c**
大権修利寺　206b
大権菩薩　919c
大権神王経偈頌　1368b
大顕通寺　418c
大献福寺　938b
大江　738b,884b,**920b**
大劫　361b
大劫賓那　1346a
大綱　1379b
大綱十二派　1379b
大光院(群馬)　185c,**920c**,980a,1079a
大光院(京都)　947a
大光寺　1005c
大光禅師　621a
大光普照国師　67a
大光仏国禅師　910a
大光明院　709c
大光明王　**921b**
大興国寺　**920c**
大興国寺(陝西省)　920c
大興寺(朝鮮)　**920c**
大興寺(岐阜)　1381c
大興寺(香川)　534a
大興正法国師　683b
大興心宗禅師　893a
大興善寺　123a,659c,**921a**,1000c,1001a,1009b
大興禅師　1057b
大興隆寺　959c
大興輪寺　392a
大広寺　1115a
大巷地獄　532a
大業徳基　444b
大国　1108c
大国統　881c
大虚空蔵菩薩念誦法　397b
大極図説　843c
大黒天　557c,**921b**,962a,1350c
大五重選定略鈔　**922b**
大御輪寺　779b
大悟和上　1315a
大金色孔雀王呪経　289b
大金色孔雀呪経　289b
大薩遮尼乾子所説経　**922c**
大参　466c
大三摩多　253b
大三摩耶　326c
大史　1356c
大姉　**923c**
大師　**924a**,1295b
大師号　876a,**924c**,1286b
大師在唐時記　**925b**
大師信仰　387c
大師堂　681a
大師流神道　1475a
大士　1295b
大寺(インド)　965b
大寺(セイロン)　20a,826a,1236b,1357a
大寺派　20a,826a,1356c,1357b
大寺薬師　1365c
大事　596b,1240a,1307a,1356c
大慈院(上品蓮台寺塔頭)　751b
大慈院(大徳寺塔頭)　947a
大慈院(最乗寺塔頭)　1379b
大慈雲匡聖弘明大師　1250a
大慈雲匡真国師　1382b
大慈慧光禅師　344a
大慈恩寺　345a,404c,**924b**,1205b
大慈恩寺三蔵　344b
大慈恩寺三蔵法師伝　122b,349a,**924b**
大慈恩寺塔　225b
大慈広照禅師　891b
大慈寺(浙江省)　670b,1026b
大慈寺(四川省)　713c
大慈寺(岩手)　**925b**
大慈寺(熊本)　237c,**925b**
大慈心院　910b
大慈悲　512b
大慈普応国師　1041b
大慈房　718c
大自在　1295b
大自在天　42a,66a,212c,241b,301b,301c,372b,918b,921c,**924c**,1095b
大自在天女　241b
大自在天の三目　497c
大集経　395c,404a,538a,635c,**925c**
大集大虚空蔵菩薩所問経　926a
大集部　926a
大悉曇章　572a
大地微塵劫　361b
大寂　**926a**
大寂定　**926a**
大寂常照禅師　843b
大寂禅師　1039b
大沙門　1222b
大沙門羯磨法　926c
大沙門百一羯磨法　635a,**926c**
大殊　**927a**
大衆　674a
大衆威徳畏　1204b
大衆僉議　**928a**
大衆部　7b,126a,425c,565b,613c,944c,1052c,1244b,1307a,1347a,1449c,1455b
大呪　25b,26b,783b
大呪師　1078b
大珠　107c
大珠円光国師　927a
大樹　208b
大樹緊那羅王所問経　**927b**
大樹寺　294c,782b,**927c**
大周刊定衆経目録　130c,662b,940c,1227c
大周東寺　919c
大収教　409a
大宗地玄文本論　**927a**
大宗正統禅師　725a
大俶　**927c**
大順　**928a**
大疏(華厳経疏)　317c
大疏(四分律疏)　586c
大疏(大日経疏)　947c
大疏演奥鈔　136b
大疏第三重　786b,936b
大疏百条第三重　**936b**
大聖　1295b
大聖歓喜自在天　212c
大聖寺(山形)　508a
大聖寺(京都・上京区)　**932a**
大聖寺(京都・東山区)　880a
大聖寺(岡山)　1379a
大聖慈寺　713c
大聖寿万年寺　1374c
大聖竹林寺　986a
大聖人　1222b

大聖文殊師利菩薩仏刹功徳荘厳経　954b
大聖林寺記　1315b
大聖和諍国師　213b
大乗　**928a**
大乗(雑誌名)　148a
大乗阿闍梨　1116a
大乗阿毘達磨経　728b
大乗阿毘達磨集論　535b, **929a**, 1394c
大乗阿毘達磨雑集論　35a, 535b, 801b, **929a**, 1430c
大乗阿毘達磨雑集論述記　929a
大乗阿毘達磨雑集論述記貫練篇　929a
大乗一切法相玄論　1316b
大乗院(寺名)　119a, 383b, 449a, 466a, **929b**, 1411c, 1317a, 1412a
大乗院(人名)　1192a
大乗院寺社雑事記　797a, 797b, **929b**
大乗院宮　909c
大乗会　498c, **929c**
大乗縁生論　132a
大乗円頓戒　11c, 124a, 134b, 335b, 1296a
大乗円頓戒壇　1027b
大乗戒　159c, 659c, 1223b
大乗戒経　**929c**
大乗戒壇　139a, 245a, 659c
大乗戒壇院　171c, 1179c
大乗観想曼拏羅浄諸悪趣経　**929c**
大乗基　240b
大乗義章(慧遠)　307c, 504c, 629c, **930a**, 935b, 1099c, 1284a, 1300c, 1302a, 1340a
大乗義章(曇無最)　1078a
大乗起信論　51c; 177c, 245a, 306b, 360b, 395b, 480a, 490b, 494c, 521a, 538a, 544c, 603c, 771b, 794a, 797c, 802a, 864a, 875a, 928c, **930a**, 932b, 1126a, 1244b, 1284c, 1302a, 1320b, 1398b, 1403c
大乗起信論一心二門大意　930b
大乗起信論義記　930b, **930c**
大乗起信論義記別記　930b, 930c
大乗起信論義疏　930b, **931a**
大乗起信論別記　245b, 930b
大乗起信論裂網疏　**931a**
大乗玄　931b
大乗玄義　931a
大乗玄章　931b
大乗玄論　308a, 896c, 900a, **931a**, 1238b
大乗顕識経　955a
大乗光　1213a
大乗広五蘊論　35a, 931c
大乗広百論釈論　426c, 584a
大乗五蘊論　831a, **931b**, 1430c
大乗三聚懺悔経　613c, **932a**
大乗三論大義鈔　510c
大乗寺(中国)　892c
大乗寺(新潟)　1376b
大乗寺(石川)　239c, **932a**
大乗寺(兵庫)　**932a**
大乗止観　932b
大乗止観法門　**932b**
大乗始教　395b
大乗十法経　954a
大乗四法経　**932b**
大乗四論玄義　773c
大乗舎黎娑担摩経　1040c
大乗終教　395b
大乗集菩薩学論　525b, 615a, 765b, 770a, **932c**, 951b, 953b, 1315a
大乗修行菩薩行門諸経要集　**933a**
大乗聖吉祥持世陀羅尼経　92c
大乗聖無量寿決定光明如来陀羅尼経　935c
大乗成業論　831a, **933a**
大乗成業論文林鈔　933a
大乗荘厳経論　532a, 689c, 864a, **933a**, 1395b, 1430c, 1483c
大乗荘厳経論釈疏　35a
大乗荘厳経論頌　1386c
大乗荘厳宝王経　**933c**
大乗掌珍論　748c, **933c**
大乗声聞　756a
大乗心　490b
大乗随転宣説諸法経　769c
大乗造像功徳経　889c
大乗大義章　301b, **933c**
大乗大集地蔵十輪経　654b
大乗大集須弥蔵経　926a
大乗大方等日蔵経　926a
大乗対倶舎鈔　**934a**
大乗智印経　105c
大乗中観釈論　35a, 1000b
大乗中宗見解　**934a**
大乗頂王経　197a, 955c
大乗天　344b
大乗伝通要録　→応理大乗伝通要録
大乗稲芋経　1040c
大乗同性経　**934a**
大乗二十頌論　**934b**, 1461a
大乗日子王所問経　90b, 954c
大乗入楞伽経　565b, 1121a, 1467c
大乗涅槃経　286a, 1133c, 1293c
大乗の九部　644b
大乗の五位　360a
大乗の五逆　394b
大乗の四果　532a
大乗の大僧戒　1296a
大乗破有論　**934b**, 1461a
大乗非仏説　18c, 672c, 829c, 928b, 1399b
大乗悲分陀利経　1182a
大乗百福荘厳相経　934b
大乗百福相経　**934b**
大乗百法明門論　831b, **934c**, 1430c
大乗不思議神通境界経　**934c**
大乗仏教　928a
大乗遍照光明蔵無字法門経　936a, 1456a
大乗宝雲経　765a, 1261a
大乗宝月童子問法経　1268b
大乗宝要義論　**935b**
大乗法苑義林章　**935a**
大乗法門章　**935b**
大乗法界無差別論　334a, **935b**
大乗法相研神章　428a, **935b**
大乗法相名目　1317b
大乗方広総持経　455a
大乗方等経典　1281a
大乗方等要慧経　955a
大乗方便経　527a, 955a
大乗菩薩戒　1342a
大乗菩薩蔵正法経　954a, 1424b
大乗本生心地観経　787a
大乗密厳経　**935c**
大乗無量寿経　935c
大乗無量寿宗要経　**935c**

大

大乗無量寿荘厳経　411c,1400a
大乗唯識論　1423c
大乗瑜伽金剛性海曼殊室利千臂千鉢大教王経　861c
大乗理趣六波羅蜜多経　**936a**
大乗離文字普光明蔵経　**936a**,1456a
大乗六情懺悔　**936a**
大照院　**929b**
大照禅師(曇貞)　1076c
大照禅師(普寂)　1215a
大祥忌　249a
大生義経　1131b
大正句　1166b
大相国寺　709b
大相　548a
大荘厳経論　931c
大荘厳寺(陝西省)　854b
大荘厳寺(江蘇省)　711b
大荘厳法門経　**931c**
大荘厳論経　301b,**931c**,1403c,1465a
大勝金剛院　1208c
大勝生主　269c,1348a
大鐘寺　182b
大焼炙地獄　532a
大商主　1295b
大成就　297c
大成弁　1113b
大成会議　268b
大定聖応　110b
大定智悲　1222c
大紹正宗国師　1258c
大証禅師　117c
大焦熱地獄　532a
大丈夫論　606a,**934c**
大浄法門経　931c
大織冠大明神像　1329c
大心　249a
大心寺　898a
大心呪　783b
大信　265c
大信寺　1413c
大進　1137a
大進上人　753a
大嚫　1217b
大神宮寺　952a
大清三蔵　941b
大清撫国　101b
大随求陀羅尼　810a,**937a**,1232c
大随煩悩　446c,792a
大随惑　446c,792a
大隋劫火　**937a**
大隋西国伝　971c
大隋法真　937a
大勢至菩薩　558b,822b,952b
大石　582c
大石寺　**937b**,1102c,1108a
大世主　269c
大施太子　**937c**
大刹　517b
大拙(鎌倉～南北朝)　908a
大拙(江戸)　693c
大拙派　850c,908a
大雪山　19a
大千　827a
大千界　827a
大千世界　827a
大山　1146b
大山寺　895b,**938a**
大山寺縁起　537a
大川　1213b
大仙　1222b
大仙院　880c,947a
大仙寺(宮城)　375c,1106a
大仙寺(岐阜)　104a
大闡　**937c**
大全　46c
大善阿闍梨　1105b
大善見王　**937c**,1036b
大善寺(東京)　185c,652c,**938b**,980a
大善寺(山梨)　**938b**
大善寺(京都)　1497c
大泉寺　**938b**
大泉大極　1254a
大泉房　1103c
大禅師　1053b
大先達　174c,856c,1420b
大塼塔　1000c
大薦福寺　225b,**938b**,1000c
大蔵　939b
大蔵一覧集　**938c**,941c
大蔵院　226b
大蔵音　941c
大蔵音義　56a
大蔵柿之葉　1113a
大蔵経　90a,118a,529c,662a,790b,**939b**
大蔵経綱目指要録　941c,**942c**
大蔵経指要録　942c
大蔵纂要　1113a
大蔵正教血盆経　**943a**
大蔵聖教法宝標目　941c,**943b**
大蔵全呪　**943b**
大蔵対校録　1129c
大蔵法数　**943c**
大僧威儀経　951b
大僧正　881c
大僧都　881c,882a
大僧統　881c
大象拘　963b
大宋僧史略　**943b**
大族　1370b
大祖禅師　107b
大大先達　174c,856c
大陀羅尼末法中一字心呪経　48a
大智　**943c**
大智海禅師　705c
大智禅師(唐)　108a
大智禅師(北宋)　218b
大智蔵大導師　1250a
大智度寺　1241b
大智度論　52b,79b,162b,173a,267a,307c,361a,483b,509c,510b,512a,532a,606a,628c,653c,661b,690a,723c,769b,775a,**943c**,969c,974a,1037c,1127a,1175b,1181b,1195b,1195c,1206a,1231a,1272b,1293c,1300b,1314b,1338b,1344c,1389a,1404c,1461a,1498b
大中院　1111a
大中寺　216a,893b,**944b**,1376c
大中祥符法宝録　662b,941a
大潮　339c
大通　1426c
大通院(高知)　340a
大通院(山口)　1048c
大通院(相国寺塔頭)　709c
大通寺(滋賀)　1080c
大通寺(京都)　779c
大通禅師(神秀)　788c
大通禅師(子曇)　580b
大通智勝国師　699a
大通智勝仏　483b,484a,655a,**944c**
大通徳光禅師　1471a
大通方広経　**944c**
大通方広懺悔滅罪荘厳成仏経　944c
大滌　1045c
大徹　654c　→宗令
大天　**944c**
大天界寺　959b
大天五事　**945a**,1245a
大典　343c
大展九拝　1438a
大展三拝　1438a
大伝法院(高野山)　184b,387c,886c,1132a,1440c
大伝法院(根来寺)　1275a
大伝法院流　785a,1202c
大伝法会　387c
大塔　828b
大塔院寺　418c
大統　881b
大幢　777a
大同(唐)　717b,**945b**,1052b
大同(元～明)　**945b**
大同石窟　96a
大唐安国寺利渉法師伝　32a,1448b
大唐東京大敬愛寺一切経論目録　662b,940c

大唐西域記　229a, 344c, **945c**
大唐西域求法高僧伝　298b, 1086b
大唐三蔵聖教序　701b
大唐貞元続開元釈教録　662b, 706b, 941a
大唐韶州双峯山曹渓宝林伝　1290b
大唐新羅諸宗義匠依憑天台義集　120c
大唐大慈恩寺三蔵法師伝　924b
大唐伝戒師僧名記大和上鑑真伝　554a
大唐内典録　662b, 940c, **946a**
大洞院　**945c**
大導師　1222b
大童子　1047b
大道真源禅師　104a
大道心成衆生　1295b
大得　1065b
大徳　291a, **946b**
大徳(人名)　1154b
大徳寺　405c, 424a, 515c, 876a, **946b**, 962a, 1093c, 1382a
大徳寺開山塔　1397c
大徳寺派　850c
大徳法救　1154a
大芚寺　920c
大貪染　2c
大弐阿闍梨　1109b
大日　1142c
大日経　9b, 163b, 189a, 298b, 366c, 407b, 437b, 474a, 501b, 505c, 519b, 619c, 630c, 660c, 784b, 864c, 943a, **947b**, 976c, 1071b, 1089a, 1195c, 1305a, 1328a, 1328b, 1362a, 1367c, 1434c
大日経開題　947b, 948a
大日経義釈　8c, **947c**
大日経供養次第法疏　323c
大日経見聞　947b
大日経指帰　947b
大日経疏　136b, 323c, **947c**, 1361c
大日経疏演奥鈔　136b
大日金輪　48a
大日寺(大阪)　**948a**
大日寺(兵庫)　**948a**
大日寺(奈良)　278a, **948a**
大日寺(和歌山)　**948a**
大日寺(鳥取)　**948a**
大日寺(徳島・徳島市)　534a, **948a**
大日寺(徳島・板野郡)　533a, **948a**
大日寺(高知)　534a, **948a**
大日相承　573a
大日堂　1174a
大日如来　9b, 22a, 93a, 143c, 189a, 264b, 337b, 386a, 418b, 424c, 437c, 438b, 484a, 544b, 626b, 627b, 630c, 784b, 784c, 897a, 943a, **948b**, 1064c, 1229a, 1242c, 1246a, 1305a, 1328a, 1361c, 1362a, 1363a, 1363b, 1367c, 1368a
大日坊　1020a
大日法身　1232a
大日本校訂訓点大蔵経　941c
大日本校訂縮刻大蔵経　941c
大日本続蔵経　941c →続蔵経
大日本仏教救世軍　465a
大日本仏教全書　1407c
大日本国法華経験記　1308b
大人(王)　1346a
大人相　483b
大任　**949a**
大涅槃経　1133c
大年　1432a
大年寺　225c, 1041b, 1045b
大念寺　257c, **949a**, 980a
大念仏　152c, **949b**, 1137c
大念仏会　68a
大念仏狂言　949b
大念仏寺　**949b**, 1383b, 1426c, 1428c, 1473a
大念仏宗　1428c
大の三義　1345b
大の三災　479c
大梅和尚　1276c
大般泥洹経　529a, 1133c
大般涅槃　1132b
大般涅槃経　35c, 596c, 1133b, 1134b, 1135a, 1241a, 1501b
大般涅槃経玄義　1134a
大般涅槃経後分　1133c
大般涅槃経集解　1134a
大般涅槃経疏　1285b
大般涅槃経論　1135a
大般若会　656a, **950c**, 1176c
大般若経　51c, 249c, 345a, 654c, 656a, 801b, 951a, 955a, 1175b, 1175c, **1176a**, 1177c, 1219c
大般若経会　950c
大般若講式　951a
大般若波羅蜜多経　439a, 1176a, 1448a →大般若経
大般若菩薩　1177c
大悲　512b
大悲(人名)　211b
大悲円満国師　254c
大悲願寺　**951a**
大悲観音　852a
大悲経　**951a**
大悲空智金剛大教王儀軌経　1250c
大悲呪　951b
大悲受苦　927c
大悲聖者　228a
大悲心　490b, 1302a
大悲心陀羅尼　**951b**
大悲闡提　59a
大悲代苦　927c
大悲代受苦　927c
大悲胎蔵普通大曼荼羅中諸尊種子標幟形相聖位諸説不同記　768b
大悲之友　382c
大悲菩薩　1295c
大悲菩薩(人)　182a
大悲曼荼羅　1363a
大眉　725b
大比丘三千威儀　**951b**
大比丘三千威儀経　951b
大比丘二百六十戒三部合異　527a
大毘婆沙論　21c, 190b, 268a, 290a, 328a, 530b, 661b, 830c, 872c, **951b**, 998a, 1066c, 1097c, 1154a, 1189a, 1318a, 1339c, 1356b, 1372b, 1388c
大毘盧遮那経　947b
大毘盧遮那経供養次第法疏　947b
大毘盧遮那経広大儀軌　943a, 947b
大毘盧遮那成道経心目　947b
大毘盧遮那成仏経疏　947b, 947c
大毘盧遮那成仏神変加持経　947b →大日経
大毘盧遮那成仏神変加持経中訳出大悲胎蔵生秘密曼荼羅主画像図　943b
大毘盧遮那成仏神変加持経略示七支念誦随行法　556a
大毘盧遮那成仏神変加持経蓮華胎蔵菩提幢標幟普通真言蔵広大成就瑜伽　761b, 943a
大毘盧遮那成仏神変加持経蓮華胎蔵悲生曼荼羅広大成就儀軌供

養方便会　943a
大毘盧遮那仏供養次第法疏　1206b
大毘盧遮那仏説要略念誦経　1434c
大毘盧遮那神変加持経大教相承伝法次第記　951c
大平等　1346a
大夫阿闍梨　1105a
大夫公　681c
大夫僧正　67b
大夫律師　617c
大風道人　507b
大福寺　**952a**
大福先寺　919c
大福田　1209c
大福田寺　**952a**
大孚寺　418c
大孚図寺　418c
大孚図霊鷲寺　418c
大仏光寺　418c
大仏寺　104c
大仏師法印賢円　334b
大仏像　1234a
大仏造立　755a
大仏頂経　681a,952b
大仏頂広衆陀羅尼経　952c
大仏頂首楞厳経　681a,**952a**,952b,952c
大仏頂真言　952b
大仏頂尊　952c
大仏頂陀羅尼　**952b**
大仏頂如来頂髻白蓋陀羅尼　952b
大仏頂如来放光悉怛多鉢怛囉陀羅尼　952b
大仏頂如来密因修証了義語諸菩薩万行首楞厳経　952b
大仏頂法　**952c**
大仏頂満行首楞厳陀羅尼　1470c
大仏頂曼荼羅　952c
大分別　81a
大分別時　1346a
大遍覚　344b
大遍照　948b
大弁功徳天　1095b
大宝　1080b
大宝広博楼閣善住秘密陀羅尼経　1291b
大宝寺(長野)　953c
大宝寺(愛媛･松山市)　**953b**
大宝寺(愛媛･上浮穴郡)　534a,**953b**
大宝積経　48c,90b,114b,385a,403c,678a,751c,819a,926a,**953c**,955a,1176b,1206a,1270c,1388b,1392c,1400a
大宝積経無量寿如来会　411c
大宝積経論　35a,955b
大宝楼閣法　1291c
大法　420c,676c
大法(人名)　937c
大法阿闍梨　1104b
大法興寺　1272a
大法炬陀羅尼経　**953b**
大法寺(茨城)　1104b
大法寺(長野)　**953c**
大法鼓経　**956a**
大法師　873b
大法師位　873b
大報恩寺　241a,**953a**
大方広　1281a
大方広円覚修多羅了義経　124c
大方広三戒経　954a
大方広師子吼経　1125b
大方広十輪経　654b
大方広善巧方便経　955a
大方広如来蔵経　**953a**
大方広如来秘密蔵経　**953b**
大方広仏華厳経　317a　→華厳経
大方広仏華厳経金師子章　320b
大方広仏華厳経随疏演義鈔　318b
大方広仏華厳経捜玄分斉通智方軌　318b
大方広仏華厳経入不思議解脱境界普賢行願品　317a
大方広宝篋経　**953b**
大方等　1281a
大方等善住意天子所問経　954c
大方等大集経　925c,955a,1270c,1352c,1457a
大方等大集経賢護分　1172b
大方等大集経菩薩念仏三昧分　1297a
大方等大集月蔵経　926a
大方等陀羅尼経　541c,**955b**,1389a
大方等頂王経　**955c**
大方等如来蔵経　953a
大方等無想経　**955c**
大方便仏報恩経　**955c**
大方妙機禅師　578c
大坊極楽寺　401b
大房山　1273b
大輔公　1106a
大輔房　912a
大菩薩蔵経　344c,954a
大菩提会　979c
大菩提心　1302b
大品　81a
大品経義疏　1175c
大品経遊意　1175c
大品涅槃経　1133c
大品般若経　307c,336c,505a,541c,628c,769b,944a,1091b,**1175a**,1175c,1176a,1195a
大本願　845a,846b
大本山　1326b
大本四教義　525a
大梵天　522c,590b,**956a**,1020b,1084c,1320a
大梵天王　956a,1095b
大梵天王問仏決疑経　**956b**,1136a
大万安寺　1033a
大満禅師　382b
大曼荼羅　561a,1362a
大冥　1334c
大妙経　957c
大妙金剛経　952c,**957c**
大妙金剛大甘露軍拏利焔鬘熾盛仏頂経　957c
大妙寺　1093b
大明国師　1246b
大明寺(中国)　**958a**
大明寺(日本)　880c
大明度経　1175c
大名称　1295b
大名目　**958a**
大明高僧伝　379b,**958b**
大明三蔵聖教目録　941c
大明三蔵法数　**958b**
大明釈教彙目義門　607b
大明釈教彙門標目　607b
大明南蔵　941b
大明北蔵　941b
大無量寿経　47a,233c,260b,493c,587a,788a,1399c　→無量寿経
大目乾連　1499c
大目犍連　92a,597c,1348c
大門寺僧正　724c
大文字の送り火　199c
大文字山　**958c**
大文殊寺　418c
大佑　**959a**
大勇金剛　440b
大祐　736c
大雄(インド)　593a,1092a
大雄(日本)　746c
大雄寺(千葉)　543a
大雄寺(大阪)　184c
大庾嶺　**959b**
大瓔珞経　1299c
大楽軌　959b
大楽金剛薩埵修行成就儀軌　**959b**
大楽金剛不空真実三摩耶経般若波羅蜜多理趣分　1447c　→理趣経
大楽思想　1368a
大理趣坊　600b
大竜寺　1147a

大竜翔集慶寺　405c, 919a, **959b**
大竜智洪　959c
大竜堅固法身　**959c**
大陵道眉　273a
大林(人名)　891c →宗套
大林寺　**959c**
大林精舎　**959c**
大林正通　1409a
大麟　478a, 789a
大練忌　249a
大蓮華峯金剛秘密無障礙如意輪陀羅尼　1122a
大蓮社超誉松露　192a
大蓮社酉誉　726b
大路(インド)　680c, 1348a
大路(日本)　48c
大路辺生　1348a
大朗　899a
大楼炭経　245b
大論　943c
大和尚　172b
代賢　671c
代香　362c
代受苦　**927a**
代宗(唐)　915a, 995c, 1265b
代宗朝贈司空大弁正広智三蔵和上表制集　1208b
台岳　1026a
台座　448b, 1234b
待定　863c
第一覚者　14b
第一義　699b, **914b**
第一義空　280b, 280c, 914b
第一義悉檀　536b
第一義聖智大空　280b
第一義相　485c
第一義諦　914b, 1097b
第一義天　1222b
第一義法勝経　**914b**
第一結集　11a, 327c, 598c, 1188b, 1345b, 1455b
第一能変　499c
第九識　23b, 288c
第三焔天　1020b, 1420a
第三結集　1c, 327c, 1155c, 1408a
第三禅　546b
第三禅天　522c, 1020b
第三能変　499c
第三法門　**923b**
第四結集　200b, 328a, 951c
第四禅　546b
第四禅天　522c, 1020b
第七識　499c, 520b, 1354b
第十一願　587a, 1090a
第十九願　470c, 471b, 480c, 722a
第十七願　587a, 1090a
第十八願　292c, 470c, 471b, 481a, 490a, 490c, 587a, 722a, 1090a, 1322a
第二結集　327c, 632b, 960a, 1252c, 1416c
第二十一願　1090a
第二十願　470c, 471b, 480c, 722a
第二禅　546b
第二禅天　522c, 1020b
第二能変　499c
第八有　531a
第八地　628c
第八識　29a, 499c
第六結集　328a
第六識　41a, 520b
第六天　963b, 1020b
提謂　**914a**, 914c
提謂波利経　**914c**
提雲陀若那　915c
提雲般若　334a, 889c, **915b**, 935b
提山　692a
提舎尼　1451b
提多迦　45a, **943c**
提頭頼吒　577a
提頭攞宅善神　656a
提納薄多　526b
提納薄陀尊者　324b
提婆(天)　1020a
提婆(提婆達多)　950b
提婆(論師)　89b, 330b, 426c, 510b, 510c, 584a, 729a, **950a**, 993a, 994c, 1000b, 1194b, 1318c, 1351a, 1442c
提婆設摩　296c, **950b**, 1499c
提婆達多　11a, 235c, 285a, 841c, **950b**, 1293b, 1488a
提婆菩薩釈楞伽経中外道小乗涅槃論　330b
提婆菩薩破楞伽経中外道小乗四宗論　330b
提婆羅　934c
醍醐　1366b
醍醐寺　243a, 343b, 514a, 749a, 825a, 886c, 887b, 895b, **921c**
醍醐寺五重塔壁画　1364b
醍醐寺根本薬師堂　695b
醍醐寺理性院　336a
醍醐地蔵院　695b
醍醐天皇　122a, 190a, 523b, 1140b
醍醐の五門跡　922b
醍醐の三流　921c
醍醐派　785a
醍醐味　409a
醍醐流　753a
醍醐六流　922a
題経寺　**918c**
題号　**920b**
題眦　263c
題者　887c
題目　222a, 329a, 349c, 391a, 903a, **958b**, 1219b, 1311c, 1333b
題目踊　152c, 958c
題目坊　1109b
平清盛　54c, 127a, 257c, 1216b, 1439c, 1487a
平定盛　375b
平重盛　701a
平忠盛　1088b
平親範　1184b
平時忠　773c
平宗盛　1416b
平康頼　1283c
高岳親王　802c
高岡増隆　**960a**
高岡隆心　**960a**
高雄口訣　**960a**
高雄山寺　217b, 281c, 392a, 782c
高雄僧正　795b
高雄寺　782c
高雄曼荼羅　354c, 1364b
高尾山　1413c
高神覚昇　**960b**
高観音　276b
高楠順次郎　844a, 941c, **960b**, 1371c
高倉学寮　109c, 120a, 122c, 281b, 788c, 808a, 980b, 1012c
高階隆兼　43a, 191b
高島平三郎　**960c**
高島米峰　**960c**
高田開山親鸞聖人正統伝　**961a**
高田三祖伝　**961a**
高田正統伝　961a
高田親鸞聖人正統伝　961a
高田派　788c →真宗高田派
高田門徒　788b, 852c
高野寺　455b
高橋的門　**961b**
高松稲荷　1376b
高間仏所　1228b
高宮聖教目録　**961b**
高山順京　37a
高山樗牛　18c, 1293c, 1459a
鷹ケ峰檀林　980b, 1110b
鷹城　874b
鷹司基忠　191b
宝寺　1274a
滝口入道　1290a
滝谷琢宗　27c, 105a, 892b, **961c**
滝谷寺　1380a
滝本坊　719a
滝本流　719a
薪猿楽　961c
薪寺　620c
薪能　**961c**
薪の行道　495c, **961c**

薪の神事　961c
宅門　423b
托鉢　**963a**
沢庵　516a,692b,
814b,946c,**962a**,
1040a,1087b
沢見　1185b
沢山弌咸　553a
沢山清規　553a
沢鈔　561c,**962c**,
1185b
卓玄　**962b**
卓洲　417a
卓霊　829a
拓庵　912a
拓跋氏　819a
拓跋思恭　819a
託阿　1274c
託何　250c,453b,
495a,538b,**962b**
託事観　470c
託事顕法生解門　625b
託生　962c
託胎　**962c**
託磨栄賀　**963a**
託磨派　694c,963a,
1227a
託竜　**963a**
託蓮社調誉順阿
1457b
琢慧　305b
琢誓　219a
琢如　**962c**
磔迦国　594c,**962b**,
1163c
鐸曷攞　713a
諾瞿陀樹　1091c
竹伐り会　136a
竹田　406c
竹田黙雷　**963b**
竹谷上人　624c
竹内門跡　1360b
竹の御所　1074c
竹村九兵衛　890b
武田行忠　**963b**
武田信玄　654a,699a,
720c,846a,846c
武田永勝　102c
高市大寺　913c
蛸薬師　1380c
但馬法印　366b
但馬阿闍梨　1103a
但馬太郎　182c
唯押　669a
畳五条　1264b
立川宗恒　1213c
立川流　341b,**964c**,
1128c,1183a,1410a
立木観音堂　996c
立花増時　761a
橘瑞超　148b
橘寺　**964c**
橘在列　910c
橘大郎女　734b,1024c
橘嘉智子　980b
橘輔元　1326c
橘永愷　1141c
橘奈良麻呂　1387a
橘逸勢　483a
橘夫人念持仏厨子
814c,1368c
立江寺　534a
沢見　965b
沢見鈔　**965b**
竜口の法難　1107b,
1108c,1114b,1129b,
1144c,1459c
竜山慈影　**966a**
塔中　513c
塔頭　513c,**965b**
答香　362c
答者　172b
達観(北宋)　**965a**
達観(明)　776b,1156c
達性論　473a
達先　623a
達智賢了　1429c
達珍　706c
達如　**966a**
達羅毘荼国　341c,
**966a**
達須　**965b**
達嚫　14a,**965b**,1217b
達膩伽　978b
達磨　1259c
奪一切衆生精気
1212a
奪衣婆　1402b
奪叟　849c
立帽子　1405a
立山　**966b**
立山権現像　1329c
立山修験　966b
立山禅定　966c
立山曼荼羅図　1329c
竪の五師　45a
伊達政宗　809b
伊達持宗　1478c
棚経　94a
谷阿闍梨　370b
谷口雅春　823b,1092c
谷汲観音　320c
谷御所(霊鑑寺)
1481b
谷文晁　43a
谷坊覚心　1040b
谷流　370b,957b
狸寺　721a
種間寺　534a,**967c**
頼母子講　363b
玉勝間　1146a
玉造檀林　980b
玉日の君　807a
玉虫厨子　440c,464b,
814c,834c,856b,
**968b**,1368c
圭室諦成　**968c**
魂送り　93c
魂祭　93b
魂迎え　93c
塔爾寺　307a
達摩　1259c
達摩(人名)　1303b
達摩和尚絶観論　832a
達摩戒本　1296c
達摩掬多　864c,**971c**
達摩笈多　954c,**971c**,
1415c
達摩崛多　971c
達摩栖那　957c
達摩扇底　1076a
達摩提那　**972a**
達摩駄都　396c
達摩多羅　**972a**,
1303c,1306b
達摩多羅禅経　**972b**
達摩婆陀那　296a
達摩波羅　426c
達摩流支　**972b**,1261a
達磨　1259c
達磨(人名)　1249c
→菩提達磨
達磨阿育王　1c
達磨阿蘭若　30a
達磨憂檀那　1260b
達磨和尚　89a
達磨廓然　184a
達磨忌　**971b**,1096c,
1262b
達磨笈多　132a,439c,
1251b,1297a,1301c
達磨寺　**972a**,1145a
達磨禅　313b
達磨戦涅羅　1270c
達磨駄都　1304c
達磨多羅　972b
達磨多羅禅経　45a
達磨菩提　1135a
達磨蜜多　253a
達磨流支　765a,1304b
丹霞喫飯也未　**973c**
丹霞焼仏　**973c**
丹霞焼木仏　974a
丹霞天然　→天然
丹霞問甚処来　973c
丹山(江戸・文守)
1250c
丹山(江戸・順芸)
682c
丹山和尚　1361a
丹珠爾　**216c**,942a
丹田　**976a**
丹波阿闍梨　370b,
1112a
丹波講師　167a,266a
旦過　974a
旦過詰　199a
旦過寮　199a,**974a**
但　410b
但空　280a,**974a**
但空観　469c,974a
但唱　975c
但中　998c
但中観　469c
但中の理　410a
坦英　1199a
怛刹那　835c,1496b
怛多蘗多　1059b
怛特羅　976b
怛鉢那　967c
担板漢　**979b**
単　**972c**
単位　972c
単況　341a
単空　1258a
単堕　1451b
単提　1451b
単帳　973b

単伝 **976a**
単伝士印 516a,962a
単道開 1444a
単の五逆 394b
単板 973a
単訳 1417c
炭塔 325b,1037b
耽空 1282b
耽源応真 996a
耽嗜依 **974c**
耽餔羅 **979b**
耽摩栗底国 **980a**
探玄記 →華厳経探玄記
探題 887c,1458b
探題博士 887c
探抜問 343b
探密 1211c
淡雲 403c
淡海往生伝 **973c**
淡処 770c
淡宗 525c
堪然円澄 652b
弾指 835c,**974c**
弾誓 **975b**
弾誓寺 975c
揣食 521b
湛慧(鎌倉) 894c
湛慧(江戸) 290b,803c
湛睿 154a,**973b**
湛海(鎌倉) **973b**
湛海(江戸) **973b**,1273c
湛空(平安〜鎌倉) **974a**,1097b,1282c
湛空(江戸) 738b
湛慶 **974b**,1227a
湛照 **975a**,1360c
湛澄 837b,**976a**
湛堂 729b
湛如 218b
湛然(唐) 234a,243c,424a,440a,539b,574a,575a,650b,670b,677b,848a,**978c**,1027a,1029a,1309a,1318b
湛然(北宋) 218b
湛然(元) 758c
湛然居士 1420c
湛目 39c
嘆徳 **976a**
嘆徳文 976a
歎異抄 789b,790c,**978c**,1283c,1421a,1471c
歎仏偈 501b
潭道 455b
誕生院(香川) 1429b
誕生院(佐賀) **975a**
誕生会 380b,1097a
誕生寺(千葉) **975b**,1110b,1118a
誕生寺(岡山) **975b**,1094c
誕生仏 **975b**,1234a
旦那 977b
旦望上堂 466c,731c
団誉存把 286c
団蓮社照誉 1467c
段食 521b
段成式 579a
断悪悉檀 536b
断戒 160c
断界 992b
断結 977b
断見 403a
断際希運 →希運
断際禅師 238a
断食 **974c**
断識 463c
断事沙門 881b
断邪顕正論 457b
断酒肉文 369c
断証決定集 **975a**
断頭 1450b
断善根 59a,**975c**
断善闡提 59a
断対治 923c
断断 543b
断道 978b,1038a
断徳 497c,1065b
断惑 **977b**
断惑証理 977b
断惑の四因 977c
断遍知 1258a
断法 1190a
断末摩 **979c**
断律儀 160c
弾訶 408c
弾顕選択 719c
弾選択 849a
弾選択集 719c
弾多落迦 976b
弾々章 1481c
弾偏褒円 408c
弾妄編 789a
摶食 521b
談義 832c
談義所 980a
談義僧 199c
談義本 537a
談山神社 **974b**
談所 980a
壇 **973b**,1361b
壇場 1361b
壇線 436c
檀 1217b
檀越 977b,1217b
檀家 977b,1217b
檀渓寺 **974b**
檀陀柯 976b
檀陀伽阿蘭若 30b
檀中 1217b
檀徒 977b,1217b
檀特山 **976b**
檀那 **977b**,1217b
檀那主 1217b
檀那僧正 178c
檀那僧都 178c
檀那寺 977b,1217b
檀那場 151c
檀那波羅蜜 1167c
檀那流 178c,347c,1027b,1321b
檀尼迦 **978b**
檀王法林寺 **979a**
檀波羅蜜 1167c
檀方 1217b
檀林 513a,**980a**
檀林皇后 796b,**980b**
檀林皇后九相図六道絵 118c
檀林寺 406a,711a,**980b**
檀蓮社雄誉 1481a

## ち

チェーティ 552b,657b
チェーディ 552b,657b
チェーティヤ 553b
チッタ 1425c
チトラ 1425c
チトラバーナ 202b,1423b
チーナブクティ 581a
チベット **990b**,1075a,1117c,1443a,1444b
チベット語 1075c
チベット大蔵経 529c,941b,941c,976c,1243c,1485c
チベット・ビルマ語族 819a
チャイトヤ 553b
チャクラサンヴァラ・タントラ 467b
チャトゥフシャタカ 584a
チャーナキヤ 176a,993b
チャーパーラ・チェーティヤ 609c
チャーパーラ・チャイトヤ 609c
チャーマラ 862c
チャムド版 942b
チャラカ 200b,1285b
チャラカサンヒター 1285b
チャリヤーピタカ 294c
チャールヴァーカ 1497b
チャルヤーギーティ 977a
チャンダ 609a,1496b
チャンダヴァッジ 1408a
チャンダカ 609a
チャンダス 647c,1506c
チャンダ・パッジョータ **992c**
チャンダ・プラディヨータ 992c
チャンチェンチェージェ・シャーキャイーシー 838a
チャンチュブオェ 1081c

チャーンドーギヤ・ウパニシャッド　89c, 92a
チャンドラヴァルマン　612a
チャンドラ・ヴィヤーカラナ　1180c
チャンドラキールティ　196c, 298a, 584a, 611b, 748b, **992c**, 994c, 1000b, 1014a, 1120b, 1177b, 1214a, 1237a, 1246c, 1247b, 1443c, 1498a
チャンドラグプタ(マウルヤ王朝)　176a, **993a**
チャンドラグプタ一世　**993a**
チャンドラグプタ二世　85c, 801a, **993b**, 1006b
チャンドラグプタ(論師)　402c
チャンドラゴーミン　**993b**, 1180c
チャンドラ・スールヤ・プラディーパ　1101b
チャンドラ・ダース　**993c**
チャンドラプラバ(王)　194c
チャンドラプラバ(童子)　194c
チャンナ　597a, 609a
チャンパー　611b, 657a, 808b, 861b, 1479a, 1501b
チューダパンタカ　680b
チュッラ・ヴァッガ　81a
チューラ・ヴァンサ　1357a
チューラパンタカ　680b, 1348b
チュンダ　684a, 1147b
チュンダ・カルマーラプトラ　684a
チュンダ・カンマーラプッタ　684a
チョエペルサンポ　207a
チョーダ　1009c
チョーネ版　942b
チョーマ　942c, **1009b**, 1205a
チョーラ　**1009c**
チルダース　**1010a**
千葉寺　**990a**
千代の御所　1274a
千代もと草　1145c
血曼荼羅　1364b
地想観　655a
地大　552b
地動説　679b
底哩三昧耶経　1009c
底哩三昧耶不動尊威怒王使者念誦法　**1009c**
底哩三昧耶不動尊聖者念誦秘密法　1009c
治国策　1384b
治国利民秘法相承系譜　**986c**
治邦要旨　1145c
知　1300b
知円　328a
知恩院　147a, 272b, 515c, 737a, 911a, **982c**, 983b, 1094c, 1283a, 1412a
知恩寺　350b, 737a, **983b**, 1094c, 1194a
知帰子　1477c
知空(江戸・浄土宗)　**985a**
知空(江戸・真宗)　590b, **985a**, 1460b
知玄　**986a**
知根　431c
知根無所畏　590a
知事　477a, 868b
知次位　636b
知識　220b, 857a, **987a**, 1267b
知識会　**987b**
知識帰命　38b, 857b, 1183a
知識華厳別供　316c
知識寺　987b
知識結　987b
知者　1222b
知積　938a
知宗　114a
知準　397c
知蔵　869a
知足　759a
知足(兜率天)　1070a
知足(人名)　173c
知足院(茨城)　1014c
知足院(東京)　1459b
知足院(京都)　37b
知足院(奈良)　**989b**
知足天　1070a
知濯　**989b**
知殿　868c, 869a
知等庵　1005c
知道者　1222b
知訥　134c, 322c, 693b, 708a, 794a, 865a, **990a**
知白　683a
知浴　868c, 869a
知寮　680c, 869b
知礼　311b, 405a, 474b, 476a, 590c, 591a, 602a, 636a, 702b, 725c, 734a, **1010b**, 1027a, 1043c, 1318b, 1455c
知蓮　796c, **1010b**
茅原寺　247a
耻小慕大　408c
智　**980c**, 1300b
智威　**982a**, 1027a
智印　567b
智印灌頂　217c
智蘊　**982a**
智慧　980c, 1167c
智慧(人名)　1174c
智慧海蔵経　1229b
智慧光院　1122c
智慧光仏　25b, 642c
智慧第一　639b
智慧の念仏　1137c
智慧波羅蜜　1167c, 1174b
智慧仏　1231b
智慧輪　**982b**, 1177a
智永　**982b**
智英　1105c
智円(中国)　405a, 473b, **982b**, 1455c
智円(日本)　**982b**
智琰　**982c**
智演　421a, 1001b
智遠　312c
智恩寺　508a, **983c**
智海(平安～鎌倉)　377c
智海(鎌倉・真言宗)　179c
智海(鎌倉・日蓮宗)　567b, 1102a
智海大珠禅師　620c
智愷　108a
智鎧　**983c**
智覚寺　746c
智覚禅師　130a
智覚智応国師　1384a
智月　**983c**, 1423b
智侃　**984a**, 1361a
智閑　262a, 427b, **984a**
智勧　271c
智観　712b
智鑑　**984a**
智願寺　840c
智希　1177c
智顗　52b, 113b, 127a, 167b, 174a, 176c, 178b, 222c, 229c, 234a, 267b, 267c, 272c, 307c, 315a, 323a, 323b, 328c, 350a, 382a, 398b, 398c, 407b, 408a, 427c, 440c, 441a, 471a, 472a, 474b, 483b, 487c, 488a, 494b, 496c, 524c, 525a, 536a, 541b, 566b, 584b, 590c, 591b, 602b, 616b, 645a, 649b, 667c, 670a, 698a, 714b, 725c, 733b, 737c, 765c, 810b, 865b, 865c, 890c, 896a, 920c, 928c, 955c, **984b**, 1000c, 1004b, 1006b, 1013b, 1026b, 1026c, 1027a, 1028b, 1028c, 1029c, 1134c, 1171b, 1172b, 1190c, 1196b, 1200a, 1277b, 1293a, 1293c, 1295a,

1295c,1299c,1305b,1307b,1307c,1308b,1313a,1342b,1346b,1426b,1455c,1502b,1503c
智吉祥　105c,**984c**
智鳩　1115b
智境　870c
智鏡　**984c**
智鏡房　211c
智行　700b
智旭　118a,258a,453a,459a,473c,733c,738c,757a,931a,941c,**984c**,1024b,1027a
智愚　275c,**985a**
智礙　**1339a**
智渓　1105b
智慶　**986a**
智源　1308a
智見院　1115a
智拳印　65b,948c
智炬　1290b
智広　572a
智好　**986c**
智光(インド)　481c,582b,**986b**
智光(奈良)　401c,733c,743a,**986b**
智光(室町)　664b
智光曼荼羅　25a,26b,401c,986c
智興　1081b
智厳(劉宋)　27b,239b,577a,925c,**986c**,1220b,1310b
智厳(唐)　712c,933a
智儼　317c,318c,319b,320b,321a,321b,322c,549a,625a,640b,698b,947c,**987a**,1499a
智金剛集タントラ　976c
智山　868a
智山派　785b,988a　→真言宗智山派
智識　360b,521a
智識寺(長野)　**987b**
智識寺(大阪)　220b,**987b**,1054b
智寂　398c
智積院　186a,358b,514a,**987c**
智者大師　984b
智者大師別伝　1028c
智首　297b,586c,**988b**
智秀　1109b
智周(中国)　757a,935a,**988b**,1316c
智周(日本)　927b
智春　179b,1365c
智順　**988b**
智昇　168a,404c,637a,940c,946b,**988b**
智障　1339c
智常　1503c
智誠　4a
智正覚世間　830a
智成就　977a
智浄相　1320c
智証大師　133a
智証大師流　957b,957c
智定房　1221a,1221b
智真　60a
智心髄集　1318c
智瑞　960a
智泉　134b,368c,**988c**
智泉尼　1074c
智泉流　957b
智詵　1484a
智暹　740c,**988c**,1333c,1403a
智善尼　1507c
智相　480a
智増　**988c**
智増上の菩薩　989a
智増の菩薩　989a,1295c
智蔵(中国)　894b,**989a**,1241b,1261b
智蔵(日本)　510b,**989a**
智達　289b,**989b**
智通(中国)　844a
智通(飛鳥)　289b,436c,**989b**,1316c
智通(鎌倉～室町)　**989b**,1455a
智通禅師　114a
智徹　851a
智洞(桃花坊)　478a,**989c**
智洞(鏡花坊)　833a
智幢(江戸・真宗高田派)　**989c**
智幢(江戸・真言宗)　1275a
智得　**990a**
智徳　497c,1065b
智訥　916a,**990a**
智度論　943c　→大智度論
智能　591b
智波羅蜜　1168a　→般若波羅蜜
智悲平等の菩薩　1295c
智彬　1368b
智徧知　1258a
智鳳　**991b**,1316c
智法身　1231c
智本　166b
智曼荼羅　1362b
智妙　649c
智明(鎌倉～南北朝)　**991b**
智明房　1439c
智猛　**991c**
智目行足　**991c**
智門院　1101c
智門光祚　992a
智門蓮華荷葉　**991c**
智薬三蔵　1289c
智幽　**993c**
智楽院　1021b
智隆　**1010a**
智了(解空)　**1010a**
智了(明覚)　**1010a**
智朗(江戸)　1110c
痴工　1349a
痴兀　915c
稚児　135c,1047b
稚児観音縁起　403a
置答　524b
癡　**981c**
癡空　**985a**
癡室　840b
癡絶(中国)　1056a
癡絶(日本)　1025b
癡禅　840b
近角常観　**983c**
近松別院　346a
竹庵(中国)　176c
竹庵(日本)　1109a
竹庵士珪　870b
竹園　414c
竹園房　619b
竹居　757c
竹郷子　649a
竹窓三筆　473c
竹窓随筆　**985b**
竹邨　1201a
竹堂　83b
竹生島　1146b
竹生島観音　1273a
竹生島神宮寺　780b
竹林院(滋賀)　5c
竹林院(京都)　462b
竹林院(奈良)　278a
竹林寺(山西省)　418c,**985c**,1315b
竹林寺(湖北省)　**985c**
竹林寺(奈良)　**985c**
竹林寺(高知)　534a,**985c**
竹林鈔　**986a**
竹林精舎　141c,206c,598a
竹林房流　1008b,1027c
畜生　44b,**985b**
畜生成仏　1293b
畜生道　985b
筑前阿闍梨　1102c
蓄妻噉肉　1091b
乳の町　687c
乳薬師　1267c
秩父三十四カ所　229b
逐機の末教　**750c**
質多　774b
茶筌　992b
茶筅　**992b**,1158b,1160a,1186b
茶湯礼　1030a
択瑛　739b,**992a**
択地　**992a**
択滅　158a,350c,**992b**
着好衣第一　1025a
着樹皮衣　1148b
嫡嫡相承　885b
適化無方　307a
磔手　545c
趯倒浄瓶　**992a**
中　997c

中阿含　6c
中阿含経　7a,817a,1131b,1440a,1506b
中陰　994a
中陰法要　249a
中陰経　527a
中院僧正　214c,1257b
中院流　335b,1402a
中因発心　9c
中有　349c,**994a**
中延　1151c
中央教務院　879c
中央寺　1092b
中外日報　1350c
中岳　814a
中岳嵩山　393b
中観　469b
中観(真空)　779c
中観(澄禅)　391c,1005c
中観義集　748c
中観光明論　203c
中観宗　510b
中観荘厳論　614c,**994b**
中観心論　748b
中観心論頌　971a
中観派　301c,950a,**994c**,1000a,1040c,1460c
中観仏教　509c
中観宝灯論　748c
中観瑜伽派　995a
中観論疏　**995a**,1000b
中観論疏記　→中論疏記
中観論二十七論別釈　1000b
中厳　128b　→円月
中厳派　850c
中機　236b
中教院　489a
中宮寺　**995b**,1411c
中宮寺曼荼羅　1024c
中悔　**995b**
中啓　**995b**
中価衣　1263b
中華珪法　1045b
中華伝心地禅門師資承襲図　865a
中間定　546b,688b
中間静慮　688b
中間法師　1048b
中劫　361b
中綱　296b
中興寺　1289c
中国　580b,**995b**
中国五山　795a
中根　432a
中根の満　174c
中厳寺　1026b
中際　491a
中山寺　1051b
中寺　517b
中食　449b
中呪　783b
中頌　1000a,1177b,1246c
中宿衣　1263b
中疏　586c
中聖　32a,495a
中聖量阿　990a
中乗　49a
中正院　1102a,1106a
中性院　1440c
中将学士　1267b
中将姫　956b,1282a
中信　1502a
中津　406b,706a,**996b**
中随煩悩　446c,791c
中随惑　446c,791c
中刹　517b
中禅寺(茨城)　780b,1014c,1065c
中禅寺(栃木)　731c,780b,**996c**,1111c
中禅寺(長野)　**996c**
中禅寺大御堂　1015a
中千世界　827a
中尊　494a,1332c
中尊寺　136a,**997a**
中尊寺経　887c,997b
中諦　494b
中諦(人名)　406b,**997b**
中台寺　211b
中台八葉院　1363b
中通寺院　518a
中天竺寺　1023c
中天竺法浄寺　1023c
中天正円　144c
中天相承　573a
中道　597c,**997c**,1000a,1034a
中道院　456c
中道観　997c
中道義　997c
中道教　481b,997c
中道実相　997c
中道宗　997c
中道第一義諦　494b
中道第一義諦観　469b
中道の応本　999a
中道了義教　999a
中童子　1047b
中納言阿闍梨　884c
中納言法印　994b
中南山　640a
中輩観　655b
中般　531b
中悲　512b
中敏　422b
中孚　44b
中部　7a,816c,1440a
中辺義鏡　666a
中辺分別論　402c,646c,1258b
中辺分別論釈疏　35a
中辺分別論疏　1258c
中法　420c
中峰　1384a　→明本
中峰三時繫念儀範　481c
中峰普応　1261c
中本起経　526c,596b,661c,**999c**
中本山　518a
中門　1409b
中門院座主　938a
中夜　1496b
中夭　753b
中蓮社現誉身阿　1360a
中路　997c
中郎　129a
中臈　1291b
中論　509c,510a,537c,644c,755c,769b,998a,**1000a**,1098a,1118a,1194b
中論頌　994c,1000a,1065c,1214a,1461a
中論疏　995a,998b
中論疏記　995a,1000b
仲延　994a
仲翁　677a
仲温　255b
仲宮寺　966c
仲華　1250c
仲間　1047b
仲算　146b,**996a**
仲子　1071c
仲思　1463a
仲璋　819c
仲霊　170a
冲止　**996a**
沖玄　130a
沖密慧然　749c
忠阿　456a
忠懿王　847b
忠円　64a,1407a
忠延　**994a**
忠快　**994b**
忠岳　880b
忠国師十身調御　663b
忠国師無縫塔　**995c**
忠済　**996a**
忠算　585c
忠粛　1010c
忠尋　215b,304a,**996b**
忠誉徳一　68a
抽解　**994b**
抽脱　994b
抽単　973a
注進　1317a
注進法相宗章疏　885a,1317a
注荼半託迦　658c
注維摩　999c
注維摩詰経　**999c**,1426b
注連寺　1020a
偸盗　**997b**
偸盗戒　161a
偸蘭遮　1451c
偸蘭難陀　**999c**
註経口伝　155b
註心賦　804a
註本覚讃　1321b
稠林　1336b
鋳像　1233c
鍮石　**996b**
籌　**993c**
籌山　1466b
褚遂良　701b
丁子香　362a
兆渓　**1002c**
兆載永劫　813c

町石　388a
長阿含　6c
長安　**1000c**
長安寺(朝鮮)　435a
長安寺(日本)　1141a
長意　786b, **1001a**
長恵　274a
長栄寺　381a
長円(平安)　**1001a**
長円(江戸)　149b
長宴　16a, 539b, 957b, **1001a**, 1402c
長延寺(神奈川)　102c
長延寺(山梨)　380b
長音　975c
長遠院　1103b
長遠寺(山梨)　**1001b**
長遠寺(兵庫)　**1001b**
長覚　**1001c**, 1274b
長岳寺　**1002a**
長十寺　**1002b**
長規　709a
長久寺(埼玉)　**1002b**
長久寺(愛知)　**1002b**
長慶院　888b
長慶有三毒　**1002c**
長慶慧稜　809b, 837a, 1002c
長慶寺　347a
長慶二種語　1002c
長慶の会盟　1485b
長源寺　1108c
長杏　198b
長講会　**1003b**
長講会式　557c, 1003b
長講堂　**1003c**
長江子　168c
長興寺　247c
長谷寺(秋田)　917a
長谷寺(神奈川)　1155a
長谷寺(山梨)　1155a
長谷寺(奈良)　1155a
長西　142a, 299b, 732c, 733c, 734a, 737b, **1004a**
長西録　732c
長斎　496b
長沙寺　**1004a**
長沙景岑　1004b
長沙方草落花　**1004b**
長沙遊山　1004b
長持院　803c
長時の念仏　1137c
長者　256b, 428c, 477b, 671b, 887a
長者窮子の喩　1196c
→窮子喩
長者寺　1286c
長者の万灯　1364c
長寿院　122c
長寿王　**1004b**
長寿王経　1501c
長寿寺(中国)　1503a
長寿寺(神奈川)　**1004b**
長寿寺(滋賀)　**1004b**
長嘯　249c
長松寺　1005c
長勝寺(青森)　**1005a**
長勝寺(千葉)　1242a
長水大師　546a
長勢　1226c
長善　1427a
長善寺　720c
長泉寺(東京)　683a
長泉寺(福井)　**1006a**
長蔵寺　766b
長爪梵志　**1006a**, 1345c
長宗我部元親　833b
長伝寺　910a
長忍　1427c
長年寺　106c
長版　**1006c**
長範　959b
長部　7a, 611a, 816c, 1131b, 1133b, 1342a, 1448c
長福寺(福島)　**1006c**
長福寺(埼玉)　1079a
長福寺(神奈川)　1105b
長福寺(石川)　891a
長福寺(愛知)　**1006c**
長福寺(京都・山科区)　**1006c**
長福寺(京都・右京区)　**1006c**, 1044c
長福寺(奈良・生駒市)　**1006c**
長福寺(奈良・北葛城郡)　**1006c**
長福寺(香川)　1408b
長保寺　**1008a**
長冒寺　1064a
長房録　1483c
長母寺　46c
長法師　944a
長命寺(千葉)　458b
長命寺(東京)　777a
長命寺(長野)　458b, **1008a**
長命寺(滋賀)　**1008a**
長明灯　1396a
長耀　**1008b**
長楽寺(群馬)　104a, 226a, 405c, 406a, **1008b**
長楽寺(神奈川)　986a
長楽寺(京都)　986a, **1008b**
長楽寺流　219c, 737b, 1008b, 1458a
長吏　139c, 887a, 1160a
長滝寺　**1009a**, 1150a, 1253a
長蓮社観誉　1428a
長老　887a, 911a, **1009a**
長老偈　294b, 1018c
長老尼偈　294b, 1019a
重源　24b, 134b, 149a, 220c, 257c, 398b, 415a, 500c, 734a, 736b, 798a, 845c, **1003a**, 1026b, 1054c
俍因　**1001a**
奝然　418c, 825b, **1006c**
張横渠　473b
張騫　450a, 898c
張衡　1042a
張孝師　534b
張従信　941a
張宿　1096a
張商英　427b, 473b, **1004c**
張大帝　**1006b**, 1070c
張韶光　396c
張明遠　1254a
張融　473a
張陵　1042a
張掄　**1009a**
張魯　1042a
釣雪　358c
釣船　876a
頂位　547a
頂源寺　1112c
頂三昧　441c
頂珠喩　1197b
頂生　1361b
頂生王　**1004c**, 1036b
頂生王因縁経　1005a, 1501c
頂生王経　**1005a**
頂生王故事経　1005a
頂禅　235c, **1005c**
頂堕　**1006a**
頂戴　1437c
頂法　547a
頂法寺　556c, **1007b**, 1093b
頂妙寺　658b, **1008a**, 1093b, 1112c, 1294b
頂礼　1437c
鳥獣戯画　121b, 185a
朝霞弁　715b
朝光寺　**1003c**
朝参　466c
朝参暮請　466c
朝純　685b
朝仏　1148a
朝露子　843a
超越三昧　689a
超越証　**552c**
超海　833a
超果寺　618c
超賢　1332a
超劫　661b
超士　1295b
超証　552c
超定　689a
超浄観地　628c
超昇寺　46c, 802c, 819b, **1005b**
超昇寺大念仏　819b, 1005b
超勝寺(浄土真宗本願寺派)　**1005b**
超勝寺(真宗大谷派)　**1005b**
超日王　27b, 85c, 801a, 993b, **1006b**
超日月光仏　25b, 643a
超然　825a, 870a, 1086c, 1172c

## つ

## て



通鶴 都徒 塚デ 番テ 月手 撞出 築弟 筑特 晦丁 辻氏 土低 椿呈 壺底 妻亭 摘帝

1017a
帝心尊者　1275c
剃染　1017c
剃度　1017c
剃頭　1017b
剃髪　452a,**1017b**
剃髪阿闍梨　11c
剃髪染衣　452a,860b,
1017c
剃髪得度　1017c
貞阿　97c
貞安　16a,915a,
**1015c**,1438b
貞安問答　1438b
貞元経　317a
貞固　**1016a**
貞極　**1016a**
貞準　738b,**1016b**
貞心尼　**1016c**
貞節　927a
貞崇　**1016c**
貞把　918a,**1017b**
貞蓮社源誉　910a
庭儀　269b
庭堅　479a
庭前の柏樹子　717b
庭柏子　1412a
逓供　1022b
逓上　1022b
提洹竭　1136c
提綱　1016b
提舎(仏)　1017a
提舎(梵天)　1017a
提舎(比丘)　1017a
提舎(バラモン)
1017a
提唱　**1016b**
提撕　**1016c**
提点　868c
提要　1016b
提和竭羅　1136c
程伊川　473b
程兆鸞　1489c
程明道　473b
禎喜　**1016a**
鄭道子　473a
泥塔供　**1017a**
泥塔供作法　1017a
泥塔供養　1017a
泥仏庵　1218a
笛阜道人　888a
滴水　1036b
滌篆　576c
哲　461b
哲海　461b
哲学書院　62a
哲空　738b
鉄庵　1049a
鉄翁　**1018a**
鉄牛　1041b
鉄眼(道光)　424a,
941b,1044c
鉄眼(天田愚庵)　22c
鉄眼版大蔵経　336a,
941b,1044c,1365a
鉄山宗純　509b,1253b
鉄舟寺　296c,**1018b**,
1418c
鉄刺林　532b
鉄心　1039b
鉄心道胖　746c
鉄叟景秀　16a
鉄囲山　678c
鉄笛倒吹　**1018b**
鉄塔相承　1089a
鉄壁雲片　**1018b**
鉄磨到潙山　1018c
鉄磨老牸牛　**1018b**
鉄輪王　638a
鉄輪宝　1036b
綴文　1417b
徹岫　879b,947a
徹照西方義　927a
徹通　239c　→義介
徹底　**1018b**
徹翁　242a　→義亨
寺　513a
寺請証文　651a
寺請文　651a
寺子屋　**1019a**
寺小屋　1019a
寺沢広高　692a
寺手形　651a
寺奉行　537a,623b
寺法師　139b,895b
寺巡　686a
寺本婉雅　**1019b**
寺屋　1019a
天　**1020a**,1158b
天愛　**1021b**
天愛帝須　18b,553b,
826a,1057c,1225a,
1350a,1357a
天安寺　1272c
天一神頌　**1021b**
天因(静明国師)
**1021b**
天因(天頙)　1023c
天隠竜沢　406b
天隠円修　622a
天英院　937b
天盈良倪　959c
天鷹祖祐　706a
天海　135a,210c,
499b,517a,882b,
941b,957c,986c,
1008c,**1021b**,1034c,
1111c,1184c,1200c,
1242a,1478b,1478c
天海版　941b,1021c
天界　1020a
天界寺　959b
天界善世禅院　959b
天外　1331a
天外明普　1210b
天蓋　165a,1224b
天下一閑人　1069c
天下寺院の四絶
1481b
天下善世禅寺　959b
天下僧正　881b
天覚　1004c
天岸　111b　→慧広
天冠寺　288c,1353c
天基　851b
天禧寺　1002b
天行　396a
天経或問　679b
天闇　191b,945c,
**1022a**
天鼓　279b
天鼓雷音如来　425a,
1363b
天狗　331b
天狗草紙絵巻　**1022b**
天空(月西)　**1022b**
天空(助三)　766b
天宮　1020b
天宮寺　**1022b**
天宮事　294b
天宮尊者　100c
天桂　105b,1025c
天倪　1333c,1403a
天啓文学　83a
天家家　531b
天闕　416b
天現　1018a
天眼　333a
天眼第一　17b,639b
天眼通　798b
天香　966a
天皇寺　**1022c**
天山山脈　40a,970c,
1073b
天指　1018a
天竺　69c
天竺往生験記　**1023b**
天竺看経院　1023c
天竺五山　414c
天竺寺(浙江省)
**1023b**
天竺寺(河南省)　18a
天竺字源　**1023c**,
1271b,1424b
天竺禅師　1236c
天竺懺主　683a
天竺の九儀　1437a
天竺輿地図　679b
天竺霊山寺　1023b
天竺老人　840c
天子寺　347a,378c
天子魔　1344c
天室育厳　1433a
天頙　865c,**1023c**
天寂　950b
天主　697a
天主教　474a,**1024a**,
1154a
天主実義　1024b
天主聖教実録　1024b
天衆　1020a
天趣　1020a
天授　950b
天授庵　1088b
天授院　1380b
天秀尼　1043b
天叔宗眼　947a
天寿国繡帳　648c,
**1024c**
天寿国曼荼羅　1024c
天寿寺　1031b
天寿姫　25b
天須菩提　**1025a**
天俊　848c
天如　45b
天祥　54a
天祥西堂　691c
天上　1020a

天上界　1020a
天乗　1020a
天晴会　1334a
天聖広灯録　422b, **1025a**
天聖釈教総録　662b
天神　**1025b**
天親　26a,321a,439b,631c,733b,742c,830c,1134b,1270c,1318b,1400b　→世親
天真乗運　1364c
天真正覚尼　764a
天真独朗　**1025b**
天叟慶存　165b
天息災　346b,612a,674a,703c,933c,952c,**1025b**,1275c,1301a
大尊　1222b
天台会　591b
天台円宗四教五時津金寺名目　525b
天台円宗四教五時西谷名目　1092c
天台戒疏　1295c
天台霞標　588a,**1025c**
天台九祖伝　**1026a**
天台五小部　984c
天台座主　139c,876a,886c
天台座主記　**1026a**
天台山(中国)　**1026a**
天台山(日本)　1178c
天台山寺　1026b
天台三会　498c,1262c
天台三大部　984c,1293c,1308b
天台寺　**1026b**
天台寺門宗　1027c
天台止観　1346b
天台四教儀　**1026b**
天台四教儀集註　1026c,1397a
天台四教儀集解　1026c
天台宗　122a,139a,287b,456b,633b,680c,**1026c**,1293c,1350c
天台宗疑問二十七条　347c,602a,1010b
天台宗三門跡　139c
天台宗章疏　**1027c**
天台宗の三会　130b
天台宗の二大法会　591b,1369b
天台宗義集　**1028a**
天台小部集　1028a
天台小部集釈　**1028a**
天台真言二宗同異章　**1028b**
天台真盛宗　451a,795a,1027c
天台大師　984b,1027a
天台大師和讃　**1028b**,1508a
天台智者大師伝論　1029a
天台智者大師別伝　398c,**1028c**
天台伝南岳心要見聞書　215b
天台伝南岳心要鈔　215b
天台伝仏心印記　**1028c**
天台念仏　766a
天台の九祖　1026a
天台の三大部　1027a
天台の四釈例　323b
天台八教大意　**1028c**
天台仏法流布吾国事　**1029a**
天台法門議　**1029a**
天台法華宗　1026c
天台法華宗義集　1028a
天台法華宗牛頭法門要纂　**1029a**
天台法華宗生知妙悟決　1043c
天台法華宗伝法偈　**1029b**
天台法華宗年分縁起　**1029b**
天台法華宗年分学生式　456c,475c
天台法華宗年分度者回小向大式　456c,475c
天台菩薩戒疏　1296a
天台名目類聚鈔　556b
天台明匠口決抄　**1029c**
天台律宗　37b
天台霊応図本伝集　**1029c**
天沢庵　1421b
天沢寺　67a,1477c
天智庵　744c
天智天皇　223a,820b,894c,1202b
天地庵百則評頌　1048c
天地麗気記　**1030a**,1329b
天中天　1021a,1222c
天長宗論　1502a
天童　**1030c**
天童和尚　696a
天童子　1047b
天童寺　**1031a**
天童如浄　→如浄
天童派　538c,1226a
天童玲瓏寺　1031b
天道　1020a
天篤　69c
天得院　1058c
天得如来　**1031c**,1429a
天徳院　858a,**1031c**
天徳寺(秋田)　**1031c**
天徳寺(茨城)　239b
天徳寺(東京)　**1031c**
天徳寺(岐阜)　897b
天耳通　798b
天人　1020a
天人師　1124c
天人の五衰　1020c
天有　1020a
天衣　240a
天寧寺(中国)　**1032c**
天寧寺(福島)　342b
天寧寺(京都)　**1032c**
天寧寺(広島)　**1032c**
天然　973c,974a,**1033a**
天然寺　1141a
天王　1020b
天王祭　238b
天王寺(中国)　1033a
天王寺(東京)　**1033a**
天王寺(大阪)　126c,577c
天王寺別当　876a
天王道悟　1044b
天応大現国師　242a
天皇道悟　1044b　→道悟
天皇派　1044b
天牌　62b
天臂城　304b,841c,1018a,1348b
天瓶　356b
天部　1020a
天福寺　22b,671c
天文法華の乱　658b,**1034b**,1093b,1108b,1145a,1326a
天文一揆　581a
天文御日記　1034b
天文日記　43b,744a,**1034b**
天文の法難　1034c
天文弁惑　679b
天魔　1345a
天魔波旬　1154b
天満神社塔　968a
天民　841a
天武天皇　1401a
大命説　473a
天目　1378b
天目寺　335a
天邑　1018a
天宥　1019c
天祐(鎌倉)　542b
天祐(南北朝～戦国)　**1034c**
天祐(室町～戦国)　637b
天遊　1013c
天与(インド)　950b
天与(日本)　821a
天誉　429b
天曜寺　**1034c**
天理教　789c,**1034c**,1081a
天歴永祚禅寺　1023c
天竜(地名)　856b
天暦廷俊　422a
天竜(人名)　57a
天竜一指頭禅　57a
天竜山石窟　**1035a**
天竜寺　405c,907a,**1036a**,1153b,1383a,1432a


天

天竜寺派　646c,850c
天竜八部　1158b
天霊　1043a
伝供　**1022b**
典座　477a,868b,868c
典攬　**1034c**
恬澄　738b,**1030a**
点心　**1025b**
点茶　**1029c**
点茶湯　1030a
点湯　**1029c**
点頭石　395a
展転　**1030b**
展拝　1438a
添品妙法蓮華経
　609a,1293a
転　1041a
転害会　**1021c**
転関経蔵　1036c
転経　**1022a**,1067a
転経行道願往生浄土法
　事讃　1274a
転経会　1022a
転斉　**1023a**
転識　360b,520b,521a
転識得智　**1023a**
転識論　**1023a**,1423a
転生　1444b
転生ラマ　197a,353c
転真成事唯識　634b
転相　480a
転蔵　1022a
転読　1022a,1067a,
　1340b
転女成男　**1032a**
転衣　**1032a**
転依　**1032b**
転変　**1033b**
転変道理　1422a
転変秘密　583c,1190c
転法輪　155b,503c,
　**1034a**
転法輪印　65b
転法輪経　**1034a**
転法輪寺　198a
転法輪大会　1205b,
　1262a
転法輪堂　1179c
転法輪法　**1034b**
転法輪菩薩　656c
転法輪菩薩摧魔怨敵法
　656c
転梵輪　1034a
転迷開悟　**1034b**
転滅　**1023a**
転誉　503b
転輪王仏頂　425b
転輪聖王　483b,509a,
　579b,871c,881a,
　902a,**1036b**,1156c
転輪蔵　**1036c**,1157b
転蓮社漸誉　1469b
転轆轆地　31a
奠供　1022b
奠茶　1029c
奠茶湯　1030a
奠湯　1029c
殿上法師　887b,1268b
諂　**1021a**
諂曲　1021a
顚倒　**1030c**
纏　812b,**1021a**
纏無明　1398a
田楽　462c,1084a,
　1406a
田相　1263b
田相衣　1263b
伝戒師　163c
伝戒正範　**1021c**
伝家宝四集　851a
伝家宝禅宗直指　851a
伝教院　243b
伝教会　1003b,1369b
伝教灌頂　217b
伝教大師(最澄)　456b
伝教大師(法天)
　1280c
伝教大師将来越州録
　759a
伝教大師将来台州録
　759a
伝香寺　**1022c**
伝光録　**1022c**
伝持の七祖　1245c
伝持八祖　784b,885b
伝授三壇弘戒法儀
　284c
伝受集　**1024c**
伝述一心戒文　**1025a**
伝助　16a
伝肇寺　1471c
伝心　**1025b**
伝心法要　145a
伝信　171b
伝信興円　334c
伝尊　**1025c**
伝通院　172b,181a,
　185c,704b,980a,
　**1030b**
伝通要録　146a
伝灯　**1031a**,1060a
伝灯(中国)　739c,
　**1031a**
伝灯(日本)　1087a
伝灯玉英集　313b
伝灯広録　438a
伝灯寺(朝鮮)　**1031b**
伝灯寺(石川)　99b,
　**1031b**
伝灯寺(奈良)　1267c
伝灯式　1031a
伝灯住位　873b
伝灯大法師位　873b
伝灯入位　873b
伝灯法師位　873b
伝灯満位　873b
伝灯録　313a
伝衣　**1032c**,1245a
伝法　**1033b**,1245a
伝法(行事)　1429a
伝法阿闍梨　12a,887b
伝法庵　883c
伝法院(中国)　952c
伝法院(日本)　619b
伝法院流　184b
伝法会　**1033b**
伝法会竪義　1458c
伝法絵　1282c
伝法絵流通　1282b
伝法灌頂　12a,217b,
　217c,248a,579c,1191a
伝法灌頂執行三カ寺
　864b
伝法護国論　651c
伝法寺　15a
伝法正宗記　170a,
　**1033c**
伝法正宗定祖図
　1033c
伝法正宗論　1033c
伝法相承　885b
伝法大会　1033b,
　1429c,1440c
伝法田　772c
伝宝記　**1033c**
伝明大師(如会)
　1122b
伝明大師(善会)　860c
伝誉観徹　916a
伝律図源解集　**1035a**
伝蓮社桑誉　1474a
殿試　**1023a**
殿上論義　1507a


## と


ドイッセン　**1036c**
ドヴァークラ　1151c
ドヴァーラヴァティー
　(インド)　233a
ドヴァーラヴァティー
　(タイ)　866b,1082b
ドヴァーラカー　233a
ドヴァラパティ　970b
トゥカーラ　1063c,
　1315a
トゥカーリスターン
　1063c,1064a
トゥシタ　1070a
ドゥッタガーマニー
　**1056c**
トゥッチ　439c
トゥッラナンダー
　999c
トゥーパーラーマ
　**1057c**
トゥプテン・ギャムツ
　ォ　942c
トゥラー　642c
トゥルシー・ダース
　1445c
ドゥルヨーダナ
　1357b
トカラ語　242c,
　**1063b**,1483c
ドーゴン・チョエギャ
　ル・パクパ　1150c
ドートーダナ　400c,
　841c
ドーナ　376b
ドーハーコーシャ
　977a
トーマス　**1071b**
ドミニコ派　1024a
ドムトゥン　16c,
　990c,**1071c**,1318c,

1043b
当家宗旨名目　**1043b**
当山源起問弁　1046c
当山派　664c,749a,
1370a
当山派修験宗　1268a
当山門源記　**1046c**
当情現の相　**1050a**
当体義抄　**1054b**
当体全是の即　900a
当体即成　902c
当体の念仏　1138a
当道座　1405a
当得往生　142b
当年星　1299c
当年星供　1299c
当年属星　1299c
当尾石仏　223b
当分　**1058c**
当益　1456a
当来仏　1222c
灯　1059c
灯光城　**1045b**
灯作明　298a
灯指因縁経　**1047c**
灯台　1224c
灯明　**1059c**
灯籠　**1062c**
灯籠堂　1062c
灯籠流し　1062c,
1081b
投機　237b
投華得仏　217c,**1043c**
投身飴餓虎経　**1051c**
投子一切声　1052b
投子一切仏声　**1052a**
投子義青　245b
投子大同　→大同(唐)
東庵　823c
東域伝灯目録　**1039a**
東院阿闍梨　1128c
東院律師　718c
東隠派　338a
東因発心　9c
東瀛　**1039c**
東叡山版　941b
東海(沢庵)　962a
東海(宝景)　1270b
東海(力精)　1447a
東海庵　1380a,1380b
東海義易　1378c
東海寺　519b,962a,
**1040a**
東岳(山名)　923a
東岳(人名)　106a
東岳泰山　393b
東岳百堂　370c
東岳文昱　436a
東鶴寺　**1040b**
東巌　100b　→慧安
(日本)
東岸居士　342a
東観音寺　**1041a**
東京誠明学舎　248b
東京本願寺　**1042b**
東慶寺　127c,406a,
**1043b**
東鶏寺　1040b
東渓宗牧　946c
東皐　380c
東光院　**1045a**
東光院(人名)　1114a
東光寺(茨城)　1242a
東光寺(静岡)　1102a
東光寺(山口)　**1045a**
東江湖疏　371a
東弘寺　853b,**1045a**
東向寺　**1045b**
東国高僧伝　**1045b**
東国高僧伝弾誤　583a
東国僧尼録　**1045c**
東山(山)　417c
東山(禅林寺)　868a
東山(人名)　975a
→湛照
東山寺　**1046b**
東山法門　382b
東山流　737b,738a
東山住部　967b
東山部　1245a
東寺　119a,182b,
217b,256a,281c,
343c,387b,419a,
428c,477b,477c,
483a,514a,517c,
537a,612c,618c,
676c,784b,784c,
882a,882c,886b,
887a,887b,1059a,
1093b,1328c,1409c,
1472c　→教王護国
寺
東寺灌頂院　407c,
920a
東寺残欠甲本　1364b
東寺真言宗　785b
東寺大勧進　343c
東寺長者　227b
東寺長者補任　384b
東寺塔　767b
東寺の三宝　256b,
356c,384b,1440c
東寺派　785a
東寺百合文書　256b
東寺奉行　623c
東寺曼荼羅　1364b
東洲(至遵)　772b
東洲(周道)　639c
東宗要　739a
東序　869a
東照宮　296c
東松寺　399a
東勝寺(千葉)　**1050b**
東勝寺(神奈川)
226a,271b,405c,
406a,1267c
東勝身洲　679b
東条の法難　1107b
東条松原の難　1144c
東寔　**1051b**
東浄　**823a**
東司　206b,823a
東征絵伝　**1052b**
東漸(健易)　334b
東漸(宗震)　888b
東漸寺(千葉)　980a,
**1053c**
東漸寺(神奈川)
226a,406a,**1053c**
東漸寺(山梨)　1106a
東漸寺(静岡)　1106a
東善寺　1043a
東禅寺　**1053b**
東禅寺事件　1053c
東禅寺版　941b
東潜夫論　1145c
東岱　923a
東泰院　860a
東大寺　119a,135c,
171a,289c,302c,
316c,321b,385b,
400a,419a,454a,
510c,517c,557a,
639a,659c,727a,
886c,895b,951a,
1003a,**1054b**,1093b,
1359c,1364c,1412b,
1453c,1493c
東大寺戒壇院　131a,
358c,1278b
東大寺羂索院　573b
東大寺献物帳　**1055b**
東大寺講堂　695b
東大寺正倉院南倉
382c
東大寺真言院　281c,
715b
東大寺大勧進　131a,
178b,271b
東大寺大勧進職
1259b
東大寺大仏　42b,
368b,987b,1158c
東大寺大仏殿　450c,
1094c
東大寺大仏殿縁起
**1055c**
東大寺二月堂　102b
→二月堂
東大寺二月堂修二会
573b
東大寺の四大仏師
696c
東大寺八幡　1055b
東大寺別当　128c,
886c
東大寺焼払　895c
東大寺竜松院　1094c
東長寺　**1056b**
東塔　139c,1178c
東塔宗　170b,586a,
1291a,1453c
東堂　631b,**823c**
東渡諸祖伝　**1057a**
東土の菩薩　1078a
東土の維摩　1261c
東土六祖　457b
東南院(東大寺子院)
749a,**1057a**
東南院(喜光寺子院)
242b
東坡　906b
東白　843a
東尾坊　1360c
東福寺(神奈川)
1152a
東福寺(京都)　405c,
424a,905c,**1058a**,

1133b,1259b
東福寺派　850c
東福門院　1376a
東峯　833a
東宝記　384b,**1059a**
東方偈　141b
東方五天　1093a
東方最勝灯王陀羅尼経　1059b
東方最勝灯王如来経　**1059b**
東方の菩薩　114c
東北寺　1244a
東曼荼羅　1363a
東曼荼羅抄　**1059b**
東密　256b,337b,603c,784b
東密小野流　15c
東密子島流　410c
東密三十六流　785a
東密忍辱山流　131c
東明　119c
東明派　850c
東妙寺　**1060b**
東門院　**1060c**
東誉　820c
東陽　104a　→英朝
東陽軒　191b
東陽大士　1206c
東陽徳輝　1192c
東陽房　996b
東陽流　996b
東陵　105b
東陵派　850c
東林庵　725b
東林更鳴集　**1062b**,1200b
東林寺(中国)　1503b
東林寺(日本)　708a
東林精舎　107a
東嶺　129c　→円慈
東盧　1324c
到彼岸　1167c
洞雲寺　766b
洞脚　869b
洞山　1467a　→良价
洞山過水橋　**1046a**
洞山五位　360b,**1046a**
洞山三路　**1046b**
洞山四句　**1046b**
洞山守初　1046b,1046c
洞山不安　**1046b**
洞山麻三斤　**1046c**
洞山無寒暑　**1046c**
洞山良价　1467a
→良价
洞山良价禅師宝鏡三昧　1269c
洞春庵　1022b
洞春寺　**1048c**,1480a
洞上伽藍諸堂安像記　768c
洞上五位　1046a
洞上古轍　**1050a**
洞上僧堂清規行法鈔　892c
洞松寺　582c
洞水(桃水)　1051c
洞水(慧雲)　106a
洞川庵　883c
洞福寺　342b
倒　1030c
倒懸　93b
倒合過　76c
倒離過　77a
党項　819a
島陰　342b
島史　1017b,1356c
唐楽　1205c
唐経　317a
唐橋法印胤慧　462a
唐決　**1043b**
唐高僧伝　901b
唐字千鬘聖語　1326b
唐招提寺　171a,221a,358c,573c,612c,887a,**1051a**,1093b,1204b,1454a
唐大薦福寺故寺主翻経大徳法蔵和尚伝　343a
唐大和上東征伝　554a
唐伝　901b
唐法華伝　1312a
唐梵文字　572a,1326b
唐梵両語双対集　**1059b**
唐門堂　**443c**
唐訳無量寿経　1400a
唐臨　1402c
桐江　1250c
桐江庵　1250c,1277c
桐江法師　992a
桃雲寺　765a
桃花坊　989c
桃渓(徳悟)　1066b
→徳悟
桃渓(若霖)　604c
桃蹊　1353b
桃源　811a
桃水　**1051c**
淘汰　408c
逗機　237b
陶爽齢　814c
塔　206a,**1037a**
塔外相承　1089a
塔外の付属　1219c
塔号　1286b
塔山寺　1046b
塔杵　435c
塔内相承　1089a
塔内の付属　1219c
塔婆　430a,1037a,1037b
塔婆供養　845c
塔婆十夜　652c
塔廟　1037a
塔門　1073a
塔鈴　1480b
棟蓮社周誉　681a
湯薬侍者　869b
湯礼　1030a
登地の菩薩　629b
等一切仏廻向心　1297
等引　504b,688a
等海　639a
等海口伝鈔　639a
等海集　639a
等覚　178a,**1040a**,1297,1298
等覚寺(石川)　1039b
等覚寺(福岡)　**1040b**
等覚性　1297
等覚の金剛心　1040b
等活地獄　532a
等起　**1041a**
等起善　838b
等起不善　838c
等熙　433a,**1041b**
等空　**1043a**
等慶　649a
等至　504b,688a
等持　504a,688a
等持院　907a,**1047b**,1048a,1383a
等持寺　405c,**1048a**
等慈寺　639a
等寿院　875a
等澍院　**1048b**
等正覚　1040a,1124c
等生家家　531b
等象斎　463c
等身像　1234a
等膳　191b,**1052c**
等妙寺　125c,171b
等無間縁　123c
等無間縁依　489c,490a
等楊　833c
等量の境　404b
等流　**1062b**
等流果　157c
等流習気　563b,628b
等流性　430c
等流身　1231c
等流相続　1062c
等流法身　1231c
答十義書　591a
答修禅院問　1043c
答報無所畏　590a
答摩　498a
統一団　1334a
遠山袈裟　1264b
煻煨増　532b
稲芋経　1040c
稲幹経　**1040c**
踏雲録事　**1039c**
踏牀　**1048c**
闘香　363a
闘諍堅固　404a
同阿明道　1488a
同一果　64c
同帰教　407b,472a,524c
同教　49b
同教一乗　49b
同行　**1042b**
同境依　489c
同句義　563a
同慶寺　**1043b**,1483a
同事　544c
同時具足相応門　625a
同時即　900b
同聚院　1058c
同生神　291c
同世五師　**1052b**
同相　1499a

同体三惑　58a
同体の大悲　512b
同体方便　1285a
同体門　**1055c**
同泰寺　**1055b**,1241b
同聴異聞　409b
同展三拝　1438a
同念　**1057b**
同伴　1042b
同分　674b,**1058c**
同分異全不定過　75a
同別無礙　49b
同朋　1042b
同朋衆　309a,872c
同法相似過類　77b
同品　73a
同品一分転異品遍転不定過　75a
同品定有性　73a
同本異訳　1417c
同文寺　881c
同喩　72b,73b,1195a
同喩五過　76b
同類因　64b,64c
同類助業　707b
同類無礙　1501a
洞空　8b,546b,766b
洞天　495a
桐華寺　737a,**1040b**
動潮　**1056b**
動発思　511c
堂入り　174c
堂方　1048b
堂衆　270a,674a,**1048b**,1056a
堂頭和尚　868b
堂嚫　1217b
堂司行者　870a
堂僧　**1054a**
堂達　887b,**1055c**
堂童子　296b,1047b
堂班　**1057c**
堂聖　1185c
童覚　301c
童学寺　**1040b**
童子　**1047a**,1048b
童子(鳩摩羅天)　301b
童子迦葉　300c
童子教　**1047c**
童子経法　**1047c**
童子経曼荼羅　349c,1047c
童児　1047b
童寿　300c
童受　197a,207a,301b
童真　1047b
童真住　1297
童真心住　1297
童男　1047b
童女　**1047a**
童朦懐覧集　**1060c**
童蒙止観　667c
道　**1037c**,1300b
道安(弥天)　55c,180b,204a,435a,501a,648c,773a,914a,940b,974b,**1038c**,1175c,1286a,1417c
道安(姚)　**1038c**,1091a
道安(唐)　100b
道安(元)　765b
道意　1301c
道育　1303b
道一　40a,372a,850b,**1039b**,1105c,1193a
道壱　95b
道印　**1039b**
道因(中国)　**1039b**
道因(日本)　607c
道友　1057a
道永　865b
道叡　1342b
道円　1011c
道円法親王　1487b
道衍　706a,733a,767c
道隠(中国)　**1039c**
道隠(日本)　478a,897c
道賀(飛鳥)　1317a
道賀(安土桃山)　846c
道快(慈円)　516a
道快(聖快)　695b
道海　1001b　→潮音(江戸・黄檗宗)
道楷　**1039c**
道月　744c
道侃　**1040c**
道閑　1199a
道観　692b
道観双流　**1041a**
道観名目　738c
道基　**1041b**
道機　225c,**1041b**
道義(中国)　**1041b**
道義(朝鮮)　**1041b**
道義(平安)　**1041b**,1057a
道義(平安～鎌倉)　1321b
道義国師　829a
道旧　1057a
道教　233a,346c,472c,678b,699a,732c,915a,**1041c**
道教(鎌倉・真言宗)　921c,**1042a**
道教(鎌倉・浄土宗)　333c
道鏡(中国)　1139a
道鏡(奈良)　526a,**1042b**,1080a,1415a
道鏡(江戸)　117b　→慧端
道龔　**1042b**
道行　**1042b**
道行般若経　527a,1175c
道暁　46b
道業　**1045a**,1057a
道欽　275c,**1042c**
道具　**1042c**
道空(鎌倉)　**1043a**
道空(南北朝～室町)　**1043a**
道空(戦国)　846c
道共戒　160c
道契　904c,**1043a**
道決鈔　648a
道顕(飛鳥)　**1043c**
道顕(室町)　790b,**1043c**
道顕(江戸・隠之)　**1043c**
道顕(江戸・密山)　**1043c**
道元　104b,104c,105a,115a,139c,183c,376a,463b,488c,749c,850c,860b,1031b,**1044a**,1046a,1123c,1206b,1254a,1269b,1292b,1293c,1321b,1381a
道元派　850c
道玄(中国・龐蘊)　1261b
道玄(中国・呉道子)　422b
道玄(日本)　**1044b**
道源(寂円)　460b,600b
道源(日霽)　1114c
道賢上人　1104c
道悟　858c,**1044b**,1287b
道光(鎌倉)　304c,737a,804a,913a,979a,**1044b**,1473c
道光(江戸・鉄眼)　**1044b**
道光(江戸・普寂)　1215b
道江　349a
道晃法親王　**1045b**,1327a
道皎　824b,1007a,**1044c**
道興　**1045a**
道興大師　559c
道号　1286a
道恒　301b,510c
道吾円智　1013c
道済　**1045c**
道傪　1500b
道山　1470b
道残　**1045c**
道士　**1047a**
道子　422b
道慈　302c,510c,914a,**1047a**
道日　203b
道者　1047a,1057a
道綽　26a,37b,111a,144a,267c,351b,373a,561b,732c,733b,736a,858a,**1048a**,1194a,1353a
道殿　357c,**1048a**
道樹　1301b
道樹(人名)　1048c
道樹録　**1048c**
道秀(中国)　788c
道秀(日本)　**1048b**
道宗　1273b
道種性　1297
道種智　**56b**

道衆生　1295a
道生(中国)　95b, 301b, 395a, 510b, 510c, 999c, **1048c**, 1293a, 1293c, 1366c, 1426b, 1459c
道生(日本)　**1048c**
道生律儀　160c
道性　721a
道昌　391c, **1049a**, 1290a
道昭　192b, 219a, 289b, 457a, **1049b**, 1153a, 1272b, 1316c, 1317a
道勝　**1049b**
道証(中国)　**1049b**
道証(日本)　708a
道照　1192b
道定　**1049b**
道場　513a, **1049c**
道場(人名)　**1050a**
道場観　1049c
道場観の曼荼羅　1363c
道場寺(江蘇省)　**1050c**
道場寺(河南省)　814a
道場樹　1301b
道場法　647a
道場法師　215b
道誠　602b
道成寺　**1050b**
道成寺縁起　**1050c**
道成寺縁起絵巻　118c
道心　1057a, 1301c
道心(人名)　737a
道心義　734a
道心者　416c
道心衆生　1295a
道信(中国)　550b, **1051b**, 1468a
道信(日本)　1283a
道振　**1051c**
道神足無極変化経　35c, 1229b
道梓　790c, **1052a**
道邃(中国)　456b, 608c, 1027b, 1043c, **1052a**
道邃(日本)　**1052a**
道世　765c, **1052b**, 1189b, 1266b
道整　1313c
道宣　171a, 224c, 240c, 257b, 297b, 315b, 369c, 460a, 472b, 503a, 586a, 586b, 586c, 594b, 595b, 604a, 604c, 626a, 640b, 724a, 901b, 940c, 946a, 951b, **1052c**, 1291a, 1453c
道宣律師感通録　503a
道詮　717b, **1053b**
道詵　320c, 357b, 842b, 921a, 1040b, **1053a**, 1053c
道詵寺　**1053c**
道潜　795a
道璿　321b, **1053b**, 1215b
道善　274a
道善寺　443c
道善房　1267a
道祖(竺道祖)　**1053c**
道祖(周続之)　638c
道祖神　458c, **1054a**
道蔵　**1054a**
道叟道愛　104a
道俗　1057a
道尊　**1054a**, 1487b
道泰(北涼)　934c, 951c, 1120b
道泰(元)　870c
道諦　551a
道坦　841b
道智　551c, 981a
道智(人名)　156c
道冲　**1056a**
道忠(奈良)　530b, 750b
道忠(鎌倉)　**1056a**
道忠(江戸)　727b, 868a, **1056a**
道超　695a
道寵　631c, 774a, **1056b**
道澄寺　102b
道珍　**1056b**
道琛　**1056c**
道亭　321b
道登　85a, **1056c**, 1153a
道徳　1065b
道如行出　551b
道人　1047a, **1057a**
道人統　881b
道壬　**1057a**
道念　1057a, 1301c
道然　**1057b**
道破　320c
道需　736c, 739c, 841a, 1050a, **1057b**
道白　247a, 311a, 526c, 640a, 841a, **1057c**
道範　661c, 857b, **1057c**, 1191b
道服　1263b, 1264b
道昞　**1059a**
道宝　**1059a**
道法　**1059a**
道法智　551c
道法智忍　551c
道法忍　551c
道品　482c
道品調適　636b
道本儒末論　473a
道明(中国)　510c, 619c, 959b
道明(飛鳥)　1155a
道明(江戸・黄檗宗)　1045b, **1060b**
道明(江戸・曹洞宗)　**1060b**
道明寺　84c, **1060b**
道命(平安)　**1060a**, 1290a
道命(江戸)　**1060a**
道猛　371a, 714b, **1060b**
道瑜(南北朝)　1222a
道瑜(室町)　**1061a**
道祐　**1061a**
道雄　165c, **1061a**
道猷(鎌倉〜南北朝)　**1061a**
道猷(江戸)　**1061a**
道融　293a, 301b, 510c, **1061b**
道膺　96c, **1061b**
道耀　**1061b**
道翊　1023c
道誉流　918a
道楽寺　1469b
道理　**1061b**
道理勝義諦　1098, 1099a
道理世俗諦　1098, 1099a
道理の三世　491c
道略　894a
道竜　**1062a**
道隆　165b, 352a, 355c, 406b, 663a, 670b, 809b, 847a, 850c, **1062a**, 1292b
道隆寺　534a
道了権現　1062b
道了薩埵　**1062a**
道了殿　454c
道林(東晋)　580a
道林(唐)　**1062b**
道倫　1079a, 1431a
道類智　551c
道類智忍　551c
道類忍　551c
道朗　**1062c**, 1078b
道陸神　1054a
銅鉢　275c
銅鈸　1122b
銅鈸子　1122b
銅板経　**1058a**
銅板法華説相図　968a
銅輪宝　1036b
導御　**1041c**, 1370b, 1370c
導故　1474a
導故院　128a
導師　887b, **1047a**, 1272c
幢　**1038b**
幢相衣　1263b
幢幡　1038b
通し矢　1487a
栂尾御物語　**1063b**
栂尾祥雲　**1063b**
栂尾聖教目録　**1063b**
栂尾明恵上人遺訓　31a
斉世親王　131c
斎　449b
常葉の御影　102c, 701b
常磐井堯凞　**1064a**
常磐井堯猷　**1064b**,

1371c
常磐嫗物語 **1064b**
常盤井宮 798a
常盤御所 375a
常盤大定 958a,**1064b**
禿 1069a
禿翁 118b
禿翁実性 134a
禿居士 1069a
禿子 843a
禿沙門 1017c
禿氏祐祥 287c,**1067b**
禿樵 731b
禿奴 1069a
禿頭沙門 1017c
禿人 **1069a**
禿婢 1069a
禿屢生 1069a
特為茶 1030a,1222a
特為湯 1030a
特為飯 522b
特恩度僧 1068b
特槻那祇梨 965a
特芳 843b →禅傑
得 **1064c**
得阿闍梨位灌頂 217b
得一 1065b
得意布 120c
得戒 163c
得岸 109c
得巌 406b,**1066a**
得喜 30b
得遇竜華修証懺儀 **1066a**
得眼林 **1066b**
得吾 **1066b**
得業 887c
得住 **1067b**
得勝 368b,**1067c**
得乗 928c
得善知識 1285a
得大寺 1466a
得大勢至菩薩 822b
得大勢菩薩 484a
得脱 324c
得長寿院 **1068b**
得通 431b
得度 1038b,**1068b**
得度式 1286a
得道 747b,1038b
得得 1065a
得仁 **1069a**
得無垢 1392b
得無垢女経 954c
徳 **1065b**,1207a
徳異 1500c
徳一 379a,456b,666a,711b,785c,875a,1014c,**1065b**,1388b,1414a
徳溢 1065b
徳運軒 850a
徳雲寺(長野) 835a
徳雲寺(愛知) 464c
徳慧 35a,811c,**1065c**,1066c,1085b,1423b,1430a
徳円 1043c,**1065c**
徳翁 134b,1470b →良高
徳隠 213a
徳音院 296c,**1066a**
徳川家綱 39c,445a,1365a
徳川家光 694a,874a,983b,1040a,1130a,1340b,1378b,1462b
徳川家康 8b,55b,59c,129a,139c,270a,296c,391c,684c,694a,698a,720c,725c,727c,729c,820c,841c,846a,886a,920c,974c,983a,987c,1007b,1008c,1063a,1111c,1253b,1323b,1325c,1326a,1373b,1377a,1378b,1378c,1383c,1413c,1435c,1473a
徳川綱吉 1288b
徳川秀忠 631c,725c
徳川光圀 239b,254a,312c,366b,380c,975b,1101c,1115c,1283c,1326a
徳川光貞 1266b
徳川義直 1007a
徳川頼宣 754c,1034c
徳厳 1235a
徳義 258a
徳句義 562c
徳見 **1066a**
徳賢 197a
徳源寺 337c
徳悟 1053c,**1066b**
徳光(インド) **1066b**,1163c
徳洪 111c
徳護長者経 **1066c**
徳斉 582b,**1066c**
徳志 609a
徳叉迦 1157c
徳叉尸羅 963c
徳昌 **1067c**
徳韶 **1067c**
徳進 296a
徳施 755b
徳清 473c,**1068a**,1157a
徳禅寺 242a,946c
徳叟亨隣 889b
徳大寺 1466a
徳道 747a,**1068c**,1155a,1155b,1213b
徳唐決 1043c
徳瓶 356b
徳瓶の喩 356c
徳甫 622a
徳本 **864a**
徳本(人名) **1069b**
徳本行者 1069b
徳明 1458c
徳基 1071c
徳門 1215b
徳融 171c
徳竜 479c,**1069b**
徳林庵 1497c
徳蓮社元誉信阿 1281b
読師 400b,886b,**1067a**,1262a
犢子部 158c,425c,427a,565b,634a,1052c
犢子梵志 1152a
毒鼓 279b
毒鼓結縁 279b
独庵 339c
独鈷 435c
独鈷杵 435c
独鈷鈴 1480b
独有 151a
独行不共無明 1398a
独散の意識 41b
独師 583a
独地獄 532c
独照(祖輝) 899c
独照(性円) 693c,899c
独清軒 334a
独頭の意識 41b
独頭無明 1397c
独湛 **1068a**,1140c,1218c
独童 1031c
独芳 743b
独峰 910a
独歩叟 1044c
独本 705b
独影境 509b
独立 **1069c**
独和羅 970b
読誦 **1067a**
読誦正行 1067a
読誦雑行 1067a
読誦大乗 1067a
読書二十二則 **1068a**
読体 1189b
年神 1069c
歳徳神 **1069c**
突厥 450a,909b
徳倹 **1071a**,1208c
徳光(中国) **1071a**
徳光太子 1071a,1440b
徳光太子経 403c,**1071a**
独覚 124b
独覚乗 49a
独覚定姓 413b
独覚の捨悲障 124b
独覚仏 377a
百々御所 1270a
舎人親王 1351b
富岡鉄斎 85b
富田斅純 **1071c**
富田祐義 567b
富突 669a
富永仲基 672c,**1071c**
友松円諦 93a,**1072a**
共生運動 512c
具平親王 287b,1346c
豊葦原神風和記 **1072b**,1330b
豊川稲荷 1378c
豊田毒湛 **1072b**

## な

1065c,1120b,1175a,1194b,1208c,1226b,1237a,1246c,1269b,1285b,1293c,1301a,1303a,1460c,1461b,1498a
ナーガールジュニコンダ　23b
ナクツォ　**1081c**
ナグナ　1081c
ナクラピター　540c,1081c
ナクラピトリ　1081c
ナクラマーター　1081c
ナコ寺　1478a
ナコーン・パトム　**1082b**
ナーシク　**1082b**
ナディー・カーシャパ　469a
ナム語　1071c
ナラ王物語　1357c
ナラカ　532a
ナーラカ　1084c
ナラシンハヴァルマン一世　966a
ナーラダ　1084c
ナーラーヤナ　1084c,1182c
ナランダ　1085a
ナーランダ　1085a
ナーランダー　80b,167c,402c,426c,446a,535c,614b,614c,691c,971c,984a,986b,1065c,1164b,1347c,1368a,1394b
ナーランダー・サンガーラーマ　1085a
ナリニカー　54b
ナルタン　942b
ナルタン新版　942b
ナルタン版　942b
ナレーンドラヤシャ　1085c
ナーロー　1085c
ナーローパ　205c,1018a,**1085c**,1358c,1443c
ナンダ(竜王)　1157c
ナンダ(仏弟子)　751a,1088c,1162c,1348a,1403b,1496a
ナンダ(論師)　585b,1088c,1423b
ナンダ王朝　993b,1347b
ナンダカ　1089a,1380c
ナンディ　527a
ナンディケーシュヴァラ　212c
ナンディミトラ・アヴァダーナ　1275a
ナンディヤ　1088c
なま講　1183b
名越檀林所　854a
名越流　36a,134a,737a,910c,980b
名古屋御坊　1082a
名古屋別院(大谷派)　51a,**1082a**
名古屋別院(本願寺派)　**1082a**
名塩坊　259c
那　569
那憂羅父　1081c
那伽犀那　658b,1082b
那伽族　1457a
那珂宗泰　1033a
那迦羅訶　1081b
那掲羅曷国　**1081a**
那拘羅長者　540c,**1081c**
那古寺　**1081c**
那邪毘薩多論　648a
那先　195b,594c,1386b
那先比丘　**1082b**,1082c
那先比丘経　**1082c**,1386b
那提　**1083a**
那提迦葉　469a
那谷寺　**1083a**
那智山　229a,229b,**1083b**,1220c
那智山経塚　1083b
那智参詣曼荼羅　1083c
那智大社　1083b
那婆摩利　**1084a**
那摩　1084b
那謨　1084b
那謨囉怛那怛囉夜野　1084b
那由多　813b
那羅延堅固王　1095b
那羅延金剛　626b
那羅延天　**1084c**,1093a,1182c
那羅延那　1084c
那羅稽羅洲　34b
那羅陀　**1084c**
那落迦　532a
那爛陀　446a,1394b
那爛陀寺　167c,171a,344b,402c,414c,437a,535c,582a,659c,691c,864c,971c,984a,986b,1065c,**1085a**,1164b,1174c,1347c
那爛陀僧伽藍　1085a
那連提耶舎　21c,196b,692a,837c,925c,931c,951a,954b,1066c,1085c,1489b
那連提黎耶舎　921a,**1085c**
奈良一流　696c
奈良絵本　**1084b**
奈良の大仏　1054c
奈良原山経塚　268c
奈良仏師　1228b
奈良法師　139b,199b,383a,895b
奈落　532a
南牟　1084b
南無　251b,**1084a**
南無(人名)　986a
南無阿弥陀仏　1084b,1377c
南無阿弥陀仏(重源)　1003a
南無喝囉怛那哆囉夜野　1084b
南無三宝　1084b
南無妙法蓮華経　958b,1084b,1108a
南謨　1084b
納縛波国　855b
捺女　35b
諾酤羅父　1081c
諾距羅　658b
乃至　**1079b**
乃至一念　1079b
乃至十念　1079b
内阿真光　1399c
内因　64a,70c
内衣　1263b,1264a
内戒　1297a
内願堂　1023c
内鑑冷然　**1079b**
内鑑冷然外適時宜　1079b
内記　869a
内記入道　1436a
内教　329b
内苦　278c
内供　477b,886b
内供奉　886b
内供奉十禅師　886b
内空　280b,280c
内外空　280b,280c
内外不二門　574b
内護摩　427c
内護摩観　500b
内史　869a
内寺　1080a
内識　520a
内著煩悩　1338b
内種　627b
内証　**1079c**
内証血脈抄　648b
内証講　1183b
内証相承　1311b
内証仏法血脈譜　938c
内証仏法相承血脈譜　**1079c**
内証法門　1183b
内陣　518a,**1079c**
内制　1505b
内相承　885b,1108a
内題　920c
内典　**1079c**
内典塵露章　**1080a**,1161b
内典録　946a
内道　329b
内道場　1050a,**1080a**
内藤林右衛門本常　726c
内徳論　369c,1258a
内の五明　428a

内仏　1136a
内法　329b,1183b
内凡　1341a
内凡位　476c,547a
内魔　1344c
内明　428a
内務省社寺局　624a
内門転　**1080a**
泥洹　1132b
泥洹僧　1264a
泥薩祇波逸底迦　1451b
泥犂　532a
泥黎耶　532a
泥曰　1132b
中江慶安　1475a
中尾真能　1141c
中川守脱　**1080b**
中川少将上人　573c
中川大進流　753a
中川律師　573c
中川流　573c
中衆　846b
中臣勝海　1144c
中御室　180b
中野玄蔵　715a
中野達慧　**1080c**
中太子(野中寺)　1417a
中原師員　459b
中原師秀　252b
中御門宣胤　274c
中村檀林　980b,1100c,1111a,1118c
中山踊　88a
中山寺　**1081a**
中山みき　1034c,**1081a**
中山妙宗　1294b
長井真琴　844a
長尾景長　1213c
長尾景信　898b
長尾寺　534a
長尾能景　1477c
長木恭重　519b
長崎道場　745a
長島一揆　219a,**1080b**
長洲寺　24c
長題目　88a
長沼妙佼　**1080b**,1454c
長浜別院　**1080c**
長松清風　1108c,1344a
流れ圜悟　397c
流灌頂　**1081b**
泣不動縁起　**1081b**
諾健那　**1081c**
梨本書　1145c
梨本僧正　1375b
梨本坊　492b
梨本門跡　492b
梨本流　957b,1375b
納所　1142b
七寺　1006c
浪華講　363b
難波大寺　577b
難波寺　577b
生団子　1186b
並榎竪者　719c
波切不動　**1084a**,1243a
滑河観音堂　1461b
成相寺　**1085b**
成田不動　793a
業平寺　1220a
成東不動　1242a
男根　**1123a**
男体山　731c
南院国師　899b
南英　342b
南菀寺　1153b
南化　340a
南海寄帰伝　**1086b**
南海寄帰内法伝　1086b
南海朱子学派　342b
南懐仁　1024b
南岳(中国・衡山)　371c
南岳(高野山)　387a
南岳(中国)　115a →懐譲
南岳(日本)　455b
南岳衡山　393b
南岳思大禅師立誓願文　**1086b**
南岳大師　113b
南岳単伝記　**1086c**
南岳派　115a
南柯法語　**1086c**
南磵行悦　851c
南京三会　454a,498c,1262c
南京三大会　1414b,1425c
南京律　786c,1454a
南渓　**1087a**
南華寺　1289c
南光院別当　938a
南光坊(寺名)　534a
南光坊(人名)　1021b
南谷寺　1243a
南谷檀林　980b
南山(終南山)　640a
南山(高野山)　387a
南山(鎌倉)　514c
南山(江戸)　755a
南山寺　418c
南山宗　586a,1250b,1291a,1453c
南山大師　1052c
南山の三観　470a
南山律師　1052c
南山律宗　69b,160b,218b,315b,586c,640b,914b,1052c,1454a
南山論義　1507a
南山国　965a
南三北七　267b,1309a
南寺伝　215a,1316c
南宗　865a
南宗寺　891c,**1087a**
南宗定是非論　803b
南宗禅　120a,241a,850b
南障山　1503b
南条神興　**1087b**
南条文雄　24a,188b,941c,**1087b**,1177a,1294a,1371c,1400b,1467c
南条目録　1087b
南勝房　180a
南石文琇　422a,904a
南泉一株花　1447b
南泉和尚　1206b
南泉画一円相　**1087c**
南泉斬猫　**1088a**
南泉拝忠国師　1087c
南泉普願　→普願
南泉不説底法　**1088b**
南泉牡丹　1447b
南禅院　**1087c**,1088b
南禅寺　405c,899b,**1088a**,1093c,1145a,1246b,1383a
南禅寺派　850c,1246b
南贍部洲　679b,862b
南楚　920b　→大江
南宋元明禅林僧宝伝　870b
南台寺　372a
南池院　355b
南天相承　573a
南天の鉄塔　**1089a**
南伝大蔵経　939c,940b,960c
南堂　824c
南道派　111c
南都七大寺　383a,557a,914a
南都七大寺巡礼記　**1089b**
南都の四律匠　132b
南都奉行　623c
南都律　1454a
南都六宗　404c
南頓北漸　120a,1074c
南能北秀　120a
南蛮校尉劉遵　985c
南蛮寺　**1089c**
南仏　439c
南部長経　925b
南屏梵臻　1027a
南浦(紹明)　753b →紹明
南浦(玄詔)　344a
南峯　1379c
南方五天　1093a
南坊宗啓　**1089c**
南峰祖応　972a
南牧樵夫　1001b
南本涅槃経　1133c
南溟　1470c
南門　912c
南要　**1090a**
南陽　727c
南陽慧忠　→慧忠(南陽)
南陽忠国師　117c
南林寺　171a,659c
暖席　1143a
暖席銭　1143a
暖寮　1143a
暖簾　1142c
楠邱　287c

楠公の寺　142c
煗位　547a
煗法　547a
**難　1085c**
難易二道　1086c
難往　1468a
難行　**1086c**
難行静慮　839a
難行道　1086c
難化　**1086c**
難化の三機　**1087a**
難思往生　142b,480c
難思議　1206a
難思議往生　142b,480c,481a
難思議弗知　888a
難思光仏　25b,643a
難思の弘誓　292c
難治の機　1087a
難治の三病　1087a
難勝地　629b,629c
難勝仏　484a
難信金剛の信楽　491a
難禅　839a
難陀(竜王)　1157c
難陀(仏弟子)　751a,**1088c**,1162c,1348a,1403b,1496a
難陀(論師)　486a,585b,627c,635c,**1088c**,1316c,1423b
難陀迦　**1089a**,1380c
難陀婆羅陀竜王　1457a
難陀竜王　1095b
難提(比丘)　**1088c**
難提(優婆塞)　1088c
難鐸迦　1089a
難度　**1089b**
難度海　713a,1089b
難得行　1297
難波別院　**1089b**
難白黒論　895a


## に


ニカーヤ　816c
ニガンタ・ナータプッタ　593a,1092a,1187b,1497b
ニガンタ派　1092a
ニグローダ　1091b
ニグローダ・アーラーマ　1091c
ニグローダ・カッパ　29a,1148c
ニダーナ・カター　596b
ニッデーサ　294b,816c,817a
ニヤグローダ　1091b
ニヤグローダ・アーラーマ　1091c
ニヤーナティローカ　**1119a**
ニヤマ　1505b
ニヤーヤ　71c
ニヤーヤ・ヴァールッティカ　89c
ニヤーヤ学派　6a,71c,89c,800b,1123b,1505c
ニヤーヤ・スートラ　6a,1123b,1505c
ニヤーヤ・スートラ・バーシヤ　89c
ニヤーヤ・ビンドゥ　81b,972c,**1119b**,1314c
ニヤーヤ・プラヴェーシャ　78b,697b,1169b
ニラヤ　532a
ニルヴァーナ　1132b
ニルクタ　647c,1180c
ニルグランタ・ジュニャータプトラ　1092a
ニルマーナ・ラティ　332a
ニンマ派　990c,1164c
にちれん記　**1107c**
二愛　1a
二井寺　401b
二因　64b
二衣　1264a
二廻向四願　**1090a**
二王　3c,**1090b**
二王尊　626b,1084c,1090b
二往生　142b
二果　157c
二戒　159c
二階堂　104b
二階堂道蘊　122c
二覚　178a
二月会　1262a
二月堂　102b,573b,1055a
二河譬　1161a,1198b
二河白道図　**1090c**
二河白道の喩　1198b
二巻金剛頂経　438b
二巻伝　735b
二甘露門　354c
二義　237b
二帰戒　471c
二教　**1090c**
二教五時説　108c
二教六理　1354c
二教論　369c,**1091a**,1256b
二形　164a,**1091a**
二経体　254b
二経六段　541a,1293a
二苦　278c
二求　279b
二空　280a
二空真如　802a
二句答　555b
二仮　307b
二花　308c
二解脱　325a
二見　332b
二慳　333a
二業　363b
二荒山　1111c
二根　432a
二罪　450a
二字　**1092b**
二食　521c
二色九階　873b
二十天　**1093a**
二十一大寺　517c
二十一日論義　1507a
二十一本山　1034b
二十一箇寺　**1093b**
二十一天　522c
二十億耳　**1093c**
二十九有　79a,468b
二十九種荘厳　710b
二十外道　330a
二十犍度　1452b
二十五有　79a,468b
二十五有界　852b
二十五円通　133c
二十五観音　229a
二十五三昧　505a
二十五三昧講　363a
二十五三昧講式　1093c
二十五三昧式　347c,372c,**1093c**,1301a,1501c
二十五諦　**1094a**
二十五大寺　517c
二十五便法　1285a
二十五方便　1285a
二十五菩薩　620b,**1094b**
二十五菩薩迎接　1094b
二十五菩薩練供養　302b,1391a
二十五菩薩来迎　1439a
二十五菩薩来迎会　724b
二十五菩薩来迎図　26b
二十五菩薩和讃　**1094b**
二十五霊場　**1094b**
二十三夜塔　1190b
二十四願　1322a
二十四不相応行法　1218b
二十四輩　61b
二十七賢聖　345b
二十七宿　663b
二十随煩悩　446c
二十二愚　982a
二十二根　431b
二十二社　**1095a**
二十二条式　140a
二十二天　522c
二十八観音　229a
二十八部衆　852b,**1095a**
二十八宿　412a,**1095b**,1485a
二十八宿(葛城修験)　576a
二十八使者　1184a
二衆　877a
二受　616a

二受業　364b
二種一乗　49b
二種廻向　111a
二種遠離　157b
二種我見　158c
二種供養　303a
二種熏習　306b
二種光明　385a
二種懺悔　475a
二種自在　534b
二種性　635b, 635c
二種勝行　700b, 1209b
二種荘厳　710b
二種生死　713a
二種生滅　755c
二種清浄　719b
二種精進　723c
二種資糧　772b
二種深信　**1096b**
二種施　1217c
二種世間　830a
二種闡提　59a
二種僧物　876c
二種大乗　928c
二種の廻向　111a
二種の観法　209c
二種の三心　490b
二種の死　511b
二種の種子　628a
二種の独覚　124b
二種の菩薩　1295b
二種の無常　690a
二種福田　1209c
二種法身　1230c, 1232c
二種羅漢　28b, 28c
二執　190a, 617b
二重の中道　999c
二頌八句　903a
二障　687b
二障義　**1096b**
二障章　1096b
二乗　49a, 414a
二乗境　562b
二乗作仏　49c, 465c, 1293b
二生家家　531b
二処三会　112c
二心　774c
二身　1230b, 1231a
二真如　802b
二世一重の因果　641c
二善　838b
二善三福　1207b
二千五百頌般若　1176b
二相　871a
二蔵　493b, 872c, **1096b**
二蔵三輪　267c
二蔵略頌　741b
二僧祇　1420b
二双四重　**1096c**
二双四重の教判　295b
二瘡門　897a
二祖忌　1097a
二祖三仏忌　**1096c**
二祖上人　1258c
二足仙　1222c
二足尊　1222c
二窣吐奴村　995c
二鼠嚙藤の喩　1198a
二尊　**1097a**
二尊一教　1097a
二尊一致　1097a
二尊院　340b, 974b, 1094c, **1097a**, 1301a
二尊教　1097a
二尊二教　1097a
二尊の遣喚　1097a
二諦　1000a, **1097b**
二諦各論の中道　998b
二諦義　323b, 369c
二諦合明の中道　998b
二諦分別論　674c
二大不善地法　791b
二壇立　676c
二智　980c, 981b
二中　998c
二天　1090b
二顛倒　1030c
二転依の果　1032b
二転依の妙果　1032b
二道　1038a
二徳　1065b
二難化　1087a
二二合縁　582a
二入四行説　1117b
二入四行論　**1117b**, 1303b
二如来蔵　1126a
二忍　1127a
二人比丘尼　**1117b**
二涅槃　1132b, 1132c
二羽　65b
二縛　582b, 1149a
二百五十戒　162a
二不定　1451a
二仏性説　1229a
二仏中間　1086a
二仏並坐　968b
二分家　585b, 1088c
二分説　585b, 1423b
二分法　976c
二辺　**1118a**
二法　1259c
二報　202c
二方便　1284c
二凡　1341a
二煩悩　1336b
二魔　1344c
二万五千頌般若経　336c, 1175b
二万灯明仏　484a
二無記　1391b
二無常　690a
二無心定　689a, 1396b, 1403b
二無知　1396b
二無明　1397c, 1398b
二物相合の即　900a
二門偈　1120a
二門六段の科文　1313b
二利　770c
二利真実　771a
二力　1446c
二類各生説　142a
二惑　1337a, 1337b, 1338b
丹生の泊瀬寺　277a
丹生明神　390a
日向　189b, 226c, 284b, 423a, 880b, **1092b**, 1107c, 1108a, 1148b, 1267a, 1370a
日保　**1118a**
日本往生記　1118a
日本往生極楽記　**1118a**
日本往生伝　1118a
日本高僧伝指事抄　**1118b**
日本高僧伝要文抄　**1118b**
日本国教大道社　1418c
日本国現報善悪霊異記　1119a
日本国上都比叡山延暦寺比丘円珍入唐求法総目録　759c
日本国承和五年入唐求法目録　759b
日本国未来記　**1118b**
日本三戒壇　1415a
日本三学席　868a
日本三代稲荷　1376b
日本三弁天　1257b
日本山妙法寺大僧伽　790a, **1118c**
日本寺(千葉・安房郡)　**1118c**
日本寺(千葉・香取郡)　1100c, **1118c**
日本人(雑誌名)　62a
日本政記　1145c
日本総菩提所　388a
日本大師先徳明匠記　859a
日本大蔵経　939c, 1080c, 1353b
日本達磨宗　1142c
日本槌質問　679b
日本洞上宗派図　646c
日本洞上聯灯録　**1118c**
日本比丘円珍入唐求法目録　759c
日本仏学院　1064c
日本仏教史学　287c, 1067c
日本仏法穴捜　1146a
日本霊異記　310a, 442b, 503a, **1119a**, 1185c
尼　1181b
尼戒壇　359a
尼経　864c
尼倶陀　1091b
尼拘陀樹　1091c
尼拘陀梵志　**1091b**
尼拘律苑　**1091c**
尼拘律樹　**1091c**
尼拘律陀　1091b
尼拘類樹　1091c
尼乾子　593a, 1018a, 1092a

尼乾子外道　329b,593a
尼乾子問無我義経　330c,**1091c**
尼乾子論師　593a
尼乾陀若提子　593a,**1092a**,1497b
尼犍子　1092a
尼犍子外道　20a
尼薩耆　1451b
尼薩耆波逸提　1451b
尼薩耆波夜提　1451b
尼寺　514a
尼子多　1350c
尼師壇　462a
尼陀那　126a,644b,**1100a**
尼波羅　**1117c**
尼民達羅山　678b
尼羅烏鉢羅　1486b
尼剌部陀　532b
尼連禅河　204c,597b,**1126c**,1158a,1236b
尼鹿多論　647c
尼禄多論　1506c
耳根　1505a
耳識　520b
抳縛南　1132b
爾前　410b,**1096b**
新寺　401b
膠絵　1368c
肉髻　483c
肉眼　333a
肉食妻帯　**1091b**
肉舎利　612a
肉団心　774c
肉煩悩障　487c
西新井大師(総持寺)　884a
西有穆山　**1092b**
西大谷　148c
西高野山　959b
西千仏洞　1075b
西田幾多郎　303b
西田天香　59c,303b,**1092c**
西谷檀林　980b,1101a
西谷名目　**1092c**
西超勝寺　1005c
西寺(滋賀)　760b
西寺(高知)　438a
西トルキスタン　1073b
西の高野　594b
西別院　1082a
西本願寺　185c,788b,1093c,1323c　→本願寺
西本願寺懸所　1082a
西本願坊　1082a
西身延(妙伝寺)　1382c
西山別院　284b
日安　1375c
日位(鎌倉)　**1100a**,1321c
日位(戦国)　1379c
日意(秀鏡)　750b,**1100b**
日意(法鏡)　**1100b**,1382c
日域曹洞初祖道元禅師清規　105a
日域洞上諸祖伝　**1100b**
日印　203b,**1100b**,1108b,1109a,1326a,1331c,1377c
日栄(鎌倉)　**1100c**
日栄(江戸)　664b
日映　1344b
日鋭　854a
日叡(鎌倉)　1378b
日叡(楞厳坊)　**1100c**
日叡(上行院)　**1100c**
日円(南北朝)　761a
日円(慧雲院)　**1100c**,1118c
日円(妙智院)　1376b
日円(母妙仙)　1383c
日淵　16a,608c,**1101a**
日演　854a
日奥　**1101a**,1108b,1113c,1173b,1375c
日恩　1001b
日遠　157b,**1101a**,1340b,1396c
日快　462b
日学　1384a
日月掌　65b
日月灯明仏　484a,**1101b**,1136c
日桓　1326a
日感　1109b
日鑑　1109b
日輝　1109c
日義　**1101b**
日儀　724a
日経　1110a
日鏡　1110b
日行　**1101b**,1109a
日堯　**1101c**
日暁　605c
日銀　1281b
日弘　1103b
日求　1060c,**1101c**
日具　**1101c**
日家　975b
日乾　631c,721b,1110b
日賢(鎌倉～南北朝)　1110c
日賢(戦国～江戸)　1110c
日賢(江戸)　1110c
日玄　1216c
日源(鎌倉)　189b,567b,**1102a**,1286c
日源(南北朝～室町)　1033a
日悟　750b,880b
日護　**1102a**,1433b
日好　1111a
日亨　**1102a**
日孝　1111a
日幸　391c
日岬　1385a
日恒　567b
日珖　1111b
日航　**1102b**
日興　155b,189b,422c,567b,937b,**1102b**,1107c,1108a,1343c
日興記　155b
日講　669b,837b,**1102c**,1108b,1160a,1321c,1378a
日号　1286b
日合　**1102c**,1378a
日郷　1384b
日近(戦国)　459a
日近(江戸)　1459a
日斎　141a
日持　375c,**1103a**,1107c,1310c,1375a,1486a
日実(鎌倉)　**1103a**
日実(鎌倉～南北朝)　**1103a**,1375c
日実(室町)　**1103a**,1464a
日実(室町・本成房)　1043b
日受　**1103b**
日珠　327a
日樹　**1103b**
日什　**1103b**,1108b,1384b
日什門流　1103c
日充　1103b
日重　358b,**1103c**
日出　1321c
日侑　391c
日純　1326a
日順　422c,1266b
日遵(江戸前期)　708c
日遵(江戸中期)　1113c
日助　1108b
日承　1325c,1339a
日成　445c,**1103c**
日浄(真言宗)　995b
日浄(日蓮宗)　1100c
日迢　792b
日乗(鎌倉)　1455a
日乗(鎌倉～南北朝)　1380a
日乗(南北朝)　1325c
日乗(戦国)　**1104a**
日乗(江戸)　**1104a**
日常　1064a,1108a,1118c
日静(鎌倉)　**1104a**,1379c
日静(鎌倉～南北朝)　325b,**1104a**,1326a
日審　833a,**1104b**
日陣　**1104b**,1108b,1331c,1332c
日陣門流　1104b
日深　201c
日尋　1310c
日全　746b
日善(鎌倉)　**1104b**,1109a
日善(江戸)　833a
日禅　189b

日相 1101c
日像 88a,**1104b**,1108b,1109a,1281b,1335b,1375a,1377a,1380a,1385b,1490b,1493b
日蔵 607c,**1104c**,1122a
日尊 **1104c**
日大 1434a
日代 1344a
日題 **1105a**
日脱 **1105a**
日達 329a
日単 973b
日天 643c
日伝(鎌倉) **1105a**,1383c
日伝(鎌倉〜南北朝) **1105a**,1109a
日典 445c,1111b
日道 138a
日導 906b,**1105b**,1333b
日忍 **1105b**
日念 **1105b**
日然 708c
日牌 62b
日範 **1105b**,1109a
日白 507b
日弁 189b,670b,**1105c**
日便律師 1491a
日芳 847c,1173a
日苞 1384a
日鳳 1341c
日没 1496b
日梵 157b
日満 **1105c**
日明 **1105c**,1375a
日面仏月面仏 **1105c**
日目 **1105c**
日門 375c,**1106a**
日友 **1106a**
日勇 **1106a**
日祐(鎌倉) **1106a**
日祐(鎌倉〜南北朝) **1106a**,1118c
日祐(戦国〜江戸) 1106b
日祐(江戸) **1106a**
日祐(江戸・尼) 693b
日裕 750b,**1106b**
日用須知 342c
日誉 **1106b**
日預 1225b,1225c
日要 325b
日陽 226c,708c
日養 1379c
日曜 558b,1485a
日耀 **1106b**
日羅 7c,14c
日立 1106c
日隆 **1106c**,1108b,1325c,1339a
日硫 833a
日亮 1384a
日領 1103b,**1106c**
日輪 **1106c**,1109a
日輪寺(東京) **1107a**
日輪寺(京都) 15a
日臨 648b,**1106c**
日蓮 139c,155b,157a,157b,175a,222a,259b,267c,274a,284b,329a,413a,445c,495a,558b,561a,567b,610a,620b,666a,668a,685a,701c,923c,975b,1064a,**1107a**,1148b,1225b,1267a,1281b,1293c,1294b,1311a,1311b,1311c,1312c,1321c,1326a,1329b,1343b,1353a,1353b,1370a,1376b,1377c,1379c,1385b,1412c,1454b,1454c,1491a
日蓮遺文の五大部 848b
日蓮講門宗 1108b
日蓮宗 718a,728a,968b,**1107c**,1293c
日蓮宗一致派 1008a
日蓮宗三感応寺 226c
日蓮宗富士派 1312c
日蓮宗不受不施講門派 1102c,1321c
日蓮宗不受不施派 1101a,1375c
日蓮宗本成寺派 1100b
日蓮主義青年団 837c
日蓮正宗 1107c
日蓮上人註画讃 **1108c**
日蓮の三大部 1454b
日蓮本地義 1154a
日朗 379b,693a,1107c,1108a,**1108c**,1281b,1326a,1330c,1331c,1335c,1343b
入室 **1112a**
入室の弟子 1112a
入唐求法巡礼行記 **1116c**
入唐五家伝 **1116c**
入唐沙門円行承和六年請来経仏道具目録 759b
入唐巡礼記 1116c
入唐請益 756b
入唐新求聖教目録 759b,**1116c**
入唐八家 618c,759a,**1117a**
日可 **1109a**
日海 608c,**1109a**
日覚 1101c,**1109b**,1332c
日課念仏 1137c
日寛 212b,**1109b**,1504a
日感(本蓮寺) **1109b**
日感(解脱寺) 325b
日歓 1311b
日観 1378a
日観庵 1023b
日鑑(永昌院) **1109b**
日鑑(自厚院) **1109b**
日亀 **1109c**
日輝 53a,768b,**1109c**,1330b,1379b
日久 1344b
日休 144b
日経 743c,**1110a**,1216c,1438b
日境 451b,**1110a**
日慶 1341c
日鏡(室町) 693a
日鏡(戦国) **1110b**
日工集 282b
日家 **1110b**
日渓 1289c
日乾 358b,651b,**1110b**,1341c,1486a
日賢(鎌倉〜南北朝) **1110c**,1286c
日賢(戦国〜江戸) **1110c**
日賢(江戸) 624b,636c,**1110c**
日珖 16a,1008a,**1111b**,1378b,1393c
日弘 1335c
日好 **1111a**
日孝 **1111a**
日高 **1111b**,1294b
日講左券 999c
日光山 136a,886c,1027c,**1111b**,1146b
日光山縁起 537a
日光修験 1112a
日光菩薩 484a
日祭 1190b
日際 1115a
日子 90b
日秀(鎌倉・滝泉寺学頭) 189b
日秀(鎌倉・丹波阿闍梨) **1112a**
日秀(南北朝〜室町) **1112a**,1341b
日秀(戦国・玄紹) **1112a**
日秀(戦国〜江戸) **1112a**
日秀(戦国・照海) **1112a**
日秀尼 812c,854a,**1112c**
日祝 1008a,**1112c**
日種族 220b
日出 **1112c**
日出先照高山之寺 372b
日出台隠記 **1112c**
日出論 301b
日生 38c,980b,**1113a**
日尚 **1113a**
日性(戦国〜江戸) **1113a**
日性(江戸) 1383c
日昭 1107c,1108a,**1113b**,1384a
日祥 **1113b**

日称 330c, 536b, 769c, 954b, 1091c, **1113b**, 1208c
日唱 **1113b**
日紹 **1113c**
日証(飛鳥) 227c
日証(鎌倉) **1113c**
日詔 **1113c**
日照 582a
日韶 1113c
日精摩尼 1355a
日心(鎌倉・三位阿闍梨) 1114a
日心(鎌倉・長遠寺) 1001c
日心(鎌倉・妙行寺) 1376b
日心(江戸～明治) 1321c
日心尼 1325c
日辰 **1114a**
日真(鎌倉) 1114a
日真(室町～戦国) 1108b, **1114a**, 1344b
日真(戦国～江戸) **1114a**, 1341c
日進(鎌倉) **1114a**
日進(江戸) 1103b
日新 813a, **1114b**
日親 **1114b**, 1144c, 1341b, 1455a
日崇 451b
日政(戦国) 1108c
日政(江戸) 348b
日惺 **1114c**
日霽 **1114c**
日扇 **1114c**, 1344a
日詮 **1114c**, 1394a
日暹 **1115a**
日暹寺 1115b
日薦 1344b
日想観 655a
日尊(鎌倉) 566c, 1433c
日尊(安土桃山) **1115a**
日諦(常光院) 16a, **1115a**, 1394a
日諦(観具院) **1115a**
日諦(円行院) **1115a**
日泰寺 612b, **1115b**
日達 359a, **1115b**, 1330c
日但 1332c
日智 **1115b**
日中 1496b
日忠(禅那院) 919a, **1115c**
日忠(唯心院) 761a, **1115c**
日長 138a
日頂 298b, 1107c, **1115c**
日朝(加賀阿闍梨) 226c, 284b, 1100b, **1115c**, 1370a
日朝(青蓮阿闍梨) 945c
日潮 375c, **1116a**, 1324c
日澄(室町) 1108c, 1112c, **1116a**, 1344b
日澄(鎌倉) 1109a, **1116a**
日澄寺 1116a
日通(安土桃山) 1341b
日通(江戸) **1116b**
日天 1093a
日天拝 1190b
日饗 **1116b**
日登 1332c
日灯 **1116b**
日東 **1116b**
日東流 1116b
日透 **1116c**
日統 38c
日得 **1117a**, 1381b
日法(鎌倉～南北朝) **1117b**
日法(江戸) 746b
日峰 884c →宗舜(南北朝～室町)
日豊 **1117b**
日本寺 1100c
新田貞氏 278b
新田義貞 142c, 745a, 884a
新田義季 1008c
荷堂 1179c, 1310c
若 569, 571
若那 980c
若那戦達羅 984a
若那跋陀羅 1133c
若瀛 350b
入阿 **1119b**
入阿毘達磨義論 21b
入阿毘達磨論 422c, **1119b**
入王宮聚落衣 1263b
入音声陀羅尼 969c
入我我入 **1119c**
入龕 210b
入西 1119b
入寺 787a, **1119c**
入寺掛錫 1119c
入寺僧 1120a
入舎会 1262a
入寂 1133a
入重玄門 1040a, **1120a**
入住出の三心 630b
入衆衣 1263b
入出二門 423b
入出二門偈 742c
入出二門偈頌 **1120a**
入定 689b
入定信仰 387c
入真言門住如実見講演法華略儀 366c
入蔵録 662a
入大乗論 333c, **1120b**
入中論 611c, 993a, **1120b**, 1214b
入道 **1120c**
入道親王 1120c, 1265a
入道明阿 720b
入堂鐘 687c
入峰 174c, 1369c
入仏 **1120c**
入仏(人名) 1383b
入仏供養 1121a
入仏式 1120c
入不二法門 **1121a**
入菩提行論 615a, 1214a, 1247b, 1301a, 1369b
入法界観 772c
入法界品 317c, 318a, 320a, 848a
入滅 1133a, 1403a
入麼 78c
入門 423b
入門寺 1173a
入文解釈 323a
入理円門論 832a
入理悉檀 536b
入楞伽経 59a, 426a, 839c, 934b, 1126a, 1249a, 1354c, 1358b, 1467c, 1468b →楞伽経
入楞伽心玄義 **1121a**
入蓮社走誉 1489b
乳 1366b
乳味 408b
柔遠 **1119c**
柔順忍 498a, 1127b, 1127c
柔軟地 629a
柔輭心 **1120c**
女院御書 702c
女宮 642b
女根 **1123a**
女子出定 **1123a**
女宿 1096a
女人往生 1032a
女人往生聞書 789b, 790c
女人禁制 388a
女人結界 326c
女人講 22c
女人高野 435b, 1401b
女人成仏 1032a, 1293b
如 801a, **1121b**
如意 **1121b**
如意(阿那律) 17b
如意(摩㝹羅他) 1356b
如意庵 883c
如意寺(愛知) 376c, **1121c**
如意寺(京都) **1121c**
如意珠 1355a
如意尼 226b
如意瓶 356b
如意仏 261a
如意宝珠 1355a
如意宝珠立 676b
如意宝樹史 818b
如意輪観自在菩薩念誦法 1122a
如意輪観音 558b, 1122a, 1495c
如意輪求聞持 302c
如意輪寺(京都)

1121c
如意輪寺(奈良) 278a,**1122a**
如意輪陀羅尼経 **1122a**
如意輪堂 820c
如意輪法 496a,**1122a**
如意輪曼荼羅 1122b
如一 **1121c**,1209a,1292b
如雲 514c
如会 **1122b**
如円 779c
如淵 **1122b**
如琰 **1122b**
如猿 1109b
如焔喩 1195b
如海 540c
如覚 721c,**1122b**
如願(藤原秀能) **1122c**
如願(有厳) 1427c
如鏡中像喩 1195c
如響喩 1195b
如卺 592a
如空(鎌倉) **1122c**
如空(室町～戦国) 1428a
如圭 835b
如化喩 1195c
如幻(朝鮮) 1151c
如幻(日本) 276c,**1122c**
如幻仮有 486a
如幻三昧経 954c
如幻三摩地無量印法門経 223b
如幻道人 705b
如幻喩 1195b
如犍闥婆城喩 1195b
如去 1124b,1125a
如光 703a,**1122c**
如珙 **1123a**
如号 1286b
如虚空喩 1195b
如実 801a,1121b,**1123a**
如実(人名) 1467b
如実空 802a
如実空鏡 1321a
如実修行相応 **1123a**
如実智 432b,981a
如実知見 598b
如実不空 802a
如実論 72a,**1123b**
如寂 389a
如周 **1123b**
如春尼 1323b
如惺 958b,1066a
如乗 1332b
如浄 850c,**1123c**,1269c
如常 725a
如信 226a,**1123c**,1332a,1421a
如水中月喩 1195b
如是 **1123c**
如是院 1380b
如是我聞 1498b
如是語 61a,294b,644b,1327c
如是語経 1327a
如晴 226a
如説 **1123c**
如説院 110b
如相廻向心 1297
如大 1394c
如大派 1270b
如湛 **1123c**
如仲 191b,1022a→天誾
如道 1124a
如導(律宗) **1124a**
如導(真宗) 854a,**1124a**
如如 801a,1121b
如如(人名) 176b
如如身 1230c
如如仏 1230c,1231b
如々院 4b
如々子 763b
如念空 622a
如宝 754c,**1124a**
如法 **1124a**
如法延命法 1211c
如法経 599c,**1124b**
如法経供養 261b
如法経修行 576a
如法寺 1170c
如法尊勝法 911c
如法堂 599c
如夢喩 1195b
如祐 865b
如影喩 1195b
如来 **1124b**
如来院 1094c
如来教 249b,789c,**1125a**
如来寺(福島) **1125a**,1376a
如来寺(茨城) **1125a**
如来寺(三重) **1125a**
如来寺(京都) 1140b
如来寺(熊本) 237c
如来示教勝軍王経 525b
如来師子円絃 1113a
如来師子吼経 **1125b**
如来宗 1125a
如来住 1298
如来性 1228b
如来乗 49a
如来常住 955c
如来清浄禅 840a
如来心経 215c
如来禅 840a,850b
如来蔵 168c,286b,488b,494c,565c,751c,774a,793b,935c,953a,**1125c**,1197c,1228b,1229c,1279a,1314b,1424b,1467b
如来蔵縁起 802b,930b,1125c
如来蔵縁起宗 538a
如来蔵縁起説 126a
如来蔵経 286a,953a,1197c,1219a
如来蔵思想 286a,933b,1133c,1219a,1395b
如来蔵心 57c,544a,669b
如来蔵無垢識 1368b
如来蔵論 935b
如来大蔵経総目録 942c
如来智印経 105c
如来の三不護 501a
如来の十号 1124b
如来不思議秘密大乗経 954a
如来滅後五五百歳始観心本尊抄 222a
如来遺跡講式 535a
如頼尼 305b
如蘭 706a
如理師 **1126b**
如理智 446b,981b
如隆 **1126b**
如量智 446b,981b
如琳 953a,1002c
如輪 1002c
如聾如唖 **1126b**
汝達 646b
遶堂 269a
遶仏 269a,1437c
繞仏 1437c
鏡 433b,1224c
鐃鈸 **1122b**
饒益 1456a
饒益有情戒 162a
饒益行 1297
饒益心行 1297
鑷子 **1005c**
庭詰 199a
庭野日敬 1454c
庭聖 1185c
人 **1126c**
人我 158c,189c,507a
人我見 158c
人界 1126c
人開会 166a
人空 178c,280a,280b
人空真如 802a
人功得 315c,734a
人家家 531b
人間 1126c
人師 **1129a**
人趣 1126c
人執 617a
人数改帳 651a
人施設論 21c,1224a
人知法不知 409c
人中の牛王 1222c
人天眼目 **1129c**
人天教 407b,**1129c**
人天乗 414a,1129c
人天宝鑑 **1129c**
人道 1126c
人雄師子 1222c
人の四依 515b
人非人 277b
人法 **1131b**
人法倶不知 409b
人法倶泯法界 1304c
人法倶融法界 1304c
人法相対の修性 668b

人法二空　280a
人法二執　617b
人法二無我　159a, 178c, 280a, 1390c
人法界　1304c
人本尊　258c, 1333b
人本欲生経　**1131b**
人無我　280a, 1390c
仁賀　**1128a**
仁海　15c, 153b, 397b, 692a, 758b, 785a, 823a, 1034b, **1128b**
仁岳　591a, 594c, 595a, 734a, **1128b**
仁寛　964c, **1128c**
仁空　573b, 777c
仁康　246b
仁厳　**1129a**
仁西　156c
仁寿殿観音供　227b
仁寿録　940c
仁守明礼　523c
仁済　**1129b**
仁忠　102b, 140a
仁忠伝　102b
仁潮　1305b
仁和寺　56a, 127c, 217b, 466a, 477b, 477c, 516b, 882c, 1093b, **1130a**, 1172a, 1278c, 1411c, 1412a
仁和寺円堂院　214a
仁和寺御室　88c
仁和寺御流　785a, 1202c
仁和寺真乗院大僧正　370b
仁和寺僧正　455a
仁和寺伝法会　455b
仁和寺流　1475a
仁然　**1130c**
仁王会　253c, 419a, **1130c**, 1131a, 1262b
仁王経　861c, **1130c**, 1198b
仁王経法　518c, 1049b, **1131a**
仁王経法息災曼荼羅　1010c
仁王経曼荼羅　1131a, 1243a
仁王講　363a
仁王護国般若波羅蜜多経　420a, 1131a
仁王護国般若波羅蜜多経道場念誦儀軌　1131a
仁王坐禅　712b
仁王道場　1130c
仁王般若会　1130c
仁王般若経　307c, 494b, 557b, 629a, 635c, 1011a, 1130c, 1175b
仁王般若経疏　307c
仁王般若波羅蜜経　419a, 1130c
仁表　174c
仁明天皇　809a
仁聞　694b, 1206c
任運　**1128a**
任覚　**1128c**
任寛　1128c
任識　1437a
任持自性　1259c
任哲　714c
任婆　1131b
任瑜法親王　1277a
忍　980c, **1127a**, 1130b
忍(娑婆)　609b
忍位　547a
忍海　**1128a**
忍界　609b
忍鎧　1128c
忍鎧衣　1263b
忍光　1426c
忍興　1371b
忍性　178b, 401b, 786c, 952a, 964b, 1052b, **1129a**, 1176c
忍陀羅尼　969c
忍澂　107b, 491a, **1129b**, 1140c, 1282a
忍土　609b
忍阿　**1130a**
忍辱　**1130b**
忍辱鎧　1263b
忍辱仙　**1130b**
忍辱山大僧正　707c
忍辱山流　232c, 785a, 1202c
忍辱草　**1130b**
忍辱波羅蜜　498b, 1167c
忍法　547a
忍律法師　708a
紝婆樹　**1131b**
賃婆　1131b
潤業　365c
潤生　**1129b**
潤生業　365c
潤生の惑　1337b


## ぬ


縫仏　648c
額田寺　178b
忽滑谷快天　**1131c**
布橋大灌頂　966c
布引観音　602c
濡仏　1234a


## ね


ネストリウス派　310a, 936c, 1024a
ネーパーラ　1117c
ネパール　1117c
ネーランジャラー　204c, 597b, 1126c, 1158a, 1236a
根来山　184b
根来寺　102c, 777a, 895b, **1131c**, 1145b
根来寺攻撃　895c
根来寺中性院　705b
根香寺　534a, **1132a**
涅婆南　1132b
涅槃　158a, 324c, 579b, 598b, 604a, **1132b**, 1285c, 1314b, 1395a
涅槃(人名)　1040b
涅槃会　372c, 1097a, **1133a**, 1262a, 1262b
涅槃忌　1133a
涅槃経　49b, 53c, 63b, 108c, 112b, 115c, 161a, 163a, 267a, 279c, 395c, 407b, 409a, 411b, 472a, 482a, 505a, 524c, 538a, 541a, 606a, 613c, 696a, 751c, 793b, 810b, 817a, 916c, 926a, 956a, 1078b, 1086a, 1087a, 1097c, 1132c, **1133b**, 1171a, 1189b, 1195a, 1196b, 1197c, 1228b, 1249a, 1277b, 1340c, 1409b
涅槃経玄義　**1134a**
涅槃経子注　1241b
涅槃経集解　**1134a**
涅槃経疏　**1134b**
涅槃経本有今無偈論　**1134b**
涅槃講　363a
涅槃講式　535a
涅槃寂静　1260c
涅槃宗　1134a, **1134b**
涅槃僧　1263c
涅槃像　1133a, **1134c**
涅槃像考文抄　**1135a**
涅槃台　325b
涅槃点　570
涅槃堂　1395c
涅槃那　1132b
涅槃之城　1133a
涅槃奉行　623b
涅槃仏　260c
涅槃無名論　764b
涅槃論　**1135a**
涅隷槃那　1132b
寧宗　405b
熱時　1484c
熱時焰　1195b
熱地獄　532a
練り　269b
練供養　303b, 1439a
年回　249a
年月義類兼帯の三時　481b
年月の三時　481b
年忌　249a
年成録　1145c
年分　1140c
年分学生　1140c
年分者　1140c
年分度者　475c, 795b, **1140c**
年預　887b
念　835c, **1135a**

念阿　**1135c**
念安般　1135b
念戒　1135b
念海　**1135c**
念頃　835c
念経　1067a
念休息　1135b
念根　1135b
念采寺　975c
念死　1135b
念食　521b,521c
念持仏　**1136a**
念捨　1135b
念珠　669c
念誦　**1136a**
念誦結護法普通諸部　**1136b**
念住　581c,1136b
念出入息　1135b
念処　581c,**1136b**
念常　**1136c**,1235c
念声是一　51c,1137b
念心　1297
念身　1135b
念身非常　1135b
念信房蓮慶　1377a
念施　1135b
念僧　1135b
念天　1135b
念如意足　581b
念念無常　690a
念念滅罪　1137c
念範　**1137a**
念不退　1219c
念仏　53a,57b,753b,1135b,**1137a**
念仏為宗　1138a
念仏為先　1138a
念仏為本　1138a
念仏往生　142a,1137b
念仏往生義　**1138b**
念仏往生決心記　**1138c**
念仏往生の願　470c
念仏往生明導劄　107c,590b,**1138c**
念仏往生要義抄　**1138c**
念仏踊　152c
念仏観　415a
念仏鏡　**1139a**
念仏狂言　1370b
念仏警策　**1139a**
念仏禁制　**1139a**
念仏けんばい　152c
念仏三先達　1010c
念仏三昧　1137b,1198a,1297a
念仏三昧宝王論　739a,**1140a**
念仏三昧論　322a
念仏寺(化野念仏寺)　**1140b**
念仏寺(愛宕念仏寺)　**1140b**
念仏宗　1138a
念仏寿国論　809c
念仏衆生摂取不捨　**1140c**
念仏図　**1140c**
念仏聖　1159c,1185c
念仏札　538b
念仏房　142c,734a
念仏宝鑑　1489c
念仏法語　1435a
念仏名義集　**1140c**
念仏門　1138a
念法　1135b
念法真教　790a,**1141a**
念法華　744c
念滅　1135b
念力　1135b
念蓮社貞誉　1476a
拈衣　**1135c**
拈橋　1001a
拈華微笑　956b,**1135c**,1345b
拈古　**1136a**
拈香　362b
拈頌　870c
拈提　1136a
拈八方珠玉集　**1137a**
然阿　845c,1473c
然空　737a,**1135c**
然誉　**1141a**
然蓮社愚同良智　1045c
燃香　1224c
燃灯経　897c
燃灯仏　484a,818b,1081b,1101b,**1136c**


## の


ノイマン　**1141b**
野々村直太郎　**1142c**
野間の大坊　149b
野村栄三郎　148b
野村望東尼　**1143a**
野呂檀林　980b,1378a
暖簾　1142c
篦津敦忠　918b
衲　1264a
衲衣　1264a
衲袈裟　1264b
衲衆　1264a
衲子　1264a
衲僧　1264a
悩　**1141b**
能阿弥　**1141c**
能安忍　636c
能因　607c,**1141c**
能引支　641c
能依　99c
能恵法師絵詞　**1141c**
能恵法師得業　1141c
能縁　123c,**1142a**
能縁断　978a
能海　1266a
能活　249c
能帰　1142b
能行　1142b
能救諸有善神　656a
能熏の四義　306a
能化　307a,478b
能見相　480a
能顕中辺慧日論　**1142a**
能光　**1142a**
能作因　64b
能作具声　1163a
能持　969b
能持自性　1259c
能持無所畏　590a
能遮　969b
能所　**1142b**
能勝　366a,530b,**1142b**
能生因　64b
能生支　641c
能除太子　1019b
能信　458a
能詮　**1142b**
能造　552c
能蔵　29a
能触　901a
能断金剛般若波羅蜜多経　439a
能断金剛般若波羅蜜多経論釈　439b
能通方便　1285a
能得菩薩忍陀羅尼　969c
能如大師　523b
能人　1222c
能忍　**1142b**
能忍善神　656a
能破　72b,72c
能範　171c
能福寺　**1142c**
能伏道　1038a
能別不極成過　74a
能変無記　1391b
能満院　173c
能満虚空蔵　397b
能立　72a,72b
能立不遣過　76c
能立不成過　76b
能立法不成過　76b
能量　1465a
納戒　163b
納経　686a,845c
納骨　845c
納骨信仰　388a
納札　686a
納所　**1142b**
納莫　1084b
暖簾　**1142c**
嚢　569
嚢莫　251b,1084b
嚢陽石経　23c
後長谷寺　1155a
篦岳観音　445b
登大路仏所　1228b
暖席　1143a
暖席銭　1143a
暖寮　**1143a**


## は


バイシャジヤグル

1415a
バイシャジヤサムドガタ 1415b
バイシャジヤラージャ 1414b
バイヨン寺 611b
パーヴァー 612a, 684a, **1147a**, 1353c
バーヴァヴィヴェーカ 3b, 426c, 674c, 748a, 933c, 971a, 992c, 994b, 994c, 1000b, 1177b, 1246c
バーヴァナー・クラマ 203c, 373b
バーヴァリ **1147b**, 1349a
バヴィヤ 3b, 748a
バガヴァッド・ギーター 81c, 614a, 817b, **1147c**, 1357c, 1445b
バガヴァッドダルマ 203a
パガン **1148b**
パガン王朝 19b, 1148b, 1202a
パクサム・ジョンサン 818b, 993c, **1150a**
パクダ・カッチャーヤナ 1497a
バグダッド 936c
バクトリア 327b, 904b, 964a, 1064a, 1386a, 1431c
パクパ 18c, 368a, 473c, 722b, 990c, **1150c**
パクパ文字 1151a
パクモドゥパ **1151c**
ハクレーナ・ヤシャ 186b
パゴダ 1202a
バージェス **1152b**
ハース **1154c**
ハスタカ・アーラヴァカ 1162c
バスティアン **1154c**
パセーナディ 84c, 140b, 246a, 263a, 331c, 405a, 525b, 594a, 598a, 657a, 1153a, 1346a, 1347c, 1358b
パダ・アルタ 717a, 1505c
パターチャーラー 1166c
バーダラーヤナ **1155b**, 1506a
バダリカーラーマ 1155c
パータリプッタ 327c, 1155c
パータリプトラ 1b, 85c, 309b, 367b, 993b, 1155c, 1203a, 1313c, 1347b
パタンジャリ(ヨーガ派) **1156a**, 1505c
パタンジャリ(文法家) **1156a**, 1165c, 1169c, 1180b, 1325a
バダンタ 1154b
バッガヴァ 1160c, 1305c
バックラ 1151c
ハッタカ 29a
ハッタカ・アーラヴァカ 1081c, **1162c**
バッダー・カピラーニー 1162c, 1345b
バッダー・クンダラケーサー **1163a**
バッターナ 21c, **1163a**
バーッタ派 301c, 1247c
バッディヤ(仏弟子) 1162b
バッディヤ(五比丘の一) 423c, 1155b
バッディヤ(長者) 1155b
パッバタ 1163c
パッラヴァ 966a, 1164a
バッリカ 914a
バッリヤ 914a, 914c
ハーディ **1164c**
ハーティグンパー碑文 198c
パティサンビダー・マッガ 294c, 817a
パーティモッカ 80c
パトナ・ダルマパダ 1307a
パドマサンバヴァ 70b, 465c, 614b, 990c, 993c, 1016c, **1164c**, 1368a, 1444c
バドラー・カピラーニー 1162c
バドラー・クンダラケーシャー 1163a
バドラシュリー 45b, 105c
バドリカ(仏弟子) 1162b
バドリカ(五比丘の一) 1155b
バドリカ(長者) 1155b
バーナ 173c
パーニニ 1156a, **1165c**, 1180b, 1325a
バーヒヤ 1148b
パーピーヤス 1154b
パーフェクト・リバティ教団 790a, **1166a**
ハミ 148b
バーミヤーン **1166a**, 1214c, 1233c
パミール高原 450a, 855b, 898c, 990b, 1073b, 1150c
パーヤーシ **1166b**
パーラ王朝 1347b, 1368a
パラカ 963b
バラタ族 1357b
ハラッパー 68b, **1167a**
バーラーディトヤ 801a
バーラドヴァージャ 1152c
バーラーナシー 189a, 597c, 657a, 1167a, 1501b
バラバドラ 1164b
バラビー 1164b
パラマッタ・ジョーティカー 816c
パラマッタ・マンジューサー 80c, 979c
パラマールタ 86a, 797b, 830c
パーラミター 1167c
バラモン教 82c, 647c, 956a, 1093b, **1168a**, 1182c, 1203b, 1227b, 1497a
バリ 1221c
パリヴァーラ 80c
ハリヴァルマン 207a, 714c
ハリ・ヴァンシャ 1358a
パーリ語 7a, 21b, 940a, **1168c**
パーリ語三蔵 1169a
パーリ聖典協会 7a, 817a, 940b, 1169a, 1306b, 1448b, 1448c
ハーリーティー 242c
パリニッバーナ 598b
パリニルヴァーナ 598b
ハリバドラ(仏教) 336c, 675a, **1169a**
ハリバドラ(ジャイナ教) **1169a**
ハリプンチャイ国 866b
パルヴァタ 1163c
バールガヴァ 1160c
バールカッチャ 1164b
バルカッチャパ 1164b
パールサ 1166c
パールシー教徒 909a
ハルシャ 173b, 1164b, 1347b
ハルシャヴァルダナ 173b, 196c, 1158a
ハルシャ・チャリタ 173c
ハルシャデーヴァ 173b
パールシュヴァ 190b, 268a, 327c, 951c, 1403b
パルティア 33c, 936b, 964a
バルト 1214a
バルトリハリ **1169c**
パルニ族 33c

バールフト 598c, 607a
バールフト塔 **1169c**
バワー **1170a**
ハーン **1170b**
パンジャーブ地方 68b
パーンダヴァ 1357b
パンタカ 1173c
パンタン目録 942a
パンチェン・ラマ 197b,964a,991a, 1444a,1444b
パンチェン・ラマ一世 1014c,1445a
パンチャヴァールシカ 1171b
パンチャタントラ 442b
パンチャーラ 657b, 1171b
パーンドゥカ 553c
パンドゥカーバヤ王 18a
パンドゥシュリー 792b,1423b
パンドゥプラバ 782a
パーンドヤ王朝 1358b
パンニャーサーミ 462c
𑖪𑖽𑖀界秘事 **1170b**
八講 1312b
八合思八 1151a
八思巴 18c,1151a
八魯布 18c
巴雷 967a
巴利語 1168c
巴陵 864b
巴陵銀椀裏 278b
巴陵顥鑑 278b,1169b
巴陵三転語 278b
巴陵吹毛剣 **1169b**
巴陵提婆宗 278b
巴連弗 1155c
巴連弗邑 1313c
巴勒布 18c
羽賀寺 **1148a**
羽黒権現 1146b
羽黒山 805a,1019b
把住放行 **1154b**
把定放行 1154b
波 570
波逸提 1451b
波夷羅 643b
波木井実長 284b, 937b,**1148b**,1370a
波拘盧 1151c
波斯 936c
波斯教 1355b
波斯胡寺 936c
波斯寺 310a,936c
波斯匿王 5a,84c, 140b,246a,263a, 331c,405a,525b, 594a,598a,657a, 751b,752b,1131a, **1153a**,1202b,1346a, 1347c,1358b,1392b
波旬 1147a,**1154b**
波頭摩 1486b
波吒釐子 309b
波吒釐子城 **1155c**
波吒釐樹 **1156a**
波胝提舎尼 1451b
波那沙樹 **1165b**
波那梨 1147b
波尼呾 1180b
波膩尼仙 1180b
波頗 1167b
波頗の五教 1167b
波頗蜜多羅 1167b
波波 414c
波婆 612a,684a, 1147a,1353c
波謎羅 898c
→パミール高原
波夜提 1451b
波羅 1059b
波羅夷 162b,1450a
波羅夷罪 163b,633a
波羅塞戯 **1166b**
波羅奢樹 343a
波羅遮那 **1166c**
波羅提提舎尼 1451b
波羅提木叉 81a, 1449c,1450a
波羅提目叉 1450a
波羅捺国 189a,1318c
波羅捺 1167a,1501b
波羅捺斯 189a,597c, 657a,**1167a**
波羅捺斯国 189a
波羅尼蜜天 963a
波羅頗迦羅蜜多羅 **1167b**
波羅頗蜜多羅 926a, 933b,1000b,1167b, 1177b
波羅末他 797b
波羅末陀 797b
波羅蜜 **1167c**
波羅蜜(人名) 1116b
波羅蜜海 560c
波羅蜜多 1167c
波羅維摩婆奢 963a
波羅利弗多羅 1155c
波刺斯国 **1166c**
波利 914a,914c
波利質多樹 **1169a**
波利婆沙 1451a
波離 285a
哈密 40a
派祖 905c
発思巴 368a,473c
→パクパ
破庵 907a
破威儀 164c
破奥記 1110b
破戒 164b
破戒の五過 164c
破吉利支丹 712a
破夏 31b
破顕 1153c
破業障陀羅尼呪 228a
破羯磨僧 394c,1290b
破三昧耶罪 506a
破地獄儀軌 **1152c**
破邪 **1153b**
破邪顕正 1153c
破邪顕正記 277a, 859a,**1153c**,1396c
破邪顕正鈔 789b, 790c,**1154a**
破邪集 **1154a**
破邪申正 1153c
破邪即顕正 1153c
破邪論 369c,**1154b**, 1258a,1289b
破性宗 537c
破申 **1153c**
破相宗 537c
破壇法 677a
破鳥鼠論 **1160a**
破覺記 1102c
破頭山 550b
破法 1190a
破法徧 636b
破法輪僧 394c,1290b
破煩悩 1181b
破魔正理集 1102b
破和合僧 1290b
般刺若 1174c
葉室大納言頼孝 716c
跛 570
鉢頭摩華 1486b
鉢顛社攞 1180b
鉢剌医迦仏陀 124b
鉢羅奢佉 947a
頗 570
頗黎 575b
薄拘羅 **1151c**
伐折羅 433c,643b
伐闍羅 433c
伐掇呵利 1169c
伐那婆斯 658b,**1165b**
芭蕉 469a
波敷(仏弟子) **1165c**
波敷(優婆塞) **1165c**
馬遠 472b
馬祖四句百非 905c
馬祖道一 →道一
馬祖道一禅師広録 528b
馬祖不安の公案 1105c
馬頭観音 93a,558b, 1215c,1495c
婆 570
婆伽婆 831c
婆伽梵 831c
婆誐嚩帝 831c
婆迦梨 **1148a**
婆呬迦 **1148b**
婆耆舎 **1148c**
婆耆羅僧房 1155c
婆拘羅 1151c
婆蹉 1152a
婆蹉衢多羅(仏弟子) **1152a**
婆蹉衢多羅(外道) **1152a**
婆蹉国 657b
婆嗟富羅部 425c
婆珊婆演底主夜神 679c
婆私吒(バラモン) **1152c**

土師連八島 1060c
柱松行事 136a
蓮井雲渓 **1154c**
長谷観音 1155b
長谷山寺 1155a
長谷寺(神奈川) **1155a**
長谷寺(山梨) **1155a**
長谷寺(奈良) 186a, 229b, 514a, 866a, 1068c, **1155a**, 1213b, 1427a
長谷寺縁起文 536c
長谷寺小池坊 884a
長谷の大仏 382a
畠谷の唯信 1425a
秦公寺 391b
秦河勝 186b, 391b, 1153a, 1388a
秦致貞 734c
裸聖 1185c
畠山国清 398b
畠山六郎義純 763c
八悪 1086a
八一有能 548a
八一功能 548a
八打鐘 1186b
八過 998a
八戒 161b
八覚 178a
八関斎会 1262b
八関斎戒 161b
八寒地獄 532b
八観音 229a
八棄戒 1450c
八吉祥神呪経 **1156a**
八吉祥経 1156b
八牛図 622c
八憍 254c
八苦 279a
八計 998a
八解脱 **1156b**
八犍度論 1318a
八業 365a
八斎戒 160b, 161a, 449b, 458a, 496b
八地 628c
八支斎 161b
八字名号 386c
八字文殊 1410c
八字文殊鎮宅 34c
八字文殊法 **1156c**
八字文殊曼荼羅 1156c
八邪 998a, 1162a
八邪行 1162a
八邪支 1162a
八十一品 1337c
八十華厳経 317a, 318a, 318b
八十五成就者 977a
八十四成就者 977a
八十四法 360a
八十種好 661b, 881a, **1156c**
八十随形好 1156c
八十八使 354b, 1337b
八十八祖道影伝賛 **1156c**
八十八峰道人 960c
八定 688b
八条式 475c
八心 774c
八舌僧正 885a
八撰択 849a
八蔵 **1157a**
八尊重法 1181c
八大地獄 532a
八大自在我 159a
八大城 1501b
八大神将 **1157b**
八大聖地制多讃 1158a
八大童子 **1157b**, 1242c
八大人覚 178b, **1157b**
八大人覚経 **1157b**
八大菩薩 **1157b**
八大菩薩曼荼羅 27a
八大曼荼羅経 27a
八大竜王 92a, **1157c**, 1457a
八大霊塔 **1158a**
八大霊塔梵讃 173b, 1158a
八纏 1339a
八顛倒 1031a
八等至 504b, 688b
八重乎 1411a
八道の船 1162a
八難 995c, 1086a
八難解法 1086a
八難処 1086a
八人地 628c
八忍八智 353a, 551c
八熱地獄 532a
八念 1135b
八念誦 1136b
八能立 72a
八背捨 1156b
八筏 1162a
八波羅夷 1450c
八非時 1086a
八備十条 1418a
八不可越法 1181c
八不閑 1086a
八不浄物 **1158c**
八不聞時節 1086a
八福田 1209c
八部衆 1157b, **1158b**
八部仏名経 1156a
八仏経 1156b
八仏頂 957c, 1237c
八仏名号経 1156b
八弁 1257a
八品派 545b, 1106c, 1455a
八魔 1345a
八万 1159c
八万地獄 1159c
八万四千 **1159c**
八万四千塔 2a, 612c, 1002b
八万四千の光明 1159c
八万四千の塵労 1159c
八万四千の法蘊 1159c
八万四千の法蔵 1159c
八万四千の法門 1159c
八万四千の煩悩 1159c
八万四千煩悩主人 381a
八万の法蘊 1159c
八万の法蔵 1159c
八万の法門 1159c
八慢 1359b
八幡 **1158c**
八幡宮寺巡拝記 1159c
八幡宮奉行 623c
八幡愚童訓 **1159b**
八幡大菩薩 1159a
八味 1366a
八無暇 1086a
八迷 998a
八面石幢 829a
八妄想 1405c
八門両益 72b
八夜叉大将 1417a
八葉 687c
八葉寺 **1160a**
八陽神呪経 1156a
八輪 1162a
八論 647c
蜂岡寺 391b, 1388a
蜂子皇子 1019b
鉢 **1160a**
鉢盂 1160a
鉢叩 152c, 201a, **1158a**, 1159c, 1186b
鉢叩念仏 375c
鉢屋 992b, 1158b, **1159c**, 1186b
鈸 1122b, 1224c
八海含蔵 **1160b**
八角円堂 1288b
八敬戒 1181c
八敬法 1181c
八教大意 1028c
八功徳水 678c, **1160c**
八家九宗 617a
八家請来目録 759a, 1117a
八家秘録 786b
八家目録 1117a
八犍度論 1318a
八講 1312b
八斎戒作法 **1161a**
八災患 452a, 546c
八識 520b, 520c
八識規矩 1161b
八識規矩補註 **1161b**
八識倶転 520c
八識体一 520c
八識体別 520c
八識別体説 426c
八支正道 1161c
八宗 470c
八宗兼学 617a
八宗綱要 **1161b**
八宗の祖 1460c
八洲 151b
八種清風 1204c

般舟三昧院 **1172a**
般舟三昧経 226b, 505a,527a,541b, 634a,1138a,**1172b**, 1389a
般舟道場 694b
般若 **1174b**
般若(人名) 317a, 665c,724b,787a, 936a,**1174c**,1177a
般若院 **1174c**
般若会 950c
般若経 286a,336c, 395b,395c,407b, 408c,411b,472a, 481b,497a,509a, 510a,524c,525a, 537c,565c,728c, 981a,1000a,**1175a**, 1417a
般若寺(京都) 710c
般若寺(奈良) 103c, 779b,**1176c**
般若寺僧正 214c
般若時 408c
般若七門義釈 439c
般若遮加羅 755b
般若斫迦 982b
般若斫羯羅 982b
般若惹羯羅 982b
般若十六善神図 1278a
般若守護十六善神 656a
般若守護十六善神王形体 656a
般若心経 54c,278a, 774c,805a,1175b, **1176c**,1371c
般若心経毒語注 1177a
般若心経秘鍵 561c, 1177a
般若多羅 **1177b**
般若湯 **1177b**
般若灯広釈 3b
般若灯論 3b
般若灯論釈 748b, 1000b,**1177b**
般若の転教 408c
般若波羅蜜多理趣釈 26c
般若波羅蜜多円集要義論 800c
般若波羅蜜多心経 982b,1176c,1177a →般若心経
般若波羅蜜多心経幽賛 1177a
般若波羅蜜多蔵 493b
般若波羅蜜 336c, 769b,998a,1167c, 1174b,1175a,1229b, 1240c
般若波羅蜜菩薩 1177c
般若菩薩 656a,**1177c**
般若無知論 764b, 885c
般若・母系タントラ 977a
般若理趣経 1447c
般若流支 325b,954c, **1177c**
般若留支 1177c
斑鳩寺 **1170c**
斑足王 671b,**1173b**
鈑 1170a
飯道寺 **1173c**
飯梆 1406b
範円 750b
範宴 806b
範海 **1170b**
範俊 153b,428c, 823b,**1172c**
繁多寺 534a
攀縁 **1170b**
攀縁真如禅 839c
万壑松風図 423a
万休慧重 1033a
万国掌菓図 679b
万事休 529a
万松 264b
万松慧休 105c
万松軒 264c
万松寺 **1172c**
万松老人評唱天童覚和尚頌古従容庵録 528c,758c
万代亀鏡録 **1173b**
万里叟 821a
万暦版 941b,942b
弁事 869b
伴荘厳 710c
伴僧 **1173a**
伴大納言絵詞 121b
伴夜 959a
坂東三十三カ所 229a,229b
坂東報恩寺 1266a
坂東本教行信証 1266b
坂東流 1405b
般刺蜜帝 952b
晩参 466c
番神問答記 **1173a**
番僧 1173a
番場時衆 55b
槃頭達多 301a
幡 **1038b**
幡蓋 165a,1038c
幡教寺 952a
幡光 840c
幡随意 858c,**1173a**, 1216c,1427c
幡随院 185c,980a, **1173a**
播州問答 **1171c**
播鈔 648a
播甯川 898c
盤珪 87b,**1170c**, 1464a
盤谷 **1171a**
盤察 833a
盤山三界無法 **1171a**
盤山宝積 1171a
盤渉 645b
盤石劫 361a
蕃本 942b
鑁阿 1174a
鑁阿寺 **1174a**

## ひ

ＰＬ教団 790a,**1166a**
ビガンデ **1181a**
ビザンティン帝国 936c
ピシャーチャ 236a, 925a,1158c,1184a
ピタカ 417b,939b
ピータ説 467c
ビックニー・ヴィバンガ 81a
ピッシェル **1188a**
ヒッダ 314b
ピッパラ樹 597b
ピッパラ(人名) 1345b
ピッパリー・グハー 327b,1188b
ヒトーパデーシャ 81c,770b
ピプラーヴァー 612a
ビブリオテカ・ブッディカ 154b
ビーマー 1190b
ヒマヴァット 834b, 862b
ヒマーラヤ 19a, 377a,834b
ヒマラヤ山脈 990b
ビューラー 554b
ビュルヌフ 817b, **1198c**,1212c,1371b
ヒラ 314b
ヒラニヤヴァティー 9c
ピリンダ・ヴァッサ 1188c
ピリンダ・ヴァッチヤ 1188c
ビール 539c,**1201b**
ビルマ **1201c**
ヒレブラント **1202b**
ピンガラ(宝蔵) 553c
ピンガラ(人名) 755c,994c,1000a
ヒンドゥー教 532c, 834b,925a,956a, 966b,976c,1093b, 1168b,1182c,**1203b**, 1247b,1367c,1368a, 1444b
ビンドゥサーラ 667b
ピンドーラ 745c
ピンドーラ・バーラドヴァージャ 377a, 1203a
ビンビサーラ 10c, 20a,45b,141c,206c, 233b,243b,249c, 331c,405a,597a, 657a,762a,950c, 1203c,1305c,1347b
ひとのみち教団

1166a
日吉一実神道 499b
日吉山王利生記 500a,**1180a**,1329b
日吉山王社 1146b
日吉山 1178c
日吉社神道秘密記 **1180a**,1329b
日吉神社 151c
日吉大社 **1200b**
日吉二十一社 1200b
日枝山 1178c
日置黙仙 **1180b**
日暮 88b
日高寺 1050b
日向薬師 1278a
日野家宗 1267c
日野資朝 334b
日野資業 1267c
日野中将 325b
日野中納言文範 915b
日野裸踊 1267c
日野薬師 1267b
日雄寺 948a
日待講 363a
日待月待 **1190b**
比叡山 171a,174b,185b,514a,590c,850a,887b,1027b,1054a,**1178c**
比叡山寺 139a,456b,1178c
比叡山焼打 895c
比呼 1181b
比呼尼 1181b
比蘇寺 831c
比量 72b,800b,1465b,1505c
比量相違過 73c
氷室御所 1310c
皮膚骨の三障 488a
皮煩悩障 487c
彼岸 **1180c**,1194a
彼岸(人名) 1500b
彼岸会 1180c,**1181a**
彼同分 **1058c**
彼土得生 **1188c**
彼土入証 732c
彼彼空 280c
肥後阿闍梨 366b,1104c
肥後講師 370a
肥後進士 1141c
肥後轍 224c
肥後の法眼 704b
肥前阿闍梨 1105a
肥前小仏師 370a
肥膩 **1189b**
非安立 **37c**
非安立真如 38a,802b
非安立諦 38a
非有愛 1a
非有為非無為法界 1304c
非有情数 **86b**
非有想非無想定 589c
非我 1390c
非器 236b
非行非坐三昧 541c
非家叟 1057b
非黒非白無異熟業 364c
非時 **449b**
非時食 449b
非時食戒 161b,449b
非出定後語 672c
非主独行無明 1398a
非常 689c
非常苦空非我 551a
非情 **86b**
非情成仏 896c
非縦非横三諦 494b
非濁 503a
非所断 977c
非思量 **1186c**
非前後俱得 1065a
非想非非想処地 288b
非想非非想処定 589c,597b
非俗非真の中道 998b
非即非離蘊の我 158c,159a,507a
非択滅 **1187c**
非天 13b
非天経或問 679b
非得 **1064c**
非人 103c,**1189c**
非風非旛 **1190a**
非福業 364b
非遍行 1337c
非遍行の惑 1337c
非梵行 **1190b**,1450c
非梵行戒 161b
非律儀非不律儀 160b,363c
非量 1465b
卑摩羅叉 301a,634c,**1190b**
卑慢 1359b
飛檐 518a,**1180a**
飛檐衆 1180b
飛行天 1093b
飛錫 601c,1431b
飛錫(人名) 1140a,**1183c**
秘経 254b
秘契印信 1410a
秘決集注記 821c
秘事衆 1183a
秘事法門 181b,459a,721c,964c,**1183a**
秘宗教相鈔 **1184c**
秘鈔 **1185a**
秘蔵 970a
秘蔵記 **1186c**
秘蔵口伝鈔 797a
秘蔵金宝鈔 406a,445b
秘蔵宝鑰 561c,633a,**1187a**,1191c
秘蔵要文集 **1187a**
秘蔵要門集 1187a,**1187b**
秘伝 807a
秘伝鈔 807a
秘仏 1234b
秘法 676a,676c,**1190a**
秘密 **1190c**
秘密安心往生要集 **1191a**
秘密安心略章 **1191a**
秘密因縁管絃相成義 214c
秘密教 409b,1190c
秘密宗 784b
秘密集会タントラ 297c,437c,675a,818b,977a,1014b
秘密集会瑜伽 297c
秘密荘厳心 633c
秘密荘厳伝法灌頂一異義 **1191a**
秘密正法眼蔵 749c
秘密大師 35a
秘密陀羅尼曼荼羅 1449a
秘密伝灯要文集 1187a
秘密道次第論 **1191a**
秘密念仏私記 1191b
秘密念仏鈔 **1191b**
秘密の九機 237a
秘密不定教 409c,472a
秘密曼荼羅教付法伝 1245b
秘密曼荼羅十住心論 **1191b** →十住心論
秘妙方便 1285a
被位 **1178c**
被限定者不二一元論 1445b
被甲護身 415c
被接 410a,**1184c**
被単 973a
悲 **512a**,590b
悲華経 25c,228b,**1182a**,1486b
悲斎会 812c
悲増 **988c**
悲増上の菩薩 989a
悲増の菩薩 989a,1295c
悲智 **1187c**
悲智円満 1187c
悲智二門 1187c
悲智平等 989a
悲田 1209c
悲田院 385b,577c,**1188c**,1310c
悲田院(泉涌寺塔頭) 860a
悲田宗 1146a
悲田派 651a,1101c,1108c
悲徳 1065b
悲無量心 590a
費隠 1014a →通容
費長房 940c,**1188a**,1483c
斐 571
媲摩城 **1190b**
碑碣 **1182b**
碑伝 149c,828b
碑文谷檀林 980b
祕柯羅摩阿秩多 801a
樋口竜温 **1181c**

誹謗正法　**1190a**
檜尾口訣　**1189c**
檜尾金口訣　1189c
檜尾雑記　1189c
檜尾流　560a
檜尾僧都　559c
譬　1194c
譬喩　294c,644b,
**1194c**
譬喩経　19c,**1198c**
譬喩師　301b
譬喩周　483b
譬喩物語　1319c
譬喩量　1465c,1505c
比丘　161c,556a,
659a,**1181b**
比丘戒　161c
比丘戒経　81a
比丘尼　22b,161c,
556a,598a,659a,
1083c,**1181b**
比丘尼戒　161c
比丘尼戒経　81a
比丘尼御所　1181c,
1265a,1310c,1325b,
1411c
比丘尼伝　**1182a**
比丘尼分別　81a
比丘の三義　1181b
尾宿　1096a
尾蔵寺　311c
尾題　920b
毗世沙蜜多羅　691c
毗提希　45b
毘羯羅　643b
毘訶羅　513a
毘訶羅莎弭　477a,
881a
毘訶羅波羅　477a,
881b
毘伽羅論　647c,
**1180b**,1506c
毘訖羅摩阿迭多王
1006b,1356b
毘瑟笯天　**1182c**
毘舎　542c,**1183c**
毘舎佉　967c,1380c,
1404b,1497c
毘舎佉般闍黎子
**1183c**
毘舎闍　236a,1158c,
**1184a**
毘舎闍摩醯首羅　925a
毘舎浮仏　187a,611c
毘舎離　327c,414c,
632b,657b,1160c,
1447c,1501b
毘闍那　520a
毘沙門天　247a,304a,
444c,557c,577a,
643c,1093b,**1184a**,
1184c,1416b
毘沙門天王　1011c,
1095b,1184b
毘沙門天王経　1367c
毘沙門天王経(不空訳)
**1184b**
毘沙門天王経(法天訳)
**1184b**
毘沙門堂　139c,367c,
**1184b**,1412a
毘沙門堂流　1027c
毘首羯磨　656c,**1184c**
毘苫婆補羅　799b
毘陀　82c
毘陀羅　644b
毘提訶　45b,657a,
1160c,**1187b**,1369a,
1447c
毘多輸　**1187b**
毘紐天　1084c,1182c
毘曇　20c
毘曇宗　289b,290a,
872c,**1189a**
毘那耶　1449b
毘那夜迦天　212c,
1093b
毘奈耶　1449b
毘奈耶経　**1189a**
毘奈耶蔵　493b
毘尼　1449b
毘尼蔵　493b
毘尼多流支　455a
毘尼討要　**1189b**
毘尼日用切要　611a,
**1189b**
毘尼日用録　611a,
1189b
毘尼母　1189c
毘尼母経　**1189c**
毘尼母論　1189c
毘若底　520b
毘若南　520a
毘播迦　44a
毘婆尸　187a
毘婆沙　**1190a**
毘婆沙師　951c
毘婆沙律　844a
毘婆舎那　209b
毘波奢那　209b
毘鉢舎那　209b,518c
毘仏略　644b,1281a
毘富羅　1281a
毘摩羅詰　196a,1425c
毘木叉　324c
毘木底　324c
毘目叉　324c
毘目智仙　115b,474b,
933a,954c,1177c,
1270c
毘耶羯剌諵　1180b
毘耶娑問経　955b
毘蘭若　**1201a**
毘藍婆(風)　1201b
毘藍婆(羅刹女)
1212a
毘嵐風　**1201b**
毘梨耶　432a,723b
毘梨耶波羅蜜　1167c
毘離耶　723b
毘楞伽宝　595b
毘陵尊者　978c
毘盧寺　**1201b**
毘盧釈迦　1202b
毘盧舎那　1201c
毘盧舎那如来　1239a
毘盧舎那仏　742a,
1211a
毘盧舎那法身　317b
毘盧遮那三摩地法
**1201b**
毘盧遮那如来　320b,
1488b
毘盧遮那仏　14b,
264b,488a,**1201c**,
1215b
毘盧遮那仏華蔵世界図
322a
毘盧宅迦　1202b
毘盧博叉善神　656a
毘盧勒叉善神　656a
毘留提　414c
毘留勒　577a
毘楼博叉天王　577a,
1095b
毘楼勒叉天王　1095b
毘瑠璃　575b
毘瑠璃王　84c,202b,
601c,1153b,**1202a**,
1347c,1358c
美福門院　37b,387c,
1252b,1352b
備渓斎　833c
備芻　1181b
備芻尼　1181b
備中法印　95c
琵琶法師　747b,1405a
鼻広　293c
鼻高沓　293c
鼻高履　293c
鼻根　1505a
鼻識　520b
鼻奈耶　1449b
鼻奈耶(書名)　635a,
1189b
鼻奈耶戒因縁経
1189b
鼻奈耶経　1189b
鼻奈耶律　**1189a**
鼻婆沙　1190a
鞞舎囉婆拏　1184a
鞞婆沙　1190a
鞞婆沙論　951c
鞞頗沙　1190a
東大谷　148c
東超勝寺　1005b
東寺(滋賀)　1004c
東寺(高知)　1318b
東トルキスタン
970c,1073b
東本願寺　185c,270a,
788b,1093c,1324a
東本願寺本坊　1082a
東身延(千葉・藻原寺)
880b
東身延(神奈川・本覚
寺)　1321c
東山左辺亭　963b
東山檀林　980b
東山道場　898a
東山文化　344a
光り堂　132c
引込紫衣七カ寺　518a
引込檀林　1031c
鬚題目　958c
英彦山　136a
彦山　895b,**1182b**
聖　388a,744a,1158b,

**1185b**
額烏帽子　203c
必定　**1188b**
必定の菩薩　722a
必夢　765a,833a
必栗託仡那　1340c
宓菴　996a
苾芻　1181b
苾芻五法経　**1188b**
苾芻尼　1181b
苾芻尼律儀　161c
苾芻律儀　161c
苾蒭　1181b
苾蒭尼　1181b
畢竟　**1188a**
畢竟依　1188a
畢竟空　280c,281a,1188a
畢竟地　1298
畢竟浄　1188a
畢竟断　977c
畢竟不生法　1188a
畢宿　1096a
畢婆迦羅王　1095b
畢波羅　1301b
畢鉢羅　1345b
畢鉢羅窟　327b,**1188b**
畢陵伽波蹉　**1188c**
筆受　1417b
煏芻　1181b
煏芻尼　1181b
逼迫巧方便　1284c
一言主神　198a
日前国懸社　250c
姫路船場別院本徳寺　1335b
緡御書　413b
百一供身　1191c
百一羯磨　197c
百一羯磨法　926c
百一衆具　1191c
百一物　**1191c**
百叡　**1192a**
百界千如　561b
百ヶ日　249b
百観音　229c
百五十頌般若経　1448a
百座会　1130c
百座道場　1130c
百十苦　279a
百衆学　1451c
百丈　108a　→懐海
百丈惟政　1088b
百丈懐海禅師広録　528b
百丈懐海禅師語録　528b
百丈忌　1097a,1262b
百丈奇特事　1192c
百丈清規(古清規)　199a,**1192b**
百丈清規(勅修清規)　**1192b**
百丈清規雲桃鈔　1192c
百丈清規左觽　1192c
百丈清規証義記　1192c
百丈叢林清規　1192b
百丈独坐大雄峰　**1192c**
百丈野鴨子　**1193a**
百丈野狐　**1193a**
百字論　950a
百津吾拙　1172c
百拙　358c
百禅師伝　870b
百千頌大集経地蔵菩薩請問法身讃　**1193a**
百千万億旋陀羅尼　969c
百大劫　661a
百癡行元　422a
百通切紙　**1193b**
百度石　153c
百堂　841a
百塔寺　640b
百二十転　813c
百衲衣　1264a
百八三昧　505a
百八の鐘　1193c
百八煩悩　**1193b**,1339a
百番札所　229c
百福荘厳　484a
百不知童子　514c
百仏名経　1240b
百万塔陀羅尼　**1193c**
百万遍(知恩寺)　983b
百万遍念仏　**1193c**
百味の飲食　**1194a**
百喩経　296a,877b,**1194a**
百利口語　**1194b**
百六十心　508a
百論　509c,510a,950a,994c,1000b,**1194b**
白雲寺　264c
白雲堂　1396a
白衣　**1191c**
白衣観世音菩薩　1215c
白衣観音　1192a
白衣解　**1192a**
白衣外道　593b
白衣派　593b
白壊　702c
白月　1484b
白花道場発願文　**1192a**
白牛図頌　622a
白夏　31b
白華　1220c
白業　364b
白毫寺　**1192a**
白毫相　483c
白傘蓋神呪　1470c
白傘蓋陀羅尼　269a
白傘蓋仏頂　425b
白四羯磨　197c,659a
白浄(浄飯王)　751a
白浄(優波摩耶)　92b
白浄信心　1302a
白檀　857a
白椎　**1193b**
白椎師　1193b
白槌　1193b
白道　1173a
白道寺　1173a
白二羯磨　197c
白白異熟業　364c
白分　1484b
白法　**400b**
白払　1316a
白飯王　17b,**1193c**
白蓮　1102b
白蓮華　1486b
白蓮室　701c
白蓮社(廬山)　107a,733b,1489b,1503b
白蓮社(本如)　1335c
白蓮社(了世)　1472b
白蓮社(宗円)　619a
白蓮社宣誉　1129b
白蓮社天誉　916b
白蓮宗　529a,733b
白蓮懺堂　529a
栢庵　726a
辟支仏　124b,1503a
辟支仏因縁論　**1192b**
辟支仏地　629a
辟支仏乗　49a
辟除賊害呪経　670c,**1193a**
闢異　1145c
百巻鈔　183a
百鬼夜行絵巻　121b
百結神王護身呪経　218c
百福相経　934b
百法明門　**1194c**
百法問答抄　**1194c**
白光　242a
兵庫大仏　1142c
兵部阿闍梨　1113c
表　363b
表員　319b
表義名言　**338a**
表義名言種子　628a
表訓寺　435a
表業　363b
表色　520a
表識　520a
表制集　1208b
表詮　**606b**
表体　49c
表忠寺　**1199a**
表徳　**605c**
表徳号　1286a
表白　174b,**1200a**
表裏問答　**1200b**
俵嚫　1217b
評点節要　739a
馮保　1360c
馮茂山　417c
蜱肆　1166b
瓢水子　1466a
縹帽　**1200a**
驃　1202a
平調　645b
平等　**610a**,**1199a**
平等意　43b
平等意趣　43b
平等院(滋賀)　137c
平等院(京都)　56a,84c,101b,963a,

**1199b**
平等院(和歌山) 1432c
平等院大僧正 268a
平等院鳳凰堂 1399c
平等院法務 876a
平等王 619c,627a
平等覚 1199b
平等覚経 228b
平等寺(京都・下京区) 498a,**1199c**
平等寺(京都・右京区) 1184b
平等寺(徳島) 534a
平等沙門 881c
平等性智 981b
平等心 1199b
平等心王院 203a,460b
平等の大慧 1199b
平等の大悲 1199b
平等房 1432c
平等法身 1199b
平道教 1091a
病行 396a
病苦 279a
病患境 562a
病夫 982b
屏聿 855b
瓶 **1199a**
瓶塔 1037b
瓶卵 297a
苹沙王 1203c
缾 1199a
廟 1037a
廟僧都 559c
平袈裟 1264b
平田篤胤 70a,601b,673a,799a,1146a
平地御坊 1330c
平野岳 1201a
平野五岳 **1201a**
平松理英 **1201a**
平山季重 951a
広沢方 1305b
広沢僧正 225a
広沢流 225a,370c,785a,**1202c**,1257c
広沢六流 785a,1202c
広蓋鈔 1185b
弘川寺 **1202b**
秉炬 872a
秉払 1316a
秉払侍者 869b
秉払の五頭首 868c,1316a
貧者の一灯 **1202c**,1364c
貧道 610c
貧女の一灯 1202c
貧女宝蔵の喩 1197c
貧楽斎 704a
豩庵 1463c
賓伽羅大蔵 553c
賓度羅跋囉墮闍 658b
擯出 **1202c**
敏慧 19a
敏仲 141a
敏仲侍郎 141a
閔本 941a
賓伽羅 755c
賓頭盧 377a,553a,658c,726b,745c,**1203a**
賓頭盧突羅闍 1203a
賓頭盧突羅闍為優陀延王説法経 **1203a**
賓頭盧頗羅墮 1203a
憫忠寺 1271a
頻婆果 **1203b**
頻婆娑羅王 10c,20a,45b,141c,206c,233b,243b,249c,331b,405a,597a,598a,657a,762a,950c,**1203c**,1268b,1305c,1347b
頻婆娑羅王問仏供養経 197a
頻螺樹 **1203c**

## ふ

ファウスベル 34c,607a,816c,1073c,**1203c**,1448b
ファーガソン **1204a**
フィノー **1204b**
フィール 942c
フェニキア文字 1247c
フェノロサ **1205a**
フェール 539c,**1205a**
フェルビースト 1024b
フコー **1212c**
プサン **1214a**
フーシェ **1214c**
プシュカラヴァティー 223c,421a
プシュパプラ 1155c
プシュヤミトラ 309b,1227b,1386a
プシルスキー 1c,**1217a**
プータナー 1158c,1221c
プッガラ 1224a
プッガラ・パンニャッティ 21c,**1223c**
プックサーティ 1305b
ブッダ 597b
ブッダヴァルマン 1220b
ブッダヴァンサ 294c
ブッダガヤー 18b,204c,597c,979c,1126c,1235c,1347c
ブッダグフヤ 437c,976c
ブッダゴーサ 21b,80c,81a,81c,192c,325b,596b,816c,826a,844a,877c,979c,**1236b**,1306c,1357b
ブッダジーヴァ 1236b
ブッダシャーンタ 1236c
ブッダジュニャーナパーダ 675a
ブッダシュリージュニャーナ 675a
ブッダシンハ 535b
ブッダセーナ 972b,1235c
ブッダグッタ 21b
ブッダ・チャリタ 596b,607a,1229c,1403b
ブッダデーヴァ 1154b
ブッダナンディヤ 1236c
ブッダバドラ 317a,1236c
ブッダパーラ 1237a
ブッダパーリタ 748b,992c,994c,1000b,1177b,**1237a**,1246c
ブッダミトラ 1237b
ブッダヤシャス 1237b
フート **1241c**
プドガラ 507a
プトレマイオス 190b
プトン 205c,976c,977a,**1243b**
プトン仏教史 **1243c**
プトン・リンチェンドゥプ 1243b,1243c
フーリ 1370a
プナカ版 942b
プナッバス(比丘) 1244a
プナッバス(夜叉) 1244a
プナッバスカ(比丘) 1244a
プナッバスカ(夜叉) 1244a
プナルヴァス 1496a
プニヤターラ 1177b
プニヤミトラ 1244b
プニヤヤシャス 1244a
フビライ・ハン 990c,1151a
プラヴァーハナ王 1171c
プラーグボーディ 204c
プラークリット 940a,1168c,1325a
プラクリティ 498a,1094a,1505b
プラサンガ 1000a
プラーサンギカ 615a,992c,994c,1014a,1237a
プラサンナ・パダー 992c,1000b,1214a,**1246c**

プラシャスタパーダ **1247a**
プラジャーパティ 158b,956a,1247c
プラジュニャー 1174c
プラジュニャー(人名) 317a
プラジュニャーカラグプタ **1247a**,1248b,1441a
プラジュニャーカラマティ 1214a,**1247b**
プラジュニャーチャクラ 982b
プラジュニャー•パーラミター 1175a
プラジュニャー•プラディーパ 1177b
プラジュニャールチ 1177c
プラセーナジット 5a,525b,594a,598a,657a,752b,1131a,1153a,1392b
プラティアクシャ 1505c
プラディヨータ王 20b
プラーナ 81c,1203b,1227b,**1247b**
プラーナ(気息) 158b
プーラナ•カッサパ 1497a
プラバーカラ 301c,**1247b**
プラバーカラミトラ 1167b
プラパトム•チェディー 1082b
プラブータラトナ 968a
ブラフマー 643c,1084c,1203b,1257a
ブラフマ•ガヤー 204c
ブラフマ•スートラ 614a,1155c,1445b,1506a
ブラーフマナ 82c,158b,542b,956a,1168a,1182c,**1247c**
ブラフマン 158b,614a,1320a,1506a
ブラーフミー文字 420b,1063c,1075c,**1247c**,1386a
プラマーナ 800b,1248c,1505c
プラマーナ•ヴァールッティカ 599b,614a,1018a,1119b,1247a,**1248a**,1314c,1420c,1441a
プラマーナ•サムッチャヤ **1248b**
プラヤーガ 1164a
フランケ **1248c**
フランシスコ派 1024a
プリクティ 141c,912a
プリティヴィー 643c
フリート **1249a**
ブリハド•アーラニヤカ•ウパニシャッド 92a,817b
ブリハドラタ 1227b
プリヤダルシカー 173b
プリンセプ 2b,**1249a**
プールヴァシャイラ•サンガーラーマ 23a
プルジェヴァリスキー **1249b**
プルシャ 159a,498a,776c,1094a,1505b
プルシャプラ 200b,223c,604c,830c,1249c,1394b
プールナ 639b,675c,1249b,1249c
プールナヴァルダナ 290a,811c
プレータ 1158c
プンダヴァルダナ 206a
プンダリーカ 205c
プンドラヴァルダナ 1335c
プンナ 639b,675c,1249b,1249c
プンナヴァッダナ 967c,1497c
プンナカ 1416c
プンニャターラ 1239b
不安穏業 364a
不婬戒 161b
不壊廻向心 1297
不壊相阿羅漢 28b
不廻向の行 111a
不害 **165a**
不可有 79a
不可往子 602c
不可棄 **1205b**
不可棄(俊芿) 683b
不可棄部 1205b
不可思議 **1206a**
不可思議(人名) 947b,**1206b**
不可思議光仏 25b
不可思議止観 519a
不可思議疏 1206b
不可戦国 27b
不可知童子 1419b
不可停 95b
不可得 **1206b**
不可得(人名) 185c
不可得空 280a,280c,281a,974a,1206b
不覚 177c,1320b
不活畏 1204b
不獲 1065a
不敬王者論 611a
不軽子 1383a
不空 9c,48a,55a,92c,132a,138b,252a,289b,297a,386a,418c,425b,437b,438a,438b,555a,556a,618a,656c,663b,672c,677c,690c,692a,697b,717c,784a,784b,809c,810a,861c,911c,935c,937a,953a,954b,959b,970a,1009c,1040c,1071b,1080a,1131a,1184b,1186c,1193a,**1207c**,1212c,1220c,1238a,1268c,1269a,1291b,1294c,1301b,1301c,1303a,1358c,1367c,1402c,1406c,1431a,1431b,1447c,1449b,1462c
不空羂索神変真言経 386a,**1208a**,1220c
不空羂索毘盧遮那仏大灌頂光明真言 386a
不空羂索観音 1208a,1208b,1495c
不空羂索経 1208a
不空羂索心王母陀羅尼真言 1208b
不空羂索陀羅尼経 18a,1208a
不空羂索陀羅尼自在王呪経 **1208a**
不空羂索法 **1208b**
不空金剛 1207c
不空成就如来 425a
不空成就仏 1215c,1363a
不空真如 802a
不空大灌頂光真言 386a
不空如来蔵 1126a
不空表制集 1208a,**1208b**
不共 **281a**
不共依 99c,281a
不共教 49b,281a
不共業 281a,364a
不共種子 628b
不共相 283b
不共般若 409a,1174b
不共仏法 281a,1208b
不共不定過 74c
不共法 281a,**1208b**
不共無明 1397c
不苦不楽受 616a
不愚法 **298a**
不愚法小乗 298a
不愚法の二乗 49a,298a
不見 1376c
不閑 **333b**
不還果 530b,531a,531b
不還向 530b,531b
不還子 1482a
不故作業 364b
不故思業 364b
不顧論宗 538a

不死　27a
不思議　1206a
不思議解脱経　1206a
不思議業相　1320c
不思議三諦　494b
不思議童子　1411a
不思議変易死　172c
不思議変易生死　713a
不思議法師　274a
不時解脱　28b,353b
不時心解脱　28b
不次第三諦　494b
不次第の五行　396a
不次第の三観　410b
不実功徳　295b
不惜身命　**1215b**
不重頌偈　192b,308c
不住方便　1284b
不受不施義　1103b
不受不施講門派　1108b
不受不施説　855c,1335c,1378a
不受不施派　4a,38c,651a,837b,1108b,1146a,1490b
不生　28a,584b
不定　791c,1451a
不定教　409b,472a
不定業　364c
不定止観　519a
不定地法　791b
不定聚　480c,**721c**
不定主義　593a
不定種性　413b
不浄観　414c,972b,**1216a**
不浄行　1190b
不浄潔　87a
不浄説法　836b
不浄肉　**743b**
不浄品唯識　1422a
不浄輪　509a
不争室　1069c
不成就　1065a
不清浄施　1217c
不正知　**1210c**
不請之友　**1216c**
不信　**775a**
不瞋　1091b
不真空論　764b
不真宗　411a,537c
不随心転　160c,**810c**
不是心仏　1088b
不遷(南北朝)　1276a
不遷(江戸)　**1218a**
不善　**838a**
不善業　364a
不善根　**847c**
不穿耳衆園　20c
不染汚　**864a**
不染汚無知　1396b
不雑縁　582a
不相応行法　**1218b**
不相応心　**875a**
不相離の即　900a
不増長業　364b
不増不減経　**1219a**
不退　**1219c**
不退阿羅漢　28c
不退寺　**1220a**
不退住　1297
不退心　1297
不退心住　1297
不退相阿羅漢　28c
不退転　1219c
不退転法輪経　27b,**1220b**
不退転法輪寺　1220a
不退法阿羅漢　28c
不体失往生　142b
不但空　280a,**974a**
不但空観　469c,974a
不但中　998c
不但中観　469c
不但中の理　410b
不断光仏　25b,642c
不断常　689c
不断念仏　1138a
不断念仏衆　96c
不断輪　**1221c**
不端正　13b
不動阿羅漢　28c
不動安鎮法　1242b,1243a
不動院(茨城)　**1242a**
不動院(千葉)　**1242a**
不動院(京都)　**1242a**
不動院(広島)　**1242a**
不動金縛法　1243a
不動袈裟　1264b
不動業　364b
不動地　629b,630a
不動寺(群馬・甘楽郡)　**1242b**
不動寺(群馬・碓氷郡)　**1242b**
不動定　546c
不動心解脱　28b
不動頂蓮義　**1242b**
不動鎮宅　34c
不動鎮宅法　34c
不動鎮宅曼荼羅　34c
不動堂　265a
不動法　496a,**1242b**,1243a
不動法阿羅漢　28b
不動曼荼羅　1242c,1243a,1363c
不動明王　188c,384c,419a,428a,619c,627a,755b,1064c,1157b,**1242c**,1363c
不動無為　1389b
不動羅漢　224b
不動利益縁起　1081b
不等生家家　531b
不二庵　1274c
不二　1428a
不二一元論　614a,1445b
不二の法門　**1244b**
不二摩訶衍　**1244b**
不若多羅　1177b,1239b
不如蜜多　1177b,**1244b**
不能　221b
不背　960a
不白　366b
不変　487a,**809a**
不変真如　802b
不放逸　**1260b**
不聞　314a
不融二諦　494b
不与取　997b,1450c
不来迎　1439a
不離過　77a
不離門の唯識　1422a
不律儀　160b,161a,363c
不立文字　1136a,**1249a**
不了義　237b,**1468c**
不了義教　1468c
不了義経　1468c
不釐務侍者　869b
不和合性　**1249c**
夫人正法会　97a
父子相迎　500b
付衣　1245a
付宗　282c
付属　**1219b**
付仏法外道　330a,1272c
付法　**1245a**
付法観　470c
付法纂要　786a
付法蔵因縁伝　45a,248a,457b,**1245b**
付法相承　885a,1245a
付法蔵経　1245b
付法伝(付法蔵因縁伝)　1245b
付法伝(広付法伝)　**1245b**
付法伝(略付法伝)　**1245b**
付法の七祖　1245c
付法の八祖　784b,786a,885b
布薩　458a,**1213c**
布薩陀婆　1213c
布色羯羅伐底　223c,421a
布瑟徴迦法　676b
布沙他　1213c
布灑他　1213c
布施　509a,544c,977b,1037c,**1217b**
布施波羅蜜　1167c
布呾洛迦　1220c
布呾洛迦山　1358b
布団被り安心　1183b
布衲　1264a
布袍　1264b
布路沙布邏　601c,**1249c**
巫覡　**1210a**
扶薩　1295a
扶宗　312c
扶習潤生　**1215c**
扶選択　840b
扶選択正輪通義　804a
扶桑隠逸伝　**1218b**
扶桑往生全伝　**1218c**
扶桑往生伝　**1218c**
扶桑寄帰往生伝

**1218c**
扶桑鐘銘集　**1218c**
扶桑禅林書目　**1219a**
扶桑禅林僧宝伝　1045c,**1219a**
扶桑二十一本寺　1093b
扶桑略記　85a,**1219b**
扶南　808b,**1244a**
扶律説常　1249a
扶律談常　**1249a**
扶老好師　1111a
芙蓉軒　341b
芙蓉道楷　1040a
芙蓉霊観　446c
怖畏　**1204b**
怖畏施　1204b
怖魔　1181b
苻堅　55c,301a
附随　80c
附法　1245a
阜己　867b
赴請　**1216a**
風穴　131b　→延沼
風穴一塵　**1210c**
風穴鉄牛機　**1210c**
浮庵　98b
浮休　67b
浮玉　**1207a**
浮生　84a,**1216a**
浮石寺　**1218a**
浮陀　1222b
浮陀跋摩　951c,**1220b**
浮図(仏塔)　1037a,**1241c**
浮図(仏陀)　1222b,**1241c**
浮図澄　1239b
浮屠(仏塔)　1037a,1241c
浮屠(仏陀)　1222b,1241c
浮屠教　1241c
浮屠氏　1241c
浮頭　1222b
趺坐　448a
趺坐問訊　1411c
傅奕　473b,1154b
傅翕　**1206c**
傅大士　1206c
富迦羅抜　421a
富貴寺(奈良)　1053b
富貴寺(大分)　**1206c**
富強六略　1145c
富士川游　**1215a**
富士講　363a
富士曼荼羅図　1329c
富士門流　1102c
富単那　1158c,**1221c**
富那婆修(比丘)　**1244a**
富那婆修(夜叉)　**1244a**
富那夜奢　**1244a**
富蘭那迦葉　1497a
富婁沙富羅　830c,1249c,1394b
富留那　1249b
富楼那　483b,639b,675c,**1249b**
富楼那弥多羅尼子　**1249b**
普庵　**1204a**
普庵寂感妙済真覚昭貺大徳恵慶禅師　1204a
普安寺　1149b
普一国師　525c
普雨　**1204c**
普雲寺　819c
普慧宋覚大禅師　1071a
普会大師　311a
普円国師　766b
普応円融禅師　907a
普応大満国師　879b
普覚円光禅師　1276a
普覚国尊　52a
普覚寺　416b
普覚禅師　119b,881a
普覚宗杲禅師語録　851c
普幹　1148b
普観　655b
普願　1087c,1088a,1088b,**1206b**,1252c,1447b
普勧坐禅儀　463c,**1206b**
普機　1245b
普機(人名)　50a
普喜名聞　368a
普化　**1210a**,1210b
普化宗　371b,428b,1210a,**1210b**
普化宗金先派　47a
普化宗問答　**1210c**
普化禅宗　1210b
普化僧　428b,1186b,1210b
普化道者　1493a
普賢　**1210c**
普賢院内供　685b
普賢会　1362b
普賢延命法　518c,**1211b**
普賢延命陀羅尼経　1211b
普賢延命菩薩　1211b
普賢延命菩薩像　1211c
普賢観経　229c
普賢行願讃　402b
普賢行願品　317a
普賢金剛薩埵　1212c
普賢寺(中国)　201c
普賢寺(朝鮮)　**1211c**
普賢十種願往歌　**1212a**
普賢十羅刹女　**1212a**
普賢の境界　1211a
普賢の行願　1211a
普賢菩薩　317b,320b,321a,402a,484a,488b,506b,619c,627a,848a,1211a,1212a,**1212b**,1212c,1310b,1322a,1363a,1443a
普賢菩薩行願讃　**1212c**
普現色身　**1211c**
普光(唐)　290b,**1213a**
普光(元)　1213a
普光(日本)　**1213a**
普光観智国師　910a
普光寺(中国)　1276c,1460a
普光寺(新潟)　**1213a**
普光寺(兵庫)　**1213a**
普光寺(島根)　**1213a**
普光寺(大分)　48a
普広院(相国寺塔頭)　709c
普厳　791a
普済(中国)　421c,**1213b**
普済(日本)　842c
普済国師　907a
普済寺(浙江省)　108c,229a,1221a
普済寺(山東省)　639a
普済寺(江蘇省)　693b
普済寺(群馬)　**1213c**
普済寺(東京)　**1213c**
普済寺(静岡)　**1213c**
普済大聖禅師　893c
普在　**1213b**
普寂(中国)　**1215a**,1468a
普寂(日本)　219c,321b,359a,679b,728b,**1215a**
普潤大師　1261b
普照(インド)　971c
普照(奈良)　100c,221a,745c,958a,**1216a**
普照(戦国～江戸)　399a
普照禅師　1289c
普荘厳童子　**1216b**
普請　987b,**1217a**
普真普正法　468b,1245b
普説　**1218a**
普蔵院　883c
普泰　1161b
普陀山　51c,108c,229b,418c,1220c
普陀寺　1221a
普茶　**1222a**
普超三昧経　**1222a**
普通　257b
普通院　418c
普通広釈　**1223b**
普通授菩薩戒広釈　1223b
普通塔　1037b
普通法　676c
普通問訊　1411c
普天(大谷派)　**1241b**
普天(本願寺派)　**1241b**
普伝　16a
普度(南宋～元)　**1241c**
普度(元)　**1241c**,

1489c
普同塔　1037b,1147c
普同問訊　1411c
普寧　100c,729a,
　730b,**1244b**,1292b
普寧寺　1149b
普寧寺版　941b
普仏普法　654b
普遍光明清浄熾盛如意宝印心無能勝大明王大随求陀羅尼経
　809c,937a
普遍智蔵般若波羅蜜多心経　1177a
普法　**1245b**
普法宗　468b
普明(インド)　526b
普明(宋)　622a
普明(元)　908b,**1245c**
普明(日本)　1116b
普明広済禅師　358a
普明国師　1383a
普明慈覚伝梵大師
　1271b
普門　**1246a**
普門(観音菩薩)　228a
普門(中国)　1309a
普門(鎌倉)　406b,
　1088a,**1246b**
普門(江戸・真宗)
　**1246b**
普門(江戸・浄土宗)
　133c
普門院(埼玉)　755c
普門院(京都)　405c
普門院(香川)　1352a
普門円通禅師　841a
普門経　227a
普門寺(埼玉)　106c
普門寺(愛知)　**1246b**
普門寺(大阪)　67a,
　**1246b**
普門示現　1246b
普門の本尊　1333a
普門品　227a
普門品経　954a
普門曼荼羅　1363c
普聞　1184a
普問訊　1411c
普容　927b
普曜経　186c,596b,
　1240a,1272b
補沙毘摩　656c
補処　57b
補処の弥勒　57b,
　1388a
補陀山　108c,1220c
補陀寺(秋田)　**1220b**
補陀寺(岐阜)　118a
補陀寺(徳島)　375a
補陀落迦　1220c
補陀落海会軌　**1220b**
補陀落山　731b,1111c
補陀落寺(神奈川)
　**1221b**
補陀落寺(和歌山)
　1221a
補陀落信仰　**1221b**
補陀落船　1221c
補陀落渡海　229b,
　440a,848c,1112b,
　1221b
補陀落渡海碑　1221c
補陀落渡り　1221b
補陀洛迦山　1220c
補陀洛山(インド)
　228b,229b,**1220c**,
　1358b
補陀洛山(中国)
　**1220c**
補陀洛山寺　**1221a**
補陀洛山変相　1220c
補陀洛浄土変　1220c
補怛洛迦　1220c
補灯録　313a
補特伽羅　**1243b**
補特伽羅意趣　43c
補特伽羅論　507a
溥光　**1213a**
溥首　1410c
福貴寺　1053b
蒲甘　1148b,1202a
鳬水　8c
腐尿薬　515b
腐爛薬　515b
輔教編　170a,473b,
　1034a,**1207a**
賦算　60b,447b,538b,
　720b,**1214a**
賦箋　1214a
諷経　433b,1022a,
　1067a
諷誦文十夜　652c
仏供米　299b
父子合集経　954b
父母恩重経　**1245c**
父母生身　723b,1231a
父母所生身即証大覚位
　902c
扶塵根　404b,431c
奉行　**1206c**
奉詔訳　1417b
奉入竜華経　1234b
武丘山　395a
武邱寺　95b
武家門跡　1411c
武士寺　1266b
武周刊定衆経目録
　18a
武城問答　**1216c**
武帝(劉宋)　239b
武帝(北周)　473a
武帝(梁)　2a,184a,
　380b,473a,606a,
　812c,897b,1002b,
　1055b,**1241a**,1303b
武帝(陳)　711a
武林蔵　941b
歩船鈔　789b,790c,
　**1218a**
峰翁　871a
峰相記　1279c
峰定寺　**1216b**
峰中作法　**1222a**
峰中十種修行　1020a
峰中修行記　**1222a**
部異宗論　62c
部行独覚　124b
部主　**1215b**
部執異論　62c
部派仏教　928a,**1244b**
部母　**1215b**
無準　582c
無難　**1244a**
無礼講　363b
蒲萄坊　859a
豊安　175b,**1204a**
豊干　467b,**1206b**
豊干詩　467b
豊山　868a
豊山寺　1155a
豊山性相学　185b
豊山の竜虎　1473c
豊山派　→真言宗豊山派
豊楽院　1242c
豊楽寺　**1246c**
舞楽　**1205b**
封干　1206b
風　**1204c**
風外　1325b
風航　1469b
風災　479c
風神　1095b
風大　552b
風鐸　1280b
風天　643c,1093a
風刀苦　279a
風輪　508c,678c
副寺　868b,868c
楓岳　435a
楓荘　770c
諷経　433b,1022a,
　1067a
諷誦　1067a,**1205a**
深草宗要　739b
深草派　738b
深草法華堂　36c
深草流　733a,737b,
　738a,1461c
深沓　293c
伏義　678b
伏心菩提　1300b
伏蔵　**1209a**
伏陀扇多　1236c
伏駄蜜多　1237b
伏道　978b,1038a
伏忍　1127c
伏魔封印大神呪経
　218c
伏惑行因　409c,999a
副参　869c
副参行者　870a
副地獄　532a
副総摂　882a
副寮　869b
袱子　1209a
復庵　621a　→宗己
復飾　452a
復真　882b
復礼　652a
福　458c,**1207a**
福井別院(大谷派)
　**1207c**
福井別院(本願寺派)
　**1207c**
福因福果　1207b
福王寺　**1208b**

福海寺 195a
福蓋正行所集経 **1208c**
福行 700b
福業 364b,1207b
福光王子 404a
福厳寺(中国) 372a
福厳寺(日本) **1208c**
福済寺 **1208c**
福舎 1207b
福州温州台州求得経律論疏記外書等目録 759c
福州寺 894c
福州版 941a
福聚寺(徳島) 370c
福聚寺(福岡) 1121c, **1208c**
福生寺 861a
福生天 522c
福昌寺 808a
福祥寺 **1209a**
福城寺 543a
福世 1004a
福専寺 225c,701b
福増 1497c
福増城 1335c
福田堯穎 **1209a**
福田行誡 27c,**1209b**
福田 746a,1207b, **1209c**
福田衣 1209c,1263b
福田会 27c
福田寺 952a
福田相 1263c
福智 **1209b**
福智虚空蔵 397b
福智蔵 481a,493c
福智二行 1209b
福徳 1207a
福徳蔵 480c,493c
福富草紙 121b
福尼寺 1270a
福原寺 1142c
福本 749c
福亮 989b,**1209c**, 1306a,1425c
福琳寺 **1210a**
福禄寿 557c
複子 **1209a**
複の五逆 394b
複帊 1209a
複帕 1209a
複包 1209a
覆 **1207c**
覆肩衣 1263c
覆講 **1208c**
覆俗諦 1097b
覆諦 1097b
覆墓 872c
葛井寺 **1214c**
藤井寺(大阪) 1214c
藤井寺(徳島) 534a
藤井宣正 **1214b**
藤井日達 1118c
藤井安基 1214c
藤沢上人 720b
藤沢道場 720b
藤島了穏 **1215a**
藤田流 723a,737a
藤野宗郁 1292b
藤の寺 697c
藤原家成 37a
藤原伊勢人 304a
藤原宇合 923b
藤原緒嗣 227c,859b
藤原兼家 116b,681a
藤原兼輔 735b
藤原鎌足 383a,1425c
藤原京の四大寺 209a
藤原公経 450c
藤原順子 32c,106a
藤原彰子 50a
藤原詮子 792c
藤原隆章 1291c
藤原隆昌 1291c
藤原高子 214a
藤原忠平 1315b
藤原忠通 1315b
藤原為純 193b
藤原為継 640b
藤原為光 1275b
藤原為善 193b
藤原倫実 180a
藤原仲子 115b
藤原永行 1317c
藤原宣方 1052b
藤原信実 316c
藤原信衡 967c
藤原久能 1018b
藤原久信 1291c
藤原秀能 1122c
藤原房前 579c
藤原麻呂 1265c
藤原道家 340b
藤原道長 278a,311c, 387c,602a,754c, 782a,831c,1271b, 1277b,1315b,1399c
藤原武智麻呂 102a
藤原宗友 789b,1334b
藤原基経 239a,1281b
藤原百川 445a
藤原師継 1377c
藤原山蔭 884a
藤原行成 831c
藤原淑子 131c
藤原良継 445a
藤原良房 1003b
藤原頼長 192a,578a
藤原頼通 1199b, 1399c
藤原頼道 387c
藤原猶雪 **1217a**
藤原清衡 997a
伏鉦 433b
二俣御坊 1332b
二間供 227b
二荒山 1111c
二荒山三所神宮寺 780b
弗沙蜜多羅王 309b, **1227b**,1386a
弗陀多羅多 1455b
弗那跋 1496a
弗若多羅 634c, 1077b,1077c,1177b, **1239b**
弗婆勢羅僧伽藍 23a, 967b
払多誕 1355c
払菻 936c
払惑袖中策 **1241a**
復古神道 1146a
仏 177c,1124c,**1222b**
仏医王経 1223b
仏医経 528a,**1223b**
仏為難陀説出家入胎経 954b
仏印 **1223b**
仏印円証禅師 891c
仏印禅師(中国) 1469c
仏印禅師(日本) 984a
仏因 1223a
仏慧 665a
仏慧円応禅師 311b
仏慧禅師(元) 1039c
仏慧禅師(鎌倉) 99b
仏慧禅師(南北朝) 826c
仏慧派 850c,1039c
仏慧放光 156c
仏会紀要 **1223c**
仏衣塔 578b
仏縁 1223a
仏応禅師 95c
仏果 397b →克勤
仏果圜悟禅師碧巌録 528c,1253c
仏果撃節録 315a
仏華 **1223c**
仏画 **1223c**
仏戒 162b
仏海 560c
仏海石渓 1137a
仏海大法師 729b
仏界 1238b
仏学三書 1344a
仏鑑(北宋) 112b →慧懃
仏鑑(南宋) 582c
仏鑑禅師 772b
仏鑑仏果正覚仏海拈八方珠玉集 1137a
仏龕 210b
仏観禅師 515c
仏願の生起本末 490c
仏忌 1133a
仏器 1224b,1225a
仏鬼軍絵巻 **1224a**
仏脚石 1234c
仏教 472c,732c, **1224a**
仏教(雑誌名) 1249b
仏教各宗綱要 10a, 588b,**1224b**
仏教協会 248b
仏教混淆梵語 940a, 1325b
仏教史林(雑誌名) 1399b
仏教清徒同志会 461b,960c
仏教大辞彙 1067b
仏教大辞典 153a, 1407b
仏教文化協会 1420c

仏教法政経済研究所　1072a
仏教梵語　940a,1325b
仏教論理学　554b,800b,971b,1123b,1248b,1314c
仏工　1226c
仏供　286c,303b
仏具　**1224b**
仏窟寺　416b
仏猊　476a,**1225a**
仏牙供養会　1262b
仏牙祭　1225b
仏牙寺　**1225a**
仏牙塔　578b
仏賢　1236c
仏眼　333a
仏眼清遠　1265a
仏眼禅師　108a
仏眼尊　333b,1225b
仏眼仏母　**1225b**,1240c
仏眼法　1225b
仏眼菩薩　1215c
仏眼曼荼羅　1225b
仏現寺　**1225b**,1225c
仏元真応如一国師　1122c
仏源禅師　744b
仏語　**1225c**
仏語経　**1226a**
仏護　748b,992c,994c,1000b,1177b,1237a,1246c
仏護神照禅師　129c
仏向寺　**1225c**
仏光寺(静岡)　**1225c**
仏光寺(京都)　1093c,1139c,**1225c**,1470a
仏光寺派　788c
仏光寺歴代御書　413b
仏光禅師　905b
仏光派　850c
仏光普照禅師　671c
仏国　1238b
仏国応供広済国師　354c
仏国記　1313c
仏国寺(朝鮮)　**1226a**
仏国寺(日本)　1278b
仏国禅師　62b
仏国禅師文殊指南図讃　1410b
仏国普照禅師　681c
仏国暦象編　679b
仏谷寺　**1226a**
仏五百弟子自説本起経　**1226b**
仏厳　646a
仏金蓮三部の霊場　1489b
仏三身讃　**1226b**
仏子　**1226c**,1295b
仏師　**1226c**
仏師職　1227a
仏師法眼定円　693c
仏地　629a
仏地院　910a
仏地経　426b,**1227a**
仏地経論　204a,689c,782a,801b,1032c,1231b,1498b
仏地禅師　122c
仏事　**1227a**,1261c
仏事奉行　623b
仏持　1295b
仏慈円照広慧禅師　1384a
仏慈禅師(鎌倉)　529b
仏慈禅師(鎌倉～南北朝)　701c
仏寺奉行　623b
仏舎利　46a
仏舎利験伝　**1227b**
仏舎利信仰　612b
仏種　**1227b**,1229a
仏種慈済禅師　128b
仏種姓　294c
仏樹　1381b
仏授記寺　565a,**1227c**,1442a
仏寿量海　560c
仏所　**1227c**
仏所行讃　186c,596b,**1229c**,1240a,1403c
仏所護念会　790a
仏所護念会教団　827c,**1230a**
仏性　286a,544a,793b,1198a,**1228b**,1230a
仏性院　1101a
仏性海蔵経　1229b
仏性海蔵智慧解脱破心相経　**1229b**
仏性活通禅師　339b
仏性寺　1042b
仏性抄　666a,711b
仏性伝東国師　1044b
仏性平等一乗　49b
仏性論　497c,687b,831b,1125c,1228b,**1229b**,1395b
仏照　1071a
仏照慈明禅師　1276a
仏照禅師　109a
仏照大光禅師　1446c
仏餉　286c
仏餉田　772c
仏餉米　299b
仏定　**1229a**
仏乗　49a
仏乗院　1114c
仏乗禅師　111b
仏乗房　122c
仏生会　231c,372c,1262a
仏生日大会　1205b,1262a
仏証古心禅師　849c
仏荘厳　710c
仏昇忉利天為母説法経　**1229b**
仏聖米　299b
仏心　**1230a**
仏心印　776a,1230a
仏心印記　1028c
仏心院(寺名)　826b
仏心院(人名)　1111b
仏心慧灯国師　990a
仏心覚照　110b
仏心経　1232c
仏心経品亦通大随求陀羅尼　**1232c**
仏心寺　195a
仏心宗　850a,1230b
仏心正禅統師　880c
仏心禅師　1246b
仏心普鑑禅師　691b
仏心普済大慧大弁禅師　45b
仏身　**1230b**
仏垂般涅槃略説教誡経　1421b,1421c
仏頭骨城　314b
仏制比丘六物図　**1232c**
仏刹　1238b
仏説一切如来真実摂大乗現証三昧大教王経　830b
仏説濡首菩薩無上清浄分衛経　1176b
仏説無量功徳陀羅尼　1160b
仏仙社　1166c
仏前仏後　1086a
仏祖　**1233a**
仏祖袈裟考　**1235a**
仏祖綱目　**1235a**
仏祖宗派図　646c
仏祖宗派世譜　646c
仏祖宗派総図　646b
仏祖宗派総要　646c
仏祖正伝古今捷録　404c
仏祖正伝宗派図　646c
仏祖正伝禅戒鈔　841b
仏祖正伝大戒訣　916c
仏祖諸宗主典語　740a
仏祖通載　1235c
仏祖統紀　582c,**1235b**
仏祖歴代通載　**1235c**
仏像　23a,265b,598c,**1233a**
仏像図彙　**1234b**
仏像幖幟義　**1234b**
仏蔵経　**1234b**
仏足石　**1234c**,1272c,1424a
仏足石歌　**1235a**
仏足跡　1234c
仏足頂礼　1437c
仏陀　597b,1222b
仏陀伽耶　91a,204c,597c,1126c,**1235c**
仏陀寺　888a
仏陀斯那　1235c
仏陀什　**1236b**,1366c
仏陀禅師(中国)　762b
仏陀禅師(日本)　1419b
仏陀扇多　720b,774a,954a,954c,1125b,**1236c**
仏陀僧訶　535b
仏陀多羅　124c,190c
仏陀難提　**1236c**


仏

仏陀跋陀羅　232c, 953a, 972b, 1050c, 1133c, 1236c, 1347a, 1503b
仏陀跋摩　1220b
仏陀波利　418c, 670c, 911b, **1237a**, 1238a
仏陀蜜多　**1237b**
仏陀蜜多羅　**1237b**
仏陀耶舎　7a, 190c, 243c, 397b, 585c, **1237b**
仏駄　1222b
仏駄什　1236b
仏駄先　1235c
仏駄跋陀羅　317a, **1236c**, 1313c
仏大什　1236b
仏大先　972b, **1235c**
仏大跋陀　1236c
仏体即行の説　738a
仏壇　**1237b**
仏智弘済禅師　1170c, 1464a
仏智広照国師　996b
仏智禅師(中国)　387a
仏智禅師(日本)　106a
仏頂　**1237c**, 1301c
仏頂骨精舎　612b
仏頂禅師　116c
仏頂尊　425a, 1237c
仏頂尊勝心破地獄転業障出三界秘密三身仏果三種悉地真言儀軌　1152c
仏頂尊勝陀羅尼　828c, 911b, 1268c
仏頂尊勝陀羅尼経　269a, 819a, **1237c**
仏頂尊勝陀羅尼念誦儀軌　911c
仏頂尊勝陀羅尼念誦儀軌法　1238a
仏頂尊勝陀羅尼明験録　911b
仏頂大白傘蓋陀羅尼　1238a
仏頂大白傘蓋陀羅尼経　**1238a**
仏頂房　262c
仏頂放無垢光明入普門観察一切如来心陀羅尼経　215c
仏頂流　262c, 957b
仏通寺　621b, **1238a**
仏通寺派　850c
仏通禅師　915c
仏通門徒　621b
仏哲　**1238b**, 1479a
仏天　1222c
仏伝　12c, 23a, 496b, 1169c, 1319c
仏殿　206a
仏図　1241c
仏図澄　**1239a**, 1481b
仏図礎　1239b
仏土　**1238b**
仏道　1224a, **1239a**
仏道声聞　756a
仏道無上誓願証　526c
仏道無上誓願成　526c
仏統国師　907a
仏塔寺　1262a
仏灯大光国師　1071a
仏徳　609a
仏徳禅師　105a, 1325a
仏徳大通禅師　621b
仏音　21b, 80c, 81a, 81c, 192c, 325b, 596b, 816c, 826a, 844a, 877c, 979c, 1236b, 1306c, 1357b
仏恩報謝　1223a
仏日　1222c
仏日(北宋)　170a
仏日(南宋)　881a
仏日庵公物目録　**1239b**
仏日焰慧禅師　906b
仏日金蓮禅師　1413b
仏日真照禅師　888b
仏日禅師　310b
仏日普照慧弁禅師　1324b
仏日普照国師　990a
仏入涅槃現身神王頂光化仏説大方広大円満大王遍知神通道力陀羅尼経　1368b
仏の九悩　296b
仏の十地　631a
仏鉢　1160b
仏鉢塔　578b
仏髪塔　578b
仏般泥洹経　1133b
仏飯　286c
仏範宗通禅師　937c
仏部　1215b, 1363a, 1363b
仏宝　502a, 502b
仏法　1224a, **1239b**
仏法金湯編　**1239c**
仏法禅師　1044b
仏法創世記　679b
仏法房　1044a
仏法六名　1239b
仏峰　1376a
仏凡一体　250c, 748a, **1239c**
仏本行経　596b, **1240a**
仏本行集経　425c, 596b, 609a, **1240a**
仏名会　492c, 493a, 534b, 1223a, **1240b**, 1262b, 1330a
仏名経　340c, **1240b**
仏名号海　560c
仏名懺悔　1240b
仏母　**1240b**
仏母出生三法蔵般若波羅蜜多経　1175c
仏母大孔雀明王　289a
仏母大孔雀明王経　289b
仏母般泥洹経　**1240c**
仏母般若波羅蜜多円集要義釈論　1176a
仏母般若波羅蜜多円集要義論　1175c
仏母宝徳蔵般若波羅蜜蔵般若波羅蜜経　1176a
仏木寺　534a
仏物　**1240c**
仏門衣服正儀編　**1240c**
仏遺教経　1421b, 1421c
仏影窟　**1241a**
仏来　529a
仏力　**771c**
仏立恵照国師　1041b
仏立三昧　505a, 541c
仏立寺　1114c
仏隆寺　334a
仏林慧日禅師　99b
仏臨涅槃記法住経　**1241a**
仏暦図説　679b
仏蓮社良誉　692c
仏隴道場　670b
船岡　142a
船岡山　406c
船形後光　403b
船後光　403b
文首阿志高　460c
冬安居　31c
振袖寺　1341c
古市寺　460c
古河老川　**1249b**
古橋坊　564a
触頭　517c, 623c
分諸乗　49b
分陀利華　1486b
分荼利迦　1486b
分別　**1251a**
分別依　489c
分別縁起経　**1251b**
分別縁起初勝法門経　1251b
分別記　524b
分別起　**291b**, 1337a, 1337b
分別起の我執　190a
分別功徳論　7b, **1251c**
分別仮　308a
分別事識　41b, 521a
分別性　485c
分別聖位経　690c
分別上座部　1245a
分別相似過類　77b
分別知陀羅尼　969c
分別答　524b
分別部論　62c
分別変　**70c**
分別明　748a, 1177b
分別瑜伽論　**1251c**, 1386c, 1430c
分別六合釈　**1251c**
分別論　21c, 81b
文室真人智努　1235a
芬皇寺　**1250b**
芬篁寺　1250b
忿　**1249c**
忿怒尊　1374b
糞掃衣　117a, 1264a
分位縁起　641b
分位仮　308a

分位無記　1391c
分座　448c
分座説法　448c
分斉　**1250c**
分証　687b
分証即　900c,1299a
分身　**1250c**
分身摂化　1251a
分真即　900c,1299a
分相門　**169c**
分段死　172c
分段生死　713a
分段身　713a
分衛　963a
文英　819c
文英尼　134a
文益　850b,**1250a**
文偃　48b,98c,99a,
　99b,263b,342a,
　357b,809b,837a,
　850b,**1250a**
文嘉　1104b
文雅　1494b
文化庁文化部　624b
文厳　**1250a**
文鏡秘府論　**1250b**,
　1251a
文憲公　898c
文公　1432a
文綱　**1250b**
文才　**1250b**
文之　344a
文識　1429c
文守　101c,592c,
　**1250c**,1277c
文秀　105b
文昌侯　456a
文正公　1420c
文成帝　473a
文宣帝　473a,1035c
文忠公(北宋中期・蘇
　軾)　906b
文忠公(北宋末期・張商
　英)　1004c
文帝　758b,761a,
　1000c
文幢　**1251a**
文徳　847b
文筆眼心抄　**1251a**
文甫　1115a
文法論根本三十頌
　1077c
文明　244a
文明院　27c
文雄　679b
文誉鉄牛　1122a
豊後阿闍梨　1105c

## へ

ヘーヴァジュラ
　1253b
ヘーヴァジュラ・タン
　トラ　977a,1085c,
　**1253b**
ベゼクリク　**1254b**
ベゼクリック　534b
ペータ・ヴァットゥ
　294b
ペッツォールド
　**1255a**
ペッペ　612a
ハーママーラー
　1225b
ペリオ　310b,904c,
　1075c,**1255b**
ヘールカ　1253b
ヘールカ・タントラ
　467b
ペルシア　936c
ペルシア帝国　904b
ペルツェク　1022a
ヘルンル　**1255c**
ヘロドトス　190b
ベンドール　**1259a**
北京版　942b
平安和歌の四天王
　516b
平家納経　54c,888a
平家琵琶　599c
平家物語　781c
平間寺　**1252a**,1414a
平氏伝　735b
平治物語絵巻　121b
平常心是道　**1252c**
平心　766b
平宗　864b
平生業成　373a,**1252c**
平城天皇　983c
平泉寺(岩手)　997a
平泉寺(福井)　1150a,
　**1252c**,1436a
平僧　518a
平僧寺　518a
平田　526a
平林寺　**1253a**
屛山　1402c
閉戸　947a
閉帳　1070c
絣宮　642c
弊鬼　177a
弊宿　1166b
薜茘多　177a,1158c
米元山主人　833c
米粒法　966c
吠室羅摩拏　1184a
吠室羅摩拏善神　656a
吠舎　542c,1183c
吠舎釐　657b,**1252b**
吠奢　542c,1183c
吠陀　82c
吠提呬　45b
吠嵐婆　1201b
辟邪論　403c
碧雲寺　**1253c**
碧巌集考　1018b
碧巌録　366a,624c,
　835b,**1253c**
碧巌覚性　320c
碧山清隠　833a
碧山日録　**1254a**
碧潭　625c
僻難書策　457a
壁宿　1096a
闢邪護法策録　403c
闢邪篇　1481c
別庵性統　904a
別安心　1302b
別意　44a
別因　64b
別院　513c,517c,
　1326b
別格本山　1326b
別願　1322a
別願讃　1508a
別願の浄土　401a
別願和讃　**1254b**
別機　1245b
別義意趣　43c
別教　49b,410a
別教一乗　49b
別教の二諦　1100a
別境　791c
別行　**1254c**
別行抄　1255a
別行立　676b
別解脱　1450a
別解脱戒　160b
別解脱律儀　160b,
　161a
別源(鎌倉～南北朝)
　129b
別源(　～江戸)　983c
別時意　43c
別時意趣　43c
別時念仏　37a,1137c
別受　163a
別授　163a
別住　1451a
別所　387c,1185c,
　**1254c**
別所栄厳　**1254c**
別所観音　37a
別序　204a,204b
別請　**1254c**
別申　**1013b**
別中論　1013b
別真別正法　468b,
　1245b
別途　**1013c**
別接通　410a,1185a
別接通の二諦　1099c
別選所求　**1255a**
別相　**889b**,1499a
別相戒　162b
別相観　209c,231c,
　889b
別相二観　469c
別相三諦　494b
別相三宝　502a
別相念住位　476c,
　581c
別相念処位　476c
別尊雑記　**1255a**
別尊曼荼羅　1363c
別壇護摩　447a
別伝　**1255b**
別伝派　850c
別伝妙胤　824b
別当　400b,477b,
　815a,886c
別当寺　780a
別当大師　374c
別当和尚　374c
別入通　410a,1185a
別の五行　396a

別の五時　409a
別の念仏　1137b, 1138a
別付属　1219b
別仏　585a
別法　**1245b**
別峰(中国)　945c
別峰(日本)　927a
別報　202c
別報業　364a
別方便の行　402a
別摩多　568,572b
別門の唯識　1422a
別理随縁十門折難書　591a
別論　1013b
別惑　58b,1338b
襪　1255a
襪子　**1255a**
韈子　1255a
片法幢地　518a
辺見　403a
辺五得　164a
辺際定　688c
辺地　731b
辺地獄　532c
辺地修行　533a
辺執見　403a
変　118b,**1255c**
変絵　1256a
変壊　519b
変化　307b,1255c, **1256b**
変化観音　618a,852b
変化身　1231b,1231c
変化土　1238c
変化法身　1231c, 1232b
変礙　519b
変現　1255c
変作　1255c
変住　1032b
変成王　619c,627a
変成男子　1032a
変相　1256a
変造　1447a
変造の三千　52c,492b
変易　689c
変易生死　713a
変易身　713a
変文　118b
偏空　280a,974a, 1258a
偏衫　1264b
偏真　**1258a**
偏真の空理　1258a
偏袒右肩　**1258a**, 1263c
偏方不定教　472a
偏露右肩　1263c
偏口声　570,572c
偏参　466c
偏知　**1258a**
偏没　531c
遍一切処　1201c
遍依円　485c
遍覚三蔵　765c
遍吉　1212b
遍行　791c,1337c
遍行因　64c
遍行の惑　1337c
遍救　**1256a**
遍計所起色　519c
遍計所執性　280a, 485c,486b,699c, 1050a
遍趣行智力　653b
遍昭　214a,607c, 957b,**1257b**
遍照(遍昭)　1257b
遍照金剛　440b
遍照寺　225a,1202c, **1257c**
遍照寺僧正　225a
遍照般若波羅蜜経　1448a
遍照発揮性霊集　761c
遍浄天　522c
遍所許宗　538a
遍是宗法性　73a
遍知　1258a
遍知院　1363b
遍知院僧都　1042a
遍知所縁断　978a
遍超寺　1005c
遍入　20c
遍聞　1184a
遍律儀　160a
遍路　686a
褊衫　1264b
褊綴　1264b
編年通論　1460b
弁阿　1258c
弁阿闍梨　1113b
弁覚　1111c
弁機　945c
弁教論　349a
弁偽録　473c,**1256a**
弁顕密二教論　337b, 561c,**1256b**
弁五事品　1499c
弁才　**1256c**
弁才天　557c,**1257a**
弁財天　1257a
弁秀　814b
弁宗論　369c,613c
弁出定後語　672c
弁述名体鈔　**1257b**
弁正　**1257b**
弁正論　369c,**1257c**, 1289b
弁真論　1066c
弁瑞　847a
弁体　350a
弁中辺論　95a,690a, **1258b**,1430c
弁中辺論頌　1386c
弁中辺論述記　1258c
弁長　22b,142a,142c, 524a,733c,737a, 738c,739a,858b, 1140c,**1258c**,1352a, 1399c
弁天　1257a
弁道　1038b
弁道書目提要　**1259a**
弁道論　472c
弁惑指南　**1259a**
弁円(円爾)　103b, 406b,646b,663a, 730b,850c,894c, 947b,1058a,**1259b**, 1292b
弁円(修験者)　703a
弁の大僧正　217a
弁弁惑指南　1259b
弁弁惑通衡　1259b
弁弁謗比丘作楽章　1481c
弁無礙解　589b
弁無礙智　589b
弁無礙弁　589b
弁無得道論　1396c
弁蓮社入観(袋中)　944a
便往生　142b
便同弥勒　1040b

## ほ

ポエ　990b
ボサマ　1405c
ホジソン　1294a, **1300a**
ポータナ　657c
ポータラ　1220c
ポータラカ　1220c, 1304c,1358b
ポタラ宮　229b, 1220c,1304c,1443b
ホータン　90a
ボップ　1371b
ボーディ　540c
ボーディサッタ　606c
ボーディサットヴァ　465c
ボーディサットヴァ・ブーミ　1430b
ボーディチャルヤ・アヴァターラ　615a, 1214a,1247b,1301a, 1369b
ボーディ・パタ・プラディーパ　1304a
ボーディバドラ　**1318c**
ボーディマンダ　1235c
ボーディルチ(菩提流支)　1304a
ボーディルチ(菩提流志)　1304b
ポトワ　**1318c**
ホフマン, E.　**1319a**
ホフマン, H.　**1319a**
ボロブドゥル　583b, 593b,671b,848a, 1173b,1233b,**1319b**
ボーローラ　1164c
ポロンナールワ　1233b
ボン教　1014b,1165a
ボン教徒　614b
ほとけ　1222b
反古裏　789b,1295a
反古裏書　790c,**1295a**

布袋和尚　168c,557c
帆不動　1243a
甫顔　1200b
甫水　61c
法華経　7c,10b,25c,36c,47c,48c,49b,49c,50c,51a,51c,52b,54c,112c,113a,115c,116a,139a,142a,157a,167b,168c,172a,173a,174a,228a,229c,242a,243a,259b,261b,266c,267a,268c,295a,308b,323a,328c,332b,349c,361b,366c,381c,391a,395b,400a,402c,403b,407b,409a,410b,411c,412b,413c,417a,427c,432b,448c,458c,465b,483a,484a,485a,495a,496c,497a,497c,502a,505a,509c,518b,524c,525a,539a,540c,541a,541c,544c,557b,558a,560b,564a,599b,606a,644c,649b,655a,659c,667b,673b,701c,730c,741c,746a,756a,769b,771b,811b,819a,836b,838b,848b,861c,863c,890b,902a,903c,909b,923c,944a,944c,956a,958b,961c,968a,969c,1003b,1011b,1026c,1032a,1037a,1037c,1039b,1058a,1059c,1089a,1096b,1101b,1107c,1121b,1124b,1136c,1185c,1186b,1196b,1196c,1211a,1211c,1212a,1212b,1231c,1232b,1246a,1287a,**1292c**,1294c,1309c,1312b,1314a,1321a,1327c,1328b,1333b,1342b,1343a,1363c,1364a,1372b,1375a,1399b,1412c,1414b,1443a,1457a,1473a
法華経安楽行義　**1294a**
法華経絵巻　121b
法華経科注　1313b
法華経科註　381a,1313b
法華経義記　1293c
法華経玄賛　1307b
法華経顕応録　**1294b**
法華経根本曼荼羅　1312c
法華経寺　1064a,1108a,**1294b**
法華経持験記　**1294c**
法華経十羅刹法　1212a
法華経新註　1313b
法華経伝記　1312a
法華経普門品　228a
→観音経
法華経法　**1294c**
法華経遊意　1313b
法華経論　1293c,**1294c**,1300c
法興院　1271b
法螺　**1319b**
保恩院　128b
保科正之　708c
保寿院流　785a,1202c,1432c
保福従展　809b,1002c
補続高僧伝　**1300a**
補陀落　1304c
補多勒迦　657c
蒲庵　891b
蒲繕尼食　521c
戊己校尉　375a
牡丹餅寺　693a
牡丹花　745b
勃噜唵　48a
梵論梵論　428b,1186b
梵論字　428b,1186b
菩薩　48c,407a,606c,924c,928b,**1295a**,1301c
菩薩戒　159c,659c,1295c
菩薩戒義疏(明曠)　**1295c**
菩薩戒義疏(智顗)　**1295c**
菩薩戒経　1296a,1342a
菩薩戒経義記　1295c
菩薩戒経疏刪補　1296a
菩薩戒羯磨文　**1296a**
菩薩戒潛底鈔　**1296a**
菩薩戒通受遣疑鈔　**1296b**
菩薩戒通別二受鈔　1013a,**1296b**
菩薩戒別受行否鈔　**1296b**
菩薩戒本　**1296c**
菩薩戒本経　1296c
菩薩戒本持犯要記　**1296c**
菩薩境　562b
菩薩行　1295c
菩薩行方便境界神通変化経　922c
菩薩見実三昧経　954b
菩薩号　804b,876a,1295c,1328c
菩薩坐　448a
菩薩籤　288a
菩薩地　629a,1430b
菩薩地持経　162c,630a,756b,839a,1405c,1430b
菩薩十住経　246b
菩薩従兜術天降神母胎説広普経　1297a
菩薩修行経　954c
菩薩修行四法経　932c
菩薩受斎経　**1296c**
菩薩乗　49a,1295c
菩薩荘厳　710c
菩薩定姓　413b
菩薩処胎経　527a,**1296c**
菩薩心境相融一合論　832a
菩薩心讃　1508a
菩薩説夢経　954a
菩薩善戒経　296a,928b,1217c,1430b
菩薩睒子経　1501c
菩薩睒子頌　1340c
菩薩闡提　59a
菩薩禅法経　463b
菩薩僧　1009b
菩薩像　1234a
菩薩蔵　493b,**756b**,1096b,1171b,1295c
菩薩蔵経　954b
菩薩投身飴餓虎起塔因縁経　1051c
菩薩内戒経　**1297a**
菩薩内習六波羅蜜経　445a
菩薩念仏三昧経　**1297a**
菩薩の階位　**1297a**
菩薩の法式　1295c
菩薩発願修行経　859a
菩薩本行経　442a
菩薩本業経　**1299b**,1299c
菩薩本生鬘論　607b,757c,**1299b**
菩薩本縁経　**1299b**
菩薩摩訶薩　1295b
菩薩瓔珞経　527a,**1299c**
菩薩瓔珞本業経　633a,**1299c**
菩提　158a,177c,**1300b**
菩提金剛　1434c
菩提院(中国)　704c
菩提院(日本)　922b
菩提院贈僧正　885a
菩提院流　753a
菩提廻向　110c
菩提王子　540c
菩提を弔う　1301a
菩提行経　615a,**1301a**
菩提講　363a,733c,**1301a**
菩提索多　1295a
菩提薩埵　1295a
菩提薩埵摩訶薩埵　1295b
菩提山寺　760c
菩提子　670a
菩提寺　84c,240b,1301a
菩提寺(京都)　19a

菩提寺塔　968a
菩提樹　597c,598c,610a,1126c,1236a,**1301b**
菩提樹園　1128c
菩提樹神　**1301b**
菩提所　240b,**1301b**
菩提場　1049c
菩提場経　1301c
菩提場経法　**1301b**
菩提場荘厳陀羅尼　1301c
菩提場荘厳陀羅尼経　1301b
菩提場所説一字頂輪王経　425b,**1301c**
菩提場曼荼羅　1301c
菩提資糧論　159b,660c,**1301c**
菩提心　778a,**1301c**,1303a,1318b
菩提心院　1109b
菩提心義　1302b
菩提心義鈔　**1302b**
菩提心讃　**1302c**
菩提心私記　785c
菩提心集　**1302c**
菩提心別記　**1303a**
菩提心離相論　**1303a**
菩提心論　1302a,**1303a**
菩提僊那　152b,607c,1054c,1238b,**1303a**,1472c
菩提蔵　**1303b**
菩提大会　1205b
菩提達磨　107b,184a,222c,607c,714b,762b,762c,839c,850b,971b,1177b,**1303b**,1468a
菩提達磨略弁大乗入道四行　714b
菩提達摩四行論　1117b
菩提点　570
菩提灯　848a
菩提道次第論　1014b,**1303c**
菩提道場　1049c,1235c
菩提道灯　16c,1303c,**1304a**
菩提分　482c
菩提分法相応増上慧住　1298
菩提耶舎　1500a
菩提流支　26c,59c,104b,275b,324a,328b,330b,439a,439b,603c,631b,631c,640c,742c,774a,936a,953c,955a,1078a,1078c,1171b,1219a,1226a,1236c,1240b,1295a,**1304a**,1410b,1456a,1467c,1502a
菩提流志　13b,48b,90b,114b,386a,425b,678a,751c,844a,953c,1122a,1208a,1227c,1232c,1291b,**1304b**,1388b,1400a,1448a
菩提留支　922c,1304a
募縁　1267b
慕帰絵　1291c
慕帰絵詞　621a,725b,789b,790c,**1291c**
慕魄太子　**1318c**
暮翁　962a
暮露　428b,1186b,1210b,1319c
暮露々々のさうし　**1319c**
簿単　973a
布達拉　**1304b**
方　**1259c**
方会　**1261c**
方口食　522a
方広　644b,1281a
方広寺(中国)　1026b
方広寺(静岡)　348c,**1271b**
方広寺(京都)　141b,**1271b**,1383c,1487a
方広寺鐘銘事件　708a
方広寺の鐘銘　819c
方広寺派　850c
方広十輪経　654b
方広大荘厳経　596b,**1272b**
方広道人　**1272b**
方冊本蔵経　941b
方山　1453a
方秀　406b,**1274c**
方丈　868b,**1276b**
方丈記　204a,**1277b**
方丈侍者　869a
方善戒壇　704c
方等　644b,**1281a**
方等戒壇　659c
方等三昧　541c,955c
方等時　408b
方等泥洹経　1133b
方服図儀　**1283b**
方便　**1284a**
方便安立諦　1098
方便因　64b
方便有余土　1238c
方便化身　1232c
方便化土　331c,1239a,1284b
方便住　1297
方便乗　49b,689b,1284b
方便生死　713b
方便浄涅槃　1132c
方便心　490c
方便心住　1297
方便心論　**1285b**
方便随縁止　511b
方便善巧　1284a
方便智　432b,981b,1284a
方便道　578c,1038a
方便の行信　1285a
方便波羅蜜　1167c
方便般若　1174b
方便・父系タントラ　977a
方便菩提　1300c
方便法身　1231b,1232c,1284b
方便法身義　1333c
方便法身尊形弁　1333c
方便唯識　1422a
北条顕時　754a
北条氏綱　874a,1174c
北条氏照　681c
北条氏直　720c
北条貞時　179c
北条実時　754a
北条重時　401b
北条早雲　670b
北条経時　385c
北条時定　1359c
北条時宗　125a,211c,580b,847a,905b
北条時頼　165b,352a,405c,847a,1283b
北条長時　709a
北条政子　36a,435a,675c
北条宗長　1053c
北条泰時　796a,1267c,1359c
北条義時　179c
呆翁行悦　1485b
芳山　840b
芳樹院　1486a
芳淑院鵬溟　1449a
芳潤　418c
芳春院　947a
芳潭　1280b
奉恩寺　**1266a**,1278c
奉加　**1267b**
奉加状　1267b
奉加帳　1267b
奉加簿　1267b
奉先寺(中国)　347a
奉先寺(朝鮮)　1266a,**1278c**
奉先の大仏　1464c
奉徳寺　**1281c**
奉幣使奉行　623b
宝印　**1260c**
宝雨経　765a,**1261a**
宝雲(中国)　577a,925c,1229c,1240a,**1261a**
宝雲(江戸中期)　106a
宝雲(江戸後期)　**1261a**
宝雲経　765a,1261a
宝雲寺　590c
宝雲尊者　247c
宝応金輪寺　1265b
宝応寺　**1265b**
宝応声菩薩　678b
宝王三昧念仏直指　739a,**1265a**
宝戒寺(神奈川)　125c,171b,**1267c**
宝戒寺(大分)　**1267c**
宝覚円明禅師　111c

宝覚真空禅師　835a
宝覚禅師(中国)　906c
宝覚禅師(日本)　975a
宝月　**1268a**
宝月智厳光音自在王如来　1415b
宝月童子問法経　**1268b**
宝冠灌頂　217c
宝冠寺　996b
宝巌　391a
宝吉菩薩　678b
宝篋印陀羅尼　1037a,**1268c**,1269a
宝篋印陀羅尼経　**1269a**,1269b
宝篋印塔　828b,1037a,1147c,1268c,**1269a**
宝篋堂檀林　693a
宝行王正論　**1269b**,1461a
宝慶記　**1269b**
宝慶寺(中国)　**1269c**
宝慶寺(日本)　600b,**1269c**
宝鏡三昧　497b
宝鏡三昧歌　**1269c**
宝鏡寺　**1270a**,1411c
宝鏡鈔　**1270b**
宝景　**1270b**
宝髻経四法憂波提舎　**1270c**
宝髻仏　1274b
宝髻菩薩所問経　955a
宝華寺　892c
宝公　1273c
宝公寺　170b
宝光虚空蔵　397b
宝光寺　766b
宝光智証禅師　106c
宝国寺　1093b
宝厳　478a
宝厳寺(滋賀)　780b,**1272c**
宝厳寺(愛媛)　**1272c**
宝金剛院　1172a
宝冊鈔　**1273b**
宝山(鎌倉～南北朝)　1207a
宝山(江戸)　973b
宝山寺　973c,**1273b**
宝山宗珍　1280a
宝師　1165a
宝誌　170b,**1273c**
宝慈院　**1273c**
宝積三昧文殊師利菩薩問法身経　1315c
宝積寺　545a,**1274a**
宝積仏　**1274b**
宝珠　704a
宝珠庵　745a
宝珠寺　891a
宝思惟　18a,48a,223c,670a,810a,1122a,1208a,1227c,1435b
宝寿院　**1274b**
宝寿寺　534a
宝樹院　646b
宝樹観　655a
宝洲(島名・セイロン)　826a
宝洲(中国)　180b
宝洲(日本)　133a
宝杵　435c
宝疏　290b,290c
宝生(仏)　1215c,1363a
宝生(人名)　867a,**1276a**
宝生院　**1276c**
宝生如来　425a
宝唱　271b,940c,1182a,**1276a**,1341b,1402a
宝成　594c
宝性院　887c,1274b,1314b
宝性論　17a,106c,286a,751c
宝星陀羅尼経　926a
宝城坊　**1277c**
宝処化城の喩　1197a
宝心　**1278a**
宝清老人　54c
宝泉院　751b
宝蔵院　→慈恩寺
宝蔵院(万福寺)　1365a
宝蔵院流　65c
宝蔵寺　**1279c**
宝蔵天女　247a
宝蔵如来　536a
宝蔵論　**1280a**
宝台院　**1280a**
宝鐸　**1280b**
宝陀寺(中国)　1221a
宝陀寺(日本)　**1280b**
宝池観　655a
宝地房流　1027c
宝頂経　634a
宝頂仏　1274b
宝塔　828b,1147c,**1280c**
宝塔寺　**1281b**,1493b
宝塔聖　1185c,1186a
宝幢(仏具)　1038b
宝幢(仏)　1363b
宝幢(人名)　268b
宝幢院検校　876a
宝幢院私記　185b
宝幢三昧院　1370c
宝幢寺　405c,1383a,1494a
宝幢如来　425a
宝女所問経　925c
宝波羅蜜菩薩　1215c
宝瓶　356c
宝部　1215c,1363a
宝伏居士　1210b
宝福寺(岡山)　**1283b**
宝福寺(鹿児島)　184c
宝物集　**1283c**,1445c
宝弁　1002c
宝坊　513b
宝法大師　984c
宝菩提院(小川殿)　994b
宝菩提院(東寺塔頭)　1472c
宝満山　**1285c**
宝門　1426c
宝鑰　1187a
宝囿　729c
宝亮　1134a,1134c,**1289a**
宝梁経　955a
宝輪際源　706c
宝林寺(広東省)　130a,879c,**1289c**
宝林寺(浙江省)　98b,405b
宝林寺(朝鮮)　**1289c**
宝林寺(日本)　1068b
宝林伝　**1290b**
宝鈴　1480b
宝蓮社薫誉香阿　455b
宝蓮社曇誉　1128a
宝楼閣経　**1291b**,1291c
宝楼閣経法　**1291c**
宝楼閣法　1291c
宝楼閣曼荼羅　1291c
宝楼観　655a
抛筌斎　1447a
抱一　1412a
抱玉　122c
抱質　896b
抱刀毘那夜迦天　1093b
放逸　**1260b**
放下　**1270b**
放下僧　1270b
放光灌頂　217c
放光経講法会　1262b
放光寺(神奈川)　691c
放光寺(福井)　795b
放光寺(奈良)　831c
放光般若経　526b,667b
放光般若波羅蜜経　1175b
放参　466c
放生　**1276b**
放生池　1276b
放生会　64a,440c,1159b,1276b,**1277a**,1330a
放生寺　608c
放鳥　1276b
放鉢経　11a
放無量光　110b
法　72c,**1259c**,1285b
法阿　54a
法愛　1a,**1260b**
法愛(人名)　1077b
法位　**1260b**
法印　**1260b**
法印祈雨鈔　668a
法印大和尚位　882a
法印大和上位　873b
法有　70b
法有我無宗　565b
法雨　1260a
法雨地　629c
法雨寺　1221a
法雲(劉宋～梁)

380b,483b,714b,762c,894b,989a,1134c,1241b,**1261b**,1293a,1293c,1307b,1308c
法雲(唐) 218a
法雲(北宋～南宋) **1261b**,1344a
法雲地 629c,630a
法雲寺(茨城) **1261c**
法雲寺(福井) **1261c**
法雲寺(静岡) 1375a
法雲寺(三重) 780b
法雲寺(兵庫) 835b,1471a
法雲普済禅師 335a
法蘊 1260a
法蘊足論 613b,1348c,1499b
法会 363a,**1261c**
法衣 **1263a**
法慧 1077a
法慧大師 982b
法瑫 1031b
法悦 1260a
法円(平安中期) 382a
法円(平安後期) 1003b
法円寺 812c
法瑗 **1265a**
法演 418a,**1265a**
法演下の三仏 1265a
法縁 1185c
法縁の慈悲 512b
法王 1222b
法王子 1295b,1410c
法王子住 1297
法王子心住 1297
法王寺 814a,**1265b**
法王帝説 703a
法皇 **1265a**
法皇外記緇門鴻宝 1335a
法皇寺 152c
法皇長老 237c
法音院 860a
法音寺(山形) **1265c**
法音寺(新潟) **1265c**
法音抄 109c
法音方便陀羅尼 969c
法苑義林章 935a
法苑珠林 **1266b**
法苑珠林集 1266b
法恩寺 **1266a**
法我 158c,189c
法我見 158c
法海(前秦) 722b,1077a
法海(唐) 1500a,1500b
法海(日本) **1267b**
法海勝慧遊戯神通如来 1415b
法海禅師 719c
法海派 850c
法海雷音如来 1415b
法開会 166a,408c
法界寺 84c,**1267b**
法覚仏慧禅師 113a
法桓 996a
法岸 **1268b**
法観寺 1093b,**1268c**
法厳寺 1481b
法関白 217a
法希(達摩流支) 972b
法希(曇摩流支) 1077c
法喜 1260a
法喜寺 1023c
法喜食 521c
法器 236b
法義 1260a
法吉祥賢 207a
法久寺 1110b
法経 1356a
法経(人名) 385b,940c
法経録 940c
法境 1504b
法鏡 1100b
法鏡経 31b,445a,954b
法鏡行者 133a
法鏡寺 1023b
法欽(道欽) 275c,1042c
法欽(祖欽) 900a
法均尼 **1270b**
法具 1224b
法空 280a,280b
法空教 1090c
法空真如 802a
法仮 307c
法月 1177a,**1270c**
法剣 1260a
法賢 126b,190c,350c,437b,666b,929c,934b,1143c,1226b,**1270c**,1280c,1315c,1400a,1440a,1448a,1501c
法眼 333a
法眼円伊 60c
法眼宗 402b,583a,651c,850b,1044b,1250a
法眼浄 333b,531a
法眼文益 →文益
法眼禅師 1250a
法眼和上位 873b
法乾寺 986a
法源寺(中国) **1271a**
法源寺(北海道) **1271a**
法源寺(東京) 1427c
法源寺(兵庫) 398c
法炬 11a,90b,141a,223c,245b,769a,953a,954c,1005a,1307a
法鼓 1030a
法語 **1271a**,1292b
法護(夜叉神) 656c
法護(達摩掬多) 971c
法護(竺法護) 527c
法護(北宋) 765a,935b,954a,954a,1253c,**1271a**,1500a
法護(唐) 1022b
法高 478a
法興 694b
法興院 612c,**1271b**
法興寺 14b,215a,**1272a**
法興尼寺 995b
法興房 1424a
法業 **1271b**
法光円融禅師 1482b
法国 702c
法国寺 212b
法極 982b
法後得 1065a
法厳 961b
法金剛院 **1272c**
法座 **1273a**
法済 1503c
法歳 1291b
法才王子 **1273a**
法山 986c
法三の宮 787c
法三御子 787c
法事 1261c
法事讃 585a,**1274a**
法事讃積学要義鈔 1490a
法時 1077a
法自相相違因過 75c
法地並寺 518a
法師 1314a
法師武者 895a
法差別相違因過 75c
法舎利 268c
法聚 1260a
法聚(人名) **1274b**
法秀 1077b
法洲 715a,**1274c**
法衆 955c
法住(室町) **1275a**,1341a
法住(江戸中期) 214c,745b,1191a,1251c,**1275a**
法住(江戸～明治) **1275a**
法住記 **1275a**
法住経 1241a
法住寺(朝鮮) **1275b**
法住寺(日本) **1275b**,1383c
法住寺堂 1275b
法集別行録節要幷入私記 865a
法集名数経 **1275c**
法集要頌経 674a,**1275c**,1306c
法集論 21c,979b
法頌舎利 612a
法出離鏡 1321a
法誦菩薩 656a
法俊 134a,**1275c**
法順(劉宋) 1026b
法順(唐) 321a,**1275c**
法処 1504b
法助 **1276a**
法序 **1276a**
法正 527a
法生 1306a
法照 68a,392b,392c,

418c
法照禅師(中国) 985c
法照禅師(日本) 1010c
法上(インド) 1119b
法上(中国) 631c, 940c, **1276c**
法上菩薩 728c, **1278a**
法成 595c, 1177a, 1500a
法成寺 84c, 1093b, **1277b**
法成寺阿弥陀堂 1399c
法成寺金堂 767b
法成寺三十講 1262c
法成寺八講 1262c
法成寺薬師堂 767b
法定 1481b
法承 1172c
法盛 1051c
法盛寺 **1277c**
法常(隋～唐) **1276c**
法常(唐) **1276c**
法常(南宋・牧谿) 1407c
法常寺 1250c, **1277c**
法誠 416a
法饒 107c
法浄寺 958a, 1023c
法臣 1295b
法臣(人名) 312c
法進 **1278b**
法慎 602b
法親 1161a
法親王 180c, 708a, 887a, 1120c, 1265a, **1278b**, 1411c
法親王門跡 1487b
法真大師 515b
法頭 882a
法施 836b, 1217b
法清 1239b
法勢 809a
法席 1273a
法説周 483b
法宣 **1278c**
法善 701a
法善寺 **1278c**
法船庵 1281b
法泉寺(中国) 1289c
法泉寺(神奈川) 226a, 406a, 871a
法泉寺(三重) 219a, 1082a
法前得 1065a
法専坊 283a
法祖 1149c
法増 296a
法蔵 **1279a**
法蔵(達摩笈多) 971c
法蔵(中国) 116a, 127a, 243c, 267c, 298b, 317c, 318a, 318c, 319a, 319b, 319c, 320b, 320c, 321a, 321c, 322b, 322c, 343a, 538a, 565a, 565c, 625a, 631c, 634c, 698b, 765c, 901b, 930c, 935b, 989a, 1121a, **1279a**, 1299c, 1404c, 1499a
法蔵(日本) 146b
法蔵寺(愛知) **1279c**
法蔵寺(滋賀) **1279c**
法蔵寺(京都) 358c
法蔵比丘 492a, 501b, 1400a
法蔵部 7a, 425c, 586a, 1052c, 1189c, 1240a, 1307a, 1348c, 1449c, 1455b
法蔵菩薩 25c, 292c, 848c, 917c, 1322a
法相教 524c
法汰 **1280a**
法体装束雑事 **1280a**
法達親王 315a
法陀羅尼 969c
法談 832c
法智 21c
法長老 1009a
法天 11a, 90b, 92c, 330c, 350c, 436b, 908b, 935c, 952c, 954c, 1184b, 1188b, 1222a, 1238a, **1280b**, 1407a
法登 134c
法土 1239a
法度 819c
法灯 1060a, 1260a
法灯派 850c
法道(中国) 68a
法道(飛鳥・法道仙人) 50a, 274c, 782b, 867a, 948a, 1003c, 1061c, **1281b**, 1441a
法道(江戸) 859a, **1281b**
法幢 1038c
法幢(中国) 1048a
法幢(日本) 290b, **1281b**
法幢寺 **1281c**
法同分 674b
法難 **1281c**
法難崩れ 1140a
法弍 708c
法爾 **1281c**
法爾道理 1061c
法爾の六大 1501b
法如(中将姫) 956c
法如(鎌倉) 1043a
法如(江戸) 790c, **1282a**
法如尼 **1282a**
法忍 1127a
法忍(人名) 707c
法然(用語) 1281c
法然(人名) 47c, 53c, 58c, 101b, 139c, 143c, 144a, 147a, 149a, 194a, 211c, 272b, 291b, 304c, 337a, 338b, 347a, 357b, 366b, 383c, 385b, 415a, 433a, 440b, 459c, 599c, 706c, 723b, 750a, 762c, 813a, 849a, 975b, 1094b, 1139b, 1140b, 1282b, 1353a, 1353b →源空
法然寺(茨城) 1490b
法然寺(京都) **1282a**
法然寺(奈良) 1094c
法然寺(香川) 1094c, **1282a**
法然院 107b, 1094c, **1282a**
法然院万無寺 1366a
法然聖人絵 1282c
法然上人絵伝 285a, **1282b**
法然上人行状絵図 121b, 683c, 1283a
法然上人御説法事 252b
法然上人全集 1407b
法然上人伝法絵 1282c
法の四依 515a
法の深信 1096b
法の母(雑誌名) 97a
法波羅蜜菩薩 1215c
法比量 1465c
法敏 **1283b**
法普 1210b
法部卿 1100a
法服 1263a
法仏 1230c
法仏悉地 565a
法仏菩提 1300c
法宝 502a, 502b
法宝(人名) 50b, 290b, 290c, 407b, 765c, **1285b**
法宝大師 683a
法宝壇経 1500a
法法界 1304c
法法性分別論 17a, **1285b**
法法性分別論頌 1386c
法豊 1078b
法本尊 258c, 1333b
法本内伝 233a
法本房 261a
法曼院(寺名) 393a
法曼院(人名) 884b
法曼荼羅 1362a
法曼流 884b, 957b
法味 1260a
法密 971c
法脈 325c
法名 **1286a**
法名修行 1382a
法明(中国) 1077b
法明(平安) 155b
法明(鎌倉) **1286b**
法明院 700a, 1205a
法明寺(東京) 1102a, **1286c**
法明寺(大阪) **1286c**
法明尼 1425c

法明房　1473a
法務　882c
法務前大僧正公助　803a
法無我　1390c
法無礙解　589b
法無去来宗　565b
法滅　**1286c**
法滅不待因　1287a
法物　**1287a**
法文　1260a
法文歌　**1287a**
法門　1260a,**1287a**,1409b
法門海　560c
法門寺　**1287a**
法門鋤究　**1287b**
法門叢林　513c
法門大義　933c
法門百首　**1287b**
法門名義　1287b
法門名義集　**1287b**
法門名相集　1287b
法門無尽誓願学　526c
法門無尽誓願知　526c
法問　1507a
法勇(法起菩薩)　1306a
法勇(人名)　1078a
法涌　1278a
法融(隋～唐)　416b,**1287c**
法融(唐)　1027b
法用方便　1284c
法要　1261c
法揚　183a
法螺　1224c
法来　1278a
法楽　805a,1260a,**1288a**
法楽(人名)　1077c
法楽寺　**1288a**
法楽の芝居　1288a
法楽の能　1288a
法楽連歌　1288a
法楽論義　1507a
法楽和歌　1288a
法力　1260a
法力房　1490b
法立　245b,769a,1307a
法隆学問寺　1288b
法隆寺　119a,185b,206b,293b,311b,468c,510c,540b,557a,612c,639a,727a,734b,886c,**1288a**,1317a
法隆寺伽藍縁起幷流記資財帳　535a,536c
法隆寺北室院　106c
法隆寺金堂　25a
法隆寺金堂壁画　1288c
法隆寺西院伽藍　1507b
法隆寺再建非再建論争　1507b
法隆寺の天人像　648c
法良　1075b
法琳　473b,1154b,1257c,**1289b**
法琳寺　1290a
法輪　598c,**1289b**
法輪経　1034a
法輪寺(千葉)　38c
法輪寺(京都・西京区)　255a,478b,627b,1049b,**1290a**
法輪寺(京都・泉涌寺)　859b
法輪寺(奈良)　**1290a**
法輪寺(徳島)　534a
法輪僧　**1290b**
法霖　**1289b**,1333c,1460b
法林寺(京都)　944b
法林寺(奈良)　1290a
法類　1260a
法礪　586a,586c,**1290c**,1453c
法澧天湫　669b
法蓮　**1291a**
法蓮寺(滋賀・神崎郡)　**1291a**
法蓮寺(滋賀・甲賀郡)　235a
法蓮社　1141a
法蓮房　779c
法朗　371a,485a,510b,510c,1241b,**1291a**
法臘　**1291b**
法論　1022c
泡斎念仏　152c
保恭　854b
保誌　170b,1273c
封禅寺　814a
胞胎経　954a
峰延　304a
峰杲　758b
峰相記　**1279c**
峰宝　1023c
袍服　1264b
袍裳　1264b
逢源　880a
逢善寺　**1279a**
梆　1406b
報恩　410c,456a,**1265b**
報恩庵　1104a
報恩院(京都・法性寺)　1315b
報恩院(京都・醍醐寺)　921c,922b
報恩院流　347b
報恩記　789b,790c
報恩行秀　264b
報恩巧方便　1284c
報恩講　157a,167a,249b,363a,**1265b**,1366b
報恩講御書　413b
報恩講寺　1094c
報恩講式　372c,**1265c**
報恩講式文　1265c
報恩講私記　1265c
報恩講論義　1507a
報恩広孝寺　822b
報恩寺(中国)　95b
報恩寺(朝鮮)　808c
報恩寺(岩手)　**1266a**
報恩寺(東京)　723a,**1266a**
報恩寺(神奈川)　637a
報恩寺(京都)　1133b,1360c
報恩寺(和歌山)　**1266a**
報恩抄　**1267a**
報恩蔵　1094c
報恩大師　276a,453c,1376b
報恩盆奉経　94a
報果　44b,157c
報国寺　111b
報謝　**1274a**
報生　**1276b**
報生三昧　1276b
報生仏　1231b
報障　487c
報身　1230c
報身形の山伏　1420b
報身仏　1230c
報通　798c
報土　1239a
報土の真身　1232c
報仏　1230c
報仏功徳経　94a
報仏寺　**1283b**,1421a
報仏菩提　1300c
報誉　1390b
彭希涑　739c
彭際清　322a,407c,459a,860a,1139a
葆雨堂　1056a
蜂岡寺　391b,1388a
豊光寺(相国寺)　709c
豊春　343b
豊水　1051c
豊然　320c
鳳閣寺　**1268a**
鳳岳寺　1268a
鳳山　191b,1052c
鳳山仙麟禅師　1052c
鳳翔法門寺　1287a
鳳扇　995b
鳳潭　130b,227b,321a,321b,329a,438c,566c,590b,679b,767a,1018b,1115b,1138c,1240c,**1280b**,1307c
鳳来寺　**1287c**
鳳来寺田楽　1287c
鳳嶺　**1291a**
褒貶抑揚教　407b,472a
鋒刃増　532b
謗法　1190a
龐蘊　**1261b**
鄮国寺　921a
卯月江　691b
牟子　472c,1476b
牟子理惑　1476b
坊　513b
坊官　887b,**1268b**
坊主墓　1397b

坊主墨海　840c
房海　**1267b**
房覚　**1268a**
房官　1268b
房玄　**1271a**
房山　**1273b**
房宿　1096a
房宿(人名)　1346a
冒地薩怛縛　1295a
茅屋寺　1390a
昴宿　1095c
旁出略伝　1033c
望衍　1166a
望西楼　1044b
傍依　**692b**
傍観正偽編　789a
傍機　236c
傍憑義宗　538a
傍明　**752c**
傍論　78c
謗仏経　328b
伯耆阿闍梨　1102b
伯耆一宮経塚　268c
北院僧正　455a
北苑　208b
北岳恒山　393b
北魏僧慧生使西域記　**1291c**
北魏の排仏　1144a
北魏仏　96a
北京の三会　498c, 1262c
北京律　168b, 683c
北山　712c
北山(人名)　1292a
北山語録　1292a
北山参玄語録　1292a
北山寺　418c
北山録　**1292a**
北寺伝　357a, 1316c
北宗　865a
北宗禅　843c, 850b
北宗漸悟禅　788c
北宋勅版　941a
北辰菩薩　1300a, 1377b
北禅寺　530b
北道派　111c
北斗供　1292b, 1300a
北斗七星　1299c
北斗法　**1292b**, 1300a
北峰慧行法師　618c
北嶺　139a, 1178c
北嶺教時要義　**1292c**
北嶺行門記　**1292c**
朴艾　542b
牧牛　41a
牧牛図　621c
牧牛子　990a
冒頓単于　327a
睦庵　52a
睦庵善卿　907b
睦州道明　1292b
睦州問僧甚処　1292a
睦州掠虚漢　**1292a**
墨庵　949a
墨隠漁白樵　731b
墨胡子　523b, **1292a**
墨斎　731b
墨蹟　**1292b**
墨蹟祖師伝　**1292b**
穆算　50a
穆宗　473c
濮陽大師　988b
干菜寺　1496b
星浦観音(円通寺)　134b
星供　**1299c**
星祭　1300a
星曼荼羅　559a
細川勝益　1008a
細川千巌　**1300a**
細川藤孝　1352c
細川満元　1325c
細川持賢　889b
細川守成　764a
細川幽斎　1352c
細川頼之　1433c
細草檀林　980b
北海相景君碑　1182b
北京律　168b, 1454a
北倶盧洲　44b, 487c, 679b, 975c, 1086a
北国書状　357b
北峰教義　**1318b**
北方五天　1093b
北方毘沙門天王随軍護法儀軌　1011c
北本涅槃経　1133c
弗迦羅娑黎　**1305b**
弗婆提　679b
払　1316a
払塵　1316a
払子　**1316a**
法界　488b, **1304c**
法界安立図　**1305b**
法界縁起　321b, 625a, 1305a
法界縁起説　126a
法界加持　1305a
法界観　1305a
法界観門　→華厳法界観門
法界宮　1305a
法界虚空蔵　397b
法界三観　470b
法界三段　541a
法界寺　1267b
法界次第　1305b
法界次第初門　**1305b**
法界宗　321a, 411b, 538a
法界定　1305a
法界定印　65b, 949a, 1305a
法界蔵　1125c
法界体性智　981c, 1305a
法界体性無分別経　954a
法界仏　261a
法界方便海　560c
法界無量廻向心　1297
法起寺　135b, **1305c**
法起菩薩　**1306a**
法橋上人位　873b
法救(婆沙の四大論師)　972a, 1154a
法救(法句経の撰者)　1306c
法救(説一切有部の論師)　872c, 972a, **1306b**, 1500a
法救(説一切有部の論師・禅教伝持者)　972a
法鼓　**1306b**
法鼓を叩く　1306b
法句経　7b, 39b, 253b, 294b, 528a, 529a, 532a, 674a, 817a, 1154b, 1204a, 1275c, **1306b**, 1306c, 1307a, 1371c
法句譬喩経　1306c, **1307a**
法倶得　1065a
法華一乗　50b, 1310a
法華会　130b, 498c, **1307a**, 1493c
法華開示鈔　**1307b**
法華戒壇院　171c, 1179c
法華格言　1154a
法華科註　51a
法華義記　**1307b**, 1308a
法華義疏(吉蔵)　1219c, 1293c, **1307c**
法華義疏(法雲)　1307b
法華義疏(聖徳太子)　**1307c**
法華儀軌　1294c
法華験記　**1308a**
法華玄義　49c, 162c, 163a, 167b, 174a, 236b, 267b, 487c, 494b, 496c, 539a, 566b, 574a, 628c, 645a, 649b, 724b, 801b, 810b, 839b, 1099c, 1196b, 1197b, 1260c, 1293c, **1308b**, 1342c
法華玄義釈籤　1309a
法華玄義釈籤縁起序　1309a
法華玄記十不二門　575a
法華玄賛　1220a, 1284a, **1309b**
法華玄論　1293c, **1310a**
法華光宅疏　1307b
法華五百問論　424a
法華去惑　666a
法華三十講　1312b
法華三周　483a
法華三大部　1294a
法華三部経　1124b
法華三昧　541c, 1310b
法華三昧経　525c, **1310b**
法華三昧堂　406c, 505b, 1186a, **1310b**
法華讃歎　495c
法華寺(北海道)

**1310c**
法華寺(東京)　1102a
法華寺(神奈川)　1108a,1113b
法華寺(奈良)　385b,400a,**1310c**
法華止観同異決　1454c
法華持経者　341c
法華七喩　1196c,1293b
法華十講　591b
法華十勝　1311a
法華宗　1026c,1107c
法華宗内証仏法血脈　**1311a**
法華秀句　**1311a**
法華取要抄　**1311b**
法華清浄院　619b
法華新註　51a
法華神道秘訣　**1311b**
法華説相図　**1311c**,1312c
法華懺法　7c,863c,1310c,**1311c**
法華尊者　982a
法華大会　591b,1458b
法華題目抄　648b
法華題目鈔　**1311c**
法華伝　287c
法華伝記　**1312a**
法華堂　541c,1310b
法華堂(比叡山)　1179c
法華堂(東大寺)　442c,1054c
法華統略　**1312a**
法華涅槃時　409a
法華念仏同体異名　673b
法華の峰　198b
法華八講　363a,443c,495c,681a,721b,837c,961c,**1312b**,1458c
法華変相　**1312b**
法華本門宗血脈相承事　**1312c**
法華曼荼羅　1294c,1311c,**1312c**,1364a
法華滅罪之寺　400a,1310c
法華文句　157a,169a,323b,328c,382a,495c,645a,724b,1284c,1293c,1308b,**1313a**
法華文句記　1313b
法華問答　789b,790c
法華遊意　1293c,**1313b**
法華律　348b
法華竜女成仏権実義　1463b
法華竜女成仏権実疑難　311c,1463c
法華竜女成仏権実文旨　1463c
法華霊験伝　**1313c**
法華六瑞　811b
法顕　86c,635a,826a,889b,964a,1006b,1050c,1075a,1133b,1133c,**1313c**,1347a,1366c
法顕伝　**1313c**
法子　**1314a**
法師　477a,873b,**1314a**
法主　**1314b**
法執　**189c**
法性　1175a,1230c,1285c,**1314b**,1486b
法性(人名)　1274b,**1314b**
法性院　1314b
法性寺(中国)　822b
法性寺(京都)　84c,420c,886c,1093b,**1315b**
法性寺(京都・尼寺)　1315b
法性寺(奈良)　806a
法性寺(福岡)　1114b
法性生身　1232b
法性身　1230c,1231a
法性土　1238c
法性房　1104a
法性法身　1232c
法性融通　**126b**
法称(ダルマキールティ)　436b,554c,675a,675b,800b,932c,965c,971b,972c,1018a,1119b,1248a,**1314c**
法称(ダルマヤシャス)　1077b
法勝　21c,872c,**1315a**
法勝寺　130b,171b,767b,**1315b**,1498b
法勝寺御八講　454a
法勝寺大乗会　929c,1262c,1507a
法照　372a,**1315a**
法処所摂色　519c
法身　159a,579b,1230b
法身(人名)　809b
法身果上の曼荼羅　27a
法身観　231c
法身記　1232b
法身義　369c
法身経　**1315c**
法身形の山伏　1420b
法身説法　1232a
法身蔵　1125c
法身の念仏　1137a
法身普賢　14b
法身仏　1230c
法親王　**1278b**
法主　1314b
法数　**1316a**
法相　**1316b**
法相伊呂波目録　**1316b**
法相義　1456b
法相玄論　**1316b**
法相宗　289c,306a,324b,345a,383a,427a,633b,756c,764c,933b,934c,**1316b**,1388a,1414b,1422c,1430a
法相宗章疏目録　**1317a**
法相宗初心略要　**1317a**
法相宗秘事絵詞　**1317a**
法相宗名目　**1317b**
法相髄脳　**1317b**
法相大意鈔　1317c
法相大師　515b
法相灯明記　**1317c**
法相二巻鈔　**1317c**
法相念仏　766a
法相の四重　673c
法相法　**699c**
法相名目見聞随身鈔　1317b
法相六祖像　907b
法体　**1317c**
法体装束抄　1318a
法体装束事　**1317c**
法智　981a
法智尊者　1010b
法灯円明国師　182b,371a
法灯国師　182b
法灯派　371b
法報応の三身説　1230c
発覚浄身心経　954b
発願　**1305c**
発願院　1447a
発願心　1305c
発起　**1305c**
発起衆　537b
発起序　204a
発遣　1097a,**1161a**
発光地　629b
発業潤生　**1314a**
発業の惑　1337a
発志願　1305c
発趣論　21c,1163a
発心　1301c
発心因縁十王経　620a
発心集　204a,**1315c**
発心住　1297
発心菩提　1300b
発心和歌集　**1316a**
発真正菩提心　636b
発大願　1305c
発意　1301c
発智身論　1499b
発智六足　1318a
発智論　945b,951c,**1318a**,1499b
発菩提心　1301c
発菩提心経論　**1318b**
発菩提心破諸魔経　673a
発菩提心論　561c,1303a
発無上願　1305c
最御崎寺　534a,**1318b**

髪舎利　612a
髪塔　1037b
仏立て(西蓮寺)　460c
仏舞(松尾寺)　1352c
頬焼阿弥陀縁起　**1319a**
堀池僧正　792a
堀内大御堂　1174a
堀江寺　577b
堀河天皇　911b
堀賢雄　148b
堀慈琳　212b
反出生死　713b
本阿弥光悦　721b
本因坊　608c, 1109a
本因妙　650a
本因妙抄　1312c
本円　1475b
本応院(寺名)　1103a
本応院(人名)　1103a
本応寺(現本能寺)　1106c, 1339a
本応寺(現立本寺)　1464a
本覚　177c, **1320b**
本覚(中国)　601b
本覚(日本)　1057c
本覚院　840c
本覚広済禅師　654a
本覚国師　773a
本覚讃　**1321b**
本覚寺(神奈川)　1112c, **1321b**
本覚寺(石川・日蓮宗)　1110a
本覚寺(石川・真宗)　**1321b**
本覚寺(福井)　**1321b**
本覚寺(静岡・静岡市)　1100a, **1321b**
本覚寺(静岡・三島市)　1112c
本覚寺(京都・下京区)　272b
本覚寺(京都・中京区)　1093b
本覚寺(岡山)　1108c, **1321b**
本覚寺(熊本)　1114a
本覚禅師　871a
本覚大師　1415c
本覚尼　375a
本覚坊　1105a
本覚法門　1321b
本果妙　650a
本願　285a, 917c, 1182a, **1322a**
本願(人名)　573c
本願義　734a
本願功徳聚　1322b
本願寺　55b, 66c, 119a, 147a, 763c, 788b, 806c, 890b, 1145b, 1322c
本願寺(京都・下京区)　**1322b**
本願寺(京都・熊野郡)　**1322b**
本願寺(徳島)　**1322b**
本願寺系図　43b
本願寺聖人親鸞伝絵　807b
本願寺聖人伝絵　390c, 807b
本願寺親鸞聖人伝絵　807b
本願寺通紀　**1324a**
本願寺日記　1034b
本願寺派　788c
本願寺表裏問答　1200b, 1341c
本願寺由緒記　1200b
本願鈔　789b, 790c, **1324b**
本願招喚の勅命　1161a
本願尼　219c
本願の行　1322b
本願の実機　1322b
本願の正機　1322b
本願の念仏　1137c
本願房　734a
本願力　111a, 234c, 1229a
本感応妙　650a
本義院　1106a
本行院　1109a
本行寺　1105c
本境寺　1114a
本敬寺　1105b
本具　702b, 1447a
本具三千　492b
本弘誓願　292c
本化　1343a
本化の菩薩　701c
本化別頭仏祖統紀　**1324c**
本化妙宗式目　399b
本元　105a, **1325a**
本源寺(宮城)　1106a
本源寺(静岡)　1110c
本源禅師　1049a
本眷属妙　650a
本高　**1325b**
本光院　**1325b**
本光寺(東京)　1103c
本光寺(新潟)　1101b
本光寺(熊本)　188a
本興寺(神奈川)　1103c
本興寺(静岡)　**1325c**
本興寺(兵庫)　1106c, **1325c**
本国院　1115c
本国寺(千葉)　**1326a**
本国寺(山梨)　1100c
本国寺(京都)　658b, 1093b, 1326a
本国土妙　650a
本圀寺(神奈川)　1100c, 1104a
本圀寺(京都)　658b, 1093b, 1104a, **1326a**
本際　**1326b**
本斎菩薩　527c
本山　513c, 518a, **1326b**
本山寺(大阪)　**1326c**
本山寺(岡山)　**1326c**
本山修験宗　707a, 1027c
本山修験略要　**1327a**
本山派　665a, 1369c
本山派修験　1327a
本山流　579a, 737b, 738a
本寺　513c, 517c, 1326b
本寺専修寺　853b
本事　**1327a**
本事経　1327a
本事経(経名)　61a, 824b, **1327c**
本事説　1327a
本地院　1113a
本地身　1232b, **1327c**
本地垂迹　**1328b**, 1342b
本地垂迹思想　300a
本地垂迹説　186c, 780a, 804b, **1328b**, 1475a
本地仏　1329a
本地法身　1327c
本地物　1330a
本地門　1328a
本識　29a
本師口　526a
本迹　1342b
本迹一致派　1343b
本迹一致論　1330c
本迹帰宗論　**1330b**
本迹見聞　**1330c**
本迹釈　323b
本迹十妙不二門　575a
本迹勝劣　1344b
本迹勝劣派　1343b
本迹雪謗　**1330c**
本迹二門　1342b
本迹の一致勝劣　1343a
本寂(中国)　850b, 892b, 1046a, **1330b**
本寂(江戸中期)　1396c
本寂(江戸末期～明治初期)　1165b
本集　82c
本宗寺(愛知)　66c, 1122c, **1330c**
本宗寺(三重)　393b, **1330c**
本修験宗　247a
本寿命妙　650a
本純　**1331a**
本照　756c
本照禅一禅師　891a
本生　86c, 294b, 578b, 583a, 596b, 606c, 644b, 661c, 1319c, **1331a**, 1501c
本生経　1005a
本生心地観経　787a
本生譚　12c, 54b, 496b, 700a, 1331a
本生話　606c, 817a, 1299b
本浄　1490c


妛
仏
頬
堀
反
本

本浄寺　854b
本聖　378b
本定院　989c
本性空　280c
本性住種　628a
本性住種性　635b
本性常　689c
本性仏　261a
本証寺　255c,482b,**1331b**
本成寺　1100c,1108b,**1331c**
本成寺派　1104b
本初仏　14b,205c
本心　1001c
本神通妙　650a
本瑞　1043a
本瑞寺　1207c
本誓　820a,1322a
本誓寺(岩手)　386c,**1331c**
本誓寺(東京)　**1331c**
本誓寺(新潟)　**1331c**
本誓寺(石川・松任市)　**1331c**
本誓寺(石川・鳳至郡)　**1331c**
本誓寺(長野)　**1331c**
本質　**1332b**,1421c
本説法妙　650a
本泉寺(茨城)　452b
本泉寺(石川)　**1332b**
本泉寺(大阪)　393b,**1332b**
本善寺　**1332c**
本禅寺　658b,1093b,1104b,1109b,**1332c**
本相　548a
本尊　**1332c**
本尊加持　1333a
本尊観　1333a
本尊義諍論　740c,**1333b**
本尊義答釈　1333c
本尊義百八十難　1333c
本尊色紙文　**1333c**
本尊壇　420c
本田義英　**1333c**
本田善光　846b,847b
本多日生　**1334a**
本多正純　701a
本智　1001c
本朝高僧伝　583a,**1334a**
本朝三論祖師伝　**1334b**
本朝諸宗要集　**1334b**
本朝神社考　1145c
本朝神仙伝　**1334b**
本朝新修往生伝　789b,**1334b**
本朝禅林宗派図　646c
本朝僧宝伝　**1334c**
本朝祖師伝記絵詞　1282c
本朝台祖撰述密部書目　**1334c**
本朝伝来宗門略列祖伝　**1334c**
本朝法華験記　1308b
本朝法華伝　**1334c**
本朝歴代法皇外記　**1335a**
本通院　1115b
本堂　1333b
本道三大寺　1324c
本統寺　305b
本徳寺(大谷派)　**1335a**
本徳寺(本願寺派)　283a,**1335a**
本土寺(千葉)　1109a,**1335b**
本土寺(石川)　1104c,**1335b**
本土寺「過去帳」　187c
本如(中国)　1027a,**1335c**
本如(鎌倉～南北朝)　973b
本如(江戸後期)　**1335c**
本有　44c,**1336a**
本有円成　110b
本有家　627c,1316c
本有種子　628a
本有新薫合生　1423b
本有説　627c,628a,1423b
本有無垢の十地　631a
本有無漏種子　628a
本涅槃妙　650a
本然　696b,1149b
本能寺　658b,1093b,1106c,1108b,**1339a**
本の三性　487b
本遠寺(山梨)　**1340b**
本遠寺(愛知)　1116a
本福寺　**1341a**,1376c
本法三段　541a
本法寺(東京)　**1341a**
本法寺(京都)　658b,1093b,1114b,1144c,1294b,**1341a**
本間重連　1379c
本満寺　658b,1093b,1112b,**1341b**
本満寺御書　413a
本妙　1107a
本妙寺(千葉)　1294b
本妙寺(東京)　**1341c**
本妙寺(熊本)　1114a,**1341c**
本妙法華宗　1108b
本妙法華堂(法華経寺)　1294b
本明　1476b
本明寺　41a
本命宮　1299c
本命元神　1299c
本命宿　1299c
本命星　1299c
本命星供　1299c
本命曜　1299c
本無今有有已還無　341a,491c
本面迹裏の弘経　1343a
本帽子　1200b
本門　**1342a**
本門戒体抄　648b
本門三段　541a
本門寺(東京)　146b,1101b,1108a,**1343b**
本門寺(静岡・富士宮市)　1102c,1108a,**1343c**
本門寺(静岡・富士郡)　**1343c**
本門十妙　1308c
本門成仏の対機　237a
本門相承　1108a
本門の開顕　1342c
本門の戒壇　495a,495b
本門の三の法門　495a
本門の十重　174b
本門の十妙　650a
本門の題目　495a,495b
本門の本尊　495a,495b
本門仏立講　790a,1108c,1114c
本門仏立宗　1108c,1114c,**1344a**
本門法華　1343a
本門法華宗　545b,923c,1108b
本誉存牟　58c
本来有　1336a
本来空　1336a
本来自性清浄涅槃　1132c
本来清浄涅槃　1132c
本来の面目　**1344b**
本来無一物　**1344b**
本利益妙　650b
本立院　1052a
本立寺　1116a,**1344b**
本隆寺　658b,1093b,1108b,1114a,**1344b**
本隆寺派　1114a
本蓮寺　1446a
本惑　1336b
犯戒罪報軽重経　1407b
奔荼林　995c
奔那伐弾那国　**1335c**
品　**1319c**
品数　1319c
品題　1319c
品類足論　1392c,1499b
翻経　1417b
翻経院　1417b
翻梵語　1326b,**1341b**
翻迷開悟集　605c
翻迷集　1200b,**1341c**
翻訳官　942a
翻訳名義集　1261b,**1344a**
翻訳名義大集　942a,990c,1213a,1369b,1485c
凡聖　**1331b**
凡聖一如　748a,1331b

凡聖同居土　1238c
凡聖不二　1331b
凡夫　352b,1331b,
**1340c**
犯引　1166a
犯戒　164b
盆　93b
盆会　93b
盆踊り　94a
盆花　94a
盆路　94a
梵　92b,158b,614a,
**1320a**,1506a
梵衍那(国)　30b,
1166a
梵王　956a
梵王相承　573a
梵我一如　92b,598b,
1320a,1506a
梵学津梁　572b,**1321c**
梵学津梁七九略鈔
555b
梵琦　452c,**1324b**
梵夾　599b,1144a,
1320a
梵行　396a,1320a,
**1324b**
梵魚寺　**1324c**
梵桂　**1324c**
梵語　572a,940a,
1168c,**1325a**
梵語雑名　1059b,
**1326b**
梵語千字文　572a,
**1326b**
梵響　1320a
梵刹　464a,1320a
梵讃　752c,**1326b**
梵字　567c,**1327b**
梵字経　888a
梵志　1168a,**1327a**
梵志経　528b
梵式　19a
梵釈寺　103c,477b,
829c,886b,894c,
**1330c**
梵衆天　522c
梵舜　**1331a**
梵書　83a,1247c
梵声　1320a
梵鐘　687b,1224c,
1320a
梵場寺　433c
梵清　749c
梵清本　749c
梵仙　824b
梵僊　406b,**1332b**
梵像　19a
梵僧烟起　320c
梵檀　**1334a**
梵天　609b,643c,
656a,926b,1020b,
1093a,1157b,1320a,
1325a,1358c
梵天勧請　217a,597c
梵天神策経　218c
梵天王　956a
梵灯庵　**1335a**
梵動経　1342a
梵日　1441c
梵音　518b,572a,
1320a
梵音声　1320a
梵唄　378c,518b,
752c,**1340b**
梵唄三契　529a
梵福　1320a
梵文阿含経　7a
梵輔天　522c
梵本　1320a
梵摩　1320a
梵摩那　92b
梵網経(支謙訳)
330a,**1342a**
梵網経(羅什訳)
162b,163a,306a,
335b,525a,632c,
659c,787a,817a,
1201c,1276b,1295c,
1299c,**1342a**,1488c
梵網経疏　1296a
梵網経盧舎那仏説菩薩
心地戒品　1342a
梵網具足戒　310c
梵網大戒　162b
梵網菩薩戒　162c
梵網菩薩戒経　1342a
梵網菩薩戒経義疏
1295c
梵網六十二見経
1342a
梵暦　1484b
梵暦策進　679b
梵蓮社忍誉浄阿　156c
煩悩　1b,326a,331a,
354a,791c,**1336a**
煩悩境　562a
煩悩垢　1339a
煩悩礙　**1339a**
煩悩障　487c,687b,
1337a,**1339b**
煩悩濁　415b
煩悩雑染　889a
煩悩不退　1220a
煩悩魔　1344c
煩悩無数誓願断　526c
雪洞　995b

## ま

マイトラカ王朝
1164b
マイトラーヤニー・プトラ　1249c
マイトリーパ　17a,
1085c,1358c
マイトリーバラ　772a
マイトレーヤ(菩薩)
3a,1387c
マイトレーヤ(論師)
71c,286b,336c,
439c,830c,933b,
1169a,1175b,1258b,
1285b,1296a,1386c,
1394b,1430a,1430b
マウルヤ王朝　1b,
367b,963c,993a,
1155c,1164b,1227b,
1347b
マガ　1349b
マガヴァー　1349b
マガダ　10c,45b,
141c,263a,657a,
1203c,1347a
マカラ　642c
マーガンディヤ
1349c
マクガヴァン　**1349b**
マクドネル　**1349b**
マズダ教(ゾロアスター教)　909a
マーダヴァ　**1350c**
マータンガ　1354a
マッカリ・ゴーサーラ
1497a
マックス・ミュラー
24a,82b,960b,
1087b,1177a,1306b,
1371b,1400b
マッジマ　834b
マッジマ・ニカーヤ
7a,816c,1073c,
1440a
マッジャンティカ
45a,190b,223c,
1353c
マッチャ　657b
マツヤ　657b
マッラ　657b,1147a,
1353c
マッリカー　752b,
1153b,1358b
マティチトラ　1351a
マティチャンドラ
110a,562c,716c
マティプラ　1353c
マディヤンティカ
1353c
マテオ・リッチ　1024a
マドゥヴァーシシュタ
1350b
マドゥヴァーセッタ
1350b
マトゥラー　657c,
1233b,1354a
マドゥラ　1356b
マドゥラー　1354a
マトゥラー仏教美術
1354b
マドヤマカ　994c
マドヤマカ・アヴァターラ　611c,993a,
1120b,1214b
マドヤマカ・アランカーラ　614c
マドヤマカ・アーローカ　203c
マードヤミカ　994c
マドヤーンタ・ヴィバーガ　1258b
マートリチェータ
60a,758a,1351a,
1404a
マーナヴァ　674b
マーナヴァ・ダルマ・シャーストラ　1355c

マナスヴィン　1157c
マニ　1355b
マニ教　1355b
マニチンタ　18a
マヌ・スムリティ　1355c
マヌ法経　1355c
マヌ法典　161a,770b,1203b,**1355c**
マノーラタ　1356b
マハーヴァイローチャナ　948b
マハーヴァストゥ　596b,629c,817b,1240a,1307a,**1356c**
マハーヴァストゥ・アヴァダーナ　1356c
マハーヴァッガ　81a
マハーヴァナ　959c,1252b
マハーヴァンサ　967a,**1356c**
マハーヴィウトパッティ　942a,990c,1213a,1369b,1485c
マハーヴィハーラ(インド)　965a
マハーヴィハーラ(セイロン)　20a,826a,1236b,1350b,**1357a**
マハーヴィバンガ　81a
マハーヴィーラ　593a,1092a
マハーカウシュティラ　1006a,1345c
マハーカーシャパ　1c,639b,1345b
マハーカッサパ　17c,45a,312b,327b,639b,1162c,1188b,1345b
マハーカッチャーナ　639b,992c,1345c
マハーカッチャーヤナ　1345c
マハーカッピナ　1346a
マハーカートヤーヤナ　639b,1345c
マハーカーラ　921b
マハーカリヤーナカ　**1357b**
マハーカルピナ　1346a
マハーコッティカ　1345c
マハーコッティタ　1345c
マハーサットヴァ　464b
マハーサンマタ　253b,937c,1346a,1357b,1361b
マハースダッサナ　937c
マハースターマプラープタ　822b
マハースダルシャナ　937c
マハーセーナ　1017b,1357b
マハーダーナ　937c
マハーチュンダ　1347a
マハーティッサ　79c,1357a
マハーデーヴァ　34a,944c,945a
マハーナーマ(比丘)　423c,1347c
マハーナーマ(優婆塞)　84c,235c,400c,1347c
マハーナーマ(大史の編者)　1356c
マハーバーシヤ　1156a,1169c,1180c
マハーパジャーパティー　17b,594a,597a,751a,841c,1088c,1348a,1348b
マハーパジャーパティー・ゴータミー　269c
マハーバーラタ　81c,1147c,1203b,**1357b**,1445b
マハー・パリニッバーナ・スッタンタ　596c,1133b
マハーパンタカ　680c,1173c,1348a
マハービジュニャージュニャーナービブー　944c
マハープラジャーパティー　597a,913c,1240c,1348a
マハープラジャーパティー・ガウタミー　269c
マハープラバーサ　921b
マハーブラフマン　956a
マハーボーディ協会　979c
マハーマウドガリヤーヤナ　597c,639b,1348c,1499c
マハーマーヤー　751a,1240b,1348b
マハーマユーリー　289a
マハーモッガラーナ　597c,639b,1348c,1497b
マハーラーガ　2c
マハーラーシュトラ　1349a
マーハーラーシュトリ一族　34a
マハーラッタ　1349a
マヒシャマンダラ国　34b,945a
マヒンダ　18b,553b,826a,878b,1187c,1225a,1350a,1357a
マヘーシャムールティ　123a
マヘーシュヴァラ　924c
マヘーンドラ　1350a
マホーラガ　1158b
マーヤー　158c,614a
マーヤー(人名)　304b,596c,841c,1018a,1061c,1348a,1348b,1348c,1446b
マーヤー説　614a
マーラ　1154b
マライナードゥ　1358b
マーラヴァ　1359a
マラクタ　1358a
マラヤ　1358b
マリーチ　1358c
マルカタ・フラダ　959c
マルクス・アウレリウス・アントニヌス　936b
マルパ　1017c,1085c,**1358c**,1385c
マールンクヤ・プッタ　**1358c**
マンジュシュリー　1410c
マーンダーター　1361b
マーンダートリ　1361b
マンターニ・プッタ　1249c
マンダラ　977b
マンダラ(人名)　1364c
マーンドゥーキヤ・カーリカー　176a
まこと教団　802c
末陀　813b,**1350b**
末底戦達羅　110a
末田地　190b,224a,**1353c**
末田底迦　45a,1353c
末度迦　1350b
末那　38b,1354b
末那識　15b,288c,490a,499c,520b,756c,776a,981b,**1354b**,1423a
末那の三位　1354b
末奴沙　1126c
末利　**1358b**
末利支提婆華鬘経　1358c
末利夫人　752b,1153b,1358b
真渓正遵　**1350c**
真間寺　298b
真間法華堂　298b
秣底補羅国　**1353c**
秣菟羅国　**1354a**
秣羅矩吒国　1220c,**1358a**,1358b
秣剌耶山　1220c
莫訶半託迦　1173c,

1348a
麻衣　1264b
麻谷寺　**1349c**
麻谷宝徹　1087c
麻呂子親王　956b
間宮敦信　1053c
間宮英宗　**1358a**
摩　571
摩夷　1351a
摩因提　1349c
摩訶　**1345b**
摩訶一阿闍梨　1100c
摩訶衍　928a
摩訶衍(劉宋)　295c
摩訶衍(唐)　203c,465c,466a,1016c
摩訶衍那　928a
摩訶衍宝厳経　955a
摩訶迦葉　1c,17c,312b,327b,448c,639b,674c,850b,1136a,**1345b**
摩訶迦葉経　197a,954b
摩訶迦旃延　639b,**1345c**
摩訶迦羅　921b,962a,1350c
摩訶倶絺羅　1006a,**1345c**
摩訶劫賓那　**1346a**
摩訶薩　1295b
摩訶薩埵　1295b
摩訶薩埵王子　464b
摩訶薩駄摩鉢羅鉢跢　822b
摩訶三摩多王　**1346a**,1357b,1361b
摩訶止観　33b,52a,95a,162c,222a,228b,308a,426b,470a,475a,494b,505a,518c,541b,562a,628c,636a,685c,810b,857a,863b,1079b,1285a,1302a,1345a,**1346b**
摩訶周那　**1347a**
摩訶刹頭経　223c
摩訶僧祇　1052c
摩訶僧祇部　425c
摩訶僧祇律　161c,425c,632b,835c,**1347a**,1449c,1455b
摩訶僧祇律大比丘戒本　1347a
摩訶提婆　34a,944c
摩訶袒持　955c
摩訶注那　1347a
摩訶那摩(比丘)　1347c
摩訶那摩(優婆塞)　84c,235c,400c,1347c
摩訶男(比丘)　423c,**1347c**
摩訶男(優婆塞)　1347c
摩訶男拘隷　1347c
摩訶波闍波提　17b,164a,594a,597a,598a,751a,841c,913c,1088c,1240c,**1348a**,1348b
摩訶波闍波提憍曇弥　269c
摩訶鉢頭摩地獄　1486b
摩訶鉢特摩　532b
摩訶鉢剌闍鉢底　1348a
摩訶伐那　959c
摩訶般若心経釈　1177a
摩訶般若波羅蜜経　944a,1175b　→大品般若経
摩訶般若波羅蜜鈔経　1175c
摩訶般若波羅蜜大明呪経　1177a
摩訶槃陀　680c,**1348a**
摩訶槃毒　1348a
摩訶毘盧遮那　948b
摩訶菩提寺　582a
摩訶菩提質帝薩埵　1295b
摩訶摩男(比丘)　1347c
摩訶摩男(優婆塞)　1347c
摩訶摩耶　751a,1240b,**1348b**
摩訶摩耶経　1229b,**1348b**
摩訶摩瑜利仏母明王　289a
摩訶曼殊沙華　1361a
摩訶曼陀羅華　1364b
摩訶目犍連　639b,**1348c**
摩訶羅倪　**1349a**
摩訶剌佗国　**1349a**
摩伽　1349b
摩伽陀　414c,1347a
摩伽羅　1347c
摩賀　1345b
摩揭陀国　10c,20a,45b,141c,1203c,1347a
摩竭陀国　263a,657a,**1347a**
摩竭宮　642c
摩竭魚　**1347c**
摩佉婆　**1349b**
摩醯　1345b
摩醯因陀羅　1350a
摩醯娑末陀羅国　34b
摩醯娑慢陀羅　945a
摩醯首羅　42a,372c,918b,924c,1095b
摩醯首羅頂生天女　241b
摩醯首羅の三目　497c
摩醯邏矩羅　1370b
摩犍地迦　1349c
摩犍提　**1349c**
摩虎羅　643b
摩睺羅伽　1095b,1158b,**1350a**
摩呻陀　1350a
摩哂陀　878b,**1350a**,1408a
摩頭　**1350b**
摩頭波斯吒　**1350b**
摩頭羅　1354a
摩頭羅瑟質　1350b
摩多　568,572a,572b
摩多十二韻　572b
摩多羅神　341b,**1350c**
摩陀那　**1350c**
摩怛羅神　1350c
摩怛理迦　91c,1351a
摩怛利神　1350c,1351a
摩怛利神法　**1351a**
摩咀理迦　493b,**1351a**
摩咀履迦　1351a
摩窒里迦　1351a
摩偸羅　1354a
摩頂灌頂　217c
摩咥里制吒　60a,758a,**1351a**,1404a
摩帝利加　1351a
摩登伽阿蘭若　30a
摩登伽　**1354a**
摩登伽経　528a,**1354a**
摩登祇　1354a
摩得勒伽　1351a
摩得勒伽経　635a
摩徳勒伽　1351a
摩突羅　1354a
摩都羅神　1350c
摩那斯　1157c
摩那蘇婆帝竜王　1457a
摩那埵　1451a
摩那婆　674b
摩尼　**1355a**
摩尼教　1075c,1235b,**1355b**,1355c
摩尼光仏教法儀略　**1355c**
摩尼珠　1355a
摩尼宝珠　1355a
摩尼羅亶大神呪経　218c
摩奚沙　1126c
摩奚羅他　**1356b**
摩奴羅　**1356b**
摩納　674b
摩納婆　**1356b**
摩納縛迦　1356b
摩耶　751a,841c,1348b
摩耶夫人　304b,497b,596c,1018a,1061c,1229b,1348a,1348b,1348c,1446b
摩耶参　**1358a**
摩羅　1353c
摩羅迦舅　1359a
摩羅鳩摩羅　1359a
摩羅耶山　1358b
摩剌耶山　**1358b**
摩利迦　1084a,1358b
摩利支天　**1358c**
摩利支天経　**1358c**

摩利支天陀羅尼　1358c
摩利支天陀羅尼呪経　1358c
摩利支天法　155c
摩利支天菩薩　1358c
摩利支天菩薩陀羅尼経　1358c
摩利夫人　1358b
摩梨帝国　1313c
摩臘婆国　**1359a**
摩和羅女　1095b
磨院　**1345a**
磨崖仏　829a,1233c
磨鏡台　372a
磨光韻鏡　**1349c**,1409c
磨司　1345a
磨沙　1350a
磨灑　**1350a**
磨頭　1345a
魔　1154b,**1344c**
魔事境　562a
魔天　963b,1020b
魔波旬　1154b
魔羅　1344c
売茶翁　344a
売僧　**1345a**
妹怛隷耶　1387c
埋経　47c,600a
梅怛儷耶　1387c
前神寺　534a
前田慧雲　146b,**1345a**
前田利家　716c,1290a
前田利常　620c,858a,1031c,1083b,1332c
前田利長　812c
牧口常三郎　875b,**1349a**
牧園・横川連盟霧島講　204b
牧野英成　1352c
槙尾山寺　281c
槙尾寺　837c,1145b
枕経　872b
枕双紙　368a,**1349c**
孫末寺　518a
正子内親王　917a
増井寺　716b
俣野五郎景平(入道明阿)　720b
町元呑空　643a
末伽　1037c
末伽梨拘舎梨　1497a
末蹉　**1352a**
末山　513c,1326b
末寺　513c,517c,1326b
末示摩　496b,834b
末闡提　1353c
末睇提捨　995c
末代念仏授手印　**1352a**
末灯鈔　620c,789b,790c,**1352b**
末土羅　1354a
末の三性　487b
末法　1352c
末法思想　241a,1086b,**1352c**
末法灯明記　**1353a**
末摩　979c
末羅　1147a,**1353c**
末羅国　657b
末利　1353c
末牢　1353c
抹香　362b
松岡御所　1043b
松尾観音　1351b
松尾寺(滋賀)　441c
松尾寺(京都)　**1352b**
松尾寺(大阪)　**1351b**
松尾寺(奈良)　**1351b**
松尾寺(香川)　**1351b**
松ヶ岡文庫　815a
松ヶ崎檀林　980b,1108b,1113a
松崎天神縁起　1330a
松下能久　782a
松島善譲　**1352a**
松島寺　809b
松平清康　1457c
松平忠雄　918b
松平親氏　1279c
松平親忠　927c
松平信貞　959c
松平信光　782b
松平頼重　579c
松田元喬　1490b
松の寺(祥雲寺)　692a
松の寺(要法寺)　1433c
松葉ヶ谷草庵焼打　1144c
松葉ヶ谷の法難　1107b
松橋の厚草紙　16a
松橋流　335a,921c,1267b
松聖行事　1020a
松前慶広　710a
松室先徳　996a
松本久吉　1034b
松本文三郎　**1353b**
松本問答　1034c
松山忍成　**1353b**
真盤　362a
守　**1358a**
守袋　1358a
守札　424b,1358a
守本尊　1333b,1358a
万庵　341b
万安英種　376a
万花会　**1359c**
万巻　750b,1152a
万行　765b
万歳法師　1319a
万寿戒壇　704c
万寿寺(河北省・北京)　**1360c**
万寿寺(浙江省杭州府)　275c,405b
万寿寺(浙江省湖州府)　405b
万寿寺(神奈川)　226a,405c,406a
万寿寺(京都・東山区)　405c,**1360c**
万寿寺(京都・東福寺塔頭)　1058c
万寿寺(佐賀)　103b
万寿寺(大分)　405c,984a,**1360c**
万寿禅寺　275c
万松寺　1173a
万聖祐国寺　1250c
万善同帰集　32b,**1361a**
万善同帰教　407b
万僧会　1262b
万代守護権現　964b
万灯　146b
万灯会　387b,1060a,1359c,**1364c**
万灯供養　1364c
万灯聖　1185c
万徳寺　**1365a**
万人講　220c
万年寺(中国)　1026b
万年寺(山口)　1048c
万年寺(宮崎)　671c
万不一生　849c
万部会　861c
万福寺(山梨)　225c,376c,**1365a**
万福寺(京都・宇治市)　67a,725b,1093c,**1365a**,1463a
万福寺(京都・宮津市)　1385a
万福寺(島根・出雲市)　**1365a**
万福寺(島根・益田市)　**1365a**
万福禅寺　144c
万福法師　987b
万法　769a
万法帰心録　**1365c**
万法蔵院　956b
万無　1282a,**1366a**
万無寺　1129c
万葉代匠記　312c
万里　624b
万暦版　941b
卍元　583a　→師蛮
卍山　1057c　→道白
卍字　**1360b**
卍字蔵経　10a,941c,1080c
卍字続蔵経　10a,941c　→続蔵経
卐字　1360b
政所　550c
曼殊院　139c,**1360b**,1412a
曼殊室利　1410c
曼殊室利呪蔵中校量数珠功徳経　670a
曼殊沙華　**1361a**
曼陀多王　**1361b**
曼陀羅　1361b
曼陀羅(人名)　954a
曼陀羅華　**1364b**
曼陀羅寺　**1364c**
曼陀羅山　765a
曼陀羅仙　878a,955a,1176b,1261a,**1364c**
曼吒羅　1361b

曼拏羅　1361b
曼拏攞　1361b
曼荼羅　633c,1043c,**1361b**,1367c
曼荼羅供　752c,855a,1364a
曼荼羅寺(京都)　153b,810b,1128b
曼荼羅寺(香川)　534a,**1364c**
曼荼羅宗　784b
曼荼羅集　378a
曼荼羅図　1329c
曼荼羅道場　783c
曼荼羅便覧　348a
満意　**1359b**
満果　202c
満願(インド)　1249b
満願(日本)　1152a
満願子　1249c
満願寺(栃木・栃木市)　**1359c**
満願寺(栃木・日光市)　1111c,1478b
満願寺(兵庫)　**1359c**
満願寺(熊本)　**1359c**
満空　**1360a**
満月寺　**1360a**
満賢　656c
満功　797c
満業　364a
満済　502c,922b,**1360b**
満済准后日記　1360b
満財長者　206a,678a
満山集会　928a
満散　**1360b**
満字　1171a
満字教　**1171a**
満慈子　1249c
満寺集会　928a
満州語　940a,1293a
満宿(比丘)　1244a
満宿(夜叉)　1244a
満誓　607c,**1361a**
満善車王　1095b
満増　300a
満拏囉　1361b
満荼邏　1361b
満中陰　249a
満天王　1095b
満徳寺　127c
満濃池　282a
満福寺　1121c
満富城　678a,1335c
満米　436c
満羅　1353c
慢　254c,**1359a**
慢過慢　1359a
漫吟集　**1360a**
漫荼羅　1361b
蔓陀羅　1361b
縵衣　1263b
鬘童子　1359a

み

ミガシーサ　**1366b**
ミガダーヤ　189a
ミガーラ　967c,1497c
ミガーラ・マーター　1404b,1497c
ミガランディカ　1498c
ミッサカ山　18b,553b
ミティラー　657a,1160c,1187b,1368c
ミトゥナ　642c
ミトラ　**1369a**
ミトラシュリー　1369a
ミトラセーナ　1066c
ミーナ　642c
ミノ エア　554b,**1369a**
ミヒラクラ　536a,1245b,**1370a**,1489b
ミーマーンサー学派　593b,1247b,1505c
ミーマーンサー・スートラ　593b,1247b,1506a
ミュラー　1177a
ミュラー, E.　**1371b**
ミュラー, F.M.　**1371b**　→マックス・ミュラー
ミュラー, F.W.K.　**1371b**
ミラレパ　993c,1358c,**1385c**
ミラレパ伝　1386a
ミーラーン　671a,855b,**1386a**
ミリンダ　594c,896b,962b,1082b,1082c,1386a
ミリンダ王の問い　1082c
ミリンダ・ティーカー　1083a
ミリンダ・パンハ　1073c,1082c,1386b,1448c
みどりご(雑誌名)　964b
三井三門跡　137c
三井続灯記　592c
三井長吏　887a
三井寺(滋賀)　156a,419a,676c
三井寺(奈良)　1290a
三井寺衆徒　1145a
三井寺法輪院　729a
三井豎義　1458b
三日月上人　704a
三河一向一揆　703a,752a,1331c
三河三カ寺　782b
三河僧正　479a
三河入道　602a
三河念仏相承日記　703a
三河聖　602a
三津寺　577b
三村日修　**1371a**
三室戸寺　**1371a**
三善為康　411a,617c,**1385b**
三好長慶　1087b
三輪物語　1145c
壬生狂言　**1370b**,1370c
壬生地蔵　1370c
壬生大念仏　1370b
壬生寺　949b,1370b,**1370c**
壬生寺縁起　982b
未開顕　167b
未至定　446a,546b,688b
未生怨　10c
未曾有　641b,**1367a**
未曾有因縁経　1367b
未曾有正法経　11a,1222a
未曾有経　1367a
未曾有経(失訳)　**1367a**,1395b
未曾有経(曇景訳)　**1367a**
未曾有法　1367a
未知当知根　507c
未来　491a,491c
未来記　236a
未来星宿劫千仏名経　493a
未来仏　1388a
未了義　237b
未了義教　1468c
未了義経　1468c
未離欲者　**1386b**
巫女　300b,1210a
身延山　1105a,**1370a**
味　**1366a**
味定　688c
味等至　688c
弥阿　1090a
弥夷国　1368c
弥伽羅　1497c
弥却　818b
弥遮迦　943c,**1366c**
弥沙塞　1052c
弥沙塞五分律　1366c
弥沙塞部　425c,1236b,1366c
弥沙塞部和醯五分律　**1366c**　→五分律
弥沙塞律　1366c
弥陀教　1097a
弥陀寺　694b
弥陀山　1392b
弥陀台　372a
弥悌羅　657a
弥悌羅城　**1368c**
弥帝隷　1387c
弥帝麗尸利　1369a
弥天(証空)　702c
弥天の道安　1038c
弥姤路刀利　**1369a**
弥羅掘　536a,1346b
弥蘭王　1386a
弥蘭王問経　1082c
弥蘭陀王　594c,962b,1082c,**1386a**
弥戻車　**1386b**

弥勒(菩薩) 11c,57b,498c,707a,741c,1058a,1256a,1296c,1363b,1369a,1387a,1387c →弥勒菩薩
弥勒(論師) 71c,145c,286b,336c,439c,830c,933b,1169a,1175b,1258b,1285b,1296a,1316c,**1386c**,1394b,1430a,1430b
弥勒会 **1387a**
弥勒経遊意 **1387a**
弥勒下生経 1387c
弥勒下生経(竺法護訳) **1387a**
弥勒下生経(義浄訳) **1387a**
弥勒下生経(羅什訳) **1387a**
弥勒下生成仏経(義浄訳) 1387b
弥勒下生成仏経(羅什訳) 1387a
弥勒三部経 1388b
弥勒寺(朝鮮) **1387b**
弥勒寺(東京) **1387b**
弥勒寺(岐阜) 128a
弥勒寺(大阪) 169c,193c
弥勒寺(兵庫) 702b
弥勒受決経 1387a
弥勒上生経 57b,142b,**1387b**
弥勒浄土図 1070b
弥勒浄土変 741c,1070a,1070b,1256a
弥勒成仏経 1387a
弥勒信仰 268c
弥勒大成仏経 1387a,**1387c**
弥勒天宮観 741c,1070b
弥勒の五部論 336c,933b,1251c,1258b,1285b,1386c
弥勒付属 1219b
弥勒仏 484a,1066a,1388a
弥勒菩薩 3a,47c,142b,143c,232a,619c,627a,660a,731b,1040b,1040c,1070a,1219b,1386c,1387a,**1387c**,1459a →弥勒(菩薩)
弥勒菩薩所問経 955a
弥勒菩薩所問本願経 955a,**1388b**
弥勒菩薩半伽像 391c
弥勒菩薩本願経 1388b
弥勒本願経 1388b
弥勒来迎図 1388a
弥勒六部経 1388b
参河僧正 479a
眉間光 484a
眉間白毫相 483c
眉毛 273a
神子 1210a
神輿振 895b
美音精舎 292a
美音天 1257a
寐吱曷羅倶邏 1489b
御影供 146b,168c,249b,1263a,**1366b**
御影堂 103a
御影堂(新善光寺) 796b
御影堂扇 796b
御影堂派 538c
御影堂彼岸会 758b
御笠伝 1316c
御笠山 1285c
御木徳一 1166a
御斎会 404c,498c,1262c
御修法 407c,752c
御正体 186c,1329c
御衣木 1233c,**1367b**
御衣木加持 **1367b**
御衣絹 1367b
御素木加持 1367b
御岳 277c
御岳精進 **1367b**
御寺御所 932a
御堂衆 1055c
御廟(比叡山) 1179c
御廟義 299a
御廟決 **1371a**
御廟大師 1470a
微 400c
微細会 1362b
微細相容安立門 625b
微細曼荼羅 1449a
微塵劫 361b
微欲地 629a
蜜絺羅 657a,1160c
獮猴池 959c
獮猴林 959c
宮講 253c
水鏡御影 735b
水かけ不動 1279a
水垢離 429a
水沼義 723a
水野弘元 844a
水間寺 **1367a**
水原宏遠 **1367a**
卓囲 1225a
三緒袈裟 1264b
三具足 331b,1224c
三瀬川 1373a
密意一乗 49b
密意 **1368c**
密印 65a
密雲(円悟) 128c
密雲(久我環渓) 284c
密英 932b
密義意一乗 49c
密教 **337b**,407b,430a,1183a,1190c,**1367b**
密教禅 1390a
密行第一 639b,1442c
密護 294a
密号 **1368a**
密厳 1415a
密厳院(新潟) 1266a
密厳院(和歌山・高野山) 387c
密厳院(和歌山・根来寺) 1440c
密厳院東明寺 1174c
密厳浄刹 1368a
密厳浄土 730c,**1368a**
密厳尊者 184b
密厳仏国 1239a,1368a
密山 1044a
密山演静 716c
密迹金剛 626b,1084c
密迹金剛力士 1095b
密迹金剛力士経 954a
密迹力士 433c,626b,1157b
密跡力士大権神王 1368b
密跡力士大権神王経偈頌 **1368b**
密宗 337c
密宗血脈鈔 **1368b**
密修神化尊者 146a
密成 894b
密乗三迹 857c
密乗声明の中興 753a
密乗坊 694c
密蔵院 996a,**1368b**
密陀絵 **1368c**
密陀僧 1368c
密陀油 1368c
密法 676a
密門宥範 **1368c**
密林寺 612a
蜜荼哥 1404b
蜜多斯那 1066c
三日講 363a
緑野教寺 750b
緑野寺 456b,750b
六月会 1003b,1307b,**1369b**,1458b
六月会広学竪義 1507a
南コーサラ国 263a
南谷檀林 693a
南庄乗然 1125a
南之坊 **1369b**
南別院 346a
南別所 1491b
南法華寺(壺阪寺) 1015b
南御堂(大阪・難波別院) 1089b
南御堂(神奈川・勝長寿院) 729c
源実朝 612b,754c,1012a
源隆国 36b,442b
源為憲 502c,**1369c**
源経家 530b
源融 208c
源範頼の塚 42a
源光忠 1282b
源満仲 964b,1359c
源義家 608c,1159b
源義高 815b
源義朝 149b,675c
源義仲 247c

源頼朝　42c,211c,729c,746b,751a,773c,782c,806a,814b,845a,882b,956c,987c,1082a,1118c,1159b,1221b,1246b,1266a,1287c,1406a
源頼直　1226a
源頼義　806b,997a
峰相記　1279c
峰相寺　**1369c**
峰入　**1369c**
峰先達　856c
峰寺(普光寺)　1213b
峯薬師　1287c
峯寺(禅師峯寺)　848c
箕面寺　1493a
宮座　448c
宮谷檀林　980b,1104a,1326a
宮沢賢治　1293c
宮地義天　40a,**1371b**
宮僧正　1054b
宮辻子義　738a,744a
宮寺　780a
宮原真宅　204b
宮本ミツ　1382a
宮門跡　517c,983a,1265a,1278b,1411c
名　**1372a**
名仮　307c
名号　250b,260a,1279a,1333a,**1377b**
名号本尊　1257b
名公法喜志　**1378b**
名言習気　563b,628b
名言種子　563b,628a
名言道断　446c
名色　**1378c**
名字沙弥　610b
名字成仏　903a
名字即　900c,1299a
名字の菩薩　1299a
名事の二諦　1099a
名称　1416c
名身　1372a
名数　1316a
名体不二　**1381c**
名単　972c
名帳　110a,**1382a**,1470a
名天　1020c
名別義通　410a
名聞　1416c
名聞利養　**1384b**
名蓮社号誉　1069b
名蓮社称誉　787a
妙　**1372a**
妙安　**1373b**
妙安寺(群馬)　**1373b**
妙安寺(茨城・岩井市)　**1373b**
妙安寺(茨城・猿島郡)　**1373b**
妙安寺(京都)　1401c
妙安寺(奈良)　198b
妙意　399a,**1373c**
妙胤　1255b
妙因寺　819c
妙慧(インド)　678a
妙慧(日本)　1112c
妙永寺　1114a
妙衍　523c
妙円寺　808a
妙応　**1374a**
妙応光国慧海慈済禅師　105b
妙応寺(中国)　**1374c**
妙応寺(北海道)　**1374c**
妙応寺(岐阜)　**1374c**
妙音　1154a
妙音阿闍梨　1101b
妙音院(根来寺子院)　887c,1438c
妙音院(人名)　1471c
妙音院流　753b
妙音天　1257a
妙音菩薩　**1375a**
妙恩寺　**1375a**
妙果　1372b
妙快　**1375b**
妙戒　162c
妙誠　**1375b**
妙海寺　1103a
妙海尼　948b
妙覚　178a,1297,1298
妙覚(人名)　1375c
妙覚寺(千葉)　1118a,**1375b**
妙覚寺(神奈川)　1105b
妙覚寺(静岡)　**1375b**
妙覚寺(京都)　658b,1093b,1103a,**1375b**
妙覚寺(岡山)　4a,1108b,**1375b**
妙覚性　1297
妙覚大師　1273c
妙覚智　583c
妙覚道了　454c,1062b
妙覚宝殿　1062b
妙観　1125a,**1376a**
妙観院　846b
妙観察智　981b
妙感寺　**1376a**
妙喜(人名)　881a
妙喜国　13b,**1376a**
妙喜宗績　1464c
妙喜世界　731a
妙伎楽頼吒和羅　1403c
妙義口伝集　**1376a**
妙義集　1376a
妙義論　847c
妙吉祥　1410c
妙吉祥菩薩所問大乗法螺経　934b
妙叶　1265a
妙境　1372b
妙教寺　453c,**1376b**
妙経寺　1105b
妙行寺　**1376b**
妙行心要集　**1376b**
妙空子　1492a
妙慶　944b,**1376c**
妙慶寺　97c
妙賢　1162c
妙玄　1308b
妙玄寺　1152a
妙顕寺(福井)　1104c
妙顕寺(京都)　658b,1093b,1104c,1108b,**1376c**,1379a
妙眼寺　1377a
妙源寺　386c,**1377a**
妙見法　1300a
妙見菩薩　1300a,**1377b**
妙光　678b
妙光寺(茨城)　1106a
妙光寺(千葉)　880b,1092b
妙光寺(新潟)　**1377c**
妙光寺(京都)　405c,**1377c**
妙光寺(大阪)　1379a
妙光菩薩　1101b
妙香　223c
妙高　678b
妙高庵　883c
妙好華　1486b
妙好人　453c,**1378a**
妙好人伝　377b,**1378a**
妙広寺　1109c
妙興寺(千葉)　1102c,**1377c**
妙興寺(福井)　1104c
妙興寺(愛知)　626a,**1377c**
妙国院　1112c
妙国寺(茨城)　1105b
妙国寺(東京)　**1378b**
妙国寺(新潟)　1105b
妙国寺(福井)　1105b
妙国寺(大阪)　1111b,1294b,**1378b**
妙厳　1490c
妙厳寺　863c,**1378c**
妙子　348b
妙地院　1109c
妙慈弘済大師　51b
妙実　**1379a**
妙宗(雑誌名)　1419a
妙宗円通記　768b
妙宗本尊弁　**1379b**
妙宗本尊略弁　1379b
妙純寺　**1379c**
妙春尼　1331a
妙匠　1184c
妙浄　1428a
妙静　**1379c**
妙譲　**1379c**
妙荘厳王　1414b
妙昌寺　1413b
妙勝寺(栃木)　1106c
妙勝寺(京都)　620c
妙照寺　1104b,**1379c**
妙成寺　1104c,**1379c**
妙性坊　382c
妙心院　1116b
妙心寺(京都・浄土宗)　136c,**1380a**
妙心寺(京都・臨済宗)　110b,117b,206b,515c,884c,888b,1093c,**1380a**

妙心寺聖沢院　314b
妙心寺派　850c
妙瑞　**1380c**
妙説尊者　216c
妙全　1324c
妙宣寺　1105c,**1381b**
妙泉寺　658b,1093b,1104c
妙善寺　1103a
妙続大師　245b
妙触貪　1074a
妙諦　855a
妙大寺　1111b
妙沢　**1381c**
妙達　863c
妙智院　211b
妙智会　790a
妙智会教団　**1382a**
妙超　165a,946b,1292b,**1382a**
妙適斎　1490c
妙典　1372b
妙典寺　761a,1115c
妙伝寺　658b,1093b,**1382c**
妙徳　1410c
妙徳寺　1111b
妙葩　402c,406b,709c,822a,1033a,1036b,1292b,**1383a**,1494a
妙臂　908b
妙臂菩薩所問経　908b
妙福寺　1111b,1112b
妙法　1372b
妙法院(京都・東山区)　139c,**1383b**,1412a
妙法院(京都・伏見区)　700c
妙法院門跡　605b
妙法院流　700c
妙法山　1083b
妙法寺(中国)　1118c
妙法寺(福島)　1103c
妙法寺(茨城)　1105c
妙法寺(東京・杉並区)　146b,**1383c**
妙法寺(東京・品川区)　1493b
妙法寺(神奈川・横浜)　1113b
妙法寺(神奈川・鎌倉)　1100c
妙法寺(山梨)　**1383c**
妙法寺(滋賀)　690b
妙法蓮華経　227a,1292c,1486b　→法華経
妙法蓮華経憂波提舎　746a,831b,1293c,1294c
妙法蓮華経玄義　1308b
妙法蓮華経玄賛　1293c,1309b
妙法蓮華経疏　1293c
妙法蓮華経文句　1313a
妙法華経　1292c
妙法華寺　**1384a**
妙本寺(千葉)　**1384a**
妙本寺(神奈川)　1108a,1109a,**1384a**
妙本寺(京都)　1144c,1377a
妙満寺　658b,1093b,1103c,1108b,**1384b**
妙満寺派　1103c
妙融　39a,1329c,**1384b**
妙楽(極楽)　731a
妙楽記　1313b
妙楽寺　974b
妙楽十二門戒儀　677b
妙楽大師　978c
妙理　1372b
妙立　37c,1027c,**1384c**
妙立寺(静岡)　1103c
妙立寺(京都)　**1385a**
妙竜　**1385a**
妙竜院　1104a
妙隆寺　1385a
妙輪寺(神奈川)　1106c
妙輪寺(富山)　1116b
妙蓮寺(千葉)　**1385b**
妙蓮寺(新潟)　1100c
妙蓮寺(京都)　658b,1093b,1108b,**1385b**
妙蓮尼　**1385b**
命根　**1378b**
命濁　415b
命禅　131c
命道沙門　610c
命命鳥　302a
命蓮　523a,523b
明　384c,783a,**1372b**
明庵　101c　→栄西
明逸　**1373c**
明印　380b
明院律師　1002c
明友　1167b
明雲　56b,**1374a**
明恵　212b,316c,383c,1063b,1319c,1424a　→高弁
明恵御詞抄　31a
明恵上人歌集　384a
明恵上人夢之記　1392a
明恵上人夢之記切　1392a
明円　1228b,**1374a**
明王　**1374a**
明王院(滋賀)　874c,**1374c**
明王院(高野山)　4b,**1374c**
明王院(広島)　**1374c**
明王院僧正　366a
明王寺　923b
明王像　1234a
明王堂　174c
明応　**1374a**
明隠　418c
明隠周清上人　637c
明河　1300a
明快　492c,**1375b**
明海　559c
明槩　473b
明覚　1010a
明覚禅師　624c
明覚尊者　359b
明月摩尼　1355a
明月　1373c
明貫　1365c
明観　986a
明義進行集　794c,**1376a**
明教院　897c
明教三蔵　1424a
明教寺　1448b
明教大師(利渉)　1448b
明教大師(契嵩)　170a
明教大師(義楚)　245c
明教大師(天息災)　1025c
明教大師(法賢)　1270c
明行足　1124c
明救　736b,**1376b**
明空　1471c
明空房　386a
明慶　793a
明見　**1376c**
明顕　**1376c**
明顕寺　779a
明眼寺　1377a
明光　459b
明曠　1029a,1296a,**1377b**
明極派　850c
明言　854b
明璨　982c
明地　629b,629c
明式　859a,1341a
明実　**1379a**
明寂(平安)　**1379b**
明寂(江戸)　1089c
明呪　615b
明呪蔵　970a
明秀　303b,**1379b**
明秀光雲　884b
明宗　350a,616c
明宗(人名)　**1379b**
明春　1122c
明恂　670c
明性　723a
明晶　165b
明静　518c
明照大師　338b
明心　459b
明心菩提　1300b
明信　249c
明星　**1380c**
明誓　193a,1341a,**1381a**
明誓日記　193a
明佺　940c,1227c
明詮　1118b,**1381a**
明瞻　**1381a**
明全　**1381a**
明禅　1376b,**1381b**
明相　**1381b**
明叟　456c
明増定　547b,689a

明尊　137c,1199b, **1381b**
明達　**1381c**
明達院　840b
明智房　758b
明聴　1093c
明通寺　**1382b**
明伝　1193b
明道(中国)　336a
明道(日本)　**1382c**
明道協会　10a
明導劄　359a,438c
明灯史　16c
明得定　547b,689a
明得の薩埵　547b
明如　148a
明任　**1382c**
明忍　460b,786c, **1382c**
明妃　1374b
明福　**1383b**
明遍　149a,734a, 845c,1186b,1376b, **1383b**
明宝　**1383b**
明法房　703a
明本　342c,473c, 481c,**1384a**
明本鈔　**1384b**,1384c
明満仙人　269b
明祐　**1384c**
明誉　**1384c**
明要鈔　**1384c**
明隆　445b
明了　1375a
明了の意識　41a
明了論　1455c
明蓮社顕誉　1429a
明蓮社聡誉　1427c
茅宮城　288c
冥　**1372c**
冥応　1372c
冥加　201b,1372c
冥加金　1373a
冥界　1373a,1402b
冥機　236c
冥見　1372c
冥護　1372c
冥権　1372c
冥衆　1372c
冥助　1372c
冥罰　1372c
冥府　1373a
冥祐　1372c
冥利　1373a
猛火　**1375a**
民衆宗教　789c
民部阿闍梨　1092b
明極　906b　→楚俊
明兆　1058c,**1388b**
明朝破邪集　1154a
明度五十校計経　926a
明版　941b
明本　1292b
泯絶無寄宗　840a, 843c
泯相澄神観　470b
眠　812a
眠単　973a
愍海　858b
愍忌　249b
愍諭繋珠録　457b
愍諭弁惑章　**1388b**

## む

ムカラージャ　1349a
ムクティ・ティラカ　675a
ムリガシールシャ　1366b
ムリガーラ・マートリ　1497c
ムリガランディカ　1498c
ムールダガタ　1004c, 1361b
牟呼栗多　680a,835c, 1496c
牟尼　**1397a**
牟尼室利　665c
牟梨曼荼羅呪経　1291b
無　**1388c**
無庵　83b
無為　**1389a**
無為(人名)　705c
無為果　158a
無為空　280c
無為解脱　324c
無為子　1432c
無為寺　**1390a**
無為自然　581c
無為信　745a
無為信寺　745a,**1390a**
無為信房　1390a
無為涅槃　1132c
無為法　157b,359c, 1389b
無為法界　1304c
無為法身　1232c
無畏　**1389c**
無畏(人名)　20a
無畏山　20a
無畏山寺　20a,79c, 826a,1236b　→阿跋耶祇釐
無畏山寺派　20a, 826a,1357b
無畏三蔵　864c
無畏三蔵受戒懺悔文及禅門要法　1390a
無畏三蔵禅要　**1390a**
無畏十力吼菩薩　420a
無畏授所問大乗経　954c
無畏施　1217c
無畏禅要　1390a
無畏太子　20a
無畏註　1000b
無畏徳菩薩経　954c
無恚　1091b
無意　646c
無違逆行　1297
無異室　1431c
無異熟　44b
無異相似過類　77b
無一物中無尽蔵　**1390a**
無因　873c
無因有果　66a
無因相似過類　77c
無因無果　66b
無隠　335a
無隠道費　778a
無隠庵　1128c
無有愛　1a
無有生死　713b
無憂王　1b
無憂最勝吉祥如来　1415b
無憂樹　12c,343a
無雲　248c
無雲天　522c
無衣子　117b
無懐民　726c
無依無得大乗四論玄義記　773c
無縁　**1390b**
無縁寺　112a
無縁慈悲集　**1390b**
無縁集　252b
無縁双紙　**1390b**
無縁塚　1390b
無縁の慈悲　512b, 1390b
無縁の衆生　1390b
無縁墓　1390b
無縁仏　1390b
無厭足　1212a
無央数　813b
無慍　851c,**1390b**
無我　**1390c**
無我(人名)　1458a
無我苑　61b
無我観　1390c,1391a
無我之愛(雑誌名)　61b
無外(円照)　131a
無外(無着尼)　1394c
無外子　133c
無外如大尼　1273c
無害(人名)　140c
無蓋の大悲　512b
無学　28b,**83c**
無学(朝鮮)　559a, 600c
無学(鎌倉)　905b　→祖元
無学(江戸)　529a
無学果　28b,530c
無学向　530c
無学禅　838c
無学道　**352b**
無学人出　1209c
無学派　850c
無覚有観三昧　504c
無覚無観三昧　504c
無関　1246b　→普門(鎌倉)
無願解脱門　476b
無願三昧　504c
無願無願三昧　504c
無記　**1391a**
無記往生　142b
無記業　364a

無記法　1391b
無寄　98b
無愧　467a
無疑解脱　28c
無行　947b
無行空　280b
無行般　531b
無行無開発無相住　1298
無教戒　163c
無教色　519c
無垢　1339a
無垢衣　1263b
無垢眼　1190b
無垢光　205c
無垢光童子　1411a
無垢虚空蔵　397b
無垢地　629b
無垢識　23b,288c,764c
無垢称　1425c
無垢浄光経　1392b
無垢浄光大陀羅尼経　**1392b**
無垢真如　802b
無垢施　**1392b**
無垢施菩薩分別応弁経　954c
無垢女離垢施　1392b
無空　483a,**1392a**
無屈撓行　1297
無孔笛　**1392c**
無孔の鉄槌　**1392c**
無功用　**84a**,1128a
無価　**1392c**
無価衣　1392c
無価宝珠　1392c
無礙　**1392c**
無礙(人名)　225a
無礙解道　294c,817a
無礙光　1393a
無礙光院　51a
無礙光仏　25b,642c
無礙住　1298
無礙智　1393a
無礙道　578c,1038b,1393a,1393b
無礙人　1393a
無礙妙謙　398b
無罣礙　1392c
無希望経　897b
無見　403a
無見頂相　483c,952c
無絃　**1393a**
無間業　252a,365b
無間地獄　532a,1159c
無間修　667c
無間定　547b,689b
無間常　689c
無間禅　689a
無間道　578c,1038b,**1393b**
無患子　1406c
無眼人　**1393c**
無合過　76c
無極(鎌倉〜南北朝)　529b　→志玄
無極(南北朝〜室町)　118a　→慧徹
無極高　9b
無後生死　713b
無言童子経　926a
無際空　280c
無際大師　245c
無才智翁　235a
無作戒　163c
無作解脱門　476b
無作三昧　504c
無作色　519c
無作の三身　1232a
無作の四諦　551c
無作福田　1209c
無参　**1393c**
無慚　467a
無散空　280c
無慙外道　593b
無事　771a
無師絵　**1393c**
無色　589b
無色愛　1a
無色界　**1394a**
無色貪　1074a
無色般　531c
無思議　1295b
無始空　280c,281a
無始の無明　1398b,1398c
無似子　841a
無自性　542c,619c
無自性空　159a
無字宝篋経　936a,1456a
無著(インド)　72a,286b,358c,439c,510b,535b,728a,830c,929a,933b,993b,1000b,1316c,1386c,**1394a**,1430a,1430b,1502c
無著(中国)　397b
無著(鎌倉〜室町)　1384b　→妙融
無著(江戸)　1056a　→道忠(江戸)
無著(江戸〜明治)　183c
無著行　1297
無著心行　1297
無著尼　**1394c**
無著仏　260c
無着如大尼　803a
無遮大会　711a,1002b,1171b,1205b,1262a,1262b,1311c
無叉羅　1175b
無住　**1394c**
無住(中国)　1484a
無住(日本)　46b
無住処涅槃　1132c
無住大師　1076b
無執受　**86a**
無主衣　1264a
無主物　**86b**
無宿善　663a
無種性　413b
無生　28a,**1395a**
無生界　1395a
無生懺悔　475a,863b
無生止観　519a
無生身　1395a
無生相似過類　77c
無生智　981a
無生忍　1127c
無生の四諦　551c
無生之生　142a,1395a
無生法忍　498a,1127a,1127b,1127c,1219c
無生無滅　755b,1395a
無生滅　1395a
無性　635c
無性(人名)　426c,800b,933b,1316c,**1395a**,1430a
無性有情　635c
無性空　280a,280c
無性自性空　280c
無性闡提　59b
無性無常　690a
無姓有情　413b
無象　719c
無勝(河)　9c
無勝国　861b
無勝世界　731a
無上　1295b
無上衣　1263b
無上依経　**1395b**
無上覚　177c
無上覚院　966a
無上士　1124c
無上悉地　564c
無上上　1124b
無上上院　130c
無上正真道　19b
無上正真道意　19b,1301c
無上正等覚者　19b
無上正等正覚　19b
無上道　1038b
無上道意　1300c,1301c
無上道心　1301c
無上菩提　1300b
無上菩提心　1300c,1301c
無上瑜伽タントラ　297c,977a,1253b
無常　**689c**,716a,1195c,1198a
無常院　1395c
無常経　**1395b**
無常寺成道院　1285c
無常説記　740a
無常堂　**1395c**
無常の風　690a
無常の虎　690a,1198a
無常輪　509a
無情　86b
無情成仏　896c
無情説法　**1395b**
無諍　**1395b**
無諍念王　536a,1182a
無所有空　280c
無所有処地　288b
無所有処定　589c,597b
無所罣礙　1392c
無所著道人　455b

無所得　**86c**
無所得子　1419b
無所得道人　381a
無障礙　1392c
無障礙(人名)　1394a
無障礙法界　1304c
無称光仏　25b,643a
無心　**87a**
無心位　87a
無心定　688b,689a
無瞋　**775b**
無瞋恨行　1297
無瞋恨心行　1297
無瞋恚　13a
無人　1124a
無人閣　840b
無尽　**1395c**
無尽(人名)　1031a
無尽意菩薩　484a
無尽意菩薩経　926a
無尽行　1297
無尽功徳蔵廻向心　1297
無尽講　363b,1396a
無尽居士　1004c
無尽財　1396a
無尽心行　1297
無尽蔵　1395c
無尽蔵(人名)　1490c
無尽蔵院　331a
無尽灯　1396a
無尽法界　587c
無尋無伺三摩地　504c
無尋無伺定　546c
無尋唯伺三摩地　504c
無尋唯伺定　546b
無数　813b
無節園　1091c
無説句義　563b
無説相似過類　77c
無染(インド)　17b
無染(日本)　134c
無染清浄心　1300c
無双(菩薩)　1295b
無双(人名)　794c
無相　**87c**,1023a
無相(中国)　1292a,1484a
無相(江戸・浄土宗)　1409c
無相(江戸・新義真言宗)　**1396a**
無相衣　1263b
無相教　407b,472a,524c
無相行　36c
無相解脱門　476b
無相居士　898c
無相三昧　504c
無相思塵論　220a
無相悉地　564c
無相勝慧の機　237a
無相定円禅尼　932a
無相大師(唐初期)　336a
無相大師(唐中期)　1076b
無相大師(日本)　110b
無相大乗宗　510b
無相の本尊　1333a
無相菩提心　1302b
無相無我　1391a
無相無相三昧　504c
無相唯識派　1395b,1423b,1430a
無相離念　209c
無相論　507c
無想有情天　522c
無想果　1396b
無想定　689a,**1396a**
無想天　44b,522c
無対　919a
無対光仏　25b,642c
無退　1219c
無退堕法　531a
無諍　494b
無体随情仮　307b
無端　899c　→祖環
無暖池　19a
無知　**1396b**
無癡　**981c**
無底良韶　750b
無伝聖禅　821b
無怒　13a
無等　11b
無等(南北朝)　617b
無等(江戸)　**1396c**
無等等　11b
無動(仏)　13a
無動(人名)　1396a
無動寺　139a,874c,887a
無動寺検校　876a
無動寺明王堂　1179c
無徳　530a
無得正観　209c,998a
無得道論　**1396c**
無貪　**1073c**
無貪(人名)　1114c
無二　1426b
無耳人　**1393c**
無熱　19a
無熱天　522c
無熱悩　19a
無熱悩池　862b
無念　**90c**
無能　221b,**1397a**
無能句義　563a
無能勝(比丘)　3a
無能勝(訳経家)　10a
無能勝将　10a
無縛解脱廻向心　1297
無比法　21a
無表　160a,363b
無表業　363b
無表色　519c
無苗　20b
無覆無記　1391b
無分別　1251b
無分別後智　446b
無分別智　981b,1251b
無壁　681b
無辺光仏　25b,642c
無法愛　636c
無法有法空　281a
無法空　281a
無方教　472a
無方釈義　323b
無縫塔　1037a,**1397b**
無煩天　522c
無明　614a,1338b,**1397c**
無明(人名)　**1398c**
無明熏習　306b
無明業相　480a
無明住地　1338a
無明長夜の灯炬　1060a
無明の惑　58b,1338b
無明羅刹経　1398c
無明羅刹集　**1398c**
無明漏　509c,1338c
無名抄　915a
無名無実　**1398c**
無滅　17b
無没識　29a
無物無常　690a
無文　348c,507b　→元選
無門　108a　→慧開
無門関　366a,**1399a**
無問　1113c
無問自説　88b,644b
無聞比丘(四禅比丘)　547c
無用　604a
無用道人　639c
無余　**1399a**
無余依涅槃　452b,1132b,1132c,1399a
無余記　660c
無余灰断　324b
無余還生　1133a
無余修　667c
無余涅槃　1132b
無量威徳自在光明陀羅尼法　1431a
無量義経　54c,540c,541a,811b,1294a,**1399b**
無量義処三昧　505a
無量功徳称讃陀羅尼　1160b
無量光　25b
無量光寺　**1399c**
無量光天　522c
無量光仏　25b,642c
無量寺　1494a
無量寿　25b,1363b
無量寿院(比叡山)　588a
無量寿院(平等院)　**1399c**
無量寿院(法成寺阿弥陀堂)　767b,1277b,**1399c**
無量寿院(醍醐寺)　54b,921c
無量寿院(兵庫)　249c
無量寿院(高野山)　777c,887c,1069b,1274b
無量寿院(福岡)　**1399c**
無量寿観経　233b
無量寿儀軌　27a
無量寿経　25b,39a,58a,141b,142a,

143b, 151a, 226b, 228b, 252c, 269c, 299a, 308b, 316b, 379a, 385a, 401a, 411b, 413a, 467a, 481a, 492a, 528a, 564a, 638a, 642c, 646a, 722a, 730c, 743a, 793b, 811b, 926a, 954a, 981c, 1032a, 1074b, 1079b, 1096c, 1136c, 1190a, 1194a, 1219b, 1322a, 1371c, **1399c**, 1401a, 1409b, 1438c
無量寿経優波提舎願生偈　742c, 831b, 1400b　→浄土論(世親)
無量寿経優婆提舎願生偈註　743a　→浄土論註
無量寿経義疏(慧遠)　328b, **1400c**
無量寿経義疏(吉蔵)　1400c
無量寿経宗要　646a
無量寿経別申　1013c
無量寿経奉讃　467a
無量寿経連義述文賛　**1400c**
無量寿経論　1400c
無量寿経論註記　743b
無量寿供養儀軌　1241a
無量寿寺(茨城)　684a, **1401a**
無量寿寺(埼玉)　246a
無量寿寺(千葉)　1472a
無量寿寺(愛知)　**1401a**
無量寿寺(三重)　852c
無量寿寺(京都)　750a
無量寿至真等正覚経　528a
無量寿宗要経　935c
無量寿如来　425a
無量寿如来供養作法次第　26b
無量寿如来根本陀羅尼　25b
無量寿福寺　270b
無量寿仏　438c, 914c
無量寿仏名号利益大事因縁経　**1401a**
無量寿流　1267b
無量浄王　1036c
無量浄天　522c
無量清浄平等覚経　411c, 1400a
無量清浄仏　25b
無量雑類世界海　399c
無量の四諦　551c
無量力吼菩薩　420a
無漏　**94c**
無漏因　95a
無漏有為　95a
無漏慧　100a
無漏縁の惑　1338a
無漏果　95a
無漏行　94c
無漏寺　924b
無漏路　94c
無漏識　95a
無漏種子　628a
無漏定　95a, 688c
無漏身　94c
無漏善　94c, 838b, 838c
無漏禅　95a
無漏断　95a, 977c
無漏智　94c, 336b, 980c
無漏道　94c, 1038a
無漏等至　688c
無漏の九地　95a, 288b
無漏の五蘊　392b
無漏法　94c
無漏無為　95a
無漏律儀　160c
夢　**1388c**
夢庵　745b
夢感聖相記　1392a
夢記(最澄)　**1391c**
夢記(円珍)　**1391c**
夢記(貞慶)　**1391c**
夢記(源空)　**1391c**
夢記(高弁)　**1391c**
夢記(真仏)　**1391c**
夢闐　884c
夢賢　1221c
夢窓　906c　→疎石
夢牕正覚心宗国師　907a
夢中松風論　421a
夢中独頭の意識　41b
夢中の意識　41b
夢中秘記　1392a
夢中問答　1396c
夢中問答集　**1396c**
蒙光　1229a
蒙潤　1026c, **1397a**
霧隠　174b
六日祭(白山神社)　136a
六日講　363a
向論義　1507a
迎講　363a, 733c, **1391a**, 1432b, 1439a
村尾泰軌　519b
村上専精　**1399a**
村上天皇　967c
村雲御所(滋賀・瑞竜寺)　812c
村雲寺　746c
村田寂順　**1399b**
村松虚空蔵　478b
室生寺　334a, **1401a**, 1459b, 1489b

## め

メーガ　818b
メーシャ　642c
メーセー　**1403a**
メナンドロス　594c, 962b, 1082b, 1082c, 1386a
メーンダカ　**1404b**
目青不動　1243a
目赤不動　1243a
目黄不動　1243a
目黒御殿　1462b
目黒不動　1243a, 1462b
目白僧園　97a
目白不動　1243a
目付寺　746c
目無し経　888a
馬陰蔵相　483c
馬座　448b
馬師　14b
馬勝　14b, 598a, 613b, 1092a, 1244a
馬頭　416b
馬道已講　672a
馬耳山　678b
馬鳴　200b, 202a, 268a, 301b, 321a, 330c, 350c, 436b, 510c, 536b, 599a, 758a, 930a, 931c, 1088c, 1091c, 1229c, 1315a, 1348c, 1351b, **1403b**, 1440a, 1465a
馬郎婦　**1404a**
馬郎婦観音　1404a
碼碯　575b
名刹　464a
名僧　378b
名僧伝　379b, **1402a**
名僧伝抄　1402b
名徳首座　869a
名徳西堂　824a
明暗寺　1210b, **1401c**
明覚　**1401c**
明教新誌　146c
明月院　847a
明月記　402c
明光　**1402a**
明算　153b, 823b, **1402a**
明治仏教編纂所　1072a
明石寺　534a
明僧紹　473a
明帝　371a
明普　1401c
明仏論　473a
明峰　907c
明和の法論　478b, 740c, 1333b
明和法論次第　**1403a**
迷　**1401c**
迷界　1401c
迷境　1401c
迷教の於諦　1098b
迷企羅　643b
迷事の惑　354a, 1337a
迷情　1401c
迷心　1401c
迷津　1401c
迷方示正論　335c
迷理の惑　354a, 1337a
迷麗耶　**1403a**

冥望
鳴帽
滅蒙
免木
面目
緬沐
モ牧
毛默
母望
茂木
莫勿
摸目
裳物
模牧
藻盛
亡元
毛本
妄物
忙籾
孟百
盲桃
罔守
莽森
猛諸

文　**1372a**
文益　651b
文翁　399a
文雄　1349c,**1409c**,1492a
文嘉　27c
文賀　1332a
文雅　**1409c**
文覚　256b,398c,782c,1221b,1375c,**1409c**
文観　390c,964c,**1410a**
文義疏　686a
文句　1313a
文句無師　1394a
文冏　820c
文字禅　196b
文字般若　1174b
文守　1250c
文殊　11c,317b,321a,488b,510c,726b,1363b,1410b,1410c →文殊菩薩、文殊師利菩薩
文殊院　1363b
文殊会　**1410b**
文殊悔過経　613c
文殊指南図讃　320a,**1410b**
文殊師利現宝蔵経　953b
文殊師利広徳法王寺　1265b
文殊師利授記経　565b,954b
文殊師利巡行経　1410b
文殊師利浄律経　722b
文殊師利所説般若波羅蜜経　1176b
文殊師利所説不思議仏境界経　954c
文殊師利所説摩訶般若波羅蜜経　955a,1176b
文殊師利神通力経　931c
文殊師利般涅槃経　**1410b**
文殊師利仏土厳浄経　954b
文殊師利菩薩　861c,953b,1121a,**1410c**,1426a →文殊、文殊菩薩
文殊師利菩薩及諸仙所説吉凶時日善悪宿曜経　663b
文殊師利菩薩仏刹荘厳経　854c
文殊師利問経　**1411a**
文殊尸利行経　**1410b**
文殊支利普超三昧経　11a,1222a
文殊菩薩　11a,320b,411b,484a,506b,619c,627a,660a,848a,1101b,1156c,1157b,1410b,1425c →文殊、文殊師利菩薩
文殊問経字母品　1411a
文殊維摩変　1411a
文殊楼決　**1411b**
文性　1474a
文証　264c
文上　**1412c**
文身　1372a
文諗　143a
文詮　**1412a**
文陀竭　1005a
文陀竭王経　1005a
文底　**1412c**
文底三段　541a
文底秘沈　1412c
文底留種　1412c
文徳天皇　826b
文如　1267c
文部省教化局宗教課　624a
文部省教学局宗教課　624a
文部省社会教育局　624a
文部省宗教局　624a
文部省調査局宗務課　624b
文部省文化局　624b
文部大臣官房宗務課　624b
文武天皇　953c,1279a
文竜　**1413b**
文類　**1413b**
文蓮社隆誉珠阿　370a
門　**1409b**
門庵　875c
門一阿闍梨　1104b
門察　690c
門頭行者　870a
門跡　517c,770a,**1411c**
門跡寺院　887b
門跡伝　**1412a**
門前町　**1412a**
門弟　1409b
門徒　518a,1409b
門徒宗　788a,1409b
門葉　1409b
門葉記　**1413a**
門末　1409b
捫象　**1412b**
問講　211c
問者　172b,1458b
問訊　**1411b**
問答　**1412c**,1507a
聞　**1409b**
聞恵　1201a
聞慧　100a
聞鏡　1209a
聞渓良聡　1011a
聞号　**1410a**
聞光力　1409c
聞谷広印　622a
聞其名号信心歓喜　1409b
聞持陀羅尼　969c
聞持法　302c
聞証　**1411b**,1456b
聞書積学鈔　1490a
聞信　1409b
聞信の一念　51c
聞善　838c
聞不具足　1409b
聞法　1409b
聞本　366a,945c,**1413a**
聞名往生　142a
聞名寺　**1413a**
聞陽　973c

## や

ヤヴァ　609c
ヤヴァ・ドヴィーパ　609c
ヤヴァナ　1431c
ヤクシャ　1158b,1416b
ヤコービ　**1416a**
ヤサ(仏弟子)　597c,866c,1416c
ヤサ(耶舎迦蘭陀子)　309b,327c,465b,632b,1252c,1416c
ヤサ(鶏園寺)　1416c
ヤサ・カーカンダカプッタ　959c,1381a,1416c
ヤシャス　597c,1416c
ヤシュティ・ヴァナ　762a
ヤージュニャヴァルキヤ　92b,1356a
ヤージュニャヴァルキヤ法典　1356a
ヤジュル・ヴェーダ　82c
ヤショーダ　1416c
ヤショーダラー　597a
ヤショーダルマン　1370b
ヤショーミトラ　290a,684a,**1417a**
ヤースカ　1180c
ヤソーダラー　304b,597a,950c,1442b
ヤッティ・ヴァナ　762a
ヤマ(天)　137a,643c,1420a
ヤマ(制戒)　1505b
ヤマ・アンタカ　914c
ヤマカ　21c,**1418c**,1448c
ヤマ・ラージャ　137a
ヤマーリ　**1420c**
ヤムナー河　138a,367b
ヤルカンド　148b,605b,608b,680c
八尾御坊　1413c
八尾地蔵　709a
八尾別院　**1413c**
八乙女　1210a

八百比丘尼　1163c
八栗寺　534a
八坂寺(京都)　1268c
八坂寺(愛媛)　534a
八坂神社　238b,239a
八坂東院　96c
八坂の塔　1268c
八坂流　1405b
八幡義　738a
矢田地蔵　436c
矢田地蔵縁起　118c
矢田地蔵縁起絵巻　534b
矢田寺(京都)　118b,436c
矢田寺(奈良)　436c
矢作柳堂　255c
矢吹慶輝　**1418b**
夜叉　1158b,1158c,**1416b**
夜叉大将　**1417a**
夜叉八大将　1184a
夜輪　1416c
夜摩天　137b,1020b,**1420a**,1436c
弥彦山　391a
屋島寺　525c,534a,**1416b**
屋代弘賢　766b
耶　570
耶舎(仏弟子)　164a,597c,866c,**1416c**
耶舎(迦蘭陀子)　309b,327c,465b,632b,959c,1252c,1381a,**1416c**
耶舎(鶏園寺)　**1416c**
耶舎迦蘭陀子　1416c
耶舎崛多　618a
耶輸陀　1416c
耶輸陀羅　304b,597a,598a,950c,1442b
耶旬　967c
耶婆提　609c
耶蒲那　138a
耶維　967c
耶律楚材　**1420c**
野決鈔　1185b
野月鈔　1185b
野狐禅　1193a,**1416a**
野山大師　281b
野山流　1475a
野鈔　1185b
野水　377c
野葬　871c
野沢十二流　785a
野沢二流　785a
野中寺　121c,**1417a**
野衲　1264a
野馬　1195b,**1418a**
野巫　**1418b**
野峰名徳伝　**1418b**
厄除祖師　1384a
亦庵　811a
亦有為亦無為法界　1304c
役者　518a,623c,1416a
役僧　1173b,**1416a**
約　**1413c**
約翁　1071a　→徳倹
約行観　470b
約教釈　323b
約心観仏　231c
約心観仏説　734a
益　1456a
益渓　588b
益信　785a,793a,1130a,1202c,**1415c**
訳主　1417b
薬王院　**1413c**
薬王寺(福島)　**1414a**
薬王寺(山梨)　**1414a**
薬王寺(徳島)　534a,**1414a**
薬王寺(福岡)　1045a
薬王菩薩　142a,484a,606a,1059c,**1414b**,1415b
薬恒　1308a
薬山　40a
薬師　7c
薬師経　54c,861c,1415c
薬師三尊　1415b
薬師寺(栃木)　171a,221a,659c,**1414b**,1453c
薬師寺(石川)　125c,171b
薬師寺(奈良)　185b,453c,454a,557a,612c,639a,882c,886c,887b,895b,951a,1235a,1272a,1316c,**1414b**,1424a
薬師寺最勝会　1262c,1458b,1507a
薬師寺仏足石　503c
薬師七仏経　1415c
薬師十二神将　643b
薬師浄土変　741c
薬師如来　38c,54c,619a,627a,643b,763b,**1415a**
薬師如来本願経　249b,1415c
薬師仏　484a,731a,1322a
薬師琉璃光七仏本願功徳経　1415c
薬師琉璃光如来本願功徳経　557b,583c,**1415c**
薬師瑠璃光如来　1415a,1415b,1415c
薬叉　1416b
薬叉持明　589a
薬上菩薩　484a,1414b,**1415b**
薬石　**1416a**
薬殺水　552b
薬草喩　1197a,1293b
焼山　152a
安井御流　1054b
安井宮　1054b
安井門跡　1487c
安田信慶　219a
休岡八幡神社　1415a
八耳皇子　734b
訳経　**1417b**
訳経院　941a,952c
訳経三蔵　1417b
宿屋光則　379b
柳津虚空蔵　132c,478b
柳沢吉保　101c,846c
柳堂(愛知)　764a
柳堂(三重)　1277c
柳堂(京都)　1385b
楊谷観音　1433b
山岡鉄舟　10a,22c,1018b,**1418c**
山片蟠桃　679b
山上寺　101c
山川智応　**1419a**
山口益　**1419a**
山口直大口　**1419b**
山越阿弥陀来迎図　534b
山崎寺　1274a
山崎弁栄　**1419b**
山崎問答　1110a
山下現有　**1419b**
山科　580c
山科檀林　980b
山科別院　1007b,1419c
山科本願寺　1322c,1341a,**1419b**,1491b
山科門跡　190a
山科連署記　**1419c**
山階寺　84c,383a,443b,1425c
山階派　785a
山背大兄王　1290a,1306a
山代淡海　1011a
山田(伊勢)　1412b
山田意斎　594b
山田寺　84c,**1419c**
山田長政　866b
山田文昭　**1420a**
山寺　1453b
山寺六流　957c
山名氏清　814b
山名祐豊　814b
山上憶良　**1420a**
山の座主　886c
山の念仏　1138a
山伏　664c,856c,1221b,**1420b**
山伏二字義　**1420b**
山臥　1420b
山辺習学　4b,**1420c**
山法師　139b,199b,895b
山村御所　131b
山元派　788c
病草紙　121b,533a,**1418b**
大和阿闍梨　1113b
大和座法印　685a
東漢末賢　1024c
暗法門　1183b
破来頓等絵巻　**1421a**

# ゆ


ユダパティ　852b
ユディシュティラ　1357b
由旬　**1431b**
由利滴水　**1431c**
油画　1368c
臾那世界　1431c
臾那世界国　**1431c**
喩　72a,1194c
喩依　73b
喩十過　73c
喩体　73b
喩鬘論　301b
庾冰　472c,611b
湯灌　872b
湯殿山　1019b
游芸　679b
遊行　**1431b**
遊行義　734a
遊行経　1133b
遊行寺(神奈川)　720b
遊行寺(京都)　435b
遊行宗　538a
遊行上人　1431b
遊行上人(一遍)　60a
遊行派　435b,538b
遊行聖　1431b
遊行非遊行経　1184b
遊僧　135c
楡枯寺　435a
楡岾寺　**1431c**
楡林窟　1075b
瑜伽　**1429c**,1430a,1430b
瑜伽行　1316c
瑜伽行中観派　612b,965c,994b,1169b
瑜伽行派　301c,336c,1258b,1367c,1386c,1394b,**1430a**,1430b
瑜伽寺　1040c
瑜伽師　1429c
瑜伽師地　1429c
瑜伽師地論　71c,145c,160c,162a,279a,324b,344c,358c,632a,722a,913b,929a,969c,976a,1061b,1098c,1218b,1296a,1316c,1344c,1386c,1394c,**1430a**,1431a,1506c
瑜伽師地論釈　454b,1430c
瑜伽師地論菩薩地　933b
瑜伽師地論略纂　1430c,1431a
瑜伽宗　784b
瑜伽集要焔口施食儀　911b
瑜伽集要焔口施食起教阿難陀縁由　**1431a**
瑜伽タントラ　976c
瑜伽女　1253b
瑜伽女輪　1253b
瑜伽の十支論　1430c
瑜伽派　1430a
瑜伽宝鬘　1253c
瑜伽唯識派　614b
瑜伽瑜祇経　784b
瑜伽倫記　1431a
瑜伽論　1430a
　→瑜伽師地論
瑜伽論記　1430c,**1431a**
瑜伽論略纂　**1431a**
瑜祇　1430a
瑜祇灌頂　217c
瑜祇経　1037b,**1431b**
瑜祇塔　828b,1037b
踊躍念仏　88b
諭迷復宗決　1110c,1154a
踰闍那　1431b
踰繕那　1431b
由緒地　518a
唯阿　701c
唯一神道名法要集　1330b
唯蘊無我心　633b
唯慧　1194c
唯円(河和田)　978c,1283c,**1421a**
唯円(鳥喰)　452b,**1421a**
唯円(東妙寺開基)　1060b
唯遠　1117b
唯願別時意　43c
唯願無行　43c
唯賢　717c
唯識　324a,729a,**1421c**
唯識円教　315b,472b
唯識学派　485c
唯識観　315b,470a
唯識義私記　1422c
唯識義章　**1422c**
唯識九難　1422a
唯識三箇之疏　757a
唯識三十頌　81b,426c,756c,831a,1023b,1065c,1316c,1423a,1430c,1483c
唯識三十頌釈論　35a,756c
唯識三十論頌　**1422c**
唯識三性観　487a
唯識三類境選要　**1423a**
唯識思想　1285b
唯識宗　324b,1316b
唯識宗綱要　221c
唯識十大論師　**1423a**
唯識章私記　1422c
唯識所変　1255c,1421c
唯識説　520b,728b,830c,933a,933b,1394b,1423c,1430a,1430b,1467b
唯識大意鈔　1317c
唯識中道　999a
唯識中道宗　1316b
唯識二十論　81b,427a,831a,**1423c**,1430c,1483c
唯識二十論述記　1423c
唯識の三世　491c
唯識派　1422c,1430a,1430b
唯識法相宗　538a
唯識無境　1421c
唯識論(玄奘)　756c
唯識論(瞿曇般若流支)　1423c
唯識論疏　129c
唯識論同学鈔　757a
唯秀　285b
唯称　985a
唯心　**1424b**
唯心院　1115c
唯心廻転善成門　625c
唯心の浄土　**416a**
唯心房集　**1425b**
唯心由心　1424b
唯信(戸森)　**1424c**
唯信(畠谷)　**1424c**
唯信寺　1424c
唯信鈔　789b,790c,819c,**1425a**
唯信鈔文意　789b,790c,791a,**1425a**
唯善　701a,1322c,**1425b**
唯泉寺(滋賀・大津市)　1241b
唯忍子　1384c
唯仏房　708c
唯仏与仏の知見　**1425b**
唯妙　1111a
唯妙院　1116b
唯明(鎌倉)　752b
唯明(江戸)　1464c
惟慧　1049c
惟琰　**1421b**
惟遠　247c
惟首　**1424a**
惟政　**45a**
惟浄　926a,1023c,1025c,**1424a**
惟遷　**1425b**
結袈裟　1264b
維躅　1043c
維室　1180b
維摩　1425c
維摩会　498c,1209c,1262c,**1425c**,1458b,1507a
維摩義記　1426b
維摩詰　**1425c**,1426a
維摩詰経　529a,1426a
維摩詰経註　999c
維摩詰居士　1121a
維摩詰所説経　1194c,1425c
維摩経　49b,59c,162a,196a,395b,407b,408c,444c,490b,525a,565c,

603c,639c,730c,751c,754a,1121a,1195c,1198a,1198c,1252c,1342b,1396a,**1425c**
維摩経義疏(吉蔵)　1426b
維摩経義疏(聖徳太子)　1426b
維摩経玄義　471a,525a
維摩経玄疏　1426b
維摩経の七喩　1198a
維摩経の十喩　1195c
維摩居士　1252b
維摩の一黙　1426b
維摩羅達　1392b
遺誡　**1421b**
遺教　**1421b**
遺教経　**1421c**
遺訓　1421b
遺偈　1421b
遺告　1421b
遺日摩尼宝経　955b
遺跡講　363a,**1424a**
遺法　1260a,1421b
友竹　693b
友梅　835a
友林　693b
用　**1426b**
用大　494c
用滅　492b
有阿　1074b
有一　**1426b**
有慶　**1427b**
有厳(中国)　**1427c**
有厳(日本)　**1427c**
酉悶　1332a
酉仰　**1427c**
酉蓮社了誉　704a
油色　1368c
勇健　**1427b**
勇大　1218c
勇伏定　681a
勇猛　1295b
勇猛心地善神　656a
宥応　548b
宥快　526a,621b,1270b,1274b,**1426b**
宥義　**1427a**
宥賢　1438b
宥俊　152b,747a,1014c
宥性　335b
宥祥　**1428a**
宥照　1221b
宥清寺　1344a
宥尊　452b
宥貞　**1429a**
宥範(鎌倉)　1455a
宥範(鎌倉～南北朝)　857b,**1429b**
宥範方　1429b
宥鑁(安土桃山～江戸)　1387b
宥鑁(江戸)　**1429b**
幽渓無尽法師浄土法語　739a
幽栖寺　416b
幽霊　761b
祐円　1010a
祐海(戦国)　1221c
祐海(江戸)　1429b
祐覚　**1426c**
祐宜　**1427a**
祐教礼子　1405b
祐堅　1082a
祐玄　1278c
祐清　996c
祐全　1055c
祐禅　1206c
祐崇　385c,652c,1280a,**1428a**
祐天　382a,**1429a**,1429b
祐天寺　**1429b**
祐福寺　**1429c**
祐宝　438a,**1429c**
湧泉寺　405b
猶予相似過類　77b
猶予不成過　74b
結城弘経寺　286c
裕音薩　1483a
遊岳　1467c
遊観　737b,**1426c**
遊心安楽道　**1428a**
遊心斎　988c
遊心法界記　322b
遊方　1109b
遊蓮房　130c
雄網　89c
雄盛　393a
猷憲　**1427b**
猷助　1475b
熊谷寺　**1427c**
誘引　408b
融観　734a,949c,**1426c**,1428b,1428c,1429a
融源　**1427b**
融事相入唯識　634b
融通大念仏会　1370b,1370c
融通大念仏縁起　1428b
融通念仏　733c,825c,845c,949b,1326c,1370b
融通念仏縁起　**1428b**
融通念仏宗　395c,949b,1031c,1426c,1428b,**1428c**,1473a,1474b
融通念仏信解章　**1429a**
融通円門章　**1428b**
融頓　**1429b**
融本末　49b
雪輪御所　708a
夢殿　1288b
夢之記　1392a
夢之代　1145c
夢記(最澄)　1391c
夢記(円珍)　1391c
夢記(貞慶)　1391c
夢記(源空)　1391c
夢記(高弁)　1391c
夢記(真仏)　1391c

## よ

ヨーガ　1430a,1430b,1505b
ヨーガ・アーチャーラ　1430a
ヨーガ・アーチャーラ・ブーミ　1430b
ヨーガ学派　1156a,1505b
ヨーガ・スートラ　81c,1156a,1505c
ヨクソン　**1435b**
ヨートカン　90a
ヨーナ　1431c
ヨーナカローカ　1431c
よこそねの平太郎　**1435c**
与果　363c,**658c**
与願印　65b
与願金剛院　1503c
与内寺　1385b
与麼　78c
与欲　**1436c**
与楽寺　1494a
世阪寺　1364c
余慶　103a,139a,156b,234c,**1435b**
余乗　**1436b**
余間　518a
余門鈔記　740a
夜居僧　886c
夜伽　872b
夜中法門　1183b
誉号　412a,692c,1286b
預修　252b
預修十王生七経　620a
預流果　530b,530c,531a
預流向　530b,531a
横川　139c,1178c
横川首楞厳院二十五三昧起請　1093c
横川首楞厳院二十五三昧式　1093c,1094a
横川僧都　347c
横川中堂　680c,1179c
横川法語　**1435a**
永安寺　202b
永縁　**100c**,607c
永覚　339a　→元賢
永嘉集　852a
永嘉証道歌　732b
永嘉真覚大師証道歌　732b
永嘉禅集　852a
永嘉大師　336a
永観　142c,143b,265b,607c,733c,868a,**1432a**,1433b
永慶　1490b
永厳　561c,962c,1202c,**1432c**
永劫　361a
永業　1351b

## ら

ラトナシキン　1274b
ラトナ・トラヤ　502a
ラトナマティ　286a,
1502a
ラトナメーガ　765b
ラーフラ　597a,639b,
1442b
ラーフラバドラ
950a,994c,1442c
ラマ　1444b
ラーマ(人名)　550c,
1082b,**1444b**,1445b
ラーマ(聚落)　1445a
ラーマカムヘング王
866b
ラマ教　418c,942b,
1368a,**1444b**
ラーマーヌジャ
1148a,**1445b**
ラーマ派　1444b
ラーマーヤナ　263a,
550c,896b,1203b,
1443a,1444b,**1445b**,
1468b
ラーマ四世　1410a
ラーム・チャリット・マ
ーナス　1445c
ラムリム　1303c
ラモート　1214b
ラリタヴィスタラ
596b,1240a,1272b,
1369a,1485c
ランカー　826a,
1444b,1468a
ランカー・アヴァター
ラ・スートラ　1467b
ランダルマ　813c,
942a,990c,1022a,
1444c,**1446b**,1485c
ランバカパーラ　399a
剌闍　498a
倮形梵志迦葉　14a
喇嘛　**1444a**
喇嘛教　1444b
裸形外道　593b,1497c
裸形上人　821a,1221a
裸形像　1234a
裸行上人　1221a
裸国　34b
裸人国　34b
頼耶　29a
頼耶縁起　29c
頼耶縁起説　126a
頼耶識　29a
頼耶の三位　29c
頼耶の三相　29c
頼耶の三蔵　29b
藍摩国　2a
螺　707a,1319b
螺髻　1444a
螺髻魔王　1368b
螺渓義寂　→義寂(中国)
螺渓尊者　243a
螺髪　**1444a**
羅　570
羅云　553a,1442b
羅閲王　1310b
羅閲祇　141b
羅漢　28a
羅漢会　1441a
羅漢応験伝　**1441a**
羅漢供　1441a
羅漢供養式　1441a
羅漢桂琛　313a
羅漢講　363a,**1441a**
羅漢寺(東京)　763b
羅漢寺(和歌山)
**1441a**
羅漢寺(大分)　424a,
696b,**1441a**
羅漢図讃集　**1441b**
羅漢像　1234a
羅漢頼吒和羅経
1440a
羅欽順　473c
羅君章　472c
羅渓　588a
羅睺　558c
羅睺寺　418c
羅睺星　1485a
羅睺羅(仏弟子)
597a,598a,639b,
1066b,1367b,**1442b**
羅睺羅(論師)　510c,
1442c
羅睺羅大会　1262a
羅睺羅跋陀羅　950a,
994c,**1442c**
羅斛　866b
羅怙羅　1442b
羅山　357c
羅山文集　1145c
羅什　62c,300c,510c,
1078a,1195c
→鳩摩羅什
羅刹　1158c,1416c,
**1442c**
羅刹天　643c,1093a,
1443a
羅刹女　1442c
羅刹女国　1443a
羅陀　**1443a**
羅吒波羅　1440a
羅婆那抜提　1442b
羅浮山　**1443c**
羅摩伽　414c
羅摩伽経　35c
羅摩聚落　**1445a**
羅摩村　1445a
羅明堅　1024a
羅網　**1446a**
羅予　835c
羅爛城　30b
囉　570
囉怙羅　658b
邏　570
邏些　1443a
礼　**1437a**
礼阿　1473c
礼光　401c,733c,
**1438c**
礼言　1326b
礼讃(書名)　144a
礼懺儀　863c
礼舎塔儀式　612c
礼足　1437c
礼拝　**1440b**
礼拝門　423b
礼盤　**1440b**
来応　1438c
来迎　1138a,**1438c**
来迎印　65b
来迎院(京都・左京区)
149a,273c,753a,
**1439b**,1474b
来迎院(京都・東山区)
860a
来迎院南之坊　949b
来迎会　1391a
来迎寺(神奈川・矢部)
1079a
来迎寺(神奈川・芹沢)
1141a
来迎寺(新潟)　**1439b**
来迎寺(滋賀)　171b,
334c
来迎寺(大阪・守口市)
**1439b**
来迎寺(大阪・松原市)
**1439b**
来迎寺(兵庫)　**1439b**
来迎思想　718b
来迎図　1439a
来迎の聖衆　1439a
来迎和讃　**1439c**,
1508a
雷庵正受　192b
雷音寺　1075a
雷光明　1415b
雷神　1095b
雷電吼菩薩　420a
雷斧　1138c
雷斧弁訛　701c
雷峰塔　795a
頼意　**1437a**
頼覚　271c
頼観　1326c
頼基　1221b
頼慶　743c,1216c,
**1438b**
頼賢　588c,**1438b**
頼玄　**1438c**
頼光　1438c
頼豪(平安)　**1439a**
頼豪(鎌倉)　**1439a**
頼助　**1439c**
頼心　910c
頼西　**1439c**
頼禅　1382b
頼尊　312a
頼吒惒羅　**1440a**
頼吒和羅　1071a,
1403c,1440a
頼吒和羅経(支謙訳)
**1440a**
頼吒和羅経(竺法護訳)
**1440a**
頼吒和羅所問徳光太子
経　1440a
頼智　1008a
頼宝　136b,256b,
384b,786b,**1440c**
頼瑜　10c,603c,648a,
797a,1132a,1265b,
1328a,**1440c**
麗蔵　941a
洛山寺　**1441c**

洛叉　813b
洛東八宗法事記　442a
洛陽　**1442a**
洛陽学校　129a
洛陽伽藍記　**1442a**
洛陽三十三カ所　229c
絡子　1264b
落謝　547c
落飾　452a
落染　452a
落髪　1017b
落髪染衣　452a,860b
楽　**1441b**
楽只　782a
楽受　616a
楽清浄心　1300c
楽生天　1020b
楽速通行　559c
楽遅通行　559c
楽通行　559b
楽天　1149c
楽変化天　332a,1436c
楽邦　731a
楽邦遺稿　1442a
楽邦文類　623a,**1441c**
楽法寺　108b
楽養　1361b
楽蓮社信誉　118b
酪　1366b
酪味　408b
拉薩　**1443a**
卵生　542b
卵塔　1037a,1147c,1397b
乱行念仏　1370b
嵐毘　1446b
嵐毘尼園　1117c
藍婆　1212a
藍毘尼園　596c,1158a,1348b,**1446b**
濫　570,572c
濫波国　399a,**1446b**
嬾竜　**1446c**
懶庵　1204c
懶翁　→慧勤
懶禅　685b
懶窩　726c
蘭渓　1062a　→道隆
蘭山　760c
蘭山義福　1468a
蘭洲　1475c
蘭雪　273b
蘭若　30a,513a
蘭坡　311b
蘭坡景茝　406b
欄楯　1233a,**1446a**
鸞芸　1005b,**1446a**
鸞洲　**1446a**
鸞宿　741a,**1446a**

## り

リグ・ヴェーダ　6b,10b,68c,82c,158b,926b,1153a,1182c,1247c,1371b
リシ　83a
リシパタナ・ムリガダーヤ　1502c
リシャシュリンガ　54b
リス・デヴィズ　817a,**1448b**,1448c
リス・デヴィズ夫人　**1448c**
リタン版　942b
リッチャヴィ　657a,1160c,1187b,1252b,1447c
リューデルス　**1465a**
リンガ　123a
リンチェン・サンポ　**1478a**
李煜　134a
李廓　940c
李継遷　819a
李元昊　819a
李綱　473b
李翺　473b
李士謙　473a
李師政　473b,1287b
李之藻　1024b
李遵勗　1025a
李純甫　473c,1402c
李真　784b
李成桂　600b
李節　473b
李太后　1360c
李泰伯　473b
李仲卿　473b
李長者　1453a
李通玄　317c,318a,488c,650b,781a,**1453a**
李無諂　1227c
李無詔　1208a
李璟　170a
利　1456a
利休　946c,**1447a**
利行　544c
利根　432a
利言　1177a
利修仙人　1287c
利生　1456b
利生塔　32a,227b,736b,821b,1268c,1433b
利渉　32a,32b,**1448b**
利他　**770c**
利他深広の信楽　491a
利他真実　771a
利他真実信心　793c
利他の一心　58a
利他の三信　490b
利瑪竇　474a,1024a
利物　1456b
利益　**1456a**
利益妙　650a
里　568
呾　568
哩　568
哩多僧蘗囉五部心観　**1449a**
哩多僧蘗囉五部心観（園城寺蔵）　424c
犂車毘　1447c
理　771a
理有情無　486b・
理戒　162c
理観　209c
理教本迹　1342c
理具　702b,**1447a**
理具成仏　902c
理具の三千　52c,492b,1447a
理源大師　748c
理顕本　771c
理光院　684c
理綱院　122c
理護摩　427c
理在絶言　**1447c**
理事俱融唯識　634b
理事本迹　1342c
理事無礙　126b
理事無礙観　470b
理事無礙法界　587c,771b
理趣会　1362b
理趣経　976c,1175b,**1447c**,1448a
理趣経法　**1448a**
理趣経曼荼羅　1448a
理趣広経　1448a
理趣三昧堂　505b
理趣釈　1448a
理趣釈曼荼羅　26c
理性　771a
理性院（醍醐寺子院）　921c,922b
理性院流　153b,785a
理性毒害　1455c
理証　**264c**
理乗　928c
理成仏　902b
理懺　475a,863b
理造　1447a
理即　900b,1299a
理智　**1449b**
理智一門集　**1449b**
理智光寺　343c
理長為宗　**1449b**
理毒性毒　**1455c**
理仏　1230b
理仏性　1229a
理法房　1010c
理法界　587b
理法身　1231c
理本　**1456a**
理曼荼羅　1363a
理密教　337c
理明房　377c
理唯識　1422b
理惑論　472c,600c,**1476b**
棃　568
履善　**1449a**
嚧　568
離悪戒　159c
離一切怖畏善神　656a
離蘊我　159a
離戒　159c
離界　992b
離喜妙楽地　288b
離垢　1339a
離垢地　629b,629c
離垢施女経　954c

離繋　158a
離繋果　158a
離繋得　158a
離幻　45a
離間語　637c
離言院　588b
離言真如　802a
離言中道　999b
離作業灌頂　217c
離作法　73c
離三業の念仏　1138b
離車　657a,1160c,
1187b,1252b,**1447c**
離車毘　1447c
離生　352c
離生喜楽地　288a
離障　17b
離塵服　1263b
離染　**1449a**
離染得　**315c**
離相　1133a
離相戒　162c
離中知　404b
離癡乱行　1297
離癡乱心行　1297
離貪　1449a
離貪地　629a
離縛断　978a
離婆多(仏弟子)
**1455c**
離婆多(上座)　1416c,
**1455c**
離法愛　636c
離文　1016b
離文字普光明蔵経
**1456a**
離欲　553a,1449a
離欲地　629a
離欲退　532a
邐迤三諦　494b
力　653a,**1446c**
力士(菩薩)　1295b
力士(種族)　1353c
力者　**1446c**
力者法師　1446c
力精　**1447a**
力波羅蜜　1168a
力用　1426b
六合釈　1495a
六合釈章疏標目
**1447b**
六勝寺　1498b
六朝仏　96a
六離合釈法式　**1447b**
陸亘大夫　1447b
陸亘天地同根　**1447b**
陸士寿　805b
陸師寿　404c,805b
陸象山　473b
陸真臘　808b
立者　72c
立石寺　**1453b**
立正安国会　399b,
967a
立正安国論　453b,
610a,666b,1107b,
**1454b**
立正観抄　648b,**1454c**
立正佼成会　790a,
1080c,1108c,**1454c**
立正寺　1117b,**1454c**
立正治国論　1114b,
**1455a**
立照閣　802c
立政寺　989c,**1455a**
立世阿毘曇論　**1455a**
立雪断臂　107b
立相住心　209c
立僧板　1170a
律　159c,493b,939c,
**1449b**
律院　513c
律苑事規　**1453a**
律苑僧宝伝　110a,
**1453a**
律学発軔　**1453b**
律儀　160a,363c
律儀戒　160b,162a
律儀断　543b
律講　704c
律師　493c,882a,
1452c
律師位　873b
律事　666b,1005a,
1143c
律宗　221a,493c,
1051a,**1453c**
律宗会元　**1454a**
律宗瓊鑑章　**1454a**
律宗綱要　**1454a**
律宗章疏　**1454b**
律宗念仏　766a
律宗万善戒壇　704c
律蔵　80c,159c,493b,
669c,939c,1034a,
**1455b**
律二十二明了論
**1455b**
律の三宗　1453c
栗棘庵　1058c
竪者　887c,1458b
竪精　1458c
略開三顕一　645a
略教誡経　**1456b**
略釈新華厳経修行次第
決疑論　318a
略頌　741b
略出経　438b
略出念誦経　784c
略述金剛頂瑜伽分別聖
位修証法門　690c
略述大乗戒義　**1456b**
略述大乗戒義講録
1456b
略述法身義　1333c
略述法相義　**1456b**
略疏　586c
略諸経論念仏法門往生
浄土集　737a
略叙金剛界大教王師資
相承付法次第記
165c
略叙伝大毘盧遮那成仏
神変加持経大教相承
付法次第記　165c
略説五取蘊苦　279a
略弾日蓮義　359a
略中説仏　**381a**
略伝集　**1456c**
略読　1067a
略付法伝　1245c
略法華　645a
略本　742b
略問訊　1411c
略文類　742b
略論(秘蔵宝鑰)
1187a
略論(略論安楽浄土義)
1456c
略論安楽浄土義
**1456c**
歴劫成仏　747b
歴事別観　470a
歴別三諦　494b
歴遊天竺記伝　1313c
立円　1103b
立義　1458b
立参　466c
立山寺(立川寺)　654c
立山寺(岩峅寺)　966c
立敵共許　72c,282c
立敵不共許　73a
立性宗　537c
立信　737b,789a,
1380c,**1461c**
立世阿毘曇論　245b
立詮　**1462a**
立善講寺　693a
立相教　472b
立像寺　1109c
立僧首座　869a
立道　**1463b**
立班の小頭首　869b
立本寺　658b,1093b,
1103a,**1463c**
立要巧方便　1284c
立量　72a
立量破　77a,77b
柳渓　1119c
柳州　1462b
柳宿　1096a
柳宗元　**1462b**
竜　1158b,1158c,
**1457a**
竜雲寺　339b
竜雲房　311c
竜淵　809a
竜淵寺　**1457b**
竜王　692a,1457a
竜王吼菩薩　420a
竜王寺　1401b
竜王曼荼羅　926c
竜穏寺　216a,893b,
944b,**1457b**
竜海院(群馬)　**1457c**
竜海院(愛知)　**1457c**
竜蓋寺　150b,238a
竜龕手鑑　941c,**1458a**
竜杏　704a
竜空　789b
竜宮相承　573a
竜軍　1082b
竜華　1079a
竜華院(妙心寺塔頭)
1380b
竜華院(日像)　1104c
竜華院(蓮井雲渓)
1154c

竜華会　232a,1459a
竜華園　1061b
竜華教院　4a
竜華三会　498c,1388a,1459a
竜華三具足山　1464a
竜華懺儀　1066a
竜華寺(山形)　863c
竜華寺(静岡)　**1459a**
竜華樹　1301b,1387c,**1459a**
竜華轍　788c
竜渓(江戸・黄檗宗)　67a,725a,1246b
竜渓(江戸・真宗)　733b
竜渓院　582c
竜玄　**1459b**
竜眼　83b
竜源院　946c
竜護　824c
竜光院　947a,**1459c**
竜光寺(中国)　**1459c**
竜光寺(日本)　534a
竜江院　**1459c**
竜口寺　**1459c**
竜興寺　**1460a**
竜興寺(河南省)　952c
竜興寺(浙江省)　336a
竜興寺(福建省)　168a
竜谷講主伝　**1460b**
竜厳　782c
竜山(鎌倉～南北朝)　1066a
竜山(南北朝～戦国)　1034c
竜山祖闇　851c
竜室　1471a
竜樹　23b,26a,34b,48c,115b,202a,301b,317c,321a,380a,464a,504a,509c,510b,510c,584a,603c,633c,640c,644c,645b,733b,748b,755c,784b,934b,935b,943c,950a,992c,994c,1000a,1027a,1065c,1089a,1120b,1158a,1175a,1194b,1208c,1214a,1226b,1237a,1246c,1269b,1285b,1293c,1301a,1301c,1303a,1348c,**1460b**,1461a,1461b,1462c,1467b,1498a
竜樹五明論　**1461a**
竜樹権現社　22b
竜樹菩薩　484a
竜樹菩薩為禅陀迦王説法要偈　1461b
竜樹菩薩勧誡王頌　464a,1461a,**1461b**
竜湫　1381c
竜湫周沢　406b
竜珠寺　**1461a**
竜正院　**1461b**
竜昌寺　683a
竜翔寺(中国)　405b
竜翔寺(東京)　1051b
竜翔寺(京都)　405c,753c,946c
竜舒居士　144b
竜舒浄土文　**1461b**
竜神　1457a
竜津寺　1062a
竜惺　**1461c**
竜泉　1482b
竜泉庵　1380a
竜泉寺(中国)　1503b
竜泉寺(福井)　605a
竜泉寺(静岡)　1280a,1428a
竜泉寺(愛知)　**1462a**
竜泉寺(大阪)　41a,**1462a**
竜象　**1462b**
竜蔵　941b
竜蔵寺　1460a
竜沢寺(福井)　1022b,1413a
竜沢寺(静岡)　129c,1149b
竜潭寺　814a
竜智　437a,784a,784b,1207c,1305a,**1462c**
竜琛　**1463a**
竜天　**1463a**
竜統　1365a,**1463a**
竜堂　476a
竜洞庵　1470b
竜頭寺　**1463b**
竜徳寺　1393c
竜得坊増吽　874a
竜女成仏　1032a,1293b
竜女成仏義　**1463b**
竜脳香　202c,362a
竜派　**1463c**
竜福寺　**1463c**
竜宝大徳禅寺世譜　519b
竜猛　640c,784a,784b,1089a,1303a,1462c
竜眠庵　1058c
竜門　856b,1312c
竜門龕　1464a
竜門寺(兵庫)　1170c,**1464a**
竜門寺(奈良)　238a
竜門石窟　**1464a**
竜門夜話　**1464c**
竜文寺　757c
竜遊禅寺　275c
隆円(鎌倉)　**1457b**
隆円(江戸)　277a,973c,**1457b**
隆海(平安前期)　**1457c**
隆海(平安後期)　**1457c**
隆覚　798b
隆寛　53a,219b,416c,719c,733c,737b,743a,817b,1008b,1139c,1376b,**1458a**
隆琦　67a　→隠元
隆堯　710c,**1458c**
隆慶　**1459a**
隆渓繁紹　670b
隆光　152c,406c,1005b,1015a,1401b,**1459b**,1473c
隆興釈教編年通論　1235c,**1460b**
隆山　933a
隆恕　1115a
隆盛寺　637b
隆信　1461c
隆暹　36a
隆禅　929b
隆闡大法師　106b
隆尊　**1462c**
隆達　**1462c**
隆池院　302b
隆忠　1414a
隆範　1252b
隆遍　**1463c**
隆弁　1121c
隆豊　443c
隆明　50a,1371a,**1464a**
隆瑜　**1464c**
嵧嵤如来　249b
滝泉寺(東京)　1243a,**1462b**
滝泉寺(静岡)　226c
竪義　591b,887c,**1458b**
竪義者　887c,1458b
劉虬　407b,765c,1399b,**1458c**
劉薩阿　2a
劉薩訶　2a
劉少府　473a
劉正奉　19a
劉進喜　473b
劉程之　**1463a**
劉鉄磨　1018c
劉謐　472b,473c
旅泊　1057b
閭丘胤　216a,467b
了阿　**1466a**
了庵(中国)　824c,1292b
了庵(日本)　121c　→慧明(南北朝～室町)
了菴　310b
了意　833a,**1466a**
了因　64b
了因仏性　1228c
了因坊　1101c
了運　**1466b**
了慧　1044b
了円(朝鮮)　1313c
了円(日本)　1402a
了翁(中国)　1010c
了翁(日本)　336a
了音　737b,**1466c**
了雅　843a
了海(信願房)　752a
了海(鎌倉)　740c,862a,**1466c**
了海(江戸・真宗)

**1466c**
了海(江戸・浄土宗) 457a
了学 286c,**1467c**
了軌 **1468c**
了義 237b,**1468c**
了義院 1115b
了義教 1468c
了義経 1468c
了義寺 348c
了教 18a
了暁(鎌倉) 524a
了暁(室町～戦国) **1469a**
了境能変 499c
了吟 796b,**1469b**
了空禅師 1053a
了外広覚禅師 1429b
了賢 461c
了元 **1469c**
了源(鎌倉) 862a
了源(鎌倉～南北朝) 589a,740c,1225c,1257b,**1470a**
了実 747a,**1471a**
了性 **1471c**
了祥 39b,**1471c**
了心 **1472a**
了心寺 757c
了信 750b
了世 **1472a**
了善 1401a
了山尼 481c
了尊 572b
了智(鎌倉) 701a,**1473b**
了智(江戸) 583c
了的 1216c,**1474a**
了徹 710a
了堂 871a
了道 1116b
了然(鎌倉) 1286c
了然(江戸) 349a
了別境識 520b
了別境能変 499c
了本際 18a
了本生死経 529a,1040c
了也 **1476a**
了雄 1076a
了蓮社定誉 811c
令玄 **1470a**
令入秘密 583c,1190c
両界曼荼羅 1361c
両学頭 887c
両巻無量寿経宗要 1400c
両京法主三帝国師 788c
両垢如如 802b
両倶不成過 74b
両肩神 291c
両山両寺 1014c
両重三千 52c
両重十玄門 625c
両重の能所 636b
両序 869a,**1471b**
両舌 637c
両足仙 1222c
両足尊 1222c
両大師 1470b
両班 869a,1471b
両部各別 952a
両部合行灌頂 218a
両部習合神道 **1475a**
両部神道 92c,804c,1475a
両部神道口訣鈔 **1475a**
両部大法阿闍梨 12a
両部大法相承師資付法記 165c,951c
両部秘密許可幷大結界式 **1475b**
両部曼荼羅 1361c
両部曼荼羅義記 **1475b**
両部曼荼羅七集 42b
両峯問答秘鈔 **1475b**
良意 **1466b**
良胤 **1466b**
良恵(平安) **1466b**
良恵(鎌倉) **1466b**
良恵(江戸) 949b,**1466b**
良永 **1466c**
良栄 134a,1456a
良縁 109b
良价 360b,772c,850b,892b,1046a,1046b,1046c,1269c,**1467a**
良快 **1467a**
良海 1118b
良寛 **1468b**
良観(平安) 1280b
良観(鎌倉) 401b,786c,1129a
良観(江戸初期) 550a
良基 **1468c**
良機 1100b
良義 1280b
良恭 **1469a**
良暁 739c,858c,**1469a**,1473c
良空(鎌倉) **1469b**
良空(江戸) 807a,961a,**1469b**
良啓 370a
良慶 36b,845c
良賢 588c
良源 50c,139a,146b,156b,273a,299a,451a,540a,558a,612c,680c,681a,733c,895b,897a,1006a,1027b,1273a,1321b,**1470a**,1503c
良光 1411b
良高 134b,1100b,**1470b**
良厳 **1470b**
良佐 **1470c**
良作 1166c
良山 556a,845c
良算 757a,1307b
良慈 276c
良秀(室町) **1471a**
良秀(戦国～安土桃山) **1471a**
良秀(江戸) 1341b
良従 **1471a**
良就証賢 853c
良春尼 1335b
良純法親王 983a
良諝 663c
良助 134b,**1471b**
良正 484b
良勝 **1471c**
良勝方 1471c
良定 944a
良肇 286b,**1471c**
良尚法親王 1360c
良恕法親王 441c
良心 **1472a**
良信 716b
良信寺 1467c
良深 1010c
良暹 607c,**1472b**
良禅 **1472c**
良禅客 50c
良僧正 1257b
良尊 949b,1286c,1428c,1439b,**1473a**
良大 **1473b**
良大仰観 854a
良忠(鎌倉) 243c,385c,491a,737a,739a,741a,1127c,**1473c**
良忠(江戸) 1126b
良鎮 1428b
良天 697b
良如(南北朝) 458c
良如(江戸) 1014c,**1474a**
良仁 800a
良忍 139c,149a,273c,733c,753a,949b,1032a,1382a,1428c,1439b,**1474b**
良範 444a
良賁 **1474c**
良敏 695b
良遍 146a,212a,221c,794b,858c,1013a,1138c,1296b,1317c,**1475b**
良芳 **1475c**
良明 **1475c**
良勇 663c,**1476a**
良祐(平安) 16a,957b
良祐(平安～鎌倉) **1476a**
良猷 722c
亮阿闍梨 354b
亮快 357c
亮海 **1467b**
亮輝 844c
亮憲 **1469b**
亮賢 403b,**1469c**
亮潤 607b
亮信 681a
亮碩 124a,**1472b**
亮禅 **1472c**
亮汰 **1473b**
亮貞 **1473c**
亮典 **1474a**

亮然　1035a
亮範(江戸・浄土宗)　738b,**1474c**
亮範(江戸・真言宗)　200b,**1474c**
凌雲院　1113a
竜安寺　344a,**1466a**
竜興寺　1052a
料見　1469c
料揀　1469c
料簡　**1469c**
梁高僧伝　379a,901c
梁の三大法師　113c,894b,989a,1261b
梁粛　473b,1029a,**1471b**
梁出三蔵集記　672b
梁塵秘抄　**1472a**
梁塵秘抄口伝集　1472a
梁世衆経目録　662a,940c
梁山則和尚十牛頌　621c
梁雄　1006c
涼簾　1142c
量　800b,1248c,**1465a**,1505c
量果　1465a
量経　1248c
量決択　972c
量簡　1469c
量評釈　614a,1247b,1314c
楞伽　826a
楞伽阿跋多羅宝経　1467c
楞伽院　1332b
楞伽経　116a,126a,267a,295c,395b,413c,521a,524c,542c,935c,1121b,1196a,1197c,1231b,1303b,1405c,**1467b**
楞伽窟　602c
楞伽懸記　1467b
楞伽師資記　**1468a**
楞伽城　1358b
楞伽山　**1468a**
楞厳院検校　876a
楞厳会　1262b,**1470c**
楞厳寺　**1470c**
楞厳寺版　941b
楞厳呪　952b,**1470c**
楞厳大師　546a
楞厳房　1100c
領解　**1469b**
領解文　167a
寮元　680c,869b
寮首座　680c
寮主　680c,869b
寮長　869b
霊安寺　761a
霊異記　1119a
霊育　340a
霊龕　210b
霊厳寺　185c
霊感壇　351b
霊基　240b
霊供　286c
霊鷲院　1104b
霊鷲寺(五台山)　418c
霊鷲寺(下天竺寺)　1023b
霊鷲山　141c,243b,598a,1473a
霊仙　418c,**1472b**
霊山(鎌倉)　1039c
霊山(江戸)　379c
霊山寺(中国)　1023b
霊山寺(東京)　980b,**1472c**
霊山寺(静岡)　1278a,**1472c**
霊山寺(京都)　750a
霊山寺(奈良)　**1472c**
霊山寺(徳島)　533a
霊山浄土　730c,**1473a**
霊山浄土変　741c,1312c,1473a
霊山派　538c
霊簿　187b
療病院　577c
林(地名)　29a
林間録　**1476b**
林丘寺　660b,1411c,1432a,**1476b**
林光院　709c
林常　172b
林泉寺　106c,**1477c**
林泉老人評唱丹霞淳禅師頌古虚堂集　528c
林泉老人評唱投子青和尚頌古空谷伝声集　528c
林葬　871c
林懐　78a,**1478a**
林邑楽　1205c,1238b
林邑国　1238b,**1479a**
林姚恩　473c
林霊素　473c
琳阿　1282c
琳阿本　1282c
琳賢　445b
琳光　805a
琳珊　1463a
稟蓮社承誉　1274c
鈴　1224b,1480b
輪円具足　1361b
輪空　132b
輪後光　403b
輪住　1479a
輪蔵　1036c
輪灯　1225a
輪廻　92b,458b,713a,1092a,**1478b**,1506a
輪王寺(宮城)　**1478b**
輪王寺(栃木)　139c,1112a,1412a,**1478b**
輪王寺(東京)　139c,**1478b**
輪王寺宮　211a
輪王寺門跡　1478c
輪駁行蔵録　327a,847c
輪番　518a,623c,**1479a**
輪宝　447a
輪蓮社転誉覚阿十故　912b
霊隠寺　1480c
隣阿伽色　4a
隣近釈　1495b
隣単　973a
隣誉月光　694a
臨江斎　745a
臨済庵　1048b
臨済慧照禅師語録　1477a
臨済瞎驢　**1476c**
臨済義玄　→義玄
臨済義玄禅師語録　528b
臨済寺(中国)　**1476c**
臨済寺(日本)　878c,**1476c**
臨済四賓主　**1477a**
臨済宗　402b,850b,850c
臨済宗黄竜派　850c
臨済宗鏡堂派　179a
臨済宗建長寺派　351c
臨済宗建仁寺派　355b
臨済宗向岳寺派　1067c
臨済宗国泰寺派　399a,850c
臨済宗法灯派　371a
臨済宗楊岐派　850c
臨済将軍　241c
臨済禅　851a
臨済禅二十四流　179a
臨済大悟　**1477a**
臨済仏法大意　**1477a**
臨済無意　905c
臨済録　**1477a**
臨時祭　64a
臨終　**1477b**
臨終現前の願　470c
臨終業成　373a,1477b
臨終正念　1477b
臨終正念訣　**1477b**
臨終念仏　1137c
臨終要訣　1477b
臨終来迎　1438c
臨川寺　405c,1383a,**1478a**
臨川寺版　1478a
麟角寺　52a
麟角喩独覚　124b
麟祥院　67a,**1477c**
麟徳殿　273a
麟喩独覚　124b

## る

ルイワンポ　1022a
ル・コック　1254b,1371c,**1479b**
ルッジェーリ　1024a
ルドラ　13c,42a,925a
ルーパ・ダートゥ　522b
ルンビニー　202a,596c,1117c,1158a,1348b,1446b

## れ

1412a, **1487b**
蓮華虚空蔵 397b
蓮華坐 448a
蓮華座 448b, 1234b, 1491a
蓮華三昧院 1383b
蓮華三昧経 1497b
蓮華三喩 1197b
蓮華寺(神奈川) 385c
蓮華寺(石川) 1116b
蓮華寺(岐阜) 777a
蓮華寺(静岡) 1486a
蓮華寺(三重) 46c
蓮華寺(滋賀・甲賀郡) **1487c**
蓮華寺(滋賀・坂田郡) 55a, 737a, **1487c**
蓮華寺過去帳 187c
蓮華色比丘尼 86a, 140b, **1488a**
蓮華手 228a
蓮華生 70b, 465c, 614b, 990c, 1016c, 1165a, 1368a, 1444c
蓮華城 1045b
蓮華勝会 626c, 705a
蓮華精進 **1488b**
蓮華蔵院 334b, 979a
蓮華蔵荘厳世界海 399c, 1488b
蓮華蔵世界 399c, 730c, 1201c, 1239a, **1488b**
蓮華台 1491a
蓮華台蔵世界 1488c
蓮華台蔵世界海 1488c
蓮華谷の僧都 1383b
蓮華堂 1044b
蓮華部 1215c, 1363a, 1363b
蓮華部儀軌 438b
蓮華服 1263b
蓮華峰寺 **1489a**
蓮華面経 **1489b**
蓮華流 957b
蓮芸 259c, 1491b
蓮馨寺 912b, 980a, **1487a**
蓮馨尼 1487a
蓮花寺 1105b
蓮花谷聖 1186b
蓮月尼 **1489a**
蓮居 705a
蓮悟 1332b, 1332c, 1491b, 1491c
蓮光 1471c
蓮光寺 1472a
蓮綱 1491b
蓮剛 717b
蓮江寺 765a
蓮社号 412a, 1286b, 1489b
蓮秀 **1489b**
蓮宗 1241c, **1489b**
蓮宗念仏 766a
蓮宗必読 **1489c**
蓮宗宝鑑 **1489c**
蓮修起信録 **1489c**
蓮修必読 **1489c**
蓮純 679b
蓮淳 219a, 346a, 1082a, **1490a**, 1491b
蓮生(宇都宮頼綱) 1429c, **1490a**
蓮生(熊谷直実) 385b, 1282b, 1427c, **1490b**
蓮生庵 1427c
蓮生寺 795b
蓮勝 **1490a**
蓮上王 627a
蓮乗 1332b, 1491b
蓮乗院 349b
蓮乗寺 1110b
蓮成院 1115a, 1383b
蓮昌寺(千葉) 1105b
蓮昌寺(神奈川) 1116a
蓮昌寺(岡山) **1490b**
蓮誓 1491b
蓮禅 475b
蓮崇 **1490c**
蓮蔵海 146a
蓮蔵房 1106a
蓮体 377b, 833a, 1191a, **1490c**
蓮待 **1491a**
蓮台 **1491a**
蓮台寺(京都) 751b
蓮台寺(岡山) 874a
蓮台寺僧正 214a
蓮台野 15a
蓮潭 1426b
蓮池 665a
蓮長寺 **1491a**
蓮入 753b
蓮如 33a, 43a, 55b, 153c, 167a, 181c, 259c, 276b, 346a, 378b, 393b, 708b, 715c, 724c, 747a, 788b, 1007b, 1072c, 1138b, 1145b, 1322c, 1329c, 1330c, 1332a, 1332c, 1333b, 1335b, 1341b, 1419c, 1435c, 1459b, 1490c, **1491a**, 1491c
蓮如御文 259c
蓮如上人遺徳記 789b, 790c, **1491c**
蓮如上人御一代記聞書 1491c
蓮如上人御一代聞書 789b, 790c, 1419c, **1491c**
蓮如上人小部集 **1491c**
蓮念 1128c
蓮邦 1489b
蓮邦詩選 **1491c**
蓮邦消息 **1492a**
蓮門 1489b
蓮門経籍録 **1492a**
蓮門詮要篇 **1492a**
蓮門類聚経籍録 1492a
蓮葉和歌集 **1492a**
璉城寺 **1490b**
璉禅師 1406a
聯灯会要 652b

## ろ

ロイマン **1492b**
ロウ **1492c**
ローカクシェーマ 773a
ローカーヤタ 1497b
ローケーシュヴァララージャ 830b
ロサン・タクパ 1014a
ロサン・ツァンヤン・ギャムツォ **1503c**
ローゼンベルグ **1504a**
ロックヒル **1504b**
ローハナ 1082b
ロプ・ノール 855b, 908b, 970c, 1386a
ローマ 936c
ローマ帝国 936c
呂夷簡 314a
呂光 301a
路迦 830a
路迦駄覩 826c
路太后 711a
漏 94c, 509c, **1492b**
漏尽 1339a
漏尽意解 1339a
漏尽智証明 507b
漏尽智力 653b
漏尽通 798c
漏尽比丘 1339a
漏沢園 112a
漏永尽無畏 589c
魯庵普会 851b
魯山 961c
魯寮 339c
盧行者 120a
盧至長者 **1504a**
盧能 120a
廬巌寺 814a
廬山 **1503b**
廬山寺 340b, **1503c**
廬山流(中国浄土教) 733b
廬山流(台密) 957c
廬山蓮宗宝鑑 1241c, 1489c
羅斎 963a
蘆洲 1278c
露形神 1081c
露地和尚 1001a
露堂 146b
露盤 1037b
驢脣 253a, 253b
老 **1492c**
老安 100b
老苦 279a
老子 674c, 722b, 1041c
老子化胡経 368a, 472c, 473b, **1493b**
老子化胡経玄口

1493b
老子西昇化胡経 1493b
老衲 1264a
老仏 144c
弄花軒 745b
良桂 1281b,**1493a**
良弁(飛鳥～奈良) 42b,169b,187c,321b,442c,443a,626b,725c,923a,1004c,1054c,1118c,1307b,**1493c**
良弁(鎌倉) 910c
郎弁 1493c
朗庵 1401c,**1492c**
朗慶 1109a,**1493b**
朗源 1375c,**1493b**
朗公谷山寺 799a,923a
朗公寺 923a
朗惺寺 1114c
朗澄 561c
朗然 694a
朗門の九鳳 1109a
朗誉 **1494a**
浪雲庵 60a
浪化 **1493a**
婁宿 1096a
楼夷亘羅 830b
楼漢 1082b
楼炭経 1455a
楼蘭 450a,1386a
滝安寺 **1493a**
滝山寺 274c,1094c
瑯琊王薈 190c
臈 1291b
臘 1291b
臘縛 835c,1496c
臘八 732a
臘八会 732a
臘八接心 732a
臘伐尼 1446b
籠山 **1493b**
籠山結界 1493b
籠山僧 1493b
籠山比丘 1493b
聾瞽指帰 477c
六愛 1a
六愛身 1a
六悪 5c
六阿弥陀 **1494a**
六阿弥陀巡り 1494a
六位 791c
六慰労法 1503a
六因 64b,64c
六隠乞士 1490c
六慧 100a
六慧法 100a
六可憘法 1503a
六学僧伝 **1494c**
六合釈 **1495a**
六観音 228b,1054a,**1495b**,1496c
六牛図 622a
六行観 **1495c**
六空 280b
六群比丘 **1496a**
六牙院 1116a
六外処 254c,643b
六現観 336c
六作 512c
六歳会 1262a
六斎日 161b,458a,1277b
六斎念仏 152c,248b,1043a,1138a,**1496a**,1496b
六時 1484c,**1496b**
六時鐘 1496c
六時勤 1496c
六時堂 1496c
六時礼讃 144a,733b,1496c
六字河臨法 1496c
六字経法 **1496c**
六字経曼荼羅 1496c
六字章句呪 228a
六字神呪経 1496c
六字大明呪 155b,229b
六識 520b
六事決定 1504c
六師外道 329b,593a,598b,611a,1092a,1168b,**1496c**
六侍者 869b
六地蔵 549c,1054a,**1497b**
六地蔵寺過去帳 187c
六地蔵堂 1497b
六地蔵詣り 549c,1497c
六地蔵巡り 549c,550b,1497c
六七能遍計 520c
六趣 615b
六受 616a
六種阿羅漢 28b
六種廻向 111a
六種戒 162b
六種巧方便 1284c
六種供具 286c
六種供養 362a
六種拳 65b
六種三宝 502b
六種散乱 508c
六種性 635c
六種震動 811b
六種の食 521c
六種の動相 811b
六種の普賢 1211a
六種の論 1506c
六種不生 547b
六種曼荼羅 1498a
六種曼荼羅略釈 **1498a**
六宗 538a
六十華厳 317a
六十華厳経 318a,318c,319b
六十頌如理論 993a,1461a,**1498a**
六十心 508a,774c
六十二見 330a,1497a
六十二見経 1342a
六十六部 686a,1186b
六重の本迹 1342c
六衆生 668c
六処 1505a
六帖 153b
六勝寺 84c,131b,394b,516b,886c,911a,1278c,**1498b**
六条式 475c
六条僧正 128c
六条檀林 980b,1108b
六条長講堂 1003c
六条道場 212b
六条派 538c,695a
六条御堂 1360c
六条門徒 1326a
六成就 204b,**1498b**
六所御霊 429c
六所造宝塔願文 **1498c**
六塵 254b,775c,1504b
六神通 798b
六随念 1135b
六随法 161c
六随眠 812b,1336b,1336c
六染心 864b
六窓一猿の譬 520b
六相円融 321a,**1499a**
六瘡門 897a,897b
六即 900b,1299a
六触 900c
六触身 900c
六足論 1318a,**1499b**
六祖大師 120a
六祖大師法宝壇経 1500a
六祖壇経 1117a,**1500a**,1500b
六大 784c,**1501a**
六大縁起 1501a
六大縁起説 126a
六大寺 517b
六大城 **1501b**
六大体大 1501a
六大法身 1501b
六大煩悩地法 791b
六大無礙 1501a
六体地蔵巡り 549c
六湛 1409a
六畜 985b
六知事 868b
六頭首 868b,868c
六通 798b
六天講式 **1501b**
六転依 1032c
六度 49a,756b
六度集経 671a,**1501c**
六度無極経 1501c
六道 615b,687c
六道絵 300b,533a,1418c
六道講式 372c,1094a,**1501c**
六道寺 1011a
六道銭 546b
六道詣り 1011a
六内処 643b
六難 1086a
六人 1505a
六忍 1127c

六忍法　1128a
六念　1135b
六八の願　1322a
六八の弘誓　1322a
六波羅二臈左衛門入道　562c
六波羅蜜　1037c，1167c，1301c，1501c
六波羅蜜経　1445c
六波羅蜜寺　272b，556c，**1502a**
六部　686a，1186b
六不定過　74b，74c
六法　161b
六法戒　160b，161b
六凡　1341a
六凡四聖　560a，1331b
六本宗書　**1502a**
六煩悩垢　278c，1339a
六万部聖　1185c
六味　1366a
六妙法門　**1502b**
六妙門　**1502b**
六妙門文句釈上宮疏　1117a
六無為　1389b
六無畏　1389c
六面石幢　829a
六物　**1502c**
六物図　1232c
六門教授習定論　**1502c**
六門教授習定論頌　1394c
六榕寺　**1503a**
六要鈔　371c
六欲天　1020b
六離合釈　1495a
六量　1465c
六例　1418a
六老僧　284b，413a，1107c，1108a，1370a，1459c
六論　647c
六和　1503a
六和敬　**1503a**
勒那摩提　286a，762b，774a，1236c，1304a，**1502a**
鹿王院　1383a，**1494a**
鹿苑院　518a，709c
鹿苑寺　**1494b**
鹿苑時　6c，408b
鹿苑日録　710a
鹿子母　1380c，1404b，**1497c**
鹿子母講堂　1498a
鹿杖梵志　**1498c**
鹿頭　1366b
鹿母経　**1502c**
鹿野苑　91a，189a，229a，408b，423c，1034a，1126c，1158a，1167b，1233b，1416c，**1502c**
漉水嚢　**1498c**
録外経等目録　**1494c**
録外日蓮遺文　1102a
録外御書　413a
録内御書　413a
六界　1501a
六角義　1466c
六角定頼　43b
六角高頼　247c
六角堂　556c，806b，1007b
六角流　737b，738a
六巻鈔　**1504a**
六境　254b，643b，**1504a**
六垢　278c，1339a
六句義　562c
六苦行外道　329c
六決定　328a，**1504c**
六根　404a，431b，643b，**1505a**
六根互用　1505b
六根懺悔　475b
六根清浄　1505b
六派哲学　329b，1168b，**1505b**
六派哲学集　1169b
六方　575c
六方憲深方　1148c
六方衆　517c，**1506b**
六方衆徒　1145a
六方礼経　91c，817a，**1506b**
六法五願　47a
論　21a，493b，**1506c**
論義　644b，753a，936b，**1506c**
論義鈔　573c
論義第一　639b，1345c
論議　1506c
論議経　91c
論議得　164a
論家　**261b**
論師　493c
論事　21c，192c，327c，945b，1408a
論釈　271c
論主　493c
論宗　264b，493c
論蔵　21b，493b，939c
論題　172b
論題百条　753c
論註　743a
論仏骨表　473b，1287b
論用　350a

## わ

ワカサマ　1210b
ワッタース　**1508b**
ワッデル　**1508c**
汚道沙門　610c
和歌灌頂　218a
和賀是信　1332a
和伽羅那　644b，660c
和気清麻呂　15a，782b
和気宅成　720a
和気彝範　782c
和気広虫　1270b
和気真綱　782b
和気道善　443c
和合果　158a
和合句義　563a
和合衆　876c
和合性　**1507c**
和合僧　876c
和光寺　**1507c**
和光同塵　1328b，**1507c**
和語聖教目録　**1507c**
和語灯録　304c
和讃　88b，261c，1287a，1302c，1321b，1330a，**1507c**
和宗　577b，1027c
和脩吉　1157c
和上　152a
和尚号　876a
和田親平　754b
和田智満　782b，**1508b**
和田廃寺跡　198b
和銅寺　854c
和南　1438a
和難(比丘)　91c
和難(竜王)　91c
倭蔵　941b
話　366a
話頭公案　366a
話則　366a
輪袈裟　1264b
淮水　1087a
隈渓　1418b
若草伽藍跡　1288b，**1507b**
若狭国鎮守一宮縁起絵　1330a
若狭彦絵系図　1330a
若狭比古神宮寺　804b
若月チセ　298c
脇立　494a
脇寺　175b
脇間　1180a
脇門跡　517c，1411c
惑　1336b
惑業苦　497a，508b
惑障　1339c
鷲尾順敬　**1508a**
鷲沢法梁　791a
鷲頭教弘　949a
鷲栖寺　670b
鷲巣寺　670b
度会能信　1277a
渡辺海旭　1212c
渡辺哲信　148b
鰐口　433b，1224c
鰐淵寺　179b
藁金剛　436c
笑仏　1234b
宏智聚覚　134a
宏智正覚　→正覚(中国)
宏智禅師　696a
還香　362c

# 欧 文 索 引

（アルファベット順）

太数字は見出し項目を示す

大文字ではじまる項目は固有名詞を示す

## A


a 9b
ā 9b
abbhutadhamma 644b
ābhāsvara 522c
abhāva 563b
Abhaya 19c
Abhayagiri 20a
Abhayagiri-vihāra 20a, 79c, 826a, 1236b, 1357a
abhicāruka 676b
abhidhamma 939c
Abhidhamma-piṭaka **21b**, 940b
Abhidhammattha-saṅgaha 3c, 18b, **21b**
Abhidhammāvatāra 21b
Abhidhānappadīpikā 817c
abhidharma 20c, 91c, 939c, 1189a, 1506c
Abhidharma-dīpa **21a**
Abhidharma-jñānaprasthāna-śāstra 1318a
Abhidharmakośa-bhāṣya 289c
abhidharma-piṭaka 493b
Abhidharmasamuccaya 929a
abhidhyā 1074a
Abhijit 1096a
abhijñā 798b
abhimukhī bhūmi 629b
Abhirati 13a, 1376a
abhisamaya 336b
Abhisamayālaṃkāra 336c
Abhisamayālaṃkāra-kārikā 1169b, 1175b
abhisaṃbuddha 20c
abhiṣecana 217a
abhiṣeka 217a
a-brahmacarya 1190b
Acala 1242c
acalā bhūmi 629b
Acalanātha 1242c
Ācāra 14b
ācārya 11b
acchantika 59a
acchaṭā 974c
Acela Kassapa 14a
Acela Kāśyapa 14a
Achaemenes 王朝 33c
a-cintya 1206a
Adam 311b
ādāna 15b
Adbhuta 22a
adbhuta-dharma 1367a
adhikaraṇa-śamatha 1451c
Adhimukta 14c
adhimukti 704a
Adhimutta 14c
adhipati 885c
adhiṣṭhāna 188b
Adhyardhaśatikā Prajñā-pāramitā 1448a
ādi 10c
ādi-buddha 14b, 205c
Ādi-kāvya 1445c
āditya 558b
Āditya 643c
advaita 614a
Advayavajra **17a**, 1085c
Advayavajra-saṃgraha 17b
agada 4a
āgama 6c, 1203b
Aggidatta 5a, 1201a
agha 4a
aghasāmantaka 4a
Agni 5a, 427c, 643c
Agnidatta 5a
aḥ 9b, 572b
āḥ 9b
ahaṃkāra 1094a
ahara 521b
Ahicchattra 5c
ahiṃsā 165a
Ahiṃsaka 140c
a hūṃ 3b
Ahura 13c
Airavatī 9c
Ajantā **12b**
Ajātaśatru 10c, 45b, 85c, 89a, 141c, 233b, 657a, 1155c, 1187b, 1203c, 1347b
Ajātasattu 10c, 250a, 327b, 405a, 950c
Ajiravatī 9c
Ajita 3a, 1387c
Ajita Kesakambalin 1497a
Ajitasena 10a
Ajitavatī 9c
Ājīvika 1497a
ajñāna 1396b
Ājñāta Kauṇḍinya 18a
akaniṣṭha 522c
ākarṣaṇī 676b
Ākāśagarbha 397a
ākāśānantyāyatana 589c
ākiṃcanyāyatana 589c
akliṣṭa 864a
akṣa 6a
Akṣapāda **6a**, 71c, 78a, 1505c
akṣara 6b
Akṣobhya 13a
akuśala-mūla 847c
Akutobhayā 1000b
ālambana 1170b
Ālambana-parīkṣā 81b, 220a, 800c
Āḷāra Kālāma 30a, 597b
Āḷavī 29a
ālaya 29a, 30b
Allakappa **16b**, 414c
alobha 1073c
Alwis, J. **30c**
aṃ 9b, 572b
amala 23b
āmalaka 23b
Amaravatī 1045b
Amarāvatī **22c**
ambā 964b
Ambapālī 35b, 35c, 250a, 1252b
Ambapālī-vana 35c
Am-do 990b
aṃḥ 9b
Amitā 841c
Amitābha 25b, 1377c
Amitāyus 25b, 1377c
Amitodana 235c, 400c, 841c
ammā 22b, 964b

Amoghavajra 1207c
āmra 23c, 35c
Āmrapālī 35b
Āmrapālī-vana 35c
amṛta 25b, 25c, 27a
Amṛtodana 235c
Aṃśalocana 656c
Aṃśuvarman 141c
Amu-darya 1150c
anābhoga 84a
anabhraka 522c
anāgāmin 530c
anaikāntika 74b
Ānanda 17b, 45a, 235c, 327b, 598a, 639c, 950b, 1354a
Ānandagarbha **17c**, 437c
Ānandapura 17c
Ānandayaśa 368a
ānāpāna 914a
ānāpāna-smṛti 815c
anapatrāpya 467a
Anāthapiṇḍada 671b
Anāthapiṇḍika 243c, 671b, 815a
anātman 1390c
Anavatapta 19a, 552a, 862b, 1157c
Anawrahta **19b**, 1148b, 1202a
Andersen, D. **34c**
Andhavana 1066b
Āndhra 34a, 331a, 967a
Andhraśavara 34b
Aṅga 656c, 861b
Aṅgaja 658b
aṅgāraka 558b
Aṅgiras 6b
Angkor Wat **32b**
Aṅgulimāla 140c, 141a, 594a, 1173b
Aṅgulimālya 140c
Aṅguttara-nikāya 7a, 816c
Aniruddha 17b, 639b
aniścita 74b
anitya 689c
aniyata 1451a
añjali 195b
añjana 33c
Aññā Koṇḍañña 18a, 423c, 1034b, 1130b
Anotatta 19a
anta-grāha 403a
antarā-bhava 994a
Antarava 34b
antarvāsa 1263b
aṇu 400c
anukrama 552a
anumāna 800b, 1505c
anumāna-pramāṇa 1465b
an-upalambha 1206b
anupūrva 1030c
Anurādhā 1096a
Anurādhapura **18a**, 80b, 553b, 1057c, 1357a
Anuruddha 17b, **18b**, 21b, 89a, 235c, 400c, 639b, 1089a, 1347c
anuśaya 812b
anuṣṭubh 19a, 309a
anusvāra 572b
anutpāda 10c, 572c
anuttara 1124c
anuttara-samyaksaṃbodhi 19b
anuttara-samyaksaṃbuddha 19b
anuttara-yoga 977a
anuvartaka 1041a
anuvyañjana 809c
Apadāna 294c, 1226b
Apalāla 20b
apāmārga 19c
apāna 1204c
Apara-gōdanīya 679b
Aparāntaka 20b
apasmāra 19c
apatrāpya 467a
āpatti-pratideśana 474c
apoha 1248c
apramāṇa 590a
apramāṇābha 522c
apramāṇaśubha 522c
aprāpti 1064c
apratisaṃkhyā-nirodha 1187c
Arabaster, H. **28c**
Ārāḍa Kālāma 30a
araṇā 1395b
araṇya 30a, 513b
āraṇyaka 30a
Āraṇyaka 83a
arbuda 947a
arcismatī bhūmi 629b
Ardashir 34a
Ārdrā 1096a
arghya 3c
arhan 28a
arhat 28a, 530c, 1124b
arjaka 30b
arjuna 13c
arka 27c
Arsaces 33c
Ārśi 5a
artha 237b, 775c
artha-vāda 1247c
aruṇa 30c
Aruṇa 31a
Aruṇo 31a
ārūpya-dhātu 1394a
ārya 30b
Āryadeva 89b, 330b, 426c, 584a, 729a, 755c, 950a, 993a, 994c, 1000b, 1194b, 1318c, 1351a
Ārya-nāgārjuna 297c
Ārya-prajñā-pāramitā 1177c
Āryasena 30b
Āryaśūra 607a, 757c, 1299b, 1351b, 1404a
Āryāvarman 30c
aśakti 563a
asama 11b
a-sāmagrī 1249c
asama-sama 11b
asaṃjñā-samāpatti 1396a
asaṃjñi-sattva 522c
asaṃkhya 361c, 813b
a-saṃprajanya 1216c
asaṃskṛta 1389a
āsana 448b
Asaṅga 286b, 358c, 439c, 535b, 728a, 830c, 929a, 933b, 993b, 1000b, 1394a, 1430a, 1430b, 1502c
āśaya 39b
Āścariṇi 12b
asiddha 74b
Asita 9c, 658c, 1036b
Aśleṣā 1096a
Asoka 1b, 89c
aśoka 12c
Aśoka 1b, 2a, 2b, 45a, 85c, 91a, 190b, 200b, 202b, 223c, 292a, 296a, 309b, 316b, 496b, 503b, 667c, 799b, 834b, 875c, 878b, 878c, 945a, 993a, 1009c, 1052c, 1057c, 1117c,

1155c, 1187c, 1203a, 1225a, 1227b, 1236a, 1347b, 1350a, 1408a, 1417a, 1445a, 1446b
Asokārāma 309b
Aśokāvadāna 1c
āsrava 94c, 1492b
Assaji 14b, 423c, 598a, 613b, 1092a, 1244a
Assaka 657c
assattha 597b
asta 32c
Aṣṭabuddhaka 1156b
Aṣṭādhyāyī 1156a, 1165c, 1180c
Aṣṭamahāśrīcaitya-stotra 173b
Aṣṭasāhasrikā Prajñā-pāramitā 1175c
aśubhā smṛti 1216a
asura 13b, 1158b
Asvabhāva 426c, 728b, 800b, 933b, 1395a, 1430a
Aśvaghoṣa 200b, 268a, 301b, 330c, 350c, 436b, 536b, 599a, 758a, 930a, 931c, 1088c, 1091c, 1229c, 1315a, 1351b, 1403b, 1440a, 1465a
Aśvajit 14b
Aśvaka 657c, 1496a
āśvāsa 1390a
aśvaśīrṣa 416b
aśvattha 597b, 1301b
Aśvin 10b
Aśvinī 1096a
Aṭali 15b
Āṭānāṭīya 1184b
atapa 522c
Āṭavaka 656c, 920a
Aṭavaku 15b
Āṭavī 29a
Atharva-veda 82c, 871b
Atikūṭa 9b
atilakṣa 813b
atimuktaka 14c
Atīśa **16b**, 17a, 80b, 554a, 675a, 976c, 990c, 1014a, 1071c, 1081c, 1085c, 1303c, 1318c, 1443c, 1444c
ātman 89c, 92b, 158b
Atri 17a
aṭṭhakatha 940b
Atthasālinī 979c, 1236b
atyanta 1188a
ātyantika 59a
auddhatya 707a
Audumbaṭira 17a
Aung, S. Z. **3c**
aupayika 145c
avadāna 19c, 644b
Avadāna-śataka 1c, 758a, 852a
avadāta-vasana 1191c
Avadhūtipa 17a
a-vaivartika 1219c
avalambana 93b
Avalokitavrata **3b**, 994c
Avalokiteśvara 228a
Avaṇḍa 22b
Avanti 20b, 85c, 657c, 1359a
Avara-cāmara 862c
āvaraṇa 165a, 393a
Avaraśaila-saṃghārāma 20a, 23a, 967b
avatāra 1183a, 1444b, 1445c
āveṇika-buddha-dharma 1208b
āveśa 20c
Avestā 69c, 909a
Aviddhakarṇa-saṃghārāma 20c, 852c
avidyā 1397c
a-vinivartanīya 1219c
a vi ra hūṃ khaṃ 22a
a-vivartika 1219c
avṛha 522c
avyākṛta 1391a
avyayī-bhāva 1495b
Āyamukha 27a
Ayodhyā 27b, 263a, 599a, 830c, 1394b
Ayojjhā 27b
āyur-veda 647c
ayus 615c
āyuṣmat 121b, 291a, 911b
ayuta 813b
Ayutthaya 970b

B

Bādarāyaṇa **1155b**, 1506a
Badarikārāma 1155c
Bahiya 1148b
bahu-jana 668b
Bahuputtaka Cetiya 963c
bahu-vrīhi 1495b
Bāhyārtha-siddhi-kārikā 675b
Bakkula 1151c
bala 653a, 1168a, 1446c
Balabhadra 1164b
Balabhī 1164b
Bālāditya 801a, 830c
bāla-pṛthag-jana 1405c
Bali 1221c
Bāmiyān **1166a**
Bāṇa 173c
bandhana 1149a
Bandhuprabha 782a
Bandhuśrī 792b, 1423b
Barabudur **1319b**
Bārāṇasī 189a, 597c, 657a, 1167a, 1501b
Barth, A. 1214a
Bastian, A. **1154c**
Bāvari **1147b**, 1349a
Beal, S. 539c, **1201b**
Bendall, C. **1259a**
Bezeklik **1254b**
bhadanta 946b
Bhadanta 1154b
Bhaddā Kapilānī 1162c, 1345b
Bhaddā Kuṇḍalakesā **1163a**
Bhaddiya 423c, 1155b, 1162b
Bhadra 658b
Bhadrā Kapilānī 1162c
Bhadrā Kuṇḍalakeśa 1163a
Bhadraśrī 45b, 105c
Bhadrika 1155b, 1162b
Bhadrika Kāligodhāputrika 1162b
Bhagavaddharma 203a
Bhagavad-gītā 81c, **1147c**, 1445b
bhagavat 831b, 831c, 1124c
Bhaggava 1160c, 1305c
Bhaiṣajyaguru 1415a
Bhaiṣajyarāja 1414b
Bhaiṣajyasamudgata 1415b
bhakti 1147c
Bhallika 914a
Bhalliya 914a, 914c
Bhāradvāja 1152c
Bharaṇī 1096a
Bharata 1357b

Bhārgava 1160c
Bhārhut **1169c**
Bhartṛhari **1169c**
Bhārukacca 1164b
Bharukacchapa 1164b
Bhāṭṭa 301c, 1247c
bhava 79a, 514b
bhavāgra 589c
Bhāvanākrama 203c, 373b
bhavāṅga 563c
Bhāvaviveka 3b, 426c, 674c, 748a, 933c, 971a, 992c, 994b, 994c, 1000b, 1177b, 1247a
Bhavya 3b, 748a
bhikkhunī-vibhaṅga 81a
bhikṣu 556a, 1181b
bhikṣuṇī 22b, 556a, 1181b
Bhīmā 1190b
bhinna-kleśa 1181b
bhojanīya 522a
Bhṛkuṭi 141c, 912c
bhrūṃ 48a
bhūmi 628b
bhūtakoṭi 564b
Bibliotheca Buddhica 154b
Bigandet, P. **1181a**
bīja 627b
bilva 1203c
bimbā 1203c
Bimbisāra 10c, 20a, 45b, 141c, 206c, 233b, 243b, 250a, 331c, 405a, 597a, 657a, 762a, 950c, 1203c, 1305c, 1347b
Bindusāra 667c
Bkaḥ-brgyud-pa 990c, 1017c, 1085c, 1151c, 1243b, 1358c, 1385c
Bkaḥ-gdams-pa 16c, 990c, 1014a, 1304a, 1318c
Bkaḥ-ḥgyur 216c, 942a
Bkra-śis lhun-po 353c, 462a, **964a**, 1504a
bla-ma 1444a, 1444b
Blo-bzaṅ grags-pa 1014a
Blo-bzaṅ tshaṅs-dbyaṅs rgya-mtsho **1503c**
Blo-gros rgyal-mtshan 1151a
Bod 990b
bodhi 177c, 1300b
Bodhi 540c
Bodhibhadra **1318c**
Bodhicaryāvatāra 554a, 615a, 1214a, 1247b, 1301a, 1369b
bodhi-citta 1301c
bodhi-maṇḍa 1049c, 1236a
bodhi-pākṣika 482c
Bodhipatha-pradīpa 1304a
Bodhiruci 1304a, 1304b
bodhisatta 606c
bodhisattva 1295a
Bodhisattva 465c
Bodhisattva-bhūmi 1430b
bodhy-aṅga 181b, 554c
Bolora 1164c
Bopp, F. 1371b
Borobudur **1319b**
Bower, Sir H. **1170a**
Brahmā 643c, 1084c, 1203b
brahma-carya 1324b
brahma-daṇḍa 1334a
Brahmagayā 204c
Brahmajāla-suttanta 1342a
brahmakāyika 522c
brahman 92b, 158b, 614a, 1320a, 1506a
Brahman 155a
brāhmaṇa 542b, 1168a, 1327a
Brāhmaṇa 82c, 158b, **1247c**
Brahmanism 1168a
brahmapurohita 522c
Brahma-sūtra 614a, 1155c, 1445b, 1506a
Brāhmī **1247c**, 1327b
Bṛhadāraṇyaka-upaniṣad 92a
Bṛhadratha 1227b
bṛhaspati 558b
Bṛhatī 1247c
bṛhatphala 522c
Bsam-yas 203c, **465c**, 466a, 614b, 990c, 1016c, 1165a
Bskal-bzaṅ rgya-mtsho 942b
Bsod-nams rgya-mtsho 354a, **908b**
Bstan-ḥgyur 216c, 942a
buddha 177c, 597b, 1124c, 1222b, 1241c
Buddhabhadra 317a, 1236c
Buddha-carita 596b, 607a, 1229c, 1403b
Buddhadatta 21b
Buddhadeva 1154b
buddha-dhātu 1228b
Buddhagayā 204c, 597c, 1126c, 1235c
Buddhaghosa 21b, 80c, 81a, 81c, 192c, 325b, 596b, 816c, 826a, 844a, 878a, 979c, **1236b**, 1306c, 1357b
buddha-gotra 1228b
Buddhaguhya 437c, 976c
Buddhajīva 1236b
Buddhajñānapāda 675a
buddha-kāya 1230b
buddha-manasikāra 1137b
Buddhamitra 1237b
Buddhanandiya 1236c
buddhānusmṛti 1137a, 1137b
Buddhapāla 1237a
Buddhapālita 748b, 992c, 994c, 1000b, 1177b, **1237a**, 1246c
Buddhaśānta 1236c
Buddhasena 972b, 1235c
Buddhasiṃha 535b
Buddhaśrījñāna 675a
buddha-stūpa 1241c
buddha-thūpa 1241c
Buddha-vaṃsa 294c
Buddhavarman 1220b
Buddhāvataṃsaka-nāma-mahāvaipulya-sūtra 317a
Buddhayaśas 1237b
buddhi 1094a
Buddhist Hybrid Sanskrit 940a, 1325b
Buddhist Sanskrit 940a, 1325b
budha 558b
Bühler, J. G. 554b
Burgess, J. **1152b**
Burma **1201c**
Burnouf, E. 817b, **1198c**, 1212c, 1371b
Bu-ston 205c, 976c, **1243b**
Bu-ston rin-chen-grub 1243b, 1243c
bya ba 976c
Byams-chen chos-rje Śākya ye-śes 838a
Byaṅ-chub-ḥod 1081c
Byaṅ-chub lam-gyi rim-pa 1303c
Byaṅ-chub lam-gyi sgron-ma 16c

Byaṅ-chub lam-rim 1014b

## C

caitasika 791b
caitta 791a
caitya 552a
Caitya 553b
cakra 205b
Cakrasaṃvara-tantra 467b
cakravāka 599a
cakravarti-rājan 1036b
Cāmara 862c
Campā 861b, 1479a, 1501b
campaka 862b
Cāṇakya 176a, 993b
caṇḍāla 856c, 1354a
candana 857a
Caṇḍa-pajjota **992c**
Caṇḍa-pradyota 992c
Caṇḍavajji 1408a
Candragomin **993b**, 1180c
Candragupta(マウルヤ王朝) 176a, **993a**
Candragupta(論師) 402c
Candragupta(一世) **993a**
Candragupta(二世) 801a, **993a**, 1006b
Candrakīrti 196c, 298a, 584a, 611b, 748b, **992c**, 994c, 1000b, 1014a, 1120b, 1177b, 1214a, 1237a, 1246c, 1247b, 1443c, 1498a
Candraprabha 194c
Candrasūryapradīpa 1101b
Candravarman 612a
Candra-vyākaraṇa 993b, 1180c
Cāpāla Caitya 609c
Capala Cetiya 609c
Caraka 200b, 1285b
Caraka-saṃhitā 1285b
carita 255a
Cariyāpiṭaka 294c
Carpenter, J. E. **202c**
Carus, P. **332b**
Cārvāka 1497b
caryā 255a, 765b, 976c
Caryāgīti 977a
cataka 606c
Catuḥ-śataka 584a
Catuḥśataka-stotra 1351b
catur-diśa 728a
Catur-mahārāja 577a
Catuṣ-pariṣat 666b
Ceḍi 552b, 657b
Ceṭaka 1242c
cetanā 511c
cetasika 791b
Ceti 552b, 657b
Cetiya 553b
ceto-vimukti 781b
chanda 1435a
Chanda 609a, 1496a
Chandaka 609a
chandas 647c, 1506c
Chāndogya-upaniṣad 89c, 92a
Chandra Das, S. **993c**
Channa 597a, 609a
chattra 165a
Chavannes, E. **593c**
Chên-la 808c
Childers, R. C. **1010a**
Chos-dpal bzaṅ-po 207a
chos-kyi daṅ-poḥi saṅs-rgyas 14b
Cīnabhukti 581b
Cīnākṣara-sahasra-mālā-ārya-bhāṣa-vṛtti 1326b
Ciñcā 848c
cintā-maṇi 1355a
Citra 1425c
Citrā 1096a
Citrabhāna 202c, 1423b
citta 774b, 776a
Citta 1425c
cittaikāgratā 688a
cīvara 1263a
Classical Sanskrit 1325b
Coḍa 1009c
Cola 1009c
Coḷa **1009c**
Colebrooke, H. T. **431a**
Cordier, H. **430c**
Cowell, E. B. **175c**, 1071b, 1259a
Csoma de Körös, A. **1009b**, 1205a
cūḍa 652c
Cūḍapanthaka 658c, 680b
Cuḷapanthaka 680c, 1348b
Cūḷavaṃsa 1357a
Cullavagga 81a
Cunda 684a, 1147b
Cunda Kammāraputta 684a
Cunda Karmāraputra 684a
Cunningham, Sir A. **200b**

## D

Dabba Mallaputta 970b
Dahlke, P. W. **971b**
Dahlmann, J. **972b**
dahra 712c
ḍākinī 467c
Ḍākinī 962a
ḍākinījāla 467c
Dakkhiṇāgiri **965a**
dakṣiṇā 14a, 965b, 1217b
Dakṣiṇāgiri 965a
Dalada Maligawa 1225a
da-lai 1444a
Da-lai bla-ma 1444b
Dam-pa 368a
dāna 977b, 1217b
Dānapāla 830b
dānapati 977b, 1217b
Daṇḍaka 976b
daṇḍakāraṇya 30b
Daṇḍa-loka 976b
Darada 972c
Daroda 972c
darśana 332c
Dārucīriya 1148b
Dasabala-kassapa 653c
Daśabala-kāśyapa 653c
Daśabhūmika-sūtra 317c
Daśabhūmīśvara 317c
Dāsaka **963b**
Daśaratha 1444b
Dbus 990b
Deb-ther sṅon-po **1018c**
Depung **1018c**
Deussen, P. **1036c**
deva 1020a, 1158b
Deva 950a
Devadaha 304b, 841c, **1018a**, 1348b
Devadatta 11a, 235c, 285a, 841c, 950b, 1488b
Devānampiya Tissa 18b, 553b, 826a, 1057c, 1225a, 1350b, 1357a

devānāṃ priya 1021b
Devaprajña 915c
Devasabba 1025a
Devaśarman 950b, 1499c
Devasarva 1025a
Devasubhūti 1025a
Devendrabuddhi 599b, **1018a**, 1248b
Dgaḥ-ldan 207c, 1014b, 1443b
Dge-ḥdun grub-pa 197a, **353c**, 964a, 991a, 1014c, 1445a
Dge-ḥdun rgya-mtsho 197a, **353c**
Dge-lugs-pa 991a, 1014b
dhamma 939c
Dhammaceti 207b, 1202a
Dhammazedi 207b
Dhammadinnā 972a
Dhammagutta 1349a
Dhammakitti 1357a
Dhamma-pada 294b, 674a, 817a, 1204a, 1275c, 1306b
Dhammapadaṭṭhakathā 1306c, 1307a
Dhammapāla 80c, 966b, **979c**
Dhammarakkhita 20b
Dhamma-saṅgaṇi 21c, **979b**
Dhanakaṭaka 967a
Dhānañjāni **967b**
Dhānañjānī **967b**
Dhanañjaya **967b**, 1497c
Dhaniṣṭhā 1096a
Dhaniya 978b
dhanur-veda 647c
Dhanus 642c
Dhānyakaṭaka 20a
dhāraṇī 615a, 783b, 969b
dharma 254a, 1259c
dharmāraṇya 30a
Dharmacandra 1270c
Dharma-dharmatā-vibhaṅga 1285b
dharma-dhātu 1304c
Dharmadhātustava 504a
Dharmadinnā 972a
Dharmagupta 971c
Dharmakāla 1077a
Dharmākara 25c, 1400a
dharma-kāya 1230b
Dharmakīrti 436b, 554c, 674c, 675b, 800b, 932c, 965c, 971b, 972c, 1018a, 1119b, 1247a, 1248a, 1314c
dharmameghā bhūmi 629c
Dharmamitra 1077b
Dharmanandi 1077a
Dharmapāla(論師) 167c, 341c, 402c, 426c, 454a, 507c, 584a, 656c, 691c, 748c, 756c, 782a, 800b, 984a, 994c, 1085b, 1314c, 1423a, 1423b, 1423c, 1430a
Dharmapāla(王) 80b
Dharmapriya 1077b
Dharmarakṣa 527a, 527c, 1078b, 1271a
Dharmaruci 972b, 1077c, 1304b
Dharmasaṃgraha 1275c
dharma-śāstra 1356a
Dharmaśreṣṭhin 1315a
Dharmaśrī 872c, 1315a
dharma-sūtra 1356a
dharmatā 1314b
Dharmatrāta 872c, 972a, 972b, 1154a, 1306b, 1306c
dharma-uddāna 1260b
Dharmavardhana 296a
Dharmayaśas 1077b
Dharmodgata 728c, 1278a, 1306a
Dharmottara **972c**, 1119b
Dhataraṭṭha **964c**
dhātu 517a, 648b
Dhātukāraṇḍamudrā-dhāraṇī 1268c
Dhātu-kathā 21c, **966c**
Dhītika 45a, 943c
Dhotodana 400c, 841c
Dhṛtarāṣṭra 577a
dhūta 815c
dhvaja 1038b
dhyāna 209b, 463a, 470b, 688a, 838c, 850a
Dhyānabhadra 526b
Digambara 593b
Dīghanakha 1006a, 1345c
Dīgha-nikāya 7a, 611a, 816c, 1448c
Dīghati 1004b
Dīghīti 1004b
Dignāga 60a, 71c, 78a, 78b, 89c, 220a, 426c, 554c, 616b, 697b, 729a, 748b, 800b, 1123b, 1175c, 1248b, 1314c, 1395a, 1423b, 1430a, 1505c
Diṅnāga 800b
dīpa 1059c
Dīpaṃkara 1136c
Dīpaṃkaraśrījñāna 16b
Dīpa-vaṃsa **1017b**, 1245a, 1356c
Dīpavatī 1045b
Dīrghanakha 1006a
diś 1259c
Divākara 582a
Divyāvadāna 1c, 442a, 1005a, 1354a
Dkar-chag Ldan-dkar-ma **1022a**
Dohākośa 977a
Doṇa 376b
Dpag-bsam ljon-bzaṅ 818b, 993c, **1150a**
Dpal-brtsegs 1022a
Dpal-mar-me-mdsad-ye-śes 16b
Draviḍa 341c, 966a
dravya 562c
Dravya Mallaputra 970b
Droṇa 376b
Droṇodana 400c
dṛṣṭa-dharma-sukha-vihāra 688b
dṛṣṭānta 72b
dṛṣṭi 332b, 403a
dṛṣṭi-parāmarśa 403a
dṛṣṭi-prāpta 341b
duḥkha 278c
dūraṃgamā bhūmi 629b
Duryodhana 1357b
duṣkṛta 1452a
Dus-kyi ḥkhor-lo 205b
Duṭṭhagāmaṇī **1056c**
Dvākula 1151c
dvandva 1495a
Dvārakā 233a
Dvarapati 970b
Dvaravati 970b
Dvāravatī 233a, 1082b
dveṣa 775b
dvigu 1495b

## E


ecchantika 59a
Edkins, J. **118c**, 607c, 1146a
ehi 866c
Eitel, E. J. **3a**
eka-citta 51b
ekākṣaroṣṇīṣa-cakra 48a
Ekasiṅga 54b
Ekaśṛṅga 54b
eka-yāna 48c
Elāpatra 553c
Elavāśā 656c
Elephanta **123a**
Ellora **123b**
eraṇḍa 63a


## F


Fausbφll, M. V. 34c, 1073c, **1203c**, 1448b
Feer, H. L. **1205a**
Fenollosa, E. F. **1205a**
Fergusson, J. **1204a**
Finot, L. **1204b**
Fleet, J. F. **1249a**
Foucher, A. **1214c**
Foucoux, P. E. **1212c**
Franke, R. O. **1248c**


## G


Gaganagañja 397a
gamana 255a
Gaṇapati 212c
Gaṇḍa-vyūha 317c
gandha 349c, 361c
gandha-hastin 378c
Gandhahastin 379b
gandhakuṭi 373a
Gandhamādana 19a, 377a, 862b, 1203a
Gandhāra **223c**, 313c, 604c, 657c, 963c, 1394b
gandharva 277b, 349c, 350a, 377a, 862b, 994a, 1158b
gāndharva-veda 647c
Gandhavatī 1278a
Gaṇḍī-stotra 350c, 1403c
Gaṇeśa 212c
Gaṅgā **211a**, 367a, 552a
Gaṅgā-dvāra 367a
Garbe, R. **207c**
garbha 1363a
Garga 194c
Garuḍa 208a, 1084c, 1158b
gāthā 192b, 308c, 644b
gati 615b
Gauḍapāda **176a**
Gautama 6a, 78a, 269c, 596a
Gautamī 269c, 1348a
Gavaṃpati 1416c
Gayā 597b
Gayā-kāśyapa 469a
Gayāśīrṣa 204c
Geiger, L. W. **166b**
Geschichte der indischen Literatur 82b
geya 251c, 294b, 308c
ghana 947a
ghaṇṭā 224b
Ghārāpurī 123a
Ghoṣa 1154b
Ghoṣaka 235c
Ghosita 292a
Ghositārāma 292a
Gijjhakūṭa 243b, 598a
Girivraja 141c
Gītā-bhāṣya 1445b
Gītamitra 246b
Glaṅ-dar-ma 813c, 942a, 990c, 1022a, 1444c, **1446b**, 1485c
Godard,A. **420b**
Goddard, D. **420a**
Gogerly, S. J. **411a**
gomaya 299b
Gopa 296c
Gopā 279c
Gopāla 1241a
Gopī 279c
Gopikā 279c
gośīrṣa 416b
Gośīrṣa 416b
Gotama 209c, 295c
Gotamī 1348a
gotra 413b, 635b
Govinda 614a
graha 205a, 558c
grantha 308c
Gṛdhrakūṭa 141c, 243b, 414c, 598a, 1473a
gṛha-pati 406c
Griffiths, J. **304b**
Grimm, G. **304b**
Groot, J. M. **305a**
Grub-bstan rgya-mtsho 942c
Grünwedel, A. **304b**, 1371c, 1479b
Gshon-nu-dpal 1018c
Gshuṅ-pa 1318c
Gtsaṅ 990b
guggula 287a
guhya 809c
Guhyasamāja-tantra 16c, **297c**, 437c, 675a
guṇa 295b, 563a
Guṇabhadra 295c
Guṇamati 811c, 1065c, 1085b, 1423b, 1430a
Guṇaprabha 1066b, 1163c
Guṇavarman 295c, 609c
Guṇavṛddhi 296a, 877b, 1194a
gupta 1327b
Guptā 294a
Guptasena 656c
guru 1444b
Guru(派) 301c, 1247c
Gurupādaka-parvata 312b
Guru rin-po-che 1165a
Gutta 294a
Guttā **294a**


## H


Haas, H. **1154c**
Hackin, J. **15c**
Haklena-yaśa 186b
Hami 40a
hāra 1434b
Harappā **1167a**
Hardy, E. **1164c**
Hardy, R. S. **1164c**
Haribhadra 337a, 675a, **1109a**
haridrā 207a
haritakī 207b
Hārītī 242c, 656c
Harivaṃśa 1358a
Harivarman 207a, 714b, 714c

Harlez, C. J. de **31a**
Harṣa 173b, 1347b
Harṣa-carita 173c
Harṣadeva 173b
Harṣavardhana 173b, 196c, 1158a
Hastā 1096a
Hastaka Āḷavaka 1162c
Hatthaka 29a
Hatthaka Āḷavaka 1081c, **1162c**
Ḥbras-spuṅs 1018c
Ḥbri-guṅ-pa 1151c
Ḥbrom-ston 16c, 990c, **1071c**, 1318c, 1444c
Hearn, L. **1170b**
Hemamālā 1225b
Hendu 69c
Heruka 1253b
Heruka-tantra 467b
hetu 72a
Hetu-mukha 800c
hetu-vidyā 71c
Hetvābhāsa-mukha 800c
Hevajra-tantra **1253b**
Ḥgro-mgon chos-rgyal ḥphags-pa 1151a
Hiḍḍa 314b
Hila 314b
Hillebrandt, A. **1202b**
Himālaya 19a, 377a, 834b
Himavat 834b, 862b
hīnayāna 928a
Hindu 69c
Hinduism **1203b**
Hiraṇyavatī 10a
Hitopadeśa 81c, 770b
Ḥjam-dbyaṅs chos-rje 1018c
Ḥkhoṅ dkon-mchog rgyal-po 462a
Ḥkhor-re 1478a
Hodgson, B. H. 1294a, **1300a**
Hoernle, A. R. F. **1255c**
Hoffmann, H. **1319a**
Hofman, E. **1319a**
homa 427c
Ḥphags-lugs 298a
Ḥphags-pa 18c, 368a, 473c, 722b, 990c, **1150c**
hṛd 774b
hṛdaya 774b
hrī 467a
hrīḥ 275a
hūṃ 97a
Huth, G. **1241c**

# I

icchantika 59a
īkṣaṇikā 45b
Ikṣvāku 220a, 601c
India 69c
indra 813b
Indra 54b, 69a, 643c, 926b
Indrabhūti **70a**, 977a
Indrapaṭṭha 657b
Indraprastha 657b
Indraśailaguhā 69a, 225b
indriya 404a, 431b
indu 69c
Indus 69c, 800a
Īriṇa-parvata 63a
īrṣyā 559b
īryāpatha 269b
Īśāna 42a, 643c, 925a
iṣīkā 40c
Iṣīkā 40c
Isipatana Migadāya 1502c
Isisiṅga 54b
Īśvara 44c
Īśvarakṛṣṇa **44a**, 276a, 1505b
itihāsa 647c
Iti-vṛttaka 1327a
Iti-vuttaka **61a**, 294b, 644b, 1327a, 1327c

# J

Jacobi, H. G. **1416a**
jagat 668b
jāguḍa 879b
Jaimini **593b**, 1506a
Jālandhara 612a
Jamāri 1420c
jambu 136c
Jambu-dvīpa 679b, 862b
jāmbū-nada 137a
Jāmbunada-suvarṇa 863a
Janaka 550c, 1187b, 1369a, 1444b
jantu 668b
jarā 1492c
Jātaka 54b, 294b, 596b, **606c**, 644b, 817a, 1204a, 1331a
Jātaka-mālā **607a**, 758a, 1299b
jāta-rūpa 726b
jāti 606b, 686b
jātī 606b
java 823a
Jayadeva 614c
Jayānanda **611b**
Jayasena 703c, 1088c
Jayavarman(二世) 808b
Jayavarman(七世) **611b**, 808c
Jesuit 1024a
Jeta 243c, 246a, 671b
Jetāri 554a
Jetavana Anāthapiṇḍadasyārāma 243c
Jetavana Anāthapiṇḍikārāma 243c
Jetṛ 246a
Jeyata 253a
jhāpeti 967c
Jina 593a, 1092a
Jinakālamāli **581a**
Jinamitra 1163c, 1485c
Jinaputra 454a, 929a, 1423b, 1430c
Jitāri **554a**
Jīva 300c
jīvajīva 302a
jīvajīvaka 302a
Jīvaka 11a, 35b, 249c, 576b, 658b
Jīvakambavana 141c
jīvaṃjīva 302a
jīvaṃjīvaka 302a
jīvita 615c
jīvitendriya 1378b
jñāna 980c, 1168a
Jñānacandra 984a, 1423b
Jñānagarbha **674c**, 680b
Jñānagupta 609a
Jñānapāda 297c, **675a**, 818b
Jñānaprabha 582b, 986b
Jñānasārasamuccaya 1318c
Jñānasiddhi 70b, 977a
Jñānaśrī 984c
Jñānaśrīmitra **675a**, 1443c
Jo-bo 16b
Jo-bo-rje 16b

Jo-naṅ-pa 969a
Jones, Sir W. **770b**
Jotika 670c
Jotipāla 1485b
Julien, S. A. **680a**
Jyeṣṭhā 1096a
Jyotika 670c
jyotis 647c

# K

Kabarī 330a
kabiñjala 202b
kācamaṇi 189c
Kaccāyana 45a, 86a, **196b**
kācilindi 192a
kadamba 199c
Kadphises 200a
Kaikeyī 1444b
Kailāsa 31a, 123b, 377a
Kajaṅgala 195b
kaka 176b
kakitha 201c
kākṣī 181b
kakubha 184b
Kakudha Koliyaputra 183b
Kakudha Koliyaputta **183b**
kalā 205c
kāla 205a, 512a
Kāla 397c
kāla-cakra **205b**
Kālacakra-tantra **205b**
kalaguru 253a
kālaka 204c
Kāḷaka 205c
kalala 947a
kalandaka 206c
Kalandaputra 206c
Kalandaputta 206c
kāla-rātri 396b
Kālaruci 271b
kalaśa 205a, 1199a
Kālaṣivi 525c
kalaviṅka 207b
Kālayaśas 271b
Kāḷī 207a
Kālidāsa 85c, 1006b
Kālika 658b
Kaliṅga 198c
Kalmāṣapāda 671a, 1173b
Kālodaka 207c
Kālodāyin 207c, 1496a
kalpa 361a, 1506c
Kalpanā-maṇḍitikā 931c
kalpa-sūtra 1356a
Kāḷudāyī 207c, 294a
Kalyāṇī inscriptions **207a**
kāma 1435b
kāma-dhātu 1436c
kāma-guṇa 395c, 429a
kāmalā 203c
Kamalaśīla **203c**, 373b, 439b, 465c, 466a, 965c, 990c, 994b, 995a, 1016c, 1085b, 1304a, 1444c
Kamboja 233a, 657c
Kaṃhīra 313c
Kammāsapāda 671b, 1173b
kamma-ṭṭhāna 421b
Kaṇāda **200a**, 1505c
Kāṇadeva 950a, 1442c
Kanaka Bhāradvāja 658b
Kanakamuni 187a
Kanakavatsa 658b
kañcaṭa 216c, 348c
Kāñchī 966a
Kāñcīpura 341c
kaṇḍāka 1173c
Kaṇhari **331a**
Kanisika 200a
Kaniṣka 90a, 190b, 200a, 201c, 223c, 253a, 268a, 327c, 581b, 604c, 878b, 896c, 951c, 1249c, 1354b, 1403b
Kanjur 942a
Kaṇṇakujja 1158a
Kanthaka 352b
Kaṇṭhaka 352b, 597a
Kanyā 642c
Kanyākubja 173b, 196c
Kapila **202a**, 656c, 1505b
Kapilavastu **202a**, 202a, 596c
Kapilavatthu **202a**, 202a, 325c, 414c, 596c, 612a, 751a, 1017a, 1162c, 1446b, 1501b
Kapimala 202a
Kapiśa 31a, 201c, 224b, 313c, 399a
Kapitha 877b
Kapotika-saṅghārāma 202b
Kara Khoto 819a
Karatalaratna 933c
karavīra 198c
Karkaṭa 642c
karma-dāna 61c, 477a, 868c, 881b
Karma de-bshin-gśegs-pa 207a
karma-dhāraya 1495a
karman 197b, 363b, 563a
Kar-ma-pa 990c, 1151c
karma-sthāna 421b
Karṇa-suvarṇa 198b
karṇikāra 196c
karpāsa 382c
Karpiśaya 313c
karpūra 202c
kārṣāpaṇa 207a
Kārttikeya 46a
karuṇā 512b
Karuṇā-puṇḍarīka 1182b
kaśa 189b
Kāsapagota 1117c
Kāśapura 189b
kaṣāya 415b
kaṣaya 1263a
Kashgar 909c
Kāsī 189a, 657a, 1153b
Kāśī 189a, 657a, 1167a
Kaśmīra 190b, 313c, 875c
Kassapa(仏弟子) 469a
Kassapa(王) 525c
Kāśyapa 187a, 275a, 469a, 585a
Kāśyapa-mātaṅga 191a
Kāśyapa-paripṛcchā 955b
kāṭaka 193a
kaṭapūtana 196a
Kathāsaritsāgara 1194b
Kathā-vatthu 3c, 21c, **192c**, 327c, 945b, 1408a
Kathāvatthuppakaraṇatthakathā 192c
kaṭhina 193a
Kātyāyana 1180c, 1325a
Kātyāyanī-putra 192c, 1318a
kaukṛtya 5c
Kaurava 1357c
Kauśāmbī 265a, 657b
kauśeya 264a
kausīdya 324c
Kauṣṭhila 1006a
Kauṭilya **176a**, 993b
Kauṭilya Artha-śāstra 176a
kāvya 607b, 1445c

kāya 775a
Keṇika 313b
Keṇiya 313b
Kern, J. H. C. **332b**, 1214a, 1294a
kesara 311a
ketu 558c, 1038b
keyūra 1434b
Khabandha 197a
khādanīya 522a
khadira 196a
Khajiśvara 17a
khakkhara 601c
Khams 990b
khaṇḍa 349b
khandhaka 80c, 1452b
kharjūra 195b
Kharoṣṭha 253a, 253b
Kharoṣṭhī **208b**, 253b
Khema 963b
Khemā **331b**
Khotan 90a, 200a, 242c, 416b, 420b, 608a, 1190b
Khotanese 420b
Khotan-Saka **420b**
Khri-gtsug lde-brtsan 990c, 1485b
Khri sroṅ-btsan 912c
Khri-sroṅ lde-brtsan 203c, 465c, 466a, 614b, 990b, **1016c**, 1165a
Khuddaka-nikāya 7a, 88a, **294a**, 816b, 817a, 1019a, 1226b
Khuddaka-pāṭha 294b
Khujjuttarā **294a**
kikkhara 601c
Kimbila 1089a
kiṃnara 277b, 927b, 1158b
kimpaka 277c
kiṃśuka 343a
Kiṅkara 248a, 1242c
Kisā Gotamī 247c
Klaproth, H. J. **303c**
kleśa 1336a
kliṣṭa 864a, 889b
Kluḥi dbaṅ-po 1022a
Kokālika 285a
kokila 291c
Kolita 1348c
Koḷiya 304a, 596c, 601c, 841c, 1018a, 1348b, 1445a
Koṇāgamana 585a
Koṅkaṇapura 262a
Köppen, C. F. **329a**
Koravya 1440a
Kosala 263a, 405a, 594a, 657a, 1153b
Kośala 263a, 657a
Kosala-devī **405a**
Kosalālaṃkāra 599b
Kosambī 90b, 265b, 657b, 1501b
koṭi 813b
kovidāra 297a
Krakucchanda 187a, 585a
krauñca 305b
kriyā 976c
kṛkalāsa 205a
Kṛki 275a
krodha 1249c
krośa 304c
Kṛśā Gautamī 247c
Kṛṣṇa 657c, 1147c, 1253c, 1354a, 1358a
Kṛṣṇagiri 398c
kṛtsnāyatana 575b
Kṛttikā 1095c
kṣa 572c
kṣaṇa 512a, 680a, 835c
Kṣaṇabhaṅgādhyāya 675a
kṣānti 498a, 1127a, 1130b
Kṣāntivādirṣi 1130b
kṣatriya 542c, 835c
Kṣemā 331b
kṣetra 399b, 464a
Kṣitigarbha 549a
Kubera 377a, 643c, 1184a
Kubjottarā 294a
Kucha 242c, 680c
Kuhn, E. **305c**
Kukkuṭapada-giri 312a
Kukkuṭārāma 309b, 1417a
Kulanātha 797b
Kulūta 294c
kumāra 1047b
Kumāra 301b
Kumārabuddhi 301c
Kumāragupta(一世) 801a
Kumārajīva 300c
Kumāra-kassapa 300c
Kumāra-kāśyapa 300c
Kumāralāta 197a, 207a, 301b, 576b, 932a, 1465a
Kumārayāṇa 300c
Kumārī 301c
Kumārila Bhaṭṭa **301c**, 1247c, 1315a
Kumbha 642c
kumbhāṇḍa 297a, 1158c
Kumbhīra 444c
kumuda 1486c
kuṇāla 296a
Kuṇāla 296a
kuṇḍa 306c
Kuṇḍalī 306c
Kun-dgaḥ-grags 368a
Kun-dgaḥ rgyal-mtshan 1151a
Kun-dgaḥ sñiṅ-po 969a
kuṇḍikā 11c, 305c, 1199a
kunduru 307a
kuṅkuma 89b
kunta 306c
kuraṇṭa 304a
Kuru 657b, 1171b
Kurukulāsādhana 70b
kuśa 246c
Kuśagrapura 141c
kuśala-mūla 847c
kuśalamūla-samuccheda 975c
Kuṣāṇa 200a, 327b, 964a
Kusāvatī 289c, 937c
Kuśāvatī 288c, 289c
Kuśinagara 10a, 288c, 598b, 657b
Kusinārа 288c, 414c, 598b, 657b, 937c, 1133b, 1158a, 1353c
Kustana 90a
kusūlaka 1263c
kusuma 293a
Kusumapura 196c, 1155c
kusuma-tala garbha-vyūhālaṃkāra-loka-dhātu-samudra 1488b
Kūṭāgārasāla 959c
kūṭaśālmali 293b
Kuvera 277b, 444c, 1184a, 1416b

## L

lakṣa 813b

lakṣaṇa 871a
lakṣatā 464a,513b
Lakṣmaṇa 1444b
Lakṣmī 247a
Lakuṇṭaka-Bhaddiya **1442b**
Lalitavistara 596b,1240a, 1272b,1369a,1485c
Lambakapāla 399a
Lamotte, É. 1214b
Lampa 1446b
Lampaka 1446b
Lam-rim 1303c
Laṅkā 826a,1444b,1468a
Laṅkāvatārasūtra 1467b
Lassen, C. **1443b**
Laṭṭhi-vana 762a
laukika 830a
lava 512a,835c
Law, B. C. **1492c**
Ldan-dkar 1022a
Le Coq, A. von 1254b, 1371c,**1479b**
Lefmann, S. **1485c**
Legge, J. **1485a**
Leumann, E. **1492b**
Lêvi, S. 1204b,1214a,**1483b**
Lha-btsaṅ 1504a
Lhan-dkar 1022a
Lha-sa 912c,942c,1304b, 1443a
Licchavi 657a,1160c,1187b, 1252b,1447c
liṅga 123a
Li-thaṅ 942b
llaṃ 572c
lobha 1073c
Locanau 656c
loka 830a
lokadhātu 826c
loka-jyeṣṭha 831c
Lokakṣema 773a
loka-nātha 831b
lokavid 1124c
Lokāyata 1497b
Lokeśvararāja 830b
Lüders, H. **1465a**
Lumbinī 202a,597a,1117c, 1158a,1348b,1446b
Luṅ-du ston-paḥi rtsa-ba sum-cu-pa 1077c
Luṅ-du ston-pa rtags-kyi ḥjug-pa 1077c

## M

Maccha 657b
Macdonell, A. A. **1349b**
mada 254c,1350b
madana 1350c
Mādhava **1350c**
madhu 1350b
madhuka 1350b
Madhura 1356b
Madhurā 1354a
Madhuvāseṭṭha 1350b
Madhuvāsiṣṭha 1350b
madhya 813b,1350b
Madhya-deśa 995c
Madhyamaka 994c
Madhyamaka-hṛdaya 748b
Madhyamaka-hṛdaya-kārikā 971a
Madhyamakālaṃkāra 614c
Madhyamakālaṃkāra-śāstra 994b
Madhyamakāloka 203c
Madhyamaka-ratna-pradīpa 748c
Madhyamakārtha-saṃgraha 748c
Madhyamakāvatāra 611c, 993a,1120b,1214b
madhyamā pratipad 997c
Madhyamika 994c
Mādhyamika-śāstra 1000a
Madhyānta-vibhāga 1258b
Madhyantika 1353c
madya 1350b
Magadha 10c,45b,141c, 263a,414c,657a,1203c, 1347a
Magandiya 1349c
Magha 1349b
Maghā 1096a
Maghavā 1349b
mahā 1345b
Mahābhārata 81c,1147c, **1357b**
Mahābhāṣya 1156a,1169c, 1180c
Mahābhijñājñānābhibhū 944c
mahā-bhūta 552b
Mahābodhi-saṃghārāma 1236a
Mahābodhi Society 979c
mahābrahma 522c
Mahā-brahman 956a
Mahācunda 1347a
Mahādāna 937c
Mahādeva 34a,944c,945a
Mahākaccāna 639b,992c, 1345c
Mahākaccāyana 1345c
Mahākāla 921b
Mahākalpina 1346a
Mahākalyāṇaka **1357b**
Mahākappina 1346a
Mahākassapa 45a,312b, 327b,639b,1162c,1188b, 1345b
Mahākāśyapa 1c,639b, 1345b
Mahākātyāyana 639b,1345c
Mahākauṣṭhila 1006a,1345c
Mahākoṭṭhita 1345c
Mahāmaudgalyāyana 597c, 639b,1348c,1499c
Mahāmāyā 751a,1240b, 1348b
Mahāmayūrī 289a
Mahāmayūrī-vidyā-rājñī 289a
Mahāmoggallāna 597c, 639b,1348c,1497b
Mahānāma 84c,235c,400c, 423c,1347c,1356c
Mahānidāna 1131b
Mahāpajāpatī 17c,594a, 597a,751a,841c,1088c, 1348a,1348b
Mahāpajāpatī Gotamī 269c
Mahāpanthaka 680c,1173c, 1348a
Mahāparinibbāna-suttanta 596c,1133b,1501b
Mahā-parinirvāṇa-sūtra 1133c
Mahāprabhāsa 921b
Mahāprajāpatī 597a,913c, 1240c,1348a
Mahāprajāpatī Gautamī 269c
Mahāpratisarā 810a
Mahārāga 2c

Mahārāṣtra 1349a
Māhārāṣṭrī 34a
Mahāraṭṭha 1349a
Mahāryanandikeśvara 212c
mahāsādhana 297c
Mahāsaṃmata 253b,937c,
1346a,1357b,1361b
mahā-sattva 1295b
Mahāsattva 464b
Mahāsena 1017b,1357b
Mahāsthāmaprāpta 822b
Mahāsudarśana 937c
Mahāsudassana 937c
Mahātissa 79c,1357a
Mahāvagga 81a
Mahāvairocana 948b
Mahāvaṃsa 967a,**1356c**
Mahāvana 959c,1252b
Mahāvastu 596b,629c,817b,
1240a,1307a,**1356c**
Mahāvastv-avadāna 1356c
mahāvibhaṅga 81a
Mahāvihāra 20a,826a,965b,
1236b,1350b,**1357a**
Mahāvīra 593a,1092a
Mahāvyutpatti 942a,990c,
1213a,1369b,1485c
mahāyāna 928a
Mahāyāna-saṃgraha 728b
Mahāyāna-sūtrālaṃkāra
933b
Mahāyāna-viṃśaka 934b
Mahēndra 1350a
Maheśamūrti 123a
Maheśvara 42a,372c,918b,
924c
Mahinda 18b,553b,826a,
878b,1187c,1225a,1350a,
1357a
Mahiṣamaṇḍala 34b,945a
mahoraga 1158b,1350a
Maisey, F.C. **1403a**
Maitrāyaṇī-putra 1249c
Maitreya 3a,71c,286b,336c,
439c,830c,933b,1169a,
1175b,1258b,1285b,1296a,
1386c,1387c,1394b,1430a,
1430b
maitrī 512a
Maitrī-bala 772a
Maitrīpa 17a,1085c,1358c
Majjhantika 45a,190b,223c,
1353c
Majjhima 834b
majjhimajanapada 995c
Majjhima-nikāya 7a,816c,
1073c
Makara 642c
Makkhali Gosāla 1497a
Makuṭabandhana-caitya
288c
Malai-nāḍu 1358b
Malakuṭa 1358b
Mālava 1359a
Malaya 1358b
mālikā 1084a
Malla 657b,1147a,1353c
mallikā 1084a
Mallikā 752b,1153b,1358b
Māluṅkya-putta **1358c**
māna 1359a
mānāpya 1451a
manas 38b,776a,1354b
manasikāra 449c,1137b
manaskāra 449c
Manasvin 1157c
mānatta 1451a
mānava 1356b
māṇava 1356b
Māṇava 674b
Mānava-dharma-śāstra
1355c
Mānava-dharma-sūtra 1355c
māṇavaka 1356b
maṇḍa 1361c
maṇḍala 1361b
Mandara 1364c
māndāra 1364b
mandāraka 1364b
māndārava 1364b
Māndhātā 1361b
Māndhātṛ 1361b
Māṇḍūkya-kārikā 176a
Mani 1355b
maṇi 1355a
Maṇibhadra 656c
Maṇicinta 18a
mañjūṣaka 1361a
Mañjuśrī 1410c
manopavicāra 646c
Manoratha 1356b
mano-vijñāna 41a,1354b
Mantāni-putta 1249c
mantra 615a,783a
Manu 1355c
Manu-smṛti 770b,1355c
manuṣya 1126c
māra 1154b,1344c
Marcus Aurelius Antoninus
936b
mārga 1037c
marīci 1358c,1418a
Markaṭa-hrada 959c
marman 979c
Mar-pa 1017c,1085c,**1358c**,
1385c
māṣa 161c,1350a,1450c
māṣaka 1350a
mātaṅga 1354a
mātaṅgāraṇya 30a
mātaṅgī 1354a
Mateo Ricci 474a
Mathurā 657c,1354a
Maticandra 110a,562c,716c
Maticitra 1351a
Matipura 1353c
Mātṛceṭa 60a,758a,1351a,
1404a
mātṛkā 21a,91c,493b,572b,
1351a
mātsarya 332c
matsya 1352a
Matsya 657b
Matteo Ricci 1024a
mātuluṅga 284a
mauna 482a
mauneya 482a
maunī 482a
Maurya 1b,993a,1227b,
1347b
māyā 140b,158c,614a
Māyā 304b,596c,841c,
1018a,1061c,1348a,1348b,
1348c,1446b
māyāvāda 614a
McGavern, W. M. **1349b**
Megha 818b
Menandros 594c,962b,
1082b,1082c,1386a
Meṇḍaka **1404b**
Meṣa 642c
Mgur-ḥbum 1386a
middha 812a
Migadāya 189a
Migalaṇḍika 1498c
Migāra 967c,1497c

Migāra-mātā 1404b,1497c
Migasīsa **1366b**
Mihintale 18b
Mihirakula 536a,1245b,
**1370a**,1489b
Mi-la-ras-pa 1358c,**1385c**
Milinda 594c,896c,962b,
1082b,1082c,1386a
Milinda-pañha 1073c,1082c,
1386b
Milinda-ṭīkā 1083a
Mīmāṃsā 593b,1247b,1505c
Mīmāṃsā-sūtra 593b,1247c,
1506a
Mīna 642c
Minaev, I. P. 554b,**1369a**
Mīrān **1386a**
Missaka 18b,553b
Mithilā 657a,1160c,1187b,
1368c
Mithuna 642c
mithyā 403a
Mitra, R. **1369a**
Mitrasena 1066c
Mitraśrī 1369a
Mkhas-grub-rje 991a,1014c,
1445a
mleccha 1386b
Moggaliputta Tissa 1b,
327c,1155c,1350a,1408a
Moggallāna 613b
Mogharāja 1349a
moha 981c
Mohenjodaro **1408c**
Mokṣākaragupta 971b,**1406c**
Mongkut **1410a**
Monier-Williams, Sir M.
**1408b**,1492b
Moriss, R. **1408c**
mrakṣa 1207c
mṛdvīkā 1350b
Mṛgalaṇḍika 1498c
Mṛgāra-mātṛ 1497c
Mṛgaśira 1096a
Mṛgaśīrṣa 1366b
mūḍha 981c
mudrā 65a
muhūrta 512a,680a,835c
Mukharāja 1349a
muktāhāra 1434b
Mukti-ṭilaka 675a
Mūla 1096a
Mūla-madhyamaka-kārikā
1000a,1246c
Müller, E. **1371b**
Müller, F. Max 24a,82b,
960c,1087b,1177a,1306b,
**1371b**,1400b
Müller, F. W. K. **1371b**
Muṇḍaka-Upaniṣad 1180c
muni 1397a
Mūrdhagata 1005a,1361b
muṣita-smṛtitā 573c

## N

nāḍī 205b,467c
Nadī-kāśyapa 469a
nāga 1158b,1457a,1462b
Nāgabodhi 1462c
Nāgānanda 173b
nāga puṣpa 1459a
Nagarahāra 1081b
Nāgārjuna 23b,34b,115b,
301b,317c,380a,464a,504a,
584a,603c,633c,640c,644c,
748b,755c,934b,935b,943c,
950a,992c,994c,1000a,
1065c,1120b,1175a,1194b,
1208c,1226b,1237a,1246c,
1269b,1285b,1293c,1301a,
1303a,1460c,1461b,1498a
Nāgasena 195b,594c,658b,
1082b,1082c,1386b
Ṅag-dbaṅ blo-bzaṅ rgya-
mtsho **209a**,354a,475b,
1304b,1443b
nagna 1081c
Nag-tsho **1081c**
Nag-tsho tshul-khrim
rgyal-ba 1081c
naiḥsargika-prāyaścittika
1451b
Nairañjanā 597b,1126c
Nairṛti 643c
Nakhon Pathom **1082b**
Na-ko 1478a
Nakula 668b
Nakulamātā 1081c
Nakulapitā 540c,1081c
Nakulapitṛ 1081c
Nālada 1084c
Nālaka 1085a
Nalanda 1085a
Nālanda 1085a
Nālandā 80b,167c,402c,
446a,535c,614b,614c,691c,
971c,984a,986b,1065c,
1164b,1347c,1394b
Nālandā-saṃghārāma 1085a
Nalinikā 54b
nāma 1372a
Nāmamāla 817c
namas 251b,1084a
namo 1084a
namo ratna-trayāya 1084b
Nanda 751a,1088c,1157c,
1162c,1348a,1403b,1423b,
1496a
Nandaka 1089a,1381a
Nandi 527a
Nandikeśvara 212c
Nandimitrāvadāna 1275a
Nandiya 1088c
naraka 532a
Narasiṃhavarman(一世)
966a
Nārāyaṇa 439a,1084c,1182c
Narendrayaśa 1085c
Nārikela-dvīpa 34b
Nāro 1085c
Nāropa 205c,1018a,**1085c**,
1358c,1443c
nāśana 1202c
Nāsik **1082b**
nava-graha 302c,1485a
navamallikā 1084a
Navya-nyāya 1314c
nayuta 813b
Nepāla 1117c
Nerañjarā 204c,597b,1126c,
1158a,1236a
Nestorius 310a,1024a
Neumann, K. E. **1141b**
Nevius, J. L. 1146a
nidāna 126a,644b
Nidāna-kathā 596b
Niddesa 294b,816c,817a
nigamana 72b
Nigaṇṭha Nātaputta 593a,
1092a,1187b,1497b
Nigrodha 1091b
Nigrodha Kappa 29a,1148c
Nigrodhārāma 1091c
nikāya 816c

nikāya-sabhāga 674b
nīla 1486c
nīlotpala 1486c
nimba 1131b
nirātman 1390c
niraya 532a
Nirgrantha Jñātaputra 1092a
nirmāṇa 1256b
nirmāṇa-kāya 1230c, 1231b
nirmāṇa-rati 332a
nirodha-samāpatti 1403a
nirukta 647c, 1506c
Nirukta 1180c
nirvāṇa 604a, 1132b
niṣīdana 462a
niṣyanda 1062b
nitya 689c
nitya-sthita 715c
nivāsana 1264a
niyama 1505b
nyagrodha 1091c
Nyagrodha 1091b
Nyagrodhārāma 1091c
Nyānatiloka **1119a**
nyaṅkuṭa 703b
nyaṭkuṭa 703b
Nyāya 6a, 71c, 800b, 1123b, 1505c
Nyāya-bindu 81b, 972c, 1314c
Nyāya-mukha 78a, 800c
Nyāya-praveśa 78b, 697b, 1169b
Nyāya-sūtra 6a, 1123b, 1505c
Nyāyasūtra-bhāṣya 89c
Nyāya-vārttika 89c

## O

ogha 588a
Okkāka 220a
Oldenberg, H. **154b**, 1448b
Oldenburg, S. F. **154b**, 1254b
Oldfield, H. A. **154c**
Olopon 936c
oṃ 22a, 155a
oṃ maṇi padme hūṃ 155b
Oxus 1150c

## P

Pabbata 1163c
pada 1372a
padārtha 285c, 562c, 717a, 1505c
Padārtha-dharma-saṃgraha 1247a
padma 1486b
padma-garbha-loka-dhātu 1488b
Pad-ma ḥbyuṅ-gnas 1164c
Padmasaṃbhava 70b, 465c, 614b, 990c, 1016c, **1164c**, 1368a, 1444c
Pagan **1148b**
pakṣa 72a
Pakudha Kaccāyana. 1497a
Palaka 963b
Pali Text Society 7a, 817a, 940b, 1169a, 1448b, 1448c
Pallava(王) 1164a
Pallava(王朝) 966a
Pamir 899a
pāṃsu-kūla 1264a
panasa 1165b
Pañcakrama 298a
Pañcāla 657b, 1171b
Pañcaskandhaka 931c
Pañca-vārṣika 1171b
Pañcaviṃśatisāhasrikā Prajñāpāramitā 1175b
paṇ-chen 1444a
Paṇ-chen bla-ma 1444b
paṇḍaka 1173c
Pāṇḍava 1357b
Pāṇḍuka 553c
Paṇḍukābhaya 18a
Pāṇini 1156a, **1165c**, 1180b, 1325a
Paññāsāmi 462c
Panthaka 658b
pāpīyas 1154b
pārājika 1450a
Paramādibuddha 205c
paramāṇu 400c
paramārtha 699b, 914b
Paramārtha 86a, 584a, 797b, 830c
paramārtha-satya 1097b
Paramattha-jotikā 816c
Paramattha-mañjūsā 80c, 979c
pāramitā 1167c, 1180c
paraṃparā 1030c
Paranirmita-vaśa-vartin 963a
paratantra-svabhāva 485c
pārijāta 1169a
parijñā 1258a
parikalpita-svabhāva 485c
pariṇāma 1033b
pariṇāmanā 110b
parinibbāna 598b
parinirvāṇa 598b
pariniṣpanna-svabhāva 485c
parisrāvaṇa 1498c
parīttābha 522c
parīttaśubha 522c
parivāra 80c, 349b
parivāsa 1451a
Pārsa 1166c
Pārśva 190b, 268a, 327c, 951c, 1403b
Parthia 33c
Parvata 1163c
pāśa 341a
Pasenadi 84c, 140b, 246a, 263a, 331c, 405a, 525b, 594a, 598a, 657a, 1153b, 1346a, 1347c, 1358b
patākā 1038b
pātalī 1156a
Pāṭaliputra 1b, 85c, 309b, 367b, 993b, 1155c, 1203a, 1347b
Pāṭaliputta 327c, 1155c
Patañjali(文法家) **1156a**, 1169c, 1180b, 1180c, 1325b
Patañjali(ヨーガ学派) **1156a**, 1505c
pātimokkha 81a
Paṭisambhidāmagga 294c, 817a
pātra 969a
Paṭṭhāna 21c, **1163a**
pattra 1143c
Pāvā 414c, 612a, 684a, **1147a**, 1353c
Pāyāsi **1166b**
Pelliot, P. 905a, 1075c, **1255b**
Peppé, W. C. 612a

pešī 947a
peṭaka 447b
Peṭakopadesa 447b
Peta-vatthu 294b
Petzord, B. **1255a**
Phag-mo gru-pa **1151c**
Phrapathom Cedī 1082b
Pilinda-vaccha 1188c
Pilinda-vatsa 1188c
Piṇḍīkṛtasādhana 298a
Piṇḍola Bhāradvāja 377a, 658b, 1203a
Piṅgala 553c, 755c, 994c, 1000a
pippala 597b, 1301b
Pippala 1345b
Pippalī-guhā 327b, 1188b
Piprāvā 612b
piśāca 236a, 925a, 1158c, 1184a
Pischel, K. R. **1188a**
piṭaka 417b, 447b, 493a, 872c, 939b
pīṭha 467c
poṣadha 1213c
Potala 1220c, 1221b, 1443b
Potalaka 228b, 1220c, 1221b, 1304c, 1358b
Potana 657c
Po-to-ba **1318c**
Poussin, L. de la Vallée **1214a**
prabandha 976b
Prabhākara 301c, **1247b**
Prabhākaramitra 1167b
prabhākarī bhūmi 629b
Prabhūtaratna 968a
pracchanna-bauddha 614a
pradāsa 1141b
Pradīpoddyotana 298a
Pradyota 20c
Prāgbodhi 204c
Prajāpati 158b, 956a, 1247c
prajñā 99c, 980c, 1174b
Prajñā 317a, 1174c
Prajñā-cakra 982b
Prajñākaragupta **1247a**, 1248b, 1441a
Prajñākaramati 1214a, **1247b**
Prajñāpāramitāhṛdayasūtra 1177a
Prajñā-pradīpa 3b, 748b, 1000b, 1177b
Prajñāpradīpa-ṭīkā 3b
prajñapti 307c, 332a
Prajñāruci 1177c
prajñā-vimukti 781b
Prākrit 940a, 1168c, 1325a
prākṛta 940a, 1325a
prakṛti 498a, 543a, 1094a, 1505b
pramāda 1260b
pramāṇa 800b, 1248c, 1465a, 1505c
Pramāṇa-samuccaya 800c, **1248b**
Pramāṇa-vārttika・ 599b, 614a, 1018a, 1119b, 1247b, **1248a**, 1314c, 1420c, 1441a
Pramāṇa-vārttikālaṃkāra 1247b
Pramāṇa-viniścaya 972c
pramuditā bhūmi 629b
prāṇa 158b, 1204c
praṇidhāna 210a, 1167c
prapañca 332b
prāpti 1064c
praśākhā 947a
prasaṅga 1000a
Prāsaṅgika 992c, 994c, 1014a, 1237a
Prasanna-padā 992c, 1000b, 1214a, **1246c**
Praśastapāda **1247a**
Praśastapāda-bhāṣya 1247a
prasena 1166b
Prasenajit 5a, 525b, 594a, 598a, 657a, 752b, 1153a, 1392b
prasrabdhi 255a
pratideśanīya 1451b
pratigha 775b
pratijñā 72a
prātimokṣa 1450a
pratiniyama 690c
pratipakṣa 923c
pratisaṃkhyā-nirodha 992b
pratisaṃvid 589a
pratītya-samutpada 125c
pratyakṣa 800b, 1505c
pratyakṣa-pramāṇa 1465a
pratyaya 123b, 517a
pratyaya-buddha 124c
pratyeka-buddha 124b
pratyutpanna-buddha-saṃmukhāvasthita 1171c
Pratyutpanna-buddha-saṃmukhāvasthita-samādhi-sūtra 1172b
Pravāhaṇa 1171c
pravartaka 1041a
pravrājana 1202c
pravṛtti 1480a
Prayāga 1164a
prayoga 315b
preman 1a
preta 177a, 236a, 1158c
Prinsep, J. 2b, **1249a**
Priyadarśikā 173b
pṛthag-jana 1340c
Pṛthivī 359b, 643c
pṛthivī-parpaṭaka 584a
Przhevaliski, N. M. **1249b**
Przyluski, J. 1c, **1217a**
pudgala 44a, 507a, 1243b
puggala 1224a
Puggala-paññatti 21c, **1223c**
pūjā 302c
pūjanā 302c
Pukkusāti 1305b
Punabbasu 1244a
Punabbasuka 1244a
Punarvasu 1496a
Punarvasū 1096a
puṇḍarīka 1486b
Puṇḍarīka 205c
Puṇḍavardhana 206a
Puṇḍravardhana 995c, 1335c
Puṇṇa 639b, 675c, 1249b, 1249c
Puṇṇaka 1416c
Puṇṇavaddhana 967c, 1497c
puṇya 295b, 1207a
puṇya-kṣetra 1209c
Puṇyamitra 1244b
puṇyaprasava 522c
puṇya-śālā 1207b
Puṇyatāra 1177b, 1239b
Puṇyayaśas 1244a
Purāṇa 81c, 1203b, 1227b, **1247b**
Pūraṇa Kassapa 1497a
Pūrṇa 639b, 675c, 1249b, 1249c
Purṇabhadra 656c
Pūrṇavardhana 290a, 811c

puruṣa 159a, 498a, 746a, 776c, 1094a, 1505b
puruṣadamyasārathi 1124c
Puruṣapura 200b, 223c, 604c, 830c, 1249c, 1394b
Pūrva-bhadrapadā 1096a
Pūrva-phalgunī 1096a
Pūrva-ṣādhā 1096a
Pūrvaśaila-saṃghārāma 23a, 967b
Pūrvavideha 679b
Pūsavima 656c
Puṣkaravatī 223c, 421a
Puṣpapura 1155c
puṣṭika 676b
Puṣya 1096a
Puṣyamitra 309b, 1227b, 1386a
pūtanā 1158c, 1221c

R

Rādha 1443a
rāga 1073c
rāhu 558c
Rāhula 597a, 639b, 658b, 1442b
Rāhulabhadra 950a, 994c, 1442c
Rājagaha 141b, 243b, 327b, 597a, 657a, 1158a, 1501b
Rājagṛha 40c, 141b, 414c, 597a, 657a, 965a, 1085a, 1155c, 1188b, 1347b
Rājakārāma 140b
rajas 498a, 775c, 1094a
Rājāvavādaka 525b
Rakkhita 1165c
rākṣasa 1158c, 1416c, 1442c
rākṣasī 1442c
Ral-pa-can 942a, 990b, 1446b, **1485b**
Rāma 550c, 1082b, **1444b**, 1445a, 1445b
Rāmagāma 414c
Rāmakamheng 866b
Rāmānuja 1148a, **1445b**
Rāmāyaṇa 550c, 896c, 1444b, **1445b**
Rāmcaritmānas 1445c
rasa 1366a
Rāṣṭrapāla 1403c, 1440a
Rāṣṭrapāla-paripṛcchā 403c, 1204b
Ratanapaññā 581a
ratilambha 30b
Ratna-dvīpa 826a
Ratna-gotra-vibhāga 953a
Ratnagotravibhāga-mahāyā-nottaratantra-śāstra 286a
Ratna-guṇa-saṃcaya-gāthā 1176a
Ratnākaraśānti 1085c, **1443c**
Ratnakīrti **1443c**
Ratnamati 286a, 1502a
Ratnamegha 765b
Ratnamegha-sūtra 1261a
Ratnarāśi 955a
Ratnaśikhin 1274b
ratna-traya 502a
Ratnāvalī 173b, 1269b
Raṭṭhapāla 1071a, 1440a
Raṭṭhapāla-sutta 1440a
Rāvaṇa 550c, 1444b
Ravigupta **1441a**
ṛddhipāda 581b
Rémusat, J. P. A. **1485c**
Reṇu **1485b**
Revata 1236b, 1416c, 1455c
Revata-khadiravaniya 1455c
Revatī 1096a
Ṛg-veda 82c, 158b
Rgya-gar chos-ḥbyuṅ 969a, 969b
rgyud 976c
Rhys Davids, T. W. 817a, **1448b**, 1448c
Rhys Davids, C. A. F. **1448c**
Rin-chen bzaṅ-po **1478a**
Rje-btsun dam-pa 969a
Rje-btsun Mi-la-ras-paḥi rnam-thar 1386a
Rje-btsun Mi-la-ras-paḥi rnam-thar rgyas-par phye-ba mgur-ḥbum 1386a
rnal ḥbyor 976c
rnal ḥbyor bla na med pa 977a
Rñiṅ-ma 990c, 1164c
Rockhill, W. W. **1504b**
Rohaṇa 1082b
Rohiṇī 1096a
Rosenberg, O. **1504a**
ṛṣi 83a, 860a
Ṛṣipatana Mṛgadāya 1502c
Ṛṣyaśṛṅga 54b
Rudra 13c, 42a, 925a
rudrākṣa 6a
Ruggieri, M. 1024a
rūpa 519b
rūpa-dhātu 522b
rūpya 726b
Rwa-sgreṅ 1072a

S

Śabara-bhāṣya 301c, 1247c
Śabarasvāmin 301c
Sabbakāma 878b
śabda 686c, 1505c
śabda-vidyā 752c
sabhā 609b
sabhāga 1058c
sabhaya 609b
sābhoga 84a
sacca 550c
Saccaka Nigaṇṭhaputta 1092a
Sadāparibhūta 746a
Sadāprarudita 728c, 1278a
Ṣaḍdarśanasamuccaya 1169b
Saddharma-puṇḍarīka-sūtra 1292c
sādhana 297c
sādhu 145c
sādhumatī bhūmi 629b
sādṛśya 563a
Sāgala 594c, 1082c
Śāgala 594c, 962b
Sāgara 1157c, 1386a
Sāgata 866c
Sahā 609b
sahajānanda 1253b
Sahajāti **465b**
Sahā-lokadhātu 609b
Sahāṃpati 956a
Śailendra **593b**
Śaiśunāga 10c
Sākala 594c, 1370b
Śākara 594c
Sāketa 27b, 599a, 1501b
Śāketa 599a
Śaklūdāyi 865a

Śakra 926b
śakrābhilagna-maṇi-ratna 595a
Śakra devānām indra 926b
Śakrāditya 1085b
sakṛdāgāmin 530c
Śākta 1368a
śakti 563a, 599a
Sakuḷūdāyi 865a
Śakuntalā 770b, 1188a, 1408b
Śākya 601c
Śākyabuddhi **599b**
Śākyamati 599b, 1248b
Śākyamitra 437c, **599b**
Śākyamuni 187a, 585a, 595c
Śākyaprabha 1066c
Śākyaśrībhadra **599a**, 614b
sāla 598b
śāla 598b, 611c
Sāḷha 1380c
Śālistambha sūtra 1040c
śālmali 610a
Sāma 751b
śama 610a
samādhi 504a, 504b, 687c, 688a, 1505c
Samādhi-rāja 196b
sāmagrī 1507c
samāhita 504b, 688a
samāna 1204c
Sāmaññaphala-sutta 611a
Samantabhadra 1212b
samanta-mukha 1246a
Samantapāsādikā 81a, 844a
sāmānya 563a
Sāmānya-lakṣaṇa-parīkṣā 800c
samāpatti 470b, 504b, 688a
Samarkand 904c
Samataṭa 505b
śamatha 209b, 470b, 511a, 518c, 559b, 688b, 1429c
samavāya 563a
Sāma-veda 82c
samaya 205a, 505b, 512a
Samayabhedoparacanacakra 62c
saṃbahulāḥ śaikṣa-dharmāḥ 1451c
saṃbhāra 772b
saṃbhoga kāya 1230c, 1231b
Saṃbhūta 501b
Saṃdhinirmocana-sūtra 324a
saṃgha 597c, 877a
Saṃghabhadra 21b, 290a, 342c, 422b, 664a, 684a, 831a, 878a
Saṃghabhūti 878a
Saṃghadeva 877c
Saṃghamitrā 878b
Saṃghanandi 877c
Saṃgharakṣa 661c, 878b, 878c
Saṃgharakṣita 748b
Saṃghārāma 878b
saṃghārāma 513a
Saṃghasena 877b
Saṃghavarman 379a, 878a
Saṃghavarṣa 877c
saṃghāvaśeṣa 1450c
Saṃghavasu 670a
sāṃghika 876c
saṃgīti 327b
saṃgraha-vastu 544b
Saṃhitā 82c, 1203b
saṃjñā 813b, 871a
saṃkakṣikā 1263c
Śaṃkara **614a**, 925a, 1315a, 1350c, 1445b
Śaṃkarānanda 614a
Śaṃkaranandana **614a**
Śaṃkarasvāmin 72b, 78b, 697a, 1169b
śaṃkarī 257c
Sāṃkāśya 877b
saṃkhyā 813b
Sāṃkhya 44a, 276a, 329b, 404b, 418b, 428c, 431c, 498a, 647c, 776c, 1094a, 1505b
Sāṃkhya-kārikā 44a, 276a, 1505b
saṃkleśa 889b
Sammoha-vinodanī 81c, 1236b
saṃprāgata 500a
saṃprayukta 874c
saṃsāra 713a, 1478b
saṃskāra 254c, 705b
saṃskṛta 80a, 940a, 1325a
Samudragupta 993b
samutthāna 1041a
Saṃvarodaya-tantra **467b**
saṃvṛti 699b
saṃvṛti-satya 1097b
samyak-prahāṇa 543b
samyaksaṃbuddha 1124c
saṃyojana 326a
saṃyutta 817a
Saṃyutta-nikāya 7a, 816c
śanaiścara 558b
Sāṇavāsi 45a, 501b
Sāñchī **496a**, 1348c
ṣaṇḍha 856b, 1173c
saṅgha 81a
Saṅghamittā 18a, 878b
saṅghārāma 206a
Saṅghasena 1194a
saṅghāṭi 1263b
Sañjaya 330a, 597c, 613b, 1348c
Sañjaya Belaṭṭhiputta 1497b
Śaṅkara 1148a
Saṅkassa 877b
Saṅkha 707a
śaṅkha 1319b
Śaṅkha 706c
Śāṅkha 553c
Sanskrit 940a, 1168c, 1325a
Saṅs-rgyas rgya-mtsho 209b, **475b**, 1304b
santāna 495b
Śāntarakṣita 203c, 465c, **614b**, 674c, 675a, 680b, 965c, 990c, 994b, 994c, 1016c, 1085b, 1165a, 1169b, 1368a, 1444c
Śāntideva 196c, **614c**, 765b, 769c, 932c, 1247b, 1301a, 1304a, 1315a
śāntika 676b
Śāntipa 1443c
Śāntivarman 614c
Sappadāsa **464c**
Sapphiras 936c
sapta-parṇa 559a
Saptaparṇī Guhā 141c
Sāramati 286b, 333c, 935b
śara-parṇī 611c
Sarasvatī 1257a
Saravati-nadī 995c
Sārī 613b
Śāriputra 597c, 613b, 639b, 1392b, 1403c, 1499c
Śāriputra-prakaraṇa 1403c
Sāriputta 91a, 597c, 613b,

639b, 967b, 1006a, 1017a, 1085a, 1347a, 1348c, 1497b
śarīra 612a, 775a
Śarmadatta 837b
Sarpadāsa 464c
Sarvadarśana-saṃgraha 1350c
Sarvadharmāpravṛtti-nirdeśa 769c
Sarvajña-siddhi-kārikā 675b
sarvajñatā 56c
Sarvakāma 878b
sarvāstivādin 1189a
śāsana 254a
Sāsanavaṃsa **462c**
Śaśāṅka 198c
Sa-skya **462a**
Sa-skya-pa 990c, 1151a
Sa-skya paṇ-chen 1151a
Sa-skya Paṇḍita 599b, 614b
śastā devānāṃ ca manuṣyāṇāṃ ca 1124c
śāstra 1506c
sat 89c, 1372a
Śatabhiṣā 1096a
śaṭaka 1264a
Śataka-trayam 1169c
Śatapañcāśatka-stotra 60a, 1351b
Sātavāhana 34a, 263a, 464a, 1460c
Śātavāhana 1269b
śāṭhya 1021a
satkāya 403a
ṣaṭ-samāsa 1495a
Sattapaṇṇi-guhā 327c, 1188c
sattva 86b, 464b, 498a, 668b, 1094a
satya 550c, 913a
Satya-dvaya-vibhaṅga 674c
saugandhika 1486c
Saundarananda 1088c, 1403b
Saunders, K. J. **461a**
Sāvatthī 263a, 594a, 598a, 657a, 1153b, 1501b
Schelling, F. W. J. 1371b
Schiefner, F. A. von **585a**
Schlagintweit, E. **680a**
Schmidt, I. J. **679c**
Schott, W. **768c**
Schulemann, G **681b**
Sde-dge 942b
Seidenstücker, K. B. **457b**
Sekoddeśaṭīkā 205c
Sela 313b
Senāni 94b
Senart, E. C. M. **817b**, 1214a
Seṅ-ge-la 825c
Seniya 703c
Se-ra 1443b
sevā 297c
Shcherbatskoi, F. I. **554b**
Shu-lig 909c
Shwa-ser-pa 354a, 991a, 1014a
Siam 866b
Śibi 583a, 662c
siddhaṃ 567c
siddhāṃ 567c
Siddhārtha 596a
Siddhattha 279c, 596a, 1446b
siddhi 564c
siddhir astu 572a
Sieg, E. 1063c
Siegling, W. 1063c
Siggava 1408a
Sīgiriya **525c**
Sīhahanu 235c, 400c, 535c, 751a, 841c, 1193c
Sīhaḷa 825c
Śikhin 187a, 524a
śikṣā 647c, 1506c
śikṣā-karaṇīya 1451c
śikṣamāṇā 523c, 556a
Śikṣānanda 317a, 565a
śikṣāpada 181c, 1450a
Śikṣā-samuccaya 554a, 615a, 765b, 769c, 932c, 951a, 953b, 1259a, 1315a
śīla 159b
Śīlabhadra 167c, 582b, 703c, 782a, 986b
Śīladharma 770c
Śīlāditya 173b, 196c, 1158a
śīla-vrata-parāmarśa 403a
Siṃha 642b
Siṃhagandha 536a
Siṃhahanu 535c
Siṃhakumāra 826a
Siṃhala 825c, 826a
Siṃhapura 875c
Siṃharaśmi 535c
Simuka 34a
Sindhu 69c, 552a, 799b, 800a
Siṅgālaka 1506c
Siṅgālovāda Suttanta 1506c
Sirimā 576b
Siri Meghavaṇṇa 1225a
śirīṣa 772b
Siri Vikkama Rājasīha 1356c
śiśumāra 566a
Śiśumāra-gira 540c
Sīta 554a
Sītā **550c**, 1444b
Śīta 554a
Śītā 552a
Śītavana 1147b
Śiva 42a, 46a, 68c, 123a, 155a, 212c, 372c, 377a, 921c, 925a, 956a, 1154c, 1203b
Sīvali 582b
Śivi 583a
Skanda 46a
Skandagupta 1006b
skandha 95a, 392a
skandhaka 1452b
Skandhila 422b, 1119c
Sku-ḥbum **306c**
sku-skyes 197a
śloka 19a, 308c
Śloka-vārttika 301c
Smith, V. A. **817c**
smṛti 1135a
Smṛti 83a
Smṛtijñānakīrti **818b**
smṛty-upasthāna 581c, 1136b
Sṅags-rim 1014b, 1191a
Snar-thaṅ 942b
Sñe-ṭhaṅ 16b
Sogdiana 465a, 904c
soma 909a
Soma 558b, 643c
Somachattra 194c
Sonaka 89c, 442a, 963c
Soṇa-koḷivīsa 1093c
Soṇa-koṭivīsa 1093c
Sorata 909b
sparśa 901a
Speijer, J.S. **675b**
Sphuṭārthā 1417a
spraṣṭavya 901b
sprul-sku 197a
spyod-pa 976c
śraddhā 775a
Śraddhākaravarman 976c

śramaṇa 610c
śrāmaṇera 556a,610a
śrāmaṇeraka 610a
śrāmaṇerī 556a,610b
śrāmaṇerikā 610a
śrāvaka 756a
Śravaṇā 1096a
Śrāvastī 594a,598a,657a,
752b,1167a
Śreṇika 703c
śrī 246c
Śrī-bhāṣya 1445b
Śrī Dīpaṃkarajñāna 16b
Śrīgupta 674c,**680b**
Śrīharṣa 173b,1085b
Śrīlāta 576b
Śrīmā 576b
Śrī-mahā-devī 247a
Śrīmālā 752b,1153b
Śrīmitra 1150b
Śrīvaiṣṇava 1445b
śrī-vatsa 1360b
Śrīvijaya 576b,593b,669c,
808b,1086b
Śroṇa-koṭiviṃśa 1093c
Sroṅ-btsan sgam-po 141c,
**912c**,941c,990b,1016c,
1077c,1304b,1443a
srota-āpanna 530b
Śrughna 910a
Śrutasoma 671a,1173b
Śruti 83a
Stcherbatsky, Theodore
664b
Stein, Sir A. **816a**,863a,
905a,1075c
sthavira 911b
Sthiramati 35a,286b,290a,
535b,684a,697a,703c,756c,
929a,931c,933b,1000b,
1065c,1088c,1258c,1395b,
1423a,1423b,1430a
Sthūlanandā 1000a
sthūlātyaya 1451c
Sthūṇopasthūṇaka 995c
stūpa 828b,1037a
styāna 443b
Subāhu 908c,1416c
subanta 1163b
Subhadda 675b
Subhadra 675b
Śubhagupta **675b**
Śubhakarasiṃha 784b,864c,
971c,1085b
śubhakṛtsna 522c
Subhūti(仏弟子) 439b,639b,
677c
Subhūti(学僧) **817c**
Subhūti(王) 1348b
Subinda 658b
Sudāna 671a,976b
sudarśana 522c
Sudarśana 253a
Sudatta 243c,246a,594a,
671b,677c
śuddha 719a
Śuddhacandra 697a,1088c,
1423b
śuddha-prāyaścittika 1451b
Suddhodana 235c,400c,
535c,596c,751a,1088c,
1193c,1348a,1348b
Śuddhodana 596c,751a
Sudhanaśreṣṭhi-dāraka 848a
Sudinna 206c
śūdra 542c,671b
sudṛśa 522c
sudurjayā bhūmi 629b
sugata 1124c
Suhāmatī 401a
Suhṛllekha 1461b
Sujāta 1017a
Sujātā 94b,597b,**815a**,1126c
Sujāti 854b
sukha 1441b
Sukhāmatī 401a
Sukhāvatı 25c,401a,731a
Sukhāvatī-vyūha 23c,1400b
Sukhothai 866b
Sukkodana 1193c
Śuklodana 1193c
śukra 558b
Śuktimati 657b
Sumāgadhā 678a
sumana 293a
Sumana 656c,667c,678a,
1225a
sumanā 817c
sumanas 303a,817c
Sumati 818b
Sumatī 678a
Sumatiśīla 933a
Sumedha **818b**
Sumeru 678b,926b,1061c,
1436c
Sum-pa mkhan-po **818b**,
1150a
Suṃsumāra-gira 540c
Sunakkhatta 853c
Sunakṣatra 853c
Sundarā-nanda 1088c
Sundarī 912b
Śuṅga 1227b
śūnya 279c
śūnyatā 279c
Suppabuddha 841c
Suppāraka 675b
Suppatiṭṭha 762a
Suppiyā 675c
Suprabhūta-stotra 173b
Suprabuddha 841c
Supriyā 675c
surā 909b
Śūraṃgama-samādhi 681a
Śūrasena 657c
Śūrasena 657c,1354a
Surasthana 34a
Surendrabodhi 1485c
Sūrpāraka 675b
Sūryasoma 605b,680c,755c
Suryavarman(二世) 32b,
808b
susiddhi 906b
Susīma 667b
susvāgata 866c
Sutasoma 671a
sūtra 21a,254a,671b,939c,
976c
sutra-piṭaka 493b
Sūtra-samuccaya 615a,935b
sutta 80c,644b,939c
Sutta-nipāta 294b,**816b**,
817a,1147b,1204a
Sutta-piṭaka 294b,**816c**,940b
sutta-vibhaṅga 80c
Suvaṇṇa 677c
Suvaṇṇabhūmi 89c,442a,
1202a
Suvaṇṇa-sāma 751b
Suvarṇa 677c
Suvarṇabhūmi 442a,1046a
Suvarṇadvīpa 16b
Suvarṇaprabhāsottama-rāja-
sūtra 440b
Suyāma 1420a
svabhāva 542c,1317c

svāgata 866c
Svāgata 866c
svāhā 22a, 910a
Svāta 662c
Svātantrika 614b, 748b, 992c, 994c, 1177b
Svātī 1096a
Svatiśrīśānti **813c**
Śvetāmbara 593b
syādvāda 593a
Śyāma 751b
Śyāmaka 751b

# T

Ta-bo 1478a
tagara 253a, 961b
Takka 962b
Takkasilā 657c, 963c, 1305b
Takṣaka 1157c
Takṣaśilā 657c, 963c, 1167a
tāla 968c
Tāmalitti 980a
tamas 498a, 1094a
Tamasāvana-saṅghārāma 612a
Tambadaṭhika **979a**
Tamba-paṇṇi 826a
tāmbūla 979b
Tāmradaṃṣṭrika 979b
Tāmralipti 980a
Tāmra-parṇī 826a
Tanjur 942a
tantra **976b**, 1203b
Tantravārttika 301c
Tantric Buddhism 976c
Tapussa 914a, 914c
tārā 969a
Tāranātha **969a**
Tarim **970c**
Tarka-bhāṣā **971b**, 1407a
Tarka-jvālā 748c, **971a**
tarpaṇa 967c
tat 1059a
tāta 964b
tathā 1121b
tathāgata 1124b
tathāgata-garbha 1125c
Tathāgata-garbha-sūtra 953a
Tathāgatajñānamudrāsamādhi-sūtra 105c
Tathāgata-kośa 953b
tathatā 801a, 1121b
tat-kṣaṇa 512a, 835c
tat-puruṣa 1495a
Tattvadaśaka 17b
Tattvālokakarī 17c
Tattvaratnāvalī 17a
Tattvārthādhigama-sūtra 93a
Tattvārthāvatāra 680b
Tattva-saṃgraha(初会金剛頂経) 17c, 437b
Tattva-saṃgraha(寂護著) 203c, 614c, **965c**
Tattvasaṃgraha-pañjikā 203c
Taxila 963c
Te-lo-pa **1017c**
Thammayutikanikāi 1410a
thera 513a
Thera-gāthā 294b, **1018c**
Theravāda 7a
Therī-gāthā 294b, 1019a
Tho-lin 16b, 1478a
Thomas, F. W. **1071b**
Thon-mi Saṃbhoṭa 912c, 942a, 990b, **1077c**
thullaccaya 1451c
Thullanandā 999c
Thūpārāma **1057c**
Tibet **990b**
Tilli-pa **1017c**
Ti-lo-pa **1017c**
timiṅgila 1017c
tiṅanta 1163b
tinduka 204c, 1011c
tipiṭaka 939c
Tiridates 33c
tīrthaka 329b
tīrthika 329b
tiryañc 985b
Tissa 1016b, **1017a**
Tiṣya 1016b, 1017a
Tiṣyarakṣitā 296a
Tocharisch **1063c**
Toramāṇa 1370a
Trailokya-parīkṣā 800b
Trailokya-vijaya 372b
Trapuṣa 914a
Trāyastriṃśa 1061c
Trenckner, V. **1073c**
Trikāla-parīkṣā 800b
Triṃśikā Vijñaptimātratā-siddhi 831a, 1423a
trīṇi yānāni 48c
tripiṭaka 939c
tri-ratna 502a, 503b
triśūla 503b
Trisvabhāva-nirdeśa 831b
tṛṣṇā 1a
tshad-maḥi mdo 1248c
Tsoṅ-kha-pa 207c, 298a, 307a, 353c, 838a, 964a, 977a, 991a, **1014a**, 1120c, 1191a, 1303c, 1304a, 1444c
Tucci, G. 439c
Tukhāra 20c, 30b, 195a, 1063c, 1315a
Tukhāristān 1064a
Tulā 642c
tūla 1072c
Tulsī Dās 1445c
Turfan 375a
Turkistan **1073b**
Turnour, G. **967a**
turuṣka 905c, 1073c
Tuṣita 1070a

# U

Ucchuṣma 87a, 114a
Uch-Turfan 155c
Uḍa 88a
udāharaṇa 72b
udāna 1204c
Udāna **88a**, 294b, 644b
Udāna-varga 88b, 674a, 1275c, 1306c
Udayabhaddaka 89a
Udayabhadra 88c
Udayana 90b, 265b, 657b
Udāyibaddha 89a
Udayibhadra 88c
Udāyibhadra 1155c, 1347b
Udāyin 207c
Uddaka Rāmaputta 89a, 597b
Uddālaka Āruṇi **89c**, 92b
uddāna 65a, 88a
Uḍḍiyāna 70a, 86c, 963c, 972c
Uddyotakara **89c**
Udena 90b, 657b, 1349c

## V

vaśīkaraṇa 676b
Vasiliev, V. P. **79b**,1369a
Vasiṣṭha 1152c
Vāṣpa 1165c
Vassakāra 85c,89b
Vasubandhu 21b,289c,292a, 296c,317c,343a,358c,426c, 439b,519b,631c,664a,684a, 728b,742c,756c,792b,800b, 801a,830c,931b,933a,933b, 934c,1023b,1065c,1066c, 1123b,1134b,1135a,1194c, 1229b,1237b,1258b,1270c, 1285c,1293c,1295a,1318b, 1356b,1394b,1395a,1400b, 1422c,1423c,1430a,1502c
Vasudhara 545c
Vāsuki 656c,1157c
Vasumitra 62c,190b,327c, 1154b,1499c
Vasuvarman 553c
Vatsa 265b,552b,657b
Vatsagotra 1152a
Vātsyāyana 89c
Vaṭṭagāmanī Abhaya 20a, **79c**,826a,1357a
Vāyu 643c
Veda **82c**,92a,367b,1168a, 1203b,1325a
vedalla 644b
vedanā 615c
Vedāṅga 647c,1168b,1180c, 1356a
Vedānta 431c,1506a
Vedānta-sūtra 1506a
Vedārtha-saṃgraha 1445b
Veda-vyāsa 81c
Vedehī 11a,45b,405a,1187b
Vedic 83a,1325a
Veḷukaṇḍiyā 294a
Veḷuvana Kalandakanivāpa 206c
Veṅgīpura 34a
Veṇuvana 141c
Veṇuvana Kalandakanivāpa 206c
vepulla 644b
Verañjā 1201a
Verbiest, Ferdinand 1024b
Vesālī 327c,414c,632b,657b, 963c,1158a,1160c,1252b, 1447c,1501b
Vethadīpa 414c
veyyākaraṇa 644b
vibhajya 1251b
vibhaṅga 1251b
Vibhaṅga 21c,**81b**,613b, 1448c
vibhāṣā 1190a
vicāra 511b
vicikitsā 237c
Videha 45b,657a,1160c, 1187b,1369a,1447c
vidhi 1247c
Viḍūḍabha 84c,202b,601c, 1153b,1202b,1347c,1358c
vidyā 615a,783b,1372b
vidyācaraṇasaṃpanna 1124c
Vidyādhara 589a,656c
vidyā-rāja 419a,1374a
vidyā-rājā 1374a
vidyā-rājñī 1374b
Vidyāraṇya 1350c
vidyā-sthāna 428a
Vighna 39b
Vigraha-vyāvartanī 115b
vihāra 513a
vihāra-pāla 477a,881b
vihāra-svāmin 477a,881b
vihiṃsā 165a
vijñāna 520a,776a
vijñānānantyāyatana 589c
vijñapti 520a
vijñapti-mātra 1421c
vikalpa 1251a,1405c
Vikīrṇōṣṇīṣa 912a
Vikramāditya 85c,801a, 830c,993b,1006b,1356b
Vikramaśilā **80b**,554a,599a, 1085b,1085c
vikṣepa 508c
Vilela, G. 1089c
Viliñcivatsa 830c
Vimala 1416c
vimalā bhūmi 629b
Vimaladattā 1392b
Vimaladhammasuriya(一世) 826b
Vimalakīrti 196a,1252b, 1425c,1426a
Vimalakīrti-nirdeśa 1426a
Vimalākṣa 1190b
Vımalaprabhā 205c
Vimāna-vatthu 294b
vimokṣa 324c
Viṃśatikā Vijñaptimātratā-siddhi 831a,1423c
vimukti 324c
Vimutti-magga 80c,325b
vinaya 21a,939c,1449b
Vināyaka 212c
Vinaya-mātṛkā-śāstra 1189c
Vinaya-piṭaka **80c**,493b, 940b,1449c,1455b
Vinayasūtra 1066c
Vinayavastu 1005a,1143c
Vinītadeva **81a**,220a,1119b, 1423c
Vinītaprabha 746b
vipāka 44a
vipaśyanā 209b,518c,559b, 1429c
Vipaśyin 187a
virāga 1449a
Virāṭanagara 657b
viruddha 74b
Virūḍhaka 577a,1202b
Virūpākṣa 577a,656c
vīrya 432a,723b
Visākha 972a
Visākhā 967c,1380c,1404b, 1497c
Viśākhā 1096a,1497c
Visākha Pañcālīputta 1183c
visarga 572b
viṣaya 254b,257a,775c
viśeṣa 563a
Viśeṣamitra 691c,1423b
Viśiṣṭacāritra 701c
Viśiṣṭādvaita 1445b
Viṣṇu 155a,956a,1084c, 1147c,1182c,1203b,1444b, 1445c
Viṣṇugupta 176a
Visuddhi-magga 21b,**80c**, 325b,979c,1236b,1448c
Viśvabhū 187a
Viśvakarman 656c,1184c
vitarka 177c,775c
Vītasoka 1187b
Vītaśoka 1187b
Vṛji 657a,1160c
Vṛjiputra 1148c
Vṛṣa 642c
Vṛṣabha-kṣatriyā 84c
Vṛścika 642c

vyākaraṇa 236a, 647c, 660c, 1180b, 1325a, 1506c
vyāna 1204c
vyañjana 572b, 1372a
Vyāsa **81c**, 1247b, 1357c

## W

Waddel, L. A. **1508c**
Walleser, M. **79c**
Watters, T. **1508b**
Weber, A. F. **83b**
Wenzel, H. **83c**
Westergaard, N. L. **82b**
Wickremasingha **80b**
Wilkins, Sir C. **81c**
Wilson, H. H. **82a**
Windisch, E. **82a**
Winternitz, M. **82a**
Wright, D. **1440b**

## Y

Yājñavalkya 92b, 1356a
Yājñavalkya-smṛti 1356a
Yajur-veda 82c
yakṣa 1158b, 1416b
yama 1505b
Yama 137a, 643c, 1420a
Yamaka 21c, **1418c**, 1448c
Yamāntaka 914c
Yama-rāja 137a
Yamāri **1420c**
Yamī 137a
Yamunā 138a, 367b
yāna 689b, 928a
Yasa 309b, 327c, 465b, 597c, 632b, 866c, 1252c, 1416c
Yasa Kākaṇḍakaputta 959c, 1381a, 1416c
Yaśas 597c, 1416c
Yāska 1180c
Yaśoda 1416c
Yasodharā 304b, 597a, 950c, 1442b
Yaśodharā 597a
Yaśodharman 1370b
Yaśomitra 290a, 684a, **1417a**
Yaṣṭi-vana 762a
Yaṭṭhi-vana 762a
Yava 609c
Yava-dvīpa 609c
Yavana 1431c
Ye-śes dpal-ḥbyor 818b
yoga 588a, 976c, 1429c, 1430a, 1430b
Yoga(学派) 1156a, 1505b
yogācāra 1430a
Yogācāra-bhūmi 1430b
Yogācārabhūmi-sūtra 661c
Yogaratnamālā 1253c
Yoga-sūtra 81c, 1156a, 1505c
Yogasūtra-bhāṣya 81c
yogin 1430a
yoginī 1253b
yoginīcakra 1253b
yojana 1431b
Yona 1431c
Yonakaloka 1431c
Yotkan 90a
Yoxon, G. H. **1435b**
Yudhapati 20c, 852b
Yudhiṣṭhira 1357b
Yuktiṣaṣṭikā 1498a
yuṅ gur gyi yul 40a

## Z

Zarathushtra 909b
Zoroastrianism **909a**

2005年2月15日　初版第1刷発行
2013年3月15日　初版第3刷発行

編集者　総合佛教大辞典編集委員会

発行者　西村明高

発行所
株式会社　法　藏　館
京都市下京区正面烏丸東入
電話 075-343-0030(編集)
　　 075-343-5656(営業)
郵便番号 600-8153

印　刷　日本写真印刷株式会社
製　本　新日本製本株式会社


ISBN978-4-8318-7070-4